Baumbach/Hopt
Handelsgesetzbuch
Band 9

Beck'sche Kurz-Kommentare

Band 9

Handelsgesetzbuch

mit GmbH & Co., Handelsklauseln, Bank- und
Kapitalmarktrecht, Transportrecht (ohne Seerecht)

Bearbeitet von

Dr. Dr. Dr. h. c. mult. Klaus J. Hopt

em. Professor an der Universität Hamburg,
em. Direktor am Max-Planck-Institut für ausländisches
und internationales Privatrecht, Hamburg
vormals Richter am Oberlandesgericht Stuttgart

Dr. Christoph Kumpan, LL. M.

o. Professor an der Universität Halle-Wittenberg
Direktor des Instituts für Wirtschaftsrecht

Dr. Hanno Merkt, LL. M.

o. Professor an der Universität Freiburg
Direktor des Instituts für ausländisches und internationales Privatrecht
Richter am Oberlandesgericht Karlsruhe

Dr. Markus Roth

o. Professor an der Philipps-Universität Marburg,
Institut für Handels-, Wirtschafts- und Arbeitsrecht

Begründet von

Dr. Adolf Baumbach

weiland Senatspräsident beim Kammergericht

38., neubearbeitete Auflage 2018

C.H.BECK

Zitiervorschlag (Beispiele)
Baumbach/Hopt/Bearbeiter, HGB, 38. Aufl. 2018
… § 316 Rn 1
… Anh § 177a Rn 52 ff
… Einl 25 ff vor § 238
(7) Bankgeschäfte Rn A/6
(16) WpHG § 14 Rn 1 ff

www.beck.de

ISBN 978 3 406 71161 9

© 2018 Verlag C. H. Beck oHG
Wilhelmstraße 9, 80801 München
Satz und Umschlagsatz:
Druckerei C. H. Beck, Nördlingen (Adresse wie Verlag)
Druck und Bindung:
CPI – Clausen & Bosse GmbH, Birkstraße 10, 25917 Leck

Gedruckt auf säurefreiem, alterungsbeständigem Papier
(hergestellt aus chlorfrei gebleichtem Zellstoff)

Vorwort zur 38. Auflage

I.

Dieser Kommentar erscheint nunmehr in der 38. Auflage. Seit der 24. Auflage 1980, die als Übergangsauflage mitbetreut wurde, haben sich das HGB und die handelsrechtlichen Nebengesetze enorm verändert. Dem tragen drei im Verlag C. H. Beck erschienene, eng aufeinander bezogene Werke Rechnung: **Handelsgesetzbuch** (Beck'sche Kurz-Kommentare, Band 9) 38. Aufl 2018 (Kurzzitat: Baumbach/Hopt/Bearbeiter, HGB), **Handelsvertreterrecht** (Beck'sche Kurz-Kommentare Band 9a) 5. Aufl., und **Vertrags- und Formularbuch zum Handels-, Gesellschafts- und Bankrecht** 4. Aufl. 2013 (Kurzzitat: Hopt/Bearbeiter, Form). Diese drei Werke sind so konzipiert, dass sie das Handelsrecht zwar mit verschiedener Schwerpunktsetzung, aber doch alle drei zusammengehörend behandeln:

- Der **Kommentar zum HGB** enthält das HGB und die handelsrechtlichen Nebengesetze, unter diesen Gesetzestexte und ausgewählte, besonders wichtige Klauselwerke wie AGB-Banken, jeweils mit Rechtsprechung und Kommentierung.
- Der **Kommentar zum Handelsvertreterrecht** enthält außer der Kommentierung einen umfangreichen Materialienteil mit Anleitungen zur Errechnung des Ausgleichsanspruchs nach § 89b, Musterverträge für Handelsvertreter synoptisch in zehn und für Vertragshändler in drei Sprachen (deutsch, englisch und französisch), Unterlagen zum europäischen Kartellrecht für Handelsvertreter und Vertragshändler und schließlich zwei umfangreiche Verzeichnisse der Rechtsprechung und der Literatur zum Handelsvertreter- und Vertragshändlerrecht. Im Rechtsprechungsverzeichnis finden sich vor allem auch viele Parallelfundstellen, was das Auffinden von Entscheidungen aus wichtigen Spezialsammlungen (z. B. HVR der CDH) erleichtert. Vgl. die ausführliche Besprechung durch Emde, NJW 2017, 44 sowie die von Hübsch, WM 2016, 1156.
- Das **Vertrags- und Formularbuch** erschließt die in den beiden Kommentarbänden behandelten Handelsrechtsgebiete durch zahlreiche neue, mit Anmerkungen versehene Vertragsmuster und macht die wesentlichen, vor allem für das Gesellschafts- und Bankrecht unerlässlichen Formulare verfügbar. Dabei geht seit der 4. Aufl. 2013 die Reichweite des Vertrags- und Formularbuchs deutlich weiter und umfasst außer dem Personengesellschaftsrecht auch das gesamte Kapitalgesellschaftsrecht, also insbesondere die GmbH und die Aktiengesellschaft mit über 30 Vertragsmustern.

Die **Parallelführung** der drei Bände geht mit zahlreichen Querverweisungen einher. Das ermöglicht eine gewisse, für einen „Kurz-Kommentar" geradezu lebenswichtige stoffliche Entlastung jedes der drei Bände und führt doch insgesamt zu einem wesentlichen Zugewinn an Information.

Im Kommentar zum HGB hat ab der 31. Auflage Herr **Professor Dr. Hanno Merkt**, Universität Freiburg, die Verantwortung für das Dritte Buch: Handelsbücher (§§ 238–342e, ab der vorliegenden Auflage unter den §§ 316–324a über die Abschlussprüfung zusammen mit gesellschafts- und bilanzrechtlich relevanten Nebengesetzen (2a–b) aus WPO und AGB-WP) und aus dem Vierten Buch für das Transportrecht (4.–6. Abschnitt §§ 407–475h), **(17)** CMR und **(18)** ADSp übernommen.

Ab der 35. Auflage ist Herr **Professor Dr. Markus Roth**, Universität Marburg als Kommentator der arbeitsrechtlichen Teile (§§ 59–83) und ab der 36.

Vorwort

Auflage des Maklerrechts (§§ 93–104) und des Personengesellschaftsrechts (Zweites Buch, §§ 105–236 mit GmbH & Co und Publikumsgesellschaft, samt der zivilrechtlichen Prospekthaftung) hinzugetreten.

Ebenfalls ab der 36. Auflage bearbeitet Herr **Professor Dr. Christoph Kumpan,** Universität Halle-Wittenberg, das Depotrecht und die kapitalmarktrechtlichen Nebengesetze, also **(13)** DepotG, **(14)** BörsG, **(16)** Insiderhandelsverbot und Ad-hoc-Publizität unterteilt in **(16a)** MarktmissbrauchsVO und **(16b)** WpHG, und **(15a)** §§ 21–25 WpPG sowie **(15b)** §§ 20–22 VermAnlG. Die in den beiden letzteren Gesetzen geregelten Vorschriften über die **(Wertpapier- und Vermögensanlagen-Verkaufs-)Prospekthaftung** sind praktisch besonders wichtig. Beim **WpHG,** das immer weiter anwächst und zu einer Spezialmaterie mit umfangreichen Spezialkommentaren geworden ist, wurde die Neukonzeption der Kommentierung fortgesetzt: Angesichts der umfangreichen Änderungen durch die beiden Finanzmarktnovellierungsgesetze von 2016 und 2017 und der zunehmenden Auslagerung von Regelungen in europäische Verordnungen, werden nunmehr wichtige Themenkomplexe, die einen besonderen Bezug zum Zivil- und Handelsrecht haben und bisher im WpHG geregelt waren, herausgegriffen und die damit verbundenen europäischen und deutschen Vorschriften gemeinsam kommentiert. So ist nunmehr **(16)** Insiderhandelsverbot und Ad-hoc-Publizität, unterteilt in **(16a)** Marktmissbrauchs VO und **(16b)** WpHG (§§ 26, 27, 97, 98), an die Stelle des bisherigen **(16)** WpHG getreten. Rückmeldungen aus der Praxis dazu und Wünsche zu eventuellen weiteren aufzunehmenden Themenkomplexen sind willkommen.

II.

Im vorliegenden **Kommentar zum Handelsgesetzbuch** haben sich zum **HGB** wiederum zahlreiche Änderungen ergeben. **Gesetzesänderungen** erfolgten u. a. durch Erstes und Zweites FinanzmarktnovellierungsG 2016 und 2017, CSR-Richtlinie-UmsetzungsG 2017, BürokratieabbauG 2017, Zweites FinanzmarktnovellierungsG 2017 und Gesetz zur Umsetzung der Zweiten Zahlungsdiensterichtlinie (ZDRi-II-UG) 2017. Die grundlegenden Änderungen der Abschlussprüferreform in AReG und APAReG wurden noch ganz am Schluss in der 37. Auflage berücksichtigt und in der nunmehrigen 38. Auflage weiter vertieft.

Zum **Unternehmensrecht** in der Einleitung gab es wie immer richterrechtliche Weiterentwicklungen zum Recht der **Unternehmensbewertung** mit wichtigen Urteilen und Stellungnahmen aus Wissenschaft und Praxis. Weiterentwicklungen mit reger Diskussion in der Literatur vor allem zu M & A gab es auch beim **Unternehmenskauf,** der ausführlich auch in Hopt/Form 4. Aufl 2013 behandelt ist. Neue Rechtsprechung gab es zu den **unberechtigten geschäftsschädigenden Äußerungen** und den Freiräumen für **Kritik in der Presse.** Auch das nationale und internationale **Schiedsvertragsrecht** entwickelt sich rasch weiter. Hinzuweisen ist hier besonders auf die Schiedsgerichtsordnung der Internationalen Handelskammer Paris i. d. F. 1.1.2012, die in Hopt/Form 4. Aufl näher berücksichtigt ist.

Im **ersten Buch** ist zunächst das **Handelsregisterrecht** (§§ 8 ff) zu nennen. Dort wird ein EU-weites System der Registervernetzung in Angriff genommen (Richtlinie 2012 und Umsetzung in § 9b HGB zum Europäischen System der Registervernetzung), und es gibt immer wieder Unsicherheiten und instanzgerichtliche Entscheidungen zum Recht der registerrechtlichen Prüfung und der **Zweigniederlassungen** (§§ 13 ff), letzteres steht deutlich unter dem Einfluss des europäischen Rechts. Das **Firmenrecht** (§§ 17 ff) wird zunehmend liberaler. Die Haftung bei Firmenfortführung (§§ 25 ff) sorgt immer wieder für Streit.

Die dem Recht des Handlungsgehilfen (§§ 59 ff) zugrundeliegende Unterscheidung von Arbeitern und Angestellten wird von der Rechtsprechung nur

Vorwort

noch in Ausnahmefällen anerkannt. Die Kommentierung trägt dem Rechnung, dies auch durch Darstellung des alle Arbeitnehmer eines Kaufmanns betreffenden (Individual)Arbeitsrechts. Als Aktivitäten des Gesetzgebers im Arbeitsrecht zu nennen sind insbesondere die Regelung des Arbeitsvertrags in § 611a BGB sowie die Neujustierung der Arbeitnehmerüberlassung. Erste Entscheidungen des **Bundesarbeitsgerichts** sind zum Mindestlohngesetz ergangen. Auch zum sonstigen allgemeinen Arbeitsrecht war wieder eine Vielzahl von Judikaten nachzutragen. Gegenstand aktueller Entscheidungen des Bundesarbeitsgerichts war aber auch das in den §§ 60f, 74ff geregelte (nachvertragliche) Wettbewerbsverbot. Das Zeugnis (§ 109 GewO) wird weiterhin mitkommentiert, auch hierzu ist neue Rechtsprechung ergangen.

Das **Recht der Handelsvertreter** (§§ 84–92c) ist – vor allem im Hinblick auf die 5. Auflage des ausgegliederten Kommentars zum Handelsvertreterrecht, der jeweils vor dem HGB-Kommentar erscheint, zuletzt im Oktober 2015 – ein weiteres Mal systematisch erweitert und mit Hinweisen auf die großen Kommentierungen erläutert worden. Nicht zu übersehen ist vor allem der wachsende Einfluss des europäischen Rechts mit einer zunehmenden Rechtsprechung des Europäischen Gerichtshofs. Das Handelsvertreterrecht, seit 2011 beim **VII. Zivilsenat**, ist ein ungemein lebendiges Recht. Wiederum hat es eine große Zahl neuer höchstrichterlicher und instanzgerichtlicher Entscheidungen gegeben, vor allem zur Provision, zur Verjährung, zu Abrechnung und Buchauszug und wie immer zum Ausgleichsanspruch nach § 89b, hier mit Rechtsprechung des Europäischen Gerichtshof, u.a. zum Begriff des Neukunden. Praktisch wichtig sind die Auswirkungen des europäischen Kartellrechts (§ 86 Rn 38f, ua Vertikal- und SchirmGVO nebst Leitlinien der Kommission für vertikale Beschränkungen, jeweils mit Sonderregeln für den KfzSektor). Die Konsequenzen der Entscheidung des Europäischen Gerichtshofes vom 26. März 2009 (Semen) sind trotz der darauf erfolgten Reform des § 89b noch immer nicht ganz eindeutig. Allgemeiner führt die Abgrenzung von zwingendem und dispositivem Handelsvertreterrecht immer wieder zu Streit.

Beim **Maklerrecht** war die Umsetzung der neu gefassten Richtlinie über den Versicherungsvertrieb nachzutragen, welche die kommentierten §§ 93ff freilich nicht unmittelbar betrifft, weiter die zum (allgemeinen) Maklerrecht ergangene Rechtsprechung.

Im **zweiten Buch**, Gesellschaftsrecht (§§ 105ff) liegt der Schwerpunkt der Rechtsentwicklung weiter auf den Publikumsgesellschaften und der GmbH & Co KG. An Bedeutung gewonnen hat auch die Partnerschaftsgesellschaft, insbesondere in Form der Partnerschaftsgesellschaft mit beschränkter Berufshaftung (PartmbB). Die Kommentierung trägt dem durch die Kommentierung der Partnerschaftsgesellschaft im Anhang zu § 160 und insbesondere durch eine **vertiefte Kommentierung der GmbH & Co KG** im Anhang A nach § 177a Rechnung. Die GmbH & Co KG ist seit langem die in der Praxis häufigste Personenhandelsgesellschaft, persönlich haftende Gesellschafter von Personenhandelsgesellschaften sind nur noch selten natürliche Personen. Die GmbH & Co KG vereint die Vorzüge der beschränkten Haftung mit der Flexibilität des Personengesellschaftsrechts, hinzu können steuerliche Vorteile kommen. Freilich müssen mit GmbH und KG zwei Gesellschaften geführt und deren Gesellschaftsverträge aufeinander abgestimmt werden. Für die Gründung hat die Kautelarpraxis verschiedene Modelle entwickelt, für den Betrieb sind etwa das Erfordernis zweier Jahresabschlüsse sowie die Vorgaben des § 181 BGB zu beachten.

Maßgeblich für die **Fortentwicklung des Personengesellschaftsrechts** ist die **Rechtsprechung des II. Zivilsenats** des Bundesgerichtshofs. Aufgrund der Aufgabe des Bestimmtheitsgrundsatzes kommt der Auslegung des Gesellschaftsvertrages ein noch größerer Stellenwert zu, dies auch im Bereich der Grundlagengeschäfte und der Kernbereichs. Aktuelle Entscheidungen des II. Zivilsenats

Vorwort

sind weiter etwa zur Kommanditgesellschaft sowie zur stillen Gesellschaft ergangen. Rechtstatsächlich nimmt die Bedeutung der GmbH & Co KG weiter zu, die praktische Leitbildfunktion spiegelt sich für das Recht der Personengesellschaft in der Spruchpraxis des Bundesgerichtshofs. Die Kommentierung berücksichtigt dies auch im allgemeinen Personengesellschaftsrecht. Eingearbeitet sind die Neuauflagen des Münchener Kommentars zum BGB (Gesellschaft bürgerlichen Rechts) sowie des Münchener Kommentars zum HGB (Offene Handelsgesellschaft). Bislang nicht aufgegriffen hat der Gesetzgeber die Vorschläge des 71. DJT in Essen 2016 zu einer grundlegenden Reform des Personengesellschaftsrechts, die freilich insbesondere die Gesellschaft bürgerlichen Rechts (GbR) betreffen.

Separat kommentiert werden auch die **Publikumsgesellschaft** im Anhang B nach § 177a sowie die durch das KAGB neu eingeführte **Investmentkommanditgesellschaft** im Anhang C nach § 177a. Bei Publikumsgesellschaften greift neben dem allgemeinen Personengesellschaftsrecht eine (allgemeine oder spezialgesetzliche) Prospekthaftung ein, für den Vertrieb gelten besondere Rechtspflichten, der Gesellschaftsvertrag unterliegt einer ähnlichen Inhaltskontrolle und Auslegung wie AGB. Häufig sind Treuhandverhältnisse. Zur Publikumsgesellschaft sowie zur stillen Gesellschaft war aktuelle Rechtsprechung nachzutragen. Auf eine Kommentierung der Europäischen Wirtschaftlichen Interessenvereinigung (EWIV) wird aufgrund ihrer geringen praktischen Bedeutung ab dieser Auflage verzichtet.

Im **dritten Buch**, Bilanzrecht, lag der Schwerpunkt der Neuauflage in der Einarbeitung einer weiteren großen Gesetzesreform, nämlich der zahlreichen Ergänzungen und Änderungen, die sich aus der Umsetzung der **Europäischen Corporate Social Responsibility-Richtlinie von 2014** ergaben. Die Richtlinie sieht vor, dass bestimmte große Unternehmen im Interesse der Corporate Social Responsibility eine nichtfinanzielle Erklärung zu Umwelt-, Sozial- und Arbeitnehmerbelangen, Achtung der Menschenrechte und Bekämpfung von Korruption und Bestechung in den (Konzern-) Lagebericht aufnehmen müssen. Umgesetzt wurde die CSR-Richtlinie vom deutschen Gesetzgeber durch das **CSR-RUG** vom 11.4.17. Das Gesetz bringt grundsätzlich eine 1:1-Umsetzung und knüpft an die bestehenden Regelungen zum Lagebericht und zum Konzernlagebericht an. Hierzu wurden nicht weniger als elf neue Paragrafen (§§ 289 a-f, §§ 315a-e) ins HGB eingefügt und es wurde an einer Vielzahl weiterer Vorschriften, so etwa im Bereich der Offenlegungsvorschriften (§ 325), der Straf- und Bußgeldvorschriften (§§ 331–336) und des Bank- und Versicherungsbilanzrechts (§§ 340 ff, §§ 341 ff) Änderungen, Ergänzungen bzw. Streichungen vorgenommen. Noch stärker als zuvor hat die Reform bereits im Vorfeld eine wahre Lawine an Aufsätzen ausgelöst, die, soweit möglich, aufgenommen wurden. Natürlich war auch die Rechtsprechung nachzutragen, wobei in dieser Auflage ein Schwerpunkt auf der Judikatur zur **Rückstellungen für ungewisse Verbindlichkeiten** (§ 249 I 1) lag. Der Begriff der Ungewissheit und die Frage nach dem Grad der Wahrscheinlichkeit bereiten der Praxis nach wie vor nicht unerhebliche Schwierigkeiten (§ 249 Rn 2). Auch zur **Fortführungsprognose** war wichtige Rechtsprechung nachzutragen (§ 252 I Nr 2). Und auch in dieser Neuauflage bildete schließlich die **Dritthaftung des Abschlussprüfers** einen weiteren Schwerpunkt der Aktualisierung (§ 323 Rn 8). Dass die Kommentierung auch an allen anderen Stellen, insbesondere auch bei der **(2a)** WPO und den **(2b)** AGB-WP auf den aktuellen Stand gebracht wurde, versteht sich.

Im **vierten Buch** waren wiederum besonders rechtsprechungsintensiv die **allgemeinen Aufklärungs- und Beratungspflichten**. Diese sind **ausführlich in § 347 HGB** Rn 8–22, 23–40 behandelt, unter anderem zur Dritthaftung, zur Aufklärungsbedürftigkeit, zur Vollständigkeit und Klarheit, zu den Interessenkonflikten, Innenprovisionen und Rückvergütungen (kick-backs, § 347 Rn 30a), zur Kausalität und Vorteilsausgleichung, zur Beweislast, zum Schaden und zur Ver-

Vorwort

jährung. Die bahnbrechende Neuorientierung des BGH zu den kickbacks mit vielen Folgeunsicherheiten ist ausführlich berücksichtigt (§ 347 Rn 30a). Die Kommentierungen zum **Handelskauf**, dort vor allem zur Rügepflicht nach § 377 HGG, und zur **Kommission** sind im Hinblick auf die größeren HGB-Kommentare erheblich angereichert.

Im **Transportrecht** lag der Schwerpunkt der Aktualisierung in der weiteren Verarbeitung neuer Literatur zur **Seehandelsrechtsreform 2013**, die weit über das Seehandelsrecht hinaus reicht. Manche Frage, die sich aus der Reform ergibt, ist erst im Laufe der letzten Jahre erkennbar geworden. Vor allem aber war wie stets in allen Abschnitten auch die zwischenzeitlich ergangene Rechtsprechung nachzutragen, so namentlich beim **Frachtvertrag** (§ 407), bei der **Bestimmung des Risikobereichs des Frachtführers** (§ 415 II), bei der **Haftung des Frachtführers für Güter- und Verspätungsschäden** (§ 425 Rn 2) und bei den **außervertraglichen Ansprüchen** (§ 434 Rn 3). Wiederum wurde insgesamt noch stärker die Rechtsprechung der Untergerichte berücksichtigt. Darüber hinaus war einzuarbeiten, dass sich nach dem „Schisma" von 2016 Spediteure und Verlader nun einheitlich auf die **ADSp 2017** geeinigt haben, Aktualisiert wurde last but not least auch die Kommentierung der **CMR**.

III.

Bei den **handelsrechtlichen Nebengesetzen** gab es erneut ganz wesentliche Änderungen. Die **(8) AGB-Banken** wurden im März 2016 wegen der Wohnimmobilienkreditrechtlinie vor allem zu den Sicherheiten und zu den Kündigungsrechten wesentlich geändert. Entsprechende Änderungen finden sich auch in **(9) AGB-Spark** März 2016, dort auch zu den Anforderungen an Legitimationsurkunden beim Tod des Kunden und zur Einlagensicherung, Weitere Änderungen der **(8) AGB-Banken** erfolgten zum Oktober 2017 (Änderung der Einlagensicherung) und tragen dem neuen Zahlungsdienstleistungsrecht Rechnung **(13.1.2018).** Die **(6) Incoterms 2010**, gültig ab 1.1.2011, sind mit rund 90 Seiten Text und Kommentar nicht nur wie schon bisher für den internationalen Handel eine Standardquelle, sondern in ihrer neuen Fassung ausdrücklich auch für den inländischen Verkehr gedacht und geeignet. Sie sind AGB, **(5) BGB §§ 305 ff** sind demnach zu beachten.

Größere Änderungen ergaben sich ferner im **(14) BörsG** sowie im bisherigen **(16) WpHG.** Hier wurde angesichts der umfangreichen Veränderungen durch die beiden Finanzmarktnovellierungsgesetze von 2016 und 2017 und der zunehmenden Auslagerung von Regelungen in europäische Verordnungen die in der Vorauflage angekündigte Neukonzeption der Kommentierung des Kapitalmarktrechts weiter vorangetrieben. Die Kommentierung des **(14) BörsG** wurde entsprechend überarbeitet und ergänzt und insgesamt weiter ausgebaut. Das **WpHG** wird nicht mehr in Gänze abgedruckt. So ist nunmehr **(16)** Insiderhandelsverbot und Ad-hoc-Publizität, unterteilt in **(16a)** Marktmissbrauchs-VO und **(16b)** WpHG (§§ 26, 27, 97, 98), an die Stelle der bisherigen **(16)** WpHG-Kommentierung getreten. Auf aktuellen Stand gebracht wurde auch die Kommentierung der **(17)** CMR und der **(18)** ADSp. Hier setzt sich die Tendenz fort, dass beide Regelwerke, vor allem aber internationale Regelungen das nationale Recht zunehmend verdrängen.

Zu den Änderungen bei den handelsrechtlichen Nebengesetzen **im Einzelnen:**

Für die Kommentierungsarbeit zu den handelsrechtlichen Nebengesetzen ergaben sich die meisten Änderungen wie schon in den bisherigen Auflagen bei **(7) Bankgeschäfte.** Das Bankvertragsrecht hat sich inzwischen zu einem **Kernbereich des Privat- und Handelsrechts** ausgeweitet. Die **Rechtsprechung** dazu, **zumal des XI. Zivilsenats des BGH** ist Legion, wie ua die WM mit

Vorwort

jährlich bei 2400 Seiten zeigen, und kann nur noch exemplarisch ohne jeden Anspruch auf Vollständigkeit aufgenommen werden. Das gilt um so mehr, als ganze Teile des Bankvertragsrechts wie das Recht des Zahlungsverkehrs in das BGB übernommen wurden (leider nur stückweise mit einer für den Benutzer ausgesprochen mühseligen Zersplitterung). Der Service des Kommentars liegt deshalb noch mehr als bisher in der **Auswahl des Wesentlichen, der Zusammenschau und den Querbezügen.** Das **Bankvertragsrecht** war **in dieser 38. Auflage erneut ein Schwerpunkt der Kommentierungsarbeit** zu den Nebengesetzen, weil mittlerweile eine ganze Reihe großer Kommentierungen vorliegt. Die 5. Auflage des von Schimansky/Bunte/Lwowski herausgegebenen, zweibändigen Bankrechts-Handbuchs 2017 mit Kommentierungen unter anderem durch derzeitige und frühere Mitglieder des für Bankrecht zuständigen XI. Zivilsenats ist umfänglich eingearbeitet. Eingearbeitet sind auch der Bankrechts-Kommentar von Langenbucher/Bliesener/Spindler, 2. Aufl 2016, das Bankvertragsrecht in der 3. Auflage des MüKoHGB (Bd. 6) unter der Redaktion von Hadding 2014 und die drei Teilbände des Bankvertragsrechts von Canaris aus der Feder von Grundmann und Renner (Zahlungs- und Kreditgeschäft) und von Grundmann (Allgemeines Bank-Kunden-Verhältnis mit Verhaltenspflichten, Bankgeheimnis, Bankkonto und AGB sowie Investment Banking und Marktregeln) im Staub, HGB, 5. Aufl., Bd. 10/2, 2015, 10/1, 2016 und 11/1, 2017. Völlig neu geschrieben wurde schon in der Vorauflage **(7)** Bankgeschäfte Abschnitt D, **das gesamte Lastschriftrecht,** da nunmehr **nur noch** die **SEPA-Lastschrift** europarechtlich (SEPA-VO) zulässig ist und dies ganz erhebliche inhaltliche Änderungen des bisherigen deutschen Lastschriftrechts zur Folge hatte. Berücksichtigt werden konnte auch noch im Fahnenstadium die **EU-Zahlungsdiensterichtlinie II** und ihre Umsetzung im **Zahlungsdiensterichtlinie-II-UmsetzungsG** (ZDRi-II-UG) **vom 17.7.2017** mit ganz erheblichen Änderungen des gesamten Zahlungsverkehrsrechts. Für das 3. Kapitel über den **Zahlungsverkehr** wurde für die Kommentierung ein anderer Ansatz als die der BGB-Kommentare gewählt, also nicht allein §§ 675c-676c BGB Vorschrift für Vorschrift, sondern wie in der Praxis üblich für die verschiedenen Zahlungsarten, also Überweisung, Lastschrift, Scheck, Girokarte, Kreditkarte, automatisierte Zahlungssysteme. Die dogmatische Rückbindung an die Diskussion der Vorschriften im BGB wird durch viele Verweisungen auf die große Kommentierung MüKoBGB/Casper vom Juli 2017, die ausführliche Kommentierung von Sprau im Palandt vom Dezember 2017 und anderes bankrechtliches Schrifttum gewährleistet. Zu erwähnen sind ferner Änderungen im KWG, zu dem europarechtlich vorgeschriebenen Recht auf ein Girokonto (Basiskonto), zum Einlagensicherungsgesetz (EinSiG, das EAEG wurde in Anlegerentschädigungsgesetz umbenannt, AnlEntG), zum Konto, zum Ombudsmann, zum Einlagengeschäft, zur Kartenzahlung, zum Kreditgeschäft, zur AGB-Kontrolle über Nebenleistungsentgelte, zum Sanierungskredit, zum Akkreditiv und zum Garantiegeschäft und zum Konsortialkredit. Wegen der vielfältigen dogmatischen und praktischen Relevanz auch für das Handels-, Handelsklausel- und Bankrecht wird wie stets der Text der in das BGB integrierten AGB-Vorschriften unter **(5) §§ 305-310 BGB** verfügbar gemacht. Diese werden an zahlreichen Stellen des Kommentars berücksichtigt. Insbesondere ist weiter daran gearbeitet worden, die verschiedenen unter den Nebengesetzen abgedruckten Klauselwerke durchgängig auf AGB-Besonderheiten zu überprüfen; Konsequenzen ergeben sich u. a. für **(2b)** AGB-WP; **(6)** Incoterms, **(8)** AGB-Banken mit Sonderbedingungen zum Wertpapierhandel, **(8a)** AGB-Sparkassen, **(9)** AGB-Anderkonten, **(11)** ERA, **(12)** ERI und **(18)** ADSp.

Im **(14)** BörsG wurden wegen der **Finanzmarktnovellierungsgesetze von 2016 und 2017** zahlreiche Vorschriften geändert bzw. ergänzt oder neu hinzugefügt, zudem wurde die Kommentierung auch an anderen Stellen weiter

Vorwort

ausgebaut. Wichtige Änderungen neben den neuen Definitionen in **(14)** BörsG § 2 sind unter anderem die Ausweitung der Befugnisse der Aufsichtsbehörden, insbesondere in **(14)** BörsG § 3 und in den neuen **(14)** BörsG § 3a und § 3b, die Regelungen über die Anforderungen an die Geschäftsleitung, **(14)** BörsG § 4a, und das Aufsichtsorgan des Börsenträgers, **(14)** BörsG § 4b, die Ergänzungen in **(14)** BörsG §§ 5, 8, 15, 17, 19, 24, 25, 48, 50a, und die Neugestaltung von § 50, außerdem kleinere Änderungen in weiteren Vorschriften und die Streichung von §§ 30, 31. Neu hinzugekommen sind neben den **(14)** BörsG §§ 3a, 3b, 4a, 4b auch die Vorschriften § 19a (Verantwortung für mittelbare Handelsteilnehmer), § 22a (Synchronisierung von Uhren), §§ 26c-26g (Market-Making-Systeme, algorithmische Handelssysteme, Informationen über die Ausführungsqualität, Positionsmanagementkontrollen und die Übermittlung von Daten), § 48a (Regelungen für KMU-Wachstumsmärkte) und § 48b (Regelungen für organisierte Handelssysteme). Mit den Klarstellungen und Ergänzungen in **(14)** BörsG § 48 zum Freiverkehr und den neuen Vorschriften in **(14)** BörsG § 48a und § 48b zu KMU-Wachstumsmärkten und organisierten Handelssystemen, die vom Börsenträger betrieben werden, ist klargestellt, dass neben den börslichen Handelssystemen auch die Systeme des Börsenträgers unter die Aufsicht der jeweiligen Börsenaufsichtsbehörde (des Landes) fallen. Die vielfältigen gesetzlichen Neuerungen, die zu einem umfangreichen Kommentierungsbedarf geführt haben, wurden zum Anlass genommen, auch die Kommentierung an anderen Stellen auszuweiten, wie etwa zu **(14)** BörsG §§ 4, 6 und 24. Die geradezu umstürzenden Veränderungen und Ausweitungen im **WpHG** haben die Neuausrichtung der Kommentierung zu diesen Regelungen beschleunigt. Künftig sollen nicht mehr alle Vorschriften des WpHG abgedruckt und wichtige Vorschriften kommentiert werden. Wegen der immer stärkeren Verflechtung von europäischen Normen (insbesondere in unmittelbar anwendbaren Verordnungen) und dem WpHG sollen künftig, wie im Fall von **(15a)** §§ 21–25 WpPG und **(15b)** §§ 20–22 VermAnlG, wichtige Regelungskomplexe herausgegriffen und, insoweit neu, die europäischen und deutschen Vorschriften gemeinsam kommentiert werden. Der Anfang wurde mit der Kommentierung von **(16)** Insiderhandelsverbot und Ad-hoc-Publizität gemacht. Hier werden zunächst wichtige diesbezügliche Vorschriften der **(16a)** MarktmissbrauchsVO (MAR) kommentiert und im Anschluss die „dazugehörigen" zivilrechtlich relevanten Vorschriften, **(16b)** WpHG § 26 (insbesondere Meldung an die BaFin und die Geschäftsführung der betroffenen Handelsplätze sowie das Handelsregister), § 27 (Aufzeichnungspflichten) und §§ 97, 98 (die bisherigen Haftungsvorschriften §§ 37b und 37c aF WpHG) besprochen. Soweit seit der letzten Auflage zu den **(13)-(16)** neue gerichtliche Entscheidungen veröffentlicht wurden, wurden diese nachgetragen, ebenso zwischenzeitlich neu erschienene Literatur.

IV.

Diese Neuauflage ist hinsichtlich Rechtsprechung und Literatur auf dem Stand vom **15. Mai 2017**; spätere Entwicklungen, vor allem Gesetzesänderungen, die zum Teil erst im Januar 2018 in Kraft treten, konnten noch bis Herbst 2017 aufgenommen werden, der Gesetzesstand sogar bis zum **13. Januar 2018**. Für die zahlreichen Anregungen aus der Praxis bedanken wir uns besonders. Sie sind, wie für die Betreffenden leicht ersichtlich, berücksichtigt. Zum Handelsvertreterrecht gilt unser besonderer Dank der Centralvereinigung Deutscher Wirtschaftsverbände für Handelsvermittlung und Vertrieb (CDH) und dort vor allem Herrn Rechtsanwalt Eckhard Döpfer, Mitglied der Hauptgeschäftsführung und Leiter der Abteilung Recht, Berlin. Für die Kommentierung des Bilanzrechts und der Abschlussprüfung hat Herr Ministerialrat Thomas Blöink, Bundesministerium für Justiz und Verbraucherschutz, wertvolle Hinweise gegeben. Zum Recht der

Vorwort

Bankbedingungen hat Herr Wulf Hartmann, Direktor Geschäftsbereich Recht beim Bundesverband deutscher Banken e. V., Berlin, dankenswerterweise auch für diese Auflage wieder die neuesten Texte zur Verfügung gestellt und Hintergrundinformationen zu den Änderungen gegeben. In gleicher Weise danken wir Herrn Dr. Abbas Samhat, Rechtsanwalt, Deutscher Sparkassen- und Giroverband e. V., Berlin, und Frau Dr. Birgit Seydel, Rechtsanwältin ebenda. Im Hamburger Max-Planck-Institut haben mitgeholfen bei der weiteren technischen Aufbereitung der Verlagsvorlagen Frau Janina Jentz und bei der Quellensuche und Korrekturlesen Frau wiss. Assistentin Nina Marie Güttler und Herr wiss. Assistent Hendrik Quast. Im Sekretariat halfen mit Frau Edda O'Hara, Frau Helga Alambwa und Frau Britta Arp. Am Lehrstuhl Hanno Merkt in Freiburg haben bei der Materialsammlung und -sichtung sowie bei den Korrekturen die Herren Assessoren Dr. Marco Müller und Fernando Sempere Culler, die Herren Rechtsreferendare Christian Osbahr und Julian Spatz, Frau stud. jur. Paula Schmidt sowie im Sekretariat Frau Petra Bühler-Scherer ebenso wertvolle wie gewohnt zuverlässige Unterstützung geleistet. Am Lehrstuhl Markus Roth haben Herr Assessor Dr. Alexander Stöhr und Herr Rechtsreferendar Heiko Zieske Korrektur gelesen, bei den Vorarbeiten waren Frau Rechtsreferendarin Natascha Chorongiewski und Frau stud. jur. Cathleen Cronau eine große Hilfe. Am Lehrstuhl Christoph Kumpan haben Herr wiss. Mitarbeiter Ronny Grütze, Frau stud. jur. Constanze Dittmann, Herr stud. jur. Gregor Nebel, Frau stud. jur. Elisabeth Steiche und Herr stud. jur. Johannes Schmidt bei den Recherchen und Herr stud. Jur. Johannes Schmidt außerdem beim Korrekturlesen geholfen. Das Sachregister hat Frau Rechtsanwältin Dr. Martina Schulz neu bearbeitet. Danken möchten wir auch Herrn Matthias Hoffmann und Frau Martina Schöner vom Verlag C. H. Beck für ihre Hilfe bei der Drucklegung. Für ihre rasche und umsichtige Arbeit danken wir allen Mitarbeitern ganz besonders.

Hamburg, Halle, Freiburg und Marburg Klaus J. Hopt, Christoph Kumpan,
Herbst 2017 Hanno Merkt, Markus Roth

Inhaltsverzeichnis

Verzeichnis der abgedruckten Bestimmungen XIX
Benutzungshinweise XXI
Abkürzungsverzeichnis (einschließlich einzelner juristischer Werke) XXIII

1. Teil. Handelsgesetzbuch

Erstes Buch. Handelsstand .... §§ 1–104a   1
Einleitung vor § 1 1
Erster Abschnitt. Kaufleute .... §§ 1–7   48
Zweiter Abschnitt. Handelsregister; Unternehmensregister §§ 8–16   85
Dritter Abschnitt. Handelsfirma .... §§ 17–37a   145
Vierter Abschnitt. Handelsbücher (aufgehoben) 242
Fünfter Abschnitt. Prokura und Handlungsvollmacht .... §§ 48–58   242
Einleitung vor § 48: Anscheins- und Duldungsvollmacht, Handeln für
Firma, Eigenhaftung des Vertreters 242
Sechster Abschnitt. Handlungsgehilfen und
Handlungslehrlinge .... §§ 59–83   265
Siebenter Abschnitt. Handelsvertreter .... §§ 84–92c   382
Achter Abschnitt. Handelsmakler .... §§ 93–104   552
Neunter Abschnitt. Bußgeldvorschriften .... § 104a   583

**Zweites Buch. Handelsgesellschaften und stille
Gesellschaft** .... §§ 105–236   584
Einleitung vor § 105 584
Erster Abschnitt. Offene Handelsgesellschaft .... §§ 105–160   601
  Erster Titel. Errichtung der Gesellschaft .... §§ 105–108   601
  Zweiter Titel. Rechtsverhältnis der Gesellschafter
  untereinander .... §§ 109–122   643
  Dritter Titel. Rechtsverhältnis der Gesellschafter zu
  Dritten .... §§ 123–130b 714
  Vierter Titel. Auflösung der Gesellschaft und
  Ausscheiden von Gesellschaftern .... §§ 131–144   768
  Fünfter Titel. Liquidation der Gesellschaft .... §§ 145–158   829
  Sechster Titel. Verjährung. Zeitliche Begrenzung der
  Haftung .... §§ 159, 160   848
Anhang nach § 160: Partnerschaftsgesellschaft (PartG) 852
Zweiter Abschnitt. Kommanditgesellschaft .... §§ 161–177a   856
Anhang nach § 177a: GmbH & Co; Publikumsgesellschaft
(mit Prospekthaftung) 903
  A. GmbH & Co. KG 903
  B. Publikumsgesellschaft (mit Prospekthaftung) 929
  C. KAGB und Investmentkommanditgesellschaft 953
Dritter Abschnitt. Stille Gesellschaft .... §§ 230–237   958

Drittes Buch. Handelsbücher .... §§ 238–342e   979
Einleitung vor § 238 979
Erster Abschnitt. Vorschriften für alle Kaufleute .... §§ 238–263 1002
Erster Unterabschnitt. Buchführung Inventar .... §§ 238–241a 1002
Zweiter Unterabschnitt. Eröffnungsbilanz. Jahresabschluß . §§ 242–256a 1015

Inhaltsverzeichnis

Erster Titel. Allgemeine Vorschriften........................ §§ 242–245 1015
Zweiter Titel. Ansatzvorschriften .... §§ 246–251 1025
Dritter Titel. Bewertungsvorschriften .... §§ 252–256a 1055
Dritter Unterabschnitt. Aufbewahrung und Vorlage .... §§ 257–261 1094
Vierter Unterabschnitt. Landesrecht .... §§ 262 (aufgeh), 263 1097
Zweiter Abschnitt. Ergänzende Vorschriften für Kapitalgesellschaften (Aktiengesellschaften, Kommanditgesellschaften auf Aktien und Gesellschaften mit beschränkter Haftung) sowie bestimmte Personenhandelsgesellschaften .... §§ 264–335b 1098
Erster Unterabschnitt. Jahresabschluß der Kapitalgesellschaft und Lagebericht... §§ 264–289a 1098
Erster Titel. Allgemeine Vorschriften........................ §§ 264, 265 1098
Zweiter Titel. Bilanz.. §§ 266–274a 1117
Dritter Titel. Gewinn- und Verlustrechnung............... §§ 275–278 1144
Vierter Titel. (aufgehoben) .... §§ 279–283 1153
Fünfter Titel. Anhang...................................... §§ 284–288 1153
Sechster Titel. Lagebericht.................................. §§ 289–289f 1174
Zweiter Unterabschnitt. Konzernabschluß und Konzernlagebericht .... §§ 290–315e 1195
Erster Titel. Anwendungsbereich .... §§ 290–293 1195
Zweiter Titel. Konsolidierungskreis .... §§ 294–296 1207
Dritter Titel. Inhalt und Form des Konzernabschlusses .. §§ 297–299 1210
Vierter Titel. Vollkonsolidierung............................. §§ 300–307 1214
Fünfter Titel. Bewertungsvorschriften .... §§ 308–309 1223
Sechster Titel. Anteilmäßige Konsolidierung............... § 310 1226
Siebenter Titel. Assoziierte Unternehmen................... §§ 311, 312 1227
Achter Titel. Konzernanhang............................... §§ 313, 314 1232
Neunter Titel. Konzernlagebericht.......................... § 315–315d 1245
Zehnter Titel. Konzernabschluss nach internationalen Rechnungslegungsstandards .... § 315e 1252
Dritter Unterabschnitt. Prüfung............................. §§ 316–324a 1256
Vierter Unterabschnitt. Offenlegung. Prüfung durch den Betreiber des Bundesanzeigers .... §§ 325–329 1333
Fünfter Unterabschnitt. Verordnungsermächtigung für Formblätter und andere Vorschriften .... § 330 1347
Sechster Unterabschnitt. Straf- und Bußgeldvorschriften. Ordnungsgelder .... §§ 331–335c 1349
Erster Titel. Straf- und Bußgeldvorschriften............... §§ 331–334 1349
Zweiter Titel. Ordnungsgelder .... §§ 335–335a 1354
Dritter Titel. Gemeinsame Vorschriften für Straf-, Bußgeld- und Ordnungsgeldverfahren .... §§ 335b–335c 1362
Dritter Abschnitt. Ergänzende Vorschriften für eingetragene Genossenschaften... §§ 336–339 1363
Vierter Abschnitt. Ergänzende Vorschriften für Unternehmen bestimmter Geschäftszweige .... §§ 340–341y 1366
Erster Unterabschnitt. Ergänzende Vorschriften für Kreditinstitute und Finanzdienstleistungsinstitute .... §§ 340–340o 1366
Erster Titel. Anwendungsbereich .... § 340 1366
Zweiter Titel. Jahresabschluß, Lagebericht, Zwischenabschluß .... §§ 340a–340d 1369
Dritter Titel. Bewertungsvorschriften....................... §§ 340e–340g 1374
Vierter Titel. Währungsumrechnung...................... § 340h 1379
Fünfter Titel. Konzernabschluß, Konzernlagebericht, Konzernzwischenabschluß .... §§ 340i, 340j 1379

Inhaltsverzeichnis

Sechster Titel. Prüfung .... § 340k 1382
Siebenter Titel. Offenlegung .... § 340l 1384
Achter Titel. Straf- und Bußgeldvorschriften,
  Ordnungsgelder .... §§ 340m–340o 1386
Zweiter Unterabschnitt. Ergänzende Vorschriften für
Versicherungsunternehmen und Pensionsfonds .... §§ 341–341p 1391
Erster Titel. Anwendungsbereich .... § 341 1391
Zweiter Titel. Jahresabschluß, Lagebericht .... § 341a 1392
Dritter Titel. Bewertungsvorschriften .... §§ 341b–341d 1393
Vierter Titel. Versicherungstechnische Rückstellungen.. §§ 341e–341h 1394
Fünfter Titel. Konzernabschluß, Konzernlagebericht .... §§ 341i, 341j 1396
Sechster Titel. Prüfung .... § 341k 1398
Siebenter Titel. Offenlegung .... § 341l 1398
Achter Titel. Straf- und Bußgeldvorschriften,
  Ordnungsgelder .... §§ 341m–341p 1399
Dritter Unterabschnitt. Ergänzende Vorschriften für
bestimmte Unternehmen des Rohstoffsektors .... §§ 341q–341y 1402
Erster Titel. Anwendungsbereich; Begriffsbestimmungen §§ 341q, 341r 1402
Zweiter Titel. Zahlungsbericht, Konzernzahlungsbericht
  und Offenlegung .... §§ 341s–341w 1405
Dritter Titel. Bußgeldvorschriften, Ordnungsgelder ..... §§ 341x, 341y 1408
Fünfter Abschnitt. Privates Rechnungslegungsgremium;
  Rechnungslegungsbeirat .... §§ 342, 342a 1409
Sechster Abschnitt. Prüfstelle für Rechnungslegung .... §§ 342b–342e 1412

Viertes Buch. Handelsgeschäfte .... §§ 343–475h 1421
Einleitung vor § 343 1421
Erster Abschnitt. Allgemeine Vorschriften .... §§ 343–372 1427
Zweiter Abschnitt. Handelskauf .... §§ 373–382 1533
Dritter Abschnitt. Kommissionsgeschäft .... §§ 383–406 1597
Vierter Abschnitt. Frachtgeschäft .... §§ 407–452d 1639
  Erster Unterabschnitt: Allgemeine Vorschriften .... §§ 407–450 1639
  Zweiter Unterabschnitt. Beförderung zum Umzugsgut .. §§ 451–451h 1713
  Dritter Unterabschnitt. Beförderung mit verschiedenartigen
    Beförderungsmitteln .... §§ 452–452d 1718
Fünfter Abschnitt. Speditionsgeschäft .... §§ 453–466 1725
Sechster Abschnitt. Lagergeschäft .... §§ 467–457h 1738

Fünftes Buch. Seehandel (Überblick) .... §§ 476–619 1753

2. Teil. Handelsrechtliche Nebengesetze

Einleitung 1755
I. Einführungsgesetz 1758
  (1) Einführungsgesetz zum Handelsgesetzbuche (EGHGB) ... 1758
  Einleitung 1758
II. Handelsbücher und Bilanzen 1803
  (2a) Gesetz über eine Berufsordnung der Wirtschaftsprüfer
    (Wirtschaftsprüferordnung): Erster Teil: Allgemeine Vorschriften
    (§§ 1–3), Zweiter Teil: Voraussetzungen für die Berufsausübung
    (§ 27), Dritter Teil: Rechte und Pflichten der Wirtschaftsprüfer
    (§§ 43–56) 1803
  Einleitung zu (2a) 1803

XV

Inhaltsverzeichnis

(2b) Allgemeine Auftragsbedingungen für Wirtschaftsprüfer und
Wirtschaftsprüfungsgesellschaften (AGB-WP) 1823
Einleitung zu (2b) 1823

III. Handelsregister 1830
(3) Gesetz über das Verfahren in Familiensachen und in den
Angelegenheiten der freiwilligen Gerichtsbarkeit (FamFG):
§§ 374–377, 380, 388–389, 392–395 1830
Einleitung 1830
(4) Verordnung über die Einrichtung und Führung des Handelsregisters
(Handelsregisterverordnung – HRV) 1837
Einleitung 1837

IV. AGB und (nicht branchengebundene) Vertragsklauseln 1858
(5) §§ 305–310 BGB Abschnitt 2. Gestaltung rechtsgeschäftlicher
Schuldverhältnisse durch Allgemeine Geschäftsbedingungen 1858
Einleitung 1858
(6) Incoterms und andere Handelskaufklauseln 1867
Einleitung 1867

V. Bankgeschäfte (mit Börsen- und Kapitalmarktrecht) 1949
(7) Bankgeschäfte 1949
(8) Allgemeine Geschäftsbedingungen der Banken (AGB-Banken) 2161
Einleitung 2161
(9) Allgemeine Geschäftsbedingungen der Sparkassen (AGB-Spark) 2228
Einleitung 2228
(10) Bedingungen für Anderkonten und Anderdepots (AGB-
Anderkonten) 2248
Einleitung 2248
(10a) Bedingungen für Anderkonten und Anderdepots von
Rechtsanwälten und Gesellschaften von Rechtsanwälten 2251
(10b) Bedingungen für Anderkonten und Anderdepots von Notaren ... 2256
(10c) Bedingungen für Anderkonten und Anderdepots von
Angehörigen der öffentlich bestellten wirtschaftsprüfenden und
wirtschafts- und steuerberatenden Berufe 2258
(10d) Bedingungen für Anderkonten und Anderdepots von
Patentanwälten und Gesellschaften von Patentanwälten 2259
(11) Einheitliche Richtlinien und Gebräuche für Dokumenten-
Akkreditive (ERA) 2261
Anhang zu den ERA 600 für die Vorlage elektronischer Dokumente
(el.ERA) – Version 1.1 2261
(12) Einheitliche Richtlinien für Inkassi (ERI) 2318
Einleitung 2318
(13) Gesetz über die Verwahrung und Anschaffung von Wertpapieren
(Depotgesetz – DepotG) 2331
Einleitung 2331
(14) Börsengesetz (BörsG) 2367
Einleitung 2367
(15a) §§ 21–25 Wertpapierprospektgesetz (WpPG): (Börsen-)
Prospekthaftung 2485
Einleitung 2486
§§ 21–25 2488
(15b) §§ 20–22 Vermögensanlagegesetz (VermAnlG): (Verkaufs-)
Prospekthaftung 2502
Einleitung 2502

Inhaltsverzeichnis

§§ 20–22 2502
(16) Insiderhandelsverbot und Ad-hoc-Publizität 2506
(16a) Art. 7–11, 14, 17 Verordnung (EU) Nr. 596/2014 über
  Marktmissbrauch (Marktmissbrauchsverordnung – MAR) 2508
Vorbemerkung 2508
Art. 7–11, 14, 17 2510
(16b) Gesetz über den Wertpapierhandel (Wertpapierhandelsgesetz –
  WpHG) 2537
Vorbemerkung 2537
§§ 26, 27, 97 2537
**VI. Transport (Fracht-, Speditions-, Lager- und andere
  Transportgeschäfte)** 2544
(17) Übereinkommen über den Beförderungsvertrag im internationalen
  Straßengüterverkehr (CMR) 2544
Einleitung 2544
(18) Allgemeine Deutsche Spediteur-Bedingungen (ADSp) 2573
Einleitung 2573

Sachverzeichnis 2593

Verzeichnis der abgedruckten Bestimmungen

ADSp: vollständig *Nebengesetze (18)*
AGBG: s §§ 305–310 BGB *Nebengesetze (5)*
Allgemeine Auftragsbedingungen für Wirtschaftsprüfer und Wirtschaftsprüfungsgesellschaften: vollständig *Nebengesetze (2b)*
Allgemeine Geschäftsbedingungen der Banken: *Nebengesetze (8);* Sonderbedingungen für Wertpapiergeschäfte *Nebengesetze (8);* Bedingungen für Anderkonten und Anderdepots von Rechtsanwälten, Notaren, Patentanwälten und Angehörigen der öffentlich bestellten wirtschaftsprüfenden und wirtschafts- und steuerberatenden Berufe: *Nebengesetze (10);*
Allgemeine Geschäftsbedingungen der Sparkassen: *Nebengesetze (9);*
BGB: §§ 305–310 BGB *Nebengesetze (5)*
BörsG: vollständig *Nebengesetze (14)*
BörsO der Hanseatischen Wertpapierbörse Hamburg: § 30 I bei *(14)* BörsG § 16 Rn 3
CMR: Art 1–41 *Nebengesetze (17)*
DepotG: vollständig *Nebengesetze (13)*
Dokumenten-Akkreditive, Einheitliche Richtlinien und Gebräuche Revision 2007 (ERA 600) mit Anhang für die Vorlage elektronischer Dokumente **(el.ERA):** vollständig *Nebengesetze (11)*
EGHGB: vollständig (soweit nicht gegenstandslos bzw SeeHdlRecht) *Nebengesetze (1)*
Einheitliche Richtlinien: s Dokumenten-Akkreditive und Inkassi
FamFG:§§ 374–377, 380, 388–389, 392–395 (Buch 5 Verfahren in Registersachen, unternehmensrechtliche Verfahren) *Nebengesetze (3)*
HGB: vollständig (außer Seerecht)
HRV (Handelsregisterverordnung): vollständig (ohne Anlagen) *Nebengesetze (4)*
Incoterms: vollständig *Nebengesetze (6)*
Inkassi, Einheitliche Richtlinien: vollständig *Nebengesetze (12)*
KWG: § 1 I–IIIe bei *(7) Bankgeschäfte Rn A/4*
Marktmissbrauchs-Verordnung (MAR): Art 7-11, 14, 17 *Nebengesetze (16a)*
PartGG: vollständig Anhang B nach § 160
Sonderbedingungen für Wertpapiergeschäfte: *Nebengesetze (8)*
Übereinkommen über den Beförderungsvertrag im **internationalen Straßengüterverkehr (CMR):** Art 1–41 *Nebengesetze (17)*
VermAnlG: §§ 20–22 *Nebengesetze (15b)*
WG: Art 13, 14 bei § 365 Rn 1; **Art 16 I** bei § 365 Rn 2; **Art 16 II** bei § 365 Rn 3; **Art 40 III** bei § 365 Rn 4
WpHG: bis zur 37. Aufl vollständig *Nebengesetze (16),* ab der 38. Auflage nur noch ausgewählte §§, §§ 26, 27, 97, 98*Nebengesetze (16b)*
WPO: §§ 1–3, 27, 43–56 *Nebengesetze (2a)*
WpPG: §§ 21–25 *Nebengesetze (15a)*
ZAG: § 1 I, II bei *(6) Nebengesetze Rn C/7*

Benutzungshinweise

1. **Paragraphenzeichen (§)** ohne Zusatz eines Gesetzes oder einer Verordnung verweisen grundsätzlich auf solche des HGB, in einem kommentierten Nebengesetz (zB BörsG) auf dieses, oder auf ein anderes Nebengesetz, wenn sich eine Anmerkung speziell mit einem bestimmten Gesetz befasst. Sonst sind Paragraphen mit der Paragraphennummer und der nachfolgenden Gesetzesabkürzung bezeichnet (§ 242 BGB).
2. **Römische Zahlen** hinter einer Paragraphenzahl oder hinter einer arabischen Ziffer und zugleich vor einer Gesetzesabkürzung bedeuten den jeweiligen numerierten Absatz des betreffenden Paragraphen.
3. **Arabische Zahlen** in Klammern (fett) vor einer Gesetzesabkürzung bedeuten die Nummer des im Kommentar abgedruckten Nebengesetzes (zB **(14)** BörsG); hinter einer solchen Gesetzesabkürzung bedeuten sie den jeweiligen Paragraphen dieses Gesetzes, hinter einer römischen Zahl den numerierten Satz des betreffenden Absatzes (zB **(1)** EGHGB § 54 I 1).
4. **Alleinstehende Zahlen** in der Kommentierung (römische wie arabische) bedeuten den Absatz (römische Zahl oder arabische Zahl nach Abs) und den Satz (arabische Zahl) des jeweiligen Paragraphen, auch in Kombination (zB II 2 oder Abs 1).
5. **Ortsnamen** sind idR abgekürzt (zB Stgt) und im Abkürzungsverzeichnis aufgeschlüsselt. Ohne Zusatz (LG, AG, LAG, ArbG, OVG usw) bedeuten sie grundsätzlich das OLG mit Sitz an dem betreffenden Ort, ausnahmsweise das LG, wenn es an diesem Ort kein OLG gibt oder gab.
6. **Eigennamen** ohne Zusatz sind die von Autoren, deren Werk oder Abhandlung als Belegstelle benutzt wird; dieses ist entweder dem Abkürzungsverzeichnis zu entnehmen oder dem Schrifttumsverzeichnis, das der betreffenden Einleitung, Einführung, Vorbemerkung oder Anmerkung vorangestellt ist.
7. **Zahlen bei Eigennamen** ohne S (Seite) oder § (eines Lehrbuchs) bezeichnen grundsätzlich die Anmerkung oder Randnummer für denselben Paragraphen der anderen Kommentare, auf die sich diese Verweisung bezieht.
8. **Abkürzungen** von Gesetzen, Verordnungen, Gebietskörperschaften, Ortsnamen, Zeitschriften, Entscheidungssammlungen und von Wörtern der Fach- und Umgangssprache sind im Abkürzungsverzeichnis aufgeführt. Ausnahmsweise sind Abkürzungen für in bestimmten Anmerkungskomplexen laufend vorkommende Begriffe bei der Anmerkungsüberschrift bezeichnet.
9. **Darstellungen,** die in die Zusammenhänge des betreffenden Rechtsgebiets oder Gesetzesabschnitts einführen, sind in strikter Auswahl und nur beispielhaft enthalten in Einleitungen (vor einem Buch des HGB und vor einem Nebengesetz), Überblicken (vor dem Abschnitt eines Buches oder eines Nebengesetzes) und Vorbemerkungen (vor Paragraphen-Komplexen innerhalb eines Titels). Bezugnahmen darauf erfolgen innerhalb der Kommentierung durch die Bezeichnung der Stelle in Verbindung mit dem Wort „vor" (zB Einl 44 ff vor § 1).
10. **Anmerkungsaufbau.** Die Gliederung beginnt mit arabischen Ziffern und wird nach Bedarf fortgesetzt, in der Regel mit großen, dann kleinen Buchstaben, einfach, dann doppelt (zB § 347 Anm 4 A a). Ausnahmsweise werden römische Zahlen als Gliederungsmittel vor arabischen Ziffern verwandt (so bei der Kommentierung der GmbH & Co Anh § 177a Anm A III 1 B a). **Zitiert** wird aber nicht nach diesem Anmerkungsaufbau, sondern **nur nach**

Benutzungshinweise

Randziffern (also in den genannten Beispielen § 347 Rn 23 und Anh § 177a Rn 22).
11. **Belegstellen** aus Rechtsprechung und Schrifttum sind entweder mit derjenigen Seitenzahl angegeben, wo der Abdruck der Entscheidung oder der Abhandlung beginnt (Gesamtverweisung), oder mit derjenigen Seitenzahl, die den Beleg aufweist (Einzelverweisung). Das gilt bei Kommentaren und anderen Werken mit Randziffern entsprechend für die Randziffern.
12. **Belegstellenauswahl.** Vorrang hat die jüngere vor der älteren bei gleichem Inhalt, sonst die inhalts- und belegstellenreichere vor der inhalts- und belegstellenärmeren. In der Regel hat die amtliche Sammlung (RG, BGH) Vorrang vor jeder Zeitschrift. Bei mehrfacher Veröffentlichung einer Entscheidung haben Zeitschriften den Rang nach der Dichte ihrer Verbreitung, was zu verschiedenen Teilen des Kommentars (zB HGB, Bilanzrecht, Transportrecht, Bankrecht) unterschiedlich sein kann; davon ist nur abgewichen, wenn in einer weiter verbreiteten Zeitschrift nur der Leitsatz oder Gründe nur in erheblich kleinerem Umfang abgedruckt sind, außerdem wenn vor Abschluss der Neuauflage die Entscheidung in einer weiter verbreiteten Zeitschrift noch nicht veröffentlicht war.
13. **Verweisungen** innerhalb der Kommentierung erfolgen grundsätzlich **nach Randnummern**, also innerhalb eines Paragraphen durch bloße Angabe derselben (s Rn 3), sonst durch Angabe des Paragraphen mit der in Bezug genommenen Randnummer (zB § 15 Rn 18) oder durch Hinweis auf eine grundrissartige Darstellung mit der entsprechenden Randnummer (zB Einl 31 ff vor § 1; Anh § 177a Rn 52 ff; **(7)** Bankgeschäfte Rn A/6).
14. **Abweichende Ansichten** (aA) sind stets nur beispielhaft angegeben. Dagegen sind sie nach Möglichkeit vermerkt, wenn die Kommentierung von der Rechtsprechung eines obersten Bundesgerichts abweicht. Fehlende Angaben über aA bedeuten also nicht, dass die dargestellte oder vertretene Ansicht unbestritten sei.
15. **Angeführtes Schrifttum** ist enthalten im Abkürzungsverzeichnis (insbesondere Erläuterungswerke), ferner zu Beginn der Bücher des HGB und von Abschnitten, Titeln oder Nebengesetzen.
16. **Nebengesetze und Vorschriften,** die ganz oder teilweise abgedruckt sind, enthält eine Liste hinter dem Inhaltsverzeichnis. Die Überschriften zu den einzelnen Paragraphen oder Artikeln sind ohne Klammern amtlich, in eckigen Klammern nicht amtlich.

Die Autoren und der Verlag

Abkürzungsverzeichnis
einschließlich einzelner juristischer Werke

(Ortsname ohne Zusatz bedeutet das OLG mit Sitz an dem betreffenden Ort, ausnahmsweise das LG, wenn es an diesem Ort kein OLG gibt oder gab)

aA	anderer Ansicht
AAA	American Arbitration Association; American Accounting Association; Triple-A credit ranking
AAB-WP	Allgemeine Auftragsbedingungen für Wirtschaftsprüfer und Wirtschaftsprüfungsgesellschaften (zit AGB-WP)
Aach	Aachen
AAG	Gesetz über den Ausgleich von Arbeitgeberaufwendungen und zur Änderung weiterer Gesetze (Aufwendungsausgleichsgesetz – AAG) v 22.12.2005, BGBl I 3686, BGBl III FNA 800-19-4
aaO	am angegebenen Ort
ABA	American Bar Association
AbfG	s KrW/AbfG
ABGB	Allgemeines Bürgerliches Gesetzbuch (Österreich)
abgedr	abgedruckt
Abk	Abkommen
ABl	Amtsblatt
abl	ablehnen(d)
ABlEG, ABlEU	Amtsblatt der Europäischen Gemeinschaften, A. der Europäischen Union (Nr, Seite, Datum)
Abs	Absatz
ABS	asset-backed securities
AbschirmSanG	Gesetz zur Abschirmung von Risiken und zur Planung der Sanierung und Abwicklung von Kreditinstituten und Finanzgruppen v 7.8.2013, BGBl I 2013, 3090, auch Trennbankengesetz genannt
AbschlussprüfungsVO	Verordnung (EU) Nr. 537/2014 des Europäischen Parlaments und des Rates v 16.4.2014 über spezifische Anforderungen an die Abschlussprüfung bei Unternehmen von öffentlichem Interesse und zur Aufhebung des Beschlusses 2005/909/EG der Kommission, ABlEU L 158/77 v. 27.5.2014
Abschn	Abschnitt
Abt	Abteilung
abw	abweichend
AbwMechG	Gesetz zur Anpassung des nationalen Bankenabwicklungsrechts an den Einheitlichen Abwicklungsmechanismus und die europäischen Vorgaben zur Bankenabgabe (Abwicklungsmechanismusgesetz – AbwMechG) v 2.11.2015, BGBl I 1864
ACQP	Acquis Principles (Principles of Existing EC Contract Law)
AcP	Archiv für die civilistische Praxis (Bd, Jahr, Seite)
ADHGB	Allgemeines Deutsches Handelsgesetzbuch
ADR	alternative dispute resolution; American depository receipt(s)
ADS	Adler/Düring/Schmaltz, Rechnungslegung und Prüfung der Unternehmen
ADS (AGB)	Allgemeine Deutsche Seeversicherungsbedingungen – ADS, Besondere Bestimmungen für die Güterversicherung
ADSp	Allgemeine Deutsche Spediteurbedingungen
aE	am Ende
AEUV	Vertrag über die Arbeitsweise der Europäischen Union (AEUV) in der seit dem 1.12.2009 geltenden Fassung, ABlEU 2008 Nr C 115/1 v 9.5.2008, ber ABlEU 2009 Nr C 290/1 v 30.11.2009; auf Englisch: TFEU
aF	alte Fassung

XXIII

Abkürzungsverzeichnis

AfA	Absetzung für Abnutzung
AFB	Association Française des Banques
AFG	Arbeitsförderungsgesetz (AFG) v 25.6.1969, BGBl I 582, aufgehoben, s jetzt SGB III Arbeitsförderung
AfP	Archiv für Presserecht (Jahr und Seite)
AG	Amtsgericht; Aktiengesellschaft; Die Aktiengesellschaft, Zeitschrift für das gesamte Aktienwesen, für deutsches, europäisches und internationales Unternehmens- und Kapitalmarktrecht, mit Sonderteil AG-Report (Jahr und Seite, R mit Seite: AG Report)
AGB	Allgemeine Geschäftsbedingungen
AGB-AKV	Geschäftsbedingungen der Deutscher Auslandskassenverein AG, heute: Deutsche Börse Clearing AG
AGB-Anderkonten	Bedingungen für Anderkonten und Anderdepots (von Rechtsanwälten und Gesellschaften von Rechtsanwälten, Notaren, Patentanwälten und Gesellschaften von Patentanwälten, Angehörigen der öffentlich bestellten wirtschaftsprüfenden und wirtschafts- und steuerberatenden Berufe)
AGB-Banken	AGB der (privaten) Banken
AGB/BSK	AGB der Bundesfachgruppe Schwertransporte und Kranarbeiten
AGB-DBBk	AGB der Deutschen Bundesbank
AGBG	Gesetz zur Regelung des Rechts der Allgemeinen Geschäftsbedingungen (AGB-Gesetz) v 9.12.1976, BGBl I 3317, aufgehoben durch SMG
AGB-KV	Geschäftsbedingungen der Deutschen Kassenvereine (Wertpapiersammelbanken)
AGB-Spark	AGB der Sparkassen und Girozentralen
AGB-WP	s AAB-WP
AGB-WPGeschäfte	Sonderbedingungen für Wertpapiergeschäfte (Banken), Bedingungen für Wertpapiergeschäfte (Sparkassen)
AGG	Allgemeines Gleichbehandlungsgesetz (AGG) v 14.8.2006, BGBl I 1897, BGBl III FNA 402-40
AGNB	Allgemeine Beförderungsbedingungen für den gewerblichen Güternahverkehr mit Kfz
AG R	s AG
AgrarR	Agrarrecht, Zeitschrift für das gesamte Recht der Landwirtschaft, der Agrarmärkte und des ländlichen Raumes (seit 1971 Jahr und Seite)
AHB	Allgemeine Haftpflichtversicherungs-Bedingungen
AHK	Alliierte Hohe Kommission
AHKG	Gesetz der Alliierten Hohen Kommission für Deutschland
AIBD	Association of International Bond Dealers
AICPA	American Institute of Certified Public Accountants
AIF	Alternative Investment Fund, alternativer Investmentfonds
AIFM	Alternative Investment Fund Manager
AIFM-Ri	Richtlinie 2011/61/EU über die Verwalter alternativer Investmentfonds und zur Änderung der Richtlinien 2003/41/EG und 2009/65/EG und der Verordnungen (EG) Nr 1060/2009 und (EU) Nr 1095/2010 v 8.6.2011 ABlEU L 174/1 v 1.7.2011
AIFM-UmsG	Gesetz zur Umsetzung der Richtlinie 2011/61/EU über die Verwalter alternativer Investmentsfonds (AIFM-Umsetzungsgesetz – AIFM-UmsG) v 4.7.2013, BGBl I 1981
AIN	Accounting Interpretation
AIZ	Allgemeine Immobilienzeitung (Jahr und Seite)
AK	Arbeitskreis
AKB	Allgemeine Bedingungen für die Kraftfahrtversicherung
AKBR	Arbeitskreis Bilanzrecht Hochschullehrer Rechtswissenschaft
AkfDR	Akademie für Deutsches Recht
AKEIÜ	Arbeitskreis Externe und Interne Überwachung der Unternehmung der Schmalenbach-Gesellschaft für Betriebswirtschaft eV
AKEU	Arbeitskreis Externe Unternehmensrechnung der Schmalenbach-Gesellschaft für Betriebswirtschaft eV
AK HLRWiss	Arbeitskreis Bilanzrecht der Hochschullehrer Rechtswissenschaft
AktG	Aktiengesetz v 6.9.1965, BGBl I 1089, BGBl III FNA 4121-1

Abkürzungsverzeichnis

AktienRNovelle 2016	Gesetz zur Änderung des AktG (Aktienrechtsnovelle 2016) v 22.12.2015, BGBl I 2565
AKV	Deutscher Auslandskassenverein AG
ALB	Allgemeine Lagerbedingungen
ALB Cargo	Allgemeine Leistungsbedingungen (ALB) der Deutschen Bahn AG (DB Cargo)
allg	allgemein
allgM	allgemeine Meinung
ALM	arbitration, litigation, mediation
ALR	Allgemeines Landrecht für die Preußischen Staaten
Alt	Alternative
AltEinkG	Gesetz zur Neuordnung der einkommensteuerrechtlichen Behandlung von Altersvorsorgeaufwendungen und Altersbezügen (Alterseinkünftegesetz – AltEinkG) v 5.7.2004, BGBl I 1427
aM	anderer Meinung
am	amerikanisch
amMR	amerikanische Militärregierung
AmtlBegr	Amtliche Begründung
amZ	amerikanische Zone
Anatomy	Kraakman et al, eds, The Anatomy of Corporate Law, 3d ed, Oxford 2017
ÄndG	Gesetz zur Änderung (von)
ÄndRi	Richtlinie zur Änderung (von)
AnfG	Gesetz über die Anfechtung von Rechtshandlungen eines Schuldners außerhalb des Insolvenzverfahrens (Anfechtungsgesetz – AnfG) v 5.10.1994, BGBl I 2911, BGBl III FNA 311-14-2
Anh	Anhang
Anl	Anlage
AnlEntG	Anlegerentschädigungsgesetz (s EAEG, so umbenannt durch DGSG-Umsetzungsgesetz)
Anm	Anmerkung
AnsFuG	Gesetz zur Stärkung des Anlegerschutzes und Verbesserung der Funktionsfähigkeit des Kapitalmarkts v 8.4.2011, BGBl I 538
AnSVG	Gesetz zur Verbesserung des Anlegerschutzes (Anlegerschutzverbesserungsgesetz – AnSVG) v 28.10.2004, BGBl I 2630
AO	Abgabenordnung idF v 1.10.2002, BGBl I 3866, BGBl III FNA 610-1-3
ao	außerordentlich
AP	Nachschlagewerk des Bundesarbeitsgerichts (bis 1954 Zeitschrift: Arbeitsrechtliche Praxis) (Gesetzesstelle, Entscheidungsnummer; Nr ohne Gesetzesstelle bezieht sich auf den kommentierten Paragraphen)
APA	asset purchase agreement
APAG	Gesetz zur Fortentwicklung der Berufsaufsicht über Abschlussprüfer in der Wirtschaftsprüferordnung (Abschlussprüferaufsichtsgesetz – APAG) v 27.12.2004, BGBl I 3846
APAK	Abschlussprüferaufsichtskommission
APAReG	Gesetz zur Umsetzung der aufsichts- und berufsrechtlichen Regelungen der Richtlinie 2014/56/EU sowie zur Ausführung der entsprechenden Vorgaben der Verordnung (EU) Nr. 537/2014 im Hinblick auf die Abschlussprüfung bei Unternehmen von öffentlichem Interesse (Abschlussprüferaufsichtsreformgesetz – APAReG) v 31.3.2016, BGBl I 518
APB	Accounting Principles Board; Accounting Principles Board Opinion No.
ApG	Gesetz über das Apothekenwesen idF v 15.10.1980, BGBl I 1993 AJPT Auditing: A Journal of Practice and Theory (Bd, Jahr und Seite)
APV	Adjusted Present Value
AR	Der Aufsichtsrat (Zeitschrift)
ARB	Allgemeine Versicherungsbedingungen für die Rechtsschutzversicherung
ARBull	Accounting Research Bulletin

Abkürzungsverzeichnis

ArbNErfG	Gesetz über Arbeitnehmererfindungen v 25.7.1957, BGBl I 756, BGBl III FNA 422-1
ArbG	Arbeitsgericht
ArbGG	Arbeitsgerichtsgesetz idF v 2.7.1979, BGBl I 853, ber 1036, BGBl III FNA 320-1
ArbInt	Arbitration International (Bd, Jahr, Seite)
ArbPlSchG	Gesetz über den Schutz des Arbeitsplatzes bei Einberufung zum Wehrdienst (Arbeitsplatzschutzgesetz – ArbPlSchG) idF v 16.7.2009, BGBl I 2055, BGBl III FNA 53-2
ArbR	Arbeitsrecht Aktuell (Jahr und Seite)
1. ArbRBerG	Gesetz zur Änderung des Kündigungsrechts und anderer arbeitsrechtlicher Vorschriften (Erstes Arbeitsrechtsbereinigungsgesetz) v 14.8.1969, BGBl I 1106
ArbR-Blattei	Arbeitsrecht-Blattei
ArbRSamml	Arbeitsrechts-Sammlung (früher Bensheimer Sammlung), Entscheidungen des Reichsarbeitsgerichts- und des Reichsehrengerichtshofs, der Landesarbeitsgerichte, Arbeitsgerichte und Ehrengerichte (Bd und Seite)
ArbSchG	Gesetz über die Durchführung von Maßnahmen des Arbeitsschutzes zur Verbesserung der Sicherheit und des Gesundheitsschutzes der Beschäftigten bei der Arbeit (Arbeitsschutzgesetz – ArbSchG) v 7.8.1996, BGBl I 1246, BGBl III FNA 805-3
ArbZG	Arbeitszeitgesetz (ArbZG) v 6.6.1994, BGBl I 1170, BGBl III FNA 8050-21
AReG	Gesetz zur Umsetzung der prüfungsbezogenen Regelungen der Richtlinie 2014/56/EU sowie zur Ausführung der entsprechenden Vorgaben der Verordnung (EU) Nr. 537/2014 im Hinblick auf die Abschlussprüfung bei Unternehmen von öffentlichem Interesse v 10.5.2016, BGBl I 1142
ARGE	Arbeitsgemeinschaft
arg e	argumentum ex, Grund in
Art	Artikel
ARS	Accounting Series Release
ART-Produkte	alternative risk transfer-Produkte
ARUG	Gesetz zur Umsetzung der Aktionärsrechterichtlinie (ARUG) v 30.7.2009, BGBl I 2479
ASB	Accounting Standards Board
ASC	Accounting Standards Committee
ASCPA	American Society of Certified Public Accountants
ASEC	Accounting Standards Executive Committee
AT	Allgemeiner Teil
ATS	alternative trading system(s)
Aufl	Auflage
AÜG	Gesetz zur Regelung der gewerbsmäßigen Arbeitnehmerüberlassung (Arbeitnehmerüberlassungsgesetz – AÜG) idF 3.2.1995, BGBl I 158, BGBl III FNA 810-31
Augsbg	Augsburg
AuR	Arbeit und Recht (Jahr und Seite)
ausf	ausführlich
AuslInvestmG	Auslandsinvestment-Gesetz idF v 9.9.1998, BGBl I 2820, aufgehoben durch InvG 2003
AVB	Allgemeine Versicherungsbedingungen
AVermV	Verordnung über Arbeitsvermittlung durch private Arbeitsvermittler (Arbeitsvermittlerverordnung – AVermV) v 11.3.1994, BGBl I 563, FNA 810-1-50, aufgehoben
AVG	Angestelltenversicherungsgesetz idF v 28.5.1924, RGBl I 563, aufgehoben
AVmG	Gesetz zur Reform der gesetzlichen Rentenversicherung und zur Förderung eines kapitalgedeckten Altersvorsorgevermögens (Altersvermögensgesetz) v 26.6.2001, BGBl I 1310
AWD	Außenwirtschaftsdienst des Betriebs-Berater (seit 1975 RIW) (Jahr und Seite)

Abkürzungsverzeichnis

AWG	Gesetz zur Modernisierung des Außenwirtschaftsrechts v 6.6.2013, BGBl I 1482
AWR	Archiv für Wettbewerbsrecht (Jahr und Seite)
AWV	Außenwirtschaftsverordnung (AWV) v 2.8.2013, BGBl I 2865; Arbeitsgemeinschaft für wirtschaftliche Verwaltung
Az	Aktenzeichen
AZO	Arbeitszeitordnung v 30.4.1938, RGBl I 446, aufgehoben
B-	Bundes-
BaFin	Bundesanstalt für Finanzdienstleistungsaufsicht, durch FinDAG ab 1.5.2002, vorher BAKred, BAV, BAWe
BAG	Bundesarbeitsgericht, auch Entscheidungen des Bundesarbeitsgerichts (Bd und Seite)
BAKred	Bundesaufsichtsamt für das Kreditwesen, seit 2002 BaFin
b2b	business to business, Verkehr zwischen Unternehmen
b2c	business to consumer(s), Verkehr mit Verbrauchern
Bad-Banks-Gesetz	s FinanzmarktStabForentwG
Bambg	Bamberg (OLG)
Bandasch	s GK(HGB)
Bank	Die Bank, Zeitschrift für Bankpolitik und Bankpraxis (bis 1976: Bank-Betrieb)
BankA	Bank-Archiv, Zeitschrift für Bank- und Börsenwesen (Jahr und Seite)
Bank-Betrieb	Bank-Betrieb (ab 1977 Die Bank) (Jahr und Seite)
BankBiRiLiG	Gesetz zur Durchführung der Richtlinie des Rates der Europäischen Gemeinschaften über den Jahresabschluss und den konsolidierten Abschluss von Banken und anderen Finanzinstituten (Bankbilanzrichtlinie-Gesetz) v 30.11.1990, BGBl I 2570
BankenRiUmsetzG 2006	Gesetz zur Umsetzung der neu gefassten Bankenrichtlinie und der neu gefassten Kapitaladäquanzrichtlinie v 17.11.2006, BGBl I 2606 (7. KWG-Novelle)
BankenRiUmsetzG 2010	Gesetz zur Umsetzung der geänderten Bankenrichtlinie und der geänderten Kapitaladäquanzrichtlinie v 19.11.2010, BGBl I 1592
BankrechtsHdb/ (Bearbeiter)	Schimansky, Bunte, Lwowski, Hrsg, Bankrechts-Handbuch, 2 Bde, München, 5. Aufl 2017
BankrechtsKomm	Langenbucher/Bliesener/Spindler, Hrsg, Bankrechts-Kommentar, München, 2. Aufl 2016, zit: BankrechtsKommLBS/Bearbeiter
Bankrechtstag (Jahr)	Bankrechtliche Vereinigung, Schriftenreihe, Bankrechtstage 1990 f, Frankfurt 1991 f, Bankrechtstage 1992 ff (jährlich) Bd 3 ff, Berlin 1993 ff (Jahr und Seite)
Bank Workout	Restrukturierung durch Bank
BAnz	Bundesanzeiger
BArbBl	Bundesarbeitsblatt (Jahr und Nr)
BARefG	Berufsaufsichtsreformgesetz – BARefG (7. WPO-Novelle) v 3.9.2007, BGBl I 2178
BasiskontoUmsetzG	s ZKG
Baumb/Hefermehl/ Casper	Wechselgesetz, Scheckgesetz, Recht der kartengestützten Zahlungen, München, 23. Aufl 2008
Baumb/Hefermehl/ Köhler/Bornkamm	s jetzt Köhler/Bornkamm
Baumb/Hopt	Baumbach, Hopt, Handelsgesetzbuch mit GmbH & Co, Handelsklauseln, Bank- und Börsenrecht, Transportrecht (ohne Seerecht), 38. Aufl, München 2018, bearbeitet von Hopt, Kumpan, Merkt und M. Roth
Baumb/Hueck	Baumbach, Hueck, GmbH-Gesetz, Beurskens, Fastrich, Haas, Noack, München, 21. Aufl 2017
Baumb/Lauterbach/ Albers/Hartmann	Zivilprozessordnung mit FamFG, GVG und anderen Nebengesetzen, München, 75. Aufl 2016

Abkürzungsverzeichnis

BauspG	Gesetz über Bausparkassen idF v 15.2.1991, BGBl I 454, BGBl III FNA 7691-2
BausparkV	Verordnung zum Schutz der Gläubiger von Bausparkassen (Bausparkassen-Verordnung – BausparkV) v 19.12.1990, BGBl I 2947, BGBl III FNA 7691-2-1–2
BAV	Bundesaufsichtsamt für das Versicherungswesen (vor 1973: Versicherungs- und Bausparwesen), durch FinDAG seit 1.5.2002 BaFin
BAWe	Bundesaufsichtsamt für den Wertpapierhandel, durch FinDAG seit 1.5.2002 BaFin
BaWü	Baden-Württemberg
Bay	Bayern
BayObLG	Bayerisches Oberstes Landesgericht, auch Entscheidungen des Bayerischen Obersten Landesgerichts in Zivilsachen (Bd und Seite); Gericht aufgelöst mWv 1.7.2006
BB	Betriebs-Berater (Jahr und Seite)
BBA	British Bankers Association
BBahnG	Bundesbahngesetz (BBahnG) idF 27.12.1993, BGBl I 2378, BGBl III FNA 931-1
BBAN	(nationale) Basis-Kontonummer (s auch IBAN)
BBankG	Gesetz über die Deutsche Bundesbank idF v 22.10.1992, BGBl I 1782, BGBl III FNA 7620-1
BBiG	Berufsbildungsgesetz v 23.3.2005, BGBl I 931, BGBl III FNA 806-22
BBK	Buchführung, Bilanzierung, Kostenrechnung (Zeitschrift)
BBP	Betriebswirtschaft im Blickpunkt (Zeitschrift)
BB-Sp	BB-Special (Jahr und Seite)
BC	Zeitschrift für Bilanzierung, Rechnungswesen und Controlling (Jahr und Seite); Basis for Conclusion
BCBS	Basel Committee on Banking Supervision
Bd, Bde	Band, Bände
BdB	Bundesverband deutscher Banken e. V.
BDI	Bundesverband der Deutschen Industrie
BdL	Bank deutscher Länder
BDSG	Bundesdatenschutzgesetz (BDSG) idF v 30.6.2017 BGBl I 2997, BGBl III FNA 204-3
BeckBilKo	Beck'scher Bilanz-Kommentar
BeckOK HGB	Beck-OnlineKommentar HGB aus Grosskommentar zum Zivilrecht
BeckRS	Beck-Rechtsprechung, abrufbar unter www.beck-online.de
BegleitG	Begleitgesetz zur Umsetzung von EG-Richtlinien zur Harmonisierung bank- und wertpapieraufsichtsrechtlicher Vorschriften v 22.10.1997, BGBl I 2567
Begr, begr	Begründung, begründet
Beil	Beilage
Bek	Bekanntmachung
Bem	Bemerkung
ber	berichtigt
BerBG	s BBiG
bes	besonders, besondere(r, s)
BeschleunG	Gesetz zur Beschleunigung fälliger Zahlungen v 30.3.2000, BGBl I 330
BeteiligungsRi-UmsetzG	Gesetz zur Umsetzung der Beteiligungsrichtlinie v 12.3.2009, BGBl I 470
Betr (DB)	Der Betrieb (Jahr und Seite)
betr	betreffend, betrifft
BetrAVG	Gesetz zur Verbesserung der betrieblichen Altersversorgung (Betriebsrentengesetz) v 19.12.1974, BGBl I 3610, BGBl III FNA 800-22-1
BetrVG	Betriebsverfassungsgesetz idF v 25.9.2001, BGBl I 2518, BGBl III FNA 801-7

Abkürzungsverzeichnis

BeurkG	Beurkundungsgesetz v 28.8.1969, BGBl I 1513, BGBl III FNA 303-13
BewG	Bewertungsgesetz (BewG) idF v 1.2.1991, BGBl I 230, BGBl III FNA 610-7
BezG	Bezirksgericht
BFH	Bundesfinanzhof, auch Sammlung der Entscheidungen und Gutachten des Bundesfinanzhofs (Bd und Seite)
BFH/NV	Sammlung amtlich nicht veröffentlichter Entscheidungen des Bundesfinanzhofs (Zeitschrift)
BfJ	Bundesamt für Justiz
BfJG	Gesetz zur Errichtung und zur Regelung der Aufgaben des Bundesamts für Justiz v 17.12.2006, BGBl I 3171
BFuP	Betriebswirtschaftliche Forschung und Praxis (Jahr und Seite)
BG	Bundesgericht (Schweiz); Berufsgenossenschaft
BgA	Betrieb gewerblicher Art
BGB	Bürgerliches Gesetzbuch v 18.8.1896, RGBl 195, idF v 2.1.2002, BGBl I 42, BGBl III FNA 400-2
BGBGes, GbR	Gesellschaft des bürgerlichen Rechts
BGBl I, II	Bundesgesetzblatt, mit Ziffer I (oder ohne Ziffer) = Teil I; mit Ziffer II = Teil II (Jahr und Seite)
BGBl III	Bereinigte Sammlung des Bundesrechts, abgeschlossen am 31.12.1968, in Nachweisform fortgeführt durch FNA
BGH	Bundesgerichtshof, auch Entscheidungen des Bundesgerichtshofes in Zivilsachen (Bd und Seite), ab 1951
BGHFS	Geiß ua, Hrsg, Festschrift aus Anlass des fünfzigjährigen Bestehens von Bundesgerichtshof, Bundesanwaltschaft und Rechtsanwaltschaft beim Bundesgerichtshof, Köln ua 2000
BGHFSWissII	Heldrich/Hopt, Hrsg, 50 Jahre Bundesgerichtshof, Festgabe aus der Wissenschaft, Bd. II, Hdl- und Wirtschaftsrecht, Europäisches und Internationales Recht, München 2000
BGHR	Systematische Sammlung der Entscheidungen des Bundesgerichtshofes (LBl)
BGHRep	BGH-Report (Jahr und Seite)
BGHSt	Bundesgerichtshof, auch Entscheidungen des Bundesgerichtshofes in Strafsachen (Bd und Seite), ab 1957
BGHVGrS	Bundesgerichtshof, Vereinigter Großer Senat
BGHWarn	Die Rechtsprechung des Bundesgerichtshofs in Zivilsachen, begr von Warneyer (Jahr und Nr)
BIC	Business Identifier Code, Identifikator für Zahlungskonten, Internationale Bankleitzahl (IBAN)
Bielef	Bielefeld
BilKoG	Gesetz zur Kontrolle von Unternehmensabschlüssen (Bilanzkontrollgesetz – BilKoG) v 15.12.2004, BGBl I 3408
BilMoG	Gesetz zur Modernisierung des Bilanzrechts (Bilanzrechtsmodernisierungsgesetz – BilMoG) v 25.5.2009, BGBl I 1102
BilReG	Gesetz zur Einführung internationaler Rechnungslegungsstandards und zur Sicherung der Qualität der Abschlussprüfung (Bilanzrechtsreformgesetz – BilReG) v 4.12.2004, BGBl I 3166
BilRUG	Gesetz zur Umsetzung der Richtlinie 2013/34/EU des Europäischen Parlaments und des Rates vom 26. Juni 2013 über den Jahresabschluss, den konsolidierten Abschluss und damit verbundene Berichte von Unternehmen bestimmter Rechtsformen und zur Änderung der Richtlinie 2006/43/EG des Europäischen Parlaments und des Rates und zur Aufhebung der Richtlinien 78/660/EWG und 83/349/EWG des Rates (Bilanzrichtlinie-Umsetzungsgesetz – BilRUG), v 17.7.2015, BGBl I 1245
BinSchG	Gesetz betr die privatrechtlichen Verhältnisse der Binnenschifffahrt (Binnenschifffahrtsgesetz – BinSchG) idF v 15.6.1898, RGBl 868, BGBl III FNA 4103-1
BinSchVG	Gesetz über den gewerblichen Binnenschiffsverkehr idF v 8.1.1969, BGBl I 65, außer Kraft mWv 1.1.1995 durch G v 13.8.1993, BGBl I 1489

Abkürzungsverzeichnis

BIP	Bruttoinlandsprodukt
BiRiLiG	Gesetz zur Durchführung der Vierten, Siebenten und Achten Richtlinie des Rates der Europäischen Gemeinschaften zur Koordinierung des Gesellschaftsrechts (Bilanzrichtlinien-Gesetz – BiRiLiG) v 19.12.1985, BGBl I 2355
BIT	Bilateral Investment Treaty
BJIBFL	Butterworths Journal of International Banking and Finance Law
BKartA	Bundeskartellamt
BKR	Zeitschrift für Bank- und Kapitalmarktrecht (Jahr und Seite)
Bln	Berlin
BMAS	Bundesministerium für Arbeit und Soziales
BMF	Bundesministerium der Finanzen
BMJV	Bundesministerium der Justiz und für Verbraucherschutz
BMV	Bundesministerium für Verkehr
BMWiT	Bundesministerium für Wirtschaft und Technologie
b/n	brutto für netto
BNotO	Bundesnotarordnung v 24.2.1961, BGBl I 1998, BGBl III FNA 303-1
BoHdR	Hofbauer, Kupsch, Bonner Handbuch der Rechnungslegung, Bonn (LBl)
BörsG	Börsengesetz (BörsG) v 16.7.2007, BGBl I 1330, BGBl III FNA 4110-8
BörsO	Börsenordnung
BörsZulG	Gesetz zur Einführung eines neuen Marktabschnitts an den Wertpapierbörsen und zur Durchführung der Richtlinien des Rates der Europäischen Gemeinschaften v 5.3.1979, v 17.3.1980 und v 15.2.1982 zur Koordinierung börsenrechtlicher Vorschriften (Börsenzulassungs-Gesetz) v 16.12.1986, BGBl I 2478
BörsZulV	Verordnung über die Zulassung von Wertpapieren zum amtlichen Markt an einer Wertpapierbörse (Börsenzulassungs-Verordnung – BörsZulV) idF v 9.9.1998, BGBl I 2832, BGBl III FNA 4110-1-1
BPatG	Bundespatentgericht
BPO (ICC)	Bank Payment Obligation (International Chamber of Commerce)
br	britisch
BR, BRat	Bundesrat
BRAO	Bundesrechtsanwaltsordnung v 1.8.1959, BGBl I 565, BGBl III FNA 308-8
BRD	Bundesrepublik Deutschland
Brdbg	Brandenburg (OLG)
BRDrucks	Bundesrats-Drucksache
BReg	Bundesregierung
Brem	Bremen (OLG)
BRIC (Länder)	Brasilien, Rußland, Indien, China
BRIS	Business Register Interconnection System
BRITE	Business Register Interoperability Throughout Europe
brMR	britische Militärregierung
BRRD	Bank Recovery and Resolution Directive
BRRD-UmsetzG	Gesetz zur Umsetzung der Richtlinie 2014/59/EU des Europäischen Parlaments und des Rates vom 15.5.2014 zur Festlegung eines Rahmens für die Sanierung und Abwicklung von Kreditinstituten und Wertpapierfirmen und zur Änderung der Richtlinie 82/891/EG des Rates, der Richtlinien 2001/24/EG, 2002/47/EG, 2004/25/EG, 2005/56/EG, 2007/36/EG, 2011/35/EU, 2012/30/EU und 2013/36/EU sowie der Verordnungen (EU) Nr. 1093/2010 und (EU) Nr. 648/2012 des Europäischen Parlaments und des Rates (BRRD-Umsetzungsgesetz) v 10.12.2014, BGBl I 2091
Brschw	Braunschweig (OLG)
BrV	Bankrechtliche Vereinigung – Wissenschaftliche Gesellschaft für Bankrecht e. V., Frankfurt a. M.; s. auch Bankrechtstag
BRZ	Zeitschrift für Bilanzierung und Rechnungswesen (Jahr und Seite)
brZ	britische Zone

Abkürzungsverzeichnis

BS	Bereinigte Sammlung
BS WP/vBP	Berufssatzung für Wirtschaftsprüfer und vereidigte Buchprüfer (Berufssatzung)
BSchuWG	Gesetz zur Regelung des Schuldenwesens des Bundes (Bundesschuldenwesengesetz – BSchuWG) v 12.7.2006, BGBl I 1466, BGBl III FNA 650-8
BSE	Beleglosser Scheckeinzug
BSL	Bundesverband Spedition und Lagerei e. V., Bonn
BSozG (BSG)	Bundessozialgericht
Bsp (Bspe)	Beispiel(e)
BStBl	Bundessteuerblatt (Bd, Jahr, Seite)
BT, BTag	Bundestag
BTDrucks	Bundestags-Drucksache
Btx	Bildschirmtext
BuB/(Bearbeiter)	Bankrecht und Bankpraxis (früher: Bankgeschäftliches Formularbuch), Köln 1978 ff (LBl)
Buchführungs-Ri	Richtlinien zur Organisation der Buchführung (im Rahmen eines einheitlichen Rechnungswesens) v 11.11.1937, MinBlfWi 239
Buchst	Buchstabe
Bülow/Böckstiegel	s jetzt Geimer/Schütze
Bunte	Bunte, AGB-Banken, AGB-Sparkassen, Sonderbedingungen, München, 4. Aufl 2015
BUrlG	Mindesturlaubsgesetz für Arbeitnehmer (Bundesurlaubsgesetz) v 8.1.1963, BGBl I 2
Bürokratieabbau- und TransparenzG	Gesetz zum Bürokratieabbau und zur Förderung der Transparenz bei Genossenschaften v 17.7.2017 BGBl I 2434
BürokratieEntlG	Gesetz zur Entlastung insbesondere der mittelständischen Wirtschaft von Bürokratie (Bürokratieentlastungsgesetz) v 28.7.2015, BGBl I 1400
BuW	Betrieb und Wirtschaft (Jahr und Seite)
BVerfG	Bundesverfassungsgericht, auch Entscheidungen des Bundesverfassungsgerichts (Bd und Seite)
BVerwG	Bundesverwaltungsgericht, auch Entscheidungen des Bundesverwaltungsgerichtes (Bd und Seite)
BVFG	Gesetz über die Angelegenheiten der Vertriebenen und Flüchtlinge (Bundesvertriebenengesetz – BVFG) idF v 10.8.2007, BGBl I 1902, BGBl III FNA 240-1
BVI	Bundesverband deutscher Investmentgesellschaften
BWNotZ	Zeitschrift für das Notariat in Baden-Württemberg (Jahr und Seite)
BZentralReg	Bundeszentralregister
bzw	beziehungsweise
CAC	collective action clauses; französischer Wertpapierindex (CAC 40)
CAD	Capital Adequacy Directive
CaffeeHdlVerein	Verein der am Caffeehandel beteiligten Firmen
Canaris	Canaris, Bankvertragsrecht, 1. Teil, 3. Aufl Berlin 1988, im Übrigen 2. Bearbeitung, Berlin 1981, Sonderausgabe aus Staub, Handelsgesetzbuch, Großkommentar (zit Canaris, Zahlen = jeweilige Rdn); s auch GroßKo/(Canaris) und Staub/(Canaris)
Canaris, HdlRecht	Canaris, Handelsrecht, München, 24. Aufl 2006 (zit Canaris § mit Rn)
Canaris, Vertrauenshaftung	Canaris, Die Vertrauenshaftung im deutschen Privatrecht, München 1971
CAPM	capital asset pricing method
CB	Compliance Berater (Zeitschrift)
cc	Code civil
c2c	consumer(s) to consumer(s)
CCO	chief compliance officer
CCP	central counterparty
CCZ	Corporate Compliance Zeitschrift, Zeitschrift zur Haftungsvermeidung im Unternehmen (Jahr und Seite)

XXXI

Abkürzungsverzeichnis

CD	certificate of deposit
CDH	Centralvereinigung Deutscher Wirtschaftsverbände für Handelsvermittlung und Vertrieb (CDH)
CDO	collateral(ized) debt obligation(s)
CDO²	CDO squared, Weiterverbriefung der im Rahmen eines CDO emittierten Wertpapiere
CDS	credit default swap
CEAOB	Committee of European Auditing Oversight Bodies
CEBS	Committee of European Banking Supervisors
CEIOPS	Committee of European Insurance and Occupational Pensions Supervisors
Celle	Celle (OLG)
CEO	chief executive officer
CESL (GEK)	Common European Sales Law (Gemeinsames Europäisches Kaufrecht)
CESR	Committee of European Securities Regulators
CFD	contract for difference
CF	Corporate Finance (früher: CFL) (Jahr und Seite)
CFL	Corporate Finance Law (seit 2014 Corporate Finance, CF) (Jahr und Seite)
CFO	chief financial officer
CFR	Cost and Freight/Kosten und Fracht; Common Frame of Reference (s auch DCRF)
CFTC	Commodity Futures Trading Commission (USA)
Charl	Berlin-Charlottenburg
CIA	Certified Internal Auditor
cic	culpa in contrahendo
CIF	Cost, Insurance, Freight/Kosten, Versicherung, Fracht
CIM	Einheitliche Rechtsvorschriften für den Vertrag über die internationale Eisenbahnbeförderung von Gütern (Anh B zu COTIF)
CIP	Carriage and Insurance Paid To/Frachtfrei versichert
CISG	Convention on Contracts for the International Sale of Goods v 11.4.1980, BGBl II 1989, 588, ber 1990 II 1699, s auch UN-ÜbkIntWarenkauf
CIV	Einheitliche Rechtsvorschriften für den Vertrag über die internationale Eisenbahnbeförderung (Anh A zu COTIF)
CLN	credit linked note
CLO	collateralized loan obligation(s)
CMLJ	Capital Markets Law Journal
CMLRev	Common Market Law Review (Bd, Jahr, Seite)
CMR	Übereinkommen über den Beförderungsvertrag im internationalen Straßengüterverkehr v 19.5.1956, BGBl 1961 II 1119, 1962 II 12
CMU	Capital Markets Union
CoCo-Bonds	contingent convertible bonds
COMI	centre of main interests (EuInsVO)
CON	Statement of Financial Accounting Concept(s)
CorpFinL	s CFL
COTIF	Übereinkommen über den internationalen Eisenbahnverkehr v 9.5.1980, BGBl 1985 II 130, 666
CPA	Certified Public Accountant
cpd	Konto pro Diverse
CP	commercial paper
CPMA	Consumer Protection and Markets Authority (UK)
CPSIPS	Core Principles for Systemically Important Payment Systems
CPSS	Committee on Payment and Settlement Systems
CPT	Carriage Paid To/Frachtfrei
CR	Computer und Recht (Jahr und Seite)
CRA(s)	credit rating agency(ies)
CRD IV	Capital Requirements Directive IV
CRD IV-UmsetzungsG	Gesetz zur Umsetzung der Richtlinie 2013/36/EU über den Zugang zur Tätigkeit von Kreditinstituten und die Beaufsichtigung von

Abkürzungsverzeichnis

	Kreditinstituten und Wertpapierfirmen und zur Anpassung des Aufsichtsrechts an die Verordnung (EU) Nr 575/2013 über Aufsichtsanforderungen an Kreditinstitute und Wertpapierfirmen (CRD IV-Umsetzungsgesetz) v 28.8.2013, BGBl I 3395
CRR	Capital Requirements Regulation
CSD	Central Securities Depository
CSR	Corporate Social Responsibility, nunmehr: ESG
CSR-Ri	Richtlinie 2014/95/EU v 22.10.2014 zur Änderung der Bilanzrichtlinie 2013 im Hinblick auf die Angaben nicht finanzieller und die Diversität betreffender Informationen durch bestimmte große Unternehmen und Gruppen, ABlEU L 330/1 v 15.11.2014
CSR-RUG	Gesetz zur Stärkung der nichtfinanziellen Berichterstattung der Unternehmen in ihren Lage- und Konzernlageberichten (CSR-Richtlinie-Umsetzungsgesetz) v 11.4.2017, BGBl I 802
CTO	combined transport operator
CUP	Cambridge University Press
CVA	Credit Value Adjustment
DA	Dokumenten-Akkreditiv
DAF	Delivered At Frontier/Geliefert Grenze
DAI	Deutsches Aktieninstitut e. V., Deutsches Anwaltsinstitut
DAJV	Deutsch-Amerikanische Juristen-Vereinigung e. V.
DAP	Delivered at Place/Geliefert benannter Ort
Darmst	Darmstadt
DAT	Delivered at Terminal/Geliefert Terminal
Datenschutz	s DSGVO, DSAnpUG-EU
DAV	Deutscher Anwaltverein; Handelsrechtsausschuss des Deutschen Anwaltvereins
DAX	Deutscher Aktienindex
DB (Betr)	Der Betrieb (Jahr und Seite)
DB (DBB)	Deutsche Bahn AG, Deutsche Bundesbahn
DBA	Doppelbesteuerungsabkommen
DBBk	Deutsche Bundesbank; Monatsberichte der Deutschen Bundesbank (Monat, Jahr, Seite)
DBBkG	s BBankG
DBGrG	Gesetz über die Gründung einer Deutsche Bahn Aktiengesellschaft (Deutsche Bahn Gründungsgesetz – DBGrG) v 27.12.1993, BGBl I 2386, BGBl III FNA 931-5
DBk	Deutsche Bank
DBP	Deutsche Bundespost (jetzt: Deutsche Post AG)
DBW	Die Betriebswirtschaft (Jahr und Seite), bis 2016
DCF	discounted cash flow
DCFR	Draft Common Frame of Reference
DCGK	Deutscher Corporate Governance Kodex
DDP	Delivered Duty Paid/Geliefert verzollt
DDR	Deutsche Demokratische Republik
DDU	Delivered Duty Unpaid/Geliefert unverzollt
Denkschrift	Denkschrift zu dem Entwurf eines Handelsgesetzbuchs v 1896
DepotG	Gesetz über die Verwahrung und Anschaffung von Wertpapieren (Depotgesetz – DepotG) v 4.2.1937 (RGBl I 171) idF v 11.1.1995, BGBl I 34, BGBl III FNA 4130-1
ders	derselbe
DEQ	Delivered Ex Quay/Geliefert ab Kai
DES	Delivered Ex Ship/Geliefert ab Schiff
DesignG	Gesetz über den rechtlichen Schutz von Designs (Designgesetz – DesignG) v 24.2.2014, BGBl I 122
DFÜ	Datenfernübertragung
DGB	Deutscher Gewerkschaftsbund
dgl	dergleichen
DGSD-UmsetzungsG	Gesetz zur Umsetzung der Richtlinie 2014/49/EU des Europäischen Parlaments und des Rates vom 16. April 2014 über Einlagensicherungssysteme (DGSD-Umsetzungsgesetz) v 28.5.2015, BGBl I 786

Abkürzungsverzeichnis

DGWR	Deutsches Gemein- und Wirtschaftsrecht (Jahr und Seite)
dh	das heißt
Die AG	s AG
Die Bank	s Bank
Die Spark	s Spark
dies	dieselben
DIHK	Deutscher Industrie- und Handelskammertag
DIHT	Deutscher Industrie- und Handelstag
DIN	Deutsches Institut für Normung e. V.
DIS	Deutsche Institution für Schiedsgerichtsbarkeit eV, vor 1992 Deutsches Institut für Schiedsgerichtswesen
DiskE	Diskussionsentwurf
Diss	Dissertation
DJ	Deutsche Justiz, Rechtspflege und Rechtspolitik, Amtliches Blatt der Deutschen Rechtspflege (Jahr und Seite)
DJT	Deutscher Juristentag
DJTGA	Gutachten für den Deutschen Juristentag
DJZ	Deutsche Juristen-Zeitung (Jahr und Spalte)
DKV	Deutscher Kassenverein
DM	Deutsche Mark
DMBilG	Gesetz über die Eröffnungsbilanz in Deutscher Mark und die Kapitalneufestsetzung (D-Markbilanzgesetz – DMBilG) idF 28.7.1994, BGBl I 1842, BGBl III FNA 4140-1
DNK	Deutscher Nachhaltigkeitskodex
DNotZ	Deutsche Notar-Zeitschrift (Jahr und Seite)
DNS	deferred net settlement
D&O-Versicherung	directors' & officers' liability insurance
DOCDEX	Documentary Instruments Dispute Resolution Expertise (Rules for Docdex)
DÖV	Die Öffentliche Verwaltung (Jahr und Seite)
DPR	Deutsche Prüfstelle für Rechnungslegung e. V.
DR (DRW)	Deutsches Recht (ab 1.4.1939 Wochenausgabe, vereinigt mit JW) (Jahr und Seite)
Dresd	Dresden
DrittelbG	Gesetz über die Drittelbeteiligung der Arbeitnehmer im Aufsichtsrat (Drittelbeteiligungsgesetz – DrittelbG) v 18.5.2004, BGBl I 974, BGBl III FNA 801-14
DRS	Deutscher Rechnungslegungs Standard
DRSC	Deutsches Rechnungslegungs Standards Committee e. V. (wie GASC)
Drucks	Drucksache
DRZ	Deutsche Rechts-Zeitschrift (ab 1951 übergeleitet in JZ) (Jahr und Seite)
DSAnpUG-EU	Gesetz zur Anpassung des Datenschutzrechts an die Verordnung (EU) 2016/679 und zur Umsetzung der Richtlinie (EU) 2016/680 (Datenschutz-Anpassungs- und -Umsetzungsgesetz EU – DSAnpUG-EU) v 30.6.2017, BGBl I 2097
DSGV	Deutscher Sparkassen- und Giroverband e. V.
DSGVO	Verordnung (EU) 2016/679 des Europäischen Parlaments und des Rates v 27.4.2016 zum Schutz natürlicher Personen bei der Verarbeitung personenbezogener Daten, zum freien Datenverkehr und zur Aufhebung der Richtlinie 95/46/EG (Datenschutz-Grundverordnung) ABlEU L 119/1 v 4.5.2016, L 314/72 v 22.11.2016
DSR	Deutscher Standardisierungsrat
DStRE	Deutsches Steuerrecht – Entscheidungsdienst
DStR	Deutsches Steuerrecht (Jahr und Seite)
DStZ	Deutsche Steuer-Zeitung (Jahr und Seite)
DSWR	Datumverarbeitung in Steuer, Wirtschaft und Recht (Jahr und Seite)
DTA	Datenträgeraustausch
DTB	DTB Deutsche Terminbörse

Abkürzungsverzeichnis

dtsch	deutsch
DtZ	Deutsch-Deutsche Rechts-Zeitschrift (Jahr und Seite)
Düringer/Hachenburg	Düringer, Hachenburg, Das Handelsgesetzbuch, Mannheim, 3. Aufl 1930–1935
Düss	Düsseldorf (OLG)
DVBl	Deutsches Verwaltungsblatt (Jahr und Seite)
DvD	delivery versus delivery
DVFA	Deutsche Vereinigung für Finanzanalyse und Anlageberatung e. V.
DVFA/SG-Methode	von der DVFA und der Schmalenbach-Gesellschaft – Deutsche Gesellschaft für Betriebswirtschaft e. V. entwickelte Methode zur Ermittlung des Ergebnisses je Aktien einer Unternehmung
DVO	Durchführungsverordnung
DvP	delivery versus payment
DVZ	Deutsche Verkehrs-Zeitung (Jahr, Nr und Seite)
DZWIR	Deutsche Zeitschrift für Wirtschafts- und Insolvenzrecht (1990–1998 Deutsche Zeitschrift für Wirtschaftsrecht DZWir) (Jahr und Seite)
E	Entwurf
EAD	exposure at default/Forderungshöhe bei Ausfall (Basel II)
EAEG	Einlagensicherungs- und Anlegerentschädigungsgesetz (EAEG) v 16.7.1998, BGBl I 1842, BGBl III FNA 7610-13, durch DGSE-UmsetzungsG umbenannt in AnlEntG
EAEGÄndG	Gesetz zur Änderung des Einlagesicherungs- und Anlegerentschädigungsgesetzes und anderer Gesetze v 25.6.2009 BGBl I 1528
EAR	European Accounting Review (Jahr und Seite)
EBA	European Banking Authority
EBAnz	elektronischer Bundesanzeiger
EBC	European Banking Committee
EBE/BGH	Eildienst: Bundesgerichtliche Entscheidungen (online)
Ebenroth/(Bearbeiter)	Ebenroth, Boujong, Joost, Strohn, Handelsgesetzbuch, hrsg von Ebenroth, Boujong, Joost, München, 2. Aufl Bd 2 2009, hrsg von Joost, Strohn, 3. Aufl Bd 1 2014, Bd 2 2015
EBIC	European Banking Industry Committee
EBIT	earnings before interest and taxes
EBITA	earnings before interest, taxes and amortization
EBITDA	earnings before interest, taxes, depreciation and amortization
EBOR	European Business Organization Law Review (Bd, Jahr, Seite)
EBR	Initiative für das Europäische Unternehmensregister
ec	eurocheque
ECB	European Central Bank
E.C.C.	European Contract for Coffee
ECE	United Nations Economic Commission for Europe, Wirtschaftskommission der Vereinten Nationen für Europa
ECFR	European Company and Financial Law Review (Jahr und Seite)
ECGI	European Corporate Governance Institute, Brüssel
ECLE	European Company Law Experts (seit 2011)
ECLI	European Case Law Identifier (für digitale Zitierweise)
ECLR	European Review of Contract Law (Jahr und Seite)
ECN	electronic communications network(s)
ECOFIN	Econcomic and Financial Affairs Council
ecolex	Fachzeitschrift für Wirtschaftsrecht (Wien, Jahr und Seite)
ECOSOC	s (UN)ECOSOC
ed, eds	edition, editor(s)
ED	Exposure Draft
EDI	electronic data interchange
EDIS	Europäisches Einlagenversicherungssystem, European Deposit Insurance System
E-DRS	Entwurf eines Deutschen Rechnungslegungsstandards
EDV	Elektronische Datenverarbeitung
EEA	European Economic Area
EFG	Entscheidungen der Finanzgerichte (Jahr und Seite)

Abkürzungsverzeichnis

EFRAG	European Financial Reporting Advisory Group, Europäische Beratungsgruppe für Rechnungslegung
EFSF	European Financial Stability Facility
EFZG	Gesetz über die Zahlung des Arbeitsentgelts an Feiertagen und im Krankheitsfall (Entgeltfortzahlungsgesetz, Art 56 SGB XI) v 26.5.1994, BGBl I 1014, BGBl III FNA 800-19-3
EG	Einführungsgesetz, auch Europäische Gemeinschaft(en), (iVm Artikeln) auch Vertrag zur Gründung der Europäischen Gemeinschaft in der nach dem 1.5.1999 bis zum 1.12.2009 geltenden Fassung (vorher EGV, Zitierweise des EuGH NJW 2000, 52, nachher s EUV)
eG	eingetragene Genossenschaft
EGAktG	Einführungsgesetz zum Aktiengesetz v 6.9.1965, BGBl I 1185, BGBl III FNA 4121-2
EGAO	Einführungsgesetz zur Abgabenordnung (AO 1977) v 14.12.1976, BGBl I 3341, 3370, BGBl III FNA 610-1-4
EGBGB	Einführungsgesetz zum Bürgerlichen Gesetzbuch v 18.8.1896, RGBl 604, BGBl III FNA 400-1
EGHGB	Einführungsgesetz zum Handelsgesetzbuch v 10.5.1897, RGBl 437, BGBl III FNA 4101-1
EGKomm	Kommission der Europäischen Gemeinschaften
EGKS	Europäische Gemeinschaft für Kohle und Stahl
EGMR	Europäischer Gerichtshof für Menschenrechte
EGV	Vertrag zur Gründung der Europäischen Gemeinschaft, (iVm Artikeln) in der vor dem 1.5.99 geltenden Fassung (nachher EG)
EHUG	Gesetz über elektronische Handelsregister und Genossenschaftsregister sowie das Unternehmensregister (EHUG) v 10.11.2006, BGBl I 2553
Ehrenbergs Hdb	Handbuch des gesamten Handelsrechts mit Einschluss des Wechsel-, Scheck-, See- und Binnenschifffahrtsrechts, des Versicherungsrechts sowie des Post- und Telegraphenrechts, hrsg von Ehrenberg, Leipzig 1913 ff
EIC	European Insurance Committee
eIDAS-Durchführungsgesetz	Gesetz zur Durchführung der Verordnung (EU) Nr. 910/2014 des Europäischen Parlaments und des Rates vom 23. Juli 2014 über elektronische Identifizierung und Vertrauensdienste für elektronische Transaktionen im Binnenmarkt und zur Aufhebung der Richtlinie 99/93/EG (eIDAS-Durchführungsgesetz) v 18.7.2017 BGBl I 2745
Einf	Einführung
EinhEurAkte	Einheitliche Europäische Akte (Gesetz v 28.2.1986, BGBl II 1102)
Einl	Einleitung
EinlagensicherungsRi	Richtlinie 2014/49/EU des Europäischen Parlaments und des Rates v 16.4.2014 über Einlagensicherungssysteme, ABlEU Nr L 173/149 v 12.6.2014
Einlagensicherungs-VO	Vorschlag einer Verordnung zur Änderung der Verordnung (EU) 806/2014 im Hinblick auf die Errichtung eines europäischen Einlagenversicherungssystem (European Deposit Insurance System) v 24.11.2015 COM (105) 586 final
EinSiG	Einlagensicherungsgesetz v 16.4.2014, BGBl I 786
EIOPA	European Insurance and Occupational Pensions Authority, Frankfurt
Eisenb	Eisenbahn
EisenbE	Eisenbahn- und verkehrsrechtliche Entscheidungen und Abhandlungen (Bd und Seite)
EJCCL	European Journal of Commercial Contract Law (Jahr und Seite)
EJT	Europäischer Juristentag
EKAG	Einheitliches Gesetz über den Abschluss von internationalen Kaufverträgen über bewegliche Sachen v 17.7.1973, BGBl I 868, außer Kraft 1.1.91 BGBl I 2895

Abkürzungsverzeichnis

EKG	Einheitliches Gesetz über den internationalen Kauf beweglicher Sachen v 17.7.1973, BGBl I 856, außer Kraft 1.1.91 BGBl I 2894
EKK	Europäischer Kaffee-Kontrakt, Hrsg Committee of European Coffee Associations
el.ERA	Anhang zu den ERA 600 für die Vorlage elektronischer Dokumente (el.ERA)
ELTIF(s)	European long term investment fund(s)
ELV	Elektronisches Lastschriftverfahren
EMA	European Master Agreement
Emde	Vertriebsrecht, Kommentar, §§ 84 bis 92c HGB, Handelsvertreterrecht, Vertragshändlerrecht, Franchiserecht, Berlin, 3. Aufl 2014 (1. Aufl in GroßKoHGB 5. Aufl Bd 2, §§ 48–104, 2008)
EMIR	European Market Infrastructure Regulation, s EMIR-VO
EMIR-AG	Ausführungsgesetz zur Verordnung (EU) Nr 648/2012 über OTC-Derivate, zentrale Gegenparteien und Transaktionsregister (EMIR-Ausführungsgesetz – EMIR-AG) v 13.2.2013 BGBl I 174
EMIR-VO	Verordnung (EU) Nr 648/2012 des Europäischen Parlaments und des Rates über OTC-Derivate, zentrale Gegenparteien und Transaktionsregister (European Market Infrastructure Regulation) v 4.7.2012 ABlEU L 201/1 v 27.7.2012
Emittentenleitfaden	Emittentenleitfaden der BaFin April 2009
EMRK	Europäische Konvention zum Schutz der Menschenrechte und Grundfreiheiten
engl	englisch
ENeuOG	Gesetz zur Neuordnung des Eisenbahnwesens (Eisenbahnneuordnungsgesetz – ENeuOG) v 27.12.1993, BGBl I 2378, ber 1994 I 2439, iVm Artikel 15 Abs 2 G v 14.9.1994, BGBl I 2325, BGBl III FNA 930-8
Ensthaler	s GK(HGB)
entspr	entsprechend, entspricht
Entw	Entwurf
EPC	European Payments Council
EPSAS	European Public Sector Accounting Standards
ERA (früher auch ERG)	Einheitliche Richtlinien und Gebräuche für Dokumenten-Akkreditive (ICC)
ErbStG	Erbschaftsteuer- und Schenkungsteuergesetz (ErbStG) idF der Bek v 27.2.1997, BGBl I 378, BGBl III FNA 611-8-2–2
ERCL	Europen Review of Contract Law (Jahr und Seite)
ERG(ar)	Einheitliche Richtlinien für auf Anfordern zahlbare Garantien (ICC)
ErgBd	Ergänzungsband (zu)
ErgG	Ergänzungsgesetz (zu)
E & O-Versicherung	errors & omissions liability insurance
ER/CIM	s CIM
ER/CIV	s CIV
ERI	Einheitliche Richtlinien für Inkassi (ICC)
ERJuKoG	Gesetz über elektronische Register und Justizkosten für Telekommunikation (ERJuKoG) v 10.12.2001, BGBl I 3422, BGBl III FNA 4100-1/4
Erl	Erlass
ERR	Einheitliche Richtlinien für Rembourse zwischen Banken unter Dokumenten-Akkreditiven (ICC), engl URR
ERVGBG	Gesetz zur Einführung des elektronischen Rechtsverkehrs und der elektronischen Akte im Grundbuchverfahren sowie zur Änderung weiterer grundbuch-, register- und kostenrechtlicher Vorschriften v 11.8.2009, BGBl I 2713
ERVV	E-Rechtsverkehrsverordnung (Landesrechte)
ESAEG	s EAEG
ESC	European Securities Committee
ESCB	European System of Central Banks
ESFS	European System of Financial Supervision

Abkürzungsverzeichnis

ESG (sustainability)	Environmental Social Governance (Nachhaltigkeits-Kriterien), vgl CSR
ESM	European Stability Mechanism
ESMA	European Securities and Markets Authority, Paris
ESME	European Commissions' European Securities Markets Expert Group
EStG	Einkommensteuergesetz (EStG 2002) idF v 8.10.2009, BGBl I 3366, 3862, BGBl III FNA 611-1
EStR	Einkommensteuer-Richtlinien
ESUG	Gesetz zur weiteren Erleichterung der Sanierung von Unternehmen (ESUG) v 7.12.2011, BGBl I 2582
ETA	estimated time of arrival
ETR	Europäisches Transportrecht (European Transport Law) (Jahr und Seite)
EU	Europäische Union, (iVm Artikeln) auch Vertrag über die Europäische Union (Maastrichter Vertrag) v 7.2.1992, BGBl II 1251 in der nach dem 1.5.99 geltenden Fassung (Zitierweise des EuGH NJW 00, 52)
EuG	Europäisches Gericht; auf Englisch: General Court
EuGFVO	Verordnung (EG) Nr 861/2007 zur Einführung eines europäischen Verfahrens für geringfügige Forderungen v 11.7.2007, ABlEU 2007 Nr L 199/1 v 31.7.2007
EuGH	Gerichtshof der Europäischen Union, auch Entscheidungen des Gerichtshofes der Europäischen Union (Jahr, früher Bd, und Seite); auf Englisch: Court of Justice
EuGVVO	Verordnung (EG) Nr 44/2001 über die gerichtliche Zuständigkeit und die Anerkennung und Vollstreckung von Entscheidungen in Zivil- und Handelssachen v 22.12.2000, ABlEG 2001 Nr L 12/1, zuvor EuGVÜ(bk)
EuGVÜ(bk)	(Europäisches) Übereinkommen über die gerichtliche Zuständigkeit und die Vollstreckung gerichtlicher Entscheidungen in Zivil- und Handelssachen v 27.9.1968, BGBl 1972 II 773, 845, 1983 II 803, 1986 II 1020, nunmehr EuGVVO
EuInsVO	Verordnung (EG) Nr 1346/2000 des Rates über Insolvenzverfahren v 29.5.2000, ABlEG 2000 Nr L 160/1
EUKomm	Europäische Kommission
EU-LeerVkAG	Gesetz zur Ausführung der Verordnung (EU) Nr. 236/2012 des Europäischen Parlaments und des Rates vom 14. März 2012 über Leerverkäufe und bestimmte Aspekte von Credit Default Swaps (EU-Leerverkaufs-Ausführungsgesetz) v 6.11.2012, BGBl I 2286
EuMVVO	Verordnung zur Einführung eines Europäischen Mahnverfahrens
Eur, eur	Europa, europäisch
EuR	Europarecht (Jahr und Seite)
EU-RatingVO-AusführG	Ausführungsgesetz zur Verordnung (EG) Nr 1060/2009 v 16.9.2009 über Ratingagenturen (Ausführungsgesetz zur EU-Ratingverordnung) v 14.6.2010 BGBl I 786
EUREDIA	Revue européenne de droit bancaire et financier/European Banking and Financial Law Journal (Brüssel, Jahr und Seite)
EUREX	European Exchange, deutsch-schweizerische Terminbörse
EURIBOR	Euro interbank offered rate
EuroBilG	Gesetz zur Anpassung bilanzrechtlicher Bestimmungen an die Einführung des Euro, zur Erleichterung der Publizität für Zweigniederlassungen ausländischer Unternehmen sowie zur Einführung einer Qualitätskontrolle für genossenschaftliche Prüfungsverbände (Euro-Bilanzgesetz – EuroBilG) v 10.12.2001, BGBl I 3414, BGBl III FNA 4100-1/3
EuroEG	Gesetz zur Einführung des Euro (Euro-Einführungsgesetz – EuroEG) v 9.6.1998, BGBl I 1242, BGBl III FNA 7601-15/1
4. EuroEG	Gesetz zur Einführung des Euro im Sozial- und Arbeitsrecht sowie zur Änderung anderer Vorschriften v 21.12.2000, BGBl I 1983, BGBl III FNA 860-1/2

Abkürzungsverzeichnis

EUV	Vertrag über die Europäische Union in der seit dem 1.12.09 geltenden Fassung des Vertrags von Lissabon, AblEU 2008 Nr C 115/1 v 9.5.2008, ber ABlEU 2009 Nr C 290/1 v 30.11.2009 (vorher EG)
EuZA	Europäische Zeitschrift für Arbeitsrecht (Jahr und Seite)
EuVTVO	Verordnung (EG) Nr 805/2004 des EU-Parlaments und des Rats vom 21.4.2004 zur Einführung eines Europäischen Vollstreckungstitels für unbestrittene Forderungen (EuVTVO), ABlEG Nr L 143/15 v 30.4.2004
EuZVO	Europäische Zustellungsverordnung
EuZW	Europäische Zeitschrift für Wirtschaftsrecht (Jahr und Seite)
e. V.	eingetragener Verein
E. v.	Eingang vorbehalten
EVA	economic value added
EVO	Eisenbahn-Verkehrsordnung (EVO) idF v 20.4.1999, BGBl I 782, BGBl III FNA 934-1
EVSt	Einfuhr- und Vorratsstelle
EVV	Vertrag über eine Verfassung für Europa, ABlEG 2004 Nr C 310/1
EWG	Europäische Wirtschaftsgemeinschaft
EWGV	Vertrag zur Gründung der Europäischen Wirtschaftsgemeinschaft v 25.3.1957, BGBl II 755, 766 (jetzt EGV)
EWiR	Entscheidungen zum Wirtschaftsrecht (Aktuelle Rechtsprechung mit Kurzkommentaren für die Praxis, RWS)
EWIV	Europäische wirtschaftliche Interessenvereinigung
EWIVAG	Gesetz zur Ausführung der EWG-Verordnung über die Europäische wirtschaftliche Interessenvereinigung (EWIV-Ausführungsgesetz) v 14.4.1988, BGBl I 514, BGBl III FNA 4101-8
EWR	Europäischer Wirtschaftsraum
EWRG	Gesetz zur Ausführung des Abkommens v 2.5.1992 über den Europäischen Wirtschaftsraum v 27.4.1993, BGBl I 512, BGBl III FNA 171-1
EWS	Europäisches Wirtschafts & Steuerrecht (Jahr und Seite)
EWSA	Europäischer Wirtschafts- und Sozialausschuss
EXQ	Ex Quay/Ab Kai
EXW	Ex Works/Ab Werk
EzA	Entscheidungssammlung zum Arbeitsrecht (Gesetzesstelle, Entscheidungsnummer; Nr ohne Gesetzesstelle bezieht sich auf den kommentierten Paragraphen)
EZB	Europäische Zentralbank, Frankfurt
EZÜ	Elektronischer Zahlungsverkehr für Individualüberweisungen
f, ff	folgende
F:	Framework (IFRS)
F & A	Fragen und Antworten
FactÜ	UNIDROIT Übereinkommen über Internationales Factoring (Ottawa 1988), in Kraft 1.5.1995
FamFG	Gesetz über das Verfahren in Familiensachen und in den Angelegenheiten der freiwilligen Gerichtsbarkeit v 17.12.2008, BGBl I 2586, BGBl III FNA 315-24
FamRZ	Zeitschrift für das gesamte Familienrecht, Ehe und Familie im privaten und öffentlichen Recht (Jahr und Seite)
FAQ	Frequently asked questions (Europäische Kommission)
FAS	Financial Accounting Standard(s); Free Alongside Ship/Frei Längsseite Schiff
FASB	Financial Accounting Standards Board (USA)
FAZ	Frankfurter Allgemeine Zeitung
Fbg	Freiburg
FBL	Negotiable FIATA Combined Transport Bill of Lading, übertragbares Durchkonnossement für den kombinierten Transport
FCA	Free Carrier/Frei Frachtführer; früher: Financial Conduct Authority (UK), nunmehr PRA, CPMA
FCL (Container)	Full Container Load
FCR	Forwarders Certificate of Receipt, Spediteur-Übernahmebescheinigung

Abkürzungsverzeichnis

FCT	Forwarders Certificate of Transport
F&E	Forschung und Entwicklung
FEE	Fédération des experts comptables européens
FER	Fachempfehlungen zur Rechnungslegung (Schweiz)
FernabsFDLG	Gesetz zur Änderung der Vorschriften über Fernabsatzverträge bei Finanzdienstleistungen v 2.12.2004, BGBl I 3102
FESCO	Forum of European Securities Commissions
FESE	Federation of European Stock Exchanges
Ffm	Frankfurt am Main (OLG)
FG	Finanzgericht
FGG-RG	Gesetz zur Reform des Verfahrens in Familiensachen und in den Angelegenheiten der freiwilligen Gerichtsbarkeit (FGG-Reformgesetz – FGG-RG) v 17.12.2008, BGBl I 2586
FGPrax	Praxis der Freiwilligen Gerichtsbarkeit, Vereinigt mit OLGZ (Jahr und Seite)
FIATA	Fédération Internationale des Associations des Transitaires et Assimilés (International Federation of Freight Forwarders Associations, internationaler Spediteurverband)
FIDIC	Fédération Internationale des Ingénieurs-Conseils, Internationale Vereinigung Beratender Ingenieure
fifo	first in-first out-Verfahren
FIIB	Finanzinstrumente-Informationsblatt
1. FiMaNoG	Erstes Gesetz zur Novellierung von Finanzmarktvorschriften auf Grund europäischer Rechtsakte (Erstes Finanzmarktnovellierungsgesetz – 1. FiMaNoG) v 30.6.2016 BGBl I 1514
2. FiMaNoG	Zweites Gesetz zur Novellierung von Finanzmarktvorschriften auf Grund europäischer Rechtsakte (Zweites Finanzmarktnovellierungsgesetz – 2. FiMaNoG) v 23.6.2017, BGBl I 1693
FIN	Statement of Financial Accounting Standards
FinAnV	Verordnung über die Analyse von Finanzinstrumenten (Finanzanalyseverordnung – FinAnV) v 17.12.2004, BGBl I 3522, BGBl III FNA 4110-4-11
FinAnlVerm- u. VermAnlG	Gesetz zur Novellierung des Finanzanlagenvermittler- und Vermögensanlagenrechts v 6.12.2011, BGBl I 2481
Finanzaufsichtsrecht-ErgänzG	Gesetz zur Ergänzung des Finanzdienstleistungsaufsichtsrechts im Bereich der Maßnahmen bei Gefahren für die Stabilität des Finanzsystems und zur Änderung der Umsetzung der Wohnimmobilienkreditrichtlinie (Finanzaufsichtsrechtergänzungsgesetz) v 6.6.2017 BGBl I 1495
FinanzdienstleistungsaufsichtsG	s FinDAG
Finanzkonglomerate-Aufsichtsgesetz	s FKAG
2. FinanzmarktfördG	Gesetz über den Wertpapierhandel und zur Änderung börsenrechtlicher und wertpapierrechtlicher Vorschriften (Zweites Finanzmarktförderungsgesetz) v 26.7.1994, BGBl I 1749, BGBl III FNA 4110-4/1
3. FinanzmarktfördG	Gesetz zur weiteren Fortentwicklung des Finanzplatzes Deutschland (Drittes Finanzmarktförderungsgesetz) v 24.3.1998, BGBl I 529, BGBl III FNA 4110-1/2
4. FinanzmarktfördG	Gesetz zur weiteren Fortentwicklung des Finanzplatzes Deutschland (Viertes Finanzmarktförderungsgesetz) v 21.6.2002, BGBl I 2010, BGBl III FNA 4110-8/1
FinanzmarktGes-AnpassG	Gesetz zur Anpassung von Gesetzen auf dem Gebiet des Finanzmarktes v 15.7.2014, BGBl I 934
FinanzmärkteRi (MiFID)	Richtlinie 2004/39/EG des Europäischen Parlaments und des Rates v 21.4.2004 über Märkte für Finanzinstrumente, zur Änderung der

Abkürzungsverzeichnis

FinanzmärkteRi II (MiFiD II) .... Richtlinien 85/611/EWG und 93/6/EWG des Rates und der Richtlinie 2000/12/EG des Europäischen Parlaments und des Rates und zur Aufhebung der Richtlinie 93/22/EWG des Rates, ABlEU L 145/1 v 30.4.2004

Richtlinie 2014/65/EU des Europäischen Parlaments und des Rates v 15.5.2014 über Märkte für Finanzinstrumente sowie zur Änderung der Richtlinien 2002/92/EG und 2011/61/EU, ABlEU L 173/349 v 12.6.2014

FinanzmärkteVO (MiFiVO) .... Verordnung (EU) Nr. 600/2014 des Europäischen Parlaments und des Rates v 15.5.2014 über Märkte für Finanzinstrumente und zur Änderung der Verordnung (EU) Nr. 648/2012, ABlEU L 173/84 v 12.6.2014

FinanzmarktRi-UmsetzG .... Gesetz zur Umsetzung der Richtlinie über Märkte für Finanzinstrumente und der Durchführungsrichtlinie der Kommission (Finanzmarktrichtlinie-Umsetzungsgesetz) v 16.7.2007, BGBl I 1330, BGBl III FNA 4110-10

FinanzmarktVersAufsichtsG .... Gesetz zur Stärkung der Finanzmarkt- und der Versicherungsaufsicht v. 19.7.2009, BGBl I 2305

FinDAG .... Gesetz über die Bundesanstalt für Finanzdienstleistungsaufsicht (Finanzdienstleistungsaufsichtsgesetz – FinDAG) v 22.4.2002, BGBl I 1310, BGBl III FNA 7610-15

FinG .... Finanzgericht

FinKonglomRiG .... Gesetz zur Umsetzung der Richtlinie 2002/87/EG des Europäischen Parlaments und des Rates vom 16. Dezember 2002 (Finanzkonglomeraterichtlinie-Umsetzungsgesetz) v 21.12.2004, BGBl I 3610

FinMin .... Finanzministerium

FinSichRiG .... Gesetz zur Umsetzung der Richtlinie 2002/47/EG vom 6. Juni 2002 über Finanzsicherheiten und zur Änderung des Hypothekenbankgesetzes und anderer Gesetze v 5.4.2004, BGBl I 502

FinStabG .... RefE 28.3.2012

FinVermV .... Verordnung über die Finanzanlagenvermittlung (Finanzanlagenvermittlungsverordnung – FinVermV) v 2.5.2012, BGBl I 1006

FIO .... free in and out

FIOST .... free in and out stowed and trimmed

FIW .... Forschungsinstitut für Wirtschaftsverfassung und Wettbewerb e. V.

FKAG .... Gesetz zur zusätzlichen Aufsicht über beaufsichtigte Unternehmen eines Finanzkonglomerats v 27.6.2013, BGBl I 1862

Fleckner/Hopt ...... Fleckner, Hopt, Hrsg, Comparative Corporate Governance, Oxford, 2013

FLF .... Finanzierung, Leasing, Factoring (Jahr und Seite)

Flohr, Wauschkuhn .. Flohr, Wauschkuhn, Vertriebsrecht, München 2014

FMSA .... Bundesanstalt für Finanzmarktstabilisierung

FMStErgG .... Gesetz zur weiteren Stabilisierung des Finanzmarktes (Finanzmarktstabilisierungsergänzungsgesetz – FMStErgG) v 7.4.2009, BGBl I 725

FMStFG .... Finanzmarktstabilisierungsfondsgesetz v 17.10.2008, BGBl I 1982

FMStG .... Gesetz zur Umsetzung eines Maßnahmenpakets zur Stabilisierung des Finanzmarktes (Finanzmarktstabilisierungsgesetz – FMStG) v 17.10.2008 BGBl I 1981

FMStGFortentwG ... Gesetz zur Fortentwicklung der Finanzmarktstabilisierung v 17.7.2009, BGBl I 1980

FMVAStärkG .... Gesetz zur Stärkung der Finanzmarkt- und der Versicherungsaufsicht v 29.7.2009, BGBl I 2305

FN .... Fachnachrichten, Institut der Wirtschaftsprüfer in Deutschland e. V. (Jahr und Seite)

FNA .... Fundstellennachweis A (Bundesrecht) s BGBl III

FOB .... Free On Board/Frei an Bord

FOC .... factory outlet center

FOR .... Free on Rail

XLI

Abkürzungsverzeichnis

FormVAnpG	Gesetz zur Anpassung der Formvorschriften des Privatrechts und anderer Vorschriften an den modernen Rechtsgeschäftsverkehr v 13.7.2001, BGBl I 1542, BGBl III 400-2/8
FOT	Free on Truck
fpa	free from particular average
FR	Finanz-Rundschau (Jahr und Seite)
Frauenquote	s GleichberTeilhabeG
FRC	Free Carrier/Frei Frachtführer; Financial Reporting Council (UK)
FRN	floating rate note
FRS	Financial Reporting Standard(s)
FRSSE	Financial Reporting Standard(s) for Smaller Entities (UK)
FRUG	s FinanzmarktRiUmsetzG
frz	französisch
frzMR	französische Militärregierung
frzZ	französische Zone
FS (Name)	Festschrift (Festgabe) für (Name)
FSAP	Financial Services Action Plan, Aktionsplan für Finanzdienstleistungen
FSB	Financial Stability Board
FSF	Financial Stability Forum
FTC	Federal Trade Commission (USA)
FTD	Financial Times Deutschland, eingestellt
Fußn	Fußnote
G	Gesetz, Gericht (in Zusammensetzungen)
GA	Gutachten
GAAP	Generally Accepted Accounting Principles (USA), s US GAAP
GAAS	Generally Accepted Auditing Standards
GASC	German Accounting Standards Committee (wie DRSC)
GATS	General Agreement on Trade in Services
GATT	General Agreement on Tariffs and Trade
GBl	Gesetzblatt
GBO	Grundbuchordnung idF v 26.5.1994, BGBl I 1114, BGBl III FNA 315-11
GbR (BGBGes)	Gesellschaft bürgerlichen Rechts
GBV	Grundbuchverfügung
GCCG	German Code of Corporate Governance, s DCGK
GDP	gross domestic product
GDV	Gesamtverband der Deutschen Versicherungswirtschaft e. V.
GebrM	Gebrauchsmuster
GebrMG	Gebrauchsmustergesetz idF v 28.8.1986, BGBl I 1455, BGBl III FNA 421-1
GedS, GS	Gedächtnisschrift für (Name)
Geimer/Schütze	Geimer, Schütze, Der internationale Rechtsverkehr in Zivil- und Handelssachen (LBl)
GEK (CESL)	Gemeinsames Europäisches Kaufrecht (Common European Sales Law)
GeldwäscheG	s GwG
GeldwäscheRi-IV-UmsetzG	Gesetz zur Umsetzung der Vierten EU-Geldwäscherichtlinie, zur Ausführung der EU-Geldtransferverordnung und zur Neuorganisation der Zentralstelle für Finanztransaktionsuntersuchungen v 23.6.2017, BGBl I 1822
gem	gemäß
GemO	Gemeindeordnung
GenG	Gesetz betreffend die Erwerbs- und Wirtschaftsgenossenschaften (Genossenschaftsgesetz – GenG) idF v 16.10.2006, BGBl I 2230, BGBl III FNA 4125-1
GenReg	Genossenschaftsregister
Ges	Gesellschaft
Geschäftsgeheimnisse-Ri	Richtlinie (EU) 2016/943 v 8.6.2016 über den Schutz vertraulichen Know-hows und vertraulicher Geschäftsinformationen (Geschäfts-

Abkürzungsverzeichnis

	geheimnisse) vor rechtswidrigem Erwerb sowie rechtswidriger Nutzung und Offenlegung, ABlEU L 157/1 v 15.6.2016
GeschmMG	s jetzt DesignG
GesKR	Schweizerische Zeitschrift für Gesellschafts- und Kapitalmarktrecht sowie Umstrukturierungen (Jahr und Seite)
Geßler	s Schlegelberger
GesRZ	Der Gesellschafter (Wien, Jahr und Seite)
GewA	Gewerbearchiv, Zeitschrift für Gewerbe- und Wirtschaftsverwaltungsrecht (Jahr und Seite)
GewO	Gewerbeordnung idF v 22.2.1999, BGBl I 202, BGBl III FNA 7100-1
GewStG	Gewerbesteuergesetz idF 2002 15.10.2002, BGBl I 4167, BGBl III FNA 611-5
GewStR	Gewerbesteuer-Richtlinien
GFG	Gesetz über den Güterfernverkehr mit Kraftfahrzeugen v 26.6.1935, RGBl I 778, aufgehoben
Gfter	Gesellschafter
GG	Grundgesetz für die Bundesrepublik Deutschland v 23.5.1949, BGBl I 1, BGBl III FNA 100-1
g. g. A.	geschützte geografische Angabe (EU-Gütezeichen)
ggf	gegebenenfalls
GI	Gerling Informationen für wirtschaftsprüfende, rechts- und steuerberatende Berufe (Jahr und Seite)
GKG	Gerichtskostengesetz idF v 15.12.1975, BGBl I 3047, BGBl III FNA 360-1
GK(HGB)/ (Bearbeiter)	Gemeinschaftskommentar zum Handelsgesetzbuch mit UN-Kaufrecht, hrsg von Ensthaler (vormals Bandasch), Köln, 8. Aufl 2015
glA	gleicher Ansicht
GleichberG	Gesetz über die Gleichberechtigung von Mann und Frau auf dem Gebiet des bürgerlichen Rechts v 18.6.1957, BGBl I 609, BGBl III FNA 400-3
GleichberTeilhabeG	Gesetz für die gleichberechtigte Teilhabe von Frauen und Männern an Führungspositionen in der Privatwirtschaft und im öffentlichen Dienst v 24.4.2015, BGBl I 642
GmbH	Gesellschaft mit beschränkter Haftung
GmbHG	Gesetz betr die Gesellschaften mit beschränkter Haftung v 20.4.1892, RGBl 477, idF v 20.5.1898, RGBl 846, BGBl III FNA 4123-1
GmbHGÄndG	Gesetz zur Änderung des GmbHG und anderer handelsrechtlicher Vorschriften v 4.7.1980, BGBl I 836, BGBl III FNA 4123-2
GmbHGfter	Gesellschafter der GmbH
GmbHR	GmbH-Rundschau, Gesellschafts- und Steuerrecht der GmbH und GmbH & Co (Jahr und Seite)
GMP-Modell	guaranteed maximum price-Modell
GmS-OGB	Gemeinsamer Senat der obersten Gerichtshöfe des Bundes
GNotKG	Gesetz über Kosten der freiwilligen Gerichtsbarkeit für Gerichte und Notare (Gerichts- und Notarkostengesetz) v 23.7.2013, BGBl I 2586, FNA 361-6
GNT	Güternahverkehrstarif
GoA	Grundsätze ordnungsmäßiger Durchführung von Abschlussprüfungen; Geschäftsführung ohne Auftrag
GoB	Grundsätze ordnungsmäßiger Buchführung
Gött	Göttingen
GoU	Grundsätze ordnungsmäßiger Unternehmensbewertung
GPR	Zeitschrift für Gemeinschaftsprivatrecht (Jahr und Seite)
grdl	grundlegend
Grigoleit/(Bearbeiter)	Grigoleit, Hrsg, Aktiengesetz, München 2013
GroßKo(HGB)/ (Bearbeiter)	Handelsgesetzbuch, Großkommentar, begr von Staub, 3. Aufl von Brüggemann, Canaris, Fischer, Helm, Koller, Ratz, Schilling, Ul-

Abkürzungsverzeichnis

	mer, Würdinger/Röhricht, 5 Bde, Berlin, 1967 ff; 4. Aufl und 5. Aufl s Staub
GroßKo(AktG)/ (Bearbeiter)	Aktiengesetz, Großkommentar, begr von Gadow, Heinichen, 3. Aufl von Barz, Brönner, Klug, Mellerowicz, Meyer-Landrut, Schilling, Wiedemann, Würdinger, 4 Bde, Berlin, 1970 ff; 4. Aufl Hrsg Hopt, Wiedemann, 1992 ff; 5. Aufl Hrsg Hirte, Mülbert, M. Roth, 2015 ff
GroßKo(GmbHG)/ Bearbeiter	Großkommentar zum GmbHG, 3 Bde, Tübingen, Hrsg Ulmer, Habersack, Löbbe Bd 1 2. Aufl 2013, Bd 2 2. Aufl 2014, Hrsg Ulmer, Habersack, Winter, Hrsg Bd 3 2008, ErgänzungsBd MoMiG 2010
GrS	Großer Senat
Gruch	Beiträge zur Erläuterung des Deutschen Rechts, begr von Gruchot (Bd und Seite)
GRUR	Gewerblicher Rechtsschutz und Urheberrecht (Jahr und Seite)
GRURInt	Gewerblicher Rechtsschutz und Urheberrecht, Internationaler Teil (bis 1967 Auslands- und Internationaler Teil; Jahr und Seite)
GRUR-RR	GRUR-Rechtsprechungsreport (Jahr und Seite)
GrZS	Großer Senat in Zivilsachen
GS, GedS	Gedächtnisschrift für (Name)
GStB	Gestaltende Steuerberatung (Zeitschrift)
Guadalajara-Abkommen	Zusatzabkommen zum Warschauer Abkommen zur Vereinheitlichung von Regeln über die von einem anderen als dem vertraglichen Luftfrachtführer ausgeführte Beförderung im internationalen Luftverkehr v 18.9.1961, BGBl 1963 II 1159, 1964 II 1371
GU	Generalunternehmer
GÜ	Generalübernehmer
GüKG	Güterkraftverkehrsgesetz (GüKG) v 22.6.1998, BGBl I 1485, BGBl III FNA 9241-34
GüKUMB (früher GüKUMT)	Beförderungsbedingungen (früher: Güterkraftverkehrstarif) für den Umzugsverkehr und für die Beförderung von Handelsmöbeln in besonders für die Möbelbeförderung eingerichteten Fahrzeugen im Güterfernverkehr und Güternahverkehr v 3.8.1983 (Banz Nr 151 v 16.8.1983); außer Kraft mWv 1.7.1998 durch G v 25.6.1998, BGBl I 1588
GuV	Gewinn und Verlustrechnung
GVBl	Gesetz- und Verordnungsblatt
GVG	Gerichtsverfassungsgesetz idF v 9.5.1975, BGBl I 1077, BGBl III FNA 300-2
GVO	Gruppenfreistellungsverordnung (EU)
GWB	Gesetz gegen Wettbewerbsbeschränkungen idF v 26.6.2013, BGBl I 1750, BGBl III FNA 703-5
GwG	Gesetz über das Aufspüren von Gewinnen aus schweren Straftaten (Geldwäschegesetz – GwG) v 23.6.2017, BGBl I 1822, BGBl III FNA 7613-1
GWR	Gesellschafts- und Wirtschaftsrecht (Jahr und Seite)
GZS	GZS Gesellschaft für Zahlungssysteme mbH, Frankfurt
hA	herrschende Ansicht
Hach/(Bearbeiter) ...	Hachenburg, GmbH-Gesetz, Großkommentar, hrsg von Ulmer, 3 Bde, Berlin, 8. Aufl 1992 ff, siehe GroßKoGmbHG
Hahn/Mugdan	Hahn, Mugdan, Materialien zum Handelsgesetzbuch, Berlin 1897
Halbs	Halbsatz
Hamm	Hamm (OLG)
Ha/Mü/Schl	Habersack, Mülbert, Schlitt, Hrsg, Unternehmensfinanzierung am Kapitalmarkt, Köln, 3. Aufl 2013
Ha/Mü/Schl Hdb ...	Habersack, Mülbert, Schlitt, Hrsg, Handbuch der Kapitalmarktinformation, München, 2. Aufl 2013
HanlBG	Gesetz zur Förderung und Regulierung einer Honorarberatung über Finanzinstrumente (Honoraranlageberatungsgesetz) v 15.7.13, BGBl I 2390

Kammern für internationale Handelssachen mit Gerichtssprache Englisch ermöglicht". Rechtsvergleichend Fleischer/Bong/Cools RabelsZ 81 **(17)** 608. **Reform**, für Matching nach Spezialkenntnissen, Fleischer/Danninger ZIP **17**, 205.

C. Gerichtsstand: a) Unter den Gerichtsstandsvorschriften der §§ 12–37 85 ZPO sind für Kflte besonders bedeutsam: der allgemeine Gerichtsstand juristischer Personen (§ 17 ZPO, § 106 Rn 8) und die besonderen Gerichtsstände der Niederlassung, der Mitgliedschaft und vor allem des Erfüllungsorts (§§ 21, 22, 29 ZPO). Seit 2005 (KapMuG, bis 13.10.10) ausschließlicher Gerichtsstand bei falschen, irreführenden oder unterlassenen öffentlichen Kapitalmarktinformationen (§ 32b ZPO), s § 347 Rn 40.

b) Gerichtsstandsvereinbarung in Inlandssachen (ausdrücklich oder still- 86 schweigend) ist heute nur unter Kfltn, juristischen Personen des öffentlichen Rechts und öffentlichrechtlichen Sondervermögen zugelassen und wirksam (§ 38 I ZPO, entspr bei Gerichtsstandswahl durch Vereinbarung des Erfüllungsorts § 29 II ZPO, beide idF HRefG 1998). § 38 ist zwingend (Prorogationsverbot; aber § 39 ZPO bei rügeloser Verhandlung). Kfm s §§ 1, 5, 6 und nach Eintragung gemäß §§ 2, 3 HGB; nicht auch phG von OHG und KG (§ 105 Rn 20), str, aA, Häuser JZ **80**, 760. RechtsscheinKfm s § 5 Rn 14–16. Wirkung von Gerichtsstandsvereinbarung gegen Ges und Dritten für Gfter s § 128 Rn 41. Prorogationsfähigkeit der Kflte ist nicht auf HdlGeschäfte (§ 343 HGB) beschränkt, aA Diederichsen BB **74**, 379. Kontrolle von AGB s **(5)** § 307 BGB; unter Kflten (nichtkaufmännische Unternehmer sind nach § 38 ZPO nicht prorogationsbefugt) sind Gerichtstandsklauseln nach ZPO idR zulässig, außer wenn berechtigtes Interesse des Kfm fehlt, Karls NJW **96**, 2041, Ffm NJW-RR **99**, 604, Schlesw NJW **06**, 3361, Schneider BB **11**, 2440, einschränkend nur wenn Kfm berechtigtes Interesse darlegt, Ul/Br/He/H. Schmidt (21) Gerichtsstandsklauseln Rn 4, aA für Privatgeschäfte des Kfm Schiller NJW **79**, 637; allgemein formulierte Gerichtstandsklauseln bleiben gegenüber Kflten wirksam, Ul/Br/He/H. Schmidt (21) Gerichtsstandsklauseln Rn 5, str. Bei Anschein einer wirksamen Gerichtsstandsklausel greift **(5)** § 307 BGB, BGH **101**, 271 (Briefbögen mit Gerichtsstand). Gerichtsstandsklausel bei CISG s Einl 49v § 373. Vorrang von Art 23 EuGVVO s Rn 87; auch **(17)** CMR Art 31 Rn 1. **AGB-Kontrolle** von Gerichtsstandsklauseln nach **(5)** BGB §§ 305 ff, Ul/Br/He/H. Schmidt (21) Gerichtsstandsklauseln Rn 1 ff; Gerichtsstandsklauseln in Verbraucherverträgen, EuGH EuZW **11**, 27 (s **(5)** AGBG Einl 5 vor Art 1).

D. **Internationale Zuständigkeit und Vollstreckung:** Von großer Bedeu- 87 tung ist heute die VO (EG) Nr 44/2001 des Rates über die gerichtliche Zuständigkeit und die Anerkennung und Vollstreckung von Entscheidungen in Zivil- und HdlSachen 22.12.2000 in Kraft 1.3.2002 (Art 76), ABlEG 2001 L 12/1 (**EuGVVO oder Brüssel I-VO,** Text NJW Beil 11/**02**, Baumb/Lauterbach SchlussAnh, Thomas/Putzo); Kommissionsvorschlag (EuGVVO-E) 14.12.2010, Hess IPRax **11**, 126, zT sehr str. Sie ist an die Stelle des EuGVÜbk oder Brüsseler Übk getreten (s 30. Aufl). **EuGVVO nF** (oder Brussels I bis) 12.12.12, ABlEU 2012 L 351/1 (Artikel verschieben sich). Änderungen anwendbar ab 10.1.15, dazu von Hein RIW **13**, 97, Pohl IPRax **13**, 109, Alio NJW **14**, 2395, Domej RabelsZ 78 **(14)** 508, Grohmann ZIP **15**, 16, Reinmüller IHR **15**, 1, Stadler/Klöpfer ZEuP **15**, 732. Die EuGVVO geht im Rahmen ihres Anwendungsbereichs nationalem Recht vor. Die verbindliche Letztauslegung der EuGVVO ist Sache des EuGH. Vorlage durch die nationalen Gerichte nach Art 267 I b AEUV(Art 234 I b aF EG). Zuständigkeit auch bei deliktischen Ansprüchen zwischen Vertragspartnern nach Art 5 Nr 1 lit a (Art 7 Nr 1 lit a nF), falls Vertragsverstoß, EuGH EuZW **14**, 383m Anm Sujecki, Steinrötter RIW **15**, 407; auch bei langjähriger Geschäftsbeziehung, falls stillschweigende vertragliche Beziehung nachgewiesen, Indizien, EuGH NJW **16**, 3087 Rn 26 mAnm Land-

Einl v § 1 87   1. Buch. Handelsstand

brecht EuZW **16**, 750, Klöpfer/Wendelstein JZ **17**, 96. Anerkennungs- und VollstreckungsausführungsG (AVAG) 19.2.2001 BGBl 288. Erfüllungsort bei Versendungskauf unter Art 5 Nr 1 lit b EuGVVO, EuGH NJW **10**, 1059, **11**, 3018, BGH ZIP **10**, 1874; Art 5 Nr 1 lit b EuGVVO ist auch auf Dienstleistungen anwendbar; maßgeblich ist mangels vertraglicher Bestimmung der Ort der tatsächlichen Erfüllung durch den Handelsvertreter, sonst sein Wohnsitz, EuGH NJW **10**, 1189m Anm Rauscher 2251, Leible EuZW **10**, 380, zu Handelsvertretervertrag auch KG 23.4.**09** HVR 1285. Bankkreditverträge sind Dienstleistung iSv Art 5 Nr 1 lit b, BGH NJW **12**, 1817, hL, anders früher BGH **165,** 253. Lieferort iSv Art 5 Nr 1 lit b EuGVVO ist bei FOB der Verschiffungshafen (s **(6)** Incoterms FOB Nr 9 Rn 1), BGH NJW **09**, 2606. Anti-suit injunctions sind gemeinschaftsrechtswidrig, EuGH NJW **09**, 1655 m Anm Balthasar/Richers RIW **09**, 351, aber EuGVVO ist auf Schiedsverfahren (anti-suit injunctions) nicht anwendbar, EuGH RIW **15**, 427 mAnm Wiegandt. Art 5 Nr 3 EuGVVO Deliktszuständigkeit (Rspr s § 347 Rn 18), EuGH ZIP **15**, 1456 (Kalassa, Prospekthaftung des Emittenten, Belegenheitsort des Bankkontos), aA für Marktortanknüpfung üL, Freitag WM **15**, 1165, ferner schon Thole ZBB **11**, 399, Weller WM **13**, 1681 (Kapitalanlage); Gerichtsstandsklausel in Emissionsprospekt, EuGH ZIP **16**, 1747; BGH WM **17**, 323 (Finanzdienstleistung, iErg abl). Verbrauchergerichtsstand nach Art 15 I lit c EuGVVO, BGH WM **12**, 36, NJW **12**, 1817, RIW **16**, 372 (Makler), Wilke EuZW **15**, 13 (EuGH). Sitz einer EU-Inlands-Gesellschaft nach Art 22 Nr 2 EuGVVO ist der Satzungssitz im Herkunftsstaat (insoweit Gründungstheorie), BGH **190**, 242m Anm Weller ZGR **12**, 606. Art 23 EuGVVO (Gerichtsstandsvereinbarungen) gilt anders als § 38 I ZPO (s Rn 86) auch für Nicht-Kflte. Art 23 ist eng auszulegen, BGH NJW **06**, 1672, Kblz IHR **15**, 154. Gerichtsstandsvereinbarung ist auch durch Schweigen auf ein kfm Bestätigungsschreiben (§ 346 Rn 16) möglich, falls insoweit internationaler HdlBrauch iSv Art 23 I 3c besteht, EuGH NJW **97**, 1431 (zu Art 17 I 2 EuGVÜbk) m Anm Holl RIW **97**, 418u Kubis IPRax **99**, 10, Kropholler/von Hein Art 23 Rn 61. Zulässige Gerichtsstandsklausel in AGB, EuGH EuZW **16**, 635. Gerichtsstandsklausel des Herstellers mit Abnehmer wirkt nicht ohne weiteres gegenüber dessen Abnehmer, EuGH EuZW **13**, 316m Anm Moebus. Gerichtsstandsklausel (AG/Aktionäre) in öffentlich zugänglicher Satzung der Ges genügt, EuGH NJW **92**, 1671. Bei Gerichtsstandsklausel in Konnossementbedingungen Zustimmung, wenn der Dritte Rechte aus dem Konnossement geltend macht, BGH NJW **07**, 2036. Vereinbarung des Erfüllungsorts und damit der Zuständigkeit nach Art 5 Nr 1b EuGVVO ist ohne Form des Art 23 EuGVVO möglich, BGH NJW **85**, 560 (zu ADSp), also unter Kflten formlos nach § 29 II ZPO (vgl Rn 86), zur AGB-Problematik Kropholler/von Hein Art 5 Rn 35, jedenfalls nur wenn AGB-Text bereits vorliegt oder zugleich übersandt wird (so zu UN-Kaufrecht BGH **149**, 117), nicht bloßer Internetabruf, so Celle RIW **10**, 164m Anm Jungemeyer, str; HV s § 92c Rn 12. Gerichtsstand der unerlaubten Handlung bei Kapitalanlagedelikten (Art 5 Nr 3 EuGVVO), BGH WM **10**, 1590, 2214, ZIP **10**, 2004, Ffm ZIP **10**, 2217, Wagner/Gess NJW **09**, 3481. Gerichtsstand bei Verbraucherverträgen via Internet, EuGH NJW **11**, 505m Anm Clausnitzer EuZW **11**, 104, BGH WM **14**, 1400; Vorrang der EuGVVO vor **Lugano Übk** über die gerichtliche Zuständigkeit und die Vollstreckung gerichtlicher Entscheidungen in Zivil- und HdlSachen 16.9.88 BGBl 94 II 2658 (inzwischen LugÜ II 30.10.07 ABlEU L 339/3, in Kraft 1.1.10 BGBl I 09 2862, dazu BGH RIW **15**, 307 Organhaftung, ZIP **15**, 879 § 826 BGB wegen Ausgabe wertloser Aktien) gemäß Art 54b I Lug Ü. **(17)** CMR Art 31 I (freie Gerichtsstandsvereinbarung, aber vereinbarte internationale Zuständigkeit darf nicht ausschließlich sein) geht § 38 I ZPO vor und als besonderes Übereinkommen iSv Art 71 EuGVVO auch der EuGVVO, EuGH NJW **10**, 1736, für Form des Art 23 EuGVVO, soweit diese anwendbar ist, Kropholler/von Hein Art 71

MinderKfm war zwar zwingend Kfm., konnte aber, auch wenn er das wollte, keine Firma führen (nur bürgerlicher Name und andere Kennzeichnungen), nicht in das HdlReg eingetragen werden, keine Prokura erteilen und keine OHG gründen. Sehr misslich und mit Rechtsunsicherheiten verbunden war auch, dass bei Herabsinken des HdlGewerbes zum Kleinbetrieb mangels Eintragung die OHG (KG) von Rechts wegen zur GbR wurde und sich löschen lassen musste, RG 155, 80. Ferner galten die Abweichungen vom bürgerlichen Recht gemäß §§ 348–350 betr Vertragsstrafe, Bürgschaft, Schuldversprechen und Schuldanerkenntnis nicht für MinderKfte (§ 351 aF). ebenso Buchführungspflichten sowie prozessuale und andere Schutzvorschriften außerhalb des HGB wie ua §§ 29 II, 38 I ZPO).

3   **c) Reform durch das HRefG:** Das HRefG vom 22.6.1998 BGBl 1474 hat neben einer Firmenrechtsreform (§§ 17 ff) und einigen anderen Änderungen ua zum Handelsvertreterrecht (§ 84 Rn 4) und zum GesRecht (Liste der geänderten Vorschriften Einl 15 vor § 1) vor allem eine **grundlegende Neuregelung des Kaufmannsrechts** gebracht. Der KfmBegriff bleibt der zentrale Anknüpfungspunkt für das HdlRecht als das Sonderprivatrecht der Kfte (Einl 1 vor § 1). Der bisherige Muß- und SollKfm wurden zu einem einheitlichen Tatbestand unter Beibehaltung des Gewerbebegriffs zusammengefasst. **Kaufmann** ist ohne Rücksicht auf die Branche grundsätzlich **jeder Gewerbetreibende außer den Kleingewerbetreibenden,** aber auch **diese** können sich nunmehr eintragen lassen und damit **freiwillig** Kfm werden (wenn sie nicht schon FormKfm sind). Damit ist auch die Figur des MinderKfm unnötig geworden. Für die Abgrenzung zwischen Kfm und Kleingewerbetreibendem wird unter Absage an feste Schwellenwerte wie bisher auf das Gesamtbild abgestellt. Mit der Aufgabe des Katalogs der Grundhandelsgewerbe ist jedoch ein Verlust an Rechtssicherheit verbunden, der nur teilweise dadurch aufgewogen wird, dass bei Eintragung jeder Gewerbetreibende Kfm und die GbR und VermögensverwaltungsGes OHG sind und dass eine Vermutung für das Vorliegen eines HdlGewerbes spricht, Kaiser JZ 99, 495. Die Fortdauer als OHG in diesen Fällen dient zugleich der Unternehmenskontinuität. Überholte Privilegierungen der öffentlichen Hand (Befreiung von Eintragungszwang, § 36 aF) wurden gegen Protest zu Recht abgeschafft. Mit alledem gehen eine Vereinfachung des HdlRegRechts und eine Entlastung der Registergerichte einher.

4   **d) Weitergehende Reformüberlegungen:** Die Reform durch das **HRefG** ist **nur beschränkt.** Manchen weitergehenden Reformwünschen, zB Umformung des HGB in ein allgemeines Unternehmensrecht (K. Schmidt § 2 III-V, DB 94, 515, BB 05, 840), gegen ein Außenprivatrecht der Unternehmen Canaris § 1 Rn 24, 30 ff, aber Tendenzen zur Auflösung des HGB) und umfassende Einbeziehung der freien Berufe, ist bewusst eine Absage erteilt worden, RegE (wie RefE) ZIP **96,** 1402; das ergibt sich auch aus § 1 I 2 PartG, wonach die PartG kein HdlGewerbe ausübt. Allerdings liegt in der Einbeziehung gewisser nichtkaufmännischer Unternehmen in das HGB (§§ 84 IV, 93 III, 383 II, 407 III 2, 453 III 2, 467 III 2), ein Schritt weg vom reinen KfmRecht, damit sollte aber nur die Abschaffung des MinderKfm aufgefangen werden, RegE ZIP **97,** 945. Umgekehrt sind viele bisherige MinderKfte aus dem HGB herausgefallen, krit R. Schmitt HRefG S 13 ff, 52 f, 175 ff. Diese Entscheidung des Gesetzgebers ist zu respektieren und statt genereller Analogien zum HGB zB durch Berufsrecht aufzufangen (s Rn 10). In anderen Gesetzen als dem HGB wird dagegen neuerdings, insbesondere in Umsetzung verbraucherschützender EU-Richtlinien, statt auf Kfm (so noch §§ 29 II, 38 I ZPO, § 95 I Nr 1 GVG, § 53 I 1 Nr 1 aF BörsG) eher auf Unternehmer und Verbraucher (gewerbliche oder selbstständige berufliche Tätigkeit, also einschließlich Kleingewerbetreibenden, Landwirten, Freiberuflern) abgestellt. **Legaldefinitionen** von **Verbraucher** und **Unternehmer** in

1. Abschnitt. Kaufleute

Übersicht

	Rn
1) Systematik der §§ 1 ff, Istkaufmann (I)	1–10
A. Vor dem HRefG 1998	1
B. Nach dem HRefG 1998	5
C. Istkaufmann (Musskaufmann, I)	9
D. Kaufmannsähnliche Personen, analoge Anwendung des HGB auf Unternehmer und bestimmte Nichtunternehmer	10
2) Gewerbe	11–21
A. Begriff im und außerhalb des HGB	11
B. Planmäßige, auf Dauer angelegte Tätigkeit	13
C. Selbstständigkeit	14
D. Gewinnerzielungsabsicht; wirtschaftliche Tätigkeit am Markt	15
E. Freie Berufe, Wissenschaft und Kunst	19
F. Irrelevanz von Zulässigkeit, Wirksamkeit, Klagbarkeit	21
3) Handelsgewerbe (II)	22–29
A. Erforderlichkeit kaufmännischer Einrichtungen	22
B. Vermutung (II Halbsatz 2)	25
C. Keine Ausnahme für Handwerk	26
D. Keine Ausnahme für juristische Personen des öffentlichen Rechts	27
E. Gemischte Betriebe, mehrere Unternehmen	28
4) Betreiben des Handelsgewerbes (I Halbsatz 2)	30–50
A. Betreibender (Unternehmensträger)	30
B. Minderjährige und Betreute	32
C. Erbe	36
D. Testamentsvollstrecker, Insolvenzverwalter	40
E. Gütergemeinschaft	48
F. Gesellschaften und Gesellschafter	49
5) Beginn und Ende der Kaufmannseigenschaft	51–52
A. Beginn	51
B. Ende	52
6) Die Rechtsstellung der Kleingewerbetreibenden	53–54
A. Nach HGB	53
B. Außerhalb des HGB	54
7) Internationaler Verkehr	55

1) Systematik der §§ 1 ff, Istkaufmann (I)

A. Vor dem HRefG 1998: a) Muß-, Soll- und Kannkaufmann: Kfm ist **1** seit jeher, wer ein HdlGewerbe betreibt (§ 1 I). Nach § 1 II aF galten eine Reihe von Geschäftsarten ex lege als Handelsgewerbe (sog Grundhandelsgeschäfte), wer sie betrieb, war MußKfm. Die Abgrenzungen der §§ 1–4 aF zwischen Muß-, Soll-, Kann- und MinderKfm muten heutzutage zT merkwürdig an, zB die Kasuistik zu § 1 II Nr 1 aF mit der Unterscheidung zwischen Waren- und Lohnhandwerkern, Paradebeispiel waren die Unterscheidungen bei Bauunternehmer, Bauhandwerker und Baustoffhändler, BGH **59**, 182, **73**, 220 (29. Aufl § 1 Rn 25). Besonders unbefriedigend war dies für den modernen Dienstleistungssektor ebenso wie für die gesamte Urproduktion (Bergbau). Bestimmte Korrekturen wurden zwar schon de lege lata vorgeschlagen, etwa durch Entwicklung eines Unternehmensprivatrechts (K. Schmidt § 2 III-V) oder eines Berufsrechts (Hopt AcP 183 (**83**) 608); für Verweisung an den Gesetzgeber Zöllner ZGR **83**, 85 und Bydlinski 1990; für Verfassungswidrigkeit der §§ 1 ff Neuner ZHR 157 (**93**) 243. Die gesetzgeberische Reform der §§ 1 ff war aber überfällig, K. Schmidt DB **94**, 515.

b) Minderkaufmann: Unbefriedigend war auch die Behandlung, weniger **2** die Abgrenzung (vgl Rn 22) des MinderKfm (§ 4 aF; 29. Aufl § 4 Rn 4). Der

Arbitration Institute 1.1.10; Internationale Schiedsordnung der **Schweizerischen Handelskammern (Swiss Rules)**, 1.6.12, Pörnbacher/Duncker BB **12**, 2453; **Wiener Internationales Schiedsgericht (VIAC)**, Schieds- und Schlichtungsordnung (Wiener Regeln) 8.5.13, Baier/Hahnkamper SchiedsVZ **13**, 141; seit 1985 **Offizielle Deutsch-Französische IHK** (COFACI), BB Beil 14/**85**; **American Arbitration Association (AAA)**, Commercial Arbitration Rules 1.6.14. Ferner **International Bar Association (IBA)**, IBA Rules on the Taking of Evidence in International Commercial Arbitration, 29.5.10, dazu Kläsener/Dolgorukow SchiedsVZ **10**, 302, IBA Guidelines on Conflicts of Interest in International Arbitration, 22.5.04.

Lit: Born, International Commercial Arbitration, 2d ed 2014, Berger 1992 (engl 1993), Böckstiegel 2001 (Beweiserhebung), Beulker 2005 (Eingriffsnormen), Craig/Park/Paulsson 3d ed 2000 (ICC, engl), Gal 2009 (Haftung), Reisman/Craig/Park/Paulsson, 2. Aufl 2015, Schütze, Institutionelle Schiedsgerichtsbarkeit, 2. Aufl 2011, Schütze, Institutional Arbitration 2013; Wirth Zürich 2006 (Best Practices in International Arbitration); Kronke RIW **98**, 257, Weigand NJW **98**, 2081, Winkler/Weinand BB **98**, 597, Moller NZG **99**, 143, **00**, 57, Kreindler RIW **02**, 249 (ICC), Kaufmann-Kohler/Bärtsch SchiedsVZ **04**, 13 (discovery), Wilske/Markert SchiedsVZ **11**, 57, **12**, 58, **13**, 96.

99 **c) Internationale Anerkennung und Vollstreckung:** Die internationale Anerkennung und Vollstreckung ausländischer Schiedssprüche (s Rn 96) richtet sich gemäß § 1061 I 1 ZPO (Erkenntnisverfahren eigener Art, kein Zwangsvollstreckungsverfahren, BGH NJW **13**, 3184) nach dem von allen bedeutenden Staaten ratifizierten **New Yorker (UN)Übereinkommen** über die Anerkennung und Vollstreckung ausländischer Schiedssprüche 10.6.58 BGBl 61 II 121, 62 II 102, dazu BGH **98**, 71, Kblz WM **13**, 1327, Glossner FS Stödter **79**, 47; Reformwünsche, Gottwald FS Coester-Waltjen **15**, 392. § 1061 I 1 ZPO iVm UNÜbk ist auf alle ausländischen Schiedssprüche anwendbar, hL, aA Moller NZG **99**, 144: nur solche aus Vertragsstaaten. Anerkennungs- und Vollstreckungslücken entstehen wegen des im Vergleich zu § 1031 ZPO strengeren Schriftlichkeitserfordernisses von Art. II UNÜbk (Vertrag oder Austausch von Schriftstücken), Stgt IHR **16**, 236, ua bei Schiedsklauseln in GesVerträgen, auf Grund Schweigens auf kfm Bestätigungsschreiben, Moller NZG **99**, 145. Das New Yorker Übk wird inhaltlich ergänzt durch das **Genfer Europäische Übereinkommen** über die internationale HdlSchiedsgerichtsbarkeit 21.4.61 BGBl 64 II 425, 65 II 107; dazu Baumb/Lauterbach, BGH **77**, 32, NJW **83**, 1267, Ffm WM **86**, 341, Moller NZR **00**, 57. Ferner zahlreiche **bilaterale Verträge**, s Bülow/Böckstiegel/Geimer/Schütze (LBl). Zur Wirkung des nationalen ordre public auf internationale Schiedsgerichtsbarkeit BGH **71**, 131. Lit zur Anerkennung: Geimer 1995; Kronke ua 2010 (Komm zur New York Convention, engl); Wolff 2012 (engl).

Erster Abschnitt. Kaufleute

[Istkaufmann]

1 (1) **Kaufmann im Sinne dieses Gesetzbuchs ist, wer ein Handelsgewerbe betreibt.**

(2) **Handelsgewerbe ist jeder Gewerbebetrieb, es sei denn, daß das Unternehmen nach Art oder Umfang einen in kaufmännischer Weise eingerichteten Geschäftsbetrieb nicht erfordert.**

Einleitung 96–98 Einl v § 1

das Schiedsgutachten verbindlich (s oben), andernfalls unverbindlich (§ 319 I 1 BGB), Schadenersatzanspruch aus Werkvertrag (trotz Möglichkeit gerichtlicher Neubestimmung nach § 319 I 2 BGB), anspruchsberechtigt ist unmittelbar (nicht erst zugunsten Dritter) auch die nicht am Schiedsgutachtenvertrag beteiligte Partei, zB Rückzahlung des Honorars, BGH NJW **13**, 1296. Institutionell DIS-Schiedsgutachtensordnung (DIS-SchGO), auch DIS-Gutachtenordnung (DIS-GO).

C. Internationale Schiedsgerichtsbarkeit: a) Maßgeblich ist der **Ort des** 96 **schiedsrichterlichen Verfahrens** iSv § 1043 I ZPO. Die Wahl des geeigneten Orts und des anwendbaren Rechts ist besonders wichtig. Liegt der Ort in Deutschland, gelten §§ 1025 ff, ohne dass die Parteien die Wahl eines fremden Verfahrensrechts haben (§ 1025 I ZPO, striktes Territorialitätsprinzip für inländische Verfahren; anders vor 1998: Verfahrenstheorie, s BGH **96**, 40). Je nachdem ist der Schiedsspruch ein inländischer oder ausländischer (s Rn 99). Näher Kronke RIW **98**, 257, Winkler/Weinand BB **98**, 597. **Dokumentenvorlage,** Krapfl 2007. **Zwingendes Recht** in der internationalen Schiedsgerichtsbarkeit, Horn SchiedsVZ **08**, 209.

b) Unter den ständigen internationalen Schiedsgerichten ist der Schieds- 97 gerichtshof bei der **Internationalen Handelskammer (International Chamber of Commerce, ICC) Paris** besonders bekannt; Schiedsgerichtsordnung idF 2016 mit Wirkung ab 1.3.2017 mit Kostentabelle Anh III (ICC-SchiedsGO 2017, ICC-Publikation, offizielle deutsche Übersetzung), Eilschiedsrichterverfahrensordnung Anh V, Verfahrensordnung zum beschleunigten Verfahren Anh VI sowie Musterschiedsklauseln (ICC-Publikation Nr 880D/E); laufend: International Court of Arbitration Bulletin, Independence of Arbitrators 2007 (ICC-Publikation Nr 690, Sprache englisch); **zur nF 2012** Fry/Greenberg/Mazza, The Secretariat's Guide to ICC Arbitration 2012 (ICC-Publikation Nr 729), Pörnbacher/Baur BB **11**, 2627, Sessler/Voser SchiedsVZ **12**, 120. Collections of ICC Arbitral Awards, 4 vols 1974–2000, Decisions on ICC Arbitration Procedure (2003–2004), 2011 (ICC-Publikation Nr 728, Sprache englisch). Lit: Webster/Bühler, Handbook of ICC Arbitration, 3d ed 2014, Craig/Park/Paulsson 3d ed 2000, Derains/Schwartz, 2nd ed 2005 (IntHK-Publikation Nr 961), Nedden/Herzberg, ICC-Scho/Dis-Scho Praxiskommentar 2017; Verbist/Schäfer/Imhoos 2d ed 2016 (englisch). Ferner ADR-Regeln 2001 und Leitfaden für ICC ADR (IntHK-Publikation Nr 809). Die IntHK stellt auch eine Internationale Zentralstelle für technische Gutachten (ICC-Publikation Nr 307) zur Verfügung. Regeln für Gutachterverfahren (seit 1.1.2003) 2005 (ICC-Publikation Nr 649). Document Production 2006 (ICC-Publikation Nr 676, Sprache englisch). Mediations-Regeln mit Mediationsklauseln 2014. Expert Rules (Proposal, Appointment, Administration) 2015. **Muster:** Hopt/Trittmann/Pfitzner/Schmaltz 4. Aufl 2013 Form II.M.4 (ICC-Schiedsklausel), Form II.O.3 (ICC-Schiedsklage), Form II.O.6 (Ablehnung eines Schiedsrichters nach der ICC-SchiedsGO), Form II.P.2 (ICC Terms of Reference), Form II.P.8 (ICC-Schiedsspruch).

Weitere Schiedsregeln s zB **UNCITRAL-Schiedsordnung** 25.6.10, Lit: 98 Pörnbacher/Loos/Baur BB **11**, 711, zur Fassung 1976 Rauh 1983, van Hof 1991 (engl), von Hoffmann RIW **76**, 1, Böckstiegel RIW **82**, 796; **UNCITRAL-Modellgesetz** 21.6.85, von UN empfohlen 11.12.85 (vgl Rn 88), Lit: Calavros 1987, Binder 3d ed 2010, Böckstiegel RIW **84**, 670; Schiedsgerichtsordnung der **ECE** 20.1.66; **ICSID** (International Center for the Settlement of Investment Disputes der Weltbank), Ffm SchiedsVZ **13**, **126,** Schlechtriem IPRax **86**, 69, Semler SchiedsVZ **03**, 97; **London Court of International Arbitration (LCIA),** The LCIA Rules 2014, Lit: Wade/Clifford/Clanchy 2015; Böckstiegel 1987, Vorpeil WM **15**, 1647; **Netherlands Arbitration Institute (NAI),** NAI Arbitration Rules 1.1.15; **Stockholm Chamber of Commerce,** Rules of the

Einl v § 1

ersteren ergänzt der Schiedsgutachter den Vertrag rechtsgestaltend unmittelbar iSv § 317 BGB. Beim letzteren liefert er nur Tatsachen oder Rechtselemente zur Durchführung eines fertigen, nicht iSv § 317 BGB ergänzungsbedürftigen Vertrags; Bsp: Gebraucht-Kfz-Kauf zum „DAT-Schätzpreis abzüglich", zu ermitteln ist der wirkliche Marktwert. Die Unterscheidung spielt nur eine untergeordnete Rolle, weil auf das Schiedsgutachten ieS §§ 317–319 BGB nicht unmittelbar, aber entspr angewandt werden, BGH WM **13**, 1455, also eine „offenbare Unrichtigkeit" eines Schiedsgutachtens ieS ebenso wie die „offenbare Unbilligkeit" nach § 319 I BGB zur Unverbindlichkeit führt, s Rn 95. Der Schiedsguterachtervertrag schiebt die Fälligkeit der Forderung auf (Regelung der Leistungszeit nach § 271 BGB, relevant für Zinslauf), BGH WM **13**, 1452. Bei unangemessener Verzögerung der Benennung direkt Zahlungsklage, BGH WM **11**, 1374, arg e § 319 I 2 BGB. **AGB** über obligatorisches Schiedsgutachten kann je nach Geschäft und Auswirkungen wegen Verkürzung des staatlichen Rechtsschutzes gegen **(5)** § 307 BGB verstoßen, BGH **115**, 329 (bejahend für Fertighauskauf); auch bei besonderer Nähe des Dritten und des Verwenders (Zusammenarbeit, erst recht Abhängigkeitsverhältnis; BGH **81**, 236, NJW **83**, 1855, auch bei Anschein der Endgültigkeit ohne Rechtsweg, BGH **101**, 318.

95 c) Schiedsgutachter haben iZw nach **billigem Ermessen** zu entscheiden (§ 317 I BGB). Die offenbar unbillige Entscheidung ist unverbindlich und durch gerichtliches Urteil zu ersetzen (§ 319 I 1, 2 BGB; abdingbar, s § 319 II BGB, BGH BB **72**, 515), BGH WM **13**, 1452. Sie ist offenbar unbillig, wenn sich dem sachkundigen und unbefangenen Beobachter, sei es nach eingehender Prüfung, Fehler aufdrängen, die das Gesamtergebnis verfälschen, BGH WM **86**, 1384, NJW **91**, 2761, **01**, 3776, **13**, 1297, so zB bei Mißachtung der Aufgabe (Mietzinsanpassung, nicht -neufestsetzung) und einseitiger Interessenbeachtung, BGH **62**, 316, oder wenn die Bestimmungsfaktoren des Gutachtens nicht hinreichend nachprüfbar sind, BGH NJW **75**, 1557, WM **77**, 413. Grundsätzlich ist gleich, wie ein Schiedsgutachter zu seinem Ergebnis kommt, BGH NJW **77**, 801, doch muss er ein den Parteien vorgeschriebenes Verfahren einhalten, BGH BB **63**, 281. Bei Schiedsgutachten ieS (s Rn 94) ist die Schätzung entspr § 319 I BGB auch bei offenbarer Unrichtigkeit, zB Nicht- oder Falschanwendung zwingenden Rechts, unverbindlich, BGH **43**, 376, WM **86**, 1384, auch bei so lückenhaften Ausführungen, dass das Ergebnis nicht mehr fachmännisch überprüfbar ist, BGH WM **88**, 276, NJW **01**, 3775. Mehrere Gutachter sollen nach § 317 II BGB iZw nur einstimmig entscheiden können, Bestellung eines Dreierkollegiums bedeutet aber wohl idR Zulassung der Mehrheitsentscheidung. Bei verschiedener Summenbestimmung (zB Kaufpreis, Abfindung) gilt nach § 317 II BGB iZw der Durchschnitt; zu große Abweichung lässt uU beide Bestimmungen offenbar unbillig erscheinen, dann bestimmt das Gericht (§ 319 I BGB), BGH **LM** § 317 BGB Nr 9 (60000–162400-90000). Bei offenbarer Unbilligkeit der Mehrheitsentscheidung muss der überstimmte Schiedsgutachter die Vertragsparteien auf seine Bedenken hinweisen, BGH **22**, 345; er gibt also zweckmäßig sein Minderheitsvotum zu den Akten. Für Schiedsgutachter besteht keine Vorschrift über **Ablehnung** wie bei Schiedsrichter und Sachverständigen (§§ 1036, 1037; 406 iVm 41, 42 ZPO), doch kann Ablehnung gemäß diesen Vorschriften vereinbart sein, BGH NJW **72**, 827, so wenn er während der Begutachtung als von der Gegenpartei benannter Schiedsrichter tätig wird; Entscheidung darüber im ordentlichen Prozess, Mü BB **76**, 1047; bei Befangenheit des Schiedsgutachters uU auch Kündigung des Schiedsgutachtervertrags aus wichtigem Grund, BGH DB **80**, 967. Entfällt der zunächst bestimmte Gutachter und mißlingt die für diesen Fall vorgesehene Einigung auf einen Ersatzgutachter, entscheidet entspr § 319 I 2 Halbs 2 BGB das Gericht, BGH **57**, 47. **Ansprüche** gegen den Schiedsgutachter aus **Fehlern des Gutachtens** bestehen nur bei offenbarer Unrichtigkeit, sonst ist

Einleitung 93, 94 **Einl v § 1**

II Nr 1 lit d ZPO), BGH ZIP **15**, 1363. Fehlende Nebentätigkeitsgenehmigung eines aktiven Berufsrichters (§ 40 I 1 DRiG) ist kein Aufhebungsgrund nach § 1059 II Nr 1 lit d ZPO, BGH WM **16**, 1244. Endschiedsspruch lässt Rechtsschutzbedürfnis für Antrag auf gerichtliche Entscheidung gegen den die Zuständigkeit bejahenden Zwischenentscheid nicht entfallen, BGH NJW **17**, 488 (RsprÄnd). Die Kompetenz zur Entscheidung über die "Kosten des Verfahrens" umfasst die Streitwertfestsetzung, KG SchiedsVZ **11**, 110. Das Gericht (**OLG**, § 1062 ZPO, Beschlussverfahren) prüft insoweit die Wirksamkeit der Schiedsvereinbarung ohne Bindung an das Schiedsgericht; eine **Kompetenz-Kompetenz-Klausel** wie früher (BGH **68**, 356, NJW **91**, 2215) ist also nicht mehr wirksam, BGH **162**, 9, Mü SchiedsVZ **13**, 234, Folge ist aber nicht Gesamtunwirksamkeit (§ 139 BGB), BGH NJW **14**, 3652. Aber Unabhängigkeit der Schiedsabrede von den übrigen Vertragsbedingungen (§ 1040 I 2 ZPO), BGH NJW **17**, 488 Rn 17. Für den Aufhebungsantrag gilt eine **Dreimonatsfrist** (§ 1059 III ZPO). Der Schiedsspruch wirkt unter den Parteien wie ein rechtskräftiges Urteil, aus ihm kann (nach Vollstreckbarerklärung) vollstreckt werden (§§ 1060, 1062 ff ZPO). **Muster:** Hopt/Trittmann/Pfitzner/Schmaltz 4. Aufl 2013 Form II. Q.1 (Antrag auf Zulassung der Vollziehung einer vorläufigen oder sichernden Maßnahme), Form II. Q.2–3 (Antrag auf Vollstreckbarerklärung eines in-/ausländischen Schiedsspruchs), Form II. Q.4 (Klage auf Aufhebung eines inländischen Schiedsspruchs).

B. **Schiedsgutachtervertrag: a)** Der Schiedsgutachtervertrag zwischen den 93 Parteien, aufgrund dessen dann ein Vertrag mit dem Schiedsgutachter geschlossen wird, ist materiellrechtlicher Vertrag (§§ 317–319 BGB), stRspr, üL, nach aA: §§ 1025 ff ZPO zT entspr anwendbar. Er ist von Schiedsvereinbarung (§§ 1025 ff ZPO, Prozessvertrag, s Rn 88) streng zu **unterscheiden**. Während die Schiedsvereinbarung auf Entscheidung des Rechtsstreits durch das Schiedsgericht anstelle des ordentlichen Gerichts zielt, beschränkt sich der Schiedsgutachtervertrag auf Ordnung der Rechtsverhältnisse der Parteien durch Überlassung der Leistungsbestimmung an einen Dritten (§ 317 I BGB), ohne das ordentliche Gericht von der Nachprüfung gewisser Fehler auszuschließen (§ 319 BGB); BGH **6**, 338, **9**, 145, **48**, 28, WM **81**, 1057, NJW **82**, 1879, **91**, 2761, **01**, 3775, **13**, 1452, OLG Mü NJW **16**, 1964 mAnm Lotz. Nur der Schiedsspruch, nicht das Schiedsgutachten entscheidet prozessual rechtskräftig und ist Vollstreckungstitel (s Rn 88). Der Schiedsgutachtervertrag ist für jedermann formfrei, BGH NJW **75**, 1556. Zitiert der Vertrag § 319 BGB, ist Schieds gutachten, nicht Schiedsgericht gewollt, BGH **48**, 28. Im Zweifel Schiedsgutachten als weniger einschneidend (§§ 133, 157 BGB), BGH BB **82**, 1078, OLG Mü NJW **16**, 1964 Rn 15. Soll das Gutachten unter bestimmten Voraussetzungen bestimmte Folgen festlegen (Bsp: bei grundlegender Änderung der Verhältnisse Anpassung des Pachtzinses), kann die Auslegung ergeben, dass der Gutachter auch die Vorfrage entscheiden soll, ob eine solche Änderung vorliegt; auch eine solche Rechtsfrage kann in die Entscheidung eines Schiedsgutachters gestellt werden; BGH **48**, 29, NJW **75**, 1556. Eine als Schiedsvereinbarung unwirksame Abrede kann uU als Schiedsgutachterabrede gültig sein, BGH BB **60**, 753. Ein nachprüfendes Gericht darf nicht offen lassen, ob ein Schiedsgutachtervertrag oder eine Schiedsvereinbarung vorliegt, BGH **48**, 27. Rspr-Übersicht: Raeschke-Kessler BB Beil 17/**93**, 19. Lit: Rauscher 1969, Greger/Stubbe 2007, von Bernuth ZIP **98**, 2081, Walter GedS Heinze **05**, 291 (Schiedsgutachten, Unternehmensbewertung), Habersack/Tröger DB **09**, 44 (Preis bei Unternehmenskauf), Kantenwein FS Spiegelberger **09**, 750 (Klauseln), Elsing ZVerglRWiss **15**, 568 (Bindungswirkung), Kohl/Schröder WPg **16**, 1376 (Schiedsgutachter zu Unternehmenswert).

b) Häufig werden Schiedsgutachtervertrag **im weiteren und im engeren**, 94 eigentlichen **Sinn** unterschieden, BGH NJW **91**, 2761, WM **13**, 1452. Beim

96 ff). Das Schiedsgericht kann über die eigene Zuständigkeit und im Zusammenhang hiermit über das Bestehen oder die Gültigkeit der Schiedsvereinbarung entscheiden; dabei gilt eine Schiedsklausel als unabhängig von den übrigen Vertragsbestimmungen (§ 1040 ZPO; aber s Rn 92 zur Frage der Kompetenz-Kompetenz). Nach der ICC-SchiedsGO 2017 Art 23 wird zunächst der Schiedsauftrag (terms of reference) erstellt, Lit: Sandrock RIW **87**, 649, Nicklisch RIW **88**, 763. Das Schiedsgericht kann in den Grenzen des zwingenden Rechts (insbesondere Gleichbehandlung und rechtliches Gehör) mangels Parteiabrede sein Verfahren nach freiem Ermessen selbst bestimmen (§ 1042 ZPO). Es kann auf Antrag einstweiligen Rechtsschutz gewähren (§ 1041 ZPO), Schütze BB **98**, 1659. Es ist an die Beweismittel und das Beweisverfahren der ZPO nicht gebunden, hat aber selbst keine Zwangsgewalt zur Durchsetzung der Beweiserhebung (aber gerichtliche Unterstützung durch das zuständige Amtsgericht, §§ 1050, 1062 IV ZPO). Das Schiedsgericht kann Berater zuziehen, Grenzen str, BGH **110**, 107, zu unterscheiden vom Sachverständigen nach § 1049 ZPO, zu diesem Lotz SchiedsVZ **11**, 203. Über die mündliche Verhandlung wird Protokoll geführt, Ausgestaltung flexibel. Keine Vorlage an EuGH, EuGH EuZW **14**, 301m krit Anm Jukic, Schäfer BB **14**, 723. Am Ende des Schiedsverfahrens steht häufig ein **Schiedsvergleich** (§ 1053 ZPO) oder aber ein **Schiedsspruch** (§§ 1051 ff ZPO). Zustandekommen des Schiedsspruchs, Schütze SchiedsVZ **08**, 10; sehr str ist dissenting vote, Westermann SchiedsVZ **09**, 102. Persönliche, eigenhändige Unterschrift, keine Vertretung in der Unterschriftsleistung, Mü WM **14**, 1152. Streitwertfestsetzung nach § 1057 ZPO ist kein Richten in eigener Sache, aber ist nur zwischen den Parteien, nicht gegenüber den Schiedsrichtern verbindlich, BGH NJW **12**, 1811, anders nach altem Recht BGH WM **77**, 319, BGHZ **94**, 95. Niederlegung des Schiedsspruchs ist nicht mehr vorgesehen. Insolvenz und Schiedsverfahren, BGH ZIP **09**, 627, Heidbrink/von der Groeben ZIP **06**, 265, Ehricke ZIP **06**, 1847. **Muster:** Hopt/Trittmann/Pfitzner/Schmaltz 4. Aufl 2013 Form II. O.1 (Einleitung eines Schiedsverfahrens nach ZPO bzw DIS mit Aufforderung zur Benennung eines Schiedsrichters), Form II. O.2 (Antrag an das Gericht zur Benennung des zweiten Schiedsrichters), Form II. O.3 (ICC-Schiedsklage), Form II. P.1 (Prozeßleitende Verfügung), Form II. P.2 (Schiedsauftrag/Terms of Reference), Form II. P.3 (Zeugenerklärung/Witness Statement), Form II. P.4 (Protokoll), Form II. P.5 (Antrag an das zuständige Gericht auf (eidliche) Vernehmung eines Zeugen), Form II. P.6 (einstweiliger Rechtsschutz), Form II. P.7 (Schiedsspruch nach ZPO bzw DIS-SchiedsGO), Form II. P.8 (ICC-Schiedsspruch).

92   **d)** Gegen einen Schiedsspruch kann nur Antrag auf **gerichtliche Aufhebung** in den engen Grenzen des § 1059 ZPO gestellt werden. § 1059 II ZPO zählt die Aufhebungsgründe abschließend auf. Mangelnde objektive Schiedsfähigkeit und Widerspruch gegen die öffentliche Ordnung (ordre public) sind von Amts wegen zu berücksichtigen (§ 1059 II Nr 2 ZPO), aber keine Inhaltskontrolle des Schiedsspruchs; zB Verletzung des rechtlichen Gehörs, Art. 103 I GG, BGH **96**, 47, Verstoß gegen EUKartellrecht, EuGH EuZW **99**, 565, gegen EU-Ri über missbräuchliche Klauseln in Verbraucherverträgen (s **(5)** BGB Einl 5 vor § 305), EuGH EuZW **09**, 852m Anm Heinig 885, nicht schon gegen jedes zwingende Recht, BGH WM **09**, 573, nur wenn „offensichtlich" (obwohl in § 1059 II Nr 2 lit b nF nicht mehr enthalten) unvereinbar mit wesentlichen Grundsätzen des deutschen Rechts, BGH NJW **14**, 1597. Aufhebungsgrund nach § 1059 II Nr 1 lit a–d ZPO sind die Ungültigkeit der Schiedsvereinbarung in subjektiver oder objektiver Hinsicht, eine verfahrensfehlerhafte Behinderung des Antragstellers, Überschreitung der Schiedsvereinbarung mit der Folge der Unzuständigkeit des Schiedsgerichts und sonst unzulässiges Verfahren, zB Mitwirkung eines erfolgreich abgelehnten Schiedsrichters auch bei einstimmigem Schiedsspruch (§ 1059

barung (die nicht geschlossen wurde oder unauffindbar ist) ist nicht in einen Vorvertrag auf Abschluss einer Schiedsvereinbarung umzudeuten, dazu bedürfte es mindestens der Bestimmung der Zusammensetzung des Schiedsgerichts, BGH BB **73**, 957. **Beschlussmängelstreitigkeiten** bei GmbH und PersonenGes s Rn 88. Lit: Westermann FS Fischer **79**, 853, Roth FS Nagel **87**, 318, de Lousanoff, Westermann u D. Weber (Schiedsklauselgestaltung) in Böckstiegel 1996, S 7, 31u 49, K. Schmidt ZHR 162 **(98)** 265, BB **01**, 1857, Ebbing NZG **98**, 281, Habersack SchiedsVZ **03**, 241, Westermann FS Goette **11**, 601. **Muster:** Hopt/Trittmann/Pfitzner/Schmaltz 4. Aufl 2013 Form II.M.5 (Schiedsvertrag unter Personen- und GmbHGftern).

c) **Schiedsgericht und Schiedsverfahren:** Die Parteien können das Verfahren zur **Bestellung der Schiedsrichter** selbst regeln (§ 1035 I ZPO, Schiedsvereinbarung). Die Schiedsrichter werden tätig auf Grund des zwischen den Parteien und ihnen abgeschlossenen **Schiedsrichtervertrags,** BGH **42**, 315, **98**, 34; Lit: Real 1983. Sie üben Rechtsprechung aus, BGH **51**, 258, **98**, 36. Sie müssen deshalb **unparteilich** und **unabhängig** sein, Ffm SchiedsVZ **17**, 150 (nicht Vertragsbeirat), und auch so erscheinen (bei Umständen, die berechtigte Zweifel wecken können, **Ablehnung,** §§ 1036 II, 1037 ZPO), Mankowski SchiedsVZ **04**, 304, Schütze FS Hopt **10**, 2933. Dabei kommt es primär auf die Beziehungen der Schiedsrichter zu den Parteien und idR nicht zu deren Prozessbevollmächtigten an, Anlehnung an §§ 41, 42 ZPO, KG 12.8.10 bei Kröll NJW **11**, 1267. Benachteiligendes Übergewicht bei der Zusammensetzung des Schiedsgerichts s § 1034 II ZPO, Schiedsvereinbarung bleibt erhalten, BGH WM **07**, 959. Mehrparteienschiedsverfahren s Rn 88. Eine Schiedsvereinbarung, dass im Streit zwischen Mitgliedern und Nichtmitgliedern eines Vereins nur Vereinsmitglieder als Schiedsrichter bestellt werden können, ist ungültig, BGH **51**, 261; ebenso die Klausel, dass eine Partei allein alle Schiedsrichter bestellt, falls die Gegenpartei ihr Bestellungsrecht nicht ausübt, oder dass in diesem Falle der von einer Seite bestellte Schiedsrichter allein entscheidet, BGH **54**, 395. Geringere Anforderungen an die Unabhängigkeit gelten für Schiedsverträge nach Streitfallentstehung; ein Organmitglied einer Partei kann hier je nach seinem faktischen Verhältnis zu dieser Schiedsrichter sein, BGH BB **75**, 1553; dazu Schlosser JZ **76**, 245, Kornblum BB **77**, 675 (krit). Die Schiedsrichter können ihre **Vergütung** nicht selbst festsetzen, auch nicht mittelbar über Streitwertfestsetzung, BGH **94**, 92; deshalb vorherige, klare Vereinbarung mit den Parteien, zB Mustervereinbarung des Deutschen Anwaltsvereins. **Vorschuss** idR je hälftig (§ 426 I BGB), auch wenn eine Partei „arm" ist, BGH **55**, 344, dazu Breetzke DB **71**, 465, 2050; doch dann uU Kündigung der Schiedsvereinbarung aus wichtigem Grund, BGH **77**, 65 (s Rn 88). Vorschuss kann unter den Schiedsparteien eingeklagt werden. Das Schiedsrichteramt **endet,** wenn der Schiedsrichter von ihm, auch grundlos, zurücktritt (vgl §§ 1038, 1039 ZPO); eine Verletzung des Schiedsrichtervertrags liegt darin nicht, wenn der Schiedsrichter rechtlich oder tatsächlich (zB Krankheit, Übernahme eines öffentlichen Amtes oder ähnliche berufliche Veränderung, die sich mit der Fortführung nicht vereinbaren lässt) außerstande ist, seine Aufgaben zu erfüllen (Kündigung aus wichtigem Grund). **Muster:** Hopt/Trittmann/Pfitzner/Schmaltz 4. Aufl 2013 Form II.N (Schiedsrichtervertrag, Vergütungsvereinbarung), Form II. O.4–6 (Ablehnung eines Schiedsrichters).

Das Schiedsverfahren beginnt mit der Erhebung der **Schiedsklage** (§§ 1044, 1046 ZPO; Art 4 ICC-SchiedsGO 2017). Falls nicht schon geschehen, fordert die Schiedsklägerin die Schiedsbeklagte zur Benennung eines Schiedsrichters auf; meist ist ein Dreierschiedsgericht vereinbart (sonst § 1034 I 2 ZPO: 3; ICC-SchiedsGO 2017 Art 12(2): 1). Das (Schieds)**Verfahren** läuft ab nach den Regeln der gewählten Schiedsgerichtsordnung und/oder dem Schiedsverfahrensrecht der §§ 1025 ff ZPO bzw eines anwendbaren ausländischen Prozessrechts (s Rn 88,

1/16 zit NJW **17**, 864; nicht für Ges, **(5)** § 310 IV 1 BGB, aber § 242 BGB (PublikumsGes s Anh § 177 Rn 68). Unternehmer-, nicht Verbraucherhandeln bereits bei der Existenzgründung dienendem Geschäft, BGH **162,** 17. AGB-Schiedsvereinbarung ist danach unwirksam nicht schon bei Übergewicht der einen Seite (dagegen hilft fristgebundener Antrag nach § 1034 II ZPO, s Rn 91), jedoch bei Gefahr, dass das Schiedsgericht von den Schutzgarantien der **(5)** §§ 305–310 BGB abweicht, BGH **115**, 324, krit Schumann NJW **92**, 2065. Alternativklausel zwischen staatlicher und Schiedsgerichtsbarkeit ist unwirksam, außer bei Zusatz über Pflicht zur vorprozessualen Wahl durch den beklagten Verwender, BGH NJW **99**, 282, für Wirksamkeit bei genau definierten engen Voraussetzungen Brem SchiedsVZ **07**, 51. Wirksam ist dagegen Option der Nichtanerkennung des Schiedsspruchs und Weg zum staatlichen Gericht, BGH **171**, 245. **Auslegung** von Schiedsklauseln ist nur eingeschränkt revisibel, nämlich ob die für die Auslegung erheblichen Umstände umfassend gewürdigt worden sind, BGH **165**, 379, ZIP **09**, 1540. **Rechtsnachfolger** sind gebunden, auch Insolvenzverwalter, da weder gegenseitiger Vertrag (§ 103 InsO) noch Auftrag (§ 114 InsO), BGH ZIP **09**, 627 Rn 11, **13**, 1539, Wagner KTS **10**, 41. **Bürgen,** Schuldübernehmer, Garanten und andere akzessorisch Haftende sind, da selbständig haftend, nicht gebunden, hL, BGH **68**, 359. **Muster:** Hopt/Trittmann/Pfitzner/Schmaltz 4. Aufl 2013 Form II.M.1 (DIS-Schiedsklausel), Form II.M.2 (DIS-GesRechts-Schiedsklausel), Form II.M.3 (DIS-Schiedsklausel für beschleunigte Verfahren), Form II.M.4 (ICC-Schiedsklausel), Form II.M.5 (Schiedsvertrag ohne Bezugnahme auf eine Schiedsordnung, vor allem für GbR, OHG, KG und GmbH).

90 **b) Schiedsklauseln im Gesellschaftsvertrag:** Die Schiedsvereinbarung unter Gftern einer **OHG** oder **KG** betr Streitigkeiten aus dem GesVerhältnis bedarf der Form für Verbraucher nach § 1031 V ZPO, außer wenn schon ihr Abschluss zusammen mit dem GesVertrag oder später einer gewerblichen oder selbstständigen beruflichen Tätigkeit des Gfters zugerechnet werden kann (s Rn 89); ähnlich zum früheren Recht (kein HdlGeschäft der Gfter nach § 1027 II ZPO), BGH **45**, 285 für Kdtist (§ 161 Rn 5), für OHG s § 105 Rn 21 (davon streng zu unterscheiden ist die Erstreckung einer formlos wirksamen Schiedsvereinbarung zwischen Ges und Dritten auch auf Gfter, § 128 Rn 40). Erst recht gilt dies in der **stillen Gesellschaft,** außer wenn der Stille selbst Gewerbetreibender bzw Freiberufler ist und als solcher handelt. § 1066 ZPO, nach dem die Satzung von Vereinen, AG und GmbH für Streitigkeiten aus dem Mitgliedschaftsverhältnis ihrer Mitglieder wirksam ohne Schiedsvereinbarung iSv §§ 1025 ff ZPO (aber Kleinmann BB **70**, 1076: Form dennoch zu empfehlen) ein Schiedsgericht anordnen können soll (so zu § 1048 ZPO aF BGH **48**, 43), gilt nicht für OHG und KG, auch nicht GmbH & Co und Publikums-KG, BGH NJW **80**, 1049, Schütze BB **92**, 1877, Ebbing NZG **98**, 282, üL, aA K. Schmidt ZHR 162 **(98)** 277, Habersack SchiedsVZ **03**, 241, jedenfalls für GesVerträge, die Mehrheitsbeschlüsse zulassen. **PublikumsKG** § 1031 V ZPO, aber nicht für Streit unter GründungsGftern, Rüppell BB **14**, 1091. Die Gfter-Schiedsvereinbarung ist für Gesamt- und Sonderrechtsnachfolger in GesAnteil verbindlich ohne gesonderten Beitritt und Form des § 1031 ZPO, BGH **68**, 350, **71**, 162, NJW **79**, 2567, **98**, 371, NZG **02**, 955 (Grundgedanke des § 401 BGB), Ebbing NZG **98**, 282, aA K. Schmidt ZHR 162 **(98)** 279, Habersack SchiedsVZ **03**, 241; ebenso bei Eintritt auf Grund Nachfolgeklausel, BGH NJW **80**, 1797. Grundsätzlich weite Auslegung der Schiedsvereinbarung für alle Streitigkeiten aus dem (Haupt)Vertrag einschließlich dessen Gültigkeit; § 139 BGB ist auf das Verhältnis Hauptvertrag und Schiedsvereinbarung unanwendbar, BGH **53**, 315, NJW **91**, 2216. Anwendbarkeit der Gfter-Schiedsvereinbarung auf Streit unter Gfter-Erben, wer Gfter wurde, BGH WM **71**, 309. Verweisung im GesVertrag auf eine Schiedsverein-

Einleitung **89 Einl v § 1**

§ 25 Rn 10. Die Schiedsvereinbarung kann nach § 314 BGB aus wichtigem Grund gekündigt werden, BGH **77**, 65, NJW **86**, 2765.

Soweit die §§ 1025 ff ZPO anwendbar sind (s Rn 96) und kein zwingendes Recht enthalten, können die Parteien das Verfahren einer (nationalen oder internationalen, institutionellen oder anderen privaten) **Schiedsgerichtsordnung** unterstellen. Bekannt sind national die Schiedsgerichtsordnung der **Deutschen Institution für Schiedsgerichtsbarkeit eV** 1.7.98 (**DIS**, DIS-SchO), Möller RIW **88**, 605, Reform 2017 in Arbeit, Ergänzende Regeln für beschleunigte Verfahren 25.4.08, SchiedsVZ **08**, 111m Anm Berger 105, Ergänzende Regeln für gesellschaftsrechtliche Streitigkeiten 15.9.09 (DIS-ERGeS), NZG **09**, 1296, Schwedt/Lilja NZG **09**, 1281, von Hase BB **11**, 1993, und international vor allem die der **ICC** 1.3.17 (s Rn 97). Vgl auch DIS-Konfliktmanagementordnung (DIS-KMO), DIS-Schlichtungsordnung (DIS-SchlO), DIS-Mediationsordnung (DIS-MedO), DIS-Schiedsgutachtensordnung (DIS-SchGO), DIS-Gutachtensordnung (DIS-GO), DIS-Verfahrensordnung für Adjudikation (DIS-AVO), Übersicht Mazza KSzW **13**, 126. Lit: Nedden/Herzberg, ICC-SchO, DIS-SchO, 2014 und Schrifttum vor Rn 88.

a) Die Schiedsvereinbarung bedarf der **Form des § 1031 ZPO**, deshalb keine **89** Schiedsvereinbarung durch HdlBrauch (anders nach § 10727 II ZPO aF), BGH ZIP **17**, 1570. Eine notarielle Beurkundung ist neben § 1031 ZPO nicht notwendig, außer wenn es Teil eines formbedürftigen Hauptgeschäfts ist (letzterenfalls ohne Beurkundung der institu tionellen Schiedsordnung, zB DIS-SGO), BGH NJW **14**, 3652, Mü DNotZ **14**, 2011m Anm Kindler NZG **14**, 961, also zB nicht, wenn das Schiedsgericht auch über die Wirksamkeit des Hauptvertrags entscheiden soll, vgl BGH **69**, 260 (zu heute § 311b I BGB), Lüttmann/Breyer ZZP 119 **(06)** 475. Wenn allerdings ein **Verbraucher** beteiligt ist, sind **schriftliche oder elektronische Form und,** außer bei notarieller Beurkundung, **besondere Urkunde bzw besonderes elektronisches Dokument** nötig (§ 1031 V ZPO, §§ 126, 126a BGB); Legaldefinition des Verbrauchers § 13 BGB, nicht Existenzgründer, BGH **162**, 253, WM **07**, 2392, aber Vorstände und Geschäftsführer, BGH **165**, 47 zum VerbrKrG), auch ausländische Broker mit inländischem Verbraucher, BGH WM **10**, 2025, 2032, **11**, 548, keine Einrede des Verbrauchers, sondern zwingend, BGH NJW **11**, 2976; für Vorstände und Geschäftsführer teleologische Reduktion der AGB-Kontrolle (§ 310 IV BGB), europarechtskonform, Herresthal ZIP **14**, 345, Bauer/Arnold/Kramer AG **14**, 677, aA von Westphalen, ZIP **13**, 2184. Wenn das streitgegenständliche Geschäft für beide Parteien ihrer **gewerblichen oder selbstständigen beruflichen Tätigkeit** zuzuordnen ist (KfmEigenschaft und beiderseitiges HdlGeschäft sind nicht mehr notwendig), genügt eine **einfachere Nachweisform:** von den Parteien unterzeichnetes Schriftstück oder zwischen ihnen gewechselte Schreiben, Telegramme ua; Schweigen auf ein Schriftstück, inbesondere kfm Bestätigungsschreiben (§ 346 Rn 16) mit Schiedsklausel; förmliche Bezugnahme auf Schriftstück mit Schiedsklausel (Schiedsklausel in AGB) oder Begebung eines Konnossements (näher § 1031 I–IV ZPO). Form des Hauptvertrags, zB § 311b I BGB, muss nicht zusätzlich gewahrt werden, BGH **69**, 260. Formmangel wird durch Einlassung auf Verhandlung zur Hauptsache geheilt (§ 1031 VI ZPO); entspr auch für andere (nicht fortbestehende) Mängel, nach aA nur konkludenter Neuabschluss, vgl BGH **88**, 318; nur letzterer bei Fehlen einer Schiedsvereinbarung überhaupt. Lit: Lüttmann/Breyer ZZP 119 **(06)** 475, Haarmann FS Hopt **10**, 2777. **AGB**-Schiedsvereinbarung ist auch mit Verbrauchern möglich, BGH **162**, 17, aA nach **(5)** § 307 BGB nur in Ausnahmefällen Ul/Be/He/H. Schmidt § 310 BGB Rn 708 wegen Versperrung des ordentlichen Rechtswegs. AGB-Schiedsklausel unterliegt auch unter Kflten (Unternehmern) der Inhaltskontrolle nach **(5)** § 307 BGB, BGH **115**, 324, aber **(5)** § 310 I 1 BGB, KG 13.6.**16** 20 SchH

§ 1029 ZPO; früher unscharf Schiedsvertrag). Schiedsvereinbarungen sind im HdlVerkehr sehr verbreitet. Dafür gibt es gute Gründe, zB freie Schiedsrichterwahl, Sachkunde, Schnelligkeit, Diskretion und Flexibilität des Verfahrens; iErg nicht teurer als normales Verfahren durch den Instanzenzug. Gerichtsstandsklausel (Sitz des Vertragspartners) muss nicht nur das staatliche Gericht meinen, BGH WM **07,** 698. Das schiedsrichterliche Verfahren regeln **§§ 1025 ff ZPO** nF SchiedsVfG 22.12.97 BGBl 3224; weitgehend entspr UNICTRAL-Modellgesetz über die internationale HdlSchiedsgerichtsbarkeit (s Rn 98), Kommission zur Neuordnung des 10. Buchs der ZPO, BMJ 1994; Weigand WiB **97,** 1273, Habscheid JZ **98,** 445, Lörcher DB **98,** 245. §§ 1025 ff ZPO gelten **einheitlich für nationale und internationale, Zivil- und Handelsschiedsgerichtsverfahren.** Grundsätzlich jeder vermögensrechtliche Anspruch kann Gegenstand einer Schiedsvereinbarung sein, zB auch solcher aus § 89b HGB oder aus un erlaubter Handlung, BGH **162,** 17; nicht vermögensrechtliche Ansprüche nur insoweit, als sich die Parteien darüber vergleichen können; diese objektive Schiedsfähigkeit (§ 1030 ZPO) findet ihre Grenze nicht schon bei zwingendem Recht, sondern erst dort, wo sich der Staat im Interesse besonders schützenswerter Rechtsgüter ein Entscheidungsmonopol vorbehalten hat, BGH **132,** 283, 160, 127 (nicht bei GmbHStammkapital). Vermögensrechtliche Ansprüche können auch aus öffentlichrechtlichem Vertrag resultieren. Schiedsfähig sind danach auch gesellschaftsrechtliche Auskunfts- und Informations-, Ausgleichs- und Abfindungsansprüche, Managerhaftung, Umbeck SchiedsVZ **09,** 143, **Beschlussmängelstreitigkeiten** bei GmbH, BGH NJW **09,** 1962 (Schiedsfähigkeit II) m Anm Duve/Keller (unter Aufgabe von BGH **132,** 278, allerdings nur unter strengen, nach § 138 BGB zu prüfenden Gleichwertigkeitsbedingungen: Zustimmung aller Gfter zur Schiedsabrede, Beteiligungsmöglichkeit jedes Gfters an Schiedsverfahren (zumindest als Nebenintervenient) und Auswahl der Schiedsrichter ausser bei Auswahl durch neutrale Stelle, Konzentration bei dem Schiedsgericht), hL, Habersack JZ **09,** 797, Nietsch ZIP **09,** 2268, K. Schmidt VGR **09,** 97, Borris NZG **10,** 481 (AG), Riegger/Wilske ZGR **10,** 733, Bryant/Dehne KSzW **13,** 152, s auch DIS-ERGeS unten. Diese Mindestanforderungen bei GmbH gelten jedenfalls im Grundsatz auch für Beschlussmängelstreitigkeiten bei PersonenGes wie KG, BGH ZIP **17,** 1024 (Schiedsfähigkeit III), Nolting ZIP **17,** 1641. Treupflicht zur Anpassung bei unwirksamer Schiedsklausel, K. Schmidt BB **01,** 1862, Reichert/Harbarth NZG **03,** 381, hL, offen BGH NJW **09,** 1966 (im konkreten Fall abl), Erfahrungen Niemeyer/Häger BB **14,** 1737. Einfache Feststellungsklagen (§ 256 ZPO, nicht § 248 AktG) fallen nicht darunter, BGH NJW **15,** 3234. Schiedsklauseln im GesVertrag unten Rn 90. Auch **Kartellsachen** sind schiedsfähig (anders § 91 GWB aF), Grenze ordre public (§ 1059 II Nr 2b ZPO), Zimmer 1991, K. Schmidt BB **06,** 1397. Auch im Kapitalmarkt- und Finanzrecht, Wiebecke SchiedsVZ **08,** 34, Berger FS Nobbe **09,** 473, str. Vereins- und Verbandsgerichte sind idR keine Schiedsgerichte iSv §§ 1025 ff ZPO, BGH **159,** 207. Das Problem der **Mehrparteienschiedsverfahren** ist im SchiedsVfG nicht geregelt (jedoch ICC-SchiedsGO 2017 Art 7, 8, 12(6)-(8), auch Art 10 Verbindung von Schiedsverfahren, Gottwald FS Coester-Waltjen **15,** 395), Mehrheitsprinzip, Ffm SchiedsVZ **06,** 222, vgl auch BGH NJW **96,** 1755, für Bestimmung beider Schiedsrichter vom Gericht (§ 1034 II ZPO), KG NJW **08,** 2719, Übersicht Sessler Liber Amicorum D. Weber **16,** 527. Dritten muss eine angemessene Verfahrensteilnahme möglich sein, idR streitgenössische Nebenintervention. Mitwirkung auch aller auf derselben Seite Beteiligten an der Schiedsrichterbestellung ist str: Einigungszwang durch notwendige Streitgenossenschaft analog § 62 ZPO, Ebenroth/Bohne BB **96,** 1397, ähnlich Bender DB **98,** 1901, ist zweifelhaft; am besten ist eine entspr Schiedsvereinbarung, sonst bleibt, um sicher zu gehen, nur Zustimmung aller Beteiligten oder Drittbestimmung des Schiedsgerichts, Lüke/Blenske ZGR **98,** 252. Schiedsabrede und § 25s

Rn 14, vgl EuGH NJW **05**, 44. Verbrauchergerichtsstand nach Art 13 I Nr 3 LugÜ I bei culpa in contrahendo (Vermögensverwaltung), BGH NJW **11**, 2809, WM **12**, 646 (Vermögensverwaltungsvertrag). Ferner europäische Zustellung, **EuZVO** vom 13.11.07, europäisches Mahnverfahren, **EuMVVO** vom 12.12.06 und europäisches Verfahren für geringfügige Forderungen, **EuGFVO** vom 11.7.07, Europäischer Vollstreckungstitel für unbestrittene Forderungen, **EuVTVO** vom 21.4.04. **Haager Übereinkommen** vom 30.6.05 über Gerichtsstandsvereinbarungen, Wagner RabelsZ 73 **(09)** 100, in Kraft ab 1.10.15, Antomo NJW **15**, 2919.

Lit: MüKoZPO Bd 3 (Int und Europ Zivilprozessrecht) 4. Aufl 2013; Kropholler/von Hein, Europäisches Zivilprozessrecht, 10. Aufl 2014, rev Ausg 2017; Geimer, Internationales Zivilprozessrecht, 7. Aufl 2015; Geimer/Schütze, Europäisches Zivilverfahrensrecht, 3. Aufl 2010; Geimer/Schütze, Internationaler Rechtsverkehr in Zivil- und HdlSachen (LBl); Junker 2. Aufl 2015; Nagel/Gottwald, Internationales Zivilprozessrecht, 7. Aufl 2013; Rauscher, Europäisches Zivilprozess- und Kollisionsrecht, 5 Bde 4. Aufl 2015; Schack 6. Aufl 2014; Schlosser/Hess, EU-Zivilprozessrecht, 4. Aufl 2015; J. Weber, 2011 (Gläubigerschutz und EuGVVO), Riebold 2014 (Europäische Kontopfändung). Auch in Komm und Lehrbüchern zum IPR und zur ZPO. Quellensammlung: Bülow/Böckstiegel/Geimer/Schütze (LBl). Bericht zum Europäischen Privat- und Zivilprozessrecht Sujecki EuZW **12**, 327. **RsprÜbersicht:** Schnichels/Stege EuZW **13**, 809, **14**, 808, **15**, 781, **16**, 728, Wittwer/Fussenegger ZEuP **13**, 812, **15**, 582, Lenaerts/Stapper RabelsZ 78 (**14**) 252 (EuGH zur EuGVVO).

3) Schiedsgerichtsbarkeit in Handelssachen

Schrifttum

Berger 1998. – *Böckstiegel* 1996 (Ges-/Erbrecht). – *Böckstiegel ua* 2007 (Arbitration in Germany). – *von Bodungen ua* 2008 (Taktik). – *Kreindler/Schäfer/Wolff* 2006. – *Lachmann* 3. Aufl 2008. – *Nedden/Herzberg,* ICC-SchO, DIS-SchO, 2014. – *Schütze* 6. Aufl 2016. – *Schütze,* Institutionelle Schiedsgerichtsbarkeit 3. Aufl 2017. – *Schütze,* Institutional Arbitration 2013. – *Schwab/Walter* 7. Aufl 2005. – *Torggler/Wong/Mohs/Schäfer* 2. Aufl 2017. – *Zilles* 2000 (GesRecht). – *Lüke/Blenske,* Die Schiedsfähigkeit von Beschlußmängelstreitigkeiten, ZGR **98**, 253. – *K. Schmidt,* Neues Schiedsverfahrensrecht und Gesellschaftsrechtspraxis, ZHR 162 (**98**) 265. – *Trittmann,* Die Auswirkungen des Schiedsverfahrens-Neuregelungsgesetzes auf gesellschaftsrechtliche Streitigkeiten, ZGR **99**, 340. – *Habersack,* PersonenGes als Mitglieder in der Schiedsgerichtspraxis, SchiedsVZ **03**, 241. – *Korte,* Die Hbg freundschaftliche Arbitrage, SchiedsVZ **04**, 240. – *K. Schmidt,* Kartellrecht im Schiedsfahren, BB **06**, 1397. – *Berger,* Schiedsgerichtsbarkeit im Bank- und Kapitalmarktrecht, FS Nobbe **09**, 473. – *Nacimiento/Bähr,* Insolvenz in nationalen und internationalen Schiedsverfahren, NJW **10**, 414/NJOZ **09**, 4752. – *Westermann* FS Hopt **10**, 2975 (Stolpersteine). – *Berger,* Schiedsgerichtsbarkeit und Bankgeschäfte, WM **12**, 1701. – *Leuering* NJW **14**, 657 (Organhaftung). – *Kreindler* ZVlgRWiss **15**, 431, FS Elsing **15**, 277 (Beweisführung, international). – *Sachs/Niedermaier* ZVglRWiss **15**, 449 (document production orders). – *Schäfer* NJW **15**, 3398 (Schiedsrichter und Mandant). – *Habersack/Wasshäch* AG **16**, 2 (Organhandeln). – *Schumacher* NZG **16**, 969 (Organhaftung, D&O). – *Wegen/Asbrand* RIW **16**, 557 (Rechtswahl nichtstaatlichen Rechts). – *Wolff* SchiedsVZ **16**, 293 (Reform). – *Westermann* ZGR **17**, 38 (KapitalGes).

RsprÜbersichten: *Straatmann/Ulmer* (Schiedsspruchsammlung) Bd 1 1975, Bd 2 1982; *Straatmann/Ulmer/Timmermann* Bd 3 1984, Bd 4 1988; *HK Hbg* Bd 5 1994, Bd 6 1998, keine weiteren Bde, Datenbank; DIS-Datenbank; periodisch: BB Beil 7/**02**; *Kröll* NJW **11**, 1265, **13**, 3135, **15**, 833, **16**, 849, **17**, 864. Ab 2003 SchiedsVZ.

Muster: *Hopt/Trittmann/Pfitzner/Schmaltz* 4. Aufl 2013 Form II.M-Q (24 Mustertexte). Schrifttum zur internationalen Schiedsgerichtsbarkeit s Rn 96 ff.

A. **Schiedsvereinbarung:** Schiedsvereinbarung kann selbstständig (**Schieds- 88 abrede,** idR über bereits entstandene Streitigkeit) oder Klausel in einem Hauptvertrag (**Schiedsklausel,** idR über künftige Streitigkeit) sein (Legaldefinition

Abkürzungsverzeichnis

Hann	Hannover
HansRGZ	Hanseatische Rechts- und Gerichtszeitschrift (zuvor unter anderen Titeln) (Jahr und Spalte)
HauptNl	Hauptniederlassung
HausTWG (HwiG)	Gesetz über den Widerruf von Haustürgeschäften und ähnlichen Geschäften v 16.1.1986, BGBl I 122, aufgehoben durch SMG
Hbg	Hamburg (OLG)
Hbg frdsch Arbitr	Hamburger freundschaftliche Arbitrage
Hdb	Handbuch
Hdl	Handel(s), Handlung(en)
Hdlbg	Heidelberg
HdlbgKo/(Bearbeiter)	Glanegger, Kirnberger, Kusterer, Ruß, Selder, Stuhlfelner, HGB, Handelsrecht, Bilanzrecht, Steuerrecht, Heidelberg, 7. Aufl 2007
HdlGehilfe	Handlungsgehilfe
HdlKlassenG	s HKG
HdlReg	Handelsregister
HdlRegGebührenVO	Handelsregistergebührenverordnung
HdlVertreter, HV	Handelsvertreter
HdlVollmacht	Handlungsvollmacht
HdWB	Handwörterbuch
HdWB Europ PrivR/ (Bearbeiter)	Basedow, Hopt, Zimmermann, Hrsg, Handwörterbuch des Europäischen Vertragsrechts, 2 Bde, Tübingen 2009
HdwK	Handwerkskammer
HdwO	Gesetz zur Ordnung des Handwerks (Handwerksordnung) idF v 24.9.1998, BGBl I 3074, 2006 I 2095, BGBl III FNA 7110-1
Heilbr	Heilbronn
Heidel/Schall/ (Bearbeiter)	Heidel, Schall, HGB, Handkommentar, Baden-Baden, 2. Aufl 2015
Henssler/(Bearbeiter)	Henssler, Strohn, Gesellschaftsrecht (BGB, HGB ua), München, 3. Aufl 2016
hess	hessisch
Heymann/(Bearbeiter)	Heymann, Handelsgesetzbuch (ohne Seerecht), Komm hrsg von Horn, 4 Bde, Berlin 1989 f, 2. Aufl Bd 1, 1995, Bd 2, 1996, Bd 3, 1999, Bd 4, 2005
HEZ	Höchstrichterliche Entscheidungen, Sammlung von Entscheidungen der Oberlandesgerichte und der Obersten Gerichte in Zivilsachen (Bd und Seite)
HFHandelG	Gesetz zur Vermeidung von Gefahren und Missbräuchen im Hochfrequenzhandel (Hochfrequenzhandelsgesetz) v 7.5.2013, BGBl I 1162
HFR	Höchstrichterliche Finanzrechtsprechung (Jahr und Seite)
HGB	Handelsgesetzbuch v 10.5.1897, RGBl 219, BGBl III FNA 4100-1
HGBÄndG	Gesetz zur Änderung des Handelsgesetzbuchs v 4.10.2013, BGBl I 3746
HGBGroßKo	s GroßKo (3. Aufl), Staub (4. und 5. Aufl)
HGrG	Haushaltsgrundsätzegesetz
HK	Handelskammer
HKG	Handelsklassengesetz idF v 23.11.1972, BGBl I 2201, BGBl III FNA 7849-2
HK Hbg IV, V	Handelskammer Hamburg, Rechtsprechung kaufmännischer Schiedsgerichte, Baden-Baden Bd 5, 1995, Bd 6, 1998; bis Bd IV St/Ul, St/Ul/Ti
hL	herrschende Lehre
HL	heavy lifts (Transport)
hM	herrschende Meinung
HoldhMSchr	Monatsschrift für Handelsrecht und Bankwesen, Steuer- und Stempelfragen, begr von Holdheim (Jahr und Seite)
Hommelhoff/Hopt/v Werder	Hommelhoff, Hopt, von Werder, Hrsg, Handbuch Corporate Governance, Köln, Stuttgart, 2. Aufl 2009

XLV

Abkürzungsverzeichnis

HonoraranlageberatungsG	Gesetz zur Förderung und Regulierung einer Honorarberatung über Finanzinstrumente (Honoraranlageberatungsgesetz) v 15.7.2013, BGBl I 2390
Hopt	Hopt, Europäisches Übernahmerecht, Tübingen 2013
Hopt, Form	Hopt, Hrsg, Vertrags- und Formularbuch zum Handels-, Gesellschafts- und Bankrecht, 4. Aufl, München 2013
Hopt, HGB	s Baumb/Hopt
Hopt, HVR	Hopt, Handelsvertreterrecht, 5. Aufl, München 2015
Hopt, Kapitalanlegerschutz	Hopt, Der Kapitalanlegerschutz im Recht der Banken, Gesellschafts-, bank- und börsenrechtliche Anforderungen an das Beratungs- und Verwaltungsverhalten der Kreditinstitute, München 1975
Hopt/Hehl	Hopt, Hehl, Vollrath, Gesellschaftsrecht, München, 4. Aufl 1996
Hopt/Mössle/Schmitt	Hopt, Mössle, R. Schmitt, Handelsrecht, München 2. Aufl 1999
Hopt/Mülbert	Kreditrecht, Berlin 1989, Sonderausgabe aus Staudinger, BGB, 12. Aufl 1988 (§§ 607–610), 1989 (Vorbem Bankkreditrecht; zit nur nach Randziffern)
Hopt/Roth	Hopt/Roth in GroßKoAktG, 5. Aufl., Berlin 2015, § 93 AktG
Hopt/Rudolph/Baum	Hopt, Rudolph, Baum, Hrsg, Börsenreform, Stuttgart 1997
Hopt/Seibt	Hopt/Seibt, Hrsg, Schuldverschreibungsrecht – Kommentar, Handbuch, Vertragsmuster, Köln 2017
Hopt/Steffek	Hopt, Steffek, Hrsg, Mediation, Tübingen 2008
Hopt/Voigt	Hopt, Voigt, Hrsg, Prospekt- und Kapitalmarktinformationshaftung, Tübingen 2005
Hopt/Wohlmannstetter	Hopt, Wohlmannstetter, Hrsg, Handbuch Corporate Governance von Banken, München 2011
Hopt/Wymeersch	Hopt, Wymeersch, Hrsg, Capital Markets and Company Law, Oxford 2003
Hoyningen von-Huene	Die kaufmännischen Hilfspersonen, Systematischer Kommentar der §§ 59–104 HGB (aus: MüKoHGB, Bd 1) München 1996, inzwischen MüKoHGB, Bd 1, 4. Aufl 2016
HRefG	Gesetz zur Neuregelung des Kaufmanns- und Firmenrechts und zur Änderung anderer handels- und gesellschaftsrechtlicher Vorschriften (Handelsrechtsreformgesetz – HRefG) v 22.6.1998, BGBl I 1474, BGBl III FNA 400-2/4
HRegGebNeuOG	Gesetz zur Neuordnung der Gebühren in Handels-, Partnerschafts- und Genossenschaftsregistersachen (Handelsregistergebühren-Neuordnungsgesetz – HRegGebNeuOG) v 3.7.2004 BGBl I 1410
HRR	Höchstrichterliche Rechtsprechung (Jahr und Nr)
Hrsg, hrsg	Herausgeber, herausgegeben
HRV	Verordnung über die Einrichtung und Führung des Handelsregisters (Handelsregisterverordnung – HRV) v 12.8.1937, RMBl 515, DJ 1251, BGBl III FNA 315-20
Hüffer/Koch	Hüffer, Koch, Aktiengesetz, München 12. Aufl 2016
HV	Handelsvertreter; Hauptversammlung
HVHM	s HV-Journal
HV-Journal	HV-Journal (früher Der Handelsvertreter und Handelsmakler; offizielles Organ der CDH) (Jahr und Seite)
HVR	Handelsvertreterrecht, Entscheidungen und Gutachten, hrsg v Forschungsverband für den Handelsvertreter- und Handelsmaklerberuf (Datum und Nr)
HWF	Handwörterbuch des Bank- und Finanzwesens
HWR	Handwörterbuch des Rechnungswesens
HWRev	Handwörterbuch der Revision
HWRP	Handwörterbuch der Rechnungslegung und Prüfung
HWiG (HausTWG)	Gesetz über den Widerruf von Haustürgeschäften und ähnlichen Geschäften v 16.1.1986, BGBl I 122, aufgehoben

Abkürzungsverzeichnis

HypBG	Hypothekenbankgesetz idF v 9.9.1998, BGBl I 2674, BGBl III FNA 7628-1, aufgehoben durch PfandBG
IAA	International Accounting Association
IAASB	International Auditing and Assurance Standards Board
IAG	International Auditing Guideline
IAPS(s)	International Auditing Practices Statement(s)
IAS(s)	International Accounting Standard(s), ab 1.4.2001 IFRS
IASB	International Accounting Standards Board, früher IASC
IASC	International Accounting Standards Committee, ab 1.4.2001 IASB
IAS-VO	Verordnung (EG) Nr 1606/2002 des Europäischen Parlaments und des Rates v 19.7.2002 betreffend die Anwendung internationaler Rechnungslegungsstandards, ABlEG Nr L 243/1 v 11.9.2002
IBA	International Bar Association
IBAN	International Bank Account Number, Internationale Bankkontonummer (s auch BBAN)
IBRD	International Bank for Reconstruction and Development
ICAAP	Internal Capital Adequacy Assessment Process
ICC, IntHK	International Chamber of Commerce, Internationale Handelskammer Paris; auch Institute Cargo Clauses
ICCA	International Council for Commercial Arbitration
ICGN	International Corporate Governance Network
ICLEG	Informal Company Law Expert Group (Europäische Kommission)
ICMA	International Capital Markets Association
ICOM	International Currency Options Market
ICSD	International Central Securities Depository
ICSID	International Centre for Settlement of Investment Disputes
idF	in der Fassung
idR	in der Regel
IDR	Journal of International Dispute Resolution (Jahr und Seite)
IDW	Institut der Wirtschaftsprüfer in Deutschland e. V.
IDW AcP	IDW Accounting Principles
IDW AcPS	IDW Accounting Practice Statements
IDW-AKW	Stellungnahmen des Arbeitskreises Weltbilanz des IDW
IDW AuPS	IDW Auditing Practice Statements
IDW AuS	IDW Auditing Standards
IDW-BFA	Stellungnahmen des Bankenfachausschusses des IDW
IDW E(PS ua)	IDW Entwurf (Prüfungsstandards usw)
IDW-FAMA	Stellungnahmen des Fachausschusses für moderne Abrechnungssysteme des IDW
IDW-FAR	Verlautbarungen des Fachausschusses Recht des IDW
IDW-FG	Fachgutachten des IDW
IDW-HFA	Stellungnahmen des Hauptfachausschusses des IDW
IDW-KFA	Stellungnahmen des Fachausschusses für kommunales Prüfungswesen des IDW
IDW-KHFA	Stellungnahmen des Krankenhausfachausschusses des IDW
IDW-NA	Stellungnahmen zu Fragen des neuen Aktienrechts (Hauptfachausschuss bzw Sonderausschuss Neues Aktienrecht des IDW)
IDW PH	IDW Prüfungshinweise
IDW PS	IDW Prüfungsstandards
IDW RH	IDW Rechnungslegungshinweise
IDW RH BFA (usw)	wie IDW RS BFA (usw)
IDW RS	IDW Stellungnahmen zur Rechnungslegung
IDW RS BFA	IDW Stellungnahmen zur Rechnungslegung des Bankenfachausschusses
IDW RS FAIT	IDW Stellungnahmen zur Rechnungslegung des Fachausschusses für Informationstechnologie
IDW RS FAR	IDW Stellungnahmen zur Rechnungslegung des Fachausschusses Recht
IDW RS HFA	IDW Stellungnahmen zur Rechnungslegung des Hauptfachausschusses
IDW RS KHFA	IDW Stellungnahmen zur Rechnungslegung des Krankenhausfachausschusses

Abkürzungsverzeichnis

IDW RS ÖFA	IDW Stellungnahmen zur Rechnungslegung des Fachausschusses für öffentliche Unternehmen und Verwaltungen
IDW RS VFA	IDW Stellungnahmen zur Rechnungslegung des Versicherungsfachausschusses
IDW RS WFA	IDW Stellungnahmen zur Rechnungslegung des Wohnungswirtschaftlichen Fachausschusses
IDW S	IDW Standards
IDW-SABI	Stellungnahmen des Sonderausschusses Bilanzrichtlinien-Gesetz des IDW
IDW-VFA	Stellungnahmen des Versicherungsfachausschusses des IDW
IDW-VO	Gemeinsame Stellungnahmen der Wirtschaftsprüferkammer und des IDW
IDW-WFA	Stellungnahmen des wohnungswirtschaftlichen Fachausschusses des IDW
iErg	im Ergebnis
ieS	im engeren Sinne
IFA	International Forfaiting Association; Investitionsförderungsabkommen
IFAC	International Federation of Accountants, Internationaler Wirtschaftsprüferverband
IFCAI	International Federation of Commercial Arbitration Institutions
IFEMA	International Foreign Exchange Master Agreement
IFRIC	International Financial Reporting Interpretations Committee
IFRS	International Financial Reporting Standard(s)
IFRS-SME	International Financial Reporting Standard(s) for Small and Medium-sized Entities
IFRS-ÜbernahmeVO	Verordnung (EG) Nr 1725/2003 der Europäischen Kommission v 29.9.2003 betreffend die Übernahme bestimmter internationaler Rechnungslegungsstandards in Übereinstimmung mit der Verordung (EG) Nr 1606/2002 des Europäischen Parlaments und des Rates, ABlEU L 261/1 v 13.10.2003
IG	Implementation Guidance
IGA	Intergovernmental Agreement
IGC	Implementation Guidance Committee
IGC Q&A	Implementation Guidance Committee – Questions and Answers
IHK	Industrie- und Handelskammer
IHR	Internationales Handelsrecht, Zeitschrift für das Recht des internationalen Warenkaufs und -vertriebs (Jahr und Seite)
IIC	International Review of Industrial Property and Copyright Law (Jahr und Seite)
IKR	Industriekontenrahmen
iL	in Liquidation
IIMG	Inter Institutional Monitoring Group
im allg	im Allgemeinen
Immenga/Mestmäcker	Immenga-Mestmäcker, Wettbewerbsrecht, EU, Kommentar zum Europäischen Kartellrecht, Bd 1, Teil 1, 2, München, 5. Aufl 2012
Immenga/Mestmäcker	Immenga-Mestmäcker, Münchener Kommentar zum Europäischen und Deutschen Wettbewerbsrecht, München 2. Aufl 2015, Bd 1 Europäisches Wettbewerbsrecht, Bd 2 GWB
Incoterms	International Commercial Terms
Insiderhandels-Ri	Insiderhandels-Richtlinien
InsiderVerfO	Verfahrensordnung für die bei den Wertpapierbörsen auf der Grundlage der Insiderhandels-Richtlinien und der Händler- und Beraterregeln zu bildenden Prüfungskommissionen
InsO	Insolvenzordnung (InsO) v 5.10.1994, BGBl I 2866, BGBl III FNA 311-13
InstAnlG	Gesetz zur Verbesserung der Rahmenbedingungen für institutionelle Anleger v 16.12.1986, BGBl I 2485
IntBestG	Gesetz zu dem Übereinkommen v 17. Dezember 1997 über die Bekämpfung der Bestechung ausländischer Amtsträger im internationa-

Abkürzungsverzeichnis

	len Geschäftsverkehr (Gesetz zur Bekämpfung internationaler Bestechung – IntBestG) v 10.9.1998, BGBl II 2327, BGBl III FNA 450-28
IntGesRecht	internationales Gesellschaftsrecht
IntHK (ICC)	Internationale Handelskammer Paris
InvAG	Investmentaktiengesellschaft
InvÄndG	Gesetz zur Änderung des Investmentgesetzes und zur Anpassung anderer Vorschriften (Investmentänderungsgesetz) v 21.12.2007, BGBl I 3089
InvG	Investmentgesetz (InvG) v 15.12.2003, BGBl I 2676, BGBl III FNA 7612-2, aufgehoben durch AIFM-UmsG
InvModG	Gesetz zur Modernisierung des Investmentwesens und zur Besteuerung von Investmentvermögen (Investmentmodernisierungsgesetz) v 15.12.2003, BGBl I 2676
InvVerOV	Verordnung zur Konkretisierung der Verhaltensregeln und Organisationsregeln nach dem Investmentgesetz (Investment-Verhaltens- und Organisationsverordnung – InvVerOV) v 28.6.2011, BGBl I 1288, FNA 7612-2-6
IOSCO	International Organization of Securities Commissions
IP	intellectual property
IPO	initial public offering, Börseneinführung
IPR	internationales Privatrecht
IPRax	Praxis des Internationalen Privat- und Verfahrensrechts (Jahr und Seite)
IPRG	Gesetz zur Neuregelung des Internationalen Privatrechts v 25.7.1986, BGBl I 1142
IPRGesVJPG	Gesetz zum Internationalen Privatrecht der Gesellschaften, Vereine und juristischen Personen, RefE 7.1.2008, BMJ
IPSAS	International Public Sector Accounting Standards
IPSASB	International Public Sector Accounting Standards Board
IRB-Ansatz	internal rating based/Interne Messung des Kreditrisikos (Risikogewichtung) (Basel II)
IRZ	Zeitschrift für Internationale Rechnungslegung (Jahr und Seite)
ISA	International Standard(s) on Auditing
ISBB	International Standard Setting Body
ISBP	International Standard Banking Practice for the Examination of Documentary Credits (ICC Banking Commission)
ISD I, II	Investment Services Directive (I), aufgehoben; Investment Services Directive II, s Märkte für FinanzinstrumenteRi
ISDA	International Swaps and Derivatives Association, früher: International Swap Dealers Association
ISDA MA	ISDA Master Agreement
ISDS	Investor-State Dispute Settlement (clause)
ISIN	International Securities Identification Number
ISLA	International Securities Lending Association
ISMA	International Securities Markets Association
ISS	Institutional Shareholder Service
IStR	Internationales Steuerrecht (Jahr und Seite)
iS(v)	im Sinne (von)
IT	information technology, Informationstechnologie
it	italienisch
IUA	International Underwriting Association of London
iVm	in Verbindung mit
iwS	im weiteren Sinne
iZw	im Zweifel
JA	Juristische Arbeitsblätter (Jahr und Seite)
JACF	Journal of Applied Corporate Finance (Jahr und Seite)
JArbSchG	Gesetz zum Schutze der arbeitenden Jugend (Jugendarbeitsschutzgesetz) idF v 12.4.1976, BGBl I 965, BGBl III FNA 8051-10
JbJZW	Jahrbuch Junger Zivilrechtswissenschaftler (Jahr und Seite)
JBE	Journal of Business Economics (bis 2012 ZfB) (Jahr und Seite)
JBl	Juristische Blätter, Wien (Jahr und Seite)
JFG	Jahrbuch für Entscheidungen in Angelegenheiten der freiwilligen Gerichtsbarkeit und des Grundbuchrechts (Bd und Seite)

Abkürzungsverzeichnis

JIEA	Joint Import/Export Agency
JMBl	Justizministerialblatt
JKomG	Gesetz über die Verwendung elektronischer Kommunikationsformen in der Justiz (Justizkommunikationsgesetz – JKomG) v 22.3.2005, BGBl I 837, ber 2022
JLE	Journal of Law & Economics (Jahr und Seite)
JO	Journal Officiel (Jahr und Seite)
JoAR	Journal of Accounting Research (Jahr und Seite)
JR	Juristische Rundschau (Jahr und Seite)
1. JuMoG	Erstes Gesetz zur Modernisierung der Justiz (1. Justizmodernisierungsgesetz) v 24.8.2004, BGBl I 2198
2. JuMoG	Zweites Gesetz zur Modernisierung der Justiz (2. Justizmodernisierungsgesetz) v 22.12.2006 BGBl I 3416
jur	juristisch
Jura	Jura, Juristische Ausbildung (Jahr und Seite)
Juris	elektronische Datenbank (www.juris.de), Juristisches Informationssystem für die BRD juris GmbH
jurisPR-BKR	juris PraxisReport Bank- und Kapitalmarktrecht
JuS	Juristische Schulung (Jahr und Seite)
JVKostG	Justizverwaltungskostengesetz
JW	Juristische Wochenschrift (Jahr und Seite)
JZ	Juristen-Zeitung (früher Deutsche Rechts-Zeitschrift und Süddeutsche Juristen-Zeitung) (Jahr und Seite)
KAG	Kapitalanlagegesellschaft
KAGB	Kapitalanlagegesetzbuch (s Art 1 AIFM-UmsetzG)
KAGG	Gesetz über Kapitalanlagegesellschaften (KAGG) idF v 9.9.1998, BGBl I 2726, BGBl III FNA 4120-4, aufgehoben durch InvG 2003
KAM	key audit matters
Kap	Kapitel
KapAEG	Gesetz zur Verbesserung der Wettbewerbsfähigkeit deutscher Konzerne an Kapitalmärkten und zur Erleichterung der Aufnahme von Gesellschafterdarlehen (Kapitalaufnahmeerleichterungsgesetz – KapAEG) v 20.4.1998, BGBl I 707, BGBl III FNA 4100-1/1
KapCoRiLiG	Gesetz zur Durchführung der Richtlinie des Rates der Europäischen Union zur Änderung der Bilanz- und der Konzernbilanzrichtlinie hinsichtlich ihres Anwendungsbereichs (90/605/EWG), zur Verbesserung der Offenlegung von Jahresabschlüssen und zur Änderung anderer handelsrechtlicher Bestimmungen (Kapitalgesellschaften- und Co-Richtlinie-Gesetz – KapCoRiLiG) v 24.2.2000, BGBl I 154
KapErhG	Gesetz über die Kapitalerhöhung aus Gesellschaftsmitteln und über die Verschmelzung von Gesellschaften mit beschränkter Haftung v 23.12.1959, BGBl I 789, BGBl III 4120-2, außer Kraft mWv 1.1.1995 durch G v 28.10.1994, BGBl I 3210
KapInHG	Gesetz zur Verbesserung der Haftung für falsche Kapitalmarktinformationen (Kapitalmarktinformationshaftungsgesetz – KapInHaG), interner BMFEntwurf
KapMuG	Gesetz über Musterverfahren in kapitalmarktrechtlichen Streitigkeiten (Kapitalanleger-Musterverfahrensgesetz – KapMuG), v 16.8.2005, BGBl I 2437, BGBl III FNA 310-23
KAPOVAZ	kapazitätsorientierte variable Arbeitszeit
Karlsr	Karlsruhe (OLG)
Kblz (Kobl)	Koblenz (OLG)
Kdt(Einlage)	Kommandit(Einlage)
Kdtist	Kommanditist
KfH	Kammer für Handelssachen
KfiH	Kammer für internationale Handelssachen
KfiHG	Gesetz zur Einführung von Kammern für internationale Handelssachen, Entwurf, BT-Drucks 18/1287 (30.4.2014)
Kflte	Kaufleute
Kfm	Kaufmann(s)
kfm	kaufmännisch

Abkürzungsverzeichnis

KfW	Kreditanstalt für Wiederaufbau
Kfz	Kraftfahrzeug
KG	Kammergericht Berlin; Kommanditgesellschaft
KGaA	Kommanditgesellschaft auf Aktien
KGJ	Jahrbuch für Entscheidungen des Kammergerichts (Abteilung A) (Bd und Seite)
KID	Key Information Document
KIID	Key Investor Information Document, wesentliche Anlegerinformationen
KleinanlegerschutzG	Kleinanlegerschutzgesetz v 3.7.2015, BGBl I 1114
KleinstKapGG	s MicroBilG
Kln	Köln (OLG)
KMU	kleinere und mittlere Unternehmen
KMP	kleinere und mittlere Prüfungsgesellschaften
KNA	Kosten-Nutzen-Analyse
KO	Konkursordnung idF v 20.5.1898, RGBl 612, BGBl III FNA 311-4, s jetzt InsO
Köhler/Bornkamm	Köhler, Bornkamm, Gesetz gegen den unlauteren Wettbewerb (UWG), München, 35. Aufl 2017
KöKo/(Bearbeiter)	Kölner Kommentar zum Aktiengesetz, hrsg von Zöllner, Noack, Köln, 3. Aufl 2004 ff
Koller	Koller, Transportrecht, 9. Aufl 2016
Koller/(Bearbeiter)	Koller, Kindler, Roth, Morck, Handelsgesetzbuch, Kommentar, München, 8. Aufl 2015
KOM	Kommission der Europäischen Gemeinschaften (Dokumente)
Komm	Kommentar; Kommission
KontopfandSchG	Gesetz zur Reform des Kontopfändungsschutzes v 7.7.2009 BGBl I 1707
KonTraG	Gesetz zur Kontrolle und Transparenz im Unternehmensbereich (KonTraG) v 27.4.1998, BGBl I 786
Konzern	Der Konzern (1–4/2003 Der Konzern in Recht und Wirtschaft) (Jahr und Seite)
KonzerninsolvenzG	Gesetz zur Erleichterung der Bewältigung von Konzerninsolvenzen v 13.4.2017, BGBl I 866
KoR	Zeitschrift für kapitalmarktorientierte Rechnungslegung (Jahr und Seite)
KPI	key performance indicator
KR	Kontrollrat
KredReorgG	Kreditinstitute-Reorganisationsgesetz – KredReorgG v 9.12.2010, BGBl I 1900
KRG	Kontrollratsgesetz
krit	kritisch
KSchG	Kündigungsschutzgesetz v 25.8.1969, BGBl I 1317, BGBl III FNA 800-2
KSt	Körperschaftsteuer
KStG	Körperschaftsteuergesetz 2002 (KStG 2002) idF v 15.10.2002, BGBl I 4144, BGBl III FNA 611-4-4
KStR	Körperschaftsteuer-Richtlinien
KSzW	Kölner Schrift zum Wirtschaftsrecht (Jahr und Seite)
KTS (KuT)	Zeitschrift für Insolvenzrecht (Konkurs, Treuhand, Sanierung) (Jahr und Seite)
Kümpel/Wittig	Kümpel, Wittig, Hrsg, Bank- und Kapitalmarktrecht, Köln, 4. Aufl 2011
KuMaKV	Verordnung zur Konkretisierung des Verbotes der Kurs- und Marktpreismanipulation (Kursmanipulation-KonkretisierungsVO – KuMaKV) v 18.11.2003, BGBl I 2300, BGBl III FNA 4110-4-7
KündFG	Gesetz zur Vereinheitlichung der Kündigungsfristen von Arbeitern und Angestellten (Kündigungsfristengesetz – KündFG) v 7.10.1993, BGBl I 1668
Küstner/Thume I, II, III	Küstner/Thume Handbuch des gesamten Vertriebsrechts, Bd 1: Das Recht des Handelsvertreters (ohne Ausgleichsrecht), Frankfurt

Abkürzungsverzeichnis

	5. Aufl 2016; Bd 2: Der Ausgleichsanspruch des Handelsvertreters, 9. Aufl 2014; Bd 3: Besondere Vertriebsformen, 4. Aufl 2015
KVG	Kapitalverwaltungsgesellschaft (nach KAGB)
KVO	Kraftverkehrsordnung für den Güterfernverkehr mit Kraftfahrzeugen (KVO) idF v 23.12.1958, Banz Nr 249 31.12.1958, aufgehoben
KVStG	Kapitalverkehrssteuergesetz (KVStG 1972) idF v 17.11.1972, BGBl I 2129, aufgehoben
KWG	Gesetz über das Kreditwesen idF v 9.9.1998, BGBl I 2776, BGBl III FNA 7610-1
7. KWG-Novelle	s BankenRiUmsetzG
L-	Landes-
LAG	Landesarbeitsgericht
Landmann/Rohmer	von Landmann, Rohmer, Gewerbeordnung und ergänzende Vorschriften, neubearbeitet von Marcks ua, 2 Ordner, München (LBl)
Langen/Bunte	Langen, Bunte, Hrsg, Kartellrecht, Kommentar, Bd. 1 Deutsches Kartellrecht, Bd. 2 Europäisches Kartellrecht, Köln, 12. Aufl 2014
lat	lateinisch
LBl	Loseblatt
LBO	leveraged buy-out
LBS/(Bearbeiter)	Langenbucher, Bliesener, Spindler, Hrsg, Bankrechts-Kommentar, München, 2. Aufl 2016
LCIA	London Court of International Arbitration
LCL (Container)	Less than a Container Load
LEI	legal entity identifier
Lettl	Handelsrecht, München, 3. Aufl 2015
lfd	laufend
LFZG	Gesetz über die Fortzahlung des Arbeitsentgelts im Krankheitsfalle (Lohnfortzahlungsgesetz) v 27.7.1969, BGBl I 946, aufgehoben, s jetzt EFZG
LG	Landgericht
LGD	loss given default/Verlustquote bei Ausfall (Basel II)
LIBOR	London interbank offered rate
lifo	last in-first out-Verfahren
lilo	lease in lease out
Limbg	Limburg
Lit	Literatur
lit	litera, Buchstabe
LLC	limited liability corporation (USA)
LM	Nachschlagewerk des Bundesgerichtshofes in Zivilsachen, begründet von Lindenmaier und Möhring, neu hrsg von Nirk ua (Gesetzesstelle, Entscheidungsnummer; Nr ohne Gesetzesstelle bezieht sich auf den kommentierten Paragraphen)
LMA	Lloyd's Market Association; Loan Market Association
LMK	Lindenmaier-Möhring, Kommentierte BGH-Rechtsprechung
LOI	letter of intent
LöschG	Gesetz über die Auflösung und Löschung von Gesellschaften und Genossenschaften v 9.10.1934 (außer Kraft)
LS	Leitsatz
LSA	Abkommen über den Lastschriftverkehr, außer Kraft
LSE	London Stock Exchange
LSÜbernahme-angebote	Leitsätze für öffentliche Kauf- und Umtauschangebote bzw Aufforderungen zur Abgabe derartiger Angebote im amtlich notierten oder im geregelten Freiverkehr gehandelter Aktien bzw Erwerbsrechte
lt	laut
ltd	private limited company
Lüb	Lübeck
LuftVG	Luftverkehrsgesetz idF v 27.3.1999, BGBl I 550, BGBl III FNA 96-1
LugÜ I	Lugano Übereinkommen über die gerichtliche Zuständigkeit und die Vollstreckung gerichtlicher Entscheidungen in Zivil- und Handelssachen v 16.9.1988, BGBl 94 II 2658, ersetzt durch LugÜ II

Abkürzungsverzeichnis

LugÜ II	Lugano Übereinkommen über die gerichtliche Zuständigkeit und die Anerkennung und Vollstreckung von Entscheidungen in Zivil- und Handelssachen v 30.10.2007, BGBl 09 I 2862
Lu/Ho/(Bearbeiter)	Lutter, Hommelhoff, GmbH-Gesetz, Kommentar, bearbeitet von Bayer, Hommelhoff, Kleindiek, Lutter, Köln, 19. Aufl 2016
Lünebg	Lüneburg
LVPS	large-value payment system
LZ	Leipziger Zeitschrift für Deutsches Recht (Jahr und Spalte)
LZBk	Landeszentralbank, nunmehr Abrechnungsstelle der Deutschen Bundesbank
M	maturity/effektive Restlaufzeit der Forderungen (Basel II)
MA	Der Markenartikel (Jahr und Seite); Master Agreement
M&A	mergers and acquisitions
MaBV	Makler- und Bauträgerverordnung idF v 7.11.1990, BGBl I 2479, BGBl III FNA 7104-6
MAC	material adverse change
MaComp	Mindestanforderungen an die Compliance-Funktion (BaFin)
MAD	Market Abuse Directive, s MarktmissbrauchsRi
MAE	material adverse event
MaH	Mindestanforderungen an das Betreiben von Handelsgeschäften (BAKred/BaFin)
MAIR	Mindestanforderungen an die Ausgestaltung der Internen Revision (BAKred/BaFin)
MaK	Mindestanforderungen an das Kreditgeschäft (BAKred/BaFin)
MaKonV	Verordnung zur Konkretisierung des Verbots der Marktmanipulation (Marktmanipulations-Konkretisierungsverordnung – MaKonV) v 1.3.2005, BGBl I 515, BGBl III FNA 4110-4-12
m Änd	mit Änderung(en)
m Anm	mit Anmerkung von
Mannh	Mannheim
MAR	s MarktmissbrauchsVO
MaRisk (BA, VA)	Mindestanforderungen an das Risikomanagement (Bankaufsicht, Versicherungsaufsicht) (BaFin)
MarkenG	Gesetz über den Schutz von Marken und sonstigen Kennzeichen (Markengesetz – MarkenG) v 25.10.1994, BGBl I 3082, ber. 1995 I 156, BGBl III FNA 423-5-2
MarktangV	Verordnung über die erforderlichen Angaben und vorzulegenden Unterlagen bei einem Erlaubnisantrag nach § 37i des Wertpapierhandelsgesetzes und einer Anzeige nach § 37m des Wertpapierhandelsgesetzes (Marktzugangsangabenverordnung – MarktangV) v 30.9.2004, BGBl I 2576, BGBl III FNA 4110-4-8
MarktmissbrauchsRi	Richtlinie 2014/57/EU des Europäischen Parlaments und des Rates v 16.4.2014 über strafrechtliche Sanktionen bei Marktmanipulation (Marktmissbrauchsrichtlinie), ABlEU L 173/179 v 12.6.2014, auch MAD genannt
MarktmissbrauchsVO	Verordnung (EU) Nr. 596/2014 des Europäischen Parlaments und des Rates v 16.4.2014 über Marktmissbrauch (Marktmissbrauchsverordnung) und zur Aufhebung der Richtlinie 2003/6/EG des Europäischen Parlaments und des Rates und der Richtlinien 2003/124/EG, 2003/125/EG und 2004/72/EG der Kommission, ABlEU L 173/1 v 12.6.2014, auch MAR genannt
Martinek/Semler/ Flohr/(Bearbeiter)	Martinek, Semler, Flohr, Hrsg, Handbuch des Vertriebsrechts, München, 4. Aufl 2016
mark-to-market	Bewertung anhand des letzten Marktkurses
maW	mit anderen Worten
max	höchstens
MBI	management buy-in
MBO	management buy-out
MBS	mortgage-backed security
MD&A	management's discussion and analysis (of financial condition and results of operations)

Abkürzungsverzeichnis

MDAX	Midcap Dax
MDR	Monatsschrift für Deutsches Recht (Jahr und Seite)
Me/Pro/Fi	Merkt/Probst/Fink (Hrsg.), Rechnungslegung nach HGB und IFRS – Themensystematischer Kommentar mit synoptischen Darstellungen, 2017
Merkt, Unternehmenspublizität	Merkt, Unternehmenspublizität – Offenlegung von Unternehmensdaten als Korrelat der Marktteilnahme, Tübingen 2001
Merkt/Göthel, Int Unternehmenskauf	Merkt, Göthel, Internationaler Unternehmenskauf, Köln, 3. Aufl 2011
mglw	möglicherweise
MHbeG	Minderjährigenhaftungsbeschränkungsgesetz v 25.8.1998 BGBl I 2487, BGBl III FNA 400-2/7
MicroBilG	Gesetz zur Umsetzung der Richtlinie 2012/6/EU des Europäischen Parlaments und des Rates v 14.3.12 zur Änderung der Richtlinie 78/660/EWG des Rates über den Jahresabschluss von Gesellschaften bestimmter Rechtsformen hinsichtlich Kleinstbetrieben (Kleinstkapitalgesellschaften-Bilanzrechtsänderungsgesetz – MicroBilG) v 20.12.2012 BGBl I 2751
MiFID	Markets in Financial Instruments Directive 2004, s FinanzmärkteRi
MiFID II	Markets in Financial Instruments Directive 2014, s FinanzmärkteRi II
MiFID-DVO	Verordnung (EG) Nr 1287/2006 der Kommission v 10.8.2006 zur Durchführung der Richtlinie 2004/39/EG des Europäischen Parlaments und des Rates betreffend die Aufzeichnungspflichten für Wertpapierfirmen, die Meldung von Geschäften, die Markttransparenz, die Zulassung von Finanzinstrumenten zum Handel und bestimmte Begriffe im Sinne dieser Richtlinie, ABlEU Nr L 241/1 v 2.9.2006
MiFIR	Markets in Financial Instruments Regulation, DurchführungsVO Nr 1287/2006 der Kommission v 10.8.2006 ABlEU L 241/1
MiFIR II	s FinanzmärkteVO
MinBlfWi	Ministerialblatt für Wirtschaft
Mio	Million(en)
MitbestErgG	Gesetz zur Ergänzung des Gesetzes über die Mitbestimmung der Arbeitnehmer in den Aufsichtsräten und Vorständen der Unternehmen des Bergbaus und der Eisen und Stahl erzeugenden Industrie v 7.8.1956, BGBl I 707 – Mitbestimmungsergänzungsgesetz –, BGBl III FNA 801-3
MitbestG	Gesetz über die Mitbestimmung der Arbeitnehmer v 4.5.1976, BGBl I 1153, BGBl III FNA 801-8
Mitt	Mitteilung(en)
MittBdL	Mitteilungen der Bank deutscher Länder
MittDBBk	Mitteilungen der Deutschen Bundesbank
MittMarkenvbd.	Mitteilungen des Markenverbands
MittRhNotK	Mitteilungen. Rheinische Notar-Kammer, 1961–1976; dann: Mitteilungen der Rheinischen Notar-Kammer
m krit Anm	mit kritischer Anmerkung (von)
MoMiG	Gesetz zur Modernisierung des GmbH-Rechts und zur Bekämpfung von Missbräuchen v 23.10.2008, BGBl I 2026
MontanMitbestG	Gesetz über die Mitbestimmung der Arbeitnehmer in den Aufsichtsräten und Vorständen der Unternehmen des Bergbaus und der Eisen und Stahl erzeugenden Industrie v 21.5.1951, BGBl I 347 – Montan-Mitbestimmungsgesetz –, BGBl III FNA 801-2
MoRaKG	Gesetz zur Modernisierung der Rahmenbedingungen für Kapitalbeteiligungen (MoRaKG) v 12.8.2008, BGBl I 1672
MoU	memorandum of understanding
MR	Militärregierung
Mrd	Milliarde(n)
MRG	Militärregierungsgesetz
MTF	multilateral trading facility
MTN	medium term note

Abkürzungsverzeichnis

MTO	Multimodal Transport Operator/Gesamtbeförderer
Mü	München (OLG)
MüHdBGesR 1, 2/ (Bearbeiter)	Münchener Handbuch des Gesellschaftsrechts, 6 Bde, 4. Aufl 2012 ff
MüKoBGB/ (Bearbeiter)	Münchener Kommentar zum Bürgerlichen Gesetzbuch, hrsg von Säcker, Rixecker, 12 Bde, München, 7. Aufl 2015 ff
MüKoBGB/Ulmer/ Schäfer	Gesellschaft bürgerlichen Rechts und Partnerschaftsgesellschaft, Systematischer Kommentar (§§ 705–740 BGB, PartGG, Sonderausgabe aus MüKoBGB), München, 6. Aufl 2013
MüKo(HGB)/ (Bearbeiter)	Münchener Kommentar zum Handelsgesetzbuch, hrsg von K. Schmidt, München, 7 Bde, 2. Aufl 2005 ff, 3. Aufl 2010 ff, 4. Aufl Bd 1, 2016, Bd 3 2017
Münst	Münster
MüVertragsHdb/ (Bearbeiter)	Münchener Vertragshandbuch, Bd 1 Gesellschaftsrecht, 7. Aufl 2011, Bd 2 Wirtschaftsrecht I, 7. Aufl 2015, Bd 3 Wirtschaftsrecht II, 7. Aufl 2015, Bd 4 Wirtschaftsrecht III, 7. Aufl 2012, Bd 5 Bürgerliches Recht I, 7. Aufl 2013, Bd 6 Bürgerliches Recht II, 7. Aufl 2016
MuSchG	Gesetz zum Schutz der erwerbstätigen Mutter (Mutterschutzgesetz – MuSchG) idF v 20.6.2002, BGBl I 2318, BGBl III FNA 8052-1
Musterwiderrufs-InfoG	Gesetz zur Einführung einer Musterwiderrufsinformation für Verbraucherdarlehensverträge, zur Änderung der Vorschriften über das Widerrufsrecht bei Verbraucherdarlehensverträgen und zur Änderung des Darlehensvermittlungsrechts v 24.7.2010 BGBl I 977
MuW	Markenschutz und Wettbewerb (Jahr und Seite)
mwN	mit weiteren Nachweisen
MWSt	Mehrwertsteuer
mWv	mit Wirkung vom
m zust Anm	mit zustimmender Anmerkung
NachhBG	Gesetz zur zeitlichen Begrenzung der Nachhaftung von Gesellschaftern (Nachhaftungsbegrenzungsgesetz – NachhBG) v 18.3.1994 BGBl I 560
Nachw	Nachweis(e)
NASD	National Association of Securities Dealers (USA)
NASDAQ	National Association of Securities Dealers Automated Quotations (USA)
NaStraG	Gesetz zur Namensaktie und zur Erleichterung der Stimmrechtsausübung (Namensaktiengesetz – NaStraG) v 18.1.2001, BGBl I 123
Naumbg	Naumburg (OLG)
Nds	Niedersachsen
Neust	Neustadt a. d. Weinstraße
nF	neue Fassung, neue Folge
NFPI	Non-Financial Performance Indicators
NIF	note issuance facility
NJ	Neue Justiz (Jahr und Seite)
NJOZ	Neue Juristische Online Zeitschrift (Jahr und Seite)
NJW	Neue Juristische Wochenschrift (Jahr und Seite)
NJW-RR	NJW-Rechtsprechungs-Report Zivilrecht (Jahr und Seite)
NJW-Sp	NJW-Spezial (Jahr und Seite)
NOPAT	net operating profit after taxes
NotBZ	Zeitschrift für die notarielle Beratungs- und Beurkundungspraxis (Jahr und Seite)
Nov	Novelle
NPL	non-performing loan(s)
NPO	Nonprofit-Organisation
npoR	Zeitschrift für das Recht der Non Profit Organisationen (Jahr und Seite)
Nr, Nrn	Nummer, Nummern

Abkürzungsverzeichnis

nrk	nicht rechtskräftig
NRW	Nordrhein-Westfalen
NSIN	National Securities Identification Number
Nürnb	Nürnberg (OLG)
NVOCC	None Vessel Operating Common Carrier(s)
NVwZ-RR	Neue Zeitschrift für Verwaltungsrecht, Rechtsprechung-Report Verwaltungsrecht
NWB	Neue Wirtschaftsbriefe
NYSE	New York Stock Exchange
NZA	Neue Zeitschrift für Arbeits- und Sozialrecht (Jahr und Seite); seit 1992: Neue Zeitschrift für Arbeitsrecht
NZA-RR	Neue Zeitschrift für Arbeitsrecht, Rechtsprechungs-Report Arbeitsrecht
NZI	Neue Zeitschrift für das Recht der Insolvenz und Sanierung (Jahr und Seite)
NZG	Neue Zeitschrift für Gesellschaftsrecht (Jahr und Seite)
NZKart	Neue Zeitschrift für Kartellrecht (Jahr und Seite)
NZM	Neue Zeitschrift für Miet- und Wohnungsrecht (Jahr und Seite)
O	Ordnung
o	oben
ö	österreichisch
oä	oder ähnlich(es)
ÖBA	(österreichisches) Bank-Archiv (Jahr und Seite)
ODC	over dimensioned cargo
ODR	online dispute regulation
OECD	Organization for Economic, Cooperation and Development, Organisation für wirtschaftliche Zusammenarbeit und Entwicklung
Oetker/(Bearbeiter)	Oetker, Hrsg, Kommentar zum Handelsgesetzbuch (HGB), München, 5. Aufl 2017
OFIF	Organisation intergouvernementale pour les transports internationaux ferroviaires, Organisation für den internationalen Eisenbahnverkehr
OGAW	Organismus für gemeinsame Anlagen in Wertpapieren
OGH	Oberster Gerichtshof für die britische Zone (1948–1950), auch Entscheidungen des Obersten Gerichtshofes (Bd und Seite); Österreich: Oberster Gerichtshof
OHG	offene Handelsgesellschaft
oJ	ohne Jahr
ÖJZ	Österreichische Juristen-Zeitung
Oldbg	Oldenburg (OLG)
OLG	Oberlandesgericht (mit Ortsnamen)
OLGE	Die Rechtsprechung der Oberlandesgerichte auf dem Gebiet des Zivilrechts (Bd und Seite), ab 1900
OLGR(ep)	OLG-Report (Jahr und Seite, getrennt für jedes OLG)
OLG(Z)	Entscheidungen der Oberlandesgerichte in Zivilsachen einschließlich der freiwilligen Gerichtsbarkeit (Jahr und Seite), ab 1965, seit 1994 vereinigt mit FGPrax
OLSch	Orderlagerschein
OLSchVO	Verordnung über Orderlagerscheine v 16.12.1931, RGBl I 763, außer Kraft mWv 1.7.1998 durch G v 25.6.1998, BGBl I 1588
OR	Schweizerisches Obligationenrecht
OTC	over the counter
OUP	Oxford University Press
oV	ohne Verfasser
OVG	Oberverwaltungsgericht
OWi	Ordnungswidrigkeit
OWiG	Gesetz über Ordnungswidrigkeiten idF v 19.2.1987, BGBl I 602, BGBl III FNA 454-1
ÖZW	Österreichische Zeitschrift für Wirtschaftsrecht
p.a.	pro Jahr
Pal/(Bearbeiter)	Palandt, Bürgerliches Gesetzbuch, bearbeitet von Brudermüller ua, 76. Aufl 2017

Abkürzungsverzeichnis

Pal/Sprau	Palandt, Bürgerliches Gesetzbuch, bearbeitet von Brudermüller ua, 77. Aufl 2018 (darin insbes §§ 675c–676h BGB bearb v Sprau)
PalSMG/(Bearbeiter)	Gesetz zur Modernisierung des Schuldrechts, Ergänzungsband zu Palandt, BGB, München. 61. Aufl 2002
PAngV	Preisangabenverordnung (PAngV) v 18.10.2002, BGBl I 4197, BGBl III FNA 720-17-1
PaPkG	Preisangaben- und Preisklauselgesetz v 9.6.1998, BGBl I 1242, BGBl III FNA 720-17
PartG	Partnerschaftsgesellschaft
PartG mbB	Partnerschaftsgesellschaft mit beschränkter Berufshaftung
PartGG	Gesetz über Partnerschaftsgesellschaften Angehöriger Freier Berufe (Partnerschaftsgesellschaftsgesetz – PartGG) v 25.7.1994 BGBl I 1744, BGBl III FNA 4127-1
PartReg	Partnerschaftsregister
PartRV	Partnerschaftsregisterverordnung v 16.6.1995, BGBl I 808, BGBl III FNA 315-1-1
ParÜb	Pariser Verbandsübereinkunft zum Schutze des Gewerblichen Eigentums idF v 14.7.1967, BGBl 1970 II 391
PatG	Patentgesetz idF v 16.12.1980, BGBl 1981 I 1, BGBl III FNA 420-1
PCAOB	Public Company Accounting Oversight Board (USA)
PD	probability of default/Ausfallwahrscheinlichkeit (Basel II)
PECL	Principles of European Contract Law
PersBefG	Gesetz über die Beförderungen von Personen zu Lande (Personenbeförderungsgesetz) idF v 8.8.1990, BGBl I 1690, BGBl III FNA 9240-1
PfandBRFortentwG	Gesetz zur Fortentwicklung des Pfandbriefrechts v 20.3.2009 BGBl I 607
PfandBG	Pfandbriefgesetz (PfandBG) v 22.5.2005, BGBl I 1373, BGBl III FNA 7628-8
PflegeVG	Gesetz zur sozialen Absicherung des Risikos der Pflegebedürftigkeit (Pflege-Versicherungsgesetz – PflegeVG) v 26.5.1994, BGBl I 1014, BGBl III FNA 860-11-1
PflVersG	Gesetz über die Pflichtversicherung für Kraftfahrzeughalter (Pflichtversicherungsgesetz) v 5.4.1965, BGBl I 213, BGBl III FNA 925-1
phG	persönlich haftender Gesellschafter
P & I	Protection and Indemnity (Versicherung des Verfrachters)
PIB	Produkt-Informationsblatt
PICC	Principles of International Commercial Contracts (Unidroit)
PIE	Unternehmen des öffentlichen Interesses, public interest entities
PIN	persönliche Geheimzahl, personal identification number
PIOB	Public Interest Oversight Board
PIR	Praxis der internationalen Rechnungslegung (Jahr und Seite)
Pkh	Prozesskostenhilfe
P-Konto	Pfändungsschutzkonto
plc	private limited company, public limited company
POC	percentage of completion
POS	point of sale
PostG	Gesetz über das Postwesen (PostG) idF v 3.7.1989, BGBl I 1449
PostStruktG	Gesetz zur Neustrukturierung des Post- und Fernmeldewesens und der Deutschen Bundespost (Poststrukturgesetz – PostStruktG) v 8.6.1989 BGBl I 1026
PostV	Postdienstverordnung (PostV) v 24.6.1991, BGBl I 1372
PostVerfG	Gesetz über die Unternehmensverfassung der Deutschen Bundespost (Postverfassungsgesetz – PostVerfG) v 8.6.1989, BGBl I 1026
PPP	public-private partnership
PRA	Prudential Regulation Authority (UK)
PRIIP	packaged retail and insurance-based investment product
PrJMBl	Justizministerialblatt für die preußische Gesetzgebung und Rechtspflege (Jahr und Seite)
PRIMA	Place of the Relevant Intermediary Approach
PrKV	Preisklauselverordnung v 23.9.1998, BGBl I 3043, BGBl III FNA 720-17-2

Abkürzungsverzeichnis

ProspRiUmsetzG	Gesetz zur Umsetzung der Richtlinie 2003/71/EG des Europäischen Parlaments und des Rates vom 4. November 2003 betreffend den Prospekt, der beim öffentlichen Angebot von Wertpapieren oder bei deren Zulassung zum Handel zu veröffentlichen ist, und zur Änderung der Richtlinie 2001/34/EG (Prospektrichtlinie-Umsetzungsgesetz) v 22.6.2005, BGBl I 1698, BGBl III FNA 4110-9
ProspRiUmsetzG 2012	Gesetz zur Umsetzung der Richtlinie 2010/73/EU und zur Änderung des Börsengesetzes v 26.6.2012, BGBl I 1375
PrüfbV	Verordnung über die Prüfung der Jahresabschlüsse der Kreditinstitute und Finanzdienstleistungsinstitute sowie die darüber zu erstellenden Berichte (Prüfungsberichtsverordnung – PrüfbV) vom 23.11.2009, BGBl I 3793, BGBl III FNA 7610-2-37
PS	payment system
PSA	Public Securities Association, New York
PSD	Payment Services Directive, Richtlinie über Zahlungsdienste, s ZahlungsdiensteR (I)
PSD2	Second Payment Services Directive, s ZahlungsdiensteRi II
PSI	pre-shipment inspection
PublG	Gesetz über die Rechnungslegung von bestimmten Unternehmen und Konzernen (Publizitätsgesetz – PublG) v 15.8.1969, BGBl I 1189, ber 1970 I 1113, BGBl III FNA 4120-7
PUCM	prospected unit credit method
PuLV	Preis- und Leistungsverzeichnis (Kreditinstitute)
PvP	payment versus payment
Q&A	questions and answers
QJE	Quarterly Journal of Economics (Jahr, Seite)
RabelsZ	Rabels Zeitschrift für ausländisches und internationales Privatrecht (Bd, Jahr, Seite)
RabattG	Gesetz über Preisnachlässe (Rabattgesetz) v 25.11.1933, RGBl I 1011, BGBl III FNA 435-1, aufgehoben
RABl	Reichsarbeitsblatt, ohne Ziffer = Teil I (Jahr und Seite)
R&D	research and development
RAG	Reichsarbeitsgericht, auch Entscheidungen des Reichsarbeitsgerichtes (Bd und Seite)
RAnz	Deutscher Reichsanzeiger
RatingG	Gesetz zur Verringerung der Abhängigkeit von Ratings v 10.12.14, BGBl I 2085
RatingVO	Verordnung (EU) Nr. 462/2013 des Europäischen Parlaments und des Rates v 21.5.2013 zur Änderung der Verordnung (EG) Nr. 1060/2009 über Ratingagenturen, ABlEU L 146/1
RBerG	Rechtsberatungsgesetz (RBerG) v 13.12.1935, RGBl I 1478, BGBl III FNA 303-12, aufgehoben durch Rechtsdienstleistungsgesetz (RDG)
RdA	Recht der Arbeit (Jahr und Seite)
RdE	Recht der Energiewirtschaft (Jahr und Seite)
RDG	Rechtsdienstleistungsgesetz v 12.12.2007, BGBl I 2841, BGBl III FNA 303-20
RdL	Recht der Landwirtschaft (Jahr und Seite)
RDM	Ring Deutscher Makler
Rdn	Randnote, Randnummer
Rdsch	Rundschau
Rdschr	Rundschreiben
RdTW	Recht der Transportwirtschaft (Jahr und Seite)
RdW	Recht der Wirtschaft, Wien (Jahr und Seite)
Real Estate	Immobilien
RCCP	recommendations for central counterparties
RechKredV	Verordnung über die Rechnungslegung der Kreditinstitute und Finanzdienstleistungsinstitute (Kreditinstituts-Rechnungslegungsverordnung – RechKredV) idF v 11.12.1998 BGBl I 3658, BGBl III FNA 4142-1

Abkürzungsverzeichnis

Recht	Das Recht (seit 1935 Beilage zu Deutsche Justiz) (Jahr und Nr der Entscheidung, bei Aufsätzen Jahr und Seite)
RefE	Referentenentwurf
Reg	Regierung
RegE	Regierungsentwurf
RegVBG	Gesetz zur Vereinfachung und Beschleunigung registerrechtlicher und anderer Verfahren (Registerverfahrenbeschleunigungsgesetz – RegVBG) v 20.12.1993, BGBl I 2182, BGBl III FNA 315-21-1
RegVerknüpf-UmsetzG	Gesetz zur Umsetzung der Richtlinie 2012/17/EU in Bezug auf die Verknüpfung von Zentral-, Handels- und Gesellschaftsregistern in der EU v 22.12.2014, BGBl I 2409
REIT	real estate investment trust(s)
REIT-G	Gesetz über deutsche Immobilien-Aktiengesellschaften mit börsennotierten Anteilen (REIT-Gesetz) v 28.5.2007, BGBl I 914, BGBl III FNA 4121-5
Reithmann/Martiny	Reithmann, Martiny, Internationales Vertragsrecht, Köln, 8. Aufl 2015
Repo	repurchase agreement
reps	representations and warranties
RestruktFG	Gesetz zur Errichtung eines Restrukturierungsfonds für Kreditinstitute (Restrukturierungsfondsgesetz – RestruktFG) v 9.12.2010, BGBl I 1900, BGBl III FNA 660-8
RestruktG	Gesetz zur Restrukturierung und geordneten Abwicklung von Kreditinstituten, zur Errichtung eines Restrukturierungsfonds für Kreditinstitute und zur Verlängerung der Verjährungsfrist der aktienrechtlichen Organhaftung (Restrukturierungsgesetz) v 9.12.2010, BGBl I 1900
RFH	Reichsfinanzhof, auch Entscheidungen des Reichsfinanzhofes (Bd und Seite)
RG	Reichsgericht, auch Entscheidungen des Reichsgerichts in Zivilsachen (Bd und Seite)
Rgbg	Regensburg
RGBl	Reichsgesetzblatt, ohne Ziffer = Teil I; mit II = Teil II (Jahr und Seite)
RGSt	Reichsgericht, auch Entscheidungen des Reichsgerichts in Strafsachen (Bd und Seite)
RhPf	Rheinland-Pfalz
Ri	Richtlinie
RICo	Ordnung für die internationale Eisenbahnbeförderung von Containern (Anh III zu CIM, Anlage 2 (BGBl II Anlagenband) zu VO v 18.4.1985, BGBl II 666)
RID	Ordnung für die internationale Eisenbahnbeförderung gefährlicher Güter (Anl I zu CIM, Anlage 2 (BGBl II Anlagenband) zu VO v 18.4.1985, BGBl II 666)
RIEx	Ordnung für die internationale Eisenbahnbeförderung von Expreßgut (Anl IV zu CIM, BGBl II 303)
RIP	Ordnung für die internationale Eisenbahnbeförderung von Privatwagen (Anh II zu CIM, Anlage 2 (BGBl II Anlagenband) zu VO v 18.4.1985, BGBl II 666)
RisikobegrenzG	Gesetz zur Begrenzung der mit Finanzinvestitionen verbundenen Risiken (Risikobegrenzungsgesetz) v 12.8.2008, BGBl I 1666
Riv soc.	Rivista delle società (Jahr und Seite)
RIW	Recht der Internationalen Wirtschaft, Betriebs-Berater International (früher: Außenwirtschaftsdienst des Betriebs-Berater, AWD) (Jahr und Seite)
RJA	Reichsjustiz-Amt, Entscheidungen in Angelegenheiten der freiwilligen Gerichtsbarkeit und des Grundbuchrechts (Bd und Seite)
RKfPr	Reichskommissar für die Preisbildung
rkr	rechtskräftig

Abkürzungsverzeichnis

RKT	Reichskraftwagentarif
RKW	Rationalisierungs-Kuratorium der deutschen Wirtschaft e. V.
RM	Reichsmark
RMBl	Reichsministerialblatt
RMVerk	Reichsverkehrsminister(ium)
RMWi	Reichsminister(ium) für Wirtschaft
Rn	Randnummer, Randziffer
Rö/(Bearbeiter)	Röhricht, Graf von Westphalen, Haas, Hrsg, Handelsgesetzbuch, Kommentar, Köln, 4. Aufl 2014
ROCE	return on capital employed
ROHG	Reichs-Oberhandelsgericht, auch Entscheidungen des Reichs-Oberhandelsgerichts (Bd und Seite)
ROI	return on investment
Rom I-VO	VO (EG) Nr 593/2008 des Europäischen Parlaments und des Rates v 17.6.2008 über das auf vertragliche Schuldverhältnisse anzuwendende Recht (Rom I), ABlEG L 177/6 v 4.7.2008, in Kraft 17.12.2009
Rom II-VO	VO (EG) Nr 864/2007 des Europäischen Parlaments und des Rates v 11.7.2007 über das auf außervertragliche Schuldverhältnisse anzuwendende Recht (Rom II), ABlEG L 199/40 v 31.7.2007, in Kraft 11.1.2009
Ro-Ro (Verkehr)	Roll on/Roll off (Verkehr)
ROW	Recht in Ost und West (Jahr und Seite)
Rpfleger	Der Deutsche Rechtspfleger (Jahr und Seite)
RPflG	Rechtspflegergesetz v 14.4.2013, BGBl I 778, BGBl III FNA 302-2
RPS	Recht und Praxis der Schiedsgerichtsbarkeit (BB Beil Nr, Jahr und Seite)
RRat	Reichsrat
RReg	Reichsregierung
r+s	Recht und Schaden (Zeitschrift)
Rspr	Rechtsprechung
RsprÄnd	Rechtsprechungsänderung
RsprÜbersicht	Rechtsprechungsübersicht
Rstk	Rostock
RTDF	Revue Trimestrielle de Droit Financier/Corporate Finance and Capital Markets Law Review (Jahr und Seite)
RUF	revolving underwriting facility
RVerkBl	Reichsverkehrsblatt
rvgl	rechtsvergleichend
RSSS	recommendations for securities settlement systems
Rstk	Rostock (OLG)
RTGS	real-time gross settlement
RTS	regulatory technical standard (delegated implementing Acts)
RVO	Rechtsverordnung; auch: Reichsversicherungsordnung idF v 15.12.1924, RGBl I 779, BGBl III FNA 820-1, aufgehoben, s jetzt SGB
RVS	Rollfuhrversicherungsschein
RWS	Kommunikationsforum Recht Wirtschaft Steuern, Köln
Rz	s Rn
S	Satz, Seite
s	siehe
Saarbr	Saarbrücken (OLG)
SAC	Standards Advisory Council
SAE	Sammlung arbeitsrechtlicher Entscheidungen (Jahr und Seite)
Saenger/(Bearbeiter)	Saenger, Aderhold, Lenkaitis, Speckmann, Praxishandbuch des Handels- und Gesellschaftsrechts, 2. Aufl 2011
SAFE	Framework of Standards to Secure and Facilitate Global Trade
SanLiquRiG	Gesetz zur Umsetzung aufsichtsrechtlicher Bestimmungen zur Sanierung und Liquidation von Versicherungsunternehmen und Kreditinstituten v 10.12.2003, BGBl I 2478
SAR	stock appreciation right(s)

Abkürzungsverzeichnis

SBPT	share based payment transaction
sbr	Schmalenbach Business Review (Bd, Jahr und Seite)
2. Schadensersatz-ÄndG	Zweites Gesetz zur Änderung schadensersatzrechtlicher Vorschriften v 19.7.2002, BGBl I 2674
ScheckG	Scheckgesetz v 14.8.1933, RGBl I 597, BGBl III FNA 4132-1
SchiedsG	Schiedsgericht
SchiedsVfG	Gesetz zur Neuregelung des Schiedsverfahrensrechts (Schiedsverfahrens-Neuregelungsgesetz – SchiedsVfG) v 22.12.1997, BGBl I 3224, BGBl III FNA 310-4/3
SchiedsVZ	Zeitschrift für Schiedsverfahren (Jahr und Seite)
SchiffsBG	Gesetz über die Schiffspfandbriefbanken (Schiffsbankgesetz) idF v 8.5.1963, BGBl I 301, BGBl III FNA 7628-2, aufgehoben durch PfandBG
Schimansky ua	s BankrechtsHdb
Schlegelb/(Bearbeiter)	Schlegelberger, Handelsgesetzbuch, Kommentar von Geßler, Hefermehl, Hildebrandt, Schröder, München, 6 Bde, 5. Aufl 1973 ff
Schlesw	Schleswig (OLG)
SchlH	Schleswig-Holstein
K. Schmidt	K. Schmidt, Handelsrecht, Unternehmensrecht I, Köln, 6. Aufl 2014
K. Schmidt (GesR)	K. Schmidt, Gesellschaftsrecht, Köln, 4. Aufl 2002 (GesR nur außerhalb §§ 105 ff angegeben)
Schr	Schreiben
SchuldRK	Schuldrechtskommission
Schwark/Zimmer/(Bearbeiter)	Kapitalmarktrechts-Kommentar, München, 4. Aufl 2010
SchVFalschberG	Gesetz zur Neuregelung der Rechtsverhältnisse bei Schuldverschreibungen aus Gesamtemission und zur verbesserten Durchsetzbarkeit von Ansprüchen von Anlagen aus Falschberatung v 31.7.09 BGBl I 2512
SchVG	Schuldverschreibungsgesetz v 4.12.1899, RGBl 1899, 691, BGBl III 4134-1; Gesetz über Schuldverschreibungen aus Gesamtemissionen (Schuldverschreibungsgesetz – SchVG) v 31.7.09 BGBl I 2512
SchwBG	Schwerbehindertengesetz idF v 26.8.1986, BGBl I 1421, ber 1550, aufgehoben, s jetzt SGB IX Rehabilitation und Teilhabe behinderter Menschen
schweiz	schweizerisch, Schweizer
SchweizAG	Die Schweizerische Aktiengesellschaft (Jahr und Seite)
SchweizJZ	Schweizerische Juristen-Zeitung (Jahr und Seite)
SCT	SEPA Credit Transfer
SD	Staff Draft (Vorstufe zu Entwürfen internationaler Rechnungslegungsstandards)
SDD	SEPA Direct Debit
SDRM	Sovereign Debt Resolution Mechanism (Staateninsolvenzverfahren, Vorschlag)
SE	Societas Europaea, Europäische (Aktien)Gesellschaft
SEAG	Gesetz zur Ausführung der Verordnung (EG) Nr 2157/2001 des Rates vom 8. Oktober 2001 über das Statut der Europäischen Gesellschaft (SE) (SE-Ausführungsgesetz – SEAG) v 22.12.2004, BGBl I 3675, BGBl III FNA 4121-4
SEBG	Gesetz über die Beteiligung der Arbeitnehmer in einer Europäischen Gesellschaft (SE-Beteiligungsgesetz – SEBG) v 22.12.2004, BGBl I 3686, BGBl III FNA 801-15
SEC	U. S. Securities and Exchange Commission
sec	section
SEEG	Gesetz zur Einführung der Europäischen Gesellschaft (SEEG) v 22.12.2004, BGBl I 3675
Seehandelsrechtsreformgesetz	s SHRG
2. SeerechtsÄndG	Gesetz zur Änderung des Handelsgesetzbuchs und anderer Gesetze (Zweites Seerechtsänderungsgesetz) v 25.7.1986, BGBl I 1120, BGBl III FNA 4101-5

Abkürzungsverzeichnis

SEPA	Single Euro Payment Area, Einheitlicher Europäischer Zahlungsraum, s PSD
SEPA-VO, SEPA-MigrationsVO	Verordnung (EU) Nr 260/2012 des Europäischen Parlaments und des Rates zur Festlegung der technischen Vorschriften und Geschäftsanforderungen für Überweisungen und Lastschriften in Euro und zur Änderung der Verordnung (EG) Nr 924/2009 v 14.3.2012, ABlEU L 94/22
SEPA-Begleitgesetz	Gesetz zur Begleitung der Verordnung (EU) Nr 260/2012 zur Festlegung der technischen Vorschriften und der Geschäftsanforderungen für Überweisungen und Lastschriften in Euro und zur Änderung der Verordnung (EG) Nr 924/2009 (SEPA-Begleitgesetz) v 3.4.2013, BGBl 2013 I 610
SERi	Richtlinie 2001/86/EG des Rates zur Ergänzung des Statuts der Europäischen Gesellschaft v 8.10.2001 hinsichtlich der Beteiligung der Arbeitnehmer, ABlEG L 294/22 v 10.11.01
SeuffA	Seufferts Archiv für Entscheidungen der obersten Gerichte in den deutschen Staaten (Bd und Nr)
SEVO	Verordnung (EG) Nr 2157/2001 des Rates über das Statut der Europäischen Gesellschaft (SE), ABlEG L 294/1 v 10.11.01
SFAC	Statement of Financial Accounting Concepts
SFAS	Statement of Financial Accounting Standards
SGB III	Sozialgesetzbuch (SGB) Drittes Buch (III) – Arbeitsförderung – v 24.3.1997, BGBl I 594, BGBl III FNA 860-3
SGB VII	Sozialgesetzbuch (SGB) Siebtes Buch (VII) – Unfallversicherung – v 7.8.1996, BGBl I 1254, BGBl III FNA 860-7
SGB IX	Sozialgesetzbuch (SGB) Neuntes Buch (IX) – Rehabilitation und Teilhabe behinderter Menschen v 19.6.2001, BGBl I 1046, BGBl III FNA 860-9
SGB X	Sozialgesetzbuch (SGB) Zehntes Buch (X) Sozialverwaltungsverfahren und Sozialdatenschutz idF v 18.1.2001, BGBl I 130, BGBl III FNA 860-10-1
SHRG	Gesetz zur Reform des Seehandelsrechts v 20.4.2013, BGBl I 831
SIB	systemically important bank
SIC	Standing Interpretations Committee
SIC-D	Draft Standing Interpretations Committee
SIFI(s)	systemically important financial institution(s)
SIFMA	Securities Industry and Financial Markets Association
SIV	structured investment vehicle
SJZ	Süddeutsche Juristen-Zeitung (ab 1951 übergeleitet in JZ) (Jahr und Seite, ab 1947 Spalte)
SJZ/RSJ	Schweizerische Juristen-Zeitung/Revue Suisse de Jurisprudence (Jahr und Seite)
SoFFiN	Sonderfonds Finanzmarktstabilisierung
SMG	Gesetz zur Modernisierung des Schuldrechts v 26.11.2001, BGBl I 3138, BGBl III FNA 400-2/10
sog	sogenannt
Solvency II Directive	Richtlinie 2009/138/EG des Europäischen Parlaments und des Rates vom 25.11.2009 betreffend die Aufnahme und Ausübung der Versicherungs- und der Rückversicherungstätigkeit (Solvabilität II) ABlEU L 335/1
Sonderbeil	Sonderbeilage
SortenschutzG	Sortenschutzgesetz idF v 19.12.97, BGBl I 3164, BGBl III FNA 7822-7
SOX	Sarbanes-Oxley Act (USA)
SozG	Sozialgericht
SozVers	Sozialversicherung
Sp (li, re)	(linke, rechte) Spalte
SPA	share purchase agreement
SPAC	special purpose acquisition company
Spark	Die Sparkasse, Zeitschrift des Deutschen Sparkassen- und Giroverbandes (Jahr und Seite)

Abkürzungsverzeichnis

SPE	Societas Privata Europaea, special purpose entity
Spediteur	Der Spediteur, Mitteilungsblatt des BSL (Jahr und Seite)
Sp-Police	Speditions-Police
SpruchG	Gesetz über das gesellschaftsrechtliche Spruchverfahren (Spruchverfahrensgesetz – SpruchG) v 12.6.2003, BGBl I 838, BGBl III FNA 315-23
SpV	Speditionsversicherung
SPV	special purpose vehicle
SRB	Single Resolution Board
SRF	Single Resolution Fund
SRM	Single Resolution Mechanism, Einheitlicher Europäischer Bankenabwicklungsmechanismus
SRO	self-regulatory organization
SRP	Supervisory Review Process, bankaufsichtsrechtliches Überprüfungsverfahren
SSAP	Statement of Standard Accounting Practice
SSB	standard-setting body
SSM	Single Supervisory Mechanism, Einheitlicher Europäischer Bankenaufsichtsmechanismus (unter dem Dach der Europäischen Zentralbank)
SSS	securities settlement system
St	(nach BGH und OLG) in Strafsachen
StAnpG	Steueranpassungsgesetz v 16.10.1934, RGBl I 925, außer Kraft mWv 1.1.1977 durch G v 14.12.1976, BGBl I 3341
Staub/(Bearbeiter)	Handelsgesetzbuch, Großkommentar, 3. Aufl s GroßKo(HGB); 4. Aufl, hrsg von Canaris, Schilling, Ulmer, Berlin 1983 ff; 5. Aufl hrsg von Canaris, Habersack, Schäfer Bd 1 (§§ 1–47b) 2009, Bd 2 (§§ 48–104) 2008, Bd 3 (§§ 105–160) 2009, Bd 4 (§§ 161–236) 2015, Bd 5 (§§ 238–289a) 2014, Bd 6 (§§ 290–315a; Anhang IFRS) 2011, Bd 7/1 (§§ 316–330) 2010, Bd 7/2 (§§ 331–342e) 2012, Bd 8 (§§ 343–362) 2018, Bd 9 (§§ 373–376, 383–406) 2013, Bd 10/1 (Bankvertragsrecht I: Organisation und Kreditwesen, Bank-Kunden-Verhältnis) 2016, Bd 10/2 (Bankvertragsrecht II: Commercial Banking: Zahlungs- und Kreditgeschäft) 2015, Bd. 11/1 (Bankvertragstragsrecht: Investmentbanking I) 2017, Bd 12/1 (§§ 425–435, 443–450) 2014, Bd 14 (CMR) 2017
Staud/(Bearbeiter)	Staudinger, Kommentar zum Bürgerlichen Gesetzbuch mit Einführungsgesetz und Nebengesetzen, Berlin, 12. Aufl 1978 ff, 13. Aufl 1993 ff, inzwischen nur Einzelbde mit Jahr
Staud/Hopt/Mülbert	s Hopt/Mülbert
StB	Der Steuerberater (Jahr und Seite)
StBerG	Steuerberatungsgesetz idF v 4.11.1975, BGBl I 2735, BGBl III FNA 610-10
Stbg	Die Steuerberatung (Jahr und Seite)
StBP	Die steuerliche Betriebsprüfung (Jahr und Seite)
SteuK	Steuerrecht kurzgefasst (Zeitschrift)
StGB	Strafgesetzbuch idF v 13.11.1998, BGBl I 3322, BGBl III FNA 450-2
stGes	stille Gesellschaft
Stgt	Stuttgart (OLG)
str	streitig
stRspr	(in) ständige(r) Rechtsprechung
StuB	Steuern und Bilanzen (Jahr und Seite)
StückAG	Gesetz über die Zulassung von Stückaktien (Stückaktiengesetz – StückAG) v 25.3.1998, BGBl I 590
St/Ul I, II	Straatmann, Ulmer, Handelsrechtliche Schiedsgerichtspraxis, Köln, Bd 11975, Bd 21982
St/Ul/Ti III, IV, V	Straatmann, Ulmer, Timmermann, Rechtsprechung kaufmännischer Schiedsgerichte, Hamburg Bd 31984, Baden-Baden Bd 41988; ab Bd 5 HK Hbg, s dort
StuW	Steuer und Wirtschaft (Jahr und Seite)
Suppl	Supplement

Abkürzungsverzeichnis

SVS/RVS	Speditions- und Rollfuhrversicherungsschein
SWB	sea waybill
S. W. I. F. T.	Society for Worldwide Interbank Financial Telecommunication
SZR	Sonderziehungsrecht (Rechnungseinheit des IWF)
SZW	Schweizerische Zeitschrift für Wirtschaftsrecht (früher SchweizAG, seit 2007 für Wirtschafts- und Finanzmarktrecht) (Jahr und Seite)
TAN	Transaktionsnummer
TEUR	Tausend Euro
TFEU	s AEUV
THC	Terminal handling charges
Th/P	Thomas, Putzo, Reichold, Hüßtege, Seiler, Zivilprozessordnung, München, 38. Aufl 2017
TLF	transferable loan facilities
TOD	Takeover Bids Directive
TR	trade repository
TransparenzRiÄndRi-UmsetzG	Gesetz zur Umsetzung der Transparenzrichtlinie-Änderungsrichtlinie v 20.11.2015, BGBl I 2029
TransPuG	Gesetz zur weiteren Reform des Aktien- und Bilanzrechts, zu Transparenz und Publizität (Transparenz- und Publizitätsgesetz) v 19.7.2002, BGBl I 2681
TranspR	Transportrecht (Jahr und Seite)
Trennbankengesetz	s AbschirmSanG
TRG	Gesetz zur Neuregelung des Fracht-, Speditions- und Lagerrechts (Transportrechtsreformgesetz – TRG) v 25.6.1998, BGBl I 1588, BGBl III FNA 4100-1/2
TRIPS	Agreement on Trade-Related Aspects of Intellectual Property Rights (der WTO)
TSR	total shareholder return
Tüb	Tübingen
TUG	Gesetz zur Umsetzung der Richtlinie 2004/109/EG des Europäischen Parlaments und des Rates vom 15. Dezember 2004 zur Harmonisierung der Transparenzanforderungen in Bezug auf Informationen über Emittenten, deren Wertpapiere zum Handel an einem geregelten Markt zugelassen sind, und zur Änderung der Richtlinie 2001/34/EG (Transparenzrichtlinie-Umsetzungsgesetz – TUG) v 5.1.2007, BGBl I 10
TV	Tarifvertrag, Testamentsvollstrecker
TVG	Tarifvertragsgesetz idF v 25.8.1969, BGBl I 1323, BGBl III FNA 802-1
Tz	Textziffer
TzBfG	Gesetz über Teilzeitarbeit und befristete Arbeitsverträge (Teilzeit- und Befristungsgesetz – TzBfG) v 21.12.2000, BGBl I 1966, BGBl III FNA 800-26
u	und
ua	unter anderem, und andere
uä	und ähnliche
uam	und anderes mehr
UBG	Unternehmensbeteiligungsgesellschaft
UBGG	Gesetz über Unternehmensbeteiligungsgesellschaften (UBGG) idF v 9.9.1998, BGBl I 2765, BGBl III FNA 4126-1
Überbl	Überblick
ÜbernahmeRi-UmsetzG	Gesetz zur Umsetzung der Richtlinie 2004/25/EG des Europäischen Parlaments und des Rates vom 21. April 2004 betreffend Übernahmeangebote (Übernahmerichtlinie-Umsetzungsgesetz) v 8.7.2006 BGBl I 1426
Überschr	Überschrift
Ubg	Die Unternehmensbesteuerung (Jahr und Seite)
Übk	Übereinkommen
UCC	Uniform Commercial Code

Abkürzungsverzeichnis

UCITS	Undertakings for Collective Investment in Transferable Securities (Directive)
UCP	Uniform Customs and Practice for Documentary Credits (s ERA)
ÜG	Überweisungsgesetz (ÜG) v 21.7.1999 BGBl I 1642
UG (haftungsbeschränkt)	Unternehmergesellschaft (haftungsbeschränkt)
(ö)UGB	Unternehmensgesetzbuch
UK	United Kingdom
UKlaG	Gesetz über Unterlassungsklagen bei Verbraucherrechts- und anderen Verstößen (Unterlassungsklagengesetz – UKlaG) idF v 27.8.2002 BGBl I 3422, ber 4346, BGBl III FNA 402-37
üL	überwiegende Lehre
Ul/Br/He	Ulmer, Brandner, Hensen, AGB-Recht, Köln, 12. Aufl 2016
Ulmer, GroßKoGmbHG	s GroßKoGmbHG
Ulmer/Schäfer	s MüKoBGB/Ulmer/Schäfer
üM	überwiegende Meinung
UMAG	Gesetz zur Unternehmensintegrität und Modernisierung des Anfechtungsrechts (UMAG), v 22.9.2005, BGBl I 2802, BGBl III FNA 4121-1
UmsetzungsG Bank- und WPAufsicht	Gesetz zur Umsetzung von EG-Richtlinien zur Harmonisierung bank- und wertpapieraufsichtsrechtlicher Vorschriften v 22.10.1997, BGBl I 2518
UmsG zur 2. E-Geld-RiLi	Gesetz zur Umsetzung der zweiten E-Geld-Richtlinie v 1.3.2011 BGBl I 288
UmstG	Drittes Gesetz zur Neuordnung des Geldwesens (Umstellungsgesetz), in Kraft 27.6.1948, WiGBl Beil 5 S 13, BGBl III FNA 7601-0
UmwG	Umwandlungsgesetz idF v 28.10.1994, BGBl I 3210, ber 1995 I 428, BGBl III FNA 4120-9-2
2. UmwÄndG	2. Umwandlungsänderungsgesetz v 18.4.2007 BGBl 542
UN	United Nations, Vereinte Nationen
UNCITRAL	United Nations Commission on International Trade Law, Kommission der Vereinten Nationen für internationales Handelsrecht
UNCTAD	United Nations Conference on Trade and Development, Konferenz der Vereinten Nationen für Handel und Entwicklung
(UN)ECOSOC	United Nations Economic and Social Council, Wirtschafts- und Sozialrat der Vereinten Nationen
UNICE	Union des Confédérations de l'Industrie et des Employeurs' d'Europe/Union of Industrial and Employers' Confederations of Europe
UNIDROIT	International Institute for the Unification of Private Law, Internationales Institut für die Vereinheitlichung des Privatrechts (Rom)
UNO	United Nations Organization
UNÜbkIntWarenkauf	Übereinkommen der Vereinten Nationen über Verträge über den internationalen Warenkauf v 11.4.1980, BGBl 1989 II 588, ber 1990 II 1699, s auch CISG
unstr	unstreitig
Unterabs	Unterabsatz
unv	unverändert(e Auflage)
unzutr	unzutreffend
u/o	und/oder
uö	und öfters
URC	Uniform Rules for Collections (s ERI)
URDG	Uniform Rules for Demand Guarantees
URF	Uniform Rules for Forfaiting
UrhG	Gesetz über Urheberrecht und verwandte Schutzrechte (Urheberrechtsgesetz) v 9.9.1965, BGBl I 1273, BGBl III FNA 440-1
URR	Uniform Rules for Bank-to-Bank Reimbursements (ICC), deutsch ERR

Abkürzungsverzeichnis

US GAAP	United States Generally Accepted Accounting Principles
UStG	Umsatzsteuergesetz 1999 (UStG 1999) idF v 9.6.1999, BGBl I 1270, BGBl III FNA 611-10-14
UStR	Umsatzsteuer-Richtlinien
usw	und so weiter
uU	unter Umständen
uüV	unter üblichem Vorbehalt
UWG	Gesetz gegen den unlauteren Wettbewerb (UWG) v 3.3.2010 BGBl I 255, BGBl III FNA 43-7
v	vor, von
VAG	Gesetz über die Beaufsichtigung der Versicherungsunternehmen (Versicherungsaufsichtsgesetz – VAG) idF v 17.12.1992, BGBl 1993 I 2, BGBl III FNA 7631-1 nF in Gesetz zur Modernisierung der Finanzaufsicht über Versicherungen v 1.4.2015s VersFinanzAufsModG
VAR	value-at-risk (erwarteter Verlust, der mit vorgegebener Wahrscheinlichkeit über einen bestimmten Zeitraum nicht überschritten wird)
VAT	value added tax
vAw	von Amts wegen
VBGL	Vertragsbedingungen für den Güterkraftverkehrs- und Logistikunternehmer
VC	venture capital
VDMA	Verband Deutscher Maschinen- und Anlagenbau e. V.
VDW	Verein Deutscher Werkzeugmaschinenfabriken e. V.
VerbrGüKRi	Richtlinie 1999/44/EG des Europäischen Parlaments und des Rates v 25.5.1999 zu bestimmten Aspekten des Verbrauchsgüterkaufs und der Garantien für Verbrauchsgüter, ABlEG L 171/12
VerbrInfoG	Gesetz zur Verbesserung der gesundheitsbezogenen Verbraucherinformation (Verbraucherinformationsgesetz) v 17.10.2012 BGBl I 2167
VerbrKrG	Verbraucherkreditgesetz v 17.12.1990 BGBl I 2840, BGBl III FNA 402-6, aufgehoben
VerbrKrRi	Richtlinie 2008/48/EG des Europäischen Parlaments und des Rates vom 23.4.2008 über Verbraucherkreditverträge und zur Aufhebung der Richtlinie 87/102/EWG des Rates, ABlEU L 133/66 v 22.5.2008
VerbrKrRiUmsetzG	Gesetz zur Umsetzung der Verbraucherkreditrichtlinie, des zivilrechtlichen Teils der Zahlungsdiensterichtlinie sowie zur Neuordnung der Vorschriften über das Widerrufs- und Rückgaberecht, 29.7.2009 BGBl 2355
VerbrRechteRi	Richtlinie 2011/83/EU über die Rechte der Verbraucher, zur Abänderung der Richtlinie 93/13/EWG des Rates und der Richtlinie 1999/44/EG des Europäischen Parlaments und des Rates sowie zur Aufhebung der Richtlinie 85/577/EWG des Rates und der Richtlinie 97/7/EG des Europäischen Parlaments und des Rates v 25.10.2011, ABlEU L 304/64
VerbrRechteRi-UmsetzG	Gesetz zur Umsetzung der Verbraucherrechterichtlinie und zur Änderung des Gesetzes zur Regelung der Wohnungsvermittlung v 20.9.2013, BGBl I 3642
VerglO	Vergleichsordnung v 26.2.1935, RGBl I 321, BGBl III FNA 311-1, aufgehoben
VergütSystemAnfG	Gesetz über die aufsichtsrechtlichen Anforderungen an die Vergütungssysteme von Instituten und Versicherungsunternehmen v 21.7.2010 BGBl I 950
VerjährungsanpassG	Gesetz zur Anpassung von Verjährungsvorschriften an das Gesetz zur Modernisierung des Schuldrechts v 9.12.2004, BGBl I 3214
VerkProspG	Wertpapier-Verkaufsprospektgesetz (Verkaufsprospektg) idF v 9.9.1998, BGBl I 2701, BGBl III FNA 4110-3, aufgehoben
VerkProspVO	Verordnung über Wertpapier-Verkaufsprospekte (Verkaufsprospekt-Verordnung) idF v 9.9.1998, BGBl I 2853, BGBl III FNA 4110-3-1
VerkBl	Verkehrsblatt, Amtsblatt des BMV (Jahr und Seite)

Abkürzungsverzeichnis

VerlG	Gesetz über das Verlagsrecht v 19.6.1901, RGBl 217, BGBl III FNA 441-1
VermAnlG	Gesetz über Vermögensanlagen (Vermögensanlagengesetz – VermAnlG) v 6.12.2011, BGBl I 2481, BGBl III FNA 4110-11
VermVerkProspV	Verordnung über Vermögensanlagen-Verkaufsprospekte (Vermögensanlagen-Verkaufsprospektverordnung – VermVerkProspV) v 16.12.2004, BGBl I 3464, BGBl III FNA 4110-3-4
Vers	Versicherung
VersFinanzAufsModG	Gesetz zur Modernisierung der Finanzaufsicht über Versicherungen v 1.4.2015, BGBl I 434, gültig ab 1.1.2016 (darin VAG-Novelle)
VersKapAG	Gesetz zur Änderung von Vorschriften über die Bewertung der Kapitalanlagen von Versicherungsunternehmen und zur Aufhebung des Diskontsatz-Überleitungs-Gesetzes (Versicherungskapitalanlagen-Bewertungsgesetz – VersKapAG) v 26.3.2002, BGBl I 1219
VersN	Der Versicherungsnehmer, Zeitschrift für die versicherungsnehmende Wirtschaft und den Straßenverkehr (Jahr und Seite)
VersPr	Versicherungspraxis (Jahr und Seite)
VersR	Versicherungsrecht, Juristische Rundschau für die Individualversicherung (Jahr und Seite)
VersRiLiG	Gesetz zur Durchführung der Richtlinie des Rates der Europäischen Gemeinschaften über den Jahresabschluss und den konsolidierten Abschluss von Versicherungsunternehmen (Versicherungsbilanzrichtlinie-Gesetz – VersRiLiG) v 24.6.1994, BGBl I 1377
VersVermG	Gesetz zur Neuregelung des Versicherungsvermittlerrechts v 19.12.2006, BGBl I 3232
VersVermV	Verordnung über die Versicherungsvermittlung und -beratung (Versicherungsvermittlungsverordnung – (VersVermV) v 15.5.2007, BGBl I 733, BGBl III FNA 7100-1-9
VersVertreter	Versicherungsvertreter
VersW	Versicherungswirtschaft, Halbmonatsschrift der deutschen Individualversicherung (Jahr und Seite)
VerWiGeb	Vereinigtes Wirtschaftsgebiet
VerwVerWiGeb	Verwaltung des VerWiGeb
VG	Verwaltungsgericht
VGH	Verwaltungsgerichtshof
vgl	vergleiche
VGR	Gesellschaftsrechtliche Vereinigung (VGR); Schriftenreihe der VGR, Jahrestagung (Jahr und Seite)
VGrS	Vereinigter Großer Senat
VIB	Vermögensanlagen-Informationsblatt
VIZ	Zeitschrift für Vermögens- und Immobilienrecht (Jahr und Seite)
VO	Verordnung(en)
VMEBF	Vereinigung zur Mitwirkung an der Entwicklung des Bilanzrechts für Familiengesellschaften
VOB	Vergabe- und Vertragsordnung für Bauleistungen, vormals Verdingungsordnung für Bauleistungen
VOL	Verdingungsordnung für Leistungen, ausgenommen Bauleistungen
vol, vols	volume(s), Band/Bände
Voraufl	Vorauflage
Vorbem	Vorbemerkung
VorsRi	Vorsitzender Richter
VorstAG	Gesetz zur Angemessenheit der Vorstandsvergütung (VorstAG) v 31.7.2009 BGBl I 2509
VorstOG	Gesetz über die Offenlegung von Vorstandsvergütungen (Vorstandsvergütungs-Offenlegungsgesetz – VorstOG) v 3.8.2005, BGBl I 2267
VSBG	Verbraucherstreitbeilegungsgesetz (VSBG) v 19.2.2016 BGBl I 254, ber 1039
VuR	Verbraucher und Recht (Jahr und Seite)
VVaG	Versicherungsverein auf Gegenseitigkeit
VVG	Gesetz über den Versicherungsvertrag (Versicherungsvertragsgesetz – VVG) v 23.11.2007, BGBl I 2631, BGBl III FNA 7632-2

Abkürzungsverzeichnis

VW	Versicherungswirtschaft (Jahr und Seite)
VwGO	Verwaltungsgerichtsordnung idF v 19.3.1991, BGBl I 686, BGBl III FNA 340-1
WA	Warschauer Abkommen zur Vereinheitlichung von Regeln über die Beförderung im internationalen Luftverkehr idF Protokoll Den Haag v 28.9.1955, BGBl 1958 II 291, 312, 1964 II 1295
Warn	Die Rechtsprechung des Reichsgerichts auf dem Gebiete des Zivilrechts, hrsg von Warneyer (Jahr und Nr bis 1942/43); Die Rechtsprechung des Bundesgerichtshofes in Zivilsachen (Jahr und Nr, ab 1959/1960)
WBG	Gesetz zur Bereinigung des Wertpapierwesens (Wertpapierbereinigungsgesetz) v 19.8.1949, WiGBl 295, BGBl III FNA 4139-1
WertpapierhandelsRi	Richtlinie des BAWe zur Konkretisierung der §§ 31 und 32 WpHG für das Kommissions-, Festpreis- und Vermittlungsgeschäft der Kreditinstitute v 26.5.1997, BAnz 3.6.1997, S 6586
Westermann	Westermann ua, Handbuch der Personengesellschaften, Köln (LBl)
WG	Wechselgesetz v 21.6.1933, RGBl I 399, BGBl III FNA 4133-1
W&I (-Versicherung)	warranty and indemnity insurance
WiB	Wirtschaftsrechtliche Beratung, Zeitschrift für Wirtschaftsanwälte und Unternehmensjuristen (Jahr, Seite)
Wicke	Gesetz betreffend die Gesellschaften mit beschränkter Haftung (GmbHG), München 3. Aufl 2016
Wiedemann I, II	Wiedemann, Gesellschaftsrecht, Bd I, Grundlagen, München 1980, Bd II, Recht der Personengesellschaften, München 2004
WiGBl	Gesetzblatt der Verwaltung des Vereinigten Wirtschaftsgebietes (Jahr und Seite)
1. WiKG	Erstes Gesetz zur Bekämpfung der Wirtschaftskriminalität (1. WiKG) v 29.7.1976, BGBl I 2034, BGBl III FNA 453-18-1-1
WiR	Wirtschaftsrecht (Jahr und Seite)
WiStG	Gesetz zur weiteren Vereinfachung des Wirtschaftsstrafrechts (Wirtschaftsstrafgesetz) idF v 3.6.1975, BGBl I 1313, BGBl III FNA 453-9
wistra	Zeitschrift für Wirtschafts- und Steuerstrafrecht (Jahr und Seite)
WKBG	Gesetz zur Förderung von Wagniskapitalbeteiligungen (Wagniskapitalbeteiligungsgesetz – WKBG) v 12.8.2008, BGBl I 1672
WKN	Wertpapier-Kenn-Nummer
WM	Zeitschrift für Wirtschafts- und Bankrecht, Wertpapier-Mitteilungen, Teil IV (Jahr und Seite)
WohnimmobKrRi-UmsetzG	Gesetz zur Umsetzung der Wohnimmobilienkreditrichtlinie und zur Änderung handelsrechtlicher Vorschriften v 11.3.2016, BGBl I 396
Wo/Li/Pf/ (Bearbeiter)	Wolf, Lindacher, Pfeiffer, AGB-Recht, München, 6. Aufl 2013
WP	Wertpapier, auch: Das Wertpapier (Jahr und Seite)
WpAIV	Verordnung zur Konkretisierung von Anzeige-, Mitteilungs- und Veröffentlichungspflichten sowie der Pflicht zur Führung von Insiderverzeichnissen nach dem Wertpapierhandelsgesetz (Wertpapierhandelsanzeige- und Insiderverzeichnisverordnung – WpAIV) v 13.12.2004, BGBl I 3376, BGBl III FNA 4110-4-9
WPDGVorbeugG	Gesetz zur Vorbeugung gegen missbräuchliche Wertpapier- und Derivategeschäfte v 21.7.2010 BGBl I 945
WPDienstleistungsRi	Richtlinie des Rates der Europäischen Gemeinschaften v 10.5.1993 (93/22/EWG) über Wertpapierdienstleistungen (Wertpapierdienstleistungsrichtlinie), ABlEG L 141/27 v 11.6.1993, aufgehoben, s ISD I
WpDPV	Verordnung über die Prüfung der Wertpapierdienstleistungsunternehmen nach § 36 des Wertpapierhandelsgesetzes (Wertpapierdienstleistungs-Prüfungsverordnung – WpDPV) v 16.12.2004, BGBl I 3515, BGBl III FNA 4110-4-10
WpDVerOV	Verordnung zur Konkretisierung der Verhaltensregeln und Organisationsanforderungen für Wertpapierdienstleistungsunternehmen (Wertpapierdienstleistungs-Verhaltens- und Organisationsverord-

Abkürzungsverzeichnis

	nung – WpDVerOV) 20.7.2007, BGBl I 1432, BGBl III FNA 4110-4-13
WPg	Die Wirtschaftsprüfung (Jahr und Seite)
WPg-SH	WPg-Sonderheft
WP-Hdb	Wirtschaftsprüfer-Handbuch: IDW WP Handbuch, Düsseldorf, Bd I 14. Aufl 2012, Band II 14. Aufl 2014; WP Handbuch, Wirtschaftsprüfung & Rechnungslegung, 2016
WpHG	Gesetz über den Wertpapierhandel (Wertpapierhandelsgesetz – WpHG) idF v 9.9.1998, BGBl I 2708, BGBl III FNA 4110-4
WpHMV	Verordnung über die Meldepflichten beim Handel mit Wertpapieren und Derivaten (Wertpapierhandel-Meldeverordnung – WpHMV) v 21.12.1995, BGBl I 2094, BGBl III FNA 4110-4-2
WpHVerhaltensRi	Richtlinie zur Konkretisierung der §§ 31 und 32 WpHG für das Kommissionsgeschäft, den Eigenhandel für andere und das Vermittlungsgeschäft der Wertpapierdienstleistungsunternehmen v 23.8.2001, BAnz v 4.9.2001, S 19 217
WPK	Wirtschaftsprüferkammer
WPK-Mitt	Wirtschaftsprüferkammer-Mitteilungen
WPO	Gesetz über eine Berufsordnung der Wirtschaftsprüfer (Wirtschaftsprüferordnung), idF v 5.11.1975, BGBl I 2803, BGBl III FNA 702-1
WPOÄG	Gesetz zur Änderung von Vorschriften über die Tätigkeit der Wirtschaftsprüfer (Wirtschaftsprüferordnungs-Änderungsgesetz – WPO-ÄG) v 19.12.2000, BGBl I 1769, BGBl III FNA 702-1/1
WpPG	Gesetz über die Erstellung, Billigung und Veröffentlichung des Prospekts, der beim öffentlichen Angebot von Wertpapieren oder bei der Zulassung von Wertpapieren zum Handel an einem organisierten Markt zu veröffentlichen ist (Wertpapierprospektgesetz – WpPG) v 22.6.2005, BGBl I 1698, BGBl III FNA 4110-9
WPRefG	Gesetz zur Reform des Zulassungs- und Prüfungsverfahrens des Wirtschaftsprüfungsexamens (Wirtschaftsprüfungsexamens-Reformgesetz – WPRefG) v 1.12.2003 BGBl I 2446
WpÜG	Wertpapiererwerbs- und Übernahmegesetz (WpÜG) v 20.12.2001, BGBl I 3822, BGBl III FNA 4110-7
WpÜGAngebotsVO	Verordnung über den Inhalt der Angebotsunterlage, die Gegenleistung bei Übernahmeangeboten und Pflichtangeboten und die Befreiung von der Verpflichtung zur Veröffentlichung und zur Abgabe eines Angebots (WpÜG-Angebotsverordnung) v 27.12.2001, BGBl I 4263, BGBl III FNA 4110-7-3
WR	Wertpapierrechnung
WR-Gutschrift	Gutschrift in Wertpapierrechnung
WRP	Wettbewerb in Recht und Praxis (Jahr und Seite)
WTO	World Trade Organisation, Welthandelsorganisation (GATT)
WuB	Entscheidungssammlung zum Wirtschafts- und Bankrecht (WM)
WuW	Wirtschaft und Wettbewerb (Jahr und Seite)
WuW/E	Wirtschaft und Wettbewerb, Entscheidungssammlung zum Kartellrecht
WVB	Waren-Vereins-Bedingungen
WV Hbg Börse	Waren-Verein der Hamburger Börse e. V.
ZAG	Gesetz über die Beaufsichtigung von Zahlungsdiensten (Zahlungsdiensteaufsichtsgesetz – ZAG) v 17.7.2017, BGBl I 2446, BGBl III FNA 7610-16, idF ZDUG
ZahlungsBeschlG	Gesetz zur Beschleunigung fälliger Zahlungen v 30.3.2000, BGBl I 330
ZahlungsdiensteRi (I)	Richtlinie 2007/64/EG des Europäischen Parlaments und des Rates über Zahlungsdienste im Binnenmarkt, zur Änderung der Richtlinien 97/7/EG, 2002/65/EG und 2006/46/EG sowie zur Aufhebung der Richtlinie 97/5/EG v 13.11.2007, ABlEG 2007 L 319/1, aufgehoben durch ZahlungsdiensteRi II
ZahlungsdiensteRi II	Richtlinie (EU) 2015/2366 des Europäischen Parlaments und des Rates über Zahlungsdienste im Binnenmarkt, zur Änderung der Richtlinien 2002/65/EG, 2009/110/EG und 2013/36/EU und der

Abkürzungsverzeichnis

	Verordnung (EU) Nr 1093/2010 sowie zur Aufhebung der Richtlinie 2007/64/EG (Zweite Zahlungsdiensterichtlinie) vom 25.11.2015, ABlEU 2015 L 337/35
Zahlungsdienste-UmsetzG	Gesetz zur Umsetzung der aufsichtsrechtlichen Vorschriften der Zahlungsdiensterichtlinie (Zahlungsdiensteumsetzungsgesetz) v 25.6.2009, BGBl I 1506, BGBl III FNA 7610-16, aufgehoben durch ZDRi-II-UG
ZahlungsdiensteRi-II-UmsetzG	s ZDRi-II-UG
ZahlungskontenG	s ZKG
ZahlungskontenRi	Richtlinie 2014/92/EU des Europäischen Parlaments und des Rates v 23.7.2014 über die Vergleichbarkeit von Zahlungskontoentgelten, den Wechsel von Zahlungskonten sowie den Zugang zu Zahlungskonten mit grundlegenden Funktionen, ABlEU L 257/214
ZahlungsverzugsG	Gesetz zur Bekämpfung von Zahlungsverzug im Geschäftsverkehr und zur Änderung des Erneuerbare-Energien-Gesetzes v 22.7.14 BGBl I 1218, BGBl III FNA 400-2, 402-37, 400-1, 754-27
ZAIP	s RabelsZ
ZAkDR	Zeitschrift der Akademie für Deutsches Recht (Jahr und Seite)
zB	zum Beispiel
ZBB	Zeitschrift für Bankrecht und Bankwirtschaft (Jahr und Seite)
ZBH	Zentralblatt für Handelsrecht (Jahr und Seite)
ZBk	Zentralbank
ZCG	Zeitschrift für Corporate Governance (Jahr und Seite)
ZDRi-II-UG	Gesetz zur Umsetzung der Zweiten Zahlungsdiensterichtlinie v 17.7.2017, BGBl I 2446
Zehnte Zuständigk-AnpVO	Zehnte Zuständigkeitsanpassungsverordnung v 31.8.2015, BGBl I 1474
ZErb	Zeitschrift für die Steuer- und Erbrechtspraxis (Jahr und Seite)
ZEuP	Zeitschrift für Europäisches Privatrecht (Jahr und Seite)
ZEV	Zeitschrift für Erbrecht und Vermögensnachfolge (Jahr und Seite)
ZfA	Zeitschrift für Arbeitsrecht (Jahr und Seite)
ZfB	Zeitschrift für Betriebswirtschaft (Jahr und Seite), ab 2013 Journal of Business Economics (JBE)
ZfbF	Schmalenbachs Zeitschrift für betriebswirtschaftliche Forschung (Jahr und Seite)
ZfBR	Zeitschrift für deutsches und internationales Baurecht (Jahr und Seite)
ZfgK	Zeitschrift für das gesamte Kreditwesen (Jahr und Seite)
ZfPW	Zeitschrift für die gesamte Privatrechtswissenschaft (Jahr und Seite)
ZfIR	Zeitschrift für Immobilienrecht (Jahr und Seite)
ZfRV	Zeitschrift für Rechtsvergleichung, Wien (Jahr und Seite)
ZfV	Zeitschrift für Versicherungswesen (Jahr und Seite)
ZGB	Zivilgesetzbuch (in Verbindung mit dem jeweils erlassenden Staat)
ZGesKW	s ZfgK
ZGR	Zeitschrift für Unternehmens- und Gesellschaftsrecht (Jahr und Seite)
ZGS	Zeitschrift für das gesamte Schuldrecht (Jahr und Seite)
ZHR	Zeitschrift für das gesamte Handelsrecht und Wirtschaftsrecht (früher Zeitschrift für das gesamte Handelsrecht und Konkursrecht) (Bd, Jahr, Seite)
ZInsO	Zeitschrift für das gesamte Insolvenzrecht (Jahr und Seite)
ZIP	Zeitschrift für Wirtschaftsrecht (1–7/1980 Insolvenzrecht – Zeitschrift für die gesamte Insolvenzpraxis, dann bis 12/1982 Zeitschrift für Wirtschaftsrecht und Insolvenzpraxis) (Jahr und Seite)
zit	zitiert
ZKA	Zentraler Kreditausschuss (der Spitzenverbände der Kreditwirtschaft)
ZKG	Gesetz zur Umsetzung der Richtlinie über die Vergleichbarkeit von Zahlungskontoentgelten, den Wechsel von Zahlungskonten sowie

Abkürzungsverzeichnis

ZKW	den Zugang zu Zahlungskonten mit grundlegenden Funktionen (Zahlungskontengesetz – ZKG) v 11.4.2016, BGBl I 720 s ZfgK
ZNotP	Zeitschrift für die NotarPraxis (Jahr und Seite)
ZPO	Zivilprozessordnung idF v 5.12.2005, BGBl I 3202, ber 2006 I 431, 2007 I 1781, BGBl III FNA 310-4
Zöller	Zöller, Zivilprozessordnung, 31. Aufl Köln 2016
ZRP	Zeitschrift für Rechtspolitik (Jahr und Seite)
ZS	Zivilsenat
ZSR	Zeitschrift für Schweizerisches Recht (Jahr, Bd, Seite)
ZStV	Zeitschrift für Stiftungs- und Vereinswesen (Jahr und Seite)
zT	zum Teil
ZugabeVO	Verordnung des Reichspräsidenten zum Schutze der Wirtschaft, Erster Teil: Zugabewesen (Zugabeverordnung) v 9.3.1932, RGBl I 121, BGBl III FNA 434-1, aufgehoben
zust	zustimmend
ZuständErgG	Gesetz zur Ergänzung von Zuständigkeiten auf den Gebieten des Bürgerlichen Rechts, des Handelsrechts und des Strafrechts (Zuständigkeitsergänzungsgesetz) v 7.8.1952, BGBl I 407, BGBl III FNA 310-1
7. ZuständAnpVO	Siebente Zuständigkeitsanpassungs-Verordnung v 29.10.2001, BGBl I 2785
zutr	zutreffend
ZVersWiss	Zeitschrift für die gesamte Versicherungswissenschaft (Jahr und Seite)
ZVertriebsR	Zeitschrift für Vertriebsrecht (Jahr und Seite)
ZVG	Gesetz über die Zwangsversteigerung und die Zwangsverwaltung (Zwangsversteigerungsgesetz) idF v 20.5.1898, RGBl 713, BGBl III FNA 310-14
ZVglRWiss	Zeitschrift für Vergleichende Rechtswissenschaft (wechselnde Titel) (Bd, Jahr, Seite)
ZVI	Zeitschrift für Verbraucher- und Privat-Insolvenzrecht (Jahr und Seite)
Zweibr	Zweibrücken (OLG)
ZWeR	Zeitschrift für Wettbewerbsrecht (Jahr und Seite)
ZWH	Zeitschrift für Wirtschaftsstrafrecht und Haftung im Unternehmen (Jahr und Seite)
ZwNl	Zweigniederlassung
zZ	zurzeit
zzgl	zuzüglich
ZZP	Zeitschrift für Zivilprozess (Bd und Seite)
ZZPInt	Zeitschrift für Zivilprozess International (Bd und Seite)

1. Teil. Handelsgesetzbuch

Vom 10. Mai 1897 (RGBl 219/BGBl III FNA 4100-1)
mit den späteren Änderungen

(Änderungen siehe Einl 11–15 vor § 1)

Erstes Buch. Handelsstand

Einleitung vor § 1

Schrifttum

a) Kommentare: *Ebenroth(/Boujong/Joost/Strohn)/(Bearbeiter)* 3. Aufl Bd 1 2014, Bd 2 2015. – *G(emeinschafts)K(ommentar)(HGB)(Ensthaler)/(Bearbeiter)* 8. Aufl 2015. – *GroßKo(HGB, Staub)/(Bearbeiter)* 4. Aufl 1983 ff, 5. Aufl 2008 ff s Staub. Bd 2 (§§ 48–104) 2008. – *Häublein/Hoffmann-Theinert* 2017, auch dieselben, BeckOK HGB. – *Heidel/Schall/(Bearbeiter)* 2. Aufl 2015. – *HdlbgKo/(Glanegger ua)* 7. Aufl 2007. – *Heymann/(Bearbeiter)* 2. Aufl 1995 ff. – *Koller/(Kindler/Roth/Morck)/(Bearbeiter)* 8. Aufl 2015. – *MüKo(HGB)/(Bearbeiter)* 7 Bde 3. Aufl 2010 ff, 4. Aufl Bd 1 (§§ 1–104a) 2016, Bd 5 (§§ 343–406) 2017. – *Oetker/(Bearbeiter)* 5. Aufl 2017. – *v Rechenberg/Ludwig/(Bearbeiter)* Kölner Hdb Hdl- u GesR, 4. Aufl 2017. – *Röhricht/(Graf v Westphalen)/(Bearbeiter)* 4. Aufl 2014. – *Saenger/Aderhold/Lenkaitis/Speckmann/(Bearbeiter)* PraxisHdb Hdl- u GesR, 2. Aufl 2011. – *Schlegelb(erger)/(Bearbeiter)* 5. Aufl 1973 ff. – *Staub(GroßKoHGB)/(Bearbeiter)* 5. Aufl 2008 ff. – *Wachter/(Bearbeiter)*, Praxis des Hdl- u. GesR, 3. Aufl 2015.

b) Lehr- und Studienbücher: *Bayer/Lieder* 2015 (Rep). – *Bitter/Schumacher* 2. Aufl 2015. – *Brox/Henssler* 22. Aufl 2016 (Grundriss). – *Bülow/Artz* 7. Aufl 2015. – *Canaris* 24. Aufl 2006. – *Fezer* 6. Aufl 2013. – *Fischinger* 2015. – *Fleischer/Wedemann* 9. Aufl 2015 (PdW). – *Hadding/Hennrichs* 3. Aufl 2003 (HGB-Klausur). – *Hübner* 5. Aufl 2004. – *Jung* 11. Aufl 2016 (Lernbuch). – *Kindler* 8. Aufl 2016 (Grundkurs Hdl/GesRecht). – *Klunzinger* 14. Aufl 2011. – *Lettl* 3. Aufl 2015, Fälle 3. Aufl 2016. – *Maties/Wank* 4. Aufl 2016. – *Oetker* 7. Aufl 2015. – *G. H. Roth/Weller* 8. Aufl 2013. – *K. Schmidt* 6. Aufl 2014 (zit §). – *Steinbeck* 3. Aufl 2014. – *Teichmann* 3. Aufl 2013. – *Timm/Schöne* I 9. Aufl 2014, II 8. Aufl 2014. – *Weller/Prütting* 9. Aufl 2016. – *Wörlen/Kokemoor* 12. Aufl 2015.

c) Einzeldarstellungen und Sonstiges: *Canaris,* Vertrauenshaftung, 1971. – *Pfeiffer,* Hdb der HdlGeschäfte, 1999. – *Raisch,* Geschichtliche Voraussetzungen, dogmatische Grundlagen und Sinnwandlung des Handelsrechts, 1965. – *Schaefer,* 1999 (HRefG). – *K. Schmidt,* Das HGB und die Gegenwartsaufgaben des HdlRechts, 1983. – *R. Schmitt,* Die Rechtsstellung der Kleingewerbetreibenden nach dem HRefG, 2003 (zit *R. Schmitt* HRefG). – *Reymann,* Sonderprivatrecht der Hdl- und Verbraucherverträge, 2009.

Muster: *Hopt,* Vertrags- und Formularbuch zum Hdl-, Ges- und Bankrecht, 4. Aufl 2013 mit weit über 400 Vertragsmustern, Vertragsbausteinen und Formularen.

RsprÜbersichten: BGHFSWissII/*Horn* 00, 3; *Straatmann/Ulmer* (Schiedsspruchsammlung) Bd 1 1975, Bd 2 1982; *Straatmann/Ulmer/Timmermann* Bd 3 1984, Bd 4 1988; *HK Hbg* Bd 5 1994, Bd 6 1998, keine weiteren Bde.

Übersicht

	Rn
I. Handelsrecht	
1) Gegenstand und Charakteristika	1–7
A. Sonderprivatrecht der Kaufleute	1
B. Kodifikation und Verhältnis zum BGB	2
C. Charakteristika des Handelsrechts	4

Einl v § 1   1. Buch. Handelsstand

	Rn
2) Geschichte (mit Änderungen des HGB)	8–15
A. Vor dem ADHGB	8
B. ADHGB	9
C. HGB mit EGHGB	10
D. Änderungen des HGB	11
3) Rechtsquellen	16–23
A. Gesetzesrecht	16
B. Gewohnheitsrecht und Richterrecht	17
C. Handelsbrauch	18
D. AGB	19
E. Empfehlungen	20
4) Internationales und ausländisches Handelsrecht, Rechtsangleichung	24–28
A. Internationales Handelsrecht	24
B. Ausländisches Handelsrecht	25
C. Rechtsangleichung	27
5) Handelsrecht der ehemaligen DDR und in den neuen Bundesländern	29–30
A. DDR-Handelsrecht	29
B. HGB und Nebengesetze in den neuen Bundesländern	30
II. Unternehmensrecht	
1) Das Unternehmen	31–41
A. Unternehmensbegriff	31
B. Unternehmensgegenstand und –wert	34
C. Entstehen, Verlegung und Erlöschen des Unternehmens	38
D. Unternehmensträger	41
2) Das Unternehmen als Gegenstand des Rechtsverkehrs, insbesondere Unternehmenskauf	42–55
A. Unternehmensübertragung	42
B. Unternehmenskauf	44
C. Sonstige Unternehmensverträge	48
D. Vererbung	52
E. Rückgewähr, Zwangsvollstreckung, Insolvenzverfahren	53
3) Der Rechtsschutz des Unternehmens	56–70
A. Überblick (Anspruchsgrundlagen)	56
B. Eigentumsschutz nach Art 14 GG	57
C. Deliktsrechtlicher Schutz nach § 823 I BGB	63
D. Recht am Gewerbebetrieb, Fallgruppen	65
III. Wettbewerbs- und Wirtschaftsrecht	
1) Wettbewerb und staatliche Rahmenregelung der Wirtschaft	71–76
A. Funktion des Wettbewerbs	71
B. Staatliche Rahmenregelung	72
2) Kartellrecht (GWB, AEUV)	77–79
A. GWB	77
B. Europäisches Kartellrecht	78
C. Ausländisches Kartellrecht	79
3) Wettbewerbsrecht im engeren Sinn (UWG)	80
IV. Anrufung und Eingreifen von Gerichten in Handelssachen	
1) Freiwillige Gerichtsbarkeit in Handelssachen	81–82
A. Überblick	81
B. Die Rolle des Rechtspflegers	82
2) Streitige Gerichtsbarkeit in Handelssachen	83–87
A. Begriff der Handelssachen nach GVG	83
B. Kammer für Handelssachen im Zivilprozess	84
C. Gerichtsstand, Gerichtsstandsvereinbarung	85
D. Internationale Zuständigkeit und Vollstreckung	87
3) Schiedsgerichtsbarkeit in Handelssachen	88–99
A. Schiedsvereinbarung	88
B. Schiedsgutachtervertrag	93
C. Internationale Schiedsgerichtsbarkeit	96

Einleitung 1–5 **Einl v § 1**

I. Handelsrecht

1) Gegenstand und Charakteristika

A. **Sonderprivatrecht der Kaufleute:** HdlRecht kann Sonderrecht für be- **1**
stimmte am HdlVerkehr teilnehmende Personen oder für bestimmte wirtschaftliche Geschäfte und Tätigkeiten sein. Das HdlRecht des deutschen HGB stellt entscheidend auf die Person ab (subjektives System). Es ist das Recht des HdlStandes (Überschrift Buch I), also der Kflte. Das HdlRecht des HGB regelt die HdlGeschäfte der Kflte und ist deshalb Teil des Privatrechts. Daran ändern einzelne öffentlichrechtliche Vorschriften im HGB nichts, zB betr HdlReg (§§ 8 ff), HdlFirma (§§ 17 ff), Buchführung (§§ 238 ff). Lit: Reymann 2009; Neuner ZHR 157 **(93)** 243, Reymann JbJZW **08**, 311.

B. **Kodifikation und Verhältnis zum BGB:** a) HdlRecht als Sonderrecht **2**
kann gesetzgebungstechnisch ein eigenes Gesetz (Handelsgesetzbuch) oder aber Teil des allgemeinen bürgerlichen Rechts sein. Das HdlRecht des dtsch HGB ist eine gesonderte Kodifikation neben dem BGB. Darin folgen Deutschland und viele andere Länder dem Bsp des französischen Code de Commerce von 1807, in jüngerer Zeit zB die USA mit dem Uniform Commercial Code (s auch Rn 25). Andere Länder haben auf eine gesonderte Kodifikation des HdlRechts verzichtet (zB schweizerisches Obligationenrecht 1881, schweizerisches ZGB 1907) oder ihr HGB wieder beseitigt (italienischer Codice Civile 1940/42). Lit: Raisch, Abgrenzung des HdlRechts vom Bürgerlichen Recht als Kodifikationsproblem im 19. Jahrhundert, 1962, F. Bydlinski, Handels- und Unternehmensrecht als Sonderprivatrecht, 1990; Kramer FS Ostheim **90**, 299, Heinemann FS Fikentscher **98**, 349.

b) Das deutsche HGB **geht** als Sonderrecht (lex specialis) dem BGB **vor, (1) 3**
EGHGB Art 2 I. Es ist **aber** in aller Regel nicht für sich allein anwendbar, sondern ändert und **ergänzt nur das allgemeine bürgerliche Recht,** zB das der Vollmacht (§§ 48 ff HGB), der Ges (§§ 105 ff HGB), des Kaufs (§§ 373 ff HGB), des Werkvertrags (§§ 383 ff, 407 ff, 453 ff HGB), der Verwahrung (§§ 467 ff HGB). Nur ausnahmsweise sagt dies das HGB ausdrücklich (zB in § 105 III). Bei der Lösung konkreter Rechtsfälle führt dies zu einer Verzahnung von HGB und BGB, die durch die zahlreichen hdlrechtlichen Nebengesetze außerhalb des HGB, s Teil 2 **(1)–(18),** noch zusätzlich kompliziert wird. Das HdlRecht ist kraft seiner Praxisnähe für neue Entwicklungen häufig offener als das BGB und wirkt dann als Schrittmacher des Zivilrechts, Wahl FS Hefermehl **76**, 1. Lit: Raisch JuS **67**, 533, Müller-Freienfels FS von Caemmerer **78**, 583, Herber ZHR 144 **(80)** 47.

C. **Charakteristika des Handelsrechts: a) Selbstverantwortlichkeit** ist für **4**
den Kfm und das HdlRecht wesentlich. Als Unternehmer, der sich im Wettbewerb (s Rn 71 ff) behaupten oder aus dem Markt ausscheiden muss, muss der Kfm seine Geschäfte frei gestalten können. Vertragsrecht einschließlich AGB, HdlBrauch und HdlGewohnheitsrecht spielen deshalb im HdlRecht eine große Rolle (s Rn 16–23). Zwingendes Recht tritt im HGB (außer für das kfmPersonal und die HdlVertreter) zurück, der Kfm muss die Risiken und Chancen im HdlVerkehr selbst abschätzen; s zB §§ 348 bis 350; §§ 29 II, 38 I ZPO. Vgl auch **(5)** § 310 I 1 BGB (Unternehmer iSv § 14 BGB); § 138 BGB bei überhöhten Darlehenszinsen, s **(7)** Bankgeschäfte Rn G/10.

b) Einfachheit und Schnelligkeit sind für den HdlVerkehr entscheidend. **5**
Das HdlRecht verzichtet deshalb auf unnötige Formalitäten (zB § 350) und zwingt den Kfm zur raschen Äußerung und Disposition (zB §§ 362, 373 II, 376, 377, 391; kfm Bestätigungsschreiben, s § 346 Rn 16–29). HGB, international

Einl v § 1 6–9   1. Buch. Handelsstand

einheitliche Vertragsklauseln (s (6) Incoterms) und HdlBräuche typisieren die Erklärungen und Vertragsschlüsse im HdlVerkehr. Das HGB fördert Typisierung und (vereinfachende) Formalisierung. Bsp: Unbeschränkbarkeit bestimmter Vertretungsmachten (§§ 50 I, 126 II, 151), Orderpapiere (§§ 363–365), Schutz des guten Glaubens an die Verfügungsmacht (§ 366).

6   c) **Publizität und Vertrauensschutz.** Selbstverantwortliche Entscheidung, Einfachheit und Schnelligkeit setzen voraus, dass sich der Kfm zuverlässig über seine Vertragspartner informieren und sich auf ihr (äußeres) Verhalten im HdlVerkehr verlassen kann. Die hdlregisterrechtliche Publizität (§§ 8 ff, 15) und die Rechtsscheinhaftung spielen deshalb im HdlRecht eine zentrale Rolle, s bes § 5 Rn 9 ff, § 15 Rn 1 ff.

7   d) **Praxisnähe und Internationalität.** HdlRecht ist weitgehend aus der kfm Praxis heraus gewachsen. Das spiegelt sich in den Rechtsquellen (s Rn 16–23) und der großen Bedeutung der Schiedsgerichtsbarkeit (s Rn 88–98) wider. HdlRecht ist, auch wenn seiner Rechtsnatur nach nationales Recht, immer auch auf den internationalen Verkehr ausgerichtet. HdlInteressen machen nicht Halt an Grenzen. Das HdlRecht ist nicht nur offen für Einflüsse von außen, sondern besonders auch für eine pragmatische internationale Rechtsvereinheitlichung. Das allgemeine deutsche HdlRecht von 1861 ging der staatlichen Einheit um ein Jahrzehnt und dem einheitlichen BGB um nahezu ein halbes Jahrhundert voraus (s Rn 9). Heute spielt die europäische Rechtsangleichung im Rahmen der EU eine erhebliche Rolle. Dazu und zum internationalen und ausländischen HdlRecht s Rn 24–28.

2) Geschichte (mit Änderungen des HGB)

8   **A. Vor dem ADHGB:** Die Wurzeln des modernen HdlRechts gehen in das 16. und 17. Jahrhundert zurück. Hervorzuheben ist zunächst die alte Stände- und Zunftordnung (vgl zB ALR von 1794 Teil II Titel 8 „Vom Bürgerstande", darin das HdlRecht in Abschn 7–15), die über den vorrangig subjektiv anknüpfenden frz Code de Commerce von 1807 und den spanischen Codigo di Comercio von 1829 mit dem ersten HdlReg auch auf das HGB gewirkt hat. Viele HdlRechtsinstitute gehen auf italienisches (vgl „conto", „saldo", „procura") und deutsches Stadtrecht (ua aus den Hansestädten) zurück. Schließlich dienten die Kodifikationen (bes der französische Code de Commerce, ALR) über die Grenzen hinaus als Beispiele. Neues kodifiziertes HdlRecht zB betr Aktien- und GesRecht, Agentur, Fracht- und Lagerrecht stammt aus dem 19. Jahrhundert. Lit: Raisch 1965; Scherner/Willoweit, Vom Gewerbe zum Unternehmen, 1982; Scherner 1993; Conradi 1993; Lehmann ZHR 52 **(02)** 1, Müller-Freienfels FS von Caemmerer **78**, 583, Scherner FS Zivilrechtslehrer 1934/35 **99**, 533.

9   **B. ADHGB:** Das Allgemeine Deutsche Handelsgesetzbuch wurde, nachdem zuvor 1848–1850 die Allgemeine Deutsche Wechselordnung eingeführt worden war, auf Beschluss der Bundesversammlung des Deutschen Bundes vom 18.12.1856 in Konferenzen der deutschen Staaten entworfen (sog Nürnberger Protokolle 1857–1861) und auf Empfehlung der Bundesversammlung vom 31.5.1861 von den meisten deutschen Staaten je für sich erlassen. Durch Bundesgesetz 5.6.1869 wurde es G des Norddeutschen Bundes, Schubert ZHR 144 **(80)** 484; durch Reichsgesetz 16./22.4.1871 RGBl 63, 87 wurde es Reichsgesetz. Einschneidende Änderungen des ADHGB brachten die Aktienrechtsnovellen 1870 und 1884. Garant der Einheitlichkeit war ab 1869/1871 das ROHG, an seiner Stelle ab 1879 das RG. Das ADHGB machte 1896/97 dem HGB Platz (vgl Art 3 EGHGB). Dabei ging manches in das BGB über, am Rest änderte das HGB nicht sehr viel. Rspr und Lehre zum ADHGB waren deshalb weitgehend zur Auslegung des HGB verwendbar. Lit: K. Schmidt ZHR 161 **(97)** 2, Fleckner in Bayer/Habersack, Aktienrecht im Wandel, Bd I 2007, S 1037 (Entstehung).

Einleitung 10–15 **Einl v § 1**

C. HGB mit EGHGB: Das **HGB** 10.5.1897 RGBl 219 trat nach Art 1 I **10** EGHGB **zugleich mit dem BGB** 18.8.1896 RGBl 195 **in Kraft**, und zwar am **1.1.1900** (Art 1 EGBGB 18.8.1896 RGBl 604). Buch I Abschn 6 betr HdlGehilfen und HdlLehrlinge (außer § 65 betr Provision) trat nach Art 1 II EGHGB schon zwei Jahre früher in Kraft. Eine VO nach Art 1 III EGHGB erging nicht. Vorausgegangen waren 1896 ein erster und 1897 ein zweiter geänderter **Entwurf** des Reichsjustizamts zum HGB (veröffentlicht, jeder mit einer **Denkschrift**). Eingeführt wurde das HGB durch das **Einführungsgesetz zum HGB** 10.5.1897 RGBl 437, **(1)** EGHGB. Dazu Schubert/Schmiedel/Krampe, Quellen zum HGB 1897, 2 Bde, 1986; Fleckner (s Rn 9) S 1054 (Entstehung).

D. Änderungen des HGB: a) Eine der einschneidendsten unter den zahlrei- **11** chen Änderungen des HGB war die **Herausnahme des Aktienrechts** (Streichung von § 20 und Buch II Abschn 3, 4 aF) bei Erlass des AktG 30.1.37 in Kraft 1.10.37.

b) Nach dem Krieg war das G über die Aufhebung von Vorschriften auf dem **12** Gebiet des HdlRechts, des Genossenschaftsrechts und des Wechsel- und Scheckrechts (Hdlrechtliches **Bereinigungsgesetz**) 18.4.50 BGBl 90 (Begründung BAnz 28.4.50) bedeutsam. Es stellte weitgehend das Recht vom 1.9.39 wieder her.

c) Weitere Änderungen bis 1985 erfolgten (außerhalb des Seerechts) ua **13** durch: G über Bekanntmachungen 17.5.50 BGBl 183 (§ 10), G über die KfmEigenschaft von Handwerkern 31.3.53 BGBl 106 (§ 1 Rn 35), G zur Änderung des HGB (Recht der HdlVertreter) 6.8.53 BGBl 771 (§ 84), G zur Abkürzung hdlrechtlicher und steuerrechtlicher Aufbewahrungsfristen 2.3.59 BGBl 77 (§ 257), G 2.8.65 BGBl 665 (§§ 238 ff), § 31 EGAktG 6.9.65 BGBl 1185 (§§ 13c, 14), BerBG 14.8.69 BGBl 1112 (Aufhebung der §§ 76–82), G zur Durchführung der 1. EG-Ri zur Koordinierung des GesRechts 15.8.69 BGBl 1146 (§ 15 Rn 1), BeurkG 28.8.69 BGBl 1513 (§ 12 Rn 1), SeerechtsÄndG 21.6.72 BGBl 966 (§§ 93 I, 363 II), GenGÄndG 9.10.73 BGBl 1463 (§ 30 Rn 6), G über die KfmEigenschaft von Land- und Forstwirten und den Ausgleichsanspruch des HdlVertreters 13.5.76 BGBl 1197 (§§ 3, 89b), 1. WiKG 29.7.76 BGBl 2034 und EGAO 1977 14.12.76 BGBl 3341 (§§ 238 ff); G zur Änderung des GmbHG und anderer hdlrechtlicher Vorschriften 4.7.80 BGBl 836 (GmbHNovelle: §§ 19 V, 125a, 129a, 130a I 1, 172 VI, 172a, 177a), dazu Gessler BB **80**, 1385, 2. SeerechtsÄndG 25.7.86 BGBl 1120 (s Anlage zu § 664 Rn 2), BörsZulG 16.12.86 BGBl 2478 (§ 267 Rn 9).

d) Umwälzende Änderungen brachte das **Bilanzrichtlinien-Gesetz** (BiRi- **14** LiG zur Durchführung der 4., 7. und 8. EG-Ri) 19.12.85 BGBl 2355 (s Einl v § 238). Das HGB erhielt ein zusätzliches Buch (jetzt das III.) und wurde zum Grundgesetz für Soll und Haben des Kfm.

e) Weitere Änderungen ab 1990 folgten ua aus: **Handelsvertreterrechts-** **15** **novelle** 23.10.89 BGBl 1910 (§ 84 Rn 1); **BankBiRiLiG** 30.11.90 BGBl 2570 (§§ 340–340o; 246, 293, 330, 334, 336); G 17.12.90 BGBl 2847 (§ 414 III 2); 4. KWGÄndG 21.12.92 BGBl 2211 (§§ 330–332, 340, 340a, 340c, 340i, 340n); EWRG 27.4.93 BGBl 512 (§§ 92c, 291–293, 330, 340, 340l); G zur Durchführung der 11. EG-Ri 22.7.93 BGBl 1282 (§§ 13 ff, 289, 325a, 335); EWRGAnpassungsG 27.9.93 BGBl 1666 (§ 13e); RegVBG 20.12.93 BGBl 2182 (§§ 8a, 9a); ENeuOG 27.12.93 BGBl 2378 (Aufhebung §§ 453, 458–460); **NachhBG** 18.3.94 BGBl 560 (§§ 26, 28, 159, 160); PflegeVG 26.5.94 BGBl 1014 (s bei § 63); **VersRiLiG** 24.6.94 BGBl 1377 (§§ 341–341o; 240, 248, 253, 293, 300, 325a, 330, 334, 340, 340a); DMBilGÄndG 25.7.94 BGBl 1682 (§§ 264, 267, 274a, 276, 286, 288, 293, 325, 326, 328, 354a); EGInsO 5.10.94 BGBl 2911 (§§ 13, 32, 34, 130a, 130b, 131, 137, 138, 141–146, 171, 236, 237,

Einl v § 1 15   1. Buch. Handelsstand

370); UmwBerG 28.10.94 BGBl 3210 (§ 267); BegleitG EG-Ri (Bank- und Wertpapieraufsichtsrecht) 22.10.97 BGBl 2567 (§§ 330, 340, 340a, 340c, 340i, 340k–o); BegleitG TelekomG 17.12.97 BGB 3108 (Aufhebung § 452); **3. FinanzmarktfördG** 24.3.1998 BGBl 529 (§§ 267, 293, 330, 340); **StückAG** 25.3.98 BGBl 590 (§§ 271, 272, 314, 318); **KapAEG** 20.4.98 BGBl 707 (§§ 264, 291, 292, 292a, 331, 340a, 341a); **KonTraG** 27.4.98 BGBl 786 (§§ 272, 285, 289, 297, 315, 317, 318, 319, 321, 322, 323, 340a, 341k); **EuroEG** 9.6.98 BGBl 1242 (§§ 244, 284, 292a, 313, 318, 328, 340h).

Zwei besonders bedeutsame Modernisierungen brachten zwei große Gesetze zur HdlReform und zur Transportrechtsreform: **HRefG** 22.6.98 BGBl 1474 (§§ 1, 2, 3, 5, 6, 13c, 13d, 13f, 17, 18, 19, 21, 22, 24, 29, 34, 36, 37a, 53, 84, 90a, 93, 105, 106, 108, 123, 125a, 131, 136–138, 140, 141, 142, 148, 162, 175, 176, 177, 177a, 262, 343, 351, 383); **TRG** 25.6.98 BGBl 1588, ber 99 I 42 (§§ 363, 366, 40–475h).

Weitere Änderungen ab 1998 brachten ua: SteuerÄndG 1998 19.12.98 BGBl 3816 (§ 257); EGInsOÄndG 19.12.98 BGBl 3836 (§ 32); **KapCoRiLiG** 24.2.00 BGBl 154 (§§ 8a, 264, 264a–c, 266, 267, 285, 286, 287, 292a, 293, 313, 314, 318, 319, 325, 335, 335a, 335b, 336, 337, 339, 340a, 340k, 340l, 340o, 341o); **BeschleunG** 30.3.00 BGBl 330 (§ 352 I 1); **FernabsG** 27.6.00 BGBl 897, ber 1139 (§§ 414 IV, 449 I 1, 451a II, 451b II 1, III 1, 451g S 1, 451h I, 455 III, 466 I, 468 II 1, IV, 472 I 2, 475h); **WPOÄG** 19.12.00 BGBl 1769 (§§ 319 II 2, III Nr 7, 323 I 1 Halbs 2, 340k III 4); **4. EuroEG** 21.12.00 BGBl 1983 (§§ 74a II 1, 2, 75b); **NaStraG** 18.1.01 BGBl 123 (§§ 13 VI, 13a IV, V; 13b IV, 13c II 3, 14 S 2, 15 IV 2, 103 II, 162 II, 175 S 2); **AVmG** 26.6.01 BGBl 1310 (§ 330 V, 3. Buch Überschr 4. Abschn 2. Unterabschn, §§ 341 IV; 341m S 1, 341n I, IV 1, 2, 341o Nr 1, 341p); **FormVAnpG** 13.7.01 BGBl 1542 (§§ 73 S 3, 100 I 3, 350, 410 I, 438 IV, 455 I 2, 468 I 1); **7. ZuständAnpVO** 29.10.01 BGBl 2785 (§§ 92a I 1, 292 I 1, 292a III 1, 330 I 1, 342a II Nr 1, 412 IV); **SMG** 26.11.01 BGBl 3138 (§§ 26 I 1, 3, II, 27 II 2, 139 III 2, 159 IV, 160 I 1, 3, II, 375 II 1, 378, 381 II, 382, 417 I); **EuroBilG** 10.12.01 BGBl 3414 (§§ 267 I Nr 1, 2, II Nr 1, 2, 293 I 1 Nr 1, 2, 313 II Nr 4 S 2, 319 II 2, 323 II 1, 2, 325a I 3, 4, 5, 329 II 1, III, 334 III, 340k IV, 340l II 3, 4, V, 340n III, 341n III); **ERJuKoG** 10.12.01 BGBl 3422 (§§ 9 I, 9a I–IV, V–X, 33 I 1–3, IV, 34 I, 106 II Nr 4, 107, 125 IV, 148 I 1, 150 I, 162 I 2); VersKapAG 26.3.02 BGBl 1219 (§§ 341b II 1, 2, 3); **4. FinanzmarktfördG** 21.6.02 BGBl 2010 (§§ 317 IV, 319 III Nr 6, 323 II 2, 340 IV 2, 340b VI); 2. SchadensersatzÄndG 19.7.02 BGBl 2674 (§§ 451c, 451e); **TransPuG** 19.7.02 BGBl 2681 (§§ 285 Nr 9 Buchst a, 16, 286 III 3, 4, 291 III, 297 I 2, 298 I 1, 299 I, 301 I 4, 5, 304 II, III, 308 III, 313 III 3, 314 I Nr 5, 6 Buchst a, 8, II, 316 II 2, 317 IV, 321 I 3, II, 325 I 1, III 1, 2, 3, 4, 341 IV 2, 341j II); 3. **GewOÄndG** 24.8.02 BGBl 3412 (§ 73 aufgehoben); 8. ZuständAnpVO 25.11.03 BGBl 2304 (§§ 92a I 1, 292 I 1, 292a III 1, 330 I 1, 342a II Nr 1); **WPRefG** 1.12.03 BGBl 2446 (§ 323 V); G 6.4.04 BGBl 550 (§ 431 IV 2, 3); **1. JuMoG** 24.8.04 BGBl 2198 (§§ 9a I, 106 II Nr 3); **BilReG** 4.12.04 BGBl 3166 (§§ 257 I Nr 1, III 1, V, 264b Nr 2, 267 I Nr 1u 2, II Nr 1u 2, 271 II, 285 Satz 1 Nr 17–19, Sätze 2–6, 286 II 1, IV, 287 Satz 1, 288, 289 I, II Nr 2, III, 291 II 1 Nr 1u 2, 2, III Nr 1, 292a, 293 I 1 Nr 1u 2, 294 I, III 1, 295, 297 I, 298 III 3, 313 II Nr 1 Satz 2, 314 I Nr 9–11, II, 315 I, II Nr 2, Zehnter Titel (§ 315a), 315a, 317 II 1, 2, 318 III, 319, 319a, 321 II 3, III 2, 321a, 322, 324a, 325 IIa, IIb, III 2, IIIa, V, 327 Nr 2, 328 I 1, Nr 1 Sätze 1–3, II 1, 3, 331 Nr 1a, Nr 3, 332 I, 333 I, 334 II, 336 II 1, 338 III 1, 339 III, 340a I, II 1, 2, 340i IV, 340j IV, 340k II 3, III 2, 4, 340l V, 340n I Nr 1 lit d, II, 341a II 1, 2, 341i IV, 341j I, III, 341l IV, 341n I, Nr 1 lit d, II, IV 1); **VerjährungsanpassG** 9.12.04 BGBl 3214 (§§ 61 II, 88, 113 III); **BilKoG** 15.12.04 BGBl 3408 (§§ 333 I, 342b–342e); **VorstOG** 3.8.05 BGBl 2267 (§§ 285 S 1 Nr 9 Buchst a, 286 IV, V, 289 II Nr 5, 314 I Nr 6 Buchst a, II 2, 315 II Nr 4, 334 III, 340n III, 341n

6   *Hopt*

Einleitung   15   **Einl v § 1**

III); G 19.4.06 BGBl 866 (§§ 315a I, 325 IIa 3); **ÜbernahmeRiUmsetzungsG** 8.7.06 BGBl 1426 (§§ 334 I Nrn 3u 4, 340n I Nrn 3u 4, 341n I Nrn 3u 4, 289 IV, 315 IV); **EurGenG** 14.8.06 BGBl 1911 (§§ 337 I 1, 2, 6, II Nr 2, 338 I, 339 I 2); 9. ZuständigkeitsanpassungsVO 31.10.06 BGBl 2407 (§§ 92a I 1, 292 I 1, 342a II Nr 1, 412 IV); **EHUG** 10.11.06 BGBl 2553 (Überschr 1. Buch 2. Abschn, §§ 8, 8, 8a, 8b, 9, 9a, 10, 11, 12, 13, 13a, 13b, 13c, 13d I, III, 13f, 13g, 14 Satz 1, 15 IV, 29, 33 III, 35, 37a I, 53 II, III, 108 I, II, 125a I 1, 148 III, 264 III Nrn 3–5, 264b Nrn 2–4, 287 Satz 3, 290 I, 313 IV 3, Überschr 3. Buch 2. Abschn 4. Unterabschn, 325, 325a I, 327, 327a, 328, 329, 330 I, III, 334 IV, V, 335, 335a, 335b, 339, 340, 340l, 340n IV, 340o, 341a, 341i III 1, 314l, 341n, 341o, 341p, 367); **BankenRiUmsetzG** 17.11.06 BGBl 2606 (§§ 340a III, 340i IV); **TUG** 5.1.07 BGBl 10 (§§ 8b II Nr 9, III 3–5, 1. Buch 9. Abschn, §§ 104a, 264 II 3, 289 I 5, 297 II 4, 315 I 6, 315a I, 325 IIa 3, 327a, 331 Nr 3, 3a, 340a III, 340i IV, 342b II 1, 4; **FinanzmarktRiUmsetzG** 16.7.07 BGBl 1330 (323 II 2, 340 IV 2, 342b II 2); 2. BundesrechtsbereinigungsG 23.11.2007 BGBl 2614 (§ 367 I 3); 2. PflVersGÄndG 10.12.2007 BGBl 2833 (§ 335 IIa); InvestmentÄndG 21.12.2007 BGBl 3089 (§§ 264 II 3, 297 II 4); RisikobegrenzungsG 12.8.2008 BGBl I 1666 (§ 354a II); **MoMiG** 23.10.08 BGBl I 2026 (§§ 13 I 1, II, 13d II, III, 13e II 2, 3, 4, 5 Nr 4, III 1, 2, III a, IV, 13f II 2, III, V, 13g II 2, III, V, 15a, 29, 31 I, 106 II Nr 2, 107, 129a, 130a I, II, III, IV, 130b, 172a, 177a S 1); FGG-RG 17.12.2008 BGBl I 2586 (§§ 8a II 1, 131 II 1 Nr 2, 318 III 8, IV 4, V 3, 4, 324 II 1, 4–10, III 3, 4, 335 II 1, IV, V 1, 3, 4; **FamFG** 17.12.08 BGBl I 2586 geänd. 2009, 1102 (§§ 8a II 1, 131 II 1 Nr 2, 318 III 8, IV 4, V 3, 4, 324 II 1, 4–6, 7–10, III 3, 4, 335 II 1, IV, V 1, 5, 6); **BilMoG** 25.5.09 BGBl I 1102 (§§ 172 IV 3, 241a, 242 IV, 246 I, II 2, 3, III, 247 III, 248, 249 I 3, II, III, 250 I 2, III, 252 I Nr 6, 253, 254, 255 II, II a, IV, 256 S 1, 256a, 264 I 1, 264c IV 3, 264d, 265 III 2, 266 II, III, 267 I Nr 1, 2, II Nr 1, 2, 268 II 1, VIII, 269, 270 I 2, 272 I, I a, I b, IV, 273, 274, 274a Nr 5, 275 II Nr 7, 277 III 1, IV 3, V, 279–283, 285 S 1 Nr 2, 3, 3a, 5, 13, 16–29, S 2–6, 286 II, III 1, III 3, IV, V 1, 287, 288, 289 II Nr 5 S 1, 2, IV Nr 1, 3, 9, S 2, V, 289a, 290 I, II, V, 291 III Nr 1, 2, 292 II 1, 2, 3, 293 I Nr 1, 2, II Nr 2, V, 294 II 2, 297 III 2, 298 I, 300 I 2, 301 I 2, 3, 4, II, III 1, 3, IV, 302, 306, 307 I 2, 308a, 309 I, 310 II, 312 I–III, 313 III 2, IV, 314 I Nr 2, 2a, 8–21, 315 II Nr 4, 5, IV Nr 1, 3, 8, 9, S 2, 315a I, 317 II 2, III 2, 3, V, VI, 318 III 1, VIII, 319a I 1, Nr 4, S 4, II 2, 319b, 320 IV, 321 IV a, 324, 325 II a 3, IV 1, 325a I 1, 327 Nr 1 S 2, Nr 2, 330 II 4, 334 I Nr 1, 2, 3, II, 335 V 2, 3, 8, 11, 12, V a, 336 II 1, 338 III 1, 340a II 1, 2, 340c I 1, 340e I 3, III, IV, 340f I 2, 3, II, 340h, 340k II a, V, 340l I 1, II 1, 2, 3, 4, IV Nr 2 S 1, Nr 3, 340n I Nr 1, 2, 3, II, 341a I 1, II, 1, 2 5, 341b I 3, II 1, 2, IV, 341e I 3, 341j I 3, 341k IV, 341l I 1, III Nr 2, 341n I Nr 1, 2, 3, II, 342 I 1 Nr 2, 3, 4, S 2); **ZahlungsdiensteUmsetzG** 25.6.09 BGBl I 1506 (§§ 330 II 1, 340 V, 340k IV); **ARUG** 30.7.09 BGBl I 2479 (§§ 274a Nr 5, 285 Nr 10, 23, 314 I Nr 15); **VorstAG** 31.7.09 BGBl I 2509 (§§ 285 Nr 9 Buchst a S 6, 7, 286 V 1, 289 II Nr 5 S 2, 314 I Nr 6 Buchst a S 6, 7, II, 315 II Nr V 2); **SchVFalschberG** 31.7.09 BGBl I 2512 (§ 89b I 1 Nr 1, 2, 3); G zur Umsetzung der geänd BankenRi und der geänd KapitaladäquanzRi 19.11.10 BGBl I 1592 (§ 341c I, III); JahressteuerG 2010 8.12.10 BGBl I 1768 (§ 341 II 2); G zur Umsetzung der Zweiten E-Geld-Ri 1.3.2011 BGBl I 288 (§ 330 II 2, Überschr 3. Buch, 2. Abschn, 6. Unterabschn, §§ 340 V 1, 2, 340k IV, Überschr 3. Buch, 4. Abschn, 1. Unterabschn, 8. Titel, § 340m, Überschr 3. Buch, 4. Abschn, 2. Unterabschn, 8. Titel, §§ 340n I 1, 340o S 1 Nr 1); Finanzanlagenvermittler- und VermögensanlagenrechtsNovG 6.12.2011 BGBl I 2481 (§ 8b II Nr 7); G zur Optimierung der Geldwäscheprävention 22.12.2011 BGBl I 2959 (§§ 330 II 1, 340 V 1); G zur Änderung von Vorschriften über Verkündung und Bekanntmachungen sowie der ZPO 22.12.2011 BGBl I 3044 (§§ 8b II Nr 5, 7, 8, III 1 Nr 1, 264 III Nr 4 lit a, b, 264b Nr 3 lit a, b, 3. Buch 2. Abschn 4. Unterabschn Überschr, 325 I 1,

Einl v § 1   15   1. Buch. Handelsstand

II, VI, 327 Nr 1, 2, 328 II 4, IV, 329 Überschr, I 1–3, II 1, 339 I 1, 341l I 2, II, 342b I 5, 367 I 1, 2; UmsetzG Ri 2012/6/EU (MicroBilG) 20.12.12 BGBl I 2751 (§§ 8b II Nr 4, III 1 Nr 1, 9 VI 3, 253 I 5, 6, 264 I 5, II 3, 4, 5, III Einleit Nrn 2, 3, 264c V, 266 I 4, 267a, 275 V, 276 S 3, 290 II Nr 4b S 2, 325a I 1, III, 326 Überschr., II, 328 III 1, V, 334 I Nr 1 lit b, d, Nr 5, 335 VI 1, 336 II 3; **Gesetz zur Reform des Seehandels,** 20.4.2013, BGBl I 831 (366 III, 368 II, 397, 408 Überschr, I 1 Nr 9, III, 411 S 1, 412 Überschr, 413 I, 414 I 2, 416 S 1, 2, 3, 4, 417 I, II, III, IV, V, 418 VI 2, 419 I 1, 2, III 2, 420 II, III, IV,V, 421 III, 431 I, II, 434 II 2, 3, 437 I 1, II, 438 I 1, 2, 439 III 1, IV, 440, 441 Überschr, I, IV 1, 442, 443 I, IV, 444, 445–449, 450, 451c, 451h II 2, 3, 4, 452 S 2, 455 II 2, 464, 465 I, 466, 468 III 2, 475b Überschr, II, 475c Überschr, IV, 475d, 475e I, II, III, IV, 475f, 475g, 475h, 5. Buch Seehandel 476 ff); Gesetz zur Übertragung von Aufgaben im Bereich der freiwilligen Gerichtsbarkeit auf Notare 26.6.2013 BGBl 1800 (§ 12 I 3, 4); AIFM-UmsG 4.7.2013, BGBl I 1981 (§§ 8b II Nr 8, 285 Nr 26, 290 II Nr 4 Satz 2, 314 I Nr 18, 341b II); CRD IV-Umsetzungsgesetz 28.8.2013, BGBl I 3395 (§§ 340 IV 2, 340a III 1, 340c III, 340i IV 1); **HGBÄndG** 4.10.2013 BGBl I 3746 (§ 264 II 3, V, 335 III 4, 5, Va, VI Satz 1, 335a, 335b Satz 2, 3, 340o Satz 1 und 2, 341o Satz 1 und 2); G zur Anpassung von Gesetzen auf dem Gebiet des Finanzmarktes 15.7.2014 BGBl I 934 (§ 340e); RegVerknüpfUmsetzG 22.12.2014 BGBl I 2409 (§§ 9b, 13e VI); VersFinanz-AufsModG 1.4.2015 BGBl I 434 (§§ 330 IV 1, V, 341 IV 1, 341d, 341e I 2, 341m S 2, 341n 1, 341o Nr 2); GleichberTeilhabeG 24.4.2015 BGBl I 642 (§§ 289a II, III, IV, 336 II 1); KleinanlegerschutzG 3.7.2015 BGBl I 1114 (§ 335 I 4); **BilRUG** 17.7.2015 BGBl I 1245 (§§ 8b II Nr 4, 241a Satz 1, 253 I 6, III 2, V 1, 255 I 3, 264, 264b, 264d, 265 V 2, 266 I 2, 267 I, II, IV, IVa, 267a I, III, 268 I, II, V 1, VII, 271 I 3, II, 272 V, 274a, 275 II, III, 276, 277 I, III 1, IV, 278, 284 I, II, III, 285, 286 II, III, 288, 289, 290 III, 291 II 1, III, 292, 293 I 1, II, IV, V, 294 I, 296 I Nr 2, 297 Ia, 298 I, II, 301 II 3, 4, III 2, 307 I, II, 309 II, 310, 312 III, V, 313 I, II, III, IV, 314 I, II 2, III, 315, 315a I, II, 317 II, 322 I, VI, VII, 324 I 2, 325 I-Ib, IIa, III, IV, VI, 326 II, 327a, 328 I, Ia, 329 III, 331, 334 I, 335b, 336 II, 337 IV, 338 IV, 339 II, 340, 340a I, II, 340e, 340i II, 340l I 3, II, IV, 340n, 341 II 2, 341a II, IV, 341b I 3, 341j I 2, 341l III, 341n I, 341o, 341q–341y, 342b); BürokratieEntlG 28.7.2015 BGBl I 1400 (§ 241a); Zehnte ZuständigkAnpVO 31.8.2015 BGBl I 1474 (§§ 8a II 1, 8b I, 9a I 1, II 1, III 1, 92a II 1, 253 II 5, 317 VI, 330 I 1, 335 IIa 2, 342 I 1, 342a I 1, II Nr 1, III 1, V, IX, 342b I 3, 5, II 5, 342d Satz 2, 5, 408 III 2, 412 IV, 443 III 2, 475c IV 2, 516 III, 526 IV 2); TransparenzRiÄndRiUmsetzG 20.11.2015 BGBl I 2029 (§§ 8b II Nr 9, III 3, 285 Nr 27, 292 I 1 Nr 1 lit c, III 3, 312 III 3, 314 I Nr 19, 327a, 328 III 1, 335 I 4, Ia-Id, 341r Nr 3 lit b, 341w 1, 342b II 1, 2, 4, IIa, 342d Satz 3); AktienRNovelle 2016 22.12.2015 BGBl I 2565 (§§ 13f II 3, 108 Satz 2, 130a II 1, 272 I); WohnimmobilienkreditRiUmsetzG 11.3.2016 BGBl I 396 (§ 253 II 1, VI); **APAReG** 31.3.2016 BGBl I 518 (§§ 292 III 3, 319 I 3, 340k, 340l II 3, 342b VIII 2); **AReG** 10.5.2016 BGBl I 1142 (§§ 317 IIIa, IVa, V, VI, 318 Ia, Ib, III 1, 319 II, 319a I, Ia, III, 320 V, 321 I, V, 322 I, Ia, IV 3, VIa, VII 1, 324 I, II, III, 330 IV 1, 333a, 334 II, IIa, 335b, 335c, 339 I 2, 340 I 1, 340k I, III, IV, V 1, 340m I-III, 340n II, IIa, IV, V, 341k I, IV 1, 341m I-III, 341n II, IIa, IV, V, 341p, 342b II, VIII 2): Erstes FinanzmarktnovellierungsG 30.6.2016 BGBl I 1 514 (§ 8b); 1. FiMaNoG 30.6.2016 BGBl I 1514 (§ 8b); Zweites G zur Änderung der Haftungsbeschränkung in der Binnenschifffahrt 5.7.2016 BGBl I 1578 § 536; **CSR-Ri-UmsetzungsG** 11.4.2017 BGBl I 802 (§§ 264 III 1 Nr 3 Buchst a, 285 Nr 20, 289 I 5, II 1, IV, V, 289a-289e, 289f II Nr 5 Buchst b, Nr 6, V, 291 II 1 Nr 2, 292 I Nr 1 Buchst b, 294 III, 314 I Nr 12, 315 I, II, III, IV, V, 315a-d, 315e, 317 II 4–6, 320 I 1, III 1, 325 I 1, IIa, IIb, III, 331, 334 I Nr 3, 4, III, IIIa, IIIb, Überschrift nach 334, 335 I 1, Ia 1 Nr 2, Ib 2, nach 335a Überschrift, 336 II 1, 340a Ia, Ib, 340i II 3, 4, 5, V, VI, 340n I Nr 3, 4, III-IIIb, 341a I

Einleitung 16–20 **Einl v § 1**

1a, 1b, 341j I 4, IV, V, 341n I Nr 3, 4, III–IIIb, 342 I 1 Nr 4); G zur Erleichterung der Bewältigung von Konzerninsolvenzen 13.4.2017 BGBl I 866 (§ 8b); **2. FiMaNoG** 23.6.2017 BGBl I 1693 (§§ 8b II Nr 9, III 3, 5, 264 II 3, 264d, 289a I 1, 291 III Nr 1, 297 II 4, 315e II, 324 I 2 Nr 2, 342b Nr 9); G zur Einführung der elektronischen Akte in der Justiz und zur weiteren Förderung des elektronischen Rechtsverkehrs 5.7.2017 BGBl I 2208 (§§ 335, 335a); Bürokratieabbau- und TransparenzG 17.7.2017 BGBl I 2434 (§ 339 III); ZDRi-II-UG 17.7.2017 BGBl I 2446 (§§ 330 II 1, 340 V 1, 341n Nr 1, 2, 3); G zur Änderung des BundesversorgungsG und anderer Vorschriften 17.7.2017 (§§ 10a, 320 V 2); eIDAS-DurchführungsG 18.7.2017 BGBl I 2745 (§ 9).

3) Rechtsquellen

A. Gesetzesrecht: Das ReichsHdlRecht samt Änderungen nach 8.5.45 sowie **16** sonstiges HdlRecht, das bei Errichtung der BRD einheitlich in mindestens einer Besatzungszone galt, ist Bundesrecht (Art 125, 74 Nr 11 GG). HdlRecht fällt unter die konkurrierende Gesetzgebung des Bundes (Art 72, 74 Nr 11 GG). LandesHdlRecht vgl (1) EGHGB Art. 15, 18.

B. Gewohnheitsrecht und Richterrecht: Gewohnheitsrecht entsteht im **17** HdlRecht wie sonst durch längere gleichmäßige Übung und Bildung der allgemeinen Überzeugung von seiner Rechtmäßigkeit. Es kann auch Gesetze entkräften, RG **135**, 345. BundesHdlRecht kann nur durch Bundesgewohnheitsrecht (in der ganzen BRD geübt und für Recht gehalten) geändert werden. LandesHdlGewohnheitsrecht ist im gleichen Umfang möglich wie LandesHdl-Gesetze, s Rn 16. Gewohnheitsrecht entwickelt sich nicht selten aus Richterrecht. Abgrenzung Raisch ZHR 150 **(86)** 117. Dieses letztere spielt in den verschiedenen Bereichen des HdlRechts eine durchaus unterschiedliche Rolle; teilweise, zB im Firmenrecht, im Recht der HdlGehilfen (bzw Arbeitsrecht) und HdlVertreter, im PersonenGesRecht und besonders im Recht der Bankgeschäfte, ist sie groß, teilweise ist sie eher gering.

C. Handelsbrauch: HdlBrauch (s § 346) und Verkehrssitte haben im HdlVer- **18** kehr eine größere Bedeutung als im Übrigen Privatrechtsverkehr. Das liegt an der Rolle der Selbstverantwortlichkeit im HdlRecht und am Bedürfnis nach Einfachheit, Schnelligkeit und Verlässlichkeit (s Rn 4–5). Besonders wichtig sind HdlBräuche im internationalen HdlVerkehr (s Rn 20–23).

D. AGB: AGB sind als selbst in die Hand genommene, typisierende Gestaltung **19** der HdlGeschäfte ein zentrales Phänomen des HdlVerkehrs. Sie sind keine Rechtsnormen, sondern Vertragsklauseln, die der einverständlichen Einbeziehung in den Vertrag durch beide Parteien bedürfen, zB **(8)** AGB-Banken, **(9)** AGB-Spark, **(10)** AGB-Anderkonten; so heute auch **(18)** ADSp. Da der einzelne Verbraucher die ihm gestellten AGB idR weder aushandeln kann noch in ihrer rechtlichen Relevanz voll ermißt, sind zwingende Normen und eine richterliche Inhaltskontrolle zu seinem Schutz nötig, s **(5)** §§ 305–310 BGB. Gegenüber Kfltn bzw Unternehmern entfällt diese Notwendigkeit zwar nicht ganz, ist aber angesichts ihrer selbstverantwortlichen berufsmäßigen Teilnahme am HdlVerkehr weniger stark, s **(5)** §§ 310 I iVm 14 BGB.

E. Empfehlungen der IntHK und anderer Gremien, Rolle der IHK: 20 a) Maßgeblichen Einfluss auf die HdlPraxis nimmt die 1919 gegründete **Internationale Handelskammer (International Chamber of Commerce, ICC)**, Paris, ua durch Empfehlung einheitlicher HdlKlauseln, Richtlinien und Gebräuche, zB **(6)** Incoterms, **(11)** ERA, **(12)** ERI, s dort. Information über die nationalen HdlKammern gibt IntHK, Hdb der HdlKammern der Welt (IntHK-Publikation Nr 366, Sprache engl, frz).

Einl v § 1 21–24

21   b) Die **deutschen Industrie- und Handelskammern** (in Hbg und Bremen nur „HdlKammer") sind Organe des HdlStands mit öffentlichen Aufgaben, s G zur vorläufigen Regelung des Rechts der IHK 18.12.56 BGBl 920, ua ÄndG 21.12.92 BGBl 2133, Jahn BB **93**, 2388. ÄndG 23.7.98 BGBl 1887 (Aufgabenübertragung, Beiträge). Sie sind jetzt sämtlich Körperschaften des öffentlichen Rechts (§ 3 I) mit Zwangsmitgliedschaft grundsätzlich aller, die im Bezirk eine gewerbliche Niederlassung, Betriebsstätte oder Verkaufsstelle unterhalten (§ 2, verfassungsgemäß BVerwG NJW **98**, 3510) und unterstehen der Aufsicht der durch Landesrecht zu bestimmenden Landesbehörden (§§ 11 I, 12 I Nr 3), idR des Landeswirtschaftsministers. Im Rahmen dieses Bundesgesetzes können Landesgesetze die IHK ordnen, so NRW G 23.7.57 GVBl 187, Bln G 17.10.57 GVBl 1636, Hessen G 6.11.57 GVBl 147, BaWü G 27.1.58 GBl 77; s von Gierke ZHR 120 **(57)** 77. (Pflicht-)Mitgliedschaft und Beiträge nach §§ 2 I, 3 II, III IHKG sind verhältnismäßig, Gruppenwahl nach § 5 III IHKG bedenkenfrei, aber Interessenpluralität und Minderheitenschutz nach § 1 I IHKG, BVerfG WM **17**, 1625. Die Kammern haben nach § 1 das Gesamtinteresse der ihnen zugehörigen Gewerbetreibenden ihres Bezirks wahrzunehmen und dabei die verschiedenen wirtschaftlichen Interessen der Mitglieder ausgleichend zu berücksichtigen, nicht aber sozialpolitische und arbeitsrechtliche Interessen. Bei Kompetenzüberschreitung Abwehrrecht der Mitglieder nach Art 2 I GG, kein Austrittsrecht aus der Kammer, aber uU aus dem Dachverband (DIHK), BVerwG ZIP **16**, 1289. Auskünfte der IHK s Kroitzsch BB **84**, 309. Wegfall der Beitragspflicht mit faktischer Sitzverlegung, VG Aachen NJW **05**, 169. IHK und HdlReg s § 8 HGB Rn 3; Mitteilung des HdlRegInhalts an die IHK nach **(4)** HRV § 37. Beteiligung am Verfahren in Registersachen (§ 380 I Nr 1 FamFG), praktisch selten, Ries NZG **09**, 655. Einholung von Gutachten der IHK in zweifelhaften Fällen vor Eintragungen s **(4)** HRV § 23. IHK und Handwerkskammern haben Auskunftsrechte gegenüber ihren Mitgliedern (diese stärkere als jene), sie müssen sie mit eigenen Mitteln durchsetzen, das Registergericht darf ein Mitglied der IHK nicht zur Auskunft an diese anhalten, BayObLG **67**, 385. S auch § 8 HGB Rn 12 (Löschungsantrag der IHK), § 18 HGB Rn 9 ff, 15 (Irreführungsverbot). Lit: Frentzel/Jäkel/Junge, IHKG, 8. Aufl 2017; Basedow BB **77**, 366.

22   c) Seit G 31.3.53 waren auch Handwerker Kflte nach § 2 aF (§ 1 Rn 26) und neben den IHK die **Handwerkskammern** mit gewissen Aufgaben im Bereich des HdlRechts betraut (s § 380 FamFG). Seit G 13.5.76 können auch Land- und Forstwirte Kfm sein (s § 3); entspr Aufgaben haben die **Landwirtschaftskammern** und andere Organe des land- und forstwirtschaftlichen Berufsstands. Mitteilung des HdlRegInhalts an die Handwerks- und Landwirtschaftskammern nach **(4)** HRV § 37. Beteiligung am Verfahren in Registersachen (§ 380 I Nr 2, 3 FamFG). Zu den Landwirtschaftskammer Hofmann NJW **76**, 1299.

23   d) Nicht bindende Empfehlungen stammen auch von anderen Gremien, zB den **Spitzenverbänden der deutschen Wirtschaft,** wie die **früheren** Insiderhandels-Richtlinien und Händler- und Beraterregeln (heute **(16a)** MAR Art 7 ff) und der frühere Übernahmekodex (heute WpÜG).

4) Internationales und ausländisches Handelsrecht, Rechtsangleichung

24   A. **Internationales Handelsrecht:** Dabei handelt es sich als Teil des internationalen Privatrechts um nationales (deutsches) Recht. Vertragsstatut, Rom I-VO statt Art 27 ff aF EGBGB, mit grundsätzlich freier Rechtswahl, Grenzen bei zwingenden Vorschriften über Rom I-VO Art 21 (statt Art 34 aF EGBGB), danach richtet sich auch, ob handelsrechtliche Sondervorschriften anzuwenden sind. Kommt es danach auf die KfmEigenschaft an, ist nach manchen auch insoweit grundsätzlich das Vertragsstatut maßgeblich, Reithmann/Martiny/Martiny Rz 3.136, andere unterscheiden nach Sachnormen, nach üL ist der Ort der

Einleitung 25 **Einl v § 1**

gewerblichen Niederlassung maßgeblich (§ 1 Rn 55), sehr str. Wichtige Fragenkreise des internationalen HdlRechts sind zB das internationale Schuldvertragsrecht (zB internationale Kaufverträge s Überbl 45 vor § 373, internationale Transportverträge s § 407 Rn 10), das Vertretungs- und Vollmachtsstatut (Wirkungsstatut, Einl 13 vor § 48), das kfm Personalstatut (zB internationales HdlVertreterrecht s § 92c), das Auslandsgeschäft der Banken (s **(7)** Bankgeschäfte Rn N/1 ff) und das internationale GesRecht (Einl 29 vor § 105). Lit: Oetker/Oetker Einl Rn 39 ff zu EU-Recht und IPR des Handelsrechts; Komm zu Rom I-VO, abgedruckt und komm auch bei Palandt/Thorn, Anh zu EGBGB 26; Bülow/Böckstiegel/Geimer/Schütze, Der internationale Rechtsverkehr in Zivil- und HdlSachen (LBl); Reithmann/Martiny, Internationales Vertragsrecht, 8. Aufl 2015; Sandrock, Hdb der internationalen Vertragsgestaltung. Zeitschriften: EuZW, EWS, IHR, IPRax, RabelsZ, RIW, ZEuP, Journal of World Trade Law.

B. Ausländisches Handelsrecht: 25
Belgien: Code de commerce (1807) von Frankreich übernommen 1831, zahlreiche Änderungen. Lehrbücher: L. Frédéricq, Traité de droit commercial, 10 Bde und 1 Registerbd, 1946–1955, Kurzfassung 1 Bd 1970 mit Ergänzungen 1973, 1976, Handboek van Belgisch Handelsrecht, 4 Bde, 2. Aufl 1976–1981; Jassogne, Droit Commercial 5 Bde 1990–2014, Bd 1 1990, Bd 2 1992, Bd 3 1998, Bd 4.1, 4.2 2. Aufl 2014, Bd 5 2003; van Ryn/Heenen 4 Bde 1954–1965 (Registerbd 1966), völlig neu ab Bd 1 1976, Bd 3 1981, Bd 4 1988; van Crombrugghe/Arendt 1992 (Belgien und Luxemburg, engl); van Bael/Bellis Business law guide to Belgium, 2. Aufl 2003 (engl); Handels- en Economisch Recht, Commentaar met overzicht van rechtspraak en rechtsleer, 7 Bde, LBl. Zeitschriften: Revue pratique des sociétés; Revue de droit commercial belge; Droit bancaire et financier. **Frankreich:** Code de commerce 1807, zahlreiche Änderungen. Lehrbücher: Ripert/Roblot Bd 1 17. Aufl 1998, Bd 1 HlbBd 1 18. Aufl 2001, Bd 1 HlbBd 2 18. Aufl 2002, Bd 2 17. Aufl 2004; Hamel/Lagarde/Jauffret 2 Bde, 2. Aufl 1980; Guyon, Droit des affaires, Bd 1, 12. Aufl 2003, Bd 2 9. Aufl 2003; Jauffret 23. Aufl 1997; Blaise 4. Aufl 2007; Didier/Didier Bd 12005; Jeantin/Le Cannu 7. Aufl 2006; Mestre/Pancrazi 27. Aufl 2006; Pédamon 2. Aufl 2000; Cozian/Viandier/Deboissy 23. Aufl 2010 (GesR); Le Cannu/Dondero 3. Aufl 2009 (GesR); Gavalda/Parléani/Lecourt 7. Aufl 2015 (GesR, EU); Mestre/Putman/Vidal 1995 (Grands arrêts du droit des affaires); Ferid/Sonnenberger 4 Bde, 2. Aufl 1986–1994 (deutsch); Sonnenberger/Dammann 3. Aufl 2007 (deutsch). Kommentarähnlich: JurisClasseur commercial; Encyclopédie juridique Dalloz, Répertoire de droit commercial, 6 Bde; Lamy 2009. Zeitschriften: Revue trimestrielle de droit commercial et de droit économique; Revue de jurisprudence commerciale; Revue Lamy de droit des affaires; Revue de jurisprudence de droit des affaires; La semaine juridique, Entreprise et affaires, LexisNexis JurisClasseur; Revue des sociétés; Bull Joly sociétés; Bull Joly bourse; Journal des sociétés civiles et commerciales; Revue Lamy de droit des affaires.
Großbritannien: Richterrecht und Einzelgesetze. Goode/McKendrick, Commercial Law, 4. Aufl 2009; Sealy/Hooley, Commercial Law, 4. Aufl 2009; Gower/Davies (Davies/Worthington), Principles of Modern Company Law, 9. Aufl 2012; Davies, Introduction to Company Law, 2. Aufl 2010; Morse, Partnership Law, 7. Aufl 2010; Schall, Companies Act Komm 2014; Triebel/Illmer/Ringe/Vogenauer/Ziegler, Englisches Handels- und Wirtschaftsrecht, 3. Aufl 2012 (deutsch). Zeitschriften: Journal of Business Law; European Business Law Review; Company Financial and Insolvency Law Review; Journal of Corporate Law Studies.
Italien: Codice civile 1942 inkorporierte den früheren Codice di commercio. Lehrbücher: Angelici 2002; Campobasso 3 Bde, Bd 1 7. Aufl 2013, Bd 2 8. Aufl 2012, Bd 3 5. Aufl 2013; Cottino 2. Aufl 2011; Ferrara/Corsi, 15. Aufl 2011;

Einl v § 1 26

Ferri 14. Aufl 2014; Jaeger/Denozza/Toffoletto 7. Aufl 2010; Libonati 2005; Kindler 2. Aufl 2014 (deutsch). Komm: Scialoja/Branca/Galgano, Codice civile, Buch IV und V (zahlreiche Bände in verschiedenen Aufl). Zeitschriften: Rivista delle società; Rivista di diritto commerciale; Giurisprudenza commerciale; Rivista del fallimento e delle società commerciali; Rivista di diritto industriale; Banca, borsa e titoli di credito.

Luxemburg: van Crombrugghe/Arendt 1992 (Belgien und Luxemburg, engl).

Niederlande: Wetboek van Koophandel 1838, zahlreiche Änderungen. Lehrbücher: De Groot/Stein, Grondtrekken van het handelsrecht, 9. Aufl 2002; C. Asser's Handleiding tot de beoefening van het Nederlands burgerlijk recht, Bde 2.1–2.3 Rechtspersonenrecht 2009–2015; Bulten/Leijten/Lennarts, Ondernemingsrecht, 7. Aufl 2014 (Praxiskommentar); Grundmann-van de Kroll, Koersen door de wet op het financieel toezicht, 2012; Busch, Toezicht financiele markten, 3 Bde 2014; Warendorf/Thomas, Company and Business Legislation of the Netherlands, 2 Bde (LBl, niederl und engl); Hoyng/Roelvink/Schlingmann 1992 (engl); Gotzen 2. Aufl 2000 (deutsch). Zeitschriften: Sociaal-Economisch Wetgeving.

Österreich: UGB 2005, Dehn/Krejci 2. Aufl 2007, Harrer/Mader 2005, Rieser 2006, Harrer 2010 (PersG als Unternehmensträger), G. H. Roth RdW **03**, 610, K. Schmidt JBl **04**, 31, Krejci ZHR 170 **(06)** 113, G. H. Roth ZIP **06**, 1749. Lehrbücher: Hämmerle/Wünsch Bd 1 4. Aufl 1990, Bd 2 4. Aufl 1993; Holzhammer 8. Aufl 1998, Krejci, Gesellschaftsrecht, 2005, Unternehmensrecht 5. Aufl 2013; Torggler 2013 (GesR). Komm: Jabornegg/Artmann Bd 1 2. Aufl 2010, Bd 2 2. Aufl 2012; Straube Bd 1 4. Aufl 2009, Bd 2 (Rechnungslegung) 3. Aufl 2011; Kalss/Nowotny/Schauer, öGesRecht 2008; Apathy/Iro/Koziol, öBankvertragsrecht VI 2. Aufl 2007 (Kapitalmarkt). HdlVertreterrecht HVertrG 1993, Nocker IHR **07**, 45. Zeitschriften: ÖJZ, ÖZW, Juristische Blätter, Recht der Wirtschaft, Bank-Archiv.

Schweiz: Obligationenrecht (OR) 1881, Revisionen 1911 und 1936 und zahlreiche Änderungen. Lehr- und Handbücher: Gutzwiller ua, Schweizerisches Privatrecht, zahlreiche EinzelBde; Guhl/Koller/Schnyder/Druey 9. Aufl 2000; Meier-Hayoz/Forstmoser, Schweiz Gesellschaftsrecht, 11 Aufl 2012; Böckli 4. Aufl 2009 (AG). Komm: Berner Komm, Zürcher Komm (beides GroßKomm zu ZGB/OR); Honsell/Vogt/Wiegand, OR, Bd 1 5. Aufl 2011, Honsell/Vogt/Watter, OR, Bd 2 4. Aufl 2012; Honsell/Vogt/Geiser, ZGB, Bd 1 5. Aufl 2014, Bd 2 4. Aufl 2011; Vogt/Watter, Börsengesetz, Finanzmarktaufsichtsgesetz, 2. Aufl 2011; Honsell/Vogt/Watter, Wertpapierrecht, 2012. Zeitschriften: ZSR, SchweizJZ, SZW (früher SchweizAG).

Skandinavien: Kein besonderes HdlRecht, aber Einzelgesetze zB über Kauf, über HdlReg, Firma und Prokura, über Kommission, HdlAgentur und HdlReisende und über Gesellschaften ua jeweils in Dänemark, Norwegen und Schweden; Lau Hansen, Nordic Company Law 2. Aufl 2007; Wahlgreen 2003 (GesR); Lekvall, The Nordic Corporate Governance Model, 2014.

Spanien: Codigo de comercio von 1885 mit zahlreichen Änderungen. Uria Bd 1 1999 Bd 2 2000; Sánchez Calero/Sánchez-Calero Guilarte, Instituciones de Derecho Mercantil, 2 Bde 36. Aufl 2013, Principios de Derecho Mercantil 19. Aufl 2014; Cremades, Business Law in Spain, 2. Aufl 1992 (engl); Löber/Peuster/Reichmann Bd 1 1984, Bd 2 1991 (deutsch/spanisch); Fischer/Fischer 3. Aufl 2005 (deutsch). Zeitschrift: Revista de Derecho Mercantil; Revista de Derecho de Sociedades; Revista de Derecho Bancario y Bursatil.

26 **USA:** Richterrecht und einzelstaatliche Gesetze (statutes) weitgehend nach dem Muster des Uniform Commercial Code (UCC) seit 1954. White/Summers (/Hillman) 4 Bde, Bd 1 White/Summers/Hillman 6. Aufl 2012, Bd 2 White/Summers 5. Aufl 2000, Bd 3 White/Summers/Hillman 6. Aufl 2014, Bd 4 Whi-

Einleitung 34, 35 **Einl v § 1**

(s Rn 56–70), Unternehmensnachfolge (§§ 22 ff, s dort), so vor allem Rspr und Praxis. Eine mehr **theoretische** Begriffsbildung kann unterschiedliche Aspekte des Unternehmens herausheben oder kombinieren: so hat jedes Unternehmen einen materielle und immaterielle Mittel umfassenden **Gegenstand,** dem im Verkehr ein bestimmter (Unternehmens-)**Wert** beigemessen wird (s Rn 34–37). Jedes Unternehmen hat nicht nur eine Organisation, sondern ist eine **organisierte Einheit** am Markt und im Verkehr; das wird ua bei **Entstehen, Verlegung** und **Erlöschen** des Unternehmens deutlich (s Rn 38–40). Schließlich hat jedes Unternehmen einen **Rechtsträger** (zB Kfm, HdlGes, freiberuflich Tätiger), sofern es nicht von der Rechtsordnung selbst als Rechtssubjekt anerkannt wird (s Rn 41). Eine konsequente, teils über das geltende Recht hinausreichende Sicht des HdlRechts als Unternehmensrecht bietet K. Schmidt, HdlRecht, krit Zöllner ZGR **83**, 82. Argumentationssammlung s Unternehmensrechtskommission 1980; dazu Kübler ua ZGR **81**, 377–509.

B. **Unternehmensgegenstand und -wert: a)** Das Unternehmen umfasst die **34** zum Zweck seiner Tätigkeit gewidmeten **Sachen** und **Rechte** (Forderungen, Beteiligungen, Vertragsrechte, gewerbliche Schutzrechte, die Firma und andere geschützte Kennzeichnungen, öffentliche Gewerberechte usw) sowie **sonstige wirtschaftlichen Werte** wie Erfahrungen, Know-how, Unternehmensgeheimnisse, BGH **16**, 175, **64**, 329, Geschäftsbeziehungen, Kundenstamm, Personal, den geschäftlichen Ruf und Kredit, Goodwill ua, BGH NJW **70**, 557, Karls WM **89**, 1229. Geschäftsgeheimnis und EU, Harte-Bavendamm FS Köhler **14**, 235; EU-Richtlinie 8.6.**16** AB1EU L 157/1, Hauck NJW **16**, 2218. Zum Know-how Lit: Pfister 1974, Stumpf 1977, Druey 1977 (Geschäftsgeheimnis); Tiedemann FS von Caemmerer **78**, 643.

b) Jedes Unternehmen hat im Verkehr einen bestimmten, uU auch negativen **35** Wert. Die richtige Bewertung ist nicht nur eine wirtschaftliche, sondern uU auch rechtliche Frage, etwa im Bilanzrecht (§§ 252 ff), bei Eintritt und Ausscheiden von Gftern (ua Abfindung, § 131 Rn 48), bei Zugewinn- und Pflichtteilsberechnung, im Insolvenzverfahren, Entschädigung nach BEG, BGH BB **62**, 155, Schulden regelung nach BVFG, BGH DB **56**, 1232. Die Bewertung ist abhängig von dem jeweiligen Gesetzeszweck; so sieht eine Insolvenzbilanz (Zerschlagungswert des Unternehmens) anders aus als eine Jahresbilanz, und diese wiederum anders als eine Abfindungsbilanz. Ausschlaggebend ist also der Bewertungszweck. Maßgeblich für die Unternehmensbewertung in der Wirtschaftsprüferpraxis ist **IDW Standard: Grundsätze zur Durchführung von Unternehmensbewertungen IDW S 1 idF 2008,** IDW-FN **08**, 271, F & A (Basiszinssatz) IDW-FN **13**, 363, **14**, 293 (Länderrisiken, Basiszinssatz), zu IDW S 1 BGH NJW **03**, 3272, Karls ZIP **13**, 1470, Stgt NZG **13**, 897, 1179, AG **14**, 208, 291, krit Puszkajler ZIP **10**, 2279; neuere Fassungen sind ohne Verstoß gegen Rechtssicherheit und Vertrauensschutz auch auf Altfälle anwendbar, auch das Stichtagsprinzip steht nicht entgegen soweit die Neufassung nicht Reaktion auf nach dem Stichtag eingetretene, insbesondere steuerrechtliche Veränderungen ist, BGH WM **16**, 157 (Stinnes) m Anm Mock WM **16**, 1261, Fleischer AG **16**, 185, Schüppen ZIP **16**, 393; auch Grundsätze zur Bewertung immaterieller Vermögenswerte IDW S 5 Stand 23.5.11, IDW-FN **11**, 467; anders DVFA Best-Practice-Empfehlungen Unternehmensbewertung 2012 mit einer Bewertung aggregiert nach drei Verfahren (Kapitalwertverfahren/DCF, Multiple-basierte Verfahren und Aktienkursanalyse) und dargestellt in Wertpapierbandbreiten. Der **objektive Wert eines Gesellschaftsanteils** ergibt sich als quotaler Wert auf Basis des objektiven Gesamtwerts des Unternehmens; anders der subjektive Wert des Anteils (Anteilsquote, Einfluss des Anteilseigners, erwartete Synergieeffekte), IDW S 1 Tz 13, str, s § 131 Rn 49.

Einl v § 1 36

36 c) Für die Unternehmensbewertung gibt es verschiedene **Methoden:** In der **Betriebswirtschaftslehre** werden heute nur noch die **zukunftsbezogenen** Methoden anerkannt, **Unternehmenswert als Zukunftserfolgswert,** so auch IDW S 1 Tz 7. Herkömmlich herrscht unter diesen die Ertragswertmethode vor, daneben sind mittlerweile das Discounted Cash Flow-Verfahren (DCF), das Dividendendiskontierungsmodell und die Residualgewinnmethode getreten. IDW S 1 Tz 7 legt das Ertragswertverfahren (Tz 111 ff) und das DCF-Verfahren (Tz 134 ff) zugrunde. Im Prinzip müssten alle vier Methoden zum selben Ergebnis kommen, näher Coenenberg/Schultze DBW **02**, 597 (selbst mit Bevorzugung der Letzteren). Bei der **Ertragswertmethode** drückt der Unternehmenswert den Wert des fortgeführten Unternehmens, bezogen auf eine Alternativinvestition am Kapitalmarkt, aus (Bewertung künftiger finanzieller Überschüsse, Zukunftserfolgswert), nicht betriebsnotwendiges Vermögen wird gesondert bewertet, IDW S 1 Tz 24 ff, 67 ff. Ertragssteuern des Unternehmens und der Unternehmenseigner sind zu berücksichtigen, IDW S 1 Tz 32 ff, dabei ist zu beachten, dass diese bei Kapitalgesellschaften und bei Einzelunternehmen und Personengesellschaften unterschiedlich sind, IDW S 1 Tz 39, 40. Die finanziellen Überschüsse sind auf den Bewertungsstichtag mit dem Kapitalisierungszinssatz abzuzinsen (Grund: Vergleichbarkeit mit Anlagealternativen), IDW S 1 Tz 123 ff. Die **Schwierigkeiten** liegen ua im Prognoseproblem, in der Bemessung des Kapitalisierungszinssatzes (Basiszinssatz entsprechend Alternativinvestitionen; Zuschläge für Unternehmerrisiko und geringe Fungibilität, str; Abzüge für Geldentwertung, sehr str) und in der Zugrundelegung des vorhandenen oder eines veränderten Unternehmenskonzeptes. Zu letzterem berücksichtigt die Wurzeltheorie nur die zum Stichtag bereits eingeleiteten Maßnahmen, dh durch Umsetzungsbeschlüsse der Geschäftsführung bzw eines Aufsichtsorgans und dokumentierte Planungen bereits konkretisierte, IDW S 1 Tz 43f, 58 f. Besonderheiten gelten bei der Bewertung wachstumsstarker bzw ertragsschwacher Unternehmen sowie kleiner und mittlerer Unternehmen, IDW S 1 Tz 156 ff. Zu den Grundsätzen ordnungsmäßiger Unternehmensbewertung gehören Bewertung der wirtschaftlichen Unternehmenseinheit, der nachhaltig entziehbaren Einnahmenüberschüsse, der zukunftsbezogenen Bewertung ua, nicht aber das (bilanzielle) Vorsichtsprinzip (anders für die HdlBilanz § 252 Rn 10), IDW S 1 Tz 72 f. Gleichwertig mit der Ertragswertmethode sind die **DCF-Methoden** (**discounted cash flow,** gewogene Kapitalkosten nach dem WACC-Ansatz, angepasster Barwert nach dem APV-Ansatz), IDW S 1 Tz 134 ff, WP-Hdb **14** II 53. In der Praxis finden sich zT auch noch **andere Methoden,** zB die Mittelwertmethode unter Einbeziehung eines Unternehmensgesamtwerts zwischen Ertragswert und Substanzwert (Reproduktionswert) annimmt, so auch das Stuttgarter Verfahren (Vermögensteuer), Moxter DB **76**, 1585. Der **Liquidationswert** (Verkaufs- oder Zerschlagungswert, zu unterscheiden von Substanzwert bei Fortführung) ist allenfalls **Wertuntergrenze,** IDW S 1 Tz 150f, etwa bei völlig unrentablen Unternehmen, aber sonst für die Bewertung des fortgeführten Unternehmens nicht maßgeblich (aber s Rn 37); bei Vorliegen eines rechtlichen oder tatsächlichen Zwangs zur Unternehmensfortführung bleibt es beim Fortführungswert. Der **Substanzwert,** also der Gebrauchswert der betrieblichen Substanz, hat bei der Unternehmenswertermittlung **keine eigene Bedeutung,** IDW S 1 Tz 6, 180 ff. Der **Börsenkurs (wert)** als aktueller Verkehrswert betrifft Anteile, nicht das Gesamtunternehmen und ist von Marktzufälligkeiten abhängig (Volatilität ua, Stichtagsproblem), kann aber Orientierung bei Ertragswertermittlung abgeben, IDW S 1 Tz 14 ff, und rechtlich den Mindestwert des Anteils darstellen (s Rn 37). Der am Markt für Unternehmenskontrolle (Übernahmen) erzielbare **Marktwert** liegt häufig weit über dem Ertragswert. Zur Bewertung bei Unternehmenserwerben und Werthaltigkeitsprüfungen nach IFRS WP-Hdb **14** II 194. Zu **CAPM** (capital asset pricing model, auch **Tax-CAPM**) IDW S 1, Düss WM **09**, 2220, Stgt AG **10**,

Einleitung 27–30 **Einl v § 1**

te/Summers 6. Aufl 2009; Allen/Kraakman/Subramanian, Commentaries and cases on the law of business organization, 4. Aufl 2012; Clarkson/Miller/Cross, Business Law, 12. Aufl 2012; Goldman/Sigismond, Business Law, 9. Aufl 2014; Mann/Roberts, Essentials of business law and the legal environment, 12. Aufl 2015. Auf Deutsch: Assmann/Bungert, Handbuch des US-amerikanischen Handels-, Gesellschafts- und Wirtschaftsrechts, 2001; Elsing/van Alstine, US-amerikanisches Handels- und Wirtschaftsrecht, 2. Aufl 1999; Merkt, US-amerikanisches Gesellschaftsrecht, 3. Aufl 2013. Zeitschriften: spezialisiert The Business Lawyer, sowie die Zeitschriften der Universitäten.

Weitere Länder: Bundesstelle für Außenhandelsinformation, Köln, Schriftenreihe „Ausländisches Wirtschafts- und Steuerrecht", zB Rechtsfragen im Auslandsgeschäft.

C. **Rechtsangleichung: a)** Das Streben nach Rechtsangleichung im Interesse 27 des HdlVerkehrs ist alt, Bsp: ADHGB, s Rn 9. Vorstufen der Rechtsangleichung durch Angleichung der HdlPraxis sind zB die **(6)** Incoterms, **(11)** ERA, **(12)** ERI. Seit der Jahrhundertwende finden sich Anfänge eines Welthandelsrechts in großen **Übereinkommen** bes auf dem Gebiet des Verkehrs, zB Internationales Übk über den Eisenbahn-Frachtverkehr (CIM) 1890/1961 und über den Eisenbahn-Personen- und Gepäckverkehr (CIV); über den Beförderungsvertrag im internationalen Straßen- und Güterverkehr, s **(17)** CMR; über die Beförderung im internationalen Luftverkehr (Warschauer Abkommen). 1930/1931 kam es zur Genfer Wechsel- und Scheckrechtsvereinheitlichung. Zur internationalen HdlRechtsangleichung durch UNCITRAL Herber RIW **80**, 81. Grundregeln der internationalen HdlVerträge (Unidroit Prinzipien) ZEuP **97**, 890.

b) Heute gewinnt die **Rechtsangleichung in der EU** eine rasch zunehmen- 28 de Bedeutung. Zahlreiche EG/EU-Ri zur Koordinierung des Ges-, Hdl-, Bank- und Börsenrechts, Verbraucher- und Arbeitsrechts sind bereits verbindlich. Die Anpassung des deutschen HdlRechts ist zT schon erfolgt (s Rn 13 ff), teils steht sie noch bevor. Man kann mit Fug und Recht von einem **europäischen Handelsrecht** sprechen, s Grundmann ZHR 163 **(99)** 635. Für ein europäisches HGB Magnus FS Drobnig **98**, 57; für einen Europäischen Handelsgerichtshof Pfeiffer ZEuP **16**, 795. Bei Nichtumsetzung von Richtlinien droht Haftung des Mitgliedstaates gegenüber seinen Bürgern auf Schadensersatz, EuGH EuZW **91**, 758, **96**, 183 (Francovich I, II), **96**, 654 (MP Travel Line) ua, Fischer EuZW **92**, 41. Europarechtskonforme Auslegung des deutschen Rechts nach Umsetzung wirft schwierige Probleme auf (s zB zur HV-Ri § 84 Rn 3, § 86 Rn 22). Praktisch und prozessual wichtig ist vor allem, dass für Zweifelsfragen bei der Auslegung der Richtlinien ausschließlich der EuGH im Vorlageverfahren nach **Art 267 AEUV** (234 aF, 177 aF EG) zuständig ist (§ 84 Rn 3); bei Verkennung der **Vorlagepflicht** Vorenthaltung des „gesetzlichen Richters", BVerfG ZIP **01**, 350. Nach der Rspr des EuGH Vorlagerecht auch bei überschießender Umsetzung (zB Bilanzrecht, AGBRecht), Grund: einheitliche Auslegung, str, aber jedenfalls keine Vorlagepflicht, Grund: insoweit keine Kompetenz der EU, str, Lutter GS Heinze **05**, 571. Europäisches GesRecht s Einl 34 ff vor § 105. Textsammlung Hopt/Wymeersch 4. Aufl 2007 (engl); Grundmann, Europäisches Schuldvertragsrecht (Recht der Unternehmensgeschäfte) 1999; Dauses, Hdb des EU-Wirtschaftsrechts (LBl). Lit: Grabitz/Hilf/Nettesheim (LBl); Franzen 1999; Magnus FS Drobnig **98**, 57 (europäisches HGB), Grundmann ZHR 163 **(99)** 635, Gsell AcP 214 **(14)** 99, Lehmann ZHR 181 **(17)** 9 (europäisches HGB).

5) Handelsrecht der ehemaligen DDR und in den neuen Bundesländern

A. **DDR-Handelsrecht:** s 30. Aufl. 29

B. **HGB und Nebengesetze in den neuen Bundesländern:** Mit Beitritt 30 der DDR zum GG trat am 3.10.90 das Recht der BRD in der ehemaligen DDR

Einl v § 1 31–33

in Kraft (Einigungsvertrag v 31.8.90 BGBl II 889, 959 Art 8). Übergangsvorschriften für HVRecht: (1) EGHGB Art 29 idF HVNovelle 1990 (§ 84 Rn 3) ist in den neuen Bundesländern nicht anzuwenden (Einigungsvertrag Art 29); statt dessen ist für HVVerträge, die vor 1.7.90 nach GIW begründet wurden, das GIW in der bis 30.6.90 gültigen Fassung (s Rn 29) bis 31.12.93 anwendbar. Übergangsvorschriften für BGB und IPR enthalten Art 230 ff EGBGB, zB für Arbeitsverhältnisse Art 232 § 5, für Konto- und Sparkontoverträge Art 232 § 7, für Kreditverträge Art 232 § 8 und für das IPR Art 236. Fortwirkung alten DDR Wirtschaftsrechts Spross DtZ **92**, 37. TreuhandG 17.6.90. Wichtig ist das DMBilG idF 28.7.94 BGBl 1843 über Eröffnungsbilanz in DM und Kapitalneufestsetzung (Einl 62 vor § 238). Gesetzessammlung: Schönfelder II, Zivil-, Wirtschafts- und Justizgesetze für die neuen Bundesländer (LBl). RsprÜbersicht zum GesRecht in den neuen Bundesländern Bommel/Wissmann ZGR **97**, 206. Lit: Clemm, RechtsHdb Vermögen und Investitionen in der ehemaligen DDR (RVI, LBl); Kimme, Offene Vermögensfragen (LBl); Rädler/Raupach/Bezzenberger, Vermögen in der ehemaligen DDR (LBl). Veltrup/Christoffel, Föderung der Wirtschaft in den neuen Bundesländern (LBl). Rspr-Übersichten: Kimme/Pée/Schmidt-Räntsch (LBl).

II. Unternehmensrecht

1) Das Unternehmen

31 A. **Unternehmensbegriff: a)** Trotz der Wichtigkeit des Unternehmens in Wirtschaft und Recht gibt es keinen einheitlichen Rechtsbegriff des Unternehmens. Vielmehr ist der Begriff Unternehmen je nach dem Willen und Zweck des Gesetzes und der Norm zu bestimmen, die ihn verwenden. Das kann zu unterschiedlichen, aber jeweils funktional richtigen Abgrenzungen führen, BGH **31**, 109. Zum hdlrechtlichen Unternehmensbegriff K. Schmidt § 3 I.

32 **b)** Der Unternehmensbegriff ist ua Grundbegriff des **Konzernrechts** (Recht der „verbundenen Unternehmen", AktG Buch 3, §§ 291 ff); Rspr BGH **69**, 334 (VEBA/Gelsenberg: BRD), **135**, 113 (VW), **148**, 123; GroßKoAktG/Windbichler § 15 Rn 10; s auch § 105 Rn 100 ff. Der Unternehmensbegriff ist auch im **MitbestG** (s § 1 I) und im **PublG** („Rechnungslegung von bestimmten Unternehmen und Konzernen") grundlegend (s Einl 46 vor § 238). Auch im **Wettbewerbsrecht** ist der Unternehmensbegriff zentral. Rspr: BGH **31**, 109, **36**, 103, **67**, 84 (Laborärzte), **74**, 365 (WAZ: für Fusionskontrolle bei zwei paritätisch beteiligten Großaktionären mit maßgeblichen Beteiligungen an mehreren Unternehmen, die zu marktstrategischen Planungen und Entscheidungen führen), **121**, 146, NJW **80**, 1046 (öffentliche Hand); K. Schmidt ZGR **80**, 277.

33 **c)** Eine **handelsrechtliche** Begriffsbildung geschieht am besten induktiv. Einigkeit besteht darüber, dass zwar der Kfm Unternehmer und sein HdlGewerbe (§§ 1 ff) bzw HdlGeschäft (vgl §§ 22 ff) Unternehmen ist, aber der Unternehmensbegriff darüber hinausgeht. So müssen sonstige Gewerbebetriebe (zur Abgrenzung s § 1 Rn 11), insbesondere Kleingewerbetreibende, ebenso einbezogen werden wie andere wirtschaftliche Tätigkeiten, die herkömmlich nicht als Gewerbe, sondern als freier Beruf angesehen werden (§ 1 Rn 19), str. Die neuere Gesetzgebung (§§ 13, 14 BGB idF FernAbsG 2000, zuvor schon ua in § 414 IV aF (30. Aufl) und in verschiedenen Verbraucherschutzgesetzen) erfasst als Unternehmer im Gegensatz zum Verbraucher jede gewerbliche oder selbstständige berufliche Tätigkeit. Eine mehr **pragmatische,** an den Bedürfnissen des Rechtsverkehrs ausgerichtete Begriffsbildung setzt an den einzelnen **Funktionen** des Unternehmens an und begnügt sich mit Bereichslösungen, zB Unternehmen als Gegenstand des Rechtsverkehrs (s Rn 42–55), Rechtsschutz des Unternehmens

Einleitung **37 Einl v § 1**

513, Karls ZIP **13**, 1471, Ffm AG **14**, 822, Stgt AG **14**, 294, Reuter AG **07**, 1, Hüttemann WPg **07**, 820 und Rn 37.

d) Rechtlich ist keine dieser Methoden verbindlich, diese sind keine Rechts- 37 normen und ihnen auch nicht ähnlich, BGH WM **16**, 157 Rn 45, vielmehr können die mit der Bewertung betrauten Fachleute das ihnen im Einzelfall geeignete Verfahren **wählen;** das Ergebnis ist für den Richter im wesentlichen Tatfrage, str, BGH **68**, 165, NJW **82**, 2441, **93**, 2101, **14**, 294 Rn 34, WM **16**, 157 Rn 34, mit der Folge einer hinzunehmenden Bandbreite von Werten, BayObLG AG **05**, 41, Ffm ZIP **10**, 1947; Abgrenzung von Tatsachen- und Rechtsfragen ist str, Kuhner WPg **07**, 825, Hüttemann WPg **07**, 812, wobei zu bedenken ist, dass es keinen „wahren Wert an sich" gibt. Die Rspr nimmt ein **breites richterliches Schätzungsermessen** für sich in Anspruch (**§ 287 II ZPO**), BGH **147**, 116, BayObLG AG **06**, 41, Stgt AG **13**, 724. Für inhaltliche Auseinandersetzung um in der Betriebswirtschaftslehre umstrittene Fragen besteht grundsätzlich weder Bedürfnis noch Raum, Stgt AG **15**, 580. Zu ermitteln ist (je nach Bewertungszweck) der wirkliche Wert des lebenden Unternehmens einschließlich der stillen Reserven und des good will, wie er sich idR aus dem Preis für Verkauf des Unternehmens als Einheit ergibt, also der (zukunftsorientierte) **Ertragswert;** BGH **116**, 370, **138**, 140, **140**, 36, **156**, 61, BerechnungsBspe Düss AG **03**, 329m krit Anm Martens 593 (Siemens/SNI Verschmelzung), Stgt ZIP **07**, 534 (DaimlerChrysler), Stgt AG **11**, 207 (IDW S 1, CAPM, s Rn 36), 795 (Tax-CAPM), Ffm AG **11**, 717 (Betafaktor), 828 (CAPM), Düss WM **16**, 1645 (Betafaktor). Das bilanzrechtliche Vorsichtsprinzip (§ 252 I Nr 4) gilt nicht. Zum Ertragswert kommt ein Risikozuschlag bei beherrschten Ges hinzu, Ffm AG **15**, 205 Rn 42 ff (Vorlagebeschluss, Barabfindung bei Ausschluss von Minderheitsaktionären nach § 327b AktG). Dabei hat die **unternehmenseigene Planung** grundsätzlich Vorrang, aber Plausibilitätsprüfung, Hamm WM **16**, 1687. Maßgebend sind, auch für die Schätzung des Zukunftsertrags, die Verhältnisse am **(Bewertungs)stichtag;** die Entwicklung in der Bewertungszeit ist zu berücksichtigen, nicht solche mit Ursprung nach dem Stichtag; BGH NJW **73**, 511, WP-Hdb **14** II A 51 ff. Künftige Erfolgschancen müssen in der Regelfall am Stichtag bereits im Ansatz geschaffen sein (**Wurzeltheorie**), BGH **138**, 140, **140**, 35, WM **16**, 157 Rn 40, und vorhersehbar gewesen sein, BGH WM **16**, 157 Rn 42, Ffm ZIP **12**, 128, Stgt AG **14**, 295, Mü AG **15**, 508, Ffm AG **16**, 551, Düss AG **17**, 861. Statt **stand alone-Bewertung**, üL BGH **138**, 136, 140, BayObLG DB **95**, 2590, Ffm AG **14**, 822, differenzierend AG A 89 ff (Synergieeffekte, Konzern), 136 ff (nicht betriebsnotwendiges Vermögen), sollten trotz Schwierigkeiten **Synergie- bzw Verbundeffekte** berücksichtigt werden, Fleischer ZGR **97**, 368 (zu §§ 305, 320b AktG), **01**, 27, jedenfalls wenn sie sich im Börsenkurs niedergeschlagen haben, BGH **147**, 120; allgemeiner für alternative Fortführungsmöglichkeiten Hüttemann ZHR 162 (**98**) 586, aber problematisch. Zur Ertragswertbestimmung Rückblick auf idR fünf Jahre, BGH BB **75**, 1083 (Pflichtteilsberechnung), mit Ausklammern des besten und schlechtesten dieser fünf, so Hamm BB **76**, 626 (Zugewinnermittlung), Ertragsprognose, Ffm AG **12**, 417. Zentral wichtig ist der **Kapitalisierungszinssatz** (bezogen auf die von einem hypothetischen Unternehmenserwerber erzielbaren Rendite). Er folgt aus einem **Basiszinssatz** (langfristige Rendite öffentlicher Anleihen, s Rn 35) und einer **Risikoprämie** (Marktrisiko und unternehmensspezifischer Betafaktor, dh Rendite der AG im Vergleich zum Marktportfolio, dazu Karls AG **13**, 880, Stgt AG **14**, 212, Karls AG **16**, 220). Die Rspr, zB Ffm AG **12**, 513, Düss AG **12**, 797, akzeptiert Marktrisikoprämien von 4–5 % (vor ESt) und 5–6 % (nach ESt), Stgt AG **14**, 212, Mü AG **15**, 508 Rn 81, 6 % am oberen Ende, Stgt AG **14**, 295, Düss WM **16**, 1641 (4,5 %), 1690 (5 % am unteren Ende). **Wachstumsabschlag** zwischen 0,5–2 %, Düss WM **16**, 1691. Kapitalisierungssätze idR zwischen

Einl v § 1 37

5–15%, Hennrichs ZGR **99**, 851; Kapitalisierungszinssatz-, Risikoprämien- und Inflations-/Wachstumsabschlagsvarianten, Nachsteuerbetrachtung s Stgt ZIP **07**, 534, Mü ZIP **09**, 2339, Düss AG **16**, 329. Basiszins, Risikozuschlag, persönliche Steuern und Wachstumsabschlag mit Rspr, Hachmeister/Wiese WPg **09**, 54. **Untergrenze** auch bei der Ertragswertbewertung ist nach **Verfassungsrecht** entgegen früherer hL u Rspr idR der **Börsenkurs**, außer wenn er ausnahmsweise (zB bei Marktenge) nicht den Verkehrswert der Aktie widerspiegelt, ohne Paketzuschläge und Kontrollprämien, BVerfG ZIP **99**, 1436 (DAT/Altana zu § 305 AktG, zust Röhricht [II ZS] ebenda 1439) mAnm Wilken 1443, AG **00**, 40, NJW **07**, 828, ZIP **11**, 170 (KuKa); BerechnungsBsp Düss AG **03**, 329 (Verschmelzung), AG **04**, 324 (Umwandlung in KG), Ffm AG **15**, 205 (Vorlagebeschluss, Barabfindung bei Ausschluss von Minderheitsaktionären nach § 327b AktG), auch alleinige **marktorientierte Bewertung** am Börsenkurs ist rechtlich zulässig und kann etwa bei Aufnahme in bedeutenden Marktindex und in hoch liquidem Markt sogar vorzugswürdig sein, Ffm ZIP **10**, 1947 mAnm Puszkajler 2275, Stilz ZGR **01**, 883, FS Goette **11**, 529, W. Müller FS Röhricht **05**, 1015, Decher ZHR 171 **(07)** 142, Tonner FS K. Schmidt **09**, 1589. Einzelheiten str, Hüffer FS Hadding **04**, 461, Brandi/Wilhelm NZG **09**, 1408, Bungert/Wettich FS Hoffmann-Becking **13**, 157. Art 14 GG verlangt wirtschaftlich volle Entschädigung, BVerfG NJW **01**, 279 (Moto Meter, Schutz der Minderheitsaktionäre bei übertragender Auflösung). Stichtagsproblem bzw Referenzzeitraum sehr str, BGH **147**, 108 (DAT/Altana), ZIP **10**, 1487 (Stollwerck, Tag der Bekanntmachung der Strukturmaßnahme, § 327b I AktG, Änderung von DAT/Altana BGH **147**, 108) mAnm Decher ZIP **10**, 1673, Bücker NZG **10**, 967, Bungert/Wettich BB **10**, 2227, ZIP **12**, 449, Zeeck/Reichard AG **10**, 699, Wasmann ZGR **11**, 83; vgl BVerfG NJW **07**, 828: uU Zeitpunkt entspr § 5 I WpÜG-AngebotsVO, üL, Stgt ZIP **07**, 530, eventuell Glättung von Kursschwankungen durch Durchschnittskurs über relevanten Zeitraum. Bewertung allein nach Substanzwert ist auch bei unrentablem Unternehmen idR nicht marktgerecht, BGH NJW **82**, 2441. Bewertung ausnahmsweise nach **Liquidationswert** s BGH NJW **82**, 2498, WM **06**, 776, aber außer bei unmittelbarem Bevorstehen der Liquidation ungeeignet, BGH **138**, 386, aber idR nicht früherer Ansicht stets, BayObLG BB **95**, 1760, offen BGH WM **06**, 777) als Untergrenze, Düss AG **04**, 327 (zu §§ 304, 305 AktG), WP-Hdb **14** II A 195, str (s Rn 36), Grund: keine irrationale Unternehmerentscheidung zu Lasten anderer, Kasperzak/Bastini WPg **15**, 285. Liquidationswert aber für das nicht betriebsnotwendige Vermögen, zB Gaststättengrundstück im Eigentum einer Brauerei, BayObLG DB **95**, 2590. Übersicht: Kasperzak/Bastini WPg **15**, 285. Die Mittelwertmethode (s Rn 37) kommt ohne besonderen Ansatz des Goodwill aus, BGH BB **82**, 71. Berücksichtigung der besonderen Tüchtigkeit des Geschäftsführers, BGH NJW-RR **87**, 21. Berücksichtigung des Vermögenswerts einer freiberuflichen Praxis, BGH NJW **08**, 1221 (Zugewinnausgleich) m Anm Münch 1201, auch des Goodwill, BGH NJW **11**, 999. Bei Veräußerung ein Jahr nach Bewertungsstichtag ist Anlehnung an Verkaufserlös abzüglich Veräußerungskosten zulässig, BGH NJW **82**, 2498. Anspruch auf Vorlegung von Geschäfts unterlagen zwecks Geschäftsbewertung s § 166 Rn 4 (betr Kdtist), BGH BB **75**, 1083 (zu § 2314 BGB), Hamm BB **83**, 860 (zu § 1379 BGB, Anwaltssozietät). **RsprÜbersichten:** Piltz 3. Aufl 1994, Lausterer 1997, Luttermann NZG **07**, 611 (international), Reuter AG **07**, 1 (CAPM), Wüstemann BB **07**, 2223 (Basiszinssatz, Risikozuschlag), **08**, 1499, **09**, 1518, **10**, 1715, **11**, 1707; allgemein BilanzRspr Moxter 6. Aufl 2007.

Lit: Adolff 2007; Ballwieser/Hachmeister 4. Aufl 2013; Barthel (LBl); Braunhofer 1995 (im Familien- und Erbrecht); Drukarczyk/Schüler 6. Aufl 2009; Fleischer/Hüttemann 2015; Großfeld/Egger/Tönnes 8. Aufl 2016 (im GesRecht); Karrer 2003 (Abfindung im Konzern-, Übernahme- und Ausschlussrecht); Klöhn 2009; Peemöller 5. Aufl 2012; WP-Hdb **14** II A; Hüttemann

ZHR 162 **(98)** 563, Hennrichs ZGR **99**, 837, ZHR 164 **(00)** 453, Hülsmann ZIP **01**, 450, Hüttemann, Piltz, Stilz ZGR **01**, 454, 185, 875 (BVerfG/BGH), Coenenberg/Schultze DBW **02**, 597, Janssen NJW **03**, 3387 (Anwaltskanzleien), Bruski BB-Sp 7/**05**, 19 (Kaufpreisanpassungsklausel), Hüffer ZHR 172 **(08)** 572, Kögel NJW **07**, 556 (Besonderheiten bei Zugewinn), Reuter AG **07**, 881 (internationale Bezüge), Hüttemann WPg **07**, 812, Wüstemann BB **07**, 2223 (Basiszinssatz, Risikozuschlag), Großfeld/Merkelbach NZG **08**, 241 (einschlägige Datenbanken), Stilz FS Goette **11,** 529, Fleischer ZIP **12**, 1633 (geschlossene KapitalGes), Fleischer/Bong NZG **13**, 881 (Angemessenheitskontrolle bei Verschmelzung), Reichert FS Stilz **14,** 479 (BVerfG), Schäfer/Wüstemann ZIP **14**, 1757 (bei Sanierung mit Insolvenzplan), Sigle FS Stilz **14**, 617 (FamilienGes), Popp/Ruthardt AG **15**, 857 (Stichtagsprinzip), Fleischer AG **16**, 185 (Anwendung neuer Bewertungsstandards). Vgl ferner zur **Abfindung ausscheidender Gesellschafter** (nebst Abfindungs- und Bewertungklauseln, § 131 Rn 48) und außenstehender Aktionäre (§§ 304, 305 AktG), GroßKoAktG/Hasselbach/Hirte, zum Pflichtangebot (§ 31 WpÜG) sowie zum Bilanzrecht (Einl 10, 31, 54 vor § 238). **RsprÜbersichten:** Piltz 3. Aufl 1994; Hachmeister ua WPg **11**, 829, **13**, 762, **14**, 894, Meinert DB **11**, 2397, 2455, Wüstemann BB **13**, 1643, **14**, 1707, Ruthardt/Hachmeister WM **14**, 725 (OLG), **16**, 687 (OLG, LG).

C. **Entstehen, Verlegung und Erlöschen des Unternehmens: a)** Das Unternehmen **entsteht** durch Errichtung als organisierte Einheit und Auftreten nach außen. Es kann aber schon zuvor in der Gründungsphase („werdendes" Unternehmen) einen Wert haben, Gegenstand des Rechtsverkehrs sein und Rechtsschutz genießen. Das Unternehmen besteht als organisierte Einheit am Markt rechtlich auch dann, wenn es nicht genehmigt oder sogar verboten ist (vgl § 7). Nur kann es dann behördlich geschlossen werden. Auch ist im Einzelnen genau zu prüfen, ob Rechtsgeschäfte im und über das Unternehmen wirksam sind (zB §§ 134, 138 BGB), inwieweit das Unternehmen Rechtsschutz genießt und welche Pflichten es während seines Bestehens hat (vgl § 1 Rn 51).

b) Die **Verlegung** des Unternehmens erfolgt bei EinzelKflten und Personen- Ges durch tatsächliche Verlegung der HauptNl; die Anmeldung nach § 13c ist insoweit nur deklaratorisch. Bei juristischen Personen (des HdlRechts) bedarf es dagegen zur Sitzverlegung einer Satzungsänderung, die erst mit der Eintragung in das HdlReg wirksam wird (§§ 5, 179, 181 III AktG, §§ 4a, 53, 54 III GmbHG).

c) Das Unternehmen **erlischt** mit seiner endgültigen Auflösung als organisierte Einheit (vgl § 1 Rn 52). Es erlischt **noch nicht** durch Auflösung (vgl § 156, Ges iL); Eröffnung des Insolvenzverfahrens (vgl § 144 HGB, § 27 InsO); Verpachtung, § 22 Rn 25; vorübergehende Stilllegung, BGH **21**, 69, BayObLG WM **84**, 53; Beendigung des Ausverkaufs wegen Geschäftsaufgabe, Saarbr NJW-RR **86**, 464. Das durch rechtswidrigen Zwang stillgelegte Unternehmen **ruht,** solange der Zwang dauert, danach, solange Wille und Möglichkeit der Erneuerung bestehen; BGH **6**, 137 (für Fortbestehen einer Marke). Der Prioritätsverlust, den ein Unternehmenskennzeichen bei nicht nur vorübergehender Unterbrechung der Unternehmenstätigkeit erleidet, kann ausnahmsweise überbrückt werden, wenn er auf staatlichen Zwangsmaßnahmen beruht, BGH **150**, 82 (Hotel Adlon). Eintragung des Erlöschens der Firma im HdlReg s § 31 II. Umwandlung des Unternehmens s Einl 19 vor § 105.

D. **Unternehmensträger:** Nach deutschem HdlRecht hat jedes Unternehmen einen Unternehmensträger. Dieser, nicht das Unternehmen selbst, ist Subjekt der das Unternehmen betr Rechte und Pflichten. Unternehmensträger kann zunächst jeder Kfm sein, sein Unternehmen ist das HdlGeschäft (§§ 1 ff). Unternehmensträger sind die OHG, KG (nicht deren einzelne Gfter, § 124 Rn 1, § 161 Rn 2); die AG, GmbH, eG, sofern sie ein Unternehmen betreiben (Kflte

Einl v § 1 42–44

sind sie davon unabhängig kraft Rechtsform, § 6 Rn 4); Gebietskörperschaften für rechtlich unselbstständige erwerbswirtschaftliche Unternehmen (§ 1 Rn 27). Unternehmensträger können auch NichtKflte sein, zB freiberuflich Tätige (str zum „Gewerbe" § 1 Rn 19–20); die Vor-AG und Vor-GmbH (§ 105 Rn 12, Anh § 177a Rn 15); zur GbR s § 105 Rn 3, Erbengemeinschaft§ 1 Rn 37. **Nicht** Unternehmensträger ist die stGes (§ 230 Rn 2); der Konzern als solcher (vielmehr die verschiedenen rechtlich selbstständigen verbundenen Unternehmen, § 18 AktG).

2) Das Unternehmen als Gegenstand des Rechtsverkehrs

42 A. **Unternehmensübertragung: a)** Eine Verfügung über das Unternehmen als Ganzes, wie in anderen Ländern zB Übertragung oder Verpfändung des Unternehmens durch Eintragung in einem Register, ist grundsätzlich nicht möglich, BGH NJW **68**, 393. Vielmehr ist beim Unternehmenskauf und anderen das Unternehmen als Ganzes betreffenden Verpflichtungen (s Rn 44–55) über die den Unternehmensgegenstand bildenden Sachen, Rechte und sonstigen wirtschaftlichen Werte (s Rn 3–4) **einzeln zu verfügen** (sachenrechtlicher Bestimmtheitsgrundsatz); bei Unternehmensveräußerung also zB über Grundstücke (§§ 873, 925 BGB), bewegliche Sachen (§§ 929 ff BGB), Forderungen und andere Rechte wie Patente (§§ 398 ff, 413 BGB). Die Firma (§ 22) kann (nur) mit dem Unternehmen übertragen werden; zu einem Geschäftsbetrieb gehörende Marken ind iZw stillschweigend mitübertragen (§ 27 II MarkenG). Rechte aus gegenseitigen Verträgen sind idR zwar nicht einzeln, wohl aber mit dem ganzen HdlGeschäft ohne Zustimmung des Vertragsgegners übertragbar (§§ 133, 157 BGB); wenn nicht, ist der Veräußerer des HdlGeschäfts verpflichtet, die Zustimmung herbeizuführen. Außer den einzelnen Verfügungen ist die **tatsächliche Einweisung** des Erwerbers in das Unternehmen samt Know-how, Goodwill, Unternehmensgeheimnissen usw nötig, zB durch Übergabe der Kundenkartei, Mitteilung der Erfahrungen und Geheimnisse, Einführung bei Kundschaft, Personal, Geschäftsfreunden, Behörden.

43 **b)** Aufgrund besonderer Rechtsvorschriften geht **ausnahmsweise** das Unternehmen **als Ganzes** über (Gesamtrechtsnachfolge bzw Universalsukzession), zB bei Erbgang (§ 1922 BGB), oder bei Umwandlung kraft Gesetzes, Bsp: vorletzter Gfter der OHG oder KG fällt weg; oder kraft Rechtsgeschäfts nach UmwG (Verschmelzung, Spaltung, Vermögensübertragung). Beim Formwechsel bleibt die Identität des Rechtsträgers erhalten, es findet also schon kein Vermögensübergang statt. Zur Umwandlung s Einl 19 vor § 105.

44 B. **Unternehmenskauf: a)** Das Unternehmen statt der einzelnen Wirtschaftsgüter (Abgrenzung nach wirtschaftliche Gesamtbetrachtung) kann jedoch **als Ganzes** („sonstiger Gegenstand" iSv § 453 I BGB) **verkauft** werden (§ 433 BGB), BGH **65**, 251, NJW **02**, 1043; der Verkäufer verpflichtet sich dabei, die dazu notwendigen einzelnen Verfügungen (s Rn 72) vorzunehmen. Entsprechendes gilt für andere Verträge wie zB Schenkung, Geschäftseinbringung auf Grund GesVertrags, Pacht (s Rn 49). Dabei bieten sich der Kauf der Anteile (**share deal**) oder Kauf der Wirtschaftsgüter des Unternehmens (**asset deal**) an, auch nach SMG uU erhebliche rechtliche Unterschiede (Mängelhaftung s Rn 46, Steuerrecht, IPR). Besondere **Formvorschriften** bestehen nicht, zu beachten sind aber zB **§ 311b I BGB**, wenn zum HdlGeschäft ein Grundstück gehört und die Übertragung von Unternehmen und Grundstück ein einheitliches Geschäft darstellt, BGH BB **79**, 598; **§ 518 BGB** bei Schenkung eines HdlGeschäfts; **§ 311b III BGB** bei Verkauf ihres HdlGeschäfts durch eine juristische Person (asset deal, aber zT umwandlungsrechtliche Sondervorschriften) oder durch OHG und KG, Hamm NZG **10**, 1189, aA RG JW **10**, 242 (aber dogmatisch überholt) und sogar AußenGbR, da eigene Rechtsfähigkeit (Einl 14v § 105), Staudinger/Wufka 2001

§ 311 Rn 7, nicht dagegen Verkauf eines Sondervermögens, zB Unternehmens, durch den Inhaber, RG Gruch **63**, 88, Warn **17** Nr 49; Übersichten: Hermanns ZIP **06**, 2296, Morshäuser WM **07**, 337, Müller NZG **07**, 201, Eickelberg NJW **11**, 2476, Fortun/Neveling BB **11**, 2568; Vorvertrag, BGH WM **89**, 1769.

Für den Unternehmenskauf, aber auch bei anderen Anlässen, WP-Hdb **14** II 312, ist heute von größter praktischer Bedeutung die **due diligence**-Untersuchung des Unternehmenskäufers vor Erwerb des Unternehmens. Sie dürfte, zumindest für internationale und wohl auch DAX-Unternehmen, bereits Verkehrssitte sein, Böttcher ZGS **07**, 20, str. Sie ist nicht selten mit einem **letter of intent** verbunden (Einl v § 343 Rn 4) und wirft zahlreiche kauf-, gesellschafts- und übernahmerechtliche Probleme auf. Am verbreitetsten ist die financial due diligence, gefolgt von der legal, tax und commercial due diligence, WP-Hdb **14** II 311. Beim Unternehmenskauf ist due diligence heute idR geboten, ihr Umfang ist eine Frage des unternehmerischen Ermessens (business judgment), Groß-Ko/Hopt/Roth § 93 Rn 212, zur Verschwiegenheit dabei ebenda Rn 304. Die finanzielle Angemessenheit des Transaktionspreises wird häufig durch eine **fairness opinion** gewürdigt (nicht ermittelt, Ermittlung nach IDW S 1, oben Rn 35), IDW S 8, WP-Hdb **14** II E 417 ff (§ 317 Rn 1, § 347 Rn 21, 29). Diese ist auch im Rahmen der Stellungnahmen der Organe nach § 27 WpÜG wichtig.

Lit: WP-Hdb **14** II D 309 ff (Due Diligence), 377 ff (Legal Due Diligence), Lutter, Letter of Intent, 3. Aufl 1998, Angersbach 2002, Böttcher 2004, Hirte 2005, Liekefett 2005, Beisel/Andreas 2. Aufl 2010, W. Koch 2011, Heussen 2. Aufl 2014. – Merkt BB **95**, 1041, WIB **96**, 145, Fleischer/Körber BB **01**, 841, Hopt ZGR **02**, 356, Körber NZG **02**, 263, Müller NJW **04**, 2196, Böttcher NZG **05**, 49, Westermann u Hemeling ZHR 169 **(05)** 248, 274, Böttcher NZG **07**, 481, Habersack/Schürnbrand FS Canaris **07** I 359 (Auktion), Romerio/Gerhard SZW **07**, 1, Hilgard BB **13**, 963 (Kenntnis des Käufers von Garantieverletzung), Hofer BB **13**, 972 (negativer Kaufpreis), Weißhaupt WM **13**, 782 (Wissenszurechnung, sandbagging), Hoenig/Klingen NZG **13**, 1046 (Wissenszurechnung, best knowledge warranties), C. Goette DB **14**, 1776. **Muster:** Hopt/Fabritius 4. Aufl 2013 Form I. K.5 (Letter of Intent).

Lit zum Unternehmenskauf: MüKoHGB/Thiessen 4. Aufl Bd 1 2016 Anh § 25, Oetker/Vossler Anh §§ 25–28, Beisel/Klumpp 7. Aufl 2016, Denkhaus/Ziegenhagen 3. Aufl 2016 (Krise und Insolvenz), Drygala/Wächter 2015 (Bilanzgarantien), 2017 (Kaufpreisanpassung, Earnout), Göthel 4. Aufl 2015 (grenzüberschreitende M&A), Hettler/Stratz/Hörtnagl, 2. Aufl 2013, Hölters 8. Aufl 2015, Holzapfel/Pöllath 15. Aufl 2017, Kiem 2015 (Preisregelung), King 2010 (Bilanzgarantie), Knott 5. Aufl 2017, Merkt/Göthel 3. Aufl 2011 (international), Meyer-Sparenberg/Jäckle, Beck'sches M&A-Hdb 2017, Picot 4. Aufl 2013, Reithmann/Martiny/Göthel Rz 6.2490 (share deal), 6.2530 (asset deal) (jeweils Vertragsstatut), Schöne/Uhlendorf 2015, Seibt Beck'sches Formularbuch M&A 2. Aufl 2011, Wächter 3. Aufl 2017 (M&A Litigation), Windhöfel/Ziegenhagen 2. Aufl 2011 (Unternehmenskauf in Krise und Insolvenz). – St. Lorenz FS Heldrich **05**, 305 (SMG), Schröcker ZGR **05**, 63 (SMG), Hüffer ZHR 172 **(08)** 572 (aktienrechtliche Probleme), Henssler FS Hopt **10** I 113 (Informationspflicht), Morshäuser/Falkner NZG **10**, 881 (Unternehmenskauf aus der Insolvenz), Mellert BB **11**, 1667 (Schaden), Hasselbach/Ebbinghaus DB **12**, 216 (cic-Haftung), Schwarz BB **12**, 136 (Compliance-due diligence, international), Schiffer/Bruß BB **12**, 847 (due diligence und Vertraulichkeitsklauseln), Hilgard BB **12**, 852, 856 (Verjährung), Krämer/Kiesewetter BB **12**, 1679 (due diligence), Kränzlin/Otte/Fassbach BB **13**, 2314 (Warranty & Indemnity Insurance), Land BB **13**, 2697 (international), Bernhard NJW **13**, 2785 (Wettbewerbsverbote), Wied RIW **13**, 769 (best efforts-Klausel), Wittuhn, Kästle NZG **14**, 131, 288 (AGB-Kontrolle), Hoenig/Sprado NZG **14**, 688 (best efforts-Klausel), Hennrichs NZG **14**, 1001 (Bilanzgarantie), Louven/Mehrbrey NZG **14**, 1321 (Hauptstrei-

Einl v § 1 45, 46   1. Buch. Handelsstand

tigkeiten), Weißhaupt BB **13**, 2947 (Kaufpreisklauseln, Jahresabschlussgarantien), Koppmann BB **14**, 1673 (Aufklärungspflicht), von Falkenhausen NZG **15**, 1209 (post-M&A due diligence), Hippeli/Diesing AG **15, 185** (business combination agreements bei M&A), Kirchner/Gießen BB **15**, 515 (AGB-Kontrolle abl), Hohaus/Kaufhold BB **15**, 709 (Managementgarantien), Maier-Reimer/Niemeyer NJW **15**, 1713 (keine AGB), Wegen, FS Haarmann **15**, 231 (IPR), Maier-Reimer/Schilling KsZW **16**, 4 (Bilanzgarantie), Kiesewetter/Hoffmann BB **16**, 1798 (Umweltrisiken), Schiffer/Mayer BB **16**, 2627 (Sorgfaltspflichten Verkäufer, Käufer), Schindler KsZW **16**, 62 (Aufklärungspflicht), Schütt NJW **16**, 980 (Freistellungsanspruch), Wächter BB **16**, 711 (Bilanzgarantie), Wendt/Kreiling KsZW **16**, 67 (Wissenszurechnung), Göthel/Fornoff DB **17**, 530 (Bilanzgarantie).

RsprÜbersichten: Klein-Blenkers NZG **06**, 245, Hübsch WM Sonderbeil 1/**06**, 7. **Muster:** Hopt/Fabritius 4. Aufl 2013 Form I.K.1–24, vor allem Form I.K.1 (Due Diligence Checkliste für GmbH), Form I.K.2 (Vertraulichkeitsvereinbarung zwischen Verkäufer und Käufer), Form I.K.3 (Mandatsvereinbarung zwischen Verkäufer und Berater), Form I.K.4 (Disclaimer Information Memorandum/Unternehmensexposé), Form I.K.5 (Letter of Intent), Form I.K.6–17 (Anteilskauf bei GmbH, AG, OHG, GmbH & Co KG mit Registeranmeldungen), Form I.K.22 (Unternehmenskauf durch Erwerb von Einzelwirtschaftsgütern/Asset Deal), Form I.K.18–21 (Übernahmeangebot).

45 **b)** Der Unternehmenskauf kann **unzulässig** sein. Zu berücksichtigen sind heute in erster Linie die kartellrechtlichen Schranken (**Zusammenschlusskontrolle** nach §§ 35 ff GWB und EU-Recht, s Rn 77–79); **Muster:** Hopt/Fabritius 4. Aufl 2013 Form I.K.23–24 (Kartellrechtliche Anmeldungen bei BKartA und EUKomm). Die frühere Rspr, wonach der Verkauf einer Arzt-, Anwalts- und sonstigen **freiberuflichen Praxis** als Verkauf eines „Erwerbsgeschäfts" nicht möglich und sittenwidrig sein sollte, ist heute überholt, BGH **16**, 74, **43**, 47, NJW **73**, 100. Überlassung von Patientenkartei und Behandlungsunterlagen ohne Einwilligung der betroffenen Patienten ist aber unzulässig, BGH **116**, 268, ebenso von Mandantenunterlagen, BGH **148**, 97, NJW **95**, 2026, str. Ein **Wettbewerbsverbot** für den Veräußerer zugunsten des Erwerbers folgt auch ohne bes Abrede als Nebenpflicht des Kaufvertrags, RG **117**, 180, BGH NJW **55**, 337, und kann entspr auch vertraglich vereinbart werden. Grenzen aus § 138 BGB, BGH NJW **86**, 2944 (Rechtsanwaltspraxis); für „überschießende", objektiv nicht nötige Wettbewerbsverbote Grenzen aus § 1 GWB, auch Austauschverträge dienen bei Außenwirkung der Wettbewerbsvereinbarung „zu einem gemeinsamen Zweck" iSv § 1 GWB, BGH NJW **82**, 2000, **94**, 385 (dort höchstens 2 Jahre), Ulmer NJW **82**, 1975; des Rückgriffs auf § 138 BGB bedarf es nicht, aA BGH NJW **79**, 1605. Zeitlich und uU räumlich kann bloße Teilnichtigkeit (§ 139 BGB) anzunehmen sein, str, offen BGH NJW **97**, 3089 (Tierarztpraxis, iErg abl), auch Störung der Geschäftsgrundlage, BGH WM **06**, 828 (Anteilsverkauf). Lit: Hirte ZHR 154 **(90)** 413 (Wettbewerbsverbote), Müller/Thiede EuZW **17**, 246.

46 **c)** Die **Mängelhaftung beim Unternehmenskauf** richtet sich, obwohl das Unternehmen keine „Sache" ist, nach Sachmängelrecht: Unternehmen ist „sonstiger Gegenstand" iSv **§ 453 I BGB**, entsprechende Anwendung der §§ 434 ff BGB, insoweit dann keine Ansprüche nach §§ 280, 311 II BGB aus Verschulden bei Vertragsverhandlungen (außer bei Vorsatz, BGH NJW **92**, 2565), BGH **60**, 319, **138**, 204 (zu §§ 459 ff aF BGB), ebenso nach Kaufrecht idF SMG, Huber AcP 202 **(02)** 228 (aber s Rn 47). Auch der **Kauf aller** oder nahezu aller **Gesellschaftsanteile** ist Unternehmenskauf, der einzelner GesAnteile dagegen Rechtskauf (§ 453 I BGB, s § 105 Rn 73). **Mängel des Unternehmens** sind zunächst solche des Unternehmens insgesamt, zB RG **138**, 356 (Baupolizeiwidrigkeit des

Gastwirtbetriebs), JW **37**, 461 (gesetzliche Beschränkung des Betriebs), BGH NJW **59**, 1585 (Arztpraxis mit Belegbetten bei unzulänglichen Operationsverhältnissen), BGH BB **70**, 819 (Überschuldung), Karlsr BB **74**, 1604 (zerrüttete Steuerberaterpraxis). **Mängel einzelner Sachen und Rechte** reichen nicht aus, Kln ZIP **09**, 2065, str, anders, wenn sie auf das Unternehmen durchschlagen, dann begründen sie einen Sachmangel des Unternehmens iSv § 434 I BGB, so wenn sie dessen wirtschaftliche Grundlage erschüttern, BGH NJW **70**, 821, bzw wenn sie seine Marktstellung gefährden, Hommelhoff 38. So ist zB der Rechtsmangel, dass sämtliche Warenautomaten eines Betriebsvermögens sicherungsübereignet sind, ein Sachmangel des Unternehmens, BGH NJW **69**, 184m krit Anm Schlosser JZ **69**, 337 (für Rechtsmängelhaftung). Auch Quantitätsmängel des GesVermögens können einen Qualitätsmangel des Unternehmens darstellen, zB fehlendes Inventar, RG **98**, 292, BGH NJW **79**, 33, Nichtauffindbarkeit des mitverkauften Leergutes, BGH WM **74**, 312, Mängel mitverkaufter Rechte wie Kundenforderungen, Baukonten, Versicherungsansprüche, Firmen-, Kennzeichnungs-, Schutz-, Nutzungsrechte, Geschäftsgeheimnisse usw, BGH NJW **70**, 557, WM **74**, 312. Reicht der Mangel einzelner Sachen und Rechte für einen Unternehmensmangel nicht aus, dann ist auch **keine Einzelgewährleistung** möglich, sondern nur uU Ansprüche nach §§ 280, 311 II BGB aus Verschulden bei Vertragsverhandlungen, s Rn 47, ganz ablehnend KG ZIP **09**, 2066; dagegen soll für **Rechtsmängel** der Verkäufer (unbeschadet §§ 434 ff wegen Unternehmensmangels) zusätzlich für Bestand und Übertragbarkeit haften, BGH NJW **70**, 557, WM **75**, 1166 (Bestand und Übertragbarkeit der Mietrechte an den Geschäftsräumen), bedenklich. Untersuchungs- und Rügepflicht nach § 377 greift **nicht**, str (§ 377 Rn 2).

Umsätze und Gewinne galten **vor dem SMG** nicht als Beschaffenheitsmerkmale des Unternehmens: unrichtige Angaben des Verkäufers begründeten deshalb keinen Fehler iSv § 459 I BGB, BGH NJW **70**, 653m krit Anm Putzo, WM **88**, 1700. Es lag auch keine **zusicherungsfähige Eigenschaft** iSv § 459 II aF BGB vor, wenn sich die Angaben nicht über einen längeren, mehrjährigen Zeitraum erstreckten und deshalb keinen verlässlichen Anhalt für die Bewertung der Ertragsfähigkeit und damit des Werts des Unternehmens gaben, BGH NJW **77**, 1536, 1538, **79**, 33, **95**, 1547. Als zusicherungsfähig galt die **Ertragsfähigkeit** des Unternehmens als Grundlage für zukünftige Umsätze und Erträge, BGH NJW **95**, 1548 („Ertragsvorschau"). Garantie für „angemessene Rückstellungen" bei GmbH-Anteilskauf, BGH NJW-RR **04**, 33. Im Übrigen kamen bei **unrichtigen Bilanzen und Abschlussangaben** statt Gewährleistungsrecht Ansprüche aus Verschulden bei Vertragsverhandlungen in Betracht (s Rn 47). **Garantien** s § 349 Rn 15. Harte **Bilanzgarantie** bei Zusicherung, dass der Jahresabschluss die Vermögens-, Finanz- und Ertragslage zutreffend darstellt, kein Bilanzauffüllungsanspruch, aber uU reduzierter Kaufpreis (§ 249 BGB), Ffm WM **16**, 1691 mAnm Wächter BB **16**, 711, Göthel/Fornoff DB **17**, 530, Kleissler NZG **17**, 531. 46a

Es bleibt abzuwarten, ob die Rspr nach dem SMG den Begriff der (primär von der Vereinbarung der Parteien abhängigen) Beschaffenheit (§ 434 nF BGB, dazu §§ 442, 443 nF BGB Beschaffenheits- und Haltbarkeitsgarantien; die „zugesicherte Eigenschaft" gibt es daneben nicht mehr, s jetzt § 276 I 1 BGB) ebenso eng wie nach § 459 aF BGB versteht. Die Begründung des SMG BTDrucks 14/6040 S 242 wirbt (ohne bindende Wirkung für die Rspr) für die Ausweitung der Sachmängelhaftung unter Zurückdrängung von Ansprüchen nach §§ 280, 311 II BGB aus Verschulden bei Vertragsverhandlungen, zust Gaul ZHR 166 **(02)** 46, krit Huber AcP 202 **(02)** 231, Weitnauer NJW **02**, 2513. Die verschuldensabhängige Informationshaftung ist sachgerechter, St. Lorenz FS Heldrich **05**, 326. Wird der Anwendungsbereich der Sachmängelhaftung ausgedehnt, führt dies zu einer Haftungsverschärfung, da der Verkäufer bei einem unbehebbaren Unter- 46b nehmensmangel schon bei fahrlässiger Unkenntnis Schadensersatz statt der Leistung schuldet (§§ 437 Nr 3 iVm 311a II BGB; nach § 463 aF BGB nur bei Zusicherung oder Arglist); Minderung ist (anders als Rücktritt) auch bei unerheblichen Mängeln möglich (§§ 437 Nr 2, 441 I 2, 323 V 2 BGB; anders § 459 I 2 aF BGB). Nacherfüllung spielt praktisch keine Rolle; Rücktritt ist nicht generell ausgeschlossen, Schröcker ZGR **05**, 83, str. Die Kautelarpraxis (zu Mustern s Rn 44) regelt, nicht zuletzt wegen der Unwägbarkeiten der gesetzlichen Rege lung, die Mängelhaftung idR umfassend und abschließend individualvertraglich, insbesondere durch Garantielisten mit eigenständiger (gegenüber dem Gesetz modifizierter) Rechtsfolgenanordnung und summenmäßigr Beschränkung. Daran sollte sich durch das SMG nichts ändern; § 444 BGB ("soweit" idF FernabsFDLG 2.12.04 BGBl 3102; da nur klarstellend, keine Übergangsvorschrift) steht solchen auf der Voraussetzungs- und der Rechtsfolgenseite nur beschränkt erteilten Garantien nicht entgegen (§ 349 Rn 15, 20), Bericht Rechtsausschuss BTDrucks 15/3483 S 22, Seibt NZG **04**, 801, Felke/Jordans NJW **05**, 711.

46c Soweit danach Sachmängelhaftung einschlägig ist, scheidet Irrtumsanfechtung aus; aber bei Bilanzfälschung uU **Anfechtung** wegen arglistiger Täuschung (§ 123 BGB), BGH **80**, 2409. **Freistellungspflicht** des Verkäufers zum Übergangsstichtag (closing), Kblz WM **91**, 2075. Für Ansprüche nach §§ 434, 437 BGB wegen Unternehmensmängeln gilt konsequent (s Rn 46) die **zweijährige Verjährung** des § 438 I Nr 3 BGB (auch wenn zu dem Unternehmen ein Bauwerk gehört), KG ZIP **09**, 2065, zu § 477 aF BGB (Verjährung bei beweglichen Sachen 6 Monate, bei Grundstücken 1 Jahr) RG **138**, 357, BGH BB **74**, 1604, Hommelhoff BB **76**, 156. Für eine Differenzierung nach den einzelnen Substanzstück (entspr § 477 aF BGB) Huber ZGR **72**, 419. Nacherfüllung (in der Form der **Mangelbeseitigung**) nach §§ 437 Nr 1, 439 BGB scheidet beim Unternehmenskauf in aller Regel aus; nachholbar ist aber etwa eine unterbliebene oder unzulängliche Erklärung oder tatsächliche Einweisung. Rückabwicklung nach §§ 812 ff BGB, BGH NJW **06**, 2847 (Steuerberaterpraxis).

Lit: nach dem SMG Gaul ZHR 166 (**02**) 35, Gronstedt/Jörgens ZIP **02**, 52, Dauner-Lieb/Thiessen ZIP **02**, 108, Huber AcP 202 (**02**) 179, Knott NZG **02**, 249, Wolf/Kaiser DB **02**, 411, Hermanns ZIP **02**, 696, Wunderlich WM **02**, 981, Weitnauer NJW **02**, 2511, Kindl WM **03**, 409, Barnert WM **03**, 430, Fischer DStR **04**, 276, Hilgard ZIP **05**, 1813 (Schadensberechnung bei Garantie), Rasner WM **06**, 1425 (Wissenszurechnung), Redeker NJW **12**, 2471, Meyer WM **12**, 2040 (Wissenszurechnung).

47 **d)** Bei fahrlässig falschen Angaben über für den Kaufentschluss erhebliche Umstände, die kein Beschaffenheitsmerkmal darstellen (bisher also insbesondere bei Bilanzdaten), haftet der Verkäufer dem Käufer nach §§ 280, 311 II, 241 II BGB aus **Verschulden bei Vertragsverhandlungen** (Vorteile für Käufer gegenüber Sachmängelhaftung: dreijährige Regelverjährung nach §§ 195, 199 BGB, Nachteile: anders als Minderung und Rücktritt verschuldensabhängig, nur Ersatz des Vertrauensschadens), aA KG ZIP **09**, 2065, Grund: §§ 434 ff BGB nach SMG lex specialis, aber das führt zu Schutzlücken. Nach Gefahrübergang hat Sachmängelhaftung der §§ 434 ff BGB grundsätzlich Vorrang, außer wenn der Verkäufer arglistig oder vorsätzlich gehandelt hat, BGHZ **180**, 205 = NJW **09**, 2120 Rn 19, **10**, 858 Rn 20, **13**, 1671 Rn 22, Düss AG **17**, 124. Nach Rspr bei Unternehmenskauf sogar gesteigerte Aufklärungspflicht, BGH NZG **01**, 751, NJW **02**, 1042, krit Henssler FS Hopt **10**, 133, Relevanz der due diligence (s Rn 44); Verschulden bei Vertragsverhandlungen zB bei irrtümlich unrichtigen Bilanzen, BGH **69**, 53, auch wenn ein Dritter sie erstellte (§ 278 BGB); bei Bilanzfälschung (uU auch § 123, s Rn 46) BGH NJW **80**, 2409, Düss AG **17**, 124 (Geschäftsführer als Erfüllungsgehilfen); bei Täuschung über den Businessplan (nicht schon Managementpräsentation), fehlendem Umsetzungswillen, nicht ohne Weiteres bei Unzuverlässigkeit eines wichtigen Mitarbeiters, BGH NJW **91**, 1223. Der Schadensersatz umfasst bei Rückgängigmachung auch die Aufwendungen des Käufers, bei Aufrechterhaltung des Kaufs auch den Betrag, um den der Käufer wegen der Fehlinformation zu teuer gekauft hat, BGH **69**, 58, NJW **77**, 1539, Düss AG **17**, 124; dies auch ohne Nachweis, dass der Verkäufer einen niedrigeren Kaufpreis akzeptiert hätte, BGH NJW **80**, 2410 (§ 287 ZPO), fraglich. Bei Garantie Naturalherstellung, soweit möglich, Mü 30.3.11 BeckRS **11**, 07200, bei Bilanzgarantie „Bilanzauffüllung", Wächter NJW **13**, 1270. RsprÜbersicht: Hiddemann ZGR **82**, 435; Lit: s Rn 44; Georgieff/Weber, Fairness Opinions (DAI Heft 52) 2012, Franken/Schulte (IDW) 2014; Aufsatzreihe ZGR **82**, 350–518; Willemsen AcP 182 **(82)** 515u Mössle BB **83**, 2146 (nur Sachmängelhaftung entspr), J. Baur BB **79**, 381 (nur Verschulden bei Vertragsverhandlungen), Canaris ZGR **82**, 395u Müller ZHR 147 **(83)** 501 (Anpassung wegen Störung der Geschäftsgrundlage), Hommelhoff ZHR 150 **(86)** 254 (kautelarisch), Stängel/Scholderer NJW **94**, 158 (Aufklärungspflichten), Henssler FS Hopt **10**, 113 (Informationspflichtverletzung), Fleischer FS Hopt **10**, 2753, ZIP **11**, 201 (fairness opinion, s auch IDW S 8, § 317 Rn 1), Decher FS Winter **11**, 99 (fairness opinion), Kossmann NZG **11**, 52 (fairness opinion), Mellert BB **11**, 1667 (Schaden), Wächter NJW **13**, 1270 (Bilanzgarantie), Schiffer/Mayer BB **16**, 2627 (Sorgfaltspflichten Verkäufer, Käufer).

C. Sonstige Unternehmensverträge: a) Unternehmensverträge iS des HdlRechts sind außer Unternehmenskauf zB Unternehmenspacht, Unternehmensnießbrauch, Sicherungsabrede als Grundgeschäft zu einer Sicherungsübertragung des Unternehmens. Sie sind von den Unternehmensverträgen iS des Konzernrechts (§§ 291, 292 AktG), dem es um rechtliche Bindung von Herrschafts- und Leitungsmacht geht (vgl §§ 15 ff AktG, § 105 Rn 100 ff), zu unterscheiden.

b) Die **Unternehmenspacht** (im Gegensatz zur Pacht einzelner Räume oder Einrichtungen; im Gegensatz auch zum **Betriebsführungsvertrag**, §§ 675 I, 611 ff BGB, BGH **36**, 292, NJW **82**, 877, 1817) kommt in der Praxis besonders bei Betriebsaufspaltung (§ 1 Rn 18) vor. Sie umfasst das Unternehmen als Ganzes mit Firma, Kundenstamm, Know-how, vgl BGH NJW **53**, 1391. Entspr anwendbar sind §§ 581 ff BGB. Der Pächter erhält Besitz am Anlagevermögen (zB Fabrikhalle, Maschinen, § 581 I 1 BGB; für Ersatzstücke § 582 II 1 BGB), Eigentum am Umlaufvermögen (zB Warenlager, ausstehende Kundenforderungen) und ist in das Unternehmen tatsächlich einzuweisen (s Rn 42–43). Der Pächter betreibt selbst das Unternehmen iSv § 1 (§ 1 Rn 30), deshalb Anmeldung im HdlReg (§ 31 Rn 3). Firmenfortführung und Nachfolgezusatz s § 22 Rn 25. Herabsinken der Verpächter-OHG zu GbR s § 105 Rn 8. Der Goodwill steht bei Pachtende dem Verpächter ohne Vergütung an den Pächter zu, BGH NJW **86**, 2306, auch wenn Verpächter zugleich stiller Gfter war. **Muster:** Hopt/Herfs/Scholz 4. Aufl 2013 Form II.I.3 (Betriebspachtvertrag). Lit: Klein-Blenkers 2008.

c) Der **Unternehmensnießbrauch** ist ein dingliches Recht am Unternehmen als Ganzem entspr §§ 1030–1084 BGB (§§ 1085 ff BGB nur, wenn das Unternehmen das gesamte Vermögen des Nießbrauchbestellers ausmacht). Der Unternehmensnießbrauch kann bloßer Ertragsnießbrauch oder Nießbrauch mit eigener Unternehmerrolle des Nießbrauchers sein. Bei bloßem Quotennießbrauch wird der Nießbraucher nicht Unternehmensträger, BayObLG **73**, 168. Dingliche Bestellung des Unternehmensnießbrauchs vgl Rn 42–43, Besitz bzw Eigentum am Anlage- und Umlaufvermögen entspr bei Unternehmenspacht. Verfügungsrecht des Nießbrauchers auch über Anlagevermögen (entspr § 1048 BGB), BGH NJW **75**, 210 LS. Firmenfortführung und Nachfolgezusatz § 22

Rn 25. Die praktisch wichtigen Probleme der Kostentragung für Investitionen und des Anrechts auf den Wertzuwachs des Unternehmens sind bei der Vertragsgestaltung besonders zu beachten. Lit: Bökelmann 1971; Janssen/Nickel 1998; Staud/Frank Anh §§ 1068, 1069; Grunsky BB **72**, 585.

51 d) Eine Verpfändung des Unternehmens als Ganzem ist nicht möglich, auch keine **Sicherungsübereignung** durch bloße Einigung, BGH NJW **68**, 392. Doch ist die **Unternehmensübertragung zur Sicherheit** (mit der Abrede der Rückübertragung nach Erfüllung des Sicherheitszwecks) möglich; dinglicher Vollzug s Rn 42–43.

52 D. **Vererbung:** Das Unternehmen ist als Ganzes vererblich (Gesamtrechtsnachfolge § 1922 BGB). Der Erbe tritt kraft Ges in alle Rechte und Pflichten ein und hat ein Recht auf tatsächliche Einweisung in das Unternehmen (s Rn 42–43). Ein Vermächtnis des Unternehmens als Ganzen wird durch Übertragung unter Lebenden vollzogen (vgl Rn 43). Nachfolgerbestimmung s Westermann FS Möhring **65**, 183, durch vom Erblasser hierzu berufene Dritte (§ 2065 II BGB), Klunzinger BB **70**, 1197.

53 E. **Rückgewähr, Zwangsvollstreckung, Insolvenzverfahren:** a) Das Unternehmen als Ganzes kann Gegenstand eines schuldrechtlichen **Rückgewähr**anspruchs sein; zB bei der Sicherungsübertragung auf Grund der Sicherungsabrede (s Rn 51); auch nach §§ 812 ff bei Unwirksamkeit des Unternehmensverkaufs oder -vertrags (s Rn 44–51), Ballerstedt FS Schilling **73**, 289. Herausgabe von Nutzungen (§ 818 I, § 987 I BGB) einschließlich des Unternehmensgewinns, außer wenn dieser ausschließlich auf den persönlichen Leistungen und Fähigkeiten des Pächters beruht, BGH **63**, 368, NJW **78**, 1578. Die Rückübertragung erfolgt wie die Übertragung durch Einzelverfügungen und tatsächliche Einweisung (s Rn 42).

54 b) Das Unternehmen als Ganzes ist nicht Gegenstand der **Zwangsvollstreckung** gegen den Inhaber, es kann nicht als Ganzes gepfändet werden (vgl Rn 51). Ein Urteil auf **Herausgabe** des Unternehmens als Ganzes ist zwar möglich, aber nur nach § 888 ZPO (Beugestrafen) zu vollstrecken, nicht durch Einzelvollstreckung auf Herausgabe der Einzelnen zum Unternehmen gehörenden Sachen (§§ 883 ff ZPO), soweit diese nicht ausdrücklich genannt sind. Das Urteil ersetzt auch nicht nach §§ 894 ff ZPO die Übertragungserklärung des Schuldners für zum Unternehmen gehörende, im Urteil aber nicht ausdrücklich bezeichnete Rechte.

55 c) In **Insolvenz** geht rechtlich der Unternehmensträger (s Rn 41), nicht das Unternehmen als solches, K. Schmidt § 4 III 3. Die **Anfechtung** nach §§ 129 ff InsO und AnfG ist nur betr die Einzelnen zum Unternehmen gehörenden, beschlagsfähigen Sachen und Rechte möglich. Dazu Noack MDR **67**, 639, DB **74**, 1369. Veräußerung des Unternehmens durch den Insolvenzverwalter s § 17 Rn 47, § 25 Rn 4, 16.

3) Der Rechtsschutz des Unternehmens

56 A. **Überblick (Anspruchsgrundlagen):** Das Unternehmen wird von der Rechtsordnung vielfältig geschützt. Gegen Eingriffe des Staats besteht Grundrechtsschutz, auch europäisch, Hilf/Hörmann NJW **03**, 1, wichtig vor allem **Eigentumsschutz nach Art 14 GG** (s Rn 57–62). **Gewerblichen Rechtsschutz** gewähren das PatG, MarkenG und GeschmMG (§ 17 Rn 10). **Firma, Namen und Kennzeichnungen** werden durch §§ 30, 37 HGB, §§ 12, 823 I BGB und das MarkenG geschützt (§ 17 Rn 32 ff). Der Unternehmensträger hat ua **Abwehransprüche** nach §§ 862, 1004 BGB; **Herausgabeansprüche** nach §§ 861, 985 ff BGB samt Neben- und Folgeansprüchen; deliktsrechtliche **Schadensersatzansprüche** vor allem nach § 823 I BGB (Recht am Gewerbebetrieb und Persönlichkeitsrecht des Unternehmensträgers, s Rn 63–70), ferner nach § 823 II BGB bei Verletzung eines Schutzgesetzes, § 824 BGB bei Kredit- und sonstigen geschäftsschädigenden Tatsachenäußerungen, § 826 BGB bei (mindestens bedingt) vorsätzlich sittenwidriger Schädigung.

B. Eigentumsschutz nach Art 14 GG: a) Das **Unternehmen** ist **als Eigentum** iSv **Art 14 GG** im Rahmen der gesetzlichen Inhalts- und Schrankenbestimmung (Art 14 I 2) gegen enteignende Eingriffe durch Art 14 III (Erfordernis gesetzlicher Grundlage, Gebot der Entschädigung) geschützt. Entspr besteht Entschädigungspflicht bei rechtswidrigem enteignungsgleichen Eingriff in eine in die Eigentumsgarantie einbezogene Rechtsposition (Aufopferungsgedanke), zB den eingerichteten und ausgeübten Gewerbebetrieb (s Rn 63–70), stRspr BGH **78**, 44, **90**, 29, **111**, 349. Das Unternehmen ist nicht nur in seinem Bestand an sich geschützt, sondern in seiner gesamten Erscheinungsform, also seinem Tätigkeitskreis samt Kundenstamm und allem, was insgesamt den wirtschaftlichen Wert des konkreten Betriebs ausmacht, BGH **40**, 364, **55**, 263. In die danach geschützte Substanz des Unternehmens greift bloße Anforderung an die Produktgestaltung (außer bei Erdrosselung) nicht ein, BGH **111**, 356. RsprÜbersichten: Schwager/Krohn WM **91**, 33 (BGH), Dörr NJW **88**, 1049 (BVerfG). Lit: Waschull 1999. 57

b) Einzelfälle zu entschädigender Eingriffe: Eingriff durch rechtswidrigen **Fluglotsenstreik** (hoheitliches Handeln) gegenüber Charterflugunternehmen, BGH **76**, 387; uU durch absolutes innerörtliches Werbefahrverbot unter Verstoß gegen Art 12 I GG für darauf eingerichtete Unternehmen, BGH **78**, 41. Eingriff in die (Betriebs-)**Grundstücksnutzung,** zB Bausperre (jenseits vorübergehender Gebietsaufschließungssperre, die nach Art 14 I 2 hinzunehmen ist) BGH **30**, 338, 347, 356, **73**, 161; auch nur faktische Bausperre (wiederholte Baugesuchablehnung). Bei Nichtidentität von Grundeigentümer und Betriebsinhaber wird für Betriebsschaden nur der Letztere entschädigt, BGH NJW **72**, 1666. Eingriff in den notwendigen **Kontakt nach außen,** Zugang und Werbemöglichkeit für Geschäft, Gastwirtschaft usw zB durch Straßenarbeiten, U-Bahn-Bau, Untertunnelung, BGH **57**, 361, NJW **75**, 1880, 1967, BB **76**, 669, WM **80**, 1179, anders bei Wasserstraßen (bloßer Gemeingebrauch) BGH **86**, 160; aber keine Garantie unveränderter Verbindungen innerhalb des öffentlichen Wegenetzes, BGH **55**, 264 (Soldatengaststätte), NJW **67**, 1752 (neue Straße), **73**, 161 (Aufeinanderfolge rechtmäßiger und rechtswidriger Bausperren), **83**, 1663 (Tankstelle). Höhere Opfergrenze bei schlichter Straßenmodernisierung als bei Schaffung eines neuen Verkehrswegs, BGH **57**, 365, BB **76**, 669. Eingriff durch Verhinderung des **Wiederaufbaus,** BGH NJW **72**, 1666, oder einer notwendigen **Erneuerung,** BGH **34**, 190, MDR **72**, 849. Eingriff ist **nicht** die Verhinderung einer **Erweiterung** (Bestands-, kein Erwerbsschutz), BGH **98**, 351. Kein Schutz für Betrieb **im Werden** (im Planungs- oder Vorbereitungsstadium), BGH **30**, 356, BB **69**, 895; bereits erfolgte Eröffnung ist aber nicht nötig. Ebensowenig Schutz nach **Stilllegung** aus anderen Gründen, BGH WM **73**, 1216. 58

c) Grenzen des Schutzes setzt die **Pflichtigkeit** gegenüber dem Gemeinwohl (Art 14 I 2, II GG), ua Grundsätze der Substanzerhaltung und der Verhältnismäßigkeit; Situationsgebundenheit von Grundstücken, BGH **87**, 71. Daher muss zB der Müllabfuhrunternehmer die Einführung öffentlicher Abfuhr hinnehmen, BGH **40**, 364, BVerwG NJW **82**, 63; ebenso Einführung des Anschluss- und Benutzungszwangs für Fernheizwerk (außer uU bei Eingriff in privatrechtliche Bezugsverträge), BGH **77**, 182; Verbot der Lichtreklame im historischen Stadtkern, BVerwG NJW **80**, 209; Geldleistungspflichten (außer bei Erdrosselungswirkung), BGH **83**, 195 (Bardepot); Untersagung des Kiesabbaus im Grundwasser, BGH **84**, 227, 230, und wegen Landschaftsschutzes, BGH **77**, 351. Rechtmäßig verhängte und aufrechterhaltene Veränderungssperren sind höchstens bis zu vier Jahre lang entschädigungslos zu dulden, BGH **73**, 173, **78**, 152. 59

Einl v § 1 60–64

60 **d) Rechtsfolge** ist nicht Schadensersatz, sondern nur **Entschädigung** für Verlust an (Vermögens-)**Substanz** einschließlich Goodwill, BGH **136**, 186, NJW **75**, 1967, str, und der durch Umbau und Erweiterung während des Eingriffs neugeschaffenen Werte, BGH BB **76**, 670.

61 **e) Minderung** der Entschädigung uU entspr § 254 BGB wegen mangelnden Hinweises auf außergewöhnliche Schadensgefahr oder wegen Unterlassung von schadensmindernden Maßnahmen, zB Gebrauch von Rechtsmitteln, BGH **90**, 17, BGH NJW **71**, 1696, **83**, 1664.

62 **f)** Schutz auch **ausländischer** juristischer Personen des Privatrechts (trotz Art 19 III GG „einfach-rechtlich" keine Differenzierung bei Grundstückseigentum nach Nationalität), BGH **76**, 375, 387.

63 **C. Deliktsrechtlicher Schutz nach § 823 I BGB: a)** Das **Recht am „eingerichteten und ausgeübten Gewerbebetrieb"** (also am Unternehmen, unterschieden von den ihm zugehörenden einzelnen Sachen und Rechten) ist als **sonstiges Recht** iSv § 823 I BGB nicht nur gegen Angriffe auf seinen Bestand (so noch RG), sondern gegen jeden unberechtigten Eingriff in seine Tätigkeit und Entfaltung geschützt, auch gegen Schwächung der wirtschaftlichen Tätigkeit durch unrichtige Informationen oder Wertungen, BGH NJW **15**, 773 (letzterenfalls wegen Meinungsfreiheit aber nur bei Schmähkritik, s Rn 66). Dabei handelt es sich um einen **„offenen" Haftungstatbestand**; der Interessenschutz des Unternehmens ist in Inhalt und Umfang von Fall zu Fall durch **Interessenabwägung** zu ermitteln, stRspr, BGH **80**, 27, **138**, 318, **166**, 109 (Kirch), NJW **15**, 773. Der Schutz nach § 823 I BGB setzt voraus, dass der Eingriff **betriebsbezogen**, also gegen den Betrieb als solchen und nicht nur gegen vom Gewerbebetrieb ohne Weiteres ablösbare Rechte oder Rechtsgüter gerichtet ist (sog Unmittelbarkeitserfordernis). Daran fehlt es zB bei Entziehung unentbehrlichen Personals durch Verletzung, BGH **7**, 36; bei Beschädigung einzelner Betriebsmittel, außer wenn das den Betrieb zum Erliegen bringt oder in seiner Substanz ernstlich beeinträchtigt, BGH NJW **83**, 813 (Produkthaftung), vgl BVerfG NJW **92**, 36; bei Stromentzug durch Kabelunterbrechung bei Bauarbeiten auf Nachbargrundstück, BGH **29**, 74, **41**, 127, **66**, 393, NJW **77**, 2208; aber uU Haftung nach § 823 I BGB aus Eigentumsverletzung bei Sachschaden (zB Eierverderb im Brutapparat) und nach § 823 II BGB iVm Schutzgesetz für Betriebsunterbrechungsschaden. Zusammenfassend Hager JZ **79**, 53. Das Recht steht dem Inhaber des Gewerbebetriebs, nicht auch dem geschäftsführenden AlleinGfter zu (vgl § 1 Rn 50), BGH **166**, 107 (Kirch). § 823 I BGB betr Gewerbebetrieb ist aber nur Auffangtatbestand **(Subsidiarität)** für den Fall, wenn eine Lücke im Rechtsschutz geschlossen werden muss, stRspr BGH **59**, 34, **69**, 138; daran fehlt es zB, wenn das Eigentum verletzt ist, BGH **55**, 153 (eingeklemmtes Motorschiff) oder § 824 BGB wegen unrichtiger Tatsachenbehauptung eingreift, BGH **59**, 76 (unrichtige Anzeige), NJW **66**, 2010 (Fernsehkritik an Teppichkehrmaschine), NJW **78**, 210 (Pressebehauptung, alkoholhaltige Zahncreme wirke im verkehrspolizeilichen Alkoholtest), oder wenn die Verletzung des Unternehmens im Wettbewerb erfolgt, insoweit gilt nur Wettbewerbsrecht, insbesondere §§ 3 ff UWG (s Rn 71–80), BGH **36**, 252, **43**, 361. **Rechtsfolgen** sind Schadensersatz (§§ 249 ff BGB), uU auch durch berichtigende Werbung, BGH **70**, 39, NJW **79**, 2197 und Unterlassungsanspruch (§§ 823 I, 1004 BGB). Lit: Buchner 1971, Sack 2007; Buchner DB **79**, 1069.

64 **b)** Vom Recht am Gewerbebetrieb ist das ebenfalls nach § 823 I BGB geschützte **Persönlichkeitsrecht** des Unternehmens als juristische Person bzw **des Unternehmensträgers** zu unterscheiden, auch wenn es praktisch in der Rspr oft austauschbar erscheint und die Reichweite etwa gegenüber **Pressekritik** (s Rn 66) ähnlich abgesteckt wird, also Interessenabwägung zwischen Informations-

interesse der Öffentlichkeit (Art 5 GG) und dem Persönlichkeitsrecht (entspr Rn 63), BVerfG NJW **17**, 1376 Rn 16, 1377 (Kachelmann). Dabei Unterscheidung zwischen Tatsachenbehauptung und Werturteil (s Rn 66), wahre Tatsachenbehauptungen sind idR hinzunehmen, BGH NJW **14**, 2029 (Internet) Rn 23, **15**, 776 Rn 15. Grenzen bei Verdachtsberichterstattung, BGH NJW **15**, 778, bei absolut geschützter Intimsphäre BGH NJW **14**, 2029 Rn 17, bei Prangerwirkung, BGH NJW **15**, 776 Rn 18. Als Grundsatz gilt, dass der im Wirtschaftsleben selbstständig Tätige sich damit der Öffentlichkeit und ihrer Kritik stellt und sein Persönlichkeitsrecht dabei weniger weit reicht als in der Privatsphäre, BGH **36**, 80 (Presseäußerung über Teilnahme eines Bankiers am Waffenhandel), schon weil nicht auf Art 1 I GG gestützt, BGH NJW **86**, 2951, Hbg NJW **09**, 1510 (Film). Erheblicher Freiraum für Kritik, BVerfG NJW **82**, 2655 (Bezeichnung der Kreditmittler als Kredithaie), BGH NJW **94**, 124u BVerfG NJW **99**, 2358 (Bild des Vorstandsvorsitzenden, FCKW); für Satire, BGH **84**, 237 (Horten bezahle Politiker), **156**, 206 (Fotomontage Telekom), Karlsr NJW **82**, 647 (Waffenproduzent); für Scherz, BGH **98**, 94 (BMW); BGH NJW **94**, 1281, Mü NJW **04**, 230u BVerfG NJW **94**, 1784 (rechtswidriger Eingriff, wenn Wissenschaftler offengelegten Jahresabschluss unter Unternehmensnennung ohne Zustimmung zum Gegenstand von Fortbildungsseminaren macht), krit Hager ZHR 158 **(94)** 675, BGH **166**, 84 (Kirch, Abgrenzung hier wie zu Rn 66), NJW **08**, 2111u BVerfG NJW **10**, 3501 (Gen-Milch), BGH NJW **09**, 756 (eigene Erkrankung), **09**, 3580 (unsaubere Geschäfte), BVerfG NJW **13**, 3021 (Winkeladvokatur), NJW **16**, 3362 (Bewertungsportal), **17**, 482 (rhetorische und offene Fragen). Persönlichkeitsrechtsverletzung durch ihn unnötig genau identifizierende, lächerlich machende Schilderung eines auf Geschäftsmann verübten Raubüberfalls, Kln NJW **17**, 850, durch unbefugte Werbung mit Namen des Unternehmers (Bereicherungsausgleich nach § 812 I 1 BGB), BGH **81**, 75, durch tendenziöse Pressemitteilungen, Düss NJW **05**, 1791 (Amtshaftung für Staatsanwalt, Mannesmann), durch manipulierte Photos, BGH NJW **06**, 603, durch unerbetene Werbung in privates, elektronisches Postfach, BGH WM **16**, 1349. Abwägung bei nicht erweislicher Tatsachenbehauptung, Nachforschungspflichten, bei Presse höher als bei Privatpersonen, BVerfG NJW **16**, 3360; Gesundheitszustand, BGH VersR **17**, 365 (Schumacher). Abwägung mit Recht auf informationelle Selbstbestimmung, BGH WM **14**, 718. **Heimliche Tonbandaufnahmen** von Geschäftsbesprechungen sind unzulässig, Löschung § 1004 BGB, BGH NJW **88**, 1016. **Mithören von Telefongesprächen** ohne Einwilligung des Gesprächspartners ist auch im Geschäftsverkehr rechtswidrig, BVerfG NJW **02**, 3623, BGH NJW **03**, 1727. Vermögenswerte Bestandteile des postmortales Persönlichkeitsrecht, BGH **169**, 193. **Bewertungen im Internet** s (7) Bankgeschäfte Rn A/53. Bei Ausräumung des Verdachts nach zulässiger Berichterstattung kein Anspruch auf Richtigstellung der ursprünglichen Berichterstattung, nur Nachtrag (Folgenbeseitigung, § 1004 BGB), BGH NJW **15**, 778.

D. Recht am Gewerbebetrieb, Fallgruppen: a) Unberechtigte geschäftsschädigende Äußerungen öffentlich oder gegenüber Einzelnen (auch Freiberufler, zB Sporttrainer, BGH NJW **12**, 2579) fallen unter § 823 I BGB (außer solchen zu Wettbewerbszwecken, dann UWG, und Tatsachenäußerungen, dann § 824 BGB, s Rn 63). ZB Anprangerung in einer „Liste langsamer Zahler", BGH **8**, 142; Anschwärzung bei der Kundschaft, sofern sie über eine im Kern berechtigte Kritik, die auch scharf ausgedrückt werden darf, hinausgeht, Karlsr BB **59**, 1006 (HdlVertreter, Mitteilung des Abbruchs der Verbindung wegen „sehr unangenehmer Erfahrungen"), BGH BB **67**, 8 (Makler, Vorwurf des Betrugs und Wuchers); Verbreitung der Tatsache einer unbegründeten Klageerhebung oder Insolvenzantragsstellung (vgl Rn 69), BGH **36**, 23. Unzulässige Äußerungen eines Haftpflichtversicherers über Autovermieter gegenüber Ersatzwagenmieter, BGH NJW **99**, 279. Geschäftsschädigende Äußerungen über das Privatleben, offen BGH **24**, 205. Vergleichende Werbung (§ 6 I UWG) ist grundsätzlich zulässig, Ausnahme s § 6 II, III UWG. Zulässig auch unaufgeforderte Übersendung einer vorbeugenden Unterwerfungserklärung, BGH NJW **13**, 2760; Drohung mit Pressebericht, der seinerseits nicht rechtswidrig ist (s Rn 66), BGH NJW **05**, 2766. Schädigende Äußerungen über Unternehmen, Schaub JZ **07**, 548.

66 Eine besondere Funktion hat die **Kritik in Presse,** Rundfunk, Fernsehen, Film, Theater **(Art 5 GG)**, stRspr BGH **80**, 25 ("Bild", aber teilweise aufgehoben, BVerfG NJW **84**, 1741), NJW **05**, 2766 (Trabrennbahn), **09**, 1872 (Fraport/Manila). Zu unterscheiden ist zwischen **Tatsachenbehauptung** (nur hier: **Wahrheitsbeweis** möglich) und **Werturteil** (nur hier: Grenze der **Schmähkritik,** näher unten), BVerfG NJW **03**, 1109, **05**, 2770, Rechtsfrage, voll nachprüfbar, BGH NJW **15**, 773. Der Schutzbereich des Art 5 GG erstreckt sich aber auch auf Tatsachen, soweit sie Dritten zur Meinungsbildung dienen können, sowie auf Vermengung von Tatsachen und Meinungen, wenn insgesamt durch das Meinen geprägt, BGH NJW **09**, 1873, 3580. Sorgfaltspflichten bei Fremdberichterstattung (Presseschau), BVerfG WM **09**, 1706. Sachliche Meinungsäußerungen in einer die Öffentlichkeit wesentlich berührenden Frage sowie wahre Tatsachenbehauptungen sind grundsätzlich zulässig, BGH **166,** 86 (Kirch). Der Freiraum für Kritik reicht sehr weit. Sie darf auch in einer allgemeineren Betrachtung einzelne Erzeugnisse beispielhaft nennen oder im Bild zeigen, BGH NJW **87**, 2746, ohne Anprangerung, BGH NJW **63**, 484; ungenehmigte Berichterstattung über Betriebsinterna, BGH NJW **138**, 311; Nennung getilgter Vorstrafen, BVerfG WM **07**, 1001. Bei Wertungen ist auch polemische oder gar ausfällige Kritik zulässig, **Grenze** liegt erst bei der sog **Schmähkritik,** bei der statt Auseinandersetzung in der Sache Diffamierung im Vordergrund steht, BVerfG NJW **03**, 1109, **09**, 749 (nicht ohne Weiteres: Dummschwätzer), **09**, 3016 (ebenso: durchgeknallt), Begriff wohl enger als in der Rspr des BGH, wonach Schutz gegen grobe Form (Schmähkritik) besteht, BGH NJW **3**, 271 (Constanze), **45**, 296 (Höllenfeuer), Begriff der Schmähkritik ist aber eng auszulegen, Herabsetzung im Vordergrund, nicht bloß polemische und überspitzte Kritik, BGH NJW **09**, 1874, **16**, 2870, **17**, 1460, bei Produktkritik nicht schon bei scharfer und möglicherweise überzogener Form, BGH NJW **15**, 775 Rn 19 (Unsinn, Betrug); gegen Formalbeleidigungen und die Menschenwürde antastende Äußerungen, mit denen verspottet, verhöhnt, erniedrigt oder Leid verharmlost wird, insoweit auch BVerfG NJW **03**, 1303 (Benetton), obschon im konkreten Fall ein zweites Mal gegen BGH, zuletzt NJW **02**, 1193. Verwendung des Vorwurfs „Betrug" ist nicht ohne Weiteres Schmähkritik, BGH NJW **02**, 1192; auch ohne Schmähkritik wettbewerbswidrige Herabsetzung möglich (§ 4 Nr 1 UWG), BGH NJW **16**, 3373 Rn 51, 32. Rechtswidrige Tatsachenbehauptungen im Internet: Unterlassungsanspruch nach § 1004 BGB, auch Löschung, BGH ZIP **15**, 1785; Anspruch auch gegen Diensteanbieter, BGH NJW **12**, 148, **13**, 2348, aber kein Auskunftsanspruch über Nutzerdaten, BGH NJW **14**, 2651 (Ärztebewertungsportal) mAnm Peifer NJW **15**, 3067; Prüfungspflichten des Providers, BGH NJW **16**, 2106 (Ärztebewertungsportal); zu Online-Bewertungsportalen Paal NJW **16**, 2081. Bei **Warentest** zum Zweck der Verbraucheraufklärung, der idR Meinungsäußerung ist (dann kein Schutz nach § 824 I BGB, BGH NJW **15**, 773, uU aber auch einmal Tatsachenbehauptung iSv § 824 BGB), besteht nach Art 5 GG ein Freiraum, der erst dort endet, wo es entweder an Neutralität, Objektivität und Sachkunde der Untersucher fehlt oder nicht mehr vertretbare („diskutable") Schlüsse aus den Testuntersuchungen gezogen werden, BGH **65**, 335, NJW **86**, 981, **87**, 2222m Anm Vieweg 2726, Mü NJW **94**, 1964 (Gastrokritik); Assmann/Kübler ZHR 142 **(78)** 413, Günther NJW **13**, 3275 (Gastronomiekritik), Franz WRP **15**, 1425 (vergleichender Warentest), Franz

WRP **16,** 1195 (Bewertungsportale, entspr WarentestRspr). Bonitätsbeurteilung in **Wirtschaftsauskünften** ist, wenn auf zutreffender Tatsachengrundlage beruhend, zulässige Meinungsäußerung, BGH NJW **11,** 2204; Bank- und Kreditauskünfte s **(7)** Bankgeschäfte Rn A/14. Zulässige Kritik durch **Verbraucher**vereinigungen, vgl LG Kln BB **63,** 832; durch ADAC, zu eng Düss BB **82,** 62 („Sicherheitsrisiko") m krit Anm Lachmann; durch einzelnen (Kfz-)Abnehmer, LG Kempten BB **73,** 163; durch Bürgerinitiative an DB, BGH **90,** 113; durch Antiwerbung mit Zigarettenreklame, BGH **91,** 117; nicht kommerzielles Informationsanliegen mit Verbraucherbezug, BGH NJW **15,** 775 Rn 23; Haftung des Presseinformanten s BGH DB **73,** 1399. **Boykott**aufruf durch Presseorgan im Wettbewerb und mit über die freie geistige Auseinandersetzung hinausgehenden Mitteln ist durch Art 5 GG nicht mehr gedeckt, BVerfG NJW **83,** 1181 (Fachhändler), BGH NJW **85,** 60, 62, 1620, Ffm WM **16,** 352, s § 21 I GWB, aber Aufforderung zur Kontenkündigung durch Verbraucherverband bei systematischer Täuschung, BGH WM **14,** 1532, durch Tierschutzverein trotz gleichzeitigem Spendenaufruf, BGH NJW **16,** 1584. PresseRspr bei Sajuntz NJW **14,** 25, 595.

Auch unabhängig von Art 5 GG kann Kritik durch **Wahrnehmung berech-** 67 **tigter Interessen** (vgl § 193 StGB) gerechtfertigt sein, zB Namensnennung in internem Rundschreiben, BGH NJW **93,** 525 (Kettenmafia), Großbank hat keinen privaten Freiraum, darf aber ohne überzogene Recherchierungspflicht umgehend intern warnen; zum Schutz des allgemeinen soliden Geschäftsverkehrs, BGH DB **70,** 822 (Warnung vor Akkreditivauszahlung an Liechtensteiner Firma). Lit: Sack, Recht am Gewerbebetrieb, 2007; Kübler, Schricker AcP 172 **(72)** 177, 203, Brinkmann NJW **87,** 2721.

b) Unberechtigte Abmahnung (Schutzrechtsverwarnungen): Nach her- 68 kömmlicher stRspr greift § 823 I BGB Platz bei fahrlässig rechtswidriger Geltendmachung eines Verbotsrechts, zB Patente oder andere gewerbliche Schutzrechte, einerlei ob durch Verwarnung („ernsthaftes und endgültiges Unterlassungsbegeh ren") oder Klage bei Gericht; Rechtswidrigkeit der Berühmung folgt schon aus der späteren, rückwirkenden Löschung des Rechts, stRspr seit RG **58,** 24, BGH **164,** 1 (GrS), **165,** 311, **171,** 13 (Zulieferung); auch Anwaltshaftung (Garantenpflicht) gegenüber dem unberechtigt Verwarnten, BGH NJW **16,** 2110m krit Anm Vohwinkel/Huff. Schutzrechtsverwarnung greift nur außergerichtlich, kein Recht auf Unterlassung klagweiser Klärung, BGH NJW **06,** 1432. Verschulden fehlt, wenn der Verwarner sich die Überzeugung vom Bestand seines Rechts durch gewissenhafte Prüfung bildete; Verwarnung aus einem durch schlichte Anmeldung erlangten Recht verlangt mehr an eigener Nachprüfung als die aus einem geprüften Recht (erteiltes Patent, bekanntgemachte Patentanmeldung); falsche Würdigung des Stands der Technik ist strenger zu beurteilen als die der Erfindungshöhe, BGH **38,** 206, **62,** 36, NJW **76,** 2162. Der Schadensersatz umfasst außer den Beratungs-, Prüfungs- und Vertretungskosten auch Schäden aus Anhalten der Produktion oder des Vertriebs. Schadensersatz auch für Abnehmerverwarnung, BGH **165,** 311. Verjährung nach §§ 195, 199 BGB. Daran wollte der BGH (I. ZS) für das Kennzeichenrecht nicht mehr festhalten, stattdessen nur Ansprüche aus §§ 3, 9 UWG und § 826 BGB; BGH NJW **04,** 3322, der GrS ist dem nicht gefolgt, keine Ausdehnung des rein prozessualen Privilegs (krit Rn 69) auf die Schutzrechtsverwarnung, aber uU Mitverschulden des Verwarnten, BGH **164,** 1 (GrS), nunmehr BGH NJW **06,** 1432 (I ZS). Seit UWG 2004 umfassender Schutz durch §§ 3 ua UWG, § 823 I BGB nur noch subsidiär, nach Sack NJW **09,** 1642 nur noch UWG, Müller ZIP **16,** 1368 gegen BGH ZIP **16,** 944 (Anwaltshaftung aus § 823 I BGB). Lit: Blaurock 1970, Horn 1971, Sack 2006; Ullmann GRUR **01,** 1027, Meier-Beck GRUR **05,** 535, Sack BB **05,** 2368, WRP **05,** 253, Wagner/Thole NJW **05,** 3740.

69 **c) Unberechtigte Klagen, Insolvenzanträge:** Auch ohne Schutzrechtsverwarnung kann unberechtigte Schädigung durch gerichtliche Verfahren nach §§ 823 I, 826 BGB schadensersatzpflichtig machen, der Schutz des Prozessgegners erfolgt aber idR durch das gerichtliche Verfahren selbst; jedenfalls dürfen die deliktischen Sorgfaltspflichten des Verfahrensbetreibenden nicht überzogen werden, denn er hat ein Recht auf Irrtum, das allerdings wertend zu begrenzen ist, BGH **74**, 17 (Strafanzeige), **95**, 19m Anm Häsemeyer NJW **86**, 1028, **118**, 201, **154**, 269, **164**, 6 (GrS), NJW **04**, 446; zu eng BGH **36**, 18 (unberechtigter Insolvenzantrag), dagegen üL, Widerspruch zur AbmahnungsRspr (s Rn 68). Dasselbe gilt für die Verteidigung, BGH NJW **04**, 446, und teilweise außergerichtlich, zB für unbegründeten Rücktritt, zwar pflichtwidrig, kein „Recht auf Irrtum", aber für Haftung Plausibilitätskontrolle, BGH NJW **09**, 1262. Vgl auch BVerfG NJW **87**, 1929 (Strafanzeige). Bei Abgabe der eidesstattlichen Versicherung (§ 807 ZPO) durch Betriebsinhaber fehlt es an der Betriebsbezogenheit, BGH **74**, 18, im Ergebnis also kein Schutz des Unternehmens nach § 823 I BGB. Ebenso bei vertragswidriger vorzeitiger Hotelpachtkündigung durch Verpächter, Hamm BB **78**, 1589. Bei Schädigung nicht verfahrensbeteiligter Dritter greifen §§ 823 ff BGB uneingeschränkt ein, BGH **118**, 201 (Zwangsvollstreckung in schuldnerfremde Gegenstände). Unwahre Äußerungen in gerichtlichen oder behördlichen Verfahren s BGH NJW **98**, 1399. Haftung des gerichtlichen Sachverständigen (§ 839a BGB) s § 347 Rn 20. Lit: Hopt 1968, Häsemeyer 1979; Kaiser FS Canaris **07** I 531 (Rechtsanmaßung).

70 **d) Andere Fälle** des Unternehmensschutzes nach § 823 I BGB sind **Demonstration und Blockade,** zB der Auslieferung von Zeitungen, BGH **59**, 30, NJW **72**, 1572, BAG NJW **89**, 61, der Straßenbahn, vgl BGHSt NJW **89**, 1773; das Grundrecht der Versammlungsfreiheit (Art 8 GG) rechtfertigt keine Gewaltanwendung, BGH **137**, 89. Dazu Ballerstedt JZ **73**, 105, Löhr/Löhr BB **74**, 1140. Rechtswidriger **Streik,** BAG NJW **64**, 883, 887, **78**, 2114, BGH **69**, 128u **76**, 395 (Fluglotsen). **Physische Behinderung des Zugangs** durch Bauarbeiten des Nachbarn, BGH **62**, 361; für Absperrung bei Brandbekämpfung s BGH NJW **77**, 2264 (Klage gegen Brandgrundstücksinhaber abgewiesen); nicht fahrlässige zeitweilige Sperrung des einzigen wasserseitigen Zugangs zu Umschlagsunternehmen, BGH **86**, 156. **Aufruf zu Masseneinspruch** im Planfeststellungsverfahren nur bei subjektiver Unredlichkeit, zB Falschinformation, BGH **90**, 126. **Geheimnisverrat** durch entlassenen Angestellten s § 59 Rn 50. **Verwässerung** der Werbekraft einer bekannten Marke s § 17 Rn 31. Entfernung der Fabriknummernschilder durch Händler bei Rasenmäher, BGH BB **78**, 1746. Schon einmalige unverlangte Zusendung einer **Email** mit Werbung, BGH NJW **09**, 2958. **Nicht** schon Einmischung des ausgeschiedenen Gründers in Geschäftsführung des Unternehmens, BGH NJW **80**, 881. RsprÜbersicht: Löwisch/Meier-Rudolph JuS **82**, 237 (BGH, BAG).

III. Wettbewerbs- und Wirtschaftsrecht

1) Wettbewerb und staatliche Rahmenregelung der Wirtschaft

71 A. **Funktion des Wettbewerbs:** Der Wettbewerb ist die Haupttriebkraft der Wirtschaft. Der Wettbewerb hat wirtschaftspolitische Funktionen (Steuerungs-, Verteilungs-, Antriebs- und Leistungsfunktion) und gesellschaftspolitische Funktionen (Bindung von Wirtschaftsmacht, Erhaltung der Wettbewerbsfreiheit und einer freiheitlichen Wirtschafts- und letztlich Staatsordnung). Dem entspricht, dass private ebenso wie öffentliche Unternehmen dem Wettbewerb unterworfen sind.

Einleitung   72–77   **Einl v § 1**

B. Staatliche Rahmenregelung: Der Wettbewerb ist ein jeglicher Staats- 72
planung überlegener Selbststeuerungsmechanismus (Wettbewerb als Ent-
deckungsverfahren). Der Staat beschränkt sich deshalb am besten auf eine bloße
Rahmenregelung der Wirtschaft.

a) Diese hat zum einen die Aufgabe, die **Freiheit des Wettbewerbs** zu
erhalten, auch dort, wo sich einzelne Teilnehmer am Markt durch Kartelle und
andere Wettbewerbsbeschränkungen ihm entziehen wollen oder die Marktstruk-
turen sich zB durch Fusionen so entwickeln, dass einzelne Unternehmen markt-
beherrschend werden (Wettbewerb als staatliche Veranstaltung). Diese Aufgabe
erfüllt vor allem das Kartellrecht (s Rn 77–79). Die Privatautonomie ist jedoch
häufig faktisch eingeschränkt, wo die Parteien wirtschaftlich oder in Bezug auf
Einsicht und Erfahrung nicht gleichrangig sind (zu Fremdbestimmung durch
Übergewicht eines Vertragsteils und strukturell ungleicher Verhandlungsstärke s
BVerfG NJW **90**, 1469, **94**, 36, s **(7)** Bankgeschäfte Rn G/10); hier bestehen
dann **zwingendes Recht** oder (zum Schutz des einen Teils) halbzwingende
Vorschriften, oder es erfolgt eine (auch von Verfassungs wegen gebotene) Inhalts-
kontrolle nach §§ 138, 242 BGB und insbesondere **(5)** §§ 305–310 BGB, oder
die (umfangreiche) Rspr begegnet dem Wissensvorsprung einer Seite durch die
Statuierung von Aufklärungspflichten (§ 347 Rn 23–40).

b) Der Staat setzt zum anderen den allgemeinen gesetzlichen **Rahmen**, in den 73
sich jedes Wirtschaften einzufügen hat (zB §§ 138, 826 BGB, gewerberechtliche
Bestimmungen). Das Wettbewerbsrecht ieS, vor allem das UWG, will vor **unlau-
terem Wettbewerb** schützen (s Rn 80).

c) Der Staat weist bestimmte Rechtspositionen zu, vor allem **gewerbliche** 74
Schutzrechte und ähnliche Ausschließlichkeitsrechte wie Patente, Marken, Ur-
heberrechte, Verlagsrecht; auch Namen, Firma und andere geschäftliche Bezeich-
nungen (vgl § 17 Rn 10 ff, 32 ff). Diese Ausschließlichkeitsrechte haben unter-
schiedliche Funktionen (Kennzeichnung, Honorierung von Leistung, Leistungs-
anreiz im Allgemeininteresse). Lit: Berlit 10. Aufl 2015; Götting 10. Aufl 2014;
Lit zum **Markenrecht** § 17 Rn 11.

d) In **bestimmten Branchen** verspricht sich der Staat überhaupt vom Wett- 75
bewerb weniger und ordnet dann nach eigenen Effizienz- und Schutzgesicht-
punkten. Das ist meist nicht überzeugend und gibt zu Deregulierung Anlass, zB
im Post- und Bahnbereich, bisher noch nicht bei den Börsen. Berechtigt sind
wegen branchenspezifischer Gefahren staatliche Konzession und Überwachung
von Banken und Versicherungen.

e) Das Kartellrecht, das allgemeine Wirtschaftsrecht mit hoheitlichen Funk- 76
tionen, das besondere Steuerungsrecht für einzelne Wirtschaftszweige und (str)
das Wettbewerbsrecht ieS bilden das **Wirtschaftsrecht,** eine theoretisch umstrit-
tene Kategorie. Dazu Fikentscher, 2 Bde 1983, Kilian 4. Auf 2010 (europäisch),
Rittner/Dreher, 3. Aufl 2008.

2) Kartellrecht (GWB, AEUV)

A. Das **GWB** nF 26.6.13 BGBl 1750 (Änderung durch 9. GWB-Novelle 77
1.6.17 BGBl I 1416). Die 7. Kartellrechtsnovelle 18.12.07 BGBl 2966 hat das
GWB weitgehend an das europäische Kartellrecht (s Rn 78) angepasst (System-
wechsel), volle Angleichung von § 1 an Art 101 I AEUV (Art 81 I aF EG, ohne
Zwischenstaatenklausel), der Freistellungsnorm des § 2 I GWB an Art. 101 III
AEUV (Art 81 III aF EG) und der Einführung der dynamischen Verweisung des
§ 2 II auf die jeweils gültigen EU-GruppenfreistellungsVO mit der Konsequenz
voller Orientierung der Anwendung und Auslegung am EU-Recht, Bechtold
NJW **07**, 3761. Die Neufassung von 2013 hat weitere Neuerungen, ua zum
Zusammenschlusskontrollrecht, gebracht. Das GWB wendet sich gegen wett-

bewerbsbeschränkende Vereinbarungen, Beschlüsse und abgestimmte Verhaltensweisen (§§ 1 ff), Marktbeherrschung, sonstiges wettbewerbsbeschränkendes Verhalten (§§ 18 ff, ua Diskriminierung § 19) samt Zusammenschlusskontrolle (§§ 35–43a) und stellt bestimmte Anforderungen an private Wettbewerbsregeln (§§ 24 ff). Das GWB gilt nur eingeschränkt in den sog Ausnahmebereichen, vor allem Landwirtschaft und Preisbindung bei Zeitungen und Zeitschriften (§§ 28, 30). Das GWB wird vom BKartA, aber auch von anderen Bundes- und Landesbehörden und von den Gerichten angewandt. Außer der Untersagung des verbotenen Verhaltens sind zivilrechtliche Ansprüche einschließlich Schadensersatz und Vorteilsabschöpfung sowie Kronzeugenregelung möglich (§§ 33 – 34a), diese sind abschließend, BGH WM 06, 1601. Geldbuße bis 1 Mio Euro bzw 10% des Umsatzes (§ 81 IV 1). Der Durchsetzung durch Private kommt ua durch den Charakter verschiedener Vorschriften des GWB als Schutzgesetze mit der Folge von Beseitigungs- und Unterlassungsanspruch und Schadensersatzpflicht (§§ 34 ff GWB) eine besondere Rolle zu. Die Richtlinie 2014/104/EU zu Schadensersatzklagen 26.11.14 wird umgesetzt zu Kartellschadensersatz und Vorteilsabschöpfung (§§ 33 ff),Verbraucherschutz, Sanktionen und Verfahren und Ministererlaubnis (§ 42, Ausschuss für Wirtschaft und Energie) und zusätzlich mit Änderungen zur Marktbeherrschung und Zusammenschlusskontrolle durch die 9. GWB-Novelle s oben, Kersting/Podszun 2017, Bischke/Brack NZG **16**, 1297, Gronemeyer/Slobodenjuk DB **17**, 1010, Meixner WM **17**, 1233, 1281. RsprÜbersicht: Weitbrecht/Mühle EuZW **15**, 166, **16**, 172, **17**, 165, Bosch NJW **14**, 1714. Lit: Immenga/Mestmäcker Bd 2 GWB 5. Aufl 2014, Bechtold/Bosch 8. Aufl 2015, Frankfurter Komm (LBl), Bornkamm/Montag/Säcker (MüKo) Bd 2 2. Aufl 2015, Langen/Bunte Bd 1 12. Aufl 2014, Loewenheim/Meessen/Riesenkampff 3. Aufl 2016. Lehr- und Handbücher: Emmerich 13. Aufl 2014, Lettl 4. Aufl 2017, G. Wiedemann 3. Aufl 2016. Entscheidungssammlung WuW/E, (Zwei-)Jahresberichte des BKartA, Haupt- und Sondergutachten der Monopolkomm. **RsprÜbersicht:** Bosch NJW **15**, 1734, **16**, 1700. **Muster:** Hopt/Fabritius 4. Aufl 2013 Form I. K.23 (Anmeldung eines Zusammenschlussvorhabens beim BKartA).

78 B. Neben dem GWB gilt in der BRD unmittelbar **europäisches Kartellrecht**, vor allem Art 101–106 AEUV (Art 81–86 aF, 85–90 aF EG) (Kartellverbot in Art 101, Verbot missbräuchlicher Ausnutzung marktbeherrschender Stellung in Art 102, Voraussetzung ist die Eignung zur Beeinträchtigung des zwischenstaatlichen Handels), Hirsbrunner EuZW **98**, 69. Praktisch wichtig sind die EU-GruppenfreistellungsVOen (§ 86 Rn 38). Das europäische Kartellrecht geht dem nationalen vor. Es wird von der EUKomm und von den nationalen Behörden und Gerichten angewandt. Lit: Immenga/Mestmäcker, Bd 1 5. Aufl 2015, Bechtold/Bosch/Brinker 3. Aufl 2014, Bornkamm/Montag/Säcker Bd 1 2. Aufl 2015 (MüKo Eur u dtsch Wettbwerbsrecht), Langen/Bunte Bd 2 12. Aufl 2014, Loewenheim/Meessen/Riesenkampff 3. Aufl 2016, Schwarze/Weitbrecht 2004 u Klees 2005 (EUKartellverfahrensrecht), Lampert 2005 (EUKartellVO); verschiedene Komm zum AEUV und zum GWB. Lehrbuch: Behrens 2016, Mestmäcker/Schweitzer 3. Aufl 2014. Auch in Komm und Lehrbüchern zum GWB, s Rn 77. **RsprÜbersicht:** Weitbrecht/Mühle EuZW **12**, 290, **13**, 255, **15**, 166, Bosch NJW **16**, 1703. **Muster:** Hopt/Fabritius 3. Aufl 2013 Form I. K.24 (Anmeldung eines Zusammenschlusses bei der EUKomm).

79 C. **Ausländisches Kartellrecht** wirkt territorial, also wenn ein deutsches Unternehmen zB in den USA tätig wird. Es kann aber auch extraterritoriale Wirkungen haben, zB wenn das deutsche Unternehmen durch wettbewerbsbeschränkende Absprachen oder Zusammenschlüsse außerhalb der USA Wirkungen auf den US-Markt herbeiführt, die mit dem US-Kartellrecht unvereinbar sind.

3) Wettbewerbsrecht im engeren Sinn

Kartellrecht und Wettbewerbsrecht ieS haben das gemeinsame Ziel, den Wettbewerb in seinen Funktionen (s Rn 71) zu erhalten, sie sind also nicht Gegensätze, sondern Teil der Gesamtordnung des Wettbewerbs. Das **UWG** idF 3.3.10 BGBl I 254 hat das UWG v 1909 abgelöst, nach Vollharmonisierung der Verhältnisse zwischen Unternehmern und Verbrauchern durch EU-Ri 11.5.05 UWG-Novelle 22.12.2008 BGBl 2949, Hoeren BB **08**, 1182; UWG-Novelle 2015, dazu Köhler NJW **16**, 593. Leitgedanken des UWG sind ua Liberalisierung und Europäisierung (§ 18 Rn 11, 12). Es schützt den lauteren Wettbewerb zugunsten der Mitbewerber, der Verbraucher und der sonstigen Marktteilnehmer sowie das Interesse der Allgemeinheit am unverfälschten Wettbewerb (§ 1). Sonstige Allgemeininteressen sind nicht Schutzgegenstand. Hauptbedeutung hat bisher die Generalklausel: Unlautere geschäftliche Handlungen sind unzulässig (§ 3 I mit der Verbrauchergeneralklausel des § 3 II nF 2015, Spürbarkeitsklausel 2015 weggefallen); die im Anhang zum UWG aufgeführten geschäftlichen Handlungen gegenüber Verbrauchern sind stets unzulässig (§ 3 III mit langer Enumeration im Anhang seit 2008, sog schwarze Liste). Rechtsbruchtatbestand in § 3a nF 2015. Beispiele für unlautere geschäftliche Handlungen gibt zwecks mehr Transparenz § 4 (nicht abschließend), wichtig vor allem: unangemessene unsachliche Beeinflussung, gezielte Mitbewerberbehinderung und Marktverhaltensrechtsbruch (§ 4 Nr 1, 10, |11) und aggressive geschäftliche Handlungen (§ 4a). Verbot irreführender geschäftlicher Handlungen nach § 5 samt Irreführung durch Unterlassen (§ 5a), praktisch besonders wichtig, zur Auslegung Köhler NJW **16**, 596) dient dem Schutz der sonstigen Marktteilnehmer, Verbot unzumutbarer Belästigungen nach § 7. Die Konkretisierung des § 3 (in der früheren Rspr zB Kundenfang, Behinderung, Ausbeutung, Rechtsbruch, Marktstörung) ist seit 2008 im Anhang zum UWG und im Beispielskatalog des § 4 enthalten und erfolgt im Übrigen wie bisher durch die Rspr in einer Vielzahl von Urteilen. Außer Schadensersatz (§ 9) auch Gewinnabschöpfung (§ 10, nur bei Vorsatztat, Abführung an Bundeshaushalt, zuständig BfJ, BfJG 2006), auch durch Verbandsklage (§ 8 III Nr 2–4). **RsprÜbersichten:** Klute NJW **15**, 2466, **16**, 3344, Lettl BB **15**, 2371, **16**, 2243. Lit: Emmerich 10. Aufl 2016, Fezer/Büscher/Obergfell 3. Aufl 2016, Glöckner 2006 (EU), Götting/Nordemann 3. Aufl 2016; Harte-Bavendamm/Henning-Bodewig 4. Aufl 2017, Heermann/Schlingloff MüKoUWG 2. Aufl 2014, (Hefermehl/)Köhler/Bornkamm 35. Aufl 2017, Teplitzky/Pfeifer/Leistner 3 Bde 2. Aufl 2013 (GroßKo), Lettl 3. Aufl 2016, Ohly/Sosnitza 7. Aufl 2016.

IV. Anrufung und Eingreifen von Gerichten in Handelssachen

1) Freiwillige Gerichtsbarkeit in Handelssachen

A. **Überblick:** Die freiwillige Gerichtsbarkeit spielt in HdlSachen eine maßgebliche Rolle ua in Angelegenheiten des **Handelsregisters** (§§ 8 ff), der **Firma** (§§ 17 ff), in **Gesellschaftssachen** (zB §§ 146 II, 147, 157 II, 166 III, 233 III, 318 III–V). Zuständigkeit und Verfahren in HdlRegSachen sind in FamFG Buch 5 (§§ 374 ff), speziell das HdlReg in **(4) HRV** geregelt.

B. **Die Rolle des Rechtspflegers:** Das RPflG 14.4.13 BGBl I 778 ber 14, 46, überträgt die HdlReg-, GenReg- und PartRegSachen sowie unternehmensrechtliche Verfahren nach den **(3)** FamFG §§ 374 und 375 dem Rechtspfleger (§ 3 Nr 2d RPflG nF). Ausgenommen und dem Richter vorbehalten sind bestimmte Hdl- und Registersachen ua betr AG, KGaA, GmbH, VVaG und AuslandsGes mit ZwNl, nämlich erste Eintragung, Eintragung von Satzungsänderungen, die nicht nur die Fassung betreffen, Löschungen im HdlReg nach §§ 394, 395, 397 und 398 FamFG ua sowie die meisten unternehmensrechtlichen Verfahren nach

Einl v § 1 83, 84   1. Buch. Handelsstand

§ 375 FamRG (§ 17 Nr 1 und 2 RPflG). Für die grundsätzlich dem Rechtspfleger übertragenen Sachen sind vor allem §§ 4–9 RPflG zu beachten betr Umfang der Übertragung, Vorlage an den Richter, Bestimmung der Zuständigkeit durch den Richter, Gültigkeit von Geschäften und Weisungsfreiheit des Rechtspflegers: zu Rechtsbehelfen s § 11 RPflG.

2) Streitige Gerichtsbarkeit in Handelssachen

83 A. **Begriff der Handelssachen nach GVG:** Der Begriff der HdlSachen iSv GVG ist erheblich weiter als Streitigkeiten aus HdlGeschäften iSv §§ 343 ff HGB (§ 95 I Nr 1 und Nr 2–6, II GVG). Außerdem sind auch bürgerliche Rechtsstreitigkeiten, die die Anwendung der GWB, der Art 101 oder 102 AEUV (Art 81 oder 82 aF EG) oder Art 53 oder 54 des EWRAbk betreffen, HdlSachen iSv §§ 93–114 GVG (§ 87 S 2 GWB).

84 B. **Kammer für Handelssachen im Zivilprozess:** Im Zivilprozess in HdlSachen sind nicht wie in anderen Ländern besondere HdlGerichte eingerichtet, sondern nur bei den Landgerichten (in erster Instanz und in zweiter nach den Amtsgerichten) besondere KfH. Damit sollen Praxisnähe und kfm Verständnis eingebracht werden; in kfm Dingen und über das Bestehen von HdlBräuchen kann die KfH auf Grund eigener Sachkunde entscheiden (§ 114 GVG). Bildung, Zuständigkeit, Verfahren der KfH regelt das GVG Titel 7 (§§ 93–114). Die KfH ist seit HRefG 1998 nur noch für Rechtsstreitigkeiten gegen eingetragene Kflte zuständig, was zwar die Gerichte entlastet, aber die Funktion der KfH für die Fortentwicklung des HdlRechts schwächt. Die Verletzung der Zuständigkeit (KfH oder Zivilkammer, keine Frage der sachlichen Zuständigkeit) begründet kein Rechtsmittel (außer bei Entzug des gesetzlichen Richters, Art 101 I 2 GG, §§ 16 S 2, 21e GVG, objektive Willkür); bloßer Verfahrensirrtum genügt nicht. §§ 280, 281 ZPO sind im Verhältnis KfH und Zivilkammer unanwendbar, allgM. Die KfH entscheidet in Besetzung mit einem Berufsrichter als Vorsitzenden und zwei ehrenamtlichen Richtern („HdlRichter"), § 105 GVG. Die ehrenamtlichen Richter (§§ 107–113 GVG) werden aus dem Kreise der in das HdlReg eingetragenen Kflte, gesetzlichen Vertreter juristischer Personen oder Prokuristen auf Vorschlag der IHK jeweils auf vier Jahre bestellt. Befangenheit und Ablehnung s KG NJW **63**, 451, Nbg NJW **67**, 1864. Verhandlung des Rechtsstreits vor der KfH **nur auf** unwiderruflichen **Antrag** (Ausnahme § 104 GVG; Spezialvorschriften, zB § 246 III 2 AktG, Mü WM **07**, 2036) des Klägers in der Klageschrift (§ 96 I GVG) oder des Beklagten vor Verhandlung zur Sache (§ 98 I GVG, in Berufungsschrift, nicht erst Berufungsbegründung, hL, E. Schneider NJW **97**, 992), sonst kommt die Sache vor die Zivilkammer oder bleibt endgültig dort (§§ 96–102 GVG). Ausdrücklicher Verweisungsantrag, hL, Grund: Wortlaut, zeitliche Begrenzung (§§ 98 I, 101 GVG), aA van der Hövel NJW **01**, 345. Beim Mahnverfahren genügt Antrag in der Klagebegründung (vgl § 697 ZPO), Düss NJW-RR **88**, 1471, str. Der Beklagte muss bei Klageerhebung (Rechtshängigkeit) Kfm sein, Schriever NJW **78**, 1472, str. Zuständigkeit der KfH bei mehrfacher Klagebegründung s Brandi/Dohrn NJW **81**, 2453, bei gemischter Klagehäufung und hdlrechtlicher Widerklage Gaul JZ **84**, 57. Die Zuständigkeit der KfH ist der Parteivereinbarung (§ 38 ZPO) entzogen, BGH **55**, 317, aber durch Stellen oder Unterlassen von Anträgen beeinflussbar (§§ 96–99 GVG). Negativer Kompetenzkonflikt entspr § 36 I Nr 6 ZPO, BGH **71**, 271, Mü ZIP **10**, 547, NZG **12**, 346. Diskussion um eine große KfH (3 Berufsrichter/2 Laienrichter, Grund: Telekom-Prozess), Hess JZ **11**, 66, und eine **Kammer für internationale Handelssachen** (KfiH) mit Englisch als möglicher Gerichtssprache, BTDrucks 17/2163 (KfiHG), erneut BR-Drucks 93/14, Hoffmann 2011, dazu Triebel ZHR 176 **(12)** 673, Remmert ZIP **10**, 1579, 70. DJT 2014 Abt Prozessrecht GA Callies und Beschluss 4: „Den Ländern wird die Einführung von

1. Abschnitt. Kaufleute §1 5–9

§§ 13 (seit 13.6.14 „überwiegend", VerbrRechteUmsetzG 20.9.13), 14 BGB mit Geltung insbesondere für 491–506 HGB (näher § 414 Rn 6), im BGB für §§ 241a, 286 III 1 Halbs 2, 288 II, 310 I, III, 312–312f, 355–359, 474–479, 481–487, 489 I Nr 2 (anders noch § 609a I Nr 2 aF), 655a–e, 661a BGB, und in anderen Gesetzen, ua für § 1031 V ZPO; andere Begriffsbildung zB in § 304 InsO (grundsätzlich keine Verbraucherinsolvenz bei selbstständiger wirtschaftlicher Tätigkeit). Dazu R. Schmitt HRefG S 125 ff, 158 ff.

Lit (HRefG): RefE ZIP **96**, 1401, 1445, 1485, RegE BTDrucks 13/8444, zT in ZIP **97**, 942, 997; Rechtsausschuss BTDrucks 13/10332; Bund-Länder-Arbeitsgruppe ZIP **94**, 1407; Schumacher 1998, Dreher ua (Bayer-Stiftung) 1999, Ring 1999, Schaefer 1999, Siems 2003; Niederleithinger ZIP **95**, 597, K. Schmidt ZIP **97**, 909, NJW **98**, 2161, ZHR 163 (**99**) 87, R. Schmitt WiB **97**, 1113, P. Bydlinski ZIP **98**, 1169, Jung ZIP **98**, 677 (Firma), von Olshausen JZ **98**, 717, Priester DNotZ **98**, 691, Schön DB **98**, 1169, Schaefer DB **98**, 1269, Stumpf BB **98**, 2380 (HdlReg), Zimmer ZIP **98**, 2050, Kaiser JZ **99**, 495, Lieb NJW **99**, 35, Pfeiffer NJW **99**, 169 (AGBRecht), K. Schmidt JZ **03**, 585 (5 Jahre HRefG).

B. Nach dem HRefG 1998: a) Ist- oder Musskaufmann, Handelsgewerbe (§ 1 I, II): Nach wie vor ist Kfm, wer ein HdlGewerbe betreibt (§ 1 I). Was ein HdlGewerbe ist, definiert § 1 II nicht mehr als einen Katalog von GrundHdl-Gewerben, sondern einheitlich danach, ob das Unternehmen nach Art und Umfang einen in kfm Weise eingerichteten Geschäftsbetrieb nicht erfordert. Die widerlegbare Vermutung geht auf Vorliegen eines HdlGewerbes. Nicht unter § 1 fallen danach die Kleingewerbebetreibenden (aber Eintragungsoption, s Rn 6). Eine Differenzierung unter Kflten zwischen Voll- und MinderKfm (§§ 1, 4 aF) gibt es nicht mehr. 5

b) Kannkaufmann (§§ 2, 3 II, III): Ein nicht unter § 1 fallender gewerblicher Unternehmer (**Kleingewerbebetreibender**) hat nach § 2 die Option, seine Firma im HdlReg eintragen zu lassen und dadurch Kfm zu werden. Die Eintragung ist hier auch konstitutiv. **Land- und Forstwirte** sind nach § 3 I keine Kflte, haben aber ebenfalls die Möglichkeit, durch Eintragung Kfm zu werden (§ 3 II), auch beschränkt auf ein im Nebengewerbe betriebenes Unternehmen (§ 3 III). 6

c) Kaufmann kraft Eintragung (§ 5): Nach § 5 wird ein Gewerbetreibender (nicht auch ein sonstiger Unternehmer) wie bisher kraft Eintragung zum Kfm. Die übliche Reservierung des Begriffs Kfm kraft Eintragung für Kflte nach § 5 ist praktisch, aber unscharf: Kfm kraft Eintragung ist der Sache nach auch der KannKfm nach §§ 2, 3 II, III, wenn er seine Firma hat eintragen lassen. Ebenso sind die GbR sowie die reine VermögensverwaltungsGes, wenn die Firma eingetragen ist, OHG bzw KG kraft Eintragung (§§ 105 II, 161 II). 7

d) Handelsgesellschaften, Formkaufmann (§ 6 I, II): Unverändert ist auch § 6. Für **Handelsgesellschaften** gilt nach **§ 6 I** KfmRecht. HdlGes sind OHG, KG, EWIV, GmbH, AG, KGaA (§ 6 Rn 1). Letztere entstehen durch Eintragung; ob sie ein Gewerbe betreiben, ist irrelevant, so GmbH (§ 13 III GmbHG), AG, KGaA (§§ 3, 278 III AktG). Ein Verein, dem das Gesetz die Eigenschaft eines Kfm beilegt, ist **Formkaufmann** nach § 6 II; FormKfm sind GmbH, AG, KGaA, eG, EWIV (§ 6 Rn 6), einerlei ob sie ein HdlGewerbe betreiben. 8

C. Istkaufmann (Musskaufmann, I): Kfm iSd HGB ist, wer ein HdlGewerbe betreibt. Voraussetzung ist danach, dass der Unternehmer überhaupt ein Gewerbe (s Rn 11 ff), und zwar ein HdlGewerbe (s Rn 22 ff) betreibt (s Rn 30 ff). Betreibt er ein solches, ist er ohne weiteres Kfm, insbesondere ohne Eintragung im HdlReg (Istkaufmann). Die **Eintragung** im HdlReg ist insoweit 9

§ 1 10, 11   1. Buch. Handelsstand

nur **deklaratorisch** (nur registerrechtliche Anmeldungspflicht, § 29). Betreibt er kein HdlGewerbe, kann er Kfm durch (dann konstitutive) Eintragung werden, sei es durch freie Wahl (Kannkaufmann, §§ 2, 3) oder auch ungewollt (Kfm kraft, wenngleich unrichtiger, Eintragung, § 5). Kraft Gesetzes ist Kfm bzw ist KfmRecht anwendbar auf den FormKfm (§ 6 II) und auf HdlGes (§ 6 I). Kein Kfm iSd HGB ist der RechtsscheinKfm, vielmehr werden auch auf den Unternehmer die allgemeinen Grundsätze der Rechtsscheinhaftung angewandt, die andere Voraussetzungen und Rechtsfolgen haben (§ 5 Rn 9).

10   D. **Kaufmannsähnliche Personen, analoge Anwendung des HGB auf Unternehmer und bestimmte Nichtunternehmer: a) Unternehmer** (genauer Unternehmensträger, Einl 41 vor § 1) sind, auch wenn sie einem Kfm ähnlich tätig werden, als solche weder Kflte noch sind ohne weiteres HGBVorschriften auf sie anwendbar. Relevant ist das auch nach dem HRefG besonders für Freiberufler (s Rn 19, dort auch zur PartG) und die nicht eingetragenen Kleingewerbetreibenden, deren Zahl durch den Wegfall des MinderKfm (§ 4 aF) stark angewachsen ist. Für sie gelten, abgesehen von Vorschriften des HGB, die ausdrücklich auch für Kleingewerbetreibende Anwendung finden (§§ 84 IV, 93 III, 383 II, 407 III 2, 453 III 2, 467 III 2, s dort) und von der Rechtsscheinhaftung (§ 5 Rn 9), das allgemeine Unternehmensrecht (Einl 31–70 vor § 1) und, nur soweit im Einzelfall eine Analogie möglich ist, einzelne Vorschriften des HGB, stRspr. Solche Einzelanalogie wird durch das HRefG nicht ausgeschlossen, RegE ZIP **97**, 946 (zu § 56), R. Schmitt HRefG S 185 ff, str. Bspe: HdlBrauch (§ 346 Rn 3), kfm und berufliches Bestätigungsschreiben (§ 346 Rn 18) sowie (jeweils str) bei §§ 25, 28, 56, 73 ff, 75h, 142, 355 ff, 362, 366, 377, 379 I sowie, dagegen nach (noch) hL nicht bei §§ 5, 8 ff, 17 ff, 48 ff, 54, 348–350, 352, 353, 354a, 369, 373 ff. Derartige Analogien, aber auch eigenständige, den jeweiligen Anforderungen des (selbstständigen) Berufsverkehrs angepasste Anforderungen lassen sich ua mit einem außerhalb des HGB angesiedelten eigenständigen Berufsrecht begründen, Hopt AcP 183 **(83)** 608, str. Eine noch weitergehende, generellere Unterstellung der Unternehmer unter das HGB ist mit dem Gesetzgeber des SMG dagegen abzulehnen, hL, Canaris § 1 Rn 24, 43; Zöllner ZGR **83**, 82, Neuner ZHR 157 **(93)** 269, Henssler ZHR 161 **(97)** 13, Beurskens JZ **17**, 92, krit K. Schmidt DB **94**, 515, MüKo/K. Schmidt 4.

b) Die Analogiefrage wird neuerdings auch für bestimmte **Nichtunternehmer**, nämlich **Geschäftsleiter** (s Rn 31) und **Gesellschafter** (s Rn 50) gestellt, zB für §§ 349, 350, 367 I, MüKo/K. Schmidt 96, ablehnend zB für § 350 auch bei AlleinGfter und -geschäftsführer einer (Einpersonen)GmbH BGH **121**, 224, sehr str. Hier gilt es mit allgemeinen Analogien zum HGB noch vorsichtiger zu sein als bei Unternehmern, weil hier die rechtliche Selbstständigkeit fehlt, auch Berufshaftung deckt das nicht ab. Andererseits sind jedenfalls Vorschriften, die den Nichtunternehmer nicht selbst belasten und nur dem Rechtsverkehr dienen, nicht von vornherein analogieunfähig.

2) Gewerbe

11   A. **Begriff im und außerhalb des HGB: a) Gewerbebegriff außerhalb des HGB:** Ein einheitlicher Gewerbebegriff im Recht existiert nicht und wäre auch kaum zu erreichen, RegE (entspr RefE) ZIP **96**, 1406, BGH **33**, 327. Vielmehr bestimmt der Zweck der verschiedenen Gesetze und Rechtsnormen im öffentlichen und Steuerrecht, was dort jeweils als Gewerbe anzusehen ist, vgl § 1 GewO, § 15 EStG, § 2 GewStG; auch KWG, PatG, UWG, ZPO, StGB. So ist zB im Steuerrecht anerkannt, dass ein Gewerbe nur bei Vorliegen einer Gewinnerzielungsabsicht gegeben ist. Das ist als Grundlage der Besteuerung tatsächlich unverzichtbar. Das Steuerrecht unterscheidet auch Einkünfte aus Gewerbebetrieb und aus Land- und Forstwirtschaft. Im Handelsrecht, das ganz andere Zwecke

und Charakteristika hat (Einl 1–7 vor § 1 HGB), ua Einfachheit und Schnelligkeit im Rechtsverkehr, ist eigenständig und anders abzugrenzen. Lit: MüKo/K. Schmidt 22, Hopt/Mössle/Schmitt Schema 1, Schwennicke WM **10**, 542 (KWG).

b) Gewerbebegriff im HGB: Das HGB kennt keine gesetzliche Definition, obschon es ohne Vorliegen eines (Handels)Gewerbes nicht anwendbar ist. Nach stRspr und Lehre lässt sich der hdlrechtliche Gewerbebegriff bei manchen Streitigkeiten definieren als (1) erkennbar planmäßige, auf Dauer angelegte, (2) selbstständige, (3) auf Gewinnerzielung ausgerichtete oder jedenfalls wirtschaftliche Tätigkeit am Markt (4) unter Ausschluss freiberuflicher, wissenschaftlicher und künstlerischer Tätigkeit. Ob (5) Zulässigkeit der Tätigkeit und Wirksamkeit und Klagbarkeit der Verträge begriffswesentlich sind, ist streitig, aber abzulehnen. Auch Land- und Forstwirte betreiben ein Gewerbe (§ 3 Rn 3), früher str. Die Rechtsprechung zu § 196 I Nr 1, II aF BGB (vor SMG, betr kurze Verjährung von Ansprüchen für Gewerbebetriebe), dessen Gewerbebegriff dem handelsrechtlichen am nächsten stand, ist weiterhin einschlägig (ausführlich 30. Aufl Einl 18 vor § 343).

B. Planmäßige, auf Dauer angelegte Tätigkeit: Plan- und (nach der Rspr) berufsmäßige Ausübung setzt voraus, dass eine wirtschaftliche Tätigkeit **für Dritte erkennbar auf eine gewisse Dauer angelegt** ist. Die Absicht des Handelnden muss sich auf eine Vielzahl von Geschäften als Ganzes richten, RG **74**, 150, KG OLGE **12**, 413, und ein solcher Wille muss auch gegenüber Dritten hervortreten, es darf nicht nur eine Mehrzahl einzelner Gelegenheitsgeschäfte erkennbar sein, RG **66**, 51, Dresden OLGE **36**, 249. Unschädlich sind Unterbrechungen (zB Saisonbetrieb), RG **130**, 235, begrenzte Dauer (nur während Wochenmarkt oder Messe) und Betrieb als Nebentätigkeit, Ffm NJW-RR **91**, 246. Berufsmäßige Geschäftstätigkeit kann auch Nebentätigkeit sein; daran fehlt es bei Vermögensanlage, zB Vermietung von zur Kapitalanlage erworbenen Appartements, BGH **74**, 276; Berufsmäßigkeit bedingt planmäßige, auf Dauer angelegte Tätigkeit, aber nicht umgekehrt, also entgegen der bisherigen Rspr, BGH **63**, 33, **74**, 276, kein unverzichtbares Kriterium, ähnlich Rö/Röhricht § 1 Rn 24, 72, K. Schmidt § 9 II Rn 20. **Vermögensverwaltungsgesellschaft** kann Kfm werden, auch wenn sie kein Gewerbe betreibt (§ 105 II nF, § 2 Rn 2, § 105 Rn 13). **Nicht:** Einzelne Veräußerungen, zB Hausstandsauflösung bei Umzug, Vermögensumschichtung, Verkauf des jeweiligen Jahreswagens durch Werksangehörige, gelegentliche Basars für Schule oder Verein, jährliche Clubreisen.

C. Selbstständigkeit: Gewerbe iSv § 1 ist nur eine selbstständige Tätigkeit, Legaldefinition in § 84 I 2, Hopt DB **98**, 863 (Gewerbebegriff unter § 1 ist aber, anders als § 84 I 2, II, nicht europarechtlich präformiert). Entscheidend ist auch hier die persönliche Freiheit, und zwar die rechtliche, ohne Bedeutung sind Abhängigkeit iSv Konzernrecht, GWB oder auch existentielle, wirtschaftliche Abhängigkeit. Es kommt auf das Gesamtbild der vertraglichen Gestaltung und tatsächlichen Handhabung an (alle Einzelheiten s § 84 Rn 35–39). Einerlei ist, ob der Handelnde Geschäfte im eigenen oder fremden Namen schließt, zB HdlVertreter (§ 84 I), HdlMakler (für beide § 1 Nr 7 aF), abw KG HRR **31** Nr 1240 für Hausverwalter. **Nicht:** Arbeitnehmer, zB unselbstständige „Handelsvertreter" (§ 84 II) und sonstige, auch leitende Angestellte, Beamte; Abgrenzung kann sehr schwierig sein (Scheinselbstständige, § 84 Rn 35).

D. Gewinnerzielungsabsicht; wirtschaftliche Tätigkeit am Markt: a) Als Gewerbebetrieb iSv § 1 (ebenso wie iSv § 196 I Nr 1, II aF BGB, s Rn 12) soll nach herkömmlicher Ansicht nur die berufsmäßige Tätigkeit in der **Absicht dauernder Gewinnerzielung** sein, stRspr, BGH **33**, 325, **36**, 276, **49**, 260, **53**,

§ 1   16, 17

223, **57**, 199, **66**, 49, **83**, 386, **95**, 157, offen BGH **155**, 246, **167**, 45 (jedenfalls nicht beim Verbrauchsgüterkauf, § 474 BGB) zweifelnd Mü NJW **88**, 1036, früher hL. Diese Gewinnabsicht sei für Wirtschaftsunternehmen von Privaten zu vermuten, für solche der öffentlichen Hand im Einzelfall festzustellen (s Rn 27). Auf die Absicht kommt es an, nicht auf die tatsächliche Gewinnerzielung.

16   b) Aber Differenzierung des Gewinnbegriffs in der modernen Betriebswirtschaftslehre, strategische Verlagerung des Gewinnanfalls zwischen konzernangehörigen Unternehmen und Vermehrung und Differenzierung der öffentlichrechtlichen Unternehmen (s Rn 27) sprechen gegen ein Tatbestandsmerkmal Gewinnabsicht. Nicht nur bei Sparkassen, Immobilien- und AbschreibungsGes (s Rn 27, § 105 Rn 2), sondern allgemein ist stattdessen objektivierend auf **Verkehrsanschauung, Führung nach betriebswirtschaftlichen Grundsätzen** und **Tätigkeit am Markt im Wettbewerb mit Privatunternehmen** (also unter Ausschluss bloßen Verbrauchs) abzustellen, Hopt ZGR **87**, 145, Henssler ZHR 161 **(97)** 22, Hüttemann FS W.-H. Roth **15**, 241, ähnlich K. Schmidt § 9 II Rn 27, 37: anbietende, entgeltliche Tätigkeit an einem Markt auch ohne Gewinnerzielungsabsicht, Canaris § 2 Rn 14, Rö/Röhricht § 1 Rn 50, Koller/Roth § 1 Rn 10, inzwischen hL; sehr weitgehend Dresd DB **03**, 713m krit Anm K. Schmidt DB **03**, 703; vgl auch BGH **95**, 159. Rspr zT zu § 196 aF BGB (Verjährung), zT § 1 I aF VerbrKrG ist für die Auslegung von § 1 weiter verwendbar, Rö/Röhricht 21, 23.

17   c) **Kasuistik:** Errichtung und Veräußerung von Eigenheimen durch ein Wohnungsbauunternehmen, BGH BB **73**, 499. Auch Unternehmen, die ihren Gewinn abführen (vgl § 291 AktG); Vermietung und Verpachtung, soweit nicht bloße Vermögensverwaltung (s unten), Leasing (vgl **(7)** Bankgeschäfte Rn P/1). Auch ein Verein, der entgeltlich Waren in größerem Umfang an seine Mitglieder (nur an diese, sonst unstr) vertreibt (vgl §§ 21, 22 BGB), zB Buch-, Schallplattenclub, Automobilclub, kann uU ein Gewerbe betreiben (mindestens entspr Anwendung einzelner handelsrechtlicher Vorschriften), zutr K. Schmidt § 9 II Rn 31 („innerer Markt"), iErg abl RG JW **28**, 238, offen Rö/Röhricht § 1 Rn 33, str. **Nicht:** Rein karitative Einrichtungen, etwa bloße Sammeltätigkeit, aber sehr wohl idR Führung eines Krankenhauses, Düss NJW-RR **03**, 1120. Wer am Markt ausschließlich nachfragt, etwa **Verbraucher,** auch Großabnehmer. **Kapitalanleger,** die für sich selbst an der Börse spekulieren, vgl BGH **104**, 208 (zu **(14)** BörsG § 53 II Nr 1 aF), oder ihr eigenes Vermögen verwalten; Parzellierung der ererbten Grundstücke zwecks späterer Auseinandersetzung, Heymann/Emmerich 7; bloße **Vermögensverwaltung** ist kein Gewerbe, BGH **74**, 273 (zu § 196 I Nr 1, II aF BGB), **119**, 256, **149**, 80 (zu § 1 aF VerbrKrG), NJW **63**, 1397, unabhängig von der Höhe der verwalteten Werte, aber uU anders infolge Umfangs, Komplexität und Anzahl der mit der Vermögensverwaltung verbundenen Geschäfte (wenn zB Büro oder Organisation notwendig wird), BGH **149**, 87, vgl auf Umfang der Marktteilnahme abstellend Schulze-Osterloh FS Baumann **99**, 325. Abgrenzungsprobleme s Rn 18, § 105 Rn 13, Hopt ZGR **87**, 159, Schön DB **98**, 1169: Ges, die über die Verwaltung von Immobilien und Finanzkapital hinaus Leistungen erbringen oder ihre Vermögenswerte laufend umschichten (Risikostruktur); Rö/Röhricht § 1 Rn 37 ff, 43: organisatorischer Gesamtaufwand und Differenzierung zwischen Eigen- und Fremdvermögensverwaltung; dazu also beachten § 105 II idF HRefG (dort Rn 13), der auch auf Einzelpersonen, die ihr Vermögen einem Gewerbe vergleichbar verwalten, anwendbar ist, str (§ 105 Rn 13), iErg entscheidet das Gesamtbild, BGH **149**, 87, zutr Rö/Röhricht § 1 Rn 42. **Wohnungsvermietung** und Grundstücksverwaltung sind idR nur Kapitalanlage, nicht berufsmäßige Erwerbsquelle, BGH **63**, 33, **74**, 273 (Erwerb dreier Eigentumswohnungen zur möblierten Vermietung im Rahmen eines von anderen geführten Hotelbetriebs), NJW **68**, 1962 (Errichtung

1. Abschnitt. Kaufleute 18, 19 § 1

mehrerer Mietshäuser), Ffm DB **82**, 895. GbR zum Erwerb und Halten eines Familienheims durch Ehegatten, BGH NJW **82**, 170. **Steuerrechtliche** Abgrenzung ist fiskalisch geprägt und vom Zweck des HGB her nicht ausschlaggebend (vgl Rn 19), aber informativ, Dreiobjektgrenze als Indiz für Gewerbe, Einzelfallbetrachtung, BFH BB **02**, 660, Bloehs BB **02**, 1068.

Auch **Holdinggesellschaft** mit bloßer Anteilsverwaltung und **Besitzgesellschaft** (**Betriebsaufspaltung** in Besitz- und Betriebsunternehmen, nicht zu verwechseln mit Spaltung nach UmwG, Einl 24 vor § 105) können nach den genannten Kriterien (s Rn 12) anders als nur vermögensverwaltende Privatleute jedenfalls ein Gewerbe betreiben, str, je nachdem sogar ein HdlGewerbe (s Rn 23), Mü NJW **88**, 1036, BAG BB **87**, 2235, Heymann/Emmerich § 2 Rn 11, GroßKo/Hüffer § 17 Rn 20, Hopt ZGR **87**, 171, Binz, GmbH &, Co 1992 § 18 Rn 18, aA BGH WM **90**, 586, Hamm NJW **94**, 392, GroßKo/Ulmer § 105 Rn 26, MüKo/K. Schmidt 28, DB **90**, 94, Rö/Röhricht § 1 Rn 45. Denn wenn das Geschäft kfm ist, ist kfm Einrichtung häufig auch für das Besitzunternehmen erforderlich, namentlich bei unternehmerischem Einfluss auf die BetriebsGes, jedenfalls aber bei Erbringung zusätzlicher Leistungen oder laufender Vermögensumschichtung (s Rn 17). Die Streitfrage hat durch die Anerkennung der GbR als selbstständiger Rechtsträger (Einl 14 vor § 105) und schon zuvor durch das HRefG erheblich an Bedeutung verloren, weil eine Ges, die „nur eigenes Vermögen verwaltet", nunmehr bei Eintragung in das HdlReg OHG ist (§ 105 II 1 2. Alt nF) und deshalb die Betriebsaufspaltung (bei Eintragung) nicht mehr zum automatischen Herabsinken der (Besitz)Ges auf eine GbR führen muss (vgl Mü NJW **88**, 1036, 29. Aufl § 105 Rn 8). § 105 II 1 nF entscheidet die Streitfrage aber nicht selbst, vielmehr greift nach wie vor § 1 vorrangig ein, wenn seine Voraussetzungen (HdlGewerbe) erfüllt sind, zutr Schön DB **98**, 1174. Sofern dadurch für die konkrete HoldingGes oder die BesitzGes nach der Verkehrsanschauung eine kfm Einrichtung erforderlich ist, ist sie OHG auch ohne Eintragung; sonst kann sie OHG werden und bleiben, wenn sie sich eintragen lässt, str (§ 105 Rn 13). Unabhängig davon drohen bei Betriebsaufspaltung Komplikationen aus Konzernrecht (§ 105 Rn 100) und den Regeln für eigenkapitalersetzende Darlehen (§ 172a aF, InsO). Zur Unternehmenspacht s Einl 49 vor § 1, § 22 Rn 25, § 25 Rn 4, § 59 Rn 17–21. Lit: Brandmüller (LBl), Wittich 2002, Carlé 2003, Söffing 3. Aufl 2005, Kaligin 10. Aufl 2017, Dehmer 3. Aufl 2015. **Muster:** Hopt/Kraft/Link 4. Aufl 2013 Form III. H.10 (Betriebsaufspaltung).

E. **Freie Berufe, Wissenschaft und Kunst: a)** Freie Berufe, Wissenschaft 19 und Kunst (letztere zT auch als freie Berufe iwS angesehen) betreiben nach ihrem **historisch gewachsenen Berufsbild** und der **Verkehrsanschauung** kein Gewerbe, das ist rechtspolitisch fragwürdig geworden, aber de lege lata hinzunehmen, Henssler ZHR 161 (**97**) 24, NZG **11**, 1121, krit K. Schmidt DB **94**, 515; der rechtspolitische Bedarf ist durch das PartGG nicht entfallen, aA RegE HRefG S 34. Das Recht am Gewerbebetrieb hat die Rspr auch Freiberuflern zuerkannt, BGH NJW **12**, 2579 (Einl vor § 1 Rn 65). Zur Sonderstellung der freien Berufe BVerfG ZIP **08**, 1168; Unzulässigkeit der Rechtsanwalts-GmbH & Co KG, BVerfG ZIP **12**, 367. Der weite Katalog in § 1 II PartGG ist für das HGB nicht maßgeblich, hL, Zweibr NZG **13**, 106; wird eine PartGes gebildet, ist sie allerdings von Gesetzes wegen keine HdlGes (§ 1 I 2 PartGG: kein HdlGewerbe, § 4 Eintragung in das PartnerschaftsReg), was einzelne Analogien zum HGB nicht ausschließen soll, MüKo/K. Schmidt 36 („negativer FormKfm"). **Beispiele:** Rechtsanwälte (§ 2 II BRAO, BGH **72**, 287, NJW **11**, 3036), Patentanwälte (§ 2 II PatentanwaltsO), Notare (§ 2 S 3 BNotO), Wirtschaftsprüfer (s (**4c**) WPO § 1 II), BGH **94**, 69, KG ZIP **13**, 2156, anders wenn auch Treuhandtätigkeit, BGH NJW **15**, 61m krit Anm K. Schmidt ZIP **14**, 2226, Henssler/Mark-

§ 1 20

worth NZG **15**, 1 (s auch Rn 28, § 105 Rn 3), und ebenso Steuerberater (§ 32 II StBerG), BGH **72**, 324, BGH NJW **15**, 61 (Treuhand: wie bei Wirtschaftsprüfer), Einschränkung bei Umwandlung, KG ZIP **13**, 2156, Architekten (BGH WM **79**, 559), Ärzte (§ 1 II BÄO, BGH **33**, 325, **86**, 320, Nürnb NJW **73**, 1414), Zahnärzte (§ 1 IV ZahnheilkundeG), Tierärzte, öffentlich bestellte Vermessungsingenieure (BGH **97**, 245), Wissenschaftler, Künstler, Artisten, „freie" Lehrer, aA Koller/Roth 14, Dolmetscher und wie Schriftsteller tätige Übersetzer (aber s Rn 20). Maßgeblich für die Zuordnung ist die Verkehrsanschauung. Die Herausnahme der freien Berufe aus dem HGB ist nicht nur rechtspolitisch fragwürdig geworden, sondern gilt auch schon de lege lata nur beschränkt: zum einen **nur für den Kernbereich des freien Berufs**, nicht zB für ärztliche Privatklinik oder für kommerziell betriebene Kunst (s Rn 20), zum anderen ist auch für freie Berufe die entsprechende Anwendung einzelner handelsrechtlicher Vorschriften möglich, Hopt ZGR **87**, 177. Angehörige freier Berufe sind heute (noch) nicht Kaufleute (wohl aber uU Unternehmer, Einl 31 ff vor § 1), werden es nicht nach § 2, fallen bei versehentlicher Eintragung ins Handelsregister auch nicht unter § 5, str, können nicht OHG, KG, GmbH & Co bilden (§ 105 Rn 3), nur GbR, EWIV (s Anh A nach § 160), Partnerschaft (s Anh B nach § 160) und (soweit ihre Standesvorschriften es gestatten) GmbH, KGaA und AG. Für medizinische Versorgungszentren § 95 SGB V ab 2004, Klose BB **03**, 2702. Sozietätsverbote s § 105 Rn 83. **Steuerrechtliche** Abgrenzung, zB sehr weit § 18 I EStG, ist fiskalisch geprägt und vom Zweck des HGB her nicht ausschlaggebend (vgl Rn 17).

b) Nicht Freiberufler sind Apotheker, BGH NJW **83**, 2086 (Besonderheiten aus Apothekenrecht s Schiedermair FS Laufke **71**, 253; betr OHG, KG s § 105 Rn 2, stGes § 230 Rn 5); Heilpraktiker, LG Tüb NJW **83**, 2093 (zu § 196 I Nr 1 aF BGB), Krankengymnasten, Masseure; Treuhänder, KG HRR **32** Nr 249; Werbeberater, Systemanalytiker, Softwareentwickler, str, Maier NJW **86**, 1909; Auktionator, LG Aurich BB **75**/Beil 12, 3, Fahrlehrer, Kunstgewerbler. Normale Ingenieure, Zweibr NZG **13**, 106, str, anders für öffentlich bestellte Vermessungsingenieure, BGH **97**, 245.

20 **c) Gewerbebetriebe von Freiberuflern, Wissenschaftlern und Künstlern:** Freiberufler, Wissenschaftler und Künstler betreiben heute ihre Tätigkeit häufig so, dass nach außen ein gewerbliches Unternehmen unter Zurücktreten der geistigen oder wissenschaftlichen Betätigung vorliegt, etwa bei Anstalten, größeren Betrieben, Beschäftigung eines ganzen Stabs von Mitarbeitern, Zusammenschluss und gemeinschaftlicher Tätigkeit mit Nichtfreiberuflern, Betrieben von Universitätsangehörigen zur Verwertung wissenschaftlicher Forschung. Darüber entscheidet Verkehrsanschauung (s Rn 19), für typologische Abgrenzung K. Schmidt 9 II Rn 23. Freiberuflergesellschaften s § 105 Rn 3. Bei **gemischten Betrieben,** teils freiberuflich, teils kommerziell-gewerblich, zB ärztliche Praxis nebst Kurbetrieb, kommt es, wenn sie nicht eigene Unternehmen (s Rn 29) oder sonst trennbar (hängt von jeweiliger Gestaltung ab, zB private Arztpraxis mit Belegbetten im Krankenhaus) sind, auf das Gesamtbild an (s Rn 28), BGH NJW **11**, 3037, MüKo/K. Schmidt 35 mit Bsp. Je nachdem sind dann auch Freiberufler nach dem Zweck des HGB (Einl 4–7 vor § 1) Gewerbetreibende iSv § 1. **Beispiele** für Gewerbebetriebe von Freiberuflern und anderen: Altersheim, Sanatorium, RG **109**, 75; Privatklinik, aber nicht schon apparativ großzügig ausgestattete ärztliche Gemeinschaftspraxis, Düss NJW **88**, 1519; sonstige größere Heilanstalten; Hausverwaltung, Erschließungstätigkeit oder technisches Büro durch Architekten, BGH **33**, 335, WM **79**, 559; Marktwaren- und Serienproduktion durch Künstler, BGH **33**, 336; gewerbliche Dolmetscher und Übersetzer, Theater, Zirkusunternehmen, juristisches Repetitorium, Privatschule, Tanzschule, Verleger einer wissenschaftlichen Zeitschrift, Seminarveranstalter, Werbefachleu-

1. Abschnitt. Kaufleute

te; ihr Unternehmen ist idR Gewerbe, daher können sie Kflte nach § 2 werden (wenn nicht schon § 1 II) und dann auch OHG, KG bilden, soweit keine Standesvorschriften entgegenstehen. Lit: Rittner 1962, Steindorff 1980, Michalski 1989 (Gesellschafts- und Kartellrecht), Taupitz 1991.

F. Irrelevanz von Zulässigkeit, Wirksamkeit, Klagbarkeit: a) Auch ein 21 gesetz- oder **sittenwidriger** Betrieb (zB Wucher, Hehlerei; bestandskräftige Untersagung der Gewerbetätigkeit s § 7 Rn 6) ist Gewerbe, hL, Canaris § 2 Rn 13, K. Schmidt § 9 II Rn 35, Rö/Röhricht § 1 Rn 57, str; den Betreibenden treffen im HdlVerkehr grundsätzlich auch (wie nach der SteuerRspr Steuerpflichten) die Pflichten und dann auch die Rechte eines Gewerbetreibenden und Kfm. Nach aA gilt das jedenfalls nach Rechtsscheingrundsätzen (§ 5 Rn 9). Ob die von dem Betreibenden getätigten Rechtsgeschäfte privatrechtlich wirksam sind, ist eine andere, unter dem jeweiligen Verbotsgesetz zu entscheidende Frage (vgl § 7 Rn 2). Steht fest, dass das Gewerbe insgesamt gesetz- oder sittenwidrig ist (zB Drogenhandel, Schmuggel), ist es aber nicht in das HdlReg einzutragen, sondern zu unterbinden (anders bei bloßem Fehlen öffentlichrechtlicher Erlaubnisse, s § 7 Rn 3).

b) Nach Ffm NJW **55**, 716, BayObLG NJW **72**, 1327 können Ehevermittler nicht Kflte werden; sie haben kein Gewerbe oder brauchen nicht „nach Art und Umfang einen in kfm Weise eingerichteten Geschäftsbetrieb" (§ 2 aF), weil ihre Geschäfte **unklagbar** sind (§ 656 BGB); das überzeugt nicht, zutr Gilles JZ **72** 383, John JR **77**, 563.

3) Handelsgewerbe (II)

. A. **Erforderlichkeit kaufmännischer Einrichtungen: a)** HdlGewerbe ist 22 nach II idF HRefG jedes Gewerbe, es sei denn, dass das Unternehmen nach Art oder Umfang einen in kfm Weise eingerichteten Geschäftsbetrieb nicht erfordert. II (Vermutung, s Rn 25) knüpft damit an die §§ 2 S 1, 4 I aF an. Die **Rechtsprechung zu §§ 2 Satz 1, 4 I aF** (gleiche Abgrenzung bei beiden) dazu hat also für II weiterhin Bedeutung, RegE ZIP **97**, 949. Bei eingetragenen Unternehmen kommt es materiellrechtlich auf II nicht an (s Rn 9), aber im Löschungsverfahren (§ 31 II). Verhältnis von II zu §§ 2–6 MüKo/K. Schmidt 14 ff. II gilt **nicht für Land- und Forstwirtschaft** (§ 3 I, dort Rn 2). Lit: Kögel DB **98**, 1802.

b) Der Gewerbebetrieb muss nach Art und (nicht: oder; also kumulativ, s 23 Rn 25) Umfang **kaufmännische Einrichtung erfordern** (nicht: haben, unstr, aber dies gibt uU tatsächlichen Hinweis auf Erforderlichkeit). Kfm Einrichtung bedeutet vor allem: kfm Buchführung und Bilanzierung, kfm Bezeichnung (Firma, §§ 17 ff), kfm Ordnung der Vertretung (§§ 48 ff) und kfm Haftung; die Rechtsfolgen bestimmen den Anwendungsbereich. Die Erforderlichkeit beurteilt sich qualitativ (nach Art) und quantitativ (nach Umfang) unter typologischer Betrachtungsweise. Keine Schwellenwerte wie in § 267 (wären auch viel zu hoch) und in § 141 AO (rein fiskalisch). Wesentliche (oft zusammenhängende, aber nicht notwendig kumulative) Kriterien sind ua (1) **Art der Geschäftstätigkeit:** zB Vielfalt der Erzeugnisse und Leistungen und der Geschäftsbeziehungen, Inanspruchnahme und Gewährung von Kredit, Teilnahme am Wechselverkehr, aktiv oder passiv am Frachtverkehr, lokale oder weiträumigere, namentlich internationale Tätigkeit, umfangreiche Werbung, größere Lagerhaltung; (2) **Umfang der Geschäftstätigkeit:** zB Umsatzvolumen (nicht Bilanzgewinn), BGH NJW **82**, 577 (aus Höhe der Pachtzahlung der Diskothek geschlossen), Anlage- und Umlaufvermögen; Zahl und Funktion der Beschäftigten, auch Aushilfskräfte, Dresd NJW-RR **02**, 33, Schichtbetrieb; **Größe und Organisation:** zB Größe des Geschäftslokals, Zahl und Organisation der Betriebsstätten, überregionale Tätigkeit, Dresd NJW-RR **02**, 33, Auslandsfilialen. Größe von Büro und La-

§ 1 24, 25   1. Buch. Handelsstand

gerräumen ist angesichts moderner Informationstechnologie nicht entscheidend, Dresd NJW-RR **02**, 33. Vorsicht ist speziell bei Heranziehung des Kriteriums **Umsatz** geboten, auch Unternehmen mit größerem Umsatz können uU ohne kfm Einrichtungen auskommen, umgekehrt können trotz geringeren Umsatzes andere Kriterien für die Erforderlichkeit kfm Einrichtungen den Ausschlag geben, zB erhebliche Kapazität für Spitzenzeiten (Großaufträge), Dresd NJW-RR **02**, 33 (Bühnenpräsentation). Die diesbezügliche Rspr ist fast durchweg älter (zu § 4 aF) und uneinheitlich (s Rn 24), und die Zahlenwerte wären auf heutige Verhältnisse hochzurechnen. Rö/Röhricht § 1 Rn 111 ff will Klassen bilden: unter 100 000/über 500 000 Euro und dazwischen. Die Festlegung absoluter Größen wird jedenfalls zu Recht ganz überwiegend abgelehnt. Maßgebend ist stets das **Gesamtbild**, hL, stRspr, BGH BB **60**, 917, Stgt OLGZ **74**, 132, Ffm BB **83**, 335, Celle BB **83**, 659, BayObLG NJW **85**, 983, Dresd NJW-RR **02**, 33; Greitemann FS Möhring **65**, 43. Gemischte Betriebe (s Rn 28), zB Handwerk und Handel, brauchen kfm Einrichtung noch mehr als einfache, Celle BB **83**, 658. Bei **Saisonbetrieben** kommt es auf die Saison, nicht auf das ganze Jahr an, Rö/Röhricht § 1 Rn 118. Nach gleichen Kriterien beurteilt sich nach (nicht nur vorübergehender) Schrumpfung des eingetragenen Betriebs der **Wegfall** der Erforderlichkeit kfm Einrichtung, Karlsr BB **64**, 571. Maßgeblich für die Beurteilung ist der **Zeitpunkt** der Aufnahme des HdlGewerbes, also die ersten Geschäfte (einschließlich Vorbereitungsgeschäfte, s Rn 51), Rö/Röhricht § 1 Rn 139; bloße Zukunftserwartungen auf entsprechend großen Betrieb genügen nicht, BGH **10**, 96; anders, wenn nach der Anlage des Unternehmens kfm Einrichtung klar und alsbald erforderlich sein wird, vgl für OHG BGH **32**, 311, BayObLG NJW **85**, 983 (s Rn 51, § 105 Rn 4). Bedeutung der Unklagbarkeit der Geschäfte (Ehevermittler) s Rn 21. Betriebsaufspaltung s Rn 18. Erforderlichkeit einer kfm Einrichtung nach § 1 I 1 KWG (s (7) Bankgeschäfte Rn A/4), OVG Bln NJW **67**, 1052 (regelmäßige Avalkreditgewährung); öffentlichrechtliche Kreditinstitute s Rn 27.

24   **Beispiele** für Erforderlichkeit kfm Einrichtungen (s Rn 23, umfassende Nachweise bei Rö/Röhricht § 1 Rn 111 ff, Beträge in Euro die Hälfte): Damenoberbekleidungsgeschäft mit Umsatz von DM 230 000, Anlagevermögen von DM 6000 und Warenbestand von DM 102 000, Kblz BB **88**, 2408; HdlVertreter und Grundstücksmakler nach Verkehrsauffassung ab DM 200 000, Ffm BB **83**, 335; trotz geringeren Umsatzes (Bsp 170 000 DM) Notwendigkeit komplizierter Abrechnungen, Hamm DB **69**, 386 (Optiker). **Nicht:** Bundeswehr-Kantine mit 500 000 DM Jahresumsatz, Celle BB **63**, 324; Süßwaren-Großhandel, 180 000 DM Umsatz mit ca 80 festen bar zahlenden Kunden, Karlsr BB **63**, 324; ländliche Zimmerei, 5 Fachkräfte, über 500 000 DM Umsatz, Steuerbuchführung, Celle MDR **74**, 235. Weitere Bspe für Abgrenzung: HdlVertreter, KG JW **36**, 1684; Werkkantine, Mü HRR **38**, 1345, KG BB **59**, 1007; Viehhandel, KG HRR **37**, 857; Juwelier, KGJ **49**, 94.

25   **B. Vermutung (II Halbsatz 2): a)** Jeder Gewerbebetrieb ist HdlGewerbe, es sei denn, dass das Unternehmen nach Art oder Umfang einen kfm eingerichteten Geschäftsbetrieb nicht erfordert. Damit statuiert II Halbs 2 im Interesse des Geschäftsverkehrs eine widerlegliche Vermutung. Bei fehlender Eintragung trägt der Unternehmer, der zB der kfm Rügeobliegenheit (§ 377) entgehen will, die **Darlegungs- und Beweislast** dafür, dass kein HdlGewerbe, sondern nur ein Kleingewerbe vorliegt, die Vermutung des II 2 widerlegt er nicht schon durch mangelnde Firmierung, vgl MüKo/K. Schmidt 76, im umgekehrten Fall, in dem er Kfm zu sein behauptet, ist den Unternehmer den Beweis zu führen Sache des anderen Teils (aber § 15 I hilft), RegE ZIP **97**, 949 (§ 377 Rn 55). Nach dem klaren Wortlaut genügt Widerlegung der Erforderlichkeit kfm Einrichtung entweder nach der Art oder nach dem Umfang (s Rn 23). Die Vermutung gilt

wegen des Amtsermittlungsgrundsatzes (§ 26 FamFG) so **nicht im Registerverfahren:** Der Registerrichter braucht im Registerzwangs- und Löschungsverfahren erst einzuschreiten, wenn er Anhaltspunkte hat, dass der Betrieb die Grenze von II über- bzw unterschreitet (§ 2 Rn 7, 8); bei Nichterweislichkeit trotz Amtsermittlung greift aber auch im Registerverfahren die materielle Beweislastverteilung nach II Halbs 2, MüKo/K. Schmidt 76, aA R. Schmitt HRefG S 65 ff.

b) Im Übrigen bleibt es bei den **allgemeinen Grundsätzen** für die Beweislast. Das Vorliegen eines Gewerbes wird nicht vermutet. Die Darlegungs- und Beweislast hat insoweit grundsätzlich, wer sich darauf beruft. Beruft sich der nicht eingetragene Unternehmer darauf, Kfm zu sein, greift § 15 I zugunsten des (unwissenden) Dritten (§ 15 Rn 5), RegE ZIP **97**, 949, MüKo/K. Schmidt 77, Oetker/Körber 61, Rö/Röhricht § 1 Rn 121, krit Lieb NJW **99**, 36, Kaiser JZ **99**, 501.

C. Keine Ausnahme für Handwerk: a) Entfallen ist durch das HRefG die 26 frühere Unterscheidung zwischen Warenhandwerkern (die „bewegliche Sachen anschaffen" und unverändert oder nach Be- oder Verarbeitung „weiterveräußern": kraft Gesetzes Voll- oder MinderKflte, §§ 1 I, II Nr 1, 4 aF) und den übrigen Handwerkern (die Waren für andere be- oder verarbeiten, § 1 II Nr 2 aF, Druckern, § 1 II Nr 9 aF, und alle anderen, sog Lohnhandwerker: KannKflte nach § 2 aF, sonst nicht Kflte). § 1 II nF gilt **für alle Handwerker** (nicht mehr nur Warenhandwerker, wie seit G über die KfmEigenschaft von Handwerkern 31.3.53 BGBl 106). Jeder Handwerker ist Gewerbetreibender, bei Erforderlichkeit kfm Einrichtung ist er auch ohne Eintragung IstKfm. Betreibt er dagegen nur ein Kleingewerbe, hat er als KannKfm die Eintragungsoption nach § 2 nF.

b) Ob ein Gewerbebetrieb Handwerksbetrieb ist, spielt danach für das HGB keine Rolle mehr. Zum **Begriff Handwerk** nach öffentlichem Recht (GewO, HdwO) und HdlRecht s 29. Aufl § 1 Rn 34.

D. Keine Ausnahme für juristische Personen des öffentlichen Rechts: 27 Bund, Länder, Gemeinden sowie selbstständige juristische Personen des öffentlichen Rechts (Körperschaften, Anstalten, Stiftungen) werden wie natürliche Personen und juristische Personen des Privatrechts (zu diesen gehören auch Unternehmen der öffentlichen Hand in der Rechtsform der AG oder GmbH) durch Betrieb eines HdlGewerbes oder Eintragung **Kaufleute** nach §§ 1–5. Die frühere Sonderstellung (ua keine Pflicht zur Eintragung in das HdlReg nach § 36 aF) ist weitgehend beseitigt (aber noch Landesrecht betr Rechnungsführung nach § 263). Der Wegfall von § 36 besagt nichts über die schon nach altem Recht streitige Frage, ob diese Personen ein Gewerbe betreiben und damit überhaupt unter das HGB fallen. Öffentliche Körperschaften können jedenfalls zugleich in Erfüllung ihrer öffentlichrechtlichen gemeinnützigen Aufgaben handeln und Gewinn anstreben (s Rn 15), was allerdings im Einzelfall zu prüfen ist, BGH **36**, 276, **49**, 260, **53**, 223, **57**, 199, **83**, 387, **95**, 157, **114**, 258, Mü NZG **13**, 346 (iErg abl). Dafür genügt Absicht der Erzielung eines, wenngleich bescheidenen, wirtschaftlichen Erfolgs oder auch bloßer marktüblicher Verzinsung des investierten Kapitals oder, noch moderner, Führung nach betriebswirtschaftlichen Grundsätzen und Tätigkeit am Markt im Wettbewerb mit Privatunternehmen (s Rn 16). Eine Rolle spielen dabei nach der Rspr Verkehrsanschauung, Auftreten nach außen, Stehen in regem Wettbewerb mit Privaten, BGH **95**, 159. Die **DBBk** und die **öffentlichrechtlichen Sparkassen** sind danach Kfm (schon § 1 II Nr 4 aF iVm § 1 I KWG). Auch die **DBB** war danach schon vor ihrer Privatisierung Kfm (§ 1 II Nr 5 aF), BGH **95**, 155 (zu § 196 aF BGB), seit 1994 als Deutsche Bahn AG FormKfm; anders herkömmlich die **DBP** (§ 452 S 2 aF), nur entspr Anwendung einzelner HGBNormen, zB § 362 (dort Rn 3), § 366

§ 1 28–30
1. Buch. Handelsstand

(dort Rn 4), Bestätigungsschreiben (§ 346 Rn 18); aber seit 1995 (PostUmwG) sind alle drei Nachfolgeunternehmen als AG FormKflte. Auch **öffentlichrechtliche Versicherungsunternehmen** betreiben Gewerbe, str, aber Sonderregeln für VVaG (§ 6 Rn 1). Öffentlichrechtliche **Fernseh- und Rundfunkanstalten** betreiben bei Progammausstrahlung kein Gewerbe, BVerfG NJW **71**, 1739, BGH **57**, 191, anders ihr Werbesendungsbereich, offen BGH **57**, 201. Die Einfuhr- und Vorratsstellen für Getreide ua sind nicht Kflte, BGH **36**, 276.

28   E. **Gemischte Betriebe, mehrere Unternehmen: a) Gemischte Betriebe:** Nach § 1 II aF war bei gemischten Betrieben entscheidend, ob die Geschäfte, die das Gesamtbild des Unternehmes prägen (Schwerpunkt des Betriebs), ein GrundHdlGewerbe darstellen, BGH NJW **99**, 2967, **11**, 3037, **15**, 61, üL, zB nicht Getränkeverkauf in Kinobetrieb (bloßes Nebengeschäft), BGH NJW **83**, 1907, aber Hotel mit Restaurant, auch bei bloßer Vollpension; dann war auch ein gemischter Gewerbebetrieb insgesamt HdlGewerbe. Unter § 1 II nF ist eine (gegenüber dem Schwerpunktkriterium wohl flexiblere) Gesamtbetrachtung des Unternehmens vorzunehmen. Ist danach für einen wesentlichen Teilbetrieb kfm Einrichtung erforderich, liegt HdlGewerbe für den Gesamtbetrieb vor, sonst nur, wenn trennbar, für den Teilbetrieb, für den kfm Einrichtung erforderlich ist. Die infolge Mischung kompliziertere Organisation macht bei gemischten Betrieben eher kfm Einrichtung erforderlich als bei reinen (s Rn 23). Gemischte Betriebe der Land- oder Forstwirtschaft s § 3 Rn 5.

29   **b) Mehrere Unternehmen:** Betreibt der Unternehmer nicht ein einziges, wenn auch gemischtes Unternehmen, sondern mehrere selbstständige Unternehmen (vgl § 17 Rn 8), kann er ohne weiteres IstKfm in dem einen sein (HdlGewerbe, II) und NichtKfm in dem anderen (Kleingewerbe), entspr Haupt- und Nebengewerbe bei Land- oder Forstwirtschaft (§ 3 Rn 11). Kennzeichen selbstständiger Unternehmen ist die organisatorische Trennung, räumliche Trennung ist nicht notwendig, die Grenzen sind fließend. Bsp: Weinbauer betreibt auch Weinkommissionsgeschäft, RG **130**, 234 (Nebengewerbe, § 3 Rn 10). HdlGes sind stets ungeteilt Kfm und führen nur eine einzige Firma (§ 17 Rn 9) und § 344 ist für sie gegenstandlos (§ 344 Rn 1). Nebengewerbe der Land- oder Forstwirtschaft s § 3 Rn 10.

4) Betreiben des Handelsgewerbes (I Halbsatz 2)

30   A. **Betreibender (Unternehmensträger):** Entscheidend ist, wer das Unternehmen betreibt (Unternehmensträger, Einl 41 vor § 1), nur er kann Kfm sein, MüKo/K. Schmidt 37, und er ist Kfm nur für das **betriebene Handelsgewerbe**, also **nicht** für seinen **Privatbereich** (§ 344 I).

a) Kaufmann ist die natürliche oder juristische Person (auch OHG, KG, s § 124), **in deren Namen** das Handelsgewerbe betrieben wird. Unerheblich ist, ob die natürliche Person minderjährig oder geschäftsunfähig ist (s Rn 32), ob die juristische Person privat- oder öffentlichrechtlich ist (s Rn 27) oder erst VorGes (§ 6 Rn 3, 6), ob das Unternehmen das eigene ist oder einem anderen gehört und ob es für eigene oder fremde Rechnung geführt wird; mehrere Unternehmen s Rn 29. **Beispiele: Pächter** (zur Unternehmenspacht Einl 49 vor § 1), Kln NJW **63**, 541, BayObLG **78**, 6; **Nießbraucher** (zum Unternehmensnießbrauch Einl 50 vor § 1), wenn mit dem Nießbrauch die verantwortliche Leitung des Unternehmens, nach außen erkennbar übertragen ist, nicht im Falle bloßen Ertrags-(uU nur Quotenertrags-)Nießbrauchs (zB wenn A bei Geschäftsübertragung auf B sich als Nießbrauch einen Teil des Ertrags vorbehält), BayObLG BB **73**, 956 (bei Mit-Unternehmensführungsrecht dieses Übertragenden: OHG), KG OLGZ **65**, 317; **Treuhänder kraft Vertrags** (§ 105 Rn 31, **(10)** AGB-Anderkonten Einl 1), KG JW **39**, 293, Hamm DNotZ **64**, 421, so je nachdem der Testamentsvollstrecker (s Rn 42), solche Gestaltung denkbar, aber selten, auch beim gesetzlichen Vertreter von Minderjährigen (s Rn 35); nach Ende des Treuhandverhältnisses Anspruch des Treuhänders gegen Treugeber auf Übernahme des Geschäfts und Befreiung von den Verbindlichkeiten; Erfordernisse der Übernahme- und Freistellungsklage, einer Feststellungsklage, BGH WM **77**, 363; der lediglich vorgeschobene Unternehmensinhaber **(Strohmann)**, Rö/Röhricht § 1 Rn 79, entscheidend ist Auftreten nach außen, Wassner ZGR **73**, 427, aA KG JW **39**, 293, früher hL; da bloßer ScheinKfm; wird aber trotz Verschleierung erkennbar der Hintermann nach außen tätig, ist dieser Kfm und der Strohmann haftet kraft Rechtsschein (§ 5 Rn 9) und § 15 III; **Vertragshändler** (Überbl 35 vor § 373); **Franchisenehmer** (Überbl 43 vor § 373), Schlesw NJW-RR **87**, 220; **Handelsvertreter** s § 84 I 2, II, IV; **Kommissionsagent** s § 84 Rn 19; **Betriebsgesellschaft**, je nachdem auch **Besitzgesellschaft**, str, s Rn 18; **Holdinggesellschaft** und **Konzernmutter**, je nachdem ob die Verwaltung bzw Leitung als solche ein Gewerbe (Unternehmen) darstellt, str, s Rn 18.

b) Nicht: gesetzlicher Vertreter eines Minderjährigen, der das Handelsgeschäft in dessen Namen führt (Kfm ist nur der Vertretene, s Rn 30); **rechtsgeschäftliche und Organvertreter** einer AG, KGaA, GmbH, eG, des (ein HdlGewerbe betreibenden) Vereins, zB Vorstand einer AG oder Geschäftsführer einer GmbH, BGH **104**, 98, **133**, 78, NJW **96**, 1468, unstr; **leitende Angestellte** (s Rn 14), auch mit Prokura (§ 48) oder HdlVollmacht (§ 54), auch wenn der Inhaber sich um das Geschäft überhaupt nicht kümmert oder dazu auf Dauer außerstande ist; **Konzern** als solcher, da keine eigene Rechtsperson, nur ggf die einzelne KonzernGes; der **wirtschaftliche Inhaber**, der hinter dem Strohmann steht, ohne nach außen zu erscheinen (s Rn 30), der als **Gesellschafter** die meisten oder bei EinpersonenGmbH alle Anteile hält (Gfter s Rn 50) oder von dem der rechtliche Inhaber abhängig ist, zB Kreditgeber (der wirtschaftliche Inhaber kann aber unabhängig davon selbst Kfm sein, zB Konzernmutter, kreditgebende Bank); Insolvenzverwalter s Rn 47. Zur Frage der analogen Anwendung von Vorschriften des HGB auf Nichtunternehmer wie Geschäftsleiter s Rn 10.

B. **Minderjährige und Betreute: a)** Auch Minderjährige unter und über 7 Jahre (§§ 1, 2, 104 ff BGB) und Betreute (§§ 1896, 1902 BGB) können ein HdlGewerbe betreiben und somit Kflte sein, **in ihrem Namen** handelt der **gesetzliche Vertreter** (s Rn 30). Dieser soll im Namen des Kindes (Mündels) ein neues „Erwerbsgeschäft" nicht ohne Genehmigung des Familiengerichts beginnen (§§ 1645, 1823 BGB); das Registergericht darf aber die Eintragung in das HdlReg nicht vom Nachweis dieser Genehmigung abhängig machen (vgl § 7 Rn 6), KG OLGZ **1**, 288, Oetker/Körber 66, Rö/Röhricht § 1 Rn 87 (gegen Vorauf). Wird das HdlGeschäft ohne die erforderliche Genehmigung eröffnet (erworben), so sind doch die im Geschäftsbetrieb eingegangenen Verbindlichkeiten wirksam, Hbg OLGE **30**, 150, Oetker/Körber 67. §§ 1645, 1823 BGB analog, wenn der gesetzliche Vertreter ein vom Minderjährigen erebtes HdlGeschäft fortführt, K. Schmidt BB **86**, 1244. Nur mit Genehmigung des Familiengerichts darf der gesetzliche Vertreter dagegen namens des Kindes (Mündels) ein Erwerbsgeschäft entgeltlich erwerben oder veräußern (§§ 1822 Nr 3, 1643 I BGB), diese Genehmigung muss dem Registergericht vor Eintragung vorliegen, Ebenroth/Kindler 64. Die Genehmigung der Eröffnung, des Erwerbs befreit nicht vom Erfordernis der Genehmigung gewisser Einzelgeschäfte, die in dem HdlGeschäft vorgenommen werden sollen; diese Genehmigung kann aber für gewisse Geschäftsarten uU allgemein erteilt werden (§§ 1822 Nr 4, 5, 8–13, 1825, 1643 I, III BGB). S auch § 105 Rn 26, § 230 Rn 8.

b) Beschränkt geschäftsfähige Minderjährige (über 7 Jahre, § 106 BGB) können ein HdlGeschäft **selbst**, dh in eigener Person, betreiben, wenn der gesetzliche Vertreter (§§ 1629, 1773, 1793 BGB) mit Genehmigung des Familiengerichts sie dazu ermächtigt (§ 112 BGB). Betreibt der Minderjährige das

Erwerbsgeschäft ohne die erforderliche Genehmigung, ist er nicht Kfm, vgl BayObLG 72, 108, aA K. Schmidt § 4 II Rn 4: nur Unwirksamkeit der Geschäfte; die KfmEigenschaft ist zwar unabhängig von der Wirksamkeit der eingegangenen Geschäfte (s Rn 21), aber Minderjährigenschutz geht vor. Erforderlich bleibt auf jeden Fall die besondere, uU allgemein erteilbare (§ 1825 BGB) Genehmigung des Familiengerichts für solche Rechtsgeschäfte, zu denen der gesetzliche Vertreter ihrer bedarf (§§ 112 I 2, 1643, 1821f BGB). Minderjährige als Gesellschafter s § 105 Rn 26, § 230 Rn 8. Als HdlVertreter s § 84 Rn 7.

34 **c) Haftungsbeschränkungen Minderjähriger (§ 1629a BGB):** Nach § 1629a BGB (MHbeG 25.8.98, BGBl 2487) haften ab 1.1.99 Minderjährige für Verbindlichkeiten, die die Eltern oder sonstige Personen (vor allem MitGfter, Prokuristen, Testamentsvollstrecker) im Rahmen ihrer Vertretungsmacht mit Wirkung für das Kind begründet haben, oder die auf Grund eines während des Minderjährigkeit erfolgten Erwerbs von Todes wegen entstanden sind, beschränkt auf den Bestand des bei Eintritt der Volljährigkeit vorhandenen Vermögens (§§ 1990, 1991 BGB); entspr für die Fälle der §§ 107, 108, 111 BGB. Anders für den Fall des § 112 BGB (s Rn 33; fraglich, für Verfassungswidrigkeit Muscheler WM 98, 2282) und für Verbindlichkeiten aus allein der Befriedigung ihrer persönlichen Bedürfnisse dienenden Rechtsgeschäften (§ 1629a II BGB), zB Schulbedarf, für die jeweilige Altersgruppe typische Geschäfte wie Kauf eines Fahrrads, Kleinkraftrads oder Computers, Bekleidung, Arztkosten, nicht Luxusanschaffungen des reichen Minderjährigen. Zwei widerlegliche Vermutungen enthält § 1629a IV BGB; § 723 I 2 Nr 2 BGB (für OHG s § 133 Rn 7) gibt dem Minderjährigen bei Volljährigwerden **besonderes Kündigungsrecht.** Zum Zwecke des Verkehrsschutzes ist nach **(4)** HRV § 24 I idF HRefG bei Eintragung natürlicher Personen in das HdlReg das **Geburtsdatum** miteinzutragen; ebenso bei Anmeldung eines OHGGfters oder Komplementärs (§§ 106 II Nr 1, 162 I idF HRefG); diesbezüglicher Gutglaubensschutz nach § 15 I HGB ist str (s dort Rn 6), jedenfalls nicht nach § 15 III (s dort Rn 19). Bei Missbrauch durch Eltern § 1664 BGB (pfändbar), idR kein Missbrauch der Vertretungsmacht (vgl § 50 Rn 4), str. Lit: Behnke NJW **98**, 3078, Muscheler WM **98**, 2271, Habersack FamRZ **99**, 1, Grunewald ZIP **99**, 597.

35 **d) Gesetzliche Vertreter** können ein HdlGeschäft als Treuhänder für Rechnung des (unter oder über 7 Jahre alten) Minderjährigen (Mündels) **im eigenen Namen** führen (s Rn 30, 42). Den zugrundeliegenden Treuhandvertrag hat für das Kind (Mündel) ein Pfleger zu schließen (§§ 181, 1629 II, 1795 II, 1909 BGB) mit Genehmigung des Familiengerichts (§§ 1822 Nr 3, 1915 I BGB). Kfm ist dann der gesetzliche Vertreter, nicht der Minderjährige.

36 **C. Erbe: a)** Der Erbe (auch Vorerbe) wird Kfm, wenn er das geerbte HdlGeschäft fortführt. Über seine Firma s § 22 Rn 2. Zur Haftung § 27 Rn 1. Der Erblasser-Kfm kann die Bestimmung des Erben-Nachfolgers nicht einem Dritten überlassen (§ 2065 II BGB), doch genügt Bezeichnung eines Personenkreises (zB Abkömmlinge), aus denen ein Dritter nach festgelegten sachlichen Gesichtspunkten (zB Eignung, Ausbildung) auswählen soll, BGH BB **65**, 1052. Andere (uU freiere) Gestaltungsmöglichkeiten durch Vermächtnis, Auflage (§§ 2151, 2193 BGB) s Westermann FS Möhring **65**, 183. **Nachlassverwalter** (§§ 1975, 1985 BGB) s Rn 47 (Insolvenzverwalter).

37 **b)** Eine **Erbengemeinschaft** (§§ 2032 ff BGB) kann das geerbte HdlGeschäft fortführen, also ohne Auseinandersetzung (§ 2042 BGB) und ohne zeitliche Grenze (s Rn 38). Die Erbengemeinschaft ist (anders als die GbR, Einl 14 vor § 105, und nach BGH **163**, 154 V ZS, krit Bork ZIP **05**, 1205, die Gemeinschaft der Wohnungseigentümer) nicht rechtsfähig, BGH (VIII ZS) ZIP **06**, 2125. Die Erben sind gesamthänderisch (nämlich als Erbengemeinschaft) Inhaber des

HdlGeschäfts und Kflte, vgl BGH NJW **85**, 136, und als solche („in Miterbengemeinschaft") in das HdlReg einzutragen (§ 31 I); übernimmt ein Miterbe das Unternehmen als Treuhänder für die anderen, ist nur er Kfm (s Rn 30); für Erbengemeinschaft selbst als unternehmenstragende Gesamthand MüKo/K. Schmidt 52. Zur Firma bei Erbengemeinschaft vgl § 22 Rn 2. Zur Haftung für Geschäftsschulden des Erblassers und für Nachlasserbenschulden § 27 Rn 1. Für neue Geschäftsschulden haften die Erben persönlich unbeschränkt als Gesamtschuldner (§§ 427, 431 BGB). Jeder einzelne Miterbe kann vorzeitig ausscheiden (Teilauseinandersetzung) oder seinen Erbteil an einen Dritten veräußern (§ 2033 BGB). Der Dritte kann aber nicht die Erbengemeinschaft als solche fortsetzen, vgl KG DB **98**, 2591. Eine Erbengemeinschaft kann (als solche) kein neues HdlGeschäft beginnen oder ein von Dritten erworbenes fortführen, auch nicht nach erfolgter Auseinandersetzung das alte, KG JW **35**, 3642, **38**, 3117. Ausgliederung des von der Erbengemeinschaft betriebenen Unternehmens ist möglich, auch Erbengemeinschaft ist EinzelKfm iSv § 152 UmwG, K. Schmidt FS Kropff **97**, 267, sehr str.

Auch längere Fortführung des Geschäfts durch die Erbengemeinschaft ist zulässig, bedeutet **nicht** ohne weiteres **Abschluss eines Gesellschaftsvertrags** (OHG), BGH **17**, 302, **92**, 264, (Grund: Interesse der Erben an uU nur vorübergehender Geschäftsfortführung; Aufwand und Kosten für GesGründung zB bei Grundvermögen), aA R. Fischer ZHR 144 **(80)** 1 (Grund: Frist des § 27 II); auch nicht bei Annahme einer neuen Firma (vgl § 22 Rn 2) oder Zufügung eines Nachfolgezusatzes zur alten, BGH NJW **51**, 312, aber Prokuraerteilung kann uU Indiz sein (§ 48 Rn 1). Entsprechende Anwendung von OHGRegeln ist möglich, so im Innenverhältnis, BGH **17**, 302, zB keine Mehrarbeitsvergütung des einen Erben bei Ausfall des anderen; zT auch im Außenverhältnis, so für Vertretungsmacht jedes Miterben (analog §§ 125, 126) K. Schmidt NJW **85**, 2789, jedenfalls entsprechende (uU stillschweigende) Vollmacht (§ 27 Rn 3). Zum Übergang in eine OHG (KG) s § 105 Rn 26, 52. Lit: M. Wolf AcP 181 **(81)** 480, K. Schmidt NJW **85**, 2785. 38

c) Beteiligung von Minderjährigen: Auch insoweit gilt nunmehr § 1629a **BGB** (s Rn 34). Bereits vorher hafteten sie mangels Genehmigung des Familiengerichts (§§ 1645, 1823 BGB entspr) nur beschränkt in Höhe des ererbten Vermögens, BVerfG NJW **86**, 1859 (gegen BGH **92**, 259), K. Schmidt BB **86**, 1238, Hüffer ZGR **86**, 603, str; eine Aussetzung war nicht statthaft, aA BGH WM **87**, 27. 39

D. Testamentsvollstrecker, Insolvenzverwalter: a) Testamentsvollstrecker (§§ 2197 ff BGB, Testamentsvollstreckung bei Anteilen an OHG, KG s § 139 Rn 21, 24): Der zur Verwaltung eines im Nachlass befindlichen HdlGeschäfts berufene Testamentsvollstrecker kann (mangels Anordnung des Erblassers nach seiner Wahl) im Ergebnis das HdlGeschäft des Erblassers auf verschiedenen Wegen fortführen, die Einzelheiten sind aber dogmatisch sehr streitig und praktisch zT ganz unbefriedigend: RG **132**, 138, BGH **12**, 102, **24**, 106, **35**, 13, NJW **75**, 54. Lit: Muscheler 1994, Lorz 1995, Dauner-Lieb 1998, Windel 1998, Bartsch 2010; John BB **80**, 757 (Vollrechtstreuhand), Brandner FS Stimpel **85**, 991 (gegen echte Testamentsvollstreckerlösung), Schiemann FS Medicus **99**, 513, Weidlich ZEV **94**, 205 und NJW **11**, 641. 40

(1) Vollmachtslösung: Der Testamentsvollstrecker führt das HdlGeschäft **im Namen des Erben** und mit dessen persönlicher Haftung (trotz § 2206 BGB, KG JW **37**, 2599, für die alten Schulden ausschliessbar nach §§ 25 II, 27 I). Kfm ist hier nur der Erbe, nur er wird im HdlReg eingetragen, nach aA zusätzlich Testamentsvollstreckervermerk. Der Testamentsvollstrecker benötigt Vollmacht des Erben (nicht ersetzbar durch ZusatzTVZeugnis des Nachlassgerichts nach § 2368 BGB); ob der Erblasser den Erben durch Auflage zu ihrer Erteilung 41

§ 1   42–44

zwingen kann und ob der Testamentsvollstrecker die Erteilung nach § 2208 II BGB einklagen kann, ist streitig, BGH **12**, 103, BayObLG BB **69**, 974, vgl BGH WM **69**, 493. Der Erbe muss bei dieser Lösung die persönliche Haftung als testamentarische Bedingung oder Auflage akzeptieren, wenn er die Erbschaft nicht ausschlägt (§ 1944 BGB; oder das Unternehmen auf eine GmbH übertragen wird, s Rn 45). Diese Lösung ist sehr unbefriedigend, da es keine (den Erben) verdrängende Vollmacht gibt (Grund: § 137 BGB) und eine Generalvollmacht (an den Testamentsvollstrecker) nicht unwiderruflich sein kann.

42   (2) **Treuhandlösung:** Der Testamentsvollstrecker führt das HdlGeschäft **im eigenen Namen** mit seiner persönlichen Haftung (für die alten Schulden ausschliessbar nach §§ 25 II, 27 I) als Treuhänder des Erben für dessen Rechnung, RG **132,** 142, BGH **12**, 102, NJW **75**, 54, Rö/Röhricht § 1 Rn 78. Kfm ist hier der Testamentsvollstrecker, er wird mit Testamentsvollstreckervermerk in das HdlReg eingetragen, RG **132,** 143. Er hat gegen den Erben Anspruch auf Vorschuss und Aufwendungsersatz aus dem Nachlass (§§ 2218, 669, 670 BGB). Der Testamentsvollstrecker kann die Übertragung des (zunächst dem Erben zugefallenen) HdlGeschäfts (nicht dinglich des Anlage- und Umlaufvermögens wie bei der Vollrechtstreuhand, aA John BB **80**, 760) auf sich als Treuhänder vom Erben fordern und einklagen, BGH **24**, 112. Bei der Verwaltungs- bzw Ermächtigungstreuhand bleibt der Erbe Inhaber der HdlGeschäfts. Mehrere TV betreiben jedenfalls bei nur vorübergehender treuhänderischer Inhaberschaft keine OHG (s Rn 38), sie werden nicht Eigentümer des Betriebsvermögens, BGH NJW **75**, 55. Vgl auch § 22 Rn 6. Der Erbe muss bei der Treuhandlösung die mittelbare persönliche Haftung als testamentarische Bedingung oder Auflage akzeptieren, wenn er die Erbschaft nicht ausschlägt (§ 1944 BGB; oder das Unternehmen auf eine GmbH übertragen wird, s Rn 45). Auch diese Lösung ist unbefriedigend, der Testamentsvollstrecker wird sie wegen seiner persönlichen Haftung idR ablehnen. Bei Rechtsanwälten, Steuerberatern, Notaren und Wirtschaftsprüfern gibt es bei der Vollrechtstreuhand auch berufsrechtliche Probleme.

43   (3) **Weisungs- und Freigabelösung:** Bei der Ersteren hat der TV nur im Innenverhältnis ein Weisungsrecht an den Erben (§ 2208 II BGB), der Erbe führt jedoch im Außenverhältnis das HdlGeschäft selbstständig. Weisungen, in deren Folge der Erbe mit seinem Privatvermögen haftet, sind jedoch wegen § 2206 BGB problematisch. Noch weiter geht die Freigabelösung. Der TV kann das HdlGeschäft aus seiner Verwaltung dem Erben freigeben; das ist auch gegen Anordnung des Erblassers wirksam, doch hat TV bei irrtümlicher Freigabe Recht auf Wiederherstellung seiner Verwaltung (§ 812 BGB), BGH **12**, 105, **24**, 109. Diese Lösung ist ebenfalls unbefriedigend, wenn damit die Intentionen des Erblassers verfehlt werden.

44   (4) **Echte Testamentsvollstreckerlösung:** Überzeugender ist die sog erbrechtliche Lösung, Baur FS Dölle **63** I 249, Muscheler WM **98**, 2277, Schiemann FS Medicus **99**, 526, Winkler FS Schippel **96**, 519, Weidlich NJW **11**, 641, Canaris § 9 Rn 37, LG Konstanz NJW-RR **90**, 716, aA de lege lata Rö/Röhricht § 1 Rn 82. Der Erbe bleibt Geschäftsinhaber, er ist Kfm und im HdlReg einzutragen. Er kann seine Haftung auf den Nachlass beschränken (§§ 1967, 2206, 1975 ff BGB), für Altschulden jedoch nur, sofern § 27 nicht eingreift. Die Firmenfortführung bleibt seiner Entscheidung überlassen (§§ 25, 27). Die Geschäftsführung obliegt dem Testamentsvollstrecker unter Ausschluss des Erben (§§ 2209 S 2, 2207 BGB), aber für diesen und unabhängig davon, ob die Eingehung der Verbindlichkeit zur ordnungsmäßigen Verwaltung erforderlich ist. Die Testamentsvollstreckung ist im HdlReg zu vermerken (aber nicht in der Gfter-Liste nach § 40 GmbHG, BGH ZIP **15**, 732); im Geschäftsverkehr bringt der Testamentsvollstrecker, um seine persönliche Haftung zu vermeiden, seine Stellung zum Ausdruck. Diese erbrechtliche Lösung überwindet dogmatisch das Axiom der Unerlässlichkeit voller persönlicher Inhaberhaftung, schützt aber dabei

1. Abschnitt. Kaufleute   45–50   § 1

den Verkehr nicht weniger als die Treuhandlösung, bei der die Gläubiger zwar einen unbeschränkt haftenden Schuldner, nicht aber das HdlGeschäft als Haftungssubstrat haben.

(5) Übertragung des Unternehmens auf GmbH oder GmbH & Co KG: 45 Wegen der dogmatischen und praktischen Schwierigkeiten, HdlRecht und Erbrecht miteinander zu vereinbaren, wird zT eine derartige Dauertestamentsvollstreckung überhaupt abgelehnt (oder allenfalls ganz vorübergehend zugelassen) und der Erblasser (zu Lebzeiten oder durch letztwillige GesGründungsklausel) bzw der Testamentsvollstrecker (Pflicht unter § 2219 BGB) auf die Übertragung des Unternehmens zB auf eine GmbH oder GmbH & Co KG mit Testamentsvollstreckung bezüglich der Verwaltungsrechte verwiesen, Heymann/Emmerich 31, MüKo/Thiessen § 27 Rn 20. Ob der TV eine solche Übertragung auch bei Anordnung des Erblassers noch nach Ablauf der Dreimonatsfrist des § 27 II ohne Zustimmung des Erben vornehmen kann, ist streitig, Weidlich NJW **11**, 643.

Minderjährige haften auch für den Fall der Testamentsvollstreckung nur 46 beschränkt nach **§ 1629a BGB** (s Rn 34).

b) Der **Insolvenzverwalter** führt das HdlGeschäft des Gemeinschuldners im 47 eigenen Namen kraft Amtes mit Wirkung für und gegen die Insolvenzmasse fort (Amtstheorie), BGH NJW **87**, 1940, hL, aA K. Schmidt § 4 IV Rn 67 (Vertretertheorie), iErg wenig Unterschiede. Ebenso in der Nachlassinsolvenz (§ 1975 BGB); entspr Nachlassverwalter (§§ 1975, 1985 BGB). Der Insolvenzverwalter ist danach nicht selbst Kfm, vielmehr bleibt der Schuldner während des Insolvenzverfahrens Kfm. Die vom Insolvenzverwalter kraft Amtes (oder als Vertreter) abgeschlossenen Geschäfte sind demnach nach Maßgabe der §§ 343 ff HdlGeschäfte.

E. **Gütergemeinschaft:** Ehegatten in Gütergemeinschaft (§§ 1415 ff BGB) 48 können auch ein Unternehmen in Gütergemeinschaft (ohne Bildung von Vorbehaltsgut) führen. Das Geschäft gehört zum Gesamtgut, auch wenn es im Namen nur eines Gatten geführt wird, BGH **65**, 80. Bei gemeinsamer Führung sind beide als Inhaber und Kflte einzutragen, bei Führung nur durch einen ist nur dieser Kfm und allein einzutragen, BayObLG DB **78**, 933, BB **91**, 1731. Auch bei gemeinsamer Führung sind nur die beiden, nicht die Gütergemeinschaft als solche (nur Sondervermögen) Unternehmensträger, K. Schmidt § 4 II Rn 31. Firmierung s § 19 Rn 6. Auch der Ehegatte, der nicht oder nicht allein verwaltet, kann mit Einwilligung des anderen Ehegatten selbstständig ein Erwerbsgeschäft betreiben (§§ 1431, 1456 BGB). Die Ehegatten können, müssen aber nicht eine OHG bilden (§ 105 Rn 25). Sondervorschrift zum Güterrechtsregister in **(1)** EGHGB Art 4.

F. **Gesellschaften und Gesellschafter: a)** Unternehmensträger sind auch die 49 **Handelsgesellschaften** (§ 6 Rn 1), und nach neuerer Ansicht auch die **Gesamthandspersonengesellschaften** als solche, K. Schmidt § 4 II Rn 16: auch GbR (Einl 14 vor § 105), str, aber nur als nicht eingetragene Kleingewerbetreibende, da die GbR mit Eintragung zwingend OHG wird (§§ 1 II, 105 II); wirtschaftlicher Verein (§ 21 BGB), Idealverein mit Nebenzweckprivileg (§ 22 BGB), auch der nicht rechtsfähige Verein (§ 54 BGB), MüKo/K. Schmidt 46, im Einzelnen str (§ 33 Rn 1); auch Vorgesellschaft (§ 6 Rn 6). KfmEigenschaft der Gfter von OHG und phG von KG s Rn 50. **Nicht:** Stille Ges, auch atypische (§ 230 Rn 3), Grund: bloße InnenGes; Konzern (s Rn 31).

b) Nicht Kflte sind die **Gesellschafter** als solche, zB stille Gfter (s Rn 49, der 50 Inhaber bzw „der andere" iSv § 230 kann Kfm sein), GmbH-Gfter, BGH **133**, 78, **165**, 22u 47, **166**, 107. WM **91**, 536, phG der KGaA, Aktionäre, Genossen der eG, Mitglied eines (ein HdlGewerbe betreibenden) Vereins, Kdtisten (§ 161 Rn 5), für Gfter von OHG und phG von KG str (§ 105 Rn 19). So auch bei

Hopt   65

§ 1 51-53

EinpersonenGmbH, zB AlleinGfter und Geschäftsführer einer EinpersonenGmbH, BGH **121**, 228, WM **86**, 939 (aber in engen Grenzen Durchgriff, Anh § 177a Rn 51b). Organvertreter, Angestellte s Rn 31. Zur Frage der analogen Anwendung von Vorschriften des HGB s Rn 10.

5) Beginn und Ende der Kaufmannseigenschaft

51 A. **Beginn:** Die KfmEigenschaft beginnt nach § 1 I mit dem Beginn des Betreibens des HdlGewerbes (anders §§ 2, 3: Eintragung im HdlReg). Planung einschließlich Gründung einer HdlGes durch GesVertrag ist noch kein Beginn. Das Betreiben beginnt jedoch mit Vorbereitungsgeschäften im Außenverhältnis oder einer entsprechenden Mitteilung an Dritte, dass das HdlGewerbe bestehe (wie § 123 II, s dort Rn 10, 11), zB Miete von Geschäftsräumen, Einstellung von Personal, Eröffnung eines Bankkontos, Abschluss eines Unternehmenskaufvertrags, BGH NJW **96**, 3217. Das Vorbereitungsgeschäft selbst braucht noch nicht kfm zu sein. Ist das Unternehmen auf kfm Betrieb angelegt, genügt das nach der Rspr (s Rn 23, § 105 Rn 4), es ist dann kfm schon von der ersten Vorbereitung an, bevor der kfm Betrieb besteht, BGH **10**, 96; ebenso „Saison"-Kfm (Nordsee-Hotel), AG Wyk BB **58**, 891. Der später im HdlReg eingetragene Zeitpunkt des Beginns ist unmaßgeblich.

52 B. **Ende:** Ist der Kfm nicht im HdlReg eingetragen, erlischt die KfmEigenschaft nach § 1 I, II: durch Betriebsaufgabe (also völlige Einstellung des Betriebs) oder Umstellung auf eine Tätigkeit, die kein Gewerbe bildet (freiberuflich oder bloße Vermögensverwaltung) oder keine kfm Einrichtung mehr erfordert. Ist die Firma im HdlReg eingetragen, endet die KfmEigenschaft ebenfalls mit Ende der Gewerbetätigkeit (§ 5 Rn 5) oder in den Fällen der §§ 2, 3 mit Löschung, nicht schon mit dem Herabsinken auf ein Kleingewerbe. **Nicht:** bloß vorübergehende Stilllegung, BGH **32**, 312, Karlsr BB **54**, 74, BayObLG WM **84**, 52; Liquidation des Unternehmens (§ 145), mangels Löschung bleibt OHG bzw KG eine solche bis zum Ende der Liquidation, auch wenn sie den GesBetrieb einstellt oder veräußert (Sinn von §§ 157, 157 I); Eröffnung des Insolvenzverfahrens, abw RG JW **02**, 186.

6) Die Rechtsstellung der Kleingewerbetreibenden

53 A. **Nach HGB:** Unternehmer, deren Gewerbebetrieb nach Art und (s Rn 23) Umfang eine kfm Einrichtung nicht erfordert (**Kleingewerbetreibende**) und die nicht im HdlReg eingetragen sind (II, §§ 2 ff; Vermutung nach II s Rn 25), unterfallen außer nach besonderen Vorschriften (§§ 84 IV, 93 III, 383 II, 407 III 2, 453 III 2, 467 III 2, s dort) nicht dem HGB, sondern werden wie „normale BGB-Bürger" (RegE) behandelt. Gleiches gilt für Unternehmer, die überhaupt keinen Gewerbebetrieb führen (zB Freiberufler, VermögensverwaltungsGes). Praktisch wichtige Folgen sind, wenn nicht Rechtscheinhaftung eingreift (§ 5 Rn 9):

a) Keine Firma: Sie sind weder berechtigt noch verpflichtet, eine kfm Firma anzunehmen, können aber ihren Namen oder eine andere Bezeichnung als Geschäftsbezeichnung führen, auch firmenähnlich, str (§ 17 Rn 15), aber ohne KfmZusatz, sonst ist gemäß § 37 I gegen sie vorzugehen. Sie müssen ihr Geschäft (außer bei Sondervorschriften, zB § 2 PartGG) unter ihrem bürgerlichen **Namen** führen, möglicherweise unter einem auch sonst geführten Decknamen, KG JW **34**, 984; ihren Namen schützt § 12 BGB.

b) Keine handelsrechtlichen Vollmachten: Sie können weder Prokura noch Handlungsvollmacht (§§ 48, 54, letzteres str) erteilen. Tun sie es trotzdem, so ist sie nichtig, aber idR in weitgehende Vollmacht umzudeuten (§ 140 BGB).

c) Keine Führung von Handelsbüchern: Sie brauchen keine HdlBücher zu führen, darum auch kein Inventar und keine Bilanz aufzustellen und keine Brief-

1. Abschnitt. Kaufleute

abschriften aufzubewahren (§§ 238 ff). Sie werden bei Zahlungseinstellung oder Insolvenz nicht wegen Unterlassung der Buchführung strafbar (§ 238 Rn 18; aber § 283 I Nr 8 StGB); aber **steuerrechtlich** s Rn 54.

d) Analoge Anwendung des HGB auf Kleingewerbetreibende und andere Unternehmer s Rn 10.

B. **Außerhalb des HGB:** Vorschriften außerhalb des HdlRechts stellen teils auf die KfmEigenschaft nach HGB ab (zB § 38 I ZPO, Gerichtsstandsvereinbarungen, Einl 86 vor § 1). Teils sind sie unabhängig davon auf alle Gewerbetreibende anwendbar, so zB die steuerrechtliche Buchführungspflicht (§§ 140 ff AO, § 238 Rn 5) oder nach neuerer Abgrenzung auf alle gewerblichen oder selbständigen beruflichen Tätigkeiten (§§ 13, 14 BGB, zB für § 1031 I, V formlose Schiedsvereinbarung, Einl 89 vor § 1, weitere Bspe oben Rn 4). Zahlreiche Sondervorschriften gibt es für Freiberufler, zB PartGG. 54

7) Internationaler Verkehr

Die KfmEigenschaft richtet sich nach dem Ort der gewerblichen Niederlassung (Unternehmenssitz), üL, nach aA ist das Vertragsstatut dafür maßgeblich, ob handelsrechtliche Sondervorschriften anwendbar sind (Einl 24 vor § 1), Reithmann/Martiny/Martiny Rz 3.135, Ebenroth/Kindler vor § 1 Rn 106 (Wirkungsstatut) oder es wird nach Sachnormen differenziert, van Venrooy 1985. Die KfmEigenschaft ausländischer Gebilde (Substitution) bestimmt sich nach dem ausgelegten, anwendbaren Sachrecht, Ebenroth/Kindler vor § 1 Rn 115. 55

[Kannkaufmann]

§ 2 ¹**Ein gewerbliches Unternehmen, dessen Gewerbebetrieb nicht schon nach § 1 Abs. 2 Handelsgewerbe ist, gilt als Handelsgewerbe im Sinne dieses Gesetzbuchs, wenn die Firma des Unternehmens in das Handelsregister eingetragen ist.** ²**Der Unternehmer ist berechtigt, aber nicht verpflichtet, die Eintragung nach den für die Eintragung kaufmännischer Firmen geltenden Vorschriften herbeizuführen.** ³**Ist die Eintragung erfolgt, so findet eine Löschung der Firma auch auf Antrag des Unternehmers statt, sofern nicht die Voraussetzung des § 1 Abs. 2 eingetreten ist.**

Übersicht

	Rn
1) Normzweck, Anwendungsbereich	1–2
A. Normzweck	1
B. Anwendungsbereich	2
2) Kaufmann nach Eintragung (Satz 1)	3
3) Kannkaufmann (Satz 2)	4–8
A. Eintragungsoption	4
B. Prüfung durch das Registergericht	7
4) Löschung der Firma auf Antrag (Satz 3)	9–10
A. Kaufmann	9
B. OHG	10
5) Rechtsnachfolger	11
6) Die Rechtsstellung der Kleingewerbetreibenden im Übrigen (Verweisung)	12

1) Normzweck, Anwendungsbereich

A. **Normzweck:** § 2 idF HRefG 1998 (zur aF § 1 Rn 1–3). Kleingewerbetreibende können sich freiwillig in das HdlReg eintragen lassen und sind dann Kflte; sie können sich auch wieder löschen lassen und verlieren dann den KfmStatus. Eine Eintragungspflicht wie für den früheren SollKfm (nach § 2 S 2 aF, wenn 1

§ 2 2–4

1. Buch. Handelsstand

der Gewerbebetrieb eine kfm Einrichtung erforderte), gibt es nicht mehr; in diesem Fall ist der Unternehmer IstKfm nach § 1 II nF. Die diffizile Kasuistik unter § 2 aF (s 29. Aufl) ist damit entfallen, ebenso die Erstreckung der Verpflichtungen aus §§ 238–283 über HdlBücher auf SollKflte schon vom Zeitpunkt des Entstehens der Anmeldepflicht an (§ 262 aF, Vorwirkung). Die Buchführungspflicht gilt nach § 238 I 1 nF nur noch für Kflte. Lit: R. Schmitt HRefG 2003.

2   B. **Anwendungsbereich:** § 2 ist beschränkt auf Kleingewerbetreibende (dh § 2 und 1 II schließen sich aus, für HdlGeschäft nach § 1 II spricht Vermutung, § 1 Rn 25; Rechtslage nach Eintragung s Rn 3). Voraussetzung für § 2 ist, dass ein Gewerbe vorliegt (Gewerbebegriff s § 1 Rn 11), aber kein HdlGewerbe (mangelnde Erforderlichkeit kfm Einrichtungen unter § 1 II s § 1 Rn 22), sonst greift schon § 1 II (Auswirkung im Registerverfahren, str, s Rn 6–8). Unternehmen, die kein Gewerbe betreiben, fallen nicht unter § 2; auch § 5 findet keine Anwendung (§ 5 Rn 5). Auch land- und forstwirtschaftliche Kleinunternehmen fallen unter § 2; § 3 gilt nur für vollgewerbliche Betriebe der Land- und Forstwirtschaft (§ 3 Rn 2). § 2 gewinnt erhebliche praktische Bedeutung im GesRecht über **§ 105 II;** § 105 II 1 entspricht § 2 I (und gilt neben diesem, § 123 II), § 105 II 2 verweist auf § 2 II, III. Über §§ 105 II, 161 II können GbR und VermögensverwaltungsGes KG werden und bleiben und damit die mit der KG verbundene (für die GbR umstrittene) Haftungsbeschränkung erreichen (§ 105 Rn 13).

2) Kaufmann nach Eintragung (Satz 1)

3   Jeder nicht unter § 1 II fallende Gewerbebetrieb (Rn 2) gilt als HdlGewerbe, wenn die Firma des Unternehmens im HdlReg eingetragen ist (Satz 1), ohne Untergrenze, auch Einpersonen- und Kleinstbetriebe. Der Eingetragene ist damit Kfm, nicht bloßer FiktivKfm („gilt"; für § 5 str, dort Rn 1); anderer Wortlaut von § 105 I („ist") ist hier oder dort Redaktionsversehen. Die **Eintragung** ist unter § 2 (anders als unter § 1, dort Rn 9) **konstitutiv.** Maßgeblicher Zeitpunkt: Eintragung, nicht Anmeldung oder Bekanntmachung (mangels Bekanntmachung aber § 15 I, dort Rn 5), auch keine Rückwirkung. Die Eintragung nach I erfolgt auf freiwilligen Antrag nach Satz 2, der aber idR (Auslegung durch das Registergericht) in der Anmeldung liegt (s Rn 4); fehlt der Antrag nach Satz 2, greift nicht Satz 1, sondern § 5 ein (s auch Rn 4), Lieb NJW **99**, 36, Koller/Roth 3, aA K. Schmidt ZHR 163 **(99)** 96. Registerverfahren s Rn 7. Mit **Löschung** verliert der eingetragene Kleingewerbetreibende den KfmStatus, einerlei ob er Löschungsantrag nach Satz 3 (s Rn 9) gestellt hat oder nicht, str, Rö/Röhricht 25; die letzterenfalls zu Unrecht erfolgte Löschung hat das Registergericht aber von Amts wegen zu löschen, (3) FamFG § 395, dh die Eintragung wiederherzustellen. Der Gelöschte hat nicht die Pflicht, seinerseits Wiedereintragung zu betreiben. Der Eingetragene verliert seine KfmEigenschaft auch mit **Betriebsaufgabe** oder Umstellung auf freiberufliche Tätigkeit (§ 1 Rn 52), da Gewerbe Voraussetzung für § 2 wie § 5 ist (s Rn 2), das HdlReg wird unrichtig.

3) Kannkaufmann (Satz 2)

4   A. **Eintragungsoption: a)** Der gewerbliche Unternehmer, dessen Gewerbebetrieb nicht schon unter § 1 II fällt **(Kleingewerbetreibende),** ist nach Satz 2 berechtigt, aber nicht verpflichtet, die Eintragung nach den für die Eintragung von kfm Firmen geltenden Vorschriften herbeizuführen (Eintragungsoption, Satz 2, Pflicht nach § 29 gilt nur für denjenigen, der bereits Kfm ist). Der Antrag erfolgt durch Anmeldung der von dem Gewerbetreibenden gewählten Firma. Der Antrag ist freiwillig und als echte handelsrechtliche Wahl eine **Willenserklärung,** nicht nur eine registerrechtliche Erklärung **(Doppeltatbestand),** Lieb NJW **99**, 36, Koller/Roth 3, Rö/Röhricht 10, aA K. Schmidt ZHR 163

(99) 92, vermittelnd R. Schmitt HRefG S 81f, 84. Der Antrag liegt aber idR in der Anmeldung und braucht nicht zu spezifizieren, ob Eintragung nach § 1 II oder Satz 1 gewollt ist, str (s Rn 7). Antragsbefugt sind der für den KfmStatus optierende „Unternehmer" (Satz 2) bzw die für die Ges handelnden Organe oder Gfter. Land- und Forstwirte s Rn 2. Der Antrag kann bis zur Eintragung zurückgenommen werden. Wird ohne Antrag eingetragen, Rechtswirkung nicht nach Satz 1, sondern nur nach § 5, str (s Rn 3), ebenso bei Antrag trotz fehlender KfmEigenschaft, Canaris § 3 Rn 49, aA MüKo/K. Schmidt § 2 Rn 24, Schulze-Osterloh ZIP **07**, 2390; Herabsinken auf Kleingewerbe s Rn 6.

b) Die Eintragungsoption steht auch der **kleingewerblichen GbR** und der **5** reinen **Vermögensverwaltungsgesellschaft** offen (§§ 105 II Alt 1 und 2, 161 II, s § 105 Rn 14). § 105 II 2 verweist auf § 2 S 2. Insoweit kommt es nicht mehr darauf an, ob letztere ein Gewerbe betreibt (§ 1 Rn 13).

c) Herabsinken auf Kleingewerbe: Wenn der nicht eingetragene IstKfm **6** infolge Verkleinerung oder sonstiger Veränderung des fortgeführten Gewerbebetriebs (Betriebsaufgabe s Rn 3) die Voraussetzungen des §§ 1 II, 105 I nicht mehr erfüllt, entfällt die KfmEigenschaft, und die Firma erlischt. Streitig ist, was im Falle zwischenzeitlicher Eintragung im HdlReg gilt. Der Eingetragene hat nach §§ 2, 105 II jedenfalls iErg das Recht, Kfm (OHG, KG) und im HdlReg zu bleiben. Diese freie Wahl übt er durch materiellrechtlichen Antrag nach Satz 2 aus (s Rn 4). Mangels eines solchen ist bei entsprechenden Anhaltspunkten für das Herabsinken auf ein Kleingewerbe Löschungsverfahren durch das Registergericht einzuleiten, der Antrag kann aber auch dann noch gestellt werden und auch im Widerspruch gegen die Löschung durch das Registergericht liegen (§§ 31 II, 14 iVm **(3)** FamFG §§ 395 III, 393 III), RegE ZIP **97**, 949, Lieb NJW **99**, 36, Rö/Röhricht 13; vermittelnd den Antrag im bloßen Unterlassen eines Löschungsantrags zu sehen, ist fiktiv, so aber R. Schmitt WiB **97**, 1117. Nach aA deckt die ursprüngliche, nur deklaratorisch wirkende Anmeldung nach § 29 (iVm §§ 1 II, 105 I) ohne weiteren Antrag den Verbleib im HdlReg, K. Schmidt ZHR 163 **(99)** 93; das führt zwar zu einer weiteren Entlastung der Registergerichte, nimmt aber dem Kleingewerbetreibenden sein freies Wahlrecht und verweist ihn auf die Löschungsoption nach Satz 3. Solange der Unternehmer eingetragen ist, bleibt er jedenfalls auch ohne Antrag nach Satz 2 Kfm, und zwar nunmehr nach § 5, str (s Rn 3).

B. Prüfung durch das Registergericht: a) Antragsverfahren: Das Regis- **7** tergericht kann in der Anmeldung durch den Unternehmer idR den Antrag nach Satz 2 sehen, es prüft also, ob Gewerbe bzw bei Ges Gewerbe oder Vermögensverwaltung vorliegt und die Firma zulässig ist, ohne besondere Anhaltspunkte jedoch nicht Art und Umfang des Unternehmens und Erforderlichkeit einer kfm Einrichtung (§ 1 II), str, aA in jedem Fall Prüfung, ob bloße Anmeldung nach § 29 oder Antrag nach Satz 2 vorliegt (rein materiellrechtliche Theorie), so wohl Lieb NJW **99**, 36, umgekehrt aA nur Prüfung der Eintragungsfähigkeit, einerlei ob Anhaltspunkte für Nichtvorliegen von § 1 II gegeben sind und der Anmeldende sich darüber und über seine Optionsmöglichkeit nicht im Klaren ist (rein verfahrensrechtliche Theorie), MüKo/K. Schmidt 11, 13. Auf jeden Fall, also auch bei rein verfahrensrechtlichem Verständnis, hat das Registergericht nicht nur Hinweisrecht, sondern Hinweispflicht, wenn der Anmeldende ersichtlich im Irrtum ist, aA offenbar MüKo/K. Schmidt 12, aber keine Nachfragepflicht, auf welchen KfmTatbestand die Anmeldung gestützt ist, R. Schmitt HRefG S 86, aA Canaris § 3 Rn 23, Koller/Roth 3, dann uU Zwischenverfügung. **Muster:** Hopt/Voigt 4. Aufl 2013 Form I.A.1 (Anmeldung des Unternehmens eines EinzelKfm).

§ 2 8–12   1. Buch. Handelsstand

8   **b) Registerzwangs- und Löschungsverfahren:** Das Registergericht muss auch nach der rein verfahrensrechtlichen Theorie (s Rn 7) dann das Vorliegen eines HdlGewerbes nach § 1 II von Amts wegen (s § 26 FamFG) prüfen, wenn es die Eintragung erzwingen will (Registerzwangsverfahren, §§ 29, 106 I iVm 1 II, 105 I, 14) oder wenn gelöscht werden soll (Löschungsverfahren, §§ 2 S 3 Halbs 2, 3 II, III; s auch Rn 6). Die Vermutung des § 1 II ist insoweit nicht anwendbar, RegE ZIP 97, 949, außer bei Nichterweislichkeit trotz Amtsermittlung (§ 1 Rn 25).

4) Löschung der Firma auf Antrag (Satz 3)

9   **A. Kaufmann:** Ist die Eintragung erfolgt (Satz 1, idR Satz 2, s Rn 3), wird die Firma auf Antrag des eingetragenen Unternehmers (Kfm) wieder gelöscht. Voraussetzung ist, dass er nicht inzwischen IstKfm geworden ist (sonst wäre nach § 29 sofort wieder anzumelden). Der Kleingewerbetreibende, der nur kraft Eintragung zum Kfm geworden ist, hat also nicht nur eine Eintragungsoption nach Satz 2, sondern nach Satz 3 auch eine **Löschungsoption,** zB wenn er sich den Anforderungen des HGB nicht mehr gewachsen fühlt (freier Rückzug aus dem KfmStatus; anders § 3 II letzter Halbs, Löschung nur nach allgemeinen Vorschriften). Löschungsantrag ist wie Eintragungsantrag **Willenserklärung,** nicht nur registerrechtliche Erklärung (s Rn 4). Maßgeblicher Zeitpunkt: Eintragung (s Rn 3). Die Löschung wirkt ex nunc, vorher als Kfm begründete Rechte und Pflichten bleiben unberührt. **Löschung ohne Antrag** s Rn 3. **Muster:** Hopt/Voigt 4. Aufl 2013 Form I. A.3 (Anmeldung des Erlöschens der Firma).

10   **B. OHG:** Auch die Löschungsoption (Eintragungsoption s Rn 4) steht der eingetragenen **kleingewerblichen GbR** und der **Vermögensverwaltungsgesellschaft** offen (§§ 105 II Alt 1 und 2, 161 II, s § 105 Rn 14). § 105 II 2 verweist auch auf § 2 S 3.

5) Rechtsnachfolger

11   Wer das kleingewerbliche Unternehmen von dem nach **Satz 1** Eingetragenen mit Firma erwirbt, wird ohne weiteres Kfm statt seines Vorgängers. Erwirbt er ohne Firma, wird er Kfm erst mit Eintragung seiner eigenen Firma, der Vorgänger verliert seine KfmEigenschaft mit seinem Ausscheiden, das HdlRegister, das noch den Vorgänger ausweist, ist unrichtig (Konsequenz: § 15 I), Rö/Röhricht 26, str; Grund: § 2 knüpft an die Eintragung der Firma, nicht des Unternehmens als solchem an. Ist der Vorgänger noch nicht eingetragen, hat nunmehr der Rechtsnachfolger die Eintragungsoption nach **Satz 2,** andernfalls hat er wie der Vorgänger die Löschungsoption nach **Satz 3.**

6) Die Rechtsstellung der Kleingewerbetreibenden im Übrigen (Verweisung)

12   § 2 behandelt nur die Rechtsstellung des Kleingewerbetreibenden nach Eintragung, dann Kfm, sowie seine Eintragungsoption, dagegen nicht seine Rechtsstellung im Übrigen. Diese ist eine allgemeinere, nicht nur Kleingewerbetreibende, sondern auch Freiberufler und Nichtgewerbetreibende betreffende Frage, bei der zwischen Normen des HGB und solchen außerhalb desselben zu unterscheiden (§ 1 Rn 53–54) und die analoge Anwendung des HGB auf Unternehmer zu prüfen ist (§ 1 Rn 10). Bestimmte Vorschriften des HGB gelten nach dem HRefG ausdrücklich auch für Kleingewerbetreibende: §§ 84 IV, 93 III, 383 II, 407 III 2, 453 III 2, 467 III 2 (s jeweils dort), Grund: Beibehaltung von Schutzvorschriften auch nach Wegfall des MinderKfm (§ 4 aF), zur Neuregelung und ihren Defiziten R. Schmitt HRefG S 113–124, 273 ff.

1. Abschnitt. Kaufleute § 3

[Land- und Forstwirtschaft; Kannkaufmann]

3 (1) **Auf den Betrieb der Land- und Forstwirtschaft finden die Vorschriften des § 1 keine Anwendung.**

(2) Für ein land- oder forstwirtschaftliches Unternehmen, das nach Art und Umfang einen in kaufmännischer Weise eingerichteten Geschäftsbetrieb erfordert, gilt § 2 mit der Maßgabe, daß nach Eintragung in das Handelsregister eine Löschung der Firma nur nach den allgemeinen Vorschriften stattfindet, welche für die Löschung kaufmännischer Firmen gelten.

(3) Ist mit dem Betrieb der Land- oder Forstwirtschaft ein Unternehmen verbunden, das nur ein Nebengewerbe des land- oder forstwirtschaftlichen Unternehmens darstellt, so finden auf das im Nebengewerbe betriebene Unternehmen die Vorschriften der Absätze 1 und 2 entsprechende Anwendung.

Übersicht

	Rn
1) Normzweck, Anwendungsbereich	1–2
A. Normzweck	1
B. Anwendungsbereich	2
2) Keine Anwendung von § 1 auf Land- und Forstwirtschaft (I)	3–5
A. Inhalt von I	3
B. Land- und Forstwirtschaft	4
C. Gemischte Betriebe	5
3) Kannkaufmann (II)	6–9
A. Kaufmann nach Eintragung (II iVm § 2 Satz 1)	6
B. Kannkaufmann (II iVm § 2 Satz 2)	7
C. Löschung der Firma	8
D. Rechtsnachfolger	9
4) Nebengewerbe (III)	10–12
A. Nebengewerbe	10
B. Selbstständige Anwendung von I und II	11
C. Rechtsnachfolger	12
5) Die Rechtsstellung der nicht eingetragenen Land- und Forstwirte im Übrigen (Verweisung)	13

1) Normzweck, Anwendungsbereich

A. **Normzweck:** § 3 hat historisch den Normzweck, die Land- und Forst- 1 wirte vor den Anforderungen des KfmRechts zu bewahren. Dieses Privileg hatte seinen Preis: § 3 hat mit dazu beigetragen, dass sich die Land- und Forstwirtschaft (zu) spät auf moderne Geschäftsanforderungen eingestellt hat. Ursprünglich war Land- und Forstwirtschaft ganz von HdlRecht ausgenommen. Erst § 3 idF G über die KfmEigenschaft von Land- und Forstwirten (und den Ausgleichsanspruch des HdlVertreters) 13.5.76 BGBl 1197 eröffnete Eintragungsoption und damit über §§ 105 I, 161 II den Zugang zu den PersonenHdlGes und zu der mit der GmbH & Co KG verbundenen Haftungsbeschränkung; dazu Raisch BB **69**, 1361, FS Ballerstedt **75**, 443, Hofmann NJW **76**, 1297, 1830, Storm AgrarR **76**, 188, von Olshausen ZHR 141 **(77)** 93. Von der Option wurde allerdings nur wenig Gebrauch gemacht. § 3 II idF HRefG 1998 hat § 3 an § 1 II ohne Änderung im Übrigen angepasst.

B. **Anwendungsbereich:** Sieht man wie zutr schon nach früherem Recht, 2 auch land- und forstwirtschaftliche Betriebe als Gewerbe an (s Rn 3), fallen sie ohne weiteres **auch unter § 2.** Land- und Forstwirte haben deshalb wie alle anderen Kleingewerbetreibenden die **dortigen Eintragungs- und Löschungsoptionen.** Das folgt aus Wortlaut und Sinn des § 3. § 3 I schließt ausdrücklich nur § 1, nicht auch § 2 aus, und § 3 insgesamt will Land- und Forstwirte besser,

§ 3 3–6   1. Buch. Handelsstand

aber nicht schlechter stellen als andere Gewerbetreibende. § 3 behält auch bei dieser Auslegung seinen Sinn: § 3 I, III regeln andere Fragen, § 3 II betrifft nur den Fall, dass das Unternehmen eine kfm Einrichtung erfordert, also vollgewerbliche Land- und Forstwirtschaftsunternehmen, für kleingewerbliche bleibt es allein bei § 2, str, zutr K. Schmidt ZHR 163 **(99)** 91, Bydlinski ZIP **98**, 1173, aA wohl von Olshausen JZ **98**, 717, unklar RegE S 34.

2) Keine Anwendung von § 1 auf Land- und Forstwirtschaft (I)

3   **A. Inhalt von I:** I nimmt Land- und Forstwirte (die nicht schon FormKflte sind, § 6 Rn 6) ausdrücklich von § 1 aus (genauer: von § 1 II); nicht auch von § 2 (s Rn 2). Auch Land- und Forstwirte betreiben ein Gewerbe iSv § 1 II (in § 3 II nF nunmehr klargestellt, früher str, vgl BGH **33**, 321 zu § 196 aF BGB, heute hL, aA Hofmann NJW **76**, 1298), anders zT außerhalb des HGB (§ 1 Rn 11). Sie betreiben aber kein HdlGewerbe, auch wenn sie ein Unternehmen betreiben, das eine kfm Einrichtung erfordert, und sind deshalb nicht IstKflte. Sie sind deshalb nicht anmeldepflichtig nach § 29, haben jedoch nach II die Möglichkeit, Kfm zu werden.

4   **B. Land- und Forstwirtschaft: a) Landwirtschaft** besteht in der Ausnutzung des Bodens mit dem Ziel der Erzeugung und Verwertung pflanzlicher oder tierischer Rohstoffe, KG OLGE **3**, 402, einerlei wem der Boden gehört, zB Landpacht. Sie umfasst zB Anbau von Getreide, Gemüse, Obst, Wein, Tabak, Hopfen ua. Auch HdlGärtnereien und Baumschulen betreiben Landwirtschaft, Düss NJW-RR **93**, 1126, einerlei ob in Freilandkultur oder überwiegend bodenunabhängig in Gewächshäusern und Behältnissen, vgl BGH **134**, 149 (zu HöfeO), aber nur sofern sie durch Eigenbau und Verkauf eigener Produkte geprägt sind (gemischte Betriebe s Rn 5, Nebengewerbe s Rn 10), nach aA fällt Zierpflanzenbau im Gegensatz zum Nutzpflanzenbau unter §§ 1, 2. Unter § 3 fallen ferner Viehzucht, Erzeugung und Weiterverarbeitung tierischer Produkte wie Fleisch, Milch, Eier in eigener Bodenausnutzung, auch in Pacht, auch mit Zukäufen, aber nicht nur mit solchen; Imkerei. **Nicht:** Molkereien, da hauptsächlich gekauftes Futter und fremde Erzeugnisse verarbeitend; große Geflügelfarm auf kleinstem Boden, da Bodennutzung nicht im Vordergrund steht; Fischerei, Fisch-, Hunde-, Vogelzucht, hL mangels Bodennutzung; Urproduktion wie Kies-, Torf- oder Mineraliengewinnung, da keine pflanzlichen oder tierischen Rohstoffe.

     b) Forstwirtschaft ist wirtschaftliche Nutzung von Wäldern durch planmäßiges Auf- und Abforsten. Sie zielt idR auf Holzgewinnung; Baumschulen gehören dazu.

     c) Betreiben: einerlei ob als Eigentümer, Pächter, Nießbraucher, näher § 1 Rn 30.

5   **C. Gemischte Betriebe:** Umfasst dasselbe Unternehmen (demgegenüber mehrere Unternehmen bei Nebengewerbe, s Rn 10) mehrere Betriebe teils land- und forstwirtschaftlicher, teils anderer Art, zB HdlGärtnereien, die fremde Pflanzen einkaufen, züchten und verkaufen (s Rn 4), kommt es darauf an, was dem Unternehmen das Gepräge gibt (Gesamtbetrachtung, § 1 Rn 28). Bei überwiegendem Eigenanbau, einschließlich branchenüblichen Zukaufs, Hamm RdL **65**, 204, wird idR § 3 vorliegen; bei überwiegendem Handel mit fremden Erzeugnissen §§ 1 II, 2, aber keine rein quantitative Betrachtungsweise.

3) Kannkaufmann (II)

6   **A. Kaufmann nach Eintragung (II iVm § 2 Satz 1):** Für land- und forstwirtschaftliche Unternehmen, die nach Art und Umfang einen in kfm Weise eingerichteten Geschäftsbetrieb erfordern, gilt § 2 mit bestimmter Maßgabe. Ist danach ein solches Unternehmen im HdlReg eingetragen, gilt es als HdlGewer-

1. Abschnitt. Kaufleute　　　　　　　　　　　　　　　　　　　　7–9　§ 3

be, der Land- bzw Forstwirt ist dann Kfm (II iVm § 2 S 1). Die **Eintragung** ist also auch unter § 3 II **konstitutiv**.

B. Kannkaufmann (II iVm § 2 Satz 2): Der Land- oder Forstwirt mit einem eine kfm Einrichtung erfordernden Unternehmen ist berechtigt, aber nicht verpflichtet, die Eintragung im HdlReg zu beantragen (**Eintragungsoption**, II iVm § 2 S 2). Der Antrag ist freiwillig und als echte handelsrechtliche Wahl eine **Willenserklärung**, nicht nur eine registerrechtliche Erklärung, Lieb NJW **99**, 36 (zu § 2), Koller/Roth 3, Rö/Röhricht 28, aA MüKo/K. Schmidt 13, sehr str (§ 2 Rn 4). Antragsbefugnis und Rücknahme des Antrags s § 2 Rn 4. Herabsinken auf Kleingewerbe wie nach § 2, dort str (§ 2 Rn 6). Prüfung durch das Registergericht s § 2 Rn 7–8; auch im Antragsverfahren prüft das Registergericht bei entsprechenden Anhaltspunkten, ob eine Eintragung nach § 1 II, 2 oder 3 erfolgt, Lieb NJW **99**, 36, aA K. Schmidt ZHR 163 (**99**) 2163.

C. Löschung der Firma: a) Bei Erforderlichkeit kaufmännischer Einrichtung (II am Ende): Ist der Land- oder Forstwirt mit einem eine kfm Einrichtung erfordernden Unternehmen einmal eingetragen, gelten für die Löschung die allgemeinen Vorschriften. Eine allgemeine Löschungsoption wie unter § 2 S 3, nunmehr doch wieder die Ausgangslage nach I zu wählen, hat er also unter § 3 II aE nicht. Er kann demnach Löschung nur verlangen, wenn sein land- oder forstwirtschaftliches Unternehmen im Zeitpunkt des Antrags keine kfm Einrichtung mehr erfordert, also zB zum Kleingewerbe herabgesunken ist (ebenso wie der vormalige IstKfm nach § 1 II; vgl auch § 2 Rn 6). Ist hingegen im Zeitpunkt der Löschung eine kfm Einrichtung erforderlich, scheidet Löschung aus, außer wenn der Betrieb aufgegeben wird (II iVm § 3 aE). Mit Ausübung der Eintragungsoption verliert der Land- oder Forstwirt also den Schutz von I (Bindungszeitpunkt: Eintragung) und wird wie jeder andere Kfm behandelt.

b) Bei Kleingewerbe greift auch bei Land- und Forstwirtschaft unmittelbar § 2 **Satz 3** (s Rn 2). Damit stellen sich dieselben Streitfragen hinsichtlich der Einleitung des Löschungsverfahrens von Amts wegen und der Notwendigkeit eines materiellrechtlichen Antrags wie dort (§ 2 Rn 6–8), bejahend Lieb NJW **99**, 36, Rö/Röhricht 31 ff, aA. K. Schmidt ZHR 163 (**99**) 93. Eine zu Unrecht erfolgte Löschung nimmt die Eigenschaft als Kfm, das Registergericht hat sie aber von Amts wegen wieder einzutragen (§ 2 Rn 3).

D. Rechtsnachfolger: Der Rechtsnachfolger (Erwerber, Pächter, Nießbraucher, Erbe ua) ist grundsätzlich an die Wahl seines Vorgängers, sich eintragen zu lassen, gebunden, aA früher hL. Er übernimmt den land- oder forstwirtschaftlichen Betrieb, den er (zusammen mit der alten Firma) fortführt, in der Rechtslage, wie ihn sein Vorgänger geführt hat: er hat also im Falle der Eintragung das Privileg des I und II verloren und nur noch wie sein Vorgänger ggf die Löschungsoption nach § 2 (s Rn 2, 8). Haupt- und Nebenbetrieb können getrennte Schicksale haben (s Rn 11). Entscheidet der Rechtsnachfolger aber in angemessener Frist, die Firma nicht fortzuführen, hat er die Rechte unter § 3 wie jeder Land- und Forstwirt, der einen Betrieb neu anfängt, GroßKo/Brüggemann 26, Rö/Röhricht 34, Koller/Roth 7; aA, da die Wahl unternehmensbezogen sei, MüKo/K. Schmidt 28, anders nach dieser Meinung nur, wenn der Rechtsnachfolger den Betrieb mit einem eigenen, nicht eingetragenen Land- oder Forstwirtschaftsbetrieb zusammenlegt oder wenn zwei Landwirte mit und ohne Rechtswahl sich zusammenschließen, K. Schmidt § 10 VI Rn 102. Versteht man § 3 seinem Norm-zweck de lege lata nach als Privileg, ist diese unternehmensrechtliche Korrektur jedoch normzweckwidrig.

4) Nebengewerbe (III)

10 **A. Nebengewerbe:** Nebengewerbe ist (1) ein selbstständiges Unternehmen neben dem land- und forstwirtschaftlichen Unternehmen (also mehrere Unternehmen, s § 1 Rn 29), (2) beide Unternehmen müssen so miteinander verbunden sein, dass das Nebengewerbe von dem Hauptgewerbe abhängig ist, und (3) Haupt- und Nebengewerbe müssen von demselben Unternehmer geführt werden (Einheit der Inhaberschaft), ähnlich MüKo/K. Schmidt 33, GroßKo/Brüggemann 10. Entscheidend ist die Verkehrsanschauung. Selbstständigkeit setzt idR eigene Betriebsstätte mit eigenem Personal voraus, nicht bloßen Hilfsbetrieb; daran, insbesondere an der eigenen Organisation, fehlt es beim bloß gemischten Betrieb (nur ein Unternehmen mit gemischtem Betrieb, s Rn 5, § 1 Rn 28). Abhängigkeit des Nebenbetriebs kann auch vorliegen, wenn dieser umsatzstärker als der Hauptbetrieb ist, aber nur dieser, nicht der Hauptbetrieb kfm Einrichtung bedarf (§§ 1 II, 3 I). Einheit der Inhaberschaft personell, nicht nach Rechtsverhältnis, zB Landwirt führt Hauptbetrieb als Pächter, Nebenbetrieb als Eigentümer. Führen mehrere Landwirte den Hauptbetrieb als PersonenGes, brauchen nicht alle Gfter auch am Nebenbetrieb beteiligt zu sein. Bei PersonenGes genügt Identität der Gfter, zB 2 Ges aus Vater und Sohn, K. Schmidt § 10 VI Rn 97. Keine Einheit, wenn Hauptbetrieb durch juristische Person, zB GmbH, der andere Betrieb durch einen ihrer Gfter geführt wird. In dem Nebenbetrieb werden idR Erzeugnisse des Hauptbetriebs verarbeitet oder solche und andere, KGJ 22 A 88. Bspe: Molkerei, Wurst- und Fleischherstellung, Brauerei, BayObLG 04, 345, vgl BGH WM 66, 195, Brennerei, BAG DB 95, 2071, Gerberei, Mühle, Sägewerk. Der Nebenbetrieb kann auch sonstwie mit dem land- oder forstwirtschaftlichen Unternehmen verbunden sein, etwa durch Ausbeutung des Bodens. Bspe: Kies-, Sandgrube, Steinbruch, Ziegelei, Zementherstellung. **Nicht:** bloße gemischte Betriebe wie Verkaufsstellen auf dem Bauernhof, Kleinverkauf auf dem Wochenmarkt, bloße Hilfsbetriebe zur Unterstützung des Hauptbetriebs; mangels Abhängigkeit Weinkommissionsgeschäft eines Weinbauern, RG 130, 234 (§ 1 Rn 29).

11 **B. Selbstständige Anwendung von I und II:** Das Nebengewerbe des land- und forstwirtschaftlichen Unternehmens wird nach III im Hinblick auf I und II wie ein selbstständiges behandelt. Ist es also seinerseits ein land- oder forstwirtschaftliches, dann ist § 1 II unanwendbar, auch wenn es für sich nach Art und Umfang eine kfm Einrichtung erfordert (III iVm I). Andererseits ist der Unternehmer insoweit KannKfm, er hat also jeweils völlig selbstständige Eintragungs- und Löschungsoptionen für das Nebengewerbe und für das Hauptgewerbe (III iVm II). Das gilt konsequent nicht nur, wenn der Land- oder Forstwirt es für das land- oder forstwirtschaftliche Hauptunternehmen bei I belassen hat, sondern auch, wenn er insoweit für Eintragung optiert hat.

12 **C. Rechtsnachfolger:** Die Grundsätze zu II gelten auch für III (s Rn 9). Wird der Nebenbetrieb allein veräußert oder führt Rechtsnachfolger den Hauptbetrieb nicht fort, entfällt III, die KfmEigenschaft des Erwerbers bestimmt sich allein nach §§ 1, 2 II. Werden Haupt- und Nebenbetrieb zusammen erworben, ist der Rechtsnachfolger grundsätzlich an die für den Nebenbetrieb ausgeübte Wahl des Vorgängers gebunden, anders auch hier, wenn er die Firma nicht fortführt, str (s Rn 9).

5) Die Rechtsstellung der nicht eingetragenen Land- und Forstwirte im Übrigen (Verweisung)

13 § 3 behandelt die Rechtsstellung des Land- oder Forstwirts nur in bestimmter Hinsicht, nämlich Ausnahme von § 1 II (I), Rechtsstellung des Land- oder Forstwirts nach Eintragung sowie Eintragungsoption (II iVm § 2) und selbstständige

1. Abschnitt. Kaufleute § 5

Behandlung von Haupt- und Nebengewerbe (III), dagegen nicht seine Rechtsstellung im Übrigen. Zu dieser letzteren s § 2 Rn 12 mwN.

4 *(aufgehoben)*

[Kaufmann kraft Eintragung]

5 Ist eine Firma im Handelsregister eingetragen, so kann gegenüber demjenigen, welcher sich auf die Eintragung beruft, nicht geltend gemacht werden, daß das unter der Firma betriebene Gewerbe kein Handelsgewerbe sei.

Übersicht

	Rn
1) Kaufmann kraft Eintragung (§ 5)	1–8
A. Normzweck, Anwendungsbereich	1
B. Voraussetzungen	3
C. Rechtsfolgen der Eintragung	4
D. Wirkung für und gegen alle	6
E. Beginn und Ende der Kaufmannseigenschaft nach § 5	7
F. Andere Rechtsgrundlagen	8
2) Rechtsscheinkaufmann (Rechtsscheinhaftung)	9–18
A. Die Lehre von der Rechtsscheinhaftung	9
B. Rechtsscheingrundlage	10
C. Zurechenbarkeit	11
D. Schutzbedürftigkeit	12
E. Kausalität des Rechtsscheins	13
F. Wirkung des Rechtsscheins	14
G. Beginn und Ende der Rechtsscheinswirkung	17
H. Haftung wie ein Kaufmann aus anderen Rechtsgrundlagen	18

1) Kaufmann kraft Eintragung (§ 5)

A. Normzweck, Anwendungsbereich: a) Normzweck: Das HdlReg ge- 1 nießt **öffentlichen Glauben,** allerdings ohne rechtliche Richtigkeitsvermutung und mit beschränkter Wirkung (§ 15 Rn 1). Für besonders wichtige Eintragungen, welche eine Person (oder Ges) in das Register aufnehmen und dadurch als Kfm (HdlGes) ausweisen, genügt das dem Gesetzgeber nicht. § 5 idF HRefG 1998 schützt diese Eintragungen besonders nachdrücklich gegen Anzweiflung: Im HdlReg **eingetragene Gewerbetreibende** gelten **unwiderlegbar** als **Kaufleute** iSv § 1 I, II. Der Streit, ob sie mit Eintragung nach § 5 Kflte iSd HGB sind (andere Behandlung im Strafverfahren bleibt auch dann möglich, str, s Rn 6), MüKo/K. Schmidt 10, Heymann/Emmerich 1a, oder bloße FiktivKflte, so Canaris § 3 Rn 52, ist ohne große Bedeutung, praktische Folgen sollten davon nicht abhängig gemacht werden. Missverständlich ist jedenfalls Bezeichnung als „ScheinKfm", BGH **32,** 307; der Kfm kraft Rechtsschein fällt nicht unter § 5, s Rn 9. Normzweck des § 5 ist nicht Schutz gutgläubiger Dritter, sondern objektive Rechtssicherheit, BGH NJW **82,** 45; § 5 ist also **keine Rechtsscheinvorschrift,** hL. Auch mit § 15 hat § 5 nichts zu tun (s aber Rn 8). Im Rahmen des § 5 wirkt die (vom Registergericht nach Prüfung, § 8 Rn 6–10, verfügte) unrichtige Eintragung wie eine (konstitutive, KfmEigenschaft begründende) richtige (zB nach §§ 2, 3 II). Das Registergericht selbst ist nicht gebunden, es kann und muss (auf Antrag oder von Amts wegen) die Eintragung löschen (s **(3)** FamFG § 395), wenn es sie als unrichtig erkennt, zB bei einem zum Kleingewerbe herab

§ 5 2–4　　　　　　　　　　　　　　　　　　1. Buch. Handelsstand

gesunkenen Unternehmen, LG Nürnb DB **77**, 252, s dazu aber die Streitfragen unter §§ 2, 3 (§ 2 Rn 6 ff, § 3 Rn 8).

2　　b) **Anwendungsbereich: § 5** steht hinter §§ 1–4 und greift dann ein, wenn der Unternehmer nicht schon nach diesen Vorschriften Kfm ist. Infolge von §§ 2 I, 3, 105 II nF ist seine Bedeutung geringer geworden, aber keineswegs nur noch ganz gering, Hopt/Mössle/Schmitt 149, Lieb NJW **99**, 36, R. Schmitt HRefG S 95, Rö/Röhricht 11, Canaris § 3 Rn 49 („zentrale Rolle"), aA MüKo/K. Schmidt 6, K. Schmidt ZHR 163 **(99)** 96, JZ **03**, 588. Bei Eintragung eines Kfm nach **§ 1 II** ohne Anmeldung nach § 29 ist das materiellrechtlich richtig, also kein Fall von § 5 und keine Amtslöschung. Ist der Kleingewerbetreibende nach §§ 2, 3 eingetragen, greift bereits **§ 2 Satz 1.** Der Anwendungsbereich von § 5 ist größer oder kleiner je nachdem, ob § 2 Satz 1 bei Eintragung ohne oder ohne wirksamen Antrag nach § 2 Satz 2 nicht anwendbar ist, oder doch, sehr str, § 2 Rn 3 ff, § 3 Rn 6 ff. Entsprechendes gilt für **§ 3,** also Unanwendbarkeit von § 2 I. Wird Land- oder Forstwirt versehentlich ohne Antrag eingetragen, gilt § 5, hL, zurückhaltend Canaris § 3 Rn 54. § 5 bedeutet nichts für diejenigen Ges (GmbH, AG, KGaA, eG, EWIV), die eben durch die Eintragung im HdlReg bzw GenReg auch ohne ein HdlGewerbe entstehen und FormKfte iSv **§ 6** sind (§ 6 Rn 6) oder werden (§§ 13 III GmbHG, 3 I, 278 III AktG, 17 II GenG, § 1 Halbs 2 EWIVAG). § 5 geht **§ 15** und der allgemeinen Rechtsscheinhaftung (s Rn 9) vor.

Auf jeden Fall erfasst § 5 auch nach dem HRefG nur solche Unternehmen, die einen **Gewerbebetrieb** betreiben (s Rn 5). Das schließt **§ 5** eine generelle **Analogie** auf Nichtgewerbetreibende wie Kleingewerbetreibende und Freiberufler aus, stRspr, hL, (der Sache nach) BGH **33**, 313, Canaris § 3 Rn 56, Koller/Roth 9, auch wenn dies rechtspolitisch wünschenswert sein mag. Vorsichtige einzelne Analogien bleiben möglich (§ 1 Rn 10).

3　　B. **Voraussetzungen:** a) **Eintragung** (nicht auch Bekanntmachung, aber § 15 I, dort Rn 5) einer Firma im HdlReg (§§ 17 ff), also Eintragung von EinzelKfm, OHG oder KG. Allein Tatsache der Eintragung ist entscheidend, nicht dass jemand zu Unrecht eingetragen ist, zB auf Antrag eines Dritten oder sonst versehentlich durch das Registergericht, (s auch Rn 2). Ob die eingetragene Firma zulässig ist, spielt keine Rolle.

b) **Gewerbebetrieb** der Person oder Ges (näher Rn 6). Freier Beruf (§ 1 Rn 19) genügt nach dem eindeutigen Wortlaut nicht, BGH **32**, 313, hL, Rö/Röhricht 13, Heymann/Emmerich 3, aA § 5 korrigierend: jedes Unternehmen, MüKo/K. Schmidt 23f, K. Schmidt ZHR 163 **(99)** 97; Analogiefrage s Rn 2. Auch Land- und Forstwirte betreiben ein Gewerbe (§ 3 Rn 3).

c) **Keine weiteren Voraussetzungen,** insbesondere nicht die besonderen Voraussetzungen der Rechtsscheinhaftung wie Zurechenbarkeit, Schutzbedürftigkeit und Kausalität (s Rn 9 ff). Auch Gutgläubigkeit ist nicht Voraussetzung, Kenntnis von Fehleintragung schadet nicht (s Rn 1, 6), hL, BGH NJW **82**, 45, mißverständlich noch BGH **22**, 239; Grenze: Rechtsmissbrauch, §§ 242, 138, 826 BGB. **Personenidentität** des Eingetragenen und des wirklichen Betreibers ist kein eigenes Tatbestandsmerkmal in § 5 (anders § 3 III: Einheit der Inhaberschaft, dort Rn 10), vielmehr fehlt es dann am Betreiben des Gewerbebetriebs (s Rn 5), vgl Oetker/Körber 15.

4　　C. **Rechtsfolgen der Eintragung:** § 5 betrifft die objektive Rechtslage, ist also (bei entsprechendem Vortrag im Zivilprozess) **von Amts wegen** zu berücksichtigen, also keine Einwendung im technischen Sinn, Wortlaut („geltend machen") ist insoweit missverständlich.

a) **Ausgeschlossene „Einwendungen":** Der nach § 5 eingetragene Gewerbetreibende (auch wenn geschäftsunfähig, s Rn 5) kann nicht einwenden, das

1. Abschnitt. Kaufleute 5–7 § 5

Gewerbe verlange keine kfm Einrichtung und sei somit **kein Handelsgewerbe** (§ 1 II), er sei ohne seine Anmeldung (§§ 29, 106) oder ohne Antrag nach §§ 2 S 2, 3 II, III, 105 II 2, 161 eingetragen worden, kurz: er sei nicht oder nicht mehr Kaufmann, OHG oder VermögensverwaltungsGes iSv § 105 II, letzteres str, Schön DB **98**, 1175. Vor dem HRefG war weiter ausgeschlossen die Einwendung, der Eingetragene sei nur MinderKfm und entspr die eingetragene Ges sei nicht OHG oder KG, sondern nur GbR (§ 4 I, II aF).

b) Nicht ausgeschlossene „Einwendungen": Alle sonstigen Einwendungen (untechnisch, s Rn 4) werden von § 5 nicht ausgeschlossen, zB dem Eingetragenen mangele es an der Geschäftsfähigkeit und das Geschäft sei deshalb nichtig, aber die spezielle Wirkung von § 5 (s Rn 4) greift auch gegenüber Minderjährigen und Geschäftsunfähigen ein (aber ohne Ersetzung der notwendigen Zustimmung), Koller/Roth 8, str (ebenso wie bei § 15 I, § 15 Rn 6; anders bei Rechtsschein, § 5 Rn 11, § 15 Rn 19; s auch § 1 Rn 30); das betreffende Rechtsgeschäft sei unwirksam; der nach § 5 Eingetragene **betreibe** überhaupt **kein Gewerbe** (nicht oder nicht mehr oder noch nicht) und sei deshalb nicht Kfm, OHG oder KG, BGH **32**, 313, BAG ZIP **87**, 1447 (§ 105 Rn 2 ff), Tersteegen NZG **10**, 653, aA K. Schmidt ZHR 163 **(99)** 97 (s Rn 2). Abgrenzung des Gewerbebegriffs wie in § 1 II (§ 1 Rn 11); irgendeine Veranstaltung, die auf einen Gewerbebetrieb schließen lässt, genügt für § 5 nicht, str. Vermögensverwaltung s Rn 5. Am Gewerbe fehlt es auch, wenn die eingetragene Gesellschaft nicht oder nicht mehr besteht oder wenn es sich um bloße Scheingesellschaft handelt (§ 105 Rn 98). Unberührt bleiben auch Mängel des GesVertrags, die mit der Eintragung in das HdlReg nichts zu tun haben, Heymann/Emmerich 9a, aber uU fehlerhafte Ges (§ 105 Rn 75). Am Betreiben eines Gewerbe fehlt es, wenn der Eingetragene es nicht oder nicht mehr selbst betreibt (§ 1 Rn 30), Düss NJW-RR **95**, 93, zB Treugeber, Erbe, wenn Testamentsvollstrecker Treuhandlösung wählt (§ 1 Rn 42), aber s Rn 2.

D. Wirkung für und gegen alle: a) § 5 gilt (anders als die Vorschriften zum Schutz Dritter, zB § 15, s Rn 8) **für und gegen alle**, BGH NJW **82**, 45, zB auch zugunsten des Eingetragenen gegen Dritte, zugunsten eines Gfters gegen seine MitGfter; ohne Rücksicht auf Gut- und Bösgläubigkeit (s Rn 3); ohne dass sich der Dritte besonders darauf „beruft" (s Rn 4, insoweit missverständlich), str.

b) § 5 gilt **im Geschäftsverkehr** und insoweit **auch im Prozess**. § 5 gilt aber auch für Haftung aus **unerlaubter Handlung** (für EinzelKfm kaum bedeutend, im Falle einer Ges hängt davon § 31 BGB ab, falls nicht auch auf GbR angewandt, § 124 Rn 25), Geschäftsführung ohne Auftrag und **ungerechtfertigter Bereicherung** dann, wenn sie im Geschäftsverkehr erfolgt (zB unlauterer Wettbewerb, Bereicherung durch Zuviellieferung), sonst nach üL nicht (zB bei Kfz-Unfall, Irrläuferzahlung); ähnliche Abgrenzung bei § 15 (dort Rn 8). Gegen Erstreckung auf reinen Unrechtsverkehr (ohne rechtsgeschäftliche Beziehung) Rö/Röhricht 31, üL, weitergehend K. Schmidt § 10 III Rn 41, Hopt/Mössle/Schmitt 158, Grund: keine Rechtsscheinvorschrift.

c) § 5 gilt **nicht im öffentlichen Recht.** §§ 238 ff gelten für den zu Unrecht nach § 5 Eingetragenen nicht (§ 238 Rn 7), üL, aA GroßKo/Hüffer § 238 Rn 8. **Registergericht** prüft von Amts wegen, § 5 hindert es also nicht zu berichtigen (s Rn 1). § 5 gilt auch nicht im Straf- und Ordnungswidrigkeitenrecht (zB bei Prüfung der Anwendbarkeit von §§ 283 ff StGB) und im Steuerrecht, auch nicht für IHK-Umlage, Rö/Röhricht 40, str. Andere Rechtsgrundlagen als § 5s Rn 8.

d) § 5 ist **nicht zwingend**, alle Beteiligten können sich vertraglich darauf einigen, dass der Eingetragene nicht als Kfm zu behandeln ist.

E. Beginn und Ende der Kaufmannseigenschaft nach § 5: § 5 gilt für alle Rechtsverhältnisse, die (nach üL im Geschäftsverkehr, s Rn 6) begründet werden,

§ 5 8–10   1. Buch. Handelsstand

während die unrichtige Eintragung besteht, nicht für vorher begründete (Bsp: Geschäft mit X, der sich als Kfm aufführt, aber erst später in das HdlReg eingetragen wird), nicht für später begründete (Bsp: NichtKfm X war zu Unrecht vorher im Register eingetragen, im Zeitpunkt des Geschäftsschlusses aber gelöscht). Eintragung und Löschung wirken also ex nunc.

8   F. **Andere Rechtsgrundlagen:** Wo § 5 versagt (Vorrang, s Rn 2), können die Regeln über den **Rechtsschein** (s Rn 9) und über die **Publizität des Handelsregisters** (§ 15 Rn 16) gutgläubige Dritte schützen (Bsp: X, der kein Gewerbe betreibt, veranlasst seine Eintragung in das HdlReg: er haftet gutgläubigen Dritten wie ein Kfm). § 15 I bei fehlender Bekanntmachung s Rn 3.

2) Rechtsscheinkaufmann (Rechtsscheinhaftung)

9   A. **Die Lehre von der Rechtsscheinhaftung:** Die Eigenschaft als Kfm oder das Bestehen einer HdlGes kann auch anders vorgetäuscht werden als durch (unrichtige) Eintragung im HdlReg, zB durch Äußerungen kfm Art an die Öffentlichkeit (zB Anzeigen unter Bezeichnung als Kfm, Firmenführung), durch Eröffnen und Unterhalten eines kfm Geschäftsbetriebes, durch entsprechende Äußerungen gegenüber einzelnen, BGH **17**, 14. Die Rspr hat für solche Fälle ursprünglich den Satz aufgestellt: Der ScheinKfm muss gegenüber gutgläubigen Dritten den Schein als echt gelten, sich also als Kfm behandeln lassen (zB Gültigkeit der mündlichen Bürgschaftserklärung nach § 350, Hbg JW **27**, 1109); enger Limbach ZHR 134 **(70)** 289. Dieser Satz ist aber so nicht richtig; er ist teils zu eng, teils zu weit. An die Stelle der Rspr des RG zum ScheinKfm und der Lehre von der „Erklärung an die Öffentlichkeit" ist heute die Lehre von der **Rechtsscheinhaftung** getreten. Diese ist Teil der Vertrauenshaftung und hat heute eine erhebliche Bedeutung im gesamten Hdl- und Privatrecht (vgl Rn 10), hL, wird aber für das bürgerliche Recht zT bestritten bzw eingeschränkt, zB Flume § 49.4: bei Anscheinsvollmacht nur Haftung auf das negative Interesse (aber §§ 170 ff BGB; Überbl 6v § 48). Verwandte speziellere Normen, die der allgemeinen Rechtsscheinhaftung vorgehen, sind zB Publizität des HdlReg (§ 15), fehlerhafte Ges (§ 105 Rn 75), nicht eingetragene KG (§ 176); keine Rechtsscheinvorschrift ist § 5 (oben Rn 1). Tatbestandsvoraussetzungen der Rechtsscheinhaftung sind

a) Rechtsscheingrundlage, s Rn 10,

b) Zurechenbarkeit des Rechtsscheins, s Rn 11,

c) Schutzbedürftigkeit des auf den Rechtsschein vertrauenden Dritten, s Rn 12,

d) Kausalität des Rechtsscheins für ein geschäftliches Verhalten des Dritten, s Rn 13. Lit: Canaris, Vertrauenshaftung, 1971 (grundlegend), ders § 6; Altmeppen 1994 (Disponibilität); von Olshausen FS Raisch **95**, 147 (ScheinKfm), Herresthal JZ **06**, 700.

10   B. **Rechtsscheingrundlage** (auch Rechtsscheinbasis, -tatbestand uä) kann ein objektiver Vertrauenstatbestand unterschiedlichster Art sein, ausdrücklich oder konkludent, in Worten oder Taten, aber bei der Annahme von Rechtsscheintatbeständen ist Zurückhaltung geboten, Rö/Röhricht Anh § 5 Rn 5. Vertrauensschutz gegen den Registerinhalt, zB bei ständiger Geschäftsverbindung, s § 15 Rn 15. Bspe: Duldungs- und Anscheinsvollmacht (Überbl 5 vor § 48, § 54 Rn 3); Auftreten eines NichtKfm, zB Kleingewerbetreibender oder Freiberufler (§ 1 Rn 53, 20), als Kfm, zB indem man sich selbst so bezeichnet, etwa mit Briefkopf „e. K." wie nach § 19 I (aber uU fehlt es am Sichverlassenkönnen, s Rn 12), Rö/Röhricht Anh § 5 Rn 11, MüKo/K. Schmidt Anh § 5 Rn 18, sowie umgekehrt Auftreten eines Kfm als NichtKfm, uU bei Nichtführung von „e. K.", R. Schmitt HRefG S 214, Ebenroth/Kindler 89, Koller/Roth § 15 Rn 47, aA Canaris § 6 Rn 19, Oetker/Körber 63; durch Erteilung einer „Pro-

1. Abschnitt. Kaufleute

kura"; durch unzulässige, irreführende Firmenführung (§§ 17 ff), aber nicht bei bloß firmenähnlichen Bezeichnungen, die jedenfalls heute auch NichtKflten offen stehen; durch sonstiges Erwecken des Anscheins eines HdlGewerbes, was nicht ohne weiteres in einem Geschäftsbetrieb mit einer nicht notwendigen kfm Einrichtung liegt, str, Canaris § 6 Rn 16, vgl Rö/Röhricht Anh 5 Rn 9; Auftreten als Mitinhaber eines Unternehmens, BGH NJW **12**, 3368; Auftreten im Internet als Rechtsnachfolger eines Unternehmens, BGH ZIP **11**, 484; Auftreten als Mitglied einer Scheinsozietät (GbR), BGH WM **08**, 1136, NJW **12**, 3369, Hamm NZG **11**, 137 (auch § 105 Rn 98); Auftreten als Gfter nach Ausscheiden, BGH ZIP **12**, 369; Auftreten von Gftern einer GbR unter der Firma einer KG, BGH **61**, 59, NJW **80**, 784; Fortführung einer KG als GbR s § 105 Rn 6, 7; Formwechsel einer GmbH in GbR, BGH ZIP **17**, 14, Scheinsozius, Deckenbrock/Meyer ZIP **14**, 701; Auftreten als Vertreter für oder Gfter von tatsächlich nicht existierender oder nicht unbeschränkt haftender Ges, BGH NJW **91**, 2627, **96**, 2645, nach aA § 179 BGB analog. Vertreterhandeln des GmbHGeschäftsführers ohne Zeichnung mit GmbHZusatz (zT schon vor § 19 V aF), BGH **64**, 11, **91**, 148, NJW **81**, 2569, **91**, 2627m Anm Canaris, **07**, 1529, Saarbr NJW-Sp **09**, 16, außer bei telefonischen oder mündlichen Abschlüssen, die im Verkehr ohne solche Zusätze erfolgen, BGH NJW **81**, 2570, **96**, 2645, für Ausnahme auch für Internetverkehr Beurskens NJW **17**, 1265; GmbH-Zusatz bei UnternehmerGes, BGH NJW **12**, 2871m abl Anm Altmeppen 2833, aber beschränkt auf Differenz zwischen Stammkapitalziffer der UG und Mindeststammkapital der GmbH, üL, offen BGH NJW **12**, 2871; ebenso allgemeiner bei Vertreterhandeln ohne vorgeschriebene Zusätze der GesForm, Rö/Röhricht Anh § 5 Rn 23, Rechtsscheinhaftung entspr § 179 BGB (Weglassung des Formzusatzes nach § 4 GmbHG) begründet keine Organmithaftung, BGH NJW **96**, 2645, **07**, 1529m Anm Kindler 1785, krit Altmeppen ZIP **07**, 889, Schanze NJW **07**, 533, so auch für AuslandsGes (nach BGH nicht GesStatut; EU-Niederlassungsfreiheit s Einl 29v § 105). Unterlassung der Anmeldung durch Kfm nach §§ 1 II, 29 trug bisher nur § 15 I; aber § 19 II und I haben § 19 V aF verallgemeinert, das spricht zB bei Weglassung des „e. K." in der Firma des EinzelKfm für Rechtsscheinhaftung als ScheinNichtKfm (Übergangsrecht: **(1)** EGHGB Art 38, 39), Koller/Roth § 15 Rn 47, R. Schmitt HRefG § 214 ff, offen Lieb NJW **99**, 36, vgl § 15 Rn 15. **Nicht** oder nur bei Hinzutreten weiterer Umstände: aufwändige Briefköpfe mit mehreren Telefonnummern oder Geschäftskonten, Eintragung in Branchenverzeichnis, Teilnahme am Wechselverkehr, Grund: steht auch NichtKflten offen. **IPR:** BGH WM **12**, 1631 (Rechtsscheinhaftung für GesOrgane). Lit: Beurskens NZG **16**, 681 (fehlende oder unzutreffende Rechtsformangaben).

C. **Zurechenbarkeit** des Rechtsscheins bedeutet Einstehenmüssen für einen **11** gesetzten Rechtsschein. Zurechenbar ist der Rechtsschein dem, der ihn (durch Tun oder pflichtwidriges Unterlassen) gesetzt hat. Ein Verschulden ist, anders als bei der Schadensersatzhaftung, nicht erforderlich, vielmehr genügt, dass es objektiv (nicht notwendig für den Handelnden) vorhersehbar war, dass ein bestimmtes Handeln bei Dritten bzw im Verkehr den Rechtsschein erwecken würde; BGH NJW **62**, 2196 (Vollmacht). Bei Unterlassen kommt es darauf an, ob zurechenbar gegen den Rechtsschein hätte vorgegangen werden müssen, BGH **5,** 116 (Vollmacht), **17,** 19, NJW **56**, 1673, MDR **76**, 752, WM **10**, 1219, ZIP **17**, 14 Rn 16; Hamm NZG **11**, 139. Das Verhalten von Mitarbeitern ohne Vertretungsmacht ist nicht ohne weiteres zurechenbar, aber bei Kennen und Dulden oder Mangel zumutbarer Organisation; vgl zur Duldungs- und Anscheinsvollmacht Überbl 5 vor § 48, § 54 Rn 3. Die Zurechenbarkeit wird durch einen Irrtum des Handelnden nicht berührt; das den Rechtsschein begründende Verhalten wird nicht nur willensunabhängig zugerechnet, sondern ist im Interesse des Geschäftsverkehrs (jedenfalls im HdlRecht) **nicht wegen Irrtums anfechtbar,** zB wenn

§ 5 12, 13   1. Buch. Handelsstand

der NichtKfm glaubte, er sei wirklich Kfm. Der Rechtsschein kann also nicht rückwirkend beseitigt werden, hL, Rö/Röhricht Anh § 5 Rn 30, allgemeiner Canaris § 14 Rn 25 (für Vollmachten zu Rechtsgeschäften mit unbestimmter Personenvielzahl, dann selbst bei arglistiger Täuschung), aA Koller/Roth § 15 Rn 61: Anfechtung nach § 123 BGB, nicht nach §§ 119 ff BGB. Anfechtung scheidet aber nur soweit aus, als der Rechtsscheintatbestand reicht, Anfechtung aus anderen, ebenfalls vorliegenden Gründen bleibt unberührt (zB § 346 Rn 33, § 366 Rn 6). Dagegen schließen **Geschäftsunfähigkeit** und beschränkte Geschäftsfähigkeit die Rechtsscheinhaftung aus, BGH NJW **77**, 623 (Vollmacht), Stgt MDR **56**, 673, aA K. Schmidt § 10 VIII Rn 136 (ebenso hier § 15 Rn 19; anders oben Rn 5, § 15 Rn 6), der Schutz des Geschäftsunfähigen ist wohl auch sonst stärker als der Schutz des gutgläubigen Verkehrs (vgl auch für die fehlerhafte Ges § 105 Rn 84). Das Rechtsscheinverhalten des gesetzlichen Vertreters wird aber zugerechnet. Davon zu unterscheiden ist Geschäftsunfähigwerden des Vertreters und Zurechnung an den (geschäftsfähigen) Vertretenen, BGH **115**, 81 mit problematischer Differenzierung, krit Lutter/Gehling JZ **92**, 155, wie BGH auch Koller/Roth § 15 Rn 53.

12   D. **Schutzbedürftigkeit** des auf den Rechtsschein vertrauenden Dritten setzt dessen **Gutgläubigkeit** voraus. Darauf beschränkt handelt es sich um ein subjektives Tatbestandsmerkmal. Dem Dritten schadet entweder nur Kenntnis der wahren, den Rechtsschein abgebenden Umstände (zB § 15, s dort Rn 8) oder wie idR auch fahrlässige Unkenntnis, BGH NJW **58**, 2062, WM **76**, 74, NJW **82**, 1513 (Vollmacht), vgl auch Saarbr NZG **09**, 22 („bewusst und bekannt sein musste"). Der Streit, ob nur grobe, so K. Schmidt § 10 VIII Rn 38, oder (so zutreffend) schon leichte Fahrlässigkeit Bösgläubigkeit darstellen kann, ist eher theoretisch. Entscheidend ist, dass der Dritte idR keine Nachforschungspflicht hat, BGH NJW **87**, 3126, WM **92**, 1392; anders bei entsprechendem Umfang und Bedeutung des Geschäfts, BGH Warn **70**, 51, bei Anlass zu Zweifeln, Hamm NJW-RR **95**, 419, je nachdem auch wenn der Vertragstatbestand länger zurückliegt und Änderungen nahe liegen, Canaris § 6 Rn 71; auch Aufwand und Zeit für Nachforschung spielen eine Rolle. Mangels Nachforschungspflicht schadet auch nicht Unterlassen der HdlRegEinsicht, auch wenn das HdlReg den Sachverhalt richtig wiedergibt, zB bei Änderungen im Rahmen einer seit längerem bestehenden Geschäftsverbindung (vgl § 15 Rn 15), Rö/Röhricht Anh § 5 Rn 32. Der Dritte kann also außer in Evidenzfällen im Verkehrsinteresse den Schein für Sein nehmen. Die **Beweislast** liegt wie auch in anderen Fällen des Gutglaubensschutzes idR bei dem, der den guten Glauben bestreitet, Canaris § 6 Rn 72: Vermutung.

13   E. **Kausalität des Rechtsscheins:** Der Dritte muss den Rechtsschein **kennen und sich** bei seinem geschäftlichen Verhalten **auf den Rechtsschein verlassen haben**, BGH BB **76**, 902, WM **81**, 172 (Vollmacht), LM § 167 BGB Nr 13 gegen Nr 10, Düss NZG **09**, 315; vgl jetzt aber zu § 311 II Nr 1 BGB (frühere culpa in contrahendo), BGH **190**, 94. Der Rechtsschein muss zurzeit des geschäftlichen Verhaltens des Dritten noch bestanden haben; zB Vertragsschluss mit dem Scheinbevollmächtigten, BGH NJW **62**, 1003. Der Dritte muss idR die Tatsachen kennen, aus denen sich der Rechtsschein ergibt, BGH NJW **56**, 460; es genügt, wenn ihm andere die allgemeine Überzeugung entspr dem Rechtsschein mitteilen, BGH NJW **62**, 1003 (Vollmacht); klare Vorstellungen über die Rechtslage sind unnötig, BGH **61**, 64. Die Kenntnis von dem Rechtsschein und die Ursächlichkeit des Rechtsscheins für sein Verhalten sind vom Dritten zu beweisen, wenn der Rechtsschein nicht durch öffentliche Kundgebung, sondern durch das Verhalten gegenüber dem Getäuschten geschaffen wurde; BGH **17**, 18, **22**, 238, str, aA Beweislast bei dem, der die Kausalität bestreitet, Canaris § 6 Rn 77. Jedoch dürfen die Anforderungen an den Beweis nicht überspannt wer-

1. Abschnitt. Kaufleute 14, 15 **§ 5**

den, BGH WM **60**, 1329, uU gilt tatsächliche Vermutung, BGH **17**, 19. Kenntnis und Kausalität können aber von Rechts wegen **typisiert** sein, so im Interesse des Verkehrsschutzes bei bestimmten „starken" Rechtsscheintatbeständen, dann grundsätzlich Umkehr der **Beweislast**, str. So genügt etwa für § 15 I, III die Tatsache der Eintragung im HdlReg; nicht notwendig ist, dass der Dritte das HdlReg einge sehen und in Kenntnis der Eintragung gehandelt hat (§ 15 Rn 9, 21). Der Gegenbeweis der Nichtursächlichkeit sollte trotzdem möglich bleiben, ist aber tatsächlich kaum zu führen. Ebenso liegt bei Rechtsscheinhaftung wegen unterlassenen Hinweises auf die Haftungsbeschränkung (Rechtsformzusatz bei GmbH, heute allgemeiner § 19 II) der schwierige Nachweis der Kausalität grundsätzlich bei dem, der den Rechtsschein gesetzt hat, BGH **64**, 19, NJW **81**, 2569.

F. **Wirkung des Rechtsscheins: a) Gleichstellung von Rechtsschein und** 14 **Wirklichkeit:** Die Rechtsscheinhaftung bewirkt, dass sich derjenige, der den Rechtsschein zurechenbar gesetzt hat, dem gutgläubigen Dritten gegenüber, der sich bei seinem geschäftlichen Verhalten auf den Rechtsschein verlassen hat, nicht auf die wahre Rechtslage berufen kann. Die Wirkung des Rechtsscheins richtet sich in ihrem Umfang positiv nach dem Vertrauenstatbestand, der Dritte ist also nicht auf den bloßen Vertrauensschaden (negatives Interesse) beschränkt, zT str (Anscheinsvollmacht s Rn 9), also je nachdem auch Haftung auf Vertragserfüllung, BGH NJW **12**, 3368, auf Schadloshaltung bei Fehldisposition (Kosten für Rechtsstreit gegen ScheinGfter), BGH ZIP **17**, 14 Rn 17 f. Die Wirkung geht aber auch nicht weiter als bei Zutreffen des Rechtsscheins, BGH NJW **12**, 3370. Die Wirkung kann auch auf gesamtschuldnerische Haftung gehen, sie ist keine subsidiäre Haftung für den wirklichen Unternehmensträger (zB bei Weglassung des GmbHZusatzes), BGH NJW **90**, 2679, **91**, 2628, **98**, 2897, **12**, 2872. Der RechtsscheinKfm muss sich wie ein Kfm nach HGB behandeln lassen, zB Prokura (§ 48), HdlVollmacht (§ 54), HdlGeschäfte einschließlich zB §§ 348–350, 352, 353, 354a, 369, 373 ff, 377, also auch bezüglich der Vorschriften, die nach (bisher) hL nicht auf kaufmannsähnliche Personen angewandt werden können (§ 1 Rn 10), erst recht alle anderen analogiefähigen Vorschriften des HGB (§ 1 Rn 10). Bei Scheinsozietät Haftung nur für anwaltstypische Tätigkeit, nicht bei PC-Kauf, BGH WM **08**, 1136.

b) **Wahlrecht des Dritten:** Der Rechtsschein wirkt **nur für, nicht gegen** 15 **den gutgläubig Vertrauenden**, str. Die ältere Formulierung (Staub): „Wer als Kfm auftritt, gilt als Kfm", ist aufgegeben. Der Dritte darf den entlarvten RechtsscheinKfm als NichtKfm behandeln, der er ist; der RechtsscheinKfm darf nicht auf Anwendung von KfmRecht bestehen, weil der Dritte mit ihm als Kfm kontrahiert habe, RG **89**, 163, BGH **17**, 16, **36**, 278, WM **90**, 638 (zu § 15 III, dort Rn 22). – Vertragsauslegung kann aber im Einzelfall, etwa wenn zwar beide Teile von KfmEigenschaft ausgingen, aber auf jeden Fall die ihnen bekannten Rechtsfolgen herbeiführen wollten, etwas anderes ergeben. Bei der Wahl kann der Dritte sich nicht teils Rechtsscheinsfolgen, teils Rechtsfolgen der wahren Rechtslage herauspicken, vielmehr muss er sich für das eine oder das andere entscheiden, Rö/Röhricht Anh § 5 Rn 42. Entscheidet er sich für Rechtsschein, hat der RechtsscheinKfm die Rechte eines Kfm bzw haftet als Kdtist nur beschränkt; ihm diese Rechte generell zu versagen, wenn er den Rechtsschein vorsätzlich herbeigeführt hat, so GroßKo/Brüggemann Anh § 5 Rn 44 (Verwirkung), geht zu weit, doch kann bei Arglist Verschulden bei Vertragsverhandlungen oder Delikt vorliegen. Das Wahlrecht kann auch konkludent ausgeübt werden, einmal ausgeübt (in Kenntnis der wahren Rechtslage) ist die Wahl bindend. Das Wahlrecht des Dritten **entfällt** typisiert in bestimmten Rechtsscheinsfällen, die idR von besonderer Verkehrserheblichkeit sind, zB bei Anscheinsvollmacht jedenfalls im Hdl- und Berufsverkehr (Überbl 6 vor § 48),

§ 6

Bestätigungsschreiben (§ 346 Rn 16), Schweigen des Kfm auf Anträge (§ 362 Rn 5).

16 **c) Grenzen der Rechtswirkung: (1)** Der Rechtsschein wirkt nicht zu Lasten von **Geschäftsunfähigen** (s Rn 11). **(2)** Im Übrigen kann nicht gesagt werden, dass sich **zwingendes Recht** immer gegen die Rechtsscheinhaftung durchsetzt, aA (außer bei Rechtsmissbrauch oder Verschulden bei Vertragsverhandlungen), GroßKo/Brüggemann Anh § 5 Rn 45; aber auch nicht umgekehrt, dass die Rechtsscheinwirkung immer den Vorrang hat, K. Schmidt § 10 VIII Rn 141. Aus dem HRefG allgemein (Eintragungsoption für Kleingewerbetreibende) ergibt sich für letzteres (speziellere Schutzfrage) nichts, aA Koller/Roth § 15 Rn 59. Vielmehr kommt es wie auch sonst auf Sinn und Zweck der jeweiligen zwingenden Schutznorm an, Rö/Röhricht Anh 5 Rn 44. **(5)** AGBG § 24 aF galt auch zu Lasten des RechtsscheinKfm, üL. Klage gegen ScheinOHG (Parteifähigkeit einer solchen GbR) ist möglich, Canaris, Vertrauenshaftung 170, ders § 6 III 3a, aA BGH **61**, 69. Gerichtsstandsvereinbarung eines RechtsscheinKfm nach § 38 ZPO wird für wirksam gehalten, Ffm BB **74**, 1367, zögernd K. Schmidt § 10 VIII Rn 141, fraglich. §§ 238 ff gelten für den RechtsscheinKfm nicht (§ 238 Rn 7), wohl hL. **(3)** Der Rechtsschein wirkt nur soweit, wie das Vertrauen reicht (Kausalität, s Rn 13), das führt zu einer Begrenzung auf den **Geschäftsverkehr**, vgl § 15 Rn 8, 22, bloßer Unrechtsverkehr genügt nicht, hier auch K. Schmidt § 10 VIII Rn 145 (aber für § 5 oben Rn 6). **(4)** Der Rechtsschein wirkt nicht zu Lasten **unbeteiligter Dritter**, hL, zB außenstehende Dritte, die über § 366 ihr Eigentum oder Pfandrecht verlieren würden, aA Koller/Roth § 15 Rn 60 (§ 366 Rn 4), da der Dritte sein Recht auch bei Auftreten des ScheinKfm als Eigentümer nach §§ 932 ff BGB verloren hätte.

17 G. **Beginn und Ende der Rechtsscheinwirkung: a)** Die Rechtsscheinwirkung beginnt, sobald der gutgläubige Dritte sich darauf gutgläubig verlässt (s Rn 13).

b) Die Wirkung des Rechtsscheins **endet** nicht schon mit dem Wegfall des Rechtsscheingrundlage, sondern erst, wenn der Dritte davon oder von Tatsachen erfährt, die den Schein entkräften, oder wenn soviel Zeit verstrichen ist, dass Dritten die erneute Prüfung der wahren Lage zuzumuten ist, BGH **17**, 15, Rö/Röhricht Anh § 5 Rn 49. Vor Ende des Rechtsscheins begründete Rechtswirkungen bleiben unberührt.

18 H. **Haftung wie ein Kaufmann aus anderen Rechtsgrundlagen:** Neben der Haftung aus Verursachung des Scheins der KfmEigenschaft kommt Haftung aus anderen Anspruchsgrundlagen, besonders **§ 826 BGB** in Betracht, wenn der ScheinKfm die KfmEigenschaft vorsätzlich zum Schaden Dritter vorspiegelte, zB damit man sich mit seiner mündlichen Bürgschaft zufriedengebe, die nicht gültig ist, wenn er nicht Kfm ist (§ 350).

[Handelsgesellschaften; Formkaufmann]

6 (1) **Die in betreff der Kaufleute gegebenen Vorschriften finden auch auf die Handelsgesellschaften Anwendung.**

(2) **Die Rechte und Pflichten eines Vereins, dem das Gesetz ohne Rücksicht auf den Gegenstand des Unternehmens die Eigenschaft eines Kaufmanns beilegt, bleiben unberührt, auch wenn die Voraussetzungen des § 1 Abs. 2 nicht vorliegen.**

1. Abschnitt. Kaufleute　　　　　　　　　　　　　　1–6　§ 6

Übersicht

	Rn
1) Handelsgesellschaften als Kaufleute (I)	1–5
A. Normzweck, Voraussetzungen	1
B. Rechtsfolgen	4
2) Formkaufmann (II)	6–7

1) Handelsgesellschaften als Kaufleute (I)

A. Normzweck, Voraussetzungen: a) I macht das KfmRecht (des HGB) **1** ohne weiteres auf HdlGes anwendbar (Vereinfachung für den HdlVerkehr, § 1 II braucht nicht mehr geprüft zu werden, Einl 5 vor § 1). I hat, obschon durch HRefG 1998 unverändert, über §§ 105 II nF, 161 II (bei Eintragung OHG bzw KG auch ohne Betreiben eines HdlGewerbes) an Bedeutung gewonnen. **Handelsgesellschaften** (PersonenHdlGes und KapitalGes, s Rn 2, 3) sind **OHG, KG** sowie GmbH & Co; **GmbH, AG, SE, KGaA,** deutsche **EWIV** (§§ 105, 161 II; §§ 13 III GmbHG, 3 I, 278 III AktG, Art 9 I c ii SEVO iVm §§ 3 SEEG, 3 AktG, § 1 Halbs 2 EWIVAG, Einl 8 vor § 105; aber § 3 II EWIVAG s Anh § 160 Rn 6). **Nicht** HdlGes sind GbR, Verein, Stiftung, stGes, eG (aber FormKfm, s Rn 6), PartG (ausdrücklich § 1 I 2 PartGG, obwohl weitgehend OHGRecht anwendbar ist), öffentliche Körperschaften; VVaG, dieser unterliegt aber, auch wenn seine Gewerbetätigkeit zu Unrecht (§ 1 Rn 27) mangels Gewinnerzielungsabsicht verneint wird, KGJ **24** A 212, nach § 16 VAG den §§ 8–104, 238–335, 343–475h HGB, Ausnahme „kleinere Vereine", § 53 VAG, ferner §§ 341ff; nach § 7 VAG besteht in den meisten Versicherungszweigen Rechtsformzwang, Einl 5 vor § 105). Gesamthandspersonengesellschaften s § 1 Rn 49. Ges, die nicht unter I fallen (§ 1 Rn 49), können aber wie andere Unternehmer direkt unter §§ 1ff fallen (s Rn 4).

b) Personenhandelsgesellschaften: OHG, KG, GmbH & Co KG sind **2** HdlGes grundsätzlich nur, weil und wenn sie ein HdlGewerbe betreiben (§§ 105 I, 161 II) oder im HdlReg eingetragen sind (§§ 105 II nF, 161 II; FormKfm s Rn 6), sonst liegt nur GbR vor. HdlGes kraft Eintragung und kraft Geschäftsbeginn s § 123 I, II; Eintritt in das Geschäft eines EinzelKfm s § 28. Bei der **GmbH & Co** muss die KG (Unternehmensträgerin) selbst, nicht nur die GmbH das HdlGewerbe betreiben, BayOLG NJW **85,** 982, str (Anh § 177a Rn 1); ist die Unternehmensträgerin nicht Kfm nach §§ 1ff, kann GmbH & Co GbR vorliegen.

c) Kapitalgesellschaften: Sie entstehen durch Eintragung und sind dann **3** auch FormKflte (anders VorGes, s Rn 6); ob sie ein HdlGewerbe oder überhaupt ein Gewerbe betreiben, ist irrelevant, zB RechtsanwaltsGes (GmbH), § 59c BRAO. VorGes können KapGes nach §§ 1ff sein (§ 105 Rn 12, Anh § 177 Rn 15). – Auch ausländische KapitalGes, Düss NJW-RR **95,** 1184.

B. Rechtsfolgen: a) Das KfmRecht des **HGB** gilt nach I für die HdlGes ohne **4** weitere Prüfung. Alle von einer HdlGes vorgenommenen Geschäfte sind HdlGeschäfte (§ 343 I; § 344 gilt insoweit nicht, dort Rn 1). Soweit § 6 nicht vorliegt, können unmittelbar §§ 1ff vorliegen.

b) KfmRecht **außerhalb des HGB** gilt für die HdlGes nicht ohne weiteres, I **5** betrifft nur das HGB. Für § 196 I Nr 1, II aF BGB (kurze Verjährung von Ansprüchen für „Gewerbebetriebe") stand eine GmbH, die kein Gewerbe betreibt, nach § 13 III GmbHG Gewerbetreibenden gleich, BGH **49,** 263, **66,** 50 (Olympia-GmbH, Mü).

2) Formkaufmann (II)

II idF HRefG 1998 stellt (überflüssigerweise, anders aF wegen MinderKfm, R. **6** Schmitt WiB **97,** 1115) klar, dass ein **Verein,** dem das Gesetz ohne Rücksicht auf

Hopt　　　　　　　83

§ 7 1–3

den Gegenstand des Unternehmens die Eigenschaft eines Kfm beilegt, dies bleibt, auch wenn § 1 II nicht vorliegt. II besagt nichts darüber, wer Formkaufmann ist, dies tun die einschlägigen Gesetze. **Formkaufmann** iSv II sind: **GmbH, AG, KGaA, eG,** deutsche **EWIV** (§§ 13 III GmbHG, 3 I, 278 III AktG, 17 II GenG, § 1 Halbs 2 EWIVAG, vgl Einl 8–9 vor § 105). Für die EWIV s Anh § 160 Rn 6, MüKo/K. Schmidt 15. Die FormKfmEigenschaft setzt Eintragung im HdlReg bzw GenReg voraus, hL (nicht jede HdlGes ist FormKfm). VorGmbH und andere VorGes sind also nicht FormKfm, aber uU Kfm und HdlGes nach §§ 1 ff (s Rn 3).

7 **Nicht:** VVaG (s Rn 1). **Personenhandelsgesellschaften** (s Rn 3) sind nicht Vereine, also auch nicht FormKfm iSv II, so OHG, KG, auch GmbH & Co KG, weil KG Unternehmensträger ist, nicht die KomplementärGmbH, aA iErg Mü Ko/K. Schmidt 18, str (s auch Rn 2). Das ist so, auch wenn sie kraft Betreibens eines HdlGewerbes HdlGes sind (§§ 105 I, 161), dann gilt aber I (s Rn 2). Ebenso bei Eintragung nach § 5 oder schon nach §§ 105 II, 161 II (iVm §§ 2, 3 oder als VermögensverwaltungsGes); nach manchen dann auch FormKfm, K. Schmidt NJW **98**, 2166.

[Kaufmannseigenschaft und öffentliches Recht]

7 Durch die Vorschriften des öffentlichen Rechtes, nach welchen die Befugnis zum Gewerbebetrieb ausgeschlossen oder von gewissen Voraussetzungen abhängig gemacht ist, wird die Anwendung der die Kaufleute betreffenden Vorschriften dieses Gesetzbuchs nicht berührt.

Übersicht

	Rn
1) Normzweck, Anwendungsbereich	1–2
A. Öffentlichrechtliche Zulassungsvoraussetzungen und HGB	1
B. Zivilrechtliche Unwirksamkeit	2
2) Prüfung durch die Registergerichte	3–6
A. Grundsatz	3
B. Ausnahmen	5

1) Normzweck, Anwendungsbereich

1 A. **Öffentlichrechtliche Zulassungsvoraussetzungen und HGB:** § 7 vereinfacht, ebenso wie §§ 5, 6, den HdlVerkehr (Einl 5 vor § 1; Beschränkung der Prüfung durch das Registergericht, s Rn 3). Die Anwendbarkeit von HdlRecht und die Eintragung in das HdlReg sind danach nicht von der öffentlichrechtlichen Zulässigkeit des Gewerberbetriebs abhängig. Vorschriften der in § 7 bezeichneten Art sind ua enthalten in: GewO (zB §§ 30, 34b, 35, 55; auch § 34c mit MABV, § 93 Rn 18); GaststG; HdwO (§ 1 Rn 26); WaffenG.

2 B. **Zivilrechtliche Unwirksamkeit:** § 7 berührt nicht die Frage der zivilrechtlichen Wirksamkeit von Verträgen, zB Nichtigkeit wegen Verstoßes gegen ein gesetzliches Verbot (§ 134 BGB, dazu betr GesVerträge § 105 Rn 83). Die Unwirksamkeit hindert nicht das Vorliegen eines Gewerbes (§ 1 Rn 21). Steht dagegen fest, dass das Gewerbe insgesamt gesetz- oder sittenwidrig ist (zB Drogenhandel, Schmuggel), ist es aber nicht in das HdlReg einzutragen, sondern zu unterbinden (§ 1 Rn 21).

2) Prüfung durch die Registergerichte

3 A. **Grundsatz: a)** Das HdlReg sagt über die **öffentlichrechtliche** Zulässigkeit des Unternehmens nichts aus. Die Registergerichte haben insoweit grundsätzlich weder eine Prüfungspflicht noch ein Prüfungsrecht, dies ist vielmehr

2. Abschnitt. Handelsregister; Unternehmensregister 4–6 § 7

Sache der zuständigen Behörden, zB Gewerbeaufsicht, BaFin (früher BAKred, BAWe, BAV). Die öffentlichrechtliche Unzulässigkeit des Gewerbes, zB fehlende öffentlichrechtliche Erlaubnis, hindert seine Eintragung in das HdlReg nicht und trägt keine Amtslöschung (§ 8 Rn 12) ihretwegen, KG NJW **58**, 1828, Celle BB **72**, 145, Brschwg Rpfleger **77**, 363, Ffm BB **84**, 13. Bsp: Versteigerererlaubnis iSv § 34b I GewO, BayObLG **78**, 47. Dieser Grundsatz gilt insbesondere auch für PersonenHdlGes, zB GmbH & Co KG, BayObLG **78**, 47.

b) Erst Recht haben die Registergerichte kein Prüfungsrecht hinsichtlich **pri-** 4 **vatrechtlicher** Beschränkungen, zB Verstoß gegen handelsrechtliche Wettbewerbsverbote (zB § 86 Rn 26), ganz hL.

B. Ausnahmen: a) Soweit Vorschriften die **Eintragung** bestimmter Tatsa- 5 chen in das HdlReg **von der Vorlage öffentlichrechtlicher Urkunden abhängig** machen, zB Genehmigungsurkunden, haben die Registergerichte eine Prüfungspflicht, MüKo/Krafka 4. Das gilt nach MoMiG nicht mehr für AG, KGaA, GmbH (§§ 37 IV Nr 5 aF AktG, 8 I Nr 6 aF GmbHG); auch nicht für eG und juristische Personen des § 33, vgl Rö/Röhricht 5 ff; aber zB für Kreditinstitute § 43 I KWG (s **(7)** Bankgeschäfte Rn A/4); VVaG; BauspG, InvG. Eintragung in die Handwerksrolle stand staatlicher Genehmigung nach § 8 I Nr 6 aF GmbH gleich, BGH **102**, 209, Ulmer GmbHG § 8 Rn 20, aA Winkler ZGR **89**, 107. Eine Ausnahme gilt auch hinsichtlich der Firmierung (§§ 18 ff, 29), Heymann/Emmerich 4.

b) Auch ohne besondere Vorschrift soll ganz ausnahmsweise eine Eintragung 6 ausscheiden, wenn ohne Prüfung feststeht, dass der Gewerbetätigkeit ein **evidentes und unbehebbares rechtliches Hindernis** entgegensteht, BayObLG **82**, 158 (aber für Eintragung in Handwerksrolle, s Rn 5), Düss BB **85**, 1933 (ebenso), K. Schmidt § 9 II Rn 35, zB bei bestandskräftiger Untersagung jeglicher Gewerbetätigkeit, aA Ffm BB **84**, 14 (Löschung in Handwerksrolle). Aber das führt zu Unsicherheiten im Geschäftsverkehr, durch die Hintertür doch wieder zur Prüfung durch die Registergerichte und dazu, dass dem Dritten fehlende öffentlichrechtliche Erlaubnisse entgegengehalten werden können (zB betreff § 366, s dort Rn 4), MüKo/Krafka 6, Heymann/Emmerich 5, Rö/Röhricht 4; ob das auch für die fehlende familiengerichtliche Genehmigung gilt, ist wegen des besonderen Minderjährigenschutzes str (s § 1 Rn 32). Keinesfalls reichen bloße Zweifel an der gewerberechtlichen Zulässigkeit, Hamm BB **85**, 1415.

Zweiter Abschnitt. Handelsregister; Unternehmensregister

Schrifttum

Außer dem allgemeinen Schrifttum (s Einl vor § 1) *Christ/Müller-Helle* 2007 (Veröffentlichungspflichten nach EHUG). – *Drischler*, HRV, 5. Aufl 1983. – *Fleischhauer/Preuß*, HdlRegisterrecht, 3. Aufl 2014. – *Gustavus*, HdlReg-Anmeldungen, 9. Aufl 2017. – *Gustavus/Ries*, Hdl-, Ges- und Registerrecht, 5. Aufl 2012. – *Krafka/Kühn*, Registerrecht, 10. Aufl 2017. – *Kramm* 1998 (rechtsvergleichend). – *Lamsa*, Firma der AuslandsGes, 2011. – *Melchior/Schulte*, HRV, 2003. – *Merkt* 2001 (allgemeine Unternehmenspublizität). – *MüKo(HGB)/Krafka* 4. Aufl 2016. – *Müther*, Das HdlRegister in der Praxis, 2. Aufl 2008. – *Reichelt* 2001 (eur HdlReg). – *Ries*, Praxis- und Formularbuch zum Registerrecht, 3. Aufl 2015. – *H. Schmidt/Sikora/Tiedtke* 7. Aufl 2014. – *Schmidt-Kessel/Leutner/Müther*, HdlRegisterrecht, 2010. – *Ulbert* 1997 (GmbH). – *E. Voigt* 2009 (ZwNl). – *Hager* Jura **92**, 57. – *Frenz* ZNotP **98**, 178. – *Stumpf* BB **98**, 2380. – *Winkler* FS Wiedemann **02**, 1369. – *Holzborn/Israel* NJW **03**, 3014 (rvgl). – *Bormann/Apfelbaum* ZIP **07**, 946 (rvgl USA, UK). Zur HdlRegReform (EHUG) *Seibert/Decker* DB **06**, 2446; *Dauner-Lieb/Linke* DB **06**, 706, 767; *Deilmann* BB **06**, 2347; *Meyding/Bödeker* BB **06**, 1009 (RegE, rvgl); *Liebscher/Scharff* NJW **06**, 3745; *Noack* NZG **06**, 801; *Spindler* WM **06**, 109; *Willer/Krafka* DNotZ **06**, 885; *Schlotter* BB **07**, 1; *Mödl/Schmidt*

§ 8 1, 2   1. Buch. Handelsstand

ZIP 08, 2332 (Erfahrung); *Koch/Rudzio* ZZP 122 **(09)** 38 (Beweiskraft des HdlReg). – Zum EUHdlRegRecht *Noack* 2007; *Schmidt-Kessel* GPR **06**, 6; *Jeep/Wiedemann* NJW **07**, 2439 (Praxis); *Kort* AG **07**, 801; *Schlotter/Reiser* BB **08**, 118 (Praxis); *Kilian* FGPrax **12**, 185; *Ries* ZIP **14**, 866 (europ Registerplattform). – Zum Registerrecht nach FamFG *Krafka, Ries* NZG **09**, 650, 654. Zur Publizität des HdlReg s bei § 15. – International s § 13d Rn 1. – Weitere Angaben s Einl vor **(3)** FamFG § 374.- **Muster:** *Hopt/Voigt,* Vertrags- und Formularbuch zum Hdl-, Ges- und Bankrecht, 4. Aufl 2013, Teil I.A–C (mit 13 Formularen); *Böttcher/Ries* 2003. **RsprÜbersichten:** *Munzig* FGPrax **06**, 47, **11**, 159, 211, 265, *Heinemann* FGPRax **15**, 1, 49.

Handelsregister

8 (1) **Das Handelsregister wird von den Gerichten elektronisch geführt.**

(2) **Andere Datensammlungen dürfen nicht unter Verwendung oder Beifügung der Bezeichnung „Handelsregister" in den Verkehr gebracht werden.**

Übersicht

	Rn
1) Übersicht	1–2
A. Zweck	1
B. Gesetzliche Grundlagen	2
C. Handelsregisterreform 2006	2a
2) Einrichtung und Führung des Handelsregisters (I)	3–4
A. Führung durch das Registergericht	3
B. Einrichtung des Handelsregisters und Umfang der elektronischen Registerführung	4
3) Einzutragende Tatsachen	5
A. Eintragungspflichtige Tatsachen	5
B. Nicht eintragungsfähige Tatsachen	5
C. Eintragungsfähige, aber nicht eintragungspflichtige Tatsachen	5
4) Anmeldung, Prüfung, Eintragung	6–10
A. Anmeldung	6
B. Prüfung durch das Registergericht	7
C. Eintragung	10
5) Wirkung der Eintragungen	11
6) Beseitigung unrichtiger Eintragungen	12–15
A. Löschungsverfahren	12
B. Nachträgliche Unrichtigkeit	13
C. Kein Anspruch auf Tätigwerden	15
7) Schutz des Begriffs „Handelsregister" (II)	16–18
8) Internationaler Verkehr	19

1) Übersicht

1   A. **Zweck:** Das HdlReg ist eine traditionsreiche Einrichtung besonders des deutschen Handels, die ua aus Mitgliederlisten der KfmVereinigungen (Gilderollen) hervorgegangen ist. Ein idR elektronisches HdlReg gibt es aber auch in vielen anderen europäischen Ländern, Nachweise (www.) *Meyding/Bödeker* BB **06**, 1009. Das HdlReg dient der Offenbarung der Zugehörigkeit oder Nichtzugehörigkeit gewerblicher Unternehmen zum HdlStand, und der wichtigsten Rechtsverhältnisse der Unternehmen des HdlStands. Es ist also ein vorzügliches Mittel der **Publizität von Unternehmen** und zielt auf **Verkehrsschutz,** BGH **87**, 62. Wegen dieser Informations- und Publizitätsfunktion müssen die einzutragenden Tatsachen zuverlässig, vollständig und lückenlos beurkundet werden, BGH ZIP **15**, 1064 Rn 18. Beweiswert des HdlReg s § 9 Rn 7 ff.

2   B. **Gesetzliche Grundlagen:** Gesetzlich geregelt ist:

2. Abschnitt. Handelsregister; Unternehmensregister   2a–3 § 8

a) Einrichtung und Führung des Registers, HGB Buch I Abschn 2 (§§ 8–16), **(3)** FamFG Buch 1 und 5 (§§ 374 ff), **(4)** HRV;

b) was in das HdlReg **eingetragen werden soll oder darf** und **wer** die Eintragung **herbeizuführen** hat: viele Einzelvorschriften, im HGB besonders §§ 2, 3 II, 13–13h, 25 II, 28 II, 29, 31–34, 53, für OHG und KG s §§ 106–108.

c) die **Bedeutung der Eintragungen** (und der Nichteintragung von Tatsachen) im Register: §§ 15, 11 II, ferner viele Einzelvorschriften, im HGB besonders §§ 2, 3 II, 5, 25 II, 28 II, für OHG und KG s §§ 106–108.

C. Handelsregisterreform 2006: Das HdlRegRecht ist durch das **EHUG** 10.11.06 BGBl 2553 grundlegend reformiert worden, §§ 8–12 sind neu formuliert und gegliedert und haben amtliche Überschriften. Das EHUG trägt der europarechtlich vorgeschriebenen Elektronisierung des HdlReg (für Ges; EU-Ri 15.7.03 zur Änderung der 1. EG-Ri (PublizitätsRi), Einl 36 vor § 105, u Transparenz-Ri 15.12.04) Rechnung (s auch Rn 3). Danach müssen ab 1.1.07 alle offenlegungspflichtigen Daten über ein Unternehmen über „eine Akte" zentral elektronisch abrufbar und ein amtlich bestelltes System für die zentrale Speicherung vorgeschriebener Informationen vorhanden sein. Beim **Handelsregister** erfolgen Einreichung, Speicherung, Bekanntmachung und Abruf grundsätzlich nur noch **elektronisch, und** ein **zentrales Unternehmensregister** eröffnet den elektronischen Zugriff auf alle HdlRegDaten und viele sonstigen Unternehmensdaten aus öffentlichen Registern und Datenbanken, zB BaFin („big bang", Seibert/Decker DB 06, 2446). Die Folgen sind bessere und kostengünstigere Transparenz im Rechtsverkehr, weniger Bürokratie und raschere Unternehmensgründung (wichtig für GmbH im Standortwettbewerb mit plc, Einl 29 vor § 105), Seibert/Decker DB **06**, 2449. Das EHUG belässt die Registerführung den Amtsgerichten (keine Übertragung auf die IHK, s Rn 3), verlangt Umstellung auf elektronische Form (§ 8 nF) und elektronische Einreichung der Unterlagen zum HdlReg (§ 12 nF) und führt ein „Unternehmensregister" ein, das vom BMJ bzw einem beauftragten Dritten elektronisch geführt wird (§ 8b).

Weitere Reformen sind dem Weg, insbesondere Schaffung eines EU-weiten **Systems der Registervernetzung**, Richtlinie 13.6.2012 ABIEU 16.6.12 L 156/1, Umsetzung in § 9b, Oetker/Preuß 14; Kilian FGPrax **12**, 185, Ries ZIP **13**, 866, UmsetzungsG BGBl I **14**, 2409, Terbrack DStR **15**, 236. Beabsichtigt ist danach weder eine zentrale Registerdatenbank noch Harmonisierung der nationalen Zentral-, Hdl- und GesRegister, sondern nur einheitliche Kennung der Ges und ihrer ZwNl und kostenloser Informationsaustausch. Das System der Registervernetzung besteht aus den Registern der Mitgliedstaaten, der zentralen Europäischen Plattform und dem Portal (Europäisches Justizportal) als elektronischem, europäischen Zugangspunkt. Aber vieles fehlt noch, ua weitere Informationen im HdlReg, namentlich über Konzernangehörigkeit, Schneider EuZW **11**, 651, und eine einheitliche Terminologie für alle elektronischen Register, zB Vereinsregister (§ 55a BGB). Ein Business Register Interconnection System (BRIS) gibt Bürgern, Unternehmen und Behörden Zugriff auf die Unternehmensinformationen in den jeweiligen nationalen Unternehmensregistern, Kumpan/Pauschinger EuZW **17**, 331. Lit: Seibert/Decker DB **06**, 2446, Liebscher/Scharff NJW **06**, 3745, Meyding/Bödeker BB **06**, 1009 (RegE), Noack NZG **06**, 801, Ries Rpfleger **06**, 233, Willer/Krafka DNotZ **06**, 885; zum EUHdlRegRecht Schmidt-Kessel GPR **06**, 6; zur Reformgeschichte: Stober 1998; Noack, Infobase für Unternehmensdaten, 2003; Ulmer ZRP **00**, 47, Seibert BB **01**, 2494, Gernoth, Kögel, Ries BB **04**, 837, 844, 2145, Meyding/Bödeker BB **06**, 1009.

2) Einrichtung und Führung des Handelsregisters (I)

A. Führung durch das Registergericht: § 8 neu durch EHUG 2006. Die Führung des HdlReg, ehemals in der Hand der Organisationen des HdlStandes,

§ 8 4, 5   1. Buch. Handelsstand

ist wegen der großen Bedeutung des Registers für den sicheren Ablauf des HdlVerkehrs den **Gerichten** aufgetragen (I). Die **IHK,** Handwerkskammern, Landwirtschaftskammern helfen nur, s (3) FamFG § 380, das Registergericht ist nicht an Stellungnahmen der IHK gebunden, Zweibr FGPrax **11,** 197. Absage an Übertragung auf IHK durch EHUG (gegen BRDrucks 865/05 mit 325/03, vgl Rn 2), auch nicht als „Vorprüfstelle" (für Öffnungsklausel Stellungnahme BRat), Seibert DB **06,** 2446; vollinhaltliche Mitteilung der Registereintragungen an die IHK **(4)** HRV § 37 nF. Lit: Frey BB **65,** 1208 (IHK). Nach **(3)** FamFG § 23a iVm §§ 374 ff (mit Konzentration ab 2002 und weitergehend ab 2007, s dort Rn 1) führen die

Amtsgerichte das HdlReg, bei ihnen weitgehend die **Rechtspfleger** (Einl 82 vor § 1). Das hat sich nach RegE EHUG bewährt, obschon die Zuständigkeit damit bei den Ländern liegt und es anders als in vielen EUMitgliedstaaten (s Rn 1) kein bundesweites GesamtHdlReg gibt. Die Vorgabe der EU-PublizitätsRi (s Rn 2a) nach der „einen Akte" (dort Art 3 I) ist aber mittelbar dadurch erfüllt, dass alle Daten über das Unternehmensregister (§ 8b Rn 1) abrufbar sind („virtuelles" GesamtHdlReg, so RegE). Trotzdem ist die Konzentration bei wenigen Amtsgerichten wünschenswert, sogar nur ein Register pro Bundesland wäre genügend. Örtliche Zuständigkeit mit Hinweis auf Liste der gemeinsamen Registerbezirke s Keidel ua, Registerrecht Anh II. HdlReg der **Zweigniederlassung** s §§ 13 ff.

4   B. **Einrichtung des Handelsregisters und Umfang der elektronischen Registerführung:** Jeder EinzelKfm, jede juristische Person und jede HdlGes wird unter einer in derselben Abteilung fortlaufenden Nummer **(Registerblatt)** in das HdlReg eingetragen, **(4)** HRV § 13. Registerblätter werden nur noch elektronisch angelegt, **(4)** HRV § 7, Umschreibung der Registerblätter in Papierform, **(4)** HRV § 51. Eintragungen erfolgen nur noch elektronisch und werden vom Eintragenden elektronisch signiert, **(4)** HRV § 28. Außerdem gibt es einen elektronischen **Registerordner** (früher Sonderband der Papierregister) mit den zum HdlReg eingereichten und nach § 9 I unbeschränkt einsehbaren Dokumenten zu dem Unternehmen, **(4)** HRV § 9, zB GesVerträge, GfterListen (zB nach § 40 GmbHG, Mayer ZIP **09,**1037), Hauptversammlungsprotokolle. Umschreibung der Papierdokumente im Sonderband nur auf Antrag auf Übertragung, **(1)** EGHGB Art. 61 III, oder Antrag auf elektronische Übermittlung, jeweils bis zu 10 Jahre zurück (§ 9 II). Für jedes Registerblatt gibt es **Registerakten** (früher Hauptband des Papierregisters), die ebenfalls elektronisch geführt werden können, aber nicht müssen (näher **(4)** HRV § 8), Ffm ZIP **13,** 1228. Das HdlReg besteht aus **zwei Abteilungen: Abteilung A** für die Einzelkflte und die hdlrechtlichen PersonenGes, besonders OHG, KG, EWIV; **Abteilung B** für die KapitalGes, bes GmbH, AG (s **(4)** HRV § 3), näher zum Inhalt der Eintragungen in Abteilung A und B **(4)** HRV §§ 43, 44 nF EHUG. Einrichtung des Registers, Zuständigkeiten und Verfahren in Registersachen s **(3)** FamFG Buch 1 und 5 (§§ 374 ff) und **(4)** HRV, Vorschriften für das elektronische geführte HdlReg **(4)** HRV §§ 47 ff (über Einrichtung, Anlegung, Abruf, Ersatzregister und -maßnahmen). **Kosten** s bezüglich freiwillige Gerichtsbarkeit GNotKG (früher KostO), EuGH ZIP **98,** 206 (Fantask) m Anm Gustavus 502, dazu BayObLG NJW **99,** 652, Kln EuZW **99,** 221, BB **00,** 370, Sprockhoff NZG **99,** 747, Thimme NZG **00,** 1540, Wolf ZIP **00,** 949; HdlRegGebührenVO; Kosten der Einsichtnahme s § 9 Rn 3; bezüglich Gerichtskosten GKG.

3) Einzutragende Tatsachen

5   A. **Eintragungspflichtige Tatsachen: Eintragungspflichtig** ist, **was gesetzlich** ausdrücklich **angeordnet** ist, RG **132,** 140, und was ohne ausdrückliche gesetzliche Vorschrift Sinn und Zweck des HdlReg einzutragen fordern,

2. Abschnitt. Handelsregister; Unternehmensregister 5 § 8

KG DR **43**, 982. Maßgeblich dafür sind der Zweck des HdlReg, die eingetragenen Rechtsverhältnisse zutreffend wiederzugeben, und die Sicherheit des Rechtsverkehrs. Eintragungspflichtig sind zB Gestattung des Selbstkontrahierens bei GmbH bzw GmbH & Co (Anh § 177a Rn 39), Stgt BB **07**, 2428, Düss GmbHR **95**, 51, MüKo/Krafka 41, auch § 106 Rn 13; TV, zB an GesAnteilen (§ 139 Rn 21, 24), str; Verwaltung durch Treuhandanstalt, Naumbg ZIP **93**, 1500, nicht aber privatrechtliche Treuhand; die Bestellung eines Geschäftsleiters der deutschen ZwNl einer ausländischen Bank nach § 53 II Nr 1 KWG, BayObLG NJW **73**, 2162; LG Ffm WM **79**, 957, ebenso für Hauptbevollmächtigten der dtsch ZwNl eines ausländischen VersUnternehmens nach § 106 III VAG; unbeschränkte Generalvollmacht analog § 53, Canaris § 4 Rn 11, Schroeder/Oppermann JZ **07**, 176, aA wegen Abgrenzungsschwierigkeiten Hbg NZG **09**, 957, hL, MüKo/Krafka 55b, offen Ffm ZIP **15**, 1071. Einzutragen sind **Änderungen** der eingetragenen Tatsachen, auch Änderung von Personalien, wenn das Register sonst unklar würde, MüKo/Krafka 40 f, abw KGJ **29** A 213; Richtigstellung bei Umwandlung einer GbR in OHG, Zweibr ZIP **12**, 2254. Eintragungspflichten werden **auch von der Rechtsprechung begründet**, zB Haftungsbeschränkungsvermerk (heute § 19 II), BGH **62**, 226, **65**, 105, BB **77**, 1221, Wiedemann ZGR **75**, 354; Testamentsvollstreckung bezüglich Kommanditanteil, jedenfalls bei Dauervollstreckung (§ 2209 BGB), BGH ZIP **12**, 623, aA MüKo/Krafka 55a; der Testamentsvollstrecker bei Treuhandlösung (§ 1 Rn 42); nicht in GfterListe, BGH ZIP **15**, 732, str. Fortentwicklung zu **Konzernregister** ist richtig, zB zwingende konstitutive Eintragung auch bei Unternehmensverträgen der GmbH (Abschluss und Aufhebung, § 106 Rn 13), BGH **105**, 324, **116**, 43, NJW **92**, 1452, Zweibr NZG **15**, 319 (iErg abl), str, nicht ihre Nichtigkeit, Hamm ZIP **10**, 229; zu eng Kort AG **88**, 369, Flume DB **89**, 665; str für PersonenGes s § 105 Rn 105. Die Zulässigkeit bedingter und befristeter HdlRegEintragungen ist umstritten, Scheel DB **04**, 2355. Zu den einzutragenden Tatsachen s auch § 15 Rn 5.

B. **Nicht eintragungsfähige Tatsachen:** Nicht eintragungsfähig sind zB die gesetzliche Vertretung von Minderjährigen; der Nacherbenvermerk, MüKo/Krafka 55; die Erteilung einer HdlVollmacht, KG RJA **9**, 159; der Gegenstand des Unternehmens einer OHG oder KG JW **34**, 1730; Verfügungsbeschränkungen des Einzelkfm, KG RJA **9**, 159; Erlöschen der Geschäftsfähigkeit, BGH **53**, 215, **115**, 81; Stellvertreterzusatz bei stellvertretendem GmbHGeschäftsführer, BGH NJW **98**, 1071, str; Sprecherfunktion bei mehreren GmbHGeschäftsführern, Mü ZIP **12**, 672; negative Abfindungsversicherung (§ 162 Rn 8); Teilgewinnabführungsvertrag einer GmbH mit stillen Gftern, KG ZIP **14**, 968m Anm K. Schmidt NZG **14**, 881. Güterrechtliche Tatsachen gehören ins Güterrechtsregister, nicht ins HdlReg. Vormerkungen und Widersprüche gibt es im Registerrecht nicht. Die Eintragung nicht eintragungsfähiger Tatsachen ist grundsätzlich ohne Rechtswirkung.

C. **Eintragungsfähige, aber nicht eintragungspflichtige Tatsachen:** Diese Unterscheidung ist eingebürgert, obwohl nicht ganz unproblematisch (Eintragungspflicht fehlt an sich auch bei konstitutiven Eintragungen, sie werden nur nicht wirksam ohne Eintragung). Eintragungsfähig, aber nicht eintragungspflichtig sind nur wenige Tatsachen, Düss ZIP **10**, 228, so teils auf Grund Gesetz (zB §§ 2 Satz 2, 3 II, 25 II, 28 II), teils weil für ihre Eintragung ein erhebliches Bedürfnis des Rechtsverkehrs besteht, wobei Zurückhaltung geboten ist, BGH NJW **98**, 1071, ZIP **12**, 623, Hamm ZIP **10**, 230, Oldbg NZG **15**, 643 Rn 7, also im Einzelfall ihre Bedeutung gegenüber der Gefahr der Überfrachtung des HdlReg überwiegt, zB Nießbrauch an KG-Anteil Stgt ZIP **13**, 624, Oldbg ZIP **15**, 1173 (§ 105 Rn 44), dagegen Mü ZIP **16**, 1675; nicht Befugnis der GfterVersammlung etwa zur Gestattung des Selbstkontrahierens, aber vgl Rn 5), Ffm

BB **84**, 238, nicht ausländische ZwNl im HdlReg des inländischen Unternehmens, auch europarechtlich nicht geboten, Düss ZIP **10**, 227,

4) Anmeldung, Prüfung, Eintragung

6   A. **Anmeldung:** Die Eintragung erfolgt idR nur auf Anmeldung, Ausnahmen: von Amts wegen § 32 (Insolvenzverfahren), § 87 V 2 VAG (Widerruf der Erlaubnis zum Geschäftsbetrieb auf Anzeige der Aufsichtsbehörde). Anmeldung und Antrag ist im HdlRegVerfahren grundsätzlich synonym, Ffm NZG **15**, 710, aber s § 12 Rn 1. Wer anzumelden hat, ist in den Gesetzen bei Anordnung einer Anmeldung mitgesagt, vgl Rn 2, sonst ist es derjenige, in dessen Angelegenheiten die Eintragung erfolgen soll, bei Vereinigungen der gesetzliche Vertreter. Keine Anmeldung der Amtsniederlegung des GmbHAlleingeschäftsführers durch diesen selbst, Ffm ZIP **06**, 1769, Bambg ZIP **12**, 2058, nach aA jedenfalls im unmittelbaren zeitlichen Zusammenhang. Für Anmeldungen durch Vertreter Unanwendbarkeit des § 181 BGB, BayObLG DB **77**, 1085. Erzwingung § 14. Veranlassung einer Anmeldung (zB Firmenänderung) durch Zurückweisung einer an sich ordnungsmäßigen anderen s § 14 Rn 1. Form der Anmeldungen s § 12. Auslegung s § 12 Rn 1.

7   B. **Prüfung durch das Registergericht: a) Formell:** Das Registergericht prüft die **förmlichen Voraussetzungen** der Eintragung, zB Zuständigkeit des angegangenen Gerichts, Form nach § 12, Eintragungsfähigkeit (s Rn 5), Vorliegen aller der Anmeldung beizufügenden Unterlagen.

8   **b) Materiell:** Das Registergericht ist auch berechtigt und verpflichtet, die materiellrechtlichen Voraussetzungen der Eintragung zu prüfen. Grundlage, str.: allgemeine rechtsstaatliche Pflicht, § 26 FamFG (Amtsermittlung), Schlegelb/Hildebrandt/Steckhan 22, oder Gesetzmäßigkeit der Verwaltung (aber Registergericht ist keine Verwaltung), GroßKo/Hüffer 54. Das HRefG 1998 hat allerdings die Prüfungsdichte im HdlRegVerfahren in verschiedener Hinsicht zurückgenommen, zB § 18 II 2; § 9c II GmbHG, § 38 III AktG, § 11a III GenG. Der Prüfungsumfang hängt nicht davon ab, ob konstitutive und deklaratorische Tatsachen vorliegen, denn Prüfung ist die Feststellung der Eintragungsvoraussetzungen, MüKo/Krafka 59. Genauere Prüfung dann, wenn nach Plausibilitätsprüfung Zweifel am Vorliegen dieser Voraussetzungen bestehen, MüKo/Krafka 64. Das Registergericht hat bei begründeten Bedenken die **Richtigkeit** der ihm mitgeteilten, glaubhaft zu machenden **Tatsachen** (zB Abschluss eines GesVertrages, Erteilung einer Prokura) nachzuprüfen, RG **127**, 156, **140**, 181, BGH ZIP **11**, 1562, BayObLG DB **73**, 1340, **77**, 1085, **81**, 2219, KG FGPrax **12**, 122, Düss NZG **15**, 1161 (Vollbeendigung). Das Gericht prüft weiter (nicht abschließend, nur um unrichtige Eintragungen möglichst zu vermeiden) **rechtlich,** ob die ihm mitgeteilten (erforderlichenfalls nachgeprüften) Tatsachen die **begehrte Eintragung rechtfertigen,** zB ob ein abgeschlossener Unternehmensvertrag wirksam zustandegekommen ist, BGH **105**, 330, ebenso für GesVertrag und Satzung und deren Änderungen, BayObLG WM **83**, 248, Hbg WM **84**, 1155; aber keine Pflicht, verwickelte Rechtsverhältnisse oder zweifelhafte Rechtsfragen zu klären, RGZ **127**, 158, BGH ZIP **11**, 1652. Umfang der Ermittlungen grundsätzlich im Ermessen des Gerichts, BGH ZIP **11**, 1563. Weitere Bspe: Oldbg BB **57**, 416 (trotz Zweifel an der Gültigkeit des GesVertrags zweier Handwerker ist einzutragen, wenn zwar der eine nicht in die Handwerksrolle eingetragen ist, aber im Unternehmen jahrelang unbeanstandet geblieben war), BayObLG DB **81**, 2230 (unwirksame Amtsniederlegung des alleinigen GmbHGfter-Geschäftsführers), BayObLG BB **83**, 83 (Grenzen der Kontrolle), Hbg WM **84**, 1154 (Satzungsänderung), BayObLG **94**, 358 (AnwaltsGmbH), KG ZIP **06**, 2085 (Befreiung von § 181 BGB), Hamm NZG **11**, 461 (§ 10 I 2 GmbHG), KG ZIP **12**, 2208 (Satzungsänderung), KG ZIP **16**, 1772 (Bestellung und Abberufung von

2. Abschnitt. Handelsregister; Unternehmensregister 9–11 § 8

GmbHGeschäftsführer), Nürnb NZG **15**, 886 (Befreiung von § 181 BGB),. Vom Gericht zu prüfen ist auch, ob die begehrte Verlautbarung (nicht nur unmittelbar den Gegenstand der Verlautbarung) betreffende Vorschriften zum Schutze der **Öffentlichkeit** verletzt, zB ob eine zur Eintragung anstehende Firma das Publikum zu täuschen geeignet ist (§ 18 II, aber § 18 II 2). Prüfung bei Anmeldung von ZwNl s § 13 Rn 13. Lit: K. Ullrich 2006 (Inhaltskontrolle von Satzungen, § 9c II GmbHG); Säcker FS Stimpel **85**, 867 (Inhaltskontrolle von Satzungen); Stumpf BB **98**, 2380.

Nicht vom Gericht zu prüfen ist, ob die Eintragung öffentlichrechtlich zulässig 9 ist (§ 7 Rn 3–6); ob ein Beschluss der GmbH nur anfechtbar ist (anders bei OHG, § 119 Rn 31), Ffm ZIP **09**, 1931, Stgt NZG **11**, 1301; ob sie Rechte Dritter verletzt, deren Wahrung ist diesen selbst vorbehalten (§ 17 Rn 27, § 37 Rn 11); ob Zustimmung der GfterVersammlung oder des Aufsichtsrats zur Prokuraerteilung (§ 46 Nr 7 GmbHG, § 111 IV 2 AktG) vorliegt, BGH **62**, 169. Keine Prüfung auf Rechtsformmissbrauch, BayObLG DB **77**, 1085; der Klarheit eines GmbHGesVertrags, anders wenn Außenstehende irregeführt werden können, Kln BB **81**, 1596, BayObLG BB **85**, 546, **93**, 88, str; ob GfterListe nach § 40 GmbHG zutreffend ist, aber Prüfung der formalen Anforderungen, offensichtliche Unrichtigkeit aber nur, wenn Nichtgleichwertigkeit eines ausländischen Notars ohne weiteres feststeht (nicht bei Schweiz) BGH NJW **14**, 2026 Rn 8, 23; KG NJW-RR **16**, 1320, Einzelheiten str, Wachter NZG **09**, 1002.

C. Eintragung: Entscheidung über die Eintragung s (4) HRV § 25, und zwar 10 **unverzüglich** (ohne schuldhaftes Zögern, § 121 BGB; bis EHUG innerhalb eines Monats), bei fehlerfreien Anmeldungen wenige Tage, uU sogar Stunden, so Seibert/Decker DB **06**, 2449, Folgen für den Standortwettbewerb s § 8 Rn 2a; informelle Vorabstimmung mit dem HdlReg, Schulz NJW **16**, 1483. Nur teilweise Ablehnung der Eintragung ist idR nicht möglich, BayObLG WM **87**, 502, aber Zwischenverfügung unter Fristsetzung nach (4) HRV § 26 S 2, wenn der Mangel behebbar ist; eine „Zwischenverfügung" zwecks Gelegenheit zur Rücknahme der Anmeldung ist keine beschwerdefähige Entscheidung, BayObLG NJW-RR **88**, 869. Eintragung trotz **fehlender Voreintragung** (Amtsbeendigung eines GmbHGeschäftsführers), aber keine Eintragung der Bestellung nach Erlöschen, KG BB **12**, 800. Fehlt eine erforderliche Voreintragung (Wirkung s § 15 Rn 1), können beide Eintragungen verbunden werden, zB „Die dem P erteilte, bisher nicht eingetragene Prokura ist erloschen". Unzulässig ist Ablehnung einer vorgeschriebenen Eintragung, weil nicht zugleich eine andere gebotene Änderung erfolgt (Bsp Gfterwechsel, Firmenänderung, § 143 Rn 2). Es gibt **keine Beschwerde** (Erinnerung) gegen Eintragung im HdlReg, es sei denn die Publizitätswirkung wird nicht berührt, BGH **104**, 61, BayObLG WM **88**, 1263, auch nicht gegen Ablehnung einer Eintragungsänderung bzw -ergänzung, Kln ZIP **04**, 505; aber Umdeutung in Anregung zu Amtslöschungsverfahren (s Rn 12), BayObLG WM **85**, 480, Kln ZIP **04**, 505.

5) Wirkung der Eintragungen

Überwiegend sollen die Eintragungen nur Vorgänge bezeugen, die ausserhalb 11 des Registers vollendet sind; sie sind dann nur **rechtsbekundend (deklaratorisch)** mit Wirkung gemäß § 15 (§ 15 Rn 5). Manche Akte bedürfen zur rechtlichen Vollendung der Eintragung, dann wirkt die Eintragung **rechtsbegründend (konstitutiv)**, Bsp: Eintragungen gemäß §§ 2, 3 II bezeugen nicht KfmEigenschaft, sondern machen erst zum Kfm; Eintragung einer AG oder GmbH bezeugt nicht ihre Entstehung, sondern lässt sie erst („als solche") entstehen (§ 41 I 1 AktG, § 11 I GmbHG, aus der VorAG, VorGmbH, s Anh § 177a Rn 15). Manchen rechtsbezeugenden Eintragungen ist erhöhte Bedeutung beigelegt, so dass sie in gewisser Hinsicht ähnlich rechtsbegründend wirken, Bsp: § 5 (Kfm durch Eintragung), §§ 25 II, 28 II (Wirksamkeit des Haftungsausschlusses gegen Dritte), § 123 I (Wirksamkeit der OHG gegen Dritte), §§ 174, 176 (Herabsetzung der KdtEinlage, Beschränkung der Haftung des Kdtisten). **Auslegung** von Eintragungen: objektiviert, unter Rückgriff auf die Eintragungsgrundlagen (Beschlüsse und HdlRegAnmeldungen), soweit für jedermann erkennbar, weniger streng für Anmeldungen, Heinze AG **11**, 408. Lit: K. Schmidt JuS **77**, 210.

6) Beseitigung unrichtiger Eintragungen

12 A. **Löschungsverfahren:** Nach (3) FamFG § 395 (mit § 393 III-V FamFG) kann das Registergericht eine unzulässige Eintragung von Amts wegen oder auf Antrag der berufsständischen Organe (s (3) FamFG § 380, etwa der IHK) mit deklaratorischer Wirkung, Hamm ZIP **10**, 231 (Unternehmensvertrag), **löschen.** Löschung rechtsbekundender (vgl Rn 11) Eintragungen nur, wenn sie sachlich unrichtig sind, nicht wegen Mängeln des Eintragungsverfahrens, Hamm BB **71**, 1122 (Ausscheiden von Gftern, unrichtige Angabe des Grunds des Ausscheidens ist unerheblich), KG WM **86**, 1247. Gegen unzulässig eingetragene **Firma** ist sowohl das Löschungsverfahren nach (3) FamFG § 392 als auch das Firmenmissbrauchsverfahren nach § 37 I HGB (s dort Rn 5) möglich (Konkurrenz s § 37 Rn 8). Das Registergericht hat ein (gebundenes) Ermessen, ob es überhaupt und in welchem Verfahren es einschreitet (vgl § 37 Rn 6, 8), Hamm ZIP **10**, 231, str, vgl BayObLG DB **80**, 71. Löschung nach (3) FamFG § 395 nur des unzulässigen Zusatzes, nicht der ganzen Firma (§ 18 Rn 8, anders im Verfahren nach § 37 I, II, dort Rn 5, 13), BGH GRUR **81**, 64, aA frühere Rspr. Löschung kann ausnahmsweise unterbleiben, wenn zB Gefahr der Publikumstäuschung (§ 18 II) gegenüber Nachteilen für Inhaber geringfügig ist, Hamm BB **54**, 784, **69**, 1196, Ffm WM **79**, 1049; wenn den Partnern des Unternehmensvertrags (bei Eintragung im HdlReg und schwebendem Anfechtungsprozess) schwere wirtschaftliche Schäden entstünden, Zweibr ZIP **89**, 241. Löschung nach Amtsermittlung (vgl Rn 7–8) bei völlig zweifels- und bedenkenfreier Sach- und Rechtslage, Zweibr ZIP **89**, 241, Hamm ZIP **10**, 231, Mü NZG **13**, 188, andernfalls Klärung durch die Parteien im Prozess, Hamm BB **71**, 1122. Amtslöschung der erloschenen Firma § 31 II 2. Für (nichtige) AG, KGaA, GmbH s auch § 397 FamFG.

13 B. **Nachträgliche Unrichtigkeit:** (3) FamFG § 395 ist auch anwendbar auf nachträglich unzulässig gewordene Eintragungen, so schon für FGG § 142 RG **169**, 151, Stgt BB **82**, 1195, Hamm ZIP **10**, 231, zB bei zivilgerichtlichem Tätigkeitsverbot für Geschäftsführer (GmbH), BayObLG BB **89**, 1009; auch wenn sich nur die Rechtsauffassung (nach der die Eintragung erlaubt war) wandelt, BGH **65**, 105, BayObLG DB **80**, 71 (aber pflichtgemäßes Ermessen des Registergerichts), Ffm DB **80**, 1211 (auch bei 110 Jahre alter Firma), früher str. Zur Bedeutung des Zeitablaufs s § 18 Rn 18.

14 Ergänzung oder Berichtigung des durch **neue Tatsachen** unvollständig oder unrichtig gewordenen Registers erfolgt durch Eintragung dieser neuen Tatsachen, idR auf Anmeldung, die das Gericht erzwingen kann, ausnahmsweise von Amts wegen s Rn 6.

15 C. **Kein Anspruch auf Tätigwerden:** Die Amtspflicht des Registergerichts einzuschreiten (zu löschen) besteht idR **nur im öffentlichen Interesse;** Private haben keinen Schadensersatzanspruch, BGH **84**, 285; ebenso beim Firmenmissbrauchsverfahren (§ 37 Rn 6). Anders bei Falscheintragung, dann Amtshaftung (§ 15 Rn 23).

7) Schutz des Begriffs „Handelsregister" (II)

16 II nF EHUG 2006 schützt den Begriff „Handelsregister", verhindert Verwechslungen bei Internetrecherchen mit anderen privaten Registern und Daten-

2. Abschnitt. Handelsregister; Unternehmensregister § 8a

sammlungen (zB Firmenverzeichnissen) und behält die staatliche Richtigkeitsgewähr und den Gutglaubensschutz nach § 15 dem amtlichen HdlReg vor. Andere Datensammlungen dürfen nach II weder unter Verwendung noch unter Beifügung der Bezeichnung „Handelsregister" in den Verkehr gebracht werden. Diesbezügliche Zusätze, einerlei ob vor- oder nachgestellt, sind also verboten. Inkrafttreten von II nF ist nicht hinausgeschoben (gegen RegE Art 13 II).

II ergänzt § 5 UWG, dessen Schutz gegen irreführende geschäftliche Handlungen nicht ausreichen würde (Einl 80 vor § 1). Ein Verstoß gegen II ist zudem unlauter iSv §§ 3, 4 Nr 11 UWG, da II auch dazu bestimmt ist, im Interesse der Marktteilnehmer das Marktverhalten zu regeln. Durchsetzung des Verbots nach §§ 8, 9, 12 ff UWG bei den ordentlichen Gerichten. **17**

Entsprechenden Schutz genießen das „Genossenschaftsregister" (§ 10 III nF GenG) und das „Partnerschaftsregister" (Verweisung auf II in § 5 II nF PartGG), nicht aber das „Unternehmensregister" (§ 8b Rn 8). Grund: letzteres genießt keinen Gutglaubensschutz nach § 15, Schutz nach § 5 UWG genügt (RegE), vgl LG Deggendorf WRP **00**, 659 (Deutsches Unternehmensregister Ltd). Im Übrigen gibt es bereits „Unternehmensregister" bei statistischen Ämtern (auf Grund EWGVO 22.7.93 ABlEG L 196/1). **18**

8) Internationaler Verkehr

Sonderregeln für ZwNl ausländischer Unternehmen (Sitz der HauptNl im Ausland) finden sich in §§ 13d–13g. Zum Einfluss der Niederlassungsfreiheit des AEUV (EGV aF) dort und Einl 29v § 105. **19**

Zum Firmenrecht im internationalen Verkehr § 17 Rn 48–50. Beweis auch durch ausländische HdlRegAuszüge, zB Schweiz, Mü NZG **16**, 150. Internationale HdlRegPraxis, Holzborn/Israel NJW **03**, 3014 (rvgl). Lit: Reichelt 2001 (eur HdlReg).

Eintragungen in das Handelsregister; Verordnungsermächtigung

8a (1) Eine Eintragung in das Handelsregister wird wirksam, sobald sie in den für die Handelsregistereintragungen bestimmten Datenspeicher aufgenommen ist und auf Dauer inhaltlich unverändert in lesbarer Form wiedergegeben werden kann.

(2) ¹Die Landesregierungen werden ermächtigt, durch Rechtsverordnung nähere Bestimmungen über die elektronische Führung des Handelsregisters, die elektronische Anmeldung, die elektronische Einreichung von Dokumenten sowie deren Aufbewahrung zu treffen, soweit nicht durch das Bundesministerium der Justiz und für Verbraucherschutz nach § 387 Abs. 2 des Gesetzes über das Verfahren in Familiensachen und in den Angelegenheiten der freiwilligen Gerichtsbarkeit entsprechende Vorschriften erlassen werden. ²Dabei können sie auch Einzelheiten der Datenübermittlung regeln sowie die Form zu übermittelnder elektronischer Dokumente festlegen, um die Eignung für die Bearbeitung durch das Gericht sicherzustellen. ³Die Landesregierungen können die Ermächtigung durch Rechtsverordnung auf die Landesjustizverwaltungen übertragen.

Übersicht

	Rn
1) Wirksamwerden der Eintragungen in das Handelsregister (I)	1–2
A. Eintragungen in das Handelsregister	1
B. Wirksamwerden der Eintragung (I)	2
2) Verordnungsermächtigung (II)	3

§ 8b

1) Wirksamwerden der Eintragungen in das Handelsregister (I)

1 A. **Eintragungen in das Handelsregister:** § 8a neu durch EHUG 2006, I entspricht II aF. Dass das HdlReg von den Gerichten elektronisch geführt wird, ergibt sich bereits aus § 8 I. Diesbezügliche Ermächtigungen der Landesregierungen zur elektronischen Führung (§ 8a I 1 aF) erübrigen sich damit. Die in § 8a I 2 Nr 1–3 aF enthaltenen Vorgaben für die elektronische Führung sind der Sache nach in **(4)** HRV § 47 I Nr 1–3 nF enthalten. Danach muss gewährleistet sein, dass 1) die Grundsätze einer ordnungsgemäßen Datenverarbeitung eingehalten werden (insbesondere Vorkehrungen gegen Datenverlust, Tagesaktualität ua), 2) die vorzunehmenden Eintragungen alsbald in einen Datenspeicher aufgenommen und auf Dauer inhaltlich unverändert in lesbarer Form wiedergegeben werden können, und 3) die nach Anlage zu § 126 I 2 Nr 3 GBO erforderlichen Maßnahmen (verschiedene Kontrollmaßnahmen zum Schutz von personenbezogenen Daten wie Zugangs-, Benutzer-, Speicherkontrolle ua) getroffen werden. Die Dokumente sind in inhaltlich unveränderbarer Form zu speichern, **(4)** HRV § 47 I 2 nF. Anmeldungen zur Eintragung und Einreichungen sind elektronisch einzureichen (statt bloßer diesbezüglicher Ermächtigungen wie nach § 8a III, IV aF), näher § 12.

2 B. **Wirksamwerden der Eintragung (I):** Für den Benutzer muss der Zeitpunkt des Wirksamwerdens der Eintragung klar sein, zumal da das Gesetz an die Eintragung Publizitätsfolgen knüpft (vgl §§ 15, 11 II). Nach I ist maßgebend nicht schon die Aufnahme in den dafür bestimmten Datenspeicher, also nicht bereits die Speicherung im Entwurfsstadium im HdlReg, sondern erst der Zeitpunkt, in dem die Eintragung gespeichert und dauerhaft inhaltlich unverändert in lesbarer Form wiedergegeben werden kann. Diese Abrufbarkeit ist für die Publizitätswirkung des HdlReg das Entscheidende. Dieser Zeitpunkt muss automatisch festgehalten werden und damit ohne Weiteres feststellbar sein.

2) Verordnungsermächtigung (II)

3 Nähere Bestimmungen zur elektronischen HdlRegFührung, Anmeldung und Dokumenteneinreichung und -aufbewahrung sowie zur Datenübermittlung und zu den Dateiformaten der zu übermittelnden Dokumente (zB Word, PDF ua) treffen die Landesregierungen (II 1, 2) bzw die Landesjustizverwaltungen (II 3), vorbehaltlich einer bundeseinheitlichen Regelung nach § 387 II FamFG: nämlich **(4)** HRV §§ 47 ff. Die Länder haben sich auf die Einführung einheitlicher Standards für das Datenformat der zum jeweiligen HdlReg einzureichenden Dokumente verständigt.

Unternehmensregister

8b (1) **Das Unternehmensregister wird vorbehaltlich einer Regelung nach § 9a Abs. 1 vom Bundesministerium der Justiz und für Verbraucherschutz elektronisch geführt.**

(2) **Über die Internetseite des Unternehmensregisters sind zugänglich:**

1. **Eintragungen im Handelsregister und deren Bekanntmachung und zum Handelsregister eingereichte Dokumente;**
2. **Eintragungen im Genossenschaftsregister und deren Bekanntmachung und zum Genossenschaftsregister eingereichte Dokumente;**
3. **Eintragungen im Partnerschaftsregister und deren Bekanntmachung und zum Partnerschaftsregister eingereichte Dokumente;**
4. **Unterlagen der Rechnungslegung nach den §§ 325 und 339 sowie Unterlagen nach § 341w, soweit sie bekannt gemacht wurden;**
5. **gesellschaftsrechtliche Bekanntmachungen im Bundesanzeiger;**
6. **im Aktionärsforum veröffentlichte Eintragungen nach § 127a des Aktiengesetzes;**

2. Abschnitt. Handelsregister; Unternehmensregister § 8b

7. Veröffentlichungen von Unternehmen nach dem Wertpapierhandelsgesetz oder dem Vermögensanlagengesetz im Bundesanzeiger, von Bietern, Gesellschaften, Vorständen und Aufsichtsräten nach dem Wertpapiererwerbs- und Übernahmegesetz im Bundesanzeiger sowie Veröffentlichungen nach der Börsenzulassungs-Verordnung im Bundesanzeiger;
8. Bekanntmachungen und Veröffentlichungen von Kapitalverwaltungsgesellschaften und extern verwalteten Investmentgesellschaften nach dem Kapitalanlagegesetzbuch, dem Investmentgesetz und dem Investmentsteuergesetz im Bundesanzeiger;
9. Veröffentlichungen und sonstige der Öffentlichkeit zur Verfügung gestellte Informationen nach den §§ 5, 26 Absatz 1 und 2, § 40 Absatz 1, den §§ 41, 46 Absatz 2, den §§ 50, 51 Absatz 2, § 114 Absatz 1 bis § 116 Absatz 2, den §§ 117, 118 Absatz 4 und § 127 des Wertpapierhandelsgesetzes, sofern die Veröffentlichung nicht bereits über Nummer 4 oder Nummer 7 in das Unternehmensregister eingestellt wird,
10. Mitteilungen über kapitalmarktrechtliche Veröffentlichungen an die Bundesanstalt für Finanzdienstleistungsaufsicht, sofern die Veröffentlichung selbst nicht bereits über Nummer 7 oder Nummer 9 in das Unternehmensregister eingestellt wird;
11. Bekanntmachungen der Insolvenzgerichte nach § 9 der Insolvenzordnung, ausgenommen Verfahren nach dem Zehnten Teil der Insolvenzordnung.

(3) [1] Zur Einstellung in das Unternehmensregister sind dem Unternehmensregister zu übermitteln:
1. die Daten nach Absatz 2 Nr. 4 bis 8 und die nach § 326 Absatz 2 von einer Kleinstkapitalgesellschaft hinterlegten Bilanzen durch den Betreiber des Bundesanzeigers;
2. die Daten nach Absatz 2 Nr. 9 und 10 durch den jeweils Veröffentlichungspflichtigen oder den von ihm mit der Veranlassung der Veröffentlichung beauftragten Dritten.

[2] Die Landesjustizverwaltungen übermitteln die Daten nach Absatz 2 Nr. 1 bis 3 und 11 zum Unternehmensregister, soweit die Übermittlung für die Eröffnung eines Zugangs zu den Originaldaten über die Internetseite des Unternehmensregisters erforderlich ist. [3] Die Bundesanstalt für Finanzdienstleistungsaufsicht überwacht die Übermittlung der Veröffentlichungen und der sonstigen der Öffentlichkeit zur Verfügung gestellten Informationen nach den §§ 5, 26 Absatz 1 und 2, § 40 Absatz 1, den §§ 41, 46 Absatz 2, den §§ 50, 51 Absatz 2, § 114 Absatz 1 bis § 116 Absatz 2, den §§ 117, 118 Absatz 4 und § 127 des Wertpapierhandelsgesetzes an das Unternehmensregister zur Speicherung und kann Anordnungen treffen, die zu ihrer Durchsetzung geeignet und erforderlich sind. [4] Die Bundesanstalt kann die gebotene Übermittlung der in Satz 3 genannten Veröffentlichungen, der Öffentlichkeit zur Verfügung gestellten Informationen und Mitteilung auf Kosten des Pflichtigen vornehmen, wenn die Übermittlungspflicht nicht, nicht richtig, nicht vollständig oder nicht in der vorgeschriebenen Weise erfüllt wird. [5] Für die Überwachungstätigkeit der Bundesanstalt gelten § 4 Abs. 3 Satz 1 und 3, Abs. 7, 9 und 10, § 7 und § 8 des Wertpapierhandelsgesetzes entsprechend.

(4) [1] Die Führung des Unternehmensregisters schließt die Erteilung von Ausdrucken sowie die Beglaubigung entsprechend § 9 Abs. 3 und 4 hinsichtlich der im Unternehmensregister gespeicherten Unterlagen der Rechnungslegung im Sinn des Absatzes 2 Nr. 4 ein. [2] Gleiches gilt für die elektronische Übermittlung von zum Handelsregister eingereichten Schriftstücken nach § 9 Abs. 2, soweit sich der Antrag auf Unterlagen der Rechnungslegung im Sinn des Absatzes 2 Nr. 4 bezieht; § 9 Abs. 3 gilt entsprechend.

§ 8b 1–3 1. Buch. Handelsstand

Übersicht

	Rn
1) Elektronisch geführtes Unternehmensregister (I)	1
2) Über das Unternehmensregister zugängliche Informationen (II)	2–4
A. Informationen	2
B. Zugänglichkeit	3
C. Die zugänglichen Informationen im Einzelnen (II Nr 1–11)	4
3) Zur Eintragung zu übermittelnde Daten (III)	5–6
4) Führung des Unternehmensregisters (IV)	7
5) Schutz des Begriffs „Unternehmensregister"	8

1) Elektronisch geführtes Unternehmensregister (I)

1   § 8b neu durch EHUG 2006, II Nr 9, III 3–5 idF TUG 2007, II Nr 7 mWv 1.6.12 durch G 6.12.11, II Nr 5, 7, 8, III 1 Nr 1 mWv 1.4.12 durch G 22.12.11, II Nr 4, III 1 Nr 1 idF MicroBilG 20.12.12 mit Übergangsvorschrift **(1)** EGBGB Art 70; zahlreiche Änderungen zu II und III, 2012, 2013, 2015, 2016 und 2. FiMaNoG 23.6.2017 BGBl 1693/1817. § 8b bringt das zentrale elektronische Unternehmensregister, wie es viele Länder schon längst kennen, und erfüllt damit die europarechtlichen Anforderungen der PublizitätsRi (Art 3 I, II: „eine Akte", § 8 Rn 2a, 3) und der TransparenzRi (Art 21 II: amtlich bestelltes System „für die zentrale Speicherung vorgeschriebener Informationen", § 8 Rn 2a). Das Unternehmensregister hat keine originäre Bekanntmachungsfunktion wie das HdlReg, sondern fungiert als zentrale Zugangsstelle zum einen als Portal zu den Registerdaten der Länder, zum andern zu den im Unternehmensregister selbst gespeicherten Daten, insbesondere unternehmensbezogenen und kapitalmarktrechtlichen (näher II, s Rn 2 ff). Die Nutzung wird erheblich einfacher, schneller und trotz anfallender Gebühren kostengünstiger als bei der herkömmlichen, auf viele Stellen verstreuten Papierform („one stop shop"). Die von den verschiedensten Gesetzen (s Rn 2 ff, Aufzählung nicht abschließend) bezweckte Publizität wird damit insbesondere auch im grenzüberschreitenden Verkehr deutlich verbessert. Das Unternehmensregister wird vom BMJV, das Herausgeber des Bundesanzeigers ist, elektronisch geführt, dieses kann jedoch die Führung an eine juristische Person des Privatrechts als beliehenen Unternehmer übertragen (§ 9a I). Finanzierung s Seibert/Decker DB **06**, 2450, Noack NZG **06**, 805. Zur EU-weiten Verknüpfung von Unternehmensregistern s § 8 Rn 2a. Übersichten: Noack 2007; Liebscher/Scharff NJW **06**, 3745, Seibert/Decker DB **06**, 2449.

2) Über das Unternehmensregister zugängliche Informationen (II)

2   A. **Informationen:** II enthält eine Aufzählung des Mindestinhalts der über die Internetseite des Unternehmensregisters (www.unternehmensregister.de) zugänglichen Informationen. Diese Aufzählung ist nicht abschließend. Das Unternehmensregister ist offen für weitere unternehmensrelevante Daten. § 8b begründet keine Anmeldungs- oder gar Genehmigungserfordernisse. Zwecks Entgelterhebung können aber die notwendigen Nutzerdaten erfasst werden (Protokollierung der Abrufe, **(4)** HRV § 53). Datenabruf aus dem HdlReg ist danach kostenpflichtig, auch bei indirektem Zugriff darauf über das Unternehmensregister, Datenabruf nur aus dem Unternehmensregister dagegen nicht; zu Kosten und Finanzierung Noack NZG **06**, 805.

3   B. **Zugänglichkeit:** Die Informationen sind über das Unternehmensregister „zugänglich", dh sie brauchen nicht in ihm selbst enthalten zu sein, vielmehr genügt unmittelbare Zugriffsmöglichkeit auf andere Register über das mit diesen direkt vernetzte Unternehmensregister, Staub/Koch 24, Verweis auf nicht vernetzte Register wäre EU-rechtswidrig. Das ist nicht nur einfacher und kostengünstiger als doppelte Datenhaltung (Gebühren fallen unmittelbar bei den Ländern an), sondern vermeidet beim HdlReg, GenReg und PartReg (II Nr 1–3) sowie bei öffentlichen Bekanntmachungen nach § 9 InsO (II Nr 11) die Datenspiegelung im Unternehmensregister und dadurch mögliche Widersprüche zwischen den Original- und den gespiegelten Daten, was gravierende Folgen für die Registerpublizität (§ 15) haben könnte. Das Unternehmensregister selbst hat keine Publizitätswirkung nach § 15. Lieferung der Indexdaten durch die Registergerichte s Rn 6.

C. Die zugänglichen Informationen im Einzelnen (II Nr 1–11): II enthält derzeit 11 Gruppen von über das Unternehmensregister zugänglichen Informationen.

Nr 1–3 betreffen die Eintragungen im **Handels-, Genossenschafts- und Partnerschaftsregister** und deren Bekanntmachung und zu diesen Registern eingereichte Dokumente. Der Zugriff auf diese Informationen kann danach entweder direkt bei diesen elektronischen Registern der Länder oder zentral, aber indirekt (nur „zugänglich", s Rn 3) über das Portal des Unternehmensregisters erfolgen.

Nr 4 erfasst Unterlagen der **Rechnungslegung** nach §§ 325 und 339 (Offenlegung des Jahresabschlusses ua) sowie Unterlagen nach § 341w, soweit sie bekannt gemacht wurden. Nr 4 gilt auch, wenn andere Vorschriften über Rechnungslegungsunterlagen auf §§ 325 oder 339 verweisen (zB §§ 325a, 340l II; §§ 9, 15 PublG).

Nr 5 spricht von **gesellschaftsrechtlichen Bekanntmachungen** im BAnz, diese müssen über das Unternehmensregister abrufbar sein. Das sind nicht nur solche von PersGes und KapitalGes (zB § 25 AktG, § 12 GmbHG), sondern auch von Genossenschaften. Bspe: Satzung (§§ 37 IV Nr 1, 181 I AktG), Vorstandsmitglieder und Liste der Aufsichtsratsmitglieder (§§ 81, 106 AktG), Einberufungen und Niederschriften der Hauptversammlung (121 III, 25, 130 V AktG), Unternehmensvertrag (§ 294 I AktG).

Nr 6 erfasst im **Aktionärsforum** veröffentlichte Eintragungen (§ 127a AktG). Solche können von Aktionären, Aktionärsvereinigungen oder auch der Ges selbst (§ 127a IV AktG) stammen. Der Unternehmensbezug liegt darin, dass sich diese Eintragungen auf die bestimmte Ges beziehen.

Nr 7 betrifft **Kapitalmarktrecht,** und zwar Veröffentlichungen von Unternehmen, Bietern, Ges, Vorständen und Aufsichtsräten ua nach **(16)** WpHG, VermAnlG 2011, § 27 III nF ua WpÜG. Ob diese Veröffentlichungen dort vorgeschrieben oder als freiwillige vorgesehen sind, spielt für Nr 7 keine Rolle. Bspe: Jahres- und Halbjahresfinanzberichte, Zahlungsberichte, Konzernabschlüsse, **(16)** WpHG §§ 114–118.

Nr 8 betrifft den **Investmentsektor** und erfasst Bekanntmachungen und Veröffentlichungen inländischer KAGG und InvGes nach KAGB, InvG und InvSteuerG. Für KAGG sind dies §§ 37 II, 38 I, 43 V, 45 I, II InvG, für InvAG ebenso (Verweisung darauf in § 99 III InvG) und zusätzlich § 101 IV; 103 III, 111 I InvG.

Nr 9 idF TUG 2007, TransparenzRiÄndRiUmsetzG 2015, G 30.6.2016 BGBl I 1514 **ergänzt Nr 4 und 7** und erfasst, soweit nicht schon dort dergeschehen, die Veröffentlichungen nach zahlreichen Vorschriften des **(16)** WpHG, §§ 5, 26 I, II, 40 I, 41, 46 II, 50, 51 II, 114 I bis 116 II, §§ 117, 118 IV, 127. Soweit es sich dabei um „vorgeschriebene Informationen" iSv TransparenzRi (Art 9 ff, 15, s § 8 Rn 2a) handelt, müssen diese durch Medien veröffentlicht werden, „bei denen vernünftigerweise davon ausgegangen werden kann, dass sie die Informationen tatsächlich an die Öffentlichkeit in der gesamten Gemeinschaft verbreiten" (Art 21 der Ri). Das Unternehmen wird sich dafür idR eines Informationsdienst-

§ 9 1. Buch. Handelsstand

leisters bzw Service Providers bedienen (s Rn 5). Die im Unternehmensregister verfügbaren kapitalmarktrechtlichen Informationen sind durch das TUG 2007 erheblich erweitert worden.

Nr 10 ergänzt Nr 7 und 9 betreff Mitteilungen über kapitalmarktrechtliche Veröffentlichungen an die BaFin, zB nach **(16)** WpHG.

Nr 11 erfasst Bekanntmachungen der **Insolvenzgerichte** nach § 9 InsO. Da es sich um ein Unternehmensregister handelt, sind Verfahren nach InsO Teil 9 (Verbraucherinsolvenzverfahren und sonstige Kleinverfahren, §§ 304 ff InsO) davon ausgenommen. Lieferung der Indexdaten s Rn 6.

3) Zur Eintragung zu übermittelnde Daten (III)

5   Die **Daten nach II Nr 4–8 und die Bilanzen nach § 326 II** sind durch den Betreiber des BAnz zur Einstellung in das Unternehmensregister zu übermitteln **(III 1 Nr 1)**, die **Daten nach II Nr 9 und 10** durch den jeweils Veröffentlichungspflichtigen oder den von ihm mit der Veranlassung der Veröffentlichung beauftragten Dritten, sog Service Provider **(III 1 Nr 2)**. Krit zur doppelten Meldepflicht an BaFin und Unternehmensregister Noack NZG **06**, 804.

6   Die **Daten nach II Nr 1–3 und 11** sind von den Landesjustizverwaltungen zum Unternehmensregister zu übermitteln, soweit dies für die Eröffnung eines Zugangs zu den Originaldaten erforderlich ist **(III 2)**. Zu übermitteln sind insoweit also nicht die Originaldaten selbst, sondern nur die sog **Indexdaten** des HdlReg, GenReg und PartReg und der Insolvenzbekanntmachungen (s Rn 3 zur „Zugänglichkeit"). Indexdaten sind ua Registernummer, Firma, Sitz des Unternehmens. Keine Aufzählung im Gesetz selbst, sondern durch RVO nach § 9a II 1, Grund: Flexibilität. Sie ermöglichen den zentralen Zugang mit Suchfunktion in den Originaldatenbanken der Länder. Überwachung der Übermittlung durch die BaFin **(III 3–5** idF 2. FiMaNoG 23.6.2017 BGBl I 1817).

4) Führung des Unternehmensregisters (IV)

7   IV betrifft die **Unterlagen der Rechnungslegung** nach §§ 325 und 339 (II Nr 4) und erfasst die Erteilung von **Ausdrucken** sowie die **Beglaubigung** entspr § 9 III, IV betr solcher Rechnungslegungsunterlagen **(IV 1)**. Dasselbe gilt für die **elektronische Übermittlung** von zum HdlReg eingereichten Schriftstücken nach § 9 II, soweit sich der Antrag auf Unterlagen iSv II Nr 4 bezieht; § 9 III gilt entspr **(IV 2)**. Das Unternehmensregister braucht also die Daten, die zur Eröffnung eines unmittelbaren Zugangs zu den Originaldaten nach II Nr 4 notwendig sind, nicht von sich aus und ohne konkreten Anlass an die Gerichte zu liefern („pushen"), wie der BRat das gefordert hatte. Diese Unterlagen können die Gerichte selbst ohne vorherige Registrierung und kostenfrei elektronisch abrufen.

5) Schutz des Begriffs „Unternehmensregister"

8   Eine Vorschrift zum Schutz des Begriffs „Unternehmensregister" (wie nach § 8 II nF EHUG 2006, dort Rn 16) für das HdlReg ist zwar vom BRat vorschlagen worden, aber nicht Gesetz geworden. Denn zum einen werden, wie europarechtlich vorgegeben, bei den statistischen Ämtern „Unternehmensregister" geführt, zum anderen gibt es beim Unternehmensregister nach § 8b keinen besonderen öffentlichen Glauben. Es genügt Schutz nach § 5 UWG und bei Vervielfältigung nach § 87b UrhG (Datenbankhersteller), vgl BGH **164**, 37.

Einsichtnahme in das Handelsregister und das Unternehmensregister

9 (1) ¹**Die Einsichtnahme in das Handelsregister sowie in die zum Handelsregister eingereichten Dokumente ist jedem zu Informationszwecken gestattet.** ²Die Landesjustizverwaltungen bestimmen das elektronische Infor-

2. Abschnitt. Handelsregister; Unternehmensregister § 9

mations- und Kommunikationssystem, über das die Daten aus den Handelsregistern abrufbar sind, und sind für die Abwicklung des elektronischen Abrufverfahrens zuständig. ³Die Landesregierung kann die Zuständigkeit durch Rechtsverordnung abweichend regeln; sie kann diese Ermächtigung durch Rechtsverordnung auf die Landesjustizverwaltung übertragen. ⁴Die Länder können ein länderübergreifendes, zentrales elektronisches Informations- und Kommunikationssystem bestimmen. ⁵Sie können auch eine Übertragung der Abwicklungsaufgaben auf die zuständige Stelle eines anderen Landes sowie mit dem Betreiber des Unternehmensregisters eine Übertragung der Abwicklungsaufgaben auf das Unternehmensregister vereinbaren.

(2) Sind Dokumente nur in Papierform vorhanden, kann die elektronische Übermittlung nur für solche Schriftstücke verlangt werden, die weniger als zehn Jahre vor dem Zeitpunkt der Antragstellung zum Handelsregister eingereicht wurden.

(3) ¹Die Übereinstimmung der übermittelten Daten mit dem Inhalt des Handelsregisters und den zum Handelsregister eingereichten Dokumenten wird auf Antrag durch das Gericht beglaubigt. ²Dafür ist eine qualifizierte elektronische Signatur zu verwenden.

(4) ¹Von den Eintragungen und den eingereichten Dokumenten kann ein Ausdruck verlangt werden. ²Von den zum Handelsregister eingereichten Schriftstücken, die nur in Papierform vorliegen, kann eine Abschrift gefordert werden. ³Die Abschrift ist von der Geschäftsstelle zu beglaubigen und der
Ausdruck als amtlicher Ausdruck zu fertigen, wenn nicht auf die Beglaubigung verzichtet wird.

(5) Das Gericht hat auf Verlangen eine Bescheinigung darüber zu erteilen, dass bezüglich des Gegenstandes einer Eintragung weitere Eintragungen nicht vorhanden sind oder dass eine bestimmte Eintragung nicht erfolgt ist.

(6) ¹Für die Einsichtnahme in das Unternehmensregister gilt Absatz 1 Satz 1 entsprechend. ²Anträge nach den Absätzen 2 bis 5 können auch über das Unternehmensregister an das Gericht vermittelt werden. ³Die Einsichtnahme in die Bilanz einer Kleinstkapitalgesellschaft (§ 267a), die von dem Recht nach § 326 Absatz 2 Gebrauch gemacht hat, erfolgt nur auf Antrag durch Übermittlung einer Kopie.

Übersicht

	Rn
1) Einsichtnahme in das Handelsregister (I–V)	1–11
A. Öffentlichkeit des Handelsregisters (I 1)	1
B. Elektronisches Abrufverfahren (I 2–5)	4
C. Elektronische Rückerfassung von Dokumenten in Papierform (II)	5
D. Beglaubigungen, Ausdrucke, Abschriften, Bescheinigungen (III–V)	7
E. Auskunft, Versendung	11
2) Einsichtnahme in das Unternehmensregister (VI)	12–13
A. Einsichtnahme (VI 1 mit I 1, VI 3)	12
B. Vermittlung der Anträge nach II–V (VI 2)	13
3) Beweiswert des Handelsregisters	14

1) Einsichtnahme in das Handelsregister (I–V)

A. **Öffentlichkeit des Handelsregisters (I 1): a)** § 9 neu durch EHUG 2006 (I 1 weitgehend wie I aF), VI 3 neu MicroBilG 20.12.12 mit Übergangsvorschrift **(1)** EGBGB Art 70. § 9 regelt die Öffentlichkeit des HdlReg und in

§ 9 2–4 1. Buch. Handelsstand

VI die des Unternehmensregisters. Die Einsichtnahme in das HdlReg (elektronisches HdlReg und bisheriges Papierregister) sowie in die (elektronisch oder in Papierform) zum HdlReg eingereichten Dokumente, zB Gesellschafts- und andere Verträge, früher Firmenzeichnung, auch Niederschriften des Registergerichts über von ihm abgegebene Erklärungen, RJA **2,** 70 (nicht Schriftstücke des inneren Dienstes oder Vorgänge über Ordnungsstrafverfahren nach § 14) ist jedem zu Informationszwecken gestattet **(I 1)**. Das gilt ohne besondere Voraussetzungen wie etwa ein berechtigtes Interesse (europarechtlich vorgegebenes Jedermann-Recht, RegE zu § 9a aF, abw von § 13 II FamFG).

2   **b) Verwendungszweck:** Freie Einsichtnahme ist **nur zu Informationszwecken** gestattet (insoweit keine Änderung durch EHUG, RegE). I 1 umreißt damit den Verwendungszweck positivrechtlich; dieser Zweck ist aber dem EU-Recht folgend sehr weit gefasst (RegE ERJuKoG), nach aA trotzdem europarechtswidrig, Hirte NJW **03**, 1091. Eigener und Drittinformationszweck, zB bei Einsicht von Rechtsanwälten, Wirtschaftsprüfern oder Auskunfteien, stehen gleich (RegE; Rechtsausschuss ERJuKoG). Kommerzielles Nutzungsinteresse schließt Informationszweck nicht aus, schadet also nicht.

3   **c) Einsichtnahme:** I 1 regelt die Einsichtnahme grundsätzlich ohne Unterscheidung zwischen der herkömmlichen Papiereinsicht und der elektronischen Online-Einsicht. Letztere ist in I 2–5 geregelt (s Rn 4), erstere bleibt, soweit noch Papierform, weiterhin möglich. Das Einsichtsrecht umfasst wegen der Öffentlichkeit des HdlReg auch eigenes Abschreiben, auch mittels technischer Reproduktion, Dresd NJW **97**, 667. Einsicht schließt auch Durchsicht ein, auch gleichzeitig über mehrere Firmen, Kln WM **91**, 1613 (Auszugsverlangen). Auch Gesamteinsicht ist gestattet, auch zu kommerziellen Zwecken. § 9 gibt aber kein Recht auf kommerzielle Mikroverfilmung des gesamten Bestands zwecks Konkurrenz zum HdlReg, vielmehr Ermessen der Justizverwaltung (nicht des Urkundsbeamten des HdlRegGerichts) nach §§ 23 ff EGGVG, BGH **108**, 32, str (zu eng wegen Publizitätsfunktion des HdlReg; vgl Kollhosser NJW **88**, 2409, und nach Elektronifizierung weitgehend funktionslos); s auch Karls NJW **91**, 182 (Verfahrensfehler). Grenze für Einsichtnahme ist wie stets Rechtsmissbrauch (§ 242 BGB), vgl Kln WM **91**, 1614 (rechtswidriger Zweck). Die Bestimmung des § 9a III aF, wonach ein Missbrauch von der Online-Einsicht ausschließt, ist als selbstverständlich entfallen (RegE § 9a). Bspe für Missbrauch (RegE, Rechtsausschuss ERJuKoG): Komplettabruf der gesamten Registerdaten (zur Elektronifizierung kaum mehr zu verhindern) oder zur Sabotage des Registerbetriebs, massenhafte Zugriffe zwecks Lahmlegung oder Infektion mit Viren, Einschleusung von Programmen. Ort und Zeit der Einsicht **(4)** HRV § 10 nF; Einsicht in das elektronische Registerblatt über Datensichtgerät oder Ausdruck, **(4)** HRV § 10 II nF. Für nicht unter § 9 I fallende Schriftstücke (Registerakte im Gegensatz zum Registerordner mit den einsehbaren Dokumenten, **(4)** HRV §§ 8, 9, MüKo/Krafka 7) gilt § 13 II, III FamFG (Einsicht der Gerichtsakten und Erteilung ua einer Abschrift bei glaubhaft gemachtem berechtigtem Interesse), berechtigtes Interesse der Presse, Hamm NZG **13**, 822 LS, wie bei Grundbuch (BGH NJW-RR **11**, 1651). Gebühren: Einsichtnahme auf der Geschäftsstelle der Registergerichts soll weiterhin kostenfrei sein (der frühere § 90 KostO findet allerdings im GNotKG keine Entsprechung), im Übrigen Gebühren nach JVKostG (früher JVKostO) bzw HRegGebV, Nedden-Boeger FGPrax **07**, 1. Lit: Vor EHUG Kassau 1998, Noack BB **01**, 1263, Seibert BB **01**, 2494; nach EHUG Seibert/Decker DB **06**, 2448.

4   B. **Elektronisches Abrufverfahren (I 2–5):** I 2–5 regeln das elektronische Abrufverfahren. Zuständig sind die Landesjustizverwaltungen, sie bestimmen das elektronische Informations- und Kommunikationssystem für den Datenabruf und sind für die Abwicklung des elektronischen Abrufverfahrens zuständig **(I 2)**.

2. Abschnitt. Handelsregister; Unternehmensregister 5–8 § 9

Abweichende Regelung der Zuständigkeit und Übertragung der Ermächtigung ist möglich (**I 3**). Bei der Ausführung ist Datenschutzrecht zu beachten, das Vorhalten von rein personenbezogenen Suchfunktionen (Vorname/Nachname) ist unzulässig (§§ 14 II Nr 5, 28 I Nr 3 BDSG), vgl DAV NZG **05**, 587, krit Noack NZG **06**, 803. Da die länderweite Zersplitterung des HdlReg aufwändig ist, können die Länder ein länderübergreifendes, zentrales elektronisches Informations- und Kommunikationssystem bestimmen (**I 4**) und die Übertragung der Abwicklungsaufgaben auf die zuständige Stelle eines anderen Landes bzw mit Zustimmung des Betreibers des Unternehmensregisters auf das Unternehmensregister vereinbaren (**I 5**). Ein solches **gemeinsames zentrales Registerportal,** das NRW für die Länder betreibt und das die Hdl-, Gen- und PartReg und zT Vereinsregister erfasst, gibt es seit 2007 unter der Adresse **www.handelsregister.de** (vgl www.handelsregisterbekanntmachungen.de, § 10 Rn 1). Indirekt ist der zentrale Zugang zum HdlReg über das Unternehmensregister möglich (§ 8b II Nr 1, dort Rn 3, 4). Zur Sicherung der ordnungsgemäßen Datenverarbeitung und für die Kostenabrechnung erfolgt Protokollierung der Abrufe, (**4**) HRV § 53. Lit: Noack NZG **06**, 804, Mödl/Schmidt ZIP **08**, 2335.

C. Elektronische Rückerfassung von Dokumenten in Papierform (II): 5
Wenn Dokumente nur in Papierform vorhanden sind wie vielfach bei Altdokumenten, kann grundsätzlich elektronische Übermittlung verlangt werden. Wird ein solcher Antrag gestellt, sind die Dokumente (auf Kosten des Antragsstellers, HdlRegGebührenVO) elektronisch zu erfassen, dazu (**1**) EGHGB Art 61 III. Übermittlung bedeutet sowohl die elektronische Einsichtnahme in das Dokument auf dem Bildschirm des Benutzers als auch seine Übersendung, uU in beglaubigter Form (RegE).

Eine **Ausnahme** von der elektronischen Rückerfassung gilt für Dokumente, 6 die **zehn Jahre** und länger vor dem Zeitpunkt der Antragstellung zum HdlReg eingereicht wurden (zulässig nach Art 3 III Unterabs II 3 der PublizitätsRi, § 8 Rn 2a). Solche Altdokumente können weiterhin bei Gericht eingesehen werden (nebst Fertigung von Kopien in Papierform).

D. Beglaubigungen, Ausdrucke, Abschriften, Bescheinigungen (III–V): 7
a) Beglaubigung (III): Die Richtigkeit der Kopien in elektronischer Form wird grundsätzlich nicht beglaubigt, außer wenn vom Antragsteller ausdrücklich verlangt (Art 3 III Unterabs IV 2 der PublizitätsRi, § 8 Rn 2a). III setzt das derart um, dass die Übereinstimmung der übermittelten Daten mit dem Inhalt des HdlReg und den zum HdlReg eingereichten Dokumenten **nur auf Antrag** durch das Gericht beglaubigt wird (**III 1**). Die Beglaubigung bezieht sich aber nicht auf die Richtigkeit des Inhalts des HdlReg bzw der zum HdlReg eingereichten Dokumente (RegE). Die Beglaubigung geschieht durch eine **qualifizierte Signatur (III 2).** In dem qualifizierten Zertifikat sollte angegeben werden, dass der Signierende zur Beglaubigung nach III autorisiert ist und die Signatur zum Zweck der Beglaubigung eingesetzt wird (RegE).

b) Ausdruck, Abschrift (IV): Von den Eintragungen und den eingereichten 8 Dokumenten kann ein **Ausdruck** verlangt werden (**IV 1**). Glaubhaftmachung eines berechtigten Interesses ist dafür nicht notwendig. Liegen die zum HdlReg eingereichten Schriftstücke nur in Papierform vor, kann eine **Abschrift** gefordert werden (**IV 2**); Antrag auf Übertragung in ein elektronisches Dokument s Rn 5. Der Einsehende darf auch selbst abschreiben (s Rn 3). Die Abschrift ist von der Geschäftsstelle zu beglaubigen und der Ausdruck als **amtlicher Ausdruck** zu fertigen, wenn nicht auf die Beglaubigung verzichtet wird, also nicht erst auf Verlangen (**IV 3**). Zur Erstellung von (einfachen und beglaubigten) Abschriften (**4**) HRV § 30, von Ausdrucken (**4**) HRV § 30a. Der Beweiswert von Abschriften und Bescheinigungen (s Rn 7 ff) ist voll nur für den Zeitpunkt ihrer Ausstellung; er nimmt ab mit dem Zeitablauf. Für nicht unter II fallende Schriftstücke s Rn 1.

9 c) **(Negative) Bescheinigung (V):** Verlangt werden kann auch, dass das Gericht eine Negativbescheinigung (Negativattest) darüber erteilt, dass bezüglich des Gegenstandes einer Eintragung weitere (jede ändernde, ergänzende, einschränkende usw) Eintragungen nicht vorhanden sind oder dass eine bestimmte Eintragung nicht erfolgt ist. Bescheinigungen und Zeugnisse können auch in elektronischer Form (§ 126a BGB) übermittelt werden, (4) HRV § 31 Satz 2. Beweiswert s Rn 7 ff.

10 d) Ein **(positives) Zeugnis über die Eintragung** konnte nach III aF darüber verlangt werden, wer der Inhaber einer in das HdlReg eingetragenen Firma eines EinzelKfm ist, sowie über die Befugnis zur Vertretung eines EinzelKfm oder einer HdlGes (ebenso RegE V). Damit konnte Behörden gegenüber der diesbezügliche Nachweis geführt werden. Zum Streit, welchen Beweiswert dieses Zeugnis hatte und ähnliche Sondervorschriften noch haben, s Rn 14. Eines solchen Positivzeugnisses gegenüber Behörden bedarf es beim elektronischen HdlReg nicht mehr, die Behörde kann diese Tatsachen selbst durch Einsicht in das HdlReg klären (BRat und BReg, anders noch RegE).

11 E. **Auskunft, Versendung:** Auskunft an Private ist nicht vorgesehen, sie können einsehen, (4) HRV § 10. Das EHUG hat daran nichts geändert (Stellungnahme BRat Nr 10, zust BReg). Auskunft an Behörden im Rahmen besonderer Vorschrift oder vorgeschriebener Rechts- oder Amtshilfe. Grundsätzlich keine **Versendung** der unersetzlichen Registerakten außer zB an Instanzgerichte, großzügiger Dresd NJW **97**, 667.

2) Einsichtnahme in das Unternehmensregister (VI)

12 A. **Einsichtnahme (VI 1 mit I 1, VI 3):** Für die Einsichtnahme in das Unternehmensregister gilt I 1 entsprechend. Danach hat jeder das Recht auf Einsichtnahme (s Rn 1, 3) zu Informationszwecken (s Rn 2). Das gilt gleichermaßen, ob die Daten im Unternehmensregister selbst gespiegelt sind (zB Rechnungslegungsunterlagen nach § 8b II Nr 4) oder dieses nur als Portal (zB HdlReg, § 8b II Nr 1–3) fungiert. VI ermöglicht damit, dass die Dokumente der „eine(n) Akte" aus „dem Register" elektronisch oder als Papierkopie erhältlich sind (Art 3 I der PublizitätsRi; § 8 Rn 2a, 3, RegE). VI betrifft Einsichtnahme in die Bilanz bestimmter KleinstkapitalgGes (§ 267a iVm § 326 II).

13 B. **Vermittlung der Anträge nach II–V (VI 2):** Die Anträge, die nach II–V bei Einsichtnahme in das HdlReg gestellt werden können, können auch über das Unternehmensregister an das Gericht vermittelt werden (europarechtliche Vorgabe, RegE). Sonst wäre der indirekte zentrale Zugang zum HdlReg (s Rn 4) weitgehend wertlos. Zu beachten ist, dass VI 2 nur Anträge bezüglich der Einsichtnahme in das HdlReg betrifft. Entsprechende Anträge auf Beglaubigungen, Ausdrucke und Bescheinigungen allein aus dem Unternehmensregister sind nicht vorgesehen (anders RegE VII 3 für Rechnungslegungsunterlagen nach § 8b II Nr 4). VI 2 gilt kraft Verweisung auf § 9 auch für Daten des GenReg und PartReg (§ 156 GenG, § 5 II PartG).

3) Beweiswert des Handelsregisters

14 Die Register werden von den Gerichten nach genauen gesetzlichen Vorschriften geführt. Die Gerichte prüfen zwar die Anmeldungen, aber nicht umfassend, seit dem HRefG noch weiter zurückgenommen (§ 8 Rn 7–9). Eine rechtliche Vermutung der Richtigkeit der Eintragungen im HdlReg wird deshalb dadurch (anders als § 891 BGB) nicht begründet, aA für widerlegbare Vermutung Heymann/Sonnenschein/Weitermeyer § 8 Rn 31 (vor HRefG); doch liefert die Eintragung einen **Beweis des ersten Anscheins** (keine Beweislastumkehr), hL,

Canaris § 4 Rn 14, Koch ZZP 122 **(09)** 37. Der Anscheinsbeweis kann erschüttert werden. Schutz des Vertrauens Dritter auf Richtigkeit des (bekanntgemachten) Registerinhalts und Wirkung dieses gegen Dritte s § 15.

Gegenüber Behörden gibt es Sonderregelungen ua in § 32 GBO, § 69 BGB, § 26 I GenG über ein sogenanntes **Registerzeugnis** über die Vertretungsberechtigung bei HdlGes (zum früheren § 9 III s Rn 10). Welche Beweiskraft der Eintragung bzw einem solchen Registerzeugnis zukommt (Beweislastumkehr, Vermutung, Beweis des ersten Anscheins), ist str, MüKo/Krafka 20. Zum Teil wird für ein (positives und negatives) Registerzeugnis auch hier ein bloßer Beweis des ersten Anscheins angenommen, üL, zum Teil wird dem Negativzeugnis eine besondere Beweiswirkung für die inhaltliche Richtigkeit des Bezeugten abgesprochen, Koch ZZP 122 **(09)** 51. Nach Streichung des § 9 III aF erbringt gegenüber Behörden nicht nur das (positive) Zeugnis des Registergerichts, sondern schon die bloße Registereintragung den vollen Beweis für den bezeugten Umstand. Die Behörde muss sich die Einsicht grundsätzlich selbst verschaffen (s Rn 10) und kann nur bei Zweifeln an der Richtigkeit weitere Nachweise verlangen. Das soll entgegen § 32 GBO („Fremdkörper") in Analogie zu § 34 GBO auch für das Grundbuchrecht gelten, Koch ZZP 122 **(09)** 37, str. Zur begrenzten Aussagekraft des HldRegAuszugs Mü ZIP **14**, 2446 (Grundbuch), KG NZG **15**, 70 (Grundbuch).

Übertragung der Führung des Unternehmensregisters; Verordnungsermächtigung

9a (1) ¹Das Bundesministerium der Justiz und für Verbraucherschutz wird ermächtigt, durch Rechtsverordnung mit Zustimmung des Bundesrates einer juristischen Person des Privatrechts die Aufgaben nach § 8b Abs. 1 zu übertragen. ²Der Beliehene erlangt die Stellung einer Justizbehörde des Bundes. ³Zur Erstellung von Beglaubigungen führt der Beliehene ein Dienstsiegel; nähere Einzelheiten hierzu können in der Rechtsverordnung nach Satz 1 geregelt werden. ⁴Die Dauer der Beleihung ist zu befristen; sie soll fünf Jahre nicht unterschreiten; Kündigungsrechte aus wichtigem Grund sind vorzusehen. ⁵Eine juristische Person des Privatrechts darf nur beliehen werden, wenn sie grundlegende Erfahrungen mit der Veröffentlichung von kapitalmarktrechtlichen Informationen und gerichtlichen Mitteilungen, insbesondere Handelsregisterdaten, hat und ihr eine ausreichende technische und finanzielle Ausstattung zur Verfügung steht, die die Gewähr für den langfristigen und sicheren Betrieb des Unternehmensregisters bietet.

(2) ¹Das Bundesministerium der Justiz und für Verbraucherschutz wird ermächtigt, durch Rechtsverordnung mit Zustimmung des Bundesrates Einzelheiten der Datenübermittlung zwischen den Behörden der Länder und dem Unternehmensregister einschließlich Vorgaben über Datenformate zu regeln. ²Abweichungen von den Verfahrensregelungen durch Landesrecht sind ausgeschlossen.

(3) ¹Das Bundesministerium der Justiz und für Verbraucherschutz wird ermächtigt, durch Rechtsverordnung ohne Zustimmung des Bundesrates die technischen Einzelheiten zu Aufbau und Führung des Unternehmensregisters, Einzelheiten der Datenübermittlung einschließlich Vorgaben über Datenformate, die nicht unter Absatz 2 fallen, Löschungsfristen für die im Unternehmensregister gespeicherten Daten, Überwachungsrechte der Bundesanstalt für Finanzdienstleistungsaufsicht gegenüber dem Unternehmensregister hinsichtlich der Übermittlung, Einstellung, Verwaltung, Verarbeitung und des Abrufs kapitalmarktrechtlicher Daten einschließlich der Zusammenarbeit mit amtlich bestellten Speicherungssystemen anderer Mitgliedstaaten der Euro-

§ 9a 1, 2   1. Buch. Handelsstand

päischen Union oder anderer Vertragsstaaten des Abkommens über den Europäischen Wirtschaftsraum im Rahmen des Aufbaus eines europaweiten Netzwerks zwischen den Speicherungssystemen, die Zulässigkeit sowie Art und Umfang von Auskunftsdienstleistungen mit den im Unternehmensregister gespeicherten Daten, die über die mit der Führung des Unternehmensregisters verbundenen Aufgaben nach diesem Gesetz hinausgehen, zu regeln. ²Soweit Regelungen getroffen werden, die kapitalmarktrechtliche Daten berühren, ist die Rechtsverordnung nach Satz 1 im Einvernehmen mit dem Bundesministerium der Finanzen zu erlassen. ³Die Rechtsverordnung nach Satz 1 hat dem schutzwürdigen Interesse der Unternehmen am Ausschluss einer zweckändernden Verwendung der im Register gespeicherten Daten angemessen Rechnung zu tragen.

Übersicht

	Rn
1) Übertragung der Führung des Unternehmensregisters (I) ..	1
2) Verordnungsermächtigungen (II, III)	2–3

1) Übertragung der Führung des Unternehmensregisters (I)

1   § 9a idF EHUG 2006. Das BMJV wird zur Übertragung der Führung des Unternehmensregisters (Aufgaben nach § 8b I) an eine juristische Person des Privatrechts ermächtigt (I 1). Der Beliehene erlangt die Stellung einer Justizbehörde des Bundes (I 2). Der Staat kann sich bei der Erfüllung öffentlicher Aufgaben auch Privater bedienen und ihnen dazu hoheitliche Befugnisse zur Wahrnehmung im eigenen Namen übertragen (BVerwG NVwZ-RR 91, 330, BReg Nr 14), was zB auch im AutobahnmautG v 5.4.02 BGBl 1234 geschehen ist. Weitere Einzelheiten dazu in I 3–4. Weitgehende Anforderungen an das Profil des zu Beleihenden in I 5, in Frage kommt danach praktisch nur der BAnz. Diese Übertragung an den **Bundesanzeiger** VerlagsGes mbH (Beliehene) ist mit Wirkung zum 1.1.07 erfolgt, VO 15.12.2006 BGBl 3202, verlängert bis 2026 durch VO 14.1.2015 BGBl 16.

2) Verordnungsermächtigungen (II, III)

2   Der zentrale elektronische Zugriff über das Unternehmensregister auf die Originaldaten der Länder ist ohne Einheitlichkeit der Datenzulieferung durch die Länderbehörden nicht gewährleistet. II und III enthalten deshalb Verordnungsermächtigungen an das BMJV über Einzelheiten der Datenübermittlung zwischen den Behörden der Länder und dem Unternehmensregister (keine Abweichungen von den Verfahrensregelungen durch Landesrecht, II 2) und zu den technischen und organisatorischen Einzelheiten zu Aufbau und Führung des Unternehmensregisters ua (ausführliche Aufzählung in III 1). Darunter fallen auch Regelungen über Zulässigkeit sowie Art und Umfang von Auskunftsdienstleistungen (sog Push- und Mehrwertdienste) des Betreibers mit den im Unternehmensregister selbst (nicht zB im HdlReg, insoweit Sache und uU Vereinbarung der Länder mit dem Betreiber) gespeicherten Daten, die über die mit der Führung des Unternehmensregisters verbundenen gesetzlichen Aufgaben hinausgehen (RegE). Nach Europarecht (§ 8 Rn 2a) dürfen dabei Dritte, auch bei Interesse an eigener Vermarktung, nicht ausgeschlossen werden. Dem schutzwürdigen Interesse der Unternehmen am Ausschluss einer zweckändernden Verwendung der im Register gespeicherten Daten ist angemessen Rechnung zu tragen (III 3). Das entspricht dem Grundrecht auf informationelle Selbstbestimmung (§ 14 II Nr 5, 28 I Nr 3 BDSG) und betrifft zB den Fall, dass der Betreiber des Unternehmensregisters im Register enthaltene Unternehmensdaten in einer

2. Abschnitt. Handelsregister; Unternehmensregister   § 9b

Weise nutzen will, die über die gesetzlich vorgeschriebenen Aufgaben hinausgeht (RegE).

Das BMJ hat die Verordnung über das Unternehmensregister (**Unterneh- 3 mensRegVO**) 26.2.2007 BGBl I 217 mit späteren Änderungen erlassen.

Europäisches System der Registervernetzung; Verordnungsermächtigung

9b (1) [1] Die Eintragungen im Handelsregister und die zum Handelsregister eingereichten Dokumente sowie die Unterlagen der Rechnungslegung nach § 325 sind, soweit sie Kapitalgesellschaften betreffen oder Zweigniederlassungen von Kapitalgesellschaften, die dem Recht eines anderen Mitgliedstaates der Europäischen Union oder eines anderen Vertragsstaates des Abkommens über den Europäischen Wirtschaftsraum unterliegen, auch über das Europäische Justizportal zugänglich. [2] Hierzu übermitteln die Landesjustizverwaltungen die Daten des Handelsregisters und der Betreiber des Unternehmensregisters übermittelt die Daten der Rechnungslegungsunterlagen jeweils an die zentrale Europäische Plattform nach Artikel 4a Absatz 1 der Richtlinie 2009/101/EG des Europäischen Parlaments und des Rates vom 16. September 2009 zur Koordinierung der Schutzbestimmungen, die in den Mitgliedstaaten den Gesellschaften im Sinne des Artikels 54 Absatz 2 des Vertrags im Interesse der Gesellschafter sowie Dritter vorgeschrieben sind, um diese Bestimmungen gleichwertig zu gestalten (ABl. L 258 vom 1.10.2009, S. 11), die zuletzt durch die Richtlinie 2013/24/EU (ABl. L 158 vom 10.6.2013, S. 365) geändert worden ist, soweit die Übermittlung für die Eröffnung eines Zugangs zu den Originaldaten über den Suchdienst auf der Internetseite des Europäischen Justizportals erforderlich ist.

(2) [1] Das Registergericht, bei dem das Registerblatt einer Kapitalgesellschaft oder Zweigniederlassung einer Kapitalgesellschaft im Sinne des Absatzes 1 Satz 1 geführt wird, nimmt am Informationsaustausch zwischen den Registern über die zentrale Europäische Plattform teil. [2] Den Kapitalgesellschaften und Zweigniederlassungen von Kapitalgesellschaften im Sinne des Absatzes 1 Satz 1 ist zu diesem Zweck eine einheitliche europäische Kennung zuzuordnen. [3] Das Registergericht übermittelt nach Maßgabe der folgenden Absätze an die zentrale Europäische Plattform die Information über

1. die Eintragung der Eröffnung, Einstellung oder Aufhebung eines Insolvenzverfahrens über das Vermögen der Gesellschaft,
2. die Eintragung der Auflösung der Gesellschaft und die Eintragung über den Schluss der Liquidation oder Abwicklung oder über die Fortsetzung der Gesellschaft,
3. die Löschung der Gesellschaft sowie
4. das Wirksamwerden einer Verschmelzung nach § 122a des Umwandlungsgesetzes.

(3) [1] Die Landesjustizverwaltungen bestimmen das elektronische Informations- und Kommunikationssystem, über das die Daten aus dem Handelsregister zugänglich gemacht (Absatz 1) und im Rahmen des Informationsaustauschs zwischen den Registern übermittelt und empfangen werden (Absatz 2), und sie sind, vorbehaltlich der Zuständigkeit des Betreibers des Unternehmensregisters nach Absatz 1 Satz 2, für die Abwicklung des Datenverkehrs nach den Absätzen 1 und 2 zuständig. [2] § 9 Absatz 1 Satz 3 bis 5 gilt entsprechend.

(4) Das Bundesministerium der Justiz und für Verbraucherschutz wird ermächtigt, durch Rechtsverordnung mit Zustimmung des Bundesrates die erforderlichen Bestimmungen zu treffen über

§ 9b 1–4

1. Struktur, Zuordnung und Verwendung der einheitlichen europäischen Kennung,
2. den Umfang der Mitteilungspflicht im Rahmen des Informationsaustauschs zwischen den Registern und die Liste der dabei zu übermittelnden Daten,
3. die Einzelheiten des elektronischen Datenverkehrs nach den Absätzen 1 und 2 einschließlich Vorgaben über Datenformate und Zahlungsmodalitäten sowie
4. den Zeitpunkt der erstmaligen Datenübermittlung.

1) Zugang zum Europäischen Justizportal (I)

1 § 9b neu durch RegVerknüpfUmsetzG 2014. Die damit umgesetzte EU-Richtlinie vom 13.6.12 dient der Verbesserung des grenzüberschreitenden Zugangs zu Unternehmensinformationen über das Europäische System der Registervernetzung. Das System dient der Vernetzung der Zentral-, Handels- und Gesellschaftsregister in der EU und besteht aus den Registern der Mitgliedstaaten, der zentralen Europäischen Plattform und dem Europäischen Justizportal. Um die Interoperabilität zu erreichen, erhalten alle KapitalGes eine einheitliche europäische Kennung. Ein Mindestsatz von Unternehmensinformationen (Firma, Rechtsform, Sitz und Registernummer der Ges) soll über einen Suchservice in allen Amtssprachen kostenlos abgerufen werden können. Vorgesehen sind zwei Stufen. § 9b regelt in der ersten Stufe die Grundlagen für die Beteiligung der BRD. Die zweite Stufe folgt, wenn die EU-Kommission die Durchführungsrechtsakte erlässt.

2 I 1 sieht neben dem **gemeinsamen Registerportal der Länder** (§ 9 I 4) und dem **Unternehmensregister** (§ 8b) die Beteiligung der BRD an dem **Europäischen Justizportal** (https://e-justice.europa.eu) vor. Alle drei dienen dem zuverlässigen Zugang zu den wichtigsten nationalen Unternehmensdaten, das Europäische Justizportal allerdings **beschränkt auf Kapitalgesellschaften bzw Zweigniederlassungen von solchen** (aus EU und EWR), aber mit mehrsprachigem Zugang. Der Benutzer wird je nach seinen Bedürfnissen unter den dreien **auswählen**, schon bisher zB bei Rechtspflegemaßnahmen das Registerportal oder etwa für Kapitalmarktinformationen das Unternehmensregister, nunmehr das Europäische Justizportal, dort für Eintragungen in das HdlReg samt den zum HdlReg eingereichten Dokumenten sowie den Rechnungslegungsunterlagen nach § 325. Über das Europäische Justizportal werden aber nur alle (und nicht mehr) Rechnungslegungsdaten betreffend KapitalGes und ZwNl zugänglich sein, die auch im Unternehmensregister enthalten sind. Zur Information über die Publizitätswirkung von Eintragungen und eingereichten Dokumenten schon bisher § 15, 11 II.

3 Zuständig für den Zugang sind die nationalen Landesjustizverwaltungen (**I 2**). Diese sind schon bisher für die Organisation der Einsichtnahme in das HdlReg zuständig (§ 9 I); für die Lieferung der Rechnungslegungsunterlagen ist unmittelbar der beliehene Unternehmer nach § 9a I 1 zuständig. Es geht nicht um eine europäische Paralleldatenbank neben den Registern der Mitgliedstaaten, sondern um den Zugang zu den nationalen Originaldatenbanken, der mittels Indexdaten ermöglicht werden soll (vgl § 8b III 2, dort Rn 6).

2) Informationsaustausch zwischen den Registern über die zentrale Europäische Plattform (II-IV)

4 Die **Registergerichte** nehmen am Informationsaustausch zwischen den Registern über die zentrale Europäische Plattform teil, und zwar jeweils das Registergericht, bei dem das Registerblatt einer KapitalGes oder ZwNl einer KapitalGes iSv I 1 geführt wird (**II 1**). Die inländischen KapitalGes und die ZwNl von KapitalGes aus EU/EWG erhalten eine **einheitliche europäische Kennung** (II

2. Abschnitt. Handelsregister; Unternehmensregister § 10

2). Diese Kennung dient ausschließlich der Registervernetzung und ersetzt nicht die Registernummer gemäß **(4)** HRV § 13. Einzelheiten zu Struktur, Zuordnung und Verwendung dieser Kennung s IV Nr 1.

II 3 bestimmt, **welche Informationen** das Registergericht an die zentrale Europäische Plattform **übermittelt**, nämlich **Nr 1:** Eintragung der Eröffnung, Einstellung oder Aufhebung eines Insolvenzverfahrens über das Vermögen der Ges (§§ 6 I, 32 I 1, 2 Nr 1, und 4); **Nr 2:** Eintragung der Auflösung der Ges (§ 65 GmbHG, §§ 263, 289 AktG) und die Eintragung über den Schluss der Liquidation oder Abwicklung (§ 74 I 1 GmbHG, §§ 273 I 1, 274 ggf iVm § 278 III AktG) oder über die Fortsetzung der Ges; **Nr 3:** die Löschung der Ges (s **(3)** FamFG §§ 394–397, § 74 I 2 GmbHG, § 273 I 2 ggf iVm 278 III AktG); und **Nr 4:** das Wirksamwerden einer Verschmelzung nach § 122a UmwG (dies in Ergänzung von § 122l III UmwG). Die abschließende Aufzählung erfolgt erst durch die RVO nach IV (IV Nr 2).

Welches der geeignetste Weg zur Teilnahme am Europäischen System der Registervernetzung ist, können die Länder selbst wählen **(III 1)**. Das kann über das Registerportal geschehen oder mittels einer Vereinbarung mit dem Betreiber des Unternehmensregisters **(III 2,** § 9 I 3–5).

Die Einzelheiten können erst nach Erlass der Durchführungsrechtsakte der EU-Kommision bestimmt werden. Das geschieht dann durch eine Rechtsverordnung, Ermächtigung dazu in **IV.**

Bekanntmachung der Eintragungen

10 [1] Das Gericht macht die Eintragungen in das Handelsregister in dem von der Landesjustizverwaltung bestimmten elektronischen Informations- und Kommunikationssystem in der zeitlichen Folge ihrer Eintragung nach Tagen geordnet bekannt; § 9 Abs. 1 Satz 4 und 5 gilt entsprechend. [2] Soweit nicht ein Gesetz etwas anderes vorschreibt, werden die Eintragungen ihrem ganzen Inhalt nach veröffentlicht.

1) § 10 neu durch EHUG 2006. Eintragungen in das HdlReG sind trotz freier elektronischer Abrufbarkeit vom Gericht bekannt zu machen (Art 3 IV PublizitätsRi, § 8 Rn 2a), Ausnahme: §§ 32, 34 V betr Insolvenzverfahren). Das geschieht in dem von der Landesjustizverwaltung bestimmten **elektronischen Informations- und Kommunikationssystem,** und zwar in der zeitlichen Folge ihrer Eintragung und nach Tagen geordnet **(Satz 1 Halbsatz 1).** Dazu gelten **§ 9 I 4, 5 entsprechend (Satz 1 Halbsatz 2),** als Möglichkeit einer gemeinsamen Internetplattform der Länder für HdlRegBekanntmachungen, vgl schon jetzt www.handelsregisterbekanntmachungen.de (vgl www.handelsregister.de, § 9 Rn 4). Krit zur Länderzuständigkeit für Bekanntmachungssysteme Noack NZG **06,** 803. Die völlige Aufgabe der früheren Pflichtbekanntmachung in Papierform (BAnz und Tageszeitungen) war der kontroverseste Punkt des EHUG, krit zB Dauner-Lieb/Linke DB **06,** 767, Spindler WM **06,** 109 (Gutachten). Kompromiss: Bekanntmachung in **Papierform** bis Ende 2006 im BAnz und einem anderen Blatt; übergangsweise noch **bis 31.12.2008** zusätzlich zur elektronischen Bekanntmachung auch in einer Tageszeitung oder einem sonstigen Blatt, **(1)** EGHGB Art 61 IV, rein freiwillig nach Wahl des Unternehmens selbstverständlich auch künftig. Zeitlich und rechtlich, also zB für die Publizitätswirkung, kommt es schon während der Übergangszeit allein auf die elektronische Bekanntmachung an, **(1)** EGHGB Art 61 Rn 4. Verzicht auf Papierform (vergleichsweise geringe Verbreitung, verstreut, unübersichtlich, im Ausland weithin unbekannt) entlastet die Unternehmen ohne Überforderung der Benutzer, Grund: online-Abruf ist für jedermann und von überall her, auch über das Unter-

§ 10a 1–3   1. Buch. Handelsstand

nehmensregister nach § 8b möglich (gegen BRat ausführlich BReg Nr. 16). Bekannt zu machen ist idR der volle Inhalt der Eintragung **(Satz 2)**, Ausnahme zB §§ 162, 175. Näheres **(4)** HRV §§ 32 ff. Verzicht auf Veröffentlichung ist unzulässig. Die (elektronische) Bekanntmachung hat Publizitätswirkung nach § 15 und weitere Rechtsfolgen (zB § 25 II; Fristlauf, § 225 I 1 AktG; Verzinsung § 320b I 6 AktG). Fehler können Staatshaftung begründen. Pflicht des Kfm zur Prüfung des über ihn Veröffentlichten s § 15 Rn 16–23. Übersichten: Noack 2007; Seibert/Decker DB **06**, 2448, Noack NZG **06**, 802.

Anwendung der Verordnung (EU) 2016/679

10a (1) ¹Das Auskunftsrecht nach Artikel 15 Absatz 1 und das Recht auf Erhalt einer Kopie nach Artikel 15 Absatz 3 der Verordnung (EU) 2016/679 des Europäischen Parlaments und des Rates vom 27. April 2016 zum Schutz natürlicher Personen bei der Verarbeitung personenbezogener Daten, zum freien Datenverkehr und zur Aufhebung der Richtlinie 95/46/EG (Datenschutz-Grundverordnung) (ABl. L 119 vom 4.5.2016, S. 1; L 314 vom 22.11.2016, S. 72) wird dadurch erfüllt, dass die betroffene Person Einsicht in das Handelsregister und in die zum Handelsregister eingereichten Dokumente sowie in das für die Bekanntmachungen der Eintragungen bestimmte elektronische Informations- und Kommunikationssystem nehmen kann. ²Eine Information der betroffenen Person über konkrete Empfänger, gegenüber denen die im Register, in Bekanntmachungen der Eintragungen oder in zum Register einzureichenden Dokumenten enthaltenen personenbezogenen Daten offengelegt werden, erfolgt nicht.

(2) Hinsichtlich der im Handelsregister, in Bekanntmachungen der Eintragungen oder in zum Handelsregister einzureichenden Dokumenten enthaltenen personenbezogenen Daten kann das Recht auf Berichtigung nach Artikel 16 der Verordnung (EU) 2016/679 nur unter den Voraussetzungen ausgeübt werden, die in den §§ 393 bis 395 und §§ 397 bis 399 des Gesetzes über das Verfahren in Familiensachen und in den Angelegenheiten der Freiwilligen Gerichtsbarkeit sowie der Rechtsverordnung nach § 387 Absatz 2 des Gesetzes über das Verfahren in Familiensachen und in den Angelegenheiten der Freiwilligen Gerichtsbarkeit für eine Löschung oder Berichtigung vorgesehen sind.

(3) **Das Widerspruchsrecht gemäß Artikel 21 der Verordnung (EU) 2016/679 findet in Bezug auf die im Handelsregister, in Bekanntmachungen der Eintragungen oder in zum Handelsregister einzureichenden Dokumenten enthaltenen personenbezogenen Daten keine Anwendung.**

1 § 10a idF G17.7.17 BGBl 2541 betrifft die Anwendung der Datenschutz-Grundverordnung (DSGVO, s **(7)** Bankgeschäfte Rn A(53). Die in § 10a geregelten Beschränkungen sind nach Art 23 DSGVO zulässig, sie dienen der Funktionsfähigkeit und Verlässlichkeit des öffentlichen HdlReg und damit der Sicherheit und Leichtigkeit des Rechtsverkehrs.

2 I regelt das Auskunftsrecht nach Art 15 I und das Recht auf Erhalt einer Kopie nach Art 15 III der DSGVO durch Recht auf Einsicht in das HdlReg und die zum HdlReg eingereichten Dokumente und das für die Bekanntmachungen der Eintragungen bestimmte elektronische Informations- und Kommunikationssystem. Das diese Einsicht für Jedermann jederzeit kostenlos und ohne Registrierung möglich ist, wird auch keine Information über konkrete Empfänger einer Offenlegung gegeben, das wäre mangels Registrierung auch gar nicht möglich.

3 Das Berichtigungsrecht nach Art 16 DSGVO wird durch die bestehenden Löschungs- und Berichtigungsansprüche erfüllt, also nur unter den Voraussetzun-

2. Abschnitt. Handelsregister; Unternehmensregister § 11

gen von FGG §§ 393–395, 397–399 (II). Eine gänzliche Löschung oder eine Berichtigung, die implizit zur Löschung der zu berichtigenden Eintragung führen würde, ist wegen der materiellrechtlichen Publizitätswirkung ausgeschlossen. Berichtigungsverfahren von Amts wegen s **(3)** HRV § 17.

Das Widerspruchsrecht nach Art 21 DSGVO ist im Bezug auf die im HdlReg, in Bekanntmachungen der Eintragungen und in zum HdlReg einzureichenden Dokumenten enthaltenen personenbezogenen Daten nicht anwendbar (III). Denn erfolgte Eintragungen müssen wegen der materiellrechtlichen Publizitätsprinzip erhalten bleiben und Eintragungen dürfen nicht über eine längeren Zeitraum nicht einsehbar sein. Ebenso sind Eintragungen nach § 383 III FamFG nicht mit der Beschwerde anfechtbar.

Offenlegung in der Amtssprache eines Mitgliedstaats der Europäischen Union

11 (1) ¹Die zum Handelsregister einzureichenden Dokumente sowie der Inhalt einer Eintragung können zusätzlich in jeder Amtssprache eines Mitgliedstaats der Europäischen Union übermittelt werden. ²Auf die Übersetzungen ist in geeigneter Weise hinzuweisen. ³§ 9 ist entsprechend anwendbar.

(2) Im Fall der Abweichung der Originalfassung von einer eingereichten Übersetzung kann letztere einem Dritten nicht entgegengehalten werden; dieser kann sich jedoch auf die eingereichte Übersetzung berufen, es sei denn, der Eingetragene weist nach, dass dem Dritten die Originalfassung bekannt war.

Übersicht

	Rn
1) Freiwillige Offenlegung in anderen Amtssprachen (I)	1–4
2) Publizitätswirkung (II)	5

1) Freiwillige Offenlegung in anderen Amtssprachen (I)

§ 11 neu durch EHUG 2006. § 11 aF hatte noch Pflicht zur Veröffentlichung außer im BAnz auch in einem anderen Blatt vorgeschrieben, was nach Einführung des elektronischen HdlReg seinen Sinn verloren hat. § 11 nF ermöglicht in Umsetzung von Art 3a II PublizitätsRi (§ 8 Rn 2a) und über diesen hinaus (Rechtsträger, Gegenstand der Offenlegung) zusätzlich zur obligatorischen Offenlegung die freiwillige Offenlegung in der Amtssprache eines jeden Mitgliedstaates der EU **(I Satz 1),** nicht auch eines Drittstaats (von Art 3a III PublizitätsRi wurde kein Gebrauch gemacht). Die freiwillige Offenlegung in Form einer Übersetzung des eingereichten Originals steht **jedem Kaufmann** und jeder PersonenGes offen, nicht nur KapitalGes (weiter als PublizitätsRi). **Gegenstand** der freiwilligen Offenlegung sind die zum HdlReg einzureichenden Dokumente sowie der (gesamte) Inhalt der Eintragung (§ 8 Rn 5; ebenfalls weiter als PublizitätsRi). Nach RegE entspricht das den „Urkunden und Angaben" iSd PublizitätsRi. Denn für den Registerinhalt sind nicht die einzureichenden Angaben maßgeblich, sondern der vom Registerrichter verfügte Text der Registereintragung. Allein dieser ist rechtlich verbindlich und Grundlage für die Rechtsfolgen des § 15. Gegenstand des § 11 sind auch die Rechnungslegungsunterlagen, die beim Betreiber des BAnz einzureichen sind (§ 325 VI nF). Die von den Unternehmen eingereichten und neben den deutschen Text gestellten **Übersetzungen** des Inhalts der Eintragung werden **nicht von Amts wegen geprüft**. Übermittlung der Übersetzung an das HdlReg genügt, I 1 verlangt **keine Beglaubigung der Übersetzung** (von der Option der PublizitätsRi dahingehend wurde kein Gebrauch gemacht). Einschaltung eines beeidigten Übersetzers (§ 143 III ZPO)

§ 11　2–5　1. Buch. Handelsstand

wäre zu teuer. Anreiz für richtige Übersetzung bieten die Publizitätsfolgen nach II (s Rn 5). Ein Zwang zur Übersetzung auch von **Änderungen** eingereichter deutscher und übersetzter Urkunden besteht nicht, aber auch insoweit drohen Publizitätsfolgen nach II, außer wenn zB aus den Datumsangaben klar wird, dass sich die Übersetzung auf das ursprüngliche, noch nicht geänderte Original bezieht. Wird später eine aktualisierte Fassung des Dokuments eingereicht, so wird mit der Eintragung kenntlich gemacht, das die ursprüngliche Übersetzung nicht mehr dem aktualisierten Stand entspricht, **(4) HRV § 15**.

2 Die Übersetzungen werden nicht nach § 10 bekannt gemacht. Auf Übersetzungen ist aber in geeigneter Weise **hinzuweisen (I Satz 2).** Mit einem solchen Hinweis wird der Zugang Dritter zu der offen gelegten Übersetzung konform mit Art 3 II PublizitätsRi (RegE) erleichtert. Wie dieser Hinweis geschieht, ist nicht vorgeschrieben. Möglich sind aber zB eine Schaltfläche auf dem Bildschirm mit einem Flaggensymbol oder der Landesname in der jeweiligen Landessprache (RegE). Bloßer Hinweis genügt, nicht notwendig ist, dass das Registergericht das gesamte Angebot des Registerinhalts in übersetzter Fassung anbietet (RegE). Zugänglichmachung der jeweils freiwillig eingereichten Übersetzungen genügt.

3 **Einsichtnahme** in das HdlREg bezüglich solcher freiwilliger Offenlegungen ist entsprechend § 9, also ebenso wie bei Originaldokumenten online möglich **(I Satz 3)**.

4 § 11 sieht nur Offenlegung vor und anders als § 10 **nicht zusätzlich Bekanntmachung** (Art 3a verweist auf Art. 3 II Unterabs 1 ohne 3 IV PublizitätsRi), Konformität mit EURecht ist str, Paefgen ZIP **08**, 1658.

2) Publizitätswirkung (II)

5 II regelt die Publizitätswirkung bei solchen freiwilligen Offenlegungen in enger Anlehnung an den Wortlaut von Art 3 IV PublizitätsRi. II bezieht sich auf eine Diskrepanz zwischen Original und Übersetzung, nicht wie § 15 zwischen Eintragung und Bekanntmachung, und erweitert insoweit den Drittschutz, im Übrigen ist aber Rspr und Lehre zu § 15 zur Publizitätswirkung auch unter II relevant, zB zur Beschränkung auf den Geschäfts- und Prozessverkehr mit der Ges (§ 15 Rn 8), zB auch bei gutgläubigem Erwerb eines GmbHAnteils im Vertrauen auf falsche Übersetzung, nur § 16 III nF GmbHG. II Halbs 2 soll sich nicht auf das verbandsrechtliche Verhältnis zwischen Ges und Gfter beziehen (kein Dritter), Paefgen ZIP **08**, 1660. Eine **Übersetzung** kann im Fall ihrer Abweichung von der deutschen Fassung **einem Dritten nicht entgegengehalten** werden **(II Halbsatz 1)**, maßgeblich ist danach grundsätzlich die deutsche Fassung. Der (deutsche oder ausländische) **Dritte** kann sich jedoch **auf die eingereichte** (von der Originalfassung abweichende) **Übersetzung berufen, außer wenn** der Eingetragene nachweist, dass dem Dritten die (deutsche) Originalfassung **bekannt war (II Halbsatz 2)**. Für letzteres reicht nicht aus, dass dem Dritten die bloße Existenz der Originalfassung bekannt war, vielmehr muss ihm, da er sich nach II im Rechtsverkehr auf die Übersetzung verlassen können soll, der Inhalt der Originalfassung bekannt gewesen sein, Koller/Roth 3, also der Unterschied zwischen der Übersetzung und der Originalfassung bekannt gewesen sein (aus Wortlaut nicht ersichtlich), dafür ist aber Kenntnis der deutschen Sprache nicht erforderlich (zB Information über Anwalt), aA wohl MüKo/Krafka 11: auch Verständnis der Originalfassung in sprachlicher und inhaltlicher Hinsicht, str. Bei mehreren Übersetzungen kann sich der Dritte auf jede davon berufen. Rücknahme der (freiwillig eingereichten) Übersetzung ist möglich, Erfordernis der gleichen Sprache dabei ist str, Paefgen ZIP **08**, 1658. Bei überholten Übersetzungen Hinweis nach **(4) HRV § 15** (s Rn 1), dann keine Berufung mehr auf die alte. Lit: Paefgen ZIP **08**, 1658.

2. Abschnitt. Handelsregister; Unternehmensregister § 12

Anmeldungen zur Eintragung und Einreichungen

12 (1) ¹Anmeldungen zur Eintragung in das Handelsregister sind elektronisch in öffentlich beglaubigter Form einzureichen. ²Die gleiche Form ist für eine Vollmacht zur Anmeldung erforderlich. ³Anstelle der Vollmacht kann die Bescheinigung eines Notars nach § 21 Absatz 3 der Bundesnotarordnung eingereicht werden. ⁴Rechtsnachfolger eines Beteiligten haben die Rechtsnachfolge soweit tunlich durch öffentliche Urkunden nachzuweisen.

(2) ¹Dokumente sind elektronisch einzureichen. ²Ist eine Urschrift oder eine einfache Abschrift einzureichen oder ist für das Dokument die Schriftform bestimmt, genügt die Übermittlung einer elektronischen Aufzeichnung; ist ein notariell beurkundetes Dokument oder eine öffentlich beglaubigte Abschrift einzureichen, so ist ein mit einem einfachen elektronischen Zeugnis (§ 39a des Beurkundungsgesetzes) versehenes Dokument zu übermitteln.

Übersicht

	Rn
1) Einreichung von Anmeldungen zur Eintragung (I 1)	1–2
A. Anmeldung	1
B. Unbedingtheit, Widerruflichkeit	2
2) Vertretung bei Anmeldung (I 2, 3, 4)	3–4
A. Vollmacht	3
B. Gesetzliche Vertreter	4
3) Nachweis der Rechtsnachfolge (I 4)	5
4) Einreichung von Dokumenten (II)	6–7
5) Internationaler Verkehr	8

1) Einreichung von Anmeldungen zur Eintragung (I 1)

A. Anmeldung: § 12 neu durch EHUG 2006, I 1 entspricht I aF, I 2 und 3 **1** wie II 1 und 2 aF, II ganz neu. I 3 neu G 26.6.2013 BGBl I 1800, I 3 aF wird I 4. **Anmeldung** ist kein Rechtsgeschäft, sondern **verfahrensrechtliche Erklärung** gegenüber dem Gericht (§ 25 FamFG), wegen der auch materiellrechtlichen Bedeutung (zB nach §§ 2, 3 II; Gründung von KapitalGes) mit Doppelnatur, str, MüKo/Krafka 5; keine Art Garantieerklärung gegenüber dem Registergericht, BGH **116**, 198, aA BayObLG DB **82**, 1262. Anmeldung iSv § 12 sind die Anmeldungen, die gesetzlich vorgesehen und als solche bezeichnet sind, zB §§ 106, 107, Ffm NZG **15**, 710 (zur Berichtigung nach **(4)** HRV § 17), aber s § 8 Rn 6; nicht bloße Anmeldung ohne Eintragung, zB **(4)** HRV § 24 IV, MüKo/Krafka 1a. § 12 verlangt **keine Zeichnung der Unterschrift** (Namen, früher auch Firma, § 29 Rn 6) mehr (§ 14 Rn 1). Anmeldungen zum HdlReg sind nach I 1 vom Anmeldepflichtigen (§ 8 Rn 2) oder seinem Vertreter (s Rn 3) **elektronisch** vorzunehmen durch Einreichung einer **öffentlich beglaubigten** schriftlichen **Erklärung**, § 129 BGB, §§ 39 ff BeurkG (oder einer notariellen Urkunde über die Erklärung, § 129 II BGB; Prozessvergleich s § 127a BGB). Das (umstrittene) Erfordernis der Mitwirkung der Notare wurde durch EHUG beibehalten. Die öffentliche Beglaubigung bezieht sich auf die Echtheit der Unterschrift, nicht den Erklärungsinhalt. Die Beglaubigung kann auch als einfaches elektronisches Zeugnis erfolgen (§ 39a BeurkG idF JKomG 2005, dazu Gassen/Wegerhoff ZNotP **05**, 413, Malzer DNotZ **06**, 9, Praxishinweise bei Jeep/Wiedemann NJW **07**, 2440). Die Landesregierungen konnten bis 31.12.2009 auch papierschriftliche Anmeldung zulassen, **(1)** EGHGB Art 61 I. Die früher in I auch zugelassene Form der Anmeldung „persönlich bei dem Gerichte" wurde durch BeurkG 1969 ab 1970 gestrichen. Der Vorbehalt anderer nach Landesrecht beglaubigungsfähiger Personen oder Stellen in § 63 BeurkG ist ohne praktische Bedeutung. Anmeldungen, die nicht zu einer Eintragung führen,

Hopt

bedürfen der Form nicht, KG JW **38**, 2281. Für I genügt auch Einreichung einer nach § 42 BeurkG beglaubigten Abschrift (Kopie) der öffentlich beglaubigten Anmeldeerklärung, BayObLG DB **75**, 1162, Karls NZG **15**, 242, aber ohne praktische Bedeutung. Bei späterer Änderung der beglaubigten Erklärung Prüfungsrecht des Registergerichts, MüKo/Krafka 13a. Einreichung von Dokumenten s I 5, Rn 5. Anmeldung der Firma s § 29 Rn 6. **Auslegung** elektronisch übermittelter Dokumente wie schriftliche, Widersprüchlichkeiten, Nürnb WM **15**, 1822; Auslegung von Verfahrenshandlungen iZw so, dass sie Erfolg haben, BayObLG NJW-RR **00**, 990, Nürnb WM **15**, 1825; ausdrückliche Erklärung und bestimmter Wortlaut nicht notwendig, Düss ZIP **17**, 1111. Ausländische Beurkundung oder Beglaubigung nur, wenn funktional gleichwertig, BGH **80**, 76, NJW **14**, 2026, MüKo/Krafka 13b mit Ländern. **Muster:** Hopt/Voigt 4. Aufl 2013 Form I.A.1 (Anmeldung des Unternehmens eines EinzelKfm), Form I.A.2 (Anmeldung eines GfterEintritts), Form I.A.3 (Anmeldung des Erlöschens der Firma), Form I.B.1–4 (Anmeldungen betreff HauptNl und ZwNl, plc – Ltd), Form I.C.1–5 (Anmeldungen zu Firmenänderung, Veräußerung, Vererbung, Übertragung). Lit: Gassen/Wegerhoff 2006 (elektronische Beglaubigung und elektronische HdlRegAnmeldung); Winkler FS Wiedemann **02**, 1369.

2   B. **Unbedingtheit, Widerruflichkeit:** Wie Prozesshandlungen duldet die Anmeldung **keine Bedingung** oder **Befristung** und ist nicht wegen **Willensmangels** anfechtbar. Sie ist bis zur Eintragung frei **widerruflich,** KG OLGE **43**, 205; von zwei Vorstandsmitgliedern mit Einzelvertretung darf der eine die Anmeldung des andern widerrufen, KG HRR **39**, 312. Widerruf nach Eintragung ist eine neue Anmeldung. Die Anmeldung muss sich auf Geschehenes beziehen. Bevorstehendes genügt nicht, weil das Registergericht nicht prüfen kann, ob die erwartete Tatsache eintritt. Gemeinsam gestellte Eintragungsanträge sollen iZw nur insgesamt vollzogen oder abgelehnt werden, BayObLG Rpfleger **88**, 472.

2) Vertretung bei Anmeldung (I 2, 3, 4)

3   A. **Vollmacht:** I 2 regelt die Form der Vollmacht bei Anmeldung. Statt Vollmacht ist seit 1.9.2013 auch Einreichung einer Notarbescheinigung über rechtsgeschäftliche Vertretungsmacht nach § 21 III BNotO möglich (**I 3**), Düss FGPrax **16**, 216. Vollmacht zur Anmeldung ist ohne Weiteres möglich, Spezialvollmacht also unnötig, KG ZIP **14**, 270, Düss NZG **14**, 1066, Karls ZIP **14**, 1392 LS; Ausnahme, wenn der Anmelder für die Richtigkeit zivil- oder strafrechtlich persönlich verantwortlich ist (AG, GmbH), BGH **116**, 199, BayObLG BB **86**, 1532, Schlesw NZG **10**, 958, str, Ausnahme zB § 78 AktG, GmbHG, Grundlagengeschäfte für Prokura s § 49 Rn 2. Solche Höchstpersönlichkeit folgt aber nicht ohne Weiteres daraus, dass alle bzw sämtliche Mitglieder eines Organs anmelden müssen, str, offen BGH **116**, 196. Die Vollmacht muss eindeutig ergeben, dass sie auch Anmeldungen zum HdlReg umfasst, Auslegung über den Wortlaut hinaus ist unzulässig, Schlesw NZG **10**, 958, Düss NZG **14**, 1066, Ebenroth/Schaub 65. Anforderungen an Auslegung einer HdlRegVollmacht, bei Unklarheit engere Fassung, Ffm FGPrax **10**, 305, Düss NZG **13**, 540, DB **14**, 886. Zur Prüfung des Bestehens der Vollmacht, Mü NZG **16**, 1189. Vollmacht bedarf nach I 2, abw von § 167 BGB, wie die Anmeldung selbst der **Form** nach I, doch genügt wie dort (s Rn 1) Vorlage einer beglaubigten Abschrift der unterschriftsbeglaubigten Vollmacht, Karls NZG **15**, 242. Bei bedingter Vollmacht ist diese Form grundsätzlich auch für den Nachweis des Bedingungseintritts erforderlich, Schlesw NZG **10**, 957. Generalvollmacht genügt, auch ohne Hinweis auf HdlRegisteranmeldungen, OLG Ffm ZIP **13**, 2058, str. Prokura genügt, soweit nicht das „eigene" HdlGeschäft betroffen ist (§ 49 Rn 2), zB Anmeldung für vertretene Ges als Kdtist einer anderen Ges, BGH **116**, 190, nicht Anmeldung des Ausscheidens eines Geschäftsführers der eigenen GmbH, Düss ZIP **12**, 969.

2. Abschnitt. Handelsregister; Unternehmensregister 4, 5 § 12

Gesetzliche Vollmacht des beurkundenden oder beglaubigenden Notars: **(3)** FamFG § 378 (kein eigenes Antragsrecht des Notars); der Notar kann aber auch als bloßer Erklärungsbote tätig werden und muss deshalb klarstellen, wie er tätig wird, MüKo/Krafka 39. Vollmacht zur Anmeldung des Eintritts von Gftern s § 108 Rn 3; von KdtAnteilsübertragungen s § 162 Rn 7. Bei Vollmachtserteilung schon vor erheblicher Zeit kann das Registergericht Vorlage einer aktuellen Beglaubigung verlangen (Amtsermittlungsgrundsatz), Karls NZG **15**, 242. Liegen dem Registergericht unwiderrufliche Dauervollmachten in gehöriger Form vor, bedarf es bei späteren Anmeldungen des Vollmachtnachweises nur, wenn Anhaltspunkte für Widerruf der Vollmacht aus wichtigem Grund vorliegen, BayObLG DB **75**, 1162. Unschädlich ist bei Vollmacht für eine KG Wegfall der Vertretungsmacht des Gfters, der sie erteilte, BayObLG DB **74**, 1521. Möglich ist postmortale Vollmacht, wirksam auch für Eintritt von Erbeserben, Hbg MDR **74**, 1022. Registervollmachten bei Ges s Gustavus GmbHR **78**, 219. Übersicht: Munzig FGPrax **11**, 159.

B. Gesetzliche Vertreter müssen sich regelmäßig durch Registerauszug oder **4** Notarbescheinigung nach § 21 I BNotO ausweisen, Schlesw NJW-RR **12**, 1063; Vollmachtskette nach § 21 I, III, BGH NZG **17**, 101. Bescheinigung der Befugnis im Beglaubigungsvermerk genügt nicht, weil keine Bescheinigung einer bloßen Tatsache. Eine etwa notwendige vormundschaftsgerichtliche Genehmigung des der Anmeldung zugrundeliegenden Rechtsgeschäfts oder Vorgangs hat der Vertreter nachzuweisen, KG JFG **3**, 206. Der aus § 112 BGB ermächtigte Minderjährige meldet selbst an. Für HdlGes (§ 6 Rn 1; **organschaftliche Vertreter**) gelten Sonderregeln (OHG, KG s §§ 106–108); es gilt nicht I 2, vielmehr ist organschaftliche Vertretungsmacht aus dem elektronischen HdlReg selbst zu ersehen (§ 9 Rn 10), die Praxis arbeitete bis zum EHUG mit beglaubigtem HdlRegAuszug (§ 9 II aF, vgl nunmehr § 9 IV), MüKo/Krafka 45.

3) Nachweis der Rechtsnachfolge (I 4)

Das FamFG lässt grundsätzlich volle Freiheit in der Form der (von Amts wegen **5** zu veranstaltenden, § 26 FamFG, s § 8 Rn 7) Ermittlungen. § 12 I 4 (3 aF, s Rn 1) HGB schränkt das ein: Eine für die Eintragung erhebliche (Einzel- oder Gesamt-)**Rechtsnachfolge** ist „soweit tunlich" durch **öffentliche Urkunden** (§ 415 ZPO) nachzuweisen. Öffentliche Urkunden können auch in elektronischer Form präsentiert werden (öffentliche elektronische Dokumente, § 371a II ZPO idF 2005), Stgt FGPrax **09**, 129. Der Nachweis ist untunlich, wenn sich die Rechtsnachfolge aus dem elektronischen HdlReg bzw den Akten des Registergerichts selbst oder aus bei demselben Gericht geführten Nachlassakten ergibt; dann genügt Bezugnahme, BayObLG WM **83**, 1092, Hamm Rpfleger **86**, 140, KG NZG **00**, 1168. Das Gericht darf sich nach pflichtgemäßem Ermessen mit anderen Nachweisen begnügen, KG NZG **00**, 1168, so wenn sie einwandfrei ausreichen und öffentliche Urkunden schwer zu beschaffen wären. Bei gesetzlicher Erbfolge und testamentarischer auf Grund Handtestaments ist idR Erbschein (§ 2353 BGB) erforderlich, Kln NZG **05**, 37, Brem ZIP **14**, 1484, auch bei Anmeldung mit Generalvollmacht des verstorbenen Kdtisten über den Tod hinaus, KG NJW-RR **03**, 255, Zeit- und Kostenaufwand machen das nicht untunlich, KG NZG **00**, 1168. Beglaubigte Abschrift des Erbscheins genügt nach KGJ **26** A 92 nicht. Für Nachweis durch Erbschein sollte jedoch grundsätzlich die Übermittlung eines zur Abbildung des Erbscheins hergestellten, beglaubigten elektronischen Dokuments genügen, falls Beglaubigungsvermerk zeitnah zur schließenden Übermittlung zum HdlReg erstellt wurde, Grund: eine (nicht eingezogene oder für kraftlos erklärte) Ausfertigung des Erbscheins lag dem Beglaubigenden vor (so RegE EHUG). Dagegen wird eine öffentlich beurkundete Verfügung von Todes wegen mit Eröffnungsprotokoll idR genügen, Hbg NJW

§ 12 6–8 1. Buch. Handelsstand

66, 986, Brem ZIP **14**, 1484 (Rechtsnachfolge als Kdtist), Registergericht legt solche letztwillige Verfügung aus, KG FGPrax **07**, 91; nicht aber wenn mehrere Verfügungen von Todes wegen vorhanden oder die Erben nicht mit Namensangabe bestimmt sind oder sonst Auslegungszweifel verbleiben, KG FGPrax **07**, 91. Bei Pflichtteilsklausel kann vor einem Notar abgegebene eidesstattliche Versicherung des Schlusserben ausreichen, Brem ZIP **14**, 1484.

4) Einreichung von Dokumenten (II)

6 II betrifft die Einreichung von Dokumenten (I die von Anmeldungen, zB Gfterlisten nach § 40, GmbHG, Mayer ZIP **09**, 1038), das und solche, die zusammen mit der Anmeldung, aber unabhängig von dieser eingereicht werden müssen, Ffm ZIP **13**, 1226. Für weiten Begriff der Dokumente MüKo/Krafka 53. Da das HdlReg elektronisch geführt wird, sind auch für das HdlReg bestimmte Dokumente **elektronisch einzureichen** (II 1, vgl schon bisher § 8a I 3 aF). Die Landesregierungen können genaue Datenvorgaben für die elektronische Einreichung vorgeben (§ 8a II 2), zB für bayERVV Nürnb ZIP **15**, 374, und bis 31.12.2009 auch papierschriftliche Einreichung zulassen, (1) EGHGB Art 61 I. II gilt über § 325 VI nF auch die Rechnungslegungsunterlagen, die beim Betreiber des BAnz einzureichen sind. Für Rücknahme einer HdlRegAnmeldung durch Notar genügt Papierform, Ffm ZIP **13**, 1226. Auslegung wie bei schriftlichen Erklärungen, Nürnb ZIP **15**, 374.

7 Ist eine Urschrift oder eine einfache Abschrift einzureichen (zB § 199 Halbs 2 UmwG), genügt die Übermittlung einer einfachen elektronischen Aufzeichnung (Einscannen des Originaldokuments; keine elektronische Signatur, kein Formerfordernis), Düss NZG **12**, 958; dasselbe gilt, wenn für das Dokument die Schriftform bestimmt ist (bzw es in unterzeichneter Form einzureichen ist, zB §§ 130 V Halbs 2, 188 III Nr 1 AktG;§§ 8 I Nr 3, 40 I 1 GmbHG) **(II 2 Halbsatz 1)**. Ein mit einer qualifizierten elektronischen Signatur versehenes elektronisches Dokument ist also nicht notwendig, Jena ZIP **10**, 1393 für Gfter-Liste nach § 40 GmbHG, krit Noack NZG **06**, 802; den Unternehmen steht es aber frei (II 2 Halbs 1: „genügt"), ein solches einzureichen (Grund: weitergehende Sicherung der Authentizität). Abschrift von Satzungsänderungsbeschluss ohne Originalunterschrift genügt (Verein, § 71 I 2 BGB), KG NJW-RR **16**, 44. Ist zwingend ein notariell beurkundetes Dokument oder eine öffentlich beglaubigte Abschrift einzureichen (zB § 130 V Halbs 1, § 199 Halbs 1 UmwG), so ist ein mit einem einfachen elektronischen Zeugnis (§ 39a BeurkG, s Rn 1) versehenes Dokument zu übereichen **(II 2 Halbsatz 2)**, Jena ZIP **10**, 1393 für Notarbescheinigung nach § 40 II 2 GmbHG, ohne urkundlichen Nachweis der Bestellung des Notarvertreters, Hamm NZG **11**, 77. Möglich ist auch eine „elektronische Leseabschrift", Düss NZG **12**, 958, MüKo/Krafka 56, 17. Mit der Generalklausel des II 2 soll die zeitlich gestreckte Umstellung der vielen verstreuten Einreichungsvorschriften auf elektronische Einreichung ermöglicht werden (RegE EHUG).

5) Internationaler Verkehr

8 Die Rechtsfähigkeit und die Vertretung ausländischer HdlGesellschaften bestimmt sich nach ihrem Personalstatut (Gesellschaftsstatut). Das Registerverfahren, etwa Form der Anmeldung zum HdlRegister und Vollmacht dazu, folgt deutschem Recht als lex fori. Eine der deutschen Beurkundung gleichwertige Auslandsbeurkundung ist formwahrend, idR unproblematisch für Identität des Unterzeichnenden. HdlRegisteranmeldungen mit Auslandsbezug s Ebenroth/Schaub Anh § 12.

Zweigniederlassungen von Unternehmen mit Sitz im Inland

13 (1) ¹Die Errichtung einer Zweigniederlassung ist von einem Einzelkaufmann oder einer juristischen Person beim Gericht der Hauptniederlassung, von einer Handelsgesellschaft beim Gericht des Sitzes der Gesellschaft, unter Angabe des Ortes und der inländischen Geschäftsanschrift der Zweigniederlassung und des Zusatzes, falls der Firma der Zweigniederlassung ein solcher beigefügt wird, zur Eintragung anzumelden. ²In gleicher Weise sind spätere Änderungen der die Zweigniederlassung betreffenden einzutragenden Tatsachen anzumelden.

(2) Das zuständige Gericht trägt die Zweigniederlassung auf dem Registerblatt der Hauptniederlassung oder des Sitzes unter Angabe des Ortes sowie der inländischen Geschäftsanschrift der Zweigniederlassung und des Zusatzes, falls der Firma der Zweigniederlassung ein solcher beigefügt ist, ein, es sei denn, die Zweigniederlassung ist offensichtlich nicht errichtet worden.

(3) Die Absätze 1 und 2 gelten entsprechend für die Aufhebung der Zweigniederlassung.

Übersicht

	Rn
1) Das Recht der Zweigniederlassung (§§ 13–13h)	1–2
A. Niederlassung, Hauptniederlassung	1
B. Zweigniederlassung	2
2) Begriff der Zweigniederlassung	3–5
A. Begriff	3
B. Rechtsnatur und Konsequenzen	4
C. Betriebsstätte	5
3) Die rechtliche Behandlung der Zweigniederlassung im Einzelnen	6–9
A. Errichtung, Verlegung, Auflösung	6
B. Firma	7
C. Buchführung	8
D. Vertretungsmacht	9
4) Zweigniederlassungen von Unternehmen mit Sitz im Inland im Registerrecht (§ 13 I–III)	10–15
A. Anmeldung (I 1)	10
B. Anmeldung späterer Änderungen (I 2)	12
C. Prüfung und Eintragung (II)	13
D. Aufhebung (III)	15

1) Das Recht der Zweigniederlassung (§§ 13–13h)

A. **Niederlassung, Hauptniederlassung:** Das HGB verlangt, dass jeder Kfm 1 eine **Niederlassung** (§ 13h „Hauptniederlassung", § 29 „Handelsniederlassung") hat, wo ihn mindestens Mitteilungen erreichen können. An sie knüpfen sich mannigfache Zuständigkeiten (vgl zB § 29 HGB, § 21 ZPO). Für HdlGes verlangt das HGB einen **Sitz** (§ 106 Rn 8). Grundsätzlich hat **jedes Handelsgeschäft nur eine Hauptniederlassung** (tatsächlicher Verwaltungssitz, aber vgl § 106 Rn 8), ein Kfm mehrere also nur für mehrere HdlGeschäfte (zB eine Bank und eine Fabrik), die dann im Firmen- und Registerrecht gesondert zu behandeln sind. Unter gleichen Voraussetzungen wie den Doppelsitz von HdlGes muss man aber ebenfalls nur ganz ausnahmsweise auch die **doppelte Hauptniederlassung** (§ 106 Rn 9) ein und desselben EinzelKfms anerkennen.

B. **Zweigniederlassung:** Die ZwNl regeln **§§ 13–13h** idF EHUG 2006 2 (zuvor nF G zur Durchführung der 11. EG-Ri 22.7.93 BGBl 1282), Übergangsvorschriften zu §§ 13 bis 13c in **(1)** EGHGB Art 61 VI (**Überschriften** zu §§ 13–13h sind ebenso wie im Dritten Buch **amtlich**, sonst im HGB herkömm-

§ 13 3
1. Buch. Handelsstand

lich nichtamtlich). §§ 13a–13c aF aufgehoben, §§ 13d, 13f, 13g geändert durch EHUG. §§ 13–13h regeln die Materie zusammenfassend im HGB statt wie früher zusätzlich in §§ 42–44 AktG aF, § 12 GmbHG aF; für Genossenschaften verbleibt es bei dem GenG (§ 14 idF EHUG 2006). § 13 I 1, II idF MoMiG 2008. Die Systematik der §§ 13–13h (Vorschriften für alle, Sondervorschriften für Kapital-Ges) entspricht dem Dritten Buch (§§ 238 ff, 264 ff). Klar getrennt wird zwischen ZwNl von **Unternehmen mit Sitz im Inland (§§ 13, 13h)** und von Unternehmen **im Ausland §§ 13d–13g** (gleich ob EU oder nicht). § 13 regelt die ZwNl von Unternehmen mit Sitz im Inland (zur Vereinfachung durch EHUG und zu den einzelnen Tatbestandsmerkmalen s Rn 10–13). Beide Normgruppen sind selbstständig, hL. Nur §§ 13d–13g (von EHUG im Wesentlichen unberührt) transformieren die 11. EG-Ri (mittelbar auch § 13d) und sind damit, soweit sie nicht über diese hinausgehen, auch in der Auslegung EU-rechtlich gebunden (Einl 36 vor § 105). §§ 13 d–13g sind fremdenrechtliche Sachnormen, kein Kollisionsrecht, MüKo/Krafka § 13d Rn 2. **Sondervorschriften** nach § 2 DM-BilG aF für ZwNl in der BRD oder West-Berlin von Unternehmen in der ehemaligen DDR s 28. Aufl. Lit zu §§ 13–13h umfassend nach MoMiG E. Voigt 2009 (Diss Hbg); zu EHUG: Seibert/Decker DB **06**, 2446, Liebscher/Scharff NJW **06**, 3745, Noack NZG **06**, 801; zu aF 1993: Kindler NJW **93**, 3301, Seibert DB **93**, 1705.

2) Begriff der Zweigniederlassung

3   A. **Begriff: Zweigniederlassung** (vom Gesetzgeber bewusst nicht definiert, aber für §§ 13 d–13g europarechtlich geprägt, § 13 Rn 2) ist ein räumlich getrennter Teil des Unternehmens eines Kfm (einer HdlGes, vgl §§ 106, 107; nach hL nur Kfm, nach aA auch GbR, Freiberufler, dann aber keine Eintragung, vgl unten Rn 6), der als organisatorische Einheit selbständig am Rechtsverkehr teilnimmt, Mü ZIP **16**, 469, und an der er und/oder seine Leute teils abhängig von der HauptNl (bzw dem Sitz der HdlGes), teils unabhängig von ihr wirken. **Merkmale** der ZwNl sind (GroßKo/Hüffer Vor § 13 aF Rn 10, E. Voigt § 3):

a) **Räumliche Selbstständigkeit** gegenüber der HauptNl: Ein Kfm kann zwar eine ZwNl in der Gemeinde der HauptNl haben, KG JW **29**, 671, aber nicht in denselben Räumen, Düss NZG **09**, 314.

b) **Nachordnung gegenüber der Hauptniederlassung:** Die ZwNl muss den Unternehmenszielen des Kfm dienen. Sie kann aber durchaus größer und wichtiger als die HauptNl sein.

c) **Selbstständige Teilnahme am Rechtsverkehr:** Die ZwNl müsste bei Trennung von HauptNl als solche weitergeführt werden können, BayObLG DB **79**, 1936. Sie muss sachlich die gleichen, aber nicht notwendig alle gleichartigen Geschäfte erledigen wie die HauptNl, also namentlich nicht bloße Hilfs- oder Ausführungsgeschäfte. **Nicht** ZwNl sind danach zB: Empfangs- oder Aushändigungsstellen, RG **44**, 362; reine Verkaufsstellen, Hbg OLG **27**, 299; Warenlager oder Speicher; Kassen; Eisenbahnhöfe, RG **2**, 391; Ingenieurbüros, BayObLG OLGE **30**, 389; Versicherungsagenturen, außer wo die Leiter Angestellte und zum selbstständigen Abschluss befugt sind. Unwesentlich ist, ob und wie viele Geschäftsschlüsse an der ZwNl tatsächlich stattfinden und wo sich der Inhaber aufhält; die Übernahme einer Komplementärstellung in deutscher KG durch ausländische Ges (§ 13d Rn 1). Die ZwNl eines Kfm muss nicht selbst nach Art und Umfang ihres Betriebs kfm (vgl §§ 1 II, 2) sein. Dazu gehört auch Errichtung für eine gewisse Dauer, also Geschäftsbetrieb für die Dauer einer Messe ist keine ZwNl. Dass die ZwNl dann tatsächlich nur sehr kurz besteht, schadet aber nicht.

d) **Personelle Mindestorganisation:** Die ZwNl muss einen Leiter mit Befugnis zu selbstständigem Handeln in nicht ganz unwesentlichen Angelegenheiten

2. Abschnitt. Handelsregister; Unternehmensregister 4–7 § 13

haben, KGJ **40**, 65. Er wird häufig HdlVollmacht (§ 54) haben, muss aber kein Prokurist sein (Filialprokura § 50 III). Dass der Leiter der ZwNl dem Direktionsrecht der HauptNl untersteht, muss der Selbstständigkeit (oben c) nicht entgegenstehen.

e) **Sachliche Mindestorganisation:** äußere Einrichtung ähnlich einer 4 HauptNl, also ua Geschäftslokal (schon oben a), ausreichende Betriebsmittel, nach üL weitergehend auch Zuweisung eines gesonderten Teils des Geschäftsvermögens sowie ein Bankkonto und weitgehend gesonderte Buchführung. Angesichts moderner Innenzentralisierung der Unternehmen ist das Merkmal gesonderter Buch- und Kontenführung zu streichen, MüKo/Krafka 13, vgl BGH NJW 72, 1860, jedenfalls reicht gesonderte Buchführung bei der HauptNl aus, BayObLG BB **80**, 335, dazu Döllerer BB **81**, 25.

B. **Rechtsnatur und Konsequenzen:** Die ZwNl, auch eines Ausländers (RG **108**, 267), ist **nicht selbstständige juristische Person**, BGH **4**, 65, Mü GmbHR **06**, 601, Mü ZIP **16**, 469, hat keine besonderen gesetzlichen Vertreter (Ausnahme § 53 II Nr 1 KWG, § 106 III 1 VAG), kein rechtlich selbstständiges Vermögen, keine rechtlich von denen des Inhabers gesonderten Verbindlichkeiten. Im Prozess ist sie nicht Partei, sondern der Inhaber des Unternehmens. Jedoch kann der Inhaber einen Rechtsstreit, der sich auf den Geschäftsbetrieb der ZwNl bezieht, unter deren Firma führen, OGH **2**, 145. Dort kann ihm eine die ZwNl berührende Klage zugestellt werden, BGH **4**, 65. Da die ZwNl nicht rechtsfähig ist, ist sie auch nicht grundbuchfähig, aber der Rechtsträger kann unter der Firma der ZwNl im Grundbuch eingetragen werden. Umschreibung eines im Grundbuch eingetragenen Rechts von HauptNl auf ZwNl oder umgekehrt ist bloße Berichtigung des Grundbuchs, vgl KG JW **37**, 1743. Die ZwNl ist nicht selbstständig insolvenzfähig. Sondervorschriften für die Firmierung s Rn 7.

C. **Betriebsstätte:** Weiter als der Begriff der ZwNl ist der im Steuerrecht 5 bedeutsame Begriff der Betriebstätte, § 12 AO (1977).

3) Die rechtliche Behandlung der Zweigniederlassung im Einzelnen

A. **Errichtung, Verlegung und Auflösung:** Alle diese Vorgänge sind rein 6 tatsächliche, die nachfolgende Eintragung ist nur deklaratorisch, MüKo/Krafka 16. Errichtung ist Organisationsakt, auch ohne Entscheidung durch die Geschäftsführung, Ebenroth/Pentz 31. Sie ist kein Grundlagengeschäft und bedarf keiner Grundlage im GesVertrag, BayObLG BayObLGZ **92**, 60. Verlegung ist Umzug, Beibehaltung des Kundenstamms ist nicht begriffsnotwendig, Ebenroth/Pentz 60, str.

B. **Firma:** Die ZwNl hat, da rechtlich unselbstständig, idR keine eigene 7 Firma, ihre Firma ist (von Anfang an wie bei späterer Änderung) die der HauptNl, diese kann sie ohne Zusatz führen, BayObLG BB **92**, 944, Düss ZIP **17**, 879; § 30 steht nicht entgegen. Im Betrieb der ZwNl kann aber (im Falle § 30 III: muss bzw entsprechender Zusatz, bloße Bezeichnung „Zweigniederlassung" genügt nicht) eine Firma geführt werden, die von der des ganzen Unternehmens abweicht (§§ 50 III, 126 III); doch muss entweder der Firmenkern der Firmen der HauptNl und der ZwNl einheitlich sein oder die Firma der ZwNl muss bei selbstständigem Firmenkern die Zugehörigkeit zur HauptNl durch einen entsprechenden Zusatz klarstellen (vgl § 17 Rn 8f), RG **113**, 213, **114**, 320, BayObLG BB **92**, 944, heute hL, seit HRefG wieder str, Mü ZIP **13**, 884 (Grundbuch, Antragsauslegung), also nur Zusätze zur Firma der HauptNl. Mehrere ZwNl dürfen also unter der letzteren Voraussetzung unterschiedliche Firmen führen. Die von der Hauptfirma abweichende Firma der ZwNl muss in den GesVertrag (Satzung) aufgenommen werden, BayObLG BB **92**, 944, Ebenroth/

Pentz 28, str. Ein übernommenes Unternehmen kann als ZwNl unter der alten Firma weitergeführt werden, RG **113,** 213, BGH WM **57,** 1154, MüKo/Heidinger § 23 Rn 10, aber ohne irreführende Rechtsformzusätze des alten Unternehmens. Eine zweite (von der Ersten abweichende) Firma ist in der ZwNl ebenso wenig zulässig wie in der HauptNl (derselben HdlGes oder eG, desselben Unternehmens des Einzelkfm); § 17 Rn 8–9). Die ZwNl kann mit ihrer Firma veräußert und zum selbstständigen Unternehmen werden (§ 22 Rn 5); der Filialzusatz ist dann zu streichen, die Unterscheidbarkeit von der alten HauptNl ist durch Zusatz klarzustellen, RG **77,** 64. Lit: Kögel Rpfleger **93,** 8. Besonderheiten bei Firma des ZwNl ausländischer Unternehmen, s § 13d Rn 3.

8   C. **Buchführung:** Eine Buchführungspflicht speziell der ZwNl besteht nicht (aber des Kfm, § 238 Rn 9), eine Betriebsstätte ohne gesonderte Buchführung ist jedoch idR nicht ZwNl (s Rn 3). Buchungen zwischen ZwNl oder zwischen HauptNl und ZwNl bekunden nicht echte Forderungen und Verpflichtungen, sondern sind nur Posten der innerbetrieblichen Erfolgsrechnung, Hbg NJW **49,** 467, Ulmer SJZ **49,** 757.

9   D. **Vertretungsmacht:** Die Vertretungsmacht der vertretenden Gfter in OHG, KG, ebenso eines Prokuristen kann (mit Wirkung gegen Dritte) auf eine besonders firmierende (s Rn 7) ZwNl beschränkt (oder umgekehrt von ihr ausgenommen) werden (§§ 126 III, 50 III). Ebenso HdlVollm (§ 54) und andere Vollmachten. Anders die Vertretungsmacht der Vorstandsmitglieder der AG und eG, Geschäftsführer der GmbH (§ 82 AktG, § 27 GenG, § 37 GmbHG).

4) Zweigniederlassungen von Unternehmen mit Sitz im Inland im Registerrecht (§ 13 I–III)

10   A. **Anmeldung (I 1):** § 13 neu durch EHUG 2006 mit wesentlicher Vereinfachung, I 1, II idF MoMiG 2008 (inländische Geschäftsanschrift). Jede ZwNl entsteht mit Errichtung, dh wenn alle organisatorischen Maßnahmen getroffen sind, also schon vor Eröffnung des Geschäftsbetriebs, Ebenroth/Pentz 35, str, und unabhängig von einer Eintragung. Die erfolgte Errichtung ist zur Eintragung in das HdlReg **anzumelden** (I 1). **Anmeldepflichtige Personen** sind der EinzelKfm; für OHG, KG die vertretenden Gfter (anders für ausländische ZwNl, § 13d Rn 5); für AG und KGaA der Vorstand bzw phG; für GmbH der Geschäftsführer; bei anderen juristischen Personen das Vertretungsorgan; ausländische KapitalGes s § 13e Rn 2. Anmeldung durch Vertreter ist zulässig (§ 378 I FamFG), zB Prokurist (§ 49 Rn 1, 2; aber HdlBevollmächtigte s § 54 Rn 10). Anzumelden ist **beim Registergericht der Hauptniederlassung** bzw bei HdlGes des Sitzes unter Angabe des Ortes der ZwNl (politische Gemeinde), der inländischen Geschäftsanschrift (seit MoMiG 2008, Grund: Zustellungserleichterung für Gläubiger; anders § 5 II PartGG, s Anh § 160 Rn 58; Übergangsrecht GmbH Mü ZIP **09,** 366m Anm Steffek EWiR **09,** 199, Wicke NZG **09,** 296) und des Zusatzes, falls der Firma der ZwNl ein solcher beigefügt wird (nach hL Firma auch sonst, str) **(I 1).** Eingetragen wird also nur noch beim Gericht der (inländischen) HauptNl, nicht mehr wie früher beim Gericht der ZwNl, das vom Gericht der HauptNl über die Anmeldung der ZwNl dort zu unterrichten war. Dass die führende Eintragung nunmehr beim Gericht der HauptN erfolgt, reicht aus, weil ja alle Daten über HauptNl und ZwNl zentral abgerufen werden können. Damit verbunden sind Vorteile der Vereinfachung, Beschleunigung und Verringerung von Fehlerquellen. HauptNl und ZweigNl können gleichzeitig angemeldet werden.

11   Das **Handelsregister der Zweigniederlassung** hat also durch das elektronische HdlReg ganz erheblich an Bedeutung verloren, behält aber eine eingeschränkte Bedeutung für die ZwNl ausländischer Unternehmen, deren HauptNl bzw Sitz nicht im deutschen HdlReg eingetragen ist (§ 13d Rn 1, 2). Aufgabe

2. Abschnitt. Handelsregister; Unternehmensregister §§ 13a–13c

des HdlReg der ZwNl sind ausschließlich Auskünfte über die dort eingetragenen bzw einzutragenden Rechtsverhältnisse der ZwNl, nicht auch des Hauptsitzes oder anderer ZwNl, BGH **104**, 61, str (§ 50 Rn 2); nur insoweit, also seit dem EHUG 2006 eingeschränkt, greift die Publizität des HdlReg der ZwNl (§ 15 IV nF, dort Rn 24). ZwNl von deutschen Unternehmen im Ausland können nicht im deutschen HdlReg eingetragen werden, die Anmeldung ist an die zuständige auslän dische Behörde zu richten, Düss ZIP **10**, 2284. **Muster:** Hopt/Voigt 4. Aufl 2013 Form I.B.1 (Anmeldung der Errichtung einer ZwNl).

B. Anmeldung späterer Änderungen (I 2): In gleicher Weise wie ursprünglich einzutragende Tatsachen unter I 1 sind spätere Änderungen der die ZwNl betreffenden einzutragenden Tatsachen anzumelden, zB Änderungen bezüglich des Orts oder des Zusatzes der ZwNl. Das Registergericht der HauptNl bleibt also Adressat der laufenden Eintragungen, das HdlReg dort bleibt das führende HdlReg. **12**

C. Prüfung und Eintragung (II): a) Prüfung: Das Registergericht der HauptNl (des Sitzes) prüft die Anmeldung (§ 8 Rn 6) in formeller und materieller Hinsicht (§ 8 Rn 7 ff, schon bei der Anmeldung der HauptNl zB KfmEigenschaft des ganzen Unternehmens, richtige Bildung der Firma, Gültigkeit eines GesVertrags, vgl § 2 Rn 7). Seit EHUG 2006 erstreckt sich die Prüfung durch das Registergericht der HauptNl auch auf die die ZwNl betreffenden Fragen. Da des Registergericht der HauptNl aber die tatsächlichen Verhältnisse am Ort der ZwNl nicht ohne Weiteres überprüfen kann, findet diese Prüfung nach II nur noch reduziert statt, nämlich keine firmenrechtliche Prüfung nach § 30 mehr (dann eben Unterlassungsklage, § 37 II) und Absehen von der Eintragung nur noch, wenn die ZwNl „offensichtlich" nicht errichtet worden ist (für weitergehende Prüfungspflicht noch RegE). Das Registergericht der ZwNl kann das Registergericht der HauptNl auf Bedenken hinweisen, BayObLG DB **95**, 1456, Karlsr Rpfleger **97**, 482. Es kann auch dort das Amtslöschungsverfahren anregen (§ 8 Rn 11). **13**

b) Eintragung: Ergibt die Prüfung keine Beanstandungen (Bsp: die ZwNl ist offensichtlich nicht errichtet worden, II 2 aE), so trägt das zuständige Gericht die ZwNl in Spalte 2b des Registerblatts der HauptNl bzw des Sitzes unter Angabe des Ortes sowie der inländischen Geschäftsanschrift der ZwNl und des Zusatzes, falls der Firma der ZwNl ein solcher beigefügt ist, ein (vgl **(4)** HRV §§ 40 Nr 2b, 43 Nr 2b nF). Veröffentlichung §§ 10, 11. **14**

D. Aufhebung (III): III idF EHUG wie V aF. Für die Aufhebung der ZwNl gelten entspr die Vorschriften über die Errichtung, also I und II. Die Aufhebung einer ZwNl wird im gleichen Verfahren registriert wie ihre Errichtung, vgl auch **(4)** HRV §§ 40 Nr 2b, 43 Nr 2 b. Da sie beim Registergericht der HauptNl anzumelden ist, ist dieses (nicht das Gericht der ZwNl) zuständig zur Erzwingung der Anmeldung gemäß § 14, KG DJ **39**, 1288. **Verlegung** der Zweigniederlassung s Rn 6, § 13h Rn 1. **Muster:** Hopt/Voigt 4. Aufl 2013 Form I.B.3 (Anmeldung zur Verlegung der HauptNl an einen anderen Ort). **15**

13a–13c *(aufgehoben)*

1) § 13a–13c aufgehoben durch EHUG 2006.

§ 13d

Sitz oder Hauptniederlassung im Ausland

13d (1) Befindet sich die Hauptniederlassung eines Einzelkaufmanns oder einer juristischen Person oder der Sitz einer Handelsgesellschaft im Ausland, so haben alle eine inländische Zweigniederlassung betreffenden Anmeldungen, Einreichungen und Eintragungen bei dem Gericht zu erfolgen, in dessen Bezirk die Zweigniederlassung besteht.

(2) Die Eintragung der Errichtung der Zweigniederlassung hat auch den Ort und die inländische Geschäftsanschrift der Zweigniederlassung zu enthalten; ist der Firma der Zweigniederlassung ein Zusatz beigefügt, so ist auch dieser einzutragen.

(3) Im übrigen gelten für die Anmeldungen, Einreichungen, Eintragungen, Bekanntmachungen und Änderungen einzutragender Tatsachen, die die Zweigniederlassung eines Einzelkaufmanns, einer Handelsgesellschaft oder einer juristischen Person mit Ausnahme von Aktiengesellschaften, Kommanditgesellschaften auf Aktien und Gesellschaften mit beschränkter Haftung betreffen, die Vorschriften für Hauptniederlassungen oder Niederlassungen am Sitz der Gesellschaft sinngemäß, soweit nicht das ausländische Recht Abweichungen nötig macht.

Übersicht

	Rn
1) Zweigniederlassungen ausländischer Unternehmen (§§ 13d–13e)	1
2) Zuständigkeit des Gerichts der deutschen Zweigniederlassung (§ 13d I)	2–3
3) Firma der deutschen Zweigniederlassung (II)	4
4) Behandlung wie inländische Hauptniederlassung	5–6

1) Zweigniederlassungen ausländischer Unternehmen (§§ 13d–13e)

1 § 13d nF 1993 (EURi, § 13 Rn 2), idF EHUG 2006 (bloße Streichung von „Zeichnungen", vgl § 14 Rn 1), II, III idF MoMiG 2008. § 13d ist die **Grundnorm** für das Recht der **Zweigniederlassungen von Unternehmen mit Sitz oder Hauptniederlassung im Ausland**, kurz, aber ungenau: ausländischer Unternehmen. Dieses Recht, also § 13 d-13e, ist von der HdlRegisterreform des EHUG 2006 weitestgehend unberührt geblieben (RegE § 13). § 13d ist fremdenrechtliche Sachnorm, kein Kollisionsrecht (§ 13 Rn 2). Sitz (der juristischen Person) und HauptNl (des EinzelKfm) sind gleichbedeutend (Redaktionsversehen in der offiziellen Überschrift durch HRefG 1998 korrigiert: „oder"), Begriff des Sitzes s § 13 Rn 1, § 106 Rn 8 für OHG. Wenn eine ausländische Ges mit Satzungssitz in der EU ihren Verwaltungssitz in das Inland verlegt oder von Beginn hat (Einl 29 vor § 105), selbst wenn die Geschäftsaktivitäten ausschließlich im Inland entfaltet werden (keine ScheinHdlGes wie nach früherer hL, Einl 29 vor § 105), sind §§ 13d ff ebenfalls anzuwenden, also Eintragung als eine ZwNl einer normalen AuslandsGes (insoweit gilt also Satzungssitz), RegE MoMiG 2008, KG NZG **04**, 49, Zweibr RIW **03**, 542, Ffm ZIP **08**, 1286 (Limited als Komplementärin, Anh § 177a Rn 11; Limited & Still s § 230 Rn 5), Riegger ZGR **04**, 513, Leible/Hoffmann EuZW **03**, 679, (Erst-)Registereintragung der ausländischen Ges idR bereits im Land der Gründung, in BRD kein notwendiger ZwNlZusatz bei plc, Wachter BB **05**, 1289, Wernicke BB **06**, 843, nach aA Eintragung als HauptNl wie inländische Ges gemäß § 33, aber europarechtswidrig (§ 33 Rn 1). Eintragung der ZwNl unabhängig von Gewerbeuntersagung, Oldenburg GmbHR **02**, 29, Mankowski BB **06**, 1173, aA Thüringen BB **06**, 1181 (s auch § 13g Rn 1). ZwNl des ausländischen Unternehmens kann unter

2. Abschnitt. Handelsregister; Unternehmensregister 2, 3 § 13d

ihrer Firma als Kdtistin im HdlReg eingetragen werden, kein Rechtsschein, ZwNl sei selbst Rechtsinhaberin, Brem ZIP **13**, 268. Ausländische juristische Person (Limited) einer deutschen GmbH & Co ist nicht selbst als ZwNl registerpflichtig, Ffm ZIP **08**, 1286, aA Wachter GmbHR **06**, 80, Grund: als solche noch keine selbstständige Organisationseinheit (zum Begriff der ZwNl s § 13 Rn 3; zur Zulässigkeit einer ausländischen juristischen Person als Komplementär Anh § 177a Rn 11). Verschmelzung einer GmbH auf eine plc ist nicht erstmalig konstitutiv im deutschen HdlReg für ZwNl (plc) einzutragen, Mü BB **06**, 1185. § 13d entspricht § 13 für Unternehmen mit Sitz im Inland. § 13d wird ergänzt durch § 13e für KapitalGes, § 13e wiederum durch §§ 13f, 13g für AG und GmbH. Ergänzendes Bilanzrecht in §§ 289 II Nr 4, 325a, 335 S 1 Nr 7. Übergangsrecht s § 13 Rn 2. § 13d ist europarechtlich nicht zu beanstanden, die Regelungsunterschiede gegenüber der ZwNl deutscher Unternehmen sind nicht diskriminierend und dienen wie bei den deutschen dem Verkehrsschutz, Staub/Koch 5, Koller/Roth 8. Wünschenswert wäre eine einheitliche europäische Registerbescheinigung mit öffentlichem Glauben, Wachter ZNotP **05**, 145. Lit: Rinne 1998; zu §§ 13d–13h umfassend nach MoMiG E. Voigt 2009 (Diss Hbg); Wachter in Süß/Wachter, Hdb des int GmHRechts, 2. Aufl 2011, § 2; Kindler NJW **93**, 3301, Seibert DB **93**, 1705, Wachter GmbHR **03**, 1254u MDR **04**, 611, Riegger ZGR **04**, 510, Herchen RIW **05**, 529 (plc), Kloße-Mokross DStR **05**, 971, 1013u Wachter ZNotP **05**, 122 (private limited company), Mankowski BB **06**, 1173, Mankowski/Knöfel in Hirte/Bücker, Grenzüberschreitende Ges, 2. Aufl 2006, § 13; Erb WM **07**, 1012 (EHUG § 340l).

2) Zuständigkeit des Gerichts der deutschen Zweigniederlassung (§ 13d I)

Deutsches Registerrecht als deutsches öffentliches Recht und spezieller der 2 freiwilligen Gerichtsbarkeit gilt auch **für ausländische Unternehmen** mit Niederlassung in Deutschland (lex fori, Recht des Registerorts), BGH NJW **07**, 2329, Mü NZG **11**, 157, Hamm ZIP **11**, 867. Der Grundgedanke des § 13d geht dahin, dass bei HauptNl (Sitz) im Ausland die Anforderungen des deutschen Registerrechts **vollständig beim Gericht der deutschen Zweigniederlassung** erfüllt werden (**I**). Das ist eine Ausnahme zu der durch das EHUG 2006 erfolgten Konzentration der Eintragung auf das nunmehr führende HdlReg der HauptNl (§ 13 Rn 10, 11), Grund: die deutsche ZwNl des ausländischen Unternehmens ist wie eine inländische HauptNl zu behandeln (Rn 5), ausländische ZwNl können nicht eingetragen werden, Düss FGPrax **10**, 85. Das deutsche Registergericht (der ZwNl) **prüft** alle Voraussetzungen der Eintragung (§ 26 FamFG), auch die nach ausländischem Recht zu beurteilenden (Bsp: wirksame Gründung einer Ges im Ausland, wirksame Bestellung der Organe), mit freier Würdigung der Beweismittel, grundsätzlich ohne Bindung an ausländische Entscheidungen, gerichtliche Registereintragungen usw, BayObLG WM **85**, 1205, NJW **99**, 656, Riegger ZGR **04**, 514. Diese Prüfung reicht weiter als bei inländischen ZwNl (§ 13 Rn 13), da das ausländische Unternehmen im Inland bisher registerrechtlich nicht geprüft worden ist, es fehlt ein Hauptregister (aber § 13e V). Bei Ges aus EU und EWR ist aber das Herkunftslandprinzip zu beachten, Rehberg in Eidenmüller, Ausländische KapitalGes 2004, E. Voigt § 10. Auch nicht vergleichbare Bestimmungen des ausländischen Rechts sind eintragungsfähig (Grenze: ordre public, aber § 17 Rn 49), BayObLGZ **85**, 352, hL, aA Ffm IPRspr **76** Nr 18. Bei zweiter ZwNl Eintragung beim Gericht dort, Schlesw ZIP **07**, 2357, vgl Optionsrecht für KapitalGes nach § 13e V.

Deutsches Registerrecht ist aber auf ausländische Unternehmen uU nur entspr 3 auf Grund rechtsvergleichender Qualifikation anwendbar, zB darüber, was einzutragen ist, wer anzumelden hat, KG NZG **04**, 49. Das ausländische HdlRecht kennt andere Formen (zB Ges-, Vollmachtsformen), andere rechtserhebliche (zur

§ 13d 4, 5

Eintragung in Betracht kommende) Vorgänge, andere (zur Bestimmung der persönlichen Anmeldepflicht bedeutsame) Funktionen. Ob das ausländische Unternehmen ein EinzelKfm ist (§ 13 Rn 3), bestimmt sich nach dem Wirkungsstatut, hL, str, und zwar (ohne europarechtliche Vorgaben, von ZwNlRi nicht erfasst) durch Qualifikation im Wege der **Substitution** nach §§ 1 ff. Ob es eine juristische Person oder eine HdlGes ist, ist unzweifelhaft für die AG, KGaA und GmbH (§§ 13f, 13g; insoweit schon durch die EU-Ri vorgegeben, ZwNLRi, PublizitätsRi, § 13 Rn 2, Einl 36 vor § 105) und ergibt sich im Übrigen wiederum durch Substitution. Die ausländische Bezeichnung ist nur Anhaltspunkt, maßgeblich ist die Funktionsäquivalenz, MüKo/Krafka 9, 10a mit Auflistung der vergleichbaren ausländischen PersonenGesFormen. Anerkennung der im Ausland erlangten Rechtsfähigkeit der Ges (Problem der Sitz- oder Gründungstheorie und EuGHRspr, Einl 29 vor § 105, § 106 Rn 8).

3) Firma der deutschen Zweigniederlassung (II)

4   Die Eintragung muss auch den Ort und die inländische Geschäftsanschrift (Grund: Zustellungserleichterung für Gläubiger, kein Verstoß gegen ZwNlRi) der ZwNl sowie einen eventuellen Firmenzusatz der ZwNl enthalten (II). Die Firma der Zweigniederlassung (§ 13 Rn 7) richtet sich ebenso wie bei der Firmenbildung allgemein (§ 17 Rn 48, 49) wegen der Niederlassungsfreiheit grundsätzlich nach dem Gesellschaftsstatut, KG IPRspr **34** Nr 13 S 29, Ebenroth/Pentz 21, E. Voigt § 10 IV, Koller/Roth § 17 Rn 26, sehr str, aA Ort der ZwNl, bisher üL, KG NJW-RR **04**, 977, Mü NZG **07**, 824, Ffm DB **08**, 1488, LG Aach ZIP **07**, 1011, Ebenroth/Reuschle § 17 Anh Rn 6 (s aber auch § 17 Rn 48), aber Grenze Irreführungsverbot (näher § 17 Rn 49). Jedoch braucht kein auf die ZwNl als solche hinweisender Zusatz gebildet werden (§ 13 Rn 7), Düss ZIP **17**, 879. Trotz § 18 I (insbesondere Gattungsbezeichnungen) kann Eintragung der Firma der inländischen ZwNl nach AEUV (EGV aF) geboten sein, Mü ZIP **07**, 1949 (Planung für Küche und Bad Ltd), Ffm FGPrax **08**, 166, anders zu § 18 I Mü NZG **11**, 157 (zutr zu § 18 II, s § 17 Rn 49), zu weitgehend aber LG Aach ZIP **07**, 1011 (Auskunft Ltd), näher E. Voigt § 10 IV 2, Wachter GmbHR **07**, 980. Zum Rechtsformenzusatz § 17 Rn 49. Auch bei ZwNl ausländischer Ges keine registergerichtliche Prüfung des § 30 mehr (§ 13 Rn 13). Keine Eintragung der ausländischen KapitalGes als phG einer KG als inländische ZwNl in das HdlReg (§ 105 Rn 28).

4) Behandlung wie inländische Hauptniederlassung (III)

5   Im Übrigen ist die ZwNl **wie eine inländische Hauptniederlassung** zu behandeln, BayObLG WM **85**, 1204, **86**, 1558, NJW **99**, 654, Grund: ZwNl setzt HauptNl (Sitz) im Inland voraus, deshalb anders im Falle von § 13e V. Die inländische ZwNl des ausländischen Unternehmens entsteht mit Geschäftsaufnahme. Für ihre Anmeldungen, Einreichungen, Eintragungen, Bekanntmachungen und Änderungen einzutragender Tatsachen (nF 2008, s Rn 1) gelten grundsätzlich die Vorschriften für inländische HauptNl **(III)**. Für AG, KGaA und GmbH gelten nicht III, sondern § 13d I, II, §§ 13e–13g. Besondere gesetzliche Vertreter wie Hauptbevollmächtigte nach § 106 III VAG und Geschäftsleiter nach § 53 II Nr 1 KWG sind in Abteilung B Spalte 4b einzutragen (so **(4)** HRV § 43 Nr 4 Satz 3). Die persönliche Anmeldepflicht (§ 13 Rn 10) ist für AG und GmbH in § 13e II 1 geregelt; bei PersonenGes muss die Anmeldung durch alle Gfter erfolgen (anders für inländische ZwNl, § 13 Rn 10, zur Differenzierung § 13 Rn 2), üL, Grund: §§ 13d III, 108, 161, nach aA nur durch die vertretungsberechtigten Gfter, MüKo/Krafka 26 (vgl § 13e Rn 2); im Übrigen trifft sie die Personen, die nach ausländischem Recht den deutschen Anmeldepflichtigen gleichstehen, nicht über den Wortlaut hinaus auch die im Inland befindlichen verantwortlichen Leiter der ZwNl, str (vgl aber § 13e II 5 Nr 3, III). Anmeldung

durch Stellvertreter s § 13 Rn 10. Zu den Anmeldungsunterlagen BayObLG WM **86**, 1557. Erlöschen oder Änderungen bei der ausländischen Hauptniederlassung s MüKo/Krafka 26a. **Muster:** Hopt/Voigt 4. Aufl 2013 Form I.B.2 (Anmeldung der Errichtung einer ZwNl eines ausländischen Unternehmens, plc; ltd).

Die Behandlung der ZwNl wie eine inländische Hauptniederlassung gilt nur, **6** **soweit nicht das ausländische Recht Abweichungen nötig macht** (III letzter Halbs). Das Registergericht darf zB nicht in die Entstehungsvoraussetzungen und Struktur der ausländischen Ges eingreifen, BayObLG WM **86**, 1557, Düss NJW-RR **92**, 1391.

Zweigniederlassungen von Kapitalgesellschaften mit Sitz im Ausland

13e (1) Für Zweigniederlassungen von Aktiengesellschaften und Gesellschaften mit beschränkter Haftung mit Sitz im Ausland gelten ergänzend zu § 13d die folgenden Vorschriften.

(2) [1]Die Errichtung einer Zweigniederlassung einer Aktiengesellschaft ist durch den Vorstand, die Errichtung einer Zweigniederlassung einer Gesellschaft mit beschränkter Haftung ist durch die Geschäftsführer zur Eintragung in das Handelsregister anzumelden. [2]Bei der Anmeldung ist das Bestehen der Gesellschaft als solcher nachzuweisen. [3]Die Anmeldung hat auch eine inländische Geschäftsanschrift und den Gegenstand der Zweigniederlassung zu enthalten. [4]Daneben kann eine Person, die für Willenserklärungen und Zustellungen an die Gesellschaft empfangsberechtigt ist, mit einer inländischen Anschrift zur Eintragung in das Handelsregister angemeldet werden; Dritten gegenüber gilt die Empfangsberechtigung als fortbestehend, bis sie im Handelsregister gelöscht und die Löschung bekannt gemacht worden ist, es sei denn, dass die fehlende Empfangsberechtigung dem Dritten bekannt war. [5]In der Anmeldung sind ferner anzugeben

1. das Register, bei dem die Gesellschaft geführt wird, und die Nummer des Registereintrags, sofern das Recht des Staates, in dem die Gesellschaft ihren Sitz hat, eine Registereintragung vorsieht;
2. die Rechtsform der Gesellschaft;
3. die Personen, die befugt sind, als ständige Vertreter für die Tätigkeit der Zweigniederlassung die Gesellschaft gerichtlich und außergerichtlich zu vertreten, unter Angabe ihrer Befugnisse;
4. wenn die Gesellschaft nicht dem Recht eines Mitgliedstaates der Europäischen Union oder eines anderen Vertragsstaates des Abkommens über den Europäischen Wirtschaftsraum unterliegt, das Recht des Staates, dem die Gesellschaft unterliegt.

(3) [1]Die in Absatz 2 Satz 5 Nr. 3 genannten Personen haben jede Änderung dieser Personen oder der Vertretungsbefugnis einer dieser Personen zur Eintragung in das Handelsregister anzumelden. [2]Für die gesetzlichen Vertreter der Gesellschaft gelten in Bezug auf die Zweigniederlassung § 76 Abs. 3 Satz 2 und 3 des Aktiengesetzes sowie § 6 Abs. 2 Satz 2 und 3 des Gesetzes betreffend die Gesellschaften mit beschränkter Haftung entsprechend.

(3a) [1]An die in Absatz 2 Satz 5 Nr. 3 genannten Personen als Vertreter der Gesellschaft können unter der im Handelsregister eingetragenen inländischen Geschäftsanschrift der Zweigniederlassung Willenserklärungen abgegeben und Schriftstücke zugestellt werden. [2]Unabhängig hiervon können die Abgabe und die Zustellung auch unter der eingetragenen Anschrift der empfangsberechtigten Person nach Absatz 2 Satz 4 erfolgen.

§ 13e 1

(4) Die in Absatz 2 Satz 5 Nr. 3 genannten Personen oder, wenn solche nicht angemeldet sind, die gesetzlichen Vertreter der Gesellschaft haben die Eröffnung oder die Ablehnung der Eröffnung eines Insolvenzverfahrens oder ähnlichen Verfahrens über das Vermögen der Gesellschaft zur Eintragung in das Handelsregister anzumelden.

(5) ¹Errichtet eine Gesellschaft mehrere Zweigniederlassungen im Inland, so brauchen die Satzung oder der Gesellschaftsvertrag sowie deren Änderungen nach Wahl der Gesellschaft nur zum Handelsregister einer dieser Zweigniederlassungen eingereicht zu werden. ²In diesem Fall haben die nach Absatz 2 Satz 1 Anmeldepflichtigen zur Eintragung in den Handelsregistern der übrigen Zweigniederlassungen anzumelden, welches Register die Gesellschaft gewählt hat und unter welcher Nummer die Zweigniederlassung eingetragen ist.

(6) Die Landesjustizverwaltungen stellen sicher, dass die Daten einer Kapitalgesellschaft mit Sitz im Ausland, die im Rahmen des Europäischen Systems der Registervernetzung (§ 9b) empfangen werden, an das Registergericht weitergeleitet werden, das für eine inländische Zweigniederlassung dieser Gesellschaft zuständig ist.

Übersicht

	Rn
1) Ergänzungsregelung für ausländische Kapitalgesellschaften (I)	1
2) Anmeldung (II)	2
3) Empfangsvertreter, ständige Vertreter (II 4, 5 Nr 3, III, III a, IV)	3
4) Mehrere Zweigniederlassungen im Inland (V)	4

1) Ergänzungsregelung für ausländische Kapitalgesellschaften (I)

1 § 13e nF 1993 (EURi, § 13 Rn 2) ohne Änderung durch EHUG 2006, II 2, 3, 4, 5, III 1, 2, IIIa, IV idF MoMiG 2008. VI nF RegVerknüpfUmsetzG 22.12.2014 (§ 9b Rn 1). § 13e ergänzt § 13d für **Kapitalgesellschaften** (einschließlich KGaA, trotz amtlicher Überschrift nicht auch bergrechtliche Gewerkschaft) mit Sitz im Ausland (I), Übergangsvorschrift zu II 4, V (1) EGHGB Art 34. Zusätzliche rechtsformspezifische Regeln für AG, KGaA und GmbH enthalten §§ 13f, 13g. §§ 13e–13g zusammen entsprechen §§ 13a, 13b für AG und GmbH mit Sitz im Inland, verlangen aber zusätzliche Angaben, die für den HdlVerkehr wichtig sind. Auflistung der vergleichbaren ausländischen GmbH, AG und KGaA bei MüKo/Krafka 5 ff. §§ 13e, 13g sind seit der Centros-Rspr des EuGH (Einl 29v § 105) besonders bedeutsam für die in Deutschland tätige englische **private limited company (ltd, plc),** die einer deutschen GmbH gleichgestellt ist, zB auch bezüglich § 64 Satz 1 GmbHG, BGH NJW **16**, 2660 (daneben die public limited company, sec. 4 Companies Act, wie die Aktiengesellschaft, für sie gilt die 2. bzw Kapitalrichtlinie). § 13e **I** erfasst AG und GmbH; aber auch KGaA, Kindler NJW **93**, 3303, aA RegE. Ob die ausländische Ges eine entspr Rechtsform hat, ergibt sich aus der 1. und für die GmbH auch der 12. EG-Ri (Einl 36 vor § 105), bei Drittstaaten im Wege der Substitution (§ 13d Rn 3), RegE, Kindler NJW **93**, 3303. Voraussetzung ist die Bildung einer ZwNl, nicht schon bei Übernahme einer Komplementärstellung (§§ 13 Rn 3, 13d Rn 1). Die Eintragung ist rein deklaratorisch, KG NZG **04**, 50, MüKo/Krafka 16a. Gelöschte plc, BGH ZIP **17**, 421, 493, Brandbg ZIP **16**, 1871. Lit: Wachter MDR **04**, 611 (englische plc), Klose-Mokross DStR **05**, 971, Otte BB **12**, 1311 (plc).

2) Anmeldung (II)

Anzumelden haben der Vorstand der AG (**II 1**, nicht wie nach § 44 I 1 AktG aF alle Vorstandsmitglieder) bzw die Geschäftsführer der GmbH. Das ist sowohl Organ- als auch persönliche Pflicht, Folge: eigenes Beschwerderecht, KG NZG **04**, 50. Anmeldung durch Vertreter s § 13 Rn 10, aber nicht durch den ständigen Vertreter nach § 13e II Satz 5 Nr 3, Grund: Vertretungsmacht nur für die ZwNl, Ebenroth/Pentz 20. Nachweis der Vertretungsmacht bei plc (s Rn 1), Otte gegen KG BB **12**, 1311, auch Karlsr NZG **12**, 553, Schlesw NJW-RR **12**, 1063, Nürnb ZIP **15**, 1630, Düss BB **15**, 590 (§ 32 GBO). **II 2–5** verlangen ua Angaben über das Bestehen der Ges als solcher (II 2; seit MoMiG nicht mehr: staatliche Genehmigung, vgl noch Celle ZIP **07**, 71, es war str, ob europarechtswidrig; das Register, bei dem die Ges geführt wird (Heimatregister, vgl Liste in EuZW **92**, 528); das Recht des Staates (außer EU und EWR), dem die Ges unterliegt. Prüfung, ob ZwNl tatsächlich errichtet worden ist, Karls NZG **12**, 553. Eintragung der ZwNl mit einer inländischen Geschäftsanschrift (seit MoMiG, s § 13d Rn 4) und ihrem eigenen Unternehmensgegenstand (II 3), Hamm ZIP **05**, 1871, 1947, Ffm ZIP **06**, 333, und ohne Vorlage des Gründungsbeschlusses, Düss ZIP **06**, 806. **II 3** verlangt Angabe des Gegenstandes der ZwNl; daneben zwar nicht auf Grund von II 3, aber zB § 13f II 2 iVm § 23 III Nr 2 AktG, § 13g III iVm §§ 10 I GmbHG, auch Gegenstand der HauptNl bzw des Unternehmens, Oetker/Preuß 34f, GroßKo/Koch 23, aA früher hL, Hamm ZIP **05**, 1871, Düss NZG **06**, 317, Ffm GmbHR **06**, 259, Wachter GmbHR **05**, 101, trotz § 13g III nF 2008 iVm § 10 GmbHG, da die ZwNlRi (§ 13 Rn 2) vorgehe, aber letzteres ist nicht mehr zutreffend, EuGH NJW **06**, 3961 Tz 33.

3) Empfangsvertreter, ständige Vertreter (II 4, 5 Nr 3, III, IIIa, IV)

II 4 nF 2008 sieht eine (da Zustellungsrecht, europarechtskonforme) Option für die Ges vor, einen zusätzlichen **(Empfangs)Vertreter** für Willenserklärungen und Zustellungen an die Ges neben den Vertretern der Ges eintragen zu lassen, zB einen Gfter, Steuerberater oder Notar. Da dies keine eintragungspflichtige, sondern nur eintragungsfähige Tatsache ist, sieht II 4 Halbssatz 2 Registerpublizität entspr § 15 vor (damit Anreiz zu laufender Aktualisierung), was aber nur bei Vollmachtsbeendigung im Innenverhältnis hilft. Bei Nichtzustellbarkeit § 15a HGB und § 185 Nr 2 ZPO nF (MoMiG).

II 5 Nr 3 sieht die Anmeldung und die Eintragung eines **ständigen Vertreters** mit der Folge von IIIa vor (Option, aber wegen Zustellungserleichterungen nach § 15a HGB und § 185 Nr 2 ZPO ernst zu nehmende Obliegenheit zur Erreichbarkeit im Inland, s § 15a Rn 2), Mü ZIP **08**, 552, aber Pflicht zur Bestellung nach § 53 II Nr 1 KWG ua. II 5 Nr 3 erfasst nur gewillkürte Vertreter, nicht gesetzliche Vertreter als solche, KG ZIP **13**, 974, hL. Also keine Doppeleintragung des allein vertretungsbefugten Organmitglieds, Karls NZG **12**, 553; anders wenn der gesetzliche Vertreter an sich keine Einzelvertretungsmacht hat, eine solche aber rechtsgeschäftlich für die ZwNl, Ebenroth/Pentz 31. Der ständige Vertreter ist mit organschaftlichen Befugnissen ausgestattet, Brem ZIP **13**, 268, str, offen Ffm ZIP **15**, 1071. Vertretungsmacht wie nach II 5 Nr 3 haben Prokuristen, nicht aber normale HdlBevollmächtigte (außer bei ständiger genereller Vertretungsmacht und Prozessführungsbefugnis nach § 54 II, mit der EU-Ri vereinbar, hL, aA auch bei nicht umfassender Vertretungsmacht, vgl § 54 Rn 10); ihre Befugnisse sind anzugeben, zB alleinige oder nur gemeinsame Vertretung. Doppeleintragung als ständiger Vertreter und Prokurist ist zulässig, Wachter ZNotP **05**, 135, Kühn/Krafka NZG **11**, 210, str, Grund: § 49 II. Keine Eintragung der Befreiung vom Verbot des Selbstkontrahierens bei deutscher ZwNl einer englischen plc (§ 13g Rn 3).

§ 13f

III 1 betrifft vor allem Änderungen bei HdlBevollmächtigten, für Prokuristen gilt schon § 53 III. Nachweis der Änderung ist nicht nötig, aber ein neu bestellter (einziger) ständiger Vertreter muss Anmeldeberechtigung nachweisen, Mü ZIP **11**, 1816. **III 2** (seit MoMiG) verweist für die gesetzlichen Vertreter der Ges in Bezug auf die ZwNl auf die Inhabilitätsvorschriften nach § 76 III 2, 3 AktG und § 6 II 2, 3 GmbHG (s § 13g Rn 1, § 13f Rn 1); diese Bestellungshindernisse betreffen nur die ZwNl, nicht auch die Organstellung in der ausländischen Ges und erst recht nicht Geschäftsführungsmitglieder der Ges, die nicht als ständige Vertreter iSv II Satz 5 Nr III fungieren sollen; da nicht diskriminierend und zwingendes Allgemeininteresse, europarechtskonform, aA Wachter GmbHR **06**, 798, Bauer/Großerichter NZG **08**, 256, Belgorodski/Friske WM **11**, 251. Zur Rechtslage vorher § 13g Rn 1.

III a (neu durch MoMiG) ermöglicht es Gläubigern, an die ständigen Vertreter (II 5 Nr 3) unter der inländischen Geschäftsanschrift Willenserklärungen abzugeben und Schriftstücke zuzustellen, und zwar neben II 4 und natürlich den gesetzlichen Vertretern.

IV sorgt für Information des Registergerichts über Insolvenz- und ähnliche Verfahren (ausländisches Sitzrecht).

4) Mehrere Zweigniederlassungen im Inland (V)

Bei mehreren ZwNl (§ 13d Rn 2) kann (Option) die KapitalGes ein führendes Register (oder HauptReg, aber missverständlich) auswählen (**V**, § 325a I 2), ohne zeitliche Grenze, str; dann Amtshilfe.

5) Weiterleitung im Europäischen System der Registervernetzung (VI)

Im Rahmen des Europäischen Systems der Registervernetzung (§ 9b) werden Daten von KapitalGes ausgetauscht. VI ergänzt § 9b II für den Fall des Eingangs relevanter Daten ausländischer Registerbehörden. VI sorgt dafür, dass die Landesjustizverwaltungen, bei denen solche Daten über eine KapitalGes mit Sitz im Ausland eingehen (vgl § 9b III 1), diese Daten unmittelbar an das für eine inländische ZwNl dieser Ges zuständige Registergericht weiterleiten. Das Registergericht prüft dann in eigener Zuständigkeit, was zu geschehen hat (Durchsetzung einer Anmeldepflicht nach § 14 oder zB Amtverfahren auf Löschung nach (**3**) FamFG § 395).

Zweigniederlassungen von Aktiengesellschaften mit Sitz im Ausland

13f (1) **Für Zweigniederlassungen von Aktiengesellschaften mit Sitz im Ausland gelten ergänzend die folgenden Vorschriften.**

(2) ¹**Der Anmeldung ist die Satzung in öffentlich beglaubigter Abschrift und, sofern die Satzung nicht in deutscher Sprache erstellt ist, eine beglaubigte Übersetzung in deutscher Sprache beizufügen.** ²**Die Vorschriften des § 37 Abs. 2 und 3 des Aktiengesetzes finden Anwendung.** ³**Soweit nicht das ausländische Recht eine Abweichung nötig macht, sind in die Anmeldung die in § 23 Abs. 3 und 4 des Aktiengesetzes vorgesehenen Bestimmungen und Bestimmungen der Satzung über die Zusammensetzung des Vorstandes aufzunehmen; erfolgt die Anmeldung in den ersten zwei Jahren nach der Eintragung der Gesellschaft in das Handelsregister ihres Sitzes, sind auch die Angaben über Festsetzungen nach den §§ 26 und 27 des Aktiengesetzes und der Ausgabebetrag der Aktien sowie Name und Wohnort der Gründer aufzunehmen.** ⁴**Der Anmeldung ist die für den Sitz der Gesellschaft ergangene gerichtliche Bekanntmachung beizufügen.**

2. Abschnitt. Handelsregister; Unternehmensregister § 13g

(3) Die Eintragung der Errichtung der Zweigniederlassung hat auch die Angaben nach § 39 des Aktiengesetzes sowie die Angaben nach § 13e Abs. 2 Satz 3 bis 5 zu enthalten.

(4) ¹Änderungen der Satzung der ausländischen Gesellschaft sind durch den Vorstand zur Eintragung in das Handelsregister anzumelden. ²Für die Anmeldung gelten die Vorschriften des § 181 Abs. 1 und 2 des Aktiengesetzes sinngemäß, soweit nicht das ausländische Recht Abweichungen nötig macht.

(5) Im übrigen gelten die Vorschriften der §§ 81, 263 Satz 1, § 266 Abs. 1 und 2, § 273 Abs. 1 Satz 1 des Aktiengesetzes sinngemäß, soweit nicht das ausländische Recht Abweichungen nötig macht.

(6) Für die Aufhebung einer Zweigniederlassung gelten die Vorschriften über ihre Errichtung sinngemäß.

(7) Die Vorschriften über Zweigniederlassungen von Aktiengesellschaften mit Sitz im Ausland gelten sinngemäß für Zweigniederlassungen von Kommanditgesellschaften auf Aktien mit Sitz im Ausland, soweit sich aus den Vorschriften der §§ 278 bis 290 des Aktiengesetzes oder aus dem Fehlen eines Vorstands nichts anderes ergibt.

1) § 13f idF HRefG 1998 (EURi, § 13 Rn 2), II idF EHUG 2006, IV aF aufgehoben, V–VIII aF nunmehr IV–VII mit Änd in VI aF durch EHUG 2006; II 2, III, V idF MoMiG 2008, II 3 idF AktienRNovelle 2016. § 13f ergänzt § 13e (KapitalGes) **speziell für AG** mit Sitz im Ausland (§ 13 Rn 1, 3). §§ 13d–13f ersetzen § 44 AktG aF. Nach **II 1** ist eine beglaubigte Übersetzung der Satzung in deutscher Sprache beizufügen. § 37 II AktG ist nicht anwendbar, früher str. **II 2** verweist auf § 37 II (Bestellungshindernisse, str, ob europarechtskonform, näher § 13e Rn 2) und III AktG (Angaben in der Anmeldung; die früheren § 37 IV, V AktG über Zeichnung der Vorstandsmitglieder sind durch das EHUG entfallen). II 3 verlangt Aufnahme von Satzungsbestimmungen über die Zusammensetzung des Vorstands (§§ 23 III, IV, AktG) und, wenn die Anmeldung in den ersten zwei Jahren nach Eintragung der Ges in des HdlReg ihres Sitzes erfolgt, auch Angaben nach §§ 26, 27 AktG, über den Ausgabebetrag der Aktien sowie Namen und Wohnort der Gründer (II 3 Halbs 2 nF statt des durch EHUG aufgehobenen § 40 aF AktG). Mit letzterem soll dem Bedürfnis des Rechtsverkehrs nach Grundinformationen über die ausländische AG bei Eintragungen in den ersten beiden Jahren nach Gründung Rechnung getragen werden. III verlangt für die Eintragung der Errichtung der ZwN auch die der Angaben nach § 39 AktG (zwingender Inhalt der Eintragung) und der Angaben nach § 13e II 3–5 (seit MoMiG, Zustellung). Änderungen der Satzung s IV nF, ohne Verweisung auf § 181 III AktG (ausländisches Recht maßgeblich). V verweist auf §§ 81, 263 Satz 1, 266 I, II, 273 I 1 AktG (seit MoMiG, Anmeldung von Änderung des Vorstands und der Vertretungsbefugnis seiner Mitglieder, der Auflösung, der Abwickler und ihrer Vertretungsbefugnis und des Schlusses der Abwicklung), str, ob europarechtskonform (s § 13e Rn 3). § 13f gilt entspr für die **KGaA** (VII; § 278 III AktG verweist nur auf AktG).

Zweigniederlassungen von Gesellschaften mit beschränkter Haftung mit Sitz im Ausland

§ 13g (1) Für Zweigniederlassungen von Gesellschaften mit beschränkter Haftung mit Sitz im Ausland gelten ergänzend die folgenden Vorschriften.

(2) ¹Der Anmeldung ist der Gesellschaftsvertrag in öffentlich beglaubigter Abschrift und, sofern der Gesellschaftsvertrag nicht in deutscher Sprache

§ 13g 1–3

erstellt ist, eine beglaubigte Übersetzung in deutscher Sprache beizufügen. ²Die Vorschriften des § 8 Abs. 1 Nr. 2 und Abs. 3 und 4 des Gesetzes betreffend die Gesellschaften mit beschränkter Haftung sind anzuwenden. ³Wird die Errichtung der Zweigniederlassung in den ersten zwei Jahren nach der Eintragung der Gesellschaft in das Handelsregister ihres Sitzes angemeldet, so sind in die Anmeldung auch die nach § 5 Abs. 4 des Gesetzes betreffend die Gesellschaften mit beschränkter Haftung getroffenen Festsetzungen aufzunehmen, soweit nicht das ausländische Recht Abweichungen nötig macht.

(3) Die Eintragung der Errichtung der Zweigniederlassung hat auch die Angaben nach § 10 des Gesetzes betreffend die Gesellschaften mit beschränkter Haftung sowie die Angaben nach § 13e Abs. 2 Satz 3 bis 5 zu enthalten.

(4) ¹Änderungen des Gesellschaftsvertrages der ausländischen Gesellschaft sind durch die Geschäftsführer zur Eintragung in das Handelsregister anzumelden. ²Für die Anmeldung gelten die Vorschriften des § 54 Abs. 1 und 2 des Gesetzes betreffend die Gesellschaften mit beschränkter Haftung sinngemäß, soweit nicht das ausländische Recht Abweichungen nötig macht.

(5) Im übrigen gelten die Vorschriften der §§ 39, 65 Abs. 1 Satz 1, § 67 Abs. 1 und 2, § 74 Abs. 1 Satz 1 des Gesetzes betreffend die Gesellschaften mit beschränkter Haftung sinngemäß, soweit nicht das ausländische Recht Abweichungen nötig macht.

(6) Für die Aufhebung einer Zweigniederlassung gelten die Vorschriften über ihre Errichtung sinngemäß.

1 § 13g nF 1993 (§ 13 Rn 2) idF EHUG 2006, IV aF (mit § 10 III aF GmbHG) aufgehoben, V–VII aF werden IV–VI; II 2, II, 5 idF MoMiG 2008 (wie bei § 13e, dort Rn 1). § 13g ergänzt § 13e (KapitalGes) **speziell für GmbH** mit Sitz im Ausland (§ 13e Rn 1, 2).

2 Nach II 1 ist eine beglaubigte Übersetzung des GesVertrags in deutscher Sprache beizufügen, KG NZG **12**, 353 LS. Übersetzung nach Landesrecht durch einen ermächtigten Übersetzer, Hamm NZG **08**, 949. GesVertrag in der beim (UK) Companies House archivierten Form in öffentlich beglaubigter Abschrift, Hamm ZIP **11**, 867. Mangelnde Unterschriften, Hamm FGPrax **06**, 276.

3 Zu II 2 iVm § 8 I Nr 2 GmbHG (Legitimation des Geschäftsführers) KG NZG **04**, 49 (englische plc), Hamm FGPrax **06**, 276, Celle ZIP **07**, 71 (plc), Karls NZG **12**, 553 (plc); abstrakte Angabe (Einzel-, Gesamtvertretung), bei Abweichungen (zB einer der drei Geschäftsführer hat Alleinvertretungsmacht) Angabe, Ebenroth/Pentz 8, str, ob europarechtskonform (s § 13e Rn 3). Eintragung einer auf die ZwNl einer plc beschränkten Einzelvertretungsmacht eines im übrigen gesamtvertretungsberechtigten director, Ffm ZIP **15**, 1068. Keine Eintragung der Befreiung vom Verbot des Selbstkontrahierens für plc unter englischem Recht, Mü ZIP **05**, 1826, NJW-RR **06**, 1042, Celle NJW-RR **06**, 324, Düss ZIP **06**, 806, Hamm ZIP **06**, 1947, auch bei Aufnahme in die articles of association, Ffm FGPrax **08**, 165, hL, str, differenzierend E. Voigt § 11 (aber § 106 Rn 12), Grund: im englischen Recht ist dies Teil der Treuepflicht. Seit MoMiG auch Abgabe einer Erklärung über Fehlen von Bestellungshindernissen, auf § 8 III 1 GmbH ist jetzt verwiesen (nur für ZwNl, nicht auch für die ausländische Ges, näher § 13e Rn 2; s auch § 13d Rn 1). Die Versicherung nach § 8 III 1 GmbHG muss jedes einzelne Hindernis aufführen, Mü ZIP **09**, 1321, Karls NZG **10**, 557, hL, aber nicht jeden (in- und ausländischen) Straftatbestand (§ 6 II 2 Nr 3, II 3 GmbHG), BGH ZIP **10**, 1337m Anm Wachter, Hamm NJW-RR **11**, 833, str. Wiedergabe des Gesetzestextes soll nicht genügen, Gericht müsse prüfen können, Schlesw NZG **15**, 232, nach Ergehen von BGHZ ZIP **10**, 1337 aber fraglich, dementsprechend aA Stgt GmbHR **13**, 91m zust Anm Oppenländer, Wachter ZIP **10**, 1341. Die Versicherung ist von allen Geschäfts-

2. Abschnitt. Handelsregister; Unternehmensregister § 13h

leitern, nicht nur denen der ZwNl abzugeben, E. Voigt § 11, str. Keine Eintragung der ZwNl einer Limited bei gegen den Geschäftsführer (director) verhängtem Gewerbeverbot (§ 6 II 2, 3 GmbHG), offen, ob Missbrauch, jedenfalls kein Verstoß gegen Niederlassungsfreiheit (Vier-Kriterien-Test, Einl 29v § 105), BGH NJW **07**, 2328 (noch zur aF) m zust Anm Eidenmüller/Rehberg NJW **08**, 28, krit Bauer/Großerichter NZG **08**, 253; jetzt § 13e III 2 (§ 13e Rn 3).

III iVm § 10 GmbHG schreibt Angaben über den gesetzlichen Vertreter 4 vor, die nicht schon nach § 13e II 5 Nr 3 ersichtlich sind, wichtig für den Nachweis der Vertretungsmacht des director einer englischen Ltd mit ZwNl in Deutschland, KG ZIP **13**, 973, zu Letzterem vgl auch Nürnb ZIP **14**, 2033 (Grundbuch).

Änderungen des GesVertrags s **IV**, GesVertrag auch in deutscher Sprache 5 (§§ 184 ff GVG, früher § 8 FGG, vgl II 1), str, Anmeldung mit Bescheinigung eines (in- oder ausländischen) Notars (§ 54 I 1 GmbHG), Wachter ZNotP **05**, 143.

V verweist auf §§ 39, 65 I 1, 67 I, II, 74 I 1 GmbHG (seit MoMiG, 6 Anmeldung von Änderungen in den Personen der Geschäftsführer und ihrer Vertretungsbefugnis, der Auflösung, der Liquidatoren und ihrer Vertretungsbefugnis und des Schlusses der Liquidation), str, ob europarechtskonform (s § 13e Rn 3). Erschwernis zielt auf Scheinauslandsgesellschaften, trifft aber alle. Abhilfe durch Belehrung auch durch ausländischen Notar oder Konsularbeamten (vgl § 8 III 2 GmbHG), Erklärungstext des Registergerichts, KG ZIP **12**, 1609.

Die Aufhebung der ZwNl ist wie die Errichtung zu behandeln (**VI**). Verlegung der ZwNl ist möglich, zu behandeln analog § 13h, nicht nur nach VI im 7 Wege der Aufhebung und Neuerrichtung, hL, Kloße-Mokross DStR **05**, 1017, E. Voigt § 12, vgl Stgt NJW **64**, 112, str.

Verlegung des Sitzes einer Hauptniederlassung im Inland

13h (1) Wird die Hauptniederlassung eines Einzelkaufmanns oder einer juristischen Person oder der Sitz einer Handelsgesellschaft im Inland verlegt, so ist die Verlegung beim Gericht der bisherigen Hauptniederlassung oder des bisherigen Sitzes anzumelden.

(2) [1] Wird die Hauptniederlassung oder der Sitz aus dem Bezirk des Gerichts der bisherigen Hauptniederlassung oder des bisherigen Sitzes verlegt, so hat dieses unverzüglich von Amts wegen die Verlegung dem Gericht der neuen Hauptniederlassung oder des neuen Sitzes mitzuteilen. [2] Der Mitteilung sind die Eintragungen für die bisherige Hauptniederlassung oder den bisherigen Sitz sowie die bei dem bisher zuständigen Gericht aufbewahrten Urkunden beizufügen. [3] Das Gericht der neuen Hauptniederlassung oder des neuen Sitzes hat zu prüfen, ob die Hauptniederlassung oder der Sitz ordnungsgemäß verlegt und § 30 beachtet ist. [4] Ist dies der Fall, so hat es die Verlegung einzutragen und dabei die ihm mitgeteilten Eintragungen ohne weitere Nachprüfung in sein Handelsregister zu übernehmen. [5] Die Eintragung ist dem Gericht der bisherigen Hauptniederlassung oder des bisherigen Sitzes mitzuteilen. [6] Dieses hat die erforderlichen Eintragungen von Amts wegen vorzunehmen.

(3) [1] Wird die Hauptniederlassung oder der Sitz an einen anderen Ort innerhalb des Bezirks des Gerichts der bisherigen Hauptniederlassung oder des bisherigen Sitzes verlegt, so hat das Gericht zu prüfen, ob die Hauptniederlassung oder der Sitz ordnungsgemäß verlegt und § 30 beachtet ist. [2] Ist dies der Fall, so hat es die Verlegung einzutragen.

§ 13h 1–4   1. Buch. Handelsstand

Übersicht

	Rn
1) Sitzverlegung im Inland	1
2) Anmeldung, Prüfung und Eintragung (I–III)	2–3
A. Altes Registergericht	2
B. Neues Registergericht	3
3) Ergänzung der Zuständigkeiten	4

1) Sitzverlegung im Inland

1   § 13h nF 1993 (§ 13 Rn 2), früher § 13c aF. § 13h gilt auch für die GmbH; nach Oldbg NJW-RR **92**, 1533 nicht für den Verein. Für AG, KGaA s §§ 45, 278 III AktG. Die **Verlegung der Hauptniederlassung** (des **Sitzes**) eines Unternehmens ist im HdlReg zu verlautbaren (§§ 31 I, 34 I, 107). § 13h handelt nur von der **Registrierung der Verlegung,** nicht von dieser selbst (nur bei einer juristischen Person ist die Registrierung Voraussetzung der wirksamen Verlegung). § 13h gilt auch für die (vom Wortlaut in I nicht erfasste) Sitzverlegung einer juristischen Person, die Kfm, aber nicht HdlGes ist (so die frühere Gewerkschaft pr Bergrechts) Kassel BB **50**, 105. Sitzverlegung im Inland ist die Sitzverlegung innerhalb Deutschlands auch für eine juristische Person des Landesrechts (soweit sie rechtlich möglich ist wie jedenfalls für eine juristische Person des pr Rechts in dessen Geltungsbereich), Kassel BB **50**, 105. § 13h unterscheidet Verlegung innerhalb des Gerichtsbezirkes (I, III), aus diesem heraus (I, II). Sitzverlegung ins Ausland MüKo/Krafka 12 ff und Einl 29 vor § 105.

2) Anmeldung, Prüfung und Eintragung (I–III)

2   A. **Altes Registergericht:** Anmeldung hat beim bisherigen Registergericht zu erfolgen **(I).** Im Fall von II, also bei Herausverlegung aus dem bisherigen Gerichtsbezirk, prüft es nur förmliche Richtigkeit der Anmeldung. Prokuristen können nicht anmelden (§ 49 I), Groschuff JW **37**, 2429. Dann erfolgt Mitteilung **(II 1, 2),** auch gelöschter Eintragungen und Aktenabgabe. Nach Mitteilung gemäß **II 5** erfolgt keine sachliche Prüfung mehr, zB nicht mehr Amtslöschung nach **(3)** FamFG § 395 durch das bisherige Gericht, Kassel BB **50**, 105. Eintragung einer Veränderung ist ohne Eintragung im ausländischen Register zulässig, wenn sie dort nur rechtsbezeugend ist, KG DR **40**, 2007. Anmeldezwang (§ 14); kein Zwang bei AG, KGaA, GmbH (§ 407 II 1 AktG, § 79 II GmbHG). Bekanntgabe s Rn 3. **Muster:** Hopt/Voigt 4. Aufl 2013 Form I. B.3 (Anmeldung zur Verlegung einer (Haupt-)Nl an einen anderen Ort).

3   B. **Neues Registergericht:** Das Registergericht der neuen Hauptniederlassung (des neuen Sitzes) prüft nur gemäß II 3, also alle formellen und materiellen Voraussetzungen der Sitzverlegung, aber nicht Erfüllung sonstiger öffentlichrechtlicher Pflichten, zB Gewerbeummeldung, Mü ZIP **11**, 20. Das Gericht prüft selbstständig, ohne an die Rechtsauffassung des abgebenden Gerichts gebunden zu sein, kann aber nicht deshalb die Übernahme des Verfahrens verweigern, Ffm FGPrax **08**, 164. Dann erfolgt Übernahme der Eintragungen ohne weitere Nachprüfung (II 4). So auch bei Bedenken, weil die Firma den alten Sitzort-Namen enthält oder sonst offensichtlich fehlerhaft ist; möglich ist aber die Amtslöschung nach **(3)** FamFG § 395 durch das neue Gericht (vgl Rn 2), Oldbg BB **77**, 12, Mü ZIP **11**, 21. Bekanntmachung durch das alte und das neue Gericht. Kosten der Eintragung erwachsen nur beim Gericht des neuen Sitzes (Vorbem 1 II und Vorbem 2 II GebührenVz zur HRegGebV).

3) Ergänzung der Zuständigkeiten

4   Bei Sitzverlegung aus Gebieten, in denen deutsche Gerichtsbarkeit nicht mehr ausgeübt wird, tritt nach Maßgabe des **ZuständErgG** (§ 13 Rn 15) das Gericht

2. Abschnitt. Handelsregister; Unternehmensregister   1, 2   **§ 14**

des neuen an Stelle desjenigen des alten Sitzes. Sitzverlegung aus der früheren DDR s 28. Aufl.

[Festsetzung von Zwangsgeld]

14 ¹ Wer seiner Pflicht zur Anmeldung oder zur Einreichung von Dokumenten zum Handelsregister nicht nachkommt, ist hierzu von dem Registergericht durch Festsetzung von Zwangsgeld anzuhalten. ² Das einzelne Zwangsgeld darf den Betrag von fünftausend Euro nicht übersteigen.

Übersicht

	Rn
1) Zwang zur Anmeldung	1–2
A. Registerzwang	1
B. Adressaten des Registerzwangs	2
2) Verfahren	3–5
A. Verfahren	3
B. Rechtsbehelfe	4
C. Vollstreckung	5

1) Zwang zur Anmeldung

A. **Registerzwang:** § 14 idF EHUG 2006. Dem Registerzwang unterliegt 1 die Pflicht zur Anmeldung und zur Einreichung von Dokumenten zum HdlReg **(Satz 1).** Die Pflicht zur Zeichnung der Unterschrift ist mit EHUG 2006 entfallen, Grund: Unterschriftsproben haben im elektronischen HdlReg keine Platz, eingescannte Unterschriftsproben wären nicht fälschungssicher, elektronische Signatur drängt eigenhändige Namensunterschrift im Geschäftsverkehr zurück (RegE). Anmeldungen zum HdlReg s zB § 8 Rn 6, Einreichung von Dokumenten zB § 37 IV AktG, § 8 I GmbHG (AG-, GmbH-Gründung). Eintragungsfähige, aber nicht eintragungspflichtige und erst recht nicht eintragungsfähige Tatsachen (§ 8 Rn 5) unterliegen nicht dem Registerzwang, Bsp: BayObLG NJW **86,** 140. Das Zwangsmittel sind **Beugestrafen.** Entspr Zwang zur Unterbindung unzulässigen Firmengebrauchs (§ 37 I). Zwang nach § 14 zu einer Anmeldung und Amtslöschung einer unrichtig gewordenen Eintragung (s **(3)** FamFG § 393 und § 8 Rn 12) können nebeneinander in Betracht kommen, Zwang nach § 14 idR als erstes, so ausdrücklich § 31 II 2 bei Erlöschen einer eingetragenen Firma. § 14 setzt (im Gegensatz zu **(3)** FamFG § 393) nicht eine klare Rechtslage voraus, die Rechtslage kann im Instanzenzug geklärt werden, LG Limburg BB **63,** 324. **Unzulässig** ist dagegen **Zurückweisung** (Beanstandung) einer an sich ordnungsmäßigen Anmeldung, um eine andere rechtlich vorgeschriebene Anmeldung zu erzwingen (§ 143 Rn 2), BGH NJW **77,** 1879, Hamm BB **77,** 967, BayObLG WM **88,** 710 (Anmeldung eines Gfterwechsels ohne Berichtigung der Firma, s § 24 Rn 5–10, § 31 Rn 2–3), statt dessen Vorgehen nach § 37, **(3)** FamFG § 392 und uU § 395.

B. **Adressaten des Registerzwangs:** Adressat ist, wer seiner Pflicht zur 2 Anmeldung oder Einreichung von Dokumenten nicht nachkommt, Kln NZG **13,** 1431. Natürliche Personen, auch Notar bei § 40 II GmbHG, Kln NZG **13,** 1431, str, ebenso wie juristische Personen. Letztere melden bei konstitutiven Eintragungen selbst an, vertreten durch ihre Organe, BGH **105,** 328. Bei sonstigen Eintragungen sind die gesetzlichen Vertreter persönlich anmelde(einreichungs)pflichtig, str, offen BGH **105,** 328. Auch Zwangsgeldandrohung und -festsetzung gemäß § 14 richten sich gegen sie persönlich, nicht gegen die juristische Person, BayObLG NJW-RR **86,** 1480, hL, auch wenn juristische Person zB bei GmbH & Co anmeldepflichtig ist, MüKo/Krafka 8a, str. Ebenso für andere HdlGes, deren Abwickler die juristische Person ist (vgl zB § 265 II 3

§ 14 3–5 1. Buch. Handelsstand

AktG), KG HRR **33**, 1441. Solange ein gesetzlicher Vertreter fehlt, ist § 14 unanwendbar; uU kann ein Vertreter vom Gericht bestellt werden (zB § 85 AktG). § 14 gilt nicht gegen rechtsgeschäftliche Vertreter wie Prokuristen, BayObLG BB **82**, 1076. Anmeldepflicht für **OHG, KG** s §§ 106–108; für § 14 gilt dasselbe wie bei juristischen Personen. In der Insolvenz ist der Insolvenzverwalter anmeldepflichtig, BGH NJW **81**, 822, und ist Adressat des Registerzwangs.

2) Verfahren

3   A. **Verfahren:** Das Verfahren regeln **(3)** FamFG §§ 388–392. Sobald das Gericht sein Einschreiten erfordernden Sachverhalt glaubhaft erfährt, hat es zur Durchsetzung der Anmeldepflicht einzuschreiten, BGH BB **77**, 1221. Es hat durch zuzustellende einleitende Verfügung das bezifferte (KG OLG **12**, 412) Zwangsgeld (s **(3)** FamFG §§ 35, 388f FamFG) unter Setzung einer angemessenen Frist zur Erfüllung der Pflicht oder Rechtfertigung der Unterlassung und unter Hinweis auf die Zulässigkeit des Einspruchs anzudrohen; dabei ist die Pflicht genau zu bezeichnen, KGJ **49**, 138, BayObLG **67**, 463, Androhung auch in Form einer Verfügung, Kln NZG **13**, 1431. Aufforderung, Androhung und Fristsetzung sind unentbehrlich, KG ZIP **16**, 2121; ohne sie kann selbst bei Rechtskraft der Androhung kein Zwangsgeld festgesetzt werden, KGJ **37** A 183. Wird weder erfüllt noch Einspruch erhoben, setzt das Registergericht durch Beschluss das angedrohte Zwangsgeld fest, wiederholt zugleich die frühere Verfügung unter Androhung eines erneuten Zwangsgeldes und so immer fort, **(3)** FamFG § 389. Verspätete Erfüllung vor Beitreibung schließt Fortsetzung des Verfahrens aus (wie bei § 888 ZPO), KGJ **40**, 83, str. Teilweise Erfüllung hindert Fortsetzung des Verfahrens wegen des Rests nicht.

4   B. **Rechtsbehelfe: a) Gegen die einleitende Verfügung** findet keine Beschwerde (keine Endentscheidung, § 58 FamFG), sondern nur **Einspruch** statt, **(3)** FamFG § 390. Er ist schriftlich oder zu Protokoll jedes Amtsgerichts zu erheben. Falsche Bezeichnung des Rechtsbehelfs schadet nicht. Einspruchsfrist ist die in der Verfügung gesetzte Frist; maßgeblich ist der Eingang beim Registergericht. Verspäteter Einspruch muss unbeachtet bleiben, vgl KGJ **49**, 140. Dem Einspruch ist stattzugeben, wenn er offenbar begründet ist; andernfalls ist zu einem Termin zu laden. Erscheint der Geladene nicht, kann das Gericht nach Lage der Sache entscheiden, **(3)** FamFG § 390 II. Ist der Einspruch begründet, ist aufzuheben; ist er unbegründet, ist zu verwerfen, das Zwangsgeld oder ein geringeres festzusetzen, und erneut nach **(3)** FamFG § 388 zu verfahren, **(3)** FamFG § 389. Auf Einspruch gegen die wiederholte Verfügung kann das Gericht das Zwangsgeld aufheben oder ermäßigen, **(3)** FamFG § 389 VI. Bekanntmachung der Entscheidung bei Verhandlung durch Verkündung, sonst durch Zustellung. Ein gesetzlicher Vertreter trägt die Kosten des Verfahrens persönlich, weil sie Kosten eines gegen ihn gerichteten Zwangsverfahrens sind. Die Kosten der Eintragung trägt der Vertretene, KGJ **34** B 9. Der Festsetzungsbeschluss legt zugleich die Kosten auf, **(3)** FamFG § 389 II.

b) **Gegen Festsetzungs- oder Verwerfungsbeschluss** findet die **sofortige Beschwerde** statt, **(3)** FamFG § 391. Soll erzwungen werden, was nicht erzwungen werden darf, so ist einfache Beschwerde gegeben, KGJ **42**, 167.

5   C. **Vollstreckung:** Die Vollstreckung richtet sich nach JBeitrO (Schönfelder Nr. 122) 11.3.1937 RGBl I 298 iVm LandesR. Erfüllung der Pflicht hindert die Vollstreckung; der rechtskräftige Festsetzungsbeschluss ist aufzuheben (§ 48 FamFG), BayObLG DB **79**, 1981.

2. Abschnitt. Handelsregister; Unternehmensregister § 15

[Publizität des Handelsregisters]

15 (1) Solange eine in das Handelsregister einzutragende Tatsache nicht eingetragen und bekanntgemacht ist, kann sie von demjenigen, in dessen Angelegenheiten sie einzutragen war, einem Dritten nicht entgegengesetzt werden, es sei denn, daß sie diesem bekannt war.

(2) ¹Ist die Tatsache eingetragen und bekanntgemacht worden, so muß ein Dritter sie gegen sich gelten lassen. ²Dies gilt nicht bei Rechtshandlungen, die innerhalb von fünfzehn Tagen nach der Bekanntmachung vorgenommen werden, sofern der Dritte beweist, daß er die Tatsache weder kannte noch kennen mußte.

(3) Ist eine einzutragende Tatsache unrichtig bekanntgemacht, so kann sich ein Dritter demjenigen gegenüber, in dessen Angelegenheiten die Tatsache einzutragen war, auf die bekanntgemachte Tatsache berufen, es sei denn, daß er die Unrichtigkeit kannte.

(4) Für den Geschäftsverkehr mit einer in das Handelsregister eingetragenen Zweigniederlassung eines Unternehmens mit Sitz oder Hauptniederlassung im Ausland ist im Sinne dieser Vorschriften die Eintragung und Bekanntmachung durch das Gericht der Zweigniederlassung entscheidend.

Schrifttum

Außer dem allgemeinen Schrifttum (s Einl vor § 1 und Einl vor § 8) *Canaris*, Vertrauenshaftung 151. – *Gammelin*, Rechtsscheinhaftung des Kaufmanns und Regreßansprüche gegen den Staat bei fehlerhaftem Publikationsakt der Presse, 1973. – *Merkt* 2001 (allgemeine Unternehmenspublizität). – *Fehrenbacher* 2004 (Registerpublizität und Haftung im Zivilrecht). – *K. Schmidt* JuS **77**, 209, **91**, 1002. – *Hofmann* JA **80**, 264. – *Schilken* AcP 187 (**87**) 1. – *von Olshausen* AcP 189 (**89**) 223. – *Dreher* DB **91**, 533. – *Noack* FS Ulmer **03**, 1252 (elektronisches HdlReg und § 15). – *Oetker* GedS Sonnenschein **03**, 635 (Primärtatsachen). Diss: *Forsthoff* Hdlbg 1972, *Mossler* Münst 1974, *Deschler* Tüb 1977, *Wiese* Münst 1978. – Speziell zu § 15 III: *von Olshausen* BB **70**, 137, NJW **71**, 966. – *Beuthien* NJW **70**, 2283, FS Reinhardt **72**, 199. – *Bürck* AcP 171 (**71**) 328. – *Beyerle* BB **71**, 1482. – *Steckhan* DNotZ **71**, 211, NJW **71**, 1594. – *Sandberger* JA **73**, 215. – *John* ZHR 140 (**76**) 236. – *Paefgen* ZIP **08**, 1653 (nach EHUG).

Übersicht

	Rn
1) Öffentlicher Glaube des Handelsregisters	1–3
A. Normzweck	1
B. Überblick	2
C. Das Verhältnis zur Rechtsscheinhaftung und anderen Rechtsnormen	3
2) Schutz Dritter gegen Folgen nicht eingetragener und bekanntgemachter Tatsachen (I)	4–12
A. Negative Publizität des Handelsregisters (I)	4
B. Einzutragende Tatsachen	5
C. Rechtsfolge der Nichteintragung bzw Nichtbekanntmachung	6
D. Ausnahme bei Kenntnis des Dritten	7
E. Reichweite der Publizität	8
F. Maßgeblicher Zeitpunkt	10
G. Fehlen der Voreintragung	11
H. Insolvenzverfahren	12
3) Wirkung eingetragener und bekanntgemachter Tatsachen gegen Dritte (II)	13–15
A. Wirkung eingetragener und bekanntgemachter Tatsachen gegen Dritte (II 1)	13
B. Schonfrist (II 2)	14
C. Besonderer Vertrauensschutz gegen Registerinhalt	15

§ 15 1–3
1. Buch. Handelsstand

Rn
4) Schutz Dritter im Vertrauen auf unrichtige Eintragungen und Bekanntmachungen (Rechtsscheinhaftung; III) 16–23
A. Schutz Dritter 16
B. Rechtsscheinhaftung 17
C. Positive Publizität des Handelsregisters (III) 18
D. Staatshaftung bei Eintragungsfehlern 23
5) Zweigniederlassung eines ausländischen Unternehmens (IV) 24–25

1) Öffentlicher Glaube des Handelsregisters

1   A. **Normzweck:** Das HdlReg genießt öffentlichen Glauben, ähnlich (nicht gleich) dem des Grundbuchs (vgl ua §§ 891, 892 BGB), Beweiswert der Eintragungen im HdlReg str (§ 9 Rn 10). § 15 dient der Sicherheit und Leichtigkeit des Rechtsverkehrs durch eine dreifach gestaffelte Publizitätswirkung des HdlReg. § 15 insgesamt regelt die Wirkung von Registerinhalt und -bekanntmachung für und gegen Dritte. Dritte müssen richtig eingetragene und bekanntgemachte Tatsachen gegen sich gelten lassen (grundsätzlich **kein Vertrauen gegen das Handelsregister**, Ausnahme s Rn 15), brauchen mit Tatsachen, die trotz Eintragungspflicht nicht eingetragen und bekanntgemacht worden sind, nicht zu rechnen (**Vertrauen auf das Schweigen des Handelsregisters, negative Publizität**) und können sich ausnahmsweise sogar voll auf die Richtigkeit der Eintragungen und Bekanntmachungen verlassen (**positive Publizität**, guter Glauben des HdlReg, insoweit entfernt ähnlich dem Grundbuch). Diese Normzwecke sind in § 15 nicht bruchlos verwirklicht, was sich aus der Gesetzesgeschichte, insbesondere dem Einfluss des Europarechts ergibt. II wurde neugefasst, III eingeschoben (III aF wurde IV), mit Wirkung vom 1.9.69 durch G 15.8.69 BGBl 1146 zur Durchführung der 1. EG-Ri (Einl 36 vor § 105); diese berührt nur GesRegisterrecht, das deutsche G änderte jedoch §§ 9 II, 15 allgemein und ging auch sonst wesentlich über das von der EU Gebotene hinaus; vgl Rn 16–25 und zur europarechtskonformen Auslegung Einl 28 vor § 1.

2   B. **Überblick: II** regelt den **Normalfall**, dass eine richtige Eintragung und Bekanntmachung vorliegt; damit ist der Rechtsverkehr informiert (Ausnahme: kurze Schonfrist und besonderer Vertrauensschutz gegen den Registerinhalt, s Rn 13–15). **I** regelt den Fall des Unterbleibens von Eintragung und Bekanntmachung; der Rechtsverkehr ist dann nicht informiert und wird insoweit geschützt (Ausnahme: positive Kenntnis von der einzutragenden Tatsache); der Rechtsverkehr kann sich also auf das Schweigen des HdlRegisters verlassen (sog **negative Publizität**, s Rn 4–12). Auf die Richtigkeit des HdlRegisterinhalts kann sich der Rechtsverkehr dagegen grundsätzlich nicht verlassen, nach **III** ausnahmsweise aber doch (**positive Publizität**, s Rn 18–23). **IV** idF EHUG 2006 betrifft ZwNl (s Rn 24–25).

3   C. **Verhältnis zur Rechtsscheinhaftung und anderen Rechtsnormen:** § 15 ist eine entstehungsgeschichtlich bedingt komplexe Norm schon, was das Verhältnis von I–IV angeht, aber auch im Verhältnis zur Rechtsscheinhaftung und zu anderen Rechtsnormen. II hat mit Rechtsscheinhaftung nichts zu tun, sondern schließt umgekehrt grundsätzlich, aber nicht immer Rechtsschein gegen das HdlReg aus (s Rn 1). I gehört zwar zur Rechtsscheinhaftung, beschränkt sich aber auf das Unterbleiben der HdlRegEintragung und ist gegenüber den allgemeinen Grundsätzen der Rechtsscheinhaftung vielfältig besonders geregelt. III ist ein echter Fall der Rechtsscheinhaftung, die allgemeinen Grundsätze der Rechtsscheinhaftung sind also bis auf einige Besonderheiten anwendbar. Die Rechtsscheinhaftung (§ 5 Rn 9–16) geht weit über das HdlReg hinaus, § 15 geht grundsätzlich vor, außer bei besonderen Vertrauenstatbeständen (s Rn 15). § 5 hat entgegen früherer Ansicht („ScheinKfm") mit § 15 und der Rechtsscheinhaftung nichts zu tun. Wer im HdlRegister eingetragen ist, wird, wenn er nicht ohnehin Kfm ist, nach § 5 schon allein deswegen zum Kfm (§ 5 Rn 1). § 15 kann eingreifen, wo § 5 versagt (dort Rn 8). Eine Sondervorschrift für freiwillige Offenlegung in der Amtssprache eines Mitgliedstaates der EU enthält **§ 11 II** (seit EHUG, § 11 Rn 5).

2) Schutz Dritter gegen Folgen nicht eingetragener und bekanntgemachter Tatsachen (I)

A. **Negative Publizität des Handelsregisters (I):** § 15 I handelt von der Wirkung von Tatsachen, die im HdlReg einzutragen sind (Rn 5), im maßgebenden Zeitpunkt (Rn 10) aber entweder noch nicht eingetragen oder zwar eingetragen, aber noch nicht bekanntgemacht sind (Bsp: Erlöschen einer Prokura, Auflösung einer Ges, Ausscheiden eines Gfters, Entziehung der Vertretungsmacht eines Gfters, Geschäftsübergang). Zur Wirkung der einzutragenden Tatsache gegen Dritte (die sie nicht ohnehin kennen, s Rn 7) ist ihre **Eintragung und ihre Bekanntmachung** (die das Gericht unverzüglich zu veranlassen hat: § 1, (4) HRV §§ 32–34, ausnahmsweise Aussetzung § 21 I FamFG, Ermessen, Karlsr NZG **16**, 946) erforderlich. I (auch II, s Rn 13) handelt also von der Wirkung des Schweigens des HdlReg (bzw der Bekanntmachung), nicht von der Wirkung unrichtiger Eintragung; nur auf das Schweigen kann sich der Rechtsverkehr verlassen, nicht auf Eintragung und Bekanntmachung (negative Publizität; anders III, s Rn 16). Die von RG **125**, 229 aufgestellte unhaltbare Gleichung: Falscheintragung = Nichteintragung des Richtigen (Eintragung von NichtGftern als Gfter gleich „Nichteintragung des wahren GfterBestandes") wurde von RG **142**, 105 aufgegeben. Für diese Fälle gelten III und uU Rechtsscheinhaftung (s Rn 16–23).

B. **Einzutragende Tatsachen:** Die in das HdlReg einzutragenden Tatsachen nennt das Gesetz anderwärts (**eintragungspflichtige Tatsachen,** s im HGB besonders §§ 2, 3, 13–13h, 29, 31–34, 53; Übersicht für OHG und KG bei § 106 Rn 2). § 15 gilt für deklaratorische ebenso wie für konstitutive Eintragungen (§ 8 Rn 11), Brem ZIP **15**, 2419, auch für erst durch die Rspr entwickelte Eintragungspflichten von da ab, BGH **116**, 45 (§ 8 Rn 5), str; nach dem Wortlaut von § 15 nicht für nur eintragungsfähige Tatsachen (§ 8 Rn 5), auch nicht analog, BGH ZIP **17**, 14 Rn 13, krit Liebscher ZGR **17**, 405, zB §§ 25 II, 28 II, aber Sondervorschriften und allgemeine Rechtsscheinhaftung (s unten sowie Rn 17, § 5 Rn 9 ff), BGH ZIP **17**, 14 Rn 13. Im Falle **deklaratorischer Eintragungen** (Hauptfall) macht § 15 I die Wirkung der einzutragenden Tatsache von Eintragung und Bekanntmachung abhängig. Eine Unterscheidung zwischen Primärtatsachen (zB KfmEigenschaft, Prokuraerteilung oder GfterEintritt), und Sekundärtatsachen (zB Löschung auf Antrag nach §§ 2 Satz 3, 3 II, III, Widerruf der Prokura, Ausscheiden eines Gfters), ist im Gesetz nicht vorgesehen und auch kaum konsequent zu praktizieren, wohl hL, K. Schmidt § 14 III Rn 26, MüKo/ Krebs 33, aA MüKo(1. Aufl)/Lieb 18 (aber nur für I, anders für III, ebenda Rn 63), auch Lieb NJW **99**, 36. Auf jeden Fall fällt auch die nur deklaratorische Eintragung der KfmEigenschaft (§§ 1 II, 29) unter § 15 I, Grund: der rechtsverkehr muss sich auf das Bestehen der gesetzlichen Normallage verlassen können (§ 1 Rn 25), RegE HRefG ZIP **97**, 949, MüKo/Krebs 33, Koller/Roth 5, R. Schmitt HRefG S 63 f. Im Falle **konstitutiver Eintragungen** kommt vor Eintragung keine Wirkung gegen Dritte in Betracht, aber § 15 I schützt den Geschäftsverkehr, solange die Bekanntmachung noch nicht erfolgt ist (Bsp, § 2 Rn 3: Eintragung als Kfm nach §§ 2 oder 3, vor Bekanntmachung Darlehen an Dritten, der von der Eintragung nicht weiß: Zins nach BGB, nicht HGB). § 15 gilt analog bei Eintragung ohne Bekanntmachung nach § 5, obwohl dort an sich keine „einzutragende" Tatsache vorliegt (§ 5 Rn 3). Zu beachten sind **Sonder-**

§ 15 6   1. Buch. Handelsstand

vorschriften. So ist § 15 unanwendbar in den Fällen §§ 25 II, 28 II (Haftungsausschluss bei Geschäftsübernahme mit Firma und bei Teilhaberbeitritt); hier ist zur Wirkung gegen Dritte entweder Eintragung mit Bekanntmachung oder Mitteilung in bestimmter Weise erforderlich, anders erlangte Kenntnis (vgl § 15 I aE) ist unerheblich (§ 25 I Rn 14). § 15 ist auch unanwendbar, soweit § 139 IV entgegensteht (dort Rn 45). § 15 I greift zT Platz im Falle § 174 (Herabsetzung einer KdtEinlage): vor Eintragung in keinem Falle Wirkung gegen Dritte, nach Eintragung vor Bekanntmachung (die ohne Angaben zu den Kdtisten erfolgt, §§ 175 S 2, 162 II) gemäß § 15 I bei (irgendwie erlangter) Kenntnis des Dritten.

6   **C. Rechtsfolge der Nichteintragung bzw Nichtbekanntmachung: a) Bei dem Anmeldepflichtigen:** Der, „in dessen Angelegenheiten die Tatsache einzutragen war", dh wer durch sie irgendwie entlastet, von Haftung befreit oder von der Bindung an die Vertretungsmacht eines anderen gelöst wird, **kann sie** ohne Eintragung und Bekanntmachung **Dritten nicht entgegenhalten,** zB der Geschäftsinhaber das Erlöschen der Prokura, der ehemalige Gfter die Auflösung der Ges oder sein Ausscheiden, der Gfter das Erlöschen der Vertretungsmacht des MitGfters, der ehemalige Geschäftsinhaber die Abgabe des Geschäfts. Die negative Formulierung stellt klar, dass sich der Anmeldepflichtige nicht seinerseits auf das Vorliegen von I berufen kann (anders als der Dritte). I gilt auch für den Einzel- und Gesamtrechtsnachfolger dessen, in dessen Angelegenheiten einzutragen war, BGH **55,** 267; Anwendung des I gegen Erben mangels Eintragung des Ausscheidens des Erblassers durch Tod s § 176 Rn 10, 12. Auf Zurechenbarkeit bzw Veranlassung kommt es unter I nicht an **(reines Rechtsscheinsprinzip),** Grund: Vorrang des Verkehrsschutzes, Organisationsrisiko des Unternehmers (anders unter III, s Rn 19). I greift demnach auch bei Verzögerungen durch das Registergericht ein (dann aber s Rn 23). I gilt auch zu Lasten von **Geschäftsunfähigen,** BGH **115,** 80 (wie in § 5, dort Rn 5; anders in III, s Rn 19), MüKo/Krebs 41, aA MüKo(1. Aufl)/Lieb 28, Behnke NJW **98,** 3081 zu § 1629a BGB (§ 1 Rn 34). Bei Geschäftsunfähigwerden des Prokuristen oder Organvertreters kann sich der Verkehr nicht nach I auf die Geschäftsfähigkeit verlassen (deren Erlöschen ist nicht eintragungspflichtig), aber Rechtsscheinsvollmacht (s Rn 17, Überbl vor § 48 Rn 5f), BGH **115,** 81, K. Schmidt JuS **91,** 1005. Unerheblich ist der Registerinhalt betr andere Tatsachen, Bsp: Ausscheiden des einen phG X mit Gesamtvertretungsmacht aus KG ist nicht eingetragen, verbliebener phG Y schließt für Ges allein ab: früherer phG X haftet (Gläubiger kann sich bezüglich Alleinvertretungsmacht des Y auf die wahre Rechtslage stützen, also keine Gesamtvertretungsmacht mehr, betr Zugehörigkeit des X zur Ges auf das Register), BGH **65,** 309, aA Tiedtke DB **79,** 245.

b) Bei dem Dritten (Wahlrecht, Meistbegünstigung): Der Dritte braucht sich die (noch oder gar) nicht eingetragene bzw bekanntgemachte Tatsache nicht entgegenhalten zu lassen, kann sich also auf I berufen (anders als der Anmeldepflichtige). Er kann aber auch jederzeit auf den Schutz des I verzichten und sich stattdessen **auf die wirkliche Rechtslage berufen,** wenn ihm das günstiger erscheint, BGH **55,** 273, **65,** 310, WM **90,** 639, sehr str, vgl auch Rn 22. Das ist jedenfalls dann richtig, wenn verschiedene Tatsachen nicht eingetragen bzw nicht bekanntgemacht sind, also kein Zwang zur „Wahl" zwischen der wahren Rechtslage in toto oder dem gesamten Registerinhalt, BGH **65,** 311. Das gilt aber auch bezüglich derselben Tatsache in unterschiedlichen rechtlichen Zusammenhängen, zB Inanspruchnahme als Gfter mangels Eintragung des Ausscheidens (§ 15 I), zugleich Berufung auf die Alleinvertretungsmacht des nach Ausscheiden allein Verbliebenen (wahre Rechtslage), BGH **65,** 310, MüKo/Krebs 54, Koller/Roth 16, Heymann/Sonnenschein/Weitermeyer 13, Rö/Ries 21, Grund: Vertrauen kann teils auf Schweigen des HdlReg, teils auf anderen Informationen beruhen, aA gegen diese sog **Rosinentheorie** John ZHR 140 **(76)** 254, K. Schmidt § 14

III Rn 56, Canaris § 5 Rn 26, Grund: widersprüchlich, kein schutzwürdiges Vertrauen. Lit: Altmeppen 1993; von Olshausen AcP 189 (**89**) 223.

D. Ausnahme bei Kenntnis des Dritten: Nur positive **Kenntnis des Dritten,** die ihm der Gegner beweisen muss („es sei denn, dass"), lässt die Tatsache auch ohne Eintragung und Bekanntmachung gegen ihn wirken, RG **70**, 273. Dagegen genügt **nicht Kennenmüssen** (einfache und grobe Fahrlässigkeit), weil der Dritte nicht zu Nachforschungen verpflichtet sein soll. Ebensowenig genügt Kenntnis von Tatsachen, aus denen sich die interessierende Tatsache ergibt, zB GesAuflösung oder Abberufung des GmbHGeschäftsführers (aber uU Missbrauch der Vertretungsmacht, § 50 Rn 4), Oldbg ZIP **11**, 175; aber uU prima-facie-Beweis für Kenntnis dieser Tatsache, jedoch nicht unbedingt, RG **144**, 199 (zu § 131 Nr 4 aF). Gfter sind als solche nicht Dritte, anders bei Drittgeschäft (§ 128 Rn 24), dann sind sie schutzbedürftig wie Dritte, Staub/Koch 56, Koller/Roth 12 (vgl § 126 Rn 6), aA Röhricht/Ries 15. Ist der Dritte beim Vorgang, aus dem er Rechte herleitet, zB Vertrag, vertreten, so gilt **§ 166 I BGB:** hat nicht er selbst (der Dritte), sondern der **Vertreter** Kenntnis von der nicht eingetragenen Tatsache, wirkt sie gegen den Dritten; so jedenfalls, wenn der Vertreter mit eigenem Entscheidungsspielraum handelt, Hbg MDR **72**, 238 (HdlBevollmächtigter, § 54). Entspr Anwendung des § 166 I BGB bei Kenntnis des (an der Verhandlung beteiligten) Vermittlungs-(Hdl-)Vertreters, ebenso des (auch an der Verhandlung nicht beteiligten) Bezirksvertreters, Ffm DB **76**, 94. Ebenso uU bei Abschluss durch den Dritten selbst (oder einen nicht wissenden anderen Vertreter) auf Veranlassung des wissenden (über die Geschäftsverbindung entscheidenden) Angestellten (Sachbearbeiters), vgl Hbg MDR **72**, 238. Zur Wissenszurechnung s § 125 Rn 4, **(7)** Bankgeschäfte Rn A/16.

E. Reichweite der Publizität: Nach I soll der Dritte sich bei seinem geschäftlichen Verhalten auf das HdlReg verlassen können. Freies Handeln des Dritten ist also vorausgesetzt. Dies und der Wortlaut des IV 1 (der in dieser Hinsicht gleich weit reichen muss wie I) ergeben, dass I vor allem **im Geschäftsverkehr** gilt. Er schützt also insbesondere Ansprüche aus Rechtsgeschäften, auch aus Verschulden bei Vertragsverhandlungen (§ 311 I, II BGB); aber auch Rechte aus Prozesshandlungen (zB Anerkenntnis, Verzicht, Vergleich); auch Pfändungsverfügung des Finanzamts und darüberhinaus allgemeiner den sog **Prozessverkehr,** zB Vollstreckungsmaßnahme, BGH NJW **79**, 42, prozessuale Zustellung, RG **127,** 99, nicht: Prozessfähigkeit, Hamm NJW-RR **98**, 470, offen BGH ZIP **10**, 2445. Auch Ansprüche aus Bereicherung (Leistungskondiktion), unerlaubter Handlung und Geschäftsführung ohne Auftrag, die innerhalb des Geschäfts vorfielen, zB Täuschung beim Vertragsschluss, Überzahlung in laufender Rechnung, unlauterer Wettbewerb, Verstoß gegen Unterlassungsverpflichtung, Stgt WRP **87**, 201, str (vgl § 5 Rn 6). **Nicht** geschützt sind dagegen Ansprüche aus Vorgängen ohne Zusammenhang mit dem Geschäftsverkehr (zT Unrechtsverkehr genannt, aber zu eng); zB aus Verkehrsunfall, RG **93**, 238, Irrläufer-Zahlung (soweit nicht Leistungskondiktion, str), Entstehung von Steuerschulden der KG (Ausscheiden des Gfters war noch nicht eingetragen), BFH NJW **78**, 1944; mangels Schutzzwecks: Verflechtung von Makler- und KäuferGes nach § 652 BGB, BGH NJW **09**, 1809.

Kausalität des Registerinhalts für das Verhalten des Dritten ist wie bei III und anders als bei der Rechtsscheinhaftung (s Rn 21, § 5 Rn 13) **nicht notwendig** (starker, durch das HdlReg typisierter Rechtsschein). **Einerlei** ist also, **ob der Dritte** in das HdlReg, in dem noch nichts eingetragen war, oder in die Bekanntmachungsblätter nach § 10, in denen noch nichts veröffentlicht war, **Einsicht genommen** hat, BGH **65**, 311, WM **04**, 287. Keine bloße Vermutung, sondern unwiderleglich, **kein Gegenbeweis,** hL, aA Canaris § 5 Rn 17. Dem Dritten kann also nicht entgegnet werden, er hätte die Tatsache auch bei Eintragung und

§ 15 10–13   1. Buch. Handelsstand

Bekanntmachung nicht erfahren. Selbst völlige Unkenntnis des Zusammenhangs ist unerheblich, Ffm BB **72**, 333 (vgl dagegen § 176 Rn 4). Jedoch muss der Dritte sich bei seinem geschäftlichen Verhalten auf die unrichtige Eintragung bzw Bekanntmachung wenigstens möglicherweise verlassen haben können, BGH WM **04**, 287. I gilt also nur im Geschäftsverkehr (s Rn 8).

10   F. **Maßgeblicher Zeitpunkt:** Maßgebend ist der **Zeitpunkt des Vorgangs** (Vertragsschluss usw, vgl Rn 11), aus dem der Dritte Rechte herleitet. Es kommt darauf an, was in diesem Zeitpunkt eingetragen und bekanntgemacht oder dem Dritten bekannt ist. Gleichgültig ist (entgegen dem Wortlaut von I), ob Eintragung und Bekanntmachung vor dem späteren Zeitpunkt erfolgen, in dem man dem Dritten die Tatsache „entgegensetzt" (also zB vor dem Prozess oder dessen Entscheidung).

11   G. **Fehlen der Voreintragung: a) Grundsatz:** § 15 I gilt **auch, wenn** die gebotene **Voreintragung** (der Tatsache, deren Veränderung einzutragen war) **fehlt,** BGH **55**, 272, **116**, 44, Kln ZIP **15**, 1831, stRspr, hL, Grund: Wortlaut, anderweitig erlangte Kenntnis von einzutragender Tatsache, aA Oldbg BB **87**, 1622 (wohl irrtümlich), GroßKo/Hüffer 20, John ZHR 140 **(76)** 239: nur Rechtsscheinhaftung. Mit der Eintragung der Abberufung des nicht voreingetragenen GmbHGeschäftsführers wird zugleich verlautbart, dass er zuvor Geschäftsführer war, Kln ZIP **15**, 1831. Sind Eintritt und Ausscheiden eines Gfters aus Ges nicht eingetragen, kann sich Gfter einem Dritten gegenüber nicht auf sein Ausscheiden berufen, es sei denn dieser kenne es, stRspr BGH NJW **83**, 2259; Bsp: ist eintragungspflichtiges HdlGeschäft (§§ 1, 29) nicht eingetragen und Geschäftsübertragung auch nicht, dann ist diese gegenüber Schuldner X unwirksam, er konnte also wirksam gegen Altinhaber aufrechnen, Stgt NJW **73**, 806; ähnlich betr Verpachtung, Pächter haftet für vom Verpächter nach Geschäftsübergabe vor Eintragung (des Geschäfts und der Verpachtung) noch eingegangene Verbindlichkeiten, Ffm OLGZ **73**, 24.

b) Ausnahmefälle: Dies ist aber in Ausnahmefällen **einzuschränken,** zB wenn die voreinzutragende Tatsache intern geblieben ist und die einzutragende Tatsache in kurzem Abstand folgt, zutr K. Schmidt § 14 III Rn 36, aA MüKo/Krebs 36. Dann Beweislast bei Anmeldepflichtigen, Canaris § 5 Rn 12, aA John ZHR 140 **(76)** 242 (für außerregisterliche Tatbestände).

12   H. **Insolvenzverfahren:** Die Eröffnung des Insolvenzverfahrens und weitere wesentliche Entwicklungen wie Aufhebung des Eröffnungsbeschlusses, Einstellung und Aufhebung des Verfahrens ua werden zwar im HdlReg von Amts wegen auf Mitteilung des Insolvenzgerichtes eingetragen (§ 32 I), aber der Öffentlichkeit teilt sie das Insolvenzgericht selbst mit, nicht das HdlRegGericht, der Verkehrsschutz des § 15 ist unanwendbar (§ 32 II 2).

3) Wirkung eingetragener und bekanntgemachter Tatsachen gegen Dritte (II)

13   A. **Wirkung eingetragener und bekanntgemachter Tatsachen gegen Dritte (II 1):** § 15 II schließt tatbestandlich an I an und handelt von der Wirkung einzutragender Tatsachen im Geschäftsverkehr (s Rn 8) gegen Dritte **nach Eintragung und Bekanntmachung.** Beides ist nach dem Gesetzeswortlaut notwendig, Canaris § 5 Rn 11. Voraussetzung ist wie in I eine in das HdlReg einzutragende Tatsache (s Rn 4–5, maßgeblicher Zeitpunkt s Rn 10); auch II ist unanwendbar in den Fällen §§ 25 II, 28 II (s Rn 5). **II 1** ist selbstverständlich: Tatsache wirkt jetzt gegen Dritte; sie wird gerade dazu veröffentlicht. II entspricht auch im Übrigen I, so hinsichtlich der negativen Formulierung: der Anmeldepflichtige kann die Tatsache dem Dritten entgegenhalten, muss das aber nicht, vielmehr kann er sich wie dieser auf die wirkliche Rechtslage berufen (s Rn 6).

2. Abschnitt. Handelsregister; Unternehmensregister 14–16 § 15

Bei Prokura sollen §§ 171 II, 172 II BGB lex specialis zu II 1 sein, Canaris § 5 Rn 39, aA zutr MüKo/Krebs 79.

B. **Schonfrist (II 2):** II 2 lässt die Wirkung nach II 1 nicht sofort eintreten, sondern gibt den Dritten noch binnen kurzer **Schonfrist von 15 Tagen nach Bekanntmachung** (§ 10 II) den Einwand unverschuldeter Unkenntnis (aF: ohne zeitliche Beschränkung) und legt ihnen dafür aber die Beweislast auf. II 2 greift als Ausnahme zu II 1 nicht bei §§ 25 II, 28 II (s Rn 13). In II 2 schadet anders als in I (s Rn 7) nicht nur Kenntnis, sondern auch Kennenmüssen (leichte Fahrlässigkeit). Der Haftungsmaßstab folgt aus § 276 II BGB, für Kflte § 347. Ein Kfm handelt danach grundsätzlich fahrlässig, wenn er sich über das HdlReg nicht unterrichtet, BGH NJW **72**, 1419, BB **76**, 1480, für Kflte spielt II also von Extremfällen abgesehen keine Rolle; II noch weiter einschränkend MüKo/Krebs 73: Informationslast für jedermann, also auch die Privatleute bzw Verbraucher, umgekehrt restriktiver Canaris § 5 Rn 32f: selbst für Kflte idR nicht bei Alltagsgeschäften, ebenso Paefgen ZIP **08**, 1655 trotz elektronischer Informationsmöglichkeit nach EHUG. Einer solchen Differenzierung nach Umständen (Person des Dritten, Bedeutung der Geschäfte) steht jedoch EU-Recht entgegen, Oetker/Preuß 44, MüKo/Krebs 73, Koller/Roth 22, str (sonst Vorlage an EuGH, s Einl 28 vor § 1). 14

C. **Besonderer Vertrauensschutz gegen Registerinhalt:** Ein Vertrauensschutz gegen den Registerinhalt über II 2 hinaus besteht nicht ohne Weiteres und allgemein aus Rechtsscheinhaftung (§ 5 Rn 9–16), BGH BB **70**, 684, **72**, 1159; doch kann ein spezieller Vertrauensschutz gegenüber dem Registerinhalt vorrangig sein, BGH **62**, 223, zB wenn Berufung auf eine Eintragung und § 15 II missbräuchlich wäre bzw wenn aus den besonderen Vertragsbeziehungen der Parteien (zB ständige Geschäftsverbindung, s Einl 3 vor § 343) die **Pflicht** folgt, den Gegner **auf eine Rechts- und Registereintragsänderung** besonders **hinzuweisen,** richtiger ist auch insoweit Rechtsscheinhaftung (besonderer Vertrauenstatbestand entgegen Registerinhalt), Canaris § 5 Rn 38. Bspe: Umwandlung einer OHG in GmbH & Co und Berufung auf Haftungsbeschränkung gegenüber ständigem Geschäftspartner, BGH NJW **72**, 1418m Anm Stimpel ZGR **73**, 89, BB **76**, 1480, **78**, 1026, NJW **80**, 45, WM **81**, 238; Umwandlung einer KG in GbR mit Folgen für Vertretungsmacht, BGH NJW **87**, 3124. Persönliche Rechtsscheinhaftung des GmbH-Geschäftsführers ohne Benutzung des GmbHGesFormzusatzes (§ 19 Rn 30, § 5 Rn 10). Das gilt allgemeiner für **Weglassung des Haftungsbeschränkungszusatzes** nach § 19 II (dort Rn 30). Ob dies allgemein auch für die **Weglassung des Rechtsformzusatzes** nach § 19 I gilt, ist fraglich (ScheinNichtKfm nach Übergangsfrist, § 5 Rn 10). § 4 GmbHG ist ein gegenüber § 15 II spezieller Vertrauenstatbestand BGH NJW **81**, 2569, **90**, 2678, **12**, 2871 (§ 5 Rn 10). Vgl auch Rn 18, § 5 Rn 9–17, Überbl 5–6 vor § 48 (Duldungs- und Anscheinsvollmacht), § 48 Rn 1, § 105 Rn 75 (fehlerhafte Ges). Lit: Koch AcP 207 **(07)** 768. 15

4) Schutz Dritter im Vertrauen auf unrichtige Eintragungen und Bekanntmachungen (Rechtsscheinhaftung; III)

A. **Schutz Dritter:** Eine rechtliche Vermutung der Richtigkeit des im HdlReg Verlautbarten gibt es nicht (§ 9 Rn 4). Grundsätzlich kann sich der Rechtsverkehr auf Eintragung und Bekanntmachung nicht verlassen (s Rn 2, 4). Ausnahmsweise werden Dritte aber doch im **Vertrauen auf den unrichtigen Registerinhalt** durch Rechtsscheinhaftung (s Rn 17) und seit 1969 durch III (sog **positive Publizität** des HdlReg, s Rn 18) geschützt (Bsp: Dritter schließt mit eingetragenem Prokuristen ab, Geschäftsinhaber beweist Ungültigkeit der Prokuraerteilung; wirkt das Geschäft trotzdem gegen ihn?). Unrichtige Eintra- 16

§ 15 17–20   1. Buch. Handelsstand

gung als Kfm nach § 5s Rn 3. Verhältnis zur Rspr über fehlerhafte Ges s § 105 Rn 75, Bürck AcP 171 **(71)** 328.

17   B. **Rechtsscheinhaftung:** Der Rechtsscheinhaftung (§ 5 Rn 9–17), die ursprünglich die einzige Grundlage eines Vertrauensschutzes bei unrichtigem Registerinhalt war, vgl BGH **12**, 105, **17**, 13, **22**, 238, kommt neben III nur noch begrenzte Auffangfunktion zu (Bsp: bei Veranlassung eines Rechtsscheins ohne Antragstellung, s Rn 19; Veranlassung eines Rechtsscheins im HdlReg der HauptNl vor entspr Änderungen im HdlReg der ZwNl, soweit dieses nach IV 2 maßgeblich ist).

18   C. **Positive Publizität des Handelsregisters (III):** III (eingefügt durch G 15.8.69, das weit über die Vorgaben der EU-Ri hinausging, s Rn 1) enthält erstmals eine positive Publizität des HdlReg, deren Reichweite sehr str ist, s Schrifttum (vor Rn 1). III gilt wie I nur für **eintragungspflichtige Tatsachen** (s Rn 5), hL, Brem ZIP **15**, 2419, aA analog auch für eintragungsfähige Tatsachen MüKo/Krebs 87: Lage anders als in I. Wird die unrichtige Bekanntmachung richtiggestellt, entfällt III: II 1 und 2 (Schonfrist) sind anwendbar. Auslegung des III in Anlehnung an die Grundsätze der Rechtsscheinhaftung (s Rn 17, § 5 Rn 9–16), aber doch mit einigen Ausnahmen, Gründe für diese: EU-Ri, Normzweck, HdlReg und Nähe zu I (s Rn 20, 21).

a) **Rechtsscheingrundlage** ist die (gegenüber der wahren Sach- und Rechtslage) **unrichtige Bekanntmachung**; also auch wenn sowohl Eintragung als auch Bekanntmachung unrichtig sind, auch bei unterschiedlicher Unrichtigkeit, auch wenn die Eintragung fehlt. III gilt über Wortlaut hinaus analog auch für den umgekehrten Fall: Bekanntmachung ist richtig oder fehlt, aber Eintragung ist unrichtig, str, Staub/Koch 105, Koller/Roth 28 aE, Paefgen ZIP **08**, 1657, aA RegE, Canaris § 5 Rn 45, Heymann/Sonnenschein/Weitemeyer 29, üL, Grund: Wertungswiderspruch, zumal bei elektronischer Informationsmöglichkeit nach EHUG, Rechtsscheinhaftung ist kein voller Ersatz (s Rn 20, 21).

19   b) **Zurechenbarkeit:** Von Zurechenbarkeit (nicht Verschulden) ist in III zwar keine Rede, aber diese Begrenzung ist wegen des hohen Risikos nötig (positive Publizität des HdlReg: uU unbegrenzte Haftung; bei Grundbuch: allenfalls Verlust des Grundstücksrechts). Es gilt in III also anders als in I (s Rn 6) das **Veranlassungsprinzip**, nicht das reine Rechtsscheinsprinzip, hL, Brdbg ZIP **12**, 2103, Canaris § 5 Rn 51, Liebscher ZGR **17**, 403, anders K. Schmidt § 14 IV Rn 86 ff; dies ist, obwohl dort nicht zum Ausdruck gekommen, mit der EU-Ri vereinbar. Eine Tatsache ist iSv III nur „in dessen Angelegenheiten" einzutragen (vgl I, s Rn 6), der einen **Eintragungsantrag** (auch einen richtigen) **gestellt** und dadurch das Tätigwerden des Registergerichts veranlasst hat. Diese Einschränkung gilt allgemein, auch für Kflte, aA Schlegelb/Steckhan 26. Ohne Antrag des Betroffenen bzw seiner Leute scheidet III aus, doch kann bei Unterlassen des Einschreitens gegen unrichtige Eintragung Rechtsscheinhaftung eingreifen (s Rn 17). Der Schutz des **Geschäftsunfähigen** und des beschränkt Geschäftsfähigen geht auch hier vor (vgl § 5 Rn 11; anders I, der auch zu Lasten des Geschäftsunfähigen wirkt, s Rn 6, aber eben nur der betr negative Publizität), aA MüKo/Krebs 92 wegen Gleichlauf von I und III, K. Schmidt § 14 IV Rn 95. Bsp: Eintragung einer Prokura auf Antrag des minderjährigen Geschäftsinhabers trotz fehlender Genehmigung des Vormundschaftsgerichts (§§ 1822 Nr 11, 1831, 1643 BGB, vgl RG **127**, 158).

20   c) **Schutzbedürftigkeit:** Nur **Kenntnis** von der wahren Tatsache schadet, auch der grob fahrlässige Dritte ist also gutgläubig iSv III (s letzter Halbs wie I, vgl Rn 7). Die positive HdlRegPublizität reicht hier weiter als die normale Rechtsscheinhaftung (s Rn 18, § 5 Rn 12). Beweislast wie bei I beim Gegner (Wortlaut von III).

2. Abschnitt. Handelsregister; Unternehmensregister 21–25 § 15

d) Kausalität: Kausalität des Registerinhalts ist für das Verhalten des Dritten 21 wie bei I und anders als bei der Rechtsscheinhaftung (s Rn 9, 18, § 5 Rn 13) **nicht notwendig** (starker, durch das HdlReg typisierter Rechtsschein). Der Dritte muss weder das HdlReg eingesehen noch von der Bekanntmachung erfahren haben (wie I, s Rn 9). Der Schein des HdlReg erzeugt eine entspr Haltung des Geschäftsverkehrs gegenüber dem Betroffenen, die wiederum den Dritten beeinflusst haben kann; diese (mittelbare, mögliche) Kausalität genügt. Der Gegenbeweis der Nichtursächlichkeit, der ohnehin ohne praktische Relevanz wäre, kann abgeschnitten werden (s Rn 9), hL, aA Canaris § 5 Rn 49. Der Dritte muss sich bei seinem geschäftlichen Verhalten auf die unrichtige Bekanntmachung und der Eintragung wenigstens möglicherweise verlassen haben können. III gilt also **nur im Geschäftsverkehr** (s Rn 22).

e) Wirkung und Grenzen: Derjenige, der dem Rechtsschein zurechenbar 22 gesetzt hat, kann sich dem gutgläubigen Dritten gegenüber nicht auf die wahre Rechtslage berufen (vgl § 5 Rn 14). Der Rechtsschein wirkt aber nur für, nicht gegen den gutgläubig Vertrauenden, BGH WM **90**, 638 (s Rn 6, § 5 Rn 15). III gilt also nur im **Geschäftsverkehr** einschließlich des Prozessverkehrs, nicht außerhalb wie zB bei Eingriffskondiktion (wie I, s Rn 8; vgl § 5 Rn 6). **Maßgeblicher Zeitpunkt:** III gilt nicht, wenn der Vorgang, aus dem der Dritte Rechte herleitet, vor Eintragung und/oder Bekanntmachung lag (wie I, s Rn 10), anders zB bei einem zuvor hingegebenen Darlehen, das der Dritte dem Betroffenen auch nachher belässt (geschäftliches Verhalten ist hier Unterlassung der Kündigung). Wie bei I hat der Dritte ein **Wahlrecht,** ob er sich auf III beruft oder es bei der wahren Rechtslage belassen will, BGH WM **90**, 638, str (näher s Rn 6).

D. **Staatshaftung bei Eintragungsfehlern:** Versehentliche Falscheintragung 23 durch Gericht kann Staatshaftung (Art 34 GG, § 839 BGB) auslösen, vgl RG **131,** 14 (Nichteintragung des Haftungsausschlusses bei Geschäftsübernahme), BayObLG BB **89,** 1009; entspr Publikationsfehler. Anders bei Nichtlöschung s § 8 Rn 15, § 37 Rn 6. Lit: Gammelin 1973.

5) Zweigniederlassung eines ausländischen Unternehmens (IV)

IV idF EHUG 2006, IV 2 aF aufgehoben. Die Eintragungen im HdlReg der 24 HauptNl (Sitz) und in dem der ZwNl und die entspr Bekanntmachungen brauchen inhaltlich und zeitlich nicht übereinzustimmen (vgl §§ 13–13g). Das gilt auch nach dem EHUG, das das HdlReg der HauptNl zum führenden gemacht hat (§ 13 Rn 10). Eine inhaltliche Eintragung und Bekanntmachung durch das Registergericht am Ort der ZwNl erfolgt auch noch nach dem EHUG. Die Publizitätsvorschrift des IV hat deshalb weiterhin Bedeutung, aber sie ist nunmehr auf die ZwNl ausländischer Unternehmen, deren HauptNl bzw Sitz nicht im deutschen HdlReg eingetragen ist, eingeschränkt (§ 13 Rn 11). **Im Geschäftsverkehr** (vgl Rn 8) **mit der Zweigniederlassung** eines Unternehmens mit Sitz oder HauptNl im Ausland sind nach **IV** für die Eintragungen in **deren Register** und die Bekanntmachungen aus diesem gemäß I, II maßgebend. Für ZwNl von Unternehmen mit HauptNl bzw Sitz im Inland sind seit dem EHUG die Eintragung und Bekanntmachung durch das Gericht der HauptNl bzw des Sitzes maßgebend.

Im Geschäftsverkehr mit einem EinzelKfm mit **doppelter** HauptNl (§ 13 25 Rn 1) muss es iSv I, II, III auf das Register derjenigen HauptNl ankommen, zu der das streitige Rechtsverhältnis die engere Beziehung hat. Entspr bei HdlGes mit Doppelsitz (vgl § 106 Rn 9).

§ 15a 1–3

Öffentliche Zustellung

15a ¹Ist bei einer juristischen Person, die zur Anmeldung einer inländischen Geschäftsanschrift zum Handelsregister verpflichtet ist, der Zugang einer Willenserklärung nicht unter der eingetragenen Anschrift oder einer im Handelsregister eingetragenen Anschrift einer für Zustellungen empfangsberechtigten Person oder einer ohne Ermittlungen bekannten anderen inländischen Anschrift möglich, kann die Zustellung nach den für die öffentliche Zustellung geltenden Vorschriften der Zivilprozessordnung erfolgen. ²Zuständig ist das Amtsgericht, in dessen Bezirk sich die eingetragene inländische Geschäftsanschrift der Gesellschaft befindet. ³§ 132 des Bürgerlichen Gesetzbuchs bleibt unberührt.

1) Anwendungsbereich

1 § 15a idF MoMiG 2008. § 15a erleichtert die Zustellung einer Willenserklärung bei einer juristischen Person des HdlRechts, die zur Anmeldung einer inländischen Geschäftsanschrift zum HdlReg verpflichtet ist (vgl §§ 13 I 1, II, 13d II, 13e III, 13f III, 13g III) und ist somit das Parallelstück zu § 185 Nr 2 ZPO für die zivilprozessuale Zustellung von Schriftstücken (neu durch MoMiG für die sog Missbrauchs- und Bestattungsfälle, bei denen (Ersatz-)Zustellung mangels Zustellungsadressaten bzw Geschäftsraums nach §§ 178, 180, 181 ZPO nicht möglich ist). Zu § 185 Nr 2 ZPO erweiternd LG Zwickau WM **10**, 2098. § 15a betrifft nur juristische Personen, zB GmbH, AG, auch als phG einer GmbH & Co, auch SE, auch ZwNl von KapitalGes iSv § 13e. **Nicht** betroffen sind PersonenGes wie OHG und KG, auch wenn sie zur Eintragung einer Geschäftsadresse im HdlReg verpflichtet sind, Grund: erleichterte Zustellungsmöglichkeit wäre zu großes Risiko für den persönlich und unbeschränkt haftenden Gfter (RegE); auch nicht eG, eingetragen in HdlReg und GenReg, Grund: zwar juristische Person und Kfm und Eintragung in GenReg, aber bisher kein Missstand durch Wohnsitzverlagerung ins Ausland (RegE).

2) Öffentliche Zustellung (Satz 1)

2 Eine öffentliche Zustellung kommt nur in Frage, wenn der Zugang der Willenserklärung (zB Mahnung, Fristsetzung, Anfechtung, Kündigung) auf drei anderen Wegen, die auch parallel beschritten werden können, nicht möglich ist: unter der eingetragenen Anschrift oder unter einer im HdlReg eingetragenen Anschrift einer für Zustellungen empfangsberechtigten Person (Option nach §§ 13e II 4, 13f III, 13g III HGB, § 10 II 2 GmbHG, § 39 I 2 AktG) oder unter einer ohne Ermittlungen (dem Gericht oder dem Antragsteller) bekannten anderen inländischen Anschrift. Erst dann kann die öffentliche Zustellung nach Maßgabe der ZPO erfolgen (zu § 185 Nr 2 ZPO s Rn 1). Weiterer Voraussetzungen bedarf es allerdings nicht, öffentliche Zustellung nach Satz 1 ist auch dann möglich, wenn ein ausländischer Wohnsitz eines Geschäftsführers oder einer sonstigen empfangsbereiten Person positiv bekannt ist (RegE). Eine Zustellung im Ausland braucht also nicht versucht zu werden, § 185 Nr 2 steht selbstständig neben § 185 Nr 3 ZPO (mit engeren Voraussetzungen). Ohne Ermittlung bekannt bedeutet, dass die Anschrift in allen Bestandteilen bekannt ist, also ohne weitere Ermittlungsaktivitäten zB beim Einwohnermeldeamt oder auch nur im Telefonbuch (RegE); Kenntnis, dass der Geschäftsführer im Inland in einer bestimmten Stadt und Straße wohnt, reicht nicht aus, wenn weitere Erkundigungen notwendig sind.

3) Zuständigkeit, Zugehen (Sätze 2 und 3)

3 Zuständig ist das Amtsgericht, in dessen Bezirk sich die eingetragene Geschäftsanschrift der Ges befindet (Satz 2). § 15a bezieht sich nur auf juristische

2. Abschnitt. Handelsregister; Unternehmensregister 1, 2 § 16

Personen (s Rn 1), der allgemeinere § 132 BGB über den Ersatz des Zugehens durch Zustellung bleibt unberührt (Satz 3).

[Entscheidung des Prozessgerichts]

16 (1) ¹Ist durch eine rechtskräftige oder vollstreckbare Entscheidung des Prozeßgerichts die Verpflichtung zur Mitwirkung bei einer Anmeldung zum Handelsregister oder ein Rechtsverhältnis, bezüglich dessen eine Eintragung zu erfolgen hat, gegen einen von mehreren bei der Vornahme der Anmeldung Beteiligten festgestellt, so genügt zur Eintragung die Anmeldung der übrigen Beteiligten. ²Wird die Entscheidung, auf Grund deren die Eintragung erfolgt ist, aufgehoben, so ist dies auf Antrag eines der Beteiligten in das Handelsregister einzutragen.

(2) Ist durch eine rechtskräftige oder vollstreckbare Entscheidung des Prozeßgerichts die Vornahme einer Eintragung für unzulässig erklärt, so darf die Eintragung nicht gegen den Widerspruch desjenigen erfolgen, welcher die Entscheidung erwirkt hat.

Übersicht

	Rn
1) Reichweite der gegenseitigen Bindung des Registergerichts und der Prozessgerichte	1–2
A. Bindung des Registergerichts	1
B. Bindung des Prozessgerichts	2
2) Ersetzung der Anmeldung (I)	3–4
A. Prozessentscheidung bei mehreren Anmeldepflichtigen (I 1)	3
B. Aufhebung der Prozessentscheidung (I 2)	4
3) Unzulässigkeit einer Eintragung (II)	5–6
A. Voraussetzungen	5
B. Rechtsfolgen	6

1) Reichweite der gegenseitigen Bindung des Registergerichts und der Prozessgerichte

A. **Bindung des Registergerichts: Bindend** für das Registergericht **sind** **1 rechtskräftige Gestaltungsurteile** staatlicher Gerichte (zB §§ 117, 127, 133, 140), auch einstweilige Verfügung (zB nach §§ 117, 127), BayObLG ZIP **86**, 94, und rechtskräftige Urteile auf Abgabe einer Willenserklärung (§ 894 ZPO). **Verurteilende** oder **feststellende** Prozessentscheidungen (außer Statusurteilen nach § 640h ZPO) sind dagegen über §§ 325 ff ZPO (subjektive Rechtskraftwirkung) hinaus **nicht schlechthin** bindend, BayObLG WM **84**, 810, str, selbst dann, wenn das Registergericht nach (3) FamFG § 381 das Verfahren bis zur Prozessentscheidung aussetzte oder diese gar durch Fristsetzung herbeiführte (so dass zB das Registergericht neues, nach der Prozessentscheidung bekanntgewordenes Material, das Wiederaufnahme des Prozesses rechtfertigt, vor Wiederaufnahme und neuer Prozessentscheidung berücksichtigen kann); so kann das Registergericht im Interesse eines Dritten, der nicht Prozesspartei war, oder unter Berücksichtigung eines öffentlichen Interesses zu einem entgegengesetzten Ergebnis kommen; Stgt OLG **70**, 419, Schlegelb/Hildebrandt 5, Rö/Ries 4.

B. **Bindung des Prozessgerichts:** Konstitutive Wirkung von Eintragungen **2** in das HdlReg (§ 8 Rn 11) bindet auch das Prozessgericht (Bsp: Wirksamkeit der OHG, KG gegenüber Dritten nach § 23 I; Erlangung der Rechtsfähigkeit durch AG, KGaA, GmbH, eG; Eintragungswirkung nach § 5). Das ist ihre Hauptbedeutung. Andere in Prozessen bedeutsame Wirkungen von Registereintragungen folgen aus § 15 und dem darüber hinausreichenden öffentlichen Glauben des

§ 16 3–6 1. Buch. Handelsstand

Registers (§ 15 Rn 1–3, 16–23). An die Beurteilung irgendwelcher Rechtsverhältnisse durch das Registergericht (samt Instanzen) ist das Prozessgericht nicht gebunden. Bsp: Feststellung der Nichtigkeit eines GesVertrags trotz ihrer Eintragung auch nach Prüfung der Bedenken durch das Registergericht (vgl § 8 Rn 8); Verbot der Führung einer Firma trotz Zulassung und Eintragung durch das Registergericht, auch aus schon von diesem geprüften Gründen (§ 17 Rn 27).

2) Ersetzung der Anmeldung (I)

3   A. **Prozessentscheidung bei mehreren Anmeldepflichtigen (I 1):** I betrifft den Fall, dass mehrere die Eintragung bewirken müssen (zB §§ 108, 125 IV, 143 I, II, 144 II, 148 I, 157 I, 161 II, 162, 175 ua) und erweitert den Anwendungsbereich von § 894 ZPO. Ist nur einer zur Eintragung verpflichtet und dazu rechtskräftig verurteilt (Bsp: Verurteilung des Kfm X auf Klage des Y zur Anmeldung der Erteilung einer Prokura an Y), ersetzt das rechtskräftige (nur ein solches) Urteil die Anmeldung (§ 894, obschon die Anmeldung keine Willenserklärung ist, § 12 Rn 1). Haben hingegen mehrere eine Anmeldung auszuführen und ist nur einer verurteilt, genügt nach I die Anmeldung der übrigen: Die vollstreckbare Prozessentscheidung, welche die Verpflichtung zur Mitwirkung bei der Anmeldung oder das Rechtsverhältnis, bezüglich dessen die Eintragung erfolgen soll, feststellt, ersetzt die Mitwirkung dessen, gegen den sie ergangen ist. Entscheidungen des Prozessgerichts iSv I sind nicht nur rechtskräftige, sondern auch vorläufig vollstreckbare Verurteilungen, auch einstweilige Verfügungen, BayObLG ZIP **86**, 94 (Notgeschäftsführer nach § 29 BGB), auch Feststellungs- und Gestaltungsurteile, bei rechtskräftiger Vollstreckbarkeitserklärung auch Schiedssprüche, BayObLG WM **84**, 809; nicht: vollstreckbare Urkunden und Prozessvergleiche, KGJ **34** A 121. Löschung einer Firma verlangt jedoch als endgültige Entscheidung mit nicht zu beseitigenden Folgen ein Endurteil, RG LZ **08**, 595. Dasselbe gilt für alle ähnlichen Entscheidungen, wie die Auflösung einer Ges; das Registergericht prüft selbstständig die Eintragungsfähigkeit, nicht aber die Richtigkeit der Entscheidung, KGJ **53**, 91. I gilt nur für Anmeldungen, nicht für die vor EHUG 2006 verlangten Zeichnungen (§ 12 Rn 1) und die Einreichung von Dokumenten (vgl § 14), Vollstreckung bei diesen nach § 888 ZPO. Prüfungskompetenz des Registergerichts, MüKo/Krafka 7.

4   B. **Aufhebung der Prozessentscheidung (I 2):** Ist die Eintragung erfolgt und wird später die Prozessentscheidung aufgehoben, ist das auf Antrag eines Beteiligten ohne weitere Prüfung im HdlReg zu vermerken, und zwar in derselben Spalte wie die vorherige Eintragung (s (4) HRV § 18 Satz 2). Der Rechtsverkehr ist damit gewarnt. Eine Löschung erfolgt nur unter deren Voraussetzungen.

3) Unzulässigkeit einer Eintragung (II)

5   A. **Voraussetzungen:** II iVm §§ 935 ff ZPO gibt vorbeugenden Rechtsschutz im Registerverfahren, BVerfG WM **04**, 2354, Mü WM **06**, 2180. Voraussetzung ist eine rechtskräftige oder vorläufig vollstreckbare, eine Eintragung für unzulässig erklärende Prozessentscheidung (Bsp: Verbot, eine bestimmte Firma eintragen zu lassen). Auch einstweilige Verfügung (s Rn 1, 3). Eine Entscheidung, die nur ein entsprechendes Rechtsverhältnis feststellt, reicht unter II anders als unter I nicht aus. Wer die Entscheidung erwirkt hat, zB nach § 37 II, kann der Eintragung widersprechen, auch konkludent.

6   B. **Rechtsfolge:** Die Eintragung darf gegen den Widerspruch nicht erfolgen. Widerspruch nach der Eintragung gibt kein Recht auf Löschung, der Widerspruchsberechtigte muss aus dem Urteil (wenn es soweit reicht, Bsp: Verbot, die Firma irgendwie zu führen) auf Stellung des Löschungsantrags durch den Ver-

3. Abschnitt. Handelsfirma § 17

pflichteten vollstrecken; uU hilft ihm I 1. § 16 ist nicht (entspr) anwendbar bei Abweisung einer Klage auf Unzulässigerklärung einer Eintragung, sie gibt dem Beklagten kein Recht auf die Eintragung gegenüber dem Registergericht. Bindung des Registergerichts durch eine die Eintragung verbietende einstweilige Verfügung des Prozessgerichts (Verhältnis § 16 II zu (3) FamFG § 381), s Baur ZGR **72**, 421.

Dritter Abschnitt. Handelsfirma

Schrifttum

Außer dem allgemeinen Schrifttum (s Einl vor § 1) *Bokelmann,* Recht der Firmen- und Geschäftsbezeichnungen, 5. Aufl 2000. – *Haberkorn,* Firma, Firmenwahrheit, Firmenzusätze, 1970. – *Heinrich,* Firmenwahrheit und Firmenbeständigkeit, 1982. – *Knaak,* Firma und Firmenschutz, 1986. – *Kraft,* Führung mehrerer Firmen, 1966. – *Möller,* Neues Kaufmanns- und Firmenrecht, 1998. – *Pöpel,* Die unwahr gewordene Firma, Irreführungsverbot versus Bestandsschutz, 1995. – *Sternberg,* Der Gesellschaftszusatz in der Handelsfirma, 1975. – *Weber,* Das Prinzip der Firmenwahrheit (HGB, UWG), 1985. – *Wessel/Zwernemann/Kögel,* Die Firmengründung, 7. Aufl 2001. – *Schünemann,* Die Firma im internationalen Rechtsverkehr, 2016. **Muster:** *Hopt/Graf von Westphalen,* Vertrags- und Formularbuch zum Hdl-, Ges- und Bankrecht, 4. Aufl 2013, Teil I.C (mit 5 Formularen). **RsprÜbersichten:** *Wittmann* BB Beil 10/**69**, 9/**71**, 12/**75**, *Brandes* WM **83**, 286, Sonderbeil 2/**88**, *Bokelmann* GmbHR **94**, 356, *Heinemann* FGPrax **15**, 1, 49.

Zum Firmenrecht nach HRefG 1998 (Auswahl): *Bokelmann* GmbHR **98**, 57; *Felsner* NJW **98**, 3255; *Fezer* ZHR 161 **(97)** 52; *Jung* ZIP **98**, 677; *Kögel* BB **98**, 1645; *Müther* GmbHR **98**, 1058; *Priester* DNotZ **98**, 691; *Roth* in Dreher ua (Bayer-Stiftung) **99**, 31; *Schaefer* ZNotP **98**, 170; *Scheibe* BB **97**, 1489; *K. Schmidt* NJW **98**, 2167; *R. Schmitt* WiB **97**, 1113; *Zimmer* ZIP **98**, 2050; *J. W. Flume* DB **08**, 2011; *Bartels* AcP 209 **(09)** 309. Zum RefE IntGesRecht *Clausnitzer* NZG **08**, 321. International s § 17 Rn 48 ff.

[Begriff]

17 (1) **Die Firma eines Kaufmanns ist der Name, unter dem er seine Geschäfte betreibt und die Unterschrift abgibt.**
(2) **Ein Kaufmann kann unter seiner Firma klagen und verklagt werden.**

Übersicht

	Rn
1) Überblick, Begriff der Firma	1–9
A. Überblick über das Firmenrecht vor und nach dem HRefG 1998	1
B. Begriff und Rechtsnatur der Firma (I)	4
C. Arten der Firma	6
D. Firmenrechtsgrundsätze	7
E. Mehrere Firmen, Firmeneinheit	8
2) Geschäftsbezeichnungen; Nichtkaufleute	10–15
A. Marken, geschäftliche Bezeichnungen und Bezeichnungen mit Namensfunktion	10
B. Nichtkaufleute	13
C. Kein Verbot firmenähnlicher Geschäftsbezeichnungen	14
3) Entstehung, Gebrauch, Änderung, Erlöschen und Übertragung der Firma	16–25
A. Entstehung	16
B. Gebrauch	17
C. Änderung	22

§ 17 1–3
1. Buch. Handelsstand

Rn
D. Erlöschen 23
E. Übertragung 24
4) Registerverfahren; Firmenschutz 26–44
   A. Registerverfahren 26
   B. Firmenverletzungsformen 28
   C. Firmenschutz 32
   D. Schutzvoraussetzungen, insbesondere befugte Firmenführung 35
   E. Formen des Schutzes der Firma 38
   F. Räumlicher und sachlicher Schutzbereich 44
5) Verfahrensrecht 45–47
   A. Zivilprozess (II) 45
   B. Zwangsvollstreckung 46
   C. Insolvenzverfahren 47
6) Europäisches Firmenrecht, internationaler Verkehr 48–50
   A. Anwendbares Recht 48
   B. Die Firma der ausländischen Gesellschaft im Inland 49
   C. Beteiligung an einer inländischen Gesellschaft 50

1) Überblick, Begriff der Firma

1 **A. Überblick über das Firmenrecht vor und nach dem HRefG 1998: a) Überblick über §§ 17 ff:** Buch I Abschn 3 (§§ 17–37a, s Überschrift) handelt von der Firma des Kfm, regelt aber auch einige die Firma nicht oder nur am Rande berührende Fragen. § 17 definiert die Firma, § 18 enthält die allgemeinen Anforderungen an eine Firma (Kennzeichnungseignung, Unterscheidungskraft und insbesondere Irreführungsverbot), § 19 bestimmt, wie die Firma der Einzelkflte, OHG und KG zu bilden ist. § 20 betr AG, KGaA ist ersetzt durch §§ 4, 279 AktG. §§ 21, 22, 24 handeln von der Bedeutung der Namensänderung des Inhabers und des Übergangs oder anderer Änderungen der Inhaberschaft für die Firma. § 23 untersagt die separate Veräußerung des HdlGeschäfts und seiner Firma. §§ 25–28 handeln (zT auf Fortführung oder Änderung der Firma abhebend) von der Haftung für Geschäftsverbindlichkeiten bei Änderung der Inhaberschaft. §§ 29, 31–35 regeln Eintragungen (nicht nur der Firma) in das HdlReg und Hinterlegung von Unterschriften bei Gericht, § 30 schreibt Unterscheidbarkeit der Firmen am gleichen Ort vor, § 37 regelt die Maßnahmen gegen unzulässigen Firmengebrauch und § 37a betrifft die Angaben auf Geschäftsbriefen.

2 **b) Firmenrecht vor dem HRefG:** Das Firmenrecht war bis 1998 fast 100 Jahre im Wesentlichen unverändert geblieben und anerkanntermaßen veraltet. Das galt vor allem für die Firmenbildung und das Irreführungsverbot. So durften EinzelKflte und PersonenGes nur eine Personen-, keine Sach- oder gar Phantasiefirma führen (§§ 18 I, 19 I, II aF), und KapitalGes konnten (bzw sollten) zwar eine Sachfirma führen, aber keine Phantasiefirma (§ 4 I 1 AktG aF, § 4 I 1 GmbHG aF). Außerdem galt ein strenges Täuschungsverbot, auch was die Eintragung in das HdlReg anging. Ersteres führte zu Notlösungen wie Aufnahme von Zusätzen in die Firma außerhalb des Firmenkerns, Umgehungen und Ausweichen auf andere geschäftliche Bezeichnungen wie Firmenschlagworte und Marken. Inkonsequent war auch die unterschiedliche Strenge der Regeln über die Firmenneubildung und die Firmenfortführung. Letzteres hatte eine unübersichtliche, überstrenge Kasuistik an Rechtsprechung und eine Versteinerung des Firmenrechts zur Folge. Daran hatte, so RegE, auch die Gutachtertätigkeit der IHKn einen erheblichen Anteil.

3 **c) Firmenrecht nach dem HRefG:** Das HRefG 1998 hat neben der Modernisierung des KfmBegriffs als zweites zentrales Anliegen die Liberalisierung des Firmenrechts. Die Firmenbildung richtet sich nunmehr an den drei wesentli-

3. Abschnitt. Handelsfirma 4, 5 § 17

chen Funktionen der Firma aus: Unterscheidungskraft und Kennzeichnungswirkung, Ersichtlichkeit der GesVerhältnisse und Offenlegung der Haftungsverhältnisse (§§ 18 I, 19 nF). Auch EinzelKflte und PersonenGes haben die Wahl zwischen Personen-, Sach- und, sofern unterscheidungskräftig, auch **Phantasiefirma**, Mü ZIP **12**, 2393 (EinzelKfm), wie umgekehrt KapitalGes statt nur Sachfirmen oder Namensfirmen auch Phantasiefirmen bilden können (s Rn 6, Ausnahmen kraft Gesetzes zB KWG, InvG, Berufsrecht ua wie bisher, § 18 Rn 28). Soweit bei einer Phantasiefirma Irreführungs- oder (über den örtlichen Bereich des § 30 hinaus) Verwechslungsgefahr besteht, genügen lt RegE das firmenrechtliche Täuschungsverbot und das wettbewerbsrechtliche Instrumentarium, vor allem Unterlassungsklage nach § 8 UWG und Schutz von geschäftlichen Bezeichnungen (§§ 15 iVm 5 MarkenG). Dass die Abgrenzung zwischen der Firma des EinzelKfm von anderen geschäftlichen Kennzeichen wie Geschäftsoder Etablissementsbezeichnungen schwieriger wird, hat der Gesetzgeber in Kauf genommen. Zwecks Erhalt der Informationsfunktion der Firma ist als grundlegende Neuerung für alle Ges und EinzelKflte zwingend ein Rechtsformenzusatz vorgeschrieben (§ 19 nF). Das firmenrechtliche Irreführungsverbot schon beim Eintragungsverfahren ist nicht ersatzlos gestrichen, sondern nur entschärft worden (§ 18 II nF: wesentliche Irreführung), um keine Schutzlücken entstehen zu lassen. Denn Abwehrklagen nach UWG werden in der Praxis in erster Linie von Konkurrenten und gewerblichen Schutzverbänden, nur selten aber von Verbraucherverbänden erhoben (RegE). Auch das registergerichtliche Firmenmissbrauchsverfahren (§ 37 I HGB iVm **(3)** FamFG § 392) ist in der Praxis eher selten. Flankierend wirkt das auf alle Ges und EinzelKflte erstreckte Gebot von Pflichtangaben auf Geschäftsbriefen (§ 24 nF).

B. Begriff und Rechtsnatur der Firma (I): a) Begriff: Die Firma ist der 4 Name, unter dem der Kfm seine Geschäfte (HdlGeschäft, Unternehmen, Einl Rn 31–70 vor § 1) betreibt („und die Unterschrift abgibt", das ist aber Teil des Betreibens). Die frühere Einschränkung auf Geschäfte „im Handel" ist angesichts des umfassenden KfmBegriffs des § 1 II nF gestrichen. Die Firma ist also der **Geschäftsname des Kaufmanns** (früher ohne wesentlichen Unterschied: HdlName). Die Firma ist nach HGB nicht Name des Unternehmens „an sich", sondern Name seines Inhabers (sein Name schlechthin oder der Name, unter dem er das Unternehmen betreibt). Diese Definition unterstellt als Normalfall, dass der Kfm noch einen anderen Namen hat; so der **Einzelkaufmann**, der außer dem HdlNamen einen bürgerlichen führt; auch eine ein HdlGeschäft betreibende (privat- und öffentlichrechtliche) juristische Person (vgl §§ 33–35); anders HdlGes und eG), die ggf neben der Firma eine andere Bezeichnung trägt, zB wenn n ein eV ein HdlGeschäft erwirbt und gemäß § 22 mit der alten Firma fortführt, KG HRR **32**, 253. **Handelsgesellschaften** und eG haben keinen anderen als den HdlNamen: die Firma ist ihr Name schlechthin. Die Firma der ZwNl (§ 13 Rn 7) ist ein in deren Betrieb geführter zweiter Geschäftsname. HdlNamensrecht s Tilmann GRUR **81**, 621. Im **Konzern** gibt es keine Konzernfirma; zur Firmierung der Konzernunternehmen Schneider BB **89**, 1985.

b) Rechtsnatur: Die Firma hat eine Doppelnatur (Mischrecht), nicht allein 5 als Persönlichkeitsrecht wie das Namensrecht, so frühere Rspr, sondern auch als Immaterialgüterrecht (Vermögensrecht), das zum Unternehmen des Schuldners gehört (und damit im Falle der Insolvenz zur Insolvenzmasse, s Rn 47), BGH **85**, 223, heute hL im HdlRecht, konsequent Canaris § 10 Rn 9: zweites selbstständiges Kennzeichnungs- und Namensrecht neben dem allgemeinen Namensrecht, nicht nur beschränktes dingliches Namensrecht, nach aA rein vermögensrechtlich, zum gewerblichen Rechtsschutz sogar rein immaterielles Gut, deshalb für Reform J. W. Flume DB **08**, 2011. Der Firma als Persönlichkeitsrecht des Kfm (Personenfirma, § 19 Rn 6, 13, 21) entspricht die Notwendigkeit der Einwilligung zur Übertragung (§ 24 Rn 11, auch § 22 Rn 8 aE, außerhalb von §§ 22 I, 24 II etwa im Insolvenzverfahren str, s Rn 47). Das Firmenrecht unterscheidet sich vom Namensrecht ua nach Entstehung, Vererbung und Erlöschen. Lit: Köhler FS Fikentscher **98**, 494 (Namensrecht und Firmenrecht), Bartels AcP 209 **(09)** 309.

6   C. **Arten der Firma: a) Personenfirma:** Sie wird nach dem Namen des Kfm oder einer anderen Person gebildet (§ 19 Rn 6, 13, 21).

b) Sachfirma: Sie kann heute von jedem Kfm gewählt werden (§ 19 Rn 8, 9, 18, 23).

c) Phantasiefirma: Sie steht ebenso wie die Sachfirma in den Grenzen des Firmenrechts, namentlich des Irreführungsverbots, jedem Kfm offen, Mü ZIP **12**, 2393 (§ 19 Rn 8, 10, 18, 23).

d) Weitere Einteilungen sind ursprüngliche und abgeleitete Firmen (Unterscheidung wichtig wegen Firmenbeständigkeit, s Rn 7 sowie §§ 22ff), einfache und zusammengesetzte Firmen (Firmenkern und Firmenzusätze § 18 Rn 8) ua.

7   D. **Firmenrechtsgrundsätze: a) Firmenwahrheit:** Der praktisch wichtigste Firmengrundsatz ist die Firmenwahrheit bzw das Irreführungsverbot (§ 18 II), BGH **53**, 66 (§ 18 Rn 9ff). Es gilt für die Firmen aller Unternehmensformen, bei Neubildung ebenso wie bei nachträglicher Veränderung, und umfasst die gesamte Firma, also Firmenkern und Firmenzusätze.

b) Firmenbeständigkeit: Praktisch ebenfalls sehr wichtig ist der Grundsatz der Firmenbeständigkeit oder Firmenkontinuität. Eine einmal angenommene Firma darf auch bei Veränderungen des Namens und des Inhabers weitergeführt werden, sofern sie nicht irreführt (§§ 21, 22, 24, s § 22 Rn 1).

c) Firmeneinheit: Der Kfm kann in ein und demselben HdlGeschäft nur eine Firma haben, erst Recht haben HdlGes nur eine einzige Firma (s Rn 8).

d) Firmenausschließlichkeit: Alle Firmen an demselben Ort müssen sich voneinander deutlich unterscheiden (§ 30).

e) Firmenöffentlichkeit: Die Firma wird nicht nur im Geschäftsverkehr geführt, sondern muss auch im HdlReg eingetragen werden (§§ 29, 31, 33, 34, 106ff; §§ 2, 7f GmbHG; §§ 36ff AktG ua).

8   E. **Mehrere Firmen, Firmeneinheit: a) Einzelkaufmann** und juristische Person dürfen in mehreren (auch räumlich vereinigten, aber organisatorisch getrennten) HdlGeschäften (§ 1 Rn 29) **mehrere** verschiedene **Firmen** führen, KG JW **36**, 1680, BayObLG NJW-RR **01**, 1688; nach RG **116**, 284, sollen sie dazu sogar verpflichtet sein, zust Heymann/Emmerich 24, aber nicht überzeugend. Sie dürfen das **aber nicht** (abgesehen von der Unterscheidung verschiedener Niederlassungen, § 13 Rn 7) **in ein und demselben Handelsgeschäft (Grundsatz der Firmeneinheit),** BGH NJW **91**, 2023, Koller/Roth 15, üL, aA für verschiedene Sparten Canaris § 11 Rn 35 wegen Art. 12, 14 GG. Auch nicht nach Übernahme eines HdlGeschäfts (mit Firma, § 22) und Vereinigung desselben mit einem schon geführten; die Werbekraft der übernommenen Firma kann idR durch Kennzeichnungen anderer Art (s Rn 12) hinreichend genutzt werden, üL, abw Düss NJW **54**, 151, Nipperdey FS Hueck **59**, 195, Schlichting ZHR 134 **(70)** 322. Geschäftsbezeichnung neben Firma s Rn 11. Zur Verbindung beider Firmen s § 22 Rn 19.

9   **b) Handelsgesellschaften** (OHG, KG, AG, KGaA, GmbH) und eG können, selbst wenn sie klar getrennt mehrere HdlGeschäfte betreiben, stets **nur eine einzige Firma** führen, der zugleich ihr Name schlechthin ist (s Rn 4 mit Abweichung bei ZwNl), so wie natürliche Personen nur einen bürgerlichen Namen haben (sie können jedoch verschiedene HdlGeschäfte und Abteilungen desselben HdlGeschäftes durch andere Kennzeichnungen unterscheiden, s Rn 11f), hL, BGH **67**, 166, Stgt BB **83**, 1688. Neben dieser formalen Begründung stehen, ernster zu nehmen, die Gefahren für den Geschäftsverkehr infolge Unklarheit der Haftungsverhältnisse. Das für HdlGes Gesagte gilt auch nach einer Geschäftsübernahme, BGH **67**, 166, BayObLG BB **92**, 944, hL. Zu Ausnahmefällen K. Schmidt § 12 II Rn 80. Insgesamt ist der Grundsatz der Firmeneinheit, als Ausprägung der Firmenwahrheit (§ 18 Rn 9) verstanden und auf diesen Kern zurückgeführt, auch gegen neuere Kritik beizubehalten. Lit: Kraft 1966, Wamser 1997; Knopp ZHR **125 (63)** 161, Esch BB **68**, 235, John FS Duden **77**, 173.

2) Geschäftsbezeichnungen; Nichtkaufleute

A. Marken, geschäftliche Bezeichnungen und Bezeichnungen mit Namensfunktion: Von der Firma sind andere Bezeichnungen zu unterscheiden (§ 1 Nr 1–3 MarkenG, früher WZG; § 12 BGB): **10**

a) Marken: Die Marke kennzeichnet das Produkt des Unternehmens, nicht dieses selbst. Als Marken schützbar sind alle Zeichen, insbesondere Wörter einschließlich Personennamen, Abbildungen, Buchstaben, Zahlen ua, die geeignet sind, Waren oder Dienstleistungen eines Unternehmens von denen anderer Unternehmen zu unterscheiden (§ 3 I MarkenG). Der Markenschutz entsteht durch Eintragung als Marke in das vom Patentamt geführte Register, durch Benutzung eines Zeichens im geschäftlichen Verkehr, soweit das Zeichen innerhalb beteiligter Verkehrskreise als Marke Verkehrsgeltung erworben hat, und durch notorische Bekanntheit einer Marke nach der Pariser Verbandsübereinkunft (§ 4 Nr 1–3 MarkenG). Der Eintragung stehen die absoluten Schutzhindernisse entgegen, wie mangelnde Unterscheidungskraft, bloße Produktbeschreibung oder für die Produkte üblich gewordene Bezeichnung (§ 8 I, II Nr 1–3); anders bei Verkehrsdurchsetzung (§ 8 III MarkenG), BGH WM **16**, 1918, die anders als unter dem WZG auch bei nur reinen Buchstabenzeichen denkbar ist, BGH NJW **98**, 1402 (iErg abl). Die Marke ist anders als früher isoliert übertragbar (§ 27 MarkenG). Sie ist als ausschließliches Recht geschützt (§ 14 MarkenG), aber Schranken des Schutzes (§§ 20 ff MarkenG), BGH WM **09**, 2026 (DAX). Rein firmenmäßiger Gebrauch eines Zeichens ist keine rechtsverletzende Benutzung iSv § 14 II Nr 2, BGH BB **11**, 2818 Ls. **Geographische Herkunftsangaben** geben dagegen kein ausschließliches Recht, sondern nur einen Irreführungsschutz (§§ 1 Nr 3, 126 ff MarkenG), Abgrenzung zur Marke BGH **139**, 59 (Flämiger). Lit: Rohnke NJW **05**, 1624, Eichelberger EuZW **10**, 731 (EuGH).

b) Geschäftliche Bezeichnungen: Als geschäftliche Bezeichnungen werden Unternehmenskennzeichen und Werktitel geschützt (§ 5 I MarkenG). **Unternehmenskennzeichen** sind Zeichen, die im geschäftlichen Verkehr als Name, als Firma oder als besondere Bezeichnung eines Geschäftsbetriebs oder eines Unternehmens benutzt werden. Der **besonderen Bezeichnung eines Geschäftsbetriebs** stehen solche **Geschäftsabzeichen** und sonstige zur Unterscheidung des Geschäftsbetriebs von anderen Geschäftsbetrieben bestimmte Zeichen gleich, die innerhalb beteiligter Verkehrskreise als Kennzeichen des Geschäftsbetriebs gelten (§ 5 II 1, 2 MarkenG), Bspe: Fernsprechnummer, BGH **8**, 387; Telegrammadressen, BGH NJW **56**, 1713; Telexkennung, BGH NJW-RR **86**, 524, Hbg BB **83**, 397; **Domainnamen**, BGH **149**, 191, **155**, 273, **171**, 104, NJW **08**, 3716, **09**, 1756, 2382, 2384, WM **09**, 1340 (ahd); NJW **12**, 2279, RIW **13**, 248 (international); zur umstrittenen Unterscheidungskraft dabei § 18 Rn 6. Auch aus Familiennamen gebildete Geschäftsbezeichnungen sind nach § 5 MarkenG geschützt, die Häufigkeit des Namens berührt nur die Kennzeichnungskraft (bei Allerweltsnamen nur schwach) und damit den Schutzumfang, BGH WM **08**, 2079 (Hansen) gegen BGH **130**, 278, WM **79**, 924, str (zur Priorität bei Gleichnamigen § 19 Rn 7). Solche **Geschäftsbezeichnungen** kann jeder Kfm **11**

Hopt

§ 17 12–14　　　　　　　　　　　　　　　　　1. Buch. Handelsstand

neben der Firma führen (aber s Rn 14–15). Sie weisen nicht auf den Inhaber des Unternehmens, sondern auf das Geschäft oder den Betrieb hin. Die geschäftliche Bezeichnung ist nach § 15 MarkenG als ausschließliches Recht geschützt. Der Schutz des MarkenG schließt Schutz nach anderen Rechtsvorschriften, zB § 12 BGB (s Rn 12), nicht aus (§ 2 MarkenG); anders für den Schutz bekannter Marken und Unternehmenskennzeichnungen (früher § 1 aF UWG, § 823 I BGB), BGH NJW **98**, 3781 (Mac Dog). Seit der MarkenrechtsRi 22.10.2008 zunehmende Rspr des EuGH, Überarbeitung des Systems der Gemeinschaftsmarke EuZW **14**, 204. Lit zum MarkenG: Berlit 10. Aufl 2015; Fezer 5. Aufl 2018; Kur/von Bomhard/Albrecht 2017; Ingerl/Rohnke 3. Aufl 2010; von Schultz 3. Aufl 2012.

12　　**c) Bezeichnungen** eines Erwerbsgeschäfts (nicht nur Firma) haben ohne amtliche Registrierung bei beständigem Gebrauch und kennzeichnender Kraft **Namensfunktion** und genießen damit Schutz nach **§ 12 BGB,** BGH NJW **91**, 2023. Bspe für Unternehmensbezeichnungen (Etablissementsbezeichnungen): Gaststätte (Zum Goldenen Schwan), Kino, Theater (Schillertheater), Vergnügungsstätten, BayObLG **60**, 251, Apotheke, RG JW **29**, 1226 (Weißer Hirsch), RG **171**, 32 (Am Rauchfang), BGH **24**, 243 (Tabu I), GRUR **57**, 548 (Tabu II), NJW **70**, 1365, DB **76**, 2056 (Parkhotel); auch Hinweise auf andere geschäftliche Einrichtungen zB Buchgemeinschaft, BGH **21**, 69 (Dtsch Hausbücherei), Detektivbüro, Bambg DB **73**, 1989, Fahrschule, Karls DB **91**, 272 (Merkur). Keine Kennzeichnungskraft haben bloße Gattungsbegriffe, zB BGH **21**, 73 (Hausbücherei), BGH NJW-RR **92**, 1454 (Volksbank). Unter § 12 BGB fallen auch **namensartige Kennzeichen** wie Abkürzungen, Schlagworte, Firmenbestandteile ua, Bspe: BGH **11**, 217 (KfA), **24**, 240 (tabu), **43**, 252, WM **88**, 429u Ffm BB **91**, 21 (Commerz, s auch Rn 29); Büscher FS Bornkamm **14**, 543 (Firmenschlagwort). Schutzfähig sind diese namensartigen Kennzeichen aber nur, wenn sie Namensfunktion haben oder diese durch Anerkennung im Verkehr erlangt haben, BGH **15**, 109 (Koma). Reine Sach- oder Tätigkeitsbezeichnungen genießen keinen Schutz ohne Verkehrsgeltung der Bezeichnung, BGH BB **76**, 58 (Management-Seminare Heidelberg), Hamm BB **79**, 183 (Chemotechnik).

13　　B. **Nichtkaufleute:** Nur Kflte, HdlGes, eG haben eine Firma iS des HGB, dagegen nicht NichtKflte wie Kleingewerbetreibende, Freiberufler, GbR ua (außer im Fall von § 5; bei unzulässigem Auftreten unter Firma Rechtsscheinhaftung, § 5 Rn 9–17). Auch Kleingewerbetreibende, Freiberufler, unternehmenstragende GbR ua haben aber **Recht auf eine Geschäftsbezeichnung,** schon bisher als Sach- und Phantasiegeschäftsbezeichnung (Sach- und Phantasiefirmen waren dem EinzelKfm nach aF untersagt), aber jedenfalls heute auch mit einheitlichem, schlagkräftigem Namen (Personengeschäftsbezeichnung), auch mit Inhaberzusatz, dazu R. Schmitt HRefG S 196 ff. Diese Geschäftsbezeichnung kann jedenfalls nach dem HRefG auch firmenähnlich sein (s Rn 15), Begriff „Minderfirma" sollte deshalb entfallen, str. NichtKflte unterliegen in Führung und Schutz ihres (bürgerlichen, Vereins- usw) Namens oder anderer Kennzeichnungen ihres Unternehmens (Rn 10–12) zT gleichen, zT anderen Regeln. Insbesondere gilt auch für sie das Irreführungsverbot, Brem NJW **91**, 2024 (Franchisenehmer). Schutz der Firma (s Rn 32 ff) und anderer Namen richtet sich gleichermaßen nach §§ 12, 823 I BGB. Lit: Droste DB **67**, 539.

14　　C. **Kein Verbot firmenähnlicher Geschäftsbezeichnungen: a) Vor dem HRefG:** Die Geschäftsbezeichnung des NichtKfm durfte aber nach der bisher hM und Rspr nicht firmenähnlich sein, krit Heymann/Emmerich § 4 Rn 12, § 37 Rn 10, Bokelmann NJW **87**, 1683; aA schon bisher K. Schmidt DB **87**, 1181, 1674. Bspe: „Anton A, Inhaber B, Dachdeckergeschäft", BayObLG DB **88**, 2559; „B Schuhe", Hamm BB **90**, 1154; „Kaufhaus Franken", BayObLG **60**, 345; „&„ statt „und" zwischen zwei Namen, KGJ **31** A 143, DIHT BB **57**, 835,

3. Abschnitt. Handelsfirma   15, 16   § 17

str; „& Co", „& Cie"; „Gebrüder A", „Geschwister B", auch abgekürzt, DIHT aaO, abw für den Einzelfall, zB wenn Zusatz auf Handwerk hinweist, Oldbg BB **59**, 251, Hamm BB **60**, 959; „GbR" LG Bln BB **85**, 1691; besondere Hinweise auf Größe und Bedeutung (s § 18 Rn 29–30). Lit: Roth ZGR **92**, 632, Frey DB **93**, 2169.

b) Nach dem HRefG: Infolge der Liberalisierung des Firmenrechts haben 15 auch NichtKflte heute deutlich mehr Spielraum für ihre Geschäftsbezeichnung (s Rn 13). Denn der neue KfmZusatz für EinzelKflte und Rechtsform- bzw Ges-Formzusatz für PersonenHdlGes nach § 19 I Nr 1–3, die für all diese zwingend vorgeschrieben und umgekehrt NichtKflten untersagt sind, erlauben die Unterscheidung von Kftlen und NichtKftlen auch ohne Unterscheidbarkeit der Firma und der Geschäftsbezeichnung im Übrigen. Außerdem sind nunmehr auch für EinzelKflte Sach- und Phantasiefirmen zulässig. Ein Verbot firmenähnlicher Geschäftsbezeichnungen gibt es deshalb heute nicht (mehr) mit Ausnahme des Rechtsformenzusatzes nach § 19, MüKo/Heidinger 40, MüKo/Krebs § 37 Rn 8, K. Schmidt § 12 I Rn 29; zurückhaltender RegE HRefG S 55: Entschärfung des Verbots. Das bedeutet, dass auch NichtKflte geschäftsbeschreibende Zusätze, Inhaber- und Nachfolgervermerke (§ 18 Rn 21), „& Co", „Gebrüder" ua (s Rn 14) benutzen dürfen. Aber das Registergericht kann auch gegen NichtKfm wegen unzulässigen Gebrauchs einer Firma nach § 37 I immer dann einschreiten, wenn diese zu Unrecht einen Kfm- oder GesFormzusatz (vgl § 19 I Nr 1–3, zB eK, OHG) enthält oder sonst irreführt (§ 37 Rn 2), Canaris § 11 Rn 49, nach aA hinsichtlich Irreführung nur noch Einschreiten nach § 37 II. Weitergehend RegE HRefG S 55: wenn eine an sich zulässige Geschäftsbezeichnung zB im rechtsgeschäftlichen Verkehr wie eine Firma gebraucht wird.

3) Entstehung, Gebrauch, Änderung, Erlöschen und Übertragung der Firma

A. Entstehung: Jeder Kfm ist verpflichtet, eine Firma anzunehmen; EinzelK- 16 flte, OHG, KG; AG, KGaA, GmbH, eG, eV in Satzung, GesVertrag, Statut (§§ 23 III, 278 III AktG, § 3 I GmbHG, § 6 GenG, § 57 I BGB). Die Firma des **Einzelkaufmanns** (der juristischen Person, §§ 33–35) entsteht originär durch Annahme und Gebrauch der Firma, BGH **10**, 204, **21**, 88; die Eintragung im HdlReg hat nur deklaratorische Bedeutung. Wird der Unternehmer erst durch Eintragung Kfm, entsteht die Firma mit Eintragung, vorher aber Führung als Geschäftsbezeichnung des NichtKfm (s Rn 13). Die Firma kann nach der Definition von I nicht ohne das HdlGeschäft (weder vor dessen Beginn noch nach dessen Ende) bestehen; Sonderfälle (Nachkriegszeit, Zwangsstilllegung) BGH **21**, 69, GRUR **57**, 428, BB **62**, 536. Die Firma einer **Handelsgesellschaft** und eG (als ihr Name schlechthin, s Rn 4) besteht, sobald und solange diese besteht, die der OHG, KG zB nach Eintragung der Ges vor Geschäftsbeginn, § 123, nach Erlöschen oder Veräußerung des HdlGeschäfts, solange nicht auch die Ges endet (vgl § 22 Rn 23, § 131 Rn 3), unbeschadet der Voraussetzungen ihres Schutzes (vgl Rn 32 ff), für welche die Betriebseinstellung uU bedeutsam ist, BGH BB **61**, 697. Der Kfm ist weiter verpflichtet, die angenommene Firma durch Eintragung ins HdlReg (Genossenschaftsregister) und Veröffentlichung **verlautbaren** zu lassen (§§ 29, 31, 33 f, 106 f HGB, §§ 36 ff, 278 III AktG, § 7 ff GmbHG, 10 ff GenG). Das **Registergericht** hat die Kflte zur Anmeldung ihrer Firma anzuhalten, § 14 S 1, (3) FamFG § 388. Wird eine unzulässige Firma angemeldet, kann das Gericht Frist zur Behebung des Hindernisses setzen, (4) HRV § 26 S 2; dann muss es den Antrag ablehnen. Es darf nicht stattdessen „Anmeldung einer den §§ 18, 19 HGB entsprechenden Firma" aufgeben (mit Zwangsgeldandrohung nach § 14), BayObLG NJW **73**, 372.

§ 17 17–20   1. Buch. Handelsstand

17   B. **Gebrauch: a) Handelsgesellschaften:** HdlGes und eG, deren Firma ihr Name schlechthin ist (s Rn 4), können (ebenso wie NichtKflte mit ihrem bürgerlichen Namen) gerichtlich und außergerichtlich nur mit ihrer Firma angesprochen werden (richtig: „die X-KG", nicht „die Firma X-KG"). Für OHG, KG s auch § 124 Rn 42.

18   **b) Einzelkaufleute,** die eine von ihrem bürgerlichen Namen abweichende Firma führen, können außergerichtlich und gerichtlich (II) in Angelegenheiten ihres HdlGeschäfts **unter der Firma oder dem bürgerlichen Namen** auftreten, zB Wechsel zeichnen, und angesprochen werden. Auch zur Zwangsvollstreckung genügt Bezeichnung des Schuldners im Titel mit der Firma (unten Rn 46). Im Geschäftsverkehr üblich und vorzugswürdig ist Verwendung der Firma, mit oder ohne Nennung des Inhabers. Im Einzelfall besteht sogar eine **Firmenführungspflicht,** zB Anmeldung zum HdlReg, Angabe auf Geschäftsbriefen, Stgt WRP **60**, 322 und §§ 37a, 125a, Eintragung in Zeitungsbekanntmachungen oder Telefonbüchern, BayObLG **60**, 348, aber grundsätzlich nicht bei Werbung, BGH NJW **91**, 2023 (§ 37 Rn 3); „firmenmäßig" darf der Kfm allerdings keine andere Bezeichnung als die eingetragene gebrauchen (s Rn 19). Gebrauch der Firma lässt Handeln im HdlGeschäft, Gebrauch des bürgerlichen Namens Handeln außerhalb dessen vermuten, ausschlaggebend ist das aber nicht (§ 344 Rn 3). Im **Grundbuch** ist der Kfm als Eigentümer stets mit dem bürgerlichen Namen einzutragen (auch wenn das Grundstück dem HdlGeschäft gewidmet ist), § 15 Grundbuchverfügung 8.8.35 RMBl 637, BayObLG **81**, 686. **Marken** können „für den Inhaber einer Firma auf seinen bürgerlichen Namen", oder „für die Firma selbst" angemeldet und eingetragen werden, Anmeldebestimmungen 16.10.54 § 2 BAnz Nr 217. Möglichkeit des Eintritts unter der Firma als Kdtist in eine KG, BayObLG BB **73**, 397; Eintragung s § 162 Rn 4.

19   **c) Firmenmäßiger Gebrauch:** Die Annahme einer Firma verpflichtet den Kfm, sie **so** zu gebrauchen, **wie** sie im HdlReg **eingetragen ist, und keine andere Bezeichnung** firmenmäßig zu verwenden, BayObLG BB **92**, 943 (§ 37 Rn 3). Die inhaltlich richtige (dh den öffentlichrechtlichen Vorschriften entsprechende und nicht Rechte Dritter verletzende s § 37 II) Firma darf zur Kennzeichnung des Unternehmens **„firmenmäßig"** gebraucht werden, nicht immer auch **„schlagwortartig"** (optisch oder akustisch besonders zur Werbung herausgestellt), denn wenn nicht jene, so kann diese Art des Gebrauchs die Rechte von Wettbewerbern verletzen, BGH **4**, 104. Unter diesem Gesichtspunkt ist wesentlich, in welcher Weise und mit welchen Begleitumständen die Firma oder ein in ihr enthaltener Name gebraucht wird, RG **171**, 38, BGH **14**, 161, GRUR **51**, 411. Zum Begriff des firmenmäßigen Gebrauchs von Kennzeichnungen s § 37 Rn 3.

20   **d) Zeichnung:** Über die Art der Zeichnung der Firma im Geschäftsverkehr fehlt eine Vorschrift. Vgl betr Gfter § 125 Rn 11; dagegen betr Prokurist § 51. Rechtlich entscheidend ist nur, dass das Handeln für die Firma klar wird (Überbl 8 vor § 48). Zeichnung mit Firmenstempel durch nicht Vertretungsberechtigten ist uU fälschliche Anfertigung einer Urkunde iSv § 267 StGB, BGH DB **62**, 365 (Kdtist ohne HdlVollmacht). **Mitunterschrift** im Rahmen kfm Übung, die nicht zur wirksamen Vertretung erforderlich ist, bedeutet idR nicht persönliche Mitverpflichtung, BGH DB **70**, 1435 (X neben Alleininhaber). Mitunterschrift eines Nicht-phG bei KG-Stempel auf Wechselvorderseite ist nicht Bürgschaft iSv Art 31 III WG, BGH BB **74**, 14. Abgesetzte Mitunterschrift ist Fall des Art 31 III WG, Ffm BB **75**, 1364. **Wechselunterschrift** unter dem Stempel einer Personenfirma verpflichtet idR den Inhaber der Firma, nicht den Unterzeichner, auch wenn unklar ist, ob Unterzeichner Inhaber oder Vertreter ist (kein Fall des § 164 II BGB), BGH **62**, 216, **64**, 14, **73**, 218, DB **76**, 143, s auch WM **75**, 1090. Vgl bei **Handeln für die Firma** (Unternehmen) s Überbl 8 vor § 48.

Erfordernis der Zeichnung der Unterschrift beim HdlReg ist mit EHUG 2006 weggefallen (§ 14 Rn 1).

e) Gewerberecht: Gewerbetreibenden mit offener Verkaufsstelle, Gaststätte oder sonstiger offener Betriebsstätte gebietet § 15a GewO die **Anbringung ihres Familiennamens mit mindestens einem ausgeschriebenen Vornamen** und, wenn für sie eine Firma im HdlReg eingetragen ist, auch dieser an der Außenseite oder am Eingang ihres Geschäfts. Anbringung der Firma allein genügt, wenn sie einen Vornamen enthält. Bei OHG, KG, KGaG ist phG anzugeben. Auch juristische Personen wie AG, GmbH, eG haben, obwohl nicht ausdrücklich erwähnt, ihre Firma anzugeben, Darmst HRR **34**, 1503, str. Bei Verletzung Geldbuße (Ordnungswidrigkeit, § 148 GewO). Das Registergericht hat die Befolgung nicht zu erzwingen (reine Polizeivorschrift) KGJ **38** A 161.

C. **Änderung** der Firma ist (vorbehaltlich besonderer abweichender Verpflichtung) jederzeit erlaubt; dem Kfm selbst nach Belieben; dem gesetzlichen Vertreter, Bevollmächtigten, Insolvenzverwalter (s Rn 47), Testamentsvollstrecker usw (vgl § 1 Rn 40), soweit ihr Amt bzw Auftrag es erlauben. Die Änderung der Firma ist wie die Aufgabe der alten Firma (s Rn 23) als Bildung einer neuen Firma anzusehen, BayObLG WM **84**, 1535 (GmbH); anwendbar sind deshalb die Regeln über neugebildete Firmen (§ 18 Rn 2), nicht über fortgeführte (§§ 21 ff). Fortgeführte Firmen müssen grundsätzlich unverändert fortgeführt werden, BGH **44**, 119 (Frankona, § 24 Rn 4). Für die Bildung der geänderten Firma gilt Gleiches wie für die der ursprünglich neu gebildeten Firma. Änderung der Firma im Insolvenzverfahren s Rn 47.

D. **Erlöschen:** Die Firma erlischt nicht durch Tod (§ 1922 BGB, § 22 Rn 1) und auch nicht ohne Weiteres durch Löschung (falls vom Kfm noch geführt, s Rn 16), vgl BGH NJW **92**, 911 (zu § 25), aber

a) durch (endgültige) **Aufgabe der Firma,** auch von Teilen derselben, da die Firma ein Ganzes darstellt, Stgt Rpfleger **71**, 152, BayObLG WM **84**, 1535; der Kfm muss dann, wenn er das HdlGeschäft weiterführt, eine neue Firma annehmen;

b) durch **Geschäftsaufgabe**, nicht bloß bei vorübergehender Stilllegung (§ 1 Rn 52), BayObLG **71**, 165, WM **84**, 52, Rpfleger **90**, 56, BB **00**, 1212. Benutzung der Firma durch Dritten als Repräsentanten des Inhabers genügt, BGH BB **94**, 1238. Wird das HdlGeschäft **verpachtet** und führt der Pächter die Firma nicht fort, bleibt das Firmenrecht des Verpächters bestehen, der Pächter und nach Pachtende der Verpächter können wieder darauf zurückgreifen, KG OLGE **27**, 301, Heymann/Emmerich 21. Die vom Pächter gewählte Firma erlischt bei Pachtende, außer wenn er umgehend ein anderes HdlGeschäft pachtet und dafür die Firma benutzt, KG RJA **11**, 38.

c) durch Herabsinken des HdlGewerbes auf einen **nichtkaufmännischen Gewerbebetrieb** oder durch Änderung des HdlGewerbes in ein freiberufliches Unternehmen, Ko/Ru/Mo/Roth 19. Bei der PersonenHdlGes ist zu beachten, dass nicht schon die Auflösung, sondern erst das Ende der Auseinandersetzung zur Beendigung und damit zum Erlöschen der Firma führt (§ 1 Rn 52). Ist die Firma eingetragen, greift § 5 mit der Folge, dass die Firma bis zur Löschung weiterbesteht, GroßKo/Hüffer § 31 Rn 17, aA RG **155**, 75, üL. Da § 5 das Registergericht selbst aber nicht bindet, ist ggf zu löschen (§ 5 Rn 1).

E. **Übertragung: a) Unter Lebenden:** Die Übertragung der Firma (**Veräußerung,** Nießbrauch, Pacht oä) ist nur zusammen mit dem HdlGeschäft möglich (§ 23). Möglich ist aber bloße **Benutzungserlaubnis** vom Inhaber A an B, der zB in neuem Unternehmen einen von A aufgegebenen Geschäftszweig weiterführt; nimmt später A den Geschäftszweig auch wieder auf, kann er ver-

§ 17 25–30

pflichtet sein, seine Firma zur Vermeidung von Verwechslung zu ändern, BGH **LM** § 16 UWG Nr 5. Übertragung im **Insolvenzverfahren** s Rn 47.

25 **b) Von Todes wegen:** Fortführung der Firma des EinzelKfm durch seine **Erben** s § 22 Rn 2.

4) Registerverfahren; Firmenschutz

26 A. **Registerverfahren: a) Erzwingung der Anmeldung:** Das Registergericht hat die Kflte zur Anmeldung ihrer Firma anzuhalten (§ 14 S 1 iVm §§ 29, 31 ua, **(3)** FamFG § 388). Wird eine unzulässige Firma angemeldet, kann das Gericht Frist zur Behebung des Hindernisses setzen, **(4)** HRV § 26 S 2; dann muss es den Antrag ablehnen. Es darf nicht statt dessen „Anmeldung einer den §§ 18, 19 HGB entspr Firma" aufgeben (mit Zwangsgeldandrohung nach § 14), BayObLG NJW **73**, 372.

27 **b) Firmenführungskontrolle:** Die **Prüfung** der richtigen Bildung und Führung einer Firma obliegt dem **Registergericht** vor ihrer Eintragung und bei Anlass auch später (§ 37 I), KG NJW **55**, 1927. Dieselben Einwendungen kann, unabhängig von der Prüfung und Stellungnahme des Registergerichts, die das Prozessgericht nicht präjudiziert (§ 16 Rn 3), jeder Wettbewerber durch Klage nach § 37 II erheben. Das Registergericht prüft dagegen **nicht** die auf spezielle Beziehungen zu einzelnen Wettbewerbern beruhenden wettbewerbsrechtlichen Einwendungen gegen eine Firma (zB §§ 5 II, 15 MarkenG), diese sind durch zivilrechtliche Unterlassungsklage geltend zu machen und kein Eintragungshindernis, Karlsr NJW **51**, 280, Hamm FGPrax **07**, 140, selbst rechtskräftiges Urteil, Mü ZIP **13**, 1324, offen Hamm NJW-RR **11**, 769, str, aber Anspruch auf Unterlassung umfasst auch Anspruch auf Löschung (§ 37 Rn 13); innerhalb desselben Orts muss das Registergericht allerdings gemäß § 30 Verwechslungen verhindern, s § 30 Rn 1. Ebensowenig hat das Registergericht vertragliche Beschränkungen des Rechts zur Firmenführung zu beachten (häufig zB nach Trennung von Gftern, die neue Unternehmen gründen). Diese Fragen können nur die Parteien in der streitigen Gerichtsbarkeit austragen. Das Registergericht prüft auch die Eignung zur Irreführung, insoweit aber nur, wenn die Irreführung wesentlich ist (§ 18 Rn 13) und nur soweit ersichtlich (§ 18 II 2, dort Rn 20).

28 B. **Firmenverletzungformen,** gegen welche die Firma geschützt wird, sind:

a) Bestreiten des Rechts zur Führung der Firma, so nach § 12 BGB (s Rn 33);

29 **b) Gebrauch von gleichen oder ähnlichen Worten** durch einen anderen als Name, Firma, Marke oder sonstige geschäftliche Bezeichnung derart, dass Gefahr besteht, dass ein nicht unbeachtlicher Teil des Publikums entweder das Unternehmen dieses anderen und das des (Schutz begehrenden) Firmeninhabers verwechselt (**Verwechslungsgefahr,** s Rn 30), so nach § 12 BGB, § 15 MarkenG, **oder** zu Unrecht jedenfalls organisatorische oder wirtschaftliche Beziehungen zwischen den beiden Unternehmen annimmt (**erweiterte Verwechslungsgefahr);** BGH BB **89**, 1844 (Commerz), NJW **93**, 459 (wegen Branchenferne iErg abl); bei solcher Verwechslungsgefahr Schutz auch gegen **Wiedergabe** des Inhalts der zu schützenden Firma **in anderer Form** als durch Worte, zB bildlich, RG GRUR **31**, 274, RG **171**, 154 (beide: Salamander), BGH **LM** § 16 UWG Nr 21 (Fahrschule karo-as);

30 **Verwechslungsgefahr** (s Rn 29) besteht trotz Gleichheit eines Wortteils und ähnlichem Klang des anderen nicht, wenn das eine eine schutzunfähige Beschaffenheitsangabe ist, das andere eine Silbe von verschiedenem Schriftbild und bekanntem verschiedenen Sinn, BGH **LM** § 16 UWG Nr 16 (Synochem/Firmochem). Keine Verwechslungsgefahr zwischen „Capital-Service" für Kapitalanlagevermittlungsfirma und Titel „Capital" eines Wirtschaftsmagazins, BGH

3. Abschnitt. Handelsfirma 31–35 § 17

DB 80, 536. Für eine Bezeichnung, die an sich nicht genügend Unterscheidungskraft (s § 18 Rn 5) hat, um Firmenschutz zu genießen, kann infolge ihrer Verkehrsgeltung Verwechslungsgefahr mit einer ähnlichen bestehen, BGH 21, 73 (Deutsche Hausbücherei/Stuttgarter Hausbücherei). Ausschluss der Verwechslungsgefahr uU durch Zusatz, zB Angabe der Warenherkunft, speziell (infolge dichteren Warenaustauschs) innerhalb der EU, BGH BB 77, 1217. Lit: Kroitzsch GRUR 68, 173.

c) Schutz bekannter, nicht notwendigerweise berühmter **Unternehmenskennzeichnungen** (gegen Rufausbeutung, Rufschädigung, **Verwässerung,** auch soweit keine Verwechslungsgefahr besteht). Rechtsgrundlage des Schutzes bekannter Marken heute nur noch MarkenG ua §§ 9 I Nr 3, 14 II Nr 3, 15 III, BGH **138,** 349; s auch Rn 44. **Markenverunglimpfung,** BGH **125,** 91. Lit: Kohl 1975. 31

C. Firmenschutz: Das Recht an einer bestimmten Firma genießt Schutz: 32

a) nach HGB: gegen Annahme einer nicht deutlich abweichenden Firma durch einen anderen Kfm am gleichen Ort nach § 30; in diesem und in anderen Fällen verletzender Firmenführung eines anderen durch Maßnahmen des Registergerichts nach § 37 I und durch Klagrecht nach § 37 II. Lit: Knaak 1986.

b) nach BGB: als ein „sonstiges Recht" nach § 823 I BGB und als Name (s Rn 4) nach § 12 BGB (Namensrecht), auch wenn die Firma keinen bürgerlichen Namen enthält, auch wenn sie nicht von einer natürlichen Person geführt wird, BGH **11,** 215, **14,** 159, BB **60,** 801 (s auch Rn 31); auch Firmenzusätze (§ 18 Rn 8). Lit: Hefermehl FS Hueck **59,** 519, Siebert BB **59,** 641, Krüger-Nieland FS Fischer **79,** 339. Krit Fabricius JR **72,** 15. 33

c) nach MarkenG: gegen Verletzung von Unternehmenskennzeichen durch andere im geschäftlichen Verkehr durch §§ **5, 15 MarkenG;** § 15 IV gibt iVm VI, § 14 VII MarkenG den Unterlassungsanspruch gegen den Inhaber eines geschäftlichen Betriebs, in dem die verletzende Handlung erfolgte, auch wenn die Handlung von einem Angestellten oder Beauftragten vorgenommen wurde. Bsp: „KKB Kundenkreditbank" gegen „LKB" (in Alleinstellung), BGH WM **73,** 1410, Firmenbestandteil „NetCom", BGH NJW **97,** 1928. Schutz auch gegen zeichenmäßige Benutzung durch andere außer durch § 12 BGB auch durch **§§ 5, 15 MarkenG** (früher §§ 24, 28 WZG) mit einer (in § 12 BGB nicht gegebenen) Strafvorschrift (§ 143 MarkenG) und (für Importwaren) Androhung der Beschlagnahme und Einziehung durch die Zollbehörde (§§ 146 ff MarkenG). Markenparfümverkäufe, BGH **166,** 253. Schutz auch von Firmenzusätzen (§ 18 Rn 8). Kollisionen von Firma und geschäftlicher Bezeichnung s Riehle ZHR 128 **(66)** 1, Körner WRP **75,** 706. Adwords-Werbung, BGH NJW **11,** 3032 (Banabay II) m Anm Röhl 3005. 34

D. Schutzvoraussetzungen: a) Korrekte Firmenbildung: s §§ 18, 19. 35

b) Befugte Firmenführung: Der Schutz der Firma, von Amts wegen durch das Registergericht (§§ 30, 37 I, s Rn 29) oder im ordentlichen Prozess auf Grund von Schutzansprüchen des Inhabers (§ 37 II HGB, §§ 12, 823 I BGB, § 15 MarkenG, s Rn 31 ff), **setzt voraus,** dass die Firma **befugt geführt** wird, Das gilt auch für die anderen Schutzvorschriften. Der wegen Verletzung der Firma Belangte kann: (1) Unzulässigkeit nach (formalem) Firmenrecht (§ 18 Rn 3) oder als täuschend (§ 18 Rn 9) einwenden, (2) ein älteres eigenes ausschließendes (absolutes) Kennzeichnungsrecht (Namens-, Firmen-, Markenrecht usw, s Rn 10 ff), welches der Kläger durch seine Firmenführung verletzt, entgegenhalten oder (3) ein (relatives) Verbotsrecht gegenüber diesem, zB aus Vertrag (häufig bei Geschäftsteilung, -übertragung). Er kann dem Kläger nicht solche (absoluten oder relativen) Rechte Dritter entgegenhalten, BGH **10**, 204 (Dunn), **24**, 240 (Tabu).

36 **c) Keine Verwirkung:** Der Inhaber der Firma verwirkt die Schutzrechte gegen einen Verletzer, wenn (1) er dessen Verhalten derart hingehen lässt, dass der Verletzer annehmen darf, der Berechtigte dulde die verletzende Bezeichnung, und (2) infolgedessen der Verletzer im Vertrauen darauf durch längere redliche ungestörte Benutzung einen „schutzwürdigen Besitzstand" an seiner Bezeichnung, wenn auch noch nicht seinerseits ein gegen Dritte wirkendes Schutzrecht, erlangt hat, BGH **21**, 78 (Hausbücherei), BB **58**, 59 (Gleichnamige, s § 19 Rn 7), NJW **86**, 58, Ffm BB **70**, 1320 (vgl § 377 Rn 46). Verwirkung des Unterlassungsanspruchs nach § 37 II s § 37 Rn 12. Verwirkung von Schadensersatzansprüchen auch ohne schutzwürdigen Besitzstand, BGH NJW **88**, 2470.

37 Von der Verwirkung ist die **Erwirkung** zu unterscheiden, die dann auch zur Eintragung der an sich unzulässigen Firma berechtigen würde; wegen der Interessen Dritter und der Allgemeinheit ist aber ein durch fortlaufenden Verstoß gegen Firmenrecht gewonnener Besitzstand idR nicht schutzwürdig, BGH WM **93**, 1248 (Datatel, zu § 37), NJW-RR **94**, 1255 (Schwarzwaldsprudel, auch nicht nach 40 Jahren), näher § 18 Rn 18, § 37 Rn 12.

38 **E. Formen des Schutzes der Firma: a) Durch das Registergericht:** von vornherein **Ablehnung der Eintragung** nicht deutlich verschiedener Firmen für andere am gleichen Orte, § 30: von Amts wegen; sodann auch **Unterbindung** verletzender Firmenführung durch andere durch Zwangsmaßnahmen des Registergerichts, § 37 I: von Amts wegen.

39 **b) Durch das Prozessgericht:** Verurteilung des Verletzers oder dessen, der zu verletzen droht, zur **Unterlassung** der Verletzung, § 37 II HGB, § 12 BGB, § 15 MarkenG. Wenn nur Teil der unzulässigen Bezeichnung verletzt, genügt idR das Verbot der Bezeichnung wie geführt und des verletzenden Teils als Schlagwort oder marken- bzw geschäftsbezeichnungsmäßig; ein weiterreichendes Verbot ist möglich bei offenbar missbräuchlicher Benutzung oder bewusster Anlehnung an die Firma des Verletzten, wenn sie eine innere Einstellung des Verletzers verrät, die eine einwandfreie Benutzung auch in Zukunft nicht erwarten lässt. Entsprechend Verurteilung des Verletzers zur **Beseitigung** verletzender Anstalten, § 12 BGB, zB des Eintrags einer das Firmenrecht des Berechtigten verletzenden Firma im HdlReg.

40 Verurteilung des Verletzers (bei Verschulden) zum **Schadensersatz**, § 823 I BGB, § 15 MarkenG. Für diesen stehen (wie für Immaterialgüter- und gewerbliche Schutzrechte, Urheberrecht, zB § 97 I 2 UrhG) **drei Berechnungsarten** zur Wahl des Geschädigten: (1) Ersatz des konkret entstandenen Schadens samt entgangenem Gewinn (§§ 249, 252 BGB), (2) angemessene Lizenzgebühr, auch wenn Lizenz nicht branchenüblich ist (Lizenzanalogie), (3) Berechnung nach dem Verletzergewinn, auch wenn die Verletzung nicht bewusst (iSv § 687 II BGB) war, BGH **60**, 206, **145**, 371, **169**, 340 (Foto), **173**, 374 (Schutzrecht), NJW **07**, 1525, **09**, 3722 (UrhG). Zur Feststellung der Schadensersatzpflicht genügt schlichte (nicht „hohe") Wahrscheinlichkeit eines Schadens, die bei Firmenrechtsverletzung (falls nach Dauer und Intensität überhaupt „Verletzung") idR anzunehmen ist, auch bei Unternehmen, das noch im Aufbau ist, BGH BB **74**, 813. Zur Schadensberechnung bei Lizenzanalogie BGH **119**, 20, **122**, 266; kein Abzug fixer Gemeinkosten, Schätzung nach § 287 ZPO, BGH **145**, 366, NJW **07**, 1524m Anm Loschelder 1503. Berechnung des Verletzer(gesamt)gewinns bei Verletzerkette, BGH NJW **09**, 3722m Anm Arnold/Slopek 3694. Lit: Assmann BB **85**, 16; Hofmann AcP 213 (**13**) 469 (Gewinnherausgabe bei Vertragsverletzungen); Fezer FS Bornkamm **14**, 335 (Unrechtserlösabschöpfung); Witz FS Bornkamm **14**, 513 (Grenzen des Geheimnisschutzes).

3. Abschnitt. Handelsfirma 41–46 § 17

Verurteilung zur **Herausgabe** des durch die (auch unverschuldete) Verletzung 41
Erlangten nach § 812 BGB, RG 121, 259, BGH 15, 348, BB 82, 267. Lizenzgebühr als Ersparnisbereicherung, BGH 81, 81, 99, 244 (Marke). Herausgabe des Verletzergewinns, §§ 687 II, 681, 667 BGB, s Rn 40; bei der Verletzung gewerblicher Schutzrechte nicht im Rahmen des § 818 II BGB, BGH 82, 299, str.

Zur Klärung des Umfangs der Ersatz- oder Herausgabepflicht (s bei 42
Rn 40–41): Verurteilung des Verletzers zu **Auskunft** und **Rechnungslegung** über Umfang und Folgen des verletzenden Tuns, § 259 BGB, BGH 5, 123 (zum Urheberrecht), 166, 233 (§ 19 MarkenG). Lit: Pietzner GRUR 72, 151.

c) **Sonstiges: Beschlagnahme** und Einziehung von Waren durch die Zoll- 43
behörde, §§ 146 ff MarkenG. **Strafverfolgung,** § 143 MarkenG.

F. **Räumlicher und sachlicher Schutzbereich:** Der Schutz der Firma reicht 44
räumlich (abgesehen vom begrenzten Schutz gemäß § 30) und **sachlich** soweit wie das Bedürfnis nach Verhütung von Verletzungen. Der Schutz gegen Verwechslung (s Rn 29f) reicht idR über das ganze **Inland**, RG 171, 30. Der Schutz gilt nur im begrenzten Wirtschaftsgebiet, wenn das Unternehmen nach Zweck, Art, Inhaberwillen nur auf eine so begrenzte Tätigkeit gerichtet ist; dann nur Verbot der Benutzung eines verwechslungsfähigen Schlagworts in diesem Raum (nicht Löschung der es enthaltenden anderen Firma); Ffm BB 70, 1320 (Aufina/Allfina, Finanzierungsfirma, Raum Ffm-Wiesbaden), so idR bei Gaststättenunternehmen, anders wenn es darauf angelegt und im Begriff ist, Gaststätten unter der Firma an vielen Orten zu betreiben, BGH 24, 243, WM 93, 1607. Der Schutz erstreckt sich idR nicht auf **fremde Geschäftszweige**, BGH 15, 111 (Koma: Lebensmittel, Füllhalter), NJW 56, 1713 (Meisterbrand: Spirituosen, Herde). Ausnahmsweise wird auch außerhalb derselben Schutz gewährt (s Rn 31).

5) Verfahrensrecht

A. **Zivilprozess (II):** Der Kfm kann (muss aber nicht, HdlGes s Rn 4) in den 45
seine Geschäfte betreffenden Angelegenheiten (Großko/Hüffer 45, dafür spricht Vermutung unabhängig von § 344) unter seiner Firma klagen und verklagt werden; Kläger bzw Beklagter ist der Kfm, nicht die Firma als solche (Name, s Rn 5). Im Prozess ist es also zulässig, den Kfm nur mit der (vom bürgerlichen Namen abweichenden) Firma zu bezeichnen, ohne sich darum zu kümmern, um welche Person es sich tatsächlich handelt, BGH NJW 90, 908; Schuler NJW 57, 1537, Noack DB 74, 1369. Nennt eine Klage nur die Firma, nicht den Inhaber, ist Kläger, wer bei Klageerhebung tatsächlicher Inhaber des unter der Firma betriebenen HdlGeschäfts ist, RG 157, 375, Kln NJW-RR 96, 292; entsprechend für den Beklagten, RG 86, 65, 159, 350, Ffm BB 85, 1219; auch bei Verklagung unter GesFirma, wenn das HdlGeschäft tatsächlich von EinzelKfm geführt wird, Kln BB 77, 510. Die Verwendung einer unrichtigen Firma und die spätere Änderung der Firma sind unschädlich. Prozess- und Urteilswirkungen treffen den klagenden bzw beklagten Inhaber, nicht das HdlGeschäft „an sich" oder dessen jeweiligen Inhaber, Inhaberwechsel berührt den Prozess nicht, anders nur bei zivilprozessualer Parteiänderung (Parteiwechsel, Parteierweiterung). Veräußert der Kläger die Firma mit der Streitsache während des Prozesses, so berührt das den Prozess nicht (§ 265 ZPO); aber es ist Leistung an den Rechtsnachfolger zu verlangen, auch wo dieser ganz dieselbe Firma führt. Bei Erbfall während des Prozesses Unterbrechung oder Aussetzung (§§ 239, 246 ZPO). II gilt auch für **ausländische Firmen,** Hbg OLGE 3, 274 (zu diesen s Rn 49).

B. **Zwangsvollstreckung:** II gilt auch für die Zwangsvollstreckung (§ 750 46
ZPO), BayObLG NJW 56, 1800. Verurteilung unter der Firma erlaubt Vollstreckung in das Privatvermögen, Verurteilung unter bürgerlichem Namen Vollstreckung in das Geschäftsvermögen; den Inhaber der Firma müssen Gerichtsvollzieher und Vollstreckungsgericht notfalls im HdlReg feststellen. Unrichtige Be-

§ 17 47, 48   1. Buch. Handelsstand

zeichnung des Beklagten im Urteil ist uU (auch wenn vom Kläger verursacht) zu berichtigen, zB „A und B handelnd unter Firma B & Co" statt „Firma B & Co KG", Kln NJW **64**, 2424. Wer während des Prozesses Rechtsnachfolger geworden ist und die Firma weiterführt, unterliegt der Zwangsvollstreckung nicht, wenn nicht das Urteil gegen ihn lautet. Ebenso kann der Rechtsnachfolger des Obsiegenden nur vollstrecken, wenn der Titel auf ihn lautet. Bei Veräußerung oder Erbfall nach Rechtskraft Umschreibung der Vollstreckungsklausel (§§ 727, 325 I ZPO). Die Firma selbst ist, da nicht selbstständig übertragbar (§ 23), nicht pfändbar, BGH **85**, 223; aber auch das HdlGeschäft ist nicht selbstständig pfändbar, BGH **32**, 105.

47   C. **Insolvenzverfahren: a) Massezugehörigkeit:** Die Firma gehört wegen ihres Vermögenswertes zur Masse (s Rn 5), heute hL, BGH **85**, 221, aA RG **158**, 231 wegen Persönlichkeitsrecht. Während des Insolvenzverfahrens führt der Insolvenzverwalter das HdlGeschäft unter der bisherigen Firma weiter und nimmt den Firmenschutz wahr. Der Gemeinschuldner darf die Firma dem Insolvenzverwalter nicht durch Löschung entziehen, BayObLG JW **33**, 179. Der Insolvenzverwalter darf während des Insolvenzverfahrens nicht das Erlöschen der Firma zur Eintragung im HdlReg anmelden, da die Vollbeendigung des Geschäfts erst nach Abschluss des Insolvenzverfahrens feststellbar ist, BayObLG MDR **79**, 674. Änderung der Firma (s Rn 22) im Insolvenzverfahren durch die Gfter ist nicht ohne Zustimmung des Insolvenzverwalters möglich, auch bei GmbH, Karlsr NJW **93**, 1931; Eintragung der Ersatzfirma durch den Insolvenzverwalter bedarf der Satzungsänderung der Ges (vgl § 3 I Nr 1 GmbHG, § 23 III Nr 1 AktG), Mü NZG **16**, 837m Anm Linardatos ZIP **17**, 901, zuständig Insolvenzverwalter kraft Amtes (§ 22 Rn 24), MüKo/Heidinger Rn 89, Staub/Burgard Rn 70, Linardatos ZIP **17**, 910, aA GfterVersammlung, Gfter können zustimmungspflichtig sein (Treuepflicht), Leuering NJW **16**, 3265, aber Verwertung würde blockiert. Anmeldung nach § 31 dort Rn 5.

b) Veräußerung: Im Insolvenzverfahren ist die Firma (samt dem Unternehmen, § 23) **nur mit Zustimmung des Namensträgers** (Gemeinschuldner oder Gfter), dessen Namen sie enthält, übertragbar (**§ 22**; auch abgeleitete Firma bei gleichem Familiennamen), BGH **32**, 108, Düss BB **82**, 695, Kblz NJW **92**, 2101 (KG), Wertenbruch ZIP **02**, 1935 (anders für GmbH und GmbH & Co, § 24 Rn 12), aber fraglich, ob die Rspr künftig nicht doch umschwenkt, neuere Lehre ist zu Recht aA, zB MüKo/Heidinger § 22 Rn 86, K. Schmidt § 12 I Rn 52, 54 auch für die typische PersonenGes und den EinzelKfm, Oetker/Schlinghoff 31, § 22 Rn 23, Köhler FS Fikentscher **98**, 509. Zustimmungserfordernis gilt aber nur für Firma des EinzelKfm und der PersonenGes, BGH **85**, 224. Keine Zustimmung ist notwendig bei Firma ohne Namen des Gemeinschuldners (oder eines Gfters), zB abgeleiteten Firmen und Sach- und Phantasiefirmen. **Einwilligung eines ausscheidenden Gesellschafters** ist nach **§ 24 II** iZw (bloße Auslegungsregel, § 24 Rn 11, Canaris § 10 Rn 44 ff, str) notwendig (anders bei GmbH, GmbH & Co, § 24 Rn 12). Firmierung der Ges nach Veräußerung des HdlGeschäfts mit Firma s § 22 Rn 24. Lit: Neuwinger 2006; Wertenbruch ZIP **02**, 1931.

6) Europäisches Firmenrecht, internationaler Verkehr

48   A. **Anwendbares Recht: a) Firmierung:** Die Firma als HdlName, also wie die Firma zu bilden ist, bestimmte sich früher nach dem Recht des Unternehmenssitzes, für alle Kflte ebenso wie für alle HdlGes, vgl BGH NJW **71**, 1523, Staud/Großfeld IntGesR 319. Der für die juristischen Person bestimmt sich zwar nach ihr vor nach dem Gesellschaftsstatut (Einl 29 vor § 105), das gilt auch für die Firma, BayObLG IPRax **86**, 39, Leible/Hoffmann EuZW **03**, 680, Eidenmüller/Rehm ZGR **04**, 183, Ebenroth/Reuschle § 17 Anh 4, MüKo/

3. Abschnitt. Handelsfirma § 17

Heidinger Vor § 17 Rn 32, 34, nach aA Inlandsrecht, Borges ZIP **04**, 736, MüKo/Kindler IntGesR 148; seit der EuGH-Rspr (Einl 29 vor § 105) ist das Gesellschaftsstatut aber jedenfalls in EU/EWR nicht mehr der Unternehmenssitz, sondern das **Gründungsstatut**, MüKo/Heidinger Vor § 17 Rn 60. Aus der ausländischen Firma ergibt sich idR die Auslandseigenschaft, mehr kann das inländische Recht gegenüber AuslandsGes aus EU/EWR grundsätzlich nicht fordern (Einl 29 vor § 105, vgl § 13e II 4 Nr 4 iVm 11. EG-Ri), so auch Ebenroth/Reuschle § 17 Anh Rn 14 ff, Bsp: Ltd genügt ohne Angabe von England oa; MüKo/Heidinger Vor § 17 Rn 46, innerhalb der EU wohl auch, wenn der ausländische Rechtsformzusatz mit einem deutschen nach § 19 I verwechselt werden kann, MüKo/Heidinger Vor § 17 Rn 47. Danach kann etwa auch von der österreichischen GmbH kein Herkunftszusatz verlangt werden, sehr str, MüKo/Heidinger Vor § 17 Rn 47, Rehberg 54f, 66 (Diskriminierung), aA Leible/Hoffmann EuZW **03**, 681. Zu AuslandsGes aus der EU auch § 18 Rn 36, § 19 Rn 42, auch § 37a Rn 9. Zu ZwNl s § 13d Rn 3 und allgemein § 13 Rn 7. Wie die Firma zu gebrauchen ist, bestimmt sich nach dem Recht am **Ort des Gebrauchs** (vgl § 30 III). – Lit zum internationalen Firmenrecht Lamsa, Die Firma der AuslandsGes, 2011; MüKo/Heidinger Vor § 17 Rn 32 ff; Mankowski/Knöfel in Hirte/Bücker, Grenzüberschreitende Ges, 2. Aufl 2006, § 13; Rehberg in Eidenmüller, Ausländische KapitalGes im dtsch Recht 2004 § 5; Schünemann, Die Firma internationalen Rechtsverkehr, 2016.

b) Firmenschutz: Der Schutz der Firma als Immaterialgüterrecht bestimmt sich nach dem **Recht des Schutzlandes**, Stgt RIW **91**, 955, von deutschen Kflten (HdlGes) im Ausland also nach ausländischem Recht. Im Anwendungsbereich der Pariser Verbandsübereinkunft gilt der Grundsatz der Inländerbehandlung (Art 2 I, 8 PVÜ), unabhängig vom Schutz im Heimatstaat, BGH NJW **95**, 2985. Das Schutzlandprinzip gilt auch nach Art 8 I Rom II-VO (in Kraft ab 11.1.2009) innerhalb der EU für außervertragliche Schuldverhältnisse. Ein deutscher Kfm kann nach Vertrag oder nach deutschen Rechtsgrundsätzen verpflichtet sein, ein ausländisches Verbotsrecht im Ausland gegen einen anderen deutschen Kfm nicht zu gebrauchen, BGH **14**, 293 („Farina" in Belgien). Lit zum (Hdl)Namensschutz im IPR Baur AcP 167 **(67)** 535, Krasser GRUR **71**, 490, Graf WRP **69**, 209 (Kennzeichen), K. Schmidt in Lutter, Europ AuslandsGes, 2005, S 26, Rehberg in Eidenmüller, Ausl KapitalGes im dtsch Recht, 2004, § 5 Rn 23, Mankowski in Hirte/Bücker, Grenzüberschreitende Ges, 2005, § 12; Leible/Hoffmann EuZW **03**, 680.

B. Die Firma der ausländischen Gesellschaft im Inland: a) Firmierung: 49
Eine ausländische Gesellschaft kann ihre nach dem anwendbaren ausländischen Recht zulässige Firma grundsätzlich auch dann im Inland führen, wenn die Firma hier anders gebildet werden müsste bzw unzulässig wäre, das gilt insbesondere für ausländische Ges aus der EU, Ausnahme für ScheinauslandsGes ist in der EU nicht mehr zulässig (Einl 29 vor § 105), str (s Rn 48). Grenzen folgen über Art 6 EGBGB (ordre public) ua aus dem Grundsatz der Firmenunterscheidbarkeit und dem Irreführungsverbot (s Rn 48, § 18 II HGB, § 5 UWG), Stgt WRP **91**, 526, Hamm WRP **92**, 355, Mü ZIP **07**, 1949, NZG **11**, 157, LG Aach ZIP **07**, 1011, Kögel DB **04**, 1763. Aber der deutsche ordre public ist in EU/EWR gegenüber der Niederlassungsfreiheit der Art 49, 54 AEUV (Art 43, 48 aF EGV) nachrangig, insoweit nur Vier-Kriterien-Test (Einl 29 vor § 105), das Gründungsrecht setzt sich danach fast völlig durch, Ebenroth/Reuschle § 17 Anh Rn 15. Keinesfalls kann Herkunftslandzusatz gefordert werden, Grund ZwNlRi (§ 13 Rn 2, Einl 36 vor § 105) ist abschließend. Auch eine im Ausland eingetragene Firma muss aber im Inland grundsätzlich so geführt werden, dass sie nicht irreführt (§ 18 II), vgl LG Hagen NJW **73**, 2162 (Vortäuschung einer Mehrländergruppe durch Liechtensteiner Firma in 4 Sprachen), Mü NZG **11**, 157 (Zahnarztpraxis bei

bloßem Dienstleistungsbetrieb für solche), aber betr § 18 I § 13d Rn 4. Kennzeichnung der Haftungsbeschränkung (§ 19 II) ist auch bei der inländischen ZwNl der ausländischen Ges unerlässlich. Wie bei deutschen Firmen wird man auch den Rechtsformzusatz nach § 19 I verlangen müssen, E. Voigt § 10 IV, Altmeppen ZIP **07**, 889, str, wohl aA MüKo/Heidinger Vor § 17 Rn 63. Der ausländische Zusatz „Ltd" reicht dafür aber aus, MüKo/Heidinger Vor § 17 Rn 46, fremdsprachige Ausdrücke sind zu belassen, Übersetzung oder gar Erläuterung kann nicht gefordert werden, fremde Schriftzeichen und Zahlen sind in die hierzulande übliche From zu übertragen, Ebenroth/Reuschle § 17 Anh Rn 28. Auch Unterscheidbarkeit nach § 30 bleibt zu beachten (als ohne registergerichtliche Prüfung, § 13 Rn 13). Haftung des für die Ges auftretenden Vertreters s § 5 Rn 10. ZwNl der ausländischen Firma im Inland s § 13d Rn 4. Lit: Lamsa, Die Firma der AuslandsGes, 2011.

b) Firmenschutz: Die (nach inländischem Recht befugt geführte) Firma von Ausländern (Kflten, HdlGes usw) wird in der BRD wie die von Inländern geschützt, BGH NJW **95**, 2986 (Torres), so im (weit reichenden) Anwendungsbereich des Pariser Unionsvertrags (PVÜ) nach dessen Art 2 I, 8 (Schutzlandprinzip, Territorialitätsgrundsatz); RG **109**, 213 (Kwatta), **132**, 378. Außerhalb des Pariser Unionsvertrags gilt § 12 BGB ebenfalls ohne Weiteres, RG **117**, 215 (Eskimo Pie), BGH NJW **71**, 1523 (SWOPS), dagegen Fabricius JR **72**, 15. Die Voraussetzungen des Schutzes, zB schutzwürdiges Interesse (§ 12 BGB), Verwechslungsgefahr (§ 15 II MarkenG, vgl aber auch § 15 III MarkenG), Unterscheidungskraft der Firma (§ 18 Rn 5), müssen aber im inländischen Verkehr, nicht nur im Ausland, gegeben sein. Die Firma muss im Inland so in Gebrauch genommen sein, dass auf Beginn dauernder wirtschaftlicher Betätigung im Inland zu schließen ist, BGH **75**, 176, NJW **97**, 2953. Ingebrauchnahme auch durch Wareneinkäufe, keine Beschränkung des Firmenschutzes auf Bestellbereich, BGH **75**, 172 (Concordia I), NJW **83**, 2382 (Concordia II, firmenrechtliche Priorität trotz Umwandlung).

50 C. Beteiligung an einer inländischen Gesellschaft: a) Firmierung: Ausländische Firmen können sich ohne Weiteres an deutschen Firmen beteiligen. Für die Firmierung gilt deutsches Recht mit der Folge, dass die ausländische Firma bei Wahl einer Personenfirma grundsätzlich unverändert in die Firma der deutschen Ges übernommen werden muss (Firmenidentität); anders bei Wahl einer Sach- oder Phantasiefirma, der Rechtsformzusatz nach § 19 I Nr 1–3 ist in jedem Fall hinzuzufügen, aA differenzierend MüKo/Heidinger § 19 Rn 33. Haftet keine natürliche Person, muss die Firma eine auf die Haftungsbeschränkung hinweisende Bezeichnung, zB „& Co. KG", enthalten (§ 19 II, § 19 Rn 24), zB „X Ltd & Co KG", BayObLG NJW **86**, 3029. Dabei ist sicherzustellen, dass die ungewöhnliche Firmierung in solchen Fällen den Verkehr nicht täuscht (§ 18 II), Heymann/Emmerich § 19 Rn 31.

b) Firmenschutz: Firmenschutz bei korrekter und befugter Firmenführung (s Rn 35, 48). Schutz der ausländischen Firma s Rn 49. Lit: Beitzen DB **72**, 2051 (GmbH).

[Firma des Kaufmanns]

18 (1) **Die Firma muß zur Kennzeichnung des Kaufmanns geeignet sein und Unterscheidungskraft besitzen.**

(2) ¹**Die Firma darf keine Angaben enthalten, die geeignet sind, über geschäftliche Verhältnisse, die für die angesprochenen Verkehrskreise wesentlich sind, irrezuführen.** ²**Im Verfahren vor dem Registergericht wird die Eignung zur Irreführung nur berücksichtigt, wenn sie ersichtlich ist.**

3. Abschnitt. Handelsfirma § 18

Übersicht

	Rn
1) Normzweck, Anwendungsbereich	1–3
A. Normzweck	1
B. Anwendungsbereich	2
C. Sondervorschriften	3
2) Eignung zur Kennzeichnung und Unterscheidungskraft (I)	4–8
A. Eignung zur Kennzeichnung	4
B. Unterscheidungskraft	5
C. Firmenkern und Firmenzusätze	8
3) Irreführungsverbot (II 1)	9–18
A. Firmenwahrheit	9
B. Eignung zur Irreführung über wesentliche geschäftliche Verhältnisse	13
C. Firmenwahrheit bei fortgeführten Firmen	16
D. Firmenwahrheit bei frei gewordenen Firmen	17
E. Für die Firmenwahrheit maßgeblicher Zeitpunkt	18
4) Registerverfahren (II 2)	19–20
5) Einzelfälle: Hinweise auf Rechtsverhältnisse	21–22
A. Inhaber- und Nachfolgevermerk	21
B. Hinweise auf Gesellschaftsform	22
6) Geographische und historische Hinweise	23–27
A. Gebiets- und Stadtangaben	23
B. Art der Beziehung	24
C. Deutsch	25
D. Europäisch	26
E. Historische Hinweise	27
7) Hinweise auf Art des Betriebs	28–35
A. Hinweise auf geschützte Bezeichnungen	28
B. Hinweise auf Marktstufe	29
C. Hinweise auf Größe und Bedeutung	30
D. Hinweise auf Vereinigung	31
E. Hinweise auf Spezialisierung und Branchen	32
F. Hinweise auf Amtsstellung	34
G. Hinweise auf Titel und Berufsqualifikationen	35
8) Europäisches Firmenrecht, internationaler Verkehr	36

1) Normzweck, Anwendungsbereich

A. Normzweck: § 18 idF HRefG 1998. § 18 ist wie das Firmenrecht insgesamt Teil der Unternehmenspublizität, die dem Schutz des Geschäftsverkehrs bzw der Marktteilnehmer dient. **I** regelt die Grundanforderungen an die Firma des Kfm, nämlich Eignung zur Kennzeichnung und Unterscheidungskraft. Damit nimmt I Begriffe aus dem Immaterialgüterrecht auf (vgl § 15 MarkenG), auch wenn I eine Norm des Firmenordnungsrechts bleibt. **II** enthält das firmenrechtliche Irreführungsverbot, und zwar nicht mehr wie nach dem Wortlaut der aF nur für Zusätze, sondern (wie zutr schon unter aF) allgemein und umfassend für sämtliche Firmenbestandteile einschließlich der Firma als ganzes. Das Irreführungsverbot dient dem Interesse des Publikums und des Geschäftsverkehrs vor Irreführung, RG **75**, 372, BGH **46**, 11 (zu § 30). II schränkt das Irreführungsverbot gegenüber der aF zweifach ein, materiellrechtlich durch die Wesentlichkeitsschwelle (II 1, s Rn 13) und verfahrensrechtlich durch das Erfordernis der Ersichtlichkeit (II 2, s Rn 20). Die Möglichkeiten der Firmenbildung sollen durch das Irreführungsverbot nicht über Gebühr eingeschränkt und das Registerverfahren durch die Firmenprüfung nicht unangemessen verzögert werden (RegE HRefG), Ffm **15**, 729 Rn 30.

B. Anwendungsbereich: I mit seinen Erfordernissen der Eignung zur Kennzeichnung und der Unterscheidungskraft, also Erfüllung der Namensfunktion im geschäftlichen Verkehr, gilt nicht nur für die Firma des Einzelkaufmanns, sondern

§ 18 3, 4   1. Buch. Handelsstand

allgemeiner **für alle Firmen** nach HGB (EinzelKfm, OHG, KG, § 19; auch juristische Personen nach § 33) wie auch außerhalb des HGB (GmbH, AG, KGaA, eG). Das folgt für HdlGes schon aus § 6 I gilt für die **neugebildete Firma** im Gegensatz zur fortgeführten Firma (§§ 21 ff). Der neugebildeten Firma steht die geänderte gleich (§ 17 Rn 22). **II** enthält ein umfassendes firmenrechtliches **Irreführungsverbot** (Grundsatz der Firmenwahrheit, s Rn 9) und gilt deshalb ebenfalls umfassend, also nicht nur für die im HGB (EinzelKfm, OHG, KG, juristische Personen nach § 33), sondern auch die außerhalb des HGB geregelten Firmen, und zwar jedenfalls nach II nF direkt, nach aA analog oder jedenfalls gewohnheitsrechtlich, GroßKo/Hüffer 4.

3   C. **Sondervorschriften: Rechtsform:** s außer § 19 I 1–3 (Kfm, OHG, KG) vor allem § 4 GmbHG (GmbH), §§ 4, 279 AktG (AG, KGaA), § 3 GenG (eG); § 2 PartGG (PartG), nach § 2 I 3 PartGG idF HRefG 1998 dürfen die Namen anderer Personen als der Partner nicht in den Namen der PartG aufgenommen werden (ähnlich § 19 IV aF; s auch Rn 22). **Unterscheidung der Firmen an demselben Ort:** s § 30. **Vor 1900 eingetragene Firmen** s (1) EGHGB Art 22, BGH **30,** 291, BayObLG **60,** 352, zB Deutsche Bank (ohne AG). **Änderungen der Inhaberschaft** s §§ 21–24. **Sondervorschriften für bestimmte Berufe:** BRAO, PatAnwO ua. Werbeverbote für freie Berufe, zB Steuerberater, BGH **103,** 355, NJW **88,** 262. **Aufrechterhaltung** von in der Kriegszeit bewilligten Ausnahmen s § 2 II, III Handelsrechtliches BereinigungsG (s Einl Rn 12 vor § 1); Gestattung von Ausnahmen vom Firmenrecht für bis Ende 1951 in das Bundesgebiet verlegte (Personen-)Unternehmen s § 3 I desselben Gesetzes; danach können entgegen § 30 uU nicht deutlich unterschiedene Firmen am gleichen Ort zulässig sein.

2) Eignung zur Kennzeichnung und Unterscheidungskraft (I)

4   A. **Eignung zur Kennzeichnung:** Die Eignung zur Kennzeichnung ist die Erste, selbstverständliche Funktion der Firma (auch **Namensfunktion** genannt). Eignung zur Kennzeichnung bedeutet, dass die Firma als Name individualisiert werden kann. Die Grenzen zum Kriterium der Unterscheidungskraft (s Rn 5) sind fließend, zB bei Gattungsbezeichnungen (s Rn 5f). Fehlt es bereits an der Eignung zur Kennzeichnung oder an der Unterscheidungskraft nach I, kommt es auf die Frage der Irreführung nach II nicht mehr an. Die Firma muss wie andere Namen aus **Worten** bestehen, auch mit anderen Zeichen als Buchstaben (Anführungszeichen, Punkt, Klammern, kfm und mathematisches Undzeichen), auch mit **Zahlen**, KG MDR **13,** 920, einerlei ob in Buchstaben oder Ziffern, auch das Zeichen @, Canaris § 10 Rn 14, aA BayObLG NJW **01,** 2337, Met@box, Brschw WRP **01,** 287, zutr krit Mankowski EWiR § 18 HGB 1/**01,** 275; auch nicht (selbst nicht sprechbare) Bildzeichen, BGH **14,** 159, MDR **00,** 273, KG BB **00,** 1958, auch wenn für sie ein aussprechbares Wort besteht, zB Herz, Kleeblatt. Schriftart und Schriftbild sind frei wählbar; nicht aber im HdlReg, KG BB **00,** 1958, vgl **(4)** HRV § 12; das Registergericht ist nicht an die exakte Schreibweise in der Anmeldung gebunden (pflichtgemäßes Ermessen), Mü GmbHR **10,** 1155, FGPrax **11,** 193 (hochgestellte Zahl im Firmennamen). Die Firma kann (und muss zT) ua folgende Angaben enthalten: Eigennamen (s Rn 21), Gegenstand des Unternehmens, Rechtsform (GesZusatz s § 19 I, §§ 4, 279 AktG, § 4 GmbHG), Inhaberwechsel (Nachfolgezusatz, s Rn 21, vgl §§ 22, 25 I 1), Haftungsbeschränkung (GmbH & Co, § 19 II), sonstige **Zusätze** (s Rn 8). **Sachfirma** braucht anders als früher (35. Aufl) nicht mehr unbedingt für Dritte den Unternehmensgegenstand erkennbar zu machen, da die Grenze zur Phantasiefirma fließend ist, Stgt NZG **12,** 551 (s auch Rn 20). Es genügt jede Firma, die nach dem äußeren Erscheinungsbild auf irgendeinen Unternehmensgegenstand/Tätigkeitsbereich Bezug nimmt, MüKo/Heidinger 23 ff, sie darf nur nicht

3. Abschnitt. Handelsfirma   5, 6   § 18

irreführend sein (§ 18 Rn 13). Auch **Phantasieworte** (Phantasiefirma s § 17 Rn 3, 6) sind zur Individualisierung geeignet und insoweit zulässig, Ffm BB **73**, 1230 (Orgware), BayObLG NJW-RR **00**, 111 (Meditec), ebenso grundsätzlich dem allgemeinen Publikum nichts sagende **Abkürzungen,** KG DR **42**, 1698 (ZUB), str, auch um zB im Branchenverzeichnis an den Anfang des Alphabets zu kommen; anders bei Täuschungsgefahr, zB LG Trier BB **61**, 561 (SB = Selbstbedienung?), BayOBLG BB **80**, 1120 LS (Schein eines Familiennamens), Ffm BB **82**, 1322 (Darius). Auch **Buchstabenfolgen** sind wie nach §§ 3 I, 8 II Nr 2 MarkenG möglich, Canaris § 10 Rn 15, Lutter/Welp ZIP **99**, 1078, Bspe Schoene GWR **09**, 137, auch reine Buchstabenfolgen ohne Wortcharakter und ohne Verkehrsgeltung, BGH WM **09**, 235 (HM & A), KG ZIP **13**, 1769, anders vor HRefG Celle DB **99**, 40, ZIP **06**, 1586, Ffm NJW **02**, 2400, zB A-Blöcke; entscheidend ist, dass die Firma als Name erkannt wird, BGH WM **09**, 236. Aber nur artikulierbare Zeichen (nicht unbedingt als Wort), also nicht solche aus nichtlateinischen Buchstaben oder reine Bildzeichen, BGH WM **09**, 236. Unverständliche Abkürzung kann auch gegen § 4 GmbHG verstoßen (bei Sachfirma muss Gegenstand der Firma erkennbar sein), Stgt BB **74**, 756 mit Bsp. Eine ungewöhnliche, von Haus aus individuell kennzeichnende Sachbezeichnung, die später Gattungsbezeichnung wurde, kann doch (individuelle) Kennzeichnungskraft behalten, BGH DB **77**, 2093 (Wach- und SchließGes). **Eigenname** muss nicht als solcher erkennbar sein (s auch § 19 Rn 6), BayObLG NJW **73**, 1886 (Mesirca), Barfuß BB **75**, 67, anders noch BayOBLG NJW **72**, 2185 (Celdis) m Anm Latinak NJW **73**, 1215, s auch LG Wuppertal BB **73**, 722 (Rebeta). Lit: Sternberg 1975 (GesZusatz).

B. Unterscheidungskraft: a) Grundsatz: Neben der Eignung zur Kennzeichnung und zT sich damit überschneidend (s Rn 4) ist die Unterscheidungskraft eine wesentliche Funktion der Firma im Geschäftsverkehr. Unterscheidungskraft heißt, dass die Firma geeignet ist, bei Lesern und Hörern die Assoziation mit einem ganz bestimmten Unternehmen unter vielen anderen zu wecken. Der Begriff Unterscheidungskraft in I und der nach §§ 3, 15 MarkenG dürften sich künftig annähern, Roth in Bayer-Stiftung S. 36, Steinbeck FS Horn **06**, 589. Die Unterscheidungskraft der Personenfirma liegt zwar im Regelfall auf der Hand, ist aber nicht immer gegeben, so bei Gleichnamigen (§ 19 Rn 7). Die Unterscheidungskraft der Phantasiefirma kann größer sein als die einer Sachfirma. Auch **einzelne Worte** (Wortgruppen) der Firma können, als **Schlagwort** allein gebraucht, vom Publikum als Bezeichnung des Unternehmens verstanden werden und Unterscheidungskraft bzw Namensfunktion haben (und genießen dann Namens- bzw Markenschutz), RG **109**, 214 (Kwatta), **115**, 407 (Salamander), BGH **4**, 169 (DUZ), **11**, 216 (KfA), **14**, 159 (Farina), **24**, 240 (Tabu), **74**, 2 (RBB), WM **85**, 516 (Gefa). Weitere Bspe aus DIHT 1998: Computerland, Datacolor, Interglas, Interprint, Rhein-Chemie. Die Unterscheidungskraft einer mit anderen Firmen identischen Firma wird **nicht schon** allein durch einen **unterschiedlichen Gesellschaftszusatz** begründet, hL, aA wohl Kögel Rpfleger **98**, 320. Lit: Kögel Rpfleger **98**, 317.

b) Keine Unterscheidungskraft: bei verbreiteten Familiennamen (Müller, Maier, Schmidt usw; Gleichnamige § 19 Rn 7), aA Steinbeck FS Horn **06**, 596, aber zB mit Vornamen (K. Schmidt) oder anderer unterscheidender Verbindung, etwa Ortsbezeichnung; bei **reinen Sach- und Gattungsbezeichnungen,** insbesondere rein beschreibenden Angaben, die Art und Gegenstand des Unternehmens anzeigen, nicht aber ein bestimmtes Unternehmen kennzeichnen, RG **172**, 130 (Fettchemie), BGH **11**, 218 (Kaufstätten für Alle), NJW **87**, 438 (Video-Rent), GRUR **91**, 556 (Leasing-Partner), Hamm NJW **61**, 2018 (Transportbeton), Hamm DB **77**, 2179 (Industrie- und Baubedarf), Stgt DB **81**, 2428 (Informatik), Oldbg BB **90**, 443 (Baumaschinen Consulting GmbH); Mü NJW-

Hopt 163

§ 18 7, 8   1. Buch. Handelsstand

RR **07**, 1677 (Planung für Küche und Bad); Mü NZG **11**, 157 (Zahnarztpraxis); Real Estate International Investment, MüKo/Heidinger 33, str; bei geographischen Angaben, vgl BGH NJW-RR **94**, 1255 (Schwarzwald-Sprudel); bei Bestimmungsangaben oder solchen nahekommenden Worten, BGH **21**, 73 (Hausbücherei); bei Qualitätsbehauptung, Hbg BB **76**, 249 (Creativ-Werbe-Service); BayObLG NJW-RR **03**, 1544 (Profi-Handwerker GmbH),. Weitere Bspe aus DIHT 1998: Altamoda, Managementseminare, Sicherheit + Technik; öOGH: Gasthaus, Transportbeton, Informatik, Card, Casino, Sun Services, karriere, MüKo/Heidinger vor § 17 Rn 84a. Bei **Domain** (§ 17 Rn 11) Unterscheidung nach Top-Level- und Second-Level-Domain, zB brillenshop.de, Outlets.de, com, www, streng Ffm GmbHR **11**, 202, Rö/Ries 18, Seifert Rpfleger **01**, 395, zutr großzügiger Dresd Rpfleger **11**, 277, MüKo/Heidinger 33a. Besondere Probleme bei **europäischen Auslandsgesellschaften**, MüKo/Heidinger Vor § 17 Rn 61 mit Rspr. Eine von Haus aus unterscheidungskräftige **Bezeichnung** kann später als **Gattungsbegriff** verstanden werden und doch ihre Namensfunktion für den Erstverwender behalten, BGH MDR **77**, 291 (Wach- und Schließgesellschaft).

7   c) **Ausnahmsweise doch Unterscheidungskraft: Gattungsbezeichnungen** ohne Unterscheidungskraft können diese durch **individualisierende Zusätze** erhalten (s Rn 8). „DAS BAD GmbH ... alles aus einer Hand", BayObLG BB **97**, 1707, „perspectives consulting", Ffm ZIP **06**, 333, nach KG FGPRax **08**, 35 „Autodienst-Berlin Limited", zutr krit Kanzleiter DNotZ **08**, 392. Auch ohne solche kann eine Gattungsbezeichnung, **in abweichendem Sinne gebraucht**, doch unterscheidungskräftig sein, BGH **21**, 89 (Spiegel), **24**, 241 (Tabu), **LM** § 16 UWG Nr 21 (Fahrschule karo-as), GRUR **85**, 461 (Gefa/Gewa). „Chepromin" ist trotz Anklang an Sachbegriff (Chemie) unterscheidungskräftig, BGH MDR **75**, 120, ebenso „Multicolor" (auch im Druckgewerbe), Ffm WRP **82**, 420. Ein Gattungsbegriff, eine Bestimmungs-, Qualitäts-, geographische Angabe kann aber, allein oder in bestimmter Verbindung, **Verkehrsgeltung als Bezeichnung** eines bestimmten Unternehmens erlangen, BGH **11**, 217 (Kaufhaus für alle, KfA), **74**, 1 (RBB), NJW **87**, 438 (für Video-Rent abl); dieses kann dann einem anderen zwar nicht die Verwendung des Worts zur Kennzeichnung der Art seines Betriebs, wohl aber die Verwendung in der Firma verbieten, RG **163**, 234 (Hydraulik), BGH **LM** § 16 UWG Nr 8 (Rohrbogenwerk), GRUR **55**, 95 (Dtsch Buchgemeinschaft), Hbg BB **76**, 249 (Creativ), Hamm BB **82**, 210 (Germania für international tätiges Anlageberatungsunternehmen), Karlsr WRP **82**, 528 (Europa-Sekretärin), BGH NJW **06**, 3282 (Lotto als Marke, iErg abl) und es darf dann diese Bezeichnung ohne Verstoß gegen das Irreführungsverbot verwenden, auch wenn sie im Wortsinn nicht zutrifft, BGH **LM** § 3 UWG Nr 21 (Erste Kulmbacher). Aber an die Verkehrsgeltung sind **strenge Anforderungen** zu stellen, wenn ein **Freihaltebedürfnis** der Allgemeinheit besteht, BGH **30**, 357, BGH NJW-RR **94**, 1255; der Schutz des Begriffs „Volksbank" für einen Wettbewerber wäre ein dem freien Wettbewerb zuwiderlaufendes Kennzeichnungsmonopol, BGH WM **92**, 1393. Geht in den genannten Fällen die Verkehrsgeltung wieder verloren, verliert die Firma auch ihre Namensfunktion und Unterscheidungskraft, das tritt aber nicht schon bei vorübergehender Nichtbenutzung der Bezeichnung ein, BGH **21**, 66 (Hausbücherei). Geographische Angaben können bei typischer Verwendung einmalig am jeweiligen Ort unterscheidungskräftig sein, BGH DB **76**, 2056 (Parkhotel, UWG).

8   C. **Firmenkern und Firmenzusätze:** Die **Teile** der Firma, besonders **Kern** (Sprachgebrauch) und **Zusatz** (vgl §§ 18 II, 19 I, II), sind grundsätzlich gleichwertig. Firmenkern und Firmenzusatz bilden eine rechtliche Einheit. Manche Zusätze sind zwingend, zB Kfm- bzw Rechtsformzusatz (s Rn 3), Zusätze zwecks Unterscheidbarkeit am gleichen Ort (§ 30 II, III) und Unterscheidungszusätze

3. Abschnitt. Handelsfirma § 18

gleich lautender Firmen, BGH **14**, 266 (Farina). Die meisten Zusätze sind freiwillig. Die Reihenfolge der Zusätze ist beliebig, sofern nicht irreführend, BayObLG BB **92**, 943; der Zusatz kann auch vor dem Kern stehen, Kln NJW **53**, 345, **63**, 541 („Hansa-Theater Alex. G."), Schlesw NZG **12**, 34 (irreführend aber „J e. K. Group", s auch Rn 31). Auch fremdsprachliche Firmenbestandteile sind zulässig, jedenfalls wenn die deutsche Öffentlichkeit sie versteht, Ffm DB **79**, 2172 (food). Bei Zusammensetzungen entscheidet der Gesamteindruck, nicht eine zergliedernde Betrachtung, BGH BB **73**, 59 (Mehrwert). Mehrdeutigkeit geht zu Lasten des die Firma Führenden, Celle BB **71**, 1299. Fortlassen eines Zusatzes ist Änderung der Firma (§ 17 Rn 22). Dem Erfordernis handschriftlicher Zeichnung der Firma (zB auf Wechseln; s Rn 20) kann aber genügen, dass nur der Namensteil handgeschrieben und die Sachbezeichnung gestempelt ist, RG **47**, 166 („Papierfabrik X Moritz Auerbach & Co"). Zusätze können wichtig für die Unterscheidbarkeit von Firmen sein, Hamm NJW **66**, 2172 vor allem zwischen GmbH und GmbH & Co und besonders am gleichen Ort (§ 19 Rn 34, 36). Der zulässige Zusatz genießt als Teil der Firma Firmenschutz nach HGB (§ 17 Rn 32) und kann als Firmenbestandteil auch selbstständig Schutz entsprechend § 12 BGB und §§ 5, 15 MarkenG erlangen, BGH **11**, 214, GRUR **70**, 479 (Treppchen, § 17 Rn 33f). Ist ein **Zusatz unzulässig**, ist nur er allein, **nicht die ganze Firma zu löschen** (vgl auch § 43 II KWG idF FGG-RG), denn der unzulässige Zusatz kann in einer anders zusammengesetzten Firma zulässig sein, BGH GRUR **81**, 64 (sitex; § 37 Rn 13); ein Unterlassungsanspruch richtet sich dagegen idR nicht nur gegen den unzulässigen Zusatz, sondern gegen die gesamte Firma (§ 37 Rn 13), BGH GRUR **81**, 64 (sitex), von Gamm FS Stimpel **85**, 1012, aA frühere Rspr BGH **65**, 106, KG NJW **55**, 1927. Auch die Führung eines an sich zulässigen Firmenzusatzes kann uU für Vertrieb einzelner Erzeugnisse des Unternehmens untersagt oder nur mit einem die Täuschung ausschließenden Hinweis gestattet werden, Nürnb BB **62**, 660 („Springquelle" bei Leitungswasserlimonade).

3) Irreführungsverbot (II 1)

A. Firmenwahrheit: a) Firmenrechtliches Irreführungsverbot: Firmenrechtlich unzulässig sind alle Angaben, die geeignet sind, über geschäftliche Verhältnisse, die für die angesprochenen Verkehrskreise wesentlich sind, irrezuführen **(II 1)**. Diese Formulierung ist § 3 aF UWG nachgebildet (RegE). II enthält ein allgemeines und umfassendes Verbot, durch die Firma bzw ihre Teile das Publikum oder andere Interessierte über Art, Umfang oder sonstige Verhältnisse des HdlGeschäfts irrezuführen **(Grundsatz der Firmenwahrheit)**, BGH **44**, 287, **53**, 69, **65**, 92, **68**, 14, 273, **80**, 355. Dieses Verbot erfasst den Firmenkern, die Firmenzusätze und die Firma in ihrer Gesamtheit, schon nach aF BayObLG BB **82**, 1572. Zweck des II ist Schutz des Geschäftspartner und der Mitbewerber des Unternehmens und des lauteren Wettbewerbs im Firmenrecht, BayObLG BB **82**, 1573. Auf Täuschungsabsicht kommt es nicht an, BayObLG BB **97**, 1707. II 1 betrifft die ursprüngliche **Bildung** ebenso wie die laufende **Führung der Firma**. Er wird **bei Firmenfortführung** durch den **Grundsatz der Firmenbeständigkeit** begrenzt, setzt aber diesem seinerseits Grenzen (§ 22 Rn 1). Jedes Firmenführungsrecht, wie immer erworben und wie lange ausgeübt, endet, wenn die Verhältnisse des Inhabers in Widerspruch zum Inhalt der Firma treten und das Publikum dadurch über die Verhältnisse des Inhabers irregeführt werden kann, BGH **10**, 201 (deutsche DunnAuskunftei nach Trennung von der weltbekannten Dunn-USA). **II gilt für alle Firmen** und Firmeninhaber innerhalb und außerhalb des HGB (s Rn 2), zB GmbH, BGH **65**, 92, sogar für NichtKflte (§ 17 Rn 13). Einfluss des Zeitablaufs, vor allem langer Gebrauch, s Rn 18. Internationales Recht s § 17 Rn 48ff. **Kasuistik** (zu **§ 18 II HGB, § 5 UWG**, zT **§ 15 II MarkenG**, früher § 4 WZG) s Rn 21–35; Phantasiefirmen s § 17 Rn 3, 6.

§ 18 10–13　　　　　　　　　　　　　　　　1. Buch. Handelsstand

Firmen, die zwar nicht gegen das Irreführungsverbot, aber gegen die öffentliche Ordnung oder **gegen die guten Sitten** verstoßen, sind **analog § 8 II Nr 5 MarkenG** und entsprechenden Vorschriften im PatG, GebrMG, DesignG (zuvor GeschmMG) von der Eintragung ausgeschlossen, Jung ZIP **98**, 683 mit Bsp. RsprÜbersichten: Wittmann BB Beil 10/**69**, 9/**71**. Lit: Haberkorn 1970, Heinrich 1982, Weber 1984; Hofmann JuS **72**, 233, Lindacher BB **77**, 1676, Kögel BB **93**, 1741.

10　**b) Wettbewerbs- und markenrechtliches Irreführungsverbot bezüglich Firma:** Die Führung einer Firma ist in einer auf Wettbewerb angelegten Wirtschaft (Einl Rn 71–80 vor § 1) eine Wettbewerbshandlung und unterliegt als solche dem Gebot lauteren Wettbewerbs, BGH **10**, 201, BB **73**, 60. Der Grundsatz der Firmenwahrheit wird deshalb auch in verschiedenen Vorschriften außerhalb des HGB mitumfasst: **§ 5 UWG** enthält ein entsprechendes Verbot irreführender geschäftlicher Handlungen; § 5 UWG ist auch auf Firmenführung anwendbar, BGH **10**, 201 (Dunn-Europa, zu § 3 aF UWG), **44**, 19 (L'Oréal de Paris), BB **68**, 972 (Hamburger Volksbank), **73**, 59 (Mehrwert), WM **73**, 693 (Bayerische Bank). Entsprechend ist die Benutzung von zur Verwechslung mit geschützten Bezeichnungen geeigneten geschäftlichen Bezeichnungen, insbesondere Unternehmenskennzeichen (§ 5 II MarkenG) und ähnlichen Zeichen verboten (**§ 15 II MarkenG,** früher § 4 II Nr 4 WZG). Lit: Heinrich 1982, Weber 1984.

11　**Bedeutung für § 18:** Die Rspr zu § 5 UWG, zum früheren § 4 II Nr 4 WZG und zu § 15 II MarkenG kann unter Beachtung der verschiedenen Zwecke der drei Gesetze für § 18 II herangezogen werden und umgekehrt, BGH **53**, 239 („Euro" in Firma), DB **72**, 282 („Euro" in geschäftlicher Bezeichnung; s Rn 26). Dabei ist zu beachten, dass § 5 UWG 2004 (anders als der frühere § 3 UWG) an dem europarechtlich vorgegebenen, liberaleren Maßstab des informierten, aufmerksamen und verständigen Durchschnittsverbrauchers (s Rn 12) orientiert ist, Köhler NJW **04**, 2124.

12　**c) Einflüsse des Europarechts:** Das europäische Recht ist hinsichtlich der Zulässigkeit von Firmen erheblich großzügiger bzw stellt deutlich höhere Anforderungen an die Irreführungsgefahr als ursprünglich das deutsche Wettbewerbsrecht. So kommt es auf die Irreführung einer „erheblichen Zahl von Verbrauchern" an, EuGH 16.1.92 EuZW **93**, 544 = WRP **93**, 233 (Nissan); Adressat ist der „verständige Verbraucher", von dem ein bestimmtes Wissen erwartet werden kann, EuGH 6.7.95 EuZW **95**, 611 (+ 10 %), bzw „ein durchschnittlich informierter, aufmerksamer und verständiger Durchschnittsverbraucher", 16.7.98 EuZW **98**, 526 („6-Korn – 10 frische Eier"). Das UWG 2004 hat dem Rechnung getragen, für das Firmenrecht hat bereits das HRefG die Schwelle dadurch höher gesetzt, dass es die Eignung zur Irreführung über für die angesprochenen Verkehrskreise wesentliche geschäftliche Verhältnisse verlangt (II 1, s Rn 13). Lit: Möller EWS **93**, 22 (EU-Mitgliedstaaten), Bokelmann DB **90**, 1021, ZGR **94**, 325, GmbHR **98**, 61, Fezer ZHR 161 (**97**) 52.

13　**B. Eignung zur Irreführung über wesentliche geschäftliche Verhältnisse: a) Eignung zur Irreführung, Wesentlichkeitsschwelle:** Es kommt auf die objektive Eignung zur Irreführung an, nicht darauf, ob es tatsächlich zur Irreführung gekommen oder diese sogar beabsichtigt worden ist, BGH **22**, 90, BayObLG BB **79**, 184; objektiv ungeeignet idR bei Verwendung eines fiktiven oder unbekannten Namens, Düss ZIP **17**, 423. Die Irreführung muss sich auf **geschäftliche Verhältnisse** beziehen, nicht auf rein private, die für den Geschäftsverkehr unwesentlich sind. Der Begriff ist weit auszulegen, darunter fallen zB Angaben über die Waren und Dienstleistungen wie auch den Geschäftsbetrieb selbst. Mit der Formulierung **„für die angesprochenen Verkehrskreise wesentlich"** ist II 1 nF bewusst von II aF und der dazu ergangenen, in Schrifttum und Praxis als zu streng (zu geringe Irreführungsquoten, zT 10 %) und zu schematisch geltenden Rspr abgesetzt worden (RegE HRefG), Ffm NJW-RR **15**, 727 Rn 29. Angaben nur von geringer wettbewerblicher Relevanz oder für die wirtschaftliche Entscheidung der angesprochenen Verkehrskreise nur von nebensächlicher Bedeutung sind unter II 1 nicht (mehr) als irreführend zu qualifizieren. Es kommt auch nicht allein auf das Verständnis eines „nicht unerheblichen Teils" der angesprochenen Verkehrskreise an, sondern objektiviert auf die **Sicht des durchschnittlichen Angehörigen des betroffenen Personenkreises** bei verständiger Würdigung, RegE, Köhler JZ **89**, 264. So verstanden, ist II mit Europarecht vereinbar (s Rn 12). Zu den durch die Firma angesprochenen Ver kehrskreisen gehören zB Kundschaft, Lieferanten, Banken; auch (aber nicht allein maßgeblich) die Kflte des Geschäftszweigs, BayObLG NJW-RR **88**, 617, **00**, 111. Dabei ist nach Kundenkreisen, zB Industrie, Großhandel, EinzelHdl, Endverbraucher und auch nach regionalen Anschauungen zu unterscheiden, Koller/Roth 7. Bei dieser Auffächerung ist aber darauf zu achten, dass nicht auf diese Weise die alten, europarechtswidrigen Maßstäbe beibehalten werden. Lit: Kögel BB **97**, 799, **98**, 1647.

b) Verhältnis von II 2 zu § 5 UWG: Das UWG 2004 hat die Spannung **14** zwischen II 2 und dem strengeren § 3 aF UWG, nunmehr § 5 UWG (s Rn 11), im Wesentlichen aufgelöst. Konsequenz ist nicht unbedingt völliger Gleichlauf. Vielmehr brauchen die Prüfungsmaßstäbe schon wegen des unterschiedlichen Schutzzwecks des HdlReg und des Wettbewerbsrechts nicht notwendig identisch zu sein. Das könnte dazu führen, dass eine nach Firmenrecht unbeanstandet gebliebene Firma später nach UWG beanstandet wird und die Firmenführung unterlassen werden muss, BayObLG NJW **00**, 1648 (zu § 3 aF UWG). Eine Bestandssicherung der vom Registergericht unbeanstandet gelassenen Firma ist aber vom Gesetzgeber bewusst nicht eingeführt worden, zumal es in einem Zivilverfahren nach UWG auch um konkrete Verwendungsformen der Firma und besondere Einzelfallkonstellationen zwischen dem Firmeninhaber und einem bestimmten Wettbewerber geht. II 1 ist danach nicht lex specialis zu § 5 UWG, denn das könnte zu einer ungerechtfertigten Sonderbehandlung der Firma unter den Angaben über geschäftliche Verhältnisse nach § 5 UWG führen. Vielmehr verbleibt es bei der **„Feinsteuerung" durch UWG** (RegE HRefG betr § 3 aF UWG). Zur Zweigleisigkeit des Verfahrens auch unten Rn 20.

c) Ermittlung: Über die maßgebende Verkehrsauffassung ist erforderlichen- **15** falls **Beweis** zu erheben, zB durch demoskopische Gutachten eines Meinungsforschungsinstituts, Umfragen geeigneter Stellen (IHK, DIHT ua, s **(3)** FamFG § 380) oder Auskunft eines Fach- oder Berufsverbands, BGH NJW **97**, 2817. Das gilt uneingeschränkt nur im Prozess (§ 37 II HGB; §§ 8 ff UWG, § 15 I MarkenG); die Amtsermittlung im Registerverfahren (§ 26 FamFG) ist hingegen durch II 2 nF eingeschränkt (s Rn 20). Aber selbst im Prozess ist die Beweiserhebung durch Verkehrsbefragung infolge der veränderten Standards (s Rn 13) iErg weniger häufig notwendig, Koller/Roth 9: oftmals überflüssig, da stark normativiert, weitergehend Lutter/Welp ZIP **99**, 1079: nur normativ, wohl auch Canaris § 11 Rn 8. Der Richter darf die Täuschungsgefahr auch selbstständig feststellen, wenn er sie an sich selbst erfährt, BGH **53**, 341 (Euro-Spirituosen), insbesondere wenn er selbst zu den angesprochenen Verkehrskreisen gehört, BGH BB **73**, 813 (Bayerische Bank), BayObLG NJW **88**, 2481, aber uU auch ohne dazu zu gehören, BGH **156,** 250. Andererseits darf er sie, wenn das IHK-Gutachten sie möglich erscheinen lässt, nicht ohne weitere Ermittlung verneinen, BayObLG NJW-RR **86**, 839. Bei Beanstandung einer Firma wegen eines bestimmten in ihr enthaltenen Wortes, Ausdrucks, Zusatzes idR nicht Löschung der Firma insgesamt, wie sie gebildet war, sondern nur des Wortes usw, s Rn 8. Anforderungen an ein demoskopisches Gutachten, BGH WM **16**, 1918 (MarkenG).

§ 18 16–18   1. Buch. Handelsstand

16 C. **Firmenwahrheit bei fortgeführten Firmen:** Bei fortgeführten Firmen gelten § 22 sowie §§ 21, 24, **(1)** EGHGB Art 22, in denen der **Grundsatz der Firmenbeständigkeit** zum Ausdruck kommt (§ 22 Rn 1). Dieser Grundsatz durchbricht in seinem Geltungsbereich den Grundsatz der Firmenwahrheit (s Rn 9) und tritt zT mit diesem in klaren Widerspruch, zB wenn § 22 I ausdrücklich die Fortführung einer Personenfirma ohne Nachfolgerzusatz erlaubt. Der Verkehr weiß dann nicht, ob der in der Firma enthaltene Name den bisherigen oder den derzeitigen Inhaber ausweist. Der Grundsatz der Firmenbeständigkeit gilt aber nicht absolut, sondern stößt seinerseits an die Grenzen des Irreführungsverbots, BGH **44**, 120, 287, **53**, 66, **68**, 14, 273. Bspe: § 19 II, Rechtsformzusätze, benennende Inhaber- und Nachfolgerzusätze, Dr.-Titel nur des alten Inhabers.

17 D. **Firmenwahrheit bei frei gewordenen Firmen:** Wenn der Kfm eine Firma endgültig aufgibt, erlischt diese (§ 17 Rn 23) und wird dadurch an sich frei für andere Kflte. § 30 kann dann, da die alte Firma erloschen ist, nicht mehr eingreifen. Im Einzelfall kann trotzdem eine Irreführung über die Identität des Unternehmens bzw den Inhaber mach § 18 II vorliegen, so insbesondere wenn die frei gewordene Firma umgehend von einem anderen weitergeführt wird, Hbg OLG **87**, 191; MüKo/Heidinger 41. Das gilt auch, wenn aus der frei gewordenen Firma nur ein Zusatz übernommen wird, Hamm Rpfleger **67**, 414 (Heia-Polstermöbel).

18 E. **Für die Firmenwahrheit maßgeblicher Zeitpunkt: a) Grundsatz:** Maßgeblich für die Zulässigkeit der Firmenbildung und -führung ist im **Zeitablauf** grundsätzlich die jeweilige Gegenwart. Zukunftserwartungen fallen höchstens (dahingestellt von Celle BB **71**, 1299) bei zuverlässigen Anhaltspunkten für ihre Erfüllung in naher Zeit ins Gewicht, KG HRR **35**, 29, AG Cloppenburg BB **63**, 327.

b) Nachträglich zulässig gewordene Firma: Eine anfangs irreführende Firma kann, wenn die Irreführung später wegfällt, zB auf Grund Änderung des zunächst unrichtig angegebenen Tätigkeitsbereichs, zulässig werden. Ein Recht auf eine nach dem Gesetz **unzulässige** Firma wird auch nicht durch **langen Gebrauch,** Gewöhnung des Verkehrs an sie und die Entwicklung der Firma zu einem wertvollen Besitzstand erlangt, falls damit eine wirtschaftlich bedeutsame Täuschung des allgemeinen Geschäftsverkehrs verbunden ist (Anschein einer Firma nach **(1)** EGHGB Art 22, BGH **30**, 293). Auch bei langem Gebrauch einer firmenrechtlich unzulässig gebildeten, nicht täuschenden Firma entsteht (jedenfalls bei endgültiger Ablehnung ihrer Eintragung in HdlReg) kein schutzwürdiger Besitzstand, BGH **44**, 118, aA AG Hbg ZIP **82**, 1067 („Finanz") m krit Anm Dürr. Es gibt also idR **keine Erwirkung** (§ 17 Rn 37).

c) Nachträglich unwahr gewordene Firma: Umgekehrt kann eine anfangs **zulässige** Firma (Firmenzusatz) **später täuschend** und damit unzulässig werden (§ 8 Rn 13), RG **162**, 123, **169**, 150, BGH **10**, 201. Dazu kann es auf Grund Sitzverlegung, BayObLG BB **93**, 459, Änderung des Geschäftsbetriebs, zB neue Branche, oder Herabsinken auf nur noch lokale Bedeutung kommen, Stgt BB **82**, 1194m Anm Wessel („Baden-Württembergische Eigenheim-GmbH"), uU bei Aufgabe der Produktion und nur noch Hdl, BayObLG NJW **98**, 2480. Entscheidend für die Irreführung ist die tatsächliche Tätigkeit, nicht die Satzung, Ffm OLG **80**, 294, BayObLG BB **89**, 728, str. Das Registergericht kann gegen die nachträglich unwahr gewordene Firma nach § 37 I iVm **(3)** FamFG § 392 und nach **(3)** FamFG § 395 einschreiten, nicht dagegen nach § 31 oder **(3)** FamFG 399, Heymann/Emmerich 18, BayObLG **79**, 209, im Einzelnen str. Bei später geänderter Verkehrsanschauung oder richterlicher Rechtsfortbildung führen diese Grundsätze zu Härten. Eine Analogie zu **(1)** EGHGB Art 22 I, die für all diese Fälle zur Beibehaltung der nunmehr täuschend gewordenen Firma führt, kann nicht anerkannt werden, aA MüKo/Krebs § 37 Rn 28 (ohne Einzelfallwertung), wohl auch MüKo/Heidinger 44, flexibler ist eine Berücksichtigung dieses Umstandes im Registerverfahren durch Ermessen des Registergerichts, § 37 Rn 6. Dabei kann dann ein langer Gebrauch der ursprünglich zulässigen Firma für die weitere Zulassung ins Gewicht fallen, Stgt BB **61**, 500 („Institut" nach wesentlicher Verkleinerung des Geschäfts durch Kriegsfolgen, vgl § 18 Rn 30), Zweibr OLG **72**, 395. Lit: Pöpel 1995.

4) Registerverfahren (II 2)

Die Beachtung des Irreführungsverbots nach II 1 ist vom Registergericht **19** zunächst im Eintragungsverfahren (§§ 29, 31 I) zu kontrollieren (§ 26 FamFG, s § 8 Rn 7, **(4)** HRV § 23); sodann kommen ein Verfahren von Amts wegen gegen Gebrauch einer unzulässig gebildeten Firma (Missbrauchsverfahren, § 37 I) und gegen eingetragene Firma auch ein Amtslöschungsverfahren nach **(3)** FamFG § 395 in Betracht. Davon zu unterscheiden und von II 2 nicht betroffen ist das Vorgehen durch Dritte (§ 37 II; UWG, s Rn 14). Unterstützung der Registergerichte durch die IHK in Firmensachen s **(3)** FamFG § 380 (§ 8 Rn 12). Dazu (unverbindliche) Leitsätze des DIHT zur Beachtung durch die IHK (häufige Änderungen).

Im Verfahren vor dem Registergericht wird die **Eignung der Irreführung** **20** aber **nur berücksichtigt, wenn sie ersichtlich ist (II 2)**. Diese verfahrensbezogene Einschränkung der Überprüfung tritt neben die materiellrechtliche Einschränkung der Wesentlichkeit der Irreführung für die angesprochenen Verkehrskreise (oben Rn 13). Sie entspricht § 37 III MarkenG (§ 4 I Nr 4 WZG aF) und führt zu einer im Markenrecht bereits bewährten **Zweigleisigkeit des Verfahrens**. II 2 konkretisiert den Grundsatz der Amtsermittlung (§ 26 FamFG) dahin, dass das Registerverfahren auf ein **„Grobraster"** bei der Prüfung der Eignung zur Irreführung beschränkt ist (RefE HRefG), Stgt NZG **12**, 551. Ersichtlich irreführende Firmenbestandteile sind solche, bei denen die Täuschungseignung nicht allzu fern liegt und ohne umfangreiche Beweisaufnahme (s Rn 15) bejaht werden kann, Hamm FGPrax **07**, 141, Dresd NZG **10**, 1237, Schlesw NZG **12**, 34. Diese verfahrensbezogene Einschränkung kann insbesondere Folgen haben für Firmenzusätze, deren Irreführung nicht ohne weitere Ermittlungen ersichtlich wird, wie geographische Hinweise, zB Gebiets- und Stadtangaben, Europa, International (s Rn 23 ff) und für Hinweise auf Marktstufe und auf Größe und Bedeutung, zB Fabrik, Werk, Großmarkt, Center, Haus, Zentrale (s Rn 29 ff). Ist allerdings die Irreführung (ggf durch zu weitgehende Ermittlungen der ersten Instanz) festgestellt, ist diese damit auch in der Beschwerdeinstanz ersichtlich; insoweit kann in der Beschwerdeinstanz kein zusätzlicher Streit über die richtige Auslegung dieses Tatbestandsmerkmals geführt werden (RegE HRefG S 54). II 2 erfasst nur das Verfahren vor dem Registergericht, also das Firmenmissbrauchsverfahren (§ 37 I) und das Amtslöschungsverfahren (nach **(3)** FamFG § 395), nicht dagegen die zivilrechtlichen Unterlassungsklagen Dritter (§ 37 II; § 8 UWG). Dort kommt es zur gesamten wettbewerbsrechtlichen Feinsteuerung (s Rn 14). Lit: Fezer ZHR 161 **(97)** 62, R. Schmitt WiB **97**, 1120, Wolf DZWir **97**, 397, Frenz ZNotP **98**, 178, Schaefer DB **98**, 1273. Komm zu § 37 MarkenG.

5) Einzelfälle: Hinweise auf Rechtsverhältnisse

Vorbemerkung:
Bei der folgenden Kasuistik (Rn 21–35) ist zu beachten, dass infolge der durch das **HRefG 1998** eingetretenen **Liberalisierung des Firmenrechts** (besonders Rn 13–15, 19–20) mit Änderungen dahin zu rechnen ist, dass die Rspr an die

Irreführung und ihre Ersichtlichkeit strengere Maßstäbe anlegen wird, dh dass die **Unternehmen deutlich mehr Spielraum** haben werden als vorher.

21 A. **Inhaber- und Nachfolgevermerk:** Wahrheitsgemäße Hinweise auf Rechtsverhältnisse des Unternehmens sind zulässig, zB **Inhabervermerk,** wenn der Name des Inhabers nicht ohnehin in der Firma erscheint, etwa „Hans A, Inhaber Max B". Angabe der Vornamen im Inhabervermerk ist nicht mehr erforderlich; es genügt, dass ein vollständiger Familienname in der Firma enthalten ist (§ 19 Rn 6). Der Familienname kann auch in der ursprünglichen Firma in der Form des Inhabervermerks geführt werden (§ 19 Rn 6), Kln NJW **53,** 346. Zulässig ist auch ein einer Geschäftsbezeichnung nachgestellter Inhabervermerk, sofern nicht irreführend, zB „Hansa Theater, Inhaber Alexander Gut", Kln NJW **53,** 345, KG OLG **65,** 317, auch „Reisebüro Klaus, Inhaber Klaus Gor", BayObLG Rpfleger **81,** 150; wohl auch „Reisebüro Sch., Inhaberin E-St-R", sofern nicht konkret der Eindruck einer Nachfolge nach §§ 21 ff erweckt wird (vorangestellter Inhabervermerk, E-St-R Mädchenname der Inhaberin), Celle BB **90,** 302, MüKo/Heidinger 67, str (§ 21 Rn 3). Inhabervermerk des Pächters auch als erster Inhaber des HdlGeschäfts (§ 19 Rn 6). Auch die Angabe des früheren Inhabers ist zulässig **(Nachfolgevermerk),** zB „Max B, Hans A Nachfolger" oder „Max B, vormals Hans A". Dieser Vermerk setzt Identität des Unternehmens voraus, nicht nur Übernahme des Geschäftslokals oder von Teilen des Unternehmens. Fehlen die Voraussetzungen der Fortführung der Firma (vgl §§ 22, 23), so darf nicht der Eindruck der Fortführung des Unternehmens erweckt werden, KG JW **38,** 1172, Kln NJW **63,** 541. Der Nachfolgevermerk soll unzulässig sein, wenn der Vorgänger mangels KfmEigenschaft keine Firma, sondern nur Geschäftsbezeichnung führte, Ffm NJW **69,** 330, Hamm MDR **68,** 501, aber nach Preisgabe des Verbots firmenähnlicher Geschäftsbezeichnungen (§ 18 Rn 15) wohl nicht mehr haltbar. Nachfolgevermerk kann sogar zwingend sein, um Täuschungsgefahr zu vermeiden (§ 19 Rn 7, § 22 Rn 15 ff).

22 B. **Hinweise auf Gesellschaftsform** s für OHG, KG, GmbH & Co zu § 19; für GmbH § 4 GmbHG; für UG § 5a GmbHG; GmbH & Co bei UG als alleinigem phG führt irre, KG FGPrax **10,** 42 (Mindestkapital); GbR & Co KG, MüKo/Heidinger 182a; und Co GmbH, MüKo/Heidinger 182a; für AG und KGaA §§ 4, 279 AktG; für PartG §§ 2, 11 PartGG („und Partner", „Partnerschaft", s auch Rn 28), BGH **135,** 257m Anm Hülsmann NJW **98,** 35, Karls NJW **98,** 1160, BayObLG NJW-RR **03,** 685, Mü ZIP **07,** 770 (GV-Partner aber nicht verwechslungsfähig), Düss ZIP **0,** 282, Weber/Jacob ZGR **98,** 142. Unzulässig sind Zusätze, die auf Ges deuten (s § 18 Rn 17), und **Phantasieworte** (s § 17 Rn 14), die nach einer GesForm klingen, BGH **22,** 89 („INDROHAG ... GmbH" wegen des „AG"), KG NJW **65,** 255 (Delbag), LG Hann BB **76,** 59 (Gesag ... OHG), BayObLG DB **78,** 1269 (Trebag ... GmbH) u DB **82,** 2129 (BAG Bau-Anlagen GmbH); auch -agg, VAG; uU auch V. A. G., str. Zusatz „mbH" oder „mit beschränkter Haftung" ist GmbH vorbehalten, etwaige Haftungsbeschränkung bei anderen Gften ist anders kundzutun, hL, BayObLG NJW **99,** 297, GbR mbH ist unzulässig, BGH **142,** 315. **Hinweise auf Gesellschafter** s § 19 Rn 14–16, 22, 33 ff. Hinweise auf **geschützte Bezeichnungen** zB Bank s Rn 28.

6) Geographische und historische Hinweise

23 A. **Gebiets- und Stadtangaben** wurden herkömmlich idR **nur für führende Unternehmen** des Gebiets, Orts und Geschäftszwigs als zulässig angesehen, BGH BB **64,** 240, **68,** 972, **89,** 2349, BayObLG WM **83,** 1431 (Westdeutsch), NJW-RR **86,** 839 (Münchner), Hamm WM **91,** 1953; auch für Kleinbetrieb in mittelgroßer Stadt, solange er der Einzige seiner Branche am Ort ist, Düss BB **81,** 72. Kfm Unternehmen mit maßgebender, mindestens besonderer Bedeutung in dem Gebiet (Ort), eventuell bei neuartiger Tätigkeit im Verhältnis zu Unternehmen verwandter Wirtschaftszweige, so DIHT BB **67**, 1100. In jüngerer Zeit und erst recht **seit dem HRefG 1998** ist aber ein wesentlicher **Bedeutungsverlust** festzustellen, sodass die Judikate aus der Zeit vor 1998 nicht mehr verlässlich sind, Bsp Mü FGPrax **10**, 206: „Münchner Hausverwaltung GmbH" mit Sitz in Münchner Nachbargemeinde ohne führende oder besondere Stellung im Wirtschaftsraum München eintragungsfähig, heute anders, vgl Ebenroth/Reuschle 57, Ffm NZG **11**, 1234 (europäischer Fachverband), Hamm NZG **13**, 996 (Osnabrück), sehr weit gehend MüKo/Heidinger 151 f. Keine Rolle spielt mehr, ob die Ortsangabe attributiv oder substantivisch erfolgt, Mü FGPrax **10**, 206. Die folgenden Judikate sind also mit diesen Vorbehalten zu lesen, immer vorausgesetzt, dass ein realer Bezug zu dem Ort bzw Wirtschaftsgebiet des Orts besteht, Hamm NZG **13**, 997: **Vorangestellt** bzw adjektivisch, zB „Münchener Import-Export", galt die Angabe idR als anspruchsvoller als nachgestellt, immer noch Jena NZG **11**, 1191, zB „Import-Export München", nicht mehr Hamm NZG **13**, 997. „Hamburger Kaffeelager" ist unzulässig bei einfachem Genussmittelgeschäft, RG **156**, 22; dagegen bei „Import-Export in München" reine Ortsangabe. „Fahrschule Berlin" zulässig für eine der zehn größten von 258 Berliner Fahrschulen. Unzulässig „Berliner WohnungsbauGes" mit 14% Marktanteil, KG NJW **69**, 1539, ebenso „Berliner" mit weiter Branchenbezeichnung, wenn nur in schmalem Sektor tätig und führend, KG DB **70**, 246. Stadtteilsangabe nur für das Einzige entspr Unternehmen im Stadtteil, Stgt BB **64**, 1145 (Gablenberger Fahrschule). **Nachgestellt** wird ein solcher Zusatz zunächst dahin verstanden, dass sich an diesem Ort der Sitz der Ges befindet, BayObLG BB **93**, 458, ist das nicht der Fall, ist das irreführend. Auch ein nachgestellter Zusatz kann aber ein doppelte Bedeutung haben, nämlich auf besondere Stellung und herausgehobene Bedeutung in diesem Ort hinweisen, BayObLG BB **93**, 458. Die (irreführende) Wirkung hängt also heute mehr denn je von den **Umständen des Einzelfalls** ab und ist deshalb jeweils näher zu ermitteln, BGH Rpfleger **90**, 76 („Treuhand Bad S."), Kln NJW-RR **88**, 224 („Oberbergisch"), Jena NZG **11**, 1191. Herausgehobene Bedeutung kann sich insbesondere auch aus Verbindung mit anderen Attributen ergeben, BayObLG DB **90**, 876, zB „Haus" s Rn 30. Nicht jeder geographische Zusatz kann als Alleinstellungsbehauptung angesehen werden, zB Zusatz **„Süd"** im süddeutschen Raum, Stgt OLGZ **75**, 116, BayObLG BB **79**, 184; „Siebdruck Süd" zulässig, Stgt OLGZ **75**, 117; offen für **„West"** Hamm BB **84**, 1891; anders für **„Nord"** Oldbg BB 12/**75**, 8. **„Nord-Süd"** kann als Hinweis auf die ganze BRD verstanden werden, Celle BB **71**, 1299. Möglich ist reiner Herkunftshinweis, zB „Schwarzwald H. Bauernspezialitäten", BGH WM **82**, 585; dagegen ist „Bayerische Bank" unzulässig für eine von zwei führenden bayerischen Regionalbanken, BGH BB **73**, 813; „Oberhessische" Bank s BGH DB **75**, 2178. Nennt die Firma zwei Produkte, muss das Unternehmen in Bezug auf jedes herausragend sein, Saarbr OLGZ **76**, 33. „Kölsch" Bier, in Euskirchen gebraut, uU zulässig wegen „traditioneller Gegebenheit", jedenfalls wird vom Brauereiverband für zulässig erklärt, BGH BB **70**, 859. UU Behebung einer Irreführungsgefahr durch entlokalisierenden Zusatz, BGH BB **71**, 283 (Plym-Gin). Aussage unklar, daher Täuschungsgefahr zweifelhaft bei Gebrauch eines Begriffs, der nicht auch einen bestimmten Wirtschaftsraum kennzeichnet, Ffm OLGZ **73**, 279 (Main-Car). Sonderrecht für **„Solingen"** (G 15.7.38 RGBl 953), dazu LG Wuppertal, Bosse DB **77**, 1088, 1082, Weides WRP **77**, 141, Düss DB **78**, 631. Unzulässiger Hinweis auf bekannte **Straße,** Hamm BB **58**, 603 („Kö"). **Stadtbäckerei,** fraglich, vgl BayObLG, NJW-RR **87**, 1520. Lit: Tilmann 1976.

B. **Art der Beziehung:** „Hamburger Kaffeelager" unzulässig, wenn der Unternehmer nur einer von vielen (außerhalb Hamburgs sitzenden) Abnehmern einer einzigen Hamburger Kaffeegroßhandlung ist, RG **156**, 16. Unzulässig „Berliner Apotheke" an westdeutscher „Berliner Straße", Hamm **64**, 1144. „Amerikanische Dampfbügelei" verlangt Beziehungen zu Amerika nach Person oder Betrieb, abw KG JW **27**, 130. „Nordsee" s BB **66**, 1247. „Grenzland" verlangt Grenzbeziehung, nicht besondere Größe, Oldbg BB **68**, 310. „Regio" (Südbaden) verlangt Grenzbeziehung und gewisse Bedeutung. „HM Rechtsanwälte Wirtschaftsberater Steuerberater" nur bei Zusammenschluss, nicht bei bloßer Kooperation, BGH ZIP **14**, 793 (zu UWG).

25 C. „**Deutsch**" setzt idR Unternehmen voraus, das nach seiner wirtschaftlichen Bedeutung auf den deutschen Markt als ganzen zugeschnitten ist, BGH **53**, 343 (§ 3 aF UWG), Mü NJW-RR **88**, 812 (Deutsche Kreditkarte), Düss NJW-RR **93**, 297. Auf die wirtschaftliche Bedeutung kommt es an, ua Kapital, Größe, Organisation, Ausstattung und Umsatz, nicht auf die persönlichen Verhältnisse des Inhabers oder Management. Wegen der internationalen Wirtschaftsverflechtung dient der Zusatz heute aber auch zur Kennzeichnung deutscher Töchter ausländischer Unternehmen ebenso wie im Ausland tätiger Töchter deutscher Unternehmen; das Publikum verbindet deshalb mit „deutsch" nicht mehr ein für die deutsche Wirtschaft beispielhaftes oder besonders wichtiges Unternehmen, BGH WM **82**, 560. Vgl auch BGH NJW **98**, 3349 (FAZ, § 3 aF UWG) „**Allgemeine deutsche**" ist schwächer als „deutsch" in Alleinstellung und für größte (reine) deutsche SteuerberatungsGes zulässig, BGH WM **82**, 561. **National:** grundsätzlich wie „deutsch", GroßKo/Hüffer 60. „**Nord-Süd**" kann als Hinweis auf die ganze BRD verstanden werden, s Rn 23.

26 D. „**Europäisch**" uä: nach Größe und Marktstellung entsprechend den Anforderungen des europäischen Marktes, aber europäisches Niederlassungsnetz ist unnötig, BGH **53**, 339 (Euro-Spirituosen), DB **72**, 282 (WZ), NJW **97**, 2817, Stgt WRP **91**, 527, Hamm WRP **91**, 498. „Europa" auch möglich bei besonderer Beziehung zur EU oder als Hinweis auf Erfolge europäischer Zusammenarbeit, DIHT BB **67**, 1100. S auch Kln BB **66**, 1247, Oldbg BB **68**, 312, Hamm BB **73**, 1042 („EUROP-AIR", Assoziation ua mit SWISSAIR), LG Mü WRP **76**, 797 („EURO frisch Markt"). Die Rspr zu „Euro" uä wird zT als zu restriktiv empfunden (RegE HRefG). Tatsächlich ist „Euro" heute bei Firmierungen und Geschäftsbezeichnungen (nicht nur Warenzeichen) sehr verbreitet und in seiner Bedeutung verblasst, vgl Hamm Rpfleger **92**, 203, Kblz NJW-RR **93**, 228. Weniger anspruchsvoll bereits BGH NJW **97**, 2817: genügen in überschaubarem Markt schon verhältnismäßig kleines Unternehmen, europaweiter Versand auch ohne Auslandsniederlassung; Ffm NZG **11**, 1234 (europäischer Fachverband). Zu berücksichtigen sind Geschäftsgegenstand, jeweiliger Markt und Vertriebsart. „**International**" oder „inter" weist auf nicht unbedeutende (eigene) Auslandsaktivität sowie entspr Größe und internationale Bedeutung hin, BayObLG NJW **73**, 371 („interhandel"), Stgt NJW-RR **87**, 101 („Intermedia"). Internationale Geschäfte, Anschluss an internationale Vermittlernetze und internationales Gehabe reichen allein nicht. Anders, wenn nur die Tätigkeit (zutreffend) beschrieben wird, zB „Internationale Spedition". „**EG**"/„**EU**" weist auf besondere Stellung oder Geschäftsbeziehungen innerhalb der EG/EU hin, Hamm WM **91**, 1953. „**Kontinent**", ebenso „**Conti**": BGH BB **79**, 1212. „**Welt**": BB **66**, 1246.

27 E. **Historische Hinweise:** „Alt-Schöneberg" (Apotheke) nicht irreführend, weil kein definierbares Alt-Schöneberg mehr besteht (anderswo gilt anderes), so AG Bln-Charlottenburg BB **68**, 312. „Königlich bayerische Bierbrauerei" nur bei entsprechendem Alter und Beziehung zum früheren Königshaus, BayObLG MDR **81**, 321. „Manufaktur" s Rn 33. Bei Verein unzutreffende Jahreszahl im Vereinsnamen, Brdbg NJW-RR **11**, 621.

3. Abschnitt. Handelsfirma 28, 29 **§ 18**

7) Hinweise auf Art des Betriebs

A. **Hinweise auf geschützte Bezeichnungen:** Speziell geschützt, daher 28 außerhalb der gesetzlichen Zulassung unverwendbar, sind ua die Bezeichnung „**Bank**", „**Bankier**", „**Sparkasse**" ua (§§ 39 ff KWG, § 43 KWG Registervorschriften, s **(7)** Bankgeschäfte Rn A/5), Ffm WM **82**, 603 (abschließende Aufzählung); „**Kapitalanlagegesellschaft**", „**Investmentfonds**", „**Investmentgesellschaft**", (§ 3 InvG), BayObLG BB **83**, 1494, WM **84**, 1569, zulässig dagegen „Investment Consult" BayObLG NJW-RR **99**, 1639; **Honoraranlageberater** uä (s **(16)** WpHG § 94 (§ 36d aF) idF HonoraranlageberatungsG 15.7.13, außer wenn Anschein der Erbringung von WPDienstleistungen ausgeschlossen ist; „**und Partner**" uä s Rn 22); „**Unternehmensbeteiligungsgesellschaft**" (§ 20 UBGG); **Architekt, Arzt, Rechtsanwalt, Wirtschaftsprüfer; Steuerberater, Steuerbevollmächtigter,** BGH **79**, 396, **103**, 356, Lohnsteuerhilfe(verein), Ffm BB **79**, 1117, usw. „**Buchführung**" kann auch auf die für Steuerzwecke erforderlichen Abschlussarbeiten hinweisen, dann ohne Befugnis zur Steuerberatung unzulässig, Düss BB **83**, 399. Nicht, wenn Anschein solcher Tätigkeit ausgeschlossen ist, zB „Bank" bei Verlagen oder Zeitschriften (§ 41 KWG).

B. **Hinweise auf Marktstufe:** „**Fabrik**", „**Fabrikation**" (schwächer als 29 „Fabrik"), „**Industrie**" sind zulässig für industriellen (nicht handwerklichen, vgl § 1 Rn 26), kfm Herstellungs-(nicht Handels-, idR auch nicht nur Montage-) Betrieb, Hamm BB **54**, 977, Celle BB **66**, 1244. „**Werk**" (stärker als „Fabrik") idR für großindustriellen Betrieb, Ffm BB **65**, 803, Hamm BB **68**, 311 also zB maschinelle Anlagen, Großtransportanlagen, größere Arbeiterzahl, speziell eingerichtete Räume; aber auch ohne Großbetrieb, falls das Unternehmen den Durchschnitt seiner Branche größenmäßig überragt, Stgt BB **81**, 1670, Jena NZG **11**, 1191 (Fahrzeugwerk); anders kraft Übung in der Holz-, Erden-, Stein-Industrie (zB „Sägewerk", „Marmorwerk", wohl auch „Hammerwerk"), RG GRUR **37**, 718, KG JFG **3**, 176, Celle BB **52**, 125, Karlsr BB **57**, 165, Stgt BB **81**, 1670, LG Mannh BB **62**, 387, AG Cloppenburg, BB **63**, 327; nicht „Halbmetallwerk", LG Aachen BB **64**, 1144. Mehrere kleine Betriebsstätten sind nicht ein „Werk", LG Aachen BB **64**, 1144. Zulässig Mehrzahl „Werke" für mehrere selbstständig arbeitende, zentral geleitete Werke, Oldbg BB **62**, 387. Zulässig werden jene Bezeichnungen wohl auch, wenn durch Mitnennen der Erzeugnisse Täuschung ausgeschlossen ist, Ffm BB **59**, 467 („Fabrikation feiner Fleisch- und Wurstwaren Wilhelm X" für ins Handelsregister einzutragenden Metzger), Oldbg BB **88**, 929 („Motorinstandsetzungswerk"). Zugehörigkeit zum Handwerk iS HdwO (vgl § 1 Rn 26) schließt nicht notwendig die Bezeichnung „Werk", „Fabrikation" uä aus, vgl Karlsr BB **59**, 900; „Versicherungs-Dienst für das deutsche Handwerk" nur bei entsprechendem Betriebsvermögen und Verkehrsgeltung, Düss NJW-RR **93**, 297; „Elektrizitätsgesellschaft" weist auf Stromerzeugung hin, Hamm BB **59**, 900. „**Chemie**", „Basis-Chemie" können auch kleine Betriebe verwenden, Neust WRP **62**, 410. „**Hersteller**", nicht wenn (mehr als geringfügiger) Vertrieb fremder Produktion, RG GRUR **40**, 585, BGH GRUR **57**, 349. „**Herstellung und Vertrieb**" verlangt mindestens gleichgewichtige Eigenherstellung, BGH DB **76**, 143. Zusatz (zu GmbHFirma) über die Vertriebstätigkeit (Herstellung oder Vertrieb) bei nur Täuschungsgefahr nötig, BGH NJW **82**, 2446. „**Großhandel**"/„**Großhandlung**": weist nicht auf den Geschäftsumfang, sondern auf die Handelsstufe hin, KG JW **30**, 1409, wohl auch noch nach HRefG, aA Koller/Roth 12f: zulässig auch im Einzelhandel, setzt kein besonders großes Warenlager voraus und kann auch bei nur kleinem Großhandels-Anteil am Umsatz (zuletzt 4,2 %) gebraucht werden, wenn zugleich auf den Einzelhandel hingewiesen wird, Hamm NJW **63**, 863. (Schuh-)"Großhandlung" ist zulässig trotz kleinem (6 %) Direkt-Einzelhandel und trotz bedeutendem Verkauf an eine

§ 18 30

Einkaufsgenossenschaft und Weiterverkauf für diese an ihre Mitglieder, Karlsr BB **64**, 574. Vgl BGH BB **68**, 685 (§ 3 aF UWG, nicht Firma): GroßHdlGeschäft mit Einzel-, insbesondere Versandhandel darf sich gegenüber FacheinzelHdl und Letztverbrauchern nicht nur GroßHdlUnternehmen nennen, BGH BB **74**, 150 (§ 6a II aF UWG). „**Großmarkt**" war bisher unzulässig für Einzelhandelsunternehmung, verblasst aber; „Markt" weist dagegen nicht auf Vertriebsform hin, s Rn 30.

30 C. **Hinweise auf Größe und Bedeutung**: „**Börse**" verlangt gewisse Größe und idR Käufer- und Verkäufermehrheit, mindestens Erfassung eines wesentlichen Teils des Marktes am Ort, Darmstadt, Ffm, Zweibr BB **66**, 1245, **68**, 311 („Auto-Börse", „Schmuck-Börse"), Ffm Rpfleger **81**, 306 („internationale Flugbörse"); seit einiger Zeit verliert der Begriff aber seine ursprüngliche Bedeutung („Krawatten-Börse", „Schuh-Börse"), Bokelmann GmbHR **83**, 238. „**Center**" bezeichnete ursprünglich Unternehmen mit Vorzugsstellung am Platze, sei es an Kapital und Umsatz, sei es mehr durch Breite des Angebots und Kundendienst (Rspr s 27. Aufl), hat aber inzwischen seine Bedeutung nahezu völlig verloren. Keinen Hinweis auf ein seine Mitbewerber überragendes kapital- oder umsatzstarkes Unternehmen beinhalten zB Garten-, Möbel-, Teppich-, Fitness-, (Tank-) Service-, Buchcenter; das ist aber für jede Branche besonders festzustellen, BGH NJW **87**, 63, offen zB für Küchencenter. „HdlZentrum" für EinzelHdlUnternehmen verlangt Angebot im Wesentlichen aller Waren des täglichen Bedarfs, Düss WRP **82**, 224; zwischen Center (Bedeutungswandel) und Zentrum (noch nicht so) unterscheidend Ffm NJW-RR **15**, 727 Rn 32 (s unten Zentrum). „Rechenzentrum" ist dagegen bloße Branchenbezeichnung ohne Größe oder Bedeutung. „**DM**": unzulässig. „**Erste**" ist idR doppeldeutig (beste oder älteste; Klarstellung, zB „Älteste", ist empfehlenswert), bei ersterer Bedeutung kann die Firma auch später noch täuschend werden; vgl BGH **LM** § 3 UWG Nr 21 (Erste Kulmbacher). „**Haus**" ist jedenfalls herkömmlich je nach Wortverbindung **entweder a)** nur Wortteil ohne Aussage über Größe und Bedeutung, zB Gasthaus, Leihhaus, **oder b)** Behauptung überdurchschnittlicher **Größe** oder Bedeutung im Geschäftszweige am Ort, zB Möbelhaus BGH WM **80**, 41, WRP **82**, 410, Kaufhaus, Kunstauktionshaus, Einrichtunghaus; Werbehaus und erst recht „Das Werbehaus", LG Bln BB **64**, 572; für Autohaus Ffm BB **66**, 1242, vgl auch BayObLG NJW-RR **88**, 617; Kombination von „Haus" und Ortsname („Bürohaus X-Stadt") nur für das führende Unternehmen am Platz (s Rn 23), aber nicht schon wenn ohne Konkurrenten das Einzige dort, sondern nur bei herausragender Stellung im Kundeneinzugsgebiet (brancheninterner, notfalls -externer Vergleich), BayObLG BB **90**, 2357; **oder c)** nur Anzeige der **Spezialisierung** auf die genannte Gattung ohne Behauptung besonderer Größe oder Bedeutung, so heute regelmäßig ua für Artikel des täglichen Bedarfs und Breitenkonsums, zB Schuh-, Blumen-, Zigarren-, Reformhaus; Celle BB **63**, 325 (Süßwarenhaus), Karlsr BB **63**, 746 (Fernseh-Haus), KG BB **63**, 1396 (Tonbild- und Elektrohaus), Oldbg BB **68**, 310 (Haarhaus Grenzland), Hamm BB **69**, 1195 (Textilhaus); teils abw ältere, strengere Rspr. Der DIHT verlangt (außer für Blumen-, Zigarren-, Reform-, Kräuterhaus) ein (voll)kfm Geschäft mit idR überordentsdurchschnittlicher Sortimentsbreite, Verkaufsfläche, Umsatzgröße, idR auch fachlich besonders geschultes Verkaufspersonal (außer bei Selbstbedienung) und je nach Brancheneigenart überdurchschnittliche Aufmachung, dagegen nicht örtlich führende Stellung, BB **69**, 418. Auch im Fall c) muss der Betrieb (voll)kfm sein, Oldbg BB **53**, 716, Hamm BB **54**, 784, KG BB **63**, 1396. Huthaus, und Haus der Hüte (stärker), Einrichtungshaus, Kaufhaus, s LG Siegen, Wuppertal, Siepen, IHK Mü BB **60**, 158. Mehrheit von Filialen fällt nicht ins Gewicht, wenn sie dem Publikum am einzelnen Platz nicht erkennbar ist, LG Göttingen BB **61**, 501. „Autohaus" weist nur auf Spezialisierung hin, str, aber zweifelhaft bei bloßem

3. Abschnitt. Handelsfirma

oder überwiegendem Gebrauchtwagenhandel, bei beinahe ausschließlichem Werkdienstwagenverkauf, BayObLG NJW-RR **88**, 617. „Tankhaus" nicht ohne Aufenthalts- und Ruheräume, Celle BB **62**, 386, fraglich geworden. Die Bedeutung von „Haus" verblasst mehr und mehr. **„Hof"**: je nach Branche verschieden, „Weinhof" (meist Herkunftsbezeichnung), wie „Weingut" s Rn 23, 33, anders in Nichtweingebiet; „Autohof", zulässig auch bei größerer Tank- und Raststelle. **„Klinik"** erfordert eine gewisse personelle und apparative Ausstattung, Stgt WRP **91**, 528 (§ 3 aF UWG). **„Kontor"**: im Binnenland idR nur bei größerem Betrieb, anders bei anderer Tradition uU in Hafen- und Hansestädten. **„Markt"** bedeutet übliches EinzelHdlGeschäft mit gewisser Größe und Angebotsvielfalt, BGH WM **83**, 1319; Selbstbedienung ist nicht notwendig; herkömmlich nur für Waren, für Dienstleistungen bei entsprechender Auswahl aber nicht schlechthin ausgeschlossen, zB „Friseurmarkt" bei sehr großem Friseurladen und breiter Frisierartikelauswahl, str. „Supermarkt": heute auch Einzelhandelsbetrieb, aber mit großem Food- und zusätzlichem Non-food-Angebot und großer Verkaufsfläche und mit überwiegender Selbstbedienung. „Verbrauchermarkt": Einzelhandelsbetrieb mit sehr großem (Food- und Non-food-)Angebot und sehr großer Verkaufsfläche mit großer Kundenparkplatzfläche. „Großmarkt" war bisher unzulässig für Einzelhandelsunternehmung, verblasst aber (s Rn 29). **„Marktführer"**: bei Presse iZw verkaufte Auflage, nicht Reichweite, BGH **156**, 250. **„Palast"**: größerer Betrieb, Stgt JW **33**, 1473. **„Preis"**: „Preiswert", uU nur zulässiger Hinweis auf Billigware; „Minipreis", nicht eintragungsfähig, da von jeweiliger Kalkulation abhängig. **„Supermarkt"**, **„Verbrauchermarkt"** s Markt. **Werbesprüche** als Firmenzusatz waren früher idR unzulässig, nach Zulassung von Phantasiefirmen durch HRefG großzügiger. **„Zentrale"**, **„Zentrum"**, immer noch besondere Größe und Bedeutung, Ffm NJW-RR **15**, 727 Rn 32 ff (Optik Sehzentrum), anders für Center, s oben.

D. Hinweise auf Vereinigung: „Gruppe", „Pool", „Ring", „Team", „Union", „Verband", „Verbund", „Vereinigte" wiesen ursprünglich auf bedeutendere Vereinigung rechtlich selbstständiger Mitglieder hin. Heute ist die Bedeutung einer besonderen Kapitalkraft und gewissen Größe fast durchweg verblasst, MüKo/Heidinger 167, Ffm NZG **11**, 1234 (europäischer Fachverband), Schlesw NZG **12**, 34. Übrig geblieben ist aber die Bedeutung eines Hinweises auf eine Vereinigung. **„Gruppe"**: irreführend „J e. K. Group" für EinzelKfm, Schlesw NZG **12**, 34, Jena ZIP **14**, 375 (s auch Rn 8), aber zulässig für EinzelKfm als Konzernspitze, Staub/Burgard 76, uU auch bei Zusammenschluss mehrerer natürlicher Personen, zB Arbeitsgruppe, Forschungsgruppe als Firmenbestandteil, Jena ZIP **14**, 375. **„Sozietät"**: Zusammenschluss von Freiberuflern (s Rn 35) in Form einer Ges oder Gemeinschaft, vor allem von Rechtsanwälten, Notaren uä, auch ohne Ges, wenn gleiche Vorteile für den Rechtsverkehr, BGH ZIP **12**, 1960 (zu § 43b BRAO, RsprÄnd); mindestens zwei, aber nicht unbedingt mehrere Berufsangehörige in Ges oder Gemeinschaft, wohl nicht nur einer mit nur angestellten Berufsangehörigen. **„& Kollegen"**: mindestens zwei weitere Kollegen, vgl BGH NJW **07**, 3349 (Anwaltskanzleibriefkopf), BVerfG NJW **08**, 502; **„Team"** verlangt mindestens zwei an der Tätigkeit Beteiligte, nicht notwendig als Gfter; bloße Kapitalgeberstellung des einen reicht uU nicht aus. **„Union"**: Herkömmlich idR kapitalkräftige Verschmelzung oder sonstige rechtsfähige Verbindung mehrerer Unternehmen (zB Stahl-Union, Textil-Union); so auch wenn vorangestellt (zB Union-Textil), anders ua bei Etablissementsbezeichnungen (zB Union-Theater), DIHT BB **67**, 1100, aber zwischenzeitlich verblasst. **„Verband"**, **„Verbund"** ist, wenn nicht schon lang geführt und darum nicht mehr irreführend, idR für einzelne Unternehmen unzulässig. **„Vereinigte"** ist mangels wirklicher Zusammenfassung von Unternehmen der bezeichneten Art unzulässig, RG **166**, 242.

§ 18 32, 33 1. Buch. Handelsstand

32 **E. Hinweise auf Spezialisierung und Branchen:** Die bisherige Rspr nahm im Hinblick auf die Unzulässigkeit von Sachfirmen für EinzelKflte und PersonenhdlGes Hinweise auf Spezialisierung und Branchen recht genau. Die diesbezüglichen Firmenzusätze durften nicht über die Geschäftstätigkeit des Kfm hinausreichen. Das HRefG, das Sachfirmen allgemein zugelassen hat, dürfte insoweit zu einer Lockerung im Firmenrecht führen (s auch Rn 14, 15), Priester DNotZ **98**, 698. „Fachgeschäft", „Spezialgeschäft" verlangt nach wie vor besondere Leistung im Fach, Stgt BB **74**, 196 („Küchenspezialgeschäft"), nicht bloße Spezialisierung, sondern breit gefächertes Angebot und fachkundige Beratung, Kblz WRP **82**, 45 („Hörgeräte-Fachgeschäft", § 3 aF UWG). Verbindung des Namens mit **Warenbezeichnung** (Leder-Schulze) bezeichnet ein auf die Ware wirklich spezialisiertes Unternehmen, Gutachtenausschuss für Wettbewerbsfragen BB **53**, 156, Karlsr BB **66**, 1249 (Möbel-Meier), aber ohne besondere Qualität des Angebots und ohne besondere günstige Verwendungsmöglichkeit, BGH BB **67**, 182 (zu § 3 aF UWG, „Spezialsalz") „Fachdrogerie", aber auch nur Drogerie unzulässig für Gemischtwarengeschäft mit einigem drogistischem Sortiment, LG Aachen BB **68**, 439.

33 Kasuistik: „Agentur" setzt Tätigkeit für fremde Rechnung voraus, bloßer Verkauf auf eigene Rechnung (zB beim Streckengeschäft, Überbl 27 vor § 373) genügt nicht. „Anlageberatung" setzt Tätigkeit im Kundeninteresse (§ 347 Rn 23) und gewisse Breite der Beratungspalette voraus, also ausschend bei bloßem Absatzinteresse oder nicht offengelegter Beschränkung auf eine Anlagenart, zB bloße Versicherungsvermittlung, so uneingeschränkt auch noch nach HRefG. „Bank" s Rn 28. „bau" ist für Baustoffhandel unzulässig, Hamm DB **74**, 868. Tätigkeit auch nur in einem Teilbereich der Baubranche genügt, KG FGPrax **10**, 42. „Bauhaus" weist auf das berühmte Bauhaus von Gropius (Architektur, Design, bildende Künste) hin. „Börsenmakler", „Broker": „introducing broker" nur bei Zulassung zum Börsenhandel in Deutschland oder den USA, Düss NJW-RR **92**, 171. „Buchführung" s Rn 28. „Diskont" (Discount)-Haus, -Geschäft uä setzt deutlich niedrigeren Preis als im konkurrenden Einzelhandel bei grundsätzlich allen Artikeln, nicht nur im Gesamtniveau voraus, BGH BB **71**, 144. „Fern-Lotto" ist unzulässig, wo nur Lose vertrieben werden, KG NJW **55**, 1927. „Finanzierung" uä unzulässig bei bloßer Finanzierungsvermittlung, Ffm AG **80**, 82, LG Düss BB **79**, 905, AG Rotenburg, AG Hbg BB **77**, 462, 1116; LG Nürnb-Fürth Rpfleger **96**, 252, sowie bei untergeordnetem, genehmigungsfreiem Kreditgeschäft, AG Wuppertal BB **79**, 391; Begriff verliert aber zunehmend an Kontur. „Bau und Finanz" unzulässig bei bloßer Grundstücks- und Kapitalvermittlung, LG Oldbg BB **68**, 312; Übersicht Dürr ZIP **82**, 1067. „Invest" s Rn 28. „Kanzlei" s Rn 17. „Kredit", „City Credit", „prokredit" ist bei bloßer Darlehensvermittlung irreführend, Düss BB **79**, 1788, Kln BB **80**, 652; ebenso „Kredit-Dienst, Institut für Geldbeschaffung", LG Düss BB **80**, 697; nach HRefG fraglich. „Laden" in „Kinderladen" ist zu allgemein, wo nur Kleidung, nicht anderer Kinderbedarf angeboten wird, AG Oldbg BB **64**, 1144. „Lager" (ähnlich „Hof", „Magazin", „Speicher") behauptet überdurchschnittliche Lagerhaltung, die ua billigeren Verkauf ab Lager erwarten lässt, und war herkömmlich grundsätzlich Großhandel und Fabriken vorbehalten, dem Einzelhandel versagt, RG **156**, 20, Neust BB **63**, 326, LG Oldenbg BB **64**, 1143, DIHT BB **68**, 439, anders bei bloßen Werbeanzeigen, dann selbst bei „Großlager", Hbg WRP **68**, 119 (§ 3 aF UWG); Hinweis auf Großhandel hat sich indessen heute weitgehend verflüchtigt, zB „Weinlager" zulässig auch für Endverbraucher. Vgl auch BGH DB **73**, 2509 („Lager" in verschiedenen Werbeangaben). „Lohnsteuerhilfe" s Rn 28. „Manufaktur" bedeutet herkömmlich Produktionsstätte mit Herstellung wesentlich durch Menschenhand, KG GRUR **76**, 640, doch lockert sich dies zunehmend, vgl BayObLG Rpfleger **84**, 103, **85**, 677; „Porzellan- und Glasmanufaktur" nur bei Tradition und eigener Her-

3. Abschnitt. Handelsfirma   34, 35   § 18

stellung, nicht bloßer Bearbeitung, BayObLG Rpfleger **85**, 240. „**Marketing**": bloße Verkaufsförderung ohne präzise Bedeutung. „**Mehrwert**" soll für viele bedeuten: billiger als jede Konkurrenz, vgl BGH BB **73**, 60; heute so nicht mehr. „**Selbstbedienung**", BGH NJW **70**, 1545, vgl auch BGH BB **73**, 60. „**Seminar**" s Rn 35. „**Stadt-**", mit Unternehmen, zB Stadtbrauerei, kann auf (frühere) Trägerschaft der Stadt oder besondere Verbindung zu ihr oder doch auf alteingesessenes Unternehmen hinweisen, entscheidend ist aber die zu ermittelnde Verkehrsanschauung, BayObLG NJW-RR **87**, 1520 („Stadtbäckerei"). „**Steuerbüro**": BGH BB **13**, 577 LS (Anwaltskanzleibezeichnung); „**Studio**", heute abgegriffen ohne besonderen Gehalt, Stgt NJW-RR **87**, 739 für Ladengeschäft, aA noch BayObLG NJW **72**, 166 für Modestudio. „**Unternehmensberatung**" deutet auf umfassende betriebswirtschaftliche Beratung hin. „**Vermögensberatung**" s „Anlageberatung". „**Versicherung**" unzulässig bei bloßer Versicherungsvermittlung (wie Finanz, s oben), MüKo/Heidinger 142. „**Weingut**" (s Rn 30 „Hof") nur bei eigenem Anbau und Ausbau mit eigenen Kellern, Zukauf ist problematisch; „**Weinkellerei**" setzte bisher Weinausbau, -abfüllung und -handel voraus, nach HRefG nicht mehr haltbar. „**Wert-**,: soll Angebot besonders wertvoller Artikel bedeuten, Hamm NJW **68**, 2381 (Wertfoto), heute verblasst. „**Wirtschaftsberatung**" wie Unternehmensberatung.

F. **Hinweise auf Amtsstellung**: „**Stelle**" weist auf amtliche Aufgaben hin, 34 jedenfalls in Verbindung mit öffentlich bewirtschafteten Gütern, KG DR **42**, 731, erst recht „**Polizei**", Ffm WM **83**, 1372, anders „Polizeisport", Hamm Rpfleger **81**, 404; auch „**Provinzial-Molkerei**, KGJ **22**, A 100; ähnlich „Schädlingsbekämpfungsdienst Sachsen-Anhalt W. J.", KG DR **42**, 1501. „**Kammer**": „Europäische Handelskammer Gesellschaft", Hamm WRP **91**, 497, **92**, 354 (zu § 3 aF UWG). „**Kirchlich**" verweist auf persönliche oder organisatorische Verbindung zu einer Kirche, LG Bremen BB **61**, 501 (Kunstverlag); Namensschutz für „katholisch", BGH **124**, 173. „**Stadt**" kann auf städtische Stelle, zB Stadtbücherei, oder besondere Tradition hinweisen, zB Stadtbäckerei. „**Stiftung**" ist zulässig in „X-Stiftung GmbH", weil hier die Rechtsform klar ist, Stgt BB **64**, 1145; entspr für OHG und KG, nicht für EinzelKfm. „**Unfallversorgung** deutscher Ärzte- und Zahnärzte-VersicherungsvermittlungsGmbH" ist unzulässig, ua weil eigenes Versicherungsunternehmen angedeutet ist, trotz Hinweis auf Vermittlung und trotz Unzulässigkeit von Versicherungsunternehmen als GmbH (§ 7 VAG), BGH BB **68**, 314.

G. **Hinweise auf Titel und Berufsqualifikationen**: geschützte Bezeichnungen s Rn 28. Phantasie-„**Adels**"-Name (oder von ausgestorbener Familie) ist zulässig bei Vermeidung des (falschen) Scheins echter Tradition und des Scheins früherer Inhaberschaft eines Trägers des Namen (Sektkellerei) „Graf S", Inhaberin X, gegründet 1957, Neust MDR **63**, 138. „**Akademie**" (zB für praktische Betriebswirtschaft) deutet auf Besucher- oder Mitgliederförderung als Selbstzweck, nicht Mittel der Gewinnerzielung, auch bei Zusatz „GmbH", Bremen BB **71**, 1258 (dahingestellt, ob auch Hinweis auf öffentliche Aufsicht, die bei anerkannter Privatschule gegeben ist). „**Anstalt**" ist doppeldeutig, uU (schwacher) Schein öffentlicher Aufsicht; in diesem Fall ist auf Gewerbe hinweisender Zusatz nötig, zB Beerdigungsinstitut, im Einzelfall genügt auch Inhaberbezeichnung, so besonders wenn öffentliche wissenschaftliche Anstalt am Ort ist. „**Dipl-Ing**" in Geschäftsbezeichnung eines Ingenieurbüros, BGH BB **65**, 761; wie „Dr", BGH NJW **91**, 753; „diplomiert", vgl BGH MDR **14**, 607; „**Dr**" setzt promovierten Inhaber oder UnternehmensGfter voraus, promovierter Geschäftsführer oder den betreffenden Unternehmenszweig überwachender leitender Angestellter kann im Einzelfall genügen, str, nicht aber nur promovierter Kdtist; kann ohne Fakultätsangabe täuschend sein, wenn wissenschaftliche Ausbildung auf dem Geschäftsfachgebiet angezeigt wird und solche fehlt, BGH **53**, 67, NJW

§ 18 36

91, 752; so auch für GmbH, BGH WM **92**, 504 (promovierter Strohmann), für diese großzügiger Riegger DB **84**, 441; auch nach Ausscheiden des Promovierten, wenn kein anderer Promovierter in der (Personalberatungs)GmbH eine maßgebliche Stellung einnimmt, anders bei Nachfolgezusatz (s Rn 21), Kln FGPrax **08**, 125; ausführlich Hönn ZHR 153 **(89)** 386. Dazu § 22 Rn 15 (Fortführung). **„Ingenieur-Büro"** (ohne Dipl) verlangt entsprechendes Personal, Ffm DB **72**, 1014; unzulässig bei überwiegend gewerblicher Tätigkeit, Stgt BB **73**, 909. „Ingenieurgesellschaft" verlangt nicht GfterStellung mehrerer Ingenieure, Hamm Rpfleger **97**, 312. **„Institut"** impliziert häufig wissenschaftliche Arbeitsweise und öffentliche Grundlage, wenigstens Aufsicht, zT aber auch ohne diese Implikation, zB Heirats-, Beerdigungsinstitut, BGH NJW-RR **87**, 735, auch Finanzierungs-, Schönheitsinstitut. Unzulässig zB „Verkehrs-Institut" für Fahrschule, BayObLG BB **68**, 313, „Regioplan-Institut für Strukturanalyse", LG Bln BB **68**, 313; „Institut für physikalische Therapie" bei zwei Masseuren und medizinischen Bademeistern, Düss WRP **77**, 796 (§ 3 aF UWG); sogar Institut bei einfachem Facharzt, Düss WRP **76**, 319 (§ 3 aF UWG); Institut ohne Tätigkeitsbezeichnung bei privatem Verein, KG FGPrax **12**, 32. Rechtsformzusatz „GmbH" beseitigt Täuschungsgefahr nicht, BayObLG BB **85**, 2269 gegen frühere Rspr. Besonders leicht irreführend an Hochschulort, AG Mannh BB **62**, 388, etwa „Institut für steuerwissenschaftliche Information" bei Verein mit Sitz in Universitätsstadt, BayObLG NJW-RR **90**, 1125. **„Kanzlei"** weist auf Rechtsanwälte hin; „Rechtsanwalts- und Steuerkanzlei" nicht bei Partnerschaft mit mehreren Kanzleien an verschiedenen Orten, Brdbg NZG **16**, 862 wegen § 27 BRAO. **„Kolleg"** für rein private Heilpraktikerausbildungsstätte täuscht, BGH WRP **83**, 489. **„Meister"** wohl ähnlich wie „Dr" zu behandeln, abw KG JW **36**, 1684. **„Professor":** auch wenn im Ausland erworben, nicht ohne Weiteres irreführend, BGH **118**, 53. **„Revisionsgesellschaft"** nicht, wenn kein Wirtschaftsprüfer beteiligt oder beschäftigt ist, Düss BB **76**, 1192, unzulässig für SteuerberatungsGes, Ffm NJW **80**, 1758, DB **81**, 1186. **„Seminar"** weist auf Wissenschaft (Bereich oder Methoden) hin, also täuschend mangels solchen Bezugs und ohne Klarstellung der gewerblichen Tätigkeit. **„Sozietät"** nur bei freiberuflicher Tätigkeit (zur Notwendigkeit mehrerer s Rn 31). **„Technik":** gehobenes technisches Wissen bei Planung und Ausführung der Arbeiten; höhere Qualifikation als die eines „Büromaschinenmechanikers", LG Oldbg BB **76**, 153, Ffm BB **81**, 1669, DIHT-LS **81**, 2090. **„Treuhand"** weist auf Besorgung fremder Vermögensangelegenheiten im eigenen Namen und entsprechende Qualifikation hin, BGH WM **16**, 400, Ffm OLG **80**, 294, BayObLG BB **89**, 727; täuschend bei Tätigkeit auch für eigene Rechnung; täuschend bei Tätigkeit nur in erlaubnisfreien Bereichen, also ohne klassische Treuhandtätigkeit (Vermögensverwaltung, Beratung), anders bei klarstellendem Zusatz, zB Immobilientreuhand bei An- und Verkauf von Grundstücken für Auftraggeber. Nicht bei reinen Hdl-, Vertreter- und Kundendiensttätigkeiten, DIHT-LS BB **81**, 2090. **„Uni"** nur bei rechtlicher, betrieblicher oder enger örtlicher Beziehung zu Universität. **„Unternehmensberatung"** s Rn 33. Lit: Riegger DB **84**, 441 (Dr), Hönn ZHR 153 **(89)** 386.

8) Europäisches Firmenrecht, internationaler Verkehr

36 Das Irreführungsgebot des II gilt auch im europäischen und internationalen Verkehr (§ 17 Rn 48). Auch die Firmierung von ausländischen Ges darf nicht irreführen. Die Anforderungen des I an die Eignung zur Kennzeichnung und Unterscheidungskraft gelten dagegen nicht ohne Weiteres auch für ausländische Ges. Denn die Firma bestimmt sich herkömmlich nach dem Recht des Unternehmenssitzes, str, für AuslandsGes aus EU/EWR nach europäischem Recht nach dem Gründungsstatut. Näher § 17 Rn 48, 49.

3. Abschnitt. Handelsfirma 1 **§ 19**

[Bezeichnung der Firma bei Einzelkaufleuten, einer OHG oder KG]

19 (1) Die Firma muß, auch wenn sie nach den §§ 21, 22, 24 oder nach anderen gesetzlichen Vorschriften fortgeführt wird, enthalten:

1. bei Einzelkaufleuten die Bezeichnung „eingetragener Kaufmann", „eingetragene Kauffrau" oder eine allgemein verständliche Abkürzung dieser Bezeichnung, insbesondere „e. K.", „e. Kfm." oder „e. Kfr.";
2. bei einer offenen Handelsgesellschaft die Bezeichnung „offene Handelsgesellschaft" oder eine allgemein verständliche Abkürzung dieser Bezeichnung;
3. bei einer Kommanditgesellschaft die Bezeichnung „Kommanditgesellschaft" oder eine allgemein verständliche Abkürzung dieser Bezeichnung.

(2) Wenn in einer offenen Handelsgesellschaft oder Kommanditgesellschaft keine natürliche Person persönlich haftet, muß die Firma, auch wenn sie nach den §§ 21, 22, 24 oder nach anderen gesetzlichen Vorschriften fortgeführt wird, eine Bezeichnung enthalten, welche die Haftungsbeschränkung kennzeichnet.

Übersicht

	Rn
1) Normzweck, Anwendungsbereich	1–3
A. Normzweck	1
B. Anwendungsbereich	2
C. Übergangsrecht	3
2) Die Firma des Kaufmanns (I Nr 1)	4–10
A. Zwingender Kaufmanns- bzw Rechtsformzusatz	4
B. Personenfirma, Gleichnamige	6
C. Sachfirma, Phantasiefirma	8
3) Die Firma der OHG (I Nr 2)	11–18
A. Zwingender Rechts- bzw Gesellschaftsformzusatz	11
B. Personenfirma, Namenshergabe	13
C. Sachfirma, Phantasiefirma	18
4) Die Firma der KG (I Nr 3)	19–23
A. Zwingender Rechts- bzw Gesellschaftsformzusatz	19
B. Personenfirma	21
C. Sachfirma, Phantasiefirma	23
5) Die Firma der GmbH & Co (I Nr 3, II)	24–36
A. Kennzeichnung der Haftungsbeschränkung (II)	24
B. Die Firma der GmbH (§ 4 GmbHG)	31
C. Die Firma der KG in der GmbH & Co (I Nr 3)	32
D. GmbH und KG am gleichen Ort (§ 30)	36
6) Die Firma bei Umwandlung	37–41
A. Umwandlung kraft Gesetzes (BGB, HGB)	37
B. Umwandlung kraft Rechtsgeschäfts nach UmwG	38
7) Europäisches Firmenrecht, internationaler Verkehr	42

1) Normzweck, Anwendungsbereich

A. Normzweck: § 19 idF HRefG 1998. § 19 ist wie das Firmenrecht insgesamt Teil der Unternehmenspublizität, die dem Schutz des Geschäftsverkehrs bzw der Marktteilnehmer dient (§ 18 Rn 1). I–III nF verpflichten EinzelKflte und PersonenGes, auf ihre KfmEigenschaft bzw ihre konkrete Rechtsform hinzuweisen. Das ist Korrelat dazu, dass nunmehr neben der Personenfirma auch für EinzelKflte und PersonenHdlGes Sach- und Phantasiefirma sowie Mischformen zulässig sind. IV verpflichtet wie V aF zur Kennzeichnung der Haftungsbeschränkung bei der GmbH & Co. Geschützt wird dadurch das Interesse des Rechtsverkehrs an der Ersichtlichkeit der KfmEigenschaft und der Ges- und Haftungsverhältnisse bei PersonenGes (Transparenzgrundsatz, Informationsfunktion der

Hopt 179

§ 19 2–6 1. Buch. Handelsstand

Firma), BGH ZIP **13**, 2329 Rz 13 (zu § 5a III Nr 2 UWG, Angabe der Rechtsform).

2   B. **Anwendungsbereich: I** regelt die bei EinzelKflten und PersonenHdlGes notwendigen Kfm- bzw Rechtsformzusätze. Für KapitalGes sind diese in den jeweiligen Sondergesetzen enthalten (§ 18 Rn 22). I ist entspr anwendbar auf die das HdlGeschäft fortführende Erbengemeinschaft (§ 1 Rn 37), sowie auf Stiftungen, Vereine, Gebietskörperschaften ua als Unternehmensträger (nicht, wenn sie nur Allein- oder MehrheitsGfter sind), K. Schmidt § 12 III Rn 101 Fn 172 (Firmierung s Rn 5). **II** schreibt für die OHG oder KG, bei der keine natürliche Person persönlich haftet (GmbH & Co und ähnliche GesFormen), einen die Haftungsbeschränkung kennzeichnenden Zusatz vor. I und II regeln damit die **Firmen nach HGB** und gelten anders als § 18 I und II (§ 18 Rn 2) nicht allgemeiner für alle Firmen auch außerhalb des HGB.

3   C. **Übergangsrecht:** Für bei Inkrafttreten des HRefG 1998 bereits eingetragene und zulässige Firmen von EinzelKflten und PersonenHdlGes gilt als Übergangsvorschrift **(1)** EGHGB Art 38 I, II (s dort), ähnlich **(2b)** GmbHG § 5a für UG, krit MüKo/Heidinger 37. Firmen von vor 1900s **(1)** EGHGB Art 22 I.

2) Die Firma des Kaufmanns (I Nr 1)

4   A. **Zwingender Kaufmanns- bzw Rechtsformzusatz: a) Grundsatz:** Der (Einzel)Kfm muss die Bezeichnung „eingetragener Kaufmann", „eingetragene Kauffrau" oder eine allgemein verständliche Abkürzung dieser Bezeichnung, ins besondere **„e. K."**, „e. Kfm." oder „e. Kfr." enthalten (**zwingender Kaufmannszusatz, I Nr 1;** entspr zwingender Rechtsformzusatz für PersonenHdlGes, I Nr 2, 3, entspr für unternehmenstragende Erbengemeinschaft). Das gilt in jedem Fall, also bei Personenfirma ebenso wie bei Sach-, Phantasie- oder Mischfirma; aber noch nicht, wenn der Kfm zwar angemeldet hat, aber noch nicht eingetragen ist, Zimmer ZIP **98**, 2050, dann „Einzelkaufmann", „einzutragender Kaufmann" oä, nach aA „e. K." sogar wenn er noch nicht angemeldet hat, dann aber §§ 29, 14; auch KapitalGes müssen vor Eintragung „i. Gr." (in Gründung) firmieren. Mit dem obligatorischen Hinweis auf die KfmEigenschaft wird eine klare praktische Grenzziehung zwischen den Firmen von EinzelKflten und den (heute auch firmenähnlichen) Geschäftsbezeichnungen von NichtKflten gewonnen, die als solche keine kfm Firma führen dürfen (§ 17 Rn 12, 13 ff).

5   b) **Ausformungen:** Die in I Nr 1 aufgeführten **Abkürzungen** „e. K.", „e. Kfm." oder „e. Kfr." sind bloße Beispiele. Andere Abkürzungen sind zulässig, aber nur wenn sie allgemein verständlich sind. Auch Mischformen sind zulässig, zB Zusatz teils ausgeschrieben, teils abgekürzt. Die **Kauffrau** kann statt „eingetragene Kauffrau" auch „eingetragener Kaufmann" firmieren (offen RegE HRefG), einerlei ob im konkreten Fall, zB Branche, Diskriminierung objektiv zu befürchten ist oder subjektiv von ihr befürchtet wird. Sie braucht nicht auf die geschlechtsneutrale Firmierung „e. K." auszuweichen. Umgekehrt dürfte „eingetragene Kauffrau" bei einen männlichen Kfm irreführend sein. Der Begriff „Handelsfrau" (so Art 6–9 ADHGB), ist, da nicht mehr gebräuchlich, bewusst nicht gewählt (RegE HRefG) und dürfte auch in der Form „eingetragene Handelsfrau" nicht genügen. Der Hinweis auf **„eingetragen"** ist aus dem Vereins- und Genossenschaftsrecht geläufig (§ 65 BGB e. V.). „Registriert" steht „eingetragen" nicht gleich, unzulässig sind auch „reg." oder „r.", aA wohl Fezer ZHR 161 (**97**) 61. „E. K." oä auch für eingetragene Vereine ua (s Rn 2), dann zB „e. V. e. K.", Roth in Bayer-Stiftung S 41.

6   B. **Personenfirma, Gleichnamige: a) Personenfirma:** Wird eine Personenfirma gewählt, so muss diese auch nach dem HRefG den **Familiennamen**

180   Hopt

3. Abschnitt. Handelsfirma 6 § 19

des Kfm enthalten, und zwar so, wie er im Personenstandsregister steht, KGJ **35** A 152, also auch Doppelnamen, KG OLG **41**, 192, Adelstitel (Art 109 WRV). Veränderung, Abkürzung oder andere Schreibweise ist unzulässig. Familien- und Geburtsnamen dürfen nicht als (nicht eingetragene) Doppelnamen geführt werden. Auch von der Eintragung abweichende eingedeutschte Schreibweise waren früher unzulässig, nach dem HRefG zutr großzügiger MüKo/Heidinger § 18 Rn 62. Geringfügige Schreibabweichungen, zB Umlaute in internationaler Schreibweise, sind zulässig. Ausländische Namen in anderen Schriften sind lateinisch umzuschreiben. Ob der Familienname verständlich oder auch nur als solcher erkenntlich ist, spielt keine Rolle, BayObLG BB **73**, 1369 (Mesirca; § 18 Rn 4). Adjektivische Form des Namens ist zulässig, wenn er klar bleibt, „Herbert Meyersche Importenhandlung", vgl RG **119**, 201. Auch Setzung in Klammern ist zulässig, GroßKo/Hüffer 6, aA KG RJA **9**, 91, Heymann/Emmerich § 18 Rn 10, da täuschender Zusatz. Ein bestimmter Ort in der Firma ist für den Familiennamen nicht vorgeschrieben, Celle BB **90**, 302. Der Familienname kann auch in der ursprünglichen Firma in der Form eines Inhabervermerks (§ 18 Rn 21) geführt werden, da Firmenkern und Firmenzusatz grundsätzlich gleichwertig sind (§ 18 Rn 8), BayObLG **88**, 347, aA früher üL, aber solcher Inhabervermerk darf nicht Nachfolge vortäuschen, Nachfolgervermerk s § 18 Rn 21. Bei Wahl einer Personenfirma, also Führung des Familiennamens in der Firma, braucht **nicht der Vorname** und erst recht nicht der ausgeschriebene Vorname geführt zu werden. Doch können ein oder mehrere Vornamen in die Firma aufgenommen werden, auch in gegenüber Register abgekürzter Form, aA nach I aF „Joh.", BayObLG JW **28**, 2639, „Ed." statt „Eduard", BGH **30**, 291; das gilt aber nur, sofern nicht irreführend, also nicht „Heinz" statt wie im Register „Heinrich", BayObLG NJW **80**, 127, oder im Register nicht enthaltener Rufname. Das Irreführungsverbot kann auch der Aufnahme von anderen Vornamen entgegenstehen; wer als Hans A bekannt ist, darf nicht den zweiten Vornamen Fritz in die Firma nehmen, unter dem ein anderer A bekannt ist, KG DR **40**, 456. **Akademische Grade** können, müssen aber nicht in die Firma aufgenommen werden. **Pseudonyme** und **Künstlernamen** sind heute zulässig, Jung ZIP **98**, 682, aA BayObLG NJW **54**, 1934, sehr str, Grund: uU bessere Identifizierung als Familiennamen, Namensschutz, auch Phantasiename möglich. Gleiches gilt für **Decknamen** und sonst gewählten Personennamen Jena NZG **10**, 1354 (GmbH), MüKo/Heidinger § 17 Rn 24, § 18 Rn 70, Jung ZIP **98**, 683, sofern nicht Irrtum über eine bestimmte andere Person erregt wird, Grund: auch Phantasienamen sind zulässig, (s Rn 10), aA KG HRR **39**, 93 und früher hL: nur als Zusatz. **Pächter** als Inhaber vgl § 1 Rn 30, § 22 Rn 25. Pächterzusatz ist nicht nur bei abgeleiteter, sondern auch bei neu eintragener Firma zulässig, X-Apotheke Pächter H, LG Nürnb-Fürth BB **77**, 1671. Bei **Ehegatten** ist der nach § 1355 BGB gewählte Name maßgeblich. Der Ehegatte kann seinen jetzigen Namen führen und auf seinen früheren Namen hinweisen, auch wenn dieser nicht gemeinsamer Familienname geworden ist, zB „Anna Müller geb. Schulze", Karlsr NJW **51**, 280, Stgt NJW **51**, 280. Er kann ihn aber auch als **Begleitname** führen, zB „Anna Müller-Schulze", aber nur bei amtlicher Annahme (§ 1355 BGB). Der Ehegatte darf nicht allein den (nicht zum gemeinsamen Familiennamen gewordenen) **früheren Namen** („Mädchenname", Name aus früherer Ehe, auch bei Mann) führen, Ausnahme § 21. Der überlebende Ehegatte darf als Vornamen seinen eigenen verwenden, zB „Witwe Anna X & Co", aber nicht den des Verstorbenen „Witwe Hans X & Co" für eine KG der Erben des Hans X. Früherer Name als Inhabervermerk s § 18 Rn 21. Bei **ehelicher Gütergemeinschaft** ist bei gemeinsamer Führung und Eintragung (§ 1 Rn 48) Zusatz „in Gütergemeinschaft" zulässig, aber (trotz möglicher Verwechslung mit OHG) nicht zwingend (Privatsache; vgl § 1560 BGB); ebenso „Eheleute" vor Namen in der Firma, BayObLG BB **91**, 1731.

Hopt

§ 19 7–9 1. Buch. Handelsstand

7 **b) Gleichnamige:** Kflte gleichen oder ähnlichen Namens sind an der lauteren Verwendung ihres Namens nicht gehindert (für Marken § 17 Rn 11). Die Namensgleichheit darf jedoch nicht besonders hervorgehoben werden. Vielmehr ist umgekehrt die Verwechslungsgefahr (auch für Kflte an verschiedenen Orten, also über § 30 II hinaus) soweit wie möglich durch unterschiedliche Gestaltung der Firma, insbesondere durch verschiedene **Zusätze** zum Namen, auszuräumen. Diese Pflicht trifft uU beide Seiten, BGH **14**, 161 (Farina), NJW **86**, 58, BB **90**, 948, für zwei Konzernschwestern auch nach Ausscheiden aus dem Konzernverbund, Düss NZG **08**, 195, grundsätzlich aber den jüngeren Wettbewerber (**Prioritätsprinzip** unter Berücksichtigung realer künftiger Ausdehnungsmöglichkeiten), BGH NJW **51**, 520 (Luppy), NJW-RR **88**, 95, ZIP **16**, 1890 (Domainnamen); vgl auch BGH **150**, 82 (Hotel Adlon, Markenrecht, Einl 40v § 1). Die Pflicht zu klarstellenden Zusätzen ist am ehesten dem zumutbar, der eine irgendwie geartete Änderung der bestehenden Kennzeichen vornimmt, BGH **130**, 149, stRspr, Prioritätsschädlich sind erst Änderungen, die die Unterscheidungskraft und Identität der Gesamtbezeichnung berühren, BGH **130**, 138. Kollisionen auf Grund Wiedervereinigung sind nicht nach Priorität, sondern durch umfassende Interessenabwägung wie unter Gleichnamigen zu lösen, BGH **130**, 134. Wer die Firma derart unterscheidend bilden muss, hat idR einen Spielraum für das Wie. Bei redlicher Namensführung auf beiden Seiten ist ein Rest von Verwechslungsgefahr hinzunehmen, BGH **4**, 103 (Farina), Kln NJW **84**, 1358 (Farina). Ein einmal angenommener und geführter Zusatz darf uU nicht gestrichen und durch Beifügung eines Bildzeichens ersetzt oder sonst geändert werden, BGH **14**, 161, WM **87**, 272. Bei sehr einprägsamen Nachnamen kann Unterscheidung durch alltägliche Vornamen ungenügend und außerdem ein unterscheidender Zusatz geboten sein, BGH NJW **51**, 520 (Luppy). Nicht genügt idR Unterscheidung durch andere GesForm und deren Bezeichnung („u. Co. KG"), BGH NJW **66**, 1813m Anm Jansen. **Verwirkung** (§ 242 BGB) des Unterlassungsanspruchs ist möglich, im Einzelnen str, aber idR keine Erwirkung (§ 17 Rn 36–37, § 37 Rn 12). **Ausnahmsweise** ist die Führung des eigenen Namens in der Firma **verboten,** so wenn der Kfm missbräuchlich dessen Werbekraft ausnutzen will, die andere schufen, BGH **4**, 102 (Farina); bei „berühmtem" Namen (§ 17 Rn 32) uU auch in anderem Geschäftszweig, BGH BB **66**, 7 (Kupferberg, Sekt/Holz). Lit: Knaak 1979; Plaß WRP **00**, 40.

8 **C. Sachfirma, Phantasiefirma: a) Gemeinsame Anforderungen:** Sachfirmen, Phantasiefirmen sowie Mischfirmen zwischen Personen-, Sach- und Phantasiefirmen sind seit dem HRefG auch für EinzelKflte zulässig. Auch Sach-, Phantasie- und Mischfirmen müssen aber zur Kennzeichnung geeignet sein und Unterscheidungskraft haben (§ 18 Rn 4 ff) und dadurch die Namensfunktion (§ 17 Rn 4f) im geschäftlichen Verkehr erfüllen. Daran fehlt es bei Sachfirmen, die nur den Unternehmensgegenstand bezeichnen (s Rn 9). Die Abgrenzung der Firma eines EinzelKfm von anderen geschäftlichen Kennzeichen, zB Geschäftsbezeichnungen von NichtKflten (§ 17 Rn 13–15) ist infolge der Zulassung von Sach- und Phantasiefirmen schwieriger, aber wegen des auch für Sach-, Phantasie- und Mischfirmen zwingenden KfmZusatzes (s Rn 4) hinnehmbar.

9 **b) Sachfirma:** Eine Sachfirma kann anders als früher seit dem HRefG auch von EinzelKflten geführt werden. Das früher für KapitalGes vorgeschriebene Entlehnungsgebot (aus dem Gegenstand des Unternehmens zu entnehmen, § 4 I 1 GmbHG aF, § 4 I 1 AktG aF) ist aufgehoben. Es kommt nur noch darauf an, dass die Sachfirma der tatsächlich ausgeübten Geschäftstätigkeit entspricht, also nicht irreführt, Rö/Ries 17, Ebenroth/Reuschle § 18 Rn 16. Zur Unterscheidungskraft (§ 18 I bei Sachfirmen MüKo/Heidinger § 18 Rn 28 ff. Reine Branchen- bzw Gattungsbezeichnungen (§ 18 Rn 6), zB Bau, Gaststätte, Gebäudereinigung, Getränkehandel, Transport, sind auch unter I nF unzulässig, Grund: mangelnde

Unterscheidungskraft, Freihaltebedürfnis, Irreführungsgefahr, MüKo/Heidinger § 18 Rn 28, 73, Düss BB Beil 9/**71**, 15 („Stapler-Vermietung"), Hamm DB **77**, 2179 („Industrie und Baubedarf"), BayObLG BB **97**, 1707, aA Jung ZIP **98**, 682: verzichtbar wie bei Phantasiefirma. Bei breiter oder verschiedener Geschäftstätigkeit genügt eine zusammenfassende, schlagwortartige, umschreibende Angabe, MüKo/Heidinger § 17 Rn 29. Noch zulässig „interhandel", BayObLG **72**, 388, fraglich. Unterscheidungskraft erlangen Gattungsbezeichnungen aber zB durch individualisierende Zusätze (§ 18 Rn 7), BGH WM **79**, 922, Oldbg BB **90**, 443, auch durch Gebiets- und Stadtangaben (§ 18 Rn 23).

c) **Phantasiefirma:** Sie kann ohne Entnahme aus dem Unternehmensgegenstand frei gebildet werden, also auch als Firmenkern, nicht nur wie bisher als Firmenzusatz. Sofern unterscheidungskräftig (§ 18 Rn 6), können Phantasieworte, Abkürzungen, Branchenanleihen ua (Bspe § 18 Rn 4) zur Bildung der Phantasiefirma herangezogen werden. Auch vom Kfm bisher verwandte Geschäfts- und Etablissementsbezeichnungen (§ 17 Rn 12) können insoweit als Firma gewählt werden. Bspe: „Museum"-Gaststätte, „Falkenhof"-Hotel, „Adler"-Apotheke; „Bauhelf", vgl Neust NJW **62**, 2208 (abl, da keine Sachfirma), „Fluidtechnik" Stgt BB **74**, 756 (iErg schon als Sachfirma angesehen), „ParKoToi" (Parfümerie-, Kosmetik- und Toilettenartikel), vgl Stgt BB **74**, 756; Escro, BGH WM **16**, 400 Rn 16. Auch Buchstabenkombinationen sind zulässig, anders nach der Rspr, wenn im Verkehr ohne Sinn und nicht als Name verstanden, Celle DB **99**, 40 (bloße Buchstabenfolge), jedoch dürfte das nach der Liberalisierung durch das HRefG nicht mehr haltbar sein, MüKo/Heidinger § 18 Rn 18 ff, 32, kritische Bspe: „o. K. e. K.", „fifty-one GmbH", „no name KG", „1 + KG", „i. GmbH". Jedenfalls können an sich nicht unterscheidungs kräftige Phantasiegebilde wie Gattungsbezeichnungen Unterscheidungskraft durch individualisierende Zusätze, durch abweichenden Gebrauch und vor allem durch Verkehrsgeltung als Bezeichnung gewinnen (§ 18 Rn 7).

3) Die Firma der OHG (I Nr 2)

A. **Zwingender Rechts- bzw Gesellschaftsformzusatz: a) Grundsatz:** Die Firma einer OHG muss die Bezeichnung „offene Handelsgesellschaft" oder eine allgemein verständliche Abkürzung dieser Bezeichnung enthalten (**zwingender Rechts- bzw Gesellschaftsformzusatz, I Nr 2**). Anders als vor dem HRefG genügt nicht ein nur das GesVerhältnis allgemeiner andeutender Zusatz („& Co"), notwendig ist vielmehr die Angabe der konkreten Rechtsform wie schon seit jeher bei KapitalGes. Der Rechts- bzw GesFormzusatz ist auch dann vorgeschrieben, wenn wie bei Namensfirmen das GesVerhältnis bereits aus der Firma selbst erkennbar ist (RegE HRefG).

b) **Ausformungen:** Statt „offene Handelsgesellschaft" genügen auch **allgemein verständliche Abkürzungen** (bisher nicht ganz unstr), ohne dass verbindliche Abkürzungen oder deren Schreibweisen vorgeschrieben sind. Allgemein üblich sind zB „OHG" oder „oHG". Es genügen aber auch, da allgemein verständlich, obschon selten gebraucht, „OH" oder „oH", RegE HRefG, Hamm BB **65**, 806, MüKo/Heidinger § 18 Rn 13, aA GroßKo/Hüffer 22. Auch Mischformen sind zulässig, zB „offene HG". Eine OHG aus A und B kann eine Personenfirma wählen und zB firmieren „A & B OHG", „A & Co OHG", „A & Gesellschafter OHG", „Gesellschaft A OHG", ggf „Gebrüder A OHG". Firma einer Dreipersonen-OHG aus A, B, C: zB „A, B, C OHG", „A & Co OHG"; auch „A, B & Co OHG", vgl BGH BB **75**, 1454 (zu § 4 GmbHG); auch „A & B OHG", App BB **88**, 777, aA unter I Fall 1 aF, weil ein Öffner fehlte, KG HRR **30**, 34. „Und Partner" ist der PartG vorbehalten (§ 18 Rn 22).

B. **Personenfirma, Namenshergabe: a) Personenfirma:** Die Personenfirma einer OHG muss den Familiennamen mindestens eines phG enthalten, Vor-

§ 19 14–16 1. Buch. Handelsstand

name ist nicht mehr erforderlich, aber zulässig (näher Rn 6). Eine Personenfirma ohne Personenbezug gibt es auch nach I Nr 2 nicht, stattdessen kann eine Sach- oder Phantasiefirma gebildet werden (s Rn 18), aA MüKo/Heidinger Vor § 17 Rn 15, § 17 Rn 25: entscheidend nur noch Eignung zur Irreführung (s Rn 16).

14 b) **Kaufmann als Namensgeber:** Dem Familiennamen steht beim Kfm die Firma gleich (Name des Kfm, § 17 I). Das gilt auch bei Erstgründung (sonst §§ 21 ff), wenn es sich um eine fortgeführte Firma mit einem anderen als dem Familiennamen des Kfm handelt, üL, aA KG HRR **39**, 93, BayObLG NJW **54**, 1933. Schwierigkeiten treten auf, wenn die Firma des Kfm in der OHG verwandt nicht mehr zutreffende Angaben enthält. Streichung der irreführenden Teile wurde früher nur in engen Grenzen für zulässig angesehen, zB Weglassung von Ortsangabe, Grund: Name muss unverändert übernommen werden (s Rn 6), sonst droht Irreführung eben durch Änderung, nach HRefG zutr großzügiger MüKo/Heidinger § 18 Rn 83, 88.

15 c) **Handelsgesellschaft als Namensgeber:** Noch größere Schwierigkeiten als beim EinzelKfm ergeben sich bei HdlGes als Namensgeber der OHG. Wie dort gilt, dass die Firma der HdlGes auch bei Erstgründung (sonst §§ 21 ff) zur Bildung der Personenfirma verwandt werden darf, einerlei ob es sich um eine Personen-, Sach-, Phantasie- oder Mischfirma handelt, str (wie oben Rn 14). Die Firma der HdlGes als phG ist nach herkömmlicher Meinung grundsätzlich **unverändert zu übernehmen**, Celle NJW **76**, 2022, zB „S. Glasstahlbetonbau Carl H. OHG und Co. KG", Neust NJW **64**, 1376. Das gilt **auch** für ihren **Rechtsformzusatz**, zB GmbH, BGH **62**, 226, **65**, 105, **71**, 354, Hamm BB **94**, 670; das gilt unabhängig davon, ob es sich um einen Fall von II (OHG oder KG ohne natürliche Person als haftender Gfter) handelt oder nicht, KG Rpfleger **89**, 25, GroßKo/Hüffer 65; nach dem HRefG liberaler MüKo/Heidinger § 18 Rn 85 ff: Verwendung der veränderten oder verkürzten Firme einer Gfterin der OHG in deren Firma, außer bei Täuchungseignung (§ 18 II). Das Erfordernis der unveränderten Übernahme gilt nicht, wenn die so gebildete Firma zur Irreführung geeignet und damit unzulässig ist. Das ist, da im Verkehr allgemein bekannt, nicht der Fall zB bei GmbH & Co KG, GmbH & Co OHG, aber zB bei X-AG GmbH. Wie beim namensgebenden EinzelKfm treten auch bei der namensgebenden HdlGes Schwierigkeiten auf, wenn die Firma der HdlGes in der OHG verwandt nicht mehr zutreffende Angaben enthält (s Rn 14), vgl BayObLG NJW **73**, 372 (KG), also Gebiets- und Stadtangaben, Sachbestandteile oder Größenmerkmale (§ 18 Rn 23 ff). Streichung der irreführenden Teile wurde früher nicht für zulässig erachtet (s Rn 14), Grund: Name muss unverändert übernommen werden (s Rn 6, 14), sonst droht Irreführung eben durch Änderung. Etwas anderes sollte nur in engen Grenzen zulässig sein, zB Weglassung von Ortsangabe (s Rn 14), Groß- und Kleinschreibung, Celle NJW **76**, 2022, Abkürzung des ausgeschriebenen Rechtsformzusatzes, Weglassung von Firmenbestandteilen wie „Verwaltungs-„, „Betriebs-„, „Geschäftsführungs-„, BGH **80**, 353 (s Rn 33), zutr großzügiger MüKo/Heidinger § 18 Rn 96. Ist die Firma der namensgebenden HdlGes ihrerseits abgeleitet, sind Änderungen schon deswegen nur sehr begrenzt zulässig, weil sonst die Firma nicht mehr als abgeleitete fortgeführt werden kann (§ 22 Rn 15 ff, § 24 Rn 4), MüKo/Heidinger § 18 Rn 93.

16 d) **Eignung zur Irreführung:** Unzulässig ist eine Personenfirma immer dann, wenn sie zur Irreführung geeignet ist (§ 18 II). IV aF, wonach die Firma der OHG und KG (anders als in einer nach §§ 22, 24 abgeleiteten Firma) keine anderen Namen als die der phG enthalten durfte, ist entfallen (nicht für die PartG, § 2 I 3 PartGG). Auch der **Name eines anderen Gesellschafters als des phG** (A) in die Firma, etwa „A & B OHG", ist heute grundsätzlich für sich allein nicht mehr als irreführend anzusehen, **Grenze** vielmehr nur noch das **Irreführungsverbot** nach § 18 II (für die KG unter I Nr 3 str, s Rn 22), str, üL, MüKo/

3. Abschnitt. Handelsfirma 17–20 § 19

Heidinger § 18 Rn 174 ff, Rö/Ries 24, Heidinger DB **05**, 818, für GmbH Rstk NZG **15**, 243, Karlsr MDR **14**, 233 (s Rn 22), aA Jung ZIP **98**, 681. Anders früher sogar bei Zusätzen wie „& Söhne", „Geschwister" ua. Unzulässig war „Louis B (Name des Vaters) Söhne", wo die Söhne neu gründen (Vortäuschen von Tradition), RG **156**, 365; laut RG **82**, 165 war unzulässig „Kyriazi frères", wo außer Brüdern noch andere Gfter beteiligt sind, wegen Anscheins, sämtliche Gfter seien Brüder, aber es wurde ja nur ein zusätzlicher Haftender verschwiegen (s auch Rn 17), haltbar jedenfalls wegen GfterEinfluss des nicht Genannten. Unzulässig ist dementsprechend auch nicht mehr ohne Weiteres die offene oder versteckte Aufnahme des **Namens eines Dritten,** auch etwa des Hintermanns oder Hauptgeldgebers, anders früher, wenn der Verkehr wie dann idR annahm, der Dritte sei Gfter oder Gfter gewesen, wie hier wohl schon Priester DNotZ **98**, 699. Jedenfalls wenn letzteres klar ausgeschlossen ist, konnte etwas anderes gelten, Bsp: „A & B OHG, Gesellschaft zur Ausnutzung des X'schen Patents", Heymann/Emmerich 8a, weitergehend R. Schmitt WiB **97**, 1119 f. Nicht irreführend kann im Einzelfall auch die Aufnahme der Namen von lang verstorbenen Prominenten sein, anders bei Namen von im Geschäfts- oder öffentlichen Leben bedeutenden Personen, dann uU Vertrauen in diese, Jena NZG **10**, 1354, Rstk NZG **15**, 243, vgl MüKo/Heidinger 176, Rö/Ries 25, Heidinger DB **05**, 815. Auf jeden Fall unzulässig ist aber die unautorisierte Hereinname des Namens eines Dritten, zB eines bekannten Sportlers, Grund: schon firmenrechtlich wegen Irreführung, aber auch namensrechtlich (§ 17 Rn 5). Eintragungsfragen s § 107 Rn 1, § 143 Rn 2.

e) Bloße Namenshergabe: Ein Gfter darf auch allein zur Hergabe seines 17 Namens in eine Ges aufgenommen werden, auch ohne andere Leistung, auch wenn bereits das anschließende Ausscheiden vereinbart ist, BayObLG **77**, 180, zB früher GmbH in OHG zwecks Ermöglichung einer Sachfirma; das allein ist noch keine Irreführung. Unzulässig aber bei Missbrauch bzw Verstoß gegen §§ 1, 5 UWG, § 826 BGB, zB Aufnahme des Trägers eines bekannten Namens und Verwendung des Namens in der Firma derart, dass das Unternehmen mit einem (bestehenden oder früheren) anderen Unternehmen gleicher Bezeichnung und guten Rufs verwechselt werden oder als mit diesem verbunden oder als seine Fortsetzung erscheinen kann, RG **82**, 165 (Kyriazi, s auch Rn 16), DR **41**, 1949, BGH **4**, 98 (Farina).

C. **Sachfirma, Phantasiefirma:** Es gilt insoweit entsprechend das für Ein- 18 zelKflte Gesagte (s Rn 8). Zulässig ist „artax" auch für AnwaltsPartG, BGH NJW **04**, 1651. Der zwingende Rechts- bzw GesFormzusatz ist bei diesen Firmen besonders wichtig. Sach- und Phantasiefirmen können nicht selten als Namensfirmen erscheinen, dann ist auf § 18 II zu achten. Umgekehrt soll als Phantasiefirma zulässig sein „Goethe & Schiller OHG", R. Schmitt WiB **97**, 1119 f. Die Verwendung „gemeinfreier" Namen von seit längerem verstorbenen Personen täuscht idR nicht über (frühere) GfterStellung, aber uU über besondere Beziehung zu diesen (s Rn 17), Jung ZIP **98**, 681.

4) Die Firma der KG (I Nr 3)

A. **Zwingender Rechts- bzw Gesellschaftsformzusatz: a) Grundsatz:** 19 Die Firma der **KG** muss die Bezeichnung „Kommanditgesellschaft" oder eine allgemein verständliche Abkürzung dieser Bezeichnung enthalten **(zwingender Rechts- bzw Gesellschaftsformzusatz, I Nr 3).** Wie bei der OHG genügt nicht ein nur das GesVerhältnis allgemein andeutender Zusatz („& Co"), notwendig ist vielmehr die Angabe der konkreten Rechtsform.

b) Ausformungen: Statt „Kommanditgesellschaft" genügen auch **allgemein** 20 **verständliche Abkürzungen** (bisher nicht ganz unstr), ohne dass verbindliche Abkürzungen oder deren Schreibweisen vorgeschrieben sind. In Betracht kommt

§ 19 21–24　　　　　　　　　　　　　　　　　　　　1. Buch. Handelsstand

vor allem: „KG". Auch Mischformen sind zulässig, zB „KommanditG", wohl auch „Komm-Ges". Die Firmierung „& Co" genügt zwar wie schon bisher für die Klarstellung der Haftungsbeschränkung nach II (s Rn 28), aber nicht mehr für I Nr 3 nF, da der dort vorgeschriebene Rechtsformzusatz fehlt. Näher bei **GmbH & Co KG** s Rn 29. Lit: Bokelmann MDR **79**, 188.

21　　B. **Personenfirma: a)** Die Personenfirma einer KG muss wie die der OHG (s Rn 13) den Familiennamen mindestens eines Komplementärs enthalten, Vorname ist nicht mehr erforderlich, aber zulässig (näher Rn 6). Eine Personenfirma ohne Personenbezug gibt es auch nach I Nr 3 nicht, stattdessen kann eine Sach- oder Phantasiefirma gebildet werden (s Rn 23). Kfm und HdlGes als Namensgeber s Rn 14f, bei GmbH & Co s Rn 33. Bloße Namenshergabe s Rn 17.

22　　**b) Eignung zur Irreführung:** Unzulässig ist der Rechts- bzw Gesellschaftsformzusatz bei der KG ebenso wie bei der OHG (s Rn 16) in einer Form, die zur Irreführung geeignet ist (§ 18 II). Zu beachten ist weiterhin auch, dass durch die Aufnahme anderer Namen keine Irreführung entstehen darf (§ 18 II). Da die Firma der KG nicht mehr die Namen der phG enthalten muss (I Nr 3), ist die Hinzufügung des Namens von Kdtisten zu dem des phG zulässig; jedenfalls seit 1.4.2003 (s (1) EGHGB Art 38) kann dies vom Geschäftsverkehr nicht mehr wie bisher als Hinweis auf einen phG angesehen werden (so zu IV aF BGH NJW **85**, 736: phG A mit Söhnen als Kdtisten durfte nicht „A & Söhne KG" firmieren, weil dies zur Annahme verleitet, auch die Söhne seien phG; ebenso für „A & Geschwister KG"; „Familie K KG", Oldbg BB **92**, 2309), Saarbr ZIP **06**, 1772 aA Kögel BB **97**, 796. Die Eignung zur Irreführung auch nach der vom Gesetzgeber ausdrücklich verfolgten Lockerung des Irreführungsverbots (§ 18 Rn 13) ist aber besonders festzustellen (§ 18 Rn 15). Jedenfalls nach einer Übergangszeit, die entsprechend (1) EGHGB Art 38 höchstens bis 31.3.2003 reichte, muss der Geschäftsverkehr aber den Wegfall von § 19 IV aF zur Kenntnis nehmen. Bis dahin drohte dem in der Firma genannten Kdtisten, der dadurch nicht zum phG wurde, doch eine Rechtsscheinhaftung wie ein phG (§ 5 Rn 9). Ebenso wie bei der OHG (s Rn 16) irreführend ist heute auch nicht mehr die **Nennung von Dritten**, die nicht Gfter in der Firma sind, Rstk NZG **15**, 243 (GmbH), auch wenn kein Namensträger an der Firma beteiligt ist, aber genügende Verbindung aus anderen Umständen besteht, zB Verflechtung oder Firmengeschichte, Karls MDR **10**, 1130, **14**, 233. GmbH & Co (KG) s Rn 24 ff.

23　　C. **Sachfirma, Phantasiefirma:** Es gelten insoweit entsprechend das für EinzelKflte und die OHG Gesagte (s Rn 8, 18). Der zwingende Rechts- bzw GesFormzusatz ist bei diesen Firmen besonders wichtig.

5) Die Firma der GmbH & Co (I Nr 3, II)

Schrifttum

S Überbl vor § 17. Spezieller: *Aschenbrenner* 1976. – *Gustavus* 1977. – *Barfuss* GmbHR **77**, 124. – *Winkler* MittBayNot **78**, 98. – *Blumers* BB **77**, 970. – *Wessel* BB **84**, 1710. – *Bezzenberger* in MünchHdbGesR Bd 2, 3. A., § 3 Rn 75. – RsprÜbersichten: *Bokelmann* GmbHR **79**, 265, **83**, 236, **87**, 177, **94**, 356, *Brandes* WM Sonderbeil 1/**87**, 1. – Allgemein zu GmbH & Co s Anh § 177a.

24　　A. **Kennzeichnung der Haftungsbeschränkung (II): a) Grundsatz:** Wenn in einer OHG oder KG keine natürliche Person persönlich haftet, muss die Firma eine **Bezeichnung** enthalten, **welche die Haftungsbeschränkung kennzeichnet.** Das gilt nach II auf jeden Fall, also bei Neubildung der Firma ebenso wie bei Fortführung nach §§ 21, 22, 24 oder nach anderen gesetzlichen Vorschriften wie § 18 UmwG (s Rn 39). Die Firmenkontinuität (vgl § 22 Rn 16f, § 24 Rn 5) wird hier zugunsten der Firmenwahrheit (§ 18 Rn 9) durchbrochen. II setzt den durch die GmbHNovelle 1980 eingefügten V 1 aF fort, der

3. Abschnitt. Handelsfirma   25–29   § 19

seinerseits die umstrittene Rspr des BGH zur GmbH & Co (s 29. Aufl) festgeschrieben hatte.

b) Anwendungsbereich: II erfasst bewusst auch den Fall der **mehrstöcki-** 25 **gen Gesellschaft** (Anh § 177a Rn 9). Bei diesen muss die Haftungsbeschränkung in der Firma immer nur dann zum Ausdruck gebracht werden, wenn auf keiner der Stufen eine natürliche Person nach §§ 128, 161 II als phG haftet, sondern letztlich nur eine beschränkte Vermögensmasse (Wortlaut von II). Andernfalls gibt es kein überwiegendes Interesse des Geschäftsverkehrs an Unterrichtung. V 2 aF hatte dies ausdrücklich nur für zweistufige Ges vorgesehen, was zu Rechtsunsicherheiten führte; schon nach altem Recht wie hier BayObLG DNotZ **95**, 230 sowie 29. Aufl. Rn 10, aA wegen der Informationsschwierigkeiten KG DB **88**, 1689.

II wird hauptsächlich praktisch für die **GmbH & Co KG,** gilt aber auch für 26 alle anderen Gestaltungen von OHG oder KG ohne persönlich haftende natürliche Person, zB GmbH & Co OHG, UG (haftungsbeschränkt) & Co (irreführend GmbH & Co, KG NZG **09**, 1159m Anm Wachter 1263), AG & Co KG, e. V. & Co KG, Stiftung & Co KG (alle Anh § 177a Rn 11). V aF galt entspr für **GmbH & Co KGaA,** BGH **134**, 392, heute kodifiziert in § 279 II AktG idF HRefG.

II gilt auch, wenn außer einer **ausländischen Gesellschaft** in der OHG oder 27 KG (Anh § 177a Rn 11) keine natürliche Person persönlich haftet (s Rn 42). Die ausländische Firma ist bei Wahl einer Personenfirma grundsätzlich unverändert in die Firma der deutschen Ges zu übernehmen (Firmenidentität, str, § 17 Rn 50), BayObLG **86**, 64, und zwar einschließlich des ausländischen Rechtsformzusatzes; anders bei Wahl einer Sach- oder Phantasiefirma. Nach II kommt es dann zur Firmierung: „(Firma der ausländischen Gesellschaft) & Co KG", zB bei englischen private limited company „D-Ltd. & Co. KG", BayObLG NJW **86**, 3029; nach aA (s Rn 28) soll Zusatz „beschränkt haftende OHG" bzw „beschränkt haftende KG" verwendet werden, das ist (nur) als zusätzlicher Hinweis erlaubt, MüKo/Heidinger 31. Vermeidung von Irreführung über die ausländische Ges selbst s § 17 Rn 48, 50.

c) Die **Anforderungen an die Kennzeichnung der Haftungsbeschrän-** 28 **kung im Einzelnen** sind Sache der Rspr (schon Rechtsausschuss, BT-Drucks 8/3908, S 78). Da II nF nur klarstellt, gilt insoweit die zu V aF ergangene Rspr weiter (RegE HRefG). Der diesbezügliche Zusatz ist von dem speziellen Rechtsformzusatz der KG nach I Nr 3 zu unterscheiden (s Rn 19–20), er kann insbesondere lauten „& Co", „KG", „Kommanditgesellschaft", „Komm-Ges"; auch „GmbH & Comp", „GmbH & Cie", wohl auch ausgeschrieben „beschränkt haftende Kommanditgesellschaft, KG mit beschränkter Haftung, MüKo/Heidinger 25, Wachter Sonderheft 10/**08**, 92, str. Derartige Formen und Abkürzungen dürfen aber nicht zur Irreführung des Geschäftsverkehrs geeignet sein, was auch, wenn ganz ungebräuchlich, der Fall sein kann. Unzulässig sind deshalb zB „b. h. OHG", Hamm WM **87**, 753; wohl auch UG & Co KG, Mini-GmbH & Co KG, 1-Euro GmbH & Co KG, zweifelnd Wachter Sonderheft 10/**08**, 92.

Der Zusatz „GmbH & Co" oä darf nicht durch die konkrete Firmengestaltung 29 seiner Aussagekraft beraubt werden. Dazu kann es deshalb leicht kommen, weil **zwei Gesellschaftszusätze,** der des phG (GmbH) und der der KG (GmbH & Co KG), in der Personenfirma der GmbH & Co KG enthalten sein müssen (I Nr 3; § 4 GmbHG). Eindeutig ist „X GmbH & Co KG" (mit unterschiedlichen Schreibweise: „Co", „und Co"; „u. Co"); „X AG & Co KG"; auch „X GmbH & Co OHG", vgl mit streitigen Bspen MüKo/Heidinger 21 ff. Dazu gibt es eine umfangreiche, zT widersprüchliche und nicht immer überzeugende **Kasuistik,** bei der oft nicht zu erkennen ist, ob sie unter I Nr 3, II oder § 18 II bzw der jeweils aF begründet ist. Vielfach gehen die Begründungen ineinander über. Hier

§ 19 30–34   1. Buch. Handelsstand

wird die Rspr, da zutr überwiegend dorthin gehörend, zur Firmenbildung der KG in der GmbH & Co (I Nr 3) nachgewiesen (s Rn 33–34).

30   d) Bei **Verstoß** gegen II uU persönliche Rechtsscheinhaftung (§ 5 Rn 9–16, § 15 Rn 15) des als phG oder überhaupt als Gfter in der Firma Geführten, BGH **71**, 356, sowie des GmbHGeschäftsführers und anderer Vertreter, gesamtschuldnerisch mit dem Unternehmensträger, BGH NJW **90**, 2678, **91**, 2627, aA analog § 179 BGB Canaris NJW **91**, 2628.

31   B. **Die Firma der GmbH (§ 4 GmbHG):** Für die Firma der GmbH gilt § 4 GmbHG idF HRefG. Zulässig sind danach auch für die GmbH Personen-, Sach-, Phantasie- und Mischfirma. Umso wichtiger ist der zwingende Rechts- bzw GesFormzusatz „GmbH", ausgeschrieben oder (ohne Gesetzesvorgaben dazu) abgekürzt, früher str, auch GmbH iG (in Gründung), BGH NJW **85**, 737, hL, aber gegen breite HdlRegPraxis nicht gGmbH, Mü NJW **07**, 1601m krit Anm Krause 2156. Einzelheiten in Komm zu § 4 GmbHG.

32   C. **Die Firma der KG in der GmbH & Co (I Nr 3):** Für die Firma der KG in der GmbH & Co gilt wie für die normale KG I Nr 3 (s Rn 19–23).

a) **Rechts- bzw Gesellschaftsformzusatz:** Notwendig ist auf jeden Fall der nach I Nr 3 vorgeschriebene Rechtsformzusatz (s Rn 19–20). **Unvollständig** ist also „**& Co**"; der **Rechtsformzusatz „KG"** oä darf also anders als vielfach bisher nicht mehr fehlen.

b) **Haftungsbeschränkungszusatz:** Von dem Rechtsformzusatz ist der Zusatz zur Kennzeichnung der Haftungsbeschränkung nach II zu unterscheiden, der zB lauten kann „& Co", „KG", „Kommanditgesellschaft", „Komm-Ges"; auch „GmbH & Comp", „GmbH & Cie" (s Rn 28).

33   c) **Personenfirma:** Die Firma der KG muss, wenn sie eine Personenfirma wählt, die Firma der GmbH als den Namen ihres phG enthalten. **Grundsätzlich** ist die Firma der HdlGes als phG **unverändert zu übernehmen** (s Rn 15). Das gilt **auch** für ihren **Rechtsformzusatz**. Der Rechtsformzusatz GmbH des phG darf also in der Firma der GmbH & Co KG nicht fehlen, BGH **62**, 226, **65**, 105, **71**, 354 (s Rn 15). In einer KG darf der GmbH-Zusatz der in der Firma allein genannten KomplementärGes grundsätzlich auch dann nicht weggelassen werden, wenn neben dieser weitere Komplementäre vorhanden sind, die natürliche Personen sind, Hamm BB **94**, 670. Das gilt aber nicht, wenn die so gebildete Firma zur **Irreführung** geeignet ist, dann zwar Übernahme, aber wegen § 18 II ohne in der Zusammensetzung irreführende Teile, sofern der Rest zur Identifizierung der GmbH ausreicht und nach § 4 GmbHG auch alleine als Firma zulässig wäre, BGH **80**, 353 („Betten S [Verwaltungs, Betriebs, Geschäftsführungs] GmbH & Co KG"), eher enger BayObLG BB **90**, 2065 (dann eben Änderung der GmbHFirma); krit Bokelmann GmbHR **83**, 236. Die Weglassung von Teilen ist aber nur insoweit zulässig, als noch eine zulässige Personen-, Sach-, Phantasie- oder Mischfirma der namensgebenden HdlGes übrigbleibt, BGH **80**, 356. Ist das nicht der Fall, bleibt der KG immer noch die Möglichkeit, statt einer Personenfirma eine Sach-, Phantasie- und Mischfirma zu wählen. Fehlt es an der Unterscheidbarkeit der Firmen der GmbH und der KG, können Firmenzusätze helfen (§ 18 Rn 8), Hamm NJW **66**, 2172.

34   **Kasuistik** (s schon oben Rn 29): Nicht notwendig ist **Absetzung** des Zusatzes von übriger Firma (zB durch Klammern), BGH **65**, 106, LG Hagen, Bln BB **75**, 717, 1278; auch nicht (vgl § 19 II) der vollen GmbH-Firma, BGH **65**, 106, Kln DB **75**, 2366; umgekehrt verhindert bloße Absetzung idR nicht die Irreführung (s sogleich). **Unzulässig**, da irreführend, ist die unmittelbare **Aufeinanderfolge zweier Rechtsformzusätze,** der Geschäftsverkehr versteht nicht unbedingt den jeweiligen letzten Rechtsformzusatz als den für die Ges maßgeblichen, MüKo/Heidinger 21, aA Ffm DB **80**, 1208. Unzulässig sind also

3. Abschnitt. Handelsfirma 35, 36 § 19

zB: „HM & Sohn GmbH & Co", BGH NJW 85, 737, aA Wessel BB 85, 883; „X OHG mbH", Hamm WM 87, 753; „X GmbH Y Industrie KG" statt richtig „X GmbH Y Industrie & Co KG", Hamm DNotZ 54, 92; „GmbH KG", auch mit Sachangabe dazwischen („Johann H-GmbH Holzbau KG"), BGH NJW 80, 2084, BayObLG NJW 73, 1845; „M. GmbH Handels KG", Stgt BB 77, 1417; „G. Verlag GmbH Informationsmedien KG", BayObLG NJW 73, 1845; (ohne „und" oder „&„) „A & Co GmbH KG", Hamm NJW 66, 2172, oder „GmbH Co KG", Stgt BB 77, 711; wenn der bisherigen Firma „K & Co" Zusatz „GmbH & Co" nachgestellt wird, BGH NJW 81, 342; **auch bei Trennung** der zwei GesZusätze durch Klammer oder Gedankenstrich („XY-KG [GmbH & Co]" bzw „X & Co KG – GmbH & Cie"), BayObLG Rpfleger 78, 219, Oldbg WM 90, 1784; trotz Trennzeichen „W & R KG – GmbH & Cie", BGH NJW 79, 1986; Zusatz „GmbH & Co" an „X KG Müller und Meier" genügt nicht, auch nicht „X GmbH & Co KG Müller und Meier", Hamm DB 81, 521; auch bei mißverständlicher **Umkehrung der üblichen Reihenfolge**, „X KG GmbH & Co" für KG, deren einziger phG eine GmbH ist, BayObLG BB 78, 14. Der notwendige Zusatz „Kommanditgesellschaft" darf auch nicht vorangestellt werden, str, „X KG GmbH & Co" unzulässig nach BayObLG 77, 267, „Kommanditgesellschaft Union-Bau Altona GmbH & Co" zulässig nach BGH 68, 271; das Erfordernis der Hintanstellung folgt jedenfalls heute aus I Nr 3 nF iVm § 18 II, MüKo/Heidinger 24 aE.

d) Sachfirma, Phantasiefirma: Sachangabe aus der GmbH-Firma, die in 35 der KG-Firma verwandt nicht zutreffend ist, macht die KG-Firma unzulässig (s Rn 15), BayObLG NJW 73, 371 (Kleiderfabrik-Bekleidungshaus).

D. GmbH und KG am gleichen Ort (§ 30): Haben GmbH und KG 36 denselben Sitz (was nicht notwendig ist), gilt auch § 30: die KG-Firma muss neben der (grundsätzlich vollen) GmbH-Firma und dem KG-GesZusatz einen dritten (unterscheidenden) Bestandteil enthalten; denn Rechtsform- bzw GesFormzusätze allein genügen nach Klang und Inhalt im Geschäftsverkehr nicht für hinreichende Unterscheidung, BGH 46, 12. Bsp: „Maier & Wolf GmbH"/ „MAWO Maier & Wolf GmbH & Co KG"; „X GmbH"/„X GmbH & Co Y Industrie KG"; nicht genügt Ausschreiben „Gesellschaft mit beschränkter Haftung" in der GmbH-Firma, Kürzung „GmbH" in der KG-Firma (bei Nennung der GmbH, s oben), BGH 46, 7; unzureichend auch Zusatz „Handelsgesellschaft" unmittelbar nach „& Co KG", BayObLG BB 80, 68. Häufig ist der GmbH-Firma eine unterscheidende lokalisierende Angabe nachgestellt, Stgt BB 76, 1575m Anm Körner (L. GmbH Filder & Co KG). Dieses Erfordernis gilt, auch wenn die GmbH (zurzeit der Eintragung der KG) nur als deren phG tätig ist, nicht in eigenen Geschäften, Ffm BB 73, 676. Vorname des GmbHGfters als Zusatz (nur) zu GmbH & Co (Maier GmbH und Friedrich Maier GmbH & Co) ist nicht möglich, Wessel BB 84, 1711. Ausweichen durch Änderung der GmbH-Firma zugleich mit bzw unmittelbar nach Eintragung der KG (§ 21), ist in der Praxis verbreitet, aber Gesetzesumgehung, Ffm BB 74, 523, krit auch BGH 80, 355, Celle OLG 77, 62 MüKo/Heidinger § 30 Rn 12; das ebenfalls verbreitete Ausweichen auf einen anderen Ort erschwert dem Rechtsverkehr den Einblick in die Verhältnisse der GmbH & Co KG, BGH 80, 355. Deshalb muss für Unterscheidbarkeit der GmbH und KG der in der Firma der KG weglaßbare (s Rn 33) Zusatz „Verwaltungs-,„ „Geschäftsführungs-,„ „Betriebs-,„ GmbH genügen, str (wie Rn 33). Auch andere unterscheidungskräftige Zusätze kommen in Betracht. Die Zusätze dürfen aber nicht derart hinzugefügt werden, dass sie als Zusätze zu der GmbH-Firma erscheinen, zB „Labor O. S. GmbH" und „Dental-Labor O. S. GmbH & Co. KG", BayObLG 78, 18, 79, 316. Der Zusatz darf auch nicht irreführend in die GmbH-Firma eingeschoben werden, sondern muss ihr grundsätzlich nachfolgen, Celle OLG 77, 64. Im Übrigen bieten Sach- und Phantasiefirmen heute hinreichende, legale Unterscheidungsmöglichkeiten. Gegen frühere Eintragungen von GmbH & Co, die nach der heutigen strengeren Rspr zu § 30 unzulässig sind, braucht das Registergericht nicht unbedingt einzuschreiten, s § 37 Rn 6.

6) Die Firma bei Umwandlung

37 A. **Umwandlung kraft Gesetzes (BGB, HGB):** Firmierung bei Umwandlung einer OHG in KG und umgekehrt (kraft Gesetzes, Einl 21–22 vor § 105) s § 24 Rn 7–8.

38 B. **Umwandlung kraft Rechtsgeschäfts nach UmwG:** Bei Umwandlung nach dem UmwG (Verschmelzung, Spaltung, Vermögensübertragung und Formwechsel (§ 1 I UmwG, dazu Einl 23–26 vor § 105) sind dessen Sondervorschriften zu beachten (§§ 18, 122, 155, 200 UmwG idF HRefG).

39 a) **Verschmelzung:** Der übernehmende Rechtsträger darf die Firma eines übertragenden Rechtsträgers mit oder ohne Beifügung eines Nachfolgezusatzes fortführen (§ 18 I UmwG). Der Name einer natürlichen Person, die Gfter des übertragenden Rechtsträgers war und ausscheidet, darf bei Firmenfortführung wie auch bei Firmenneubildung nur mit ihrer ausdrücklichen Einwilligung oder der ihrer Erben benutzt werden (§ 18 II UmwG; vgl auch § 24 II HGB). Bei Beteiligung einer PartG an der Verschmelzung gelten Sonderregeln (§ 18 III UmwG). Firmenfortführung nach § 18 I UmwG ist auch bei Verschmelzung einer KapitalGes mit dem Vermögen eines AlleinGfters zulässig (§ 122 I UmwG), auch der AlleinGfter kann also die Firma der übertragenden KapitalGes mit oder ohne Nachfolgezusatz fortführen. Das gilt aber nur in den Grenzen des Irreführungsverbots (§ 18 II), vgl § 22 Rn 15, § 24 Rn 4. Der Rechtsformzusatz der KapitalGes ist deshalb zu streichen, Fortführung einer Sachfirma ist dagegen zulässig. Der AlleinGfter mit eigenem Unternehmen kann die übernommene Firma für das ganze Unternehmen führen oder, wenn er die Unternehmen getrennt weiterführt, nur für das übernommene (vgl § 17 Rn 8).

40 b) **Spaltung:** Hier ist zu unterscheiden: § 18 UmwG gilt nur bei der Aufspaltung, nicht bei der Abspaltung und der Ausgliederung (§ 125 UmwG). Bei der Aufspaltung gilt das ebenso wie bei § 22 HGB nur, wenn das die Firma fortführende Unternehmen im Großen und Ganzen das alte ist (Unternehmenskontinuität, vgl § 22 Rn 4). Bei der Abspaltung und der Ausgliederung entfällt Firmenfortführung, weil der alte Rechtsträger fortbesteht. Erfasst die Ausgliederung aus dem Vermögen eines EinzelKfm dessen gesamtes Unternehmen, erlischt seine Firma (§ 155 UmwG); Fortführung seiner Firma nach § 22 HGB bleibt möglich, §§ 18 iVm 125 UmwG ist nicht lex specialis.

41 c) **Formwechsel:** Der Rechtsträger der neuen Rechtsform darf seine bisher geführte Firma grundsätzlich beibehalten (Einzelheiten in § 200 UmwG), § 19 HGB ist zu beachten (§ 200 II UmwG).

7) Europäisches Firmenrecht, internationaler Verkehr

42 § 19 gilt grundsätzlich auch für ausländische Firmen aus der EU und aus Drittländern. Der Rechtsformzusatz ist bei den Registerangaben auch nach europäischem Recht geboten (für ZwNl 11. EG-Ri, Einl 36 vor § 105). Der Rechtsformzusatz ist Teil der Firma und richtet sich deshalb nach dem Recht des Gesellschaftsstatuts (§ 17 Rn 48), str. Nach europäischem Recht ist das in EU/EWR das Gründungsstatut (Einl 29 vor § 105). Bei AuslandsGes aus der EU ist der ausländische Rechtsformzusatz in der ausländischen, auch abgekürzten Form zulässig. Ein zusätzlicher Hinweis in deutscher Sprache, zB bei der englischen Ltd „GmbH nach englischem Recht" kann nicht verlangt werden. Auch das Herkunftsrecht braucht in der Firma grundsätzlich nicht zu erscheinen, außer bei besonderer Irreführungsgefahr (§ 17 Rn 48). Ein Hinweis auf die Haftungs-

3. Abschnitt. Handelsfirma § 22

beschränkung gemäß II (vgl § 4 GmbHG, § 4 AktG) in deutscher Sprache ist nicht erforderlich, auch wenn der ausländische Firmenzusatz in Deutschland nicht verständlich ist, str, Schutz nur über Einsicht in das HdlReg (§§ 13e II 4, 13f III, 13g III). Näher zu II Rn 27, allgemeiner § 17 Rn 48. Lit: Leible/Hoffmann EuZW **03**, 680, Zimmer NJW **03**, 3587, Wachter GmbHR **04**, 88.

20 *(aufgehoben)*

[Fortführung bei Namensänderung]

21 Wird ohne eine Änderung der Person der in der Firma enthaltene Name des Geschäftsinhabers oder eines Gesellschafters geändert, so kann die bisherige Firma fortgeführt werden.

1) Normzweck und Anwendungsbereich

A. **Normzweck:** §§ 21 ff sind Ausprägungen des Grundsatzes der **Firmen-** 1 **beständigkeit** (näher § 22 Rn 1). § 21 (idF HRefG 1998, nur redaktionell) gestattet, die nach §§ 18, 19 gebildete Firma des EinzelKfms, der OHG, KG fortzuführen trotz **Namensänderung** des in der Firma enthaltenen Namens des Geschäftsinhabers oder eines Gfters.

B. **Anwendungsbereich:** § 21 gilt nicht nur für die Firmen nach §§ 18, 19 2 (einschließlich GmbH & Co KG), sondern entsprechend auch ua für GmbH, AG, KGaA mit Personennamen in der Firma. § 21 erfasst Namensänderungen aller Art, zB durch Heirat (§ 1355 BGB), Adoption (§ 1757 BGB), Wiederannahme des früheren Namens durch den verwitweten oder geschiedenen Ehegatten, Annahme eines neuen Namens (G 5.1.38 RGBl 9), Aufhebung der Adoption von Amts wegen (§§ 1763, 1765 BGB) oder auf gemeinsamen Antrag (§ 1771 BGB). § 21 gilt auch für den Fall der Namensänderung von namensgebendem Kfm oder HdlGes (§ 19 Rn 14f, 21). Namensfortführung auch bei Formwechsel (§ 200 UmwG, s § 19 Rn 41).

2) Voraussetzungen für die Firmenfortführung bei Namensänderung

A. **Bestehen einer Firma:** Voraussetzung für § 21 ist vor allem das Bestehen 3 einer Firma (Einzelheiten s § 17 Rn 16). Eintragung der tatsächlich geführten und dadurch entstandenen (§ 17 Rn 16), aber noch nicht eingetragenen bisherigen Firma (alter Name, Fall des § 1) ist auch noch nach Namensänderung möglich, aA KG RJA **8**, 38 (§ 22 Rn 7).

B. **Keine Irreführung:** § 21 regelt keinen Fall der Unternehmensnachfolge 4 (sonst § 22). Die Firmierung darf nicht den irreführenden Eindruck einer solchen Unternehmensnachfolge erwecken (§ 18 II). Ob vorangestellter Inhabervermerk mit nachgestelltem geänderten Namen irreführt, ist str (§ 18 Rn 21).

3) Rechtsfolgen

§ 21 gestattet die Fortführung der Firma bei Namensänderung, verpflichtet 5 aber nicht dazu. § 21 hat nur firmen-, nicht auch namensrechtliche Bedeutung, gibt also kein Recht auf Namensführung gegenüber Dritten (§ 30 Rn 6), KG RJA **8**, 38, Heymann/Emmerich 4.

[Fortführung bei Erwerb des Handelsgeschäfts]

22 (1) Wer ein bestehendes Handelsgeschäft unter Lebenden oder von Todes wegen erwirbt, darf für das Geschäft die bisherige Firma, auch

§ 22 1, 2   1. Buch. Handelsstand

wenn sie den Namen des bisherigen Geschäftsinhabers enthält, mit oder ohne Beifügung eines das Nachfolgeverhältnis andeutenden Zusatzes fortführen, wenn der bisherige Geschäftsinhaber oder dessen Erben in die Fortführung der Firma ausdrücklich willigen.

(2) **Wird ein Handelsgeschäft auf Grund eines Nießbrauchs, eines Pachtvertrags oder eines ähnlichen Verhältnisses übernommen, so finden diese Vorschriften entsprechende Anwendung.**

Schrifttum
Forkel FS Paulick 73, 101. – *Lindacher* BB 77, 1676. – *Kuchinke* ZIP 87, 681.

Übersicht

	Rn
1) Erwerb des Handelsgeschäfts und der Firma (I Halbs 1)	1–13
A. Normzweck	1
B. Erwerb von Todes wegen	2
C. Veräußerung eines Handelsgeschäfts	3
D. Voraussetzungen für den Übergang der Firma	7
E. Registerrecht	13
2) Fortführung der Firma durch den Erwerber (I Halbs 2)	14–21
A. Zulässigkeit der Firma	14
B. Fortführung	15
C. Änderung der Rechtsform	16
D. Annahme einer neuen Firma durch den Erwerber	20
E. Erlöschen des Fortführungsrechts	21
3) Bezeichnung des Veräußerers nach der Übertragung	22–24
A. Neugründung	22
B. Liquidation	23
C. Insolvenzverfahren	24
4) Nießbrauch, Pacht, ähnliches Verhältnis (II)	25

1) Erwerb des Handelsgeschäfts und der Firma (I Halbs 1)

1 A. **Normzweck:** § 22 I idF HRefG 1998 betrifft die Firmenfortführung bei Veräußerung des HdlGeschäfts, auch an eine OHG oder KG (§ 24 Rn 5). Ähnliche Fallgestaltungen erfasst § 24, der § 22 I ergänzt und bei Überschneidungen vorgeht, str (vgl § 24 Rn 9, 12). Wie I Halbs 1 voraussetzt, ist das HdlGeschäft (Unternehmen) Gegenstand des Rechtsverkehrs (Einl 42–55 vor § 1). § 22 gilt auch für eine ihr HdlGeschäft veräußernde öffentliche Körperschaft, BayObLG OLGE **42**, 210. § 22 sowie §§ 21, 24, **(1)** EGHGB Art 22 tragen den **Grundsatz der Firmenbeständigkeit,** der die Erhaltung des Firmenwerts zum Zweck hat und in seinem Geltungsbereich den Grundsatz der Firmenwahrheit (§ 18 Rn 9–18) durchbricht, seinerseits aber an die Grenzen des Irreführungsverbots stößt, BGH **44**, 120, 287, **53**, 66, **68**, 14, 273; Bspe s § 18 Rn 16. § 22 gilt für alle Firmen nach HGB und (mit Ergänzungen) außerhalb des HGB. § 22 erfasst jede Art von Erwerb, den von Todes wegen (s Rn 2) ebenso wie den unter Lebenden (Veräußerung, s Rn 3). Umwandlung s § 19 Rn 37 ff.

2 B. **Erwerb von Todes wegen:** § 22 gilt für jeden Erwerb von Todes wegen (Gesetz, Testament); auch für Vermächtnis, dann aber Übertragung des HdlGeschäfts vom Erben auf den Bedachten unter Lebenden (§ 2174 BGB; s Rn 3–4). Der **Erbe** eines (Einzelkfm-)HdlGeschäfts darf es unter der alten Firma fortführen, mit oder ohne Nachfolgezusatz (s Rn 15); er darf auch eine ganz neue Firma annehmen (s Rn 20). Eine (ungeteilte) **Erbengemeinschaft** darf das ererbte Geschäft unter der alten Firma mit oder ohne Nachfolgezusatz fortführen; auch nach Ausscheiden eines Erben, KG JW **39**, 565; auch nach Teil-Nachlassteilung. Rechtsformzusatz ist analog § 19 I notwendig (s Rn 14). Nach vollständiger Nachlassteilung müssen die Erben zur Fortführung des Geschäfts eine Ges bilden

3. Abschnitt. Handelsfirma   3–6   § 22

und das Geschäft in diese einbringen, KG JW **35**, 3642. Nach KG JW **38**, 3118, KGJ **5**, 209 kann die das Geschäft fortführende (ungeteilte, nicht zur OHG umgebildete) Erbengemeinschaft auch eine neue Firma mit (entspr § 18 I, nicht § 19) vollem Namen aller Erben und Angabe der Rechtsform („Hans Müller, Karl Müller, Anna Meyer in ungeteilter Erbengemeinschaft") annehmen; die Erben brauchen dazu keine OHG zu bilden, in der Bildung einer neuen Firma liegt auch nicht ohne Weiteres stillschweigender Abschluss eines OHGVertrags (§ 1 Rn 37–38). Zur **Haftung** für Geschäftsschulden des Erblassers s § 27 Rn 1.

C. Veräußerung eines Handelsgeschäfts: a) Handelsgeschäft: Voraussetzung für Firmenfortführung nach § 22 ist grundsätzlich das Bestehen eines HdlGeschäfts, das veräußert wird, RG **152**, 367. Zu Entstehung und Erlöschen eines HdlGeschäfts s § 1 Rn 51, 52 und einer Firma s § 17 Rn 16, 23. Ein werdender Geschäftsbetrieb soll zur Übertragung der Firma samt diesem Betrieb genügen, RG GRUR **39**, 638 (zu § 8 WZG); bloße Planung reicht aber nicht, schon gar nicht ein Scheinbetrieb. Genügend ist hingegen unzweifelhaft ein nur vorübergehend eingestelltes HdlGeschäft, BGH **6**, 137 (zu § 8 WZG), aber nicht Wiederaufnahme eines bereits erloschenen, RG **152**, 368. § 22 gilt für jeden Erwerb (s Rn 1), entscheidend ist die Übertragung des HdlGeschäfts, nicht Art und Ausgestaltung des Vertrags. Ausreichend ist auch die in der Insolvenz oder Liquidation erfolgende Übertragung aller noch vorhandenen materiellen oder immateriellen Werte wie Kundschaft, Know-how, wenn die Produktion im Übrigen eingestellt wird; schuldrechtliche Gestattung der Firmennutzung noch bis zum Ende der Liquidation schadet nicht (s Rn 23, 24), „dinglicher" Bestand zweier gleicher Firmen ist hingegen unzulässig, BGH NJW **72**, 2123, **91**, 1353. Bei mehreren HdlGeschäften (§ 1 Rn 29) gilt § 22 für jedes von ihnen, nicht aber bei gemischten Betrieben (§ 1 Rn 28). ZwNl s Rn 5.   3

b) Übergang des Handelsgeschäfts im Kern: Übergang des Unternehmens **im Großen und Ganzen** bzw im Kern muss erfolgen, dh derjenigen Bestandteile, welche die Betriebsfortführung ermöglichen und Unternehmenskontinuität (mit der Kennzeichnung verbundene Geschäftstradition) erwarten lassen, BGH NJW **72**, 2123, **91**, 1353, bei Liquidation und Insolvenz etwas großzügiger; zu einer Aufspaltung der Firmenbezeichnung darf es aber nicht kommen (s Rn 3). Teilübertragung, zB gesonderte Betriebsabteilung, genügt also nicht, Hbg BB **89**, 1145. Je nach Art des Unternehmens kann etwa entscheidend sein: bei einem Fabrikationsunternehmen Übernahme der technischen Ausstattung, Schutzrechte, Betriebsvorschriften, des Personals mit dem Know-how; bei einem ortsgebundenen Unternehmen (zB Hotel, Gastwirtschaft, Kino, uU Apotheke) Übernahme der Lokalität. Unerheblich ist, ob der Erwerber nach Übertragung den Betrieb wirklich fortführt, auch ob er bei Übertragung subjektiv diese Absicht hat, BGH BB **73**, 211.   4

Möglich ist Übertragung nur einer **Zweigniederlassung** mit Firma, RG **169**, 139, BGH BB **57**, 943, **80**, 1658 (s Rn 21, § 13 Rn 7); der Firmen des so selbstständig gewordenen Unternehmens und der alten HauptNl sind durch klarstellenden Zusatz zu unterscheiden oder die HauptNL muss ihre Firma umbilden (§ 13 Rn 7). Möglich ist auch die Übertragung der HauptNl mit Firma ohne die ZwNl, die nun selbstständig unter der alten Firma geführt wird, unbeschadet des § 30, RG **57**, 60. Bei der PersonenGes muss der namengebende Gfter mit dieser Vervielfältigung der Firma einverstanden sein, Ffm DB **80**, 250 (§ 24 Rn 11). Bei der GmbH, für die § 24 II nicht gilt, ist zu beachten, dass die Einwilligung des namengebenden Gfters in die Firmenfortführung iZw nicht die in die Firmenvervielfältigung enthält, BGH BB **80**, 1658, aA K. Schmidt § 12 II Rn 86 (s auch Rn 12, § 24 Rn 11).   5

Möglich ist **Treuhandübertragung** des HdlGeschäfts mit Firma, der Treuhänder wird Inhaber des HdlGeschäfts (§ 1 Rn 30) und des Firmenrechts, RG   6

Hopt

§ 22 7–9 1. Buch. Handelsstand

99, 159. Führt ein **Testamentsvollstrecker** das Geschäft des Erblassers im eigenen Namen fort (§ 1 Rn 42), ist er als Inhaber im HdlReg zu nennen mit Testamentsvollstreckervermerk (§ 1 Rn 42).

7 D. **Voraussetzungen für den Übergang der Firma: a) Bestehen der Firma:** § 22 setzt Bestehen (Kfm) und rechtmäßige Führung einer Firma voraus. Der Veräußerer muss **Kaufmann** sein, RG **152**, 368, Ffm NJW **69**, 330, BayObLG DB **88**, 2559. In den Fällen des § 1 macht es nichts aus, dass die Firma (zu Unrecht) nicht eingetragen war; der Nachfolger kann mit ihr erstmals im Register erscheinen, BayObLG DNotZ **78**, 692. Nicht so bei konstitutiver HdlReg-Eintragung wie in den Fällen des § 2 (Stgt BB **62**, 386), § 3 II, III (s dort). Bei Übernahme des Unternehmens eines NichtKfm ist deshalb für § 22 kein Raum, BayObLG DB **88**, 2259, Zweibr NJW-RR **88**, 998 (sogar bei früherem SollKfm), str; es handelt sich dann bei dem übernehmenden Kfm um eine Firmenneubildung mit deren Anforderungen. Bei dieser kann aber nach der Firmenrechtsliberalisierung durch das HRefG (§ 17 Rn 15) auf Vorinhaber hingewiesen werden, schon nach altem Recht Hamm DB **68**, 479 (Fahrschule), aA jedenfalls bei Sachangabe, die ein HdlGeschäft vermuten lässt, Ffm BB **77**, 1670 (Heizungsbau). Die Firma muss beim Veräußerer **rechtmäßig** geführt werden, unzulässige Firmen dürfen nicht fortgeführt werden, BGH **30**, 291, BayObLG NJW-RR **90**, 869; anders wenn die (zB wegen eines irreführenden Zusatzes unrichtige) Firma beim Erwerber zulässig wird (§ 18 Rn 18), Hamm DB **73**, 2035, offen BGH WM **85**, 166.

8 b) **Ausdrückliche Einwilligung in Firmenfortführung:** § 22 I letzter Halbs macht die Fortführung der Firma durch den Erwerber des HdlGeschäfts abhängig von der ausdrücklichen Einwilligung des bisherigen Inhabers oder seiner Erben in die Fortführung der Firma: **(1)** Das gilt nicht für die **Erben** selbst, str. Sie erwerben das HdlGeschäft mit Firmenrecht von Todes wegen (§ 1922 BGB). Der Erblasser kann ihnen aber durch Testament zur Auflage machen (§ 1940 BGB), die Firma zu ändern.

9 (2) Echte Übertragung der Firma **unter Lebenden** ist möglich (§§ 398, 413 BGB), heute hL, aA noch RG **107**, 33: bloß obligatorische Gestattung; auch zB durch Erben auf Dritte, auf einzelne Erben, auf alle Erben als OHG oder KG, oder durch Erben auf einen Vermächtnisnehmer. Dazu bedarf es der **vertraglichen Einigung** zwischen den Übertragenden (ggf sämtlichen Erben) und den Übernehmern über die Übertragung der Firma (§§ 398, 413 BGB) als Teil des Vertrags über die Übertragung des HdlGeschäft (vgl § 23: „Veräußerung"; § 27 MarkenG: „Übertragung"; anders § 24 II, s dort Rn 11). Die **Einwilligung** iSv § 22 ist die **Übertragungserklärung des Einwilligenden** (Verfügung), hL, Canaris § 10 Rn 30, 32 mit Deutung von § 22 als Auslegungsregel (vgl § 24 Rn 11). „**Ausdrücklich**" bedeutet hier nur zweifelsfrei, die Einigung über den Übergang der Firma ist auch stillschweigend möglich, zB durch Anmeldung des Ausscheidens beim HdlReg nach § 143 II zusammen mit den verbleibenden Gftern, BGH **68**, 276, aber nicht allein aus der Übertragung des HdlGeschäfts zu schließen, BGH NJW **94**, 2025, Hamm ZIP **83**, 1201. Erst recht genügt nicht bloße Duldung des Firmengebrauchs. Ist der Name des Veräußerers nicht in der Firma enthalten, ist Einwilligung ohne Weiteres anzunehmen; weitergehend Canaris § 10 Rn 34: „ausdrücklich" dann unanwendbar. Zustimmen muss der EinzelKfm oder seine Erben, uU der Testamentsvollstrecker (nicht bei Vollmachtslösung, § 1 Rn 41), bei PersonenGes alle Gfter, RG **158**, 230, BGH BB **52**, 211, Grund: Grundlagengeschäft (§ 114 Rn 3), aA HdlName auch der nicht namensgebenden Gfter, RG **158**, 230. Das gilt aber wie bei den KapitalGes nur für die Verpflichtung zur Übertragung (entspr § 179a AktG nF, § 361 AktG aF), der wirksame Vollzug durch den vertretungsberechtigten Gfter wird durch das Fehlen der Zustimmung nicht berührt, BGH NJW **91**, 2564, GroßKo/Hüffer

3. Abschnitt. Handelsfirma 10–14 § 22

30f, str. Auf jeden Fall muss der namensgebende Gfter einwilligen (§ 12 BGB; vgl § 24 II); seine Einwilligung zur Übertragung enthält zugleich diese namensrechtliche Einwilligung (vgl § 24 Rn 11).

Bei Veräußerung des HdlGeschäfts in der **Liquidation** einer OHG oder KG 10 bedarf es zur Übertragung der Firma der Zustimmung aller Gfter, einerlei, wieweit die Firma ihre Namen enthält, RG JW **38**, 3182. Übertragung im **Insolvenzverfahren** (samt HdlGeschäft), s § 17 Rn 47, Änderung der Firma § 17 Rn 22.

Möglich ist eine **auflösend bedingte** oder eine **mit Endtermin befristete** 11 **Einwilligung** bzw Übertragung, auch beschränkt auf bestimmte Rechtsform der Ges, wegen § 23 dagegen nicht aufschiebend bedingte oder mit Anfangstermin befristete Einwilligung; auch nicht (rückwirkend) nachträgliche Genehmigung der (unberechtigten) Fortführung der Firma durch den Geschäftsübergeber, RG **76**, 265, Düss HRR **36**, 407 (Fortführung auf Probe). **Widerruf** der Einwilligung ist (jedenfalls im Ergebnis) nur bei wichtigem Grund möglich, BayObLG NJW **98**, 1160 (zu § 24 II), Heymann/Emmerich 13a, jedenfalls bei Personenfirma (Persönlichkeitsrechtselement der Firma, § 17 Rn 5), zB bei anstößigem Firmengebrauch, nach aA statt Widerruf Rückrufrecht entspr Urheber- und Verlagsrecht, Forkel FS Paulick **73**, 115. Wenn die Einwilligung als Übertragung (s Rn 9) nicht bedingt oder befristet erfolgt ist (dingliche Beschränkung s Rn 12), ist Widerruf als Anspruch aus § 12 BGB zu verstehen, Köhler FS Fikentscher **98**, 507. Widerruf kann auch vertraglich vorbehalten werden, dann auch unter weiteren Einschränkungen (s Rn 12).

Reichweite der Einwilligung: Übertragung der Firma erlaubt dem Erwerber 12 iZw deren **Weiterübertragung** bei Weiterübertragung des HdlGeschäfts, auch Errichtung neuer ZwNl; aber **nicht** bei Verselbstständigung einer ZwNl, wenn es dadurch zur **„Vervielfältigung" der Firma** mit dem Namen des Veräußerers kommt, RG **67**, 95, **104**, 343 (s Rn 5); auch nicht Neugründung einer GmbH und Verwendung der Firma dafür, Hamm BB **91**, 86. Die Einwilligung kann auch sonst inhaltlich beschränkt werden, aber nur schuldrechtlich (§ 137 BGB; Gestattungsvereinbarung), Köhler FS Fikentscher **98**, 505, aA auch mit dinglicher Wirkung, Canaris § 10 Rn 47. Firmenfortführungsklauseln bei Lettl WM **06**, 1843.

E. **Registerrecht: Anmeldung** beim HdlReg des Veräußerers zB Veräuße- 13 rung des HdlGeschäfts und Auflösung der (Veräußerer-)OHG, Anmeldung beim HdlReg des Erwerbers zB (vgl § 13) Errichtung einer ZwNl; vgl BayObLG BB **70**, 1275, NJW-RR **90**, 869. Bei Firmenfortführung durch Erwerber Eintragung des Inhaberwechsels auf dem bisherigen Registerblatt, sonst Eintragung des Erlöschens und neues Blatt, KG OLGZ **65**, 319, BayObLG DB **71**, 1009; s Rn 20. Den Veräußerer trifft eine Mitwirkungspflicht, RG **65**, 15. **Muster:** Hopt/Voigt 4. Aufl 2013 Form I. C.1 (Anmeldung einer Firmenänderung), Form I. C.2, 3 (Anmeldung einer Veräußerung mit und ohne Firmenfortführung), Form I. C.4 (Anmeldung nach Erbgang), Form I. C.5 (Anmeldung der Übertragung).

2) Fortführung der Firma durch den Erwerber (I Halbs 2)

A. **Zulässigkeit der Firma:** Wer ein bestehendes HdlGeschäft unter Leben- 14 den (s Rn 9) oder von Todes wegen (s Rn 8) erwirbt, darf (nicht: muss, s Rn 20) bei ausdrücklicher Einwilligung des bisherigen Inhabers oder seiner Erben (s Rn 7 ff) für das Geschäft die bisherige Firma fortführen (I). I idF HRefG stellt klar, dass das auch gilt, wenn die bisherige Firma den Namen des bisherigen Geschäftsinhabers enthält. Die Fortführung der Firma des übernommenen HdlGeschäfts ist **unzulässig, wenn** ihre Führung **schon vorher unzulässig** war, BGH **30**, 293, vgl § 18 Rn 18, es sei denn die Unzulässigkeitsgründe liegen beim neuen Inhaber nicht mehr vor, zB Ges führt Firma mit vorher unzulässiger

§ 22 15, 16
1. Buch. Handelsstand

„& Co" fort (Grenze Rechtsmissbrauch § 242 BGB, zB bei Umgehung durch Zusammenwirken des alten und neuen Inhabers), aA Hamm DB **73**, 2034, offen BGH NJW **85**, 737. Fortführung einer zulässigen Firma ist unzulässig, wenn sie in der Person des Nachfolgers **nunmehr unzulässig** wird, zB wenn sie nunmehr als HdlName des neuen Inhabers das Publikum zu täuschen geeignet ist (Rn 15–18, § 17 Rn 18). Führt eine **Erbengemeinschaft** das HdlGeschäft fort, muss analog § 19 I ein diesbezüglicher Rechtsformzusatz hinzugefügt werden (§ 19 Rn 2, 5).

15 **B. Fortführung: a)** Fortführen heißt **grundsätzlich unverändert** fortführen, da im Geschäftsverkehr Klarheit über die Identität der fortgeführten Firma herrschen muss. Daher ist idR zB unzulässig: Zufügen bisher nicht geführter Zusätze, zB einer Fachbezeichnung, KG JW **29**, 2155 (Kaffee), Hamm BB **65**, 806 (Möbelhandlung), oder eines Markenwortes, BGH **44**, 119 (Frankona, s aber § 24 Rn 4). Desgleichen Weglassen von Firmenteilen, zB von Vornamen (s Rn 16–18) oder des bisher geführten Zusatzes „vormals X" (der jetzt Vor-Vorinhaber), erst recht des (EinzelKfm-)Namens, LG Hann MDR **76**, 758. Die Fortführung der bisherigen Firma ist **zulässig, auch** wenn sie den **Namen des bisherigen Geschäftsinhabers** enthält (s Rn 14), Kln BB **88**, 292, Düss FGPRax **07**, 277; der Grundsatz der Firmenbeständigkeit, also Firmenfortführung auch ohne Nachfolgevermerk, hat (nur) insoweit weiterhin Vorrang gegenüber dem Grundsatz der Firmenwahrheit, Düss FGPrax **07**, 277, krit MüKo/Heidinger 3 ff, aber auch 44. Ausdrücklich gestattet, aber eben nicht erforderlich ist nach I ein **Nachfolgevermerk** (§ 18 Rn 21), MüKo/Heidinger 59, zB „A & B Erben" oder „A & B Nachfolger" oder „A & B Nachfolger C & D" (der nächste Übernehmer darf firmieren „A & B" oder „A & B Nachfolger C & D" oder „A & B Nachfolger", KGJ **53**, 96) oder „A & B Inhaber „C & D" oder „C & D vormals A & B" (Angabe des jetzigen Inhabers mit Zusatz betr den früheren statt des früheren mit Zusatz betr den jetzigen). Unzulässig ist aber eine Änderung, die Vorinhaber- und Übernehmer-Namen so zusammenbringt, dass Zweifel bestehen, wer Inhaber ist, Celle BB **74**, 387.

b) Ausnahmsweise sind **Änderungen** (§ 17 Rn 22) zulässig oder sogar geboten, allerdings nur so, dass kein Zweifel an der Identität mit der fortgeführten Firma aufkommen kann, BGH **44**, 120, NJW **65**, 1915, Celle BB **74**, 387, Düss FGPrax **07**, 277 (iErg abl), Hamm NZG **02**, 866 Rn 13 ff, Ffm NJW-RR **15**, 727 Rn 23 f (eng). Zulässig (und bei Wesentlichkeit geboten) ist zB Änderung einer Ortsangabe nach Verlegung des Geschäfts, KG DR **41**, 1942 (Apotheke). Vereinigung von Unternehmen s Rn 19. Zur Änderung bei neuen Tatsachen BGH **44**, 119 (Frankona, näher § 24 Rn 4). Wegen **Irreführungsgefahr** geboten ist zB Weglassen des Worts „Inhaber" beim Namen des jetzigen Vorinhabers, bei wiederholter Nachfolge Weglassen des früheren Nachfolgevermerks oder Fortführung mit zutreffender Ergänzung, Hamm DB **85**, 2555; Weglassen des Namens verstorbener Partner bei Voranstellen des Namens eines neuen, Ffm NJW **05**, 2712 (PartG; s auch § 24 Rn 3); ebenso Weglassen des **Dr-Titels** beim fortgeführten Namen des Vorinhabers, jedenfalls in hierfür empfänglicher Branche, zB Makler, BGH **53**, 67, WM **92**, 504, NJW **98**, 1151 (nicht täuschend: Dr. X Nachf), Kreditinstitut, Kblz ZIP **88**, 942; anders Ffm DB **77**, 1253 für Druck und Papier; näher § 18 Rn 35.

16 **C. Änderung der Rechtsform:** Die Fortführung der Firma ist auch zulässig bei Änderung der Rechtsform, uU mit gewisser Änderung, zu beachten sind aber § 19 I idF HRefG, der auch für EinzelKfm, OHG und KG **zutreffenden Rechtsformzusatz** verlangt, § 19 II sowie allgemein § 18 II.

a) Bei **Übertragung** des HdlGeschäfts **von Einzelkaufmann** (A) **auf OHG oder KG** (B & C) ist, ebenso wie bei „Aufnahme" eines Gfter (B) durch

3. Abschnitt. Handelsfirma 17–21 § 22

EinzelKfm (A, dh Bildung der Ges A & B, § 24 Rn 5), der **Gesellschaftsformzusatz** nach § 19 I Nr 2, 3 („OHG", „KG") obligatorisch, aA nach altem Recht BGH **62**, 224. Zusätzlich ist **Hinweis auf eine Haftungsbeschränkung** nach § 19 II (V aF) notwendig, so wenn Übernehmerin eine GmbH & Co (KG) ist. Eine zusammengesetzte Firma (Name und Zusatz) ist im ganzen fortzuführen oder gar nicht, LG Hann DB **76**, 1008. Ein ausgeschriebener Vorname ist nach der Rspr weiter auszuschreiben, BGH **30**, 288, Hamm BB **65**, 807 (betr KG), anders für abgekürzten Vornamen, kann weggelassen werden, RG **113**, 309, LG Bln NJW-RR **94**, 609, diese Rspr ist zu engherzig, richtiger ist Streichung von Vornamen zuzulassen, wenn kein Identitätszweifel möglich ist, LG Bln NJW-RR **94**, 609. § 19 I Nr 1 nF, der auf Vornamen für Neubildung verzichtet, trifft diesen Fall jedoch nicht. Bei Übertragung von EinzelKfm, OHG, KG **auf GmbH, AG, KGaA** sind ferner § 4 GmbHG, §§ 4, 279 AktG zu beachten.

b) Bei **Übertragung von OHG oder KG** (A & B), **GmbH, AG, KGaA auf** 17 **Einzelkaufmann** (C) ist der **Gesellschaftsformzusatz zu streichen** (wie bei Ausscheiden eines Gfter B von ZweimannGes, dh Geschäftsübernahme durch A, dazu § 24 Rn 9). Nicht nur der Zusatz „OHG", „KG" wird unzulässig, RG **104**, 342, BGH BB **59**, 462; „GmbH & Co", BGH **44**, 286 (bei § 24 Rn 9), „& Co", BGH **53**, 68 sowie „GmbH", „AG", „KGaA", sondern auch andere auf Gesellschaft hinweisende Zusätze, zB „& Sohn", „Gebrüder", BGH NJW **85**, 737, BayObLG WM **83**, 1402; „KG", „& Co" uä kann einfach gestrichen werden, „& Sohn" dagegen nicht (aussagekräftiger Teil der Firma). Täuschungsgefahr wird jedoch beseitigt und Beibehaltung ist zulässig bei **Nachfolgevermerk** (s § 18 Rn 21), BGH NJW **85**, 737, BayObLG DB **78**, 1270 („H. V. KG Inhaber W. V."). Statt des GesFormZusatzes ist nach § 19 I Nr 1 nunmehr der **Kaufmannszusatz erforderlich** (§ 19 Rn 4).

c) Umwandlung einer OHG in KG und umgekehrt s § 24 Rn 7–8. 18 Umwandlung nach UmwG s § 19 Rn 38 ff.

d) Vereinigung: Bei Vereinigung des erworbenen HdlGeschäfts mit einem 19 schon vom Erwerber betriebenen dürfen beide Firmen zu einer verbunden werden (erlaubte Änderung, Grenze: Irreführungsgefahr, s Rn 15), KGJ **51**, 114: E. W. in Firma „Fr. B." erwarb „Aug. B.", zulässig: ... Brennereien vormals Fr. B. zu S. und Aug. B. zu R., E. W.". Ebenso, auch wenn eine der Firmen abgeleitet ist, Ffm MDR **70**, 513. Nach Wieder-Trennung uU Wiederannahme der alten (abgeleiteten) Firma statt Neubildung (bei KG) nach § 19 II, Ffm MDR **70**, 513.

D. Annahme einer neuen Firma durch den Erwerber: § 22 gibt dem 20 Erwerber nur ein Recht, verbietet ihm aber nicht die Annahme einer neuen Firma nach § 18 ff, auch nach anfänglicher Benutzung der bisherigen Firma, Celle BB **74**, 388, BayObLG NJW-RR **90**, 869. In diesem Falle ist der frühere Inhaber zur Anmeldung des Erlöschens der alten Firma verpflichtet; der Erwerber ist mit der neuen Firma auf einem neuen Registerblatt einzutragen (anders als bei Firmenänderung, vgl **(4)** HRV § 13 III), BayObLG DB **71**, 1009, keine bloße Rötung bzw andere Form der Kenntlichmachung als gegenstandslos nach **(4)** HRV § 16 I 2, II. Möglich ist Verpflichtung des Erwerbers gegenüber Veräußerer, die alte Firma zu behalten (§ 17 Rn 22). Erwerber kann nach anfänglicher Fortführung der alten zu neuer Firma übergehen, Celle BB **74**, 388, LG Fürth BB **76**, 810.

E. Erlöschen des Fortführungsrechts: Das Recht zur Fortführung der 21 Firma erlischt bei Erlöschen des Unternehmens (vgl § 17 Rn 21), bei identitätsaufhebender Veränderung bzw Änderung des HdlGeschäfts im Kern, BayObLG **71**, 165 (vgl Rn 15), bei Teilung (falls nicht ein Teil so überwiegt, dass er das ganze fortsetzt), einerlei, ob Veräußerer die Fortführung auch für diese Fälle genehmigte, BGH BB **57**, 943; **nicht** durch bloße Veränderung des Umfangs,

§ 22 22–25　　　　　　　　　　　　　　　　　1. Buch. Handelsstand

Aufnahme oder Fallenlassen eines neuen Geschäftszweigs oder sonstige Umgestaltung des Unternehmens, BGH WM **57**, 1154, die Weiterübertragung des Geschäfts mit Firma (s Rn 12). Auch uU nicht durch Veräußerung einer **Zweigniederlassung** mit der (abgeleiteten) Firma, Bokelmann GmbHR **78**, 265, str, s Rn 5.

3) Bezeichnung des Veräußerers nach der Übertragung

22　　A. **Neugründung:** Der Veräußerer ist nicht gehindert, nachher ein **eigenes Unternehmen** unter **seinem Namen** zu gründen. Dessen Firma muss sich aber von der veräußerten deutlich unterscheiden (§ 30), also ggf einen unterscheidenden Zusatz enthalten, Hamm Rpfleger **84**, 20 (auch bei Zurückbehalten eines unwesentlichen Restunternehmens). So auch, wo der Erwerber der übertragenen Firma einen Nachfolgezusatz beigefügt hat, RG DR **44**, 249.

23　　B. **Liquidation:** Eine **OHG** muss nach Übertragung ihres HdlGeschäfts samt Firma (auf eine andere OHG) und nach Auflösung, solange noch ungeteiltes GesVermögen vorhanden ist, und die Ges i. L. fortbesteht (§§ 131, 145), eine neue Firma annehmen (§ 23). Schuldrechtliche Gestattung der Führung der alten Firma bis zum Abschluss der Liquidation ist zulässig (§ 23 Rn 2). Für § 30 genügt alte Firma mit Zusatz „i L" (vgl § 153), wenn die Übernehmerin die übernommene Firma mit Zusatz „Inhaber X & Y" (ihre Gfter) führt, KG JW **36**, 2660, 3130. Nach Verpachtung ihres HdlGeschäfts (mit Firma) ohne Auflösung ist sie GbR und kann keine Firma führen (§ 105 Rn 8), zu beachten ist aber § 105 II idF HRefG (§ 105 Rn 12–14).

24　　C. **Insolvenzverfahren:** Veräußert der Insolvenzverwalter einer HdlGes ihr HdlGeschäft mit Firma, fragt sich, wie bis zur Beendigung des Insolvenzverfahrens zu firmieren ist. Wenn nicht die Gfter mit Zustimmung des Insolvenzverwalters im Wege der Vertrags- bzw Satzungsänderung eine neue Firma bestimmen, Karls NJW **93**, 1931, wozu sie dem Erwerber gegenüber verpflichtet sein können, kann und muss die HdlGes die alte Firma (ihren einzigen Namen) bis zur Beendigung des Insolvenzverfahrens fortführen, so ohne Verstoß nach § 30, KG JW **37**, 2978, richtiger: nur mit unterscheidendem Zusatz; der Insolvenzverwalter kann auch selbst ohne Mitwirkung der Gfter eine Ersatzfirma bilden, K. Schmidt § 12 I Rn 51, MüKo/Heidinger Rn 89, str (§ 17 Rn 47). Der ehemalige Insolvenzschuldner kann mit seinem Namen eine neue Firma gründen, aber wenn die alte fortgeführt wird, nur unter Firmenzusatz, Canaris § 10 Rn 70.

4) Nießbrauch, Pacht, ähnliches Verhältnis (II)

25　　Bei Übernahme eines HdlGeschäfts zu **Nießbrauch, Pacht** oder ähnlichem Verhältnis, zB Nutzungspfandvertrag (vgl Einl 48–51 vor § 1), nicht bei familienrechtlichem Nutzungsverhältnis, gilt I analog. Bsp: Neugründung einer Auffang-Ges, Verpachtung des HdlGeschäfts an sie und Umfirmierung der Gemeinschuldnerin, Hamm ZIP **98**, 748. Der Pächter kann den Namen des früheren Inhabers führen, nicht den Namen des Verpächters, der nie Inhaber war, Kln NJW **63**, 541. Nachfolgezusatz (wenn gewollt, § 18 Rn 21) kann zB „Nachfolger X" oder „Inhaber X" lauten, bei Pacht auch „Pächter X", LG Münster NJW **71**, 1089, LG Fürth BB **76**, 810. II setzt Nießbrauch mit Unternehmensführungsrecht voraus, nicht bloßen Ertragsnießbrauch, BayObLG BB **73**, 956 (§ 1 Rn 30). Pächter als erster Inhaber, Weitergabe an anderen Pächter s LG Nürnb BB **77**, 1671. Keine Fortführung durch Pächter, wenn auch Verpächter (GmbH) die Firma fortführt, BayObLG DB **78**, 1271. Betriebsaufspaltung in Besitz- und Betriebsunternehmen, so häufig bei Verpachtung, § 1 Rn 18. Lizenz s § 23 Rn 2. **Muster:** vgl. Hopt/Voigt 4. Aufl 2013 Form I. C.2 (Anmeldung der Veräußerung mit Haftungsausschluss).

3. Abschnitt. Handelsfirma   1–4   § 23

[Veräußerungsverbot]

23 Die Firma kann nicht ohne das Handelsgeschäft, für welches sie geführt wird, veräußert werden.

1) Normzweck

§ 23 wendet sich ebenso wie § 22 **gegen Leerübertragung von Firmen**, 1 die das Publikum darüber täuscht, wer hinter der Firma steht. Anders, aber mit Mitübertragungsvermutung, § 27 MarkenG, der aber § 23 unberührt lässt, also keine Analogie, BGH BB **94**, 1239, ZIP **94**, 1807. §§ 22, 23 wollen beide das Auseinanderfallen von Unternehmen und Kennzeichnung verhindern und deren Funktion als Herkunftsangabe erhalten. Sie sind deshalb insoweit gleich auszulegen, s etwa § 22 Rn 3–4.

2) Inhalt des Verbots

§ 23 verbietet die Veräußerung der Firma ohne das HdlGeschäft. Veräußerung 2 liegt vor, wenn das HdlGeschäft im Großen und Ganzen übertragen wird (§ 22 Rn 4), also der Unternehmenskern, BGH BB **77**, 1016; untergeordnete Geschäftsteile können zurückbehalten werden. Unzulässig ist die Firmenveräußerung auch dann, wenn beim Veräußerer gar kein HdlGeschäft mehr besteht, das übertragen werden könnte, die Firma aber ausnahmsweise noch fortbesteht (Bsp: HdlGes nach Erlöschen ihres Unternehmens, § 17 Rn 23). § 23 erfasst seinem Zweck nach nicht nur die Veräußerung der Firma im Rechtssinn, sondern zB **auch** eine **isolierte Firmenlizenz**, GroßKo/Hüffer 4, aber nicht eine nur schuldrechtliche Gestattung ohne Firmenverdopplung (außer vorübergehende Firmenverdopplung zwecks Abwicklung), diese bleibt zulässig, BGH **122**, 71, NJW **91**, 1354, MüKo/Heidinger 15, Leuering NJW **16**, 2367. Firmierung der veräußernden HdlGes noch mit der alten Firma s § 22 Rn 24. § 23 erfasst nicht die Veräußerung nur der HauptNl oder nur der ZwNl, da eigenständig iSv § 22 (§ 22 Rn 5). Lit: Köhler DStR **96**, 510 (Firmenlizenz).

3) Rechtsfolgen

Verstoß gegen § 23 führt zur Nichtigkeit des dinglichen Geschäfts (§ 134 3 BGB); die Erfüllung des schuldrechtlichen Geschäfts ist unmöglich (§§ 275, 311a BGB); firmenrechtliche Konsequenzen bei Eintragung § 37 I, Löschungsverfahren und bei Bekanntmachung § 15 III.

4) Mantelkauf, Vorratsgesellschaft

Der Mantelkauf (Erwerb einer KapitalGes nur wegen Firma und bestehender 4 Rechtsperson) fällt nicht unter § 23 und ist grundsätzlich **zulässig**, str, s Komm zu § 3 GmbHG, Anh § 177a Rn 14. Zulässig ist auch die offene Vorratsgründung, aber, da eine **wirtschaftliche Neugründung** (nur, falls die Ges eine „leere Hülse" ist, BGH NJW **10**, 1459), nur unter voller Einhaltung der **Gründungsvorschriften** nebst registerrechtlicher Kontrolle und Haftung, sonst droht unbeschränkte Haftung, BGH **117**, 323 (AG), **153**, 158, **155**, 322, gegen Endloshaftung und Zäsurwirkung des wirtschaftlichen Neubeginns BGH ZIP **12**, 817m zust Anm Ulmer ZIP **12**, 1265, Abgrenzung BGH ZIP **14**, 418 (alle GmbH); ebenso bei Wiederverwendung eines alten, zwischenzeitlich leer gewordenen Mantels (Aktivierung einer Vorratsgesellschaft), BGH **155**, 318 (GmbH). Abgrenzung ist in der Praxis nicht einfach, Jena WM **07**, 77, Schlesw WM **07**, 449, Bspe K. Schmidt ZIP **10**, 861; neue Rspr soll auch bei konzernangehöriger GmbH, die einige Zeit (hier nicht ganz 2 Jahre) nicht operativ war, gelten, jena NZG **04**, 1114. Lit: GroßKo(AktG)/Henze § 54 Rn 35 ff; GroßKoGmbHG/Ulmer § 3 Rn 126 ff, Hancke 2007, Weber 2008; K. Schmidt ZIP **10**, 857, Bachmann

§ 24 1, 2   1. Buch. Handelsstand

NZG **11**, 441, Bayer FS Goette **11**, 15, Krolop AG **11**, 305, Ulmer ZIP **12**, 1265, Theusinger/Andrä ZIP **14, 1916**.

[Fortführung bei Änderungen im Gesellschafterbestand]

24 (1) **Wird jemand in ein bestehendes Handelsgeschäft als Gesellschafter aufgenommen oder tritt ein neuer Gesellschafter in eine Handelsgesellschaft ein oder scheidet aus einer solchen ein Gesellschafter aus, so kann ungeachtet dieser Veränderung die bisherige Firma fortgeführt werden, auch wenn sie den Namen des bisherigen Geschäftsinhabers oder Namen von Gesellschaftern enthält.**

(2) **Bei dem Ausscheiden eines Gesellschafters, dessen Name in der Firma enthalten ist, bedarf es zur Fortführung der Firma der ausdrücklichen Einwilligung des Gesellschafters oder seiner Erben.**

Übersicht

	Rn
1) Firmenfortführung bei Personengesellschaften	1–4
A. Normzweck	1
B. Voraussetzungen für die Fortführung der Firma	2
C. Fortführung	3
2) Firmenfortführung ohne Einwilligung (I)	5–10
A. Aufnahme eines Gesellschafters durch Einzelkaufmann (I 1. Alternative)	5
B. Eintritt in Gesellschaft (I 2. Alternative)	7
C. Ausscheiden eines Gesellschafters (I 3. Alternative)	8
D. Wechsel in der Gesellschafterrolle	10
3) Firmenfortführung nur mit Einwilligung (II)	11–12
A. Inhalt von II	11
B. Reichweite von II	12

1) Firmenfortführung bei Personengesellschaften

1   A. **Normzweck:** § 24 ist wie § 22 ua eine Ausprägung des Grundsatzes der **Firmenbeständigkeit** (§ 22 Rn 1). § 24 **ergänzt** § 22. Ist dort bei Austritt des alten und Eintritt eines neuen Inhabers uU Fortführung der alten Firma erlaubt, so erst recht in den Fällen des § 24 I, wo (idR) mindestens ein Inhaber bleibt. Das gilt aber auch bei Auswechslung aller Gfter (§ 105 Rn 69), da die rechtliche Identität der OHG oder KG unberührt bleibt (sonst § 22, s Rn 9), offen BGH BB **77**, 1016, nach aA § 22. Auch eine nicht eingetragene Einzelfirma kann bei Gründung einer OHG erhalten bleiben, wenn der Kfm sein Unternehmen mit Firma der nun gebildeten OHG nach § 24 überträgt, RG JW **27**, 1674; eine vorherige Eintragung der Einzelfirma ist nicht notwendig, str, außer bei konstitutiver HdlRegEintragung (§ 22 Rn 7). Auch bloße Namenshergabe ist zulässig, außer bei Missbrauch bzw Verstoß gegen §§ 3, 4, 5 UWG, § 826 BGB (§ 19 Rn 17). Lit: J. W. Flume DB **08**, 2011.

2   B. **Voraussetzungen für die Fortführung der Firma: a) Bestehen eines Handelsgeschäfts bzw einer Handelsgesellschaft:** § 24 findet nur Anwendung, wenn bei Fortführung ein HdlGeschäft bzw eine HdlGes vorhanden ist (§ 22 Rn 3 ff).

b) **Bestehen einer Firma:** Wie § 22 setzt § 24 Bestehen und rechtmäßige Führung einer Firma voraus (§ 22 Rn 7). Es muss sich also um einen kfm Geschäftsbetrieb handeln, was wie unter § 22 streitig ist; Behandlung von NichtKfm s § 22 Rn 7.

c) **Fortführung grundsätzlich ohne Einwilligung:** Anders als § 22 I (dort Rn 9) verlangt § 24 I nicht Einwilligung des Ausgeschiedenen (vgl Rn 8–9) oder

3. Abschnitt. Handelsfirma   3–7 § 24

der AltGfter im Verhältnis zu den Eingetretenen (vgl Rn 5–7). Diese Einwilligung kann vertraglich vorgeschrieben sein, das ist aber nicht Sorge des Registergerichts (dem die Veränderung der Inhaber anzuzeigen ist, § 31), es kann die alte Firma ohne Weiteres bestehen lassen. Ausnahme: II, s Rn 11–12.

C. **Fortführung: a)** Die bisherige Firma ist **grundsätzlich unverändert** 3 fortzuführen, da im Geschäftsverkehr Klarheit über die Identität der fortgeführten Firma herrschen muss; Einzelheiten s § 22 Rn 15. Das gilt nach der Rspr sogar für Vornamen (wie § 22 Rn 16). Die Fortführung ist **zulässig, auch** wenn sie den **Namen des bisherigen Geschäftsinhabers oder Namen von Gesellschaftern** enthält (so klarstellend I idF HRefG); der Grundsatz der Firmenbeständigkeit hat insoweit weiterhin Vorrang gegenüber dem Grundsatz der Firmenwahrheit (ist insoweit lex specialis zu § 18 II, aber nur insoweit), Celle NZG **08**, 866. EinzelKfm mit (abgeleitet) „Gebrüder" in der Firma, darf sie bei Eintritt eines Kdtisten fortführen, LG Hann MDR **78**, 580 (nicht im umgekehrten Fall: Übertragung auf EinzelKfm, § 22 Rn 17). Die Fortführung ist nach § 24 firmenrechtlich (anders uU nach Vertrag) grundsätzlich zulässig, aber nicht vorgeschrieben (wie § 22 Rn 20). Bei zulässiger Fortführung ist **Nachfolgezusatz** möglich (§ 18 Rn 21), aber nicht nötig. „A Speditions-OHG" aus A/B/C kann auch nach Ausscheiden des A und Eintritt des D nicht „A Speditions-OHG C und D" heißen, Celle BB **62**, 388. Das Firmenrecht geht (mit dem Geschäft) auf Erben des Fortführenden über, erlischt aber (ähnlich wie nach Geschäftsübertragung, § 22 Rn 21) durch Teilung des Unternehmens, BGH BB **57**, 943. Wie in § 22 kann jederzeit eine neue Firma gebildet werden, § 24 gibt nur ein Recht, keine Pflicht zur Fortführung (§ 22 Rn 20).

b) Änderungen (§ 17 Rn 22) der nach I fortgeführten Firma sind im Inha- 4 ber- und Allgemeininteresse zulässig bei Änderungen zB des Geschäftsumfangs, -zweigs oder Sitzes, BGH **44**, 119 (Frankona), Hamm ZIP **17**, 330 (PartGG), LG Mü DB **90**, 1659; berechtigtes Inhaberinteresse kann zB an Aufnahme einer neu geschützten Marke in die Firma bestehen, BGH **44**, 119 (Frankona) oder beim Bedeutungswandel eines Firmenbestandteils in der Verkehrsanschauung, BayObLG NJW-RR **03**, 685. Änderung ist nötig, wenn die Führung unzulässig war oder nun wird (§ 22 Rn 14 ff). Änderung ist insbesondere bei Irreführungseignung, etwa täuschenden Zusätzen, geboten (näher § 22 Rn 15).

2) Firmenfortführung ohne Einwilligung (I)

A. **Aufnahme eines Gesellschafters durch Einzelkaufmann (I 1. Alter-** 5 **native):** Firmenfortführung ohne Einwilligung ist nach I 1. Alternative möglich bei Aufnahme eines Gfters durch EinzelKfm in ein bestehendes HdlGeschäft unter Gründung einer OHG oder KG, einerlei ob der EinzelKfm phG oder Kdtist wird. Übertragung des HdlGeschäfts auf eine OHG oder KG als Sacheinlage fällt unter § 22 I (dort Rn 1). Zu firmieren ist wie folgt:

a) Einzelfirma (Hans Müller) darf von OHG oder KG nach § 19 I Nr 2, 3 nF nur noch mit **Gesellschaftsformzusatz fortgeführt** werden, aA nach altem Recht BGH **62**, 224, BB **77**, 160. Zusätzlich ist **Hinweis auf eine Haftungsbeschränkung** nach § 19 II (V aF) notwendig, so bei GmbH & Co (KG).

b) Von der Fortführung der Firma in solchen Fällen ist die ähnliche (zulässige) 6 **Neubildung** (dh Änderung, § 17 Rn 22) zu unterscheiden, zB wenn X seinen Sohn aufnimmt: „X KG" (ohne den Vornamen des Vaters), LG Bad Kreuznach MDR **70**, 145, Hamm BB **77**, 568.

B. **Eintritt in Gesellschaft (I 2. Alternative):** Firmenfortführung ohne Ein- 7 willigung ist nach I 2. Alternative möglich bei Eintritt eines Gfters in eine bestehende HdlGes, auch bei Wechsel aller Gfter. Zu firmieren ist wie folgt: Wird OHG dadurch KG, ist „OHG" zu streichen und der zutreffende GesZusatz (§ 19

§ 24 8–11   1. Buch. Handelsstand

I Nr 3, „KG") zu bilden, vgl unter § 19 II aF Hamm BB **65**, 807, Ffm NJW **80**, 129. Scheidet aus der „Import-Schuh GmbH & Co KG" die GmbH aus und tritt für sie X ein, ist „Import-Schuh KG" zulässig trotz § 19 II: Namen des phG, Ffm NJW **70**, 865; entspr (mit Beibehaltung des „& Co") „KG Union-Bau Altona & Co", BGH **68**, 271, aber Rechtsformzusatz heute nur noch am Ende (§ 19 Rn 34). So auch, wenn das Ausscheiden der GmbH unter Hinterlassen ihrer Sachfirma von vornherein geplant war (keine unzulässige Umgehung von § 4 aF GmbHG, § 19 HGB), BayObLG BB **77**, 1370 (s Rn 1). Heute sind solche Umwege nicht mehr notwendig, da auch für EinzelKfm und PersonenHdlGes originäre Sach- und Phantasiefirma zulässig sind (§ 19 Rn 8, 18, 23).

8   **C. Ausscheiden eines Gesellschafters (I 3. Alternative): a) Ausscheiden eines von drei oder mehr Gesellschaftern:** Fortführung der Firma ohne Einwilligung ist hier ebenso unproblematisch wie nach I 2. Alternative (s Rn 7), also wie sie war, aber mit richtigem GesZusatz (s Rn 5). Wird die KG durch Ausscheiden des einzigen Kdtisten zur OHG, ist „KG" zu streichen, BGH **68**, 13, und GesFormzusatz „OHG" hinzuzufügen (§ 19 I Nr 2). Ersetzung der GmbH als phG einer KG durch natürliche Person, s Rn 7.

9   **b) Ausscheiden eines von zwei Gesellschaftern:** Unternehmensträger ist statt der Ges nunmehr der verbleibende Gfter als EinzelKfm, BayObLG BB **00**, 1212 (für Kdtisten). Das ist an sich ein Fall von § 22, aber § 24 geht vor, BGH NJW **89**, 1799 (zu § 24 II, s Rn 12). Dazu gelten dieselben Grundsätze wie für die Übertragung des HdlGeschäfts auf EinzelKfm (§ 22 Rn 17). GesZusatz (& Co, KG, OHG oä) wird unzulässig. So bei Ausscheiden der GmbH aus einer GmbH & Co (KG), dh Übertragung des Geschäfts von dieser KG auf den Kdtisten als neuen Alleininhaber, BGH **44**, 286, **53**, 69. Anders bei Fortführung mit entsprechendem Nachfolgerzusatz (Meyer KG Nachfolger), Kln BB **64**, 575, BayObLGZ **78**, 48. Der in der GesFirma fehlende Vorname darf auch nach Wegfall des GesZusatzes fehlen (trotz § 18 I aF), Kln BB **64**, 575, Düss NJW **98**, 616 (zu §§ 18, 122 UmwG), nach § 18 I nF unproblematisch. Wie in § 22 (s dort Rn 4) gilt § 24 nicht, wenn ein ausscheidender Gfter einen wesentlichen Unternehmensteil mitnimmt, BGH BB **57**, 943, **77**, 1016.

10   **D. Wechsel in der Gesellschafterrolle:** Die Grundsätze für Aufnahme und Eintritt und für Ausscheiden (s Rn 5–9) gelten entspr, wenn phG Kdtist wird und umgekehrt. Wird in KG ein namensgebender phG Kdtist, ist (mit seiner Einwilligung, s Rn 11–12) Fortführung der Firma mit seinem Namen zulässig, trotz § 19 IV aF Kln BB **88**, 292, nunmehr ausdrücklich § 24 I idF HRefG (allerdings muss GesFormzusatz richtig sein, § 19 I) Im Einzelfall kann dies aber auch bei unveränderter GesForm bzw zutreffendem GesFormzusatz zur Irreführung geeignet sein (vgl § 19 Rn 22), dann droht Rechtsscheinhaftung (§ 19 Rn 22, § 5 Rn 9), offen Kln BB **88**, 293.

3) Firmenfortführung nur mit Einwilligung (II)

11   **A. Inhalt von II:** Bei Ausscheiden eines Gfters, auch eines von zwei Gftern (s Rn 12), auch des Kdtisten (der früher phG war, aber s Rn 10), einerlei aus welchem Grund (auch durch Ausschluss oder Tod), ist zur Weiterführung seines Namens in der Firma (nach HRefG nur noch im Zweifel, Auslegungsregel, sehr str, aA üL) seine **ausdrückliche Einwilligung** nötig (für Insolvenz s § 17 Rn 47). Einwilligung iSv II ist einseitige namensrechtliche Gestattung (anders iSv § 22, dort Rn 9: Übertragungserklärung), BayObLG NJW **98**, 1159, GroßKo/ Hüffer 12. Nach zutr Ansicht von Canaris § 10 Rn 44 handelt es sich um eine bloße Auslegungsregel, wonach die ursprüngliche Erlaubnis zur Namensführung iZw nicht endgültig ist. II hat durch HRefG (§ 19 verlangt nicht mehr Namen wenigstens eines der Gfter) zwar an der Bedeutung eingebüßt, ist aber nicht bedeutungslos, Canaris § 10 Rn 45, Felsner NJW **98**, 3257, aA Steinbeck NZG **99**,

3. Abschnitt. Handelsfirma § 25

138, vgl auch Koller/Roth 8; infolge von II bleiben namensrechtliche Ansprüche des ausscheidenden namensgebenden Gfters auch ohne Vorbehalt erhalten, auf nicht namensgebende Gfter ist II nicht anzuwenden (teleologische Reduktion), Canaris § 10 Rn 46. Die Einwilligung kann auch schon im Voraus, zB bei Abschluss des GesVertrags, gegeben werden, RG **158,** 232. „Ausdrücklich" bedeutet nur eindeutig, also auch stillschweigend möglich, BayObLG NJW **98,** 1159 (wie § 22 Rn 9); auch auflösend bedingt, mit Endtermin befristet oder nur für bestimmte Rechtsform (§ 22 Rn 11). Kein Widerruf, außer bei wichtigem Grund, BayObLG NJW **98,** 1158, str (§ 22 Rn 11).

Die Einwilligung des Gfters oder seiner Erben ist notwendig, BGH **100,** 77, die des Testamentsvollstreckers genügt auch bei Treuhand- und echter Testamentsvollstreckerlösung (§ 1 Rn 42, 44) nicht (vgl aber § 22 Rn 9), ebenso wenig die des Insolvenzverwalters (§ 17 Rn 47). II schützt nur den Firmenstifter (Namensgeber), nach der Rspr auch den Erben des Firmengründers, der die ererbte Firma in die neu mit einem Dritten gebildete Ges einbringt, BGH **92,** 79, Hüffer ZGR **86,** 137, anders seit dem HRefG, Canaris § 10 Rn 51, dagegen nicht den Erben, der nur nach II eingewilligt hat (was ihn nicht selbst zum Namensgeber macht) und dann später selbst ausscheidet, BGH **100,** 75; auch bloße Gleichnamigkeit (§ 19 Rn 6) des später in das HdlGeschäft Eingetretenen, sei es als familienangehöriger Nichterbe oder als Erbe, genügt nicht, BGH **100,** 78, NJW **89,** 1799. „Gebrüder A" enthält den Namen jedes Bruders A; scheidet einer aus, gilt II, RG **65,** 382. „Louis B. Söhne" enthält den Namen keines der Söhne, RG **156,** 366. Streichen des Namens des Ausgeschiedenen genügt nicht, wenn die Restfirma §§ 18, 19 nicht entspricht (s Rn 8–9). Uneingeschränkte Einwilligung in Fortführung deckt Fortführung als Name der Partnerschaft (§ 2 PartGG), BayObLG NJW **98,** 1158; aber auch bei GfterIdentität iZw nicht Veräußerung einer ZwNl mit Firma oder Neugründung, Hamm BB **91,** 86 (§ 22 Rn 5, 12).

B. Reichweite von II: II, nicht § 22 I ist auch bei Ausscheiden des einen **12** Gfter aus zweigliedriger Ges ohne Liquidation anwendbar, BGH NJW **89,** 1798, Grund: das entspricht zwar einem Wechsel des Unternehmensträgers (Änderung der Rechtsform, § 22 Rn 17), aber Interessenlage spricht für Anwendung von II (nicht § 22 I). Das Einwilligungserfordernis nach II gilt **nicht** bei der **GmbH** (teleologische Reduktion), BGH **58,** 322, **85,** 221, WM **80,** 1360, Hamm ZIP **98,** 746; auch bei der personalistischen GmbH; bei der **GmbH & Co**, BGH **109,** 364, und der **AG** und **KGaA;** anders kraft Sonderrechts bei Rechts- und PatentanwaltGmbH, Koller/Roth 8. Diese Differenzierung wurde vor dem HRefG mit dem hier fehlenden Namensüberlassungszwang nach § 19 aF begründet, sie ist aber auch heute noch typisierend haltbar, also auch nach HRefG keine Anwendung von II auf den namensgebenden Gfter von KapitalGes, R. Schmitt WiB **97,** 1119, aA Felsner NJW **98,** 3255, Kern BB **99,** 1719, Grund: Gfter hat jedenfalls bei der typischen PersonenGes ein berechtigtes Interesse, Personenfirma zu führen auch ohne endgültige Weggabe seines Namens, er wird an eine solche Folge typischerweise auch nicht denken. II ist jedenfalls durch das HRefG nicht aufgehoben worden. Dann gibt es aber keinen Grund, den ausscheidenden Gfter und den EinzelKfm im Insolvenzverfahren unterschiedlich zu behandeln (§ 17 Rn 47), str.

[Haftung des Erwerbers bei Firmenfortführung]

25 (1) [1]**Wer ein unter Lebenden erworbenes Handelsgeschäft unter der bisherigen Firma mit oder ohne Beifügung eines das Nachfolgeverhältnis andeutenden Zusatzes fortführt, haftet für alle im Betriebe des Geschäfts begründeten Verbindlichkeiten des früheren Inhabers.** [2]**Die in dem Betriebe**

§ 25

begründeten Forderungen gelten den Schuldnern gegenüber als auf den Erwerber übergegangen, falls der bisherige Inhaber oder seine Erben in die Fortführung der Firma gewilligt haben.

(2) Eine abweichende Vereinbarung ist einem Dritten gegenüber nur wirksam, wenn sie in das Handelsregister eingetragen und bekanntgemacht oder von dem Erwerber oder dem Veräußerer dem Dritten mitgeteilt worden ist.

(3) Wird die Firma nicht fortgeführt, so haftet der Erwerber eines Handelsgeschäfts für die früheren Geschäftsverbindlichkeiten nur, wenn ein besonderer Verpflichtungsgrund vorliegt, insbesondere wenn die Übernahme der Verbindlichkeiten in handelsüblicher Weise von dem Erwerber bekanntgemacht worden ist.

Schrifttum

Außer dem allgemeinen Schrifttum (s Einl vor § 1) *Canaris*, § 7; Vertrauenshaftung 183 ff. – *K. Schmidt* §§ 7, 8. – *Gerlach*, Die Haftungsordnung der §§ 25, 28, 130 HGB, 1976. – *Lieb* 1992 (Dauerschuldverhältnisse). – *Dauner-Lieb*, Unternehmen in Sondervermögen, 1998.– *Schleifenbaum* 2000. – *Theißen* 2000. – *Müller-Feldhammer* 2001. – *Commandeur/Kleinebrink*, Betriebs- und Firmenübernahme, 2. Aufl 2002. – *J. W. Flume* Vermögenstransfer und Haftung, 2008. – *Hueck* ZHR 108 (**41**) 1. – *Schricker* ZGR **72**, 121. – *Säcker* ZGR **73**, 261. – *Heckelmann* FS Bartholomeyczik **73**, 129. – *Börner* FS Möhring **75**, 37. – *K. Schmidt* ZHR 145 (**81**) 2, ZGR **92**, 621, AcP 198 (**98**) 516, FS Medicus **99**, 555, GedS Sonnenschein **03**, 497 (Mietverhältnisse). – *Wilhelm* NJW **86**, 1797. – *Lieb* FS Börner **92**, 747; FS Vieregge **95**, 557. – *Canaris* FS Frotz **93**, 11. – *Beuthien* NJW **93**, 1737. – *U. Huber* FS Raisch **95**, 85. – *Casper* JbJZW **99**, 153. – *Hager* GedS Helm **01**, 697. – *Servatius* NJW **01**, 1696. – *Westermann* FS Nobbe **09**, 939 (Bankgeschäfte). – *Altmeppen* FS Hopt **10** I 305. – *K. Schmidt* ZGR **14**, 844 (Ausdehnung).

Übersicht

	Rn
1) Haftung des Erwerbers bei Geschäfts- und Firmenfortführung (I)	1–12
A. Normzweck	1
B. Handelsgeschäft	2
C. Erwerb eines Handelsgeschäfts	4
D. Geschäfts- und Firmenfortführung	6
E. Rechtsfolge	10
2) Ausschluss der Haftung des Erwerbers (II)	13–16
A. Abweichende Vereinbarung	13
B. Verlautbarung	14
C. Reichweite des Haftungsausschlusses	16
3) Haftung des Erwerbers aus besonderem Verpflichtungsgrund (III)	17–20
A. Haftung aus besonderem Verpflichtungsgrund	17
B. Schuldübernahme	18
C. Vermögensübernahme (§ 419 BGB aF)	19
D. Weitere Verpflichtungsgründe	20
4) Übergang der Forderungen auf den Erwerber (I 2)	21–26
A. Normzweck	21
B. Voraussetzungen, insbesondere Einwilligung	22
C. Reichweite des Forderungsübergangs	23
D. Rechtsfolgen	24
5) Internationaler Verkehr	27

1) Haftung des Erwerbers bei Geschäfts- und Firmenfortführung (I)

1 A. **Normzweck:** § 25 ordnet die Haftung des Erwerbers eines HdlGeschäfts gegenüber Dritten für Geschäftsverbindlichkeiten des Veräußerers nur bei Fortführung des HdlGeschäfts unter der alten Firma (I 1) an und auch dann mit der Möglichkeit der Ausschließung der Haftung (II). Bei Nichtfortführung der Firma

3. Abschnitt. Handelsfirma 2, 3 § 25

setzt die Haftung einen „besonderen Verpflichtungsgrund" voraus, besonders die „handelsübliche Bekanntmachung" der Schuldenübernahme durch den Erwerber (II), aber auch allgemeiner auf Grund BGB (s Rn 18). Die Klärung des Leitgedankens dieser Regelung macht Schwierigkeiten. Nach der ursprünglichen Rspr handelt es sich um eine in der Geschäfts- und Firmenfortführung liegende Einstehenserklärung an die Öffentlichkeit, die, da fiktiv, inzwischen als typisierte Rechtsscheinhaftung gedeutet wird, BGH **18**, 250, **22**, 239, **29**, 3, **32**, 62, **38**, 47; im Schrifttum völlig str, ua Schricker ZGR **72**, 121 (Kombination von Rechtsschein- und Haftungsfondsprinzip), Säcker ZGR **73**, 261 (Schuldübernahme durch typische Erklärung), MüKo(2. Aufl)/Lieb 9 (Erfüllungsübernahme mit dispositiver Außenwirkung), Canaris § 7 Rn 16, FS Frotz **93**, 11 (in sich und zur Rechtsscheinhaftung widerspruchsvolle Regelung) und deshalb für Abschaffung ZIP **89**, 1161, Altmeppen FS Hopt **10**, 305 (vollauf gerechtfertigter Rechtsscheintatbestand). Trotz mancher Unstimmigkeiten erscheint als Leitgedanke am ehesten überzeugend die **Kontinuität des Unternehmens nach außen,** die sich in der **Fortführung des Handelsgeschäfts und der Firma** erweist (bestätigend § 26 I 1 nF 1994: auf Grund der Fortführung der Firma) und die vom Gesetzgeber im Interesse des Verkehrsschutzes typisierend und zT abweichend von der Rechtsscheinhaftung geregelt ist (zB ohne Rücksicht auf Kenntnis und Kausalität, § 15 Rn 20–21), BGH **146,** 376, NJW **92**, 911 (auch bei bereits eingetretener Insolvenz des Veräußerers), **96**, 2867, **06**, 1001, **10**, 237, WM **12**, 1482, ZIP **14**, 29 Rn 15, Stgt ZIP **10**, 1544, ähnlich, aber zT zu weitgehend K. Schmidt § 7 III Rn 32 ff, ZGR **92**, 621, ZHR 145 **(81)** 2 (Unternehmensidentität, Firmenfortführung nicht entscheidend, aber s Rn 7, 11), AcP 198 **(99)** 516 (Rechts- und zT sogar Vertragsübergang), krit Canaris § 7 Rn 16 (Sanierungshindernis) aA voller Rechtsscheintatbestand, Altmeppen FS Hopt **10**, 305. Jedenfalls ist die gesetzliche Haftung des Erwerbs nach § 25 als lex lata ohne Verbiegungen auf eine der genannten Theorien hin zu akzeptieren.

B. Handelsgeschäft: a) Kaufmännisches Handelsgeschäft: Voraussetzung 2 ist nach I 1 zunächst ein Handelsgeschäft. Nach hL und Rspr ist damit nur ein kfm HdlGeschäft gemeint, einerlei ob im HdlReg eingetragen. Der Veräußerer muss also Kfm nach §§ 1 ff, auch § 5, sein. Auf NichtKflte (bzw vor dem HRefG MinderKflte) findet § 25 keine Anwendung, RG **113**, 308, BGH **18**, 250, **22**, 240 (§ 5), NJW **82**, 577, **92**, 112, Ffm OLGZ **73**, 22, MüKo/Thiessen 33, Grund: ua schon wegen II (HdlReg). Der Erwerber des Geschäfts eines NichtKfm haftet danach nicht gemäß § 25, aber bei Fortführung der Bezeichnung des Geschäfts uU Rechtsscheinhaftung (die durch geeignete Bekanntmachung, dass er Schulden nicht übernahm, ex nunc beseitigt werden kann, § 5 Rn 9–16), BGH BB **66**, 876 (zu MinderKfm). Nach aA gilt § 25 analog für alle Unternehmensträger. K. Schmidt § 8 I Rn 1, ZHR 145 **(81)** 21, also auch NichtKflte; für die Mittelmeinung (Erweiterung auf Soll- und MinderKflte, nicht auch KannKflte) GroßKo/Hüffer § 25 Rn 85, ist nach dem HRefG kein Platz mehr, aA für Kleingewerbetreibende, die eine Unternehmensbezeichnung fortführen und die Eintragungsmöglichkeit nach § 25 II haben, R. Schmitt HRefG S 241 ff.

b) Einzelheiten: Das Handelsgeschäft muss bei Erwerb bestehen, also 3 bereits effektiv betrieben, Ffm OLGZ **73**, 22, und noch nicht eingestellt worden sein (§ 1 Rn 51–52). Eine vorübergehende Stilllegung beim Veräußerer, insbesondere bei Insolvenz, steht I 1 nicht entgegen, solange die wesentlichen Grundlagen des HdlGeschäfts (Organisation, Geschäftsbeziehungen) noch fortgeführt werden können, BGH NJW **92**, 911 (s auch Rn 6). Ebenso muss der Veräußerer bei Erwerb eine **Firma führen,** die der Erwerber fortführen kann; diese Firma muss bereits entstanden und darf noch nicht erloschen sein (§ 17 Rn 16, 23), Löschung führt nicht ohne Weiteres zum Erlöschen (§ 17 Rn 23).

§ 25 4, 5   1. Buch. Handelsstand

4   C. **Erwerb eines Handelsgeschäfts:** Das HdlGeschäft muss unter Lebenden (sonst § 27) erworben worden sein.

a) **Erwerb:** Erwerb iSv I 1 ist jede Unternehmensübertragung und -überlassung (Einl 42–51 vor § 1): Kauf, Schenkung, RAG HRR **33**, 1665; Übernahme des HdlGeschäfts einer PersonenHdlGes durch einen Gfter (vgl § 22 Rn 9, § 24 Rn 9), Mü BB **96**, 1682 und ähnliche gesellschaftsrechtliche Gestaltungen; Erwerb in der Erbteilung oder durch Vermächtnis (§§ 2147, 2174 BGB); Veräußerung durch den Erben an Dritten; Nießbrauch (daneben §§ 1086 ff BGB); Pacht, BGH NJW **82**, 1647 (Erwerb des Umlauf- und Pacht des Anlagevermögens), **84**, 1186m Anm K. Schmidt (auch bei Rückerwerb vom Verpächter), aA Hamm NJW-RR **97**, 734, Schricker ZGR **72**, 153. Rechtsgeschäftlicher, derivativer Erwerb vom Vorgänger ist nicht notwendig, BGH ZIP **14**, 29 Rn 15, Stgt ZIP **10**, 1544, also trotz GeschäftsAuflösung der VorgängerGmbH, BGH NJW **92**, 911, bei anschließender Weiterverpachtung, BGH NJW **06**, 1001, aA Lettl WM **06**, 2336; Nachfolge bei Franchising, Düss DB **92**, 833, Koller/Roth 4, wohl aA Hamm NJW-RR **97**, 734. Stiller Erwerb und Fortführung durch den bisherigen Inhaber als verdeckten Treuhänder genügen nicht, BGH NJW **82**, 1648. Erwerb iSv I 1 ist **nicht Erwerb vom Insolvenzverwalter** (Grund: sonst Unveräußerlichkeit des Unternehmens), die Altgläubiger erhalten also nur, aber immerhin ihre Quoten aus dem Erlös der Veräußerung, BGH **104**, 151, ZIP **14**, 29 Rn 17, BAG NJW **66**, 1984, **07**, 942 (s Rn 16); konsequent auch bei Eigenverwaltung, LAG Hamm ZIP **16**, 2167. Dem Insolvenzverfahren stehen nicht gleich, also § 25 **bleibt anwendbar:** Erwerb eines zahlungsunfähigen und insolventen Unternehmens (nach Auflösung, ohne Insolvenzverfahren), BGH NJW **06**, 1001, Anordnung von Sicherungsmaßnahmen nach §§ 21 ff InsO (früher: Sequestration nach § 106 KO), jedenfalls wenn kein Insolvenzverfahren folgt, BGH **104**, 151, also auch beim nur vorläufigen Insolvenzverwalter (§§ 21 II Nr 1, 22 InsO); Nichteröffnung des Insolvenzverfahrens mangels Masse oder sonst Erwerb eines überschuldeten Unternehmens, BGH NJW **92**, 911, WM **08**, 2275, zu beidem mit guten Gründen aA Canaris § 7 Rn 27f: Geschenk an den Inhaber einer wertlosen Forderung; tatsächliche Fortführung des Unternehmens von einem Dritten außerhalb des Insolvenzverfahrens ohne Mitwirkung des Insolvenzverwalters, BGH ZIP **14**, 29; Erwerb von Einzelgegenständen vom Insolvenzverwalter, Stgt ZIP **10**, 1544m abl Anm Heinze/Hüffner NZG **10**, 1060, aber dann zwar Erwerb iSv § 25, jedoch uU keine Fortführung (kein wesentlicher Unternehmensteil, s Rn 6). Bei **Umwandlungen** geht UmwG mit speziellen Vorschriften zum Vermögensübergang samt Verbindlichkeiten und zur Firmierung (§ 19 Rn 37–41) vor, ua § 20 I Nr 1 UmwG.

5   b) **Tatsächlicher Übergang:** Der tatsächliche Erwerb ist für den Geschäftsverkehr maßgeblich, nicht das interne Vertragsverhältnis zwischen dem Erwerber und seinem Vorgänger. Der Übergang kann auch sukzessive erfolgen, BGH WM **08**, 2273. **Mängel im Übernahmevertrag** und in den einzelnen Verfügungsgeschäften (Einl 42–47 vor § 1) sind für § 25 ohne Relevanz. I 1 gilt auch bei Nichtigkeit oder schwebender Unwirksamkeit (zB mangels Devisengenehmigung) des Übernahmevertrags, auch wenn gar kein solcher geschlossen wurde, BGH **18**, 252, **22**, 239, NJW **84**, 1187, **86**, 581, **92**, 911, Ffm NJW **80**, 1398, BayObLG NJW-RR **88**, 870, Mü BB **96**, 1682, Ffm NJW-RR **05**, 1349, Stgt ZIP **10**, 1544, aA Canaris § 7 Rn 24, Lettl WM **06**, 2336. Auch wenn vor Geltendmachung der Forderung das Geschäft infolge der Mängel des Vertrags an den Veräußerer zurückgegeben worden ist, Düss NJW **63**, 545, str. Die Tatsache der Übernahme lässt sich nicht mehr rückgängig machen (§ 28 Rn 2 und zur fehlerhaften Ges § 105 Rn 75). Zur Beschränkung der Haftung auf das übernommene Vermögen als Korrekturvorschlag s Rn 10. Der bloße Rechtsschein des Erwerbs, ohne dass es zu einem tatsächlichen, wenngleich mangelbehafteten

3. Abschnitt. Handelsfirma 6, 7 § 25

Erwerb gekommen ist, reicht für I 1 nicht aus, BayObLG NJW-RR **88**, 870, Brem NZG **08**, 946, aber uU Rechtsscheinhaftung (§ 5 Rn 9–16, nur bei Gutgläubigkeit und Kausalität für geschäftliches Verhalten, ebenda Rn 12–13), offen Ffm NJW-RR **05**, 1350.

D. **Geschäfts- und Firmenfortführung:** Der Erwerber muss das HdlGe- 6 schäft **und** die bisherige Firma fortführen, sonst fehlt es an der für die Haftung aus I 1 nötigen Kontinuität nach außen (s Rn 1):

a) **Fortführung des Handelsgeschäfts:** Fortführung des HdlGeschäfts im wesentlichen Bestand oder **Kern** genügt, BGH **18**, 250, NJW **82**, 1648 (Zurückbehaltung einzelner Filialen), **92**, 911, **06**, 1001, WM **08**, 2273, NJW **10**, 238, Brem ZIP **88**, 1396, Düss NJW-RR **93**, 45, **95**, 1185, Hamm NJW-RR **95**, 735, Mü BB **96**, 1682 (Geschäftsräume, Teile des Personals, gleiche Geschäftsadresse), Hamm DB **98**, 2590, Düss NJW-RR **00**, 332, NZG **05**, 176 (Geschäftsbereich, Geschäftsräume, Telefonanschlüsse), Düss NZG **09**, 314. Ob das HdlGeschäft noch einen zur Befriedigung seiner Gläubiger ausreichenden Wert hat, ist unerheblich, BGH NJW **06**, 1001. Auch wesentlicher **Unternehmensteil** kann genügen, wenn der Betrieb jedenfalls im Kern beibehalten und/oder Teile des Personals übernommen werden, BGH NJW **06**, 1002, **10**, 238, ZIP **10**, 83, Stgt ZIP **10**, 1545, krit Müller/Kluge NZG **10**, 256. Bei Teilübertragung kommt es auf den Schwerpunkt des Unternehmens an, BGH WM **12**, 1482, wofür auch der Wert der Teile bedeutsam sein kann, Saarbr BB **64**, 1196, Schlesw NJW-RR **04**, 417, Kblz NJW-RR **06**, 408, Düss NZG **09**, 314 (iErg nicht bei nur 10%). Entscheidend für den Kern ist aber, mit welchem Teil das Unternehmen nach außen in Erscheinung tritt (zB Autohaus), auch bei höheren Erlösen aus dem anderen Teil (zB Werkstattbetrieb), BGH NJW **10**, 238, WM **12**, 1483. Auch Fortführung einer im Verkehr selbstständigen **Zweigniederlassung**; aber I 1 gilt nicht bei ZwNl (gleich ob zu Recht so eingetragen) ohne eigene Buch-, Kassen-, Kontenführung, Kundenabrechnung (auch wenn der Übernehmer die ehemals unselbstständige Geschäftsorganisation als selbstständigen Betrieb fortführt), BGH WM **63**, 664, NJW **72**, 1859 (auch keine Rechtsscheinhaftung), DB **79**, 1033, 1124. Der Erwerber haftet dann aber nur für die in dem Unternehmensteil bzw. der ZwNl begründeten Verbindlichkeiten (s Rn 11). Gegensatz von Fortführung ist **Stilllegung.** Auch nur kurzfristige Fortführung genügt, notwendig ist umgehende Stilllegung. Nur vorübergehende Stilllegung des Geschäftsbetriebs, zB während des Insolvenzverfahrens, schadet nicht. Kontinuität des Unternehmens ist nötig, nicht des Unternehmensträgers (zB nach Auslösung der bisherigen GmbH), BGH NJW **92**, 911. **Tatsächliche Fortführung** ist entscheidend; Änderung des Erscheinungsbilds, der Rechtsform, Betreiben nunmehr als ZwNl, sogar als unselbstständige Betriebsabteilung oder Sparte stehen nicht entgegen, MüKo/Thiessen 59f, str, aber im letzteren Fall fehlt idR die Firmenfortführung. Sukzessive Übernahme genügt, Mü NZG **15**, 599. Wird nur der **Schein der Fortführung** des Geschäfts (s auch Rn 7) erzeugt, greift § 25 nicht ein, BayObLG NJW-RR **88**, 870, Düss NZG **09**, 315, aA Ffm NJW **80**, 1398m krit Anm Nickel NJW **81**, 102; aber uU Rechtsscheinhaftung (§ 5 Rn 9–16). **Weitererwerb:** Wenn der Erwerber das HdlGeschäft, ohne es als eigenes wirklich geführt zu haben, weiterveräußert, zB in eine Ges einbringt, gilt I 1 nicht für ihn, sondern nur für diese, RG **143**, 368, **169**, 140.

b) **Fortführung der Firma:** Der Erwerber muss als zweites Element der 7 Kontinuität nach außen auch die **bisherige Firma fortführen**, hL, Altmeppen FS Hopt **10**, 317, Oetker/Vossler 25, einerlei ob durch Firmenerwerb oder Nachbildung derselben Firma (GmbH), BGH NJW **82**, 1648; nicht unbedingt wort- und buchstabengetreu, nur **Kern** der alten und neuen Firma müssen sich gleichen; so wenn der **prägende Teil** der alten Firma in der neuen beibehalten wird, entscheidend ist die Firmenidentität nach der Verkehrsanschauung, BGH

§ 25 8, 9   1. Buch. Handelsstand

NJW **92**, 911, WM **04**, 1178, NJW **06**, 1001, WM **08**, 2273, Düss NZG **05**, 176, FGPrax **11**, 243, hL, stRspr, aA auch ohne Firmenfortführung (bloße Indizfunktion), falls Unternehmensidentität auch ohne Firmenfortführung klar feststellbar ist, K. Schmidt § 8 I Rn 14, ZGR **92**, 627, aber für NichtKflte (oben Rn 2) gefährlich mangels II Halbs 1. Fortführung der Firma, nicht bloß einer Geschäftsbezeichnung (wie oben Rn 2), unten Rn 8, 9. Auf die Übertragung der Firma und die Einwilligung des alten Firmeninhabers zur Firmenfortführung (§ 22 Rn 9) kommt es für I 1 nicht an (anders I 2 betreff Forderungsübergang, s Rn 21), Kblz NJW-RR **06**, 408. Kurzfristige zwischenzeitliche Umfirmierung steht nicht entgegen, BGH NJW **10**, 236 (2 Monate). **Tatsächliche Fortführung** aus Sicht des Verkehrs entscheidet, Identifikation der neuen Firma durch den Rechtsverkehr mit der alten, BGH WM **12**, 1483; ob die im Kern fortgeführte Firma vorher oder jetzt unzulässig ist und ob gebotene Zusätze fehlen oder verbotene geführt werden, ist ohne Bedeutung, BGH **146**, 374, NJW **86**, 582, Stgt ZIP **10**, 1544. Fortführung auch mit einem Nachfolgezusatz (I 1; § 18 Rn 21), BGH NJW **84**, 1186, oder mit einer nach der Verkehrsanschauung unwesentlichen Änderung (Bsp: „Aluminiumwerk Karl Schulze" – „Aluminiumwerk Schulze & Co"), RG **113**, 309; mit Zufügung der Angabe einer neuen Rechtsform (zB „GmbH"), RG **131**, 29, BGH WM **04**, 1178; unter Weglassung täuschend gewordener Zusätze (§ 18 II) zB „KG" nach Übernahme des Geschäfts einer Ges durch EinzelKfm (§ 22 Rn 17), RG **104**, 342; auch unter Weglassung von GesFormzusätzen, die wegen eines Nachfolgezusatzes nicht täuschen würden; überhaupt unter Weglassung eines Zusatzes ohne individualisierende Kraft und ohne Einfluss auf das Klangbild, BGH BB **53**, 1025; auch unter Weglassung des Vornamens unter Beifügung des schon bisherigen Geschäftszweigs, BGH NJW **82**, 578, **86**, 582. Das Klangbild ist jedenfalls bei weitgehender Übereinstimmung der alten und neuen Firma und Weiterverwendung eines individualisierenden Bestandteils (Kfz-Küpper) nicht maßgeblich, BGH WM **04**, 1178. Maßgebend ist das firmenmäßige (nicht bloß werbliche) Auftreten am Markt, Hamm NJW-RR **97**, 734, nicht die Erklärung an Registergericht oder Finanzamt, BGH NJW **87**, 1633, oder Gewerbeanmeldung, Düss NZG **05**, 176. **Schein der Fortführung** der Firma genügt nicht (s Rn 6); aber uU Rechtsscheinhaftung (§ 5 Rn 9–16).

8 **Keine Fortführung:** Belassen des Firmenschildes während Übergangsperiode nach Erwerb; nur einmalige Benutzung des alten Briefkopfs, Hamm NJW-RR **97**, 734; Weglassung von Vor- und Familienname, Kblz NJW-RR **95**, 797, also ganz andere Personenfirma oder Umsteigen auf Sach- oder Phantasiefirma; Weglassung von „& Sohn" aus „A & Sohn" nach Übernahme des Geschäfts durch EinzelKfm A, RG **133**, 325; Weglassung von „Import und Export" aus „AK Baumaschinen, Import und Export", Ffm NJW **80**, 1398; Transponierung von Namen in Schlagwort, zB „Eugen Mutz & Co" – „Eumuco", RG **145**, 278; Belassung der alten Firmenhomepage (Gastronomie) für eine gewisse Zeit, Mettler MDR **12**, 1005. Bei Zweifel über prägende Kraft aus Verkehrssicht (s Rn 7) Eintragung, Düss NJW-RR **16**, 106. **Fortführung einer bloßen Geschäfts- oder Etablissementsbezeichnung** (§ 17 Rn 10, 13), BGH NJW **92**, 113 (keine Analogie), ZIP **14**, 1329, BFH ZIP **14**, 2437, Düss NJW-RR **98**, 965, Kln NZG **12**, 188, Canaris § 7 Rn 31, Ebenroth/Reuschle 47, str; auch wenn Veräußerer gar keine Firma führen konnte, BGH DB **64**, 1207 („Helios-Filmtheater"). Übernahme der Werksbezeichnung („J-Werk-O-berg") ohne den Namen des Vorinhabers, BAG JZ **55**, 642, ebenso Brem NJW **63**, 111; Bezeichnung „vormals X", BGH WM **64**, 296, vgl MüKo/Thiessen 60.

9 **Unerheblich** ist **Unzulässigkeit** (von jeher oder infolge der Übernahme) der vom Übernehmer geführten Firma nach Firmen-, Namens-, Wettbewerbsrecht (§§ 18, 19; § 17 Rn 33f), nur muss die geführte Bezeichnung als Firma und nicht

3. Abschnitt. Handelsfirma   10, 11   § 25

nur etwa als Etablissementsbezeichnung (§ 17 Rn 12) möglich sein (s Rn 8), BGH **22**, 237. Auch Firmenführung ohne Einwilligung s Rn 7.

E. **Rechtsfolge:** Die Rechtsfolge der Geschäfts- und Firmenfortführung nach 10 I 1 ist **gesetzlicher Schuldbeitritt**, BGH **42**, 384, WM **89**, 1219, Canaris § 7 Rn 39, Heymann/Emmerich 26, Koller/Roth 7, Oetker/Vossler 29, Staub/Burgard 78, nach aA Übergehen der Hauptverbindlichkeit des Erwerbers, K. Schmidt § 7 V Rn 90, dispositive Vertragsüberleitung kraft Gesetzes, MüKo(2. Aufl)/Lieb 83 (s auch Rn 11); Vertragsübergang jedenfalls für Mietvertrag abl BGH NJW **01**, 2251. Nach KG BB **16**, 397m krit Anm Buriankski Bindung des Erwerbers auch bei nur tatsächlichem Übergang (s Rn 5) an Schiedsklausel, aber damit anders als beim Schuldübernehmer (selbständige eigene Forderung), vgl BGH NJW-RR **91**, 424, und Problem der Mehrparteienschiedsgerichtsbarkeit (Einl 88 vor § 1). Diese Rechtsfolge tritt bei Vorliegen der obigen Voraussetzungen von Gesetzes wegen ein ohne Rücksicht auf andere Vereinbarungen zwischen Veräußerer und Erwerber (vgl Rn 12) und auf (selbst positive) Kenntnis des Dritten außer nach II (s Rn 13), aA Altmeppen FS Hopt **10**, 305.

a) Haftung des Erwerbers: Der **Erwerber haftet mit seinem ganzen Vermögen,** nicht etwa nur mit dem erworbenen HdlGeschäft, BGH BB **55**, 652, Canaris § 7 Rn 37. Er haftet kraft Gesetzes als Gesamtschuldner neben dem Veräußerer, RG **135**, 107. Der Erwerber hat gegen den Gläubiger alle **Einreden,** die dem Veräußerer zustehen, sowie seine eigenen Einreden als Gesamtschuldner nach §§ 422ff BGB. Aufrechnen darf er nach § 422 II BGB nur, wo auch die Forderung auf ihn übergegangen ist; auf eine vom Veräußerer erklärte Aufrechnung darf er sich berufen, § 422 I BGB. Ein **Urteil** gegen den Veräußerer bindet den Erwerber nur, wenn es bereits rechtskräftig geworden ist, sonst verbleibt es bei § 425 II BGB ohne Rechtsnachfolge nach § 325 ZPO, BGH WM **89**, 1219. Vollstreckbare Ausfertigung eines Titels gegen den Veräußerer auch gegen den Erwerber nach § 729 II ZPO, nicht § 727 ZPO, BGH WM **74**, 395 (vgl § 28 Rn 5). Weitere Auswirkungen auf den Prozess, str, s K. Schmidt § 7 V Rn 96.

b) Umfang der Haftung: Der Erwerber haftet **für alle im Betriebe des** 11 **Geschäfts begründeten Verbindlichkeiten,** einerlei aus welchem Rechtsgrund, ob Vertrag, Delikt oder sonst aus Gesetz; auch Steuerschulden (§ 75 AO), mangels solcher Vorschrift nicht Sozialversicherungsbeiträge, LSG Mainz ZIP **08**, 2023; auch noch nicht fällige, bedingte oder betagte Ansprüche, BGH **157**, 369, zB Vertragsstrafe, BGH NJW **96**, 2866; Unterlassungsansprüche (Wettbewerbsverbot), RG **96**, 173. Beim Erwerb eines Unternehmensteils oder einer ZwNl haftet der Erwerber (nur) für alle in diesem begründeten Verbindlichkeiten (s Rn 6), BGH WM **63**, 665, NJW **72**, 1859, WM **79**, 576, Düss NJW-RR **95**, 1186, Düss NZG **09**, 314. Gleichgestellt sind **die bei Einrichtung oder Erwerb des Handelsgeschäfts begründeten Verbindlichkeiten,** zB Kaufpreisschuld des Erwerbers, RG **129**, 188, Verbindlichkeiten aus Darlehen zur Zahlung des Kaufpreises, RG LZ **21**, 176, zur Abfindung eines ausgeschiedenen Gfters, RG **154**, 336, zur Freistellung eines Vorbesitzers von Verbindlichkeiten, BGH LM § 25 Nr 3 I 1 gilt **nicht** für Ansprüche nur gegen den Veräußerer persönlich (nicht unternehmensbezogen iSv § 343), aber Vermutung des § 344 I, II, vgl BGH DB **79**, 1033, 1124 (zwei HdlGeschäfte). Umstritten ist die Behandlung von **unternehmensbezogenen Dauerschuldverhältnissen,** andere Verbindlichkeiten sind von vornherein nicht erfasst, auch solche aus Vertragsverhältnissen, die der Veräußerer für sich zurückbehält. Der Erwerber haftet ohne Weiteres für bereits entstandene Teilansprüche aus solchen Dauerschuldverhältnissen. Für erst nach dem Übergang des HdlGeschäfts entstehende Teilansprüche haftet er ebenfalls, weil der Rechtsgrund mit dem Dauerschuldverhältnis bereits gelegt war, Ebenroth/Reuschle 64 (§ 128 Rn 30), str; nach aA soll das nicht für Verbindlichkeiten gelten, bei denen der Erwerber keinen Anspruch auf Gegenleistung hat,

§ 25 12, 13   1. Buch. Handelsstand

Canaris § 7 Rn 38, (nur referierend) BGH NJW-RR **90**, 1253, vgl auch Koller/ Roth 7; jedenfalls haftet der Erwerber aber auf Grund einer (seltenen) gesetzlichen (zB §§ 566, 613a BGB) oder vereinbarten Vertragsübernahme, letztere kann auch konkludent erfolgen, so wenn das Dauerschuldverhältnis mit dem Unternehmen zusammenhängt; sonst kann eine (ebenfalls konkludent, auch später bei Vertragserfüllung mögliche) Schuldübernahme (§ 415 I 1, 2 BGB) vorliegen (s auch Rn 18); gegen Anwendung zugunsten von HV die noch hL, anders Emde § 84 Rn 86 (§ 84 Rn 5). Weitergehend für komplette, echte Vertragsüberleitung im Rahmen von § 25, sehr str (s Rn 10, auch Rn 21) K. Schmidt § 7 IV Rn 69, LG Stgt NJW-RR **96**, 1379, anders richtig die Rspr und hL, zB BGH NJW **01**, 2252 (jedenfalls für Mietverhältnisse), Nürnb NJW **65**, 1919, Koller/Roth 7, Oetker/Vossler 29; gegen Vertragsüberleitung, aber für Haftung des Erwerbers auch für künftige Teilansprüche Beuthien NJW **93**, 1737.

12   c) **Weiterhaftung des Veräußerers:** Der **Veräußerer** haftet für die vor dem Übergang begründeten Geschäftsverbindlichkeiten (**Altverbindlichkeiten**) neben dem Erwerber als Gesamtschuldner unverändert weiter, aber nach § 26 höchstens fünf Jahre (s dort, insbesondere für Dauerschuldverhältnisse). Die Haftung des Erwerbers aus § 25 I 1 tritt nur gesamtschuldnerisch neben die des Veräußerers (gesetzlicher Schuldbeitritt, s Rn 10). Anders nur bei Vertrags- oder Schuldübernahme des Erwerbers (s Rn 11). Für die Haftung des Veräußerers aus schwebenden Geschäften gelten gleiche Grundsätze wie für die eines aus einer OHG ausgeschiedenen Gfters (§ 128 Rn 28); nach Geschäftsübergang eintretende Voraussetzungen eines früher begründeten Anspruchs wirken gegen ihn, zB Eintritt einer aufschiebenden Bedingung, Werkleistung aus älterem Werkvertrag, provisionspflichtiger Abschluss nach älterer Provisionszusage, BGH BB **74**, 1364. Schuldanerkenntnis des Erwerbers berührt den Veräußerer nicht. Für **neue Verbindlichkeiten** des Erwerbers haftet nur dieser, nicht der Veräußerer außer bei besonderem Rechtsgrund, zB wenn der Geschäftsübergang noch nicht in das HdlReg eingetragen und bekanntgemacht worden ist, Ffm OLGZ **73**, 20 (§ 15 iVm § 31) oder auf Grund Rechtsscheinhaftung, so uU wenn bei ständiger Geschäftsbeziehung der Inhaberwechsel nicht mitgeteilt wird (§ 15 Rn 17 ff, 21, § 5 Rn 9–16). Gläubiger kann Veräußerer aus Haftung entlassen, uU durch Lieferung und Rechnungsstellung an den Nachfolger nach Mitteilung des Veräußerers von Geschäftsaufgabe und Schuldübernahme des Nachfolgers, Ffm BB **82**, 694, aber hängt von den Umständen ab. In dem von § 25 nicht betroffenen Innenverhältnis kann der Veräußerer gegen den Erwerber Anspruch auf Befreiung oder Rückgriff haben (vgl § 329 BGB).

2) Ausschluss der Haftung des Erwerbers (II)

13   A. **Abweichende Vereinbarung:** Veräußerer und Erwerber können die Haftung des Erwerbers gegenüber Dritten nach I 1 nicht schon durch bloße Vereinbarung (im Innenverhältnis), dass der Erwerber für die Verbindlichkeiten des Veräußerers nicht haften solle, ausschließen. Entscheidend ist nach II vielmehr die HdlRegPublizität oder Mitteilung, krit gegen II, aber lex lata, K. Schmidt § 7 VI Rn 110. Eintragung nur beim fortführenden, nicht beim übertragenden Rechtsträger, Düss NJW-RR **08**, 1211. II schließt nicht nur I 1 aus, sondern I insgesamt (s Rn 22), aber nicht III. Tatbestandsmerkmale des II sind danach die Vereinbarung und ihre Verlautbarung. Eine Vereinbarung wird von II vorausgesetzt und soll idR unverzichtbar sein, hL, aus der Sicht des Drittschutzes fraglich. Konsequenter wäre es, so wie unter I 1 Mängel und Fehlen des Übernahmevertrags, auch unter II nicht nur Mängel, hL, sondern sogar das Fehlen der abweichenden Vereinbarung als für die Wirkung von II unschädlich anzusehen. Jedenfalls bei Übernahme nicht unmittelbar vom Vorgänger (s Rn 4) reicht einseitige Ausschlusserklärung aus, offen BayObLG NJW-RR **88**, 870. Erfüllungsübernahme

3. Abschnitt. Handelsfirma 14, 15 § 25

und Freistellung des Erwerbers im Innenverhältnis genügen nicht, auch nicht wenn sie dem Gläubiger mitgeteilt werden, BGH BB **89**, 1364. Die Vereinbarung bzw. Erklärung kann sich auf einzelne Forderungen beschränken, zB bei Übernahme des gesamten HdlGeschäfts auf solche aus Teilbetrieb oder ZwNl, aber Bestimmbarkeit notwendig. Globaler Höchstbetrag ist unzulässig, RG **152**, 78, prozentuale Beschränkungen sollen dagegen zulässig sein. Alle Beschränkungen müssen aber aus den Registerakten klar erkennbar sein, ein nur einem der Gläubigern unzugängliches Verzeichnis gibt keinem Gläubiger Klarheit, genügt daher gegen keinen, RG **152**, 78.

B. Verlautbarung: a) Eintragung und Bekanntmachung: Eintragung in **14** HdlReg und Bekanntmachung (§ 10) führt gegenüber allen Altgläubigern zum Ausschluss der Haftung des Erwerbers, Hamm DB **98**, 2590 II ist abschließend und verdrängt grundsätzlich § 15 I–III (lex specialis), BGH **29**, 4 (zu § 15 I), GroßKo/Hüffer 102, aA Altmeppen FS Hopt **10**, 315; Ausnahme zu I 2s Rn 25. Bei ZwNl gilt § 15 IV. Beschränkungen, zB auf einzelne Forderungen, müssen aus den Registerakten klar erkennbar sein (s Rn 13). Eintragung und Bekanntmachung brauchen (anders als eine Mitteilung, so klarer Gesetzeswortlaut; anders auch Bekanntmachung nach III, s Rn 17) nicht vom Veräußerer und Erwerber gemeinsam veranlasst zu sein, Staub/Burgard 130, aA früher hL, es genügt Anmeldung durch den Erwerber, Mü ZIP **08**, 1823; Schlesw FGPrax **10**, 253; bei Anmeldung durch beide Teile ist aber keine Vertragsvorlage nötig, Mü ZIP **11**, 528. Der Haftungsausschluss wirkt mangels Eintragung und Bekanntmachung auch nicht gegen solche Gläubiger, die ihn nachweisbar positiv kennen, RG **75**, 139, BGH **29**, 4, auch Mü DB **96**, 1683, fragwürdig, Grenze jedenfalls §§ 138, 826 BGB, offen BGH WM **92**, 738. Umgekehrt wirkt er bei Eintragung und Bekanntmachung auch gegen Gläubiger, die ihn weder kennen noch kennen müssen. Beim Erwerb des HdlGeschäfts vom Insolvenzverwalter greift schon I 1 nicht ein (s Rn 4); Gleichstellung der Insolvenzpublizität (§ 32) mit Eintragung und Bekanntmachung nach II ist deshalb nicht erforderlich, aA BAG NJW **66**, 1984. Eintragung nach II setzt zwar Vorliegen von I voraus, aber ist schon bei ernsthafter Möglichkeit der Haftung nach I vorzunehmen, BGH NJW **96**, 2867, Düss NZG **03**, 774, Ffm NJW-RR **05**, 1349, Schlesw FGPrax **10**, 253, FGPrax **12**, 126, Zweibr ZIP **14**, 569 (bei Fortführung der Marke und Internetadresse); Ablehnung nur, wenn Haftung offensichtlich, also eindeutig und zweifelsfrei, nicht in Betracht kommen kann, BayObLG NJW-RR **03**, 757, Mü ZIP **08**, 1823, ZIP **11**, 528, Kln NZG **10**, 879, Stgt ZIP **10**, 1543, Düss FGPrax **11**, 243, **16**, 20, Zweibr NZG **13**, 1235, oder wenn offensichtlich (nur dann, keine Nachprüfung des Registergerichts) zu spät, Hamm OLGR **99**, 42, Düss NZG **03**, 776, Hamm ZIP **14**, 1223, abl für den Fall des Nichtvorliegens, trotz Rechtsschein II nicht analog BayObLG NJW-RR **88**, 870. Entscheidend dabei ist die Sicht des maßgeblichen Verkehrs, dem Interna verborgen sind, Düss FGPrax **11**, 243. Weitere Rspr bei Munzig FGPrax **11**, 212. Ohne Vertragsvorlage bei Anmeldung durch beide Firmen, Mü DB **10**, 1757. **Muster:** vgl. HoptVoigt 4. Aufl 2013 Form I. C.2 (Anmeldung der Veräußerung mit Haftungsausschluss).

b) Mitteilung: Formlose **Mitteilung** der von I 1 abweichenden Vereinbarung durch Erwerber oder Veräußerer (nicht auch durch Dritte) wirkt nur gegenüber dem einzelnen Empfänger, dem sie zugeht.

Zeitraum: Eintragung und Bekanntmachung oder Mitteilung müssen mit der **15** Übernahme zusammenfallen; es reicht auch, wenn **unverzüglich** nach Geschäftsübernahme angemeldet wird und wenn Eintragung und Bekanntmachung sodann in (kurzem) angemessenem Zeitabstand **folgen,** BGH WM **92**, 736, Zweibr NZG **13**, 1235. Andernfalls sind sie unwirksam, grundsätzlich trotz unverschuldeter Verzögerung der beantragten Eintragung, RG **131**, 14, Hamm NJW-RR **94**, 1121, DB **98**, 2591, BayObLG NJW-RR **03**, 757, str, und auch

§ 25 16–19   1. Buch. Handelsstand

wenn sich noch keine Verkehrsauffassung dahin gebildet hat, dass der Erwerber für die alten Schulden haftet, BGH **29**, 6, WM **92**, 736, Ffm BB **77**, 1571. Das Risiko der nicht unverzüglichen Eintragung und Bekanntmachung trägt der Erwerber, selbst bei Verschulden des Registergerichts, Hamm ZIP **14**, 1223. Nicht mehr alsbald ist früher Eintragung nach sechs oder zehn Wochen angesehen worden, RG **75**, 140, HRR **32**, 256, aber wegen möglicher Ablehnung der Eintragung zu knapp, deshalb für eine durch Beschwerde erzwungene Eintragung noch nach 5 Monaten, Hamm DB **98**, 2590, Düss NJW-RR **03**, 1120; fraglich für sechs Monate, Schlesw FGPrax **10**, 255; sieben bzw acht Monate ist aber zu viel, Mü ZIP **07**, 1063, Hamm NJW-RR **94**, 1121; aber starre Fristen sind nicht angebracht, offen BayObLG WM **84**, 1534 (zu § 28 II). Das Registergericht braucht idR die Rechtzeitigkeit des Antrags auf Eintragung des Haftungsausschlusses nicht zu prüfen, KGJ **33** A 127, muss aber einen offensichtlich verspäteten Antrag ablehnen, Ffm BB **77**, 1571, BayObLG WM **84**, 1535, Düss NJW-RR **03**, 1120 (fünf Monate), aber nur, wenn ein nach außen wirksamer Haftungsausschluss offensichtlich nicht mehr herbeigeführt werden kann, BayObLG NJW-RR **03**, 757, Schlesw FGPrax **10**, 253.

16 C. **Reichweite des Haftungsausschlusses:** Der Haftungsausschluss nach II betrifft nur die Haftung aus I 1, nicht aus besonderen Verpflichtungsgründen (III). Ein Haftungsausschluss wirkt insoweit nur im Innenverhältnis, verpflichtet also den Veräußerer, den Erwerber von der Haftung freizuhalten. Der Haftungsausschluss ist durch Gläubiger (§ 2 AnfG) oder Insolvenzverwalter (§ 129 InsO) **nicht anfechtbar;** falls nicht III eingreift, entgeht der Wert des Unternehmens über die beschlagsfähigen Einzelobjekte hinaus ihrem Zugriff, Weimar MDR **64**, 567.

3) Haftung des Erwerbers aus besonderem Verpflichtungsgrund (III)

17 A. **Haftung aus besonderem Verpflichtungsgrund:** Liegen die Voraussetzungen der Haftung nach I 1 nicht vor, zB keine Fortführung des HdlGeschäfts oder nicht unter der alten Firma, haftet der Erwerber nur bei besonderem vertraglichen (s Rn 18) oder gesetzlichen (s Rn 19, 20) Verpflichtungsgrund. Dazu bedürfte es nicht des III, der nur rechtshistorisch zu erklären ist und bloße Hinweisfunktion hat. III nennt als Bsp der selten vorkommende **Bekanntmachung** der Haftungsübernahme in handelsüblicher (§ 346 Rn 2) Form. Die Bekanntmachung nach III ist nicht mit der Bekanntmachung der HdlRegEintragung zu verwechseln, sondern meint jede **Kundmachung** (so besser § 26 I 1 nF) in handelsüblicher Form. Die Bekanntmachung nach III ist vom Innenverhältnis der Parteien unabhängig. Sie muss vom Erwerber (nicht Veräußerer) ausgehen (anders II, s Rn 14). Sie erfolgt öffentlich, etwa durch Rundschreiben an alle Gläubiger oder Zeitungsanzeigen, auch zB an das Registergericht oder gegenüber vielen einzelnen Gläubigern, RG **38**, 177 (aber noch auf der Basis einer Erklärung an die Öffentlichkeit, s Rn 1). Bekanntmachung, dass die Übernahme eines Bankgeschäfts bankaufsichtlich genehmigt ist, genügt nicht, BGH WM **64**, 296. Die Haftung auf Grund Bekanntmachung folgt auch ohne III aus Rechtsschein (§ 5 Rn 9–16), aA einseitige, nicht annahmebedürftige Verpflichtungserklärung, Koller/Roth 9, dann kann aber III nicht bloße Hinweisfunktion haben.

18 B. **Schuldübernahme:** Ein besonderer Verpflichtungsgrund ist die (vertragliche) **Schuldübernahme** gegenüber einem einzelnen Gläubiger (befreiende Schuldübernahme, §§ 414 ff BGB, oder Schuldbeitritt). Sie ist konkludent möglich (s Rn 11), aber nicht ohne Weiteres in der Übertragung des Geschäfts (Einl 42–55 vor § 1) mitvereinbart. **Vertragsübernahme** s Rn 11.

19 C. **Vermögensübernahme (§ 419 BGB aF):** Von erheblicher praktischer Bedeutung war bis 1998 die unabhängig neben § 25 stehende gesetzliche Haf-

tung des Übernehmers aus Vermögensübernahme nach § 419 BGB. Diese Vorschrift, die zahlreiche Zweifelsfragen aufgeworfen hatte, ist zum 1.1.1999 durch EGInsO aufgehoben. § 419 BGB ist auf Vermögensübernahmen aus der Zeit vor dem 1.1.1999 weiter anzuwenden (Art 223a EGBGB). Vgl 29. Aufl.

D. Weitere Verpflichtungsgründe: Bei Geschäftsübernahme ohne Schuldübernahme kommen ferner in Betracht uU **§ 613a BGB, § 826 BGB, § 75 AO.** 20

4) Übergang der Forderungen auf den Erwerber (I 2)

A. Normzweck: a) Forderungen können als Teil des HdlGeschäfts mitübertragen werden, von Gesetzes wegen oder vertraglich, auch insgesamt im Wege der Vertragsübernahme (s Rn 11). Geschieht das tatsächlich, ist für § 25 I 2 kein Platz, es gelten die allgemeinen Regeln. Leistet der Dritte statt an den Erwerber an den Veräußerer, ist § 407 anwendbar, ohne dass § 15 II, der nur den Inhaberwechsel nach I 1 betrifft, entgegensteht, Canaris § 7 Rn 78, aA GroßKo/Hüffer 71. 21

b) Auch ohne solche Übertragung **gelten** die Forderungen nach I 2 den Schuldnern gegenüber **als auf den Erwerber übergegangen,** sofern der Erwerber das HdlGeschäft mit Einwilligung des bisherigen Inhabers oder seiner Erben unter der bisherigen Firma fortführt. Leitgedanke von I 2 ist, dass angesichts der Unternehmenskontinuität nach außen (s Rn 1) auch die Schuldner Schutz verdienen (arg: „den Schuldnern gegenüber"), zu ihren Gunsten spricht dann eine **widerlegliche Vermutung** eines Forderungsübergangs und I 2 wird zum Parallelstück von § 407, Canaris § 7 Rn 66f, Koller/Roth 10, sehr str; aA für gesetzliche Abtretungsfiktion GroßKo/Hüffer 69, und noch weitergehend für echten gesetzlichen Forderungs- und Vertragsübergang K. Schmidt § 7 IV Rn 77, AcP 198 **(98)** 516 (s Rn 1, 10), dogmatisch offen, aber jedenfalls für Unwiderlegichkeit BGH WM **92,** 736, demgegenüber Mü DB **92,** 519 (Kenntnis schadet, Mitteilung braucht nicht unverzüglich zu sein, nur Zugang vor Zahlung, s Rn 25). Für Einordnung in die Rechtsscheinhaftung Canaris § 7 Rn 66, was bei deren Voraussetzungen (§ 5 Rn 9–16) aber nicht bruchlos möglich ist. Übersicht: Hausmann JR **94,** 133.

B. Voraussetzungen, insbesondere Einwilligung: a) Vorliegen von I 1: I 2 kann nur eingreifen, wenn I 1 vorliegt, zu dessen Voraussetzungen s Rn 2ff. 22

b) Einwilligung des bisherigen Inhabers: Der bisherige Inhaber oder seine Erben müssen in die Fortführung der Firma eingewilligt haben. Diese Einwilligung entspricht der nach § 22 (s dort Rn 9), außer dass sie in I 2 nicht „ausdrücklich" sein muss, was aber keinen wesentlichen Unterschied macht (vgl § 22 Rn 9). Unwirksame Einwilligung genügt nicht (anders als zu Übernahmevertrag nach I 1 und zu abweichender Vereinbarung nach II, s Rn 5, 13), aA Canaris § 7 Rn 69: je nach Zurechenbarkeit.

c) Kein Ausschluss von I 1: Es darf kein Haftungsausschluss nach II (s Rn 13) vorliegen, sonst ist für I 2 von vornherein kein Platz, BGH WM **92,** 738. Voraussetzung dafür ist förmliche Verlautbarung nach II, ohne dass schadet auch positive Kenntnis nicht (s Rn 14). Davon zu unterscheiden ist die Reichweite von I 2, wenn dieser Anwendung findet (s Rn 25). Trotz Eintragung und Bekanntmachung nach II kommt Rechtsscheinschutz des Schuldners (gegen § 15 II 1) entsprechend I 2 in Betracht, wenn der Erwerber die Firma ohne Nachfolgezusatz fortführt und der Schuldner im Vertrauen darauf (ohne Registereinsicht) an den Erwerber zahlt, Canaris § 7 Rn 73.

C. Reichweite des Forderungsübergangs: I 2 **gilt** für alle in dem Betrieb 23 des Geschäfts begründeten Forderungen, einerlei aus welchem Rechtsgrund, bei Erwerb eines Unternehmensteils oder einer ZwNl nur für die darin begründeten (wie zu I 1, s Rn 11). **Nicht:** Forderungen des Veräußerers persönlich (nicht unternehmensbezogen iSv § 343), aber Vermutung des § 344 I, II. I gilt aber nur für Forderungen, die formfrei abgetreten werden können (§ 398 BGB), nicht für Forderungen, die nur in besonderer Form oder mit Zustimmung Dritter (insbesondere des Schuldners) oder überhaupt nicht übertragbar sind (Abtretungsverbot), BGH WM **92**, 736, zT aA Canaris § 7 Rn 71. Bsp: Hypotheken, KGJ **26** A 135, Mieterrecht (vgl § 540 BGB). I 2 gilt unmittelbar nur für die Forderungen, bei (unternehmensbezogenen) **Dauerschuldverhältnissen** nur für bereits entstandene Teilansprüche (s Rn 11); nach weitergehender Ansicht ist I 2 außer bei persönlich geprägten Rechtsverhältnissen auf das ganze Rechtsverhältnis, insbesondere auch Dauerschuldverhältnisse, auszudehnen, sehr str (Normzweck, s Rn 21, 11). Wenn man nicht so weit geht, kommt außer Vertragsübernahme (s Rn 11) konkludente Abtretung auch erst künftig entstehender Teilansprüche in Betracht.

24   D. **Rechtsfolgen: a) Wahlrecht des Schuldners bei Leistung:** Nach I 2 gelten die Forderungen als auf den Erwerber übergegangen. Der Schuldner kann also befreiend an den Erwerber leisten (I 2 iVm §§ 398, 404 ff BGB, obwohl keine echte Abtretung stattgefunden hat, sonst s Rn 21); dann Ausgleichsanspruch des Veräußerers gegen Erwerber nach § 816 II BGB), aA für echten Forderungsübergang K. Schmidt § 7 IV Rn 77 (dann nur uU § 812 BGB). Der Schuldner kann aber auch an den Veräußerer zahlen, der noch der wahre Forderungsinhaber ist; anders, wenn die Forderung tatsächlich übergegangen ist, was insbesondere auch Dauerschuldverhältnis umstritten ist (s Rn 11, 23).

25   **b) Inanspruchnahme des Schuldners:** Nimmt der **Erwerber** den Schuldner in Anspruch, kommt ihm I 2 nicht zu Hilfe (Schuldnerschutznorm, s Rn 26). Nimmt der **Veräußerer** den Schuldner in Anspruch und beruft sich dieser auf I 2, ist die Reichweite des Schuldnerschutzes nach I 2 umstritten. Bei Deutung von I 2 als bloße Schuldnerschutznorm kann der Veräußerer seine Forderungsinhaberschaft beweisen (widerlegliche Vermutung des I 2, s Rn 21), Koller/Mo 15, offen BGH WM **92**, 738. Er muss dazu dem Schuldner positive Kenntnis davon verschaffen, dass die Forderung nicht übergegangen ist, Mü DB **92**, 518 (s Rn 21), Rö/Ries 35. Dafür genügt bloße Mitteilung nicht, weil sonst der Schuldnerschutz nach I 2 zu sehr eingeengt wird, vielmehr muss der Veräußerer den Schuldner in die Lage versetzen, dies bei Inanspruchnahme durch den Erwerber auch beweisen zu können, Canaris § 7 Rn 72 (ähnlich Art 40 III WG). Nach weitergehender aA (Fiktion, s Rn 21) kann der Veräußerer dem Schuldner seine Forderungszuständigkeit nur bei Vorgehen nach II entgegenhalten, also wenn eine abweichende Vereinbarung in das HdlReg eingetragen und bekanntgemacht oder dem Schuldner (Dritten) vom Erwerber oder dem Veräußerer mitgeteilt worden ist (s Rn 13), GroßKo/Hüffer 69, 101, MüKo/Thiessen 72, K. Schmidt § 7 IV Rn 63, tendenziell auch, aber letztlich offen BGH WM **92**, 736, 738. Rechtsscheinschutz des Schuldners bei Zahlung an den die Firma ohne Nachfolgerzusatz fortführenden Erwerber trotz Eintragung und Bekanntmachung s Rn 22.

26   **c) Wirkung von I 2 nur zugunsten des Schuldners:** I 2 wirkt nur zugunsten des Schuldners („den Schuldnern gegenüber"). Sind die Forderungen tatsächlich nicht mitübertragen, kann er ohne Weiteres befreiend an den Veräußerer bezahlen, ohne dass es des I 2 bedarf (s Rn 21 eingangs). Das gilt auch, wenn der Erwerber den Schuldner in Anspruch nimmt, ersterer hat also die Beweislast für den Forderungsübergang, aA bei Annahme einer Fiktion (s Rn 1), str. I 2 gilt nicht im Verhältnis zwischen Veräußerer und Erwerber, str. Zahlt der Schuldner an den Erwerber, hat der Veräußerer einen Bereicherungsanspruch nach § 816 II BGB, Canaris § 7 Rn 74, nach aA nur nach § 812 BGB (s Rn 24). I 2 gilt auch nicht im Verhältnis zu Gläubigern des Veräußerers oder Erwerbers, zB bei

3. Abschnitt. Handelsfirma 1 § 26

Pfändung oder in der Insolvenz, vielmehr kommt es dann auf die wahre Berechtigung an, GroßKo/Hüffer 68, hL, aA K. Schmidt § 7 IV Rn 62.

5) Internationaler Verkehr

Die Haftung des Erwerbers bei Firmenfortführung unterliegt dem Recht am 27
Sitz des Unternehmens (Hauptverwaltung), hL, Merkt/Dunckel RIW **96**, 542, Reithmann/Martiny/Göthel Rz 6.2552, 2556, aA je nach Einordnung von § 25, Ebenroth/Offerloch RIW **97**, 8, Grund: Unternehmenskontinuität, nicht Vermögensübertragung. Haftungsfolgen beim Anteilskauf (share deal, §§ 128, 160) richten sich nach dem GesStatut, Reithmann/Martiny/Göthel Rz 6.2556, aA wegen Rom II-VO Freitag ZHR 174 **(10)** 249. Kumulative Schuldübernahme richtet sich nach dem gewählten Recht, Kln RIW **98**, 148, sonst dem Recht der Niederlassung des beitretenden Schuldners, ausnahmsweise bei engem Zusammenhang dem Statut der übernommenen Schuld; (rechtsgeschäftliche und gesetzliche) Vertragsübernahme folgt einheitlich dem Recht des übernommenen Vertrags, Reithmann/Martiny/Martiny Rz 3.334. Lit: Zweigert RabelsZ 23 **(58)** 643; von Bar IPRax **91**, 197; Schnelle RIW **97**, 281; Freitag ZHR 174 **(10)** 249.

[Fristen bei Haftung nach § 25]

26 (1) ¹Ist der Erwerber des Handelsgeschäfts auf Grund der Fortführung der Firma oder auf Grund der in § 25 Abs. 3 bezeichneten Kundmachung für die früheren Geschäftsverbindlichkeiten haftbar, so haftet der frühere Geschäftsinhaber für diese Verbindlichkeiten nur, wenn sie vor Ablauf von fünf Jahren fällig und daraus Ansprüche gegen ihn in einer in § 197 Abs. 1 Nr. 3 bis 5 des Bürgerlichen Gesetzbuchs bezeichneten Art festgestellt sind oder eine gerichtliche oder behördliche Vollstreckungshandlung vorgenommen oder beantragt wird; bei öffentlich-rechtlichen Verbindlichkeiten genügt der Erlass eines Verwaltungsakts. ²Die Frist beginnt im Falle des § 25 Abs. 1 mit dem Ende des Tages, an dem der neue Inhaber der Firma in das Handelsregister des Gerichts der Hauptniederlassung eingetragen wird, im Falle des § 25 Abs. 3 mit dem Ende des Tages, an dem die Übernahme kundgemacht wird. ³Die für die Verjährung geltenden §§ 204, 206, 210, 211 und 212 Abs. 2 und 3 des Bürgerlichen Gesetzbuches sind entsprechend anzuwenden.

(2) Einer Feststellung in einer in § 197 Abs. 1 Nr. 3 bis 5 des Bürgerlichen Gesetzbuchs bezeichneten Art bedarf es nicht, soweit der frühere Geschäftsinhaber den Anspruch schriftlich anerkannt hat.

Übersicht

	Rn
1) Normzweck und Reichweite	1–3
A. Normzweck und früheres Recht	1
B. Reichweite	3
2) Nachhaftungsbegrenzung (I)	4–10
A. Haftung des Erwerbers nach § 25 (I 1)	4
B. Begrenzung auf fünf Jahre	5
C. Fristbeginn (I 2)	9
D. Entsprechende Anwendung von Verjährungsrecht (I 3)	10
3) Schriftliches Anerkenntnis (II)	11
4) Abweichende Vereinbarungen	12

1) Normzweck und Reichweite

A. **Normzweck und früheres Recht:** a) § 26 idF NachhBG 18.3.94 BGBl 1
560, I 1, 3 idF SMG 2001, regelt die zeitliche Begrenzung der Nachhaftung des früheren Geschäftsinhabers (Veräußerers) für frühere Geschäftsverbindlichkeiten.

§ 26 2–4 1. Buch. Handelsstand

Dieser haftet für vor dem Übergang begründete Verbindlichkeiten neben dem Erwerber als Gesamtschuldner weiter (§ 25 Rn 12) ebenso wie der aus einer OHG ausgeschiedene Gfter für Altverbindlichkeiten der Ges (§ 128 Rn 28); für nach dem Übergang begründete Geschäftsverbindlichkeiten haftet der Veräußerer nur aus besonderem Rechtsgrund, zB § 15 iVm § 31 oder Rechtsscheinhaftung. Eine solche unbegrenzte Nachhaftung des Veräußerers trotz Geschäfts- und Firmenfortführung durch den Erwerber erscheint vor allem bei Dauerschuldverhältnissen wie Arbeitsverträgen und Ruhegeldzusagen als nicht sachgerecht. § 26 sieht deshalb eine **Nachhaftungsbegrenzung** vor. Entsprechende Regelungen gelten für die Nachhaftung des früheren Geschäftsinhabers, der Kdtist geworden ist (§ 28 III), und des ausgeschiedenen bzw Kdtist gewordenen phG PersonenGes (§ 160), sowie für die GbR (§ 736 II BGB) und bei Verschmelzung einer PersonenHdlGes auf eine KapitalGes (§ 45 UmwG). Eine einheitliche Auslegung der verschiedenen Vorschriften ist insoweit geboten (Nachhaftungsbegrenzung als **allgemeiner Grundsatz**). Diese Nachhaftungsbegrenzung erfasst alle Altverbindlichkeiten, nicht nur solche aus Dauerschuldverhältnissen. Es handelt sich um eine echte zeitliche Begrenzung der Haftung (**Ausschlussfrist;** vgl Titelüberschrift vor § 159), nicht um eine Verjährung (arg § 26 I 3, s Rn 8). § 26 ist nicht verfassungswidrig, aA Canaris FS Odersky **96**, 753, in Extremfällen hilft Auslegung bzw § 242 BGB. Lit: Reichold NJW **94**, 1617, Seibert DB **94**, 461.

2   **b) Früheres Recht:** Nach § 26 aF begann die (Sonder)Verjährung von fünf Jahren erst mit Eintritt der Fälligkeit mit der Folge eines langjährigen Haftungsrisikos des Geschäftsinhabers. Die Rspr zur Begrenzung dieses Haftungsrisikos bei Dauerschuldverhältnissen wie bei ausscheidenden Gftern war uneinheitlich, dafür zB GroßKo/Hüffer 12, Bork ZIP **89**, 1369 (Betriebsaufspaltung); eine Enthaftung für Versorgungsansprüche des Arbeitnehmers zuletzt ablehnend, BAG BB **90**, 939, NJW **91**, 1972 (s 28. Aufl). Reform der §§ 26, 28 zusammen mit K. Schmidt (§ 128 Rn 31) K. Schmidt DB **90**, 2357, Ulmer/Timmann ZIP **92**, 1, Lieb GmbHR **92**, 561. Zum früheren Recht s 28. Aufl. **Übergangsrecht:** s (1) EGHGB Art 37.

3   **B. Reichweite:** § 26 gilt nicht, soweit speziellere Regelungen eingreifen. Eine solche ist vor allem § 613a BGB (§ 59 Rn 17 ff), str, aber nur, soweit dieser reicht, MüKo/Thiessen 8. Im Übrigen (Aufgabe der Kündigungstheorie) ist § 26 abschließend, BGH **142**, 324 (zu § 160), Koller/Roth 6.

2) Nachhaftungsbegrenzung (I)

4   **A. Haftung des Erwerbers nach § 25 (I 1):** I 1 setzt voraus, dass der Erwerber auf Grund der Geschäfts- und Firmenfortführung nach § 25 I oder der Kundmachung nach III (§ 25 Rn 17) für die früheren Geschäftsverbindlichkeiten haftet. Der Erwerber muss mit dem übernommenen Unternehmensvermögen haften, nicht nur mit seinem Privatvermögen wie zB bei Betriebspacht (§ 25 Rn 4), Grund: sonst wären die Gläubiger erheblich benachteiligt. Das ist auch für Betriebsaufspaltung (§ 1 Rn 18) und ähnliche Gestaltungen wichtig. Haftet der Erwerber für Altschulden nicht bzw nicht in dieser Weise, verbleibt es bei der Verjährung der Verbindlichkeiten des Veräußerers nach allgemeinen Regeln, also erst mit Eintritt der Fälligkeit und auch dann ohne fünfjährige Begrenzung. Dasselbe gilt bei Haftung des Erwerbers nur aus anderem Rechtsgrund, zB §§ 613a, 826 BGB ua (§ 25 Rn 20). Wenn der Erwerber nicht nur aus § 25 haftet, sondern zugleich aus Schuldmitübernahme, begrenzt I 1 grundsätzlich auch insoweit, BGH **42**, 382, (dahingestellt für Privatschuld des Veräußerers), GroßKo/Hüffer 5, anders bei schriftlichem Anerkenntnis nach II. Das gilt aber nicht allgemeiner dahin, dass bei Haftung des Erwerbers § 25 und anderen Rechtsgründen § 26 auch diese erfasst, aA Heymann/Emmerich 9, zB sicher nicht bei Haftung aus § 826 BGB.

3. Abschnitt. Handelsfirma 5–11 § 26

B. Begrenzung auf fünf Jahre: a) Keine Haftung für erst nach 5 Jahren 5
fällige Verbindlichkeiten: Der Veräußerer haftet für frühere Geschäftsverbindlichkeiten (vgl § 25 Rn 11), auch solche aus betrieblicher Altersversorgung von Arbeitnehmern oder aus Delikt, nur, wenn sie vor Ablauf von 5 Jahren fällig sind (wie § 160 Rn 2, 3). § 26 begründet eine Ausschlussfrist, keine Verjährung (s Rn 1) und schließt echte Verjährung, die kürzer sein kann, nicht aus. Verbindlichkeiten aus Arbeitsverträgen s Rn 3.

b) Haftung für vorher fällige Verbindlichkeiten nur bei besonderer 6
Feststellung oder Vollstreckungshandlung: Bei Verbindlichkeiten, die vor Ablauf von 5 Jahren fällig werden, tritt Nachhaftungsbegrenzung nach I 1 (idF SMG 2001) nur ein, wenn der Anspruch gegen den Veräußerer innerhalb der Fünfjahresfrist in einer in § 197 I Nr 3–5 BGB bezeichneten Art (Rechtskraft oder Vollstreckbarkeit) festgestellt ist oder eine gerichtliche oder behördliche Vollstreckungshandlung vorgenommen oder beantragt wird (aber s Rn 8). Ein schriftliches Anerkenntnis wirkt wie Feststellung (§ 197 I Nr 3–5 BGB) (II).

Bei öffentlichrechtlichen Verbindlichkeiten genügt der Erlass eines Verwal- 7
tungsakts (so ausdrücklich I 1 Halbs 2, weil die entspr Verweisungen im öffentlichen Recht, zB im Verwaltungsverfahrensrecht, nur die Verjährung betreffen). Näher § 160 Rn 4.

c) Rechtsfolgen: Ohne Feststellung, Vollstreckungshandlung bzw schriftli- 8
ches Anerkenntnis nach I 1 (s Rn 6, 7) kommt es zum Erlöschen der Verbindlichkeit ohne Rücksicht auf ihren Rechtsgrund, ihren Entstehungszeitpunkt oder ihren Charakter als Dauerverbindlichkeit; vorausgesetzt ist dabei aber, dass nicht Hemmung oder Neubeginn der Frist entgegensteht (s Rn 10). Mit dieser komplizierten Systemumstellung in I 1, 3 idF SMG 2001 (vorher klarer: Haftung nur bei gerichtlicher Geltendmachung) sollte verhindert werden, dass etwa durch Zustellung eines Mahnbescheids, der später zurückgenommen wird, dem früheren Geschäftsinhaber die Enthaftung genommen wird (RegE), die Zustellung eines Mahnbescheids und ähnliche Maßnahmen der Rechtsverfolgung hemmen jetzt nur noch (s Rn 10). I 1 gilt nicht für rechtskräftig festgestellte Forderungen schon vor Geschäftsübernahme; für diese bleibt es bei § 197 I Nr 3 BGB (§ 218 aF BGB, Verjährung 30 Jahre), MüKo/Thiessen 9, aA üL, Heymann/Emmerich 10, Grund: Rechtskraft und Normzweck.

C. Fristbeginn (I 2): Im Fall des § 25 I beginnt die Frist mit dem Ende des 9
Tages der Eintragung (nicht: Bekanntmachung) des neuen Firmeninhabers gemäß § 31 I in das HdlReg. Auch mangels Eintragung Fristbeginn bei positiver Kenntnis, BGH **174**, 7 (zu § 160), Oetker/Vossler 8, aA üL Rö/Ries 14. Bei mehreren Niederlassungen ist Eintragung in das der HauptNl maßgeblich. Das gilt abweichend von § 15 IV auch für Schulden aus der ZwNl; anders wenn die ZwNl allein übertragen wird (§ 25 Rn 6). Im Fall des § 25 III ist das Ende des Tages der Kundmachung maßgeblich.

D. Entsprechende Anwendung von Verjährungsrecht (I 3): Bestimmte 10
(nicht alle) Vorschriften über die Verjährung sind nach I 3 idF SMG 2001 auf die Ausschlussfrist des I 1 entspr anzuwenden, nämlich §§ 204, 206, 210, 211 BGB zur (Ablauf)Hemmung der Verjährung (durch Rechtsverfolgung, bei höherer Gewalt, bei nicht voll Geschäftsfähigen, in Nachlassfällen) und § 212 II, III BGB zum rückwirkenden Wegfall des Neubeginns der Verjährung. I 3 bestätigt, dass I 1 keine eigentliche Verjährungsvorschrift ist. I 3 schließt nicht die Berufung auf eine wirkliche (kürzere) Verjährung aus (s Rn 3).

3) Schriftliches Anerkenntnis (II)

Bei einem schriftlichen Anerkenntnis des früheren Geschäftsinhabers bedarf es 11
der Feststellung in einer in § 197 I Nr 3–5 BGB bezeichneten Art (s Rn 6) nicht

§ 27   1. Buch. Handelsstand

(II, wie § 160 II, dort Rn 6). Die Schriftform dient der Rechtssicherheit, mündliches oder tatsächliches Anerkenntnis, zB durch Abschlags- oder Zinszahlung, genügt nicht. II verlangt kein Schuldanerkenntnis nach § 780 BGB, iZw ist ein solches bei einer Erklärung nach II auch nicht gewollt. Im Übrigen verbleibt es aber bei der Begrenzung auf fünf Jahre. Anders nur bei abweichender Vereinbarung mit dem Gläubiger (s Rn 12).

4) Abweichende Vereinbarungen

12 § 26 ist nicht zwingend (RegE, s 30. Aufl, sowie § 160 Rn 8). Diese Dispositivität betrifft aber nach der Gesetzesgeschichte des NachhBG nur die Notwendigkeit gerichtlicher Geltendmachung (nunmehr: besondere Feststellung oder Vollstreckungshandlung, s Rn 6); die Abbedingung auch betr Teilansprüche, die erst nach Ablauf der Fünfjahresfrist entstehen (s Rn 5), soll gegen den Schutzzweck des § 26 verstoßen, MüKo(2. Aufl)/Lieb 13, fraglich, s auch § 202 BGB, MüKo/Thiessen 11. Die Nachhaftungsbegrenzung wird aber nicht schon durch eine Vereinbarung zwischen dem Veräußerer und dem Erwerber beseitigt, sondern nur durch eine solche zwischen dem früheren Geschäftsinhaber und seinem jeweiligen Gläubiger. Eine solche abbedingende Vereinbarung ist vor allem bei langfristigen Darlehens-, Miet-, Pacht-, Sale-and-lease-back- und ähnlichen Verträgen wichtig, bei denen es dem Vertragspartner auf die Forthaftung des ursprünglichen Vertragspartners ankommt, vgl Canaris FS Odersky **96**, 753. Diese Vereinbarung braucht, anders als das Anerkenntnis nach II, nicht schriftlich zu sein, Schriftform ist aber dringend zu empfehlen.

[Haftung des Erben bei Geschäftsfortführung]

27 (1) **Wird ein zu einem Nachlasse gehörendes Handelsgeschäft von dem Erben fortgeführt, so finden auf die Haftung des Erben für die früheren Geschäftsverbindlichkeiten die Vorschriften des § 25 entsprechende Anwendung.**

(2) ¹**Die unbeschränkte Haftung nach § 25 Abs. 1 tritt nicht ein, wenn die Fortführung des Geschäfts vor dem Ablaufe von drei Monaten nach dem Zeitpunkt, in welchem der Erbe von dem Anfalle der Erbschaft Kenntnis erlangt hat, eingestellt wird.** ²**Auf den Lauf der Frist finden die für die Verjährung geltenden Vorschriften des § 210 des Bürgerlichen Gesetzbuchs entsprechende Anwendung.** ³**Ist bei dem Ablaufe der drei Monate das Recht zur Ausschlagung der Erbschaft noch nicht verloren, so endigt die Frist nicht vor dem Ablaufe der Ausschlagungsfrist.**

Schrifttum

Hueck ZHR 108 (**41**) 1. – *Reuter* ZHR 135 (**71**) 511. – *K. Schmidt* ZHR 157 (**93**) 600. – *J. W. Flume* FS Maier-Reimer **10**, 103. S vor § 25.

Übersicht

	Rn
1) Haftung des Erben bei Geschäfts- und Firmenfortführung	1–4
A. Normzweck und Reichweite	1
B. Erwerb eines Handelsgeschäfts von Todes wegen	2
C. Geschäfts- und Firmenfortführung	3
D. Rechtsfolgen	4
2) Einstellung während Bedenkzeit (II)	5–7
A. Einstellung während der Bedenkzeit (II 1)	5
B. Hemmung des Fristbeginns (II 2)	6
C. Hemmung des Fristendes (II 3)	7

3. Abschnitt. Handelsfirma 1–3 **§ 27**

Rn
3) Ausschluss der Haftung des Erben (I, § 25 II) 8
4) Haftung des Erben aus besonderem Verpflichtungsgrund
(I, § 25 III) 9

1) Haftung des Erben bei Geschäfts- und Firmenfortführung (I)

A. **Normzweck und Reichweite:** Der **Erbe** (Mit-, Vor-, Nacherbe) eines 1
einzelkfm HdlGeschäfts **haftet** nach I für Geschäftsschulden des Erblassers bei
Fortführung des Geschäfts unter der alten Firma (sei es auch mit Nachfolgezusatz,
§§ 22 I 1, 25 I 1) entspr § 25 mit seinem gesamten Vermögen. Leitgedanke von
§ 27 ist wie bei § 25 umstritten (dort Rn 1), ganz ablehnend Canaris § 7
Rn 102: Zufallsgeschenke an Altgläubiger, Haftungsfalle für Erben. Trotz teilweise
unterschiedlicher Ausgangslage ist aber wie bei § 25 noch am ehesten
überzeugend die **Kontinuität des Unternehmens nach außen,** die vom Gesetzgeber
für den Fall der **Fortführung des Handelsgeschäfts und der Firma**
angenommen wird, vgl BGH **32,** 62, sehr str (vgl § 25 Rn 1). Der Erbe haftet
nicht bei rechtzeitiger und formgültiger Erbausschlagung (§§ 1943 ff BGB),
Oetker/Vossler 9, Grund: § 1953 I BGB, str. Er haftet nicht nach I iVm § 25,
wenn er das Geschäft überhaupt nicht oder aber unter neuer Firma fortführt.
Dem steht gleich, wenn der Erbe das Geschäft zwar zunächst unter der alten
Firma fortführt, die Fortführung aber innerhalb der Bedenkzeit nach II einstellt (s
Rn 5–7). Der Erbe haftet dann **nur** nach BGB-**Erbrecht** (§§ 1922, 1942 ff,
1967 ff BGB), beschränkbar auf den Nachlass (§§ 1973, 1975 ff BGB); ebenso
Miterben entspr ihrem Anteil (vor Nachlassteilung § 2059 BGB; nachher
§§ 1973, 1975 ff BGB und § 2060 BGB). Für konzeptionelle Annäherung des
§ 27 an §§ 130, 139 statt an §§ 25, 28 mit erheblichen Auswirkungen K.
Schmidt § 8 III Rn 125 ff, ZHR 157 **(93)** 600.

B. **Erwerb eines Handelsgeschäfts von Todes wegen: a) Kaufmän-** 2
nisches Handelsgeschäft: Voraussetzung ist nach I 1 ein kfm Handelsgeschäft.
Hierzu gilt dasselbe wie bei § 25 I 1 (§ 25 Rn 2–3). Wie dort muss der Erblasser
also Kfm nach §§ 1 ff, auch § 5, sein. Auf NichtKflte findet § 27 keine Anwendung,
str" Grund: ua wie dort § 25 II (HdlReg), der auch auf § 27 analog
anwendbar ist (s Rn 8).

b) **Erwerb des Handelsgeschäfts von Todes wegen:** Das HdlGeschäft muss
von Todes wegen (sonst § 25) erworben worden sein (§ 1922 BGB). Erbe ist
auch, wer erst nach Ausschlagung Erbe wird, und zwar unabhängig vom Erstberufenen,
also auch mit eigenem Fristlauf nach II. Ebenso **Vor- und Nacherbe,**
für die § 27 jeweils unabhängig voneinander gilt. § 27 gilt analog für den nur
vermeintlichen Erben. Wer letztlich Erbe wird, haftet dabei für die von dem
Vorgänger (Erstberufener, Vorerbe, vermeintlicher Erbe ua) begründeten Geschäftsverbindlichkeiten
(s Rn 4). Der durch Beerbung Alleininhaber gewordene
Kdtist haftet nach § 27 (nicht § 139), andernfalls mit dem gesamten übergegangenen
GesVermögen, aber auf dieses beschränkt (entspr dem früheren § 419
II BGB), BGH **113,** 132, dazu Lieb ZGR **91,** 572, Marotzke ZHR 156 **(92)** 17.
Nicht von Todes wegen erwirbt der Erbe, der wirksam ausschlägt (§§ 1944 f
BGB), auch nach zwischenzeitiger Fortführung des HdlGeschäfts (darin liegt
noch keine Annahme nach § 1943 BGB), hL, aber dann jedenfalls Haftung für
die zwischenzeitlich neu begründeten eigenen Verbindlichkeiten; der Vermächtnisnehmer
(§ 25 Rn 4), der Dritte, an den der Erbe veräußert. Nachfolge in
gesellschaftsrechtliche Beteiligungen sind speziell geregelt (§§ 138, 139, 177).

C. **Geschäfts- und Firmenfortführung:** Der Erbe muss nicht nur das 3
HdlGeschäft **fortführen,** unstr, sondern auch die Firma, üL, Canaris § 7
Rn 109, Heymann/Emmerich 9, MüKo/Thiessen 24 f, iErg auch GroßKo/Hüffer
11, wohl auch BGH **113,** 136, aA K. Schmidt § 8 III Rn 135. § 27 ist also

Hopt 219

§ 27 4, 5

eine Rechtsgrundverweisung, nach aA bloße Rechtsfolgenverweisung. Einzelheiten zur Geschäfts- und Firmenfortführung wie in § 25 (dort Rn 6–9). Fortführung durch gesetzliche Vertreter oder Bevollmächtigte steht der durch den Erben selbst gleich, BGH **30**, 395, **35**, 19; ebenso Fortführung durch Testamentsvollstrecker im Namen des Erben (§ 1 Rn 41), BGH **12**, 100, **35**, 16. Firmenfortführung liegt auch bei Fortführung mit Nachfolgezusatz vor (§ 25 Rn 7). **Keine Fortführung** iSv I 1 ist dagegen die durch Testamentsvollstrecker bei Treuhand- oder echter Testamentsvollstreckerlösung (§ 1 Rn 42, 44), RG **132**, 144; ebenso wenig, da auf Einstellung abzielend, die durch Nachlassverwalter, Nachlasspfleger, str, Insolvenzverwalter in der Nachlassinsolvenz, BGH **35**, 17. Keine Firmenfortführung liegt vor, wenn Firmenidentität der alten und neugewählten Firma nach Verkehrsanschauung zu verneinen ist (§ 25 Rn 7, 8); zum Streit über nachträgliche Firmenänderung s Rn 5. Fortführung des HdlGeschäfts durch **Miterben** s § 22 Rn 2. Miterben, die vor einem Fortführungsakt der Gemeinschaft aus ihr ausscheiden, haften nicht nach § 27. Wird nur ein Miterbe bei Fortführung des Geschäfts tätig, haften die anderen nur, falls sie ihn zur Fortführung des Geschäfts im Rahmen der gemeinschaftlichen Verwaltung des Nachlasses (§ 2038 BGB) bevollmächtigen (auch stillschweigend, was nicht anzunehmen ist, wenn sie ihn irrig für den Alleinübernehmer hielten); nicht genügt dazu, dass der tätige Erbe Prokura hatte, BGH **30**, 395, **32**, 67, **35**, 13, BB **61**, 1027. Fortführung des HdlGeschäfts als Erbengemeinschaft oder als OHG (KG) s § 1 Rn 37. Ob der Erbe nach I i Vm § 25 unbeschränkt oder nach BGB-Erbrecht beschränkt haftet, ist nicht erst gemäß § 780 ZPO in der Vollstreckung, sondern bereits im **Prozess** zu klären, RG **88**, 219.

4   D. **Rechtsfolgen:** Die Geschäfts- und Firmenfortführung bewirkt, dass der **Erbe** nach I 1 iVm § 25 wie der Erwerber dort **haftet** (§ 25 Rn 10–12). Der Erbe haftet also für alle im Geschäftsbetrieb des Erblassers begründeten Verbindlichkeiten (§ 25 Rn 11) ohne erbrechtliche Beschränkungsmöglichkeiten (anders im Falle von II, s Rn 5) sowie für die vom Erben neu begründeten Verbindlichkeiten (II greift insoweit nicht, s Rn 5). Die Rechtsfolgen treffen Vor- und Nacherben unabhängig voneinander (vgl Rn 2). Bei Geschäfts- und Firmenfortführung durch den **Vorerben** haftet dieser nach I 1 (insoweit ohne § 2145 BGB) für die von ihm begründeten Geschäftsverbindlichkeiten; der seinerseits fortführende **Nacherbe** haftet außer für die eigenen auch für die vom Vorerben begründeten Geschäftsverbindlichkeiten, einerlei ob ihre Eingehung im Rahmen ordnungsgemäßer Nachlassverwaltung lag, BGH **32**, 66. Das gilt auch im Verhältnis des vorläufigen zum endgültigen Erben (s Rn 2). Der Nacherbe haftet nicht, wenn das HdlGeschäft zZ des Nacherbfalls nicht mehr zum Nachlass gehört, BGH **32**, 62. **Miterben** haften aus § 25, § 2058 BGB, insoweit ohne §§ 2059, 2060 BGB.

2) Einstellung während Bedenkzeit (II)

5   A. **Einstellung während der Bedenkzeit (II 1): a) Bedenkzeit von drei Monaten:** Der Erbe hat nach **II 1** eine **Bedenkzeit** (vgl § 139 IV) von drei Monaten ab Kenntnis vom Anfall der Erbschaft. Während der Bedenkzeit hat der Erbe die aufschiebenden Einreden nach §§ 2014 ff BGB (dazu § 782 ZPO); bei Verurteilung während der Bedenkzeit droht mangels Vorbehalt nach § 780 ZPO (insoweit) unbeschränkte Haftung. Bei Miterben beginnt die Frist für alle erst ab Kenntnis des letzten Miterben.

b) **Einstellung:** Bei Einstellung der Fortführung des Geschäfts innerhalb dieser Frist haftet der **Erbe** nicht nach I iVm § 25 I. Bei **Miterben** ist Einstellungs-(mehrheits)beschluss nach § 2038 II BGB nötig; der einzelne Miterbe kann nicht für sich einstellen, er kann aber stattdessen rechtzeitig ausscheiden (§ 2042 BGB). Zwangseinstellung, zB infolge Nachlassinsolvenz (§ 1975 BGB), steht der freiwil-

3. Abschnitt. Handelsfirma 6–8 § 27

ligen Einstellung gleich, ebenso Fortführung von Anfang an unter neuer Firma oder Veräußerung des Geschäfts ohne die Firma, aA nur bei Unternehmenszerschlagung, GroßKo/Hüffer Rn 29, üL, aA schon bei bloßer Einstellung der Unternehmensführung ohne Relevanz der Firmenfortführung, K. Schmidt § 8 III Rn 150, sehr str. Auch Veräußerung des zunächst unter der alten Firma fortgeführten Geschäfts (mit der Firma, str), üL, Grund: denn Zerschlagung liegt nicht im Gläubigerinteresse, MüKo/Thiessen 49 f, Oetker/Vossler 21, Canaris § 7 Rn 108, aA RG **56**, 198, früher hL. **Vor- und Nacherbe** können jeweils unabhängig voneinander mit Wirkung nach II einstellen. **Keine Einstellung** (also keine Enthaftung) liegt vor bei bloß nachträglicher Änderung der Firma, Grund: klarer Wortlaut des II 1, Privileg des II setzt vollständige Trennung des Erben von dem gesetzten Rechtsschein voraus, wohl noch üL, aA mit guten Gründen Hueck ZHR 108 **(41)** 16, Canaris § 7 Rn 110: II will dem Erben gerade Bedenkzeit geben (erst recht nach der aA, dass es auf Firmenfortführung gar nicht ankomme, s Rn 3); Verpachtung, Einbringung des Unternehmens in eine Ges, MüKo/Thiessen 51f, aA Koller/Roth 9; für einen von mehreren Erben bei Ausscheiden aus der Gemeinschaft, die schon unter der alten Firma fortgeführt wurde, anders bei vorherigem Ausscheiden.

c) **Rechtsfolge der Einstellung:** Bei Einstellung der Fortführung des Geschäfts innerhalb der Bedenkzeit haftet der **Erbe** nicht nach I iVm § 25 I, sondern nur als Erbe mit beschränkbarer Nachlasshaftung (§§ 1975 ff BGB). Dies gilt auch für Erbfallschulden (§ 1967 II BGB) und für Nachlasserbenschulden, die in ordnungsgemäßer Verwaltung des Nachlasses eingegangen sind, soweit der Erbe nicht selbst gehandelt hat, Heymann/Emmerich 14a. Der Erbe haftet aber trotz Einstellung weiter für die von ihm während der vorübergehenden Fortführung neu eingegangenen Verbindlichkeiten (s Rn 4). Anders nur bei abweichender rechtsgeschäftlicher Vereinbarung. Eine solche kann auch konkludent vorliegen, so wenn dem Geschäftspartner die Absicht des Erben bekannt oder erkennbar war, nur mit Wirkung für den Nachlass zu handeln, RG **146,** 343. Dafür soll Vertragsschluss nur unter der (vom eigenen Namen verschiedenen) Firma des Erblassers ausreichen, BGH BB **68**, 769, fraglich, aA Heymann/Emmerich 14 b.

B. **Hemmung des Fristbeginns (II 2):** Für nicht voll geschäftsfähige Erben 6 ohne gesetzlichen Vertreter beginnt die dreimonatige Bedenkzeit erst mit Eintritt der vollen Geschäftsfähigkeit oder Bestellung eines Vertreters (Ablaufhemmung, **II 2** iVm § 210 I 2 BGB, Verweisung durch SMG angepasst). Ablaufhemmung erfasst (weiter als aF) nicht nur eine für, sondern auch gegen den nicht voll Geschäftsfähigen laufende Verjährung. Wegen späterer Beweisschwierigkeiten sollten Gläubiger sich nicht auf II 2 iVm § 210 I 2 BGB verlassen, sondern Prozesspflegschaft beantragen (§ 57 ZPO), vgl BGH NJW **79**, 1983.

C. **Hemmung des Fristendes (II 3):** Die Bedenkzeit nach II 1 (ab Kenntnis 7 vom Anfall der Erbschaft) ist uU kürzer als die Erbschaftsausschlagungsfrist nach § 1944 BGB (zwar nur sechs Wochen, aber erst ab Kenntnis vom Anfall und vom Grunde der Berufung). Deshalb endet nach **II 3** die Bedenkfrist nicht, solange die Erbschaft noch nicht angenommen und die Ausschlagung noch möglich ist.

3) Ausschluss der Haftung des Erben (I, § 25 II)

Die Haftung des Erben nach I iVm § 25 I 1 ist (ebenso wie die des Erwerbers 8 unmittelbar nach § 25 I 1) **entsprechend § 25 II ausschliessbar** (Grund: unabdingbare Haftung zB auch bei Veräußerung des HdlGeschäfts, s Rn 5, ginge zu weit; Normzusammenhang von §§ 25, 27, 28; I verweist auch auf § 25 II). Dafür genügt nicht schon Vereinbarung (Erbvertrag) oder Testament des Erblassers (str), wohl aber die einseitige, entspr § 25 II **kundgemachte Erklärung des Erben**, KG JFG **22**, 70, GroßKo/Hüffer 21, Canaris, § 7 Rn 111, Altmeppen FS Hopt **10**, 318; aA K. Schmidt § 8 III Rn 146. Diese Erklärung kann auch der Vorerbe und der Nacherbe, jeweils nur mit Wirkung für sich selbst, und jeder Miterbe allein abgeben (anders II, s Rn 5). Allerdings haftet bei Geschäftsübernahme unter Lebenden der Veräußerer unbeschränkt, hier der Erbe als solcher nur erbrechtlich beschränkbar; aber das folgt aus der Wertung der §§ 1973, 1975 ff BGB und spielt für I iVm § 25 II keine Rolle.

4) Haftung des Erben aus besonderem Verpflichtungsgrund (I, § 25 III)

9   Führt der Erbe das HdlGeschäft nicht oder nicht unter der bisherigen Firma fort, haftet er für die Geschäftsverbindlichkeiten ebenso wie für andere Schulden des Erblassers nur nach BGB-Erbrecht, als beschränkbar auf den Nachlass (s Rn 1). Anders ist es, soweit ein **besonderer Verpflichtungsgrund** (außer den im BGB für jeden Erben bestimmten) der Beschränkung der Erbenhaftung entgegensteht (vgl § 25 III, § 25 Rn 17–20), zB wenn der Erbe die Übernahme der Verbindlichkeit in handelsüblicher Weise **bekanntmacht** (I iVm § 25 III, s § 25 Rn 17); dann haftet der Erbe unbeschränkt wie nach § 25 I und ohne weitere Bedenkzeit nach § 27 II. Ebenso zB bei Übernahme einer vertraglichen Verpflichtung gegenüber einzelnen Gläubigern.

[Eintritt in das Geschäft eines Einzelkaufmanns]

28 (1) [1] Tritt jemand als persönlich haftender Gesellschafter oder als Kommanditist in das Geschäft eines Einzelkaufmanns ein, so haftet die Gesellschaft, auch wenn sie die frühere Firma nicht fortführt, für alle im Betriebe des Geschäfts entstandenen Verbindlichkeiten des früheren Geschäftsinhabers. [2] Die in dem Betriebe begründeten Forderungen gelten den Schuldnern gegenüber als auf die Gesellschaft übergegangen.

(2) Eine abweichende Vereinbarung ist einem Dritten gegenüber nur wirksam, wenn sie in das Handelsregister eingetragen und bekanntgemacht oder von einem Gesellschafter dem Dritten mitgeteilt worden ist.

(3) [1] Wird der frühere Geschäftsinhaber Kommanditist und haftet die Gesellschaft für die im Betrieb seines Geschäfts entstandenen Verbindlichkeiten, so ist für die Begrenzung seiner Haftung § 26 entsprechend mit der Maßgabe anzuwenden, daß die in § 26 Abs. 1 bestimmte Frist mit dem Ende des Tages beginnt, an dem die Gesellschaft in das Handelsregister eingetragen wird. [2] Dies gilt auch, wenn er in der Gesellschaft oder einem ihr als Gesellschafter angehörenden Unternehmen geschäftsführend tätig wird. [3] Seine Haftung als Kommanditist bleibt unberührt.

Schrifttum

Lieb FS Westermann **74**, 322. – *K. Schmidt* ZHR 145 **(81)** 2, GedS Sonnenschein **03**, 508, BB **04**, 785. – S im Übrigen vor § 25.

Übersicht

	Rn
1) Haftung der Gesellschaft und des Eintretenden (I 1)	1–5
A. Normzweck	1
B. Handelsgeschäft	2
C. Einbringung des Handelsgeschäfts („Eintritt")	3
D. Geschäftsfortführung auch ohne Firmenfortführung	4
E. Rechtsfolgen des I 1	5
2) Ausschluss der Haftung (II)	6
3) Begrenzung der Nachhaftung des früheren Geschäftsinhabers, der Kommanditist wird (III)	7
4) Übergang der Forderungen (I 2)	8

3. Abschnitt. Handelsfirma 1, 2 **§ 28**

1) Haftung der Gesellschaft und des Eintretenden (I 1)

A. **Normzweck:** Bei Eintritt des B in das Geschäft des A als phG oder Kdtist 1
(genauer: bei Bildung einer OHG oder KG aus A und B und Einbringung des
HdlGeschäfts des A in diese, also Wechsel des Unternehmensträgers ähnlich wie
in § 25) wird die Ges haftbar für die Geschäftsverbindlichkeiten des A. Damit
haftet auch B nach §§ 128, 171 ff, einerlei ob die Ges die Firma des A fortführt.
§ 28 ist damit einer Sonderfall von § 25. **Leitgedanke** des § 28 ist wie bei der
Parallelnorm des § 25 völlig str. Wie dort werden typisierte Rechtsscheinhaftung,
Haftungsfonds und Kontinuität hervorgehoben (§ 25 Rn 1). Für Zusammenhang
von Vermögen und Schulden (Haftungsfonds), BGH NJW **61**, 1766, **66**, 1917.
Trotz Unstimmigkeiten erscheint als Leitgedanke auch hier am ehesten überzeugend die **Kontinuität des Unternehmens nach außen** (§ 25 Rn 1), allerdings hier beschränkt auf die Fortführung des Handelsgeschäfts auch ohne
Firma. § 28 I, II entspricht § 25 I, II, § 28 III dem § 26, mit Abweichungen;
§ 25 III ist nicht aufgenommen, Haftung aus besonderem Verpflichtungsgrund ist
aber selbstverständlich auch hier möglich, zB § 613a BGB (vgl § 25 Rn 17 ff,
20). § 28 iVm §§ 128, 171 ff ist verwandt mit §§ 130, 173 und ergänzt diesen,
deshalb insoweit enge Auslegung, BGH NJW **66**, 1918, NJW **10**, 3721.

B. **Handelsgeschäft: a) Kaufmännisches Handelsgeschäft:** Nötig ist Ein- 2
tritt in ein kfm Handelsgeschäft. § 28 setzt also kfm Gewerbe voraus. Vor Eintritt
muss bereits ein HdlGeschäft bestanden haben; der frühere Geschäftsinhaber
(nicht notwendigerweise auch der Hinzukommende) muss also schon Kfm gewesen sein, BGH NJW **66**, 1917 (für MinderKfm). War er Kfm nach § 1, ist
fehlende Eintragung für § 28 bedeutungslos; war er es mangels Eintragung (noch)
nicht (§§ 2, 3), greift § 28 nicht ein, BGH **31**, 400, **143**, 318 (XI ZS), **157**, 361
(IX ZS), noch hL, Canaris § 7 Rn 88. Nach aA, lt BGH NJW **10**, 3721 mit
guten Gründen, gilt § 28 bei jeder Gründung einer PersonenGes mit Einbringung eines Unternehmens, einerlei ob bloße GbR entsteht oder früherer Geschäftsinhaber NichtKfm war, K. Schmidt § 8 II Rn 83, 97, ZHR 145 **(81)** 23,
NJW **00**, 1521, **03**, 1903, Lieb FS Westermann **74**, 309 (wie § 25 Rn 2), Eckart/
Fest WM **07**, 196; § 130 wird mittlerweile analog auf die GbR angewandt (§ 130
Rn 3).

b) Das **Handelsgeschäft** muss bei Erwerb bereits und noch **bestehen** (§ 25
Rn 3). Damit wird idR auch eine Firmenführung verbunden sein, aber auf diese
kommt es, anders als nach § 25 I 1 (dort Rn 3), nicht an. Eintritt in ein
stillliegendes vermögensloses Unternehmen (Firmenmantel), falls so eingetragen,
soll genügen; anders bei Neugründung, BGH BB **55**, 877, NJW **61**, 1766.

c) Neugründung einer OHG oder KG: § 28 erfasst als Sonderfall von § 25
(s Rn 1; § 25 hat gegenüber § 28 insoweit Auffangfunktion) nur den Fall der
Neugründung einer PersonenGes. Bei Einbringung in bestehende Ges greift § 25
ein, Grund: Auffangfunktion, Schutz der Altgläubiger, Canaris § 7 Rn 98. Auch
Neugründung durch zwei HdlGes oder durch eine GbR und HdlGes, um deren
Geschäft fortzuführen. Auch Gründung einer OHG nach § 105 II (bürgerlich-
rechtliche und VermögensverwaltungsGes mit Eintragung, § 105 Rn 12). Wird
die Ges erst durch Eintragung (§ 105 II) zur OHG oder KG, reicht das für § 28
aus, doch muss der Eintragungsantrag in engem zeitlichen Zusammenhang mit
der Gründung gestellt werden, Canaris § 7 Rn 88, Koller/Roth 5. § 28 gilt
nicht, wenn die als „KG" gebildete Ges mangels Anlage auf ein kfm Gewerbe nur
GbR wird (§ 105 Rn 7), BGH **31**, 397 (selbst dann, wenn anschließend Eintragung), sehr str, aA Kleindiek FS Röhricht **05**, 315, K. Schmidt NJW **05**, 2807,
offen, aber jedenfalls nicht für AnwaltsGbR BGH **157**, 366, vgl für Anwalts-
sPartG, BGH NJW **10**, 3721, Grund: GbR zwar ähnlich wie OHG, aber
Analogie scheitert an II (HdlReg). Bei Eintritt nicht in eine neugegründete

§ 28 3–5 1. Buch. Handelsstand

PersonenHdlGes, sondern zB GmbH oder VorGmbH, greift dagegen § 28 nicht ein, BGH **143,** 314, Canaris § 7 Rn 96, K. Schmidt § 8 II Rn 104, § 7 Rn 48, aA GroßKo/Hüffer 30, sondern nur ggf § 25, spätere Aufgabe der Eintragungsabsicht (dann keine VorGmbH mehr) ändert daran nichts, BGH **143,** 314; bei Eintritt in eine bestehende PersHdlGes gelten nur §§ 130, 173. Unternehmensfortführung unter Bildung einer GmbH (dann § 25) und einer GmbH & Co KG (dann § 28) werden somit unterschiedlich behandelt.

3 C. **Einbringung des Handelsgeschäfts („Eintritt"):** Der Eintritt, wie ihn § 28 nennt, entspricht dem Erwerb des HdlGeschäfts nach § 25. Nießbrauch und Pacht genügen, nicht Erwerb vom Insolvenzverwalter (weitere Einzelheiten wie § 25 Rn 4). Der **tatsächliche Übergang** ist maßgeblich (§ 25 Rn 5). Die Haftung gilt auch bei ungültigem GesVertrag, hL, GroßKo/Hüffer 12, differenzierend Canaris § 7 Rn 90; denn mit Invollzugsetzung der Ges gelten die Grundsätze über die fehlerhafte Ges, BGH NJW **72,** 1466; Eintritt (und Haftung) kann dann nicht mehr (zB durch Anfechtung wegen arglistiger Täuschung) rückwirkend beseitigt werden (§ 105 Rn 92). Wird nur der Schein des Eintritts erzeugt, greift § 28 nicht ein (BGH WM **64,** 298, § 25 Rn 6); aber uU Rechtsscheinhaftung (§ 5 Rn 9–16), vgl BGH NJW **61,** 1766.

4 D. **Geschäftsfortführung auch ohne Firmenfortführung: a) Fortführung des HdlGeschäfts:** In § 28 kommt es allein darauf an. Dafür genügt die bloße Invollzugsetzung der neuen Ges, Einstellung danach ist irrelevant (s Rn 3). Entscheidend ist die Fortführung des wesentlichen Kerns des Geschäfts, auch eines wesentlichen Unternehmensteils oder einer selbstständigen ZwNl. Tatsächliche Fortführung ist entscheidend. Fortführung auch als ZwNl, sogar als unselbstständige Betriebsabteilung oder Sparte (§ 25 Rn 6) str. Schein der Fortführung genügt nicht. Weitererwerb und weitere Einzelheiten wie in § 25 (dort Rn 6).

b) Keine Fortführung der Firma: Dagegen erfordert § 28, anders als § 25 (dort Rn 7), ausdrücklich **nicht Fortführung der Firma;** § 28 ist trotz Einordnung in Abschn 3 über die HdlFirma keine firmenrechtliche Vorschrift, BGH NJW **66,** 1917, K. Schmidt § 7 III Rn 43. Das lässt aber den Normzweck (s Rn 1) unberührt.

5 E. **Rechtsfolgen des I 1:** Die Rechtsfolge der Geschäftsfortführung nach I 1 ist **gesetzlicher Schuldbeitritt** (wie bei § 25, dort Rn 10), BGH WM **89,** 1219, Heymann/Emmerich 24, Koller/Roth 10, nach aA Übergehen der Hauptverbindlichkeit des Erwerbers und sogar ganzer Rechtsverhältnisse, K. Schmidt § 7 IV Rn 77, GedS Sonnenschein **03,** 508 (s § 25 Rn 10); Vertragsübergang jedenfalls **nicht** für Mietvertrag BGH NJW **01,** 2251, für personenbezogene Rechtsverhältnisse, zB Rechtsanwalt, BGH **157,** 367, Steuerberater ua, krit K. Schmidt § 7 IV Rn 77, 81u BB **04,** 785. Die neugegründete **OHG** oder **KG haftet** für alle im Betrieb des eingebrachten HdlGeschäfts begründeten Verbindlichkeiten (§ 25 Rn 10–12); damit haften die bisherigen Gfter, BGH **157,** 364, NJW **66,** 1918, **72,** 1467, aA Canaris § 7 Rn 92: unverdientes Geschenk an die Gläubiger, und dann konsequent **auch der neu Eintretende** (§§ 128, 171 ff). Haftung also auch aus Dauerschuldverhältnissen (§ 25 Rn 11), aber nicht für Nutzungsentschädigung nach Mietende, BGH NJW **01,** 2252. Die Ges und der Neue haften für Altschulden des aufnehmenden Geschäftsinhabers, nicht haftet umgekehrt die Ges für Altschulden des Neuen (aber uU § 25), BGH NJW **10,** 3721, str. Für Geschäftsverbindlichkeiten aus einem zweiten, vom Eintretenden selbstständig weitergeführten Geschäft haftet die Ges nicht, BGH **31,** 399. Zwangsvollstreckung mit Titel gegen die Ges (§ 124 II), aber Titelerweiterung entspr § 729 II ZPO gegen die Ges (wie § 25 Rn 10), Kiel HRR **31,** 2081, aber nicht gegen die persönlich haftenden anderen Gfter (§ 129 IV), aA Kiel HRR

3. Abschnitt. Handelsfirma 6–8 § 28

31, 2081, str. Hat A mehrere Unternehmen, kommt es darauf an, in welches B eintritt; nur dessen Schulden treffen die Ges und damit B, BGH **31**, 399, BB **61**, 842.

Der **frühere Alleininhaber haftet** für die vor dem Eintritt begründeten Geschäftsverbindlichkeiten (**Altverbindlichkeiten**) unbeschränkt weiter (§ 25 Rn 12), aber mit zeitlicher Beschränkung (III iVm § 26, dazu Rn 7). Daneben tritt die Haftung nach § 128 als Gfter (s dieselbe Rn 5). Für **neue Verbindlichkeiten** der Ges haftet er anders als der Veräußerer unter § 25 (§ 25 Rn 12), nämlich als Gfter.

2) Ausschluss der Haftung (II)

Abweichende Vereinbarung führt, wenn verlautbart, nach dem klaren Wortlaut wie in § 25 II zum Ausschluss der Haftung aus I 1 (II, s § 25 Rn 13), hL, auch K. Schmidt § 8 II Rn 119, 122 (trotz Kritik, lex lata). Die abweichende Vereinbarung der Gfter muss verlautbart sein, dh entweder in das HdlReg eingetragen und bekanntgemacht oder von einem der Gfter dem Gläubiger mitgeteilt worden sein, Abrede über Freistellung im Innenverhältnis genügt nicht, BGH WM **89**, 1219. Sie muss unverzüglich nach Eintritt erfolgen (§ 25 Rn 15). Sie kann auch schon vor Errichtung der Ges durch Abschluss des GesVertrags erfolgen, K. Schmidt § 8 II Rn 119, aA RG **102**, 245. Die abweichende Vereinbarung kann statt der Haftung der Ges als minus auch nur diejenige der Gfter oder einzelner Gfter ausschließen, Celle OLGZ **81**, 1, aA K. Schmidt § 8 II Rn 123. Einzelheiten zu II wie bei § 25 Rn 13–16.

3) Begrenzung der Nachhaftung des früheren Geschäftsinhabers, der Kommanditist wird (III)

III idF NachhBG 1994 (§ 26 Rn 3; ebenso § 160 III, dort Rn 7) begrenzt die Nachhaftung des früheren Geschäftsinhabers und jetzigen Kdtisten zeitlich wie § 26 (s dort Rn 3 ff), nämlich auf 5 Jahre. Das ist sachlich richtig. Damit ist die frühere Rspr überholt, nach der der frühere Alleininhaber, der in der neuen Ges Kdtist wurde, ohne entspr Anwendung von § 26 aF unbeschränkt weiter haftete, BGH **78**, 119, WM **74**, 395, **82**, 44, BAG ZIP **90**, 939, NJW **91**, 1972. III gilt nicht bei spezielleren Regelungen, vor allem § 613a BGB, str (§ 26 Rn 3). Die in § 26 I bestimmte Frist beginnt mit dem Ende des Tages der Eintragung der Ges in das HdlReg (III 1). Dass der frühere Geschäftsinhaber in der Ges oder einem ihr als Gfter angehörenden Unternehmen geschäftsführend tätig wird, steht der Begrenzung nicht entgegen (III 2 gegen die bisherige Rspr; s auch § 160 Rn 7). III 3 stellt klar, dass die Haftung als Kdtist (s Rn 5) unberührt bleibt.
Übergangsrecht: s (1) EGHGB Art 37.

4) Übergang der Forderungen (I 2)

Die im Betrieb des eingebrachten HdlGeschäfts begründeten Forderungen gelten den Schuldnern gegenüber als auf die Ges übergegangen (I 2 entspr § 25 I 2). Der Leitgedanke ist hier wie da eine widerlegliche Vermutung als Gegenstück zu § 407 BGB, sehr str; für I 2 ist danach kein Platz, wenn die Forderung an die Ges tatsächlich übertragen ist (§ 25 Rn 21), dann gelten die allgemeinen Regeln. Voraussetzungen für I 2 sind das Vorliegen von I 1, zu dessen Voraussetzungen s Rn 2 ff. Anders als in § 25 I 2 ist die Fortführung der früheren Firma nicht erforderlich (s Rn 4), ebenso wenig eine besondere Einwilligung. Dagegen darf wie dort kein Ausschluss von I 1 durch II vorliegen (näher § 25 Rn 22). Reichweite des Forderungsübergangs wie in § 25 (dort Rn 23), str. Der Schuldner hat wie in § 25 I 2 ein Wahlrecht, an wen er leistet (§ 25 Rn 24 ff), doch kann der Eintretende ihm positive Kenntnis davon verschaffen, dass die Forderung nicht übergegangen ist (näher § 25 Rn 25). I 2 wirkt nur zugunsten des Schuldners (§ 25 Rn 26).

§ 29 1-5   1. Buch. Handelsstand

[Anmeldung der Firma]

29 Jeder Kaufmann ist verpflichtet, seine Firma, den Ort und die inländische Geschäftsanschrift seiner Handelsniederlassung bei dem Gericht, in dessen Bezirke sich die Niederlassung befindet, zur Eintragung in das Handelsregister anzumelden.

Übersicht

	Rn
1) Anmeldung der Firma	1–4
A. Grundsatz und Reichweite	1
B. Anmeldepflicht	2
C. Prüfungspflicht des Registergerichts	3
D. Verfahren	4
2) Anmeldung des Orts der Handelsniederlassung	5

1) Anmeldung der Firma

1 **A. Grundsatz und Reichweite:** § 29 idF EHUG 2006 (Halbs 2 aF, Zeichnung der Namensunterschrift aufgehoben, § 14 Rn 1) und MoMiG 2008. Jeder Kaufmann (nach § 1 I, II; nach §§ 2, 3, 105 II nur auf freiwilligen Antrag und erst mit konstitutiver Eintragung) ist verpflichtet, eine Firma anzumelden (§ 17 Rn 16) und zum HdlReg (Genossenschaftsregister) anzumelden. Sondervorschriften für ZwNl §§ 13 ff, juristische Personen §§ 33–35, PersonenHdlGes §§ 106, 108, 162, Ges nach GmbHG, AktG, GenG, VAG.

2 **B. Anmeldepflicht:** Anmeldepflichtig (und im FamFG-Verfahren über die Firmenführung antragsberechtigt) ist, wer das Unternehmen im eigenen Namen betreibt (§ 1 Rn 30–50). Nur Pächter (§ 1 Rn 30), nicht Verpächter hat Beschwerderecht, auch bei Firmenfortführung (§ 22 II), auch bei Pflicht des Pächters gegenüber Verpächter zur Firmenfortführung, Kln NJW **63**, 541. Die Firma besteht nur bei kfm Unternehmen. Dieses muss als solches bei Anmeldung bestehen. Dass es in der Entwicklung begriffen ist, genügt nur, wo greifbare Unterlagen für den Ausbau vorliegen (§ 1 Rn 51); tritt dieser nicht ein, ist von Amts wegen zu löschen, KG OLG **43**, 203. Vertretung bei Anmeldung s § 12 Rn 3. **Muster:** Hopt/Voigt 4. Aufl 2013 Form I. A.1 (Anmeldung des Unternehmens eines EinzelKfm).

3 **C. Prüfungspflicht des Registergerichts:** Prüfungsrecht und -pflicht des Registergerichts in formeller und materieller Hinsicht sind heute anerkannt (§ 8 Rn 7 ff, bei ZwNl § 13 Rn 13), zB Zulässigkeit der Firma nach §§ 18, 19 (aber § 18 II 2, nur wenn Irreführung ersichtlich), BayObLG DB **88**, 1487, jedoch idR ohne Nachforschungen, nähere Prüfung nur bei konkreten Anhaltspunkten für Unrichtigkeit der Anmeldung, Kln GmbHR **90**, 400.

4 **D. Verfahren:** Zuständigkeit und Verfahren s §§ 8 ff, 14 (Zwangsgeld); Anmeldung und Muster s § 12 Rn 1. Über die Zulässigkeit der Firmenführung ist idR nicht im Anmeldeverfahren (Aussetzung desselben), sondern im Firmenmissbrauchsverfahren (§ 37 I) zu entscheiden, BayObLG DB **88**, 1487, denn bereits Anmeldung ist Gebrauch iSv § 37 I (dort Rn 3). Das Registergericht entscheidet aber nach pflichtgemäßem Ermessen (§ 37 Rn 6), MüKo/Krafka 14, aA wohl BayObLG DB **88**, 1487. § 29 ist kein Schutzgesetz iSv § 823 II BGB, RG **72**, 408.

2) Anmeldung des Orts der Handelsniederlassung

5 Anzumelden ist außer der Firma auch der Ort und die inländische Geschäftsanschrift (MoMiG 2008; vgl § 13d Rn 4, § 15a Rn 1; aber schon bisher **(4)** HRV § 24 II, III) der (Haupt)Niederlassung des Kfm (vgl § 13 Rn 1). Grund:

3. Abschnitt. Handelsfirma 1, 2 § 30

Zustellungserleichterung für Gläubiger, Schlesw FGPrax **12**, 125, Gläubigerzugriff, Düss NZG **15**, 279. Für GmbH § 8 IV Nr 1 GmbHG, Düss NZG **15**, 279, Hamm NJW-RR **15**, 1178, NZG **16**, 386 (auch c/o-Zusatz). Änderungen § 31 I. Die Lage der Geschäftsräume und bei natürlichen Personen das Geburtsdatum sind anzugeben; das Registergericht hat auch auf Angabe des Unternehmensgegenstands, soweit nicht aus der Firma ersichtlich, hinzuwirken, **(4)** HRV § 24. Anmeldung der Errichtung einer ZwNl s §§ 13 ff.

[Unterscheidbarkeit]

30 (1) **Jede neue Firma muß sich von allen an demselben Ort oder in derselben Gemeinde bereits bestehenden und in das Handelsregister oder in das Genossenschaftsregister eingetragenen Firmen deutlich unterscheiden.**

(2) **Hat ein Kaufmann mit einem bereits eingetragenen Kaufmanne die gleichen Vornamen und den gleichen Familiennamen und will auch er sich dieser Namen als seiner Firma bedienen, so muß er der Firma einen Zusatz beifügen, durch den sie sich von der bereits eingetragenen Firma deutlich unterscheidet.**

(3) **Besteht an dem Orte oder in der Gemeinde, wo eine Zweigniederlassung errichtet wird, bereits eine gleiche eingetragene Firma, so muß der Firma für die Zweigniederlassung ein der Vorschrift des Absatzes 2 entsprechender Zusatz beigefügt werden.**

(4) **Durch die Landesregierungen kann bestimmt werden, daß benachbarte Orte oder Gemeinden als ein Ort oder als eine Gemeinde im Sinne dieser Vorschriften anzusehen sind.**

Übersicht

	Rn
1) Deutliche Unterscheidbarkeit der Firmen am gleichen Ort (I)	1–7
A. Normzweck und Reichweite	1
B. Deutliche Unterscheidbarkeit	4
C. Vorrang der eingetragenen Firmen	6
2) Zusatz bei gleichnamigen Kaufleuten (II)	8
3) Zusatz bei Zweigniederlassungen (III)	9
4) Zusammenlegung von Orten (IV), Grenzänderungen	10
5) Verfahren	11

1) Deutliche Unterscheidbarkeit der Firmen am gleichen Ort (I)

A. Normzweck und Reichweite: a) Normzweck: § 30 verlangt deutliche 1 Unterscheidbarkeit aller Firmen (nicht nur solcher nach HGB) an demselben Ort, einerlei welcher Branche. Normzweck ist der Schutz des Publikums vor Verwechslung der Firmen, RG **75**, 372, **103**, 392, BGH **46**, 11, KG ZIP **13**, 1769, MDR **13**, 920. § 30 ist als Vorschrift im öffentlichen Interesse auch mit Zustimmung des Inhabers der älteren Firma **nicht verzichtbar,** BGH **46**, 11, dieser kann aber seine Ansprüche nach § 37 II verlieren (§ 37 Rn 12). Unter Kflten an verschiedenen Orten gilt nicht § 30, sondern § 18 II (Konsequenzen str, s Rn 3, 4).

b) Räumliche Reichweite: „Ort" ist, was nach Verkehrsauffassung als sol- 2 cher gilt, ohne Rücksicht auf Kommunalgrenzen, MüKo/Krafka § 17 Rn 113 b. „**Gemeinde**" ist die politische Gemeinde im Sinne des Kommunalrechts; meist decken sich beide, aber ein Ort kann mehrere Gemeinden bzw Gemeindeteile, eine Gemeinde mehrere Orte bzw Ortsteile umschließen. Zusammenlegung s

§ 30 3–6

Rn 7. Verlegung an einen anderen Ort lässt die Firma bestehen; die verlegte Firma ist aber für den neuen Ort neu und bedarf daher notfalls eines unterscheidenden Zusatzes, vgl RG DR **43**, 1219, GRUR **44**, 41.

3 c) **Verhältnis zu anderen Vorschriften:** Unterscheidbarkeit gleicher Firmen an verschiedenen Orten zB durch Mitnennung des Sitzes (Bsp: A. B. München, A. B. Augsburg) kann neben § 30 durch Namens-, Marken- und Wettbewerbsrecht geboten sein (Individualschutz, s Rn 4, § 17 Rn 33, 34). § 30 ist in seinem Anwendungsbereich (am gleichen Ort, s Rn 1; nur für eingetragene Unternehmen, s Rn 6) lex specialis zu § 18 II, vgl auch MüKo/Heidinger 6. Ähnliche Vorschrift im Vereinsrecht ist § 57 II BGB (Unterscheidung von Vereinen s Rn 6). Eine Ausnahme von § 30 gilt bei Veräußerung des HdlGeschäfts einer HdlGes mit Firma im Insolvenzverfahren (22 Rn 24).

4 B. **Deutliche Unterscheidbarkeit: a) Maßstäbe:** Sich deutlich unterscheiden heißt jede (ernstliche, auch „erweiterte") **Verwechslungsgefahr** ausschließen. Dies gilt nicht nur unter Kflten am selben Orte (§ 17 Rn 29, 30), vielmehr kommt es auf die Verkehrsauffassung des gesamten Rechtsverkehrs an und zwar des durchschnittlichen Teilnehmers daran, KG ZIP **13**, 1769, MDR **13**, 920. Die Anforderungen in § 30 sind nach dem Wortlaut eher strenger als unter § 18 II, denn § 30 fordert **deutliche** Unterscheidbarkeit, anders als § 18 II 2, der ein Eingreifen des Registergerichts erst bei Ersichtlichkeit vorsieht (§ 18 Rn 20), was aber bei § 30 gerade nicht gilt, MüKo/Heidinger 5. Die registerrechtlichen Anforderungen sind also weniger streng als die materiellen, wett-bewerbsrechtlichen (§ 18 Rn 14, § 17 Rn 34), BGH WM **79**, 923, str, offen BGH NJW **93**, 2236, Düss NJW-RR **96**, 938. Wegen der Schwierigkeiten unterschiedlicher Maßstäbe wird zT vorgeschlagen, gleiche Maßstäbe für die Verwechslungsgefahr in § 30 (örtlich) und § 18 II (allgemein) anzulegen, Steinbeck FS Horn **06**, 589 (ähnlich § 15 II MarkenG), anders die hL, MüKo/Heidinger 5, 20, Koller/Roth 5.

5 b) **Praktische Anwendung:** Entscheidend ist jedenfalls der Gesamteindruck bzw das Klangbild für Auge und Ohr, BGH **46**, 12, KG ZIP **13**, 1769, MDR **13**, 920, Hamm NZG **13**, 997. Dabei ist von der vollständigen Firma, wie im HdlReg eingetragen, auszugehen, näher MüKo/Heidinger 21 f. Wichtig, wenngleich nicht allein ausschlaggebend ist auch die Branchennähe, str. Bei Personenfirmen lässt die Rspr unterschiedliche Vornamen genügen, BGH NJW **93**, 2236 (nicht in BGH **122**, 71; s auch Rn 8). Bei Sachfirmen sind die Anforderungen höher, hL, Grund: größere Auswahl. Nach neuerer Ansicht genügen auch unterschiedliche Ordnungszahlen, Hamm NZG **13**, 997 (für römische Ziffer II), KG ZIP **13**, 1769, einerlei ob Ordinal- oder Kardinalzahlen, KG MDR **13**, 920. Unterscheidung durch andere GesForm und deren Bezeichnung genügt nicht, zB „GmbH", „KG", BGH **46**, 12 (§ 19 Rn 7), auch nicht Rechtsform allein mit zusätzlicher Beifügung von Zahlen, KG ZIP **13**, 1770. Die Markeneignung allein (zB „4711") reicht zur Unterscheidung im Firmenrecht nicht aus, KG ZIP **13**, 1770. Praktischer Hauptfall sind KG und GmbH (in GmbH & Co KG) am gleichen Ort (ausführlich § 19 Rn 36). Begründet die Übereinstimmung in der Firmenbezeichnung keine Verwechslungsgefahr, gilt § 30 nicht, so bei fehlender Unterscheidungskraft (§ 18 Rn 5 ff), BGH NJW **87**, 439 (Video-Rent). Gleichnamige s Rn 5.

6 C. **Vorrang der eingetragenen Firmen: a) Eintragung:** Voraussetzung in § 30 (nicht in § 18 II, dort auch nicht analog) ist die Eintragung der bereits bestehenden Firmen im HdlReg; auch eG im Genossenschaftsregister (so I idF GenGÄndG 9.10.73 BGBl 1451, 1463). Also kein Vorrang älterer, aber nicht oder an einem anderen Ort eingetragener Firmen (Entstehung s § 17 Rn 16), KG RJA **8**, 38 (§ 21 Rn 5). Die nur angemeldete Firma ist nicht eingetragen.

3. Abschnitt. Handelsfirma § 31

Der Zeitvorrang entscheidet nur im Verhältnis von Anmeldung zu Anmeldung, nicht von Anmeldung zu Eintragung, vgl KG OLGE **43**, 281. Gelöschte Firmen oder solche, an deren Löschung kein Zweifel mehr ist, sind unbeachtlich, KG JW **33**, 1030. Doch kann die Benutzung gerade eben frei gewordener Firmen durch Dritte gegen § 18 II verstoßen (§ 18 Rn 17). Vorrang der eingetragenen Firma geht durch Übertragung (§§ 22 ff) nicht verloren, aber bei (im Sinne der Unterscheidbarkeit wesentlicher) Firmenänderung. § 30 gilt wegen der verschiedenen Betätigungsbereiche nicht zwischen HdlGes und eV (Vereinsregister, „Bauhütte"-eV, -GmbH), str, de lege lata wohl auch MüKo/Heidinger 10, aA Stgt OLGE **42**, 211, LG Limbg Rpfleger **81**, 23.

b) Unzulässige Firmen: Ist die eingetragene Firma unzulässig, hat sie grundsätzlich keinen Vorrang, hL, Heymann/Emmerich 7a, aA GroßKo/Hüffer 11, aber die neue Firma kann erst nach Löschung der alten (§ 37 I, **(3)** FamFG § 395) eingetragen werden; anders wenn die Unzulässigkeit ohne eine im Sinne der Unterscheidbarkeit wesentliche Änderung beseitigt werden kann.

Zulassung einer Firma durch das Registergericht schützt sie nicht gegen Angriffe privater Parteien, typischerweise Konkurrenten, auch aus § 30 (§ 17 Rn 27). **Löschung** einer nach § 30 unrichtigen Eintragung s § 8 Rn 12–15. 7

2) Zusatz bei gleichnamigen Kaufleuten (II)

Firmenrechtliche Anforderungen an Gleichnamige (über § 30 hinaus) s schon 8 § 19 Rn 7. Bei voller Gleichnamigkeit von Vor- und Familiennamen muss der nicht Eingetragene die Verwechslungsgefahr durch einen unterscheidungskräftigen Zusatz ausschließen, auch durch einen weiteren Vornamen (s Rn 5).

3) Zusatz bei Zweigniederlassungen (III)

Eine neue Zweigniederlassung muss ihre Firma (§ 13 Rn 7) unterschiedlich 9 von älteren Firmen am gleichen Orte bilden, auch wenn die (gleiche oder verwechslungsfähige) Firma des Unternehmens (mit HauptNl anderswo) noch älter ist. Zusatz „Zweigniederlassung" genügt nicht. III ist wenig bedeutsam, da ZwNl allgemein eine von der HauptNl abweichende Firma führen können (§ 13 Rn 7).

4) Zusammenlegung von Orten (IV), Grenzänderungen

Die Landesregierungen können benachbarte Orte oder Gemeinden für die 10 Zwecke des § 30 zusammenlegen (IV). Zusammenstellung s DJ **37**, 1270, Schlegelb/Hildebrand/Steckhan 4. Diese und entsprechend andere Grenzänderungen lassen bestehende gleiche Firmen unberührt (Bestandsschutz), früher str.

5) Verfahren

Das Registergericht prüft § 30 zunächst schon im Antragsverfahren, dann ggf 11 Zurückweisung der Anmeldung, RG **75**, 371, sodann später im Registerzwangs- und Löschungsverfahren nach § 37 I, **(3)** FamFG §§ 392 iVm 388 ff und § 395. Die Prüfungspflicht des Registergerichts beschränkt sich grundsätzlich auf seinen Bezirk, Hamm NJW **61**, 2018. Bei ZwNl gilt § 13 II mit reduzierter Prüfungspflicht des Registergerichts der HauptNl (§ 13 Rn 13), vgl BayObLG DB **95**, 1456. Unterlassungsklage Privater, insbesondere der vorrangig Eingetragenen, nach § 37 II.

[Änderung der Firma; Erlöschen]

31 **(1) Eine Änderung der Firma oder ihrer Inhaber, die Verlegung der Niederlassung an einen anderen Ort sowie die Änderung der inländischen Geschäftsanschrift ist nach den Vorschriften des § 29 zur Eintragung in das Handelsregister anzumelden.**

§ 31 1–5

(2) ¹Das gleiche gilt, wenn die Firma erlischt. ²Kann die Anmeldung des Erlöschens einer eingetragenen Firma durch die hierzu Verpflichteten nicht auf dem in § 14 bezeichneten Wege herbeigeführt werden, so hat das Gericht das Erlöschen von Amts wegen einzutragen.

Übersicht

	Rn
1) Anmeldung von Änderungen (I)	1–6
A. Inhalt und Anwendungsbereich	1
B. Änderung der Firma, Inhaberwechsel, Wechsel des Orts und der inländischen Geschäftsanschrift	2
C. Anmeldepflicht	5
2) Anmeldung des Erlöschens (II)	7–9
A. Anwendungsbereich	7
B. Erlöschen der Firma	8
C. Anmeldepflicht	9
3) Verfahren	10

1) Anmeldung von Änderungen (I)

1 A. **Inhalt und Anwendungsbereich:** § 31 I idF MoMiG 2008. Da **Geschäftsinhaber, Firma, Niederlassung, Ort und inländische Geschäftsanschrift** im HdlReg zu vermerken sind (§ 29), müssen auch **Änderungen** dieser Daten angemeldet werden. Die Anmeldung der Verlegung der Hauptniederlassung ist in § 13h besonders geregelt, die von ZwNl in §§ 13 ff. Für OHG, KG s §§ 107, 161 II. Für KapitalGes gelten Sondervorschriften nach GmbHG, AktG ua.

2 B. **Änderung der Firma, Inhaberwechsel, Wechsel des Orts und der inländischen Geschäftanschrift: a) Firmenänderung:** Eintragungspflichtig und anzumelden ist jede Firmenänderung (§ 17 Rn 22), Düss NZG **15**, 279, ohne Inhaberwechsel oder mit einem solchen (dann auch Rn 3), auch kleine Änderung, zB von Zusatz oder Schreibweise. Änderung setzt voraus, dass die Firma besteht und noch nicht erloschen ist (§ 17 Rn 16, 23), Hamm DB **93**, 1816 (zu § 5, s auch Rn 10). Änderungen sind zB Firmenänderung bei Übergang von Pacht zu Eigentum, LG Nürnb-Fürth BB **76**, 810. Firmenänderung oder zeitweilige Fortführung, Aufgabe und Neubildung durch Erben, s BayObLG DB **78**, 2047. Fehlende Voreintragung s Rn 10. Unzulässige Änderung s Rn 10.

3 b) **Inhaberwechsel:** Inhaberwechsel ist auch ohne Firmenänderung möglich (Firmenfortführung, vor allem § 22), und deshalb in I eigens aufgeführt. Inhaberwechsel liegt vor, wenn der Betreibende (Unternehmensträger) wechselt (§ 1 Rn 30 ff), zB bei Verpachtung und Nießbrauchbestellung (mit Unternehmensführungsrecht), Ffm OLGZ **73**, 24 (§ 1 Rn 10); Erwerb von Todes wegen. **Nicht** bei Vormundschaft, Nachlassverwaltung (§ 1984 BGB), Nachlasspflegschaft (§ 1960 BGB), Testamentsvollstreckung mit Vollmachtslösung (§ 1 Rn 41), RG **132**, 142; anders bei Treuhandlösung und bei echter Testamentsvollstreckerlösung (§ 1 Rn 42, 44).

4 c) **Wechsel des Orts und der inländischen Geschäftsanschrift:** Verlegung der Niederlassung an einen anderen Ort und seit 2008 (s Rn 1) auch die Änderung der inländischen Geschäftsanschrift (§ 29 Rn 5) sind eintragspflichtig und anzumelden.

5 C. **Anmeldepflicht: a) Firmenänderung:** Anmeldepflichtig ist bei Firmenänderung (§ 17 Rn 22) und Verlegung (§ 13c) der Inhaber, dh wer das Unternehmen betreibt (§ 1 Rn 30–50); so auch der Pächter, der Eigentümer wird und nun die Firma ändert, LG Nürnb/Fürth BB **76**, 810; der Insolvenzverwalter für Angelegenheiten im Zusammenhang mit Masseverwaltung und -verwertung

(§ 17 Rn 47), der Inhaber bzw Geschäftsführer für Änderung der Vertretungsverhältnisse oder der Geschäftsanschrift, Hamm ZIP **17**, 820. Anmeldepflicht besteht auch, wenn Voreintragung fehlt (s Rn 10).

b) Inhaberwechsel: Anmeldepflichtig sind bei Änderung der Inhaberschaft sowohl der alte (ihm droht § 15) als auch der neue Inhaber, Anmeldepflicht des Erwerbers bei Firmenfortführung (§§ 22 ff), BayObLG BB **90**, 372; bei Tod des Inhabers seine Erben; bei Übergang auf den Nacherben nach Tod des Vorerben dessen Erben und der Nacherbe, KG HRR **34**, 1041, Bln BB **91**, 1283. Der Insolvenzverwalter braucht nicht seine eigene oder eine andere zustellungsfähige Anschrift zu melden, Schlesw FGPrax **10**, 208. **Muster:** Hopt/Voigt 4. Aufl 2013 Form I. C.1–5 (Anmeldung einer Firmenänderung, der Veräußerung mit Haftungsausschluss, der Veräußerung ohne Firmenfortführung, des Erbgangs und der Übertragung).

2) Anmeldung des Erlöschens (II)

A. **Anwendungsbereich:** II gilt für EinzelKflte, PersonenHdlGes außer bei Liquidation, sowie für andere Unternehmensträger, soweit keine Spezialvorschriften bestehen. Solche sind ua bei Liquidation von PersonenHdlGes §§ 157, 161 II (s Rn 8), bei AG, KGaA § 273 I AktG, bei GmbH § 74 I GmbHG; ferner nach EWIVAG, VAG, G über die Auflösung und Löschung von Ges und Genossenschaften 9.10.34 RGBl 914 (Löschung wegen Vermögenslosigkeit). Lit: Kruck ZIP **11**, 1550 (Sondervorschriften).

B. **Erlöschen der Firma:** Erlöschen der Firma s § 17 Rn 23. Bspe: bei Betriebsaufgabe (§ 1 Rn 52), BayObLG WM **84**, 53; bei Verlust der Firmenfähigkeit von EinzelKflten, OHG, KG (§ 17 Rn 23); bei Ende einer OHG, KG nach Liquidation (hier ersetzen aber §§ 157, 161 II den § 31 II, s Rn 6) oder ohne Liquidation (§ 145 I 2. Halbs), falls nicht jemand anderer HdlGeschäft und Firma fortführt, KGJ **39**, A 113. Firma des Betriebsunternehmens bei Betriebsaufspaltung, vgl § 1 Rn 18. Zwar kein Erlöschen im Falle des § 5, solange Eintragung besteht, aber II analog, Koller/Roth 5, aber Streitfragen unter §§ 2, 3 (§ 5 Rn 1 aE). **Nicht** unter II fällt: Änderung der Firma (dazu I), auch bei Übergang von EinzelKfm auf OHG (KG) durch GfterAufnahme (§ 24 Rn 5–6); Unzulässigwerden der Firma (Abwehr über § 37 I, Hamm DB **79**, 306); Übertragung des HdlGeschäfts mit Firma von EinzelKfm, OHG, KG (Abteilung A des HdlReg) auf AG, GmbH (Abteilung B), KGJ **44**, 150; Auflösung der PersonenHdlGes (§ 17 Rn 23, § 1 Rn 52); Löschungseintragung, nur rechtsbekundend (§ 157 Rn 3).

C. **Anmeldepflicht:** Anmeldepflichtig sind für den Fall, dass die Firma erloschen ist (s Rn 8), der bisherige Inhaber, seine Erben, außer wenn die Firma schon beim Erblasser erloschen ist, Heymann/Emmerich 10a, str, der Veräußerer, die Liquidatoren, der Insolvenzverwalter (§ 17 Rn 47) ua. **Muster:** Hopt/Voigt 4. Aufl 2013 Form I. A.3 (Anmeldung des Erlöschens der Firma).

3) Verfahren

Erzwingung von I und II nach § 14 (Zwangsgeld) iVm **(3)** FamFG §§ 388 f, KG ZIP **16**, 2121. Eintragung kann nicht von gleichzeitiger Anmeldung der entsprechenden Firmenänderung abhängig gemacht werden (§ 14 Rn 1, § 143 Rn 2). Folgt auf rechtskräftige Festsetzung der Ordnungsstrafe der verlangte Löschungsantrag, ist die Strafe aufzuheben, LG Waldshut BB **62**, 386 (vgl § 14 Rn 4). Notfalls Amtslöschung **(II 2)**, BayObLG **78**, 62, im Verfahren nach **(3)** FamFG § 393. **Fehlende Voreintragung** ist zugleich mit dem Vermerk der Änderung auf Antrag nachzuholen, Ffm OLGZ **73**, 24, und zwar in Spalte 5 des HdlReg („sonstige Rechtsverhältnisse") MüKo/Krafka 4, str, Grund: eventuelle künftige Wirkungen. Bei unzulässiger Firma keine Eintragung; wenn schon

§ 32 1, 2   1. Buch. Handelsstand

eingetragen, § 37 I und Löschung von Amts wegen nach **(3)** FamFG § 395. Das soll trotz Eintragung nach § 5 auch bei Herabsinken auf nichtkaufmännisches Gewerbe gelten, Hamm DB **93**, 1816, aber Streitfragen unter §§ 2, 3 (§ 5 Rn 1).

[Insolvenzverfahren]

32 (1) ¹ **Wird über das Vermögen eines Kaufmanns das Insolvenzverfahren eröffnet, so ist dies von Amts wegen in das Handelsregister einzutragen.** ² Das gleiche gilt für
1. **die Aufhebung des Eröffnungsbeschlusses,**
2. **die Bestellung eines vorläufigen Insolvenzverwalters, wenn zusätzlich dem Schuldner ein allgemeines Verfügungsverbot auferlegt oder angeordnet wird, daß Verfügungen des Schuldners nur mit Zustimmung des vorläufigen Insolvenzverwalters wirksam sind, und die Aufhebung einer derartigen Sicherungsmaßnahme,**
3. **die Anordnung der Eigenverwaltung durch den Schuldner und deren Aufhebung sowie die Anordnung der Zustimmungsbedürftigkeit bestimmter Rechtsgeschäfte des Schuldners,**
4. **die Einstellung und die Aufhebung des Verfahrens und**
5. **die Überwachung der Erfüllung eines Insolvenzplans und die Aufhebung der Überwachung.**

(2) ¹ **Die Eintragungen werden nicht bekanntgemacht.** ² Die Vorschriften des § 15 sind nicht anzuwenden.

Übersicht

	Rn
1) Normzweck und Anwendungsbereich	1
2) Eintragungspflicht (I)	2
3) Keine Bekanntmachung (II)	3

1) Normzweck und Anwendungsbereich

1 § 32 idF EGInsO 1994, I 1 Nr 3 nF EGInsOÄndG 1998. Normzweck ist es, den Geschäftsverkehr darüber zu unterrichten, dass der Schuldner insolvent ist und den Verfügungsbeschränkungen nach der InsO (§ 80 InsO, Folgen für Betreiben des HdlGewerbes und Firma s § 1 Rn 47, § 17 Rn 47) bzw der Überwachung der Insolvenzplanerfüllung nach Aufhebung des Insolvenzverfahrens unterliegt (RegE). § 32 gilt für alle Kflte, auch für HdlGes (§ 6), aber Sondernormen für KapitalGes; andere juristische Personen (§ 34 V). Bei den PersonenHdlGes führt die Eröffnung des Insolvenzverfahrens zur Auflösung (§§ 131 I Nr 3, 161 II).

2) Eintragungspflicht (I)

2 Von Amts wegen in das HdlReg einzutragen sind die Eröffnung des Insolvenzverfahrens (**I 1**, Eröffnungsbeschluss § 27 InsO) und weitere wesentliche Entwicklungen, nämlich Aufhebung des Eröffnungsbeschlusses (**I 2 Nr 1**), Bestellung eines vorläufigen Insolvenzverwalters mit allgemeinem Verfügungsverbot oder mit Zustimmungsbedürftigkeit von Verfügungen des Schuldners sowie Aufhebung einer derartigen Sicherungsmaßnahme (**I 2 Nr 2**, §§ 21 Nr 1 und 2, 22 InsO), Eigenverwaltung der Schuldners (§ 270 InsO), ihre Aufhebung und Anordnung der Zustimmungsbedürftigkeit (**I 2 Nr 3**), Einstellung und Aufhebung des Verfahrens (**I 2 Nr 4**) und Überwachung der Erfüllung eines Insolvenzplans (§§ 217, 260, 268 InsO; Folgen ua Forderungsnachrang §§ 264–266 InsO) sowie ihre Aufhebung, aber ohne Einzelheiten, diese sind aus den Akten des Register-

3. Abschnitt. Handelsfirma § 33

gerichts ersichtlich **(I 2 Nr 5)**. Da Eintragung von Amts wegen erfolgt, entfällt Anmeldungspflicht. Eintragung auf Grund Mitteilung des Insolvenzgerichts (§§ 31, 277 III 2 InsO). § 15 ist nicht anwendbar **(II 2)**, s § 15 Rn 12.

3) Keine Bekanntmachung (II)

Die Eintragungen nach I werden nicht bekanntgemacht **(II 1)**, stattdessen Bekanntmachungen durch das Insolvenzgericht (ua §§ 30 I, 267, 268 II InsO). InsO regelt die Wirkungen des Insolvenzverfahrens abschließend, § 15 ist nicht anwendbar **(II 2)**, s § 15 Rn 12.

[Juristische Person]

33 (1) **Eine juristische Person, deren Eintragung in das Handelsregister mit Rücksicht auf den Gegenstand oder auf die Art und den Umfang ihres Gewerbebetriebes zu erfolgen hat, ist von sämtlichen Mitgliedern des Vorstandes zur Eintragung anzumelden.**

(2) [1]**Der Anmeldung sind die Satzung der juristischen Person und die Urkunden über die Bestellung des Vorstandes in Urschrift oder in öffentlich beglaubigter Abschrift beizufügen; ferner ist anzugeben, welche Vertretungsmacht die Vorstandsmitglieder haben.** [2]**Bei der Eintragung sind die Firma und der Sitz der juristischen Person, der Gegenstand des Unternehmens, die Mitglieder des Vorstandes und ihre Vertretungsmacht anzugeben.** [3]**Besondere Bestimmungen der Satzung über die Zeitdauer des Unternehmens sind gleichfalls einzutragen.**

(3) **Die Errichtung einer Zweigniederlassung ist durch den Vorstand anzumelden.**

(4) **Für juristische Personen im Sinne von Absatz 1 gilt die Bestimmung des § 37a entsprechend.**

Übersicht

	Rn
1) Übersicht über §§ 33–34	1
2) Einzelheiten zu § 33	2

1) Übersicht über §§ 33–34

§ 33 III idF EHUG 2006, § 35 aufgehoben EHUG 2006, § 36 aufgehoben HRefG 1998. §§ 33–34 gelten für solche juristischen Personen, deren Eintragung in das HdlReg mit Rücksicht auf den Gegenstand oder auf die Art oder den Umfang ihres Gewerbebetriebs zu erfolgen hat. Erfasst werden dadurch solche juristischen Personen, die nicht schon FormKflte (§ 6 II) sind. Damit soll die Publizität des HdlReg umfassend gesichert werden, aber wohl nur klarstellende Wirkung, weil §§ 1 ff auch juristische Personen erfassen. Eintragungspflicht besteht danach für juristische Personen im Falle von § 1 II, nicht dagegen von §§ 2, 3 II, III. §§ 33 ff gelten für die ein HdlGewerbe betreibenden rechtsfähigen Vereine (§§ 21 ff BGB), sowohl wirtschaftende (§ 22 BGB) wie Idealvereine (mit kfm Betrieb), dazu Sack ZGR **74**, 179, K. Schmidt ZGR **75**, 477; privatrechtliche Stiftungen (§§ 80 ff BGB); öffentlichrechtliche Körperschaften, Stiftungen, Anstalten (vgl § 89 BGB). Für ausländische juristische Personen, die im Inland ein HdlGewerbe betreiben, gelten §§ 13d, 13e (§ 13d Rn 1), BayObLG WM **86**, 1557 (zu § 13b aF), MüKo/Krafka 7, aA für analoge Anwendung von § 33 auf ausländische KapitalGes als einziger Komplementär einer deutschen KG BayObLG **86**, 72, aber damit ist Prüfung der KfmEigenschaft verbunden (europarechtswidrig, § 13d Rn 1, Einl 29 vor § 105). Für AG, KGaA, GmbH, eG, VVaG gelten die Vorschriften der einschlägigen Gesetze. Bsp: Hamburger Sparkassen, als

§ 34 1, 2

Stiftungen iSv §§ 80 ff BGB angesehen, verschmolzen entspr §§ 339 ff aF AktG, Droese MDR **73**, 25.

2) Einzelheiten zu § 33

2 § 33 II, IV idF ERJuKoG 2001, III idF EHUG 2006 (Beifügung einer öffentlich beglaubigten Abschrift der Satzung für das Gericht der ZwNl nicht mehr nötig, Grund: HdlReg der HauptNl führt). Anmeldung der Errichtung durch sämtliche Vorstandsmitglieder (I), der Errichtung einer ZwNl (III, dazu § 13). Inhalt der Anmeldung und Eintragung s II, einschließlich der Vertretungsmacht, auch der normalen gesetzlichen, von Vorstandsmitgliedern (früher nur Abweichungen davon), sinnvoller Gleichlauf mit §§ 37 III, 39 I 2 AktG, §§ 8 IV, 10 I 2 GmbHG und wichtig für HdlPraxis und internationalen Verkehr. IV erstreckt Angabepflicht nach § 37a auf alle juristischen Personen iSv I (Lücke nach Aufhebung von § 36 aF). Form s § 12. Eintragung s II 2, 3, Vermerke zur juristischen Person bei der Eintragung s ua **(4)** HRV § 40 Nr 2, 3, 5. Wirkung der Eintragungen s § 8 Rn 3–4, § 15. Im Geschäftsbetrieb eines eV tritt § 15 an die Stelle von §§ 68, 70 BGB. Prüfungspflicht des Registergerichts s § 29 Rn 3, § 8 Rn 7 ff. **Übergangsrecht** zu § 33 II in **(1)** EGHGB Art. 52.

[Anmeldung und Eintragung von Änderungen]

34 (1) Jede Änderung der nach § 33 Abs. 2 Satz 2 und 3 einzutragenden Tatsachen oder der Satzung, die Auflösung der juristischen Person, falls sie nicht die Folge der Eröffnung des Insolvenzverfahrens ist, sowie die Personen der Liquidatoren, ihre Vertretungsmacht, jeder Wechsel der Liquidatoren und jede Änderung ihrer Vertretungsmacht sind zur Eintragung in das Handelsregister anzumelden.

(2) Bei der Eintragung einer Änderung der Satzung genügt, soweit nicht die Änderung die in § 33 Abs. 2 Satz 2 und 3 bezeichneten Angaben betrifft, die Bezugnahme auf die bei dem Gericht eingereichten Urkunden über die Änderung.

(3) Die Anmeldung hat durch den Vorstand oder, sofern die Eintragung erst nach der Anmeldung der ersten Liquidatoren geschehen soll, durch die Liquidatoren zu erfolgen.

(4) Die Eintragung gerichtlich bestellter Vorstandsmitglieder oder Liquidatoren geschieht von Amts wegen.

(5) Im Falle des Insolvenzverfahrens finden die Vorschriften des § 32 Anwendung.

1) Inhalt

1 § 34 idF EGInsO 1994, HRefG 1998, ERJuKoG 2001 (**Übergangsrecht** in **(1)** EGHGB Art. 52). § 34 entspricht für juristische Personen iSv § 33 (dort Rn 1) dem § 31.

2) Einzutragende Tatsachen (I, II)

2 Anzumelden sind gewisse Änderungen (I, II nF berichtigend: § 33 II 2 und 3), ua Änderungen der Satzung (I, II); die Auflösung der juristischen Person (außer im Falle des Insolvenzverfahrens, V, dann gilt § 32); die Personen der Liquidatoren und ihre Vertretungsmacht (§ 33 Rn 3) nebst Änderungen; Erlöschen der Firma (vgl § 31 Rn 7), zB Einstellung des Gewerbebetriebs der fortbestehenden juristischen Person (§ 31 II 1), vgl KG JW **36**, 1542. Das Gericht prüft, vor allem bei Satzungsänderungen, auf Gesetzesverletzungen, Unklarheiten und Widersprüche, Hamm ZIP **11**, 230.

3. Abschnitt. Handelsfirma   1 § 37

3) Anmeldepflicht (III)

Anzumelden hat der Vorstand gemäß der satzungsmäßigen Vertretungsmacht (I), nach KG JW **37**, 890 bei sog gemischter Gesamtvertretung (vgl für OHG § 125 III) unter Mitwirkung eines Prokuristen; Liquidatoren s III. Der anmeldepflichtige Vorstand hat ein eigenes Beschwerderecht nach (3) FamFG § 59 I, Hamm ZIP **11**, 230 (Stadtsparkasse). **3**

4) Eintragungen von Amts wegen (IV, V)

Gerichtlich bestellte Liquidatoren s IV, Insolvenzverfahren s V iVm § 32. Für Erlöschen der Firma wird § 31 II 2 analog angewandt. **4**

35 *(aufgehoben)*

1) § 35 über Unterschriftszeichnung im Registerrecht aufgehoben durch EHUG 2006 (Grund s § 14 Rn 1). **1**

36 *(aufgehoben)*

§ 36 über **Unternehmen öffentlicher Körperschaften** aufgehoben durch HRefG 1998 (s § 33 Rn 2). **1**

[Unzulässiger Firmengebrauch]

37
(1) Wer eine nach den Vorschriften dieses Abschnitts ihm nicht zustehende Firma gebraucht, ist von dem Registergerichte zur Unterlassung des Gebrauchs der Firma durch Festsetzung von Ordnungsgeld anzuhalten.

(2) ¹Wer in seinen Rechten dadurch verletzt wird, daß ein anderer eine Firma unbefugt gebraucht, kann von diesem die Unterlassung des Gebrauchs der Firma verlangen. ²Ein nach sonstigen Vorschriften begründeter Anspruch auf Schadensersatz bleibt unberührt.

Übersicht

	Rn
1) Firmenmissbrauchsverfahren (I)	1–8
A. Normzweck und Reichweite	1
B. Anwendungsbereich	2
C. Unzulässiger Firmengebrauch	3
D. Firmenmissbrauchsverfahren	5
E. Verhältnis zum Löschungs- und zu anderen Verfahren	8
2) Unterlassungsklage (II)	9–14
A. Normzweck und Anwendungsbereich	9
B. Unzulässiger Firmengebrauch	10
C. In seinen Rechten verletzt	11
D. Unterlassungsverfahren	13
E. Schadensersatzansprüche (II 2)	14

1) Firmenmissbrauchsverfahren (I)

A. Normzweck und Reichweite: a) Normzweck: § 37 dient dem öffentlichen Interesse an der Einhaltung des Firmenrechts im Geschäftsverkehr. I gibt **1**

§ 37 2–4   1. Buch. Handelsstand

dazu dem Registergericht das Firmenmissbrauchsverfahren an die Hand. Es sorgt von Amts wegen für Unterlassung eines unzulässigen Firmengebrauchs. II nimmt zur Durchsetzung derselben öffentlichrechtlichen Interessen die Privaten in Dienst, die durch den unzulässigen Firmengebrauch in ihren Rechten verletzt sind, und gibt ihnen dazu die firmenrechtliche Unterlassungsklage, BGH **53**, 70, WM **93**, 1251. Neben dem firmenrechtlichen Schutz des § 37 I, II stehen selbstständig und jedenfalls gegenüber II praktisch wichtiger Ansprüche aus Namens-, Marken- und Wettbewerbsrecht (s Rn 4, § 17 Rn 33f).

2   B. **Anwendungsbereich:** I ist anwendbar gegen falsch firmierende **Kaufleute** und gegen **Nichtkaufleute,** die zu Unrecht (wie Kflte) eine Firma führen oder eine andere Bezeichnung irreführend (§ 17 Rn 15) wie eine Firma, BayObLG BB **60**, 996, Ffm BB **75**, 248, Ffm DB **81**, 153; zur früheren Rspr ist aber zu beachten, dass es kein allgemeines Verbot firmenähnlicher Geschäftsbezeichnungen (mehr) gibt (§ 17 Rn 14f). Anwendung auch auf Freiberuflersozietätsbezeichnung, wenn firmenrechtliche Vorschriften verletzt sind, BayObLG NJW **99**, 297, aA Canaris § 11 Rn 50, und allgemeiner auf (gewerblich tätige) NichtKflte bei solcher Verletzung, zB Verstoß gegen § 19 I sowie § 18 II, letzteres str, wie hier hL, R. Schmitt HRefG S 225ff, aA MüKo/Krebs 7 (s auch § 17 Rn 15). Verneint für GbR, die sich „Regionales Rechenzentrum X" nennt, str, Karlsr, Wessel BB **78**, 519, 1084. „Fahrschule Münster Inhaber KM" (nicht kfm): nicht firmenähnlich, Hamm MDR **68**, 50.

3   C. **Unzulässiger Firmengebrauch: a) Gebrauch:** Gebrauch einer Firma ist jede Handlung mit unmittelbarem Bezug auf den Geschäftsbetrieb, die nach der Verkehrsauffassung als Gebrauch der verwendeten Bezeichnung als Firma zu verstehen ist, RG **55**, 123, BGH NJW **91**, 2024, Kln NZG **11**, 155. Das ist bereits das Herbeiführen oder Dulden ihrer Eintragung im HdlReg (§ 29 Rn 1), BayObLG DB **88**, 1487, insbesondere aber ihre Anwendung im Geschäftsverkehr als (vollständige)Bezeichnung des Unternehmens **(firmenmäßiger Gebrauch).** Bspe (vgl § 17 Rn 17–25): in Warenprospekt des Kfm für Einzelhändler zur Weitergabe auch an deren Kunden, BGH NJW **91**, 2023; auf Briefköpfen, Türschild, durch Briefunterzeichnung, Anmeldung zum Telefonbuch, KG JW **26**, 2930, Celle BB **71**, 1299, BayObLG BB **92**, 943, Hamm FGPrax **08**, 262; Adressbuch, in Zeitungsinseraten, BayObLG, Oldbg BB **60**, 996, **64**, 573; auf Flaschenetikett neben Wort „Import", Hbg BB **73**, 1456; auch nur im Schriftverkehr mit (eigenen) HdlVertretern, Celle OLGZ **72**, 221. Ebenso für firmenähnlich wirkende Bezeichnung einer einzelnen Betriebsstätte, Oldbg BB **64**, 573. Eine **Geschäftsbezeichnung** (§ 17 Rn 10ff) wird nach der Rspr „firmenähnlich" verwandt beim Abschluss von Rechtsgeschäften, **nicht** bei Benutzung nur in der **Werbung,** KG HRR **34**, 1539, BayObLG **60**, 350, Bambg DB **73**, 1989, Düss NJW-RR **96**, 938, str. Eine Geschäftsbezeichnung wird firmenrechtlich unzulässig verwandt, wenn des den unzutreffenden Eindruck erweckt, es handele sich bei der Bezeichnung um die (vollständige) Firmierung des Unternehmens, BGH NJW **91**, 2023. Dieser Eindruck wird nicht immer schon dadurch erweckt, dass zusätzlich zu der Bezeichnung die Adresse, die Telefon- oder Faxnummer, der Internetdomain und/oder die Emailadresse des Verwenders angegeben werden, Kln NZG **11**, 155.

4   **b) Unzulässigkeit:** Unzulässigkeit der Firmierung bestimmt sich nach §§ 17ff und allen sonstigen **firmenrechtlichen Bestimmungen** auch außerhalb des HGB, einerlei ob von Anfang unzulässig oder erst später unzulässig geworden (§ 18 Rn 18); Bsp „Beamten-Einkauf-eGmbH", die jetzt jedermann zum Kauf zulässt, Zweibr OLGZ **72**, 393. Praktisch wichtig ist insbesondere das Irreführungsverbot (§ 18 II 1, 2, s dort Rn 13, 19f) auch § 30; ausländische Firma s § 17 Rn 49. Verstoß gegen andere, **nicht** firmenrechtliche Vorschriften (**Namens-, Marken-, Wettbewerbsrecht,** § 17 Rn 33f) fällt nicht unter I (aber II,

3. Abschnitt. Handelsfirma 5–8 § 37

s Rn 10). Der Kfm muss die Firma firmenmäßig so führen, wie sie eingetragen ist (Firmenpflicht, § 17 Rn 19); **Firmenabkürzungen** (vgl § 17 Rn 11, 19) und **Firmenzusätze** (§ 18 Rn 8) sind, auch wenn sie eintragbar wären, unzulässig nach I, wenn sie im Verkehr als vollständige Firmenbezeichnung erscheinen, Düss DB **70**, 923, Hbg BB **73**, 1457, BayObLG BB **92**, 943; sonst nicht, Abkürzen der Firma (Firmenschlagworte) in Werbung, Haus- und Schaufensteraufschrift oä sind zulässig, Düss DB **70**, 923, Stgt BB **91**, 993, Düss NJW-RR **96**, 937, auch in Verlagsangabe auf Büchern, KG HRR **32**, 252. Unzulässiger Firmengebrauch des Einzelhändlers, der duldet, dass Großhändler ihn in seiner Werbung falsch bezeichnet, AG Elsfleth BB **68**, 310, fraglich. Es kommt nur objektiv auf Unzulässigkeit an, **nicht** auch auf **Verschulden** (s Rn 6, 7).

D. Firmenmissbrauchsverfahren: a) Verfahrensziel: Das Firmenmiss- 5 brauchsverfahren nach I iVm (3) FamFG §§ 392, 388 ff (zu unterscheiden vom Zwangsgeldverfahren nach (3) FamFG §§ 388 ff, BayObLG NJW **99**, 297, s § 14 Rn 3–5), zielt auf **Unterlassung** des Gebrauchs einer **bestimmten Firma**, die unzulässig ist, zB wegen Verwendung eines bestimmten Zusatzes (§ 18 Rn 8), vgl BGH **44**, 117, aber nicht nur auf Unterlassung dieses Zusatzes, der ja in anderer Zusammenstellung zulässig sein kann, sondern der Firma als Ganzem in ihrer konkreten Fassung, RG **132**, 311, MüKo/Krebs 36, aA von Gamm FS Stimpel **85**, 1013: auch Teillöschung möglich. Es zielt nicht auf Unterlassung einer bestimmten Gebrauchsweise, KG HRR **32**, 252; erst recht nicht (positiv) auf Führung einer bestimmten (zulässigen) Firma. Insoweit gilt dasselbe wie im Verfahren nach II (s Rn 13).

b) Einleitung von Amts wegen: Das Gericht handelt von Amts wegen, sei 6 es auch auf Anregung, ohne dass ein Verschulden notwendig ist (anders für Ordnungsgeld, s Rn 7). Das Gericht ist verpflichtet, gegen den Firmenmissbrauch einzuschreiten, hat dabei aber ein gebundenes Ermessen, BayObLG NJW-RR **89**, 867, Heymann/Emmerich 15, hL, anders MüKo/Krebs 34, Oetker/Schlinghoff 6. Es hat öffentliche und private Interessen abzuwägen und kann uU eine alte, besonders wertvolle Firma trotz Widerspruchs zum Firmenrecht bestehen lassen, KG NJW **65**, 254, Kln BB **77**, 1671 (verneint), BayObLG **86**, 150; uU vielleicht unter Bedingung bestimmter Führungsweise, Jansen NJW **66**, 1815. Das öffentliche Interesse kann aber Einschreiten gebieten, zB bei irreführender Benutzung von „Finanzierung" bei bloßer Darlehensvermittlung (§ 18 Rn 33), iErg anders Ffm AG **80**, 83 (Besitzstand). Die Ermessensentscheidung ist vom Rechtsbeschwerdegericht nur auf Ermessensfehler nachzuprüfen, Zweibr OLGZ **72**, 395, aA GroßKo/Hüffer 18. Kein Anspruch auf Einschreiten nach I, auch nicht des nach II in seinen Rechten Verletzten, RG **132**, 314, BGH **53**, 70; auch kein Schadensersatzanspruch Privater (§ 8 Rn 15).

c) Entscheidung: Das Gericht erlässt eine **Verbotsverfügung** unter Andro- 7 hung eines Ordnungsgelds und Fristsetzung (s (3) FamFG § 392 I Nr 1, 388). Die Androhungsverfügung muss die gesamte Bezeichnung in jeder zu beanstandenden Form enthalten, BayObLG NJW **99**, 297, sonst kein Ordnungsgeld; Anordnung der Unterlassung ab sofort, nicht erst ab später, die Fristsetzung gilt nur für Einspruchserhebung. Festsetzung eines **Ordnungsgelds** erst als zweiter Schritt (s (3) FamFG § 392 I Nr 2). Ordnungsgeld nur bei verschuldeter Zuwiderhandlung, Handeln von Angestellten ohne Wissen und Wollen des Firmeninhabers genügt nicht, Ffm BB **80**, 960.

E. Verhältnis zum Löschungs- und zu anderen Verfahren: a) Lö- 8 **schungsverfahren:** Ist die unzulässige Firma im HdlReg eingetragen, kann das Gericht von Amts wegen entweder nach I iVm (3) FamFG § 392 im Firmenmissbrauchsverfahren oder nach (3) FamFG §§ 395, 399 im Löschungsverfahren (§ 8 Rn 12–15) vorgehen, BayObLG BB **89**, 727. Das Gericht entscheidet dabei

§ 37 9–12   1. Buch. Handelsstand

nach pflichtgemäßem Ermessen. Das Löschungsverfahren kommt aber idR erst in Betracht, wenn das mildere, nur den konkreten Gebrauch untersagende Verfahren nach I ohne Erfolg bleibt, str. Bei Erlöschen der Firma gilt § 31 II.

b) Eintragungsverfahren: Auch das Eintragungsverfahren nach § 29 und das Firmenmissbrauchsverfahren nach I stehen nebeneinander, weil bereits Anmeldung Gebrauch iSv I ist (s Rn 3). Auch hier entscheidet das Gericht nach pflichtgemäßem Ermessen, str (§ 29 Rn 4).

c) Unterlassungsklage nach II: I und II sind unabhängig voneinander möglich (Amtsverfahren und private Klage).

2) Unterlassungsklage (II)

9   A. **Normzweck und Anwendungsbereich: a) Normzweck:** Wer durch unzulässigen Firmengebrauch in seinen Rechten verletzt wird, kann von dem Gebrauchmachenden Unterlassung des Gebrauchs fordern **(II 1).** Zum Normzweck auch von II s schon Rn 1 II schützt (auch) die Interessen Dritter und der Allgemeinheit, BGH WM **93**, 1251.

b) Anwendungsbereich: II ist wie I anwendbar gegen falsch firmierende **Kaufleute** und gegen **Nichtkaufleute,** die zu Unrecht (wie Kflte) eine Firma führen oder eine andere Bezeichnung irreführend (§ 17 Rn 15) wie eine Firma, str (s Rn 2).

10   B. **Unzulässiger Firmengebrauch: a) Gebrauch:** Wie unter I (s Rn 3).

b) Unzulässigkeit: Wie unter I (s Rn 4), aber beim Irreführungsverbot greift unter II nicht § 18 II 2, der nur im Registerverfahren gilt (§ 18 Rn 19). Der Gebrauch kann unzulässig sein nach Firmenrecht (§§ 18, 19, 21–24, 30, §§ 4, 279 AktG, § 4 GmbHG, § 3 GenG ua); nicht auch wegen Verletzung des Namens-, Marken- oder sonstigen Kennzeichnungsrechts eines anderen (§ 12 BGB, §§ 14, 15 MarkenG ua) oder wegen unlauteren Wettbewerbs (§§ 3, 4, 5 UWG), Rö/Ries 29, Oetker/Schlinghoff 11, str. Firmenrechtliche An sprüche nach § 37 II und wettbewerbsrechtliche Ansprüche stehen dann nebeneinander (§ 17 Rn 10 ff, § 18 Rn 13f). Auch firmenmäßiger Gebrauch einer anderen Bezeichnung als der eigenen eingetragenen Firma ist unzulässig iSv II, Hbg BB **73**, 1457. Lit: von Gamm FS Stimpel **85**, 1007.

11   C. **In seinen Rechten verletzt: a) Unterlassungsanspruch:** In seinen Rechten verletzt ist nicht nur (so noch RG **114**, 99, **132**, 316) der Inhaber eines verletzten absoluten Rechts (insbesondere Kennzeichnungs-)Rechts, zB Namens-, Firmen-, Marken-, Patentrecht, Recht am eingerichteten und ausgeübten Gewerbebetrieb; sondern jeder in einem unmittelbaren rechtlichen Interesse wirtschaftlicher Art Verletzte, zB Wettbewerber, BGH **53**, 70, WM **79**, 923, NJW **91**, 2023; bei Firmenfortführung ohne Einwilligung nach §§ 22 I, 24 II auch nicht gleichnamige Erben, Hamm ZIP **83**, 1202; nicht ein Konkurrent Gfter eines Konkurrenzunternehmens, BGH BB **72**, 982. Nur in einem Teil dieser Fälle hat II selbständige Bedeutung; Unterlassungsanspruch zB auch aus § 12 BGB, §§ 14, 15, 128, 135 MarkenG, §§ 3, 4, 5 UWG ua (§ 17 Rn 33f). Klagebefugnis von Vereinen zur Bekämpfung unlauteren Wettbewerbs nach § 8 III UWG wird verneint (auf Ansprüche aus UWG beschränkt), BGH NJW **97**, 2819 (zu § 13 II Nr 2 aF UWG), aA bisher hL, GroßKo/Hüffer 30.

12   **b) Einwendungen:** Möglich sind unter II Einwendungen, die nur in der Person des Klägers begründet sind (anders als nach I), zB Gestattung des Firmengebrauchs. Auch **Verwirkung** des (persönlichen) Anspruchs auf Unterlassung aus II ist möglich (§ 17 Rn 36), RG **167**, 190, GroßKo/Hüffer 33, MüKo/Krebs 51, zB bei geringer Irreführungsgefahr gegenüber besonders wertvollem Besitzstand, BGH WM **77**, 26 (60 jährige „Ostfriesische TeeGes" in Hamburg). Wegen des Schutzes öffentlicher Interessen (wie bei § 5 UWG) gegen Verwirkung sehr

zurückhaltend von Gamm FS Stimpel **85**, 1013, offen BGH WM **93**, 1251. Von der Verwirkung ist die Erwirkung zu unterscheiden, die nur in sehr viel engeren Grenzen möglich ist (§ 17 Rn 37).

D. Unterlassungsverfahren: Verurteilung zur **Unterlassung** in II ebenso 13 wie in I nur gegen die gesamte Firma, nicht nur beschränkt auf Teile (s Rn 5). Ist die Firma bereits eingetragen, auch Anspruch auf **Beseitigung** der Verletzung und Verurteilung zur **Löschung** (dann uU auch nur Zusatz, nicht unbedingt ganze Firma, § 18 Rn 8). Der Unterlassungsanspruch kann sich also zu einem Löschungsanspruch steigern, Hamm NJW-RR **05**, 767, Mü ZIP **13**, 1324, von Gamm FS Stimpel **85**, 1012, krit MüKo/Krebs 54. Verurteilung zur Unterlassung der Benutzung im „geschäftlichen Verkehr" verpflichtet zur Herbeiführung (mit zumutbarer Eile) der Löschung im HdlReg, Ffm BB **77**, 767. Vollstreckung bei Verurteilung zur Unterlassung nach § 890 ZPO, Hamm BB **58**, 318, bei Verurteilung zur Anmeldung der Löschung nach § 894 ZPO; mit Rechtskraft gilt die Löschungsanmeldung nach § 894 ZPO als abgegeben, Kläger kann dazu Urteilsausfertigung vorlegen, Mü ZIP **13**, 1324.

E. Schadensersatzansprüche (II 2): Unberührt bleiben selbstverständlich 14 Ansprüche auf **Schadensersatz** aus anderen Vorschriften **(II 2)**, zB aus §§ 823 I, II, 826 BGB, §§ 3, 9 UWG, §§ 14, 15, 128, 135 MarkenG (§ 17 Rn 33f). Sonstige, nicht firmenrechtliche Ansprüche s Rn 4, § 17 Rn 33f.

[Angaben auf Geschäftsbriefen]

37a (1) **Auf allen Geschäftsbriefen des Kaufmanns gleichviel welcher Form, die an einen bestimmten Empfänger gerichtet werden, müssen seine Firma, die Bezeichnung nach § 19 Abs. 1 Nr. 1, der Ort seiner Handelsniederlassung, das Registergericht und die Nummer, unter der die Firma in das Handelsregister eingetragen ist, angegeben werden.**

(2) **Der Angaben nach Absatz 1 bedarf es nicht bei Mitteilungen oder Berichten, die im Rahmen einer bestehenden Geschäftsverbindung ergehen und für die üblicherweise Vordrucke verwendet werden, in denen lediglich die im Einzelfall erforderlichen besonderen Angaben eingefügt zu werden brauchen.**

(3) ¹**Bestellscheine gelten als Geschäftsbriefe im Sinne des Absatzes 1.** ²**Absatz 2 ist auf sie nicht anzuwenden.**

(4) ¹**Wer seiner Pflicht nach Absatz 1 nicht nachkommt, ist hierzu von dem Registergericht durch Festsetzung von Zwangsgeld anzuhalten.** ²**§ 14 Satz 2 gilt entsprechend.**

Übersicht

	Rn
1) Normzweck, Anwendungsbereich	1–2
A. Normzweck	1
B. Anwendungsbereich	2
2) Pflichtangaben auf Geschäftsbriefen (I)	3–4
A. Pflichtangaben	3
B. Geschäftsbriefe	4
3) Keine Pflichtangaben auf Vordrucken (II)	5
4) Pflichtangaben auf Bestellscheinen (I, III)	6
5) Rechtsfolgen bei Verstoß	7–8
A. Zwangsgeld (IV)	7
B. Zivilrechtliche Folgen	8
6) Europäisches Recht, internationaler Verkehr	9

§ 37a 1–4

1) Normzweck, Anwendungsbereich

1 A. **Normzweck:** § 37a neu durch HRefG 1998, I idF EHUG 2006 (Geschäftsbriefe „gleich welcher Form"). Er ist §§ 125a, 177a, § 35a GmbHG, § 80 AktG, § 25a GenG teilweise nachgebildet und als Ausgleich zur Firmenrechtsvereinfachung (Zulässigkeit von Sach- und Phantasiefirmen, vgl § 19 I nF) gedacht. Geschützt ist die Sicherheit des Geschäftsverkehrs (RegE), dieser soll allgemeine Grundinformationen über den Kfm und sein HdlGeschäft erhalten. § 37a ist entsprechend seinem Normzweck weit auszulegen und **zwingend**. Übergangsvorschrift (1) EGHGB Art 39. Lit: Vgl zu § 125a Rn 1.

2 B. **Anwendungsbereich:** § 37a erfasst nur Geschäftsbriefe von Kflten, nicht von Kleingewerbetreibenden und Freiberuflern, außer wenn sie unter §§ 1 ff fallen. Nach dem Normzweck gilt § 37a für alle Kflte ohne Unterschied, ob sie eingetragen sind oder nicht (s Rn 3) und ob es um einen Geschäftsverkehr im Inland oder mit dem Ausland geht; auch für inländische ZwNl eines ausländischen Kfm (Grundgedanke von § 13d, dort Rn 2; vgl § 125a Rn 2). Verbliebene Lücken schließt § 33 IV (§ 33 Rn 3). § 37a ist Grund- und Auffangnorm, aA MüKo/Krebs 4: nur Gesamtanalogie, str, Spezialvorschrift für OHG (KG) ist § 125a (iVm § 177a), wegen Einheitlichkeit des Firmenrechts nach HRefG einheitliche Auslegung (§ 125a Rn 1).

2) Pflichtangaben auf Geschäftsbriefen (I)

3 A. **Pflichtangaben:** Auf allen Geschäftsbriefen des Kfm (gleich welcher Form, s Rn 4) sind anzugeben: die Firma (§ 17 I), die Bezeichnung nach § 19 I Nr 1 (Zusatz über KfmEigenschaft), der Ort seiner HdlNiederlassung (HauptNl, § 29 Rn 5), das Registergericht und die Nummer, unter der die Firma in das HdlReg eingetragen ist. Es genügt, wenn sich der Zusatz über die KfmEigenschaft bereits aus der Firma ergibt, zB e. K.; dass die in § 19 I Nr 1 nF benutzten Abkürzungen noch nicht allgemein bekannt sind, schadet nach dem klaren Wortlaut nicht, MüKo/Krebs 6 (vorsichtiger RegE ZIP **97**, 952 unter Hinweis auf hL zu § 4 AktG, aber jetzt Hüffer § 4 AktG Rn 17: „AG"). Auch der nicht eingetragene Kfm kann Firma führen und muss deshalb entsprechende Angaben machen, also Firma, Zusatz über KfmEigenschaft entspr § 19 I Nr 1, auch schon vor Eintragung, str (§ 19 Rn 4). **Nicht:** Familien- und Vornamen des Kfm, also Inhaberangabe (anders noch RefE und für Geschäftsführer und Vorstände von KapitalGes, zB § 35a I 1 GmbHG; auch § 15b GewO).

4 B. **Geschäftsbriefe: a) Geschäftsbriefe gleich welcher Form** sind erfasst (ausdrücklich EHUG 2006). Die PublizitätsRi (§ 8 Rn 2a) gilt zwar nur für KapitalGes, aber Geschäftsverkehr erfordert einheitliche Regelung für alle Kflte. Geschäftsbriefe umfasst alle (nicht mündlichen) Mitteilungen des Kfm über geschäftliche Angelegenheiten nach außen. Dazu gehören alle HdlBriefe (§ 238 II), aber Geschäftsbrief ist gegenüber HdlBrief (§ 257 II: nur Schriftstück, das ein HdlGeschäft betrifft) der weitere Begriff. Geschäftsbriefe sind ohne Rücksicht auf die äußere Form auch Postkarten, Telebriefe, Faxe, Telegramme, btx, e-mail, Internetseite, auch Fernschreiben, vor EHUG str, da kein Original übermittelt werde. Geschäftsbriefe sind nach außen gerichtet, also an Geschäftspartner, auch andere Konzernunternehmen, Behörden, eigene Mitarbeiter, soweit als Vertragspartner betroffen (zB Einstellung, Kündigung, str, auch Drittbeziehung). Geschäftsbriefe setzen keine bestehende Geschäftsverbindung voraus (anders II, s Rn 5), umfassen also auch solche Mitteilungen, die von vornherein nur auf einen einmaligen Kontakt abzielen. **Nicht:** Mündliche oder telefonische Mitteilungen, Mitteilungen innerhalb des HdlGeschäfts bzw eigenen Unternehmens des Kfm selbst, zB Weisungen des Kfm (§ 59 Rn 44), Information für bestimmte Mitarbeiter, betriebliche Rundschreiben, Beanstandungen ua; Schriftverkehr unter den betriebsverfassungsrechtlichen Organen, str.

b) Die Geschäftsbriefe müssen **an einen bestimmten Empfänger** gerichtet sein, also nicht solche an eine größere, unbestimmte Vielzahl von Empfängern. Bspe: Offerte und Annahme, Auftragsbestätigung, Bestätigungsschreiben, Mängelrügen, Rücktritt und Minderung, auch Bestellscheine (III, s Rn 6), Quittungen, Kündigung an Arbeitnehmer; auch Rechnungen, Mahnungen, str; vom Kfm ausgestellte Wertpapiere, zB Wechsel, Scheck, Konnossement, LG Detmold WM **90**, 1872 für Postscheck (zu § 35a GmbH), aA Baumb/Hueck/Zöllner 7. Auch vervielfältigte und sogar formularmäßige Schreiben wie Preislisten, Angebote, Auftragsbestätigungen, Rechnungen, Mahnungen ua sind Geschäftsbriefe, sofern sie an bestimmten Empfänger gerichtet sind, str; die Art des Versands an den bestimmten Empfänger ist nicht entscheidend, Lutter DB **80**, 1325. **Nicht:** zB allgemeine Angebote, Kataloge, Rundschreiben an die Kunden, Werbeschreiben, dementsprechende Postwurfsendungen, Zeitungsanzeigen.

3) Keine Pflichtangaben auf Vordrucken (II)

Bei Mitteilungen oder Berichten sind die **Angaben nach I** unter zwei Voraussetzungen **entbehrlich:**

a) Sie müssen im Rahmen einer bestehenden **Geschäftsverbindung** (Einl 3 vor § 343) ergehen; entscheidend dafür ist, ob die Angaben nach I schon vorher einmal gemacht worden sind; einerlei ob das schon lange her ist, str. Stellt Vordruck die Geschäftsverbindung erst her, greift I.

b) Für sie müssen üblicherweise **Vordrucke** verwendet werden, in denen nur die im Einzelfall erforderlichen besonderen Angaben eingefügt zu werden brauchen. Vordrucke müssen in dem Geschäftszweig üblich sein und auch im konkreten Fall von dem Kfm verwendet werden, sonst bleibt es bei I. Bspe: Versandanzeigen oder sonstige Benachrichtigungen, Lieferscheine, Kontoauszüge, Gutschriften. **Nicht:** Bestellscheine (III, s Rn 6).

4) Pflichtangaben auf Bestellscheinen (I, III)

Bestellscheine gelten als Geschäftsbriefe iSv I, nicht als Vordrucke iSv II (III). Die Erleichterungen nach II gelten für sie also nicht.

5) Rechtsfolgen bei Verstoß

A. **Zwangsgeld (IV):** Wenn der Kfm seiner Pflicht nach I (ganz oder teilweise) nicht nachkommt, ist er vom Registergericht durch Zwangsgeld dazu anzuhalten (IV 1; § 14 Satz 2, (3) FamFG §§ 388f).

B. **Zivilrechtliche Folgen:** IV besagt selbst nichts über mögliche zivilrechtliche Rechtsfolgen. § 37a ist Ordnungs-, nicht Formvorschrift, Verstoß hat keine Nichtigkeit zur Folge. Ob § 37a ein Schutzgesetz iS v § 823 II BGB ist, ist str, so hL zu § 125a (s dort Rn 11) und § 35a GmbHG, Baumb/Hueck/Zöllner 10, LG Detmold WM **90**, 1872, verneinend MüKo/Krebs 12. Zivilrechtliche Ansprüche wegen Irreführung können aber aus allgemeinen Vorschriften unter deren Voraussetzungen folgen. Bspe: Anfechtung nach § 119 II BGB, str, Verschulden bei Vertragsverhandlungen nach §§ 280, 311 II BGB, §§ 3, 9 UWG, iErg abl LG Bln WM **91**, 1615, § 826 BGB, auch Rechtsscheinhaftung, zB Rechtsschein mangelnder KfmEigenschaft nach § 15 II.

6) Europäisches Recht, internationaler Verkehr

Die Anforderungen des § 37a (bzw der Spezialnormen, s Rn 1) gelten grundsätzlich auch im europäischen und internationalen Verkehr. Sie gelten entsprechend, wenn eine ausländische Ges mit Satzungssitz in der EU ihren Verwaltungssitz in das Inland verlegt (§ 13d Rn 1), aber das europäische Recht setzt bestimmte Grenzen (Einl 29 vor § 105), zB hinsichtlich der Firma und des Rechtsformzusatzes (§ 17 Rn 48, § 19 Rn 42), nach aA ist schon das Erfordernis

Einl v § 48 1 1. Buch. Handelsstand

der Firmenangabe durch die 11. EG-Ri nicht gedeckt, *Rehberg* in Eidenmüller, Ausl KapitalGes im dtsch Recht, 2004, § 5 Rn 94. Bei HdlGes tritt an die Stelle der HdlNiederlassung (s Rn 3) der Sitz (zB § 125a I 1, s Rn 1), bei AuslandsGes aus der EU ist das der Satzungssitz (§ 13d Rn 1), str. Bei AuslandsGes aus der EU ist das Erfordernis der Angabe der Geschäftsleiter (§ 125a I 2 iVm § 35a I 1 GmbHG, § 80 I 1 AktG) durch die 11. EG-Ri nicht gedeckt, *K. Schmidt* in Lutter, Europ AuslandsGes, 2005, S 44. Lit: s § 17 Rn 48.

Vierter Abschnitt. Handelsbücher

38–47b *(aufgehoben)*

Fünfter Abschnitt. Prokura und Handlungsvollmacht

Einleitung vor § 48: Anscheins- und Duldungsvollmacht, Handeln für Firma, Eigenhaftung des Vertreters

Schrifttum

Außer dem allgemeinen Schrifttum (s Einl vor § 1) *Fissenewert,* Der Prokurist, 3. Aufl 2013. – *Hofmann/Fladung/van Ghemen,* Der Prokurist, 8. Aufl 2007. – *Grooterhorst* 6. Aufl 2014. – *Brox* NJW **67**, 801 (Prokura und HdlVollmacht nach AktG). – *Stötter* BB **75**, 767 (Gesamtprokura uä). – *Walchshöfer* Rpfleger **75**, 381 (HdlReg). – *Beuthien* FS Fischer **79**, 1 (Miterbenprokura). – *K. Schmidt* BB **89**, 229 (GesLiquidation und -insolvenz). – *Beuthien/ Müller* DB **95**, 461 (gemischte Gesamtvertretung, unechte Gesamtprokura). – *Krebs* ZHR 159 **(95)** 635 (Prinzipien). **Muster:** *Hopt/Voigt,* Vertrags- und Formularbuch zum Hdl-, Ges- und Bankrecht, 4. Aufl 2013, Teil I.E (mit 4 Formularen).

Übersicht

	Rn
1) Vertretung im Handelsrecht, Vorschriften des BGB	1–4
A. Vertretung im Handelsrecht	1
B. Allgemeines Vertretungsrecht (§§ 164–181 BGB)	4
2) Duldungs- und Anscheinsvollmacht	5–7
A. Duldungsvollmacht	5
B. Anscheinsvollmacht	6
C. Körperschaften des öffentlichen Rechts	7
3) Handeln für die Firma	8
4) Eigenhaftung des Vertreters	9–12
A. Besonderes Verhandlungsvertrauen in den Vertreter (§ 311 III 2 BGB)	9
B. Nichtausreichen eines wirtschaftliches Eigeninteresses des Vertreters	11
C. Selbstständige Haftung	12
5) Internationaler Verkehr	13

1) Vertretung im Handelsrecht, Vorschriften des BGB

1 A. **Vertretung im Handelsrecht:** Der Inhaber eines HdlGeschäfts kann auf Grund hdlrechtlicher Vollmacht, anderer Vollmachten oder gesetzlicher Vertretungsmacht vertreten werden:

5. Abschnitt. Prokura und Handlungsvollmacht 2–5 Einl v § 48

a) Handelsrechtliche Vollmachten sind Prokura (§§ 49–53) und HdlVollmacht (§§ 54 ff), auch die Vertretungsmacht der Ladenangestellten (§ 56, s dort). Für sie gelten außer den speziellen Vorschriften im HGB (Abschn 5 und ua §§ 75g, 75h, 91, 91a, 116 III, 125 III) die §§ 164–181 BGB.

b) Der Inhaber kann beliebige **andere Vollmachten** (§§ 164 ff BGB) erteilen, 2 zB Einzelvollmacht zu bestimmten Rechtshandlungen oder **Generalvollmacht**. Letztere ist besonders bei großen Unternehmen verbreitet, reicht inhaltlich weiter (aber nicht wie die unübertragbare organschaftliche Vertretungsmacht), BGH **36**, 295, NJW **77**, 199, und steht im Ansehen höher als die Prokura. Rechtlich ist sie eine besonders weitreichende Form der Vollmacht nach §§ 164 ff BGB, nicht der HdlVollmacht nach §§ 54 ff (GeneralHdlVollmacht, s § 54 Rn 10). Auslegung, Mü ZIP **17**, 920. Umdeutung einer nichtigen Generalvollmacht in General- oder EinzelHdlVollmacht ist möglich (§ 140 BGB), Canaris § 13 Rn 17. Rechtsgeschäftlich eingeschränkte Generalvollmacht (Zulässigkeit str) ist jedenfalls als GeneralHdlVollmacht (§ 54 Rn 10) zulässig, BGH WM **08**, 2252. Nicht für höchstpersönliche Rechtsgeschäfte bzw Verfahrenserklärungen. Sie ist analog § 53 in das HdlReg einzutragen (§ 8 Rn 5), aA hL. Generalvollmacht kann jederzeit widerrufen werden, BGH NJW **88**, 2603, **11**, 67; Missbrauch einer Generalvollmacht, BGH NJW **11**, 67, BB **11**, 2625 LS. Lit: Spitzbarth BB **62**, 851, Hübner ZHR 143 **(79)** 1, Joussen WM **94**, 273, Schroeder/Oppermann JZ **07**, 176.

c) Gesetzliche Vertretung kommt bei einem nicht vollgeschäftsfähigen Kfm 3 oder Gfter zum Zuge (§ 1 Rn 32–35). **Amtstreuhänder** (Partei kraft Amtes mit Handeln im eigenen Namen, stRspr) oder gesetzliche Vertreter sind der Testamentsvollstrecker, Insolvenzverwalter und Nachlassverwalter (vgl § 1 Rn 40 ff, 47). **Organschaftliche** Vertreter sind diejenigen, durch die eine nicht natürliche Person handelt, zB Vorstand (AG, eG, Verein), Geschäftsführer (GmbH), Gfter (OHG), phG (KG), nicht zB Prokurist oder Generalbevollmächtigter. Die organschaftliche Vertretungsmacht kann als solche nicht übertragen werden (§ 125 Rn 6), BGH **36**, 255, NJW **77**, 199. Eine über die Prokura hinausgehende, „organähnliche" Stellung haben die Geschäftsleiter einer inländischen ZwNl einer ausländischen Bank nach § 53 II Nr 1 KWG, BayObLG NJW **73**, 2162, LG Ffm WM **79**, 957.

B. Allgemeines Vertretungsrecht (§§ 164–181 BGB): Die Vorschriften des 4 BGB über Vertretung und Vollmacht (§§ 164–181 BGB) sind auch für die Vertretung im HdlRecht grundlegend. Handeln unter fremdem Namen (eBay) analog Vollmachtsgrundsätzen, BGH NJW **11**, 2421. Postmortale Vollmacht Mü ZIP **15**, 1828, s **(7)** Bankgeschäfte Rn A/51.

2) Duldungs- und Anscheinsvollmacht

A. **Duldungsvollmacht:** Eine Duldungsvollmacht liegt vor, wenn der Ver- 5 tretene wissentlich zulässt (duldet), dass jemand für ihn wie ein Vertreter auftritt, und Dritte nach Treu und Glauben bei Anwendung der ihnen jeweils zuzumutenden Sorgfalt auf die Erteilung einer entspr Vollmacht schließen dürfen; stRspr, BGH WM **96**, 2232, NJW **02**, 2327, **04**, 2745, WM **04**, 1230, BGH NJW **11**, 2422, WM **12**, 1483. Dies kann ein rechtsgeschäftlicher Tatbestand entspr einer schlüssigen Erklärung der Vollmacht gegenüber dem Dritten (§ 167 I BGB) sein, BGH MDR **53**, 345, sonst nur echte Rechtsscheinvollmacht (wissentlich veranlasster Rechtsschein), BGH NJW **02**, 2327, Canaris § 14 Rn 13, zB bei nichtiger notarieller Vollmacht, BGH **102**, 60. Keine Duldungsvollmacht gegen §§ 171, 172 BGB, zB bei Vollmachtsurkunde (Original oder bei notariell beurkundeter Vollmacht Ausfertigung, nicht bloße Abschrift) ohne deren Vorlage an den Dritten (§ 172 BGB), BGH **159**, 294 (II ZS), NJW **04**, 2745 (XI ZS), WM **04**, 1230 (XI ZS). Auf den fehlenden Bevollmächtigungswillen kann sich

Einl v § 48 6–8   1. Buch. Handelsstand

der Vertretene wegen des Duldens nicht berufen. Bereits ein einziger Fall bewussten Duldens kann genügen, Ffm WM **06**, 2207. Gesamtvertretungswidriges Alleinauftreten des einen GmbHGfter bindet die GmbH auch bei genereller Duldung des anderen nicht (§ 46 Nr 5 GmbHG), BGH NJW **88**, 1199. Lit: Merkt AcP 204 **(04)** 638, Bornemann AcP 207 **(07)** 102 (Rechtsscheinsvollmacht im Innenverhältnis).

6   **B. Anscheinsvollmacht:** Eine Anscheinsvollmacht liegt vor, wenn der Vertretene das Handeln seines angeblichen Vertreters zwar nicht kennt, aber bei Anwendung pflichtgemäßer Sorgfalt hätte erkennen und verhindern können und wenn so für Dritte der Schein entsteht, der Vertretene dulde und billige das Verhalten des Scheinvertreters, stRspr, BGH NJW **07**, 987, **16**, 2024 Rn 61. Dies ist ein auf den Hdl- und Berufsverkehr beschränkter, reiner Rechtsscheintatbestand (§ 5 Rn 9–17). Anders als bei der Duldungsvollmacht begründet hier nur ein Verhalten von einiger Häufigkeit und Dauer einen zurechenbaren Rechtsschein, stRspr, BGH NJW **07**, 987 Rn 25, **11**, 2421 Rn 16, **16**, 2024 Rn 61, auch im Internetverkehr, BGH NJW **11**, 2422 m Anm Borges 2400; besonders bei laufenden Geschäftsverbindungen (Einl 3 vor § 343). Anscheinsvollmacht kann auch bei Handeln unter fremdem Namen vorliegen, dies auch bei Internetnutzung, BGH NJW **16**, 2024 Rn 64 (online-banking, **(7)** Bankgeschäfte Rn C/69). Zu dem verwandten Fall der Schein(Hdl-)Vollmacht durch Einräumung einer typischerweise mit Vollmacht verbundenen Stellung s § 54 Rn 3. Anscheinsvollmacht entfällt nicht schon bei Handeln außerhalb des Geschäftsbereichs des Vertretenen, BGH WM **86**, 1094, anders wenn ungewöhnlich. Vorausgesetzt ist jeweils, dass der Vertretene den Schein der Vollmacht hätte erkennen und verhindern können (§ 5 Rn 9–17). Der Vertretene muss dazu die zumutbaren Maßnahmen ergreifen, bloß interne Untersagung an Vertreter genügt nicht ohne Weiteres, BGH NJW **91**, 1225 (Ausscheiden aus Anwaltskanzlei). Fahrlässige Ermöglichung der Entwendung einer Vollmachtsurkunde genügt aber nicht (vgl § 172 BGB), BGH **65**, 13. Außerdem muss der Dritte gutgläubig (nicht fahrlässig) gewesen sein, BGH NJW **82**, 1513 (§ 5 Rn 12) und sich ursächlich auf den Schein verlassen haben (§ 5 Rn 13). Als Rechtsfolge gilt die Vollmacht als bestehend (kein Wahlrecht des Dritten), stRspr, üL, Wackerbarth ZGR **99**, 389 (§ 5 Rn 14–16); zutr jedenfalls im HdlRecht, Canaris Vertrauenshaftung 191 (aber Wahlrecht 520); im Hdl- und Berufsrecht Hopt AcP 183 **(83)** 695, iErg ähnlich (prozessuale Alternativität) K. Schmidt FS Gernhuber **93**, 435; aA Flume II § 49.4 (nur Verschulden bei Vertragsverhandlungen, keine Erfüllungshaftung), Peters AcP 179 **(79)** 214 (nur uU Genehmigungspflicht). Haftet der Vertretene effektiv aus Anscheinsvollmacht, entfällt § 179 BGB ohne Wahlrecht, BGH **86**, 275, Brschw **02**, 42, str, s auch § 54 Rn 19. **IPR:** BGH WM **12**, 1634.

7   **C. Körperschaften des öffentlichen Rechts:** Die Grundsätze der Duldungs- und Anscheinsvollmacht gelten auch für Körperschaften des öffentlichen Rechts, BGH **40**, 204, NJW **55**, 985; nicht jedoch, soweit dadurch öffentlich-rechtliche Zuständigkeits-, Genehmigungs- oder Formvorschriften ausgeschaltet würden, BGH **5**, 213, NJW **72**, 941. Scheidet danach Rechtsscheinvollmacht aus, bleibt uU Verschulden bei Vertragsverhandlungen, zB wegen mangelnder Klarstellung der Befugnisse eines Bankgeschäftsstellenleiters, BGH NJW **80**, 2410. Lit: Bienert 1975, Bader 1979.

3) Handeln für die Firma

8   Handeln für die Firma (Unternehmen) hängt nicht von der Art der Zeichnung ab (§ 17 Rn 20), rechtlich entscheidend ist nur, dass das Handeln für die Firma klar wird. Regelt der GesVertrag die Zeichnung, berührt das nicht die Vertretungsmacht nach außen. Handeln für die Firma verpflichtet den Firmeninhaber

5. Abschnitt. Prokura und Handlungsvollmacht 9, 10 Einl v § 48

(Unternehmer), nicht den Vertreter. Das ist keine Einschränkung des § 164 II BGB, sondern folgt schon aus § 164 I 2 BGB. Voraussetzung ist aber, dass es sich aus objektiver Empfängersicht um ein unternehmensbezogenes Geschäft handelt, dabei greift § 164 II BGB, BGH NJW-RR 06, 109. Wenn bei einem erkennbar unternehmensbezogenen Geschäft unklar bleibt, ob der Erklärende nur Vertreter oder selbst Betriebsinhaber ist, kommt das Geschäft doch mit dem wirklichen Inhaber zustande (Auslegungs-, nicht Beweisregel), BGH 62, 221, 64, 11, NJW 90, 2678, 92, 1381 (iErg abl), 95, 43, 98, 2897, 08, 1214, 12, 3368. Das gilt auch, wenn der frühere Inhaber nach Geschäftsübertragung an seine Ehefrau in dem unter der alten Firma weitergeführten Geschäft Verträge abschließt; für eine Rechtsscheinhaftung des Vertreters ist dann kein Raum, BGH NJW 83, 1844. Rechtsscheinhaftung des Vertreters aber dann, wenn dieser GmbH-Firmenzusatz weglässt, BGH NJW 90, 2678. Bei strenger förmlicher schriftlicher Verpflichtung ist die Vertretung im Schriftstück, zB Wechsel, zu zeigen (Zusatz nach § 51 oder zB Beisetzung des Firmenstempels zum eigenen Namen ohne solchen Zusatz, vgl § 17 Rn 20), sonst haftet er; dies gilt nicht gegenüber dem ersten Wechselnehmer, der den Mangel des Selbstverpflichtungswillens des Vertreters kennt, BGH WM 81, 375. HdlRegEintragungen sind für Auslegung nur bei besonderem Anhaltspunkt in der Wechselurkunde bedeutsam, BGH NJW 79, 2141 (für GmbH-Geschäftsführer); fremde Kontonummer auf Scheck genügt nicht als Hinweis auf Handeln in fremdem Namen, vgl BGH 65, 218, Ffm DB 81, 2068; aA bei besonderen Umständen Ffm BB 81, 519. Bei mehreren Geschäftsbetrieben ist zunächst abzugrenzen, für welchen der Vertreter auftritt, vgl BGH WM 78, 1151.

4) Eigenhaftung des Vertreters

A. **Besonderes Verhandlungsvertrauen in den Vertreter (§ 311 III 2 9 BGB):** Eigenhaftung des Vertreters (Abschlussvertreter, aber auch bloßer Vermittler) kann über § 179 I BGB hinaus auch aus Verschulden bei Vertragsverhandlungen (§§ 280, 311 II, III BGB) folgen. Das wurde von Rspr und Lehre begründet und ist durch das SMG ohne inhaltliche Änderung in § 311 III 2, § 241 II BGB kodifiziert. Eigenhaftung des Vertreters ist möglich, wenn dieser in besonderem Maße Vertrauen für sich in Anspruch nimmt und dadurch die Vertragsverhandlungen oder den Vertragsschluss erheblich beeinflusst (§ 311 III 2 BGB). Das ist der Fall bei Inanspruchnahme eines besonderen Vertrauens des Kunden in die Fachkenntnisse des Vertreters (**besonderes Verhandlungsvertrauen, Gewährübernahme des Sachwalters**); BGH 56, 81 (Baufinanzmakler), 63, 382, 79, 281, 87, 304, 88, 68, 126, 183, 170, 73 (Gebrauchtwagenhändler), NJW 83, 218 (Gebrauchtwagenhändler), 90, 1907 (Unternehmenssanierer); 97, 1233, NJW-RR 06, 993 (Verhandlungsführer); VersAgent, Celle VersR 09, 1205, VersMakler, Düss NJW-RR 98, 395, Rechtsanwalt/Steuerberater, Kblz WM 12, 316, vgl BGH 94, 359, Generalkonsul, der für ausländischen Staat auftritt, Hbg MDR 67, 491. Es handelt sich dabei idR um Erklärungen im Vorfeld einer Garantiezusage, BGH NJW 93, 2933. In besonderen Fällen kann selbstständige Garantie (§ 349 Rn 15) vorliegen, BGH ZIP 01, 1496 (Versicherung, Lieferant werde auf jeden Fall „sein Geld bekommen"). Die Rspr ist besonders streng bei der Eigenhaftung von Gebrauchtwagenhändlern. Eine **eigene Fallgruppe** stellt die **Prospekthaftung** der Gründer und anderer berufsmäßiger Sachkenner wie Rechtsanwälte und Wirtschaftsprüfer einer Publikums-Ges dar (Anh § 177a Rn 63). Stillschweigend abgeschlossener **Auskunftsvertrag** s § 347 Rn 19, 20.

Nicht (ohne Weiteres) haften: der Alleinvertriebsberechtigte ausländischer 10 Aktien, die er nicht selbst vertreibt, BGH WM 85, 1521; der zu Vertragsverhandlungen hinzugezogene Rechtsanwalt, BGH NJW 89, 293, WM 90, 1554; der Anlageberater, der auf seine ohnehin zu erwartende Sachkunde hinweist, BGH

Einl v § 48 11–13

NJW **90**, 506; der bei Vertragsverhandlungen als Wortführer Auftretende, BGH WM **93**, 295; die mit Vermarktung und Vermittlung betraute 100%ige TochterGes trotz Abschlussgewinn und Herausstellen der eigenen Kompetenz, Düss WM **17**, 532; **GmbH-Geschäftsführer**, BGH NJW **90**, 389, **95**, 1544, Hamm BB **99**, 1679, Stgt ZIP **16**, 2066 (s auch Anh § 177a Rn 44), aber er haftet für Delikt der von ihm vertretenen GmbH bei positiver Beteiligung oder Garantenstellung, BGH NJW **16**, 2335 Rn 36, 2338 Rn 34 (Urheberrechtsverletzung). Auch wer bereits gegen **Insolvenzantragspflicht** (§ 15a InsO) verstößt und trotzdem neue Geschäfte abschließt, haftet nicht schon deswegen persönlich, BGH **126**, 189 (aber s § 130a Rn 11), aA zu weitgehend für ein „Insolvenzvertrauen" K. Schmidt ZIP **88**, 1503. Selbst aktive Täuschung begründet noch kein besonderes Verhandlungsvertrauen, BGH NJW-RR **91**, 1314, Hamm BB **99**, 1679. **Angestellte** eines HdlGeschäfts haften in aller Regel nicht persönlich, denn vom Geschäftspartner wird allgemein Einsatz sachkundiger Vertreter erwartet und das bloße Berufs- oder Provisionsinteresse des Angestellten am Abschluss genügt nicht, BGH **88**, 67, Hamm BB **99**, 1680; **Handelsvertreter** s § 84 Rn 49–52, VersAgent BGH NJW-RR **91**, 1242, Bezirksleiter einer Lottogesellschaft, Celle NJW-RR **86**, 833; Stimmrechtsvertreter, BGH **129**, 170 (Girmes); auch wenn im Prospekt als ehemaliger Banker bezeichnet, BGH NJW-RR **06**, 109.

11   B. **Nichtausreichen eines wirtschaftliches Eigeninteresses des Vertreters:** Ein unmittelbares wirtschaftliches Eigeninteresse des (die Verhandlung maßgeblich beeinflussenden) Vertreters genügt dagegen nicht, heute hL, Medicus FS Steindorff **90**, 733 und aktien- und GmbH-rechtliche Kommentarliteratur, zB GroßKoAktG/Hopt/Roth § 93 Rn 654 (2015), aA frühere Rspr, inzwischen aber deutlich einschränkend, zB BGH WM **85**, 385, **88**, 1888: nur starkes, mit dem des Vertragspartners vergleichbares Interesse („Verhandeln gleichsam in eigener Sache"), Düss WM **17**, 532, ganz abrückend für GmbHGeschäftsführer BGHZ **126**, 184, NJW **95**, 399, Zweibr NZG **02**, 423. § 311 III 2 BGB schließt das zwar nicht ausdrücklich aus („insbesondere"), aber die Aufnahme dieser Fallgruppe durch den Gesetzgeber hätte angesichts der Rechtsprechung sonst nahe gelegen. Keinesfalls, da nur mittelbar, genügt bloßes Provisionsinteresse, BGH NJW **90**, 506, NJW-RR **06**, 109; auch nicht maßgebliche oder sogar Alleinbeteiligung am Unternehmen (Anh § 177a Rn 44) oder Stellung von Sicherheiten aus dem eigenen Vermögen des Vertreters, BGH **126**, 181, ZIP **93**, 763, aA frühere Rspr. Damit wird die Fallgruppe des Eigeninteresses zur praktisch aufgegeben, geht in der ersten Fallgruppe auf und ist zu Recht durch das SMG in § 311 III BGB nicht eigens kodifiziert worden; Eigeninteresse kann nämlich Grund für das besondere Vertrauen des Kunden sein.

12   C. **Selbstständige Haftung:** Die Eigenhaftung des Vertreters ist in Grund und Umfang **unabhängig von** der Haftung der **Vertragspartei**, aA BGH **79**, 287, **87**, 305. Das folgt schon aus § 311 III 1 BGB, wonach ein (eigenes) Schuldverhältnis mit Pflichten nach § 241 II zu dem Dritten entsteht. Haftungsinhalt, -umfang, -verjährung s § 347 Rn 23–40. Vgl Vertrauens- und Berufshaftung § 347 Rn 22; Prospekthaftung Anh § 177a Rn 60. Deliktshaftung § 347 Rn 18.

5) Internationaler Verkehr

13   Die **Vollmacht** bestimmt sich im Interesse des Verkehrsschutzes nach dem Recht des Landes, in dem das Geschäft vorgenommen werden soll (Wirkungsstatut), Hauptgeschäft und Vollmacht sind also selbstständig anzuknüpfen, BGH **64**, 192, **128**, 49, NJW **82**, 2733, **90**, 3088, str; für begrenzte Zulassung einer Rechtswahl Reithmann/Martiny/Hausmann Rz 7.376. Die Vertretungsmacht von kfm **Vertretern mit eigener Niederlassung im Ausland** unterliegt dem Recht des Niederlassungsortes; so für unselbstständige Angestellte, aber auch für

5. Abschnitt. Prokura und Handlungsvollmacht 1, 2 § 48

HdlVertreter, BGH **43**, 26, Grund: Rechtssicherheit in Vertretungsfragen, Reithmann/Martiny/Hausmann Rz 7.389, vgl § 92c Rn 4, das gilt auch, wenn der Vertreter außerhalb des Landes der Niederlassung tätig wird, sofern diese für den Dritten erkennbar ist, Reithmann/Martiny/Hausmann Rz 7.392. Die **Prokura** bestimmt sich dagegen ebenso wie die organschaftliche Vertretung, BGH NJW **92**, 618 (GmbHGeschäftsführer), vom Vertragsabschlussort unabhängig nach dem Recht am Sitz des Unternehmens, str, Reithmann/Martiny/Hausmann Rz 7.387, ebenso die von phG erteilte Generalvollmacht, Ffm IPRax **86**, 375. Die gesetzliche Vertretungsmacht bei nichtrechtsfähigen **Handelsgesellschaften** bestimmt sich nach dem für die Ges geltenden Recht (Einl 29 vor § 105), bei reinen InnenGes dagegen Vertragsstatut.

[Erteilung der Prokura; Gesamtprokura]

48 (1) **Die Prokura kann nur von dem Inhaber des Handelsgeschäfts oder seinem gesetzlichen Vertreter und nur mittels ausdrücklicher Erklärung erteilt werden.**

(2) **Die Erteilung kann an mehrere Personen gemeinschaftlich erfolgen (Gesamtprokura).**

1) Erteilung der Prokura (I)

A. **Prokura erteilen:** Nicht jeder kann eine Prokura erteilen, sondern nur 1 **Kaufleute** (vgl §§ 48, 4 I), HdlGes (§ 6 I), eG (§ 42 GenG), juristische Personen gemäß §§ 33–35, kfm Unternehmen von Gebietskörperschaften (§ 1 Rn 27). Auch eine Erbengemeinschaft, Stgt WM **76**, 703 (auch im Rahmen ordnungsgemäßer Nachlassverwaltung mit Mehrheit, vgl §§ 2038 II, 745 I BGB, vgl BGH **30**, 397, NJW **71**, 1265), doch kann Prokuraerteilung durch Erben einen stillschweigenden GesVertragsschluss anzeigen (§ 1 Rn 38). Auch Testamentsvollstrecker, Nachlassverwalter, Nachlasspfleger, die das HdlGeschäft fortführen (§ 1 Rn 40 ff, 47). Auch Kfm kraft Eintragung (§ 5); OHG und KG in Liquidation (wie bei KapitalGes), Staub/Joost 12, MüKo/Krebs 10, ebenso Insolvenzverwalter, Staub/Joost 15, K. Schmidt BB **89**, 229, aA BGH WM **58**, 431, üL. Auch Apotheker an nicht pharmazeutischen Prokuristen, Karls NZG **17**, 186, str wegen § 7 ApoG. Prokura **nicht** erteilen: Kleingewerbetreibende; die PartG trotz § 7 III PartG (s Anh B zu § 160), Mü NJW **05**, 3730; der Prokurist selbst (keine Unterprokura). Der nicht eingetragene NichtKfm kann durch Erteilung einer „Prokura" den Rechtsschein eines Kfm und einer durch einen solchen erteilten Prokura erwecken und muss das dann gegen sich gelten lassen (§ 5 Rn 9–17). Für minderjährige Kflte kann der gesetzliche Vertreter Prokura erteilen, aber nur mit Genehmigung des Vormundschaftsgerichts (§§ 1643 I, 1822 Nr 11, 1831, 1915 BGB), sonst ist sie unwirksam und entfaltet auch bei Eintragung im HdlReg keinen zurechenbaren Rechtsschein nach § 15, RG **127**, 158, s § 15 Rn 19, § 5 Rn 11. Der Prokurist braucht keine besondere vormundschaftsgerichtliche Genehmigung zu einzelnen Geschäften, RG **106**, 186. Eine nicht wirksam erteilte Prokura ist uU als Generalvollmacht (s Überbl 2 vor § 48), HdlVollmacht (§ 54) oder gewöhnliche Vollmacht (§§ 164 ff BGB) **aufrechtzuerhalten** (§ 140 BGB). Die Prokuraerteilung ist mit Rückwirkung anfechtbar (§§ 119 ff, 142 ff BGB), auch noch nach Abschluss von Geschäften des Prokuristen, str, aber Dritte werden nach § 15 geschützt. Prokura als (begrenztes) Indiz für den Status des leitenden Angestellten nach § 5 III 2 Nr 2 BetrVG, BAG NJW **10**, 313.

B. **Prokurist werden:** Nur eine natürliche Person kann Prokurist werden; 2 auch ein Kdtist, BGH **17**, 392 (GmbH & Co KG s Anh § 177a Rn 37), auch ein stiller Gfter, auch ein von der Vertretung nach §§ 125 ff ausgeschlossener phG;

§ 48 3–6   1. Buch. Handelsstand

auch ein Miterbe für die Erbengemeinschaft (vgl § 52 Rn 4), sehr str, K. Schmidt § 16 III Rn 18 ff, Beuthien FS Fischer **79**, 1, aA, da er sich nicht selbst vertreten könne, BGH **30**, 397, **32**, 67, auch MüKo/Krebs 33. **Nicht** eine juristische Person, KG NotBZ **02**, 105m abl Anm Lösler; ein alleinvertretender organschaftlicher Vertreter, zB alleinvertretender Gfter der OHG oder KG, GmbH-Geschäftsführer, str (§ 125 Rn 9).

3   **C. Ausdrückliche Erteilung:** Die Prokura ist **ausdrücklich** zu erteilen, also nicht nur stillschweigend. Das Wort Prokura ist nicht nötig, wenn diese zweifelsfrei gemeint ist, Bsp: Ermächtigung zur Zeichnung „ppa" oder „Vollmacht iSv § 48 HGB". Prokura kann auch durch Erklärung an Dritte erteilt werden (Außenvollmacht, §§ 167 I, 170 BGB) oder durch öffentliche Kundgabe der Bevollmächtigung entstehen (Rechtsscheinvollmacht, falls eine wirksame Vollmacht fehlt, § 171 BGB), zB über das HdlReg, RG **133**, 233. Eine (rechtsgeschäftliche) Duldungsprokura gibt es nicht, aber Duldung kann als Erteilung einer HdlVollmacht (§ 54) zu werten sein. Eine (nicht rechtsgeschäftliche) Anscheinsprokura (Überblick 6 vor § 48) wird durch I („ausdrücklich") nicht ausgeschlossen (Grund Verkehrsschutz), aA Oetker/Schubert 33. **Muster:** Hopt/Voigt 4. Aufl 2013 Form I. E.1 (Anmeldung der Erteilung einer Prokura).

4   **D. Zuständigkeit zur Erteilung:** Die Zuständigkeit für die Erteilung einer Prokura für die HdlGes, eG, juristische Person nach §§ 33–36 bestimmt sich nach ihrer Verfassung. Für OHG, KG s §§ 116 III 1, 126 I, 161 II; bei der GmbH erteilt sie der Geschäftsführer, die Zustimmung der GfterVersammlung (§ 46 Nr 7 GmbHG) ist nur im Innenverhältnis nötig, BGH **62**, 168.

2) Gesamtprokura (II)

5   **A. Erteilung und Inhalt (II):** Die Prokura kann mehreren Personen gemeinschaftlich erteilt werden (Gesamtprokura, II), so dass sie **nur gemeinschaftlich** (nicht notwendig gleichzeitig und in gleicher Weise) vertreten können (sonst §§ 177–179 BGB). Das entspricht der Gesamtvertretung mehrerer Gfter bei der OHG (§ 125 II, III, s ausführlich dort Rn 16 ff). Willensmängel, Kenntnis, Kennenmüssen des einen wirkt gegen beide, RG **53**, 231. Die **passive** Vertretung beim Empfang von Willenserklärungen erfolgt durch einen Gesamtprokuristen allein (vgl § 125 II 3, III 2), RG **53**, 231, Mü BB **72**, 114; Zustellungen von Amts wegen s § 171 ZPO. Auch bei aktiver Vertretung kann der eine Gesamtprokurist den andern zum Handeln für beide (für bestimmte Geschäfte oder Arten von Geschäften) **ermächtigen** oder dessen alleiniges Handeln nachträglich genehmigen (vgl § 125 II 2, III 2), RG **101**, 343, Mü BB **72**, 114. Unterschrift des einen erkennbar mit für den andern wahrt Schriftform, RG **106**, 269, **118**, 170. Selbstkontrahieren miteinander ist auch Gesamtprokuristen idR verboten (§ 181 BGB), RG **89**, 373. Wegfall eines Gesamtprokuristen s § 52 Rn 6. **Muster:** Hopt/Voigt 4. Aufl 2013 Form I. E.1 (Anmeldung der Erteilung einer Prokura).

6   **B. Formen: a) Möglich** sind zB **halbseitige Gesamtprokura,** Bsp: Einzelprokura an A und Gesamtprokura an A und B, Bindung der Prokura an Mitwirkung eines (allein- oder gesamt-)vertretungsbefugten Gfters oder Vorstands- oder Organmitglieds (**gemischte Gesamtprokura,** §§ 48 II, 125 III 1 HGB, § 78 III AktG, § 25 II GenG), RG **40**, 17, BGH **62**, 171, **99**, 76; für GmbH & Co s Anh § 177a Rn 37; gegen die ganz hL nur für echte gemischte Gesamtvertretung MüKo/Krebs 83. Ferner: EinzelHdlVollmacht an einen Gesamtprokuristen, RG **90**, 300; GesamtHdlVollmacht P(rokurist) und X neben Gesamtvertretung P und Gfter (§ 125 III), BGH WM **61**, 321, gemischt halbseitige Prokura (Auftreten des organschaftlichen Vertreters allein, des Prokuristen nur mit ersterem), BGH **62**, 170, Stgt OLGZ **69**, 73; Prokura für die KG mit Bindung an die Mitwirkung der GmbH (iErg also der diese vertretenden Ge-

5. Abschnitt. Prokura und Handlungsvollmacht 1 **§ 49**

schäftsführer, aber nicht mit Bindung an die zB namentlich benannten Geschäftsführer als solche, s Rn 7), Hbg GmbHR **61**, 128, BayObLG NJW **94**, 2965, Staub/Joost 101. Gemischte (organschaftliche) Gesamtvertretung s § 49 Rn 3.

b) Nicht möglich sind Gesamtvertretung des einzigen vertretungsberechtigten Gfters mit Prokuristen (Grundsatz der Selbstorganschaft, § 125 Rn 5); gemischte Gesamtvertretung zwischen Prokurist und Inhaber, BayObLG NJW **98**, 1161, Canaris § 12 Rn 29 (Grund: einzelfallbezogen entgegen § 50 II), sehr str, aA, aber nicht mit Bindung des Inhabers an Mitwirkung des Prokuristen, Hamm NJW **71**, 1370, Staub/Joost 98, K. Schmidt § 16 III Rn 52, Bärwaldt/Hadding NJW **98**, 1103; zwischen Prokurist der KG und Geschäftsführer der phGGmbH (Dritter, s Rn 6), BayObLG NJW **94**, 2965; Gesamtprokura mit Bindung des Prokuristen an Mitwirkung eines HdlBevollmächtigten, BGH BB **64**, 151; Gesamtvertretung des Hauptbevollmächtigten der deutschen ZwNl eines ausländischen Versicherungsunternehmens und eines Prokuristen, Ffm BB **76**, 569. Im **Innenverhältnis** zwischen Prokurist und Kfm sind solche und andere Beschränkungen des Prokuristen, zB Bindung an Mitwirkung eines HdlBevollmächtigten, ohne Weiteres möglich; Überschreitung macht nur intern nach § 280 BGB schadensersatzpflichtig. Lit: Stötter BB **75**, 767, Kötter FS Hefermehl **76**, 75 (Geschichte). Krebs ZHR 159 (**95**) 635.

7

[Umfang der Prokura]

49 (1) **Die Prokura ermächtigt zu allen Arten von gerichtlichen und außergerichtlichen Geschäften und Rechtshandlungen, die der Betrieb eines Handelsgewerbes mit sich bringt.**

(2) **Zur Veräußerung und Belastung von Grundstücken ist der Prokurist nur ermächtigt, wenn ihm diese Befugnis besonders erteilt ist.**

1) Umfassender Umfang der Prokura (I)

A. **Umfang der Prokura (II):** Die Prokura ermächtigt zu Geschäften jeder Art (Ausnahme II), **die der Betrieb eines Handelsgewerbes mit sich bringt** (enger HdlVollmacht: „die der Betrieb eines derartigen HdlGewerbes oder die Vornahme derartiger Geschäfte gewöhnlich mit sich bringt", § 54 I). Der Prokurist kann zB Personal anstellen, anderen Angestellten HdlVollmacht erteilen, BGH **LM** § 54 Nr 1, Darlehen aufnehmen und einräumen, Schenkungen machen und fremde Verbindlichkeiten übernehmen, RG **125**, 381, in neue Branchen gehen, auch den alten Geschäftszweig ändern (str), ZwNl errichten oder schließen und dies anmelden (Anmeldepflichtige s § 13 Rn 10), den Geschäftssitz verlegen, Canaris § 12 Rn 14, aA MüKo/Krebs 27, Oetker/Schubert 18, Rechte der HdlGes (auch OHG, KG) gegenüber Gftern wahrnehmen, Unternehmen und Beteiligungen erwerben, Mitgliedschaftsrechte aus Beteiligungen (zB Stimmrecht, Auskunftsrecht nach § 131 AktG) ausüben, die Anmeldungen auf Grund solcher Beteiligungen zum HdlReg vornehmen (§ 12 Rn 3), str (anders bei Grundlagengeschäft, s Rn 2), Rechte des Inhabers gegen den Veräußerer des Unternehmens geltend machen, OGH **1**, 62. Bei einseitigen Rechtsgeschäften kann sich der Prokurist nach § 174 S 1 BGB durch HdlRegAuszug oder Zeugnis (§ 9 II, III) ausweisen, vgl RG **133**, 233; er braucht das aber nicht, wenn die Prokura im HdlReg eingetragen ist (§ 15 II; § 174 S 2 BGB), BAG ZIP **92**, 497. Er kann **Prozesse** führen, Prozessvollmacht erteilen, Strafantrag in geschäftlichen Dingen (unlauterer Wettbewerb) stellen, Anträge der freiwilligen Gerichtsbarkeit stellen, KGJ **37** A 227. **Zustellung** in den durch den Betrieb des HdlGewerbes hervorgerufenen Rechtsstreitigkeiten kann wirksam an den Prokuristen erfolgen (§ 171 ZPO), auch an einen von zwei Gesamtprokuristen (§ 48 Rn 5).

1

§ 50

2   B. **Grenzen der Prokura:** Die Prokura ermächtigt **nicht** zum Selbstkontrahieren (§ 181 BGB), BayObLG BB **80**, 1487; zu **Grundlagengeschäften,** die den Betrieb des HdlGewerbes als solchen betreffen (vgl für vertretungsberechtigten Gfter § 126 Rn 3), denn die Prokura ist eine Vertretungsmacht für Verkehrsgeschäfte, nicht für das Unternehmensorganisationsrecht, Karls ZIP **14**, 2182, Röhricht/Wagner 5. Der Prokurist kann also nicht das HdlGeschäft einstellen, es veräußern, BGH BB **65**, 1373, die Firma ändern, Gfter aufnehmen (Ausnahme: stille Teilhaber, str), die Eröffnung des Insolvenzverfahrens beantragen, für eine HdlGes gegen deren einzigen gesetzlichen Vertreter (phG) prozessieren, RG **66**, 244. Soweit das „eigene" HdlGeschäft betroffen ist (sonst schon, s Rn 1, denn dann kein Grundlagengeschäft), kann er auch nicht die Grundlagen betreffende Anmeldungen zum HdlReg vornehmen, selbst wenn der Gegenstand der Anmeldung in seine Vertretungsmacht fällt, BGH **116**, 190, Düss ZIP **12**, 969, Karls ZIP **14**, 2181, Joost ZIP **92**, 463 (§ 12 Rn 3); so auch Anmeldung der Änderung der Geschäftsanschrift der GmbH (§ 8 IV Nr 1 GmbHG), Karls ZIP **14**, 2821, KG ZIP **16**, 1968, Grund: gehört zum Organisationsbereich, aA KG ZIP **14**, 270 für HdlVollmacht (§ 54 Rn 10); die Errichtung einer ZwNl ist aber kein Grundlagengeschäft (§ 13 Rn 6). Dem Kfm **höchstpersönlich** sind vorbehalten die Erteilung einer Prokura (§ 48 I), Unterzeichnung des Jahresabschlusses (§ 245). Die Prokura erstreckt sich nicht auf das **Privatvermögen** des Kfm (aber Vermutung der Zugehörigkeit zum Geschäftsvermögen entspr § 344 I) und auf die persönlichen Rechtsverhältnisse der Gfter. Der Prokurist kann also nicht Privatvermögen des Kfm belasten oder veräußern oder eine Bürgschaft namens eines Gfters eingehen.

3   C. **Gemischte Gesamtvertretung:** Die gemischte Gesamtvertretung (§ 125 III HGB, § 78 III AktG) erweitert die Vertretungsmacht des Prokuristen inhaltlich auf den Umfang der Vertretungsmacht des Gfters, Vorstands- oder Organmitglieds; er wird selbst organschaftlicher (nicht nur gewillkürter) Gesamtvertreter der Ges, RG **134**, 306, BGH **13**, 64, **62**, 170, BayObLG DB **73**, 1340, Köhl NZG **05**, 197, aA mit beachtlichen Gründen MüKo/Krebs § 48 Rn 92: gemeinsame Vertretungsmacht nur im Umfang der Prokura. Bsp: Bestellung eines weiteren Prokuristen (§ 48 I), Grundstücksgeschäfte (§ 49 II). EinzelKfm und alleinvertretungsberechtigter Gfter können nicht durch Prokuraerteilung auf Gesamtvertretungsmacht beschränkt werden, KG OLGE **34**, 334, LB Brem NJW **63**, 2279. Bei gemischter Gesamtprokura (s § 48 Rn 6) ohne satzungsmäßige Berufung zur gesetzlichen Vertretung der GmbH bleibt es bei § 49, BGH **99**, 81.

2) Ausnahmen für Grundstücksgeschäfte (II)

4   **Veräußerung** und **Belastung** von Grundstücken durch den Prokuristen, auch durch Abtretung zB einer Eigentümergrundschuld, sind nur bei besonderer Ermächtigung wirksam (II, sog Grundstücksklausel). Das gilt nach dem Zweck von II auch für die **Verpflichtungs**geschäfte zu solchen Verfügungen. II ist aber restriktiv auszulegen und gilt **nur für Grundstücke des Kaufmanns,** den der Prokurist vertritt, Hamm NZG **12**, 145 LS, MüKo/Krebs 42, aA Staub/Joost 31 (trotz 27f). Die Ermächtigung ist allgemein und im Voraus möglich, auch stillschweigend, vgl RG **117**, 165. Eintragung der Grundstücksklausel s § 53 Rn 3 II gilt **nicht** für Vermietung, Verpachtung, Verfügung über Grundpfandrechte, Erwerb von Grundstücken (auch mit Restkaufgeldhypothek, Vorkaufsrecht ua für Veräußerer), Entlastung von Grundstücken, zB Löschung von Hypotheken.

[Beschränkung des Umfanges]

50 (1) **Eine Beschränkung des Umfanges der Prokura ist Dritten gegenüber unwirksam.**

5. Abschnitt. Prokura und Handlungsvollmacht 1–5 § 50

(2) **Dies gilt insbesondere von der Beschränkung, daß die Prokura nur für gewisse Geschäfte oder gewisse Arten von Geschäften oder nur unter gewissen Umständen oder für eine gewisse Zeit oder an einzelnen Orten ausgeübt werden soll.**

(3) ¹**Eine Beschränkung der Prokura auf den Betrieb einer von mehreren Niederlassungen des Geschäftsinhabers ist Dritten gegenüber nur wirksam, wenn die Niederlassungen unter verschiedenen Firmen betrieben werden.** ²**Eine Verschiedenheit der Firmen im Sinne dieser Vorschrift wird auch dadurch begründet, daß für eine Zweigniederlassung der Firma ein Zusatz beigefügt wird, der sie als Firma der Zweigniederlassung bezeichnet.**

1) Unwirksame Beschränkung (I, II)

Der Umfang der Prokura ergibt sich zwingend aus § 49 I. Beschränkungen sind Dritten gegenüber unwirksam, I (anders im Innenverhältnis zwischen Kfm und Prokurist, vgl § 48 Rn 6–7). Der Verkehr erfordert dies hier ebenso wie bei der organschaftlichen Vertretung (§§ 126 II, 151 HGB, § 82 AktG, § 37 GmbHG, § 27 GenG). Das gilt grundsätzlich ohne Rücksicht darauf, ob der Geschäftsgegner die Beschränkung kennt oder kennen muss (außer bei Missbrauch der Prokura s Rn 4–7). Bsp: s II; Bindung an Mitwirkung eines HdlBevollmächtigten, KG HRR **40**, 614. 1

2) Beschränkung der Prokura bei mehreren Niederlassungen (III)

A. Niederlassungsprokura (III): Beschränkung der Prokura auf den Betrieb einer (einiger) von mehreren Niederlassungen (Filialprokura) ist möglich, wenn diese verschieden firmieren (III 1, s § 13 Rn 7). Firmenzusatz genügt (III 2). Der Filialprokurist kann den Kfm idR nicht zur Leistung über eine andere Niederlassung verpflichten; anders bei filialübergreifenden Bankgeschäften, zB Überweisung, BGH **2**, 226; vgl (7) Bankgeschäfte Rn C/1 ff. 2

B. Prokura bei mehreren Unternehmen: Ist der Kfm Inhaber mehrerer Handelsgeschäfte unter verschiedener Firma (§ 17 Rn 8–9), kann er die Prokura auf eines derselben beschränken. III ist unanwendbar. Bei Verwechslungen uU Rechtsscheinhaftung, s § 5 Rn 9–17. 3

3) Missbrauch der Prokura

A. Missbrauch der Prokura: Das Risiko des Missbrauchs der unbeschränkt wirksamen Prokura trägt grundsätzlich der vertretene Kfm. BGH NJW **11**, 69 (Vollmacht). Einschränkungen folgen aus der Lehre vom **Missbrauch der Vertretungsmacht**, doch sind die Anforderungen im Interesse des Rechtsverkehrs bei unbeschränkbaren Vertretungsmachten wie der Prokura ua (s Rn 1) strenger als unter §§ 164 ff BGB. Lit: Vedder, Missbrauch der Vertretungsmacht, 2007; Schott AcP 171 **(71)** 385, Fischer FS Schilling **73**, 3, Geßler FS von Caemmerer **78**, 531, Vedder JZ **08**, 1077; speziell zur Prokura Hübner FS Klingmüller **74**, 173. 4

B. Voraussetzungen: Ein klarer Fall ist die **Kollusion:** Der Geschäftsgegner, der mit dem Vertreter zum Schaden des Vertretenen vorsätzlich zusammenwirkt, kann sich nicht auf das Bestehen der Vertretungsmacht berufen (§§ 138, 826 BGB, nach aA §§ 177 ff BGB), RG **130**, 142. Es genügt aber auch, dass der Dritte das missbräuchliche Verhalten des Vertreters **positiv kennt** oder **grob fahrlässig** (str) **nicht kennt**. Ob der Vertreter zum Nachteil des Vertretenen handelt, spielt keine Rolle, BGH NJW **06**, 2776. Nichtbeachtung einer internen Weisung ist nicht ohne Weiteres missbräuchlich, Kenntnis allein davon schadet nicht, vgl § 54 Rn 19). Grobe Fahrlässigkeit liegt bei einer massive Verdachtsmomente voraussetzenden objektiven Evidenz des Missbrauchs vor, Flume II § 45 II 3, vgl BGH NJW **99**, 2883, so insbesondere, wenn sich die 5

§ 51 1

Notwendigkeit einer Rückfrage beim Geschäftsgegner geradezu aufdrängt. Einfache Fahrlässigkeit kann zwar unter §§ 164 ff BGB ausreichen, nicht aber für Prokura und andere unbeschränkbare Vertretungsmachten, hL. Die Rspr stellte dagegen herkömmlich darauf ab, ob der Prokurist bewusst zum Nachteil des Geschäftsinhabers handelt und der Dritte dies bei Anwendung der im Verkehr erforderlichen Sorgfalt erkennen muss, BGH **50**, 114, wohl auch NJW **88**, 3013. Das ist teils zu eng (subjektive Elemente beim Vertreter), teils zu weit (bloßes Kennenmüssen des Dritten). Von beidem ist die Rspr inzwischen abgerückt, zum ersteren BGH NJW **88**, 3012; zum letzteren zunächst für handelsrechtliche Vertretungsmachten, später allgemeiner: Umstände müssen sich „geradezu aufdrängen", „massive Verdachtsmomente voraussetzende objektive Evidenz des Missbrauchs", zB BGH **127**, 241, BGH NJW **84**, 1461, **88**, 2241, **99**, 2883, **11**, 69. Indizien für Vollmachtsmissbrauch, BGH ZIP **16**, 1428 (iErg abl). Drängt sich aber Verdacht des Missbrauchs auf, muss Bank dem nachgehen, BGH WM **84**, 730, **04**, 1625, ZIP **04**, 1210 (GmbHGeschäftsführer), s (7) Bankgeschäfte Rn A/22. Zum Missbrauch bei (passiver) Bestechung (GmbHGeschäftsführer) BGH **141**, 357; bei konzerninterner Verrechnung BGH **94**, 132. Kennenmüssen bei Generalvollmacht, BGH WM **80**, 1453.

6 **C. Rechtsfolgen: a)** Die Vertretungsmacht deckt das missbräuchlich getätigte Geschäft namens des Vertretenen nicht. Das folgt aus § 242 BGB (Rspr, herkömmliche Lehre) oder aus §§ 177 ff BGB analog (Flume II § 45 II 3, K. Schmidt § 16 III Rn 68). §§ 242, 254 BGB sollen eine flexible Risikoverteilung ermöglichen. Danach entfällt der Schutz des Vertretenen ganz oder teilweise, wenn er die gebotene Kontrolle des Vertreters unterlassen hat; umgekehrt muss der Dritte bei eindringendem Verdacht eines vollmachtswidrigen Handelns beim Vertretenen rückfragen oder vom Geschäft Abstand nehmen, BGH **50**, 114, **64**, 85, WM **66**, 491, Hamm WM **76**, 140. Eine Teilwirksamkeit des abgeschlossenen Geschäfts lässt sich aber nicht konsequent durchführen, Heckelmann JZ **70**, 62. Die Rechtsfolgen der §§ 177–179 BGB, ggf ergänzt durch Verschulden bei Vertragsverhandlungen nach §§ 280, 311 II iVm § 254 BGB sind vorzuziehen.

7 **b)** Der **Dritte** darf von einer ihm eingeräumten Rechtsmacht keinen Gebrauch machen, sonst haftet er dem missbräuchlich Vertretenen (aus §§ 280, 311 II BGB wegen Verschuldens bei Vertragsverhandlungen oder aus § 826 BGB) auf Schadensersatz, BGH WM **80**, 953.

[Zeichnung des Prokuristen]

51 Der Prokurist hat in der Weise zu zeichnen, daß er der Firma seinen Namen mit einem die Prokura andeutenden Zusatze beifügt.

1   1) § 51 ist keine Formvorschrift iSv § 125 BGB, sondern bloße Ordnungsvorschrift (vgl für OHG § 108 Rn 8), hL, BAG ZIP **92**, 497. Ihre Verletzung macht die Zeichnung nicht unwirksam, sie wirkt je nach den Umständen für den Firmeninhaber oder für (und gegen) den Prokuristen selbst (Überbl 8, 52 vor § 48). Unterzeichnung mit Namen des Vertretenen ohne Nennung des eigenen Namens des Vertreters ist trotz § 51 gültig, RG **50**, 51. Der Prokurist zeichnet üblicherweise „ppa" vor seinem handgeschriebenen Namen, beides unter (oder über) die Firma (Firmenstempel) des HdlGeschäfts. Hinterlegung der Namensunterschrift bei Gericht s § 53 II.

5. Abschnitt. Prokura und Handlungsvollmacht 1–5 § 52

[Widerruflichkeit; Unübertragbarkeit; Tod des Inhabers]

52 (1) **Die Prokura ist ohne Rücksicht auf das der Erteilung zugrunde liegende Rechtsverhältnis jederzeit widerruflich, unbeschadet des Anspruchs auf die vertragsmäßige Vergütung.**

(2) **Die Prokura ist nicht übertragbar.**

(3) **Die Prokura erlischt nicht durch den Tod des Inhabers des Handelsgeschäfts.**

1) Widerruf der Prokura (I)

A. **Jederzeitige Widerruflichkeit:** Die Prokura ist zum Schutze des Kfm 1 ohne Rücksicht auf das der Erteilung zugrundeliegende Rechtsverhältnis (idR Dienst- oder Arbeitsvertrag) in allen Fällen **jederzeit widerruflich** (I, anders § 168 S 2 BGB: nur „sofern sich nicht aus diesem ein anderes ergibt"). Rechte des Prokuristen aus dem zugrundeliegenden Rechtsverhältnis, zB Vergütung (I Halbs 2), Kündigung oder Schadensersatz, werden davon nicht berührt. Ein Erfüllungsanspruch auf Erteilung besteht nicht, BAG NJW **87**, 862; außer als Sonderrecht eines Gfters, dazu und zum Entzug der gesvertraglich vereinbarten Prokura des Kdtisten s § 170 Rn 3. Die Grundstücksklausel (§ 49 II) ist unter Fortbestand der Prokura im Übrigen widerruflich. Anfechtung (mit Rückwirkung) s § 48 Rn 1. Der Prokurist kann seinerseits auf die Prokura verzichten, str, jedenfalls aber das zugrundeliegende Rechtsverhältnis beenden, womit dann auch die Prokura endet (§ 168 S 1 BGB, s Rn 4).

B. **Erklärung des Widerrufs:** Der Widerruf erfolgt in der gleichen Weise 2 wie die Erteilung (§§ 168 S 3, 167 I, 171 I BGB; s Überbl 4 vor § 48, § 48 Rn 3), also formlos, idR gegenüber dem Prokuristen oder der Öffentlichkeit (zB Löschung im HdlReg und Bekanntmachung nach § 15), KG ZIP **16**, 1772. Von mehreren Miterben eines HdlGeschäfts kann jeder widerrufen, KG DR **39**, 1949; ebenso jeder vertretungsberechtigte Gfter, §§ 126 I, 161 II (vgl § 48 Rn 4), § 116 III 2 gilt nur im Innenverhältnis.

2) Unübertragbarkeit (II)

Die Prokura ist strikt an die Person dessen gebunden, dem sie erteilt ist. Weder 3 der Kfm noch der Prokurist kann sie auf einen anderen übertragen. Es gibt nur Aufhebung der Prokura des A und Erteilung an B.

3) Erlöschen der Prokura (III)

A. **Nichterlöschen:** Die Prokura **erlischt nicht** bei **Tod** des Kfm (III), 4 abweichende Vereinbarung ist Dritten gegenüber unwirksam (vgl § 50 I, II), KG JW **27**, 2433. Das gilt auch, wenn die Prokura erst nach dem Tod des Kfm in das HdlReg eingetragen wird. Auch intern braucht der Prokurist idR keine Weisungen der Erben abzuwarten oder einzuholen, doch muss er sie vollumfänglich informieren, Hopt ZHR 133 **(70)** 310. Die Prokura erlischt auch nicht bei Auflösung der OHG, KG, str (§ 48 Rn 1); auch nicht, wenn der Prokurist Miterbe wird (§ 48 Rn 2), aA BGH **30**, 397, **32**, 67.

B. **Erlöschen:** Die Prokura **erlischt**, wenn der Prokurist Inhaber (zB Allein- 5 erbe) wird, bei Nacherbschaft erst mit Nacherbfall, BGH **32**, 67; wenn die Miterben eine OHG oder KG gründen (§ 1 Rn 37), BayObLG OLGE **34**, 332. Die Prokura erlischt ferner durch Widerruf (s Rn 1), Ende des zugrundeliegenden Rechtsverhältnisses, zB Dienstvertrag (§ 168 S 1 BGB), Verlust der KfmEigenschaft, Einstellung des HdlGeschäfts; Insolvenz des Kfm, BGH WM **58**, 431, K. Schmidt BB **89**, 229 (vgl § 48 Rn 1), hL; Umwandlung des einzelkfm Unternehmens in OHG oder KG (Teilhaberaufnahme, § 28), sie kann dann nur von der Ges ausdrücklich neu erteilt werden (Vermerk ihres „Bestehen bleibens" im

§ 53 1–4 1. Buch. Handelsstand

HdlReg ist zulässig), BayObLG BB **71**, 239; **Betriebsübergang** durch Veräußerung des Unternehmens (die Arbeitsverhältnisse bestehen dagegen fort, s § 59 Rn 17–21), doch kann uU stillschweigende HdlVollmacht (nicht Prokura, § 48 I) des alten Prokuristen anzunehmen sein, Köhler BB **79**, 912, auch Duldungs- und Anscheinsvollmacht ist möglich (Überbl 5–7 vor § 48).

6   C. **Erlöschen der Gesamtprokura** (§ 48 II) des einen lässt die des anderen unberührt. Sie erstarkt nicht zur Einzelprokura, er kann also weiterhin nur passiv vertreten (§ 48 Rn 5). Die Gesamtprokura ist aber nicht zu löschen, der Kfm kann sie jederzeit durch Gesamtprokuraerteilung an einen Neuen wieder aktivieren.

[Anmeldung der Erteilung und des Erlöschens]

53 (1) ¹**Die Erteilung der Prokura ist von dem Inhaber des Handelsgeschäfts zur Eintragung in das Handelsregister anzumelden.** ²**Ist die Prokura als Gesamtprokura erteilt, so muß auch dies zur Eintragung angemeldet werden.**

(2) **Das Erlöschen der Prokura ist in gleicher Weise wie die Erteilung zur Eintragung anzumelden.**

1) Eintragung der Prokura, Anmeldepflicht

1   § 53 idF EHUG 2006, II aF (Zeichnung der Namensunterschrift) aufgehoben (Grund s § 14 Rn 1), III aF nunmehr II. Die Prokura ist, anders als zB die HdlVollmacht (§ 54), durch das **Handelsregister** zu verlautbaren. Die Eintragung wirkt nur deklaratorisch (§ 8 Rn 11); Vertrauensschutz s § 15. Anmeldepflichtig und -berechtigt sind der Inhaber des HdlGeschäfts, sein gesetzlicher Vertreter, die vertretungsberechtigten Gfter der OHG, KG (§ 108 Rn 1), bei HdlGes die gesetzlichen Vertreter (persönlich, vgl § 14 Rn 2), BayObLG DB **73**, 1596. Anmeldung kann auch in gemischter Gesamtvertretung mit einem Prokuristen (§ 49 Rn 3) erfolgen, KG JW **37**, 890, aber nicht mit dem, dessen Prokura erst eingetragen werden soll, BayObLG NJW **73**, 2068, Ffm ZIP **05**, 1463, aA Bärwaldt NJW **97**, 1404. Prüfung der Anmeldung s § 8 Rn 6–10; bei GmbH ist die Beachtung des § 46 Nr 7 GmbHG (GfterBeschluss, § 48 Rn 4) vom Registergericht nicht zu prüfen, BGH **62**, 169. Bei eG Eintragung in das Genossenschaftsregister (§ 42 I 2, 3 GenG).

2) Gegenstand der Anmeldung (I, II)

2   A. **Erteilung (I 1):** Gegenstand der Anmeldung ist zunächst die Erteilung der Prokura; auch die Erneuerung einer erloschenen Prokura, KGJ **31** B 24; **Muster:** Hopt/Voigt 4. Aufl 2013 Form I. E.1 (Anmeldung der Erteilung einer Prokura).

3   B. **Zulässige Beschränkungen und Erweiterungen:** Anzumelden sind auch zulässige Beschränkungen und Erweiterungen der Prokura, zB Gesamtprokura (**I 2**, § 48 II); Gesamtprokura des einen ist nicht eintragbar, solange kein anderer bestellt ist; anders wenn der eine außerdem Gesamtvertretungsmacht mit einem (GmbH-)Geschäftsführer haben soll, BGH **62**, 173; die Bindung an Mitwirkung eines Gfters oder Organmitglieds (§ 48 Rn 6), Mü JFG **19**, 236, BayObLG BB **71**, 844; Gestattung des Selbstkontrahierens (§ 49 Rn 2, § 119 Rn 22), BayObLG BB **80**, 1487; Grundstücksklausel (§ 49 II), KG RJA **3**, 231, BayObLG BB **71**, 844; die Beschränkung auf einzelne Niederlassungen (§ 50 III, s dort Rn 2, § 13a).

4   C. **Erlöschen (II):** Das Erlöschen der Prokura ist als actus contrarius ebenso wie die Erteilung anzumelden; entspr die Anfechtung (§ 48 Rn 1). Anmeldung des Erlöschens der Firma (§ 31 I) beinhaltet zugleich das der Prokura, Oldbg

5. Abschnitt. Prokura und Handlungsvollmacht 1 § 54

NJW-RR **96**, 1180. Vergleichbare Fälle: Anmeldung eines Prokuristen nunmehr als Geschäftsführer oder Liquidator, Düss NZG **12**, 958, str; Eintragung der Eröffnung des Insolvenzverfahrens von Amts wegen (§ 32 I) mit der Folge des Erlöschens von Vollmachten (§ 117 InsO), LG Leipzig ZIP **07**, 1381. Ist eine zu löschende Prokura (zu Unrecht) nicht eingetragen, sind Erteilung und Löschung gleichzeitig einzutragen (§ 8 Rn 8). **Muster:** Hopt/Voigt 4. Aufl 2013 Form I. E.1 (Anmeldung der Löschung einer Prokura).

[Handlungsvollmacht]

54 (1) Ist jemand ohne Erteilung der Prokura zum Betrieb eines Handelsgewerbes oder zur Vornahme einer bestimmten zu einem Handelsgewerbe gehörigen Art von Geschäften oder zur Vornahme einzelner zu einem Handelsgewerbe gehöriger Geschäfte ermächtigt, so erstreckt sich die Vollmacht (Handlungsvollmacht) auf alle Geschäfte und Rechtshandlungen, die der Betrieb eines derartigen Handelsgewerbes oder die Vornahme derartiger Geschäfte gewöhnlich mit sich bringt.

(2) **Zur Veräußerung oder Belastung von Grundstücken, zur Eingehung von Wechselverbindlichkeiten, zur Aufnahme von Darlehen und zur Prozeßführung ist der Handlungsbevollmächtigte nur ermächtigt, wenn ihm eine solche Befugnis besonders erteilt ist.**

(3) **Sonstige Beschränkungen der Handlungsvollmacht braucht ein Dritter nur dann gegen sich gelten zu lassen, wenn er sie kannte oder kennen mußte.**

Übersicht

	Rn
1) Begriff und Arten der Handlungsvollmacht	1–5
A. Handlungsvollmacht (§§ 54–58)	1
B. Gesamthandlungsvollmacht	2
C. Rechtsscheinhandlungsvollmacht	3
2) Voraussetzungen der Handlungsvollmacht	6–8
A. Vollmachtgeber	6
B. Mögliche Handlungsbevollmächtigte	7
C. Erteilung	8
3) Umfang der Handlungsvollmacht	9–20
A. Dogmatische Einordnung	9
B. Inhalt und Umfang (I)	10
C. Notwendigkeit einer besonderen Ermächtigung (II)	12
D. Wirkung sonstiger Beschränkungen gegen Dritte (III)	18
E. Überschreiten der Vollmacht	20
4) Erlöschen	21

1) Begriff und Arten der Handlungsvollmacht

A. **Handlungsvollmacht (§§ 54–58)** ist jede zum oder im Betrieb eines 1 HdlGewerbes erteilte Vollmacht, die keine Prokura (§§ 48–53) darstellt, so die herkömmliche Definition; genauer: die von der Prokura unterschiedene Vollmacht zum Betrieb eines HdlGewerbes oder zur Vornahme einer bestimmten zu einem HdlGewerbe gehörigen Art von Geschäften oder zur Vornahme einzelner zu einem HdlGewerbe gehöriger Geschäfte (Legaldefinition, **I**). Dabei wird jedoch vorausgesetzt, dass sie an eine Hilfsperson des Kfm erteilt wird, nicht zB an einen HV (deshalb ist § 55 nötig), HdlMakler, RA oder WP, K. Schmidt § 16 Rn 89 („Mitglied des Unternehmens"), aA Staub/Joost 10. Dogmatische Einordnung, Inhalt und Umfang der HdlVollmacht nach § 54 I s Rn 9. Das Innenverhältnis ist idR Dienst- oder Arbeitsvertrag (§ 59), aber auch sonstiges Vertrags- oder Rechtsverhältnis. Die HdlVollmacht unterliegt den §§ 54–58 sowie

§ 54 2–7   1. Buch. Handelsstand

§§ 164 ff BGB. I, II regeln ihren Umfang, III die Wirkung allgemeiner Beschränkungen gegen Dritte, § 57 die Zeichnung, § 58 die Übertragung. § 55 gilt besonders für Vertreter im Außendienst (einschließlich HV), und zwar Abschlussvertreter, § 56 für Angestellte in Läden und offenen Warenlagern. Lit: Wurm 1988; Spitzbarth BB **62**, 851 (Generalvollmacht), Hübner ZHR 143 **(79)** 1 (Generalvollmacht), Honsell JA **84**, 17, Bork JA **90**, 249, Joussen WM **94**, 273 (Generalvollmacht), Krebs ZHR 159 **(95)** 635, Müller JuS **98**, 1000.

2   B. **Gesamthandlungsvollmacht:** Sie ist ebenso wie bei Prokura möglich (§ 48 II), auch halbseitig und gemischt, zB mit Prokurist, BGH WM **61**, 321, **64**, 151, aber ohne inhaltliche Erweiterung (vgl § 49 Rn 3). Auch GesamtHdlBevollmächtigter kann zu Geschäften alleinvertretungsberechtigt sein, die nach Verkehrsauffassung durch einen Vertreter allein mündlich vorgenommen werden können, BGH DB **57**, 866 (Bankgeschäftsstellenleiter), vgl Rn 4.

3   C. **Rechtsscheinhandlungsvollmacht:** Es gelten die allgemeinen Grundsätze der Duldungs- und Anscheinsvollmacht (Überbl 5 vor § 48).

4   Personen, denen der Kfm Aufgaben überträgt bzw eine Stellung einräumt, deren ordnungsmäßige Erfüllung nach der Verkehrsauffassung gewisse Vollmachten voraussetzt, **gelten** gutgläubigen Dritten gegenüber **als so bevollmächtigt**, auch wenn der Kfm keine oder geringere Vollmacht erteilt hat, BGH NJW **90**, 514. In der Rspr wird dies meist unscharf als ein eigener, auch auf §§ 55 IV, 56 HGB, § 370 BGB gestützter Rechtsscheintatbestand behandelt. Indessen liegt idR nicht bloßer Rechtsschein, sondern echte (schlüssige, s Rn 8) HdlVollmacht vor, Bsp BGH NJW **82**, 1390; fehlt es daran, reichen die Grundsätze der Duldungs- und Anscheinsvollmacht aus.

5   **Beispiele:** Abschlussvertreter und Ladenangestellte (bereits nach §§ 55 IV, 56); Bankschalterangestellte für den gesamten Schalterverkehr, RG **86**, 89, **119**, 278, Bankgeschäftsstellenleiter, RG **118**, 236, Bankauskünfte trotz bloßer Gesamtvertretungsmacht, BGH WM **55**, 233, **73**, 635; Übertragung der Zeichnung der Geschäftspost, RG **100**, 49; Angestellte am Telefon oder Fernschreiber bezüglich Entgegennahme von Erklärungen, RG **102**, 296 (aber nicht Abgabe von Erklärungen; Annahme von Vertragsangeboten, RG **103**, 95; Erteilung von Auskünften); verkaufender Innendienstangestellter, Karlsr BB **70**, 778; Reparaturannahmestelle bezüglich verbindlicher Angaben über Reparaturzeit, BGH NJW **82**, 1390.

2) Voraussetzungen der Handlungsvollmacht

6   A. **Vollmachtgeber:** HdlVollmacht erteilen können alle Kflte, HdlGes (durch Organvertreter, auch ohne GfterBeschluss, BGH **62**, 168), auch VorGes, wenn Trägerin eines kfm Unternehmens, eG (§ 42 II GenG), juristische Personen gemäß § 33; Insolvenzverwalter, auch für alle mit der Fortführung des Unternehmens verbundenen Geschäfte, Düss BB **57**, 412; Liquidator (§ 149), RG **72**, 119; Prokurist, BGH DB **52**, 949; auch HdlBevollmächtigter, wenn es in seine Vollmacht fällt (aber nicht Weiterübertragung, § 58), Bsp: HdlVollmacht zum Betrieb eines HdlGewerbes (§ 54 I), das nach Art, Größe, Übung weitere HdlBevollmächtigte braucht. § 54 gilt analog auch für Kleingewerbetreibende MüKo/Krebs 8, K. Schmidt § 16 Rn 97, aA Staub/Joost 12, Heymann/Sonnenschein/Weitemeyer 12, Grund: einheitliche Analogie wie bei § 56 (dort Rn 1, RegE HRef), nach aA iErg ebensoweit gehende BGB-Vollmachten (Überbl 2 vor § 48).

7   B. **Mögliche Handlungsbevollmächtigte:** HdlVollmacht erhalten kann jede natürliche Person, zB auch wer nicht HdlGehilfe (§ 59) ist (zB HdlVertreter, § 55), auch ohne Dienstverhältnis (zB Ehegatte, aber s Rn 1); GbR; auch juristische Person, Grund: anders als bei Prokura kein persönliches Vertrauen, Koller/Roth 5, aA Krebs ZHR 159 **(95)** 651, wohl auch K. Schmidt § 16

5. Abschnitt. Prokura und Handlungsvollmacht   8–10   § 54

Rn 89, differenzierend Staub/Joost 15 (keine GeneralHdlVollmacht); auch Prokurist, soweit die HdlVollmacht weiter reicht, also denkbar, aber nicht ohne Weiteres zB bei §§ 49 II (Grundstücke), 50 III (ZwNl) und Gesamtprokura, RG **90**, 299. Auch Minderjährige (§ 165 BGB), str; Geschäftsunfähige (anders § 6 II 1 GmbHG, § 76 III 1 AktG), str, Konsequenz: bei Wegfall der Geschäftsunfähigkeit ist keine erneute Bevollmächtigung nötig, Koller/Roth 5, Ausübung aber nur bei Geschäftsfähigwerden (§§ 105, 131 I BGB). **Nicht:** organschaftlicher Vertreter; idR Vollprokurist.

C. **Erteilung:** Die HdlVollmacht wird durch einseitige, empfangsbedürftige **8** Willenserklärung (Annahme unnötig) gegenüber dem zu Bevollmächtigenden (Innenvollmacht) oder Dritten (Außenvollmacht) (§ 167 I BGB) oder durch öffentliche Bekanntmachung erteilt (vgl § 171 I BGB). Sie ist formlos und (anders Prokura, § 48 I) auch schlüssig möglich, BGH NJW **82**, 1390, WM **03**, 750, RG **90**, 299, zB durch Übertragung einer verkehrstypisch mit HdlVollmacht verbundenen Stellung oder Aufgabenzuweisung im betreffenden Geschäftsbetrieb, BGH NJW **15**, 2584. Sie kann zB in der Bestellung zum Abschlussvertreter liegen (§ 84 Rn 25). Die HdlVollmacht ist (anders Prokura, § 53) nicht in das HdlRegister einzutragen, **§ 15 HGB** gilt also **nicht.** Sie ist auch keine eintragungsfähige Tatsache (§ 8 Rn 5, GeneralHdlVollmacht s Rn 9).

3) Umfang der Handlungsvollmacht

A. **Dogmatische Einordnung:** Die HdlVollmacht (rechtsgeschäftlich erteilte **9** Vollmacht nach § 167 BGB) ist im Hinblick auf ihren Umfang eine speziell geregelte Rechtsscheinhaftung, Canaris § 13 Rn 11, auch Oetker/Schubert 2, 16, 38, anders MüKo/Krebs 4: dispositive gesetzliche Beschreibung des Vollmachtsumfangs mit III als Verkehrsschutzregelung. Anders als bei der Prokura wird der Umfang der Hdl-Vollmacht nicht zwingend festgelegt, KG ZIP **14**, 270, vielmehr begründet I nur eine widerlegliche Vermutung mit Grenzen aus III. Die Vermutung nach I betrifft nur den Umfang, nicht das Bestehen der HdlVollmacht als solche und nicht das Vorliegen einer der drei Grundformen der HdlVollmacht oder eine bestimmten Typus derselben wie zB Bankvollmacht, Canaris § 13 Rn 4 f. Insoweit kann Rechtsscheinhandlungsvollmacht vorliegen (s Rn 3). Soweit die Vermutung nicht greift, obliegt die Beweislast dem Dritten. § 54 ist also ohne große Bedeutung.

B. **Inhalt und Umfang (I):** Die HdlVollmacht kann, anders als die Prokura **10** (§§ 49, 50), einen durchaus **verschiedenen Inhalt** haben (**I Halbsatz 1**). I Halbs 1 nennt **drei Grundformen** der HdlVollmacht: sie kann (1) zum Betrieb des gesamten HdlGewerbes (**Generalhandlungsvollmacht,** von der weitergehenden Generalvollmacht scharf zu unterscheiden, Vor § 48 Rn 2, Umdeutung, s dort), eher selten, Bspe: umfassende HdlVollmacht (wie Prokura samt Grundstücksgeschäften), KG ZIP **14**, 270 (zu Grundlagengeschäften bei Prokura s auch § 49 Rn 2); Geschäftsführer eines Kleingewerbetreibenden (vor Abschaffung des MinderKfm); auch bei GmbH, aber nicht wie organschaftlicher GmbHGeschäftsführer, BGH WM **03**, 747, **08**, 2252, KG BB **91**, 2039; in GeneralHdlVollmacht umgedeutete nichtige Prokura (§ 48 Rn 1) oder nichtige unbeschränkte Generalvollmacht, Canaris § 13 Rn 17, oder (2) nur zur Vornahme einer bestimmten, zu einem HdlGewerbe gehörigen Art von Geschäften (**Arthandlungsvollmacht,** so idR, Bsp: Bankzweigstellenleiter, Leiter des Ein- und/oder Verkaufs, Kassierer) oder (3) lediglich zur Vornahme einzelner oder sogar eines einzigen zu einem HdlGewerbe gehörigen Geschäfts (**Spezialhandlungsvollmacht** bzw Einzelvollmacht, Bsp: für ein bestimmtes Bauvorhaben) ermächtigen. Die GeneralHdlVollmacht ist von der Generalvollmacht nach BGB zu unterscheiden, die auch noch über den gesetzlich festgelegten Umfang der Prokura hinausgehen kann (§§ 164 ff BGB, Eintragungsfähigkeit str, vgl Überbl 2 vor § 48), BGH **36**,

Hopt

§ 54 11–15

295, KG BB **91**, 2039, Hübner ZHR 143 **(79)** 1. Zum Betrieb des HdlGewerbes gehörend ist sehr weit zu verstehen (§§ 343, 344), aber nicht Privatgeschäfte, BGH WM **76**, 769.

Von dem so abgesteckten Inhalt hängt der jeweilige **Umfang** der HdlVollmacht ab **(I Halbsatz 2):** sie erstreckt sich auf alle Geschäfte und Rechtshandlungen, die der Betrieb eines derartigen HdlGewerbes oder die Vornahme derartiger Geschäfte **gewöhnlich** mit sich bringt (**branchenübliche Geschäfte,** anders Prokura). Ungewöhnlichkeit für das konkrete Unternehmen ist irrelevant. I schützt also nur gegen ungewöhnliche Beschränkungen der HdlVollmacht in Einzelfällen, zB Ausnahme einzelner Akte, Wertgrenze, Erfordernis einer Zustimmung anderer. Im Einzelfall kann auch bloße GesamtHdlVollmacht (s Rn 2) eine ungewöhnliche Beschränkung sein, aber wegen Verbreitung des Vieraugenprinzips idR nicht, Canaris § 13 Rn 10. Was gewöhnlich ist, bestimmt sich nach Branche, Art und Größe des Unternehmens, Besonderheit des Geschäfts, Vertragsbedingungen ua. Für Anmeldung von ZwNl ist Registervollmacht nachzuweisen, BGH WM **69**, 43, str (vgl § 13e Rn 2). Anfechtung wegen Inhaltsirrtums über diesen Umfang ist nach dem Zweck von § 54 ausgeschlossen (§ 56 Rn 5), str.

11 **Beispiele:** Noch gewöhnlich sind zB außergerichtlicher Vergleich über Warenverkauf, RG Recht **07** Nr 1222; bei großem Unternehmen auch Vertragsabschlüsse von erheblicher finanzieller Tragweite, BGH WM **03**, 750, zB Millionenschuldanerkenntnis bei Bau einer Ölraffinerie, BGH DB **78**, 2118, aber RG LZ **11**, 221; je nachdem auch Teilnahme an Gfterversammlungen und Ausübung der Stimmrechte bei TochterGes, BGH WM **08**, 2252; ferner Heymann/Sonnenschein/Weitemeyer 26 f. Ungewöhnlich sind idR zB weitreichende Verzichtserklärungen; Manipulationen zu kurzfristiger Kreditschöpfung unter Banken (ungedeckte, vordatierte Schecks), BGH WM **64**, 224; langjährige Ausschließlichkeitsabrede, Düss DB **88**, 1063; uU Erledigung eines Schadensfalls durch den Tankstellenstationsleiter, Hamm MDR **11**, 310; im Gaststättengewerbe Abschluss eines Automatenaufstellvertrags, Celle BB **83**, 1495, fraglich. **Muster:** Hopt/Voigt 4. Aufl 2013 Form I.E.3, I.E.4 (Anmeldung der Erteilung einer Handlungsvollmacht/Generalvollmacht).

12 C. **Notwendigkeit einer besonderen Ermächtigung (II):** Nach der willkürlichen Aufzählen in II deckt die HdlVollmacht außer bei besonderer Erteilung der Befugnis hierzu nicht:

Veräußerung oder Belastung von Grundstücken (vgl § 49 II, Auslegung wie dort);

13 **Eingehung von Wechselverbindlichkeiten,** RG **76**, 202, anders (also gedeckt) bei Scheckverbindlichkeiten, BGH WM **76**, 769. Scheckvollmacht enthält keine Ermächtigung bezüglich Wechselgeschäfte. Ermächtigung zur Eingehung von Wechselverbindlichkeiten deckt keine Untervollmacht, außer wenn diese dem Unterbevollmächtigten keinerlei Spielraum eröffnet, Mü ZIP **84**, 815;

14 **Aufnahme von Darlehen,** nur solche nach §§ 488, 607 BGB, nicht alle Kreditgeschäfte oder gar Geschäfte mit Kreditcharakter; auch Kontoüberziehung, str, bei laufendem Bankkredit mit Kreditlinie aber oft stillschweigende Ermächtigung, vgl BGH NJW **69**, 695 (Scheckzeichnungsvollmacht deckt Ausnutzung von Bankkredit);

15 **Prozessführung,** auch vor Schiedsgericht, samt Prozessvergleich, aber erst ab Einleitung des Verfahrens, also **nicht** schon Gerichtstandvereinbarung, Schiedsklausel und Mediation, diese deckt die HdlVollmacht ohne besondere Ermächtigung, Oetker/Schubert 36, aA Mü NJW-RR **09**, 418 (Schiedsvereinbarung) und noch üL, MüKo/Krebs 40, Koller/Roth 12, distanziert K. Schmidt § 16 Rn 102, aber nicht mehr zeitgemäß, außergerichtlicher Vergleich, Verfahren der freiwilligen Gerichtsbarkeit, Schutzrechtsanmeldungen, Heymann/Sonnenschein/Wei-

5. Abschnitt. Prokura und Handlungsvollmacht 16–21 § 54

temeyer 34, str, patentgerichtliche Verfahren, BPatG BB 77, 267, Anmeldungen zu Re gistern. Ermächtigung zu Vergleich deckt nicht Prozessführung, auch nicht vor Schiedsgericht.

Andere Geschäfte als die genannten fallen nicht unter II, zB Bürgschaft, 16 Kreditgeschäfte, die nicht Darlehen sind (s Rn 14). Analogie scheidet wegen der Willkürlichkeit der Aufzählung grundsätzlich aus, Canaris § 13 Rn 23. Dagegen erfasst II nach seinem Zweck auch die entsprechenden **Verpflichtungsgeschäfte**, so auch Schiedsvereinbarungen in streitiger Sache.

Ermächtigung nach II ist formlos erteilbar, einzeln oder generell für alle 17 Geschäfte nach II. Sie ist auch konkludent möglich, BGH WM **69**, 43, **78**, 1046. Dafür müssen aber hinreichende Anhaltspunkte gegeben sein, RG **76**, 202, **117**, 164. Überlassung der gesamten Geschäftsführung, Erteilung einer GeneralHdl-Vollmacht und Vollmacht zur Scheckbegebung sind keine konkludente Bevollmächtigung zur Eingehung von Wechselverbindlichkeiten, Staub/Joost 61, Mü OLGZ **66**, 26. Ermächtigung ist nicht ohne Weiteres in GeneralHdlVollmacht enthalten, BGH WM **69**, 43, auch nicht Überlassung des Unternehmens zur alleinigen Führung, Mü OLGZ **66**, 25. Auch in Fällen des II kann Duldungs- oder AnscheinsHdlVollmacht vorliegen, BGH WM **78**, 1046 (s Rn 3).

D. **Wirkung sonstiger Beschränkungen gegen Dritte (III): Sonstige Beschränkungen** sind andere als nach I und II, also ungewöhnliche Beschränkun- 18 gen der HdlVollmacht in Einzelfällen, zB Ausnahme einzelner Akte, Wertgrenze, Erfordernis einer Zustimmung anderer (vgl Rn 10). Gemeint sind echte Beschränkungen der HdlVollmacht, nicht bloß intern einschränkende Weisungen, BGH ZIP **82**, 589. Was vorliegt, bestimmt sich nach §§ 133, 157 BGB, § 346; beweispflichtig ist wegen I der Vertretene. Auf GesamtHdlVollmacht ist III analog anwendbar, Grund: Verkehrsschutz, Canaris § 13 Rn 10, Staub/Joost 71, aA MüKo/Krebs 42.

Sonstige Beschränkungen der HdlVollmacht gelten Dritten gegenüber **nur bei** 19 **Kenntnis oder Kennenmüssen**, BGH WM **03**, 750, zB bei Schild „Zahlung nur an der Kasse". Kennenmüssen bedeutet einfache Fahrlässigkeit (§ 122 II BGB), Düss NJW-RR **09**, 1043 (mit näheren Umständen), aber keine allgemeine Nachforschungspflicht, im Verkehrsschutzinteresse Annäherung an grobe Fahrlässigkeit, s MüKo/Krebs 43; Fahrlässigkeit jedenfalls bei konkreten Verdachtsmomenten. III betrifft nur das Außenverhältnis zum Dritten (Vertragspartner), nicht das Innenverhältnis zwischen Kfm und HdlBevollmächtigtem; Nichtbeachtung kann zu Schadensersatzpflicht nach § 280 BGB und außerordentlicher Kündigung führen. III begründet kein Wahlrecht, Brschwg MDR **02**, 42, Mü-Ko/Krebs 45, aA Staub/Joost 77, Koller/Roth 17, vgl BGH **86**, 275 (vor § 48 Rn 6). Beschränkung in **AGB** kann nach **(5)** §§ 307 ff BGB unwirksam sein, zB Bestätigungsvorbehalt für Reparaturauftrag, BGH NJW **82**, 1390, wirksam ist aber Beschränkung der Inkassovollmacht (§ 55 III). Beweispflichtig ist auch insoweit der Vertretene.

E. **Überschreiten der Vollmacht:** Es gelten §§ 177 ff BGB. Die HdlVoll- 20 macht deckt nicht (vom Kfm nicht gewollte) Schwarzgeschäfte mit Absprache falscher Buchung zur Steuerhinterziehung; sie sind nicht genehmigungsfähig (§§ 134, 138 BGB); der Kfm haftet in solchen Fällen dem Geschäftspartner auch nicht aus Verschulden bei Vertragsverhandlungen nach §§ 280, 311 II iVm § 278 BGB, BGH LM § 117 Nr 5. **Missbrauch** der bestehenden HdlVollmacht s BGH WM **66**, 491, § 50 Rn 4 III (einfache Fahrlässigkeit, aber s Rn 19) gilt dabei nicht analog, Staub/Joost 80, aA Canaris § 13 Rn 28.

4) Erlöschen

Die HdlVollmacht erlischt nach §§ 168 ff BGB (also mit Gutglaubensschutz 21 nach §§ 170 ff BGB), zB mit dem zugrundeliegenden Rechtsverhältnis (idR

§ 55 1   1. Buch. Handelsstand

Dienst- oder Arbeitsverhältnis); durch die Eröffnung des Insolvenzverfahrens (§ 117 InsO, gilt auch für HdlVollmacht); durch Widerruf bei fortbestehendem Grundverhältnis (§ 168 S 2, 3 BGB; durch unwirksame außerordentliche Kündigung (§ 89a Rn 5); mit Aufgabe des Betriebs; mit Betriebs- oder Unternehmensveräußerung, auch wenn das Arbeitsverhältnis nach § 613a BGB fortbesteht, Staub/Joost 91, str; mit Verzicht (wie bei Prokura, vgl § 52 Rn 1), aA Heymann/Sonnenschein/Weitemeyer 42. Eine unwiderrufliche HdlVollmacht ist möglich, aber nur wenn sie (mindestens gleichwertig) auch im Interesse des Beauftragten oder eines Dritten liegt, vgl BGH WM **71**, 956, str; Widerruf aus wichtigem Grund ist aber stets zulässig, BGH WM **69**, 1009. Bei **Tod** des Geschäftsinhabers bleibt die HdlVollmacht iZw (Prokura immer, § 52 III) bestehen, §§ 168 S 1, 672 S 1, 675 I BGB, Hopt ZHR 133 **(70)** 311. Ausscheiden des HdlBevollmächtigten aus dem Unternehmen lässt §§ 170 ff BGB nicht ohne Weiteres entfallen, vielmehr gilt § 173 BGB, str, Canaris § 13 Rn 31.

[Abschlussvertreter]

55 **(1) Die Vorschriften des § 54 finden auch Anwendung auf Handlungsbevollmächtigte, die Handelsvertreter sind oder die als Handlungsgehilfen damit betraut sind, außerhalb des Betriebes des Prinzipals Geschäfte in dessen Namen abzuschließen.**

(2) Die ihnen erteilte Vollmacht zum Abschluß von Geschäften bevollmächtigt sie nicht, abgeschlossene Verträge zu ändern, insbesondere Zahlungsfristen zu gewähren.

(3) Zur Annahme von Zahlungen sind sie nur berechtigt, wenn sie dazu bevollmächtigt sind.

(4) Sie gelten als ermächtigt, die Anzeige von Mängeln einer Ware, die Erklärung, daß eine Ware zur Verfügung gestellt werde, sowie ähnliche Erklärungen, durch die ein Dritter seine Rechte aus mangelhafter Leistung geltend macht oder sie vorbehält, entgegenzunehmen; sie können die dem Unternehmer (Prinzipal) zustehenden Rechte auf Sicherung des Beweises geltend machen.

Übersicht

		Rn
1)	Abschlussvollmacht als Voraussetzung (I)	1–5
	A. Reichweite	1
	B. Nicht erfasste Personen	4
2)	Umfang der Abschlussvollmacht (II–IV)	6–15
	A. Grundsatz (I mit § 54 I)	6
	B. Erweiterung (IV)	7
	C. Beschränkungen (I–III)	11
	D. Wirkungen sonstiger Beschränkungen gegen Dritte (I mit § 54 III)	14
	E. Überschreiten der Vollmacht	15

1) Abschlussvollmacht als Voraussetzung (I)

1 A. **Reichweite:** § 55 (idF 6.8.53, s § 84 Rn 2) gilt für zwei Gruppen von Abschlussvertretern:

a) Für HdlBevollmächtigte, die HV (§ 84) sind, also nach I iVm § 54 I für HV, die zur Vornahme einer bestimmten, zu einem HdlGewerbe gehörigen Art von Geschäften oder zur Vornahme einzelner, zu einem HdlGewerbe gehöriger Geschäfte ermächtigt sind (**selbstständige Abschlussvertreter**, vgl II, § 84

5. Abschnitt. Prokura und Handlungsvollmacht 2–7 § 55

Rn 25). Wenn der Unternehmer nicht Kfm ist, gilt § 55 über § 91 I; s auch § 54 Rn 6.

b) Für HdlBevollmächtigte, die als HdlGehilfen (§ 59) damit betraut sind, **2** (regelmäßig) außerhalb des Betriebes des Prinzipals Geschäfte in dessen Namen abzuschließen **(angestellte Handlungsbevollmächtigte im Außendienst).** Wenn der Unternehmer nicht Kfm ist, gilt § 55 nicht unmittelbar (mangels einer Vorschrift wie § 91 I, dort Rn 1), sondern nur analog (§ 54 Rn 6), MüKo/Krebs 8, str, nach aA gar nicht.

I begründet also nicht die Abschlussvollmacht (HdlVollmacht, § 54 I), sondern **3** setzt sie in beiden Fällen voraus. RechtsscheinHdlVollmacht (§ 54 Rn 3) genügt. Der Halbsatz „betraut sind, außerhalb des Betriebs (des Prinzipals) Geschäfte in dessen Namen abzuschließen" gilt für beide Gruppen, Heymann/Sonnenschein/Weitemeyer 6, str. Ort der Abschlüsse ist gleichgültig, auch am Ort der HauptNl oder der ZwNl, sofern „außerhalb des Betriebs". Gemischte Betrauung innerhalb und außerhalb des Betriebs genügt, I schließt nur reine Innendienstvertreter aus.

B. Nicht erfasste Personen: Nicht unter § 55 fallen **Handelsvertreter 4 ohne Abschlussvollmacht** (Vermittlungsvertreter, § 91 II) und HdlGehilfen, die ohne Abschlussvollmacht außerhalb des Betriebes des Prinzipals Geschäfte vermitteln **(Vermittlungsgehilfen,** § 75g). Abschlüsse dieser Personen ohne Vollmacht fallen unter §§ 91a, 75h mit der Maßgabe, dass diese Personen wenigstens zur Entgegennahme von Rügen und zur Beweissicherung ermächtigt sind (entspr § 55 IV). Allgemeiner sind auch andere Vermittlungsvertreter idR bevollmächtigt, Vertragsangebote Dritter entgegenzunehmen **(Empfangsvertreter),** BGH **82,** 221. § 55 ist nicht analog auf Vertragshändler, Kommissionsagenten, Makler (§ 84 Rn 10, 18, 20) anwendbar.

Für die Vollmacht der **Versicherungsvertreter** (bis 2007 Versicherungsagen- **5** ten genannt, Definitionen s § 92 Rn 1) gelten Sonderregeln **(§§ 43 ff aF, 69 ff nF VVG),** dazu BGH **116,** 387, Saarbr NJW-RR 06, 1467, Schwenker NJW **92,** 343. Auch ohne Abschlussvollmacht können sie in dem Versicherungszweig, für den sie bestellt sind, Vertragsanträge und alle das Versicherungsverhältnis betreffenden Erklärungen entgegennehmen. Haben sie Abschlussvollmacht, sind sie auch zur Änderung, Verlängerung und Beseitigung abgeschlossener Versicherungsverträge befugt (§§ 45 aF, 71 nF VVG). Empfangsvollmachtsbeschränkung in AGB, BGH NJW **99,** 1633. Repräsentantenstellung, BGH NJW **07,** 2038m Anm Staudinger. Lit: Prölss/Martin VVG 29. Aufl 2015; Luckey VersR **93,** 151, Fricke VersR **93,** 399, Beckmann NJW **96,** 1378 (AGB); allgemeiner zum Vers-Vertreter § 92 Rn 1.

2) Umfang der Abschlussvollmacht (II–IV)

A. Grundsatz (I mit § 54 I): Der grundsätzliche Umfang der Abschlussvoll- **6** macht ergibt sich aus I iVm § 54 I (s dort). Die Abschlussvollmacht ist HdlVollmacht und umfasst als solche alle Geschäfte und Rechtshandlungen, die die Vornahme von Geschäften der Art, zu der der Abschlussvertreter bevollmächtigt ist, gewöhnlich mit sich bringt. Dazu gehört auch die Durchführung abgeschlossener Geschäfte, zB Mahnung, Fristsetzung, Erhebung von Mängelrügen, nicht Einklagung (s Rn 11), nicht Beseitigung des Rechtsgeschäfts (s Rn 11).

B. Erweiterung (IV): Die Abschlussvollmacht ist in IV Halbs 1 erweiternd **7** dahin typisiert, dass sie auch die **Entgegennahme von Erklärungen (IV Halbsatz 1),** durch die ein Dritter seine Rechte aus mangelhafter Leistung des Unternehmers geltend macht oder sich vorbehält, umfasst. Bsp: Anzeige von Mängeln einer Ware (nicht nur nach § 377, sondern auch sonstige); Leistungs- oder Nacherfüllungsverlangen; Schadensersatzverlangen wegen Pflichtverletzung (§ 280 BGB) und statt der Leistung (§§ 281 ff BGB); Mahnung, Fristsetzung (auch Verspätung ist mangelhafte Leistung iSv IV); Rücktritt (§§ 323 ff, 346

§ 55 8–14   1. Buch. Handelsstand

BGB) und Kündigung wegen der mangelhaften Leistung (sonst s Rn 9); Anfechtung, sofern sie auf der mangelhaften Leistung beruht. IV Halbs 1 gilt auch für Erklärungen solcher Dritter, mit denen der Kfm selbst oder ein anderer Abschlussvertreter abgeschlossen hat, str. Der Abschlussvertreter kann die Entgegennahme ebenso wenig ablehnen wie der Unternehmer selbst, str.

8   Korrelat der Entgegennahme von Mängelrügen ist die (außergerichtliche und gerichtliche) **Beweissicherung** namens des Unternehmers **(IV Halbsatz 2)**, zB nach §§ 485 ff ZPO, aber (entgegen dem Wortlaut) nur hinsichtlich der geltend gemachten Mängel.

9   Nicht von IV **gedeckt** sind:

a) alles, was nicht mit der mangelhaften Leistung zusammenhängt, zB die Entgegennahme einer auf anderen Gründen beruhenden Anfechtung oder eines bei Abschluss vorbehaltenen Widerrufs oder Rücktritts (ohne Zusammenhang mit einer Mangelhaftigkeit der Leistung); bei anderen Erklärungen des Dritten zB nach § 375 oder sonst in Vertragsausführung besteht keine Empfangsvollmacht nach IV (aber § 54 ua), str;

b) alles, was über passive Vertretung hinausgeht (außer Beweissicherung), zB Stellungnahme namens des Unternehmers zu den Erklärungen des Dritten, Anerkennung seiner Rechte, Gewährung eines Preisnachlasses. Bei Erklärung, die Ware werde zur Verfügung gestellt, kann der Bevollmächtigte nicht ohne Weiteres auch die Ware selbst entgegennehmen, doch kann Zustimmung des Unternehmers (§§ 362 II, 185 BGB) vorliegen, zB bei Inkassovollmacht nach III oder bei Ermächtigung zur Auslieferung (Auslieferungslager), Staub/Joost 49, str.

10 Soweit IV nicht eingreift, kann HdlVollmacht, BGB-Vollmacht oder jeweils Rechtsscheinsvollmacht zur Vertretung des Unternehmers berechtigen. IV ist keine Fiktion, sondern widerlegliche Vermutung, Staub/Joost 41, str. IV ist **abdingbar,** aber Dritte sind nach § 54 III geschützt.

11 C. **Beschränkungen (I–III): a) Notwendigkeit einer besonderen Ermächtigung (I mit § 54 II):** Beschränkungen folgen aus I iVm § 54 II (s dort) für die Veräußerung oder Belastung von Grundstücken, Eingehung von Wechselschulden, Aufnahme von Darlehen und Prozessführung.

12 **b)** Die Vollmacht umfasst ferner nicht die **Änderung abgeschlossener Verträge, insbesondere** die nachträgliche **Gewährung von Zahlungsfristen (II),** auch nicht, wenn der Abschlussvertreter den Vertrag selbst abgeschlossen hat und dabei die Zahlungsfrist ohne Weiteres hätte gewähren können. Änderung iSv II ist jede Änderung, auch von Nebenbedingungen, AGB und Details; auch die Beseitigung des Vertrags, zB Anfechtung nach §§ 119 ff BGB, Ausübung gesetzlicher oder vertraglicher Rücktrittsrechte, vertragliche Aufhebung. Das gilt auch für Änderungen, die dem Kfm günstig sind. II ist (obwohl nicht wie in III besonders gesagt) abdingbar, auch konkludent. Keine Änderung sind Willenserklärung zur Durchführung des Geschäfts sowie Handlungen, die nur Rechte erhalten oder neue zusätzliche Ansprüche begründen, ohne den Vertrag zu ändern, zB Mahnung, allgemeine Fristsetzung, Fristsetzung nach § 323 BGB (aber nicht Rücktritt), Rüge nach § 377.

13 **c)** Dasselbe gilt für **Annahme von Zahlungen (III).** Der Abschlussvertreter hat also kein Inkassorecht. Inkassorecht bei Bargeschäft (zB für Anzahlung) deckt nicht auch Inkasso nach Kreditierung, BGH WM **76,** 715. III berührt nicht § 370 BGB (Quittung). Besondere Inkassovollmacht ist möglich, auch konkludent durch Aushändigung einer Quittung. Für VersVertreter gilt §§ 43 Nr 4 aF, 69 II nF VVG, s Rn 5.

14 D. **Wirkungen sonstiger Beschränkungen gegen Dritte (I mit § 54 III):** Sonstige Beschränkungen der Abschlussvollmacht gelten Dritten gegenüber nur

5. Abschnitt. Prokura und Handlungsvollmacht 1, 2 § 56

bei Kenntnis oder Kennenmüssen, I iVm § 54 III (anders im Innenverhältnis, s § 54 Rn 19). **Missbrauch** der bestehenden Abschlussvollmacht liegt nicht schon ohne Weiteres vor, wenn der Dritte weiß, dass der Abschlussvertreter eine interne Weisung des Kfm nicht beachtet, s § 50 Rn 5. Schwarzgeschäfte s § 54 Rn 20.15

E. **Überschreiten der Vollmacht:** s § 54 Rn 20. Sonderregeln in § 75h und 15 § 91a.

[Angestellte in Laden oder Warenlager]

56 Wer in einem Laden oder in einem offenen Warenlager angestellt ist, gilt als ermächtigt zu Verkäufen und Empfangnahmen, die in einem derartigen Laden oder Warenlager gewöhnlich geschehen.

Übersicht

	Rn
1) Voraussetzungen der Ladenvollmacht	1–3
A. Ladeninhaber (Vertretener)	1
B. Angestellte Person (Vertreter)	2
2) Umfang der Ladenvollmacht	4–6
A. Umfang	4
B. Beschränkungen	5
C. Schadensersatzhaftung	6

1) Voraussetzungen der Ladenvollmacht

A. **Ladeninhaber (Vertretener):** § 56 betrifft unausgesprochen (§§ 1 ff, 1 § 54) Kflte als Ladeninhaber, ist aber auf Kleingewerbetreibende analog anzuwenden. Das ist nach der Beseitigung des MinderKfm im Verkehrsschutzinteresse unabweisbar (RegE HRefG) und hat Konsequenzen für § 54 (dort Rn 6). Auch Minderjährige (§§ 107, 112 BGB). § 56 tritt zwar hinter den Schutz des geschäftsunfähigen Inhabers zurück (§ 5 Rn 11), aber der gesetzliche Vertreter kann mit Wirkung für den Minderjährigen Rechtsschein begründen, str, K. Schmidt § 16 V Rn 136. § 56 erfordert einen **Laden** oder ein **offenes Warenlager**, also eine Verkaufsstätte, die zum freien Eintritt für das Publikum und zum Abschluss von Geschäften bestimmt ist; weder feste Niederlassung noch Dauereinrichtung sind nötig. Bsp: Verkaufsstände auf Ausstellung, RG **69**, 308, Großhandelslager, in dem auch privat verkauft wird, BGH NJW **75**, 2191. Nicht Fabrikräume, Büro, Kontor, KG JW **24**, 1181. Vertrieb außerhalb der Verkaufsstätte.

B. **Angestellte Person (Vertreter): a)** Es muss sich um eine in dem Laden 2 oder Warenlager angestellte Person handeln. Angestellt ist jeder, der im Laden (Warenlager) mit Wissen und Willen des Inhabers an der Verkaufstätigkeit mitwirkt, gleich ob seine Hauptaufgaben ganz andere sind, auch wenn er nicht einmal Besitzdiener (§ 855 BGB) ist, BGH NJW **75**, 2191; auch das im Laden kaufmännisch tätige Familienmitglied. Anstellung braucht nicht arbeitsvertraglich zu sein, Düss NJW-RR **09**, 1043, nicht einmal rechtsgeschäftlich. Auch Minderjährige und Geschäftsunfähige (§ 54 Rn 7). Der Inhaber wird der angestellten Person idR (Innen)Vollmacht erteilen, dann bleibt § 56 wichtig für den Umfang (s Rn 4).

Der Verkehrsschutz nach § 56 setzt voraus, dass die angestellte Person in oder von dem Laden bzw Warenlager aus geschäftlich tätig wird, zB einen Vertrag anbahnt, abschließt oder einen solchen erfüllt. Telefonische Abschlüsse, Email und Fax aus dem Laden heraus sind erfasst, spätere Abschlüsse nur bei einem unmittelbaren örtlichen Zusammenhang, Koller/Roth 7, Oetker/Schubert 9.

Hopt 263

§ 57

3 **b) Nicht angestellt** ist, wer ohne Wissen und Willen im Laden mit dem Publikum verkehrt, RG **108,** 49, oder nicht zu Verkaufszwecken dort tätig ist, zB Packer, Raumpflegerin. Verhindert freilich der Kfm das Tätigwerden solcher Personen beim Verkauf nicht, kann **Rechtsscheinhaftung** anzunehmen sein (Überbl Rn 5–7 vor § 48, § 54 Rn 3), BGH NJW **88,** 2110, aber nur wenn deren Voraussetzungen vorliegen, nicht schon wegen des allgemeinen Organisationsrisikos des Kfm.

2) Umfang der Ladenvollmacht

4 A. **Umfang:** § 56 begründet im Interesse des Verkehrsschutzes eine **Vermutung** für Erteilung und Umfang einer Vollmacht des Ladenangestellten, BGH NJW **75,** 2191, **88,** 2110, dogmatisch sehr str, für Rechtsscheinstatbestand Canaris § 14 Rn 5, Vermutung und Rechtsscheinsregel, K. Schmidt § 16 V Rn 121, aA Duldungsvollmacht (Überbl 2 vor § 48). Die Vermutung ist widerleglich, Canaris § 14 Rn 6, Koller/Roth 2, Oetker/Schubert 2, aA BGH NJW **75,** 2191, MüKo/Krebs 5: keine Vermutung, aber dispositiv, bzw der Rechtsschein kann beseitigt werden (Bsp s Rn 5). Der Ladenangestellte gilt als ermächtigt zu Verkäufen und Empfangnahmen, die in einem derartigen Laden oder Warenlager gewöhnlich geschehen. **Gewöhnliches** Geschäft in einem derartigen Laden bedeutet Üblichkeit nach Branche, Ladentyp und Geschäften. Örtlicher Zusammenhang zwischen dem Wirkungsbereich des Angestellten und dem Geschäftsschluss ist nötig, doch genügt Anbahnung des Geschäfts im Laden und Abschluss außerhalb, RG **108,** 49, auch Einkassierung der Restschuld außerhalb des Ladens nach Verkauf und Anzahlung im Laden, LG Bochum MDR **59,** 130. „**Verkäufe**" ist untechnisch gemeint, dazu gehören zB Entgegennahme von Mängelanzeigen, Übereignung, Vermittlung eines (Kfz)Verkaufs, Werk- und Werklieferungsvertrag, str, Leasingvertrag, Ausstellung von Quittung; **nicht** Ankäufe, BGH NJW **88,** 2109, Rückabwicklung zB nach Anfechtung oder Rücktritt, oder Umtausch (vgl § 55 II), str, Inzahlungnahme, str. **Empfangnahmen** betrifft namentlich Zahlungen, Düss NJW-RR **09,** 1043, einerlei ob der Angestellte das Geschäft selbst geschlossen hat, Mängelanzeige, Entgegennahme von Ware (Reparatur ua), nicht Umtausch, Inzahlungnahme zB von Kfz, str. Soweit hier § 56 ausscheidet, kommt aber § 54 in Betracht. Lit Weimar MDR **68,** 901, Th. Honsell JA **84,** 17.

5 B. **Beschränkungen:** Die Ladenvollmacht ist durch klaren Hinweis **ausschliessbar,** Düss NJW-RR **09,** 1043, zB Schild „Zahlung nur an der Kasse". Damit wird die Vermutung widerlegt bzw der Rechtsschein beseitigt. Anfechtung wegen Inhaltsirrtums ist nach dem Zweck von § 56 ausgeschlossen (§ 54 Rn 10), K. Schmidt § 16 V Rn 31, str. § 56 schützt auch solche Kunden, die den Laden und seine Verhältnisse kennen (Befreiung von Nachforschungspflichten), BGH NJW **75,** 2191; doch schadet Bösgläubigkeit entspr § 54 III (s dort Rn 19). Missbrauch der Vollmacht s § 54 Rn 20, § 50 Rn 4.

6 C. **Schadensersatzhaftung:** Unabhängig von der Vertretungsmacht haftet der Inhaber für den Angestellten aus Verschulden bei Vertragsverhandlungen nach §§ 280, 311 II iVm § 278 BGB auf Schadensersatz, Bsp: Düss WM **73,** 473, offen BGH NJW **88,** 2110. Eigenhaftung des Angestellten s Überbl 9 vor § 48.

[Zeichnung des Handlungsbevollmächtigten]

57 Der Handlungsbevollmächtigte hat sich bei der Zeichnung jedes eine Prokura andeutenden Zusatzes zu enthalten; er hat mit einem das Vollmachtsverhältnis ausdrückenden Zusatze zu zeichnen.

6. Abschnitt. Handlungsgehilfen und -lehrlinge **§ 59**

1) Entspr § 51 für die Prokura, s dort. Der HdlBevollmächtigte zeichnet 1 üblicherweise „per", „i. V.", „in Vollmacht" mit Namen oder Firma, RG **74**, 72. Zeichnung wie ein Prokurist wirkt je nach den Umständen für den Firmeninhaber oder für (oder gegen) den HdlBevollmächtigten selbst, Überbl 8–9 vor § 48.

[Unübertragbarkeit der Handlungsvollmacht]

58 Der Handlungsbevollmächtigte kann ohne Zustimmung des Inhabers des Handelsgeschäfts seine Handlungsvollmacht auf einen anderen nicht übertragen.

1) Übertragung

Die HdlVollmacht ist übertragbar (anders Prokura, § 52 II), aber nur mit 1 Zustimmung des Inhabers (Einwilligung vorher, Genehmigung nachher, §§ 182 ff BGB). Zustimmen kann auch der Prokurist (§ 49 I). Die „Übertragung" durch den Kfm ist Widerruf und Neuerteilung an den andern.

2) Untervollmacht

Von der Übertragung (Vollsubstitution, der bisherige HdlBevollmächtigte verzichtet damit auf seine HdlVollmacht) ist die in § 58 nicht geregelte Untervollmacht (Bestellung eines weiteren HdlBevollmächtigten) zu unterscheiden; Bsp: s § 54 Rn 4. Der HdlBevollmächtigte kann keine weitergehende Vollmacht erteilen, als er sie selbst hat. Untervollmacht ist auch in Fällen des § 54 II nicht grundsätzlich ausgeschlossen, aA Mü WM **84**, 835.

Sechster Abschnitt. Handlungsgehilfen und Handlungslehrlinge

Überblick vor § 59

Schrifttum zum Arbeitsrecht

Außer dem allgemeinen Schrifttum (s Einl vor 1) *Dieterich ua,* Erfurter Komm zum Arbeitsrecht, 17. Aufl 2017. – *Dornbusch/Fischermeier/Löwisch* AR Kommentar zum gesamten Arbeitsrecht, 8. Aufl 2016 – *Henssler/Willemsen/Kalb* Arbeitsrecht Kommentar 7. Aufl 2016. – Tschöpe Arbeitsrecht Handbuch 10. Aufl 2017. – *MüKo(HGB)/von Hoyningen-Huene* 4. Aufl 2016. – *Preis,* Arbeitsvertrag, 5. Aufl 2015. – *Richardi/Wlotzke,* MüHdbArbR, 3. Aufl 2009. – *Schaub/Koch/Linck/Treber/Vogelsang* Arbeitsrechts-Handbuch, 16. Aufl 2015. – *Wagner,* Die Besonderheiten beim Arbeitsverhältnis des Handlungsgehilfen, 1993. – *Henssler/Preis* NZA Beil 23/06, (Arbeitsvertragsgesetzentwurf). – *Löwisch* FS Wiedemann 02, 311, *Herbert/Oberrath* NJW 05, 3745 (Auswirkungen des SMG). – *Wank* JA 07, 321 (Arbeitsrecht im HGB). – Roth RdA **12**, 1. **Rspr:** BAG(E), AP, EzA, SAE.

[Handlungsgehilfe]

59 [1]Wer in einem Handelsgewerbe zur Leistung kaufmännischer Dienste gegen Entgelt angestellt ist (Handlungsgehilfe), hat, soweit nicht besondere Vereinbarungen über die Art und den Umfang seiner Dienstleistungen oder über die ihm zukommende Vergütung getroffen sind, die dem Ortsgebrauch entsprechenden Dienste zu leisten sowie die dem Ortsgebrauch entsprechende Vergütung zu beanspruchen. [2]In Ermangelung eines Ortsgebrauchs gelten die den Umständen nach angemessenen Leistungen als vereinbart.

§ 59

Übersicht

	Rn
1) Einleitung, Rechtsquellen	1–12
A. Einleitung	1
B. Arten und Verhältnis der Rechtsquellen	2
C. §§ 611–630 BGB, AGG, Verbraucherschutzrecht	10
D. §§ 299 ff StGB, 17, 18 UWG	11
E. Arbeitsrechtliche Gesetze	12
2) Arbeitgeber	13–22
A. Begriff	13
B. Wechsel bei Betriebsübergang	17
C. Haftung ausgeschiedener Gesellschafter	22
3) Handlungsgehilfe (Arbeitnehmer)	23–31
A. Personal des Kaufmanns	23
B. Der traditionelle Begriff des Handlungsgehilfen	25
a) Angestellter	25
b) In einem Handelsgewerbe	27
c) Zu kaufmännischen Diensten	28
d) Gegen Entgelt	29
C. Beispiele und moderne Auslegung der §§ 59 ff	30
4) Arbeitsvertrag, Arbeitsverhältnis	32–43
A. Vertragsanbahnung	32
a) Gesetzliches Schuldverhältnis, Haftung	32
b) Abbruch der Vertragsverhandlungen	33
c) Mitteilungs- und Aufklärungspflichten, Fragen, Test	34
d) Obhuts- und Schutzpflichten	35
e) Ersatz von Vorstellungskosten	36
B. Zustandekommen (Änderung) des Arbeitsvertrags	37
a) Vertragsschluss, § 611a BGB	37
b) Fehlerhaftes Arbeitsverhältnis	38
C. Einwirkung von Tarifnormen	39
a) Normative Wirkung	39
b) Wirkung kraft Einzelvertrages	40
D. Einwirkung von Betriebsvereinbarungen, Mitbestimmung des Betriebsrats	41
a) Betriebsvereinbarungen	41
b) Mitbestimmung in sozialen, personellen und wirtschaftlichen Angelegenheiten	42
E. AGBKontrolle von Arbeitsverträgen	43
5) Arbeitspflicht und Nebenpflichten des Handlungsgehilfen (Arbeitnehmers)	44–55
A. Arbeitspflicht	44
a) Inhalt, Direktionsrecht	44
b) Arbeitszeit	45
c) Verletzung der Arbeitspflicht	46
B. Nebenpflichten	48
a) Rechtsgrundlagen, Beispiele, Rechtsfolgen von Pflichtverletzungen	48
b) Schweigepflicht	50
c) Schmiergeldverbot	51
d) Wettbewerbsverbot, Nebentätigkeit	52
e) Informations- und Auskunftspflicht	53
f) Arbeitnehmererfindungen	54
g) Herausgabepflicht	55
6) Arbeitsentgeltpflicht des Arbeitgebers	56–89
A. Rechtsgrundlagen, Lohngleichheit	56
B. Arten des Arbeitsentgelts	58
a) Gehalt	58
b) Provision (Erfolgsbeteiligung)	59
c) Gewinnbeteiligung (Tantieme)	60

6. Abschnitt. Handlungsgehilfen und -lehrlinge § 59

	Rn
d) Gratifikation (Sondervergütung)	61
e) Sachleistungen	69
f) Sonstige Arten	70
C. Arbeitsentgelt bei fehlender Arbeitsleistung	71
a) Unmöglichkeit	71
b) Annahmeverzug	72
c) Betriebsrisiko, Arbeitskampfrisiko	74
d) Krankheit und andere unverschuldete Hinderung des Handlungsgehilfen (Arbeitnehmers)	75
e) Feiertage, Urlaub	76
D. Einwendungen gegen Arbeitsentgeltanspruch	77
a) Verzicht, Ausschlussfrist, Verfallklausel, Ausgleichsquittung	77
b) Abtretung, Aufrechnung, Pfändung	81
c) Verjährung, Verwirkung	85
E. Betriebsrente	87
7) Nebenpflichten des Arbeitgebers	90–104
A. Rechtsgrundlagen, Gleichbehandlung, Rechtsfolgen von Pflichtverletzungen	90
B. Schutz von Leben und Gesundheit	93
C. Schutz und Förderung der Persönlichkeit	94
a) Personengerechte Arbeitsgestaltung	94
b) Schutz gegen ungerechte Behandlung und Mobbing	95
c) Beschäftigungspflicht	96
d) Schweigepflicht, Datenschutz	97
e) Informations- und Auskunftspflicht	98
f) Sonstige Einzelpflichten	99
D. Erholungsurlaub, Mutterschutz, BEEG, Pflege	100
E. Sicherung eingebrachter Sachen	101
F. Freistellung von Ersatzpflicht, Aufwendungsersatz	102
G. Abführung von Lohnsteuer und Sozialversicherungsbeiträgen	103
H. Nebenpflichten bei Beendigung des Arbeitsverhältnisses	104
a) Freizeit zur Stellungssuche	104
b) Zeugniserteilung	104
8) Haftungsbesonderheiten	105–110
A. Haftung des Arbeitgebers	105
a) für Personenschäden	105
b) für Sachschäden	106
B. Haftung des Arbeitnehmers	107
a) Haftung gegenüber dem Arbeitgeber für auf Grund des Arbeitsverhältnisses geleistete Arbeit	107
b) Haftung gegenüber Dritten, Freistellungsanspruch	108
c) Haftung gegenüber Arbeitskollegen	109
d) Mankohaftung	110
9) Ende des Arbeitsverhältnisses, Kündigungsschutz	111–167
A. Befristung, auflösende Bedingung	111
B. Nichtigkeit, Anfechtung	117
a) Anfechtung durch Arbeitgeber	118
b) Anfechtung durch Arbeitnehmer	119
c) Rechtsfolgen	120
C. Kündigung	121
a) Kündigungserklärung	121
b) Anhörung des Betriebsrats	122
c) Ordentliche Kündigung	123
d) Außerordentliche Kündigung	128
e) Wichtige Gründe für Kündigung des Arbeitgebers	139
f) Wichtige Gründe für Kündigung des Arbeitnehmers	148
g) Dienstverhältnisse, die keine Arbeitsverhältnisse sind	150

§ 59 1 — 1. Buch. Handelsstand

	Rn
D. Allgemeiner Kündigungsschutz und Verfahren	151
a) Anwendungsbereich des KSchG	152
b) Sozialwidrigkeit der ordentlichen Kündigung	153
c) Kündigungsschutzverfahren	154
d) Außerordentliche Kündigung	158
e) Unwirksamkeit der Kündigung aus anderen Gründen, Massenentlassungen	159
E. Besonderer Kündigungsschutz	160
a) Betriebsratsmitglieder	160
b) Schwangere und Mütter	161
c) Schwerbehinderte	162
d) Sonstige	163
F. Arbeitskampf, Abwehraussperrung	164
G. Sonstige Beendigungsgründe	165
a) Tod des Arbeitnehmers	165
b) Aufhebungsvertrag	166
c) Gerichtsurteil	167
10) Internationales Arbeitsrecht	168–170
A. Kollisionsrecht	168
B. Europäisches Arbeitsrecht	169
C. Sonstiges internationales Arbeitsrecht	170

1) Einleitung, Rechtsquellen

1 A. **Einleitung:** §§ 59–83 stellen ursprünglich und systematisch **kaufmännisches Sonderarbeitsrecht** dar, werden mittlerweile aber ganz überwiegend **allgemein angewandt.** Zweck des Arbeitsrechts ist ein gerechter Interessenausgleich zwischen Arbeitgeber und Arbeitnehmer. Der typischerweise schwächere Arbeitnehmer bedarf eines rechtlichen Mindestschutzes. Dieser Mindestschutz wirkt auf den Arbeitsmarkt ein; Marktschutz teilweise auch durch öffentlich-rechtliche Vorschriften mit privatrechtlicher Wirkung, etwa in der Gewerbeordnung und im Arbeitsschutzrecht. Arbeitsrecht ist danach das Sonderrecht der Arbeitnehmer, das sich in Individualarbeitsrecht, Arbeitsschutzrecht, kollektives Arbeitsrecht und Verfahrensrecht der Arbeitsgerichtsbarkeit gliedert. §§ 59 ff enthalten **Individualarbeitsrecht.** Interessen der Arbeitgeber tragen Gesetz und Rechtsprechung durch Anerkennung unternehmerischer Entscheidungen Rechnung, etwa bei betriebsbedingten Kündigungen, (unten Rn 153, allg Walker ZfA **04**, 501), zur demographiegerechten Ausgestaltung Hanau ZIP **11**, 1, Waltermann RdA **15**, 343.

Mit den §§ 59 ff hatte der historische Gesetzgeber des HGB 1897 erstmals einen größeren Teilbereich des Arbeitsvertragsrechts gesetzlich geregelt, das ADHGB enthielt nur eine rudimentäre Regelung. Seit den 1960er Jahren haben §§ 59 ff infolge von Vereinheitlichungstendenzen (zB Aufhebung der §§ 66–72 über Kündigungsrecht durch das 1. ArbRBerG 14.8.69 BGBl 1106, der §§ 76–82 über Handlungslehrlinge durch das BerBG 14.8.69 BGBl 1112 und des § 73 über Zeugnisanspruch durch 3. GewOÄndG 24.8.02 BGBl 3412) und wegen der raschen Entwicklung des Richterrechts zum allgemeinen Individualarbeitsrecht, das §§ 59 ff immer mehr bestimmt, stark an Bedeutung verloren. Die Kommentierung trägt dem Rechnung: Zum einen wird der **Kern des Individualarbeitsrechts,** soweit für den **Kaufmann (Arbeitgeber)** und den **Handlungsgehilfen (Arbeitnehmer)** praktisch notwendig, bei § 59 dargestellt. § 59 selbst hat kaum Bedeutung. Zum andern werden die **besonderen Regeln** für HdlGehilfen, vor allem zu **§§ 60–83,** näher erläutert. Die Berechtigung dieser Sonderregeln ist nicht einsichtig (Lit: Wagner 1992, K. Schmidt FS Söllner **00**, 1047), zT werden sie als verfassungswidrig angesehen, jedenfalls sollten sie überarbeitet, besser in ein allgemeines Arbeitsvertragsgesetz überführt werden, das international weithin üblich ist. Historisch gaben die Regelungen zum Handlungsgehilfen in Deutschland den Anstoß für die Diskussion eines Arbeitsvertragsgesetzbuchs. Allerdings haben weder die Empfehlungen der Juristentage von 1910 bzw. 1992 noch die entsprechenden Selbstverpflichtungen des Gesetzgebers in der Weimarer Reichsverfassung sowie im Einigungsvertrag zum Erfolg geführt. Bislang letzter Vorstoß für ein Arbeitsvertragsgesetzbuch von Henssler/Preis, NZA Beil 23/**06**, überarbeitete Version NZA Beil 21/**07**.

Die noch in den §§ 59–83 verbliebenen arbeitsrechtlichen Regelungen finden auch auf andere Arbeitnehmer als kaufmännische Angestellte sowie andere Arbeitgeber als Kaufleute Anwendung. Für die Vereinbarung eines nachträglichen Wettbewerbsverbots (§§ 74–75f) sieht das die GewO in § 110 Satz 2 explizit vor, für das Wettbewerbsverbot während des Bestands des Arbeitsverhältnisses (§§ 60, 61) folgt dies aus der Rechtsprechung des Bundesarbeitsgerichts (BAG NZA **07**, 1436). Für alle Arbeitsverhältnisse fruchtbar gemacht werden ferner Regelungen des Handelsvertreterrechts, neben § 65 (Verweis auf §§ 87 I, III, 87a bis 87c) gilt dies nach der Rechtsprechung des BAG insbesondere für die Länge vereinbarter Kündigungsfristen, § 89 II 2, BAG NZA **05**, 1176. Da mit einem Arbeitsvertragsgesetzbuch und damit einer Umsetzung des Einigungsvertrags in absehbarer Zeit nicht hinreichend sicher zu rechnen ist, empfiehlt es sich, den Begriff des Handlungsgehilfen modern auf alle Arbeitnehmer des Kaufmanns zu erstrecken (u Rn 31), so zum ADHGB 1861 bereits Thöl (§ 83 Rn 1), zur Gleichbehandlung, mit Blick auf § 61, aber verallgemeinerungsfähig, BAG NZA **07**, 1438.

B. **Arten und Verhältnis der Rechtsquellen** (Gestaltungsfaktoren): Die Arbeitsbedingungen des HdlGehilfen werden in erster Linie von seinem Arbeitsvertrag gestaltet (Grundsatz der Vertragsfreiheit). Diese Freiheit ist aber zum Schutz des Arbeitnehmers erheblich eingeschränkt. Schranken setzen europäisches Recht und nationales Gesetzesrecht (Verfassung, Gesetze, Rechtsverordnungen), Tarifverträge und Betriebsvereinbarungen. Neben dem gesetzten Recht steht das Richterrecht. Von Bedeutung ist auch die betriebliche Übung.

Europäisches Recht geht auch deutschem Verfassungsrecht vor. Dies gilt für Primärrecht, zB Gleichbehandlung nach AEUV Art 39 II, 40 (48 II, 49 aF, Ausländer), 157 AEUV (141, 119 aF, Frauen) sowie nach der Rspr des EuGH das Verbot der Altersdiskriminierung (EuGH NZA **05**, 1345, Mangold, bestätigt BVerfG NZA **10**, 995, so nun auch BAG NZA 12, 870, str) sowie für Sekundärrecht, also VO und RL. Praktisch besonders relevant sind die RL zum Betriebsübergang (dazu Rn 17f) sowie zur Gleichbehandlung, ferner Nachweis-RL, RL zur Teilzeit- u Leiharbeit, zum Mutterschutz u Elternurlaub, Teil- u Arbeitszeit, Texte abgedruckt bei Grundmann/Riesenhuber 2. Aufl 2012, EU-Arbeitsrecht, 6. Aufl 2016, s Rn 169.

a) **Verfassungsrecht** hat national den höchsten Rang. Bedeutsam sind vor allem die **Grundrechte**, etwa Art 1 I (Menschenwürde, Bsp: kein heimliches Beobachten des Arbeitnehmers), 2 I (freie Entfaltung der Persönlichkeit, Bsp: keine psychologischen Tests oder graphologische Gutachten ohne Einwilligung), 3 I (Gleichheit vor dem Gesetz, Bsp: keine willkürliche Lohnungleichheit, s Rn 57, 63, 91), 3 II (Gleichheit von Mann und Frau, s Rn 57, 91), 4 I (Glaubens-, Gewissens- und Bekenntnisfreiheit, aber Sonderstellung der Tendenzbetriebe iSv § 118 BetrVG, Bsp: religiöser Verlag), 5 I 1, II (freie Meinungsäußerung, aber Treuepflicht des Arbeitnehmers), 6 I (Schutz der Ehe und Familie, Bsp: Grenzen für Zölibatsklauseln), 6 IV (Schutz der Mutter, Bsp: Nichtigkeit der Vereinbarung über Schwangerschaft als auflösende Bedingung des Arbeitsverhältnisses), 9 III (Vereinigungs- und Koalitionsfreiheit, Bsp: Freiheit zum Arbeitskampf), 12 I (freie Wahl von Beruf, Arbeitsplatz und Ausbildungsstätte, Bsp: nur eingeschränktes Verbot von Nebentätigkeit, s § 60, Schranken für Wettbewerbsverbote nach Ende der Vertragszeit, s §§ 74 ff). Die Grundrechtsnormen gelten für tarifvertragliche Normsetzung nach § 1 TVG, dies nimmt das BAG nunmehr auf Grund der Schutzfunktion der Grundrechte an, BAG NZA **04**, 1399, **10**, 947. Die ursprüngliche Rechtsprechung zur unmittelbaren Drittwirkung (BAG **1**, 258) hat das BAG jedenfalls überwiegend aufgegeben, Grundrechte wirken auch im Arbeitsrecht mittelbar als Ordnungsprinzipien und Wertungsmaßstäbe zB über §§ 138, 242, 315 BGB, BAG NZA **01**, 613; zur Bedeutung verschiedener Grundrechtsverständnisse für das Arbeitsrecht Zöllner/Loritz/Hergenröther, § 9 I. Das **Sozialstaatsprinzip** (Art 20 I, 28 I 1 GG) ist Auftrag an den Gesetzgeber und Auslegungsgrundsatz für Rspr und Verwaltung (Bsp: Verfassungsgemäßheit der Entgeltumwandlung nach § 1a BetrAVG, BAG NZA-RR **07**, 650); es hat aber wegen seiner Unbestimmtheit keine unmittelbare Drittwirkung zB als Anspruchsgrundlage für Arbeitnehmer.

4   b) **Gesetze und Rechtsverordnungen** sind im Arbeitsrecht meist **Bundesrecht**, Arbeitsrecht gehört zu den Gebieten der konkurrierenden Gesetzgebung (Art 74 Nr 12 GG). Ländergesetze sind nur möglich, solange und soweit der Bund von seinem Gesetzgebungsrecht keinen Gebrauch macht, Landesarbeitsrecht ist deshalb praktisch von geringer Bedeutung, Bsp: Bildungsurlaub. Das für HdlGehilfen geltende Gesetzesrecht steht im HGB, BGB (s Rn 10), UWG (s Rn 11) und in zahlreichen arbeitsrechtlichen Gesetzen (s Rn 12). Gesetze stehen im Rang unter der Verfassung (s Rn 3), aber über Rechtsverordnungen. Gesetzesrecht hat Vorrang vor Rechtsnormen der Tarifverträge und Betriebsvereinbarungen (**zwingendes** Gesetzesrecht), kann aber Abweichungen durch Einzelvertrag, Betriebsvereinbarung oder auch nur durch Tarifvertrag zulassen (**dispositives, „tarifdispositives" Gesetzesrecht**). Auch zwingendes Gesetzesrecht bezweckt meist nur einen Mindestschutz für den Arbeitnehmer, lässt also günstigere Regelungen durch Kollektiv- oder Einzelvertrag zu.

5   c) **Tarifverträge und Betriebsvereinbarungen** sind Rechtsquellen des kollektiven Arbeitsrechts. Die in ihnen enthaltenen Rechtsnormen wirken zwingend und unmittelbar auf die Arbeitsverhältnisse der Tarifgebundenen (§§ 1 I, 4 TVG) bzw aller im Betrieb beschäftigten Arbeitnehmer (§ 77 BetrVG) ein. **Tarifverträge** regeln Inhalt, Abschluss und Beendigung von Arbeitsverhältnissen sowie betriebliche und betriebsverfassungsrechtliche Fragen (normativer Teil) und enthalten Rechte und Pflichten der Tarifvertragsparteien zB Friedenspflicht (schuldrechtlicher Teil). Lohntarifverträge regeln das Arbeitsentgelt, Manteltarifverträge andere Arbeitsbedingungen, zB Urlaub oder Kündigungsfristen. **Betriebsvereinbarungen** (und Dienstvereinbarungen) sind zB eine betriebliche Arbeitsordnung oder der Sozialplan (§§ 111, 112 BetrVG). Sie haben Rang nach dem Tarifvertrag (§ 37 I BetrVG) und können Arbeitsentgelte und sonstige Arbeitsbedingungen, die durch Tarifvertrag geregelt sind oder üblicherweise geregelt werden, nur regeln bei ausdrücklicher Zulassung ergänzender Betriebsvereinbarungen durch den Tarifvertrag (§ 77 III BetrVG). Rechtsnormen des Tarifvertrags gehen auch günstigeren Rechtsnormen der Betriebsvereinbarung vor (**Rangprinzip**), dagegen lassen Tarifvertrag und Betriebsvereinbarung günstigere Regelungen durch Einzelarbeitsvertrag zu (**Günstigkeitsprinzip**): zur Einwirkung von Tarifnormen auf die Arbeitsbedingungen tarifgebundener und nicht tarifgebundener Parteien s Rn 39–40.

6   d) **Richterrecht** spielt im Arbeitsrecht eine besonders große Rolle. Weite Teile des Individualarbeitsrechts sowie etwa das Streikrecht beruhen auf richterlicher Rechtsschöpfung. Auch wenn Richterrecht nicht als Rechtsquelle gilt, fungiert das BAG doch praktisch als Ersatzgesetzgeber. Richterrecht kann zwingend, dispositiv oder tarifdispositiv sein.

7   e) **Betriebliche Übung** ist (ua bei Gratifikationen, s Rn 62) die regelmäßige Wiederholung bestimmter Verhaltensweisen, aus denen die Arbeitnehmer (einer bestimmten Gruppe) schließen können, dass ihnen eine Leistung oder Vergüns-

6. Abschnitt. Handlungsgehilfen und -lehrlinge § 59

tigung auf Dauer gewährt werden soll, BAG NZA **06**, 1089. Rechtsfigur von Rechtsprechung entwickelt, in § 1b I 4 BetrAVG für Betriebsrenten gesetzlich erwähnt und dort auch weiter anwendbar, BAG NZA **11**, 104, NZA **12**, 1280. Bsp: jahrelange Zahlung von Betriebsrenten, BAG NZA **09**, 196, von Trennungsentschädigung, BAG NZA **02**, 54 (LS), im Einzelfall bei Weihnachtsgeld, BAG NZA **07**, 1292 (abl), NZA **13**, 40 (annehmend) idR nicht für außertarifliche Gehälter, BAG NZA **86**, 521, **10**, 184, bei Bonusmeilen mangels kollektiven Bezugs (s Rn 55), im Einzelfall bei Jubiläumszuwendung, BAG NZA **08**, 941. Betriebliche Übung ist keine Rechtsquelle, sondern ein schuldrechtlicher Verpflichtungstatbestand (auch ohne Bindungswillen des Arbeitgebers, so, wie ihn die Arbeitnehmer sehen dürfen, stillschweigende Annahme, § 151 BGB), BAG NZA **01**, 541, **06**, 1089, nach aA nur Vertrauenshaftung (§ 5 Rn 9, ausnahmsweise nicht beschränkt auf negatives Interesse), nach aA soll allgemeines Vertragsrecht zur Anwendung kommen. Entscheidend ist, wie der Arbeitnehmer das Verhalten des Arbeitgebers verstehen durfte (§§ 133, 157 BGB), BAG NZA **03**, 1139, 1145, **04**, 1152 (iErg abl). Anspruch aus betrieblicher Übung nur mangels kollektiv- oder individualrechtlicher Grundlage, Ansprüche aus diesen kann betriebliche Übung nicht ändern, BAG NZA **05**, 349, aber ggf Anspruch wenn zunächst irrtümlich tarifvertragliche Verpflichtung angenommen wurde, BAG NZA **12**, 41 (Betriebsrente). Der Arbeitgeber kann das Entstehen einer Betriebsübung durch klaren Ausschluss einer Bindung oder Widerspruchsvorbehalt für die Zukunft grundsätzlich ausschließen, BAG NZA **08**, 941, auch im Formulararbeitsvertrag, BAG NZA **09**, 310. Eine bestehende betriebliche Übung kann individualvertraglich geändert werden, BAG NZA **10**, 283, die Rspr zur gegenläufigen betrieblichen Übung hat das BAG aufgegeben, NZA **09**, 601. Der Arbeitnehmer braucht nur unter der Geltung der Betriebsübung gearbeitet zu haben, nicht notwendig aber von ihr betroffen worden zu sein, BAG NZA **04**, 1152. Betriebsübung ist auch zu Ungunsten der Arbeitnehmer möglich, aber nur wenn sich der Arbeitnehmer ihr beugt. Der betrieblichen Übung entspricht (zunächst auf den einzelnen Arbeitnehmer beschränkt) die konkludente Individualzusage, Salamon NZA **10**, 1272, die allgemeiner Dogmatik entspricht und die betriebliche Übung ablösen könnte, so bei einem Bauleiter BAG NZA **15**, 992, dem Sonderzahlungen in unterschiedlicher Höhe gewährt wurden (Entscheidung des Arbeitgebers nach Betriebsergebnis). Lit: Bepler RdA **04**, 226, **05**, 323; Ulrici BB **05**, 1902; Waltermann RdA **06**, 257, Preis NZA **09**, 281, Forst ZfA **13**, 167 (Rechtsvergleich), Schneider NZA **16**, 590.

Gesamtzusage ist die Erklärung an alle Arbeitnehmer (des Betriebs oder eines nach abstrakten Merkmalen bestimmten Teils) des Arbeitgebers, zusätzliche Leistungen erbringen zu wollen, BAG NZA **12**, 453. Notwendig ist die Äußerung eines besonderen Verpflichtungswillens, BAG NZA **06**, 1176, insbesondere bei der Umdeutung einer unwirksamen Betriebsvereinbarung, BAG NZA **90**, 69, **16**, 642. Lit: Kolbe ZfA **11**, 95.

f) Der **Einzelarbeitsvertrag, § 611a BGB** (nicht iSd Vertragsurkunde, sondern der gesamten auch späteren Vereinbarungen) ist ebenfalls keine Rechtsquelle ieS (str), sondern stellt das Arbeitsverhältnis selbst dar. Arbeitgeber und Arbeitnehmer können den Arbeitsvertrag (Abschluss, Inhalt und Form) **frei gestalten**, soweit nicht zwingende gesetzliche Vorschriften, Bestimmungen eines anwendbaren Tarifvertrags oder einer Betriebsvereinbarung entgegenstehen (**§ 105 GewO**). Das ist Ausfluss der verfassungsrechtlich garantierten Privatautonomie. Der Arbeitsvertrag legt die Art der Beschäftigung fest und enthält meist zusätzliche Abreden, soweit kollektivvertraglich nicht geregelt oder demgegenüber günstiger. Das Arbeitsentgelt ist oft nicht besonders ausgewiesen, sondern ergibt sich aus der Eingruppierung entsprechend der Beschäftigung. Vorschriften über Berechnung und Zahlung sowie Abrechnung des Arbeitsentgelts enthalten **§§ 107, 108 GewO**.

§ 59 9, 10

9 g) Der Arbeitgeber hat ein **Weisungsrecht** (Leitungs-, Direktionsrecht), mit dem er im Rahmen von Gesetz, Kollektiv- und Einzelarbeitsvertrag die vom Arbeitnehmer zu erbringende Arbeitsleistung (nicht den Vertrag, zB Arbeitsentgelt) konkret bestimmen kann (**§ 611a I 1, 2 BGB, § 106 GewO**, s Rn 44). Weisungsrecht spricht für Arbeitsvertrag (§ 84 Rn 38), durch Nichtausübung wird dieser nicht schon freies Dienstverhältnis (vgl § 623 BGB), BAG NZA **07**, 580. Vertragsbestimmung, zB hinsichtlich der Arbeitszeit, geht vor, BAG NZA **08**, 118. Besteht nur teilweise ein Weisungsrecht, so ist nach Gesamtgepräge zu entscheiden, BAG NZA **07**, 1072 (Gastspiel als Opernsänger, Weisung nur bei Probe, nicht bei Aufführung). Lit: Birk 1973, Lakies BB **03**, 364, Enriquez ZfA **11**, 121 (Dogmatik).

10 C. **§§ 611–630 BGB, AGG, Verbraucherschutzrecht:** Die Vorschriften des HGB über HdlGehilfen werden ergänzt durch die des BGB über den Dienstvertrag (**§§ 611–630**, aber § 630 Satz 4) mit zahlreichen Änderungen. Lit: Worzalla NJW **97**, 1809, Freis NJW **98**, 2779, Röthel NJW **99**, 611, Willemsen/Annuß NJW **99**, 2073, Deiseroth/Derleder ZRP **08**, 250 (whistleblower), Bissels/Lützeler BB **09**, 774 (Rspr zu AGG). Zu §§ 611 ff BGB und darüber hinaus wird **europäisches Arbeitsrecht** immer wichtiger (Rn 169). Allgemeine arbeitsrechtliche Grundsätze finden sich (systemwidrig statt im BGB oder besser in einem Arbeitsvertragsgesetzbuch, s § 73 aF/§ 109 GewO Rn 1) in **§§ 105–110 GewO.**

Der **Gleichbehandlungsgrundsatz** galt im Arbeitsrecht schon lange (s Rn 57, 63, 91), später auch in verschiedenen, teils europarechtlich veranlassten Vorschriften über den Dienstvertrag (zB §§ 611a, 611b, 612 III BGB, aufgehoben durch AGG; § 622 VI, s Rn 123). Das **AGG** 14.8.06 BGBl 1897 enthält in (überschießender) Umsetzung europäischer Richtlinien weitreichende Vorschriften über **allgemeine Gleichbehandlung** für das gesamte Privatrecht (Anwendungsbereich § 2 AGG). Damit sollen Benachteiligungen wegen Rasse, ethnischer Herkunft, Geschlecht, Religion, Weltanschauung, Behinderung, Alter oder sexueller Identität verhindert oder beseitigt werden (§ 1 AGG). Für das Arbeitsrecht besonders relevant sind unzulässige Benachteiligungen in Bezug auf die Bedingungen, einschließlich Auswahlkriterien und Einstellungsbedingungen, für den **Zugang zur unselbstständigen Erwerbstätigkeit** sowie für den **beruflichen Aufstieg** (§ 2 I Nr 1 AGG) und die **Beschäftigungs- und Arbeitsbedingungen** einschließlich Arbeitsentgelt und Entlassungsbedingungen, insbesondere in individual- und kollektivrechtlichen Vereinbarungen und Maßnahmen bei der Durchführung und Beendigung eines Beschäftigungsverhältnisses sowie beim beruflichen Aufstieg (§ 2 I Nr 2 AGG). Die **Bereichsausnahmen** nach § 2 II 2, IV AGG betreffen das **BetrAVG** (s Rn 87) und den **Kündigungsschutz**, sind europarechtskonform einschränkend auszulegen, BAG NZA **08**, 532, **10**, 216 sowie NZA **09**, 361, **14**, 372, in Betracht kommt auch bei der Kündigung eine Entschädigung nach § 15 II AGG, BAG NZA **10**, 280, **14**, 722 (Schwangerschaft). Begriffsbestimmungen über unmittelbare und mittelbare Benachteiligung, sexuelle und andere Belästigung und Anweisung zur Benachteiligung (§ 3 AGG).

Zahlreiche Vorschriften behandeln den **Schutz der Beschäftigten** (§ 6 I AGG) **vor Benachteiligung** (Abschn 2, §§ 6–18 AGG) mit Verboten, Organisationspflichten des Arbeitgebers, Rechten der Beschäftigten ua. Verstöße gegen das Benachteiligungsverbot machen diesbezügliche Bestimmungen in Vereinbarungen **unwirksam** und sind **Vertragsverletzung** (§ 7 I, II AGG). Das Benachteiligungsverbot richtet sich außer an den Arbeitgeber auch an Arbeitskollegen und Dritte, wie zB Kunden des Arbeitgebers (RegE). **Zulässige unterschiedliche Behandlung** wegen beruflicher Anforderungen, Religion und Weltanschauung (sog Kirchenklausel) sowie Alter s **§§ 8–10 AGG**. Rechtfer-

6. Abschnitt. Handlungsgehilfen und -lehrlinge   10   § 59

tigend wirkt nur eine wesentliche und entscheidende berufliche Anforderung, sofern der Zweck rechtmäßig und die Anforderung angemessen ist (§ 8 I AGG, auch § 8 II AGG zur Lohnungleichheit), Bsp: Erzieherin in Mädchenpensionat, BAG NZA **09**, 1017, nicht aber Cockpitmütze nur für Piloten, wenn auch für weibliches Kabinenpersonal, BAG NZA **15**, 121. Auf das gesetzliche Rentenalter abstellende Altersgrenze wird gebilligt, EuGH NZA **11**, 29, BAG NZA **12**, 274, **16**, 695, nicht aber eine Vergütung nach Lebensaltersstufen, EuGH NZA **11**, 1100, BAG NZA **12**, 161 (BAT), es erfolgt dann eine Gehaltsanpassung „nach oben", ebenso bei nicht auf gesteigertes Erholungsbedürfnis gestütztem Urlaub für Ältere zugunsten der Jüngeren, BAG NZA **12**, 803 (TVöD, Altersgrenze 30 und 40, demggü gebilligt wurde zusätzlicher Urlaub ab 58, BAG NZA **15**, 297). Beschäftigte iSd AGG sind auch Bewerber (§ 6 I 2 AGG), bei Scheinbewerbungen (alleiniges Ziel der Geltendmachung von Ersatzansprüchen) kein europarechtlicher Schutz EuGH **16**, 1014, zum Rechtsmissbrauch BAG NZA **17**, 310 (Darlegungslast).

Die **Rechte der Beschäftigten** umfassen Beschwerde, Leistungsverweigerung, Entschädigung und Schadensersatz (§§ 13 ff AGG, Maßregelungsverbot § 16 AGG). Für Entschädigungsanspruch nach § 15 II AGG (nicht für ungeeigneten Bewerber, BAG NZA **14**, 489) kein schuldhafter Verstoß des ArbG notwendig, BAG NZA **09**, 945 (Altersdiskriminierung), Anspruch ggf auch, wenn Stelle nicht besetzt wird, BAG NZA **13**, 38, Beginn der Zweimonatsfrist zur Geltendmachung (§ 15 IV AGG) nicht vor Kenntnis der Benachteiligung, BAG NZA **12**, 916. Verstoß gegen das Benachteiligungsverbot nach § 7 AGG begründet keinen Anspruch auf Einstellung (**kein Kontrahierungszwang**, § 15 VI AGG). Beweislastumkehr bei Indizien (§ 22 AGG), etwa wenn Schwerbehinderter im öffentlichen Dienst entgegen § 82 SGB IX nicht zum Vorstellungsgespräch eingeladen wird, BAG NZA **12**, 671, **14**, 82 (nicht bei einfacher Behinderung, BAG NZA **11**, 737), auch bei Statistik, falls aussagekräftig, BAG NZA **11**, 93m Bespr Benecke DB **11**, 934, aber kein genereller Auskunftsanspruch eines nichtberücksichtigten Bewerbers, EuGH NZA **12**, 493m Bespr Picker NZA **12**, 641 und hohe Anforderungen an das Vorliegen einer „gläsernen Decke", BAG NZA **11**, 691. Das AGG ist zugunsten der geschützten Personen **zwingend** (§ 31 AGG), Ausschlussfrist des § 15 IV AGG europarechtskonform, EuGH NZA **10**, 869, zweifelnd Fischinger NZA **10**, 1048. Lit: Bauer/Krieger 4. Aufl 2015; Schleusener/Suckow/Voigt 4. Aufl 2013; Wendeling-Schröder/Stein 2008; Beiträge in NZA 16/**06**; Annuß BB **06**, 1629, Düwell BB **06**, 1741, Göpfert/Siegrist ZIP **06**, 1710 (Vorgehen des Arbeitgebers), Grobys NJW **06**, 2950 (Organisationspflichten, § 12 AGG), Hanau ZIP **06**, 2189, Kamanabrou RdA **06**, 321, Willemsen/Schweibert NJW **06**, 2583, Kania/Merten ZIP **07**, 8, Thüsing/von Hoff NJW **07**, 21, Wackerbarth ZIP **07**, 453, Schiefer ZfA **08**, 493, Rolfs/Wessel NJW **09**, 3329, zur Altersdiskriminierung Bauer/Krieger NJW **07**, 3672, Bahnsen NJW **08**, 407, Bauer/Arnold NJW **08**, 3377, Adomeit/Mohr JZ **09**, 183, Bayreuther NJW **09**, 806 (Quotenbeweis), Jacobs RdA **09**, 204, Rolfs VersR **09**, 1001 (Versicherbarkeit), Stoffels RdA **09**, 204, Schutz auch nach Erreichen des Rentenalters, EuGH NZA **10**, 1167 (Rosenbladt), Benecke NZA **11**, 481 (Maßregelungsverbot), Schmitz/Scholemann/Brune RdA **11**, 129, Berg/Natzel ZfA **12**, 65. Zum Auskunftsanspruch des Arbeitnehmers bei Nichtberücksichtigung trotz Eignung EuGH NZA **12**, 493, zur Adipositas als Behinderung EuGH NZG **15**, 33m Bespr Lingscheid NZA **15**, 147.

Sehr streitig war, ob der **Arbeitnehmer als Verbraucher** iSv § 13 BGB anzusehen ist. Das ist jedenfalls bei der **AGBKontrolle** nach **(5)** BGB § 310 III zu bejahen, BAG NZA **05**, 1111 (s Rn 43). Der Wortlaut von § 13 BGB legt das aber auch allgemeiner nahe. Dann ist jeweils bei den einzelnen Verbraucherschutzvorschriften zu prüfen, ob und inwieweit sie auch Arbeitnehmer als solche berühren, Herbert/Oberrath NJW **05**, 3745.

§ 59 11–15   1. Buch. Handelsstand

11   D. **§§ 299 ff StGB, 17, 18 UWG:** Für HdlGehilfen und Kfm sind die Sonderregeln über Bestechlichkeit und Bestechung im geschäftlichen Verkehr (§§ 299 ff StGB), den Verrat von Geschäfts- oder Betriebsgeheimnissen (§ 17 UWG) und die Verwertung von Vorlagen (§ 18 UWG) wichtig.

12   E. **Arbeitsrechtliche Gesetze:** Neben HGB und dem Dienstvertragsrecht der §§ 611–629 BGB (nicht § 630 BGB, s § 73 aF/§ 109 GewO Rn 3) sind für HdlGehilfen und Kfm eine Vielzahl arbeitsrechtlicher Vorschriften und Gesetze bedeutsam, zB allgemein GewO Titel VII Arbeitnehmer I. Allgemeine arbeitsrechtliche Grundsätze: §§ 105–110 GewO idF 3. GewOÄndG 24.8.02 BGBl 3412, zutr krit Bauer/Opolony BB 02, 1590 (s auch § 73 aF/§ 109 GewO Rn 1) sowie (alphabetisch geordnet) Regelungen ua über **Arbeitnehmererfindungen** (ArbnEerfG); **Arbeitnehmerüberlassung** (AÜG); **Arbeitsgerichtsbarkeit** (ArbGG); **Arbeitsplatzschutz** (ArbPlSchG); **Arbeitsschutz** (ArbSchG); **Arbeitszeit** (ArbZG); **Befristung** (TzBfG); **Berufsbildung** (BBiG); **Betriebsrenten** (BetrAVG); **Betriebsverfassung** (BetrVG); **Entgeltfortzahlung** (EFZG); **Elterngeld, Elternzeit** (BEEG); **Feiertage** (Feiertagsgesetze der Länder); **Heimarbeit** (HeimarbeitsG); **Jugendarbeitsschutz** (JArbSchG); **Kündigungsschutz** (KSchG); **Lohnfortzahlung** s Entgeltfortzahlung; **Mindestlohn** (MiLoG); **Mutterschutz** (MuSchG); **Pflegezeit** (PflegeZG); **Schwerbehinderte** (SGB IX); **Tarifverträge** (TVG); **Teilzeit** (TzBfG); **Urlaub** (BUrlG); **Vermögensbildung** (VermBG).

2) Arbeitgeber

13   A. **Begriff: a) Arbeitgeber** ist Gläubiger des Anspruchs auf Arbeitsleistungen und Schuldner des Arbeitsentgelts, BAG **26**, 320, nun § 611a BGB. Arbeitgeber (vom HGB altertümlich Prinzipal genannt) ist der den HdlGehilfen beschäftigende Kfm, also der Inhaber des HdlGewerbes bzw die (natürliche oder juristische) Rechtsperson (oder Gesellschaft mit eigenen Rechten und Pflichten: OHG, KG, § 124; nach BAG NZA **09**, 485 auch GbR (zur Rechtsfähigkeit der Außengesellschaft BGH NZA **02**, 405, Einl 14 vor § 105, vgl § 84 Rn 9), in deren Namen das HdlGewerbe betrieben wird (§ 1 Rn 30–50). Wer zurechenbar den Anschein erweckt, er sei Inhaber oder phG, muss sich an diesem Rechtsschein festhalten lassen, soweit Arbeitnehmer darauf vertrauten und vertrauen durften, BAG BB **79**, 1036 (Rechtsscheinhaftung; s § 5 Rn 9–17). Der Arbeitgeber kann nicht im gleichen Geschäft auch HdlGehilfe sein.

14   **b)** Arbeitgeber sollen bei einem einheitlichen Arbeitsverhältnis auch mehrere juristische **(Konzerngesellschaften)** oder natürliche Personen sein können, BAG NZA **04**, 253 (mit Folgen ua für Kündigung und Abfindung), krit Schwerdtner ZIP **82**, 900, Wiedemann **AP** Nr 1 zu § 611 BGB Arbeitgebergruppe. Kündigungsschutz bei Konzernholding, BAG NZA **99**, 932, Arbeitgeber iSv Insolvenzsicherung im Konzern, BAG NZA **89**, 177, Betriebsrentenanpassung bei Tochter im Fall der Krise der Muttergesellschaft, NZA **10**, 95, keine Sicherheitsleistung für künftige Betriebsrentenanpassung nach § 303 AktG, BAG NZA **10**, 641. Durchgriffshaftung bei existenzvernichtendem Eingriff (Anh § 177a Rn 51c). Arbeitsrechtliche Drittbeziehungen s BAG NZA **99**, 539, Konzen ZfA **82**, 259. IdR keine konzernweite Weiterbeschäftigungspflicht (KSchG), BAG NZA **05**, 929, NZA **08**, 939, ausnahmsweise Konzernkündigungsschutz, BAG NZA **07**, 30, so bei vertraglicher Absprache oder geübter Praxis, BAG NZA **08**, 939. Konzernarbeitsrecht s Lit: Windbichler 1989; Konzen ZHR 151 **(87)** 566, Martens ZGR **84**, 417.

15   **c)** Beim **mittelbaren Arbeitsverhältnis** fordert der Arbeitgeber einen Arbeitnehmer auf, im eigenen Namen einen Arbeitsvertrag mit Dritten abzuschließen, die Arbeitsleistung soll aber unmittelbar gegenüber dem Arbeitgeber erbracht werden, BAG NZA **02**, 787. Nicht bei Kurkonzertmeister, der Konzerte

6. Abschnitt. Handlungsgehilfen und -lehrlinge   16 § 59

organisieren soll, dieser ist nur Arbeitgeber, BAG DB **10**, 788. Mittelbares Arbeitsverhältnis hat praktisch keine Bedeutung, meist liegt eine selbstständige Tätigkeit des Vermittlers der Arbeitsleistung vor. Wenn der zur Dienstleistung Verpflichtete nicht in der Lage ist, seine Leistungspflichten alleine zu erbringen, liegt rglm kein Arbeitsverhältnis vor, BAG NZA **02**, 787 (zB Kette Heimarbeiter, Zwischenmeister, Konfektionsunternehmer) ist Arbeitgeber der Mittelsmann. Regelung im HeimarbeitsG. Lit: Schmidt/Koberski/Tiemann/Wascher 4. Aufl. 1998.

Bedeutung gewinnt die **Abgrenzung zum Werkvertrag** (§ 631 BGB), die anhand einer Gesamtwürdigung aller maßgebenden Umstände des Einzelfalls zu erfolgen hat. Entscheidend ist die Vertragsdurchführung, nicht die Bezeichnung in der Vereinbarung. Gegenstand eines Werkvertrags kann nach § 631 II BGB neben einer Herstellung oder Veränderung einer Sache auch ein anderer durch Arbeit oder Dienstleistung herbeizuführender Erfolg sein. Dies ist in der arbeitsteiligen modernen Produktion relevant. Entscheidende Abgrenzungskriterien sind das Vorliegen eines Werkes, die Ausübung von Weisungsrechten (Rn 9, 44) und die Eingliederung in den Produktionsprozess. Fehlt ein festgelegtes, abgrenzbares Werk, kommt ein Werkvertrag kaum in Betracht; für einen Arbeitsvertrag spricht auch, wenn die Bestimmung von Leistungen auch über Inhalt, Durchführung, Zeit, Dauer und Ort der Tätigkeit entscheidet, BAG NZA **13**, 1348. Bedeutung hat dies weiter für den **Drittpersonaleinsatz**, bei einer Eingliederung in den Betrieb und Weisungsrechten des Betriebsinhabers, liegt kein Werkvertrag, sondern eine Arbeitnehmerüberlassung vor, BGH NZA **02**, 1086, dies kann zur Fiktion eines Arbeitsverhältnisses mit dem Auftraggeber führen, Baeck/Winzer NZA **15**, 269, meist wird eine Überlassungserlaubnis vorliegen, Hamann/Rudnik NZA **15**, 449, es muss nun aber Arbeitnehmerüberlassung auch als solche bezeichnet werden, dazu auch Rn 16.

d) Beim **Leiharbeitsverhältnis (Arbeitnehmerüberlassung)** ist Arbeit- 16 geber der Verleiher; bei unerlaubter Arbeitnehmerüberlassung ist Vertrag zwischen Verleiher und Leiharbeitnehmer unwirksam, stattdessen gilt ein Arbeitsverhältnis mit dem Entleiher als zustande gekommen (§§ 9, 10 AÜG). Das AÜG setzt mit der Neufassung 2011 die Richtlinie 2008/104/EG über Leiharbeit um, die eine nur vorübergehende Überlassung vorsieht. Seit der Neufassung 2017 muss die Arbeitnehmerüberlassung ausdrücklich als solche bezeichnet werden, § 1 I 5 AÜG, fehlt eine solche Bezeichnung, kommt nach §§ 10 I, 9 I Nr 1a AÜG grds ein Vertrag mit dem Entleiher zustande. Nicht lediglich vorübergehende Beschäftigung führte nicht zu Einstellungsanspruch gegen Entleiher, BAG NZA **14**, 196, es konnte aber der Betriebsrat des Entleihers die Zustimmung zur Einstellung verweigern, BAG NZA **13**, 1296. Seit 2017 sieht das Gesetz eine Höchstüberlassungsdauer von 18 Monaten vor, § 1 IB AÜG. Überschreiten der Höchstüberlassungsdauer führt grds zu einem Arbeitsvertrag mit dem Entleiher, §§ 10 I, 9 I Nr 1b AÜG. Abweichung von Höchstüberlassungsdauer durch Tarifvertrag der Einsatzbranche möglich, § 1 Ib 3 AÜG, dies aufgrund eines Tarifvertrages auch durch Betriebsvereinbarung, bei nicht tarifgebundenen Arbeitgebern nur bis 24 Monate, § 1 Ib 5, 6 AÜG.

Abgrenzung zu Werk- und Dienstvertrag (mit § 278 BGB) nach Geschäftsinhalt (Vereinbarung und praktische Durchführung), BAG NZA **92**, 19, **04**, 1182, spielt für Arbeitnehmerüberlassung eine zunehmend bedeutsame Rolle, LAG Baden-Württemberg NZA **13**, 107, Greiner NZA **13**, 697, Francken NZA **13**, 985, Maschmann NZA **13**, 1305, Lembke NZA **13**, 1312, allgemein BAG NZA **13**, 1348, auch oben Rn 15; zu unternehmerischer Zusammenarbeit, BAG NZA **01**, 259. Sogenannte Scheinwerkverträge, die von den Vertragsparteien als Werkvertrag bezeichnet (und behandelt) werden, bei denen es wegen Weisungsrechts des Einsatzbetriebs aber tatsächlich um Arbeitnehmerüberlassung handelt,

§ 59 17   1. Buch. Handelsstand

dürften aufgrund der Reform 2017 an Bedeutung verlieren. Verleiher und Entleiher müssen die Arbeitnehmerüberlassung nunmehr als solche bezeichnen, bevor sie den Leiharbeitnehmer überlassen oder tätig werden lassen und auch die Person des Leiharbeitnehmers konkretisieren, § 1 I 5, 6 AÜG. Fehlt eine entsprechende Bezeichnung, kommt nach § 9 I Nr 1a AÜG ein Arbeitsvertrag mit dem Entleiher zustande, es sei denn, der Arbeitnehmer erklärt wirksam, am Arbeitsvertrag mit dem Entleiher festzuhalten, dazu näher § 9 II, III AÜG.

Zwingender Gleichstellungsgrundsatz für Leiharbeitnehmer auch betr Lohn wie bei Entleiher (§§ 3 8 I 1, 9 I Nr 2 AÜG), Auskunft des Entleihers nach § 13 AÜG, BAG NZA **13**, 782, aus diesen müssen sich die Ansprüche des ArbN berechnen lassen, um Darlegungslast ggü Verleiher (zunächst) zu genügen, BAG NZA **15**, 879, **16**, 424. Verjährung nach §§ 195, 199 I Nr 2, BAG NZA **13**, 785. Geltung von Ausschlussfristen, BAG NZA **15**, 878, Ausnahme vom „equal pay" bei Tarifvertrag, aber Nachprüfung der Tariffähigkeit, BAG NZA **11**, 300, **12**, 623, 635, **13**, 680 (christliche Gewerkschaften), BAG NZA **06**, 587, zutr krit Bauer/Krets NJW **03**, 538, krit Hinw zur Zulassung des Verweises im Arbeitsvertrag auf einen Tarifvertrag Rödl/Ulber NZA **12**, 841, Verstoß gegen EU-Ri annehmend Zimmer NZA **13**, 289, für Sittenwidrigkeit bei weniger als 2/3 des Lohnes eines Stammarbeitnehmers im Entleiherbetrieb Riechert NZA **13**, 309. Abweichungen vom Gleichstellungsgrundsatz nur noch eingeschränkt und insbesondere hinsichtlich des Entgelts zeitlich befristet (§ 8 AÜG), Mindeststundenentgelt nach § 3a AÜG, Beteiligung des Betriebsrats des Entleihers, § 14 III AÜG, dazu BAG NZA **10**, 1361. Zur Unwirksamkeit von Einstellungsverboten uä für Entleiher (§ 9 Nr 3 AÜG) BGH NZA **07**, 571, anders noch BGH **155**, 311. Unwirksamkeitsfolgen in der Insolvenz, BGH **161**, 241.

Leiharbeitnehmer können für Schwellenwerte im entleihenden Betrieb anzurechnen sein, BAG NZA **12**, 221 (§ 111 BetrVG, nach drei Monaten), BAG NZA **13**, 789 (Anzahl Betriebsratsmitglieder), BAG NZA **13**, 726 (Anwendbarkeit KSchG), nunmehr explizit § 14 II AÜG. Komm zum AÜG: Sandmann/Marschall/Schneider (LBl), Schüren/Hamann 4. Aufl 2010, Thüsing 3. Aufl 2012; zur Reform 2002 Thüsing DB **02**, 2218, Bauer/Krets NJW **03**, 537, zur Reform 2003 Benkert BB **04**, 998; Boemke BB **06**, 997, Schüren RdA **06**, 303, Düwell/Dahl DB **10**, 1759, zur Reform 2011 Hamann RdA **11**, 321, Leuchten NZA **11**, 608, zur Reform 2017 Deinert, Henssler, Wank RdA **17**, 65, 83, 100.

17   **B. Wechsel bei Betriebsübergang** (§ 613a BGB; seit 1972 I 2–4, IV seit 1980, dazu Seiter DB **80**, 877, III nF 1991), V, VI (Unterrichtung) seit 2002, dazu Willemsen NJW **07**, 2065, Commandeur/Kleinebrink NJW **08**, 3467, Fuhlrott/Ritz BB **12**, 2689. § 613a BGB geht auf EU-Ri zurück, maßgebend ist deshalb die Rspr des EuGH, zB NZA **94**, 545 (Christel Schmidt, überholt), **97**, 433 (Ayse Süzen), **03**, 1385 (Carlito Abler) m krit Anm Bauer NZA **04**, 14, Jochums NJW **05**, 2580, zust Willemsen/Annuß DB **04**, 135, EuGH NZA **06**, 29 (Güney-Görres), **07**, 1151 (Jouini), **09**, 251 (Klarenberg) krit Willemsen NZA **09**, 289, Willemsen/Sagan ZIP **10**, 1205, EuGH NZA **10**, 1014 (UGT-FSP) m Anm Schiefer DB **11**, 54, EuGH NZA **10**, 1225 (Albron Catering), Anm Bauer/von Medem NZA **11**, 20, krit Gaul/Ludwig DB **11**, 298, EuGH NZA **11**, 1077 (Scattolon) m Bespr Salamon NZA **12**, 482, Winter RdA **13**, 36, EuGH NZA **13**, 835 (Alemo-Herron), NZA **16**, 31 (ADIF), NZA **17**, 571 (Asklepios); zur EU-Ri 1998 Gaul BB **99**, 526.

a) Allgemeines: Beim rechtsgeschäftlichen Betriebsübergang, auch von Betriebsteilen, tritt der Erwerber in bestehende Rechte und Pflichten aus Arbeitsverhältnissen ein (I), der frühere Inhaber haftet daneben für Verpflichtungen, die vor Übergang entstanden und vor Ablauf eines Jahres danach fällig geworden sind (II). Der Übernehmer muss also zB für eine vom Vorgänger zugesagte Betriebsrente einstehen, BAG NZA **02**, 615, darf aber die unterschiedlichen Arbeits-

6. Abschnitt. Handlungsgehilfen und -lehrlinge 18 **§ 59**

bedingungen des Vorgängers beibehalten, BAG NZA **06**, 265. Es handelt sich um eine Vertragsübernahme mit gesetzlicher Sondernachfolge. Zum **geschützten Personenkreis** gehören alle Arbeitnehmer, auch Auszubildende, leitende Angestellte; gekündigte Arbeitnehmer bis zum Ablauf der Kündigungsfrist, BAG NZA **08**, 1354; nicht: bereits Ausgeschiedene, selbst wenn das provisionspflichtige Geschäft erst vom Übernehmer ausgeführt wird, BAG NZA **87**, 597 (ggf aber Wiedereinstellungsanspruch auch gegenüber neuem Inhaber, BAG NZA **09**, 29, nicht bei Kündigung in der Insolvenz, BAG NZA **05**, 405) GmbHGeschäftsführer, BAG NZA **03**, 552. Leiharbeiter sind grds Arbeitnehmer des Verleihers (s Rn 16), zur Arbeitnehmerüberlassung im Konzern EuGH NZA **10**, 1225. Umwandlungen s § 324 UmwG. RsprÜbersicht: Waas BB **06**, 2525, Kock BB **07**, 714. Erfasst wird auch Verlagerung ins Ausland, BAG NZA **11**, 1143.

b) Voraussetzungen: Europarechtlich entscheidendes Kriterium ist die Wahrung der **Identität der wirtschaftlichen Einheit**, EuGH NZA **97**, 433, **03**, 1385, **06**, 29, **07**, 1151; **09**, 251, dh eine organisierte Zusammenfassung von Ressourcen zur Verfolgung einer wirtschaftlichen Haupt- oder Nebentätigkeit (EU-Ri 1998); keine Identität mangels Übertragung relevanter materieller oder immaterieller Betriebsmittel oder Übernahme eines nach Zahl und Sachkunde wesentlichen Teils des eingesetzten Personals, EuGH NZA **97**, 433; aber Eigentum an Betriebsmitteln braucht nicht überzugehen, EuGH NZA **03**, 1385, **16**, 33; auch organisierte Gesamtheit von Arbeitnehmern ohne Betriebsmittel kann wirtschaftliche Einheit darstellen, EuGH **07**, 1151 (Leiharbeiterunternehmen); bei hauptsächlich auf die menschliche Arbeitskraft setzenden Branchen muss wesentlicher Teil der Belegschaft übergehen, BAG NZA **06**, 31, Bsp Call-Center, BAG NZA **09**, 1412 (nicht bereits bloße (Neu-)Vergabe eines Auftrags, so noch EuGH NZA **94**, 545, Christel Schmidt). Kommt es wesentlich auf die Betriebsmittel an, müssen diese übergehen, BAG NZA **15**, 99 (Tankstelle). Wirtschaftliche Einheit setzt nicht den Erhalt der alten Organisationsstruktur voraus, EuGH NZA **09**, 251, Grenze aber die Selbstständigkeit der Einheit, EuGH NZA **10**, 1014, reine Funktions- oder Auftragsnachfolge reicht nicht aus, BAG NZA **09**, 905. Eigenwirtschaftliche Nutzung der übernommenen Betriebsmittel ist nicht notwendig, Einzelkriterien mit je nach Tätigkeit unterschiedlichem Gewicht, Gesamtbewertung, EuGH NZA **06**, 29 (Güney/Görres) m Anm Kock ZIP **06**, 97, BAG NZA **06**, 597, 723, 1101m Anm Hohenstatt/Grau NJW **07**, 29, NZA **07**, 793, 927m Anm Kock NJW **07**, 3371 (Neuvergabe von Schlachtarbeiten in Schlachthof); kein Betriebsinhaberwechsel bei kompletten Gfterwechsel (KG) bzw. Übernahme der Kundenbeziehungen aber Neubeauftragung des bisherigen Unternehmers, BAG NZA **07**, 1428. Anwendung dieser Grundsätze auf Neuverpachtung einer Gaststätte, BAG NZA **98**, 31, auf Reinigungsunternehmen, BAG NZA **98**, 534, auf Schließung und Neueröffnung von EinzelHdlGeschäften, BAG NZA **00**, 369, auf Personenkontrolle am Flughafen, BAG NZA **06**, 1101.

Übergang von **Betriebsteilen** (betriebliche Teilorganisationen) genügt, wenn die wirtschaftliche Einheit bewahrt wird und bereits beim früheren Betriebsinhaber eine selbstständige organisatorische Einheit bestand, BAG NZA **03**, 93, **09**, 485, die einen Teilzweck verfolgte, BAG NZA **12**, 507m Bespr Salamon NZA **12**, 482; nicht bei bloßer Übernahme einzelner Betriebsmittel und Mitarbeiter durch zwei neu gegründete Unternehmen, BAG NZA **08**, 112, bei Übernahme nur von Leiharbeitnehmer durch einen anderen Leiharbeitsunternehmer, BAG NZA **14**, 436; bei vollständiger Eingliederung in die vorhandene Organisationsstruktur des Erwerbers, BAG NZA **06**, 1039 (Zerschlagungsmodell), bei Änderung des Betriebskonzepts oder Betriebszwecks, BAG NZA **06**, 1096 (Identitätsänderung), zB anderem Ein- und Verkaufskonzept (Discount statt Marke), BAG NZA **06**, 1357, Willemsen NJW **07**, 2066, Houben NJW **07**,

§ 59 19

2075, eigener Organisationsstruktur in neuem Unternehmen, BAG NZA **09**, 723. Bei Übernahme anderer wesentlicher Betriebsmittel kann Übernahme eines einzelnen Arbeitnehmers mit dem entscheidenden Know-how starkes Indiz für Übergang sein, BAG NZA **94**, 612; Gesamtheit von Arbeitnehmern, die durch gemeinsame Tätigkeit dauerhaft verbunden sind, kann wirtschaftliche Einheit iSv EuGH darstellen, BAG NZA **97**, 1050. Bei einem Teilbetriebsübergang setzt der Übergang des Arbeitsverhältnisses voraus, dass der Arbeitnehmer dem übergegangenen Teilbetrieb zugeordnet war, BAG NZA **05**, 285. Betriebsteil muss als abtrennbare organisatorische Einheit bestanden haben und unter Wahrung seiner Identität übergehen, BAG NZA **10**, 499. Haftung auch bei **Betriebsaufspaltung**, Mithaftung des Veräußerers nur bei besonderem Rechtsgrund, BAG NZA **88**, 501 (Versorgungsanwartschaft), Belling/Collas NJW **91**, 1919.

Übernahme **durch Rechtsgeschäft** grenzt nur gegenüber Übergang unabhängig vom Willen des alten Betriebsinhabers ab (kraft Gesetz, Verwaltungsakt; bei Gesamtrechtsnachfolge führt § 1922 BGB zu derselben Rechtsfolge wie I 1); bei Behördenmitarbeitern wird auch der Übergang durch einseitige Entscheidung staatlicher Stellen erfasst, EuGH NZA **11**, 1082m Bespr Steffan NZA **12**, 473, jedenfalls bei Privatisierungen ein Widerspruchsrecht verlangend BVerfG NZA **11**, 400 (Universitätsklinikum Gießen Marburg). Unmittelbare rechtsgeschäftliche Beziehungen zwischen dem alten und neuen Betriebsinhaber sind unnötig, BAG NZA **94**, 612; entscheidend ist der tatsächliche Übergang, BAG NZA **85**, 735, auch bei Neuvergabe von Aufträgen an Fremdunternehmen, BAG NJW **07**, 927; Übergang trotz Rücktrittsrechts BAG NZA **06**, 597; Übernahme des Kundenstamms eines aufhörenden **Handelsvertreters** durch Unternehmer, BAG NZA **88**, 838. Erwerb **von Dritten**, zB Sicherungseigentümern, und **durch mehrere Rechtsgeschäfte** genügt, wenn ihr Ziel der Erwerb eines funktionsfähigen Betriebs ist, BAG NZA **85**, 773. § 613a BGB ist auch bei **Pächterwechsel** nicht ausgeschlossen, BAG NZA **98**, 31, nach Pachtende, aber nur bei tatsächlicher Betriebsfortführung durch Verpächter, BAG NZA **99**, 704; bei Abschluss neuer Arbeitsverträge mit den Mitarbeitern und neuer Mietverträge mit Vermieter, BAG NZA **94**, 612. § 613a BGB gilt auch **nicht** entsprechend bei **Gesellschafterwechsel,** selbst wenn alle alten Gfter ausscheiden (§ 105 Rn 69), BAG NZA **91**, 63.

§ 613a BGB **gilt nicht** bei **Betriebsübergang nach Eröffnung des Insolvenzverfahrens,** soweit es um schon entstandene Ansprüche geht, BAG NZA **92**, 217, 929, **93**, 643 (sukzessiver Erwerb), **03**, 318 LS, **04**, 654 (Urlaubsansprüche bestehen grds fort) **09**, 432 (Altersteilzeit nach Andauern der Arbeitsphase). § 613a BGB soll bei Betriebsveräußerung in der Insolvenz erfassen: Masseschulden, BAG NZA **87**, 460, **10**, 461; Kündigungsverbot des § 613a IV gilt auch im Insolvenzverfahren, bei Kündigung des Veräußerers bereits, wenn verbindliches Sanierungskonzept des Erwerbers vorliegt, BAG NZA **03**, 1027. § 613a BGB gilt nicht für das **Ruhestandsverhältnis,** also für bereits ausgeschiedene Arbeitnehmer, BAG NZA **87**, 559, **05**, 711. Aufhebungsvertrag über endgültiges Ausscheiden aus dem Betrieb und gleichzeitigen **Übertritt in Beschäftigungs- und Qualifizierungsgesellschaft (BQG)** ist (außer bei Umgehung) zulässig, BAG NZA **07**, 866. Umgehung, wenn Übernahme in BQG nur zum Schein, BAG NZA **12**, 155m Bespr Fuhlrott NZA **12**, 549.

19   c) **Wirkung:** § 613a BGB ist **zwingend.** Gekündigter Arbeitnehmer muss Fortsetzungsanspruch bei Betriebsübergang durch Fortbeschäftigung der Hauptbelegschaft noch während des Bestehens des Arbeitsverhältnisses mit dem Veräußerer oder unverzüglich nach Kenntniserlangung der den Betriebsübergang tragenden Tatsachen gegenüber dem Erwerber geltend machen, BAG NZA **99**, 311, **09**, 29. **Aber** kein Übergang gegen **Widerspruch des Arbeitnehmers (VI).** Der Widerspruch (Gestaltungsrecht auf Rechtsfolgenverweigerung) muss

6. Abschnitt. Handlungsgehilfen und -lehrlinge 20–22 § 59

innerhalb eines Monats nach Unterrichtung durch den bisherigen Arbeitgeber oder den neuen Inhaber (**V,** ordnungsgemäß, sonst läuft Widerspruchsfrist nicht, auch schadensersatzbewehrte Rechtspflicht, BAG NZA **06**, 1406, Verletzung der Unterrichtungspflicht macht aber Kündigung nicht unwirksam, BAG NZA **05**, 1302) schriftlich (auch konkludent, BAG NZA **06**, 1406) erklärt werden (VI 1), entweder gegenüber dem bisherigen Arbeitgeber oder gegenüber dem neuen Inhaber (VI 2), bei mehrmaligem Betriebsübergang nicht ggü früherem Arbeitgeber, BAG NZA **15**, 433, 482. Anforderungen an Unterrichtung, BAG NZA **06**, 1273m Anm Lembke NJW **07**, 255. Für Widerspruch ist sachlicher Grund nicht erforderlich, BAG NZA **09**, 1095, doch kann Kollektivwiderspruch rechtsmissbräuchlich sein, BAG NZA **05**, 43, Widerspruchsrecht kann nach Zeitablauf auch bei fehlerhafter Unterrichtung verwirkt werden, BAG NZA **12**, 1097 (6 ½ Jahre), **14**, 774 (sechs Monate und Aufhebungsvertrag mit Betriebserwerber). Der Widerspruch ist nach Zugang nicht widerruflich (§ 130 I 2 BGB), BAG NZA **04**, 481, ggf aber nach § 123 BGB anfechtbar, BAG NZA **12**, 1103. Lit: Schnitker/Grau BB **05**, 2238, Lembke/Oberwinter ZIP **07**, 310, Lindemann/Wolter-Rossteutscher BB **07**, 938.

d) Zu Tarifverträgen und Betriebsvereinbarungen I 2–4; BAG NZA **02**, 520, **03**, 670, **10**, 41, 238, EuGH NZA **11**, 1077, Bachner NJW **03**, 2861, Pogge NJW **03**, 3734, Bepler RdA **09**, 65, Sagan RdA **11**, 163, Steffan NZA **12**, 473. Unterschiedliche Arbeitsbedingungen können beibehalten werden, keine Pflicht zur Gleichbehandlung der Arbeitnehmer, BAG NZA **06**, 265.

e) IV macht Kündigung wegen Betriebsübergang unwirksam (§ 134 BGB), Geltendmachung s Rn 159. Aufhebungsvertrag und Einstellung durch Auffang-Ges zu schlechteren, aber sachlich gerechtfertigten Bedingungen verstößt nicht ohne weiteres gegen IV, aber uU Umgehung, BAG NZA **06**, 145, **07**, 866, Gaul/Otto ZIP **06**, 644, Krieger/Fischinger NJW **07**, 2289 (Beschäftigungs- und QualifizierungsGes), bei sonstigem Betriebsübergang wird Aufhebungsvertrag als Verstoß gegen IV angesehen, wenn mit Betriebserwerber neuer ArbVertrag abgeschlossen wird, BAG NZA **09**, 144, **13**, 203, krit zum Kriterium des verbindlichen Inaussichtstellens Willemsen NZA **13**, 242, zur Unwirksamkeit eines Erlassvertrags BAG NZA **09**, 1091. Kündigung aus anderen Gründen als dem Betriebsübergang bleibt möglich, BAG NZA **06**, 668, des Insolvenzverwalters zwecks Sanierung ist zulässig (nicht: „wegen" iSv IV), BAG NZA **07**, 387.

f) V, VI (seit 2002) enthalten Informationspflicht vor Übergang in Textform und Widerspruchsrecht des Arbeitnehmers. V begründet eine Rechtspflicht gegenüber dem einzelnen Arbeiter, BAG NJW **07**, 250, etwa über fehlende Sozialplanpflichtigkeit des Erwerbers nach § 112a II BetrVG, BAG NZA **14**, 610, individuelle Unterrichtung ist aber nicht notwendig, BAG NJW **07**, 2134. Die nicht ordnungsgemäße Unterrichtung steht der unterbliebenen Information gleich, BAG NZA **06**, 1268, **09**, 547, **10**, 89. Notwendiger Inhalt der Information im Einzelnen bei BAG NZA **06**, 1268, Hinweise auf Rechtsfolgen müssen präzise sein und dürfen keinen juristischen Fehler enthalten, BAG NZA **09**, 547. Kein Widerspruchsrecht bei Gesamtrechtsnachfolge, BAG NZA **08**, 815, bei mehrfachem Betriebsübergang Widerspruch gegenüber neuem und bisherigen, nicht gegenüber ehemaligen Arbeitgeber, BAG NZA **14**, 1074, 1405. Das Widerspruchsrecht kann verwirkt werden bzw gegen Treu und Glauben verstoßen, BAG NZA **09**, 552, 1095, 1149, **10**, 761, 1295. Übersichten: Lembke/Oberwinter ZIP **07**, 310, Willemsen NJW **07**, 2067, Gaul/Niklas DB **09**, 452, Schiefer/Worzalla NJW **09**, 558.

C. Haftung ausgeschiedener Gesellschafter: Ausgeschiedene Gfter einer OHG oder KG haften grundsätzlich weiter für alle Ansprüche, die vor Ausscheiden bestanden (§ 128 Rn 28). Aber fünfjährige Nachhaftungsbegrenzung durch

§ 59 23 1. Buch. Handelsstand

§ 160 idF NachhBG 1994, auch für Pensionsansprüche. § 159 regelt nur die Verjährung bei Auflösung der Ges. Die frühere Rspr des BAG, zB NZA **90**, 557, mit einer früher wirksam werdenden Enthaftung des Ausgeschiedenen bei Dauerschuldverhältnissen bleibt für das Übergangsrecht weiterhin bedeutsam (§ 160 Rn 1). Lit: s § 128 Rn 32.

3) Handlungsgehilfe (Arbeitnehmer)

23   A. **Personal des Kaufmanns: a)** Für die **Abgrenzung** des Arbeitnehmers **zum Selbstständigen** verweisen Rechtsprechung (BAG NZA **10**, 877, **13**, 905) und Schrifttum auf § 84 I 2, der hierfür einen Anhalt gibt (s § 84 Rn 35 ff). Eigenständige arbeitsrechtliche Definition fehlte lange, seit 2017 ist **Arbeitsvertrag** in § 611a BGB geregelt (s auch Rn 37 aE), dadurch Kodifikation der Rechtsprechung. Zutreffend bedarf die Definition des Arbeitsverhältnisses weiterhin der Überarbeitung. Das Abstellen auf persönliche Abhängigkeit ist jedenfalls sprachlich veraltet und wird vom BAG nicht mehr regelmäßig als Begriff benutzt (etwa BAG DB **10**, 788, nicht in BAG NZA **10**, 877, europäischer Rechtsvergleich von Rebhahn RdA **09**, 154, 236), liegt freilich der Regelung des Arbeitsvertrags in § 611a BGB (s Rn 37 aE) zu Grunde und ist so de lege lata weiter von Belang. Weisungsrecht muss nicht tatsächlich ausgeübt werden, es soll der rechtliche Bestand ausreichen, BAG NZA **09**, 143 (angestellte bzw. ehrenamtliche Gleichstellungsbeauftragte). Praktisch entscheidet Verkehrsanschauung über die Einordnung, § 611a I 5 spricht von einer Gesamtbetrachtung aller Umstände, wegen des Schutzes des Schwächeren kann nicht allein auf den Wortlaut einer Vereinbarung abgestellt werden, BAG NZA **10**, 877, so explizit nun § 611a I 6 BGB (tatsächliche Durchführung, nicht Bezeichnung). Abgrenzung vom selbstständigen (Sub-)Unternehmer nicht nach Bezeichnung im Vertrag, sondern nach dem Grad der Freiheit bei der Arbeitsgestaltung, BAG NZA **98**, 364 (Frachtführer). Im Betrieb des Kfm können beschäftigt sein:

b) Der Begriff des Handlungsgehilfen und die §§ 59 ff erfassen nach traditionellem Verständnis nur einen Teil der Arbeitnehmer des Kaufmanns. Für den Anwendungsbereich der §§ 59 ff gilt diese Beschränkung trotz § 83 nicht mehr, insbesondere die Wettbewerbsverbote nach §§ 60f, 74 ff gelten allgemein (Rn 1). Da der Gesetzgeber entgegen dem Einigungsvertrag (Art 30 I Nr 1) kein Arbeitsvertragsgesetz erlassen hat und damit derzeit auch nicht zu rechnen ist, erscheint eine Fortentwicklung des Begriffs des Handlungsgehilfen angezeigt, näher Rn 31b. Praktisch wird die Bezeichnung als **Handlungsgehilfe** nicht mehr verwandt, sondern von **kaufmännischen Angestellten** gesprochen, so auch BAG NZA **90**, 142. Kaufmännische Angestellte sind „in einem Handelsgewerbe zur Leistung kaufmännischer Dienste gegen Entgelt angestellt", dazu Rn 25 ff. Prokuristen (§§ 48 ff) und HdlBevollmächtigte (§§ 54 ff) bezeichnen Inhaber bestimmter hdlrechtlicher Vollmachten, nicht besonderes Personal; sie sind idR HdlGehilfen. Die Bezeichnung von Arbeitnehmern als Handlungsgehilfen ist veraltet, auch der Folgebegriff des kaufmännischen Angestellten verliert an Bedeutung. Dienste leisten dem Kaufmann alle Arbeitnehmer, dass der Arbeitnehmer angestellt sein muss, steht nach Aufgabe der Unterscheidung von Arbeitern und Angestellten einer allgemeinen Anwendung auf alle Arbeitnehmer nicht mehr entgegen.

c) Traditionell nicht als Handlungsgehilfen angesehen werden **Auszubildende** (früher Handlungslehrlinge nach §§ 76 ff (aufgehoben), zT abgekürzt als Azubis) unterliegen nunmehr dem BerufsbildungsG (BBiG), Lit: Benecke/Hergenröder 2009. Nach § 22 II BBiG keine ordentliche Kündigung nach Ablauf der Probezeit, zu dualen Studiengängen Koch-Rust/Rosentreter NZA **13**, 879. **Volontäre** (s § 82a) sowie **Gewerbegehilfen** und **technische Angestellte,** die technische Dienste leisten, zB Arbeiter, Fahrer, Boten, Ingenieure, Chemiker, Werkmeister (§ 83). Für sie gilt neben allgemeinen arbeitsrechtlichen Gesetzen seit jeher die GewO; deren §§ 105 ff gelten aber inzwischen für alle Arbeitnehmer, § 110 S 2 GewO verweist auf §§ 74–75f).

Andere Angestellte, die nach traditionellem Verständnis weder kfm noch technische Dienste leisten, sind zB Ärzte, Juristen, Wirtschaftsprüfer, Musikarchivar, BAG NZA **07,** 321 (Rundfunk). Für sie gilt neben allgemeinen arbeitsrechtlichen Gesetzen Dienstvertragsrecht (§§ 611–630 BGB).

d) **Gemischte Verträge** kommen vor für Personen, die Dienste verschiedener Art (kfm, technische, sonstige) leisten; für ihr Arbeitsverhältnis im Ganzen gilt das Recht, das für die an Bedeutung (nicht unbedingt Zeitaufwand) überwiegende Tätigkeit gilt, BAG **1,** 92, **19,** 267 (jeweils kfm und techn Dienste), NZA **07,** 321 (ArbN und freie Mitarbeit), für den Rechtsweg kommt es auf das jeweils einschlägige Vertragselement an, BAG NZA **99,** 837.

Nicht zum Personal des Kfm gehören HdlVertreter (§ 84 I); sie sind nicht in 24 den Betrieb, sonders als selbstständige Gewerbetreibende in den Absatz eingeschaltet.

B. **Der traditionelle Begriff des Handlungsgehilfen: a)** Der HdlGehilfe 25 ist im HdlGewerbe **angestellt.** Er ist **Arbeitnehmer,** dh er steht in einem Arbeitsverhältnis zum Arbeitgeber (s Rn 13–22) und übt eine von diesem abhängige, weisungsgebundene Tätigkeit aus. Er ist nach traditionellem Verständnis **Angestellter,** nicht Arbeiter (dh alle Arbeitnehmer, die nicht Angestellte sind); der Angestellte leistet im Gegensatz zum Arbeiter vorwiegend geistige Tätigkeit (s Rn 28). Maßgebend für die Abgrenzung ist die (aktuelle) Verkehrsanschauung; Anhaltspunkte gaben und geben für ältere Berufsbilder §§ 2, 3 AVG mit VO (Berufsgruppenverzeichnis, aufgehoben, nunmehr SGB VI). Angestellt ist auch derjenige, der nur vorübergehend oder mit Teilzeitbeschäftigung beschäftigt ist; wo der HdlGehilfe tätig ist (in den Geschäftsräumen, im Außendienst oder sogar in den Geschäftsräumen eines anderen Unternehmers, aber s Rn 13–16), spielt keine Rolle. **Minderjährige** können HdlGehilfe sein (§§ 106 ff, 113 BGB; vgl § 74a II 1). Auch nicht geschäftsführende (s Rn 26) **Gesellschafter** je nach Ausgestaltung, BAG NZA **91,** 392; **juristische Person** je nach Tätigkeit, str; die Bestimmungen der §§ 59 ff sind sinngemäß, teils nicht anwendbar.

Nicht Handlungsgehilfe sind zB **gesetzliche Vertreter** von HdlGes und 26 anderen juristischen Personen, zB GmbHGeschäftsführer, BGH **79,** 291 (da Arbeitgeberfunktion, aber uU § 622 BGB ua entspr), NZA **07,** 1174 (GmbH & Co), BAG NZA **06,** 366, Goette FS Wiedemann **02,** 873, aber BAG NZA **99,** 987: je nachdem (stv GF); GmbHMehrheitsGter, BAG NZA **98,** 939. IZw konkludente Aufhebung des bisherigen Arbeitsverhältnisses mit der GmbH, BAG NZA **00,** 1013, **06,** 1154, **07,** 1095, **09,** 669 kein Wiederaufleben bei Abberufung, BAG NZA **06,** 366; zum Schriftformerfordernis der Kündigung s Rn 121. Geschäftsführer- und Arbeitsverhältnis (ruhend oder weiterlaufend) sind vorstellbar, BAG NZA **08,** 168, **14,** 540, zB bei unterschiedlichen Tätigkeiten oder im Konzern; Übersicht Moll GmbHR **08,** 1024.

Mangels Arbeitnehmereigenschaft nicht Handlungsgehilfe sind ferner dienstvertraglich Tätige **ohne Abhängigkeit,** insbesondere **freie Berufe** und andere **Selbstständige** (vgl § 84 I 2), zB Rechts- und Steuerberater, Wirtschaftsprüfer, Stundenbuchhalter, die ihre Arbeitszeit selbst bestimmen; freie Mitarbeiter (Grenze Umgehung des Sozialschutzes bei Fehlen sachlicher Gründe), BAG **25,** 505, NZA **08,** 878 (Kündigung des ArbVerh und Weiterbeschäftigung als freier Mitarbeiter); als **Familienangehörige** mitarbeitende Personen, Ehegatten, uU Kinder, Abgrenzung nach Vereinbarung und Auszahlung von Entgelt, BSG NJW **94,** 341, zur Ehegatteninnengesellschaft BGH NJW **99,** 2962; Beamte; zugewiesene Strafgefangene, Fürsorgezöglinge, Auszubildende (BBiG).

§ 59 27–30   1. Buch. Handelsstand

Praktikanten, bei denen nicht die Arbeitsleistung, sondern die Ausbildung im Vordergrund steht. **Handelsvertreter** und Versicherungsvertreter sind selbstständige Kflte, nicht HdlGehilfen bzw Arbeitnehmer (§ 84 I); aber **arbeitnehmerähnliche** HV s § 84 Rn 46–47, § 92a.

Arbeitnehmerähnliche Personen bilden nach traditionellem Verständnis eine eigenständige Kategorie zwischen Arbeitnehmer und Selbstständigen. Möglich bei Franchisenehmer (BAG NZA **99**, 53 (Eismann). Nicht bei Anwalt, sofern dieser Partner ist (BAG NZA **93**, 789) sowie Mitglied eines Vereins, das Vorstand mit wählt (BAG NZA **96**, 33, Rote-Kreuz-Schwester) Lit: Claudia Schubert 2004, Rebhahn RdA **09**, 236.

27   **b)** HdlGehilfe ist nur der **in einem Handelsgewerbe** Angestellte. Der **Arbeitgeber muss** also **Kaufmann (§§ 1 ff) sein;** auch Kfm kraft Eintragung (§ 5); eine juristische Person nach §§ 33 ff, auch Gebietskörperschaft (§ 1 Rn 27); größerer VVaG (§§ 16, 53 VAG), BAG **20**, 123; RechtsscheinKfm (§ 5 Rn 9), aber der Rechtsschein wirkt nur für, nicht gegen den gutgläubig kfm beschäftigten Angestellten (§ 5 Rn 15).

28   **c)** HdlGehilfe ist nach traditionellem Verständnis nur der **zu kaufmännischen Diensten** Angestellte, explizit von kaufmännischen Angestellten sprechend BAG NZA **90**, 142. In Abgrenzung zum Arbeiter wurde der Anwendungsbereich auf Angestellte beschränkt, die geistige Arbeit musste überwiegen (Abgrenzung zum Arbeiter s Rn 25). Ausgangspunkt für diese rechtlich nunmehr (jedenfalls weitgehend) unerhebliche Abgrenzung ist die vereinbarte Beschäftigung, zu berücksichtigen ist aber auch die spätere tatsächliche Tätigkeit, BAG **19**, 267. Maßgeblich ist die Verkehrsanschauung; sie kam häufig im Tarifvertrag zum Ausdruck, BAG **7**, 86. Kfm Dienste sind nach der Verkehrsauffassung solche, zu deren Leistung ein gewisses Maß an kfm Kenntnis, Erfahrung oder zumindest Übung gehört. **Nicht** maßgebend ist die in der SozVers geltende Abgrenzung (aber sie prägt über die Tarifpraxis häufig die Verkehrsanschauung), BAG **7**, 86; die kfm Ausbildung, denn wenn der wichtigste Teil der Tätigkeit kfm ist, dann ist der Angestellte HdlGehilfe, auch bei geringer kfm Ausbildung, zB Werkstattschreiber in einer Fabrik, RAG **7**, 250. „Aufnahme in das Angestelltenverhältnis" gibt zwar Anspruch auf entspr Beschäftigung, macht aber ohne solche nicht zum Angestellten. Abgrenzung gegen technischen Angestellten s BAG **19**, 267.

29   **d)** Der HdlGehilfe ist **gegen Entgelt** angestellt, die Art des Arbeitsentgelts (s Rn 58–70) spielt keine Rolle. Die Vermutungsregel des § 612 II BGB, nach der Dienste im Zweifel nur gegen Entgelt geleistet werden, ist auch im Rahmen des § 59 HGB anwendbar.

30   C. **Beispiele und moderne Auslegung der §§ 59 ff: Handlungsgehilfen sind** Apothekenhelferin, Buchhalter, Bürovorsteher, (Schaufenster)Dekorateur, LAG Düss BB **60**, 247; Einkäufer, Frachtkontrolleur in Speditionsbetrieb, LAG Ffm RdA **50**, 198; Filialleiter, RG LZ **32**, 407; Hotelleiter und -sekretär, Restaurantleiter, BAG NZA-RR **08**, 399; Kassierer in Bank oder Geschäft, Kontrolleur; Lagerpersonal, wenn es auch geistig arbeitet, zB in Bestandsabrechnung; angestellte Marktbeobachter; in der Rechtsabteilung Tätige, BAG **3**, 321; in der Steuerberatung tätige Angestellte einer SteuerberatungsGmbH, BAG **18**, 104; Verkäufer, sofern sie nicht nur mechanische Tätigkeit ausüben; Verkaufsfahrer, die Kunden beraten, werben, kassieren, BAG **1**, 92; Verkaufsingenieure mit kfm Haupttätigkeit, RAG JW **39**, 319, BAG NZA **90**, 142; Verlagsleiter; Versicherungsangestellte im Innendienst, die gelegentlich Geschäfte gegen Provision vermitteln, sowie fest angestellte Versicherungsvermittler, BAG **20**, 123; Versicherungsvertreter, BAG NZA-RR **09**, 593; Vertreter im Außendienst mit Kundenwerbung, BAG NZA **08**, 1124; Warenhauspropagandistin; mit Werbung befasste Angestellte, BAG **1**, 92.

6. Abschnitt. Handlungsgehilfen und -lehrlinge   31a–32 § 59

Nicht Handlungsgehilfen, sondern Gewerbegehilfen sind **nach klassi-** 31a **schem Verständnis** Abonnentensammler im Haustürgeschäft; Boten; Chemiker; Fahrkartenverkäufer in U-Bahn; Getränkeausfahrer, auch ohne Vorbestellung; Garderobenfrau; Ingenieur; Kassiererin im Kino, LAG Hamm BB **52,** 775; Kellner; Koch; Ladenmädchen; Omnibus- und Straßenbahnschaffner, RAG **15,** 70; Tankwart; Telefonistin, BAG BB **59,** 80; Verkäuferinnen in Kiosken, BAG BB **56,** 208; Werkmeister; Zigarettenverkäuferin in Kino und Gaststätten; Zuschneider, RAG **4,** 240. RsprÜbersichten: Schüler-Springorum BB **58,** 236, Brill DB **81,** 316 (Abgrenzung von Arbeitern und Angestellten). **Handlungsreisende** können selbstständige HV (§ 84 I) oder abhängige HdlGehilfen sein. Für letzteres spricht zB Pflicht zu Bürodienst außerhalb der Reisen.

Modern sind die §§ 59 ff für das **gesamte Personal des Kaufmanns** ein- 31b heitlich anzuwenden (s Rn 1, § 83 Rn 1). Die den §§ 59 ff seit dem HGB 1897 zugrundeliegende Unterscheidung von Arbeitern und (kaufmännischen sowie sonstigen) Angestellten ist rechtlich und tatsächlich überholt (Nachruf von Hromadka RdA **15,** 65, von lebenden „Fossilien" in Bezug auf anderweitige (auch aktuelle) gesetzliche Regelungen spricht Kortstock NZA **17,** 357). BAG und BVerfG haben das Gleichbehandlungsgebot in Bezug auf Arbeiter und Angestellte überzeugend begründet, BVerfG NZA **90,** 721, BAG NZA **84,** 323. Diese Rechtsentwicklung war bereits zur deutschen Einheit im Wesentlichen abgeschlossen, sodann wurde in der Gewerbeordnung auch der Begriff des gewerblichen Arbeitnehmers aufgegeben. Die nach Art 3 GG zumindest naheliegende Anwendung der §§ 59 ff auf alle Arbeitnehmer des Kaufmanns (vgl auch BAG NZA **07,** 1438) dient einstweilen als Vorgriff auf das im Einigungsvertrag vorgesehene einheitliche Arbeitsvertragsrecht. Nachdem die Erfüllung der Selbstverpflichtung des Einigungsvertrages seit nunmehr über fünfundzwanzig Jahren auf sich warten lässt, sind Rspr und Lehre zur einheitlichen Anwendung geltenden Rechts auf alle Arbeitnehmer aufgerufen. Dabei ist eine teilweise Absenkung herkömmlicher Standards in Betracht zu ziehen, wie auch die Implementierung einheitlicher Kündigungsfristen sowie Lohnfortzahlungsregeln für Arbeiter und Angestellte zeigt. Noch verwandt wird der Begriff des kaufmännischen Angestellten vom vormaligen Handlungsgehilfenverband, der Gewerkschaft DHV, er war für die Abgrenzung der Tarifzuständigkeit relevant (BAG NZA **12,** 1109) und ist dies in eingeschränktem Maße weiterhin. Einer Erstreckung der §§ 59 ff auf alle Arbeitnehmer steht das nicht entgegen. Vertraglich können Arbeitgeber und Arbeitnehmer weiterhin zwischen Arbeitern und Angestellten unterscheiden, allerdings nicht aufgrund des bloßen Statusunterschieds, sondern bei gleichzeitigem Vorliegen eines Lebenssachverhaltes, der eine Ungleichbehandlung rechtfertigt, etwa eine durchschnittlich erreichbare Vergütung, BAG DB **16,** 659. Für den Regelungsbereich der §§ 59 ff fehlt ein entsprechender, eine Ungleichbehandlung rechtfertigender Lebenssachverhalt.

4) Arbeitsvertrag, Arbeitsverhältnis

A. **Vertragsanbahnung: a)** Bereits der rechtsgeschäftliche Kontakt zwischen 32 Arbeitgeber und Stellenbewerber begründet ein gesetzliches Schuldverhältnis nach § 311 II BGB mit Rechten und Pflichten für die Beteiligten (Verschulden bei Vertragsverhandlungen, Vertrauenshaftung). Dieses Schuldverhältnis ist ein gesetzliches, kann also auch unter Geschäftsunfähigen bestehen. Es beinhaltet keine primären Leistungspflichten (Erfüllungsanspruch, positives Interesse), sondern nur sekundäre Pflichten nach § 241 II BGB (Verhaltenspflichten, **negatives oder Vertrauensinteresse**). Haftung für Erfüllungsgehilfen (§ 278 BGB) schon in diesem Stadium, auch ohne Abschlussvollmacht, BAG BB **74,** 2060. Kern des Schuldverhältnisses sind die **Verhaltenspflichten,** die Kfm und Stellenbewerber zu beachten haben. Sie werden von der Rspr fallorientiert entwickelt und betreffen vor allem folgende Fallgruppen: Pflicht, beim anderen Teil nicht zu

§ 59 33, 34 1. Buch. Handelsstand

Unrecht ein Vertrauen auf Vertragsabschluss zu erwecken (Rn 33); Pflicht, dem anderen Teil vertragswesentliche Umstände mitzuteilen bzw ihn entspr aufzuklären (Rn 34); Obhuts- und Schutzpflichten (Rn 35). Die Pflicht zum Ersatz von Vorstellungskosten folgt schon aus § 670 BGB (Rn 36), kann aber auch Inhalt eines Schadensersatzanspruches nach § 280 BGB sein.

33 **b) Es gilt Grundsatz der Vertragsfreiheit**, kein Anspruch auf Einstellung, s aber auch Rn 91 bei angekündigter Diskriminierung, EuGH NZA 08, 929; kein Kontrahierungszwang nach AGG (§ 15 VI AGG), aber ggf aus anderem Rechtsgrund, grds keine Übernahme nach Ablauf eines befristeten Arbeitsvertrags, Rn 115, auch nicht wenn Verstoß gegen § 612a BGB (zulässige Wahrnehmung von Rechten), BAG NZA **12**, 317 (aber SchE). Kein Recht auf Übernahme nach Ende eines Ausbildungsverhältnisses, Ausnahme § 78a BetrVG (Auszubildendenvertreter, BAG NZA **09**, 202), nach § 24 BBiG aber Begründung eines unbefristeten Arbeitsverhältnisses bei Weiterbeschäftigung, s Benecke NZA **09**, 820. **Abbruch der Vertragsverhandlungen** allein macht nicht schadensersatzpflichtig nach § 280 BGB, auch dann nicht, wenn der Arbeitgeber weiß, dass der Stellenbewerber in Erwartung des Vertragsabschlusses Aufwendungen gemacht hat. Wenn der Arbeitgeber aber zurechenbar (nicht unbedingt schuldhaft) den Rechtsschein erweckt, der Stellenbewerber werde eingestellt oder erhalte besondere Vergünstigungen, und dieser sich darauf einrichtet (vgl § 5 Rn 9–17), haftet der Arbeitgeber auf den Vertrauensschaden, BGH NJW **75**, 1774; so wenn der Arbeitgeber den Stellenbewerber veranlasst, eine sichere Stelle zu kündigen, BAG BB **63**, 937. Entspr gilt für den Stellenbewerber, der entgegen dem von ihm erweckten Rechtsschein vom Vertragsschluss abspringt. Der Stellenbewerber haftet dann nach § 280 BGB uU für neue Inseratkosten und für Schäden infolge Nichtbesetzung der Stelle, wenn sonst ein anderer Bewerber rechtzeitig hätte eingestellt werden können. Bei Ungleichbehandlung von Mann und Frau Schadensersatz auch ohne Verschulden, EuGH NZA **97**, 645 (nun AGG, s Rn 10). Formulierung einer Stellenausschreibung kann Diskriminierung nach AGG indizieren, BAG NZA **16**, 1394.

34 **c) Mitteilungs- und Aufklärungspflichten** treffen den Arbeitgeber und den Stellenbewerber. Der **Arbeitgeber** muss über die Stelle, ihre Anforderungen und uU Entwicklungsmöglichkeiten zutreffende Angaben machen; auf überdurchschnittliche Anforderungen muss er eigens hinweisen, BAG DB **58**, 371; ebenso auf Zweifel an der Zahlungsfähigkeit für das Arbeitsentgelt, BAG BB **75**, 184 sowie auf Umstände, die einer vollständigen Durchführung eines Arbeitsvertrags entgegenstehen, BAG NZA **05**, 1298. Der **Arbeitnehmer** muss **nur ausnahmsweise** von sich aus **ohne Befragen** des Arbeitgebers diesen aufklären. Eine solche Offenbarungspflicht besteht nur, wenn ihm die Erfüllung der Arbeitsleistung unmöglich ist oder die verschwiegenen Umstände für den Arbeitsplatz von ausschlaggebender Bedeutung sind, BAG NZA **91**, 719; zB wenn der Arbeitnehmer die Arbeit nicht aufnehmen kann oder will und der Arbeitgeber erkennbar im Vertrauen auf Arbeitsantritt erhebliche Aufwendungen macht, BAG NZA **85**, 25; über Behinderung bei erkennbar ausschlaggebender Bedeutung für den Arbeitsplatz, BAG NZA **86**, 635; über Infektionskrankheit. **Zulässige Fragen,** und nur solche (sonst keine rechtswidrige Täuschung), muss der Arbeitnehmer wahrheitsgemäß beantworten, stRspr, BAG NZA **01**, 315, **03**, 265; sonst kann der Arbeitgeber anfechten (s Rn 118 mit zT ähnlicher Kasuistik wie hier) und der Arbeitnehmer haftet auf Schadensersatz. Das Fragerecht des Arbeitgebers bedarf besonderer Interessenabwägungen und findet seine Grenze am Persönlichkeitsrecht des Arbeitnehmers. Zulässig sind danach nur Fragen im Zusammenhang mit der zu leistenden Arbeit, zB über beruflichen Werdegang, früheres Arbeitsverhältnis, vgl BAG BB **70**, 883; früheres Gehalt, Wettbewerbsverbot; Krankheit, die fristgerechte Arbeitsaufnahme verhindert, BAG **16**, 261; chronische Krankheit;

6. Abschnitt. Handlungsgehilfen und -lehrlinge 35–37 § 59

Behinderung, soweit für Arbeitsleistung wesentlich, BAG NZA **86**, 635, **94**, 407, ohne diese Einschränkung über Schwerbehinderteneigenschaft bislang wegen speziellem Schutz durch SchwBG, jetzt SGB IX, (s Rn 162), BAG NZA **96**, 371, **01**, 315, wegen § 81 II SGB IX und AGG (s Rn 10) Frage nunmehr zutr grds unzulässig, Joussen NJW **03**, 2857, NZA **07**, 174, zulässig bleibt Frage nach sechsmonatigem Bestehen des Arbeitsverhältnisses zur Vorbereitung der Sozialauswahl bei betriebsbedingten Kündigungen, BAG NZA **12**, 555; einschlägige Vorstrafen, BAG NJW **99**, 975, zB Vermögensdelikte bei Kassierer oder Verkehrsdelikte bei Fahrer und Ermittlungsverfahren, BAG NZA **05**, 1243.

Unzulässig sind Fragen nach Gewerkschaftszugehörigkeit, BAG NZA **03**, 1221 (zum Anspruch der Gewerkschaft auf Unterlassung BAG NZA **15**, 306, zur Frage beim Betriebsübergang Schönhoft/Haug BB **11**, 821, bei Tarifpluralität im Unternehmen Meyer BB **11**, 2362), geplanter Heirat; idR Schwangerschaft, s Rn 118; für die Arbeit nicht einschlägige Vorstrafen, BAG NZA **91**, 719, **13**, 1090; Vermögensverhältnisse von anderen als leitenden oder für besondere Vertrauensstellung vorgesehenen Angestellten. **Graphologische Gutachten** sind nur mit ausdrücklicher Einwilligung des Betroffenen zulässig, sonst Schadensersatzpflicht, BAG DB **83**, 2780, Einwilligungserfordernis gilt auch für psychologische Eignungstests, Franzen NZA **13**, 2. Verwendung von Tests s Klein AuR **78**, 266; Einholung von Auskünften über Bewerber s Schmid, DB **83**, 769, auch zur **Datenerhebung** im **Internet** Kania/Sansone NZA **12**, 360, **in sozialen Netzwerken** Determann BB **13**, 181. Unspezifizierte Frage nach eingestellten Ermittlungsverfahren ist wg § 53 BDSG idR nicht erforderlich, bei Falschbeantwortung verstößt Kündigung gegen § 138 BGB, BAG NZA **13**, 429. Aus dem Bundeszentralregister getilgte Vorstrafen müssen nicht angegeben werden, BAG NZA **14**, 1131. Lit: Moritz NZA **87**, 329. Nach dem GendiagnostikG sind genetische Untersuchungen grundsätzlich unzulässig, Wiese BB **09**, 2198.

d) Obhuts- und Schutzpflichten treffen beide Teile hinsichtlich der Person **35** und Güter des anderen, soweit diese bei dem rechtsgeschäftlichen Kontakt exponiert werden. Der Arbeitgeber muss zB die Bewerbungsunterlagen pfleglich behandeln und zurückgeben; er muss zusehen, dass der Arbeitnehmer bei der Vorstellung in den Geschäftsräumen nicht zu Schaden kommt; er muss Personalfragebogen erfolgloser Bewerber außer bei besonderem berechtigten Interesse vernichten, BAG NZA **84**, 321. Für beide Teile gilt **Verschwiegenheitspflicht.**

e) Angemessene **Vorstellungskosten** (Fahrt, Verpflegung, uU Übernachtung, **36** nicht Abgeltung für Urlaubstag) trägt Arbeitgeber aus § 670 BGB bei Anforderung über das Arbeitsamt oder Aufforderung zur Vorstellung, BAG NZA **89**, 486; auch bei bloßem „Anheimstellen", wenn Bewerber sonst nicht zum Betriebsort käme, ArbG Bln DB **75**, 1609.

B. Zustandekommen (Änderung) des Arbeitsvertrags: a) Der **Vertrags- 37 abschluss** (nicht aber Kündigung u Aufhebungsvertrag, § 623 BGB, s Rn 121) ist idR **formlos;** er ist ohne weiteres auch stillschweigend möglich, nachteilige Änderung idR nicht durch Schweigen des Arbeitnehmers, BAG NZA **05**, 349. Auch das NachweisG (s Rn 98) begründet keinen Formzwang. Schriftform verlangt § 11 BBiG; der Berufsausbildungsvertrag ist aber trotz Verletzung der Formvorschrift wirksam, BAG **AP** § 15 BerBG Nr 1. Auch TV, Betriebsvereinbarung, Einzelvertrag können Form vorschreiben; ihre Nichteinhaltung macht den Abschluss idR nicht nichtig, sondern gibt dem Arbeitnehmer nur Anspruch auf Nachholung; anders bei zwingender tariflicher Vorschrift, BAG **5**, 58, oder wenn nicht bloßes Beweismittel, sondern konstitutive Form (§§ 127, 125 BGB) gewollt ist. Der Arbeitsvertrag kann durch **Stellvertreter** abgeschlossen werden (§ 164 BGB). **Minderjährige** bedürfen bei allgemeinen Ermächtigung nach §§ 112, 113 BGB bzw der Zustimmung des **gesetzlichen Vertreters**, §§ 107 ff BGB; ein Vormund bedarf bei Verpflichtung auf mehr als ein Jahr der Genehmigung des Vormundschaftsgerichts, BGB § 1822 Nr 6 (Lehrvertrag), Nr 7 (Arbeitsvertrag). § 1629a BGB s § 1 Rn 34. RsprÜbersicht über minderjährige Arbeitnehmer: Brill BB **75**, 284. Schließt ein Sprachunkundiger einen Arbeitsvertrag auf Deutsch ab, so trägt er das Sprachrisiko, BAG NZA **14**, 1076, dazu Boemke/Schönfelder NZA **15**, 1222, Kling 2008. **Ausländische Arbeitnehmer** bedürfen der Erlaubnis nach § 39 AufenthaltG; fehlt diese und ist mit ihrer Erteilung nicht in absehbarer Zeit zu rechnen, kann der Arbeitsvertrag ordentlich oder außerordentlich gekündigt werden, BAG NZA **91**, 341 (zu § 19 AFG), Kurzüberblick über den Zugang von Ausländern zum Arbeitsmarkt von Gutmann NJW **10**, 2779, Huber NZA **14**, 820.

Der **Betriebsrat** kann eine innerbetriebliche Stellenausschreibung verlangen, § 93 BetrVG. Externe Ausschreibung darf nicht geringere Anforderungen stellen als die innerbetriebliche, BAG NZA **88**, 551. **Zustimmung** des Betriebsrats (s Rn 42) nach §§ 99 ff BetrVG (Betriebe mit mehr als 20 AN), fehlende Zustimmung führt nicht zur Unwirksamkeit des Arbeitsvertrags, es kann aber der Arbeitnehmer nicht in den Betrieb eingegliedert werden (str). Einstellung darf nicht davon abhängig gemacht werden, dass Bewerber nicht Gewerkschaftsmitglied ist (BAG NZA **00**, 1294). Betriebsrat kann Zustimmung zur Einstellung nicht allein wegen untertariflicher Bezahlung verweigern (AN kann nach Einstellung mögliche Tarifansprüche gegen den Arbeitgeber durchsetzen, BAG NZA **00**, 1294) auch nicht mit Verweis auf gg Art 12 GG verstoßende Höchstaltersgrenze für Einstellungen im Tarifvertrag (BAG NZA **11**, 751, Piloten nur jünger als 33 Jahre).

Weiter zu beachten sind die **Anti-Diskriminierungsregeln** des AGG (Rn 10). Nach dem Deutschen Corporate Governance Kodex sowie nunmehr §§ 76 IV, 96 II, 111 V AktG ist weiter auf die Diversität und vor allem die ausreichende **Berücksichtigung von Frauen** zu achten. Nach der Rechtsprechung des BAG verstößt der Arbeitgeber gegen den allgemeinen Gleichbehandlungsgrundsatz wenn, ohne dass ein sachlicher Grund gegeben ist, das Geschlecht des Bewerbers als positives oder negatives Kriterium im Motivbündel enthalten ist, BAG NZA **08**, 99. Bevorzugte Berücksichtigung auf Grund Gleichstellungsgesetzen bei gleicher Eignung verfassungsgemäß, wenn Unterrepräsentanz vorliegt und Härteregelung vorgesehen ist, BAG NZA **03**, 1036. Aus arbeitsrechtlicher Sicht sind Frauenquoten nicht unproblematisch, Prehm/Hellenkemper NZA **12**, 960, Olbrich/Krois NZA **15**, 1288. Zu § 76 AktG Röder/Arnold NZA **15**, 1281.

Der **Arbeitsvertrag** ist seit der AÜG-Reform 2017 in **§ 611a BGB** gesetzlich geregelt. Der Arbeitgeber ist nach § 611a II BGB zur Leistung der vereinbarten Vergütung verpflichtet, der Arbeitnehmer wird gemäß § 611a I 1 BGB durch den Arbeitsvertrag im Dienste eines anderen zur Leistung weisungsgebundener, fremdbestimmter Arbeit in persönlicher Abhängigkeit verpflichtet. Die Leistung von Arbeit im Dienste eines anderen definiert den Arbeitsvertrag als Unterfall des Dienstvertrags. Fremdbestimmte Arbeit und persönliche Abhängigkeit verweisen insbesondere auf die Eingliederung in eine fremde Arbeitsorganisation, die anders als das Weisungsrecht nicht explizit genannt wird. Begrifflichkeit der fremdbestimmten Arbeit und persönlichen Abhängigkeit übernimmt die Rechtsprechung des BAG, ohne Begrifflichkeit dem modernen Verständnis der Arbeitsbeziehungen anzupassen. Die fehlende Anpassung an moderne Anforderungen (Thüsing NZA **15**, 1479: Arbeit 4.0) und der Begriff der persönlichen Abhängigkeit wurden und werden so kritisiert, Richardi NZA **17**, 39 (diesen freilich fordernd Henssler RdA **16**, 19). Für die Einordnung als Arbeitsvertrag ist die tatsächliche Durchführung, nicht die Bezeichnung im Vertrag maßgeblich, § 611a I 6 BGB.

38 **b)** Für Arbeitsverträge gelten die allgemeinen Regeln über **Nichtigkeit und Anfechtung** nur vor Invollzugsetzung des Vertrags ohne Einschränkungen.

6. Abschnitt. Handlungsgehilfen und -lehrlinge   39   § 59

Nach Invollzugsetzung besteht ein sog faktisches oder (besser) **fehlerhaftes Arbeitsverhältnis**, auf das Nichtigkeitsfolgen nur eingeschränkt anwendbar sind. Da dies der typische Fall ist, werden Nichtigkeit und Anfechtung als praktisch zur Beendigung des Arbeitsverhältnisses gehörend behandelt, s Rn 117–120. Schwarzgeldabrede führt grds nicht zur Nichtigkeit des Arbeitsvertrages, BAG NZA **04**, 313. Arbeitsrechtlich trotz § 14 II 2 SGB IV (gilt nur für Sozialversicherungsrecht) keine Nettolohnabrede, BAG NZA **10**, 881. Bei Unwirksamkeit des Arbeitsvertrags nach § 134 BGB ist die Nichtigkeit des Arbeitsverhältnisses in vollem Umfang zu beachten, BAG NZA **09**, 663. Rückabwicklung dann nach Bereicherungsrecht (Saldierung), ArbN kann für seine Arbeit nach § 817 Satz 2 BGB keinen Wertersatz verlangen, wenn ihm die Leistung verboten war, BAG NZA **05**, 1409 (fehlende Approbation als Arzt).

C. Einwirkung von Tarifnormen: a) Tarifnormen (s Rn 5) gelten unmittelbar für das Arbeitsverhältnis, wenn Tarifgebundenheit besteht und das Arbeitsverhältnis in den Geltungsbereich des Tarifvertrags (TV) fällt. **Tarifgebunden** sind die Mitglieder der TVParteien, also organisierte Arbeitgeber und Arbeitnehmer, und der Arbeitgeber, der selbst Partei der TV ist (§ 3 TVG). Für Inhalts- und Abschlussnormen ist, da die Vertragsstellung beider Vertragsparteien berührt wird, beiderseitige Tarifgebundenheit nötig (§ 4 I 1 TVG); bei betriebsverfassungsrechtlichen und uU Betriebsnormen genügt die Tarifgebundenheit des Arbeitgebers. Die Tarifgebundenheit besteht auch bei Austritt fort bis zum Ende des TV (§ 3 III TVG). Auch ohne Tarifgebundenheit gilt der für allgemeinverbindlich erklärte TV (§ 5 TVG; § 3 III TVG gilt mangels Tarifgebundenheit nicht). Keine Tarifgebundenheit begründet die Bezugnahme auf den TV (s Rn 40), sei es durch Einzelarbeitsvertrag, Betriebsvereinbarung oder betriebliche Übung (s Rn 5, 7–8). Das Arbeitsverhältnis muss in den **Geltungsbereich** des TV fallen, vor allem räumlich (zB TV nur für ein Bundesland) und betrieblich (zB bestimmter Industriezweig), ferner fachlich (zB nur für Ärzte, Lokführer, Piloten), persönlich (zB nicht für Lehrlinge, nur für Angestellte), zeitlich (Dauer; Fortgeltung s § 3 III TVG; Rückwirkung ist nicht möglich). Tarifzuständigkeit der Gewerkschaft nach deren Satzung, BAG **09**, 909. Bei **Tarifkonkurrenz** gilt der speziellere (betriebsnähere) TV (grundsätzlich: Industrietarif vor Fachtarif, betrieblich engerer vor betrieblich weiterem, fachlich engerer vor fachlich weiterem, Firmentarif vor Verbandstarif).

Nach **Aufgabe der Rechtsprechung zur Tarifeinheit** (BAG NZA **10**, 645, 778, 1068) können aber auch mehrere Tarifverträge in einem Betrieb gelten (etwa für Ärzte und Krankenschwester, Piloten und Kabinenpersonal), für nicht inhaltsgleiche Tarifverträge verschiedener Gewerkschaften, deren Geltungsbereich sich überschneidet, nun **gesetzliche Regelung, § 4a TVG**, es bedarf eines Antrags auf Feststellung der Tarifkollision, BVerfG NZA **15**, 1271 (Sachverhalt), zust Löwisch NZA **15**, 1369, weitgehend gebilligt durch BVerfG NZA **17**, 915. Nach Ablauf des TV gelten seine Rechtsnormen weiter, bis sie durch andere Abmachungen ersetzt werden (§ 4 V TVG, **Nachwirkung**). Tarifliche Bestimmungen sind als Mindestbedingungen **zwingend**, wenn der TV ungünstigere Bedingungen nicht ausdrücklich zulässt (§ 4 III TVG); für den Arbeitnehmer günstigere Bedingungen sind ohne weiteres zulässig (**Günstigkeitsprinzip** s Rn 5). **Verzicht** auf Anspruch aus TV für Tarifgebundene nur durch einen von den TVParteien gebilligten Vergleich (§ 4 IV 1 TVG); **Verwirkung** tariflicher Rechte ist ausgeschlossen, aber **Ausschlussfristen** sind (nur) im Tarifvertrag zulässig (§ 4 IV 2, 3 TVG), s Rn 78. Die Tarifautonomie ist auf arbeitsrechtliche Gegenstände beschränkt und besteht nur in den Grenzen der Verfassung und der Gesetze (dispositives und tarifdispositives Recht s Rn 4). Vor allem gilt auch für die TVParteien das Gleichbehandlungsgebot (s Rn 57, 63, 91), aber nicht zwischen Tarifgebundenen und Außenstehenden (s Rn 10, auch 40). Rechtsirrige

§ 59 40, 41

Ansicht des Arbeitgebers über Auslegung des TV bindet ihn nicht, BAG **10**, 161, allerdings bei wiederholter Rückgruppierung Verstoß gegen Treu und Glauben, BAG NZA **07**, 516, **10**, 528 (LS), bei irrtümlicher Falscheinstufung kann die Zahlung vom Arbeitgeber einseitig eingestellt werden, es bedarf keiner Änderungskündigung, BAG NZA **98**, 950. Behandlung übertariflicher Zulagen bei Tariflohnerhöhung s Rn 58. Wechsel in OT-Mitgliedschaft nur, wenn Arbeitgeber im Arbeitgeberverband auf Tarifverträge keinen Einfluss mehr nehmen kann, BAG NZA **10**, 105, BVerfG NZA **11**, 60. Lit **zum TVG:** Wiedemann 7. Aufl 2007; Löwisch/Rieble 4. Aufl 2017.

40   b) **Nicht tarifgebundene Parteien** werden von dem TV nicht erfasst (Ausnahme: Allgemeinverbindlichkeit, § 5 TVG). Die TVParteien haben keine Rechtsetzungsmacht gegenüber Außenstehenden. Der TV kann Außenstehenden keinen Solidaritätsbeitrag auferlegen, Hueck RdA **61**, 141. Auch **Differenzierungsklauseln** (mitgliedschaftanknüpfende, Tarifausschluss-, Spannen- oder Abstandsklauseln), mit denen Leistungen den Gewerkschaftsangehörigen vorbehalten, den Außenstehenden vorenthalten oder Spannen bzw Abstände zwischen beiden festgeschrieben werden sollen, sind unzulässig (Art 9 III GG, Eingriff in die Vertragsfreiheit der Außenstehenden), BAG **20**, 175, es darf der Arbeitgeber nicht zur Ungleichbehandlung von „Außenseitern" zu tarifgebundenen Arbeitnehmern gezwungen werden, BAG NZA **12**, 924, für Zulässigkeit einfacher Differenzierungsklauseln aber BAG NZA **09**, 1028, **11**, 922m Anm Bauer/Arnold NZA **11**, 945, für Zulässigkeit von auf die Gewerkschaftsmitgliedschaft abstellenden Stichtagsklauseln BAG NZA **15**, 1388, dazu Helm NZA **15**, 1437, krit Greiner NZA **16**, 10.

Für den TV und den Arbeitgeber keine Pflicht zur Gleichbehandlung von Tarifgebundenen und Außenseitern, BAG NZA **09**, 1028, **15**, 119; aber ebenso wenig Pflicht zu Ungleichbehandlung. Nicht tarifgebundene Parteien können im Arbeitsvertrag auf TV **Bezug nehmen.** Dadurch tritt keine Tarifbindung ein, sondern die tariflichen Normen gelten kraft Einzelvertrags, BAG **7**, 125, NZA **08**, 364. Unterwerfung unter den jeweils geltenden TV bedarf ausdrücklicher Erklärung (große dynamische Verweisung, auch auf ggf wechselnden Inhalt des Tarifvertrags wegen anderweitiger Tarifzuständigkeit, auch Tarifwechselklausel), BAG NZA **08**, 365, **09**, 151, im Zweifel aber zeitdynamische Verweisung auf bestimmten Tarifvertrag und die jeweils gültige Vergütungshöhe, BAG NZA **06**, 202 (§ 305c II BGB), **10**, 401, dann Möglichkeit der ergänzenden Vertragsauslegung, wenn Tarifvertrag wegfällt, BAG NZA **10**, 1183, **12**, 396, **15**, 944, sonst gilt sie nur für den zZ des Vertragsschlusses geltenden TV (statische Verweisung). Bezugnahme auf tarifrechtlich unwirksame Bestimmung ist unwirksam, BAG BB **78**, 157. Wendet der ArbG einen Vergütungstarif auf nicht tarifgebundene AN an, so kann er nicht eine Gruppe ausnehmen, BAG NZA **09**, 450 (Werkstudenten). Dynamische Verweisung unterliegt der Klauselkontrolle einschließlich des Transparenzgebots, nicht aber der Unklarheitenregel des § 305c II BGB, BAG NZA **09**, 154. Klauselkontrolle trotz §§ 310 IV, 307 III BGB, wenn nur punktuell auf Tarifvertrag verwiesen wird, BAG NZA **07**, 875.

41   D. **Einwirkung von Betriebsvereinbarungen, Mitbestimmung des Betriebsrats: a) Betriebsvereinbarungen** (Sonderform: Gruppenvereinbarung) zwischen Arbeitgeber und Betriebsrat (s Rn 5) gelten ähnlich wie TV unmittelbar für das Arbeitsverhältnis (§ 77 IV BetrVG; anders als bloße Betriebsabsprachen). Voraussetzung ist Vereinbarung in schriftlicher Form, Unterzeichnung beider Seiten (Wirksamkeitserfordernis, § 77 II 2 BetrVG gegen § 126 II 2 BGB). **Gebunden** durch die Betriebsvereinbarung sind nur Arbeitnehmer des Betriebs, nicht Ausgeschiedene und in Ruhestand Getretene, BAG GrS **3**, 1 = NJW **56**, 1086. Ihr **Geltungsbereich** kann beschränkt sein, zB fachlich, persönlich, zeitlich (vgl Rn 39). Die Betriebsvereinbarung hat **Nachwirkung** (§ 77 VI

6. Abschnitt. Handlungsgehilfen und -lehrlinge   42, 43   § 59

BetrVG). Sie gilt **zwingend** (§ 77 IV BetrVG), lässt aber für den Arbeitnehmer günstigere Einzelvertragsbedingungen zu (**Günstigkeitsprinzip** s Rn 5). Bereits begründete einzelvertragliche Rechte des Arbeitnehmers können durch kollektiv günstigere Betriebsvereinbarung beschränkt werden, BAG GrS NZA **87**, 168, str. Verzicht auf Rechte des Arbeitnehmers aus Betriebsvereinbarung ist nur mit Zustimmung des Betriebsrats möglich (§ 77 IV 2 BetrVG). Gesetze und Tarifautonomie setzen der Betriebsvereinbarung **Grenzen** (s Rn 4–6). Arbeitsentgelte und sonstige (aber nur sog materielle) Arbeitsbedingungen, die durch TV geregelt sind oder üblicherweise geregelt werden, können nicht Gegenstand einer Betriebsvereinbarung sein, außer bei tariflicher Öffnungsklausel (§ 77 III BetrVG). Betriebsvereinbarungen unterliegen einer Rechtskontrolle, BAG NZA **97**, 533, **04**, 271, bei ablösender BV Prüfung auf Verhältnismäßigkeit und Vertrauensschutz, BAG NZA **92**, 659, früher angenommen, dass BV anders als TV der gerichtlichen Billigkeitskontrolle unterworfen (§§ 75 I 1, 76 V 3 BetrVG), BAG NJW **83**, 68 (70).

b) Mitbestimmung des Betriebsrats ist vorgesehen in sozialen, personellen   42 und wirtschaftlichen Angelegenheiten. Voraussetzung ist Anwendbarkeit des BetrVG. Dieses gilt nicht für Kleinstbetriebe (weniger als idR fünf wahlberechtigte Arbeitnehmer, §§ 1, 7 BetrVG, für den öffentlichen Dienst aber Personalvertretung) und nur eingeschränkt für Tendenzbetriebe. Es erfasst grundsätzlich nur den einzelnen Betrieb und seine Belegschaft und nur Arbeitnehmer iSv § 5 BetrVG, allerdings nicht leitende Angestellte (Definition § 5 III BetrVG, reiche Kasuistik, insoweit Sprecherausschuss). Wahl des Betriebsrats s §§ 7 ff BetrVG; Grundsätze für die Mitbestimmung s §§ 74 ff BetrVG. In europaweit tätigen Unternehmen kann ein Europäischer Betriebsrat zu bilden sein (EBRG, ab 1000 AN), Von der Mitbestimmung des Betriebsrats ist die Arbeitnehmermitbestimmung **in Unternehmensorganen** zu unterscheiden (DrittelbG 2004; MontanMitbestG 1951; MitbestG 1976). Lit zum **BetrVG:** Richardi 15. Aufl 2016, Fitting/Engels/Schmidt/Trebinger/Linsenmaier 28. Aufl 2016, Wlotzke/Preis/Kreft 4. Aufl 2009. Lit **zum MitbestG:** Ulmer/Habersack/Henssler 3. Aufl 2013; GroßKoAktG/Oetker 4. Aufl 1999.

E. **AGBKontrolle von Arbeitsverträgen:** (5) § 310 IV 2 BGB idF SMG   43 unterwirft anders als früher auch Arbeitsverträge den Bestimmungen der (5) §§ 305–310 BGB (außer § 305 II, III BGB, Grund: insoweit Schutz durch das NachweisG, s Rn 98), aber nur unter angemessener Berücksichtigung der im Arbeitsrecht geltenden **Besonderheiten**, diese sind bei allen Klauseln (auch Klauselverbote ohne Wertungsmöglichkeit, (5) BGB § 309) zu berücksichtigen, BAG NZA **04**, 727 (Vertragsstrafe). Arbeitsvertrag ist Verbrauchervertrag (§§ 310 III, 13 BGB), BVerfG NZA **07**, 85 (strukturelle Unterlegenheit), BAG NZA **05**, 1111, Benecke/Pils ZIP **05**, 1956. Bspe: kein jederzeitiger Widerruf übertariflicher Lohnbestandteile, (5) BGB § 308 Nr 4, BAG NZA **05**, 465m Anm Hümmerich NJW **05**, 1759 (danach zulässig, wenn widerruflicher Teil des Gesamtverdienstes unter 25 bis 30 % liegt und der Tariflohn nicht unterschritten wird) und von Leistungszulagen, BAG NZA **07**, 853, Widerruf einer Dienstwagenüberlassung nicht wegen jedweden wirtschaftlichen Grundes, BAG NZA-RR **10**, 457m krit Bespr Gaul/Kaul BB **11**, 181; keine Zuweisung anderer Tätigkeit als der vertraglich geschuldeten, wenn nicht mindestens gleichwertig, BAG NZA **07**, 145, **10**, 1355; Bezugnahme auf einseitig änderbare Arbeits- und Sozialordnung, BAG NZA **09**, 428; formularmäßiger Verzicht auf Kündigungsschutzklage, BAG NZA **08**, 218, auch in Ausgleichsquittung ohne arbeitgeberseitige Kompensation, BAG NZA **15**, 350; Rückforderungsausschluss bei Schuldversprechen, BAG NZA **05**, 682; bei Zuwendung über 100 €, aber unter einem Monatsbezug einzelvertragliche Bindung nur bis 31. 3. des Folgejahrs, BAG NZA **07**, 875; unbedingte Rückzahlung von Ausbildungskosten, BAG NZA **07**,

§ 59 44

748, BGH NZA **10**, 37 bzw zu lange Frist, BAG NZA **10**, 342, bei Auszubildendem auch wenn kein Angebot auf Übernahme, BAG NZA **09**, 435; Ausschluss eines Rechtsanspruchs und zu weite Stichtagsklausel für Boni, BAG NZA **08**, 40; kürzere als dreimonatige Ausschlussklauseln für Klageerhebung, BAG NZA **05**, 1111, **06**, 149, Henssler NZA **02**, 137; Ausschlussklausel ohne Rücksicht auf Fälligkeit, BAG NZA **06**, 783 (s auch Rn 79); Freiwilligkeitsklausel für Sonderzahlungen, BAG NZA **08**, 1173 (Transparenz) m krit Anm Bayreuther BB **09**, 102; von Bedarf abhängige befristete Arbeitszeiterhöhung, BAG NZA **06**, 40, bei Arbeitszeiterhöhung in erheblichem Umfang (25 Prozent eines Vollarbeitszeitverhältnisses) müsste Arbeitsvertrag nach § 14 I TzBfG befristet werden können, BAG NZA **16**, 881; Vertragsstrafenabreden, BAG NZA **08**, 170m Anm Schramm NJW **08**, 1494, BAG NZA **09**, 370, **11**, 89, **16**, 945, Thüsing/Leder BB **04**, 44, Wensing/Niemann NJW **07**, 401, Winter BB **10**, 2757 (s auch § 74a Rn 9); doppelte Schriftformklausel, BAG NZA **08**, 1233 (Hinweis auf § 305b BGB); Transparenzgebot, BAG NZA **08**, 40 (Bonus), auch bei Ausschluss der Überstundenvergütung, BAG NZA **12**, 861 (trotz Ausschluss der Preiskontrolle). **Intransparent** ist rglm die Kombination eines Freiwilligkeitsvorbehalts mit einem Widerrufsvorbehalt, BAG NZA **12**, 81, dann auch kein Streichen des unzulässigen Teils (kein blue pencil-Test), weiter bei „freiwilliger" Leistung Unklarheitenregel des § 305c II, BAG NZA **13**, 787. Keine Unwirksamkeit einer Versetzungsklausel ohne Angabe eines Grundes, BAG NZA **06**, 1149, Wartezeit für Ausüben von Aktienoptionen, BAG NZA **08**, 1066.

Tarifverträge, Betriebs- und Dienstvereinbarungen unterliegen **nicht der AGBKontrolle**, auch nicht mittelbar, denn sie stehen Rechtsvorschriften iSv § 307 III BGB gleich (§ 310 IV 1, 3 BGB); als solche gelten sie aber nur für diejenigen, die durch sie gebunden sind, also nicht auch darüber hinaus als Maßstab für die Inhaltskontrolle nach § 307 I 1 BGB, Henssler NZA **02**, 136, Löwisch FS Wiedemann **02**, 321. Die AGBKontrolle ist Sache der nationalen Gerichte, EuGH ZIP **04**, 1053 (Freiburger Kommunalbauten), Markwardt ZIP **05**, 152. BAG führt die weitergehende **AGBKontrolle für Verbraucherverträge** nach **(5) § 310 III BGB** durch und qualifiziert Arbeitnehmer beim Abschluss arbeitsrechtlicher Verträge mit dem Arbeitgeber als **Verbraucher** iSv § 13 BGB, BAG NZA **05**, 1111, anders zuvor Bauer/Kock DB **02**, 42, Henssler NZA **02**, 133, Hromadka NJW **02**, 2524, Löwisch FS Wiedemann **02**, 315. Die Verbrauchereigenschaft ist ferner von Bedeutung für die Anwendbarkeit des **§ 312b BGB (Haustürgeschäfte)** auf am Arbeitsplatz abgeschlossene arbeitsrechtliche Verträge (gegen Anwendbarkeit BAG NZA **04**, 597, nach Reform grds gegen Anwendbarkeit auf Arbeitsverträge Bauer/Arnold/Zeh NZA **16**, 451) und für die Verzinsung der Entgeltforderung des Arbeitnehmers (§ 288 I oder II BGB); Aufhebungsvertrag s Rn 166 (gegen Anwendbarkeit BAG NZA **04**, 597). Unstreitig ist, dass es sich bei sonstigen Rechtsgeschäften zwischen dem Arbeitnehmer und dem Arbeitgeber um Verbraucherverträge handeln kann (zB Verbrauchsgüterkauf, Verbraucherdarlehensvertrag). Das UKlaG ist nach seinem § 15 auf das Arbeitsrecht insgesamt nicht anwendbar. Lit: Komm zu §§ 305 ff, 310 IV 2 BGB; Henssler/Moll 2011; Däubler/Bonin/Deinert 4. Aufl 2014, Singer RdA **06**, 362 (Flexibilisierungsklauseln), Bayreuther ZIP **07**, 2009, Hromadka NJW **07**, 1777, Junker BB **07**, 1274, Löwisch FS Canaris **07** I 1403 (krit), Preis/Roloff ZfA **07**, 43, Bayreuther ZIP **08**, 573 (Sanierungs- und Insolvenzklauseln), Reinecke BB **08**, 554 (Entgeltklauseln), Lembke NJW **10**, 257, 321 (Vergütungsvereinbarungen), Schlewing RdA **11**, 92 (ergänzende Vertragsauslegung), Stöhr ZfA **13**, 213.

5) Arbeitspflicht und Nebenpflichten des Handlungsgehilfen (Arbeitnehmers)

44 A. **Arbeitspflicht: a)** Rechtsquellen für den **Inhalt des Arbeitsvertrags** s Rn 2–9; Beweislast für Inhalt des Arbeitsvertrags s BAG NZA **95**, 780. Die

Arbeitspflicht des HdlGehilfen **(Hauptpflicht)** bestimmt sich nach diesem Inhalt, ergänzend gemäß ausdrücklicher Regelung in § 59 S 1 nach dem Ortsbrauch im Geschäftszweig; erst dann gemäß § 59 S 2 nach der Angemessenheit. Sie ist iZw persönlich zu erfüllen (§ 613 S 1 BGB). Zu leisten sind **kaufmännische Dienste** (s Rn 28, 31) entspr der vereinbarten Stellung, mangels solcher Vereinbarung Dienste jeder Art. Bei langjähriger Beschäftigung mit Diensten bestimmter Tätigkeitsmerkmale und Vergütungsgruppe gelten diese als vertragsmäßig, BAG BB **62**, 297, 1433. In den Grenzen von Gesetz (zB Arbeitsschutz), Kollektivvertrag (s Rn 39–42) und Einzelvertrag (§§ 133, 157; 242 BGB, s Rn 8) kann der Arbeitgeber die zu erbringende Arbeitsleistung nach Inhalt, Ort und Zeit konkret **nach billigem Ermessen näher bestimmen** (§ 106 Satz 1 GewO, s Rn 12, BAG NZA **05**, 359), Hromadka NJW **07**, 1779; das gilt auch hinsichtlich der Ordnung und des Verhaltens der Arbeitnehmer im Betrieb (§ 106 S 2 GewO). Dieses **Weisungsrecht** (Leitungs-, Direktionsrecht, s Rn 9, nun auch § 611a I 1, 2 BGB, s Rn 37 aE) unter der Mitbestimmung des Betriebsrats nach §§ 75, 87, 99, 111 BetrVG (s Rn 42), muss vor allem Behinderungen des Arbeitnehmers (§ 106 S 3 GewO) und das Persönlichkeitsrecht des Arbeitnehmers beachten (Kleidung; außerdienstliches Verhalten, Schwenk NJW **68**, 822, informationelle Selbstbestimmung, keine Verwendung des Steuerberaters des Arbeitgebers, BAG NZA **13**, 268) und unterliegt der Billigkeitskontrolle nach § 315 III BGB, BAG NZA **96**, 1088, **01**, 893, auch nach Kodifikation des Weisungsrechts in § 106 GewO, BAG NZA **06**, 1149, **12**, 860 (Klage entsprechend § 315 III 2 BGB vor Arbeitsgericht, auch bei unbilliger vorübergehender Übertragung höherwertiger Tätigkeit, BAG NZA **12**, 928, Klage aber nicht Voraussetzung für Geltendmachung der Unbilligkeit, Boemke NZA **13**, 6, notwendig, wenn Entgelt verlangt wird), bei Formularvertrag nicht der AGBKontrolle nach (5) § 308 Nr 4 BGB, Löwisch FS Wiedemann **02**, 317, Annuß BB **02**, 462, Hromadka NZA **12**, 233.

Rücksicht zu nehmen ist auch **auf die familiäre Situation** des Arbeitnehmers (§ 28 I 3 ArbVG-E Henssler/Preis, de lege lata Einwirkung des Art 6 GG über die Generalklausel des § 315 BGB, andeutungsweise BAG NZA **05**, 359, **12**, 1157, deutlicher für Glaubensgründe BAG NZA **11**, 1087 und die **gesundheitliche Situation** des Arbeitnehmers, etwa die Nachtdienstuntauglichkeit einer Krankenschwester, BAG NZA **14**, 719 (Beschäftigung zu anderen Zeiten, keine krankheitsbedingte Kündigung). Danach nicht gedeckte Weisungen braucht der Arbeitnehmer nicht zu beachten, BAG NZA **86**, 21, **11**, 1087 (jeweils zum Gewissenskonflikt, so aber grds bis zur gerichtlichen Klärung, BAG NZA **12**, 858, dazu zutr krit Preis NZA **15**, 1, Kühn NZA **15**, 10, Hromadka NZA **17**, 601), nach Henssler NZA **02**, 131 Anwendung des § 275 III BGB; auch bei **Gewissenskonflikt** kann dann aber Kündigung zulässig sein, BAG NZA **90**, 144, **11**, 1087. Bspe für Weisungsrecht: Zuweisung und Änderung des Arbeitsplatzes; Wechsel in der Art der Beschäftigung, Verkleinerung des Arbeitsbereichs, BAG BB **73**, 291, **80**, 1267; Einteilung zu bestimmten Arbeiten; jederzeitige Unterbrechung privater Telefongespräche des Arbeitnehmers während der Arbeitszeit, auch durch Aufschaltanlage, BGH BB **73**, 704; aber keine Pflicht zur Teilnahme an Betriebsausflug, BAG BB **71**, 220. Arbeitsvertragliche **Versetzung** ist die Änderung des Aufgabenbereichs nach Art, Ort oder Umfang der Tätigkeit, Arbeitgeber hat bei entsprechender Weisung ein Interesse des Arbeitnehmers an kurzen Fahrtzeiten zu berücksichtigen BAG NZA **12**, 266.

Der **Umfang des Versetzungsrechts** bestimmt sich **nach dem Arbeitsvertrag**; ist danach eine entspr einseitige Weisung nicht gedeckt, bleibt nur Änderungsvertrag oder -kündigung; Mitwirkung des Betriebsrats nach §§ 95 III (Definition), 99 ff BetrVG (s Rn 42), fehlende Zustimmung macht Versetzung auch individualvertraglich unwirksam, BAG NZA **10**, 1235. Beispiele: keine einseitige Versetzung auf geringwertigen Arbeitsplatz, auch bei gleichem Entgelt, BAG

§ 59 44   1. Buch. Handelsstand

BB **65**, 1455; im Notfall muss aber auch vertragsfremde Arbeit geleistet werden, bei Stellenvakanz normalerweise nur im Rahmen des Vertrags, BAG NJW **73**, 293, wenn darüber hinaus erhöhte Vergütung nach § 59 S 1, bzw § 612 BGB analog. Versetzung an einen anderen Ort nur, wenn im Vertrag vorgesehen, auch bei Betriebsverlegung; Vorbehalt des Einsatzes an anderem als genannten Ort verhindert Festlegung und ist auch in AGB wirksam, BAG NZA **11**, 631. Den Bezirk des Tätigkeitsbereichs kann der Arbeitgeber aus organisatorischen Gründen bei entsprechendem Vorbehalt wechseln, Arbeitsgericht kann jedoch prüfen, ob solche Gründe vorliegen, BAG BB **71**, 1055 und ob konkrete Versetzung von Weisungsrecht (§ 106 GewO, § 315 III 1 BGB) gedeckt, BAG NZA **11**, 633; Einsatz im Ausland nur bei besonderer Absprache. Zur Versetzung Hunold BB **88**, 2101. Vereinbarung über **Freistellung** führt zur Aufhebung der Arbeitspflicht, begründet aber idR keinen eigenständigen Vergütungsanspruch, dieser dann nach allg Grundsätzen, Einwand der mangelnden Leistungsfähigkeit oder -bereitschaft gegen Vergütungsanspruch aus Annahmeverzug des Arbeitgebers, § 615 oder 326 II BGB (§ 297 BGB, vgl Anm 72) bleibt unberührt, BAG NZA **08**, 595.

    Teilzeitarbeit: geregelt in **Teilzeit- und BefristungsG** (TzBfG) 21.12.00 BGBl 1966. Geltung des TzBfG auch für Kleinbetriebe (s Rn 111, Anspruch auf Verringerung der Arbeitszeit aber erst ab idR mehr als 15 Arbeitnehmern, § 8 VII TzBfG). Definition des teilzeitbeschäftigten Arbeitnehmers in § 2 TzBfG, nämlich wenn seine regelmäßige Wochenarbeitszeit kürzer ist als die eines vergleichbaren vollzeitbeschäftigten Arbeitnehmer. Der Arbeitnehmer, auch leitender Angestellter, hat nach sechs Monaten (vgl § 1 I KSchG) Anspruch auf Verringerung seiner vertraglichen Arbeitszeit, wenn er dies drei Monate vorher (§§ 187 I, 188 II Halbs 2 BGB, BAG NJW **03**, 911) geltend macht und soweit betriebliche Gründe (insbesondere wesentliche Beeinträchtigung von Organisation, Arbeitsablauf oder Sicherheit im Betrieb oder unverhältnismäßige Kosten) nicht entgegenstehen (§ 8 TzBfG), BAG NZA **03**, 1392, **04**, 382, **13**, 373, Salamon/Reuße NZA **13**, 865. Auslegung eines zu kurzfristig gestellten Teilzeitarbeitsantrags (nächster zulässiger Termin), BAG NZA **04**, 1090. Gleichbehandlung (AGG s Rn 10), aber flexibler Maßstab bei Organisationsentscheidungen, BAG NZA **05**, 523 (zu KSchG), bloße Absicht einen Arbeitsplatz nicht zu teilen reicht bei Rückkehr aus Elternzeit und in dieser Zeit geteiltem Arbeitsplatz nicht aus, BAG NZA **10**, 339, unternehmerisches Konzept muss vorteilhaft sein. **Diskutiert** wird **Anspruch auf befristete Teilzeit** und **Erhöhung der Arbeitszeit.** Anspruch des Teilzeitbeschäftigten auf anteilige Zulagen, BAG NZA **08**, 1422, ggf auf Erhöhung der Arbeitszeit entsprechend Vollzeitbeschäftigten, um bisherige Vergütung zu erhalten, BAG NZA **12**, 666. Anspr auch, wenn bereits Teilzeit gearbeitet wird und Versetzung auf einen anderen Arbeitsplatz notwendig wird, BAG NZA **13**, 373. Bevorzugte Berücksichtigung (§ 9 TzBfG) kann zu Anspruch auf Arbeitszeitverlängerung führen, BAG NZA **07**, 255, aber unternehmerische Entscheidung des Arbeitgebers, ob Aufgaben von Arbeitnehmern oder freien Mitarbeitern erfüllt werden sollen, BAG NZA **09**, 1253. Verhandlungspflicht des Arbeitgebers, BAG NZA **03**, 911. Auch im Rahmen eines Aufstockungsverlangens unternehmerische Entscheidung des Arbeitgebers, ob Aufgaben durch Arbeitnehmer oder freie Mitarbeiter erfüllt werden sollen, BAG NZA **09**, 1253. Keine Kündigung wegen Weigerung des Arbeitnehmers, zwischen Voll- und Teilzeit zu wechseln (§ 11 TzBfG). Arbeit auf Abruf bei Vereinbarung, aber nur in bestimmten Grenzen (§ 12 TzBfG), abzugrenzen ist Tätigkeit aufgrund eines Rahmenvertrags, der keine Arbeitspflicht begründet, BAG NZA **12**, 733. Im Übrigen gelten auch für Teilzeitbeschäftigte ohne Unterschied die allgemeinen Regeln über Arbeitspflicht, Arbeitszeit ua, BAG NJW **97**, 1047, s Rn 57. Diskriminierungsverbot zugunsten teilzeitbeschäftigter Arbeitnehmer (§§ 4 I, 5 TzBfG). Das TzBfG ist (mit Ausnahmen) zugunsten des

6. Abschnitt. Handlungsgehilfen und -lehrlinge   45, 46 § 59

Arbeitnehmers **zwingend** (§ 22 I TzBfG). Lit: zur Teilzeitarbeit Annuß/Thüsing 3. Aufl 2012, Boecken/Joussen 4. Aufl 2016, Laux/Schlachter 2. Aufl 2011, Meinel/Heyn/Herms 5. Aufl 2015; Hromadka NJW **01**, 400, Preis/Gotthardt DB **01**, 145, Bader/Jörchel NZA **16**, 1105, RsprÜbersicht: Wisskirchen DB **03**, 277; zur **Altersteilzeit** Andresen 3. Aufl 2003, Bauer/Gehring 2011, Rittweger/Petri/Schweikert 2. Aufl 2002, Hanau NZA **09**, 225. Schutz von Altersteilzeitkonten s Rn 103, nicht möglich ist Altersteilzeit nur nach nationalen Rechtsvorschriften, EuGH NZA **15**, 91.

b) Die **Arbeitszeit** ist weitgehend durch EG-ArbeitszeitRi, ArbZG, TV, 45 Betriebsvereinbarung und Arbeitsvertrag geregelt; der Bestimmung durch Direktionsrecht (billiges Ermessen, § 106 GewO iVm § 315 BGB, vertragliche Vereinbarung geht vor, BAG NZA **08**, 118) bleiben idR nur Anfang, Ende und Unterbrechung des Arbeitstags (unentgeltliche Ruhezeiten, BAG NZA **10**, 505), zB auch Einteilung zu Nachtschichten, BAG NZA **98**, 647, Sonntagsarbeit, BAG NZA **09**, 1333 (krit Preis/Ulber NZA **10**, 729). Unter Vollzeit sind nicht mehr als 40 Wochenstunden zu verstehen, BAG NZA **15**, 1002. Vorbehalt der Bestimmung des Umfangs der Arbeitszeit durch Arbeitgeber ist wegen Umgehung des Kündigungs(schutz)rechts nichtig, BAG NZA **85**, 321. Mitbestimmung des Betriebsrats nach § 87 I 2, 3 BetrVG (s Rn 42). **Bereitschaftsdienst** gilt als Arbeitszeit, EuGH NZA **03**, 1019 (für Ärzte), **04**, 3547, Schliemann NZA **04**, 513, Zeitausgleich nach ArbZG idF 2004 (allgemeiner), Boerner NJW **04**, 1145, Umkleide- und Wegezeiten bei betrieblicher Veranlassung, BAG NZA **17**, 323. Arbeit zu bestimmter Arbeitszeit ist absolute Fixschuld, dh bei Versäumung nicht nachholbar, BAG NZA **12**, 381. Einseitig abrufbare **Arbeit auf Abruf** kann bis zu 25 % der wöchentlichen Mindestarbeitszeit vereinbart werden, BAG NZA **06**, 423. Poolsystem und Abrufarbeit, Hanau GedS Heinze **05**, 321. **Flexible Arbeitszeiten,** Lindecke 2008. Höchstarbeitszeit und andere Schranken setzen ua ArbZG, JArbSchG, LadenschlussG. Teilzeitarbeit s Rn 44. **Mehrarbeit** braucht ohne Vereinbarung grundsätzlich nicht geleistet zu werden, von Schwerbehinderten überhaupt nicht (§ 124 SGB IX); Entgelt s Rn 58. **Kurzarbeit** setzt Vertragsänderung voraus, entweder durch TV, Betriebsvereinbarung oder Änderungskündigung; einseitig mit Zustimmung der Bundesagentur für Arbeit (§ 19 KSchG). Lit: von Stebut RdA **74**, 332, Bauer/Günther BB **09**, 662, Wahlig/Jeschke NZA **10**, 607. An **Sonn- und Feiertagen** besteht grundsätzlich ein Arbeitsverbot nach Maßgabe der Feiertagsgesetze der Länder, Feiertagsarbeitsentgelt s Rn 58. Lit: Anzinger/Koberski 4. Aufl 2014, Baeck/Deutsch 3. Aufl 2014, Neumann/Biebl 16. Aufl 2012; Anzinger BB **94**, 1492, Diller NJW **94**, 2726, Boerner NJW **04**, 1559, Reim DB **04**, 186, Giesen NJW **06**, 723 (EU-ArbeitszeitRi), Lindemann DB **06**, 826 (Entgeltpauschale), Hromadka NJW **07**, 1777 (BAG), Zwanziger DB **07**, 1356 (BAG).

c) Verletzung der Arbeitspflicht: Arbeitsverweigerung (Nichterfüllung) 46 berechtigt, wenn vertragswidrig, zur **Entgeltverweigerung** und zur ordentlichen, uU außerordentlichen **Kündigung** (s Rn 139). Zwar kann der Arbeitgeber auch auf Leistung der Dienste (Erfüllung) klagen, aber das Urteil kann nicht vollstreckt werden (§ 888 III ZPO). In Frage kommt bei außerordentlicher Kündigung auch Klage auf **Schadensersatz** (§ 628 II BGB; dazu Rn 137). Vereinbarung angemessene **Vertragsstrafe** wegen Vertragsbruchs, Nichteinhaltung einer Kündigungsfrist oder bei fristloser Entlassung wegen schuldhaften Vertragsbruchs des Arbeitnehmers ist in den Grenzen von **(5)** §§ 310 IV 2, 309 Nr 6, 307 I BGB auch in AGB zulässig, BAG NZA **84**, 255, **09**, 370, Henssler NZA **02**, 138, Annuß BB **02**, 463, Günther/Nolde NZA **12**, 62, aber nicht für Fall ordentlicher Kündigung, BAG BB **71**, 706, 72, 798. Bei Vertragsstrafe in im Einzelfall unangemessener Höhe Herabsetzung nach § 343 BGB, BAG NZA **84**, 255. Abrede in AGB trotz § 309 Nr 6 BGB möglich (Besonderheiten des

§ 59   47, 48
1. Buch. Handelsstand

Arbeitsrechts, § 310 IV 2 BGB), bei unangemessener Höhe allerdings Unwirksamkeit, BAG NZA **04**, 727. **Lohnverwirkungs**abreden sind aufschiebend bedingter Erlass (§ 397 BGB; zu unterscheiden von Verwirkung, s Rn 85–86); sie sind grundsätzlich zulässig. Durchsetzung vertraglicher Abwerbungsverbote s Weiland BB **76**, 1179, Ansprüche gegen den abwerbenden Dritten s Gierke RdA **72**, 17. Keine Verletzung der Arbeitspflicht ist die Teilnahme an einem rechtmäßigen, gewerkschaftlich organisierten **Streik**, also nur Verlust des Entgeltanspruchs, keine Schadensersatzpflicht; Teilnahme an einem wilden Streik ist dagegen (arbeitsrechtlich) rechtswidrig, Schadensersatzpflicht nach §§ 281, 283, 284 BGB, Henssler NZA **02**, 132, Löwisch FS Wiedemann **02**, 329; Abgrenzung zwischen rechtmäßigem und rechtswidrigem Streik s Schaub § 192, nach BAG NZA **09**, 1347 auch Flashmob möglich, str.

47 **Mangelhafte Arbeitsleistung** (**Schlechterfüllung**, Beispiele s unten) berechtigt Arbeitgeber zu ordentlicher, uU außerordentlicher **Kündigung** und **Schadensersatz** nach § 280 BGB, **nicht** zu Lohnminderung, BAG NZA **07**, 1015 (LS). **Aufrechnung** gegen Forderung des Arbeitnehmers ist bei Fahrlässigkeit grundsätzlich nur außerhalb des pfändungsfreien Betrags, bei Vorsatz auch gegen unpfändbare Forderungen zulässig, BAG NZA **10**, 99, auch bei Betriebsrentner, BAG NZA **97**, 1108, Bengelsdorf NZA **96**, 176. Bei Schädigung Dritter unter **Mitverschulden** des Arbeitgebers muss dieser Schaden mittragen, BAG BB **96**, 1087 (weitergehende Freistellung bei betrieblich veranlassten und auf Grund eines Arbeitsverhältnisses geleisteten Arbeiten, s Rn 108–109), bei vorsätzlicher strafbarer Handlung des Arbeitnehmers kann sich dieser nicht auf Mitverschulden des Arbeitgebers berufen, BAG BB **70**, 488. **Beweislast** für Pflichtverletzung und ihre Ursächlichkeit für Schaden trifft den Arbeitgeber, BAG BB **69**, 1178; gleiches gilt nach **(5)** § 619a BGB (abweichend von § 280 I 2 BGB und in AGB nach **(5)** § 309 Nr 12 BGB nicht abdingbar, so auch BAG NZA **99**, 141) für das Verschulden des Arbeitnehmers, einschränkend Henssler NZA **02**, 132, Bauer/Diller NJW **02**, 1611; weiterhin Differenzierung nach Gefahrbereichen. Abmahnung und Vermerk in Personalakte s Rn 49. **Beispiele:** Vollmachtsüberschreitung, BAG **17**, 236; schlechte Arbeitsleistung, Beschädigung von Arbeitgebereigentum (aber **Einschränkungen bei betrieblich veranlassten und auf Grund eines Arbeitsverhältnisses geleisteten Arbeiten** und bei **Mankohaftung**, s Rn 107, 110; Annahme vertragswidriger Sonderleistungen, auch auf Anordnung des GmbHGeschäftsführers, BAG BB **74**, 1122; bei leitenden Angestellten mangelnde Prüfung der Aufträge des Arbeitgebers auf ihre Zweckmäßigkeit, BAG BB **62**, 999; falsche Arbeitsanweisung, BAG BB **69**, 955; Aufsichtspflichtverletzung, BAG **22**, 375; bei leitenden Angestellten mangelnde Sorge für Vermögen des Arbeitgebers, BAG BB **71**, 40; Schädigung des Arbeitgebers durch Schwarzfahrt, BAG **20**, 142; Betrugsversuch an Kunden, BAG BB **76**, 1128. Zur unterbliebenen oder verspäteten Arbeitsaufnahme infolge Teilnahme am Straßenverkehr s Rn 71, Hohn BB **78**, 1123.

48 B. **Nebenpflichten: a)** Der Arbeitnehmer hat eine **allgemeine Treuepflicht** gegenüber dem Arbeitgeber, die der allgemeinen Schutz- und Förderungspflicht (Fürsorgepflicht) des Arbeitgebers (s Rn 90–92) entspricht. Die Rspr folgerte diese Treuepflicht aus § 242 BGB, zB BAG **26**, 232; seit SMG lässt sie sich auf § 241 II BGB stützen und auch als **Rücksichtnahmepflicht** bezeichnen, BAG NZA **05**, 158, **06**, 917, Palandt/Weidenkaff § 611 Rn 39; beides besagt aber inhaltlich wenig. Der Ausdruck Treuepflicht wird hier in diesem Sinne als **Sammelbegriff für die schuldrechtlichen Schutz- und Rücksichtspflichten** des Arbeitnehmers verwandt. Der Arbeitnehmer iSv § 241 II BGB muss danach die **Interessen** des Arbeitgebers und des Betriebs **wahren,** soweit ihm das zumutbar ist (Grenze: eigene schutzwürdige Interessen). **Beispiele:** s Rn 50–54, 139–147 (wichtige Kündigungsgründe); ferner Unterlassung von

6. Abschnitt. Handlungsgehilfen und -lehrlinge 49, 50 § 59

Treuwidrigkeit, Vertrauensmissbrauch, Tätlichkeit, Beleidigung, Vollmachtmissbrauch; Einhaltung des Arbeitsschutzes; Schutz des betrieblichen Vermögens des Arbeitgebers vor Verlust und Beschädigung; Warnung vor drohenden Schäden; Hinweis auf erhebliche irrtümliche Überzahlung, BAG NZA 05, 812, auf klare Vermutung (nicht bloßen Verdacht) von Unterschlagungen, vgl BAG 22, 375; Hinweis auf Vertragsverletzung Dritter nur bei aktualisierter Kontrollpflicht, nicht bei Gefahr der Selbstbezichtigung, BGH WM 89, 689; Einspringen in zumutbarem Umfang bei Stellenvakanz, BAG NJW 73, 293; uU Notdienst zur Sicherung der Betriebseinrichtungen bei Streik, LAG Ffm DB 70, 933, BAG NZA 95, 958. Privatnutzung von **Internet** am Arbeitsplatz ist grundsätzlich unzulässig, BAG NZA 06, 98, 977, Hanau/Hoeren 2003, Mengel NZA 05, 752, Bloesinger, Lansnicker BB 07, 2177, 2184, Beckschulze DB 07, 126, zum Web 2.0 (Facebook, Twitter etc) Bissels/Lützeler/Wisskirchen BB 10, 2433. Eine **nachwirkende,** aber idR schwächere Treuepflicht hat der Empfänger betrieblicher Altersversorgung (s Rn 88); sie spielt besonders für Widerruf oder Kürzung der Versorgungszusage eine Rolle. Abgrenzung Betriebsbelange und Privatinteresse s Trappe BB 74, 43.

Die **Rechtsfolgen** von Pflichtverletzungen des Arbeitnehmers sind wie bei 49 der Schlechterfüllung der Arbeitspflicht (s Rn 47) je nach Einzelfall ordentliche, uU außerordentliche **Kündigung** und **Schadensersatz** nach § 280 BGB (zu Detektivkosten BAG NZA 14, 301); ferner Unterlassungsanspruch; bei Schmiergeldempfang und bei verbotenem Wettbewerb auch **Herausgabeanspruch** (Gewinnabführung) und **Eintrittsrecht** (§§ 687 II 1, 681, 667 BGB; § 61 I HGB, s dort). Herauszugeben nach § 667 BGB entsprechend ist jeder Vorteil (Rn 55), ist das schuldhaft nicht mehr möglich, greift § 280 BGB, BAG NZA 15, 97. **Abmahnung** ist (nicht formgebundene, rechtsgeschäftsähnliche) Missbilligung eines Verhaltens unter Androhung von Rechtsfolgen für die Zukunft, ohne Regelfrist; Verhältnismäßigkeit ist zu beachten (s Rn 130); Abmahnung enthält Verzicht auf Kündigung, BAG NZA 86, 421, 89, 633, 09, 894, 10, 823; §§ 139, 140 BGB gelten nicht, BAG NZA 91, 768 (teilweise unzutreffende Abmahnung); Abmahnung als Kündigungsvoraussetzung s Rn 127, 130. Lit: Schaub NJW 90, 872. **Vermerk in den Personalakten,** BAG NZA 89, 272, NJW 95, 220, 07, 269m krit Anm Grobys NJW 07, 794 (Gesundheitsdaten). Ungerechtfertigte Verwarnung, Entfernung aus Personalakte s Rn 95. **Betriebsbuße** nur unter Mitbestimmung des Betriebsrats (§ 87 I Nr 1 BetrVG), BAG NZA 07, 462. Lit: Kammerer, Personalakte und Abmahnung, 3. Aufl 2001.

b) Die **Schweigepflicht** (weiter als § 17 UWG) erstreckt sich auf geschäfts- 50 betriebsbezogene Tatsachen, die nicht allgemein zugänglich sind und an deren Geheimhaltung der Arbeitgeber ein berechtigtes wirtschaftliches Interesse hat **(Betriebs- und Geschäftsgeheimnis).** Diese Schweigepflicht überdauert das Arbeitsverhältnis, BAG NZA 88, 502. Eine Geheimhaltungsklausel über das Vertragsende hinaus ist anders als ein Wettbewerbsverbot (§§ 74 ff) ohne Karenzentschädigung wirksam, BAG BB 82, 1793; Grenzen bei erheblicher („spürbarer") Erschwerung des beruflichen Fortkommens des Arbeitnehmers, Gumpert BB 82, 1911, Bauer/Diller Rn 124, str, nicht möglich allgemeines Stillschweigen über Kundenlisten oder Geschäftsbereich, BAG NZA 88, 502, 99, 200. Die (nachvertragliche) Schweigepflicht beinhaltet kein Kundenabwerbeverbot, dazu ist Wettbewerbsabrede (s § 74 Rn 4) nötig, BAG NZA 88, 502m Anm Gaul ZIP 88, 689, BB 94, 1079. Schadensersatz nach Lizenzanalogie, BAG NZA 86, 781. Entbindung von Schweigepflicht im Prozess zwischen Arbeitgeber und Arbeitnehmer, BAG 19, 55, BB 69, 581. Öffentliche **Kritik** des ausgeschiedenen Arbeitnehmers an Betriebsinterna ist uU durch Art 5 I GG erlaubt, s Einl 65 vor § 1; aber keine Verbreitung unwahrer, ehrenrühriger Tatsachen, BAG DB 82, 2705.

§ 59 51–55   1. Buch. Handelsstand

51 **c) Schmiergeldverbot** s §§ 299 ff StGB (s Rn 11); die Pflicht, keine Schmiergelder anzunehmen, geht weiter als die Strafbarkeit nach §§ 299 ff StGB, sie verbietet auch Provisionsannahme für Geschäfte, die der Dritte direkt mit dem Arbeitgeber abschließt, BAG NZA **06**, 101. Herausgabeanspruch des Arbeitgebers, BAG NZA **06**, 1089. Korruption und Arbeitsrecht, Zimmer/Stetter BB **06**, 1445, zu Bonusprogrammen Weitnauer NJW **10**, 2560, zur Kündigung Rn 142.

52 **d) Wettbewerbsverbot** während des Arbeitsverhältnisses s §§ 60, 61; danach kraft Wettbewerbsabrede s §§ 74–75d. **Nebentätigkeit** ist hinzunehmen, außer bei Beeinträchtigung der vertragsmäßigen Leistung oder von Wettbewerbsinteressen des Arbeitgebers, BAG BB **71**, 397, offen für einfache (Neben-)Tätigkeiten BAG NZA **10**, 693. Vertragliches Verbot jeder Nebentätigkeit ist dahin auszulegen, dass nur Tätigkeiten verboten sind, an deren Unterlassen der Arbeitgeber ein berechtigtes Interesse hat, BAG BB **77**, 144. Abschluss zweier Arbeitsverhältnisse für den gleichen Zeitraum jeweils mit Abrede über Unterlassung von Konkurrenztätigkeit macht die Erfüllung nicht unmöglich, aber verpflichtet den Arbeitnehmer zu Schadensersatz, BAG BB **65**, 948. Umsatzrückgang durch unerlaubte Nebentätigkeit eines HdlReisenden verpflichtet zum Schadensersatz, LAG BaWü BB **70**, 127. Kenntnis des Arbeitgebers von arbeitszeitüberschreitendem Zweitarbeitsverhältnis kann Mithaftung begründen, wenn Arbeitnehmer durch Übermüdung Unfall verursacht (vgl Rn 107), LAG Ffm BB **65**, 827.

53 **e)** Den Arbeitnehmer, dessen Arbeit nicht ohnehin dem Arbeitgeber offenliegt, zB Reisender, trifft eine **Informationspflicht.** Er schuldet **Nachricht, Auskunft, Rechenschaft** (§§ 675 I, 666 BGB). Bei Vertrauensstellung muss er zu jederzeitiger Aufklärung in der Lage sein und ist beweispflichtig für Aufwendungen im Interesse des Arbeitgebers, BAG NZA **64**, 806. Rechenschaft ist durch Rechnungslegung mit Belegen, uU durch Abgabe einer eidesstattlichen Versicherung, zu erhärten (§ 259 BGB). Je nach Kenntnis, Aufgabe, Stellung schuldet der Arbeitnehmer dem Arbeitgeber **Aufklärung** und **Beratung** (vgl § 347 Rn 8–22). Dem Arbeitgeber ist die Aufnahme einer anderweitigen Beschäftigung mitzuteilen, BAG NZA **91**, 221. Anzeige von Verstößen Dritter s Rn 48.

54 **f) Arbeitnehmererfindungen** hat der Arbeitnehmer dem Arbeitgeber zu melden (§§ 5, 18 ArbEG). Ist sie eine Diensterfindung (Definition § 4 II ArbEG), kann der Arbeitgeber sie gegen Vergütung in Anspruch nehmen (§§ 6, 7, 9 ArbEG); sie gilt nunmehr als in Anspruch genommen, wenn der Arbeitgeber sie nicht bis zum Ablauf von vier Monaten nach Meldung freigibt, § 6 II ArbEG. Handelt es sich um keine Dienst-, sondern um eine freie Erfindung, hat der Arbeitgeber ein Vorrecht zu nicht ausschließlicher Benutzung gegen angemessene Vergütung (§ 19 ArbEG). Dazu BGH **93**, 85, **126**, 109, **137**, 162, **155**, 8, **167**, 118. Lit: Bartenbach/Volz, 5. Aufl 2013, Boemke/Kursawe 2015, zur Neuregelung 2009 Bayreuther NZA **09**, 1123, Schreyer-Bestmann/Garbers-von Boehm DB **09**, 2266.

55 **g) Herausgabepflicht:** Das zur Ausführung der Dienste Empfangene (falls nicht mehr benötigt oder auf Verlangen des Arbeitgebers) und das durch die Dienste Erlangte, auch aus Hilfs- und Nebengeschäften, ist herauszugeben (entspr §§ 675 I, 667 BGB); auch vom Arbeitnehmer selbst für den Dienst gefertigte Sachen, zB Akten, Belege, RG **105**, 393, BAG **5**, 300, auch Bonusmeilen (Miles & More), BAG NZA **06**, 1089m Anm Gragert NJW **06**, 3762, notwendig ist ein innerer Zusammenhang mit dem geführten Geschäft (Zahngold in Krematorium), BAG NZA **15**, 97. Herausgabepflicht bei Pflichtverletzung und Gewinnabführung s Rn 49. Nach Beendigung des Arbeitsverhältnisses sind alle Geschäftsunterlagen herauszugeben, BAG NZA **12**, 501 (§ 667 BGB analog).

6) Arbeitsentgeltpflicht des Arbeitgebers

A. Rechtsgrundlagen, Lohngleichheit: Die **Arbeitsentgeltpflicht** ist die **Hauptpflicht** des Arbeitgebers. Das Arbeitsentgelt (Vergütung, § 59; entspr § 611a II BGB) bemisst sich zum einen **nach Tarifvertrag,** falls Arbeitnehmer und Arbeitgeber tarifgebunden sind oder TV für allgemeinverbindlich erklärt ist (s Rn 39–40). Der Anspruch entsteht auf Grund Tätigkeit, Eingruppierungsakt ist nur deklaratorisch, BAG BB **71,** 566, und kann durch Feststellungsklage überprüft werden, BAG NZA **07,** 516. Mangels Tarifbindung oder TV hinaus richtet sich die Vergütung **nach Vereinbarung,** nur hilfsweise nach Üblichkeit (§ 59; ortsübliche Vergütung entspr § 612 II BGB), zB Reisezeit außerhalb Arbeitszeit, BAG NZA **98,** 540. Übliche Vergütung ist nicht gleichbedeutend mit Tariflohn, BAG NZA **00,** 1051, **09,** 837. Regelung durch Betriebsvereinbarung kommt wegen § 77 III BetrVG kaum in Frage, jedoch Mitbestimmung über Entlohnungssystem und leistungsbezogene Entgelte, § 87 I Nr 10, 11 BetrVG (s Rn 41–42). **Bezugnahme- bzw Gleichstellungsklauseln** für nicht tarifgebundene Arbeitnehmer, BAG NZA **06,** 607, **07,** 965 (RsprÄnderung nach SchRM, aber Vertrauensschutz für Altverträge, BAG NZA **11,** 457), Reinecke BB **06,** 2637. Reformüberlegungen gab es seit längerem zu **gesetzlichen Mindestlöhnen,** Bayreuther NJW **07,** 2022, 68. DJT Berlin 2010, Waltermann NJW **10,** 801, Körner NZA **11,** 425, aus ökonomischer Sicht Falk/Fehr/Zehnder QJE **06,** 1347.

Seit 2015 gilt das **Mindestlohngesetz** (MiLoG), das zunächst einen Bruttolohn von 8,50 Euro vorsieht (nach Anhebung durch Mindestlohnkommission zu 2017 nun 8,84 Euro), dazu Spielberger/Schilling NZA **13,** 414 (RegE), Bayreuther NZA **14,** 865, **15,** 385, Lembke NZA **15,** 70, **16,** 1, Zeising/Weigert NZA **15,** 15 (GG), Lakies, 3. Aufl 2017, Riechert/Nimmerjahn 2. Aufl. 2017, Schubert/Jerchel/Düwell 2015. Mindestlohn ist neben Arbeitsvertrag tretender gesetzlicher Anspruch, für den der ArbN die tatsächlich geleisteten Arbeitsstunden zumindest darlegen muss, BAG NZA **16,** 1329, zu berücksichtigen sind auch Bereitschaftszeiten, BAG NZA **16,** 1334, aA Thüsing/Hütter NZA **15,** 970, weiter als arbeitsrechtliches Entgelt anzusehende Zulagen und Prämien, BAG NZA **17,** 378. Die Vergütungsvereinbarung muss unzweideutig sein. Unklarheiten gehen idR zu Lasten des Arbeitgebers. **„Hungerlöhne"** können gegen § 138 BGB (Sittenwidrigkeit) verstoßen, BAG NZA **04,** 971 (vgl **(7)** Bankgeschäfte Rn G/10 zum auffälligen Missverhältnis bei Darlehen); ob Leistung und Lohn in auffälligem Missverhältnis stehen, ist weniger nach dem Nutzen der Arbeit für den Arbeitgeber als nach Arbeitsdauer, -schwierigkeit, Beanspruchung und sonstigen Bedingungen für den Arbeitnehmer zu beurteilen; BAG NZA **06,** 1354. Tariflohn nunmehr objektiver Vergleichsmaßstab, BAG NZA **09,** 837, **12,** 977, 979 (weniger als 2/3 des Tariflohns, anders noch NZA **04,** 971), wenn 50 Prozent der Arbeitgeber tarifgebunden bzw. tarifgebundene Arbeitgeber 50 Prozent der Arbeitnehmer beschäftigen; sonst Einzelfallbeurteilung nach Wirtschaftszweig, Ort, Arbeitgeber, Qualifikation, BAG NZA **15,** 608, vgl auch BGHSt NJW **97,** 2689 (Lohnwucher); 2/3-Grenze gilt aber auch bei Rechtsanwälten, BAG NZA **15,** 610, Lit: Böggemann NJW **11,** 493, Rieble/Picker ZfA **14,** 153. Notwendig auch bei § 138 I BGB verwerfliche Gesinnung (subj Tatbestand), insoweit Vermutung, wenn Lohn weniger als die Hälfte der üblichen Vergütung, BAG NZA **12,** 977, danach zutr sonst Berücksichtigung auch wiederholter Akzeptanz und fehlender Gewinnerzielungsabsicht des Arbeitgebers. Sittenwidrigkeit kann sich aus Nichtberücksichtigung zu vergütender Arbeitszeit ergeben (Leerfahrten, Stand- und Pufferzeiten bei Busfahrerin), BAG NZA **16,** 494.

Bei **Ausbildung** wird angemessene Vergütung geschuldet, § 17 BBiG. Nach BAG **13,** 1204 darf vereinbarte Vergütung nicht mehr als 20 Prozent hinter einer empfohlenen Vergütung zurückbleiben, die Vergütung ist nicht angemessen,

§ 59 57 1. Buch. Handelsstand

wenn sie nicht 80% der tariflichen Ausbildungsvergütung erreicht, BAG NZA **15**, 1387. Angemessener **Ausgleich bei Schicht- und Nachtarbeit**, § 6 V ArbZG, nach BAG ist Zuschlag von 25 Prozent, bei Dauernachtarbeit von 30 Prozent regelmäßig als angemessener Ausgleich anzusehen, BAG NZA **16**, 426, 1024. **Vergütung für Mehrarbeit, Kurzarbeit, Feiertagsarbeit** s Rn 58. **Krankheit und andere Arbeitsverhinderung** s EFZG (s Rn 75). Bei Arbeitsversäumnis Abzug im Verhältnis zur tatsächlich versäumten Arbeitszeit, BAG BB **58**, 522; zur Berechnung des Tagesverdienstes Fuchs BB **72**, 137; Berechnung bei Teilleistung im Monat, BAG BB **75**, 702. **Fälligkeit** nach § 64. **Zurückbehaltungsrecht** an Arbeitsleistung bei Nichterfüllung, aber Verhältnismäßigkeitsgrundsatz, BAG NZA **85**, 355, **96**, 1085. Die Zahlung ist heute rglm (zT auf Grund TV) bargeldlos; die Kontoführungsgebühren trägt der Arbeitnehmer, BAG BB **77**, 443, aber Mitbestimmung des Betriebsrats, BAG NZA **88**, 405, **94**, 326.

Berechnung, Zahlung und Abrechnung des Entgelts sind in §§ **107, 108** GewO geregelt, dazu Bauer/Opolony BB **02**, 1590. Das Arbeitsentgelt ist in Euro zu berechnen und auszuzahlen (§ 107 I GewO). Sachbezüge als Teil des Arbeitsentgelts sind nur in den Grenzen des § 107 II GewO zulässig (Truckverbot). Regelmäßiges Arbeitsentgelt ist trotz Trinkgeld Dritter zu zahlen (§ 107 III GewO). Dem Arbeitnehmer ist (nicht nur auf Verlangen) bei Zahlung des Arbeitsentgelts eine Abrechnung in Textform (§ 126b BGB) zu erteilen (§ 108 GewO). Die Abrechnung muss mindestens Angaben über Abrechnungszeitraum und Zusammensetzung des Arbeitsentgelts enthalten (näher § 108 S 2 GewO). **Lohnsteuer und Sozialversicherungsbeiträge** s Rn 103. **Rückforderung** des zu viel gezahlten Lohns (Überzahlung) nach §§ 812, 818 III BGB, BAG NZA **94**, 658, **05**, 812, Anscheinsbeweis für Entreicherung bei geringfügiger Überzahlung und tats Vermutung des alsbaldigen Verbrauchs BAG NZA **96**, 27; anders uU bei betrieblicher Übung (s Rn 7) und bei Besserverdiener, BAG NZA **94**, 658. Bei Rückforderung nach § 326 I, IV BGB in den Fällen des § 275 BGB (etwa bei Unmöglichkeit der Arbeitsleistung oder ihrer Verweigerung wegen Unzumutbarkeit) gelten die §§ 346–348 BGB ohne Entreicherungseinwand, krit Löwisch FS Wiedemann **02**, 326. Rückforderung von Gratifikationen s Rn 67. Ausschlussfrist für Rückforderung gilt auch bei Kenntnis des AN, BAG NZA **05**, 812.

57 **Lohngleichheit für Mann und Frau** fordern Art 157 AEUV (141, 119 aF EG), Art 3 GG (mit Bindung auch der TVParteien, BAG NJW **77**, 1742, s Rn 3) und spezieller vom Arbeitgeber AGG (s Rn 10, §§ 611a, 612 III BGB aF aufgehoben). Art 157 AEUV (141, 119 aF EG) erfasst auch die mittelbare Frauendiskriminierung, zB von Teilzeitbeschäftigten bei Altersversorgung, BAG NZA **90**, 25, BB **95**, 730 (keine Pflicht zur Berücksichtigung von Erziehungsurlaubszeiten, BAG NZA **10**, 1188), beim Bewährungsaufstieg, BAG NZA **93**, 367. Lohngleichheit zwischen Mann und Frau nach AGG (früher §§ 611a, 612 III BGB) ist **zwingend**, Gesetz zur Förderung der Transparenz von Entgeltstrukturen soll tatsächlich weiter bestehende Entgeltunterschiede verringern. **Leiharbeitnehmer** s Rn 16. **Teilzeitbeschäftigte** s Rn 44. **Rechtsfolge:** Bei Lohnungleichbehandlung Nachzahlung der Vergütungsdifferenz (wegen Nichtigkeit der Abrede § 7 II AGG), BAG NZA **02**, 209 (Teilzeitkraft), Schadenersatz wegen Vertragsverletzung § 7 III AGG. Vergütung nach Lebensalter (BAT) ist europarechtswidrig, EuGH NZA **11**, 1100. Der Durchsetzung der Lohngleichheit dient das Gesetz zur Förderung der Transparenz von Entgeltstrukturen, dazu Oberthür NJW **17**, 2228.

Im Übrigen gilt das arbeitsrechtliche **Gleichbehandlungsgebot** (s Rn 91) **auch für das Arbeitsentgelt:** dh zwar nicht, dass jeder dasselbe verdienen müsste, aber eine unterschiedliche Behandlung wegen beruflicher Anforderungen oder wegen des Alters ist nur nach den engen Voraussetzungen der §§ 8 ff AGG

6. Abschnitt. Handlungsgehilfen und -lehrlinge 58 § 59

zulässig (s Rn 10). Die bisherige Rspr zum arbeitsrechtlichen Gleichbehandlungsgebot gibt auch unter dem AGG verwertbare Anhaltspunkte. Lohngleichheit nach stRspr, zB BAG BB **82**, 676, NZA **87**, 156, **00**, 1050; bei übertariflichen Zulagen BAG BB **80**, 680, **82**, 1921, **83**, 445, NJW-Sp **05**, 82; bei Erschwerniszulagen BAG DB **83**, 1497; bei Gratifikationen s Rn 61–68; für Teilzeitbeschäftigte trotz gesicherten Hauptberufs, BAG NZA **96**, 813 (gegen frühere Rspr); kein Ausschluss von Lohnerhöhungen nach vorheriger Arbeitsunfähigkeit, BAG BB **82**, 1791; von rückwirkender Lohnerhöhung können ausgeschiedene Arbeitnehmer nicht schlechthin ausgeschlossen werden, BAG BB **76**, 744, **82**, 675. Gruppenbildung ist zulässig, muss aber gerade nach dem Zweck der Leistung gerechtfertigt sein, BAG NZA **07**, 863, 1424, etwa nur für ArbN, die zuvor Lohneinbußen zugestimmt hatten, BAG NZA **09**, 1202, **10**, 696, solange einziges Kriterium, BAG NZA **09**, 1409, sonst sekundäre Darlegungslast, etwa dass Leistung eine Lohnerhöhung rechtfertigt, BAG NZA **11**, 693. Keine Überkompensation bislang nachteiliger Arbeitsbedingungen, BAG NZA **15**, 222. Nach BAG NZA **12**, 618 kann der Arbeitgeber eine Entgelterhöhung auch auf diejenigen Arbeitnehmer beschränken, die neue Arbeitsverträge abgeschlossen haben (Wegfall der Bezugnahme auf Tarifvertrag). Bei überbetrieblicher Entscheidung auch überbetriebliche Gleichbehandlung außer bei sachlichen Gründen für Unterscheidung, BAG NZA **09**, 367. Sachgerechte Unterscheidungen unter Berücksichtigung des AGG, (Alter nur in den Grenzen von § 10 AGG) oder (besser) nach Dauer der Betriebszugehörigkeit; ausnahmsweise höhere Jahressonderzuwendung an Angestellte als an gewerbliche Arbeitnehmer zwecks stärkerer Bindung an Unternehmen (Arbeitsmarktlage), BAG NZA **03**, 724; je nach verfolgtem Zweck Stammbelegschaft und bei Betriebsübergang Übernommene, BAG NJW **07**, 862. Ausnahme von Gratifikation für Arbeitnehmer in gekündigter Stellung, BAG NJW **79**, 1221; Wegfall der Gründe für Arbeitsmarktzulage, BAG NZA **01**, 782. Zur unterschiedlichen Bezahlung nach Lebensalter (BAT) die Vorlage des BAG zum EuGH, BAG NZA **10**, 961, s Rn 11.

B. Arten des Arbeitsentgelts sind: 58

a) Gehalt, grundsätzlich **Bruttogehalt,** BAG NZA **10**, 881. **Nettogehalt** muss besonders vereinbart werden; Übernahme der Lohnsteuer durch Arbeitgeber gegenüber Finanzamt steht für das Innenverhältnis nicht gleich, BAG NZA **04**, 1274; Steuerübernahme durch Arbeitgeber muss klar sein, BAG NZA **09**, 1213; Rückzahlungs- bzw Erstattungsanspruch s Rn 56, 103. Zur Auslegung einer Nettolohnvereinbarung BAG BB **70**, 1136, NZA **03**, 1276. Einzelvertragliche **übertarifliche Zulagen** werden mangels besonderer Effektivklauseln bei Tariflohnerhöhung angerechnet; das gilt nicht für Leistungszulagen, BAG NZA **87**, 848, **96**, 613, Ziepke BB **81**, 61, Franke NZA **09**, 245; auch jahrelange vorbehaltslose Nichtanrechnung begründet keinen Vertrauenstatbestand, BAG NZA **02**, 342, Anrechnungsvorbehalt hält auch einer Klauselkontrolle stand, BAG NZA **09**, 49, Mitbestimmung des Betriebsrats s § 87 I Nr 10, BAG NZA **09**, 684. Lohnzulagen auf Grund unwirksamer Betriebsvereinbarung s BAG BB **81**, 554. Variables Gehalt und Schadensersatz bei unterbliebener **Zielvereinbarung,** BAG NZA **09**, 256, **10**, 1009.

Bei **Leistungszulagen** ist Widerrufsvorbehalt zulässig, kann nur nach billigem Ermessen ausgeübt werden, BAG NZA **88**, 95; **(5)** § 308 Nr 4 BGB steht formularmäßigem Vorbehalt nicht entgegen, Henssler NZA **02**, 138, Gotthardt ZIP **02**, 285, 288, Widerruf darf aber nicht grundlos erfolgen, BAG NZA **07**, 87 (Angemessenheitskontrolle nach **(5)** § 307 BGB), auch nicht Ausschluss jeden Rechtsanspruchs, BAG NZA **07**, 853 auf Bonus BAG NZA **08**, 40, **16**, 1337 (Klauselkontrolle). Kein einseitiger Widerruf bei Erdienung der Prämie (zum Bonus BAG NZA **16**, 1337), auch nicht bei Nichtübernahme nach Probezeit, BAG BB **83**, 1348. Ohne Vorbehalt zugesagte persönliche Leistungszulage kann nicht einseitig widerrufen werden, BAG BB **76**, 1515. Widerruf übertariflicher Erschwerniszulage ist sachbezogen, wenn TV nunmehr leistungsgerechte Entlohnung vorsieht, auch wenn ohne Erschwerniszulage, BAG BB **73**, 292. Variable Vergütung (Zielbonusvereinbarung) s Lingemann/Gotham NZA **08**, 509, Simon/Hidalgo/Koschker NZA **12**, 1071, zur Finanzkrise BAG NZA **13**, 970. Bei dauerhafter **Verrichtung höherwertiger Dienste über Vertrag hinaus** Anspruch auf zusätzliche Vergütung, BAG NZA **91**, 490; anders wenn nur vorübergehend (Grenze Missbrauch), zB Urlaubs- und Krankheitsvertretung oder Erprobung.

Prämien werden zusätzlich zum Lohn oder Gehalt für bestimmten Erfolg gezahlt, zB Anwesenheits-, Treue- (Betriebszugehörigkeits-), Verkaufsprämie; Mitbestimmung nach § 87 I Nr 11 BetrVG. Streikbruchprämie während des Streiks ist außer bei Verstoß gegen tarifliches Maßregelungsverbot zulässig, zuneigend BAG NZA **93**, 1135, aA Gaul NJW **94**, 1025 (§ 612a BGB), jedenfalls als besondere Leistungsprämie, BGH NZA **93**, 267. Rückzahlungsklauseln sind wie bei Gratifikationen stark eingeschränkt (s Rn 67). Von Erfolgsprämien können ausgeschiedene Arbeitnehmer ausgenommen werden, BAG BB **61**, 176, jedoch nicht von Erfolgsbeteiligung, die sich nach vermitteltem Umsatz bemisst, BAG BB **73**, 1072; bei Prämien für überdurchschnittliche Leistung kann Arbeitgeber sich einseitige Änderung vorbehalten, aber nur nach billigem Ermessen, BAG BB **65**, 989. **Boni bei Zielvorgaben** (kraft Weisungsrechts, s Rn 44), zu unterscheiden von Zielvereinbarungen, BAG NZA **08**, 409, Bonus kann auch in Klausel daran gebunden werden, dass Arbeitsverhältnis am Ende des Geschäftsjahres noch besteht, BAG NZA **09**, 783, **12**, 621, Bonus kann auch konkludent zugesagt werden BAG NZA **10**, 808, bei nach § 315 BGB unverbindlicher Leistungsbestimmung erfolgt nach § 315 III 2 BGB eine Ersatzbestimmung durch das Gericht, BAG NZA **16**, 1338.

Vergütung von **Arbeitsbereitschaft** s Rn 45. Bei **Kurzarbeit** ist entsprechende Kürzung der Vergütung möglich, aber nur durch Vertragsänderung; Unterstützung von Kurzarbeitern s §§ 169 ff SGB III, zur Arbeitszeit s Rn 45. Bei **Mehrarbeit**, auch verbotener, folgt aus § 612 BGB eine Vergütungspflicht, soweit nach TV oder Vertrag für die geleistete Arbeit ein Entgelt zu leisten ist und eine Vergütungserwartung besteht, zu Überstunden Hunold DB **14**, 361, Klocke RdA **14**, 223. Leistung von Überstunden ist ggf vom Arbeitnehmer zu beweisen, BAG NZA **12**, 941. Pauschalabgeltung unterliegt der Klauselkontrolle auf hinreichende Transparenz, BAG NZA **11**, 575, 1335 (hinreichende Transparenz jeweils ablehnend), Bespr Schramm/Kuhnke NZA **12**, 127, Abgeltung der ersten zwanzig Überstunden im Monat hinreichend transparent, BAG NZA **12**, 908, nicht die pauschale Abgeltung von Reisezeiten, BAG NZA **11**, 917. Übertarifliches Gehalt gilt nur bei ausdrücklicher Vereinbarung als solche. Für Sittenwidrigkeit ist auf Gesamtvergütung, nicht auf fehlende Vergütung einzelner Stunden abzustellen, BAG NZA **13**, 266. Keinen Anspruch auf Überstundenvergütung haben leitende Angestellte, außer bei Übernahme zusätzlicher Aufgaben oder wenn Gehalt nur bestimmte Normalleistung abgelten soll, BAG **19**, 12. An einer objektiven Vergütungserwartung fehlt es auch sonst bei Diensten höherer Art, BAG NZA **11**, 1337, rglm bei Verdienst oberhalb der Beitragsbemessungsgrenze, BAG NZA **12**, 861 bei Verschränkung von arbeitszeit- und arbeitszeitunabhängiger Vergütung, BAG NZA **12**, 148, 1148 (Provisionen). In Betracht kommt weiter eine fehlgeschlagene (subjektive) Vergütungserwartung, dies aber etwa nicht bei Leistung von Diensten in der Hoffnung, Partner einer Rechtsanwaltsgesellschaft zu werden, BAG NZA **11**, 1337.

An **gesetzlichen Wochenfeiertagen** (s Rn 45) besteht Gehaltsfortzahlungspflicht (§ 2 EFZG), auch wenn Feiertag in Urlaub fällt, BAG **14**, 190 und im Krankheitsfall (bei Entgeltfortzahlung, § 4 II des G), BAG NZA **84**, 1315; bei Kurzarbeit nicht nur in Höhe des Kurzarbeitergelds, § 2 II EFZG, anders noch

6. Abschnitt. Handlungsgehilfen und -lehrlinge 59–62 § 59

BAG BB 79, 1828; der Arbeitnehmer hat keinen Anspruch, wenn er am letzten Arbeitstag vor oder am ersten nach dem Feiertag unentschuldigt fehlt (§ 2 III EFZG), nur Fehlzeit von mehr als der Hälfte der Arbeitszeit an diesen Tagen schadet, BAG NJW 67, 594, str; Pauschalierung ist zulässig, wenn Pauschale Anspruch ausgleicht, BAG BB 74, 136. Bei Arbeit an Sonn- und Feiertagen besteht gewohnheitsrechtlich und meist tariflich Anspruch auf Zuschlag. Lit: Schmitt 7. Aufl 2012.

Versetzung (s Rn 44) auf minderbezahlten Arbeitsplatz erlaubt Gehaltsminderung nur, wenn in TV oder Arbeitsvertrag vorgesehen oder wenn Arbeitnehmer zustimmt, BAG BB 65, 1455; Weiterarbeit nach Änderungsangebot ist nicht ohne weiteres Zustimmung, zB nicht, wenn Änderung erst später (zB bei Altersversorgung) wirksam werden soll, BAG BB 65, 1109. Bei zulässig angeordneter vorübergehender **Vertretung eines Höherbezahlten** entsteht kein Anspruch auf höhere Vergütung, BAG BB 59, 490, außer wenn dies in TV oder Vertrag vorgesehen ist oder wenn höhere Dienste über den Rahmen des Vertrages hinaus geleistet werden, BAG NJW 73, 293.

b) Provision (Erfolgsbeteiligung) s § 65. **59**

c) Gewinnbeteiligung (Tantieme) ist von der Provision zu unterscheiden, **60** BAG DB 73, 1177. Sie setzt besondere Vereinbarung voraus und richtet sich iZw nach dem Jahresgeschäftsreingewinn, auch bei Ausscheiden im Geschäftsjahr, BAG 5, 317. Abstellen auf Ausschüttung einer Dividende keine unangemessene Benachteiligung iSv § 307 I BGB, BAG NZA 12, 499. Berechnung bei Angestellten entspr § 86 aF AktG, dazu BGH NJW 00, 2998; bei Einzelunternehmen s BAG **AP** § 611 BGB Lohnanspruch Nr 14. Gewinnbeteiligungsgutschriften als Altersversorgung s BAG BB 81, 1153. Zur Prüfung hat der Arbeitnehmer Auskunfts-, Rechnungslegungs- und Bucheinsichtsrecht, vgl BAG BB 60, 663, 984. Bei **Bonus** ggf Festsetzung der Höhe nach billigem Ermessen, § 315 BGB, BAG NZA 12, 451, 13, 1150, 14, 595. Auszahlung eines Bonus setzt nicht stets einen Gewinn der Gesellschaft voraus, an eine getroffene Leistungsbestimmung ist der Arbeitgeber gebunden, BAG NZA 12, 465 (Betriebsvereinbarung). Abweichung von der Zielvereinbarung bei außergewöhnlichen Umständen, BAG NZA 13, 151 (in Finanzkrise gestützte Bank).

d) Gratifikation (Sonderzahlung, Sondervergütung, § 4a EFZG) ist echtes **61** Entgelt, nicht Geschenk, auch bei nachträglicher Gewährung aus besonderem Anlass, BAG 11, 338; sie ist also auch im Fall des § 615 BGB zu zahlen, BAG NJW 63, 1123, aber nicht im Mutterschaftsurlaub, wenn ausgeschlossen, BAG NZA 94, 421, in Elternzeit nach Vereinbarung, BAG NZA 09, 258. Eine Zuwendung ist nur dann Gratifikation, wenn sie so bezeichnet oder aus ihrer Bestimmung als solche erkennbar ist, BAG BB 72, 1503. Höhe der Gratifikation durch Arbeitgeber nach billigem Ermessen möglich, BAG NZA 13, 1013. Abgrenzung Weihnachtsgratifikation und 13. Monatsgehalt s BAG DB 83, 1662; mangels Nennung weiterer Voraussetzungen liegt zusätzliches Arbeitsentgelt, nicht Gratifikation vor, BAG DB 83, 2252. Dieselben Grundsätze sind anwendbar auf Erfolgsbeteiligung, BAG BB 74, 695; nicht auf übertarifliche Zulagen (s Rn 58), BAG BB 80, 1583. Kürzung der Gratifikation um Fehlzeiten (auch wg Krankheit) kann vorgesehen werden, BAG NZA 90, 601, 95, 266. Regelungen unterliegen nunmehr der Klauselkontrolle, Reinecke BB 13, 437.

Rechtsanspruch auf Gratifikation kann folgen aus TV, Betriebsvereinbarung, **62** Einzelvertrag und betriebliche Übung (zu dieser s Rn 7), so bei **dreimaliger Zahlung**, stRspr, BAG NZA 96, 1323, 99, 1162, auch in unterschiedlicher Höhe, BAG NZA 15, 992; diese Dreimal-Regelung gilt nur für jährliche Gratifikationen, bei anderen Sozialleistungen wie Jubiläumszuwendungen kommt es auf Art, Dauer und Intensität der Leistung an, BAG NZA 04, 1152. Änderung s Rn 65.

§ 59 63–65   1. Buch. Handelsstand

63   **Gleichbehandlung** (s Rn 57, 91, bisherige Rspr ist unter AGG zu überprüfen, s Rn 10, BAG NZA **09**, 1135): Wesentlich ist der jeweilige Zweck der Gratifikation (zB bloße Vergütung für geleistete Arbeit, bisherige Betriebszugehörigkeit, Anreiz für künftige Betriebstreue ua, dies allein oder verbunden), daran ist sachliche Rechtfertigung einer Differenzierung zu messen, BAG NZA **91**, 763. Ausschluss betriebsbedingt Gekündigter kann danach zulässig sein, BAG NZA **93**, 353, ebenso bei Betriebsteilstilllegung, BAG NZA **98**, 1297, im Vorfeld einer Betriebsabspaltung, BAG NZA **07**, 558. Ausschluss von Ausgeschiedenen kann auch bei Weihnachtsgratifikation zulässig sein („an unsere Belegschaft", Motivationszweck), BAG NZA **95**, 307, auch Ausschluss bei gekündigter Stellung, BAG NZA **12**, 622. Keine unterschiedliche Weihnachtsgratifikation für Angestellte und Arbeiter, nach traditioneller Rechtsprechung aber wenn der Zweck der Gratifikation es erfordert, BAG NZA **94**, 786. Sachgerechter Grund für Differenzierung kann im Ausgleich der Benachteiligung der einen Gruppe bei Zahlung übertariflicher Zulagen, BAG NZA **94**, 786, oder in Bindung bestimmter, für den Betrieb besonders wichtiger Arbeitnehmer(gruppen) liegen, eine gewisse Typisierung ist dabei zulässig, BAG NZA **84**, 328; kein sachgerechter Grund sind zB verschieden hohe Ausfallzeiten wegen Krankheit oder unterschiedlicher Fluktuationsgrad, BAG NZA **84**, 323. Gleichbehandlung verbietet nicht begründete Ausnahmen für besondere Gruppen (Gruppenbildung) und Stichtagsregelungen (Grenzen AGG, s Rn 10), BAG NZA **04**, 1152; gekündigte Arbeitnehmer können aber nur ausgenommen werden, wenn entweder der Arbeitnehmer selbst gekündigt hat, BAG BB **74**, 695, dann auch bei Kündigung nach § 10 MuSchG, LAG Hamm BB **76**, 1272, oder wenn der Arbeitgeber nicht betriebsbedingt gekündigt hat, BAG NJW **79**, 1221. Keine Gleichbehandlungspflicht bezüglich Arbeitnehmer zweier bisher selbstständiger, vom Arbeitgeber übernommener Betriebe, die weiter nach der früheren betrieblichen Regelung behandelt werden, BAG NZA **04**, 803, aber keine Beschränkung von Sonderzahlungen auf die alte Stammbelegschaft, BAG NZA **07**, 862.

64   Zum **Widerrufsvorbehalt** bei über- und außertariflichen Leistungen s Rn 43, für vor 2002 abgeschlossene Arbeitsverträge kommt ergänzende Vertragsauslegung in Betracht, BAG NZA **11**, 796. Bei **Gratifikationen** (nicht laufendes Entgelt, BAG NZA **07**, 853, **12**, 84) ist **Freiwilligkeitsvorbehalt** möglich, formlos, auch durch der Klauselkontrolle unterliegender Mitteilung, BAG NZA **09**, 535 und wenn mehr als ein Viertel des Jahresgesamteinkommens, aber klar und unmissverständlich, stRspr, BAG NZA **99**, 1162, zB „kein Anspruch für die Zukunft" oder mindestens „ohne Rechtsanspruch", Bezeichnung als „freiwillige Sozialleistung" für Jubiläumszuwendung genügt nicht, BAG NZA **03**, 557, auch nicht „freiwillig" für Weihnachtsgeld, BAG NZA **11**, 631, für AGB vgl **(5)** § 305c II BGB und Rn 58; dann weder Anspruch für das laufende Jahr (aber Gleichbehandlung, s Rn 57, 63, 91) noch für folgende Jahre, BAG NZA **96**, 1028, Aufgabe von BAG BB **75**, 1531. Neben Freiwilligkeitsklausel auch Vorbehalt der Anrechnung auf Tariferhöhungen möglich, BAG NZA **06**, 748. Bei freiwilligen Gratifikationen bestimmt der Arbeitgeber über die **Höhe** nach billigem Ermessen (§ 315 BGB). AGB-Kontrolle auf Transparenz, BAG NZA **13**, 1015, sowie von Rückzahlungsklauseln (s Rn 43). Übersicht: Hromadka NJW **07**, 1777, Bayreuther ZfA **11**, 45, Preis/Sagan NZA **12**, 697.

65   **Änderung** der Gratifikation setzt Vertragsänderung oder ggf Änderungskündigung voraus. Kürzung war auch bei Gratifikation mit Rechtsanspruch möglich; so bei unzumutbarer Belastung, BAG NJW **62**, 173, bei wirtschaftlichen Schwierigkeiten zur Erhaltung von Arbeitsplätzen und Lohnzahlung in der Insolvenz, BAG NJW **65**, 1347, konkludenter Verzicht, dies nicht mehr erwägend BAG NZA **96**, 1323. Wegfall der Geschäftsgrundlage ist aber (mangels Widerrufsvorbehalts) kein selbstständiger Änderungsgrund, vielmehr Änderungskündigung, Kündigungsrecht ist lex specialis, BAG NZA **03**, 147. Änderung einer betrieb-

6. Abschnitt. Handlungsgehilfen und -lehrlinge   66–69   § 59

lichen Übung auch nach Aufgabe der Rechtsprechung zur gegenläufigen betrieblichen Übung, BAG NZA **09**, 601, durch Änderung des Vertrags, uU auch durch widerspruchslose Hinnahme geänderter Weihnachtsgratifikation, BAG NZA **98**, 1007, nicht durch Schweigen, BAG NZA **10**, 283.

Bindungsklauseln, die die Auszahlung an bestimmte Bedingungen knüpfen, 66 wurden als idR zulässig angesehen, so zB Betriebsangehörigkeit zu einem Stichtag, auch bei betriebsbedingter Kündigung, aber Inhaltskontrolle, BAG BB **91**, 1713, 1715. Bindungsklauseln sind weniger einschneidend als Rückzahlungsklauseln (s Rn 67) und unterliegen deshalb nicht ohne weiteres denselben Schranken, BAG BB **68**, 587, **70**, 580. Dient eine Zahlung auch der Vergütung bereits geleisteter Arbeit, hält die Voraussetzung eines später noch bestehenden Arbeitsverhältnisses (Stichtag) einer Klauselkontrolle nicht stand, BAG NZA **12**, 561, **14**, 368 (Stichtag 31.12. für Sonderzahlung mit Mischcharakter), es besteht ein zeitanteiliger Anspruch auf Sonderzahlung, BAG NZA **15**, 992 (Orientierungssatz).

Rückzahlungsklauseln sind wegen der einschneidenden Einengung der 67 Handlungsfreiheit und freien Arbeitsplatzwahl der Arbeitnehmer nur begrenzt zulässig. Die Rspr hat zur Förderung der Rechtssicherheit eine Reihe schematischer Regeln entwickelt (dazu Lit: Blomeyer/Buchner 1969): (1) Rückzahlungsklauseln greifen iZw nur bei Kündigung durch den Arbeitnehmer, auch nach § 10 MuSchG, oder bei Vertragsende wegen Befristung, BAG BB **79**, 1245; nicht bei betriebsbedingter Kündigung durch Arbeitgeber, BAG BB **75**, 1531, offen BAG DB **86**, 383, jedenfalls in TV zulässig; auch nicht bei einverständlicher Aufhebung, bei gerichtlichem Vergleich, LAG Düss BB **75**, 562. (2) Sie sind von vornherein unwirksam bei Kleinstgratifikationen von ursprünglich DM 100 (bei höheren Gratifikationen ohne Anspruch darauf als effektiven Sockelbetrag, BAG **16**, 107); dann DM 200, BAG BB **82**, 559, 1666 für 1978, ebenso BAG NJW **93**, 3345, nunmehr € **100**, NZA **03**, 1032; aber mit weiteren Anhebungen ist zu rechnen. (3) Im Übrigen sind sie zulässig, soweit Gratifikationshöhe (gemessen am Monatsgehalt im Zeitpunkt der Anzahlung) und Dauer der durch die Rückzahlungsverpflichtung bewirkten Bindung des Arbeitnehmers in angemessenem Verhältnis stehen. Das bedeutet: bei Gratifikation **bis zu einem Monatsverdienst** ist Bindung von einem Vierteljahr, jedenfalls aber bis 31. 3. des nächsten Jahres (bei Auszahlung noch im Vorjahr) zulässig, BAG NJW **93**, 3345, NZA **03**, 1032, **07**, 875; bei Gratifikation **von einem Monatsverdienst und mehr** ist Bindung über den 31. 3. hinaus, BAG **13**, 129, BB **79**, 1350, NJW-Sp **04**, 228, gilt auch für Klauselkontrolle, BAG NZA **07**, 875, bei „eindrucksvoller" Gratifikation, zB **zwei Monatsdiensten**, und Staffelung bis zu 1/2 Monatsverdienst ist Bindung bis zum 30. 9. denkbar, BAG BB **70**, 580; diese Rspr allerdings vor Inkrafttreten neuer Kündigungsfristen, vgl G 7.10.93 BGBl 1668. Entspr Grundsätze gelten für **sonstige Leistungen,** zB Urlaubsgratifikationen, BAG **69**, 583, **73**, 663 (bis 30. 9. des betr Jahres); Aus-, Fortbildungs- und Umzugskosten s Rn 70.

Für Rückzahlungsklauseln in TV gelten nicht die gleichen strengen Maßstäbe 68 wie bei solcher in Einzelvertrag, BAG **18**, 217, BB **67**, 627; Betriebsvereinbarung steht TV nicht gleich, BAG BB **68**, 207. Keine Kürzung wegen Mutterschutzfristfehlzeiten, auch nicht durch TV, BAG BB **83**, 768. Arbeitnehmer kann bei eigener Kündigung bereits erdiente Gratifikation oder Prämie nicht vor allgemeiner **Auszahlung** im Betrieb verlangen, BAG BB **73**, 144. Zur **Pfändbarkeit** von Weihnachtsgratifikationen BAG BB **61**, 531.

e) Sachleistungen haben zumindest Entgeltbezug, zB freie Wohnung, Kost, 69 Vergünstigung bei Warenbezug (Personalrabatt), BAG NZA **95**, 1194; kostenlose Beförderung im Werkbusverkehr, BAG NZA **03**, 1029; Privatnutzung von FirmenPKW, BAG NZA **07**, 809. IdR keine Barabgeltung, Schadensersatz bei Vorenthaltung, BAG NZA **94**, 1128. Widerruf freiwilliger Leistungen nur bei

§ 59 70, 71

Widerrufsvorbehalt und nach billigem Ermessen (s Rn 64), NZA **95**, 1194, bei Privatnutzung eines Dienstwagens hält jederzeitiger Widerruf nicht der Inhaltskontrolle (§ 308 I Nr 4) stand (Rn 43), möglich aber während Freistellung des Arbeitnehmers, BAG NZA **12**, 616, ggf mit individueller Auslauffrist, nach Ablauf der Entgeltfortzahlung kein Überlassungsanspruch, wenn „auch zur privaten Nutzung", BAG NZA **11**, 569. Für Änderungskündigung nicht die strengen Maßstäbe für betriebsbedingte Änderungskündigung zur Entgeltkürzung, BAG NZA **03**, 1029.

70 f) **Sonstige Arten** des Arbeitsentgelts: **Spesen** sind Entgelt, soweit sie nicht Aufwendungen (s Rn 102) abgelten, und können dann auch ohne Aufwendungen zu zahlen sein. **Vermögenswirksame Leistungen** nur bei besonderer Rechtsgrundlage (TV, Betriebsvereinbarung, § 88 Nr 3 BetrVG; Einzelvertrag, betriebliche Übung, s Rn 2–9), sind Teil des Arbeitsentgelts und steuerlich und uU nach SozVersRecht begünstigt. Ungleichbehandlung bei Ertragsbeteiligung zwischen Arbeitnehmern, die den Betrag vermögenswirksam anlegen, und solchen, die Barauszahlung wählen, ist zulässig, BAG **17**, 305. **Zinsgünstige Darlehen** des Arbeitgebers sind Teil der Arbeitsvergütung; der Arbeitgeber ist trotz Mitbestimmung des Betriebsrats bei der Entscheidung über Umfang und Zweck solcher Leistungen frei, BAG BB **81**, 735; die Vorschriften über den Verbraucherdarlehensvertrag gelten nicht (§ 491 II Nr 4 BGB). Beteiligungsdarlehen s BAG NZA **93**, 936; Aufklärungspflichten des Arbeitgebers dabei, BAG NZA **06**, 545. **Zuschüsse** aus sozialem Anlass, zB Krankheit, sind keine Gratifikation (s Rn 61). Rückzahlungsklauseln sind auch hier nur in engen Grenzen zulässig, sie unterliegen dem Transparenzgebot, BAG NZA **12**, 1428 (Kosten).

Aus- und Fortbildungskosten, die der Arbeitgeber trägt, können, sofern dem Arbeitnehmer ein geldwerter Nutzen verbleibt, Rückzahlungsklausel bei vorzeitigem Ausscheiden rechtfertigen, aber nicht bei betriebsbedingter Kündigung des Arbeitgebers, BAG NZA **99**, 79; nicht bei vorzeitiger Kündigung des Probearbeitsverhältnisses durch den Arbeitgeber, außer wenn vom Arbeitnehmer vertragswidrig veranlasst, BAG NZA **04**, 1035, auch sonst nicht bei Kündigung des Arbeitgebers ohne Veranlassung des Arbeitnehmers, BAG NZA **04**, 1295 (LS), ausgenommen werden müssen weiter Gründe in der Verantwortungssphähre des Arbeitgebers, BAG NZA **12**, 738, auch wenn diese zur Kündigung durch den Arbeitnehmer führen, BAG NZA **14**, 957, oder der Arbeitgeber kein Interesse an der Bindung des Arbeitnehmers hat. Fortbildungs- und Bindungsdauer müssen in angemessenem Verhältnis stehen, BAG NZA **96**, 314, näher Düwell/Ebeling DB **08**, 406, Klauselkontrolle, BAG NZA **13**, 1419, grds zulässig ist die Rückzahlung bei Kündigung durch Arbeitnehmer vor Ende einer auch in zeitlich getrennten Abschnitten erfolgenden Weiterbildung, BAG NZA **12**, 90. Längere Bindung als drei Jahre nach Abschluss der Ausbildung ist bei einjährigem Lehrgang nur bei besonderen Vorteilen und Qualifikation für den Arbeitnehmer gerechtfertigt, BAG NZA **84**, 288; je nachdem sind drei Jahre zu lang. Ähnlich bei **Umzugskosten**erstattung, BAG BB **75**, 702, nicht wenn Umzugskosten als Aufwendung zu erstatten sind, BAG BB **73**, 983. Abweichungen von der Rspr des BAG durch Tarifvertrag in Grenzen möglich, BAG NZA **96**, 437. **Mitarbeiterbeteiligungen** in vielerlei Formen, Wagner NJW **03**, 3081.

71 C. **Arbeitsentgelt bei fehlender Arbeitsleistung: a) Unmöglichkeit:** Grundsätzlich verliert der Arbeitnehmer bei Unmöglichkeit der Arbeitsleistung den Entgeltanspruch (§§ 326 I 1, 275 III BGB), er behält ihn jedoch bei vom Arbeitgeber allein oder weit überwiegend zu vertretender Unmöglichkeit (§ 326 II 1 Alt 1 BGB). Bei von keinem Teil zu vertretender Unmöglichkeit, zB Nichtleistung wegen Verkehrsstau (allgemeines **Wegerisiko**), verliert der Arbeitnehmer deshalb nach § 326 I 1 BGB grundsätzlich seinen Entgeltanspruch, doch gelten hier häufig besondere arbeitsrechtliche Regeln (s Rn 72–74). Unter § 275 III

6. Abschnitt. Handlungsgehilfen und -lehrlinge 72, 73 § 59

BGB fällt die Leistungsverweigerung bei Kollision der Arbeitspflicht mit Familienpflichten (Treichel NZA **16**, 459, zu Gewissenskonflikten und Weisungsrecht s Rn 44) und bei (jeder, dh keine Interessenabwägung) Arbeitsunfähigkeit, Löwisch FS Wiedemann **02**, 323, zur Entgeltfortzahlung bei Krankheit s Rn 75.

b) Annahmeverzug: Kommt der Arbeitgeber mit Annahme der Dienste in 72 Verzug (§§ 293 ff BGB), so behält der Arbeitnehmer Entgeltanspruch ohne Pflicht zur Nacharbeit (**§ 615 S 1 BGB**), BAG NZA **99**, 925, **00**, 1157, **02**, 268, neben Vergütung, etwa bei Liquidationsrecht eines Chefarztes, ggf auch SchE, BAG NZA **12**, 377. Bsp: Unberechtigte Entlassung, Zuweisung einer anderen Tätigkeit unter Überschreitung des Direktionsrechts (s Rn 44), BAG BB **81**, 1399. Befindet sich der Arbeitgeber bei Eintritt der Unmöglichkeit im Annahmeverzug, geht § 615 S 1 BGB dem sonst auch im Arbeitsverhältnis eingreifenden § 326 II 1 BGB vor, BAG NZA **16**, 295, 693. Bei Arbeitszeitkonto ist auf die Sollarbeitszeit abzustellen, eines ausdrücklichen Angebots des Arbeitnehmers bedarf es dann nicht, BAG NZA **11**, 640. Kein Annahmeverzug wegen fehlenden Angebots anderweitiger Beschäftigungsmöglichkeit durch Zuweisung eines leidensgerechten Arbeitsplatzes, BAG NZA **10**, 1119, (anders noch BAG NZA **08**, 1410), aber ggf. Schadensersatz bei Nichtausübung des Weisungsrechts trotz Zumutbarkeit. Ist Zustandekommen eines Aufhebungsvertrags streitig, muss der Arbeitnehmer die Arbeitsleistung tatsächlich anbieten (§ 294 BGB, nicht § 295 BGB), BAG NZA **06**, 435, ebenso nach Ablauf eines befristeten Vertrages, BAG NZA **13**, 103, und wenn die Zeit nicht nach dem Kalender bestimmt ist, BAG NZA **13**, 849 (Lehrer in Teilzeit). Kein Annahmeverzug, wenn der Arbeitnehmer nicht leistungsfähig oder nicht leistungswillig ist (§ 297 BGB), Bsp: Arbeitnehmer macht Beschäftigung während des Prozesses von Kündigungsrücknahme abhängig, BAG NZA **05**, 1348. Nach unberechtigter fristloser oder ordentlicher Kündigung muss der Arbeitgeber den Arbeitnehmer zur Arbeit auffordern (§ 296 BGB), der Arbeitnehmer braucht nicht zuvor anzubieten, auch wenn er bei Kündigung oder später krank war, BAG NZA **91**, 228, **92**, 403, **93**, 550; er braucht auch Wiedergesundung nicht mitzuteilen, BAG NZA **95**, 263. Annahmeverzug endet nicht stets mit Bereiterklärung des Arbeitgebers zur Weiterbeschäftigung ohne oder gemäß neuem, bis zum Urteil befristeten Arbeitsvertrag gleichen Inhalts, BAG NZA **86**, 637, str. In Fällen, in denen der Arbeitgeber das Risiko des Arbeitsausfalls trägt (s Rn 74), gelten § 615 S 1 und 2 entsprechend (**§ 615 S 3 BGB** idF SMG).

Arbeitnehmer muss sich das durch Unterbleiben der Dienste Ersparte oder 73 durch anderen Dienst Erworbene oder böswillig nicht Erworbene anrechnen lassen (**§ 615 S 2 BGB**); vgl dazu zunächst § 74c HGB (dort Rn 2). **Böswilliges Unterlassen** liegt vor, wenn der Arbeitnehmer grundlos zumutbare Arbeit ablehnt oder vorsätzlich verhindert, dass ihm zumutbare Arbeit angeboten wird, BAG NZA **98**, 750, **01**, 26, hinzunehmen ist auch eine zumutbare Änderung der Arbeitsbedingungen, BAG NZA **07**, 1155. Deutliche Verschlechterung der Arbeitsbedingungen muss der gekündigte Arbeitnehmer idR nicht akzeptieren (zu § 11 KSchG), BAG NJW **07**, 2060. Unterlassen der Meldung beim Arbeitsamt oder der Suche eines anderen Arbeitsplatzes, auch wenn aussichtsreich, steht nach BAG NZA **01**, 26 nicht gleich, keine diesbezügliche Obliegenheit, fraglich und str. Anrechnen lassen muss er sich (nur) den kausal durch das Freiwerden der Arbeitskraft ermöglichten Verdienst, BAG NZA **91**, 221, nicht nur nach Zeitabschnitten, BAG NZA **94**, 116, an dieser **Gesamtberechnung** gegen Kritik festhaltend BAG NZA **06**, 736. So uU auch bei Ablehnung des Angebots zu einem neuen befristeten Arbeitsvertrag, BAG NZA **86**, 637. Für Anrechnung ist etwaige Bindung durch Wettbewerbsvereinbarung zu berücksichtigen, BAG BB **74**, 739. Der Arbeitnehmer hat Auskunft über anderen Erwerb zu geben (entspr § 74c), BAG BB **74**, 739, bei Bedenken des ArbG mit konkreten Nachweisen,

§ 59 74–79 1. Buch. Handelsstand

ggf eidesstattliche Versicherung, BAG NZA **94**, 116. § 615 S 1, 2 BGB ist abdingbar, hM.

74 **c) Betriebsrisiko:** In bestimmten Fällen der beiderseits unverschuldeten Unmöglichkeit ordnete zunächst die Rspr die Folgen abweichend von § 326 BGB teils nach der Sphärentheorie, teils nach Arbeitskampfgesichtspunkten zu. Das Betriebs- und Wirtschaftsrisiko (Unternehmens-, Lohnrisiko) trägt der Arbeitgeber; BAG **3**, 346, BAG NZA **91**, 67, nun § 613 S 3 BGB; Unmöglichkeit der Arbeit wegen Witterung, BAG NZA **09**, 913, Naturkatastrophen; Auftrags-, Absatzmangel, Heizungsausfall, BAG DB **83**, 1496; behördliches Betriebsverbot. Trägt der Arbeitgeber das Risiko des Arbeitsausfalls, gelten § 615 S 1 und 2 BGB (§ 615 S 3 BGB, s Rn 72). Lit: Ehmann NJW **87**, 403 (krit). Das **Arbeitskampfrisiko** (Direkt- und Fernwirkungen von Streik und Aussperrung) ist vom Betriebsrisiko zu unterscheiden. Bei Direktwirkung, zB Streik von Teilen der Belegschaft, trägt die übrige Belegschaft das Arbeitskampfrisiko; Entgeltanspruch entfällt also, aber nicht bei fortbestehender Beschäftigungsmöglichkeit (zB Notdienst), BAG NZA **94**, 331; nicht bei Aufrechterhaltung des Betriebs(teils), außer soweit Beschäftigung infolge des Streiks unmöglich oder unzumutbar wird, BAG NZA **96**, 209, 214, aber keine Pflicht zur Aufrechterhaltung, BAG NZA **95**, 1097. Bei Fernwirkungen, die das Kräfteverhältnis der kampfführenden Parteien beeinflussen können, tragen beide Seiten das Risiko nach den Grundsätzen der Arbeitskampfparität; Entgeltanspruch entfällt also zB bei Lahmlegung durch Streik in Drittunternehmen bzw besteht fort bei Angriffsaussperrung oder vorsorglicher Beauftragung von Fremdunternehmen dort, BAG NZA **99**, 500 (Wellenstreik) stRspr. Lit: Mayer BB **90**, 2482.

75 **d)** Entgeltfortzahlung bei **Krankheit** und **anderer unverschuldeter Hinderung** des HdlGehilfen war in § 63 aF geregelt, nunmehr EFZG 26.5.94 BGBl 1065 §§ 3 ff. Arbeitgeber kann ohne Begründung ab erstem Krankheitstag Arbeitsunfähigkeitsbescheinigung verlangen, BAG NZA **13**, 322. Lit: Feichtinger/ Malkmus 2. Aufl 2010, Schmitt 7. Aufl 2012; Palandt/Weidenkaff § 616 Rn 17 ff; Müller-Glöge RdA **06**, 105 (Rspr).

76 **e) Feiertage** s Rn 58, **Urlaub** s Rn 100.

77 **D. Einwendungen gegen Arbeitsentgeltanspruch: a) Verzicht** auf unabdingbare Ansprüche s Trieschmann RdA **76**, 68. Auf tariflichen Anspruch kann nur in einem von den Parteien des TV gebilligten Vergleich verzichtet werden (§ 4 IV 1 TVG, s Rn 39).

78 Doch können in TV **Ausschlussfristen** für die Geltendmachung des Entgeltanspruchs gesetzt werden (§ 4 IV 3 TVG), BAG NZA **07**, 679; sie gelten für beide Seiten, auch für gesetzliche Ansprüche; auch für Rückzahlungsanspruch bei Lohnüberzahlung, BAG BB **79**, 987, Berufung darauf kann treupflichtwidrig sein, BAG NZA **11**, 219, nicht für Ansprüche aus verletztem Persönlichkeitsrecht, BAG NZA **88**, 53, für Betriebsrentenansprüche nur bei ausdrücklicher Vereinbarung, BAG NZA **09**, 1279. Ausschlussfristen in AGB s Rn 43, Herbert/ Oberrath NJW **07**, 3750.

79 **Verfallklausel** ist auch einzelvertraglich möglich; Inhaltskontrolle, BAG NZA **98**, 258, die Verweisung auf Tarifnorm nur beschränkt, BAG NZA **89**, 101m Anm Preis ZIP **89**, 885. Verfallklausel erfasst iZw alle Ansprüche aus dem Arbeitsverhältnis, auch bei nur entferntem Zusammenhang, BAG NZA **06**, 545. Ausschlussfrist beginnt mit Fälligkeit des Anspruchs (bei Schadensersatzanspruch mit zumutbarer Kenntnis, BAG NZA **85**, 124, LS). Mit Verstreichen der Ausschlussfrist erlischt (anders bei Verjährung) der Anspruch, deshalb dann auch keine Aufrechnung mehr, BAG NZA **03**, 567. Selbst Ein-Monats-Frist wurde als zulässig angesehen, BAG NZA **01**, 723. Ausschlussfrist in **AGB** unterliegt seit SMG aber der Kontrolle nach **(5)** §§ 305c I, 307 BGB (s Rn 43), allgemein formulierte Klausel umfasst auch Mindestlohn, BAG NZA **16**, 1540 und ist dann insgesamt unwirksam, Bayreuther DB **17**, 487. Einstufige Ausschlussfrist von zwei Monaten hält der Klauselkontrolle nicht stand, BAG NZA **06**, 149, nötig sind 3 Monate (s Rn 43). Beweislast für Geltendmachung BAG NZA **13**, 471 (LS). Bei zweistufiger Ausschlussfrist muss Klage auf Annahmeverzugslohn nicht vor rechtskräftiger Entscheidung im Kündigungsschutzprozess erhoben werden, BVerfG NZA **11**, 354m Bespr Brecht-Heitzmann DB **11**, 1524. Tarifvertragliche Ausschlussfristen werden nun so ausgelegt, dass eine Kündigungsschutzklage zugleich Folgeansprüche geltend macht, BAG NZA **13**, 101, 330m Bespr von Medem NZA **13**, 345. Hinsichtlich der Form der Geltendmachung von Ansprüchen zur Wahrung der Ausschlussfristen ist nunmehr § 309 Nr 13 BGB (keine strengere Form als Textform, keine besonderen Zugangserfordernisse) zu beachten, Düwell BB **16**, 2485, Lingemann/Otte NZA **16**, 519.

Ausgleichsquittungen sind im Interesse klarer Verhältnisse grundsätzlich weit auszulegen, BAG NZA **04**, 1097 (anteiliges 13. Monatsgehalt). Sie enthalten meistens Verzicht (entsprechender Vertragswille notwendig, NZA **08**, 355), der jedoch unwirksam ist, soweit es sich um tarifliche Ansprüche handelt (s oben); zur Wirksamkeit von Ausgleichsquittung überhaupt, BAG BB **71**, 438, **79**, 109, 327, **81**, 119; Moritz BB **79**, 1610, Preis AuR **79**, 97, Schulte DB **81**, 937. Ausgleichsquittung in AGB soll nach **(5)** § 307 I 1 BGB unwirksam sein, Reinecke DB **02**, 586, nach BAG NZA **09**, 318 ist Abgeltungsklausel in Aufhebungsvertrag nicht überraschend. Verzicht auf Kündigungsschutz in Ausgleichsquittung s Rn 156. Ausgleichsklausel in Aufhebungsvertrag s Rn 166. Grundsätzlich keine Wirkung für Betriebsrentenansprüche, BAG NZA **01**, 203, **09**, 139, **10**, 883, und Arbeitgeberdarlehen, BAG NZA **11**, 1159, zu nachvertraglichen Wettbewerbsverboten § 74 Rn 5. 80

b) Abtretung des Vergütungsanspruchs ist nur möglich, soweit gepfändet werden kann (§ 400 BGB, §§ 850a–k ZPO), BAG NZA **01**, 654. Lohnabtretungsverbot kann vereinbart werden, auch in Betriebsvereinbarung, BAG BB **60**, 1202, ist aber unwirksam gegenüber SozVersTräger, der dem Arbeitnehmer Zahlungen an Stelle des vom Arbeitgeber nicht gezahlten Gehalts gewährt und Anspruch abgetreten erhalten hat, LAG Ffm BB **65**, 1355. Sonst ist Lohnabtretung zulässig, auch Vorausabtretung bestimmbarer künftiger Forderung, BGH BB **76**, 227. 81

Dasselbe wie für Abtretung gilt für **Aufrechnung** (§ 394 BGB), entspr für Zurückbehaltung (§ 273 BGB), dazu BAG **9**, 137, **10**, 176, **20**, 156, BGH BB **58**, 304. 82

Pfändung s §§ 850 ff ZPO; (Voraus-)Abtretung geht späterer Pfändung vor, Börker NJW **70**, 1104. Pfändungsschutz bei Gehaltskonten s Arnold BB **78**, 1314. Für Lohnpfändung wird bei Verschleierungsabrede ein angemessenes Gehalt fingiert, BAG **17**, 172. Zur Lohnpfändung als Kündigungsgrund Lepke RdA **80**, 185. Kein Kostenerstattungsanspruch des Arbeitgebers gegen Arbeitnehmer, auch nicht durch Betriebsvereinbarung, BAG NZA **07**, 462. 83

Mit seinem Entgeltanspruch für Arbeit während des Insolvenzverfahrens ist Arbeitnehmer in der **Insolvenz** des Unternehmers Massegläubiger (§ 55 I Nr 2 InsO). 84

c) Verjährung der Entgelt- und Auslagenersatzansprüche des Arbeitnehmers innerhalb der Regelverjährung von grundsätzlich drei Jahren (§§ 195, 199 BGB). Dieser Verjährung unterliegen auch Ansprüche des angestellten Vertreters auf Gehalt und Provision, BAG BB **72**, 1056 (keine Analogie zu § 88), Ansprüche aus ungerechtfertigter Bereicherung oder Geschäftsführung ohne Auftrag sowie Bereicherungsansprüche des Arbeitgebers wegen irriger Überzahlung. 85

Verwirkung tariflicher Ansprüche ist ausgeschlossen (§ 4 IV 2 TVG); sonst ist Verwirkung möglich. Verwirkung tritt aber nicht durch Zeitablauf vor Verjäh- 86

§ 59 87–89 1. Buch. Handelsstand

rungseintritt ein, BAG BB **58**, 117, 233, zum Zeitmoment muss vielmehr noch ein Umstandsmoment kommen (Vertrauensdisposition), vgl BAG NZA **01**, 966, **05**, 575, **07**, 690.

87 E. **Betriebsrente:** Betriebliche Altersversorgung (Betriebsrenten, betriebliches Ruhegeld) sind Leistungen der Alters-, Invaliditäts- oder Hinterbliebenenversorgung aus Anlass eines Arbeitsverhältnisses (§ 1 I 1 BetrAVG). Ihre praktische Bedeutung ist sehr groß. Verschiedene Grundformen sind üblich: unmittelbare Versorgungszusage durch den Arbeitgeber (Direktzusage) und vier Grundformen über rechtlich selbstständige Versorgungsträger; darunter seit 2001 Pensionsfonds, zunehmend auch Kapitalmarktrisiko des Arbeitnehmers, Regelung im VAG, Aufsicht durch BaFin. Unterschiede je nach Innen- oder Außenfinanzierung (Abfluss des Kapitals erst bei Versorgungsfall oder schon vorher). **Rechtsgrund** sind TV, Betriebsvereinbarung, Einzelvertrag, betriebliche Übung. Die Betriebsrentenzusage ist formlos (keine Schenkung), stillschweigend, betriebliche Übung (§ 1b I 4 BetrAVG, s Rn 7) und auch noch nach Eintritt in den Ruhestand möglich. Sie unterliegt dem Gleichbehandlungsgebot (s Rn 57, 63, 91). Schon vor Entstehung des Betriebsrentenanspruchs kann eine **Anwartschaft** erlangt werden; sie ist bei Ende des Arbeitsverhältnisses vor Eintritt des Versorgungsfalls unter den Voraussetzungen des BetrAVG grundsätzlich zwingend unverfallbar (erdienter Teilwert, Quotierung). **Regelung im BetrAVG,** Reform 2001 zusammen mit der Reform der gesetzlichen Altersversicherung, 2005 durch AltEinkG, 2006 durch BetrAVGÄndG, aktuell ist durch Betriebsrentenstärkungsgesetz die Zulassung reiner Beitragszusagen geplant, Einstandspflicht für Pensionskasse war praktisch geworden, BAG NZA **15**, 544. Lit: Blomeyer/Rolfs/Otto 6. Aufl 2015, Höfer (LBl), Schlewing/Henssler/Schnipp/Schnitker (LBl), Markus Roth 2009, Reinecke NJW **01**, 3511 (BetrAVGReform 2001), Schnitker/Grau NJW **05**, 10 (BetrAVGReform 2005), Cisch/Bleeck BB **06**, 2815, **08**, 1002, Allgaier NZA **11**, 786, 899 (TV), Roth SR 16, 47 (Niedrigzinsumfeld). RsprÜbersicht: Reinecke DB **07**, 2836, **10**, 2167, BB **12**, 1025, Cisch/Karst BB **11**, 1141, Cisch/Bleek/Karst BB **12**, 1153, **13**, 1205, **14**, 1141, **15**, 1138, **16**, 1014, **17**, 1012, Matthießen NZA **13**, 416, **14**, 1058, 1115.

88 Die Betriebsrente wird in der **Auszahlungsphase** gewährt. Das BAG tendiert dazu, weiterhin eine Altersgrenze von 60 Jahren zu akzeptieren, BAG NZA **09**, 844. Die Betriebsrente ist zwar kein Lohn ieS, hat aber Versorgungs- und Entgeltcharakter und ist in jedem Falle Gegenleistung und damit besondere Vergütungsform, auch bei Einschaltung einer Unterstützungskasse, BVerfG BB **84**, 344. Die **Nebenpflichten** beider Teile aus dem Arbeitsverhältnis (Treuepflicht, Fürsorgepflicht) wirken nach, sind aber deutlich weniger intensiv; zB Wettbewerbsverbot, Schweigepflicht.

89 **Entgeltumwandlung:** Anspruch des Arbeitnehmers (§ 1a BetrAVG), Notwendigkeit der Wertgleichheit, § 1 II Nr 3 BetrAVG, zur Zillmerung bei Direktversicherung BAG NZA **10**, 164. **Teuerungsanpassung:** Zwecks Erhöhung von Ruhegeldern wegen Steigens der Lebenshaltungskosten hat der Arbeitgeber alle drei Jahre Anpassung der laufenden Leistungen zu prüfen und darüber nach billigem Ermessen zu entscheiden (§ 16 BetrAVG), im Einzelnen str. Reform durch das AltersvermögensG 2001. **Mitnahmemöglichkeit** (Portabilität) unverfallbarer Anwartschaften beim Arbeitgeberwechsel (§ 4 nF 2005). **Insolvenzsicherung:** Versorgungszusagen und unverfallbare Anwartschaften sind unter Übergang der Ansprüche gegen Arbeitgeber durch Pensionssicherungsverein insolvenzgesichert, (§§ 7–15 BetrAVG), Finanzierungsreform BetrAVGÄndG 2006. **Verjährung:** Rentenstammrecht in dreißig Jahren, Ansprüche auf regelmäßig wiederkehrende Leistungen nach §§ 195, 199 BGB (§ 18a BetrAVG idF SMG).

Praktisch werden Betriebsrenten auch in der Form der Direktzusage zunehmend mit Vermögen unterlegt, oft in Form so genannter contractual trust

6. Abschnitt. Handlungsgehilfen und -lehrlinge   90, 91   § 59

arrangements (CTA), Rolfs/Schmid ZIP **10**, 701. Ausgliederung der Pensionsverpflichtung auf Rentnergesellschaft möglich, BAG NZA **09**, 790, aber Notwendigkeit ausreichender finanzieller Ausstattung, Roth NZA **09**, 1400, auch bei Beendigung eines Beherrschungsvertrags durch herrschendes Unternehmen, BAG NZA **10**, 641. Ausstattung muss auch künftige Anpassungen der Betriebsrenten nach § 16 BetrAVG ermöglichen, einer entsprechenden Ausstattung bedarf es aber nicht, wenn durch Übertragung des operativen Geschäfts im Wege eines Betriebsübergangs eine Rentnergesellschaft entsteht, BAG ZIP **14**, 2464, dazu Rolfs/List RdA **15**, 422 De lege ferenda empfiehlt sich die automatische Einbeziehung in Betriebsrentenzusagen (DJT 2004, Engert ZfA **04**, 311, Markus Roth 2009), hierfür wären freilich auch reine Beitragszusagen zuzulassen (Markus Roth), dafür nun auch Höfer DB **13**, 288. Das Betriebsrentenstärkungsgesetz 2017 sieht beides auf tariflicher Grundlage vor.

7) Nebenpflichten des Arbeitgebers

A. Rechtsgrundlagen, Gleichbehandlung, Rechtsfolgen von Pflichtverletzungen: Die **allgemeine Schutz- und Förderungspflicht** des Arbeitgebers nach §§ 241 II, 617–619 BGB (auch Fürsorgepflicht genannt; entspr allgemeiner Treuepflicht des Arbeitnehmers, s Rn 48) durchzieht das ganze Arbeitsverhältnis (in schwächerem Umfang schon ab Eintritt in die Vertragsverhandlungen, s Rn 32) und besteht deshalb nur in möglichst kostensparender Form, BAG BB **73**, 1214. Der Arbeitnehmer ist gegen die mit dem Arbeitsverhältnis zusammenhängenden Gefahren zu sichern. Für Erhaltung seiner Arbeitskraft ist angemessen zu sorgen. Besondere Fürsorgepflichten folgen aus Gesetz, TV, Betriebsvereinbarung, Einzelvertrag, betrieblicher Übung (vgl Rn 2–9). Fürsorgepflicht verpflichtet keinesfalls zur Einstellung (s Rn 33), auch nicht nach Ausbildungsverhältnis, BAG DB **74**, 344, oder nach Lösung des Arbeitsverhältnisses zwecks Fortbildung, BAG BB **78**, 257. Betriebliche Altersversorgung, Gratifikation und andere Sozialleistungen sind Arbeitsentgelt und deshalb nicht schon auf Grund Fürsorgepflicht zu gewähren. Vielmehr muss eine besondere Rechtsgrundlage (s Rn 2–9) hinzukommen, BAG **4**, 360, uU aber Pflicht zum Hinweis auf bestehende Versorgungsmöglichkeiten, LAG Hamm BB **82**, 1365. Sie **überdauert** das Arbeitsverhältnis nur in Ausnahmefällen, BAG **3**, 332, Monjau AuR **65**, 323, so bei Ruheständlern (s Rn 88). Der Arbeitgeber muss jedoch nach Billigkeit vermeiden, was für den Arbeitnehmer bei Suche nach neuem Arbeitsplatz nachteilig ist, BAG BB **73**, 1116. Aus der Fürsorgepflicht folgen **zahlreiche Einzelpflichten,** s Rn 93–104.

Die Nebenpflichten des Arbeitgebers stehen wie die Entgeltpflicht (s Rn 57) und das gesamte Arbeitsverhältnis unter dem **allgemeinen Gleichbehandlungsgebot.** Rechtsgrundlagen für Gleichbehandlung bieten, in Geltung und Reichweite nicht deckungsgleich, **verschiedene Gleichbehandlungsvorschriften:** 1) Art 157 AEUV (141, 119 aF EG), EU-Ri (nach EuGH auch faktische Ungleichheit, Kokott NJW **95**, 1054; Lohngleichheit, s Rn 57), EuGH NZA **03**, 373 (Schwangerschaft), NZA **05**, 1345 (Mangold, Altersdiskriminierung, s auch Rn 10), **08**, 929m Anm Lindner NJW **08**, 2750 (Feryn, angekündigte Diskriminierung), NZA **08**, 1119 (Bartsch, Altersdiskriminierung) m Anm Bauer/Arnold NJW **08**, 3377. 2) Art 3 GG (s Rn 3, nur mittelbare Wirkung für den Arbeitgeber), 3) spezielle Normen wie **AGG** (§§ 611a, b, 612 III aF BGB aufgehoben; s Rn 33 zum Kontrahierungszwang), § 622 VI BGB (bei Kündigung, s Rn 124), § 75 I BetrVG idF AGG ua und 4) der allgemeine arbeitsrechtliche Gleichbehandlungsgrundsatz, der auf die Fürsorgepflicht gestützt wird, str, aber nach dem AGG an Bedeutung verloren hat. Gleichbehandlungsgrundsatz dient allein der Begründung von Rechten, nicht zu deren Einschränkung, BAG NZA **03**, 147, kann auch unternehmensweit gelten, wenn sich unternehmerische Entscheidung auf alle oder mehrere Betriebe bezieht, BAG NZA **09**, 367.

§ 59 92–95   1. Buch. Handelsstand

92 Bei **Verletzung** der Fürsorgepflicht kann der Arbeitnehmer Erfüllung oder Schadensersatz verlangen, auch für Einhaltung öffentlich-rechtlicher Schutzvorschriften, in schweren Fällen fristlos kündigen. Folgen für Haftungsausschluss und -minderung s Rn 105–110. Nichtbegründung eines Arbeitsverhältnisses unter Verstoß gegen AGG führt nur zu Vertrauensschaden (§ 15 VI AGG), idR nur Bewerbungskosten; daneben aber immaterieller Schaden aus Persönlichkeitsrechtsverletzung, idR 1 Monatsvergütung, BAG NZA **90**, 21, 24 (noch zu § 611a BGB). Die Fürsorgepflicht kann nicht im Voraus **abbedungen** werden.

93 **B. Schutz von Leben und Gesundheit** des Arbeitnehmers am Arbeitsplatz s § 62. Regelung der Rechtsstellung Schwerbehinderter im SGB IX, AGG, Verfassungsgemäßheit der Ausgleichsabgabe bei nicht ausreichender Beschäftigung Schwerbehinderter, BVerfG NJW **05**, 737. Zum Anspruch auf behindertengerechte Beschäftigung Boecken RdA **12**, 210.

94 **C. Schutz und Förderung der Persönlichkeit: a)** Der Arbeitgeber hat das allgemeine Persönlichkeitsrecht des Arbeitnehmers in Bezug auf Ansehen, soziale Geltung und berufliches Fortkommen zu beachten; bei Verletzung Widerrufsbzw Beseitigungsanspruch (§§ 242, 1004 BGB); BAG NZA **88**, 791, **90**, 933, **05**, 1278 (Betriebsvereinbarung). Pflicht zur menschen- und **personengerechten Arbeitsgestaltung** (vgl § 91 BetrVG), zB Schutz der freien Entfaltung der Persönlichkeit des Arbeitnehmers (§ 75 II BetrVG); keine unnötigen Eingriffe und Kontrollen; kein heimliches Abhören von Dienstgesprächen durch Arbeitgeber, BVerfG NZA **92**, 307; kein heimliches Mithörenlassen von Telefongesprächen zwischen Arbeitgeber und Arbeitnehmer, BAG NZA **98**, 307 (Beweisverwertungsverbot, BAG NZA **09**, 974); keine heimliche Schrankkontrolle (Beweisverwertungsverbot, BAG NZA **14**, 143, grds keine verdeckte Videoüberwachung (Ausnahme: konkreter Verdacht von Straftat, BAG NZA **12**, 1025m Komm Bergwitz NZA **12**, 1205, dann auch Verwertung) und auch sonst nur unter engen Voraussetzungen (Persönlichkeitsrecht der Arbeitnehmer, Verhältnismäßigkeitsprüfung, BDSG), BAG NZA **03**, 1193, **04**, 1278, soweit unzulässig Beweisverwertungsverbot, einschränkend BAG NZA **11**, 574. Bild- und Videoaufnahmen bewertet die Rechtsprechung nach § 22 KUG, nicht nach BDSG, wegen informationeller Selbstbestimmung bedarf Einwilligung des ArbN der Schriftform, BAG NZA **15**, 606, dazu Grau/Schaut NZA **15**, 981, für Anwendbarkeit des BDSG Benecke/Groß NZA **15**, 839. Zur Meinungsfreiheit des Arbeitnehmers BAG NZA **05**, 158. Beachtung der Mitwirkungs- und Beschwerderechte (§§ 82, 84 BetrVG).

95 **b)** Der Arbeitgeber schuldet dem Arbeitnehmer **Schutz vor ungerechter Behandlung** und Angriffen durch Vorgesetzte, Mitarbeiter und Dritte im Zusammenhang mit der Arbeit; zB zutreffende und ordnungsgemäß zustande gekommene **Beurteilung** des Arbeitnehmers und ihre schriftliche Festhaltung. Anspruch auf Entfernung einer (teilweise) unzutreffenden Abmahnung aus den **Personalakten**, BAG NZA **91**, 768, **93**, 838, einer unzutreffenden Beurteilung, BAG DB **79**, 1703, bei Verfahrensverstoß, wenn dieser Auswirkung auf das Beurteilungsergebnis haben kann, BAG NZA **09**, 206, auch eines zutreffenden, aber beeinträchtigenden und für die Beurteilung überflüssig gewordenen Schreibens (Teilnahme an Warnstreik), BAG NZA **88**, 654, einer (unzulässig) nur pauschale Vorwürfe enthaltenden Abmahnung, BAG NZA **09**, 842, Wegfall des Interesses am Verbleib einer Abmahnung in den Personalakten, BAG NZA **97**, 145, nunmehr für Vertrauensbereich fraglich, Novara/Knierim NJW **11**, 1175, vom BAG aber weiter angenommen, insbes wenn faktisch überholter Pflichtverstoß im Leistungsbereich, BAG NZA **13**, 91 (kein rechtliches Interesse mehr an Dokumentation der PflVerletzung) m Bespr Salamon/Rogge NZA **13**, 363, krit Ritter DB **13**, 344; zumutbarer Widerstand gegen eine Druckkündigung, BAG **9**, 53; Schutz gegen unzutreffende Pressekampagne; Schutz gegen **Mobbing**,

6. Abschnitt. Handlungsgehilfen und -lehrlinge   96–99   § 59

Bennecke RdA 08, 357, Sasse BB 08, 1450, ggf Schadensersatz- und Schmerzensgeldanspruch des Arbeitnehmers, BAG NZA 08, 223, zur Beweislast Bruns VersR 10, 880.

c) Beschäftigungspflicht des Arbeitgebers folgt aus Arbeitsvertrag (§§ 611, 96 242 BGB, Persönlichkeitsschutz), BAG GrS NZA 85, 702. Der Arbeitgeber darf Beschäftigung des Arbeitnehmers gegen dessen Wunsch auch bei Fortzahlung des Gehalts nur ablehnen bei eigenen überwiegenden schutzwürdigen Interessen des Arbeitgebers, zB Wegfall der Vertrauensgrundlage oder zur Wahrung von Betriebsgeheimnissen, BAG GrS NZA 85, 702; der Arbeitnehmer kann aber über das allgemeine ideelle Beschäftigungsinteresse hinaus ein zu berücksichtigendes besonderes ideelles oder materielles Beschäftigungsinteresse haben, zB Geltung in Berufswelt, Ausbildung, Erhaltung von Fachkenntnissen, BAG GrS NZA 85, 702. Weiterbeschäftigungspflicht nach Kündigung s Rn 128, 157. Verletzung der Pflicht gibt dem Arbeitnehmer Erfüllungsanspruch, Schadensersatzanspruch, Grund zur fristlosen Kündigung. Für **Schwerbehinderte** besteht Beschäftigungspflicht (§ 81 IV 1 Nr 1 SGB IX). Anspruch auf **Beförderung** hat Arbeitnehmer nur, wenn vertraglich vereinbart, BAG BB **69**, 580, **79**, 373; aber uU Anspruch auf **Versetzung** (Einschränkung des Direktionsrechts, s Rn 44), BAG **7**, 321, **8**, 338, oder umgekehrt auf deren Unterlassung.

d) Der **Schweigepflicht** des Arbeitnehmers (s Rn 50) entspricht eine solche 97 des Arbeitgebers. Vertrauliche Führung der **Personalakten**, BAG NZA **88**, 53. Hinzu kommt der **Datenschutz.** Die Pflicht zur Sicherung personenbezogener Daten des Arbeitnehmers gegen Missbrauch folgt aus BDSG und aus dem Persönlichkeitsrecht des Arbeitnehmers. Speicherung von Arbeitnehmerdaten s BAG NZA **87**, 415. RsprÜbersichten: Teske ZIP **87**, 960, Heither BB **88**, 1049. Lit: Zöllner, 2. Aufl 1983; Wohlgemuth BB **92**, 281; Komm BDSG s **(7)** Bankgeschäfte Rn A/53, zur Personalakte Herfs-Röttgen NZA **13**, 478. Ab 2018 gilt die Datenschutzgrundverordnung, zum Beschäftigtendatenschutz nach Neufassung des BDSG s Gola BB **17**, 1462.

e) Die **Informations- und Auskunftspflicht** des Arbeitgebers (für den Ar- 98 beitnehmer s Rn 53) umfasst die Unterrichtung des Arbeitnehmers über seine Aufgabe und Tätigkeit, Unfall- und Gesundheitsgefahren, bevorstehende Veränderung in seinem Arbeitsbereich (§ 81 BetrVG); Erläuterung der Berechnung des Arbeitsentgelts, seiner dienstlichen Beurteilung (§ 82 BetrVG), auf Verlangen Begründung durch Angabe konkreter Tatsachen, BAG DB **79**, 1703, 2429 (Schaden uU in unterbliebener Beförderung); ausnahmsweise auch Hinweis auf Rechtsnachteile, zB Versorgungsnachteile bei Vertragsauflösung, BAG NZA **90**, 971 (iErg abl), NJW **92**, 2173. Niederschrift der wesentlichen Arbeitsvertragsbedingungen, NachweisG 20.7.95 BGBl 946, RsprÜbers Melms/Weck RdA **06**, 171, bei Unterlassen Schadensersatzanspruch des Arbeitnehmers, wenn dieser deshalb Entgeltansprüche nicht rechtzeitig geltend macht, BAG NZA **09**, 805. Einsicht in Personalakten nach § 83 BetrVG und ausnahmsweise weitergehend auf Grund Fürsorgepflicht, BAG BB **70**, 619, auch nach beendetem ArbVerhältnis aus § 241 II BGB, BAG NZA **16**, 1345; Schlessmann BB **72**, 579, Vogt BB **73**, 479, auch nach Beendigung des Arbeitsverhältnisses, BAG NZA **11**, 453. Bescheinigungen mit zutreffendem Inhalt; aber kein Anspruch auf einen bestimmten Inhalt, LAG Hamm DB **76**, 923. Zeugnis s Rn 104.

f) Sonstige Einzelpflichten, zB für notwendigen Versicherungsschutz zu sor- 99 gen, so ausreichende Haftpflichtversicherung von Kfz, mit dessen Führung der Arbeitnehmer betraut wird, BAG NJW **66**, 2233, uU auch Insassenversicherung, BGH BB **70**, 127; nicht Vollkaskoversicherung, aber Obliegenheit s Rn 107, str; eingebrachte Sachen s Rn 101.

§ 59 100   1. Buch. Handelsstand

100   D. **Erholungsurlaub:** Rechtsgrundlagen sind das BUrlG, das die Fürsorgepflicht konkretisiert. Arbeitnehmer haben Anspruch auf Erholungsurlaub (Mindesturlaub 24 Werktage, § 3 BUrlG), Kollektiv- und Einzelvertrag gehen weiter. Sonderregeln für Jugendliche, Schwerbehinderte ua. **Voraussetzung** des Urlaubsanspruchs ist Bestehen eines Arbeitsverhältnisses (sonst nur Abgeltung s unten), Ablauf und Wartezeit von idR 6 Monaten ab Beginn des Arbeitsverhältnisses (§ 4 BUrlG; sonst Teilurlaub s unten), nicht Arbeitsleistung: also Urlaubsanspruch auch bei Teilzeitbeschäftigung, BAG NZA **93**, 988, gegenüber mehreren Arbeitgebern, BAG BB **79**, 1349, bei gekündigtem Arbeitsverhältnis, BAG DB **79**, 1138, Siara DB **79**, 2276. Voller Anspruch entsteht erstmalig nach 6 Monaten, sonst **Teilurlaub,** auch bei Ausscheiden vor erfüllter Wartezeit oder in der ersten Hälfte eines Kalenderjahres (§§ 4, 5 BUrlG, Zwölftelungsprinzip); Teilurlaubsanspruch gegen neuen Arbeitgeber, auch wenn voller Urlaubsanspruch schon gegen alten erworben war, BAG **18**, 153, aber keine Doppelgewährung (§ 6 BUrlG). **Anrechnung** von Krankheitstagen auf Urlaub ist unzulässig; ebenso für Kur- und Heilverfahren der SozVers oder sonstiger Sozialleistungsträger, soweit Anspruch auf Entgeltfortzahlung im Krankheitsfall besteht (§§ 9, 10 BUrlG), BAG **23**, 244, BB **67**, 250. Keine Anrechnung von Betriebsausflug, Betriebsruhetagen aus besonderem Anlass ua. **Gewährung und Zeitpunkt** des Urlaubs nach Maßgabe einer Betriebsvereinbarung (Urlaubsplan, § 87 I Nr 5 BetrVG) oder der Betriebsferien (TV, bei Krankheit kann AN andere Lage des Urlaubs verlangen, EuGH NZA **09**, 1133, **12**, 851), sonst des Direktionsrechts des Arbeitgebers (s Rn 44); die Ausübung des Direktionsrechts unterliegt aber der Billigkeitskontrolle (§ 315 BGB), BAG **AP** § 7 BUrlG Nr 5, und der Mitbestimmung (§ 87 I Nr 5 BetrVG). Urlaubsteilung nur ausnahmsweise (§ 7 II BUrlG).

Urlaubsgewährung muss erkennbar werden, liegt nicht ohne weiteres in Freistellung von Arbeit während der Kündigungsfrist oder auf Grund eines Aufhebungsvertrags, BAG NZA **99**, 80, Urlaubsvergütung muss vor Antritt des Urlaubs gezahlt oder unwiderruflich zugesagt werden, BAG NZA **15**, 998. Kein Rückruf aus dem Urlaub, gegenteilige Abrede ist unwirksam, BAG NZA **01**, 100, unwiderrufliche Freistellung ist kein Urlaub, BAG NZA **09**, 1211. **Urlaubsentgelt** ist die während der Dauer des Urlaubs fortbezahlte Vergütung, von dem gratifikationsähnlichen Urlaubsgeld und der Urlaubsabgeltung zu unterscheiden. Als Arbeitsentgelt ist es ebenso wie dieses pfändbar, BAG NZA **01**, 100, str. Das Urlaubsentgelt bemisst sich nach der im Urlaubszeitraum ausfallenden Arbeitszeit (§ 1 BUrlG), § 11 BUrlG regelt nur die Bemessung des Geldfaktors, BAG NZA **00**, 1335, zu Änderungen der Arbeitszeit EuGH NZA **10**, 557m Bespr Powietzka/Christ NJW **10**, 3397. Bei der Durchschnittsberechnung sind neben Überstunden auch Vermittlungsprovisionen (ohne Bezirksprovisionen, § 87 II) einzubeziehen (§ 11 I 1 BUrlG iVm §§ 65, 87), BAG NZA **86**, 471, **01**, 153. Urlaubsentgeltanspruch läuft auch bei Streik weiter, BAG BB **82**, 993. **Erwerbstätigkeit** während des Urlaubs ist verboten (§ 8 BUrlG), uU ordentliche Kündigung, hL, der Anspruch auf Urlaubsentgelt für gesetzlichen Mindesturlaub bleibt aber von Verstoß unberührt, BAG NZA **88**, 607.

Erlöschen bei Erfüllung (§ 362 BGB), wird für bereits festgesetzten Urlaub aus betrieblichen Gründen Kurzarbeit eingeführt, ist Ersatzurlaub zu gewähren, BAG NZA **09**, 689; **mangels Übertragung** auf nächstes Kalenderjahr (nur bis 31. 3. und auch nur bei dringenden betrieblichen oder in der Person des Arbeitnehmers liegenden Gründen, § 7 III 2, 3 BUrlG), BAG NJW **87**, 798, kommt es zum Verfall des Urlaubsanspruchs, wenn er bei **Ende des Kalenderjahrs** nicht geltend gemacht ist (§ 7 III 1 BUrlG), BAG BB **82**, 2111, krit Kohte BB **84**, 614. Wegen Mutterschutz bzw Elternzeit nicht genommener Urlaub kann nach deren Ende bzw im Folgejahr beansprucht werden, BAG NZA **16**, 433, zu § 17 MuSchG, 17 II BEEG, nach Beendigung des ArbVerhältnisses keine Kürzung nach § 17 I BEEG, BAG NZA **15**, 989. Übertragung wegen dringender betrieblicher oder persönlicher Gründe (§ 7 III 2 BurlG) kann auch nicht durch Tarifvertrag ausgeschlossen werden, BAG NZA **15**, 625, dies ist nur für tarifliche Urlaubsansprüche möglich. Erlöschen des Urlaubsanspruchs ferner mit Ende des Arbeitsverhältnisses, aber Abgeltung, insoweit greifen (tarifliche) Ausschlussfristen, BAG NZA **12**, 514, **13**, 216; bei Unmöglichkeit (§ 275 BGB); bei Tod, da höchstpersönlich, keine Vererbung der Urlaubsabgeltung wenn Tod bei bestehendem Arbeitsverhältnis, BAG NZA **12**, 326, aber nach Beendigung, BAG NZA **16**, 39; Verfall nach Tarifvertrag, nicht aber für gesetzlichen Mindesturlaub, BAG NZA **97**, 44; Kündigungsschutzklage wahrt tarifliche Urlaubsausschlussfrist (Urlaubsverfallklausel), BAG BB **79**, 1143; **Verzicht** (§ 397 BGB), auch stillschweigend, aber nicht für gesetzlichen Mindesturlaub (vgl § 13 BUrlG), BAG NZA **99**, 80.

Abgeltung für bei Vertragsende **wegen Krankheit nicht genommenen** bezahlten gesetzlichen Urlaubs, EuGH NZA **09**, 135, BAG NZA **09**, 538, krit Bauer/Arnold NJW **09**, 631 und NZA **09**, 531, **12**, 1087 (Aufgabe Surrogatstheorie), Gaul/Josten/Strauf BB **09**, 497, zur Umsetzung der Entscheidung Grobys NJW **09**, 2177, anders zwischenzeitlich BAG NZA **95**, 230; ggf Übergang nach Tod des Arbeitnehmers, EuGH NZA **14**, 651, dazu Ricken NZA **14**, 1361. Zulässig ist eine tarifvertragliche Beschränkung der Übertragbarkeit, EuGH NZA **11**, 1333 (15 Monate) m Bespr Bauer/von Medem NZA **12**, 113 und eine Regelung hinsichtlich des (tarifvertraglichen) Mehrurlaubs, BAG NZA **12**, 988, bei Genesung ist Urlaub auch für Vorjahre zu nehmen, sonst Verfall wie neuer Urlaub, BAG NZA **12**, 29. Das BAG entnimmt nunmehr § 7 III 3 BurlG generell eine Beschränkung des Urlaubs bei Dauererkrankung auf Ende März des zweiten Folgejahres, BAG NZA **12**, 1221. Abzugelten sind auch bei Vertragsende wegen Mutterschutzes nicht genommene Urlaubstage, BAG NZA **16**, 1392.

Abgeltung der Urlaubsansprüche in Geld (von Urlaubsentgelt, s oben, und Urlaubsgeld zu unterscheiden) ist grundsätzlich nur nach dem Ende des Arbeitsverhältnisses zulässig (§ 7 IV BUrlG), zur Krankheit während eines bereits gewährten Urlaubs EuGH NZA **13**, 369 und kann erst dann verlangt werden, BAG NZA **17**, 1057. Kein Verzicht wegen § 13 BUrlG auch nicht nach Beendigung des Arbeitsverhältnisses und in gerichtlichem Vergleich, BAG BB **79**, 327, krit Schulte DB **81**, 940. Bei Arbeitsplatzwechsel kann der frühere Arbeitgeber bezahlte Urlaubsabgeltung nicht zurückfordern (§ 5 III BUrlG), Zahlung aber verweigern, soweit der Arbeitnehmer Urlaub vom neuen Arbeitgeber verlangen kann, BAG NJW **71**, 534. Urlaubsabgeltungsanspruch ist wie Arbeitseinkommen abtretbar und pfändbar (§ 850a Nr 2 ZPO ist nicht einschlägig). Unzulässige Abgeltung hebt Urlaubsansprüche nicht auf, kann nicht zurückgefordert werden, BAG **4**, 59. Urlaubsgratifikation mit **Rückzahlungsklausel** bei Ausscheiden str (s Rn 67).

Ansprüche nach BUrlG sind **zwingend,** doch kann TV abweichen, mit Ausnahme der grundsätzlichen Regelung über Dauer des bezahlten Erholungsurlaubs, seine Abgeltung und des Geltungsbereichs des BUrlG (§ 13 I BUrlG), BAG BB **65**, 123, **80**, 1691, NZA **97**, 44. In Arbeitsverträgen kann auf einen abweichenden TV Bezug genommen werden. Zur Wahrnehmung staatsbürgerlicher Rechte (Art 48 GG), zur Ausübung öffentlicher Ehrenämter, für Beisitz bei ArbG (§ 26 ArbGG), zur Suche nach einer neuen Stelle (§ 629 BGB), zur Beisetzung von Angehörigen, zu Familienfeiern (zB Hochzeit) des Arbeitnehmers selbst oder naher Verwandter ist Urlaub zu gewähren, BAG **4,** 189. Freistellung von Betriebsratsmitgliedern s § 37 III BetrVG. Anspruch auf **Bildungsurlaub** besteht nach Ländergesetzen. In der Privatwirtschaft besteht idR kein Anspruch auf **Sonderurlaub ohne Entgeltfortzahlung** (unbezahlte Freistellung; kein Urlaub im Rechtssinn), von Hoyningen-Huene NJW **81**, 713; der Vorbehalt des Arbeitgebers, den Zeitpunkt der Rückkehr aus unbezahltem Ur-

§ 59 101–103   1. Buch. Handelsstand

laub allein zu bestimmen, ist aber nichtig, BAG BB **81**, 974. Bei Erkrankung während des unbezahlten Sonderurlaubs entsteht kein Entgeltanspruch, BAG BB **78**, 360, Marburger BB **78**, 104, Zeit des Sonderurlaubs zählt für gesetzlichen Urlaubsanspruch, BAG NZA **14**, 959. RsprÜbersicht: Hohmeister BB **07**, 2293, **09**, 494, **10**, 1599, **11**, 890, **12**, 1343, **13**, 1973, **14**, 2037, Plüm NZA **13**, 11. Lit: Arnold/Tillmanns 3. Aufl 2014, Neumann/Fenski/Kühn 11. Aufl 2016, Höpfner RdA **13**, 16, 65, Schubert NZA **13**, 1105, RdA **14**, 9.

Mutterschutz nach MuSchG: Vermutung der Richtigkeit eines ärztlichen Attestes, BAG NZA **01**, 1017, Elternzeit nach **BEEG**, dazu BAG NZA **10**, 155, **12**, 208, **13**, 907, Elternzeit auch für Großeltern, § 15 Ia BEEG, Antrag in Schriftform, § 16 I 1 BEEG, dafür reicht Telefax nicht aus, BAG NZA **16**, 1139, Ablehnung der Elternzeit nur aus dringenden betrieblichen Gründen, dazu BAG NZA **10**, 447 (entgegenstehende Gründe), Entscheidung über Verlängerung nach § 16 BEEG nach billigem Ermessen, BAG NZA **12**, 262. Literatur: Hambüchen, Loseblatt, zum **Pflegezeitgesetz,** Glatzel NJW **09**, 1377, Joussen NZA **09**, 69, keine mehrmalige Inanspruchnahme von Pflegezeit pro pflegebedürftigen nahen Angehörigen, BAG NZA **12**, 323, zum Familienpflegezeitgesetz Göttling/Neumann NZA **12**, 119, Schiefer/Worzalla DB **12**, 516.

101 E. **Sicherung eingebrachter Sachen:** Der Arbeitgeber muss auf Grund seiner Fürsorgepflicht die berechtigterweise auf das Betriebsgelände mitgebrachten Sachen des Arbeitnehmers nach § 241 II BGB durch zumutbare Maßnahmen vor Beschädigung durch Dritte schützen, BAG NJW **65**, 2173, NZA **00**, 1052; Pflicht zur Bereitstellung von Firmenparkplätzen nur bei besonderen Umständen, BAG **9**, 31, dann aber Pflicht zur verkehrssicheren Erhaltung, bei besonderer Gefährdung gesteigerte Fürsorgepflicht, BAG NZA **00**, 1052, wohl auch zur Absperrung, BAG BB **75**, 1343. Soweit Arbeitnehmer selbst Sicherungsmöglichkeiten hat, ist er selbst verantwortlich, BAG **17**, 229, BB **65**, 1068, **66**, 778, den Arbeitnehmer trifft das allgemeine Eigentümerrisiko. Den Arbeitgeber trifft **keine Versicherungspflicht** für eingebrachte Sachen, BAG **18**, 190, str; anders für Haftpflichtversicherung s Rn 99. Haftung nach § 7 I StVG gegenüber im Betrieb parkenden Arbeitnehmern ist idR nicht durch vertragliche Einheitsregelung ausschließbar, BAG NZA **90**, 345. **Haftung** des Arbeitgebers für Sachschäden des Arbeitnehmers s Rn 106.

102 F. **Freistellung von Ersatzpflicht, Aufwendungsersatz:** Freistellungsanspruch bei Schadensersatzansprüchen Dritter s Rn 108. **Aufwendungen,** die der Arbeitnehmer zur Ausführung der Dienste gemacht hat und den Umständen nach für erforderlich halten durfte, hat der Arbeitgeber zu erstatten (§§ 675 I, 670 BGB, Vorschuss nach § 669 BGB), aber nur soweit sie nicht durch das Arbeitsentgelt abgegolten sind, BAG NJW **63**, 1221, NZA **92**, 691 (abl, da AN grob fahrlässig), NZA **06**, 1089. Bei Sicherheitsschuhe, aber nicht normale Arbeitskleidung, BAG NZA **99**, 38, **08**, 1012; Umzugskosten bei Versetzung, BAG BB **73**, 983; Fahrtkosten für Dienstfahrten, nicht aber für Fahrt zwischen Wohnung und Arbeitsstätte, BAG BB **77**, 446, für Abholung einer reparierten Geige, BAG NJW **12**, 797; vereinbarter dienstlicher Einsatz des PrivatPkw; häusliches Arbeitszimmer bei Arbeitnehmer im Außendienst, sofern nicht abbedungen, BAG NZA **04**, 604; nicht LKW-Fahrerkarte, BAG NZA **08**, 1012, nach BAG NZA **12**, 97 nicht Arbeitszimmer von Lehrern. Arbeitgeber kann sich treuwidrig verhalten, wenn er von Lehrern eine Erklärung verlangt, die Kosten einer Klassenreise selbst zu tragen, BAG NZA **13**, 42 (Kostenerstattung nach in Bezug genommenem TV). **Personen- und Sachschäden** des Arbeitnehmers selbst s Rn 105–106.

103 G. **Abführung von Lohnsteuer und Sozialversicherungsbeiträgen, Schutz von Altersteilzeitkonten:** Der Arbeitgeber muss Lohnsteuer und Sozialversicherungsbeiträge abführen, schuldhafte Verletzung macht ihn schadensersatzpflichtig, stRspr BAG BB **82**, 1056, auch aus § 823 II BGB iVm § 266a I

StGB, BGH **134**, 304, NJW **05**, 2546, Eigenhaftung von Organmitgliedern GroßKoAktG/Hopt/Roth § 93 Rn 673, str; bei Lebensversicherung auch gegenüber Bezugsberechtigten nach Tod des Arbeitnehmers (§ 328 BGB), BAG WM **82**, 245. Behält Arbeitgeber zu wenig Lohnsteuer ein, kann er Nachzahlung an Finanzamt vom Arbeitnehmer erstattet verlangen (§ 670 BGB), BAG BB **79**, 1040, NZA **04**, 1274; anders bei Arbeitnehmeranteilen zur Sozialversicherung, diese dürfen nur vom Lohn abgezogen werden, BAG DB **78**, 698. Probleme der Arbeitspapiere (Lohnsteuer, Versicherung) s Becker/Schaffner DB **83**, 1304. Zwingender **Schutz von Altersteilzeitkonten**, Grobys/von Steinau-Steinrück NJW-Sp **04**, 134, Kallhoff NZA **04**, 692, Haftung von Organmitgliedern, BAG NZA **08**, 121. Lit: Hanau/Veit/Hoff, 2. Aufl 2015. Altersteilzeit s Rn 44.

H. Nebenpflichten bei Beendigung des Arbeitsverhältnisses: a) Freizeit 104 **zur Stellungssuche** s § 629 BGB; Entgeltpflicht bleibt bestehen, § 616 BGB. Bei unberechtigter Verweigerung kein eigenmächtiges Fernbleiben, sehr str, aber einstweilige Verfügung, Schadensersatz und außerordentliche Kündigung (s Rn 139–147).

b) Zeugniserteilung: nach Aufhebung von § 73 ab 1.1.03 gilt, wenn der (Dienst)Verpflichtete ein Arbeitnehmer ist, § 109 GewO (§ 630 S 4 BGB); s Kommentierung zu § 73 aF/§ 109 GewO.

8) Haftungsbesonderheiten

A. **Haftung des Arbeitgebers: a) Personenschäden aus Arbeitsunfällen** 105 deckt die gesetzliche Unfallversicherung unter Haftungsfreistellung des Arbeitgebers; der Arbeitgeber haftet nur bei Vorsatz (enger Begriff, BGH **154**, 11) oder bei (nicht Betriebs- und Arbeitswege betreffenden) Wegeunfällen (SGB VII §§ 104 I 1; 8 I, II Nr 5, 9–11 mit und II Nr 1–4 ohne Haftungsausschluss); das gilt entsprechend für schädigende Arbeitnehmer, also insbesondere unter Arbeitskollegen, und führt bestimmte weitere Personen bei betrieblicher Tätigkeit (SGB VII §§ 105, 106, s auch Rn 109); auch Versicherte mehrerer Unternehmen auf gemeinsamer Betriebsstätte, BGH **145**, 331, **157**, 213, NZA **05**, 643. Gründe für die Haftungsersetzung durch Versicherungsschutz sind ua Betriebsfrieden und Gefahrengemeinschaft, BGH **166**, 42 (Nothelfer), BAG NZA **05**, 163, stRspr. Haftet der Arbeitgeber danach ausnahmsweise, ist auf den Schadensersatzanspruch gegen ihn das von der Unfallversicherung Geleistete anzurechnen (SGB VII § 104 III). **Arbeitsunfall** (§ 8 I SGB VII) umfasst alle mit dem Arbeitsverhältnis zusammenhängenden Tätigkeiten einschließlich solchen auf Betriebs- und Arbeitswegen; Berufskrankheit (§ 9 SGB VII). Arbeitsunfall bei Dienstreise, Wegeunfall bis zum Werktor, Wege des Arbeitnehmers von und zur Arbeit sind seine Sache (allgemeines Lebensrisiko), BAG NZA **01**, 549, das aber aus sozialpolitischen Gründen mitversichert ist. Der Haftungsausschluss betrifft alle Ansprüche des Arbeitnehmers, seiner Angehörigen und Hinterbliebenen gleich aus welchem Rechtsgrund (Vertrag, Delikt, Schmerzensgeld). Forderungsübergang nach § 116 SGB X auf Unfallversicherungsträger, Ausgleich mit Krankenkasse, BGH **155**, 342. Regress der Sozialversicherungsträger bei vorsätzlicher oder grob fahrlässiger Herbeiführung des Versicherungsfalls (§ 110 SGB VII), BGH **154**, 17, NJW **06**, 3563, aber ohne Forderungsübergang nach § 116 SGB X. Auslandssachverhalt BGH NJW **07**, 1754. Lit: Waltermann NJW **04**, 901, Brose RdA **11**, 205.

b) Für **Sachschäden** des Arbeitnehmers haftet der Arbeitgeber ohne Beson- 106 derheiten, also bei jedem Verschulden, für Haftungsausschluss oder -begrenzung in AGB gilt (**5**) § 309 Nr 7b BGB. Hinzu tritt **Haftung ohne Verschulden** für Sachgüter- und Vermögensschäden des Arbeitnehmers aus Ausführung von betrieblich veranlassten und auf Grund eines Arbeitsverhältnisses geleisteten **Arbeiten** (s Rn 107), gem älterer Lit nach dem Grundsatz der **Risikozurechnung**, Canaris RdA **66**, 41, Genius AcP 173 (**73**) 504, nach Rspr auf Grund § 670

§ 59   107

BGB (unter Hinweis auf § 110) BAG GrS **12**, 15, NZA **95**, 836 (Strafverteidigerkosten), **00**, 1052, BGH **38**, 277, **89**, 157. Danach haftet der Arbeitgeber für eingebrachte Kleidung des Arbeitnehmers nur bei außergewöhnlichen, nicht durch die Arbeitsvergütung besonders abgegoltenen Schäden aus gefährlicher Arbeit, BAG GrS **12**, 15. Für Schäden am Kfz des Arbeitnehmers haftet der Arbeitgeber (ohne eigenes Verschulden), wenn er Einsatz in seinem Betätigungsbereich verlangt oder gebilligt hat; solcher Einsatz liegt vor, wenn er ohne das ArbeitnehmerKfz ein eigenes Kfz hätte einsetzen und damit dessen Unfallgefahr hätte tragen müssen, BAG BB **81**, 183, NZA **96**, 417, **07**, 870, **11**, 406 oder wenn Arbeitnehmer es in Rufbereitschaft als schnellstes Transportmittel zum Arbeitsort benutzt, BAG NZA **12**, 93; **Mitverschulden** des Arbeitnehmers (entspr § 254 BGB) ist nur im Rahmen der Grundsätze der beschränkten Arbeitnehmerhaftung (s Rn 107) zu berücksichtigen, BAG NZA **97**, 1346, **07**, 870 (defektes ArbeitnehmerKfz), dabei hat Arbeitnehmer zu beweisen, dass er nicht grob fahrlässig gehandelt hat, BAG NZA **11**, 406. Mit Km-Pauschale für privaten Pkw sind iZw Rückstufungsnachteile bei der Haftpflichtversicherung abgegolten, BAG NZA **93**, 262. Lit: Schwarze RdA **13**, 140.

107   B. **Haftung des Arbeitnehmers: a)** Für die Haftung **gegenüber dem Arbeitgeber** gelten Besonderheiten (für Sachschäden des Arbeitnehmers selbst s Rn 106). **Schäden bei der Ausführung von betrieblich veranlassten und auf Grund eines Arbeitsverhältnisses geleisteten Arbeiten** (zum Merkmal „betrieblich veranlasst" BAG NZA **03**, 37, nicht bei Spaßfahrt) sind nur eingeschränkt zu ersetzen. Vielmehr folgt aus der **Fürsorgepflicht grundsätzlich** eine in den Rechtsfolgen **dreigeteilte Fahrlässigkeit,** nämlich bei Vorsatz und grober Fahrlässigkeit in aller Regel volle Haftung des Arbeitnehmers, bei mittlerer (normaler) Fahrlässigkeit Quotelung und bei leichtester Fahrlässigkeit völlige Entlastung, BAG NZA **88**, 579, **94**, 1083, **99**, 141, **04**, 649, **11**, 345, stRspr, üL; dazu weitere Differenzierung: stets volle Haftung nur bei **Vorsatz,** der aber auch den Schaden umfassen muss (s auch Rn 109), BAG NZA **03**, 37, 437, **05**, 163, bei grober Fahrlässigkeit nach Abwägung im Einzelfall Haftungserleichterung, zB bei deutlichem Missverhältnis zwischen Verdienst und Schadensrisiko, BAG NZA **90**, 97, **99**, 141, **02**, 612, **03**, 37, Quotelung dann auch bei in besonderer Weise leichtfertigem und unverantwortlichem Handeln, BAG NZA **98**, 140, auch bei gröbster Fahrlässigkeit scheiden Haftungserleichterungen nicht aus, BAG NZA **11**, 348; Begründung aus § 254 BGB analog unter Betonung der Gesamtabwägung, BAG GrS NZA **94**, 1083, nach aA bei grober Fahrlässigkeit stets volle Haftung (Arg: keine Schutzbedürftigkeit wg Restschuldbefreiung, sehr fraglich), Fischinger/Hofer NZA **17**, 349. Die Beschränkung auf gefahrgeneigte Arbeit (s 28. Aufl) ist 1993 zutr aufgegeben worden, BAG GrS NZA **93**, 547u **94**, 1083, BGH NJW **84**, 856, **96**, 1532 (aber klarstellend gegen pauschale Beschränkung auf grobe Fahrlässigkeit und für Einzelfallabwägung nach § 254 BGB), ganz hL, denn der Arbeitnehmer kann den Risiken nicht ausweichen (Weisungsgebundenheit, Rn 44).

Bei **normaler Fahrlässigkeit** für Bestimmung der Ersatzquote **Abwägung der Gesamtumstände** von Schadensanlass und Schadensfolgen nach Billigkeit und Zumutbarkeit, ua Verschuldensgrad, Gefahren der Arbeit, Schadenshöhe, vom Arbeitgeber einkalkuliertes oder durch Versicherung deckbares Risiko, Stellung des Arbeitnehmers im Betrieb, Höhe des Arbeitsentgelts (darin uU Risikoprämie), persönliche Verhältnisse des Arbeitnehmers, Dauer der Betriebszugehörigkeit, Lebensalter, Familienverhältnisse und sein bisheriges Verhalten, BAG NZA **99**, 141. Der Haftungsausschluss betrifft nicht nur Anspruch des Arbeitgebers gegen den Arbeitnehmer, sondern auch gegen Zweitschädiger, in Höhe von dessen Ausgleichsanspruch gegen den Arbeitnehmer (§§ 840, 426 BGB), Karlsr OLGZ **69**, 157. **Grobe Fahrlässigkeit** ist subjektiv (nicht nur objektiv)

6. Abschnitt. Handlungsgehilfen und -lehrlinge 108, 109 § 59

schlechthin unentschuldbare Pflichtverletzung; sie muss sich auch auf den Unfall (Schadenserfolg) beziehen. Bsp: Rotlichtverstoß eines Berufskraftfahrers, auch bei Einbau eines Mobilfunktelefons (insoweit kein Mitverschulden des Arbeitgebers), BAG NZA **99**, 263; Liegenlassen der Kellnerbrieftasche in Zugrestaurant, BAG NZA **02**, 612. Auch bei arbeitsbedingter Übermüdung kann grobe Fahrlässigkeit des Arbeitnehmers vorliegen; Übermüdung fällt u U auch als Betriebsrisiko haftungsmindernd ins Gewicht (vgl Rn 74). Schadensverteilung nach § 254 BGB, BAG NZA **07**, 1230 (Wertpapierhändler, Organisationsverschulden im Fall verneint).

Beweislast beim Arbeitgeber (§ 619a BGB), dazu Löwisch FS Wiedemann **02**, 327 und Rn 110; kein Anscheinsbeweis (subjektive Vorwerfbarkeit). Mitwirkung Dritter an Schädigung s Däubler NJW **86**, 873. Die Grundsätze sind **zwingend,** Haftungsverschärfung weder kollektiv- noch einzelvertraglich, auch nicht bei Kompensation, klarstellend BAG NZA **04**, 649; aber s Rn 110 (Mankoabrede); Vereinbarung über Übernahme der Vollkaskoselbstbeteiligung bei Beschädigung des Dienstwagens ist danach unwirksam, BAG NZA **04**, 649. **Versicherung:** Haftungsfreistellung gemäß Gefahrengemeinschaft, auch unter den versicherten Unternehmern, BGH NJW **08**, 2916m Anm Waltermann 2895. Haftungsfreistellung des Arbeitnehmers entfällt ihrem Zweck entsprechend bei Deckung durch Pflichtversicherung (§ 1 PflVG), BGH **116**, 200, oder Regressverzicht des Versicherers, BGH **117**, 151. Pflicht des Arbeitgebers zum Abschluss von Versicherung s Rn 99. Lit: Dütz NJW **86**, 1779, Schwerdtner DB **88**, 1799, v Hoyningen-Huene BB **89**, 1889, Joussen RdA **06**, 129, Pačić EuZA **09**, 47 (Rechtsvergleich).

b) Für die **Haftung gegenüber Dritten** (ohne Unterschied zwischen Körperschäden und Sachschäden) gelten entspr Grundsätze. Der Arbeitgeber schuldet danach dem Arbeitnehmer bei der Ausführung von betrieblich veranlassten und auf Grund eines Arbeitsverhältnisses geleisteten **Arbeiten** unter denselben Voraussetzungen wie nach Rn 107 **Freistellung von Ersatzpflicht.** Nur so bleibt das Betriebsrisiko beim Arbeitgeber. Der Freistellungsanspruch ist rein innerbetrieblich, der Dritte kann also von dem Arbeitnehmer uneingeschränkt Schadensersatz fordern, BGH **108**, 305, **110**, 114, **157**, 9 (gestörtes Gesamtschuldverhältnis), NZA **90**, 100, str; anders bei entsprechender Abrede zwischen dem Arbeitgeber und dem Dritten (§§ 133, 157 BGB, auch ergänzende Vertragsauslegung) oder bei Erstreckung einer Haftungsbegrenzung des Arbeitgebers zugunsten seiner Arbeitnehmer. Der Arbeitnehmer kann sonst nur Freistellung vom Arbeitgeber verlangen oder den Freistellungsanspruch an den Dritten abtreten, was zur Umwandlung in einen Zahlungsanspruch gegen den Arbeitgeber führt. Für Freistellungsanspruch kann Versicherungsschutz bestehen, Düss NJW **68**, 252. Bei fehlender Versicherung ist Konsequenz dieser Rspr, dass der Arbeitnehmer bei **Insolvenz des Arbeitgebers** letztlich selbst für den Schaden einstehen muss; die Rspr lehnt Abhilfe dazu ab und verweist auf den Gesetzgeber. Der Freistellungsanspruch kann nach §§ 195, 199 BGB auch vor dem Schadensersatzanspruch verjähren, Löwisch FS Wiedemann **02**, 313. Lit: Pačić EuZA **09**, 218 (Rechtsvergleich). Zunehmend bedeutsam wird die Haftung von Arbeitnehmern für Unternehmensgeldbußen, Bayreuther NZA **15**, 1239.

c) Für die **Haftung gegenüber Arbeitskollegen** gilt bei **Sachschäden** dasselbe wie für die Haftung gegenüber Dritten (s Rn 108); SGB VII greift nicht ein. Der Arbeitskollege kann von dem Arbeitnehmer vollen Ersatz verlangen, dieser hat aber bei der Ausführung von betrieblich veranlassten und auf Grund eines Arbeitsverhältnisses geleisteten Arbeiten Freistellungsanspruch gegen den Arbeitgeber. Anders bei **Personenschäden:** Diese deckt wie beim Arbeitgeber (s Rn 105) die gesetzliche Unfallversicherung unter Haftungsfreistellung des Arbeitnehmers (§ 105 SGB VII). Freigestellt sind danach alle Personen, die durch

§ 59 110, 111   1. Buch. Handelsstand

eine betriebliche Tätigkeit einen Versicherungsfall von Versicherten desselben Betriebs verursacht haben. Betriebliche Tätigkeit ist nicht eng zu verstehen, BAG NZA **05**, 163 (Stoß vor die Brust). Betriebliche Tätigkeit ist auch die sog Wie-Beschäftigung (§ 2 II SGB VII, s Rn 105). Die Freistellung gilt auch gegenüber dem (versicherten oder nicht versicherten) Unternehmer. Ausnahmen von der Freistellung bei Vorsatz, der auch den Verletzungserfolg umfassen muss (s Rn 107), BAG NZA **03**, 436, **05**, 163 und bestimmten Wegeunfällen (s Rn 105). **Arbeitsplatzverlust:** Haftung des Mitarbeitnehmers bei unberechtigter Verdächtigung (§ 823 II BGB iVm § 187 StGB, kein Recht am Arbeitsplatz nach § 823 I BGB), Kblz NJW **03**, 1673.

110   **d) Mankohaftung:** Bei Kassen- oder Warenfehlbestand gelten die allgemeinen Grundsätze über die Beschränkung der Arbeitnehmerhaftung (s Rn 107), so auch BAG NJW **99**, 1049. Für §§ 280, 283 BGB fehlt es schon an einer Herausgabepflicht (§§ 667, 695 BGB), wenn der Arbeitnehmer wie idR nur Besitzdiener ist (§ 855 BGB), BAG NZA **99**, 141. Unmittelbaren Besitz des Arbeitnehmers erwägt das BAG bei alleinigem Zugang zur Sache und ihrer selbstständigen Verwaltung; dazu gehört eigenständiger Spielraum, zB bei kfm Aufgaben, eigenen Vertriebsbemühungen oder eigener Kalkulation (nicht nur Berechnung), BAG NZA **99**, 141. Die Beweislast liegt beim Arbeitgeber (§ 619a BGB), aber der Arbeitnehmer muss sich idR substantiiert äußern, wenn das schädigende Ereignis näher bei ihm lag bzw er über die konkreten Umstände informiert ist (gestufte Darlegungslast), BAG NZA **97**, 1279, **99**, 141 (Aufgabe von **85**, 183), Indiz dafür zB, wenn der Arbeitnehmer die alleinige Kontrolle über bestimmte Bereiche hatte. Weitergehende, auf Risikoübernahme des Arbeitnehmers gehende **Mankoabrede** ist grundsätzlich unzulässig, anders nur wenn und soweit dem Arbeitnehmer ein gleichwertiger Ausgleich geleistet wird, dabei darf Haftung die Summe der gezahlten Mankogelder über einen (auch längeren, zB 1 Jahr) Ausgleichszeitraum nicht überschreiten, BAG NZA **99**, 141, **04**, 649 (aber s Rn 107). Bei Arbeitnehmern mit **besonderer Vertrauensstellung** kann bei alleiniger Verfügungsgewalt und wirtschaftlicher Entscheidungsbefugnis neben dem Arbeitsverhältnis Auftrag oder Verwahrung (dann §§ 667, 695 BGB) vorliegen, BAG NZA **00**, 715. Lit: Jung 1985; Otto/Schwarze/Krause 4. Aufl 2014; Bleistein DB **71**, 2213, Reinecke ZfA **76**, 215, Grobys NJW-Sp **04**, 369, Krause RdA **13**, 129, Walker ZfA **15**, 515.

9) Ende des Arbeitsverhältnisses, Kündigungsschutz

111   A. **Befristung, auflösende Bedingung:** Für **befristete Arbeitsverträge** gelten §§ 14 ff **Teilzeit- und BefristungsG** (TzBfG) 21.12.00 BGBl 1966, spätere Änderungen, ua durch G zur Verbesserung der Beschäftigungschancen älterer Menschen 19.4.07 BGBl 538, Bayreuther BB **07**, 1113, für wissenschaftliche Mitarbeiter an staatlichen Hochschulen Sonderregelung im WissZeitVG, dazu BAG NZA **12**, 385. Das TzBfG beruht bezüglich der Befristungsregeln (nur zT) auf EU-Ri 28.6.1999 über befristete Arbeitsverhältnisse und gilt auch für Kleinbetriebe mit nicht mehr als 5 Arbeitnehmern. Definition des befristet beschäftigten Arbeitnehmers in § 3 TzBfG; der befristete Arbeitsvertrag kann kalendermäßig befristet oder zweckbefristet (zB Urlaubsvertretung) sein. Befristung eines Arbeitsvertrags ist zulässig, wenn sie **durch einen sachlichen Grund** (s Rn 113) **gerechtfertigt** ist (§ 14 I 1 TzBfG). Befristung ist dann auch bei einem bisher unbefristeten Arbeitsverhältnis möglich, BAG NZA **96**, 1089, bei Sachgrund auch wiederholter Abschluss befristeter Arbeitsverträge, BAG NZA **05**, 357. Bei mehreren aufeinander folgenden befristeten Arbeitsverträgen wird idR (anders bei Annexvertrag) nur die letzte Befristung geprüft, BAG NZA **08**, 467, **09**, 35, kritisch zur Kettenbefristung Brose NZA **09**, 706, zu Regelungen in anderen EU-Mitgliedstaaten Kamanabrou NZA **16**, 385. Nach EuGH NZA **12**,

6. Abschnitt. Handlungsgehilfen und -lehrlinge 111 § 59

135 (Kücük) m Bespr Brose/Sagan NZA **12**, 308 kann auch das wiederholte oder gar dauerhafte Zurückgreifen auf Vertretungsbefristungen europarechtskonform sein, notwendig ist freilich die Vermeidung missbräuchlichen Einsatzes aufeinanderfolgend befristeter Arbeitsverträge, EuGH NZA **15**, 424, nach BAG NZA **12**, 1351, 1359m Bespr Bayreuther NZA **13**, 23 darf nach allen Umständen des Einzelfalls kein institutioneller Rechtsmissbrauch vorliegen, dazu auch Rn 113 aE.

Ausnahmen vom Erfordernis eines sachlichen Grundes sehen § 14 II, III TzBfG vor, ua für Existenzgründer, Lembke NJW **06**, 329. Gerichtlicher Vergleich im Kündigungsschutzverfahren unterliegt nicht der Befristungskontrolle, BAG NZA **07**, 466. **Kalendermäßige Befristung** eines Arbeitsvertrags (nicht auch bloße Zweckbefristung und nicht, wenn mit demselben Arbeitgeber bereits zuvor befristetes oder unbefristetes Arbeitsverhältnis bestanden hat, Anschlussverbot, § 14 II 2 TzBfG) ist ohne sachlichen Grund bis zur Dauer von zwei Jahren zulässig, innerhalb derselben höchstens dreimal, BAG NZA **14**, 483. Tarifvertrag kann davon abweichen (§ 14 II TzBfG, BAG NZA **13**, 515). Verlängerungsabrede (ohne andere Vertragsänderung außer Anpassung an Rechtslage, BAG NZA **07**, 204) muss vor Laufzeitende erfolgen, BAG NZA **06**, 605. Jedes, auch lange zurückliegende Vorarbeitsverhältnis mit demselben Arbeitgeber (nicht Konzern) schadete, BAG NZA **05**, 218, diesbezügliche Frage des Arbeitgebers ist aber erlaubt (Anfechtung s Rn 118), nunmehr soll nur Vorbeschäftigung innerhalb von drei Jahren schaden, BAG NZA **11**, 905m krit Anm Höpfner NZA **11**, 893, Berufsausbildungsverhältnis ist keine Vorbeschäftigung iSv § 14 II TzBfG, BAG NZA **12**, 255, bei Verbindung zu ehemaligem Arbeitgeber Kontrolle auf Rechtsmissbrauch, BAG NZA **14**, 426, Beweislast für Zusammenwirken trägt Arbeitnehmer, BAG NZA **14**, 840, aber Berücksichtigung von Indizien. Zulässig befristeter Leiharbeitsvertrag auch bei Überlassung an den früheren Arbeitgeber, BAG NZA **07**, 443. **Altersbefristung** nach § 14 III 4 TzBfG war europarechtswidrig, EuGH NZA **05**, 1345 (Mangold), Reform § 14 III TzBfG nF 2007, Schiefer/Köster/Korte DB **07**, 1081.

Altersgrenzen wegen Anti-Diskriminierung fraglich, nach der Rechtsprechung des EuGH (NZA **07**, 1219, Palacios, **09**, 305, Age Concern) sowie des BAG (BAG NZA **08**, 1302) aber mit europäischem und deutschem Recht vereinbar. Möglich ist die vertragliche (BAG NZA **06**, 37: keine überraschende Klausel) oder tarifvertragliche Befristung auf das gesetzliche Rentenalter auch, wenn im Einzelfall keine ausreichende Altersrente bezogen wird, EuGH NZA **10**, 1167 (Rosenbladt), auf die Grundversorgung verweisend EuGH NZA **12**, 785, Rn 44 (Hörnfeldt). Zutreffend passt etwa der Kündigungsschutz ab dem Rentenalter nicht mehr ohne weiteres. Vorgeschlagen wurde eine Befristung (Rentnerstatus als Sachgrund, Sediq NZA **09**, 524), an allg Grds festhaltend BAG NJW **15**, 2682). Europarechtlich zweifelhaft ist seit 1.7.2014 nach § 41 Satz 3 SGB VI das Hinausschieben einer Befristung auf das gesetzliche Rentenalter möglich, dazu Giesen ZfA **14**, 217, Bader NZA **14**, 749, noch zu § 14 I 2 Nr 6 TzBfG BAG NZA **15**, 1066, zu § 14 III TzBfG BAG NZA **15**, 1131. Schutz des Arbeitgebers weiter durch erleichterte Kündigungsmöglichkeit jenseits des ges Renteneintrittsalters. Altersgrenze Flugbegleiter von 60 Jahren unwirksam, BAG NZA **10**, 1248, 1298, auch für Piloten EuGH NZA **11**, 1039, BAG NZA **12**, 575, 866, für Piloten Altersgrenze von 65 Jahren, EuGH NZA **17**, 897. Lit: Temming 2008, Bauer/von Medem NZA **12**, 945, Preis in Becker/Roth, Recht der Älteren 2013, Roth EzA § 14 TzBfG Nr 113.

Auflösend bedingte Arbeitsverträge stehen den befristeten im Wesentlichen gleich (§ 21 TzBfG). Das gilt insbesondere für das Erfordernis eines sachlichen Grunds (§§ 21 iVm 14 I, IV TzBfG). Auf die Ausnahmen nach § 14 II, III TzBfG ist nicht verwiesen, insoweit wohl nur befristeter Arbeitsvertrag. Beendigung frühestens zwei Wochen nach Unterrichtung, § 15 II TzBfG, zur Winter-

§ 59 112, 113   1. Buch. Handelsstand

ruhe in der Forstwirtschaft, BAG NZA **16**, 176. Auch **Aufhebungsvertrag** (s Rn 166), der auf befristete Fortsetzung des Arbeitsverhältnisses gerichtet ist, unterfällt der Befristungskontrolle, BAG NZA **00**, 718. TzBfG gilt nicht für Befristung einzelner **Arbeitsvertragsbedingungen,** auch nicht § 14 TzBfG analog, sachlicher Grund (s Rn 113) ist aber bei Umgehung des Änderungskündigungsschutzes erforderlich, BAG NZA **04**, 268, 719. Diskriminierungs- und Benachteiligungsverbot zugunsten befristet beschäftigter Arbeitnehmer (§§ 4 II, 5 TzBfG). Das TzBfG ist (mit Ausnahmen) zugunsten des Arbeitnehmers **zwingend** (§ 22 I TzBfG). Sonderregeln, zB HochschulrahmenG, bleiben unberührt (§ 23 TzBfG). Lit: Rn 44, Lembke NJW **06**, 325; Jörchel NZA **12**, 1065.

112   **Schriftformerfordernis:** Die Befristung, nicht auch ihr Grund, BAG NZA **04**, 1333, außer bei Zweckbefristung, BAG NZA **06**, 321, bedarf zu ihrer Wirksamkeit der Schriftform nach § 126 BGB (§ 14 IV TzBfG, s auch Rn 121). Eine aus mehreren Teilen (Blättern) bestehende Urkunde muss geheftet oder auf Grund sonstiger Umstände eine einheitliche Urkunde bilden, BAG NZA **16**, 549. Formmangel führt zu Unwirksamkeit der Befristung, also unbefristetem Arbeitsverhältnis (s Rn 114, dort auch zur ordentlichen Kündigung), BAG NZA **08**, 1184, sogar bei befristeter Weiterbeschäftigung im Kündigungsschutzprozess, BAG NZA **04**, 1275, allerdings nur zu einem jederzeit beendbaren fehlerhaftem Arbeitsvertrag, wenn der Arbeitgeber das Zustandekommen eines Arbeitsvertrags von der Unterzeichnung abhängig macht, BAG NZA **16**, 550. Nachträgliche schriftliche Niederlegung heilt nicht, § 141 II BGB gilt nicht, BAG NZA **05**, 575m Anm Riesenhuber NJW **05**, 2268, BAG NZA **05**, 823. Unterzeichnung des vom Arbeitgeber bereits unterschriebenen Vertrags wahrt Form, BAG NZA **06**, 1402, str, sonst Zugang vor Aufnahme der Tätigkeit, BAG NZA **17**, 638. Heilung durch eigenständige, abweichende Befristungsabrede möglich, BAG NZA **17**, 912. Übersicht: Lembke NJW **06**, 327.

113   Auf Befristung (von über sechs Monaten, § 1 KSchG, BAG BB **84**, 59) kann sich der Arbeitgeber nach § 14 I 1 TzBfG **nur** berufen, **wenn** sie durch einen sachlichen Grund gerechtfertigt ist (zu sachgrundloser Befristung nach § 14 II TzBfG oben Rn 111). § 14 I 2 TzBfG nennt **acht sachliche Gründe,** nämlich **Nr 1:** nur **vorübergehender betrieblicher Bedarf** an der Arbeitsleistung, BAG NZA **08**, 467, zB Urlaubsvertretung, vorübergehender Arbeitsausfall, Saisonarbeit, vorübergehender Mehrbedarf, BAG NZA **97**, 313, bestimmte, überschaubare Arbeitsaufgabe wie Ausverkauf oder Inventur, Projektbefristung mit sicherer Prognose später fehlenden Bedarfs, BAG NZA **05**, 357, Drittmittel für Projekt, BAG NZA **08**, 466, Darlegung der tatsächlichen Grundlagen für die Prognose durch den Arbeitgeber, BAG NZA **10**, 633, hinreichende Sicherheit, dass nach Vertragsende kein dauerhafter betriebl Bedarf mehr besteht, BAG NZA **15**, 362, nach BAG NZA **17**, 634 betriebstätigkeitsbezogene Auslegung, **Nr 2:** Befristung im **Anschluss an Ausbildung** oder Studium zwecks Erleichterung einer Anschlussbeschäftigung, **Nr 3: zur Vertretung** (nicht Dauervertretung) eines Mitarbeiters, BAG NZA **02**, 896, Vertretung für die Dauer einer (vorübergehenden) Krankheit, BAG NZA **01**, 1382, **02**, 665, nicht bis zum späteren Ausscheiden des Vertretenen, BAG NZA **98**, 419, auch nur mittelbare Vertretung, BAG NZA **06**, 781, auch wiederholt, BAG NZA **14**, 430 und Vertretung eines Beamten, BAG NZA **10**, 34, bei Elternzeit wird Nr 3 durch § 21 BEEG konkretisiert, BAG NZA **16**, 169, Vertretungsabrede auch schon bei Ankündigung, die Elternzeit beantragen zu wollen. Die der Vertretung übertragenen Aufgaben müssen auch von der Stammkraft wahrgenommen werden können, BAG NZA **10**, 942, **11**, 507, sonst fehlt Kausalität, bei **mittelbarer Vertretung** Darlegung der Vertretungskette durch ArbG, nach außen erkennbare gedankliche Zuordnung, BAG NZA **17**, 309, ausreichend auch Einsetzbarkeit am Arbeitsplatz des vertretenen Arbeitnehmers, BAG NZA **15**, 617, **Nr 4: Eigenart der Arbeitsleistung,** so je nachdem in künstlerischen Berufen, uU Betreuung

von Spitzensportlern durch Trainer, BAG NZA **99**, 646, **Nr 5: Erprobung,** idR reichen sechs Monate aus, BAG NZA **10**, 1293, **Nr 6:** in der **Person des Arbeitnehmers** liegende Gründe, zB bis Ende der Aufenthaltserlaubnis, BAG NZA **00**, 722, **Nr 7: Vergütung aus** haushaltsrechtlich für befristete Beschäftigung bestimmten **Haushaltsmitteln,** BAG NZA **00**, 881, **09**, 676, 1143, auch Drittmittel, Vorlage BAG zum EuGH, BB **10**, 2819 (erledigt), nicht anwendbar auf Bundesanstalt für Arbeit, BAG NZA **11**, 911, zum Missbrauch bei Kettenbefristung BAG NZA **13**, 777, zu Maßnahmen der Missbrauchsverhinderung EuGH NZA **15**, 153, **Nr 8:** Beruhen auf **gerichtlichem Vergleich,** das muss außergerichtlichen Vergleich als sachlichen Grund nicht unbedingt ausschließen, vgl BAG BB **85**, 2174, notwendig ist Mitwirkung des Gerichts und in offener Streit, BAG NZA **16**, 1485, auch über den Abschluss eines Folgevertrags, BAG NZA **15**, 381, die Protokollierung eines Vergleichsvorschlags der Parteien (§ 278 VI 1, 1. Alt, 2 ZPO) reicht nicht aus, es bedarf eines Vorschlags des Gerichts, BAG NZA **12**, 921, **17**, 708. Die Aufzählung ist **nicht abschließend** ("insbesondere"), BAG NZA **05**, 401, 926.

Sonstige sachliche Gründe: zB bei Arbeitsbeschaffungs- und Strukturanpassungsmaßnahmen nach SGB III und Beschäftigung bis zur endgültigen Besetzung durch einen anderen, zB in Ausbildung befindlichen Mitarbeiter (RegE); beabsichtigte Betriebsschließung, BAG NZA **98**, 1000; bei sozialem Überbrückungszweck, BAG NZA **86**, 571, **99**, 1335; auf Wunsch des Arbeitnehmers, wenn bei Vertragsschluss objektive Anhaltspunkte für Interesse des Arbeitnehmers daran vorliegen (zB Lebensplanung), BAG DB **85**, 2566, NZA **97**, 1222, diesen sozialen Zweck muss der ArbG ggf beweisen, NZA **09**, 727. Der sachliche Grund kann Prognose beinhalten, zB des voraussichtlichen Beschäftigungsbedarfs, diese ist dann Teil des Sachgrunds für die Befristung, BAG NZA **01**, 881, auch bei Regelung durch Tarifvertrag müssen aber konkrete Anhaltspunkte vorliegen, BAG NZA **10**, 495. **Nicht** sachlicher Grund ist die wirtschaftliche Entwicklung, das Betriebsrisiko verbleibt dem Arbeitgeber (s Rn 74); Unsicherheit künftiger Finanzierung, BAG BB **82**, 557, 1174, der künftigen Entwicklung des Arbeitsbedarfs, BAG NZA **01**, 881. Bei zunehmender Dauer der Beschäftigung bei demselben Arbeitgeber hat das BAG zunächst höhere Anforderungen an Grund gestellt, BAG BB **93**, 1149, sodann eine strengere Prüfung abgelehnt, BAG NZA **10**, 34. Nach Vorlage zum EuGH, NZA **11**, 34 und EuGH NZA **12**, 135 sind nun alle Umstände des Einzelfalls zu prüfen, insbesondere Gesamtdauer und Anzahl d Befristungen, BAG NZA **12**, 1359, **14**, 26, **15**, 930. **Institutioneller Rechtsmissbrauch** wird bei 13 Befristungen in elf Jahren indiziert (BAG NZA **12**, 1358), Annahme des Gestaltungsmissbrauchs kann aber auch noch bei einer Gesamtdauer von fast 15 Jahren und zehn Befristungen widerlegt werden (BAG NZA **15**, 931, ausschließliche Vertretung einer Person für Mutterschutz, Elternzeit, Sonderurlaub etc), auch bei fast neun Jahren und 18 Verlängerungen bei Einsatz in verschiedenen Schulen mit deutlich unterschiedlicher Stundenzahl (BAG NZA **16**, 354).

Der **Grund muss** bei Vertragsschluss oder Vertragsänderung **tatsächlich vorliegen,** außer bei Zweckbefristung (§ 15 II TzBfG) und auflösender Bedingung (s Rn 111) nicht notwendigerweise als solcher bezeichnet werden (s Rn 112); jedenfalls interne Dokumentation ist aber dringend zu empfehlen. Weitere Bspe aus der Rspr: BAG GrS **10**, 65, NZA **96**, 1089, **98**, 419, **00**, 884. Befristung zur Erprobung, aber nur wenn dieser Zweck Vertragsinhalt wird, BAG BB **82**, 557, dann idR nach Vorbild von § 1 KSchG bis zu sechs Monaten; bei besonderen Anforderungen zwar keine längere Befristung, aber Arbeitsverhältnis mit Vorbehalt der Kündigung bei Nichtbewährung, BAG BB **78**, 1265.

Folgen unwirksamer Befristung: Ist die Befristung rechtsunwirksam, gilt der befristete Arbeitsvertrag **als auf unbestimmte Zeit geschlossen;** er kann vom Arbeitgeber frühestens zum vereinbarten Ende ordentlich gekündigt werden

§ 59 115–118

(§ 16 S 1 TzBfG, Ausnahme bei Vereinbarung, s Rn 115), auch vorsorglich bei erhobener Entfristungsklage, BAG NZA **06**, 429. Ist die Befristung nur mangels Schriftform unwirksam (s Rn 112), ist ordentliche Kündigung auch vor dem vereinbarten Ende möglich (§ 16 S 2 TzBfG). Umdeutung nach § 140 BGB in ordentliche Kündigung mit gesetzlicher Kündigungsfrist nach BAG NZA **10**, 1348, Richardi/Annuß NJW **00**, 1234: nicht zu Lasten des Arbeitnehmers. Die Unwirksamkeit muss der Arbeitnehmer spätestens **innerhalb von drei Wochen** nach dem vereinbarten Ende des befristeten Arbeitsvertrags klageweise geltend machen (Entfristungsklage nach § 17 TzBfG iVm §§ 5–7 KSchG, s Rn 154).

115 **Ende des befristeten Arbeitsvertrags:** Der befristete Arbeitsvertrag endet **gemäß Befristung**, zB mit Ablauf der vereinbarten Zeit oder Erreichen des Zwecks, letzterenfalls frühestens zwei Wochen nach entsprechender schriftlicher Mitteilung des Arbeitgebers (§ 15 I, II TzBfG). Das nach Ablauf der Zeit bzw Zweckerreichung mit Wissen des Arbeitgebers fortgesetzte Arbeitsverhältnis gilt als auf unbestimmte Zeit verlängert, wenn der Arbeitgeber nicht unverzüglich widerspricht oder dem Arbeitnehmer die Zweckerreichung nicht unverzüglich mitteilt (§ 15 V TzBfG), vgl BAG NZA **89**, 595. Widerspricht der Arbeitgeber, kommt nur ein fehlerhaftes Arbeitsverhältnis zustande, das der ArbG jederzeit beenden kann, BAG NZA **16**, 361. Umwandlung in unbefristetes Arbeitsverhältnis nicht unter tiefgreifender Veränderung wesentlicher Bestimmungen des Arbeitsvertrags zum Nachteil des Arbeitnehmers, EuGH NZA **12**, 443. **Ordentliche Kündigung** ist grundsätzlich nicht möglich, auch nicht durch den Arbeitnehmer, BAG **18**, 8, außer bei Vereinbarung im Arbeitsvertrag oder Tarifvertrag (§ 15 III TzBfG). Verkürzung der Vertragslaufzeit eines sachgrundlos befristeten Arbeitsvertrags nur mit Sachgrund, BAG NZA **17**, 636.

Anspruch auf Fortsetzung des wirksam befristeten Arbeitsverhältnisses, wenn Arbeitgeber im Einzelfall begründete Erwartung des Arbeitnehmers weckt, BAG NZA **98**, 87, bei Schwangerschaft und ansonsten Verlängerung, BAG NZA **02**, 125. Kein Anspruch auf Verlängerung eines nach § 14 II TzBfG sachgrundlos befristeten Vertrages aus allgemeinem Gleichbehandlungsanspruch bei Weiterbeschäftigung anderer Arbeitnehmer, BAG NZA **09**, 27.

116 **Außerordentliche Kündigung,** fristlos oder befristet, ist in §§ 14 ff TzBfG nicht geregelt. Sie kann auch im befristeten Arbeitsverhältnis nicht ausgeschlossen werden (§ 626 BGB), bei Probearbeitsverhältnis aber strenge Anforderungen. Wichtige Gründe für die Kündigung des Arbeitgebers bzw Arbeitnehmers s Rn 139 ff, 148 ff.

117 B. **Nichtigkeit, Anfechtung:** Der Arbeitsvertrag ist nach allgemeinen Regeln nichtig, zB §§ 125, 134, 138 BGB, bzw anfechtbar wegen Irrtums, widerrechtlicher Drohung, Täuschung (§§ 119, 123, 142 BGB); aber Einschränkungen der Nichtigkeitsfolgen bei in Vollzug gesetztem, sog **fehlerhaftem Arbeitsverhältnis,** s Rn 120.

118 a) **Anfechtung durch Arbeitgeber:** Ein den Arbeitgeber zur Anfechtung berechtigender **Irrtum** kann namentlich vorliegen über im Verkehr als wesentlich geltende Eigenschaften **(§ 119 II BGB),** BAG NZA **91**, 719, zB mehr als kurzfristige **Krankheit** (Epilepsie) mit der Folge mangelnder oder erheblich beeinträchtigter Fähigkeit zur übernommenen Arbeit, BAG BB **74**, 933; einschlägige **Vorstrafen** (s Rn 34).

Schwangerschaft ist grundsätzlich keine verkehrswesentliche Eigenschaft iSv § 119 II BGB, auch wenn die Frau die Arbeit während der Schwangerschaft nicht ausüben kann. Das gilt nach EuGH NZA **01**, 1241, 1243 selbst bei befristeten Verträgen, Verschweigen der Schwangerschaft schadet also auch dann nicht. Auch keine Anfechtung nach § 123 BGB trotz wissentlich falscher Antwort auf die (unzulässige) Frage nach Schwangerschaft (§ 611a BGB), BAG NZA **03**, 848, einerlei, ob sich nur Frauen oder Frauen und Männer beworben haben, BAG

NJW **93**, 1154; zulässig sollte die Frage nach Schwangerschaft ausnahmsweise dann sein, wenn sie objektiv dem gesundheitlichen Schutz der Bewerberin und des ungeborenen Kindes dient, BAG NZA **93**, 933, aber auch insoweit fraglich, ob unter der Rspr des EuGH noch haltbar, dies (wohl) aufgebend BAG NZA **03**, 848.

Anfechtung wegen arglistiger Täuschung (§ 123 BGB) nur, wenn der Arbeitnehmer ausnahmsweise von sich aus aufklärungspflichtig war oder wenn er auf eine zulässige Frage die Unwahrheit sagte, stRspr, BAG NZA **01**, 315, s Rn 34, dort ua zu Vorstrafen. Täuschung über Schwangerschaft s soeben, über Schwerbehinderteneigenschaft s Rn 34; bei Offensichtlichkeit kann Kausalität der Täuschung fehlen, BAG NZA **01**, 315, ferner wenn Einstellung auch bei Kenntnis von Schwerbehinderung, BAG NZA **12**, 35. Unzureichend ist falsche Angabe über die bisherigen Bezüge, wenn diese für die erstrebte Stelle keine Aussagekraft und der Bewerber sie auch nicht von sich aus als neue Mindestvergütung gefordert hat, BAG BB **84**, 533. Täuschung über Dauer und Zahl von Vorarbeitsverhältnissen (aber nicht mehr nach fünf Jahren), BAG **22**, 278; Täuschung durch Vorlage eines wie verlangt handgeschriebenen, aber nicht eigenhändigen Lebenslaufs, BAG DB **83**, 2780. Anfechtung einzelner Arbeitsbedingungen ist zulässig, wenn nur dieser Teil auf arglistiger Täuschung beruht und noch ein in sich sinnvoller Vertrag verbleibt, BAG **22**, 344, sonst ist idR der ganze Vertrag nichtig (§ 139 BGB). Nichtige fristgemäße Kündigung ist grundsätzlich nicht in Anfechtung umdeutbar, BAG BB **75**, 1638. Lit: Wolf/Gangel AuR **82**, 271 (Anfechtung und Kündigungsschutz).

b) Anfechtung durch Arbeitnehmer ist bei gleichen Voraussetzungen **119** ebenfalls möglich, zB wegen Verschweigens des bevorstehenden Betriebsinhaberwechsels, LAG Hamm BB **59**, 707. Anfechtung der eigenen Kündigung wegen Drohung des Arbeitgebers mit außerordentlicher Kündigung; Drohung ist aber nicht rechtswidrig, wenn verständiger Arbeitgeber diese Kündigung ernsthaft erwogen hätte (einerlei ob sie bei Gericht Bestand gehabt hätte), BAG BB **80**, 1213.

c) Rechtsfolgen: Das Anfechtungsrecht bleibt **neben** etwaigem Recht zur **120 außerordentlichen Kündigung** bestehen, also Wahlrecht, BAG NZA **91**, 719, stRspr. Es unterliegt nicht den Kündigungsschutzvorschriften (wichtig für Arbeitsverhältnisse, die besonderen Kündigungsbeschränkungen, zB MuSchG, SchwBG, unterliegen, s Rn 160–163). Offen ist, ob die dreiwöchige Klagefrist nach § 4 KSchG entspr gegenüber Anfechtung gilt, BAG BB **80**, 834. **Anfechtungsfrist** im Falle von §§ 119 II, 121 I BGB unverzüglich, aber spätestens zwei Wochen nach Kenntnis von Anfechtungsgrund (§ 626 II BGB entspr, s Rn 131–136), BAG BB **80**, 834; im Falle von § 123 BGB gilt Jahresfrist des § 124 BGB, § 626 II BGB ist nicht entspr anwendbar, ausnahmsweise ist aber Verwirkung möglich, BAG BB **84**, 534. Notwendige Erkundigungen, zB Einholung von Rechtsrat, nur mit gebotener Eile. Gegen Annäherung von Anfechtung und Kündigung Picker ZfA **81**, 1. Kein Nachschieben von Anfechtungsgründen nach Ablauf der Anfechtungsfrist, BAG BB **81**, 1156; anders bei außerordentlicher Kündigung, s Rn 133.

Geltendmachung der Nichtigkeit des in Vollzug gesetzten Arbeitsvertrages wirkt grundsätzlich **nur für die Zukunft.** In Vollzug gesetzt ist der Arbeitsvertrag idR mit Arbeitsaufnahme (aber nicht gegen Willen des Arbeitgebers, s Rn 156–157); auch schon mit Erscheinen am Arbeitsplatz und Entgegennahme von Informationsmaterial über die zu leistende Arbeit, BAG **AP** § 63 HGB Nr 32; uU auch bei Erkrankung. Das fehlerhafte Arbeitsverhältnis gilt **für die Vergangenheit** als **fehlerfrei** mit allen Rechten und Pflichten aus einem solchen. **Für die Zukunft** kann es jedoch durch formlose Erklärung ohne Kündigungsfrist, also **form- und fristlos beendet** werden, BAG NJW **62**, 555.

§ 59 121

Diese Beendigung ist nicht Kündigung, sondern Geltendmachung der Unwirksamkeit bzw der Anfechtung mit Wirkung ex nunc (entgegen § 142 BGB); nur ganz ausnahmsweise, wenn die Arbeitsleistung selbst sittenwidrig oder strafbar ist bzw gegen ein gesetzliches Verbot verstößt (s Rn 38), bleibt es bei der Wirkung ex tunc; nicht bei Striptease-Tänzerin, BAG BB 73, 291; nicht schon bei arglistiger Täuschung (§ 123 BGB), str, aber Rückwirkung auf Zeitpunkt der Außerfunktionssetzung des Arbeitsverhältnisses (für § 119 BGB offen), BAG NZA 84, 446, 85, 58, ausnahmsweise Rückwirkung auch bei Anfechtung nach Arbeitsunfähigkeit des AN, BAG NZA 99, 584.

121 C. **Kündigung** (§§ 622 ff BGB; bis 1969 §§ 66–72):

a) Die **Kündigungserklärung** ist eine **einseitige empfangsbedürftige Willenserklärung**; wenn unzweideutig, braucht das Wort „Kündigung" nicht vorzukommen. Der Kündigende muss **Vollmacht** haben; Kündigung durch Sachbearbeiter (nicht Leiter, Prokurist, BAG NZA 92, 449) der Personalabteilung kann nach § 174 BGB zurückgewiesen werden, wenn keine Vollmachtsurkunde vorgelegt wird, aber nur unverzüglich, BAG BB 79, 166, mehr als eine Woche nach Zugang grds verspätet, BAG NZA 12, 495. Keine Zurückweisung bei in Kenntnis setzen (§ 174 S 2 BGB) auch darüber, dass der Kündigende eine Stelle (Personalabteilung) tatsächlich innehat, BAG NZA 11, 685, 15, 159, möglich bleibt Beanstandung nach § 180 BGB, BAG NZA 16, 104. Die Kündigung ist schon vor Beginn des Arbeitsverhältnisses möglich, auch mit Wirkung schon vorher (für die ordentliche Kündigung je nach Vereinbarung), BAG NZA 86, 671, 04, 1089.

Für Beendigung des Arbeitsverhältnisses durch Kündigung oder Auflösungsvertrag und für Befristung besteht zwingend **Schriftformerfordernis** nach § 623 BGB idF ArbGBeschleunG 2000 (§ 126 BGB), früher nur ausnahmsweise, zB § 15 III BerBG; die elektronische Form (§ 126a BGB) ist ausgeschlossen (§ 623 letzter Halbs BGB), Richardi/Annuß NJW 00, 1231, auch Kündigung per Telefax reicht nicht aus, BAG NZA 16, 365. Schriftlicher Geschäftsführervertrag mit Arbeitnehmer (s auch Rn 26) wahrt iZw das Schriftformerfordernis, BAG NZA 07, 1095; ebenso gerichtlicher Vergleich, BAG NZA 07, 466. Das Schriftformerfordernis (Beweis- und Warnfunktion) umfasst den gesamten Auflösungsvertrag (samt Nebenabreden), aber nur die Kündigungserklärung bzw Befristungsabrede selbst. Unterzeichnung durch alle die Kündigung Erklärenden, bei Personengesellschaft ggf durch alle Gesellschafter BAG NZA 05, 865 (GbR). Formfrei bleiben weiterhin die Anfechtung, auch Abwicklungsvertrag nach Kündigung, BAG NZA 07, 466. Die vom Arbeitnehmer mit Einschränkungen angenommene Aufhebungsvertragsurkunde muss der Arbeitgeber erneut unterzeichnen (§§ 623, 150 II, 126 II BGB), BAG NZA 09, 161. Formmangel führt zur Unwirksamkeit, also fortbestehendes bzw unbefristetes Arbeitsverhältnis.

Zugang der schriftlichen Kündigung nach § 130 BGB; bei Frist an bestimmtem Tag nicht auch noch Briefkasteneinwurf spät abends, BAG BB 84, 855, aber bei entspr Mitteilung am späten Nachmittag, BAG NZA 15, 1187; Kündigungsschreiben muss selbst zugehen, Postnachricht über Einschreibebrief genügt nicht. Aushändigung an Zimmervermieter ist Zugang, BAG BB 76, 696, Moritz BB 77, 400, ebenso an in der Wohnung wohnenden Angehörigen, BAG NZA 93, 259, bei Ehegatten grds auch Übergabe außerhalb der gemeinsamen Wohnung, BAG NZA 11, 847. Zugang des Kündigungsschreibens unter Anwesenden, BAG NZA 05, 513. Zugang auch während des (dem Arbeitgeber bekannten) Urlaubs, BAG NZA 88, 875. Kündigung durch Einschreibebrief kann nach (5) § 309 Nr 13 BGB in AGB nicht wirksam vereinbart werden, Annuß BB 02, 463, Reinecke DB 02, 586; jedenfalls genügt iZw Zugang eines nicht eingeschriebenen Briefs, BAG BB 80, 369. Bei Vereitelung des Zugangs oder Nichtannahme ist Einwand des Nichtzugangs ausgeschlossen (§ 242 BGB), BAG NZA 06, 204, zB

Nichtmitteilung des Wohnungswechsels, auch zur treuwidrigen Zugangsverzögerung BAG NZA **15**, 1185. Im Übrigen ist kaum mehr Raum für Einwand von Treu und Glauben gegen Berufung auf Formmangel, auch nicht bei mündlichem Warnhinweis des Arbeitgebers, BAG NJW **05**, 844.

Frist für Kündigung: s ordentliche Kündigung Rn 123–127, außerordentliche (fristlose) Kündigung s Rn 128–138. Die Kündigung muss als einseitiges Rechtsgeschäft klar und bestimmt sein und ist aus deshalb grundsätzlich **bedingungsfeindlich** (Kündigung dann unwirksam), BAG NZA **01**, 1070; anders, wenn der Eintritt der Bedingung allein vom Gekündigten abhängt (Potestativbedingung), zB Änderungskündigung, BAG BB **68**, 1042. „Vorsorglich" ist nicht bedingt. Die Kündigung ist nach Zugang **unwiderruflich** (§ 130 I 2 BGB); einverständliche Aufhebung ist bis zum Ende des Arbeitsverhältnisses möglich, danach bleibt nur Neuabschluss. Sie ist wie jede Willenserklärung **anfechtbar**, aber zB nicht Eigenkündigung der Arbeitnehmerin wegen Unkenntnis ihrer Schwangerschaft, BAG NZA **92**, 790. **Teilkündigung** ist unzulässig, da auf einseitige Vertragsänderung gerichtet; anders bei Widerrufsvorbehalt, der aber nach § 315 BGB nur nach billigem Ermessen erfolgen kann und nicht Kündigungsschutz umgehen darf, oder bei mehreren Teilverträgen, BAG NZA **91**, 377. Teilkündigung einer arbeitsvertraglich geschuldeten Sonderaufgabe (Datenschutzbeauftragter) ist möglich, BAG NZA **07**, 563.

<u>Änderungskündigung</u> ist idR ordentliche Kündigung mit Angebot der Weiterbeschäftigung zu geänderten Bedingungen, ausnahmsweise auch außerordentliche Kündigung. Sie kann Kündigung mit zulässiger (Potestativ-)Bedingung oder unbedingte Kündigung mit Angebot zu neuem Vertragsschluss sein. Sie geht dem Wegfall der Geschäftsgrundlage vor (s Rn 65) und unterliegt den allgemeinen Kündigungsvorschriften, auch betr Kündigungsschutz (§ 2 KSchG, s Rn 151–163), geringere Anforderungen an Änderungskündigung von Nebenleistungen. Annahme nach Änderungskündigung unterliegt nicht der Dreiwochenfrist des KSchG, BAG NZA **07**, 925. Lit: Annuß/Bartz NJW **06**, 2153, Reiserer/Powietzka BB **06**, 1109.

Angabe von Gründen ist nicht Wirksamkeitsvoraussetzung der Kündigung, BAG **7**, 304, BB **73**, 1396; anders wenn in TV vereinbart, dann ist Kündigung ohne Begründung nichtig, LAG Brem **AP** § 125 BGB Nr. 1, im Zweifel auch bei privatschriftlicher Vereinbarung, BAG NZA **13**, 900. Sonst ist Begründung nur nachträglich auf Verlangen des Arbeitnehmers nötig (§ 1 III 1 KSchG für die ordentliche, § 626 II 3 BGB für die außerordentliche Kündigung). Nachschieben von Kündigungsgründen s Rn 133. Die **Beweislast** für die Kündigungsgründe liegt bei dem Kündigenden, so für die ordentliche Kündigung durch den Arbeitgeber § 1 II 4 KSchG.

Ausschluss der ordentlichen Kündigung bei Ausbildungsverhältnissen nach Ablauf der Probezeit, § 23 BBiG. Weiter kann individualvertraglich oder im Tarifvertrag die ordentliche Kündigung ausgeschlossen werden, dann aber außerordentliche Kündigung mit Auslauffrist, BAG NZA **85**, 559, als milderes Mittel eine außerordentliche Änderungskündigung, BAG NZA **09**, 481, grundsätzlich ist Weiterbeschäftigung zu vergleichbaren und geänderten Bedingungen anzubieten, BAG NZA **09**, 679, 954. Zustimmungserfordernis des Betriebsrats kann durch Betriebsvereinbarung (§ 102 VI BetrVG) oder Tarifvertrag vorgesehen werden, nicht aber einzelvertraglich, BAG NZA **09**, 915.

b) Anhörung des Betriebsrats ist **vor jeder Kündigung** (auch fristloser, **122** auch Änderungskündigung, auch in Probezeit, BAG **09**, 959) zwingend erforderlich; Anhörung bedeutet, dass der Arbeitgeber dem Betriebsrat zuvor die wesentlichen Gründe (nicht nur pauschal, aber auch nicht so substantiiert wie im Kündigungsschutzprozess) mitgeteilt haben muss, BAG BB **81**, 1095, NZA **95**, 363, **96**, 419, **00**, 761. Zwei Verfahrensschritte: Einleitung durch Arbeitgeber,

§ 59 122   1. Buch. Handelsstand

Beschlussfassung des Betriebsrats, Konsequenzen für Fehler und ihre Folgen, BAG NZA 03, 927. Eine **ohne Anhörung ausgesprochene Kündigung** ist **unwirksam (§ 102 I 3 BetrVG).** Fehlerhafte Anhörung steht der unterlassenen Anhörung gleich, BAG NZA 00, 761, Kündigung ist unwirksam, soweit Fehler im Verantwortungsbereich des Arbeitgebers, BAG NZA 04, 1330, etwa wenn ArbG obj unzutreffend informiert und dies subj für möglich hält, BAG NZA 16, 99. Bei leitenden Angestellten besteht nur Mitteilungspflicht ohne Auswirkung auf die Kündigung (§ 105 BetrVG), BAG BB 76, 743, zur vorsorglichen Anhörung bei Zweifeln, ob Angestellter leitend ist, BAG BB 80, 628, gegebenenfalls Anhörung des Sprecherausschusses, § 31 SprAuG. § 102 I BetrVG gilt ohne Erleichterung bei Kündigung vor Beginn des Kündigungsschutzes, BAG BB 79, 322, 323, 1094, NZA 89, 852; auch während Streik bei nicht arbeitskampfbedingter Kündigung, BAG BB 79, 1142; auch in Eilfällen, zB bei Betriebsstilllegung, BAG NJW 77, 2182; auch für ausländische Arbeitnehmer mit ausländischem Arbeitsvertragsstatut, BAG NJW 78, 1124. Anhörung nur des Betriebsratsvorsitzenden reicht nicht aus. Mündliche Anhörung genügt. Anhörung zu beabsichtigter ordentlicher Kündigung deckt nicht außerordentliche, BAG NJW 76, 2367; umgekehrt ist, wenn außerordentliche Kündigung auch als ordentliche gelten soll, deutlicher Hinweis an Betriebsrat notwendig, sonst ist nochmals anzuhören, BAG BB 79, 371; ebenso bei Änderungs-/Beendigungskündigung, BAG NZA 90, 592.

Bei **wiederholter Kündigung** aus demselben Grund ist grundsätzlich erneut anzuhören, BAG NZA 08, 807. Heilung der unzureichenden Anhörung nur, wenn der Betriebsrat ausdrücklich und vorbehaltlos zustimmt, nicht schon wenn er „abschließend" Stellung nimmt, BAG BB 79, 1094. Abschließende Bildung des Kündigungswillens schon vor Anhörung ist auf die im Übrigen ordnungsgemäße Anhörung ohne Einfluss, BAG BB 79, 1094. Erläuterung (Substantiierung und Konkretisierung) der mitgeteilten Kündigungsgründe im Prozess ist zulässig, dagegen **nicht Nachschieben** (vgl Rn 133) von Gründen, die vor Kündigung entstanden, dem Arbeitgeber bekannt und dem Betriebsrat nicht mitgeteilt waren, BAG NZA 81, 1895, NZA 86, 674, 92, 38; auch nicht Nachschieben des bloßen Verdachts nach Kündigung wegen Straftat, BAG NZA 86, 677; auch nicht, wenn Betriebsrat schon ohne diese Gründe zugestimmt oder Arbeitgeber sie ihm nachträglich mitgeteilt (und ihn angehört) hat, BAG BB 81, 2008. Unzulässiges Nachschieben macht nicht als solches die Kündigung unwirksam, erweitert aber den Prozessstoff nicht, BAG NJW 81, 2772. Bei Kündigung dem ArbG noch nicht bekannte Gründe können uneingeschränkt nachgeschoben werden, BAG NZA 08, 636.

Der **Betriebsrat** muss bei ordentlicher Kündigung innerhalb einer **Frist** von einer Woche, bei außerordentlicher innerhalb von drei Tagen schriftlich und mit einem Mindestmaß an **Begründung,** auf welchem Arbeitsplatz der zu Kündigende eingesetzt werden kann, BAG NZA 99, 1154, widersprechen, **sonst** gilt sein Schweigen **als Zustimmung** (§ 102 II BetrVG). Kündigungsschreiben darf vor Ablauf dieser Frist nur abgesandt werden, wenn abschließende Äußerung des Betriebsrats vorliegt, BAG BB 76, 694. **Widerspruch des Betriebsrats** ist fristgerecht **gegen die ordentliche Kündigung** möglich, wenn bei der Auswahl des zu Kündigenden soziale Gesichtspunkte nicht oder nicht ausreichend berücksichtigt sind (aber nicht, wenn er Sozialwidrigkeit wegen Fehlens personen- oder verhaltensbedingter Gründe oder betrieblicher Erfordernisse nach § 1 II 1 KSchG für gegeben ansieht), wenn Kündigungsrichtlinien nach § 95 BetrVG verletzt sind oder wenn Versetzung des Arbeitnehmers, uU nach zumutbaren Umschulungs- oder Fortbildungsmaßnahmen oder unter geänderten Bedingungen, möglich ist (§ 102 III Nr 1–5 BetrVG). Der Widerspruch hat **zwei** wichtige **Wirkungen:** zum einen kann der Arbeitnehmer im Kündigungsschutzprozess **Sozialwidrigkeit der Kündigung** aus diesen Gründen (zusätzlich zu den sonstigen

Tatbeständen) geltend machen (§ 1 II 2, 3 KSchG, s Rn 153), zum andern hat er dann **Anspruch auf Weiterbeschäftigung** bis zum rechtskräftigen Abschluss des Rechtsstreits (§ 102 V BetrVG, s Rn 157). **Weitergehend kann Zustimmungserfordernis** für alle Kündigungen, auch außerordentliche (hL), vereinbart werden (§ 102 VI BetrVG), auch durch Tarifvertrag, BAG NZA **88**, 699, **01**, 271, explizit zur außerordentlichen Kündigung LAG Dü BB **96**, 1277; Zustimmungserfordernis bei Kündigung von Betriebsratsmitgliedern ua nach § 103 I BetrVG s Rn 160. Kündigung ohne vorherige Zustimmung ist nichtig; die Zustimmung des Betriebsrats kann aber durch das Arbeitsgericht ersetzt werden (s Rn 160).

c) **Ordentliche Kündigung** bei Arbeitnehmern (Angestellten und Arbeitern) ist grundsätzlich nur mit **Frist von vier Wochen zum 15. oder zum Ende eines Kalendermonats** möglich (auf Grund von BVerfG NZA **90**, 721 § 622 I idF KündFG 7.10.93 BGBl 1668, dazu Hromadka BB **93**, 2372), Kündigungstermin gilt auch bei längerer als gesetzlicher Kündigungsfrist, BAG NZA **09**, 29; gestaffelte längere gesetzliche Kündigungsfrist für Arbeitgeber bei Vertragsbestand von ab zwei, fünf usw Jahren (§ 622 II BGB, Staffelung zulässig, BAG NZA **14**, 1400), es gelten entgegen Wortlaut des § 622 II 2 BGB auch Zeiten vor dem 25. Lebensjahr, EuGH NZA **10**, 85 (Kücükdevici) m Anm Bauer/von Medem ZIP **10**, 449, Franzen RIW **10**, 577, BAG NZA **11**, 343, auch bei entsprechender Regelung in einem Tarifvertrag, BAG NZA **12**, 754; Probezeit § 622 III BGB (s Rn 125). Verspätete Kündigung wirkt, falls so gewollt, zum nächstmöglichen Termin, sonst ist sie unwirksam; Kündigung zum „nächstzulässigen" Termin ist möglich, wenn der Arbeitnehmer diesen kennt oder ohne weiteres bestimmen kann, BAG NZA **15**, 162 bzw der Arbeitgeber fristlos und nur hilfsweise ordentlich kündigt, BAG NZA **16**, 487. Umdeutung gem § 140 BGB nach dem 5. Senat des BAG nur, wenn innerhalb drei Wochen Kündigungsschutzklage erhoben wurde, sonst wirksam, §§ 4, 7 KSchG, BAG NZA **10**, 1409, mit dem 2. Senat ist aber grundsätzlich davon auszugehen, dass ein Arbeitgeber die Kündigungserklärung auch zu einem späteren Zeitpunkt gegen sich gelten lassen will und § 4 KSchG deshalb nicht eingreift, BAG NZA **06**, 1406, der Arbeitnehmer also auch noch nach Ablauf der Dreiwochenfrist Klage erheben kann, Eisemann NZA **11**, 601. Kündigung wirkt sofort, wenn sie (auch stillschweigend) angenommen wird. Geltendmachen des Zeugnisanspruchs ist noch keine Einverständniserklärung, BAG **9**, 330, ebenso wenig Anforderung der Arbeitspapiere oder Annahme anderer Stellung; Arbeitnehmer hat nach KSchG drei Wochen Überlegungsfrist zur Erhebung einer Klage. Kündigung **zur Unzeit** (vgl §§ 627 II, 671 II, 723 II BGB) macht schadensersatzpflichtig, unwirksam ist sie aber nur unter besonderen, zusätzlichen Umständen (Treuwidrigkeit), BAG NZA **01**, 820, sonst wird Sechsmonatsfrist des § 1 KSchG unterlaufen.

Anderweitige Vereinbarungen über Kündigungsfristen (uU ergänzende Vertragsauslegung, BAG BB **80**, 580) sind in Grenzen **zulässig**. Abweichung durch Tarifvertrag und Bezugnahme darauf durch nicht Tarifgebundene (Tarifvertragsdispositivität) ist zulässig (§ 622 IV BGB), auch einheitliche Regelung ohne Berücksichtigung der Betriebszugehörigkeit, BAG NZA **08**, 960. Einzelvertragliche Abkürzung der Frist nach § 622 I BGB nur nach § 622 V 1 BGB (vorübergehende Aushilfe; Kleinbetrieb bis 20 Arbeitnehmer). Einzelvertragliche Verlängerung der Fristen nach I–III bleibt davon unberührt (§ 622 V 2 BGB), auch durch Formulararbeitsvertrag, BAG NZA **09**, 1337, ist aber nicht unbegrenzt zulässig, Gaul BB **80**, 1542 (aber bis zwölf Monate, zumindest bei oberen Führungskräften). Beschränkung des Kündigungstermins auf einen im Kalenderjahr möglich (Schule) und durch Vertragsstrafe sicherbar, diese darf aber nicht zur Übersicherung des Arbeitgebers führen (BAG NZA **09**, 370, Klauselkontrolle) Kündigung auch schon **vor Dienstantritt,** Fristbeginn mit Zugang der Kündi-

§ 59   125–128

gung, so iZw, oder erst mit Beginn des Arbeitsverhältnisses, je nach Vereinbarung, BAG NZA **86**, 671, **04**, 1089. **Kündigungsbeschränkungen** für Arbeitnehmer durch Bindungs- und Rückzahlungsklauseln s Rn 67. **Gleichheit der Kündigungsfrist** ist nicht mehr vorgeschrieben, doch darf die Frist für eine Kündigung durch den Arbeitnehmer nicht länger sein als für die durch den Arbeitgeber (§ 622 VI BGB), Rechtsfolge § 89 II analog, BAG NZA **05**, 1176, AGG s Rn 10.

125   Im **Probearbeitsverhältnis** (für längstens sechs Monate zwingend ohne Angemessenheitsprüfung, BAG NZA **08**, 251) gilt bei Angestellten (ebenso wie bei Arbeitern, s Rn 123) Mindestkündigungsfrist von zwei Wochen (§ 622 III BGB). Zweck ist umfassende Prüfung, nicht nur auf die in Aussicht genommene Tätigkeit, BAG NZA **08**, 251. Probearbeitsverhältnis kommt in der Praxis in drei Formen vor: als befristetes Arbeitsverhältnis (s Rn 112, 113, dann auch über sechs Monate, BAG NZA **10**, 1293), als Arbeitsverhältnis von unbestimmter Dauer ohne ordentliche Kündigungsmöglichkeit während der Probezeit und als Arbeitsverhältnis von unbestimmter Dauer mit erleichterter, kürzest möglicher ordentlicher Kündigung; iZw letzteres BAG NJW **71**, 2190. Probearbeitszeitabrede ist auch in befristeten Arbeitsverhältnissen möglich, BAG NZA **02**, 288, aber Prüfung ob überraschende Klausel, BAG NZA **08**, 876. Lit: Preis/Kliemt/Ulrich, 2. Aufl 2003, M. Blomeyer NJW **08**, 2812.

126   In der **Insolvenz des Arbeitgebers** gilt für die Kündigung beider Teile die Sonderregelung des § 113 InsO. Sie können danach ohne Rücksicht auf eine vereinbarte Vertragsdauer oder einen vereinbarten Ausschluss des Rechts zur ordentlichen Kündigung kündigen, und zwar mit einer Frist von drei Monaten zum Monatsende, wenn nicht für das Arbeitsverhältnis außerhalb der Insolvenz eine kürzere Frist maßgeblich ist (§ 113 I 1, 2 InsO). Schadensersatzanspruch des Arbeitnehmers wegen vorzeitiger Beendigung des Arbeitsverhältnisses (§ 113 I 3 InsO). Klage innerhalb von drei Wochen nach § 113 II InsO. Dreimonatsfrist gilt auch bei längerer Befristung des Arbeitsverhältnisses, BAG NZA **01**, 23.

127   Bei verhaltensbedingter Kündigung ist grundsätzlich, bei vertrauensstörungsbedingter Kündigung uU ebenfalls zuvor **Abmahnung** (s Rn 49, 130) mit Hinweis auf Gefährdung des Arbeitsverhältnisses im Wiederholungsfall nötig, BAG NJW **81**, 2319, NZA **91**, 557 (wiederholtes Fehlen), NZA **06**, 917, 980, NZA **13**, 322 (mobiles Telefonieren im Operationssaal). In einer unwirksamen Kündigung liegt eine Abmahnung, kündigungsrechtliche Wirkung der Abmahnung auch bei formellem Fehler, BAG NZA **09**, 894 (keine Anhörung vor Abmahnung). Bei verhaltensbedingter Kündigung gilt das Prognoseprinzip (die vergangene Pflichtverletzung muss sich auch noch in der Zukunft belastend auswirken), denn Kündigungszweck ist Vermeidung weiterer Pflichtverletzungen, BAG NZA **08**, 1415. Abmahnung bedeutet insoweit Kündigungsverzicht (s Rn 49); abgemahnte Gründe können spätere Kündigung nicht allein tragen, sondern nur unterstützen, BAG NZA **89**, 633. Abmahnung wird durch Zeitablauf (je nach Einzelfall) wirkungslos, BAG NZA **87**, 418. Mangelnder Widerspruch gegen Abmahnung führt nicht zu Verwirkung, BAG BB **87**, 1741. Neuerliche Pflichtverletzung nach Abmahnung führt bei innerem Zusammenhang zu negativer Prognose, BAG NZA **08**, 589. Nach BAG bedarf es keiner Abmahnung, wenn das KSchG nicht eingreift, BAG NZA **09**, 1260 (Kleinbetriebe, fraglich). Lit: Becker-Schaffner DB **85**, 650, Wetzling/Habel BB **11**, 1077, Schiefer DB **13**, 1785.

128   d) Die **außerordentliche Kündigung** (§ 626 BGB) ist idR fristlose Kündigung; sie kann aber auch mit der vertragsgemäßen Frist oder mit einer anderen dem Interesse des Arbeitnehmers entsprechenden Frist ausgesprochen werden, BAG **1**, 185. § 626 BGB gilt auch für die außerordentliche befristete Kündigung, BAG DB **73**, 627. Es muss zweifelsfrei (ausdrücklich oder sonst aus der Erklärung

6. Abschnitt. Handlungsgehilfen und -lehrlinge 129, 130 § 59

selbst, zB aus der Begründung) erkennbar sein, dass es sich um eine außerordentliche Kündigung handelt, BAG BB **83**, 964. In besonderen Fällen muss der Arbeitgeber, falls ihm das zuzumuten ist, Frist gewähren, insbesondere bei außerordentlicher Kündigung wegen Ausschluss ordentlicher (betriebsbedingter) Kündigungen, BAG NZA **85**, 559, **14**, 139. Fristgewährung hindert nicht Ausspruch einer fristlosen Kündigung, wenn Gründe nachträglich bekannt werden oder eintreten.

Voraussetzungen: Erforderlich sind: (1) Vorliegen eines wichtigen Grunds 129 (zweistufige Prüfung), (2) Kündigungserklärung innerhalb der Erklärungsfrist, ferner Anhörung des Betriebsrats (s Rn 122). (1) **Wichtiger Grund** zur außerordentlichen Kündigung ist ein Grund, der es dem Kündigenden unter Abwägung aller Umstände des Einzelfalls und der Interessen beider Seiten unzumutbar macht, das Arbeitsverhältnis bis zum Ablauf der Kündigungsfrist oder bis zum vereinbarten Ende des Arbeitsverhältnisses fortzusetzen (**§ 626 I BGB**, Sondervorschrift zu § 314 BGB, für § 314 II BGB Abmahnung str, aber iErg gleich); Beispiele s Rn 139–147. Dabei ist weitergehend zwischen Tatsachen, die einen wichtigen Grund abgeben (Prüfung auf der ersten Stufe), und Unzumutbarkeit unter Berücksichtigung aller Umstände des Einzelfalls und nach Interessenabwägung (Prüfung auf der zweiten Stufe) zu unterscheiden, vgl BAG NZA **00**, 421, **06**, 2940. Der wichtige Grund braucht nicht verschuldet zu sein, etwa bei betriebsbedingter Kündigung (Wegfall der Beschäftigungsmöglichkeit bei ausgeschlossener ordentlicher Kündigung, BAG NZA **13**, 730, grds auch bei Wegfall durch Fremdvergabe von Tätigkeiten, BAG NZA **14**, 141), stRspr; aber auch bei verhaltensbedingter Kündigung kann ausnahmsweise schuldlose Pflichtverletzung ausreichen, BAG NZA **99**, 863, str. Abzuwägen sind ua Art des Arbeitsverhältnisses (besonderes Vertrauensverhältnis, wichtige oder untergeordnete Dienste), Dauer des Arbeitsverhältnisses, persönliche Verhältnisse des Arbeitnehmers, wirtschaftlicher Stand des Unternehmens, früheres Verhalten beider Teile, Dauer des Arbeitsverhältnisses, BAG NZA **11**, 1412. Die Gründe können auch vor Beginn des Arbeitsverhältnisses liegen. Die Aufklärung des wichtigen Grunds ist Sache des Gerichts, der Arbeitgeber braucht nicht vor Kündigung selbst zu ermitteln (Ausnahme: Verdachtskündigung, s Rn 145), BAG NZA **98**, 95, **00**, 418. Ob ein Sachverhalt generell geeignet ist, eine außerordentliche Kündigung zu rechtfertigen, ist reversible Rechtsfrage, die Würdigung der Besonderheiten des Einzelfalls dagegen nichtreversible Tatfrage.

Abmahnung (s Rn 49, 127) vor Ausspruch der fristlosen Kündigung ist 130 grundsätzlich notwendig, das folgt aus Rspr zu § 626 BGB; § 314 II BGB wird verdrängt (s Rn 129), ist aber gesetzgeberische Bestätigung des durch die Abmahnung verwirklichten Verhältnismäßigkeitsprinzips, BAG NZA **06**, 917, 980, **08**, 1415. Abmahnung ist ohne weiteres notwendig, wenn der Grund ausschließlich in Störung im Verhaltensbereich besteht (Prognoseprinzip; s Rn 127), aber **auch** bei Störung **im Vertrauensbereich,** sofern das Verhalten des Arbeitnehmers steuerbar und Wiederherstellung des Vertrauens erwartbar ist, BAG NZA **97**, 1281 (Alkoholmissbrauch), **00**, 421; letzteres zB bei vertretbarer Annahme, das Verhalten sei nicht vertragswidrig oder werde vom Arbeitgeber nicht als erhebliches, den Bestand des Arbeitsverhältnisses gefährdendes Fehlverhalten angesehen, auch beim Diebstahl bzw. Unterschlagung geringwertiger Sachen, jedenfalls wenn langjähriger Aufbau von Vertrauen, BAG NZA **10**, 1227 („Emmely"), str. Abmahnung ist dagegen **unnötig** bei **besonders schweren Verstößen,** deren Rechtswidrigkeit dem Arbeitnehmer ohne weiteres erkennbar ist und die der Arbeitgeber offensichtlich nicht hinnehmen wird, denn dann ist Wiederherstellung des Vertrauens nicht erwartbar, BAG NZA **00**, 421, **06**, 917 (Hinnahme des Verhaltens offensichtlich ausgeschlossen), zB Verstoß gegen Wettbewerbsverbot (§ 60), BAG NZA **91**, 141, bei Tätlichkeiten unter Arbeitskollegen, BAG NZA **94**, 409, **06**, 431, bei systematischer Falschangabe von Arbeitszeiten, BAG

NZA **11**, 1027 (acht Tage hintereinander mindestens 13 Minuten), Unterschlagung von zur Obhut anvertrauten Sachen, obschon von geringem Wert, BAG NZA **00**, 421 (ICE-Steward), **04**, 486, anders ggf bei langjähriger beanstandungsfreier Tätigkeit, BAG NZA **10**, 1227 (30 Jahre, Pfandbons, Fall „Emmely"), Anm Stoffels NJW **11**, 118. Ohne zumutbare Abmahnung fehlt es am wichtigen Grund, zulässig ist auch eine Verdachtsabmahnung, Ritter NZA **12**, 19.

131 (2) Die **Kündigungserklärung** (Schriftform s Rn 121) muss bei allen außerordentlichen Kündigungen **innerhalb von zwei Wochen** nach dem Zeitpunkt erfolgen, in dem der Kündigungsberechtigte von den für die Kündigung maßgeblichen Tatsachen sichere und möglichst vollständige positive Kenntnis erlangt hat (§ **626 II BGB,** strenger als § 314 III BGB), BGH NZA **89**, 105, **08**, 1415, RsprÜbersicht Becker-Schaffner DB **87**, 2147. § 626 II BGB ist ein gesetzlich konkretisierter Verwirkungstatbestand, BAG NZA **08**, 1415. Das gilt auch bei Verdachtskündigung, BAG NZA **94**, 171, Überprüfungszeitraum je nach den Umständen bis 2 Monate, BAG NZA **07**, 744, auch bei vertraglichem Ausschluss ordentlicher Kündigung, BAG BB **76**, 793; trotz der Notwendigkeit vorheriger Zustimmung auch bei Kündigung von Betriebsratsmitgliedern ua nach § 15 KSchG, BAG BB **78**, 43. **Fristbeginn** bei Dauerstörung nicht mit deren Beginn, sondern Ende, BAG NZA **02**, 325 (Gehaltsrückstand des ArbG). Für Fristbeginn ist zuverlässige und möglichst vollständige positive Kenntnis des Kündigungsberechtigten von den für die Kündigung maßgeblichen Tatsachen erforderlich, BAG NZA **08**, 1415; Kennenmüssen (selbst grob fahrlässige Unkenntnis) genügt nicht. Organisationsfehler bei Kenntnisübermittlung gehen zu Lasten des Arbeitgebers, BAG BB **78**, 499. Frist beginnt bei strafbarer Handlung nicht unbedingt mit Kenntnis von ihr, sondern je nach Umständen nach Abschluss eigener Ermittlungen des Arbeitgebers, statt dieser kann er den Ausgang des Strafverfahrens abwarten, BAG NZA **94**, 141, **00**, 381. Eigene Ermittlungen, zB bei tätlicher Auseinandersetzung, hemmen nur, soweit mit gebotener Eile durchgeführt, BAG NZA **94**, 409. Die Frist beginnt bei eigenmächtigem Urlaub erst mit Rückkehr, BAG BB **83**, 1922. Anhörung nach § 102 BetrVG und Zustimmungserfordernis nach § 103 BetrVG hemmen Zweiwochenfrist nicht, BAG BB **78**, 43. **Fristwahrung** nur durch Zugang der Kündigung, BAG BB **78**, 1064; der Arbeitgeber ist für Zeitpunkt der Kenntniserlangung beweispflichtig, BAG BB **73**, 385.

132 **Fristversäumnis** macht Kündigung unwirksam. Wiedereinsetzung in den vorigen Stand ist nicht möglich. Fristversäumnis kann nur innerhalb der Dreiwochenfrist geltend gemacht werden (§§ 13 I 2 iVm § 4 I, 5–7 KSchG). Frist kann weder durch Vereinbarung noch durch TV verlängert oder ausgeschlossen werden, BAG BB **78**, 1166.

133 **Nachschieben** von neuen **vor** der Kündigung entstandenen Gründen ist auch ohne Zusammenhang mit den alten Gründen und nach Ablauf der Frist des § 626 II BGB möglich, wenn der Kündigende sie nicht kannte, BAG NZA **86**, 674, **08**, 636, auch wenn er sie nicht länger als zwei Wochen vor der Kündigung kannte, BAG BB **73**, 1396, auch wenn er sie länger als zwei Wochen vor Nachschieben kannte (§ 626 II BGB erfasst nur Kündigungserklärung, nicht Nachschieben von Gründen), BAG NZA **97**, 1158. Nachschieben von **nach** der Kündigung entstandenen Gründen ist unzulässig, es bleibt nur neue Kündigung, die aber konkludent im Nachschieben liegen kann. Kein Nachschieben von Gründen, zu denen der Betriebsrat (NZA **00**, 761) oder Sprecherausschuss (BAG NZA **02**, 1280) nicht gehört wurde, s Rn 122. Anwendung dieser Grundsätze auf die Verdachtskündigung (s Rn 145), BAG NZA **95**, 269, **96**, 81.

134 **Umdeutung** einer unwirksamen außerordentlichen in eine ordentliche Kündigung ist möglich (§ 140 BGB), stRspr, BAG NZA **88**, 129, **10**, 1348; umgekehrt, unwirksame ordentliche in (befristete) außerordentliche, nur unter besonderen Umständen, BAG DB **75**, 214.

6. Abschnitt. Handlungsgehilfen und -lehrlinge 135–139 § 59

§ 626 I, II ist **nicht abdingbar,** also keine Erweiterung über § 626 BGB **135** hinaus, BAG BB **74**, 463, **80**, 579; auch nicht durch TV oder Betriebsvereinbarung, auch nicht mittelbar durch Vertragsstrafe oder Gehaltsfortzahlung; nach BAG BB **63**, 1298 soll aber zumutbare Beschränkung des Kündigungsrechts des Arbeitgebers (aber nicht des Arbeitnehmers) wirksam sein. Auch Fixierung, was wichtiger Grund sein oder nicht sein soll, kann Arbeitsgericht nicht binden; str, zT wird zwischen zulässiger Konkretisierung des wichtigen Grundes und unzulässiger Einschränkung und Erweiterung unterschieden. Der Vertrag kann das Recht zur fristlosen Kündigung dem Arbeitgeber persönlich vorbehalten, bei dessen Verhinderung einem Vertreter, BAG BB **76**, 228. Betriebsvereinbarung über Erfordernis der Zustimmung des Betriebsrats auch zur außerordentlichen Kündigung ist zulässig (s Rn 122).

Rechtsfolgen: Die fristlose Kündigung beendet das Arbeitsverhältnis mit **136** Zugang. Der wirksam gekündigte Arbeitnehmer behält **Entgeltanspruch** bis zum Wirksamwerden der Kündigung (**§ 628 I 1 BGB;** uU darüber hinaus nach § 8 EFZG). **Angabe des Grundes** ist nicht Wirksamkeitserfordernis; Ausnahmen nach § 22 III BBiG, ArbG Essen NZA-RR **06**, 246, oder bei entspr Vereinbarung (§ 125 S 2 BGB); sonst nur nachträgliche Mitteilungspflicht auf Verlangen nach § 626 II 3 BGB und bei Verletzung Schadensersatz, kein Unwirksamwerden der Kündigung, BAG BB **73**, 481. Kündigt der Arbeitnehmer ohne vertragswidriges Verhalten des Arbeitgebers oder veranlasst er durch vertragswidriges Verhalten dessen Kündigung, entfällt Vergütungsanspruch, soweit die bisherigen Leistungen infolge der Kündigung für den Arbeitgeber kein Interesse haben (§ 628 I 2 BGB, Rückzahlung § 628 I 3 BGB).

Wer durch sein vertragswidriges Verhalten die fristlose Kündigung des anderen **137** Teils veranlasst, hat **Schadensersatz** zu leisten **(§ 628 II BGB),** BAG BB **71**, 270, aber nur bei Einhaltung der Frist nach § 626 II 1 BGB, BAG NZA **90**, 106, **02**, 325. Das gilt entspr auch für andere Fälle des Auflösungsverschuldens; zB bei eigener unberechtigter fristloser Kündigung; auch bei schuldhaft herbeigeführtem Aufhebungsvertrag, BAG BB **71**, 1197. Umfang der Schadensersatzpflicht nach §§ 249, 252 BGB (Erfüllungsinteresse, entgangener Gewinn), zeitlich begrenzt (nicht über arbeitsvertragliche Kündigungsfrist hinaus), BGH BB **81**, 1898, sowie Entschädigung entspr §§ 9, 10 KSchG, BAG NZA **02**, 325. Schadensersatzanspruch des Arbeitnehmers besteht im Arbeitsentgelt zuzüglich Aufwendungen für Erlangung anderer Stellen. Schadensersatzanspruch des Arbeitgebers geht auf Kosten für Ersatzkraft unter Abzug des ersparten Entgelts; Ersatz für Verlust des Konkurrenzschutzes (§ 60, aber nur wenn zulässig, §§ 74 ff), BAG BB **75**, 1112. Anspruch des Arbeitgebers auf Inseratskosten ist gegenüber früherer Rspr stark begrenzt; er besteht nur, wenn sie bei hypothetischer fristgerechter Kündigung vermeidbar gewesen wären; der Arbeitgeber kann sich nicht darauf berufen, er hätte den Arbeitnehmer uU umstimmen können, wenn dieser die Arbeit vertragsgemäß wenigstens angetreten hätte, BAG BB **81**, 1898, NZA **84**, 122, Berkowsky DB **82**, 1772. Besonderheiten beim Schulungsvertrag s BAG BB **81**, 1217. Hätte auch die andere Seite wegen schuldhafter Vertragsverletzung kündigen können, besteht kein Ersatzanspruch, BAG BB **66**, 1025. Zum Verhältnis Schadensersatz und Kündigungsabfindung BAG BB **73**, 984.

Mitwirkendes Verschulden des Geschädigten ist nach § 254 BGB zu be- **138** rücksichtigen; zB fahrlässig (nicht nur böswillig wie in § 615 S 2 BGB) unterlassener Erwerb. § 628 I, II BGB sind **abdingbar.**

e) Wichtige Gründe für Kündigung des Arbeitgebers: zB (1) **Verletzung** **139** **der Arbeitspflicht** (Hauptpflicht s Rn 44–47): idR nur bei beharrlicher und vorsätzlicher **Arbeitsverweigerung;** so vor allem nach Abmahnung und als ultima ratio, BAG NZA **97**, 487, **01**, 893, **14**, 533, stRspr. Genau zu prüfen ist aber, ob die Arbeitsverweigerung **unberechtigt** ist, BAG NZA **96**, 1085; zB

§ 59 140 1. Buch. Handelsstand

keine Kündigung bei Verweigerung unzulässiger Mehrarbeit, BAG BB **58**, 558; bei Arbeitsniederlegung eines leitenden Angestellten wegen diskriminierender Beschränkung seines Arbeitsbereichs, BAG BB **67**, 715, oder bei Teilnahme an rechtmäßigem Streik (s Rn 46). Guter Glaube, zur Arbeit nicht verpflichtet zu sein, schützt nur bei unverschuldetem Irrtum, BAG BB **58**, 558, nach BAG NZA **16**, 417 trägt der ArbN das Risiko einer unzutreffenden Berufung auf Leistungsverweigerungs- oder Zurückbehaltungsrecht, das gilt nach BAG NZA **16**, 1144 auch, wenn sich ArbN nach Obsiegen im KündSchutzprozess auf nicht hinreichend konkrete Arbeitsaufforderung beruft. Teilnahme an einem wilden Streik ist wichtiger Grund, BAG BB **70**, 126, **78**, 1115, str, jedenfalls nach Abmahnung, doch sind Grad der Beteiligung und Erkennbarkeit der Rechtswidrigkeit zu berücksichtigen, BAG BB **78**, 1115. Wichtiger Grund ist unbefugtes selbstherrliches Verlassen des Arbeitsplatzes („mir-kann-keiner"-Standpunkt), LAG Hamm BB **73**, 141; eigenmächtiger Urlaubsantritt, BAG NZA **94**, 548 (anders bei Pflicht zur Urlaubsgewährung), LAG Düss DB **71**, 2319; Erlangung einer Krankschreibung mit unredlichen Mitteln, LAG Düss-Kln BB **81**, 1219, Erschütterung von Arbeitsunfähigkeitsbescheinigungen ist möglich, LAG Hamm NJW-Sp **04**, 131; Androhung künftiger Erkrankung s Rn 140.

Mangelhafte Dienstleistung idR nur bei bewusster Zurückhaltung der Arbeitskraft, BAG BB **70**, 1481; nicht ohne weiteres häufige Unpünktlichkeit, BAG NZA **89**, 261. Umfangreiche Privatnutzung von Internet am Arbeitsplatz trotz Verbot (s Rn 48), bei Pornographie Gefahr der Rufschädigung, BAG NZA **06**, 98, 977m Anm Mengel NJW **06**, 2939, bei Änderbarkeit des Verhaltens aber Notwendigkeit der Abmahnung, BAG NZA **13**, 29. **Trunkenheit** am Arbeitsplatz nach Abmahnung, LAG Mannh BB **54**, 562, aber Alkoholismus ist Krankheit BAG NJW **83**, 2659, NZA **00**, 141, betriebliches Eingliederungsmanagement entbehrlich, wenn kein positives Ergebnis denkbar, BAG NZA **14**, 605. Verstoß gegen Rauchverbot bei hoher Brandgefahr und wiederholter Abmahnung, BAG NZA **13**, 425; Führerscheinentzug bei Kraftfahrer, falls keine andere Beschäftigungsmöglichkeit besteht, BAG BB **78**, 1310; außerdienstliches Verhalten nur, wenn es die Arbeitsleistung beeinflusst, möglich bei ruhendem Arbeitsverhältnis und Entsendung in ein Konzernunternehmen, BAG NZA **09**, 671.

140 (2) **Grobe Verletzung der Interessenwahrungspflicht** (s Rn 48–49), **schwere Treuwidrigkeit, Vertrauensmissbrauch; Vollmachtmissbrauch,** zB durch Zeiterfassungsmanipulation, erst recht Abstempeln der Zeiterfassungskarte durch Arbeitskollegen, BAG NZA **06**, 484. **Tätlichkeit oder grobe Beleidigung** gegen Arbeitgeber, seine Angehörigen und Vertreter, gegen Arbeitskollegen, falls der Betriebsfrieden gefährdet wird, BAG NZA **94**, 409, **99**, 863, **06**, 431, 917, auch ohne Abmahnung (s Rn 130); grobe Beleidigungen auch in fremder Sprache, LAG Bln DB **81**, 1627, nicht schon unwahre und ehrenrührige Behauptungen über Vorgesetzte, wenn zu Arbeitskollegen in Erwartung von Vertraulichkeit geäußert, BAG NZA **10**, 698; bei Abwägung auch der Meinungsfreiheit zu beachten, BAG NZA **06**, 917. UU sexuelle Belästigung am Arbeitsplatz, BAG NZA **04**, 1214, **15**, 294. Je nachdem **Anzeige** gegen Arbeitgeber (whistle-blowing) ohne Versuch vorheriger innerbetrieblicher Klärung, zB bei Finanzamt; aber nicht bei schweren Straftaten, zumal bei Begehung durch den Arbeitgeber selbst, BAG NZA **04**, 427, **07**, 502, EGMR NZA **11**, 1269m Bespr Forst NJW **11**, 3477, Strafprozessausgang ist nicht maßgebend, aber uU Indiz. Leichtfertig unrichtige Strafanzeige gegen Arbeitgeber oder Repräsentanten, BAG NZA **04**, 524. **Unterschlagung,** Diebstahl, auch geringwertiger Sachen, erschwerend bei Verletzung einer Obhutspflicht, zutr BAG NZA **00**, 421, **08**, 1008 (Lippenstift), str (s Rn 130). ArbG kann eigene Überzeugung aufgrund eines Strafurteils bilden, BAG NZA **15**, 353 (sexueller Missbrauch).

Spesenbetrug, Arbeitszeitbetrug und andere **Vermögensdelikte,** BAG BB **63**, 272, auch bei einmaligem Vorkommen mit geringen finanziellen Aus-

6. Abschnitt. Handlungsgehilfen und -lehrlinge 141–145 § 59

wirkungen, BAG NZA **08**, 636, auch Entwendung geringwertiger Sachen, BAG NZA **85**, 91 (Bienenstichkuchen), **00**, 421 (ICE-Steward), **10**, 1227 (Pfandbons, „Emmely", Grundsatz, s Rn 130), verbotswidrige private Benutzung eines BetriebsKfz, LAG BaWü DB **70**, 534, 788; umfangreiche unerlaubte **Privattelefonate** auf Kosten des Arbeitgebers, BGH NZA **04**, 717, wiederholte Nutzung dienstlicher Ressourcen für **urheberrechtswidrige Kopie** von Musik- und Audiodateien, BAG NZA **16**, 164, dazu Kramer NZA **16**, 341. Falsche Dokumentation der Arbeitszeit, auch eines Kollegen, auch wenn kein strafbares Verhalten, BAG NZA **14**, 443. **Drohung** mit künftiger Erkrankung, BAG NZA **93**, 308, Arbeitnehmer muss ggf substantiiert darlegen, bereits objektiv krank gewesen zu sein, BAG NZA **09**, 779, im Zusammenhang mit Urlaubswunsch, BAG NJW-Sp **04**, 37, NZA **09**, 779. Drogenkonsum (auch in Freizeit), wenn bei Kraftfahrer die Fahrtüchtigkeit gefährdet ist, BAG NZA **16**, 1527. Erlangen einer Barauszahlung statt Bezug von Waren, BAG NZA **09**, 1198.

(3) **Verletzung der Schweigepflicht** (s Rn 50), BAG BB **65**, 991, insbesondere (dringender Verdacht auf künftigen) Verrat von Betriebsgeheimnissen, LAG Mü BB **69**, 315; als Arbeitnehmervertreter im Aufsichtsrat, BAG DB **74**, 1067; Verbreitung unwahrer, ehrenrühriger Tatsachen über den Arbeitgeber und den Betrieb. Provozierende **parteipolitische Betätigung** in Betrieb, BAG NJW **78**, 1872, 1874, DB **83**, 2578 (Anti-Strauß-Plakette), außerhalb nur in Ausnahmefällen, BAG BB **68**, 589. Nach BAG NZA **09**, 855 nicht wegen Verstoß gegen Verschwiegenheitspflicht als Arbeitnehmervertreter im Aufsichtsrat nach Abberufung, da dann keine Wiederholungsgefahr. 141

(4) **Schmiergeldannahme und Bestechung** (s Rn 51), BAG NZA **96**, 419, LAG Bln BB **78**, 1570 (ausländische Dolmetscherin), LAG Kln DB **84**, 1101 LS; Annahme von Provision bei Auftragsvergabe, BAG **24**, 401, Kolbe NZA **09**, 228. Bestechung von (ausländischen) Amtsträgern und von Geschäftspartnern kann eine fristlose Kündigung rechtfertigen, Dzida NZA **12**, 881, einschränkend ArbG Mü NZA-RR **09**, 134. Es fehlt an einer schuldhaften Pflichtverletzung, wenn der Arbeitnehmer aus vertretbaren Gründen annehmen durfte, er handele nicht pflichtwidrig, BAG NZA **13**, 201. 142

(5) **Verletzung des Wettbewerbsverbotes** (§ 60) nur, wenn der Arbeitnehmer im HdlZweig des Arbeitgebers Konkurrenz macht, BAG BB **77**, 144; Abwerbung von Mitarbeitnehmern für Konkurrenz, LAG Düss BB **62**, 137, sonst nicht ohne weiteres, LAG BaWü DB **70**, 2325; Abwerbung von Geschäftsverbindungen, BAG **14**, 72; Aufbau eines Konkurrenzunternehmens, LAG Tüb BB **61**, 484, aber nicht schon Vorbereitung, solange nicht mit Geschäftstätigkeit begonnen wird, BAG **14**, 72, BB **73**, 144, mögl auch nach (strittiger) fristloser Kündigung, BAG NZA **15**, 429 (im Fall verneint). **Nebentätigkeit** (s Rn 52) nur, wenn sie die vertragliche Leistung beeinträchtigt oder Arbeitgeber sich Genehmigung wirksam vorbehalten hat, BAG BB **71**, 397, auch dann nur, wenn Arbeitgeber an Unterlassung berechtigtes Interesse hat, BAG BB **77**, 144. 143

(6) **Grobe Verletzung der Informations- und Auskunftspflicht** (s Rn 53), zB Vorlage falscher Besuchsberichte, ArbG Düss BB **61**, 863; Mitstempeln von Stechuhr eines Kollegen, BAG NZA **06**, 464. 144

(7) **Verdachtskündigung:** Dringender Verdacht einer Straftat mit Bezug zum Arbeitsverhältnis oder von erheblicher Vertragsverletzung genügt, falls er geeignet ist, das für die Fortsetzung des Arbeitsverhältnisses erforderliche Vertrauen zu zerstören (Verdachtskündigung, nicht Tatkündigung, nach Begründung der Kündigung durch ArbG), BAG NZA **00**, 418, 421, **08**, 636 (iErg abl), **09**, 604, **13**, 137, stRspr, str. Der starke Verdacht muss sich aus objektiven, im Zeitpunkt der Kündigung vorliegenden Tatsachen ergeben (Nachschieben s Rn 133), BAG NZA **95**, 269, allein Verdacht der Strafverfolgungsbehörden genügt nicht, BAG NZA **13**, 371, Arbeitgeber muss sich diesen zu eigen machen, bei Verstärken des Verdachts (Anklageerhebung) läuft ggf neue Frist zur Erklärung der Kündigung, 145

Roth 333

§ 59 146, 147

BAG NZA **11**, 798, **13**, 665, s Rn 131. Verdachtskündigung ist auch bei bereits erfolgter, unwiderruflicher Freistellung von Arbeitspflicht nicht ausgeschlossen, diese ist aber bei der Interessenabwägung zu berücksichtigen, BAG NZA **01**, 837. Der Arbeitgeber muss dem Arbeitnehmer zuvor den Verdacht mitteilen, ihm Gelegenheit zur Stellungnahme geben (relevant für Frist des § 626 II BGB, BAG NZA **14**, 1015) und alle zumutbaren Anstrengungen zur Aufklärung des Sachverhalts unternehmen, BAG NZA **95**, 1110, **97**, 1340, **00**, 418 (vgl Rn 129), sonst ist die Kündigung unwirksam, BAG NZA **09**, 1136 (aber Prüfung durch ArbG, ob Tatkündigung möglich). Betriebsratsanhörung (s Rn 122) zu Tatkündigung genügt nicht. Gericht muss Vorbringen des Arbeitnehmers voll nachgehen, BAG NZA **00**, 418, Entscheidung der Strafgerichte bindet nicht, BAG NZA **17**, 1053 (Freispruch). Neue Verdachtsgründe können ohne vorherige Anhörung in das Kündigungsschutzverfahren eingebracht werden, BAG NZA **13**, 1416. Bei späterem Wegfall der Verdachtsgründe (nicht schon Einstellung des Ermittlungsverfahrens) kommt Wiedereinstellungsanspruch in Betracht (Fürsorgepflicht), BAG NZA **97**, 1340. Zur vorherigen Arbeitmeranhörung BVerfG NZA **09**, 53, Dreymüller/Mennemeyer NZA **05**, 382, Eylert/Friedrichs DB **07**, 2203. Lit:Lunk NJW **10**, 2753, Lembke RdA **13**, 82, Dzida NZA **13**, 412, **14**, 809.

146 (8) **Druckkündigung:** Begründetes Verlangen der Belegschaft (vgl § 104 BetrVG). Berechtigtes Entlassungsverlangen des Betriebsrats stellt dringendes betriebliches Erfordernis iSd KSchG dar, BAG NZA **17**, 987. Notwendig ist wiederholte Störung des Betriebsfriedens, BAG NZA **05**, 775; ausnahmsweise auch unbegründetes Verlangen, aber nur wenn unwiderstehlich (unzumutbarer eigener Schaden), sonst muss der Arbeitgeber den Arbeitnehmer schützen (s Rn 95), BAG NZA **87**, 21 (zu § 1 KSchG). Der Arbeitgeber muss den Arbeitnehmer anders als bei Verdachtskündigung (Rn 145) nicht vorher anhören, BAG NZA **91**, 468. Rspr akzeptiert eine betriebsbedingte Druckkündigung etwa auf Verlangen eines Kreditgebers in der Krise, BAG NZA **14**, 112, krit Hamacher NZA **14**, 134. Schadensersatzpflicht des Arbeitgebers wegen betriebsbedingter Druckkündigung, str, offen BAG NZA **91**, 468, **98**, 1113.

147 **Nicht: Mangelhafte Arbeitsleistung,** zB wegen **Ungeeignetheit** des Arbeitnehmers für übernommene Aufgabe, anders in Ausnahmefällen, BAG **2**, 333, zB bei besonders folgenschwerem Versagen eines leitenden Angestellten, BAG BB **66**, 82, im Einzelfall bei Entzug der Befugnis zum Umgang mit Verschlusssachen (BAG NZA **10**, 628; **Fehlbestand** bei Verkäuferin, außer uU bei Mankoabrede (s Rn 110) und Feststehen zumindest der Verursachung, BAG BB **74**, 463; **Zeugenaussage** gegen Arbeitgeber, BVerfG NZA **01**, 888, wohl auch gutgläubige Strafanzeige; **Heirat** einer Angestellten, nicht einmal ordentliche Kündigung, BAG NJW **57**, 1688, keine Zölibatsklauseln. Dienstverhinderung durch **Krankheit** (vgl EFZG) ist idR kein wichtiger Grund (nach BAG nicht bei häufiger Kurzerkrankung bis zu einem Drittel der Jahresarbeitszeit, BAG NZA **14**, 962); falls ordentliche Kündigung nicht gänzlich abbedungen ist, genügt meist diese; häufige kurze oder eine langanhaltende Krankheit sind nicht einmal in jedem Fall Grund für ordentliche Kündigung, dazu Willemsen/Fritzsche DB **12**, 860. Bei Arbeitsverhinderung infolge **Freiheitsstrafe** (wegen nicht betriebsbezogener Tat) kommt es auf die betrieblichen Auswirkungen an, BAG NZA **85**, 661, an sich wichtiger Grund, wenn für eine ordentliche Kündigung ausreichende zweijährige Haftstrafe um ein Mehrfaches überschritten wird und eine vorzeitige Entlassung nicht sicher zu erwarten ist, BGH NZA **16**, 483, bei ordentlich unkündbarem ArbN mit Auslauffrist. **Tod des Arbeitgebers** außer in Ausnahmefällen, BAG **5**, 256; **Geschäftsübernahme** unter Lebenden (§ 613a IV BGB; vgl Rn 17–21); **Vermögensverfall** des Arbeitgebers, außer in Ausnahmefällen, so bei besonders langfristigen Arbeitsverhältnissen; **Betriebsstilllegung,** soweit sie im Betriebsrisiko des Arbeitgebers liegt, zB Brand, BAG BB **73**, 196; **Insol-**

6. Abschnitt. Handlungsgehilfen und -lehrlinge — 148–152 § 59

venz des Arbeitgebers, nur ordentliche Kündigung nach § 113 InsO (s Rn 165), BAG NJW **69**, 525, Insolvenzarbeitsrecht Schrader/Straube 2008.

f) Wichtige Gründe für Kündigung des Arbeitnehmers: zB (1) Verletzung der Arbeitsentgeltpflicht (Hauptpflicht, s Rn 56–70), also Nichtzahlung oder Zahlungsverzug, letzterer nach hL und Rspr aber nur bei **Lohnrückstand** über erhebliche Zeit oder von erheblicher Höhe und nach Zahlungsaufforderung durch den Arbeitnehmer, BAG NZA **02**, 325, nach aA von Nichtzahlung nicht unterscheidbar; **bevorstehende Insolvenz** des Arbeitgebers, Stückemann BB **77**, 1711, aber nicht schon ohne weiteres Vermögensverfall, solange Entgelt bezahlt wird. (2) **Krankheit** oder **andere unverschuldete Dienstverhinderung** des Arbeitnehmers (s Rn 71–76; EFZG), sofern nicht nur vorübergehend; bei begrenzter Arbeitsfähigkeit (zB nach ärztlichem Gutachten nur noch halbtags) nur, wenn Teilzeitbeschäftigung oder Versetzung ausscheidet, BAG BB **73**, 750. (3) **Lebens- oder Gesundheitsgefährdung** s Rn 93, § 62, §§ 617, 618 BGB), falls bei Eingehen des Arbeitsverhältnisses nicht erkennbar; auch sonstige **Arbeitsschutzverletzungen,** zB ständige und erhebliche Überschreitung der gesetzlichen Höchstarbeitszeit, BAG BB **72**, 1189. (4) Erhebliche **Persönlichkeitsrechtsverletzung** (s Rn 94–99), zB systematische Ungerechtigkeit und Zurücksetzung; Straftaten gegen den Arbeitnehmer, **Ehrverletzung,** jedoch nicht schon jede Formalbeleidigung, BAG **3**, 193, oder herausgeforderte Beleidigung; beleidigende Begründung einer ordentlichen Kündigung durch Arbeitgeber, LG Brem DB **71**, 1215; **ungerechtfertigte Verdächtigung,** falls in beleidigender Form, zB vor Dritten, oder leichtfertig, LAG BaWü BB **60**, 985; **sexuelle Belästigung,** Weigerung des Schutzes gegen eine solche von Vorgesetzten, Arbeitskollegen oder Familienangehörigen des Arbeitgebers. Verstoß gegen Beschäftigungspflicht; uU Nichterteilung oder ungerechtfertigter Entzug der zugesicherten **Prokura,** BAG BB **71**, 270, Widerruf der Bestellung zum GmbH-GF, BGH NJW **03**, 351, aber Widerruf der Bestellung berechtigt nicht zum Schadensersatz nach § 628 II BGB, BGH NJW **03**, 351; unberechtigte Teilsuspendierung, wenn sie für den Arbeitnehmer kränkend ist und ihm wesentliche Aufgaben entzieht, BAG BB **72**, 1191.

Nicht: Zu geringer Verdienst, außer bei „Hungerlohn" (s Rn 56–57); Gelegenheit zum **Arbeitsplatzwechsel,** auch sehr günstiges anderweitiges Angebot, BAG BB **71**, 40; Eheschließung weiblicher Arbeitnehmer. Beruft sich der Arbeitnehmer nach einer Eigenkündigung auf das Fehlen eines wichtigen Grundes, ist das regelmäßig treuwidrig, BAG NZA **09**, 840.

g) Für Dienstverhältnisse, die keine Arbeitsverhältnisse sind, gelten besondere Bestimmungen über Kündigungsfristen und -termine, s §§ 620, 621, 626, 627 BGB allgemein, §§ 89, 89a für HV. Das KSchG gilt nicht. Auch dort, wo keine Kündigung notwendig ist, ist rechtzeitige Ankündigung erforderlich, zB wenn einem **langjährig beschäftigten freien Mitarbeiter,** der wirtschaftlich völlig vom Auftraggeber abhängig ist, keine Aufträge mehr erteilt werden sollen, BAG BB **67**, 959.

D. Allgemeiner Kündigungsschutz besteht nach dem **Kündigungsschutzgesetz,** Reform 2003, Willemsen/Annuß NJW **04**, 177; Komm: Ascheid/Preis/Schmidt 5. Aufl 2017 (GroßKo); Gemeinschaftskommentar 11. Aufl 2016 (KR), von Hoyningen-Huene/Linck 15. Aufl 2013, Kittner/Deinert/Zwanziger, 10. Aufl 2017, Löwisch/Spinner/Wertheimer, 10. Aufl 2013, Stahlhacke/Preis/Vossen, 11. Aufl 2015, Thüsing/Laux/Lembke, 3. Aufl 2014.

a) Anwendungsbereich des KSchG: In Betrieben und Verwaltungen des privaten und öffentlichen Rechts mit idR mehr als zehn (für vor 2004 Eingestellte: mehr als fünf) Arbeitnehmern ausschließlich der zu ihrer Berufsbildung Beschäftigten (§ 23 KSchG; Sonderregeln für Schifffahrt, Luftverkehr). Verlust

§ 59 153   1. Buch. Handelsstand

des Bestandsschutzes bei Absinken der Arbeitnehmerzahl auf zehn (fünf) Arbeitnehmer, BAG NZA **08**, 944. Wegen der Betriebsbezogenheit kann auch in der Konzernholding kein Kündigungsschutz bestehen, BAG NZA **02**, 1147. Der allgemeine Kündigungsschutz nach §§ 1–14 KSchG besteht für die ohne Unterbrechung länger als sechs Monate in demselben Betrieb oder Unternehmen beschäftigten Arbeitnehmer (§ 1 I KSchG), diese Wartezeit endet ggf auch an einem Sonntag, § 193 BGB findet insoweit keine Anwendung, BAG NZA **14**, 725, Beschäftigung auch bei zwei oder mehr, ggf ausländischen Arbeitsverhältnissen, BAG NZA **12**, 148. §§ 1–13 KSchG gelten nicht für organschaftliche Vertreter einer juristischen Person oder Personengesamtheit, dagegen mit nur geringfügigen Einschränkungen für leitende Angestellte, soweit diese zur selbständigen Einstellung oder Entlassung von Arbeitnehmern berechtigt sind (§ 14 KSchG).

153   **b) Sozialwidrigkeit der ordentlichen Kündigung:** Nach § 1 KSchG idF G 24.12.03 BGBl 3002, dazu Willemsen/Annuß NJW **04**, 177, ist die ordentliche Kündigung unwirksam, wenn sie sozial ungerechtfertigt ist und der persönliche und sachliche Anwendungsbereich des KSchG eröffnet ist. Arbeitsverhältnis muss mehr als sechs Monate bestanden haben (§ 1 KSchG, persönlicher Anwendungsbereich) und Betrieb muss mehr als fünf (zehn) Arbeitnehmer haben, bis zu zehn Arbeitnehmer werden Arbeitsverhältnisse nicht gezählt, die ab dem 1.1.04 begonnen wurden (§ 23 I KSchG, sachlicher bzw betrieblicher Anwendungsbereich). Bei Kleinbetrieben nur Prüfung nach Treu und Glauben, BAG NZA **01**, 833. Für Sozialauswahl statt umfassender Prüfung seit 2004 vier Kriterien, berechtigtes betriebliches Interesse s § 1 III 2 KSchG. Abfindungsanspruch bei betriebsbedingter Kündigung nach § 1a KSchG (seit 2004), Gießen/Besgen NJW **04**, 185, Hanau ZIP **04**, 1169, Löwisch BB **04**, 154, auch bei Änderungskündigung, BAG NZA **08**, 528, spielt praktisch keine Rolle, freilich BAG NZA **17**, 121. Anders als in Europa üblich sieht das Gesetz in Deutschland nicht allgemein eine Abfindung vor, dies nur praktisch durch Sozialplan oder im Rahmen eines Kündigungsschutzprozesses, für § 1a KSchG muss die Kündigungserklärung eindeutig und unmissverständlich die dort beschriebene Abfindung anbieten, BAG NZA **08**, 528, Arbeitnehmer darf nicht Kündigungsschutzklage erheben, auch verfristete Klage schadet, BAG NZA **09**, 1197, Hergenröder/von Wickede RdA **08**, 364, Kögel RdA **09**, 358. Zur Sozialwidrigkeit gibt es eine umfangreiche Rspr (komm zum KSchG s Rn 151), hier nur Grundzüge.

(1) **Personenbedingte Kündigung** bei einem in der Person des Arbeitnehmers liegenden Grund, etwa bei einem Verlust der Arbeitserlaubnis, AN besitzt die erforderliche Eignung oder Fähigkeit (nicht) mehr, um zukünftig die geschuldete Arbeitsleistung (ganz oder teilweise) zu erbringen. Freiheitsstrafe rglm, wenn noch mehr als zwei Jahre zu verbüßen sind, BAG NZA **11**, 688, 1084, bzw eine solche Strafe zu erwarten ist, BAG NZA **13**, 1211. Mit AGG vereinbar ist das Erfordernis der Beherrschung der deutschen Schriftsprache, BAG NZA **10**, 625, **11**, 1226. Bei Krankheit dreistufige Prüfung, ob negative Prognose hinsichtlich der voraussichtlichen Dauer der Arbeitsunfähigkeit, daraus erhebliche Beeinträchtigung betrieblicher Interessen, die vom Arbeitgeber billigenswerterweise nicht hinzunehmen sind, BAG NZA **07**, 1041, st. Rspr, Umsetzung als milderes Mittel, BAG NZA **10**, 1234. Nicht Wegfall der Sozialversicherungsfreiheit als Student, BAG NZA **07**, 680, aber Exmatrikulation bei Tätigkeit als studentische Hilfskraft, BAG NZA **09**, 425. Bei Inhaftierung nach deren Dauer sowie Art und Ausmaß der betrieblichen Auswirkungen, BAG NZA **95**, 119. Lit: Kock BB **09**, 270, **11**, 565 (Rspr).

(2) **Verhaltensbedingte Kündigung** bei einem pflichtwidrigen Verhalten des Arbeitnehmers, bei außerdienstlichem Verhalten kommt es auf den Bezug zum Arbeitsverhältnis an, möglich bei Straftat, BAG NZA **10**, 220, **11**, 112, **13**, 1345,

14, 1197. Verhaltensbedingte Kündigung, wenn der Arbeitnehmer dauerhaft deutlich mehr als ein Drittel weniger leistet als vergleichbare Arbeitnehmer (BAG NZA **04,** 784), legt der Arbeitnehmer dar, dass dies seinem Leistungsvermögen entspricht, kommt eine personenbedingte Kündigung in Betracht. Lit: Berkowsky, 4. Aufl. 2005. Anzeige gegen Vorgesetzten bei möglicher innerbetrieblicher Klärung, BAG NZA **04,** 427 (whistle-blowing), keine Anhaltspunkte für nach Straftatbestand erforderliche Absicht, BAG NZA **17,** 704.

(3) **Betriebsbedingte Kündigung:** Kündigungsgrund liegt in der Sphäre des Arbeitgebers, bei dem der Bedarf an der Arbeitskraft entfällt. Der im KSchG genannte dringliche Grund führt nicht zu einer Nachprüfung der Notwendigkeit bzw. Zweckmäßigkeit einer betriebsbedingten Kündigung, es gilt der Grundsatz der freien Unternehmerentscheidung, BAG NZA **08,** 878. Möglich ist auch die Fortführung der bisher durch Arbeitnehmer erledigten Tätigkeit durch selbst unternehmerisch tätige Subunternehmer, BAG NZA **08,** 878. Gerichtliche Nachprüfung nur auf offenkundigen Missbrauch, damit weiter Ermessensspielraum, Roth ZIP **09,** 1845. Arbeitnehmer hat den Missbrauch darzulegen und zu beweisen, BAG NZA **07,** 431, also dass die innerbetriebliche Strukturmaßnahme offenkundig unsachlich, unvernünftig oder willkürlich ist, BAG NZA **99,** 1095. Es ist nicht Sache des Arbeitsgerichts, dem Unternehmer eine „bessere" oder „richtigere" Unternehmenspolitik vorzuschreiben und damit in die Kostenkalkulation des Arbeitgebers einzugreifen, BAG NZA **99,** 1095, nicht ausreichend ist aber ein nur vorübergehender Arbeitsmangel, BAG NZA **12,** 852 (Kurzarbeit). Entscheidung zur Betriebsschließung für den Zeitpunkt der Beendigung des Arbeitsverhältnisses reicht aus, BAG NZA **10,** 944, es muss die Beschäftigungsmöglichkeit nicht bereits bei Zugang der Kündigung weggefallen sein. Ausnahmsweise Unwirksamkeit als unzulässige Austauschkündigung, wenn weiter Direktionsrecht bestehen soll, BAG NZA **97,** 202 und nicht selbstständige Tätigkeit Dritter. Steht der Wegfall der Beschäftigungsmöglichkeit fest, reicht Stilllegungsbeschluss aus, BAG NZA **08,** 821. Gesteigerte Anforderungen an die Darlegung einer unternehmerischen Entscheidung etwa bei Änderung des Anforderungsprofils, das zu einer betriebsbedingten Kündigung führt, BAG NZA **09,** 312 und bei Wegfall einer Hierarchieebene, BAG NZA **11,** 505. Bei betriebsbedingter Kündigung muss Arbeitsplatz entfallen, wenn der ArbG vor Kündigungszugang Arbeitsplatz treuwidrig besetzt, darf er sich darauf nicht berufen, BAG NZA **08,** 1180, Rechtsgedanke des § 162 BGB. Lit: Berkowsky, 6. Aufl. 2008.

Sozialauswahl bei betriebsbedingter Kündigung ist grds betriebsbezogen, BAG NZA **05,** 1175, in § 1 III KSchG genannte Gründe sind abschließend, nach BAG ist auch das Alter weiter entscheidungserheblich zu berücksichtigen, BAG NZA **07,** 504, str, aber Arbeitnehmer, der Regelaltersrente beanspruchen kann, ist weniger schutzwürdig, BAG NZA **17,** 902, Leiharbeitnehmer können einzubeziehen sein, BAG NZA **13,** 837. Zutreffend Möglichkeit der Bildung von Altersgruppen zum Erhalt der Altersstruktur der Belegschaft, BAG NZA **08,** 405, **09,** 361, 1023, **12,** 1044 (mit AGG vereinbar, Vorlage des ArbG Siegburg zum EuGH, ZIP **10,** 1617, gegenstandslos), Interesse an Beibehaltung der Altersstruktur und hierfür bestehende Notwendigkeit der Gruppenbildung muss substantiiert dargelegt werden, BAG NZA **10,** 1059, Lingemann/Beck NZA **09,** 577 und Ausnahme Älterer von Personalabbau und dem Angebot von Aufhebungsverträgen mittels Altersteilzeitregelungen, BAG NZA **10,** 561. Altersgruppen müssen Altersstruktur bei Kündigungen abbilden können, BAG NZA **13,** 89. Ausnahme von Leistungsträgern aus der Sozialauswahl, § 1 III 2 KSchG, aber nur unter Berücksichtigung des betrieblichen Nutzens und der sozialen Schutzbedürftigkeit anderer Arbeitnehmer, BAG NZA **12,** 1042, und nicht den überwiegenden Teil der Belegschaft, BAG NZA **03,** 849, jedenfalls nicht ohne nähere Begründung, Buschbaum BB **11,** 309.

§ 59   154, 155

(4) **Verhältnismäßigkeit,** milderes Mittel insbesondere die Weiterbeschäftigung auf einem anderen Arbeitsplatz, wenn nicht vom Weisungsrecht gedeckt ggf Änderungskündigung (§ 2 KSchG). Weiterbeschäftigungsmöglichkeit unternehmensbezogen, im Konzern nur, wenn Konzernunternehmen dazu bereit oder entsprechende Abrede oder Praxis, BAG NZA **08**, 939. Keine Verhältnismäßigkeit auch, wenn Fortbildung des Arbeitnehmers möglich und Arbeitnehmer dazu auch bereit ist.

Zumutbarkeit der Weiterbeschäftigung uU auch bei Unterlassen eines betrieblichen Eingliederungsmanagements (BEM, § 84 II SGB IX), dieses ist nicht nur bei Schwerbehinderten durchzuführen, sondern Ausprägung des Verhältnismäßigkeitsgrundsatzes, BAG NZA **08**, 173, **10**, 398, **15**, 615 und **16**, 102 (häufige Kurzerkrankungen), auch wenn keine Schwerbehindertenvertretung gebildet wurde, BAG NZA **11**, 39, Schlewing ZfA **05**, 485, Joussen DB **09**, 286, Schiefer/Borchard DB **10**, 1884, Stück MDR **10**, 1235, zu Mitwirkungspflichten des Arbeitnehmers Rose/Ghorai BB **11**, 949, zur Verhinderung einer krankheitsbedingten Kündigung Kempter/Steinat NZA **15**, 840. RsprÜbersicht Höser BB **12**, 1537.

(5) **Änderungskündigung,** Regelung in § 2 KSchG, Änderungskündigung zur Entgeltreduzierung nur unter besonderen Voraussetzungen, etwa Sanierungsplan, BAG NZA **10**, 333, Arbeitnehmer kann sich aber nicht darauf berufen, dass das Einsparvolumen bereits erreicht ist, weil 97 Prozent der Arbeitnehmer zugestimmt haben, BAG NZA **08**, 1182. Können Arbeitsbedingungen im Rahmen des Weisungsrechts (§ 106 GewO) geändert werden, ist eine Änderungskündigung überflüssig, eine Kündigungsschutzklage des Arbeitnehmers ist unbegründet, BAG NZA **12**, 856m Bespr Hromadka NZA **12**, 896, BAG NZA **12**, 1038, krit Preis NZG **15**, 1.

154   c) **Kündigungsschutzverfahren:** Die Unwirksamkeit der ordentlichen Kündigung nach § 1 KSchG (entspr Änderungskündigung s § 2 KSchG) muss der Arbeitnehmer **innerhalb von drei Wochen** nach Zugang der Kündigung durch **Klage beim Arbeitsgericht** auf Feststellung, dass das Arbeitsverhältnis nicht aufgelöst ist, geltend machen (§ 4 S 1, §§ 5, 6 KSchG), zur nachträglichen Zulassung Schrader NJW **09**, 1541, zur Hinweispflicht des Arbeitsgerichts auf nicht geltend gemachte Kündigungsgründe BAG NZA **12**, 817, Eylert NZA **12**, 9. Vorhergehender Einspruch beim Betriebsrat (binnen einer Woche) ist möglich (§ 3 KSchG), ändert aber an der Klagefrist nichts. Wird die Rechtsunwirksamkeit der Kündigung (seit 2004 der sozial ungerechtfertigten und der außerordentlichen Kündigung, s Rn 158, nur nicht bei Verstoß gegen Schriftformerfordernis § 623 BGB, s Rn 121), nicht rechtzeitig geltend gemacht, gilt die Kündigung als von Anfang an wirksam (§ 7 KSchG). Kein Lauf der Frist bei Kündigung durch vollmachtlosen Vertreter oder Nichtberechtigten, BAG NZA **09**, 1146, erst ab Zugang der Genehmigung beim Arbeitnehmer, BAG NZA **13**, 524. Die Sondervorschrift des § 4 Satz 4 KSchG (Fristlauf ab dem Zeitpunkt der Entscheidung einer Behörde) greift bei Schwangerschaft, wenn Arbeitnehmer und Arbeitgeber bei der Erklärung der Kündigung von der Schwangerschaft Kenntnis haben, BAG NZA **09**, 980. Kündigungsschutzklage wahrt Kündigungsfrist auch für Folgekündigung, wenn diese mit oder vor dem Auflösungstermin der ersten Kündigung wirksam werden soll und ArbN dies in der ersten Instanz bis Ende der mündl Verh geltend macht, BAG NZA **15**, 635.

155   Bei unwirksamer Kündigung kann das Gericht auf Antrag einer der beiden Seiten das Arbeitsverhältnis zu dem Zeitpunkt, an dem es bei sozial gerechtfertigter Kündigung geendet hätte, beenden **(Auflösung durch Urteil) und** den Arbeitgeber zur Zahlung einer angemessenen **Abfindung** verurteilen (§ 9 KSchG), bei unwirksamer außerordentlicher Kündigung nur auf Antrag des Arbeitnehmers, auch bei tarifvertraglichem Ausschluss einer ordentlichen Kündi-

6. Abschnitt. Handlungsgehilfen und -lehrlinge 156–158 § 59

gung, BAG NZA **11**, 348. Angemessen sind idR bis zu 12 Monatsverdienste (§ 10 I KSchG; Arbeitnehmer über 50 (55) nach mindestens 15 (20) Jahren s § 10 II KSchG). Antrag des Arbeitgebers nur, wenn Unwirksamkeit der Kündigung allein auf Sozialwidrigkeit beruht, BAG NZA **09**, 275, **10**, 1123, nicht bei Änderungsschutzklage nach § 2 KSchG, BAG NZA **14**, 486.

Besteht nach der Entscheidung das **Arbeitsverhältnis** fort, schuldet der **156** Arbeitgeber das **Arbeitsentgelt** für die Zeit nach der Entlassung; anderweitig verdientes (auch böswillig nicht verdientes) Arbeitsentgelt und bestimmte öffentlich-rechtliche Leistungen werden angerechnet (§ 11 KSchG). Ist der Arbeitnehmer bereits in ein anderes Arbeitsverhältnis eingegangen, kann er das alte auflösen; Entgeltanspruch begrenzt sich dann auf die Zeit zwischen Entlassung und Tag des Eintritts in das neue Arbeitsverhältnis (§ 12 KSchG). Der **Kündigungsschutz ist unverzichtbar;** der Arbeitnehmer kann aber das Arbeitsverhältnis einvernehmlich mit dem Arbeitgeber auflösen oder einseitig die Kündigung wirksam werden lassen, indem er die Klagefrist verstreichen lässt. Verzicht auf Kündigungsschutz in **Ausgleichsquittung** (s Rn 80), der je nach Fall Aufhebungsvertrag, Vergleich, Klageverzichtsvertrag oder Klagerücknahmeversprechen sein kann, muss in der Urkunde selbst zweifelsfrei zum Ausdruck kommen, BAG BB **77**, 1400, **78**, 1264, **79**, 1197.

Bei fristgerechtem Widerspruch des Betriebsrats aus den in § 102 III **157** BetrVG genannten Gründen, Anforderungen s BAG NZA **03**, 1191, sowie Erhebung der Kündigungsschutzklage durch den Arbeitnehmer aus eben diesen Gründen besteht **Weiterbeschäftigungspflicht** mit Reichweite und Funktion wie nach dem bisherigen Arbeitsvertrag; dieser besteht aber nur bei entsprechender Abrede auflösend bedingt durch die rechtskräftige Abweisung der Kündigungsschutzklage fort, BAG NZA **91**, 769. Ob das Weiterbeschäftigungsverlangen nach § 102 V 1 BetrVG spätestens zum Ablauf der Kündigungsfrist geltend gemacht werden muss, ist str, offen BAG NZA **99**, 1154, Verlangen am ersten Arbeitstag nach Ablauf der Kündigungsfrist genügt, BAG NZA **00**, 1055. Zumutbarkeit der Arbeitsaufnahme, BAG NZA **04**, 90. Bei nicht einvernehmlicher Fortsetzung des gekündigten Arbeitsverhältnisses liegt nur tatsächliche Beschäftigung, kein fehlerhaftes Arbeitsverhältnis (s Rn 37–38) vor, str; Rückabwicklung also nach §§ 812 I 1, 818 II BGB mit Wert der Arbeitsleistung idR entsprechend der üblichen Vergütung, aber ohne Beschränkung auf Tariflohn, str, BAG NZA **87**, 373, **93**, 177.

Auch außerhalb von § 102 V BetrVG kann ein einklagbarer **allgemeiner Weiterbeschäftigungsanspruch** bestehen, Ausspruch bei erstinstanzlich erfolgreicher Kündigungsschutzklage, zur Zwangsvollstreckung BAG NZA **09**, 917. Anspruch wenn sich im Falle der betriebsbedingten Kündigung unvorhergesehen eine Weiterbeschäftigungsmöglichkeit vor Ablauf der Kündigungsfrist ergibt, grundsätzlich nicht auch nach deren Ablauf, Einzelfallabwägung nach § 242 BGB, BAG NZA **00**, 1097, hL; Rechtsgrundlage ist die allgemeine Schutz- und Förderungspflicht (s Rn 90), BAG NZA **00**, 1097, Oetker ZIP **00**, 643, sehr str. Weiterbeschäftigungsanspruch besteht auch bei krankheitsbedingter Kündigung jedenfalls dann nicht, wenn grundlegende Besserung erst nach Ablauf der Kündigungsfrist eintritt, BAG NZA **01**, 1135. Abfindungsvergleich kann dem Wiedereinstellungsanspruch entgegenstehen, aber uU Störung der Geschäftsgrundlage (§ 313 BGB), BAG NZA **00**, 1097. Kein Wiedereinstellungsanspruch nach wirksamer Befristung, BAG NZA **02**, 896. Bezahlte Freistellung, Bauer/Günther DStR **08**, 2422.

d) Außerordentliche Kündigung: Sie wird vom KSchG nicht berührt (§ 13 **158** I 1 KSchG; insbesondere betr wichtigen Grund, s Rn 128–147), doch kann auch die Unwirksamkeit einer außerordentlichen Kündigung nur durch **Klage** beim Arbeitsgericht **innerhalb von drei Wochen** geltend gemacht werden (§ 13 I 2 KSchG).

§ 59 159, 160

159 **e) Unwirksamkeit der Kündigung aus anderen Gründen,** zB Nichteinhaltung der Schriftform (§§ 623, 126 I BGB), BAG NZA 05, 865 (bei Vertretung entspr Zusatz nötig), Verstoß gegen gesetzliches Verbot (§ 134 BGB, zB § 613a IV BGB, s Rn 17–21), BAG NZA 86, 522, gegen die guten Sitten (§ 138 BGB) oder Nichtanhörung des Betriebsrats (§ 102 I BetrVG, s Rn 122), kann außerhalb des Verfahrens des KSchG geltend gemacht werden (§ 13 II, III KSchG), dann auch kein Abfindungsanspruch nach § 1a KSchG (s Rn 153). Auch wenn KSchG unanwendbar ist, kann Kündigung gegen §§ 138, 242 BGB verstoßen, aber strenge Anforderungen, BAG NZA 89, 962. **Massenentlassungen** sind rechtzeitig (vor der Kündigung, EuGH NZA 05, 213, auch Änderungskündigungen, BAG NZA 14, 1069) und mit Stellungnahme des Betriebsrats (Konsultation des Betriebsrats bereits bei Planung bzw ins Auge fassen von Massenentlassungen, EuGH NZA 09, 1083) dem Arbeitsamt anzuzeigen; Fehler können zur Unwirksamkeit einer Kündigung führen, BAG NZA 12, 1029, 13, 845, 966, 16, 491, Sperrfrist von einem, uU zwei Monaten (§§ 17–22 KSchG), Bauer/Krieger NZA 09, 174. Kündigung unterliegt nicht der Transparenzkontrolle nach § 307 I BGB, einseitige Willenserklärungen sind keine AGB iSv § 305 I 1 BGB, BAG NZA 16, 486.

Zunehmende Bedeutung erlangt das **AGG**. Erwähnt der Arbeitgeber im Kündigungsschreiben die Pensionsberechtigung des Arbeitnehmers, ist nach § 22 AGG eine Altersdiskriminierung zu vermuten, BAG NZA 15, 1380. Es obliegt dann dem Arbeitgeber, diese Vermutung zu widerlegen, er hat dafür darzulegen und ggf zu beweisen, dass ausschließlich andere Gründe als das Alter zur Kündigung geführt haben, andernfalls muss eine unterschiedliche Behandlung wegen Alters gerechtfertigt sein. Nach Bertelsmann NZA 16, 855 findet die Drei-Wochen-Frist des § 4 KSchG auf diskriminierende Kündigungen keine Anwendung, nach EuGH NZA 16, 537 Diskriminierungsschutz bei Entlassungsabfindung.

Eine **Abfindung** wird nach deutschem Recht grds nicht geschuldet, § 1a KSchG setzt ein entsprechendes Angebot des ArbG voraus (Rn 153), die Auflösung durch Urteil (Rn 155) einen entsprechenden Antrag bei an sich fortbestehendem Arbeitsverhältnis. Funktional an die Stelle treten die Kündigungsfristen (Rn 123 f). Praktisch große Bedeutung haben Sozialpläne aufgrund Betriebsänderung nach §§ 112, 112a BetrVG, die rglm eine Abfindung vorsehen, aber einen Betriebsrat voraussetzen (Rn 41), ab 20 Arbeitnehmer.

160 **E. Besonderer Kündigungsschutz: a) Außerordentliche Kündigung von Betriebsratsmitgliedern bedarf der Zustimmung des Betriebsrats;** Kündigung ohne vorherige Zustimmung ist nichtig, BAG NJW 76, 1368. §§ 182 ff BGB gelten für die Zustimmung nach § 103 BetrVG nicht, BAG NZA 04, 717, aA bisher hL. Mängel des Zustimmungsverfahrens und Vertrauensschutz s BAG NZA 85, 254. Die vom Betriebsrat verweigerte Zustimmung kann durch das ArbG ersetzt werden (§ 103 II BetrVG); BAG NZA 98, 1273. **Ordentliche Kündigung von Betriebsratsmitgliedern** ist **unzulässig** (§ 15 KSchG), auch von Ersatzmitglied im Vertretungsfall, BAG NZA 12, 400, im Anschluss an tatsächliches Tätigwerden auch nachwirkender Schutz, BAG NZA 12, 1451, notfalls Freikündigung eines anderen Arbeitsplatzes, BAG NZA 01, 321, bei Betriebsteilstilllegung Versetzung in andere Betriebsabteilung; auch noch ein Jahr nach Beendigung der Amtszeit, für Wahlvorstand und Wahlbewerber bis zur Bekanntgabe des Wahlergebnisses, § 15 III KSchG, BAG NZA 09, 1264. Für außerordentliche Kündigung ist auf die Zumutbarkeit der Weiterbeschäftigung bis zum fiktiven ordentlichen Kündigungstermin abzustellen, BAG NZA 13, 224. Ähnlichen Kündigungsschutz enthält § 103 BetrVG für Jugendvertretung, Bordvertretung, Seebetriebsrat, Wahlvorstand und Wahlbewerber. Sonderregelung bei Betriebs- und Abteilungsstilllegung (§ 15 IV, V KSchG). § 15 KSchG gilt nicht

6. Abschnitt. Handlungsgehilfen und -lehrlinge   161–163   § 59

für Arbeitnehmervertreter im Aufsichtsrat, BAG NJW **74**, 1399. Lit: Eylert/ Sänger RdA **10**, 25. Komm zum BetrVG: s Rn 41–42.

b) Schwangere und Mütter genießen besonderen Kündigungsschutz (Mutterschutz) durch das MuSchG, **Eltern** nach dem BEEG, § 18 BEEG, **pflegende Angehörige** nach dem PflegeZG, § 5 PflegeZG, Novara DB **10**, 503. Jede Kündigung (ordentliche und außerordentliche; dagegen nicht Ende des befristeten Arbeitsverhältnisses durch Zeitablauf) während der Schwangerschaft und bis zum Ablauf von vier Monaten nach der Entbindung ist unzulässig (nichtig, § 134 BGB), wenn dem Arbeitgeber zurzeit der Kündigung die Schwangerschaft oder Entbindung bekannt ist oder innerhalb von zwei Wochen nach Zugang der Kündigung mitgeteilt wird (§ 9 MuSchG). Fristüberschreitung ist unschädlich, wenn die Frau sie nicht zu vertreten hat und die Mitteilung unverzüglich nachholt (§ 9 I 1 MuSchG, BVerfG NJW **80**, 824); Vertretenmüssen bedeutet hier gröblicher Verstoß gegen Eigeninteresse der Frau, BAG NJW **84**, 1419, NZA **03**, 217, Zmarzlik NJW **92**, 2678. Unverzügliches Nachholen ohne feste Mindest- und Höchstfrist, BAG NZA **88**, 799. Die Arbeitsbehörde kann in Ausnahmefällen Kündigung zulassen (§ 9 III MuSchG). Die Frau kann während Schwangerschaft und Schutzfrist nach Entbindung ohne Fristeinhaltung zum Ende der Schutzfrist kündigen (§ 10 I 1 MuSchG). Eine nach § 9 MuSchG nichtige Kündigung ist grundsätzlich nicht in Anfechtung umdeutbar, BAG BB **75**, 1638. Keine Anfechtung wegen Schwangerschaft, s Rn 34, 118. Die Arbeitnehmerin muss Wegfall der Schwangerschaft mitteilen, aber keine Haftungsfolgen, so BAG NZA **00**, 1157. Komm zum MuSchG: Buchner/Becker 8. Aufl 2008; Friese NJW **02**, 3208 (Novelle 2002), Eylert/Sänger RdA **10**, 30, Wiebauer ZfA **12**, 507.

c) Schwerbehinderte stehen unter besonderem Kündigungsschutz nach SGB IX (seit 2001, zuvor SchwBG). Voraussetzung ist mindestens Anerkennungsantrag vor Zugang der Kündigung, stRspr, BAG NZA **02**, 1145, **05**, 689. Kündigung ist grundsätzlich nur mit getroffener behördlicher Zustimmung zulässig, BAG NZA **05**, 689. Dies gilt auch bei außerordentlicher Kündigung, die Zweiwochenfrist des § 626 II BGB kann ausgeschöpft werden, BAG NZA **02**, 970, erst nach deren Verstreichen greift ggf § 91 V SGB IX, dazu BAG NZA **13**, 507. Kündigungsschutz greift auch ein, wenn der Arbeitgeber bei Kündigung von der Schwerbehinderteneigenschaft nichts wusste, BAG NZA **11**, 412. Der Arbeitnehmer muss aber innerhalb der Dreiwochenfrist des § 4 KSchG Klage erheben und (ggf. dadurch) den Arbeitgeber von der Schwerbehinderteneigenschaft informieren, BAG NZA **08**, 1055. Kündigung grundsätzlich einen Monat nach Entscheidung des Integrationsamtes, § 88 III SGB IX, ggf auch noch unverzüglich nach zusätzlicher Zustimmung nach § 18 I2 BEEG; BAG NZA **12**, 610. Auch außerhalb des Sonderkündigungsschutzes ist Schwerbehinderteneigenschaft wesentlicher Umstand bei der sozialen Rechtfertigung der Kündigung, BAG NZA **00**, 768 (krankheitsbedingte Kündigung, § 1 II KSchG), auch bei Sozialauswahl, § 1 III 1 KSchG. Die Schwerbehindertenvertretung ist zu beteiligen, § 95 II SGB IX. Lit: Neumann/Pahlen/Majerski-Pahlen, SGB IX, 12. Aufl 2010; Rolfs/Barg BB **05**, 1678, Powietzka BB **07**, 2118, Eylert/Sänger RdA **10**, 33, Edenfeld NZA **12**, 713.

d) Sonstiger besonderer Kündigungsschutz besteht für den Datenschutzbeauftragten, § 4f III BDSG, BAG NZA **11**, 1036, **14**, 894, ferner ua bei (derzeit ausgesetztem) **Wehrdienst,** § 2 ArbPlSchG; vor und nach dem Wehrdienst darf der Arbeitgeber nicht aus Anlass des Wehrdienstes kündigen; außerordentliche Kündigung (§ 626 BGB) bleibt möglich. Ebenso bei **Zivildienst.** Weiter Sonderkündigungsschutz durch **Tarifvertrag,** neben Ausschluss der ordentlichen Kündigung kann insb bei Sanierung Kündigung nur mit Zust der Gewerkschaft vorgesehen werden, BAG NZA **11**, 708, dazu Berger NZA **15**, 208 Lit: Eylert/ Sänger RdA **10**, 37.

164 F. **Arbeitskampf, Abwehraussperrung:** Der Arbeitskampf beendet das Arbeitsverhältnis grundsätzlich nicht. Beendigung aber durch zulässige Kündigung (s Rn 123–147). Abwehraussperrung ist im Rahmen des Paritätsprinzips (zB bei Verhandlungsübergewicht der Gewerkschaften durch eng begrenzte Teilstreiks) und des Verhältnismäßigkeitsgrundsatzes (zB nicht Aussperrung aller Arbeitnehmer des Tarifgebiets bei eng begrenzten Teilstreiks) zulässig (auch in Hessen, entgegen Landesverfassung), aber nicht gezielt nur gegen Mitglieder der streikenden Gewerkschaft, BAG NJW **80**, 1642, 1653, NZA **85**, 537, bestätigend BVerfG NZA **91**, 809. Streik und Aussperrung haben idR nur suspendierende Wirkung, jedoch kann nach Gebot der Verhältnismäßigkeit lösende Aussperrung zulässig sein; Arbeitnehmer hat dann Wiedereinstellungsanspruch nach billigem Ermessen, BAG GrS BB **71**, 701, BAG BB **71**, 1366. Instanzgerichtliche Rspr s Seiter NJW **80**, 905. S auch Tarifvertrag Rn 39.

165 G. **Sonstige Beendigungsgründe: a) Tod des Arbeitnehmers** beendet das Arbeitsverhältnis. Dagegen idR kein automatisches Ende bei Tod des Arbeitgebers, Geschäftsaufgabe, Liquidation einer HdlGes, Insolvenz (s Rn 147); hier ist Kündigung notwendig.

166 **b) Aufhebungsvertrag** ist jederzeit möglich (§ 311 I BGB, Schriftform s Rn 121, auch bei Vorvertrag, BAG NZA **10**, 273), bei Schwerbehinderten aber nur mit Zustimmung des Integrationsamtes (§ 92 SGB IX, s Rn 162); keine Mitbestimmung des Betriebsrats, vgl §§ 99, 102 BetrVG. Bedenkzeit, Rücktritts- oder Widerrufsrecht sind nicht Voraussetzung, BGH NZA **96**, 811. Aufhebungsvertrag ist idR auf vorzeitige, zeitnahe Beendigung gerichtet, Befristungsregeln (s Rn 111) dürfen nicht umgangen werden, BAG NZA **07**, 466. Aufhebungsvertrag am Arbeitsplatz ist kein Haustürgeschäft (§ 312b BGB, s Rn 43), BAG NZA **04**, 597m Anm Lembke NJW **04**, 2941, aber Klauselkontrolle wenn vorformuliert und fester Beendigungstermin ohne weitere Gegenleistung, diese liegt noch nicht in der Zusage eines „guten" Zeugnisses, BAG NZA **16**, 351, Forderungsverzicht darf als Nebenabrede den ArbN nicht unangemessen benachteiligen, § 307 I 1 BGB, BAG NZA **16**, 762. Befristungskontrolle s Rn 111, Unwirksamkeit bei Umgehung des § 613a BGB; BAG NZA **12**, 152m Bespr Pils NZA **13**, 125. Einvernehmen ist wegen rechtswidriger Drohung mit Kündigung anfechtbar; Drohung ist nicht rechtswidrig, wenn ein verständiger Arbeitgeber die Kündigung ernstlich in Erwägung gezogen hätte, BAG BB **70**, 443, NZA **04**, 597, oder berechtigte schwerwiegende Bedenken bestehen, BAG BB **78**, 1467. Anfechtung des nach Kündigung geschlossenen Aufhebungsvertrags wegen Drohung, BAG NZA **07**, 466. Keine Anfechtung wegen Rechtsfolgenirrtums, zB über MuSchG, BAG BB **83**, 1921, und mangels Durchsetzbarkeit kein Rücktritt bei Nichtzahlung eines Abfindungsbetrags aufgrund Eröffnung des Insolvenzverfahrens über das Vermögen des Arbeitgebers, BAG NZA **12**, 208m Bespr Abele NZA **12**, 487, sonst zu § 323 BGB Reinfelder NZA **13**, 62. Aber uU bestehen Aufklärungspflichten des Arbeitgebers. Vereinbarung über Beendigung bei nicht rechtzeitiger Rückkehr aus Urlaub ist unwirksam, BAG BB **75**, 651. Ausgleichsklausel im Aufhebungsvertrag erstreckt sich idR auf alle verzichtbaren Ansprüche, BAG NJW-Sp **04**, 35, auch nachvertragliches Wettbewerbsverbot und Karenzentschädigung (§ 74 II), BAG NJW-Sp **04**, 36, ggf auch Arbeitgeberdarlehen, BAG NZA **09**, 896. Ausgleichsquittungen s Rn 80. Abwicklungsvertrag (Vereinbarung über Abwicklung der arbeitgeberseitigen Beendigung) bringt wegen BSG NZA **04**, 661 keine Vorteile mehr, Grobys/von Steinau-Steinrück NJW-Sp **04**, 129, stattdessen betriebsbedingte Kündigung mit Abfindungsangebot nach § 1a KSchG, von Steinau-Steinrück/Paul NJW-Sp **04**, 225. Lit: Bauer/Krieger/ Arnold 9. Aufl 2014; Weber/Ehrich/Burmester/Fröhlich 5. Aufl 2009. RsprÜ-

6. Abschnitt. Handlungsgehilfen und -lehrlinge   § 60

bersichten: Becker-Schaffner BB **81**, 1340, Nägele BB **92**, 1274 (Aufklärungspflichten), Hümmerich NJW **04**, 2921 (Vertragsgestaltung), Kern/Kreuzfeldt NJW **04**, 3081 (BSozG).

c) Gerichtsurteil nach § 9 KSchG (s Rn 155).   167

10) Internationales Arbeitsrecht

A. **Kollisionsrecht:** Freie Rechtswahl, aber zwingender Schutz nach Art 8 168
Rom I-VO (zu ermitteln wie zuvor nach Art 30 EGBGB durch konkreten Rechtsvergleich nach dem Günstigkeitsprinzip). Rechtswahlklauseln s Mook DB **87**, 2252. Bei fehlender Rechtswahl gilt grundsätzlich das Recht des Arbeitsorts, Art 8 Rom I VO, bei Tätigkeit in mehreren Vertragsstaaten dort, wo der Arbeitnehmer seine Verpflichtungen im Wesentlichen erfüllt, EuGH NZA **11**, 625. Rechtsanwendung in inländischen Betrieben **ausländischer Unternehmen** s BAG **7**, 357, BB **67**, 1290. Lit: Däubler RIW **87**, 249, Hohloch RIW **87**, 353, Weber IPRax **88**, 82, Eser BB **94**, 1991, Mankowski BB **97**, 465, Junker RIW **01**, 94u FS 50 Jahre BAG **04**, 1197. Zur Rom I-Verordnung Schneider NZA **10**, 1380, zum internationalen Arbeitskampfrecht Heinze RabelsZ **09**, 770.

B. **Europäisches Arbeitsrecht:** Dem Europäischen Arbeitsrecht (AEUV, VO, 169
RL etc) kommt für das deutsche Arbeitsrecht immer größere Bedeutung zu, s Rn 10, 18 etc. Relevant sind auch die Mitbestimmung nach Ende der Sitztheorie innerhalb der EU, dazu Einl 29 vor § 105, die europäische Menschenrechtskonvention und neu die Charta der Grundrechte der Europäischen Union, dazu Willemsen/Sagan NZA **11**, 258; Winter NZA **13**, 473, dies bei unionsrechtlich determinierten Fallgestaltungen, nicht bei einem rein mitgliedstaatlichen Sachverhalt, EuGH NZA **15**, 349. Lit: Franzen/Gallner/Oetker 2016, Henssler/Braun 3. Aufl 2011, Preis/Sagan 2015, Riesenhuber 2009, Thüsing 3. Aufl 2017; Junker/Aldea RIW **07**, 1, Junker/Zöltsch RIW **07**, 881, Junker RIW **08**, 824, **10**, 343, **11**, 97, **12**, 177, **13**, 1, **14**, 2, **15**, 1, **16**, 1, Hartmann EuZA **17**, 153.

C. **Sonstiges internationales Arbeitsrecht:** Dazu gehören vor allem inter- 170
nationale Verträge zum Arbeitsrecht, s Zöllner/Loritz/Hergenröder § 11 I, Schaub § 5 III, IV. Internationale Arbeitsbehörden, zB Internationale Arbeitsorganisation (ILO), s Schaub § 5 II.

[Gesetzliches Wettbewerbsverbot]

60 (1) **Der Handlungsgehilfe darf ohne Einwilligung des Prinzipals weder ein Handelsgewerbe betreiben noch in dem Handelszweige des Prinzipals für eigene oder fremde Rechnung Geschäfte machen.**

(2) **Die Einwilligung zum Betrieb eines Handelsgewerbes gilt als erteilt, wenn dem Prinzipal bei der Anstellung des Gehilfen bekannt ist, daß er das Gewerbe betreibt, und der Prinzipal die Aufgabe des Betriebs nicht ausdrücklich vereinbart.**

Übersicht

	Rn
1) Wettbewerbsverbot (I)	1–6
A. Geltung der §§ 60, 61 nur für Wettbewerbsverbot während des Arbeitsverhältnisses	1
B. Umfang des Wettbewerbsverbots nach § 60	2
C. Gesetzliches Wettbewerbsverbot während der Vertragszeit	5
D. Freier Wettbewerb nach Ende des Arbeitsverhältnisses	6
2) Einwilligung des Arbeitgebers (II)	7

§ 60 1-3

1) Wettbewerbsverbot (I)

1 **A. Geltung der §§ 60, 61 nur für Wettbewerbsverbot während des Arbeitsverhältnisses:** §§ 60, 61 sehen ein gesetzliches Wettbewerbsverbot (zu unterscheiden von nur ausnahmsweise verbotener Nebentätigkeit, s § 59 Rn 52) während des Arbeitsverhältnisses vor. § 60 regelt die Voraussetzungen, § 61 die Rechtsfolge, beide Vorschriften sind also zusammen zu sehen. § 60 ist abdingbar; vertragliche Einschränkung des Verbots ist möglich, ebenso Erweiterung, aber wegen Art 12 GG nur bei berechtigtem Interesse des Arbeitgebers. § 60 konkretisiert einen allgemeinen Rechtsgedanken, BAG NZA **08**, 1415, stRspr und ist Ausfluss der Treue- und Interessenwahrungspflicht des Arbeitnehmers, Heymann/Henssler 1, Ebenroth/Boecken 1. Aus der Treuepflicht des Arbeitnehmers folgen auch nicht unmittelbar dem Wortlaut der Norm zu entnehmende Wettbewerbsverbote (s Rn 4). § 60 gilt ebenso wie § 61 (dort auch II, § 61 Rn 4) für alle Arbeitnehmer (analog), schützt also auch Arbeitgeber, die kein HdlGewerbe betreiben, BAG NZA **07**, 1436, das ist wichtig wegen Gewinnherausgabe ohne die Voraussetzungen des § 687 II BGB (§ 61 Rn 3).
Vertragliche Wettbewerbsverbote für die Zeit **nach Vertragsende** s §§ 74–75d. Vgl auch § 110 GewO (§ 74 Rn 2).

2 **B. Umfang des Wettbewerbsverbots nach § 60:** § 60 **verbietet:**

a) Betrieb eines Handelsgewerbes (s §§ 1–4), nach Wortlaut des I schlechthin, also auch außerhalb des Geschäftszweiges des Arbeitgebers. Doch ist dies in verfassungskonformer Auslegung (Art 3, 12 GG) auf solche Betätigungen einzuschränken, die dem Arbeitgeber schädlich werden können, also auf Geschäfte im HdlZweig des Arbeitgebers, BAG BB **70**, 1134; das Verbot gilt nicht für Geschäfte, welche die Interessen des Arbeitgebers nicht tatsächlich berühren (entspr § 74a I), BAG BB **72**, 1056, Gaul BB **84**, 344. Damit werden beide Alternativen angenähert. Das Verbot des Betriebs erfasst auch Betrieb durch Bevollmächtigte oder Treuhänder, auch durch tätige Teilnahme an HdlGes, also als phG einer OHG oder KG oder als leitendes Organ einer KapitalGes; nicht bloße Kapitalbeteiligung an KG (Kdtist), GmbH, AG, KGaA, stGes, soweit kein Konkurrenzunternehmen zum Arbeitgeber vorliegt; **erlaubt** ist dagegen die **Vorbereitung** des Aufbaus einer **selbstständigen Existenz**, zB Vorbereitung eines nach Vertragsende zu beginnenden Betriebs, BGH NZA **08**, 1415, soweit sie nicht dem Arbeitgeber schon vorher nachteilig werden kann, RG JW **37**, 2654 (für Anmeldung eines Warenzeichens); Betreiben der Berufszulassung, BAG BB **58**, 877; Informationseinholung, Geschäftsraummiete und Anwerben von Arbeitskräften, nicht aber Vorbereiten und Anbahnen von Geschäften, BAG **14**, 72; bloße Anfrage, LAG BaWü DB **70**, 2325, nicht aber Abwerbung (nachhaltigere Einwirkung) anderer Arbeitnehmer und HV des Arbeitgebers, LAG BaWü BB **69**, 759; Abschluss eines Franchisevertrags, nicht aber Tätigkeit daraus, BAG BB **79**, 325; Anmeldung zum HdlReg, LAG Kiel BB **56**, 338; Vorbereitung von Übergang zu Konkurrenzunternehmen, BAG BB **75**, 1018; leitender Angestellter, der Kunden zu betreuen hat, darf nicht vor Ende des Arbeitsverhältnisses bei diesen für sich werben, BAG BB **70**, 1095, aber GesVertrag abschließen. **Verabschiedungsschreiben** mit Hinweis auf künftige Tätigkeit als oder für Wettbewerber, auch indirekt mit Adressen- und Telefonnummerangabe, ist wettbewerbswidrig, BGH NZA **04**, 986.

3 **b) Geschäfte im Handelszweig** des Arbeitgebers, für eigene oder fremde Rechnung. Auch diese Alternative des I ist einschränkend auszulegen (s Rn 1). Erfasst sind nur Geschäfte in dem Bereich, in dem der Arbeitgeber tätig ist, keine Ausdehnung konzernweit. Normale Geschäftserweiterung ist gedeckt, § 60 bleibt anwendbar, str, MüKo/von Hoyningen-Huene 44; dieselben Grundsätze gelten bei Betriebsübergang und bei Umwandlung, ebenda 51, 55, str. Arbeitgeber und

6. Abschnitt. Handlungsgehilfen und -lehrlinge   4, 5   § 60

Arbeitnehmer müssen als Wettbewerber auftreten, Geschäfte zwischen beiden sind nicht erfasst, BAG BB **84**, 406, auch nicht pflichtwidrige Verfügungen über das Betriebsvermögen, nur um Arbeitgeber zu schädigen, BAG NZA **88**, 200. Bsp: Vermittlungstätigkeit eines HdlReisenden für andere Firmen über längere Zeit, LAG BaWü Stgt BB **69**, 835, Übernahme von Pflegeverträgen, BAG NZA **13**, 749; auch Versuch, dem Arbeitgeber Geschäftsverbindung abzuwerben, BAG **14**, 72, LAG Ffm BB **70**, 709; Vorbereitung, Vermittlung und Abschluss solcher Geschäfte, die dem Angestellten obliegen, BAG BB **72**, 1056. Gleichgültig ist, ob Arbeitgeber sie machen konnte, LAG Ffm BB **70**, 709. Abschluss eines Arbeitsvertrags mit einem Wettbewerber ist noch kein Geschäft, BAG NZA **13**, 208.

c) **Unterstützung konkurrierender Dritter** durch Dienstleistungen, BAG 4 NZA **91**, 141, Kapital, Kredit, sonstige Stärkung kann Geschäft iSv I sein, RG JW **37**, 2655, LAG Düss BB **49**, 468, **50**, 535 (Unterstützung von Verwandten); Unterstützung vertragsbrüchiger Mitarbeitnehmer bei Konkurrenztätigkeit, BAG BB **75**, 1018. Der Arbeitnehmer verletzt seine Vertragspflichten, wenn er seine Leistungen und Dienste im Marktbereich des Arbeitgebers ohne dessen Zustimmung Dritten anbietet, BAG NJW **77**, 646. Dies folgt nur bei weiter Auslegung aus § 60, nach RG **67**, 4 verletzt der Übertritt in den Dienst eines Wettbewerbers nicht § 60, sondern § 611 BGB. Auch das BAG hat beim wissenschaftlichen Mitarbeiter eines BGH-Anwalts Dienstleistungen für einen Konkurrenten als Verstoß gegen die Treuepflicht gewertet, BAG NZA **91**, 141. Nach BAG NZA **10**, 693 ist insbesondere bei analoger Anwendung des § 60 zweifelhaft, ob jedwede Dienstleistung unter das Wettbewerbsverbot fällt. Erwogen wird die Notwendigkeit unmittelbarer Konkurrenztätigkeit insbesondere bei Teilzeitbeschäftigten, die zur Sicherung ihres Lebensunterhalts auf die Ausübung einer weiteren Tätigkeit angewiesen sind. Letzteres fügt sich in die Rechtsprechung zur einschränkenden Auslegung mit Bezug auf Nebentätigkeiten, BAG BB **71**, 397, **77**, 144.

Angemessen ist das kompensationslose Verbot jedweder anderweitiger abhängiger Beschäftigung bei Wettbewerbern während des Arbeitsvertrags grds nur bei Vollarbeitsverhältnissen, bei Teilzeit im Einzelfall großzügige Anwendung, HWK/Diller Rn 11, 21, str. §§ 60, 61 gehen noch auf Art 59, 56 ADHGB 1861 zurück, sie sind unter Berücksichtigung der Art 6, 12 GG sowie dem Sozialstaatsprinzip einschränkend auszulegen. Notwendig ist die Abwägung der beidseitigen Treue- bzw Fürsorgepflichten unter Berücksichtigung aller Umstände des Einzelfalls. Wettbewerbsverbot zielt auf leitende Angestellte und Geheimnisträger. Berechtigtes Interesse an weiterem Arbeitsverhältnis insbesondere, wenn der Arbeitnehmer zur Bestreitung des Lebensunterhaltes (seines und seiner Familie) die Arbeitszeit ausdehnen muss, der Arbeitgeber eine Erhöhung im Betrieb bzw Unternehmen aber ablehnt und außerhalb der Branche keine Beschäftigung zu angemessener Bezahlung gefunden werden kann. Kompensationsloser Verzicht auf weitere Arbeitsstelle kann dann auch bei einfacher Tätigkeit als Handlungsgehilfe im traditionellen Sinne (etwa als Kassierer oder Verkäufer, § 59 Rn 30) nicht dauerhaft verlangt werden. Praktisch wird zur Koordinierung der Arbeitszeiten eine Vereinbarung notwendig sein.

C. **Gesetzliches Wettbewerbsverbot während der Vertragszeit:** Ein ge- 5 setzliches Wettbewerbsverbot gilt nach § 60 nur während der Vertragszeit. Wird der Dienst nicht begonnen oder vorzeitig beendet, ist zu unterscheiden: Wird der Arbeitnehmer bei Dienstantritt zu Unrecht abgewiesen oder unzulässig vorzeitig entlassen, gilt I nicht, es sei denn, der Arbeitnehmer hält an dem Vertrag fest und nimmt die Rechte daraus in Anspruch. Umgekehrt, wenn der Arbeitnehmer treuepflichtwidrig den Dienst nicht antritt oder vorzeitig einstellt, dann gilt I bis zum Rechtswirksamwerden der Kündigung, BAG BB **70**, 214. Bei **Beurlaubung** des Arbeitnehmers gilt das Verbot weiter, ebenso bei Suspendierung bis

§ 60   6, 7   1. Buch. Handelsstand

zum Ablauf der Kündigungsfrist mit Gehaltsfortzahlung, BAG BB **70**, 214, **79**, 325, NZA **13**, 208 (Freistellung). Nach **fristloser Kündigung** wegen Vertragsbruchs des Arbeitnehmers, deren Berechtigung dieser bestreitet, kann schuldhafter Verstoß gegen das weiterbestehende Wettbewerbsverbot erneute fristlose Kündigung tragen, BAG NZA **92**, 212, zur Kündigung im Kündigungsschutzprozess auch LAG Köln NZA-RR **07**, 73. Der Arbeitgeber hat einen Unterlassungsanspruch, BAG BB **70**, 214, und kann einen Schadensersatzanspruch gegen den Arbeitnehmer für Verlust des Schutzes aus § 60 haben, BAG BB **75**, 1112 (§ 628 Abs. 2 BGB). Nach BAG NZA-RR **10**, 461 ist fraglich, ob das Wettbewerbsverbot nach Kündigung so weit reicht wie zuvor, bei Konkurrenztätigkeit nach Kündigung bejaht BAG NZA **15**, 429 dem Grunde nach wichtigen Grund für fristlose Kündigung nach § 626 BGB, Berücksichtigung der vorhergehenden Kündigung in der Interessenabwägung. Zum Wettbewerbsverbot im Kündigungsschutzprozess Fischer NJW **09**, 331, Nägele NZA **16**, 271, im gekündigten Arbeitsverhältnis Leuchten NZA **11**, 391, Salamon/Fuhlrott BB **11**, 1018.

6   **D. Freier Wettbewerb nach Ende des Arbeitsverhältnisses:** Nach Ende des Arbeitsverhältnisses besteht **freier Wettbewerb**, soweit sich der Arbeitgeber nicht durch ein vertragliches Wettbewerbsverbot gegen Entschädigung nach §§ 74–75d gesichert hat, BAG NZA **88**, 502, **99**, 200, **05**, 105. Das gilt auch für den Bezieher betrieblicher Pensionsleistungen, wenn nicht mit der Ruhegehaltszusage ein Wettbewerbsverbot verbunden ist, dann §§ 74 ff, BAG NZA **94**, 502 sowie entsprechend für die Bezieher von Übergangsgeld, Bauer/Diller Rn 42. Fehlt Wettbewerbsabrede nach §§ 74 ff, darf der Arbeitnehmer dem Arbeitgeber Konkurrenz machen und auch in seinen (ihm aus dem Arbeitsverhältnis bekannten) Kundenkreis eindringen. Es gelten nur die (nachvertragliche) Schweigepflicht (s § 59 Rn 50), die nach Vertragsende eingeschränkte, nachwirkende Treuepflicht und Schutz nach §§ 3, 17, 18 UWG, §§ 823 II, 826 BGB, uU § 823 I BGB, BGH **38**, 391 (Industrieböden); s Komm zum UWG, Reuter NJW **08**, 3538; Verleiten zum Vertragsbruch verstößt gegen nachvertragliche Pflichten sowie § 3 UWG, BGH ZIP **94**, 735, die nachwirkende Treuepflicht geht aber idR nicht auf Unterlassung von Wettbewerbshandlungen, BAG NZA **99**, 200. Geheimhaltungspflicht der Betriebsratsmitglieder s § 79 BetrVG. Schwer treuwidriger Geheimnisverrat kann uU zum Widerruf einer Ruhegeldzusage berechtigen (s § 59 Rn 46). Hat Arbeitnehmer den Kundenauftrag so weit vorbereitet, dass Abschluss nur noch Formsache ist, darf er auf Grund der nachwirkenden Treuepflicht den Auftrag nicht zum neuen Arbeitgeber mitnehmen, BAG BB **68**, 504. Bei Rechtsanwälten und Steuerberatern Unterscheidung zwischen Mandantenschutzklauseln (Verbot der Übernahme von Mandanten, die §§ 74 ff gelten) und Mandantenübernahmeklauseln, bei denen die Übernahme von Mandanten zulässig ist, aber ein Teil des Honorars abzuführen ist (dazu § 75d Rn 3).

2) Einwilligung des Arbeitgebers (II)

7   **Einwilligung** des Arbeitgebers entkräftet das Verbot. Sie ist **auch stillschweigend** möglich, liegt aber nicht schon in einer vorübergehenden Duldung wegen besonderer Umstände, RG **109**, 357. Sie ist unwiderruflich. Nachträgliche Genehmigung bzw Verzicht wirkt gleich. Einwilligung zum Betrieb eines HdlGewerbes (I Fall 1; §§ 1–7) gilt als erteilt, wenn Arbeitgeber bei Anstellung des Arbeitnehmers von dem Betrieb weiß und nicht ausdrücklich dessen Schließung vereinbart; fahrlässige Unkenntnis steht nicht gleich. Entspr Vorschrift für einzelne Geschäfte (I Fall 2) besteht nicht, auch keine Analogie, str, doch kann stillschweigende Einwilligung anzunehmen sein. Einwilligung ist vom Arbeitnehmer vorzutragen, diese liegt noch nicht in der Kündigung von Kundenverträgen, BAG NZA **13**, 749. Beweislast s BAG NJW **88**, 438 (Kündigung).

[Verletzung des Wettbewerbsverbots]

61 (1) **Verletzt der Handlungsgehilfe die ihm nach § 60 obliegende Verpflichtung, so kann der Prinzipal Schadensersatz fordern; er kann statt dessen verlangen, daß der Handlungsgehilfe die für eigene Rechnung gemachten Geschäfte als für Rechnung des Prinzipals eingegangen gelten lasse und die aus Geschäften für fremde Rechnung bezogene Vergütung herausgebe oder seinen Anspruch auf die Vergütung abtrete.**

(2) **Die Ansprüche verjähren in drei Monaten von dem Zeitpunkt an, in welchem der Prinzipal Kenntnis von dem Abschluss des Geschäfts erlangt oder ohne grobe Fahrlässigkeit erlangen müsste; sie verjähren ohne Rücksicht auf diese Kenntnis oder grob fahrlässige Unkenntnis in fünf Jahren von dem Abschluss des Geschäfts an.**

Übersicht

	Rn
1) Fristlose Kündigung, Vertragsstrafe	1
2) Schadensersatz und Unterlassung (I Halbsatz 1)	2
3) Gewinnherausgabe (I Halbsatz 2)	3
4) Verjährung (II)	4

1) Fristlose Kündigung, Vertragsstrafe

Verletzung der Verbote des § 60 gibt dem Arbeitgeber idR das Recht zur **1** fristlosen Kündigung nach § 626 BGB (§ 59 Rn 128–147), BAG NZA 08, 1415, aber idR erst nach Abmahnung (§ 59 Rn 130), BAG NZA 08, 1415. Sonst kommt ordentliche Kündigung in Betracht, aber nur unter deren Voraussetzungen. Gehaltskürzung ist nicht möglich, vgl BAG BB 88, 88, **Vertragsstrafe** nur, wenn wirksam vereinbart, für Klauselkontrolle gilt § 307 BGB, nicht § 309 Nr. 6 BGB, BAG NZA 08, 170. Wenn bei Dauerverstößen die Vertragsstrafe jeden Monat neu verwirkt sein soll, müssen diese deutlich von Einzelverstößen abgegrenzt sein, BAG NZA 08, 170 (Transparenzgebot), Formulierungsvorschlag von Diller NZA 08, 576.

2) Schadensersatz und Unterlassung (I Halbsatz 1)

Schadensersatz- und Unterlassungsanspruch folgen schon aus dem Vertrag, **2** BAG BB 70, 1095. Dem Geschädigten hilft sein Auskunftsanspruch, BAG BB 70, 1095, 77, 41; dafür genügt, dass der Arbeitgeber mit hoher Wahrscheinlichkeit Konkurrenztätigkeit dartun kann, BAG BB 71, 86, oder der Arbeitnehmer erheblichen Anlass zu Vermutung der Pflichtwidrigkeit gegeben hat, BAG BB 72, 1056. Der Schadensersatzanspruch setzt Verschulden voraus, er besteht neben Anspruch auf Herausgabe von Schmiergeld oder staatlicher Einziehung, BGH BB 62, 536. Für den Schaden und seine Feststellung gelten § 252 BGB und § 287 ZPO, BAG NZA 13, 748. Ist die Wettbewerbshandlung des Arbeitnehmers sittenwidrig, kommen auch Ansprüche aus § 826 BGB, uU § 3 UWG in Betracht. Lit: Menkens DB 70, 1592.

3) Gewinnherausgabe (I Halbsatz 2)

Arbeitgeber kann, durch (unwiderrufliche) Erklärung an Arbeitnehmer, statt **3** Schadensersatz (§§ 276 ff BGB, im Übrigen unter gleichen Voraussetzungen wie Gewinnherausgabe) verlangen, dass der HdlGehilfe (nach LAG Berlin BB 70, 1215 nur kaufmännische Angestellte, anders nun BAG NZA 07, 1436) die im Widerspruch zu § 60 gemachten Geschäfte **als für Rechnung des Arbeitgebers eingegangen gelten lasse** (oft irreführend Eintrittsrecht genannt; vgl §§ 687 II 1, 681, 667 BGB, hier aber fahrlässiger Verstoß genügend). Der Arbeitnehmer muss ihm dann alles daraus Erlangte herausgeben (Vergütung),

§ 62

auch Forderungen abtreten und zu ihrer Geltendmachung Auskunft erteilen und Beweisurkunden übergeben (§ 402 BGB); Stufenklage § 254 ZPO. Im Gegenzug muss der Arbeitgeber die Aufwendungen des HdlGehilfen für das Geschäft erstatten und die von ihm daraus noch zu erbringenden Leistungen übernehmen (entspr §§ 687 II, 684 S 1 BGB). Der Arbeitgeber kann damit den vom Arbeitnehmer unrechtmäßig gemachten Gewinn abschöpfen, auch wenn er ihn selbst nicht hätte machen können (anders § 252 BGB), RG **109**, 355. Das gilt für Geschäfte, falls der Eintritt nicht unberechtigte Vorteile für Arbeitgeber mitbringt oder wesentliche Umstellung des Inhalts des Geschäfts notwendig macht. I Halbs 2 gilt nicht für „HdlGewerbe" schlechthin und für Beteiligung an Ges; hier bleibt der Arbeitgeber auf Schadensersatzansprüche angewiesen, BAG BB **62**, 638, sowohl Eintrittsrecht wie Herausgabeanspruch sollen mit Gesellschaftsrecht unvereinbar sein; aA für Gfter der OHG nach § 113 I, BGH **38**, 306, s § 113 Rn 3. Für mehrere zusammenhängende Geschäfte des Arbeitnehmers kann Arbeitgeber das Eintrittsrecht nur einheitlich ausüben, BAG BB **62**, 638, einheitliche Wahl für die gesamte vertragswidrige Tätigkeit ist dagegen nicht geboten, MüKo/von Hoyningen-Huene 3, str. Keine Vergütung iSv I Halbsatz 2 ist die von einem Wettbewerber empfangene Vergütung in der Freistellungsphase, BAG NZA **13**, 208.

4) Verjährung (II)

4 II idF VerjährungsanpassG 9.12.04 BGBl 3214 (vgl § 113 III, dort Rn 10). Die Ansprüche des Arbeitgebers wegen der verbotenen Handlung **verjähren** nach II in drei Monaten ab Kenntnis oder grob fahrlässiger Unkenntnis (nF) vom Abschluss des Geschäfts (bzw dem Betrieb, der Beteiligung), RG **63**, 255 entspr § 113 III, auf jeden Fall aber in fünf Jahren von dem Abschluss des Geschäfts an. II zielt auf rasche Klärung und ist Ausfluss eines allgemeinen Rechtsgedankens. II betrifft deshalb nach der stRspr (aber § 113 Rn 10) nicht nur Ansprüche aus § 61, sondern entsprechende vertragliche und konkurrierende gesetzliche, zB deliktische, BAG NJW **86**, 2527, auch aus § 826 BGB, BAG NZA **01**, 94; aus § 3 UWG; auch Ansprüche auf Unterlassung, RG **63**, 254 (aber § 113 Rn 10); nicht dagegen Herausgabeansprüche aus § 687 II BGB, BAG **AP** BGB § 687 Nr 3, **AP** HGB § 60 Nr 8, aA MüKo/von Hoyningen-Huene 28. Frist des II gilt auch für Arbeitgeber, die kein HdlGewerbe betreiben, BAG NZA **07**, 1436, für RA kritisch Knöfel AnwBl **08**, 241. II erfasst nicht vereinbarte Vertragsstrafe, Kock NJW **08**, 394, Grund: erkennbares Druckmittel, kein Bedarf für umgehende Klärung. Verjährung bei Stufenklage s BAG NJW **86**, 2527.

[Fürsorgepflicht des Arbeitgebers]

62 **(1) Der Prinzipal ist verpflichtet, die Geschäftsräume und die für den Geschäftsbetrieb bestimmten Vorrichtungen und Gerätschaften so einzurichten und zu unterhalten, auch den Geschäftsbetrieb und die Arbeitszeit so zu regeln, daß der Handlungsgehilfe gegen eine Gefährdung seiner Gesundheit, soweit die Natur des Betriebs es gestattet, geschützt und die Aufrechterhaltung der guten Sitten und des Anstandes gesichert ist.**

(2) Ist der Handlungsgehilfe in die häusliche Gemeinschaft aufgenommen, so hat der Prinzipal in Ansehung des Wohn- und Schlafraums, der Verpflegung sowie der Arbeits- und Erholungszeit diejenigen Einrichtungen und Anordnungen zu treffen, welche mit Rücksicht auf die Gesundheit, die Sittlichkeit und die Religion des Handlungsgehilfen erforderlich sind.

(3) Erfüllt der Prinzipal die ihm in Ansehung des Lebens und der Gesundheit des Handlungsgehilfen obliegenden Verpflichtungen nicht, so finden auf seine Verpflichtung zum Schadensersatze die für unerlaubten Handlungen

6. Abschnitt. Handlungsgehilfen und -lehrlinge 1–4 § 62

geltenden Vorschriften der §§ 842 bis 846 des Bürgerlichen Gesetzbuchs entsprechende Anwendung.

(4) Die dem Prinzipal hiernach obliegenden Verpflichtungen können nicht im voraus durch Vertrag aufgehoben oder beschränkt werden.

1) Regelmäßige Fürsorgepflicht (I)

§ 62 ist Teilregelung der Fürsorgepflicht des Arbeitgebers (§ 59 Rn 90–92) für alle Arbeitnehmer und Arbeitgeber enthalten die §§ 618, 619 BGB eine gleichsinnige Regelung (BAG NZA **96**, 927, **97**, 86, bis 2002 auch § 120a GewO). Zu § 618 BGB entwickelte Grundsätze können bei der Auslegung des § 62 verwandt werden, dies insbesondere, wenn wie hier vertreten die §§ 59 ff nicht auf kaufmännische Angestellte beschränkt werden (§ 83 Rn 1). Das gilt auch für die Einwirkung öffentlich-rechtlicher Schutzpflichten etwa nach dem ArbSchG auf individuellen Arbeitsvertrag, BAG NZA **09**, 102 nimmt das für § 618 BGB an. Der Arbeitgeber hat nach I die **Gesundheit** des Arbeitnehmers zu schützen und für **gute Sitten** und **Anstand** im Betrieb zu sorgen, letzteres geht über den Wortlaut des § 618 I BGB hinaus. Seine Einrichtungs- und Unterhaltspflicht (I) erstreckt sich auf 1

a) alle (geschlossenen oder offenen) **Räume,** in denen der Arbeitnehmer die geschuldeten Dienste zu verrichten hat, samt Treppen und Zugängen, soweit er für sie zu sorgen hat, auch Räume für Nebenzwecke (zB Eß-, Washräume), uU Privaträume des Arbeitgebers. Räume iSv I sind auch nicht in einem Gebäude befindliche offene Arbeitsstellen, BGH **26**, 365, zB Baustellen, Gärten, uU öffentliche Wege;

b) alle für den Geschäftsbetrieb bestimmten **Vorrichtungen und Gerätschaften,** auch Heizung, Lüftung, Beleuchtung, Kfz, Schutzkleidung, Lärmschutz (zur EU-Ri EuGH NZA **11**, 967), zu verarbeitendes Material usw. Kostenbeteiligung des Arbeitnehmers ist, soweit I reicht, unzulässig, BAG BB **83**, 637. 2

c) Zur Regelung von **Geschäftsbetrieb** und **Arbeitszeit** nach I gehört ua, dass der Arbeitgeber kein Übermaß an Arbeit verlangt oder duldet, durch das Gesundheit des Arbeitnehmers gefährdet wird, auch bei leitenden Angestellten, BAG **19**, 288. Arbeitgeber muss ihm bekannte körperliche Leiden des Arbeitnehmers berücksichtigen, besonders durch Betriebsunfall hervorgerufene, LAG Düss BB **54**, 1108. Er muss Ansteckung durch kranke Mitangestellte verhüten. Arbeitszeit s § 59 Rn 45. Zum Gesundheitsschutz gehört uU sogar ein Rauchverbot, auf § 618 I BGB iVm § 5 ArbStättVO sowie die landesrechtlichen Regelungen zum Nichtraucherschutz abstellend BAG NZA **09**, 775, dazu auch Kühn BB **10**, 120. Rspr nimmt nun grds einen Anspruch auf tabakrauchfreien Arbeitsplatz an, Ausnahmen gelten aber bei Arbeitsstätten mit Publikumsverkehr nach § 5 II ArbStättVO, BAG NZA **16**, 1134. Der **Betriebsrat** hat mitzubestimmen bei Regelungen der Unfallverhütung (§ 87 I Nr 7 BetrVG) und kann uU einschreiten bei besonderer Belastung der Arbeitnehmer durch Änderungen der Arbeitsplätze, des Arbeitsablaufs oder der Arbeitsumgebung (§ 91 BetrVG). 3

2) Fürsorgepflicht bei häuslicher Gemeinschaft (II)

Besondere Fürsorge schuldet der Arbeitgeber, der Wohnung und Kost gewährt, wenn auch nicht an seinem Tisch. Näheres bestimmt die Verkehrssitte. II gilt idR nicht bei Unterbringung im Wohnheim des Arbeitgebers; anders für Krankenschwester, BAG BB **55**, 637. Bei Unterbringung in Werkswohnungen gilt II nicht, aber Mietrecht und §§ 823 ff BGB. 4

§ 64   1

3) Ansprüche bei Verletzung (III)

5   A. Bei Verletzung einer Verpflichtung des Arbeitgebers nach I (ebenso bei Verletzung öffentlich-rechtlicher Schutzvorschriften) kann der Arbeitnehmer auf **Erfüllung** klagen, denn die Verpflichtung ist trotz Verweisung auf §§ 842 ff BGB eine vertragliche, hL. Er kann auch vor Eintritt des Schadens den **Dienst** wegen Annahmeverzugs des Arbeitgebers **verweigern** (§ 273 BGB, nicht § 320 BGB; s § 59 Rn 72), unstr, Bsp BAG NZA **97**, 86 (iErg abl), bei geringeren Verstößen aber erst Abmahnung. Ist er geschädigt, kann er nach allgemeinem Vertragsrecht (§ 280 BGB) **Schadensersatz** fordern; III regelt nicht diesen Rechtsgrund (Schadensersatz also nur bei Verschulden des Arbeitgebers), sondern nur den Umfang des Anspruchs durch Verweisung auf Deliktsrecht: § 842 BGB (Nachteile für Erwerb oder Fortkommen), § 843 BGB (Rente), § 844 BGB (Begräbniskosten, unterhaltsberechtigte Dritte), § 845 BGB (dienstberechtigte Dritte), § 846 BGB iVm § 254 BGB (Mitverschulden). Aus § 253 II BGB kann sich ein Anspruch auf Schmerzensgeld ergeben. Ob § 62 Schutzgesetz iSv § 823 II BGB ist, ist wie bei § 618 BGB str. Der Arbeitnehmer braucht nur ordnungswidrigen Zustand zu beweisen, der Arbeitgeber muss sich dann entlasten, BAG BB **70**, 754.

6   B. Bei **Betriebsunfall** oder Berufskrankheiten sind Ansprüche des Arbeitnehmers und ggf seiner Hinterbliebenen gegen den Arbeitgeber (und Arbeitskollegen) idR **ausgeschlossen,** die gesetzliche Haftpflichtversicherung verdrängt § 62 (§ 59 Rn 105–106, 109).

4) Unabdingbarkeit (IV)

7   Die Pflichten des Arbeitgebers nach I–III können vertraglich nicht im Voraus aufgehoben oder beschränkt werden. Vergleich oder Verzicht nach Eintritt des Schadensfalls sind zulässig. Auch die Haftung für Erfüllungsgehilfen ist nicht abdingbar, auch nicht durch TV. Die Nichtigkeit berührt den Dienstvertrag im Übrigen nicht. IV steht tariflichen Ausschlussklauseln, zB über Fristen zur Geltendmachung (vgl § 59 Rn 78), nicht entgegen.

63 *(aufgehoben)*

1   1) § 63 über Dienstverhinderung des HdlGehilfen (s 29. Aufl) ist ebenso wie §§ 1–9 LFZG durch das PflegeVG 26.5.94 BGBl 1014 Art 59 mit Wirkung ab 1.6.94 außer Kraft getreten, Überleitungsvorschrift Art 67. Entgeltfortzahlung im Krankheitsfalle nunmehr nach EFZG (§ 59 Rn 75).

[Gehaltszahlung]

64
[1]**Die Zahlung des dem Handlungsgehilfen zukommenden Gehalts hat am Schlusse jedes Monats zu erfolgen.** [2]**Eine Vereinbarung, nach der die Zahlung des Gehalts später erfolgen soll, ist nichtig.**

1) Fälligkeit des Arbeitsentgelts:

1   § 64 betrifft die Fälligkeit des Arbeitsentgelts (Sonderregelung zu §§ 271, 614 BGB, für daneben bestehendem gesetzlichen Mindestlohnanspruch § 2 MiLohnG), bedeutsam auch für die Verjährung, BAG NZA-RR **08**, 399. Abw von § 614 BGB erlaubt Satz 1 (falls nach-, nicht vorausgezahlt wird) nicht längere Gehaltsabschnitte als einen Monat (nicht notwendig: Kalendermonat). Zahlung am letzten Tag des Abschnitts, falls Feiertag: am folgenden Werktag, § 193 BGB.

6. Abschnitt. Handlungsgehilfen und -lehrlinge 1, 2 § 65

Gehalt iSv § 64 ist nur das feste Arbeitsentgelt (Gehalt, s § 59 Rn 58; nicht Provision, Gewinnbeteiligung, Gratifikation etc, s § 59 Rn 59–68), BAG NZA **08**, 1048. Zahlung nicht notwendig bar. Aufrechnung im Rahmen der Pfändungsgrenzen, Zurückbehaltung (§ 273 BGB) grundsätzlich ebenso, jedoch wegen Nicht-Geldforderung des Arbeitgebers (zB Anspruch auf Herausgabe von Sachen des Arbeitgebers) auch darüber hinaus, Köst BB **54**, 688. Stundung ist möglich, auch Lebensarbeitszeitkonten. Zu zahlen ist grundsätzlich in den Geschäftsräumen (§§ 269, 270 BGB). Mitbestimmung zu Einzelheiten von Zeit, Ort und Art der Auszahlung nach § 87 I 4 BetrVG, auch bei Einführung bargeldloser Zahlung, BAG **14**, 164. **Bei Beendigung** des Arbeitsverhältnisses ist Gehalt sofort auszuzahlen; bereits verdiente, aber noch nicht fällige Treueprämie jedoch erst bei allgemeiner betrieblicher Auszahlung, BAG BB **73**, 144. § 64 ist in den neuen Bundesländern nicht anzuwenden (Anl I zum Einigungsvertrag 31.8.1990 BGBl II 889, 959, 1020).

2) Unabdingbarkeit (Satz 2):

§ 64 ist **zwingend,** spätere Zahlung als nach S 1 kann nicht vereinbart werden 2 (Satz 2), jedoch frühere; Anspruch auf **Vorschuss** nur bei Vereinbarung, außer in besonderen Notfällen (Fürsorgepflicht, § 59 Rn 90–92). Gegenüber anderen Arbeitnehmern als kaufmännischen Angestellten kann sich der Kfm zumindest aus Gleichbehandlungsgründen nicht auf abweichende Vereinbarungen berufen, nach hier vertretener Ansicht sind auch diese Handlungsgehilfen (§ 83 Rn 1).

[Provision]

65 Ist bedungen, daß der Handlungsgehilfe für Geschäfte, die von ihm geschlossen oder vermittelt werden, Provision erhalten solle, so sind die für die Handelsvertreter geltenden Vorschriften des § 87 Abs. 1 und 3 sowie der §§ 87a bis 87c anzuwenden.

1) Geltung von Handelsvertreterrecht bei Provisionsvereinbarung

Verweisung auf Handelsvertreterrecht: Voraussetzung der Verweisung 1 nach § 65 ist eine Provisionsvereinbarung. Verwiesen ist auf die die Provision betreffenden Vorschriften des Rechts der HV außer auf § 87 II betr Bezirks- und Kundenschutz, doch kann dieser vereinbart werden, BAG BB **66**, 208, NZA **01**, 153. Dagegen besteht kein Ausgleichsanspruch nach § 89b, BAG **6**, 23, LAG Stgt BB **58**, 842 (Verweis ua auf Kündigungsschutz). Anders ggf im Einzelfall, soweit Abfindung aus Gründen der Gleichbehandlung geboten ist (zu § 89 II 2 BAG NZA **05**, 1176), etwa bei betriebsbedingter Kündigung ohne vertragliche oder betriebsverfassungsrechtliche Abfindungsregelung und besonderen Vorleistungen des Arbeitnehmers. § 65 gilt (nach hM entspr) für alle Arbeitnehmer, nicht nur für Handlungsgehilfen, BAG NZA **15**, 874.

Provision ist eine nach dem Umfang vergütungspflichtiger (Einzel-)Geschäfte 2 bemessene Zahlung (§ 87 Rn 2–4); § 65 erfasst auch Abreden über Vergütung für vermittelte oder abgeschlossene Geschäfte, auch wenn diese nicht als Provision bezeichnet ist; ebenso „Umsatzbonus", der nicht von Gesamt- oder Abteilungsumsatz, sondern vom individuellen Umsatz des Arbeitnehmers abhängig ist (sonst Tantieme, s § 59 Rn 60); Erfolgsbeteiligung, die sich nach vermitteltem Umsatz bemisst, BAG BB **73**, 1072; Provision auch neben Festgehalt, BAG NZA **08**, 1124, Verrechnung von Fixum und Spesen auf „Umsatzbonus" am Jahresende mit Rückzahlungsverpflichtung für Überzahlungen, BAG BB **67**, 501. Rein erfolgsorientierte Provisionsvergütung wird als sittenwidrig angesehen, wenn in der eingesetzten Zeit kein angemessener Verdienst erzielt werden kann, LAG Köln ArbuR **09**, 225 (LS).

§ 65 3–5 1. Buch. Handelsstand

3 **Provisionsanspruch** (s §§ 87, 87a) besteht grundsätzlich auch für Umsätze anderer Konzernunternehmen, für die der Angestellte mit tätig werden muss, BAG DB **76**, 2262; bei Nichtausführung des Geschäftes, es sei denn, Ausführung ist dem Arbeitgeber nicht zumutbar, BAG BB **67**, 333, 501; auch wenn Arbeitgeber zumutbare Nachbearbeitung bei Verzug oder Vertragsunwilligkeit des Kunden unterlässt, BAG **20**, 123; auch wenn zusätzliche Bemühungen des Arbeitgebers oder eines Dritten notwendig sind, aber der Arbeitnehmer die zum Abschluss führenden Verhandlungen veranlasst hat, BAG BB **69**, 178. Mitursächlichkeit der Arbeitnehmertätigkeit reicht aus, LAG Köln NZA-RR **07**, 236. Ist monatliche Garantiesumme vereinbart, setzt Verrechnung mit höheren Provisionen anderer Monate ausdrückliche Vereinbarung voraus, BAG BB **76**, 138. Provision darf nicht von bestimmter Dauer der Betriebszugehörigkeit abhängig gemacht werden, BAG BB **73**, 1072, Grund: unzulässige Kündigungserschwerung (vgl § 59 Rn 61–68). Deshalb auch anteilige Provision bei unterjähriger Beschäftigung, BAG NZA **96**, 1151. Zweifelhaft, ob Vereinbarung zulässig ist, dass verdiente Provisionen und Fahrtkosten laufend mit Rückzahlungsansprüchen aus ungedeckt gebliebenen Provisionsvorschüssen verrechnet werden dürfen, BAG BB **76**, 1028. Provision gehört bei vom Arbeitgeber veranlasster Dienstverhinderung rglm zum weiterzuzahlenden „Gehalt", BAG **60**, 984. **Kürzung** verdienter Provisionen nach Vertragsende nicht ohne sachlichen Grund, entgegenstehender Vertrag ist unzulässig, BAG BB **62**, 878. Verfall verdienter Provision, die erst nach Beendigung des Arbeitsverhältnisses fällig wird, kann anders als bei HV nicht vereinbart werden, BAG BB **72**, 1454, außer wenn sachliche Gründe vorliegen und der Angestellte angemessenen Ausgleich erhält; Rationalisierung der Abrechnung genügt nicht, BAG BB **73**, 1534. **Höhe** der Provision s § 87 b.

4 **Abrechnung** s § 87c; bei Umsatzbeteiligung des Arbeitnehmers weitergehender Auskunftsanspruch, BAG NZA **01**, 1093. Bei Verzug des Arbeitgebers mit Abrechnung und Zahlung sind die Kosten für Heranziehung eines Buchprüfers durch Arbeitnehmer Verzögerungsschaden, BAG BB **66**, 208. **Verjährung** des Provisionsanspruchs in drei Jahren (§§ 195, 199 BGB), BAG NZA **96**, 251. In der Buchung auf ein Stornokonto kann eine unangemessene Benachteiligung iSv § 307 II Nr 1 BGB liegen, BAG NZA **15**, 877 (Klauselkontrolle). Ausschlussfristen und Rückzahlung vorschussweise bezahlter Provisionen können nach §§ 307 ff BGB wirksam vereinbart werden, BAG NZA-RR **09**, 533 (Bezugnahmeklausel), BAG NZA **15**, 874. Klage auf Abrechnung und Buchauszüge hemmt nicht Verjährung der Provisionsansprüche, BAG BB **71**, 1563. Rückzahlung von Vorschüssen bei Vermittlung von Versicherungen, wenn Versicherungsnehmer die Prämien nachbezahlt aus entsprechender Vereinbarung (nicht § 812 BGB), BAG NZA **15**, 871. Zur Mitbestimmung des Betriebsrats bei genereller betrieblicher Provisionsregelung BAG BB **77**, 1046.

2) Unabdingbarkeit

5 § 65 ist jedenfalls insoweit unabdingbar, als entsprechende Ansprüche des Handelsvertreters unabdingbar sind, zB § 87a III, IV, § 87c V (s dort), wohl auch § 87 I 1 für Überhangprovision, offen BAG NZA **08**, 1124, nach aA weitergehende Unabdingbarkeit zugunsten des Arbeitnehmers, zB bezüglich § 87 III, MüKo/von Hoyningen-Huene 30, nun mit Hinweis auf Klauselkontrolle bei Arbeitsverträgen. Befristung (oder Vorbehalt des Widerrufs) bei Provisionszusage neben Tarifgehalt in Höhe von nur 15 % der Gesamtvergütung ist zulässig, BAG NZA **94**, 476.

6. Abschnitt. Handlungsgehilfen und -lehrlinge GewO § 109

66–72 *(aufgehoben)*

1) §§ 66–72 aufgehoben durch 1. ArbRBerG ab 31.8.69. Statt dessen §§ 620 ff **1** BGB; Kündigungsrecht s jetzt § 59 Rn 121 ff.

73 *(aufgehoben)*

1) § 73 betr Zeugnisanspruch des HdlGehilfen aufgehoben ab 1.1.03 durch 3. **1** GewOÄndG 24.8.02 BGBl 3412. Zugleich bestimmt § 630 S 4 BGB nF 2002, dass dann, wenn der (Dienst)Verpflichtete ein Arbeitnehmer ist, § 109 GewO Anwendung findet. Wegen der großen praktischen Bedeutung des Arbeitszeugnisses und weil § 630 BGB an Bedeutung verloren hat, wird statt der Kommentierung zu § 73 aF bis auf weiteres eine Kommentierung zur ähnlichen Nachfolgenorm § 109 GewO angeboten.

Zeugnis

GewO 109

(1) [1]Der Arbeitnehmer hat bei Beendigung eines Arbeitsverhältnisses Anspruch auf ein schriftliches Zeugnis. [2]Das Zeugnis muss mindestens Angaben zu Art und Dauer der Tätigkeit (einfaches Zeugnis) enthalten. [3]Der Arbeitnehmer kann verlangen, dass sich die Angaben darüber hinaus auf Leistung und Verhalten im Arbeitsverhältnis (qualifiziertes Zeugnis) erstrecken.

(2) [1]Das Zeugnis muss klar und verständlich formuliert sein. [2]Es darf keine Merkmale oder Formulierungen enthalten, die den Zweck haben, eine andere als aus der äußeren Form oder aus dem Wortlaut ersichtliche Aussage über den Arbeitnehmer zu treffen.

(3) Die Erteilung des Zeugnisses in elektronischer Form ist ausgeschlossen.

Schrifttum

Schlessmann, 21. Aufl 2015u BB **88**, 1320; *Huber/Müller* 16. Aufl 2016; *Schulz/Gerauer/ Jarvers* 9. Aufl 2015 (dtv); *Weuster/Scheer* 13. Aufl 2014; *Göldner* ZfA **91**, 225, *Weuster* BB **92**, 58, *Düwell/Dahl* NZA **11**, 958, Ecklebe DB **15**, 923, Popp DB **16**, 1075. Allgemein zu GewO *Friauf* (LBl), *v Landmann/Rohmer* I (LBl), *Tettinger/Wank/Ennuschat* 8. Aufl 2011. **RsprÜbersicht:** *Becker-Schaffner* BB **89**, 2105, *Hunold* NZA-RR **01**, 113.

Übersicht

	Rn
1) Anspruch auf Zeugnis (I 1)	1–8
A. Zweck und Reichweite von § 109 GewO	1
B. Entstehung des Anspruchs, Zwischenzeugnis	4
C. Anspruchsgegner	7
D. Einreden, Erlöschen des Anspruchs	8
2) Form und Inhalt des Zeugnisses	9–14
A. Form (I 1, III)	9
B. Inhalt des einfachen Zeugnisses (I 2)	10
C. Inhalt des qualifizierten Zeugnisses (I 3)	11
D. Klarheit, Vollständigkeit, keine Geheimzeichen (II)	13
E. Typische Zeugnisformeln	14

	Rn
3) Geltendmachung des Zeugnisanspruchs	15–17
A. Ausübung des Wahlrechts	15
B. Berichtigung, Widerruf	16
C. Gerichtliche Geltendmachung	17
4) Auskunftspflicht des Arbeitgebers	18
5) Haftung des Arbeitgebers	19–20
A. Haftung gegenüber dem Arbeitnehmer	19
B. Haftung gegenüber einem Dritten	20

1) Anspruch auf Zeugnis (I 1)

1 **A. Zweck und Reichweite von § 109 GewO: a) Verhältnis von §§ 105–110 GewO und §§ 59–83 HGB:** § 109 GewO ist durch das 3. GewOÄndG 24.8.02 BGBl 3412 an die Stelle von § 73 getreten. § 109 GewO soll das Zeugnisrecht nunmehr einheitlich für alle Arbeitnehmer regeln (RegE), für Auszubildende und bei Umschulungen verbleibt es bei § 630 BGB, BAG NZA **14**, 31. Das Ziel ist richtig, die Regelung aber systematisch missglückt. Konsequent hätten dann §§ 59–83 insgesamt eliminiert werden müssen, nicht höchst zufällig nur § 73 aF, zumal §§ 105–110 nF GewO nicht mehr nur für gewerbliche Arbeitnehmer, sondern für alle Arbeitnehmer gelten (vgl § 6 II nF GewO, Titelüberschrift, RegE). Demgegenüber regelt zB § 110 nF GewO das Wettbewerbsverbot (nicht mehr nur für technische, sondern) für alle Arbeitnehmer, verweist aber dafür in § 110 S 2 auf §§ 74–75f HGB, statt sie aus dem HGB heraus in die GewO zu übernehmen. Schließlich ist die Auslagerung einiger allgemeiner arbeitsrechtlicher Grundsätze in die primär öffentlich-rechtliche GewO mit dem Ziel des SMG, das BGB als zentrale Kodifikation zu stärken, unvereinbar. Es ist damit zu rechnen, dass dieser Widerspruch auf Dauer in der einen oder anderen Weise aufgelöst wird, und zwar durch Herausnahme der arbeitsrechtlichen Vorschriften insgesamt aus dem HGB und ihrer Regelung richtigerweise im BGB oder besser noch in einem Arbeitsvertragsgesetzbuch, nicht in der GewO. Lit: Komm zu GewO, zu Arbeitsrecht (vor § 59), zB Erfurter Komm/Müller-Glöge, Bauer/Opolony BB **02**, 1590, Schöne NZA **02**, 829, Wisskirchen DB **02**, 1886, Löw NJW **05**, 3605.

2 **b) Zweck von § 109 GewO:** Nach § 109 GewO hat der Arbeitnehmer bei Beendigung des Arbeitsverhältnisses Anspruch auf ein schriftliches Zeugnis. Dieses dient einerseits dem Arbeitnehmer für neue Bewerbungen und sein berufliches Fortkommen, andererseits dem künftigen Arbeitgeber zur Beurteilung des Bewerbers. Dieser doppelte Zweck („zweiseitige Zielsetzung": inhaltlich wahr und zugleich von verständigem Wohlwollen getragen), BAG NZA **93**, 697, **05**, 1237, hat Konsequenzen für Abfassung und Inhalt des Zeugnisses sowie für eine eventuelle Haftung (s Rn 19, 20). Das Zeugnis ist Wissenserklärung, nicht Willenserklärung. Das Zeugnis kommt als einfaches und als qualifiziertes Zeugnis vor (s Rn 10, 11).

3 **c) Reichweite:** § 109 GewO entspricht für den Arbeitnehmer weitgehend § 73 aF und § 630 BGB. § 630 BGB wird für das Zeugnis des Arbeitnehmers durch § 109 GewO verdrängt (§ 630 S 4 nF BGB, Kritik s Rn 1) und regelt nur noch sonstige Dienstverhältnisse. § 109 GewO gilt wie § 73 aF unmittelbar für abhängige Handelsvertreter (§ 84 II, s dort Rn 39) und entsprechend für arbeitnehmerähnliche Personen, für den Einfirmenvertreter (§ 92a), für freie Mitarbeiter je nach Grad der Abhängigkeit, nach aA § 630 BGB. **Nicht** anwendbar ist § 109 GewO auf andere als Arbeitnehmer, insoweit aber uU § 630 BGB, so für GmbHGeschäftsführer, so die hL, Gfter ist, BGH **49**, 30, str. Selbstständige Handelsvertreter haben keinen Zeugnisanspruch, hL, RG **87**, 443, Celle BB **67**, 775, str, aA Emde MDR **02**, 192 (§ 86 Rn 5). Kein Zeugnis iSv § 109 GewO ist die

6. Abschnitt. Handlungsgehilfen und -lehrlinge 4–7 GewO § 109

Arbeitsbescheinigung nach § 133 AFG; Stationszeugnis für Rechtsreferendare, da nur Prüfungszweck, VGH Kassel NJW **08**, 1608.

B. Entstehung des Anspruchs, Zwischenzeugnis: a) Bei Beendigung 4 **des Arbeitsverhältnisses:** Der Anspruch auf ein **endgültiges Zeugnis** entsteht bei Beendigung eines (jeden) Arbeitsverhältnisses (I 1). Das soll bei fristgerechter Entlassung der Zeitpunkt des Ablaufs der Kündigungsfrist oder des tatsächlichen Ausscheidens ohne Rücksicht auf Andauern des Kündigungsschutzprozesses sein, BAG NZA **87**, 628, richtiger im Interesse des Arbeitnehmers (Bewerbungen) schon Zeitpunkt des Zugangs der Kündigung bzw der letztmögliche Zeitpunkt einer ordentlichen Kündigung, str. Vorher kann nur Zwischenzeugnis verlangt werden (s Rn 6).

b) Einfaches Zeugnis ohne, qualifiziertes auf Verlangen: Der Arbeitneh- 5 mer hat bei Ende des Arbeitsverhältnisses, auch eines ganz kurzfristigen (vgl anders § 630 BGB: „dauernd") oder fehlerhaften (§ 59 Rn 38), Anspruch auf ein schriftliches Zeugnis mit Angaben zu Art und Dauer seiner Tätigkeit (einfaches Zeugnis s Rn 10). Ein besonderes Verlangen des Arbeitnehmers ist dafür nicht (mehr) erforderlich. Der Arbeitnehmer kann verlangen, dass sich die Angaben darüber hinaus auf Leistung und Verhalten im Arbeitsverhältnis erstrecken (qualifiziertes Zeugnis s Rn 11). Auch der vertragsbrüchig ausgeschiedene Arbeitnehmer hat den Zeugnisanspruch (zum Inhalt in diesem Fall s Rn 11). Der Arbeitnehmer kann zwischen dem einfachen und dem qualifizierten Zeugnis frei wählen (s Rn 15). Das Verlangen ist keine Zustimmung zur Kündigung.

c) Zwischenzeugnis auf Verlangen: Schon **vor Beendigung**, so ab Kündi- 6 gung, uU auch ohne solche vor Stellungssuche oder aus anderem triftigen Grund, besteht auf Grund Fürsorgepflicht (§ 59 Rn 90–92, 104) Anspruch auf ein vorläufiges bzw Zwischenzeugnis, aber nur auf Verlangen, Sonderregelung im öffentlichen Dienst (§ 35 TvÖD). Triftige Gründe sind zB Vorlage bei Dritten wie neuer Arbeitgeber, Behörden oder bei Stellung eines Kreditantrags, Versetzung, Betriebsübernahme durch neuen Arbeitgeber, längere Arbeitsunterbrechung (zB Wehrdienst, Zivildienst, Erziehungsurlaub), nicht Verwendung als Beweismittel in Rechtsstreit um Höhergruppierung, BAG NZA **93**, 1031. Aufgrund Fürsorgepflicht kann auch der Anspruch auf ein Zwischenzeugnis im weiterlaufenden Arbeitsverhältnis bestehen, zB bei Versetzung, Betriebsübernahme ua. Das Zwischenzeugnis kann als solches bezeichnet werden, str. Auswirkung des Zwischenzeugnis auf Endzeugnis (s Rn 12). Der Anspruch auf das endgültige Zeugnis ist nicht von der Rückgabe des vorläufigen abhängig; ob überhaupt Rückgabeanspruch besteht, ist str, ebenso Zurückbehaltungsrecht (s Rn 8).

C. Anspruchsgegner: Das Zeugnis ist unmittelbar **vom Arbeitgeber** oder 7 einem Vertreter (also nicht höchstpersönlich; beim qualifizierten Zeugnis aber tatsächlich nur eingeschränkt möglich, § 888 ZPO, s Rn 17), zB Personalchef mit entsprechender Vollmacht (Prokurist, HdlBevollmächtigter), auszustellen, BAG NZA **00**, 257; der Vertreter muss ranghöher als der Ausscheidende sein, BAG NZA **06**, 436. Formanforderungen bei Vertretung s Rn 9. Bei Unternehmensnachfolge ist Anspruchsgegner der zurzeit der Beendigung des Arbeitsverhältnisses zuständige Erbe oder Übernehmer. Bei Beendigung des Arbeitsverhältnisses vor Insolvenz bleibt idR der Arbeitgeber Zeugnisschuldner, BAG NZA **04**, 1393. Bei Betriebsweiterführung kann der fortbeschäftigte Arbeitnehmer ein Zeugnis auch für die Zeit vor Eröffnung des Insolvenzverfahrens vom Insolvenzverwalter verlangen, BAG NZA **91**, 599, str, dieser hat Auskunftsanspruch gegen den Schuldner, BAG NZA **04**, 1393. Zeugniserteilung ist Nachlassverbindlichkeit. Nötigenfalls muss der zur Ausstellung Verpflichtete die erforderlichen Informationen einholen.

GewO § 109 8–10 1. Buch. Handelsstand

8   D. **Einreden, Erlöschen des Anspruchs:** Der Arbeitgeber hat idR **kein Zurückbehaltungsrecht** (§ 273 BGB), zB wegen Herausgabe von Sachen, hL, str, Grund: Angewiesenheit des Arbeitnehmers; aber Zurückbehaltung des neuen gegen Zurückgabe des alten, herauszugebenden Zeugnisses (s Rn 6, 15). Der Anspruch auf ein (qualifiziertes) Zeugnis erlischt nicht schon mit Beendigung des Arbeitsverhältnisses, wenn der Arbeitnehmer kein (solches) Zeugnis verlangt (s Rn 5), das kann er auch noch später (s Rn 15). **Verjährung** in drei Jahren (§ 195 BGB). **Erfüllung** (§ 362 I BGB) erst mit Erteilung des nach Form und Inhalt nicht zu beanstandenden, ggf berichtigten Zeugnisses, BAG NZA **00**, 257; Erfüllung des Anspruchs auf ein qualifiziertes Zeugnis nicht schon mit Ausstellung eines einfachen (str zum umgekehrten Fall, s Rn 15). Zur Frage des Erlöschens bei Erteilung des gewählten einfachen oder qualifizierten Zeugnisses s Rn 15. Erlöschen des Berichtigungsanspruchs s Rn 16. Bei Verlust des Zeugnisses kann der Arbeitnehmer, soweit dem Arbeitgeber möglich und zumutbar, **Zweitausfertigung** verlangen. **Verzicht** auf den Zeugnisanspruch ist vor Ende des Arbeitsverhältnisses nicht möglich, hL, aber bei Beendigung oder nachher im Rahmen der guten Sitten, LAG Kln MDR **95**, 613, str, offen BAG BB **75**, 136. Allgemein gehaltene Ausgleichsquittung enthält keinen Verzicht auf qualifiziertes Zeugnis, BAG BB **75**, 136; tarifliche **Ausschlussfrist** (§ 59 Rn 78) gilt auch für Zeugnisanspruch, BAG NZA **06**, 436, str. Zeugnisunterlagen sind 6 Jahre aufzubewahren (§ 257 IV); Erfüllung des Anspruchs auf einfaches Zeugnis kann dann **unmöglich** werden (§ 275 BGB). **Verwirkung** (des Anspruchs auf Zeugnis und auf Berichtigung) ist jedenfalls beim qualifizierten Zeugnis möglich, BAG NZA **88**, 427, **06**, 436, **08**, 298; je nach den Umständen zeitlich auch vor Verjährung. Das Zeugnis ist zur **Abholung** bereit zu halten (Holschuld, § 269 II BGB), ausnahmsweise zuzusenden (§ 242 BGB), BAG NZA **95**, 671, **00**, 1060.

2) Form und Inhalt des Zeugnisses

9   A. **Form (I 1, III):** Das Zeugnis ist schriftlich zu erteilen (**I 1** wie § 126 BGB, der aber schon deswegen nicht unmittelbar gilt, weil das Zeugnis keine Willenserklärung darstellt, s Rn 2), elektronische Form (§ 126a BGB) ist ausgeschlossen (**III** wie § 630 S 3 BGB), Textform nach § 126b BGB ist keine Schriftform. Bei Verstoß Formmangel (§ 125 BGB) und keine wirksame Erteilung. Das Zeugnis muss als solches überschrieben und in der dritten Person abgefasst sein (nicht nur Brief an den Arbeitnehmer in Anredeform), LAG Düss BB NZA-RR **96**, 42. Das Zeugnis muss auch seiner äußeren Form nach gehörig, sauber und ordentlich geschrieben sein. Es ist auf Firmenpapier mit üblichem Firmenbriefkopf zu schreiben, BAG NZA **93**, 697, bei Oberarzt nicht nur auf allgemeinem Briefbogen, sondern dem der Fachabteilung und Unterzeichnung nicht nur des Geschäftsführers, sondern auch der Chefärzte, LAG Hamm BB **95**, 154 LS. Es muss datiert sein. Zum richtigen Datum s Rn 10. Das Zeugnis ist eigenhändig (I 1, vgl § 126 BGB) zu unterzeichnen, Paraphe, Faksimile ua genügen nicht, BAG NZA **00**, 257. Unterzeichnung durch Vertreter ist zulässig (s Rn 7), aber Vertretungsverhältnis und Funktion des Vertreters müssen angegeben werden, BAG NZA **00**, 257, **06**, 436. Nachträgliche Einschiebungen müssen klar erkennen lassen, dass sie vom Aussteller stammen, aber Anspruch auf neues Zeugnis (s Rn 16). Der Zeugnisbogen darf geknickt werden, das Original muss aber ohne Schwärzungen kopierfähig sein, BAG NZA **00**, 257, str.

10   B. **Inhalt des einfachen Zeugnisses (I 2):** Das einfache Zeugnis muss außer genauer Bezeichnung des Arbeitnehmers und Arbeitgebers die **Art und Dauer** (Kalenderdatum des Beginns und der Beendigung) der Beschäftigung angeben; vollständig, auf welchem Gebiet bzw Sondergebiet, mit welchen besonderen Aufgaben der Arbeitnehmer gearbeitet hat, vgl LAG Brem BB **54**, 227. Erhebliche Ausfallzeiten sind vom Arbeitgeber nur zu dokumentieren, wenn ansonsten

bei Dritten ein falscher Eindruck von der tatsächlich erbrachten Arbeitsleistung und damit verbundenen Berufserfahrung entsteht, also Erwähnung von Erziehungsurlaub von 33 Monaten bei Arbeitsverhältnis von 50 Monaten, BAG NZA 05, 1237. Zur Tätigkeitsbeschreibung gehören die Stellung in der Unternehmenshierarchie, die allgemeinen und besonderen Aufgaben und berufliche Entwicklung; Erteilung von Prokura, wenn später widerrufen, entweder mit Zeitdauer ohne Hervorhebung eines Widerrufs oder gar keine Erwähnung, LAG BaWü NZA 93, 127, HdlVollmachten ua. Angabe der Tarifgruppe ist zulässig. Erwähnung des Probearbeitsverhältnisses nur mit Zustimmung des Arbeitnehmers, Grund: bedeutet Hinweis auf Nichtbestehen der Probezeit. Bei Vertragsbruch darf der Arbeitgeber dies nicht angeben, jedoch wahrheitsgemäß den (uU darauf hindeutenden) Endzeitpunkt. Der Grund und die Art und Weise der Beendigung dürfen im einfachen Zeugnis nicht genannt werden außer bei Wunsch des Arbeitnehmers. Auch das **Ausstellungsdatum** unterliegt grundsätzlich der Wahrheitspflicht. Fordert der Arbeitnehmer das Zeugnis erst nach Ende des Arbeitsverhältnisses (zB anlässlich eines Streits), ist es unter diesem späteren Datum auszustellen; kein Recht auf Rückdatierung, BAG NZA 93, 698. Enddatum bei erfolglosem Kündigungsschutzprozess str, nicht Datum der Rechtskraft des Urteils (daraus ist Tatsache des Rechtsstreits ersichtlich), wohl aber das der Rechtskraft nächsten vorausgegangenen Kündigungstermins. Keine beliebige Vereinbarung der Parteien über das Datum, str, jedenfalls darf der neue Arbeitgeber nicht irregeführt werden (Berichtigung s Rn 16).

C. **Inhalt des qualifizierten Zeugnisses (I 3)**: Ein **qualifiziertes Zeugnis** 11 braucht der Arbeitgeber nur auf Verlangen auszustellen. Es muss außer den Angaben des einfachen Zeugnisses (s Rn 10) ein Urteil über **Leistung und Verhalten** des Arbeitnehmers enthalten. Der Arbeitnehmer kann nicht verlangen, dass nur das eine oder das andere beurteilt wird. **Nur das Verhalten im Arbeitsverhältnis** darf beurteilt werden (entspr § 630 BGB: im Dienste), vorausgegangenes und nachfolgendes nur bei Auswirkung auf das Arbeitsverhältnis, BAG NZA 87, 384 LS, zB Drogen- oder Alkoholabhängigkeit. Der Arbeitgeber darf zwar das berufliche Fortkommen des Arbeitnehmers nicht unnötig erschweren (Wohlwollensgrundsatz), Unwesentliches kann er verschweigen, BAG NZA 05, 1237, er muss aber die Tätigkeit so genau und vollständig beschreiben, dass ein künftiger Arbeitgeber ein klares Bild hat, BAG NZA 05, 1237, es gilt **Wahrheitspflicht.** Dazu kann es nötig sein, im Zeugnis negative **Tatsachen** anzugeben, sonst Haftung gegenüber Dritten (s Rn 20). Der Arbeitnehmer kann nicht Verschweigen von tätigkeitsbezogenen laufenden Strafverfahren in qualifiziertem Zeugnis oder Auskunft verlangen, BAG BB 77, 297. Ehrlichkeit ist ausdrücklich zu bescheinigen, wo sonst Verdacht des Gegenteils möglich ist, RAG JW 38, 2424; bescheinigt der Arbeitgeber aber Ehrlichkeit trotz Kenntnis eines Kassenmankos, kann er später nicht für dieses Schadensersatz vom Arbeitnehmer verlangen, BAG NJW 72, 1214. Von wem, wie und aus welchem **Kündigungsgrund** gekündigt wurde, soll, auch wenn wahrheitsgemäß, nur auf Verlangen des Arbeitnehmers angegeben werden dürfen, LAG Düss BB 88, 1463, Schlessmann BB 88, 1320, aber str und zweifelhaft. Jedenfalls darf die Tatsache des Vertragsbruchs nicht ausdrücklich erwähnt werden, LAG Kln BB 90, 856 LS (s Rn 10). **Nicht ins Zeugnis** gehören Angaben über Vorgänge vor Beginn des Arbeitsverhältnisses und über Verhalten außerhalb desselben, soweit nicht für das Arbeitsverhältnis relevant (s oben); Krankheiten, selbst wenn sie Kündigungsgrund bilden; Betriebsrats- oder Personalratstätigkeit, BAG NZA 93, 1525, 05, 1237, Witt BB 96, 2194, str, doch darf (uU muss) verhältnismäßig lange Freistellung von der eigentlichen Arbeit (für Betriebs- oder Personalratstätigkeit) erwähnt werden, sehr str; besonderer Einsatz für Arbeitnehmerbelange, aber nur mit Zustimmung des Arbeitnehmers, üL, str wegen Begünstigungsverbots des § 78

GewO § 109 12–14   1. Buch. Handelsstand

BetrVG; Abmahnungen, Alkoholgenuss; Gewerkschaftszugehörigkeit, Schwangerschaft, Nebentätigkeiten, Wettbewerbsverbote, Pünktlichkeit str, ua Löw NJW 05, 3606. Tatsache der Verurteilung zur Zeugniserteilung oder -berichtigung (s Rn 16). **Grenze** aber spätestens, wo das Unterlassen der Angaben spätere Arbeitgeber irreführen kann (s Rn 20); denn Zeugnis kann nur im Rahmen der Wahrheit verständig wohlwollend sein. Im Rahmen der Zeugniswahrheit und Zeugnisklarheit sind **Werturteile und Formulierung** im Einzelnen **Sache des Arbeitgebers** (Beurteilungs- und Formulierungsermessen), BAG NZA **04**, 843, **08**, 298, **12**, 448. Dieser ist frei, welche Leistungen und Eigenschaften er besonders hervorheben will; das Zeugnis muss aber wahr sein und darf keine Auslassungen enthalten, wo positive Hervorhebung zu erwarten ist, BAG BB **71**, 1280, NZA **01**, 843; bloße Vermutungen und Verdächtigungen dürfen nicht aufgenommen werden. Der GmbHGeschäftsführer kann im Zeugnis, soweit zutreffend, Zusatz über Vertrauen der Gfter, Entscheidungsfreiheit und volle Zufriedenheit der Gfter verlangen, KG Bln BB **79**, 988. Anspruch auf einen bestimmten **Schlusssatz** besteht nicht, zB Zukunftswunsch oder Dank, auch nicht auf einen beurteilungsneutralen Schlusssatz, aber gewählter Schlusssatz muss mit dem Zeugnisinhalt vereinbar sein, BAG NZA **01**, 843. Ein Anspruch auf einen Schlusssatz ergibt sich nach BAG NZA **13**, 324 auch nicht aus Üblichkeit und einer überdurchschnittlichen Beurteilung (anders LAG Düss NZA-RR **11**, 123), kommt aber in Betracht, wenn der Arbeitgeber ein dem Fortkommen förderliches Zeugnis verspricht, LAG Hamm NZA-RR **12**, 71.

12 **Zwischenzeugnis** wird wegen der damit vom Arbeitnehmer verfolgten Zwecke idR ein qualifiziertes sein und muss dann einen dementsprechenden Inhalt (s Rn 11) haben. Der Arbeitgeber, auch der Betriebsnachfolger, ist bei Erteilung des Endzeugnisses idR an den Inhalt des Zwischenzeugnisses gebunden, BAG NZA **08**, 298, anders wenn nachträglich Umstände für andere Beurteilung bekannt werden, BAG NZA **06**, 104, **08**, 298.

13 D. **Klarheit, Vollständigkeit, keine Geheimzeichen (II):** Das Zeugnis muss klar und verständlich formuliert sein **(II 1)**, das entspricht einem allgemeinen Grundsatz bei Informationspflichten (§ 347 Rn 26). Es darf keine Merkmale oder Formulierungen enthalten, die den Zweck haben, eine andere als zur äußeren Form oder im Wortlaut ersichtliche Aussage über den Arbeitnehmer zu treffen **(II 2, Geheimzeichen)**, BAG NZA **00**, 257. Ein solches Geheimzeichen kann auch im Auslassen eines an sich zu erwartenden Zeugnisinhalts liegen (beredtes Schweigen), BAG NZA **01**, 843. In der Wendung „kennen gelernt" liegt kein Geheimcode des Inhalts, dass die zuvor geschilderte Eigenschaft (sehr interessiert und hochmotiviert) tatsächlich nicht vorliegt, BAG NZA **12**, 448.

14 E. **Typische Zeugnisformeln:** In der Praxis haben sich Zeugnisformeln mit einem Gesamtnotencharakter, ähnlich Schul- oder Prüfungsnoten, eingebürgert, BAG NZA **04**, 843: „stets zu unserer vollsten Zufriedenheit" (oder „stets außerordentlich zufrieden")/sehr gut, BAG DB **76**, 2211; „stets (immer, durchgehend) zu unserer vollen Zufriedenheit"/gut, BAG NZA **04**, 843; „zu unserer vollen Zufriedenheit", „stets zur Zufriedenheit"/befriedigend, BAG NZA **04**, 843; „zu unserer Zufriedenheit"/ausreichend, LAG Düss DB **80**, 546, LAG Ffm DB **88**, 1071; „im Großen und Ganzen zu unserer Zufriedenheit"/mangelhaft, OLG Hamm NJOZ **01**, 553. Im Einzelnen: Die alleinige Formel „hat sich bemüht", „hat die ihm übertragenen Aufgaben im Großen und Ganzen zu unserer Zufriedenheit" oder „mit großem Fleiß und Interesse erledigt" bedeutet mangelhaft, BAG DB **77**, 1369; je nach Fall uU auch andere scheinbar positive Wendungen, vgl BAG BB **77**, 987. „Verhalten im Dienst angemessen", „hat unseren Erwartungen entsprochen", „waren mit seinen Leistungen zufrieden", alles nur ausreichend. „Zu unserer vollen Zufriedenheit", „in jeder Hinsicht den Erwartun-

gen entsprochen" ist befriedigend. Besser nur bei Steigerungen wie „stets und zu unserer voll(st)en Zufriedenheit", „voll und ganz (in jeder Hinsicht und außerordentlich) zufrieden stellend", „in jeder Hinsicht und in (aller)bester Weise" ua. Klar positiv sind zB „hervorragend", „überdurchschnittlich", „erfolgreich". „Ehrlich, pünktlich, fleißig" gehören zum Standard, Weglassen bei einem Kassierer oder Verkäufer deutet auf Fehlen hin, nicht auch sonst. Hervorhebung allein des Verhaltens gegenüber Kollegen, nicht auch gegenüber Vorgesetzten ist ungewöhnlich. Bedauern über Weggang weist auf Bereitschaft hin, wieder einzustellen. Bei wirklich einverständlichem Ausscheiden heißt es „im besten Einvernehmen", nicht nur „im beiderseitigen Einvernehmen"; vgl auch LAG BaWü BB **68**, 872. Problematische Einzelformeln: „alle Arbeiten ordnungsgemäß erledigt", „engagiert für die Interessen der Kollegen", „zur Verbesserung des Betriebsklimas beigetragen", „gutes Vorbild durch seine Pünktlichkeit", Löw NJW **05**, 3607. Überdurchschnittliche Leistungsbeurteilung muss nicht zu überdurchschnittlicher Verhaltensbeurteilung führen, LAG Rheinland-Pfalz, NZA-RR **10**, 68. Lit: Schlessmann; Weuster BB **92**, 58, Löw NJW **05**, 3607, Gäntgen RdA **16**, 147.

3) Geltendmachung des Zeugnisanspruchs

A. **Ausübung des Wahlrechts:** Der Arbeitnehmer kann zwischen einem einfachen (s Rn 10) und einem qualifizierten Zeugnis (s Rn 11) frei wählen. Er übt diese Wahl dadurch aus, dass er ein qualifiziertes Zeugnis verlangt oder nicht. Auch wenn er ein einfaches gewählt und erhalten hat, kann er ein qualifiziertes verlangen, hL, str wegen § 362 I BGB, aber der Anspruch auf ein qualifiziertes Zeugnis wird durch die Erteilung eines einfachen nicht erfüllt. Das gilt richtigerweise auch umgekehrt, Heymann/Henssler 19, aA wohl hL, Grund: Interesse des Arbeitnehmers, geringe Belastung des Arbeitgebers. Das alte Zeugnis ist dann aber zurückzugeben, hL (vgl auch Rn 8). Wählt der Arbeitnehmer ein qualifiziertes Zeugnis, ist er für überdurchschnittliche, der Arbeitgeber für unterdurchschnittliche Leistungen darlegungs- und beweispflichtig (s Rn 17).

B. **Berichtigung, Widerruf: a) Berichtigung:** Der Arbeitnehmer kann Berichtigung des Zeugnisses verlangen, wenn Tatsachen unrichtig oder lückenhaft dargestellt oder unrichtige Werturteile leichtfertig oder wider besseres Wissen abgegeben sind. Der Arbeitnehmer macht damit aber nur seinen Zeugnisanspruch, nicht einen Berichtigungsanspruch im Rechtssinne geltend, BAG NZA **88**, 427, **04**, 842. Nur innerhalb angemessener Frist, fünfmonatige Verzögerung ist zu lange, dann kein Schadensersatzanspruch mehr, BAG BB **73**, 195. Zur Berichtigung muss er neues Zeugnis mit dem ursprünglichen Ausstellungsdatum ausstellen, BAG NZA **93**, 868. Er ist dabei an den bisherigen Zeugniswortlaut gebunden (Verschlechterungsverbot), außer bei nachträglich bekannt gewordenen Informationen, BAG NZA **06**, 104. Beweislast s Rn 17. Allgemein gehaltene Ausgleichsklausel enthält keinen Verzicht auf Berichtigungsanspruch, auch bei Zeugniserteilung am Vortag, LAG Düss NZA-RR **96**, 42. Verwirkung s Rn 8. Prozess s Rn 17.

b) Widerruf: Der Arbeitgeber kann das Zeugnis widerrufen, wenn das Zeugnis unrichtig ist; dies schon, um eine eventuelle Haftung gegenüber Dritten zu vermeiden (s Rn 20); aus diesem Grund kann er auch dann widerrufen, wenn er die Unrichtigkeit bei Zeugniserteilung kannte, aA BAG NZA **93**, 693, da Wissenserklärung. Pflicht zum Widerruf nur bei schwerwiegender tatsächlicher Unrichtigkeit, Becker-Schaffner BB **89**, 2110. Die Beweislast für die Unrichtigkeit liegt beim Arbeitgeber. Nach Widerruf muss der Arbeitnehmer das Zeugnis zurückgeben und der Arbeitgeber ein neues, richtiges Zeugnis ausstellen.

C. **Gerichtliche Geltendmachung:** Der Anspruch auf Zeugnis ist **klagbar.** Möglich auch Fristsetzung und Verurteilung zu Entschädigung nach § 61 II ArbGG. Darlegungs- und Beweislast bei dem, der eine ihm günstige Tatsache

GewO § 109 18–20 1. Buch. Handelsstand

geltend macht, BAG NZA **04**, 842 gegen frühere Rspr, zB beim Arbeitnehmer, der bestimmte „Note" (s Rn 14) und besser als „befriedigend" haben will, nach Düwell/Dahl NZA **11**, 960 soll demgegenüber der Arbeitgeber darlegen und beweisen müssen, dass eine gute Bewertung nicht angemessen ist. BAG stellt nicht auf die in einer Branche am häufigsten vergebene Note ab, sondern auf die Bewertung mit „befriedigend", BAG NZA **15**, 435. Im Prozess muss der Berichtigung einklagende Arbeitnehmer im Klageantrag Abänderung selbst neu formulieren; das Gericht kann jedoch selbstständig formulieren, BAG **9**, 289. Auch gänzliche Neuformulierung durch das Gericht soll zulässig sein, BAG **9**, 290, aber fraglich wegen Beurteilungsermessens des Arbeitgebers (s Rn 11), richterliche Ersatzbewertung entspr § 315 III BGB annehmen Kolbe NZA **15**, 582. Die Tatsache der Verurteilung darf nicht im Zeugnis vermerkt werden, Grund: kann dem Arbeitnehmer schaden. **Vollstreckung** nach § 888 ZPO (außer nach § 61 II 2 ArbGG, dann nur Entschädigung), nicht § 894 ZPO, hL.

4) Auskunftspflicht des Arbeitgebers

18 Der Arbeitgeber ist nach Beendigung des Arbeitsverhältnisses (und Zeugniserteilung) dem Arbeitnehmer ferner verpflichtet, auf sein Verlangen oder mit seiner Zustimmung Dritten über ihn weitere Auskunft zu geben (nachwirkende Fürsorgepflicht, § 59 Rn 104), BAG BB **58**, 593, BGH **59**, 919. Ohne Zustimmung des Arbeitnehmers darf der Arbeitgeber nur Auskunft geben, wenn der Dritte an ihr ein berechtigtes Interesse hat, BAG BB **58**, 593, auch über arbeitsbezogenes laufendes Strafverfahren, BAG BB **77**, 297. Der Arbeitnehmer kann aber Mitteilung des Wortlauts der Auskunft verlangen, BGH BB **59**, 919, str. Die Auskunft muss wahr sein, sonst Schadensersatzpflicht (s Rn 20), LAG Bln NZA **89**, 965.

5) Haftung des Arbeitgebers

19 A. **Haftung gegenüber dem Arbeitnehmer:** Der Arbeitgeber haftet dem Arbeitnehmer bei inhaltlich fehlerhaftem Zeugnis oder Auskunft aus § 280 BGB, LAG Hbg DB **85**, 284, und bei pflichtwidriger Nichterteilung oder Verzögerung des Zeugnisses (oder der Auskunft, s Rn 18) aus §§ 280 II, 286 BGB, BAG BB **68**, 546, **76**, 841. Verzug des Arbeitgebers erst nach Ausübung des Wahlrechts durch den Arbeitnehmer, BAG NZA **14**, 32, grundsätzlich bedarf es der Mahnung. Schadensersatz kann in Minderverdienst bestehen, wenn der Arbeitnehmer wegen Fehlens des Zeugnisses eine besser bezahlte Stelle nicht erhalten hat, BAG BB **76**, 841, bei fehlerhafter Auskunft gegenüber einem zur Einstellung bereiten Arbeitgeber, LAG Hbg DB **85**, 284. Beweislast auch im Arbeitsrecht grundsätzlich § 280 I 2 BGB, aber weiterhin mit Beweislastverteilung nach Verantwortungsbereichen. Danach hat der Arbeitgeber Vollständigkeit und Richtigkeit zu beweisen (allg BAG **9**, 289), der Arbeitnehmer Verursachung und Eintritt eines Schadens, aber uU Schätzung des Gerichts (§ 287 I ZPO), BAG BB **77**, 997.

20 B. **Haftung gegenüber einem Dritten:** Der Arbeitgeber kann auch Dritten auf Grund eines irreführenden Zeugnisses (Auskunft) haftbar werden, zB einem dritten Kfm, der im Vertrauen auf das Zeugnis unredlichen Buchhalter angestellt hat, BAG NJW **70**, 2291. Haftung nicht nur aus § 826 BGB, sondern auch nach vertraglichen bzw vertragsähnlichen Grundsätzen, auch für unterlassene Zeugnisberichtigung, BGH **74**, 281 (§ 347 Rn 23–28), krit Loewenheim JZ **80**, 469. Haftung gegenüber der Bundesanstalt für Arbeit aus unrichtiger Arbeitsbescheinigung, BSozG BB **80**, 731 LS.

6. Abschnitt. Handlungsgehilfen und -lehrlinge 1, 2 § 74

[Vertragliches Wettbewerbsverbot; bezahlte Karenz]

74 (1) Eine Vereinbarung zwischen dem Prinzipal und dem Handlungsgehilfen, die den Gehilfen für die Zeit nach Beendigung des Dienstverhältnisses in seiner gewerblichen Tätigkeit beschränkt (Wettbewerbverbot), bedarf der Schriftform und der Aushändigung einer vom Prinzipal unterzeichneten, die vereinbarten Bestimmungen enthaltenden Urkunde an den Gehilfen.

(2) Das Wettbewerbsverbot ist nur verbindlich, wenn sich der Prinzipal verpflichtet, für die Dauer des Verbots eine Entschädigung zu zahlen, die für jedes Jahr des Verbots mindestens die Hälfte der von dem Handlungsgehilfen zuletzt bezogenen vertragsmäßigen Leistungen erreicht.

Schrifttum

Bauer/Diller Wettbewerbsverbote, 7. Aufl 2015. – *Grüll/Janert,* 5. Aufl 1993. – *Reinfeld* 1993. – *Wertheimer* 1998. – *Gaul* DB **95**, 874. – *Flatten* ZIP **99**, 1701. – *Koenig/Steiner* NJW **02**, 3583 (EG). – Edenfeld ZfA **04**, 463 (Rechtsvergleich). – *Thomas/Weidmann* DB **04**, 2694 (IPR). – Laskawy NZA **12**, 1011. – Naber NZA **13**, 870. – Rspr: *Lahusen* NZA **85**, 802, Hunold NZA-RR **13**, 174.

Übersicht

	Rn
1) Übersicht über §§ 74–75d	1–16
A. Zeitpunkt des Wettbewerbs	1
B. Zeitpunkt der Vereinbarung	4
C. Inhalt der Wettbewerbsvereinbarung	6
D. Rechtsfolgen von Verstößen des Arbeitnehmers	10
2) Form (I)	17–19
A. Schriftform	17
B. Aushändigung der Urkunde	18
C. Formfehler	19
3) Grundsatz der bezahlten Karenz (II)	20–22

1) Übersicht über §§ 74–75d

A. Zeitpunkt des Wettbewerbs: a) Während des Arbeitsverhältnisses 1 untersagt das **Wettbewerbsverbot der §§ 60, 61** dem HdlGehilfen, dem Arbeitgeber Wettbewerb zu machen.

b) Für die Zeit nach Ende des Arbeitsverhältnisses ist er im Rahmen des 2 Gesetzes (nur sehr eingeschränkte, nachwirkende Treuepflicht und besonders §§ 3, 17, 18 UWG, s § 60 Rn 6) frei dazu. Will der Arbeitgeber mehr und länger Schutz gegen die Konkurrenz des Arbeitnehmers, kann er **nur** ein **vertragliches Wettbewerbsverbot gegen Entschädigung** vereinbaren (§§ 74–75d; Sperrverbot s § 75f). Solche Vereinbarungen finden ihre Schranken in § 1 GWB und § 138 BGB, soweit sie in Inhalt und Dauer über §§ 74 ff hinausgehen, sonst folgen Grenzen und Rechtsfolgen abschließend aus den Sonderregeln der §§ 74–75d. Ankündigung einseitiger Vertragsbeendigung durch den Arbeitgeber bei Nichtunterzeichnung eines nachvertraglichen Wettbewerbsverbots durch den Arbeitnehmer kann widerrechtliche Drohung nach § 123 I BGB sein, LAG Mü BB **10**, 3029. Die entsprechenden §§ 133f aF GewO für technische Angestellte sind durch § **110 GewO** ersetzt worden, der für alle Arbeitnehmer gilt, aber inhaltlich auf §§ 74–75f verweist (§ 110 S 2 GewO), Kritik s § 73 GewO § 109 Rn 1. Die gesetzliche Regelung des nachvertraglichen Wettbewerbsverbots in den §§ 74 ff ist außerordentlich unübersichtlich, Heymann/Henssler Vor § 74 Rn 1, in Teilen verfassungswidrig und veraltet, so dass nur noch bedingt ökonomisch richtige Anreize gesetzt werden.

§ 74 3–5　　　　　　　　　　　　　　　　　　　　　1. Buch. Handelsstand

3　Leitgedanke der §§ 74 ff ist der Schutz der Arbeitnehmer als der typisch Schwächeren gegen die übermäßige Einschränkung seiner Freiheit. §§ 74 ff gelten deshalb nicht nur für kaufmännische Angestellte, auch bei befristetem oder Probearbeitsverhältnis (s Rn 4), sondern nach § 110 S 2 GewO (idF 3. GewOÄndG 24.8.02 BGBl 3412) entspr **für sonstige Arbeitnehmer,** auch wenn sie nicht HdlGehilfen sind, so schon bisher die Rspr, BAG BB **72**, 447, **74**, 1531, NZA **90**, 519; auch für wirtschaftlich bzw sozial abhängige freie Mitarbeiter, BAG NZA **97**, 1284, BGH NJW **03**, 1864 (Subunternehmer) m krit Anm Campos Nave NJW **03**, 3322, Mü DB **97**, 923 (Einmann-GmbH), Düss NZA-RR **05**, 318; für Vereinbarung zwischen Unternehmer und Angestellten von dessen Vertragspartner, BAG BB **70**, 1176; auch für Arbeitnehmer mit Prokura, Karlsr WM **86**, 1473; für partiarisches Rechtsverhältnis nach Schulungsvertrag, Kblz BB **93**, 387. §§ 74 ff gelten entspr auch für Mandantenschutzklauseln zwischen Angehörigen freier Berufe und ihren Angestellten (vorbehaltlich besonderer berufsrechtlicher Vorschriften, zB §§ 3, 43b BRAO), MüKo/von Hoyningen-Huene 11, § 110 S 2 GewO, eingeschränkt auch für Mandantenübernahmeklauseln, nach denen der Berufsträger verspricht, in den ersten Jahren nach Ausscheiden einen Teil des Honorars von übernommenen Mandanten an den alten Arbeitgeber abzuführen, BAG NZA **14**, 433 (s auch § 75d Rn 3). Für **Volontäre** und **Auszubildende** ist solche Vereinbarung **überhaupt nicht möglich,** §§ 12 I, 26 BBiG, ebenso für **Leiharbeiter** hinsichtlich einer Weiterbeschäftigung im Entleiherbetrieb, § 9 Nr 4 AÜG. §§ 74 ff gelten wegen ihres Sozialschutzcharakters grundsätzlich **nicht** entsprechend **für Organmitglieder** wie GmbHGeschäftsführer, BGH **91**, 1, hL, für Einzelnormprüfung BGH NJW **92**, 1892; zB nicht § 74 II, BGH **91**, 1, NJW **02**, 1876, ZIP **08**, 1719, § 74c, BGH NZA **91**, 615, WM **08**, 1226, § 75d, BGH NZG **08**, 753, doch § 75a (s dort), zu Gestaltungsmöglichkeiten Menke NJW **09**, 638, Gehle DB **10**, 1981, die Beachtung der Grundsätze der §§ 74 ff empfehlend von Kann/Keiluweit BB **10**, 2050. Unwirksames Wettbewerbsverbot wird nicht schon wirksam, weil Arbeitnehmer GmbHGeschäftsführer wird, Kblz WM **85**, 1484. **Rechtsweg** zu den Arbeitsgerichten auch, wenn Arbeitnehmer aus Anlass des Verkaufs einer Minderheitsbeteiligung ein Wettbewerbsverbot vereinbart und das Arbeitsverhältnis aufgehoben wird, BAG NZA **97**, 1362, dazu Diller FS Buchner **09**, 177.

4　B. **Zeitpunkt der Vereinbarung: a)** §§ 74 ff gelten **für Vereinbarungen vor Beginn** des Arbeitsverhältnisses (auch für Kfm, der sein HdlGeschäft überträgt und beim Erwerber angestellt wird, RG **101**, 378) **oder während des Arbeitsverhältnisses,** auch noch nach Kündigung im Zusammenhang mit der Abwicklung des Arbeitsverhältnisses oder zugleich mit einvernehmlicher Aufhebung, BAG NZA **95**, 72, oder fristloser Kündigung (einerlei ob Arbeitnehmer andere Dienste suchen oder selbstständig werden will). **Vorvertrag,** dass der Arbeitgeber spätestens bei Ausspruch der Kündigung Abschluss einer Wettbewerbsvereinbarung verlangen kann, ist unverbindlich, wenn er nicht §§ 74 ff genügt, BAG BB **69**, 1351, NZA **11**, 413. Vereinbarung schon während und für **Probezeit** ist gültig, BAG BB **71**, 1196, 1412, **84**, 533; auch für die Zeit nachher, sie gilt mangels anderer Abrede auch, wenn noch in der Probezeit gekündigt wird, BAG BB **83**, 1347, NZA **06**, 1157, es kann aber als aufschiebende Bedingung eine gewisse Vertragslaufzeit vorgesehen werden, BAG AP Nr 78 zu § 74 HGB (zwei Jahre keine überraschende Klausel). Wettbewerbsverbot gilt nicht, wenn das Arbeitsverhältnis nicht vollzogen wird, kann aber ausnahmsweise auch bei vertragswidrigem **Nichtdienstantritt gelten,** so bei intensiver Einweisung und Offenbarung von Interna, BAG NZA **87**, 813, nach BAG BB **84**, 533 Vertragsauslegung.

5　**b) Nach Beendigung** des Arbeitsverhältnisses, auch im Prozessvergleich, kann **Wettbewerbsvereinbarung ohne Karenzentschädigung** abgeschlossen werden, BAG BB **68**, 1120, oder einmalige Ablösung unter der gesetzlichen Mindesthöhe, BAG BB **68**, 1288 (Herabsetzung). Dies soll nach Bauer/Diller Rn 76 ff auch möglich sein, wenn aus Anlass einer (einvernehmlichen) Beendigung des Arbeitsverhältnisses ein Wettbewerbsverbot vereinbart wird, fraglich.

Aufhebung einer Wettbewerbsvereinbarung ist jederzeit möglich, BAG NZA **03**, 100, auch durch allgemeine Ausgleichsklausel (weit auszulegen, str) in Aufhebungsverträgen und Vergleichen, BAG NZA **09**, 318, NZG **09**, 1197, auch in einem gerichtlichen Vergleich, BAG NZA **03**, 100, **06**, 854, **09**, 139. Die Grundsätze des Wegfalls der Geschäftsgrundlage finden auf nachvertragliche Wettbewerbsverbote rglm keine Anwendung, es gilt die gesetzliche Risikoverteilung der §§ 74 ff, BAG NZA **05**, 411 (Arbeitsunfähigkeit des Arbeitnehmers).

C. Inhalt der Wettbewerbsvereinbarung: a) Unter §§ 74 ff fällt jede Art **6** Beschränkung des Arbeitnehmers **in seiner gewerblichen Tätigkeit,** einerlei ob tätigkeits- oder unternehmensbezogen, ob unmittelbar oder mittelbar, zB bei davon abhängigen Abfindungen oder bei Rückzahlungsklauseln; auch sachlich, zeitlich, örtlich begrenztes Verbot, sofern nicht wirtschaftlich gänzlich irrelevant; auch betr anderen Wirtschaftszweig als den des Arbeitgebers; auch bedingtes Verbot, zB Bindung an Zustimmung des Arbeitgebers; BAG **20**, 162, **22**, 324, BB **71**, 1411, NZA **88**, 502, OLG Köln NZA-RR **00**, 19; nicht die (auch nachvertragliche) Schweigepflicht (Reichweite s § 59 Rn 50), BAG NZA **88**, 502. Unter die gewerbliche Tätigkeit fällt auch die berufliche Tätigkeit (so nun § 110 S 1 GewO), es muss der Arbeitnehmer nicht ein eigenes Gewerbe betreiben, Tätigkeit für Konkurrenz (nicht aber bloßer Abschluss von Rechtsgeschäften mit der Konkurrenz) genügt, Bauer/Diller Rn 227 ff. Grds keine Tätigkeit ist die Kapitalbeteiligung an einem anderen Unternehmen. Bei erheblicher wirtschaftlicher Bedeutung für das Konkurrenzunternehmen fallen auch Beteiligungen als Gesellschafter sowie die Gewährung bzw das Stehenlassen von Darlehen unter ein entsprechend formuliertes Wettbewerbsverbot, BAG NZA **15**, 1255.

Unterlassen des Wettbewerbs und Zahlen der Karenzentschädigung stehen im Synallagma, BAG NZA **10**, 1175, deshalb auch keine Inhaltskontrolle nach § 307 BGB, nach aA sind die §§ 74 ff leges specialis mit ex post statt ex ante-Kontrolle. Beschränkung der Tätigkeit auch bei Verbot des Wechsels zu Dienstleister, Zulieferer oder Abnehmer mit der Folge der Anwendbarkeit der §§ 74 ff, Bauer/Diller Rn 251, LAG Nürnberg NZA-RR **02**, 272 (Kunde). Vorschieben eines Angehörigen als konkurrierender Unternehmer ist unzulässige Umgehung des Verbots, BGH BB **70**, 1374. Die Vereinbarung, insbesondere AGBKlausel, muss den Arbeitnehmer eindeutig über seinen Anspruch auf Karenzentschädigung aufklären, vor allem über Freigabe- oder Einschränkungsrechte des Arbeitgebers, BAG NZA **96**, 700. **Bedingtes Wettbewerbsverbot** s § 75a Rn 2, keine Beschränkung auf Kündigung durch den Arbeitnehmer, BAG NZA **05**, 1376 (LS). **Nachvertragliche Schweigepflicht** gilt unabhängig von Wettbewerbsvereinbarung und ohne Entschädigung (§ 59 Rn 50). Abzugrenzen sind pauschalisierter Aufwendungsersatz und Schadensersatz, wenn Arbeitnehmer in den zuvor vom Arbeitgeber geschlossenen (Betreuungs-)Vertrag mit Dritten einsteigt, BAG NZA **10**, 1237.

b) Auslegung der Wettbewerbsvereinbarung nach §§ 133, 157 BGB; idR **7** eng, soweit einseitig vom Arbeitgeber aufgestellt, iZw nur anwendbar auf Tätigkeit im Geschäftszweig des Arbeitgebers, BAG NZA **97**, 1284, gegen eine großzügige, nur an Interessen des Arbeitgeber orientierte Auslegung auch BAG NZA **06**, 854, str. In AGB gehen Unklarheiten nach **(5)** § 305c II BGB zu Lasten des Arbeitgebers als Verwender. Vertragliche Beschränkung des Verbots auf bestimmte Erzeugnisse oder Produktionszweige verwehrt dem Arbeitnehmer Tätigkeit im Konkurrenzunternehmen nur bei Herstellung oder Vertrieb der geschützten Artikel, lässt ihm Tätigkeit sonst frei, BAG BB **65**, 909. Schwierigkeiten einer

§ 74 8–13   1. Buch. Handelsstand

Überwachung rechtfertigen keine weite Auslegung des Verbots, BAG BB **65**, 909. Verbot eines Arbeitsverhältnisses in Konkurrenzunternehmen schließt iZw nicht Verbot freiberuflicher Tätigkeit ein, LAG Hbg BB **69**, 362. Im Übrigen ist der Umfang des Verbotes, ob unternehmens- oder tätigkeitsbezogen, nach den tatsächlichen Gegebenheiten zu beurteilen, BAG BB **70**, 801. Tätigkeitsbezogenes Wettbewerbsverbot gilt iZw nicht bei Kündigung vor Arbeitsaufnahme, BAG NZA **92**, 976.

8   c) Die **Laufzeit** beginnt idR mit der rechtlichen Beendigung des Arbeitsverhältnisses, BAG BB **70**, 1010, nicht schon mit Freistellung während Kündigungsfrist, LAG Mü BB **77**, 1049. Sie endet iZw nicht mit **Ruhestand** des Arbeitnehmers, auch wenn dieser Betriebsrente bezieht (§ 74c Rn 1), BAG NZA **85**, 429, 809. Erst mit Beendigung des Arbeitsverhältnisses steht der genaue Inhalt des Wettbewerbsverbots fest, das Verbot ist dynamisch und folgt jedenfalls hinsichtlich der Rechtfertigung den geschäftlichen Interessen des Arbeitgebers, BAG NZA **10**, 1175. **Aufhebung** des Arbeitsverhältnisses s § 75. Abgeltungsklauseln im Abwicklungs- oder Aufhebungsvertrag sind grundsätzlich weit auszulegen und nicht ungewöhnlich iSv **(5)** BGB § 305c, BAG NZA **09**, 318.

9   d) Die Rechte aus der Vereinbarung gehen bei **Erbfolge** oder **Umwandlung** auf den neuen Arbeitgeber über. Bei **Betriebsübergang** gilt § 613a (§ 59 Rn 17–21, Gaul/Ludwig NZA **13**, 489), also Übergang außer bei Widerspruch des Arbeitnehmers (§ 59 Rn 19). Der Erwerber muss aber seinerseits ein berechtigtes Interesse an dem Wettbewerbsverbot haben (§ 74a I 1, aA Gaul/Ludwig NZA **13**, 491); besteht ein solches Interesse, wird ein beim Veräußerer bisher unverbindliches Verbot verbindlich. Im Übrigen können die Rechte aus der Vereinbarung nur mit Zustimmung des Arbeitnehmers auf einen anderen Arbeitgeber **übertragen** werden, BAG BB **66**, 496, **72**, 447; bei Geschäftsaufgabe oder Übertragung entfällt aber idR das berechtigte geschäftliche Interesse des bisherigen Arbeitgebers an einer Aufrechterhaltung, BAG BB **66**, 496. Die Bindung des Arbeitnehmers wird durch Zustimmung zur Übertragung nicht verschärft; zur Ausdehnung des Wettbewerbsverbots auf vom Geschäftserwerber bearbeitete andere Geschäftszweige ist also Vertragsänderung notwendig.

10   D. **Rechtsfolgen von Verstößen des Arbeitnehmers: a)** Der **Arbeitgeber kann** bei Verstoß des Arbeitnehmers gegen ein wirksames Wettbewerbsverbot **verlangen:** (1) **Unterlassung** des Zuwiderhandelns (vertraglicher Erfüllungsanspruch), BAG BB **70**, 801, NZA **10**, 1175 (Bsp für einstweilige Verfügung: LAG Ffm BB **56**, 853, LAG Niedersachsen NZA-RR **06**, 426, tatsächliche Vermutung für Wiederholungsgefahr) und **Beseitigung fortbestehender Störung**, zB Schließung eines dem Verbot zuwiderlaufenden HdlGeschäfts und Löschenlassen der Eintragung dieses Geschäfts im HdlReg.

11   (2) **Schadensersatz** (wegen Pflichtverletzung), BAG BB **68**, 1288; es gelten §§ 280 ff BGB. Beweislastverteilung str; § 619a BGB ist für nachvertragliche Pflichtverletzungen restriktiv zu interpretieren, dann § 280 I 2 BGB, Bauer/Diller NJW **02**, 1611. Regelverjährung von drei Jahren (§§ 195, 199 BGB), nicht entspr § 61 II.

12   (3) Der Arbeitgeber hat Recht zum (von der Entschädigungspflicht befreienden) **Rücktritt,** § 323 BGB, Abmahnung gemäß § 323 III BGB ggf entbehrlich (§ 323 II BGB); uU auch § 326 V BGB (wenn der Arbeitnehmer sich die Befolgung der Wettbewerbsabrede unmöglich machte); laut Bauer/Diller NJW **02**, 1612 § 323 V BGB, aber zweifelhaft.

13   (4) **Wegfall der Entschädigung,** solange Arbeitnehmer der Abrede zuwider handelt, § 326 I 1 BGB (Unmöglichkeit wegen Nicht-Nachholbarkeit der Einhaltung des Wettbewerbsverbots), BAG **2**, 258, BB **60**, 1326, NZA **10**, 1175, auch grds zur Anwendbarkeit der §§ 320 ff BGB BAG NZA **15**, 1256. Rückforderung der Entschädigung nach § 326 IV BGB für Dauer des Verstoßes (nach

aA §§ 812 ff BGB), auch anteilig bei Pauschalentschädigung, vgl BAG BB **68**, 1288; hält Arbeitnehmer Wettbewerbsverbot wieder ein, kann er auch wieder Karenzentschädigung verlangen (unbeschadet weitergehender Rechte des Arbeitgebers nach Rn 11, 12), BAG NZA **86**, 134.

(5) **Auskunft, Anspruch auf Nennung des neuen Arbeitgebers** und Aufklärung der entstandenen Schäden, falls der Arbeitnehmer durch sein Verhalten begründeten Verdacht für Wettbewerbsverstoß setzt, BAG BB **68**, 1288, NZA **94**, 116. Der Auskunftsanspruch (s auch § 74c II) kann durch Stufenklage (§ 254 ZPO) zusammen mit Erfüllungsanspruch geltend gemacht werden. **14**

b) Der Arbeitgeber hat dagegen anders als nach § 61 I **kein Recht auf Gewinnherausgabe;** idR auch nicht Anspruch aus §§ 823 I, 1004 BGB (Unternehmensschutz Einl 33–34 vor § 1), weil die vertraglich verbotenen Handlungen ohne den Vertrag nicht rechtswidrig sind, auch nicht Anspruch aus § 823 II BGB, weil die Abrede nicht Schutzgesetz ist. **15**

c) Ansprüche unabhängig von der Wettbewerbsabrede folgen aus §§ 3, 17, 18 UWG ua (s Rn 2). Vertragsstrafe s § 75c. Grenzüberschreitende Durchsetzung nachvertraglicher Wettbewerbsverbote, Diller/Wilske DB **07**, 1866. **16**

2) Form (I)

A. **Schriftform:** Die Vereinbarung als ganze (inklusive Höhe der Karenzentschädigung) und auch ein Vorvertrag ist schriftlich zu treffen, dh von beiden Parteien auf derselben Urkunde zu unterzeichnen (§ 126 II 1 BGB), BAG NZA **85**, 429, oder, wenn über sie mehrere gleich lautende Urkunden aufgenommen werden, mindestens von jedem Teil auf der für den anderen bestimmten (§ 126 II 2 BGB), BAG NZA **11**, 413; beides ist ersetzbar durch die elektronische Form (elektronische Signatur), notarielle Beurkundung oder gerichtlichen Vergleich (§§ 126 III, IV, 126a, 127a BGB). Stellvertretung muss sich ggf durch entsprechenden Zusatz aus der Urkunde selbst ergeben, LAG Hamm NZA-RR **05**, 428 (Prokurist), BAG NZA **05**, 865 (gesamtvertretungsberechtigte Gesellschafter), zutreffend ist ein Handeln in Vertretung etwa bei Personalleitern und Prokuristen zu vermuten, Bauer/Diller Rn 193. Verschiedene Blätter der Urkunde müssen nicht fest verbunden sein, Zusammengehörigkeit muss aber klar erkennbar sein, einheitliche Urkunde, BAG NZA **11**, 413, nach BAG NZA **85**, 429 bei Verweis auf nicht unterschriebene Wettbewerbsabrede feste Verbindung nötig. Aufhebung ist jederzeit auch formlos möglich, BAG NZA **89**, 2149. **Muster:** Hopt/Graf von Westphalen 3. Aufl 2007 Form I. F. 1 (Nachvertragliches Wettbewerbsverbot). **17**

B. **Aushändigung der Urkunde:** Die Vereinbarung bedarf der Aushändigung einer vom Arbeitgeber unterzeichneten, die Vereinbarung enthaltenden Urkunde (auch im Falle notarieller Beurkundung, § 126 IV BGB) bzw eines elektronischen Dokuments mit elektronischer Signatur (s § 126a BGB) an den Arbeitnehmer. Arbeitnehmer soll sich jederzeit über den Inhalt der Wettbewerbsabrede vergewissern können, dies ohne Rücksprache beim Arbeitgeber, BAG NZA **05**, 411. Verweigerung der Annahme steht Übergabe gleich, falls Aushändigung in angemessener Frist angeboten wird. Wettbewerbsklausel im TV ersetzt Schriftform, doch ist dann der TV auszuhändigen. Verweisung zB auf gesetzliche Bestimmungen genügt, BAG BB **75**, 1481, NZA **06**, 1157. **18**

C. **Formfehler:** Verstoß gegen Schriftformerfordernis macht die Vereinbarung nichtig, § 125 S 1 BGB, nicht den Arbeitsvertrag, RG **146**, 118. Übergabe der (Original-)Urkunde ist keine Form-, sondern bloße Dokumentationsvorschrift, der Arbeitgeber kann sich aber mangels Übergabe nicht auf das Wettbewerbsverbot berufen, der Arbeitnehmer hat dagegen ein Wahlrecht, BAG NZA **05**, 411, auch bei formunwirksamem Vorvertrag, BAG NZA **11**, 413 (vgl **19**

§ 74a 1. Buch. Handelsstand

§ 74a Rn 3), anders noch BAG BB **57**, 1109. Berufung des Arbeitgebers auf von ihm (oder Erfüllungsgehilfen, § 278 BGB) verschuldete Formfehler ist unzulässig, RAG **14**, 146, LAG Dü ArbRAktuell **10**, 276 (LS), str.

3) Grundsatz der bezahlten Karenz (II)

20   Die Vereinbarung ist nur dann (beiderseits) verbindlich, wenn der Arbeitgeber (oder ein zweifelsfrei gleich sicherer Dritter, zB MutterGes) sich in ihr (dh in der auszuhändigenden Urkunde, s Rn 17–19) zur Zahlung einer **Karenzentschädigung** von insgesamt pro Jahr mindestens der Hälfte der zuletzt (dh bei Dienstende) bezogenen Vertragsleistung für die Dauer des Verbots verpflichtet (II), LAG Ffm DB **91**, 709. Abfindung für Verlust des Arbeitsplatzes ist nicht Karenzentschädigung, BAG NZA **95**, 72. „Für jedes Jahr des Verbots" ist irreführend, denn die Entschädigung ist in Monatsbeträgen zahlbar (§ 74b I), und die Zahlung kann auch im laufenden Jahr (Kalenderjahr oder vom Dienstende gerechnet) enden (vgl § 74a I 1, 2). Näher zu Zahlung und Berechnung der Karenzentschädigung s § 74b, zur Anrechnung anderweitigen Erwerbs s § 74 c. § 74 II ist verfassungsgemäß, obwohl Gesetzgeber für HV eine andere Regelung getroffen hat (§ 90a aF), BAG BB **73**, 1306. Der Anspruch auf Karenzentschädigung **entsteht** ohne weiteres durch Unterlassen des Wettbewerbs durch den Arbeitnehmer, BAG NZA **05**, 411 (§ 74b Rn 1). **Muster:** Hopt/Emde 4. Aufl 2013 Form I. F.1 (Nachvertragliches Wettbewerbsverbot).

21   **Zusage** der „nach dem Gesetz zu leistenden Vergütung" genügt (str), ebenso iZw die allgemeine Bezugnahme auf die maßgebenden Vorschriften des HGB, BAG NZA **03**, 100, **06**, 1157, kritisch Bauer/Diller Rn 438 ff, Diller NZA **14**, 1184, wegen der Komplexität der §§ 74 ff und insbesondere § 74b II sollte aber vom Erfordernis einer konkreten Bezifferung abgesehen werden. Zusage der Karenzentschädigung ist auch erforderlich, wenn Konkurrenztätigkeit des noch berufstätigen, mit unverfallbarer Ruhegeldanwartschaft ausgeschiedenen Arbeitnehmers ausgeschlossen werden soll, BAG BB **76**, 793. Karenzentschädigung muss **unbedingt** zugesagt werden; Zusage für den Fall, dass Arbeitgeber die Zustimmung zu einer Konkurrenztätigkeit verweigert, genügt nicht, auch nicht Beschränkung auf bestimmte Beendigungsgründe, Bauer/Diller Rn 156, 686f; zum bedingten Wettbewerbsverbot s § 75a Rn 2.

22   **Zu niedrige oder fehlende Zusage:** Rechtsfolge bei Verstoß gegen II folgt aus § 75d (Unverbindlichkeit, s auch § 74a Rn 3), auch bei Entschädigung nach Ermessen des Arbeitgebers, BAG NZA **14**, 537. Bei zu niedriger Zusage (auch infolge falscher Berechnung der Entschädigung) kann der Arbeitgeber sich also nicht auf die Vereinbarung berufen (bei offener Unterschreitung § 75d S 1, bei versteckter S 2); Arbeitnehmer hat dagegen ein Wahlrecht s § 75d Rn 2. Fehlt solche Verpflichtung ganz, bleibt für eine Wahl kein Raum, BAG NZA **17**, 847; die unverbindliche Vereinbarung kommt dann einer nichtigen gleich (BAG NZA **17**, 848: Nichtigkeit auch bei salvatorischer Klausel), auch wenn das Verbot nur Abwerbung verhindern soll, BAG BB **70**, 35, NZA **10**, 1175; ebenso bei während der Vertragsdauer laufend zu zahlenden Teilbeträgen, weil Vertragsdauer und Erreichen des Betrags nach II ungewiss sind, BAG DB **82**, 125. Vergütung aus Arbeitnehmererfindung reicht nicht aus, Bauer/Diller Rn 46.

[Unverbindliches oder nichtiges Verbot]

74a (1) ¹**Das Wettbewerbverbot ist insoweit unverbindlich, als es nicht zum Schutze eines berechtigten geschäftlichen Interesses des Prinzipals dient.** ²**Es ist ferner unverbindlich, soweit es unter Berücksichtigung der gewährten Entschädigung nach Ort, Zeit oder Gegenstand eine unbillige Erschwerung des Fortkommens des Gehilfen enthält.** ³**Das Verbot kann nicht**

auf einen Zeitraum von mehr als zwei Jahren von der Beendigung des Dienstverhältnisses an erstreckt werden.

(2) ¹Das Verbot ist nichtig, wenn der Gehilfe zur Zeit des Abschlusses minderjährig ist oder wenn sich der Prinzipal die Erfüllung auf Ehrenwort oder unter ähnlichen Versicherungen versprechen läßt. ²Nichtig ist auch die Vereinbarung, durch die ein Dritter an Stelle des Gehilfen die Verpflichtung übernimmt, daß sich der Gehilfe nach der Beendigung des Dienstverhältnisses in seiner gewerblichen Tätigkeit beschränken werde.

(3) Unberührt bleiben die Vorschriften des § 138 des Bürgerlichen Gesetzbuchs über die Nichtigkeit von Rechtsgeschäften, die gegen die guten Sitten verstoßen.

Übersicht

	Rn
1) Unverbindlichkeit des Wettbewerbsverbots (I)	1–4
A. Voraussetzungen der Unverbindlichkeit (I 1, 2)	1
B. Rechtsfolgen der Unverbindlichkeit (I 1, 2)	3
C. Zeitliche Beschränkung (I 3)	4
2) Nichtigkeit des Wettbewerbsverbot (II)	5–7
A. Minderjährigkeit des Arbeitnehmers (II 1 Fall 1)	5
B. Ehrenwort (II 1 Fall 2)	6
C. Abrede zwischen Unternehmen und Drittem (II 2)	7
3) Sittenwidrigkeit (III, § 138 BGB)	8
4) AGBKontrolle	9

1) Unverbindlichkeit des Wettbewerbsverbots (I)

A. Voraussetzungen der Unverbindlichkeit (I 1, 2): Unverbindlich ist 1 oder wird das Verbot nach I 1 und 2, **soweit** es nach den (sich uU ändernden) Verhältnissen zwischen Dienstende und Ablauf seiner Höchstgeltungsdauer (abw Meinungen: nach den Verhältnissen bei Vereinbarung, bei Dienstende, bei Aufnahme einer Konkurrenztätigkeit) entweder

a) über den **Schutz berechtigter geschäftlicher Interessen** des **Arbeitgebers hinausgeht (I 1).** Berechtigtes geschäftliches Interesse ist anzuerkennen, wenn das Wettbewerbsverbot dem Schutz von Betriebsgeheimnissen dient oder den Einbruch in den Kunden- oder Lieferantenkreis verhindern soll; das bloße Interesse, Konkurrenz einzuschränken, genügt nicht, BAG NZA 96, 310, stRspr, hL. Bspe: Unzulässig nach endgültiger Veräußerung des HdlGeschäfts des Arbeitgebers, BAG BB 66, 496 (§ 74 Rn 9); wenn keine Beziehung zur früheren Tätigkeit besteht, sondern lediglich die Möglichkeit, daß Arbeitnehmer irgendwie zur Stärkung der Konkurrenz beiträgt, BAG BB 66, 1025, aA Schlegelb/Schröder 3a; soweit das Verbot über den Geschäftszweig des Arbeitgebers hinausgeht; für Auslandtätigkeit, die nach Recht des betreffenden Staates illegal wäre, BAG BB 63, 1421. Zulässig bei Erstreckung auf ganze Branche in Entwicklungsland, BAG 19, 164; Ausgliederung der Abteilung, in der der Arbeitnehmer tätig war, und Umwandlung in selbstständige Ges, deren maßgebender Gfter der bisherige Arbeitgeber ist, berührt das berechtigte Interesse nicht, BAG 19, 267, ebenso Zusammenlegung mehrerer Unternehmen oder Betriebe; berechtigtes geschäftliches Interesse bei Konzernen und Kooperationen s Kracht BB 70, 584. Fehlen des berechtigten geschäftlichen Interesses kann nur Arbeitnehmer geltend machen, nicht Arbeitgeber, BAG BB 71, 1411. Für den Umfang des Überschneidens der Geschäftsbereiche gibt es keine feste Grenze (etwa 10 Prozent), LAG BaWü NZA-RR 08, 508;

b) oder wenn es nach Ort, Zeit oder Gegenstand unter Berücksichtigung (ua) 2 der vom Arbeitgeber geschuldeten Entschädigung **das Fortkommen des Ar-**

§ 74a 3–6
1. Buch. Handelsstand

beitnehmers unbillig erschwert (I 2). Beurteilung nach allen Umständen des Einzelfalls, Alter des Arbeitnehmers, seine Stellung im Betrieb, Höhe der Entschädigung, Umfang des Wettbewerbsverbots, Mobilität der jeweiligen Berufsgruppe, BAG NZA **10**, 1175. Praktisch kommt dies insbesondere bei Geringverdienern (vgl § 74a II aF) sowie bei Teilzeitbeschäftigten in Betracht, ferner bei Zwang zur Aufgabe des Berufs („Berufsverbot"), LAG Hamm NZA-RR **03**, 513, bei Vertriebsmitarbeitern aber auch deutschlandweites branchenspezifisches Verbot möglich, LAG BaWü NZA-RR **08**, 508. Bauer/Diller Rn 59, 311 sehen gewerbliche Arbeitnehmer rglm als Fall des I 1 an, zutreffend Prüfung geschäftlicher Interesses nötig. Wenn kein Schutz berechtigter geschäftlicher Interessen nach I 1 rglm auch unbillige Fortkommenserschwerung des Arbeitnehmers.

3 B. **Rechtsfolgen der Unverbindlichkeit (I 1, 2):** Rechtsfolge nach I 1, 2 ist rechtliche Unverbindlichkeit der Wettbewerbsabrede bzw des Vorvertrags, BAG NZA **11**, 413, uU ist entspr Beschränkung des Verbots zB auf Tätigkeit für bestimmte Wettbewerber möglich, RG **77**, 399, auf bestimmten räumlichen Geltungsbereich, ipso iure in Form einer geltungserhaltenden Reduktion, nicht erst durch vom Arbeitnehmer zu erwirkenden Richterspruch, BAG NZA **10**, 1175. Der **Arbeitgeber** kann sich also **nicht** auf das unverbindliche Wettbewerbsverbot berufen. Dagegen hat der **Arbeitnehmer** ein **Wahlrecht,** ob er sich an das Wettbewerbsverbot halten oder von ihm lösen will (§ 75d Rn 2). Bei teilweise unwirksamem Wettbewerbsverbot kann vom Arbeitgeber nur hinsichtlich des wirksamen Teils Unterlassung etc geltend gemacht werden, BAG NZA **10**, 1175. Der Arbeitnehmer kann den verbleibenden Umfang des Wettbewerbsverbots durch Feststellungsklage klären lassen, Bauer/Diller Rn 180ff, 338, nicht aber allgemein die Wirksamkeit, LAG Hamm NZA-RR **03**, 513. Vorschussweise gewährte unzureichende Karenzentschädigung kann Wahlrecht behindern und braucht nicht zurückgezahlt zu werden, BAG DB **82**, 125.

4 C. **Zeitliche Beschränkung (I 3):** Das Verbot kann **nicht** für **mehr als zwei Jahre** nach Beendigung des Dienstverhältnisses vereinbart werden, abzustellen ist auf die rechtliche Beendigung, nicht bereits auf eine (bezahlte) Freistellung. Bei einem auf ein Arbeitsverhältnis folgenden freien Mitarbeiterverhältnis beginnt es erst nach Beendigung des letzteren, BAG BB **70**, 1010. I 3 wird wie I 1 und 2 als Unverbindlichkeitstatbestand angesehen, ist aber anders geregelt. Ein für längere Zeit vereinbartes Verbot ist nicht insgesamt unverbindlich, sondern für zwei Jahre wirksam und nur darüber hinaus unwirksam, BAG BB **84**, 535. Diese Teilunwirksamkeit gilt zutr für beide Teile, also anders als nach I 1, 2 (s Rn 3) ohne Wahlrecht auch für den Arbeitnehmer, str, aA ganz hM, ua LAG Dü NZA-RR **98**, 58, Staub/Weber 27, Berufung des Arbeitgebers auf Unwirksamkeit kann aber treuwidrig sein. Weitere Kürzung der Dauer des Verbots im Einzelfall aus I 1, 2 (s Rn 1–3).

2) Nichtigkeit des Wettbewerbsverbots (II)

5 A. **Minderjährigkeit des Arbeitnehmers (II 1 Fall 1):** II normiert 3 Nichtigkeitsgründe, der der Geringbesoldung II 1 aF ist weggefallen, II 2, 3 aF sind jetzt II 1, 2 (4. EuroEG 2000). Nichtig ist die Vereinbarung mit einem (zZ der Vereinbarung) minderjährigen Arbeitnehmer. Bestätigung nach Eintritt der Volljährigkeit ist neue Vereinbarung (§ 141 I BGB), vgl RG JW **25**, 2230.

6 B. **Ehrenwort (II 1 Fall 2):** Nichtig ist die Vereinbarung auch dann, wenn sich Arbeitgeber die Einhaltung des Wettbewerbsverbots (nicht anderer Zusagen, zB der Wahrung von Geheimnissen, Hbg OLGE **36**, 254) **auf Ehrenwort** oder unter ähnlichen Versicherungen (zB eidlich, eidesstattlich) versprechen lässt, RG **78**, 260, einerlei ob schriftlich oder mündlich, auch ohne Aufforderung durch Arbeitgeber, der aber das spontan gegebene Ehrenwort in angemessener Frist (zB nach Beratung) zurückweisen und dadurch unschädlich machen kann. Nach

6. Abschnitt. Handlungsgehilfen und -lehrlinge   1   **§ 74b**

Bauer/Diller Rn 223 ist die Vorschrift wegen der gewandelten Moralvorstellungen unanwendbar.

C. **Abrede zwischen Unternehmer und Drittem (II 2):** Nichtig ist auch 7 die Vereinbarung, dass **ein Dritter anstelle des Arbeitnehmers** (nicht neben ihm und einerlei ob dieser zur wirksamen Wettbewerbsabrede fähig ist oder nicht, vgl II 1) die Verpflichtung übernimmt, dass sich der Arbeitnehmer entspr beschränken werde. Darunter fällt sowohl die Pflicht des Dritten, für Folgen des Zuwiderhandelns durch den Arbeitnehmer einzustehen (Garantie), als auch die bloße Pflicht, sich entspr zu bemühen.

3) Sittenwidrigkeit (III, § 138 BGB)

III hält ausdrücklich die Anwendbarkeit des **§ 138 BGB** neben §§ 74 ff aufrecht. § 138 BGB greift jedoch nur ein, soweit das Wettbewerbsverbot über die Sonderbestimmungen der §§ 74 ff hinausgeht; sonst ergeben sich Grenzen der Vertragsfreiheit und Rechtsfolgen der Verletzung nur aus diesen, BAG BB **68**, 504. Bsp für § 138 BGB: zu unbestimmtes und weitreichendes Wettbewerbsverbot, LAG Düss BB **97**, 319 LS.

4) AGBKontrolle

(5) § 310 IV 2 BGB idF SMG unterwirft anders als früher auch Arbeitsverträge 9 den Bestimmungen der §§ 305–310 BGB (außer § 305 II, III BGB) unter angemessener Berücksichtigung der im Arbeitsrecht geltenden Besonderheiten (§ 59 Rn 43). Das Wettbewerbsverbot ist idR keine überraschende Klausel iSv **(5) § 305c I BGB**. Inhaltskontrolle nach **(5) §§ 307–309 BGB** ist, soweit nicht schon §§ 75 ff eingreifen, möglich (zB Transparenzgebot, BAG NZA **08**, 170). Ob für Vertragsstrafenklauseln über § 75c hinaus **(5) § 309 Nr 6 BGB** gilt war fraglich, abl BAG NZA **06**, 34, **08**, 170, Henssler RdA **02**, 138, Gotthardt ZIP **02**, 283, Bauer/Diller NJW **02**, 1614, bejahend Däubler NZA **01**, 1336, Reinecke DB **02**, 585. Übersicht: Thüsing/Leder BB **04**, 46, Koch RdA **06**, 28, Straube BB **13**, 117.

[Zahlung und Berechnung der Entschädigung]

74b (1) **Die nach § 74 Abs. 2 dem Handlungsgehilfen zu gewährende Entschädigung ist am Schlusse jedes Monats zu zahlen.**

(2) [1] **Soweit die dem Gehilfen zustehenden vertragsmäßigen Leistungen in einer Provision oder in anderen wechselnden Bezügen bestehen, sind sie bei der Berechnung der Entschädigung nach dem Durchschnitt der letzten drei Jahre in Ansatz zu bringen.** [2] **Hat die für die Bezüge bei der Beendigung des Dienstverhältnisses maßgebende Vertragsbestimmung noch nicht drei Jahre bestanden, so erfolgt der Ansatz nach dem Durchschnitt des Zeitraums, für den die Bestimmung in Kraft war.**

(3) **Soweit Bezüge zum Ersatze besonderer Auslagen dienen sollen, die infolge der Dienstleistung entstehen, bleiben sie außer Ansatz.**

1) Zahlung (I)

A. **Inhalt und Reichweite von § 74b:** § 74b regelt nur Zahlung und Berechnung der Karenzentschädigung. Das **Bestehen des Anspruchs auf Entschädigung** setzt er voraus (s II). Ist die Wettbewerbsvereinbarung wirksam bzw wählt der Arbeitnehmer Einhaltung des Wettbewerbsverbots (s § 74a Rn 3), besteht der Anspruch dem Grunde nach, **auch wenn der Arbeitnehmer zum Wettbewerb nicht imstande ist,** gleichgültig aus welchem Grund, zB Arbeitsunfähigkeit, BAG NZA **05**, 411, wirtschaftlich, wegen Alters oder schlechter Gesundheit, BAG BB **77**, 95, wegen Aufnahme eines Studiums, BAG NZA **96**,

§ 74b 2, 3
1. Buch. Handelsstand

1039; Ausnahme Verbüßung einer Freiheitsstrafe, s § 74c I 3. An dieser Risikoverteilung ändert § 313 BGB (Geschäftsgrundlage) nichts, BAG NZA **05**, 411. Der Anspruch besteht auch, wenn der Arbeitnehmer bei eigener Kündigung von einem Weiterbeschäftigungsangebot keinen Gebrauch macht, BAG BB **77**, 95. Vertragliche **Verfallklausel** (§ 59 Rn 79) ist auch für Karenzentschädigung zulässig, BAG NZA **98**, 258. Ausgleichsquittung (§ 59 Rn 78) enthält iZw keinen **Verzicht** auf Karenzentschädigung, BAG BB **82**, 861. **Nichtleistung** kann unter den Voraussetzungen des § 323 BGB Rücktritt des Arbeitnehmers von der Verbotsvereinbarung rechtfertigen, RG **79**, 311.

2   B. **Zahlung (I):** Die Zahlung der Entschädigung hat in Raten iZw jeweils am **Monatsschluss** (vom Dienstende gerechnet, zB von Mitte zu Mitte der Kalendermonate) zu erfolgen. Früherlegen der Fälligkeit ist möglich, auf Späterlegen kann sich der Arbeitgeber nicht berufen (§ 75d). Für die Entschädigung gilt **Pfändungsschutz** für Arbeitseinkommen nach § 850 III a ZPO; bei mehreren Arbeitseinkommen ist unpfändbarer Betrag in erster Linie demjenigen Arbeitseinkommen zu entnehmen, das die wesentliche Grundlage der Lebenshaltung des Schuldners bildet (§ 850e Nr 2 ZPO), so zB wenn der Arbeitnehmer Gehalt (aus neuer Anstellung) und Karenzentschädigung (aus alter) empfängt; ist nur das laufende Gehalt gepfändet, bleibt die Karenzentschädigung unberührt. Soweit die Entschädigung unpfändbar ist, ist ihre **Abtretung** unzulässig; ebenso **Aufrechnung** gegen sie, §§ 400, 394 BGB. **Verjährung** nicht des Stammrechts, sondern nur der einzelnen Rate, in drei Jahren (§§ 195, 199 BGB, vor SMG zwei Jahre, BAG NZA **84**, 354). Kündigt der Insolvenzverwalter dem GmbH-Geschäftsführer ohne weitere Erklärungen, so ist die Karenzentschädigung normale Insolvenzforderung, keine Masseschuld, BGH NZG **09**, 1438. Anspruch setzt voraus, dass der Arbeitnehmer das Wettbewerbsverbot soweit einhält, wie es nach § 74a verbindlich ist, BAG NZA **10**, 1175, es muss bei nur teilweiser Wirksamkeit nicht vollständig eingehalten werden.

2) Berechnung (II, III)

3   Der geschuldete Monatsbetrag ist aus einem Jahresentschädigungsbetrag zu errechnen. Der Jahresentschädigungsbetrag beträgt mangels günstigerer Abrede die Hälfte des gesamten Jahresarbeitsentgelts (s § 74 II). Der Gesamtbetrag des Jahresarbeitsentgelts wird nach § 74b durch Addition des Jahresbetrags der letzten festen Bezüge (hierbei (letztes) Monats-, Wochen-, Tagesgehalt multipliziert mit 12, 52, 365) und des Jahresbetrags wechselnder Bezüge (zB Gewinnbeteiligung), BAG BB **57**, 148, gebildet **(II)**; beides mit Auslassung von Bezügen zum Ersatz besonderer, durch den Dienst verursachter Auslagen **(III)**.

Maßgeblich sind die letzten Bezüge, nicht wie sich der Verdienst fortentwickelt hätte, BAG NZA **09**, 962. Unberücksichtigt bleiben auch fest vereinbarte Lohnsteigerungen. Dies gilt grundsätzlich auch bei **Teilzeitbeschäftigten**, erscheint aber fraglich, wenn aus familiären Gründen (Elternteilzeit) zuletzt nur Teilzeit gearbeitet wurde (so BAG NZA **09**, 962), Nach Bauer/Diller Rn 414 soll dann auf die Bezüge der letzten drei Jahre abgestellt werden (II analog), sachgerechter erscheint es, auf die für die Karenzzeit vereinbarte und zu erwartende Arbeitszeit abzustellen.

Mitzurechnen ist ua freiwillige widerrufliche außertarifliche Zulage (Tarifgehalt und Zulage zusammenrechnen als Gehalt, nicht als „wechselnde Bezüge" iSv II), BAG BB **66**, 1310; bei Spesenpauschale mit Vergütungsanteil auch dieser Anteil; freiwillige Gratifikation, BAG BB **72**, 1094, **74**, 277; ein bei Ausscheiden fälliges, noch ausstehendes 13. Monatsgehalt, auf welches der Arbeitnehmer trotz Ausscheidens Anspruch hat, BAG BB **77**, 95, Dienstwagen; Gewinnbeteiligung s § 74c Rn 1. **Nicht** mitzurechnen sind SozVersZuschüsse des Arbeitgebers, BAG BB **82**, 2052. Bei Einmal-Zahlungen (Gratifikationen und ähnlichen Sonderleistungen) ist der **Durchschnitt** der letzten drei Jahre maßgeblich, BAG BB **77**, 95, bei Gewinnbeteiligungen ist dabei auf den Zeitraum abzustellen, für den die Beteiligung gedacht ist, nicht auf Fälligkeit, BAG NZA **90**, 519. Die Berechnung des anzurechnenden Erwerbs erfolgt hingegen monatsweise (§ 74c Rn 1). Zutreffend auf die tatsächliche Entwicklung abzustellen ist bei gewinn- oder umsatzabhängigen Tantiemen, Bauer/Diller Rn 425.

[Anrechnung anderweitigen Erwerbs]

74c (1) [1] **Der Handlungsgehilfe muß sich auf die fällige Entschädigung anrechnen lassen, was er während des Zeitraums, für den die Entschädigung gezahlt wird, durch anderweite Verwertung seiner Arbeitskraft erwirbt oder zu erwerben böswillig unterläßt, soweit die Entschädigung unter Hinzurechnung dieses Betrags den Betrag der zuletzt von ihm bezogenen vertragsmäßigen Leistungen um mehr als ein Zehntel übersteigen würde.** [2] **Ist der Gehilfe durch das Wettbewerbverbot gezwungen worden, seinen Wohnsitz zu verlegen, so tritt an die Stelle des Betrags von einem Zehntel der Betrag von einem Viertel.** [3] **Für die Dauer der Verbüßung einer Freiheitsstrafe kann der Gehilfe eine Entschädigung nicht verlangen.**

(2) **Der Gehilfe ist verpflichtet, dem Prinzipal auf Erfordern über die Höhe seines Erwerbes Auskunft zu erteilen.**

1) Anrechnung eines anderweitigen Erwerbs (I)

A. **Anrechnung des tatsächlichen Erwerbs (I 1 Alt. 1):** Der Arbeitnehmer (nicht analog auch der GmbHGeschäftsführer, BGH WM 08, 1226, § 74 Rn 3) muss sich auf die fällige Entschädigung nach I 1 zwei Beträge, den tatsächlichen und einen fiktiven Erwerb, anrechnen lassen. Auf jeden Fall muss er sich anrechnen lassen, was er in der Zeit, für welche die Entschädigung geschuldet wird, durch anderweite Verwertung seiner Arbeitskraft erwirbt (I 1 Fall 1). Grund: keine Prämie für Stellenaufgabe, keine Übersicherung, Entlastung des Arbeitgebers ist nur Reflex, BGH WM **08**, 1226. Welche Leistungen nach I anzurechnen sind, ist wie für die vertragsgemäßen Leistungen nach § 74 II zu bestimmen und zu berechnen; maßgebend ist, für welche Zeiten die Vergütung, zB Gewinnbeteiligung, erbracht, nicht wann sie fällig ist oder tatsächlich ausgezahlt wird, BAG BB **74**, 277, NZA **90**, 519, Aufgabe von BAG BB **67**, 959. Dazu gehören außer anderweitigem Arbeitseinkommen zB Einkommen aus selbstständiger Tätigkeit, BAG NJW **06**, 3228, Gewinnbeteiligung, auch Gratifikationen und andere Sonderzahlungen, auf die kein Rechtsanspruch besteht, BAG BB **74**, 277; Arbeitslosengeld, BAG NZA **90**, 975, **92**, 800, **05**, 411, BSG ZIP **93**, 782; Überbrückungsgeld, BAG NJW **06**, 3227. Anzurechnen ist nur, was durch anderweitige Verwertung der freigewordenen Arbeitskraft verdient wird, Schütze DB **71**, 918. Karenzentschädigung eines Monats und Erwerb dieses Monats sind zu vergleichen (pro rata temporis), nicht Erwerb und Entschädigung des ganzen Zeitraums, Gesamtabrechnung ist unzulässig (anders nach hM bei § 615 S 2 BGB), BAG NZA **99**, 936, NJW **06**, 3229.

Nicht anzurechnen ist der Erwerb, den der Arbeitnehmer auch sonst hätte erzielen können, also außerhalb der beruflichen Betätigung, zB Einnahmen aus Nebentätigkeiten, die bereits während des Arbeitsverhältnisses ausgeübt worden sind, nicht anderen erst nachher aufgenommenen, auch wenn sie schon vorher hätten ausgeübt werden können, str, Heymann/Henssler 8; Gewinnbeteiligungen und Kapitalerträge, daher Aufgliederung des Einkommens bei eigener Geschäftstätigkeit des Arbeitnehmers als Geschäftsführer oder Gfter, BAG BB **67**, 959, Gumpert BB **70**, 890; Altersrente der gesetzlichen Rentenversicherung, BAG NZA **85**, 429, Betriebsrente, außer wenn Anrechnung vereinbart, vgl BAG NZA

§ 74c 2–4   1. Buch. Handelsstand

85, 809; Übergangsgeld nach AVG (nun SGB VI), BAG NZA **90**, 397; Einnahmen aus der Privatsphäre wie Mieteinnahmen, Sozialleistungen ua. Anrechenbar ist nur das gezahlte Gehalt, nicht zB steuerfreie Aufwandsentschädigung, Dienstwagen, Auslagenersatz, Auslandszuschlag, Bungalow im Ausland, BAG BB **85**, 198.

2   **B. Anrechnung eines fiktiven Erwerbs (I 1 Alt. 2):** Der Arbeitnehmer muss sich außerdem anrechnen lassen, **was er** so **zu erwerben böswillig unterlässt;** vgl dazu zunächst § 615 S 2 BGB (§ 59 Rn 73). Grund: keine Prämie für Stellenaufgabe und Leben, ohne zu arbeiten. Böswillig handelt der Arbeitnehmer, wenn er in Kenntnis von Arbeitsmöglichkeit, Zumutbarkeit der Arbeit und Nachteil für Arbeitgeber untätig bleibt oder gegen zu geringe Vergütung arbeitet, BAG BB **67**, 539, NJW **89**, 2149, NZA **01**, 26. Es kommt also maßgeblich auf die **Zumutbarkeit der Erwerbstätigkeit** und auf vorsätzliche Untätigkeit an.

Nicht böswillig ist zB nach der stRspr (§ 59 Rn 73) Unterlassung der Meldung an Arbeitsamt oder der Suche eines anderen Arbeitsplatzes, auch wenn aussichtsreich; Ablehnung eines Weiterbeschäftigungsangebots nach eigener Kündigung, BAG BB **77**, 95, NZA **91**, 308; Rückzug auf Altenteil mit 63 Jahren, BAG NZA **91**, 308; Unterlassen vorübergehender berufsfremder Tätigkeit, LAG BaWü BB **66**, 943; idR Aufnahme eines Studiums, BAG NJW **75**, 80, NZA **96**, 1039, aber Grenze § 242 BGB, Ernsthaftigkeit, enger MüKo/von Hoyningen-Huene 16: nur berufsförderndes Studium, Inkaufnahme eines zunächst geringeren Verdiensts bei zulässigem Aufbau selbstständiger Tätigkeit, BAG BB **76**, 228; selbstständige Tätigkeit mit geringeren Ergebnissen als das (entfallende) Arbeitslosengeld, BAG NZA **88**, 130.

3   **C. Anrechnungsgrenzen:** Anrechnung erfolgt nur, soweit der Erwerb oder Nichterwerb (s Rn 1–2) einen **Grenzbetrag** übersteigt, der wie folgt gebildet ist:

a) Entschädigung plus Betrag des Erwerbs bzw Nichterwerbs = **110%** der letzten Vertragsbezüge **(I 1)**. Bsp (ohne Umsiedlung): letzte Vertragsbezüge 3000, Entschädigung 1500, Neuerwerb 2500: Kürzung der Entschädigung auf 800. Abzustellen ist auf den Bruttolohn, BAG NZA **05**, 411, nicht auf die Nettobezüge. Bei Zusage der Mindestentschädigung führt allein der Erhalt von Arbeitslosengeld nicht zum Erreichen des Grenzbetrags, da dieses auf den Nettolohn bezogen ausbezahlt wird, BAG NZA **05**, 411, für die Berücksichtigung eines fiktiven Bruttolohns allerdings Diller BB **08**, 1680.

4   **b)** War der Gehilfe durch das Wettbewerbsverbot **zur Umsiedlung gezwungen,** gilt **125%** statt 110% **(I 2)**. Grund: Pauschalierter Ausgleich von Mehraufwendungen infolge Umzugs, zugleich Anreiz, sich nach neuer Stelle umzusehen, BAG NZA **99**, 936. Zwang, seinen Wohnsitz zu verlegen, impliziert Ursächlichkeit des Wettbewerbsverbots für den Wohnsitzwechsel, BAG NZA **86**, 329, **95**, 631. Ursächlichkeit setzt aber nicht den Nachweis voraus, dass der Arbeitnehmer, das Wettbewerbsverbot hinweggedacht, bei einem ortsansässigen Wettbewerber tatsächlich eine Anstellung hätte finden können, oder gar, dass er einen Bewerbungsversuch gemacht hat, BAG NZA **99**, 936. Durch das Wettbewerbsverbot ist der Arbeitnehmer bereits gehindert, sich durch eine überzeugende Bewerbung eine Einstellungschance zu verschaffen. An der Ursächlichkeit fehlt es erst, wenn am bisherigen Wohnsitz überhaupt kein Wettbewerber ansässig ist oder ein solcher zwar ansässig ist, aber keine für den Arbeitnehmer geeignete, unter das Verbot fallende Stelle vorhält, BAG NZA **99**, 936. Unvermeidlicher Zwang ist unter I 2 dagegen unnötig. Es genügt, wenn der Arbeitnehmer nur außerhalb des bisherigen Wohnsitzes eine Tätigkeit ausüben kann, die nach Art, Vergütung und beruflichen Chancen der bisherigen nahekommt, BAG BB **74**, 370, NZA **99**, 936, str, nach aA Unvermeidlichkeit der Wohnsitzverlegung nach

6. Abschnitt. Handlungsgehilfen und -lehrlinge 1 § 75

Treu und Glauben. Die erhöhte Freigrenze gilt ab sofort, nicht erst ab dem durch nicht zu vertretende Umstände verzögerten tatsächlichen Umzug, BAG NZA **89**, 142. Die Berechnung erfolgt monatsweise (s Rn 1).

D. **Befreiung von der Entschädigungspflicht während Freiheitsstrafe (I 3)**: Entschädigungsanspruch besteht dem Grunde nach einerlei, ob der Arbeitnehmer dem Arbeitgeber tatsächlich Konkurrenz machen kann, s § 74b Rn 1 I 3 regelt dazu einen Sonderfall: keine Entschädigung während Verbüßung einer Freiheitsstrafe, BAG BB **74**, 1486, keine Übertragung auf andere Fallgestaltungen, BAG NZA **05**, 411.

2) Auskunftspflicht des Arbeitnehmers (II)

Der Arbeitgeber hat Anspruch auf (idR schriftliche) **Auskunft** des Arbeitnehmers über die Höhe seines Erwerbs, ggf negativ: Erwerb liege unter x Euro (mit welchem Betrag Anrechnung begänne). Plausible, vorläufige Auskünfte (mit Zahlen) zwecks monatlicher Abschlagszahlungen (§ 74b) sind möglich, sonst nur Jahresabrechnung, BAG NZA **88**, 130. Je nachdem sind Belege beizubringen. Keine Pflicht zur Abgabe einer eidesstattlichen Versicherung (entspr § 260 BGB), LAG Hamm DB **74**, 972, str. Der Arbeitgeber kann bis zur Auskunft die Entschädigung zurückhalten, BAG **22**, 6, BB **78**, 915. Er kann auch auf Auskunft klagen, Vollstreckung nach § 888 I ZPO. Früherer Arbeitnehmer, der jetzt selbstständig ist, genügt der Auskunftspflicht, wenn er Einkommensteuerbescheid anbietet, BAG BB **75**, 653, aA Durchlaub BB **76**, 232. Böswilliges Unterlassen des Erwerbs muss Arbeitgeber dem Arbeitnehmer beweisen, kann nicht Gegenstand einer Auskunftspflicht sein, LAG Düss BB **68**, 1427. Lit: Bengelsdorf BB **79**, 1150.

[Unwirksamwerden des Wettbewerbsverbots]

75 (1) Löst der Gehilfe das Dienstverhältnis gemäß den Vorschriften der §§ 70 und 71 wegen vertragswidrigen Verhaltens des Prinzipals auf, so wird das Wettbewerbverbot unwirksam, wenn der Gehilfe vor Ablauf eines Monats nach der Kündigung schriftlich erklärt, daß er sich an die Vereinbarung nicht gebunden erachte.

(2) ¹In gleicher Weise wird das Wettbewerbverbot unwirksam, wenn der Prinzipal das Dienstverhältnis kündigt, es sei denn, daß für die Kündigung ein erheblicher Anlaß in der Person des Gehilfen vorliegt oder daß sich der Prinzipal bei der Kündigung bereit erklärt, während der Dauer der Beschränkung dem Gehilfen die vollen zuletzt von ihm bezogenen vertragsmäßigen Leistungen zu gewähren. ²Im letzteren Falle finden die Vorschriften des § 74b entsprechende Anwendung.

(3) Löst der Prinzipal das Dienstverhältnis gemäß den Vorschriften der §§ 70 und 72 wegen vertragswidrigen Verhaltens des Gehilfen auf, so hat der Gehilfe keinen Anspruch auf die Entschädigung.

1) Wahlrecht bei außerordentlicher Kündigung (I, III)

A. **Lösungsrecht des Arbeitnehmers (I)**: Bei außerordentlicher Kündigung des Arbeitnehmers wegen vertragswidrigen Verhaltens des Arbeitgebers (§§ 70, 71 aufgehoben, jetzt § 626 BGB, dazu § 59 Rn 128–138, 148–149) ist ein **Wahlrecht des Arbeitnehmers** vorgesehen (**I**): er kann die Wettbewerbsabrede wirksam werden lassen oder auflösen. Die Kündigung muss wirksam sein; ein wichtiger Kündigungsgrund muss tatsächlich vorliegen, BAG BB **65**, 1455. Auch befristete außerordentliche Kündigung genügt. Die Auflösung mit der Folge des **Unwirksamwerdens des Wettbewerbsverbots** erfolgt durch schriftliche Erklärung an den Arbeitgeber bei oder bis einen Monat nach

§ 75 2–4 1. Buch. Handelsstand

Kündigung, auch bei darauf folgendem Rechtsstreit mit vergleichsweiser Beendigung des Arbeitsverhältnisses, BAG BB **73**, 660. Das gilt auch, wenn er ordentlich kündigt, aber aus solchem Grunde außerordentlich kündigen könnte und klar ist, dass die ordentliche Kündigung Ersatz für die außerordentliche sein soll (vgl § 89b III 2), str. Wählt der Arbeitnehmer Auflösung, darf er mit dem Arbeitnehmer in Wettbewerb treten, nachvertragliche Treuepflicht steht dem idR nicht entgegen (§ 60 Rn 6).

2 B. **Lösungsrecht des Arbeitgebers (III, I):** Bei **außerordentlicher Kündigung des Arbeitgebers wegen vertragswidrigen Verhaltens des Arbeitnehmers** (§ 626 BGB, s § 59 Rn 128–147) ist ein **Wahlrecht des Arbeitgebers** anzunehmen (**I analog**). Zwar sieht III das Wirksambleiben des Verbotes und den Verlust des Anspruchs auf Entschädigung vor, doch macht diese Ungleichbehandlung von Arbeitnehmer und Arbeitgeber bei den Folgen der außerordentlichen Kündigung III **verfassungswidrig**, BAG BB **77**, 847, NZA **87**, 453, **99**, 37. Für das Gebiet der ehemaligen DDR sieht der Einigungsvertrag die Nichtanwendbarkeit von III vor, BGBl 1990 II 889, 959. Die Lücke ist durch analoge Anwendung von **I** zu schließen (vgl § 90a III nF 1998): Arbeitgeber kann sich also durch Erklärung binnen einen Monats entscheiden, ob er am Wettbewerbsverbot festhalten will (dann Karenzentschädigung) oder ob er sich lossagen will (dann **Unwirksamwerden des Wettbewerbsverbots**), BAG NZA **99**, 37. Die Lossagung muss eindeutig ergeben, dass der Arbeitgeber keine Karenzentschädigung zahlen will und den Arbeitnehmer mit sofortiger Wirkung aus Verbot entlässt, BAG BB **78**, 1168. Bei vorausgegangener Kündigung erklärte Lossagung genügt, BAG NZA **87**, 453, **99**, 37. Befristete außerordentliche Kündigung genügt, BAG BB **64**, 219; auch ordentliche, sofern für den Arbeitnehmer klar ist, dass die Vertragsbeendigung Ersatz für die fristlose Kündigung sein soll, BAG BB **68**, 379, **70**, 1050. Das Lösungsrecht besteht auch, wenn zuvor bereits Verzicht nach § 75a HGB, nach BAG NZA **87**, 453 erlischt die Entschädigungspflicht dann sogar ohne weitere Erklärung, str.

2) Wahlrecht bei sonstiger Kündigung des Arbeitgebers (II)

3 A. **Grenzen des Lösungsrechts des Arbeitnehmers (II):** **Kündigt der Arbeitgeber in anderen Fällen** (also ordentlich oder außerordentlich, aber nicht wegen vertragswidrigen Verhaltens des Arbeitnehmers, s Rn 2), **ist ebenfalls** ein (unentziehbares, BAG NZA 05, 1376) **Wahlrecht des Arbeitnehmers** vorgesehen (II 1: das Verbot „wird in gleicher Weise unwirksam" wie nach I), BAG BB **84**, 535, **aber mit zwei Ausnahmen:**

a) wenn **in der Person des Arbeitnehmers** ein „**erheblicher Anlass**" zur Kündigung (nicht: wichtiger Grund zu außerordentlicher Kündigung) vorlag, zB unbefriedigende Leistungen (objektiv, im Prozess vom Arbeitgeber zu beweisen); dann bleibt die Abrede beiderseits wirksam;

b) wenn der Arbeitgeber bei Kündigung (nicht später, RG **59**, 125) dem Arbeitnehmer für die Verbotszeit **Fortleistung der vollen letzten Vertragsbezüge** verspricht, zu berechnen und zahlbar nach § 74b statt der (idR niedrigeren) gewöhnlichen Karenzentschädigung; Anrechnung von anderweitigem und böswillig unterlassenem Erwerb entspr § 74c, da diese Fortzahlung der Vertragsbezüge der Sache nach auch Karenzentschädigung ist, str, aA RG **114**, 418 (für TV). Keine Abbedingung s § 75 d.

4 B. **Insolvenz des Arbeitgebers:** Für Kündigung in der Insolvenz des Arbeitgebers durch den Insolvenzverwalter nach § 113 I InsO gilt II. Kündigung durch Arbeitnehmer nach § 113 I InsO lässt Wettbewerbsabrede unberührt. Der Insolvenzverwalter kann die Wettbewerbsabrede (als beiderseits nicht oder nicht vollständig erfüllten Vertrag) nach § 103 InsO kündigen, einerlei ob Dienst vor

6. Abschnitt. Handlungsgehilfen und -lehrlinge 1 § 75a

Eröffnung des Insolvenzverfahrens endete oder nach Eröffnung, zB durch Kündigung des Arbeitsverhältnisses durch Insolvenzverwalter; Arbeitnehmer wird vom Verbot frei und hat Schadensersatzanspruch wegen Wegfalls der Entschädigung (nur als Insolvenzforderung), vgl RG **140,** 298.

3) Wirksambleiben bei sonstiger Kündigung des Arbeitnehmers

Bei anderer Kündigung des Arbeitnehmers als nach I (also ordentlicher oder 5 außerordentlicher, aber nicht wegen vertragswidrigen Verhaltens des Arbeitgebers, s Rn 1) bleibt es bei dem wirksamen Wettbewerbsverbot. Ein Wahlrecht des Arbeitgebers außer bei erheblichem Anlass in seiner Person (entspr II) entspräche zwar auch hier einer vollen Parität zwischen Arbeitgeber und Arbeitnehmer, doch ist das verfassungsrechtlich nicht geboten (Grund: abhängige Stellung des Arbeitnehmers).

4) Einvernehmliche Aufhebung des Arbeitsverhältnisses

A. Bei einvernehmlicher Aufhebung des Arbeitsverhältnisses ist zu prüfen, wer 6 Anlass und Anstoß zur Auflösung gegeben hat; **je nachdem** ist **I oder II** anzuwenden, BAG BB **63,** 1484, **65,** 1455. Liegt der **Anlass beim Arbeitgeber,** so bei vertragswidrigem Verhalten des Arbeitgebers, dann hat der Arbeitnehmer Wahlrecht (s Rn 1); bei Auflösung auf Wunsch des Arbeitgebers gilt II (s Rn 3–4); ohne „erheblichen Anlass in der Person des Arbeitnehmers" hat Arbeitnehmer das Wahlrecht; doch kann der Arbeitgeber es durch Fortzahlung der Vertragsbezüge (s Rn 3) entkräften und die Abrede aufrechterhalten.

B. Liegt der **Anlass beim Arbeitnehmer,** so bei Auflösung auf Wunsch des 7 Arbeitnehmers, bleibt das Verbot bestehen (s Rn 5); bei Auflösung auf Grund vertragswidrigen Verhaltens des Arbeitnehmers hat der Arbeitgeber das Wahlrecht, ob er an Wettbewerbsverbot festhalten und Entschädigung zahlen oder auf das Verbot verzichten will (s Rn 2). Ausdrückliche Regelung im Aufhebungsvertrag ist zu empfehlen (s § 75a Rn 1).

[Verzicht des Prinzipals auf Wettbewerbsverbot]

75a Der Prinzipal kann vor der Beendigung des Dienstverhältnisses durch schriftliche Erklärung auf das Wettbewerbverbot mit der Wirkung verzichten, daß er mit dem Ablauf eines Jahres seit der Erklärung von der Verpflichtung zur Zahlung der Entschädigung frei wird.

1) Verzicht vor Ende des Dienstverhältnisses

Der **Arbeitgeber** kann sich, da das Wettbewerbsverbot nur dem Unternehmen 1 dient, durch einseitige, schriftliche, empfangsbedürftige Willenserklärung an den Arbeitnehmer **vor Dienstende** (nur im ganzen, nicht zT) von der Wettbewerbsabrede lösen („Verzicht", richtiger: **Rücktritt**). Zustimmung des Arbeitnehmers ist also nicht nötig, doch kann das Wettbewerbsverbot jederzeit einvernehmlich formlos aufgehoben werden, BAG NZA **89,** 797, **03,** 100 (vgl § 74 Rn 5), auch zusammen mit dem Anstellungsvertrag (§§ 133, 157 BGB), Kln BB **97,** 1328 (iErg abl), aber s § 75 Rn 6–7. Bei Verzicht wird der Arbeitnehmer vom Verbot sofort frei, der Arbeitgeber von seiner Zahlungspflicht dagegen erst ein Jahr nach Verzicht, BAG BB **78,** 612; der Arbeitgeber schuldet also, falls Dienstende früher als ein Jahr nach „Verzicht" eintritt, vom Dienstende bis zum Ablauf dieses Jahres die Karenzentschädigung, auch wenn der Arbeitnehmer innerhalb der Jahresfrist eine Konkurrenztätigkeit aufnimmt, BAG NZA **08,** 1074 (LS). Vor Dienstende nur normale Vergütung, keine Karenzentschädigung, BAG NZA **08,** 1074 (LS). Verzicht muss eindeutig sein, BAG BB **78,** 1168, bloße Kündigung kann nicht als Verzicht ausgelegt werden. Der Arbeitnehmer kann nicht im Voraus Erklärung

Roth 375

§ 75c 1   1. Buch. Handelsstand

über Verzicht verlangen, der Arbeitgeber kann nicht mehr Verzicht aussprechen, nachdem er den Anschein erweckt hat, er werde nicht verzichten, BAG BB **79**, 733, 1557. Verzicht bei außerordentlicher Kündigung des Arbeitgebers s § 75 Rn 2. § 75a gilt entsprechend für **Organmitglied** (§ 74 Rn 3), BGH NJW **92**, 1892, ist aber im Einzelnen anzupassen, Hoffmann-Becking FS Quack **91**, 281. Verzicht auf das nachvertragliche Wettbewerbsverbot (§ 75a) berührt das während des Vertrags geltende (§ 60) nicht, BAG NJW **08**, 1468 (nicht in LS, NZA **08**, 1074), vgl § 74 Rn 1, 2.

2) Kein Verzicht nach Ende des Arbeitsverhältnisses

2   Nach Ende des Arbeitsverhältnisses kann der Arbeitgeber zwar ebenfalls Verzicht aussprechen (vgl Rn 1), der Arbeitnehmer wird dann vom Wettbewerbsverbot frei; aber es ist **kein Verzicht** des Arbeitgebers mit Wirkung des § 75a mehr möglich, BAG NZA **03**, 100 (fristlose Kündigung). § 75a lässt **auch kein bedingtes Verbot**, das schon vorher vereinbart wird, zu. Der Arbeitgeber kann sich also nicht vorbehalten, über das Wirksamwerden der Wettbewerbsabrede bei oder nach Dienstende einseitig zu entscheiden, auf das Wettbewerbsverbot vollständig zu verzichten oder Karenzentschädigung nur zu zahlen, wenn er Zustimmung zu Konkurrenztätigkeit verweigert, BAG NZA **86**, 640, **91**, 263, **96**, 700; für Probezeit s § 74 Rn 4. Der Arbeitnehmer hat dann ein Wahlrecht (§ 75d Rn 2). **Aufhebungsvertrag** nach Ende des Arbeitsverhältnisses bleibt möglich. RsprÜbersicht: Grunsky FS 25 Jahre BAG **79**, 153.

75b *(aufgehoben)*

1   1) § 75b betr Ausnahmen von der Entschädigungspflicht für außerhalb Europas Tätige und Hochbesoldete aufgehoben ab 1.1.2002 durch 4. EuroEG 2000.

[Vertragsstrafe]

75c
(1) ¹Hat der Handlungsgehilfe für den Fall, daß er die in der Vereinbarung übernommene Verpflichtung nicht erfüllt, eine Strafe versprochen, so kann der Prinzipal Ansprüche nur nach Maßgabe der Vorschriften des § 340 des Bürgerlichen Gesetzbuchs geltend machen. ²Die Vorschriften des Bürgerlichen Gesetzbuchs über die Herabsetzung einer unverhältnismäßig hohen Vertragsstrafe bleiben unberührt.

(2) Ist die Verbindlichkeit der Vereinbarung nicht davon abhängig, daß sich der Prinzipal zur Zahlung einer Entschädigung an den Gehilfen verpflichtet, so kann der Prinzipal, wenn sich der Gehilfe einer Vertragsstrafe der in Absatz 1 bezeichneten Art unterworfen hat, nur die verwirkte Strafe verlangen; der Anspruch auf Erfüllung oder auf Ersatz eines weiteren Schadens ist ausgeschlossen.

1) Beschränkung der Vertragsstrafe (I)

1   A. **Unwirksamkeit:** Vertragsstrafe (s § 348) als Druckmittel für die Erfüllung der Wettbewerbsabrede ergänzt die Rechte des Arbeitgebers aus Verletzung der Wettbewerbsabrede (s § 74 Rn 10–16). Sie ist jedoch unwirksam, wenn das Wettbewerbsverbot unwirksam ist oder wenn in Wirklichkeit nicht Wettbewerb, sondern lediglich eine zulässige Abwerbung verhindert werden soll, BAG **17**, 338. Die Festsetzung der Vertragsstrafe kann den Parteien oder Dritten, aber nicht von vornherein dem Gericht überlassen werden, BAG BB **81**, 302; s § 348 Rn 2.

6. Abschnitt. Handlungsgehilfen und -lehrlinge 2–6 § 75c

Bei Formulararbeitsverträgen Kontrolle nach § 307 I BGB, unangemessene Benachteiligung, wenn bei jedem Verstoß eine Vertragsstrafe von drei Monatsgehältern, BAG NZA **06**, 34, zur AGB-Kontrolle auch § 74a Rn 9, zur Abgrenzung von Dauer- und Einzelverstößen § 61 Rn 1.

B. Beschränkung: Bei wirksam vereinbarter Vertragsstrafe beschränkt **I 1** die Rechte des Arbeitgebers auf die nach § 340 BGB. 2

a) Nach § **340 I 1 BGB** sind das Recht nach § 341 I BGB (betr Strafversprechen für nicht gehörige, insbesondere verspätete Erfüllung), die verwirkte **Strafe neben Erfüllung** der Abrede zu verlangen, sowie sonstige über § 340 BGB hinausgehende vereinbarte Rechte aus dem Strafversprechen **ausgeschlossen.** Der Arbeitgeber **muss** bei Verletzung der Wettbewerbsabrede durch den Arbeitnehmer **also wählen** zwischen Recht auf Erfüllung und verwirkter Strafe; wählt er diese, muss er den Verstoß hinnehmen, sein Unterlassungsanspruch erlischt insoweit (**§ 340 I 2 BGB**), BAG BB **70**, 1049, wählt er Erfüllung, kann er bei neuer Verletzung wieder wählen, RG JW **13**, 320. Für welche Zeit der Unterlassungsanspruch erlischt bzw wann eine neue Verletzung gegeben ist, hängt vom Parteiwillen ab. Bei Verstößen nur während eines Teils der Karenzzeit kann die Vertragsstrafe nur teilweise, ganz oder sogar mehrfach verfallen, BAG NJW **73**, 1717. Zweckmäßig ist ausdrückliche vertragliche Regelung. Zulässig ist zB die Vereinbarung, dass die Vertragsstrafe für jeden Fall der Zuwiderhandlung oder bei Dauerverstoß für jeden Monat neu verwirkt sein soll, BAG BB **63**, 1483; der Arbeitgeber hat dann bei jedem neuen Verstoß die Wahl zwischen Vertragsstrafe oder Erfüllung. Fehlt eine Vertragsregelung für Dauerverstöße, ist der Inhalt der Vertragsabrede vom Gericht durch Auslegung zu ermitteln (§§ 133, 157; 242 BGB), BAG NJW **71**, 2008, LAG Mannh BB **73**, 40m krit Anm Trinkner. Zu berücksichtigen ist dabei, ob nach Bedeutung des Verbotes für Arbeitgeber (Indiz: Summe der Karenzentschädigung) die Vertragsstrafe nach ihrer Höhe nur für Einzel- oder auch für Dauerverstoß gedacht sein konnte; eventuell Vertragsstrafe monatlich, BAG BB **63**, 1483, oder bei jeder honorarpflichtigen Tätigkeit, BAG BB **72**, 447. Bei Verstoß nur während eines Teils der Karenzzeit kann für die Teilzeit Vertragsstrafe und für eine andere Teilzeit Unterlassung geschuldet sein, BAG NJW **73**, 1717. 3

b) Nach § **340 II BGB** kann der Arbeitgeber wenn er Anspruch auf Schadensersatz wegen Nichterfüllung (seit SMG: Schadensersatz statt der Leistung, §§ 280 III, 281 ff BGB) hat, die verwirkte Strafe als Mindestschaden fordern, darüber hinaus weiteren Schaden, BAG BB **70**, 1049; auch wenn er so die Strafe als Schadensersatz fordert, verliert er den Anspruch auf Erfüllung, jedenfalls für diesen Verstoß. 4

c) Weitergehende Beschränkung zugunsten des Arbeitnehmers ist zulässig (§ 75d steht nicht entgegen), zB Vereinbarung, dass der Arbeitgeber bei Verstoß des Arbeitnehmers gegen die Wettbewerbsabrede nur Vertragsstrafe fordern kann, nicht Erfüllung, nicht Ersatz weiteren Schadens (vgl II); ebenso Vereinbarung, dass der Arbeitnehmer durch Zahlung der Vertragsstrafe (als eine Art Reugeld) die Abrede entkräften kann. 5

C. Herabsetzung: Der Arbeitnehmer behält das Recht zum Antrag gemäß § 343 I BGB (s bei § 348) auf **Herabsetzung** einer verwirkten (noch nicht geleisteten) „unverhältnismäßig hohen" Vertragsstrafe auf den angemessenen Betrag (**I 2**). Darüber hinaus gibt es keinen Rechtssatz, dass zwischen Vertragsstrafe und Karenzentschädigung ein angemessenes Verhältnis bestehen müsse, BAG NJW **71**, 2007. Bei Herabsetzung ist jedes mögliche Interesse des Arbeitgebers zu berücksichtigen, nicht nur der entstandene Schaden, BAG BB **63**, 1421. 6

Roth

§ 75d 1–3 1. Buch. Handelsstand

2) Beschränkung auf Vertragsstrafe (II)

7 Bei Arbeitnehmern, denen keine Karenzentschädigung zugesagt zu werden braucht, kann der Arbeitgeber bei Verstoß gegen die Wettbewerbsabrede nur Vertragsstrafe fordern; er verliert also sein Recht auf Erfüllung (die Abrede erlischt also durch die Verletzung) und Ersatz weiteren Schadens **(II)**. Ein Strafversprechen wäre daher in diesen Fällen idR eher nachteilig, jedoch ist II nach Aufhebung des § 75b (Ausnahmen von der Entschädigungspflicht) **praktisch gegenstandslos**. Ein Wettbewerbsverbot ohne Entschädigung kann nun nur nach Beendigung des Arbeitsverhältnisses geschlossen werden, dazu § 74 Rn 5.

[Abweichende Vereinbarungen]

75d [1] Auf eine Vereinbarung, durch die von den Vorschriften der §§ 74 bis 75c zum Nachteil des Handlungsgehilfen abgewichen wird, kann sich der Prinzipal nicht berufen. [2] Das gilt auch von Vereinbarungen, die bezwecken, die gesetzlichen Vorschriften über das Mindestmaß der Entschädigung durch Verrechnungen oder auf sonstige Weise zu umgehen.

1) Keine Berufung des Arbeitgebers auf abweichende Vereinbarung (S 1)

1 Auf Vereinbarungen, die von §§ 74–75c zum Nachteil des Arbeitnehmers abweichen oder die Vorschriften über Mindestentschädigung (§§ 74 II, 74b, 74c, 75 II) umgehen (und vor Dienstende, § 74 Rn 4, getroffen sind), kann sich der **Arbeitgeber nicht berufen**. Eine solche Vereinbarung ist **unverbindlich**, BAG NZA **91**, 263. Bsp: Wettbewerbsabrede mit zu niedriger Entschädigung entgegen § 74 II, Einschränkungen des Wahlrechts des Arbeitnehmers nach §§ 75 I, II, zB von vornherein Ausschluss des Wettbewerbsverbots für den Fall ordentlicher Kündigung, BAG BB **82**, 926; bedingtes Wettbewerbsverbot (§ 75a Rn 2).

2) Wahlrecht des Arbeitnehmers

2 Bei einem unverbindlichen Wettbewerbsverbot hat der **Arbeitnehmer** (nicht der Arbeitgeber, s Rn 1) **dagegen** ein **Wahlrecht,** sich von dem Wettbewerbsverbot zu lösen oder den Arbeitgeber daran festzuhalten. Letzterenfalls kann er die vereinbarte Entschädigung verlangen, wenn er während der ganzen Karenzzeit Wettbewerb unterlässt; umgekehrt kann dann der Arbeitgeber Unterlassung des Wettbewerbs verlangen, BAG BB **83**, 1219, **87**, 2166. Der Arbeitnehmer muss das Wahlrecht zu Beginn der Karenzzeit und endgültig ausüben; bei Rechtsstreit über die Vertragsbeendigung genügen aber vorläufiges Unterlassen des Wettbewerbs und Wahl erst nach dem Urteil, BAG NZA **87**, 592. Die Wahl kann auch ohne Erklärung gegenüber dem Arbeitgeber in der Wettbewerbsenthaltung liegen; der Arbeitgeber kann dann aber unter Fristsetzung zur ausdrücklichen Wahl auffordern (§ 264 II 1, 2 BGB analog), BAG NZA **91**, 263, anders früher. Bei einem unwirksamen Vorvertrag ist der Arbeitnehmer so zu stellen, als ob der Arbeitgeber das Wahlrecht ausgeübt hätte, und kann Entschädigung verlangen, BAG NZA **11**, 413. Die Entscheidung für Karenz ist bindend, das Wahlrecht lebt auch bei (Entschädigungs)Zahlungsverzug nicht wieder auf; der Arbeitnehmer hat dann aber Recht zu Rücktritt (ex nunc) und Kündigung, nicht nach § 320 BGB zu vorübergehendem Wettbewerb, BAG BB **83**, 1219. Läßt der Arbeitnehmer eine zu niedrige Vereinbarung gelten, kann er nur diese, nicht die gesetzliche Mindestentschädigung (§ 74 II) verlangen, BAG AP § 74 Nr 19, jetzt offen BAG NZA **90**, 519.

3) Umgehungsverbot (S 2); Tarifvertrag

3 Verrechnungen und andere Umgehungen der §§ 74–75c sind ebenfalls unverbindlich (Umgehungsverbot nach S 2, zu Mandantenübernahmeklauseln BAG NZA **02**, 1282, **14**, 435, LAG Köln NZA-RR **08**, 10: Beschränkung der Laufzeit bei Abführung eines Teils des Umsatzes auf zwei Jahre, keine Zahlung einer anteiligen Vergütung von 20 Prozent bei abhängiger Beschäftigung, keine geltungserhaltende Reduktion, bei Verträgen ab 2002 auch Klauselkontrolle nach §§ 305 ff BGB, Meier NZA **13**, 253). Mandantenübernahmeklauseln sind grds zulässig, dürfen aber nicht so gestaltet werden, dass sich die Bearbeitung des Mandats wirtschaftlich nicht lohnt, dann verdeckte Mandantenschutzklausel, BAG NZA **14**, 435. § 75d gilt auch für Tarifverträge, grds für Möglichkeit der Regelung von Wettbewerbsverboten im TV Schaub § 55 II 1g, str.

75e *(aufgehoben)*

[Sperrabrede unter Arbeitgebern]

75f ¹Im Falle einer Vereinbarung, durch die sich ein Prinzipal einem anderen Prinzipal gegenüber verpflichtet, einen Handlungsgehilfen, der bei diesem im Dienst ist oder gewesen ist, nicht oder nur unter bestimmten Voraussetzungen anzustellen, steht beiden Teilen der Rücktritt frei. ²Aus der Vereinbarung findet weder Klage noch Einrede statt.

1) Beschränkung von Sperrabreden unter Arbeitgebern

§ 75f wendet sich gegen Absprachen unter Arbeitgebern (nicht nur Verbänden, **1** auch einzelnen, BAG BB **73**, 427), die die Arbeitnehmer eines Arbeitgebers für andere sperren, einerlei ob Sperre der Beschäftigung als Arbeitnehmer oder als selbstständiger Unternehmer, BGH **88**, 267, oder ob Sperre mit Einschränkungen, zB Abhängigkeit von Zustimmung des ersten Arbeitgebers, Beschränkung auf unmittelbar wechselnde Arbeitnehmer ohne Zwischenschaltung eines dritten Arbeitsverhältnisses, BAG BB **73**, 427. § 75f verstößt nicht gegen Art 9 GG, BGH BB **74**, 1024, sondern dient der freien Arbeitsplatzwahl (Art 12 GG, s Rn 2). § 75f gilt auch für Abreden, mit denen sich Leiharbeitsunternehmen der Abwerbung des Personals durch den Entleiher vorbeugt, für Vertragsstrafenabrede mit Entleiher BGH BB **74**, 1024. Erfasst sind grundsätzlich auch Abwerbeverbote, BGH ZIP **14**, 1935m Bespr Naber DB **14**, 2945, sofern ausnahmsweise berechtigte Interessen eine solche Vereinbarung tragen (Verstoß gegen UWG, Nebenabrede bei due diligence, Kooperationsvereinbarung, Abspaltung etc), darf die Sperrzeit höchstens zwei Jahre betragen, BGH ZIP **14**, 1937, offen noch BAG BB **73**, 427. § 75f gilt nach § 110 S 2 GewO entspr für nichtkfm Arbeitgeber, bisher schon stRspr, BGH **88**, 260. Auch für Kundenschutzklauseln nach Ausscheiden eines GmbH-Gfters dient die Zweijahresfrist als Orientierung, BGH ZIP **15**, 473. Lit: Eggert 2001.

2) Rechtsfolgen

Die Vereinbarung ist nach § 75f nicht nichtig, aber **beide** Teile können frei **2** von ihr **zurücktreten** (S 1). Außerdem ist sie vor **Gericht kraftlos,** sie trägt keine Klage und keine Einrede (Halbs 2). Sie versagt auch als Grundlage eines Strafversprechens. Ausnahmsweise kann die Vereinbarung gegen Art 12 I 1 GG (freie Wahl des Arbeitsplatzes) und gegen **§ 138 BGB** verstoßen. Abweisung eines Anstellungsuchenden auf Grund solcher Abrede kann die beteiligten Arbeitgeber uU einem benachteiligten Arbeitnehmer gegenüber nach § 826 BGB **haftbar** machen. Zum vertraglichen Abwerbungsverbot und seiner Durchsetzbarkeit Weiland BB **76**, 1179, Bauer/Diller Rn 129.

§ 82a

[Vermittlungsgehilfe]

75g ¹§ 55 Abs. 4 gilt auch für einen Handlungsgehilfen, der damit betraut ist, außerhalb des Betriebes des Prinzipals für diesen Geschäfte zu vermitteln. ²Eine Beschränkung dieser Rechte braucht ein Dritter gegen sich nur gelten zu lassen, wenn er sie kannte oder kennen mußte.

1   1) Nach § 75g S 1 hat der im Außendienst mit der Vermittlung von Geschäften betraute Arbeitnehmer (ebenso wie der HdlVertreter nach § 91 II, s dort) Vertretungsmacht zur Entgegennahme von Erklärungen Dritter betr mangelhafter Leistung (§ 55 IV Halbs 1) und kann Beweissicherungsrechte des Arbeitgebers geltend machen (§ 55 IV Halbs 1). Abweichende Vereinbarungen wirken nicht zugunsten gutgläubiger Dritter (S 2).

[Unkenntnis des Mangels der Vertretungsmacht]

75h (1) Hat ein Handlungsgehilfe, der nur mit der Vermittlung von Geschäften außerhalb des Betriebes des Prinzipals betraut ist, ein Geschäft im Namen des Prinzipals abgeschlossen, und war dem Dritten der Mangel der Vertretungsmacht nicht bekannt, so gilt das Geschäft als von dem Prinzipal genehmigt, wenn dieser dem Dritten gegenüber nicht unverzüglich das Geschäft ablehnt, nachdem er von dem Handlungsgehilfen oder dem Dritten über Abschluß und wesentlichen Inhalt benachrichtigt worden ist.

(2) Das gleiche gilt, wenn ein Handlungsgehilfe, der mit dem Abschluß von Geschäften betraut ist, ein Geschäft im Namen des Prinzipals abgeschlossen hat, zu dessen Abschluß er nicht bevollmächtigt ist.

1   1) § 75h regelt für mit der Vermittlung von Geschäften im Außendienst betraute Arbeitnehmer (ebenso wie § 91a für den HV) die Wirkung eines Abschlusses ohne Abschlußvollmacht (I) und des Abschlusses mit Abschlussvollmacht, aber in einem von der Vollmacht nicht gedeckten Fall (II). § 75h gilt auch, wenn der mit der Vermittlung betraute Arbeitnehmer nicht ausschließlich im Außendienst arbeitet, „nur" in I steht nach Sinn und Zweck nicht entgegen, BGH WM **06**, 1107. § 75h gilt nicht nur nach Art, Umfang oder Risiko für den betreffenden Betrieb außergewöhnliche Geschäfte, BGH WM **06**, 1109. Der Abschluss ist wirksam, wenn der Arbeitgeber das Geschäft nicht unverzüglich nach Kenntnis ablehnt, angemessene Überlegungsfrist von idR zwei Wochen, BGH WM **06**, 1107. Zum wesentlichen Inhalt gehört alles für die Entschließung des Unternehmers Bedeutsame, BGH WM **06**, 1107. Zu § 75h s näher zur Parallelvorschrift des § 91a (und § 362). §§ 54 I, 55 I, 91a I enthalten allgemeinen Vertrauensschutzgrundsatz, BGH WM **06**, 1109.

76-82 *(aufgehoben)*

1   1) §§ 76–82 über **Handlungslehrlinge** aufgehoben durch BerBG ab 1.9.1969; s Fredebeul BB **69**, 1145.

[Wettbewerbsverbot des Volontärs]

82a *Auf Wettbewerbsverbote gegenüber Personen, die, ohne als Lehrlinge angenommen zu sein, zum Zwecke ihrer Ausbildung unentgeltlich mit kauf-*

6. Abschnitt. Handlungsgehilfen und -lehrlinge § 83

männnischen Diensten beschäftigt werden (Volontäre), finden die für Handlungsgehilfen geltenden Vorschriften insoweit Anwendung, als sie nicht auf das dem Gehilfen zustehende Entgelt Bezug nehmen.

1) Volontärvertrag

A. Seit 1.9.1969 sind §§ 3–18 BerBG mit bestimmten Ausnahmen anwendbar auf „Personen, die eingestellt werden, um berufliche Kenntnisse, Fertigkeiten oder Erfahrungen zu erwerben", aber weder in einem echten Berufsausbildungsverhältnis noch im Arbeitsverhältnis stehen (§ 19 BerBG), nunmehr §§ 10–23, 25, 26 BBiG. Darunter fallen auch **Volontäre**, Fredebeul BB **69**, 1146, Schmidt BB **71**, 622, Komm zum BBiG. Unterschied zum **Lehrling**: die Berufsausbildung des Volontärs ist nicht wie im eigentlichen Berufsausbildungsverhältnis auf vollständige Fachausbildung in einem anerkannten Ausbildungsberuf abgestellt. Unterschied zum **Arbeitnehmer:** Der Volontär hat keine Leistungspflicht und keinen eigentlichen Arbeitsentgeltanspruch. **Praktikanten** s Stuhr/Stuhr BB **81**, 916. § 82a ist in den neuen Bundesländern nicht anzuwenden (Anl I zum Einigungsvertrag 31.8.1990 BGBl II 889, 959, 1020). 1

B. Im Einzelnen gelten für Volontäre aus dem **Berufsbildungsrecht** des BBiG: § 10 Vertragsabschluss; § 11 Vertragsniederschrift (keine Wirksamkeitsvoraussetzung); § 12 Nichtige Vereinbarungen; § 13 Pflichten des Auszubildenden; §§ 14–16 Pflichten des Ausbildenden (wohl ohne Bestimmungen über gegliederte Berufsausbildung, Ausbildungsmittel, Führen von Ausbildungsnachweisen), der Kfm schuldet dem Volontär danach Ausbildung, nicht nur wie früher Gelegenheit, sich selbst auszubilden; §§ 17–19 Vergütung (vgl demgegenüber früher § 82a: unentgeltlich). § 20 Probezeit (abgekürzt); §§ 21, 22 Beendigung (§ 23 Schadensersatz gilt wegen § 26 HS 2 iE nicht) und § 25 Unabdingbarkeit des Gesetzes, nicht (mehr) § 24 Weiterarbeit nach Beendigung des Ausbildungsverhältnisses. 2

C. Außerdem gilt für den Volontär **Arbeitsvertragsrecht**, soweit es sich nicht auf **Arbeitsentgelt** und **Dienstpflicht** bezieht und angepasst an den **abweichenden Zweck** des Verhältnisses (§§ 26, 10 II BerBG). Für den kfm Volontär sind damit weiter anwendbar ua §§ 60, 61 Wettbewerbsverbot; § 62 Fürsorgepflicht; § 75f Sperrabreden; § 109 GewO Zeugnis (bei § 73 aF); § 613 BGB Dienst in Person; §§ 620 ff BGB Kündigungsbestimmungen, soweit Vertrag ausnahmsweise nicht befristet ist (s § 59 Rn 121–150); § 629 BGB Freizeit zur Stellungssuche; Direktionsrecht des Kfm (§ 59 Rn 44); Treuepflicht (§ 59 Rn 48–49). 3

2) Wettbewerbsverbot für Volontäre

§§ 12 I, 26 BBiG erklären Vereinbarungen, die den Auszubildenden für die Zeit nach Beendigung des Ausbildungsverhältnisses in der Ausübung seiner beruflichen Tätigkeit beschränken, also **Wettbewerbsverbote** für **nichtig**, BAG NZA **07**, 977. § 82a ist damit **gegenstandslos**, hL, Heymann/Henssler 3, str. 4

[Andere Arbeitnehmer]

§ 83
Hinsichtlich der Personen, welche in dem Betrieb eines Handelsgewerbes andere als kaufmännische Dienste leisten, bewendet es bei den für das Arbeitsverhältnis dieser Personen geltenden Vorschriften.

1) Zum Personal des Kfm § 59 Rn 23–24. § 83 ist in den neuen Bundesländern nicht anzuwenden (Anl I zum Einigungsvertrag 31.8.1990 BGBl II 889, 959, 1020). Für die alten Bundesländer haben sich der Gesetzgeber bzw. die Rechtsprechung über die Norm weitgehend hinweggesetzt, § 59 Rn 1. Aus

Gleichheitsgründen ist eine einheitliche Anwendung der §§ 59 ff auf alle Arbeitnehmer angezeigt. Nachdem die zu weit gefassten §§ 63, 66–72 aufgehoben und zwischenzeitlich im LFZG sowie den §§ 620 ff BGB vereinheitlicht wurden (s § 59 Rn 31) besteht kein Anlass, im Handelsrecht an einer Unterscheidung festzuhalten, die im Gewerberecht entwickelt und im Sozialversicherungsrecht fortgeführt wurde, dort aber wieder aufgegeben worden ist. Für ein klassenloses Handelsrecht und einen auch Arbeiter und kaufmännische Angestellte umfassenden Handelsgehilfenbegriff mit (vor diesem Hintergrund) überzeugenden Gründen bereits Thöl, Praxis des Handelsrechts, 1874, 40 ff (gegen ROHGE 10, 297) und Handelsrecht, 5. Aufl 1875 (gegen ROHGE 11, 387). Für Bedeutungslosigkeit modern Heymann/Henssler 1, zur Auslegung gegen den Wortlaut auch Oetker/Kotzian-Marggraf 1.

Siebenter Abschnitt. Handelsvertreter

Überblick vor § 84

Schrifttum

Ebenroth(/Boujong/Joost/Strohn)/(Löwisch) Bd 1 3. Aufl 2014. – *Eberstein* 9. Aufl 2008. – *Emde,* Vertriebsrecht, 3. Aufl 2014 (1. Aufl in Staub(GroßKoHGB)/Emde, 2008). – *F(lohr)/ W(auschkuhn)/(Bearbeiter),* Vertriebsrechtrecht, Kommentar, 2014. – *GroßKo(HGB)/Brüggemann 1983,* 5. Aufl s Staub. – *Heymann/Sonnenschein/Weitemeyer* 2. Aufl 1995. – *Hopt* 5. Aufl 2015. – *Knapp/Ankele* (LBl). – *Koller(/Kindler/Roth/Morck)/Roth* 8. Aufl 2015. – *Küstner,* Das neue Recht des HV, 4. Aufl 2003. – *Küstner/Thume* Bd 1 (HV). 5. Aufl 2016; *Küstner/Thume* Bd 2 (Ausgleichsanspruch) 9. Aufl 2014; *Küstner/Thume* Bd 3 (Besondere Vertriebsformen) 4. Aufl 2015. – *Lilje* 2015 (HVAusgleich im Versicherungsvertrieb). – *Martinek/Semler/Flohr* 4. Aufl 2016 (VertriebsrechtsHdb), zum Vertrag §§ 18–24. – *MüKo(HGB)/von Hoyningen-Huene* 4. Aufl 2016. – *Rö(hricht/Graf v Westphalen)/Küstner* 4. Aufl 2014. – *Oetker/Busche* 5. Aufl 2017. – *Saenger* 1997 (Ausgleichsanspruch). – *Saenger/Schulze* 2000 (Ausgleichsanspruch rechtsvergleichend). – *Schlegelberger/Schröder* 5. Aufl, Bd II 1973. – *K. Schmidt* 6. Aufl 2014. – *Schultze/Wauschkuhn/Spenner/Dau/Kübler* 5. Aufl 2016 (Vertragshändlervertrag). – *Semler* 1988 (Skript). – *Staub(GroßKoHGB)/Emde* 5. Aufl 2008 ff Bd 2 (§§ 48–104) 2008, auch Sonderausgabe, Vertriebsrecht (§§ 84–92c), 2009, 3. Aufl 2014s Emde. – *Stötter* 6. Aufl 2007. – *Stötter/Lindner/Karrer* 2. Aufl 1980 (Provisionsabrechnung). – *Wauschkuhn* 3. Aufl 2009 (Vertragshändler). – *Westphal* (Vertriebsrecht I HV, II Vertragsvertreter) 1998, 2000. –

Muster: *Hopt* HVR 5. Aufl 2015, Materialien IX (HVVertrag in 10 Sprachen, CDH), X (Vertragshändlervertrag dtsch/engl/frz, CDH), XI (Hauptpunkte eines Vertrages für selbstständige hauptberufliche VersVertreter, CDH); *Hopt/Emde,* Vertrags- und Formularbuch zum Hdl-, Ges- und Bankrecht, 4. Aufl 2013, Teil I.G (mit 4 Vertragsmustern); *Abrahamczik* 3. Aufl 2007; *Eberstein* 9. Aufl 2008; *Küstner/Thume* 2. Aufl 2011; *Martinek/Semler/Flohr* 2013 (Formularsammlung Vertriebsrecht); *Westphal* 1998, 2000. – **RsprÜbersichten:** HVR (rund 1400 Entscheidungen, Leitsätze und IHK-Gutachten seit 1932), LBl, Stand 32. Ergänzungslieferung und Nachträge bis 31.12.2014, Stand 31.12.2014, zit Entscheidungsdatum und Nr), dazu *Hopt* NJW **05,** 3123; *Hopt* HVR 5. Aufl 2015 Materialien III (Parallelfundstellen); *(Küstner/von Manteuffel/)Evers,* Das Vertriebsrecht in Leitsätzen, LSKartei Datendisketten (VertR-LS); BGHFSWissII/*Rittner* **00,** 57; *Behrend* NJW **03,** 1563; *Drossart* IHR **16,** 7; *Emde* BB **10,** 2315, 2447, **11,** 2755, **12,** 3029, 3087, **13,** 2627, **14,** 2435, **15,** 1539, 1667, **16,** 2819, 2883; *Hübsch/Hübsch* WM Sonderbeil 1/**05,** WM Sonderbeil 1/**11,** 1, 2/**16;** *Kindler/Menges* DB **10,** 1109; *Meyer* ZVertriebsR **17,** 89. Ferner *Emde* RIW **16,** 104 (internationale vertriebsrechtliche Schiedsverfahren). **EURichtlinie** s § 84 Rn 3; Vertragshändler s § 84 Rn 10, Überbl 35 vor § 373; Inhaltskontrolle s § 86 Rn 8; Kartellrecht s § 86 Rn 37, 38; Versicherungsvertreter s § 92 Rn 1; ausländische HV s § 92c Rn 4. **Ausführliche Literaturnachweise** zum HV- und Vertragshändlerrecht: *Hopt* HVR 5. Aufl 2015 Materialien XIII.

7. Abschnitt. Handelsvertreter § 84

[Begriff des Handelsvertreters]

84 (1) ¹Handelsvertreter ist, wer als selbständiger Gewerbetreibender ständig damit betraut ist, für einen anderen Unternehmer (Unternehmer) Geschäfte zu vermitteln oder in dessen Namen abzuschließen. ²Selbständig ist, wer im wesentlichen frei seine Tätigkeit gestalten und seine Arbeitszeit bestimmen kann.

(2) Wer, ohne selbständig im Sinne des Absatzes 1 zu sein, ständig damit betraut ist, für einen Unternehmer Geschäfte zu vermitteln oder in dessen Namen abzuschließen, gilt als Angestellter.

(3) Der Unternehmer kann auch ein Handelsvertreter sein.

(4) Die Vorschriften dieses Abschnittes finden auch Anwendung, wenn das Unternehmen des Handelsvertreters nach Art oder Umfang einen in kaufmännischer Weise eingerichteten Geschäftsbetrieb nicht erfordert.

Übersicht

	Rn
1) Funktion, Geschichte und Recht des Handelsvertreters (HV)	1–9a
A. Wirtschaftliche Funktion	1
B. Geschichte	2
C. Rechtsbegriff	5
D. Anwendbares Recht	6
E. Wer kann Handelsvertreter sein?	7
F. Vertragsschluss, Vertragsinhalt, AGB-Kontrolle	9a
2) Abgrenzung und Recht des Vertragshändlers, Kommissionärs, Handelsmaklers	10–21
A. Vertragshändler	10
B. Kommissionär, Kommissionsagent, Franchisenehmer	18
C. Handelsmakler	20
D. Mischvertrag	21
3) Vermittlung oder Abschluss von Geschäften	22–26
A. Vermittlung	22
B. Abschluss	24
C. Art der Geschäfte	26
4) Tätigkeit für einen anderen Unternehmer (I, III)	27–32
A. Unternehmer	27
B. Anderer Unternehmer	30
C. Untervertreter (III)	31
5) Selbstständiger Gewerbetreibender (I, II, IV)	33–40
A. Gewerbetreibender (IV)	33
B. Selbstständigkeit (I 2)	35
C. Unselbstständiger „Handelsvertreter" (II)	39
D. Juristische Personen, Personengemeinschaften	40
6) Ständige Betrauung	41–44
A. Betrauung	41
B. Ständig	42
C. Gelegenheitsagent	44
7) Gerichtsbarkeit für Handelsvertreter	45–47
A. Kammer für Handelssachen	45
B. Arbeitsgerichte	46
C. Insolvenzverfahren	48
8) Verhältnis zu Kunden und Dritten	49–55
A. Keine Vertragsbeziehungen	49
B. Zurechnung an Unternehmer	53
9) Internationaler Verkehr	56

§ 84 1–3

1) Funktion, Geschichte und Recht des Handelsvertreters (HV)

A. Wirtschaftliche Funktion: Der HV ist ständiger Absatzmittler eines anderen Unternehmers und als solcher selbstständiger Gewerbetreibender (§ 84 I), aber nicht notwendigerweise Kaufmann (IV). Betriebswirtschaftlich ist dies einer von drei Grundtypen von Absatzkanälen vom Hersteller zum Endkäufer: Der übliche Weg geht über den Groß- und Einzelhandel, wichtig und häufig ist auch der Weg über HV oder Vertragshändler, seltener geworden ist der Direktabsatz über eigene Filialen bzw Verkaufsangestellte (Reisende). Rechtlich ist der HV also anders als Groß- und Einzelhändler in den Absatz und Vertrieb eines anderen Unternehmens eingegliedert, und zwar im Gegensatz zum Makler ständig. Der HV behält dabei aber anders als der Arbeitnehmer seine rechtliche Selbstständigkeit. Dem Mehr an unternehmerischer Freiheit des HV entspricht ein Weniger an rechtlichem Schutz. Das **Erscheinungsbild** des HV in der Praxis ist allerdings sehr vielgestaltig. Es reicht vom großen Vertriebsunternehmer mit Marktmacht, auf den der Hersteller angewiesen ist, zB bestimmte Importeure, über den nur rechtlich selbstständigen, aber wirtschaftlich abhängigen HV bis zum HV im Nebenberuf (§ 92b) und zum Einfirmenvertreter mit arbeitnehmerähnlicher Stellung und Schutzbedürftigkeit (§ 92a). Heute ist der Vertrieb über HV nur eine Erscheinungsform in einer **Vielfalt** von Absatzmittlungs- und Vertriebssystemen, das HVRecht ist dementsprechend Teil des Rechts des Vertriebsmittler bzw Vertriebssysteme, Martinek ZHR 161 **(97)** 67. Der HV und das zu seinem Schutz normierte Recht können aber für ähnliche Absatzmittler und Vertriebssysteme ggf ein Muster abgeben (vgl Rn 11). Das kann wichtig werden, wenn Unternehmen aus Kostengründen ihren Agenturen den HV-Status aufkündigen und sie zu freien Mitarbeitern auf eigenes Risiko machen.

B. Geschichte: a) Als erstes Gesetz der Welt brachte das deutsche **HGB** 1900 besondere Vorschriften über die **„Handlungsagenten"** statt des allgemeinen Werk- und Dienstvertragsrechts wie noch unter dem ADHGB, Schmidt-Rimpler in Ehrenbergs Hdb V/I/1, 38 ff. Viele Länder folgten, ua Schweden, Norwegen und Dänemark 1914/16/17, Österreich 1921, die Niederlande 1936, Italien 1942, die Schweiz 1949. Die Vorschriften des HGB (zunächst nur 9 an der Zahl) erschienen bald änderungsbedürftig. Nach 1933 erarbeitete die AkfDR einen Änderungsentwurf von 1940 (Nipperdey/Dietz, Arbeitsbericht 17 der Akademie).

b) Die grundlegende **Novelle 1953** (G zur Änderung des HGB (Recht der Handelsvertreter) 6.8.53 BGBl 771) zielte auf Erstreckung auf HV auch von NichtKflten (§ 84 I „Unternehmer"), klarere Abgrenzung der HV von den HdlGehilfen (§ 84 II), Klärung der Rechtsstellung der arbeitnehmerähnlichen HV und Verbesserung der Rechtsstellung aller HV durch zwingendes Recht. Sie fasste Abschn 7 ganz neu (statt eines Sondergesetzes für HV), änderte §§ 1, 55, 65, 75g, 75h, präzisierte die Zuständigkeit des ArbG für HV (Rn 46) und regelte das Insolvenzvorrecht für HV (Rn 48). Lit: Schmidt 1995; Martinek ZHR 161 **(97)** 67.

c) Die **Rechtsangleichung** des HVRechts **in der EG/EU** erfolgte durch die am deutschen Recht orientierte EG/EU-Ri **(Handelsvertreterrichtlinie)** 18.12.1986, 86/653/EWG, ABlEG 31.12.86 Nr L 382/17 (auch in Hopt HVR 5. Aufl 2015 Materialien I), dazu Bericht zu Art 17 (entspr § 89b) EUKomm 23. 7. **96** KOM (96) 364 endg, öffentliche Konsultation der Europäischen Kommission zur Bewertung der EU-Ri 2014 abgeschlossen, EuZW **15**, 612, Stellungnahme der CDH 19.9.14: die EU-Ri erleichtert die grenzübergreifende HV erheblich, Nutzen überwiegt die Kosten aus Gesamtmarktperspektive deutlich; weitere Bewertungen EU-Kommission 12.12.14. Zur EU-Ri Emde/Valdini ZVertriebsR **16**, 353, **17**, 3. Für eine Europäische HV-VO Martinek ZVertriebsR **14**, 137.

7. Abschnitt. Handelsvertreter 3 § 84

Zur EU-Ri Rechtsprechung des **EuGH:** 12.12.**96** (Kontogeorgas, C-104/95) Slg **96**, I-06643; 30.4.**98** (Bellone, C-215/97) Slg **98**, I-2191 = EWS **98**, 215; 13.7.**00** (Centrosteel, C-456/98) Slg **00**, I-06007 = NJW **00**, 3267; 9.11.**00** (Ingmar, C-381/98) Slg **00**, I-09305 = NJW **01**, 2007; 6.3.**03** (Caprini, C-485/01) Slg **03**, I-02371; 10.2.**04** (Mavrona, C-85/03) Slg **04**, I-01573; 16.03.**06** (Poseidon, C-3/04) Slg **06**, I-02505; 23.3.**06** (Honyvem, C-465/04) Slg **06**, I-2879; 17.1.**08** (Chevassus-Marche, C-19/07) Slg **08**, I-161 = NJW **08**, 1211; 26.3.**09** (Semen, C-348/07) Slg **09**, I-2341; 11.03.**10** (Wood Floor, C-19/09) Slg **10**, I-2121 = NJW **10**, 1189 (Brüssel-I); 28.10.**10** (Volvo, C-203/09) Slg **10**, I-10701 = EuZW **11**, 24; 17.10.**13** (Unamar, C 184/12) **13**, 956; 3.12.**15** (Quenon C-338/14) ZVertriebs **16**, 15; 7.4.**16** (Marchon Germany, C-315/14) NJW **16**, 2244; 16.2.**17** (Agro Foreign Trade & Agency) RIW **17**, 225.

Umsetzung: Die EU-Ri wurde umgesetzt durch die **Novelle 1990** (23.10.89 BGBl 1910, in Kraft 1.1.90, betr §§ 86 IV, 86a II 2, 3, III, 87 I, II, III, 87a I 4, III 2, V, 89, 89b III, IV 2, V, 90a I 2, 92c I, 104 S 2; **(1)** EGHGB Art 4, 29). Diese zweite große Reform des HVRechts seit 1900 setzte den Trend zu mehr Schutz aller HV und mehr zwingendem Recht fort. Die praktisch wichtigsten Änderungen betreffen die Kündigungsfristen nach § 89 sowie die Sonderregelung für Auslandsvertreter nach § 92 c. Übergangsrecht bis 31.12.1993, s **(1)** EGHGB Art 29. Die EU-Ri behält auch nach der Umsetzung erhebliche praktische Bedeutung, weil ihr Inhalt nicht zur nationalen Disposition steht und aus sich heraus auszulegen ist (autonome Auslegung) und weil das deutsche HVRecht, auch wo der deutsche Gesetzestext unverändert geblieben ist, soweit die EU-Ri reicht, europarechts- bzw richtlinienkonform ausgelegt werden muss, für die HVRi EuGH EuZW **09**, 304 Tz 18 ff, BGH NJW-RR **10**, 1263 Rz 33, Hopt FS Medicus **99**, 235, Emde ZVertriebsR **14**, 221, allgemein W.-H. Roth in Riesenhuber, Europäische Methodenlehre 2. Aufl 2010, § 14. Die Umsetzung ist in einigen Punkten nicht exakt richtliniengetreu, Emde Vor § 84 Rn 34, Emde ZVertriebsR **14**, 226; Konsequenzen unten § 86 Rn 22, § 89b Rn 49, § 89b Rn 11. Für Zweifelsfragen bei der Auslegung der EU-Ri ist ausschließlich der EuGH im Vorlageverfahren nach **Art 267 AEUV** (Art 234 aF, 177 aF EG) zuständig, BGH NJW **98**, 1863 (vgl § 84 Rn 35, 86 Rn 22, 86a Rn 1, 87 Rn 1, 89a Rn 1, 89b Rn 1, 24, 90a Rn 2). Zu beachten sind deshalb die Urteile des **EuGH** zur Auslegung der Ri, s oben, ua EuGH 30.4.**98** HVR Nr 919 (Bellone), 9.11.**00** NJW **01**, 2007 (Ingmar, umstürzend für § 92c, s dort), EuZW **06**, 341 (Honyvem, Ausgleichsanspruch), 26.3.**09** EuZW **09**, 304 = BB **09**, 1607 (Semen, § 89b I vor Nr 1 ist richtlinienwidrig, **keine Auslegung zum Nachteil des HV,** § 89b Rn 45 und 1, 16, 24, 28, 46, Emde Vor § 84 Rn 29, Emde ZVertriebsR **14**, 222: handelsvertreterfreundlichste Auslegung, aber str), 28.10.**10** BB **10**, 3045, Semler GWR **10**, 565 (Volvo Car, Kausalität des wichtigen Grund für Kündigung, § 89b Rn 66), 17.10.**13** EuZW **13**, 956 (Unamar, § 92c Rn 10). Die Richtlinie und die Rspr des EuGH gelten nur im **Anwendungsbereich** der Richtlinie (**Art 1, nur für WarenHV, nicht für VersVertreter, Vertragshändler,** für diese aber zT Analogie § 84 Rn 11), **aber gespaltene Auslegung** sollte **vermieden** werden, EuGH 17.10.**13** HVR 1394 Rz 31 (Unamar), BGH WM **11**, 620, ZIP **12**, 2508 (§ 92 Rn 3), anders BGH WM **12**, 469 (§ 89b Rn 86), Emde VersR **09**, 1479, aber Thume BB **11**, 1800, zur überschießenden Auslegung Emde ZVertriebsR **14,** 224. Eine analoge Auslegung von HVRecht bleibt möglich, etwa für Vertragshändler (Rn 11), aber im Anwendungsbereich der Richtlinien nicht zulasten des HV, Emde Vor § 84 Rn 30. Vorlage nach Art 267 AEUV (s oben) auch, wenn nationales Recht für rein innerstaatlichen Sachverhalt auf den Inhalt der Ri verweist, sonst Wettbewerbsverzerrungen, EuGH EuZW **11**, 24 Tz 24 (Volvo), zB bei analoger Anwendung auf Vertragshändler, BGH EuZW **09**, 667, Emde ZVertriebsR **14**, 231.

Lit zur EU-Richtlinie und zum europäischen Handelsvertreterrecht:

§ 84 4–7

Westphal 1994, Grundmann Europ Schuldvertragsrecht 1999, 3.80, Fock 2001, Ebenroth/Hakenberg Anh I vor § 84, Thume in Kronke ua, Hdb des Int Wirtschaftsrecht 2005; Flohr/Martinek, European Distribution Law, 2017; Ankele DB **87**, 569, J. Schmidt ZHR 156 **(92)** 512 (zwingende/dispositive Regeln), Lange JZ **98**, 1113, Fock ZEuP **98**, 351, **00**, 108, Tellis in Hopt/Tzouganatos, Europäisierung, 2006, S. 155; zur Umsetzung in der EU EUKomm 23. 7. **96** KOM (96) 364 endg, Westphal 1995, EWS **96**, 43, Sellhorst EWS **01**, 481, Krusche EWS **01**, 523 (Ausgleichsanspruch), Martinek ZVertriebsR **14**, 141 (Diskrepanzen), umfassend zur EU-Ri und ihren Folgen Emde ZVertriebsR **14**, 218. Zur Novelle 1990 Ankele DB **89**, 2211, Küstner/von Manteuffel BB **90**, 291, Kuther NJW **90**, 304, Kindler RIW **90**, 358. Überbl: Saenger/Schulze 2000 (EU, § 89b), Randolph/Davey, European Law of Commercial Agency, 2010.

4 d) Das **HRefG 1998** (22.6.1998 BGBl 1474) fügte § 84 IV ein, hob § 90a II 2 auf und änderte § 90a III. Übergangsrecht mit gewisser Rückwirkung zu § 90a II, III nF s **(1)** EGHGB Art. 29a Rn 1. Indirekte Auswirkungen des **SMG 2001** (Gewährleistung, Provision), Enders ZGS **06**, 462.

5 C. **Rechtsbegriff:** Der Begriff des HV ist in **I 1** definiert und damit von ähnlichen Vertriebsmittlern wie Vertragshändler, Kommissionär und Handelsmakler (Rn 10) abgegrenzt. Seine Merkmale sind im Überblick: **Vermittlung oder Abschluss von Geschäften** (Rn 22) **für einen anderen Unternehmer** (Rn 27), **selbstständiger Gewerbetreibender** (Rn 33) **und ständige Betrauung** mit solcher Vermittlung (Rn 41). In I 2 ist das Merkmal der Selbstständigkeit näher bestimmt (Rn 35). II klärt die Rechtsstellung dessen, der unselbstständig, aber sonst wie ein HV tätig ist (Rn 39). III klärt, dass es HV von HV gibt (Rn 31).

Entscheidend ist die Erfüllung dieser Merkmale nach der **vertraglichen Gestaltung und tatsächlichen Handhabung,** nicht die von den Parteien gewählte Vertragsbezeichnung, BGH **59**, 91, **68**, 345, BB **75**, 1410, **82**, 1877, Düss WM **84**, 1287 („Cooperation"), Mü 15.7.**98** HVR Nr 893; s auch Rn 36. Der HVVertrag ist **Dienstvertrag über Geschäftsbesorgung,** s § 86 Rn 1. Lit: Jahnke ZHR 146 **(82)** 616.

6 D. **Anwendbares Recht:** Auf den HV im Rechtssinn sind die §§ 84–92c als Sondervorschriften zu den übrigen Vorschriften des HGB (vgl IV) und des BGB anwendbar (zu diesen § 86 Rn 4), internationales Recht s bei § 92c. Ist der HV ein Versicherungsvertreter (Definitionen s § 92 Rn 1), finden §§ 43 ff aF, 69 ff nF VVG über Vertretungsmacht (§ 92 Rn 3) Anwendung. Internationales und ausländisches HVRecht s § 92c. Übergangsrecht s **(1)** EGHGB Art 29a.

Die **Bezeichnung „Handelsvertreter"** (vor 1953 „Handlungsagent") ist als Berufsbezeichnung nicht speziell gesetzlich geschützt, steht also grundsätzlich auch Personen offen, die nicht HV nach § 84 sind, zB angestellten Reisenden (vgl Rn 1). Wenn nach Lage des Falles die unrichtige Bezeichnung des NichtHV als HV eine besondere Qualifikation vorspiegelt, die Kunden bei ihrer Entscheidung beeinflussen kann, können §§ 3, 5 UWG vorliegen.

7 E. **Wer kann Handelsvertreter sein?** HV kann jede natürliche oder juristische Person sein.

a) Minderjährige und andere nicht voll Geschäftsfähige bedürfen zum Abschluss eines HVVertrages der Zustimmung des gesetzlichen Vertreters und der Genehmigung des Vormundschaftsgerichts (selbstständiger Betrieb eines Erwerbsgeschäfts nach § 112 BGB). Bei wirtschaftlicher Abhängigkeit kann § 113 BGB gelten (Dienst- oder Arbeitsverhältnis), LAG Stgt BB **63**, 1193. Haftungsbeschränkung bei Volljährigwerden (§ 1629a BGB) s § 1 Rn 34. Auch Geschäftsunfähige können HV sein (vgl § 89 Rn 5, aber nicht zu ihren Lasten), MüKo/

7. Abschnitt. Handelsvertreter 8–10 § 84

von Hoyningen-Huene 20, aA Emde 125, aber nicht Abschlussvertreter (§ 105 I BGB).

b) Auch eine **juristische Person** kann HV sein, zB AG, GmbH, BGH NJW **8** **14**, 625 Rz 22, LG Münst BB **82**, 1748, Hbg BB **98**, 971, BFH BB **99**, 249, Mü 19.1.**06** HVR Nr 1168, eV, eG (die etwa ihren Mitgliedern Geschäfte vermittelt); auch andere HdlGesellschaften ohne Rechtsfähigkeit wie **OHG** und **KG** (häufig), Grund: § 124 HGB (so die Rspr und die früher hL), nach neuerer Ansicht die Anerkennung dieser Gesellschaften als Gruppe im Rechtsverkehr (s zu § 124). Träger der Rechte und Adressat der Pflichten zB nach §§ 86, 86a, 89b ist dann die OHG selbst (§ 124), die Gfter haften persönlich nach § 128, Martin VersR **67**, 824. Dann auch keine Unselbständigkeit nach II (s Rn 35, 39), BGH NJW **15**, 1754 für Kapitalgesellschaft. „Firmeneigene Versicherungsvermittler" (meist GmbH, die von Industrieunternehmen zur kostensparenden Beschaffung von Versicherungsschutz gegründet werden) sind idR keine HV. Lit: Emde 1994 (HVGmbH); Emde GmbHR **99**, 1005, Westphal BB **99**, 2517.

c) Andere Personengemeinschaften, die nicht in gleicher Weise im **9** Rechtsverkehr auftreten können, sind als solche nicht HV, zB die Erbengemeinschaft. Das galt nach der früheren Rspr und hL auch für **Gesellschaft bürgerlichen Rechts** (Heymann/Sonnenschein/Weitemeyer 6). Handelte es sich um ein Kleingewerbe (vgl § 1 II) und damit um eine GbR (aber § 105 II), so waren die Mitglieder danach selbst HV und Vertragspartner des Unternehmers (§ 431 BGB). Das kann nach der neuen Rspr des BGH, die die GbR, soweit sie AußenGes ist, als rechtsfähig behandelt, BGH **146,** 341 (Einl 14 vor § 105), nicht mehr aufrechterhalten werden; auch GbR kann danach HV sein (vgl § 84 IV), Emde 139. Handelt es sich um HdlGewerbe, so wird die Gemeinschaft durch den Betrieb des HVGewerbes unter gemeinschaftlicher Firma OHG (§ 105 I) und ist dann ohne Weiteres selbst HV (Rn 8). **Nicht** HV ist bei der **stillen Gesellschaft** (§ 230) auch der Stille, HV ist nur der Inhaber des HdlGeschäfts. Über die Möglichkeit des Schutzes durch Festsetzung von Mindestbedingungen § 92a Rn 3, über Gemeinschaften von HV „im Nebenberuf" § 92b Rn 1.

F. **Vertragsschluss, Vertragsinhalt, AGB-Kontrolle:** Vertragsschluss § 85 **9a** Rn 1 ff; Formfreiheit § 85 Rn 2; Vertragsinhalt, s zu jeder Vorschrift am Ende unter Abweichende Vereinbarungen; AGB-Kontrolle § 86 Rn 8; fehlerhafter Vertrag § 85 Rn 1, § 89 Rn 5.

2) Abgrenzung und Recht des Vertragshändlers, Kommissionärs, Handelsmaklers

A. **Vertragshändler:** Wer unter Dauervertrag Waren kauft und sie **im eige-** **10** **nen Namen und auf eigene Rechnung** weiterverkauft, ist weder Kommissionär noch HV, sondern Vertragshändler bzw Eigenhändler; uU **Franchisenehmer** (Überbl 43 vor § 373). Der Vertrag kann jedoch im konkreten Fall dem HVVertrag sehr ähnlich sein, zB betr Pflichten des Vertragshändlers und des Unternehmers, Depotabrede (Überbl 41 vor § 373), Preis- und Ausschließlichkeitsbindung, Vertragsbeendigung. Lit (Überbl 35 vor § 373): Ulmer 1969, Foth 1985, Semmler 1995 (Tankstellenleiter), Genzow 1996, Stumpf/Jaletzke/Schultze 3. Aufl 1997, Habersack/Ulmer 1998 (KfzVertrieb), Schultze/Wauschkuhn/ Spenner/Dau 4. Aufl 2008, Niebling 4. Aufl 2009, Westphal II 2000, Ebenroth/ Löwisch 140 ff, Küstner/Thume/Thume Bd 3 II Kap 2 Rn 47 ff; K. Schmidt DB **83**, 2357, Sandrock FS Fischer **79**, 657, Bechtold NJW **83**, 1393, Werner/ Machunsky BB **83**, 338, Veltins NJW **84**, 2063, Stumpf/Hesse BB **87**, 1474, Küstner/von Manteuffel BB **88**, 1972 (Berechnung des Ausgleichsanspruchs), Graf v Westphalen DB Beil 8/**88**, 1, Martinek ZIP **88**, 137, Martinek ZIP **88**, 1362 (Subordinationsfranchising), Köhler NJW **90**, 1689 (Franchising), Eckert WM **91**, 1237 (§ 89b); Wauschkuhn BB **96**, 1517, Niebling BB **96**, 1727, **97**, 2388,

§ 84 11, 12

Kümmel DB **97**, 27, Schwytz BB **97**, 2385, Stumpf NJW **98**, 12, Kirch NJW **99**, 2779, Kainz/Lieber/Puszkajler BB **99**, 434 (§ 89b), Intveen BB **99**, 1881 (§ 89b), Reufels/Lorenz BB **00**, 1586 (§ 89b), Creutzig NJW **02**, 3430 (Investitionsersatz), Ensthaler DB **03**, 257 (§ 89b), Fröhlich ZVertriebsR **15**, 280, Wauschkuhn ZVertriebsR **16**, 79. Ausland s § 92a Rn 4. **Muster:** Hopt HVR 5. Aufl 2015 Materialien X (CDH); Hopt/Emde 4. Aufl 2013 Form I. G.3 (Vertragshändlervertrag); ICC Model Contract Distributorship (IntHK-Publikation Nr 776,, Sprache englisch); ICC Model Selective Distributorship Contract 2004 (IntHK-Publikation Nr 657, Sprache englisch).

11 a) **Handelsvertreterrecht kann dann entsprechend anwendbar sein,** und zwar auf Vertragshändler ebenso wie auf Franchisenehmer, ganz hL, dies trotz Geltung der EURi nur für HV, keine gespaltene Auslegung (s Rn 3). Bsp: § 86, Interessenwahrungspflicht, Wettbewerbsverbot, BGH NJW **84**, 2101 (aber Rn 35); Auskunftsanspruch wegen unzulässigen Wettbewerbs des Lieferers, BGH BB **57**, 452, **59**, 537 (derselbe Fall); § 86a, BGH NJW **58**, 1138; § 86b nicht; §§ 87 ff über Provision grundsätzlich nicht, Kln BB **75**, 8, § 87 II nicht, BGH NJW **84**, 2411 (auch nicht § 687 II BGB, str); § 87 III, Mü WM **14**, 1152, zweifelnd BGH NJW **00**, 1192; § 87c, sofern provisionsähnliche Vergütungsanteile geschuldet, anders eher nicht, Emde § 87c Rn 18; § 87d, also kein Auslagenersatz, so auch MüKo/von Hoyningen-Huene § 87d Rn 4, auch keine HdlÜblichkeit ersichtlich (für HV s § 87 Rn 2), aber § 670 (§ 87 Rn 5), str; § 88 aF, BGH BB **02**, 1507; § 88a nicht; § 89 Kündigungsfristen, BGH NJW **62**, 1107, DB **66**, 577 LS, WM **03**, 842, Mesch ZVertriebsR **15**, 9, str, § 89 II für Strukturkündigungsrecht laut GVO abl BGH NJW **09**, 3646 (§ 89 Rn 28); § 89a außerordentliche Kündigung, BGH NJW **82**, 2432, **94**, 722, **11**, 3361, str; § 90, Emde § 90 Rn 3; str; § 90a I 2, Mü BB **63**, 1194 (Bierverleger), § 90a I 3, BGH WM **87**, 512 (Franchisenehmer); §§ 91, 91, 92–92b nicht; § 92c Koller/Roth § 92c Rn 4, näher Thume IHR **14**, 52, aA Kocher RIW **03**, 515.

12 Wichtig ist die analoge Anwendung **vor allem** von § 89b über den **Ausgleichsanspruch,** stRspr, zB BGH **29**, 83, **34**, 282, **68**, 340, **89**, 216, **93**, 59, **135**, 14, **142**, 367, NJW **85**, 3076 (auch § 89b IV 1), **86**, 2306 (iErg abl), **96**, 2159, **00**, 1413, WM **06**, 1403, 1919, **07**, 1983 (iErg abl), NJW **11**, 389 Rn 18, 848, BB **11**, 208, NJW **15**, 1300, **16**, 1885 (§ 92c Rn 11), **17**, 475 Rn 29, Mü 16.1.02 HVR Nr 1053, Ffm 1.2.06, 5.4.06 HVR Nr 1151, 1152, 1153, Kln IHR **13**, 168m krit Anm Thume (zu hohe Anforderungen); ebenso die hL, K. Schmidt § 28 III Rn 45 ff, Emde § 89b Rn 33, aA Siegert NJW **07**, 188 (wegen der europäischen KfzGVO, § 86 Rn 38), gegen diesen Emde BB **08**, 2763. Bei der **Berechnung** des Ausgleichsanspruchs sind aber **wichtige Besonderheiten gegenüber dem Handelsvertreter** zu beachten. Die Rabatte, die der Vertragshändler auf den Listenpreis des Herstellers erhält, entsprechen zwar im Ansatz den Provisionen des HV, aber nur unter Herausrechnung der Rabatteile für Leistungen, die der HV üblicherweise nicht zu erbringen hat. Dafür gibt es verschiedene zulässige Berechnungsmethoden, ua die zweistufige Methode (zuerst Herausrechnung der händlertypischen Rabatteile, dann wie beim HV der Anteile für Verwaltung, § 89b Rn 28), die Vergleichsmethode (Vergleich mit HVVertrieb), die **Rohertragsmethode,** bei der der Rohertrag (Differenz zwischen Ver- und Einkaufspreis des Vertragshändlers) um die händlertypischen Preisnachlässe und Skonti (Grund: Vertragshändler trägt anders als HV das Absatzrisiko) und weitere händler- (Gegensatz: HV-)typische Rabattbestandteile gekürzt wird, BGH BB **11**, 210, BB **10**, 600 = 13. 1. **10** HVR Nr 1270 (auch zur Behandlung von Großkundennachlässen), ausführliche Berechnung Kln 23. 1. **09** HVR Nr 1304, IHR **16**, 79, auch Kln 6.2.**09** HVR Nr 1352. Vertreteruntypisch sind Gegenleistungen für das Absatz-, Lager-, Preisschwankungs- und Kreditrisiko sowie der Gegenwert für die sonstigen Kosten des Absatzes, zB variable Verkaufskosten, str,

7. Abschnitt. Handelsvertreter 13–15 § 84

Produktwerbung, str, Halten von Vorführwagen, Unterhaltung eines Ausstellungsraums, Teile der Personalkosten, str. Zur Berechnung BGH **29**, 91, **68**, 348, **135**, 14, NJW **96**, 2298, 2302, WM **06**, 1403, Mü 16.1.**02** HVR Nr 1053 (3 Berechnungsmodelle); Hollmann BB **85**, 1023, Küstner/von Manteuffel BB **88**, 1972, Graf v Westphalen DB Beil 8/**88**, 6u MDR **96**, 130, Kainz/Lieber/Puszkajler BB **99**, 434 (Münchner Formel), Emde GRUR **06**, 997, BB **08**, 2763 gegen Wendel GRUR **07**, 748 (§ 89b, Ersatzteile), Semmler WRP **07**, 247 (§ 89b), Siegert NJW **07**, 188 (§ 89b); Emde BB **10**, 2450; Wauschkuhn/Teichmann ZVertriebsR **13**, 139; Wauschkuhn ZVertriebsR **16**, 81; Peschke ZVertriebsR **16**, 144. Rechenbeispiel: Stumpf/Jaletzke/Schultze/Wauschkuhn 816; Wauschkuhn ZVertriebsR **16**, 86. Zur Beweislast BGH **135**, 24, NJW **96**, 2300 (vgl für HV § 89b Rn 22, 33, 44). Für weitgehende Korrekturen unter § 89b (Ertragswertmethode) Ekkenga AG **92**, 345.

b) Die Voraussetzungen für eine entsprechende Anwendung von HVRecht sind jedoch streitig: (1) Allgemein für die entspr Anwendung von HVRecht (nicht nur § 89b) ist notwendig, dass ein Innenverhältnis ähnlich HV besteht, das mehr als eine reine Käufer-Verkäufer-Beziehung ist: also Vertragsverhältnis (Rahmenvertrag, Vertragshändlervertrag), **Eingliederung in die Absatzorganisation des Herstellers,** stRspr BGH, Aufgaben und Pflichten wesentlich wie HV, insbesondere Interessenwahrungspflicht (s § 86), näher BGH WM **07**, 1983 mkritAnm Emde BB **08**, 2762, Kln BB **97**, 2451, Mü BB **97**, 595. Alleinvertriebsrecht mit Gebietsschutz ist unnötig, kann aber Indiz sein, BGH NJW **82**, 2819; ebenso Konkurrenzverbot, BGH NJW **83**, 2877; Bsp für fehlende Eingliederung BGH WM **88**, 1644, Kln NJW-RR **95**, 29, shop-Geschäft des Tankstellenpächters, BGH 22.10.**03** HVR Nr 1070, aber dieser konnte Bezugsquellen nicht selbst bestimmen (§ 89b Rn 4).

(2) Für § 89b ist weiter die tatsächliche **Möglichkeit** des Lieferanten erforderlich (und ausreichend), den **Kundenstamm des Eigenhändlers zu nutzen,** üL, K. Schmidt DB **79**, 2357, Graf v Westphalen DB Beil 12/**81**, 15, Köhler NJW **90**, 1691, Eckert WM **91**, 1237. Tatsächliche Nutzung ist unnötig. Der Aufbau eines Kundenstamms durch KfzVertragshändler wird durch die europäischen KfzGVO (§ 86 Rn 38) erschwert, Siegert NJW **07**, 188.

Demgegenüber verlangt die Rspr eine (aber auch konkludent mögliche) **Vertragspflicht zur Überlassung des Kundenstamms** an den Hersteller (gleich ob erst bei Vertragsende zu erfüllen oder laufend vorher durch Mitteilungen über die Kundschaft; zu unterscheiden: Entgehen von Provisionen auch ohne Vertragspflicht, § 89b Rn 27) sowie Ausscheiden und tatsächliche Überlassung dieses Kundenstamms, daran gegen Kritik festhaltend BGH **135**, 14, NJW **96**, 2159, **15**, 945 Rn 15, **17**, 475 Rn 30 (I ZS), Saarbr NJW-RR **99**, 106, Kln 4.5.**01** HVR Nr 1049, Mü ZVertriebsR **14**, 35, im Grundsatz zust Canaris § 17 Rn 25, aA zB Emde § 89b Rn 43, Oetker/Busche § 89b Rn 61, Thume BB **16**, 578. Dazu muss nicht von vornherein praktisch lückenlose Übermittlung der Kundendaten sichergestellt sein, BGH WM **94**, 243. Bei Kommissionagenten (Rn 19) ist Überlassung des Kundenstamms auch ohne Individualisierung denkbar, BGH NJW **17**, 475 Rn 43 (I ZS) m Anm Wauschkuhn. An der tatsächlichen Überlassung fehlt es, wenn die Kundschaft beim Händler bleibt. Sie ist gegeben, wenn Unternehmer bei jedem Neuwagenverkauf Garantiekarte mit KfzNr und Name und Anschrift des Käufers erhält, Düss 7.7.**00** HVR Nr 945. Auch geringe **Mitursächlichkeit trotz Sogwirkung** genügt, jedoch ist die Sogwirkung bei § 89b I Nr 2 zu berücksichtigen, BGH WM **87**, 1465, **06**, 1407 (§ 89b Rn 35). Bloße Vertragspflicht bei langjähriger gegenteiliger Praxis kann nicht genügen, Kln NJW-RR **96**, 98; Vertragspflicht genügt jedoch, einerlei ob Hersteller davon Gebrauch macht, BGH **135**, 18, 17.6.**98** HVR Nr 865, bzw zu welchem Zweck er davon Gebrauch macht, BGH **135**, 18, Düss 7.7.**00** HVR Nr 945. Muss die zur

§ 84 16–19　　　　　　　　　　　　　　　　　　　　　1. Buch. Handelsstand

Kundenpflege eingesetzte Drittfirma die Kundendaten nach Ende des Händlervertrags wieder löschen, fehlt es an der Überlassung, BGH NJW **96**, 2159, NJW-RR **98**, 390, ZVertriebsR **15**, 166 LS mAnm Wauschkuhn. Kundenstamm auch bei KfzVertragshändlern, BGH WM **87**, 1462; auch ein einziger Stammkunde (Ostblockstaat), Hbg DB **80**, 972. Bloße Weitergabe der Kundenkartei nach Vertragsende an Dritten zu legitimer Konkurrenz hindert nicht, aber mindert uU Ausgleichsanspruch, BGH WM **06**, 1919m krit Anm Ströbl BB **06**, 2258.

16　(3) Schutzwürdigkeit oder wirtschaftliche Abhängigkeit des HV im Einzelfall ist – **nicht** erforderlich wesentlich (anders bei § 89b I Nr 2); ebenso, ob und in welchem Umfang der Vertragshändler eigenes Kapital einsetzt, BGH **68**, 340 (gegen BGH **34**, 282), NJW **83**, 1789; ebenso für Unabdingbarkeit nach § 89b IV, str, BGH NJW **85**, 3076. Diese drei Grundsätze gelten nicht nur zwischen Produzent und Vertragshändler, sondern auch zwischen Vertragshändlern erster und zweiter Stufe, BGH NJW **67**, 825 (Importeur und Bezirkshändler).

17　c) **Kartellrecht** findet auf Vertragshändler anders als auf HV uneingeschränkt Anwendung (§ 86 Rn 35, Überbl 38, 40 vor § 373). Umfängliche **AGBKontrolle** (§ 86 Rn 8), zB BGH **124**, 351 (KfzBranche).

18　B. **Kommissionär, Kommissionsagent, Franchisenehmer:** Wer **im eigenen Namen für andere** gewerbsmäßig Geschäfte abschließt, ist nicht HV, sondern Kommissionär (**§§ 383 ff**), wenn es sich um Geschäfte bestimmter Art handelt, besonders Käufe und Verkäufe, sonst etwa Spediteur, §§ 407 ff oder in ähnlicher Rechtsstellung wie Kommissionär oder Spediteur.

19　Ist er aber vertraglich **ständig** mit solchen Abschlüssen in eigenem Namen für fremde Rechnung **betraut**, so ist er **Kommissionsagent** (§ 383 Rn 3), Hopt FS Hadding **04**, 443. Im Verhältnis zwischen ihm und seinen Kommittenten (wo der Abschluss in eigenem oder fremden Namen weniger bedeutet als im Verhältnis beider zum Geschäftspartner) ist uU **Handelsvertreterrecht entsprechend** anzuwenden, BGH **79**, 97, Küstner/Thume/Thume Bd 3 III Kap 1 Rn 7 ff, Ulmer/Habersack ZHR 159 (**95**) 113; zB § 84 II (dann Arbeitnehmer, s Rn 39), § 85; § 86b; §§ 87 ff, ua Bezirksschutz nach § 87 II, RG JW **17**, 156, BGH **29**, 86; § 87a betr Voraussetzungen des Provisionsanspruchs, LG Wuppertal NJW **66**, 1129; § 87a III 2 (nicht § 396 I 2) und § 87d (nicht § 396 II), Staub/Koller § 383 Rn 39, 37; §§ 89, 89a betr Kündigung RG **69**, 365, RG HRR **34**, 1298, Mü 11.11.**98** HVR Nr 894; § 89b betr Ausgleichsanspruch, noch weit eher hier als beim Vertragshändler (Rn 12), zust Emde § 89b Rn 61, zumal der Kommissionsagent schon gesetzlich (§ 384 II) bei Vertragsende die Überlassung des Kundenstamms schuldet (§ 384 II Halbs 2) und idR kapitalschwächer, daher schutzbedürftiger ist, BGH NJW **17**, 475 Rn 32 f m Anm Franke/Rohrßen IHR **17**, 62, Mü 18.2.**70** HVR Nr 430, Oldbg ZVertriebsR **16**, 182; vgl BGH NJW **64**, 1953, WM **03**, 2105; § 90; § 90a. Aber auf die Schutzbedürftigkeit des Kommissionsagenten kommt es ebenso wenig wie beim HV an, aA Staub/Koller § 383 Rn 34. Besonderheiten beim Merkmal der Überlassung des Kundenstamms (s Rn 15), BGH NJW **17**, 475 Rn 41.

Entsprechendes gilt für **Franchisenehmer** (s Rn 10), BGH DB **02**, 1992, NJW **15**, 945 Rn 13, Schlesw ZVertriebsR **15**, 48 (iErg abl), Ebenroth/Löwisch 158 ff; §§ 85, 86, 86a II, 89; 89a, vgl allgemeiner BGH NJW **99**, 1117; § 89b, LG Ffm 19.11.**99** HVR Nr 1115 (wie OLG), Celle BB **07**, 1862, Küstner/Thume/Schröder Bd 3 IV Kap 5 Rn 26 ff, abl wegen des anonymen Massengeschäfts, das der Franchisegeber nach Vertragsende nicht ohne weiteres nutzen kann, BGH NJW **15**, 945 Rn 17, **17**, 475 Rn 31, ebenso (auch für das Shopgeschäft) Hamm ZVertriebsR **16**, 229, dazu Latzel ZVertriebsR **15**, 90, Bauer/Bölle IHR **15**, 94, Niklas ZVertriebsR **16**, 362; §§ 90, § 90a I 3, BGH WM **87**, 512, Küstner/Thume/Schröder Bd 3 IV Kap 5 Rn 29 ff, F/W/Billing 80, Kroll ZVertriebsR **14**, 290; § 92 c. Differenzierend zwischen Subordinationsfranchising, ja, und Partnerschaftsfranchising, nein, Ebenroth/Löwisch 163, 164. Für Lizenznehmer Emde WRP **06**, 449, str.

C. **Handelsmakler:** Wer **ohne vertragliche ständige Betrauung** und Ver- 20 pflichtung zum Tätigwerden gewerbsmäßig in fremdem Namen Geschäfte abschließt, ist nicht HV, sondern Makler bzw Handelsmakler (**§§ 652 ff BGB, §§ 93 ff HGB**), BGH BB **82**, 1877, NJW **92**, 2818m Anm Dehner NJW **93**, 2225 (mit weiteren Indizien); ggf VersMakler, BGH **93**, 359, Düss 22.12.**11** HVR Nr 1348 = BB **12**, 202 LS. Abgrenzung nach Gesamtbild (vertragliche Gestaltung und tatsächliche Handhabung), Wortwahl ist nicht entscheidend, Düss 28.3.**03** HVR Nr 1081, Düss 22.12.**11** HVR Nr 1348. Provisionspflicht des Versicherers kann gegenüber HV wie Makler bestehen, vgl BGH NJW **05**, 1358, taugt also nicht als Abgrenzungskriterium, Düss 22.12.**11** HVR Nr 1348. Bsp für Zwischenformen (trotzdem Maklervertrag): Herstellung der Geschäftsverbindung (nicht Vermittlung einzelner Geschäfte) zwischen Lieferfirma und Warenhäusern gegen Provision aus allen hieraus entstehenden Geschäften mit Kontakthalte- und Mustervorlagepflicht, Stgt BB **59**, 537; regelmäßige Vermittlung von Bestellungen der Bundeswehr bei Möbelfabrikant ohne ständige Betrauung, Bambg MDR **66**, 56. Der HV kann nicht für geworbene Kunden gleichzeitig Makler sein und von diesen Provision verlangen, BGH BB **74**, 100, Grund: Interessenwahrung für Unternehmer. **Versicherungsmakler** s Küstner/Thume/Kneiß Bd 3 V Kap 5.

D. **Mischvertrag:** Möglich ist Verbindung der Handelsvertretung (§ 84 I) mit 21 einem anderen Vertragsverhältnis, Bsp: Tankstellenpacht, BGH **42**, 245, **52**, 171, BB **85**, 353; Konzertkartenvertrieb (durch Zigarrenhändler), BGH DB **86**, 1117; vgl § 89 Rn 7, § 89b Rn 4. **Nicht:** Ein Tankstellenpächter, der nebenher im eigenen Namen und auf eigene Rechnung eine Waschanlage betreibt, auch wenn der Unternehmer diese gestellt hat, Hamm ZVertriebsR **16**, 229; ein zur Vermittlung von Geschäften verpflichteter (Innen)Gfter ist nicht HV, HdlRecht ist auch nicht entspr anwendbar, BGH BB **78**, 422.

3) Vermittlung oder Abschluss von Geschäften

A. **Vermittlung:** Der HV vermittelt Geschäfte des Unternehmers mit Dritten 22 (drei Personen, Rn 23), dh er fördert ihren Abschluss **durch Einwirkung auf den Dritten** (was die Abschlussbereitschaft des vertretenen Unternehmers voraussetzt, vgl § 86a II 3), BGH NJW **83**, 42; für bloße Vermittlung sprechende Umstände s Kln VersR **98**, 760. Es genügt **Mitursächlichkeit,** BAG BB **71**, 492, BGH NJW **80**, 1793 (öffentliche Bauvorhaben), Mü 22.3.**12** HVR Nr 1357 Rz 11, falls sie nicht ganz nebensächlich ist (Rn 23); dementsprechend Mitverursachung bei Provision § 87 Rn 11. **Persönliche Mitwirkung am Abschluss** ist **nicht nötig**, zB gemäß Vereinbarung über zulässige Untervertretung, Mü 3.5.**00** HVR Nr 987; beim Generalvertreter oder Verkaufs- bzw Vertriebsleiter, dem nur Einstellung und Betreuung von Untervertretern (Rn 31) obliegen, BGH **56**, 293, **59**, 93, oder von anderen Vertriebsmitarbeitern, Düss ZVertriebsR **15**, 249. Wie der Vertreter auf den Dritten einwirken will, ist seiner Entscheidung überlassen, er darin grundsätzlich frei, aber iZw an Weisungen des Unternehmers gebunden (Rn 38). Der Vermittlungsvertreter ist idR ermächtigt, Vertragsangebote Dritter entgegenzunehmen, BGH **82**, 221.

Nicht ausreichend ist bloßes Schaffen von Geschäftsbeziehungen (zB mit 23 Ausland), **Kontaktpflege und Kundenbetreuung** ohne Vermittlung von Einzelgeschäften (dann nur §§ 675 I, 611 BGB), BGH NJW **83**, 42, Hamm 2.2.**00** HVR Nr 970; reine Werbungstätigkeit ohne Vermittlung oder Abschluss von Geschäften, so zB Pharmaberater für rezeptpflichtige Ware, Ärzte- oder Industriepropagandist, offen BGH NJW **84**, 2695 (jedenfalls keine geworbene Kunden iSv § 89b I 1 Nr 1), str; vgl § 89b Rn 14. Bloßes **Nachweisen der Gelegenheit zu Geschäften**, zB Namhaftmachen von Personen, die für Abschlüsse in Be-

§ 84 24–26   1. Buch. Handelsstand

tracht kommen, Emde BB **12**, 3029 im Unterschied zu online-Hotelportalen Emde/Valdini BB **16**, 899 (s Rn 26), macht nicht zum HV (auch nicht zum HdlMakler, § 93, wohl aber zum Makler des BGB, § 652 BGB). Außerhalb der HVTätigkeit liegende oder **ganz nebensächliche Beiträge,** zB reine Schreibhilfe, Kln BB **71**, 104, bloße Dolmetscherdienste oder Übersetzungshilfe, LAG BaWü DB **71**, 1016. Ungenügend ist auch Zustandebringen des vom HV nicht vermittelten Geschäfts durch bloße Einwirkung auf den Unternehmer. Keine Vermittlung iSv § 84 liegt auch vor, wenn **rechtlich nur zwei Personen beteiligt** sind, zB bei unmittelbarem Vertrieb des Unternehmers durch angestellte Reisende (II), bei Eigenbestellungen des HV (Provision s § 87 Rn 15) oder bei Tätigkeit als Eigenhändler oder Kommissionär (Rn 10, 18). Sind rechtlich drei, wirtschaftlich aber nur zwei Personen beteiligt, schadet das für sich allein nicht (vgl anders beim Makler § 93 Rn 47), zB bei gesellschaftsrechtlichen Beziehungen oder sonstiger wirtschaftlich enger Verbundenheit zwischen HV und Unternehmer oder HV und Kunden, Heymann/Sonnenschein/Weitemeyer 27, doch kann es an dem Merkmal der Vereinbarung über ständige Betrauung fehlen (s Rn 42); vgl auch § 87 Rn 14.

24   B. **Abschluss:** Das Gesetz stellt neben die Vermittlung den Abschluss von Geschäften durch den HV **im Namen des Unternehmers;** auch das ist aber ein Unterfall der Vermittlung, bei der der Vermittler auch den Abschluss vollzieht. Dies obliegt dem HV iZw nicht, er bedarf dazu eines besonderen Auftrags (samt Vollmacht). Auftrag und Vollmacht können auf Abschlüsse allgemein gehen oder auf bestimmten Geschäftskreis oder sogar einzelne Geschäfte beschränkt sein, LAG Düss DB **60**, 813. Abschluss des HVVertrags s § 85 Rn 1.

25   HV mit solcher **Handlungsvollmacht** („Abschlussvertreter", „Abschlussagent") sind HdlBevollmächtigte iSv §§ 55 I, 54; der Umfang ihrer Vollmacht bestimmt sich nach § 54 und § 55 II, III, IV (durch § 91 erstreckt auf die HV von NichtKflten) sowie Rechtsscheinvollmacht (§ 54 Rn 3), BGH NJW **98**, 1854. Die Erteilung der Vollmacht kann schon im HVVertrag liegen und konkludent erfolgen (§ 54 Rn 8). Über Abschlüsse ohne oder außerhalb der Vollmacht § 91a; über gewisse Vollmacht jedes HV § 91 II und oben Rn 22.

26   C. **Art der Geschäfte:** Es genügt **jedes „Unternehmen"** gleich welcher Art (Rn 27). Bsp: Warenverkauf, zB Möbelversandhandel, Hamm BB **78**, 1686, Losverkauf, Toto-Lotto, BGH **43**, 108, **59**, 87, WM **08**, 1895, Konzertkartenvorverkauf, BGH NJW-RR **86**, 709, Zeitschriftenabonnement; „Propagandistin" für Unternehmer an Verkaufsstand im Kaufhaus eines Dritten, BGH NJW **82**, 1757; Einkaufsvertreter, Hbg MDR **67**, 310; Werk- und Werklieferverträge, Dienstverträge, Mietverträge, Tankstellenpacht auch bei Selbstbedienung, BGH BB **85**, 353 (s Rn 21), Versicherungsverträge, Schiffsagentur (§ 92c II), Transportvermittlung, Hamm BB **68**, 1017; Vermittlung von HV- und VersVertreter-Verträgen, Kln IHR **16**, 38; Vermittlung von Treuhandverträgen, auch wenn diese nicht vom Unternehmer selbst abgeschlossen werden, Personenverschiedenheit steht HVVertrag nicht entgegen, BGH ZIP **17**, 1330 Rn 44 (s auch Untervertreter, Rn 31f); Reisebüro für Reiseveranstalter (auch Vertragsbeziehungen mit dem Geschäftsgegner, s Rn 50), BGH **62**, 73, **82**, 221, NJW **74**, 1242, **03**, 743, Bankrepräsentant, Stötter NJW **83**, 1302; online-Hotelportal für Hotelunternehmen, Emde/Valdini BB **16**, 899; Vertrieb von Kapitalanlagen; Grundstücksgeschäfte, BGH BB **82**, 1877; Vermittlung von Ferienhäusern, LAG Nds 14.7.**05** HVR Nr 1182; Vergebung von Verlags-, Aufführungs-, Wiedergaberechten, Anzeigenaufgabe in Zeitschriften; uU Internetverlinkungen (deep links), Hartmann Diss Hbg 2008; Dauerverträge zB über Energielieferung oder Telefondienste, Thume MDR **11**, 703; im Einzelfall uU Galerievertretung, Reinshagen ZVertriebsR **12**, 281. Es können große Einzel- und kleine Routinegeschäfte sein (Brückenbau/Benzin-Tankstelle), auch nur ausführende (auf Grund weiterreichenden Vertrags); vgl Rn 36. Auch Warenverkauf zur Geschäftsabwicklung oder Hingabe von Waren an Gläubiger zu Abwendung des Insolvenzverfahrens, da das Vertriebsmotiv aus der Sicht des HV keine Rolle spielen kann (s Rn 27), aA RG **140**, 82, Heymann/Sonnenschein/Weitemeyer 22, da nicht mehr dem Betrieb des Unternehmens dienend. **Nicht:** Vertrag auf Werbungsvermittlung (§§ 675 I, 631 BGB), Ffm BB **78**, 681; reine Kapitalanlageberatung, vgl Melcher BB **81**, 2101; ähnliche Fälle s Rn 23.

4) Tätigkeit für einen anderen Unternehmer (I, III)

A. **Unternehmer:** Anders als vor der Novelle 1953 kann nicht nur der Kfm 27 HV iS des HGB haben, sondern **jeder** Unternehmer gleich welcher Rechtsform. Der Begriff Unternehmer iSv § 84 ist dem Sinn und Zweck des HVRechts als Schutzrecht zu entnehmen und daher weit auszulegen, BGH **43**, 110, BB **82**, 1876. Der Begriff ist weitgehend, aber nicht völlig derselbe wie in **§ 14 BGB.** Wie dort kann ein Unternehmer jede natürliche oder juristische Person oder rechtsfähige PersonenGes sein, die in Ausübung ihrer gewerblichen (§ 1 Rn 12) oder (haupt- oder neben)beruflichen Tätigkeit handelt. Auf das Merkmal „bei Abschluss eines Rechtsgeschäfts" kommt es aber nicht an (auch in § 14 BGB verfehlt); der in Vollzug gesetzte, fehlerhafte HVVertrag kann nur für die Zukunft beendet werden (§ 89 Rn 5). Wirtschaftliche Tätigkeit am Markt, einerlei ob als Gewerbetreibender, Freiberufler, Wissenschaftler oder Künstler, genügt (§ 1 Rn 16, 20). Unternehmer iSv § 84 ist auch, wer den Vertrieb erst vorbereitet oder seinen Betrieb abwickelt (s Rn 26), denn für den HV, der für den Unternehmer tätig wird, kommt es darauf nicht an. Bspe: Unternehmer sind danach vor allem Gewerbetreibende, auch Land- oder Forstwirte, auch Immobilienmakler, BGH BB **82**, 1876; auch Unternehmer ohne Gewerbe (§ 1 Rn 1) wie ein freiberuflich tätiger Schriftsteller oder anderer Künstler, der durch einen Impresario oder einen Galeristen seine Werke verbreitet; auch öffentliche Unternehmen, die sich am rechtsgeschäftlichen Verkehr in den Formen des Privatrechts beteiligen, zB Lottounternehmen als Anstalt des öffentlichen Rechts, BGH **43**, 108, BB **72**, 938; öffentlicher Bauträger (trotz Ausschreibung der Aufträge), BGH NJW **80**, 1793.

Zwischen einem **Nichtkaufmann** und seinem HV gelten zwar **§§ 84 ff** und 28 sonstiges HVRecht, aber **nicht** ohne Weiteres auch **sonstiges Handelsrecht**, hL, str, anders ausdrücklich § 91 I für die Abschlussvollmacht des HV. Das führt zwar zu rechtlichen Unterschieden zwischen dem HV eines Kfm und dem eines NichtKfm, aber das ist auch nach dem HRefG 1998 (s Rn 4) die Folge des KfmBegriffs der §§ 1 ff. Eine Annäherung ist jedoch möglich durch Erweiterung des KfmBegriffs (Verzicht auf Gewinnerzielungsabsicht, § 1 Rn 15) und punktuelle Ausdehnung hdlrechtlicher Normen auf den Berufsverkehr, Hopt AcP 183 **(83)** 608, oder allgemeiner auf Unternehmen, K. Schmidt § 3 I Rn 2, sehr str.

Nicht Unternehmer ist, wer mit seiner, auch systematischen Tätigkeit in der 29 **Privatsphäre** verbleibt, zB der Privatmann, aber auch der Unternehmer, der zB privat Kunstwerke sammelt; denn „für einen Unternehmer" (I 1) heißt für einen Unternehmer im Betrieb seines Unternehmens. Der Vertreter in einer solchen Tätigkeit ist **Zivilagent.**

B. **Anderer Unternehmer:** Der HV wird für „einen anderen" Unternehmer 30 tätig. I stellt damit klar, dass **auch der Handelsvertreter selbst Unternehmer** ist (Rn 27). I beschränkt den HV in seiner Vertretung nicht auf „einen" anderen Unternehmer (**Mehrfirmenhandelsvertreter,** s Rn 36, 89b Rn 40).

C. **Untervertreter (III): a) Echter Untervertreter: Mehrstufige Handels-** 31 **vertreterverhältnisse** sind ohne Weiteres möglich, der Untervertreter sind unter den Voraussetzungen von I ebenfalls HV. Ein HVVerhältnis (§§ 84 ff) besteht dann zwischen dem **Hauptvertreter und dem Untervertreter,** BGH **91**, 373,

§ 84 32, 33 1. Buch. Handelsstand

NJW **10**, 298, Mü NJW-RR **09**, 1699, nicht etwa unmittelbar zwischen dem Hauptunternehmer und dem Untervertreter (zu deren Verhältnis, zB Zulässigkeit von Untervertretung statt persönlicher Leistung, s Rn 22). Der Untervertreter ist aber Erfüllungsgehilfe (§ 278 BGB) des Hauptvertreters in dessen Vertragsverhältnis zum Hauptunternehmen, BGH **59**, 92, Kln VersR **06**, 71, insoweit auch Auswahl- und Überwachungspflichten des Hauptvertreters, MüKo/von Hoyningen-Huene 98, Oetker/Busche 48, aA Ebenroth/Löwisch 121. Der Hauptvertreter erhält aber auch Provisionen und einen Ausgleichsanspruch nach § 89b aus der Tätigkeit der Untervertreter, BGH **56**, 293, **59**, 92 (vgl Rn 22); Provisionsanspruch des Untervertreters gegen den Hauptvertreter außer in den Fällen des 87a II, III (also ebenso wie letzterer gegen den Hauptunternehmer), Kln VersR **06**, 71, bei Klauseln über Abhängigkeit des Provisionsanspruchs des Untervertreters von dem des Hauptvertreters § 87a III 1, V (§ 87a Rn 33, 35), AGB-Kontrolle, Mü NJW-RR **09**, 1699. Auslegung des Untervertretungsvertrags auch unter Heranziehung des Hauptvertretungsvertrags, Ebenroth/Löwisch 121, aA Emde 130. Der Untervertreter ist dem Hauptvertreter gegenüber verpflichtet, die Interessen des Unternehmens wahrzunehmen, bei Interessenkonflikt str: Vorrang der Interessen des Hauptvertreters, Emde 130, des Hauptunternehmers, Ebenroth/Löwisch 121, Auslegung des Untervertretungsvertrags wird bei Loyalität des Hauptvertreters idR Letzteres ergeben. Zum Provisionsanspruch des Untervertreters Emde BB **10**, 2318, § 87a Rn 5, 17. An der echten Untervertretung (Innenverhältnis) ändert sich nichts, wenn der Untervertreter selbstständige **Abschlussvollmacht** (statt wie üblich nur für den Hauptvertreter) für den Hauptunternehmer hat, einerlei ob diese Vollmacht direkt vom Hauptunternehmer erteilt ist oder eine Untervollmacht des Hauptvertreters ist; letztere kann der bloße Vermittlungshauptvertreter idR nicht erteilen, Ebenroth/Löwisch 121, aA MüKo/von Hoyningen-Huene 96. Im Außenverhältnis zum Dritten kommt es auf das Auftreten des Untervertreters (für den Hauptunternehmer oder den Hauptvertreter) an, Letzteres ist selten, dann zu § 406 I 2 K. Schmidt § 27 VI Rn 105. Untervertretung zwischen HV und von ihm mit Ehefrau gegründeter HVGmbH (§ 84 Rn 8) ist jedenfalls bei außersteuerlichen Gründen zulässig, BFH BB **99**, 249. Zur Haftung des Untervertreters nach § 179 BGB vgl BGH **68**, 391, K. Schmidt § 27 VI Rn 107.

32 **b) Unechte Untervertreter:** Andere Vertragsgestaltungen sind möglich. So kann der Hauptunternehmer auch in unmittelbare HVVertragsbeziehungen mit dem Untervertreter eintreten, Bsp BGH WM **12**, 469m Anm Thume IHR **12**, 70, statt III gilt dann für diesen unechten Untervertreter I (HV) oder II (Angestellter). Dem unechten Hauptvertreter oder Generalvertreter können Koordinierungsaufgaben hinsichtlich der unechten Untervertreter obliegen, Emde 132. Doch ist die Bezeichnung „**Generalvertreter**" nicht eindeutig, sondern kann HV, Bezirksvertreter oder Eigenhändler (auch ohne Alleinvertriebsrecht) bedeuten, BGH NJW **70**, 1040. Der Generalvertreter oder Verkaufsleiter, der selbstständiger Gewerbetreibender ist und dem andere HV unterstehen, ist selbst HV, BGH **56**, 290; ebenso der Bezirksstellenleiter einer staatlichen Lotto- und Totoannahme, dem mehrere Annahmestellen unterstellt sind, wenn er wirtschaftlich einem echten Generalvertreter nahekommt, BGH **59**, 87. Untervertretung kann vorliegen trotz hälftiger Aufteilung der Provisionseinnahmen, BGH WM **84**, 556. Zur Untervertretung MüKo/von Hoyningen-Huene 92.

5) Selbstständiger Gewerbetreibender (I, II, IV)

33 A. **Gewerbetreibender (IV):** Der HV ist selbstständiger Gewerbetreibender, I 1. **Kaufmann** ist er nur noch, wenn er ein HdlGewerbe (§ 1 II) betreibt oder in das HdlRegister eingetragen ist (§§ 1 ff nF HGB). MinderKfm gibt es nicht mehr. Nach IV (neu 1998§ 84 Rn 3) bleiben §§ 84 ff jedoch anwendbar, wenn

7. Abschnitt. Handelsvertreter 34–36 § 84

das Unternehmen des HV nichtkaufmännisch ist, BAG BB **00**, 826. Der kleingewerbliche HV bleibt damit geschützt, **auch** wenn er als **Nichtkaufmann** sonst nicht dem HGB unterfällt, zur Abgrenzung Emde RIW **03**, 509. Der HV hat ein gewerbliches Unternehmen, das Gegenstand des Rechtsverkehrs ist und ua nach § 823 I BGB geschützt wird, Karls BB **59**, 1006. Nachfolge in dieses Unternehmen, CDH 1998.

Jedoch werden **„arbeitnehmerähnliche"** HV **teilweise wie Arbeitnehmer** 34 behandelt, zB Mindestarbeitsbedingungen (§ 92a), Gerichtszuständigkeit (Rn 46), Urlaubsrecht (§ 2 S 2 BUrlG), Hinterbliebenenversorgung (§ 17 BetrAVG); dazu Küstner/Thume/Schürr Bd 1 Kap I Rn 245 ff. Dagegen ist eine Einbeziehung der HV in das Tarifvertragsrecht bisher unterblieben; die Einbeziehung arbeitnehmerähnlicher Personen durch G 29.10.74 BGBl 2879 gilt nicht für HV (§ 12a IV TVG). Den HVVertrag insgesamt in die Nähe zum Arbeitsvertrag zu rücken, ist verfehlt, aA Canaris § 15 Rn 17 (vgl auch Rn 35).

B. **Selbstständigkeit (I 2):** Die Abgrenzung zwischen selbstständiger und 35 unselbstständiger Tätigkeit (I 2, II) erfolgt nach der persönlichen Selbstständigkeit des Absatzmittlers. Der Begriff der Selbstständigkeit ist **europarechtlich** präformiert (Art 1 II EU-Ri, § 84 Rn 3), Hopt FS Medicus **99**, 246, Kiene RIW **07**, 297, Emde BB **08**, 2702. Entscheidend ist die **persönliche Freiheit**, und zwar die rechtliche im Gegensatz zur „wirtschaftlichen", die bei jeder Art von Vertragsverhältnis und auch bei selbstständigen Kflten und Unternehmern vielfach fehlt, stRspr, BGH VersR **64**, 331, BAG ZIP **97**, 1715 (Eismann). Persönliche Freiheit ist nach I 2 die Möglichkeit, „im Wesentlichen frei seine Tätigkeit gestalten und seine Arbeitszeit bestimmen" zu können (I 2), also idR ohne bestimmten Tagesplan, Mindestarbeitszeit, Arbeitspensum. I 2 ist ein typisches Abgrenzungsmerkmal mit allgemeiner Wertung über den unmittelbaren Anwendungsbereich hinaus, BGH ZIP **98**, 2178. An dieser gesetzlichen Vorgabe ist trotz des Phänomens der „neuen Selbstständigkeit", der (wiederholt geänderten) sozialversicherungsrechtlichen Gesetzgebung und neuer Abgrenzungsversuche in Schrifttum (primär Unternehmerrisiko, so Wank) und teilweise arbeits- und sozialrechtlicher Rspr festzuhalten. Umgehungstatbestände, so wenn der HV nur scheinbar selbstständig ist, lassen sich ohne Weiteres mit den allgemeinen Kriterien bewältigen. Die auf das SGB beschränkte, widerlegliche Vermutung von § 7 IV I Nr. 1–5 G zur Förderung der Selbstständigkeit 20.12.99 BGBl 2000 S 2, gilt nach S 2 nicht für HV, die im Wesentlichen frei ihre Tätigkeit gestalten und über ihre Arbeitszeit bestimmen können, uU verfassungswidrig, Nürnb 26.2.09 HVR Nr 1320, Reiserer BB **00**, 95. Kapitalgesellschaften sind nach I 2 immer selbständig, die Abgrenzungskriterien (s Rn 36 ff) finden nur auf natürliche Personen Anwendung (s Rn 8, 39), BGH NJW **15**, 1754. Feststellung, ob selbständig oder Arbeitnehmer durch Gericht oder Verwaltungsverfahren, MüKo/von Hoyningen-Huene 48b, c. Lit: Stolterfoth 1973, Wank 1988, Hanau 1997; Hopt DB **98**, 863, FS Medicus **99**, 235, Hromadka DB **98**, 195, NZA **98**, 1, Hümmerich NJW **98**, 2625, Reinecke ZIP **98**, 581, Hanau/Strick DB Beil 14/**98** (Versicherungsaußendienst), Oberthür/Lohr NZA **01**, 126 (HV im Arbeits- und SozialVersRecht), Hromadka NJW **03**, 1847, Flohr ZVertriebsR **12**, 354, Reinecke ZVertriebsR **14**, 151 (BAG-Rspr), Emde BB **15**, 1539.

Entscheidend ist das **Gesamtbild der vertraglichen Gestaltung und tat-** 36 **sächlichen Handhabung** (Schwerpunkttheorie), hL, stRspr, BVerfG NJW **78**, 365; BGH BB **82**, 1877, NJW **82**, 1758, WM **91**, 1474, NJW **98**, 2057, **99**, 648, **10**, 874; Kblz VersR **07**, 1222, Nürnb 26.2.09 HVR Nr 1320, Mü NJW-RR **14**, 887; K. Schmidt § 27 I Rn 14, Heymann/Sonnenschein/Weitemeyer 11 ff, MüKo/von Hoyningen-Huene 33, Rö/Thume 26, aA Stolterfoth 1973: Vertragstheorie, freie Rechtsformenwahl. Dazu hat die Rspr viele einzelne Abgrenzungs-

§ 84 36

kriterien entwickelt, vor allem zu **Ort, Zeit und Art und Weise der Tätigkeit, Unternehmerrisiko, Art und Weise der Vergütung.** Keines davon ist aber bei der wertenden Gesamtbetrachtung unverzichtbar; auch das Unternehmerrisiko ist nur ein Kriterium unter anderen, aA Wank DB **92,** 90. Auf die von den Parteien gewählte Bezeichnung kommt es dabei nicht an (Grund: Schutznormen zB des II, § 89b). Entscheidend ist vielmehr der wirklich gewollte Geschäftsinhalt, der sich aus den Vereinbarungen und der praktischen Durchführung der Verträge ergibt (bei Widerspruch gibt die letztere den Ausschlag), unstr, BGH **59,** 91, BAG BB **90,** 1065, DB **94,** 2502. Gelebte Vertragswirklichkeit kann für Unselbständigkeit sprechen, auch wenn Ort, Zeit und Art und Weise der Tätigkeit weitgehend frei und vertraglich Provisionen vereinbart sind, Mü NJW-RR **14,** 887. Bei auferlegten Pflichten spielt eine Rolle, ob sie sanktionslos bleiben, vgl Saarbr VersR **05,** 1388.

Für Selbstständigkeit sprechen außer der **nur eingeschränkten Weisungsgebundenheit** (Rn 38) zB das Vorliegen eines **eigenen Unternehmens; die eigene Tragung der Kosten und Risiken der Geschäftstätigkeit (Unternehmerrisiko),** BVerfG NJW **78,** 365, BAG ZIP **97,** 1715 (Eismann), aber nicht isoliert ohne korrespondierende unternehmerische Freiheit und Chancen, zB Düss 4.7.**97** HVR Nr 814, NJW-RR **98,** 682 LS (Scheinselbstständigkeit); eigene Geschäftsräume, BVerfG NJW **78,** 365, Stgt VersR **56,** 318, Geschäftseinrichtung, Düss 4.7.**97** HVR Nr 814, Buchführung, Mü NJW **57,** 1767; Auftreten unter eigener Firma, BGH VersR **64,** 331, BAG BB **80,** 1471; **Vertretung mehrerer Unternehmer,** Celle MDR **58,** 341; selbst ausgesuchtes **eigenes Personal,** BGH VersR **64,** 331, 21.10.98, BAG DB **97,** 2437, und Recht zum Einsatz von Untervertretern, nicht schon Einstellung von Mitarbeitern, LAG Brem 21.2.**07,** 237 juris; **Freiheit in Arbeitsumfang und Arbeitsgestaltung** (Rn 35, 37, 38).

Gegen Selbstständigkeit sprechen zB Vorgabe des **Tätigkeitsorts,** wobei aber zwischen Innen- und Außendienst zu unterscheiden ist, BAG DB **66,** 548, **78,** 1035, **96,** 2033 (Partnervertrag), BGH NJW **98,** 2057, nicht Zuordnung zu einer Geschäftsstelle, Schlesw OLGR **09,** 619, Zuweisung eines Vertriebsbezirks, denn das ist für HV normal, Mü OLGR **08,** 540; Vorgabe eines genauen **Arbeitsplans** und der Bestimmung der täglichen **Arbeitszeit,** BAG DB **97,** 2437 (jeden Tag voll eingesetzt), BGH **140,** 21, vgl Hamm 7.2.03 HVR Nr 1089; Klausel über ständige Anwesenheit im Geschäftslokal während der üblichen Ladenöffnungszeit; geschuldete Erreichbarkeit und Mitteilungspflicht über Abwesenheitszeiten, Mü NJW-RR **14,** 887; feste Bürozeiten; Stechkarten, Kblz VersR **07,** 1222; in einer bestimmten Zeitspanne zu erledigendes Mindestsoll, falls nicht erheblicher Spielraum verbleibt, BAG NZA **00,** 481, Nürnb 26.2.**09** HVR Nr 1320; feste Urlaubszeiten, auch bei einvernehmlicher Bestimmung, BAG DB **98,** 625, nach Rspr auch Urlaubssperrklausel, BAG NJW **04,** 461, ua, krit Hopt DB **98,** 867; nicht schon feste Besprechung an bestimmten Wochentag, Besuch von mindestens drei bis vier Kunden in den Abendstunden, Ausbildungsprogramm von 35 Arbeitstagen pro Jahr, BAG NJW **10,** 2456 (Vers-Vertreter), und Schulungsveranstaltungen, nur 2 Kundentermine pro Tag, Nürnb 26.2.**09** HVR Nr 1320; **Genehmigungspflicht für jede Nebentätigkeit,** Düss WM **85,** 526, aA BAG BB **00,** 1469; Einbeziehung in betriebliche Organisation (Urlaub, Betriebsrat) und Tarifordnung, Düss WM **85,** 526; Abführen von Lohnsteuer und Sozialversicherung, BGH VersR **64,** 331; fehlende Abrechnung über Provisionen durch den Unternehmer während der gesamten Vertragslaufzeit, Provisionsrechnung ohne Ausweis der Mehrwertsteuer, Mü NJW-RR **14,** 887. „Freier Immobilienmitarbeiter" ist kein HV, wenn er seinen Arbeitsplatz in den Geschäftsräumen des Unternehmers hat, Korrespondenz nur auf dessen Firmenpapier führt und mehrmals am Tag zu diesem gerufen wird, BGH BB **82,** 1876. Die Rspr stellt zT Statusvergleich an, ob andere Personen

7. Abschnitt. Handelsvertreter 37, 38 § 84

mit vergleichbarer Tätigkeit als Arbeitnehmer beschäftigt werden, Hopt DB **98**, 866.
Eher neutral sind andere Umstände. So sprechen **fehlende Innen- und Außenorganisation** (Grund: IV), BAG BB **00**, 826 (VersVertreter), und mangelnder eigener Kapitaleinsatz (so typisch) nicht gegen Selbstständigkeit, BGH **34**, 291; ebenso wenig Wettbewerbsverbot, BAG BB **00**, 932, Saarbr VersR **05**, 1388; vertragliches Verbot von Mehrfirmenvertretung **(Einfirmenvertreter)**, BGH VersR **64**, 331, Nürnb 26.2.**09** HVR Nr 1320, Grund: § 92a. Aufsuchen von Kunden ist nicht notwendig. Feste Vergütungsbestandteile schaden nicht, zB Fixum bzw Mindestprovision, Nürnb BB **60**, 956, fester Spesenzuschuss, Stgt BB **62**, 156, aber doch nur neben überwiegend erfolgsabhängigen; reine Provisionszahlungen ohne festes Entgelt deuten dagegen auf Selbstständigkeit, BGH NJW **82**, 1758; wichtiger ist jedoch, ob der Absatzmittler, was die Gesamtvergütung angeht, tatsächlich eine unternehmerische Chance hat. Wenig aussagekräftig für Selbstständigkeit sind auch **formale Indizien** wie Anmeldung zum Gewerbeamt, Mü NJW **57**, 1767, Eintragung in das HdlRegister; Veranlagung zur Umsatz- und Gewerbesteuer, BGH VersR **64**, 331; Führung von Personalakten, Kblz VersR **07**, 1222. Nicht ausschlaggebend ist die Beurteilung der Abhängigkeit nach Sozialversicherungsrecht durch BSozG, BGH BB **75**, 1410 (Bezirksstellenleiter eines staatlichen Toto- und Lottounternehmers als HV), BAG BB **00**, 1469, Düss WM **85**, 526, MüKo/von Hoyningen-Huene 47b; aber die sozialversicherungsrechtliche Rspr benutzt weitgehend die handels- und arbeitsrechtlichen Kriterien, von Hoyningen-Huene BB **87**, 1730, aber jetzt gesetzliche Vermutung (s Rn 35).

Das Maß der Freiheit in der Tätigkeitsgestaltung entscheidet nicht allein; sie **37** kann **durch die Anforderungen der Geschäftsart eingeengt** sein, zB Propagandistin in Kaufhaus (Öffnungszeit, Arbeitsablauf), BGH NJW **82**, 1758, Tankstellenpächter (Rn 21), Versicherungsvertreter, BAG DB **66**, 546, BB **00**, 932, Bausparkassenvertreter, BSozG BB **81**, 2074, Postagenturen (Einheitlichkeit von Einrichtung, EDV mit Vorgaben und Preisgestaltung), Kln BeckRS **09**, 27270.

Die **Weisungen** des Unternehmers, an welche der HV als Beauftragter **38** (§§ 662, 665, 675 I BGB, mangels anderer Abrede) gebunden ist (§ 86 Rn 15), sind für den HV normal und sogar essentiell. Er ist in dessen Vertrieb eingeschaltet, nimmt dessen Interessen wahr und ist ihm laufend berichtspflichtig (§ 86 I, II). Außerdem besagt I 2 nur, dass der HV „im Wesentlichen" frei sein muss. Je nach Branche, zB wenn diese schwierig, vielgestaltig und mit hohen Risiken verbunden ist, ist ein Mehr an Weisungen zur Qualitätssicherung notwendig, Saarbr VersR **05**, 1388 (VersVertreter), Nürnb 26.2.**09** HVR Nr 1320 (Vers- und Finanzdienstleistungen). Die Bestimmung der **Vertriebspolitik** ist Sache des Unternehmers. Dieser kann deshalb dem HV Vorschriften machen über Bezirks- und Kundenbeschränkung (vgl § 87 II), Mindestumsatz- und Kundenaufbaupläne, vgl Düss NJW **98**, 2981 (falls sanktionslos), die Ausweitung des Kundenkreises, BGH DB **81**, 1772, Nichtaufnahme von Verhandlungen mit bestimmten Kunden, BGH DB **60**, 574, Preisgestaltung einschließlich Rabatte und Skonti, Vertragskonditionen, Zahlungsmodi, Darstellung des Produkts und seinen technischen Einsatz. Tendenziell schädlich sind dagegen Weisungen hinsichtlich Art und Umfang der Kundenbesuche, über die Reiseroute und über einen Mindestumsatz. Der Unternehmer kann dem HV ferner Weisungen über die **Nachrichts- und Rechenschaftspflicht** erteilen, zB über Verbuchung und Abrechnung von Lieferungen, BGH VersR **64**, 331, Düss NJW **98**, 2978, Verfahren mit den eingenommenen Geldern, Verwendung besonderer Vordrucke bei der Mitteilung von Geschäftsabschlüssen (§ 86 Rn 43), BAG DB **66**, 547, Dokumentation von Kundenkontakten, Nürnb 26.2.**09** HVR Nr 1320, vgl § 86 II. Das gilt auch für regelmäßige Rücksprache, Aufsuchen des Büros des Unternehmers und ständige telefonische Erreichbarkeit (Grund: § 86 II), zT str, kann rasch umschlagen. Dasselbe gilt für die im modernen Vertrieb wichtige **Einheitlichkeit der Präsentation,** zB Werbung, Dekoration und Verkaufsaktionen, einheitliche Geschäftsformulare und Visitenkarten, Hopt DB 98, 864, zT str; so ist es unschädlich, dass das Kfz des Frachtführers Farben und Logo des Spediteurs aufweist, BAG DB 98, 624. Insgesamt dürfen die Weisungen über die HV von ihm **nicht so eng** sein, **dass die Tätigkeit der HV von ihm nicht mehr „im Wesentlichen frei gestaltet"** wird, BAG NZA 95, 649 („Kerngehalt"), Kblz VersR 07, 1222. Weisungsgebundenheit hinsichtlich des Geschäftsablaufs, der Arbeitszeit und der sonstigen Art und Weise der Tätigkeit ist typisch für den Arbeitnehmer (arbeitsrechtliches Direktionsrecht des Unternehmers). Weisungen hinsichtlich Art und Umfang der Kundenbesuche, über die bereiste Gegend und über einen Mindestumsatz sind tendenziell schädlich, Rspr bei Heymann/Sonnenschein/Weitemeyer 11. Ständige Dienstbereitschaft ist starkes Indiz für Arbeitnehmereigenschaft, BAG DB 98, 624, zu weitgehend LAG Düss BB 97, 892. Pflicht zum Besuch von Schulungsveranstaltungen, zu ständiger Bestandspflege, Brem 28.1.05 HVR Nr 1143, zum Nachweis von Arbeitsunfähigkeitszeiten. Wenn der Unternehmer den HV jederzeit kurzfristig in den Innendienst versetzen kann, spricht das für Abhängigkeit, vgl Düss, WM 85, 526. Aufnahme in einen Dienstplan, der ohne vorherige Absprache mit dem Mitarbeiter erstellt wird, ist typisch für Arbeitnehmerbeziehung, BAG DB 97, 47, auch bei dessen Recht, einzelne Einsätze abzulehnen. Die **Beweislast** für (Un)Selbstständigkeit bestimmt sich nach allgemeinen Regeln. Ausgangspunkt ist der Vertrag. Beweispflichtig ist, wer sich auf eine abweichende tatsächliche Vertragspraxis beruft, BAG DB 66, 546. Der HV, der Arbeitnehmer zu sein behauptet, muss fehlenden Spielraum bei der Arbeitszeitgestaltung beweisen, BAG NJW 04, 461. Die Vermutung des § 7 IV SGB IV nF 1998 BGBl 3846 gilt nicht für HV, die im Wesentlichen frei ihre Tätigkeit gestalten und über ihre Arbeitszeit bestimmen können. Vertrags- und Ablaufgestaltung, Hopt DB 98, 868.

39   C. **Unselbstständiger „Handelsvertreter" (II):** Erfüllt der Absatzmittler des Unternehmers alle Voraussetzungen von I 1, ohne selbstständig zu sein, ist er kein HV iSv §§ 84 ff, sondern ein Angestellter des Unternehmers (unscharf: unselbstständiger „HV"). Wie er von den Parteien bezeichnet wird, ist dafür unerheblich. II ist nur auf natürliche Personen, nicht auch auf Kapitalgesellschaften (s Rn 8, 35) anwendbar, BGH NJW 15, 1754. II ist als soziale Schutznorm mit Konsequenzen für das Arbeits- und Sozialrecht zwingend, Düss WM 85, 526. Personen, die mit einer Vermittlungs- oder Abschlussaufgabe iSv I 1 ständig betraut, aber weder HV noch Angestellte sind, gibt es nicht, BSozG BB 81, 2074. Ein Angestelltenverhältnis bei klarer Vereinbarung bleibt auch mit selbstständig Tätigem möglich (kein Umkehrschluss aus II), Düss WM 85, 526. Auf den Absatzmittler nach II sind nicht §§ 85 ff anwendbar, sondern Arbeitsrecht. Er ist HdlGehilfe (§§ 59 ff), wenn der Unternehmer Kfm ist, sonst Angestellter iSv §§ 611 ff BGB; die arbeitsrechtlichen Schutzvorschriften finden in beiden Fällen Anwendung. Lit: Hunold 1993 (Arbeitsrecht im Außendienst); MüKo/von Hoyningen-Huene 115, Hromadka NZA 97, 1249.

40   D. **Juristische Personen, Personengemeinschaften:** Bei juristischen Personen und im eigenen Namen handelnden Personengemeinschaften (Rn 8) kann schwerlich nach der Arbeitszeitbestimmung, wohl aber nach der sonstigen Tätigkeitsgestaltung (I 2) gefragt werden. Fehlt die Freiheit hierin, kommt es darauf an, ob es angestellte juristische Personen oder Personengemeinschaften gibt (str, vgl § 59 Rn 25), verneinendenfalls ist eine juristische Person oder Gemeinschaft, die ständig mit Geschäftsvermittlung iSv I 1 betraut ist, ohne Rücksicht auf Selbstständigkeit oder Unselbstständigkeit iSv I 2 stets HV, nie HdlGehilfe.

7. Abschnitt. Handelsvertreter   41–44   § 84

6) Ständige Betrauung

A. **Betrauung:** Betraut heißt beauftragt iSv §§ 611 ff, 675 I BGB (§ 86 Rn 1; 41 zum Vertragsschluss § 85 Rn 1). Den HV trifft also eine **Tätigkeitspflicht**. Der Vermittler ohne Tätigkeitspflicht ist nicht HV, Mü 21.1.10 HVR Nr 1314, sondern (uU) Makler, BGH NJW **15**, 1754 Rn 11; er kann beide Gewerbe nebeneinander betreiben; Bambg BB **65**, 1167. Betrauen heißt weiter, dass der Unternehmer dem HV die Wahrnehmung seiner Interessen anvertraut. Die **allgemeine Interessenwahrungspflicht** des HV für den Unternehmer ist damit dem Vertrag immanent und zwingend (klarstellend § 86 I Halbs 2, s dort Rn 20). Die (ständige, s Rn 42) Betrauung ist also mehr als die bloße (ständige) Geschäftsverbindung, BGH NJW **92**, 2818. Genaue Weisungen stehen der Betrauung nicht entgegen, BGH NJW **15**, 1754 Rn 13.

B. **Ständig:** Ständige Betrauung bedeutet nicht notwendig auf immer oder 42 langfristig oder auch nur auf unbestimmte Zeit, BGH NJW **92**, 2818. Genügend ist vielmehr Betrauung **auf gewisse Zeit**, kalendermäßig oder mit anderer Bestimmung, zB für eine Saison oder Kampagne, auch nur Dauer einer Messe, Ausstellung, Nürnb BB **59**, 318; auch mit Unterbrechungen nach dem Bedarf, Nürnb NJW **57**, 1720 (Adressbuchwerber); auch jeweils Einzelaufträge zur Vermittlung von Zeitschriftenabonnements im Rahmen des Dienstleistungsvertrags, BGH NJW **15**, 1754 Rn 12. Entscheidend ist also, dass der HV sich um eine **unbestimmte Vielzahl von Abschlüssen** bemühen muss; Betrauung mit der Vermittlung nur bestimmter einzelner Geschäfte genügt selbst bei längerer Tätigkeit nicht, Bambg BB **65**, 1167. Ständige Betrauung ist notwendig, Geschäftsbeziehung von längerer Dauer ohne diese genügt nicht, BGH NJW **92**, 2819, **15**, 1754 Rn 11, Ffm ZVertriebsR **16**, 113 (Theaterkartenvermittlungsverein). Ständige Betrauung fehlt auch beim HdlMakler, Düss NJW-RR **16**, 1315; Abgrenzung VersVertreter vom VersMakler s §§ 92 Rn 1, 93 Rn 7. HVVerträge auf bestimmte Zeit s Schröder FS Hefermehl **76**, 113. Ständig betraut ist zwar nicht gleichbedeutend mit einer Pflicht zu ständiger Tätigkeit. Doch folgt die Pflicht des HV zur ständigen Bemühung während der Vertragszeit daraus, dass der Unternehmer idR möglichst viele Geschäfte schließen will und der HV mangels anderer Abrede oder Weisung dieses Interesse wahrnehmen muss (§ 86 I). Die ständige Betrauung bedeutet idR (nicht begriffsnotwendig, str) Eingliederung des HV in die Absatzorganisation des Unternehmers, doch braucht dieses letztere beim HV nicht besonders festgestellt zu werden (vgl dagegen die Abgrenzung beim Vertragshändler, Rn 13). Firmeneigene Versicherungsvermittler, also TochterGes zwecks Ausschaltung von HVKosten (s schon Rn 23), sind mangels Vereinbarung über ständige Betrauung idR nicht selbst HV, auch bei entspr Firmenzweck und Konzernierung, Küstner/Thume/Schürr Bd 1 Kap I 18 ff, str.

Der HVVertrag ist danach **Dauerschuldverhältnis** (vgl § 314 BGB) wie 43 andere Dienstverträge (§ 86 Rn 1), hat Laufzeit mit bestimmtem Anfang und Ende und wird gekündigt (§§ 89, 89a, s dort Rn 1, vgl §§ 620 ff BGB), auch bei dauernder Arbeitsunfähigkeit des HV, Brschw NJW-RR **94**, 35, Koller/Roth § 86 Rn 2, str.

C. **Gelegenheitsagent:** Dieser ist **nicht Handelsvertreter.** Sein Vertrag mit 44 demjenigen, dem er nur ein Geschäft vermitteln soll oder auch mehrere, aber ohne damit ständig betraut zu sein, untersteht nur dem Werkvertrags- und Auftragsrecht des BGB (§ 675 I BGB), Provisionspflicht s § 354, Hbg 19.9.**95** HVR Nr 793. Die Gelegenheitsvermittlung kann Gewerbe sein; Bsp: Anwerbungsbüro (für Musiker, Schauspieler, Artisten, Schiffspersonal), das nicht auf Dauervertrag, sondern auf Einzelaufträge von Unternehmern tätig ist; sein Inhaber ist nicht Kfm nach § 1, nur ggf nach § 2; das gilt auch, wenn er von einzelnen Unternehmern Daueraufträge hat, falls nicht sein Betrieb speziell auf diese angelegt ist. Es kann auch Maklervertrag vorliegen (s Rn 41, § 93 Rn 11).

§ 84   45, 46

7) Gerichtsbarkeit für Handelsvertreter

45   A. **Kammer für Handelssachen:** Ansprüche aus HVVerträgen gehören innerhalb der Landgerichte nach Maßgabe der §§ 93 ff GVG vor die KfH. § 95 I Nr 1 GVG setzt ein beiderseitiges HdlGeschäft voraus. Der Unternehmer und der HV müssen hier also **Kaufmann** sein (anders nach §§ 84 ff, s Rn 27, 33). Da nach dem HRefG 1998 (s Rn 4) Kleingewerbetreibende nicht mehr Kflte sind, aber §§ 84 ff anwendbar bleiben (§ 84 IV), kommt es zu einer misslichen Zuständigkeitsspaltung; die Zuständigkeit der KfH für das gesamte HVRecht wäre wünschenswert. Kein einheitlicher beiderseitiger Erfüllungsort iSv § 269 BGB, § 29 ZPO, BGH NJW **88**, 966.

46   B. **Arbeitsgerichte:** Das ArbGG stellt für die Zuständigkeit der Arbeitsgerichte (bes § 2 I Nr 3 ArbGG: Streitigkeiten zwischen Arbeitnehmern und Arbeitgebern) den Arbeitnehmern Personen gleich, „die wegen ihrer wirtschaftlichen Unselbstständigkeit als arbeitnehmerähnliche Personen anzusehen sind" (§ 5 I 2 ArbGG), vgl BAG NJW **91**, 1629, Ffm MDR **97**, 885, Düss 1.6.**05** HVR Nr 1149. HV gelten nach **§ 5 III 1 ArbGG** nur dann als Arbeitnehmer im Sinne dieses Gesetzes, wenn sie unter **§ 92a** fallen und wenn sie während der Letzten sechs Monate des HVVertrags nicht mehr als eine bestimmte niedrige durchschnittliche Monatsvergütung bezogen haben, BGH WM **15**, 2271 Rn 12. Herbeiführung durch gezielte Untätigkeit gegen Ende der Vertragszeit wird nicht anerkannt, Celle 22.11.**04** HVR Nr 1145. § 5 III ArbGG ist gegenüber § 5 I Nr 2 ArbGG vorgreiflich, BGH ZIP **13**, 2013 Rz 13, und regelt nur den Rechtsweg und erstreckt nicht materielles Arbeitsrecht auf solche HV; die Fiktion des § 5 III ArbGG gilt auch, wenn der Arbeitnehmerstatus materiellrechtlich fehlt, BAG NJW **03**, 2627, Brdbg VersR **08**, 1066. Für die Bestimmung des Rechtswegs ist der Vortrag beider Parteien relevant, nicht nur der des Klägers, anders nur bei doppelrelevantem Vortrag (prozessual und materiellrechtlich), Hamm 4.2.**10** HVR Nr 1301 wie BAG und BGH.

Erfasst werden **Einfirmenvertreter** iSv § 92a, die in den letzten Vertragsmonaten (auch wenn das Vertragsende schon einige Zeit zurückliegt), bei kürzerer Vertragsdauer während dieser, **durchschnittlich** aus dem Vertrag **nicht mehr als € 1000 bezogen** haben, an Vergütung jeder Art einschließlich Ersatz für Aufwendungen im regelmäßigen Geschäftsbetrieb (nicht außerordentliche Aufwendungen) und ohne Abzug von nicht erstatteten Aufwendungen (str für vertraglich geschuldete, Emde BB **08**, 2703), also brutto, BGH WM **08**, 945, ZIP **13**, 2013, Hamm OLGR **98**, 193, Karlsr VersR **07**, 207, Grund: der HV trägt seine Kosten grundsätzlich selbst. Maßgeblich ist der Vergütungsanspruch, nicht die tatsächliche Auszahlung, BGH WM **08**, 945 Rz 17. Was dem HV an Gewinn verbleibt, spielt keine Rolle, Kln OLGR **07**, 758. Maßgeblich sind dabei die (unbedingt) entstandenen, nicht die ausgezahlten Vergütungen, BGH WM **08**, 892, 945, str, offen BAG NJW **09**, 3803, also einerlei ob tatsächlich mehr (zB Vorschüsse), BGH NJW **64**, 497, Hamm 20.2.**06** HVR Nr 1155 (Grund Darlehen, auch bei Teilerlass, str), oder weniger (zB Verzug) ausgezahlt worden ist, Düss 1.6.**05** HVR Nr 1149, Emde § 92a Rn 22, Ebenroth/Löwisch § 92a Rn 11, hL. Sonst könnte der Unternehmer durch Über- oder Nichtzahlung einseitig den Status des HV verändern. **„Bezogen"** bedeutet also: tatsächlich verdient, dh vertraglich versprochen, Emde § 92a Rn 23, einerlei ob ausbezahlt, aufgerechnet oder nicht bezahlt, BGH WM **15**, 2271 Rn 19, Saarbr VersR **05**, 1388, Karlsr VersR **07**, 207, Mü OLGR **08**, 540, str, vgl Emde BB **11**, 2756. Besonderheiten bei Vorabverrechnung BAG NJW **09**, 3803. Provisionsvorschüsse nur, soweit sie nachträglich durch unbedingt entstandene Provisionsansprüche gedeckt und diese nicht wieder entfallen (storniert) sind, BGH WM **11**, 1623, **15**, 533, 2271 Rn 19, 23. Diese Obergrenze gilt auch, wenn das Vertragsverhältnis bereits gestört war oder der HV kein Arbeitseinkommen hat, also keine Rückdatierung

7. Abschnitt. Handelsvertreter 47–52 § 84

des Sechs-Monatszeitraums, BAG NJW **05**, 1147, Stgt BB **66**, 1396, Hamm 20.2.**06** HVR Nr 1155, Brdbg VersR **08**, 1066, Hamm 4.2.**10** HVR Nr 1301, gegen üL. Lit: Artzt/Kemter BKR **11**, 476.

Ist Art 5 III ArbGG wegen Überschreitens der Vergütungsgrenze unanwend- 47 bar, dann greift nicht § 5 I 2 ArbGG ein, auch wenn der HV wirtschaftlich unselbstständig und arbeitnehmerähnlich ist, sondern es bleibt bei der Zuständigkeit der **Zivilgerichte**, Grund: § 5 III ArbGG ist abschließende Sonderregelung für HV, BAG AP **(61)** Nr 1 zu § 92a HGB, Kln VersR **01**, 895, Karls VersR **07**, 209, MüKo/von Hoyningen-Huene § 92a Rn 6, Preis/Stoffels ZHR 160 **(96)** 447, str.

C. **Insolvenzverfahren:** Die Gleichstellung gewisser HV mit Arbeitnehmern 48 (Rn 34, 46) galt früher auch für die Insolvenz, §§ 59 I Nr 3c, 61 I Nr 1c KO (Masseschulden, Konkursvorrecht), dazu 29. Aufl. Die InsO hat diese Vorrechte für Arbeitnehmer und HV beseitigt. Das kann für diese sogar günstiger sein, so wenn bei Massearmut das Insolvenzverfahren gar nicht eröffnet wird. Im Übrigen gibt es Insolvenzausfallgeld für die Lohnausfälle der Letzten drei Monate vor Eröffnung des Insolvenzverfahrens und Sonderregeln für Forderungen aus einem im Insolvenzverfahren aufgestellten Sozialplan. **Insolvenz des Handelsvertreters** lässt den HVVertrag nicht erlöschen (§ 108 I 1 InsO, Dienstvertrag, § 84 Rn 5), BGH NJW-RR **13**, 1142 Rz 11, aber fristlose Kündigung für beide Teile (§ 89a Rn 20, 24). Der Insolvenzverwalter über das Vermögen des HV kann nicht an Stelle des HV kündigen (höchstpersönlich), er hat auch kein Wahlrecht nach § 103 InsO, Düss ZIP **10**, 194. Zur Insolvenz des HV Emde/Kelm ZVI **04**, 382, Wagner/Wexler-Uhlich BB **10**, 2455 (mit Lösungsklauseln), BB **11**, 519, 520 (Vertragshändler). Allgemein zum HV in der **Insolvenz des Unternehmers** s § 87 Rn 51, dort auch Lit.

8) Verhältnis zu Kunden und Dritten

A. **Keine Vertragsbeziehungen:** Der HV steht als Vermittler und auch als 49 Abschlussvertreter (§§ 54, 55) in Vertragsbeziehungen **nur zum Unternehmer** (Innenverhältnis), nicht zum Geschäftsgegner (Außenverhältnis, idR Kauf, vgl Rn 26). Nur wenn er **ohne Vollmacht** abschloss und der Unternehmer nicht genehmigt, kann der Geschäftsgegner ihn auf Erfüllung oder Schadensersatz in Anspruch nehmen, § 179 **BGB** (§ 91a Rn 2).

Der HV kann dem Geschäftsgegner jedoch selbst aus **Verschulden bei Ver-** 50 **tragsverhandlungen** (vgl Rn 9 vor § 48) haftbar werden, aber nicht schon allgemein auf Grund seines Interesses an der Provision für den Vertragsschluss oder wegen Sachkunde, sondern nur bei eigener Gewährübernahme als Sachwalter des Geschäftsgegners, BGH WM **84**, 128, **91**, 1730 (VersMakler), ZIP **90**, 43 (Anlagevermittler), Hamm VersR **95**, 167, Düss NJW-RR **98**, 395 (VersVermittler). **Auskunfts- oder Beratungsvertrag** des HV mit dem Geschäftsgegner nur in besonderen Ausnahmefällen, vgl BGH ZIP **00**, 355 (Kapitalanlagevermittler), offen BGH NJW **03**, 745. **Reisevermittlungsvertrag** (§ 675 I mit § 651k III 4, IV BGB, aA Auftrag § 662 BGB) zwischen Reisebüro (§ 84 Rn 26) und Geschäftsgegner, offen BGH NJW **03**, 745.

Im Übrigen haftet der HV dem Geschäftsgegner und anderen Dritten nach 51 §§ 823 ff **BGB**, vgl Kln BB **65**, 768 (Strafbarkeit des Vertreters nach § 263 StGB uU trotz Gleichwertigkeit von Leistung und Preis), BGH BB **71**, 543 (Vertrieb wertloser Zertifikate).

Der HV kann auch §§ 3, 4, 5 **UWG** verletzen; diese sind keine Schutzgesetze 52 iSv § 823 II BGB, UWG geht als Spezialgesetz vor, BGH NJW **74**, 1503, **83**, 2494, aA Emde 206. Vgl auch Gemeinsame Erklärung von Organisationen der gewerblichen Wirtschaft zur Sicherung des Leistungswettbewerbs von 1975 sowie Wettbewerbsrichtlinien der Versicherungswirtschaft 15.12.1977, Hopt HVR

§ 85

5. Aufl 2015, Materialien VII, VIII; zu ersteren Immenga/Mestmäcker/Immenga 5. Aufl 2014 § 24 Rn 146.

53 B. **Zurechnung an Unternehmer:** Der Unternehmer setzt den HV für seinen Absatz ein und muss sich deshalb Wissen und Handlungen des HV zurechnen lassen, EuG BB **16**, 1614 LS (voestalpine) mAnm Schnell (Kartellverstoß), „wirtschaftliche Einheit" wohl parallel zur EU-kartellrechtlichen Abgrenzung nach der Risikotragung (§ 86 Rn 38). Für die Bedeutung von **Wissen und Nichtwissen des Handelsvertreters** im Verhältnis des Unternehmers zum Geschäftsgegner gilt beim mit Vollmacht abschließenden Vertreter § 166 BGB. Auch sonst muss der Unternehmer dem HV bekannte, im Rahmen der vor dem Abschluss geführten Verhandlungen liegende Umstände idR gegen sich gelten lassen (§ 166 BGB analog für Verhandlungsgehilfen), vgl BGH **82**, 222, NJW **65**, 1174, **85**, 1080. Der Versicherer muss sich Erklärungen des Versicherungsvertreters über § 278 BGB zurechnen lassen, wenn er ihm die Vertragsverhandlungen überlassen hat, Dresd VersR **11**, 910.

54 **Täuschung durch den Handelsvertreter,** einerlei ob er abschloss oder nur vermittelte, berechtigt den Geschäftsgegner zur Anfechtung, auch wenn der Unternehmer die Täuschung weder kannte noch kennen musste; der Vertreter ist nicht „Dritter" iSv § 123 II BGB, Hbg BB **59**, 612.

55 Der **Unternehmer haftet** für schädigende Handlungen des HV uU **nach §§ 30, 31, 278, 831** BGB, BGH **82**, 224, BB **79**, 1734, NJW **98**, 1854, **13**, 3366, Kln WM **06**, 122, Mü VersR **12**, 1292, Karls WM **12**, 2095 (VersMakler), uU auch nachwirkend, BGH WM **12**, 837. Eine AnlageberatungsGes haftet ihren Kunden aus Schutzpflichtverletzung (§§ 241 II, 311 II Nr 2 BGB) auch für betrügerische Eigengeschäfte des HV, den sie nicht sorgfältig ausgewählt hat (polizeiliches Führungszeugnis, Schutzwirkung je nach Einzelfall, uU bis Tilgungsfristablauf im BZentralReg), BGH NJW **13**, 3366m Anm Stumpf BB **13**, 1043, NZG **14**, 466. Übersicht: Emde BB **14**, 2437.

9) Internationaler Verkehr

56 Internationales HVRecht, ausländische HV, inländische HV ausländischer Unternehmer und Schifffahrtsvertreter s § 92 c.

[Vertragsurkunde]

85 ¹Jeder Teil kann verlangen, daß der Inhalt des Vertrages sowie spätere Vereinbarungen zu dem Vertrag in eine vom anderen Teil unterzeichnete Urkunde aufgenommen werden. ²Dieser Anspruch kann nicht ausgeschlossen werden.

Übersicht

	Rn
1) Wirksamer formfreier Vertrag, gewillkürte Form	1–5
A. Wirksamer Vertragsschluss	1
B. Formfreier Vertragsschluss	2
C. Gewillkürte Form	5
2) Vertragsurkunde (Satz 1, 2)	6–10
A. Anspruch auf Vertragsurkunde	6
B. Durchsetzung	9
C. Rechtsfolgen	10

1) Wirksamer formfreier Vertrag, gewillkürte Form

1 A. **Wirksamer Vertragsschluss:** Für das Zustandekommen und die Wirksamkeit des Vertrags gelten die allgemeinen Wirksamkeitsvoraussetzungen, zB §§ 104 ff BGB, § 117 BGB, BAG NJW **93**, 2767, § 134 BGB, BGH **127**, 368

7. Abschnitt. Handelsvertreter   2–5   § 85

(Devisenrecht), Karls VersR **07**, 1514, §§ 138, 179 BGB. Zur (Un)Wirksamkeit von Vertragsabreden s § 86 Rn 8 ff, § 139 BGB ist unanwendbar (§ 86 Rn 11). Die Rechtsfolgen der Nichtigkeit und der Anfechtung des **in Vollzug gesetzten, fehlerhaften Handelsvertretervertrags** sind rechtsfortbildend zu beschränken, möglich ist grundsätzlich nur die Beendigung für die Zukunft, diese allerdings jederzeit ohne Einhaltung einer Frist und ohne besonderen Grund über den Nichtigkeits- oder Anfechtungsgrund hinaus, sehr str (näher § 89 Rn 5). Aufhebungsvertrag s § 89 Rn 9. Auch wenn kein wirksamer Vertragsschluss vorliegt, können beide Teile aus **Verschulden bei Vertragsverhandlungen** (culpa in contrahendo) haften (§§ 311 II, 280 BGB), zB der HV bei Verletzung der Verschwiegenheit (§ 90 Rn 1) oder der Unternehmer bei Fehlinformation (§ 86a Rn 2). Ein Vertrauenselement wird dabei nicht mehr ohne Weiteres vorausgesetzt, BGH **190**, 94 (Rücksichtspflicht im Vergabeverfahren). **Vertragsauslegung:** nach allgemeinen Grundsätzen (§§ 133, 157 BGB), EuGH 26.3.09 (§ 84 Rn 3) verbietet nur Auslegung, die immer zu Lasten des HV geht, Semler BB **09**, 2329, Koch ZIP **11**, 1753, aA für Grundsatz HVfreundlicher Auslegung Emde DStR **09**, 1479, BB **11**, 2756, Steinbauer EuZW **09**, 889; iErg aber kein großer Unterschied, da idR AGB mit Auslegung zu Lasten des Unternehmers (s **(5)** BGB § 305c).

B. **Formfreier Vertragsschluss:** Der HVVertrag ist formfrei; das folgt aber 2 nicht schon aus der EU-Ri (Art 13 II, § 84 Rn 3), EuGH NJW **00**, 3267 betrifft nur Registereintragung. Der HVVertrag kann **auch stillschweigend** durch schlüssige Handlungen zustandekommen, BGH NJW **58**, 180, BB **87**, 220, **90**, 303, WM **91**, 1474, NJW **92**, 2818, zB durch wiederholte Geschäftsvermittlung durch den HV und Abschluss der so vermittelten Geschäfte durch den Unternehmer, aber auch durch erstmalige Annahme der Dienste des HV durch den Unternehmer mit der Maßgabe, dies auch künftig für eine unbestimmte Vielzahl von Geschäften zu tun, BGH **62**, 74. Der Vertrag kommt bei Praktizierung auch dann zustande, wenn über die Höhe eines auf den Ausgleichsanspruch anzurechnenden Übernahmepreises für die HdlVertretung noch keine Einigung erzielt ist (§ 154 I BGB: nur „im Zweifel"), BGH NJW **83**, 1727. Ebenso ist stillschweigende Änderung möglich, BGH BB **61**, 497.

Der HVVertrag kann unter den Voraussetzungen des kaufmännischen **Bestä-** 3 **tigungsschreibens** (§ 346 Rn 16), Nürnb BB **57**, 560, vgl auch BGH DB **55**, 1085 (iErg abl), oder des § 362 auch durch **Schweigen** des HV zustande kommen oder geändert werden. Greift § 362 nicht ein, kann sich der HV, der sich öffentlich oder speziell dem Unternehmer zur Vertretung erboten hat, nach § 663 BGB schadensersatzpflichtig machen.

Formgebunden sind dagegen die Übernahme eines Delkredere (§ 86b I 3) 4 und eines nachvertraglichen Wettbewerbsverbots (§ 90a I 1).

C. **Gewillkürte Form:** Verlangt ein Teil bei Vertragsschluss eine Vertrags- 5 urkunde, so kann das über § 85, der an der Formfreiheit des HVVertrags nichts ändert, hinaus so zu verstehen sein, dass er ohne sie noch nicht gebunden sein will. Dann wird der Vertrag nicht ohne die Herstellung der Vertragsurkunde wirksam (qualifizierte Schriftformklausel), Ffm MDR **97**, 1139. Wenn beide Teile bei Vertragsschluss eine Vertragsurkunde verlangen oder einer sie verlangt und der andere zustimmt, kann ebenfalls Abhängigkeit des Vertrags von der Schriftform gewollt sein (§ 127 BGB). Als AGB sind (jedenfalls qualifizierte) Schriftformklauseln unwirksam, BGH NJW **85**, 630, idR auch einfache (Grund: Aushöhlung der Individualabrede und von **(5)** § 305b BGB, BGH WM **05**, 2407, Ul/Bra/Ne/H. Schmidt (41) Schriftformklauseln Rn 11 (§ 86 Rn 8), auch wenn von der öffentlichen Hand verwendet, str. **Muster:** Hopt HVR 5. Aufl 2015 Materialien IX (10 Sprachen); Hopt/Emde 4. Aufl 2013 Form I. G.1 (CDH-HVVertrag), Form I. G.2 (VDMA-HVVertrag); The ICC Model Commercial Agency Contract 2d ed (IntHK-Publikation Nr 644). Weitere Muster s Überbl vor § 84.

§ 86

2) Vertragsurkunde (Satz 1, 2)

6 A. **Anspruch auf Vertragsurkunde:** Jeder Teil kann jederzeit **zwecks Klarstellung** des Vertragsinhalts (und aller späterer Änderungen) seine **Aufnahme in eine Urkunde** verlangen, die der andere Teil unterzeichnen muss (dann auch der fordernde Teil, wenn der andere es wünscht), **Satz 1.** Voraussetzung ist das Bestehen eines wirksamen Vertrags (vgl aber auch § 89 Rn 5), Emde 10. Der Anspruch geht auf Errichtung der Urkunde (durch Schuldner oder Dritte) und eigenhändige Unterzeichnung durch Namensunterschrift (vgl § 126 BGB, aber oben Rn 2), BGH WM **06**, 1115. Statt eine vom Gläubiger selbst errichtete Urkunde zu unterschreiben, kann der Schuldner eigene Urkunde errichten und vom Gläubiger Mitunterzeichnung verlangen, aA Schlegelb/Schröder 6b. Aufnahme des gesamten Vertragsinhalts einschließlich (auch unwesentlicher) Nebenabreden und Anlagen (aber ohne dispositives Recht, außer wenn besonders vereinbart) kann verlangt werden, Auflistung bei Emde 12. Der Anspruch entsteht mit jeder Vertragsänderung neu und geht bei berechtigtem Interesse auf neue Urkunde über den gesamten Vertrag. Der Anspruch besteht ab Vertragsschluss (s Rn 2) über das Vertragsende hinaus bis zur vollständigen Abwicklung des Vertrags, Emde 16, Küstner/Thume/Schröder Bd II Kap II Rn 127, str, was bei Streit um die Abwicklung, zB §§ 89b, 90, 90a, bedeutsam ist. Berechtigt sind auch Rechtsnachfolger jeder der Parteien; auch wenn Vertrag zB bei Tod des HV erlischt (§ 673 BGB), str.

7 Ende des Anspruchs (s Rn 6) und Verjährung sind zu unterscheiden. Der Anspruch **verjährt** drei Jahre (§ 195 BGB) nach Schluss des Jahres, in dem Vertragsende (nicht Vollbeendigung, Küstner/Thume/Schröder Bd 1 Kap II Rn 128, F/W/Billing 10, aA MüKo/von Hoyningen-Huene 21, str) eintritt, Emde 18. Keine Verwirkung während der Vertragslaufzeit, Ebenroth/Löwisch 4, str, aber später (vgl § 89b Rn 80).

8 Der Anspruch ist zum Schutz beider Teile **unabdingbar (Satz 2).**

9 B. **Durchsetzung:** Der Anspruch kann **eingeklagt** werden; idR auch Kündigung nach § 89a. Die **Vollstreckung** richtet sich nach § 888 ZPO, nicht nach § 894 ZPO, da keine Willenserklärung abzugeben, sondern eine Urkunde auszustellen und vom Schuldner zu unterschreiben ist (nicht vertretbare Handlung), Oetker/Busche 16, F/W/Billing 14, aA § 894 ZPO, Emde 23, MüKo/von Hoyningen-Huene 24. Geht es nur um Herausgabe der ausgestellten Urkunde, gilt § 883 ZPO.

10 C. **Rechtsfolgen:** Die ordnungsgemäß errichtete und vom anderen Teil vorbehaltlos angenommene Urkunde (Privaturkunde nach § 416 ZPO) begründet die widerlegbare **Vermutung** der Richtigkeit und Vollständigkeit, Mü VersR 57, 97, LAG Brem DB **60**, 1212. Die Urkunde ist aber nicht konstitutiv, auch nicht, wenn der andere Teil einer unrichtigen Wiedergabe nicht widerspricht (§ 346 Rn 30, die Urkunde ist auch keine Auftragsbestätigung, § 346 Rn 34); anders nur bei Vertragsänderung oder kfm Bestätigungsschreiben (§ 346 Rn 16). Verweigerung der Niederschrift bzw der Aufnahme sämtlicher Vereinbarungen der Parteien in dieselbe kann das gegenseitige Vertrauen erschüttern, zur **fristlosen Kündigung** (§ 89a Rn 22) berechtigen, BGH WM **06**, 1115, und schadensersatzpflichtig machen, Mü VersR **57**, 97.

[Pflichten des Handelsvertreters]

86
(1) **Der Handelsvertreter hat sich um die Vermittlung oder den Abschluß von Geschäften zu bemühen; er hat hierbei das Interesse des Unternehmers wahrzunehmen.**

7. Abschnitt. Handelsvertreter 1, 2 § 86

(2) **Er hat dem Unternehmer die erforderlichen Nachrichten zu geben, namentlich ihm von jeder Geschäftsvermittlung und von jedem Geschäftsabschluß unverzüglich Mitteilung zu machen.**

(3) **Er hat seine Pflichten mit der Sorgfalt eines ordentlichen Kaufmanns wahrzunehmen.**

(4) **Von den Absätzen 1 und 2 abweichende Vereinbarungen sind unwirksam.**

Übersicht

	Rn
1) Anwendbares Recht	1–11
A. Besonderer Geschäftsbesorgungsvertrag nach HGB	1
B. Dienstvertragsrecht des BGB	4
C. Auftragsrecht des BGB	6
D. Abweichende Vereinbarungen, AGB-Recht	7
2) Bemühenspflicht des Handelsvertreters (I Halbsatz 1), Weisungen, Verwahrung, Herausgabe	12–19
A. Bemühenspflicht (I Halbsatz 1)	12
B. Umsatzgarantie nur bei Vereinbarung	14
C. Weisungen und ihre Grenzen	15
D. Verwahrung, Herausgabe	17
E. Persönliche Dienstleistung, Einsatz von Untervertretern, Übertragung der Handelsvertretung	18
3) Allgemeine Interessenwahrungspflicht (I Halbsatz 2), Wettbewerbsverbot in der Vertragszeit	20–39
A. Allgemeine Interessenwahrungspflicht (I Halbsatz 2)	20
B. Wettbewerbsbeschränkungen nach Handelsrecht	26
C. Wettbewerbsbeschränkungen durch AGB (§§ 305–310 BGB)	33
D. Wettbewerbsbeschränkungen nach Kartellrecht (GWB, AEUV)	34
4) Nachrichts- und Informationspflichten (II)	40–43
5) Sorgfalt (III); Sonstiges zu den Pflichten	44–49
A. Sorgfalt (III)	44
B. Vor- und nachvertragliche Pflichten	45
C. Erfüllungsort	46
D. Rechtsfolgen bei Verletzung	47
6) Abweichende Vereinbarungen (IV)	50–51
A. Zwingendes Recht	50
B. Nicht zwingendes Recht	51

1) Anwendbares Recht

A. Besonderer Geschäftsbesorgungsvertrag nach HGB: Der HVVertrag **1** ist Dienstvertrag über Geschäftsbesorgung (§§ 611 ff, 675 I BGB), ganz hM, BGH NJW **14**, 625 Rz 13, Düss ZIP **10**, 195, und zwar nicht Arbeitsvertrag, sondern Vertrag über selbstständige Dienste (vgl § 84 Rn 35). Anwendbar sind deshalb HGB, Dienstvertrags- und Auftragsrecht des BGB. Dauerschuldverhältnis s § 84 Rn 43. Für partiarischen Einschlag Canaris § 15 Rn 54.

Das **HGB** umschreibt in § 86 I die Hauptpflicht des HV, verpflichtet ihn in II **2** zu Mitteilungen, bestimmt in III das Maß der von ihm geforderten Sorgfalt, regelt in § 86a Hilfs- und Mitteilungspflichten des Unternehmers, in § 86b die Delkrederehaftung und Delkredereprovision, in §§ 87–87d den Provisions- und etwaigen Aufwendungsersatzanspruch des HV, in § 88a das Zurückbehaltungsrecht, in §§ 89, 89a die Kündigung des Vertrags, in § 89b den Ausgleichsanspruch des HV nach Vertragsende, in § 90 die Geheimhaltungspflicht des HV, in § 90a Möglichkeit und Wirkung von Wettbewerbsabreden, in §§ 91, 91a Vollmachtsfragen. §§ 92–92c handeln von VersVertretern, HV im Nebenberuf, ausländischen HV,

§ 86 3–8 1. Buch. Handelsstand

HV in der Schifffahrt und von der Möglichkeit der Festsetzung von Mindestbedingungen.

3 **Handelsbräuche** ergänzen die gesetzliche Regelung, § 346. Sie gelten unter bestimmten Voraussetzungen (§ 346 Rn 4) auch für HV von NichtKflten (§ 84 Rn 28). Zusammenstellung aus Gutachten der IHK s CDH, Der HdlBrauch im HdlVertragsrecht 1952.

4 B. **Dienstvertragsrecht des BGB: a) Anwendbar** sind auf HV ua § 613 (Dienstleistung in Person, Rn 18), § 615 (Annahmeverzug des Dienstberechtigten, s § 89a Rn 37), § 618 I, III (Gesundheitsschutz, vgl § 86a Rn 6), § 620 I (Vertragsablauf, § 89 Rn 6), § 624 (Kündigungsfrist bei Verträgen über mehr als 5 Jahre, aber § 89 Rn 7) str, § 625 (stillschweigende Vertragsverlängerung, s § 89 Rn 6, 22, 24). Weitergehend für unmittelbare oder analoge Anwendung von dienstvertraglichen Vorschriften, zB §§ 611, 612a, 613, 615 und 616 (für Festvergütung), 617, 618, 620–622, 624, 625, 628 (für Festvergütung), 630 BGB, im Einzelnen Emde Vor § 84 Rn 58 ff, Emde MDR **02**, 190 (aber s Rn 5).

5 **b) Unanwendbar** sind ua § 613a, BGH NJW **63**, 1001, Grund: HV ist kein Arbeitnehmer (aber uU § 25, s § 25 Rn 11), ebenso § 617, aA Emde Vor § 84 Rn 81, § 620 II, aA nicht für die Rechtsfolge, aber als Auslegungsregel, Emde Vor § 84 Rn 84, §§ 621, 622, 626–628, aA für § 627 Martinek/Bergmann WRP **06**, 1059, und in besonderen Fällen auch § 624 (Kündigung s § 89 Rn 6f, § 89a Rn 2), str. Gegenstandslos angesichts des Rechts des HV zur Bestimmung seiner Arbeitszeit (§ 84 I 2) ist § 629 (nach Kündigung Freizeit zur Stellungssuche). Nicht anwendbar ist auch § 630 (Recht auf Zeugnis), RG **87**, 443, hL, aA Emde Vor § 84 Rn 92, Emde MDR **02**, 192; auch nicht auf selbststständige Einfirmenvertreter, Celle BB **67**, 775, Grund: selbstständiger Gewerbetreibender; anders nur für „arbeitnehmerähnliche" iSv § 92a (§ 84 Rn 34).

6 C. **Auftragsrecht des BGB: §§ 663 ff BGB** sind anwendbar, soweit § 675 I BGB für Geschäftsbesorgungsverträge darauf verweist: Auf HV **anwendbar** sind ua § 663 BGB (bei vorangegangenem Erbieten unverzügliche Ablehnung, s § 85 Rn 3), str, § 665 (Bindung an Weisungen, s Rn 15), § 666 (Nachrichten, Auskunft, Rechenschaft des HV), § 667 (Herausgabepflicht des Beauftragten, s Rn 17, § 86a Rn 6), § 668 (Zins auf vom Beauftragten für sich verbrauchtes Geld), §§ 669, 670 (Vorschuss und Ersatz für Aufwendungen, s § 87d), aA nur in Ausnahmefällen § 669 Ebenroth/Löwisch § 84 Rn 66, §§ 672–674 (Tod des Auftraggebers, Tod des Beauftragten, Fiktion des Fortbestehens des Vertrags zugunsten des noch nicht unterrichteten Beauftragten), näher Emde MDR **02**, 193. Umfassende Liste der (un)anwendbaren Bestimmungen des BGB bei Emde Vor § 84 Rn 40 ff.

7 D. **Abweichende Vereinbarungen, AGB-Recht:** Die Vertragspartner können den HVVertrag von diesen Vorschriften des BGB und HGB **abweichend** gestalten, soweit §§ 84 ff keine zwingenden Vorschriften enthalten; zu diesen jeweils dort sowie Sonnenschein FS Boujong **96**, 481. Vertragsstrafen s § 348 sowie Rn 8, 17, 32, 47, Emde Vor § 84 Rn 55 und 56 Vertragsstrafe.

8 **Grenzen** setzt vor allem die **Inhaltskontrolle nach AGB-Recht** bei nicht individuell ausgehandelten Vertragsbedingungen, soweit nicht schon zwingendes HVRecht eingreift (s Rn 50, 51), vgl BGH **89**, 210, und zwar **(5)** § 307 BGB, **(5)** §§ 308, 309 BGB gelten unmittelbar (außer wenn der HV Unternehmer ist, vgl § 84 Rz 33), so auch wenn er Unternehmer erst durch den Vertrag wird, str, BGH **162**, 17 (zu § 1031 V 1 ZPO, Einl 89 vor § 1), s **(5)** § 310 I 1 BGB. Keine Umgehung der §§ 84 ff durch AGB als freier Mitarbeiter möglich; Ul/Br/He/H. Schmidt (24) HVVerträge Rn 2. Kritisch sind nach der Rspr ua Kundenschutz- und Wettbewerbsklauseln, Vertragsstrafeversprechen (nur ausnahmsweise verschuldensunabhängig), BGH NJW **13**, 2111 Rz 23 (s auch § 90a Rn 30), Ein-

7. Abschnitt. Handelsvertreter   9–12   § 86

schränkungen des Provisionsanspruchs, Anerkenntnisklauseln, Ausschluss- und Verjährungsabreden, Leistungsänderungsvorbehalte, Klauseln über den Kündigungsgrund, Abreden über den Ausgleichsanspruch; über Rückzahlung von Ausbildungskosten, Celle 24.4.03 HVR Nr 1076. Bspe: Klausel über Umsatzgarantie (§ 86 Rn 14); Klausel über Verbot von Stationskrediten (§ 86 Rn 15); Klausel über Recht zur willkürlichen Ablehnung von Aufträgen (§ 86a Rn 13); Klausel über einseitige Änderung des Provisionsanspruchs bzw Provisionssatzes (§ 87 Rn 48, § 87b Rn 18) oder des zugewiesenen Bezirks (87a Rn 18); Klausel über einseitige Verjährungsverkürzung zu Lasten des HV (§ 87 Rn 52, 53); Kündigungs-, Freistellungs- und Rückzahlungsklauseln (§ 89 Rn 16); Klauseln über Kundenlisten (§ 90 Rn 79); Klausel über Rückkaufspflicht des KfzHändlers (Leasingrückläufer), Graf von Westphalen BB **09**, 2378, Leyens MDR **03**, 312. Klausel über Einstandszahlung für Alleinvertriebsrecht wird nicht erfasst (gehört zu Hauptleistungspflicht), BGH WM **93**, 754, str. Sind AGB bei Verstoß gegen §§ 84 ff unwirksam, gilt § 306 BGB, BGH WM **92**, 1441. Lit: Emde Vor § 84 Rn 55 und 56 mit Listen; Komm zu §§ 305 ff BGB, Ul/Br/He/H. Schmidt (24) HVVerträge Rn 1, Wo/Li/Pf/Dammann HVVertrag H 111, Evers/von Manteuffel 1998; Graf v Westphalen DB **84**, 2335, 2392, Preis/Stoffels ZHR 160 **(96)** 442, Emde BB **10**, 2316, Niebling ZVertriebsR **12**, 79. RsprÜbersicht: Rothermel/Dahmen IHR **17**, 49 (unwirksame Klauseln in Vertriebsverträgen).

Zu beachten ist ferner **§ 138 BGB,** Bsp: übermäßige, durch Recht zur fristlosen Kündigung gesicherte Abnahmegarantie des HV, Stgt NJW **57**, 1281; Bedingungen, nach denen der HV auch bei gewissenhafteter Geschäftsführung in keinem Fall Gewinn herauswirtschaften kann, BGH BB **60**, 1222 (Versicherung), DB **81**, 2274 (wegen des Unternehmerrisikos des HV iErg ablehnend), Düss NJW **98**, 2980 (Hungerprovision), dazu auch Evers BB **92**, 1365; nicht dagegen, wenn Vertrag zwar Existenzminimum sichert, aber weitere Vertretertätigkeit gestattet, Nürnb BB **60**, 1261. Sittenwidriger Tankstellenagenturkredit unter Mithaftungsklausel des Ehegatten, Kblz WM **10**, 1597, dazu die Grundsätze über Ehegattenkredite, s **(7)** Bankgeschäfte Rn G/10a. 9

Gleichbehandlung nach dem AGG gilt auch für HV, soweit es die Bedingungen für den Zugang zur Erwerbstätigkeit (Auswahlentscheidung des Unternehmers) sowie den beruflichen Aufstieg (zB Gebietserweiterung) betrifft (§ 6 III AGG), sonst nicht, Budde BB **07**, 731. Im Übrigen ist der Gleichbehandlungsgrundsatz grundsätzlich nicht anwendbar, kein Gemeinschaftsverhältnis zwischen Unternehmer und HV, Hopt ZIP **96**, 1538, differenzierend Emde § 86a Rn 43, einschränkend Emde VersR **12**, 542 mit Ausnahmen (zB angrenzende Gebiete, erhebliche Eigeninvestitionen, enge Eingliederung), MüKo/von Hoyningen-Huene § 84 Rn 73, Koller/Roth § 86a Rn 4, vgl Hamm 23.4.**99** HVR Nr 966. Ausnahmen sind denkbar wegen Treuepflicht (§ 86a Rn 15) und bei schützenswertem Vertrauen, dass der HV in gleich gelagerten Fällen wie andere HV behandelt wird, BGH BB **71**, 484, uU auch § 20 II GWB, dazu Emde VersR **12**, 540. Aber Diskriminierungsverbot im **Kartellrecht** s Rn 37. Vertragshändler s Einl 38, 42 vor § 373. 10

Nichtigkeit vertraglicher Einzelbestimmungen macht idR nicht den ganzen Vertrag nichtig **(§ 139 BGB gilt nicht),** weil dies den Schutzzweck des zwingenden HVRechts vereiteln würde (vgl zB Fassung der §§ 85, 86b 87a, 87c, 89 III, 89a, 90a), BGH **40**, 239, nach aA nur § 242 BGB. Das gilt ohnehin bei Nichtigkeit einzelner AGB, **(5)** § 306 BGB (§ 86 Rn 8). 11

2) Bemühenspflicht des Handelsvertreters (I Halbsatz 1), Weisungen, Verwahrung, Herausgabe

A. **Bemühenspflicht (I Halbsatz 1):** § 86 regelt die Nebenpflichten des HV nicht abschließend, Ebenroth/Löwisch 2. Die Pflicht, sich um die Vermittlung oder den Abschluss von Geschäften zu bemühen (I Halbsatz 1) liegt schon im 12

§ 86   13, 14

Begriff des HV, § 84 I: er ist ständig mit der Vermittlung oder je nach Vereinbarung auch mit dem Abschluss betraut, dh beauftragt (§ 84 Rn 41), und ein Beauftragter muss sich um Erfüllung seines Auftrags bemühen, BGH LS NJW **72**, 251. Das ist seine eigentliche Aufgabe und Hauptpflicht. Nur gelegentliche Tätigkeit genügt nicht, zumal bei einem Bezirksvertreter mit Bezirks- oder Kundenkreisschutz (§ 87 II), Mü BB **55**, 714. Der HV ist nicht verpflichtet, so viele Abschlüsse hereinzuholen, wie ihm bei größter Anstrengung möglich wäre, Mü WM **11**, 1627, aber er muss, jedenfalls nach einer Anlaufphase, doch angemessene Umsätze erzielen, Emde 14. Dabei wird einem Einfirmenvertreter und erst recht von HV mit Bezirks- oder Kundenschutz mehr erwartet als von anderen HV (§ 87 Rn 28). Die Bemühenspflicht umfasst die gesamte Produktion des Unternehmers, also auch neue Produkte für einen anderen Abnehmerkreis, falls nicht einer ganz anderen Branche zugehörig, BGH DB **81**, 1772 (für gleichartige, qualitativ höherwertige Ware). Der Inhalt der Bemühenspflicht kann durch **Weisung,** soweit diese zulässig ist (§ 84 Rn 38), konkretisiert werden, zB durch Richtlinien des Unternehmers für Kundenbehandlung und Mustervorführung.

13   Der HV muss in seinem Bereich den Markt auf Lage und Tendenzen beobachten, Marktlücken suchen und sie für den Unternehmer nutzbar machen, Celle BB **70**, 228, und neue Kunden werben sowie alte Kunden „pflegen", Hamm 26.11.**70** HVR Nr 432. Bonitätsprüfung s Rn 21. Ihm obliegen aber keine eigentlichen Marktanalysen und **keine allgemeine Markt-, Produkt- oder Kundenpflege** über die konkreten Vermittlungs- und Abschlussbemühungen hinaus, also zB keine Werbung, die nicht unmittelbar auf bestimmte einzelne Geschäftsabschlüsse zielt; solche allgemeine Werbung ist mangels anderweitiger Vereinbarung Aufgabe des Unternehmers selbst (vgl § 87d Rn 4). Ebenso Warenlagerhaltung (für Vertragshändler s Überbl 41 vor § 373); Warenauslieferung; umfangreiche Vergleichsverhandlungen oder Prozessinformationen, Hbg JW **36**, 2939; Umsatzgarantie s Rn 14. Der Transportvermittler ist nicht verpflichtet festzustellen, ob Kraftverkehrsunternehmer Erlaubnis nach GüKG besitzt, Hamm BB **68**, 1017; ob öffentlichrechtliche Voraussetzungen, Erlaubnisse und Konzessionen bezüglich der zu vertreibenden Produkte beim Kunden vorliegen, muss der HV grundsätzlich nur prüfen, soweit der HVVertrag das vorsieht, Hamm BB **68**, 1017, Ebenroth/Löwisch 7, aA MüKo/von Hoyningen-Huene 62, aber uU Hinweispflicht gegenüber dem Kunden und Mitteilungspflicht gegenüber dem Unternehmer, weil uU schadensträchtig; weitergehende vertragliche Prüfungspflichten, auch konkludent, aber mit Zurückhaltung, F/W/Franke 32. Die Bemühenspflicht kann durch vertragliche **Vereinbarung** erweitert oder eingeschränkt werden, Bsp Rn 14. Übernimmt der HV zB ein Muster- oder Auslieferungslager, ist er zur sorgfältigen Führung verpflichtet, vgl Karlsr DB **69**, 742 (Filialleiter).

14   B. **Umsatzgarantie nur bei Vereinbarung:** Vertraglich vereinbarte Umsatzgarantie (vgl § 349 Rn 15) ist möglich mit verschiedener Wirkung, zB dass bei Nichterreichen dieses Umsatzes der HV für alle Schäden einsteht, die dem Unternehmer (zB durch vorbereitende Aufwendungen) hieraus erwachsen, oder dass der HV auf die vermittelten (den Garantiebetrag nicht erreichenden) Geschäfte keine oder nur eine verminderte Provision erhält (aber § 87 Rn 48), oder dass der Unternehmer uU außerordentlich kündigen kann (vgl § 89a Rn 27), letzterenfalls entfällt aber der Ausgleich nach § 89b nicht ohne Weiteres (vgl § 89b Rn 65). Die Formvorschrift des § 86b I 3 gilt hier nicht. Allzu scharfe Bindung des HV in dieser Weise kann aber die Abrede, uU sogar den ganzen Vertrag, nichtig machen (Rn 8f). **AGB** mit Schadensersatz-, Rückzahlungs- oder Abnahmepflichten oder Recht zur fristlosen Kündigung (soweit nicht schon § 89a I 2, § 89a Rn 27) können unwirksam sein, Ul/Br/He/H. Schmidt (24) HVVerträge Rn 3, 8 (§ 86 Rn 8).

7. Abschnitt. Handelsvertreter 15–17 § 86

C. **Weisungen und ihre Grenzen:** Weisungen des Unternehmers, die aber 15 eindeutig sein müssen BGH NZG **09**, 313, hat der HV als Interessenwahrer des Unternehmers grundsätzlich zu befolgen (§ 665 BGB, allgemeine Interessenwahrungspflicht, s Rn 20). Art 3 II lit c der Richtlinie hätte es besser entsprochen, wenn das ausdrücklich normiert worden wäre, Ebenroth/Hakenberg 59, Emde ZVertriebsR **14**, 227, aber das ist iErg ohne Relevanz. Die Weisungen dürfen produkt- und tätigkeitsbezogen sein (aber Rn 16): zB zur Person der Geschäftsgegner und den Bedingungen der Geschäfte, etwa an gewisse Personen nur gegen bar, an andere gar nicht zu verkaufen, BGH BB **60**, 574, Klausel über Verbot von Stationskrediten, die praxisüblich sind (BGH WM **06**, 247), kann aber gegen **(5)** BGB § 307 verstoßen, offen BGH NZG **09**, 312; zur Gestaltung der Tätigkeit des Vertreters (vgl § 84 Rn 38), besonders seiner Kundenwerbung und -betreuung, etwa Art und Weise der Ausfüllung von Versicherungsanträgen, BGH VersR **86**, 1072, Eintragung der Preise in die Auftragsscheine, Nürnb MDR **74**, 144, Rückübertragung der Bestandsverwaltung, BGH VersR **68**, 642. Auf solche Weisungen ist § 14 aF GWB unanwendbar, BGH **51**, 168. **Umfang** des Weisungsrechts hängt von den Umständen ab, zB weiter bei Erteilung einer Abschlussvollmacht, BGH BB **60**, 534, in der Praxis häufig enger bis hin zum unselbstständigen Angestellten (§ 84 II, unten Rn 16).

Grenzen setzt aber die **Selbstständigkeit** des HV (§ 84 Rn 38). Die Weisung 16 darf also die Selbstständigkeit des HV nicht im Kern antasten, BGH BB **66**, 265. Der HV darf abweichen, „wenn er den Umständen nach annehmen darf, dass der Auftraggeber bei Kenntnis der Sachlage die Abweichung billigen würde", muss aber zunächst die beabsichtigte Abweichung mitteilen und die Entschließung des Unternehmers abwarten, wenn damit nicht Gefahr verbunden ist, etwa dass ein für den Unternehmer wertvolles Geschäft nicht zustande kommt (§ 665 BGB); letzterenfalls muss er als Interessenwahrer uU sogar abweichen.

D. **Verwahrung, Herausgabe:** Der HV muss ihm überlassene Sachen (§ 86a 17 Rn 6) pfleglich behandeln und sorgfältig **verwahren,** BGH WM **93**, 1596. §§ 388, 390 HGB (Kommissionsgut) gilt analog, Emde 56. Der HV muss die ihm überlassenen Sachen, zB Musterkollektion, **nicht von sich aus versichern,** Oetker/Busche § 86a Rn 6, aA LG Hann MDR **84**, 1028, F/W/Teichmann 15, auch MüKo/von Hoyningen-Huene 54 bei HdlBrauch; Abrede empfehlenswert, aber wegen § 86a III keine Kostentragung durch HV (§ 86a Rn 18), Thume BB **95**, 1915, str. Er muss **herausgeben,** was ihm vom Unternehmer überlassen worden ist (§ 86a Rn 6), wenn er es für seine Tätigkeit nicht mehr benötigt bzw nach Vertragsende, nicht nur Sachen, sondern auch Rechtspositionen, Emde 37. Die Herausgabepflicht besagt nichts über die **Zulässigkeit von Kopien,** die der HV in den Grenzen von § 90 (§ 90 Rn 2, 7 für Kundenlisten) für sich selbst anfertigen und behalten, aber nicht an Dritte weitergeben darf (s Rn 28). Die Herausgabepflicht nach § 667 BGB erstreckt sich auch auf von dritter Seite erlangte Sachen, zB die vom ihm (mit Inkassovollmacht) **eingezogenen Beträge (Inkasso,** vgl § 87 IV HGB, § 43 Nr 4 aF, 69 II nF VVG), BGH NJW **03**, 743, Stgt DB **62**, 405, aber keine Vorfinanzierung derselben durch HV (AGB unwirksam, **(5)** BGB § 307 I 1), BGH WM **06**, 245, Einzug nur auf Treuhandkonto (AGB wirksam), BGH WM **08**, 1895; Eigentumsverhältnisse, BGH NJW **10**, 3578, § 392 BGB greift nicht (§ 392 Rn 2). Beweislast Kblz WM **06**, 1452; was der InkassoHV gebucht hat, kann der Unternehmer ohne weitere Nachweise herausverlangen, wenn HV nicht bestimmungsgemäße Verwendung nachweisen kann, Kln BeckRS **09**, 27270. Sie erfasst **auch Schmiergelder** (Rn 23) und unberechtigt eingezogene Beträge. **Kundenlisten,** die der HV selbst erstellt hat (andere s § 86a Rn 5), muss er dem Unternehmer zugänglich machen und, soweit dem Unternehmer nicht schon bekannt, Emde 39, nach Vertragsende herausgeben, BGH NJW **09**, 1420 Rz 19; Vertragsstrafeversprechen (Rspr: DM

§ 86 18–20   1. Buch. Handelsstand

250 pro zurückbehaltene Adresse) ist zulässig, BGH NJW **93**, 1786, einschränkend für inaktive Kundenadressen BGH WM **95**, 1415 (s § 86 Rn 8). Ob der HV die Adressen nach Vertragsende selbst weiternutzen kann, ist eine Frage der §§ 90 (§ 90 Rn 7), 90a (§ 90a Rn 28, 30). Herauszugeben ist auch der Schriftwechsel, den der HV bei Vorbereitung des Abschlusses mit dem Dritten geführt hat. Die Rspr verneint vereinzelt ein Zurückbehaltungsrecht an eingezogenen Beträgen sowie Aufrechnung gegen Herausgabeanspruch mit eigenem Provisionsanspruch, so Hamm NJW-RR **94**, 158, Grund: treuhänderisch, aber das trifft nicht zu (§ 88a Rn 1, Grenze § 242 BGB). **Zeitpunkt** der Herausgabe je nach Art, iZw unverzüglich nach Erledigung des Geschäfts, Schmiergelder umgehend; bei eingezogenen Beträgen idR nicht unverzüglich, sondern in regelmäßigen Abständen, str, bis dahin Trennung von den eigenen Geldern, Ebenroth/Löwisch 47; überlassene Sachen erst mit Beendigung der HVTätigkeit für den Unternehmer. **Erstattung** s Rn 51.

18 E. **Persönliche Dienstleistung, Einsatz von Untervertretern, Übertragung der Handelsvertretung:** § 613 S 1 BGB verlangt iZw **persönliche Dienstleistung.** Das ist gerade für den HV wichtig; Kundenwerben ist eine Kunst. Das Vertragsrecht auf die Dienste des HV ist iZw, auch bei Übertragung des Betriebs des Unternehmers, **unübertragbar**, § 613 S 2 BGB, BGH NJW **63**, 100 (betr Arbeitsverhältnisse vgl § 59 Rn 17), auch wenn HV in die Absatzorganisation eines Großunternehmens eingegliedert ist. Aber auch der HV kann seinen Gewerbebetrieb nicht ohne Mitwirkung des Unternehmers übertragen, BGH NJW **14**, 625 Rz 13, dementsprechend hat der Gewerbebetrieb für den HV nur ausnahmsweise einen **Goodwill**, der Goodwill steht dem Unternehmer zu, BGH **68**, 166, NJW **14**, 625 (kein Zugewinnausgleich, s auch § 89b Rn 5), aA Hoppenz NJW **14**, 629. Grundsätzlich auch keine Gesamtrechtsnachfolge, Ebenroth/Löwisch § 84 Rn 33. Abweichende vertragliche Vereinbarungen sind möglich; Vertragsübertragung K. Schmidt § 27 V Rn 68, Ebenroth/Löwisch § 84 Rn 33, s § 89b Rn 68. § 25 ist auf Betriebsveräußerung durch den Unternehmer anwendbar, K. Schmidt § 27 V Rn 68, Emde § 84 Rn 62, MüKo/von Hoyningen-Huene § 89b Rn 229, für Schuldübernahme durch den nachfolgenden HV ebenda Rn 231.

19 Doch darf der HV, wenn er Kfm ist, str (§ 84 Rz 33), HdlGehilfen beschäftigen; bei entspr großem Geschäftsumfang wohl auch **Untervertreter** (§ 84 Rn 31) einsetzen, iZw ist er dazu nicht verpflichtet; er haftet für sie im Verhältnis zum Unternehmer, § 278 BGB, BGH **59**, 92, Hamm MDR **59**, 1016. Untervertreter s § 84 Rn 31 f.

3) Allgemeine Interessenwahrungspflicht (I Halbsatz 2), Wettbewerbsverbot in der Vertragszeit

20 A. **Allgemeine Interessenwahrungspflicht (I Halbsatz 2):** Sie ist für den HVVertrag wesensbestimmend und zwingend, BGH **97**, 326, **112,** 222 und **beherrscht das gesamte Vertragsverhältnis**, hL, Düss NJW-RR **16**, 1316 Rn 27, Grundmann, Treuhandvertrag 1997, 385, Hopt ZGR **04**, 1. Das gilt auch, wenn die üL sie dogmatisch als Nebenpflicht ansieht, Ebenroth/Löwisch 2, dies vereinbar mit der Richtlinie (§ 84 Rn 3), Oetker/Busche 12, funktional ist sie die zentrale Pflicht, für Hauptpflicht, MüKo/von Hoyningen-Huene 3, 29. Einen Gegensatz zwischen Interessenwahrungspflicht und Treupflicht gibt es nicht, aA anscheinend F/W/Franke 39, Treu und Glauben nach Art 3 der EU-Richtlinie entspricht § 242 BGB, Koller/Roth 1. Sie erstreckt sich entgegen dem Wortlaut („hierbei") nicht nur auf Vermittlung und Abschluss, sondern generell auf die Tätigkeit des HV, Düss 22.12.**11** HVR Nr 1348; zB auch auf Wahrung von Geschäfts- und Betriebsgeheimnissen des Unternehmers außerhalb seiner Vermittlungstätigkeit und nach Vertragsende (§ 90 Rn 1, 4) oder auf Kundenbetreuung nach Abschluss, Kblz BB **73**, 866. Der HV ist Interessenwahrer des Unternehmers, nicht unparteiischer Makler zwischen beiden Teilen des abzuschließenden Geschäfts, BGH BB **79**, 242, ZVertriebsR **16**, 225 Rn 16 (Anwalts- und HVVertrag); er kann nicht zugleich für den Kunden Makler sein, BGH NJW **74**, 137. Zur Behandlung von Interessenkonflikten Hopt ZGR **04**, 1.

Der HV muss alles tun, was im Interesse des Unternehmers erforderlich ist, **21** und alles unterlassen, was den Unternehmer schädigen kann, BGH **42**, 61. Dazu gehört **Bonitätsprüfungspflicht**, also dass er sich bei Vertragsanbahnung über die Bonität, Kredit- und Vertrauenswürdigkeit der Dritten erkundigt und je nach Sachlage nicht vorher ausliefern lässt, Karlsr DB **69**, 741, Rö/Thume 15. Dabei darf er mangels Indizien für das Gegenteil der allgemeinen Meinung über den Kunden folgen, Düss 16.2.**54** HVR Nr 59. Eine eigentliche Bankauskunft (s **(7)** Bankgeschäfte Rn A/14) braucht der HV nicht in jedem Fall einzuholen, hat er sie aber eingeholt und ist sie ungünstig, muss er sie an den Unternehmer weiterleiten, auch wenn er sie letztlich nicht für ausschlaggebend hält, Emde 62, str. Auch nicht ganz unbedeutende Zweifel muss er mitteilen, auch wenn er sie selbst nicht teilt, BGH BB **69**, 1196. Der HV braucht aber nicht für die Bonität einzustehen (anders bei Delkredere, § 86b Rn 1) und sie auch nicht nach Geschäftsabschluss weiter zu überwachen, Hamm 26.11.**70** HVR Nr 432; erfährt er später Negatives, gehört das zur Nachrichtspflicht (II). Verstoß gegen die Bonitätsprüfungspflicht macht den HV schadensersatzpflichtig, auch bei bloßer Fahrlässigkeit, Emde 214, aA Ebenroth/Löwisch 39, im Einzelfall aber Mitverschulden des Unternehmers (§ 254 I BGB), MüKo/von Hoyningen-Huene 61. Gegen die Interessenwahrungspflicht verstößt es, wenn er Kunden empfiehlt (bzw dem Unternehmer damit droht), den Vertrag aufzulösen und vom Unternehmer Schadensersatz zu verlangen, Kblz BB **73**, 866, oder wenn er dem Unternehmer einen anderen HV zugunsten eines Dritten abwirbt, auch wenn dieser kein Wettbewerber ist, BGH MDR **77**, 644.

Aus der Interessenwahrungspflicht folgen weitere teils geschriebene, meist **22** aber ungeschriebene **konkrete Pflichten** des HV, zB die **Nachrichtspflicht** (II) oder die **Verschwiegenheitspflicht** und das Verbot der Verwertung von Geschäfts- und Betriebsgeheimnissen (§ 90 Rn 1), vor allem aber das **Wettbewerbsverbot** (Rn 26 ff). Keine Pflicht zu echter Einarbeitung eines Nachfolgers, Emde 198, aber Gräfe ZVertriebsR **13**, 364. Zur Kasuistik der Pflichtenkonkretisierung s auch beim wichtigen Kündigungsgrund (§ 89a Rn 17). Die **Konkretisierung** der Interessenwahrungspflicht nach I Halbs 2 im Einzelnen einschließlich, soweit daraus abzuleiten, des Wettbewerbsverbots während der Vertragszeit (die EU-Ri regelt in Art 20 nur das nachvertragliche Wettbewerbsverbot) kann Anlass zur Prüfung auf Europarechtskonformität und **Vorlage nach Art 267 AEUV** (Art 234 aF, 177 aF EG) geben (Art 3 I 1. Alt EU-Ri, § 84 Rn 3). Das gilt auch für Art 3 I 2. Alt EU-Ri (Gebot von Treu und Glauben für den HV, nach Art 5 zwingend), der, da § 242 BGB entsprechend, nicht eigens umgesetzt worden ist (BTDrucks 11/3077, 7), Grundmann EuropSchuldvertragsrecht 1999, 3.80 Rn 10, Emde ZVertriebsR **14**, 226, aA Canaris § 15 Rn 47. Doch setzt er nur einen allgemeinen Rahmen, vgl Roth FS Drobnig **(98)** 135, str, andernfalls wäre praktisch das gesamte HVVertragsrecht als Transformation der EU-Ri anzusehen. Vgl § 86a Rn 1. Lit: Nachweise bei Koller/Roth Vor § 84 Rn 1 ff.

Schmiergelder und ähnliche Provisionen von Dritten darf der HV nicht **23** nehmen, jedenfalls aber muss er sie dem Unternehmer **herausgeben** (§ 667 BGB, s Rn 17; nicht aber Gewinn aus Wettbewerbsverletzungen, s Rn 32), aA anscheinend Emde 131. Außerdem kann er sich schadensersatzpflichtig (wenn er zB bessere Geschäfte ausließ) und sogar strafbar machen (§§ 299 ff StGB) und der außerordentlichen Kündigung ausgesetzt sein (§ 89a). Der Einwand, der Abschluss wäre ohnehin und nicht besser zustande gekommen, leugnet nur den

§ 86 24–26

Schaden, rechtfertigt die Schmiergeldannahme nicht, das Vertrauensverhältnis (§ 84 Rn 41) verbietet geheime Nebenvorteile des HV wie solche des Unternehmers (vgl § 87b Rn 7). **Hingabe von Schmiergeldern** durch den HV und Verlangen von Aufwendungsersatz dafür s § 87d Rn 4.

24 Der **Mehrfirmenvertreter** schuldet jedem seiner Unternehmer Interessenwahrung, falls die Firmen im Wettbewerb stehen, gilt Wettbewerbsverbot (s Rn 26). Letzterenfalls kann es zu schwierigen Interessenkonflikten kommen (s Rn 27), Fallgruppen bei Küstner/Thume/Schürr Bd 1 Kap III Rn 78 ff. Der HV, der bereits Konkurrenzvertretungen innehat, muss dies dem Unternehmer offenlegen; ist dieser nicht einverstanden (s Rn 30), schließt er nicht ab oder kann er kündigen, mangels Offenlegung fristlos. Die Aufnahme einer Konkurrenzvertretung bedarf deshalb der Zustimmung jedes der Unternehmer (Rn 30), nicht aber bloße Mehrfirmenvertretung ohne Konkurrenz, vgl BGH ZIP **95**, 1003 (aber Unterrichtung, s Rn 28, Vereinbarung s Rn 51), außer bei Gefahr der Beeinträchtigung der Tätigkeit, zB zeitlich. Kommt es ohne Zutun des HV später zu einer Mehrvertretung, zB wegen Ausweitung des Tätigkeitsfelds des Unternehmers, kann der Unternehmer nicht fristlos kündigen (§ 89a Rn 21); der HV kann kündigen, ohne dass sein Ausgleichsanspruch entfällt (s Rn 27; § 89b Rn 58). Bezirksvertreter s § 87 Rn 30. Bei erlaubter Mehrfirmenvertretung ist der HV den mehreren vertretenen Unternehmen gleich verpflichtet, ihre Ware der Kundschaft vorteilhaft zu präsentieren; er braucht aber kein Urteil über Vorzüge und Nachteile zu unterdrücken, BGH 27. 2. **76** (von Gamm NJW **79**, 2491). Schlecht machen darf er die Ware des einen keinesfalls mangels besonderer Vereinbarung ist ein sachgerechtes Repartierungsverfahren zu praktizieren, zB nach Territorium, prozentual, zeitlich oä; jedenfalls ist der HV in der Zuweisung des Kunden an den einen oder anderen Unternehmer nicht schlechthin frei. Folgeaufträge sind idR dem Unternehmer zuzuweisen, dessen Kunde der Dritte bereits ist, anders nur bei eigenem Wunsch des Dritten, LG Lüb VersR **50**, 182m Anm Bronisch.

25 Pflichtverletzung des HV gegenüber einem Untervertreter kann zugleich pflichtwidrig gegenüber dem Unternehmen sein, BGH WM **92**, 2026. Der **Untervertreter** verletzt die Treuepflicht gegenüber dem Vertreter, wenn er mit dem Unternehmer die Kündigung des Vertreter/und des Untervertretervertrages abspricht zwecks Übertragung der Vertretung auf den Untervertreter, BGH **42**, 61, aA Canaris § 15 Rn 80, vgl § 86a Rn 16.

26 B. **Wettbewerbsbeschränkungen nach Handelsrecht:** Hier ist klar zwischen der Zeit des Vertrags und danach zu unterscheiden. Ein Wettbewerbsverbot für den HV **in der Vertragszeit** folgt **ohne besondere Vereinbarung** aus § 86 I Halbs 2; dieses Wettbewerbsverbot kann vertraglich erweitert werden, aber nur unter Rücksicht auf die schutzwürdigen Belange des HV, BGH BB **68**, 60, und mit Grenzen aus Kartellrecht (Rn 34). Das Wettbewerbsverbot für den HV betrifft Wettbewerb mit dem Unternehmer, nicht auch mit seinen Kunden, insoweit auch nicht ohne Weiteres Interessenwahrungspflicht des HV, Kln 21.6.**02** HVR Nr 978. Ein **Wettbewerbsverbot nach Vertragsende** bedarf dagegen einer besonders geregelten „Wettbewerbsabrede" (**§ 90a**); bloße Vorbereitung des nachvertraglichen Wettbewerbs während Vertragszeit verstößt nicht gegen § 86 I Halbs 2, zB Beteiligung an Gründung einer Konkurrenzfirma schon vor Vertragsende (außer bei Vertrauensbruch), BGH 14.11.**74** HVR Nr 485 LS, Kln 9.8.**02** HVR Nr 1097. Für die Vertragszeit ist dem HV schon auf Grund von § 86 I Halbs 2 jeder eigene Wettbewerb mit dem Unternehmer verboten; ebenso jede Konkurrenzvertretung, die geeignet ist, das Interesse des Unternehmers (nicht ganz unerheblich) zu beeinträchtigen; BGH **42**, 61, **52**, 177, NJW **84**, 2101. Besonderheiten für Vertragshändler BGH **93**, 54, WM **93**, 1464 (Überbl 39f v § 373). Wettbewerbsrichtlinien der VersWirtschaft in Hopt HVR 5. Aufl

2015, Materialien VIII; sie geben nur die Anschauungen der VersWirtschaft wieder und sind bloße Auslegungshilfe, Emde Vor 84 Rn 342. Verbotene Kundenwerbung durch Verabschiedungsschreiben nach § 1 UWG, vgl BGH NJW 04, 2385.

a) Voraussetzung für § 86 I Halbs 2 ist zunächst eine **Wettbewerbssituation**, 27 und zwar räumlich, sachlich und zeitlich, Listen bei Emde 88, 95, Ebenroth/ Löwisch 27, Maier BB **79**, 500. Die Rspr dazu ist wegen der Intressenwahrungspflicht des HV zu Recht streng, es kommt aber nicht auf die Sicht des Unternehmers an, auch nicht auf den bloßen Anschein einer Wettbewerbssituation (s Rn 29), aA Ebenroth/Löwisch 29, wohl auch Emde 90, sondern ob objektiv eine (auch nur potentielle) Wettbewerbssituation besteht. Mangels einer solchen kann es immer noch zu einer Störung des Vertrauensverhältnisses kommen (dann § 89 Rn 16); Mehrfirmenvertreter s Rn 24, 28. (1) **Räumliche Reichweite:** Das Wettbewerbsverbot umfasst mangels anderer Vereinbarung das gesamte Absatz- und Einzugsgebiet des Unternehmers, also bei einem Bezirksvertreter nicht nur dessen Bezirk, BGH MDR **77**, 289, aA MüKo/von Hoyningen-Huene 37, Einzelfallbetrachtung bei Emde 99 ff. (2) **Sachliche Reichweite:** Das Wettbewerbsverbot erfasst nicht nur die Kerntätigkeit der Vermittlung, sondern auch Nebenbereiche wie Schulung von HV, Mü IHR **15**, 112. Das Wettbewerbsverbot erfasst nicht nur den vom Unternehmer zurzeit bedienten Kundenkreis, vgl aber Mü 16.11.**90** HVR Nr 699; auch Gleichartigkeit der Waren nach Preis und Qualität und Überschneidung der Produktpalette sind nicht notwendig, entscheidend ist vielmehr der potentielle Wettbewerb aus der Sicht der Kunden, Düss 9.11.**01** HVR Nr 1044, Ebenroth/Löwisch 31, weil dann der Wettbewerb des HV dem Unternehmer schaden kann. Bei VersVermittlung auch Vermittlung anderer Kapitalanlagen im Angebot, auch wenn nur aus Gefälligkeit, Mü IHR **16**, 43. Erkennbar bevorstehende oder nahe liegende Produkt-, Gebiets- oder Kundenerweiterungen werden also mitumfasst (§§ 133, 157 BGB), auch in Betracht kommende Marktlücken, Celle BB **70**, 228, ggf Nachfrage beim Unternehmer (s Rn 28). Überschneidung hinsichtlich einzelner Sortimente genügt, Düss OLGR **99**, 53, 9.11.**01** HVR Nr 1044; auch wenn das konkret vertriebene Sortiment vom Unternehmer nicht produziert wird, aA MüKo/von Hoyningen-Huene 38, Grund: Gefahr, dass Kunde auch bezüglich der vom Unternehmer produzierten Sortimente zur Konkurrenz abwandert, Ebenroth/Löwisch 31, anders nur bei völlig anderen Sparten (dann keine Substituierbarkeit). Nur geringfügige Überschneidungen können außer Betracht bleiben, Emde 92, die kartellrechtliche Spürbarkeitsgrenze gilt aber nicht (anderer Zweck). Keine Konkurrenzlage besteht bei Waren, die von der Funktion her ganz andere Anforderungen erfüllen müssen oder sich an nicht austauschbare Kunden kreise wenden, Düss 9.11.**01** HVR Nr 1044, zB handgefertigte, wertvolle Einzelstücke, aber nicht schon elegante Damenschuhe gegenüber Sportschuhen, aA BGH 25.4.**66** bei Küstner/Thume/Schürr Bd 1 Kap III Rn 63. Das Wettbewerbsverbot schützt nur den Unternehmer, nicht auch mit ihm verbundene Konzernunternehmen, Emde 93; aber Vereinbarung möglich. (3) **Zeitliche Reichweite:** Kommt es zu der Wettbewerbssituation erst später ohne Zutun des HV, zB durch Wachstum oder Ausdehnung oder eines der Unternehmer, BGH DB **60**, 1305, NJW **87**, 778, oder bei Aufteilung nach Erbfall, Zweibr 19.1.**65** HVR Nr 327, so gilt zwar grundsätzlich das Prioritätsprinzip, zust Ebenroth/Löwisch 32, aA Emde 107, aber letztlich entscheidend Interessenabwägung nach Fallgruppen (s Rn 28), für Mehrfirmenvertreter (s Rn 24): der HV kann dann zur Kündigung berechtigt sein (§ 89a idR gegenüber dem erweiternden Unternehmer, Ebenroth/Löwisch 32, ausnahmsweise sogar gegenüber beiden, Emde 109), ohne seinen Ausgleichsanspruch zu verlieren, BGH NJW **87,** 778 (s Rn 24; § 89b Rn 58). Das Wettbewerbsverbot endet mit Vertragsende, also nicht schon bei unwirksamer Kündi-

§ 86 28–30

gung durch den Unternehmer (vgl § 90a Rn 25); nachvertragliches Wettbewerbsverbot muss vereinbart werden (§ 90a Rn 2). **Bei Zweifeln** über Vorliegen einer Wettbewerbssituation muss der HV den Unternehmer unterrichten und ggf seine Zustimmung einholen (s Rn 28, 30).

28 **b) Verstoß** (§ 89 Rn 19) liegt nicht erst im Tätigwerden für den anderen Unternehmer, sondern bereits im Angebot des HV zur Übernahme der Konkurrenzvertretung ohne Zustimmung (zu dieser Rn 30), BGH WM **77**, 318, Nürnb BB **61**, 64 (vgl § 89a Rn 19). Schon Bürogemeinschaft kann Verstoß sein, BGH VersR **69**, 372. Gegen das Wettbewerbsverbot können auch mittelbare Förderung, Oldbg 24.7.**12** HVR Nr 1369, zB als (echter) stiller Gfter in Konkurrenzunternehmen (§ 230 Rn 1), und Hilfstätigkeiten für Konkurrenten verstoßen, Mü 19.12.**12** HVR Nr 1383, zB Nachrichten, Beratung, Untervermietung bzw Überlassung von Geschäftsräumen oder in dieser Vermischung von Waren des Unternehmers und eines Wettbewerbers, Zuführung von dritten HV (auch ohne Abwerbung, zu dieser oben Rn 21). Der HV darf die **Kundenliste,** die er vom Unternehmer erhalten (§ 86a Rn 5) oder für diesen erarbeitet hat, nicht Dritten zugänglich machen, auch nicht an seinen Rechtsnachfolger, Emde 37. Der HV hat den Unternehmer zu unterrichten, wenn er als Vertreter oder in anderer Eigenschaft für andere Unternehmer tätig werden will (**Mehrfirmenvertretung,** s Rn 24), BGH WM **77**, 319, ZIP **95**, 1003 (in derselben Branche), Ebenroth/Löwisch 17, aA Emde 153, auch als Prokurist im Geschäft der Ehefrau, Düss BB **69**, 330, im Zweifel, etwa bei möglichen Überschneidungen, muss der HV den Unternehmer fragen, BGH BB **85**, 425, Ebenroth/Löwisch 17. Auch nach unberechtigt fristloser Kündigung durch Unternehmer muss sich HV bis zur rechtswirksamen Vertragsbeendigung an das Wettbewerbsverbot halten (§ 89a Rn 39). Tritt die Wettbewerbssituation erst später auf (s Rn 27), kann der HV eine der Vertretungen kündigen oder, wenn die Kollision auf den Zweitunternehmer zurückgeht, dem Erstunternehmer Vertragsaufhebung anbieten und so den Verstoß vermeiden; ausnahmsweise, zB bei Kollision kraft Erbteilung, kann er auch die Entscheidung der konkurrierenden Unternehmer abwarten, Zweibr 19.1.**65** HVR Nr 327; das hat Folgen für die Erhaltung des Ausgleichsanspruchs (§ 89b III, dort Rn 58, 67).

29 **Umgehung** wird häufig versucht, etwa durch Einschaltung eines Strohmanns, formal selbständige HVGes (§ 84 Rn 8f), Beteiligung an einem Konkurrenzunternehmen als stiller Gfter, Bspe BGH VersR **69**, 371, BB **70**, 1374, Hamm NJW-RR **87**, 1114, Emde 122 ff. Umgehung des Wettbewerbsverbots etwa durch Vorschieben der Ehefrau steht nach allgemeinen Regeln einem Verstoß gleich, vgl BGH BB **64**, 409; doch muss sich der HV eine selbstständige Vertretung seiner Ehefrau oder anderer naher Angehöriger für eine Konkurrenzunternehmer nicht ohne Weiteres zurechnen lassen, Brschw 8.3.**68** HVR Nr 384. Die Maßstäbe dafür sind heute andere als früher, aA wohl Emde 122. Allerdings muss der HV dann dafür sorgen, dass zwischen seinem Betrieb und dem des Angehörigen eine organisatorische und informationelle Trennung besteht, schädlich also zB Bestehen eines einheitlichen Telefonanschlusses, BGH VersR **69**, 372. Der HV muss auch den bloßen **Anschein unzulässigen Wettbewerbs** vermeiden, Grund: Interessenwahrungspflicht, zwar ist die Wettbewerbssituation objektiv zu bestimmen, aber Unterrichtung des Unternehmers, sonst uU Vertrauensverstoß (s Rn 27, 28).

30 **c) Zustimmung** des Unternehmers zu Eigenvertrieb oder Konkurrenzvertretung ist nötig, und zwar ausdrücklich, Hamm NJW-RR **92**, 364, aber auch stillschweigend (§§ 133, 157 BGB, aber ungewöhnlich). Aber der HV hat keinen Anspruch auf solche Zulassung, auch nicht wenn andere HV die Zustimmung erhalten (kein Gleichbehandlungsgrundsatz für HV, s Rn 10), doch kann es letztenfalls an einer tatsächlichen Beeinträchtigung des Unternehmers durch die

weitere Konkurrenz fehlen, BGH NJW **84**, 2101. Wächst sich erlaubte Zweitvertretung zu echtem Konkurrenzunternehmen aus, ist das Wettbewerbsverbot flexibel zu handhaben, so BGH 27. 2. **76** (von Gamm NJW **79**, 2491). Fällt eine zulässige Konkurrenzvertretung weg, kann der HV nicht ohne erneute Zustimmung eine andere übernehmen, Küstner/Thume/Schürr Bd 1 Kap III Rn 80. Zur Interessenwahrungspflicht des Mehrfirmenvertreters s Rn 24.

d) Der Umstand, dass der HV ohne den Verstoß einen (auch erheblichen) **31** Schaden erleiden würde, begründet allein noch nicht den Einwand der **unzulässigen Rechtsausübung** (§ 242 BGB), dazu ist mehr nötig, offen BGH **52**, 181.

e) Rechtsfolgen: Verletzung des Wettbewerbsverbots macht schadensersatz- **32** pflichtig (§ 280, auch § 252 BGB, uU Schätzung, BGH WM **09**, 1811), BGH NJW **96**, 2098, **13**, 2111 Rz 26, **14**, 382, NJW-RR **09**, 1404 Rz 14, 18, und kann fristlose Kündigung rechtfertigen (§ 89a Rn 19). Der HV braucht aber nicht den durch den Verstoß erzielten Gewinn herauszugeben (anders als bei Schmiergeldern, s Rn 23), denn §§ 61 und 113 sind nicht entspr anwendbar, der HV ist selbstständiger Gewerbetreibender (s Rn 33; anders bei Unselbstständigkeit, s Rn 39), BGH **171**, 78, Rstk NJW-RR **09**, 1631, hL, aA Canaris § 15 Rn 44, bloße wissentliche Ausnutzung des Vertragsbruchs durch den Unternehmer ist nicht unlauter, BGH **171**, 82. Der HV schuldet daher dem Unternehmer **Auskunft** nach § 242 BGB (Voraussetzung: begründeter Verdacht und wahrscheinlicher Schaden) über die unzulässig für eine Konkurrenten vermittelten Geschäfte, auch mit Neukunden, nicht aber über das dabei von ihm Verdiente; BGH NJW **64**, 817, **96**, 2097, **14**, 381, Hamm NJW-RR **87**, 1114, Rstk NJW-RR **09**, 1631 (auch zu einer vertraglichen Schweigepflicht). Die Auskunft über den Umsatz kann Grundlage der Schadensschätzung nach § 287 ZPO sein, BGH NJW **14**, 381 Rz 15. Die Auskunft ist zum Schutze des HV und der Konkurrenten, wenn der HV diesem Geheimhaltung schuldet, geeignet zu beschränken (Interessenabwägung), vgl BGH **10**, 387, etwa durch Anordnung der Vorlegung der Bücher nur an einen zuverlässigen Dritten mit Schweigepflicht, zB Wirtschaftsprüfer, dies auch von Amts wegen, eventuell überhaupt ohne Anspruch auf Nennung von Namen und Anschriften von (Versicherungs-)Kunden, BGH NJW **14**, 381. Eine Vertragsstrafe (aber s § 86 Rn 8) ist uU schon verwirkt durch Erbieten als Konkurrenz, für sie zu werben, Nürnb BB **61**, 64; AGB, die Vertragsstrafe und Schadensersatz statt der Leistung kumuliert, ist auch bei HV unwirksam, BGH BB **92**, 307 (s Rn 8). Entgangener Gewinn, BGH VersR **09**, 1360. Lit: Gallus 1971; von Brunn AcP 163 (**64**) 487, Steindorff ZHR 130 (**68**) 82, Rittner FS Reinhardt **72**, 301, Maier BB **79**, 500, Blankenburg VersR **10**, 581 (Beweismittel).

C. Wettbewerbsbeschränkungen durch AGB (§§ 305–310 BGB): Die **33** Wettbewerbsklausel, die idR eine AGB ist, muss den Anforderungen der (**5**) §§ 305–310 BGB, insbesondere der Inhaltskontrolle nach (**5**) §§ 307 ff BGB (s Rn 8) standhalten, sonst ist sie unwirksam. Lit: Preis/Stoffels ZHR 160 (**96**) 457.

D. Wettbewerbsbeschränkungen nach Kartellrecht (GWB, AEUV): Das **34** Wettbewerbsverbot ist, auch ohne ausdrückliche Vertragsklausel, **stets** auf Verstoß gegen Kartellrecht **zu prüfen**, BGH NJW **84**, 2101, EuGH **75**, 1663 (Eur Zuckerindustrie). Die Unternehmereigenschaft des HV iSv § 1 GWB folgt aus seinem selbstständigen Auftreten am Markt, BGH **112**, 218 (TUI), Immenga/Mestmäcker/Zimmer 4. Aufl 2007 § 1 Rn 38 ff, anders Arbeitnehmer (§ 84 Rn 39) bei wettbewerbsbeschränkenden Absprachen zugunsten ihres Arbeitgebers. Für das europäische Kartellrecht stellt der EuGH mehr auf die wirtschaftliche Selbstständigkeit ab, EuGH **75**, 2016 (Eur Zuckerindustrie), s Rn 38.

a) GWB: Die 7. Kartellnovelle 2005 hat das GWB weitgehend an das europäi- **35** sche Kartellrecht (s Rn 38, Einl 37 vor § 1) angepasst (Systemwechsel). Ausgangs-

§ 86 36, 37   1. Buch. Handelsstand

punkt ist der Grundsatz der freien Vertriebsgestaltung, Hopt FS Ulmer **03**, 891. Das Verbot von **Vereinbarungen über Preisgestaltung und Geschäftsbedingungen** (§ 14 aF GWB), das die Gestaltungsfreiheit des Vertragspartners für Zweitverträge sicherstellen sollte, galt nicht für (echte) HV, BGH **51**, 168, **52**, 173, **80**, 53, **97**, 317 (Telefunken), **140**, 351 (Sixt), NJW **00**, 3428, stRspr, hL, nunmehr entsprechende Prüfung unter der Generalklausel des § 1 GWB, Immenga/Mestmäcker/Zimmer 5. Aufl 2014 § 1 Rn 54, 324 ff, vgl dazu Rn 38. Denn der Unternehmer trägt das **typische Geschäftsrisiko** (Absatz-, Vordispositions-, Lager-, Kreditrisiko ua) der Verträge, die der HV in seinem Namen und auf seine Rechnung abschließt, sein Weisungsrecht bleibt also unberührt. Das gilt auch bei Einbeziehung des Facheinzelhandels als HV, sofern nicht nur formell, sondern materiell, insbesondere nach Risiko- und Lastenverteilung, ein HVVerhältnis vorliegt. Das liegt anders bei Vertragshändlern, die eigenunternehmerisch tätig werden, s Überbl 38 vor § 373, aber auch bei solchen HV, die an der Tragung zB des Absatz-, Lager-, Kreditrisikos maßgeblich beteiligt werden. Gegenüber echten HV soll sich der Unternehmer auch zur Gleichpreisigkeit verpflichten können, sehr str (s Rn 36).

36   Gleichermaßen galt auch die Missbrauchsaufsicht über **Ausschließlichkeitsbindungen** (§ 16 aF GWB) nicht für (echte) HV, sofern die Bindung an den Unternehmer sich im Rahmen des § 86 I Halbs 2 hielt, BGH **52**, 173, vgl Ffm NJW-RR **86**, 716 (Sportlerwerbung), aA frühere Rspr (überhaupt nicht), aA Immenga/Mestmäcker/Emmerich 3. Aufl 2001 § 16 Rn 30 (ohne Rücksicht auf § 86 I Halbs 2). Vertragliche Wettbewerbsverbote, die über die dem HVVertrag wesenseigene und zur sachgerechten Interessenwahrung notwendige Bindung hinausgehen, konnte aber unter § 16 aF GWB fallen, BGH **112**, 218 (TUI), str, zB Verbot, Reisen anderer Pauschalreiseveranstalter anzubieten. Dagegen sollten bloße entsprechende Bindungen des Unternehmers gegenüber dem HV, zB zur Gleichpreisigkeit und zum Vertrieb nur über HV, nicht unter §§ 14, 16 aF GWB fallen, BGH **97**, 327 (Telefunken), üL, sehr str, aA Immenga/Mestmäcker/Emmerich 3. Aufl 2001 § 14 Rn 30, § 16 Rn 30, 58 (Tankstellenhalter), Oehler BB **87**, 765; Grenzen folgten dann nur nach §§ 19 I, IV, 20 I aF GWB (Rn 37). Ausschließlichkeitsbindungen sind nach Treu und Glauben auszulegen; bei Tankstelleninhaber erstreckt sich die ausschließliche Bindung an Erzeugnisse einer Firma nicht ohne Weiteres auch auf verbundene Reparaturwerkstatt, BGH **52**, 171, anders noch BGH BB **68**, 60 (Shell-Tankstelle); die Belange des HV setzen Grenzen (zB bei Führung anderer Markenöle). Nach der GWBNovelle 2005 sind bisher zulässige Vertriebsvereinbarungen nunmehr unter § 1 GWB und dort entsprechend der Rspr des EuGH und in Anlehnung an die EUVertikalGVO (s Rn 38) zu beurteilen und sind, wenn sie dagegen verstoßen, ohne Vertrauensschutz nichtig, Immenga/Mestmäcker/Zimmer, 5. Aufl 2014 § 1 Rn 342 ff. Genaue **Überprüfung** der bisherigen Händlerverträge auf kritische Vertriebsvereinbarungen, sog **„schwarze Klauseln"**, ist deshalb dringend zu empfehlen.

37   Grenzen setzt ferner **§ 19 II Nr 1 GWB** (früher § 19 I, IV und 20 I aF, zuvor § 22 IV und 26 II aF) bei unbilliger Behinderung und Diskriminierung, zB durch Nichtbelieferung mit Ersatzteilen, BGH BB **89**, 1575, Ffm 18.1.**90** HVR Nr 685, zur Rspr Emde BB **12**, 3092. Zu § 91 II Nr 1 GWB Immenga/Mestmäcker/Zimmer 5. Aufl 2014 § 1 Rn 91 ff. Besonderheiten bei selektiven Vertriebssystemen, Emde vor § 84 Rn 132 ff, Emde BB **08**, 2707, **12**, 3093, Nolte BB **14**, 1159. Bezugsbindung und Einkaufsvorteile bei Franchising, BGH WM **09**, 374.

Wettbewerbsverbote nach Vertragsende sind, soweit sie sich im Rahmen von § 90a halten, grundsätzlich ebenfalls mit Kartellrecht vereinbar, str (wie Rn 35, 36), aber keinesfalls darüber hinaus.

Lit: Komm zum GWB (Einl 77 vor § 1), speziell zu HV Immenga/Mestmäcker/Zimmer 5. Aufl 2014 Bd 2 § 1 Rn 54, 323 ff, Langen/Bunte 12. Aufl

2014, Bd 1 Nach § 2 GWB Rn 209 ff, 333 ff; Emde Vor § 84 Rn 270 ff; Cramer 1972; Rittner DB **89**, 2587, Köhler ZHR 151 **(87)** 224, Baur WuW **87**, 464, Ebenroth/Parche BB Beil 10/**88**, Rittner WuW **93**, 592, Thume WRP **00**, 1033, Emmerich, Kartellrecht, 10. Aufl 2006, §§ 3 Rn 33, 4 Rn 90 ff, Hopt FS Ulmer **03**, 891, Bechtold BB **11**, 1610 (selektive Kundendienstsysteme).

b) AEUV (EGV aF): Ausgangspunkt ist auch hier der Grundsatz der freien 38 Vertriebsgestaltung, Hopt FS Ulmer **03**, 891. **Art 101 AEUV** (Art 81 aF, 85 aF EG) findet auf HV ebenfalls nur eingeschränkt Anwendung. Ob das nationale HVRecht ein entsprechendes Wettbewerbsverbot duldet oder sogar selbst vorsieht, ist dafür jedoch irrelevant. Wettbewerbsverbote und Ausschließlichkeitsbindungen der HV sind zwar idR zulässig, EuGH **66**, 321 (Grundig-Consten), 457 (Italienische Republik), **75**, 1663 (Eur Zuckerindustrie); HV verlieren ihre Eigenschaft als selbstständige Wirtschaftsteilnehmer, für die Art 81 gilt, jedoch nach der Rspr des **EuGH** und **EuG** nur, wenn sie keines der **Risiken** aus den für den Geschäftsherrn vermittelten Geschäften tragen und (so jedenfalls herkömmlich, s unten) als Hilfsorgan in das Unternehmen des Geschäftsherrn **eingegliedert** sind (also anders akzentuiert als nach altem GWB, vgl Rn 35), sonst sind sie materiell Eigenhändler, EuG 15.9.05 Rs T-325/01 Slg **05**, II-3319 = DB **05**, 2127 (DaimlerChrysler/Kommission), EuGH 14.12.06 Rs C-217/05 Slg **06**, I-11987 = EuZW **07**, 150 (Confederación Española/CEPSA, CEPSA I) m Anm Wegner/Pfeffer, EuGH 11.9.08 Rs C-279/06 Slg **08**, I-6681, EWS **08**, 441 = HVR Nr 1333 (Estaciones de Servicio/LV Tobar, CEPSA II). Was Eingliederung als eigenständiges Kriterium ist, hatte die Rspr schon bisher nicht zweifelsfrei konkretisiert. EuGH bzw EuG und Kommissionspraxis unterschieden sich damit dogmatisch und praktisch (Risikotragung hinsichtlich der Sekundärrisiken von der Kommission konkreter nachzuweisen oder, so die Kommission, entspr den Leitlinien abstrakt), krit die Lit, zB Kapp/Andresen BB **06**, 2254, Kapp WuW **07**, 1218. Zur Entscheidungspraxis des EuGH, des EuG und der Kommission zu HV Langen/Bunte/Nolte Bd 2 Nach Art 101 AEUV Rn 645 ff. Mit der Confederación/CEPSA-Entscheidung 2007 hat sich aber der EuGH anders als das EuG auf die Kommission zubewegt, Eingliederung und Risikotragungskriterium als zwei Seiten derselben Medaille, Schlussanträge Kokott 13.7.06 zu EuGH CEPSA I, Funke/Just DB **10**, 1391, Immenga/Mestmäcker/Zimmer 5. Aufl 2014 § 1 Rn 325, Langen/Bunte/Nolte Bd 2 Nach Art 101 AEUV Rn 662, 668: immer noch nicht im Einklang, dagegen Bechtold/Bosch/Brinker Art 101 AEUV Rn 64: EingliederungsRspr aufgegeben. Die klassischen Risiken sind das Absatz-, Finanzierungs-, Investitions-, Produkt-, Produkthaftungs- und Zahlungsrisiko. Hinzu kommen die marktspezifischen Investitionen. Geringfügige Risiken bleiben außer Betracht. Entscheidend ist nicht eine formale Trennung der zwei Gesellschaften, sondern die wirtschaftliche Realität, das Verhalten der Unternehmen und die Gesamtabwägung im Einzelfall. Unabhängig von einer Eingliederung gilt Art 101 AEUV (Art 81 aF EG) für Verpflichtungen des Absatzmittlers betreffend den Warenabsatz, zB Ausschließlichkeits- und Wettbewerbsverbotsklauseln, zu missbräuchlichen Wettbewerbsklauseln Bechtold/Bosch/Brinker Art 102 AEUV Rn 43.

Nach der EUGruppenfreistellungsVO (s unten b) wird zwar auch der HV uneingeschränkt als Unternehmer betrachtet (Art. 1 lit g). Die eingeschränkte Anwendung des Art 101 AEUV (Art 81 aF EG) auf HV wird dadurch aber nicht berührt. Die EUKomm hatte die (Weihnachts)Bekanntmachung ABlEG 24.12.62 Nr 139/2921 durch ihre Leitlinien für vertikale Beschränkungen v 13.10.00 Rn 12–20 ersetzt (ABlEG 13.10.00 Nr C 291/1; Text in Hopt HVR 5. Aufl 2015 Materialien XII 1, mit Informationen des CDH zum europäischen Kartellrecht für HV und Vertragshändler XII 2–4), und diese wiederum durch die **neuen Leitlinien für vertikale Beschränkungen 19.5.10** ABlEU C 130/1 19.5.10

ersetzt. Während die alten Leitlinien zwischen echten und unechten HV unterschieden (34. Aufl), definieren die neuen Leitlinien den Begriff des HV allein anhand von Kriterien für Risiken, die der HV nicht tragen darf, wenn er freigestellt werden soll (vgl schon oben EuGH, aber insoweit keine inhaltliche Änderung, Malec/von Bodungen BB **10**, 2384, Bechtold/Bosch/Brinker Art 101 AEUV Rn 62, vgl Semler ZVertriebsR **12**, 157). Die Leitlinien sind nicht bindend (keine Rechtssätze, kein sekundäres Gemeinschaftsrecht), sondern kündigen nur den Entscheidungsmaßstab der Kommission (nicht unbedingt auch des EuGH, s oben) an (so ausdrücklich auch Tz 4 der Leitlinien) und bieten somit eine für die Praxis wichtige Auslegungshilfe.

(1) HV: Nach den Leitlinien kommt es für die Frage, ob HVVerträge (eigenständige Definition für wettbewerbsrechtliche Würdigung, einzelstaatliches Recht dafür belanglos, Tz 12, 13 Satz 3) unter Art 101 I AEUV fallen (Tz 12–21), auf das finanzielle oder geschäftliche Risiko an, das der HV bezüglich der ihm vom Auftraggeber übertragenen Tätigkeiten trägt (Tz 13), je nachdem gelten sie dann nicht als unabhängiges Unternehmen (Tz 21 iVm Tz 16) und bedürfen somit auch keiner Gruppenfreistellung, zu dieser s (2). Danach kommt es nicht (zusätzlich) auf Eingliederung, Ein- oder Mehrfachvertretung bzw Doppelprägung oder andere formale Kriterien an, sondern entscheidend auf die **Abgrenzung nach der Risikotragung.** Nur wenn der HV keine oder nur unbedeutende finanzielle oder geschäftliche Risiken in Bezug auf die ihm übertragenen Tätigkeiten trägt, wird er nicht erfasst (Tz 15), so auch Ffm 18.11.**03** HVR Nr 1086. Die Leitlinien nennen im Anschluss an die Rspr des EuGH (s oben) drei (statt wie bisher nur zwei) in der folgenden Reihenfolge zu prüfende (Tz 17), relevante Kategorien von Risiken (Tz 14): (1) vertragsspezifische Risiken, zB Finanzierung von Lagerbeständen; (2) mit marktspezifischen Investitionen verbundene Risiken (sog versunkene Kosten), Bspe: markenspezifische Ausrüstung wie Reparaturwerkzeuge, spezielle Kleidung ua, Malec/von Bodungen BB **10**, 2384; (3) Risiken in Verbindung mit anderen Tätigkeiten auf demselben sachlich relevanten Markt, die auf eigenes Risiko zu tragen der Hersteller vom HV verlangt (Tz 15; dazu Simon EWS **10**, 498, Malec/von Bodungen BB **10**, 2384). Was „unbedeutend" ist, definieren die Leitlinien nicht, rechtsunsicher, krit Malec/von Bodungen BB **10**, 2389. Die Bezeichnung als HV im Vertrag ist ebenso ohne Bedeutung wie die Einstufung durch nationales Recht (Tz 13 Satz 3); dass der HV auch als solcher nach § 86b HGB die Übernahme des Delkredererisikos übernehmen kann, ist ohne Bedeutung, tut er das, ist er nicht mehr HV iSd Leitlinien, Malec/von Bodungen BB **10**, 2384. Ob der HV für einen oder für mehrere Auftraggeber handelt (Doppelprägung), ist unwesentlich (Tz 13 Satz 2). Für die Risikotragung kommt es nicht auf die Rechtsform, sondern die tatsächlichen wirtschaftlichen Gegebenheiten im Einzelfall an (Tz 17 Satz 3). Die EU-Komm hat dazu eine lange, nicht erschöpfende (Tz 17 Satz 1) Liste von Negativ kriterien aufgestellt (Tz 16), die allerdings nur Beispiele für die Erste und zweite Risikokategorie enthalten; gefährlich sind danach Abreden über Transport- und Lagerkosten, Produkthaftungs- und Delkredererisiko, Investitionen in verkaufsfördernde Maßnahmen wie Werbeaufwendungen oder in nicht marktspezifische Ausrüstungen, Räumlichkeiten oder Mitarbeiterschulungen sowie Übernahme anderer Tätigkeiten auf Verlangen des Auftraggebers auf demselben sachlich relevanten Markt (Tz 16 lit a–g). Handelt es sich danach um einen HV, führen Beschränkungen hinsichtlich Gebiet, Kunden, Preisen und Bedingungen nicht dazu, dass der HVVertrag unter Art 101 I AEUV fällt (Tz 18). Alleinvertreterklauseln dürften idR keine wettbewerbsschädigenden Auswirkungen haben (nur markeninterner Wettbewerb, s Tz 19). Markenzwangklauseln und Wettbewerbsverbote, auch solche nach der Vertragszeit, können auch bei HV unter Art 101 I AEUV fallen, wenn sie zur (kumulativen) Abschottung des relevanten Marktes führen (Tz 19), zust EuGH (Confederación/CEPSA) Rn 62. Auch HVVerträge

7. Abschnitt. Handelsvertreter 38 § 86

fallen unter Art 101 I AEUV, wenn sie abgestimmte Verhaltensweisen (Kollusion) fördern (Tz 20). Für differenziertere Beurteilung ua des Wettbewerbsverbots, des Provisionsweitergabeverbots und der Delkrederehaftung als nach den Leitlinien die Lit zu den alten Leitlinien, zB Kapp/Andresen BB **06**, 2254, Kapp/Schumacher WuW **07**, 126 (Provisionsweitergabeverbot), Kapp WuW **07**, 1218 (Wettbewerbsverbot), Kapp/Schumacher EuZW **08**, 167 (Delkredere, § 86b), auch EuG (DaimlerChrysler, s oben). Umstritten sind insbesondere Tz 12–21 der Leitlinien, Langen/Bunte/Nolte Bd 2 Nach Art 101 AEUV Rn 662, ausführlich zu den verschiedenen Risiken ebenda Rn 674 ff. Zu den neuen Leitlinien bezüglich HV: Malec/von Bodungen BB **10**, 2383, Simon EWS **10**, 498, Semler ZVertriebsR **12**, 156.

(2) **Vertragshändler:** Nach den Leitlinien fallen alle Vertragshändler unter Art 101 AEUV. Sie können aber nicht nur durch Einzelfreistellung freigestellt werden, sondern schon freigestellt sein unter den Voraussetzungen der EUGruppenfreistellungsVO Nr 330/2010 für vertikale Vereinbarungen und abgestimmte Verhaltensweisen (für den Vertrieb von Waren und Dienstleistungen) **(Vertikal- oder SchirmGVO, VO 330/2010) v 20.4.10** ABlEU Nr L 102/1, 23.4.10, in Kraft ab 1.6.10 bis 31.5.22, **nebst** den oben unter (1) für HV behandelten **Leitlinien für vertikale Beschränkungen,** ABlEU 2010 Nr C 130/1, 19.5.10; eigene GVO Nr 267/2010 v 24.3.10 ABlEU Nr L 83/1, 30.3.10 für den Versicherungssektor. Die alte GVO Nr 2790/99 v 22.12.99, ABlEG Nr L 336/21, nebst Leitlinien, ABlEG Nr C 291/1, ist außer Kraft getreten, Rspr zur aF Emde BB **10**, 2320. Vertikale Vereinbarungen (Art 1 I lit a), sog Vertriebsvereinbarungen, werden grundsätzlich freigestellt (Art 2 I, Vertikalfreistellung), außer bei sog. Kernbeschränkungen (Art 4). Die Parteien, also Anbieter/Hersteller und Abnehmer/Käufer bzw (Vertriebs- und Einzel)Händler, dürfen aber keinen Anteil von jeweils mehr als 30% auf ihrem jeweils relevanten Absatzmarkt (neu: doppelte 30%-Marktanteilsgrenze, aber anders als nach dem Kommissionentwurf auf demselben Produktmarkt) haben (Art 3, rechtsunsicheres Einschätzungsproblem für die Betroffenen!, bei Mehrparteienvertrag auch Weiterverkaufsmarkt relevant, s Art 3 II; Anwendung der Marktanteilsschwelle Art 7); sonst sind sie nicht frei gestellt, sondern unterstehen den allgemeinen Kartellbestimmungen, dann zwar doppelte Vermutung, dass bei auch nur einer Kernbeschränkung die Vereinbarung von Art 101 AEUV erfasst wird und nicht freigestellt ist, aber diese Vermutung kann unter Art 101 III AEUV durch Nachweis wettbewerbsfördernder Wirkungen widerlegt werden (Leitlinien Tz 47, kein per se-Verbot wie im amerikanischen Recht). Die Vereinbarung darf keine Preisabsprachen, etwa feste Wiederverkaufspreise (Preisbindung zweiter Hand, Art 4 lit a), und andere sog Kernbeschränkungen (Art 4, sog schwarze Klauseln) enthalten, zB Gebiets- oder Kundenbeschränkungen für den Händler; Ausnahmen gelten für den Alleinvertrieb und für den Selektivvertrieb (Art 5 lit b iii, Definition Art 1 I lit e). Die Leitlinien enthalten auch Regeln über den Verkauf über das Internet (Leitlinien Tz 52 ff mit Unterscheidung von passivem und aktivem Verkauf), Funke DB **10**, 1393, Malec/von Bodungen BB **10**, 2387. Nicht freigestellt sind ua Exklusivbindungen (Markenexklusivität), Gesamtbedarfsdeckungs- bzw Alleinbezugsverpflichtungen, nachvertragliche Wettbewerbsverbote sowie Verbote in selektiven Vertriebssystemen (Art 5 und Definition Art 1 I lit d). Wettbewerbsverbote dürfen nicht für unbestimmte Dauer oder für mehr als 5 Jahre vereinbart werden (Art 5 I lit a; Vorsicht bei automatischer Verlängerung), sonst nur Einzelfreistellung (Leitlinien Tz 96 ff). Problematisch sind vor allem auch nachvertragliche Wettbewerbsverbote (Art 5 I lit b, III, Leitlinien Tz 68).

Für den **KfzSektor** gilt die speziellere **GVO Nr 461/2010 (KfzGVO) v 27.5.10,** ABlEU Nr L 129/52, 28.5.10, in Kraft ab 1.6.10 bis 31.5.23, **nebst Ergänzenden Leitlinien für vertikale Beschränkungen** in Vereinbarungen über den Verkauf und die Instandsetzung von **Kfz** und den Vertrieb von KfzEr-

§ 86 38

satzteilen, ABlEU Nr C 138/16, 28.5.10. Die alte KfzGVO Nr 1400/2002 v 31.7.02, ABlEG Nr L 203/30 ist außer Kraft getreten, Übergangsfrist für Handel mit NeuKfz bis 31.5.13; die vertragsrechtlichen Vorgaben ua zu Kündigungsfristen (Händlerschutz, mit Modellwirkung für AGB-Kontrolle, Einl 40 vor § 373) sind in der neuen KfzGVO nicht mehr enthalten, Wegner BB **10**, 1809, vgl Leitlinien Tz 7. Zum Bewertungsbericht (mit Marktanalyse) der EUKomm 28.5.08 (Leitlinien Tz 12) Wendel BB **08**, 1294. Die KfzGVO betrifft Vertriebsverträge für NeuKfz, Ersatzteile und Instandsetzungs- und Wartungsdienstleistungen für Kfz (KfzLeitlinien Tz 9); alle übrigen Produkte und Dienstleistungen, auch solche der Kfz-Branche, unterfallen der VertikalGVO, Simon EWS **10**, 497. Die KfzGVO verdrängt die VertikalGVO nicht (Art 4 KfzGVO, Art 2 V letzter Halbs VertikalVO), sondern enthält drei zusätzliche Kernbeschränkungen (Art 5 KfzGVO, KfzLeitlinien Tz 16); die 30%-Marktanteilsgrenze und die Kernbeschränkungen der VertikalGVO gelten also auch hier. Die zusätzlichen Kernbeschränkungen (Art 5 KfzGVO) betreffen ua Beschränkungen des Ersatzteilverkaufs an freie Werkstätten (besonders relevant für Originalteile, KfzLeitlinien Tz 22), des Zugangs zu Reparaturinformationen für Händler, Werkstätten und Endverbraucher (zB Veredelungsvereinbarungen zwischen Teileanbietern und KfzHerstellern, KfzLeitlinien Tz 23) und der Kennzeichnung von KfzTeilen mit Waren- oder Firmenzeichen der Hersteller und Zulieferer (zwecks leichterer Feststellung der Kompatibilität von Ersatzteilen, KfzLeitlinien Tz 24). KfzHersteller können danach die Gewährleistungspflicht nicht mehr von der Durchführung der Wartungsleistungen, zB Ölwechsel nur in zugelassenen Werkstätten, abhängig machen oder unabhängigen Werkstätten den Zugang zu technischen Informationen verweigern. Weitere Anwendungsinformationen zum Markenzwang und zum selektiven Vertrieb in KfzLeitlinien Tz 26 ff, 42 ff. Im Übrigen sind die Regeln vereinfacht, besonders sektorspezifische Klauseln sind entfallen. Die Beweislast für die 30%-Schwelle trägt, wer sich darauf beruft. Vertriebsverträge sind iZw GVO-konform auszulegen, Emde BB **09**, 2320.

Rspr noch zum alten Recht: Umstrukturierung und Kündigung von Vertriebsverträgen, EuGH NJW **07**, 201 (BMW), RIW **07**, 60 (VW-Audi), Ensthaler NJW **07**, 815, Vereinbarkeit von Kündigungsklausel mit Gruppenfreistellung, EuGH NJW **07**, 1049 (Citroën) m Anm Ensthaler, Wegner/Schroeder EuZW **07**, 115, RsprDivergenzen zur Strukturkündigung nach Art 3 V KfzGVO aF, Reimann/Ströbl BB **08**, 1462, s auch § 89 Rn 28. Unternehmer ist nicht zur Anpassung eines alten, unwirksam gewordenen Vertrags verpflichtet, BGH NJW **07**, 3568 (BMW), Emde BB **08**, 2705. Anspruch auf Abschluss eines Werkstattvertrags, Niebling WRP **07**, 1417, Emde BB **08**, 2706. Hintergrundinformation zum Europäischen Kartellrecht bei Vertragshändlerverträgen CDH bei Hopt HVR 5. Aufl 2015 Materialien XII 4. Europäische Kommission, Liste häufig gestellter Fragen (FAQ) zur Anwendung des EU-Kartellrechts im Kfz-Sektor, 27.8.12, EuZW **12**, 684.

Lit: *Komm zum EUKartellrecht* (Einl 78 vor § 1), zB ausführlich Langen/Bunte/Nolte Art 12. Aufl 2014 Bd 2 Nach Art 101 AEUV Rn 635–746; Bechtold/Bosch/Brinker EU-Kartellrecht 3. Aufl 2014 Art 101 Rn 60 ff; Mestmäcker/Schweitzer, Europäisches Wettbewerbsrecht 3. Aufl 2014 § 9 Rn 59 ff (HV), § 15 (Vertikal-GVO); Emde Vor § 84 Rn 105 ff, 138 ff (HV-Kartellrecht); Horsch 2005 (HV); Schultze/Pautke/Wagener 3. Aufl 2011 (Vertikal-GVO); Lange EWS **01**, 18 (HVLeitlinien), Emde BB **02**, 949 (HVLeitlinien), Hopt FS Ulmer **03**, 891 (freie Vertriebsgestaltung), Pfeffer/Wegner EWS **06**, 296 (HV), Rittner ZWeR **06**, 331 (HV), Schweitzer in Hopt/Tzouganatos, Europäisierung des Hdl- und Wirtschaftsrechts, 2006 (HV, krit zu Kommission), Siegert NJW **07**, 188 (§ 89b). Zur *VertikalGVO 2010:* Funke/Just DB **10**, 1389, Lettl WRP **10**, 807, Malec/von Bodungen BB **10**, 2383, Murach GWR **10**, 210, Simon EWS **10**, 497. Zur KfzGVO 2010: Niebling WRP **10**, 81, 1454; Emde BB **11**,

2768, Nolte BB **13**, 1667, Semler ZVertriebsR **12**, 156 (echte/unechte HV), Wegner BB **10**, 1803, 1867, **11**, 1480, Wegner/Oberhammer BB **11**, 1480, Nolte BB **13**, 1667, Emde BB **14**, 2447. *Zur GruppenfreistellungsVO* Liebscher/Flohr/ Petsche 2. Aufl 2012; Sailer VersR **10**, 417. Weiter: Seeliger/Klauß GWR **10**, 233 (GVO, Internet), Rohrßen ZVertriebsR **16**, 278 (GVO, Drittplattformverbot).

Grenzen setzt **Art 101 AEUV** (Art 82 aF, 86 aF EG) bei Missbrauch. Dieser **39** ist, auch wenn er im Vertikalbereich stattfindet, nicht freigestellt (vgl Art 1 I lit b).

4) Nachrichts- und Informationspflichten (II)

Der HV hat dem Unternehmer die erforderlichen Nachrichten zu geben **40** (**Nachrichtspflicht, II**), und zwar unverzüglich (ohne schuldhaftes Zögern, § 121 I BGB) über Vermittlung (dh Abschlussbereitschaft des anderen Teils) oder Abschluss von Geschäften (§ 86 II). Auf Verlangen muss er auch über den Stand des Geschäfts, dh den Stand der Bemühungen und die Aussicht auf Abschlüsse Auskunft geben (**Auskunftspflicht**, § 666 BGB). Je nach Bedarf ist auch unverlangt ein Zwischenbericht nach II zu geben. Auskunft bei Wettbewerbsverstoß des HVs Rn 32, zur Vorbereitung eines Schadensersatzanspruchs s Rn 47.

Er muss nach der Ausführung des Auftrags Rechenschaft ablegen (**Rechen- 41 schaftspflicht**, § 666 BGB), dh außer den Vermittlungen und Abschlüssen selbst auch alle sonst für den Unternehmer bedeutsamen Einzelheiten aus seiner Tätigkeit mitteilen, zB die angewandten (erfolgreichen oder erfolglosen) Werbemethoden, aA Emde 178, die etwa bei der Vermittlung oder dem Abschluss getroffenen, künftige Abschlüsse vorbereitenden Abreden, aber auch persönliche Umstände wie Eingang von Provisionen und Annahme von Schmiergeldern (Rn 23), Krankheit, Absicht der Aufnahme einer Konkurrenzvertretung (s Rn 28). Nachrichten über Zweifel an der Bonität (s Rn 21) eines Geschäftspartners, die der HV erhält, muss er weitergeben, selbst wenn er nicht von der Richtigkeit überzeugt ist, BGH BB **69**, 1196. Meinungsäußerungen und Wünsche der Kundschaft muss der HV exakt weitergeben.

Art, Inhalt, Häufigkeit der Berichte bestimmen sich danach, was das Interes- **42** se des Unternehmers (objektiv) nach Besonderheit und Dringlichkeit des Falls fordert, also nicht stets monatlich analog § 87c I 1, aA MüKo/von Hoyningen-Huene 53. In dringenden Fällen muss HV den Unternehmer unverzüglich informieren, bei laufenden Beobachtungen genügt regelmäßige Information in festen Abständen, Ebenroth/Löwisch 15, str. Umsatzrückgang kann die Anforderungen erhöhen; unter besonderen Umständen darf Unternehmer wöchentliche Kundenbesuchsberichte fordern, BGH NJW **66**, 882, WM **88**, 33. Tägliche Berichtspflicht ist mit der Selbstständigkeit des HV nicht vereinbar (s Rn 16), zweiwöchige Berichtspflicht kann noch angehen, Ebenroth/Löwisch 15. Information zB über Kundenwünsche, Aktivitäten der Konkurrenz, Änderungen des Publikums geschmacks und sonstige Anregungen für Produktion und Vertrieb, eigene Verhinderung zB Krankheit, Vorbereitung von Konkurrenztätigkeit (Zustimmung s Rn 30). Nur Meldung über Geschäftsabschlüsse und Sachverhalte, die für Unternehmer von Wichtigkeit sind, ist erforderlich, dagegen nicht über jeden seiner Schritte und Besuche, Kln BB **71**, 543. Manches kann dem HV die Diskretion zu **verschweigen** gestatten, oder der berechtigte Wunsch, höchstpersönliche Werbekünste für sich zu behalten. Über Pflichtverletzungen des Kunden muss der HV den Unternehmer aber informieren, auch wenn das für den HV nachteilig ist, BGH BB **79**, 242. Vorbereitung von erlaubter Konkurrenztätigkeit nach HVVertragsende ist Sache des HV ohne Information, Oetker/ Busche 35, aA MüKo/von Hoyningen-Huene 50. Über Geheimhaltung der Kundenberichte des HV § 86a Rn 16. Abrechnungspflicht besteht auch, wenn der Unternehmer Unterlagen vorenthält, HV aber bei ordnungsgemäßer eigener

§ 86   43–48   1. Buch. Handelsstand

Buchführung zur Abrechnung imstande sein muss, Kln BB **71**, 760. Auflistung von zu gebenden Nachrichten, Emde 140. Datenschutz, Kugler ZVertriebsR **15**, 219.

43   Eine bestimmte **Form** ist in II zwar nicht vorgeschrieben, doch sind heutzutage grundsätzlich, auf jeden Fall bei einer Vielzahl von Kunden sowie auf Verlangen, schriftliche Berichte zu geben, Ebenroth/Löwisch 16, auch Emde 168, Küstner/Thume/Schürr Bd 1 Kap III Rn 126, Brschwg NJW-RR **96**, 1316. Bei berechtigtem Interesse, allgemeiner F/W/Franke 85, kann der Unternehmer Mitteilung unter Verwendung von vom Unternehmer entworfenen Fragebögen, Vordrucken und Formularen verlangen, BGH VersR **64**, 331, WM **88**, 33, BAG DB **66**, 546. **Dauer** der Nachrichtspflicht nach II nur bis zum Vertragsende, später aber uU aus § 242 BGB (s Rn 45).

5) Sorgfalt (III); Sonstiges zu den Pflichten

44   A. **Sorgfalt (III), Beweislast:** III verlangt vom HV die Sorgfalt eines ordentlichen Kaufmanns. III ist an sich überflüssig, falls HV Kfm ist (§ 84 Rn 33), folgt das schon aus § 347 I, sonst aus der allgemeinen Interessenwahrungspflicht (I Halbs 2, s Rn 20); dass eine dem III entsprechende Vorschrift in der Richtlinie nicht enthalten ist, führt deshalb nicht zu einem Verstoß (s Rn 22), aA Ebenroth/Hakenberg 57. Beweislast für Pflichtverletzung liegt beim Unternehmer, für berechtigte Abweichung von Weisung und dabei dann Einhaltung der Sorgfalt beim HV, Karlsr DB **69**, 741, Brdbg OLGR **07**, 202; steht Pflichtverletzung fest, ist es Sache des HV, sich zu exkulpieren, MüKo/von Hoyningen-Huene 70. III ist ebenso wenig wie § 347 I eine Anspruchsgrundlage, sondern regelt nur den Sorgfaltspflichtmaßstab. Sorgfaltspflicht ist unterschiedlich je nach den Umständen, zB Anforderungen bei Verwahrung (s Rn 17) wachsen mit Wert und Gefahr, BGH WM **93**, 1596. Die verbreitete Übung, hier weitere Pflichten des HV zusammenzufassen, verdeckt das (demgegenüber oben Rn 12 ff, 20 ff). Zum Fehlen einer III entsprechenden Vorschrift für den Unternehmer s § 86a Rn 1.

45   B. **Vor- und nachvertragliche Pflichten:** Neben den normalen vertraglichen Pflichten, die im Einzelnen den Vertrag überdauern können (zB II, s Rn 43; §§ 89b, 90), gibt es auch hier vorvertragliche Pflichten, zB Geheimhaltungspflicht für Geschäftsgeheimnisse auch bei Nichtzustandekommen des HVVertrags (§ 90 Rn 1).

46   C. **Erfüllungsort:** Erfüllungsort der Verpflichtungen des HV (§ 269 II BGB) ist idR der Ort seiner gewerblichen Niederlassung bei Begründung des HVVerhältnisses, auch wenn dieser außerhalb seines Vertretungsbezirks liegt (entspr § 92c I, vgl dort Rn 2), Hbg 25.4.06 HVR Nr 1221, nach aA Niederlassungsort des Unternehmers. Das hat Konsequenzen für den **Gerichtsstand** des § 29 ZPO (nur wenn HV Kfm ist: § 29 II ZPO; § 84 Rz 33), zum Gerichtsstand § 92c Rn 12.

47   D. **Rechtsfolgen bei Verletzung:** Der Unternehmer hat die allgemeinen Rechtsbehelfe nach BGB, also zunächst schon Anspruch aus Auskunft (§ 242 BGB, auch unabhängig von II) bei begründetem Verdacht zur Vorbereitung eines Schadensersatzanspruchs, Düss ZVertriebsR **13**, 225 (Vertragshändler, Einl v 373 Rn 39), Anspruch auf Erfüllung, bei Wettbewerbsverstoß auf Unterlassung; Schadensersatz (§§ 280, 252 BGB, aber keine Gewinnherausgabe, s Rn 32), Rücktritt (§§ 323 ff BGB); dabei muss der HV beweisen, dass er seine Sorgfaltspflicht nicht verletzt hat, Karlsr DB **69**, 741, Mitverschulden des Unternehmers nach § 254 BGB ebenda; Vertragsstrafe (§§ 348, 351), AGB s Rn 8; sogar fristlose Kündigung, wenn die Pflichtverletzung einen wichtigen Grund abgibt (§ 89a), BGH WM **88**, 34 (iErg abl).

48   Die Verletzung kann auch Rechtsfolgen für den eigenen Provisionsanspruch des HV haben, zB Zurückbehaltungsrecht des Unternehmers, Mü BB **55**, 714.

7. Abschnitt. Handelsvertreter **§ 86a**

Ganz ausnahmsweise kann der HV einen entstandenen Provisionsanspruch 49
wegen grob pflichtwidrigen Verhaltens verlieren, zB bei auftragswidrigem Nichttätigwerden eines Bezirksvertreters („verwirken"), Hamm NJW **59**, 677. Das ist
keine eigentliche **Verwirkung** (illoyale Verspätung, § 85 Rn 7, § 87c Rn 19,
§ 89b Rn 80), sondern ein Ausschluss des Rechts nach § 242 BGB. Rechtsfolge
von Pflichtverstößen (§ 86) ist aber Schadensersatz, uU fristlose Kündigung
(§ 89a), ein verdienter Provisionsanspruch bleibt deshalb in aller Regel erhalten,
weitergehend Kblz BB **73**, 866 bei gravierendem Interessenwahrungspflichtverstoß des HV.

6) Abweichende Vereinbarungen (IV)

A. **Zwingendes Recht:** Die in I und II geregelten Pflichten können nicht 50
erweitert, aber auch nicht beschränkt (AmtlBegr) werden, also auch nicht zugunsten des HV (IV neu 1990s § 84 Rn 3), Emde 138, aA Heymann/Sonnenschein/Weitemeyer 26. IV ist aber missverständlich: er ist auf den kodifizierten
Kern von I und II zu begrenzen. Vertragliche Konkretisierungen der Bemühenspflicht (zB betr Untervertreter), der Interessenwahrungspflicht (zB betr Wettbewerbsverbot) und der Nachrichtspflicht (zB welche Nachrichten „erforderlich"
sein sollen) bleiben zulässig, Canaris § 15 Rn 31, Küstner/von Manteuffel BB
90, 294, Einzelheiten bei Emde 195.

B. **Nicht zwingendes Recht:** Die sonstigen Pflichten des HV aus Gesetz und 51
Vertrag können dagegen vertraglich bis zu den allgemeinen Grenzen (insbesondere auch nach (5) §§ 305 ff BGB) erweitert und eingeschränkt werden, zB Änderung des Sorgfaltspflichtsmaßstabes nach III. Der HV kann insbesondere ohne
Weiteres solche Aufgaben und damit entsprechende Pflichten übernehmen, die
über die normale Tätigkeit eines HV hinausgehen, zB Lagerhaltung, Auslieferung, Werbung, Delkredere (§ 86b), Inkasso (§ 87 IV); BGH **30**, 102. Umsatzgarantie s Rn 14. Klausel über anteilige Erstattung von Schulungskosten hält **(5)**
BGB § 307 stand, BAG NJW **03**, 2627. Der HV kann sich auch verpflichten,
weitere, nicht unter das Wettbewerbsverbot fallende (also außerhalb von dessen
Reichweite, s Rn 27) HdlVertretungen nur mit Zustimmung des Unternehmers
zu übernehmen (Mehrfirmenvertretung, s Rn 24), dies auch in AGB (zu diesen
§ 85 Rn 8), F/W/Franke 63, aA Mü NJW-RR **95**, 293.

[Pflichten des Unternehmers]

86a (1) Der Unternehmer hat dem Handelsvertreter die zur Ausübung seiner Tätigkeit erforderlichen Unterlagen, wie Muster, Zeichnungen, Preislisten, Werbedrucksachen, Geschäftsbedingungen, zur Verfügung zu stellen.

(2) [1]Der Unternehmer hat dem Handelsvertreter die erforderlichen Nachrichten zu geben. [2]Er hat ihm unverzüglich die Annahme oder Ablehnung eines vom Handelsvertreter vermittelten oder ohne Vertretungsmacht abgeschlossenen Geschäfts und die Nichtausführung eines von ihm vermittelten oder abgeschlossenen Geschäfts mitzuteilen. [3]Er hat ihn unverzüglich zu unterrichten, wenn er Geschäfte voraussichtlich nur in erheblich geringerem Umfange abschließen kann oder will, als der Handelsvertreter unter gewöhnlichen Umständen erwarten konnte.

(3) Von den Absätzen 1 und 2 abweichende Vereinbarungen sind unwirksam.

§ 86a 1, 2

Übersicht

	Rn
1) Pflichten des Unternehmers, Sorgfalt	1–4
2) Zurverfügungstellung von Unterlagen (I)	5–6
A. Erforderliche Unterlagen	5
B. Zurverfügungstellung	6
3) Nachrichts- und Informationspflichten (II)	7–12
A. Erforderliche Nachrichten (II 1)	7
B. Mitteilung der Annahme, Ablehnung oder Nichtausführung des Geschäfts (II 2)	10
C. Unterrichtung über Geschäftsabschlüsse in erheblich geringerem Umfang (II 3)	11
4) Unterstützung und Rücksichtnahme bei voller unternehmerischer Freiheit	13–17
A. Freie Annahme oder Ablehnung der Geschäfte	13
B. Unterstützung und Rücksichtnahme	15
C. Wettbewerbsverbot für den Unternehmer	17
5) Abweichende Vereinbarungen (III)	18–20
A. Zwingendes Recht	18
B. Nicht zwingendes Recht	19
C. (Teil-)Unwirksamkeit	20

1) Pflichten des Unternehmers, Sorgfalt

1 Im Anschluss an § 86 über die Pflichten des HV regelt **§ 86a** Pflichten des Unternehmers, allerdings **nur Nebenpflichten** (die Hauptpflicht zur Provisionszahlung folgt erst in § 87) und auch diese **nicht vollständig** (vgl zB § 618 BGB, s § 86 Rn 4). I behandelt die Pflicht des Unternehmers, den HV mit den notwendigen Unterlagen zu versorgen. II betrifft die erforderlichen Nachrichten insbesondere über Annahme oder Ablehnung der vom HV vermittelten Geschäfte, also die Mitteilungs- und Informationspflichten des Unternehmers. Eine dem § 86 III für den HV (§ 86 Rn 44) entsprechende Vorschrift für den Unternehmer fehlt, doch ist auch für diesen davon auszugehen, dass er seine Pflichten mit der **Sorgfalt eines ordentlichen Unternehmers** ausführen muss, was zur Sorgfalt eines ordentlichen Kfm praktisch keinen Unterschied macht, aA dies aus dem Gleichheitsgrundsatz begründend Emde § 86 Rn 174. Aus I und II und allgemeiner schon aus dem HVVertrag bzw § 242 BGB folgt, dass der Interessenwahrungspflicht des HV eine **allgemeine Pflicht des Unternehmers zur Unterstützung und Rücksichtnahme** entspricht, die aber die unternehmerische Freiheit des Unternehmers unberührt lässt (Rn 13). Manche sprechen auch von einer **Treuepflicht** des Unternehmers gegenüber dem HV, die aber jedenfalls keine Fürsorgepflicht wie gegenüber Arbeitnehmern (aber § 84 II, s § 84 Rn 39) ist und auch kein Beschäftigungsgebot beinhaltet, Emde 23. Diese allgemeine Pflicht konkretisiert sich in weiteren Pflichten des Unternehmers. Bei den Pflichten aus I und II handelt es sich um zwingendes Recht (s Rn 18). Die **Konkretisierung** der Treuepflicht im Einzelnen (s Rn 15) kann Anlass zur Prüfung auf Europarechtskonformität und **Vorlage nach Art 267 AEUV** (Art 234 aF, 177 aF EG) geben (§ 84 Rn 3), obschon Art 4 I EU-Ri (Gebot von Treu und Glauben für den Unternehmer, nach Art 5 zwingend), da § 242 BGB entsprechend, nicht eigens umgesetzt worden ist (BTDrucks 11/3077, 7), aA Canaris § 15 Rn 21, doch setzt er nur einen allgemeinen Rahmen; andernfalls wäre praktisch die gesamte HVVertragsrecht als Transformation der EU-Ri anzusehen. Vgl § 86 Rn 22.

2 Soweit der HVVertrag noch nicht zustande gekommen oder nichtig ist, bestehen entsprechende Informations- und Rücksichtspflichten des Unternehmers als **vorvertragliche** Schutzpflicht (§ 311 II iVm § 241 II BGB), zB Aufklärung über die Wertlosigkeit einer Kundenliste, über Einsatz weiterer HV im gleichen Gebiet, Nürnb BB **56**, 352 (Täuschung), über Arbeitsbedingungen und für den

7. Abschnitt. Handelsvertreter 3–5 § 86a

HV nicht ohne Weiteres erkennbare Risiken der Vertretung, über Auslaufen eines Lizenzvertrags, Düss 15.12.**00** HVR Nr 949, über wesentliche geplante Änderungen (zB Sortiment, Preisgestaltung, Betriebsveräußerung), aber nicht ungefragt über die allgemeine wirtschaftliche Lage des Unternehmens, Ebenroth/Löwisch 34, aA Emde 19, vgl auch Rn 8 und 12. Konkrete Prognosen des Unternehmers nur nach sorgfältiger Prüfung, aber kein blindes Vertrauen des HV, sondern Rückfragen. Lit: Schipper NJW **07**, 734, Emde BB **08**, 2755, Flohr ZVertriebsR **13**, 71.

Die Pflicht zur Rücksichtnahme besteht auch **nach Vertragsende**, zB keine 3 Behinderung des HV in seiner nunmehrigen Erwerbstätigkeit. Andere Pflichten wie die zur Überlassung von Unterlagen nach I oder das Wettbewerbsverbot des Unternehmers, Kln BB **97**, 697 (s Rn 17; anders bei Wettbewerbsabrede, § 90a gilt nur für den HV) enden dagegen. Vertragsübernahme durch einen neuen HV s § 89b Rn 68.

Rechtsfolgen von Verstößen gegen diese Nebenpflichten des Unternehmers 4 sind die üblichen: bei arglistiger Täuschung Anfechtung, Karls 16.12.**98** HVR Nr 976, aber s § 89 Rn 5; bei Verschulden bei Vertragsverhandlungen (§ 311 II BGB) Schadensersatz (§ 280 BGB); bei Pflichtverletzung abgesehen von einem Erfüllungsanspruch Schadensersatz (§ 280 BGB) und je nach Schwere des Verstoßes Kündigungsrecht nach § 89a.

2) Zurverfügungstellung von Unterlagen (I)

A. **Erforderliche Unterlagen:** Nach I muss der Unternehmer muss dem HV 5 die zur Ausübung seiner Tätigkeit erforderlichen Unterlagen zur Verfügung stellen. I erwähnt (nur beispielhaft, nicht abschließend) Muster, Zeichnungen, Preislisten, Werbedrucksachen, Geschäftsbedingungen. Die Überlassungspflicht erfasst alle in I genannten Unterlagen, ihre Erforderlichkeit wird (widerleglich) vermutet, str, außerdem alle produktspezifischen Unterlagen entsprechend der Verkehrssitte, vgl Emde 104. Darunter fallen auch einschlägige **Kundenlisten,** Mü 20.10.**04** HVR Nr 1124, soweit vorhanden und nicht gerade erst vom HV zu erstellen (vgl Rn 6, § 86 Rn 17). **Unterlagen** iSv I wird von der Rspr weit ausgelegt, BGH NJW **17**, 662 Rn 19 mAnm Teichmann ZVertriebsR **17**, 44; auch sonstige Sachen, die der HV speziell zur Anpreisung bei der Kundschaft benötigt, zB sonstiges Werbematerial, Musterstücke, Musterkollektion, BGH NJW **17**, 662 Rn 19, Mü BB **99**, 2320, 8.8.**01** HVR Nr 991. Spezielle Software für den Zugang zu den für die Vermittlung erforderlichen aktuellen Unternehmensdaten, BGH NJW **11**, 2423, Kln VersR **06**, 407, Brem NJW-RR **11**, 1542. Stationscomputersystem bei Tankstellenhalter, BGH NJW **17**, 662 mAnm Emde, Hamm NJW-RR **16**, 1134; ebenso ISDN-Inkassysteme mit Wartung, Hbg IHR **16**, 67, Thume IHR **16**, 75, vgl LG Hbg IHR **16**, 67 ff, LG Essen IHR **16**, 72; aA für Tankstellenkassensystem mit zahlreichen Funktionen, Schlesw ZVertriebsR **16**, 178 (iErg hälftig). Dabei ergeben sich Unterschiede je nach Aufgabe des HV und Branchenüblichkeit, zB betr Probestücke. Auch die Unternehmensgröße und die konkrete Aufgabenstellung des HV spielen eine Rolle, MüKo/von Hoyningen-Huene 3, auch der Umstand, dass andere Außendienstmitarbeiter damit ausgestattet sind, Brem NJW-RR **11**, 1543 (aber kein Gleichbehandlungsgrundsatz, § 86 Rn 10). Die **Erforderlichkeit** ist objektiv zu bestimmen, aber der Unternehmer hat bei Werbematerial ein Auswahlermessen (s Rn 13 und 15), Celle BB **10**, 1052, M. Roth BB **10**, 2004, aA für Auswahlermessen des HV Kln 11.9.**09** HVR Nr 1306 (auch Kundenzeitschrift, da produktspezifisch); eine enge Auslegung von „erforderlich" wegen der Aufzählung in I ist nicht angezeigt, aA BGH NJW **11**, 2425, Hamm NJW-RR **16**, 1134 Rn 30 (aber iErg bejahend), Grund: I bringt nur Beispiele („wie"), Widerspruch zu Art 4 II lit a EU-Richtlinie (§ 84 Rn 3): „erforderlich", Emde BB **12**, 3033. Die Überlassungspflicht des **Hauptvertreters** gegenüber dem Untervertreter reicht grundsätzlich nicht

Hopt 425

§ 86a 6–8   1. Buch. Handelsstand

weiter als die des Unternehmers ihm gegenüber (vgl § 84 Rn 31), M. Roth BB **10**, 2002.

Nicht unter I fällt Warenvorrat zur Auslieferung, Düss BB **90**, 1086, und alles, was der HV als Kaufmann sonst benötigt und nach der Verkehrsauffassung selbst beisteuern muss (§ 87d Rn 4), wie Büroausstattung, Briefpapier, Visitenkarten, Erhebungsbögen (auch wenn mit Logo des Unternehmers), Werbegeschenke, Kundenpflegezeitschrift (anders bei Produktbroschüre), BGH NJW **11**, 2423, zT aA Emde 105; Musterkoffer und andere handelsübliche Behältnisse (Musterkollektion s Rn 5), Hbg 15.10.55 HVR Nr 101, F/W/Teichmann 11, aA Ebenroth/Löwisch 23, Geschäftseinrichtung, Büromaterial; PC und dazu gehörige, übliche Software, Kln VersR **06**, 407, Kln 11.09.09 HVR Nr 1306, aA Celle BB **10**, 1052m Anm Hesse, Pkw, Kosten für Schulungen und Fortbildungsmaßnahmen, BGH NJW **11**, 2423, Celle BB **10**, 1052, aA Emde 105; allgemeine Lager- und Vorratswaren, so ausdrücklich Düss BB **90**, 1087, Grund: nur der Erfüllung dienend, aA Emde 106 Vorratswaren, aber davon unabhängig Rückgaberecht des HV (Einl 41v § 373). In der Praxis wird dies idR vertraglich geregelt, das ist in Grenzen zulässig (s Rn 18 zu III). Lit: Thume BB **95**, 1913 (Musterkollektion), Thelen VersR **09**, 1025 (Kundenzeitschriften), M. Roth BB **10**, 2000.

6   B. **Zurverfügungstellung:** Die Sachen sind unentgeltlich, Mü 8.8.01 HVR Nr 991, sobald erforderlich, fortlaufend und iZw am Ort der gewerblichen Niederlassung des HV (Bringschuld) zur Verfügung zu stellen, BGH NJW **17**, 662, Mü BB **99**, 2320. Für **Musterkollektionen** ist ein entsprechender HdlBrauch anzunehmen, bezüglich der Unentgeltlichkeit ist § 87d mit zu berücksichtigen, M. Roth BB **10**, 2003. Wegen des Zustandes der übergebenen Sachen, zB technischer oder chemischer Muster, haftet der Unternehmer dem HV nach § 618 I, III BGB (§ 86 Rn 4). Der Unternehmer bleibt idR Eigentümer der Sachen. Als solchem obliegt ihm, nicht dem HV eine eventuelle Versicherung (§ 86 Rn 17). Unterlagen muss der HV, wenn er sie nicht mehr braucht bzw nach Vertragsende, zurückgeben, zB auch die Kundenliste (Rn 5, § 86 Rn 17). Pflicht zum Erwerb der Musterkollektion nach Saisonende ist unwirksam, Mü BB **99**, 2320, Thume BB **95**, 1914, aA für Individualvereinbarung MüKo/von Hoyningen-Huene 8; unwirksam jedenfalls als AGB, Düss 25.11.94 HVR Nr 770, Mü 8.8.01 HVR Nr 991, trotz anderweitiger Branchenüblichkeit (arg e III, s Rn 18). Rücknahmepflicht bei Vertragsende s § 89 Rn 26.

3) Nachrichts- und Informationspflichten (II)

7   A. **Erforderliche Nachrichten (II 1):** Der Unternehmer schuldet dem HV die nach dem Zweck des HVVerhältnisses erforderlichen Nachrichten. II 1 ist die **Grundnorm**, die durch II 2, 3 für besonders wichtige Fälle (nämlich Annahme, Ablehnung oder nur Teilabschluss eines konkreten Einzelgeschäfts und allgemeiner voraussichtlich erheblich beschränkte Auftragsannahme) näher ausgestaltet ist.

8   **Erforderlich** iSv II 1 ist grundsätzlich alles, was die Tätigkeit des HV für den Unternehmer fördern kann, soweit es nicht Sache des HV ist, sich selbst darum zu kümmern. Die Erforderlichkeit bestimmt auch den Zeitpunkt der Nachricht. Sie kann, aber muss nicht unbedingt entfallen, wenn der HV schon von anderer Seite Informationen erhalten hat (vgl Rn 12), aA wohl Heymann/Sonnenschein/Weitemeyer 8. Aus II 1 folgt Nachrichtspflicht zB darüber, welche Geschäfte mit welchen Kunden der Unternehmer zu tätigen von vornherein bereit oder auch nicht bereit ist, wie er Lage und Entwicklung des Marktes beurteilt, wie er darauf mit seinem Angebot reagieren will und was sonst für die Tätigkeit des HV wichtig zu wissen ist. Leitlinie ist, dass der Unternehmer dem HV nicht ohne Weiteres durch unerwartete geschäftliche Dispositionen den Erfolg seiner Arbeit verkürzen darf, BGH **26**, 165.

Wie immer bei Mitteilungs- und Informationspflichten ist aber zwischen dem **Informationsinteresse** des HV und der **unternehmerischen Freiheit und** einem daraus folgenden **Geheimhaltungsinteresse** des Unternehmers (s auch Rn 12) abzuwägen. Danach hat der HV keinen Anspruch auf Einweihung allgemein in Produktentwicklung und Unternehmensstrategie, aA wohl Ebenroth/Löwisch 37, sondern nur darüber, was für den HV erforderlich ist (s Rn 8).

B. Mitteilung der Annahme, Ablehnung oder Nichtausführung des Geschäfts (II 2): Der Unternehmer muss nach II 2 (Halbs 2 neu 1990, § 84 Rn 3) dem HV unverzüglich (ohne schuldhaftes Zögern, § 121 I 1 BGB) die Annahme oder Ablehnung und die Nichtausführung eines vom HV beigebrachten Geschäfts mitteilen. Ggf Zwischennachricht. II 2 betrifft somit nur den Vermittlungs-, nicht den Abschlussvertreter (§ 84 Rn 24), Ausnahme § 91a II. Der HV ist insoweit also nicht nur auf Anforderung auf eine Buchauszugs- und die für den Provisionsanspruch relevanten Mitteilungen nach § 87c II, III angewiesen; anders bei ohne Mitwirkung des HV zustandegekommenen Geschäften (Bezirks- oder Kundenkreisschutz, § 87 II, Folgegeschäfte § 87 I Fall 2), str, Grund: klarer Wortlaut, Abhilfe: Vereinbarung. Die Mitteilung muss so sein, dass der HV die Auswirkung auf die Provisionspflicht erkennen kann; idR ist also auch der Grund der Nichtausführung anzugeben, aA Ebenroth/Löwisch 38: nur auf Verlangen. Jedes einzelne Geschäft ist anzugeben, grundsätzlich keine Pauschalierung. Auch Teilnichtausführung ist erfasst. Die Mitteilung wirkt nicht auf das Außenverhältnis zu dem Dritten (vgl § 84 Rn 52).

C. Unterrichtung über Geschäftsabschlüsse in erheblich geringerem Umfang (II 3): a) Nach II 3 schuldet der Unternehmer dem HV vor allem unverzügliche (s Rn 10) Unterrichtung von bevorstehender erheblich beschränkter Auftragsannahme, einerlei ob diese eine frei- oder unfreiwillige, quantitative oder qualitative ist, Ebenroth/Löwisch 41, aA F/W/Teichmann 33: nur II 1, auch wenn nur ein großes (für die HVBeziehung ingesamt erhebliches) Einzelgeschäft betroffen ist, Emde 140, aA MüKo/von Hoyningen-Huene 26. Maßstab ist einerseits, was der HV unter gewöhnlichen Umständen erwarten konnte, andererseits was der Unternehmer aus Unternehmen und Markt erwarten muss. Verletzung dieser Pflicht, auch nur fahrlässig, kann den Unternehmer dem HV für nutzlose Aufwendungen und für durch Unterlassen anderer Bemühungen entgangenen Gewinn schadensersatzpflichtig machen. Bsp: Rohstoffmangel mit voraussichtlicher Lieferungsschwierigkeit, BGH BB **59**, 864; bevorstehende Produktionseinstellung oder Betriebsstilllegung, BGH NJW **74**, 795; Absicht einer den HV ausschaltenden Vertriebsumstellung, BGH **49**, 44, **58**, 145; beabsichtigte Überlassung des Gebiets des HV an Konkurrenzunternehmen, BGH WM **87**, 595; sonstige den HV beeinträchtigende Betriebsänderungen (vgl § 89b Rn 18, 20); bevorstehende, den HV gefährdende Verschlechterung der Ware, BGH **26**, 167. Unterrichtung mündlich, je nachdem kann Textform erforderlich sein, Emde 144, aber kein Schriftformerfordernis.

b) Grenzen: Sofern der HV die Umstände **bereits kennt,** kann Unterrichtung unnötig sein, aber uU Bestätigung, Ergänzung; entscheidend ist, dass HV sich darauf einstellen kann. Kennenmüssen des HV lässt die Mitteilungspflicht nicht entfallen, str, aber ggf § 254 BGB. Vor allem sind jedoch die unternehmerische Freiheit und das berechtigte **Geheimhaltungsinteresse** des Unternehmers zu berücksichtigen, BGH NJW **74**, 795. Der Unternehmer ist grundsätzlich nicht verpflichtet, den HV von sich aus von der ungünstigen wirtschaftlichen Lage des Unternehmens und einer daraus folgender Gefahr eines nahen (ordnungsmäßigen) Endes der Vertretung zu unterrichten, anders uU auf Frage des HV, BGH BB **60**, 606, Canaris § 15 Rn 73, aA Ebenroth/Löwisch 44. Auch sonst kann eine zu frühe Mitteilung den Erfolg der geplanten Maßnahme (Coup am Markt, Zustandekommen der Transaktion, notwendige Sanierung) gefährden.

§ 86a 13–16   1. Buch. Handelsstand

Eine beabsichtigte Betriebsstilllegung ist angemessene Zeit vorher, jedenfalls aber wenn sie beschlossene Sache ist, mitzuteilen, BGH NJW **74**, 795.

4) Unterstützung und Rücksichtnahme bei voller unternehmerischer Freiheit

13 A. **Freie Annahme oder Ablehnung der Geschäfte: a)** Der Unternehmer darf angebotene Geschäfte grundsätzlich frei annehmen oder ablehnen. Die **kaufmännische Entschließungsfreiheit** ist allein Sache **des Unternehmers** ohne Einfluss des HV (Geschäftsabschlüsse, Preis- und Qualitätsänderung, Vertriebsumstellung, zB Lieferung nur noch an Großabnehmer und nicht mehr an die vom HV geworbenen Kunden), BGH **26**, 161, **49**, 39, **93**, 38 (Vertragshändlervertrag), WM **87**, 595, **93**, 1464, 1725, Nichtverlängerung eines Lizenzvertrags für die vom HV vertriebenen Produkte, Düss 15.12.00 HVR Nr 949, Geschäftsaufgabe und -änderung s § 89b Rn 20. Unerheblich ist, ob der Unternehmer wirtschaftlich zu der Maßnahme gezwungen ist oder nicht. Ablehnung ist grundsätzlich nicht Dienstannahmeverzug iSv § 615 BGB (Vergütung der abgelehnten Dienste). Der Unternehmer braucht die Ablehnung grundsätzlich auch nicht zu begründen, Ebenroth/Löwisch 15, F/W/Teichmann 30. AGB-Klausel über freie Ablehnung ist grundsätzlich wirksam, Grenze aber auch dann § 242 BGB (nur dann richtliniengemäß, § 86 Rn 22), ohne solche AGB bei willkürlicher Ablehnung Schadenersatz (s Rn 14), BGH 12.12.57 HVR Nr 166, Ul/Br/He/H. Schmidt (24) HVVerträge Rn 2 (§ 86 Rn 8). Lit: Steindorff ZHR 130 (**68**) 82, Höft VersR **69**, 875, Hopt ZIP **96**, 1536, Emde VersR **12**, 536.

14 **b) Einschränkungen:** Zunächst kann der Unternehmer trotz Nichtausführung des Geschäfts **Provision** schulden (§ 87a III 1). Ausnahmsweise schuldet der Unternehmer **Schadensersatz**: so bei Willkür oder Absicht, den HV zu schädigen, BGH BB **59**, 865, **60**, 1222; ebenso bei einer den HV schädigenden Schlechtlieferung an Kunden infolge grober Mißwirtschaft, BGH **26**, 163, zB wenn er dringende Vorstellungen des HV in den Wind schlägt oder vom HV geworbene Kunden grundlos gegen andere zurücksetzt, obwohl der HV mit Kenntnis des Unternehmers Aufwendungen für Folgeaufträge gemacht hat, Celle BB **62**, 195. Schließlich kann eine Pflicht zur **Mitteilung** bestehen, so nach II 2, 3 und allgemeiner II 1.

15 B. **Unterstützung und Rücksichtnahme:** Aus I und schon aus dem Inhalt des HVVertrags folgt allgemeiner eine Pflicht des Unternehmers, die Arbeit des HV zu unterstützen und auf seine schutzwürdigen Belange Rücksicht zu nehmen, BGH **26**, 164, **58**, 145 (Shell-Tankstelle), **93**, 54, **124**, 354, BB **68**, 60, Düss BB **12**, 2656. Im Hinblick auf die Selbstständigkeit des HV als Gewerbetreibender reicht diese Pflicht aber weniger weit als gegenüber einem Arbeitnehmer, Mü BB **58**, 247. Eine Gleichbehandlungspflicht mehrerer HV hat der Unternehmer grundsätzlich nicht (§ 86 Rn 10), anders uU wenn der Unternehmer ein eigenes Vertriebsnetz aufgebaut und seine HV in dieses straff einbezogen hat. Der Unternehmer, der als Franchisegeber ein bewährtes System anpreist, darf dem HV das Geschäftsrisiko nicht uneingeschränkt aufladen, sondern muss ihn je nach den Umständen beraten und vor Fehlinvestitionen bewahren, BAG DB **80**, 2039.

16 Der Unternehmer hat umgekehrt alles zu **unterlassen**, was den HV (ungerechtfertigt) benachteiligt oder gefährdet, BGH BB **82**, 1626. Eine nach außen als freiwillig dargestellte Preissenkungsaktion einseitig zu Lasten des HV unter wirtschaftlichen Druck verstößt gegen die Treuepflicht, zumal wenn vorauszusehen ist, dass nur wenige HV sich ausschließen (Tankstellen), LG Ffm BB **69**, 1326, BGH NJW **70**, 855. Der Unternehmer darf den HV nicht willkürlich ausschalten (zB durch systematische Nichtannahme der von ihm vermittelten Geschäfte, vgl Rn 14) oder ihn behindern (zB durch über bloße Mitteilung des HVVertragsen des hinausgehende Anschwärzung bei der Kundschaft), Karlsr BB **59**, 1006, Düss

7. Abschnitt. Handelsvertreter   **17   § 86a**

16.7.**54** HVR Nr 113, Düss 26.11.**04** HVR 1148, Düss ZVertriebsR **13**, 225, LG Dortmund 1.7.**50** HVR Nr 44. Er darf nicht mit einem Untervertreter die Kündigung des Vertreter- und des Untervertretervertrags zwecks Übertragung der Vertretung auf den Untervertreter absprechen, BGH **42**, 62, BB **82**, 1626, aA von Brunn DB **64**, 1841, Canaris § 15 Rn 80, vgl § 86 Rn 25. Schockwerbung des Unternehmers, die bei Kunden negative Reaktionen auslösen kann, soll der HV hinnehmen müssen, BGH **136**, 295 (Benetton), zweifelhaft. Keine Weiterbelieferungspflicht bei Veräußerung der Handelsvertretung an Wettbewerber, Düss ZVertriebsR **14**, 102. Ein Verstoß ist auch nach Vertragsende die Bekanntgabe ungünstiger Kundenberichte des HV an diese, LG Fbg BB **66**, 999, vgl § 86 Rn 42. **Gleichbehandlung** s § 86 Rn 10.

C. **Wettbewerbsverbot für den Unternehmer:** Der Unternehmer darf **17** dem HV je nach Vertrag weder selbst noch durch einen anderen HV Wettbewerb machen, insbesondere wenn dem HV Alleinvertretung eingeräumt ist, weniger strikt wenn bloßer Bezirks- oder Kundenschutz zugesagt ist, (§ 87 Rn 23, 24); dies gilt zwar grundsätzlich unabhängig vom Provisionsanspruch des HV nach § 87 II (Grund: Umfang von § 89b, spätere Eigenverwertung), doch kann das Bestehen und die Ausgestaltung der Bezirksprovision wegen des dadurch gewährten Schutzes für den HV bei der Auslegung eine Rolle spielen, weitergehend Karlsr NJW-RR **15**, 290. Das Wettbewerbsverbot für den Unternehmer ist also anders als das für den HV (§ 86 Rn 26) nicht vertragstypisch, sondern vom Inhalt des Vertrags (HV oder Vertragshändler) und der Ausgestaltung des Absatzsystems (Bezirksschutzes, § 87 II BGB) abhängig, zutr Canaris § 15 Rn 77, str. Der Unternehmer kann sich besonderen Vertriebsweg (zB Internetvertrieb) wirksam vorbehalten, BGH WM **08**, 1894. Dem Unternehmer sind Direktgeschäfte **(Direktvertrieb, Parallelvertrieb)** im Bezirk bzw mit dem Kundenkreis des HV nicht allgemein verboten (anders bei Alleinvertretung, Kln BB **00**, 2595, s § 87 Rn 24), Canaris § 15 Rn 78, Koller/Roth 4, zT aA Ebenroth/Löwisch 46; er darf auch konkurrierende HV einsetzen, falls nicht anders vereinbart, Düss BB **12**, 2656, Hopt ZIP **96**, 1533 (Direkt- und Parallelvertrieb), Emde 49; auf jeden Fall nach Kündigung, Mü 14.10.**93** HVR Nr 766. Aber je mehr der HV (Vertragshändler) in die Vertriebsorganisation eingegliedert ist und den Unternehmer durch Einsatz von Kapital und Personal zu unterstützen hat, desto kritischer ist Direkt- und Parallelvertrieb, BGH **124**, 355, **164**, 15, WM **93**, 1464, Düss 19.1.**01** HVR Nr 950, Düss ZVertriebsR **13**, 225. Zum sachlichen, räumlichen und zeitlichen Umfang des Wettbewerbsverbots Emde VersR **12**, 545. Vor allem darf er den HV nicht durch eigenen Wettbewerb systematisch schädigen, zB durch Übernahme einer Vertretung in Konkurrenzartikeln, ausführlich Emde 43, 45; Abwerbung von Stammkunden des HV, BGH BB **59**, 720; Weitergabe von Adressen von vom HV vermittelten Kunden an andere HV oder Händler, Düss 26.11.**04** HVR Nr 1148; Ausspannen von Untervertretern des HV, BGH **42**, 62, BB **82**, 1626, Düss 21.6.**57** HVR Nr 151 LS, Mü BB **58**, 247 (Versicherungswirtschaft), aA Canaris § 15 Rn 80, aber Wechsel des Untervertreters als HV zum Unternehmer, auch mit vorheriger Absprache, muss möglich bleiben; Preisunterbietung durch den Unternehmer selbst oder ihre Zulassung für einen anderen HV, vgl Brem NJW **67**, 254 (vgl auch Rn 16), dies auch dann nicht, wenn der HV kein Alleinvertriebsrecht hat, BGH **97**, 327. Bei zulässigem Wettbewerb kann jedenfalls Ankündigung geboten sein, s Rn 7 ff, § 89a Rn 23. Bei verbotenem Wettbewerb des Unternehmers kann der HV Auskunft fordern, BGH BB **57**, 452, 22.11.**00** HVR Nr 926 (Vertragshändler). Zum Ausschließlichkeits-, Direkt- und Parallelvertrieb in der Versicherungswirtschaft Hopt ZIP **96**, 1809. Schranken aus **Kartellrecht** s § 86 Rn 34. Lit: Emde VersR **12**, 536.

§ 86b

1. Buch. Handelsstand

5) Abweichende Vereinbarungen (III)

18   A. **Zwingendes Recht:** Die Pflichten des Unternehmers nach I und II können nicht eingeschränkt, nach AmtlBegr (III neu 1990, § 84 Rn 3) und Art 5 der EU-Richtlinie aber auch nicht erweitert werden. Sieht man § 86a III (und Art 4 der EU-Richtlinie) als Schutzgesetz zugunsten des HV an, sind Erweiterungen zulässig, Ebenroth/Löwisch 56, F/W/Teichmann 44 (Konsequenzen s § 84 Rn 3). Die Harmonisierungzwecke der EU-Richtlinie reichen aber weiter, zutr Oetker/Busche 33. Indessen gilt hier dasselbe wie zu § 86 IV (s § 86 Rn 50), wie dort ist III auf den kodifizierten Kern von I und II zu begrenzen. Zum Kern gehört die unentgeltliche Erstausstattung des HV, die allerdings im Eigentum des Unternehmens verbleiben und nach Beendigung des HVVerhältnisses zurückgefordert werden kann. Überbürdung von Kosten für an sich dem Unternehmer obliegende Pflichten ist unzulässig, Bspe: Nutzungsgebühren; Kreditkartengebühren, Hamm NJW-RR **16**, 1134; Ankaufspflichten für Musterkollektion nach Vertragsende (s Rn 6); Kaution, Thume BB **95**, 1914; Versicherungspflicht für Vorratsware auf Kosten des HV (§ 86 Rn 17). Qualifikation als HV bleibt davon unberührt, Mü ZVertriebsR **16**, 33. Vertragliche Konkretisierungen sind außerhalb des Kerns zulässig, unterliegen aber der AGB-Inhaltskontrolle nach **(5)** BGB §§ 307 ff (s auch Rn 6), so bei unangemessenen Risikoverlagerungen, relevant dabei sind ua erhebliche Kosten für abzunehmende Werbeunterlagen, Kosten über Selbstkosten des Unternehmens, Ersatzpflicht unabhängig vom Provisionsaufkommen, M. Roth BB **10**, 2004. Zu pauschal Ebenroth/Löwisch 56: Abbedingung allgemeiner, über I und II hinausreichender Nebenpflichten nur durch Individualvereinbarung. Vertragliche Ausdehnung des II 2 auf den dort nicht geregelten Bezirksvertreter (Rn 10) ist möglich.

19   B. **Nicht zwingendes Recht:** Die sonstigen Pflichten des Unternehmers aus Gesetz und Vertrag können dagegen bis zu den allgemeinen Grenzen eingeschränkt werden. Das gilt auch für seine unternehmerische Freiheit (§ 398 Rn 8), zB bestimmte Abschlüsse zu tätigen, sein Weisungsrecht einzuschränken, bestimmte Wettbewerbshandlungen des HV zu dulden, vgl auch Ebenroth/Löwisch 56. Vertragliche Erweiterung der Pflichten des Unternehmers bleibt zulässig, III dient nur dem Schutz des HV, Emde 160, str.

20   C. **(Teil-)Unwirksamkeit:** Gesamtvergütungsabrede für teils unter I fallende Funktionen, teils andere, vom HV zu tragende Aufwendungen (§ 87d) ist zwar grundsätzlich insgesamt unwirksam, aus einer ergänzenden Vertragsauslegung (§ 242 BGB) kann aber bloße Teilunwirksamkeit folgen, auch bei AGB (§ 87d Rn 6), BGH NJW **17**, 662 Rn 32 mAnm Emde.

[Delkredereprovision]

86b (1) ¹ Verpflichtet sich ein Handelsvertreter, für die Erfüllung der Verbindlichkeit aus einem Geschäft einzustehen, so kann er eine besondere Vergütung (Delkredereprovision) beanspruchen; der Anspruch kann im voraus nicht ausgeschlossen werden. ² Die Verpflichtung kann nur für ein bestimmtes Geschäft oder für solche Geschäfte mit bestimmten Dritten übernommen werden, die der Handelsvertreter vermittelt oder abschließt. ³ Die Übernahme bedarf der Schriftform.

(2) Der Anspruch auf die Delkredereprovision entsteht mit dem Abschluß des Geschäfts.

(3) ¹ Absatz 1 gilt nicht, wenn der Unternehmer oder der Dritte seine Niederlassung oder beim Fehlen einer solchen seinen Wohnsitz im Ausland hat. ² Er gilt ferner nicht für Geschäfte, zu deren Abschluß und Ausführung der Handelsvertreter unbeschränkt bevollmächtigt ist.

Übersicht

	Rn
1) Delkrederehaftung (I)	1–8
A. Einstandspflicht (Delkredere) nur bei Vereinbarung (I 1)	1
B. Zulässigkeit (I 2)	3
C. Form (I 3)	5
D. Rechtsnatur	6
E. Verbindlichkeit aus dem Geschäft	7
2) Delkredereprovision (I 1, II)	9–11
A. Besondere Provision (I 1)	9
B. Höhe	10
C. Entstehen (II)	11
3) Ausnahmen (III)	12–14
A. Ausländer	12
B. Unbeschränkte Vollmacht	14

1) Delkrederehaftung (I)

A. Einstandspflicht (Delkredere) nur bei Vereinbarung (I 1): Der HV **1** muss zwar die Bonität des Kunden prüfen, vor allem wenn ihm Kredit gewährt werden soll (§ 86 Rn 21), sonst haftet er dem Unternehmer für den Schaden, den er durch Einlassen auf das Geschäft erleidet (negatives Interesse), LG Hdlbg BB **55**, 942. Aber der HV braucht nicht schlechthin für einen später eintretenden Ausfall einzustehen.

Zur Haftung für die Erfüllung der Verbindlichkeit des Geschäftsgegners bedarf **2** es eines besonderen Verpflichtungstatbestands. Eine dahingehende Vereinbarung des HV mit dem Unternehmer, auch Übernahme des Delkredere genannt, die durchaus auch im Interesse des HV liegen kann (Provisionsinteresse, Massengeschäft mit Ausfällen), regelt § 86b mit einem Mindestschutz zugunsten des HV (vgl § 394 für den Kommissionär). Geschützt ist auch der HV als Kfm. I 1 betrifft nicht Haftungsübernahme des HV gegenüber Dritten, zB Bürgschaft des Abzahlungskaufverträge vermittelnden HV gegenüber Teilzahlungskreditbank für Verbindlichkeiten des Abzahlungsverkäufers, BGH WM **88**, 1048. **AGB** über Tragung der Beitreibungskosten bei zahlungsunfähigen oder -unwilligen Kunden kann unwirksam sein, Karlsr BB **74**, 904, (24) Ul/Br/He/H. Schmidt HVVerträge Rn 3 (§ 86 Rn 8). Zu EU-Recht Kapp/Schumacher EuZW **08**, 167 (§ 86 Rn 38). Lit: Castan BB **57**, 1124, Valdini ZVertriebsR **16**, 207 (AGB und Delkredereregister des HV).

B. Zulässigkeit (I 2): Die Übernahme des Delkredere ist nach I 2 zum Schutz **3** des HV grundsätzlich (Ausnahmen: III 1, 2) **nur zulässig bei Wahrung des Bestimmtheitsgrundsatzes,** also entweder

a) für ein **bestimmtes Geschäft** (I 2 1. Alt), auch ein künftiges bestimmtes, auch mehrere solche; auch wenn der HV (zB im Falle eines Bezirksvertreters, § 87 II) es nicht selbst vermittelt oder abschließt (insoweit weiter als die 2. Alt); oder

b) für (alle oder bestimmte) **Geschäfte mit einem bestimmten Dritten, 4** die der HV **selbst** (oder durch einen Untervertreter) **vermittelt** oder abschließt (I 2 2. Alt), auch mit mehreren bestimmten Dritten; also zB nicht für alle Geschäfte mit dem Kunden X, einerlei wer sie vermittelt oder abschließt (etwa Unternehmer selbst oder anderer HV); nicht für alle Geschäfte in einem bestimmten Bezirk; nicht für alle vom HV in einem bestimmten Bezirk vermittelten oder abgeschlossenen Geschäfte. Eine Klausel, die dem HV die Kosten des gerichtlichen Vorgehens gegen einen bestimmten Kunden oder in jedem Falle bei Zahlungsunfähigkeit oder Unwilligkeit der Kunden die Haftung bis zur Höhe der Beitreibungskosten auferlegt, ist unwirksam, Karlsr BB **74**, 904 (s auch Rn 2).

§ 86b 5–10

1. Buch. Handelsstand

5   C. **Form (I 3):** Die Übernahme jeder Delkrederehaftung bedarf nach I 3 der **Schriftform.** Formgebunden ist nur die Erklärung des HV, nicht ihre Annahme durch den Unternehmer (wie bei § 766 S 1 BGB). Im Übrigen gelten §§ 125, 126 BGB. Im Falle einer Bürgschaft (s Rn 6) erfasst I 3, der § 350 vorgeht, auch den Kfm (s Rn 2), aber mit Heilungsmöglichkeit nach § 766 S 2 BGB.

6   D. **Rechtsnatur:** Die Übernahme des Delkredere ist (idR einfache, nicht selbstschuldnerische) **Bürgschaft,** hL wegen gleichen Wortlauts mit § 765 I BGB, Emde 4; doch kann je nach Parteiwillen auch ein anderer Interzessionsvertrag, etwa **Schuldbeitritt** (zur Verbindlichkeit des Geschäftspartners) oder **Garantie vertrag,** vorliegen (§ 349 Rn 14 ff), ebenso Emde 4, Heymann/Sonnenschein/Weitemeyer 4, Kapp/Schumacher EuZW 08, 167. Voraussetzungen und Umfang der Haftung demgemäß verschieden. § 86b gilt aber ohne Unterschied dieser Fälle, bindet also das Delkredere in der Form des Garantievertrags und Schuldbeitritts hier ebenso an Schriftform wie schon § 766 BGB die Bürgschaft. Auf sonstige schuldsichernde Vereinbarungen ist § 86b nach dem klaren Wortlaut nicht anwendbar, doch kommt dann Analogie in Betracht, MüKo/von Hoyningen-Huene 6; in Ausnahmefällen auch Umgehung. Da das Delkredere ein Vertrag ist, erlischt dieses nicht durch einseitigen Verzicht des Unternehmers.

7   E. **Verbindlichkeit aus dem Geschäft: a)** Die Delkrederehaftung setzt danach das **Bestehen einer Verbindlichkeit des dritten Kunden** gegenüber dem Unternehmer voraus (bei Bürgschaft sog Hauptverbindlichkeit, § 767 BGB). Diese Verbindlichkeit ist idR der Anspruch des Unternehmers gegen den Kunden auf Gegenleistung, also Erfüllung; doch können je nach Inhalt der Delkredereeinbarung auch alle anderen Verbindlichkeiten „aus dem Geschäft" gesichert sein (zB Ansprüche aus Nebenpflichten, auf Gewährleistung, auf Schadensersatz, auch vorvertragliche Ansprüche, auch auf Rückgabe und Herausgabe nach § 812 BGB). Das muss aber deutlich vereinbart werden (§§ 133, 157 BGB), aA im Zweifel, aber zu pauschal Ebenroth/Löwisch 6; weitergehend für besondere Hinweispflicht des Unternehmers Emde 12, str.

8   **b)** Der HV hat im Falle einer Bürgschaft die Einreden nach §§ 768, 770 BGB und kann den Unternehmer auf **Vorgehen erst gegen den dritten Kunden** verweisen; letzteres folgt entweder aus § 771 BGB oder (falls der HV Kfm ist, dann an sich § 349, sowie im Falle der Garantie oder des Schuldbeitritts) aus der Treuepflicht des Unternehmers (§ 86a Rn 1), abweichende Vereinbarung ist aber möglich, Heymann/Sonnenschein/Weitemeyer 12.

2) Delkredereprovision (I 1, II)

9   A. **Besondere Provision (I 1):** Die (wirksame) zusätzliche Übernahme des Delkredere gibt dem HV nach I 1 Anspruch auf eine **Delkredereprovision** neben der Provision für Vermittlung oder Abschluss der Geschäfte, §§ 87 ff. Das ist nach **I 1 Halbs 2 zwingend,** der Anspruch kann also **nicht im Voraus** (also vor Fälligkeit des Provisionsanspruchs) ausgeschlossen werden, Ebenroth/Löwisch 22. Tatsächlich ist jedoch **§ 86b insgesamt zwingend,** hL, Emde 29, Grund: Redaktionsversehen, Ausnahmen nur nach III (s Rn 12) und § 92c. Bei Übernahme des Delkredere für bereits abgeschlossene Geschäfte kann auf Provision verzichtet werden, Emde 29, aA Heymann/Sonnenschein/Weitermeyer 18, weil gleichbedeutend mit „im Voraus". Möglich bleiben aber Fälligkeitsregelung (Rn 11), Emde 29, und Erlass (§ 397 BGB). Behandlung unter § 89b s dort Rn 28.

10 B. **Höhe:** Mangels Vereinbarung und bei Vereinbarung eines unangemessen niedrigen Satzes gilt der übliche Satz, § 87b I, Emde 28, nach aA § 354 oder jedenfalls ergänzend, Ebenroth/Löwisch 24, aber § 354 liegt anders, Oetker/

Busche 17 gegen Emde 23. § 87b hat zwar die Vermittlungs- und Abschlussprovision im Auge, passt aber auch auf die Delkredereprovision. Rückstellung ist dafür ohne Bedeutung, Emde 26. Ist ein üblicher Satz nicht zu ermitteln, greifen §§ 315 ff BGB. Liegt der Satz der Delkredereprovision fest, so ergibt sich die Rechnungsgrundlage aus § 87b II.

C. **Entstehen (II):** Der Anspruch auf die Delkredereprovision entsteht **mit dem Abschluss des Geschäfts,** aus dem die garantierte Verbindlichkeit erwächst, bei Delkrederehaftung für mehrere Geschäfte (Rn 3f) also per jedem Geschäftsschluss gesondert. Wirksamer Abschluss genügt. Wird angefochten, soll auch die Provision entfallen (§ 142 BGB), Ebenroth/Löwisch 17, aber es gelten die Grundsätze des in Vollzug gesetzten, fehlerhaften HVVertrags (§ 85 Rn 1). Das gilt auch bei Rücktritt nach § 323 BGB oder nach Vertrag, also kein Entfallen des Anspruchs, MüKo/von Hoyningen-Huene 28, Oetker/Busche 15, aA Emde 20. Späteres Hinfälligwerden des Geschäfts infolge auflösender Bedingung, Aufhebungsvertrag oder Kündigung eines in Vollzug gesetzten Dauerschuldverhältnisses sind auch bei Ablehnung dieser Grundsätze nach Wortlaut und Sinn des II unschädlich, denn der HV hat bis dahin das Risiko getragen, Emde 20. Der Anspruch ist nach § 271 BGB sogleich **fällig,** allerdings vorbehaltlich abw Abrede (zB Fälligkeit wie nach §§ 87a IV, 87c I), I 1 letzter Halbs steht nicht entgegen (Rn 9).

3) Ausnahmen (III)

A. **Ausländer:** I gilt nicht für **ausländische Unternehmer,** die Niederlassung, hilfsweise Wohnsitz im Ausland haben, **III 1.** Ob als Ausland iSv III 1 auch EU/EWR angesehen werden kann, MüKo/von Hoyningen-Huene 39, ist zweifelhaft, Redaktionsversehen ist trotz der Regelung in § 92c nicht ausgeschlossen, Oetker/Busche 21, aA Emde 34, F/W/Fröhlich 4. Im Auslandsverkehr besteht oft besonderer Anlass, die Delkrederehaftung des inländischen HV vorzusehen, weil der Ausländer die Kreditwürdigkeit des inländischen Kunden selbst oft nicht prüfen kann; ebenso kann sich der HV darauf einlassen, für die Übernahme der Delkrederehaftung keine zusätzliche Provision zu erhalten, ohne dahingehende Abrede hat er aber für die Interzession Provisionsanspruch aus § 354, Canaris § 15 Rn 51, str. Provisionsabbedingung für Delkredere, soweit unter III zulässig, auch durch AGB, Emde 32, verneinend Ebenroth/Löwisch 27. Voraussetzung ist Anwendbarkeit des deutschen Rechts, sie wird im Verhältnis zum inländischen HV idR gegeben sein (§ 92c Rn 8).

Dasselbe gilt (mit umgekehrten Vorzeichen) für Geschäfte mit **Kunden im Ausland.** Lit: Masing BB **95,** 2589.

B. **Unbeschränkte Vollmacht:** I gilt ferner nicht für **Geschäfte, zu deren Abschluss und Ausführung der Handelsvertreter unbeschränkt bevollmächtigt ist, III 2.** Entscheidend ist, dass der HV rechtlich und wirtschaftlich sein Risiko frei bestimmen kann; dann soll ihm die Übernahme eines Delkredere, an dem der Unternehmer ein besonderes wirtschaftliches Bedürfnis hat, nicht erschwert werden, BGH BB **82,** 2009 (Flugscheine von Reisebüro); „Unbeschränkt" heißt „im Wesentlichen frei" (vgl § 84 I 2), die Person des Geschäftsgegners, die Bedingungen des Geschäfts (zB Kredit oder nicht) und Zeit und Art der Ausführung bestimmen zu können. „Unbeschränkt" heißt nicht Alleinbevollmächtigung, III 2 gilt also auch für mehrere Bezirksvertreter mit Bezirksvollmacht, BGH BB **66,** 1322; III 2 gilt auch bei unbeschränkter Vollmacht nur für Einzelgeschäfte (also keine Delkredereprovision für Tankstellenvertreter), LG Essen BB **61,** 425. Ganz oder teilweiser Nichtgebrauch der Vollmacht durch HV (zB Überlassen der Lieferung an Unternehmer) räumt III 2 nicht aus, BGH BB **66,** 1322.

§ 87

[Provisionspflichtige Geschäfte]

87 (1) ¹Der Handelsvertreter hat Anspruch auf Provision für alle während des Vertragsverhältnisses abgeschlossenen Geschäfte, die auf seine Tätigkeit zurückzuführen sind oder mit Dritten abgeschlossen werden, die er als Kunden für Geschäfte der gleichen Art geworben hat. ²Ein Anspruch auf Provision besteht für ihn nicht, wenn und soweit die Provision nach Absatz 3 dem ausgeschiedenen Handelsvertreter zusteht.

(2) ¹Ist dem Handelsvertreter ein bestimmter Bezirk oder ein bestimmter Kundenkreis zugewiesen, so hat er Anspruch auf Provision auch für die Geschäfte, die ohne seine Mitwirkung mit Personen seines Bezirkes oder seines Kundenkreises während des Vertragsverhältnisses abgeschlossen sind. ²Dies gilt nicht, wenn und soweit die Provision nach Absatz 3 dem ausgeschiedenen Handelsvertreter zusteht.

(3) ¹Für ein Geschäft, das erst nach Beendigung des Vertragsverhältnisses abgeschlossen ist, hat der Handelsvertreter Anspruch auf Provision nur, wenn

1. er das Geschäft vermittelt hat oder es eingeleitet und so vorbereitet hat, daß der Abschluß überwiegend auf seine Tätigkeit zurückzuführen ist, und das Geschäft innerhalb einer angemessenen Frist nach Beendigung des Vertragsverhältnisses abgeschlossen worden ist oder
2. vor Beendigung des Vertragsverhältnisses das Angebot des Dritten zum Abschluß eines Geschäfts, für das der Handelsvertreter nach Absatz 1 Satz 1 oder Absatz 2 Satz 1 Anspruch auf Provision hat, dem Handelsvertreter oder dem Unternehmer zugegangen ist.

²Der Anspruch auf Provision nach Satz 1 steht dem nachfolgenden Handelsvertreter anteilig zu, wenn wegen besonderer Umstände eine Teilung der Provision der Billigkeit entspricht.

(4) Neben dem Anspruch auf Provision für abgeschlossene Geschäfte hat der Handelsvertreter Anspruch auf Inkassoprovision für die von ihm auftragsgemäß eingezogenen Beträge.

Übersicht

	Rn
1) Provision des Handelsvertreters (§§ 87–87d)	1–6
A. Übersicht	1
B. Provision	2
C. Andere Vergütungsformen	5
2) Provision für vermittelte Geschäfte (I)	7–22
A. Nur abgeschlossene Geschäfte (I 1)	7
B. Mitverursachung durch den Handelsvertreter (I 1 Fall 1)	11
C. Nachbestellungen und Folgeaufträge (I 1 Fall 2)	17
D. Mehrere Handelsvertreter (I 2)	21
3) Bezirks- und Kundenkreisschutz (II)	23–36
A. Bezirks- oder Kundenkreisschutz	23
B. Bezirksprovision	30
C. Mehrere Bezirksvertreter (II 2)	35
4) Zeitliche Abgrenzung gegenüber Vorgänger (I 2, II 2)	37–39
A. Abschlüsse in der Vertragszeit	37
B. Vorherige Abschlüsse (I 2, II 2)	39
5) Abschlüsse nach Vertragsende (III)	40–46
A. Abschlüsse nach Vertragsende (III 1 Nr 1)	40
B. Abschlüsse nach Vertragsende (III 1 Nr 2)	44
C. Teilung der Provision (III 2)	46
6) Inkassoprovision (IV)	47
7) Abweichende Vereinbarungen	48

7. Abschnitt. Handelsvertreter 1–5 § 87

Rn
8) Abtretung, Verpfändung, Pfändung, Insolvenz 49–51
   A. Abtretung, Verpfändung 49
   B. Pfändung 50
   C. Insolvenz 51
9) Verjährung 52–53

1) Provision des Handelsvertreters (§§ 87–87d)

A. **Übersicht:** §§ 87–87d und zuvor schon § 86b (Delkredere) regeln die 1 Vergütung des HV. § 87 (I–III) zieht den Kreis der provisionspflichtigen Geschäfte, § 87a (I–III und V) regelt die auf die Ausführung des einzelnen Geschäfts bezüglichen Voraussetzungen des Provisionsanspruchs. § 87b handelt von der Höhe der Provision, § 87c von der Provisionsabrechnung, § 87a IV (und V) von der Fälligkeit der Provision. § 87 IV spricht dem HV außer der Vermittlungs- oder Abschlussprovision bei Einziehung von Geldern eine Inkassoprovision zu. Die Festsetzung einer Mindestvergütung ermöglicht in gewissem Umfang § 92a. § 87d regelt den Aufwendungsersatz. Das Recht der Provision des HV ist teilweise **europarechtlich** präformiert (Art 6–12 EU-Ri, § 84 Rn 3) mit der Folge möglicher Vorlageverfahren an den EuGH nach Art 267 AEUV (Art 234 aF, 177 aF EG).

B. **Provision:** Das übliche Entgelt des HV ist eine Provision, dh eine (irgend- 2 wie, vgl § 87b Rn 1) nach dem Umfang vergütungspflichtiger (Einzel-)Geschäfte bemessene Zahlung als Gegenleistung für die erbrachten Dienste (vgl § 86 Rn 1), Provisionsabrede s Rn 48. Es handelt sich also um eine **Erfolgsvergütung** (s § 87a Rn 1), die idR tätigkeitsbezogen ist, aber wie etwa die Abschlussprovision (II) nicht sein muss. Für Geschäfte, die vor Beendigung des HVVertrags abgeschlossen, aber erst danach ausgeführt worden sind, entstehen sog **Überhangprovisionen,** BGH WM **98**, 723 (s Rn 38). Bei **Topfabrede** werden die Provisionen zusammengerechnet und anteilig nach dem Gesamterfolg oder nach einem bestimmten Schlüssel verteilt, nach BAG 3.6.98 (Gebrauchtwagenvermittlung) bei Küstner/Thume/Thume Bd 1 Kap V Rn 31: Abrede sui generis nach §§ 305, 362 BGB, aber gekünstelt (s Rn 48). Provisionspacking und Nettopolicen, VersVertreter erhält Provision direkt vom Kunden, Küstner/Thume/Thume Bd 1 Kap V Rn 31a. **Teamvereinbarungen** regeln die Provisionsaufteilung ganz unterschiedlich, Ebenroth/Löwisch 49. Weiterveräußerungschance bei KfzLeasing mit Rückkaufsrecht des HV ist keine Provision, BGH WM **06**, 875. Lit: Klinger DB **57**, 975 (Bemessung); Schröder BB **63**, 567 (außerbezirkliche Geschäfte); Kempfler NJW **63**, 524 (Werkverträge); Maier BB **70**, 1327 (verbundene Unternehmen, ZwNl).

Für Zusatzleistungen fallen **Zusatz- oder Sonderprovisionen** an, zB Del- 3 krederprovision (§ 86b), Inkassoprovision (IV), vereinbarte Provisionen für besondere Markt- oder Kundenpflege (s § 86 Rn 13) oder bei Konsignationslagerabrede (Überbl 41 vor § 373). §§ 87 ff gelten nur für die Vermittlungs- und Abschlussprovisionen, nicht für Delkredereprovision und für Verwaltungsvergütung (§ 89b Rn 28), auch wenn diese sich am Warenumsatz orientiert, Schlesw VersR **77**, 1002 (zu § 87a IV, dort Rn 31); § 87c kann dagegen anwendbar sein (dort Rn 2).

Anspruch des HV auf Provision kann (neben Provision aus § 87) auch aus 4 § 354 folgen, zB bei außergewöhnlicher Belastung durch Mängelrügeabwehr durch den HV, BGH BB **62**, 1345. Gelegenheitsagent s § 84 Rn 44.

C. **Andere Vergütungsformen:** Statt Provision kann der HVVertrag auch 5 andere Vergütungsformen vorsehen, zB **feste Vergütung; Provisionsgarantie,** Auslegung als Mindest-, nicht Fixbetrag, Mü 23.12.**09** HVR Nr 1312; **Prämie** für besondere Leistungen des HV, zB Leistungs- und Treueprämien s BAG BB **82**, 1486, Karlsr BB **80**, 226, andere am Leistungserfolg ausgerichtete **Boni** und

§ 87 6–8   1. Buch. Handelsstand

Gratifikationen, diese sind von §§ 87 ff nicht vorgesehene, freiwillige Leistungen, die an Voraussetzungen wie Basisprovisionsumsatz ua angeknüpft werden können, häufig in KfzVertragshändlerverträgen, Emde 22; **Umsatz- oder Gewinnbeteiligung** am Gesamtumsatz oder Gewinn des vertretenen Unternehmens (statt bezogen auf das Einzelne provisionspflichtige Geschäft). §§ 87–87d sind dann unanwendbar, Karlsr BB **66**, 1169, Naumbg 7.3.**02** HVR Nr 1108, Oldbg NJW-RR **14**, 814, Düss ZVertriebsR **15**, 249 (iErg abl). Ein vereinbartes Fixum ist auch zu zahlen, wenn HV nach Ansicht des Unternehmers zu wenig Zeit und Kraft für ihn aufwandte (dann uU Gegenanspruch des Unternehmers auf Schadensersatz), aber nicht, wenn er gar nicht für ihn tätig war, Brschw DB **56**, 794. **Altersversorgung:** BetrAVG gilt nach seinem § 17 entspr für Nichtarbeitnehmer (vgl § 59 Rn 83). Lit: Stötter/Lindner/Karrer 2. Aufl 1980.

6   **Kombination** verschiedener Formen ist denkbar, §§ 87 ff sind dann nur bezüglich der Provision (aber s Rn 3) anwendbar.

2) Provision für vermittelte Geschäfte (I)

7   A. **Nur abgeschlossene Geschäfte (I 1): a)** Provisionspflichtig sind nur (während der Vertragszeit, Rn 37) abgeschlossene Geschäfte. Geschäfte sind (nur) die, welche der HV nach dem HVVertrag zu vermitteln oder abzuschließen übernommen hat (§ 84 Rn 22 ff). Notwendig ist grundsätzlich endgültiger, rechtswirksamer Vertragsabschluss. Vorvertrag genügt noch nicht, obwohl er Pflicht zum Abschluss des Hauptvertrags beinhaltet; aber BGH 30. 1. **64** (von Gamm NJW **79**, 2492); das gilt erst recht für bloßen Rahmen(bezugs)vertrag (Rn 41), BGH NJW **58**, 180, mangels Bezugsverpflichtung aus diesem muss erst die Einzelbestellung dazu kommen. Der aufschiebend bedingt abgeschlossene Vertrag ist (während der Vertragszeit, Rn 37) abgeschlossen und begründet Provisionsanwartschaft, hL, Kln 21.3.**14** HVR 1382, doch steht der Provisionsanspruch unter derselben Bedingung (und der weiteren Bedingung der Ausführung, § 87a Rn 1); in Ausnahmefällen greift § 162 BGB. Eintritt der Bedingung erst nach Ende des HVVertrags schadet nicht mehr, BGH NJW **10**, 298, Kln IHR **16**, 40. Entsprechendes gilt bei Optionsrecht auf einseitige Begründung des Vertrags, Kln 21.3.**14** HVR 1382, nur Anwartschaft, MüKo/von Hoyningen-Huene 62a. Sukzessivlieferungsvertrag s Rn 38. Der abgeschlossene Vertrag muss **rechtswirksam** sein, also keine Provision bei Nichtigkeit, BGH ZIP **11**, 2264, Anfechtung (§ 142 I BGB) oder Eintritt einer auflösenden Bedingung, BGH WM **91**, 76, NJW **14**, 930 Rz 18, MüKo/von Hoyningen-Huene 56, Emde 56, aA noch Mü WM **11**, 164, 167 (sittenwidriges Geschäftsmodell, aber s Rn 9), ebenso bei Ausübung eines vorbehaltenen Rücktritts, Oetker/Busche 11; bei Teilnichtigkeit unter Restbestand (§ 139 BGB) Provision nur aus diesem; Leistungsstörungen s § 87a II, III. Hat der Unternehmer die Unwirksamkeit des Vertrags zu vertreten, ggf Schadensersatzanspruch wegen Verschuldens bei Vertragsverhandlungen (§ 311 II BGB), aber kein Provisionsanspruch (s Rn 9), aA § 87 III analog, Canaris § 15 Rn 57. Ob ein konkreter Provisionsanspruch aus dem abgeschlossenen Geschäft besteht, folgt erst aus § 87a.

8   **b)** Der **Unternehmer** ist **frei** zur Annahme oder Ablehnung der vom HV vermittelten (nicht von diesem auch abgeschlossenen, vgl § 84 Rn 24) Geschäfte (§ 86a Rn 13). Der HV hat gegen den Unternehmer **keinen Anspruch auf Abschluss** eines von ihm vermittelten Geschäfts, also auch keinen Anspruch auf Ersatz des Schadens, der dem HV durch Nichtabschluss eines von ihm vermittelten Geschäfts entsteht, zB entgangene Provision (s Rn 7). Diese unternehmerische Freiheit darf nicht ohne Weiteres durch Berufung auf widersprüchliches Verhalten (§ 242 BGB) oder Verhinderung des Bedingungseintritts (§ 162 I BGB) beeinträchtigt werden, aA Canaris § 15 Rn 59, Ebenroth/Löwisch 12,

7. Abschnitt. Handelsvertreter 9–14 § 87

aber nur Ablehnung ohne vernünftigen Grund und nicht bei Wechsel der Geschäftspolitik.

Dagegen kann der HV **Schadensersatzanspruch** wegen Pflichtverletzung 9 durch den Unternehmer haben, zB bei Täuschung über das sittenwidrige Geschäftsmodell des Unternehmers (s R 7, § 86a Rn 1, 2), vertragswidriger Benachteiligung des HV (zB zugunsten eines anderen HV bei Alleinvertretung, Rn 24) oder fehlender unverzüglicher Mitteilungen nach § 86a II 2, 3. Zu ersetzen sind zB unnütze Aufwendungen zur Vermittlung der Geschäfte, die der Unternehmer dann nicht abschloss, und entgangener Gewinn, den der HV ohne Bemühung um diese Geschäfte anderweitig hätte erzielen können.

Unbegründetes Nichtabschließen vermittelter Geschäfte kann dem HV auch 10 Grund zur **fristlosen Kündigung** mit Ersatz des ihm aus der Vertragsauflösung entstehenden Schadens geben (§ 89a I).

B. **Mitverursachung durch den Handelsvertreter (I 1 Fall 1):** Provisions- 11 pflichtig sind nach I 1 (Fall 1) Geschäfte, die auf die **Tätigkeit** des HV **zurückzuführen** sind. Mitursächlichkeit genügt (ebenso schon für die „Vermittlung", § 84 Rn 22). Nicht erforderlich sind zB: alleinige oder auch nur überwiegende Verursachung durch die Tätigkeit des HV, so wenn der Unternehmer selbst, durch seine Angestellten oder Dritte zum Abschluss beiträgt, BAG BB **71**, 492; unmittelbare Verhandlung des HV mit dem Kunden oder sonstige persönliche Mitwirkung am Abschluss (vgl § 84 Rn 22). Übermittlung der (mündlichen oder schriftlichen) Abschlusserklärungen von Unternehmer und Kunden durch HV; Kenntnis oder Kennenmüssen des Unternehmers bei Direktabschluss, dass HV den Kunden in Richtung auf den Abschluss beeinflusste, Nürnb BB **59**, 391. Ob Mitursächlichkeit vorliegt, ist danach zu beurteilen, welche Art von Mitwirkung nach dem HVVertrag zu erwarten ist, BAG BB **71**, 492.

Ausreichend: zB Ausschalten des HV durch Unternehmer und Herbeifüh- 12 rung des Abschlusses durch Unternehmer selbst, RG HRR **33**, 940; nach für sich allein erfolgreicher Bemühung des HV Bestellung des Kunden über anderen HV oder direkt beim Unternehmer (vom HV **mitverursachtes Direktgeschäft mit Unternehmer**), BAG DB **69**, 266; Abschluss über eine Gesamtsache, für die der Unternehmer einige Einzelteile selbst von Dritten beschaffen muss, Brschw DB **56**, 794; Aufbauversicherung, die sich mangels Widerspruchs des Versicherungsnehmers regelmäßig erhöht, falls für Provisionspflicht nicht zeitliche Beschränkung (Dauer des Arbeitsverhältnisses, Beibehaltung des Aufgabengebiets) vereinbart, BAG BB **84**, 1687; Abgabe an Hauptniederlassung zur Empfehlung an Filialen und Abschluss mit diesen, BGH BB **60**, 111. Preis- und Inhaltsabweichungen schaden nicht, solange die wirtschaftliche Identität des Geschäfts verbleibt, Emde BB **15**, 1545 (vgl § 93 Rn 41).

Im Einzelfall kann auch die vom HV als solche herbeigeführte **Weiteremp-** 13 **fehlung** durch einen Kunden oder anderen Dritten und daraufhin erfolgende Bestellung durch einen Vierten ausreichen. Doch genügt nicht schon, dass andere mit dem Kunden verbundene Unternehmen, etwa Tochtergesellschaft, Celle BB **70**, 51 (aber s Rn 14), oder sonst zusammenarbeitende Unternehmen bestellen. Erst recht genügt nicht schon, dass der Kunde zufrieden ist und das Produkt weiterempfiehlt.

Davon zu trennen sind die Fälle **wirtschaftlicher Einheit zwischen Unter-** 14 **nehmer und Kunden.** Provisionspflicht des Unternehmers besteht, wenn nicht er selbst, aber ein von ihm beherrschtes drittes Unternehmen abschließt, BGH NJW **81**, 1785, Kln 8.1.79 HVR Nr 526, Mü 14.5.99 HVR Nr 1103. Gleichstehen kann der Abschluss durch ein den Unternehmer beherrschendes anderes Unternehmen **(wirtschaftliche Einheit),** BGH WM **87**, 546. Umgehung muss nicht unbedingt vorliegen. Anderseits genügt nicht schon jede Unternehmensverbindung (§§ 15 ff AktG), auch nicht die bloße Zugehörigkeit zum gleichen

§ 87 15–22   1. Buch. Handelsstand

Konzern (s Rn 13). Entscheidend ist die wirtschaftliche selbstständige Entscheidung, etwa Abschluss durch ein in Produktion und Vertrieb selbstständiges Schwesterunternehmen, LG Münst MDR **83**, 673. Vgl § 89b Rn 18 zur Verlagerung im Konzern. Lit: Maier BB **70**, 1327.

15 **Nicht ausreichend:** zB ganz nebensächliche Mitwirkung wie bloße Schreibhilfe oder Übersetzungshilfe (§ 84 Rn 23 mit weiteren Beispielen); ebenso Eigenbestellungen des HV (vgl § 84 Rn 23), MüKo/von Hoyningen-Huene 23, aA Hbg OLGE **36**, 258 (sofern er nicht Sonderkonditionen erhält), aber Provisionsanspruch kann aus HdlBrauch folgen. Grenzfall: zum Kauf fest entschlossener Kunde bestellt bei HV, dessen Vermittlung reicht aus, MüKo/von Hoyningen-Huene 32, K. Schmidt § 27 IV Rn 58, aA Kln BB **71**, 103, Canaris § 15 Rn 62, andernfalls erhebliche Unsicherheiten bei Dauerkunden.

16 **Beweislast** für die Verursachung trifft den HV. Dazu genügt als Beweis des ersten Anscheins Nachweis der Betätigung in Richtung auf den Abschluss und Zustandekommen des Geschäfts, Nürnb BB **59**, 391. Der Anscheinsbeweis wird erschüttert, wenn der Unternehmer „Zäsur" beweist, Emde BB **15**, 1545.

17 C. **Nachbestellungen und Folgeaufträge (I 1 Fall 2):** Provisionspflichtig sind nach I 1 (Fall 2) ferner solche Geschäfte, die nicht unmittelbar auf die Tätigkeit des Vertreters zurückzuführen sind, aber mit **von ihm** (für gleichartige Geschäfte) **geworbenen Kunden** geschlossen wurden. Diese Geschäfte sind meist wenigstens mittelbar auf die Tätigkeit des HV zurückzuführen. Doch gilt dies hier kraft unwiderleglicher Vermutung des Gesetzes, Gegenbeweis ist also unzulässig. I 2 gilt aber auch hier (s Rn 22).

18 I 1 Fall 2 gilt nur für **gleichartige Geschäfte.** Darunter fallen ohne Weiteres Nachbestellungen, auch bei veränderten Konditionen. Aber auch Folgeaufträge anderer Artikel gleichartig sein. Nach dem Normzweck ist auf die Zugehörigkeit zum vom HV vertriebenen Sortiment und im Übrigen die Verkehrsanschauung abzustellen.

19 Die Bestimmung ist **abdingbar** (Rn 48).

20 § 87 I 1 (Fall 2) gilt nicht für **Versicherungsvertreter;** deren Provisionsregelung ist enger (§ 92 III 1).

21 D. **Mehrere Handelsvertreter (I 2): a) Nebeneinander:** Wirken mehrere HV zur Herbeiführung eines Geschäfts zusammen, Bsp KG BB **69**, 1062, so hätte, wenn man allein auf die Mitursächlichkeit abstellt, jeder HV einen vollen Provisionsanspruch und der Unternehmer müsste für das eine Ergebnis vielfach bezahlen. Das entspricht weder Billigkeit noch idR dem Parteiwillen. In erster Linie ist deshalb eine besondere Vereinbarung zwischen dem Unternehmer und den einzelnen HV zu empfehlen und in der Praxis auch teilweise üblich, zB bei Teamarbeit mehrerer HV auf Messe (ganze Provision aus Geschäft mit Kunden aus dem Bezirk des HV), KG BB **69**, 1062 (vgl § 89b Rn 14). Eine **stillschweigende Teilungsabrede** (s Rn 48, 35; im Zweifel nach Tatbeiträgen, mangels Feststellbarkeit derselben zu gleichen Anteilen, § 420 BGB) ist dann anzunehmen, wenn der Unternehmer die einzelnen HV von vornherein und für diese klar erkennbar in ein Vertriebssystem mit einer Mehrzahl von HV so einsetzt, dass mitursächliche Beiträge vom System her angelegt sind, Knütel ZHR 144 **(80)** 295, Koller/Roth 10. Ist dies nicht der Fall, folgt die Teilung nicht etwa aus § 420 BGB („eine" teilbare Leistung) und auch nur in Ausnahmefällen aus § 242 BGB. Vielmehr kann der einzelne HV dann davon ausgehen, dass der Unternehmer dafür sorgt, dass es nicht zu überschneidenden HVTätigkeitsbeiträgen kommt und er volle Provision verdient, sehr str, Ebenroth/Löwisch 49; zu Topf- und Teamabreden s Rn 2. **Untervertreter** s § 84 Rn 31.

22 b) **Nacheinander:** Etwas anderes gilt nach **I 2,** wenn Ansprüche des HV mit solchen eines **Vorgängers** zusammentreffen. Der HV hat dann keinen Provisionsanspruch, wenn und soweit die Provision nach III dem Vorgänger zusteht

7. Abschnitt. Handelsvertreter 23–26 § 87

(Rn 39). I 2 gilt für beide Alternativen von I 1 (Rn 11, 17). I 2 ist abdingbar (s Rn 48). Lit: Maier BB **70**, 1327; Knütel ZHR 144 **(80)** 289; Westphal BB **91**, 2027.

3) Bezirks- und Kundenkreisschutz (II)

A. **Bezirks- oder Kunden(kreis)schutz:** Bei Zuweisung eines bestimmten 23 Bezirks, BGH WM **82**, 636, oder eines bestimmten Kundenkreises, zB Geschäftssparte (oder von beidem kombiniert), erweitert II den Kreis der provisionspflichtigen Geschäfte (s Rn 7 ff) auf nicht unmittelbar (wenn auch vielleicht mittelbar durch seine Arbeit im Bereich) vom Vertreter geworbene Kunden des Bezirks oder Kundenkreises. Auslegung der Zusage von „Projektschutz", Düss NJW **82**, 1231. Übertragung der Vertretung ohne weitere Verpflichtung für ein bestimmtes Gebiet ist nur Begrenzung des Wirkungskreises, keine Bezirksvertretung, BGH WM **82**, 635, Karls 10.5.**05** HVR Nr 1156.

Davon zu unterscheiden ist **Alleinvertretung** bzw Alleinvertrieb, BGH **89**, 24 206, DB **61**, 601, Karls NJW-RR **15**, 290, näher Rn 112. Diese kann je nach Abrede entweder nur Ausschluss von Direktgeschäften des Unternehmers oder alleiniges Betätigungsrecht des Vertreters unter Ausschluss anderer HV oder wie zumeist beides bedeuten, aA Emde § 84 Rn 114: iZw kein Wettbewerbsverbot (zum Wettbewerbsverbot § 86a Rn 17). Zuweisung „exklusiv" ist iZw nur Bezirksschutz, Karls NJW-RR **15**, 290. Auch die Rechtsfolgen sind unterschiedlich: bei Alleinvertretung verstößt zB ein Direktabschluss des Unternehmers gegen dessen Vertragspflicht mit allen Konsequenzen, etwa Schadensersatz, BGH BB **75**, 1409, Düss ZVertriebsR **13**, 225, Röhricht/Thume 21, aA Emde § 84 Rn 114, oder fristlose Kündigung durch den Vertreter nach § 89a, Düss 8.6.**72** HVR Nr 468; bei Bezirks- oder Kundenkreisschutz erhält der Vertreter dagegen lediglich hieraus Bezirksprovision. Beides kann, aber muss nicht kombiniert sein, Düss 8.6.**72** HVR Nr 468, Karls 10.5.**05** HVR 1156 (s Rn 48). In englischsprachigen Verträgen Abstufung zwischen exclusive agent (keine Konkurrenz), sole agent (keine weiteren HV, aber Eigengeschäfte des Unternehmers) und non-exclusive agent (ohne diese Einschränkungen), Emde VersR **12**, 540.

Lit: Fock ZEuP **98**, 354 (EU).

Zuweisung des Bezirks oder Kundenkreises ist nicht einseitige Zuweisung 25 durch Unternehmer, sondern kommt nach allgemeinen Regeln durch **formfreie**, auch konkludente **Vereinbarung** zustande, Bsp für Auslegung BGH WM **82**, 635 (iErg abl), Düss 9.5.**03** HVR Nr 1083 (iErg abl), zB durch die Klausel „direkte und indirekte Geschäfte provisionspflichtig", BGH BB **56**, 95, bei Provision „für alle fakturierten Geschäfte innerhalb des Vertragsgebietes", Mü ZVertriebsR **16**, 31. Bezeichnung „Generalvertreter" ist nicht eindeutig (§ 84 Rn 32). Zuweisung kann aber auch nur das Arbeitsgebiet des HV ohne solche konkludente Vereinbarung bedeuten, Ebenroth/Löwisch 59, im Falle eines solcher Vereinbarung (auch ohne zusätzliche Pflichten) treten die Rechtsfolgen des II aber kraft Gesetzes ein, str, von Hase BuW **03**, 685. Auch Änderungen der Zuweisung setzen Vereinbarung voraus. Schweigen des Bezirksvertreters auf Mitteilung des Unternehmers, er werde auf Direktgeschäfte mit einem bestimmten Kunden keine Provision mehr zahlen, gilt nicht als Zustimmung, Nürnb BB **57**, 560.

Umfang: Der Umfang der Zuweisung und des mit dieser verbundenen 26 Schutzes hängt von der Vereinbarung ab. Bezirksschutz umfasst Geschäfte mit Kunden, die Sitz oder Geschäftsniederlassung im Bezirk haben, auch wenn anderswohin zu liefern ist, BGH NJW **58**, 180; nicht Abschluss mit Käufer (von Kfz) außerhalb des Bezirks, der an Käufer (ersten Halter des Kfz) innerhalb des Bezirks weiterverkauft, auch wenn der Unternehmer diese Weiterverkaufsabsicht kennt, BGH BB **60**, 956. Entscheidend ist also die **Bezirksansässigkeit des Bestellers**, nicht der zufällige Vertragsabschlussort oder der Ort, an den zu liefern ist, Bambg **(99)** HRV Nr 936. Ist der Besteller eine juristische Person, ist der Ort

§ 87 27–31   1. Buch. Handelsstand

ihrer tatsächlichen Geschäftstätigkeit maßgebend; findet diese an verschiedenen Orten statt oder ist der HV in mehreren Hoheitsgebieten tätig, „kann" der Schwerpunkt mittels anderer Elemente, insbesondere Verhandlungs- und Lieferort, bestimmt werden, EuGH EuZW **97**, 248 (Kontogeorgas) m Anm Fock ZEuP **98**, 351; Rspr und hL bleiben also unberührt, Habersack/Sanz EWS **97**, 289. Bezirksschutz umfasst, falls nichts anderes vereinbart, sämtliche (auch künftige) Kunden des Bezirks, Nürnb MDR **82**, 324. Bei Sitzverlegung nach außerhalb des Bezirks entfällt Provisionspflicht, Nürnb BB **01**, 1169.

27 Nach diesen Grundsätzen sind auch die Fälle zu entscheiden, in denen ein Kundenunternehmen **mehrere Filialen** hat oder ein Kunde **mehrere Unternehmen** führt. Entscheidend ist, welche Filiale bzw welches Unternehmen bestellt, nicht an wen geliefert wird. Bei Geschäften mit bezirksansässiger Filiale eines Unternehmen von außerhalb des Bezirks ist das äußere Erscheinungsbild (nicht interne Bindung an Sortimentsliste der Zentrale ua) entscheidend; tritt die Zweigniederlassung auf Grund ihrer Entscheidungsfreiheit und Selbstständigkeit nach außen als der Besteller auf, greift II ein, BGH BB **76**, 1530, **78**, 1137, Düss WM **70**, 1284. Umgekehrt führt die Bestellung einer bezirksfremden Filiale eines bezirksansässigen Unternehmens nicht zur Bezirksprovision, BGH BB **57**, 9. Provisionskonkurrenzen s Rn 21, 28, 35.

28 **Gegenleistung** des Vertreters für die besonderen Rechte sind besondere Pflichten. Der Vertreter muss den **zugewiesenen Bereich** laufend und in besonderer Weise pflegen, BGH **41**, 295. Er darf nicht im Bezirk für andere Unternehmer Waren gleicher Art vertreiben, zB Weine aus demselben Anbaugebiet, Mü BB **55**, 714.

Betätigung **außerhalb des zugewiesenen Bereichs** ist dem Bezirksvertreter nicht ohne Weiteres verboten, MüKo/von Hoyningen-Huene 74a. Doch kann sich eine anderweitige Vereinbarung auch konkludent aus der Aufteilung des gesamten Absatzgebietes des Unternehmers in Bezirke mit Bezirksvertretern ergeben. Gestattung durch Unternehmer ist immer möglich, BGH WM **71**, 564, **06**, 1358; ob dieser dadurch in Rechte anderer HV eingreift, berührt den Bezirksvertreter grundsätzlich nicht. Provisionskonkurrenz mehrerer Bezirksvertreter s Rn 35.

29 § 87 II gilt **nicht für Versicherungsvertreter** (§ 92 III 2); **Vertragshändler** (§ 84 Rn 11).

30 B. **Bezirksprovision:** Der Bezirksvertreter erhält die **Provision** für **alle Abschlüsse** in der Vertragszeit **im Bezirk (II 1),** entsprechendes gilt bei Kunden(kreis)schutz. Provisionspflichtig sind Abschlüsse also auch ohne seine Mitwirkung, einerlei ob Direktgeschäfte des Unternehmers oder von Dritten vermittelte, Düss NJW **82**, 1232; auch wenn ein anderer Vertreter mitwirkt (und dafür Vergütung vom Unternehmer beanspruchen kann), BGH NJW **58**, 180, EuGH EuZW **97**, 249 (Kontogeorgas) m Anm Fock ZEuP **98**, 351; zur Frage der Teilung in solchen Fällen s Rn 35. Vorausgesetzt sind allerdings Geschäfte der Art, auf die sich seine Vermittlungs- oder Abschlusspflicht (§ 84 I) erstreckt (vgl § 84 Rn 26). Auch muss der Unternehmer unmittelbar oder mittelbar an diesem Geschäft beteiligt sein, EuGH NJW **08**, 1211 (Chevassus-Marché/Danone). Abschluss im Bezirk bedeutet nicht physischer Abschluss an einem Ort in demselben, sondern Zugehörigkeit des geworbenen Kunden zu diesem, also Bezirksansässigkeit (Rn 26). Keine Bezirksprovision bei Belegschaftsverkauf in üblichem Rahmen, MüKo/von Hoyningen-Huene 95. Keine Bezirksprovision, soweit das Geschäft unter ein Konkurrenzverbot für den Bezirksvertreter fällt, Küstner/Thume/Schürr Bd 1 Kap III Rn 88.

31 Die Bezirksprovision nach II ist **Entgelt für Gesamtbemühung** des Vertreters, nicht für bestimmte Leistungen in bestimmter Zeit. Es kommt also nicht darauf an, warum das Geschäft nicht vom HV vermittelt wurde (aber Rn 32), ob

man das als tätigkeitsunabhängig bezeichnet, Emde 90, oder nicht, Oetker/Busche 21, ist nicht entscheidend. Bezirksprovision fällt deshalb auch an, zB wenn HV nach unberechtigter fristloser, erst zum nächsten Kündigungstermin wirkender Kündigung des Unternehmers Tätigkeit einstellt, und zwar ohne Abzüge nach § 615 S 2 BGB, BGH BB **92**, 1162 (§ 89a Rn 38); während der Vertreter schuldlos arbeitsunfähig ist, BGH **41**, 295, Brschw BB **93**, 2113; wenn die Geschäftsverbindung zeitweise unterbrochen war, BGH BB **78**, 1137; bei Wehrdienst, Hamm 18.12.**98** HVR Nr 964; selbst wenn der Vertreter in der ganzen Vertragszeit schuldlos untätig war, offen BGH **41**, 296.

Verschuldete Untätigkeit lässt Bezirksprovisionsanspruch nicht einfach entfallen, doch besteht aufrechenbarer **Gegenanspruch** des Unternehmers **auf Schadensersatz** für die ihm entgangenen Geschäfte und für seine Unkosten (die ihm der HV hätte ersparen sollen) und uU außerordentliches Kündigungsrecht (§ 89a). 32

Treu und Glauben stehen dem Verlangen der Provision für ein Direktgeschäft nur ausnahmsweise entgegen, zB wenn der HV arglistig Mühe und Kosten auf den Unternehmer abschob, weil er die Provision doch erhalte, vgl RG **109**, 256; wenn er die vom Unternehmer gewünschte Mitwirkung an Herbeiführung des Abschlusses ohne zureichenden Grund abgelehnt hat, Hamm BB **59**, 682; wenn er jegliche Tätigkeit für Unternehmer unterlassen hat, nicht jedoch schon bei nicht ausreichenden Bemühungen, Stgt BB **70**, 1112. 33

Abweichende Vereinbarungen zu II sind ohne Weiteres möglich (Rn 48). 34

C. **Mehrere Bezirksvertreter (II 2): a) Nebeneinander:** Im Ausgangspunkt gilt dasselbe wie bei mehreren einfachen HV (Rn 21). Doch sind hier Provisionskonkurrenzen zB durch Aufteilung von Abschluss und Einzelbestellung zwischen Haupt- und Zweigniederlassungen oder Sitzwechsel systembedingt unvermeidbar und die Bezirksvertreter können nicht annehmen, dass der Unternehmer mehrfach voll bezahlen will. Zunächst erhält deshalb jeder Bezirksvertreter Bezirksprovision nur für Tatbeiträge in seinem eigenen Bezirk. Im Übrigen ist idR eine stillschweigende Teilungsabrede anzunehmen (Rn 21, 48, str), ohne eine solche besteht voller Zahlungsanspruch. Bei Sitzverlegung von Kunde K aus Bezirk A in Bezirk B braucht der Unternehmer weder zweimal volle Provision zu bezahlen, so Schröder DB **63**, 541, noch verliert A seine Provisionschance aus neuen Geschäften mit dem Kunden völlig an B, so Wessel BB **62**, 473, vielmehr volle Bezirksvertreterprovision von HV B und uU Folgeprovisionen von HV A, vgl Emde 105, nach aA ist zu teilen, LG Düss HVR (**41**) Nr 16. Bei Wechsel des Bezirksvertreters behält A seine Provisionsanwartschaften nach I 1, wenn nichts anderes vereinbart ist, str, Emde 105, zum Rotationsvertrieb unten § 89b Rn 32 und Emde § 89b Rn 248. Bei Messegeschäften bleibt es grundsätzlich bei II 1, keine Provision des zufällig Abschließenden, aber idR ist von stillschweigender Teamvereinbarung auszugehen, Emde 109, MüKo/von Hoyningen-Huene 94, aA Ebenroth/Löwisch 66: es bleibt bei II 1. Lit: Schröder DB **63**, 541. Zu weiteren Provisionskonkurrenzen Emde 118; zu Rotationssystemen § 89b Rn 32. 35

b) Nacheinander: II 2 bestimmt für Bezirksvertreter dasselbe wie allgemeiner I 2 (Rn 22), nämlich dass wenn und soweit die Provision dem **Vorgänger** zusteht, der Nachfolger keinen Provisionsanspruch hat (Rn 39). 36

4) Zeitliche Abgrenzung gegenüber Vorgänger (I 2, II 2)

A. **Abschlüsse in der Vertragszeit:** Die Provisionspflicht umfasst grundsätzlich alle Abschlüsse (welche die sonstigen Voraussetzungen nach I, II erfüllen) in der Vertragszeit und nur diese, I 1, zB nicht Nachbestellungen (I 1 Fall 2) nach Vertragsende, BGH BB **57**, 1086 (**Ausnahme:** wenn diese iSv III vom HV vorbereitet sind, dazu Rn 41 ff). Bei Kündigung, auch fristloser, kommt es nicht 37

§ 87   38–41

auf Eintritt des Kündigungsgrundes oder Aussprechen der Kündigungserklärung, sondern auf den Zeitpunkt des Wirksamwerdens an, Abschluss vorher genügt, BGH 27. 2. **76** (von Gamm NJW **79**, 2492).

38   **Unerheblich** ist der Zeitpunkt des Eintritts einer aufschiebenden Bedingung (Rn 7) und der **Ausführung**. Provisionspflichtig sind auch Geschäfte, die vor Beendigung des HVVertrags abgeschlossen, aber erst danach ausgeführt worden sind (**Überhangprovisionen**, s Rn 2), BGH WM **98**, 723, Naumbg 7.3.**02** HVR Nr 1108, Hamm IHR **16**, 85. Dies gilt auch bei **Sukzessivlieferungsvertrag** mit bloßen Einzelabrufen (Einheitsvertrag, anders Rahmenvertrag Rn 41), BGH NJW **58**, 180, Düss DB **77**, 817, bisher hL: provisionsauslösend ist dann die Serienbestellung, nicht der einzelne Lieferabruf, so auch noch Kln 21.3.**14** HUR Nr 1382, aber BGH NJW **15**, 1107 stellt auf Auslegung ab, wonach Provision bei Laufzeiten von mehreren Jahren erst mit Abruf entstehen soll (s auch Rn 48); auch bei Fortsetzung eines Dauerschuldverhältnisses mangels Kündigung, anders wenn deren Unterlassung auf neuen HV oder den Unternehmer zurückgeht. Liegt dieser Zeitpunkt erst nach Vertragsende, muss Provision eben nachgezahlt werden. Der Vertrag kann aber die Provisionspflicht von Ausführung vor Vertragsende oder vor Zeitpunkt x nach Vertragsende abhängig machen (§ 87a Rn 8).

39   B. **Vorherige Abschlüsse (I 2, II 2):** Abschlüsse vor Vertragsbeginn und Abschlüsse in der Vertragszeit, die ganz (III 1) oder teilweise (III 2; Provisionsteilung s Rn 46) noch für einen früheren
ausgeschiedenen Handelsvertreter provisionspflichtig sind, sind (insoweit) nicht für den Nachfolger provisionspflichtig (I 2, s Rn 22; II 2, s Rn 36).

5) Abschlüsse nach Vertragsende (III)

40   A. **Abschlüsse nach Vertragsende (III 1 Nr 1):** Sie sind provisionspflichtig entweder nach III 1 Nr 1 (zwei Fälle) oder nach III 1 Nr 2 III gibt dem ausgeschiedenen HV einen wirtschaftlichen Gegenwert für seine Bemühungen und soll Streitigkeiten über die Aufteilung der Provision zwischen ihm und seinem Nachfolger vermeiden, BGH NJW **10**, 301. Nach **III 1 Nr 1** sind Abschlüsse nach Vertragsende unter zwei Voraussetzungen provisionspflichtig:

41   a) Der HV muss sie **entweder vermittelt** haben **(Nr 1 Fall 1) oder** er muss sie eingeleitet und **so vorbereitet** haben, **dass der Abschluss überwiegend auf seine Tätigkeit zurückzuführen** ist **(Nr 1 Fall 2).** Der erste Fall („vermittelt") hat wenig Bedeutung. Denn wenn „vermittelt" bedeutet, dass der HV schon das Angebot des Kunden dem Unternehmer zugehen ließ (AmtlBegr), greift ohne die engeren Voraussetzungen von Nr 1 schon Nr 2 ein. Wichtig ist dagegen der zweite Fall (**„so vorbereitet"**, angebahnt). Danach kann es zugunsten des HV genügen, dass er **Musterkäufe** (auf die zunächst allein Provision gezahlt wurde) veranlasste und die Abnehmer später, nach Erprobung der aus den Mustern gefertigten Waren auf einer Ausstellung (Kleider) größere Mengen bestellten, BGH BB **57**, 1086. Hat zum Abschluss nach Vertragsende auch der NachfolgerHV oder auch der Unternehmer selbst mitgewirkt, so ist nach dem Wortlaut von Nr 1 Fall 2 abzuwägen, wem das überwiegende Verdienst gebührt; ist das der HV, fällt ihm die volle Provision zu, sonst erhält er gar nichts, die Provision wird also nicht geteilt. Bei bloßem **Rahmen- bzw Bezugsvertrag mit Mehrjahresvereinbarung** (mit immer neuen Abschlüssen, Rn 7; anders Sukzessivlieferungsvertrag, Rn 38, 42; aber diese Unterscheidung relativierend und auf die konkrete Provisionsabrede abstellend BGH ZVertriebsR **15**, 171 mAnm Grünvogel) liegt bloße, noch nicht provisionspflichtige Provisionsanwartschaft vor, BGH NJW **58**, 180, ZVertriebsR **16**, 242 mAnm Thume IHR **16**, 188, Kln 21.3.**14** HVR Nr 1382 (iErg anders), Emde 65, vgl auch Stgt IHR **16**, 207 (iErg anders) mAnm Thume IHR **16**, 188, aA noch Staub/Brüggemann 45, Thume MDR **11**,

706. Doch kommt eine Vergütung aus stillschweigender Vereinbarung (ergänzender Vertragsauslegung) oder nach § 354 in Betracht, aA Emde 137, jedenfalls bei noch weitgehender, dem Unternehmer vorteilhafter Bindung des Kunden (außer der Pflicht, nicht anderswo zu kaufen), BGH NJW **58**, 180, III geht aber, soweit er vorliegt, § 354 vor. Zu Geschäften, die vorbereitet, aber nicht zustande gekommen waren, auf die der Kunde später zurückkommt, Schweizer/Heldrich WRP **76**, 25. Dauerverträge s Wauschkuhn/Fröhlich BB **10**, 527, Thume MDR **11**, 703. Sind Provisionen nach III zweifelsfrei zu verneinen, besteht kein Anspruch auf Provisionsabrechnung (Hilfsrechte, § 87c Rn 19, BGH ZVertriebsR **16**, 242.

III 1 Nr 1 erfasst nach seinem klaren Wortlaut anders als I 1 **nicht Nachbestellungen und Folgeaufträge** (I 1, Fall 2, s Rn 17); aus Abschluss eines Sukzessivliefervertrags sind auch Bestellungen (Abrufe) nach Vertragsende schon nach I 1 provisionspflichtig (s Rn 38), nicht nach III. III 1 Nr 1 verlangt Tätigkeit für den in Rede stehenden Abschluss; es genügt nicht, dass der Kunde vom HV geworben war. Lit: Hohn BB **72**, 521 (zur aF). 42

b) Diese Provisionspflichtigkeit besteht für (wirksame) Abschlüsse nach Vertragsende nach III 1 Nr 1 (mit beiden Fällen) nur **innerhalb angemessener Zeit nach Vertragsbeendigung (III 1 Nr 1 Halbsatz 2)**. Fristbeginn ist Vertragsende, hL, früher aA relevante Vermittlungstätigkeit des HV, Wauschkuhn/Fröhlich BB **10**, 526. Bei Rahmenvertrag und darunter Kundenvertrag kommt es auf Wirksamkeit beider an (s Rn 41). Was angemessen ist, bestimmt sich je nach Art und Bedeutung des Geschäfts. Je länger die Vorbereitung des einzelnen Geschäfts bestimmter Art zu dauern pflegt (zB sofort lieferbare Stapelware oder große Maschinen in Spezialanfertigungen), desto länger muss die Provisionspflicht nach Vertragsende dauern. In einem Sonderfall galten zwei Jahre nach Vertragsende noch als angemessen, BGH 30. 1. **64** (von Gamm NJW **79**, 2492), sogar vier Jahre (Spezialmodell), Kblz 14.6.**07** HVR Nr 1226. Dagegen spielt das Alter des Vertrags keine Rolle (anders § 89: Kündigung und Übergang in eine neue Tätigkeit). 43

B. Abschlüsse nach Vertragsende (III 1 Nr 2): Sie sind ferner nach **III 1 Nr 2** (neu 1990, s § 84 Rn 3) provisionspflichtig unter zwei (von Nr 1 verschiedenen) Voraussetzungen: 44

a) Das **Angebot des Dritten** zum Abschluss eines nach I 1 oder II 1 provisionspflichtigen Geschäfts muss entweder dem HV oder dem Unternehmer **zugegangen** (§ 130 BGB, BGH **67**, 275) sein. Das Angebot muss verbindlich und annahmefähig sein, bloß ernsthaftes Interesse genügt nicht, Rö/Thume 36. Tätigkeit des HV ist für III 1 Nr 2 nicht nötig (anders Nr 1, s Rn 41), auch der Bezirksvertreter (§ 87 II) ist also geschützt.

b) Der **Zugang** muss noch **vor Vertragsende** des HVVertrags erfolgen. Dann genügt die (auch modifizierte) Annahme nach HVVertragsbeendigung. Eine zeitliche Grenze wie in Nr 1 (innerhalb angemessener Zeit) ist nicht vorgesehen. 45

C. Teilung der Provision (III 2): Provisionsteilung mit dem nachfolgenden HV kommt bei besonderen Umständen nach Billigkeit in Betracht (III 2 neu 1990, s § 84 Rn 3; zur Provisionsteilung nebeneinander tätiger HV s Rn 21, 35). Besondere Umstände sind in der Mitwirkung des NachfolgerHV beim Geschäftsabschluss zu sehen. III 2 ist auch bei klar überwiegender Mitwirkung eines Teils anwendbar (anders früher), Emde 144, MüKo/von Hoyningen-Huene 114, Oetker/Busche 33. Hat zum Abschluss nach Vertragsende nicht ein NachfolgerHV, sondern der Unternehmer selbst oder sein Personal (zB bei Umstellung auf Eigenvertrieb) beigetragen, gilt III 2 nicht. 46

§ 87   47, 48   1. Buch. Handelsstand

6) Inkassoprovision (IV)

47   Für die (auftragsgemäße) Einziehung von Geldern (Inkassoauftrag und -vollmacht, § 55 III) hat der HV Anspruch auf besondere Provision (Inkassoprovision), auch neben der Provision für vermittelte oder unter Bezirks- oder Kundenschutz fallende Geschäfte (I–III). Die Inkassoprovision ist (anders die Delkredereprovision, § 86b I 1) auch im Voraus abdingbar. Für die Höhe gilt wie für die Delkredereprovision (§ 86b Rn 10) § 87b, nach aA § 354.

7) Abweichende Vereinbarungen

48   Der Anspruch nach § 87 ist nicht zwingend, BGH NJW **15**, 1107, Gegenschluss zB aus §§ 87a V, 87c V; vertragliche Regelung (§ 85 Rn 1) ist sogar empfehlenswert; aA wegen EU-Ri J. Schmidt ZHR 156 **(92)** 512, aber Gegenschluss für Art 7, 8, 9 aus Art 10 IV, 11 III, 12 III, 19 EU-Ri und Entstehungsgeschichte, BGH NJW **14**, 1735 Rz 12, iErg auch Canaris § 15 Rn 23, Ebenroth/Löwisch 75. Auslegung der Provisionsabrede, BGH NJW **15**, 1107 mAnm Grünvogel ZVertriebsR **15**, 173 (Serienbelieferungsvertrag, s Rn 38). Abbedingung von I 1 2. Fall ist zulässig, darf aber nicht zu Umgehung von § 89b führen (§ 89b Rn 70), BGH **141**, 253. Anderweitige Vereinbarungen zu II sind möglich, Art 7 II EU-Ri steht nicht entgegen BGH NJW **14**, 1735, schon BGH BB **78**, 1136, Nürnb BB **63**, 203, Liste bei Emde 14 ff, aA erweiterte Auslegung zu Inhalt und Umfang des Bezirks- oder Kundenkreisschutzes oder über Alleinvertretungsrecht (Rn 24); „Provision folgt der Ware" statt Bezirksansässigkeit des Bestellers (Rn 26); Einschränkungen dahin, dass zusätzlich eine Mitwirkung des Bezirksvertreters notwendig ist, werden zT unter Berufung auf EuGH EuZW **97**, 248 (Kontogeorgas, s Rn 30, § 84 Rn 3) für unmöglich erklärt, Habersack/Sanz EWS **97**, 290, aber andere Auslegung ist möglich, von Hase BuW **03**, 685, den Spezialfall mehrerer Bezirksvertreter (s Rn 35) hat der EuGH jedenfalls nicht behandelt. Das Provisionsrecht kann auch stillschweigend erweitert werden, BGH BB **61**, 497. Topfabreden s Rn 2. § 87 ist auch zu Lasten des HV abdingbar (Verzichtsklauseln), aA für Änderungsvorbehalt, dort für Individualabrede, Emde 10; **Grenzen** setzen aber ua für **AGB (5)** §§ 305 ff BGB (§ 86 Rn 8), zB BGH WM **98**, 723, Mü BB **92**, 455 (Beförderungsrichtlinien), kein Recht zur einseitigen Änderung des Bezirks ohne sachgerechte Begrenzung, BGH **89**, 206, zur freien Provisionsänderung bei neuen Tarifen, Mü VersR **08**, 121, Ul/Br/He/ H. Schmidt (24) HVVerträge Rn 4, vgl aber Karls OLGR **08**, 321 (IATA-Mustervertrag); unklare AGB Bezirksschutz/Alleinvertretung, Karls 10.5.**05** HVR Nr 1156. Vereinbarung kann zB den Anspruch nach I 1 auf Überhangprovisionen (s Rn 37) individualvertraglich ausschließen, BGH **33**, 94, WM **98**, 723 (aber nur in den Grenzen von § 87a III, s dort Rn 21, 33), offen für AGB, BGH NJW **10**, 299, zweifelnd Emde BB **10**, 2759, aA Daum VersR **11**, 565, Thume BB **12**, 979, oder den Anspruch nach III aus Nachgeschäften beschränken, etwa auf begrenzte Zeit nach der ersten Bestellung des Kunden, oder ganz ausschließen oder zB die Frist iSv III 1 Nr 1 genauer bestimmen, auch unter die angemessene Frist iSv III 1 Nr 1 kürzen. Provisionsausschluss bei bloßer Mitverursachung (§ 84 Rn 22) ist idR unwirksam (§ 307 II BGB), Mü 22.3.**12** HVR Nr 1357 Rz 14. Vereinbarung von Provision „nach Absprache" betrifft iZw nur Höhe, Ffm 4.3.**97** HVR Nr 1045. Stillschweigende Vereinbarung genügt auch grundsätzlich, muss aber klar und eindeutig sein, vor allem bei Provisionskürzung in Formularvertrag, Karlsr BB **71**, 1123, Oldbg 21.12.**95** HVR Nr 995, Mü 22.3.**12** HVR Nr 1357, Grenze dann § 315 BGB, Karls OLGR **08**, 321. Wählt HV jahrelang pauschale Abrechnung, liegt darin weder schon konkludenter Verzicht auf spätere konkrete Provisionsabrechnung noch Verwirkung (vgl § 87c Rn 19, § 89b Rn 80), Hamm 30.10.**98** HVR Nr 962. Grenzen für Änderungs- und Widerrufsvorbehaltsklauseln Emde 10, 12, str. Abweichender dem HV nachteiliger

7. Abschnitt. Handelsvertreter 49–52 § 87

HdlBrauch setzt sich gegen II wegen dessen Gerechtigkeitsgehalts nicht durch, Celle BB **61**, 1341. Lit: Schröder BB **62**, 738, **63**, 567, Daum VersR **11**, 565 (Riester-Verträge), Thume MDR **11**, 703 (Dauerverträge), BB **12**, 975.

8) Abtretung, Verpfändung, Pfändung, Insolvenz

A. Abtretung, Verpfändung: Der Vergütungsanspruchs des HV, auch der 49 erst künftige, ist abtretbar und verpfändbar, anders nach §§ 400, 1274 II BGB, soweit die Forderung unpfändbar ist. Abtretungsverbot nach AGB ist möglich, Emde 30, aA Ebenroth/Löwisch 16, aber § 354a. Provisonsabtretungsverbot nach § 81 II 4 VAG, Emde 31.

B. Pfändung: Die Provisionsansprüche des HV unterliegen den Pfändungs- 50 schutzvorschriften der §§ 850 ff ZPO. Sie sind, obwohl der HV selbstständig ist, Arbeitseinkommen iSv § 850 II ZPO, BAG NJW **62**, 1121, Hamm BB **72**, 855, str, und zwar sonstige Vergütungen für Dienstleistungen, sofern diese die Erwerbstätigkeit des HV vollständig oder zu einem wesentlichen Teil in Anspruch nehmen. Bei Mehrfirmenvertretung ist für das Merkmal „zu einem wesentlichen Teil" nicht auf jede einzelne Vertretung, sondern auf die Gesamtinanspruchnahme abzustellen. Voll unpfändbar sind aber ggf Spesenbeträge (§ 850a Nr 3 ZPO), Hamm BB **56**, 668. Von nicht wiederkehrend zahlbaren Vergütungen (vgl Rn 5) aus persönlicher Tätigkeit kann auf Antrag das Nötige zum Unterhalt des HV und seiner Familie belassen werden (§ 850i ZPO idF 2010), damit haben Streitfragen zur Reichweite der §§ 850 ff ZPO für HV an Bedeutung verloren, Emde BB **12**, 3032. Künftige Provisionsansprüche sind nach § 832 ZPO pfändbar, vorbehaltlich §§ 850a ff ZPO, Oetker/Buesche 37; eine Verrechnungsabrede zwischen Unternehmer und Inkassovertreter, nach der dieser vom Inkasso seine Provision einbehalten darf, setzt sich aber gegenüber der späteren Pfändung im Ergebnis nicht durch, anders nur bei echter Vorausaufrechnung, str, Emde 33. Lit: Küstner/Thume/Thume Bd 1 Kap V Rn 612 ff.

C. Insolvenz: Der HVVertrag erlischt mit Eröffnung des Insolvenzverfahrens 51 über das Vermögen des Unternehmers (§§ 116 Satz 1, 115 I InsO, s § 89 Rn 4), BGH NJW-RR **13**, 114 Rz 11. In der Insolvenz des Unternehmers (§ 84 Rn 48) ist der HV einfacher Insolvenzgläubiger, auch wenn der Insolvenzverwalter Vertragserfüllung nach § 103 InsO wählt, BGH NJW **90**, 1665 (zu § 17 KO), Emde/Kelm ZIP **05**, 61, str, Grund: der Insolvenzmasse entsteht kein neuer Vorteil. Ansprüche nach § 87c erfüllt der Insolvenzverwalter (§ 87c Rn 7). Antrag auf Eröffnung ist wichtiger Kündigungsgrund für den HV (§ 89a Rn 24). Auswirkung auf Wettbewerbsabrede ist str (§ 90a Rn 18). Ausgleichsanspruch nach § 89b I ist idR einfache Insolvenzforderung (§ 89b Rn 85). Die früheren Konkursvorrechte bestimmter HV sind weggefallen (§ 84 Rn 48). Zur Insolvenz des HV § 84 Rn 48 (dort auch Lit). Lit: Sellhorst 1997; Emde § 87a Rn 108 ff, 124 (Insolvenz des Unternehmers/des HV); MüKo/von Hoyningen-Huene 122f; Küstner/Thume/Thume Bd 1 Kap VIII Rn 135 (Unternehmer), 138 (HV); Hoffstadt DB **83**, 645, Emde/Kelm ZIP **05**, 58, Wagner/Wexler-Uhlich BB **10**, 2454 (mit Lösungsklauseln), **11**, 519 (Vertragshändler).

9) Verjährung

Regelverjährung von drei Jahren (§ 195 BGB; Verjährungsbeginn § 199 52 BGB, s auch § 85 Rn 7); § 88 aF mit vierjähriger Verjährung ist durch VerjährungsanpassG 9.12.2004 BGBl 3214 aufgehoben worden, BGH IHR **16**, 124. § 199 I BGB setzt Fälligkeit und Kenntnis oder grobfahrlässige Unkenntnis der den Anspruch begründenden Umstände (und der Person des Schuldners) voraus; an Kenntnis bzw grobfahrlässiger Unkenntnis kann es unter den Voraussetzungen des § 87c (Informationsansprüche) fehlen, dann jedenfalls Verjährung nach 10 Jahren und bei Schadensersatzpflicht wegen Verschweigens sogar erst nach

§ 87a   1. Buch. Handelsstand

30 Jahren (§ 199 III Nr 1, 2 BGB), Emde VersR **09**, 889. Abweichende Vereinbarungen sind weitgehend zulässig (Grenze § 202 BGB). Engere Grenzen für Abkürzung oder Verlängerung der Verjährung durch **AGB** (§ 86 Rn 8, (5) BGB § 307 II Nr 1), zB Hamm IHR **16**, 88 (entgegen § 199 I Nr 1 BGB), dabei bleiben aber sprachlich und inhaltlich abtrennbare Bestimmungen wirksam, Ffm 30.9.**09** HVR Nr 1295, Ul/Br/He/H. Schmidt (24) HVVerträge BGB Rn 7; keine einseitige Verjährungsverkürzung zu Lasten des HV, BGH **78**, 220, WM **03**, 2102 (zu § 88 aF).

53 Das gilt auch für **Hilfsansprüche** aus § 87c, BGH WM **79**, 463, NJW **81**, 457 (zu § 88 aF). Diese verjähren nach ihrem Zweck grundsätzlich jeweils **selbständig**, auch im Verhältnis zum Provisionsanspruch, BGH NJW **82**, 235, IHR **16**, 124, Oldbg 4.4.**11** HVR Nr 1358 = BB **11**, 1154 LS, Stgt NJW-RR **16**, 1131 Rn 23, Kln IHR **16**, 40, Hamm ZVertriebsR **17**, 117, hL, bei vorgeschalteter Klage auf Buchauszug beginnt aber Verjährungsfrist für Anspruch auf Bucheinsicht erst mit Ablauf des Jahres der Erteilung des Buchauszuges, BGH NJW **79**, 764. Isolierte Geltendmachung eines Hilfsanspruchs aus § 87c hemmt nicht die Verjährung des Hauptanspruchs, Kln IHR **16**, 41, Stufenklage, in letzter Stufe auf Anspruch aus § 89b, hemmt dagegen die Verjährung von Provisionsansprüchen, Kln IHR **16**, 41. Auch für Hilfsansprüche gelten **§§ 195, 199 BGB**, also nicht erst ab tatsächlicher Geltendmachung, Oldbg 4.4.**11** HVR Nr 1358, Hamm ZVertriebsR **17**, 117 Rn 39, Emde VersR **09**, 891, BB **15**, 1544, gegen Ebenroth/Löwisch § 87c Rn 38, Grund: Hinauszögerungsgefahr, Rechtsfrieden. Entstehen des Anspruchs (§ 199 I Nr 1 BGB) auf Buchauszug mit Erteilung der Abrechnung (§ 87c II, s dort Rn 18, bei teilweiser oder unvollständiger Abrechnung nur insoweit, s dort Rn 20), Kenntniserlangung (§ 199 I Nr 2 BGB) mit Erteilung einer Abrechnung, Stgt IHR **16**, 211 mAnm Emde, und zwar einer vollständigen und abschließenden Abrechnung über das jeweilige Geschäft (§ 87c Rn 3), Oldbg 4.4.**11** HVR Nr 1358, Mü ZVertriebsR **16**, 304, Emde VersR **09**, 889, 895, aA Stgt NJW-RR **16**, 1131m zust Anm Gräfe/Preisendanz ZVertriebsR **16**, 237 und krit Anm Heinicke IHR **16**, 250: Buchauszugsanspruch verjähre auch bezüglich in der Abrechnung nicht enthaltener Geschäfte. Die Hilfsansprüche aus § 87c, zB auf Abrechnung, werden aber mit Verjährung der Provisionsansprüche, die sie vorbereiten sollen, **gegenstandslos**, BGH NJW **79**, 64, **82**, 236, **96**, 2100, IHR **16**, 124, Hamm ZVertriebsR **17**, 117 (vgl § 87c Rn 1); auch keine Auskunft über verjährte Provisionsansprüche (§ 89b Rn 82). **Verwirkung** s § 87c Rn 19, § 89b Rn 80, auch § 86 Rn 49. Lit zur Verjährung: Emde Vor § 84 Rn 519 und VersR **09**, 889, Graefe ZVertriebsR **15**, 227, Reif/David ZVertriebsR **15**, 343.

[Fälligkeit der Provision]

87a (1) ¹Der Handelsvertreter hat Anspruch auf Provision, sobald und soweit der Unternehmer das Geschäft ausgeführt hat. ²Eine abweichende Vereinbarung kann getroffen werden, jedoch hat der Handelsvertreter mit der Ausführung des Geschäfts durch den Unternehmer Anspruch auf einen angemessenen Vorschuß, der spätestens am letzten Tag des folgenden Monats fällig ist. ³Unabhängig von einer Vereinbarung hat jedoch der Handelsvertreter Anspruch auf Provision, sobald und soweit der Dritte das Geschäft ausgeführt hat.

(2) Steht fest, daß der Dritte nicht leistet, so entfällt der Anspruch auf Provision; bereits empfangene Beträge sind zurückzugewähren.

(3) ¹Der Handelsvertreter hat auch dann einen Anspruch auf Provision, wenn feststeht, daß der Unternehmer das Geschäft ganz oder teilweise nicht oder nicht so ausführt, wie es abgeschlossen worden ist. ²Der Anspruch

7. Abschnitt. Handelsvertreter 1, 2 § 87a

entfällt im Falle der Nichtausführung, wenn und soweit diese auf Umständen beruht, die vom Unternehmer nicht zu vertreten sind.

(4) Der Anspruch auf Provision wird am letzten Tag des Monats fällig, in dem nach § 87c Abs. 1 über den Anspruch abzurechnen ist.

(5) Von Absatz 2 erster Halbsatz, Absätze 3 und 4 abweichende, für den Handelsvertreter nachteilige Vereinbarungen sind unwirksam.

Übersicht

	Rn
1) Grundsatz der Erfolgsvergütung	1–4
A. Übersicht	1
B. Bilanzierung	2
C. Anwendungsbereich	3
2) Vom Unternehmer oder Dritten ausgeführte Geschäfte (I)	5–12
A. Provision bei Ausführung durch den Unternehmer (I 1)	5
B. Abweichende Vereinbarungen (I 2)	8
C. Provision bei Ausführung durch den Dritten (I 3)	10
3) Entfallen der Provision bei Feststehen der Nichtleistung des Dritten (II)	13–19
A. Anwendungsbereich von II	13
B. Feststehen der Nichtleistung des Dritten (II Halbsatz 1)	14
C. Rückgewähr empfangener Beträge (II Halbsatz 2)	19
4) Vom Unternehmer nicht ausgeführte Geschäfte (III)	20–30
A. Provisionspflicht trotz Nichtausführung durch den Unternehmer (III 1)	20
B. Ausnahme bei Nichtvertretenmüssen des Unternehmers (III 2)	24
C. Beweislast	30
5) Fälligkeit und Zahlung der Provision (IV)	31
6) Abweichende Vereinbarungen (V)	32–35
A. II Halbsatz 1 zwingend	32
B. III zwingend	33
C. IV zwingend	34
D. Abweichende Vereinbarungen sonst	35

1) Grundsatz der Erfolgsvergütung

A. **Übersicht:** § 87a steht im System der §§ 87–87d (§ 87 Rn 1). § 87 **1** gewährt die Provision grundsätzlich nicht als Leistungs-, sondern als **Erfolgsvergütung**: **keine Provision ohne Abschluss** (§ 87 Rn 7). Der Abschluss alleine genügt jedoch nicht (§ 87 ist insoweit mißverständlich), vielmehr ist **weitere Voraussetzung** für das Entstehen eines konkreten Provisionsanspruchs nach § 87a die **Ausführung des Geschäfts** entweder durch den Unternehmer oder durch den Dritten. § 87a I, II handeln von Geschäften, die der Unternehmer oder der Dritte ausführt. Die **Provision** steht **unter einer zweifachen Bedingung:** der aufschiebenden Bedingung der Ausführung des Geschäfts durch den Unternehmer (I, vorher nur Anwartschaft), BGH **159,** 395, und unter der auflösenden Bedingung des Feststehens der Nichtleistung durch den Dritten (II), BGH NJW **90,** 1665; zT wird dreifache Bedingung (Nichtzurückweisung des Geschäfts durch den Unternehmer, § 87 Rn 7) angenommen, Canaris § 15 Rn 55 III handelt von Geschäften, die der Unternehmer nicht ausführt. IV regelt die Fälligkeit der Provision. V macht die Regelungen weitgehend zwingend.

B. **Bilanzierung:** Die Provisionsforderung des HV, auch des Abschlussvertre- **2** ters, ist entsprechend I nur dann Aktivum in der Bilanz, sobald und soweit der Unternehmer das Geschäft ausgeführt hat, BFH 20.1.83 HVR Nr 572, früher nur bei abw Vereinbarung über Provisionsentstehung; Passivierung beim Unternehmer erst, wenn die Provisionspflicht rechtlich entstanden ist (s I), str, Killinger BB **81,** 1925.

§ 87a 3–9   1. Buch. Handelsstand

3   C. **Anwendungsbereich:** § 87a ist unanwendbar bei anderer Vergütung als **Provision,** zB Umsatzbeteiligung des Vertreters statt Provision (§ 87 Rn 5). § 87a II regelt den **Wegfall** des Provisionsanspruchs nur für einen ganz bestimmten Fall, im Übrigen kann dieser nach allgemeinen Regeln entfallen, zB durch Verzicht (s Rn 33), uU Verwirkung (vgl § 86 Rn 49).

4   Für **Versicherungsvertreter** gilt die Sondervorschrift des **§ 92 IV.**

2) Vom Unternehmer oder Dritten ausgeführte Geschäfte (I)

5   A. **Provision bei Ausführung durch den Unternehmer (I 1):** Die Provision ist nach I 1 verdient, sobald und soweit der Unternehmer (oder der Dritte, Rn 10) das Geschäft ausgeführt hat (aufschiebende Bedingung, Rn 1). **Ausführung** bedeutet Erbringung der vertraglich geschuldeten Leistung, Hamm IHR **16**, 87, einerlei welcher Art diese ist, ob sie schon fällig ist und ob sie Mängel hat (dann aber uU später II, nimmt der Dritte die nicht vertragsgemäße Leistung an, bleibt es bei I 1, str). Dabei kommt es auf die Leistungshandlung an, nicht den Leistungserfolg (anders I 3, s Rn 10), Ebenroth/Löwisch 6. Keine Ausführung liegt vor, wenn der Dritte die Leistung des Unternehmers zurückweist, zB mangels Fälligkeit (aber § 271 II BGB), als nicht vertraggemäß oder als Teilleistung (§ 266 BGB), aber auch unberechtigt (aber II; anders zu I 3, s Rn 10). Bei Vertrag von bestimmter **Dauer** (§ 87b III 1) liegt Ausführung bereits mit Gebrauchsüberlassung vor, nicht erst mit Ende der Nutzung bei Vertragsende, Ffm DB **07**, 2199; kommt es zur vorzeitigen Beendigung, gilt III entsprechend, str. Bei **Teilausführung** entsteht ein anteiliger Provisionsanspruch („soweit") entspr dem Wertverhältnis des gelieferten zum noch zu liefernden Teil (hinsichtlich des Rests s Rn 20). **Erfüllungssurrogate** und **Ersatzleistungen** s Rn 11. Beim **Untervertreter** kommt es auf die Ausführung durch den Unternehmer (nicht: Hauptvertreter) an, BGH **91**, 370, WM **08**, 923, s § 84 Rn 31; aber zu II s Rn 17.

6   Der so entstandene Provisionsanspruch steht aber unter der auflösenden Bedingung des Feststehens der Nichtleistung durch den Dritten (II, s Rn 13). **Endgültig** ist die Provision also **erst bei Leistung** des **Dritten** verdient.

7   Das **Ende** des Handelsvertretervertrags vor voller Ausführung des Geschäfts berührt den Provisionsanspruch dagegen nicht, BGH NJW **90**, 1665, auch nicht bei Dauervertrag (§ 87b Rn 17); VersVertreter s § 92.

8   B. **Abweichende Vereinbarungen (I 2): a)** HVVertrag kann von I 1 abweichen. In der Praxis wird idR vereinbart, dass die Provision nicht bei Ausführung durch den Unternehmer (zB Lieferung), sondern erst bei Ausführung durch den Geschäftsgegner (zB Preiszahlung) verdient ist (vgl § 87 Rn 38). Bei Vorleistung des Geschäftsgegners (zB Vorauszahlung) ist die Provision aber immer verdient (I 3, s Rn 10).

9   **b)** Der HV hat mit Ausführung des Geschäfts durch den Unternehmer **zwingend** ein Recht auf angemessenen **Vorschuss** nach Ausführung durch den Unternehmer (zB Lieferung vor Bezahlung durch den Dritten), **I 2.** Grund: Der HV hat uU erhebliche Aufwendungen, die er nicht soll vorfinanzieren müssen. Vorschussabrede ist idR Vorfälligkeitsabrede (§§ 362, 271 II BGB), je nach Abrede aber auch Darlehen. Die Höhe des angemessenen Vorschusses ist vor allem nach der Nähe und Sicherheit der Geschäftserfüllung durch den Dritten, dem Bedürfnis des HV, der Flüssigkeit des Unternehmers zu bestimmen. Er kann (in den Grenzen der Angemessenheit) durch Vertrag genauer bestimmt werden, zB auf x% der bevorschussten Provision. Er ist fällig (wie danach die Provision selbst, IV mit § 87c I 2, s Rn 31) am letzten Tage des Monats nach dem Abrechnungsabschnitt (§ 87c I 1), in dem der Unternehmer ausführte (zB lieferte). HV im Nebenberuf s § 92b I 3. Rückzahlung nicht verdienter Vorschüsse, Grenzen der Darlegungslast des Versicherers (aber dessen Beweislast), BGH NJW-RR **11**, 189,

7. Abschnitt. Handelsvertreter   10–13   § 87a

Ffm 17.9.08 HVR Nr 1293, Schipper NJW **10**, 3067, Ehrhard/Rinne ZVertriebsR **13**, 214 (Pauschalierung), Emde BB **14**, 2439.

C. **Provision bei Ausführung durch den Dritten (I 3):** Sobald und soweit 10
der Dritte das Geschäft ausführt, hat der HV **auf jeden Fall,** also zwingend ohne
Rücksicht auf eine abweichende Vereinbarung nach I 2 (s Rn 8, 32) **Anspruch
auf Provision.** Denn mit der Erfüllungsleistung des Dritten ist der mit dem
Vertrag für den Unternehmer bezweckte wirtschaftliche Erfolg (ganz oder teilweise) eingetreten, BGH **85**, 138, Ebenroth/Löwisch 16, insoweit anders als
unter I 1 (s Rn 5). Auch mangelhafte, verspätete oder sonst pflichtwidrige Leistung ist Ausführung (dann aber uU III 2), anders nur wenn tatsächlich Nichtleistung vorliegt (dann II). Anspruch nach I 3 besteht auch, wenn der Unternehmer die Ausführungsleistung des Dritten zur Stellung einer Sicherheit für diesen
einsetzen muss, BGH **85**, 140. **Vorausleistung** des Dritten genügt, BGH **85**,
138. Das gilt auch, wenn der Unternehmer die Vorauszahlung zu Unrecht
zurückweist (§ 162 BGB; insofern anders als bei unberechtigter Zurückweisung
durch den Dritten, s Rn 5). Bei gleichzeitiger Teillieferung des Unternehmers
und **Teilzahlung** des Dritten fällt Provision an sogleich entspr der Höhe derjenigen der beiden Teilleistungen, welche den höheren Anteil an der Gesamtleistung
bildet. Bei **Insolvenz** des Dritten ist Teil(nicht)ausführung anzunehmen; Provision berechnet sich nach der Insolvenzquote, auch wenn der Unternehmer
diese nicht eingefordert hat (vgl Rn 15), BGH WM **91**, 199. Erfüllungssurrogate
und Ersatzleistungen s Rn 11.

Erfüllungssurrogate stehen gleich, auch wenn sie wertmäßig der geschulde- 11
ten Leistung nicht gleich kommen; andere **Ersatzleistungen** stehen nur gleich,
soweit sie vollwertig sind bzw als Erfüllung angenommen werden. Bspe: Aufrechnung; Leistung an Erfüllungs Statt (§ 364 I BGB), etwa Devisenschecks,
BGH **85**, 138, oder Übernahme von Effekten zu bestimmtem (später nicht
realisierbarem) Kurs in Anrechnung auf den Kaufpreis, RG **121**, 125; Inzahlunggabe eines Gebrauchtwagens bei Neukauf; Herausgabe des Ersatzes nach § 285
BGB: Zahlung von Schadensersatz statt der Leistung, BGH DB **57**, 185, WM **91**,
199, aA Ebenroth/Löwisch: III; voller Ersatz durch Versicherung oder andere
Dritte (zB § 765 BGB, §§ 267f BGB), BGH WM **91**, 76, Ffm WM **91**, 867; iErg
auch einvernehmliche Vertragsaufhebung unter Abschluss eines neuen Vertrags
über ganz andere, jedoch wirtschaftlich gleichartige Leistung, Emde 26, str. Bei
Leistung erfüllungshalber, zB Hingabe von Wechsel und Schecks, zählt erst die
Ein lösung (§ 364 II BGB). **Teilersatz** ist wie Teilausführung zu behandeln
(Rn 5, 10).

Teilprovision für ein durch den Dritten teilweise ausgeführtes Geschäft 12
(Rn 10, 11) kann auch dann nicht ausgeschlossen werden, wenn vereinbart ist,
dass umgekehrt HV volle Provision schon bei Teilausführung in bestimmten
Umfange erhält (anders I 4 aF aufgehoben 1990, § 84 Rn 3). Die Klausel „Volle
Provision bei halber Ausführung, vorher keine" ist unwirksam.

3) Entfallen der Provision bei Feststehen der Nichtleistung des Dritten (II)

A. **Anwendungsbereich von II:** Die Provision entfällt nach II Halbs 1, wenn 13
feststeht, dass der Dritte das vermittelte Geschäft endgültig nicht erfüllt. II Halbs
1 ist missverständlich, er **betrifft nur** den Fall von **I 1.** Ist der Provisionsanspruch
zum genannten Zeitpunkt noch nicht entstanden, bleibt es dabei unter den
Voraussetzungen von III, II Halbs 1 betrifft diesen Fall nicht. Ist der Provisionsanspruch dagegen bereits entstanden, so bei Ausführung (Vorleistung) durch den
Unternehmer (I 1), dann fällt er nach II Halbs 1 wieder weg (auflösende
Bedingung, Rn 1). II Halbs 1 greift also zB ein, wenn der geworbene Käufer den
Kaufpreis nicht zahlt, aber vorausgesetzt der Unternehmer hat schon geleistet

Hopt 449

§ 87a 14–19   1. Buch. Handelsstand

(Lieferung vor Zahlung); lehnt der Käufer dagegen berechtigt oder unberechtigt Vertragserfüllung ab, ohne dass der Unternehmer seinerseits schon geleistet hat, gilt nur III, BGH BB **61**, 147, DB **83**, 2135. II Halbs 1 ist zugunsten des HV **zwingend** (V, Rn 32).

14 B. **Feststehen der Nichtleistung des Dritten (II Halbsatz 1):** II setzt voraus, dass (objektiv) feststeht, dass der Dritte nicht leistet, dh dass er das Geschäft endgültig nicht ausführt, BGH WM **84**, 271. Ausführung und Teilausführung, auch Insolvenz, s Rn 10. Bloße Annahme und Wahrscheinlichkeit genügen nicht. Bsp: Die Leistung des Dritten ist objektiv unmöglich. Keine Nichtleistung des Dritten liegt vor bei Kündigung des Werk- oder Werklieferungsvertrags durch diesen, weil er dann Vergütung nach § 649 BGB schuldet, BGH WM **84**, 271, Kln BB **93**, 606 (vgl Rn 21, 26).

15 Der Unternehmer muss grundsätzlich erst seine Rechte **einklagen,** sonst liegt keine Nichtleistung des Dritten vor. Dies gilt allerdings nicht, soweit gerichtliches Vorgehen **unzumutbar** ist. Bspe: Der Dritte ist auf absehbare Zeit zahlungsunfähig, bloße Annahme der Zahlungsunfähigkeit genügt nicht, Celle NJW **72**, 879 (Insolvenzverfahren s Rn 14); er bestreitet seine Zahlungspflicht unter solchen Umständen (zB Beweisschwierigkeiten, uU auch ungeklärte Rechtsfragen), dass dem Unternehmer angesichts des unsicheren Prozessausgangs die Einklagung nicht zuzumuten ist; die Klage würde objektiv gesehen nur zu unverhältnismäßigen Kosten führen; der Unternehmer müsste bei kleineren Geschäften, zB Zeitschriftenabonnements, seine Ansprüche gegen zahlreiche, nicht abnahme- und zahlungswillige Kunden durchsetzen, BGH BB **71**, 1430, DB **83**, 2136; der Prozess würde praktisch nur geführt, um dem HV die Provision zu erhalten, Ffm DB **83**, 1592. Eine Bausparkasse (ebenso VersUnternehmen) hat ein berechtigtes Interesse daran, den Ruf eines rücksichtslosen Prozessierers zu vermeiden, Ffm DB **83**, 1592. Zurückbehaltung von Provisionen nach Vertragsende ist ausnahmsweise gerechtfertigt, wenn der Rückgewähranspruch wegen schlechter Vermögenslage des HV gefährdet ist, BGH DB **75**, 497. Beruft sich der Unternehmer auf Unzumutbarkeit, muss er das beweisen.

16 Klageerhebung ist auch unter III 2 relevant, dort allerdings erst für das Nichtvertretenmüssen, insbesondere für Versicherer s Rn 26 f. Die Rspr von dort kann nicht ohne Weiteres übertragen werden, denn nicht jede Nichtleistung des Dritten mangels zumutbarer Klageerhebung nach III 1 ist für den Unternehmer unvertretbar.

17 Provision an **Untervertreter** (s Rn 5, § 84 Rn 31) entfällt, wenn feststeht, dass entweder der Endabnehmer nicht an den Unternehmer zahlt oder der Endabnehmer zwar an den Unternehmer, dieser aber nicht Provision an den Hauptvertreter zahlt, BGH **91**, 370. Unternehmer iSv III ist im Verhältnis zum Untervertreter nicht der HauptHV, sondern dessen Auftraggeber, BGH WM **08**, 923; ebenso wenn das vermittelte Geschäft nicht vom Unternehmer selbst auszuführen ist, BGH ZIP **17**, 1330 Rn 48 (§ 84 Rn 26, Treuhandverträge). Der Untervertreter trägt also das Risiko des Hauptvertreters mit, Ffm DB **07**, 2199; anders wenn der Hauptvertreter seinen begründeten Provisionsanspruch nicht geltend macht, Düss NJW-RR **93**, 1188, oder nicht ordnungsgemäß verteidigt, Schlesw 9.1.**09** HVR Nr 1325.

18 Nichtleistung des Dritten nach II liegt nicht vor, wenn sie auf Nichtleistung des Unternehmers nach III zurückzuführen ist. Der Grundsatz der **Provisionserhaltung nach III geht vor,** MüKo/von Hoyningen-Huene 28a.Das ist der Fall zB, wenn die Nichtleistung des Dritten ihren Grund in vom Unternehmer zu vertretenden Umständen hat (s Rn 24), BGH WM **08**, 923, oder wenn beide Vertragsteile einvernehmlich den Vertrag aufheben oder unausgeführt lassen.

19 C. **Rückgewähr empfangener Beträge (II Halbsatz 2):** Entfällt das Provisionsrecht wegen Feststehens der Nichtleistung des Dritten (II Halbs 1), so sind etwa schon gezahlte Provision und Vorschüsse vom HV zurückzuzahlen. Der Rückzahlungsanspruch des Unternehmers ist nicht Bereicherungs-, sondern Vertragsanspruch. Anwendbar sind §§ 346 ff BGB analog, nicht §§ 812 ff BGB, BGH BB **63**, 8, WM **08**, 925, ZIP **17**, 1330 Rn 46. Der Anspruch entfällt also nicht durch Wegfall der Bereicherung (unabhängig von § 820 BGB). Er ist ab Fälligkeit nach §§ 353, 354 II zu verzinsen, BGH BB **63**, 8 (aber § 84 Rn 28). Anerkenntnis der Rückzahlungspflicht durch HV ohne Aufrechnung fälliger Provisionsansprüche kann Verzicht auf diese bedeuten, LAG Düss BB **62**, 1056. Lit: Ehrhard/Rinne, ZVertriebsR **13**, 214.

4) Vom Unternehmer nicht ausgeführte Geschäfte (III)

A. **Provisionspflicht trotz Nichtausführung durch den Unternehmer** 20 **(III 1):** Unternehmer ist aus dem Abschluss dem Dritten (Geschäftsgegner) zur Ausführung (in bestimmter Weise) verpflichtet, nicht dem HV, Kblz BB **73**, 866. Er kann das Geschäft 1) ganz unausgeführt lassen, 2) nur zT ausführen, Bspe BGH ZIP **17**, 1330 Rn 49, 3) anders ausführen als abgeschlossen (zB fehlerhaft). In allen drei Fällen der Nicht-, Teil- oder Andersausführung durch den Unternehmer bleibt grundsätzlich das Provisionsrecht erhalten: in Fall 1 (völlige Nichtausführung, zB Rückgängigmachung) nach III 1, aber mit der Einschränkung nach III 2; ebenso im Fall 2 (Teilnichtausführung), hinsichtlich des ausgeführten Teils verbleibt es bei I (s Rn 5). Im Fall 3 (Andersausführung) gilt III 1, aber nicht III 2, zB bei verspäteter Ausführung, BGH **33**, 92. III gilt auch für die Vermittlung von Dienstleistungen, BGH NJW **10**, 300. III regelt die Wirkung auf den Provisionsanspruch des HV, und zwar insgesamt zugunsten des HV **zwingend** (V, Rn 32).

Nicht- oder Andersausführung setzt zunächst begrifflich voraus, dass das 21 Geschäft überhaupt wirksam ist (§ 87 Rn 7). Sodann muss es sich um eine Nicht- oder Andersausführung seitens des Unternehmers handeln (nicht um eine solche des Dritten, sonst II, außer wenn diese wiederum auf den Unternehmer zurückgeht, Rn 18). Keine Nichtausführung iSv III bei Anspruch gegen Besteller aus § 649 BGB; enger (nur bei Geltendmachung) Wolf/Ungeheuer NJW **94**, 1497 (vgl Rn 14, 26). Andersausführung liegt zB vor bei mangelhafter oder bei verspäteter Ausführung, BGH **33**, 95, WM **98**, 723, NJW **10**, 300; bei Lieferung einer anderen als der vereinbarten Sache liegt insoweit noch gar keine Ausführung vor, verbleibt es dabei, liegt Nichtausführung, nicht Andersausführung vor, str (Konsequenzen für III 2). Für III 1 (anders dann III 2) spielt es keine Rolle, aus welchen Gründen der Unternehmer nicht ausführt, zB Rückgängigmachung auf Angebot des Dritten oder im Einvernehmen mit ihm, BGH 27.9.**56** HVR Nr 119 (Grund: keine Einigung zu Lasten des HV), mangelnde Wirtschaftlichkeit des Geschäfts, LG Bielef 3.7.**58** HVR Nr 178, sogar eigene Vertragsuntreue des Unternehmers.

Das Nichtausführen durch den Unternehmer muss (objektiv) **feststehen.** 22 Bspe: Die Leistung des Unternehmers ist objektiv unmöglich; der Unternehmer weigert sich auszuführen und der Dritte fügt sich dem; der Dritte tritt deswegen nach §§ 326 V, 323 BGB zurück (das ist kein Fall des II, sondern des III, s Rn 18). Der Begriff des Feststehens in III 1 seitens des Unternehmers ist nicht unbedingt derselbe wie in II seitens des Dritten, insbesondere was die klageweise Geltendmachung angeht, bevor Nichtleistung anzunehmen ist (Rn 15f), denn die Rechtsfolgen in II und III 1 für die Provision des HV sind unterschiedlich.

Schadensersatz wegen Nichtausführung des Geschäftes, zB für Verlust ande- 23 rer Aufträge des Kunden, die ihm für Fall der Ausführung zugesagt haben, kann der HV nicht verlangen, weil der Unternehmer ihm gegenüber allenfalls zur Provisionszahlung, aber nicht zur Ausführung verpflichtet ist, Kblz BB **73**, 866, iErg aA Emde 78, vgl zur Abschlussfreiheit des Unternehmers § 86a Rn 13; anders bei abweichender Vereinbarung. Da der HV seinen Provisionsanspruch

§ 87a 24–27
1. Buch. Handelsstand

behält, fehlt es jedenfalls idR auch an einem Schaden, denkbar immerhin Reputations- und Folgeschaden, Emde 78.

24   B. **Ausnahme bei Nichtvertretenmüssen des Unternehmers (III 2):** Bei Nichtausführung des Geschäfts durch den Unternehmer (Nichtausführung durch den Dritten s Rn 13) hat der HV grundsätzlich einen Provisionsanspruch des HV (III 1), also Vorrang von III vor II, BGH WM **08**, 924 (s Rn 18). Davon gibt es nur eine einzige Ausnahme in III 2 (nF 1990, § 84 Rn 3): Der Provisionsanspruch entfällt, wenn und soweit die Nichtausführung auf vom Unternehmer nicht zu vertretenden Umständen beruht. Betrifft dieses Nichtvertretenmüssen nur einen Teil der Nichtausführung, bleibt anteiliger Provisionsanspruch erhalten („soweit").

25   Nach III 2 ist **keine Unmöglichkeit nötig** (§ 275 BGB, anders III 2 Fall 1 aF), vielmehr genügt, dass der Unternehmer das Geschäft tatsächlich nicht ausführt und dass diese Nichtausführung von ihm nicht zu vertreten ist. Es kommt **auch nicht** auf die **Unzumutbarkeit** der Ausführung des Geschäfts für den Unternehmer an (anders III 2 Fall 2 aF). **Entscheidend ist allein das Nichtvertretenmüssen des Unternehmers.** Die früher bestehenden Abgrenzungsschwierigkeiten (Unmöglichkeit/Noch-nicht-Unmöglichkeit, Unzumutbarkeit/Noch-Zumutbarkeit) sind aber nicht ganz beseitigt, sondern können in anderer Form jedenfalls teilweise beim Merkmal des Vertretenmüssens wieder auftauchen.

26   a) **Vertretenmüssen** bedeutet nicht nur Vorsatz, Fahrlässigkeit und Übernahme eines Beschaffungsrisikos (§§ 276, 278 BGB), sondern wie auch sonst im Handelsrecht Einstehenmüssen für **zurechenbare Risiken** (unternehmerischer Risikobereich, auch vertragliche Risikoübernahme, aber s Rn 28), BGH NJW **10**, 300, **14**, 930 Rz 13, ZIP **17**, 1330 Rn 54. Das bedeutet, dass je nach den Umständen im Einzelfall (Gesamtwürdigung) die Provision erhalten bleibt in Fällen wie: vertragswidriges Vorenthalten der geschuldeten Dienstleistung, BGH NJW **10**, 300 (Telefondienstvertrag); Schwierigkeiten im eigenen Betrieb oder der eigenen Finanzierung; Verschulden von Erfüllungsgehilfen (§ 278 BGB); fehlerhafte Kalkulation, spätere Erkenntnis der Unwirtschaftlichkeit, BGH NJW **14**, 930 Rz 19; Wegfall des Interesses aus anderen Ursachen; treuwidrige Stornierung (§§ 242, 162 II BGB, aber für Versicherungen s Rn 27), BGH NJW **14**, 930 Rz 19; Abspringen des Kunden wegen Lieferversäumnis des Unternehmers, BGH BB **61**, 147; Weigerung des Kunden, Ware wegen zu hohen Ausschusses abzunehmen, BGH **58**, 140; Kündigung des Kunden nach § 649 BGB, Kblz DB **94**, 208, aber s schon Rn 14, 21. Hinnahme des vertragswidrigen Abspringens von Kunden ohne übliche, aussichtsreiche Erzwingungsmaßnahmen, anders uU wenn sonst die Geschäftsverbindung abzubrechen droht, BGH BB **59**, 864, MDR **61**, 312, BAG NJW **67**, 846 (vgl zur Relevanz der Klageerhebung für Feststehen der Nichtausführung unter II, III 1, 2 Rn 15, 22), auch wenn bloße Forderung als Insolvenzgläubiger zu erwarten ist, BGH WM **91**, 199; Probleme des Bezugs und Transports der Rohstoffe; Liefererschwierigkeiten der Vorlieferanten, BGH DB **59**, 940; Arbeitskräftemangel; Insolvenz des Unternehmers, Grund: Risikosphäre des Unternehmers, BGH WM **08**, 923, Ffm DB **07**, 2199, str, aA RG **63**, 71 bei „schuldloser" Insolvenz, problematisch, allenfalls besondere Ausnahmefälle, nicht schon bei Zahlungsverbot der BaFin an den BankUnternehmer, BGH WM **08**, 925, ZIP **17**, 1330 Rn 58.

27   In der **Versicherungs- und Bausparwirtschaft** (§ 92 Rn 10): uU mangelnde **Nachbearbeitung** gefährdeter (Versicherungs)Verträge, soweit im Verkehr erforderlich, BGH DB **83**, 2136 (unter Abstellen auf Zumutbarkeit nach aF), auch bei Ausbleiben der Prämie; Vertretenmüssen des Versicherers folgt aus § 87a III HGB, § 242 BGB (Treupflicht), Emde § 92 Rn 15. Art und Umfang der Nachbearbeitung bei Nichtausführung **(Stornierung)** des Vertrags hängen aber vom Einzelfall ab, BGH NJW **12**, 3305, Düss NJW-RR **16**, 1315 Rn 54; keine

7. Abschnitt. Handelsvertreter   28   § 87a

eigene Nachbearbeitungspflicht bei geringfügigen Zahlungsbeträgen, BGH NJW **15**, 1754 Rn 14, Düss MDR **17**, 467 (iErg anders); bei Kleinststornos Celle OLG **01**, 267, damals 100 DM, heute bei 100 €, Krämer VersR **10**, 626, aA Pauly ZGS **10**, 207, oder sonstiger wirtschaftlicher Unsinnigkeit, Emde 91. Der Versicherer kann **wahlweise** entweder **selbst Stornoabwehr** betreiben **oder** dem Versicherungsvertreter durch unverzügliche (§ 121 I BGB), zugangsbedürftige Stornomitteilung unter Hinweis auf die Stornierungsgefahr Gelegenheit geben, den notleidenden Vertrag selbst nachzubearbeiten **(Stornogefahrmitteilungen)**, BGH WM 05, 1487, **11**, 471, **12**, 3305, das Versicherungsunternehmen hat aber für die Wahl eine angemessene Entscheidungszeit, BGH NJW **12**, 3305. Bloße Versendung einer Stornogefahrmitteilung an den Nachfolger des ausgeschiedenen Versicherungsvertreters reicht für Stornogefahrabwehr nicht aus, Grund: eigenes Provisionsinteresse des Nachfolgers, BGH NJW **12**, 3305. Die Maßnahmen zur Stornoabwehr müssen nach Art und Umfang ausreichend sein, also ernsthafte und nachdrückliche Anhaltung zur Vertragstreue, bloße Mahnung genügt nicht, BGH WM **11**, 471, Kln VersR **06**, 71; dabei sind mehr an Bemühungen, als der Versicherungsvertreter selbst aufbringen würde, nicht erforderlich; Wertung der Gesamtumstände durch Tatrichter, dazu BGH WM **11**, 472. Weitergehend für Nachforschung nach den Gründen für die Nichtzahlung und idR persönliche Rücksprache mit dem Schuldner, Emde 87, offen BGH WM **11**, 473. Keine Pflicht zur Nachbearbeitung, wenn Vorgehen aussichtslos ist, Düss NJW-RR **16**, 1315 Rn 54, Emde 91; wenn der VersNehmer weitere Kontakte ablehnt, Düss NJW-RR **16**, 1315 Rn 54; wenn der HV bereits Kenntnis von der Kündigung hat und selbst vorgehen kann, Brdbg 20.5.09 HVR Nr 1286; wenn der HVVertrag beendet ist, da sonst Gefahr der Abwerbung des VersVertreters durch die Konkurrenz, Brdbg 20.5.09 HVR Nr 1286, Emde 94, aA MüKo/von Hoyningen-Huene § 92 Rn 32. Die bisherige untergerichtliche Rspr ist nur noch insoweit relevant, als der Versicherer keine der beiden, vorstehend genannten Alternativen ergreift: Für Pflicht zur Nachbearbeitung: Ffm DB **83**, 1591, VersR **86**, 461, Düss 15.12.00 HVR Nr 948, Knorn BB **75**, 111, Platz VersR **85**, 621, auch im mehrstufigen Vertretungsverhältnis, Kln VersR **06**, 71, Düss 21.2.**07**, 17 juris. Für Pflicht zu Stornogefahrmitteilungen, Kln NJW **78**, 327, Schlesw MDR **84**, 760, Kln VersR **99**, 440, Düss OLGR **99**, 202. Storno(reserve)einbehalt s § 92 Rn 9. Einklagen der Prämien s Rn 29. Beweislast liegt beim Versicherer, für jeden einzelnen VersVertrag, aber nicht auch für (rechtzeitigen) Zugang, BGH WM **11**, 474, Emde 95, § 92 Rn 15. Rspr bei Emde BB **11**, 2760, **12**, 3031, Pauly VersR **13**, 558.

b) Nicht zu vertreten iSv III 2, da nicht in der Risikosphäre des Unternehmers liegend (s Rn 26), ist die Nichtlieferung insbesondere dann, wenn „in der Person des Dritten ein wichtiger Grund für die Nichtausführung vorliegt". Die zu diesem in der aF enthaltenen, die Zumutbarkeit konkretisierenden Merkmal ergangene Rechtsprechung, BGH MDR **61**, 312, BB **71**, 1430, Kln VersR **74**, 287, kann vorsichtig herangezogen werden. Nicht zu vertreten sind zB Nicht erreichen der Mindestteilnehmerzahl durch Reiseveranstalter, BGH NJW **14**, 930, Eingriffe von hoher Hand wie Material-, Transport- oder Export-, Importsperre nach dem Abschluss, LAG Düss BB **60**, 1075 (Interzonenhandel), aA Ffm WM **91**, 867, anders wenn vorhersehbar und Ausweichmaßnahmen möglich, Mü BB **95**, 1559 (Ausfuhrquoten in China); Streiks beim Unternehmer oder Vorlieferanten; unvermeidbare Transportschwierigkeiten zB bei Überschwemmung; radikale Verteuerung, so dass die Geschäftsgrundlage entfällt (aber in solchen Fällen schuldet uU Unternehmer dem HV Schadensersatz, weil er die Akquisition pflichtwidrig nicht rechtzeitig bremste, vgl § 86a II 3); (bei Abschlüssen auf Kredit) Insolvenz, auch berechtigter Insolvenzverdacht des Dritten; Vermögensverschlechterung bei dem Dritten mit Gefährdung der Kaufpreisforderung (Unsi-   28

§ 87a 29–33 1. Buch. Handelsstand

cherheitseinrede, § 321 BGB); Verdacht des Weiterverkaufs an eigene Kunden (des Unternehmers, die dann bei ihm nicht bestellen); Verdacht des rechtswidrigen, zB patentverletzenden Gebrauchs des zu Liefernden; wenn ein Dritter (hier: Vierter) die Lieferung (zB auf Grund von Schutzrechten) verbietet und darüber zu prozessieren wäre; selbstverständlich nach rechtskräftiger Verurteilung zur Unterlassung der Lieferung; unter bestimmten Voraussetzungen Unterlassung eines Prozesses gegen den Dritten (Rn 26). Vereinbarung über (nicht) zu vertretende Nichtausführung s Rn 33.

29 **Versicherungs- und Bausparwesen** (§ 92 Rn 10): bei der Lebensversicherung ist das **Einklagen der ersten Prämie** idR nicht zumutbar (Kosten-Nutzen-Verhältnis), BAG NJW **68**, 518, Ffm VersR **81**, 480, Karls VersR **82**, 267, Brdbg 20.5.**09** HVR Nr 1286, Emde § 92 Rn 16 (Grund: §§ 38 aF, 37 nF VVG); anders in der Sachversicherung, Ffm VersR **86**, 462. Vgl auch Nachbearbeitung und Stornomitteilung, Rn 27.

30 C. **Beweislast:** Der trotz Nichtausführung des Geschäfts Provision begehrende HV hat nur darzutun, dass die Nichtausführung (im ganzen oder zT) feststeht (dazu Rn 20 ff). Denn die Provision ist verdient außer bei Ausführung des Geschäfts (I 1) auch bei Feststehen der Nichtausführung (III 1). Der Unternehmer kann die Provisionspflicht nur abwenden durch den Nachweis, dass er die Nichtausführung nicht zu vertreten hat (III 2, dazu Rn 24), BGH BB **89**, 1077, Kln IHR **14**, 103, Düss MDR **17**, 467 (auch bei Kleinstorni; § 87a Rn 27).

5) Fälligkeit und Zahlung der Provision (IV)

31 Die Fälligkeit der Provision richtet sich gemäß IV nach § 87c I. Die Provision ist danach in allen Fällen am letzten Tag des ersten Monats nach dem Abrechnungszeitraum fällig, der iZw einen Monat, höchstens drei Monate umfasst. Das bedeutet, dass alle in den Abrechnungszeitraum fallenden Einzelprovisionsansprüche ohne Rücksicht auf ihr Entstehen einheitlich fällig werden. Verzugseintritt richtet sich nach § 286 BGB, BGH BB **62**, 543. Für Fälligkeit der Vorschusses gilt I 2 speziell (s Rn 9). IV gilt nicht für Verwaltungsvergütung (§ 89b Rn 28), auch wenn diese sich am Warenumsatz orientiert, Schlesw VersR **77**, 1002 (§ 87 Rn 3). IV ist zugunsten des HV **zwingend** (V, s Rn 34).

6) Abweichende Vereinbarungen (V)

32 A. **II Halbsatz 1** ist zugunsten des HV **zwingend** (insoweit V nF 1990, s § 84 Rn 3), Abreden zu Lasten des Unternehmers bleiben also möglich. Der Provisionsanspruch des HV entfällt nach II Halbs 1 erst, wenn objektiv feststeht, dass der Dritte nicht leistet (Rn 14); dieser Zeitpunkt kann nicht zu Lasten des HV vorverlegt werden. Entgegenstehende Abreden sind unwirksam, zB Abrede über Feststehen der Nichtleistung des Dritten allgemein schon, wenn dem Unternehmer nach eigenem Ermessen weitere Schritte nicht aussichtsreich erscheinen, oder Klausel, dass der Unternehmer bei Abnahmeverzug generell nicht gerichtlich vorzugehen braucht, wohl auch Karlsr BB **74**, 904, zu weitgehend Ffm BB **77**, 1170 (nach altem Recht); vgl Rn 33.

33 B. **III** ist zugunsten des HV **zwingend**. Entgegenstehende Abreden sind unwirksam, zB **Provisionsverzichtsklauseln,** auch individualvertragliche, BGH NJW **10**, 299, **14**, 930, Emde BB **11**, 2759, zB für Geschäft mit unsicherer Vorlieferung, LAG Düss BB **60**, 1075; nur hälftige Provision bei Vertragsänderung mit dem Dritten nach HVVertragsende, Karlsr BB **80**, 226; zeitanteilige Rückbuchung der Provision, Kln IHR **14**, 103; Übernahme von Gerichtskosten durch HV für Vorgehen des Unternehmers bei Abnahmeverzug des Kunden, Karlsr BB **74**, 904. Wirksam ist jedoch nachträglicher Verzicht auf den nach III 1 entstandenen Provisionsanspruch, auch durch nachträgliche Abbedingung in allgemeiner Form, BGH BB **61**, 147, WM **03**, 2112, auch stillschweigend (§ 87

7. Abschnitt. Handelsvertreter § 87b

Rn 48). Auch rein klarstellende Klauseln, die nicht den Risikobereich des Unternehmers zu Lasten des HV einschränken, bleiben möglich. Das kann der Fall sein für Klausel darüber, wann der Versicherer von der Prämienklage absehen darf (Rn 29), zu weitgehend Ffm BB **77**, 1170 (nach altem Recht), oder inwieweit der VersVertreter zur Nachbearbeitung verpflichtet ist, vgl Ffm DB **83**, 1591; III darf aber nicht angetastet werden, vgl ebenso für II Halbs 1 Rn 32. Untervertreter s § 84 Rn 31.

C. **IV ist ebenfalls nur zugunsten des HV zwingend.** Es kann also nicht zum 34 Nachteil des HV die Fälligkeit später gelegt werden. Nur der Abrechnungszeitraum kann zwischen einem und drei Monaten variiert werden. **Zulässig** zB: Abrechnung quartalsweise am 15. des 1. Monats nach Quartalsende (vgl § 87c I) und Zahlung 10 Tage nach Abrechnung (vgl IV). **Nicht zulässig** zB: Zahlung jeweils drei Monate nach Entstehen des Anspruchs; Abrechnung monatlich, Zahlung quartalsweise; Abrechnung monatlich binnen 30 Tagen, Zahlung 10 Tage nach Abrechnung; Abrechnung und Zahlung binnen 6 Wochen nach Quartalsschluss. Umgehung ist unwirksam, zB Fälligkeit von Provisionsteilen erst später als Einmalzahlung in Form „einer Pensionszusage", LAG Hamm BB **85**, 464.

D. **Abweichende Vereinbarungen sonst, insbesondere zu I:** Aus V folgt 35 im Gegenschluss, dass § 87a im Übrigen, also insbesondere dessen I 1, nicht zwingend ist, sondern freie Vereinbarung auch zu Lasten des HV zulässt (Rn 8), BGH WM **03**, 2112. Das gilt aber nur **vorbehaltlich I 2** (Vorschuss, Rn 9), **und I 3**, wonach der HV unabhängig von einer Vereinbarung Anspruch auf Provision hat, sobald und soweit der Dritte das Geschäft ausgeführt hat (Rn 10), also keine Vereinbarung, dass der Dritte seinen Pflichten über einen gewissen Zeitraum nachkommt, zB volle Bezahlung des Abonnements während bestimmter (Sprunghaftungs-)Frist, BGH NJW **15**, 1754 Rz 17, Rechtsfolge: Teilprovision, 87b I. Zulässig ist danach Klausel, dass Provision von der Zahlung des Kunden abhängt oder dass Provisions- und -rückzahlungsansprüche kontokorrentgebunden sein sollen, Emde 135, aber kein vollständiger Ausschluss bei Teilerfüllung. Lit: Thume BB **12**, 978 (AGB), Dänekamp/Kölln NJW **15**, 3126 (Provision bei Vermittlung von Dauerbezugsverträgen).

[Höhe der Provision]

87b (1) **Ist die Höhe der Provision nicht bestimmt, so ist der übliche Satz als vereinbart anzusehen.**

(2) ¹Die Provision ist von dem Entgelt zu berechnen, das der Dritte oder der Unternehmer zu leisten hat. ²Nachlässe bei Barzahlung sind nicht abzuziehen; dasselbe gilt für Nebenkosten, namentlich für Fracht, Verpackung, Zoll, Steuern, es sei denn, daß die Nebenkosten dem Dritten besonders in Rechnung gestellt sind. ³Die Umsatzsteuer, die lediglich auf Grund der steuerrechtlichen Vorschriften in der Rechnung gesondert ausgewiesen ist, gilt nicht als besonders in Rechnung gestellt.

(3) ¹Bei Gebrauchsüberlassungs- und Nutzungsverträgen von bestimmter Dauer ist die Provision vom Entgelt für die Vertragsdauer zu berechnen. ²Bei unbestimmter Dauer ist die Provision vom Entgelt bis zu dem Zeitpunkt zu berechnen, zu dem erstmals von dem Dritten gekündigt werden kann; der Handelsvertreter hat Anspruch auf weitere entsprechend berechnete Provisionen, wenn der Vertrag fortbesteht.

§ 87b 1–4 1. Buch. Handelsstand

Übersicht

	Rn
1) Übersicht; Provisionssatz (I)	1–3
A. Übersicht	1
B. Übliche Provision (I)	2
2) Allgemeine Berechnungsgrundlagen der Provision (II)	4–12
A. Provisionsberechnung nach dem Entgelt (II 1)	4
B. Nachlässe (II 2 Halbsatz 1)	8
C. Nebenkosten (II 1 Halbsatz 2)	10
D. Mehrwertsteuer (II 3)	12
3) Berechnungsgrundlagen der Provision bei Dauerverträgen (III)	13–17
A. Dauerverträge	13
B. Verträge mit bestimmter Dauer (III 1)	14
C. Verträge mit unbestimmter Dauer (III 2)	15
D. Vorzeitige Beendigung des Dauervertrags	16
E. Ende des Handelsvertretervertrags vor Ende des Dauervertrags	17
4) Abweichende Vereinbarungen	18–19
A. Abweichungen von I und II	18
B. Abweichungen von III	19

1) Übersicht; Provisionssatz (I)

1   A. **Übersicht:** § 87b regelt die Höhe der Provision, soweit nicht gesetzlich oder vertraglich (Rn 18) etwas anderes gilt. § 87b trennt **Satz** (I) und **Berechnungsgrundlage** (II, III) der Provision. Das sind die beiden Faktoren der Provision in der üblichen Berechnungsweise: Provision = x% von y. III sieht für bestimmte **Dauerverträge** entspr den Vertragsabschnitten und Kündigungsmöglichkeiten jeweils neu entstehende Provisionsansprüche vor. **Versicherungsvertreter** s § 92.

2   B. **Übliche Provision (I):** Mangels anderweitiger Bestimmung (Rn 1, 18) gilt nach I für die Höhe der Provision der übliche Satz (Prozentsatz oder Bruchteil). I gilt über den Wortlaut hinaus nicht nur für den Satz, sondern für das gesamte Entgelt einschließlich üblicher Berechnung. Maßgebend ist Üblichkeit im räumlichen und sachlichen Arbeitsgebiet des HV. Hat er in dem Bezirk seinen Geschäftssitz, kommt es in erster Linie auf die Übung an diesem Ort an, Bsp: 15% für Werbeanzeigenvermittlung, AG Hbg BB **81**, 2033. Provision bei geringwertigen Konsumgütern bis zu 50%, bei Großaufträgen bis in die Millionen, Beukelmann NJW-Sp **11**, 184, fraglich. Maßgeblich ist Üblichkeit zum Zeitpunkt des vermittelten Geschäfts, Karls OLGR **08**, 321. Feststellung der Üblichkeit (vgl § 346) uU durch Sachverständige, BGH LM **(61)** § 87b Nr 1. Zur Provisionsberechnung für VersVertreter bei Fehlen vertraglicher Regelung Stgt BB **77**, 565. Der die Provision einklagende HV muss Höhe und Berechnungsgrundlagen **beweisen;** so auch wenn der Unternehmer gegenteilige, vom dispositiven Recht des II abweichende Vereinbarung behauptet, Hamm 26. 10. **09** HVR Nr 1299, aA letzterenfalls Emde 43. Verlangt der HV den üblichen Satz, muss er beweisen, dass die vom Unternehmer behauptete bestimmte Provisionshöhe nicht vereinbart ist, LAG Brem DB **60**, 1212, vgl BGH NJW **83**, 1782 (zu § 632 BGB).

3   Ist solche **Übung nicht feststellbar**, zB bei einem aus dem Rahmen fallenden Sonderauftrag, Bsp BGH DB **61**, 638, ist der Provisionsanspruch nach billigem Ermessen zu bestimmen (§§ 315, 316 BGB), BGH WM **05**, 1041.

2) Allgemeine Berechnungsgrundlagen der Provision (II)

4   A. **Provisionsberechnung nach dem Entgelt (II 1):** Die Provision (Satz nach I) berechnet sich aus dem Entgelt (II 1), das entweder der Dritte schuldet (zB als Käufer, Werkbesteller, Versicherungsnehmer) oder der vertretene Unter-

7. Abschnitt. Handelsvertreter   5–12   § 87b

nehmer (zB als Käufer bei Einkaufsvertretung). Ist das Geschäft ein Tausch bzw Kompensationsgeschäft, kommt es auf den in Geld ausgedrückten Wert der Leistung des Dritten an, str. Wird das Entgelt in Devisen vereinbart, ist Umrechnungskurs zum Zeitpunkt des Eingangs beim Unternehmer maßgeblich.

Entscheidend ist das **geschuldete** Entgelt, bei Preisvorschriften also der gesetzliche Preis, nicht ein überhöhter vertraglicher, Düss MDR **57**, 168 LS, aA auf tatsächliche Zahlung abstellend Schlegelb/Schröder 5 b. Freiwillige spätere Gewinnanteilsrückvergütungen des Unternehmers, etwa in der Versicherungsbranche, mindern die Provision nicht. Veränderungen infolge von Preisgleitklauseln sind, da vertraglich vereinbart, zu berücksichtigen, Emde 22, str.

Das vereinbarte Entgelt ist auch maßgeblich, wenn statt des Entgelts eine **andere Leistung** angenommen wird; zB wenn von vornherein vereinbart ist, dass der Kaufpreis in bestimmten Effekten beglichen werden soll, und ihre Veräußerung dann weniger erbringt, RG **121**, 125, aA wohl Ebenroth/Löwisch 20; wenn es durch Leistung an Erfüllungs Statt (§ 364 BGB) gezahlt wird, aA Heymann/Sonnenschein/Weitemeyer 8; wenn der Unternehmer die Forderung gegen den Kunden unter Nennwert veräußert, weil er diesen für zahlungsunfähig halten darf, Celle NJW **72**, 879 (vgl § 87a Rn 15). Etwas anderes gilt, wenn es bei Teilausführung bleibt (§ 87a Rn 5), etwa wenn der Unternehmer nicht vollwertige Ersatzleistung empfängt (§ 87a Rn 11).

Geldwerte **Nebenvorteile** des Unternehmers, zB Preisnachlass auf Gegenlieferung, zählen für den HV mit, Unternehmer darf sie nicht geheim halten (ähnlich Schmiergeldannahme durch den HV, vgl § 86 Rn 23).

B. **Nachlässe (II 2 Halbsatz 1):** Nachlässe mindern das geschuldete Entgelt und damit idR auch die Provision nach II 1, sofern sie dem Dritten von vornherein zugesagt sind; anders nachträgliche Nachlässe und Sonderrabatte, Braunschw JR **57**, 103, denn das ginge zu Lasten des HV (vgl § 87a Rn 21). Bspe: Mengen-, Treue-, „Aktions"-Rabatt (für einmalig besonders große Bestellung), Jahresumsatzbonus.

Nachlässe bei Barzahlung (Skonto) sind ausgenommen **(II 2 Halbsatz 1)**, mindern die Provision also nicht. Denn Barzahlung kommt direkt dem Unternehmer zugute, Düss DB **55**, 578. Dieser soll sich dagegen nicht auf abw HdlBrauch berufen können, Brem HVHM **65**, 71, zweifelhaft (vgl Rn 18).

C. **Nebenkosten (II 1 Halbsatz 2):** Nebenkosten für Fracht, Verpackung, Zoll, Steuern ua, die der Unternehmer aufwendet und dem Dritten (vertragsgemäß) **besonders in Rechnung stellt** (bzw umgekehrt, BGH 3.3.**60** HVR Nr 250), sind nicht Teil des vom Dritten (bzw Unternehmer) geschuldeten Entgelts (II 1) und deshalb bei der Provisionsberechnung auszuscheiden.

Nicht besonders berechnete Nebenkosten gelten dagegen als durch das Entgelt mitabgedeckt und mindern deshalb die Provision nicht **(II 2 Halbsatz 2)**, zB variable Luftlandegebühren, BGH NJW-RR **04**, 1206. Das gilt auch, wenn ursprünglich besonders berechnete Teuerungszuschläge im Lauf der Vertragszeit nur noch innerbetrieblich kalkuliert werden, Celle 26.11.**56** HVR Nr 116, Abzüge wären vom HV nicht mehr kontrollierbar. Ist Entgelt ohne besonders berechnete Nebenkosten vereinbart, tangiert spätere Aufteilung den HV dagegen nicht mehr; anders wenn ursprünglich vertraglich nicht vorgesehene Leistung später hinzukommt, BGH 3.3.**60** HVR Nr 250. Auch umsatzfördernde Aufwendungen des Unternehmers mindern Provision idR nicht (vgl auch § 89b Rn 19).

D. **Mehrwertsteuer (II 3):** Umsatzsteuer (Mehrwertsteuer) ist auf der Rechnung gesondert auszuweisen; II 3 fingiert das hinweg und setzt sie damit den nicht besonders berechneten Nebenkosten nach II 2 Halbs 2 gleich. Die Provision ist deshalb mangels besonderer Vereinbarung (üblich) auch aus dem Mehrwertsteuerbetrag zu bezahlen, BGH **61**, 114. Sondervorschrift für VersVertreter, BGH

BB **92**, 597. Bsp bei Küstner/Thume/Otto Bd 1 Kap V Rn 347. Lit: Jansen/Westphal 1992.

3) Berechnungsgrundlagen der Provision bei Dauerverträgen (III)

13 A. **Dauerverträge:** III regelt (mangels anderer Vereinbarung, s Rn 18) Provisionsberechnung bei vom HV vermittelten **Gebrauchsüberlassungs- und Nutzungsverträgen**, zB Miete oder Pacht, einerlei ob Sachen oder Rechte (zB Lizenzen, dingliche Rechte wie Erbbaurecht). III regelt nur die Abrechnungsmodalitäten, die Entstehung des Provisionsanspruchs ist in §§ 87, 87a geregelt, BGH NJW **10**, 301. III erfasst aber auch andere Dauerverträge **mit fest nach Zeitabschnitten bemessenem Entgelt**, zB Dienst-, Versicherungsverträge, offen BGH WM **05**, 1867. III gilt nicht für Verträge mit variablem, ergebnisbezogenem Entgelt, offen BGH NJW **10**, 301, zB Lizenzverträge mit Stück- oder Umsatzlizenz, Verlagsverträge mit Autorenbeteiligung, Lieferabonnements: hier erwächst Provision mit jedem vergütungspflichtigen Vorgang (Verkauf der lizenzierten Gegenstände, Verkauf der Bücher, Lieferung der Zeitschrift) oder jeder Zahlung des anderen Teils (vgl § 87a I 1, 3); die etwa gewünschte Vereinfachung der Provisionsberechnung ist hier Sache besonderer Vereinbarung, die an die Schranken des § 87a gebunden ist (etwa bei Zeitschriftenabonnements, vgl § 87a Rn 15). Soweit III keine Sonderregeln enthält, bleiben I und II anwendbar. Ausführung bei Dauerverträgen s § 87a Rn 5.

14 B. **Verträge mit bestimmter Dauer (III 1):** Bei Verträgen (mit fest nach Zeitabschnitten bemessenem Entgelt, Rn 13) von bestimmter Dauer bereitet die Berechnung der Provision nach dem Entgelt (II 1) keine Schwierigkeit: Die (einmalige) Provision ist vom Entgelt für die vereinbarte Vertragsdauer zu berechnen, auch wenn Entgelt nur in Raten zu zahlen ist. Wird der Vertrag auf bestimmte Zeit verlängert, einerlei ob automatisch (Verlängerungsklausel) oder durch Willenserklärung (zB Verlängerungsoption), erwächst eine neue Provision; wird er auf unbestimmte Zeit verlängert, gilt nunmehr III 2.

15 C. **Verträge mit unbestimmter Dauer (III 2):** Bei Verträgen (mit fest nach Zeitabschnitten bemessenem Entgelt, Rn 13) von unbestimmter Dauer ist Provision jeweils für die Zeit zwischen zwei Kündigungsterminen (Terminen, zu denen der Dritte, nicht notwendig auch der Unternehmer gesetzlich oder vertraglich kündigen kann) zu berechnen, erstmals für die Zeit vom Vertragsbeginn zum ersten Kündigungstermin. Bei mehreren aufeinander folgenden, nicht ausgenutzten Kündigungsterminen entsteht für jeden neuen Nutzungsabschnitt ein weiterer neuer Provisionsanspruch (aber s Rn 17). Kann zu jedem beliebigen Termin (einerlei ob mit Frist und mit welcher) gekündigt werden, so ergibt sich ein einziger, mit dem Vertragsablauf ständig wachsender Provisionsanspruch, die zeitliche Gliederung ergibt sich dann nur aus den Abrechnungsabschnitten (§ 87c I).

16 D. **Vorzeitige Beendigung des Dauervertrags:** Die Provisionspflicht bei vorzeitigem Ende des (auf bestimmte oder unbestimmte Zeit geschlossenen) Dauervertrags etwa durch außerordentliche Kündigung ist nicht in § 87b geregelt, sondern bestimmt sich nach § 87a III (nur analog, da bereits Ausführung, § 87a Rn 5), Emde 39, str. Danach entfällt der Provisionsanspruch nur dann, wenn der

Unternehmer die Nichtzuendeführung des auf bestimmte Zeit geschlossenen Dauervertrags nicht zu vertreten hat. Beim auf unbestimmte Zeit geschlossenen Dauervertrag erhält der HV mangels anderer Abrede Provision jedenfalls nicht über den jeweils begonnenen Nutzungsabschnitt hinaus (§ 87a I 1, 3); soweit dieser selbst nicht zu Ende geführt wird, gilt wiederum § 87a III analog.

7. Abschnitt. Handelsvertreter § 87c

E. Ende des Handelsvertretervertrags vor Ende des Dauervertrags: 17
a) Bei Vertrag mit bestimmter Dauer bleibt dem HV die Provision für die gesamte Zeit des Dauervertrags (aber s Rn 16) erhalten, auch wenn der HVVertrag zuvor endet (Grund: Ausführung bereits mit Gebrauchsüberlassung, vgl § 87a Rn 5, 7; § 87 III gilt nicht).

b) Bei Vertrag mit unbestimmter Dauer erhält der HV, dessen HVVertrag endigt, die Provision bis zu dem Zeitpunkt, zu dem erstmals von dem Dritten gekündigt werden kann (§ 87b III 2); kündigt der Dritte nicht, beginnen neue Nutzungsabschnitte, die provisionspflichtig sein können, Emde 36. Der HV erhält also die vereinbarte Provision für die gesamte Laufzeit des vermittelten Vertrags (ohne zeitliche Begrenzung analog § 87 III), BGH NJW **10**, 301.

4) Abweichende Vereinbarungen

A. **Abweichungen von I und II:** Alle Bestimmungen des § 87b sind durch 18
(ausdrückliche oder stillschweigende) Abrede **abdingbar**. Möglich ist also **anderer Provisionssatz** als nach I, zB differenzierend nach Geschäft, Kunde oder nach Verdienstspanne des Unternehmers, Karls 14.10.**75** HVR Nr 494 LS, und **andere Berechnung** als nach II, Naumbg 7.3.**02** HVR Nr 1108, zB bei Inzahlungnahme gebrauchter Sachen Provision nur auf den Barpreis, BAG BB **66**, 386; Provision nach Stückzahl, Gewicht usw von verkaufter Ware (x DM je Stück, je Tonne usw); entgegen II 2 keine Provision auf Skonti; entgegen II 3 keine Provision auf Umsatzsteuer, BAG BB **83**, 197. Auch alle Kombinationen der Berechnung sind möglich, zB Stückprovision mit Aufschlag in % des x DM übersteigenden Preises. Möglich ist auch ganz andere Vergütungsart als Provision (§ 87 Rn 5). **Grenzen** §§ 138, 242 BGB; Hungerprovision § 86 Rn 9 II enthält kein Leitbild iSv **(5)** BGB § 307 II Nr 1 für Vergütung aller Nebenleistungen, BGH NJW-RR **04**, 1206. **AGB** über einseitige Änderung des Provisionssatzes ohne sachgerechte Begrenzung ist unwirksam (§ 87 Rn 48); AGB über Beteiligung des HV an Preisnachlässen kann, da im Ergebnis Provisionskürzung, kritisch werden, Ul/Br/He/H. Schmidt (24) HVVerträge Rn 4 (§ 84 Rn 8), str.

B. **Abweichungen von III:** Auch III über Dauerverträge (aber nur III, vgl 19
Rn 16, 17) ist voll dispositiv. Möglich ist zB auch **für Dauerverträge** (in erster Linie bei nach Zeitabschnitten bestimmter Vergütung, auch bei anderen) **Einmalprovision**, fällig bei Vertragsschluss oder nach Ablauf bestimmter Vertragszeit, BGH **30**, 107, WM **05**, 1867. Beabsichtigte und erreichte Vertragserfolge sind dann für die Provision unerheblich, Bsp: Vermittlung von Anstellungsverträgen, Provision x% des Monatsgehalts jedes Vertrags, verdient nach 3 Monaten Vertragsdauer.

[Abrechnung über die Provision]

87c (1) [1]Der Unternehmer hat über die Provision, auf die der Handelsvertreter Anspruch hat, monatlich abzurechnen; der Abrechnungszeitraum kann auf höchstens drei Monate erstreckt werden. [2]Die Abrechnung hat unverzüglich, spätestens bis zum Ende des nächsten Monats, zu erfolgen.

(2) **Der Handelsvertreter kann bei der Abrechnung einen Buchauszug über alle Geschäfte verlangen, für die ihm nach § 87 Provision gebührt.**

(3) **Der Handelsvertreter kann außerdem Mitteilung über alle Umstände verlangen, die für den Provisionsanspruch, seine Fälligkeit und seine Berechnung wesentlich sind.**

(4) **Wird der Buchauszug verweigert oder bestehen begründete Zweifel an der Richtigkeit oder Vollständigkeit der Abrechnung oder des Buchauszuges, so kann der Handelsvertreter verlangen, daß nach Wahl des Unternehmers**

§ 87c 1, 2

entweder ihm oder einem von ihm zu bestimmenden Wirtschaftsprüfer oder vereidigten Buchsachverständigen Einsicht in die Geschäftsbücher oder die sonstigen Urkunden so weit gewährt wird, wie dies zur Feststellung der Richtigkeit oder Vollständigkeit der Abrechnung oder des Buchauszuges erforderlich ist.

(5) Diese Rechte des Handelsvertreters können nicht ausgeschlossen oder beschränkt werden.

Übersicht

	Rn
1) Übersicht, Reichweite	1–2
A. Übersicht	1
B. Reichweite	2
2) Abrechnung über die Provision (I)	3–12
A. Inhalt und Zweck der Abrechnung	3
B. Rechtsnatur	4
C. Abrechnungspflicht	5
D. Abrechnungszeitraum	8
E. Abrechnungszeitpunkt	9
F. Prozess	11
3) Buchauszug (II)	13–22
A. Inhalt und Zweck des Buchauszugs	13
B. Nur auf Verlangen	17
C. Zeitliche Grenzen	19
D. Rechte bei Unvollständigkeit	20
E. Prozess	21
4) Auskunft (III)	23–24
A. Anspruch auf Auskunft	23
B. Prozess	24
5) Einsicht in Bücher und Urkunden (IV)	25–28
A. Einsichtsrecht	25
B. Ausübung der Einsicht	27
C. Prozess	28
6) Abweichende Vereinbarungen (V)	29–30

1) Übersicht, Reichweite

1   A. **Übersicht:** § 87c regelt die Abrechnung über die Provision des HV. Dabei geht es nicht nur um den Abrechnungsanspruch, vielmehr enthält § 87c **mehrere Hilfsansprüche** (Nebenrechte) zur Vorbereitung und Durchsetzung des Provisionsanspruchs. Ihre **Reihenfolge** ist grundsätzlich: **Abrechnung (I), Buchauszug (II), Auskunft (III), Bucheinsicht (IV);** beliebige Änderung oder Kopplung ist nicht möglich, stRspr, zB Düss OLGR **08**, 52. Ihr Charakter als bloßer **Hilfsanspruch,** BGH ZVertriebsR **16**, 242 (s Rn 5, § 87 Rn 41), wird in folgendem deutlich: Die Ansprüche auf Rechnungslegung (I, II) und Auskunft (III) sind als Nebenrechte (nur) zusammen mit dem Provisionsanspruch abtretbar, LAG Brem BB **55**, 97, Hamm NJW-RR **97**, 1323, hL, aA Ebenroth/Löwisch 25; bei Versicherungsvertretern § 203 I Nr 6 StGB, Emde 23. Diese Nebenrechte sind auch nicht selbständig pfändbar, Emde 21, aA Ebenroth/Löwisch 25. Verjährt der Provisionsanspruch oder ist er aus anderen Gründen nicht mehr durchsetzbar, werden die **Hilfsansprüche** gegenstandslos (vgl Rn 19, § 87 Rn 53); sie können aber auch selbständig **verjähren** (§ 87 Rn 53). § 87c ist nicht abschließend, Oetker/Busche 1, aA Ebenroth/Löwisch 4, F/W/Fröhlich 13; s für Auskunft unten Rn 23 aE.

2   B. **Reichweite:** § 87c ist auf Provision nach § 87 gemünzt und deshalb bei (reiner) Umsatzbeteiligung des HV (statt Provision, § 87 Rn 5) unanwendbar, Karlsr BB **66**, 1169, ebenso bei Fixum und Pauschalvergütung, Ebenroth/Löwisch 11, anders bei Beteiligung am Umsatz mit den von ihm vermittelten

7. Abschnitt. Handelsvertreter 3, 4 § 87c

Kunden sowie hinsichtlich eines jedenfalls teilweise leistungsabhängigen Provisionsanteils, Düss ZVertriebsR **15,** 253; einzelne Analogien (zB I 2 unverzüglich, IV Einsichtsrecht) bleiben aber möglich, im Übrigen § 259 BGB ua. § 87c gilt auch in mehrstufigen Vertriebssystemen, BGH **56,** 290, Emde MDR **99,** 1108; **Untervertreter** (§ 84 Rn 31) hat die Ansprüche aus § 87c gegen den Hauptvertreter, dieser gegen den Unternehmer, der Hauptvertreter kann nicht einwenden, er werde seinerseits vom Unternehmer nicht hinreichend informiert, Emde 20, MüKo/von Hoyningen-Huene 10a, str, aber uU § 242 BGB. Die Rechte aus § 87c bestehen uneingeschränkt auch gegenüber ausländischem Unternehmen, Hbg 5.4.05 HVR Nr 1154 (Vollstreckung str, s Rn 12).

2) Abrechnung über die Provision (I)

A. **Inhalt und Zweck der Abrechnung:** Sie ist die Aufstellung darüber, auf 3 welche Provision der HV Anspruch hat (I 1), also welche Provisionsansprüche (nach §§ 87a, 87b, ggf Vertrag) dem HV im Abrechnungszeitraum entstanden sind. Provision für abgeschlossene (§ 87), aber noch nicht ausgeführte Geschäfte ist nicht aufzunehmen (anders im Buchauszug, II, Rn 13f), Nürnb BB **66,** 265, Emde 99, Heymann/Sonnenschein/Weitemeyer 4, also nicht, bevor eine aufschiebende Bedingung eingetreten ist (vgl § 87a Rn 1), Ebenroth/Löwisch 59, aA Küstner/Thume/Riemer Bd 1 Kap VI Rn 30; auch nicht für solche, bei denen feststeht, dass der Dritte nicht leistet (§ 87a II), außer wenn das Geschäft trotz Nichtausführung provisionspflichtig ist (§ 87a III 1). Provisionsansprüche sind aber schon dann aufzunehmen, wenn sie nach § 87a I erst auflösend bedingt entstanden sind (§ 87a Rn 6), Ebenroth/Löwisch 59, sind aber (schon im Hinblick auf das Schuldanerkenntnisses, Rn 4) als solche kenntlich zu machen; ist die auflösende Bedingung eingetreten, ist das Geschäft nicht abzurechnen. Der Unternehmer hat nur abzurechnen, was er glaubt anerkennen zu können und erfüllen will, BGH WM **90,** 711, Ebenroth/Löwisch 61, Grund: abstraktes Schuldanerkenntnis (s Rn 4). Ist seiner Ansicht nach kein Provisionsanspruch entstanden, genügt er I durch diesbezügliche Mitteilung, BGH WM **90,** 711; Buchauszug nach II hat andere Funktion und reicht deshalb weiter (s Rn 14). Zur einheitlichen Fälligkeit aller in den Abrechnungszeitraum fallenden Provisionsansprüche s § 87a Rn 31. Die Abrechnung soll dem HV ermöglichen, unter Vergleich mit seinen eigenen Unterlagen zuverlässig nachzuprüfen, ob alle ihm zustehenden Provisionen (§§ 87, 87a) und sonstigen Vergütungen lückenlos erfasst sind, BGH BB **61,** 424, WM **89,** 1074. Dieser Zweck bedingt eine vollständige, klare und übersichtliche Zusammenstellung, vgl BGH WM **81,** 993, Karlsr 14.10.**75** HVR Nr 494 LS.

B. **Rechtsnatur:** Die Abrechnung ist **abstraktes Schuldanerkenntnis** des 4 Unternehmers (§ 781 BGB, als solches nicht der Schriftform bedürftig, § 782 BGB, aber s Rn 6), BGH WM **90,** 710. Annahme nicht schon durch Schweigen des HV, Anerkenntnisklausel ist unwirksam (V, Rn 29). Saldoanerkenntnis des HV ist ebenfalls möglich, BGHZ **56,** 295, Karlsr BB **80,** 226; aber in (auch jahrelanger) stillschweigender Hinnahme der Provisionsabrechnungen liegt kein Schuldanerkenntnis des HV, dass ihm Buchauszug und weitere Provisionen nicht zustehen (Grund: §§ 87a V, 87c V), BGH NJW **96,** 588, auch bei HVGmbH, Hbg BB **98,** 971 (s auch Rn 19, 29). Auch nicht schon in Unterzeichnung eines Provisionsrechnungsentwurfs des Unternehmers durch HV, Hamm VersR **01,** 1106. Konkludente Anerkenntnisse des HV, zB Zustimmung zu Warenrücksendungen, bleiben möglich, von Manteuffel/Evers EWiR § 87c 1/**96,** 175. Will der Unternehmer oder der HV die Abrechnung nach dem Schuldanerkenntnis zu seinen Gunsten ändern, muss er ihre Unrichtigkeit dartun und Anerkenntnis nach §§ 812 ff BGB (vgl § 812 II) zurückfordern. Lit: Stötter DB **83,** 867, Seetzen WM **85,** 213, Emde MDR **96,** 331.

§ 87c 5–11   1. Buch. Handelsstand

5   C. **Abrechnungspflicht:** Abrechnung ist **Pflicht des Unternehmers** (I 1), nicht Pflicht beider Teile. Der Unternehmer kann aber ohne die Mitteilungen des HV nach § 86 II nicht abrechnen. Besonderes Verlangen des HV ist nicht nötig (anders für Buchauszug, II). Die Abrechnungspflicht besteht grundsätzlich auch, wenn der HV die Provisionsansprüche aus den eigenen Unterlagen ersehen kann (zum Buchauszug s Rn 13); auch wenn der HV falsche Angaben über das Inkasso gemacht und Beträge nicht abgeführt hat, BGH BB **61**, 424. Die Abrechnungspflicht ist erfüllt, wenn diese den Mindestanforderungen an eine ordnungsgemäße Abrechnung bzw den Anforderungen des Urteilsausspruchs formal (also nicht materiell-rechtliche Rechtslage) entspricht, Ebenroth/Löwisch 40, andernfalls neue Abrechnung. Bloß sonst bzw in Einzelpunkten unrichtige oder unvollständige Abrechnung begründet auch keinen Abrechnungsergänzungsanspruch, BGH NJW-RR **90**, 1370 (Makler), Ebenroth/Löwisch 48, F/W/Fröhlich 42, aA Emde 30, s auch Rn 11; der HV ist dann auf die Rechte aus II, III und IV angewiesen; für Buchauszug s Rn 20. Keine Abrechnungspflicht, wenn Provisionsanspruch zweifelsfrei zu verneinen ist (zu § 87c III), BGH ZVertriebsR **16**, 242 Rn 29.

6   Die Abrechnung ist **schriftlich** zu erteilen. Das folgt nicht aus § 781 BGB (Rn 4), sondern aus dem Zweck des I, der eine vollständige, klare und übersichtliche Zusammenstellung verlangt (Rn 3).

7   In der **Insolvenz** des Unternehmers (§ 87 Rn 51) sind die Ansprüche aus I, II vom Insolvenzverwalter zu erfüllen, Naumbg NJW-RR **96**, 993 (Grund: Ersatzvornahme nach § 887 ZPO möglich, s Rn 12), aA Neust NJW **65**, 257.

8   D. **Abrechnungszeitraum:** Dieser beträgt **einen Monat (I 1),** dh iZw Kalendermonat, und gestattet die **Verlängerung nur bis zu drei Monaten,** und zwar ohne Bindung an den Kalender (Bsp: Abrechnungsstichtage 15. 1., 15. 4., 15. 7. und 15. 10. jeden Jahres).

9   E. **Abrechnungszeitpunkt:** Nach I 2 ist **unverzüglich** (§ 121 I BGB) nach Ende des Abrechnungszeitraums (Rn 8) abzurechnen, spätestens aber (also falls möglich früher) bis zum Ende des nächsten Monats. Das bedeutet, falls Abrechnungszeitraum nicht mit Kalendermonaten zusammenfällt (Rn 8), binnen einem Monat nach Ablauf des Abrechnungszeitraums, Einzelheiten str, einerseits Emde 105, andererseits MüKo/von Hoyningen-Huene 29. Fälligkeit und Verzugseintritt s § 87a IV.

10   **Nach Vertragsende** ist zunächst (über die schon erwachsenen Provisionsansprüche) unverzüglich abzurechnen, auf Verlangen Buchauszug zu erteilen und das Ergebnis auszuzahlen (§ 614 S 1 BGB), Mü MDR **58**, 923, BGH NJW **81**, 457. Das Gesetz sieht keine Schlussabrechnung vor; aber die vorher erteilten Einzelabrechnungen sind uU nach Vertragsende zu ergänzen, zB wenn die Provision sich noch durch Eingänge von Kunden ändern kann, Mü BB **64**, 698. Der Unternehmer darf von Abrechnung absehen, wenn mit neuen Provisionsansprüchen nicht mehr zu rechnen ist.

11   F. **Prozess: a)** Möglich ist **Klage** auf Abrechnung; aber nicht auf eine bestimmte, vom HV für richtig bzw vollständig gehaltene Abrechnung (denn abstraktes Schuldanerkenntnis des Unternehmers, Rn 4), BGH WM **90**, 710, stattdessen Klage aus II, III oder auf Zahlung. Klage auf Abrechnung auch verbunden mit Klage auf Zahlung des aus der Abrechnung hervorgehenden Schuldbetrags (**Stufenklage**, § 254 ZPO), Kln BB **72**, 468, Düss 11.4.03 HVR Nr 1082, 26.10.**12** HVR Nr 1364; auch Klage auf Zahlung des Anspruchs, soweit unbestritten, und im Übrigen Klage auf Abrechnung; auch Klage auf Abrechnung und Auskunft (III), Kln BB **72**, 467; auch Klage auf Schadensersatz mit Schadensschätzung (§ 287 ZPO), Düss 26.3.**93** HVR Nr 942 (auch Rn 16); **nicht:** Stufenklage auf Ausgleichszahlung nach § 89b oder anderen Schadensersatz als den wegen entgangener Provision, Düss 11.4.**03** HVR Nr 1082.

7. Abschnitt. Handelsvertreter 12, 13 § 87c

b) Vollstreckung des Urteils nach I (Abrechnung), II (Buchauszug, s auch **12** Rn 22), III (Mitteilungen) durch Ersatzvornahme (Mitteilungen soweit aus Büchern usw entnehmbar) nach § 887 ZPO durch geeigneten Beauftragten des HV (Wirtschafts-, Buchprüfer, Karlsr ZVertriebsR **15**, 119, zu dessen Honorar Düss 17.11.**08** HVR Nr 1215) auf Kosten des Unternehmers, BGH WM **07**, 1418 für II, Hamm NJW-RR **94**, 489, 19.12.**97** HVR Nr 879, Kln NJW-RR **96**, 100, Nürnb BB **99**, 150, Düss NJW-RR **00**, 1298; Kln 9.2.**04** HVR Nr 1102, Rstk 25.11.**08** HVR Nr 1323, Karlsr ZVertriebsR **15**, 119, aA Mü BB **60**, 188, Neust NJW **65**, 257, KG 22.3.**01** HVR Nr 1004, Ffm 31.1.**02** HVR Nr 1130 für III; der Zwangsvollstreckung steht das Gläubigerrecht aus IV nicht entgegen, Kln 12.9.**01** HVR Nr 1050. Der Erfüllungseinwand ist im Verfahren des § 887 ZPO grundsätzlich zu prüfen, maßgeblich ist aber allein der Vollstreckungstitel, nicht die materiellrechtliche Rechtslage, BGH WM **07**, 1419, Bambg NJW-RR **08**,1423, also dass kein Streit um Tatsachen besteht oder die Erfüllung durch Urkunden (§ 775 Nr 4, 5 ZPO) belegt ist, Hamm 19.12.**97** HVR Nr 879, Hbg 15.7.**00** HVR Nr 956, Düss OLGR **01**, 283, Kln 2.9.**01** HVR Nr 1050, 9.2.**04** HVR Nr 1102, Mü NJW-RR **02**, 1034, Hamm 12.6.**03** HVR Nr 1093, Kln 31.10.**08** HVR Nr 1303 (uU Ersetzung durch gleichwertige Angaben des Unternehmers), sonst nur Vollstreckungsgegenklage nach § 767 ZPO, Mü NJW-RR **02**, 1034, im Übrigen str. Aufrechnung gegen titulierten Anspruch nach § 887 II ZPO auf Kostenvorschuss für Buchauszug mit Gegenforderung, jedenfalls bestrittener, nachträglich erworbener, ist unzulässig, Celle NJW-RR **05**, 1013. Vollstreckung nach § 887 ZPO gilt grundsätzlich auch gegen Schuldner mit Sitz im Ausland, BGH WM **10**, 520, Hamm 27.3.**98** HVR Nr 960, Düss 21.1.**04** HVR Nr 1126, jedenfalls bei Buchauszug, aA nach § 888 ZPO Ffm 14.12.**00**, 31.1.**02** HVR Nr 1129, 1130, Hbg 5.4.**05** HVR Nr 1154, Grund: notfalls Ordnungsgeld (§ 890 ZPO). Nur ausnahmsweise ist nach § 888 ZPO (unvertretbare Handlung, Beugestrafen) zu vollstrecken, zB wenn notwendige rechnergestützte Übersicht nicht durch Außenstehenden erstellt werden kann, Hamm NJW-RR **94**, 489, Bambg NJW-RR **04**, 475, oder wenn Bücher überhaupt fehlen. Im Vollstreckungsverfahren Erfüllungseinwand, wenn der erteilte Buchauszug formal dem Urteilsausspruch entspricht, doch kann HV dann wegen Unvollständigkeit Ergänzung verlangen (s Rn 20), BGH WM **07**, 1418, Hbg 15.7.**00** HVR Nr 956. Titulierter Buchauszugsanspruch kann bei rechtskräftig tituliertem Bucheinsichtsanspruch nicht mehr vollstreckt werden, Düss OLGR **08**, 52, Grund: letzterer geht weiter.

3) Buchauszug (II)

A. **Inhalt und Zweck des Buchauszugs:** II gibt dem HV neben bzw in **13** Ergänzung der Abrechnung und zu ihrer Nachprüfung Anspruch auf einen Buchauszug über alle provisionspflichtigen Geschäfte und ihre Ausführung, BGH WM **82**, 153, NJW **01**, 2333, Mü ZVertriebsR **16**, 31. Das sollte analog auch für die Berechnung des Ausgleichsanspruchs gelten, Emde 10, 166, BB **12**, 3035, aA Ebenroth/Löwisch 12 (nur noch III), vgl BGH NJW-RR **12**, 674 Rn 54. Gemeint sind damit alle nach § 87 provisionspflichtigen Geschäfte, also auch schwebende, nach § 87 III nur bedingt provisionspflichtige, BGH WM **89**, 1074, Hamm IHR **16**, 87 (Überhangprovisionen, 87 Rn 38). Ist der Kreis der provisionspflichtigen Geschäfte vertraglich weiter gezogen, muss der Buchauszug auch diese umfassen. II hat **große** rechtliche und praktische **Bedeutung** für HV (Durchsetzung seiner Provisions- und an ihre Stelle tretenden Schadensersatzansprüche, zT auch Druckmittel, nicht seines Ausgleichsanspruchs, Düss 11.4.**03** HVR Nr 1082, s Rn 11) und Unternehmer (Kosten, s Rn 15) und wird **von der Rechtsprechung** zugunsten des HV zu Recht **sehr weit gezogen.** Die Rspr ist großzügig, schon bei Zweifeln zu einzelnen, nicht ganz unerheblichen Geschäfts- und Abrechnungsmodalitäten, Ffm IHR **15**, 215; Berechtigung des

§ 87c 14, 15　　　　　　　　　　　　　　　　　　　　1. Buch. Handelsstand

Buchauszugsverlangens ist idR zu vermuten, außer bei Einigung über Provision oder Missbrauch, Karls 10.5.05 HVR Nr 1156;. Der HV, der von seinem Recht in vollem Umfang Gebrauch macht, handelt **nicht missbräuchlich,** auch nicht, wenn er die Abrechnungen früher nie beanstandet hat, Düss 11.6.03 HVR Nr 1125, Mü ZVertriebsR **16**, 304; auch nicht bei sehr hohen Kosten für die Erstellung des einzelnen Buchauszugs, BGH NJW **01**, 2336 (276000 DM, aber Organisationsmangel), Düss OLGR **96**, 221. Der Missbrauchseinwand greift nur ganz ausnahmsweise, Karls 10.5.**05**, 14.6.05 HVR Nr 1156, 1157; zB LG Hann VersR **01**, 764, Emde EWiR 2/**01**, 731, KG 15.5.06 HVR Nr 1247, LG Münster IHR **12**, 159, zT großzügiger in der Annahme von Missbrauch wegen der erheblichen Druckpotentials Emde 82 ff; Grenzen, Gräfe ZVertriebsR **15**, 227. Wenn die vom Tankstellenhalter erstellten und ihm noch vorliegenden Kassenjournale sämtliche in den Buchauszug einzustellenden Informationen enthalten, kann aber grundsätzlich nicht noch einmal ein Buchauszug verlangt werden, BGH BB **09**, 74m krit Anm Wenner (s auch Rn 5 zur Abrechnung), 19.1.**11** HVR Nr 1282, 1283. Der Anspruch hängt nicht davon ab, ob für das nach § 87 (bzw Vertrag) provisionspflichtige Geschäft auch ein konkreter Provisionsanspruch nach § 87a (bzw Vertrag) entstanden ist; Streit darüber ist im Anschluss an die Feststellung auszutragen, welche Geschäfte für die Provision überhaupt in Betracht kommen, BGH WM **89**, 1074, Kln 29.11.02 HVR Nr 1099, Düss 11.6.**03** HVR Nr 1125, Hamm 17. 12. **09** HVR Nr 1300, anders, also keine Aufnahme in den Buchauszug, nur bei zweifelsfrei nicht provisionspflichtigen Geschäften, Nürnb 28.1.11 HVR Nr 1322, Oldbg 4.4.**11** HVR Nr 1358. Hat der Unternehmer gar kein Geschäft in dem Bezirk gemacht und gibt es deshalb gar keine Buchführung dazu, hat der Bezirksvertreter keinen Anspruch auf Buchauszug, Ffm MDR **95**, 165, denen man nicht will, aber uU IV, bei Buchführung dagegen Nullmeldung bzw Negativattest zwecks Vollständigkeitskontrolle, Ffm IHR **15**, 216, Stgt IHR **16**, 211m zust Anm Emde. Veräußerung des Geschäftsbereichs hindert nicht ohne Weiteres, Kln 6.1.**01** HVR Nr 982 II wird durch Auskunftsanspruch nach III ergänzt, nicht in seiner Reichweite eingeschränkt, BGH NJW **01**, 2334. Lit: Emde MDR **03**, 1151.

14　Der Buchauszug reicht also **weiter als die Abrechnung** (vgl Rn 3), BGH NJW **95**, 229, Ffm 16.3.**93** HVR Nr 758, Mü 19.12.12 HVR Nr 1383, letztere können ihn also in aller Regel nicht ersetzen. Die regelmäßig übersandten Provisionsabrechnungen können Buchauszug nur ersetzen, wenn sie sich lückenlos über den gesamten Vertragszeitraum erstrecken, chronologisch geordnet sind und alle für einen Buchauszug notwendigen Angaben enthalten, BGH WM **82**, 153, **91**, 200, **95**, 1774, NJW **01**, 2336, WM **07**, 178, 29.10.08 HVR Nr 1203, Saarbr NJW-RR **02**, 391, Mü NJW-RR **02**, 1034, Nürnb 28.1.**11** HVR Nr 1322, Mü IHR **16**, 252. Diesen Anforderungen können Kassenjournale eines Tankstellenhalters entsprechen, BGH BB **09**, 74 (s auch Rn 13), Mü OLGR **07**, 388, 19.12.**12** HVR Nr 1383 Rz 26. Bloße Zurverfügungstellung der buchmäßigen Unterlagen ist kein Buchauszug, Kblz 14.4.93 HVR Nr 759, der HV braucht sich die Informationen nicht selbst zusammenzusuchen, BGH WM **07**, 178, Düss 2.11.**01** HVR Nr 1042, Mü 19.1.06 HVR Nr 1168 (vgl Rn 15); Einsichtnahme in ein Online-System des Unternehmers soll den Buchauszug nicht ersetzen, Emde BB **15**, 1543. II gilt auch bei Massengütern mit geringem Wert des Einzelstücks und entsprechend hohem Aufwand, Hbg 11.10.**00** HVR Nr 957 (Rn 15).

15　**Im Einzelnen** muss der Buchauszug alles enthalten, was sich aus allen dem Unternehmer verfügbaren schriftlichen Unterlagen im Zeitpunkt der Ausstellung des Buchauszuges über die fraglichen Geschäfte ergibt und nach der getroffenen Provisionsvereinbarung für die Berechnung der Provision von Bedeutung sein kann, BGH NJW **01**, 2333, WM **07**, 178; also Umstände betreffend die Geschäftsbeziehung zwischen Unternehmer und Kunden, nicht Umstände, die allein das Vertragsverhältnis zwischen Unternehmer und HV betreffen, BGH NJW **01**,

7. Abschnitt. Handelsvertreter 15 § 87c

2334 (gegen BGH WM **89**, 1073). Gefordert ist ein „Spiegelbild" der provisionsrelevanten Geschäftsbeziehungen zwischen Unternehmer, Kunden und Vertreter, Bambg NJW-RR **08**, 1424, Mü VersR **10**, 1367. Beispiele: Auftragsdatum und Auftragsnummer; Namen und Anschrift der Besteller samt Straße und Hausnummer oder, falls dem Vertreter bekannt, der Kundennummer, Mü VersR **10**, 1367; Art, Menge, (Stück-)Preis der verkauften Waren, Auftragswert, Skonti, Preisnachlässe, Rabatte, sonstige Sondervorteile; Datum der Auftragsbestätigung; Datum und Umfang der Lieferung bzw Teillieferung; Auslieferungsfehlbestand, Grund dafür; Rechnungsdatum, Rechnungsnummer und Rechnungsbetrag, Mü VersR **10**, 1367; Kundenzahlungen mit Datum des Zahlungseingangs; Retouren, Rückgängen mit Gutschriften und Nichtausführung von Geschäften, deren Gründe (wegen § 87a III), vertragswidrig nicht abgeschlossene Geschäfte, schwebende Geschäfte, Gutschriften mit Zuordnung zum ursprünglichen Geschäftsvorgang; nicht Provisionssatz sowie Provisionsbeträge, diese muss Vertreter selbst errechnen; näher BGH NJW **81**, 457, **96**, 588, WM **82**, 152, **89**, 1073, Mü NJW-RR **02**, 1034, Hamm 14.5.**03** HVR Nr 1092, Bambg NJW-RR **04**, 475, Karls 14.6.**05** HVR Nr 1157, Mü 19.1.**06** HVR Nr 1168, Bambg NJW-RR **08**, 1422, Mü VersR **10**, 1367, Nürnbg 28.1.**11** HVR Nr 1322; Jahresprämie, Versicherungsbeginn; bei Lebensversicherung auch Versicherungssumme, BGH NJW **01**, 2334, nebst Erhöhung bei Dynamikklausel, anders wenn Provision nicht von der Versicherungssumme abhängt, Mü 12.5.**10** HVR Nr 1315, Eintrittsalter der Versnehmers und Laufzeit des Vertrags; Datum und Grund einer Stornierung, vom Unternehmer getroffene Bestanderhaltungsmaßnahmen, nicht dagegen Datum der Stornogefahrmitteilung (§ 87a Rn 27), BGH NJW **01**, 2335 (VersVertreter), Kln 9.2.**04** HVR Nr 1102, vgl Hamm NJW-RR **04**, 1266 (VersVertreter). Besonderheiten bei Buchauszug im VersGeschäft, Saarbr NJW-RR **02**, 391 (genaue Auflistung). Die notwendigen Unterlagen muss sich Unternehmer notfalls bei PartnerGes besorgen, BGH NJW **01**, 2334.

Der Buchauszug ist in **Form** einer geordneten Zusammenstellung der geschuldeten Angaben zu erteilen, Anspruch auf eine bestimmte, etwa tabellarische Darstellungsweise besteht nicht; erforderliche Form hängt vom Einzelfall ab, BGH NJW **01**, 2336, der Unternehmer kann, wenn der Zweck erreicht wird (s Rn 13 ff), die kostengünstigere oder weniger lästige Form auswählen, BGH NJW-RR **09**, 221, WM **11**, 1380, Hamm 17. 12. **09** HVR Nr 1300. Elektronischer Buchauszug ist erlaubt, Kblz 14.6.07 BeckRS **07**, 17218, Anforderungen Andrelang/Penners und Wolff ZVertriebsR **13**, 218, 360. Nimmt der Buchauszug auf Aktenordner Bezug, wird auch dieser Teil desselben mit den gleichen Anforderungen, 20.1.**11** HVR Nr 1284. Rechnungskopien samt Tippstreifen mit Endzifferaddition genügen nicht, BGH WM **82**, 153. Aufzählung im Einzelnen (VersVertreter), Hamm BB **97**, 1329. Der Zweck des Buchauszugs bedingt wie bei der Abrechnung (Rn 3) eine vollständige, klare und übersichtliche Darstellung, BGH WM **82**, 153; zusammengehörende Geschäftsvorfälle dürfen nicht auseinandergerissen werden, Zweifel gehen zu Lasten des Unternehmers, Mü VersR **10**, 1368. EDVÜbersicht kann notwendig sein, Hamm NJW-RR **94**, 489 (3000 S). EDVZugriffsmöglichkeit nur auf den jeweils aktuellen Stand, den der HV dann über den relevanten Zeitraum festhalten müsste, genügt nicht, BGH WM **07**, 177. Vorlage als einheitliches Werk ist zumal bei entsprechendem Umfang nicht nötig, Übersendung in Teilen getrennt nach zeitlichen Abschnitten genügt, Hamm 12.6.**03** HVR Nr 1093. Ordnungsgemäßer Buchauszug verlangt nicht zugleich Belegvorlage, Hamm 27.11.**98** HVR Nr 963. **Währung** für die Angaben im Buchauszug wie für Abrechnung und Auszahlung der Provision, Düss 11.6.**03** HVR Nr 1125. **Erfüllungsort** ist idR der Sitz des Unternehmens, also Holschuld, Düss NJW **74**, 2185, iZw auch bei anderer Abrede für Abrechnungen, Düss MDR **08**, 697. Die **Kosten** des Buchauszugs trägt der Unternehmer, BGH **56**, 296; auch sehr hohe Kosten (276 000 DM) sind nicht unzumutbar,

§ 87c 16–20 1. Buch. Handelsstand

wenn Unternehmer seine Buchführung nicht hinreichend eingerichtet hat, BGH NJW **01**, 2336, Düss OLGR **96**, 221, Hbg 11.10.**00** HVR Nr 957, Stgt 23.12.**05** HVR Nr 1171 (100 000 Euro als Vorschuss), s auch Rn 14.

16 Den Buchauszug schuldet **auch** ein Unternehmer **ohne** kfm **Buchführungspflicht** iSv §§ 238 ff (NichtKfm, vgl § 84 Rn 28); insoweit macht ihn der HVVertrag buchführungspflichtig. Der Buchauszug ist auch nicht mit dem Auszug nach § 259 S 1 gleichzusetzen, er beschränkt sich auch nicht auf Auszüge aus den HdlBüchern nach §§ 238, 257 I Nr 1, sondern bezieht alle vom Unternehmer aufbewahrten, schriftlichen Unterlagen über die vermittelten Geschäfte mit ein, BGH NJW **01**, 2334. Verstoß kann den Unternehmer (falls auch Auskunft nicht weiterhilft, s Rn 23) schadensersatzpflichtig machen, Düss 26.1.**01** HVR Nr 951 (Rn 11).

17 B. **Nur auf Verlangen:** Der Unternehmer schuldet den Buchauszug (anders als die Abrechnung selbst, I) erst auf (formloses, nicht weiter begründetes) Verlangen des HV (II). Zweifel an der Richtigkeit oder Vollständigkeit der Provisionsabrechnung sind nicht Voraussetzung, BGH WM **82**, 153, Stgt NJW-RR **16**, 1130 Rn 28, Hamm ZVertriebsR **17**, 117 Rn 48. Anspruch besteht auch bei Nichtbeanstandung der erteilten Abrechnungen und braucht nicht begründet zu werden, Hbg 11.10.**00** HVR Nr 957. Auch hohe Kosten machen das Verlangen noch nicht missbräuchlich, BGH **56**, 296 (s Rn 13, 15).

18 „**Bei Abrechnung**" bedeutet in Ergänzung und zur Nachprüfung der Abrechnung (Rn 3, 13), also jedenfalls nicht vorher, sonst fehlt die Grundlage für die Kontrolle, Hamm 17.12.**09** HVR Nr 1300, Oldbg 4.4.**11** HVR Nr 1358, Stgt NJW-RR **16**, 1130 (Rn 24). HV kann aber Buchauszug auch später verlangen, BAG BB **83**, 196. Auch ohne vorherige Abrechnung, wenn der Unternehmer weitergehende Ansprüche in Abrede stellt, Hamm IHR **16**, 87. Bei Korrekturabrechnung kommt es auf diese an, Oldbg 4.4.**11** HVR Nr 1358. „Bei Abrechnung" bedeutet keine zeitliche Beschränkung, BGH BB **61**, 424; zeitliche Grenzen s Rn 19. **Verjährung** s § 87 Rn 53.

19 C. **Zeitliche Grenzen:** Der Anspruch endet mit Erfüllung, von der aber nur bei überschaubarer Anzahl von Geschäftsvorfällen ausgegangen werden kann, Mü 19.12.**12** HVR 1383; sie endet ferner mit der (weitergehenden) Bucheinsicht, Düss OLGR **08**, 52; wenn der betroffene Provisionsanspruch verjährt ist, Düss 26.10.**12** HVR Nr 1365 (s Rn 1), oder wenn HV und Unternehmer sich über die Provision bzw ihre die Abrechnung einigen, BGH NJW **81**, 457, Düss 2.11.**01** HVR Nr 1042; Einigung liegt nicht schon in der jahrelangen widerspruchslosen Hinnahme der Abrechnungen, BGH WM **82**, 153, NJW **96**, 588 (Aufgabe von BGH BB **65**, 435), WM **07**, 179, Mü ZVertriebsR **16**, 304, auch wenn HV VollKfm (GmbH) mit erheblichen Umsätzen ist und 16 Jahre nicht beanstandet hat, Hbg BB **98**, 971. Einigung auf die Richtigkeit einzelner Provisionsabrechungsbeträge genügt nicht, Düss ZVertriebsR **15**, 254. Entsprechende Vertragsklausel verstößt gegen V (s Rn 29). Saldoanerkenntnis des HV s Rn 29. **Verwirkung** (vgl § 89b Rn 80) ist wie auch sonst möglich, vgl BGH 30.1.**64** HVR Nr 314, das bloße Zeitelement reicht für Verwirkung aber nicht aus, Emde Vor § 87 Rn 531. Auch jahrelanges Hinnehmen muss nicht treuwidrig sein (Grund: §§ 87a V, 87c), BGH NJW **96**, 589, keine Anerkenntnisfiktion (s Rn 29). **Rechtsmissbrauch** s auch Rn 13. **Verjährung** s § 87 Rn 53.

20 D. **Rechte bei Unvollständigkeit:** Abgrenzung von unbrauchbarem und unvollständigem Buchauszug, Bambg NJW-RR **08**, 1422. HV hat letzterenfalls keinen Anspruch auf Neuerteilung, sondern neben dem Recht auf Einsicht (IV) Anspruch auf **Ergänzung** des Auszugs, Bambg NJW-RR **08**, 1423 (insoweit anders als für Abrechnung, s Rn 5), zB betr fehlende Teilbezirke, Zeitabzirke, vgl Rn 10. Der HV muss dazu die beanstandete Unvollständigkeit konkret darlegen, Bambg NJW-RR **08**, 1423, Hamm 14.5.**03**, 12.6.**03** HVR Nr 1092,

7. Abschnitt. Handelsvertreter — 21–24 § 87c

1093, ZVertriebsR **17**, 117 Rn 47 (Korrekturabrechnung). Anspruch auf neuen Buchauszug hat der HV nur bei schweren, den Buchauszug unbrauchbar machenden Mängeln, BGH BB **64**, 409, Düss 15.6.**94** HVR Nr 817, Nürnb BB **99**, 150, Kln 9.2.**04** HVR Nr 1102, Düss 17.11.**08** HVR Nr 1215. Erst nach erfolgloser Einsicht (IV) oder mangels einsehbarer Bücher besteht Anspruch auf Abgabe einer eidesstattlichen Versicherung (§§ 259, 260 BGB, früher Offenbarungseid), BGH **32**, 305, Hamm NJW **59**, 51, Celle BB **62**, 1017. Beweislast für Erfüllung des Anspruchs auf Buchauszug liegt beim Unternehmer, BGH WM **07**, 1420 Mü 3.11.**10** HVR Nr 1318.

E. **Prozess: a)** Möglich **Klage** auf Buchauszug, auch Stufenklage (§ 254 ZPO, s Rn 11) auf Buchauszug und eidesstattliche Versicherung (vgl Rn 20), BGH **10**, 385. Für Klage gleichzeitig auf Buchauszug und Bucheinsicht fehlt aber das Rechtsschutzbedürfnis, BGH **56**, 297. Teilurteil abl Saarbr NJW-RR **02**, 34. Inhalt des Buchauszugs ist konkret anzugeben (vollstreckungfähige Urteilsformel), Saarbr NJW-RR **02**, 34, Ebenroth/Löwisch 85. Rechtskräftiges Urteil auf Einsicht (IV) erledigt den Anspruch auf Auszug (II), BGH BB **59**, 935. Streitwert BGH BB **92**, 1032, Beschwer BGH IHR **12**, 128, NZG **14**, 1192 (Kostenaufwand für Hilfspersonen), Kln 11.08.**98** HVR Nr 886. 21

b) Vollstreckung des Urteils auf Buchauszug s Rn 12; dass der HV bei unvollständigem Buchauszug (s Rn 20) auch nach IV (Einsicht) vorgehen kann, steht nicht entgegen, BGH NJW **79**, 764, WM **07**, 1420. Ergänzungsanspruch im Vollstreckungsverfahren str, Emde BB **11**, 2761. Der Erfüllungseinwand ist auch im Verfahren nach § 887 I ZPO möglich, der erteile Buchauszug muss aber formal dem Urteilsausspruch entsprechen, Hbg ZVertriebsR **15**, 316. 22

4) Auskunft (III)

A. **Anspruch auf Auskunft:** In Ergänzung der Abrechnung nach I und des Buchauszugs nach II kann der HV Mitteilung über alle für den Provisionsanspruch, seine Fälligkeit und seine Berechnung wesentlichen Umstände verlangen, soweit sie sich nicht schon aus den Büchern des Unternehmers ergeben, BGH BB **64**, 409, NJW **01**, 2334, Hamm DB **67**, 593. Der Auskunftsanspruch ist nicht nachrangig zum Buchauszug, Kln IHR **16**, 39, Emde 164, wohl auch Oetker/Busche 24, jedenfalls wenn der Unternehmer Provisionsanspruch schon dem Grunde nach und weitere Abrechnungen ablehnt, Kln IHR **16**, 39, nach aA, kann der HV Auskunft erst und nur soweit verlangen, als ein Buchauszug erteilt worden ist und nicht ausreicht, zB wegen Lücken oder verbleibender Unklarheiten, Hamm DB **67**, 593, Bambg HRV **(99)** Nr 936, oder als ein solcher mangels Bücher nicht erstellt werden kann, MüKo/von Hoyningen-Huene 55. Über Annahme, Ablehnung und Nichtausführung eines Geschäfts ist der Unternehmer bereits unaufgefordert mitteilungspflichtig (§ 86a II 2). Nach III kann der HV Mitteilung verlangen zB über die Ausführung der vermittelten Geschäfte durch den Unternehmer und den Dritten (§ 87a I–III), Preise, Preisnachlässe, Nebenkosten (§ 87b II), bei Dauerverträgen (§ 87b III) über Kündigungsfristen. Der Auskunftsanspruch nach III erstreckt sich nicht auf (auch zugängliche) Unterlagen Dritter, Dresd 28.5.**96** HVR Nr 813, Grund: Einbettung in I, II, IV, Buchführungspflicht des Unternehmers (vgl Rn 16). UU weitere Auskünfte nach § **242**, Emde BB **08**, 2709, **10**, 2318, **11**, 2760, zweifelnd Düss 26.10.**12** HVR 1364, str, s Rn 1. 23

B. **Prozess:** Möglich ist Klage, auch Stufenklage (§ 254 ZPO), s Rn 11. Die Umstände, über die Auskunft begehrt wird, sind im Antrag genau zu bezeichnen (vollstreckungsfähige Urteilsformel, s Rn 21); spätestens aber im Vollstreckungsantrag, so Hamm MDR **67**, 770, aber idR zu spät, Emde 207. Übergang von Auskunftsanspruch nach III auf Buchauszugsanspruch nach II ist (im konkreten Fall) keine Klageänderung iSv § 264 Nr 2 ZPO, BGH WM **12**, 473, Emde BB 24

§ 87c 25–28   1. Buch. Handelsstand

12, 3035, krit Thume IHR **12**, 71: aliud. Vollstreckung s Rn 12. Lit: Harten ZVertriebsR **15**, 288.

5) Einsicht in Bücher und Urkunden (IV)

25   A. **Einsichtsrecht:** Wird der **Buchauszug verweigert** oder bestehen begründete **Zweifel an der Richtigkeit oder Vollständigkeit der Abrechnung oder des Buchauszugs**, nur dann, Mü ZVertriebsR **16**, 35, so kann der HV nach IV (weiter als § 810 BGB) Einsicht in die Geschäftsbücher (gesamte Buchführung) und „sonstigen Urkunden" (zB Verträge, Korrespondenzen, Lieferungs- und Zahlungsbelege) verlangen. Auch wenn elektronisch geführt, samt Computer- und EDV-Systemen, Ffm IHR **15**, 215. Einsichtnahme ist die umfassende Vergewisserung gegenüber dem Buchauszug, Düss OLGR **08**, 52. Der Anspruch reicht aber nur so weit, wie die Einsicht zur Feststellung der (Un)Richtigkeit oder (Un)Vollständigkeit der Abrechnung oder des Buchauszugs erforderlich ist, also nicht ohne Weiteres, sondern nur nötigenfalls in sämtliche Bücher, Mü NJW **64**, 2257. Es genügen begründete Zweifel auch nur in einem Punkt, Celle BB **62**, 2. Begründete Zweifel bestehen zB bei Nichtübereinstimmen des Buchauszugs mit den Rechnungssummen, Düss DB **71**, 1857.

26   HV hat Einsichtsrecht auch, wenn zwar ordnungsmäßig ein Buchauszug erteilt ist, aber **keine Abrechnung** über die Provision, und der Buchauszug den Provisionsanspruch nicht vollständig klärt (anders Wortlaut des IV, aber Begr Nov 1953). Rechtskräftige Abweisung der Klage auf Buchauszug, da schon erteilt, hindert nicht, wenn dieser unvollständig ist (s Rn 20), Kln DB **00**, 2269. Der HV kann jedoch nicht von vornherein gleichzeitig Buchauszug und Bucheinsicht verlangen (mangelndes Rechtsschutzinteresse), BGH **56**, 290. **Grenzen:** Das Einsichtsrecht entfällt nicht etwa wegen fristloser Kündigung des Unternehmers (§ 89a), BGH BB **61**, 425, oder für die Zeit schuldhaft vertragswidrigen Verhaltens des HV, aA Celle BB **62**, 2; auch kein Zurückbehaltungsrecht hinsichtlich der Einsicht (Rn 29). Das Einsichtsrecht erlischt wie das Recht auf den Buchauszug durch Einigung über die Abrechnung, Düss NJW **65**, 2351 (vgl Rn 19). Verjährung s § 87 Rn 53.

27   B. **Ausübung der Einsicht:** Der Unternehmer kann wählen, ob der HV selbst oder ein (zur Verschwiegenheit verpflichteter) **Wirtschaftsprüfer oder vereidigter Buchsachverständiger** die Bücher und Urkunden einsehen soll (Geheimnisschutzrecht für den Unternehmer). Ersterenfalls kann sich der HV dennoch der Hilfe eines solchen Berufsangehörigen bedienen, KG DB **71**, 1204, auch ohne ausdrückliche Anordnung im Titel, Ffm DB **02**, 474; sonst wäre das Einsichtsrecht entwertet. Letzterenfalls steht die Auswahl einer der beiden Berufsstände und der Person dem HV zu. Die **Kosten** solcher Prüfung durch einen Dritten trägt der HV; ergibt sich aber die Unrichtigkeit der Abrechnung oder des Auszugs, so muss der Unternehmer sie als Schadensersatz wegen Verletzung seiner Abrechnungspflicht erstatten, BGH **32**, 306, NJW **59**, 1964, KG DB **71**, 1204, Hbg 28.8.**03** HVR Nr 1127, Düss OLGR **08**, 52, str. Die Beiziehung eines Wirtschaftsprüfers ist kein kostentreibendes Mitverschulden, vgl KG DB **71**, 1204.

28   C. **Prozess: a)** Möglich ist **Klage** auf Gestattung der Einsicht; auch Stufenklage (§ 254 ZPO) hierauf und auf eidesstattliche Versicherung (offen BGH **32**, 305, s Rn 21 betr Buchauszug); auch einstweilige Verfügung (§§ 935, 940 ZPO), wenn Aufschub den Erfolg der Einsicht gefährdet. Keine Klage gleichzeitig auf Buchauszug und Bucheinsicht s Rn 26. Der Umfang der Einsicht ist genau zu beschreiben (s Rn 21), auch die Person des Einsichtnehmers, Ebenroth/Löwisch 85, aA Emde 191. Öffentlicher Zeugenaufruf des HV zur Erkundigung über (nicht abgerechnete) Verkäufe des Unternehmers verstößt gegen § 823 I BGB, Düss DB **56**, 664. Tituliierung s auch Rn 27.

7. Abschnitt. Handelsvertreter § 87d

b) Vollstreckung nach § 887 ZPO, soweit es um vertretbare Handlung geht, s auch Rn 12; vorübergehende Überlassung der Geschäftsunterlagen im Geschäftslokal nach § 883 ZPO, Zutritt eines Wirtschaftsprüfers uU §§ 890, 892 ZPO, Ffm DB **02**, 474.

6) Abweichende Vereinbarungen (V)

V macht § 87c **zwingend**. Alle in § 87c dem HV gewährten Rechte (auf Abrechnung, Buchauszug, Mitteilungen, Einsicht), sind unabdingbar (V). Sie können auch bei hohen Kosten (s Rn 13, 15, keine Beteiligung des HV an von dem Unternehmen zu tragenden Kosten) durch einzelvertragliche Vereinbarung nicht beschränkt, nur erweitert werden. V hindert aber nicht tarifvertragliche Ausschlussklausel, BAG BB **83**, 196. Entgegenstehende Vereinbarungen sind unwirksam; bei Verstoß gegen I 1 gilt nicht § 139 BGB, sondern die kürzere gesetzliche Frist. Unwirksam ist zB Klausel, nach der die Abrechnung mangels Widerspruchs in bestimmter Frist als genehmigt gilt (also **keine Anerkenntnisfiktion,** s auch Rn 19), BGH DB **64**, 583, (vgl) NJW **96**, 588, WM **07**, 177 (gegen Kritik bestätigend), BAG BB **73**, 1411, Hamm BB **79**, 442, Karlsr BB **80**, 226, Düss 15.12.00 HVR Nr 948, KG MDR **15**, 1248; aA Saarbr DB **85**, 2399, Naumbg VersR **99**, 578; zur Vereinbarung einer Prüfungsobliegenheit für Abrechnung zweifelnd Emde 119. Der Unternehmer kann den Ansprüchen aus § 87c auch nicht mit einem Zurückbehaltungsrecht wegen Gegenansprüchen (etwa auf Rückgabe von Unterlagen, Mustern, vgl § 86a I) begegnen, RG **102**, 111; er kann aber die aus der Abrechnung usw ermittelte Provisionszahlung zurückhalten. Verzicht auf die Rechte aus § 87c für die Vergangenheit ist nach allgemeinen Regeln möglich (Einigung über Abrechnung, s Rn 19), zB durch ausdrückliche Bestätigung der Abrechnung (Vergleich § 782 BGB), Hamm 21.11.97 HVR Nr 959, aber nicht schon durch (auch jahrelange) stillschweigende Hinnahme der Provisionsabrechnungen, BGH NJW **96**, 588 (s Rn 19), Saarbr NJW-RR **02**, 391, aA Scherer BB **96**, 2205. Saldoanerkenntnis s Rn 4.

Zu beachten ist aber, dass die Rechte aus § 87c nur Hilfsrechte sind (Rn 1) und mit der Einigung zwischen HV und Unternehmer über die Höhe der Provision enden (Rn 19).

[Ersatz von Aufwendungen]

§ 87d
Der Handelsvertreter kann den Ersatz seiner im regelmäßigen Geschäftsbetrieb entstandenen Aufwendungen nur verlangen, wenn dies handelsüblich ist.

Übersicht

	Rn
1) Aufwendungen im regelmäßigen Geschäftsbetrieb	1–4
A. Grundsätzlich kein Aufwendungsersatz	1
B. Aufwendungen	3
C. Im regelmäßigen Geschäftsbetrieb	4
2) Aufwendungen außerhalb des regelmäßigen Geschäftsbetriebs	5
3) Abweichende Vereinbarungen	6

1) Aufwendungen im regelmäßigen Geschäftsbetrieb

A. **Grundsätzlich kein Aufwendungsersatz:** Der HV trägt wie andere Kflte (anders als Geschäftsbesorger sonst, §§ 670, 675 I BGB) seine im regelmäßigen Geschäftsbetrieb entstandenen **Aufwendungen selbst** (§ 87d). Der Unternehmer soll nur mit der nach dem Erfolg der Vermittlung bemessenen Provision

§ 87d 2–4

belastet werden. Solche Aufwendungen im regelmäßigen Geschäftsbetrieb sind dann auch nicht nach § 670 BGB ersatzfähig, § 87d geht vor.

2 Eine **Ausnahme** macht § 87d (abdingbar) selbst, wenn **Aufwendungsersatz** für einen HV dieser Branche (nicht Geschäftsbetrieb des jeweiligen HV) **handelsüblich** ist. Auch kann der **Vertrag** die Kosten anders verteilen, der HV kann zB Aufwendungsersatz nach gewöhnlichen Regeln (wie nach § 670 BGB) erhalten oder feste Spesen (so dass Mehrauslagen den HV treffen), Braunschw BB **56**, 226, oder Vertrauensspesen (Vertreter braucht nicht im Einzelnen abzurechnen). Der Aufwendungsersatzanspruch ist **abtretbar,** der Unternehmer kann gegen ihn aufrechnen. **Pfändungsschutz** besteht für Ansprüche auf Aufwendungsersatz nach § 850a Nr 3 ZPO; zur Pfändung von Provisionsansprüchen s § 87 Rn 50. Beweislast liegt voll beim HV. Lit: Schröder DB **56**, 417, 441.

3 B. **Aufwendungen:** Aufwendungen sind alle Auslagen und Vermögensopfer zum Zwecke der Ausführung des Auftrags, einerlei ob freiwillig oder auf Weisung des Auftraggebers. Keine Aufwendungen, jedenfalls keine solchen im regelmäßigen Geschäftsbetrieb (Rn 4), sind **Zufallsschäden** und andere unfreiwillige Vermögensopfer des HV bei Ausführung des Auftrags (anders § 110), MüKo/von Hoyningen-Huene 8, aA Emde 7, für weiteren Aufwendungsbegriff Steindorff FS Dölle **63** I 273. Doch kommt dann ohne Unterschied im Ergebnis Ersatz nach anderen Grundlagen in Betracht, entweder nach § 670 BGB direkt oder analog oder nach dem Grundsatz der Risikozurechnung (vgl § 59 Rn 106).

4 C. **Im regelmäßigen Geschäftsbetrieb:** Dazu gehört alles, was im Rahmen des konkreten HVVertrags (nicht allgemein der Branche) Sache des HV ist und im üblichen Umfang zur Herbeiführung von Abschlüssen dient, zB sämtliche Kosten des eigenen Betriebs, des Aufsuchens der Kundschaft (Pkw, Reisen) und der üblichen Repräsentation (Bewirtung von Kunden), BGH NJW **11**, 2425 (s auch § 86a Rn 5). Stellt der Unternehmer dem HV ein Kfz, muss er aber Ersatz durch HV vereinbaren, Düss 8.11.**02** HVR Nr 1079. Auch im Ausland ortsübliche **Schmiergelder** (auch wenn die Zusage selbst nichtig ist) gehörten nach früherer Rspr zu den zu ersetzenden Aufwendungen, BGH **94**, 272, krit Fikentscher/Waibl IPRax **87**, 86, anders selbst für den Fall eventueller Ortsüblichkeit im Inland, aA wohl Heymann/Sonnenschein/Weitemeyer 6; das ist überholt. Inzwischen gilt das IntBestG v 10.9.98 BGBl II 2327, das das von der BRD ratifizierte OECDÜbk über die Bekämpfung der Bestechung ausländischer Amtsträger im internationalen Geschäftsverkehr BGBl II 1998, 2329 umsetzt. Danach werden aus- und inländische Amtsträger bei Bestechungsdelikten im internationalen Geschäftsverkehr gleichgestellt, wenn das Zuwendungsziel ein Auftrag oder unbilliger Vorteil im internationalen Geschäftsverkehr ist, Krause/Vogel RIW **99**, 488; ferner EU-BestechungsG v 10.9.98 BGBl II 2340, Zieschang NJW **99**, 105 und §§ 299 nF StGB über Korruption im geschäftlichen (seit 2002 auch ausländischen) Verkehr, Schmitz RIW **03**, 189; Auswirkungen im Steuerrecht Randt BB **00**, 1006. **Nicht** zB grundsätzlich die Kosten für allgemeine Markt-, Produkt- oder Kundenpflege, Werbung, Marktanalysen, Ebenroth/Löwisch 8, Emde 10, technische Unterstützung von Abnehmern, Warenlager, Warenauslieferung (vgl § 86 Rn 13; dann aber uU § 670, Rn 5). Umfasst aber schon der HVVertrag ausnahmsweise auch eine solche Aufgabe, so fällt sie unter den regelmäßigen Geschäftsbetrieb, gilt also iZw mangels anderer Abrede als durch die Provision abgegolten; so für im Vertrag vorgesehene Teilnahme an Vertreterkonferenzen und Standdienst an Messen, im Übrigen Auslegungsfrage §§ 133, 157 BGB, iErg auch Westphal 749, differenzierend Küstner/Thume/Riemer Bd 1 Kap VII Rn 13. Kommen solche Aufgaben erst später hinzu ohne Veränderung der Provision, ist iZw nicht anzunehmen, dass HV dies ohne Aufwendungsersatz tun soll.

2) Aufwendungen außerhalb des regelmäßigen Geschäftsbetriebs

Der Gegenschluss aus § 87d, für Aufwendungen außerhalb des „regelmäßigen 5
Geschäftsbetriebs" könne der HV stets Ersatz fordern, wäre unrichtig. Vielmehr
gilt insoweit § 670 BGB. Danach kann der HV uU Aufwendungsersatz verlangen
zB für Vorstellungsgespräch für neue Vertretung, LG Hagen 25.2.81 HVR
Nr 543, aA Emde 11, da unüblich, Erledigung von Aufgaben über seine vertraglichen Verpflichtungen hinaus (sonst s Rn 4), zB Marktanalyse, Kundenpflege, Werbungskosten, LAG Brem DB **55**, 535, aber auch **60**, 1212. Bei Geschäftsführung ohne Auftrag gilt § 683 BGB.

3) Abweichende Vereinbarungen

§ 87d ist dispositiv, Individualvereinbarungen bis an die Grenze von § 138 6
BGB, AGB nur in den Grenzen des Leitbilds von § 87d (s **(5)** BGB §§ 305 ff),
BGH NJW **17**, 662 Rn 43 ff.

88 *(aufgehoben)*

§ 88 ist aufgehoben durch VerjährungsanpassG 9.12.2004 BGBl 3214 mit 1
Wirkung vom 15.12.2004. Statt der bisherigen Verjährung von vier Jahren ab
Ende des Jahres, in dem der Anspruch aus dem Vertragsverhältnis fällig geworden
ist, gilt jetzt die Regelverjährung, s § 87 Rn 52.

[Zurückbehaltungsrecht]

88a (1) **Der Handelsvertreter kann nicht im voraus auf gesetzliche Zurückbehaltungsrechte verzichten.**

(2) **Nach Beendigung des Vertragsverhältnisses hat der Handelsvertreter ein nach allgemeinen Vorschriften bestehendes Zurückbehaltungsrecht an ihm zur Verfügung gestellten Unterlagen (§ 86a Abs. 1) nur wegen seiner fälligen Ansprüche auf Provision und Ersatz von Aufwendungen.**

Übersicht

	Rn
1) Zurückbehaltungsrechte des Handelsvertreters (I)	1–2
A. Zurückbehaltungsrechte	1
B. Abweichende Vereinbarungen (I)	2
2) Zurückbehaltung von Unterlagen (II)	3–5
A. Unterlagen	3
B. Während des Vertrags	4
C. Nach Vertragsende (II)	5

1) Zurückbehaltungsrechte des Handelsvertreters (I)

A. Zurückbehaltungsrechte: a) Gesetzliche Zurückbehaltungsrechte hat 1
der HV zur Sicherung seiner Rechte, auch des Ausgleichsanspruchs nach § 89b,
nach HGB und BGB kumulativ. Nach **§ 369** hat der HV, wenn er selbst Kfm ist
(§ 84 Rz 33), wegen seiner Forderungen gegen den kfm Unternehmer (nur
gegen diesen, § 84 Rn 28) aus beiderseitigem HdlGeschäft ein Zurückbehaltungsrecht an den ihm vom Unternehmer übergebenen Sachen; auch an Gegenständen, die ihm für den Unternehmer von Dritten zukommen, insbesondere
kassierten Geldern (§ 86 Rn 17), für diese gilt schon die Ausschluss nach § 369
III; auch Kundenkartei, BGH WM **83**, 863; auch Kommissions- und Vorbehaltsware trotz § 667 BGB, Kln VersR **70**, 53, Emde 6, aA Düss OLGR **00**, 384. Das

§ 89 1. Buch. Handelsstand

kfm Zurückbehaltungsrecht gewährt auch das Recht zur Befriedigung, aber nur auf Grund besonderen vollstreckbaren Titels (§§ 371f). Daneben hat der HV wie jeder andere das allgemeine Zurückbehaltungsrecht nach § 273 BGB. Grenzen setzt wie immer § 242 BGB.

b) Vertragliche Zurückbehaltungsrechte sind frei möglich.

2 **B. Abweichende Vereinbarungen (I):** I sieht **zwingendes** Recht vor. Nach I sind (nur) die gesetzlichen Zurückbehaltungsrechte des HV nicht im Voraus verzichtbar; auch nicht vertraglich abdingbar oder sonst beschränkbar, zB durch Gerichtsstandabrede entgegen § 371 IV, vertragliche Aufrechnungsverbote, Ebenroth/Löwisch 7, Oetker/Busche 8, aA F/W/Fröhlich 12. Erst wenn und soweit die Voraussetzungen des Zurückbehaltungsrechts konkret vorliegen (s Rn 1), kann der HV wirksam auf das Zurückbehaltungsrecht an dieser Sache verzichten.

2) Zurückbehaltung von Unterlagen (II)

3 **A. Unterlagen:** II betrifft speziell Unterlagen iSv § 86a I, also zB Muster, Drucksachen usw, aber auch Vorführgeräte, nicht Warenvorrat, Musterkoffer und andere handelsübliche Behältnisse, Pkw (s § 86a Rn 5). II regelt nicht die Zeit bis zum Vertragsende, sondern nur nachher.

4 **B. Während des Vertrags:** Der HV hat an Unterlagen nur sehr beschränkt ein Zurückbehaltungsrecht. Denn er muss mit ihnen wie vertraglich vorgesehen verfahren, zB zur Abgabe an Kunden bestimmte Unterlagen (Muster, Drucksachen) abgeben, zur Vorführung bestimmte (Vorführgeräte) vorführen, er kann also erstere nicht zurückhalten, letztere zwar zurückhalten, aber nicht durch Verkauf verwerten (§ 369 III, Ausnahme: § 370 II). Ein unbeschränktes Zurückbehaltungsrecht hat der HV nur an Sachen, die der Unternehmer zurückfordert oder die aus anderem Grunde nicht mehr zur Abgabe oder Vorzeigung an Kunden bestimmt sind.

5 **C. Nach Vertragsende (II):** Jetzt steht nicht mehr § 369 III entgegen (vgl Rn 4), Düss BB **90**, 1086, aber es greift II (selbst nicht zwingend, aber über I, und nur für ein „nach allgemeinen Vorschriften bestehendes", dh gesetzliches Zurückbehaltungsrecht, s Rn 1). Denn der Unternehmer benötigt die Unterlagen idR dringend, um nach Ausscheiden des HV eine neue Geschäftsvermittlung einzurichten, und soll nicht erst den Ausgang eines Prozesses etwa über Ausgleichs- oder Schadensersatzansprüche abwarten müssen. Der HV hat folglich nach Vertragsende das Zurückbehaltungsrecht **nur wegen seiner fälligen Provisions- und Aufwendungsersatzansprüche** (die idR leichter zu klären und nach § 369 IV zu sichern, andererseits für den HV oft existenzwichtig sind). **Nicht** zB wegen Ausgleichsansprüchen nach § 89b oder Schadensersatzansprüchen aus Pflichtverletzung. Beweislast für I und II liegt beim HV als der, der sich darauf beruft, Emde 22, im Einzelnen str, Ebenroth/Löwisch 17, Oetker/Busche 15, F/W/Fröhlich 29.

[Kündigung des Vertrages]

89 (1) ¹Ist das Vertragsverhältnis auf unbestimmte Zeit eingegangen, so kann es im ersten Jahr der Vertragsdauer mit einer Frist von einem Monat, im zweiten Jahr mit einer Frist von zwei Monaten und im dritten bis fünften Jahr mit einer Frist von drei Monaten gekündigt werden. ²Nach einer Vertragsdauer von fünf Jahren kann das Vertragsverhältnis mit einer Frist von sechs Monaten gekündigt werden. ³Die Kündigung ist nur für den Schluß eines Kalendermonats zulässig, sofern keine abweichende Vereinbarung getroffen ist.

7. Abschnitt. Handelsvertreter 1–4 § 89

(2) ¹Die Kündigungsfristen nach Absatz 1 Satz 1 und 2 können durch Vereinbarung verlängert werden; die Frist darf für den Unternehmer nicht kürzer sein als für den Handelsvertreter. ²Bei Vereinbarung einer kürzeren Frist für den Unternehmer gilt die für den Handelsvertreter vereinbarte Frist.

(3) ¹Ein für eine bestimmte Zeit eingegangenes Vertragsverhältnis, das nach Ablauf der vereinbarten Laufzeit von beiden Teilen fortgesetzt wird, gilt als auf unbestimmte Zeit verlängert. ²Für die Bestimmung der Kündigungsfristen nach Absatz 1 Satz 1 und 2 ist die Gesamtdauer des Vertragsverhältnisses maßgeblich.

Übersicht

	Rn
1) Vertragsbeendigung(sgründe)	1–9
A. Zeitablauf	1
B. Eintritt von Ereignissen	2
C. Anfechtung und entsprechende Beendigung eines in Vollzug gesetzten, fehlerhaften Handelsvertretervertrags	5
D. Ordentliche Kündigung (§ 89)	6
E. Außerordentliche Kündigung (§ 89a)	8
F. Aufhebungsvertrag	9
2) Ordentliche Kündigung von Verträgen auf unbestimmte Zeit (I)	10–18
A. Reichweite des § 89	10
B. Inhalt des I	11
C. Kündigungserklärung	15
D. Wirksamkeit der Kündigung	16
3) Fortsetzung und Kündigung von Zeitverträgen (III)	19–22
A. Zeitverträge (§ 620 BGB)	19
B. Fortsetzung und Kündigung von Zeitverträgen (III)	21
4) Wirkung der Kündigung	23–26
A. Vertragsbeendigung	23
B. Zeit bis zum Vertragsende	25
C. Provisionsanspruch, weitere Ansprüche	26
5) Abweichende Vereinbarungen (I 3, II)	27–30
A. Kündigungstermin (I 3)	27
B. Kündigungsfristen (II)	28

1) Vertragsbeendigung(sgründe)

Der HVVertrag **endet durch:** 1

A. **Zeitablauf** (§ 620 I BGB, s Rn 19).

B. **Eintritt von Ereignissen:** vor allem **auflösende Bedingung** (§ 158 II 2 BGB); **Wegfall der Geschäftsgrundlage** (§ 313 BGB) nur ausnahmsweise, sofern Anpassung nicht ausreicht, vgl LG Düss 3.2.**54** HVR Nr 32. **Nicht:** § 326 I BGB zB bei dauernder Arbeitsunfähigkeit des HV, Brschw BB **93**, 2113, stattdessen Kündigung.

Tod des Handelsvertreters (iZw: § 673 BGB), bei juristischen Personen und 3 anderen Personengemeinschaften (vgl § 84 Rn 8f) iZw deren Auflösung. **Nicht:** bloßer GfterWechsel bei der HVGes; iZw Tod des Unternehmers, § 672 BGB, oder Auflösung der vertretenen juristischen Person oder Personengemeinschaft, auch nicht ipso iure Ende des vertretenen Unternehmens, hier ist zu kündigen, idR ordentlich.

Insolvenz des Unternehmers (Verfahrenseröffnung, §§ 115, 116 InsO, § 87 4 Rn 51), BGH NJW-RR **13**, 1142 Rz 11; **nicht:** bloße Betriebseinstellung ohne Kündigung; Insolvenz des HV, diese ist nur wichtiger Kündigungsgrund für den Unternehmer (§ 89a Rz 20).

Hopt 473

§ 89 5–8 1. Buch. Handelsstand

5   C. **Anfechtung und entsprechende Beendigung eines in Vollzug gesetzten, fehlerhaften Handelsvertretervertrags,** sehr str, Emde § 84 Rn 102, Heymann/Sonnenschein/Weitemeyer 8, Schlegelb/Schröder 42a, Koller/Roth 1, iErg auch Küstner/Thume/Schröder Bd 1 Kap II Rn 140 und K/W/Billing § 84 Rn 59 (aber als faktischer Vertrag, heute aA hL), Ebenroth/Löwisch § 84 Rn 42, aA noch üL, Canaris § 15 Rn 27 (bloßer Bereicherungsausgleich), Oetker/Busche § 84 Rn 62, zweifelnd MüKo/von Hoyningen-Huene 17, 18a; vgl § 85 Rn 1, § 89b Rn 8. Die Ausnahme von der ex tunc-Wirkung des § 142 I BGB und allgemeiner die Zurückdrängung der §§ 812 ff BGB bei Invollzugsetzung gilt zwar an sich nur für (fehlerhafte) Arbeits- und solche Dienstverträge, denen eine Anstellung zugrunde liegt, vgl BGH **41**, 282. Aber HV werden, auch wenn sie nicht unter § 92a fallen, in §§ 84 ff trotz ihrer Selbstständigkeit allgemeiner als schutzbedürftig behandelt. Das rechtfertigt es, die Nichtigkeitsfolgen über die Fallgruppen der arbeits- und gesellschaftsrechtlichen Verträge hinaus rechtsfortbildend auch für in Vollzug gesetzte, fehlerhafte HVVerträge einzuschränken, so jedenfalls, wenn der Unternehmer die vom HV hergestellten Verbindungen weiter nutzen kann, BGH **129**, 290 (im LS ohne diese Einschränkung), NJW **97**, 655; zutr ohne Einschränkung Karls 16.12.98 HVR Nr 976, Hamm IHR **16**, 86; der Unternehmer sollte sich jedenfalls nicht durch Nichtnutzung den Folgen entziehen können, was in der Logik der Einschränkung (§ 242 BGG) läge; noch weiter beschränkend auf wirtschaftliche und soziale Überlegenheit des Unternehmers BGH **53**, 159, aber wohl überholt. Eine Differenzierung zwischen anfänglicher Nichtigkeit und späterer Anfechtung ist jedenfalls dogmatisch unhaltbar, str, nach aA aber bei § 123 BGB. Erkennt man den Bestand des wenngleich fehlerhaften HVVertrags mit dieser Begründung an, ist das allerdings auch für den Ausgleichsanspruch nach § 89b das entscheidende Datum, (s § 89b Rn 8). Lit: Herbert BB **97**, 1317.

6   D. **Ordentliche Kündigung (§ 89):** Neben §§ 89, 89a sind auf Voraussetzungen und Folgen der Kündigung des HVVertrags **§§ 620 ff BGB nur teilweise anwendbar,** nämlich soweit nicht §§ 89, 89a als Spezialgesetz vorgehen und §§ 620 ff BGB nicht ohnehin nur auf Arbeitsverhältnisse (Unselbstständigkeit, s § 84 II) anwendbar sind (allgemeiner zu §§ 611 ff s § 86 Rn 4f). Unanwendbar sind danach §§ 620 II, 621, 622 BGB (sowie §§ 626–628 BGB zur außerordentlichen Kündigung, s § 89a Rn 2); ferner §§ 629, 630 (Rn 25f). Anwendbar sind dagegen §§ 620 I, 625 BGB (Vertragsende, stillschweigende Verlängerung), aber Rn 22.

7   **§ 624 BGB** (einseitiges Kündigungsrecht des Dienstverpflichteten bei Vertrag auf Lebenszeit oder mehr als fünf Jahre) ist grundsätzlich anwendbar, da §§ 89 ff diese Frage nicht besonders regeln, sehr str, F/W/Billing Vorb § 84 Rn 31, aA Ebenroth/Löwisch 5, offen BGH **52**, 171. Jedoch muss im konkreten Vertragsverhältnis das dienstvertragliche Element vorherrschen, Hamm BB **78**, 1335, KG MDR **97**, 1041; auf Arbeitnehmerähnlichkeit des HV kommt es nicht an, aA Duden NJW **62**, 1326, Würdinger NJW **63**, 1550. Unanwendbar ist § 624 BGB auf gemischte Verträge mit mehr unternehmensbezogenen als personenbezogenen Elementen, Rittner NJW **64**, 2255, Brüggemann ZHR 131 **(68)** 27, zB auf Tankstellenstationärverträge (Tankstelleninhaber stellt Tankstellengrundstück), BGH **52**, 171, **83**, 316 (vgl § 84 Rn 21), K. Schmidt § 27 III Rn 40, Grund: pachtvertragliche Elemente, längerfristige Investitionen des Unternehmers. Gespaltene Kündigung (nur dienstvertraglicher Teil nach § 624 BGB) entspricht dann nicht dem Parteiwillen und idR auch nicht dem Interesse des HV (Teilkündigung, s Rn 18), Heymann/Sonnenschein/Weitemeyer 12, aA Canaris § 15 Rn 95.

8   E. **Außerordentliche Kündigung** (§ 89a).

7. Abschnitt. Handelsvertreter 9–16 § 89

F. **Aufhebungsvertrag**: auf einen beliebigen Zeitpunkt., BGH **52**, 15. Auch 9 längere Nichtausübung der HVTätigkeit wegen wirtschaftlicher Verhältnisse ist nicht ohne Weiteres stillschweigende Aufhebung, LG Düss 3.2.54 HVR Nr 32. § 89 ist nicht anwendbar.

2) Ordentliche Kündigung von Verträgen auf unbestimmte Zeit (I)

A. **Reichweite des § 89:** § 89 (völlig nF 1990, s § 84 Rn 3) betrifft **nur** 10 **Verträge auf unbestimmte Zeit** (Zeitverträge und Abgrenzung dazu s Rn 19) und **nur deren ordentliche Kündigung** (außerordentliche Kündigung s § 89a). § 89 gilt für alle HV, aber **nicht für Handelsvertreter im Nebenberuf**, § 92b I 1. Für unselbstständige Vertreter (§ 84 II) gilt Kündigungsrecht und Kündigungsschutz nach Arbeitsrecht. Für Gfter, der als Kreditvermittler für die KG tätig ist, gilt nicht § 89, sondern Gesellschaftsrecht, BGH BB **85**, 824. **Vertragshändler** s § 84 Rn 11. Keine Kündigungssperre in der Insolvenz des Vertragshändlers (Wortlaut § 112 InsO), Brschw ZIP **09**, 1336. Sonderregeln für Automobilhändler nach der EUGruppenfreistellungsVO (§ 86 Rn 38): 2 Jahre.

B. **Inhalt des I:** Die **Kündigungsfrist** ist **gestaffelt.** Sie beträgt im ersten Jahr 11 der Vertragsdauer einen Monat, im zweiten zwei Monate, im dritten bis fünften drei Monate **(I 1)**. **Vertragsdauer** bedeutet ununterbrochenes Bestehen des HVVertrags (nicht auch tatsächliche HVTätigkeit), Kündigung mit entsprechendem Neuabschluss unterbricht bei Umgehung (§ 242 BGB) nicht. Für die Vertragsdauer kommt es nach hL nicht auf den Kündigungstermin an, sondern auf den Zeitpunkt des Zugangs der Kündigungserklärung, MüKo/von Hoyningen-Huene 57.

Nach einer Vertragsdauer von fünf Jahren, also ab dem sechsten beträgt die 12 Kündigungsfrist sechs Monate **(I 2)**.

Nach I 3 ist die Kündigung unabhängig von der Vertragsdauer nur für den 13 **Schluss eines Kalendermonats** zulässig. Doch ist insoweit eine andere Abrede schon nach I 3 möglich (näher Rn 27).

Fristbeginn mit Zugehen der Kündigungserklärung (s Rn 15). Die Kündi- 14 gungsfrist muss dem Gekündigten voll gewährt bleiben, auch wenn letzter Tag vor ihrem Beginn (oder Ablauf) ein Samstag, Sonntag oder Feiertag ist, BAG NJW **70**, 1470, BGH **59**, 265; § 193 BGB, der den Schutz des Erklärenden bezweckt, ist unanwendbar. Fristberechnung §§ 186 ff BGB.

C. **Kündigungserklärung:** Kündigung ist empfangsbedürftige Willenserklä- 15 rung, Zugang §§ 130–132 BGB. Sie ist, falls nichts anderes vereinbart (§ 127 BGB), formlos möglich; auch konkludent, vgl BGH VersR **61**, 82 (iErg abl), muss aber eindeutig sein, Düss 4.11.52 HVR Nr 24, Mü WM **11**, 1626. Ist Schriftform vereinbart, genügt (iZw, Parteiwille) Kündigung per E-Mail (§ 127 II 1 BGB), Mü WM **12**, 1743m Anm von Bodungen/Hesse BB **12**, 1056, vgl Bloching/Ortolf BB **11**, 2571.

D. **Wirksamkeit der Kündigung:** Neben § 89 gelten nur die allgemeinen 16 Kündigungsschranken der §§ 138, 242 BGB, zB bei sittenwidrigem Ausschluss der ordentlichen Kündigung, BGH NJW **95**, 2350 (iErg abl), oder ihrer sittenwidrigen Erschwerung oder bei Rechtsmissbrauch; engere Schranken speziell zum Schutz des HV vermittels § 242 BGB sind schon angesichts des Schutzes aus § 89b nicht angezeigt, Ulmer FS Möhring **75**, 311, aA Canaris § 15 Rn 85. Auch ordentliche Kündigung unter Fristeinhaltung kann sittenwidrig sein, so Kündigung wegen Weigerung, ein einseitig den HV belastendes Rabattsystem anzunehmen, BGH NJW **70**, 855, aber nicht schon weil Unternehmer eine günstigere Geschäftsentwicklung herbeiführen will, BGH VersR **69**, 445. Die Rspr zu Kündigungsschranken und/oder Ersatzanspruch bei noch nicht amortisierten **Investitionen** des Vertragshändlers (Überbl 40, 42 vor § 373) ist für HV meist aus tatsächlichen Gründen nicht einschlägig, aber im Einzelfall liegt das

§ 89 17–20   1. Buch. Handelsstand

anders, so Canaris § 15 Rn 85, dies ist inzwischen in der Praxis offenbar häufiger, Emde 82, F/W/Teichmann Vorbem § 89 Rn 11 (s § 89a Rn 40), dann ausnahmsweise umgekehrt (vgl § 84 Rn 11) Übertragung der dort entwickelten Wertungen auf HV. Für Kündigungsklauseln in **AGB** sind **(5)** §§ 307–309 BGB zu beachten (§ 86 Rn 8), insbesondere für Umgehung durch **Freistellungsklauseln**, also Entbindung des HV für die Dauer der Kündigungsfrist ohne ausreichende Entschädigung (entspricht vorgezogenem Wettbewerbsverbot, § 90a), BGH **129**, 193, oder Erschwerung der Kündigung durch **Rückzahlungsklauseln**, zB Rückzahlung von Vertragsanschlussgebühr, BGH NJW **82**, 181 (iErg unwirksam), Rückzahlung von Bonuszahlungen oder Bonifikationen, Oldbg NJW-RR **14**, 550; Rückzahlung von Kostenzuschüssen und sonstige „Strafen", Kln 29.7.**97** HVR Nr 885, teilweise Rückzahlung einer Provisionspauschale bei fristloser Kündigung des Unternehmers, Düss DB **72**, 182 (iErg wirksam, aber noch vor ehem AGBG), Provisionsvorschuss, Oldbg NJW-RR **15**, 1071 (Einzelfallprüfung, iErg wirksam). Ob die daraus folgenden finanziellen Nachteile tatsächlich als unwirksame Kündigungserschwernis anzusehen sind, ist eine Frage des Einzelfalls und der Höhe und des Zeitraums der Rückzahlungspflicht, Oldbg NJW-RR **14**, 550 (bejahend). Unberechtigte (ordentliche) Kündigung kann als Pflichtverletzung schadensersatzpflichtig machen (unberechtigte außerordentliche Kündigung s § 89a Rn 40).

17 **Änderungskündigung**, also ordentliche Kündigung mit dem (in bestimmter Frist, vor Ablauf der Kündigungsfrist anzunehmenden) Angebot, den Vertrag zu geänderten Bedingungen fortzusetzen, ist zulässig. Schweigen des HV steht der Annahme (einer Provisionsminderungsabrede) nicht gleich, BGH DB **55**, 1085. Eine die Tätigkeit des HV einschränkende Weisung kann Änderungskündigung sein, Stgt BB **65**, 926. Ausnahmsweise besteht Anspruch auf **Vertragsanpassung** nach § 242 BGB (Erfüllung, nicht Kündigung), zB gegen VersVertreter bei neuer Tarifstruktur (BAV), BGH WM **92**, 311.

18 **Teilkündigung** eines einheitlichen Vertragsverhältnisses ist grundsätzlich unwirksam (s auch Rn 7), BGH BB **77**, 964, zB Untersagung des Besuchs bestimmter Kunden, Stgt BB **65**, 926, Teilbezirks-Kündigung, Karlsr DB **78**, 298, aA Bambg NJW **58**, 1830m abl Anm Thiede NJW **59**, 1444; anders wenn HVVertrag und Bezirksleitervertrag (oder anderer Zusatzvertrag) getrennte, (wirklich) selbstständige Verträge sind, BGH BB **77**, 965, wenn bestimmter Vertragsteil, zB Konto oder Sicherheiten, nach Parteiwille auch nach Ende fortbestehen soll, Hamm 10.11.**99** HVR Nr 969 (Tankstellenpacht), oder wenn sich der Unternehmer die Teilkündigung, zB Verkleinerung des Marktgebiets, wirksam ausbedungen hat, Grenze **(5)** § 307 BGB, BGH BB **84**, 233, Karls DB **78**, 298, danach ist möglichst genaue Bestimmung der Voraussetzungen und des Umfangs des Teilkündigungsrechts in den AGB erforderlich, Preis/Stoffels ZHR 160 **(96)** 485, restriktiver Emde 28; Ausgleichsanspruch s § 89b Rn 10.

3) Fortsetzung und Kündigung von Zeitverträgen (III)

19 A. **Zeitverträge (§ 620 BGB):** Ein Dienstvertrag ist auf bestimmte Zeit eingegangen, wenn seine Dauer entweder (durch Kalenderdatum oder genauen Zeitraum bzw Frist) bestimmt oder „aus der Beschaffenheit oder dem Zweck der Dienste" zu entnehmen ist (vgl § 620 II BGB); Bsp: Vertretung in einer Saison, beim Verkauf einer Kampagne (§ 84 Rn 42); ebenso ein Vertrag, der an einem bestimmten Zeitpunkt endet, wenn er nicht vorher (einvernehmlich oder kraft Option) verlängert wird; ebenso HVVertrag auf Probe (anders wenn vor Ablauf der Probezeit kündbar oder wenn nach Ablauf automatisch verlängert, Rn 20). § 89 ist auf Zeitverträge nicht anwendbar; wird der Zeitvertrag aber nach Ablauf der vereinbarten Laufzeit von beiden Teilen fortgesetzt, gilt III (s Rn 21).

20 **Nicht** Zeitvertrag, sondern unbefristeter Vertrag ist ein „bis zum Widerruf" geltender Vertrag, Bambg 21.5.**52** HVR Nr 87 LS; ein zu einem bestimmten

Termin endender Vertrag, zB mit Erreichen der Altersgrenze des HV, falls vorher (so iZw) ordentliche Kündigung möglich ist, BGH VersR **69**, 445; HVVertrag auf Probe, falls während der Probezeit ordentlich kündbar, BGH **40**, 235, krit Emde 27; ebenso ein auf bestimmte Zeit abgeschlossener Vertrag, der sich mangels Kündigung **automatisch** (um eine bestimmte oder unbestimmte Zeit) **verlängert,** denn er soll gerade nicht ohne Weiteres zu dem bestimmten Termin auslaufen, § 89 gilt direkt, üL, Hamm BB **73**, 1234, aA BGH NJW **75**, 387, Zeitvertrag, aber § 89 analog für Frist, offen ob auch für Termine, umgekehrt: § 89 für Termin, aber nicht für Frist Schröder FS Hefermehl **76**, 113; ebenso echte **Kettenverträge** (Umgehung von § 89 durch Aufspaltung in mehrere gleiche oder ähnliche Zeitverträge), BGH **141**, 251, VersR **59**, 129, NJW **96**, 848, BB **02**, 2037, zum Ganzen Emde 44.

B. **Fortsetzung und Kündigung von Zeitverträgen (III):** III regelt einen 21 Sonderfall des an sich nicht unter § 89 fallenden Zeitvertrags durch eine dispositive Auslegungsregel. Wird der **Zeitvertrag nach Ablauf** der vereinbarten Laufzeit von beiden Teilen (nicht nur von einem) **fortgesetzt,** dann gilt der Vertrag als auf unbestimmte Zeit verlängert **(III 1).** III 1 gilt nicht für einzelne Vertragsbestimmungen und Zusatzvereinbarungen, Schlesw 2.5.13 HVR Nr 1390, str. Eine solche ausdrückliche oder stillschweigende Fortsetzungsvereinbarung ist zu unterscheiden vom Kettenvertrag (s Rn 20). Fortsetzung von beiden Teilen ist schon dann anzunehmen, wenn der HV nach Ablauf der Vertragszeit seine Tätigkeit fortsetzt und der Unternehmer nicht unverzüglich widerspricht, sobald er davon Kenntnis erhält; erneutes oder fortdauerndes Einigsein über die Bedingungen ist unnötig, beiderseitige Fortsetzung genügt, BGH WM **05**, 1041, Mü WM **14**, 1152. § 89 wird damit anwendbar.

In Fall des III bestimmen sich die **Kündigungsfristen** der I 1 und 2 aber nicht 22 nach der Dauer ab Fortsetzung, sondern **nach der Gesamtdauer** ab Beginn des Vertragsverhältnisses **(III 2).** Verlängerung auf unbestimmte Zeit ist nicht schon dann anzunehmen, wenn der HV nach Ablauf der Vertragszeit seine Tätigkeit fortsetzt, der Unternehmer das erfährt und nicht unverzüglich widerspricht; § 625 BGB tritt demgegenüber für HV zurück (AmtlBegr), Ebenroth/Löwisch 5, aber nur im Geltungsbereich von III 2 (s Rn 24), nach aA § bleibt 625 BGB anwendbar, Emde Vor § 84 Rn 87.

4) Wirkung der Kündigung

A. **Vertragsbeendigung:** Kündigung (mit Frist, § 89) wirkt grundsätzlich erst 23 am Vertragsende (Kündigungstermin). Ist zu einem späteren Termin ordentlich und dann (unwirksam) fristlos gekündigt, kann erneute ordentliche Kündigung zu einem an sich zulässigen früheren Termin nach § 242 BGB ausgeschlossen sein, BGH BB **69**, 380. Auch ordentlich gekündigter HVVertrag kann aber bei wichtigem Grund noch außerordentlich gekündigt und fristlos oder auf einen früheren Termin beendet werden (§ 89a), Nürnb 13.12.**62** HVR Nr 342.

Die Kündigung ist nach Zugang unwiderruflich (§ 130 I 2), sie ist wie sonstige 24 Willenserklärungen anfechtbar. Ihre Wirkungen können bis zum Vertragsende einvernehmlich aufgehoben werden (§ 311 BGB). Danach bleibt nur Neuabschluss. Wird bereits beendeter HVVertrag vom HV mit Wissen des Unternehmers **fortgesetzt,** gilt § 625, soweit nicht schon III eingreift (s Rn 22), zB bei Fortsetzung nach Änderungskündigung mit neuem Vertragsangebot, Küstner/Thume/Schröder Bd 1 Kap II Rn 19. „Widerruf" einer Kündigung nach Vertragsende ist neues Vertragsangebot, Schweigen des HV darauf ist nicht ohne Weiteres Annahme, BGH 4.7.**60** HVR Nr 247, s § 346 Rn 30.

B. **Zeit bis zum Vertragsende:** Der Unternehmer darf nicht vor Vertrags- 25 ende die vom HV vermittelten Geschäfte insgesamt ablehnen und einen anderen HV zur Bearbeitung von Bezirk (Kundschaft) des Gekündigten bestellen (vgl

§ 86a Rn 14, 16); Abweichungen uU nach §§ 157, 242 BGB. Der gekündigte HV ist idR zur Einführung eines Nachfolgers verpflichtet. **Freistellung** des HV ist grundsätzlich nicht einseitig, Ebenroth/Löwisch 42, MüKo/von Hoyingen-Huene 66 (aber zu restriktiv), offen BGH NJW **15**, 3373 Rn 35, aber jedenfalls gegen vollen Ausgleich des Verdienstausfalls zulässig, wenn der Unternehmer ein besonderes berechtigtes Interesse daran hat, dann auch durch AGB, BGH **129**, 190, und sogar einseitig ohne Vertragsregelung, Ebenroth/Löwisch 43, zB Gefahr des Mitnehmens von Kunden zu Konkurrenzunternehmen, sicher bei außerordentlicher Kündigung mit Auslauffrist, str bei Absehen von außerordentlicher Kündigung, Emde 68. Freistellungsabrede aber nur in den Grenzen des § 90a (vorgezogene Wettbewerbsabrede), Ebenroth/Löwisch 44, Zahlungen dürfen sich am Freistellungszeitpunkt ausrichten, BGH **129**, 190. Wichtig ist, dass der HV bei zulässiger Freistellung weiterhin gebunden ist, insbesondere an das Wettbewerbsverbot, Ebenroth/Löwisch 43. § 629 BGB (nach Kündigung Freizeit zur Stellungssuche) ist idR gegenstandslos wegen freier Arbeitsgestaltung (§ 86 Rn 5). Lit: Gräfe ZVertriebsR **13**, 362.

26   C. **Provisionsanspruch, weitere Ansprüche:** Das Ende des Vertrags lässt das Recht des HV auf Provision auf noch auszuführende Geschäfte unberührt (§ 87a III 1), uU erhält er auch Provision aus späteren, von ihm vorbereiteten Abschlüssen (§ 87 III). Er hat uU einen Ausgleichsanspruch nach § 89 b. Er muss die ihm überlassenen Unterlagen (§ 86a I), ggf überlassene Waren (§ 86a Rn 5; anders beim Vertragshändler, Überbl 41 vor § 373) und seine Korrespondenz mit Kunden herausgeben (Zurückbehaltung s § 88a): Der Unternehmer ist zur **Rücknahme** seiner Sachen (Ersatzteile, Lager, Vorratsware ua) verpflichtet, grundsätzlich unabhängig vom Eigentumsübergang und auch ohne Konsignationslagerabrede wie beim Vertragshändler (Überbl 41v § 373), auch ohne dass der Unternehmer das Vertragsende verschuldet hat, aA Schriefers BB **92**, 2158, Auslegung einer Rückkaufklausel, BGH BB **10**, 275. Klausel, dass HV bei Vertragsende Arbeitsverhältnisse mit Familienmitgliedern beendet, ist unwirksam (§ 613a BGB), BGH WM **06**, 1262. Der gekündigte HV hat kein Recht auf Zeugnis (§ 86 Rn 5). Vereinbarung einer Freistellungsvergütung, Mü WM **11**, 1625.

5) Abweichende Vereinbarungen (I 3, II)

27   A. **Kündigungstermin (I 3):** Vereinbarungen über den Kündigungstermin sind, soweit die Kündigungsfrist gewahrt bleibt (Rn 28), **unbeschränkt** möglich, zB Kündigung statt zur Kalendermonatsende zur Monatsmitte oder nur auf Quartalsende. Vereinbarung über Kündigungsfrist beinhaltet nicht ohne weiteres auch solche über Kündigungstermin („Die Kündigungszeit beträgt ..."), LG Bielef 23.6.55 HVR Nr 89; dann bleibt es beim Schluss eines Kalendermonats. II betrifft nur die Kündigungsfristen, ist also hierauf nicht anwendbar. Doch gilt auch hier der dienstvertragsrechtliche Grundsatz, dass die Kündigungsfristen und Kündigungsbedingungen entweder für beide Teile gleich sein müssen oder nur zugunsten des Dienstverpflichteten ungleich sein dürfen (§ 622 V BGB analog).

28   B. **Kündigungsfristen (II):** Vereinbarungen über die Kündigungsfristen nach I 1 und 2 sind dagegen **nur beschränkt** möglich (II; s auch Rn 16). Nach KfzGVO 2002 (§ 86 Rn 38) war einjährige Kündigungsfrist für Strukturkündigung möglich (in KfzGVO 2010 weggefallen), näher BGH NJW **09**, 3646, BB **11**, 84; auch EuGH NJW **07**, 201 (Brünsteiner), RIW **07**, 60 (VW-Audi); obschon nur Freistellung, hat dieses Vorrang vor II, BGH NJW **09**, 3646 (Nissan) m krit Anm Emde BB **09**, 2330, Ffm BB **08**, 1417, Reimann/Ströbl BB **08**, 1467, aA Emde EWiR **08**, 497. So ist **keine Verkürzung** der Kündigungsfristen nach I 1 und 2 zulässig, auch nicht zugunsten des HV. Das gilt auch während einer im Vertrag vereinbarten **Probezeit**, BGH **40**, 237, NJW **82**, 181, weil sonst das zwingende Kündigungsrecht durch sehr lange Probezeiten umgangen

7. Abschnitt. Handelsvertreter § 89a

werden könnte. II 1 Halbs 2 erfasst auch mittelbare Ungleichheiten, so bei wesentlichen, eine Vertragsbeendigung erschwerenden Nachteilen für den HV, das kann Wegfall eines zweckgebundenen Bürokostenzuschusses sein, jedenfalls bei mehrjähriger Kündigungsfrist, BGH NJW **16**, 242; OLG Oldbg ZVertriebsR **15,** 247 (iErg abl). Erschwerungen durch **Rückzahlungsklauseln** s Rn 16. Anstelle ungültiger Absprachen gilt idR die zwingende gesetzliche Regelung (Schutzzweck, also nicht § 139 BGB), BGH **40**, 238; doch kann sich aus dem Parteiwillen etwas anderes ergeben, bei AGB ist hier allerdings das Verbot der geltungserhaltenden Reduktion zu beachten, **(5)** § 306 II BGB, Nürnb 29.1.86 HVR Nr 614. Die Nichtigkeit zu II erfasst nicht auch die gleichzeitige, zulässige Absprache zu I.

Nach **II 1** ist jedoch eine **Verlängerung** zulässig, KG MDR **97**, 1041, Schlesw **29** 13.6.97 HVR Nr 997, Mü BB **10**, 2987; allgemeine Grenzen s Rn 16. Diese verlängerte Kündigungsfrist darf für den Unternehmer nicht kürzer sein als den HV. Bei Vereinbarung einer kürzeren Frist für den Unternehmer gilt die für den HV vereinbarte (längere) Frist **(II 2)**. Nach dem klaren Wortlaut kann aber umgekehrt die (verlängerte) Kündigungsfrist für den Unternehmer länger sein als für den HV. Der Grundsatz der **Fristenparität** ist insoweit zugunsten des HV durchbrochen. Für die Kündigungstermine gilt nicht II, sondern I 3 (Rn 27). II gilt analog für Arbeitsverhältnisse, BAG NJW **05**, 3230. AGB-Kontrolle: Mü BB **10**, 2987m krit Anm von Bodungen/Schnell; Oldbg BB **12**, 3167 (großzügiger bei Nebenerwerb) gegen Celle OLGR **05**, 650.

Bei Vereinbarung einer kürzeren Kündigungsfrist für den Unternehmer unter **30** Verstoß gegen II 1 gilt auch für den Unternehmer die für den HV vereinbarte längere Kündigungsfrist, der Grundsatz der Fristenparität setzt sich hier also zu Lasten des Unternehmers durch **(II 2).** II 2 geht §§ 134, 139 BGB vor.

[Fristlose Kündigung]

89a (1) ¹Das Vertragsverhältnis kann von jedem Teil aus wichtigem Grunde ohne Einhaltung einer Kündigungsfrist gekündigt werden. ²Dieses Recht kann nicht ausgeschlossen oder beschränkt werden.

(2) **Wird die Kündigung durch ein Verhalten veranlaßt, das der andere Teil zu vertreten hat, so ist dieser zum Ersatz des durch die Aufhebung des Vertragsverhältnisses entstehenden Schadens verpflichtet.**

Übersicht

	Rn
1) Außerordentliche Kündigung	1–5
A. Reichweite des § 89a	1
B. Außerordentliche Kündigung (ohne oder mit Frist)	3
C. Umdeutung in ordentliche Kündigung	5
2) Wichtiger Grund (I 1)	6–25
A. Grundsatz, Abmahnung	6
B. Kündigungserklärung, Nachschieben von Gründen	13
C. Wichtige Kündigungsgründe im Sinne von § 89a	16
D. Wichtige Kündigungsgründe des Unternehmers	17
E. Wichtige Kündigungsgründe des Handelsvertreters	22
3) Abweichende Vereinbarungen (I 2); Verzicht, Verwirkung	26–32
A. Zwingendes Recht (I 2)	26
B. Verzicht	29
C. Zu späte Kündigung, Verwirkung	30
4) Folgen berechtigter Kündigung; insbesondere Schadensersatzpflicht (II)	33–35
A. Folgen berechtigter Kündigung	33
B. Schadensersatzpflicht bei berechtigter Kündigung (II)	34

§ 89a 1–5   1. Buch. Handelsstand

                                                                               Rn

5) Folgen unberechtigter Kündigung 36–40
   A. Unwirksamkeit, Kündigungsgrund für den anderen Teil   36
   B. Vergütung 37
   C. Schadensersatzpflicht bei unberechtigter Kündigung ... 40

1) Außerordentliche Kündigung

1   **A. Reichweite des § 89a:** § 89a betrifft die außerordentliche Kündigung (auch fristlose Kündigung genannt, aber s Rn 4); die ordentliche Kündigung ist in § 89 geregelt. § 89a gilt für alle HV, auch solche im Nebenberuf (§ 92b). Für unselbstständige Vertreter (§ 84 II) gilt Arbeitsrecht. Die außerordentliche Kündigung ist **nicht europarechtlich** präformiert (Art 16 EU-Ri, § 84 Rn 3). **§ 89a ist Sondervorschrift zu § 314 BGB,** Saarbr 25.1.06 HVR Nr 1170, aber ohne wesentliche Unterschiede, da § 314 BGB nur die bisherige Rechtslage kodifiziert. Die Definition des wichtigen Grundes in § 314 I 2 BGB kann auch für § 89a I herangezogen werden (s Rn 3); Abmahnung (§§ 314 II, 323 II BGB) schon bisher (s Rn 10); Kündigung nur innerhalb angemessener Frist (§ 314 III BGB) schon bisher (s Rn 30); Schadensersatzpflicht bei berechtigter Kündigung (§ 314 IV BGB) s Rn 34. **Vertragshändler** s § 84 Rn 11.

2   **§§ 626–628 BGB** sind **ersetzt.** I 1 entspricht § 626 I BGB. § 626 II BGB gilt nicht (Rn 30). § 627 BGB wird durch §§ 89, 89a ausgeschlossen. § 628 I BGB (Dienstvergütung bei außerordentlicher Kündigung) ist wohl idR durch §§ 87, 88 (Provisionsanspruch) ersetzt, aber entspr anwendbar auf feste Vergütung (vgl § 87 Rn 5). Statt § 628 II BGB gilt § 89a II. Zur Geltung der §§ 620 ff BGB im Übrigen s § 89 Rn 6.

3   **B. Außerordentliche Kündigung (ohne oder mit Frist):** Wie bei allen Dauerschuldverhältnissen (§ 314 BGB) kann jeder Teil den Vertrag, mag er auf bestimmte oder unbestimmte Zeit geschlossen sein, **aus wichtigem Grunde ohne Frist kündigen** (**I 1**; wie § 626 I BGB), auch bevor der HV seine Tätigkeit aufgenommen hat.

4   Aber auch eine Kündigung **mit Frist (Auslauffrist),** die idR kürzer als die für eine ordentliche Kündigung sein kann, aber nicht sein muss, statt einer fristlosen Kündigung ist außerordentliche Kündigung, wenn klar zum Ausdruck kommt, dass sie aus einem Grund erfolgt, der zur fristlosen Kündigung berechtigen würde, zur Abgrenzung BGH NJW **00**, 1868, Kblz NJW-RR **07**, 1045. Die Mindestfrist nach § 89 I gilt für sie also nicht. Eine außerordentliche Kündigung mit Auslauffrist ist nur bei solcher Erklärung anzunehmen, sonst bleibt es bei sofortiger Wirkung, BGH NJW **99**, 946, Nürnb BB **69**, 391. Während der Auslauffrist wird der HV häufig freigestellt (Voraussetzungen s § 89 Rn 25), seine Pflichten, insbesondere das Wettbewerbsverbot bleiben bestehen. Die Gewährung einer Auslauffrist spricht nicht gegen das Vorliegen eines wichtigen Grundes, aA Ebenroth/Löwisch 42. Ein Recht auf Auslauffrist hat der HV nicht, seinen Interessen trägt schon das Merkmal der Zumutbarkeit (s Rn 6) Rechnung, ausnahmsweise anders Emde 55: Verhältnismäßigkeit, Treupflicht. Umgekehrt kann der HV verpflichtet sein, die Auslauffrist wahrzunehmen, wenn der Unternehmer Zeit für eine Übergangsregelung benötigt, Emde 55, aA wohl MüKo/von Hoyningen-Huene 76. Auslauffristen im Arbeitsrecht, BAG ZIP **07**, 1425.

5   **C. Umdeutung in ordentliche Kündigung:** Ist die außerordentliche Kündigung mangels wichtigen Grundes unwirksam, kann sie als ordentliche Kündigung zum nächsten Termin wirksam sein, sofern der Kündigende dies bei Kenntnis der Nichtigkeit gewollt hätte und dies deutlich erkennbar geworden ist (Umdeutung, § 140 BGB), BGH BB **69**, 381, **92**, 1163, Karlsr DB **71**, 572. Eine derart in eine ordentliche umgedeutete, unwirksame außerordentliche Kündigung des Unternehmers berechtigt den HV, seine Tätigkeit sofort einzustellen,

7. Abschnitt. Handelsvertreter 6–10 § 89a

Stgt BB **60**, 956; der HV behält Anspruch auf die ihm bis zur Vertragsbeendigung so entgehende Provision (vgl Rn 38, 40, zu den weiteren Folgen unberechtigter Kündigungs Rn 36). Die als außerordentliche unwirksame, als ordentliche wirksame Kündigung enthält iZw Widerruf der Vollmachten des HV (vgl §§ 55, 91), der schon vor dem ordentlichen Kündigungstermin wirksam ist, gegen Dritte aber nur bei Kundgebung, zB Rundbrief (§§ 168 S 2, 171 II BGB).

2) Wichtiger Grund (I 1)

A. **Grundsatz, Abmahnung:** Ein Kündigungsgrund ist wichtig genug zur 6 außerordentlichen Kündigung, wenn dem Kündigenden unter Berücksichtigung aller Umstände des Einzelfalls und unter Abwägung der beiderseitigen Interessen die Fortsetzung bis zur vereinbarten Vertragsbeendigung (§ 620 BGB, s § 89 Rn 19) oder bis zum Ablauf der Frist zur ordentlichen Kündigung (§ 89) nicht zugemutet werden kann, also **Abwarten unzumutbar** ist (§ 314 I 2 BGB, s Rn 1; vgl § 626 I 1).

Gegen Unzumutbarkeit fallen ins Gewicht zB: Geringfügigkeit der Wett- 7 bewerbsverstöße, die das Vertrauensverhältnis bei verständiger Würdigung nicht grundlegend beschädigen, BGH NJW **11**, 608 (s auch Rn 27), Aussicht auf Abhilfe; Nähe des Vertragsablaufs oder nächsten ordentlichen Kündigungstermins (Abwarten eher möglich), BGH BB **79**, 242; zu erwartende Folgen der außerordentlichen Kündigung (im Gegensatz zur ordentlichen, zB auch Rechtsfolge des § 89b III 2, BGH WM **75**, 856, von Gamm NJW **79**, 2494); längere Vorhersehbarkeit, zB Betriebsumstellung bei Verlusten, BGH NJW **86**, 1931; langjährige erfolgreiche Tätigkeit für den Unternehmer, BGH DB **81**, 1772, Stgt BB **10**, 920 (VersVertreter), auch bei Nachlassen im Alter, Karls BB **57**, 561; längere Duldung oder laue Beanstandungen, BGH WM **82**, 633; Einräumung längerer Abstellfrist, etwa bei nicht genehmigter Konkurrenzvertretung, Nürn BB **65**, 809; Rückschlüsse aus eigenem Verhalten des Kündigenden nach Eintritt des Kündigungsgrundes sind möglich, BGH BB **83**, 1629, WM **84**, 558. Grundsätzlich **nicht** gegen Unzumutbarkeit sprechen Möglichkeit der Freistellung (§ 89 Rn 25); Möglichkeit einer Fortsetzung des Vertrags zu anderen Bedingungen, Emde 13, aA Ebenroth/Löwisch 42.

Eigene Vertragsuntreue kann Kündigung wegen Verstößen des anderen Teils 8 hindern (§ 242 BGB), falls diese nicht so gewichtig sind, dass Fortsetzung trotz der eigenen unzumutbar ist, BGH **44**, 275, BB **59**, 541, 16.4.59 HVR Nr 211, WM **92**, 313, Hamm 11.6.97 HVR Nr 878, Mü VersR **14**, 1083, oder andere Umstände (auch bei gleichem Verschulden) nach Treu und Glauben das Festhalten am Vertrag unzumutbar machen, BGH BB **60**, 381.

Mehrere Gründe können auch erst gemeinsam ausreichen, BGH **44**, 274, 9 Saarbr NJW-RR **02**, 542 (vgl auch Rn 15). Insgesamt gibt es also weder „absolute Kündigungsgründe" noch umgekehrt Tatsachen, die nie außerordentliche Kündigung rechtfertigen können (aber Vereinbarung, s Rn 27f).

Abmahnung (§§ 314 II, 323 II BGB, s Rn 1) soll den HV unmissverständlich 10 auf einen wichtigen Grund hinweisen, der mangels Abhilfe zur außerordentlichen Kündigung führen werde. Sie ist empfangsbedürftige Willenserklärung (§ 130 BGB), Zugang genügt, Kenntnisnahme unnötig, aA Ebenroth/Löwisch 26. Sie muss, um ihre Funktion zu erfüllen, **ausdrücklich, klar und eindeutig** sein, Mü VersR **14**, 1082. Sie ist zwar **formlos**, also auch mündlich und sogar konkludent, wirksam, sollte aber schon aus Beweisgründen besser schriftlich ausgesprochen werden (s Rn 11). Der Unternehmer, der die Abmahnung ausspricht, bringt damit zum Ausdruck, dass er dieses Mal noch nicht außerordentlich kündigen will; wegen des in der Abmahnung gerügten wichtigen Grundes ist deshalb **keine** außerordentliche **Kündigung** mehr möglich, außer wenn klar kein Verzicht (zB falls gleich gelagerte Verstöße bekannt werden) gewollt ist, Mü IHR **16**, 44. Bei erneutem, vergleichbarem wichtigen Grund kann dann der

§ 89a 11–13

Unternehmer aber ohne erneute Abmahnung außerordentlich kündigen, dies auch, wenn der wichtige Grund sich erst aus beiden Vertragswidrigkeiten insgesamt ergibt. Liegt zwischen beiden ein längerer Zeitraum, kann erneute Abmahnung notwendig werden, Emde 32.

Abmahnung vor Ausspruch der außerordentlichen Kündigung ist praktisch **immer notwendig,** wenn Grund in Störung der **Leistungsseite** (nicht Vertrauensseite) besteht, BGH DB **78,** 1882, WM **81,** 172, NJW-RR **99,** 539, WM **06,** 873, NZG **09,** 312, BB **09,** 578, Mü VersR **14,** 1082, Düss 15.12.**00** HVR Nr 949, 16.3.**01** HVR Nr 952. Abmahnung ist aber auch bei **Vertrauensseite** grundsätzlich notwendig, Düss 16.5.**03** HVR Nr 1073, Saarbr 25.1.**06** HVR Nr 1170, Kln 20.9.**13** HVR Nr 1398 (einmaliger Wettbewerbsverstoß nach sechsjähriger Tätigkeit); Abmahnung jedenfalls bei langjähriger Tätigkeit des HV und sicherem Fehlen eines Schadens des Unternehmers, Kln 19.7.**02** HVR Nr 1051; bei Verstoß gegen Verkäufe auf Kredit (falls nicht schon unwirksame AGB, § 86 Rn 15), wenn der Unternehmer dies jahrelang geduldet hat, und selbst kurz zuvor erteilter Weisung, wenn der HV daraufhin die Kreditverkäufe schon erheblich reduziert hat, BGH NZG **09,** 310, uU auch bei Beleidigung im Erregungszustand, Stgt BB **08,** 1954 (zu weit).

Abmahnung ist aber **entbehrlich** bei so **schwerwiegenden** Vertragsverletzungen, dass Abmahnung **Vertrauensbasis nicht wiederherstellen** kann, BGH ZIP **99,** 1309 (laufender Wettbewerb), Kln VersR **01,** 1023 (grob täuschende Werbeaktion), Kln VersR **02,** 482 (leichtfertiges Äußern strafrechtlicher Vorwürfe über wichtige Kunden des Unternehmers), Saarbr NJW-RR **02,** 542, Düss 16.12.**05** HVR Nr 1212 (Konkurrenz trotz Untersagung nach Ankündigung), Mü BB **09,** 2002 (Tätigkeit für direkten Konkurrenten trotz Klausel über ausdrückliche schriftliche Zustimmung), Düss 22.12.**11** HVR Nr 1347 (mehrfache Abwerbungsversuche anderer HV, Vorschieben eines Strohmanns), Mü 19.12.**12** HVR Nr 1383, VersR **14,** 1082. Dass Billigung des Verhaltens offensichtlich ausgeschlossen ist, reicht für Verlust der Vertrauensbasis nicht ohne Weiteres aus, aA wohl Kln VersR **01,** 1023. Ob HV sein Verhalten für berechtigt hält, soll für Vertrauensverlust unerheblich sein, BGH ZIP **99,** 1309; bei berechtigten Zweifeln ist jedoch Abmahnung zwecks Klärung nötig, BGH WM **01,** 1034. Ohne zumutbare Abmahnung fehlt es am wichtigen Grund (Grundsatz der Verhältnismäßigkeit), Mü BB **93,** 2403. Fallliste für nicht notwendige Abmahnung bei Emde 35.

Bloße **Anhörung** s Rn 20. **Klage auf Feststellung** der „Unwirksamkeit" der Abmahnung ist zulässig, Emde 38, aA Brem BB **10,** 1819 LS m zust Anm Lamberti/Ströbl, da bloße Vorfrage, aber Feststellungsinteresse besteht idR, da für spätere Kündigung und unter § 89b möglicherweise relevant.

11 Die **Beweislast** für das Vorliegen eines wichtigen Grundes liegt beim Kündigenden, Karlsr DB **71,** 572, 28.10.**75** HVR Nr 495, Saarbr 11.2.**98** HVR Nr 897, 25.1.**06** HVR (Nr 1170, allgemeiner bei dem, der sich darauf beruft, BGH NJW-RR **99,** 539, Düss WM **92,** 19.

12 Der Rechtsbegriff des wichtigen Grundes ist **revisibel,** soweit es um die generelle Eignung eines Sachverhalts bestimmter Art zur Begründung der außerordentlichen Kündigung geht, BGH WM **84,** 558, anders nur soweit die tatsächlichen Besonderheiten des Einzelfalls zu würdigen sind.

13 B. **Kündigungserklärung, Nachschieben von Gründen:** Kündigungserklärung s § 89 Rn 15. Die Kündigung ist als außerordentliche (§ 89a) klar und eindeutig zu **bezeichnen,** BGH **27,** 225, Mü 11.11.**98** HVR Nr 894, WM **11,** 1626, aber nicht unbedingt mit dem Wort „außerordentliche" oder „fristlose" Kündigung. Die nicht so bezeichnete Kündigung gilt als ordentliche (§ 89 oder Vertrag) und wird nicht durch Nachschieben wichtiger Gründe rückwirkend zur außerordentlichen, dieses ist idR neue, nunmehr außerordentliche Kündigung,

BGH **27**, 222, Nürnb BB **57**, 561. Die Angabe bestimmter wichtiger Gründe kann andere uU ausschließen (Rn 32).

Die Kündigung braucht grundsätzlich **nicht begründet** zu werden. Auch **14** Gründe, die bei der Kündigung objektiv vorlagen, aber dem Kündigenden unbekannt waren, sind bei der Beurteilung der Wirksamkeit der nicht oder unvollständig begründeten Kündigung zu beachten, also **Nachschieben** alter, dh zurzeit der Kündigung bereits vorhandener Gründe; BGH **27**, 220, **40**, 16, BB **61**, 498, Saarbr 25.1.**06** HVR Nr 1170, jedenfalls bei gravierenden Verstößen, Brem 30.3.**06** HVR Nr 1144, str. § 626 II 3 BGB, der zur schriftlichen Mitteilung der Gründe auf Verlangen verpflichtet, gilt entspr auch für HV. Verfristung, Verwirkung s Rn 30, 31.

Ein **neuer** (erst nach der Kündigung entstandener) **Grund,** wirkt, falls er mit **15** dem alten Grund nicht zusammenhängt, nur, wenn er die Kündigung allein trägt, und erst ab seiner Geltendmachung, BGH BB **61**, 48 (gegen RG **142**, 272: vom Zeitpunkt des Eintritts), Saarbr 25.1.**06** HVR Nr 1170. Dagegen soll ein neuer Grund, der mit dem bei der Kündigung erklärten alten zusammenhängt und mit diesem zusammen die Kündigung rechtfertigt (Bsp: unerlaubter Wettbewerb nach Kündigung wegen ähnlicher Handlung), die alte Kündigung ohne nochmalige neue schon ab Entstehen des neuen Grundes (nicht erst ab seiner Geltendmachung) wirksam machen, BGH **27**, 220, BB **59**, 540, Emde 53. Dieses letztere ist mit der heutigen Rspr und Lehre zum Nachschieben von Kündigungsgründen (§ 626 BGB, § 1 KSchG) nicht mehr vereinbar. Nach der Kündigung entstandene Gründe können nur neue Kündigung (ohne Rückwirkung) rechtfertigen, die allerdings konkludent im Nachschieben liegen kann, MüKo/von Hoyningen-Huene 72, Heymann/Sonnenschein/Weitemeyer 33. „Nachschieben" unter § 89b, s dort Rn 56.

C. **Wichtige Kündigungsgründe im Sinne von § 89a:** § 89a sagt (ebenso **16** wie § 626 BGB) nichts darüber, was als „wichtiger" Kündigungsgrund anzusehen ist (vgl aber § 723 I 2 BGB, § 133 II: insbesondere vorsätzliche oder grob fahrlässige Verletzung einer wesentlichen GesVertragspflicht oder Unmöglichwerden einer solchen Verpflichtung). Dazu gibt es jedoch eine reiche **Kasuistik** aus der Rspr (Rn 17 ff, 22 ff), die aber stets auf dem Hintergrund des allgemeinen Grundsatzes der (Un)zumutbarkeit (s Rn 6) gesehen werden muss. Wichtiger Grund in § 89a I ist nicht inhaltlich deckungsgleich mit dem in § 89b III Nr 2, dort wegen der Rechtsfolge engere Auslegung, s § 89b Rn 65; vgl aber auch BGH NJW **11**, 608: auch unter § 89a nicht bei geringfügigen Vertragsverletzungen. Lit: Holling BB **61**, 994, Küstner/Thume/Riemer Bd 1 Kap VIII Rn 248 ff (alphabetische Übersicht über solche Gründe).

D. **Wichtige Kündigungsgründe des Unternehmers: a) Umstände beim 17 Handelsvertreter: wesentliche Vertragsverletzung des Handelsvertreters** (vgl § 86): besonders (aber nicht nur) vorsätzliche oder grob fahrlässige; zB grob eigennützige Missachtung der Interessen des Unternehmers; endgültige, unberechtigte Dienstverweigerung; Drohung, eigene Vorzugsbedingungen anderen HV mitzuteilen, BGH BB **84**, 237; Drohung, Betriebsinterna zu offenbaren, und sonstige widerrechtliche Drohungen, Saarbr NJW-RR **02**, 542; offenes Abraten von Empfehlungen des Unternehmers, Konterkarierung seiner Vertriebsbemühungen, Saarbr NJW-RR **02**, 542; versuchte Abwerbung anderer HV des Unternehmers zugunsten eines Nichtwettbewerbers, BGH BB **77**, 1170 (bei Wettbewerb s Rn 19); Mehraufschreibungen bei Kundenbestellung in nennenswerter Anzahl, BGH DB **81**, 987; Inanspruchnahme erheblicher, dem Bezirksdirektor zustehender Versicherungsprovisionen, Mü VersR **02**, 568; Nichtbefolgung von (berechtigten, s § 86 Rn 16) Weisungen des Unternehmers, etwa bei der Bearbeitung von Versicherungsanträgen, BGH VersR **86**, 1072, Weisung zum regelmäßigen Besuch von Krankenhäusern, Mü NJW-RR **03**, 401, oder bei Ver-

§ 89a 18   1. Buch. Handelsstand

änderung des Warensortiments durch den Unternehmer, BGH DB **81**, 1772; vertragswidrige Nichtrückübertragung der VersBestandsverwaltung, BGH VersR **68**, 642; **Pflichtvernachlässigung** mit der Folge eines Umsatzrückgangs, BGH WM **82**, 633, Ffm DB **67**, 329; unzureichende Gebietsbetreuung (§ 87 II) mit Umsatzrückgang, Mü NJW-RR **03**, 401; dauernde Nachlässigkeit des HV, Stgt BB **60**, 956; ungenügende Beaufsichtigung des Personals, Celle BB **58**, 894; (berechtigte) Beschwerden der Kunden, Stgt BB **60**, 956; Nichtbestehen eines KfzWerkstatttests in gravierenden Fällen, Düss BB **10**, 1800; **Vertrauensverstöße:** Falschangaben zum Schadensfall im Zusammenwirken mit Versicherungsnehmer, Hamm VersR **99**, 1016; Verschleierungstaktik, Mü IHR **16**, 44; je falsche Reisekostenabrechnungen, 17. 12. **09** HVR Nr 1300; nach den Umständen Beleidigung des Unternehmers, BGH VersR **59**, 887, Celle BB **63**, 711, oder leitender Angestellter, Stgt BB **60**, 956, Nürnb BB **63**, 447, auch anonym im Internet, uU auch Duldung durch HVDomaininhaber, LAG BaWü 7.5.**07** juris; sonstige beleidigende Herabwürdigung oder Verhaltensweisen und Umstände, welche Autorität und Ansehen des Unternehmens beim Mitarbeitern oder Kunden untergraben können, Saarbr NJW-RR **02**, 542, etwa ehrenrührige Verurteilung, Aufdeckung entsprechender Vorstrafen; je nach den Umständen Trunkenheit im Dienst, Celle VersR **61**, 507; leichtfertiges Äußern strafrechtlicher Vorwürfe über wichtige Kunden des Unternehmers, Kln VersR **02**, 482; unberechtigte Führung von Berufsbezeichnungen und akademischen Titel, Hbg BB **60**, 1300 (Apotheker); unberechtigte außerordentliche Kündigung (Rn 36); Nichteinhaltung der Fortsetzungsvereinbarung nach einverständlicher Rücknahme der ordentlichen Kündigung, BGH BB **84**, 235; heimliche Verhandlung mit Dritten zwecks vorzeitiger Vertragsbeendigung, Düss 17.11.**53** HVR Nr 38; **nachhaltiges Zerwürfnis,** so dass gedeihliches Zusammenwirken nicht mehr zu erwarten ist, auch ohne Verschulden, auch bei beiderseitigem, Nürnb BB **60**, 956, **63**, 447, Saarbr NJW-RR **02**, 542, jedoch nicht schon harte geschäftliche Diskussion, BGH BB **79**, 243; in besonderen Fällen uU auch unberechtigte Klageerhebung (Einl 69 vor § 1), vgl Celle BB **63**, 711; **Nichtmeldung** von Geschäftsabschlüssen und Sachverhalten, die für den Unternehmer von besonderer Wichtigkeit sind, Kln BB **71**, 543, aber nicht ohne Weiteres schon einmalige Nichtmeldung, BGH BB **79**, 242; Nichtunterrichtung über Aufnahme nicht genehmigter Nebentätigkeit nur im Einzelfall, nicht ohne Weiteres wie bei ungenehmigter Konkurrenz (s Rn 19), BGH WM **01**, 1031, aber wenn Unternehmer hintergangen wird, Bambg BB **79**, 1001; Nichtunterrichtung über Haftungsbeschränkung durch Umwandlung in GmbH & Co, BGH BB **78**, 982 (für Vertragshändler). Bei **HVGesellschaft** (§ 84 Rn 8) können die Umstände auch bei einem Gfter liegen, MüKo/von Hoyningen-Huene 49, zB Ausscheiden des maßgeblichen Geschäftsführers, Emde GmbHR **99**, 1016. Umwandlung in HVGmbH ist idR kein wichtiger Kündigungsgrund, Steinhauer/Weppner ZIP **10**, 1332, aA LG Gött VersR **07**, 1696, Westphal BB **99**, 2519. Für **Erfüllungsgehilfen** gilt § 278 BGB, BGH NJW **07**, 3068 (anders zu § 89b Rn 65). **Einbezogene Dritte:** s Rn 18. Vertrauensverstoß gegenüber der einen SchwesterGes im **Konzern** kann wichtiger Kündigungsgrund auch für andere sein, Brem **(06)** 1144; vgl zum Konzern Rn 21.

18   **Nicht:** Verweigerung der Zustimmung zur Verkleinerung des Bezirks; Verweigerung von Mitteilungen in der vom Unternehmer gewünschten Form (Wochenberichtsformulare), BGH WM **88**, 33; bloßes Nachlassen des HV in seiner Bemühung, besonders nach langer früherer erfolgreicher Zusammenarbeit, Fbg BB **57**, 561 (aber es kann den Ausgleich, § 89b, drücken); Nichttätigwerden für zusätzlichen Absatz einer höherwertigen Kollektion bei neuem Kundenkreis, BGH DB **81**, 1772; Nichterreichen von unrealistischen Sollabsatzvorgaben, Düss 27.9.**96** HVR Nr 875; Nichterreichen von Mindestumsatz (trotz dreimonatiger Kündigungsfrist), Kblz BB **10**, 1691, Niebling WRP **10**, 632, Emde BB **11**,

2756, str; geringe Umsätze oder Umsatzrückgang reichen für sich allein, also ohne Verschulden, keinesfalls aus, die Rspr verlangt zT sogar grobfahrlässige Pflichtwidrigkeit, Karlsr BB **77**, 1672, 28.10.**75** HVR Nr 495 LS, Mindestumsatzabrede mit und ohne Kündigungsklausel, Budde/Gruppe ZVertriebsR **14**, 74, 76, einvernehmliches Ausgehen von Mindestabnahme ist noch keine Verpflichtung, Karls MDR **13**, 80 (Bierlieferungsvertrag); (ohne vorherige Abmahnung) Vertragsverletzung oder Nichtmeldung bei unklaren Vertragsklauseln, Mü 16.11.**90** HVR Nr 699; Verstoß gegen erstmalig anderslautende Weisung bei vorheriger jahrelanger Duldung, KG DB **07**, 1355; Vermögensübergang von OHG auf GmbH, Stgt BB **11**, 1811m Anm Steinhauer BB **12**, 527; geschäftliche Diskussion um Provisionen, auch wenn der Unternehmer im Recht ist, 17.12.**09** HVR Nr 1300, Verfehlungen Dritter (**§ 278 BGB unanwendbar**, weil Ausgleichsanspruch wegfällt), anders bei einvernehmlicher Einbeziehung in Vertrag, Saarbr 10.2.**99** HVR Nr 899 (Ehemann) oder bei Geschäftsführer oder Gfter einer HVGmbH.

Insbesondere unzulässiger Wettbewerb (§ 86 Rn 26 ff): insbesondere Verstoß gegen vertragliche Wettbewerbsklausel, BGH BB **74**, 714, aber auch ohne solche; namentlich bei Verheimlichung, BGH BB **74**, 714, diese kann schon allein, selbst ohne Schädigung des Unternehmers, das Vertrauen zerstören; wettbewerbswidrige Eigengeschäfte, Mü NJW-RR **95**, 1186; ungenehmigte Übernahme einer Konkurrenzvertretung, BGH 28.10.**57** HVR Nr 164, NJW **87**, 57, **99**, 947, verheimlichte ebenso wie offene Konkurrenztätigkeit, BGH ZIP **99**, 1309; auch nach der eigenen ordentlichen Kündigung des HV in der Zeit vor Vertragsende, Ffm 15.10.**03** HVR Nr 1087; auch bei Überschneidung nur einzelner Sortimentsteile (§ 86 Rn 27); auch bei erstem Zugriff auf Geschäftsangebote, anders wenn bei Vertragsschluss bekannt, Düss 5.8.**55** HVR Nr 106, Hamm 5.12.**56** HVR Nr 128, oder später (in Kenntnis des wahren Ausmaßes) geduldet, BGH VersR **61**, 53, Kln BB **72**, 468, oder wenn Abwarten doch zumutbar, BGH VersR **60**, 846, WM **92**, 311 (vgl Rn 7); Übernahme einer weiteren (auch nicht konkurrierenden) Vertretung ohne die vertraglich vorgeschriebene Genehmigung des Unternehmers, BGH WM **77**, 318 (Tankstelle), Nürnb BB **63**, 203, Bambg BB **79**, 1000, aber nicht bei bloßer Anzeigepflicht, Karls 22.1.**97** HVR Nr 820, auch nicht schon bei Auswachsen einer erlaubten Zweitvertretung zu echtem Konkurrenzunternehmen, BGH 22.7.76 (von Gamm NJW **79**, 2491); Vermittlung von Kunden zur Konkurrenz durch VersVertreter ohne Zustimmung des Unternehmers, auch wenn dieser bestimmte Risiken grundsätzlich ablehnt, BGH BB **74**, 714 (bedenklich: grundsätzliche Ablehnung kann als Verzicht auf Zustimmungseinholung angesehen werden); Abwerbung eines anderen HV des Geschäftsherrn für ein anderes (nicht unbedingt Konkurrenz-)Unternehmen, BGH BB **77**, 1170, Düss 22.12.**11** HVR Nr 1347.

Unmöglichkeit der Erfüllung wesentlicher Vertragspflichten durch HV, **auch unverschuldet** (anders § 89b III Nr 2, s dort Rn 63), zB Eröffnung des **Insolvenzverfahrens** über das Vermögen des HV (nicht Geschäftsherr iSv § 116 InsO, s § 89 Rn 4), Vermögensverfall, BGH **129**, 296, Hamm 9.6.**04** HVR Nr 1095, vgl Düss ZIP **10**, 194 (Fortbestand in der Insolvenz, § 108 I InsO), Ströbl/Schumacher BB **09**, 1201, Geschäftseinstellung, Geschäftsübertragung des HV, uU Ausscheiden des maßgeblichen Gfters aus der HVGes (§ 84 Rn 8, 18), MüKo/von Hoyningen-Huene 48; unerwartete Krankheit von unabsehbarer Dauer, BGH **129**, 294, Ffm NJW-RR **04**, 1174; uU auch schon bei **Verdacht** eines Vertrauensbruchs (zB Rezeptdiebstahls), BGH **29**, 276; Verdacht einer schweren Straftat (Spendenbetrug, Franchisenehmer), Ffm 13.11.**09** HVR Nr 1294; trotz Aufforderung nicht ausgeräumter Verdacht unzulässigen Wettbewerbs, Mü 9.1.**98** HVR Nr 888; Vertuschung von Inkassi, Verweigerung der Aufklärung des Verbleibs kassierter Versicherungsprämien, Kln VersR **71**, 1171; die Aufklärungspflicht des Unternehmers vor Ausspruch der Kündigung ist be-

§ 89a 21–23   1. Buch. Handelsstand

grenzt, nicht aufgeklärte belastende Umstände gehen uU zu Lasten des HV, BGH BB **59**, 541 (mit arbeitsrechtlicher Rspr). Verdachtskündigung aber wie im Arbeitsrecht (§ 59 Rn 145) nicht ohne vorherige Anhörung, Bambg 14.7.**97** HVR Nr 934. **Druckkündigung:** unberechtigte Vorwürfe anderer HV und von Kunden reichen idR nicht aus, anders bei schwerer Gefährdung der eigenen Lage, BGH BB **59**, 540 (Eigenhändler), vgl § 59 Rn 146.

21   **b) Ausnahmsweise auch Umstände beim Unternehmer:** zB Betriebsein- und -umstellung des Unternehmers aus Gründen höherer Gewalt, zB mangelnder Rentabilität, namentlich wenn schon die Tätigkeit des HV etwa bei Provisionsgarantie Verluste einbringt, BGH VersR **58**, 243 (nicht aus von ihm zu vertretenden Gründen; vgl auch entspr Rspr zu § 87a III 2, s dort Rn 28, und zu § 89b I 1 Nr. 1 „Vorteil", s dort Rn 20), auch Hamm NJW-RR **88**, 550 (Wegfall der Geschäftsgrundlage). Der Unternehmer hat keine Pflicht, den geschäftlichen Niedergang abzuwarten, außerordentliche Kündigung ist schon vorher möglich, BGH VersR **58**, 244, NJW **05**, 1362, der HV muss sich am Risiko des geschäftlichen Niedergangs beteiligen lassen, iErg abl Mü 18.7.**07**, 71 juris (UMTS), LS zu weit. Dass schon rote Zahlen geschrieben werden, ist nicht notwendig, Emde 26/Betriebseinstellung. Auf die Geschäftslage der Konzernmutter kommt es grundsätzlich nicht an (kein Konzerndurchgriff), DIS BB Beil 11/**99**, 15. **Nicht** genügt dagegen zB eine schon lange vorhersehbare Betriebsumstellung wegen wirtschaftlicher Verluste, BGH NJW **86**, 1931, aber s Rz 30; auch nicht neue Konkurrenzsituation durch Aufspaltung des Unternehmens, Zweibr 19.1.**65** HVR Nr 327 (Mehrfirmenvertretung s § 86 Rn 24); kein wichtiger Grund auch bei Risikoübernahme des Unternehmers, BGH VersR **58**, 244, fraglich. Auch wenn wichtiger Kündigungsgrund anzuerkennen ist, kann der Unternehmer nach Treu und Glauben ausnahmsweise zur Einhaltung einer angemessenen **Übergangsfrist** (nicht gleich ordentliche Kündigungsfrist) verpflichtet sein (außerordentliche, fristgebundene Kündigung), Hamm NJW-RR **88**, 551 (6 Monate), DIS BB Beil 11/**99**, 17, vgl auch Stgt NJW-RR **90**, 491. Vgl zur gleichen Frage beim HV Rn 25. Lit: Ende BB **96**, 2260, NJW **99**, 326 (Benetton).

22   E. **Wichtige Kündigungsgründe des Handelsvertreters: a) Umstände beim Unternehmer: wesentliche Vertragsverletzung des Unternehmers,** etwa Verweigerung einer Vertragsurkunde trotz mehrfacher Aufforderung (§ 85 Rn 10), BGH WM **06**, 1115, wiederholte Säumnis mit Abrechnung und Zahlung; unberechtigte Provisionsverkürzung, BGH VersR **60**, 462, WM **74**, 870, auch bei Zahlung unter Vorbehalt, wenn nicht einmalig, BGH BB **89**, 1076; Lieferungsstopp wegen offener Forderungen bei gleichzeitigem Festhalten an Wettbewerbsabrede, BGH WM **06**, 783, Nürnb NJW **72**, 2271; vertragswidrige Beschneidung des Bezirks, vgl BGH WM **71**, 561, Stgt DB **82**, 800; ehrenrührige Verurteilung; unberechtigte außerordentliche Kündigung (Rn 36); auch schon unberechtigte Vorwürfe des Unternehmers, etwa der Unterschlagung, Nürnb BB **65**, 688, oder eines Leistungseinbruchs mit Nahelegen des Ausscheidens, Karlsr 24.10.**72** HVR Nr 472; nachhaltiges Zerwürfnis, auch ohne Verschulden (vgl Rn 17); Sperrung des Zugangs zum Onlinesystem nach ordentlicher Kündigung des HV, Mü VersR **14**, 1080 (Abmahnung s Rn 10); Stoppen von Zugang zu Kundenkartei, Einbehalt von Stornogefahrmittelungen nach ordentlicher Kündigung des Unternehmers vor Ablauf der Kündigungsfrist, Brdbg 14.3.**07** juris.

23   **Insbesondere unzulässiger Wettbewerb** (§ 86a Rn 17), wie Abwerbung von Stammkunden des HV zum Direktbezug vom Unternehmer, BGH MDR **59**, 911; Einsatz eines anderen HV im Bezirk des Alleinvertreters, Düss 8.6.**72** HVR Nr 468; Ausspannen von Untervertretern, BGH BB **82**, 1626 (§ 86a Rn 16); unangekündigte Aufnahme des parallelen Direktvertriebs durch Unternehmer, Mü BB **93**, 1472.

Unmöglichkeit der Erfüllung wesentlicher Vertragspflichten durch Un- 24
ternehmer, **auch unverschuldet**, zB Vorliegen eines Grunds zur Eröffnung des
Insolvenzverfahrens über sein Vermögen (§§ 16 ff InsO; Eröffnung des Verfahrens
beendet, § 89 Rn 4), jedenfalls Antrag des Unternehmers, Dresd ZIP **96**, 73
(Ausnahmen bei Sanierungsmöglichkeit); Geschäftseinstellung, einerlei aus welchen Gründen, auch wenn erst geplant; uU Tod oder Geschäftsunfähigkeit (oder
Auflösung der juristischen Person); verspätete oder mangelhafte Belieferung der
Kunden, RG **65**, 90, BGH WM **86**, 623; Wegfall eines wichtigen Kunden mit
der Folge unvermeidlicher Existenzgefährdung, BGH DB **81**, 2275, so des
Hauptlieferanten des Unternehmers ohne gleichwertigen Ersatzlieferanten, Kln
9.8.**02** HVR Nr 1097.

b) Ausnahmsweise auch Umstände beim Handelsvertreter: zB Ge- 25
schäftseinstellung oder längere Verhinderung des HV selbst aus Gründen höherer
Gewalt. Vgl umgekehrt für den Unternehmer Rn 21.

3) Abweichende Vereinbarungen (I 2); Verzicht, Verwirkung

A. **Zwingendes Recht (I 2):** Das Recht zur außerordentlichen Kündigung 26
nach I 1 ist für beide Teile zwingend (I 2 wie § 723 III BGB, § 133 III HGB),
also weder im Voraus abdingbar noch beschränkbar (§ 134 BGB, nicht § 139
BGB, Karls VersR **11**, 526), auch nicht mittelbar durch finanzielle Nachteile,
Karls VersR **11**, 526, Oldbg 24.7.**12** HVR Nr 1369 (iErg abl, nur Vorschuss),
Emde BB **11**, 2762, zB durch Vertragsstrafe, Verlust von vertraglichen Leistungen,
Boni, Verfall einer vom HV gestellten Sicherheit oder Verlust der Provision aus
noch nicht abgewickelten Geschäften bei Kündigung des HV, LAG Stgt BB **55**,
177, Rückzahlung von Provisionsvorschüssen, Hbg 17.3.**00** HVR Nr 1046,
jedenfalls wenn langfristig und erheblich, Mü BB **17**, 692 LS; sofortige Rückzahlung langfristiger Darlehen, Verzinsung bislang zinsloser Darlehen, Karls
VersR **11**, 526, uU Verrechnung einer Einstandszahlung des Unternehmers mit
ausstehenden Provisionen, Düss 16.3.**01** HVR Nr 946.

Absprachen sind wegen I 2 **nur in engem Rahmen** zulässig, aber nicht 27
gänzlich ausgeschlossen, hL, Canaris § 15 Rn 90, näher (für das Kreditrecht)
Hopt/Mülbert § 609 Rn 103 ff, aA Schwerdtner DB **89**, 1758, für AGB Preis/
Stoffels ZHR 160 (**96**) 471. Nur in diesen Grenzen bleibt einvernehmliche
Vorausbewertung bestimmter Tatbestände als Grund zur außerordentlichen Kündigung möglich, BGH WM **56**, 138, **88**, 1490, **92**, 1162, Saarbr NJW-RR **99**,
1713, zB ungenehmigte Nebentätigkeit, Mü BB **93**, 1835, Zahlungsunfähigkeit,
Saarbr NJW-RR **99**, 1713, Insolvenz, Ströbl/Schumacher BB **09**, 1206. Benennung von wichtigen Kündigungsgründen im Vertrag kann die an sich gebotene
Zumutbarkeitsprüfung einschränken oder ganz ausschließen, BGH WM **88**,
1490, stehen aber einer einschränkenden Auslegung für geringfügige Verstöße
(Kündigung zumindest nicht ohne Abmahnung, s Rn 10), nicht entgegen, BGH
NJW **11**, 608m Anm Ayad BB **11**, 530. Der Prüfungsmaßstab für das Vorliegen
eines wichtigen Grundes ist bei einem vereinbarten Grund nicht anders als bei
einem gesetzlichen, Emde 56, aA BGH WM **88**, 1492, BB **56**, 95, Unzulässig soll
Vereinbarung einer übergroßen Zahl von Tatbeständen, etwa jeder Pflichtverletzung, als wichtiger Grund sein (Grund: Umgehung von § 89), BGH 6.12.**56**
HVR Nr 203, vgl Mü BB **56**, 20. Mindestumsatzklauseln s Rn 18.

Absprachen, dass bestimmte Tatbestände die außerordentliche Kündigung 28
nicht rechtfertigen sollen, sind dagegen grundsätzlich unzulässig, BGH 28.4.**58**
HVR Nr 159; auf jeden Fall in AGB, vgl BGH NJW **86**, 3134 (Abonnementvertrag). Solche Absprachen, zB dass die Kündigung nur bei besonders grobem
Vertrauensbruch zulässig sein soll, sind aber bei der Zumutbarkeit zu berücksichtigen (dann besonders strenger Maßstab), BGH 28.4.**58** HVR Nr 159. Lit:
Emde Vor § 84 Rn 55 Kündigungsklauseln, zT str; Schwerdtner DB **89**, 1757.

§ 89a 29–32   1. Buch. Handelsstand

29 B. **Verzicht:** Nachträglicher Verzicht auf das schon entstandene Recht zur außerordentlichen Kündigung ist möglich, auch stillschweigend, Kln BB **72**, 468; mangels Willenserklärung uU Verwirkung (s Rn 31). Er soll in der ordentlichen Kündigung des zur außerordentlichen Kündigung Berechtigten liegen können (richtiger Verwirkung oder allgemeiner § 242 BGB, vgl Rn 32).

30 C. **Zu späte Kündigung, Verwirkung:** Die **Zweiwochenfrist des § 626 II BGB** ist auf HV (selbstständiger Gewerbetreibender) **nicht** anzuwenden, BGH NJW **82**, 2433, **87**, 57, auch nicht für Einfirmenvertreter (aber § 92a Rn 1), ganz üL. **Aber** der Kündigungsberechtigte muss **innerhalb einer angemessenen Frist** kündigen, nachdem er vom Kündigungsgrund Kenntnis erlangt hat (§ 314 III BGB, s Rn 1), BGH WM **67**, 515, NJW **82**, 2432, **11**, 3361 Rn 19; er hat also angemessene Zeit zur Sachverhaltsaufklärung und Überlegung oder zu Verhandlung über Fortsetzung des HVVerhältnisses und Schadensersatz, BGH WM **70**, 870, Celle BB **70**, 228. **Zwei Monate** nach Kenntnis des Kündigungsgrund sind aber idR **zu spät**, BGH BB **83**, 1630, **92**, 1162, NJW **94**, 722 (Aufgabe von BGH NJW **82**, 2433), ZIP **99**, 1310, NJW **11**, 3361 (auch Vertragshändler; anders im konkreten Fall: mehrere Monate bei Abmahnung nicht zu spät), Kln VersR **01**, 1234, Nürnb BB **60**, 956 (Beschlussfassung in Ges), BB **65**, 688 (jedenfalls mehr als drei Tage; uU sogar drei Wochen unschädlich), Bambg BB **79**, 1001 (acht Tage ausreichend), Kln 12.11.**10** HVR Nr 1305, im Einzelfall bis zu zwei Monaten, KG NJW-RR **00**, 1566 (fraglich), Kln 2.3.**01** HVR Nr 1047, Stgt BB **10**, 920; für **Einmonatsfrist** im Regelfall Emde 47. Fristbeginn grundsätzlich erst bei sicherer Kenntnis, aber der Unternehmer muss hinreichend konkret begründetem Verdacht (nicht: bloßem Gerücht) nachgehen, BGH ZIP **99**, 1307; Zwischennachricht an den HV über den Stand der Nachforschung ist auch bei Verzögerung nicht notwendig. Abwarten des Ergebnisses eines Ermittlungsverfahrens der Staatsanwaltschaft oder uU sogar eines Strafverfahrens kann zulässig sein, BAG ZIP **00**, 1020, Emde 46. Beginn bei Dauersachverhalt, zB fortlaufender Verstoß gegen Konkurrenzverbot, str, auch hier (hinreichend sichere) Kenntnis des Kündigungsgrundes, Stgt OLGR **99**, 54, 30.11.09 Beck RS **10**, 01765, offen BGH NJW **11**, 3361, nach aA Abschluss des Dauersachverhalts. Bei fortlaufenden, stets neuen Pflichtverletzungen (Nichtabführung von Prämiengeldern) kann die Frist jedoch neu zu laufen anfangen, Mü 23.7.**97** HVR Nr 826. Wenn Abmahnung erforderlich ist (s Rn 10), für Fristbeginn erst mit Ablauf der Abmahnfrist Emde BB **12**, 3036. Der in Schwierigkeiten befindliche Unternehmer versäumt die Frist nicht durch Geschäftsfortführung und Unterlassen der Kündigung in der Hoffnung auf Besserung, vielmehr entsteht das außerordentliche Kündigungsrecht mit der unternehmerischen Entscheidung, deren Zeitpunkt er selbst bestimmt (s Rn 20); ihn zu früherer Kündigung zu zwingen, würde auch dem HV nicht dienen, DIS BB Beil 11/**99**, 16. Diesen Gedanken auf Zuwarten in der Hoffnung auf Besserung der Krankheit des HV übertragend Ffm NJW-RR **04**, 1174. Allein durch Verhandlungen mit dem HV lässt sich die Frist aber nicht weiter hinausschieben, Emde 47. Grenzen bei Willkürentscheidung und Verwirkung (s Rn 31, 32); uU auch Vertrauenshaftung des Unternehmers, der den HV noch zu weiteren Investitionen veranlasst, obwohl er selbst die Entscheidung aufzugeben schon getroffen hat. Lit: Woltereck DB **84**, 279, Kindler BB **88**, 2051 (für § 626 II BGB), Börner/Hubert BB **89**, 1633.

31 Das Recht zur außerordentlichen Kündigung wird wie jedes Recht uU durch illoyale Verspätung der Rechtsausübung **verwirkt** werden (vgl § 87c Rn 19), zB durch Verzögerung der Kündigung solange und unter solchen Umständen, dass der andere Teil nicht mehr damit zu rechnen braucht.

32 Verwirkung iwS (§ 242 BGB, vgl § 86 Rn 49) ist auch möglich zB durch ordentliche Kündigung aus demselben Grunde, ihre nachträgliche Umdeutung in eine außerordentliche scheidet aus, BGH **27**, 222, Nürnb BB **57**, 561, vgl Karlsr

DB **78**, 1396, aA Emde 60, anders zB bei Informationsmängeln; durch andersartige Reaktion auf die Verfehlung (die außerordentliche Kündigung erlaubt hätte), zB Verkleinerung des Arbeitsgebiets des nachlässigen HV, Nürnb BB **63**, 447. Wie das Kündigungsrecht im ganzen kann das Recht, sich auf bestimmte Tatsachen als Kündigungsgrund zu stützen, verwirkt werden, Bsp: außerordentliche Kündigung aus dem Grund x, Nachschieben des auch schon bekannt gewesenen Grundes y kann dann unzulässig sein (vgl Rn 13). Inwieweit der als solcher verwirkte Kündigungsgrund noch zur Unterstützung anderer nachgeschobener Gründe beitragen kann, ist strittig (Rn 15).

4) Folgen berechtigter Kündigung; insbesondere Schadensersatzpflicht (II)

A. **Folgen berechtigter Kündigung:** Der HVVertrag wird fristlos beendet, nur bei klarer Kündigung mit Ausflauffrist (Rn 4) mit deren Ablauf, also keine spätere Abmilderung durch Gericht, BGH NJW **99**, 946. Das außerordentliche Kündigungsrecht ist nicht auf den Bereich beschränkt, in den der Vertragsverstoß fällt, zB bei auf den Lebensversicherungsbereich beschränktem Ausschließlichkeitsgebot, Ffm NJW-RR **04**, 124. Die Kündigung aus wichtigem Grund kann Folgen für den **Ausgleichsanspruch** (§ 89b III) und die **Wettbewerbsabrede** (§ 90a III) haben. Das gilt auch für ein Mitverschulden des Kündigenden selbst. Unberechtigter Widerspruch gegen die Kündigung ist, da unerhebliche Rechtsäußerung, idR nicht pflichtwidrig, BGH 20.11.02 HVR Nr 1061. 33

B. **Schadensersatzpflicht bei berechtigter Kündigung (II):** Wer durch ein Verhalten, das er zu vertreten hat (§ 276; auch § 278 BGB, s Rn 17), die berechtigte außerordentliche **Kündigung des anderen Teils** (ursächlich) **veranlasst**, ist diesem zum Schadensersatz verpflichtet (II, Auflösungsverschulden, sog Verfrühungsschaden; wie § 628 II BGB; vgl § 314 IV BGB, s Rn 1). Der Kündigende ist nach §§ **249, 252 BGB** so zu stellen, als hätte der Vertragsverletzer den Vertrag ordentlich zu Ende gebracht (durch Auslaufen lassen oder ordentliche Kündigung zum nächstzulässigen Termin; also zeitlich begrenzt, Schutzweck von II), BGH **122**, 9, WM **08**, 1841, Karls NJW-RR **04**, 191. Hat Kündigungsgegner auf ordentliche Kündigung verzichtet, insoweit keine zeitliche Begrenzung, BGH WM **08**, 1840 (anders als BAG zu § 628 II). Berechnung bei TankstellenHV, KG NJOZ **07**, 3163. Ein Schaden des Unternehmers kann auch darin liegen, dass der HV wegen der fristlosen Kündigung durch den Unternehmer nicht mehr dem Wettbewerbsverbot aus § 86 unterliegt; dann kann HV entschädigungslose Wettbewerbsunterlassung für die Zeit der ordentlichen Kündigungsfrist schulden. Vorteilsausgleichung greift ein, wenn der kündigende HV seine Arbeitskraft nunmehr für anderen Unternehmer einsetzt; nicht soweit er nur bei Kündigung noch freie Arbeitskapazitäten ausnutzt, BGH WM **84**, 1005. Abzug ersparter Betriebskosten bei Vertragshändler (§ 84 Rn 11), BGH WM **06**, 1408. Mitverschulden nach § **254 BGB** ist zu berücksichtigen, also Schadensminderungspflicht nach § 254 II BGB, BGH WM **84**, 1006, WM **08**, 1842, uU auch durch Suche von Vertretung in anderer Branche, BGH WM **70**, 1515. Darlegungs- und Beweislast s BGH BB **89**, 2428. Zur Vorbereitung des Schadensersatzanspruchs ist ein **Auskunftsanspruch** möglich, BGH **44**, 273, vgl BGH WM **78**, 465; zu dessen Reichweite BGH BB **64**, 283, nicht Namen und Anschriften der wettbewerbswidrig vermittelten Kunden, Oldbg 24.7.**12** HVR Nr 1369, Grund: Geheimhaltung (§ 203 I Nr 6 StGB), BGH NJW **10**, 2509 (§ 90 Rn 2, § 92 Rn 7). Gegen diesen hat der Unternehmer kein Zurückbehaltungsrecht aus eigenem Auskunftsanspruch (Grund: unselbstständiger Anspruch; § 242 BGB), vgl BGH WM **78**, 461. 34

Der Anspruch besteht auch bei einvernehmlicher Vertragsaufhebung unter den übrigen Voraussetzungen des II, soweit in der Vertragsaufhebung kein Anspruchs- 35

§ 89a 36–40

verzicht liegt, BGH **44**, 274, BB **64**, 283, NJW **82**, 2432, aA Ebenroth/Löwisch 93; bei ordentlicher Kündigung aus Rücksicht statt außerordentlicher; **nicht:** bei gleichem Kündigungsrecht des anderen Teils, auch wenn dieser nicht kündigte, BGH **44**, 277, **122,** 15 (falls nicht schon wichtiger Grund entfällt, vgl Rn 8 zur beiderseitigen Vertragsuntreue).

5) Folgen unberechtigter Kündigung

36   A. **Unwirksamkeit, Kündigungsgrund für den anderen Teil:** Die unberechtigte außerordentliche Kündigung ist **unwirksam;** Umdeutung in ordentliche Kündigung s Rn 5. Sie kann für den Gekündigten wichtiger Grund sein, **seinerseits** außerordentlich zu **kündigen,** BGH WM **74**, 870, **91**, 196, jedenfalls wenn sie mit Nichterfüllung des Vertrags einhergeht, BGH 22.2.**60** HVR Nr 249 (Teilkündigung).

37   B. **Vergütung:** Setzt der zu Unrecht fristlos gekündigte HV den Unternehmer in Annahmeverzug (wozu mindestens gehört, dass er der Kündigung eindeutig widerspricht), kommt Vergütung nach **§ 615 BGB** in Betracht, BGH WM **82**, 636, Kln VersR **06**, 408; § 254 BGB ist hier unanwendbar, BGH NJW **67**, 258, aber § 615 S 2 BGB, Düss DB **72**, 181.

38   Ein zu Unrecht fristlos gekündigter Bezirksvertreter (§ 87 II), der daraufhin seine Tätigkeit für den Unternehmer berechtigt einstellt (Rn 5), erhält bis zur rechtswirksamen Vertragsbeendigung Provision auf alle Geschäfte im Bezirk, ohne Abzüge nach § 615 S 2 BGB (Ersparnis bzw anderweitiger Erwerb) und ohne Vorteilsausgleichung (Anspruch aus § 87 II, nicht nur Anspruch aus § 615 BGB oder Schadensersatzanspruch, vgl Rn 37, 40), BGH BB **59**, 718, BGH 27.2.**76** (von Gamm NJW **79**, 2492), Karlsr BB **77**, 1672.

39   Der Gekündigte, der die Rechtmäßigkeit der Kündigung bestreitet und am Vertrag festhalten will und jetzt nicht seinerseits kündigt, muss sich iZw bis zur Klärung **vertragstreu verhalten,** gekündigter HV muss also Wettbewerbsverbot einhalten, BGH WM **92**, 311, WM **03**, 2103, aA wegen Recht auf Berufsausübung nur in Ausnahmefällen, Gravenhorst EzA Nr 2; anders soweit solche einseitige Bindung im Einzelfall unzumutbar ist (Bsp: Kündigung des Unternehmers wegen Wettbewerbs des HV, dieser beginnt nun erst den Wettbewerb), BGH MDR **54**, 606, 17.10.**91** HVR Nr 713. Der HV kann aber wegen unberechtigter Kündigung selbst kündigen und den Aufhebungsschluss verlangen, BGH **53**, 150, WM **03**, 2103. Hat der HV nach einer unwirksamen fristlosen Kündigung des Unternehmers eine Konkurrenztätigkeit aufgenommen, kann der Unternehmer deswegen erneut und wirksam fristlos kündigen, Grenze Treu und Glauben.

40   C. **Schadensersatzpflicht bei unberechtigter Kündigung:** Wer unberechtigt kündigt (außerordentlich; aber auch ordentlich, § 89 Rn 16), wird dem anderen Teil wegen Pflichtverletzung schadensersatzpflichtig (§§ 280 I, III, 281 I, II Alt 1 BGB, in II nicht geregelt, Rn 34), BGH **53**, 150, NJW **67**, 248, BB **79**, 242, WM **91**, 196, **01**, 2010, Kln VersR **06**, 407. Zu ersetzen ist der dem anderen Teil aus der unberechtigten Kündigung entstehende Schaden **(§ 249 BGB),** zB der dem Gekündigten entgangene Gewinn (§ 252 BGB), BGH NJW **67**, 250, WM **82**, 636, **01**, 2010, nämlich die Provisionen, die er bis zum Ablauf der ordentlichen Kündigungsfrist verdient hätte, BGH **53**, 150, auch für Jahresaufträge, welche die Kundschaft bei Kenntnis vom Ausscheiden des HV vorweg erteilt hätte; der Schaden aus nicht mehr möglicher Amortisation von Investitionen des HV, Ebenroth/Löwisch 101, falls vorliegend (§ 89 Rn 16); der durch die vorzeitige Beendigung entgangene höhere Ausgleich nach § 89b, BGH **53**, 150; bei unberechtigter Kündigung und Tätigkeitseinstellung des HV die Kosten überstürzter Neueinrichtung der Vertretung. Vorteilsausgleichung nach allgemeinen Regeln. Mitwirkendes (wenn auch die Kündigung nicht rechtfertigendes) Ver-

schulden des Gekündigten ist zu berücksichtigen (**§ 254 BGB**), BGH NJW **67**, 248. **Auskunftsanspruch** s Rn 34. Keine Schadensersatzpflicht bei unberechtigtem Widerspruch gegen Kündigung s Rn 33.

[Ausgleichsanspruch]

89b (1) ¹Der Handelsvertreter kann von dem Unternehmer nach Beendigung des Vertragsverhältnisses einen angemessenen Ausgleich verlangen, wenn und soweit

1. der Unternehmer aus der Geschäftsverbindung mit neuen Kunden, die der Handelsvertreter geworben hat, auch nach Beendigung des Vertragsverhältnisses erhebliche Vorteile hat und
2. die Zahlung eines Ausgleichs unter Berücksichtigung aller Umstände, insbesondere der dem Handelsvertreter aus Geschäften mit diesen Kunden entgehenden Provisionen, der Billigkeit entspricht.

²Der Werbung eines neuen Kunden steht es gleich, wenn der Handelsvertreter die Geschäftsverbindung mit einem Kunden so wesentlich erweitert hat, daß dies wirtschaftlich der Werbung eines neuen Kunden entspricht.

(2) Der Ausgleich beträgt höchstens eine nach dem Durchschnitt der letzten fünf Jahre der Tätigkeit des Handelsvertreters berechnete Jahresprovision oder sonstige Jahresvergütung; bei kürzerer Dauer des Vertragsverhältnisses ist der Durchschnitt während der Dauer der Tätigkeit maßgebend.

(3) Der Anspruch besteht nicht, wenn

1. der Handelsvertreter das Vertragsverhältnis gekündigt hat, es sei denn, daß ein Verhalten des Unternehmers hierzu begründeten Anlaß gegeben hat oder dem Handelsvertreter eine Fortsetzung seiner Tätigkeit wegen seines Alters oder wegen Krankheit nicht zugemutet werden kann, oder
2. der Unternehmer das Vertragsverhältnis gekündigt hat und für die Kündigung ein wichtiger Grund wegen schuldhaften Verhaltens des Handelsvertreters vorlag oder
3. auf Grund einer Vereinbarung zwischen dem Unternehmer und dem Handelsvertreter ein Dritter anstelle des Handelsvertreters in das Vertragsverhältnis eintritt; die Vereinbarung kann nicht vor Beendigung des Vertragsverhältnisses getroffen werden.

(4) ¹Der Anspruch kann im voraus nicht ausgeschlossen werden. ²Er ist innerhalb eines Jahres nach Beendigung des Vertragsverhältnisses geltend zu machen.

(5) ¹Die Absätze 1, 3 und 4 gelten für Versicherungsvertreter mit der Maßgabe, daß an die Stelle der Geschäftsverbindung mit neuen Kunden, die der Handelsvertreter geworben hat, die Vermittlung neuer Versicherungsverträge durch den Versicherungsvertreter tritt und der Vermittlung eines Versicherungsvertrages es gleichsteht, wenn der Versicherungsvertreter einen bestehenden Versicherungsvertrag so wesentlich erweitert hat, daß dies wirtschaftlich der Vermittlung eines neuen Versicherungsvertrages entspricht. ²Der Ausgleich des Versicherungsvertreters beträgt abweichend von Absatz 2 höchstens drei Jahresprovisionen oder Jahresvergütungen. ³Die Vorschriften der Sätze 1 und 2 gelten sinngemäß für Bausparkassenvertreter.

Schrifttum

s Übersicht vor § 84.

§ 89b 1

Übersicht

	Rn
1) Rechtsnatur und Reichweite	1–5
A. Rechtsnatur des Ausgleichsanspruchs	1
B. Reichweite; Vertragshändler	4
C. Künftiger Anspruch	5
2) Voraussetzungen des Ausgleichsanspruchs (I 1 Nr 1–2)	6–44
A. Beendigung des Handelsvertretervertrages (I 1)	7
B. Vorteile des Unternehmers (I 1 Nr 1)	11
C. Billigkeitsprüfung, insbesondere entgehende Povisionen (I 1 Nr 2)	23
3) Höhe des Ausgleichsanspruchs (I 1, II)	45–51
A. Ausgleich „wenn und soweit" (I 1)	45
B. Angemessenheit (I 1)	46
C. Obergrenze (II)	49
4) Entfallen des Ausgleichsanspruchs (III)	52–69
A. Eigenkündigung des Handelsvertreters (III Nr 1)	52
B. Kündigung durch den Unternehmer (III Nr 2)	63
C. Einverständlicher Eintritt eines Dritten (III Nr 3)	68
D. Abschließende Regelung	69
5) Abweichende Vereinbarungen, Ausschlussfrist (IV); Verwirkung	70–80
A. Zwingendes Recht (IV 1)	70
B. Ausschlussfrist (IV 2); Verjährung	77
C. Verwirkung	80
6) Prozess	81–85
7) Versicherungs- und Bausparkassenvertreter (V)	86–96
A. Branchenspezifische Sonderregelung	86
B. Neue Versicherungsverträge (V 1)	87
C. Obergrenze (V 2, II)	94
D. Abweichende Vereinbarungen	95

1) Rechtsnatur und Reichweite

1   **A. Rechtsnatur des Ausgleichsanspruchs:** § 89b ist 1953 eingeführt und geändert durch Novelle 1990 (§ 84 Rn 3) und 2009 (SchVFalschberG Art 6a: Aufhebung von I 1 Nr 2 und Integrierung von dessen Substanz in die bisherige Nr 3, jetzt Nr 2, s Rn 24–26, ohne Übergangsbestimmung, Emde 6, zT aA Thume IHR **11**, 9). Er ist die in Praxis und Rspr **wichtigste Norm** des HVRechts, man kann von der Grundnorm des Vertriebsrechts sprechen, K. Schmidt § 27 V Rn 70. Für ein Geschäft, das vom HV eingeleitet ist, aber erst nach Beendigung des HVVertrags abgeschlossen wird, erhält der HV nach § 87 III noch Provision. Seine Tätigkeit kann aber darüber hinaus bei Kunden einen Goodwill geschaffen haben, der statt wie bei Fortdauer des HVVertrags beiden Teilen infolge des Vertragsendes allein dem Unternehmer zugute kommt. § 89b gibt deshalb dem HV, der als selbstständiger Gewerbetreibender keinen arbeitsrechtlichen Kündigungsschutz hat, einen **Ausgleichsanspruch** (Vorbilder Schweiz und Österreich, Begr Nov 1953, aber wesentlich verändert). Der Ausgleichsanspruch ist zwar **europarechtlich** präformiert (Art 17–18 EU-Ri, nach Art 19 zwingend, § 84 Rn 3) mit der Folge möglicher Vorlageverfahren an den EuGH nach Art 267 AEUV (Art 234 aF, 177 aF EG); die Art 17 ff sind zwar an § 89b orientiert, EGKomm Bericht 23.7.**96** (§ 84 Rn 3), aber Abweichungen bei der Umsetzung, Thume BB **04**, 2473 mit der Folge von Richtlinienverstoß EuGH 26. 3. **09** (s Rn 45, § 84 Rn 3) und nunmehr Gesetzesreform 2009 (s Rn 1 oben). § 89b ist **verfassungsgemäß,** Ffm 8.12.**70** HVR Nr 428, zu III Nr 1, BVerfG NJW **96**, 381, Retzer BB **93**, 668, 963, aber Umsetzungsfehler bemängelt Emde ZVertriebsR **14**, 228. Der Anspruch richtet sich **gegen den Unternehmer** als Vertragspartner, nicht (auch) gegen Konzernmutter (außer nach Konzernrecht).

7. Abschnitt. Handelsvertreter 2–4 § 89b

Der Ausgleichsanspruch ist **kein Versorgungsanspruch**, sondern **Gegenleistung** für die durch die Provision noch nicht voll abgegoltene Leistung des HV, nämlich **für den Kundenstamm**, den der HV geschaffen und der Unternehmer nunmehr allein nutzen kann, stRspr, BGH **24**, 222, NJW **10**, 3226, also eine kapitalisierte, synallagmatische Restvergütung für den Aufbau des Kundenstamms, Emde 19, so auch nach der Reform 2009 (s Rn 26), str, zweifelnd Franke IHR **16**, 100 wegen EuGH IHR **16**, 127 = EuZW **16**, 221 (Quenon, Ausgleichsanspruch) mAnm Emde EuZW **16**, 218; dass der Unternehmer zusätzlich dem Nachfolger des HV provisionspflichtig ist, steht nicht entgegen, BGH **42**, 248, NJW **11**, 849, BB **11**, 209, keine wirkliche „Doppelbelastung". Dementsprechend kommt es für den Ausgleichsanspruch auf die Vorteile des Unternehmers und im Rahmen der Billigkeit insbesondere auch auf die dem HV entgehenden Provisionen an (I 1 Nr 1, 2 Mittelsatz). Ausgleichsanspruch bzw an ihre Stelle tretende Berufsunfähigkeitsrente unterfallen deshalb nicht der Vorteilsanrechnung nach § 249 BGB, Mü VersR **01**, 1429. Zum Kundenstamm im Vertriebsrecht Thume BB **09**, 1026.

Der Ausgleichsanspruch ist aber auch **kein reiner Vergütungsanspruch**, 3 BVerfG NJW **96**, 381, BGH NJW **10**, 3227, Mü WM **07**, 710, Ffm 10.7.**07** juris. Denn er ist nach Entstehung und Bemessung weitgehend durch Gesichtspunkte der **Billigkeit** bestimmt (ua I 1 Nr 2) und HV verliert Anspruch bei einer von ihm ohne Anlass ausgesprochenen Kündigung (III Nr 1), stRspr, BGH **24**, 222, **43**, 162 (aber s Rn 43). Der Preis für die Billigkeit ist geringere Rechtssicherheit. Eine echte Sozialschutznorm ist § 89b dennoch nicht, hL, K. Schmidt § 27 V Rn 69, Emde 23, vermittelnd Canaris § 15 Rn 104, aA Ulmer FS Möhring **75**, 311, Martinek ZHR 161 **(97)** 74, Rö/Thume 6. Dass der Gesetzgeber mit der Norm auch einen Beitrag zur Verbesserung der wirtschaftlichen Situation und sozialen Absicherung von HV leisten wollte, BTDrucks I/3856, 33, 7/3918, 7, BVerfG NJW **96**, 381, macht die Norm insgesamt noch nicht zu einer Sozialschutznorm. Vielmehr dominiert der Entgeltgedanke, MüKo/von Hoyningen-Huene 3. **Verzugszinsen** deshalb nach § 288 II BGB, Grund: trotz Mischcharakters überwiegend Entgeltforderung, BGH NJW **10**, 3226, aA KG NJOZ **07**, 3176, Schnabl NJW **09**, 955 Verhältnis zur Entschädigung wegen Wettbewerbsverbot s § 90a Rn 6. **Steuerrecht** s Rn 32, Küstner/Thume/Otto Bd 2 XXII 1 ff. Lit: Grundmann, Treuhandvertrag 1997 § 10. **RsprÜbersichten:** Thume BB **98**, 1425, Hübsch/Hübsch WM Sonderbeil 1/**05**, 11, WM Sonderbeil 1/**11**, 7; neuerdings vor allem zum Ausgleichsanspruch des Vertragshändlers (§ 84 Rn 10, 12).

B. **Reichweite; Vertragshändler:** § 89b gilt für alle **Handelsvertreter** (Auf- 4 zählung s § 84 Rn 26), zB Toto-Lottobezirksstellenleiter BGH **59**, 87, BB **75**, 1409; Einkaufsvertreter Hbg MDR **67**, 310; Tankstellenpächter BGH **42**, 245, auch bei Selbstbedienung mit Treib- und Schmierstoffverkauf, BGH BB **85**, 353, bei zusätzlichem Shop-Geschäft (§ 92b Rn 1, 84 Rn 13) nicht auch für dieses, Emde BB **07**, 2482, offen Thume BB **07**, 1753; juristische Personen und Personengemeinschaften (§ 84 Rn 8f), Ahle DB **63**, 227; Generalvertreter (§ 84 Rn 32), Düss NJW **66**, 888, Glaser DB **67**, 1173, Ordemann BB **64**, 1323, Hauptvertreter BGH **56**, 290, Schlechtriem BB **71**, 1540; echte und unechte Untervertreter (§ 84 Rn 31f) BGH **52**, 5, WM **12**, 469m Anm Thume IHR **12**, 69; Kfz-Vertragshändlerausgleich, Emde MDR **10**, 537, BB **11**, 2766. Auch für die **Erben** und sonstigen **Rechtsnachfolger** des HV, auch bei Umwandlung und Verschmelzung, Emde 32, zT aA Steinhauer/Weppner ZIP **10**, 1330. **Versicherungs- und Bausparkassenvertreter** s V. § 89b gilt entsprechend: für **Kommissionsagent** (§ 84 Rn 19); auch für **Vertragshändler**, bei dem die Rabatte vom Listenpreis des Herstellers an die Stelle der Provisionen des HV treten, während eigene Preisnachlässe sein Absatzrisiko sind, BGH NJW **11**, 849, BB **10**,

§ 89b 5–8 1. Buch. Handelsstand

600 = 13.1.**10** HVR Nr 1270, NJW **15**, 1300, aber mit erheblichen Besonderheiten ua bei der Berechnung (näher § 84 Rn 12); auch **Franchisenehmer** (§ 84 Rn 10, 19, Überbl 43 vor § 373) und **Lizenznehmer,** BGH DB **10**, 2331 (iErg abl). Anspruchsgegner ist der **Unternehmer,** bei Übertragung des Vertriebsgeschäfts eventuell auch dessen Nachfolger (vgl § 89b Rn 18), KG 4.4.**03** HVR Nr 1114 (Gesamtschuld); das setzt aber eine Schuldübernahme oder einen sonstigen Rechtsgrund voraus (s Rn 75).

Nicht: HV im Nebenberuf (§ 92b I 1); Ärzte- oder Industriepropagandist (§ 84 Rn 23), BGH NJW **84**, 2695; unselbstständige Vermittler (§ 84 II), zB HdlGehilfen BGH 11.12.**58** HVR 193, BAG BB **58**, 775, festbesoldeter, Vertreter beaufsichtigender „Reiseinspektor", Oldbg BB **64**, 1322; (Innen)Gfter mit Geschäftsvermittlungs- oder -abschlusspflicht, BGH BB **78**, 422; Pächter für Goodwill des gepachteten Geschäfts, auch nicht wenn Verpächter stiller Gfter des Pächters war, BGH NJW **86**, 2306.

5 C. **Künftiger Anspruch:** Der Ausgleichsanspruch ist nicht bedingter, sondern zukünftiger Anspruch, str. Er ist als solcher schon vor Beendigung des HVVertrags abtretbar, verpfändbar und (in den allgemeinen Grenzen) pfändbar. Das ausgliedernde Unternehmen haftet für diesen Anspruch nach § 133 I UmwG, denn der Rechtsgrund ist bereits gelegt, BGH NJW **15**, 3373. Als nur künftiger Anspruch ohne Anwartschaft ist er **nicht** Endvermögen beim **Zugewinnausgleich** (§ 1375 BGB), BGH **68**, 163, NJW **14**, 625m Anm Hoppenz, Hamm NJW-RR **11**, 1444. Dagegen ist er, da er mit dem Tod des HV entsteht, vererbbar (s Rn 9). **Bilanzrückstellung** für mögliche Ausgleichspflicht, Küstner/Thume/Otto Bd 2 XXI 1 ff, str, s § 249.

2) Voraussetzungen des Ausgleichsanspruchs (I 1 Nr 1–2)

6 Die Voraussetzungen des Ausgleichsanspruchs werden im folgenden anhand der Reihung der Tatbestandsmerkmale in § 89b erörtert. Aus fallpraktischer Sicht wird zT auch anders gegliedert, zB Emde 74 ff mit sieben Tatbestandsmerkmalen: 1. Beendigung des Vertragsverhältnisses (dazu unten Rn 7–10), 2. Werbung neuer Kunden oder Erweiterung bestehender Geschäftsverbindungen (Rn 11–14), 3. Erhebliche Vorteile des Unternehmers (Rn 15–22), 4. Billigkeitsgründe (I Nr 2, Rn 23–44), 5. Ausschlussfrist (IV S 2, Rn 77–80), 6. Ausgleichshöchstgrenze (II, Rn 49–51) und 7. Ausgleichsausschluss (III, Rn 52–69).

7 A. **Beendigung des Handelsvertretervertrages (I 1):** Der Anspruch entsteht und wird fällig mit Beendigung des HVVertrages, BGH NJW **98**, 75. Das ist die erste Tatbestandsvoraussetzung und zugleich der maßgebliche Zeitpunkt für den Ausgleichsanspruch. Der Beendigungsgrund, zB Befristung oder Kündigung, spielt für I 1 keine Rolle (anders III, Rn 52), stRspr, BGH **52**, 13, ebenso wenig (auch nur kurze) Dauer, LG Fbg NJW-RR **00**, 110. Möglichkeit der Fortsetzung des Vertrags ist unerheblich (Bsp Tod des HV, s Rn 9, auch Kündigung, auch Geschäftsaufgabe oder Insolvenz nach Vertragsbeendigung, s Rn 29), es kommt nur auf Beendigung an, BGH **24**, 216. Der Beendigung kann Fortführung auf völlig veränderter rechtlicher und tatsächlicher Grundlage gleichstehen, BGH 24. 11. **78** (von Gamm NJW **79**, 2494), offen BGH **124,** 12; ebenso Vertragsübernahme im Falle des III Nr 3 (Rn 68); Teilbeendigung s Rn 10.

Beispiele (vgl § 89 Rn 1 ff): Zeitablauf, auflösende Bedingung; Insolvenz des Unternehmers (§ 89 Rn 4), Karlsr WM **85**, 235; am häufigsten ordentliche und außerordentliche **Kündigung** (außer in den Fällen des III); einvernehmliche Aufhebung (außer wenn diese anstatt außerordentlicher Kündigung des Unternehmers erfolgt), Nürnb BB **59**, 318, auch auf Initiative des HV (aber bei I 1 Nr 2 zu berücksichtigen), BGH **52**, 12; Teilkündigung s Rn 10.

8 Beendigung eines in Vollzug gesetzten, **fehlerhaften** (nichtigen bzw angefochtenen) HVVertrags, BGH **129**, 290, NJW **97**, 655, sehr str (näher § 89 Rn 5), aA

Canaris § 15 Rn 120 (bloßer Bereicherungsausgleich mit ähnlichem Ergebnis), aA zwischen Nichtigkeit und Anfechtung differenzierend Heymann/Sonnenschein/Weitemeyer 20, widersprüchlich Schlegelb/Schröder 3a, denn wenn der (fehlerhafte) Bestehen überhaupt rechtlich anerkannt wird, kann weder dogmatisch noch erst recht nach dem Zweck von § 89b zwischen Provisionszahlung und Ausgleichsanspruch (Gegenleistungscharakter, Rn 2) differenziert werden.

Tod des Handelsvertreters: § 89b gilt auch dann, weil die dem Unternehmer vom HV verschafften Vorteile noch nicht voll abgegolten sind, der Anspruch geht auf die Erben über, BGH **24**, 214, 224, **41**, 129. Wenn der Ausgleichsanspruch ausnahmsweise gerade wegen des Todes des HV unbillig wird, gilt I 1 Nr 2, BGH **24**, 223 (zu Nr 3 aF); zur Billigkeit bei Selbstmord Rn 34. Kein Ausschluss nach III Nr 1 wegen Selbstmord (Rn 54); str ob nach III Nr 2, wenn der HV stirbt, bevor der Unternehmer außerordentlich kündigen kann (Rn 64).

Teilbeendigung: Eine (vertraglich ausbedungene, einseitige oder spätere einvernehmliche) wesentliche quantitative Einschränkung (Teilkündigung, § 89 Rn 18) kann als Teilbeendigung des Vertrags entspr § 89b zu behandeln sein; üL, MüKo/von Hoyningen-Huene 51, Ebenroth/Löwisch 45, aA Heymann/Sonnenschein/Weitemeyer 18; zB wesentliche Bezirksänderung wie Halbierung des HVBezirks, Nürnbg BB **58**, 1151, offen BGH **124,** 12, **142,** 369; entsprechend Bezirksrotation, Emde 79/Teilbeendigung; wesentliche Einschränkung des Kundenkreises, Küstner/Thume/Thume Bd 2 V 53; Fortsetzung mit Ersatzteilgeschäft, dann jedenfalls insoweit kein Ausgleichsanspruch, Ffm 5.4.06 HVR Nr 1153; **nicht:** bloße Übertragung der VersVertragsverwaltung, BGH **124,** 10; Bezirkstausch, Hbg 30.11.73 HVR Nr 481; Übergang vom Bezirksschutz zum Kundenschutz, Küstner/Thume/Thume Bd 2 V 55; bloße Änderung der Konditionen (vgl § 89 Rn 18); bloße Sortimentsverkleinerung oder andere Produktionseinschränkung, Emde 79/Teilbeendigung, str; bloße Bestandsverringerung bei VersVertreter, Hamm VersR **93**, 833, Sitzverlegung eines Kunden, Nürnb BB **01**, 1169, anders wenn gravierende Provisionseinbußen, 20% nicht gravierend lt Nürnb BB **01**, 1169; Fortsetzung als HV im Nebenberuf (Sondervorschrift, § 92b Rn 8).

B. **Vorteile des Unternehmers (I 1 Nr 1):** Der Anspruch setzt (außer der Beendigung, Rn 7) ferner **erstens** (aber s Rn 23, 45) voraus (I 1 Nr 1), dass der **Unternehmer** auch nach Beendigung des Vertragsverhältnisses **aus der Geschäftsverbindung mit vom Handelsvertreter geworbenen neuen Kunden erhebliche Vorteile** hat. Die Auslegung von I 1 Nr 1 und Nr 2 Mittelsatz läuft häufig parallel (s Rn 26). Umstände, die nicht unter I 1 Nr 1 und Nr 2 Mittelsatz fallen, können unter Nr 2 (Billigkeitsprüfung insgesamt, s Rn 23) zu berücksichtigen sein. Der zuständige VIII. ZS hat gegenüber der früheren Rspr (I., II, VII. ZS) zu I Nr 1–3 erhebliche Änderungen gebracht, ua durch vier Urteile vom 6. 8. **97**, NJW **98**, 71 (BP I), **98**, 66 (BP II), VIII ZR 90/96 (Esso), VIII ZR 91/96 (Aral), krit Rittner DB **98**, 457, von Manteuffel/Evers EWiR § 89b HGB 3/**97**; vgl Semmler 1995 (Tankstellenhalter; mit Rechtstatsachen). Das Merkmal der **Geschäftsverbindung** hat infolge der EU-Richtlinie (§ 84 Rn 3; Art 17 II lit. a: „neue Kunden geworben") an Bedeutung verloren, aber nicht ganz (ebenda: „oder die Geschäftsverbindungen mit vorhandenen Kunden wesentlich erweitert"); Neuwerbung eines Kunden kann auch ohne Geschäftsverbindung erfolgen, so bei Erwartung von Nachkauf durch Einmalkunden, BGH 16.11.**10** HVR Nr 1279 (potentieller Stammkunde, s Rn 12), Emde 108, Westphal DB **10,** 1335, Emde BB **11**, 2764,

a) **Geschäftsverbindung mit neuen Kunden:** Geschäftsverbindung (dazu gehören auch Dauerschuldverhältnisse, Emde BB **17**, 1289, auch Thume BB **17**, 906) bedeutet Aussicht auf weitere Abschlüsse (Nachbestellungen) in einem überschaubaren Zeitraum. Sie besteht nicht mit Laufkunden (bloß potentielle Stamm-

§ 89b 12 — 1. Buch. Handelsstand

kunden, „unzuverlässig"), sondern mit **Stammkunden** bzw **Mehrfachkunden** (Kundenstamm, Dauerkunden), stRspr, BGH **42**, 247, **135**, 14, NJW **74**, 1242, **98**, 66, 71, WM **03**, 491, 499, NZG **09**, 313. Stamm- bzw Mehrfachkunden iSv I sind alle Kunden, die in einem überschaubaren Zeitraum, in dem üblicherweise mit Nachbestellungen zu rechnen ist, mehr als nur einmal ein Geschäft mit dem Unternehmer abgeschlossen haben oder voraussichtlich abschließen werden (gewisse Nachhaltigkeit des Käuferverhaltens), BGH **135,** 14, **141,** 252, NJW **98**, 68, 73, WM **03**, 500, NZG **09**, 313, bei langlebigen Wirtschaftsgütern mit längerem Nachbestellungsintervall (Autos, Gabelstapler) genügt also schon bloßer Zweitkauf, aber selbst ein solcher ist nicht unerlässlich (sog potentielle Stammkunden) BGH **135,** 19, NJW **98**, 76, 16.11.**10** HVR Nr 1279, bei Verbrauchsgütern kürzer, im Shopgeschäft 1 Jahr, 4 Käufe (nicht 12), Tankstellenshop und Supermarkt stehen nicht gleich, 19.1.**11** HVR Nr 1282, 1283. Dass die Nachbestellungen bzw weiteren Geschäfte nur in größeren Abständen erfolgen, steht nicht entgegen, jedoch ist eine gewisse Nachhaltigkeit notwendig, nur zufälliges Wiederaufsuchen der Tankstelle reicht nicht. Stammkunde ist wie bei sonstigen Alltagsgeschäften idR, wer mindestens **viermal jährlich** tankt (Abzug von Urlaubs- und Krankheitszeiten, nicht unbedingt mindestens einmal im Quartal), BGH BB **07**, 2475, NZG **09**, 310, BB **10**, 1685, **11**, 1688 (auch im Shopgeschäft, da anders als im Super- oder Fachmarktgeschäft Mitnahmeeffekt), 19.1.**11** HVR Nr 1282, 1283 = IHR **12**, 78 (Shop- wie Tankgeschäft), krit Siegert BB **09**, 558, Steinhauer BB **10**, 1690; der Wiederholungsintervall ist bei häufig wiederkehrenden Verbrauchsgeschäften kleiner als bei langlebigen Wirtschaftsgütern, BGH BB **07**, 2475, **10**, 1687, bei Tiefkühlprodukten dreimal im Basisjahr, Düss 15.11.**12** HVR Nr 1365, bei langjährigen Kunden (Nachhaltigkeit) auch geringeres Wiederholungsintervall, Düss ebenda. Stationskunden (mit Tankstellenkarte) gelten als Stammkunden, BGH BB **07**, 478. Stammkunden gibt es auch bei länger- und langlebigen Gütern, zB Kfz, BGH **135**, 14, Elektrohaushaltsgeräte, BGH NJW **85**, 859, Möbelversand, Hamm BB **78**, 1686. Stammkunde ist auch, wer einen Dauervertrag abschließt, zB Bauspar-, Versicherungs-, Telefondienst- und Energieverträge Thume BB **15**, 389. Überschaubarer Zeitraum s Rn 16. Neu sind auch verlorene, vom HV wiedergewonnene Kunden, Nürnb BB **59**, 318, **63**, 1313. Nach 10 jährigem Nichterscheinen eines Adressbuches sind dessen Interessenten alle „neu", Nürnb NJW **57**, 1720; ebenso frühere Kunden nach (über 9 Jahre) langer Geschäftsunterbrechung, Nürnb BB **64**, 1400. Stamm- bzw Mehrfachkundenschaft kann auch vorliegen, wenn der Zweitkauf von Betriebs- und Familienangehörigen oder dem Geschäftsführer des Vertragshändlers getätigt wird, jedenfalls wenn getrennte Unternehmen, BGH NJW **96**, 2305, **11**, 3438, WM **11**, 622, nicht schon bei Tätigkeit in der gleichen Firma; auch Kunden, die nicht zeitlich hintereinander, sondern zeitgleich zwei oder mehrere Kfz kaufen (Doppelkauf, Sammelbestellung), BGH NJW **96**, 2298, **97**, 1505, WM **11**, 622; auch Kunden mit verschiedenen Bezugsquellen, BGH NJW **98**, 70, bei verschiedenen Tankstellen, KG NJOZ **07**, 3163; auch wenn Kfz zwar nicht fabrikneu, aber nicht gebraucht ist, BGH NJW **11**, 3438; auch wenn HV Kfz nicht direkt beim Hersteller, sondern bei anderem Vertragshändler desselben bezieht, Kln VersR **02**, 437; auch mittelbare Kunden (ohne direkte Vertragsbeziehung mit dem Unternehmer) über zwischengeschalteten Großhändler, Bambg 19.11.**08** HVR Nr 1205, aber nicht Dritte mit bloßem Einfluss auf Kaufentscheidung eines Kunden, BGH NJW-RR **91**, 156. Bei Verkäufen an eine LeasingGes ist grundsätzlich der Leasingnehmer als der, der wirtschaftlich entscheidet, maßgeblich, BGH BB **11**, 208m krit Anm Steinhauer, Kln VersR **03**, 105, Emde MDR **10**, 538, obschon bei Flotten- und Firmenkundenkarten nicht auf die einzelne Karte, sondern den Großkunden abzustellen sei, BGH 11.11.**09** HVR Nr 1268, BB **10**, 1688. Bei Zuweisung nur einer einzelnen Kollektion/Marke an den HV ist Neukunde auch, wer bereits Kunde einer anderer Kollektion/Marke des Unter-

7. Abschnitt. Handelsvertreter   13   § 89b

nehmers ist, aber Ausgleich bei Billigkeit, Mü 24.10.**12** HVR Nr 1367 = BB **13**, 404m zust Anm Salomon (Optiker, Brillen), Anm Semler ZVertriebsR **13**, 95, Graefe/Giesa ZVertriebsR **14**, 287 (s BGH 14.5.**14** HVR 1395, unten Rn 14), ebenso bei Übertragung eines anderen Produkts zu den bisherigen an den HV, anders bei bloßer Erweiterung des dem HV bereits übertragenen Sortiments bzw der Produktpalette, BGH ZIP **14**, 2088 Rz 13; Neukunde trotz vorherigen Produktbezugs auch bei Zuweisung eines weiteren Produktsegments an HV, BGH ZIP **14**, 2088 Rn 14, Vereinbarkeit mit EU-Ri nach EuGH s Rn 14. Stammkunden des neuen Unternehmers bei Insolvenz des Vorgängers s Düss 10.4.**92** HVR Nr 1077. Bei der Ermittlung der Stammkunden sind **verschiedene Methoden** zulässig, auch eine statistische Ermittlung des Mehrfachkundenanteils; zu den Anforderungen an diese in der KfzBranche BGH **135**, 14, Thume BB **98**, 1428 (Statistiken und Schätzunterlagen beim Beweis s Rn 22). Maßgeblich ist der **Zeitpunkt** des Vertragsabschlusses noch im letzten Jahr vor HVVertragsende, nicht erst der Lieferung, BGH NJW **97**, 1505, BB **11**, 209, Grund: damit ist Vermittlerleistung erbracht (vgl zur Überhangsprovision Rn 50). Zur Unterscheidung von Stammkundenanteil und Stammkundenumsatzanteil BGH NJW **98**, 70, 74. **Nicht:** dem HV vom Vorgänger überlassene Kunden, selbst bei Abfindung an diesen im Einverständnis mit dem Unternehmer, BGH NJW **85**, 58, aA Hamm DB **82**, 1167; Stammtankeranteil (Umfrage, s Rn 22) ist nicht gleich Stammkundenanteil, BGH WM **03**, 495, 502.

Abwanderungsquote ist die Quote der neu geworbenen Kunden, die während des zugrundegelegten Zeitraums abwandern und deshalb nicht für die gesamte Zeit als Stammkunden gerechnet werden können. Für ihre Ermittlung ist Prognose mit Schätzung nach § 287 II ZPO (Rn 16, 22) nötig, BGH WM **03**, 498, 503, BB **07**, 2479. Bspe: jährlich 20 % über 5 Jahre, Kln VersR **68**, 966; 20 % degressiv bezogen jeweils auf das Vorjahr oder 15 % über 4 Jahre linear, BGH 12.2.**03** HVR Nr 1063; 38 % über 5 Jahre, BGH NJW **94**, 1350; 20 % jährlich, aber bei anderen Anhaltspunkten nicht schematisch, BGH WM **03**, 498, 503; 20 % jährlich über vier Jahre, BGH BB **10**, 1688, 11.11.**09** HVR Nr 1268 (nur 4 Tankvorgänge im Jahr, nicht unbedingt einmal im Quartal), NJW **17**, 475 Rn 53. Quote von 25 % ist nicht erfahrungswidrig, muss aber konkret ermittelt werden, nur mangels ausreichender Anhaltspunkte (zB zu kurze Vertragsdauer) genügen Erfahrungswerte, BGH **135**, 14. Lineare und andere gebräuchliche schematisierte Berechnungsarten sind zulässig, auch ohne mathematisch richtige zeitliche Erfassung der tatsächlichen Abwanderung, BGH NJW **98**, 70, 75. Abwanderung wegen vorübergehender Schließung der Tankstelle zwecks Umbaus ist der Sphäre des Unternehmers zuzurechnen, BGH 6. 8. **97** VIII ZR 90/96 (Esso). Wenn die Mehrfachkundenquote bereits eine Abwanderungsquote für das nächste Kaufzeitintervall von 5 Jahren enthält, darf sie nicht doppelt angesetzt werden, BGH **135**, 22, Kln MDR **96**, 690. **Berechnungsbeispiel** mit Staffelung und Abzinsung in BGH NJW **96**, 2301, 6.8.**97** HVR Nr 869 aE, 870 aE; Küstner/Thume/Thume Bd 2 XIX 1 ff (Warenvertreter); Küstner/von Manteuffel/Evers 1998, 5.1.5 ff, VersR **06**, 1592u BB **07**, 2480.

b) Wesentlich erweiterte Geschäftsverbindung mit alten Kunden (I 2): 13
Alte Kunden stehen neuen dann gleich, wenn der HV die Geschäftsverbindung mit ihnen so wesentlich erweitert hat, dass dies wirtschaftlich der Werbung eines neuen entspricht, einerlei ob quantitativ (gleiche Produkte) oder qualitativ (andere), BGH **56**, 242, ZIP **14**, 2088. Die Rspr, wonach dies (als Daumenregel) erst ab bloßer Erweiterung von 100 % wesentlich sei, BGH **56**, 242, MüKo/von Hoyningen-Huene 64, ist nach Art 17 II lit a der EU-Richtlinie (s Rn 1; dort ist die wesentliche Erweiterung nicht eingegrenzt) nicht mehr zu halten, wesentlich können auch geringere Umsatzsteigerungen sein, Emde 104, Emde BB **11**, 2765, Westphal DB **10**, 1335, iZw Vorlage an den EuGH (§ 84 Rn 3). Umsatzsteige-

§ 89b 14

rung nur durch Geldentwertung genügt nicht, Heymann/Sonnenschein/Weitemeyer 25; Umsatzrückgang wegen Preisverfall schadet nicht, wenn Stückzahlumschlag wesentlich gesteigert wird, Müller NJW **97**, 3423. Mitwirkung allgemeiner Wirtschaftsbelebung steht nicht entgegen, Celle BB **70**, 227. Wesentlich in I 2 und erheblich in I 1 (Rn 15) entsprechen einander.

14   c) **Vom Handelsvertreter geworben:** Von den Stammkunden sind nur die zu berücksichtigen, die von dem HV (neu) geworben sind, sog **Neukunden** (s auch Rn 12). Wer Neukunde ist, bestimmt sich nicht nach der erstmaligen Kundenbeziehung zu dem Unternehmer, sondern enger nach dem erstmaligen Kauf einer bestimmten Artikelgruppe oder mit den Vertragsprodukten aus Nachfragersicht austauschbaren Produkten des Herstellers bzw einem anderen relevanten Geschäft, Emde 87 ff. Neukunde ist also auch ein für einen anderen Geschäftszweig des Unternehmers geworbener Altkunde, BGH NJW **99**, 2670; auch ein für den Unternehmensvorgänger (neu) geworbener Kunde, Kblz 18.6.**98** HVR Nr 882, trotz Produktfortführung durch neu gegründete Ges, Mü 17.7.**06** HVR Nr 1236, bei Neugründung nach Insolvenz auch alle bisherigen, vom HV (neu) geworbenen Kunden des insolventen Unternehmens, Grund: das neue Unternehmen hat noch keine Alt- oder Bestandskunden, dies trotz vorheriger Weitergabe der Kundenliste an HV (aber Rn 41), BGH NJW **12**, 304. Neukunde trotz vorherigen Produktsbezugs auch bei Produktsegment, mit dessen alleiniger Vermittlung der Unternehmer den HV beauftragt hat, also produktbezogen, BGH ZIP **14**, 2088 (s Rn 12), Vorlage an EuGH, BGH 14.5.**14** HVR 1395 (zuvor Mü 24.10.**12** HVR Nr 1367, s Rn 12), dazu Gräfe/Giese ZVertriebsR **14**, 287, Emde BB **14**, 2442; daraufhin EuGH NJW **16**, 2244m Anm Löwisch IHR **16**, 137, Gräfe EuZW **16**, 429, krit Brauneck IHR **16**, 225, sowie BGH NJW **16**, 3782: Neukunde trotz bestehender Geschäftsverbindung, wenn der Verkauf die Begründung einer speziellen Geschäftsverbindung, insbesondere für anderen Teil der Produktpalette, erfordert, dazu Gräfe EuZW **16**, 429, Heinicke ZVertriebsR **16**, 175, Löwisch IHR **16**, 138 (Fälle „besonderer Geschäftsverbindung" iSv EuGH). Neukunde nicht schon bei jeder Erweiterung des Kundenstamms wie bloßer Sortimentserweiterung, aber quantitative und qualitative Erweiterungen sind zu berücksichtigen, so besonderen Vermittlungsbemühungen und Verkaufsstrategie (HV für bestimmte Brillenmodelle), bei Markenwaren häufig anderer Teil der Produktpalette, BGH NJW **16**, 3782 Rn 9 f mAnm Thume BB **16**, 2772 wie BGH ZVertriebsR **16**, 386. Für Werbung neuer Kunden ist **Ursächlichkeit** nötig. Daran fehlt es bei zur Bestellung bereits fest entschlossenen Kunden, BGH NJW **96**, 2304, Karlsr BB **60**, 381, doch ist das praktisch irrelevant. Doch genügt **Mitursächlichkeit** des HV, BGH NJW **85**, 860, NJW **11**, 1144, bzw Beitrag seiner Angestellten, Hamm 14.11.**77** HVR Nr 514. Eigene Beiträge des Unternehmers ändern daran nichts, zB Kundenkarte, BGH WM **03**, 495, 12.2.**03** HVR Nr 1063, Werbung, Düss 8.2.77 HVR Nr 504 (vgl aber auch Rn 19), missverständlich Kln BB **01**, 1601. Mitursächlichkeit kann auch vorliegen, wenn der Kunde zum Kauf entschlossen ist, der HV diesen Wunsch aber dem Unternehmer mitteilt, Emde BB **15**, 1668. Auch geringe Mitursächlichkeit **trotz Sogwirkung** der Marke (s Rn 35) genügt, BGH WM **87**, 1465 (Vertragshändler, s § 84 Rn 15), Karlsr BB **60**, 381 (Markenartikelvertreter); auch bei Zentrallistungsvereinbarung, Hamm 6.7.**01** HVR Nr 1021; auch wenn der Kundenstamm dem HV gleichsam in den Schoß fällt, KG 15.9.**94** HVR Nr 811 (aber Billigkeitsprüfung, s Rn 35). Die Kunden selbst müssen vom HV **geworben** sein, auch nur mittelbar bei zwischengeschaltetem Großhändler (dreistufiger Vertrieb), Emde 112; auch Architekt oder Dachdecker, der für verschiedene Bauherren bestellt, Düss 8.2.**77** HVR Nr 504; nicht, wenn sie nur weiterempfehlen, außer wenn der Vertrieb typisch von sachkundigen Dritten bestimmt wird, offen BGH WM **91**, 198; nicht zB die von Ärztepropagandisten für Verschreibung geworbenen Ärzte und Heilpraktiker, BGH NJW **84**, 2695 (§ 84 Rn 23). Mitursächliche Werbung neuer Kunden liegt nicht (mehr) nur bei zusätzlichem Service und Dienstleistungen des HV vor, der für diese Werbung ursächlich ist, vielmehr genügt nach BGH NJW **98**, 69, 75, WM **03**, 495 das **Offenhalten der betriebsbereiten Tankstelle,** auch wenn Kunden nur der Lage, der Marke oder des Preises wegen kommen, sehr str, aA Rittner DB **98**, 457. Damit wird der Stammkundenbegriff zulasten des Unternehmers, dem Lage, Marke und Preis zuzurechnen sind, erheblich erweitert und zugleich über die Branche hinweg vereinfacht (keine Differenzierung zB nach Tankstellen in der Stadt, auf dem Land und an der Autobahn); zur (teilweisen) Berücksichtigung bei der Billigkeitsprüfung s Rn 35. **Nicht:** Kunden des Unternehmers, die Sitz in Gebiet des HV verlegen oder die dieser von anderem HV des Unternehmers übernimmt, KG 28.8.**98** HVR Nr 1000; Bezirks- und Kundenschutz (§ 87 II: ohne seine Mitwirkung; anders wenn im Einzelfall vom Bezirksvertreter geworben), BGH WM **12**, 472m Anm Thume IHR **12**, 70, aber für Messekunden genügt Mitarbeit im Team für Zuweisung des Kunden aus dem Bezirk des HV, KG BB **69**, 1062 (vgl § 87 Rn 21); Gewinnung von Dritten (ländliche Genossenschaft), die Kunden (Landwirte) zuführen können, wenn dies nicht hinreichend wahrscheinlich ist, BGH NJW **59**, 1677; Gewinnung von Kunden, während HV noch Angestellter (§ 84 II) des Unternehmers war; Verhinderung des Abwanderns eines Kunden. Neuorganisation des Geschäfts oder andere Ausdehnungen des Unternehmens nach Ende des HVVertrags heben idR die Ursächlichkeit des Wirkens des HV nicht auf, Düss DB Beil 2/**57**.

d) Erhebliche Vorteile: Vorteil für den Unternehmer ist die Aussicht auf **15** weitere Nutzung der Geschäftsverbindung auch nach HVVertragsende, also Aussicht auf Unternehmergewinn ohne Provisionszahlungspflicht (vgl Rn 2). Entscheidend ist die Aussicht, nicht ob der Unternehmer die Chance tatsächlich nutzt und Gewinn macht oder auch nur seinen Umsatz steigert, Emde 139. Der Vorteil muss also **aus der Geschäftsverbindung** stammen (s Rn 12f), der Aufbau eines HVNetzes genügt nicht, str. Der Vorteil muss **erheblich** sein. Die Erheblichkeit richtet sich nach Umfang und erwarteter Beständigkeit des vermittelten Neugeschäfts verglichen mit dem alten (und dem etwa während der Vertragszeit ohne Zutun des HV zugewachsenen), nicht nach dem Verhältnis zum Gesamtgeschäft des Unternehmers, BGH BB **91**, 1210, NJW **98**, 68, 74, BB **07**, 2479. Umsatzsteigerung ist nicht Voraussetzung, BGH NJW **42**, 246; Vorteil kann auch bei Umsatzminderung vorliegen, BGH NJW **90**, 2890, sogar bei tatsächlichen Verlusten, Emde 137, zweifelnd Eckhoff BB **09**, 1609, das könnte aber dazu führen, dass der Unternehmer mehr an den HV zahlen muss, als ihm selbst verbleibt, so tatsächlich Emde 137, anders Christoph NJW **10**, 650: nicht der Billigkeit entsprechend (s Rn 24). Vorteil kann erheblich sein, auch wenn nur ein Teil der Kunden beim Unternehmer verbleiben, BGH 12.12.**63** HVR Nr 319. Verlust wegen Doppelbelastung durch Provisionszahlung auch an Nachfolger steht nicht entgegen, BGH BB **07**, 2479. Einzelheiten bei Thume IHR **11**, 7; Emde BB **12**, 3087.

Notwendig wird damit eine **Prognose** über die künftige Entwicklung der **16** Verhältnisse. Diese Prognose ist auf den **Zeitpunkt** der Beendigung des HVVertrags zu stellen, zu dem der Ausgleichsanspruch entsteht (s Rn 7), sie kann sich also nicht mehr durch später bis zur Entscheidung des Tatrichters noch eintretende Tatsachen ändern (außer wenn bereits absehbar, im Keim angelegt), BGH NJW **98**, 75 (Aufgabe von BGH **56**, 246, WM **91**, 1517), Kblz NJW-RR **07**, 1046, aA bisher hL, Rittner DB **98**, 457; nach EuGH 26. 3. **09** (s Rn 45) wird man jedenfalls für besondere Fälle auch spätere Erkenntnisse heranziehen müssen, zB bei krasser Erhöhung der Unternehmervorteile nach Vertragsende, Emde 146 und VersR **09**, 1484; aber nicht schematisch, BGH NJW-RR **00**, 109. Außer

§ 89b 17, 18

Betracht bleiben danach unvorhergesehene tatsächliche Entwicklungen, zB auch erheblich geringere Abwanderung (s Rn 12), und die Fortführung des HVGeschäfts, zB Tankstelle, während des Prognosezeitraums ist zu unterstellen. Die Prognose kann sich nur auf eine überschaubare Zeit beziehen. Prognosezeitraum ist aber nicht vorgegeben, sondern hängt vom Einzelfall ab, idR 2–3 Jahre, bei langlebigen Gütern (Rn 12) bis zu 5, BGH NJW **85**, 860, **94**, 1350, Ffm BB **73**, 212, Düss 2.11.01 HVR Nr 1043: bei Neuwagen 5 Jahre, in Ausnahmefällen auch länger, vgl BGH NJW **99**, 2670 (6 Jahre bei nur 9 % jährlichem Umsatzverlust), BGH BB **91**, 1210 (Gabelstapler, 13 Jahre), BGH **135**, 19, BGH WM **06**, 1405. Maßgebend ist, wie lange die Verbindungen zu neugeworbenen Kunden (I 1 Nr 1, I 2) wahrscheinlich dauern werden, BGH BB **60**, 1261, **70**, 101, also die Zeitspanne, innerhalb derer noch mit Folgeaufträgen der vom HV neu geworbenen Kunden zu rechnen ist. Bei Warenvertrieb ist dafür ua der Neubedarf relevant, BGH NJW **85**, 859. Späterer Fortbestand der vom HV geknüpften Beziehungen ist zwar zu vermuten (Rn 22), doch genügt für die Prognose der Beständigkeit nicht ohne Weiteres ein Jahr der Geschäftsbeziehung mit neuen Kunden, Celle BB **69**, 558; ebenso wenig einmalige Reisebuchung bei Reisebüro, BGH BB **75**, 198. Zu den Prognosemethoden (geschäftsverbindungsbezogene; Mittelwert-) bei langlebigen Gütern Küstner/von Manteuffel/Evers 1998, 5.1.9. Zur Prognose der Abwanderung s Rn 12. Erweist sich die Prognose später als unrichtig, gibt es keine Erstattung (etwa nach § 812 I 2 BGB), sei es dass neue Kunden nach Einigung oder Entscheidung über den Ausgleich wider Erwarten doch abspringen oder umgekehrt als unzuverlässig betrachtete Kunden sich treu zeigen, BGH NJW **98**, 74.

17 **Beispiele für Vorteile:** Aussicht auf längere und beständige Geschäftsbeziehung und Nachbestellung durch den Kunden in verhältnismäßig kurzen Zeitabständen, BGH BB **70**, 102; bei langlebigen Gütern auch Aussicht auf Neubestellung in den nächsten Jahren, auch erst nach fünf Jahren, falls HV entsprechende Kundentreue beweist, BGH NJW **85**, 859; sogar bei besonders langlebigen Wirtschaftsgütern (Industriefußböden, 25 Jahre) sind Folgeaufträge (expandierende Unternehmen, Nachbestellungen, Reparaturaufträge außerhalb der Gewährleistung) möglich, BGH NJW **11**, 1143m krit Anm Möller. Erlangung eines (dem Umsatz mit den vom HV geworbenen Kunden entsprechenden Mühlen-)Kontingents, auch wenn Unternehmer dieses ohne die vom Vertreter geworbene Kundschaft überträgt, BGH NJW **60**, 1292; Einmalprämienabschluss des Bausparkassenvertreters bei Aussicht auf Verlängerung und Summenerhöhung, BGH BB **70**, 102; Vorteile sind auch bei Rotationsvertriebssystem (ohne festen Bezirk des HV, s Rn 32) möglich, BGH NJW **85**, 860; auch bei Tageszulassungen (Aktionskfz), BGH NJW **96**, 2305. Bei **Untervertreter** kann Vorteil in der Ausgleichszahlung des Unternehmers liegen, BGH **52**, 5. Überhangprovisionen s Rn 50. Liste von Beispielen bei Emde 149 ff.

18 **Geschäftsverpachtung, Geschäftsveräußerung, Verlagerung im Konzern:** Bei Geschäftsverpachtung und anderen Unternehmensverträgen (vgl §§ 291 ff AktG) sind Art und Höhe des Entgelts maßgeblich. Bei Teilveräußerung kommt es zunächst auf den zurückbehaltenen Teil an. Im Übrigen und bei Gesamtveräußerung (§ 613a BGB unanwendbar) ist entscheidend, ob der Unternehmer die vom HV geschaffenen Geschäftsbeziehungen dabei für sich nutzen kann. Vorteil ist danach Fortsetzung von Lieferungen an den Übernehmer, der seinerseits an die Kunden weiterliefert, BGH NJW **86**, 1932; Erlangung einer umsatzorientierten, entsprechend höheren Absatzgarantie bei einem Kooperationsvertrag; höherer, nicht unbedingt gesondert bezifferter Übernahmepreis infolge des Kundenstamms, BGH **49**, 43, NJW **60**, 1292, VersR **85**, 265, NJW **96**, 1752, Hamm 14.3.77 HVR Nr 511, Karlsr WM **85**, 235, Düss 2.11.01 HVR (Nr 1043. Vergleichsmaßstab ist hypothetisch geringerer Übernahmepreis allein für das Anlagevermögen, BGH NJW **96**, 1752. Vermutung geht dahin, dass der

7. Abschnitt. Handelsvertreter   19, 20   § 89b

Kaufpreis diesen Mehrwert enthält, jedenfalls bei Beibehaltung von Firmennamen und Vertriebsnetz, BGH NJW **96**, 1752, Karlsr WM **85**, 235, KG 4.4.**03** HVR Nr 1114. Widerlegung der Vermutung ist nur schwer möglich, Nürnbg 28.1.**11** HVR Nr 1322, allenfalls wenn die vom HV geworbenen Kundenkontakte für Unternehmer und Erwerber ohne Wert sind. Unentgeltliche Übertragung uU treuwidrig ggb HV, Nürnbg 28.1.**11** HVR Nr 1322. Bei **Geschäftsveräußerung im Konzern** ohne Entgelt für Kundenstamm kommt es auf Vorteil des Unternehmers an, BGH NJW **86**, 1932; hat nur der Übernehmer den Vorteil, kann aber Treuwidrigkeit oder Pflichtverletzung des Unternehmers zu Lasten des HV vorliegen, Düss 2.11.**01** HVR Nr 1043, offen BGH NJW **86**, 1932 (s auch Rn 20). Bei **Verlagerung im Konzern** oder unter nahe stehenden Unternehmen (vgl zum Provisionsanspruch § 87 Rn 14) kommt es darauf an, ob dem Unternehmer Vorteile verbleiben. Das ist idR der Fall bei Fortführung der Produktion durch eine neue, vom gleichen Unternehmer gegründete EinmannGmbH, Mü 14.2.**01** HVR Nr 1052 (Umgehung); uU auch bei Verlagerung des Vertriebs einer vergleichbaren Kollektion an eine dem Unternehmer nahe stehende Ges, Mü 14.2.**01** HVR Nr 1052, aber nicht ohne weitere Feststellungen. Überleitung des Vertriebs von rechtsfähiger TochterGes auf produzierende MutterGes schließt Ausgleichsanspruch nicht aus, Brschw BB **76**, 854. Bei Überleitung des Vertriebs auf verbundene VertriebsGes werden Altkunden nicht ohne Weiteres zu deren Neukunden (s Rn 12), Schlesw 13.12.**96** HVR Nr 996. Bei unentgeltlicher Übernahme des Unternehmens durch anderes Konzernunternehmen kann es aber auch an verbleibenden Vorteilen fehlen, zB bei hohen Verlusten, BGH NJW **86**, 1932 (s auch Rn 20). Geschäftsänderung und -aufgabe s Rn 20. Gesamtschuldnerische Haftung des Erwerbers ist denkbar (s Rn 4). Lit: Sturm/Liekefett BB **04**, 1009, s auch Rn 75.

Minderung oder Entfallen des Ausgleichsanspruchs: so zB bei Abwanderung des Kunden allein wegen des Pächterwechsels, obwohl Nachfolgerservice objektiv nicht schlechter ist, BGH NJW **85**, 861; wenn HV zur Konkurrenz geht und die geworbenen Kunden mitnimmt, BGH BB **60**, 605, WM **75**, 856; wenn die vom HV geworbenen Kunden vom Bezug über HV beim Unternehmer zum Kauf beim Großhandel übergegangen waren, Oldbg BB **63**, 8; bei Umsatzrückgang nach Ausscheiden, auch wenn die Umstände dem HV nicht angelastet werden können, BGH **56**, 242 (bis zum Urteil zu berücksichtigen, Rn 16). **Nicht** abträglich wirken sich aus zB nur vorübergehende geringe Geschäftsstörungen infolge Ausscheidens des HV, Oldbg BB **73**, 1281; dass der Unternehmer die Kosten für den Ausgleich nicht auf den NachfolgerHV abwälzen kann (s Rn 73), Hamm 14.11.**77** HVR Nr 514; dass auch an NachfolgerHV Provision gezahlt werden muss, BGH BB **07**, 2479; (normale) **umsatzfördernde Aufwendungen** des Unternehmers, zB Werbung, BGH **56**, 242, **73**, 99 (aber außergewöhnliche Aufwendungen und Sogwirkung, s Rn 35). 19

Geschäftsaufgabe, Geschäftsänderung: Auch damit können noch Vorteile verbunden sein, zB nationale oder EU-Stilllegungsprämien; Abfindung für vorzeitige Pachtgrundstücksräumung, Ffm BB **85**, 687 (Tankstellenaufgabe), erhöhter Kaufpreis wegen vom HV geworbenem Kundenstamm, LG Hann 25.1.**96** HVR Nr 906. Überhaupt keine Geschäftsaufgabe mit der Folge mangelnder Vorteile ist Vertrieb nur noch über Großhandel, BGH NJW **84**, 2696, Ffm BB **73**, 212; bloße Einstellung einer Textil- oder Brillen-Kollektion, Mü BB **96**, 980, 16.6.**05** HVR Nr 1166; Geschäftsverpachtung und -veräußerung s Rn 18. Der **Ausgleichsanspruch entfällt** aber, wenn der Unternehmer die vom HV geschaffenen Geschäftsbeziehungen nicht mehr für sich nutzen kann (anders bei Geschäftsverpachtung oder Geschäftsveräußerung, Rn 18). Das muss bei HVVertragsende grundsätzlich der Fall oder jedenfalls sicher nach außen absehbar sein, Düss 12.3.**04** HVR Nr 1085, Grund: Ausgleichsanspruch beruht auf Prognose zu dieser Zeit, aber Ausnahmen s Rn 16. Ob die Maßnahme wirtschaftlich geboten 20

§ 89b 21, 22

oder unternehmerisch sinnvoll ist, hat der Unternehmer, nicht der HV oder das Gericht zu beurteilen (Entscheidungsfreiheit des Unternehmers, der auch die wirtschaftlichen Folgen trägt, s entspr Rspr zu § 89a Rn 21, vgl enger § 87a Rn 28), der HV trägt das Risiko des Misserfolgs seines Unternehmers und dessen Produkte mit, im Ansatz richtig BGH **49**, 41, VersR **58**, 244, Düss 15.5.**98** HVR Nr 877, aber doch mit Prüfung, ob die Entscheidung noch wirtschaftlich vertretbar ist, aA Hamm 11.5.**78** HVR Nr 518, Heymann/Sonnenschein/Weitemeyer 31: nur wenn sachlich geboten. Ist die Entscheidung des Unternehmers wirtschaftlich nicht mehr nachvollziehbar (business judgment) oder handelt er willkürlich, kann er sich nicht auf das Entfallen des Ausgleichsanspruchs berufen, nach aA macht er sich dem HV gegenüber schadensersatzpflichtig, Düss 12.3.**04** HVR Nr 1085 (s auch Rn 18). Beispiele: grundsätzlich Insolvenz, anders zB bei Betriebsfortführung, Verkauf oder Verpachtung des Betriebs, auch weitere Geschäfte des Insolvenzverwalters bei der Abwicklung, Emde 167, Wagner/Wexler-Uhlich BB **11**, 523; Betriebsstilllegung; Sanierungsübernahme ohne Vorteile; uU auch unentgeltliche Übernahme des Unternehmens durch anderes Konzernunternehmen, zB bei hohen Verlusten, BGH NJW **86**, 1932 (s auch Rn 18); Einstellung der Erzeugung der vom HV vertriebenen Ware, BGH NJW **59**, 1964; sonstwie den Kundenstamm entwertende Geschäftsänderung; Vertriebsumstellung, zB Belieferung nur noch eines Großabnehmers, BGH **49**, 41 (des Großaktionärs der UnternehmerAG). Auf jeden Fall ist der Unternehmer zu rechtzeitiger Mitteilung verpflichtet (§ 86a II 3). Geschäftsaufgabe des HV s Rn 69.

21 **Verlust alter Kunden** neben Gewinnung neuer ist nach dem Wortlaut von I 1 Nr 1 unerheblich, BGH BB **64**, 1399 (Tankstellenkunden), vgl auch Stgt DB **57**, 379, Schlesw DB **58**, 246; aber uU nach I 1 Nr 3 (Rn 37). Jedenfalls beim Massengeschäft, etwa Zeitschriftenabonnements, ist der Verlust wohl schon nach I 1 Nr 1 abzurechnen (Normzweck, Rn 2). Zur Abwanderungsquote bei der Ermittlung der neu geworbenen Kunden s Rn 12.

22 **e) Beweislast** für Vorteile des Unternehmers liegt beim HV, BGH **55**, 45, **135**, 24, zB für Werbung von Stammkunden, BGH NJW **85**, 859, **98**, 68, auch für atypischen Umsatzverlauf, BGH BB **08**, 2595 (s auch Rn 26). Aber Anscheinsbeweis, dass der bei Vertragsende bestehende Kundenkreis von dem jahrelang ununterbrochen tätigen HV neu geworben sind, Düss 8.2.**77** HVR Nr 504, Kln 27.1.**00** HVR Nr 979, iErg auch BGH **56**, 245, **73**, 104, Celle 7.1.**71** HVR Nr 436, und (widerlegliche) Vermutung, dass die Geschäftsverbindung auch nach HVVertragsende fortbesteht, BGH NJW **85**, 859, WM **91**, 198, Celle 7.2.**02** HVR Nr 1040. Der HV kann Kundenlisten vorlegen oder, da Kundenlisten vielfach unvollständig sind, andere für eine Schätzung geeignete Unterlagen wie **statistisches** Material, BGH NJW **17**, 475 Rn 55, Emde 142, aA sehr zurückhaltend Ebenroth/Löwisch 35, zB im Bauspar- und Versicherungsbereich, BGH **34**, 319, **59**, 130, NJW **96**, 2100, im Tankstellengeschäft, BGH **135**, 14 (s Rn 12), NJW **98**, 68, 74, str, konsequent dann aber auch allgemein im anonymen Massengeschäft. Kundenliste ohne Bezugsmengenangaben kann genügen, auch wenn wie bei Tankstelle dem Unternehmer unbekannt, BGH **42**, 246. Kundenliste ist entbehrlich, wenn Neuerwerbung aus der Gesamtumsatzsteigerung folgt, Düss 21.12.**79** HVR Nr 535. Hochrech nung für Barzahler bei Tankstellen auf der Basis von Kartenzahlern (EC-Karten, Kreditkarten, Tankkarten, bei Flotten- und Firmenkundenkarten ist auf den Großkunden abzustellen), BGH VersR **09**, 1662, bei Anhaltspunkten für Abweichung (anonyme Barzahler) Differenzierung nach Kartenarten und nachträgliche Schätzungsergebniskorrektur, BGH 11.11.**09** HVR Nr 1268, Emde BB **10**, 2451, Hübsch/Hübsch WM Sonderbeil 1/**11**, 11, Steinhauer BB **12**, 527 (Hamm). Geeignete **Schätzunterlagen** können im Tankstellengeschäft auch **Umfragen** von Mineralölfirmen sein, die keine statistisch sichere Aussage für einzelne Großstädte und den Kundenkreis einer einzelnen Tankstelle erlauben, BGH NJW **98**, 68, BB **07**, 2475, aA Rittner DB **98**, 457, Schreiber NJW **98**, 3737, Ebenroth/Löwisch 35; aber dies nur mit Vorsicht als Anhaltspunkt für die Schätzung und nur mangels konkreterer Daten für individuellere Schätzung, wegen fortschreitender elektronischer Erfassung der Zahlungsvorgänge (zB Bezahlung mit Karte) muss Tankstellenhalter zunehmend konkrete Anhaltspunkte für fallbezogene Schätzung dartun, BGH WM **03**, 491, 99, eine manuelle Auswertung der vielen Zahlungsbelege ist dem Tankstellenhalter aber unzumutbar, BGH BB **07**, 2476. Tankstellenhalter muss zumindest Brauchbarkeit und Aktualität des statistischen Materials belegen, Hamm 11.2.**00** HVR Nr 972. Die Mineralölfirma kann dem konkret erfasste Zahlungsvorgänge über Einzelgeschäfte entgegenhalten, aber nur nach Prüfung auf Richtigkeit und Vollständigkeit durch Sachverständigen, BGH BB **07**, 2476. Zur Faustregel, dass die Vorteile des Unternehmers nicht niedriger als die dem HV entgehenden Provisionen sind, Rn 24, 25, 47. **Schätzung nach § 287 II ZPO** nach hinreichenden Stichproben ist zulässig, BGH **59**, 125, NJW **85**, 860, WM **03**, 493, 501; Anforderungen an Substantiierung, BGH NJW **00**, 1413; Abzüge wegen Ungenauigkeiten der Schätzung, aber nicht bei auf Daten gestützter Berechnung, BGH BB **07**, 2478. Schätzung ist nur dort zulässig, wo die Beweisaufnahme zwar kein klares Ergebnis, aber deutliche Anhaltspunkte geliefert hat, sonst Entscheidung nach Beweislast, BGH NJW **98**, 73. Zu Indizien- und Anscheinsbeweis und zur Schätzung § 287 II ZPO Semmler 1995 (Tankstellenhalter) 218. Pauschales Bestreiten des Unternehmers genügt nicht bei Umständen in seinem Wahrnehmungsbereich und Möglichkeit und Zumutbarkeit näherer Angaben, BGH NJW **99**, 2670. Bei entsprechendem Vortrag des HV sekundäre Darlegungslast der Unternehmers, Röhricht/Thume 78, Genzow IHR **14**, 135.

C. Billigkeitsprüfung, insbesondere entgehende Provisionen (I 1 Nr 2): 23
Die Zahlung eines Ausgleichs **muss zweitens** unter Berücksichtigung aller Umstände des Einzelfalls **der Billigkeit entsprechen**.

a) Grundsatz: Dies ist idR erst nach Klärung der Voraussetzungen nach I 1 Nr 1 (bis 2009 auch Nr 2) zu prüfen, der Ausgleich darf also nicht ohne Feststellungen zu I 1 Nr 1 allein nach Nr 2 bemessen werden, BGH **43**, 154, NJW **85**, 59, **97**, 655. Umgekehrt ist I 1 Nr 2 eine selbstständige, zusätzliche Anspruchsvoraussetzung neben Nr 1. Zwar ist schon I 1 Nr 1 auch unter dem Aspekt des billigen Ausgleichs (Rn 3) auszulegen, Hamm 14.3.**77** HVR Nr 511, aber die eigentliche Billigkeitsprüfung findet erst unter Nr 2 statt und korrigiert das Ergebnis aus Nr 1. Billigkeitserwägungen allein begründen keinen Ausgleichsanspruch, Emde 194. Zur Frage der Kumulativität von Nr 1 und 2 unten Rn 45.

Nach der **EG/EU-Richtlinie** 1986 (§ 84 Rn 3) setzt der Ausgleichsanspruch 24 nur Vorteile des Unternehmers und Billigkeit (wie I 1 Nr 1 und 2 nF) voraus; dem HV entgehende Provisionen (wie nach I 1 Nr 2 aF, Provisionsverluste) stellen nur einen im Rahmen der Billigkeit (hier allerdings vorrangig, „insbesondere") zu berücksichtigenden Umstand dar, so eindeutig EuGH 26. 3. **09** (s Rn 45) und in Reaktion darauf **I 1 Nr 2 nF** (s Rn 1), dazu Emde WRP **10**, 2010, Thume IHR **11**, 7. In der Regel entspricht aber die Zahlung eines Ausgleichs ohne (näher bezifferte, str) entgehende Provisionen nicht der Billigkeit; sollte das ganz ausnahmsweise anders sein, ist ein Ausgleichsanspruch allein aus I 1 Nr 2 nF herzuleiten, so schon zur aF 33. Aufl, restriktiver wohl Emde VersR **09**, 1482 (s Rn 26, 28, 45). Für **widerlegliche Vermutung** (lt BGH BB **11**, 208 mißverständlich, **Schätzung nach § 287 II ZPO**, s Rn 22) wie schon bisher, **dass Unternehmervorteile und Provisionsverluste sich entsprechen,** BGH BB **11**, 208, NJW **90**, 2891, **17**, 475 Rn 50, Düss 25.6.**10** HVR Nr 1292, aber nunmehr widerlegbar von beiden Teilen, Christoph NJW **10**, 650, Semler BB **09**, 2328, Emde BB **11**, 2764, Thume VersR **12**, 665 (VersVertreter); jedenfalls diesbezügliche Schätzung bleibt möglich, Hamm IHR **14**, 231; zur Neuberech-

§ 89b 25, 26

nung Thume BB 09, 2490. Bspe für Widerlegung: erfolgreiche Marketingkampagne des HV kurz vor Ausscheiden, starke Preissteigerung des Produkts kurz vor oder nach Ausscheiden, Emde BB 10, 2448. Zum Auskunftsrecht über Entwicklung nach Ausscheiden s Rn 82.

25   Zu berücksichtigen sind **alle Umstände des Einzelfalls, insbesondere entgehende Provisionen.** Dazu gehören auch die Umstände der Vertragsbeendigung wie Anlass der Kündigung, Ablehnung eines neuen, angemessenen Vertragsangebots durch HV, BGH NJW 07, 3493 (Opel), Mü BB 09, 298; Übernahme einer Konkurrenztätigkeit vor oder nach Vertragsende, BGH NJW 96, 2302, 19.1.11 HVR Nr 1283 = IHR 12, 78, auch wenn ohne Verstoß gegen Wettbewerbsverbot, BGH DB 81, 1772, Rstk NJW-RR 09, 1632. Umstände ohne Eigenleistung des HV wie Standort der Tankstelle, vom Unternehmer bestimmter günstiger Kraftstoffpreis, Mü BB 09, 298. Umstände des Einzelfalls, die ausgleichserhöhend (s Rn 45) sind zB auf der Seite des HV besonderer Einsatz, langjährige, erfolgreiche Tätigkeit, aufwändige Kundenwerbung, soweit nicht schon ausgeglichen (s Rn 24), oder auf Seiten des Unternehmers Vertragsverletzungen, Thume BB 09, 2491, Emde BB 10, 2449. Auch unwirksame Vertragsklauseln über Anrechnung, wenn sie die Vorstellungen der Parteien über Billigkeit erhellen, BGH NJW 03, 1246, Hbg 26.1.11 HVR Nr 1351. Aber Umstände des Einzelfalls sind nach dem Schutzweck der Norm (Rn 2, 3) grundsätzlich nur vertragsbezogene Umstände, also nicht Alter, Gesundheit, Vermögenslage der Parteien, Zahl der Kinder, Grundmann, Treuhandvertrag 1997, S 378, insoweit aA BGH 43, 162 (aber idR keine wesentliche Bedeutung), 45, 273, NJW 03, 1246, Heymann/Sonnenschein 43. Nur in besonderen Ausnahmefällen kann es billig sein, auch vertragsfremde Umstände zu berücksichtigen (vgl Rn 43), Emde 197; nach der EU-Ri und der diese korrekt umsetzenden I 1 Nr 2 nF ist das dann aber geboten. Umfangreiche Fallliste bei Emde 198; Unternehmervorteile im VersVertrieb Lilje ZVertriebsR 16, 211.

26   **b) Insbesondere entgehende Provisionen (I 1 Nr 2 Mittelsatz):** Der Ausgleichsanspruch setzte nach I 1 Nr 2 aF bis 2009 (s Rn 1) Provisionsverluste des HV voraus, also dass dem Handelsvertreter infolge der Vertragsbeendigung Provisionen aus bereits abgeschlossenen oder künftigen Geschäften mit den von ihm geworbenen Kunden entgehen. Das ist nunmehr zwar nicht mehr eine selbstständige Voraussetzung des Ausgleichsanspruchs, aber ein in I 1 Nr 2 nF herausgehobener Umstand, dem im Rahmen der Billigkeitsprüfung nach I 1 Nr 2 besondere Bedeutung zukommt ("insbesondere"). Nach I 1 Nr 2 nF sind **insbesondere die dem Handelsvertreter aus Geschäften mit diesen** (I 1 Nr 1: neuen) **Kunden entgehenden Provisionen** zu berücksichtigen. Das entspricht zwar nicht im genauen Wortlaut, aber doch im Sinn der bisherigen Fassung und erlaubt es, auf die bisherigen Tatbestandsmerkmale und deren Auslegung zurückzugreifen, Kln IHR 14, 31, immer vorausgesetzt, dass dies nicht abschließend wie nach I 1 Nr 2 aF sein kann, sondern in das Gesamturteil der Billigkeit eingehen muss. Auch die Rspr zur Nichtberücksichtigung von Verwaltungsprovisionen (s Rn 28) soll bleiben können, wenn diese nur nicht völlig ausgeblendet werden, wohl BGH 11.11.09 HVR Nr 1268 = BeckRS 09, 88043 Rn 16, aber fraglich wegen EU-Richtlinie (s Rn 28). Gewisse Unsicherheiten können aber bezüglich der Kriterien für die Billigkeit, soweit sie über die dem HV entgehenden Provisionen und uU Unternehmervorteile hinausgeht, entstehen (s Rn 45). Größere Änderungen der Rspr sind also nicht zu erwarten, anders wohl Thume BB 09, 2494 (Rotationssysteme, s Rn 32, Sukzessivlieferungs- und Rahmenverträge) und BB 15, 387 (für Dauerverträge), zumal die Mitgliedstaaten nach der EU-Richtlinie einen Gestaltungsspielraum haben, den sie insbesondere unter dem Billigkeits-Kriterium nutzen können, EuGH EWS 06, 174 (Honeyvem), und die Billigkeitsprüfung nur beschränkt revisibel ist (s Rn 84), dazu auch Ströbl/Went-

7. Abschnitt. Handelsvertreter 27, 28 § 89b

zel BB **17**, 390. Provionsverluste sind also nur ein besonders wichtiger Umstand („insbesondere"), aber keine Tatbestandsvoraussetzung mehr, es kann also am Entgehen von Provisionen überhaupt fehlen, Ausgleich ist also auch bei bloßen **Einmalprovisionen** denkbar, Emde 228, WRP **10**, 847, 449, MüKo/von Hoyningen-Huene 105a.

Berechnungsschritte: Ausgangspunkt ist grundsätzlich die letzte Jahresprovision (s Rn 32), davon zählt nur der Teil, den der HV für Umsätze mit Stammkunden erhalten hat, denn nur mit diesem Kunden besteht eine Geschäftsverbindung iSv I 1 Nr 1. Die entgehenden Provisionen nach I 1 Nr 2 Mittelsatz sind das Gegenstück zu I 1 Nr 1 (Vorteile des Unternehmers). Die Auslegung von I 1 Nr 1 und 2 Mittelsatz läuft deshalb häufig parallel. Stammkunden s Rn 12f, geworbene Kunden s Rn 14, dort auch zum Bezirksvertreter; Prognose und Prognosezeitraum s Rn 16; Verlust alter Kunden, Abwanderungsquote s Rn 12; Beweislast s Rn 22. **Berechnungsbeispiel:** Emde 393 ff (Rspr, hL), 415 ff (eigener Ansatz), Küstner/Thume/Thume Bd 2 XIX 1 ff, 25 ff, MüKo/von Hoyningen-Huene 153 f. Für den **Vertragshändler** gelten zu I 1 Nr 2 analog wichtige Besonderheiten (näher § 84 Rn 12).

Provisionen können nach I 1 Nr 2 Mittelsatz entgehen: 27
(1) Aus bereits abgeschlossenen Geschäften mit vom HV geworbenen Kunden. Bei solchen, dh in der Vertragszeit zustande gekommenen Abschlüssen behält der HV zwar die Provisionsansprüche unabhängig vom Zeitpunkt der Ausführung des Geschäfts (§ 87 I 1), er kann sie aber uU gemäß Vertragsvereinbarung verlieren (§ 87 Rn 38), dann ist I 1 Nr 2 Mittelsatz einschlägig, Emde 240; ob in Sonderfällen eine Geschäftsverbindung erforderlich ist, ist str, so Emde 240, anders Küstner/Thume/Thume Bd 2 VII 15. I 1 Nr 2 Mittelsatz umfasst nur entgehende Provision für (Vermittlung und) Abschluss von Geschäften, also für **werbende,** vermittelnde, abschließende Maßnahmen (**Abschlussprovisionen,** vgl Rn 2), stRspr BGH **30**, 98, NJW **98**, 69, 72; auch Superprovision, falls Abschlussprovision, BGH **59**, 128, NJW **79**, 653, auch Superprovision des Generalvertreters (§ 84 Rn 32), BGH WM **12**, 469; auch Abschlussprovisionen mit Sicherungsfunktion für den Unternehmer bis zum Eingang der Verkaufserlöse, BGH NJW **79**, 653; auch sonstige Vergütungen wie Festvergütung (§ 87 Rn 5), sofern sie Entgelt für Abschlüsse sind, BGH **43**, 158; auch Zusatz- oder Sonderprovisionen (§ 87 Rn 3), einerlei ob mit Anspruch oder freiwillig, zB außerordentliche Verkaufshilfen (unterscheiden: Kundenstammüberlassungspflicht § 84 Rn 15), BGH NJW **11**, 850, BB **10**, 600 = 13.1.**10** HVR Nr 1270, **11**, 210, zB für Werbung, Neuzulassungsboni, Rabatte ua, Kln 2.3.**01** HVR Nr 1048, Mü OLGR **02**, 216, Großabnehmerzuschüsse und Leasingzuschüsse, Prämien, versteckte Rabatte (Vertragshändler), BGH NJW **11**, 850. Werbende Maßnahmen sind **auch Lagerhaltung und Auslieferung durch Tankstellenhalter,** BGH NJW **98**, 69, 72 (Aufgabe von BGH NJW **85**, 860, WM **88**, 1204), aA bisher hL, Rittner DB **98**, 457, sowie Tätigkeiten, die bzw deren Ergebnis der Kunde sieht, zB für Zustand, Ordnung und Sauberkeit der Tankstelle und für Einstellung, Führung und Überwachung der Mitarbeiter, BGH NJW **98**, 69, 72.

Nicht (auch nicht nach Reform, s Rn 26): Provisionen für Tätigkeiten, die 28 (tatsächlich, Bezeichnung nicht entscheidend) von keiner oder nur ganz untergeordneter Bedeutung für Abschlüsse sind, zB Inkasso (§ 87 IV), **Verwaltungsprovisionen,** Provisionen für Bestandspflege, Buchführung, eigene Provisionsabrechnung, Schadensregulierung, Delkredere (§ 86b), stRspr BGH **30**, 98, NJW **85**, 861, **98**, 69, 72, BB **07**, 2479 (im konkreten Fall 10%), BB **10**, 1686 (Schätzung 10%), NJW **11**, 851 (Vertragshändler), 19.1.**11** HVR Nr 1282, NJW **17**, 475 Rn 52 (abl für längere Öffnungszeiten), Kln IHR **14**, 31, aA wegen Art 617 II a iVm 6 II EU-Richtlinie (ausgleichspflichtig sind alle „Provisionen"; auch EuGH 26.3.**09**, s Rn 26, 45) Emde 222 und DStR **09**, 1478, VersR **09**, 1482, WRP **10**, 846, Thume BB **09**, 2494, IHR **11**, 9, Vorlage an EuGH wäre

§ 89b 29–32
1. Buch. Handelsstand

notwendig; „Verwaltung", namentlich im Versicherungs- und Bausparkassengeschäft, BGH **30**, 102, **34**, 314, **55**, 49, **59**, 128, Mü BB **93**, 1754; durchlaufende Posten (Rn 32). Die Rspr will nur solche Tätigkeiten unberücksichtigt lassen, die ausschließlich verwaltenden Zwecken dienen, BGH NJW **98**, 69, 73. Zu gemischten Tätigkeiten Kln IHR **14**, 31. Dabei sind die Besonderheiten der jeweiligen Vertriebssparte zu berücksichtigen, also Unterschiede zB zwischen Tankstellen- und KfzVertragshändlergeschäft, BGH NJW **98**, 69, 72. Im Tankstellengeschäft sind Lagerhaltung, Auslieferung und Inkasso nicht vermittlungsfremd, sondern werbend (trotz § 87 IV), BGH WM **03**, 491. Überhöhte Verwaltungsanteilsabrede s Rn 70. Bei **Vertragshändler** zuerst Herausrechnung der händlertypischen Vergütungsbestandteile, der verbleibende Händlerrabatt ist dann um Verwaltungprovisionen etc zu reduzieren, BGH NJW **11**, 3439. **Beweislast** für Abgrenzung von werbenden und verwaltenden Tätigkeiten s Rn 33.

29 (2) **Aus künftigen Geschäften** mit von dem HV geworbenen Kunden, gleich ob solche Abschlüsse nur mit oder auch ohne neue Bemühung des HV zustandekommen, BGH **24**, 226, **29**, 92, **30**, 103. Die Fortsetzung des HVVertrags und die gleich bleibende Tätigkeit des HV sind dafür zu unterstellen, davon ausgehend sind die Provisionseinkünfte zu ermitteln (Prognose, Rn 16), BGH **24**, 227, **141**, 252, BB **08**, 2596, st Rpsr. Bei dieser Fiktion kommt es weder auf die Gründe der Beendigung an noch darauf, ob der HV überhaupt noch weitere provisionspflichtige Geschäfte hätte vermitteln können, BGH **24**, 217, 227, NJW **98**, 1070, zB weil Unternehmer insolvent wird, Ffm 10. 7. **07**, 27 juris, oder HV nach Vertragsbeendigung sein Geschäft aufgibt oder insolvent wird, BGH NJW **11**, 848, s Rn 7, 9. Solche Provisionen aus künftigen Geschäften entgehen, zB wenn zu erwarten ist (Prognose, Rn 16), dass einmal geworbener Kunde in verhältnismäßig kurzen Zeitabständen neu bestellen wird, BGH BB **70**, 101; auch aus vorbereiteten Abschlüssen iSv § 87 III, falls der Vertrag diese abw von § 87 III von der Provisionspflicht ausschließt; bei Versicherungs- und Bausparkassenvertretern auch aus (sog Nachfolge)Verträgen, die nach HVVertragsende abgeschlossen werden, aber in engem Zusammenhang mit von ihnen früher vermittelten Verträgen stehen, zB Verlängerung oder Summenerhöhung, BGH **34**, 310, **59**, 125, BB **70**, 102, LG Heilbr BB **80**, 1819, LG Mü I BB **81**, 573m Anm Brych. Berechtigte Vertriebsumstellungen (zB nur noch Belieferung von Großhändlern), die zu entgehenden Provisionen geführt hätten, sind zu berücksichtigen, BGH BB **08**, 2594.

30 **Nicht:** bloße Aussicht, neue Kunden zu werben, BGH **24**, 228, **29**, 92, **34**, 314 (Bausparkassenvertreter), **135**, 21; auch bei („unechter") Gruppenversicherung (die nur die Einzelabschlüsse mit den Gruppenmitgliedern vorbereitet), BGH BB **61**, 189; Bezirks- oder Kundenschutz (Rn 14), Schröder BB **62**, 740.

31 (3) **Entgehen:** Solche Provisionen müssen dem HV **infolge der Vertragsbeendigung** tatsächlich entgehen, nicht zB bei Untervertreter, der die von ihm geworbenen Kunden jetzt unmittelbar für den Unternehmer bedient, BGH **52**, 5. Vertragsbeendigung auch, wenn Vertragshändlervertrag beendet und Agenturvertrag abgeschlossen wird, dann aber Berücksichtigung bei Billigkeitsausgleich (s Rn 41), Kln 6.2.09 HVR Nr 1352. Entgehen von Provisionen einerlei, ob vertraglich geschuldet oder freiwillige Zusatzleistungen s Rn 27. Zum Entgehen ist Prognose nötig (Rn 16).

32 (4) Als **Bemessungsgrundlage** bzw Bezugsgröße für die Prognose der Entgeltverluste sind **grundsätzlich** die in den **letzten zwölf Monaten** vor Beendigung des HVVerhältnisses verdienten Provisionen heranzuziehen, weil sie für den zukünftigen Verlauf am aussagekräftigsten sind, BGH BB **08**, 2595, aA Emde BB **10**, 2449: Fünfjahresdurchschnitt entspr II; nur bei **atypischen Verlauf** des letzten Vertragsjahres kann Durchschnittswert unter Heranziehung eines längeren Zeitraums gebildet werden, BGH **135**, 23, **141**, 252, NJW **11**, 849, BB **11**, 209. Diese Bemessungsgrundlage gilt auch bei **Rotationssystemen** (wechselnde HVBezirke), also Fiktion der Weiterbetreuung der in den letzten zwölf Monaten

7. Abschnitt. Handelsvertreter 33, 34 § 89b

gewonnenen Stammkunden trotz Rotation, Änderungen sind über Billigkeit (noch zu I 1 Nr 3 aF) zu berücksichtigen, BGH **141,** 255, Celle 1.2.01 HVR Nr 1036, krit Thume BB **99,** 2313, Schaefer NJW **00,** 320, uU Berücksichtigung der gesamten Bezirke, Emde EWiR 1/99, 653 (s aber auch Rn 26, 45), näher Emde 248. Maßgebend für I 1 Nr 2 Mittelsatz sind die zu erwartenden **Bruttoprovisionen** vor Abzug der Betriebskosten (zu Ausnahmen s Rn 41), nicht der Reingewinn, BGH **29,** 92, **41,** 134, 12.2.03 HVR Nr 1063, NJW **17,** 475 Rn 60, samt der auf sie entfallenden **Mehrwertsteuer,** BGH **61,** 114, WM **87,** 1465, NJW **98,** 70, NJW **99,** 2670, BB **08,** 2597. Mehrwertsteuer auf den Ausgleichsanspruch schuldet der Unternehmer jedoch wie auch sonst nur bei Vereinbarung, wie die an Untervertreter abgegebenen Provisionsteile (Grund: Ausgleichsansprüche der Untervertreter gegen HV), BGH WM **85,** 982; uU schadet nicht, dass kein Reinverdienst zu erwarten war, BGH BB **60,** 1261, aA Brem BB **66,** 877, **67,** 430. **Abzuziehen** sind **durchlaufende Posten,** zB Mietkosten für Auslieferungslager, vgl BGH **61,** 114, Zahlungen einer Bausparkasse, die nach HVVertrag vom Bezirksvertreter an dessen freie Mitarbeiter weiterzuleiten sind, BGH BB **89,** 1075. **Nicht abzuziehen:** Provisionen an Untervertreter, BGH WM **85,** 981, Mü 3.5.00 HVR Nr 987; allgemeine Kostendeckungsbeiträge, BGH 12.2.03 HVR Nr 1063; Berücksichtigung der vom HV ersparten Aufwendungen, wenn überhaupt, erst bei Billigkeitsprüfung, s Rn 41.
Berechnungsschritte: s Rn 26 aE. **Berechnungsbeispiel** in BGH NJW **98,** 71: Ausgangsbetrag letzte Jahresprovision (mit MWSt); davon 90% Stammkundenumsatz minus 8,75% Altstammkundenumsatz = 81,25% Umsatz mit neuen Stammkunden; davon 90% für werbende Tätigkeit; mal 200% (Gesamtprovisionsentgang von 80% + 60% + 40% + 20%, schematisierter Abwanderungsverlust von jährlich 20% über 5 Jahre); abgezinst nach anerkannter Abzinsungsmethode; nicht mehr als Höchstbetrag einer durchschnittlichen Jahresprovision nach II. Beispiele: Emde BB **07,** 2482; **Münchener Formel,** LG Mü I 3.8.98 HVR Nr 909, gegen diese Saarbr NJW-RR **03,** 900; Kainz/Lieber/Puszkajler BB **99,** 434, krit Reufels/Lorenz BB **00,** 1586; bei HVRotation BGH NJW **99,** 2670; **Rohertragsmethode** bei Vertragshändler § 84 Rn 12; dann auch Auskunftsanspruch zu den entsprechenden Unternehmervorteilen, LG Düss IHR **15,** 274m zust Anm Thume.

(5) Beweislast liegt beim HV, BGH **55,** 45, **135,** 24 (noch zu Nr 2 aF), BB **33** **10,** 1686, 19.1.11 HVR Nr 1282, anders wohl Emde VersR **09,** 1485, aber vielfach Anscheinsbeweis. Der wahrscheinliche Provisionsentgang des HV entspricht der Umsatzerwartung des Unternehmens, die für dieses nach Anscheinsbeweis bei Dauerkunden durch regelmäßige Lieferung besteht, Düss 8.2.77 HVR Nr 504. Auch bei Rotationssystem (s Rn 32) muss HV darlegen, wer Neu- und wer reaktivierter Altkunde ist, Düss 4.8.00 HVR Nr 947. Beweislast für Anteil der Verwaltungsprovisionen uä (s Rn 28, str) liegt beim Unternehmer (Grund: Sachnähe, Erfahrungswerte über Aufteilung der Provision; Besonderheiten für Vertragshändler, insbesondere Tankstellenhalter, § 84 Rn 12), BGH WM **88,** 1204, NJW **96,** 2300, **98,** 69, 73, WM **03,** 503, BB **10,** 1686, 19.1.11 HVR Nr 1282. Vertragliche Aufteilung muss konkret und überprüfbar sein; ist sie das nicht, ist darin auch keine Rückverlagerung der Beweislast zu sehen, BGH **152,** 135. Sonderfall (individuelle Regalpflegeabsprachen), Hamm 21.11.97 HVR Nr 959. Schätzung nach **§ 287 II ZPO** (vgl Rn 22), BGH NJW **11,** 851, 3440, Mü 16.1.02 HVR Nr 1053, auch dass die Vorteile des Unternehmers den Verlusten des HV entsprechen, BGH NJW **90,** 2891, NJW **11,** 848 (s Rn 47); aber nur bei greifbaren Anhaltspunkten, sonst bleibt es bei Beweislast, BGH NJW **98,** 73. Vgl auch (zu I 1 Nr 1) Rn 22.

c) Weitere für Billigkeit sprechende Umstände: Umstände der Ver- 34 tragsbeendigung: Zu Lasten des HV (abgesehen von III Nr 2 Mittelsatz) gehen:

§ 89b 35–37

sein oder seiner Leute **Verschulden** daran, BGH **29**, 280, DB **81**, 1773; Vorliegen von Gründen zur Kündigung des gestorbenen (nicht gekündigten) HV ohne Ausgleichsanspruch (§ 89a, § 89b III Nr 2 aF, nunmehr Mittelsatz), BGH NJW **58**, 1966 (falls nicht schon III Nr 2 Mittelsatz eingreift, s Rn 64); zur ordentlichen Kündigung führende Vertragsverletzung des HV, BGH DB **81**, 1773; auch Vertragsverletzung ohne Kündigungsgrund, Rstk NJW-RR **09**, 1631; Wettbewerbsverstöße und nachvertragliche Konkurrenz s Rn 40. Nicht schon vereinzelter Vertragsverstoß während langjähriger guter Zusammenarbeit, BGH WM **85**, 469; Ablehnung eines Arbeitsvertrags, Düss 8.5.56 HVR Nr 130 LS, oder neuen HVVertrags mit Nachfolger, Hamm 14.3.77 HVR Nr 511. Prüfung im Einzelnen bei Tod, BGH **24**, 223 (Rn 9), Unfall, BGH **41**, 132, und **Selbstmord**, BGH **45**, 388, **60**, 350 (s Rn 9). Zu berücksichtigen können ferner sein eine für den HV vorteilhafte besonders lange Kündigungsfrist, BGH WM **70**, 1515; überraschende Kündigung nur, wenn HV sich auf längere Dauer des HVVertrags einrichten durfte, BGH VersR **61**, 222.

35 **Besonderheiten des beendeten Vertrags: Vergütung,** zB feste Mindestvergütung, BGH NJW **67**, 249, Mü BB **61**, 651, Celle BB **62**, 156, Nürnb VersR **76**, 467, aber nicht wenn HV sonst nur unwesentliche Provisionsbezüge hatte, BGH **43**, 159; andere für HV besonders günstige Bedingungen, BGH **45**, 268; freiwillige Leistungen wie Stehenlassen von Provisionen durch den HV als Finanzhilfe für den Unternehmer, Fbg BB **57**, 561; zusätzlich zur Provision gewährtes **Fixum**, Emde 198/Fixum; in welchem Umfang HV für seine Goodwillschaffung schon durch Provision auf Nachbestellungen belohnt wurde, BGH BB **57**, 1161; Vergütungsabrede zwischen dem HV und seinem Nachfolger, BGH NJW **75**, 1926 (Rn 75); Veräußerung der Kundenkartei durch HV nach Vertragsende an Dritten, Mü 24.11.04 HVR Nr 1165; **Aufwendungen des Unternehmers** für Werbung und Umsatzförderung nur, wenn sie außergewöhnlich sind, Ffm 8.12.70 HVR Nr 428, Hbg 9.12.76 HVR Nr 509, KG 15.9.94 HVR Nr 811, idR ist abgewogenes Verhältnis zur Provision anzunehmen (vgl Rn 19), BGH **56**, 245, **73**, 105; besonderer Einfluss von **Lage der Tankstelle und Marke**, die nicht mehr beim Stammkundenbegriff relevant werden (s Rn 12); insbesondere **Sogwirkung**, vor allem bei Markenware (Vertragshändler, § 84 Rn 15), BGH NJW **82**, 2820, WM **87**, 1465, **94**, 243, NJW **96**, 2298, 2302, **97**, 1506, WM **03**, 498, BB **07**, 2479, 19.1.**11** HVR Nr 1282, Mü BB **94**, 533, dazu tatrichterliches Schätzungsermessen, das aber auch ausgeübt werden muss, BGH WM **03**, 2107, danach sind Abzüge von 10%, 20%, BGH WM **06**, 1407, BB **10**, 1689 (auch für Shopgeschäft), in Einzelfällen bis zu 25% (Kln BB **95**, 2548, Kln 6.2.**09** HVR Nr 1352, vgl BGH NJW **96**, 2304, BB **11**, 211), sogar 33% (Mü 16.1.**02** HVR Nr 1053), anerkannt worden; dabei sind auch Bekanntheitsgrad der Marke und Werbewirksamkeit von Bonusprogrammen relevant, BGH BB **10**, 1689; nicht Belastung des Unternehmers durch Provisionen für NachfolgerHV, BGH **42**, 248. Gegen Sogwirkung bei großen Mineralölfirmen Emde BB **07**, 2482. Wechsel vom Vertragshändler zum HV s Rn 31, 41.

36 **Vertragsdauer: Kurze** Vertragsdauer kann nicht zu Lasten des HV gehen, BGH NJW **58**, 23, NJW **97**, 655, Hbg DB **63**, 1214, KG 5.12.**70** HVR Nr 433. **Lange** Verbundenheit ist ambivalent, denn sie lässt den HV mehr Früchte seiner Arbeit ernten als eine kurze, aber zeugt auch von Vertragstreue des HV und erlaubt weniger Härten, Ffm 12.7.**66** HVR Nr 368. Im Ergebnis kann sie aber zugunsten des HV zu berücksichtigen sein, zumal bei Eintritt in Ruhestand, BGH **55**, 45, und bei erfolgreicher langjähriger Tätigkeit des HV, Thume BB **09**, 2493, abwägend Emde 198. Ausgleichsanspruch bei Dauerverträgen Thume BB **15**, 387.

37 **Verlust alter Kunden** neben Gewinnung neuer ist (falls nicht schon unter I 1 Nr 1, s Rn 21) idR nicht zu Lasten des HV zu beachten, BGH NJW **90**, 2891, aA BGH BB **64**, 1399 (Tankstellenkunden); differenzierend Stgt DB **57**, 379, Schlesw DB **58**, 246.

7. Abschnitt. Handelsvertreter 38–41 § 89b

Gesamtumsatz: Rückgang des Gesamtumsatzes trotz Werbung neuer Kunden 38 kann Ausgleich mindern, muss ihn aber nicht völlig ausschließen, BGH **42**, 247, NJW **90**, 2891; dabei spielt eine Rolle, ob der Rückgang vom HV hätte verhindert werden können. Nicht wesentlich ist, ob ein anderer HV den Bezirk übernimmt oder Unternehmer ihn in eigene Regie nimmt und ob er so mehr herausholt. Aufbau des Kundenstammes mit Hilfe von **Schmiergeldern** unter Mitwirkung des Unternehmers schließt Ausgleichsanspruch nicht aus, BGH NJW **77**, 671.

Altersversorgung: Zwischen Ausgleichsanspruch und Altersversorgung be- 39 steht eine „funktionelle Verwandtschaft", BGH **153**, 14, NJW **03**, 1246, Mü VersR **10**, 209, aA LG Mü I BB **09**, 350m zust Anm Röder. Leistungen des Unternehmers zur Altersversorgung des HV sind daher bei dahingehender Vereinbarung ganz oder teilweise auf den Ausgleichsanspruch anzurechnen, wobei idR der Steuervorteil des Unternehmers außer Betracht bleibt, BGH **45**, 278, ebenso ein von ihm mit der Altersversorgung erwirtschafteter Gewinn, Mü 10.11.10 HVR Nr 1319, der Kapitalwert ist dabei auf den Zeitpunkt der Vertragsbeendigung zu beziehen, BGH WM **06**, 1790; Anrechnung der so finanzierten Rente auf Ausgleichsanspruch aber nicht generell, sondern je nach Einzelfall, BGH **55**, 58, **153**, 14, Kln VersR **01**, 1377, Mü VersR **05**, 687, **10**, 209, 10.11.10 HVR Nr 1319. Die Altersversorgung muss aber den praktischen Zweck einer Ausgleichszahlung übernehmen. Daran fehlt es, wenn die Lebensversicherung bzw Rente nicht in angemessener Zeit nach HVVertragsende fällig wird, BGH **153**, 14, NJW **94**, 1350 (21 Jahre), Düss NJW-RR **96**, 225, Kln VersR **97**, 615 (13 Jahre); anders im Einzelfall nach Billigkeit (I 1 Nr 2), Mü VersR **05**, 687 (14 Jahre), WM **07**, 710 (11 Jahre), bei entsprechender Abrede, BGH BB **84**, 168 (24 Jahre). Eine solche Abrede kann, auch wenn unwirksam, bei Billigkeitsentscheidung des Gerichts berücksichtigt werden, BGH NJW **03**, 1246. Keine Anrechnung, wenn HV für Altersversorgung besondere Gegenleistung erbringt oder diese sonst (BetrAVG) geschuldet wird. Doppelbelastung ist zu vermeiden, auch wenn PersonenGes zwischengeschaltet ist, BGH NJW **82**, 1814. Vertragsabrede ist empfehlenswert, aber in den Grenzen von IV (unten Rn 70). Abrede über Wahl zwischen Ausgleich und Altersversorgung verstößt nicht gegen IV (s Rn 79). Altersversorgung durch Direktversicherung, Küstner/Thume/Thume Bd 2 X 100 ff. AGBKlauselkontrolle s Mü NJW-RR **03**, 1286. Lit: Küstner/Thume/Thume Bd 2 X 1 ff; Honsel BB **84**, 365, Küstner BB **94**, 1590, VersR **01**, 58, Graf v Westphalen DB **00**, 2255 (Grundsätze Sach, s Rn 96), BB **01**, 1593 (abl), Evers/Kiene DB **02**, 1309, ZfV **01**, 585, 618, 765, ZfV **01**, 585, 618, 765, Löwe/Schneider ZIP **03**, 1129, Otto FS Thume **08**, 81, Thume VersR **09**, 436. Zur Anrechnung der Altersversorgung Emde 253 ff.

Tätigkeit für Konkurrenz: zB Möglichkeit für **Mehrfirmenvertreter**, den 40 Kundenstamm für andere Firmen weiterzunutzen, BGH BB **60**, 1179, DB **81**, 1773, 19.1.**11** HVR Nr 1283, Ffm 3.6.**67** HVR Nr 365, aA Emde 198/Mehrfirmenvertreter; nicht wenn branchenfremd, es sei denn, der HV hat sich vertragswidrig nicht hinreichend für den Unternehmer eingesetzt und dadurch zusätzlich verdient, BGH NJW **97**, 655. Vertragswidrige Tätigkeit für **Konkurrenz** vor Vertragsende muss nicht Ausgleichsanspruch notwendig entfallen lassen, BGH VersR **60**, 846, darf aber nicht außer Betracht bleiben, BGH WM **75**, 858, Rstk NJW-RR **09**, 1631. In Einzelfällen ist Abzug von 25% (zusammen mit Sogwirkung, s Rn 35, von 50%) anerkannt worden, vgl BGH NJW **96**, 2304. Geht HV nach Vertragsende ohne Verstoß gegen ein nachvertragliches Wettbewerbsverbot (§ 90a) zur Konkurrenz, spielt wie bei Mehrfirmenvertretern das Mitnehmen der Kunden eine Rolle, BGH NJW **67**, 249, WM **75**, 856, NJW **97**, 655, MüKo/von Hoyningen-Huene 115, aA Heymann/Sonnenschein/Weitemeyer 4. Vgl auch § 90a Rn 6.

Ersparte Unkosten: I 1 Nr 2 Mittelsatz spricht nur von **(Brutto)Provisio-** 41 **nen** des HV (also dort ohne Abzüge von Unkosten, s Rn 32), jedoch wäre es

Hopt 509

§ 89b 42–45

unbillig, die zugleich ersparten Aufwendungen des HV ganz, also auch bei der **Billigkeitsprüfung**, außer Betracht zu lassen, zB ersparte Betriebsunkosten, BGH **29**, 93, aber idR nur besonders hohe, BGH **41**, 135, **56**, 249 (50% noch nicht „besonders hoch"), NJW **79**, 653, 12.2.**03** HVR Nr 1063 (50%), NJW **17**, 475 Rn 60, Oldbg ZVertriebsR **16**, 186 (Kommissionagent, 20%); nicht dagegen ersparte Unterprovisionen (s Rn 32, 51), aber zB wenn der Untervertreter (§ 84 Rn 31) seinen Ausgleichsanspruch nicht rechtzeitig geltend macht, KG 15.9.**94** HVR Nr 811. Da auf der Provisionsseite nur Abschlussprovisionen zählen, sind auch nur ersparte (Vermittlungs- und) Abschlusskosten zu berücksichtigen, nicht allgemeine Verwaltungskosten. Dass der HV keinen Reingewinn hatte, schließt nicht jeden Ausgleich aus, BGH BB **60**, 1261. Bei Fortsetzung der Vertragshändlerbeziehung als HV (s Rn 31) ggf erheblicher Billigkeitsabschlag, Kln 6.2.**09** HVR Nr 1352 (im konkreten Fall 60%). Erleichterung durch Weitergabe von Kundenlisten nach Neugründung (s Rn 14), BGH NJW **12**, 304. **Eigene Weiternutzung des Kundenstamms** nach Vertragsende durch Servicebetrieb für die gleiche Marke, BGH VersR **81**, 832, NJW **11**, 3438, Kln 23.1.**09** HVR Nr 1304 (Abzug 10%).

42 **Hohes Alter** des HV stärkt weder sein Ausgleichsrecht noch steht es diesem entgegen, weil er durch Arbeitsunfähigkeit die Provisionschancen ohnehin verlöre. Ebenso **Gesundheit** des HV. **Tod** des HV s Rn 34.

43 **Wirtschaftliche und soziale Verhältnisse** der Parteien liegen außerhalb des Vertrags und sind allenfalls ganz ausnahmsweise und unter anderem beachtlich (vgl Rn 3), aA weitergehend BGH **43**, 162 (beim HV: achtköpfige Familie), **45**, 271, **129**, 296 (beiläufig), Düss 8.2.**77** HVR Nr 504 (beim Unternehmer: Gefahr für Betriebsfortführung). Nicht relevant sind auch **Erwerbsfähigkeit** des HV und **anderweitige Erwerbsmöglichkeiten,** Emde 198.

44 **d) Beweislast für Billigkeit** liegt beim HV, BGH **55**, 45, **135**, 24, WM **03**, 493, 501. Sind I 1 Nr 1 und 2 Mittelsatz gegeben, spricht eine tatsächliche Vermutung dafür, dass der Ausgleich der Billigkeit entspricht. Für besondere Umstände, die dagegen sprechen, ist der Unternehmer beweispflichtig, BGH NJW **90**, 2891, LS in BGH **55**, 45 ist mißverständlich; für Umstände, die dagegen wiederum für den HV sprechen, ist dieser beweispflichtig. Vgl auch (zu I 1 Nr 1, 2) Rn 22, 33.

3) Höhe des Ausgleichsanspruchs (I 1, II)

45 **A. Ausgleich „wenn und soweit" (I 1):** Aus dem „wenn" folgt, dass beide Tatbestandselemente (Nr 1–2) kumulativ gegeben sein müssen (Tatbestandsvoraussetzungen, Anspruchsgrund). Aus dem „soweit" in I 1 folgt, dass zunächst der Umfang der Vorteile (I 1 Nr 1) zu ermitteln ist; die Zahlung dieses Betrags muss dann „Berücksichtigung aller Umstände der Billigkeit" entsprechen (I 1 Nr 2). Der nach I 1 ermittelte Betrag wird dann an II gemessen und bei Überschreiten der dort gezogenen Obergrenze gekappt (Rn 49). Nach der bis 2009 geltenden Fassung konnte der angemessene Ausgleich (Rechtsfolge, Anspruchshöhe) nicht höher sein, als was sich als Niedrigstes unter einer der damaligen drei Nummern ergab, bis dahin ganz hL und Rspr. Dies war aber als ein **Verstoß gegen die Handelsvertreterrichtlinie** nicht mehr haltbar, EuGH 26. 3. **09** Rs C-348/07 (Semen), EuZW **09**, 304 = BB **09**, 1607m Anm Eckhoff, DStR **09**, 1478, EWiR **09**, 239, Christoph NJW **10**, 647, Koch ZIP **11**, 1752, und ist deshalb durch **Reform von 2009** (s Rn 1, 24–26) korrigiert worden. Der Ausgleich ist jetzt nicht mehr von vornherein durch die Provisionsverluste (Nr 2 aF) beschränkt vielmehr muss der Ausgleich im Rahmen der Billigkeitskontrolle bis zur Obergrenze nach II erhöht werden können (Art 17 II b HVRi, § 84 Rn 3). Fraglich bleibt, ob der Ausgleich durch die Unternehmensvorteile begrenzt ist, so bisher hL, eher Fortführung erwartet Emde 192. Der EuGH,

aaO, Tz 24f und Leitsatz 1, schließt nur aus, dass die entgehenden Provisionen die Obergrenze bilden; inzident heißt es allerdings, dass eine Auslegung von Art. 17 II a 2. Gedankenstrich (Billigkeit) der Richtlinie „nicht dahin ausgelegt werden kann, dass dieser Ausgleich ausschließlich nach unten angepasst werden darf". Das legt, wenn auch nicht eindeutig, nahe, dass, jedenfalls nicht „von vornherein" ausgeschlossen werden darf, dass ein Ausgleich über die Unternehmensvorteile hinaus der Billigkeit entspricht, Emde 191, Steinhauer EuZW 09, 887, Eckhoff BB 09, 1610, Emde BB 10, 2448, aA Westphal DB 10, 1333.

B. Angemessenheit (I 1): a) Grundsatz: Geschuldet wird der angemessene 46 Ausgleich. Die Abgrenzung von der Billigkeit (I 1 Nr 2) ist schwierig, MüKo/von Hoyningen-Huene 124, und ohne praktische Bedeutung, Emde 191. Die Rspr prüft die relevanten Umstände idR bei der Billigkeit. Das ist jedenfalls nach EuGH 26. 3. **09** (s Rn 45) zwingend, diffizile Erwägungen bei Emde 195, Emde VersR **09**, 1483.

b) Einzelne Umstände: Bewertung der Vorteile des Unternehmers: Da 47 hierzu auch alle mittelbaren Vorteile gehören, ist die Bewertung zu I 1 Nr 1 schwieriger als die der dem HV entgehenden Provisionen nach I 1 Nr 2 Mittelsatz. Nach einer Faustregel der Praxis gilt deshalb prima facie, dass der Unternehmer mindestens denselben Vorteil wie der HV einen Nachteil hat (Rn 33). Das ist angemessen, weil unter I 1 Nr 2 Mittelsatz nur Abschlussprovisionen (umsatzbezogene Provisionen wie idR oder fixes Entgelt) zu berücksichtigen sind.

Abzinsung: Der Gesamtbetrag, den der HV ja erst innerhalb mehrerer Jahre 48 verdient hätte, ist auf den **Barwert** abzuzinsen, BGH WM **87**, 1465, BB **91**, 368, und zwar nach anerkannter Abzinsungstabelle, zB Multifaktorentabelle von Gillardon); Düss 27.9.**96** HVR Nr 875, Kblz 18.6.**98**, 2.7.**98** HVR Nr 882, 883 (Hoffmannsche Formel, vgl BGH **115**, 310); pragmatisch dagegen zB Kln 29.4.**68** HVR Nr 388 (20%/5 Jahre), Kln 8.12.**70** HVR Nr 428 (16%/4 Jahre), Celle BB **70**, 227 (10%/4 Jahre), BGH NJW **94**, 1350 (10%/5 Jahre). Zulässig ist freie Wahl unter den mehreren Abzinsungsmethoden (zB Gillardon, Hoffmannsche Formel und Schätzung nach § 287 ZPO), BGH NJW **98**, 75, WM **03**, 499, BB **07**, 2479. Für die Abzinsung ist der Zeitpunkt der Ausgleichszahlung irrelevant; abzuzinsen ist also auch, wenn der Ausgleichsbetrag erst lange nach Fälligkeit oder gar erst nach Ablauf des Prognosezeitraums gezahlt wird, BGH BB **91**, 368, NJW **98**, 75; stattdessen dann aber Fälligkeits-, Verzugs- und Prozesszinsen.

C. Obergrenze (II): II greift mit seiner Obergrenze (Kappungsgrenze, De- 49 ckelung) **erst ein, wenn der Ausgleichsanspruch nach I 1 Nr 1–2 höher wäre**; die Billigkeitsprüfung nach I 1 Nr 2 setzt also nicht den nach II ermittelten Höchstbetrag herab, stRspr, BGH **29**, 94, **55**, 55, NJW **97**, 655; eigene Billigkeitserwägungen unter II sind ausgeschlossen, BGH NJW **99**, 948. Dieser Höchstbetrag entspricht **einer Jahresprovision** (oder dem Jahresbetrag sonstiger Vergütung, § 87 Rn 5), diese berechnet nach dem Durchschnitt der Letzten fünf Jahre der Tätigkeit des HV, bei kürzerer Vertragsdauer der Dauer der Tätigkeit, ggf auf ein Jahr hochgerechnet, aA Ebenroth/Löwisch 166; kürzere Dauer auch bei grundlegender Änderung, etwa Verdopplung des Provisionssatzes, Karlsr 12.6.**84** HVR Nr 975, Heymann/Sonnenschein/Weitemeyer 75, aber zweifelhaft. Nach II ist nicht das tatsächliche Empfangene die Obergrenze, was nicht ohne Weiteres der Richtlinie Art 17 II 2b entspricht, aber im Hinblick auf den englischen Vertragstext noch haltbar sein dürfte, Emde 285.

Gleich ist, aus welchem Titel die einzelnen Provisionen verdient wurden, 50 BGH **55**, 45, zB sind solche auf Nachbestellungen (§ 87 I 1 Fall 2) voll mitzurechnen (aber zu § 89b I 1 Nr 2s Rn 35), BGH BB **57**, 1161. II bezieht demnach ausdrücklich **auch sonstige Vergütungen** ein. Bei Berechnung des Höchstbetrags nach II sind also nicht nur die Provisionen für Abschluss- und

§ 89b 51–55

Vermitt lungstätigkeit (so aber bei Berechnung der entgehenden Provisionen, I 1 Nr 2 Mittelsatz, Rn 27), sondern alle Provisionen und Vergütungen zu berücksichtigen, zB auch für Lagerhaltung, Inkasso und andere Dienstleistungen wie Delkredere (§ 86b), BGH **55**, 53, **56**, 227, BB **71**, 105, WM **77**, 115, Karlsr BB **82**, 275; auch **Überhangprovisionen,** die erst nach Vertragsende unbedingt und fällig werden (§ 87 Rn 2), BGH **133**, 391, Grund: sie sind bereits erzielt iSv § 87 und nicht künftig iSv I 1 Nr 1, str; zu Überhangprovisionen auch Emde WRP **10**, 846, BB **11**, 2764.

51 Provision heißt hier (wie sonst) **Bruttoprovision,** BGH **29**, 83, **56**, 250, **61**, 112, einerlei ob tatsächlich ausbezahlt, einredebehaftet oder verjährt, BGH NJW **82**, 236; ohne Abzug von Mehrwertsteuer, BGH **61**, 112, ohne Abzug von Betriebsausgaben, BGH **29**, 92, **41**, 134, ohne Abzug von Provisionen für Untervertreter, BGH WM **85**, 981 (aber s Rn 41); ohne Abzug von „Spesenzuschuss" oder Kostenerstattungspauschale, Kblz 2.7.**98** HVR Nr 883; rein durchlaufende Posten sind dagegen abzuziehen (vgl Rn 29), zB erstattete Mietkosten, erstattetes Lagergeld.

Beweislast für Höchstbetrag nach II liegt beim Unternehmer, Grund: Anspruchsbegrenzung, Ffm 30.1.**01** HVR Nr 954.

4) Entfallen des Ausgleichsanspruchs (III)

52 A. **Eigenkündigung des Handelsvertreters (III Nr 1):** Der **Ausgleichsanspruch entfällt** nach III in drei Fällen (abschließend, Rn 69), für die allesamt Billigkeitserwägungen ausschlaggebend waren, BGH **45**, 386, und auch bei der Anwendung maßgeblich sind, BGH BB **76**, 332;

53 nämlich erstens **nach III Nr 1 bei Kündigung durch den Handelsvertreter selbst** (Leitgedanke: Der HV hat dies selbst in der Hand; nicht recht stimmig, vgl Rn 2, 3, Verfassungsmäßigkeit s Rn 1). Die Art der Kündigung (ordentliche oder außerordentliche, §§ 89, 89a) macht hier keinen Unterschied. III Nr 1 gilt bei Kündigung des HV auch, wenn dann der Vertrag einvernehmlich früher beendet wird, BGH **52**, 14, VersR **60**, 1111, Hamm BB **87**, 1761; wenn der HV eine auflösende Bedingung herbeiführt. III Nr 1 gilt trotz Kündigung des HV **nicht,** wenn der Vertrag vorher beendet wird durch Tod des HV (s Rn 9), Ffm NJW **61**, 514, oder durch eine später ausgesprochene fristlose Kündigung des Unternehmers, Heymann/Sonnenschein/Weitemeyer 82, aA Kln 25.5.**59** HVR Nr 292. Lit: Saenger 1997; Noetzel DB **93**, 1557, Saenger DB **00**, 129.

54 Der Eigenkündigung steht gleich die (ohne Kündigung des Händlers beendende, BGH NJW **07**, 3494) Ablehnung der Verlängerung von HVVertrag mit Verlängerungsoption oder KettenHVVertrag, BGH NJW **96**, 848, aA Thume BB **98**, 1429. **Nicht gleich stehen:** Ablehnung eines späteren Verlängerungsangebots des Unternehmers, str; Ablehnung eines Folgevertrags nach Strukturkündigung, auf die Gründe für die Kündigung (zB rechtlich oder wirtschaftlich notwendige Restrukturierung des Vertriebs) und die Zumutbarkeit des Folgevertrags kommt es nicht an (aber Billigkeitsausgleich, s Rn 23), BGH NJW **07**, 3493), BGH NJW **07**, 3493 (analog für Vertragshändler), Ffm 1.2.**06** HVR Nr 1151, 1152, 5.4.**06** HVR Nr 1153, Saarbr 23.5.**07** HVR Nr 1243; einvernehmliche Vertragsaufhebung, Düss 4.8.**00** HVR Nr 947, auch auf Initiative (aber ohne Kündigung) des HV, BGH **52**, 12, BGH NJW **07**, 3493; Tod, auch Selbstmord des HV, BGH **41**, 131, **45**, 387, 60, 350 (vgl Rn 9, 53); Auflösung einer Vertretergesellschaft; automatisches Vertragsende ein Jahr nach Tod des maßgeblichen Geschäftsführers bei Möglichkeit, sich um Neuabschluss zu bewerben, Kln BB **97**, 61; Kündigung des Unternehmers wegen arglistiger Täuschung durch den HV (aber s Rn 64); Kündigung durch Dritten, der nach dem Vertrag ausschließlich für den HV handelt, BGH NJW **98**, 1070.

55 Von diesem Grundsatz des Entfallens bei Eigenkündigung des HV macht III Nr 1 **aber zwei Ausnahmen:** a) bei begründetem Anlass im Verhalten des

Unternehmers und b) bei Unzumutbarkeit der Fortsetzung für den Handelsvertreter wegen seines Alters oder wegen Krankheit. Liegt keine der beiden Ausnahmen vor, entfällt der Ausgleichsanspruch ohne weitere Billigkeitsabwägung (s Rn 69). Die Beweislast trägt insoweit der HV.

a) Erste Ausnahme: Der Ausgleichsanspruch entfällt nicht **bei begründetem Anlass im Verhalten des Unternehmers (III Nr 1 Fall 1).** 56

Verhalten ist weit zu verstehen, also nicht nur aktives Verhalten, sondern „Umstände, die dem Unternehmer zuzurechnen sind (Art 18 lit b EURi), Emde VersR **09**, 1483 8 (s Rn 24, 45). **Anlass** bedeutet entgegen dem Wortsinn **nicht Ursächlichkeit** (anders in III Nr 2 Mittelsatz, s Rn 66). Der Grund braucht nicht Motiv zur Eigenkündigung zu sein, nicht einmal Kenntnis des Kündigenden davon ist nötig (weitreichende Rechtsfolge des III), objektives Bestehen genügt, BGH **40**, 13. Der HV braucht bei Kündigung weder diesen noch anderen Grund zu nennen, Nachschieben genügt, ist aber nötig, BGH **40**, 14. Dieses **„Nachschieben"** ist hier ohne Weiteres zulässig (anders bei der Kündigung, § 89a Rn 13), Kln IHR **15**, 115, auch nach Ablauf der Ausschlussfrist des IV 2, Grenze aber nach § 242 BGB, BGH **40**, 18 (iErg noch nach über zwei Jahren zulässig). Richtiger kommt es auf Verwirkung an (vgl Rn 80).

Begründeter Anlass ist weniger als ein wichtiger Kündigungsgrund iSv § 89a. 57 Es genügt, wenn der HV durch ein Verhalten (Tun oder Unterlassen) des Unternehmers in eine für ihn nach Treu und Glauben nicht haltbare Lage kam, BGH **40**, 15, NJW **67**, 2153, **87**, 778, **96**, 848, **15**, 3373 Rn 34, Kln IHR **15**, 113 (i Erg abl). Auch unverschuldetes, sogar rechtmäßiges Verhalten des Unternehmers genügt, BGH **52**, 8, **15**, 3373 Rn 34, aber HV kann nicht sein unternehmerisches Risiko einseitig auf den Unternehmer verlagern, Kln DB **07**, 517, Mü MDR **17**, 467. Das Merkmal des Unternehmerverhaltens ist weit auszulegen, Emde BB **15**, 166 mit Bsp. Auch vom Unternehmer nicht verschuldete, aber ihm zuzurechnende Umstände (Unternehmersphäre) sind darunter zu fassen, zB Betriebsstilllegung, Produktionseinschränkung, erhebliche wirtschaftliche Schwierigkeiten, BGH **52**, 8, NJW **76**, 671, Nürnbg 28.1.**11** HVR Nr 1322, Emde 305. Begründeter Anlass seitens des Unternehmers reicht aus, auch wenn der HV selbst Anlass gegeben hat; eigenes Verhalten des HV ist nur nach Billigkeit mitzuberücksichtigen, etwa wenn sich HV erst Jahre später darauf beruft, BGH BB **89**, 1076. Begründeter Anlass nur zur ordentlichen Kündigung des HV genügt, auch wenn HV unwirksam fristlos kündigt, BGH **91**, 321. Nur vermeintlich begründeter Anlass reicht nicht aus, doch mag der Unternehmer durch sein Verhalten Anlass zur Fehlbeurteilung gegeben haben, was genügt; ganz ohne Anlass seitens des Unternehmers kann die Ausnahme nicht vorliegen, zT aA Saenger.

Beispiele: S zunächst alle wichtigen Kündigungsgründe des HV, die aus der 58 Unternehmersphäre resultieren (§ 89a Rn 22); ferner (auch wenn sie für fristlose Kündigung des HV nicht ausreichen würden) zB unberechtigte Verkleinerung des Bezirks, Düss 21.6.**55** HVR Nr 77; (idR) unberechtigte (daher unwirksame) Kündigung durch den Unternehmer, BGH NJW **67**, 248; auch schon deren Ankündigung, dann auch Aufgabe einer Suchanzeige für den Nachfolger, sonst nicht; erhebliche Produktionseinschränkung und Übergang zur Lohnproduktion, BGH NJW **67**, 2153; Freistellung ohne finanzielle Entschädigung, BGH NJW **15**, 3373 Rn 35; erhebliche wirtschaftliche Schwierigkeiten des Unternehmers (Rn 57); schleppende Provisionszahlung; wesentliche Einschränkung der Unabhängigkeit des HV zB durch überzogene Berichtsanweisungen; Interessenkollision für HV aus Sortimentserweiterung des Unternehmers, BGH NJW **87**, 778, VersR **61**, 52, Küstner/Thume/Schürr Bd 1 Kap III Rn 84 (§ 86 Rn 27); bei Relevanz für das HVVerhältnis, zB Befürchtung sachfremder Erwägungen, auch privates Verhalten eines Vorstandsmitglieds des Unternehmens, Düss NJW **64**,

§ 89b 59–64   1. Buch. Handelsstand

1963. **Nicht**: Nichtfortzahlung (freiwilliger) Betriebszuschüsse für defizitären Tankstellenbetrieb, Kln DB **07**, 517; Reduzierung der Tankstellenpacht zwecks ausreichenden Gewinns des HV, Mü MDR **17**, 467. Einführung des zentralen Direktinkassos in der Versicherungswirtschaft, Küstner/Thume/Thume Bd 2 XI 104 ff.

59 Für **Untervertreter** kann der begründete Anlass im Verhalten des HV auch auf den Unternehmer zurückgehen, zB Gebietsverkleinerung oder teilweise Einstellung des Geschäftsbetriebes, BGH BB **70**, 101; Unterlassen des HV, nach Kündigung durch Unternehmer dem Untervertreter Vertragsfortsetzung zu angemessenen Bedingungen anzubieten, BGH **52**, 8, dies auch wenn Kündigungsmotiv für den Untervertreter Angebot des Unternehmers war, unmittelbar für ihn zu arbeiten (dann aber I 1 Nr 2), BAG BB **85**, 226.

60 **b) Zweite Ausnahme**: Der Anspruch des HV entfällt auch dann nicht, wenn ihm eine **Fortsetzung seiner Tätigkeit wegen seines Alters oder wegen Krankheit nicht zugemutet** werden kann **(III Nr 1 Fall 2)**. Ursächlichkeit für Kündigung ist nicht nötig, Nachschieben ist möglich (wie bei III Nr 1 Fall 1, Rn 56), Ebenroth/Löwisch 60, aA K/W/Wauschkuhn 241: Grund muss in Kündigungserklärung genannt werden. III Nr 1 Fall 2 kommt auch in Betracht bei HVPersonenGes, KG 22.2.**85** HVR Nr 659, etwa wenn phG der VertreterKG aufhört, str; nicht anwendbar auf HVGmbH, Hamm 12.7.**82** HVR Nr 569, Mü 19.1.**06** HVR Nr 1168, anders, wenn das Vertragsverhältnis mit der Person des Geschäftsführers steht und fällt, Mü NJW-RR **03**, 541, auch LG Bln bei Emde BB **11**, 2768, weitergehend für EinmannGmbH uä Thume BB **99**, 2340, Westphal BB **99**, 2518.

61 **Alter**: Unzumutbarkeit ist idR mit Erreichen des allgemeinen Renten- bzw Pensionsalters anzunehmen, Düss 11.5.**01** HVR Nr 1078, 12.3.**04** HVR Nr 1085, 15.11.**12** HVR Nr 1365, doch können im Einzelfall Ausnahmen bestehen. Die Eigenkündigung des HV wird bei Alter idR fristgemäß sein müssen, unwirksame fristlose Kündigung lässt aber Ausgleichsanspruch nicht entfallen, vgl BGH **91**, 312 (zu III Nr 1 Fall 1).

62 **Krankheit**: Die Störung des Gesundheitszustandes muss schwerwiegend, von nicht absehbarer Dauer und mit Ersatzkräften nicht behebbar sein und so die HVTätigkeit nachhaltig hindern, BGH WM **93**, 1681. Schwerbehinderteneigenschaft ist bloßes Indiz. Berufsunfähigkeit ist aber nicht nötig. Gleichzusetzen sind entsprechende Gebrechen des HV, insbesondere eine unfallbedingte Berufsbehinderung; nur diese Auslegung entspricht EURecht (s § 84 Rn 3). Spätere Eigentätigkeit trotz Krankheit berührt III Nr 1 Fall 2 nicht, aber § 89b I Nr 3, BGH WM **93**, 1681: Unzumutbarkeit entfällt nicht, wenn HV eine von zwei Vertretungen weiterbetreibt, er braucht seinen Beruf nicht vollständig aufzugeben, Düss 11.5.**01** HVR Nr 1078. Bei dauernder, unerwarteter Krankheit kann auch fristlose Kündigung in Frage kommen (§ 89a Rn 20), für III Nr 1 Fall 2 spielt die Art der Kündigung aber keine Rolle. Lit zu III Nr 1 Fall 2: Küstner BB **76**, 630 zur aF.

63 B. **Kündigung durch den Unternehmer (III Nr 2)**: Der **Ausgleichsanspruch entfällt** zweitens nach III Nr 2 **bei Kündigung des Unternehmers, sofern ein wichtiger Grund wegen schuldhaften Verhaltens des Handelsvertreters vorliegt**.

64 **Kündigung des Unternehmers**, einerlei ob ordentlich oder außerordentlich (§§ 89, 89a), BGH NJW **58**, 1967, WM **75**, 856, KG 15.9.**94** HVR Nr 811. Kündigung ist auch hier grundsätzlich unerlässlich, BGH **91**, 324; offen, ob sonst uU analog, BGH NJW **90**, 2890. Anfechtung wegen arglistiger Täuschung durch HV steht gleich (vgl Rn 8), aA Saenger 18. Bei Vorliegen eines wichtigen Grundes (Rn 65; wegen notwendiger Ursächlichkeit hier kein Nachschieben, s Rn 66) soll III Nr 2 aber auch dann gelten, wenn der Unternehmer den Vertrag

7. Abschnitt. Handelsvertreter 65–67 § 89b

(der wiederholt verlängert worden war und wieder verlängert werden sollte) nicht wieder verlängert, BGH **24**, 34; wenn der Vertrag statt der Kündigung einvernehmlich beendet wird, Nürnb BB **59**, 318, str; zu Recht zurückhaltend Emde 321. Die Rspr zu III Nr 1 liegt anders (Eigenkündigung des HV, Rn 53) und ist nicht übertragbar. Falls III Nr 2 mangels Kündigung abgelehnt wird, ist der wichtige Grund jedenfalls unter I 1 Nr 2 (Billigkeit) zu berücksichtigen, BGH NJW **58**, 1967 (s Rn 34).

Der wichtige Grund (Begriff wie in § 89a Rn 6 ff, BGH WM **85**, 982, NJW 65 **99**, 947, **00**, 1866, NZG **09**, 312) muss in einem **schuldhaften Verhalten des Handelsvertreters** bestehen. Nicht jede wirksame Kündigung aus wichtigem Grund führt also zum Verlust des Ausgleichsanspruchs. **III Nr 2 ist zugunsten des HV wesentlich enger als § 89a**, wonach ein wichtiger Grund zur **Kündigung eben nicht immer Verschulden des HV voraussetzt**, BGH **40**, 15, NJW **00**, 1868, Mü 7.3.**01** HVR Nr 990. Verschulden des HV selbst ist nötig (§ 276 BGB), § 278 BGB gilt hier nicht (anders zu § 89a Rn 17), BGH **29**, 278, NJW **07**, 3068, außer wenn der Dritte als HV für den Unternehmer tätig werden sollte. **Beweislast** liegt beim Unternehmer, Mü BB **97**, 1553, 24.11.**04** HVR Nr 1165 (vgl § 89a Rn 11).

Die **Kündigung und der wichtige Grund** müssen **kumulativ** vorliegen. 66 Nach der früher hL und Rspr brauchte die Kündigung nicht wegen dieses Grundes zu erfolgen (Wortlaut „und"), für III Nr 2 war also keine Ursächlichkeit notwendig, vgl BGH **24**, 35, **40**, 15, **48**, 222, 30.6.**69** HVR Nr 399. Dies ist aber mit Art 18 lit a EU-Ri („wegen eines schuldhaften Verhaltens des HV beendet") nicht vereinbar. In richtlinienkonformer Auslegung (§ 84 Rn 3) ist deshalb **Ursächlichkeit des wichtigen Grundes für die Kündigung** zu verlangen, EuGH BB **10**, 3045 (Volvo Car, auf Vorlage BGH BB **10**, 335m Anm Salomon/Wegstein) m krit Anm Ayad 3048, BGH WM **11**, 620 (Vertragshändler, § 84 Rn 3), Kblz NJW-RR **07**, 1045, Rstk NJW-RR **09**, 1631, Semler GWR **10**, 565, Koch ZIP **11**, 1756, Canaris § 15 Rn 119, auch für VersVertreter, obwohl die EU-Ri nur für HV gilt, Rstk NJW-RR **09**, 1631, Grund: § 92 II. Das bedeutet zugleich, dass unter III Nr 2 **kein Nachschieben** möglich ist, Oetker/Busche 39, K/W/Wauschkuhn 252; das ist anders als zu III Nr 1 (s Rn 56, 60), der Unterschied in III Nr 1 (Rn 56) ist aber hinnehmbar. Falls III Nr 2 mangels Ursächlichkeit entfällt, bleibt Berücksichtigung bei der Billigkeitsprüfung nach I 1 Nr 2 (s Rn 64), Folge dann flexibler, uU Entfallen nur teilweise statt ganz.

Beispiele: alle wichtigen Kündigungsgründe des Unternehmers, die der HV 67 verschuldet hat (§ 89a Rn 17), also wesentliche Vertragsverletzungen des HV, zB Beleidigung, Celle BB **63**, 711, und insbesondere unzulässiger Wettbewerb (§ 89a Rn 19), BGH NJW **84**, 2101, Bambg BB **79**, 1000, Düss 9.11.**01** HVR Nr 1044. Schädigung des Unternehmers dadurch ist nicht nötig, doch kann dann Unzumutbarkeit fehlen, BGH **129**, 295 (sogar bei Insolvenz des HV). **Nicht** genügen dagegen alle wichtigen Kündigungsgründe des Unternehmers, die der HV nicht verschuldet hat (vgl § 89a Rn 20), so uU Insolvenz des HV, Mü ZIP **06**, 1916 LS, oder die aus der Sphäre des Unternehmers resultieren (§ 89a Rn 21); Verdachtskündigung, BGH **29**, 276; Druckkündigung; Kündigung wegen Unterlassens einer dem HV nahegelegten technischen Weiterbildung, LG Charl 6.4.**55** HVR Nr 80; erst später durch Erbfall eingetretene Wettbewerbskollision, Zweibr 19.1.**65** HVR Nr 327 (§ 86 Rn 28); Verweigerung von Mitteilungen in der vom Unternehmer gewünschten Form, BGH WM **88**, 33; bevorstehende Übernahme einer anderweitigen Haupttätigkeit, Düss 2.11.**01** HVR Nr 1043; bloßes Verschulden von Angestellten des HV, BGH **29**, 278, anders Verschulden des Ehemanns, der nach Vereinbarung mit dem Unternehmer allein als Vertreter der Ehefrau (HV) tätig war, BGH BB **64**, 409.

§ 89b 68–70   1. Buch. Handelsstand

68   **C. Einverständlicher Eintritt eines Dritten (III Nr 3):** Der Anspruch **entfällt** drittens nach III Nr 3 (neu 1990, s § 84 Rn 3), wenn **ein Dritter anstelle des Handelsvertreters in das Vertragsverhältnis eintritt** und dies **auf Grund einer Vereinbarung zwischen dem Unternehmer und dem Handelsvertreter** geschieht (Vertragsübernahme, § 86 Rn 18). Die Parteien können also die Nachfolge und die dabei anfallende Vergütung des HV frei regeln, um Doppelzahlungen zu vermeiden. Entscheidend ist die **Eintrittsvereinbarung,** Eben roth/Löwisch 68. Ob und zu welchen Bedingungen eine solche Vergütungsregelung getroffen wurde, ist für III Nr 3 grundsätzlich nicht maßgeblich (aber s Rn 70 aE), str. Die Vereinbarung kann aber **nicht vor Vertragsende** getroffen werden, denn ein Ausschluss der Vergütung des HV durch AGB soll verhindert werden (AmtlBegr). III Nr 3 setzt voraus, dass der HVVertrag als solcher fortbesteht (und trotzdem Beendigung iSv I 1, nämlich Ausscheiden des alten HV, vorliegt, vgl Rn 7), Vertragsänderungen schaden aber nicht. III Nr 3 liegt tatbestandlich nicht vor, wenn der Unternehmer den Vertrieb statt durch HV durch eigene Angestellte organisiert. Ist III Nr 3 nicht erfüllt, kommt (befreiende) Schuldübernahme des Nachfolgers in Betracht, aber erst nach Vertragsende (Rn 75). Von der Eintrittsvereinbarung zu unterscheiden ist die **Einstandsvereinbarung** (Zahlung des HV an Unternehmer für die Vertretung, s Rn 70), Naumbg 31.3.04 HVR Nr 1239, und **Abwälzungsabrede** (Erstattung der Zahlungen des Unternehmens vom alten HV durch den neuen). Auslegung der Einstandsvereinbarung (Amortisierung bei kurzer Vertragsdauer), BGH MDR **68**, 918, NJW **85**, 59, Kblz NJW-RR **07**, 1046, Düss 15.11.**12** HVR Nr 1365m Anm Lentrodt BB **13**, 788, Grenze § 138 BGB. Unternehmenswert der HVVertretung nach Substanzwert, da persönliche Leistung des HV, Hamm NJW-RR **11**, 1443, fraglich (Einl 36 vor § 1), jedenfalls Ausnahmen. Zu § 25s § 86 Rn 18. Lit: Kiene 2004; Küstner/von Manteuffel BB **90**, 1713, Thume BB **91**, 490, Kiene NJW **06**, 2007, Ensthaler BB-Special 3/**07**, 1, Ensthaler/Würmann BB **08**, 230 (krit zur hL), Thume BB **09**, 1026 (Abreden).

69   **D. Abschließende Regelung:** III regelt das Entfallen des Ausgleichsanspruchs **abschließend** (abweichende Vereinbarungen s Rn 70). III ist **eng auszulegen** und nur begrenzt analogiefähig, BGH **45**, 387, **52**, 12, **129**, 294, NJW **89**, 35, **98**, 1070, **00**, 1868, **07**, 3495m Anm Bieder 3471. Aber eine durch dreiseitigen Vertrag zwischen Unternehmer, HV und Nachfolger vereinbarte Vertragsübernahme steht gleich, str. Alle sonstigen, dh nicht zur Rechtsfolge von III führenden Umstände der Vertragsbeendigung sind schon nach I 1 Nr 3 (Billigkeit) zu berücksichtigen, BGH **41**, 131, NJW **07**, 3495. Eine wegen anderweitiger Beendigung des HVVertrags nicht mehr wirksam gewordene Kündigung des Unternehmers aus wichtigem Grund ist also nicht nach III, sondern nur nach I 1 Nr 2 berücksichtigbar, BGH **129**, 294, NJW **07**, 3493. Geschäftsaufgabe des HV oder Insolvenz nach Beendigung des Vertragsverhältnisses berühren den Ausgleichsanspruch nicht, s Rn 7, 29. Soweit Anspruch nach III nicht besteht, ist auch keine weitere Billigkeitsabwägung nach I 1 Nr 2 möglich und auch nicht nötig (s Rn 52, 45). Übersicht: Bieder NJW **07**, 3471.

5) Abweichende Vereinbarungen, Ausschlussfrist (IV); Verwirkung

70   **A. Zwingendes Recht (IV 1):** Der Anspruch ist **nicht im Voraus ausschliessbar,** auch nicht bei Vertragshändler (§ 84 Rn 12). Ob der HV des Schutzes im Einzelfall nicht mehr bedarf, ist irrelevant (Grund: Rechtssicherheit wie in § 90a, s dort Rn 27), BGH NJW **90**, 2889, **96**, 2867, NJW **16**, 3439 Rn 28 mAnm Lilje ZVertriebsR **16**, 302. **Im Voraus** bedeutet: vor Beendigung des Vertrags, auch nur wenige Tage vor Beendigung, BGH **55**, 126, NJW **96**, 2867, **16**, 3439 Rn 28 (vgl § 90a Rn 11); nicht schon Freistellung, Hamm 6.7.**01** HVR Nr 1021. Unwirksam ist danach der vorherige Verzicht des HV, BGH

516   *Hopt*

WM **75**, 856, also Vertragsschluss, nicht schon Angebotsabgabe, Stgt 14.9.95 HVR Nr 837; auch bei gleichzeitiger Aufhebung des HVVertrags und sofortiger Freistellung, BGH NJW **90**, 2889; auch wenn die gleichzeitig vereinbarte Auflösung erst später wirksam werden soll, BGH NJW **96**, 2868, **16**, 3439 Rn 28; wenn die vereinbarte Zahlung von 50 % der Gesamtvergütung des Tankstellenhalters für Verwaltung (Rn 28), BGH **152**, 121, WM **03**, 491, auch schon 40 %, BGH BB **10**, 1686, nichtig nach **(5)** BGB § 307 I 1, da nur scheinbare Entgeltvereinbarung, aber vertragliche Absprache grundsätzlich möglich, BGH BB **10**, 1686; erst recht völlige Ersetzung der Vermittlungsprovision des Versicherungsvertreters durch Verwaltungsprovision (s Rn 91, str), BGH WM **06**, 1788; vereinbarte Abgeltung durch Nachprovision oder sonstige nach Vertragsende zahlbare, vom Ausgleich nach § 89b abweichende Vergütung, Bsp: Abbedingung des Ausgleichsanspruchs wegen Alterssicherung unter Ausschluss der Billigkeitsprüfung nach I 1 Nr 3 (s Rn 39), BGH **153**, 6 (wie Vorinstanz Mü DB **01**, 1066), NJW **03**, 1244. **Ausschließen** bedeutet nicht nur Totalausschluss, unwirksam ist auch Abrede, durch die der Anspruch im Ergebnis mehr oder weniger eingeschränkt wird, BGH **55**, 126, **58**, 65, **152**, 133, **153**, 12, NJW **16**, 3439 Rn 28, Celle 18.4.02 HVR Nr 1041, unter Verstoß gegen IV 1 zugesagter Ausgleich als Mindestforderung, Hamm IHR **14**, 231 (niedrigere „Grundsätze", vgl Rn 86). Abreden, welche Umstände im Rahmen der Billigkeitsprüfung, auch anspruchsmindernd, maßgeblich sein sollen, sind zulässig, BGH **153**, 13, Kln VersR **97**, 616, aA Küstner BB **94**, 1592. Gegen jede AGB über Anrechnung der Rente auf Ausgleichsanspruch, da Billigkeitsprüfung nur individuell möglich, Graf von Westphalen NJW **03**, 1989. **Anrechnung** einer Vergütung auf künftigen Ausgleichsanspruch ist iZw unwirksamer Verstoß gegen IV 1, BGH NJW **16**, 3439; Anrechnung von Vorauszahlungen auf künftigen Ausgleichsanspruch, wenn nicht rückzahlbar und aufgeschlüsselt, anders bei echter Zusatzleistung, Mü 3.5.00 HVR Nr 987; Anrechnung von Sondervergütungen und Kostenvorschüssen, Kblz 21.10.55 HVR Nr 76 oder eines Teils der laufenden Vergütung, außer wenn auch ohne Verrechnungsabrede keine höhere Provision vereinbart worden wäre (echte Vorauserfüllung, nur unter mehreren, engen, vom Unternehmer zu beweisenden Voraussetzungen), BGH **58**, 60, Düss 6.2.04 HVR Nr 1084; je nachdem auch bei HVRotationssystem (s Rn 29), BGH **141**, 248, NJW **85**, 859, aA Küstner FS Trinkner **95**, 193, dort auch zu anderen (unwirksamen) Umgehungsgestaltungen; **Einstandszahlung** an den Unternehmer (s Rn 68) nicht schon bei Stundung, aA Küstner ebenda, aber bei Umgehung durch überhöhten Übernahmepreis, BGH NJW **83**, 1727, Schlesw 18.2.00 HVR Nr 998, Celle 13.12.01 HVR Nr 1038, Düss OLGR **03**, 183, Naumbg 31.3.04 HVR Nr 1239 (iErg abl), Mü OLGR **97**, 76, Saarbr 30.8.13 HVR Nr 1389; überhöht ist der Übernahmepreis mangels reellen Gegenwerts bzw gewichtiger Vorteile, zB Besonderheiten bei Vertragsdauer oder Provision oder Bestimmung, dass der Altkundenstamm ausgleichsrechtlich als vom HV selbst geworden gilt, Saarbr 30.8.13 HVR Nr 1389.

Unwirksam ist nicht nur die quantitative Beschränkung des Ausgleichsanspruchs, sondern auch sonstige von der gesetzlichen Regelung abweichende Vereinbarungen, die für den HV **nachteilig** sind, Mü 20.10.04 HVR Nr 1124, zB jedwede andere Berechnung, Nichtberücksichtigung des übernommenen Kundenstamms trotz Bezahlung eines Entgelts für diesen durch den HV, Mü BB **05**, 630m Anm Semler 965, Beschränkung der Vererblichkeit; Hinausschieben der gesetzlichen **Fälligkeit** (iZw sofort, § 271 I BGB), etwa Fälligkeit des Ausgleichsanspruch erst nach Anerkenntnis oder Zahlung in drei Jahresraten, aA Oldbg BB **73**, 1281, Veränderung der Beweislast. **Zulässig** unter IV 1 sind Vereinbarungen, die die Rechte des HV in keiner Weise antasten, sowie Vereinbarungen, auch für den HV nachteilige, über **nicht in § 89b geregelte Rechte,** zB Provision, Kündigung, betriebliche Altersversorgung, BGH NJW

§ 89b 72–75

03, 3350, ZIP **17**, 775 (Wahlrecht des HV zwischen Ausgleich und Altersversorgung); das gilt jedenfalls nach Aufhebung von § 88 aF auch für Abkürzung der Verjährung, Ebenroth/Löwisch 175.

72 Für den Fall der Kündigung nach Unfall des HV kann Ausgleich nicht von **Abtretung eines Schadensersatzanspruchs** des HV gegen den Verletzer abhängig machen werden, BGH **41**, 296, Grund: nicht mit Lohnfortzahlung (§ 616 BGB) vergleichbar (vgl Rn 2).

73 **Abwälzung auf Nachfolgervertreter** ist, soweit der Unternehmer von der Ausgleichszahlung befreit werden soll, im Vorhinein unwirksam; selbst bloße Pflicht zur Vorweginanspruchnahme des Nachfolgers entsprechend § 771 BGB. Schuldbeitritt des Nachfolgers oder Erfüllungsübernahme (§ 329 BGB) sind dagegen möglich, da sie den Unternehmer nicht befreien; BGH BB **67**, 935, DB **68**, 1486. Ebenso diesbezügliche Einstandszahlungsvereinbarungen zwischen dem Unternehmer und dem Nachfolger, häufig gegen Neukundenregelung (Anerkennung der Altkunden als vom Nachfolger geworbene Neukunden), letztere auch konkludent, Mü 8.8.**01** HVR Nr 991; Rückzahlung bei vorzeitiger HVVertragsbeendigung, Mü BB **97**, 222, 1553. Vereinbarungen zwischen dem HV und dem Unternehmer über den Vertragseintritt eines Dritten anstelle des HV sind vor Vertragsende unwirksam (so schon III Nr 3 letzter Halbs, Rn 68).

74 **Abweichende Vereinbarungen** sind dagegen **nachher oder gleichzeitig mit** einvernehmlicher **Vertragsbeendigung** zulässig, BGH **51**, 188, BB **69**, 107, WM **75**, 856, Mü 2.3.**98** HVR Nr 890, auch konkludent, BGH NJW **89**, 35; entscheidend ist der Zeitpunkt der Bindungswirkung des Verzichts (Aufhebungsvertrag), BGH NJW **96**, 2867, Kln 20.1.**06** HVR Nr 1163. Zulässig sind auch Ausschluss vor Ablauf der Kündigungsfrist, aber nach einvernehmlicher Einstellung der Tätigkeit, BGH **55**, 124; auch in einem Vergleich nach fristloser Kündigung des Unternehmers bei Vereinbarung kurzen Weiterlaufens des Vertrags, BGH BB **62**, 655 (nicht bei bloßer Ersetzung eines Vertrags durch einen anderen, BGH NJW **67**, 248 anlässlich Übertragung eines anderen Bezirks); Ausdehnung auf weitere Fälle, zB Kündigung durch HV selbst, mag im beiderseitigen Interesse an einheitlicher Abschlussregelung liegen, ist aber für den HV typischerweise gefährlich und deshalb nicht anzuerkennen (vgl Rn 70). Gestaltungsmöglichkeiten, Mann ZVertriebsR **17**, 25.

75 **Schuldübernahme des Nachfolgers:** Tritt der Dritte auf Grund einer (erst nach Vertragsende möglichen) Vereinbarung zwischen dem Unternehmer und dem HV an dessen Stelle in das Vertragsverhältnis ein (nicht nur Schuldübernahme betr Ausgleichsanspruch), dann entfällt der Ausgleichsanspruch des HV gegen den Unternehmer nach III Nr 3 (Rn 68) und es ist Sache des HV, in der Vereinbarung seinen Ausgleich sicherzustellen. Sind die Voraussetzungen des III Nr 3 nicht erfüllt, kann der dann bestehen bleibende Ausgleichsanspruch nach allgemeinen Grundsätzen (Schuldübernahme, §§ 414 ff BGB) mit Zustimmung des Ausgeschiedenen (bzw seiner Erben) vom Unternehmer auf den Nachfolger abgewälzt werden, wegen IV 1 aber mit Vereinbarung erst nach Vertragsende (Rn 73f), BGH BB **68**, 927, NJW **75**, 1926, **89**, 36 (iErg abl). Der Nachfolger haftet dann auch, wenn er bald selbst ausscheidet, kann aber einen Anspruch gegen den Unternehmer auf teilweise Erstattung haben (§§ 133, 157 BGB), BGH DB **68**, 1486, NJW **75**, 58, Mü BB **97**, 223; aber keine Erhöhung des eigenen Ausgleichsanspruchs (s Rn 12). Einstandszahlungsvereinbarungen zwischen dem Unternehmer und dem Nachfolger ohne Schuldübernahme s Rn 73. Vereinbarungen zwischen dem HV und seinem Nachfolger, zB über Beteiligung an späteren Provisionen oder „Übertragung" der Vertretung gegen Entgelt, vgl BFH BB **91**, 49, werden durch IV nicht berührt, BGH NJW **75**, 1926, Hamm BB **80**, 1819. Lit: Emde 367ff; Schröder DB **69**, 291, Eberstein BB **71**, 200, Küstner/von Manteuffel BB **90**, 1713, Thume BB **91**, 490, Sturm/Liekefett BB **04**, 1009.

7. Abschnitt. Handelsvertreter 76–80 § 89b

Unwirksame Klausel kann, wenn gemeinsame Vorstellung der Parteien, vom 76 Gericht bei Billigkeitsprüfung (s Rn 31) mitberücksichtigt werden, Kln VersR **01**, 1377. **Teilaufrechterhaltung** zugunsten des HV durch ergänzende Auslegung ist möglich, BGH WM **91**, 198. Klausel über tatsächliche Voraussetzungen der (fristlosen) Kündigung bleibt unberührt, BGH BB **92**, 1162. Der Einwand der **unzulässigen Rechtsausübung** bleibt wie immer möglich (§ 242 BGB), KG NJW **61**, 125, aber nicht schon, wenn der HV die unwirksame Vereinbarung in völliger Freiheit eingegangen ist, aA Schlegelb/Schröder 34a. **Aufrechnung** des gestundeten Übernahmepreises gegen Ausgleichsanspruch ist zulässige Erfüllung (§ 389 BGB), BGH NJW **83**, 1728. Für **ausländische** HV und Schifffahrtsvertreter gilt IV nicht (§ 92c). IV steht auch der Wahl eines fremden Rechts (ohne Ausgleichsanspruch) nicht entgegen (§ 92c Rn 10).

B. **Ausschlussfrist (IV 2); Verjährung:** Der Anspruch unterliegt nicht nur 77 der Verjährung (vgl § 87 Rn 52, 53), Kenntnis nach § 199 I Nr 2 BGB frühestens am Tag nach Vertragsbeendigung, idR nach letzter Abrechnung nach § 87c und angemessener Prüfungszeit, Emde VersR **09**, 894), sondern einer **Ausschlussfrist von einem Jahr** ab Vertragsende (IV 2; neu 1990, früher drei Monate, s § 84 Rn 3). IV 2 schließt vertragliche Verkürzung im Voraus aus, nicht aber Verlängerung, Emde 277. Fristlauf ab Tag nach Vertragsende (§ 187 I BGB). **Geltendmachung** durch den Anspruchsinhaber oder in seinem Namen, geschäftsähnliche Handlung, ohne besondere Form, außergerichtlich oder durch Klage, BGH **53**, 332, Düss 4.8.00 HVR Nr 947; Auslegung, BGH ZIP **17**, 775 Rn 44; auch ohne Bezifferung (für späteren Klagantrag s Rn 81), BGH **50**, 86, Mü VersR **10**, 344, aber eindeutig und unmissverständlich, Düss 14.4.00 HVR Nr 944. Dazu genügt Hinweis auf die aus der Kündigung folgenden gesetzlichen Rechte (deren wichtigstes eben Ausgleich ist), BGH **50**, 88, § 89b braucht nicht genannt zu werden, Mü VersR **10**, 344; nicht aber bloßes Nichteinverständnis unter Vorbehalt weiterer Schritte, wenn Unternehmer kündigt und erklärt, ein Ausgleichsanspruch bestehe nicht, BGH BB **69**, 1370.

Geltendmachung ist schon **vor Vertragsende** möglich (Fristlauf aber erst ab 78 Vertragsende, Rn 77), zB im Kündigungsschreiben des HV selbst, BGH **40**, 18, in der Erwiderung auf die Kündigung des Unternehmers, KG NJW **60**, 631, in Anwaltsschreiben während der Verhandlung, die zum Vertragsende führte, BGH **50**, 89. Vertragsende muss aber absehbar sein, vorheriger Vorbehalt ist wirkungslos (Grund: Zweck der Frist), Düss 14.4.00 HVR Nr 944.

Fristablauf: Keine **Hemmung** bei nebenberuflicher Weitervertretung 79 (§ 92b), Nürnb BB **58**, 1151, jedoch Nachlassablaufhemmung entspr § 211 BGB, BGH **73**, 99. Ferner gilt § 193 BGB, der für Willenserklärungen und Leistungen den Fristablauf auf den einem Samstag, Sonntag oder staatlich anerkannten allgemeinen Feiertag folgenden Werktag verschiebt.

Mit Fristablauf ist der Anspruch **erloschen,** also auch keine Aufrechnung mehr mit dem Anspruch, Karlsr WM **85**, 237. Die Frist ist unerheblich nach Anerkennung des Anspruchs (auch nur dem Grunde nach) durch den Unternehmer, BGH BB **65**, 434, WM **06**, 1789. Keine Berufung auf Fristablauf bei **treuwidrigem** Abhalten von rechtzeitiger Geltendmachung (§ 242 BGB), BGH WM **87**, 21, zu weitgehend Karlsr WM **85**, 235 (Insolvenzverwalter). Das Erlöschen ist von Amts wegen zu berücksichtigen.

C. **Verwirkung:** Verwirkung ist illoyale Verspätung (vgl § 85 Rn 7, § 87c 80 Rn 19). Sie ist vor Ablauf der Jahresfrist nach IV 2 praktisch kaum vorstellbar, Emde 479, aber wenn HV nach Geltendmachung den Anspruch nicht weiter verfolgt, Kln 8.11.**12** HVR Nr 1381 (2 Jahre 7 Monate). Bloße auch längere Untätigkeits des HV reicht keinesfalls aus, Düss 10.10.**58** HVR Nr 184, Nürnb 13.12.**62** HVR (Nr 342 (6 Monate). Allgemeiner für § 89b Verwirkung ablehnend Ebenroth/Löwisch 28.

§ 89b 81–85

6) Prozess

81 Die **Klage aus § 89b** ist je nach Streitwert, dazu Schneider BB **76**, 1298, vor dem AG oder LG, dort ggf auch vor der KfH (§ 84 Rn 45). Auch Teilklage, Stgt ZVertriebsR **15**, 297 mAnm Emde. **Unbezifferter Zahlungsantrag**, der die Höhe des Ausgleichs in das Ermessen des Gerichts stellt, ist zulässig, vgl BGH NJW **92**, 311, doch nur mit Angabe der Tatsachengrundlagen für Bezifferung und der Größenordnung des Anspruchs, Düss 8.2.77 HVR Nr 504, Einzelheiten str, Meyer ZVertriebsR **14**, 356, Emde BB **15**, 1671, vgl Kommentare zu § 253 ZPO. Bloße Feststellungsklage scheidet idR aus. Vorprozessuales Anerkenntnis kann uU kondiziert werden, dann aber Umkehr der Beweislast, Kblz 2.7.98 HVR Nr 883.

82 Klage aus § 89b kann durch **Klage auf Auskunft** (§ 242 BGB) vorbereitet werden, BGH NJW **96**, 2100, Mü VersR **10**, 344, Oldbg NJW-RR **14**, 814, zB über die in den letzten fünf Jahren gezahlte Provision (mit Streitwert von etwa 20 % des Werts der vorbereiteten Ansprüche), BGH BB **60**, 796, **Stufenklage** (§ 87c Rn 28); aber keine Auskunft über Provisionsansprüche, die der HV hat verjähren lassen, BGH NJW **82**, 236, **96**, 2100; vor Reform 2009 (s Rn 1) auch nicht über die weitere Entwicklung der vom HV vermittelten Verträge (Grund: irrelevant wegen Prognose nach § 89b), BGH NJW **96**, 2100, nunmehr wegen Relevanz für die Unternehmervorteile und Billigkeit (s Rn 24, 26) aber doch, Semler BB **09**, 2328, Emde BB **10**, 2448, uU sekundäre Darlegungslast des Unternehmers über seine Vorteile, Thume IHR **11**, 13; über die künftigen entgehenden Provisionen, soweit für die Prognose (Schätzung) nicht erforderlich, Hamm VersR **01**, 1154 (VersVertreter). Auskunftszeitraum idR zwischen drei und fünf (II) Jahren, Oldbg NJW-RR **14**, 814. Zum Auskunftsrecht Wolff BB **78**, 1246. Bei gleichzeitiger Beendigung der Verträge des HV und des Untervertreters (vgl § 84 III) bedarf dieser nicht stets der Auskunft über den Ausgleich, den der HV vom Unternehmer empfing; für seine Klage genügt zB Angabe seiner Umsätze in den letzten fünf Jahren (vgl II) und Darlegung der Billigkeitsgründe (vgl I 1 Nr 2), Düss NJW **66**, 888.

83 **Grundurteil** (§ 304 ZPO) über den Anspruch ist nicht ausgeschlossen, aber problematisch wegen des engen Zusammenhangs der den Grund und die Höhe des Ausgleichs betreffenden Tat- und Rechtsfragen; es setzt jedenfalls ua voraus, dass mit hoher Wahrscheinlichkeit erhebliche fortdauernde Vorteile des Unternehmers und Billigkeit eines Ausgleichs (§ 89b I 1 Nr 1, 2) zu bejahen sein werden, BGH NJW **67**, 2153, **82**, 1758, **96**, 848, Nürnbg 28.1.11 HVR Nr 1322 (iErg bejahend). Weniger voraussetzungsvoll bei Anwendung der „Grundsätze" (s Rn 96), BGH NJW **15**, 3373 Rn 40. Die Vorabentscheidung wird regelmäßig unzweckmäßig und auch kaum durchführbar sein, Ffm BB **68**, 809, aber zB Vorinstanz BGH NJW **07**, 3493. **Teilurteil** (zu unterscheiden von zulässiger Teilklage, Stgt ZVertriebsR **15**, 297 mAnm Emde) über Mindesthöhe oder, wenn HV Provisions- und Ausgleichsanspruch geltend macht, über einen der beiden ist unzulässig, Mü NJW-RR **92**, 1191, Celle OLGR **07**, 790, Nürnbg 28.1.11 HVR Nr 1322, aA Emde ZVertriebsR **15**, 46, Ausnahmen sind jedenfalls denkbar.

84 Die Ausgleichsbemessung (Vorteils- und Billigkeitsprüfung samt Verlustprognose, I 1 Nr 1–2) ist durch **Revisionsgericht** nur beschränkt (auf Rechtsirrtum, Verstoß gegen Erfahrungssätze, Außerachtlassung wesentlichen Parteivorbringens) nachprüfbar, stRspr, BGH **41**, 135, **55**, 46, **73**, 103, BGH NJW **07**, 3493. Inwieweit nähere Feststellungen des Tatrichters notwendig sind, hängt vom Parteivortrag ab, BGH NJW **67**, 249, WM **81**, 818, NJW **90**, 2890.

85 **Zwangsvollstreckung:** Der Anspruch genießt keinen Pfändungsschutz (vgl Rn 6).
Insolvenz: Bei Insolvenz des Unternehmens (§ 87 Rn 51) ist der Ausgleichsanspruch idR einfache Insolvenzforderung, Emde/Kelm ZIP **05**, 62. Ausschluss-

7. Abschnitt. Handelsvertreter   86–88   § 89b

frist nach IV 2 gilt auch hier (s Rn 79). Bei Insolvenz des HV (§ 84 Rn 48) gehört Ausgleichsanspruch zur Insolvenzmasse, BGH BB **13**, 2001m Anm Boeminghaus.

7) Versicherungs- und Bausparkassenvertreter (V)

A. **Branchenspezifische Sonderregelung: V** (nF 1990, s § 84 Rn 3) ändert 86
die Regelung des Ausgleichsanspruchs für VersVertreter (näher § 92 I) sowie nach
V 3 sinngemäß für Bausparkassenvertreter, vgl BGH **34**, 313, **55**, 45, **59**, 125,
WM **04**, 1483, in zweifacher Hinsicht (unten Rn 87, 94). Im Übrigen gelten
auch für VersVertreter und Bausparkassenvertreter uneingeschränkt I–IV, auch die
Reform 2009 (s Rn 1), obwohl die Richtlinie und das EuGH-Urteil Semen (s
Rn 45) nur für Warenvertreter gelten (darüber hinaus nach BGH WM **12**, 469m
krit Anm Emde BB **12**, 3090, Thume IHR **12**, 69, auch keine europarechts-
konforme Auslegung, Widerspruch zu BGH WM **11**, 620, ZIP **12**, 2508, § 84
Rn 3), V selbst bleibt aber auch nach der Reform unberührt, vgl BGH WM **12**,
469. Die Abweichungen des **V 1, 2** beruhen auf einer im Vergleich zum HV
unterschiedlichen Konzeption: maßgeblich ist hier nicht der geworbene Kunden-
stamm, sondern die vermittelten neuen Versicherungs- und Bausparverträge,
BGH WM **12**, 471. Das rechtfertigt sich durch die lange Dauer vieler VersVer-
träge; Kundenverhältnisse mit wiederholten Abschlüssen (Stammkunden) gibt es
hier weniger, dagegen ist ein neuer VersVertrag hier wie anderswo ein neuer
Kunde. § 92 III 1 trägt dem für den Provisionsanspruch während des Vertrags
Rechnung (provisionspflichtig sind nur seine eigenen Abschlüsse, nicht auch alle
Nachbestellungen); dem entspricht V für den Ausgleichsanspruch nach Vertrags-
ende. Vermittlung von **Nettopolicen** (ohne Provisionsanspruch vom Versicherer,
aber vom Versicherungsnehmer) sind auch nach der VVG-Reform 2006/07
zulässig (s auch § 92 Rn 3), BGH NJW **14**, 1655, 1658, 2782, Naumbg VersR
12, 1034, Reiff VersR **12**, 645, **14**, 243, aber nachdrückliche Aufklärungspflicht,
BGH NJW **14**, 1655 Rz 24, 2782 Rz 24 (sonst Vermutung gegen Nettopolice,
aA Reiff VersR **14**, 246), Karls VersR **12**, 856, uU Intransparenz der AGB-
Klausel (§ 307 I 2 BGB), Armbrüster NJW **14**, 501. Übliche Vergütung bei
Nettopolice ist an VersMakler zu orientieren, liegt aber deutlich niedriger, BGH
NJW **14**, 2782 Rz 26. Vgl auch BGH NJW **14**, 1658m Anm Schwintowski.
Kündigung einer Courtage-Vereinbarung, Mü VersR **12**, 991 (VersMakler, § 93
Rn 55). Lit: Specks 2002, Günther 2004; Schröder FS Nipperdey **65** I 715, Sieg
VersR **64**, 789 (VersVertreter), Küstner BB **66**, 269, BB Beil 12/**81**, 1 (Bau-
sparkassenvertreter), Höft VersR **67**, 524, Küstner BB **75**, 493 (KrankenVersVer-
treter), Graf von Westphalen BB **01**, 1593, Küstner VersR **02**, 513, Emde FS K.
Schmidt **09**, 331, Reiff VersR **12**, 645, Emde VersR **13**, 1333, Reiff VersR **14**,
243. Für die Versicherungswirtschaft sind von den Verbänden mehrere praktisch
sehr bedeutsame **„Grundsätze"** erarbeitet worden (Rn 96).

B. **Neue Versicherungsverträge (V 1): a) Vorteile des Unternehmers (I** 87
1 Nr 1): Nach V 1 kommt es anders als nach I 1 Nr 1 nicht darauf an, dass der
HV neue (Stamm)Kunden geworben hat, sondern nur dass er neue VersVerträge
sei es auch mit Altkunden vermittelt hat, aus denen der Unternehmer nach Ende
des HVVertrags erhebliche Vorteile hat. Lit: Lilje ZVertriebsR **16**, 211 (Unter-
nehmervorteile im VersVertrieb), Dreyer/Haskamp VertriebsR **16**, 366 (Unter-
nehmervorteile bei Bausparkassen).

Neu ist ein VersVertrag zB mit demselben Kunden auf „Verlängerung" nach 88
Ablauf des VersVertrags (anders bei echter Verlängerung mangels Kündigung)
oder mit einem Altkunden über ein anderes Risiko oder zur Erfüllung eines
anderweitigen Versicherungs- oder Bausparbedürfnisses (erst recht bei Verwand-
tenverträgen), BGH **59**, 131.

Hopt   521

§ 89b 89–92

89 V 1 2. Fall stellt der Vermittlung eines neuen VersVertrages gleich, wenn der VersVertreter einen bestehenden VersVertrag so **wesentlich erweitert** hat, dass dies wirtschaftlich der Vermittlung eines neuen VersVertrags entspricht.

90 Die **erheblichen Vorteile** des Unternehmers nach Vertragsende können entweder unmittelbar aus den vom Vertreter vermittelten Verträgen selbst stammen oder aus Ergänzungsverträgen, insbesondere Verlängerung oder Summenerhöhung (vgl zu I 1 Nr 2 Rn 92). Entscheidend ist die Zahl der Neuverträge, nicht das Verhältnis des Gesamtbestandes der Versicherungsverträge bei Beginn und Ende des Vertreterverhältnisses, Stgt DB **57**, 379.

91 **b) Dem Handelsvertreter entgehende Provisionen (I 1 Nr 2 Mittelsatz):** Nach V kommt es für I 1 Nr 2 Mittelsatz darauf an, ob der Vertreter ohne das Vertragsende (Folge)Provisionsansprüche aus den in der Vertragszeit vermittelten neuen Verträgen zu erwarten hätte, BGH **34**, 316. Das ist bei einer abschließenden **Einmalprovision** wie idR bei der Lebens- und Krankenversicherung nicht der Fall, BGH **30**, 106, **59**, 126, LG Stgt VersR **00**, 972, aber s Rn 26, str. Die **Folgeprovisionen** sind idR bloße Verwaltungsprovisionen und als solche nicht ausgleichspflichtig (aber str, s Rn 28), ausgenommen Verlängerungen und Summenerhöhungen, BGH WM **05**, 1868. Werden dagegen Folgeprovisionen zeitlich gestreckt auch noch für den Abschluss gewährt wie idR bei der Schadensversicherung, sind diese bereits verdient. Entgehende Provisionen gibt es deshalb praktisch nur, wenn wie häufig Verzicht auf solche Folgeprovisionen vereinbart ist, Ffm BB **78**, 728, **86**, 697, Kln VersR **01**, 1377 (§ 92 Rn 9), **Provisionsverzicht** war also bis 2009 insoweit de facto Voraussetzung für einen Ausgleichsanspruch nach V, BGH NJW **03**, 1245; ob ein solcher Provisionsverzicht aber wirksam war, war eine andere Frage (s auch Rn 70, § 92 Rn 9), BGH NJW **10**, 300, für Wirksamkeit Jena VersR **10**, 1645m Anm Krämer 1647, aA wegen IV Graf von Westphalen DB **00**, 2256, **03**, 2319, vgl unten Rn 96; der Wegfall des Tatbestandsmerkmals der Provisionsverluste (s Rn 24) lässt aber Provisionsverzicht als eigenes Tatbestandsmerkmal nicht mehr zu, Emde 553. Heute sind Provisionsverzichtsklauseln in praktisch allen VersVertreterverträgen enthalten, Emde 554, doch ist ihre Wirksamkeit nach wie vor umstritten, näher Emde 558, tendenziell bejahend. Allerdings müssen Provisionsverzichtsklauseln die Fälle des § 87a ausnehmen, sonst kann der HV entweder Ausgleich oder Provisionsfortzahlung verlangen, Emde EWiR **10**, 120. Abgrenzung nach den Umständen, nicht allein Bezeichnung im Vertrag, denn die als Verwaltungs- oder Inkassoprovision bezeichnete Vergütung enthält in manchen Versicherungszweigen Teile einer Vergütung für Vermittlung und Abschlusstätigkeit, BGH **30**, 105, **55**, 51, WM **04**, 1483, **05**, 1868, **06**, 1789. Hohe Sätze für Abschlussprovision bei niedrigen für Verwaltungsprovision sind typisch für Einmalprovision, durch die die Vermittlungsleistung vollständig abgegolten wird, BGH **30**, 106, WM **04**, 1483 (aber s Rn 26, st). Auskunftsanspruch in den Grenzen des für die Berechnung des Ausgleichsanspruchs Erforderlichen (§ 87c, auch §§ 242, 259, 260 BGB), Mü VersR **12**, 440. Beweis- und Darlegungslast für die Abgrenzung liegt beim Versicherer, BGH WM **04**, 1483, **05**, 1868 (vgl für Tankstellenhalter Rn 28, 33).

92 Dem Vertreter entgehende Provisionen nach Vertragsende können entweder unmittelbar aus den vom Vertreter vermittelten Verträgen selbst stammen oder aus **Ergänzungsverträgen** (insbesondere Verlängerung oder Summenerhöhung), BGH **34**, 313, **55**, 45, **59**, 130, BB **70**, 102. Dagegen bleiben **Zweitabschlüsse** nach Beendigung des HVVerhältnisses mit vom VersVertreter geworbenen Kunden außer Betracht, BGH **34**, 319, **59**, 130 (vgl entspr § 92 III 1 für die Provision während des Vertrags, Rn 86). Für die Abgrenzung ist nicht die äußere Form (Zusatzvertrag oder neuer Vertrag) entscheidend, sondern ob ein **enger wirtschaftlicher Zusammenhang** besteht, BGH **34**, 319, **59**, 130. Zu möglichen Auswirkungen der Novelle 2009 (s Rn 1) auf V Emde BB **11**, 2765.

7. Abschnitt. Handelsvertreter 93–96 § 89b

c) Billigkeitsprüfung (I 1 Nr 2): Die speziell in der VersWirtschaft gewähr- 93
ten, der Altersversorgung dienenden **Provisionsrenten** haben keinen Vergütungscharakter und sind wie andere Versorgungsleistungen zu berücksichtigen (vgl Rn 39); ein Wahlrecht, nämlich statt Altersversorgung voller Ausgleichsanspruch, gibt es nicht, Küstner/Thume/Thume Bd 2 X 104. Zu einem Wahlrecht s auch Rn 71. Zu Billigkeitsgesichtspunkten s Rn 39.

C. Obergrenze (V 2, II): Nach V 2 ist wegen der typisch längeren Dauer 94
von Versicherungsverträgen die Obergrenze für den Ausgleichsanspruch statt einer (II, Rn 49) **drei Jahresprovisionen** oder -vergütungen. Dieser Höchstbetrag ist nach II zu berechnen, also nicht einfach die Summe aller Bruttoprovisionen der Letzten drei Jahre, sondern die Einjahresprovision nach dem Durchschnitt der Letzten fünf Vertragsjahre wird verdreifacht.

D. Abweichende Vereinbarungen: V verweist auch auf IV 1 (Rn 70). Auch 95
der Ausgleichsanspruch des VersVertreters ist mitsamt der Besonderheiten aus V **zwingend.** Vereinbarung nach oder gleichzeitig mit Vertragsbeendigung ist aber möglich.

Die zwischen den Spitzenverbänden der Versicherungswirtschaft und des Ver- 96
sicherungsaußendienstes vereinbarten „**Grundsätze zur Errechnung der Höhe des Ausgleichsanspruchs**" nach § 89b HGB sind in der Praxis sehr bedeutsam, zB „Grundsätze-Sach", „Grundsätze-Leben", „Grundsätze-Kranken", „Grundsätze" im Bausparbereich, „Grundsätze" im Finanzdienstleistungsbereich, auch in der Vertrauensschaden- und Kautionsversicherung nach dem Schema der „Grundsätze-Sach". Seit ihrer Anwendung (in der Schadensversicherung Vorläufer schon seit 1958, Grundsätze-Sach dann idF 14.11.1972) sind Zehntausende von Ausgleichsansprüchen von VersVertretern danach abgewickelt worden (1959–1992 ca. 40000), näher zum Inhalt dieser Grundsätze BGH WM **12**, 469m Anm Thume IHR **12**, 69, BGH NJW-RR **14**, 928. Rechtlich sind sie kein HdlBrauch und nicht verbindlich, da nicht vorher und generell bestimmt werden kann, was angemessener Ausgleich ist, BAG DB **86**, 920, Kln BB **74**, 1093, Ffm NJW-RR **96**, 548, Hamm VersR **01**, 1155, hL, Koller/Roth 25, ohne Aussage BGH WM **12**, 472, aA Mü VersR **74**, 288, Ffm VersR **86**, 814, wohl auch Hbg VersR **93**, 476. Sie sind, da nicht nur begünstigend, auch nicht Vertrag zugunsten Dritter (der VersVertreter), Kln Vers **74**, 1093, aA Schlegelb/Schröder 43, können aber ohne Weiteres mit Vertragsbeendigung vereinbart werden (Rn 74), BGH WM **75**, 856, NJW **03**, 1245. Sie haben als private AGB trotz Aushandelns unter den Verbänden nicht ohne Weiteres die Vermutung der Richtigkeit und Billigkeit für sich, aA Düss VersR **79**, 837, sondern unterliegen wie AGB sonst uneingeschränkt den **(5)** §§ 305ff BGB, Kln VersR **01**, 1379; vgl auch zu § 1 aF UWG für die Wettbewerbsrichtlinien der Versicherungswirtschaft BGH BB **91**, 648. Die Grundsätze bieten aber wichtige Erfahrungswerte, die bei Schätzung nach § 287 ZPO berücksichtigt werden können, BGH WM **12**, 469, NJW-RR **14**, 928 Rz 23, auch Rö/Thume 175, zuvor str (s 36. Aufl), aber nur für VersVertreter und Bausparkassenvertreter, BGH WM **12**, 474. Diese können ihren Ausgleichsanspruch aber auch allein aus I und V berechnen, BGH WM **12**, 472. Die Grundsätze sind wie revisible Rechtsnormen zu behandeln und vom Revisionsgericht frei auszulegen; entsprechend ihrem Kompromisscharakter können sie nur einheitlich als Ganzes angewandt werden, Billigkeitsgesichtspunkte bleiben aber ergänzend möglich, BGH NJW-RR **14**, 928 Rz 26. Auskunftsanspruch unter Grundsätze Leben, Mü VersR **10**, 344. Berechnung des Ausgleichsanspruchs nach Grundsätze-Sach, Abzug eines übertragenen Bestands, nur soweit noch vorhanden, LG Kln ZVertriebsR **16**, 239.

Lit: Küstner, Grundsätze, 1997; Emde 572–646; Küstner/Thume Bd 2 9. Aufl 2014 Berechnungsbeispiele XX Rn 131, 144, 169, 190 (Grundsätze Sach, Leben, Kranken, Bauspar); Martin VersR **70**, 796; Eggebrecht ZVertriebsR **14**, 210

(Grundsätze Sach). **Text der Grundsätze samt Erläuterungen und Berechnungsbeispielen** bei Küstner/Thume Bd 2 Anh S 933 ff; Hopt HVR 5. Aufl 2015, Materialien IV; Schreiben des GDV zur Berechnung im Todesfall des VersVertreters, Materialien V; Hinweise des BVK für den Todesfall, Materialien VI.

[Geschäfts- und Betriebsgeheimnisse]

90 Der Handelsvertreter darf Geschäfts- und Betriebsgeheimnisse, die ihm anvertraut oder als solche durch seine Tätigkeit für den Unternehmer bekanntgeworden sind, auch nach Beendigung des Vertragsverhältnisses nicht verwerten oder anderen mitteilen, soweit dies nach den gesamten Umständen der Berufsauffassung eines ordentlichen Kaufmannes widersprechen würde.

Übersicht

	Rn
1) Verschwiegenheitspflicht und Verwertungsverbot in der Vertragszeit (§ 86 I Halbsatz 2)	1–3
A. Verschwiegenheitspflicht	1
B. Verwertungsverbot	3
2) Verschwiegenheitspflicht und Verwertungsverbot nach Vertragsende (§ 90)	4–7
A. Nachvertragliche Pflicht	4
B. Geschäfts- oder Betriebsgeheimnisse	5
C. Reichweite	7
3) Rechtsfolgen der Verletzung	8–9
A. Nach BGB	8
B. Nach UWG	9

1) Verschwiegenheitspflicht und Verwertungsverbot in der Vertragszeit (§ 86 I Halbsatz 2)

1 **A. Verschwiegenheitspflicht:** Die Pflicht des HV, bei seiner Tätigkeit zur Geschäftsvermittlung, also im Verkehr mit Kunden und solchen, die es werden sollen, die ihm bekannten Geschäfts- oder Betriebsgeheimnisse des Unternehmers (Rn 5) geheimzuhalten, folgt schon daraus, dass er bei dieser Tätigkeit das Interesse des Unternehmers wahrnehmen muss (§ 86 I Halbs 2). Der HV muss aber während der Vertragszeit auch außerhalb seiner Vermittlungstätigkeit die Geheimnisse des Unternehmers respektieren (zB in Bezug auf Waren anderer Gattung, mit denen er nichts zu tun hat). Auch das folgt aus der allgemeinen Interessenwahrungspflicht des HV (§ 86 Rn 20), nach aA aus einer besonderen Treuepflicht des HV. Soweit der HVVertrag noch nicht zustande gekommen oder nichtig ist, besteht eine entsprechende Verschwiegenheitspflicht als vorvertragliche Schutzpflicht (§ 85 Rn 1). Auch Untervertreter (§ 84 Rn 31) haben gegenüber dem Hauptvertreter unter § 90, die Verschwiegenheitspflicht braucht ihnen der Hauptvertreter nicht besonders aufzuerlegen, aA Ebenroth/Löwisch 17.

2 Die Verschwiegenheitspflicht in der Vertragszeit reicht weiter als die nach Vertragsende (vgl Rn 4), aA offenbar Ebenroth/Löwisch 1: Sie ist nicht an bestimmte enge Tatbestandsmerkmale gebunden. Für die Verschwiegenheitspflicht genügt es, dass der HV den Geheimnischarakter hätte erkennen müssen. Die Verschwiegenheitspflicht umfasst alle geschäftlichen und persönlichen Belange des Unternehmers, soweit die (nicht nur wirtschaftlichen) Interessen des Unternehmers beeinträchtigt werden können. Grenzen setzen aber die eigenen schutzwürdigen Interessen des HV. Insbesondere die **Kundenliste** ist während der Vertragszeit (nachher s Rn 7) strikt geschützt, der HV darf sie auch nicht außerhalb der Branche des Unternehmers Dritten zugänglich machen oder selbst

verwerten. Besondere Geheimhaltungspflicht mit Abtretungsverbot trifft den **Versicherungsvertreter,** der Personenversicherungen vermittelt (§ 203 I Nr 6 StGB), BGH NJW **10,** 2509m Anm Gödeke VersR **10,** 1153 (§ 89a Rn 34, § 92 Rn 7), Oldbg 24.7.**12** HVR Nr 1369.

B. **Verwertungsverbot:** Die Interessenwahrungspflicht beinhaltet für den HV 3 erst recht ein Verwertungsverbot bezüglich der Geschäfts- und Betriebsgeheimnisse (vgl Rn 4). Verwertung der Kundenliste s Rn 2, nach Vertragsende s Rn 5.

2) Verschwiegenheitspflicht und Verwertungsverbot nach Vertragsende (§ 90)

A. **Nachvertragliche Pflicht:** § 90 konkretisiert die Interessenwahrungs- 4 pflicht des HV für die Zeit nach Vertragsende (§ 86 Rn 20) mit bestimmten, engeren Tatbestandsmerkmalen. Der HV ist auch nach Vertragsende verpflichtet, Geschäfts- und Betriebsgeheimnisse des Unternehmers, die ihm durch seine Tätigkeit für den Unternehmer bekanntgeworden sind, nicht zu verwerten oder anderen mitzuteilen. Es genügt jedwede Art des **Bekanntwerdens,** einerlei ob befugt oder unbefugt. Das **Anvertrauen,** dh die vertrauliche Mitteilung, ist nur ein Unterfall solchen Bekanntwerdens. **Verwertung** ist jede wirtschaftliche Ausnutzung des Geheimnisses für sich oder andere ohne Rücksicht auf den Beweggrund. **Mitteilung** ist jede beliebige Bekanntgabe, die die Ausnutzung des Geheimnisses in irgendeiner Form ermöglicht. Die Geheimhaltungspflicht besteht unabhängig vom Grund des Vertragsendes, auch bei Kündigung des HV wegen schuldhaft vertragswidrigen Verhaltens des Unternehmers (§ 89a I). Die Geheimhaltungspflicht bleibt **ohne zeitliche Begrenzung** solange bestehen, als es der Geheimhaltungszweck verlangt. Über das Verhältnis des Schweigegebots zur Regelung der **Wettbewerbsabreden** s § 90a Rn 6.

B. **Geschäfts- oder Betriebsgeheimnisse: a)** Dies sind mit einem Ge- 5 schäftsbetrieb zusammenhängende Tatsachen, die nur einem eng begrenzten Personenkreis bekannt, also nicht offenkundig sind und nach dem bekundeten Willen des Unternehmers geheimgehalten werden sollen, BGH 15. 5. **55** (Glaser DB Beil 2/**57**), Ebenroth/Löwisch 2, nach aA Bestimmung nicht allein aus Unternehmersicht, Emde 7. Eine besondere Bekundung des Geheimhaltungswillens ist nicht notwendig, wenn sich das Geheimhaltungsinteresse aus der Sache ergibt (missverständlich BGH aaO), und ohne Bedeutung, wenn die Tatsache bereits offenkundig ist, dh Dritte beliebig Zugriff haben. Im Zweifel ist Geheimhaltungswille anzunehmen. Zu den Geschäfts- oder Betriebsgeheimnissen rechnen zB Fabrikationsverfahren, Computerprogramme (Software), Bezugsquellen, Kalkulationsunterlagen, Handelsspannen, Zahlungsbedingungen, Kapitalflussrechnung und interne Bilanzen, Ausschreibungsunterlagen und Preisangebote bei Submissionen, Vertriebsstrategien und -wege, auch Kundenlisten, falls nicht allgemein zugänglich (Rn 7).

b) Nach § 90 müssen die Geheimnisse dem HV als solche, also als Geheimnisse 6 bekanntgeworden sein; die Geheimhaltungspflicht besteht nicht für Tatsachen, die zwar der Unternehmer geheim halten will, die aber dem HV nicht vertraulich mitgeteilt oder sonstwie **durch seine Tätigkeit für den Unternehmer als Geheimnis bekanntgeworden** sind. Dem HV muss also der Geheimnischarakter bekannt sein, fahrlässiges Nichterkennen steht gleich, hL. Das Geheimnis muss ihm durch seine Tätigkeit für den Unternehmer bekanntgeworden sein, also nicht zufällig sonst, etwa erst nach Vertragsende; soweit danach § 90 nicht eingreift, kann aber Geheimhaltung nach § 242 BGB geboten sein, Heymann/Sonnenschein/Weitemeyer 5.

C. **Reichweite:** Die Geheimhaltungspflicht reicht nach Vertragsende **weniger** 7 **weit** als vorher, weil der HV jetzt nicht mehr für den Unternehmer tätig ist und

§ 90 8, 9   1. Buch. Handelsstand

in seiner neuen Erwerbstätigkeit nicht übermäßig eingeschränkt werden darf, aA offenbar Ebenroth/Löwisch 1. Nach § 90 ist die Mitteilung und Verwertung nur **unbefugt,** soweit dies nach den gesamten Umständen der **Berufsauffassung eines ordentlichen Kaufmannes** widersprechen würde. Das macht eine Interessenabwägung nach Treu und Glauben im Einzelfall zwischen HV und Unternehmer notwendig. Diese kann anders ausfallen als unter § 3 UWG (Rn 9). Dabei ist stets zu berücksichtigen, dass der HV mangels vertraglicher Wettbewerbsvereinbarung (§ 90a Rn 6) nach Beendigung des HVVerhältnisses in seiner Tätigkeit frei ist, Celle BB **70,** 226. Ob der HV eine Ausgleichszahlung nach § 89b erhalten hat, spielt für diese Freiheit und für die Geheimhaltungspflicht keine Rolle, aA Heymann/Sonnenschein/Weitemeyer 4. **Kundenlisten:** Vor Vertragsende s Rn 2, nachher herauszugeben, § 86 Rn 17. Verboten ist die Mitteilung von Namen von Kunden, auch soweit vom HV selbst geworben, an einen neuen Auftraggeber derselben Branche, Kblz NJW-RR **87,** 95. Auch nach Ausscheiden keine Verwendung der Daten von selbst geworbenen Kunden, da alle Kundenanschriften nach § 667 BGB herauszugeben sind, einerlei ob Verwertung branchenintern oder branchenfremd, BGH NJW **09,** 1420, str, jedenfalls iErg zust Emde 11/Kundenlisten, MüKo/von Hoyningen-Huene 24, für Interessenabwägung Küstner/Thume/Schröder Bd 1 Kap X Rn 20, aber zu unsicher; jedenfalls branchenfremde Verwertung der Namen und Anschriften selbst geworbener Kunden sollte jedoch frei sein, ebenso branchengleiche Verwertung, wenn die Kunden ohne Zutun des HV entschlossen sind, die Geschäftsbeziehungen zu dem Unternehmer nicht mehr fortzusetzen, Kblz NJW-RR **87,** 95 (Glykolskandal), von Hoyningen-Huene 24f; zu weit und unsicher Heymann/Sonnenschein/Weitemeyer 4: auch wenn Kunden zu dem bisherigen Unternehmer keinen dauer haften Kontakt haben. Der ausgeschiedene HV darf Adressen von Kunden verwerten, die in seinem Gedächtnis geblieben sind oder die keinen dauerhaften Kontakt zum alten Unternehmer haben, BGH NJW **93,** 1876, BB **99,** 1452, NJW **09,** 1422, aA Emde 14; nimmt der HV Kontakt zu rund 200 ehemaligen Kunden auf, kann das nicht mehr gedächtnisgestützt sein, BGH VersR **03,** 1414, näher Blankenburg VersR **10,** 584. Allgemein zugängliche Kundenlisten, zB in engen Märkten, sind schon gar kein Geheimnis (Rn 5). Verbot jedweder Nutzung von Kundenanschriften bei Vertragsstrafe verstößt gegen **(5)** § 307 BGB, keine Reduktion auf Reichweite des § 90, BGH NJW **93,** 1786, Preis/Stoffels ZHR 160 **(96)** 457, str. Verwendung von Kundendaten nach Ausscheiden, Höld NJW **16,** 2774 (VersVertreter).

3) Rechtsfolgen der Verletzung

8   A. **Nach BGB:** Der HV, der die Verschwiegenheitspflicht oder das Verwertungsverbot in der Vertragszeit (Rn 1) oder nach Vertragsende (Rn 4) verletzt, haftet aus Verletzung einer vertraglichen Nebenpflicht auf Schadensersatz (§ 280 BGB). Daneben können Unterlassungs- und Beseitigungsansprüche bestehen, auch bezüglich Aufzeichnungen des HV über Geschäfts- oder Betriebsgeheimnisse. Der durch verbotene Verwertung erzielte Gewinn ist unter den Voraussetzungen des § 687 II BGB an den Unternehmer herauszugeben. Während des Vertrags kann ein wichtiger Grund zur fristlosen Kündigung (§ 89a) vorliegen. In Betracht kommen auch Ansprüche aus §§ 823 I (Recht am Gewerbebetrieb), 826 BGB.

9   B. **Nach UWG:** § 3 UWG setzt anders als § 90 eine geschäftliche Handlung (Definition § 2 Nr 1) des ehemaligen HV voraus. § 17 I UWG (strafbarer Geheimnisverrat) erfasst nur Arbeitnehmer („bei einem Unternehmen beschäftigte Person"), also nicht den HV, sondern nur den, der nach § 84 II als Angestellter gilt, RG JW **27,** 2378, BGH NJW **09,** 1420, MüKo/von Hoyningen-Huene 27, aA Emde 19, Blankenburg VersR **10,** 582 (VersVertreter). In Betracht kommt

7. Abschnitt. Handelsvertreter **§ 90a**

aber ein Verstoß des HV gegen § 17 II UWG, der auch Dritte umfasst, RG JW **27**, 2378, BGH NJW-RR **99**, 1131, NJW-RR **03**, 833, NJW **09**, 1420, Saarbr 24.7.**02** HVR Nr 1057, Naumbg 8.7.**04** HVR Nr 1132. Ein solcher Verstoß ist dem neuen Unternehmer, für den der HV tätig ist, nicht nach § 8 II UWG zuzurechnen, BGH NJW-RR **03**, 833 (zu § 13 IV aF UWG). Schadensersatzpflicht nach § 823 II BGB iVm §§ 17–19 UWG. Lit: Blankenburg VersR **10**, 581.

[Wettbewerbsabrede]

90a (1) ¹Eine Vereinbarung, die den Handelsvertreter nach Beendigung des Vertragsverhältnisses in seiner gewerblichen Tätigkeit beschränkt (**Wettbewerbsabrede**), bedarf der Schriftform und der Aushändigung einer vom Unternehmer unterzeichneten, die vereinbarten Bestimmungen enthaltenden Urkunde an den Handelsvertreter. ²Die Abrede kann nur für längstens zwei Jahre von der Beendigung des Vertragsverhältnisses an getroffen werden; sie darf sich nur auf den dem Handelsvertreter zugewiesenen Bezirk oder Kundenkreis und nur auf die Gegenstände erstrecken, hinsichtlich deren sich der Handelsvertreter um die Vermittlung oder den Abschluß von Geschäften für den Unternehmer zu bemühen hat. ³Der Unternehmer ist verpflichtet, dem Handelsvertreter für die Dauer der Wettbewerbsbeschränkung eine angemessene Entschädigung zu zahlen.

(2) Der Unternehmer kann bis zum Ende des Vertragsverhältnisses schriftlich auf die Wettbewerbsbeschränkung mit der Wirkung verzichten, daß er mit dem Ablauf von sechs Monaten seit der Erklärung von der Verpflichtung zur Zahlung der Entschädigung frei wird.

(3) Kündigt ein Teil das Vertragsverhältnis aus wichtigem Grund wegen schuldhaften Verhaltens des anderen Teils, kann er sich durch schriftliche Erklärung binnen einem Monat nach der Kündigung von der Wettbewerbsabrede lossagen.

(4) **Abweichende für den Handelsvertreter nachteilige Vereinbarungen können nicht getroffen werden.**

Übersicht

	Rn
1) Wettbewerb in der Vertragszeit (§ 86)	1
2) Wettbewerb nach Vertragsende (§ 90a)	2–9
A. Freier Wettbewerb nach Vertragsende	2
B. Übersicht	3
C. Legaldefinition, Anwendungsbereich des § 90a	4
D. Verhältnis zu anderen Vorschriften	6
E. Recht der Handlungsgehilfen (§§ 74–75f)	8
3) Inhalt und Form der Wettbewerbsabrede (I 1)	10–15
A. Wettbewerbsabrede im Sinne von § 90a	10
B. Zustandekommen	13
C. Form (I 1)	14
4) Höchstdauer und Reichweite der Wettbewerbsabrede (I 2)	16–17
A. Höchstdauer	16
B. Reichweite	17
5) Entschädigung (I 3), Rechtsfolgen bei Verstößen gegen ein Wettbewerbsverbot	18–22
A. Entschädigungspflicht	18
B. Höhe der Entschädigung	19
C. Anrechnung anderen Verdienstes	20

§ 90a 1–4 1. Buch. Handelsstand

Rn

    D. Rechtsfolgen bei Verstößen gegen ein Wettbewerbsverbot 21
6) Verzicht des Unternehmers (II), Aufhebungsvertrag 23–24
    A. Verzicht des Unternehmers 23
    B. Aufhebung 24
7) Vertragskündigung aus wichtigem Grund (III) 25–26
    A. Kündigung des Unternehmers 25
    B. Kündigung des Handelsvertreters 26
8) Abweichende Vereinbarungen (IV), Rechtsfolgen bei Verstößen gegen § 90a 27–34
    A. Zwingendes Recht zugunsten des Handelsvertreters ... 27
    B. Abweichungen zum Nachteil 28
    C. Rechtsfolgen 31
    D. Kein Wahlrecht des Handelsvertreters 33
    E. Prozess 34

1) Wettbewerb in der Vertragszeit (§ 86)

1   Wettbewerbsverbote für die Vertragszeit und nach Vertragsende sind strikt zu unterscheiden. Rechtsgrundlage, Formbedürftigkeit und Zulässigkeitsgrenzen sind ganz unterschiedlich zu beurteilen. Zum Wettbewerb in der Vertragszeit s § 86 Rn 26 ff.

2) Wettbewerb nach Vertragsende (§ 90a)

2   A. **Freier Wettbewerb nach Vertragsende:** Der HV ist nach Vertragsende anders als zuvor frei, dem Unternehmer Wettbewerb zu machen, auch in dem Bereich, in dem er ihn vorher vertrat. Der HV muss zwar im Geschäftsverkehr darauf hinweisen, dass er nicht mehr für den Unternehmer tätig ist, aber er kann sich im Übrigen wettbewerblich voll auf den Unternehmer konzentrieren und dessen Methoden übernehmen, MüKo/von Hoyningen-Huene § 86 Rn 11. Da solch ein kundiger Wettbewerber gefährlich sein kann, versucht der Unternehmer häufig durch **Klauseln im Handelsvertretervertrag** solchen **Wettbewerb** nach Vertragende **zu verbieten**. Der HV dagegen will die in der Vertragszeit gewonnenen Kenntnisse, Erfahrungen und Kundenbeziehungen auch später frei verwerten. Der Gesetzgeber des § 90a suchte hier einen Mittelweg zum Schutz des idR wirtschaftlich unterlegenen HV: solche **Abreden** wurden zwar nicht (wie in Österreich) verboten, aber (wie in der Schweiz) formbedürftig, inhaltlich beschränkt und **mit einer Entschädigungspflicht** verbunden **(Grundsatz der bezahlten Karenz).** Nachvertragliches Wettbewerbsverbot durch AGB („der Ges Kunden abzuwerben") kann bereits wegen Verstoßes gegen das Transparenzgebot unwirksam sein (§ 307 I 1 BGB), BGH NJW **16**, 401, Dück NJW **16**, 368. **Ohne eine solche Abrede** ist der HV grundsätzlich **berechtigt,** auch Kunden seines bisherigen Unternehmers **abzuwerben,** BGH NJW **16**, 401 Rn 28, Düss 28.3.**03** HVR Nr 1081, Mü 1.3.**12** HVR Nr 1356. Grenzen s Rn 7. § 90a ist teilweise (nicht I 3) **europarechtlich** präformiert (Art 20 EU-Ri, § 84 Rn 3) mit der Folge möglicher Vorlageverfahren an den EuGH nach Art 267 AEUV (Art 234 aF, 177 aF EG), s zB Rn 11. Lit: Grüll/Janert, Konkurrenzklausel, 5. Aufl 1993; Köhler FS Rittner **91**, 265.

3   B. **Übersicht:** I 1 regelt die Form solcher Abrede, I 2 die Höchstdauer und die Höchstreichweite der Wettbewerbsbeschränkung, I 3 die Gegenleistung des Unternehmers, II 1 die Wirkung seines Verzichts auf die Beschränkung, II 2 und III die Wirkung einer Kündigung des einen oder anderen Teils aus wichtigem Grunde auf die Abrede; IV erklärt die gesetzliche Regelung für nicht zum Nachteil des HV abdingbar.

4   C. **Legaldefinition, Anwendungsbereich des § 90a: a) Wettbewerbsabrede** ist eine Vereinbarung, die den HV nach Beendigung des Vertragsverhält-

7. Abschnitt. Handelsvertreter   5–9   § 90a

nisses in seiner gewerblichen Tätigkeit beschränkt (§ 90a I 1, unten Rn 10). Die Formulierung entspricht der des § 74 (unten Rn 8, aber Rn 9). Im Sinne des Gesetzes ist also Wettbewerbsabrede des HV immer nur die für die Zeit nach Vertragsende (leicht zu übersehen).

b) Anwendungsbereich: § 90a gilt für alle HV, auch VersVertreter (§ 92 **5** Rn 3); bei Auslandsbezug Streitfragen (§ 90c Rn 10). Entspr Anwendung auf **Vertragshändler** (§ 84 Rn 11), nicht auf sonstige selbstständige Gewerbetreibende wie Unternehmenspächter, BGH **24**, 165; für **Franchising** iErg abl Kln 17.9.04 HVR Nr 1158.

D. Verhältnis zu anderen Vorschriften: a) Verschwiegenheitspflicht 6 (§ 90): Auch ein bloßes vertragliches Schweigegebot kann die gewerbliche Tätigkeit des HV beschränken. Soweit es durch § 90 gedeckt ist, greift § 90a nicht ein; soweit es weiter reicht, ist es an § 90a zu messen.

b) § 89b: Ausgleichszahlung führt nicht (ohne Wettbewerbsabrede) zu Wettbewerbsverbot, BGH BB **89**, 1576, beides kann, da verschiedene Zwecke nebeneinander verlangt werden, Wechselwirkungen im Übrigen vgl § 89b Rn 40. Verhältnis der Entschädigungen zueinander s Rn 18.

c) §§ 138, 242 BGB: § 90a regelt die Zulässigkeit von Wettbewerbsabreden **7** der HV besonders. Anders als früher ist deshalb Rückgriff auf §§ 138, 242 BGB betreff Zulässigkeit und Durchsetzung solcher Wettbewerbsabreden nur noch zu Korrekturen im Einzelfall möglich, BGH ZIP **12**, 2512, Hbg 27.1.**11** 3 HVR Nr 1350 Rn 270, KG MDR **97**, 1041, Grund: § 90a als lex specialis, aA BezG Dresd BB **91**, 2030, so wenn trotz Wahrung der Anforderungen des § 90a die Wettbewerbsabrede oder ihre Durchsetzung mit den guten Sitten oder Treu und Glauben unvereinbar erscheint (vgl Rn 17). Soweit § 90a als lex specialis dagegen nicht einschlägig ist, zB **bei nach Vertragsende getroffener Vereinbarung** (s Rn 11), verbleibt es uneingeschränkt bei §§ 138, 242 BGB.

d) (5) §§ 305–310 BGB setzen eigene Schranken (§ 86 Rn 8), BGH ZIP **12**, 2508, Hbg 27.1.**11** 3 HVR Nr 1350, Emde 49, Abweichung von § 90a verstößt idR gegen **(5)** BGB § 307, Verstoß und Unwirksamkeit auch, wenn Karenzentschädigung überhaupt nicht angesprochen worden ist, str.

e) Kartellrecht (GWB, Art 101, 102 AEUV, Art 81, 82 aF EG): s § 86 Rn 34. Lit: Köhler FS Rittner **91**, 265.

f) Recht des unlauteren Wettbewerbs (UWG): s Einl 80 vor § 1, vgl § 90 Rn 9, § 86 Rn 26. Bsp: Düss 28.3.**03** HVR Nr 1081.

E. Recht der Handlungsgehilfen (§§ 74–75f): a) Teilweise Gleichsinnig- 8 keit: § 90a hat manches aus dem Recht der Handlungsgehilfen übernommen, zB die Umschreibung der „Wettbewerbsabrede" (Rn 4), die Formvorschrift (Rn 14), die Höchstdauer der Beschränkung (Rn 16), das Lossagungsrecht des HV, der außerordentlich kündigte (Rn 26). Insoweit sind Analogie und Rückgriff auf Rechtsprechung dort möglich, aA Heymann/Sonnenschein/Weitemeyer 6, allerdings immer unter Berücksichtigung des Umstands, dass der HV weniger schutzbedürftig ist als der Handlungsgehilfe (Rn 9).

b) Wesentliche Unterschiede: Vieles andere ist nicht übernommen, zB An- **9** rechnung anderen Erwerbs auf Karenzentschädigung (§ 74c I 1), auch nicht entsprechend heranziehbar, BGH BB **75**, 197; der Mindestsatz der Entschädigung (§ 74 II, vgl Rn 19), die Prüfung auf ein berechtigtes geschäftliches Interesse des Unternehmers und auf unbillige Erschwerung des Fortkommens des Gebundenen (§ 74a I 1, 2), das Verbot der Wettbewerbsabrede bei sehr niedrigem Einkommen oder unter Ehrenwort oder zu Lasten Dritter (§ 74a II), der ausdrückliche Vorbehalt zugunsten des § 138 BGB (§ 74a III), die Einschränkung der Abrede nach Vertragskündigung durch den Unternehmer (§ 75 II), das Verbot

Hopt 529

§ 90a 10–13   1. Buch. Handelsstand

der Erweiterung der Vertragsstrafefolgen (§ 75c I). §§ 74 ff und § 90a unterscheiden sich insoweit wesentlich, BGH **63**, 355. Dem HV als selbstständigem Gewerbetreibenden mutet das Gesetz mehr Vertragsfreiheit und Vertragsrisiko zu als dem HdlGehilfen. Insoweit ist also grundsätzlich **keine Analogie** erlaubt, zB keine Mindestentschädigung entspr § 74 II, Nürnb BB **60**, 1261; keine Bemessung der Karenzentschädigung des HV entspr § 74c I 1, BGH **63**, 355; keine Nichtigkeit der Wettbewerbsabrede eines minderjährigen HV entspr § 74a II 2, BAG NJW **64**, 1641; zu § 61s § 86 Rn 32. Die Gleichstellung ist dann insoweit **auch nicht** mittelbar über §§ 138, 242 BGB möglich (Rn 7).

3) Inhalt und Form der Wettbewerbsabrede (I 1)

10   A. **Wettbewerbsabrede im Sinne von § 90a: a) Vereinbarung für die Zeit nach Vertragsende:** Die Wettbewerbsabrede iSv § 90a (Legaldefinition, oben Rn 4) ist nur eine solche, die den HV für die Zeit nach Vertragsende beschränken soll. Davon ist streng zu unterscheiden der Zeitpunkt der Vereinbarung, Nürnbg IHR **12**, 254. **Muster:** Hopt/Emde 4. Aufl 2013 Form I. G.1 (HVVertrag).

11   **b) Vor Vertragsende getroffene Vereinbarung:** Die Wettbewerbsabrede iSv § 90a muss vor Beendigung des HVVerhältnisses getroffen werden. Sie wird idR im HVVertrag vereinbart, Vereinbarung vor Vertragsbeginn im Vorgriff auf diesen steht gleich. § 90a ist auch anzuwenden, wenn Beendigung erst für Zukunft vereinbart wird, auch wenn nur in wenigen Tagen, BGH **53**, 91 (vgl § 89b Rn 70). Einigung über wesentliche Elemente der Wettbewerbsabrede vor formellem Vertragsende genügt, BGH ZIP **12**, 2508, Vorinstanz Hbg 27.1.**11** HVR Nr 1350. **Nicht** einschlägig ist § 90a nach bisheriger Ansicht dagegen von seinem (generalisierten, BGH **51**, 188, vgl BGH ZIP **12**, 1511) Schutzzweck her, **wenn** die **Vereinbarung** erst **nach Beendigung getroffen** wird oder wenn sie in einer Vereinbarung über die Beendigung des Vertrags enthalten ist, welche den Vertrag sofort oder sogar rückwirkend beendet, BGH **51**, 184, **53**, 89, Nürnbg IHR **12**, 254, MüKo/von Hoyningen-Huene 13, Oetker/Busche 15, aA Oldbg 9.12.**93** HVR Nr 994 (besonders gelagert), Kln VersR **98**, 97, auch Emde 1 unter Verweisung auf Art 12 und BVerfG NJW **90**, 1469, Emde NJW **10**, 667, aber Parteien müssen Gesamtschlussvereinbarung treffen können, ohne im Anschluss daran noch gesonderte Wettbewerbsabrede treffen zu müssen, Grenzen setzen dann nur §§ 138, 242 BGB (Rn 7). Fraglich ist aber, ob sich die bisherige hL unter Art 17 ff der EU-Richtlinie (s Rn 2, § 84 Rn 3, Stellung von Art 20 hinter Art 19, keine Bezugnahme auf Art 19 in Art 20) aufrecht erhalten lässt, verneinend Hbg 27.1.**11** HVR Nr 1350, offen wohl BGH ZIP **12**, 2511, Vorlage an EuGH wäre notwendig.

12   **c) Wettbewerbsbeschränkung:** Erfasst ist jede Vereinbarung, die den HV nach Beendigung des Vertragsverhältnisses irgendwie in seiner gewerblichen Tätigkeit beschränkt, einerlei ob als HV, als Selbstständiger, als Gesellschafter oder als Arbeitnehmer. Ob die Vereinbarung eine Entschädigung vorsieht oder nicht, steht gleich (aber gesetzliche Folge des I 3). Erfasst sind auch vereinbarte mittelbare Wettbewerbsbeschränkungen, zB umfassende Verschwiegenheitspflichten über § 90 hinaus, Emde 18, Ebenroth/Löwisch 12, zB Rückgewährpflichten bei späterem Wettbewerb.

13   B. **Zustandekommen:** Für das Zustandekommen gelten die allgemeinen Vertragsregeln; auch für minderjährigen HV (§§ 106 ff BGB, nicht § 74a II 2 entspr, oben Rn 9). Bedingte Wettbewerbsabrede, zB für den Fall einer außerordentlichen Kündigung, ist möglich. Invollzugsetzung des HVVertrags ist nicht notwendig, Emde 8, str. Die Wettbewerbsabrede wird idR ausdrücklich getroffen, kann sich aber auch aus den Umständen ergeben, etwa gewollte Fortdauer einer Vereinbarung für die Vertragszeit, LG Ffm 25.4.**73** HVR Nr 475 (Verwertung

7. Abschnitt. Handelsvertreter 14–17 § 90a

von Adressenmaterial nur für den Unternehmer), Heymann/Sonnenschein/Weitemeyer 8. Fortsetzung des Wettbewerbsverbots während der Vertragszeit auch nachher muss aber bestimmt und eindeutig sein, Düss 28.3.**03** HVR Nr 1081, Grund: freier Wettbewerb nach Vertragsende (s Rn 2).

C. Form (I 1): a) I 1 verlangt erstens **Schriftform,** also eigenhändige Unterzeichnung einer oder mehrerer, den gesamten Inhalt der Abrede wiedergebender Urkunden durch beide Parteien (näher § 126 BGB: Vorsicht geboten). Unterzeichnung durch Stellvertreter genügt (§ 164 BGB), Düss BB **62,** 731. Nicht genügt einseitiges Bestätigungsschreiben (§ 346 Rn 16), Emde 25; ebenso, wenn die nicht unterzeichnete Wettbewerbsabrede nur Anlage des unterzeichneten HVVertrags ist, selbst wenn dieser ausdrücklich auf sie Bezug nimmt, vgl LAG Hamm DB **74,** 1532, anders nur bei fester Verbindung beider Urkunden. Einverständliche Rücknahme der Kündigung ist kein Neuabschluss und bedarf, jedenfalls bei Rücknahme vor Vertragsende, nicht der Schriftform, BGH BB **84,** 237. Bei Neuabschluss des HVVertrags ohne erneute Wettbewerbsabrede ist die alte iZw aufgehoben, das ist aber eine Frage der Auslegung, je nachdem ist erneute Schriftform nicht notwendig, iErg auch Ebenroth/Löwisch 17 (mündlich), aA Emde 25. 14

b) I 1 verlangt zweitens die **Aushändigung** einer Urkunde, welche die Vereinbarung komplett wiedergibt und (nach § 126 II 2 BGB) mindestens vom Unternehmer unterzeichnet ist, an den HV (entspr § 74 I für den HdlGehilfen). Die Aushändigung muss binnen angemessener Zeit nach Vereinbarung erfolgen, sonst kann der HV sie ablehnen mit der Folge, dass die Wettbewerbsabrede nicht zustandekommt. 15

4) Höchstdauer und Reichweite der Wettbewerbsabrede (I 2)

A. Höchstdauer: Zwei Jahre von Beendigung des Vertrags (nicht schon des Tätigseins) an **(I 2 Halbsatz 1).** Die Wettbewerbsabrede wird nicht durch Tod, str, oder Geschäftsaufgabe des HV gegenstandslos, auch nicht, wenn der Vertrag durch Insolvenz des Unternehmers beendet wird, was für die Entschädigung wichtig ist, Emde 64ff, aber auch 68; nach aA soll die Wettbewerbsabrede gegenstandslos werden bei Betriebseinstellung oder -umstellung oder Tod (nicht Krankheit) des HV, sofern nicht Rechtsnachfolger Geschäft fortführt und die Wettbewerbsabrede insoweit fortgilt (so iZw), sowie bei Insolvenz des Unternehmers (nach manchen analog § 74a I 1, s Rn 9), Küstner/Thume/Schröder Bd 1 Kap X Rn 141ff, vermittelnd Gehle DB **10,** 1981: nur soweit noch berechtigte geschäftliche Interessen. UU Wegfall der Geschäftsgrundlage (§ 313 I BGB). Die Zweijahresdauer ist zusammenhängend, also keine Unterbrechung und entsprechende Verlängerung. Diese Höchstdauer braucht nicht ausdrücklich vereinbart zu werden (§§ 133, 157 BGB), Emde 28. Abweichende Abreden s Rn 27ff. 16

B. Reichweite: I 2 Halbsatz 2 (neu 1990, s § 84 Rn 3) setzt zwei Grenzen: 17

a) Die Wettbewerbsabrede darf sich nur auf den dem HV zugewiesenen Bezirk oder Kundenkreis (§ 87 II) und nur auf die Gegenstände (Erzeugnisse, Dienstleistungen oder Versicherungsverträge) erstrecken, auf die sich die Bemühenspflicht des HV nach § 86 I 1 bezieht. Bei Versicherungs- und Bausparkassenvertretern, für die § 87 II nicht gilt, kann die geographische Reichweite im Einzelfall nach §§ 138, 242 BGB einzuschränken sein (s Rn 7), weitergehend Küstner BB **97,** 1753, aA Emde 31: schon ohne Rückgriff auf BGB.

b) Darüber hinaus muss der HV von Wettbewerbsbeschränkungen frei bleiben.

Hopt 531

§ 90a 18–20

5) Entschädigung (I 3), Rechtsfolgen bei Verstößen gegen ein Wettbewerbsverbot

18 A. **Entschädigungspflicht:** Der Unternehmer hat dem Vertreter für die Dauer der Wettbewerbsbeschränkung eine Entschädigung (sog **Karenzentschädigung**) zu zahlen (I 3). Diese Entschädigung ist nicht Schadensersatz, sondern Entgelt für die Abrede der Wettbewerbsenthaltung, BGH **59**, 390, **63**, 355 = NJW **75**, 388, Mü BB **12**, 220. Der Anspruch des HV besteht auch, wenn dieser gar keinen Wettbewerb machen wollte oder könnte, BGH **63**, 355; auch nach Tätigkeit von erst 11 Wochen, Mü BB **12**, 220. Die Wettbewerbsabrede ist nach I 3 (anders § 74 II für HdlGehilfen, nicht entspr anwendbar) auch ohne Entschädigungszusage gültig, Nürnb BB **60**, 1261, Düss BB **62**, 731, Karlsr VersR **73**, 857. Der Unternehmer schuldet also die Entschädigung kraft Gesetzes, auch wenn er annahm, dass ihn die Abrede nichts kostet; letzterenfalls sind weder §§ 154, 155 BGB (Dissens) anwendbar noch kann Unternehmer den Vertrag nach § 119 I BGB anfechten. Die Entschädigungspflicht bleibt auch bestehen, wenn der Unternehmer das Unternehmen aufgibt. Ob das auch bei Insolvenz des Unternehmens gilt (so 31. Aufl, Grund: auch einseitiger Verzicht ist nur bis zum Vertragsende möglich, Rn 23), ist str. Nach üL erlischt die Wettbewerbsabrede zusammen mit dem HVVertrag bei Verfahrenseröffnung (§ 87 Rn 51), dann grundsätzlich auch keine Entschädigung, aber § 74a I 1 analog, also Fortbestehen und Entschädigung, falls das Wettbewerbsverbot dem berechtigten geschäftlichen Interesse des Unternehmers dient, zB bei Unternehmensfortführung oder -veräußerung durch den Insolvenzverwalter, Küstner/Thume/Schröder Bd 1 Kap X Rn 148, Emde/Kelm ZIP **05**, 62; war der HVVertrag bei Verfahrenseröffnung bereits beendet, hat der Insolvenzverwalter das Wahlrecht nach § 103 InsO. Die Entschädigung ist grundsätzlich sofort mit Beendigung des Vertrags (s Rn 10), also in einer Summe, fällig (anders § 74b), doch ist Ratenzahlungsvereinbarung ohne Verstoß gegen IV zulässig (Schluss aus II 1: Freiwerden nach 6 Monaten), Heymann/Sonnenschein/Weitemeyer 16. Verhältnis dieser Entschädigung zum **Ausgleich** nach § 89b s Weber BB **61**, 1220, Ordemann BB **65**, 932; grundsätzlich beeinträchtigt keines das andere; vgl Rn 6.

19 B. **Höhe der Entschädigung:** Nach I 3 schuldet der Unternehmer eine **angemessene** Entschädigung (weitergehend § 74 II für HdlGehilfen). Sie wird idR nicht über der vertraglichen Vergütung liegen, sonst stünde der HV unter dem Wettbewerbsverbot besser als unter dem Vertrag, Karls VersR **11**, 529, doch wäre das zulässig (IV). Darunter sind verschiedene Abstufungen denkbar bis zur Grenze der Angemessenheit, Verstoß s Rn 21. Mindestprovision, Sicherung des Lebensbedarfs, Mü BB **12**, 220. Was angemessen ist, ist voll nachprüfbar und bestimmt sich mit Blick auf die dem HV durch den Wettbewerbsverzicht erwachsenden Nachteile, etwa im Verhältnis zu einer anderen Berufstätigkeit, und die Vorteilen für den Unternehmer, BGH **63**, 355. Die bisherige vertragliche Vergütung ist dabei mitzuberücksichtigen, idR als Mindestgrenze, Karls VersR **11**, 529, aber nicht eine feste Obergrenze, so wenn der HV bei einem Konkurrenzunternehmen bessere Konditionen erzielen würde, vgl MüKo/von Hoyningen-Huene 43. Die Entschädigung muss (trotz „zahlen" in I 3) nicht in Geld bestehen. Deshalb soll ein dem HV günstiger Vergleich über Vertragsbeendigung mit Wettbewerbsverbot ohne besondere Entschädigung (bei Streit über fristlose Kündigung des Unternehmers) zulässig sein können, BGH NJW **62**, 1346, BB **62**, 655. Entschädigung ist mangels anderer Abrede ebenso wie Provision und Ausgleich Bruttoentgelt ohne zusätzliche Mehrwertsteuer, zugrundezulegen sind die Bruttoprovisionen, BGH **63**, 353. Lit: Emde BB **12**, 2091.

20 C. **Anrechnung anderen Verdienstes:** Anders als für HdlGehilfen (§ 74c) sagt das HGB für HV nichts über die Anrechnung anderen Verdienstes auf die vom Unternehmer aus der Wettbewerbsabrede geschuldete Entschädigung. § 74c

7. Abschnitt. Handelsvertreter 21–25 § 90a

I 1 ist auch nicht entspr anwendbar. Doch soll anderweitiger Verdienst des HV immerin als ein Umstand unter anderen angemessen berücksichtigt werden können, so BGH **63**, 356, Karls VersR **11**, 529, Heymann/Sonnenschein/Weitemeyer 18; für Orientierung auch an § 74c MüKo/von Hoyningen-Huene 45. Da die Entschädigung aber Entgelt für die Wettbewerbsabrede, nicht für den späteren konkreten Einkommensverlust ist (s Rn 18), sind Einkommensvor- und -nachteile, Ersparnisse oder Kosten des HV, die in persönlichen Umständen oder Entschließungen des HV nach Vertragsende ihren Grund haben, idR nicht zu berücksichtigen, BGH **63**, 35, Karls VersR **11**, 529, allenfalls ersparte Aufwendungen. Keinesfalls ist Zahlung nach § 89b zu berücksichtigen (anderweitiger Ausgleichsanspruch).

D. **Rechtsfolgen bei Verstößen gegen ein Wettbewerbsverbot: a) des** 21 **Handelsvertreters:** Der HV verliert für die Dauer des (Wettbewerbs)verstoßes und seiner Auswirkungen den Anspruch auf Entschädigung, BGH NJW **64**, 1641, und kann sich schadensersatzpflichtig machen. Rückzahlungsklausel und Vertragsstrafe s Rn 30.

b) des Unternehmers: Der HV kann auf Erfüllung klagen oder nach §§ 280, 22 323 BGB vorgehen. Er darf dagegen nicht seinerseits gegen das Wettbewerbsverbot verstoßen, denn das geht über § 320 BGB hinaus, Heymann/Sonnenschein/Weitemeyer 21, aA Karlsr DB **71**, 572, VersR **73**, 857; anders nach Rücktritt. Geltendmachung einer Vertragsstrafe durch Unternehmer in solchem Fall kann aber unzulässige Rechtsausübung sein, BAG NJW **64**, 1641. Rechtsfolgen bei Verstößen gegen § 90a s Rn 31–33.

6) Verzicht des Unternehmers (II), Aufhebungsvertrag

A. **Verzicht des Unternehmers:** Der Unternehmer kann bis zum Vertragsende 23 auf die Wettbewerbsbeschränkung des HV verzichten (**II**, entspr § 75a für HdlGehilfen). Der Verzicht ist schriftlich zu erklären (Schriftform § 126 BGB). Unwirksamer Verzicht (nach Vertragsende oder bei Formverstoß) kann Angebot zu Aufhebungsvertrag sein (§ 140 BGB). Teilverzicht ist möglich. Der Verzicht ist bedingungsfeindlich. Ist er erklärt, kann er nicht mehr zurückgenommen werden, es bleibt nur Anfechtung oder einvernehmliche Beseitigung seiner Wirkungen (§ 311 I BGB). Der Unternehmer kann sich aber nicht im Vertrag vorbehalten, ob er von Wettbewerbsverbot Gebrauch macht oder nicht (Rn 28). **Rechtsfolge** des Verzichts ist eine gespaltene: für den HV Freiwerden von der Wettbewerbsbeschränkung, für den Unternehmer Verkürzung der Entschädigungspflicht auf sechs Monate seit der Erklärung (auch über das Vertragsende hinaus).

B. **Aufhebungsvertrag:** Einvernehmliche Aufhebung ist nach § 311 I BGB 24 jederzeit (während des Vertrags und nachher), auch teilweise (vgl Rn 17) und formfrei möglich.

7) Vertragskündigung aus wichtigem Grund (III)

A. **Kündigung des Unternehmers:** Kündigt der Unternehmer den Vertrag 25 aus wichtigem Grund wegen schuldhaften Verhaltens des HV (§ 89a; wie Rn 26), kann er sich durch schriftliche Erklärung binnen eines Monats nach der Kündigung von der Wettbewerbsabrede lossagen und damit von der Zahlung der Entschädigung befreien. III (neu 1998, s § 84 Rn 3, dort auch zur Rückwirkung) stellt damit Unternehmer und HV hinsichtlich der Folgen der Kündigung aus wichtigem Grund für die Wettbewerbsabrede gleich (näher Rn 26). II 2 aF, wonach der HV dem vereinbarten Wettbewerbsverbot ohne Entschädigung unterlag, war verfassungswidrig, BVerfG NJW **90**, 1469 (s 29. Aufl). Wahlweise kann der Unternehmer an der Wettbewerbsabrede festhalten, schuldet dann aber angemessene Entschädigung (I 3). Hat der HV zur Kündigung aus wichtigem

§ 90a 26–30 1. Buch. Handelsstand

Grund Anlass gegeben hat, drohen Verlust des Ausgleichsanspruchs (§ 89b III Nr 2) und Schadensersatzpflicht (§ 89a II, s dort Rn 34).

26 B. **Kündigung des Handelsvertreters:** Kündigt der HV den Vertrag aus wichtigem Grund (§ 89a, auch ordentlich statt fristlos, auch einvernehmliche Beendigung statt Kündigung), und zwar wegen schuldhaften Verhaltens des Unternehmers (also nicht aus einem wichtigen Grund anderer Art), kann er sich von der Wettbewerbsabrede lossagen (III für HV wie vor 1998; vgl § 75 I für HdlGehilfen). Er muss das schriftlich (§ 126 BGB) binnen einem Monat nach seiner Kündigung erklären (III). Mit Zugang der Erklärung (§ 130 I 1 BGB) beim Unternehmer ist der HV nicht mehr gebunden, Düss 21.6.**57** HVR Nr 151 LS, hat aber auch keinen Anspruch auf Entschädigung mehr. Kündigung mit Frist und Aufhebungsvertrag s Rn 25. Bei unbegründeter Lossagung uU einstweilige Verfügung wegen drohenden unerlaubten Wettbewerbs, Stgt BB **59**, 792.

8) Abweichende Vereinbarungen (IV), Rechtsfolgen bei Verstößen gegen § 90a

27 A. **Zwingendes Recht zugunsten des Handelsvertreters:** In einer Wettbewerbsabrede (I 1) kann zwar zum Vorteil, aber nicht zum Nachteil des Handelsvertreters von den Vorschriften in I–III abgewichen werden (IV). Das gilt auch, wenn der HV des Schutzes im konkreten Fall nicht bedarf, BGH **53**, 92 (ebenso § 89b Rn 70). Der Schutzzweck des IV zugunsten des HV bestimmt, was als nachteilige Abweichung (im Gegensatz zur bloßen Ergänzung) anzusehen ist (Rn 28f), und begrenzt die Rechtsfolge von Verstößen (Rn 31).

28 B. **Abweichungen zum Nachteil** des HV können auch darin liegen, dass ein unerlaubter wirtschaftlicher Druck auf den HV ausgeübt wird, etwa durch eine Vereinbarung, wonach der HV bei Konkurrenztätigkeit eine Inkassopauschale zurückzuzahlen hat, ohne dass Unternehmer Entschädigung zahlt, BGH **59**, 390, krit Schwerdtner JR **73**, 200. Auch ein vertraglicher Vorbehalt des Unternehmers, erst später zu entscheiden, ob er das Wettbewerbsverbot in Anspruch nehmen will, verstößt gegen Sinn und Zweck des § 90a (Rechtsfolge s Rn 31), LG Tüb BB **77**, 671m Anm Küstner. Die Karenzentschädigung muss aber nicht in Geld bestehen, auch Sachwerte,

Gebrauchsvorteile oder ein dem HV günstiges nachvertragliches Vergütungssystem sind denkbar, Hbg 27.1.**11** HVR Nr 1350. Klauseln über Beschränkung der **Verwertung von Kundenlisten** s § 90 Rn 7.

29 **Festlegung der angemessenen Entschädigung im Voraus** ist nicht Abweichung von I 3, ähnlich wie Festlegung wichtiger und nicht wichtiger Kündigungsgründe im Voraus das Recht zur Kündigung aus wichtigem Grunde nicht beschränkt (vgl § 89a Rn 27f); anders wenn ein Betrag vereinbart ist, der als angemessen nicht in Betracht kommt, entweder von vornherein oder so wie sich die Dinge bis zum Vertragsende entwickelten. Ratenzahlungsvereinbarung ist zulässig (Rn 18). Ausschluss des Rechts des Unternehmers zum Verzicht nach II 1 ist zulässig. Das Wettbewerbsverbot kann auch von vornherein auf den Fall des II 2 beschränkt werden, also der **Kündigung** des Unternehmers aus wichtigem Grunde wegen schuldhaften Verhaltens des Vertreters, im Einklang mit II 2 kann dann eine Entschädigung ausgeschlossen werden, BGH BB **84**, 236; Wettbewerbsverbot ohne Entschädigung in Vergleich nach fristloser Kündigung s Rn 19.

30 **Ergänzende Abreden** sind anders als abweichende Abreden durch IV nicht beschränkt, so besonders die Regelung der Folgen verbotenen Wettbewerbs. Zulässig ist zB die Vereinbarung einer **Vertragsstrafe**, § 75c I 1 (zugunsten des HdlGehilfen) gilt nicht entspr. Möglich ist über § 340 BGB hinaus Vertragsstrafe für jede Verletzung des Wettbewerbsverbots unter Aufrechterhaltung des Verbots für die Zukunft, und Herabsetzung einer unverhältnismäßig hohen Vertragsstrafe

7. Abschnitt. Handelsvertreter § 91

nach § 343 BGB scheidet aus (§ 348; §§ 351, 4 sind aufgehoben), vgl BGH **5**, 136. Vertragsstrafe für versuchte Vertreterabwerbung BGH BB **83**, 2136, für Nutzung von Kundenlisten s § 90 Rn 7. AGB-Kontrolle: Mü BB **10**, 2987, Oldbg BB **12**, 3167, str.

C. **Rechtsfolgen bei Verstößen gegen § 90a: a) Nichtigkeit:** Verstoß gegen I–III zum Nachteil des HV führt zur Nichtigkeit. Aber **§ 139 BGB gilt** zum Schutze des HV **nicht.** Unwirksamkeit der Wettbewerbsabrede macht also nicht den ganzen HVVertrag nichtig. Überschreitung der zeitlichen, örtlichen und/ oder gegenständlichen Grenzen von I 2 führt nicht zur Unwirksamkeit der Wettbewerbsabrede insgesamt, nur im Umfang der Überschreitung, BGH ZIP **12**, 2509, zT anders Emde 29, 51. Bei Abweichung von I 2 ist eine kürzere Frist nicht zum Nachteil des HV, also unbeschränkt möglich. Wettbewerbsabrede von über zwei Jahren ist nicht insgesamt nichtig, sondern beschränkt sich nach dem gesetzlichen Schutzumfang der Verbotsnorm auf zwei Jahre, Canaris § 15 Rn 125. Vorbehalt des Unternehmers, ob er sich nach Vertragsende auf das Wettbewerbsverbot berufen will, ist unwirksam, Wettbewerbsabrede bleibt wirksam, HV behält Anspruch auf Karenzentschädigung, LG Tüb BB **77**, 671m Anm Küstner. Bei Verstoß gegen I 3 ohne oder mit unangemessen niedriger Entschädigung wird angemessene Entschädigung geschuldet, BAG NJW **64**, 1641, Nürnb BB **60**, 1261. Für AGB gelten Sonderregeln, **(5)** § 306 BGB, Preis/ Stoffels ZHR 160 **(96)** 490, im Einzelnen str. 31

b) **Schadensersatzpflicht:** Möglich auch Schadensersatzpflicht nach §§ 241 II, 280 BGB, BGH ZIP **12**, 2513, auch deliktisch, Emde 52. Der Schadensersatz ist nicht auf die Höhe der Karenzentschädigung begrenzt. Zur Berechnung des Schadensersatzanspruchs Hbg 27.1.**11** HVR Nr 1350. 32

D. **Kein Wahlrecht des Handelsvertreters:** IV verbietet abweichende für den HV nachteilige Vereinbarungen, anders als § 75d, der nur dem Prinzipal versagt, sich auf die abweichende Vereinbarung zu berufen und dem HdlGehilfen ein Wahlrecht einräumt. Eine Analogie ist angesichts der klaren Aussage beider Bestimmungen nicht möglich, also kein Wahlrecht des HV, Emde 72. Entscheidet sich der HV für die Ausführung einer solchen Abrede (Bsp: Wettbewerbsverbot über zwei Jahre hinaus, mit Entschädigung, s I 2, 3), ist diese dennoch unwirksam mit entsprechenden Folgen für die Rückabwicklung, Grenzen nur aus allgemeinen Grundsätzen (venire contra factum proprium; Verwirkung, vgl § 87c Rn 19, § 89b Rn 80). 33

E. **Prozess:** Die Ansprüche aus § 90a können gerichtlich durchgesetzt werden (s auch Rn 21, 22); einstweilige Verfügung ist möglich, aber, soweit Vorwegnahme der Hauptsache, nicht für die Karenzentschädigung, Emde 78. 34

[Vollmachten des Handelsvertreters]

91 (1) **§ 55 gilt auch für einen Handelsvertreter, der zum Abschluß von Geschäften von einem Unternehmer bevollmächtigt ist, der nicht Kaufmann ist.**

(2) ¹**Ein Handelsvertreter gilt, auch wenn ihm keine Vollmacht zum Abschluß von Geschäften erteilt ist, als ermächtigt, die Anzeige von Mängeln einer Ware, die Erklärung, daß eine Ware zur Verfügung gestellt werde, sowie ähnliche Erklärungen, durch die ein Dritter seine Rechte aus mangelhafter Leistung geltend macht oder sich vorbehält, entgegenzunehmen; er kann die dem Unternehmer zustehenden Rechte auf Sicherung des Beweises geltend machen.** ²**Eine Beschränkung dieser Rechte braucht ein Dritter gegen sich nur gelten zu lassen, wenn er sie kannte oder kennen mußte.**

Hopt

§ 91a

Übersicht

	Rn
1) Abschlussvertreter von Nichtkaufleuten (I)	1
2) Vollmachten des Nicht-Abschlussvertreters (II)	2–3
A. Vollmachten außer Abschlussvollmacht (II 1)	2
B. Beschränkungen gegenüber Dritten (II 2)	3

1) Abschlussvertreter von Nichtkaufleuten (I)

1 § 55 umschreibt den Umfang der (erteilten) Vollmacht von „HdlBevollmächtigten, die HV sind", setzt also Vertretung eines Unternehmers mit HdlGewerbe, Kfm (vgl § 54 I) voraus. § 91 I erstreckt § 55 auf HV von NichtKflten (§ 84 Rn 28). Der **Umfang der Vollmacht** bestimmt sich somit für Abschlussvertreter von Kflten und NichtKflten gleichermaßen **nach §§ 54, 55 II–IV** (s dort).

2) Vollmachten des Nicht-Abschlussvertreters (II)

2 A. **Vollmachten außer Abschlussvollmacht (II 1):** Auch der HV ohne Abschlussvollmacht hat zwecks Verkehrsschutzes jedenfalls gewisse Vollmachten (II 1 wie § 55 IV für den Abschlussvertreter, s dort): Entgegennahme von Erklärungen Dritter wegen mangelhafter Leistung des Unternehmers (also Empfangs vertreter des Unternehmers) und Beweissicherung für den Unternehmer. Der HV hat diese Vollmachten auch für Geschäfte, die er nicht vermittelt hat, früher str.

Sonderregeln für **Versicherungsvertreter** §§ 43 ff aF, §§ 69 ff VVG (§ 55 Rn 5). Allgemeiner sind auch andere Vermittlungsvertreter idR bevollmächtigt, Vertragsangebote Dritter entgegenzunehmen **(Empfangsvertreter)**, BGH **82**, 221; zum Ausschluss der Empfangsvollmacht Luckey VersR **93**, 1151. Verschulden des HV bei den Vertragsverhandlungen, Anfechtung des Unternehmers § 84 Rn 52 ff.

3 B. **Beschränkungen gegenüber Dritten (II 2):** Die Vollmachten eines Abschlussvertreters sind nach §§ 54 III, 55 I mit Wirkung gegen Dritte nur beschränkbar, soweit diese die Beschränkung kennen oder kennen müssen. II 2 spricht dasselbe aus für den HV ohne Abschlussvollmacht hinsichtlich seiner beschränkten Vollmachten nach II 1.

[Mangel der Vertretungsmacht]

91a (1) Hat ein Handelsvertreter, der nur mit der Vermittlung von Geschäften betraut ist, ein Geschäft im Namen des Unternehmers abgeschlossen, und war dem Dritten der Mangel an Vertretungsmacht nicht bekannt, so gilt das Geschäft als von dem Unternehmer genehmigt, wenn dieser nicht unverzüglich, nachdem er von dem Handelsvertreter oder dem Dritten über Abschluß und wesentlichen Inhalt benachrichtigt worden ist, dem Dritten gegenüber das Geschäft ablehnt.

(2) Das gleiche gilt, wenn ein Handelsvertreter, der mit dem Abschluß von Geschäften betraut ist, ein Geschäft im Namen des Unternehmers abgeschlossen hat, zu dessen Abschluß er nicht bevollmächtigt ist.

Übersicht

	Rn
1) § 91a im Verhältnis zum BGB	1–2
A. Handelsrechtlicher Vertrauenstatbestand (I, II)	1
B. Geltung der §§ 177 ff BGB	2

7. Abschnitt. Handelsvertreter 1–5 § 91a

Rn
2) Voraussetzungen der Wirksamkeit des Geschäfts (I) 3–10
A. Unkenntnis des Dritten vom Mangel an Vertretungsmacht 3
B. Benachrichtigung des Unternehmers 5
C. Keine unverzügliche Ablehnung 7
D. Folge versäumter Ablehnung 9
E. Anfechtung 10

1) § 91a im Verhältnis zum BGB

A. Handelsrechtlicher Vertrauenstatbestand (I, II): § 91a I handelt von 1 Abschlüssen des (reinen, aber Auslegung von „nur", BGH WM **06**, 1109) Vermittlungsvertreters ohne Abschlussvollmacht, II von Abschlüssen des Abschlussvertreters außerhalb seiner Abschlussvollmacht (die nach Inhalt der Abschlüsse, Sitz der Kunden, Größe der Geschäfte oder sonstwie beschränkt sein kann). II verweist auf I, beide Fälle sind gleich geregelt. Danach gilt zwecks Verkehrsschutzes der **Abschluss als genehmigt, wenn der Unternehmer,** nachdem er davon benachrichtigt worden ist, ihn **nicht unverzüglich ablehnt.** Außergewöhnliche Geschäfte werden nicht erfasst, BGH WM **06**, 1109 (zu § 75h, s dort). § 91a weicht damit von § 177 BGB mehrfach ab, verdrängt ihn aber nicht (Rn 2). §§ 54 I, 55 I, 75h I, 91a I enthalten allgemeinen Vertrauensschutzgrundsatz, BGH WM **06**, 1109. § 91a entspricht in Regelungsgrund und zT in Voraussetzungen und Rechtsfolgen § 362, s dort, Hopt AcP 183 **(83)** 689. § 91a gilt auch bei Verträgen mit Kunden im Ausland, Emde 11, aA Hbg DB **59**, 1396, Ebenroth/ Löwisch 5; auch wenn der HV außerhalb seines Kundenkreises, Gebiets oder Bezirks handelt, aA Ebenroth/Löwisch 5 (dann § 177 BGB), Grund: dem Unternehmer zurechenbar, keine Nachforschungsobliegenheit des Kunden (aber oben außergewöhnliche Geschäfte).

B. Geltung der §§ 177 ff BGB: § 91a setzt einen eigenen handelsrechtlichen 2 Vertrauenstatbestand, der §§ 177 ff BGB unberührt lässt, beide sind also nebeneinander anwendbar, MüKo/von Hoyningen-Huene 19. Der andere Teil kann also den Unternehmer zur Genehmigung (binnen zwei Wochen) auffordern (§ 177 II BGB), er kann das Geschäft noch solange widerrufen, als es noch nicht durch (echte oder nach § 91a fingierte) Genehmigung des Unternehmers wirksam geworden ist (§ 178 BGB) und bei Ablehnung des Geschäfts haftet der HV dem Dritten als Vertreter ohne Vertretungsmacht (§ 179 BGB).

2) Voraussetzungen der Wirksamkeit des Geschäfts (I)

A. Unkenntnis des Dritten vom Mangel an Vertretungsmacht: I gilt nur 3 bei Mangel an Vertretungsmacht, Nichtbeachtung interner Weisungen durch den bevollmächtigten HV genügen für I nicht, auch nicht bei Kenntnis des Dritten davon. I setzt voraus, dass dieser Mangel an Vertretungsmacht des HV dem Dritten nicht bekannt war. Kenntnis liegt zB bei Abschluss des Geschäfts unter Vorbehalt der Genehmigung des Unternehmers vor. Nur Kennen schadet. Kennenmüssen, auch grobe Fahrlässigkeit, steht nicht gleich.

Hat der Dritte dagegen **Kenntnis** von diesem Mangel und schließt er trotzdem 4 im Vertrauen auf die Genehmigung des Unternehmers ab, ist I nach Wortlaut und Sinn nicht anwendbar, sondern nur § 177 BGB (s Rn 2). Dabei spielt es keine Rolle, ob der HV Abschlussvollmacht behauptete oder offen im Vertrauen auf die Genehmigung des Unternehmers ohne Vollmacht abschloss.

B. Benachrichtigung des Unternehmers: I setzt weiter voraus, dass der 5 Unternehmer **von dem Handelsvertreter oder dem Dritten** über Abschluss und wesentlichen Inhalt des Geschäfts benachrichtigt worden ist. Dritter (missverständlich) ist hier der Vertragspartner bzw Kunde, nicht beliebiger Dritter oder Außenstehender. Solange der Unternehmer nur von einem solchen „Vierten"

§ 92

1. Buch. Handelsstand

über den Abschluss gehört hat, trifft ihn der scharfe I nicht. Die (formlose) Benachrichtigung durch den HV oder Dritten muss nicht persönlich erfolgen (Vertreter, Bote). Das Zugehen der Nachricht (§ 130 BGB) genügt.

6 **Wesentlicher Inhalt des Geschäfts** ist, was nach Lage des Falls für die Entschließung des Unternehmers bedeutsam sein kann, also Leistung und Gegenleistung, uU aber relevante Einzelpunkte des Geschäfts wie Lieferfrist, Qualitätsanforderungen, Gewährleistung, Haftungsausschlüsse, BGH WM 06, 1110 (zu § 75h). Wird der Unternehmer von derartigen Abreden erst später benachrichtigt, gilt I ab diesem Zeitpunkt, der Unternehmer kann also das Geschäft noch unverzüglich ablehnen, F/W/Teichmann 9, es sei denn er hat es bereits nach § 177 I BGB genehmigt, Oetker/Busche 7; zur Anfechtung s Rn 10.

7 C. **Keine unverzügliche Ablehnung:** Die **Ablehnung** kann formlos, BGH WM 06, 1110, und ohne Gründe, aber nur dem Dritten, dh dem Vertragspartner (Rn 5) gegenüber erklärt werden. Sie wird wirksam, wenn sie ihm zugeht (§ 130 BGB). Sie kann mit Vollmacht des Unternehmers auch vom HV erklärt, natürlich auch vom HV als Bote übermittelt werden. Der Unternehmer kann dem HV selbst die Entscheidung über das Geschäft übertragen; auch dann kann es durchaus zur Ablehnung kommen, zB wegen geänderter Umstände. Ein venire contra factum proprium liegt darin nicht (Vertretung). Die Ablehnung ist als rechtsgestaltender Akt (ebenso wie die Genehmigung) unwiderruflich, vgl BGH **13**, 187, NJW **89**, 1673, aA Emde 24, aber nach allgemeinen Regeln anfechtbar, Schutz der Dritten, die sich auf Ablehnung eingestellt haben, über § 122 BGB und Rechtsschein.

8 Die Ablehnung muss **unverzüglich** (ohne schuldhaftes Zögern, § 121 I 1 BGB) ab dem Zugang der Benachrichtigung erfolgen. Unverzüglich heißt nicht sofort, dem Unternehmer steht also eine angemessene Überlegungsfrist zu. Frist von zwei Wochen ist idR Obergrenze, BGH WM **06**, 1107 (zu § 75h), gilt aber nicht ohne Weiteres nach § 177 II 2 BGB analog (Grund: handelsrechtlicher Vertragstatbestand), aA wohl Heymann/Sonnenschein/Weitemeyer 10. Verschulden (§§ 276, 278, 121 I 1 BGB) ist nicht unerlässlich, der Unternehmer trägt auch sein Organisationsrisiko. Die Beweislast für die rechtzeitige Ablehnung liegt beim Unternehmer, Emde 40, str.

9 D. **Folge versäumter Ablehnung:** Mangels unverzüglicher Ablehnung gegenüber dem Dritten gilt das Geschäft als von dem Unternehmer nach I genehmigt, falls es nicht schon vorher (auch stillschweigend) genehmigt worden ist. Darauf kann sich auch der schweigende Unternehmer berufen, str, nach aA Wahlrecht (wie zu § 362). Das Geschäft ist auch mit Wirkung für und gegen den HV wirksam, dieser hat also Anspruch auf Provision nach §§ 87 ff, str. Eine Pflichtverletzung des HV, die in dem Abschluss ohne Vollmacht liegen kann (nicht muss), entfällt bei stillschweigender Genehmigung, nicht aber ohne Weiteres kraft der Rechtsscheinwirkung des I; doch ist ein (schuldhaftes) Schweigen des Unternehmers nach § 254 BGB zu berücksichtigen.

10 E. **Anfechtung:** Anfechtung der (auch fingierten) Genehmigung durch den Unternehmer ist möglich nach §§ 119–124 BGB, jedoch nicht aus dem Grunde (§ 119 I BGB), dass er durch sein Schweigen nicht habe annehmen wollen, denn darauf kommt es nach § 91a gerade nicht an, differenzierend Emde 27; nach aA scheidet Anfechtung im Verkehrsinteresse („unverzüglich") bei Sorgfaltspflichtverstoß überhaupt aus (vgl § 362 Rn 6).

[Versicherungs- und Bausparkassenvertreter]

92 (1) **Versicherungsvertreter ist, wer als Handelsvertreter damit betraut ist, Versicherungsverträge zu vermitteln oder abzuschließen.**

(2) **Für das Vertragsverhältnis zwischen dem Versicherungsvertreter und dem Versicherer gelten die Vorschriften für das Vertragsverhältnis zwischen dem Handelsvertreter und dem Unternehmer vorbehaltlich der Absätze 3 und 4.**

(3) ¹In Abweichung von § 87 Abs. 1 Satz 1 hat ein Versicherungsvertreter Anspruch auf Provision nur für Geschäfte, die auf seine Tätigkeit zurückzuführen sind. ² § 87 Abs. 2 gilt nicht für Versicherungsvertreter.

(4) **Der Versicherungsvertreter hat Anspruch auf Provision (§ 87a Abs. 1), sobald der Versicherungsnehmer die Prämie gezahlt hat, aus der sich die Provision nach dem Vertragsverhältnis berechnet.**

(5) **Die Vorschriften der Absätze 1 bis 4 gelten sinngemäß für Bausparkassenvertreter.**

Übersicht

	Rn
1) Definitionen (I, V), anwendbares Recht (II)	1–3
A. Versicherungsvertreter (I)	1
B. Bausparkassenvertreter (V)	2
C. Anwendbares Recht (II)	3
2) Provisionspflichtige Geschäfte (III, § 87)	4–6
A. Keine Provision für Nachbestellungen und Folgeaufträge (III 1)	4
B. Keine Bezirks- oder Kundenschutzprovision (III 2)	6
3) Voraussetzungen des Provisionsanspruchs (IV, § 87a)	7–10
A. Provision bei Zahlung der Prämie	7
B. Leistungsstörungen	10

1) Definitionen (I, V), anwendbares Recht (II)

A. **Versicherungsvertreter (I):** Wer als HV damit betraut ist, VersVerträge zu 1 vermitteln oder abzuschließen, ist VersVertreter iSd HGB (I, Legaldefinition), BGH NJW **14**, 625 Rz 14. VersVerträge sind im VVG nF 23.11.07 BGBl 2631 mit Rspr Langheid NJW **11**, 3265, geregelt, Versicherer im VAG. VersVertreter iSv I sind nur solche, die HV iSv § 84 sind, einerlei wie sie genannt werden (zB Hauptagent, Generalvertreter, Vermittler). Das VersVermG 19.12.06 BGBl 3232 hat den Begriff des VersAgenten durch den des VersVertreters ersetzt und eine abweichende Definition für die Zwecke des VVG und des Schutzes der Versicherungsnehmer gebracht (§§ 42a II, 59 I nF VVG, s § 93 Rn 7). VersVertreter iSv I sind nur solche, die HV sind (I, 84 I: ständig betraut), Düss NJW-RR **16**, 1315. VersVertreter (§ 55 Rn 5) sind idR HV, können aber auch bloße Gelegenheitsvermittler sein, str, Hamm VersR **95**, 168. VersVermittler, VersBerater, VersMakler, s § 93 Rn 7. Lit: Prölss/Martin VVG 29. Aufl 2005; Bangert 1982, Höft 1982, Hanau 1997 (Selbstständigkeit); Höft VersR **76**, 205. **Muster:** Hopt HVR 5. Aufl 2015, Materialien XI (Hauptpunkte eines Vertrages für selbstständige hauptberufliche VersVertreter, CDH).

B. **Bausparkassenvertreter (V):** § 92 gilt nach V sinngemäß für Bausparkas- 2 senvertreter. Ein solcher ist, wer als HV damit betraut ist, Bausparverträge zu vermitteln oder abzuschließen (V mit I). Bausparverträge und Bausparkassen sind im BauspG geregelt.

C. **Anwendbares Recht (II):** Auf VersVertreter und Bausparkassenvertreter, 3 die beide HV sind, ist vorbehaltlich der Sonderregelungen in III und IV allgemeines HVRecht anwendbar (§§ 84 ff), zB über Provision (§ 87a), Kln VersR **06**, 71. II ist nur deklaratorisch. VersVertreter sind zwar von der HVRichtlinie (§ 84 Rn 3) nicht erfasst, aber keine gespaltene Auslegung, so zu § 90a BGH ZIP **12**, 2512 (§ 84 Rn 3). Weitere Sonderregelungen enthalten § 89b V (Ausgleichs-

§ 92 4–7 1. Buch. Handelsstand

anspruch), § 92a II (Mindestarbeitsbedingungen, Ermächtigung zu VO) und § 92b IV (rein deklaratorisch). Für VersVertreter (Rn 1) gelten §§ 43 ff aF. 69 ff nF VVG mit Besonderheiten zur Vollmacht (gegenüber § 55, s dort Rn 5). **"Grundsätze"** der Versicherungswirtschaft s § 89b Rn 96. Besonderheiten gelten für bestimmte Versicherungszweige, Küstner/Thume/Thume Bd 1 Kap V Rn 199 ff. **EU-Ri über die VersVermittlung** 2002, Umsetzung in GewO, VVG und VersVermV 2007 (§ 93 Rn 7), brachte ab Ende 2004 Eintragungspflicht und berufliche Anforderungen an Kenntnisse, Fertigkeiten, guten Leumund, Berufshaftpflichtversicherung und statuiert weitgehende Informationspflichten; dementsprechend kann sich auch der VersVertreter (nicht nur der VersMakler) bei der netto policierten Lebensversicherung vom Kunden eine Vergütung versprechen lassen, BGH NJW **14**, 1655, 2782, näher § 89b Rn 86. Lit: Icha 2014; Lilje 2015 (HVAusgleich im VersVertrieb); Höft VersR **76**, 205 (Provision), Platz VersR **85**, 621 (Stornierung), Bonvie VersR **86**, 119 (Stornierung), Reiff VersR **12**, 645, **13**, 762 (Nettopolice), Nastold ZVertriebsR **14**, 146 (Nettopolice).

2) Provisionspflichtige Geschäfte (III, § 87)

4   A. **Keine Provision für Nachbestellungen und Folgeaufträge (III 1):** VersVertreter und Bausparkassenvertreter haben Anspruch auf Provision nur für Geschäfte, die auf ihre Tätigkeit zurückzuführen sind (III 1, § 87 I 1 Fall 1). Entgegen § 87 I 1 Fall 2 haben sie keinen Anspruch auf Provision auf Nachbestellungen und Folgeaufträge (vgl § 87 Rn 17). Bei Abänderung eines alten oder Abschluss eines neuen VersVertrags hat der Vertreter erhält der Vertreter also nur dann Provision, wenn er dabei selbst fördernd mitwirkt, andere mittelbare Kausalität wie in § 87 I 1 Fall 1 genügt nicht, BGH BB **86**, 2091. Anschlussgeschäfte, die in unmittelbarem wirtschaftlichen Zusammenhang mit dem vom Vertreter vermittelten Abschluss stehen (**Ergänzungsverträge,** vgl § 89b Rn 92), sollen aber nach manchen genügen, zB bei echter **Gruppenversicherung** Einbeziehung eines neuen Gruppenmitglieds, Emde 66, anders Ebenroth/Löwisch 14; anders bei unechter Gruppenversicherung (Rahmenvertrag mit bloßer Aussicht auf Einzelversicherungsverträge nach freier Wahl des Gruppenmitglieds), Emde 67, vgl BGH DB **61**, 269. Entsprechendes gilt für Vertragserweiterungen und Vertragsverlängerungen, Emde 68, 69; auch für **Dynamikprovisionen,** Kln VersR **04**, 908, Emde 70.

5   Wegen III 1, der nicht zwingend ist, hängt es allein vom **(Handelsvertreter) Vertrag** ab, ob ein VersVertreter nach Ende seines Vertrags noch Folgeprovision aus den von ihm vermittelten VersVerträgen (anlässlich der Prämienzahlungen des Versicherten) erhält oder nicht, BGH **30**, 107, Ffm BB **86**, 697, **Provisionsverzichtsklausel** für nach Vertragsende fällige Provisionen ist also wirksam, Emde Vor § 84 Rn 56, aA Daum VersR **11**, 565, s auch § 92 Rn 9. HdlBrauch ist das nicht, Düss DB **56**, 1132. Über Ausgleich des Verlusts solcher Provisionen infolge Vertragsende § 89b Rn 91. Verlorene Zuschüsse, Saldoanerkenntnis, Verjährung, Storni, Sittenwidrigkeit s BGH BB **60**, 1221.

6   B. **Keine Bezirks- oder Kundenschutzprovision (III 2):** Nach III 2 gilt § 87 II nicht. Die Zuweisung eines Bezirks- oder Kundenkreises begrenzt zwar auch für VersVertreter und Bausparkassenvertreter Auftrag und Vertretungsmacht (vgl § 46 aF VVG). Sie gewährt aber entgegen § 87 II keinen Bezirks- oder Kundenschutz, ändert also nichts daran, dass sie nur für die von ihnen vermittelten Geschäfte Provision erhalten (§ 87 I, III), BAG BB **00**, 932. III 2 ist nicht zwingend.

3) Voraussetzungen des Provisionsanspruchs (IV, § 87a)

7   A. **Provision bei Zahlung der Prämie:** Nach IV hat der VersVertreter (bzw Bausparkassenvertreter) Provisionsanspruch, sobald der VersNehmer die Prämie

7. Abschnitt. Handelsvertreter 8–10 § 92

gezahlt hat, aus der sich die Provision nach dem Vertragsverhältnis berechnet; vorher besteht nur Provisionsanwartschaft. IV stellt entgegen § 87a I nicht auf die Ausführung des Geschäfts durch den Unternehmer ab, sondern auf die Zahlung der Prämie durch den Dritten (letzteres entspr § 87a I 3). Zahlung bedeutet (jedenfalls im Lebensversicherungsgeschäft mit §§ 35 aF, 33 nF VVG) Zahlung der gesamten Jahresprämie, Teilleistungen führen danach nicht zu Teilprovisionen (vgl aber § 87a Rn 5), BAG NJW **68**, 520, Saarbr NJW-RR **98**, 1192. Wegen Geheimhaltung keine Abtretung von Provisionsansprüchen des VersVertreters, der Personenversicherungen vermittelt (§ 402 BGB, § 203 I Nr 6 StGB), BGH NJW **10**, 2509 (§ 90 Rn 2). IV und § 87a regeln nicht Bestandspflegeprovision (Tätigkeitsentgelt, nicht Vermittlungsprovision), Düss VersR **16**, 1374. Ab 1.4.12 ist § 80 V VAG für bestimmte Versicherungen und Tatbestände zu beachten (Rückforderungsrecht pro rata temporis), Franz/Steiner VersR **12**, 1333.

IV spricht von der Prämie, aus der sich die Provision **nach dem Vertrags-** 8 **verhältnis**, dh dem HVVertrag, berechnet. In diesem kann bestimmt werden, welche von mehreren Prämienzahlungen des VersNehmers den Vertreter Provision bringt, zB jede oder nur die Erste oder bis zu einer bestimmten Summe, BFH 17.3.**10** HVR 1329. Mangels besonderer Vertragsbestimmung gelten die allgemeinen Auslegungsregeln, ggf ergänzende Vertragsauslegung, Stgt BB **77**, 565. Rückgriff auf § 87a I 3 bleibt möglich, Emde 77, aA MüKo/von Hoyningen-Huene 24.

IV selbst ist **nicht zwingend**, hL, BFH 17.3.**10** HVR 1329, str, befreit aber 9 nicht von § 87a I 3, Emde 87, und § 87a V, Ebenroth/Löwisch 23, s auch § 89b Rn 91. Vertraglich kann zB ein Recht auf Vorschuss (wie § 87a I 2) oder auf Teilprovision (Rn 7, vgl § 87a Rn 5) eingeräumt werden. Umgekehrt ist nach der Rspr Vereinbarung zulässig, dass jeder Provisionsanspruch bei Vertragsende wegfällt, also auch schon (bedingt durch Zahlung) verdiente Provision, Ffm BB **86**, 697, Kln VersR **01**, 1377, Jena VersR **10**, 1645m Anm Krämer 1647, Ffm VersR **11**, 492, aA Graf von Westphalen DB **03**, 2319, Ebenroth/Löwisch 23 für AGB (aber s Rn 10); das wirkt sich dann auf den Ausgleichsanspruch aus (§ 89b Rn 91). In der Großlebensversicherung ebenso wie im Bausparwesen sind **Einmalprovisionsregelungen** (s Rn 26) üblich und Punktwertevereinbarungen, Wirksamkeit im Einzelnen str, dazu Emde 87f, Küstner/Thume/Thume Bd 1 Kap V Rn 284. Auch Verwaltungsprovisionen sind Provisionen iSv § 87, Emde 90, Küstner/Thume/Thume Bd 1 Kap V Rn 290, nach aA Provision abdingbar. (Un)wirksame Klausel über Einbehalt von Stornoreserve (entspricht einer Sicherheitsleistung), Kln VersR **02**, 355, Düss NJOZ **13**, 894. Katalog zulässiger Provisionsabreden bei Emde 93.

B. **Leistungsstörungen:** IV bringt nur eine Änderung zu § 87a I. § 87a II–V 10 bleiben auch auf VersVertreter (bzw Bausparkassenvertreter) anwendbar, BGH DB **83**, 2135, Kln NJW **78**, 328; für V bei Provisionsausschlussklauseln BGH NJW **10**, 300; erst recht § 87b über Höhe und Berechnung der Provision. Da § 87a II auf I Bezug nimmt, der insoweit durch § 92 IV anders geregelt ist (s Rn 7), ist bei Nichtausführung durch das (Vers)Unternehmen § 87a III maßgeblich (vgl § 87a Rn 20), Kln NJW **78**, 328. Der Provisionanspruch entfällt nach § 87a II, wenn und soweit dies auf Umständen beruht, die vom Unternehmer nicht zu vertreten sind. Das ist nicht der Fall (also Vertretenmüssen), wenn der Versicherer die **Nachbearbeitung** gefährdeter VersVerträge, soweit im Verkehr erforderlich, unterlassen hat (näher § 87a Rn 27, 29). **Stornogefahrmitteilungen** s § 87a Rn 27. Stornoreserve s Rn 9. Klageverzichtsklauseln s § 87a Rn 33. Hat der Dritte schon gezahlt und der Vertreter die Provision (ganz oder teilweise) erhalten, muss diese zurückbezahlt werden, § 812 BGB, Kln VersR **74**, 287, richtiger § 87a II Halbs 2 analog. Anfechtung des VersVertrags, Christoph/Effenberger VersR **07**, 593.

Hopt 541

§ 92a [Mindestarbeitsbedingungen]

92a (1) ¹Für das Vertragsverhältnis eines Handelsvertreters, der vertraglich nicht für weitere Unternehmer tätig werden darf oder dem dies nach Art und Umfang der von ihm verlangten Tätigkeit nicht möglich ist, kann das Bundesministerium der Justiz und für Verbraucherschutz im Einvernehmen mit dem Bundesministerium für Wirtschaft und Energie nach Anhörung von Verbänden der Handelsvertreter und der Unternehmer durch Rechtsverordnung, die nicht der Zustimmung des Bundesrates bedarf, die untere Grenze der vertraglichen Leistungen des Unternehmers festsetzen, um die notwendigen sozialen und wirtschaftlichen Bedürfnisse dieser Handelsvertreter oder einer bestimmten Gruppe von ihnen sicherzustellen. ²Die festgesetzten Leistungen können vertraglich nicht ausgeschlossen oder beschränkt werden.

(2) ¹Absatz 1 gilt auch für das Vertragsverhältnis eines Versicherungsvertreters, der auf Grund eines Vertrages oder mehrerer Verträge damit betraut ist, Geschäfte für mehrere Versicherer zu vermitteln oder abzuschließen, die zu einem Versicherungskonzern oder zu einer zwischen ihnen bestehenden Organisationsgemeinschaft gehören, sofern die Beendigung des Vertragsverhältnisses mit einem dieser Versicherer im Zweifel auch die Beendigung des Vertragsverhältnisses mit den anderen Versicherern zur Folge haben würde. ²In diesem Falle kann durch Rechtsverordnung, die nicht der Zustimmung des Bundesrates bedarf, außerdem bestimmt werden, ob die festgesetzten Leistungen von allen Versicherern als Gesamtschuldnern oder anteilig oder nur von einem der Versicherer geschuldet werden und wie der Ausgleich unter ihnen zu erfolgen hat.

Übersicht

	Rn
1) Arbeitnehmerähnliche Handelsvertreter	1–2
2) Reichweite des § 92a I	3
3) Mindestbedingungen	4
4) Mehrfirmenversicherungsvertreter (II)	5

1) Arbeitnehmerähnliche Handelsvertreter

1 HV sind selbstständige Kflte, nicht Arbeitnehmer. Im Einzelfall können sie aber wirtschaftlich und sozial wie arbeitnehmerähnlich gestellt sein, vgl Herschel DB **77**, 1185, aber nicht schon jeder Einfirmenvertreter (vgl Rn 2f). Dann können die **Arbeitsgerichte** zuständig sein (§ 84 Rn 46), BGH ZIP **13**, 2013, Celle 22.11.04 HVR Nr 1145, und einzelne arbeitsrechtliche Normen zum Schutz dieser HV analog anwendbar sein, zB BUrlG, BAG DB **79**, 1708, s § 84 Rn 34; Hungerprovisionen s § 86 Rn 9.

2 § 92a schafft unter Verzicht auf den unscharfen Begriff des arbeitnehmerähnlichen HV für Einfirmenvertreter (s Rn 3) und Mehrfirmenversicherungsvertreter (s Rn 5) eine (problematische) Ermächtigungsgrundlage für Mindestbedingungen, namentlich Mindestentgelte. Eine **Verordnung nach § 92a ist** jedoch bisher **weder erlassen noch geplant.** Insoweit liegt also keine Gesetzeslücke vor, die die Arbeitsgerichte füllen könnten, BAG NJW **03**, 2628. § 92a hat aber kraft Verweisung Bedeutung für die Zuständigkeit des ArbG (§ 5 III ArbGG, § 84 Rn 46), früher auch für Konkursvorrechte (§ 84 Rn 48). Lit: Küstner/Thume/Schürr Bd 1 Kap I Rn 248 ff.

7. Abschnitt. Handelsvertreter 3–5 § 92a

2) Reichweite des § 92a I

§ 92a I nF 2003 (Zuständigkeitsanpassung) gilt für **Einfirmenvertreter,** dh 3 für jeden HV, auch im Nebenberuf (§ 92b), BAG NJW **05,** 1147, Ffm 21.4.**11** HVR 1349, Karls 24.10.**12** HVR Nr 1366, str, auch VersVertreter, BGH ZIP **13,** 2013 Rz 14, auch juristische Person (Ausschöpfung der Ermächtigung wäre aber nicht sinnvoll) oder Personengemeinschaft (§ 84 Rn 8f), üL, Emde 12, aA noch Staub/Brüggemann 5, Emde GmbHR **99,** 1008, der vertraglich nicht für weitere Unternehmer tätig werden darf (Einfirmenvertreter **kraft Vertrags,** vertraglicher Ausschluss, Vetorecht, nicht erteilte Genehmigung), BAG NJW **05,** 1146, BGH ZIP **13,** 2013, 2297, WM **14,** 2217, **15,** 2271 (hauptberuflich), Stgt BB **66,** 1396, Düss 1.6.05 HVR Nr 1149, Brdbg VersR **08,** 1066, Oldbg NJW-RR **15,** 31 (nicht nur nebenberuflich), und zwar einerlei ob Unternehmer eingewilligt hätte, Naumbg 8.3.**04** HVR Nr 1109, vertragswidrige Tätigkeit des HV für einen anderen Unternehmer ändert daran nichts, Karls NJW-RR **15,** 31 Rn 20, **oder** dem dies nach Art und Umfang der von ihm verlangten Tätigkeit (objektiv nach dem Vertrag, nicht nur rein faktisch, also unabhängig von Weisungen des Unternehmers, Karls 24.10.**12** HVR Nr 1366) nicht möglich ist (Einfirmenvertreter **kraft Weisung,** tatsächlicher Ausschluss), BGH WM **14,** 2217 Rn 16, LAG Düss BB **56,** 593, Brdbg BeckRS **08,** 09609. Letzteres ist nicht schon wegen vertraglicher Pflicht des HV gegeben, „seine volle Arbeitskraft zur Verfügung zu stellen", Ffm BB **80,** 336; auch Wettbewerbsabrede genügt nicht, da Tätigkeit für Nichtwettbewerber möglich bleibt, BGH NJOZ **10,** 2116 Rz 22, ZIP **13,** 2013 Rz 14, Parallelfall NJW-RR **13,** 1511m Anm Ehrhard/von Bodungen, ZVertriebsR **13,** 321 (Parallelfall), Erheblichkeitsschwelle, Emde BB **14,** 2435; auch nicht, wenn damit die gesamte Branche (zB Versicherungs- oder Bausparvgeschäft) gesperrt ist, Ffm 8.1.**10** HVR Nr 1296; ebenso wenig Klausel über vorherige Abstimmung (anders bei Genehmigungsvorbehalt oder Widerspruchsrecht des Unternehmers, KG ZVertriebsR **16,** 29), Kln VersR **01,** 894, oder Klausel über vorherige Anzeige und Prüfung des Unternehmens (21 Tage), BGH ZIP **13,** 2013. Ob HV von der anderweitigen Erwerbserlaubnis Gebrauch macht, ist unerheblich, Brdbg BeckRS **08,** 09609. Bloße Anzeigepflicht für andere Erwerbstätigkeiten bleibt ausser Betracht, da Tätigkeit als HV nicht betroffen, Kln 6.4.**05** HVR Nr 1159. Bei Genehmigungsvorbehalt verliert HV Schutz des § 92a, wenn er mit Genehmigung Zweiterwerb aufnimmt, Kln VersR **01,** 895.

3) Mindestbedingungen

Das BMJ kann **die untere Grenze der vertraglichen Leistungen des** 4 **Unternehmers** festsetzen, in erster Linie eine Mindestvergütung, zB Mindestmonatsprovision (unabhängig vom Erfolg der Tätigkeit des HV), auch eine Vergütung bei unverschuldeter Dienstverhinderung, einen Mindesturlaub, ein Recht auf Zeugnis (vgl § 86 Rn 5). Solche Festsetzung soll die notwendigen sozialen und wirtschaftlichen Bedürfnisse der Einfirmenvertreter oder einer Untergruppe sicherstellen, also nicht ein angemessenes Entgelt für ihre Arbeit, denn dieses ist die (grundsätzlich nach dem Erfolg seiner Arbeit bemessene) Provision.

4) Mehrfirmenversicherungsvertreter (II)

Der Einfirmenversicherungsvertreter fällt bereits unter I. Ihm stellt II 1 den 5 HV mehrerer in einem Konzern oder einer Organisationsgemeinschaft verbundener Versicherer (einerlei ob auf Grund eines oder mehrerer HVVerträge) gleich, sofern die Beendigung seines HVVertrags mit dem einen Versicherer im Zweifel auch zur Beendigung bei den anderen Versicherern führt. II gilt entspr für Bausparkassenvertreter, hL.

§ 92b 1, 2

[Handelsvertreter im Nebenberuf]

92b (1) ¹Auf einen Handelsvertreter im Nebenberuf sind §§ 89 und 89b nicht anzuwenden. ²Ist das Vertragsverhältnis auf unbestimmte Zeit eingegangen, so kann es mit einer Frist von einem Monat für den Schluß eines Kalendermonats gekündigt werden; wird eine andere Kündigungsfrist vereinbart, so muß sie für beide Teile gleich sein. ³Der Anspruch auf einen angemessenen Vorschuß nach § 87a Abs. 1 Satz 2 kann ausgeschlossen werden.

(2) Auf Absatz 1 kann sich nur der Unternehmer berufen, der den Handelsvertreter ausdrücklich als Handelsvertreter im Nebenberuf mit der Vermittlung oder dem Abschluß von Geschäften betraut hat.

(3) Ob ein Handelsvertreter nur als Handelsvertreter im Nebenberuf tätig ist, bestimmt sich nach der Verkehrsauffassung.

(4) **Die Vorschriften der Absätze 1 bis 3 gelten sinngemäß für Versicherungsvertreter und für Bausparkassenvertreter.**

Übersicht

	Rn
1) Reichweite der Sondervorschriften	1–6
A. Handelsvertreter im Nebenberuf	1
B. Bestimmung nach Verkehrsauffassung (III)	2
C. Ausdrückliche Beschränkung auf Nebenberuf (II)	3
D. Versicherungs- und Bausparkassenvertreter (IV)	6
2) Inhalt der Sondervorschriften (I 1–3)	7–9
A. Ordentliche Kündigung	7
B. Kein Ausgleichsanspruch nach Vertragsende	8
C. Provisionsvorschuss	9

1) Reichweite der Sondervorschriften

1   A. **Handelsvertreter im Nebenberuf:** Nach I gelten HV im Nebenberuf als weniger schutzbedürftig und werden deshalb (nur) von einzelnen Vorschriften der §§ 84 ff, insbesondere dem Ausgleichsanspruch, ausgenommen (s Rn 5 ff). I setzt danach voraus, dass der HV zwei unterschiedliche Berufe ausübt, die im Hinblick auf seine wirtschaftliche Existenz voneinander unabhängig sind (zB Landwirt/Tankstellenpächter), anders nur in Sonderfällen (zB Hausfrauen, Studenten, Rentner), BGH WM 07, 1859m Anm Thume BB 07, 1750. Aufspaltung in zwei Verträge mit Unternehmer und Konzerntochter wäre Umgehung. Auch juristische Person oder Personengemeinschaft (§ 84 Rn 8f) können HV im Nebenberuf sein. Lit: Baums BB **86**, 891, Küstner BB **66**, 1212 und BB **99**, 541, Thume BB **07**, 1750.

2   B. **Bestimmung nach Verkehrsauffassung (III):** Ob Haupt- oder Nebenberuf vorliegt, richtet sich allein nach der Verkehrsauffassung; liegt danach Hauptberuf vor, kann der HV nicht durch Parteivereinbarung auf Nebenberuf „herabgestuft" werden, BGH NJW **99**, 639, WM **07**, 1856 (AGBKontrolle), Grund s Rn 1. Bsp: Tankstellenpächter (mit On-the-Run-Shopvertrag) oder Sparkassenzweigstellenverwalter im Nebenberuf; Beamter, der auch Versicherungsverträge vermittelt; Ist bei einem **Mehrfirmenvertreter** die Tätigkeit für die mehreren Unternehmer Hauptberuf des HV, so ist § 92b im Verhältnis zu keinem anwendbar, einerlei wie die Tätigkeit sich auf diese verteilt, Stgt VersR **57**, 329, LG Düss 6.7.**54** HVR (Nr 84, Karls 24.10.**12** HVR Nr 1366, str, vielmehr liegt ein einheitliches HdlGewerbe vor; so auch bei Verbindung von Versicherungs- und Bausparkassenvertretung. Hängt die Erwerbstätigkeit mit der daneben ausgeübten HVTätigkeit wirtschaftlich eng zusammen (s Rn 1), zB Großhandel und nebenher auch Vertretung, ist HVTätigkeit (jedenfalls nach Verkehrsauffassung) auch

7. Abschnitt. Handelsvertreter 3–7 § 92b

bei nur geringem Anteil nicht nebenberuflich, sondern gleichrangig, DIHT 23.1.57 HVR Nr 145. Ob eine und welche von verschiedenen Erwerbstätigkeiten (Bsp: Landwirtschaft, Handwerk, Ladengeschäft; unselbstständige Halbtagsanstellung neben HVTätigkeit; auch Saison- und andere Arbeit) Haupt- bzw Nebenberuf ist, wird nach Zeit, Umfang und auch Ertrag, str, der einen oder anderen abzuwägen sein (sog **Übergewichtstheorie**), Bambg 6.6.**97** HVR Nr 933, F/W/Billing 5, Emde BB **14**, 2435, aA bezüglich Ertrag MüKo/von Hoyningen-Huene 8; Feststellung kann sehr schwer sein, BGH NJW **13**, 2111 Rz 28. Aber auch eine Tätigkeit ohne Ertrag (Bsp: Student, Hausfrau), Bambg 26.2.**99** HVR Nr 935, oder eine Situation, die Einkommen ohne Tätigkeit bringt (Bsp: Pensionär) kann als Hauptberuf, die HVTätigkeit daneben als Nebenberuf erscheinen (beim Pensionär wohl idR dann, wenn sie weniger einbringt als die Pension). Vertragliche Regelung empfehlenswert, Bsp Rö/Thume 12.

C. **Ausdrückliche Beschränkung auf Nebenberuf (II): a)** Auf die Sondervorschriften des I (Rn 7 ff) kann sich der **Unternehmer** nur berufen, wenn er den HV **ausdrücklich** (formlos; idR aber im Vertrag, dann bindend) als HV im Nebenberuf beauftragt hat (Vertrag, nicht einseitig), MüKo/von Hoyningen-Huene 23; dies auch in AGB (s auch Rn 7), Ebenroth/Löwisch 11. Sonst muss er die Normalregelung für HV (§§ 84 ff ohne § 92b I) gegen sich gelten lassen. Im Falle einer solchen ausdrücklichen Erklärung muss der HV beweisen, dass sie unrichtig war oder aus dem Neben- der Hauptberuf wurde, LAG Hamm BB **71**, 439. II geht nicht I und III vor, BGH WM **07**, 1857. Lit: zur Abgrenzung Küstner BB **66**, 1212. II dient dem Schutz des HV und ist zwingend. 3

b) Der **Handelsvertreter** kann sich immer (auch ohne Erklärung nach II, auch bei falscher Erklärung) darauf berufen, dass er in Wahrheit HV nur im Nebenberuf ist und deshalb die Sondervorschriften des I gelten, BGH **43**, 113, str. 4

c) Bei **späteren Veränderungen** sind HVVertragsinhalt und Anwendbarkeit des § 92b zu unterscheiden. Weitet sich die nebenberufliche Tätigkeit einvernehmlich zum Hauptberuf aus, gelten §§ 84 ff nunmehr uneingeschränkt. Ist nur nebenberufliche HVTätigkeit vereinbart, kann der HV sich aber nicht später einseitig zum hauptamtlichen HV (mit den Rechten aus §§ 84 ff) aufschwingen (Vertragstheorie), LG Hann VersR **73**, 153m zust Anm Höft, Heymann/Sonnenschein/Weitemeyer 13, offen Bambg 6.6.**97** HVR Nr 933, aA MüKo/von Hoyningen-Huene 26 (Grund: II). Bei einvernehmlicher Herabstufung zur nebenberuflichen Tätigkeit gelten nunmehr die größeren Freiräume des § 92b, § 89b gilt nicht mehr, doch kommt dies eher einer Beendigung gleich (§ 89b Rn 7). Ist hauptberufliche HVTätigkeit vereinbart und sinkt Tätigkeit tatsächlich auf eine nebenberufliche ab, verliert der HV nicht ohne Weiteres den Schutz der §§ 84 ff, sondern erst nach (Teil)Kündigung des Unternehmers. Im Einzelnen str, Heymann/Sonnenschein 13. 5

D. **Versicherungs- und Bausparkassenvertreter (IV):** IV Auch diese können nach IV (rein deklaratorisch) HV im Nebenberuf sein, dann gilt § 92b sinngemäß. 6

2) Inhalt der Sondervorschriften (I 1–3)

A. **Ordentliche Kündigung:** Es gilt nicht § 89, sondern I 1, 2. Danach ist ein HVVertrag auf unbestimmte Zeit mit Monatsfrist auf jeden Kalendermonatsschluss kündbar (I 2 Halbs 1). Abweichendes, auch kürzere Kündigungsfrist, kann vereinbart werden, nur muss die Kündigungsfrist (auch Kündigungstermin, vgl § 89 Rn 27) für beide Teile gleich sein (I 2 Halbs 2, zwingend); bei Vereinbarung ungleicher Fristen gilt für beide Teile die gesetzliche Frist nach I 2 Halbs 1. AGB 7

Hopt 545

§ 92c 1   1. Buch. Handelsstand

mit Frist von 12 Monaten zum Kalenderjahrende für beide Teile ist aber unzulässig, BGH NJW **13**, 2111, Celle 9.6.**05** HVR Nr 1147 = OLG-Report **05**, 650, aA Emde Vor § 84 Rn 56/Kündigungsfrist, Grund: unbillige Hinderung, einen Hauptberuf bei einem konkurrierenden Unternehmer zu ergreifen; dies auch, wenn die Kündigungsfrist erst nach drei Jahren greifen soll.

8   B. **Kein Ausgleichsanspruch nach Vertragsende:** § 89b ist unanwendbar (I 1), vertragliche Regelung ist zu empfehlen. Lit: Küstner BB **66**, 1212.

9   C. **Provisionsvorschuss:** Der sonst unabdingbare Anspruch des HV auf Provisionsvorschuss, wenn noch nicht der andere Vertragsteil, wohl aber der vertretene Unternehmer den Abschluss ausgeführt (der Kunde noch nicht bezahlt, der Unternehmer schon geliefert) hat (§ 87a I Rn 9), kann hier (ganz oder teilweise) ausgeschlossen werden (I 3).

[Handelsvertreter außerhalb der EG; Schifffahrtsvertreter]

92c (1) **Hat der Handelsvertreter seine Tätigkeit für den Unternehmer nach dem Vertrag nicht innerhalb des Gebietes der Europäischen Gemeinschaft oder der anderen Vertragsstaaten des Abkommens über den Europäischen Wirtschaftsraum auszuüben, so kann hinsichtlich aller Vorschriften dieses Abschnittes etwas anderes vereinbart werden.**

(2) **Das gleiche gilt, wenn der Handelsvertreter mit der Vermittlung oder dem Abschluß von Geschäften betraut wird, die die Befrachtung, Abfertigung oder Ausrüstung von Schiffen oder die Buchung von Passagen auf Schiffen zum Gegenstand haben.**

Übersicht

	Rn
1) Internationales Handelsvertreterrecht	1–3
A. Freie Rechtswahl	1
B. Niederlassung des Handelsvertreters	2
C. Gerichtsstandsvereinbarung; andere Umstände	3
2) Ausländische Handelsvertreter in- und ausländischer Unternehmer	4–7
A. Ausländischer Handelsvertreter eines inländischen Unternehmers	4
B. Bei Wahl des deutschen Rechts	5
C. Ausländischer Handelsvertreter eines ausländischen Unternehmers	7
3) Inländischer Handelsvertreter eines ausländischen Unternehmers	8–12
A. Geltung des deutschen Rechts	8
B. Geltung ausländischen Rechts	9
C. Gerichtsstand, Schiedsvereinbarung	12
4) Schifffahrtsvertreter (II)	13

1) Internationales Handelsvertreterrecht

1   A. **Freie Rechtswahl: a)** § 92c (I nF 1990, Erweiterung auf **EWRStaaten** durch EWRG 1993s § 84 Rn 3) ist **keine Kollisionsvorschrift,** sondern befreit in I nur auf materiellrechtlicher Ebene von intern zwingendem deutschem Recht (hM, zB Emde14, Emde ZVertriebsR **14**, 230, str, aA jedenfalls de lege ferenda Freitag/Leible RIW **01**, 295, Michaels/Kamann EWS **01**, 310; zur Sonderanknüpfung international zwingender Normen s Rn 10; zur Unterscheidung von intern und international zwingendem Recht Kropholler IPR, 6. Aufl 2006, § 3 II 1). § 92c ist also überhaupt nur anwendbar, wenn der HVVertrag deutschem Recht untersteht. §§ 84ff werden dann in vollem Umfang abdingbar unter der

7. Abschnitt. Handelsvertreter § 92c

Voraussetzung, dass der HV seine Tätigkeit für den Unternehmer nach dem Vertrag nicht innerhalb der EU (EWR) auszuüben hat (str, s Rn 6). Zweck der Vorschrift ist es, eine Anpassung des Vertragsinhalts an die jeweiligen örtlichen Bedürfnisse zu ermöglichen (BT-Drs 1/3856 Anl 1 S 18). Für Ausbau des I zur Kollisionsnorm de lege ferenda Freitag/Leible RIW **01**, 295, Michaels/Kamann EWS **01**, 310.

b) Die Vorschrift beruht nicht auf der EU-Ri; sie ist aber grundsätzlich mit **Europarecht** vereinbar (hM), weil eine zwingende Anwendung des umgesetzten Richtlinienrechts bei einer Tätigkeit des HV außerhalb der EU (EWR) mangels eines starken Unionsbezuges idR nicht geboten ist und europäische Unternehmen außerhalb des Binnenmarkts keine Wettbewerbsnachteile erleiden sollen, str, iErg wie hier Koller/Roth 4; Staudinger NJW **01**, 1976 unter Berufung auf EuGH NJW **01**, 2007 (Ingmar); Thume BB **11**, 1803; Emde ZVertriebsR **14**, 230: kein Verstoß gegen Diskriminierungsverbot nach Art 18 AEUV; **aA,** weil die EU-Ri für alle den Mitgliedstaaten unterfallenden Rechtsbeziehungen gelte, ohne Abweichungen für Drittlandverkehr vorzusehen, Grundmann Europ Schuldvertragsrecht 1999 3.80 Rn 7, Fetsch Eingriffsnormen und EGV 2002, 317. Eine richtlinienkonforme Auslegung kann aber Einschränkungen gebieten (s Rn 6); Vorlage gemäß Art 267 AEUV (Art 234 aF EG) s § 84 Rn 3.

c) Das auf den HVVertrag anwendbare Recht ist folglich zunächst nach der **ROM I-VO** zu bestimmen (Einl 24 vor § 1), nach Art 3 Rom I-VO besteht freie Rechtswahl, auch nur für einen Teil, aber nur ausdrücklich oder eindeutig (Art 3 I 2 Rom I-VO). Auch ein reines Inlandsgeschäft kann grundsätzlich einem ausländischen Recht unterstellt werden; jedoch bleiben dann die intern zwingenden Vorschriften des Inlandsrechts zu beachten (Art 3 Rom I-VO), näher Emde 43 ff. Art 8 Rom I-VO (Art 30 I aF EGBGB) über Individualarbeitsverträge) ist auf HV auch nicht analog anwendbar, Emde 44. Lit: s Rn 4, 10 und Ebenroth/Kindler Anh § 92c IPR des HV und Vertragshändlers.

d) Die **Einbeziehung und Wirksamkeit von AGB** unterliegen gemäß Art 10 Rom I-VO dem gewählten, mangels Rechtswahl dem objektiv anwendbaren (s Rn 2) Recht, Pal/Thorn Art 10 Rom I-VO Rn 3 in EGBGB, für Sonderanknüpfung der Annahme von AGB bei Schweigen nach Art 10 II Rom I-VO nach dem Recht des gewöhnlichen Aufenthaltsrechts, Reithmann/Martiny/Martiny Rz 3.65, Einbeziehung nach deutschem Sachrecht bei Inlandsgeschäften ebenda Rz 3.70, Inhaltskontrolle nach Vertragsstatut, ebenda Rz 3.85; zur AGB-Kontrolle nach deutschem Recht nach **(5)** § 307 BGB (§ 86 Rn 8) Mü RIW **02**, 319, Eberl RIW **02**, 305, Emde EWiR 11/**02**, 485, Wauschkuhn/Meese RIW **02**, 301. Art 6 Rom I-VO betrifft allein die Klauselkontrolle in Verbraucherverträgen (EU-Ri 5.4.93 93/13/EWG) und schränkt die Rechtswahlfreiheit für HVVerträge grundsätzlich nicht ein (unselbstständige HV, § 84 Rn 39, mit Abgrenzung Rn 35 ff; vgl auch Art 46b EGBGB über Verbraucherschutz für besondere Gebiete).

B. Niederlassung des Handelsvertreters: Mangels Rechtswahl unterliegt der HVVertrag als besonderer Geschäftsbesorgungsvertrag mit Dienstleistungscharakter (§ 86 Rn 1) dem Recht des Staates, in dem der Dienstleister seinen gewöhnlichen Aufenthalt hat (Art 4 I lit b Rom I-VO). Auch die charakteristische Leistung (Art 4 II Rom I-VO) erbringt der HV (bzw Vertragshändler), nicht der Unternehmer. Maßgeblich ist somit wie schon nach **Art 28 II 2 aF EGBGB** das **Recht am Ort der Niederlassung** (nicht des privaten Wohnsitzes) des HV, und zwar der Hauptniederlassung oder einer anderen Niederlassung, von der aus die Leistung nach dem Vertrag zu erbringen ist, BGH **127,** 371, NJW **93**, 2753, Düss RIW **95**, 55, Kblz RIW **96**, 152, Hbg 25.4.**06** HVR Nr 1221, Kln IHR **07**, 200, auch nach früherem Recht BGH **53**, 337, NJW **81**, 1899 (Iran): Sitz des

§ 92c 3, 4

HV, wenn er nur im Bereich einer einzigen Rechtsordnung tätig werden sollte und dort seine Niederlassung hat. Das gilt auch, wenn die Niederlassung ausnahmsweise nicht mit dem Tätigkeitsort identisch ist, str, zB wenn der HV nur eine Niederlassung für mehrere Länder hat; § 92c I nF ändert daran nichts, denn I stellt zwar auf den Tätigkeitsort ab, ist aber keine Kollisionsvorschrift (Rn 1). Nach **aA** ist an das **Sitzrecht des Unternehmers** anzuknüpfen, alle HVVerträge müssten einheitlichem Recht unterstehen; das mag zwar für den Unternehmer günstiger sein, muss aber vereinbart werden. Die einzelnen auf Grund des HVVertrags geschlossenen Verträge unterliegen dem dafür maßgeblichen Vertragsstatut, zB Kauf, Düss RIW **96**, 959 (Vertragshändler), aA einheitliche Anknüpfung von Rahmen- und Ausführungsverträgen. Hat der HV noch keinen eigenen Geschäftssitz, zB bei erstmaliger Entsendung durch das Unternehmen in ein anderes Land, dann gilt iZw das Recht des Geschäftssitzes des Unternehmens. Auf den **Vertragshändlervertrag** anwendbares Recht s Überbl 45 vor § 373, Sonderanknüpfung zwingender Normen s Rn 10, Gerichtsstand s Rn 12; Gleichlauf der Regeln für HV und Vertragshändler ist wünschenswert, Kindler FS Sonnenberger **04**, 433. Lit: Eberl 2005, Farmand 2005, beide zu § 89b; Ebenroth/Kindler Anh § 92c; Ebenroth RIW **84**, 167, Kränzlin ZVglRWiss 83 **(84)** 207, Klima RIW **87**, 796, Kindler RIW **87**, 660, **90**, 363, Mankowski MDR **02**, 1352, Mankowski in Hopt/Tzouganatos, Europäisierung, 2006, S. 131.

3   C. **Gerichtsstandsvereinbarung; andere Umstände:** Nach Erwägungsgrund 12 der Rom I-VO ist die Vereinbarung eines ausschließlichen Gerichtsstandes wie früher ein Indiz für stillschweigende, nunmehr eindeutige (s Rn 2) Rechtswahl. Nach der Gesamtheit der Umstände kann der HVVertrag aber eine offensichtlich engere Verbindung zu einem anderen Staat als nach Art 4 I oder II Rom I-VO aufweisen (Art 4 III Rom I-VO).

2) Ausländische Handelsvertreter in- und ausländischer Unternehmer

4   A. **Ausländischer Handelsvertreter eines inländischen Unternehmers:** Mangels Rechtswahl gilt für den Vertrag eines inländischen Unternehmers mit einem ausländischen HV idR **ausländisches Recht**, weil er überwiegend im Ausland, also von der ausländischen Niederlassung aus (s Rn 2), erfüllt wird. Dann sind die §§ 84 ff auch vor deutschen Gerichten unanwendbar. Vgl entspr für EU-Richtlinie (§ 84 Rn 3), EuGH RIW **17**, 225 (Türkei). Zu möglichen Grenzen s Rn 6. Zum Vollmachtsstatut bei HV Überbl vor § 48 Rn 13.

Lit: Reithmann/Martiny/Häuslschmid Rz 6.1502 (EG-Ri, EuGH Ingmar-Urteil), 6.1489 (Kollisionsrecht); Ebenroth/Kindler Anh § 92c; Graf v Westphalen 1995 (HVRecht in EU und Schweiz); Stumpf, Internationales HVRecht, Teil 1, Verträge mit ausländischen HV, 6. Aufl 1987; Teil 2, Ausländisches HVRecht, 4. Aufl 1986; Detzer/van der Moolen, Verträge mit ausländischen HV, 4. Aufl 2005, mit ausländischen Vertragshändlern 3. Aufl 2006; Detzer/Ulrich, Internationale Vertriebsvereinbarungen, 2014; Detzer/Schmitt/Zwernemann, Ausländisches HV- und Vertragshändlerrecht, 1997 (ca 180 kurze Länderberichte); Evers 1998; Haumann 6. Aufl 1987; Küstner/Thume/Thume Bd 1 Kap XI; Martinek/Semler/Flohr 4. Aufl 2016 (VertriebsrechtsHdb), §§ 57–75 Länderberichte; Sura DB **81**, 1269, Wengler ZHR 146 **(82)** 30, Hepting/Detzer RIW **89**, 337, Müller-Feldhammer RIW **94**, 926 (Vertragshändler, BRD/Schweiz), Emde MDR **02**, 190, Bälz NJW **03**, 1559, Hagemeister RIW **06**, 498; Emde RIW **16**, 104 (Vertriebsrecht, international); Semler ZVertriebsR **16**, 139 (HVAusgleich); Peschke ZVertriebsR **16**, 144 (Vertragshändlerausgleich); IntHK, Leitfaden für HVVerträge (IntHK-Publikation Nr 410); ICC Model Commercial Agency Code 2nd ed 2002 (IntHK-Publikation Nr 644); ICC Model Selective Distributorship Contract 2004 (IntHK-Publikation Nr 657); Hesselink/Rutgers/Bueno Diaz/Scotton/Veldman, Commercial Agency, Franchise and Distribution

7. Abschnitt. Handelsvertreter   5–7   § 92c

Contracts – Principles of European Law, 2006, dazu Martinek ZVertriebsR 12, 64; Albaric/Dickstein, International Commercial Agency and Distribution Agreements 2011; Flohr/Martinek, European Distribution Law, 2017.

B. Bei Wahl des deutschen Rechts: a) Der Vertrag zwischen dem inländischen Unternehmer und dem ausländischen HV kann auch unter deutschem Recht stehen, dann **gelten** für den Vertrag **§§ 84 ff.** Deutsches Recht kann gelten kraft Vereinbarung der Parteien (ausdrücklich oder stillschweigend), Bsp BGH LM **(56)** Art 7 ff EGBGB Deutsches Internat. Privatrecht Nr 1 (deutsche Firma in Uruguay), oder weil nach den Umständen des Falles der Schwerpunkt des Vertragsverhältnisses entgegen der Regel (s Rn 2) doch in der BRD liegt. Bsp: Der HV war zuvor Angestellter des Unternehmers, in der BRD ansässig und tätig, ist deutscher Staatsangehörigkeit, der Vertrag wurde in der BRD in deutscher Sprache nach Entwurf eines deutschen Juristen geschlossen, die Provision wird zT in der BRD gezahlt. 5

b) §§ 84 ff sind aber anders als sonst nach § 92c I in allen Punkten **nachgiebig, sofern** der HV seine **Tätigkeit** für den Unternehmer nach dem Vertrag **nicht innerhalb der EU oder des EWR** auszuüben hat, hL, Ebenroth/Löwisch 16. Ob der HV eine Niederlassung innerhalb der EU (EWR) hat oder nicht, soll nach der AmtlBegr für I keine Rolle spielen und ist mit der Ri vereinbar, MüKo/von Hoyningen-Huene 10, Teichmann/Wauschkuhn ZVertriebsR **12**, 275, wohl auch Emde ZVertriebsR **14**, 230, aA Kindler BB **01**, 12: Verstoß gegen EU-Ri, deswegen richtlinienkonforme Auslegung. I gilt nicht, wenn der HV teils innerhalb, teils außerhalb der EU (EWR) tätig zu werden hat, dann bleibt es auch für die Tätigkeit außerhalb der EU (EWR) beim intern zwingenden deutschen Recht, hL, Ebenroth/Löwisch 17, Staudinger NJW **01**, 1976; nach aA gilt I beschränkt auf Drittlandtätigkeit, Müller NJW **98**, 17, **12**, 2564; Koller/Roth 4: teleologische Reduktion von I; als vertraglicher Ausweg werden vorgeschlagen: Abschluss eigener Verträge für die unterschiedlichen Tätigkeitsorte, Teichmann/Wauschkuhn ZVertriebsR **12**, 276, gespaltene Rechtswahl nach Art 3 I 3 Rom I-VO oder Vereinbarung eines neutralen Rechts, MüKo/von Hoyningen-Huene 11, aA Ebenroth/Löwisch 17, da Umgehung. I stellt auf die nach dem HVVertrag geschuldete Tätigkeit ab, nicht auf eine davon unabhängig tatsächliche; spätere tatsächliche Änderung kann Indiz für konkludente Vertragsänderung sein, Emde 18. Begleitung der ausländischen Kunden durch HV an Stammsitz reicht hierfür nicht aus, Mü RIW **02**, 321. Praktisch wird I vor allem für die freie Ausschliessbarkeit des **Ausgleichsanspruchs** nach § 89 b. I lässt den Ausschluss auch dann zu, wenn der HV nach dem ohne die Wahl des deutschen Rechts anwendbaren **Drittlandrecht** einen solchen Ausgleichsanspruch zwingend hätte, Mü RIW **02**, 319, **03**, 302, Eberl RIW 11/**02**, 305, Emde EWiR **02**, 485, Bälz NJW **03**, 1559, aA Koller/Roth 4: da Sonderanknüpfung des ausländischen Ausgleichsanspruchs durch Art 9 III Rom I-VO gesperrt ist, teleologische Reduktion des I (wie zuvor), s aber auch Rn 10, 12 (Ingmar). Ausschluss ist auch durch AGB möglich, Mü RIW **02**, 319, **03**, 302, aA Hepting/Detzer RIW **89**, 340, Grund: **(5)** BGB § 307 II Nr 1 mit § 92c. Wäre jedoch objektiv das Recht eines **Mitgliedstaates** anwendbar, weil HV seine Niederlassung in EU/EWR hat (s Rn 2), und sieht auch das Recht am Tätigkeitsort einen Ausgleich vor, ist der Ausschluss von § 89b mit Art 17–19 EU-Ri nicht vereinbar, da ein Unionsbezug besteht und die sachliche Rechtfertigung für I (Anpassung des Vertrages an lokale Standards außerhalb von EU/EWR, s Rn 1) nicht trägt (teleologische Reduktion von I kraft richtlinienkonformer Auslegung). 6

C. Ausländischer Handelsvertreter eines ausländischen Unternehmers: Kommt ein Vertrag zwischen ausländischem Unternehmer und ausländischem Handelsvertreter in der BRD vor Gericht (zB bei passiver Streitgenossenschaft mit inländischem Beklagten gemäß Art 6 Nr 1 EuGVO oder, sofern nach Art 3 7

§ 92c 8–10

II EuGVO zulässig, bei Klage im Gerichtsstand des Vermögens, § 23 ZPO), so gilt erst recht idR **ausländisches Recht,** ohne Sonderanknüpfung deutscher zwingender Vorschriften (zur Sonderanknüpfung des Ausgleichsanspruchs nach Art 17–19 EU-Ri s Rn 10). Ist auf den Vertrag ganz ausnahmsweise (zB kraft nachträglicher Rechtswahl im Prozess) doch deutsches Recht anzuwenden, gelten §§ 84 ff unter den Voraussetzungen des § 92c I nur nachgiebig.

3) Inländische Handelsvertreter eines ausländischen Unternehmers

8 A. **Geltung des deutschen Rechts:** Mangels mindestens stillschweigender Rechtswahl (s Rn 1), Bsp Düss 28.3.03 HVR Nr 1081, gilt für den Vertrag eines ausländischen Unternehmers mit einem inländischen HV idR deutsches Recht, weil er überwiegend im Inland, also von der inländischen Niederlassung aus (Rn 2), erfüllt wird, vgl BGH **53**, 332, Düss 28.3.03 HVR Nr 1081. denn gelten §§ 84 ff ohne Sonderregelung. § 92c I ist nicht einschlägig, außer wenn der HV seine Vertragstätigkeit für den Unternehmer nur außerhalb der EU (EWR) auszuüben hat (Rn 6), uU gilt § 92c II (Rn 13). Zum IPR des HVVertrags Emde 38 ff. Checkliste für Vertragsgestaltung, Heinicke ZVertriebsR **13**, 282; Benecke/Henneberger ZVertriebsR **14**, 370 (Vorteile der deutschen Rechtswahl).

9 B. **Geltung ausländischen Rechts:** Der Vertrag kann kraft Vereinbarung der Parteien, ausnahmsweise auch sonst unter ausländischem Recht stehen. Letzteres ist etwa der Fall, wenn die Leistung des inländischen HV nach dem Vertrag nicht von seiner inländischen Hauptniederlassung, sondern zur Gänze von seiner ausländischen Niederlassung zu erbringen ist (s Rn 2). Bsp: Der deutsche HV eines amerikanischen Unternehmers soll in Russland tätig werden, und zwar von seiner Zweigniederlassung in St. Petersburg aus.

10 **Grenzen:** Der auf Art 17–19 EU-Ri beruhende **Ausgleichsanspruch** des HV nach § 89b hat **international zwingenden** Charakter; zu zwingenden Vorschriften als Grenze der Privatautonomie (Art 9 Rom-I VO Eingriffsnormen, Art 21 Rom I-VO ordre public) für HV Reithmann/Martiny/Häuslschmid Rz 6.1500. Der Ausgleichsanspruch kommt daher auch gegenüber einem von den Parteien vereinbarten Recht eines Drittstaates (etwa dem Recht am Sitz des Unternehmers in Kalifornien) zur Geltung, wenn der HV **in der BRD tätig** wird. Dies folgt aus den der EU-Ri zugrundeliegenden Zielsetzungen, gleiche Wettbewerbsbedingungen für die auf dem Binnenmarkt tätigen Unternehmer zu schaffen sowie einen Mindeststandard des Schutzes für die in der EU tätigen HV zu gewährleisten, **EuGH** NJW **01**, 2007 **(Ingmar)**, zust Jayme IPRax **01**, 190, Kindler BB **01**, 11, Reich EuZW **01**, 51, Staudinger NJW **01**, 1974; krit Freitag/Leible RIW **01**, 287, Michaels/Kamann EWS **01**, 301, Roth CML Rev 39 **(02)** 378, Schwarz ZVglRWiss 101 **(02)** 45, Rühl IPRax **07**, 302. Vereinbart ein in der EU (EWR), aber **nicht (oder nicht nur) in der BRD** tätiger HV mit seinem Prinzipal die Geltung des Rechts eines Drittstaates, ist der Ausgleichsanspruch nach Art 17–19 EU-Ri in der Ausgestaltung gesondert anzuknüpfen, die er in demjenigen Recht erfahren hat, mit dem der Sachverhalt die **engsten Verbindungen** aufweist, Freitag/Leible RIW **01**, 293, idR ist also das Recht am Ort der Niederlassung des HV anwendbar, Michaels/Kamann EWS **01**, 310. Für diese Sonderanknüpfung besteht indes kein Bedürfnis, wenn das drittstaatliche Recht für den HV eine **günstigere** Regelung als die EU-Ri vorsieht, Michaels/Kamann EWS **01**, 310, Staudinger NJW **01**, 1976; Günstigkeitsvergleich nach Klagebegehren, str. Vereinbart schließlich ein **im Inland** tätiger HV mit einem Unternehmer die Geltung des Rechts eines anderen Mitgliedstaates, kommt, da die EU-Ri nur einen **Mindestschutz** garantiert, grundsätzlich nur die jeweilige ausländische Umsetzungsnorm zu Art 17–19 EU-Ri zur Anwendung, ist diese jedoch für den HV ungünstiger als die zwingende inländische Schutznorm, kann diese unter engen Voraussetzungen anwendbar sein, EuGH 17.10.**13** HVR 1394

(Unamar), Graefe/Giesa ZVertriebsR **14**, 29, krit Rühl Common Market Law Review 53 (**16**) 209, aA Michaels/Kamann EWS **01**, 310. Lit: Emde 59 ff, 61 ff (EuGH Ingmar); Teichmann/Wauschkuhn ZVertriebsR **12**, 274.

Nach der Rspr und üL sollen die Ingmar-Grundsätze ferner dazu führen, dass **10a** Gerichtsstandsvereinbarungen (s Rn 12) zugunsten der Gerichte eines Drittstaates unzulässig seien, weil nicht sichergestellt sei, dass das ausländische Gerichte den Ausgleichsanspruch als Eingriffsnorm beachte, so Mü WM **06**, 1556, Stgt IHR **12**, 163, bestätigend BGH 5.9.**12** HVR Nr 1362 = BB **12**, 3103m krit Anm Ayad/Schnell und Antomo IHR **13**, 225, sehr str und angreifbar. Aufgrund der Überführung des Europäischen Schuldvertragsübereinkommens von 1980 (EVÜ; Art. 27 ff. EGBGB a. F.) in die Rom I-VO ist jedoch fraglich geworden, ob an der Ingmar-Rspr des EuGH unverändert festgehalten werden kann. Art. 9 I Rom I-VO enthält nunmehr eine recht restriktive Legaldefinition des Begriffs der Eingriffsnorm, der daran zweifeln lässt, ob der Ausgleichsanspruch darunter fällt; zu Art 9 I Rom I-VO Emde 79, 82. Außerdem enthält Art. 3 IV Rom I-VO – anders als noch das EVÜ – jetzt ausdrücklich eine Bestimmung zur Durchsetzung einfach zwingenden Unionsrechts in reinen Binnenmarktsachverhalten, Emde 59 f. Subsumiert man § 89b HGB unter die letztgenannte Vorschrift, ist sie nur bei Vorliegen der dort genannten tatbestandlichen Voraussetzungen durchsetzbar, dh wenn kein relevanter Drittstaatenbezug vorliegt. Dieses Erfordernis müsste man jedoch in der Ingmar-Konstellation gerade verneinen, weil der Prinzipal seinen Sitz in einem Drittstaat hat. Die wohl üL will dennoch an der Ingmar-Rspr. festhalten will, zB A. Staudinger in Ferrari et al., Int. VertragsR, 2. Aufl 2012, Art. 9 Rom I-VO Rn. 16; Semler ZVertriebsR **16**, 139; iErg auch W.-U. Roth FS Spellenberg **10**, 309, dieser allerdings nicht über Art. 9, sondern über Art. 23 Rom I-VO. Zu einer Qualifikation des Ausgleichsanspruchs als lediglich einfach zwingendes Recht iSv Art. 3 IV Rom I-VO, das nur in einem reinen Binnenmarktfall zur Anwendung kommt, neigen hingegen Sonnenberger FS Kropholler **08**, 232, von Hein in Rauscher EuZPR/EuIPR 2010 Art. 3 Rom I-VO Rn 130, 132, 134. Dogmatisch und rechtspolitisch spricht dafür der geringere Eingriff in die Vertragsfreiheit.

Vertragshändler (s Rn 2) haben den Ausgleichsanspruch aus § 89b zwar nur **11** kraft Analogie deutschen Rechtes (§ 84 Rn 12), aber eine gespaltene Auslegung ist nach BGH zu vermeiden (§ 84 Rn 3) und die Gleichstellung folgt auch aus der Gesetzesgeschichte, BGH NJW **16**, 1805m zust Anm Thume IHR **16**, 120, Emde 13, anders noch Thume BB **11**, 1800 (auch rvgl), krit Anm Kindler NJW **16**, 1855, Ströbl BB **16**, 848, differenzierend zwischen EU-In- und -Ausland Hagemeister RIW **06**, 502, für auch nachträglich mögliche anderweitige Rechtswahl (Art 3 II Rom I-VO) Kindler NJW **16**, 1857; Eingriffsnorm mit Konsequenzen für Schiedsgerichte, Peschke ZVertriebsR **16**, 150. Lit: Teichmann/ Wauschkuhn ZVertriebsR **12**, 274, Thume IHR **15**, 52.

C. **Gerichtsstand, Schiedsvereinbarung:** Nach Art 5 Nr 1 lit b EuGVVO **12** (Einl 87 vor § 1) ist mangels vertraglicher Bestimmung der Ort der tatsächlichen Erfüllung durch den Handelsvertreter, sonst sein Wohnsitz maßgeblich, EuGH NJW **10**, 1189m Anm Rauscher 2251, Leible EuZW **10**, 380, ferner Kln IHR **07**, 200, Kblz OLGR **08**, 596, Oldbg NJW-RR **14**, 814, Emde RIW **03**, 505; für § 29 ZPO (Erfüllungsort) s Rn 2. Nach § 38 I ZPO keine Prorogation, wenn HV NichtKfm ist (§ 89 IV, s § 84 Rn 33). Die Wirksamkeit der Vereinbarung des ausschließlichen Gerichtsstands (Rn 86f vor § 1) im Ausland bestimmt sich im Übrigen nach allgemeinem internationalen Zivilprozessrecht (Art 23 EuGVO, Einl 87 vor § 1, oder §§ 38–40 ZPO), Hbg NJW **04**, 3126; vgl BGH NJW **88**, 966, str. Ob ihr entgegentreten, dass die Anwendung ausländischen Rechts vereinbart ist und dieses bei Vertragsende keinen Ausgleich entspr § 89b gewährt, ist zweifelhaft (s Rn 10a). Für unselbstständige HV ist ohnehin EU-Recht zu be-

§ 93

achten, Hbg NJW **04**, 3126, Kindler RIW **90**, 364. Schiedsvereinbarung ist zulässig auch in Bezug auf den Ausgleichsanspruch, Zöller/Geimer ZPO, 29. Aufl 2012, § 1030 Rn 8; eine solche Klausel wird auch in manchen Ländern anerkannt, die eine Gerichtsstandsklausel nicht zulassen. Lit: Kropholler/von Hein 9. Aufl Art 23 EuGVVO; Küstner/Thume/Thume Bd 3 VIII Kap 2; Ebenroth/Kindler Anh § 92c Rn 26; Risse/Spehl ZVertriebsR **12**, 151 (internationale Schiedsverfahren); von Hein RIW **13**, 97 (zu EuGVVO nF); Emde RIW **16**, 104 (Vertriebsrecht, international).

4) Schifffahrtsvertreter (II)

13 Volle Vertragsfreiheit, dh Abdingbarkeit auch zwingenden Rechts aus §§ 84 ff, wie nach I räumt II auch bestimmten anderen HV ein. Dies betrifft Schifffahrtsvertreter, dh HV mit Vermittlungsauftrag für die Befrachtung, Abfertigung oder Ausrüstung von Schiffen oder die Buchung von Schiffspassagen. Nicht nur See-, sondern auch Binnenschifffahrt fällt unter II, Kln OLGZ **66**, 533. II ist auf Agenten mit entspr Verträgen für andere Verkehrsmittel, zB Luftverkehr, nicht analog anwendbar, hL, str. Lit: Belgard DB **66**, 1640; Puttfarken Seehandelsrecht 1997 Rn 586; Rabe Seehandelsrecht, 4. Aufl 2000, Vor § 556 Rn 46.

Achter Abschnitt. Handelsmakler

Überblick vor § 93

Schrifttum zum Maklerrecht

Außer dem allgemeinen Schrifttum (s Einl vor § 1) *Dehner* 2001. – *D. Fischer*, 3. Aufl 2015. – *Hamm/Schwerdtner*, 7. Aufl 2016. – *Würdinger* JZ **09**, 349 (Provisionsrecht).

Muster: *Hopt/Graf von Westphalen*, Vertrags- und Formularbuch zum Hdl-, Ges- und Bankrecht, 4. Aufl 2013, Teil I. H (Kreditvermittlungsvertrag mit Verbrauchern). **RsprÜbersichten:** *Zopfs* 2000; *Dehner*, NJW **91**, 3254, **93**, 3236, **97**, 18, **00**, 1986, **02**, 3747; *Fischer* NJW **07**, 183, 3107, **09**, 3210, **11**, 3277, **12**, 3283, **13**, 3410, **14**, 3281, **15**, 3278, **16**, 3281.

[Begriff]

93 (1) Wer gewerbsmäßig für andere Personen, ohne von ihnen auf Grund eines Vertragsverhältnisses ständig damit betraut zu sein, die Vermittlung von Verträgen über Anschaffung oder Veräußerung von Waren oder Wertpapieren, über Versicherungen, Güterbeförderungen, Schiffsmiete oder sonstige Gegenstände des Handelsverkehrs übernimmt, hat die Rechte und Pflichten eines Handelsmaklers.

(2) Auf die Vermittlung anderer als der bezeichneten Geschäfte, insbesondere auf die Vermittlung von Geschäften über unbewegliche Sachen, finden, auch wenn die Vermittlung durch einen Handelsmakler erfolgt, die Vorschriften dieses Abschnitts keine Anwendung.

(3) Die Vorschriften dieses Abschnittes finden auch Anwendung, wenn das Unternehmen des Handelsmaklers nach Art oder Umfang einen in kaufmännischer Weise eingerichteten Geschäftsbetrieb nicht erfordert.

8. Abschnitt. Handelsmakler § 93

Übersicht

	Rn
1) Zivilmakler, BGB- und anderes Maklerrecht, verwandte Verträge, Reform	1–11
A. Zivilmakler	1
B. Maklergesetz, Wohnungsvermittlung, Darlehensvermittlung, Anlagevermittlung von Finanzinstrumenten, Geldmakler	3
C. Verwandte Verträge	8
2) Handelsmakler (I–III)	12–15
A. Verträge über Gegenstände des Handelsverkehrs (I, II)	12
B. Vermittlung, nicht nur Nachweis	13
C. Fehlen einer Dauerbeauftragung	14
D. Erstreckung auf Kleingewerbetreibende (I, III)	15
3) Vertragsschluss, Wirksamkeit, Ende des Maklervertrags, Zusammenarbeit mehrerer Makler	16–22
A. Vertragsschluss	16
B. Wirksamkeit	17
C. Ende	18
D. Zusammenwirken mehrerer Makler	19
4) Pflichten des Maklers	23–36
A. Keine Tätigkeitspflicht, kein Erfolgsversprechen	23
B. Interessenwahrungs- und Treuepflicht	24
C. Doppeltätigkeit	32
D. Einschaltung weiterer Makler	34
E. Sonstige Rechtspflichten	35
F. Rechtsfolgen bei Pflichtverletzung	36
5) Pflichten des Auftraggebers	37–39
A. Hauptpflicht (Provisionszahlungspflicht)	37
B. Nebenpflichten (kein Aufwendungsersatz)	39
6) Voraussetzungen des Provisionsanspruchs: Absprachegemäßes Zustandebringen des gewünschten Vertrags mit Dritten	40–52
A. Tätigwerden des Maklers in Kenntnis des Auftraggebers	40
B. Gewünschter Vertrag (Identität)	41
C. Wirksamer Vertrag	42
D. Vertrag mit Dritten (kein Selbsteintritt)	46
E. (Mit-)Ursächlichkeit	50
F. Keine Verwirkung	52
7) Schuldner, Höhe, Fälligkeit des Provisionsanspruchs	53–58
A. Schuldner (bei Doppeltätigkeit)	53
B. Höhe	55
C. Fälligkeit	56
D. Verjährung	57
E. Insolvenz	58
8) Alleinauftrag	59–63
A. Begriff und Funktion	59
B. Vertragsschluss, Wirksamkeit, Ende des Alleinauftrags	60
C. Pflichten des Maklers	61
D. Pflichten des Auftraggebers	62
E. Provisionsanspruch	63
9) Typische Maklervertragsklauseln, Grenzen für Allgemeine Geschäftsbedingungen	64–66
10) Internationales Maklerrecht	67

1) Zivilmakler, BGB- und anderes Maklerrecht, verwandte Verträge, Reform

A. Zivilmakler: Der Zivilmakler (natürliche oder juristische Person, auch **1** OHG, KG), genauer der Maklervertrag (Rechtsnatur s Rn 23), ist in §§ 652–656 BGB geregelt. Diese Regelung wird trotz der Reform durch das SMG der großen volkswirtschaftlichen Funktion der Maklertätigkeit nicht gerecht (s

§ 93 2–5

1. Buch. Handelsstand

Rn 11). Inzwischen ist das Maklerrecht mit einer umfangreichen Kasuistik zur Domäne der Rechtsprechung geworden. Der Zivilmakler **unterscheidet sich vom Handelsmakler** vor allem **nach der Art der Vertragsgegenstände**, die beim HdlMakler solche des HdlVerkehrs sein müssen (s Rn 12); Zivilmakler sind vor allem die Grundstücksmakler, Darlehensvermittler und Ehevermittler. Nur Zivilmakler sind ferner Nachweismakler (s Rn 13) und Gelegenheitsmakler ohne gewerbliche Tätigkeit (s Rn 15). Der **Zivilmakler kann Kaufmann sein** (Ist-Kfm nach § 1 II, sonst Kfm nur mit Eintragung §§ 2 ff; betr Ehevermittler s § 1 Rn 21). Dann gelten für ihn zwar nicht §§ 93 ff, aber das gesamte übrige HdlRecht wie für Kflte sonst, zB auch Provisionsanspruch nach § 354, Heße NJW **02**, 1835 (vgl aber Rn 38).

2 Für den HdlMakler sind neben §§ 93 ff (sofern nicht § 93 II eingreift, s Rn 12) und dem übrigen HGB (s Rn 15) aus dem BGB ergänzend anwendbar §§ 652 ff betr Lohnanspruch und Verwirkung; ergänzend ferner §§ 662 ff (Auftrag), zB § 663 (Anzeigepflicht bei Ablehnung), § 665 (Abweichung von Weisungen). Die Unterscheidung von Zivil- und HdlMakler im Gesetz sieht Fischer Maklerrecht, 2. Aufl 2013, 8 als überholt an. Bes Schutzvorschriften in den §§ 94 ff, insbes der Courtageteilung als Rückfallregel (§ 99), rechtfertigen die ergänzende Regelung, wie bei den Handlungsgehilfen (§§ 59 ff) wird HGB von der Rspr zum Maklerrecht nicht mehr immer hinreichend beachtet.

3 B. **Maklergesetz, Wohnungsvermittlung, Darlehensvermittlung, Anlagevermittlung von Finanzinstrumenten, Geldmakler: a)** Für gewerbliche Makler besteht Zulassungspflicht nach § **34c GewO**, eingeführt durch G 16.8.72 BGBl 1465 (sog **Maklergesetz**). Gewisse öffentlichrechtliche, teils auch privatrechtliche Berufspflichten für Grundstücksmakler, Darlehens- und Vermögensanlagevermittler, Bauträger und Baubetreuer, zT unmittelbar betr Makler-Auftraggeber-Verhältnis, insbesondere zum Schutz von Vermögenswerten der Auftraggebers, sind näher geregelt in der **Makler- und BauträgerVO (MaBV)** idF 7.11.90 BGBl 2479m Änd, viele Streitfragen zur MaBV-Bürgschaft. Näher BGH **146**, 250, **151**, 147, **160**, 277, **162**, 378, **172**, 63, NJW **07**, 1360, 1946, **08**, 1729, **09**, 673, **10**, 1284, ZIP **11**, 335; Marcks, MaBV 9. Aufl 2014, Grziwotz 2. Aufl 2012; Fischer WM **03**, 1 (MaBV-Bürgschaft), Weber/Kesselring NJW **04**, 3473 (MaBV-Bürgschaft). **Notare** dürfen keine Grundstücksgeschäfte vermitteln (§ 14 IV 1 BNotO), das gilt auch für mit ihnen zu gemeinsamer Berufsausübung verbundene Rechtsanwälte, BGH **147**, 39. **Steuerberater** und **Rechtsanwälte** dürfen wegen der Gefahr von Interessenkollisionen das Maklergewerbe nicht betreiben, BGH **78**, 263, BB **76**, 1102, NJW **00**, 3068, **04**, 212, aber als Gelegenheitsmakler, zB bei Finanzierungsvermittlung, tätig werden. Die unter Verstoß gegen diese Unvereinbarkeit oder trotz fehlender Gewerbeerlaubnis nach § 34c GewO abgeschlossenen Maklerverträge sind nicht nichtig, BGH **78**, 269, **147**, 44; anders, wenn Steuerberater für Veranlassung seiner Mandanten zu Vermögensanlage geheime Maklerprovision erhalten soll (§ 347 Rn 30), BGH **95**, 85.

4 b) **Wohnungsvermittlung** ist in vielen wichtigen Maklerrechtsfragen besonders geregelt durch G 4.11.71 BGBl 1747, abgedruckt und erläutert in dem Komm zu § 652 BGB, dazu BGH **135**, 269. §§ 6 I, 7 des G verbieten (gewerbsmäßige) Vermittlung ohne Vermieterauftrag, bei Bußgeld (§ 8); Verstoß macht den Maklervertrag nicht nichtig nach § 134 BGB, BGH **152**, 10. Begrenzung der Provision, seit Juni 2015 Entgelt durch Wohnungssuchenden nur wenn Auftrag ausschließlich von diesem, § 2 Ia, V des G, dies billigend BVerfG NJW-RR **16**, 1349. Zur Maklertätigkeit des WE-Verwalters bei enger wirtschaftl. Verflechtung BGH NJW **03**, 1249.

5 c) **Darlehensvermittlung** spielt in der Praxis eine wichtige Rolle, vor allem für Banken (s **(7)** Bankgeschäfte Rn G/34 ff, zu sittenwidrigen Darlehenszinsen

8. Abschnitt. Handelsmakler 6, 7 § 93

und -konditionen **(7)** Bankgeschäfte Rn G/6–10c). Regelung für Vermittlung und Nachweis von Verbraucherdarlehensverträgen in §§ 655a–e BGB (seit SMG, zuvor VerbrKrG s **(7)** Bankgeschäfte Rn G/38). Der **Darlehensvermittlungsvertrag** zwischen einem Unternehmer und einem Verbraucher ist ein eigener Vertragstyp (§ **655a BGB** iVm §§ 491 ff BGB). Reichweite mit Ausnahmen (§§ 655a I 2 iVm 491 II BGB, § 491 III BGB ist in § 655a I 2 BGB nicht erwähnt und spielt für den Darlehensvermittlungsvertrag als solchen keine Rolle). Existenzgründer gelten als Verbraucher (§ 655e II BGB). Erfasst ist bei nach dem 11.6.10 abgeschlossenen Verträgen (VerbrKrRiUmsetzG 2009) auch die Vermittlung von entgeltlichen Zahlungsaufschüben und sonstigen Finanzierungshilfen wie Finanzierungsleasingverträge und Teilzahlungsgeschäfte (§§ 506 ff BGB), nicht dagegen die Vermittlung von Sachdarlehen (§ 607 BGB), nach aA Analogie. Besondere Vorschriften über Schriftform (§ 655b BGB, dabei Trennung der Verträge, Schriftform auch für Vollmacht entspr § 492 IV, sehr str, Habersack/Schürnbrand WM **03**, 263), Vergütung (§ 655c BGB, s Rn 45) und Nebenentgelte (§ 655d BGB), Unabdingbarkeit und Umgehungsverbot (§ 655e I BGB). Entgeltliche Darlehensvermittlung im Reisegewerbe ist unzulässig (§ 56 I Nr 6 GewO, früher auch Abschluss von Darlehensgeschäften, **(7)** Bankgeschäfte Rn G/9), für Nichtigkeitsfolge nach § 134 BGB BGH WM **99**, 724, aA seit SMG Habersack/Schürnbrand WM **03**, 264. Der Darlehensvermittler ist idR HdlMakler (sonstige Gegenstände des HdlVerkehrs, s Rn 12). Bei ständiger Betrauung mit der Darlehensvermittlung kann der Bankrepräsentant HV sein (§ 84 Rn 26). Lit: Bülow/Artz, Verbraucherkreditrecht, 9. Aufl 2016 und sonstige Komm zu §§ 655a ff BGB, Habersack/Schürnbrand WM **03**, 261. **Muster:** Hopt/Graf von Westphalen 4. Aufl 2013 Form I. H.1 (Kreditvermittlungsvertrag mit Verbrauchern).

Anlagevermittlung von Finanzinstrumenten (Abschluss in mittelbarer 6 Stellvertretung oder bloßer Nachweis) und **Abschlussvermittlung** bei solchen (Abschluss in offener Stellvertretung), beides bankaufsichtsrechtliche Begriffe, sind Finanzdienstleistungen (§ 1 I a 2 Nr 1, 2 KWG, Text s **(7)** Bankgeschäfte Rn A/4). **Drittstaateneinlagenvermittlung** ist die Vermittlung von Einlagengeschäften mit Unternehmen mit Sitz außerhalb des Europäischen Wirtschaftsraums (Finanzdienstleistung nach § 1 I a 2 Nr 5 KWG, Text s **(7)** Bankgeschäfte Rn A/4). Finanzdienstleistungsinstitute (§ 1 I a 1 KWG) unterliegen der Aufsicht der BaFin. **Geldmaklergeschäfte** iSv KWG sind weder Bankgeschäft nach § 1 I 2 KWG noch Finanzdienstleistung nach § 1 I a 2 KWG, vielmehr sind Unternehmen, deren Haupttätigkeit darin besteht, Darlehen zwischen Kreditinstituten zu vermitteln, bloße Finanzunternehmen, falls sie nicht bereits Institute iSd KWG sind (§ 1 III 1 Nr 8 KWG, Text s **(7)** Bankgeschäfte Rn A/4).

d) Versicherungs- und Bausparkassenvermittler können **als Makler** (vgl 7 § 104 S 2), Bspe BGH NJW **86**, 1036, NJW-RR **00**, 316, WM **05**, 1477, Ffm VersR **95**, 92, Hamm VersR **95**, 658, Düss VersR **00**, 54, **oder als Versicherungs- oder Bausparkassenvertreter** (§ 92) auftreten (für Versicherungsmittler ausdrücklich §§ 42a I aF, 59 I nF VVG), Bspe BGH NJW **94**, 359, NJW **88**, 60, Hamm VersR **10**, 388 (Pseudomakler), mit unterschiedlichen Rechtsfolgen, Röhricht/Röhricht 7. Gemischte Tätigkeit als Vertreter und Makler soll gewerberechtlich unzulässig sein mit Konsequenzen, Böckmann/Ostendorf VersR **09**, 154, str. Wer als Versicherungsvertreter (§ 92 Rn 1 und Rn 3 zur Vertretungsmacht) auftritt, ist nicht Makler, Hamm VersR **95**, 167. Der Versicherungsmakler wird idR vom Versicherungsnehmer beauftragt, erhält aber idR (nicht zwingend) Provision (Courtage, s Rn 55) nur vom Versicherer (Courtage-Abkommen, Provisionsteilungsabrede, § 99 Rn 3). § 87a III gilt nicht analog, aber uU § 242 BGB bzw Vertragsauslegung, Ffm VersR **99**, 439, auch schon BGH **2**, 283 (zu § 88 aF), aA

§ 93 8–10   1. Buch. Handelsstand

Hamm NJW-RR **97**, 1483, Saarbr OLGR **97**, 335, Staub/Emde § 92 Rn 19, offen, aber iErg wie nach § 242 BGB BGH WM **11**, 472. Besondere Mitteilungs- und Beratungspflichten der Versicherungsvermittler (einerlei ob Versicherungsvertreter oder -makler) nach §§ 42a ff aF, 60 ff nF VVG und Rspr (s Rn 28). Der Versicherungsmakler hat wesentlich weitere Pflichten als der Zivil- oder Handelsmakler, Fischer NJW **09**, 3215. Er ist treuhänderischer Sachwalter, BGH **94**, 359, und schuldet als solcher idR auch Hilfestellung bei der Regulierung des Schadens und einer sachgerechten Schadensanzeige, BGH **162,** 78, WM **09**, 1753, aber nur zu absehbaren Rechtsänderungen, BGH WM **09**, 1435 (iErg abl). Versicherungs- und Bausparkassenvermittler unterliegen einzelnen Sondervorschriften, zB Verbot der Provisionsweitergabe bei Lebensversicherung, BGH **93**, 177. Berufliche Anforderungen an Kenntnisse, Fertigkeiten, guten Leumund und Berufshaftpflichtversicherung gemäß EU-Ri 9.12.02 über Versicherungsvermittlung ABlEG 2003 L 9/3, Umsetzung in GewO (Vermittlerregister, Konzessionspflicht für Versicherungsvermittler, Legaldefinition und Provisionsverbot für Versicherungsberater) und VVG durch VersVermG 19.12.06 BGBl 3232, VersVermV 15.5.07 BGBl 733, Reiff WM **06**, 1701u VersR **07**, 1717, Emde BB **08**, 2757, Ostendorf VersR **09**, 154, Schwintowski VersR **09**, 1333 (Honorarberatung). Die neu gefasste Richtlinie über Versicherungsvertrieb (20.1.2016, ABlEU L 26/19) steht bis zum 23.2.2018 zur Umsetzung an, zum RegE des Umsetzungsgesetzes v 20.7.17, BGBl I 2789, Rüll VuR **17**, 128. Nach Art 20 I der RiLi ermittelt der Versicherungsvertreiber die Wünsche und Bedürfnisse des Kunden, angebotene Versicherungsverträge müssen diesen entsprechen.

8   C. **Verwandte Verträge: a) Auftrag** (§§ 662 ff BGB): Der Beauftragte wird unentgeltlich tätig und hat Anspruch auf Aufwendungsersatz (§ 670 BGB), der Makler nicht (s Rn 40–52, 39).

9   **b) Dienstvertrag** (§§ 611 ff BGB): Der Dienstverpflichtete schuldet Tätigkeit, der Makler nicht (s Rn 23). Ist vertraglich Tätigkeitspflicht vereinbart (zB Bearbeitungspflicht, so beim Alleinauftrag, s Rn 61; Pflicht betr Durchführung des vermittelten Vertrags, BGH WM **73**, 1383) liegt ein **Maklerdienstvertrag** vor, BGH **87**, 312 (Eheanbahnungsdienstvertrag). Auf ihn finden, falls schon diese Tätigkeit auch ohne Erfolgseintritt vergütet werden soll, §§ 611 ff BGB, ergänzend Maklerrecht Anwendung; es handelt sich dann um einen gegenseitigen Vertrag; bleibt es bei der Erfolgsbezogenheit der Maklervergütung, sind §§ 652 ff BGB anwendbar, BGH NJW **88**, 968. Beim Ehevermittler (§ 1 Rn 21) soll auch im Falle eines Maklerdienstvertrags § 656 BGB entspr gelten, BGH **87**, 309, aA Gilles NJW **83**, 2819. Dienstvertrag, uU Schuldversprechen liegt vor, wenn Bearbeitungsgebühr für eine Tätigkeit für den Erwerb einer Eigentumswohnung unabhängig von Nachweis oder Vermittlung versprochen wird; zur Auslegung BGH BB **78**, 1089; AGB s Rn 64–66. Provisionsversprechen unabhängig von Vermittlung (zB trotz Selbsteintritt oder wirtschaftlicher Verflechtung) ist aber auch beim Maklervertrag möglich (s Rn 46–49), allerdings nicht durch AGB (s Rn 66). **Anwaltsdienstvertrag** liegt vor, wenn nicht unwesentlich Rechtsbeistand geschuldet ist, einerlei ob daneben Vermittlungstätigkeit entfaltet werden soll, BGH WM **77**, 552; Maklervertrag liegt vor, wenn es nicht um rechtlichen Beistand geht, Hamm NJW-RR **95**, 951. Verbot gewerblicher Maklertätigkeit für Rechtsanwalt s Rn 3.

10   **c) Werkvertrag** (§§ 631 ff BGB): Der Unternehmer schuldet den Erfolg, der Makler nicht (s Rn 23). Ist ausnahmsweise Erfolg versprochen, liegt ein **Maklerwerkvertrag** vor, zB für Versicherungsmakler BGH WM **71**, 966, auf den teils Werkvertrags-, teils Maklerrecht Anwendung finden, BGH NJW **88**, 969. Der Auftraggeber bleibt aber auch hier frei, ob er den Vertrag mit dem Dritten abschließen will (s Rn 37–38), BGH NJW **66**, 1405.

8. Abschnitt. Handelsmakler   11–13 § 93

d) Handelsvertretervertrag (§§ 84 ff): Der HV ist mit der Vermittlung vertraglich ständig betraut, ihn trifft eine Tätigkeitspflicht (§ 84 Rn 41); der Makler nicht (s Rn 23, auch zu besonderen Gestaltungen wie Alleinauftrag). Zur Abgrenzung BGH NJW **92**, 2818; Düss BB **12**, 202. Gibt ein Handelsvertreter vor, Handelsmakler zu sein, liegt ein institutionalisierter Interessenkonflikt vor (s Rn 47), so dass der Anspruch auf Maklerlohn entfällt, BGH NJW **12**, 1504.   11

2) Handelsmakler (I–III)

A. Verträge über Gegenstände des Handelsverkehrs (I, II): Dieses Tatbestandsmerkmal des I steht für die Abgrenzung des HdlMaklers vom Zivilmakler im Vordergrund. I bestimmt, ob jemand HdlMakler ist; auch wenn er das ist, aber II vorliegt, gelten nicht §§ 93 ff, sondern nur HGB im Übrigen (§ 344 I) und BGB (s Rn 1). I liefert selbst Beispiele: Verträge über Anschaffung oder Veräußerung von **Waren** (bewegliche Sachen, § 1 II Nr 1 aF) oder **Wertpapieren** (zB Aktien, Schuldverschreibungen, Investmentanteile, auch übertragbare GmbHAnteile), über **Versicherungen, Güterbeförderungen, Schiffsmiete.** Sonstige Gegenstände des HdlVerkehrs sind ua: Bankdarlehen und sonstige Bankgeschäfte, auch gegen hypothekarische Sicherheit, RG **76**, 252, Mü NJW **70**, 1925; gewerbliche Schutzrechte; Filmaufführungslizenzen, Hbg BB **50**, 658 LS; Werbeverträge; Versteigerung durch Auktionshaus, Mü NJW **15**, 81, Leasingverträge (außer Immobilienleasing, s II); genormte KdtBeteiligung (Publikums-Ges, s Anh § 177a Rn 52), Ffm WM **79**, 1396, von Grießbeneck BB **88**, 2188, str, offen BGH WM **84**, 668; Software, einerlei ob verkörpert oder nicht, vgl BGH **102**, 109, **109**, 97, Kort DB **94**, 1505. Unter § 93 fallen demnach auch die **Börsen- und Wertpapiermakler** (Sonderregeln für Kursmakler in **(14)** BörsG §§ 30 ff aF sind entfallen, nur noch für Skontroführer §§ 27 ff nF sowie Zulassung zur Börse § 19 I 1, II 1 Nr 2 und 3 nF iVm BörsO) und die **Versicherungsmakler. Nicht:** Grundstücke (ausdrücklich **II**, krit Krause FS Molitor **62**, 383); Hypothekengeschäfte; Unternehmen, Unternehmensbeteiligungen wie GmbH-Anteile, hL (aber s oben PublikumsGes); Dienstverhältnisse (vgl § 655 BGB); Dienstleistungen mit Ausnahme des Transports (s oben Güterbeförderung, Schiffsmiete), Röhricht/Röhricht 5. Solche anderen Geschäftsvermittlungen als über Gegenstände des HdlVerkehrs fallen auch dann nicht unter §§ 93 ff, wenn sie durch einen HdlMakler (der in der Hauptsache Gegenstände des HdlVerkehrs vermittelt) getätigt werden (ausdrücklich II aE).   12

Handelsmakler ist auch, wer Verträge mit und sogar zwischen Verbrauchern vermittelt, zum alten Recht Staub/Brüggemann Vor § 93 Rn 8. Unter § 93 fallen kann so etwa die Vermittlung eines Versicherungsvertrages, BGH NJW **12**, 3428.

B. Vermittlung, nicht nur Nachweis: Der HdlMakler hat den Vertragsschluss (Hauptvertrag) zu vermitteln, nicht nur die Gelegenheit dazu nachzuweisen. Die **Nachweistätigkeit** des Nachweismaklers ist erfüllt, wenn der Auftraggeber durch den Makler Kenntnis von der konkreten Vertragsmöglichkeit erhält. Zum Nachweis gehören hinreichend bestimmte Angaben über Objekt und Namhaftmachung des zum Vertragsschluss bereiten Geschäftsgegners, BGH **141**, 46, **161**, 349 (Unternehmenskauf), WM **87**, 23, WM **96**, 928, NJW-RR **88**, 1398, WM **05**, 1523, NJW **16**, 2318, Ffm NJW-RR **09**, 642 (iErg abl), generelles Käuferinteresse an einem ähnlichen Objekt (Grundstück) genügt, aber Hinweis auf konkrete Vertragsgelegenheit ist erforderlich BGH WM **09**, 1801. Mangels Namensnennung ist ein späterer Vertragsabschluss ohne weitere Mitwirkung des Maklers nicht provisionspflichtig, BGH NJW-RR **08**, 1281. Ausnahmen von der Namhaftmachung, BGH NJW **06**, 3063, **16**, 2319 (Kunde will zunächst Geeignetheit eines Grundstücks prüfen). Maklerprovision kann auch für bereits erbrachten Nachweis versprochen werden, BGH NJW **98**, 63. **Nicht** genügt zB   13

§ 93 14–16   1. Buch. Handelsstand

bloße Übersendung von Interessentenliste (mit 500 Namen), Mü BB **73**, 1551, eines Exposés, bloße Ermöglichung der Besichtigung, BGH WM **92**, 1884, **09**, 1802; Nachweis ohne Verkäuferangabe, aber Abschluss am Makler vorbei kann treuwidrig sein, BGH NJW **87**, 1628. Zur **Vermittlungstätigkeit** (des HdlMaklers) gehört, dass der Makler mit beiden Vertragsparteien in Verbindung tritt und dadurch zum Vertragsschluss beiträgt, BGH DB **67**, 1173, NJW **76**, 1844, **86**, 51, BB **97**, 1552, KG NJW **68**, 1783, Karlsr VersR **03**, 592. Zu den möglichen Vermittlungsleistungen Karlsr NJOZ **05**, 2930. Doch kann beides ineinander übergehen, zB wenn HdlMakler zwei zum Geschäft entschlossene Parteien zusammenführt. Der HdlMakler kann bei der Vermittlung entweder nur einer oder auch beiden Seiten (Doppeltätigkeit s Rn 32–33) dienen. Zustandekommen des Hauptvertrags s Rn 42–45.

14   C. **Fehlen einer Dauerbeauftragung:** Wer auf Grund eines Vertragsverhältnisses ständig mit Vermittlung betraut ist (§ 84 Rn 41–44), ist nach I nicht HdlMakler, sondern nach § 84 HV, s auch Rn 20. Tatsächlich wiederholte, auch laufende Tätigkeit ohne Dauerbeauftragung (sog **Hausmakler**) fällt unter § 93.

15   D. **Erstreckung auf Kleingewerbebetreibende (I, III):** I setzt gewerbsmäßige Vermittlung voraus (§ 1 Rn 13); Abgrenzung zum Gelegenheitsmakler, zB Baugrundstücke nachweisender Architekt, BGH BB **70**, 558 (zu § 653 BGB), für Bauunternehmer Bilda MDR **77**, 540; Steuerberater und Rechtsanwälte s Rn 3. Der HdlMakler ist Gewerbetreibender und seit HRefG 1998 nicht mehr stets Kaufmann (so § 1 II Nr 7 aF), sondern IstKfm nach § 1 II nF, sonst Kfm nur mit Eintragung §§ 2 ff (wie Zivilmakler, s Rn 1). Nach III (neu durch HRefG) bleiben §§ 93 ff jedoch anwendbar, wenn das Unternehmen des HdlMaklers nach Art oder Umfang einen in kfm Weise eingerichteten Geschäftsbetrieb nicht erfordert (vgl § 1 II). Der HldMakler wird nur in gewissen Beziehungen nach Art einer Amtsperson tätig, s zB §§ 100 ff (Tagebuch), §§ 373 II 1, 376 II 2 (bei entspr öffentlicher Ermächtigung: Durchführung von Notverkäufen und Käufen). Für (handelsmaklermäßige, s Rn 12) Geschäfte der HdlMakler gelten danach (1) §§ 94–104, (2) sofern der HdlMakler Kfm ist, das allgemeine HdlGeträge) und (3) als Grundlage das Maklerrecht des BGB (s Rn 2).

3) Vertragsschluss, Wirksamkeit, Ende des Maklervertrags, Zusammenarbeit mehrerer Makler

16   A. **Vertragsschluss:** Der Maklervertrag kann ausdrücklich oder durch **stillschweigende Erklärung** geschlossen werden. Für letztere genügt aber nicht schon eine unverbindliche Anfrage beim Makler oder jedes Entgegennehmen und Ausnutzen einer Maklerleistung, BGH NJW **84**, 232, NJW-RR **99**, 362, NJW **17**, 1025, oder Gesprächsfortsetzung nach Exposéübergabe, Schlesw NJW **07**, 1982. Notwendig ist vielmehr ein schlüssiges Verhalten des Interessenten, aus dem sein Vertragsabschlusswille eindeutig erkennbar hervorgeht, BGH NJW-RR **96**, 114, WM **07**, 662 (zu Maklerexposé), idR durch ausdrückliches Provisionsverlangen, BGH **95**, 395, NJW **00**, 283, **05**, 3780, sog (maklerrechtsspezifische) Unklarheitenregel, Fischer NZM **02**, 480, Übergabe des Exposés eines Dritten enthält kein eigenes Provisionsverlangen des Maklers, BGH NJW **16**, 2317. Kontaktaufnahme nach Internetanzeige des Maklers macht idR noch nicht provisionspflichtig, anders bei klarem Hinweis auf Provisionspflicht, BGH NJW **12**, 2268, Brdbg NJW-RR **09**, 1145, widersprüchliche Angaben (Hinweis auf Provision und Provisionsfreiheit) reichen nicht aus, BGH NJW **17**, 1025. Häufigster Fall ist Angebot und Entgegennahme der Maklerdienste in Kenntnis von deren Entgeltlichkeit, etwa Makler bietet dem Interessenten unter Hinweis auf sein Provisionsverlangen ein Grundstück an, dieser lässt sich dessen Lage so beschreiben, dass er dann alles weitere selbst machen kann, BGH BB **67**, 649, WM **71**, 905, **81**, 495, NJW **84**, 232. Makler kann davon ausgehen, dass der Kaufinteressent diesbezügliches Exposé zur Kenntnis nimmt, BGH NJW-RR **07**, 400. Erklärt der Kaufinteressent, keine Provision zahlen zu wollen, steht das einem Vertragsschluss entgegen, BGH NJW-RR **96**, 114, NJW **02**, 817, 1945, außer bei protestatio facto contraria. Vertragsschluss mit noch nicht existierender Firmengruppe (§ 164 BGB), BGH NJW **98**, 62. Der Maklervertrag kann auch erst nach der Maklerleistung geschlossen werden, Hbg NJW-RR **03**, 487. Der Kaufinteressent kann mangels anderer Information davon ausgehen, dass der Makler das Objekt vom Verkäufer an die Hand bekommen hat und Provision nur von diesem bekommen soll, BGH **95**, 393, so bei Bitte um Nachweise aus dem „Maklerbestand", anders bei Erteilung eines eigenen Suchauftrags, BGH NJW **05**, 3779, Fischer NJW **07**, 3108. Jede Unklarheit über einen stillschweigenden Vertragsschluss geht zu Lasten des Maklers, BGH NJW **84**, 232. Viel seltener ist das stillschweigende Zustandekommen eines **Zweitauftrags** (Doppeltätigkeit, s Rn 32–33). Tritt der Makler gegenüber einem Interessenten als schon von einem Gegeninteressenten beauftragt auf, bedeutet Entgegennahme seiner Dienste durch den Interessenten regelmäßig nicht Maklervertragsabschluss auch mit ihm, BGH **95**, 395, NJW **81**, 279; das gilt auch, wenn der Interessent sich auf eine Anzeige des Maklers an diesen gewandt hat, BGH DB **71**, 2058; stillschweigender Abschluss eines Zweitauftrags ist nur anzunehmen, wenn der Makler bei einer solchen Kontaktnahme eindeutig zu erkennen gibt, er wolle auch für den zweiten Interessenten tätig sein und ggf auch von ihm Lohn fordern, BGH NJW **67**, 1365, DB **71**, 1521, 2058, NJW **00**, 282 (Auslegung des Objektnachweises), **02**, 1945; der Zweite muss sich in solchen Fällen vor Inanspruchnahme der Dienste des Maklers eindeutig gegen Provisionszahlung verwahren, nicht schon durch Vermerk „nach Vereinbarung" zu Provisions(satz)klausel, BGH NJW **02**, 816. Schweigen auf ein kfm oder berufliches **Bestätigungsschreiben** (§ 346 Rn 16–29) kann auch beim Maklervertrag den Inhalt des Vertrags verändern oder den Vertrag überhaupt erst zustandebringen, Bambg AIZ **75**, 147, Düss NJW-RR **95**, 501, str. Anspruch des Maklers aus Vertrag zu seinen Gunsten (§ 328 I BGB) s Rn 53. **Verschulden bei Vertragsverhandlungen, Prospekthaftung** s Rn 27.

B. Wirksamkeit: Der Abschluss des Maklervertrags ist **formfrei.** Formzwang **17** kann **aber** bei Grundstücken aus § 311b I BGB folgen, bei Darlehensvermittlungsvertrag (s Rn 5). Auch mittelbarer Zwang durch entsprechende Maklervertragsgestaltung kann zur Formbedürftigkeit nach § 311b I BGB führen; zB erfolgsunabhängige Maklerprovision, Verfall von Kaufpreisanzahlung oder gewichtige Vertragsstrafe (Obergrenze 10–15 % der Maklerprovision) für den Fall, dass der Eigentümer (Erwerber) des Grundstücks nicht verkauft (kauft), BGH **76**, 46, **103**, 235, NJW **87**, 54, **90**, 390 (Anlageberatungsvertrag), str. Heilung des formnichtigen Maklervertrags nach § 311b I 2 BGB für Grundstückskaufvertrag, BGH NJW **87**, 1628. Rechtsfolgen der Nichtigkeit für Provision s Rn 45. Der Maklervertrag ist nach allgemeinen Regeln **nichtig** (§§ 104 ff, 117, 134, 138, 142 I, 179, 655b I 2 iVm II BGB), zB bei unerlaubter Arbeitsvermittlung (AFG, § 134 BGB), BGH WM **86**, 943; Rechtsberatung s Rn 3, 29; mangelnde Konzession s Rn 3–4. Nichtigkeit einzelner AGBKlauseln s Rn 66. Anfechtung bei Verschweigen einer Doppeltätigkeit s Rn 32–33. Widerrufsrecht des Verbrauchers bei außerhalb von Geschäftsräumen geschlossenen und Fernabsatzverträgen (§§ 312, 312b, 312c BGB), vor allem bei Darlehensvermittlung (s Rn 5), Habersack/Schürnbrand WM **03**, 264, ferner bei Versicherungen, wenn Teilzahlungabrede, BGH NJW **12**, 3428, zum Maklervertrag als Fernabsatzvertrag BGH NJW **17**, 1027.

C. Ende: Der Maklervertrag ist idR nicht für bestimmte Dauer geschlossen **18** (anders Allein- oder Festauftrag, s Rn 60). Er kann einverständlich aufgehoben werden und ist auch von jeder Partei jederzeit frei widerruflich (Kündigung mit

§ 93 19–24　　　　　　　　　　　　　　　　　　　　　1. Buch. Handelsstand

Wirkung ex nunc). Selbst der „unwiderrufliche" Auftrag ist nicht schlechthin unwiderruflich (s Rn 60). Der Widerruf lässt Lohnanspruch nicht entfallen, wenn die vorherige Tätigkeit für den Abschluss des Hauptvertrags ursächlich geworden ist (s Rn 50) Wirkung eines Aufhebungsvertrags auf Lohnanspruch bzw -voraussetzungen ist Frage der Auslegung, BGH NJW **83**, 1848. Der Maklervertrag endet ferner mit dem Tod des Maklers, BGH NJW **65**, 964; bei Tod des Auftraggebers können die Erben kündigen.

19　　D. **Zusammenwirken mehrerer Makler: a) Untermaklervertrag:** Der Hauptmakler schaltet einen Untermakler zur Durchführung eines oder mehrerer Geschäfte gegen Provisionsbeteiligung ein (partiarisches Rechtsverhältnis, keine Ges), BGH BB **66**, 1367. Der Untermaklervertrag verpflichtet iZw beide Seiten nicht zum Tätigwerden, lässt andererseits den Untermakler frei, sich auch mit anderen (Haupt)Maklern zu verbinden, BGH BB **68**, 729. In Vertragsbeziehung zum Auftraggeber steht allein der Hauptmakler. Dieser handelt durch Einschaltung des Untermaklers gegenüber seinem Auftraggeber nicht pflichtwidrig, haftet für ihn aber nach § 278 BGB (s Rn 34).

20　　b) **Zubringergeschäft:** Der Zubringermakler schaltet gegen Provisionsbeteiligung oder andere Vergütung einen anderen Makler als Hauptmakler ein, BGH BB **63**, 835, **68**, 729. Bloße Weitergabe des Geschäfts an anderen Makler, weil eigene Erledigung nicht möglich ist, begründet nicht ohne weiteres Zubringergeschäft, sondern kann Gefälligkeit in Erwartung von Gegengefälligkeiten sein. Beteiligungszusage an den Zubringermakler, der dem anderen Makler Alleinauftrag verschafft, verbietet dem Zubringermakler nicht eigene Bemühung um das zweite Maklergeschäft BGH BB **66**, 1367. In Vertragsbeziehung zum Auftraggeber steht allein der, dem das Geschäft zugeführt worden ist. Bsp für Zubringervertrag BGH DB **74**, 1154.

21　　c) **Gemeinschaftsgeschäft:** Mehrere auf entgegengesetzter Seite tätige Makler können ein oder mehrere Geschäfte im Innenverhältnis als Gemeinschaftsgeschäfte behandeln, BGH BB **69**, 1330 (betr Kündigung, Kundenschutz), WM **86**, 1288, Breiholdt BB **93**, 600, das Außenverhältnis zwischen jedem Makler und seinen Auftraggeber bleibt davon unberührt. Fällt nur eine Provision an, wird sie geteilt, BGH BB **63**, 835, sonst erhält jeder Makler von seinem Auftraggeber Provision. „Geschäftsgebräuche für Gemeinschaftsgeschäfte unter RDM-Maklern" s Hbg MDR **73**, 225.

22　　d) **Franchisemakler:** Die Mitgliedermakler (Franchisenehmer) erhalten alle Hinweise durch die Zentrale (Franchisegeber); diese ist an den Provisionen beteiligt, verliert sie aber (s Rn 52), wenn sie Kaufabschlüsse unzulässig zuteilt, BGH WM **78**, 245. Lit: Knütel ZHR 144 **(80)** 289.

4) Pflichten des Maklers

23　　A. **Keine Tätigkeitspflicht, kein Erfolgsversprechen:** Der Makler schuldet weder Tätigkeit noch Erfolg (s Rn 4–5); es fehlt insoweit an einer Hauptpflicht des Maklers. Der Maklervertrag ist also kein gegenseitiger Vertrag iSv §§ 320 ff BGB, sondern ein einseitig verpflichtender Vertrag. Herbeiführung des Vertragsschlusses mit Dritten (§ 652 I 1 BGB, § 93, beim Nachweismakler durch Nachweis, beim Vermittlungsmakler wie dem HdlMakler durch Vermittlung) ist nur Voraussetzung des Provisionsanspruchs (s Rn 40–52). Anders beim Alleinauftrag, s Rn 61; Maklerdienstvertrag, Maklerwerkvertrag s Rn 9–10.

24　　B. **Interessenwahrungs- und Treuepflicht:** Der Makler hat die Interessen des Auftraggebers wahrzunehmen. Gegenüber dem **Geschäftsgegner** hat der Makler außer bei Doppelauftrag (s Rn 33) keine vertraglichen Pflichten, aA Ebenroth/Reiner 45, es besteht auch kein Vertrag mit Schutzwirkung zugunsten des Geschäftsgegners (Problem: gegenläufige Interessen der Parteien), aA üL, K.

8. Abschnitt. Handelsmakler 25–27 § 93

Schmidt § 26 II 3c, aber ein **gesetzliches Schuldverhältnis** auf Grund des beruflichen Auftretens als ehrlicher Makler (§ 347 Rn 22) bzw des insoweit in Anspruch genommenen Vertrauens (vgl § 311 III 2 BGB), Canaris § 19 Rn 26. Dieses Schuldverhältnis fällt unter § 311 III 1 BGB und ist zT besonders geregelt (§§ 94 ff, 98), vgl auch BGH **48**, 350, WM **63**, 433. Pflichten und Haftung gegenüber dem Geschäftsgegner sind demzufolge selbstständig (§ 347 Rn 22) und Einwendungen aus dem Verhältnis zum Auftraggeber nicht ausgesetzt. Aber Aufklärungspflicht (§ 311 II BGB) des Maklers, der bei Beurkundung des Hauptvertrags mit eigenem Provisionsanspruch gegen den Vertragsgegner anwesend ist, BGH NJW **05**, 3778.

Aus der allgemeinen Interessenwahrungs- und Treuepflicht **gegenüber dem Auftraggeber** folgen einzelne Schutz- und Rücksichtspflichten (§ 241 II BGB).

Dazu gehört eine **Schweigepflicht.** Der Makler darf ihm vom Auftrag- 25 geber anvertraute, diesem ungünstige Umstände nicht dem Geschäftsgegner mitteilen.

Er darf **keine Provision vom Geschäftsgegner** annehmen, außer wenn ihm 26 Doppeltätigkeit vertraglich gestattet ist (s Rn 32–33), sonst gilt das allgemeine Schmiergeldverbot für Beauftragte (vgl § 59 Rn 51).

Den Makler treffen wegen seiner beruflichen Fachkompetenz (vgl § 347 27 Rn 22) weitreichende **Aufklärungs- und Beratungspflichten,** Röhricht/Röhricht Vor § 93 Rn 31 ff. Wahrheit, Vollständigkeit, Klarheit, Berichtigung bei solchen Aufklärungs- und Informationspflichten, **auch schon bei Vertragsanbahnung** (Verschulden bei Vertragsverhandlungen, §§ 280, 311 II BGB) s § 347 Rn 23–40; überhöhte Innenprovisionen zB bei Bauherrnmodellen s § 349 Rn 30. Informationen, die er vom Verkäufer erhalten hat, darf der Makler grundsätzlich ungeprüft weitergeben, außer wenn sie ersichtlich unrichtig, unplausibel oder sonst bedenklich sind, BGH NJW **82**, 1147, WM **07**, 794, Ausnahmen Fischer NJW **07**, 3111, diese Informationen muss er aber, zumal bei Übernahme in ein eigenes Exposé, sorgfältig einholen und sondieren, eigene Ermittlungen schuldet er nicht (kein Anlagevermittlungsvertrag mit stillschweigender Auskunft, § 349 Rn 13), BGH WM **07**, 794. Der Makler schuldet Aufklärung von ihm bekannten Umständen, die für die Entschließung des Auftraggebers positiv oder negativ bedeutsam sein können, und sachkundige Beratung des Auftraggebers, BGH **36**, 328, DB **70**, 2214, WM **73**, 1383, NJW **82**, 1147. Er muss auf Zweifel an der Leistungsfähigkeit oder Kreditwürdigkeit des Vertragspartners hinweisen. Eine Hinweispflicht trifft den Makler aber nur bei erkennbar entscheidungserheblichen Umständen und offenbarer Aufklärungsbedürftigkeit des Auftraggebers gerade darüber, BGH NJW **81**, 2685, besonders bei Grundstücken, Rspr bei Fischer NJW **09**, 3214, mindestens muss er auf fehlende eigene Prüfung (der Bonität des Mieters) hinweisen, BGH NJW-RR **03**, 700. Fehlerhafte Angaben muss er richtig stellen, BGH NJW **00**, 3642. Erfährt er bedeutsame nachteilige Umstände, die er dem Auftraggeber nicht mitteilen kann, muss er diesem, ohne sie zu offenbaren, abraten oder seine Tätigkeit einstellen, BGH BB **69**, 894 (Makler-Prokurist, der zugleich Berater des Geschäftsgegners ist). Bsp: Falsche Darstellung der Chancen, ein Haus zu einem bestimmten Termin fertigzustellen, Kln NJW **72**, 1813; unrichtige Finanzierungsberechnung, LG Kln MDR **72**, 326; Pflicht zur richtigen Information über das Interesse des anderen Teils, BGH WM **73**, 644; Beratungspflicht bei Vermittlung einer Beteiligung, BGH WM **77**, 336; Kapitalanlagevermittler (vgl Rn 6) § 347 Rn 8 ff; rechtliche und steuerliche Tatsachen s Rn 29; überhaupt darf der Makler den Auftraggeber nicht zu einem unvorteilhaften und überstürzten Vertragsschluss verleiten, so zB wenn er die zweifelhafte Verkäuflichkeit des bisher bewohnten, zur Finanzierung benötigten Hauses bagatellisiert, Ffm NJW-RR **88**, 1200. Bei mehr als bloßen Exposés kann ein Prospekt vorliegen, der zur **Prospekthaftung** auch des Maklers führen kann (Anh § 177a Rn 60).

§ 93 28–32   1. Buch. Handelsstand

28   **Aufklärungspflichten des Darlehensmaklers** gegenüber der auftraggebenden Bank, BGH WM **70,** 1270, zB betr Gefährdung des zu finanzierenden Objekts, nicht rechtzeitige Fertigstellung, andere Darlehensverwendung, Auszahlung an Käufer statt an Verkäufer; Erkundigungspflicht über Kreditwürdigkeit des Darlehensnehmers, aber keine detaillierte Kreditwürdigkeitsprüfung, auch keine Prüfung der Sicherheiten, das ist Sache der Bank. Aufklärungspflicht entfällt, wenn der Bank sämtliche wertbildenden Faktoren bekannt sind, BGH WM **88,** 41. Weitergabe von Behördenauskünften, BGH NJW **82,** 1147. **Informationspflichten des Finanzierungsmaklers,** Abgrenzung von Finanzierungsberatungsvertrag, Kblz WM **07,** 780, VersR **10,** 1035 (§ 347 Rn 14, 36, 37). Der **Versicherungsmakler** (s Rn 7) hat die Mitteilungs- und Beratungspflichten des Versicherungsvermittlers nach §§ 42a ff aF, 60 ff nF VVG (s Rn 7) und nach der Rspr als Sachwalter des von ihm betreuten Versicherungsnehmers besonders weitgehende Aufklärungs- und Beratungspflichten, BGH **94,** 359, VersR **00,** 846, WM **07,** 1676 (aber idR nicht über Maklervertrag), NJW **16,** 3366 (abzusichernde Risiken, effektivste Deckung), Düss NJW-RR **98,** 395, VersR **00,** 54, Benkel/Reusch VersR **92,** 1306, AGB-Ausschlussklausel verstößt gegen **(5)** § 307 BGB, BGH **162,** 67. Vor allem hat der Versicherungsmakler bei Ablehnung des Vertragsschlusses durch den Versicherer umgehend ein möglichst gleichwertiges Angebot eines anderen Versicherers einzuholen, sonst uU Schadensersatz wie bei tatsächlicher Versicherung, Hamm VersR **10,** 388. Beratungspflichten und Haftungsbeschränkung, Werber VersR **10,** 553, aber §§ 63, 67 VVG. Beweislast liegt mangels hinreichender Dokumentation (§ 347 Rn 37) bei Versicherungsvermittler, Saarbr VersR **10,** 1181m Anm Reiff 1314. Versicherungsmakler muss bei Ablehnung der Beratung eine Empfehlung nicht wiederholen, BGH NJW **16,** 3366.

29   Der Makler darf **Rechtsangelegenheiten** erledigen, die mit einem Geschäft seines Gewerbebetriebs unmittelbar zusammenhängen (RBerG Art 1 § 5 Nr 1), zB einen Vertragstext entwerfen, BGH NJW **74,** 1328, über entscheidungserhebliche (auch schwierige) Rechtsfragen aufklären, BGH NJW **81,** 2686. Der Vers-Makler hat besonders weitgehende Pflichten, ua Hilfestellung bei der Schadensanzeige (s Rn 7). Der Makler hat aber keine Pflicht zur rechtlichen und steuerlichen Beratung, außer soweit vereinbart (s auch Rn 27, 28, § 347 Rn 25); bei schwierigeren Rechtsfragen kann er jedoch dem Auftraggeber zur Einholung von kompetentem Rechtsrat verpflichtet sein, BGH DB **74,** 1477. Rechtsanwalt als Makler s Rn 3.

30   **Interessenkonflikte,** zB eigenes Kaufinteresse oder Tätigkeit für den Geschäftsgegner (s Rn 32–33), muss der Makler offenlegen. Bei unlösbarem Interessenkonflikt muss er seine Tätigkeit aufgeben, außer wenn der Auftraggeber die Fortsetzung trotzdem wünscht, BGH NJW **83,** 1848. Pflichten bei Alleinauftrag s Rn 61. Lit: Hopt ZGR **04,** 1u FS Doralt **04,** 213.

31   **Nachwirkende Treuepflicht** verbietet dem Nachweismakler, nach Nachweis im eigenen Interesse oder in dem Dritten das abschlussreife Geschäft zu hintertreiben, BGH NJW **83,** 1848.

32   C. **Doppeltätigkeit: a)** Dem **Zivilmakler** ist die Tätigkeit auch für den Geschäftsgegner nur erlaubt, wenn der Vertrag mit dem Auftraggeber dies gestattet (§§ 133, 157 BGB; Verkehrssitte, HdlBrauch, s § 346); so zB im Grundstücksgeschäft für den einen als Vermittlungs-, für den anderen als Nachweismakler, BGH **48,** 346, **61,** 21, NJW **70,** 1075, WM **03,** 2061, auch bei Versteigerung von Sammlungen. Von der Frage der Pflichtverletzung im Erstvertragsverhältnis ist die des Zustandekommens des Zweitvertrags (s Rn 16) und des Lohnanspruchs daraus (s Rn 53–54) zu unterscheiden. Engere wirtschaftliche Verbindung des Maklers mit dem Geschäftsgegner s Rn 47. Ist die Doppeltätigkeit dem Makler nicht gestattet, macht er sich durch sie schadensersatzpflichtig (§§ 280, 254 BGB)

8. Abschnitt. Handelsmakler 33–35 § 93

und verwirkt bei grober Fahrlässigkeit ohne Rücksicht auf Schaden seinen Lohn (s Rn 52).

b) Der **Handelsmakler** ist dagegen, wie ua §§ 94, 96, 98, 99, 101 zeigen, 33 anders als der Zivilmakler als **Vermittler** zwischen beiden Teilen tätig (s Rn 13); er ist Schlichter zwischen den widerstreitenden Teilen, BGH **48**, 350. **Echte Doppeltätigkeit** (im Sinne eines Doppelauftrags) ua mit der Konsequenz eines Lohnanspruchs gegen beide Parteien liegt vor, wenn vereinbart, auch konkludent, oder HdlBrauch, so in manchen Branchen, folgt aber noch nicht ohne weiteres aus § 99 (dort Rn 2). Sie ist grundsätzlich zulässig, BGH **48**, 346, **61**, 21, zB für beide Teile als Nachweismakler oder für die eine Partei als Vermittlungsmakler, für die andere als Nachweismakler, BGH NJW **70**, 1075, **04**, 157. Doppeltätigkeit kann nach Art und Inhalt des Auftrags ausgeschlossen sein, zB bei Tätigkeit nur im Interesse des einen Teils als dessen Vertrauensmakler (s Rn 60), BGH WM **98**, 1189, oder bei konkretem Interessenkonflikt, zB Bestens-Aufträge von beiden Seiten. Die Parteien können sie auch dann zulassen, etwa wenn der Makler die Doppeltätigkeit offenlegt und sich als „ehrlicher Makler" auf Vermittlung zwischen den Interessen der Parteien beschränkt, BGH WM **00**, 422, NJW **04**, 157. Jedenfalls beim Immobilienkauf ist sie auch zulässig, wenn sie wenigstens für die jeweils andere Auftraggeberseite eindeutig erkennbar oder absehbar ist, BGH WM **98**, 1189, NJW **00**, 3067. Erlaubte Doppeltätigkeit ist auch bei **Alleinauftrag** (s Rn 59–63) nicht generell ausgeschlossen, aber Offenlegung und nur im Einverständnis auch der anderen Partei und nicht bei Alleinauftrag auf längere Zeit und mit Übertragung der Verhandlungsführung weitestgehend an den Makler, BGH NJW **64**, 1467; nach aA stets nur als Zivilmakler. Interessenkonflikt s Rn 30, wirtschaftliche Verflechtung s Rn 47.

Ist danach dem HdlMakler (und ausnahmsweise dem Zivilmakler, s Rn 32) die Doppeltätigkeit gestattet, ist er beiden Seiten zu **strenger Unparteilichkeit** verpflichtet, schon bei der Vertragsgestaltung und bei der Durchführung, BGH **48**, 344, **61**, 22, NJW **04**, 157. Er hat beide Seiten unparteilich über abschlusserhebliche Umstände zu informieren, insoweit tritt seine Schweigepflicht (s Rn 25) zurück. Er darf iZw nicht in die Preisverhandlungen eingreifen, etwa für einen marktgerechten oder sonst angemessenen Preis sorgen (sonst Verwirkung gegenüber dem benachteiligten Geschäftspartner, s Rn 52), BGH **48**, 347, NJW **68**, 150, oder Preis durch Beiziehung weiterer Interessenten drücken, Düss NJW-RR **01**, 1134. Besteht die Doppeltätigkeit in Vermittlung für den Verkäufer und im Nachweis für den Käufer und weiß der Käufer dies, braucht der Makler dem Käufer nicht mitzuteilen, dass er sich vom Verkäufer **Übererlös** über bestimmte Kaufpreissumme hinaus als Provision hat versprechen lassen (aber s Rn 55), BGH NJW **70**, 1075; doch darf er dem Käufer keinesfalls vorspiegeln, dem Verkäufer gar nicht verpflichtet zu sein, sonst Anfechtung, Ffm NJW-RR **88**, 1109, oder sogar Verwirkung (s Rn 52), Werner gegen Kln NJW **71**, 1943.

D. **Einschaltung weiterer Makler:** Der Makler darf iZw nicht die Ausübung 34 des Auftrags im ganzen einem anderen Makler überlassen (§ 664 I 1 BGB). Er darf aber Untermakler (s Rn 19) hinzuziehen, RG JW **29**, 3497, haftet für sie dann aber nach § 278 BGB (§ 664 I 3 BGB), Mü JR **61**, 95. Mehrere sich ablösende Versicherungsmakler müssen Courtage teilen (vgl § 99 Rn 3), uU Herausgabeanspruch gegen Vorgänger aus Geschäftsführung ohne Auftrag, Hamm VersR **95**, 658.

E. **Sonstige Rechtspflichten:** Zustellung von Schlussnoten, s § 94; Weiter- 35 gabe von Widerspruch einer Partei gegen die Schlussnote an die andere, s § 94 Rn 3, 6. Besondere Sorgfaltspflicht haben die beiden Makler bei einer **a-metà-Vermittlung** zwischen „verdeckten Kaufvertragsparteien"; die beiden Schlussnoten müssen dann unbedingt vollkommen übereinstimmen, OberSchiedsG WV Hbg Börse **(69)** St/Ul I D 1d Nr 10. Berufspflichten aus Gewerberecht s Rn 3;

besondere Pflichten von Wohnungsvermittlern s Rn 4; Darlehensvermittler s Rn 5. Die Makler stehen als Gewerbetreibende unter dem UWG, zB Verletzung der §§ 3, 4, 5 UWG durch Ankündigung niedriger Bearbeitungsgebühr unter Verschweigen, dass ein weiterer Provisionsteil im Kaufpreis enthalten ist, Ffm OLGZ **72**, 462; idR sittenwidriger Behinderungswettbewerb durch offene Werbung (durch Zeitungsanzeigen und Informationsstand am Objekt), falls kein Alleinauftrag (s Rn 59–63), Ffm BB **73**, 955. Nebenpflichten des HdlMaklers s Haberkorn MDR **60**, 93.

36 F. **Rechtsfolgen bei Pflichtverletzung:** Verletzung einer Pflicht des Maklers führt schon bei leichter Fahrlässigkeit (§ 347) und Schaden zur **Schadensersatzhaftung** nach § 280 BGB (und damit iErg zu Verlust oder Schmälerung der Provision), BGH **36**, 327, WM **77**, 943, NJW **82**, 1145, NJW-RR **05**, 1424; Mitverschulden (§ 254 BGB) ist zu berücksichtigen, BGH WM **77**, 943. Haftung für Hilfspersonen nach §§ 278, 831 BGB, BGH BB **70**, 863. Bei Verletzung von Aufklärungs- und Beratungspflichten gelten die Grundsätze für diese, insbesondere Vermutung aufklärungsrichtigen Verhaltens (§ 347 Rn 37). Der Schaden kann je nachdem schon im Abschluss des Maklervertrags oder später des Hauptvertrags liegen. Beweislast nach § 280 I 2 BGB. Pflichtverletzung kann bei grober Fahrlässigkeit und ohne Schaden des Auftraggebers zur **Verwirkung der Provision** nach § 654 BGB führen, s Rn 52. **Verjährung** von Schadensersatzansprüchen gegen Makler in 3 Jahren (§§ 195, 199 BGB idF SMG); damit hat sich der Streit, ob § 88 betr HV (damals kürzere Verjährung) t entspr anwendbar ist, abl BGH BB **72**, 11, erledigt.

5) Pflichten des Auftraggebers

37 A. **Hauptpflicht** des Auftraggebers ist die **Provisionszahlungspflicht** (s Rn 40–58, § 99). Zu den drei Säulen des Maklerprovisionsrechts M. Würdinger JZ **09**, 349.

a) Der Maklerlohn ist iZw verdient mit Zustandekommen des als möglich nachgewiesenen oder vermittelten Abschlusses (§ 652 I 1 BGB); Voraussetzungen im Einzelnen s Rn 40–52. Abw Vereinbarung über erfolgsunabhängige Provision ist möglich, BGH DB **76**, 189, aber nicht in AGB, s Rn 64–66. Der Auftraggeber bleibt **Herr des Geschäfts** und behält seine volle **Abschlussfreiheit.** Er darf nicht nur weitere Makler einschalten (außer bei Alleinauftrag, s Rn 59–63; aber Vorsicht: Risiko mehrerer voller Provisionsansprüche, da Mitursächlichkeit genügt, s Rn 50–51) und sich selbst um den Abschluss bemühen, sondern ist auch iZw frei, das nachgewiesene bzw vermittelte Geschäft ohne Begründung zurückzuweisen, auch seinem Auftrag voll entsprechende oder sogar günstigere Geschäfte, BGH NJW **67**, 1225; diese Abschlussfreiheit besteht auch bei Alleinauftrag (Rn 62), hier auch bei Widerrufsverzicht auf bestimmte Zeit, BGH NJW **67**, 1225, WM **70**, 1458, anders uU bei bedingungsloser Festofferte (s Rn 62); auch bei Vorvertrag oder Vorweganzahlung zwischen Auftraggeber und Geschäftsgegner (Bindung nur intern), BGH NJW **75**, 647. Vom Auftraggeber verursachter Formmangel des Hauptgeschäfts (s Rn 43) führt wegen der Abschlussfreiheit weder zur Provisionszahlungspflicht noch zur Schadensersatzhaftung des Auftraggebers, BGH WM **77**, 1049, str. Ist nach der Vereinbarung der Lohn erst mit Ausführung des Abschlusses verdient (so nach HdlBrauch bei Schiffsverkauf, BGH NJW **66**, 502, Hbg MDR **63**, 849), bleibt der Auftraggeber im Verhältnis zum Makler bis dahin frei (aufschiebende Bedingung), BGH WM **85**, 777; anders nur ganz ausnahmsweise, wenn er die Ausführung treuwidrig vereitelt (§ 162 I BGB), § 87a III (betr HV) gilt nicht entspr, BGH **2**, 283, BB **66**, 516. Ist dagegen Entstehung des Lohnanspruchs schon mit Vertragsabschluss, Fälligkeit aber erst bei Ausführung gewollt (unbedingte, aber erst später fällige Verpflichtung), dann tritt idR mangels Ausführung doch Fälligkeit nach Ablauf der Zeit ein, in der die

Ausführung zu erwarten war, BGH DB **81**, 2283 (zur Auslegung der Klausel „Zahlung der Maklerprovision bei Einlösung eines Akkreditivs"), WM **85**, 776. Der Makler hat uU einen Teillohnanspruch, soweit Auftraggeber infolge der Nichtausführung des Abschlusses vom Abschlusspartner Entschädigung erhält, BGH **LM** § 652 BGB Nr 3 („Fautfracht").

b) Besteht danach mangels der gesetzlichen Voraussetzungen, also mangels 38 Erfolgs (s Rn 40–52) kein Provisionsanspruch aus § 652 I BGB, scheidet auch § 354 aus; kommt es zum Erfolg und ist der Makler auch ohne Vertrag zur Leistung berechtigt, kommt § 354 in Betracht (str, § 354 Rn 3). Fehlt es überhaupt an einem wirksamen Maklervertrag, kommt Provisionsanspruch uU auch aus §§ 677, 683 BGB oder §§ 812 I, 818 II BGB, RG **122**, 232, in Betracht. Kfm Zivilmakler s Rn 1.

B. Nebenpflichten: Der Auftraggeber muss dem Makler die Aufgabe seines 39 Vertragsabschluss- oder -ausführungswillens (s Rn 37) und die Vornahme eines Eigengeschäfts **mitteilen**, um ihn vor unnötigen weiteren Bemühungen zu bewahren. Nach Verhandlungsfehlschlag und bei späterem neuen Geschäftsentschluss braucht der Auftraggeber nicht denselben Makler wieder zu beauftragen, anders uU bei Alleinauftrag, BGH WM **72**, 444. Den Auftraggeber trifft idR eine **Schweigepflicht** über die mitgeteilten Angebote des Maklers, von denen er selbst keinen Gebrauch macht, BGH NJW **87**, 2431, aA Knieper NJW **70**, 1296; andernfalls macht er sich schadensersatzpflichtig nach § 280 BGB, ausnahmsweise bleibt er sogar provisionspflichtig, s Rn 42, 50, Klauseln Rn 64–66. Der Auftraggeber schuldet dem Makler **keinen Aufwendungsersatz** (§ 652 II 1 BGB), anders nur bei besonderer Vereinbarung oder bei Übernahme konkreter, üblicherweise nicht geschuldeter Leistungen, Hamm NJW **73**, 1976; § 670 BGB ist nicht anwendbar, der Makler trägt seine Aufwendungen selbst, auch wenn der Vertrag trotz seiner Aufwendungen und Bemühungen nicht zustandekommt (§ 652 II 2 BGB) oder Provisionsanspruch nicht entsteht (s Rn 40–52). Weitere Pflichten durch Vertragsklauseln, aber nur beschränkt in AGB, s Rn 64–66.

6) Voraussetzungen des Provisionsanspruchs: Absprachegemäßes Zustandebringen des gewünschten Vertrags mit Dritten

A. Tätigwerden des Maklers in Kenntnis des Auftraggebers: Der Pro- 40 visionsanspruch des Maklers (§ 652 I 1 BGB; Hauptpflicht des Auftraggebers, s Rn 37) setzt zunächst Tätigwerden des Maklers in Kenntnis des Auftraggebers entsprechend dem Maklervertrag voraus.

a) Der **Makler** muss entspr dem Maklervertrag tätig geworden sein, also je nachdem **Nachweis-** oder **Vermittlungstätigkeit** entfaltet haben (s Rn 13). Der Abschluss des Maklervertrags liegt idR vor dem Nachweis, notwendig ist das aber nicht, Ffm NJW-RR **00**, 751, auch nicht bei Vermittlungstätigkeit, BGH NJW-RR **16**, 1139. Für Vermittlung versprochene Provision entfällt, wenn der Makler nur nachweist; uU entsteht dann aber geringerer Provisionsanspruch (§ 653 II BGB), BGH MDR **77**, 210.

b) Der **Auftraggeber** muss von diesem Tätigwerden des Maklers so rechtzeitig vor oder bei Abschluss des Vertrags mit dem Dritten **Kenntnis** haben, dass er die Provisionsforderung bei der Preisgestaltung des Hauptvertrags noch berücksichtigen kann, BGH WM **09**, 1802, Mü NJW **68**, 894; auf selbstverschuldete Unkenntnis kann er sich aber nicht berufen. Eine Pflicht zur Rückfrage besteht aber idR nicht (anders uU bei Alleinauftrag), aA Mü NJW **68**, 894; erst recht nicht zur Kenntnisnahme der Nachweise des Maklers, doch liegt letzterenfalls die Beweislast für Unkenntnis beim Auftraggeber. Fehlende Kenntnis ist aber ohne Bedeutung, wenn sie keine Auswirkung auf die Ausgestaltung des Hauptvertrags hatte, BGH NJW-RR **94**, 1260.

§ 93 41, 42 1. Buch. Handelsstand

41 B. **Gewünschter Vertrag:** Voraussetzung ist weiter, dass der Makler den gewünschten Vertrag nachweist oder vermittelt (**wirtschaftliche und personelle Identität bzw Kongruenz**), BGH BB **73**, 1192, NJW **87**, 1628; zumindest muss der Abschluss wirtschaftlich dem angestrebten entsprechen, BGH NJW **82**, 2663, WM **84**, 342 (Umleitung über andren Zwischenhändler), NJW **91**, 490, **98**, 2277 (Kauf der GmbH, der das Grundstück gehört), NJW-RR **04**, 851, WM **06**, 636 (asset deal/share deal), Hbg NJW-RR **03**, 487, Jena NJW-RR **05**, 1509. **Wirtschaftlich** ist wesentlich, wie günstig bzw belastend das Geschäft für den Auftraggeber ist. Schon am Vertragsabschluss fehlt es bei Erwerb in der **Zwangsvollstreckung,** BGH **112**, 59, NJW **97**, 1581 (Anordnung derselben steht nicht gleich), in Zwangsversteigerung in der Insolvenz, Ffm NJW-RR **09**, 283, aber Abrede über Gleichstellung ist möglich. Wirtschaftliche Gleichwertigkeit ist zu verneinen zB bei Verpachtung statt Kauf, Grundstücksteil statt ganzem Grundstück, BGH NJW **87**, 1628, unbebautes statt bebautes Grundstück, BGH NJW **14**, 2352, uU Leasing statt Kauf (vgl **(7)** Bankgeschäfte Rn P/1), nicht ganz unwesentlich schlechtere Konditionen, BGH NJW **88**, 968 (Finanzmakler), Wohnungseigentum statt freier Doppelhaushälfte, Karlsr NJW-RR **03**, 1695, anders bei besonderen Konstellationen, BGH NJW **08**, 651 (hälftiger Erwerb mit Ehefrau und Bruder). Erheblicher Preisunterschied beseitigt wirtschaftliche Identität, Dresd NJW-RR **09**, 931 (25%), Celle MDR **07**, 1410 (27%), aber Frage des Einzelfalls, Fischer NJW **09**, 3213, bei mehr als 50% ist Kongruenz rglm zu verneinen, BGH NJW **14**, 2353. **Personell** ist Kongruenz nur ganz ausnahmsweise anzunehmen, so bei fester, auf Dauer angelegter idR gesellschafts- oder familienrechtlicher Bindung des Auftraggebers mit dem Abschließenden. Bspe: personenidentische GmbH mit gleichem Zweck, BGH NJW **95**, 3311, Abschluss mit Tochter- statt MutterGes (abl für Konzernschwester, Mü NJW-RR **95**, 1525), oder mit KomplementärGmbH statt KG, bloße Geschäftsverbindung genügt nicht, BGH NJW **84**, 359; mit nahen Familienangehörigen wie Ehegatten, Geschwistern, Ffm NJW-RR **00**, 434, Kblz NJW-RR **04**, 414, auch Lebensgefährten, BGH NJW **91**, 490, aA Düss NJW-RR **00**, 1081, vgl auch Dresd NJW-RR **99**, 1501. Ob Provision auch für ein aus dem nachgewiesenen bzw vermittelten Geschäft folgendes **Folgegeschäft** (zB Hauskauf nach Hausmiete) anfällt, hängt vom Maklervertrag ab (nicht AGB, s Rn 65), BGH WM **90**, 1680; uU HdlBrauch, zB im Holzhandel ("Tegernseer Gebräuche", s § 346 Rn 15). Provision für **Ersatz- und Nachgeschäfte,** BGH BB **60**, 1345, Karlsr NJW **66**, 2169, Ffm MDR **75**, 315; AGB s Rn 64–66. Lit: Fischer DB **09**, 887.

42 C. **Wirksamer Vertrag:** Der Vertragsschluss muss wirksam zustandegekommen, nicht auch ausgeführt (s Rn 37–38) sein.

a) Der **Vertragsschluss** zwischen dem Auftraggeber und dem Geschäftsgegner muss perfekt sein. Der vom HdlMakler vermittelte Abschluss kann durch Zugang von Angebot und Annahme beim HdlMakler zustandekommen, wenn diese wie idR von jeder Seite zur Entgegennahme ermächtigt ist, BGH **82**, 221, Karlsr BB **75**, 487; der Abschluss ist dann vor Unterrichtung der anbietenden Partei über die Annahme des anderen perfekt (davon geht § 94 I aus), RG **104**, 368. Der HdlMakler kann aber auch Abschlussvollmacht für eine der Parteien haben, BGH WM **83**, 684. Möglich ist auch Provisionszahlungspflicht schon bei Vorvertrag oder bei Vorweganzahlung des Auftraggebers an Geschäftsgegner, aber nur durch Individualabrede, nicht durch AGB, BGH BB **75**, 299. Darlehensvermittlung s Rn 45. **Überlässt** der Auftraggeber im Stadium der Verhandlung das Geschäft einem **Dritten,** bleibt er lohnpflichtig, wenn er am Geschäft wirtschaftlich teil hat, BGH **LM** § 652 BGB Nr 7; ähnlich Stgt MDR **64**, 758; anders bei „nicht weitgehender" wirtschaftlicher Beteiligung, Mü OLGZ **72**, 422 (Architekt-Bauunternehmen), dann allenfalls Schadensersatz wegen unerlaubter Wei-

8. Abschnitt. Handelsmakler 43–45 § 93

tergabe der Information, s Rn 39; dazu Scheibe BB **88**, 849. Andere oder weitere Vertragspartner s Rn 53–54.

b) Wirksames Zustandekommen: Der Vertrag muss rechtlich wirksam zu- 43 standegekommen sein, ist er das, sind Umstände, die die Leistungspflicht **wieder beseitigen,** für den Lohnanspruch **unschädlich,** zB: Wiederaufhebung des Vertrags, BGH **66**, 270; Eintritt einer auflösenden Bedingung (e contrario § 652 I 2 BGB, s Rn 44), BGH WM **71**, 905, NJW-RR **02**, 50; Rücktritt gemäß Gesetz nach §§ 323 ff BGB, vgl BGH BB **74**, 716, NJW **97**, 1583, NJW-RR **01**, 562, einerlei, ob der Mangel der Kaufsache bereits bei Vertragsschluss vorgelegen hat oder nicht, BGH NJW **01**, 966, str; vertraglicher Rücktritt, wenn dem gesetzlichen nachgebildet oder von bestimmten sachlichen Voraussetzungen abhängig gemacht, nicht wenn zeitlich befristet und ganz frei, BGH NJW **97**, 1583, NJW-RR **00**, 1302, auch nicht, wenn der Vorbehalt einer aufschiebenden Bedingung gleichkommt (s Rn 44), BGH WM **93**, 342, BB **98**, 1028; Kündigung; erst recht Nichterfüllung der Pflichten aus dem Hauptvertrag durch den Vertragspartner, BGH NJW-RR **01**, 562 (anfängliches Unvermögen), **05**, 1507 (keine Bezugsfertigkeit), Klage gegen Vertragspartner wegen Täuschung auf großen Schadensersatz, BGH NJW **09**, 2810, Grund: dann wirtschaftlicher Vorteil realisiert; in solchen Fällen auch kein Wegfall der Geschäftsgrundlage des Maklervertrags, BGH NJW-RR **05**, 1507. Möglich bleibt anderweitige, auch stillschweigende **Parteiabrede** (§§ 133, 157 BGB), dass späteres Hinfälligwerden des Vertrags provisionsschädlich ist (Behandlung wie aufschiebende Bedingung, s Rn 44, den Maklervertrag auflösende Bedingung oder Rückzahlungsabrede), zB bei offen liegendem Vertragsrisiko und Fehlschlag des Kaufs, BGH NJW **97**, 1583, aA Theobald JZ **97**, 1120. **Nicht wirksam zustandegekommen** ist der Vertrag, also keine Provision zB bei: Geschäftsunfähigkeit des Vertragsgegners (nicht nur bei bloßem Verdacht), BGH DB **76**, 2252; Formnichtigkeit; begründete Anfechtung des Hauptvertrags, BGH DB **71**, 1857, **76**, 2252, auch wegen arglistiger Täuschung durch den Auftraggeber des Maklers, BGH NJW **79**, 975; der Anfechtung gleich stehen bei der fehlerhaften Ges die Auflösungsklage oder außerordentliche Kündigung (§ 105 Rn 75, Anh § 177a Rn 58), BGH NJW **79**, 975; Rücktritt infolge arglistig verschwiegenen Mangels (anstelle Anfechtung nach § 123 BGB, Grenze § 124 I BGB), BGH NJW **01**, 966, offen für § 119 II BGB, dazu Keim NJW **01**, 3168; **vor** Erteilung und erst recht bei Versagung der erforderlichen behördlichen oder gerichtlichen **Genehmigung** (zB durch Vormundschaftsgericht), BGH **60**, 387, WM **76**, 1132, **77**, 22, NJW-RR **08**, 564 (Rücktritt vor Erteilung der Genehmigung), Naumbg BB **97**, 2021, Düss MDR **01**, 209; Ausübung des Vorkaufsrechts bezüglich des zu erwerbenden Grundstücks, BGH **131**, 321, NJW **82**, 2662, auch bei anschließendem Zwangsversteigerungserwerb des Käufers, BGH NJW **99**, 2271 (Vorkaufsberechtigter als Schuldner s Rn 53).

c) Bei **aufschiebender Bedingung** entsteht der Lohnanspruch erst mit Be- 44 dingungseintritt (§ 652 I 2 BGB); BGH BB **74**, 716 (freies Rücktrittsrecht in bestimmter Frist), WM **77**, 23; der Auftraggeber braucht die Bedingung nicht eintreten zu lassen (s Rn 37–38), BGH DB **71**, 1857, aber § 162 BGB, BGH NJW-RR **02**, 50. Freier Rücktrittsvorbehalt im Hauptvertrag, zB bei Bebauungsunfähigkeit, kann einer aufschiebenden Bedingung gleichkommen (§§ 133, 157 BGB), BGH BB **98**, 1028, NJW-RR **00**, 1303, ebenso bei Finanzierbarkeitsvorbehalt, Karlsr NJW-RR **05**, 574. **Anders** behandelt wird die **auflösende** Bedingung (s Rn 43). Ob der Hauptvertrag noch während der Laufzeit oder sogar **nach Ende des Maklervertrags,** zB nach Tode des Maklers, zustandekommt, ist irrelevant; auch dann liegt Mitursächlichkeit vor, s Rn 50–51.

d) Bei **Darlehensvermittlung** an Verbraucher (s Rn 5) reicht Zustandekom- 45 men des Darlehensvertrags nicht aus, Vergütungspflicht erst mit Leistung an den

§ 93 46, 47　　　　　　　　　　　　　　　　　　　　1. Buch. Handelsstand

Verbraucher und wenn Widerruf nach § 355 nicht mehr möglich ist (§ 655c BGB). Bei **Kreditvermittlung** im Übrigen ist grundsätzlich der Vertragsschluss (§ 488 BGB) ausreichend, BGH NJW **88**, 968 (Finanzmakler), auch wenn der Kreditnehmer vor Auszahlung noch Auflagen (zB Stellung von Sicherheiten) zu erfüllen hat und sie nicht erfüllt, BGH NJW **69**, 1107, **70**, 1273, NJW **82**, 2663. Im Einzelfall Vergütungspflicht aber auch erst bei tatsächlicher Kreditgewährung (§§ 133, 157 BGB). Bei nichtigem Kreditvermittlungsvertrag keine Provision (weder § 812 BGB noch § 354), BGH **163**, 332. Bei **Versicherungsvermittlung** einer Lebensversicherung mit Nettopolice (§ 99 Rn 3) entfällt die vom Kunden in Raten zu zahlende Abschlussprovision nicht durch dessen vorzeitige Kündigung (§ 652 BGB), BGH **162**, 67m Anm Loritz NJW **05**, 1757. Steht dem Kunden ein Widerrufsrecht gegen den Handelsmakler zu, so kann er zum Wertersatz verpflichtet sein, BGH NJW **12**, 3428. Der Lohnanspruch entfällt, wenn sich der Makler einer schwerwiegenden Treuepflichtverletzung schuldig gemacht hat, so dass er sich seines Lohnes „unwürdig" gezeigt hat, BGH NJW **12**, 3718.

46　　D. **Vertrag mit Dritten (kein Selbsteintritt): a)** Erforderlich ist Vertragsschluss mit einem dritten Geschäftsgegner. **Nicht genügt** Vertragsschluss mit dem Makler selbst **(Selbsteintritt),** BGH WM **74**, 58, 482, auch wenn sich der Makler die Leistung von einem Dritten besorgt, zB Darlehensmakler von Bank, es sei denn Zins und Rückzahlung sollen direkt an diese gehen, BGH WM **76**, 1161.

47　　**b) Nicht genügt** auch Nachweis oder Zuführung **eines mit dem Makler wirtschaftlich** identischen oder so **eng verbundenen Dritten,** dass kein Raum für eigenverantwortliche Maklertätigkeit (vertragsmäßige Maklerleistung) bleibt, also wenn ein institutionalisierter Interessenkonflikt vorliegt, BGH **112**, 240, **138**, 170, NJW **71**, 1839, **81**, 277, **92**, 2818, **03**, 1249, **09**, 1809, **12**, 1505, krit Dehner NJW **93**, 2225, Staud/Reuter §§ 652, 652 Rn 138: keine Entlastung von Provisionsanspruch, sondern Herausgabe an den Repräsentierten. Die **schädliche Verflechtung** kann **aus wesentlicher,** auch mittelbarer **Beteiligung,** oder **beherrschendem** oder maßgeblichem **Einfluss** (echte Verflechtung) oder aus besonderer **persönlicher Verbindung** so, dass keine Fähigkeit der selbstständigen und unabhängigen Willensbildung mehr besteht (unechte Verflechtung), stammen. Sie muss tatsächlich noch andauern, HdlRegEintragung ist nicht entscheidend, BGH NJW **09**, 1809. Von Bedeutung sind danach ua Stellung als phG, Geschäftsführer, nicht unwesentlich beteiligter Gfter, Verflechtung (idR erst ab Schachtelbesitz), Entscheidung und wesentliche Willensbildung über den Hauptvertrag für den oder bei dem Auftraggeber. Bsp: der Makler ist an der VertragsgegnerGes hoch beteiligt (40% ohne Beherrschung genügt), BGH BB **76**, 1432 (BGH NJW **75**, 1215: 20%, aber Geschäftsführer); er ist mit der AbschlussvertreterGes eng verflochten, BGH NJW **85**, 2473; er ist phG oder Geschäftsführer der VertragsgegnerGes, BGH NJW **75**, 1215, oder deren phG-GmbH; er ist Handelsvertreter des Vertragsgegners (Grund: § 86 I), BGH NJW **12**, 1504, oder Verwalter des Vertragsobjekts für den Vertragsgegner, BGH NJW **74**, 137; er ist Vertreter des Dritten mit eigener Entscheidungsbefugnis, BGH NJW-RR **98**, 992; die Unternehmen des Maklers und des Vertragsgegners sind vom gleichen Dritten abhängig; der Makler ist KG, deren phG entspr mit dem Vertragsgegner verbunden ist; der Geschäftsführer der MaklerGmbH ist Vertragsgegner; der Makler ist Wohnungseigentumsverwalter, von dessen Zustimmung der Verkauf abhängt, BGH **112**, 240, NJW **03**, 1249, str; die die Zwangsvollstreckung betreibende Bank vermittelt das Grundstück, BGH NJW **97**, 2673; der Makler ist mit dem Dritten **verheiratet,** außer wenn die Interessenkollision (Ehe) dem Auftraggeber bekannt ist oder wegen besonderer Umstände nicht besteht, BVerfG NJW **88**, 2663, BGH NJW **87**, 1008. **Lohnunschädlich** sind dagegen zB: geringfügige Beteiligung, Ffm NJW-RR **03**, 1428 (im konkreten

8. Abschnitt. Handelsmakler 48–50 § 93

Fall nur 2 %); bloß nahe, persönliche oder freundschaftliche Beziehungen zwischen Makler und Vertragsgegner, BGH NJW **81**, 2293, **09**, 1810, Ffm NJW-RR **03**, 1428; wirtschaftliche Verflechtung zwischen Makler und Auftraggeber, BGH WM **76**, 1334; Arbeitsverhältnis des Maklers mit dem Vertragsgegner, wenn er Freiraum für eigenverantwortliche Maklertätigkeit hat, BGH **138**, 174; einfache Haus- bzw Wohnungseigentumsverwaltung (ohne Zustimmungsvorbehalt für Verkauf), BGH WM **05**, 1479; Hausverwaltung des zu verkaufenden Mietshauses, offen BGH NJW **81**, 2298. Auch sonstige wirtschaftliche Abhängigkeiten und langjährige Geschäftsbeziehungen sollten iZw lohnunschädlich sein. Lit: Zerres/Hauch ZflR **03**, 137.

c) Erfolgsunabhängiges bzw selbstständiges Provisionsversprechen: 48 Wenn **in solchen Fällen** (s Rn 47) **trotzdem Maklerlohn** gezahlt werden soll, müssen die Verhältnisse präzise dargelegt und der Verpflichtungswille des Auftraggebers klar sein, BGH **112**, 242, NJW **81**, 278 (Kölner Modell), WM **83**, 42, **07**, 173, Kln WM **82**, 804m Anm Lieb WM **82**, 782; auch bei kombinierter Finanzierungsvermittlung und -bearbeitung, BGH NJW **83**, 985. Die Rspr dazu geht sehr weit, BGH NJW **00**, 3781, **03**, 1249 (Provisionsversprechen in Kenntnis der Verflechtung, Rechtskenntnis unnötig), zurückhaltender BGH **138**, 173, und ist uneinheitlich. Jedenfalls Kenntnis von der besonderen persönlichen Beziehung genügt für Lohnerhaltung, BVerfG NJW **88**, 2663, Hamm MDR **00**, 635, für Prüfung, ob auch Wissen, dass keine Verpflichtung zur Zahlung herkömmlicher Maklervergütung Fischer NJW **15**, 3281. Erfolgsunabhängiges Provisionsversprechen ist auch im vermittelten Hauptvertrag zugunsten des Maklers (**§ 328 BGB**) möglich, BGH NJW **03**, 1249, NJW **09**, 1199; uU verschleierter Kaufvertrag (Provisionsübernahme), dann gilt Leitbild des § 652 BGB nicht, BGH NJW-RR **07**, 55; NJW **09**, 1199; zur Maklerklausel s auch Rn 53. Unwirksamkeit solcher Klauseln in AGB s Rn 64–66.

d) Verwirkung des Anspruchs auf Rückzahlung der gezahlten (nach vorstehen- 49 dem nicht geschuldeten) Provision s BGH WM **76**, 1194; Wegfall der zurückzuzahlenden Bereicherung (§ 818 III BGB), zB durch Provisionszahlung an Mitarbeiter, BGH BB **78**, 1090, NJW **81**, 278.

E. (Mit-)Ursächlichkeit: Die Tätigkeit des Maklers (HdlMakler ist Vermitt- 50 lungsmakler, s Rn 13) muss **für** den erfolgten **Abschluss des Auftraggebers** (enge Ausnahmen s weiter unten) **mit dem Dritten** (s Rn 46 ff) zumindest mitursächlich gewesen sein, nicht die Einzige oder hauptsächliche Ursache („infolge" in § 652 I 1 BGB), BGH WM **74**, 257, Düss NJW-RR **09**, 487. Mitursächlichkeit setzt eine für das Zustandekommen des Vertrags wesentliche Maklerleistung voraus; der Auftraggeber muss durch sie den Anstoß zu konkreter Bemühung um das Objekt bekommen haben, BGH NJW **83**, 1849, zufällige Erfolgsherbeiführung ohne wesentliche Maklerleistung genügt nicht, BGH WM **88**, 1492 (Ergebnis zweifelhaft), ausreichend ist, dass beim Vertragsgegner ein Motiv gesetzt wurde, das nicht völlig unbedeutend ist, BGH NJW-RR **16**, 1139. Mitursächlichkeit durch **mittelbare Einwirkung** auf andere als die beiden Vertragsinteressenten ist idR zu verneinen, zB späterer Abschluss mit dem zur Beurkundung herangezogenen Notar, BGH NJW **76**, 1844, bei unbefugter Weitergabe der Information aber Schadensersatzpflicht (s Rn 39); anders, also Ursächlichkeit **bei fehlender personeller Identität** von Auftraggeber und dem mit dem Dritten Abschließenden, **nur** ganz **ausnahmsweise**, s Rn 41. Mitursächlichkeit ist auch bei Abbruch der vom Makler eingeleiteten Verhandlung und in angemessenem Abstand folgende Neuverhandlung und Abschluss ohne ihn nicht ausgeschlossen, BGH **141**, 40, NJW **80**, 123, **08**, 651 (Nachweismakler). **Unterbrechung des Kausalzusammenhangs** ist aber beim Nachweismakler nur ganz ausnahmsweise anzunehmen, so wenn der frühere Nachweis keinerlei Nachwirkungen mehr hat und Wiederaufnahme der Verhandlung auf völlig neuem Kaufentschluss des Auftraggebers beruht, BGH WM **07**, 1076, Röhricht/Röhricht vor § 93 Rn 73, Bspe: Bambg NJW-RR **98**, 565, Ffm NJW-RR **99**, 635, Düss NJW-RR **00**, 1362, 1504; ebenso wenn der Auftraggeber die Verkaufsabsicht endgültig aufgegeben oder sich für einen anderen Interessenten entschieden hat und die Verkaufsgelegenheit dann später unter veränderten Umständen ohne Zutun des Nachweismaklers neu entsteht, BGH NJW-RR **07**, 31, 402. Weisen mehrere Makler nacheinander dieselbe Gelegenheit zu unterschiedlichen Preisangeboten nach, kann nicht einfach das günstigste Angebot als das allein ursächliche angenommen werden, vielmehr kommt es auf Unterbrechung des Kausalzusammenhangs und Fehlen der inhaltlichen Gleichwertigkeit im Hinblick auf den Preisunterschied an, BGH **78**, 273, NJW **80**, 123. War die Tätigkeit des Maklers ursächlich, so schadet es nicht, dass der **Abschluss erst nach Ende des Maklervertrags** zustandekommt, zB nach Tod des Maklers, BGH BB **65**, 396, oder nach (zulässigem) Widerruf (s Rn 18) des Auftrags, BGH BB **66**, 799, **69**, 934. **Vorkenntnis** des Auftraggebers von der nachgewiesenen Gelegenheit hindert Ursächlichkeit und damit Provisionsanspruch, außer wenn anders vereinbart (s Rn 66), Celle NJW-RR **95**, 501. Der Auftraggeber muss seine Vorkenntnis nicht umgehend klarstellen, BGH WM **84**, 63. Ursächlichkeitsfiktionsklausel mangels Mitteilung der Vorkenntnis ist unwirksam, auch unter Kflten, BGH BB **76**, 1100 (s Rn 66).

51 Die **Beweislast** für Ursächlichkeit liegt beim Makler, zB bei Eingehen von Angeboten mehrerer Makler über dasselbe Objekt, BGH NJW **79**, 869. Bei engem zeitlichem Zusammenhang zwischen Hinweis und entspr Abschluss besteht Vermutung für Ursächlichkeit, BGH WM **84**, 560, je nachdem auch noch nach einem halben Jahr, BGH NJW **05**, 3781, nicht mehr nach einem Jahr, BGH NJW **06**, 3063. Kausalitätsunabhängiges Provisionsversprechen nur bei eindeutiger, idR ausdrücklicher Individualvereinbarung, BGH WM **86**, 211, Bsp: Celle NJW-RR **95**, 501; unwirksam in AGB, s Rn 64–66.

52 F. **Keine Verwirkung:** Der Makler verwirkt seinen Lohnanspruch nach **§ 654 BGB.** § 654 BGB drückt einen allgemeinen Rechtsgedanken aus (nach Rspr Strafcharakter und Anspornfunktion, BGH **36**, 323, NJW-RR **05**, 1424), der ihn bei jeder schwerwiegenden Pflichtverletzung über seinen Wortlaut (**vertragswidrige Doppeltätigkeit,** nur solche, s Rn 32f) hinaus anwendbar macht. Er greift nicht schon bei jeder schuldhaften Pflichtverletzung ein (bei solcher Schadensersatzpflicht nach § 280 BGB, s Rn 36), sondern nur bei schwerwiegendem, mindestens grobfahrlässigen Verstoß gegen eine wesentliche Pflicht derart, dass der Makler „eines Lohnes unwürdig ist", auf Eintritt eines Schadens kommt es dabei nicht an; umfangreiche Kasuistik, zB BGH **36**, 327, **48**, 350 (treuwidrige Doppeltätigkeit), NJW **69**, 1628 (Verheimlichen von Sonderabmachungen), **81**, 280, 2297, **83**, 1847 (eigenes Kaufinteresse des Maklers), **86**, 2573 (unredlich erreichte Provisionserhöhung), WM **90**, 77 (Veranlassung zu formnichtiger Kaufverpflichtung, trotz späterer Heilung), NJW **92**, 681 (Anwalt, iErg abl), **00**, 3068 (nicht bei Offenlegung und Vermittlung als „ehrlicher Makler"); nicht schon bei Verwendung unzulässiger AGB, BGH WM **05**, 1480, anders bei besonderen Umständen, Fischer NJW **07**, 3111. Dabei haftet der Makler für Erfüllungsgehilfen nach § 278 BGB, Hamm NJW-RR **00**, 59. § 254 BGB ist auf Verwirkung nicht anwendbar (Grund: nicht Schadensersatz), BGH **36**, 326. Verwirkung nach § 654 BGB schließt auch entspr Zahlung nach § 812 BGB aus, Werner gegen Kln NJW **71**, 1943. Bei Treuepflichtverletzung nach Provisionsempfang keine Verwirkung (Rückzahlung), nur Schadensersatzpflicht nach § 280 BGB, BGH **92**, 184.

7) Schuldner, Höhe, Fälligkeit des Provisionsanspruchs

53 A. **Schuldner:** Provisionsschuldner ist der Auftraggeber. Bei Ausübung des **Vorkaufsrechts** entfällt die Provisionspflicht des Erstkäufers gegenüber dem

8. Abschnitt. Handelsmakler 54–56 § 93

Grundstücksmakler, da er nichts erhält (s Rn 43). Der Vorkaufsberechtigte, der anstelle des Erstkäufers in den Vertrag eintritt, ist provisionspflichtig, wenn der Kaufvertrag Provisionsversprechen zugunsten des Maklers beinhaltet (**Maklerklausel** im Erstvertrag; §§ 133, 157 BGB), BGH **131**, 318, BB **63**, 9, str, Ausnahme (Fremdkörper), BGH WM **07**, 696. Auch sonst kann der Makler einen unmittelbaren Anspruch aus Vertrag zu seinen Gunsten (§ 328 I BGB) haben, BGH **138**, 170. Versicherungsmakler s § 99 Rn 3. Zur Maklerklausel s auch Rn 48; Grziwotz MDR **04**, 61.

Bei **Doppeltätigkeit** (vgl Rn 32–33) schuldet jeder Auftraggeber dem Makler 54 Lohn (vgl auch § 99 Rn 1 über Lohnanspruch gegen beide Parteien), andernfalls trotz § 354 nur der Vertragspartner, in dessen Interesse der Makler erkennbar handelt, BGH BB **81**, 756. Dem Lohnanspruch gegen den Käufer steht nicht entgegen, dass dieser infolge entsprechender Kaufpreiserhöhung schon den vom Verkäufer geschuldeten Lohn trägt, Kln BB **71**, 326. Vereinbarung, dass der Zweitauftraggeber (zB Eigentumswohnungskaufinteressent) erfolgsunabhängig (s Rn 48) vollen Lohn (nicht nur angemessene Tätigkeitsvergütung) schuldet, während der Erstauftraggeber (Verkäufer) ungebunden bleibt, ist unwirksam (§ 138 BGB, Widerspruch zur Unparteilichkeit, s Rn 32–33), BGH **61**, 23.

B. **Höhe:** Die Höhe des Maklerlohns bestimmt sich nach Vereinbarung, hilfs- 55 weise Taxe, ganz hilfsweise Üblichkeit (§ 653 II BGB), BGH **94**, 98, NJW **81**, 1444, **82**, 1523. Üblich sind bei Vermittlung von Grundstückskaufverträgen zwischen 3% bis 5% zzgl MWSt, BGH NJW **00**, 2669, vgl BGH **125**, 139, mit Grenzen nach oben Fischer NJW **09**, 3214 und regionalen Abweichungen, Fischer NJW **15**, 3282. Berechnung bei Unternehmensverkauf s BGH NJW **95**, 1738, Düss NJW-RR **00**, 1506. Mangels fester Übung iZw kein Bestimmungsrecht des Maklers nach § 316 BGB, sondern des Gerichts auf Grund (uU ergänzender) Vertragsauslegung, BGH **94**, 104. Keine Herabsetzung eines überhöhten Maklerlohns (Ausnahme § 655 BGB, aber fast gegenstandslos wegen AFG, keine entsprechende Anwendung, BGH NJW **16**, 3233); bei sittenwidriger Höhe Unwirksamkeit des gesamten Maklervertrags, s Rn 17. Kaufpreisminderung (§§ 437 Nr 2, 441 BGB) lässt iZw die Provision unberührt, BGH WM **77**, 23. Makler kann iZw nicht zusätzlich Mehrwertsteuer überwälzen, Kln OLGZ **72**, 10, Zweibr OLGZ **77**, 216 (Überbl 4 vor § 373). Handelt der Auftraggeber selbstständig einen höheren Kaufpreis aus, schuldet er dem Makler Provision nur aus dem ursprünglich niedrigeren Preis, Nürnb MDR **77**, 52. Absprache, dass dem Makler der Verkaufserlös über einen bestimmten Betrag als Provision zukomme (**Übererlösklausel**), ist zulässig (s Rn 33); der Makler muss dann aber den Auftraggeber über den objektiv erzielbaren Erlös, Düss NJW-RR **99**, 1140, und über den erzielten Erlös unterrichten, BGH NJW **69**, 1628, ausnahmsweise § 138 BGB, BGH **125**, 135. Verzicht auf Lohn, von dem der Auftraggeber den Abschluss abhängig macht, ist nicht anfechtbar wegen Drohung (§ 123 BGB), wenn nur so Einigung mit dem Geschäftspartner möglich war, BGH NJW **69**, 1627. Mehrere mitursächlich gewordene Makler können jeweils vollen Provisionsanspruch haben, hL, Rspr, aA Knütel ZHR 144 **(80)** 289: für Lohnteilung entspr § 660 I 1 BGB; andere Absprache ist möglich, BGH BB **63**, 835 (s Rn 37–38, 50–51). Als **Courtage** erhält der Versicherungsmakler je nachdem einmalige Provision, zB Lebensversicherung, oder laufend Prozente, dann auch für Bestandspflege, Ffm VersR **95**, 92, letzterenfalls deckt die Courtage Vermittlung und spätere Betreuung (idR hälftig) ab Hamm VersR **95**, 658 (vgl § 93 Rn 34, § 99 Rn 3).

C. **Fälligkeit:** Der Provisionsanspruch ist mit Zustandekommen des Haupt- 56 vertrags (s Rn 40–52) fällig (§ 652 I 1 BGB); bei entspr Vereinbarung auch schon vorher, zB mit Abschluss eines Vorvertrags (s Rn 42) oder unter den Voraussetzungen eines unabhängigen Provisionsversprechens (s Rn 48). Bei entspr Ver-

§ 93   57–61

einbarung auch erst später, zB erst nach Vertragsausführung (s Rn 37–38); letzterenfalls ist § 87a III nicht analog anwendbar, BGH BB **66**, 516, str, es kann aber aufschiebende Bedingung gewollt sein (s Rn 44).

57   D. **Verjährung:** Der Provisionsanspruch verjährt in 3 Jahren nach §§ 195, 199 BGB (Einl 16 vor § 343).

58   E. **Insolvenz:** s BGH **63**, 74.

8) Alleinauftrag

59   A. **Begriff und Funktion:** Bei **Alleinauftrag**, zT auch **Festauftrag** genannt, vgl Hbg BB **55**, 847, SchiedsG CaffeeHdlVerein **(75)** St/Ul II D 1d Nr 19 („Festofferte", „An die Hand", „Fest an die Hand") verzichtet der Auftraggeber auf das Recht, weitere Makler zum gleichen Zweck einzuschalten und den Auftrag jederzeit zu widerrufen. Der Alleinauftrag vermindert also das Risiko des Maklers, trotz großer Aufwendungen und Bemühungen keine Provision zu erlangen, BGH NJW **67**, 198. Der Bindung des Auftraggebers entspricht die Pflicht des Alleinmaklers zum Tätigwerden (Maklerdienstvertrag, s Rn 9), BGH WM **87**, 1044; ob der Alleinauftrag damit zum gegenseitigen Vertrag iSv §§ 320 ff BGB wird, ist str, wohl nicht, da der Auftraggeber iZw auch hier volle Abschlussfreiheit behält, § 326 II BGB also insoweit nicht gilt (s Rn 62).

60   B. **Vertragsschluss, Wirksamkeit, Ende des Alleinauftrags: a)** Der Alleinauftrag kann wie der einfache Maklervertrag **stillschweigend** abgeschlossen werden (s Rn 16), str, doch muss der auf den Alleinauftrag und die damit verbundenen besonderen Pflichten gehende Wille des Auftraggebers und des Maklers eindeutig erkennbar sein. Der (einfache) Alleinauftrag kann auch durch AGB begründet werden, BGH WM **78**, 791, jedenfalls unter Kflten, nicht dagegen der (qualifizierte), der auch dem Auftraggeber das Eigengeschäft untersagt (Hinzuziehungsklausel s Rn 66), BGH **88**, 368, **99**, 377, NJW **91**, 1678, Ul/Br/He/Christensen Maklerverträge Rn 4, 7, oder ihn sonst zB durch Provisionszahlungspflicht in seiner Abschlussfreiheit einschränkt, Röhricht/Röhricht Vor § 93 Rn 20.

b) Für die **Wirksamkeit** des Alleinauftrags gilt dasselbe wie für den einfachen Maklervertrag, s Rn 17.

c) Der Alleinauftrag ist aber anders als der einfache Maklervertrag iZw **nicht** jederzeit **frei widerruflich** (s Rn 18), sondern gilt auf angemessene Zeit (§§ 133, 157 BGB, **Festauftrag**), BGH WM **74**, 254, **76**, 534; zB sechs Monate, Hamm NJW **66**, 887, Ul/Br/He/Christensen Maklerverträge Rn 12, für AGB allgemeine Grenze zwei Jahre s **(5)** § 309 Nr 9 BGB. Ein zeitlich unbegrenzter (Verkaufs)Auftrag ist idR nichtig, § 138 BGB, BGH WM **76**, 534. Bei längerer Bindung wird der Makler zum **Vertrauensmakler**, BGH NJW **64**, 1467, WM **00**, 423. Ist er auf längere Zeit eingegangen, ist er wie alle Dauerschuldverhältnisse doch vorzeitig aus wichtigem Grund kündbar (§ 314 BGB, zu beachten § 314 II, III BGB), zB durch den Auftraggeber, wenn der Makler untätig bleibt, BGH BB **69**, 850, uU auch bei Zuführung eines unseriösen Vertragspartners, BGH WM **70**, 1459. Die für den Fall vorzeitigen Widerrufs dem Makler zugesagte Zahlung ist iZw Reugeld (§ 348 Rn 9), dh Voraussetzung wirksamen Rücktritts, nicht (wie eine Vertragsstrafe) geschuldet, Mü NJW **69**, 1630; AGB s Rn 65–66. Wiederbeauftragung nach Fehlschlag s Rn 39.

61   C. **Pflichten des Maklers:** Beim Alleinauftrag hat der Makler anders als beim einfachen Maklervertrag (s Rn 23) eine **Tätigkeitspflicht** (Maklerdienstvertrag, s Rn 9), BGH **60**, 381, NJW **85**, 2478. Auch der alleinbeauftragte Makler ist aber nicht weisungsgebunden, BGH NJW **92**, 2818. Doppeltätigkeit ist auch bei Alleinauftrag nicht schlechthin ausgeschlossen (s Rn 33). Im Übrigen treffen ihn

8. Abschnitt. Handelsmakler 62–66 § 93

dieselben Nebenpflichten, insbesondere die Interessenwahrungs- und Treuepflicht (s Rn 24–36).

D. Pflichten des Auftraggebers: Der Alleinauftraggeber **behält** seine volle **Abschlussfreiheit** (s Rn 37–38), BGH NJW **67**, 1225; der Alleinauftrag beinhaltet auch keine Abschlussvollmacht an den Makler, SchiedsG CaffeeHdlVerein **(75)** St/Ul II D 1d Nr 19; anders uU bei bedingungsloser Festofferte, SchiedsG Drogen- und Chemikalienverein **(58)** St/Ul II D 1d Nr 18. Der Alleinauftrag lässt dem Auftraggeber iZw auch das **Recht zum Direktabschluss,** also ohne Mitwirkung des Maklers, BGH NJW **61**, 307, WM **76**, 534, Kblz NJW-RR **99**, 1000, str, nach aA § 326 II BGB; ebenso bei „Fest- und Alleinauftrag", Düss DB **73**, 2042. Der direkt abschließende Auftraggeber schuldet dem Makler keinen Aufwendungsersatz (s Rn 39), anders bei Übernahme konkreter, üblicherweise nicht zu erbringender Leistungen durch den Makler (entspr §§ 675 I, 670 BGB), Hamm NJW **73**, 1976. 62

E. Provisionsanspruch: AGBVersprechen erfolgsunabhängiger Provision ist auch bei Alleinauftrag unwirksam, auch wenn Makler noch gewisse Garantie übernimmt, BGH NJW **85**, 2477. S Rn 64–66. 63

9) Typische Maklervertragsklauseln, Grenzen für Allgemeine Geschäftsbedingungen

A. Das private Maklervertragsrecht ist **nicht zwingend. Abbedingung** durch **Einzelvereinbarung** ist in den allgemeinen Grenzen (s Rn 17) uneingeschränkt möglich, zB BGH WM **70**, 392. Aber die Anforderung an Individualabrede nach **(5)** § 305 I 3 BGB sind sehr streng, BGH NJW **88**, 410, krit Schwerdtner NJW **90**, 369. 64

B. Anders steht es bei **Allgemeinen Geschäftsbedingungen,** dazu **(5)** §§ 305–310 BGB, auch für den HdlMakler als Verwender von AGB; ist der Kunde Unternehmer, gelten zwar nach **(5)** § 310 I 1 BGB ua die Klauselverbote der §§ 308, 309 BGB nicht; doch erscheinen diese Klauselverbote über § 307 BGB im Gewande der allgemeinen Inhaltskontrolle für alle vom gesetzlichen Typ des Maklervertrags abweichenden Klauseln wieder. Im Übrigen findet, auch wenn die AGBKontrolle nicht greift, eine Inhaltskontrolle nach §§ 242, 315 III BGB Platz. Die Anforderungen müssen allerdings je nach Bereich unterschiedlich gestellt werden: was für Immobilien- und Ehemakler gilt, darf nicht ohne weiteres auf Waren-, Börsen- und Schiffsmakler ausgedehnt werden, aber auch Ul/Br/He/Christensen Maklerverträge Rn 15. Trotzdem sind die meisten der folgenden typischen Maklervertragsklauseln, wenn in AGB vereinbart, auch für HdlMakler unwirksam, zumindest aber in ihrem Bestand rechtlich zweifelhaft. Lit: Ul/Br/He/Christensen Maklerverträge Rn 1 ff, Wo/Li/Pf/Stoffels Klauseln, Maklerverträge M 1 ff. 65

C. Typische Klauseln: Abschlussbindungsklauseln, die die Abschlussfreiheit des Auftraggebers (s Rn 37–38) beseitigen, sind unwirksam, BGH NJW **67**, 1225. **Alleinauftragsklausel** s Rn 60. **Aufwendungsersatzklauseln** (s Rn 39) sind wirksam bei mäßigem Höchstbetrag, prozentuale Pauschalierung ist unwirksam, BGH **99**, 374. **Dienstvertragsklauseln,** die durch Deklarierung des Maklervertrags als Dienstvertrag zu einer erfolgsunabhängigen Provision kommen, sind uU unwirksam, BGH NJW **65**, 246 (Nachweis von Kapitalanlageinteressenten für Kreditsuchende), ähnlich Mü MDR **67**, 212. **Doppeltätigkeitsklauseln** nur in engen Grenzen, s Rn 52. **Eigenverkaufsklauseln,** nach denen der Auftraggeber bei Alleinauftrag kein provisionsfreies Eigengeschäft schließen darf, sind unwirksam, BGH NJW **91**, 6178; s auch Hinzuziehungsklauseln. **Erfolgsunabhängige Provision** kann zwar im Einzelvertrag (s Rn 48) wirksam vereinbart werden, BGH NJW **77**, 624, aber nicht in AGB, BGH **60**, 390, NJW **84**, 2163; 66

§ 93   67

das gilt auch für Alleinauftrag, s Rn 63. **Fälligkeitsklauseln:** Vorverlegung, KG NJW **61**, 512, oder Hinausschieben der (bloßen) Fälligkeit der Provision ist zulässig (s Rn 37–38). **Folgegeschäftsklauseln** (s Rn 41) sind unzulässig, BGH **60**, 243. **Freizeichnungsklauseln** s (5) § 309 Nr 7 BGB ua. **Gleichstellungsklausel** (s Rn 41), zB von Zwangsversteigerungserwerb, ist unwirksam, BGH **119**, 32, str. **Hinzuziehungs- und Verweisungsklauseln**, die Provisionspflicht bei Abschluss durch anderen Makler oder Direktabschluss durch den Auftraggeber statuieren, sind unwirksam, BGH **60**, 382, **88**, 368, BB **77**, 60, NJW **77**, 624, BB **81**, 757, NJW **86**, 1173 (Alleinvermietungsklausel bei Ferienhaus). **Provisionsabwälzungsklauseln** („Provision trägt Käufer") können Verschiedenes bedeuten, BGH MDR **67**, 836, und sind je nachdem wirksam oder unwirksam. **Reservierungsklauseln** gegen Reservierungspauschale sind idR unzulässig, BGH **103**, 235, NJW **10**, 3568, LG Ffm NJW **84**, 2419; anders uU bei Alleinauftrag, s Rn 62. **Rückfrageklauseln**, nach denen mangels Rückfrage vor Abschluss ohne Mitwirkung des Maklers Provisionsanspruch entsteht, sind wie Vorkenntnisklauseln unwirksam. **Übererlösklauseln** sind grundsätzlich wirksam, s Rn 33, 55. **Vertragsstrafeversprechen** s (5) § 309 Nr 6 BGB; die Bestimmung, bei jeder Pflichtverletzung schulde Auftraggeber ohne Schadensnachweis die Gesamtprovision, ist nicht Provisionsvereinbarung, auch nicht Schadenspauschalierung, sondern Vertragsstrafeversprechen, BGH **49**, 88 (Grundstück, 6% Provision, Herabsetzung nach § 343 BGB). **Verweisungsklauseln** s Hinzuziehungsklauseln. **Vollmachtsklauseln** s (5) §§ 305b, 307, 309 Nr 11 BGB, Ul/Br/He/H. Schmidt Vollmachtsklauseln Rn 1. **Vorkenntnisklauseln** (s Rn 50–51) enthalten Vertragspflicht des Auftraggebers, innerhalb bestimmter Frist unter Hinweis auf seine Vorkenntnis zu widersprechen bzw diese mitzuteilen; soll andernfalls Provision geschuldet bzw Fehlen der Vorkenntnis unwiderleglich vermutet sein, sind sie unwirksam, BGH NJW **76**, 2345; anders wenn sie nur die Beweislast, die hier nach dem Gesetz ohnehin den Auftraggeber trifft, festhalten, BGH NJW **71**, 1173. **Weitergabeklauseln** (s Rn 39), also Provisionspflicht bei Weitergabe an Dritte, die die Information ausnützen, ohne selbst provisionspflichtig zu werden, sind wirksam, BGH NJW **87**, 2431, str. **Widerrufsklauseln**, nach denen bei vorzeitigem Widerruf volle Provision geschuldet wird, sind unwirksam, BGH NJW **67**, 1225, **79**, 367, nach aA nur, wenn in der ausbedungenen Zeit nicht Provision verdient worden wäre. **Zwangversteigerungserwerb** s Gleichstellungsklausel.

10) Internationales Maklerrecht

67   Das auf den Maklervertrag anwendbare Recht kann ausdrücklich oder stillschweigend gewählt werden (freie Rechtswahl, Art 3 Rom I-VO). Ohne solche Wahl gilt das Recht der gewerblichen Niederlassung des Maklers (Geschäftssitz, Art 4 I lit b Rom I-VO, bei Ges Hauptverwaltung, Art 19 I Rom I-VO); BGH AWD **63**, 58, NJW-RR **91**, 1073, Düss RIW **97**, 780, Mü VersR **01**, 459, vgl BGH NJW **96**, 2569 (Vermittlergarantie), aA für Einzelfallprüfung, BGH NJW **77**, 1586, oder gemeinsame Staatsangehörigkeit, Ffm AWD **73**, 558. Nach der Gesamtheit der Umstände kann Maklervertrag aber engere Verbindungen mit einem anderen Staat aufweisen (Art 4 III Rom I-VO), zB Vermittlung von Waffenkäufen. Welchem Recht der vermittelte Vertrag untersteht, ist grundsätzlich unmaßgeblich, str. Untermaklervertrag und ähnliche Verträge (s Rn 19) sind mangels anderen Parteiwillens selbstständig anzuknüpfen, aA bloßer Annex zum Hauptmaklervertrag, Düss RIW **97**, 780. Für Sonderanknüpfung von § 100 Ebenroth/Reiner 83. Lit: Klingmann 1999; Reithmann/Martiny/Martiny Rn 1391; Ebenroth RIW **84**, 165.

8. Abschnitt. Handelsmakler 1–3 § 94

[Schlussnote]

94 (1) Der Handelsmakler hat, sofern nicht die Parteien ihm dies erlassen oder der Ortsgebrauch mit Rücksicht auf die Gattung der Ware davon entbindet, unverzüglich nach dem Abschlusse des Geschäfts jeder Partei eine von ihm unterzeichnete Schlußnote zuzustellen, welche die Parteien, den Gegenstand und die Bedingungen des Geschäfts, insbesondere bei Verkäufen von Waren oder Wertpapieren deren Gattung und Menge sowie den Preis und die Zeit der Lieferung, enthält.

(2) Bei Geschäften, die nicht sofort erfüllt werden sollen, ist die Schlußnote den Parteien zu ihrer Unterschrift zuzustellen und jeder Partei die von der anderen unterschriebene Schlußnote zu übersenden.

(3) Verweigert eine Partei die Annahme oder Unterschrift der Schlußnote, so hat der Handelsmakler davon der anderen Partei unverzüglich Anzeige zu machen.

1) Rechtliche Bedeutung der Schlussnote und des Schweigens auf sie

A. Bloßes Beweismittel: Die Erteilung der Schlussnote ist für das Zustandekommen und die Wirksamkeit des vermittelten Geschäfts (s § 93 Rn 42–45) ohne Bedeutung. Die Schlußnote ist bloßes Beweismittel für Abschluss und Inhalt des vermittelten Geschäfts; sie hat keine förmliche Beweiskraft, außer für die in ihr niedergelegte Erklärung des Maklers (Privaturkunde § 416 ZPO), RG **90**, 168, BGH NJW **55**, 1917. Das Fehlen von in der Schlussnote nicht erwähnten Abreden wird vermutet (**Vollständigkeitsvermutung**), soweit solche Abreden üblicherweise in sie aufgenommen werden. 1

B. Schweigen auf Schlussnote: Vorbehaltlose Annahme durch die Parteien **bedeutet** nach HdlBrauch **Zustimmung** zur Verbindlichkeit des Abschlusses mit dem in der Schlussnote angegebenen Inhalt (ohne weitere Abreden), **wie beim** kfm und beruflichen **Bestätigungsschreiben** (§ 346 Rn 32), RG **105**, 205, BGH NJW **55**, 1917, WM **83**, 684. Das gilt auch im Falle von II, die Unterschriften dienen nur der Beweissicherung, RG **59**, 350, Hbg BB **55**, 847; auch falls der Abschluss vorher noch nicht bindend war; anders bei ungleichen Schlussnoten, RG **123**, 99, oder wenn die Schlussnote einen Vorbehalt einer Partei vermerkt, zB „Schlussschein des Verkäufers folgt", dann bindet diese Partei erst ihre nachfolgende Bestätigung, erst deren vorbehaltlose Annahme durch die andere kann den Abschluss vollenden, und es gilt dann der Inhalt dieses Verkäuferschlussscheins BGH MDR **56**, 219. Schweigen auf eine vom HdlMakler vor Zustandekommen des Vertrags ausgestellte „Kaufbestätigung" ist noch nicht Schweigen auf Schlussnote, jedenfalls wenn der HdlMakler weiß, dass die von den Parteien vereinbarte Bedingung noch nicht eingetreten ist, Hbg frdsch Arbitr **(78)** St/Ul II D 1b Nr 30. Zurechnung des Schweigens (Organisationsrisiko), Schutzgrenzen und Anfechtbarkeit **wie beim Schweigen auf Bestätigungsschreiben** s § 346 Rn 16–29. 2

C. Widerspruch gegen Schlussnote: Es gelten dieselben Grundsätze wie für den Widerspruch gegen ein Bestätigungsschreiben (§ 346 Rn 25). Rechtzeitiger Widerspruch (unverzüglich, § 121 I BGB, empfangsbedürftig, § 130 BGB) ist idR der Gegenpartei zu erklären, ist also dann unwirksam, wenn er dem Makler erklärt und von diesem nicht weitergegeben worden ist (Haftungsfolgen für diesen s Rn 14), RG **105**, 206, Hbg frdsch Arbitr **(76)** St-Ul II D 1b Nr 26; im Einzelfall genügt aber Widerspruch gegenüber dem Makler, BGH WM **83**, 684, zB bei HdlBrauch, Vereinbarung oder uU wenn jeder Partei ein Makler sekundiert. Kein Widerspruch liegt in einer auf einen früheren Termin als die Schlussnote datierten Erklärung, Hbg frdsch Arbitr **(76)** St/Ul II D 1b Nr 26. Schwei- 3 gen auf verspätete Bezeichnung bei vorbehaltener Aufgabe s § 95 Rn 2. Widerspruch ist **entbehrlich,** wenn die Schlussnote selbst entsprechenden Vorbehalt macht, zB Klausel „Schlussschein (der anderen Seite) folgt", BGH NJW **55,** 1916. In dem Widerspruchsschreiben kann uU **gegenläufiges Bestätigungsschreiben** liegen, das dann die Gegenpartei ihrerseits in Zugzwang setzt, weil sonst dessen Inhalt gilt, Hbg BB **55,** 847 (§ 346 Rn 25). Vom Widerspruch ist der **Berichtigungsanspruch** zu unterscheiden, den eine Partei gegen den Makler, der sich ihrer Ansicht nach geirrt hat, geltend macht.

2) Inhalt und Zustellung der Schlussnote

4   A. **Zustellung der vom Makler unterzeichneten Schlussnoten:** Unverzüglich (§ 121 I 1 BGB) nach Abschluss des vermittelten Geschäfts (auch eines bedingten, anfechtbar oder sonstwie nicht von sicherem Bestand erscheinenden) hat der HdlMakler jeder Partei eine für beide gleich lautende, von ihm unterzeichnete Schlussnote zuzustellen. Anders wenn beide Parteien des Geschäfts dies erlassen (verzichtet nur eine, bleibt es bei der Zustellung an beide) oder wenn der Ortsbrauch mit Rücksicht auf die Gattung der Ware davon entbindet; ein für alle Warengattungen von der Pflicht zur Erteilung der Schlussnote entbindender Ortsbrauch wäre unwirksam. Der Mindestinhalt der Schlussnote umfasst nach **I** Angaben über die Parteien (Vorbehalt der Aufgabe s § 95) den Gegenstand und die Bedingungen des Geschäfts; bei Waren- oder Wertpapierverkäufen deren Gattung und Menge sowie Preis und Lieferzeit. Für Zustellung genügt einfacher Brief.

5   B. **Parteienunterschrift:** Soll das vermittelte Geschäft nicht sofort erfüllt werden, auch nur durch einen Teil, zB bei Stundung des Kaufpreises (str), muss der HdlMakler zur Stärkung der Beweiskraft der Schlussnoten jeder Partei eine (zunächst von ihm nach I unterzeichnete) Schlussnote zur (Mit)Unterschrift und Rückgabe, dann jeder Partei die von der anderen unterschriebene zustellen **(II).**

6   C. **Verweigerung der Annahme oder Unterschrift:** Verweigert eine Partei entweder die Annahme der Schlussnote (Fall von I) oder die Unterschrift (Fall von II), hat der HdlMakler dies unverzüglich der anderen mitzuteilen **(III),** um sie in die Lage zu setzen, Bestand oder Nichtbestand des Geschäfts rasch zu klären. Auch sonst muss der HdlMakler entspr III oder jedenfalls auf Grund seiner Interessenwahrungspflicht (§ 93 Rn 24–31) andere ihm bekannt werdende, das wirksame Zustandekommen des Geschäfts in Zweifel setzende Tatsachen den Parteien mitteilen, zB dass seine Schlussnote eine Partei nicht erreicht oder dass eine Partei ihm gegenüber widersprochen hat (s Rn 3). Verstoß führt zur Schadensersatzpflicht (s § 93 Rn 36).

3) Internationaler Verkehr

7   Die Grundsätze über das Schweigen auf Maklerschlussnoten gelten auch im internationalen HdlVerkehr, Hbg frdsch Arbitr **(76)** St/Ul II D 1b Nr 26; entscheidend ist aber das Recht des Sitzes bzw gewöhnlichen Aufenthaltsortes des Schweigenden, s § 346 Rn 29 zum Bestätigungsschreiben.

[Vorbehaltene Aufgabe]

95 (1) **Nimmt eine Partei eine Schlußnote an, in der sich der Handelsmakler die Bezeichnung der anderen Partei vorbehalten hat, so ist sie an das Geschäft mit der Partei, welche ihr nachträglich bezeichnet wird, gebunden, es sei denn, daß gegen diese Einwendungen zu erheben sind.**

(2) **Die Bezeichnung der anderen Partei hat innerhalb der ortsüblichen Frist, in Ermangelung einer solchen innerhalb einer den Umständen nach angemessenen Frist zu erfolgen.**

(3) ¹**Unterbleibt die Bezeichnung oder sind gegen die bezeichnete Person oder Firma begründete Einwendungen zu erheben, so ist die Partei befugt, den Handelsmakler auf die Erfüllung des Geschäfts in Anspruch zu nehmen.** ²**Der Anspruch ist ausgeschlossen, wenn sich die Partei auf die Aufforderung des Handelsmaklers nicht unverzüglich darüber erklärt, ob sie Erfüllung verlange.**

1) Vorbehalt der Aufgabe (I)

Eine abschlusswillige Partei kann sich auf den Abschluss zu bestimmten Bedingungen mit einer erst noch vom Makler zu bestimmenden anderen Partei festlegen, so wenn sie eine Schlussnote des Maklers annimmt, in der dieser die übrigen Bedingungen (nach § 94 I, auch die Zeit der Lieferung) festlegt, die **Bezeichnung des Geschäftsgegners** aber (abw von § 94 I) sich noch **vorbehält** (I; „Aufgabe vorbehalten", „in Aufgabe", „für Aufgabe"). Der Abschluss wird idR vollendet, wenn der Makler fristgemäß (s Rn 2) dem Auftraggeber die andere Partei benennt, nach aA Zeitpunkt der Einigung zwischen (bevollmächtigtem) Makler und der anderen Partei, aber unter der auflösenden Bedingung, dass der Auftraggeber nicht begründete Einwendungen gegen die Person des Benannten erhebt, dh gegen seine Eignung zum Geschäftspartner, zB wegen ungenügender Leistungsfähigkeit, schlechten Rufs RG **24**, 70, fehlender Kreditwürdigkeit, Fehlens bestimmter vereinbarter Eigenschaften des zu Benennenden, RG **33**, 133 („prima Ablade"), nach aA auch nicht geschäftsrelevante, rein persönliche Einwendungen, Heymann/Herrmann 6. Konstruktion des Vertragsschlusses ist str: Annahme der Schlussnote durch Auftraggeber als auflösend bedingtes Angebot an unbestimmte Partei (ad incertam personam) durch Makler als Bote, hL, oder als unwiderrufliche Bevollmächtigung des Maklers zur Abgabe eines eingeschränkten Angebots, Canaris § 19 Rn 17, 20, je nachdem gelten §§ 158 II ff BGB oder §§ 177 ff BGB. Vorbehalt der Aufgabe braucht nicht notwendig in der Schlussnote selbst enthalten sein, sofern für die Partei eindeutig, I ist insoweit restriktiv auszulegen, nach aA Analogie (s Rn 5). Für die Erhebung der Einwendung (empfangsbedürftige Willenserklärung) gegen die Person des Benannten sieht das Gesetz zwar grundsätzlich keine Frist vor, aber Erklärung innerhalb handelsüblicher Frist kann erwartet werden, sonst nur noch Anfechtung (mit Schadensersatzpflicht nach § 122 BGB), Röhricht/Röhricht 10, aA unverzüglich (§ 121 BGB), aA überhaupt keine Frist mit Grenze nur aus § 242 BGB; jedenfalls Schadensersatz bei Pflichtverletzung des Maklers (§ 280 BGB). **Nicht** Vorbehalt der Aufgabe ist Abschluss (uno actu) mit bestimmter, jedoch vom Makler der ersten Partei (mit ihrem Einverständnis) nicht genannten Gegenpartei („verdeckte Partei"), RG **97**, 262; § 95 gilt nicht, auch keine Inanspruchnahme des Maklers nach III; Haftung des Maklers neben der ungenannten Gegenpartei oder nur Pflicht des Maklers, auf Anfordern diese zu nennen, kann vereinbart werden. I gilt auch nicht, wenn Benennung vereinbarungsgemäß nicht notwendig ist, so wenn der Auftraggeber nur an der Durchführung des Geschäfts einerlei durch wen interessiert ist, Hbg MDR **55**, 363 (Schiffsmakler/Verfrachter).

2) Benennung innerhalb der ortsüblichen Frist (II)

Der Hdlmakler muss dem Auftraggeber die zunächst nicht genannte Partei innerhalb der ortsüblichen Frist, im Hbger Chartergeschäft: alsbald, Hbg MDR **55**, 234, hilfsweise in nach den Umständen angemessener Frist bezeichnen (**II**). Bei Verspätung gelten §§ 149, 150 I BGB; der Auftraggeber ist dann an seinen Antrag nicht mehr gebunden, der Vertrag kommt nicht mehr zustande (außer bei Annahme des neuen Angebots durch Auftraggeber), Schweigen des Auftraggebers

§ 96

auf eine solche verspätete Bezeichnung gilt nicht als Zustimmung (vgl § 94 Rn 2). Stattdessen Eigenhaftung des HdlMakler (s Rn 3).

3) Eigenhaftung des Maklers (III)

3   A. **Eigenhaftung des Maklers:** Bei vorbehaltener Aufgabe legt der Makler den Auftraggeber auf das Geschäft fest, bevor dieser den Geschäftsgegner kennt; er muss dann auch dafür einstehen, dass das Geschäft wirklich zustandekommt. Bestehen gegen die von ihm benannte Gegenpartei begründete Einwendungen (I) oder bezeichnet er die Gegenpartei nicht fristgemäß (II) und scheitert dadurch der Hauptvertrag, kann der Auftraggeber den Makler selbst auf Erfüllung in Anspruch nehmen **(III 1).** Es handelt sich dabei um eine Eigenhaftung kraft Gesetzes ähnlich der Eigenhaftung des Kommissionärs (384 III) und der Delkrederehaftung (§ 394). Der Abschluss kommt dann mit dem Makler selbst zustande, BGH **68**, 363; dieser haftet, wenn er nicht erfüllt, auf Schadensersatz statt der Leistung, wenn er verspätet erfüllt, auf Ersatz des Verzögerungsschadens; der Provisionsanspruch entfällt mangels Maklerleistung wie bei enger wirtschaftlicher Verbindung (§ 93 Rn 46–49), Röhricht/Röhricht 14, aA Canaris § 19 Rn 24. Auch eine Schiedsklausel in dem vorgesehenen Vertrag wirkt dann gegen den Makler (anders als im Falle § 179 BGB gegen den vollmachtlosen Vertreter), einschließlich der Kompetenz-Kompetenz-Klausel (Einl 2 vor § 1), BGH **68**, 363. Der Auftraggeber braucht von III keinen Gebrauch zu machen, er kann gegen den Makler auch wegen schuldhafter Pflichtverletzung (§ 280 BGB) vorgehen. III begründet ein Recht der Partei, nicht des Maklers. Der Makler hat iZw kein Recht zum Selbsteintritt; benennt er sich selbst als Geschäftsgegner, kann die Partei ihn ohne weitere Gründe ablehnen, Hbg OLGE **36**, 268; abweichende Abrede möglich. Der HdlMakler haftet wie bei nicht fristgemäßer Benennung auch dann, wenn zwar eine Gegenpartei benennt, aber die mit dieser vereinbarten Vertragsbedingungen von der Schlussnote abweichen, und zwar auch nur geringfügig und ohne Verschulden des HdlMaklers, Grenze: § 242 BGB, nach aA entspr § 313 BGB (Geschäftsgrundlage), Canaris § 19 Rn 23.

4   B. **Aufforderung zur Erklärung:** Um die Ungewissheit über seine Erfüllungshaftung zu beseitigen, kann der HdlMakler den Auftraggeber zur Erklärung auffordern, ob er Erfüllung verlange. Erklärt sich der Auftraggeber nicht unverzüglich (§ 121 BGB), ist der Erfüllungsanspruch ausgeschlossen **(III 2);** ein Schadensersatzanspruch wegen Schlechtbenennung oder verspäteter Benennung wird dadurch nicht berührt und auch nicht schon verwirkt.

4) Anwendung in anderen Fällen

5   § 95 gilt jedenfalls analog (s Rn 1), wenn der Makler **in anderer Form** (nicht durch Schlussnote) der Auftraggeberpartei das Geschäft mit Vorbehalt der Bestimmung des Gegners als abgeschlossen bezeichnet und die Partei nicht widerspricht, RG **103**, 68, Hbg OLGE **36**, 268 (s § 94 Rn 2). § 95 ist ferner entspr auf **Handelsvertreter** anwendbar, RG **97**, 261.

[Aufbewahrung von Proben]

96   ¹Der Handelsmakler hat, sofern nicht die Parteien ihm dies erlassen oder der Ortsgebrauch mit Rücksicht auf die Gattung der Ware davon entbindet, von jeder durch seine Vermittlung nach Probe verkauften Ware die Probe, falls sie ihm übergeben ist, so lange aufzubewahren, bis die Ware ohne Einwendung gegen ihre Beschaffenheit angenommen oder das Geschäft in anderer Weise erledigt wird. ²Er hat die Probe durch ein Zeichen kenntlich zu machen.

8. Abschnitt. Handelsmakler 1, 2 § 98

Ist ein Kauf nach Probe (oder Muster, s Überbl 14 vor § 373) geschlossen und dem Makler die **Probe** übergeben, so hat er sie **aufzubewahren,** bis sich das Geschäft erledigt hat, sei es durch Annahme der Ware seitens des Käufers ohne Einwendungen gegen ihre Beschaffenheit oder in anderer Weise, zB Unterlassen der Rüge (§ 377). Die Aufbewahrungspflicht besteht nicht nur gegenüber dem Auftraggeber, sondern gegenüber beiden Parteien (Erlassen nur durch beide, Satz 1). Aufbewahrungspflicht nach § 96, ohne Provision außer bei anderer Vereinbarung. Aufbewahrungspflicht wird durch Vorlagepflicht ergänzt (§ 809 BGB), Kostentragung nach § 811 BGB. Verjährung der Mängelansprüche, einvernehmliche Aufhebung. Danach darf und muss er (wenn sie nicht wertlos ist) die Probe zurückgeben, vgl §§ 675 I, 667 BGB. Zurückbehaltungsrecht wegen eigener Ansprüche (§ 273 BGB). 1

[Keine Inkassovollmacht]

97 Der Handelsmakler gilt nicht als ermächtigt, eine Zahlung oder eine andere im Vertrage bedungene Leistung in Empfang zu nehmen.

Der HdlMakler ist idR **nicht zur Empfangnahme von Leistungen ermächtigt,** die eine Partei aus dem vermittelten Vertrag der anderen schuldet. § 97 wiederholt nur, was allgemein gilt. Besondere Vollmacht solchen Inhalts (Inkassovollmacht) ist möglich, auch HdlBrauch, str, vgl RG **97,** 218 betr Abschlussvollmacht. 1

[Haftung gegenüber beiden Parteien]

98 Der Handelsmakler haftet jeder der beiden Parteien für den durch sein Verschulden entstehenden Schaden.

1) Haftung gegenüber beiden Parteien

Der HdlMakler steht (außer bei dem weitergehenden Doppelauftrag, § 93 Rn 33) auch zum Geschäftsgegner in einem gesetzlichen Schuldverhältnis (Rechtsnatur str, § 93 Rn 24). § 98 regelt im Verhältnis zum Geschäftsgegner die Folgen einer **Pflichtverletzung.** Der HdlMakler haftet nach § 98 iZw beiden Parteien, gleich ob mit oder ohne Tätigkeitspflicht (§ 93 Rn 61, 23); also der Partei, die ihn zuzog, und der, mit der er den Vertrag zu vermitteln begann oder vermittelt hat, vgl BGH WM **63,** 433, Mü NJW **70,** 1925 (Darlehensmakler). Verhaltenspflichten des HdlMaklers gegenüber dem Auftraggeber s § 93 Rn 23 ff; gegenüber der anderen Partei entspr, aber nicht unbedingt deckungsgleich, auch nicht bei Doppeltätigkeit, zB bei Vermittlung für den einen und Nachweis für den anderen (§ 93 Rn 32–33). Haftungsmaßstab s § 347 I. Haftung für Erfüllungsgehilfen nach § 278 BGB, mitwirkendes Verschulden § 254 BGB, zB Mü NJW **70,** 1925 (ungenügende Aufmerksamkeit der Bank). Bsp: Haftung des Darlehensmaklers, der bei Kauffinanzierung die Darlehenssumme entgegennimmt, um sie (was unüblich ist) an Käufer (statt Verkäufer) zu leiten, ohne diese Absicht dem Kreditinstitut mitzuteilen, Mü NJW **70,** 1925. Haftung des Emissionsgehilfen bei Vermittlung von KdtBeteiligungen (s § 93 Rn 12), Lutter FS Bärmann **75,** 613, v. Grießenbeck BB **88,** 2188. 1

2) Abweichende Vereinbarung

§ 98 ist nicht zwingend. Möglich ist abweichende, auch stillschweigende Vereinbarung (nach aA auch bloß tatsächliche Beseitigung des diesbezüglichen Vertrauenstatbestands, vgl § 93 Rn 24, § 347 Rn 38a), dass der von Partei A zugezogene Makler unbeschadet seiner gesetzlichen Pflichten (vor allem betr Schlussnoten, §§ 94, 95, Proben, § 96, Tagebuch, §§ 100 ff) nur ihr verpflichtet sein 2

§ 99 1–3
1. Buch. Handelsstand

soll. Dies kommt ua in Betracht, wenn Partei B in gleicher Weise einen anderen Makler zuzieht oder wenn der Makler deutlich macht, dass er allein im Interesse der Partei A tätig wird, idR auch, wenn Partei B von sich aus die Mitwirkung des Makler ablehnt. Auch dann ist eine Haftung des Makler gegenüber der Gegenpartei nicht schlechthin ausgeschlossen, zB aus § 823 II BGB iVm §§ 94 ua (s oben), die beide Parteien vor Unklarheitsrisiken schützen sollen.

[Lohnanspruch gegen beide Parteien]

99 Ist unter den Parteien nichts darüber vereinbart, wer den Maklerlohn bezahlen soll, so ist er in Ermangelung eines abweichenden Ortsgebrauchs von jeder Partei zur Hälfte zu entrichten.

1) Lohnanspruch gegen beide Parteien

1   Der HdlMakler steht zwischen den Parteien: in einem Vertragsverhältnis zum Auftraggeber und (außer bei dem weitergehenden Doppelauftrag, § 93 Rn 33, 54) in einem gesetzlichen Schuldverhältnis zum Geschäftsgegner (§ 93 Rn 24). § 99 begründet nach herkömmlicher Ansicht angesichts der besonderen Mittlerrolle des HdlMaklers einen Provisionsanspruch kraft Gesetzes auch gegen den Geschäftsgegner, Röhricht/Röhricht 2, MüKo/von Hoyningen-Huene 2, str. Da Erfüllungshaftung aber nur von Vertragsparteien geschuldet ist, sollte § 99 bei einer Vermittlung von Verträgen zwischen Kaufleuten teleologisch auf die Fälle des echten Doppelauftrags reduziert werden, Canaris § 19 Rn 30, K. Schmidt § 26 II 3d, aA Röhricht/Röhricht 2. Ob Doppelauftrag vorliegt, folgt aber auch für den HdlMakler nicht schon allein aus § 99, sondern ist nach Parteivereinbarung und HdlBrauch zu entscheiden (§ 93 Rn 33). § 99 besagt im Verkehr zwischen Kaufleuten weder etwas für den Grund noch die Höhe des Provisionsanspruchs. Eigenständige Bedeutung kommt der Vorschrift bei Beteiligung eines Verbrauchers zu, wenn nicht ohnehin der andere Vertragsteil den Maklerlohn tragen soll und dem Grunde nach Einigkeit über die Zahlung einer Maklerprovision besteht.

2   Unter diesen Voraussetzungen schulden dem HdlMakler **beide** Parteien **Lohn**. Nach § 99 schulden sie den (Gesamt-)Lohn dem Makler hälftig (Außenverhältnis); über das Innenverhältnis besagt § 99 nichts, aA Röhricht/Röhricht 2, doch gilt dann idR, dass sie den Maklerlohn untereinander ebenso hälftig tragen, anders bei Sonderabmachung der einen Partei mit dem Makler über höheren Betrag, den sie dann auch intern allein tragen muss, Röhricht/Röhricht 2. Wendet man § 99 auch ohne Doppelauftrag an (so zutr mangels und Abrede bei Beteiligung eines Verbrauchers), schuldet der Auftraggeber dem HdlMakler die halbe, vertraglich vereinbarte Provision, der Geschäftsgegner dagegen nicht die andere Hälfte, sondern nur die halbe übliche Courtage (§ 354), Koller/Roth 4.

2) Abweichende Vereinbarung

3   § 99 ist voll dispositiv. Er gilt also nicht, wenn etwas anderes vereinbart ist, zB wenn die andere Partei die Vermittlungstätigkeit für sich gegenüber dem Makler von Anfang an ablehnt, Heymann/Herrmann 2, oder im Falle des Doppelauftrags bei abweichender Vereinbarung unter den Parteien (die aber für und gegen den Makler nur bei seiner Zustimmung wirkt) oder bei abweichendem Ortsgebrauch. Bei Verpflichtung des Maklers nur zu Dienst für eine Seite ist also nur diese provisionspflichtig, und es gilt dann auch § 654 BGB (Wegfall des Lohns bei vertragswidriger Tätigkeit für die andere Seite, § 93 Rn 32, 52), RG LZ **16**, 753. Der Courtageanspruch des Versicherungsmaklers (§ 93 Rn 7) richtet sich nur gegen den Versicherer, nicht gegen den Kunden (Versicherungsnehmer), BGH **94**, 359, **162,** 72 (Übung), Ffm VersR **95**, 93, Hamm VersR **95**, 658. Courtage bestehend aus Vermittlungs- und später Verwaltungs- bzw Bestandspflegeentgelt,

8. Abschnitt. Handelsmakler § 101

BGH WM 05, 1477. Die Courtage teilt das Schicksal der Versicherungsprämie (entspr § 92 IV), aber andere Vereinbarung (Nettoprämie, § 93 Rn 45), auch AGB, ist möglich (§ 652 BGB), BGH **162,** 72m Anm Loritz NJW **05,** 1757, BGH NJW **12,** 3718. Provisionsteilungsabrede ist üblich, Hbg Vers **95,** 817, aber problematisch, Schwarz NJW **95,** 491.

[Tagebuch]

100 (1) ¹ Der Handelsmakler ist verpflichtet, ein Tagebuch zu führen und in dieses alle abgeschlossenen Geschäfte täglich einzutragen. ² Die Eintragungen sind nach der Zeitfolge zu bewirken; sie haben die in § 94 Abs. 1 bezeichneten Angaben zu enthalten. ³ Das Eingetragene ist von dem Handelsmakler täglich zu unterzeichnen oder gemäß § 126a Abs. 1 des Bürgerlichen Gesetzbuchs elektronisch zu signieren.

(2) Die Vorschriften der §§ 239 und 257 über die Einrichtung und Aufbewahrung der Handelsbücher finden auf das Tagebuch des Handelsmaklers Anwendung.

1) Tagebuchführungspflicht

HdlMakler (nicht Krämermakler, § 104) ist verpflichtet, und zwar öffentlich- 1 rechtlich (insofern auch bei Verzicht der Parteien) und (mangels abweichender Abrede) privatrechtlich gegenüber beiden Parteien:

a) ein **Tagebuch zu führen (I 1)**, Art und Weise s II iVm § 239;

b) alle von ihm vermittelten u abgeschlossenen **Geschäfte am Abschlusstag**, nach ihrer Zeitfolge (nicht notwendig mit Angabe der Stunde der einzelnen Abschlüsse) **einzutragen,** mit Angabe von Parteien, Gegenstand, Bedingungen (**I 2** iVm § 94 I betr Inhalt der Schlussnoten), auch Geschäfte, deren Rechtswirksamkeit zweifelhaft ist oder die klar unwirksam erscheinen, auch wieder aufgehobene, str, auch wenn Parteien auf Schlussnoten verzichteten oder Ortsbrauch sie überflüssig macht (§ 94 I); die Wirksamkeit der Geschäfte hängt hiervon nicht ab;

c) täglich (mit einer Unterschrift für das ganze) das Eingetragene **zu unterzeichnen** oder gemäß § 126a I BGB elektronisch zu signieren (**I 3** idF FormVAnpG 2001, dazu Hähnchen NJW **01,** 2831);

d) das Buch **zehn Jahre aufzubewahren,** II iVm § 257, diese Pflicht trifft auch Erben und andere Rechtsnachfolger, auch NichtHdlMakler. IPR s § 93 Rn 67.

2) Haftung

Den Parteien, mit denen er im Vertragsverhältnis steht, **haftet** der HdlMakler 2 für Verletzung der Pflichten aus § 100 vertraglich, einer Partei, zu der er nicht im Vertragsverhältnis steht, nach § 823 II BGB mit §§ 100, 103 (vgl § 98 Rn 2).

[Auszüge aus dem Tagebuch]

101 Der Handelsmakler ist verpflichtet, den Parteien jederzeit auf Verlangen Auszüge aus dem Tagebuche zu geben, die von ihm unterzeichnet sind und alles enthalten, was von ihm in Ansehung des vermittelten Geschäfts eingetragen ist.

1) Auszugserteilungspflicht

Die Parteien eines im Tagebuch eingetragenen Geschäfts, auch eine Partei 1 ohne Vertragsverhältnis zum Makler haben gegen diesen (oder seine das Buch verwahrenden Rechtsnachfolger, vgl § 100 Rn 1) jederzeit Anspruch auf einen

§ 104   1

1. Buch. Handelsstand

unterzeichneten (wohl ggf auch durch Rechtsnachfolger) **Auszug,** klagbar, vollstreckbar nach § 887 ZPO (Anfertigung und Unterzeichnung des Auszugs durch Dritten).

2) Aufklärungs- und Beratungspflicht

2   Der HdlMakler schuldet den Parteien Aufklärung und Beratung (§ 93 Rn 27, § 98 Rn 1); die Parteien haben ferner bei rechtlichem Interesse (zB wenn ein Nicht-Makler-Rechtsnachfolger den Auszug gibt) Anspruch auf **Einsicht** in das Tagebuch (§ 810 BGB).

[Vorlegung im Rechtsstreit]

102 Im Laufe eines Rechtsstreits kann das Gericht auch ohne Antrag einer Partei die Vorlegung des Tagebuchs anordnen, um es mit der Schlußnote, den Auszügen oder anderen Beweismitteln zu vergleichen.

1   **1)** Im Prozess, zwischen den Parteien des vermittelnden Geschäfts, zwischen Makler und einer Geschäftspartei, zwischen Dritten, kann das Gericht, auf Antrag einer Prozesspartei oder von Amts wegen, **Vorlegung** des Tagebuchs anordnen, „um es mit der Schlussnote, den Auszügen oder anderen Beweismitteln zu vergleichen". Ist der Makler Prozesspartei, sind auch § 810 BGB, §§ 422 ff ZPO anwendbar. Grenzen der Einsicht entspr § 259 Rn 1.

[Ordnungswidrigkeiten]

103 (1) Ordnungswidrig handelt, wer als Handelsmakler

1. vorsätzlich oder fahrlässig ein Tagebuch über die abgeschlossenen Geschäfte zu führen unterläßt oder das Tagebuch in einer Weise führt, die dem § 100 Abs. 1 widerspricht oder
2. ein solches Tagebuch vor Ablauf der gesetzlichen Aufbewahrungsfrist vernichtet.

(2) Die Ordnungswidrigkeit kann mit einer Geldbuße bis zu fünftausend Euro geahndet werden.

1   **1)** § 103 enthält **Sanktion** der öffentlichrechtlichen Pflicht zur Führung und Aufbewahrung des Tagebuchs. Näheres s OWiG. II idF NaStraG 2001 (Euro).

[Krämermakler]

104 ¹ Auf Personen, welche die Vermittlung von Warengeschäften im Kleinverkehre besorgen, finden die Vorschriften über Schlußnoten und Tagebücher keine Anwendung. ² Auf Personen, welche die Vermittlung von Versicherungs- oder Bausparverträgen übernehmen, sind die Vorschriften über Tagebücher nicht anzuwenden.

1   **1)** § 104 bildet unter den HdlMaklern die Kategorie der sog **Krämermakler** nach der Art der vermittelten Geschäfte: Warengeschäfte im Kleinverkehr. Auch Krämermakler sind Kflte, Kleingewerbetreibende sind keine Krämermakler. Ein unter § 104 fallender HdlMakler ist **nach Satz 1 nicht verpflichtet, Schlussnoten zu erteilen** (§§ 94, 95) und **Tagebuch zu führen** (§§ 100–103). Erteilt er Schlussnoten, auch ohne sich dazu verpflichtet zu haben, so werden §§ 94 III, 95 anwendbar sein, uU Rechtsscheinhaftung; hat er sich verpflichtet, so kann er aus einer Säumnis nach § 98 haftbar werden. Führt er Tagebuch, auch ohne sich dazu verpflichtet zu haben, so sind §§ 101, 102 anwendbar, nicht §§ 100, 103.

2)Versicherungs- und Bausparkassenmakler (§ 93 Rn 7) sind nach Satz 2 (neu 1990, s § 84 Rn 3) **nicht verpflichtet, Tagebuch zu führen** (§§ 100–103); tun sie es freiwillig, sind §§ 101, 102, nicht aber §§ 100, 103 anwendbar. 2

Neunter Abschnitt. Bußgeldvorschriften

Bußgeldvorschrift

104a

(1) [1]Ordnungswidrig handelt, wer vorsätzlich oder leichtfertig entgegen § 8b Abs. 3 Satz 1 Nr. 2 dort genannten Daten nicht, nicht richtig oder nicht vollständig übermittelt. [2]Die Ordnungswidrigkeit kann mit einer Geldbuße bis zu zweihunderttausend Euro geahndet werden.

(2) Verwaltungsbehörde im Sinne des § 36 Abs. 1 Nr. 1 des Gesetzes über Ordnungswidrigkeiten ist die Bundesanstalt für Finanzdienstleistungsaufsicht.

1) § 104a enthält eine Bußgeldvorschrift für Verstöße gegen § 8b III 1 Nr 2 (Übermittlung von bestimmten kapitalmarktrechtlichen Daten an das Unternehmensregister). Zuständig ist die BaFin.

Zweites Buch. Handelsgesellschaften und stille Gesellschaft

Einleitung vor § 105

Schrifttum

a) **Kommentare:** Ebenroth(/Boujong/Joost/Strohn)/(Bearbeiter) Bd 1 (§§ 1–342e) 3. Aufl 2014. – GK(HGB)/(Ensthaler ua) 8. Aufl 2015. – GroßKo(HGB)/(Bearbeiter) 3. Aufl 1967 ff; 4. Aufl 1983 ff; 5. Aufl s Staub. – Heidel(/Schall)/Bearbeiter 2. Aufl 2015. – HdlbgKo/(Glanegger ua) 7. Aufl 2007. – Henssler/(Strohn)/(Bearbeiter) GesRecht (HGB) 3. Aufl 2016. – Heymann/(Bearbeiter) 2. Aufl 1995 ff – Koller/(Kindler/Roth/Morck)/(Bearbeiter) 8. Aufl 2015. – Michalski, OHGRecht, 2000. – MüKo(HGB)/(Bearbeiter) Bd 2 (§§ 105–160) 4. Aufl 2016, Bd 3 (§§ 161–237, Konzernrecht) 2012. – MüKoBGB/Schäfer §§ 705 ff BGB (BGBGes und PartG), 7. Aufl 2017, Sonderausgabe Ulmer/Schäfer. – Oetker/(Bearbeiter) 5. Aufl 2017. – Röhricht(/Graf v Westphalen/Haas)/(Bearbeiter) 4. Aufl 2014. – Saenger/Aderhold/Lenkaitis/Speckmann/(Bearbeiter), PraxisHdb Hdl- u GesR 2. Aufl 2011. – Schlegelberger/(Bearbeiter) 5. Aufl 1973 ff. – Staub(GroßKoHGB)/(Bearbeiter) 5. Aufl Bd 3 (§§ 105–160, Habersack, Schäfer) 2009, Bd 4 (§§ 161–236, Casper, Thiessen, Harbarth) 2015. – Wachter/(Bearbeiter), Praxis Hdl- u GesR, 3. Aufl 2015.

b) **Lehrbücher:** *Armbrüster* 3. Aufl 2013 (Fälle). – *Grunewald* 9. Aufl 2014. – *Hopt/Hehl/Vollrath* 4. Aufl 1996. – *Kindl* 2011. – *Kindler* 8. Aufl 2016 (Grundkurs Hdl/GesRecht). – *Klunzinger* 16. Aufl 2012. – *Koch* 10. Aufl 2017. – *Kraft/Kreutz* 11. Aufl 2000. – *Kübler/Assmann* 6. Aufl 2006. – *Lettl* 3. Aufl 2016 (Fälle). – *Maties/Wank* 4. Aufl 2016 (Hdl/GesR). – Mock 2015. – *Saenger* s. *Schäfer* 4. Aufl 2015. – *C. Schäfer* 4. Aufl 2015. – *K. Schmidt* GesR 4. Aufl 2002. – *Weller/Prütting* 9. Aufl 2016. – *Wiedemann* I 1980, II 2004. – *Wiedemann/Frey* 9. Aufl 2016 (PdW). – *Windbichler* 23. Aufl 2013.

c) **Einzeldarstellungen und Sonstiges:** *Flume* I 1 Personengesellschaft, 1977, I 2 Die juristische Person, 1983. – *Hey,* Freie Gestaltung in GesVerträgen und ihre Schranken, 2004. – *Hueck* Recht der OHG, 4. Aufl 1971. – *Lutter/Bayer/Schmidt* Europäisches Unternehmensrecht, 5. Aufl 2012. – MünchHdbdGesR, Bd 1 BGB-Ges, OHG, PartG, EWIV, 4. Aufl 2014, Bd 2 KG, GmbH & Co KG, Publikums-KG, stGes, 4. Aufl 2014. – *Lutz,* Der Gfter-Streit, 4. Aufl 2015. – *Ulmer* Richterrechtliche Entwicklungen im Gesellschaftsrecht 1971–1985, 1986. – *Westermann(/Wertenbruch)/Bearbeiter,* Hdb Personengesellschaften 2 Bde, hrsg v Westermann, Wertenbruch, (LBl). – *Ulmer* ZHR 161 **(97)** 102. – *K. Schmidt* AcP 209 **(09)** 181 (Flume), ZHR 177 **(13)** 712. – *Windbichler* (Rvgl), *Schauer* (Österr), *Roth* (IPR), *Teichmann* (AuslGes & Co), *Schürnbrand, Wallach, Armbrüster* ZGR **14.** – *Schäfer* Reform PersGesR Gutachten E 71. DJT **16.**

Muster: *Hopt/Lang/Weyland* ua Vertrags- und Formularbuch zum Hdl-, Ges- und Bankrecht, 4. Aufl 2013, Teil II. A–L (mit über 80 Vertragsmustern und Formularen). – MüVertragsHdb, Bd I (GesR), 7. Aufl 2011. – MüHdbGesRecht, Bd 1 4. Aufl 2014 (OHG ua), Bd 2 4. Aufl 2014 (KG, GmbH Co KG, PublikumsGes, stGes). – *Prinz/Hoffmann,* Beck'sches Hdb der PersonenGes, 4. Aufl 2014. **RsprÜbersichten:** *Kellermann/Stodolkowitz* 4. Aufl 1994, BGHFSWissII/*Westermann* 00, 245 (Gestaltungsfreiheit); *Stimpel* ZGR **73**, 73, *Kuhn* WM **73**, 1186, **77**, 126 (OHG), *U. Fischer* WM **81**, 638 (GbR, stGes), *Reuter* JZ **86**, 16, 72, *Brandes* WM Sonderbeil 1/**86**, *Hüffer* ZHR 151 **(87)** 396, *Brandes* WM **90**, 1221, **94**, 569, **98**, 261, **00**, 385, *Hirte* NJW **03**, 1285, **05**, 718, **07**, 817, **08**, 964, **09**, 415, **10**, 2177, **11**, 656, **12**, 581, **13**, 1204, **14**, 1219, **15**, 1219, **16**, 1216; **17**, 1213, *Wertenbruch* NZG **06**, 408; *Bergmann* VGR **11**, 1, **12**, 1, **13**, 1, **14**, 1, **15**, 1; *Strohn* ZInsO **13**, 12, VGR **16**, 1; *Straatmann/Ulmer* (Schiedsspruchsammlung) Bd 1 1975, Bd 2 1982; *Straatmann/Ulmer/Timmermann* Bd 3 1984, Bd 4 1988; *HK Hbg* Bd 5 1994, Bd 6 1998, keine weiteren Bde.

Einleitung   Einl § 105

Übersicht

	Rn
1) Verbands- und Gesellschaftsformen	1–7
A. Gesellschaften sind alle privatrechtlichen, rechtsgeschäftlich begründeten Personenzusammenschlüsse zu einem gemeinsamen Zweck	1
B. Anwendbares Recht	2
C. System der Normativbestimmungen	3
D. Freie Rechtsformenwahl	4
2) Handelsgesellschaften	8–13
A. Handelsgesellschaften und stille Gesellschaften	8
B. Kaufmannseigenschaft	9
C. Innen- und Außengesellschaften	10
D. Personen- und Kapitalgesellschaften	13
3) Personenhandels- und nahe stehende Gesellschaften	14–18
A. Gesellschaft des bürgerlichen Rechts (GbR)	14
B. Offene Handelsgesellschaft (OHG)	15
C. Kommanditgesellschaft (KG), GmbH & Co KG	16
D. Stille Gesellschaft (stGes)	18
4) Umwandlung kraft Gesetzes und kraft Rechtsgeschäfts	19–27
A. Gründe für eine Umwandlung	19
B. Umwandlung kraft Gesetzes (BGB, HGB)	21
C. Umwandlung kraft Rechtsgeschäfts (UmwG)	23
D. Auflösung und Neugründung	27
5) Intertemporales Gesellschaftsrecht	28
6) Internationales und europäisches Gesellschaftsrecht	29–36
A. Internationales Gesellschaftsrecht und europäische Einflüsse	29
B. Europäisches Gesellschaftsrecht	34
7) Rechtsvergleich, Rechtstatsachen und Leitbilder	37–41
A. Ausländisches Personengesellschaftsrecht	37
B. Wirtschaftliche Bedeutung des Personengesellschaftsrechts	38
C. Vorherrschen der PersHdlsGes ohne natürliche Person als pHG	40

1) Verbands- und Gesellschaftsformen

A. Gesellschaften sind alle privatrechtlichen, rechtsgeschäftlich begründeten Personenzusammenschlüsse zu einem gemeinsamen Zweck. 1 GesRecht ist das Recht der so abgegrenzten Verbindungen (zum Unternehmensrecht s Einl 31 vor § 1). Keine Ges sind daher zB öffentlichrechtliche juristische Personen (Körperschaften, Anstalten, Stiftungen; vgl § 89 BGB), Bruchteilsgemeinschaft §§ 741–758 BGB, Stiftung §§ 80–88 BGB, die familien- und erbrechtlichen Gemeinschaften. Die Ges ist die Gesamtheit der Gfter (nicht rechtsfähige Ges, idR Gesamthandsgemeinschaft); sie kann aber auch ein selbstständiges Rechtssubjekt (rechtsfähige Ges) sein. Als juristische Person ist sie allein Träger der Rechte und Pflichten, die für sie begründet werden; sie ist aktiv und passiv parteifähig (§ 50 I ZPO); nur sie, nicht ihre Gfter, haftet für die GesSchulden (Ausnahme Durchgriff, s Anh § 177a Rn 51b). Nicht rechtsfähige Ges sind zB die InnenGbR §§ 705–740 BGB (s Rn 14); stGes §§ 230–237 (s Rn 18); Reederei §§ 489–508. AußenGbR und entsprechend nichtrechtsfähiger Verein s Rn 14. Für OHG §§ 105–160 und KG §§ 166–177a s Rn 11, § 124 Rn 1. Rechtsfähige Ges sind zB der rechtsfähige Verein §§ 21–53, 55–79 BGB; AG §§ 1 ff AktG; KGaA §§ 278–290 AktG; GmbH §§ 1 ff GmbHG; eG §§ 1 ff GenG; VVaG §§ 7, 15 ff VAG. Gegenstand der **Kommentierung** sind **nur OHG, KG (samt GmbH & Co KG, Publikums- und Investmentkommanditgesellschaft)** sowie die **stille Gesellschaft,** erwähnt werden die Europäische

Roth   585

Einl § 105 2–7 2. Buch. Handelsgesellschaften und stille Gesellschaft

Wirtschaftliche Interessenvereinigung (EWIV) und die Partnerschaftsgesellschaft (mit PartGmbB). Weitgehend parallel verläuft die Einteilung in **Personengesellschaften** (Ges ieS, Grundtyp: GbR) und **Vereine/juristische Personen** (körperschaftlich organisierte Ges, Grundtyp: rechtsfähiger Verein); nicht zu den PersonenGes gehört der nichtrechtsfähige Verein (§ 54 BGB ist missverständlich).

2   B. **Anwendbares Recht:** In erster Linie gelten die besonderen Gesetze bzw. Vorschriften für die jeweilige Ges: zB OHG §§ 105 ff, KG §§ 161 ff, GmbH §§ 1 ff GmbHG. In zweiter Linie gilt, subsidiär zur Füllung verbleibender Lücken, das Recht des jeweiligen Grundtyps: zB für die OHG das Recht der GbR (§ 105 II), für die KG das Recht der OHG (§ 161 II) und insoweit auch das der GbR (§§ 161 II, 105 II), für die GmbH und AG das Recht des rechtsfähigen Vereines. Schließlich sind die allgemeinen Vorschriften des BGB, HGB und anderer Gesetze anwendbar, die ebenso wie für natürliche Personen auch für juristische Personen gelten.

3   C. **System der Normativbestimmungen:** Ges können im Rahmen der Gesetze **frei** gebildet werden, bedürfen also keiner staatlichen Konzession. Den Schutz der Gläubiger, des Publikums und der Gfter übernehmen besondere Struktur- und Verhaltensnormen sowie uU eine zwingende externe Gründungs- und Abschlussprüfung (sog Normativbestimmungen für rechtsfähige Ges seit AktG 1884). Ebensowenig besteht eine allgemeine Staatsaufsicht über die Ges, auch nicht derart, dass wie in anderen Ländern ein (Aktien-)Aufsichtsamt über die Einhaltung der Normativbestimmungen wacht. **Nur** in ganz wenigen besonders gläubiger- und publikumsgefährlichen Branchen, zB für **Kreditinstitute** (KWG, **(7)** Bankgeschäfte Rn A/4) und **Versicherungsunternehmen** (VAG), gibt es auch heute den **Konzessionszwang und** eine laufende **Staatsaufsicht** (durch BaFin, früher BAKred und BAV).

4   D. **Freie Rechtsformenwahl:** Die Unternehmer können nach deutschen GesRecht grundsätzlich frei nach ihren persönlichen Bedürfnissen und Wünschen zB eine OHG oder eine GmbH oder eine AG gründen. Mischformen wie die GmbH & Co sind anerkannt, s Anh A nach § 177a.

5   Zum Schutz der Gläubiger und des Publikums besteht jedoch **ausnahmsweise** ein **Rechtsformzwang.** Bsp: Lebens-, Unfall-, Haftpflicht-, Feuer-, Hagelversicherung dürfen nur als AG oder VVaG (und öffentlichrechtliche Körperschaften und Anstalten) betrieben werden (§ 7 VAG, zur Anwendbarkeit des HGB auf VVaG § 6 Rn 1); private Bausparkassen nur als AG (§ 2 I BauspG); nach § 32 I 1 KWG erlaubnispflichtige Kreditinstitute nur als HdlsGes, nicht durch EinzelKfm (§ 2b I KWG; Sondervorschr für Pfandbrief-, Hypotheken- und Schiffspfandbriefbanken sind mWv 19.7.05 entfallen); Investmentgesellschaften nur als InvAG oder InvKG (§ 1 XI KAGB); Wirtschaftsprüfungsgesellschaften (unter dieser Bezeichnung) nur als HdlGes (s Rn 8), nicht als GbR (§ 27 WPO). Apotheken (soweit Ges) nur als GbR oder OHG (§ 8 ApG), auch als stGes (§ 230 Rn 5). Rechtsanwaltsgesellschaft (GmbH) nur bei Mindestversicherung (§ 59j BRAO).

6   Auch für die jeweils gewählte Ges besteht Spielraum für **Vertragsfreiheit,** besonders weit zB bei OHG und KG (§ 109 Rn 2–3, § 163 Rn 1), nur gering zB bei AG (§ 23 V AktG, im Einzelnen str). Welche GesForm in casu vorliegt, bestimmt der objektive Sachverhalt (einschließlich der noch nicht verwirklichten Abreden), Jahnke ZHR 146 **(82)** 602; Umwandlung kraft Gesetzes s Rn 21–22. Unerheblich ist, welche Form die Gfter für gegeben halten oder zu schaffen gedachten, BGH **10**, 96. Auslegung von PersonenGesVerträgen s § 105 Rn 59.

7   Die **richtige Gesellschaftsformenwahl und Gesellschaftsvertragsgestaltung** hängen von zahlreichen Faktoren ab: Haftung (persönlich und unbeschränkt; persönlich, aber beschränkt; nur mit Stamm- bzw Grundkapital), Geschäftsführung (Selbst- oder Drittorganschaft), Auftreten nach außen (Personen-, Sachfirma), Beteiligung Dritter am Unternehmen (Kinder, Mitarbeiter), Gfter-

Einleitung 8–12 **Einl § 105**

Wechsel und Vererbung, Publizität und Rechnungslegung, Mitbestimmung und ganz besonders **Steuern** (Besteuerung der Gfter von PersonenGes nach EStG; Besteuerung der Körperschaften nach KStG und ihrer Gfter bei Gewinnausschüttung nach EStG). Die Zuziehung erfahrener Anwälte oder Notare ist unbedingt zu empfehlen. Einführende Hdb: Stehle/Stehle/Leuz, ferner Buchwald/Tiefenbacher/Dernbach, Klauss/Birle, Litfin/App, Familienunternehmen s Hennerkes/May NJW **88**, 2761. Beispielsfall s Doralt ZGR **81**, 249.

2) Handelsgesellschaften

A. **Handelsgesellschaften und stille Gesellschaften:** Buch II des HGB ist 8 überschrieben: HdlGes und stGes. Ursprünglich waren hier OHG, KG, AG, KGaA und stGes geregelt. AG und KGaA (früher Abschn 3 §§ 178–319, Abschn 4 §§ 320–334) wurden durch das AktG 1937 aus dem HGB herausgenommen und ganz neu geregelt. **Handelsgesellschaften** sind **nur OHG, KG, GmbH, AktG, KGaA, SE, EWIV** (§§ 105 I, 161 I HGB; § 13 III GmbHG; §§ 3, 278 III AktG; Art 1 I SE-VO; § 1 EWIVAG). Nicht so eindeutig ist die Verwendung des Begriffs in §§ 13–13h, wo die HdlGes neben die juristische Person gesetzt ist. **Nicht** HdlGes sind also zB GbR, stGes, eG, PartG, VVaG. KapitalGes & Co s § 6 Rn 1.

B. **Kaufmannseigenschaft:** Für HdlGes (s Rn 8) gelten die Vorschriften für 9 Kflte (§ 6 I). Die stGes betreibt nur der Inhaber des HdlGeschäfts, nur er ist Kfm (§ 230). Die eG gilt nach § 17 II GenG als Kfm. Auf den VVaG findet weitgehend HGB entspr Anwendung (§ 16 VAG, § 6 Rn 1).

C. **Innen- und Außengesellschaften: Innengesellschaften** sind Ges, bei 10 denen die Gfter nach außen nicht gemeinsam hervortreten. Die InnenGes nimmt nicht als Ges am Rechtsverkehr teil. Ein zweites Merkmal, Verzicht auf die Bildung von Gesamthandvermögen, ist streitig. Typisch ist die **stille Gesellschaft,** bei der die Einlage des Stillen in das Vermögen des Inhabers des HdlGeschäfts übergeht und nur dieser aus den im Betrieb geschlossenen Geschäften berechtigt und verpflichtet ist (§ 230, s auch Rn 18); Unterbeteiligung am Ges-Anteil, s § 105 Rn 38. Zur InnenGes BGH **12**, 314, NJW **82**, 99, ZIP **08**, 2311, Düss WM **82**, 969 (Tippgemeinschaft); MüKoBGB/Schäfer § 705 Rn 275; Lit: Steckhan 1966. InnenGes ist nicht rechtsfähig, BGH NJW **09**, 669, aA Beuthien NZG **11**, 161.

Außengesellschaften sind Ges, bei denen nach außen eine Gesamtheit her- 11 vortritt, MüKoBGB/Schäfer § 705 Rn 289. Die GbR kann bloße InnenGes (zB idR EhegattenGes, § 105 Rn 52, Stimmbindungsvertrag, BGH NJW **09**, 669, sonstige Gesellschaftervereinbarung, LG Bln ZIP **14**, 1389, Treugeber und Treuhandkommanditist bei Publikumsgesellschaft, BGH ZIP **11**, 324, Unternehmensvertrag § 292 I Nr 1 AktG, GroßKoAktG/Mülbert § 292 Rn 62, nach Decker ZGR **13**, 392 der Cashpool) oder AußenGes (zB Anwaltssozietät, § 105 Rn 3) sein. Dagegen sind **alle Handelsgesellschaften** notwendig AußenGes. Sie treten als Ges zu Dritten in Rechtsbeziehung. Sie können als Ges eigene Rechte und Pflichten haben, klagen und verklagt werden. Alle haben eine Firma (§ 19 HGB, § 4 GmbHG, §§ 4, 279 AktG). Auch bei AußenGes gibt es eine strenge Trennung zwischen Innenverhältnis unter den Gftern (vgl §§ 109 ff) und Außenverhältnis der Ges (Gfter) zu Dritten (vgl §§ 123 ff), s § 114 Rn 1.

Einige HdlGes sind darüber hinaus **juristische Person**, also rechtsfähig (s 12 Rn 1): AG, KGaA (§§ 1, 278 AktG), GmbH (vgl § 13 GmbHG), SE (Art 1 SE-VO); auch die eG (§ 17 I GenG). OHG und KG sind anders als durchweg die Kapitalgesellschaften bzw international companies oder corporations zwar nicht juristische Person, zB BGH **34**, 296, hL, sie sind aber rechtlich weitgehend verselbstständigt und deshalb als Übergangsform zur juristischen Person weithin den gleichen Regeln unterworfen (§ 124 Rn 1).

Einl § 105 13, 14   2. Buch. Handelsgesellschaften und stille Gesellschaft

13   D. **Personen- und Kapitalgesellschaften** werden nach der rechtlichen Bedeutung des eingebrachten Kapitals unterschieden. Unter den HdlGes ist typische PersonenGes die OHG (persönliche Mitarbeit und persönliche Haftung der Gfter), typische KapitalGes die AG (Grundkapital, Kapitalbeteiligung der Mitglieder, Umlauffähigkeit dieser Kapitalanteile, Kapitalverwaltung durch besondere Organe (Drittorganschaft ua). Rechtlich weniger typisch sind für die PersonenGes die KG, für die KapitalGes die GmbH. Mischformen sind die KGaA und die GmbH & Co und zumal die PublikumsKG (Anh § 177a Rn 1 ff, 52 ff), praktisches Leitbild (Verbreitung) ist nunmehr die GmbH & Co KG (zunehmend die UG & Co KG), was auf die Rechtsprechung abfärbt und auch die Höherbewertung des Bestandsinteresses der Gesellschaft in § 131 seit 1998 (mit) erklärt. „Wesenselemente" der PersonenGes in der Rspr s Reuter GmbHR **81,** 129, Strukturelemente der GesFormen s Hadding FG Zivilrechtslehrer 34/35, **99,** 147, PersonenGes als Rechtsfigur des „AT" s K. Schmidt AcP 209 **(09)** 181.

3) Personenhandels- und nahe stehende Gesellschaften

14   A. Die **Gesellschaft des bürgerlichen Rechts (GbR)** ist Grundform der PersonenGes; ihr Recht (§§ 705–740 BGB) ist subsidiär anwendbar auf die OHG, KG und stGes (s Rn 15 ff). Die GbR spielt im Wirtschaftsverkehr eine beachtl Rolle, wenn auch nicht vergleichbar mit der der (GmbH & Co) KG sowie der OHG. Bsp: Ges der freien Berufe, Landwirtschaft und sonstiger NichtKfl (§ 105 Rn 2 ff), vor allem Anwaltssozietäten (aber auch PartG(mbB), Anh § 160), Gemeinschaftspraxen von Notaren, Steuerberatern, Ärzten, Architekten; Arbeitsgemeinschaften namentlich in der Bauwirtschaft; Konsortien (zur Emission von Wertpapieren, zur Kreditgewährung, zum Stillhalten oder zur Sanierung); Poolverträge (Gewinne, sog Metaverbindung; Stimmrechte), BGH ZIP **09,** 2155; Schutzgemeinschaft von Aktionären mit Vorkaufsrecht, BGH **126,** 226; Kooperation (Forschung, Entwicklung ua), Interessengemeinschaften, Kartelle, Gemeinschaftsuntern; Unterbeteiligung (§ 105 Rn 38); Ehegattengesellschaft (§ 105 Rn 52). Die GbR kann Innen- oder AußenGes sein (s Rn 10–11), Spielart der GbR als InnenGes ist die stGes (s Rn 18).

Die **(Außen)GbR** besitzt, ohne juristische Person zu sein (BGH **146,** 347), **Rechtsfähigkeit,** soweit sie durch Teilnahme am Rechtsverkehr eigene Rechte und Pflichten begründet; insoweit ist sie zugleich im Zivilprozess aktiv und passiv parteifähig (auch insolvenzrechtsfähig); persönliche Haftung des Gfters akzessorisch wie bei OHG, BGH **146,** 341 (Arge Weißes Ross), **149,** 84, **154,** 94, NJW **02,** 1207, dort allerdings einschränkend bei Entgegenstehen spezieller Gesichtspunkte (1208: „besondere Rechtsvorschriften und die Eigenart des zu beurteilenden Rechtsverhältnisses"); K. Schmidt §§ 8 III 4d, 58 V 1, NJW **01,** 993, MüKoBGB/Schäfer § 705 Rn 303, AcP 198 **(98)** 113, Mülbert AcP 199 **(99)** 38, Hadding ZGR **01,** 712, Armbrüster ZGR **13,** 366; im Einzelnen str, insbesondere die Begrifflichkeit, Beuthien ZIP **11,** 1589, aA die früher hL, zB Zöllner FS Gernhuber **93,** 563, FS Kraft **98,** 701, Hueck FS Zöllner **98,** 275; Gesamthand und Gruppe s § 124 Rn 1. Die AußenGbR kann demnach auch Kdtist (§ 161 Rn 4) und OHGGfter sein (§ 105 Rn 28). Haftungsbeschränkung der Gfter nicht schon als „GbR mbH", BGH **142,** 315, auch nicht durch AGB, sondern nur durch Individualabrede; formularmäßige Haftungsbeschränkung dagegen für AnlageGfter geschlossener ImmobilienfondsGbR, kein Verstoß gegen **(5)** § 307 BGB, BGH **150,** 1, Grund: wie reine KapitalanlageGes, s auch Anh § 177a Rn 42, zum KAGB Anh C § 177a Rn 86. Die GbR aus natürlichen Personen kann Verbraucher iSv §§ 13, 491 BGB sein, BGH **149,** 80 (zu VerbrKrG), aA Kessal-Wulf GS Sonnenschein **03,** 671, keine Verbrauchereigenschaft, wenn auch eine juristische Gfter ist, BGH ZIP **17,** 917 (§ 13 BGB aF). Auf die im HdlVerkehr auftretende GbR können bestimmte Vorschriften über die **OHG analog** angewandt werden (§ 105 Rn 17), das ist **aber für jede**

Einleitung 15, 16 **Einl § 105**

Vorschrift besonders zu prüfen, vgl Katalog bei K. Schmidt § 58 V 2; vgl § 130 Rn 3, § 173 Rn 3), eine ges Regelung empfiehlt sich, Schäfer GA 71. DJT **16**. Für die GbR gilt auch **§ 31 BGB**, BGH **154**, 88, **155**, 210, NJW **07**, 2490, hL (§ 124 Rn 25), GfterHaftung analog **§ 128**, BGH **142**, 318, **146**, 341, **150**, 1, **157**, 364, NJW **07**, 2492 (auch für RechtsanwaltsGbR), also auch für Deliktsschulden der Ges, K. Schmidt NJW **03**, 1897, aA Canaris ZGR **04**, 69, einschränkend bei Verbraucherschutz Mülbert WM **04**, 913. § 130 analog auch für GbR (dort Rn 3), **str für § 28** (dort Rn 2), offen, aber jedenfalls nicht für AnwaltsGbR, BGH **157**, 361. Zumindest rechtspolitisch ist dann aber Einschränkung auf unternehmenstragende GbR geboten, K. Schmidt NJW **03**, 1904. Die (Außen)GbR wäre an sich auch als solche **grundbuchfähig**, BGH NJW **09**, 594 (V ZB), Stgt ZIP **07**, 419m Anm Kesseler, KG NJW **08**, 3444, Leipold FS Canaris **07**, 230, sehr str, mit der Folge der Eintragung der GbR unter der im GesVertrag vorgesehenen Bezeichnung, sonst als GbR mit Namen der Gfter, BGH NJW **09**, 594. Jedoch hat das ERVGBG 2009 gesetzliche Sonderregeln geschaffen, und zwar zwingende Eintragung aller Gfter (§ 47 II GBO nF) und fakultative Eintragung des Namens und des Sitzes der Ges (§ 15 I lit c GBV); außerdem neue Vermutungs- und Gutglaubensvorschriften (§ 899a nF BGB), BGH NJW **11**, 615, **11**, 1958; krit Bestelmeyer ZIP **11**, 1389, Ffm ZIP **13**, 727, Mü ZIP **10**, 281, **11**, 1968, **13**, 723, 725, Naumbg ZIP **13**, 780, Saarbr ZIP **10**, 1290, Oldbg ZIP **10**, 1846, Karlsr ZIP **13**, 1027, MüKoBGB/Schäfer § 705 Rn 312, Steffek ZIP **09**, 1445, Krüger (V ZS) NZG **10**, 801, Weigl NZG **10**, 1053, Witt BB **11**, 259, Bestelmeyer ZIP **11**, 1389, Ulmer ZIP **11**, 1689, Altmeppen ZIP **11**, 1937, Wilhelm NZG **11**, 800, so auch für nichtrechtsfähigen Verein BGH ZIP **16**, 1163, nach Mü ZIP **15**, 1879 und Ffm NZG **16**, 619 ist Ausweis aller Gfter der GbR in Titel zur Eintragung einer Zwangshypothek notwendig, zur Mitwirkung an einer Grundbuchberichtigung Mü ZIP **15**, 2023. Die GbR ist **kontofähig**, s **(7)** Bankgeschäfte Rn A/48. Sie ist auch **markenfähig**, BGH NJW-RR **01**, 114 ist überholt (BPatG GRUR **08**, 448; vgl § 5 I Nr 2 S 2 MarkenV 2004). Ebenso ist sie **prozessfähig**, aber („vorerst") ohne volle Gleichstellung mit OHG (Titel gegen alle Gfter ausreichend, aber nicht erforderlich, nicht § 124 II analog), K. Schmidt gegen BGH NJW **08**, 1378, nach BGH ZIP **16**, 214 ist (sofern nicht wie bei actio pro socio bes Voraussetzungen vorliegen) Prozess nur durch Ges, nicht durch Gfter „als GbR" zu führen. Lit: MüKoBGB/Schäfer 7. Aufl 2017, Wiedemann II § 7; Wertenbruch NJW **02**, 324 (Gerichts- und Vollstreckungspraxis), Ulmer ZIP **03**, 1113, Armbrüster ZGR **05**, 34 (Haftung), Damm FS Raiser **05**, 23 (GesRecht der freien Berufe), Geibel WM **07**, 1496, K. Schmidt NJW **08**, 1841, Beuthien NZG **11**, 481.

B. Die **offene Handelsgesellschaft (OHG)**, im HGB wie schon im ADHGB ausführlich geregelt, ist die alte Grundform der Zusammenarbeit von Kflten. Diese wirken gleichermaßen persönlich mit und stellen sich mit ihrem ganzen Vermögen hinter das Unternehmen. Im Gegensatz zur „stillen" Beteiligung nennt das HGB im Anschluss an das ADHGB die Ges „offen". Andere Rechte heben in der Bezeichnung ihrer entsprechenden GesForm das Auftreten im HdlVerkehr unter gemeinsamer Firma hervor: „société en nom collectif" (Frankreich), „KollektivGes" (Schweiz), „vennootschap onder firma" (Niederlande). Das anglo-amerikanische Recht unterscheidet bei der „partnership" nicht zwischen HdlGes und GbR, da es die Trennung von HdlRecht und bürgerlichem Recht im deutschen Sinn nicht kennt. Ausländisches Recht s Einl 25 vor § 1. Der OHG nahe stehen die **EWIV** und die **Partnerschaftsgesellschaft** für Freiberufler (G 1994, § 105 Rn 3, Anh § 160 Rn 1). **15**

C. Die **Kommanditgesellschaft (KG)** stammt aus derselben Grundform wie die stGes: A macht Geschäfte, B gibt Geld dazu. Die Bezeichnung kommt von (lateinisch) „commenda". Die entspr GesForm ist in Frankreich die „société en **16**

Einl § 105 17–20   2. Buch. Handelsgesellschaften und stille Gesellschaft

commandite simple", ähnlich in anderen romanischen Rechten. Im niederländischen Recht ist es die „vennootschapen commandite", im anglo-amerikanischen Recht die „limited partnership". Das prALR und öABGB kannten nur die „stille Ges", der Code de commerce nur die „société en commandite", man nannte die stGes „deutsche KG". Das ADHGB nahm beide Formen auf. Stille Ges ist auch mit einer OHG möglich (§ 230 Rn 5) bei KG wird die Einlage offen gelegt (§ 162, nicht „still") und beschränkte Außenhaftung vorgesehen (§ 171).

17   Die **GmbH & Co KG** ist rechtlich eine KG, deren idR einziger phG eine GmbH ist. Die damit praktisch verbundene Haftungsbeschränkung (die GmbH haftet unbeschränkt, ist aber selbst nur „mbH") hat zu einem langdauernden Streit um die Zulässigkeit dieser Mischform geführt, der heute positiv entschieden ist (Anh § 177a Rn 4). Die Sachprobleme dieser Typenverbindung bestehen fort, vgl ua Anm zu §§ 19 II, 172 VI, § 177a iVm §§ 125a, 130a sowie Anh § 177a. Die PublikumsGes ist rechtlich idR eine GmbH & Co, wirtschaftlich eine KGaA (Anh § 177a Rn 52), nun ggf eine Investmentkommanditgesellschaft (KAGB, Anh C § 177a Rn 86). Im Ausland mit Ausnahme Österreich ist die GmbH & Co KG ohne große Bedeutung, teils sogar ausdrücklich verboten, zB Art 594 II (entspr § 552 I für die OHG, sog KollektivGes) schweizerisches OR, in den USA aber jedenfalls nicht unbekannt.

18   D. Die **stille Gesellschaft (stGes)** ist InnenGes (s Rn 10); nur der Inhaber des Unternehmens, an dem der „Stille" beteiligt ist, hat Rechte und Pflichten gegenüber Dritten (§ 230 II). Eben darum wird sie, obwohl im HGB geregelt, nicht zu den HdlGes gezählt, sondern neben sie gestellt (s Überschrift Buch II). Sie ist weder PersonenGes, weil der Stille Geldgeber idR nicht persönlich im Geschäft mitwirkt, noch KapitalGes (s Rn 13), weil sie keinen nach außen verselbstständigten Zusammenschluss von Geldgebern wie bei der AG oder GmbH darstellt. Die stGes hängt historisch eng mit der KG zusammen (s Rn 16), ist aber vom HGB ganz verschieden geregelt. Im Ausland (société occulte, silent oder dormant partner) fehlt meist eine gesonderte gesetzliche Regelung, sie ist Unterfall der gewöhnlichen Ges (des bürgerlichen Rechts, soweit man Hdl- und bürgerliches Recht scheidet).

4) Umwandlung kraft Gesetzes und kraft Rechtsgeschäfts

19   A. **Gründe für eine Umwandlung: a) Umwandlung kraft Gesetzes:** Das allgemeine PersonenGesRecht unterscheidet Ges nach bestimmten Tatbestandsmerkmalen. Sind diese nicht mehr erfüllt, kann das Gesetz vorsehen, dass eine bestimmte Ges sich kraft Gesetzes in eine andere verwandelt, Bsp: OHG betreibt kein HdlGewerbe mehr, sie wird mit Herabsinken zu einem Kleingewerbe zur GbR; der vorletzte Gfter einer OHG oder KG scheidet aus, das Vermögen der Ges geht auf den verbleibenden Gfter als EinzelKfm über. Diese Änderungen der Rechtsform werden vom UmwG nicht tangiert (§ 190 II UmwG).

20   **b) Umwandlung kraft Rechtsgeschäfts:** In der Praxis kommt es häufig vor, dass die ursprünglich gewählte Rechtsform des Unternehmens nicht mehr die für das Unternehmen geeignetste ist (Wechsel der Rechtsform) oder dass Strukturänderungen angezeigt sind, zB die Verschmelzung mit einem anderen Unternehmen, die Spaltung einer Ges in neue Unternehmen oder die Vermögensübertragung vom alten auf ein neues Unternehmen. Bspe: Tod des einzigen phG und mangelnde Bereitschaft der Erben zum Eintritt mit persönlicher Haftung und Geschäftsführung; Eigenkapitalbedarf und Gang zum Kapitalmarkt; Zusammengehen mit einem anderen Unternehmen; Aufspaltung in zwei Ges, die sich selbstständig besser positionieren können; steuerliche Entwicklungen; Flucht aus rechtlich besonders belasteten GesFormen (Schwerfälligkeit, Publizität, Mitbestimmung).

Einleitung 21–23 **Einl § 105**

B. **Umwandlung kraft Gesetzes (BGB, HGB): a)** Die Umwandlung **zwischen GbR, OHG, KG** setzt keine besondere Vereinbarung der Gfter voraus; sie erfolgt ggf kraft Gesetzes, sogar gegen den Willen der Gfter. Bsp: GbR wird automatisch OHG, wenn sie ein HdlGewerbe beginnt, BGH BB **67**, 143, Mü ZIP **16**, 270 (§ 105 Rn 7). OHG oder KG werden automatisch GbR, wenn sie ihr HdlGewerbe freiwillig oder unfreiwillig aufgeben oder dieses auf den Umfang eines NichtHdlGewerbes zurückgeht, BGH **32**, 310 (§ 105 Rn 8). Die OHG wird zur KG, wenn für einen Gfter Haftungsbeschränkung vereinbart und eingetragen oder ein beschränkt haftender Gfter aufgenommen wird (§ 161 Rn 6, 17). Die KG wird zur OHG, wenn die Ges nach Ausscheiden des einzigen Komplementärs fortgesetzt wird (§ 131 Rn 18), ebenso nach Ausscheiden des einzigen Kdtisten oder wenn seine Haftungsbeschränkung aufgehoben wird, vgl BGH **68**, 12. „**Verschmelzung**" von PersonenGes ist unter Ausnutzung der Umwandlung kraft Gesetzes (§ 140 Rn 25, § 142 aF) im Wege der Gesamtrechtsnachfolge möglich, zB durch gleichzeitige Übertragung aller OHGAnteile auf GbR, die damit zur OHG wird, BGH WM **90**, 586, Barz FS Ballerstedt **75**, 143. Konsequenzen für die Firmenfortführung s § 24 Rn 7–8. Lit: Freund 2005. 21

b) Die Umwandlung von GbR, OHG oder KG in ein einzelkfm Unternehmen erfolgt ebenfalls kraft Gesetzes, zB wenn von zwei Gftern der eine ausscheidet, Brdbg ZIP **16**, 1871. Das Vermögen der Ges geht **auf den** übrigbleibenden **Einzelkaufmann** im Wege der **Gesamtrechtsnachfolge** über (§ 105 Rn 8). Konsequenzen für die Firmenfortführung s § 24 Rn 9. Der umgekehrte Fall des Unternehmensformwechsels **vom Einzelkaufmann** in eine (neue) GbR, OHG oder KG ist hingegen nicht Umwandlung, sondern **Neugründung** einer Ges, so auch wenn der EinzelKfm in ein bestehendes HdlGeschäft als Gfter eintritt. Konsequenzen für die Firmenfortführung s § 24 Rn 5. Tritt der EinzelKfm in eine bereits bestehende OHG als Kdtist ein, wird die OHG zur KG (s Rn 20). Die Praxis nutzt die Möglichkeit der Umwandlung kraft Gesetzes besonders bei der Verschmelzung einer **GmbH & Co KG** auf ihre KomplementärGmbH. Dieses sog Anwachsungsmodell (Gesamtrechtsnachfolge) hat auch noch nach dem UmwG Bedeutung (s Rn 25). Zur Frage der Umgehung bzw analogen Anwendung bestimmter Schutznormen des UmwG ua hierauf K. Schmidt § 13 I 4, ZGR **95**, 675. **Muster:** vgl Hopt/Bungert/Wettich 4. Aufl 2013 Form II.J.1–11 (Umwandlungen). 22

C. **Umwandlung kraft Rechtsgeschäfts (UmwG): a) Begriffe und Arten der Umwandlung:** Nach § 1 I UmwG 1994 (Änderungen 2. UmwGÄndG 2007, Neye BB **07**, 389) sind vier Arten der Umwandlung kraft Rechtsgeschäfts möglich: 1. Verschmelzung, 2. Spaltung (Aufspaltung, Abspaltung, Ausgliederung), 3. Vermögensübertragung und 4. Formwechsel. Außer diesen im UmwG geregelten Fällen sind solche Umwandlungen nur kraft eines anderen Bundes- oder Landesgesetzes möglich (numerus clausus, § 1 II UmwG). Das UmwG ermöglicht den Übergang des Vermögens eines Unternehmens (Rechtsträger) auf ein anderes schon vorhandenes oder neu entstehendes (Verschmelzung, §§ 20, 36 UmwG; Spaltung, §§ 131, 135 UmwG) und die Fortsetzung des Unternehmens in einer anderen Rechtsform ohne Änderung seiner Identität (Formwechsel, § 202 UmwG). Allein der letztere Fall wurde früher als Umwandlung (im engeren Sinne) bezeichnet. Theoretisch und praktisch entscheidend ist zweierlei, was das UmwG ermöglicht: Wechsel der Rechtsform ohne Änderung der Identität und Gesamtrechtsnachfolge bzw Universalsukzession bei Übergang des Vermögens des alten Unternehmens auf ein anderes, denn auf diese Weise werden die umständlichen und zumeist steuerschädlichen Einzelübertragungen überflüssig (so bei Auflösung und Neugründung, s Rn 27). Dieser Gestaltungsvorteil für die Unternehmen darf allerdings nicht zu Lasten der MinderheitsGfter und der Gläubiger einschließlich der Arbeitnehmer gehen. Das bedingt diesbe- 23

Einl § 105 24 2. Buch. Handelsgesellschaften und stille Gesellschaft

zügliche Schutzvorschriften im UmwG. **Grenzüberschreitende Verschmelzung** innerhalb EU/EWR ist seit 2007 möglich (§§ 122a–l UmwG, VerschmelzungsRi s 36), Müller ZIP **07**, 1081. Lit: Dauner-Lieb/Simon 2009; Kallmeyer 6. Aufl 2017; Lutter(/Bayer/Vetter) 5. Aufl 2014; Maulbetsch/Klumpp/Rose 2009; Sagasser/Bula/Brünger 5. Aufl 2017; Schmitt/Hörtnagl/Stratz 7. Aufl 2016; Semler/Stengel 4. Aufl 2017; Widmann/Mayer (LBl); K. Schmidt AcP 191 (**91**) 495, Kallmeyer ZIP **94**, 1746 (Hdl-Ges), Mayer/Weiler DB **07**, 1235, 1291. Muster: Hopt/Bungert/Wettich 4. Aufl 2013 Form II.J.1–11 (Umwandlungen: ua OHG in GmbH, GmbH & Co KG in GmbH, GmbH in PersonenGes, grenzüberschreitende Verschmelzung zur Aufnahme niederländischer NU auf deutsche AG).

24 **b) Regelung der vier Grundarten der Umwandlung:** (1) **Verschmelzung:** Die Verschmelzung (Fusion) ist die rechtliche Vereinigung der Vermögen mehrerer Rechtsträger unter Auflösung ohne Abwicklung unter Gewährung von Anteilsrechten der übernehmenden oder neuen Rechtsträgers an die Anteilsinhaber des erlöschenden Rechtsträgers. Dafür gibt es zwei Arten (§ 2 Nr 1, 2 UmwG). Bei der Verschmelzung **durch Aufnahme** wird das Vermögen von einem oder mehreren Rechtsträgern (übertragende Rechtsträger) als Ganzes auf einen anderen bestehenden Rechtsträger (übernehmender Rechtsträger) übertragen. Bei der Verschmelzung **durch Neubildung** wird das Vermögen zweier oder mehrerer Rechtsträger jeweils als Ganzes auf einen neuen, von ihnen dadurch gegründeten Rechtsträger übertragen. Die Vermögensübertragung erfolgt bei beiden Arten der Verschmelzung gegen Gewährung von Anteilen oder Mitgliedschaften des übernehmenden oder neuen Rechtsträgers an die Anteilsinhaber (Gfter, Aktionäre etc) der übertragenden Rechtsträger. Verschmelzungsfähige Rechtsträger sind ua PersonenHdlGes (OHG, KG) und PartGes, KapitalGes (GmbH, AG, KGaA, zutr auch SE), eG ua (§ 3 I UmwG). An der Verschmelzung können auch natürliche Personen, die als AlleinGfter einer KapitalGes deren Vermögen übernehmen, beteiligt sein (§§ 3 II, 120 ff UmwG). An der Verschmelzung können als übertragende Rechtsträger auch aufgelöste Rechtsträger beteiligt sein, wenn die Fortsetzung dieser Rechtsträger beschlossen werden könnte (§ 3 III UmwG). Die Verschmelzung durch Aufnahme ist in §§ 4–35 UmwG, die durch Neubildung in §§ 36–38 UmwG näher geregelt. Besondere Vorschriften betreffen ua die Verschmelzung unter Beteiligung von PersonenGes (§§ 39–45e UmwG, s Rn 25). Für die Verschmelzung in eine PersonenGes (s Rn 26) sind die besonderen Vorschriften für die Verschmelzung unter Beteiligung der GmbH, AG ua zu beachten (§§ 46 ff, 60 ff ua UmwG). Bei der Verschmelzung sind notwendig ein Verschmelzungsvertrag (§§ 4 ff, 36, 37 UmwG), Verschmelzungsbericht und Verschmelzungsprüfung (§§ 8, 9 ff, 36 UmwG), die Beschlüsse der beteiligten Rechtsträger (§§ 13, 36 UmwG) und die Anmeldung und Eintragung der Verschmelzung (§§ 16 ff, 36, 38 UmwG). Konsequenzen für die Firmenfortführung s § 19 Rn 39.

(2) **Spaltung:** Die Spaltung ist in drei Formen möglich (§§ 1 I Nr 2, 123 I–III UmwG), durch **Aufspaltung** des übertragenden Rechtsträgers, der ohne Abwicklung aufgelöst wird, unter gleichzeitiger Übertragung seines Vermögens auf andere Rechtsträger, durch **Abspaltung** von Teilen des Vermögens des übertragenden Rechtsträgers auf einen oder mehrere andere Rechtsträger und durch **Ausgliederung,** wenn der übertragende Rechtsträger Teile seines Vermögens auf einen oder mehrere andere Rechtsträger überträgt und dafür selbst (nicht wie in den ersten beiden Fällen seine Anteilsinhaber) Anteile oder Mitgliedschaftsrechte des übernehmenden bzw neuen Rechtsträgers erhält. Die Spaltung kann in allen drei Formen **zur Aufnahme** oder **zur Neugründung** erfolgen. Keine Spaltung iSv UmwG ist die Betriebsaufspaltung (§ 1 Rn 18). Konsequenzen für die Firmenfortführung s § 19 Rn 40.

Einleitung 25, 26 **Einl § 105**

(3) **Vermögensübertragung:** Die Vermögensübertragung ist bestimmten Rechtsträgern vorbehalten (§ 175 UmwG). Sie ist als Voll- oder Teilübertragung unter Gesamtrechtsnachfolge möglich (§ 174 UmwG) und entspricht wirtschaftlich und rechtlich einer Verschmelzung oder einer Spaltung (§§ 176, 177 UmwG).

(4) **Formwechsel:** Beim Formwechsel erhält ein Rechtsträger ohne Änderung seiner Identität eine andere Rechtsform (§ 190 I UmwG). Formwechselnde Rechtsträger können PersonenHdlGes, PartGes, KapitalGes ua sein (§§ 191 I, 3 I UmwG), Rechtsträger neuer Rechtsform können sein GbR, PersonenHdlGes, PartGes, KapitalGes, eG (§ 191 II UmwG). Formwechsel aufgelöster Rechtsträger ist möglich, wenn ihre Fortsetzung in der bisherigen Rechtsform beschlossen werden könnte (§ 191 III UmwG). Konsequenzen für die Firmenfortführung s § 19 Rn 41.

c) **Umwandlung von PersonenGes:** Für die Umwandlung von PersonenHdlGes (OHG, KG, auch GmbH & Co KG) und PartGes gibt es zusätzlich besondere Vorschriften (§§ 214–225c UmwG); eine grenzüberschreitende Verschmelzung von PersonenHdlGes sieht 2. UmwGÄndG 2007, Neye BB **07**, 389, nicht vor, ist aber nach EuGH 13.12.05 **Sevic** NJW **06**, 425m Anm Oechsler 812, Bayer/Schmidt, Teichmann, Weiss/Wöhlert ZIP **06**, 210, 355, **07**, 580, jedenfalls für die Hereinverschmelzung zulässig, zu Hilfskonstruktionen Simon/Rubner Konzern **06**, 842. Eine PersonenHdlGes kann auf Grund eines Umwandlungsbeschlusses **nur** die **Rechtsform einer Kapitalgesellschaft oder einer eingetragenen Genossenschaft** erhalten (§ 214 I UmwG). Auch **nach Auflösung** kann eine PersonenHdlGes noch die Rechtsform wechseln (§ 191 III UmwG), aber nicht wenn die Gfter nach § 145 HGB eine andere Art der Auseinandersetzung als die Abwicklung oder als den Formwechsel vereinbart haben (§ 214 II UmwG). Ein Umwandlungsbericht und eine Unterrichtung der Gfter zur Vorbereitung des Umwandlungsbeschlusses sind nur erforderlich, wenn nicht alle Gfter der formwechselnden Ges geschäftsführungsberechtigt sind (§§ 215, 216 UmwG), sonst sind sie an der Vorbereitung beteiligt. Der **Umwandlungsbeschluss** durch die GfterVersammlung bedarf als Grundlagengeschäft der Zustimmung aller Gfter, auch der nicht erschienenen. Der GesVertrag kann Mehrheitsentscheidung vorsehen (§ 119 Rn 33 ff, Bestimmtheitsgrundsatz), aber nicht weniger als **Dreiviertelmehrheit** der abgegebenen Stimmen (§ 217 I UmwG). Da es zu einer neuen KapitalGes bzw eG kommt, sind deren Gründungsvorschriften bezüglich Kapitalschutz ua zu beachten (§§ 219 ff UmwG). Anmeldung und Eintragung s §§ 198, 222, 202 UmwG. Die Fortdauer und zeitliche Begrenzung der persönlichen Haftung eines phG der formwechselnden Ges sind wie die Nachhaftung bei Ausscheiden aus der Ges geregelt (§ 224 UmwG; s § 160 HGB). Die Problematik der Haftung aus Dauerschuldverhältnissen stellt sich entsprechend (§ 128 Rn 28 ff). Die Haftung des Kdtisten nach §§ 171 I, 172 IV, 176 HGB ist in § 224 UmwG nicht besonders geregelt, aber entsprechend zu behandeln. Eine **GmbH & Co KG** kann auch nach § 214 UmwG in eine KapitalGes umgewandelt werden (neben dem Anwachsungsmodell, s Rn 22), Einzelheiten sind str, K. Schmidt § 13 II 3c. Lit: H. Schmidt, Joost in Lutter, Kölner Umwandlungsrechtstage 1995, 59, 245; H. Schmidt FS Brandner **96**, 133 (Mehrheitsklauseln); Kallmeyer GmbHR **96**, 80.

d) **Umwandlung in PersonenGes:** Unternehmen mit Rechtsträgern in anderen Rechtsformen, insbesondere KapitalGes, können auch in PersonenGes umgewandelt werden (§§ 3 I Nr 1, 124, 191 II Nr 2 UmwG). Dabei sind außer den allgemeinen Vorschriften des UmwG die besonderen für diese Rechtsformen, zB GmbH und AG, anwendbar (§§ 46 ff, 138 ff, 226 ff UmwG). Zusätzlich sind die Vorschriften des PersonenGesRechts zu beachten. Bsp: Umwandlung einer GmbH in eine OHG setzt HdlGewerbe der Letzteren voraus (§ 228 I UmwG, § 105 I, II HGB).

27 **D. Auflösung und Neugründung: a) Nicht verschmelzungsfähige Rechtsträger:** Aus der abschließenden Aufzählung in § 3 UmwG folgt, dass alle anderen Rechtsträger nicht nach dem UmwG verschmolzen werden können. Das gilt für stGes, GbR, nicht rechtsfähigen Verein, schlichte Rechtsgemeinschaft, Erbengemeinschaften ua. Für den Formwechsel nach UmwG sieht § 191 UmwG einen ähnlichen abschließenden Katalog vor, doch kann die GbR hier Rechtsträger neuer Rechtsform sein (§ 191 II Nr 1 UmwG). Ähnliches gilt für die Spaltung (§ 124 I UmwG), bei der Ausgliederung können aber auch EinzelKfm, wirtschaftlicher Verein ua übertragender Rechtsträger sein.

b) Auflösung und Neugründung: Soweit keine Umwandlung kraft Gesetzes (BGB, HGB) oder kraft Rechtsgeschäftes (UmwG, Sondergesetze) möglich ist (numerus clausus) oder wenn die Beteiligten davon kein Gebrauch machen wollen, bleibt die Möglichkeit der Auflösung und Neugründung. Der alte und der neue Rechtsträger sind dann nicht identisch, eine Vermögensübertragung im Wege der Einzelübertragung ist nötig (Einl 42 vor § 1), und die stillen Reserven müssen aufgelöst und versteuert werden. Das schließt diesen Weg in der Praxis meist aus.

c) Stille Gesellschaft: Die Auflösung und Neugründung kommt auch für die stGes in Betracht. Der an einem einzelkfm Unternehmen beteiligte Stille kann phG oder Kdtist nur durch Neugründung einer OHG oder KG mit dem bisherigen Alleininhaber des HdlGeschäfts werden. Umgekehrt wird der phG (oder Kdtist) nur durch Auseinandersetzung der Gfter nach § 738 BGB und Umwandlung seines Auseinandersetzungsguthabens in eine stille Einlage zum Stillen, RG **170,** 105. **Muster:** Hopt/Lang 4. Aufl 2013 Form II. B.3 (Auflösung und Liquidation einer OHG).

5) Intertemporales Gesellschaftsrecht

28 Auch HdlGes, die älter sind als das HGB, unterstehen dem HGB im Hinblick auf ihre Rechtsbeziehungen zu Dritten; nur im Innenverhältnis gilt nach Art 170 EGBGB für OHG (KG; auch stGes, die nicht HdlGes ist; AG und KGaA s §§ 2 ff EGAktG 1937) das alte Recht fort, soweit das neue nicht zwingend ist (zB § 133 III, RG **71,** 255). Praktisch gilt jedoch auch hier meist das neue Recht auf Grund stillschweigender Unterwerfung der Gfter, RG **145,** 291. Übergangsrecht zu den zahlreichen Reformen des HGB s **(1)** EGHGB, zB bezüglich des HRefG **(1)** EGHGB Art 38 ff. Lit: Großfeld/Irriger JZ **88,** 531.

6) Internationales und europäisches Gesellschaftsrecht

29 **A. Internationales Gesellschaftsrecht und europäische Einflüsse:** Dabei handelt es sich als Teil des internationalen Privatrechts um deutsches Recht. Ausländische Ges, die nach dem für sie gültigen Recht existent sind, werden ohne weiteres **anerkannt,** BGH **25,** 144. Für die Rechtsverhältnisse einer PersonenHdlGes galt herkömmlich das **Recht des Sitzes,** RG **117,** 217, BGH **51,** 28, **53,** 183, **78,** 334, **97,** 271, BayObLG WM **92,** 1371, Hamm NJW **01,** 2183, **(Sitztheorie),** Staud/Großfeld EGBGB IntGesR 28, immer noch Wiedemann II 50, nach aA Gründungstheorie und Mischtheorien, schon bisher sehr str. Die Sitztheorie lässt sich aber nach den Urteilen des EuGH, NJW **99,** 2027 (Centros), NJW **02,** 3614 **(Überseering),** ZIP **03,** 1885 **(Inspire Art),** NJW **06,** 425 **(Sevic)** und NJW **09,** 569 **(Cartesio)** allenfalls noch **gegenüber Drittstaaten** aufrechterhalten (auch nicht für USA, nach Freundschaftsvertrag Gründungsrecht, BGH **153,** 353, Dammann RabelsZ 78 **(04)** 609), so gegenüber der Schweiz BGH NJW **09,** 289 (II ZR, Trabrennbahn) m abl Anm Kieninger, ZIP **09,** 2385, jetzt aber Reform durch MoMiG 2008 (s unten). **In der EU** (und

EWR, BGH **164**, 148) nicht nur keine Versagung der Rechts- und Prozessfähigkeit, BGH **154**, 185 (Überseering, vgl auch schon BGH **151**, 204), sondern **volle Anerkennung als ausländische Gesellschaft** wie inländische Ges ohne Zwang zur Umwandlung bzw Neugründung, schon BGH **154**, 185, ZIP **03**, 718 (II. ZS), **Gründungstheorie**, BGH ZIP **11**, 1839. Primäres (Art 49, 50 AEUV, Art 43, 48 aF EG) und sekundäres EURecht sind unstreitig vorrangig. Str bleibt bis zur Klärung durch weitere Urteile des EuGH, was die Mitgliedstaaten im öffentlichen Interesse von EU-ausländischen Unternehmen noch verlangen können (Gebhard-Formel, Vierkonditionentest), insbesondere unternehmerische Mitbestimmung, dazu Ebke JZ **03**, 931, Sandrock AG **04**, 57, Thüsing ZIP **04**, 381, Henssler, Roth, Zimmer, GedS Heinze **05**, 333, 709, 1123. **Briefkastenfirmen** aus der EU sind jedenfalls grundsätzlich **kein Rechtsmissbrauch;** sie können in Deutschland tätig werden ohne Behandlung als OHG mit der Folge von § 128, dies nach Vale aber bezweifelnd G. H. Roth ZIP **12**, 1744. Zu den zahlreichen Streitfragen zB Zimmer, Lutter BB **03**, 1, 7, Kersting NZG **03**, 9, Kindler NJW **03**, 1073, Leible/Hoffmann ZIP **03**, 925, Zimmer NJW **03**, 3585u RabelsZ 67 **(03)**, 298, Horn NJW **04**, 893, Eidenmüller FS Heldrich **05**, 581, Goette DStR **05**, 197, allgemeiner Mülbert/Schmolke ZVglRWiss 100 **(01)** 233 (Niederlassungsfreiheit von Ges). **Außergesellschaftsrechtliche Schutzinstrumente** zur Bewahrung deutscher Gemeininteressen bleiben zulässig, insbesondere Delikts- und Insolvenzrecht, Einzelheiten sind sehr str, Ulmer JZ **99**, 662, NJW **04**, 1201, Merkt in VGR, GesR 1999, **00**, 112, Borges RIW **00**, 167; str, ob auch für die Haftung aus existenzvernichtendem Eingriff nach § 826 BGB gilt (zu dieser Anh § 177a Rn 51c); die Insolvenzverschleppungshaftung (§ 64 GmbHG aF, §§ 130a aF) ist dagegen gesellschaftsrechtlich, Ulmer NJW **04**, 1207, aA KG ZIP **09**, 2156, sehr str, ebenso bis zum MoMiG das Eigenkapitalersatzrecht, aA Kln ZIP **10**, 2016, Ulmer NJW **04**, 1207; nwN ausführlich Fleischer in, Lutter, Europ AuslandsGes, 2005, S 49. Eintragung in das **Handelsregister** erfolgt als ZwNl nach §§ 13d ff, str (§ 13d Rn 1); Erzwingung der Eintragung nach § 14, nicht nach § 11 II GmbHG, § 41 I AktG, da Eintragung bereits im Gründungsstaat erfolgt und im Inland nur deklaratorisch ist, Sanktion wäre auch unverhältnismäßig, str. Keine Eintragung bei Gewerbeverbot gegen director (§ 13g Rn 3), BGH NJW **07**, 2328m zust Anm Eidenmüller/Rehberg NJW **08**, 28, Grund: keine Diskriminierung, zwingende Gründe des Allgemeininteresses, zur Zielerreichung geeignet und erforderlich (Vier-Kriterien-Test). **Firmierung** s § 17 Rn 48, 49, § 18 Rn 36, § 19 Rn 42; Angaben auf Geschäftsbriefen § 37a Rn 9. Auf jeden Fall besteht weiterhin **Vorlagepflicht**, üL, aA BayObLG DB **98**, 2318 (vor Centros), Kindler NJW **99**, 1998; sonst droht Vorenthaltung des „gesetzlichen Richters", BVerfG ZIP **01**, 350. Maßgebend war nach der deutschen Sitztheorie der tatsächliche Sitz der Ges, deshalb auch keine Sitzverlegung ins Ausland, Mü ZIP **07**, 2124, sonst Auflösungsverfahren (§ 399 IV FamFG), BGH ZIP **08**, 1627, auch Hbg ZIP **07**, 1108. **Seit MoMiG,** in Kraft 1.11.08, ist maßgebend der **Satzungssitz**, der allerdings weiterhin im Inland liegen muss (§ 4a GmbHG, § 5 AktG, § 106 Rn 8); Ermöglichung der Verlegung des Verwaltungssitzes ins Ausland, Lu/Ho/Bayer § 4a GmbHG Rn 15, aber Anerkennung durch Zuzugstaat nach dessen Kollisionsrecht. Aufgabe der Sitztheorie nicht nur gegenüber EU-AuslandsGes, str, dies richtigerweise auch für Personen-Ges (§ 106 Rn 8), Gfter- und Gläubigerschutz nicht über IPR, sondern Sachrecht (Delikts-, Insolvenz-, öffentliches Recht; Rechtsscheinhaftung s § 5 Rn 10). Die Nichtanerkennung ausländischer Ges unter der Sitztheorie hatte zu erheblichen Folgeproblemen ua für Vertragsschluss und Haftung der Ges geführt, Eidenmüller/Rehm ZGR **97**, 89. Bei **Sitzverlegung ins EU-Ausland** (Wegzug) hatte der inländische Gesetzgeber nach EuGH, RIW **89**, 304 **(Daily Mail)** bisher noch mehr Eingriffsmöglichkeiten, BayObLG NJW-RR **04**, 836, dann aber EuGH NJW **04**, 2439 **(Hughes de Lasteyrie du Saillant),** dazu Kleinert/

Einl § 105 29   2. Buch. Handelsgesellschaften und stille Gesellschaft

Probst NJW **04**, 2425, Franz EuZW **04**, 270, Roth FS Heldrich **05**, 973, nunmehr die künstliche Differenzierung zwischen Zuzug und Wegzug aufrecht erhaltend EuGH NZG **09**, 61, NJW **09**, 569 (**Cartesio,** C-210/06), dazu Barthel EWS **10**, 316, Goette DStR **09**, 128, Leible/Hoffmann BB **09**, 58, Zimmer/Naendrup NJW **09**, 545: Mitgliedstaat braucht Fortbstand „seiner" GesForm durch die wegziehende KapitalGes nicht zu dulden (nur insoweit wie Daily Mail), muss aber Sitzverlegung bei gleichzeitiger Umwandlung in GesForm des (diese erlaubenden) Zielstaats hinnehmen (außer bei zwingenden Gründen des Allgemeinwohls, s oben), dann also keine Auflösung dieser Ges mehr, anders noch Hamm EuZW **98**, 31, NJW **01**, 2183, und Eintragung der Sitzverlegung in das HdlReg, anders noch Düss BB **01**, 900m Anm Emde, Brdbg GmbHR **05**, 484m Anm Ringe. Zuzulassen ist auch eine grenzüberschreitende Umwandlung, wenn das nationale Recht für inländische Gesellschaften Umwandlungen zulässt, EuGH ZIP **12**, 1394 (**Vale**), Bayer/Schmidt ZIP **12**, 1481, Teichmann DB **12**, 2085. Das OLG Nürnb lässt nun die Verlegung des Satzungs- und Verwaltungssitzes nach Deutschland unter Umwandlung in eine deutsche GmbH zu, Nürnb ZIP **14**, 128m Bespr Schaper ZIP **14**, 810, anders noch Nürnb NZG **12**, 468. Grenzüberschreitende Umwandlungen können besonderen Regeln unterworfen werden, diese dürfen aber nicht ungünstiger sein als diejenigen, die gleichartige innerstaatliche Sachverhalte regeln, EuGH ZIP **12**, 1397 (**Vale**), zur Niederlassungsfreiheit nach „Vale" Schön ZGR **13**, 333. Grenzüberschreitende **Verschmelzungen** innerhalb der EU müssen jedenfalls wie inländische zulässig sein, also Eintragung in das nationale HdlReg, EuGH NJW **06**, 425 (**Sevic**), das gilt unabhängig von der VerschmelzungsRi (s Rn 36). Ist das ausländische Recht als Sitzland zu beachten, verweist dieses wie bei der Gründungstheorie auf das deutsche Recht zurück, wird diese Rückverweisung beachtet, Art 4 I 1 EGBGB, Ffm DB **90**, 1224. Führt die Sitzverlegung zum Statutenwechsel, sind die Folgen (Liquidation oder nicht) für die PersonenGes str (zum anwendbaren Recht § 106 Rn 8). Bei einer Sitzverlegung in das Ausland nimmt die Sitztheorie eine Auflösung der Ges an, Ausnahme bei einer Verlegung in EU oder EWR, Koller/Kindler § 105 Rn 3. Konsequenzen bei Sitzverlegung in das Inland s § 105 Rn 10, in EU möglich ist der **grenzüberschreitende Formwechsel** in deutsche GmbH KG WM **16**, 1739m Anm Wachter GmbHR **16**, 738 bzw aus einer GmbH in eine italienische Srl, Ffm ZIP **17**, 611m Anm Stiegler GmbHR **17**, 392 und Teichmann ZIP **17**, 1190 (kritisch zum Verfahren). Ausländische rechtsfähige Ges als phG einer deutschen OHG s § 105 Rn 28. **Rechtspolitisch** besteht Handlungsbedarf: auf EUEbene SitzverlegungsRi (s Rn 36) und im Inland ges Verankerung der Gründungstheorie, so BMJ RefE Ges zum IPR der Ges 7.1.08 (IPRGesVJPG), Sonnenberger 2007, Wagner/Timm IPRax **08**, 81, Franz/Laeger BB **08**, 678, Rotheimer NZG **08**, 181, Franz BB **09**, 1255. **Durchgriff** bei KapitalGes auf Aktionäre ohne Kontrolle oder zumindest sicheren Einfluss auf die Entscheidungen der Ges verstößt gegen Niederlassungsfreiheit (Art 49 AEUV) und freien Kapitalverkehr (63 AEUV), EuGH NZG **11**, 183 (**Idryma Typou**) m Anm Möslein 174. Auch ggü **Drittstaaten** ist die **Gründungstheorie de lege lata vorzugswürdig.** Lit: Zimmer 1996; MüKoBGB/Kindler IntGesRecht, Eidenmüller 2004, Hirte/Bücker 2. Aufl 2006, Lutter 2005, Spahlinger/Wegen 2005, auch Stünkel, EG-Grundfreiheiten und Kapitalmärkte 2005; Spindler/Berner RIW **04**, 7, Schuster/Binder WM **04**, 1665 (Sonderfall Finanzdienstleister), Bitter WM **04**, 2190 (Gläubigerschutz), Eidenmüller JZ **04**, 24, Eidenmüller/Rehm ZGR **04**, 159, Hirte NJW **05**, 478, Leible ZGR **04**, 531, Hopt ZIP **05**, 461, Eidenmüller RabelsZ 70 (**06**) 474 (Ges-/Insolvenzstatut), Goette ZIP **06**, 541, Leible/Hoffmann RIW **06**, 161 (Sevic), Mansel 70 (**06**) 651 (gegenseitige Anerkennung), Haar GPR **07**, 27, Krause/Kulpa ZHR 171 (**07**) 38 (Sevic, UmwaltÄndG), Goette DStR **09**, 128 (Cartesio), Leible/Hoffmann BB **09**, 58 (Cartesio), Teichmann ZIP **09**, 393 (Cartesio),

Einleitung 30–35 **Einl § 105**

Zimmer/Naendrup NJW **09**, 545 (Cartesio), G. H. Roth EuZW **10**, 607 (Cadbury-Schweppes). **RsprÜbersicht:** BGHFSWissII/Ebke/Roth/Hommelhoff **00**, 799, 847, 889 (BGH; EuGH; nationale Gerichte), Henze DB **03**, 2159 (BGH), Goette DStR **05**, 197 (BGH).

Das Recht des Sitzes bzw des Gründungsstatuts gilt vor allem für das **Außen-** 30 **verhältnis** zu Dritten (zB Vertretung der Ges, Haftung der Gfter für GesSchulden, Parteifähigkeit der Ges im Prozess). Also Haftung des deutschen Gfters einer ausländischen Ges idR nach dem ausländischen Recht, BGH **78**, 334, Staud/Großfeld 348; ebenso **Geschäftsführerhaftung** bei englischer private limited company nach Gründungsrecht, nicht § 11 II GmbHG analog, BGH NJW **05**, 1648m Anm Eidenmüller 1618, Leible RIW **05**, 543, Wachter DStR **05**, 1817, Goette ZIP **06**, 543; ebenso für andere Fälle der Durchgriffshaftung (Anh § 177a Rn 51b), Henze WM **06**, 1655.

Für das **Innenverhältnis** können die Gfter die Rechtsordnung beim Vertrags- 31 schluss (auch stillschweigend) wählen. Doch gilt das zwingende Recht des Sitzes (zB über Kündigung, Auflösungsklage, Zulässigkeit der Anteilsübertragung) auch unter ausländischen Gftern.

Die **Form** gesellschaftsrechtlicher Geschäfte richtet sich nach dem Recht des 32 Sitzes, doch genügt die Wahrung der Form des Landes, in dem das Geschäft vorgenommen wird **(Ortsform)**, Art 11 I EGBGB; eine andere Frage ist, ob das Recht des ausländischen Sitzes den in der BRD in deutscher Form vorgenommenen Akt, zB mündliche Abtretung eines Anteils an einer ausländischen Personen-Ges, als wirksam anerkennt.

Erlischt die ausländische Kapitalgesellschaft nach Ortsrecht besteht sie bei Verwaltungssitz in Deutschland als GbR oder OHG weiter, für englische limited so OLG Celle NZG **12**, 738.

Besonders schwierig sind die Regelungsprobleme des **internationalen Kon-** 33 **zernrechts** und der **multinationalen Unternehmen.** Lit: Staud/Großfeld, EGBGB IntGesRecht 1998; Zimmer 1996 S 357, 406; GroßKoAktG/Assmann Einl D; MüKoBGB/Kindler IntGesR; Kübler § 34; H. P. Westermann ZGR **75**, 68 (Methodendiskussion), Behrens ZGR **78**, 499 (Anerkennung), RabelsZ 52 **(88)** 498 (Niederlassungsfreiheit), Ebenroth JZ **88**, 18u 75; heute vor allem europäisches Recht, s Rn 34 ff.

B. **Europäisches Gesellschaftsrecht:** Dabei handelt es sich um 34

a) Verordnungen, zB VO 25.7.85 über die Europäische wirtschaftliche Interessenvereinigung, dazu **EWIVAG;** VO 8.10.01 über das Statut der **Europäischen Gesellschaft (SE),** ABlEG 10.10.01 L 291/1 mit eigener MitbestimmungsRi 8.10.01, ABlEG L 291/22, dazu Kalss/Hügel 2004 (Wien), Theisen/Wenz 2. Aufl 2005, Jannott/Frodermann 2. Aufl 2014, Blanquet, Heinze ZGR **02**, 20, 66, Hirte NZG **02**, 1, Lutter BB **02**, 1; deutsche Ergänzung und Umsetzung durch **SEAG** und **SEBG** 2004 BGBl 3675, auch dazu Lutter/Hommelhoff/Teichmann 2. Aufl 2015, Habersack/Drinhausen 2. Aufl 2016, Neye BB **04**, 1973, Ihrig/Wagner NZG **04**, 1449, Horn DB **05**, 147. Das Statut der **Europäischen Privatgesellschaft (SPE)** wurde nicht verabschiedet, Schwierigkeiten machte ein weiteres Mal die deutsche Mitbestimmung, 2014 Vorschlag einer Societas Unius Personae (SUP). Zu nennen ist auch die VO 29.5.00 über **Insolvenzverfahren,** dazu Kemper ZIP **01**, 1609.

b) Übereinkommen, zB über die gegenseitige Anerkennung von Ges und 35 juristischen Personen, Entwurf eines Übereinkommens über die internationale Fusion von AG. Sie spielen bisher keine wichtige Rolle im GesRecht. Eine größere Rolle spielen **Empfehlungen,** die keine Bindungswirkung entfalten. Für die PersGes zu nennen ist die Empfehlung zur Übertragung von kleinen und mittleren Unternehmen 7.12.1994, ABlEG L 385/14. Die Empfehlung der Kontinuität von PersGes im Fall des Todes eines der Gfter trug zur grdl Änd des

Einl § 105 36   2. Buch. Handelsgesellschaften und stille Gesellschaft

Vierten Titels über die Auflösung der Ges und das Ausscheiden von Gftern im HRefG 1998 bei, § 131 Rn 1.

36   **c) Richtlinien iVm Primärrecht:** Die weitaus größte Rolle spielen die EG/EU-Richtlinien, die eine begrenzte Rechtsvereinheitlichung anstreben (Einl 27 vor § 1) und durch nationale Durchführungsgesetze in das deutsche GesRecht eingehen, zB 1. EG-Ri 9.3.68 (PublizitätsRi) G 15.8.69 BGBl 1146, ÄndRi 15.7.03 EHUG 10.11.06 (§ 8 Rn 2a); 2. EG-Ri 13.12.76 (KapitalRi) G 13.12.78 BGBl 1959, ÄndRi 6.3.06, ABlEU L 264/32, Neufassung Ri 2012/30/EU, vgl auch Ri über angemessene Eigenkapitalausstattung von WPFirmen und Kreditinstituten nF 14.6.06 ABlEU L 177/201; 3. EG-Ri 9.10.78 (FusionsRi) G 25.10.82 BGBl 1425; 4. EG-Ri 25.7.78 (BilanzRi), 7. EG-Ri 13.6.83 (KonzernrechnungslegungsRi) und 8. EG-Ri 25.3.84 (RechnungsprüferRi), alle drei transformiert durch BiRiLiG 19.12.85 BGBl 2355, dazu EG-Ri 21.3.94 (BetragserhöhungsRi) und MittelstandsRi 8.11.90, beide transformiert durch DMBilGÄndG 25.7.94 und GmbH & Co-Ri (Einl 8 vor § 238), BankbilanzRi (§ 340 Rn 1, 2) und VersicherungsbilanzRi (Einl 8, 49 vor § 238); 6. EG-Ri 17.12.82 (SpaltungsRi), transformiert durch UmwG 28.10.94 BGBl 3210, ber 95 S 428; 10. EG-Ri 26.10.05 (grenzüberschreitende VerschmelzungsRi; s auch EuGH Sevic Rn 29), 2. UmwandlÄndG 19.4.07 BGBl 542; 11. EG-Ri 21.12.89 (ZweigniederlassungsRi), G 22.7.93 BGBl 1282; 12. EG-Ri 21.12.89 (EinpersonenGmbHRi), G 18.12.91 BGBl 2206; 13. EG-Ri 21.4.04 (Übernahmeangebote); weitere Richtlinien und Richtlinienentwürfe sowie Empfehlungen im Gefolge des Aktionsplans (unten). Die 5. EG-Ri (StrukturRi) und die 9. EG-Ri (KonzernrechtsRi) sind zu Recht aufgegeben. Vordringlich ist nach Erlass der 10. EG-Ri die 14. EG-Ri (GesSitzverlegung), Vorentwurf ZGR **99**, 157, Leible ZGR **04**, 563, auch wenn die Rspr des EuGH (s Rn 29) die Liberalisierung weit vorwärts getrieben hat (Sitztheorie nur noch für EU-AuslandsGes, s Rn 29), dazu Zimmer, Lutter BB **03**, 1, 7, Leible/Hoffmann RIW **02**, 925, Goette DStR **05**, 197. Der opt in/opt out-Kompromiss der 13. EG-Ri ist rechtspolitisch kurzatmig, die **Urteile** des **EuGH** ZIP 02, 1085, 1090, 03, 991, 995, **07**, 221 (PTT/KPN) m Anm Möslein 208, ZIP **07**, 2068 (VW-Gesetz), NZG **09**, 906 (Italien), WM **10**, 1362 (Portugal) m Anm Purnhagen EuZW **10**, 706, WM **10**, 2262 (Portugal) zu den **goldenen Aktien** (golden shares) und ihren Zulässigkeitsgrenzen aus der Niederlassungsfreiheit sind dazu wegweisend, **Festhalten am VW-Gesetz** (1960 mit Änd 1966 und 1970) durch AndG 8.12.08 BGBl 2369 (Höchststimmrecht von 20%, satzungsändernde Mehrheit von 80%, beides im Hinblick auf Niedersachsen) ist verfehlt, Holle AG **10**, 14, aA LG Hann ZIP **09**, 666, Rapp-Jung/Bartosch BB **09**, 2210, erneute Anrufung des EuGH, EUKommission EuZW **10**, 642, Billigung, EuGH ZIP **13**, 2103. Lit: Grundmann/Möslein BKR **02**, 758, ZGR **03**, 317, Rühland in Beiträge für Hopt **08**, 501, Bayer/Schmidt BB **10**, 394, Soltysinski FS Hopt **10**, 2571, Frenz EWS **11**, 125. Kein allgemeiner Gleichheitsgrundsatz für Aktionäre aus dem Primärrecht, EuGH ZIP **09**, 2241 **(Audiolux),** krit Basedow FS Hopt **10**, 27, Habersack/Tröger NZG **10**, 1; kein allgemeiner Grundsatz der Haftungsbeschränkung (dh grundsätzlich kein Durchgriff) bei KapitalGes, EuGH NZG **11**, 183 **(Idryma Typou)** m Anm Möslein 174. Anstöße für eine liberale GesRechtsangleichung (transparente Regulierung, Konzentration auf Kernbereiche, ua corporate governance) durch zwei Berichte für die EUKommission (**High Level Group of Company Law Experts,** auch Winter-Gruppe), 10.1.02 und 4.11.02, dazu Nobel SZW **02**, 30, Wiesner ZIP **02**, 208, BB **03**, 213, Maul DB **03**, 27, Hopt JCorpLStudies 3 **(03)** 221u ZIP **05**, 461. Ein umfassender, den Empfehlungen der High Level Group weitestgehend folgender **Aktionsplan** der EUKommission für GesRecht und corporate governance ist am 21.5.2003 vorgelegt worden, Maul ua BB **03**, 1289, Wiesner ZIP **03**, 977; Umsetzung und Interdependenzen

Einleitung **36 Einl § 105**

mit deutschem Recht Hopt ZIP 05, 461, Baum AG 07, 57. Die Konzernbilanzierung wurde ab 2005 auf IAS/IFRS umgestellt, VO 19.7.02 NZG 02, 1095, Mitgliedstaatenwahlrecht auch für Einzelbilanz. Jedenfalls mittelbar relevant für Gesellschaften sind die Richtlinien über Kapitalmarktrecht (Einl 1 vor **(16)** WpHG). Zum Aktionsplan v 12.12.2012 (Europ GesR u Corporate Governance), Hopt ZGR **13**, 165, dazu v 9.4.2014 die Vorschläge zur Revision der Aktionärsrechterichtlinie COM(2014) 213 final und zur Einführung einer Societas Unius Personae (SUP), COM(2014) 212 final. Änderung Aktionärsrechterichtlinie v 17.5.2017, Zusammenfassung verschiedener Richtlinien durch Gesellschaftsrechtsrichtlinie v 14.6.2017.

Rechtswirkung von EU-Ri erst ab **Umsetzung** in nationales Recht, aber bei verspäteter oder falscher Umsetzung Staatshaftung, wenn der Einzelne berechtigt sein sollte, der Verstoß hinreichend qualifiziert ist und Kausalität besteht, stRspr des EuGH seit EuZW **91**, 758 (Francovich), zB BGH **181,** 206, zur **Vorwirkung** Ehricke ZIP **01**, 1311, Röthel ZEuP **09**, 34; zur unmittelbaren innerstaatlichen Anwendbarkeit (auch von Teilen), Steindorff AG **88**, 57, Kirchhoff DB **89**, 2261; zur Rechtswirkung von Richtlinien nach EuGHRspr von Danwitz JZ **07**, 697, nicht unter Privaten, Mörsdorf EuR **09**, 219. Umsetzung so, dass die Begünstigten von allen ihren Rechten Kenntnis erlangen und diese ggf gerichtlich geltend machen können, EuGH EuZW **02**, 466m Anm Pfeiffer (zu AGBRi). Europarechtskonforme Auslegung des deutschen Rechts nach Umsetzung wirft schwierige Probleme auf (s ZB zur HV-Ri § 84 Rn 3, § 86 Rn 22). Pflicht der Gerichte zur richtlinienkonformen Rechtsfortbildung, zB teleologische Reduktion, aber nicht contra legem, BGH WM **09**, 316 (zu § 439 IV BGB), Herresthal 2006, Canaris FS Bydlinski **02**, 81, Möllers/Möhring JZ **08**, 919, aA Ehricke ZIP **04**, 1028. Praktisch und prozessual wichtig ist vor allem, dass für Zweifelsfragen bei der Auslegung der EU-Ri ausschließlich der EuGH im **Vorlage**verfahren nach **Art 267 AEUV** (Art 234 aF, 177 aF EG) zuständig ist (§ 84 Rn 3); bei Verkennung der Vorlagepflicht Vorenthaltung des „gesetzlichen Richters", BVerfG ZIP **01**, 350; zur Vorlagepflicht im GesRecht Hirte RabelsZ 66 **(02)** 553, allgemeiner Hakenberg, Hess RabelsZ 66 **(02)** 367, 470. Zur Auslegung angeglichenen deutschen Rechts Everling ZGR **92**, 376, Lutter JZ **92**, 593, FS Everling **95**, 765, Grundmann ZEuP **96**, 399, Auer NJW **07**, 1106, Höpfner/Rüthers AcP 209 **(09)** 1, bei **überschießender Umsetzung** Habersack/Mayer JZ **99**, 913, Drexl FS Heldrich **05**, 67, Lutter FS Heinze **05**, 571, **gespaltene Auslegung** (dh nur, soweit Richtlinienvorgabe, nicht im Übrigen), Habersack/Mayer WM **02**, 257, Grenzen **richtlinienkonformer Rechtsfortbildung** Herresthal EuZW **07**, 396, Schürnbrand JZ **07**, 910, Schinkels JZ **11**, 394. Vorlagepflicht bei unbestimmten Rechtsbegriffen Remien RabelsZ 66 **(02)** 503. Textsammlungen Lutter/Bayer/Schmidt Europäisches Unternehmensrecht, 5. Aufl 2012, Hopt/Wymeersch 4. Aufl 2007 (OUP, engl). RsprÜbersichten: Klinke ZGR **02**, 163 (EuGH). Lit: Grundmann 2. Aufl 2011, Habersack/Verse 4. Aufl 2011, Schwarz 2000, Scheuing ua 2001, van Hulle/Gesell 2006 (engl), Teichmann 2006; Hopt ZIP **05**, 461, Neye ZIP **05**, 1893 (10. Ri), Neye/Timm DB **06**, 488 (10. Ri), Bayer/Schmidt NJW **06**, 401 (10. Ri), Kallmeyer/Kappes AG **06**, 224 (Sevic, 10. Ri), Lutter/Drygala JZ **06**, 770 (10. Ri), Oechsler NZG **06**, 161 (10. Ri), Samson/Flindt NZG **06**, 290 (int Zusammenschlüsse), Simon/Rubner Konzern **06**, 835 (Umsetzung 10. Ri), Baums AG **07**, 57, Hopt ZHR 171 **(07)** 199 (Konzernrecht), Krause/Kulpa ZHR 171 **(07)** 38 (Sevic, UmwandlÄndG), Veil FS Priester **07**, 799, Bayer/Schmidt BB **08**, 454 (2004–2007), Ringe in Beiträge für Hopt **08**, 217 (EuGH und nationales GesRecht), Roth EWS **08**, 401 (Kompetenz Privatrecht), Fleckner, Neye, Schön FS Hopt **10**, 659, 1079, 1343, Weller ZEuP **15**, 6 (Konzernrecht, SUP), ZEuP **16**, 54 (Entwicklungsstufen), ECLE EBOR **17**, 1 (Konzernrecht). Rspr/GesÜbersichten: Bayer/Schmidt BB **08**, 454, **10**, 387 **12**, 3, **13**, 3, **14**, 1219, **15**, 1731, **16**, 1923, **17**, 2114.

7) Rechtsvergleich, Rechtstatsachen und Leitbilder

37 A. **Ausländisches Personengesellschaftsrecht:** PersGes (zur Unterscheidung von Handels- und sonstigen PersGes in Kontinentaleuropa, nicht aber in England und den USA oben Rn 15) haben aufgrund der traditionell unbeschränkten Haftung jedenfalls eines Gesellschafters an Bedeutung verloren. Rechtsvergleichend zeigt sich dies insbesondere in Frankreich, wo die SARL die PersHdlsGes weitestgehend verdrängt hat (Sonnenberger). Im Vereinigten Königreich gibt es hingegen neben der dort vorherrschenden limited liability company (ltd) weiterhin eine bedeutende Zahl von PersGes (partnerships). Zur Verbreitung der PersGes trägt bei (wenn auch nicht maßgeblich), dass England wie die USA auch eine Personengesellschaft mit beschränkter Haftung (limited liability partnership, LLP) kennt. Im Rechtsvergleich hervorzuheben ist freilich die US-amerikanische limited liability company (LLC), eine Hybridform aus Personen- und Kapitalgesellschaft. Da die LLC inzwischen häufiger gegründet wird als klassische corporations (Dammann/Schündeln JLE **12**, 741) spricht man vom „rise of the uncorporation", Ribstein 2010. Die LLC muss nach dem entsprechenden Uniform Act mindestens zwei Gesellschafter haben, grundsätzlich sind die Gesellschafter zur (Gesamt)Geschäftsführung befugt und verlieren mit dem Tod ihre Gesellschafterstellung; für Schulden der Ges haftet nur das GesVermögen. Neben der member-managed ist auch eine management-managed LLC zulässig, notwendig ist eine entsprechende Bestimmung im Gesellschaftsvertrag. Nach US-amerikanischem Steuerrecht kann die LLC wählen, ob sie als Kapital- oder als Personengesellschaft besteuert werden soll. Lit: Wiedemann (Überblick), Röder RabelsZ 78 **(14)** 109 (KG), Sonnenberger (Frankreich), Illmer ua (England), Ribstein, Rise of the Uncorporation, 2010 (US), zur brasilianischen Sociedade Limitada als Mischform Schweizer RIW **12**, 737, zu Norwegen: Mörsdorf RIW **11**, 133.

38 B. **Wirtschaftliche Bedeutung des Personengesellschaftsrechts:** Waren bis zur Zulassung der Ein-Mann-GmbH Anfang der Achtziger Jahre mehr PersGes in deutsche Handelsregister eingetragen, so überwiegt seitdem jedenfalls auf den ersten Blick die Zahl der KapGes, GroßKoGmbH/Ulmer Einl A 80. Etwa 24.000 OHG und 255.000 KG stehen nunmehr ca 15.000 AG, 115.000 UG und 1,2 Millionen GmbH gegenüber, Kornblum GmbHR **15**, 691. Die Zahlen für GmbH und UG enthalten freilich einen hohen Anteil von Ein- und Zweipersonengesellschaften, bei einer Stichprobe in vier ausgewählten bayerischen Registern hatte nur jede achte GmbH mehr als zwei Gfter und fand sich in drei keine GmbH mit mehr als fünf Gftern, Wedemann, Gesellschafterkonflikte 2013, S 13. Dagegen hat nach der Einkommensteuerstatistik (2012, Zahlen für 2008) etwa jede zehnte GmbH & Co KG mehr als fünf Gesellschafter, über 19.000.

39 Die wirtschaftliche Bedeutung des Personengesellschaftsrechts darf nicht unterschätzt werden. Auch dies zeigt ein Blick in die einschlägigen Steuerstatistiken. Nach der Umsatzsteuerstatistik (2012, Zahlen für 2010) stehen die Lieferungen von GmbH & Co KG den Lieferungen von Aktiengesellschaften nicht nach und erreichen den halben Wert der Lieferungen durch GmbH, alle PersGes zusammen kommen auf den halben Wert der Kapitalgesellschaften. Für alle PersGes zusammen (inklusive GbR) weist die Lohn- und Einkommenstatistik sogar höhere Einkünfte aus als die Körperschaftssteuerstatistik für Kapitalgesellschaften (jeweils 2012, Zahlen für 2008).

40 C. Das **Vorherrschen der PersHdlsGes ohne natürliche Person als phG** zeigt sich in der Lohn- und Einkommensteuerstatistik (Statistik über die Personengesellschaften und Gemeinschaften, 2015, Zahlen für 2010) mit 20.166 OHG, 27.714 KG und 179.942 GmbH & Co KG. Dies weist die PersHdlsGes ohne natürliche Person als phG als praktisches Leitbild aus, danach sind über drei Viertel der PersHdlsGes als GmbH & Co KG organisiert. Steuerpflichtig sind

1. Abschnitt. Offene Handelsgesellschaft **§ 105**

weiter fast eine halbe Million GbR. Von überragender Bedeutung ist die GmbH & Co KG insbesondere für den Mittelstand, der weithin das Rückgrat der deutschen Wirtschaft bildet. Mit nach der Steuerstatistik für 2008 insgesamt über 19.000 Ges mit mehr als fünf Mitgliedern (zur GmbH Wedemann, Gesellschafterkonflikte 2013, S 13) dürfte die GmbH & Co KG sogar die wichtigste Gesellschaftsform für „echte" Gesellschaften überhaupt sein.

Historisch (die gerichtliche Anerkennung vor (knapp) hundert Jahren in den 41 1910er und 1920er Jahren, Anh § 177a Rn 4), rechtstatsächlich (die große praktische Bedeutung der GmbH & Co KG, Rn 40) und rechtsvergleichend (der Erfolg der LLC in den USA, Rn 37) spricht viel für eine Kodifikation der PersGes mit beschränkter Haftung. Eine eigenständige Rechtsform neben der GmbH Co würde Neugründungen erleichtern, zum grundlegenden Reformbedarf auch Henssler/Markworth NZG **15**, 7, s schon Schilling DB **72**, 2, Barz NJW **72**, 465. Der Erfolg der limited liability company in den USA deutet ein praktisches Bedürfnis an, rechtlich erscheint eine doppelte Registerpflicht (KG und GmbH/UG) unnötig, systematisch eine einheitliche Kodifikation der für mehrere Gesellschafter jedenfalls mutmaßlich häufigsten Vertragsform vorzugswürdig. Dass ausgerechnet die praktisch wichtigste PersHdlsGes, die PersHdlsGes ohne natürliche Person als persönlich haftenden Gfter nicht im Zusammenhang kodifiziert ist, kann nicht überzeugen. Der LLC de lege lata wohl am nächsten kommt eine (Ein-Euro) UG & Co KG ohne Gewinnanspruch (Anh § 177a Rn 11, str ob möglich), denkbar wären weiter: in Anlehnung an die GmbH & Co ein echtes Mindestkapital, in Anlehnung an die UG sowie den RefE zu einer Kooperationsgesellschaft (8.3.2013) die Pflicht zur Bildung einer gesetzlichen Rücklage aus Jahresüberschüssen oder in Anlehnung an die Genossenschaft eine Nachschusspflicht in der Insolvenz. Vorzugswürdig erscheint eine eigenständige Regelung unter Berücksichtigung der steuerrechtlichen Implikationen, dies idealerweise im Anschluss an die Regelung der Kommanditgesellschaft in den §§ 161–177a und vor der stillen Gesellschaft (§§ 230–237), bei der es sich nicht um eine HandelsGes handelt.

Erster Abschnitt. Offene Handelsgesellschaft

Erster Titel. Errichtung der Gesellschaft

[Begriff der OHG; Anwendbarkeit des BGB]

105 (1) Eine Gesellschaft, deren Zweck auf den Betrieb eines Handelsgewerbes unter gemeinschaftlicher Firma gerichtet ist, ist eine offene Handelsgesellschaft, wenn bei keinem der Gesellschafter die Haftung gegenüber den Gesellschaftsgläubigern beschränkt ist.

(2) ¹Eine Gesellschaft, deren Gewerbebetrieb nicht schon nach § 1 Abs. 2 Handelsgewerbe ist oder die nur eigenes Vermögen verwaltet, ist offene Handelsgesellschaft, wenn die Firma des Unternehmens in das Handelsregister eingetragen ist. ² § 2 Satz 2 und 3 gilt entsprechend.

(3) Auf die offene Handelsgesellschaft finden, soweit nicht in diesem Abschnitt ein anderes vorgeschrieben ist, die Vorschriften des Bürgerlichen Gesetzbuchs über die Gesellschaft Anwendung.

§ 105

2. Buch. Handelsgesellschaften und stille Gesellschaft

Übersicht

	Rn
1) Begriff und Merkmale der OHG (I)	1–11
A. Gesellschaft	1
B. Betrieb eines Handelsgewerbes	2
C. Gemeinschaftliche Firma	5
D. Unbeschränkte Haftung aller Gesellschafter	6
E. OHG von Rechts wegen bei objektivem Vorliegen ihrer Voraussetzungen	7
F. OHG kraft Rechtsschein	11
2) Bürgerlichrechtliche und Vermögensverwaltungsgesellschaft nach Eintragung und als Kannkaufmann (II)	12–14
A. Eingetragene Gesellschaft als OHG (II 1)	12
B. GbR und Vermögensverwaltungsgesellschaft als Kannkaufmann (II 2 iVm § 2 Satz 2, 3)	14
3) Verweisung auf das Recht der bürgerlichrechtlichen Gesellschaft (III)	15–17
A. Verweisung auf §§ 705 ff BGB (III)	15
B. Geltung von OHGRecht für andere Gesellschaften	17
4) Gesellschafter: Zahl, Kaufmannseigenschaft, Gesellschafterfähigkeit	18–30
A. Zahl	18
B. Kaufmannseigenschaft	19
C. Ehegatten	24
D. Minderjährige	26
E. Gesellschaften, Gemeinschaften	28
5) Treuhänder, Unterbeteiligte, Nießbraucher	31–46
A. Treuhänder	31
B. Unterbeteiligte	38
C. Nießbraucher	44
6) Gesellschaftsvertrag	47–66
A. Rechtsnatur	47
B. Abschluss	50
C. Form	54
D. Vorvertrag	58
E. Auslegung	59
F. Vertragsänderung	60
G. Zustimmungspflicht zur Vertragsänderung	64
7) Gesellschafterwechsel	67–74
A. Eintritt	67
B. Übertragung	69
C. Austritt	74
D. Verpfändung und Pfändung des Gesellschaftsanteils	74
8) Fehlerhafte Gesellschaft	75–97
A. Grundsatz	75
B. Fehlerhafter Vertrag	79
C. Vollzug	81
D. Fehlen vorrangiger Schutzinteressen	83
E. Wirksamkeit nach innen und außen	85
F. Geltendmachung des Fehlers	88
G. Ausdehnung auf fehlerhafte Vertragsänderungen	91
9) Scheingesellschaft und Rechtsscheinhaftung	98, 99
A. Scheingesellschaft	98
B. Rechtsscheinhaftung	99
10) Konzernrecht der Personengesellschaften	100–107
A. Grundlagen	100
B. Die beherrschte (abhängige oder konzernierte) Personengesellschaft	102
C. Die herrschende Personengesellschaft	106
D. Ausblick auf Zusammenschlusskontrolle	107

1. Abschnitt. Offene Handelsgesellschaft   1–4 § 105

1) Begriff und Merkmale der OHG (I)

A. **Gesellschaft:** Die OHG ist Ges iSv §§ 705 ff BGB (Einl 1, 2 vor § 105), **1** also ein Zusammenschluss zu einem **gemeinsamen Zweck**. § 705 BGB verlangt gegenseitige Verpflichtung zur Förderung eines gemeinsamen Zwecks. Zweck der OHG im Unterschied zur GbR ist **Betrieb eines Handelsgewerbes unter gemeinschaftlicher Firma** (s Rn 2 ff, 5), und zwar im Unterschied zur KG ohne Haftungsbeschränkung (s Rn 6), so **§ 105 I** (der insoweit zwingend ist, s Rn 7–8). Den GesZweck fördern die Gfter durch Beiträge (§ 109 Rn 6), aber uU auch schon durch ihre bloße Mitwirkung mit ihrem Namen und ihrer persönlichen Haftung. Der gemeinsam verfolgte Zweck kann für die Gfter Mittel zu ganz unterschiedlichen Endzwecken sein. Lit: Schulze-Osterloh 1973; Ballerstedt JuS **63**, 253, Petzoldt BB **73**, 1332, Fikentscher FS Westermann **74**, 87, Hopt ZGR **87**, 159 („Verwalten" eines Grundstücks), von Gamm NJW **88**, 1245 (GWB).

B. **Betrieb eines Handelsgewerbes: a) Gewerbe:** Die Abgrenzung, beson- **2** ders Merkmal der Gewinnerzielungsabsicht, ist str (näher § 1 Rn 11 ff). Gewerbe ist idR zu bejahen bei ImmobilienGes (zur Kapitalanlage und -nutzung in Grundbesitz, ua Mietshäuser), Abgrenzung str, Hopt ZGR **87**, 160; ApothekenGes (§ 1 Rn 19), die Gfter müssen aber Apotheker sein (§ 8 ApG), Schiedermair FS Laufke **71**, 253; AbschreibungsGes, Hopt ZGR **87**, 154, str; für HoldingGes und BesitzGes mit Unternehmensverpachtung (Betriebsaufspaltung) sehr str (§ 1 Rn 18); auch Land- und Forstwirtschaft (früher str, § 3 Rn 3). Wirtschaftsprüfungsgesellschaften sind als OHG und KG zulässig, wenn diese wegen ihrer Treuhandtätigkeit als HdlGes in das HdlReg eingetragen sind (s **(4c)** WPO § 27 I, II).

Nicht ein Gewerbe begründen zB: Durchführung einzelner Geschäfte (§ 1 **3** Rn 13); Tätigkeit, die nicht auf Förderung des Unternehmens der Ges selbst, sondern nur auf Förderung der Mitglieder zielt (zB Entwicklungs-, Patent-, Einkaufsgemeinschaft, erlaubtes Kartell); bloße Vermögensverwaltung (§ 1 Rn 17, aber II nF, s Rn 13). **Freie Berufe** (§ 1 Rn 19, außer bei gewerblichem Zuschnitt, § 1 Rn 20), BGH **97**, 273 (Mithaftung); Ärztegemeinschaften, Hopt/Hehl JuS **79**, 273; Anwaltssozietät, BGH **56**, 355, **70**, 247, **83**, 328, **108**, 290 (überörtlich), Steindorff FS Fischer **79**, 747; Steuerberatungs- und Wirtschaftsprüfersozietäten in der Form der OHG oder KG, die nicht überwiegend Treuhandtätigkeit ausüben (§§ 49 II, 50 I StBerG, **(2c)** §§ 27, 28 WPO; dort wird auf Eintragung abgestellt, was aber kein Gewerbe begründet), BGH ZIP **11**, 1664, Dresd NZG **13**, 873; Tersteegen NZG **10**, 652, aA Leuering/Rubner NJW-Sp **10**, 591, aber s Rn 13 mit aA K. Schmidt. Zusammenschlüsse zu solchen Zwecken können aber GbR sein, uU auch GmbH, AG, uU eG, wirtschaftender Verein (§ 22 BGB), mangels Gewerbeeigenschaft dagegen nicht OHG, KG, GmbH & Co, aber EWIV und PartG (speziell für Freiberufler und OHG-ähnlich, PartGG 25.7.94 BGBl 1744, Anh § 160 Rn 1). Lit: Michalski 1989 (GesRecht der freien Berufe); Hopt ZGR **87**, 145. Abgrenzung zum Gewerbe wird brüchig, nach BGH NZG **12**, 1062 können sich auch Freiberufler auf das Recht am eingerichteten und ausgeübten Gewerbebetrieb berufen. **Muster:** Hopt/Lang 4. Aufl 2013 Form II. A.1–2 (einfacher und ausführlicher GesVertrag einer GbR), Form II. H.1 (Joint Venture als GbR über Gemeinschaftsunternehmen in der Form einer GmbH, Equity Joint Venture).

b) Handelsgewerbe: HdlGewerbe (§ 1 Rn 30), nach § 1 I, II oder § 2 **4** Satz 1, auch in GesForm betriebene Land- oder Forstwirtschaft oder Nebengewerbe solcher nach Eintragung (§ 3 II, III); **nicht Kleingewerbe** vor Eintragung (§ 2 Satz 2). Betriebsübernahme ohne Eintragung genügt, wenn Betrieb nach § 2 für EinzelKfm eingetragen war (zB Aufnahme eines Gfters durch EinzelKfm, § 2 Rn 11); anders bei Übernahme des Betriebs einer GmbH, BGH **59**, 183. Maßgeblich ist der **Zeitpunkt** der Eintragung (bzw Löschung), bloße

§ 105 5–8   2. Buch. Handelsgesellschaften und stille Gesellschaft

Zukunftserwartungen genügen nicht, BGH 10, 96 (§ 1 Rn 23); anders wenn nach der Anlage des Unternehmens kfm Einrichtung klar und alsbald erforderlich sein wird, vgl BGH 32, 311, BayObLG NJW 85, 983, aber Zurückhaltung geboten (§ 1 Rn 23). Fehlgeschlagene OHG s Rn 7. Rückgang auf Kleingewerbe oder Betriebseinstellung s Rn 8.

5   C. **Gemeinschaftliche Firma:** Mit diesem in I genannten Merkmal ist die Ausrichtung der Ges auf ein gemeinschaftliches Auftreten nach außen gemeint (OHG als Außen-, nicht InnenGes). Die so gebildete Ges als OHG ist firmenpflichtig. Die gemeinschaftliche Firma ist also Rechtsfolge, nicht Voraussetzung der OHG, Staub/Schäfer 35, aA früher hL. Die OHG entsteht konsequent auch, wenn sich die Gfter auf keine Firma einigen können, aber trotzdem den Betrieb gemeinsam beginnen, str; jedenfalls aber bei unzulässiger Firma, zB unzulässiger Sachfirma, oder sonstiger Geschäftsbezeichnung, RG **82**, 25, BGH **22**, 243. Zur Firma der OHG s §§ 18 II, 19 I Nr 2, II, 22, 24, Westermann/Wertenbruch § 7. Jede OHG kann nur eine Firma haben, auch wenn sie mehrere Unternehmen betreibt, BGH **67**, 166 (§ 17 Rn 9); die Gfter können aber zum Betrieb mehrerer Unternehmen mehrere OHG mit verschiedener Firma (auch gleiche Firma bei verschiedenem Sitz, § 30) gründen.

6   D. **Unbeschränkte Haftung aller Gesellschafter:** Die Ges zum Betrieb eines HdlGewerbes unter gemeinschaftlicher Firma ist KG, wenn eine Haftungsbeschränkung nach § 161 I vereinbart ist, sonst ist sie zwingend OHG, auch wenn die Gfter in anderer Weise die Haftung beschränken wollen, zB indem sie sich als Verein bezeichnen und die Mitglieder nur zu bestimmten Beiträgen verpflichten. Es liegt dann eine OHG vor, das Registergericht kann ihre Anmeldung als OHG erzwingen. Im Innenverhältnis kann die Haftung dagegen beliebig geregelt werden (§ 109).

7   E. **OHG von Rechts wegen bei objektivem Vorliegen ihrer Voraussetzungen: a) Entstehung:** Die Ges ist OHG, wenn objektiv die Voraussetzungen einer OHG vorliegen, mögen die Gfter in anderer Verbindung stehen wollen, BGH **32**, 310, zB als GbR, BGH **10**, 97, oder als GmbH, BGH **22**, 245 (aber kein Wille zur Eintragung). War umgekehrt OHG gewollt, aber mangels HdlGewerbe nicht möglich, kommt Aufrechterhaltung als GbR in Betracht (§ 140 BGB), BGH **19**, 269. Bleibt eine als OHG gegründete Ges GbR, zB bei Kleingewerbe mangels Eintragung nach § 2 (**fehlgeschlagene OHG** oder KG, mißverständlich auch „bürgerlichrechtliche" genannt), kann für ihre Geschäftsführung und Vertretung das Recht der OHG bzw KG als Vertragsregelung gelten, BGH BB **72**, 61; auch im Übrigen entspr Regeln, wie wenn OHG oder KG kraft Gesetzes GbR wird (s Rn 8). Besteht eine GbR (§ 705 BGB) und nimmt sie ein kfm Gewerbe unter gemeinsamer Firma auf, wird sie ohne weiteres OHG, BGH BB **67**, 143 (Einl 21 vor § 105). Konsequenzen für die Firmenfortführung s § 24 Rn 7, 8. Besteht eine andere Gemeinschaft als eine Ges, zB **Erbengemeinschaft** (§ 1 Rn 37) oder eine fortgesetzte Gütergemeinschaft (s Rn 48), RG JW **26**, 552, setzt OHG Abschluss eines GesVertrags voraus; wird ein kfm Gewerbe unter gemeinsamer Firma aufgenommen, kann dieser unter stillschweigend geschlossen sein. Das gilt auch für den Unternehmensformwechsel vom EinzelKfm in Ges (Neugründung, Einl 22 vor § 105). Bei Grundbesitz und Umwandlung von GbR zu OHG bloße Richtigstellung des Grundbuchs, Zweibr ZIP **12**, 2254.

8   **b) Rückgang auf Kleingewerbe** oder **Betriebseinstellung** (falls die Ges fortbesteht und nicht eingetragen ist, s Rn 12) machen die OHG zur GbR, gleich ob die Einstellung freiwillig (zB Vermietung der Gewerberäume) oder aufgezwungen oder ganz von GfterWillen unabhängig ist, BGH **32**, 312, NJW **71**, 1698, WM **75**, 99; nicht: nur vorübergehende Stilllegung oder Aufgabe, zB

1. Abschnitt. Offene Handelsgesellschaft § 105

infolge Verlusts der Betriebsmittel, RG 110, 425, **155**, 82, BGH **32**, 312. Wie Betriebseinstellung behandelt die Rspr die **Verpachtung des Betriebs,** so BGH **32**, 312, BB **62**, 349, NJW **71**, 1698; bei Lösung der Pacht wird die GbR wieder OHG, BGH BB **62**, 349. Ob bei **Betriebsaufspaltung** das Besitzunternehmen noch ein Gewerbe betreibt, ist sehr str (§ 1 Rn 18). Besteht **Eintragung** der OHG fort, kann II 1 eingreifen (str ob Antrag nach II 2 iVm § 2 S 2 nötig ist, s Rn 14); war ohne Antrag eingetragen, greift nicht II 1, sondern nur § 5 ein (s Rn 12). Auftreten der GbR wie OHG, kann zur OHG kraft Rechtsschein führen (s Rn 11).

Umwandlung von Rechts wegen: Bei Wegfall der Voraussetzungen erlischt die OHG oder wird von Rechts wegen in GbR umgewandelt (Einl 21 vor § 105). Die Identität der Ges ändert sich nicht, BGH ZIP **16**, 767, die Rechte und Pflichten bleiben dieselben, die stillen Reserven bleiben unberührt, eine Vermögensübertragung ist nicht notwendig. Scheidet von zwei Gfter der eine aus, geht das Vermögen der Ges **auf den** übrigbleibenden **Einzelkaufmann** im Wege der **Gesamtrechtsnachfolge** über (§ 131 Rn 35), BGH **113**, 134, aA bzw unklar noch (entspr § 142 aF HGB, § 738 I 1 BGB, was aber unterschiedliche Haftungskonsequenzen hat, § 131 Rn 35), BGH **32**, 315, **50**, 308. Die stillen Reserven bleiben bei dem EinzelKfm unberührt (anders beim Ausscheidenden, wenn er mehr als eine Buchwertabfindung ausbezahlt erhält, § 131 Rn 48–49, 58). Im Grundbuch ist nur zu berichtigen, BayObLG BB **83**, 333. Konsequenzen für die Firmenfortführung s § 24 Rn 9.

Rechtsverhältnisse bei der umgewandelten Gesellschaft: Das **Gesellschaftsvermögen** der bisherigen OHG ist nunmehr das Gesamthandsvermögen der Gfter der GbR. Auflassung ist nicht nötig, das Grundbuch ist dahin zu berichtigen, RG **155,** 85, KG JW **35**, 1792, BayObLG NJW **82**, 110; das ist jedoch keine (eine sachlich falsche Eintragung beseitigende) Berichtigung iSv §§ 22, 39, 53 GBO, § 894 BGB, sondern nur Richtigstellung der falschen Bezeichnung des Berechtigten, BayObLG NJW **52**, 29, die Zwangsvollstreckung aus einem auf die OHG lautenden Titel kann fortgesetzt werden, einer den Titel umschreibenden Vollstreckungsklausel bedarf es nicht, BGH ZIP **16**, 767. **Geschäftsführung und Vertretung** der bisherigen OHG gelten entspr für die nunmehrige GbR fort, BGH NJW **87**, 3126. Dementsprechend wird bei bisheriger KG die Vertretungsmacht des phG zur Vollmacht, die die Verpflichtung der bisherigen Kdtisten entspr ihrer beschränkten Haftung gestattet; diese können von den geschäftsführenden Gftern verlangen, dass sie diese Begrenzung ihrer Vertretungsmacht soweit nötig nach außen erkennbar machen; hatte der bisherige Kdtist Geschäftsführungsbefugnis und Vollmacht (§ 164 Rn 7, § 170 Rn 3), kann er in der GbR je nachdem den bisherigen phG gleichstehen, BGH NJW **71**, 1698, BB **72**, 61; dazu K. Schmidt DB **71**, 2345, **73**, 653, BB **73**, 1612, Beyerle NJW **72**, 229, Kornblum BB **72**, 1032. Lit: K. Schmidt DB **73**, 703, JZ **74**, 219, Beyerle BB **73**, 1376. Zur Haftung vor Eintragung § 176 Rn 1.

c) **Geplante Kapitalgesellschaft:** Die **werdende GmbH, AG, eG,** für die der Gründungsvertrag zwar geschlossen, die Eintragung aber noch nicht erfolgt ist, ist **Vorgesellschaft** (zB VorGmbH) unter dem Recht der geplanten Form mit den Abweichungen, die aus der noch fehlenden Eintragung folgen (also noch OHG); Haftungsfolgen s Anh § 177a Rn 15 ff. Wird die **Eintragung** als GmbH, AG, eG **nicht** oder nicht mehr **betrieben,** entsteht durch den gemeinsamen Geschäftsbetrieb trotz Bezeichnung als GmbH, AG, eG eine **OHG,** BGH **22**, 240, **50**, 32, WM **65**, 246, wohl auch BayObLG DB **78**, 1685 (Folge: für Gfter, der Ges Gläubiger befriedigte, Ersatzklage gegen MitGfter im Gerichtsstand § 22 ZPO); mangels kfm HdlGewerbes (§ 1) entsteht bloße **GbR,** BGH **61**, 67, beide Formen mit persönlicher Haftung aller Gfter. Entspr gilt für Gfter einer **bestehenden GmbH,** die, ohne gemäß § 53 GmbHG Gegenstand, Sitz und Firma der Ges zu ändern, ein neues kfm Unternehmen unter neuer (GmbH) Firma eröffnen, BGH **22**, 244. Lit: Rittner 1973; K. Schmidt GmbHR **70**, 162, **73**, 146, Lieb DB **70**, 961, Flume FS Geßler **71**, 3, Ulmer FS Ballerstedt **75**, 279; RsprÜbersicht: Fleck ZGR **75**, 212.

10 **d) Bei Sitzverlegung in das Inland:** Verlegt eine ausländische rechtsfähige Ges nach Gründung ihren Verwaltungssitz (§ 106 Rn 8, 10) in das Inland, ist die Statutenwechsel, die Ges wurde nach der herkömmlichen deutschen Sitztheorie zur OHG, vgl BGH **97**, 269, Mü NJW **86**, 2197, Ebke ZGR **87**, 245, aA formwechselnde Umwandlung analog UmwG Großfeld/Jasper RabelsZ 53 **(89)** 52, Staud/Großfeld, EGBGB IntGesR 645. Dies ist jedoch mit EURecht unvereinbar, Konsequenzen im Einzelnen str (Einl 29 vor § 105), richtiger ist genereller Übergang zur Gründungstheorie auch für PersonenGes (§ 106 Rn 8). Ausländische rechtsfähige Ges als Gfter s Rn 28.

11 **F. OHG kraft Rechtsschein:** Fehlt es an einem der genannten Merkmale und damit an einer OHG, können bei entsprechendem Rechtsschein doch die Regeln der OHG anwendbar sein, zB §§ 128 ff, BGH **11**, 190, **17**, 13, **61**, 59, NJW **11**, 68 (GbR); auch wenn es überhaupt an einem GesVertrag fehlt (dann keine fehlerhafte Ges, s Rn 98–99). Dafür müssen aber die einzelnen Voraussetzungen der Rechtsscheinhaftung erfüllt sein (näher § 5 Rn 9–17).

2) Bürgerlichrechtliche und Vermögensverwaltungsgesellschaft nach Eintragung und als Kannkaufmann (II)

12 **A. Eingetragene Gesellschaft als OHG (II 1): a) GbR:** II idF HRefG 1998 ist die gesellschaftsrechtliche Parallelregelung zu § 2 nF (näher dort), II 1 entspricht § 2 Satz 1; II 2 verweist auf § 2 Satz 2 und 3. II 1, 2 gilt auch für die land- und forstwirtschaftliche GbR (§ 2 Rn 2), daneben tritt die Vermögensverwaltung, bei der auch auf eine gewerbliche Tätigkeit verzichtet wird (Rn 13). Eine Ges, deren Gewerbebetrieb nicht schon nach § 1 II HdlGewerbe, sondern nur Kleingewerbe ist (s Rn 4), ist **OHG** oder **KG** (§ 161 II), wenn die Firma des Unternehmens im HdlReg eingetragen ist (II 1, also nicht bloße FiktivOHG, vgl § 2 Rn 3). Das ist in der Praxis besonders wegen der bei der KG eröffneten **Haftungsbeschränkung** (§§ 171, 172, 176 I 2, s dort) wichtig. Ges, die kein Gewerbe betreiben, fallen nicht unter II (str, s Rn 13); auch § 5 findet keine Anwendung (§ 5 Rn 5). Die **Eintragung** ist unter II 1 (anders als unter I iVm § 106) **konstitutiv**. Fehlte für die Eintragung Antrag nach II 2 iVm § 2 S 2, greift II 1 nicht, sondern nur § 5 ein, str (§ 2 Rn 3). Rechtsnachfolger s § 2 Rn 11.

13 **b) Vermögensverwaltungsgesellschaft:** Die Gesellschaft, die nur eigenes Vermögen verwaltet, betreibt kein Gewerbe (§ 1 Rn 13), aA Siems NZG **01**, 738, und kann deshalb nicht OHG nach I werden. Das nimmt die Rspr auch für HoldingGes mit bloßer Anteilsverwaltung und für alle Besitzgesellschaften (Betriebsaufspaltung) an, str (§ 1 Rn 18). II 1 2. Alt stellt die Vermögensverwaltungs-Ges der GbR gleich (erweitert also insoweit die 1. Alt), sie kann also durch Eintragung nach II 1 konstitutiv zur OHG oder KG (s Rn 12) werden. Der **Anwendungsbereich von II** (Ges, „die nur eigenes Vermögen verwaltet", auf diese Einschränkung verzichtend MüKo/K. Schmidt 58 ff) ist str. Völlig unbedeutende und wirtschaftlich nicht über den alltäglichen privaten Bereich hinausreichende Betätigungen sollen nicht erfasst werden (RegE S 41), zB Vermögensverwaltung von Ehegatten in der Form der GbR, vgl BGH NJW **82**, 170, diese Einschränkung ist aber in II nicht zum Ausdruck gekommen, führt zur Rechtsunsicherheit und ist deshalb nicht anzuerkennen, str, offen Mü NZG **09**, 105. Der VermögensverwaltungsGes sollen Einzelpersonen nicht gleichstehen, Mü ZIP **09**, 813, Schön DB **98**, 1169, wohl auch RegE S 41, aber Analogie überlegenswert (§ 1 Rn 17), BayObLG NJW-RR **00**, 1701. Die Tätigkeit muss

1. Abschnitt. Offene Handelsgesellschaft 14–16 § 105

darüber hinausgehend „einem Gewerbe vergleichbar" sein (RegE S 39), Bspe: ImmobilienverwaltungsGes, ObjektGes, Holding-(Personen)Ges oder BesitzGes (aber nur wenn nicht schon HdlGewerbe, § 1 Rn 18); auch PoolGes, falls nicht wie idR InnenGes (vgl BGH **126**, 234). Nach dem eindeutigen Wortlaut wird nur die Eigenvermögensverwaltung erfasst, also nicht auch die (idR gewerbliche) Fremdvermögensverwaltung. Geringfügige zusätzliche Fremdverwaltung oder anderweitige nichtgewerbliche Tätigkeit ist nicht notwendigerweise schädlich („nur" ist typologisch zu verstehen), aA Schön DB **98**, 1169, Abgrenzung vielmehr wie bei gemischten Betrieben (Gesamtbetrachtung, § 1 Rn 28). Holding(Personen)Ges als Konzernspitze, geschäftsleitende KomplementärGmbH & Co KG bei der doppelstöckigen GmbH & Co und KGaA (Anh § 177a Rn 9) uä fallen noch unter II, K. Schmidt DB **98**, 62; auch Sicherungsübereignung des GesVermögens oder Sale-and-lease-back sollten II nicht entfallen lassen, str. Analoge Ausdehnung von II 1 Alt 2 auf jede nichtgewerbliche Betätigung, insbesondere FreiberuflerGes (dafür gibt es die PartG), ist vom Gesetz jedoch klar nicht vorgesehen, Schön DB **98**, 1174, Ammon DStR **98**, 1476, Tersteegen NZG **10**, 652, aA das Gesetz korrigierend für jede AußenGbR, K. Schmidt NJW **98**, 2165, DB **03**, 706 (Bauarbeitsgemeinschaft), JZ **03**, 591, DB **09**, 271, FS Kreutz **10**, 837 (s auch Anh § 177a Rn 4), Karl NJW **10**, 969 (RA mbH & Co KG, s Anh § 177a Rn 4). Zur steuerrechtlichen Abgrenzung Schnorr NJW **04**, 3241

B. GbR und Vermögensverwaltungsgesellschaft als Kannkaufmann (II 14 **2 iVm § 2 Satz 2, 3): a) Eintragungsoption:** Die kleingewerbliche GbR und die VermögensverwaltungsGes (s Rn 13) sind ebenso wie Einzelkleingewerbetreibende berechtigt, aber nicht verpflichtet, die Eintragung nach den für die Eintragung kfm Firmen geltenden Vorschriften herbeizuführen (II 2 iVm § 2 Satz 2). Land- und forstwirtschaftliche GbR s Rn 12. Voraussetzung für die Eintragung ist bei GbR und VermögensverwaltungsGes ein auf einem **Beschluss** der Gfter (Grundlagengeschäft, grundsätzlich einstimmig, vgl § 114 Rn 3, Oetker/Lieder 33, nach aA § 217 I 1 UmwG analog), beruhender, **gemeinschaftlicher Antrag** der Gfter, sonst gilt nicht II 1, sondern § 5, Schön DB **98**, 1174, ebenso bei unbegründetem Antrag, str (§ 2 Rn 4). Die Eintragung ist freiwillig und Willenserklärung, nicht nur registerrechtliche Erklärung, str (§ 2 Rn 4). Notwendigkeit eines Antrags bei Herabsinken auf Kleingewerbe, str (§ 2 Rn 6). Prüfung durch das Registergericht s § 2 Rn 7–8.

b) Löschungsoption: Die durch Eintragung nach II 1 zur OHG gewordene Ges wird auf freiwilligen Antrag wieder gelöscht und zur GbR (II 2 iVm § 2 Satz 3), außer wenn sie inzwischen OHG nach I geworden ist (sonst wäre nach § 106 sofort wieder anzumelden). Auch der Löschungsantrag bedarf eines Gfter-Beschlusses, der wiederum Grundlagengeschäft ist (trotz § 191 II Nr 1 UmwG), Schlitt NZG **98**, 581. Die Löschung wirkt ex nunc.

3) Verweisung auf das Recht der bürgerlichrechtlichen Gesellschaft (III)

A. **Verweisung auf §§ 705 ff BGB (III):** Als Sonderform der GbR unterliegt 15 die OHG, wo das HGB nichts Abweichendes sagt, dem GesRecht des BGB (III). **Anwendbar** sind aus dem BGB §§ 705 (s Rn 1), 706 (§ 109 Rn 6–8), 707 (§ 109 Rn 12–14), 708 (§ 109 Rn 5), 712 II (§ 114 Rn 19), 717 (§ 109 Rn 15–22), 718–720 (§ 124 Rn 3), 722 II (§ 121 Rn 9), 725 II (§ 135 Rn 2), 732 (§ 131 Rn 41), 735 (§ 155 Rn 3), 738–740 (§ 131 Rn 37).

Die übrigen Vorschriften sind durch solche des HGB **ersetzt:** statt §§ 709–711 16 BGB s §§ 114 f, 119 II; statt § 712 I BGB s § 117; statt §§ 714 f BGB s §§ 125–127; statt § 716 BGB s § 118; statt § 721 BGB §§ 120, 122; statt § 722 I BGB s § 121; statt § 723 BGB s §§ 132 f; statt § 724 BGB s § 134; statt § 725 I BGB s § 135; statt § 726 BGB s § 131; statt §§ 727, 728 BGB s § 131; statt

§ 105 17–24   2. Buch. Handelsgesellschaften und stille Gesellschaft

§§ 730 f, 733f BGB s §§ 145 ff; statt § 736 BGB s § 131; statt § 737 BGB s § 140.

17 B. **Geltung von OHGRecht für andere Gesellschaften:** Umgekehrt können §§ 105 ff für andere Ges entspr gelten, so für die KG (§ 161 II), die EWIV (§ 1 EWIVAG), die PartG(mbB) (§§ 4, 6–10 PartGG) und teilweise für die GbR, für § 142 aF schon BGH **32**, 307, nach heutigem Verständnis der GbR allgemeiner (s vor § 105 Rn 14), str.

4) Gesellschafter: Zahl, Kaufmannseigenschaft, Gesellschafterfähigkeit

18 A. **Zahl:** Die OHG muss mindestens zwei Gfter haben, Armbrüster ZGR **14**, 342. Anders als bei KapitalGes gibt es keine EinpersonenGes, BGH **65**, 83, aA Weimar ZIP **97**, 1769 als Fortsetzungs- oder LiquidationsGes. Der einzelne Gfter kann auch nicht mehrere separate Anteile haben (§ 124 Rn 16).

19 B. **Kaufmannseigenschaft:** Gfter der OHG und der phG der KG sind, da sie deren Geschäfte als Gfter betreiben, nach trad Rspr Kflte, BGH **34**, 296, **45**, 284, NJW **60**, 1852, BB **68**, 1053, NJW **06**, 918, Hueck OHG § 3 III; anders für Kdtisten BGH **45**, 285, NJW **80**, 1049, 1574, **82**, 570, sogar für Kdtisten aber Ballerstedt JuS **63**, 259. Diese Meinung wird seit langem als zu pauschal kritisiert, ua Zöllner DB **64**, 795, Lieb DB **67**, 759, Landwehr JZ **67**, 198, K. Schmidt JZ **73**, 299, Kötter ZHR 137 **(73)** 179 und erscheint überholt. Sie setzt sich über die Trennung von Gesamthand und Gfter hinweg (Ebenroth/Wertenbruch 148) und berücksichtigt nicht die unterschiedliche Schutzbedürftigkeit der Gfter (Henssler/Henssler 62). Zutreffend handelt es sich um ein Normzweck- bzw Analogieproblem, Staub/Schäfer 79. Danach ist zu unterscheiden:

20 **Öffentlichrechtliche Normen:** Der Gfter der OHG ist Kfm iSv § 109 GVG (HdlRichter, Einl 84 vor § 1); **nicht:** iSv §§ 29 II, 38 I ZPO (Einl 86 vor § 1), Kornblum ZHR 138 **(74)** 490, Hopt AcP 183 **(93)** 676, aA Staub/Schäfer 80.

21 **Unter den Gesellschaftern:** Der Gfter ist als solcher nicht Kfm im GesVerhältnis selbst, zB bei Abschluss oder Änderung des OHGVertrags (dieser ist nicht HdlGeschäft, s Rn 49), und bei Eingehung einer Schiedsvereinbarung (§ 1031 ZPO, Einl 90 vor § 1).

22 **Geschäfte im Zusammenhang mit Geschäften der OHG:** Der Gfter ist nicht ohne weiteres Kfm bei Geschäften im eigenen Namen im Zusammenhang mit GesGeschäften, zB Bürgschaft für GesSchuld (§ 128 Rn 7). Vielmehr kommt es auf den Normzweck der jeweiligen Vorschrift an, zB § 350 iVm §§ 766, 780, 781 S 1 BGB. Nach verbreiteter Ansicht können organschaftliche Vertreter der OHG ebenso wie Kdtisten, die gleich gestellt sind (§ 164 Rn 7) oder die zugleich Geschäftsführer der KomplementärGmbH sind, zB sich für GesSchulden formlos verbürgen, K. Schmidt HdlRecht § 18 II 4, aber auch MüKo/K. Schmidt 17 (zu überdenken), aber auch Staub/Schäfer 81, 83, aA Ebenroth/Wertenbruch 150, BGH **121**, 224 (GmbHGeschäftsführer), vgl BGH **133**, 78 (Anwendung des Verbraucherdarlehensrechts auf GmbHGeschäftsführer); noch weitergehend K. Schmidt ZIP **86**, 1510: formlose Bürgschaft jedes phG. Zutr ist § 350 auf phG nicht anwendbar, § 350 Rn 7.

23 **Persönliche Geschäfte außerhalb der OHG:** Hier ist der Gfter als solcher keinesfalls Kfm, zB bei einem Schuldanerkenntnis außerhalb des GesBetriebs, nicht formfrei nach § 350, BGH BB **68**, 1053. Vielmehr wird häufig Verbraucherschutzrecht zur Anwendung kommen.

24 C. **Ehegatten: a) Im gesetzlichen Güterstand** (Zugewinngemeinschaft, §§ 1363 ff BGB) ist jeder Ehegatte ohne Mitwirkung des anderen frei zur Beteiligung an der Ges und zur **Verfügung über seinen Anteil.** In der Praxis zu beachten ist aber **§ 1365 BGB,** der auch eingreift, wenn nicht ausdrücklich über das **Vermögen im Ganzen** verfügt wird, sondern über einen einzigen Gegenstand, der aber das ganze (einzige wesentliche) Vermögen des Verfügenden bildet,

1. Abschnitt. Offene Handelsgesellschaft 25, 26 § 105

BGH **35**, 135, sofern der Geschäftsgegner diesen Umstand kennt, BGH **43**, 174, **64**, 246, **106**, 253, **123**, 93, NJW **84**, 609. Dingliche Belastungen sind als Wertminderung zu berücksichtigen; bei kleinen Vermögen ist § 1365 BGB idR nicht erfüllt, wenn dem Verfügenden Werte von 15% seines ursprünglichen Gesamtvermögens verbleiben, BGH **77**, 293, bei größeren Vermögen 10%, BGH NJW **91**, 1739. Unerheblich ist der Wert der Gegenleistung, BGH **43**, 174. Die Begründung von Geldschulden in Höhe des ganzen Vermögens (zB Kauf, Darlehen, Bürgschaft) fällt nicht unter § 1365 BGB, BGH WM **83**, 267; auch nicht eine Vollstreckungsunterwerfungserklärung, BGH WM **08**, 1507. Im GesRecht kann § 1365 BGB Platz greifen zB: bei Einbringung des HdlGeschäfts eines EinzelKfm in eine Ges; bei Änderung eines GesVertrags, Fischer NJW **60**, 940; bei GesKündigung, BGH **35**, 144, Kln MDR **63**, 51, Hbg MDR **70**, 419. Ohne Bedeutung ist § 1365 BGB bei Gläubigerkündigung (§ 135), Hbg MDR **70**, 419. Lit: Sandrock FS Bosch **76**, 841u FS Duden **77**, 513. Zur Wirkung des gesetzlichen Zugewinnausgleichs, vor allem nach Ehescheidung (§§ 1371 ff BGB), auf GesVerhältnisse s Sudhoff NJW **61**, 801, Tubbesing BB **66**, 829. Davon zu unterscheiden ist die Frage, ob eine Ges unter Ehegatten vorliegt, sog **Ehegattengesellschaft** (s Rn 52).

b) Bei Gütergemeinschaft (§§ 1415 ff BGB) können die **Gesellschafts-** 25 **anteile** durch (formgebundenen) Ehevertrag zum **Vorbehaltsgut** eines Ehegatten erklärt werden (§ 1418 II Nr 1, 1410 BGB). Ges unter den Ehegatten (reine EhegattenGes) setzt das nach BGH **65**, 79 sogar zwingend voraus, außer wenn noch ein Dritter beteiligt ist, BayObLG DB **81**, 519; aA zutr hL, MüKoBGB/ Schäfer § 705 Rn 75, Beitzke FamRZ **75**, 255, Reuter/Kunath JuS **77**, 736. Der mit Mitteln des Gesamtguts erworbene GesAnteil wird Sondergut, wenn er unübertragbar ist (§ 1417 II, 719 BGB), aber auch sonst, weil die Gütergemeinschaft nicht Gfter sein kann (s Rn 29), MüKoBGB/Schäfer § 705 Rn 75.

D. Minderjährige: a) Genehmigung: Zur Beteiligung eines Minderjährigen 26 an einer Ges (Abschluss oder Eintritt) bedarf es des Vertragsschlusses durch den gesetzlichen Vertreter (der nicht MitGfter sein darf, §§ 181, 1795 II, 1629 II BGB; dann Pfleger, § 1909 BGB, bei mehreren Minderjährigen mehrere Pfleger, § 181 BGB, Mü NZG **10**, 862) mit Genehmigung des Familiengerichts **(§§ 1822 Nr 3, 1643 I BGB)**, BFH NZG **16**, 1280, auch zur Teilnahme als Kdtist, BGH **17**, 160, **38**, 26; auch unentgeltliche Übertragung, hL, Ffm NZG **08**, 749, Grund: Haftungsrisiko, Pflichten, aA Brem NZG **08**, 750, anders, also mangels Erwerbsgeschäfts genehmigungsfrei, wenn ohne jedes unternehmerisches Risiko (bloße Verwaltung des von den Gftern selbst genutzten Wohnhauses, Mü NZG **09**, 104, aA MüKo/Grunewald § 161 Rn 23; auch als Treugeber und als Unterbeteiligter (s Rn 32, 39). Fortführung des HdlGeschäfts als Erbengemeinschaft s § 1 Rn 37. Voraussetzungen der Erteilung (KG: Verlustbeteiligung, Geschäftsbeginn vor Eintragung: nicht notwendig hindernd) s BayObLG BB **77**, 669, DB **79**, 2314. Der Genehmigung bedarf auch das Ausscheiden aus der OHG bzw KG (§ 1822 Nr 3 BGB: Veräußerung eines Erwerbsgeschäfts), BGH **38**, 27; **nicht:** automatischer Eintritt als Erbe auf Grund einer Nachfolgeklausel (§ 139 Rn 12); Zustimmung zu GesVertragsänderung, auch wenn einschneidend wie Aufnahme neuer Gfter, BGH **38**, 27, Ausscheiden von MitGftern, BGH LM § 138 Nr 8, Neubestimmung der Anteile, BGH DB **68**, 932, Einlageerhöhung, Ffm BB **68**, 764, zT str; Auflösung der Ges, BGH **52**, 319 (GmbH), str; Fortsetzung einer aufgelösten (noch nicht vollbeendeten, § 131 Rn 2) Ges, str; Vertretung des Ges, an der der Minderjährige beteiligt ist, gegenüber Dritten (Außenverhältnis), auch bei Geschäften der in §§ 1643, 1822 BGB bezeichneten Art, BGH **38**, 30, DB **71**, 189. Auch **§ 1822 Nr 10 BGB** (Übernahme einer fremden Verbindlichkeit) kann eingreifen, zB wenn minderjähriger Kdtist phG wird; BGH **41**, 71 steht dem nicht entgegen (bloße Nachschusspflicht bei der eG). § 1821 I Nr 1, 4 BGB

§ 105 27–29   2. Buch. Handelsgesellschaften und stille Gesellschaft

bei Grundstücksveräußerung durch verwaltende GbR, Kblz NJW **03**, 1401. **Haftungsbeschränkungen** Minderjähriger nach MHBeG 25.8.98, BGBl 2487 **(§ 1629a BGB)** s § 1 Rn 34. Lit: Binninger 2008; Winkler ZGR **73**, 177, Fortun NJW **99**, 754, Rust DStR **05**, 1942, 1992, Maier-Reimer/Marx NJW **05**, 3025.

27 **b) Ausübung der Gesellschafterrechte:** Der gesetzliche Vertreter (oder Pfleger, s Rn 26) übt für den Minderjährigen die Gfterrechte, auch Geschäftsführungsbefugnis und Vertretungsmacht, aus, BGH **68**, 100; der GesVertrag kann das nicht hindern, aber §§ 117, 127 gelten für den Vertreter entspr. Der Minderjährige kann mit Genehmigung des Familiengerichts zur selbstständigen Ausübung der GfterRechte ermächtigt werden (§ 112 BGB); er ist dann für alle Rechtsgeschäfte unbeschränkt geschäftsfähig, die der GesBetrieb mit sich bringt, jedoch mit Ausnahme der in §§ 1643 I, 1821f BGB genannten, was dies unpraktikabel machen kann). Vertretung Minderjähriger bei GfterBeschlüssen, insbesondere **§ 181 BGB**, s § 119 Rn 22, 23. Eine Dauerergänzungspflegschaft für minderjährige Kdtisten, deren Eltern MitGfter sind (§§ 1795 I, 1909 BGB, s Rn 26), ist idR unzulässig, da Vertretung durch die Eltern bei GfterBeschlüssen möglich ist (§ 119 Rn 21), notfalls Pflegschaft für einzelne Geschäfte, BGH **65**, 95. Lit: Biddermann 1965, Fastrich 1976; Winkler ZGR **73**, 177, Klamroth BB **75**, 525, Rust DStR **05**, 1942, 1992, Flume NZG **14**, 17.

28 **E. Gesellschaften, Gemeinschaften:** Gfter können auch **juristische Personen** des privaten und öffentlichen Rechts sein; die GmbH & Co KG ist seit RG **105**, 101 (1922) und inzwischen auch gesetzlich anerkannt (Anh § 177a Rn 4; wegen des Leerlaufens der „unbeschränkten Haftung" anders zB in der Schweiz, Einl 16 vor § 105). Doch muss das in der Firma klargestellt werden (§ 19 II), und es gelten besondere Gläubigerschutznormen (Anh § 177a Rn 5). GmbH & Co OHG, Bsp: Hamm BB **73**, 354, s Anh § 177a Rn 11. Geschäftsführung durch juristische Person als Gfter s § 114 Rn 4. Auch **OHG** und **KG** können Gfter sein (§ 124 Rn 32), heute ganz hL; auch **EWIV;** auch **VorAG** und **VorGmbH,** BGH **80**, 132, str (Anh § 177a Rn 15). Dies gilt auch für die **AußenGbR** (Einl 11, 14 vor § 105); BGH **148,** 291 (als Kdtistin), BayObLG NZG **01**, 123 (als Kdtistin), K. Schmidt § 46 I 1b, und zwar auch als phG, OLG Celle ZIP **12**, 766; Bergmann ZIP **03**, 2231, aA bisher hL, Rspr (s Rn 29), PartG (wie GbR); Grund: die AußenGbR besitzt Rechtsfähigkeit (Einl 14 vor § 105), Publizitätsprobleme sind lösbar, wie in § 162 I 2 nF 2001 anerkannt (§ 106 Rn 6), wichtig dabei § 106 II Nr 4 nF über die Vertretungsmacht (s dort Rn 12). Was für die GbR gilt, muss auch für den **nicht rechtsfähigen Verein** gelten (§ 54 BGB); bei großer Mitgliederzahl zwar Eintragungsprobleme, die aber wie bei der PublikumsGes (Anh § 177a Rn 52) und bei Grundbuch und anderen Registern nicht unlösbar sind. Auch wechselseitige Beteiligung ist ohne die Grenzen wie bei KapitalGes zulässig, BGH **119,** 356. **Ausländische** rechtsfähige Ges kann phG einer deutschen KG sein, BayObLG NJW **86**, 3029, Saarbr NJW **90**, 647, Bokelmann ZGR **94**, 337, Wachter GmbHR **06**, 79, str (vgl Rn 10, Anh § 177a Rn 11), und zwar ohne Eintragung des ausländischen phG als inländische ZwNl in das HdlReg, Ffm GmbHR **08**, 709, str.

29 **Nicht** Gfter einer OHG (KG) können sein: InnenGbR (trotz § 162 I 2, s dort Rn 2, aber durch Beitritt kann diese zu AußenGbR werden) und, soweit ein solcher vorliegt, InnenVerein, nach überholter (s Rn 28) früher hL u Rspr auch AußenGbR, BGH **46**, 296, WM **66**, 190, **90**, 584), und nicht rechtsfähiger Verein (§ 54 BGB); eheliche Gütergemeinschaft als solche (Grund: §§ 1417, 717, 719 BGB, aber das Auseinandersetzungsguthaben nach Auflösung der Ges fällt ins Gesamtgut, RG **146,** 283), BayObLG ZIP **03**, 480 (KG), Staub/Schäfer Rn 101, krit Grziwotz ZIP **03**, 848, gemeinsame Inhaberschaft des HdlGeschäfts ohne Ges s § 1 Rn 48; Erbengemeinschaft, BGH **58**, 317, NJW **83**, 2377, **02**, 3389,

BayObLG ZIP **03**, 480, aA Klamroth BB **83**, 796, zT krit auch MüKo/K. Schmidt 104.

Die Ges kann **nicht ihr eigener Gesellschafter** sein (anders § 71 AktG, § 33 GmbHG), die rechtliche Verselbstständigung der PersonenHdlGes (§ 124) geht nicht so weit wie bei HdlGes mit Rechtspersönlichkeit (anders nun Priester ZIP **14**, 245, abl K. Schmidt ZIP **14**, 493). Doch kann sich die OHG über eine **Tochtergesellschaft,** auch eine ausländische, deren sämtliche Anteile sie hält, mittelbar an sich selbst beteiligen.

5) Treuhänder, Unterbeteiligte, Nießbraucher

A. **Treuhänder: a) Rechtsnatur und Formen der Treuhand:** Ein Gfter kann Treuhänder für Dritte (Treugeber) sein, idR liegt fremdnützige Vollrechtsübertragung vor (im Gegensatz zur Sicherungsabtretung s § 124 Rn 19). Die Treuhand ist besonders häufig bei PublikumsGes (Anh § 177a Rn 77–81), nun für die geschlossene PublInvestmentKG in § 152 KAGB ges geregelt (Anh § 177a Rn 99). Gfter ist allein der Treuhänder, nicht der Treugeber, sowohl im Innenverhältnis gegenüber MitGftern und wie im Außenverhältnis gegenüber Dritten, BGH **3**, 360, **32**, 29 (GmbH), **76**, 130, es gilt also der Trennungsgrundsatz (Durchbrechung s Rn 34). Nur der GfterTreuhänder beschließt mit, vertritt die Ges, haftet (§§ 125 ff, 171 ff). Das gilt uneingeschränkt bei der **verdeckten** Treuhand, im Grundsatz aber auch bei der **offenen** (dh gegenüber den MitGftern offengelegte, aber nicht notwendig gebilligte, str) bzw **echten** Treuhand, BGH **10**, 44, **77**, 395, vorbehaltlich anderer Ausgestaltung im GesVertrag (s Rn 34). Treuhand für Anteilsteile s § 124 Rn 16. Angabepflichten und Transparenzregister nach Geldwäschegesetz (wirtschaftlich Berechtigter bei Kontrolle von 25 Prozent der Stimmrechte, §§ 20 Abs 3, 3 GwG, seit 2017). Treuhand bei ImmobilienfondsKG s Kindermann WM **75**, 782. Verdeckte und offene Treuhand bei Bankkonten s **(9)** AGB-Anderkonten Einl 1. **Nicht** Treuhand ist die bloße **Ausübung** von GfterRechten (ohne Übertragung der GfterStellung) durch MitGfter oder Dritte, zB Verwaltung durch TV oder Nachlassverwalter (§ 139 21, 32) oder gemeinsame Vertretung mehrerer Kdtisten (Vertreterklausel, § 163 Rn 10–11). Lit: Coing 1973, Blaurock 1981, Grundmann 1997, Tebben 2000 (an GesAnteilen), Armbrüster 2001 (Ges), Singhof/Seiler/Schlitt 2004 (mittelbare GesBeteiligungen), Löhnig 2006 (Interessenkonflikt), Bitter 2006, Geibel 2008, Markus Roth 2009 (Altersvorsorge). Überbl Hopt/Mössle/Schmitt § 1 Rn 47; Beuthien ZGR **74**, 26, Decher ZIP **87**, 1097, Hadding FS Fleck **88**, 71, Tebben ZGR **01**, 586, Wiesner FS Ulmer **03**, 673, Pfeifle/Heigl WM **08**, 1485. **Muster:** Hopt/Lang 4. Aufl 2013 Form II. G.6, (Treuhand an GesAnteil).

b) Begründung: Entweder durch Anteilsübertragung von Gfter (Treugeber oder Dritter) auf den Treuhänder (Übertragungstreuhand), die der Zustimmung der MitGter bedarf (§ 105 Rn 70), BGH **24**, 106, oder durch vertragliches Versprechen eines Gfter (künftiger Treuhänder), seinen GesAnteil treuhänderisch für den Treuhänder zu halten (Vereinbarungstreuhand). Auch für diese wie bei der Anteilsübertragung **Zustimmung der Mitgesellschafter** nötig, üL, MüKo/K. Schmidt Vor § 230 Rn 54 unter Verweis auf RGZ **159**, 272, 282 (GmbH), bei PersGes noch stärkere pers Bindung, dennoch sehr str, aA Staub/Schäfer 104 (s auch Rn 33). Dabei sind Begründung der treuhänderischen Rechtsmacht in der Ges (s Rn 33), zB durch Anteilsübertragung, und der Abschluss des Treuhandvertrags (Innenverhältnis, s Rn 35) zu unterscheiden; sie können, müssen aber nicht zeitlich zusammenfallen. Das (verfehlte, s Rn 36) Unmittelbarkeitsprinzip spielt nur für ersteres eine Rolle, hL. Bei **minderjährigen** Treugebern gelten dieselben Grundsätze wie bei unmittelbarer GfterBeteiligung insbesondere Genehmigungserfordernis nach §§ 1822 Nr 3, 1643 I BGB, Heymann/Emmerich 51, Grund: Erstattungsanspruch des Treugebers wie gegen einen Gfter (s

§ 105 33, 34   2. Buch. Handelsgesellschaften und stille Gesellschaft

Rn 37). **Prospekthaftung** des Treuhänders bei der PublikumsGes s Anh § 177a Rn 78. **Nichtigkeit des Treuhandvertrags samt Vollmacht zum Beitritt** bei Immobilienmodellen s Anh § 177a Rn 78a. Vorweggenommene Zustimmung zur Rückübertragung s Rn 37, zum KAGB Anh § 177a Rn 99.

33   **c) Rechtsstellung in der Gesellschaft:** Das Treuhandverhältnis (s Rn 35) berührt MitGfter und Ges grundsätzlich nicht unmittelbar. Aber MitGfter können rechtliches Interesse an **Feststellung** haben, ob Gfter Treuhänder für Dritten ist, BGH WM **71**, 306. Verdeckte Treuhand ohne **Offenlegung** und **Zustimmung** der MitGfter kann treuwidrig sein, zB bei Interessenkollisionen, Staub/Schäfer 104, mit der Folge von Haftung, §§ 117, 127 und sogar § 140. **Verfügungen** des Treuhänders über GfterRechte **entgegen Weisung** des Treugebers (Innenverhältnis, s Rn 35) sind wirksam. Das gilt nach der Rspr auch bei erkennbarem Weisungsverstoß, den Treugeber schützen nur uU §§ 826, 138, 823 II BGB (mit § 266 StGB), BGH BB **68**, 560, WM **77**, 527, **90**, 638; nach zutr aM sind jedoch die Grundsätze über den Missbrauch der Vertretungsmacht (§ 50 Rn 4) entspr anwendbar, MüKoBGB/Schäfer § 705 Rn 90, Klöckner BB **09**, 1315, üL. **Gestaltungsklagen** in der Ges (§§ 117, 127, 130, 140) nur durch und gegen den GfterTreuhänder, nicht auch Treugeber. **Beschlussfassung** nur mit den Stimmen der Gfter. **Stimmbindung** des Treuhänders wirkt nur im Innenverhältnis, nicht gegenüber der Ges; jedenfalls bei Treuepflichtverstoß ist sie auch nicht nach § 894 ZPO vollstreckbar, Staub/Schäfer 105, str. **Drittschadensliquidation** des Treuhänders zugunsten des Treugebers bei schädigenden Handlungen der Ges gegenüber dem Treuhänder ist möglich, BGH NJW **67**, 930, KG WM **08**, 852. Schädigendes Verhalten des Treugebers ist dem Treuhänder zuzurechnen (**§ 278 BGB**), wenn sich darin die besondere Gefährdung durch die Treuhand verwirklicht. Der Treugeber ist der Ges gegenüber grundsätzlich nicht wie ein Gfter verantwortlich, str, Ausnahme bei verbotenen Zuwendungen, dann uU Rückzahlungspflicht des Treugebers. Einlagerückgewähr und GfterDarlehen s § 236 Rn 5. **Ausscheiden** des Treuhänders aus der Ges, zB Ausschluss, vgl BGH **10**, 51, führt nicht ohne weiteres zum Eintritt der Treugeber; diese können uU vom Treuhänder-Gfter den Abfindungsanspruch herausfordern (§ 667 BGB) und damit selbst oder über andern Treuhänder (bei Zustimmung der MitGfter) in die Ges eintreten.

34   **Abweichende Vereinbarungen:** Die über den offenen Treuhänder nur mittelbar beteiligten Treugeber können aber, wenn die Treuhand nicht nur offen (offenkundig) ist, sondern auch von den MitGftern gebilligt wird (s Rn 31, 33, im GesVertrag bzw mit dessen Änderung) **Rechte auf Grund Gesellschaftsvertrag** wie ein Gfter erhalten (qualifizierte mittelbare Beteiligung, „Quasi-Gfter", BGH WM **08**, 2360, ZIP **13**, 570), das Abspaltungsverbot steht dem nicht entgegen: zB im Innenverhältnis wie Gfter gestellt werden, BGH **10**, 50, NJW **87**, 2677, ZIP **03**, 1702, oder Rechte gegen Ges und MitGfter haben, zB zu Weisung und Kontrolle, auch beschränkt auf Ausübung durch Ausschüsse, OGH **2**, 253, BGH **10**, 47, **76**, 131, Mü WM **08**, 2212; auch Stimmrechte (jedenfalls wie Vertreterklausel, § 163 Rn 10), BGH **LM** § 109 HGB Nr 6, unentschieden Ffm BB **76**, 1626, aber BGH **3**, 360, **32**, 29 (Grenzen s § 163 Rn 6, 11); Recht zur Feststellungsklage auf Nichtigkeit von GfterBeschlüssen. All diese Rechte und Pflichten bleiben jedoch grundsätzlich intern (insoweit im Allgemeinen freie vertragliche Vereinbarung, BGH ZIP **15**, 630), also **keine Außenhaftung der Treugeber nach § 128, 171, 172** analog, hL, BGH WM **08**, 2359, **09**, 593, ZIP **09**, 1266, Mü ZIP **09**, 622, **10**, 183, NZG **09**, 1383 (selbst „Quasi-Gfter"), Staub/Casper § 161 Rn 253, Ebenroth/Wertenbruch 163, Tebben ZGR **01**, 612, Wiesner FS Ulmer **03**, 681, Armbrüster NJW **09**, 2167, ZIP **09**, 1885, aA Schlesw ZIP **07**, 2258 (Unterbeteiligung, s Rn 41), Celle WM **08**, 2247, MüKoBGB/Schäfer § 714 Rn 42, Schiemann FS Zöllner **98**,

511, Pfeifle/Heigl WM **08**, 1485, Kindler ZIP **09**, 1146, Schäfer ZHR 177 **(13)** 634, sie sind auch nicht im HdlReg einzutragen, str (§ 106 Rn 6), Außenwirkung aber bei Rechtsschein (§ 105 Rn 99), Durchgriffshaftung (Anh § 177a Rn 51b) und Delikt (§ 826 BGB); Schutz der Gläubiger durch Vereinbarung oder mittelbar über Ansprüche des Treuhänders gegen die Treugeber, zB Abtretung des Freistellungsanspruchs des Treuhänders gegen die Treugeber (Anh § 177a Rn 79, 80). Auch kein Bereicherungsanspruch der Bank iVm § 128 HGB gegen die Treugeber (Darlehenszahlung auf Treuhandkonto zugunsten der Ges), KG ZIP **06**, 1814, Mü WM **09**, 217. Die qualifiziert mittelbar beteiligten Treugeber unterliegen konsequent auch der gesellschafterlichen Zweckförderungs- und Treuepflicht (§ 109 Rn 23), BGH ZIP **13**, 570, **15**, 321. All das gilt aber nicht schon notwendig bei jeder offenen, also auch den MitGfter nur bekannt gegebenen oder sonst bekannten Treuhand, BGH WM **62**, 1353, Ffm BB **76**, 1626. Qualifizierte mittelbare Beteiligung wird wie der GesAnteil übertragen (Gfterwechsel s Rn 69). Lit: Tebben ZGR **01**, 586, Armbrüster NJW **09**, 2167, ZIP **09**, 1885, Kindler ZIP **09**, 1146.

d) Treuhandverhältnis, Schutz des Treugebers: Das Treuhandverhältnis ist 35 rechtlich zB Geschäftsbesorgungsvertrag (§§ 675 I, 611 BGB, dann auch nicht § 22 ZPO, KG NJW-Sp **10**, 273), so wenn der Treuhänder den gesamten Anteil für den Treugeber hält; doch kann auch InnenGes vorliegen (dann Übergang zur Unterbeteiligung s Rn 38), so wenn der hauptbeteiligte Gfter den Anteil teils für sich, teils für den Treugeber hält, BGH NJW **94**, 2887, üL. Allgemeine Grenzen, zB § 138 BGB bei Selbstentmündigung, BGH **44**, 161 (von Dritter bestellter, weisungsfreier Treuhänder auf Lebenszeit). Aus dem Treuhandverhältnis folgen Bindung an Weisungen, Auskunfts- und Rechenschaftspflicht, Herausgabepflicht, Befreiungs- und Erstattungsrecht (§§ 665–667, 670 BGB), BGH **76**, 132. Pflichten und (vorvertragliche) Haftung des Treuhänders s BGH **84**, 144. Zum Treuhandverhältnis auch Anh § 177a Rn 80.

Allgemein bei der Treuhand wird der Treugeber geschützt durch **Aussonde-** 36 **rungsrecht** (§ 47 InsO) bei Insolvenz des (fremdnützigen) Treuhänders, sowie durch **Drittwiderspruchsklage** (§ 771 ZPO) bei Zwangsvollstreckung in den GesAnteil durch dessen Privatgläubiger; anders bei GesGläubigern, denn insoweit ist auch der Treugeber betroffen, Heymann/Emmerich 55. Diese Rechte begrenzt die Rspr durch das Erfordernis der unmittelbaren Übertragung des Treuguts vom Treugeber auf den Treuhänder (Unmittelbarkeitsprinzip), Heymann/Emmerich 55, aA zutr üL. Bei der PublikumsGes übt die Rspr eine **Inhaltskontrolle** über die Verträge aus (Anh § 177a Rn 68). Dabei gilt der Grundsatz, dass den Anlegern aus der nur mittelbaren Beteiligung keine unnötigen Rechtsnachteile entstehen dürfen, nämlich soweit sie nicht aus der Zwischenschaltung des Treuhänders unvermeidlich folgen, BGH **104**, 50 (Anh § 177a Rn 80).

e) Beendigung: Das Treuhandverhältnis kann nach allgemeinen Regeln (zB 37 §§ 675 I, 620 ff, 626 BGB) beendet werden, jederzeit aus wichtigem Grund bei grobem Pflichtverstoß des Treuhänders, BGH **73**, 294m Anm Kraft ZGR **80**, 399. Die Beendigung des Treuhandverhältnisses lässt die GfterStellung des Treuhänders außer bei auflösender Bedingung unberührt, BGH **77**, 395 (Sicherungsabtretung); insbesondere führt sie nicht zum Übergang seines Anteils auf den Treugeber, sondern dieser hat iZw nur Anspruch gegen den Treuhänder auf Übertragung (§ 667 BGB) bei Zustimmung der MitGfter, BGH BB **71**, 368; in der Zustimmung der MitGfter zur treuhänderischen Sicherungsabtretung (eines KdtitAnteils) liegt zugleich unwiderrufliche Einwilligung zur Rückübertragung auf Treugeber, BGH **77**, 392, WM **85**, 1143. Erstattungspflicht des ausgeschiedenen Anleger-Treugebers gegenüber dem TreuhandKdtisten (§ 670 BGB), BGH **76**, 132 (Anh § 177 Rn 81). Bei fehlerhaftem Beitritt (Haustürgeschäft) Rück-

§ 105 38–43   2. Buch. Handelsgesellschaften und stille Gesellschaft

gewähranspruch gegen die (Publikums)Ges und deren Gfter, BGH **148,** 201 (wirtschaftliche Betrachtungsweise, Anh § 177a Rn 81).

38 B. **Unterbeteiligte: a) Rechtsnatur und Formen der Unterbeteiligung:** Die Unterbeteiligung an einem GesAnteil (des Hauptbeteiligten) ist **Innengesellschaft** (§ 705 BGB, Einl 10 vor § 105), und zwar GbR (nahe stehend der stGes, §§ 230 ff), BGH **50,** 320/323, WM **66,** 191, NJW **94,** 2886, MüKoBGB/ Schäfer Vor § 705 Rn 92, aber auch 101, danach gelten §§ 705 ff BGB, sowie (entspr) §§ 230 ff, zB §§ 231 I, 233 statt §§ 722 I, 716 I BGB, str. Gfter der (Haupt)Ges ist allein deren Gfter, nicht der Unterbeteiligte. Wie bei der Treuhand (s Rn 31) sind die beiden Rechtsverhältnisse (HauptGes, InnenGes) klar zu trennen (Trennungsgrundsatz, Durchbrechung s Rn 41). Abgrenzung von der Treuhand ist str: Treuhand bei Halten eines GesAnteils, im Innenverhältnis auch GbR denkbar (s Rn 35), hL, nach aA Abgrenzung rein nach Innenverhältnis, Unterbeteiligung nur bei GbR, dann Treuhand aber auch nur für einen Teil des HauptGesAnteils möglich. Verdeckte und offene Unterbeteiligung wie bei der Treuhand (s Rn 31). Typische und atypische Unterbeteiligung wie bei stiller Ges (§ 230 Rn 3). Schaffung einer Unterbeteiligung ist zulässig ohne besondere Zulassung durch HauptGes (MitGfter), BGH **50,** 325 (anders Treuhand, s Rn 33). Unterbeteiligung an Anteilsteilen s § 124 Rn 16. Unterbeteiligung über geschlossene Industriefonds (§ 741 BGB) s Lipps BB **72,** 860. Lit: Wagner 1975; Blaurock 1981, Ulbrich 1982, Tebben 2000 (an GesAnteilen), Armbrüster 2001 (Ges), Singhof/Seiler/Schlitt 2004 (mittelbare GesBeteiligungen); Paulick ZGR **74,** 253, Durchlaub DB **78,** 873, Schmidt-Diemitz DB **78,** 2397, Bilsdorfer NJW **80,** 2785, Obermüller FS Werner **84,** 607, Kühne/Rehm NZG **13,** 561. **Muster:** Hopt/Lang 4. Aufl 2013 Form II. G.3 (Unterbeteiligung am GesAnteil), Form II. G.4 (Nießbrauch am GesAnteil).

39 **b) Begründung:** Begründung durch Vertrag zwischen Gfter und Unterbeteiligtem; uU auf Grund Vermächtnisses von GfterErblasser unter mehreren Erben (§ 139 Rn 18). Der Vertrag ist formfrei; bei Schenkung gilt § 518 I 1 BGB, BGH **7,** 179u 378, Heilung nach § 518 II BGB ist str (§ 230 Rn 10). Bei minderjährigen Unterbeteiligten gelten dieselben Grundsätze wie bei unmittelbarer GfterBeteiligung, insbesondere Genehmigungserfordernis nach §§ 1822 Nr 3, 1643 I BGB, wenn auch Verlustbeteiligung vorgesehen ist (selbst bei Schenkung der Beteiligung), Hamm BB **74,** 294 (vgl Rn 32; § 230 Rn 8).

40 **c) Rechtsstellung in der Hauptgesellschaft:** Die Unterbeteiligung berührt die (Haupt)Ges und die MitGfter in dieser grundsätzlich nicht unmittelbar (s Rn 38). Stimmbindung und Grundsätze über Missbrauch der Vertretungsmacht wie bei der Treuhand (s Rn 33).

41 **Abweichende Vereinbarungen:** Der Unterbeteiligten kann durch (Haupt) GesVertrag wie bei der Treuhand Rechte wie ein Gfter erhalten, zB Geschäftsführungsrecht haben und Mithaftung übernehmen und dann wie Gfter stehen, BGH BB **73,** 1368 (s näher Rn 34).

42 **d) Schutz des Unterbeteiligten:** Es gilt das Recht der InnenGes mit Vertragsfreiheit, Grenzen zB außerordentliches Informations- und Kündigungsrecht (soweit für stGes zwingend, s Rn 38). Der Unterbeteiligte hat entspr § 233 (aA weitergehend § 716 BGB) Recht auf Jahresbilanz über den Anteil und dessen Erträge (auch deren Zusammensetzung: Gewinnanteil, Kapitalzins, Geschäftsführergehalt), nicht auf Bilanz (Hdl-, Steuer-)Bilanz und GuV der HauptGes außer bei Zustimmung durch die HauptGes, str (näher § 233 Rn 13). Er hat kein „Bezugsrecht" bei Einlageerhöhung in der HauptGes, str.

43 **e) Beendigung:** Bei Beendigung der Unterbeteiligung sind §§ 234, 123, 135 anwendbar, hL, nach aA §§ 723, 725 BGB. Unterbeteiligung ist möglich auf bestimmte Zeit oder auf Dauer der HauptGes; ist letzterenfalls die HauptGes auf unbestimmte Zeit eingegangen, ist die Unterbeteiligung zwingend kündbar nach § 723 I 1, III BGB, BGH **50**, 322, bei Gleichstellung mit stGes: nach §§ 234, 132, 135 (§ 234 Rn 8). Ist Unterbeteiligung auf bestimmte Zeit eingegangen (so iZw wenn HauptGes auf bestimmte Zeit eingegangen ist), dann so lange nur Kündigung aus wichtigem Grund, § 723 I 2, III BGB, BGH **50**, 323, WM **77**, 527. Für die Auseinandersetzung gilt § 235, nach aA § 730 BGB.

C. Nießbraucher: a) Zulässigkeit: Der Nießbrauch am GesAnteil, praktisch 44 häufig, ist zulässig, hL, str, BGH **58**, 316, BB **75**, 296; auch am eigenen Ges-Anteil, BGH NJW **99**, 571. Es handelt sich um einen Nießbrauch an Rechten (§§ 1068 ff BGB). Das gesellschaftsrechtliche Abspaltungsverbot (§ 109 Rn 16) steht ihm nicht entgegen, str. Voraussetzung ist aber Zulassung im GesVertrag oder Zustimmung der MitGfter, Grund: Auswirkungen auf die MitGfter, allgemeine Zulassung der Anteilsübertragung genügt nicht. Unnötig sind Ersatzkonstruktionen wie zB Nießbrauch an den übertragbaren Vermögensrechten (§ 717 S 2 BGB) oder treuhänderische Übertragung des gesamten Anteils, vgl noch BGH BB **75**, 295. Nach außen haftet weiterhin der Gfter, nicht (auch) der Nießbraucher, MüKo/K. Schmidt Vor § 230 Rn 24, üL, aA für gleichrangige Haftung MüKoBGB/Schäfer § 705 Rn 106, dann konsequent aber auch Pflicht zur Eintragung im HdlReg, Staub/Schäfer 128, str. Eintragungsfähigkeit eines Nießbrauchs in HdlReg auf das Interesse des Rechtsverkehrs stützend Stgt ZIP **13**, 624 und Oldbg ZIP **15**, 1173, nach Mü ZIP **16**, 1675 nicht für Nießbrauch an Kommanditanteil, nach Celle ZIP **11**, 1510 keine Eintragung des Nießbrauchs am Gesellschaftsanteil im Grundbuch (GbR). Die GfterRechte sind zwischen dem Gfter und dem Nießbraucher aufgeteilt (s Rn 45–46). Bloßer Ertragsnießbrauch ohne Mitwirkungsrechte ist unzulässig, str. Lit: Goebel 2004; Staud/Frank Anh §§ 1068, 1069; Teichmann ZGR **72**, 1, **73**, 24, Sudhoff NJW **74**, 2205, Finger DB **77**, 1033, Bender DB **79**, 1445, Petzold GmbHR **87**, 381u 433, Ulmer FS Fleck **88**, 383, Schön ZHR 158 **(94)** 229, K. Schmidt ZGR **99**, 601, Wälzholz DStR **10**, 1786; Wedemann NZG **13**, 1281 (Stimmrecht). **Muster:** Hopt/Lang 4. Aufl 2013 Form II. G.4 (Nießbrauch an GesAnteil).

b) Ertrag des Anteils: Dem Nießbraucher steht der bestimmungsmäßige 45 Ertrag des Anteils zu (§§ 1030 I, 100, 99 II BGB). Dieser ergibt sich idR aus dem Jahresabschluss und dem Gewinnverwendungsbeschluss, also nur der zur Ausschüttung freigegebene Vermögensanteil ohne den zulässig in Rücklage (zB Kapitalkonto II) eingestellten Gewinn. Bei Kapitalerhöhung aus GesMitteln und entsprechendem Bezugsrecht liegt kein solcher Ertrag vor, BGH **58**, 316, **78**, 188, str. Außerordentliche Erträge verbleiben dem Gfter (§ 1039 I BGB), ebenso Kursgewinne. Das Entnahmerecht des Gfters (§ 122) bleibt unberührt, Staub/Schäfer 122, str.

c) Verwaltungsrechte: Sie verbleiben nicht insgesamt dem Gfter, aA früher 46 hL, für GmbH Kblz NJW **92**, 2163 (Untrennbarkeit von Mitgliedschaft und Mitgliedschaftsrechten, aber Stimmrechtsvollmacht), sondern verteilen sich zwischen dem Gfter und dem Nießbraucher (Wedemann NZG **13**, 1281: nur Nießbraucher). Allein Sache des Gfters sind Grundlagengeschäfte (§ 114 Rn 3), BGH NJW **99**, 571, außer soweit sie den Bestand des Nießbrauchs tangieren, dann nur mit Zustimmung des Nießbrauchers (§ 1071 BGB), abweichende Vertragsgestaltung ist zulässig, K. Schmidt ZGR **99**, 610. Der Nießbraucher hat die Geschäftsführung und das Stimmrecht in laufenden Angelegenheiten, nach aA Gfter und Nießbraucher gemeinschaftlich (dann bei Nichteinigung Verfallen), sowie die Informations- und Kontrollrechte aus §§ 118 I, 166 I; der Gfter hat aber zwingend die Rechte aus §§ 118 II, 166 III. Der Nießbraucher ist konsequent wie ein Gfter treupflichtig. Der Nießbraucher hat aber nicht mehr Rechte als der Gfter (wichtig, wenn Mehrheitsbeschlüsse zulässig sind) und Beschlüsse der GfterVers

§ 105 47–50   2. Buch. Handelsgesellschaften und stille Gesellschaft

hinzunehmen, die mit der erforderlichen Mehrheit, aber ohne seine an sich notwendige Mitwirkung gefasst wurden, Mü ZIP **16**, 1676.

6) Gesellschaftsvertrag

47 **A. Rechtsnatur: a) Gemeinschafts- und Organisationsvertrag:** Unerlässliche Voraussetzung der OHG ist ein GesVertrag iSv § 705 BGB (s Rn 1; OHG kraft Rechtsscheins s Rn 14). Der GesVertrag der OHG ist (anders als zB der Vertrag über eine stGes) **nicht rein schuldrechtlich**, BGH **112,** 45, sondern begründet auch ein Gemeinschaftsverhältnis, dem die Vermögenswerte der Ges zugeordnet sind, und bildet einen korporativen Zusammenschluss (Folge zB § 31 BGB, § 124 Rn 25). Er ist nicht auf gegenseitigen Austausch von Leistungen zwischen den Gftern gerichtet, sondern auf wechselseitige Förderung des gemeinsamen Zwecks ohne Synallagma, und er ist Grundlage der Organisation der Ges mit GesOrganen und idR GesVermögen, Staub/Schäfer Rn 137 ff. Für den **Inhalt** des GesVertrag gilt weitgehende Gestaltungsfreiheit, dazu und zu den Grenzen s § 109 Rn 2–3. Lit: Wiedemann WM Sonderbeil 8/**90.**

48 **§§ 320 ff BGB passen** für die PersonenHdlGes **nicht,** Staub/Schäfer 147, auch nicht in der Zweipersonengesellschaft, Ebenroth/Wertenbruch 125, sehr str, differenzierend K. Schmidt § 20 III, nach aA (ohne große praktische Unterschiede) anwendbar, aber nur soweit Zweck und Struktur der Ges es gestatten, stRspr RG, vgl Heymann/Emmerich 5, Oetker/Lieder 103. Unanwendbar sind §§ 320–322 BGB, der Gfter kann sich gegenüber der Forderung der Ges nicht auf Säumnis eines anderen Gfters berufen, hL; gegen Anspruch des Gfter-Geschäftsführers auf Vergütung kann nicht eingewandt werden, er habe einem MitGfter zu Unrecht die Mitgeschäftsführung verweigert; auch nicht bei OHG mit nur zwei Gftern, aA Heymann/Emmerich 6, aber uU § 242 BGB. Unanwendbar sind auch §§ 323–326 BGB, sehr str, statt dessen gelten die Besonderheiten der in Vollzug gesetzten Ges, also statt Rücktrittsrecht Auflösungsklage nach §§ 133 ff ohne Rückwirkung, daneben bei Auflösungsverschulden Schadensersatzpflicht nach § 280 BGB (nicht § 281 BGB unter Gftern, § 109 Rn 4). Anzupassen sind schließlich die speziellen Mängelvorschriften (Kauf-, Miet- oder Werkvertrag) für Beiträge, Staub/Schäfer 151f, sehr str (§ 109 Rn 10). Anwendbar sind §§ 103 ff InsO. Lit: Hüttemann 1998.

49 **b) Kein Handelsgeschäft:** Der Abschluss des GesVertrags der OHG ist kein HdlGeschäft (§ 343 I, BGH ZIP **11**, 1421) des Gfters (schon mangels KfmEigenschaft, s Rn 21, aber auch bei deren Bejahung, zutr Staub/Schäfer 141). Er kann ausnahmsweise HdlGeschäft sein, so wenn der Gfter bereits Kfm ist und im Betrieb seines eigenen HdlGewerbes die Ges mit andern eingeht. Folglich gelten die Vorschriften über HdlGeschäfte (§§ 346–372) im GesVerhältnis nicht, zB §§ 369 ff, RG **118,** 303; § 346 (HdlBrauch), 358–361 (Auslegung), aber §§ 157, 242 BGB führen idR zum gleichen Ergebnis. § 352 (Zinsfuß) gilt iVm §§ 110 II, 111, nicht auf Grund § 343. Schiedsklauseln im GesVertrag s Einl 90 vor § 1.

50 **B. Abschluss: a) Zustandekommen:** Für das Zustandekommen des GesVertrag (Innenverhältnis; Außenverhältnis s § 123) gelten die allgemeinen Regeln mit Ausnahmen, die durch das gemeinsame Interesse der Gfter am Bestand der Ges bedingt sind. Ist die vereinbarte Beurkundung noch nicht erfolgt oder ein als wichtig angesehener Punkt noch nicht geregelt, aber die Ges in Vollzug gesetzt, gelten **§ 125 Satz 2 BGB,** BGH **49**, 365 (anders für Vertragsänderungen s Rn 63) und **§ 154 I, II BGB** nicht bzw umgekehrt, BGH NJW **82**, 2816 (anders für Vertragsänderungen, s Rn 60); iZw also schlüssiger (s Rn 54), mindestens aber vorläufiger Vertragsschluss mit jederzeitiger Kündbarkeit, Staub/Schäfer 160, keine AGB-Kontrolle, § 310 IV BGB, BGH ZIP **09**, 1008. Liegen Nichtigkeitsgründe oder Anfechtung vor, greifen die Sonderregeln über die **fehlerhafte**

1. Abschnitt. Offene Handelsgesellschaft   51–53   § 105

Gesellschaft ein (s Rn 75). Bei Nichtigkeit von Einzelbestimmungen bleibt GesVertrag im Übrigen idR gültig, BGH **49**, 365, **107,** 358, WM **09**, 183 (§ **139 BGB** gilt nicht bzw umgekehrt, oft auch ausdrückliche salvatorische Klausel), ausnahmsweise anders RG **87**, 220, BGH DB **76**, 2107; bei ungenehmigter Teilnahme eines Minderjährigen wirksame Ges jedenfalls unter den übrigen Gftern, s Rn 84. § **140 BGB** bleibt anwendbar. Vertragsschluss unter (aufschiebender oder auflösender) **Bedingung** oder Befristung ist möglich, so häufig bei Beitritt des Kdtisten vor Eintragung (§ 161 Rn 7). Rückwirkung kann nur im Innenverhältnis vereinbart werden, BGH WM **79**, 889, also ohne Außenwirkung (Gesamthand, § 123, Auflösung der Ges ex nunc). **Vertretung** bei Vertragsschluss ist zulässig, bei Vertretung durch MitGfter sind § 181 BGB zu beachten, BGH **58**, 115 (GmbH & Co), und uU §§ 1795 II, 1629 II BGB (s Rn 26–27), bei PublikumsGes RDG Anh § 177a Rn 78a. Grenzen der Vertragsfreiheit s § 109 Rn 3, § 163 Rn 2. **Muster:** Hopt/Lang 4. Aufl 2013 Form II. B.1, 2 (Einfacher/ausführlicher OHGVertrag).

    b) Verschulden bei Vertragsverhandlungen: Haftung aus §§ 280, 311 II   51 BGB, so zB bei falschen Angaben über Wert und Pfandfreiheit einzubringender Maschinen (Vertrauensschaden), BGH BB **57**, 837; wenn der GründungsGfter Beitrittswillige täuscht, auch die übrigen GründungsGfter haften, wenn sie ihn zu ihrer Vertretung ermächtigt haben, BGH WM **87**, 1336, anders bei PublikumsGes (Anh § 177a Rn 58); **Prospekthaftung** s Anh § 177a Rn 63.

    c) Ehegattengesellschaft: Eine stillschweigend geschlossene Ehegattengesell-   52 schaft (Ehegatte als Gfter s Rn 24) liegt nur ausnahmsweise vor (gesetzlicher Güterstand ist Indiz dagegen, BGH **165,** 5), nämlich bei einem zumindest schlüssig zustande gekommenen Vertrag, so wenn ein über die Ehegemeinschaft hinausgehender Zweck vorliegt, also nicht nur der eine Ehegatte im Geschäft des andern mitarbeitet, wozu er als Ehegatte ohnehin im Rahmen des Üblichen verpflichtet ist, sondern die Ehegatten über den typischen Rahmen der ehelichen Lebensgemeinschaft hinaus durch beiderseitige Leistungen ein Erwerbsgeschäft aufbauen oder unterhalten und die Tätigkeit des mitarbeitenden Ehegatten funktional gleichberechtigte Mitarbeit ist, BGH **165,** 6 (gegen BGH **77**, 55, **84**, 388); weitere Urteile zB BGH **47**, 162, **142,** 137, **155,** 254 (Anspruch auf Zustimmung zur Zusammenveranlagung), NJW **74**, 1554, 2045, **86**, 1871, WM **87**, 843. Indizien folgen zB aus Planung, Umfang und Dauer der Vermögensbildung sowie Absprachen über die Verwendung und Wiederanlage erzielter Erträge, BGH **142**, 154. Außer Tätigkeit ist Kapitaleinsatz beachtlich und dessen buchungsmäßige und steuerliche Behandlung. Bei Gütertrennung ist eher Ges anzunehmen als bei Gütergemeinschaft. Einschränkende Rspr zur Bildung einer OHG durch Ehegatten in Gütergemeinschaft (reine EhegattenGes) s Rn 25. Bei Formmangel kann fehlerhafte Ges vorliegen (s Rn 75). Die Art der Ges (GbR, OHG oder KG) folgt aus der Art des Auftretens und des Geschäfts (s Rn 1, 10), die Ges soll häufig bloße InnenGes sein, BGH WM **90**, 1463, dann scheidet OHG aus. Rechtsfolge einer Ehegattengesellschaft ist ein gesellschaftsrechtlicher Ausgleichsanspruch (§§ 738 ff BGB), der selbstständig neben dem Anspruch auf Zugewinnausgleich besteht, BGH **155**, 255, **165,** 1, Haußleiter NJW **06**, 2741.

    Nichteheliche Lebensgemeinschaft: Auch hier kann Ges vorliegen mit   53 gesellschaftsrechtlichen Ansprüchen beim Auseinandergehen, aber auch hier nur bei einem zumindest schlüssig zustande gekommenen Vertrag (s Rn 52), BGH **165**, 10 (zuständiger XII. ZS) und schon BGH **142**, 146, grosszügiger noch II. ZS, BGH **77**, 55, **84**, 388. Soll ein Partner das Unternehmen nach außen allein führen, aber nur InnenGes (also keine OHG), BGH NJW **85**, 1841 (Heilpraktikerpraxis). Ein wesentlicher Beitrag zu dem im Alleineigentum des Partners stehenden Grundstück kann Indiz einer gemeinschaftlichen Wertschöpfungsabsicht sein, ersetzt diese aber nicht, BGH ZIP **03**, 1846. Geht der Zweck nicht

Roth   617

§ 105 54–56 2. Buch. Handelsgesellschaften und stille Gesellschaft

über die Verwirklichung der nichtehelichen Lebensgemeinschaft hinaus, bestehen Zweifel am Rechtsbindungswillen, BGH NJW **08**, 3278, 3282. Mangels einer BGBGes kann aber Bereicherung (Zweckverfehlung, § 812 I 2 Alt 2 BGB) oder Wegfall der Geschäftsgrundlage vorliegen, BGH NJW **08**, 3277, 3282m Anm Freiherr von Proff 3266, WM **10**, 1131 (aber Tod), NZG **13**, 863, anders noch BGH NJW **04**, 48.

54 **C. Form: a) Grundsatz:** Der Abschluss des GesVertrags ist **formfrei**, BGH ZIP **14**, 913 (stGes). Vertragsänderung s Rn 62. Der Abschluss ist, wenn nicht wie bei der OHG die Regel schriftlich, so ausdrücklich mündlich. Möglich ist aber auch **Abschluss durch schlüssiges Verhalten:** zB wenn mehrere vor förmlichem GesVertragsschluss tatsächlich ein HdlGewerbe beginnen, BGH **11**, 192, NJW **60**, 430, NJW **82**, 2816 (zu § 154 BGB s Rn 50); wenn ein nicht rechtsfähiger Verein ein kfm Gewerbe beginnt, BGH **22**, 244 (dagegen wird GbR mit neuen Vertragsschluss zur OHG, s Rn 10); wenn GmbHGfter außerhalb des GmbHVertrags ein zweites HdlGeschäft beginnen, BGH **22**, 244 (s Rn 12); wenn im Einverständnis der Beteiligten eine Anmeldung als OHG zum HdlReg erfolgt, BGH WM **84**, 1605, **85**, 1229; wenn **Erben,** die das ererbte Geschäft fortführen, zB die einseitige Auflösung ausschließen oder sonst engere Bindung als in einer gewöhnlichen Erbengemeinschaft eingehen (§ 1 Rn 38).

55 **b) Ausnahmen:** Der GesVertrag ist ausnahmsweise formbedürftig, wenn ein Gfter darin eine Verpflichtung übernimmt, die nur in bestimmter Form übernommen werden kann. Entsprechend GfterWechsel, zB Anteilsübertragung (s Rn 71). Bsp: wenn ein **Grundstück** (§ 311b I 1 BGB) eingebracht werden soll, BGH **22**, 317, BayObLG BB **87**, 712, oder bei dahingehender Erwerbspflicht des Gfters, BGH NJW **78**, 2506 (Kdtist); bei Auftrag des Gfters zur Beschaffung eines Grundstücks (im eigenen Namen) für die Ges, BGH **85**, 248, Grund: zwar folgt Übereignungspflicht schon aus § 667 BGB, aber Erwerbspflicht; auch bei ErbenOHG, wenn die Betriebsgrundstücke zwar in ungeteilter Erbengemeinschaft verbleiben, aber ausscheidender Gfter seinen Grundstücksanteil übertragen muss. Schriftformklausel s Rn 63. **Heilung** nach § 15 IV 2 GmbHG, § 311b I 2 BGB. **Nicht:** reines Nutzungsrecht, BGH WM **67**, 952 oder „Einbringung" nur im Innenverhältnis, BGH NJW **74**, 2279; Beteiligung an GrundstücksGes, also Pflicht, in Ges mit Grundbesitz einzutreten, auszuscheiden, Anteile an ihr zu erwerben oder zu übertragen, BGH **86**, 369 (s Rn 71), Grund: Eigentumserwerb durch Anwachsung (§ 738 I 1 BGB); ebenso bei Ausschließung aus ZweipersonenGes (§ 142 aF, § 140 Rn 25, Gesamtrechtsnachfolge); wie bei Grundstücken so auch bei GmbHAnteil (§ 15 IV GmbHG), BGH ZIP **08**, 876 (GbR) str, aber anders bei Umgehung, MüKoBGB/Schäfer § 705 BGB Rn 36, aA Wertenbruch NZG **08**, 454; Pflicht, Grundstück nicht zu erwerben. Lit: Wiesner NJW **84**, 95, Schwanecke NJW **84**, 1585 (Durchgangserwerb), Reinelt NJW **92**, 2052 (geschlossene Immobilienfonds), Binz/Mayer NJW **02**, 3054 (GmbH & Co).

56 **Schenkung:** Die Aufnahme eines Gfters ohne Einlage durch den Alleininhaber (Bsp Vater-Sohn) oder in bestehende OHG soll wegen Übernahme der Haftung und Pflichten als Gfter keine Schenkung des Anteils iSv § 516 BGB sein, BGH **112**, 44, BB **65**, 472, WM **77**, 864, NJW **81**, 1956; nach zutr aA kommt es darauf an, ob im Ergebnis Vermögensmehrung (auch gemischte Schenkung) gewollt ist, dann Form nach **§ 518 I BGB,** Staub/Schäfer 175. Das gilt mangels Übernahme der persönlichen Haftung auch nach der Rspr jedenfalls bei Schenkung eines KdtAnteils, auch bei GesGründung, BGH **112**, 40. **Heilung** nach § 518 II BGB tritt bei der OHG/KG schon mit der Beteiligung des Beschenkten als Gfter ein. **Widerruf** der Schenkung wegen groben Undanks ist möglich, Vollzug kann aber mangels Zustimmung der MitGfter scheitern, BGH **112**, 40; auch freier Widerrufsvorbehalt ist zulässig, Jülicher ZGR **96**, 82, str. Besonderheiten bei Abfindung § 131 Rn 62, 66. **Freiwillige Zuwendung** von und an

Gfter im GesZusammenhang, iZw causa societatis, BGH ZIP **06**, 1199, **08**, 453, § 230 Rn 10. Lit: Mayer ZGR **95**, 93, Brandner/Bergmann FS Sigle **00**, 327 (Schenkung von GesAnteilen).

c) Rechtsfolge bei Verstoß: Die formwidrige Einbringungs- oder Erwerbs- 57 verpflichtung ist und bleibt **mangels Heilung** (s Rn 55–56) **nichtig.** Soweit sich das Formerfordernis auf den gesamten GesVertrag bezieht, scheidet Teilwirksamkeit im Übrigen zwar grundsätzlich aus, aber Umdeutung (§ 140 BGB), zB bei Grundstücken in Einbringung zum Gebrauch oder dem Werte nach denkbar, MüKoBGB/Schäfer § 705 Rn 40, 52, Grund: Zweck der Form (s auch Rn 50 zu § 139 BGB), anders wenn die formwidrige Verpflichtung für die Ges zentral ist; Rechtsfolge ist fehlerhafte Ges (s Rn 75).

D. **Vorvertrag:** In der Praxis häufig, so wenn dem Abschluss des GesVertrags 58 noch rechtliche oder tatsächliche Hindernisse entgegenstehen, die Parteien sich aber sogleich binden wollen. Vorvertrag zu OHG/KG ist rechtlich meist GbR, Staub/Schäfer 201. Voraussetzung ist (abgesehen von wirksamem Vertragsschluss und ggf Form, s Rn 50, 54) die inhaltliche Bestimmtheit oder zumindest Bestimmbarkeit. Der wesentliche Vertragsinhalt für die OHG/KG muss also festliegen oder doch durch (notfalls ergänzende, s Rn 59) Auslegung durch Gericht feststellbar sein, BGH WM **76**, 180. Aus dem Vorvertrag kann auf Abschluss des Hauptvertrags geklagt werden (§ 894 ZPO), BGH **108**, 380 (Kauf), NJW **06**, 2843 (Kauf). Das Urteil muss den Inhalt des abzuschließenden (Haupt)Vertrags genau angeben, bei Änderungen der Verhältnisse seit Vorvertragsschluss so, wie Parteien bei deren Kenntnis abgeschlossen hätten, BGH BB **62**, 1056. Rücktritt vom Vorvertrag aus wichtigem Grund (Kündigung bei Dauerschuldverhältnis, § 314 BGB) ist möglich, BGH DB **58**, 955, entspr Einwendung BGH WM **83**, 170. Lit: Henrich 1965; Wenner BB **66**, 669.

E. **Auslegung:** Auch GesVertrag ist nach §§ 133, 157 BGB auszulegen, aber 59 mit **Besonderheiten,** die sich vor allem aus dem gemeinsamen Interesse der Gfter am Bestand der Ges (s Rn 50) und der tatsächlichen Übung in der länger dauernden Ges ergeben. Konsequenz: Umkehrung der Auslegungsregeln der §§ 125, 139, 154 BGB (s Rn 50; fehlerhafte Ges s Rn 75). Besondere Bedeutung hat die **ergänzende Auslegung,** BGH WM **67**, 253, **79**, 891, zB bei Tod eines Gfters auch ohne ausdrückliche Bestimmung Fortsetzung statt Auflösung (nach früherem Recht), BGH BB **86**, 421 (iErg abl, aber Treuepflicht). Auch ergänzende Auslegung hat Vorrang vor dispositivem Recht, BGH BB **79**, 287, **86**, 421. Der Übergang zwischen ergänzender GesVertragsauslegung und GesRechtsauslegung, insbesondere Treuepflicht und § 242 BGB, ist fließend, vgl BGH BB **77**, 1271. Ergänzende Auslegung des GesVertrags, die den Vertrag gegen zwingendes Recht verstoßen ließe (zB § 119 Rn 19 betr Stimmvollmachten), scheidet aus. Für OHG/KG gilt die normale subjektive Auslegung BGH ZIP **96**, 752 f, **15**, 1678; Hamm ZIP **15**, 972, bei **Publikumsgesellschaft** objektive wie bei Satzungen (Anh § 177a Rn 67) und eine Unklarheitenregel (§ 305c II BGB entsprechend, Anh § 177a Rn 67), bei GmbH & Co kann jedenfalls nicht ohne Weiteres auf die subjektive Auslegung zurückgegriffen werden. Der Gesellschaftsvertrag ist bei der GmbH & Co KG nicht nur bei Mehrheitsklauseln (BGH ZIP **14**, 2233 (15), dazu § 119 Rn 39) zunächst nach seinem Wortlaut und Gesamtzusammenhang objektiv auszulegen. Nach der Rspr ist dann ein abweichender übereinstimmender Wille nicht beachtlich, wenn die Gfter ihren übereinstimmenden Willen einander zu erkennen gegeben haben bzw entsprechende Indizien benannt werden, BGH ZIP **15**, 1677 (17). Auch insoweit wird man auf den Einzelfall abzustellen haben, insbes bei einer Gründung als GmbH & Co kann die subj Auslegung versperrt sein. Das Gericht muss bei Behauptung und Beweisangebot für übereinstimmenden Willen Beweis erheben, die Anforderungen an entsprechenden Vortrag sind nicht zu überspannen, BGH ZIP **15**, 1677 (17).

§ 105 60–63 2. Buch. Handelsgesellschaften und stille Gesellschaft

Grundsätzlich gilt normale Auslegung ohne „Beweislast" dessen, der Abweichung vom Gesetz behauptet, BGH WM **75**, 662. Schriftlicher GesVertrag hat Vermutung der Vollständigkeit und Richtigkeit für sich, damit Umkehr der **Beweislast** für angebliche **Nebenabreden** (Einl 9 vor § 343). Die Auslegung von GesVerträgen ist revisionsrechtlich nur beschränkt überprüfbar, stRspr, BGH ZIP **07**, 478, anders bei PublikumsGes (Anh § 177a Rn 67). Lit: Wiedemann DNotZ Sonderheft **77**, 99, Coing ZGR **78**, 659, Grunewald ZGR **95**, 68, Fleischer DB **13**, 1465.

60 F. **Vertragsänderung: a) Zustandekommen:** Vertragsänderung ist **Grundlagengeschäft** (§ 114 Rn 3), das grundsätzlich einstimmig zu beschließen ist, nur ausnahmsweise besteht dabei Zustimmungspflicht (s Rn 64). Der GesVertrag kann Änderung mit **Mehrheit** zulassen (§ 119 Rn 34). Der Vertrag kann auch einem Schiedsgericht (Einl 90 vor § 1) ergänzende Auslegung erlauben; der hierauf gestützte Schiedsspruch bindet auch Gfter, die in einer an sich Einstimmigkeit fordernden Frage überstimmt wurden zB: Kdtist soll phG werden, BGH BB **58**, 820. Unterwerfung gewisser Gfter im Voraus unter beliebige Vertragsänderung durch gewisse andere ist idR sittenwidrig, OGH **4**, 69. Bei **Teileinigung** über mehrere geplante Änderungen, zB Einigung über KapErhöhung, nicht über neue Gewinnverteilung, gilt § 154 I BGB, BGH BB **66**, 52 (anders Vertragsschluss, s Rn 50). Fehlerhafte Vertragsänderung s Rn 91. Bei **Vertretung** durch MitGfter ist § 181 BGB zu beachten (§ 119 Rn 22).

61 b) **Verschulden bei Vertragsverhandlungen:** Gfter können einander, zB bei mangelnder Lebens- und Geschäftserfahrung, **Aufklärung** über Nachteile der Vertragsänderung schulden (§§ 311 II, 241 II BGB), bei Verstoß Anfechtung oder Schadensersatz nach § 280 BGB mit Vertragsanpassung, BGH NJW **92**, 300.

62 c) **Form:** Sie ist ebenso wie der GesVertrag selbst grundsätzlich jederzeit **formfrei** möglich, BGH **58**, 118, außer bei Formvorschriften wie § 311b I BGB (s Rn 55–57, 63), BayObLG BB **87**, 712 (iErg abl); auch **stillschweigend,** BGH NJW **89**, 2688. Versäumung der im GesVertrag vorgesehenen Anfechtungsfrist ersetzt die Zustimmung nicht, BGH NJW **10**, 67 (GmbH). Gemeinsame Anmeldung einer Vertragsänderung bedeutet idR Zustimmung der Anmeldenden auch im Innenverhältnis (s Rn 54), BGH BB **72**, 1474, WM **85**, 1229. Stillschweigende Vertragsänderung kann auch bei **langjähriger Übung** anzunehmen sein, BGH **132**, 271, WM **67**, 1099, **78**, 301, **05**, 1410 (iErg abl, nur konkludenter Beschluss über andere Entnahmepraxis). 20 Jahre faktische Abweichung vom GesVertrag lässt dessen Änderung vermuten (Beweislastumkehr), BGH NJW **66**, 826, anders für PublikumsGes BGH NJW **90**, 2684. Nebenabreden mit Schutzwirkung für die Ges (§ 328 BGB), BGH WM **10**, 1559 (GmbH). Beteiligung Minderjähriger s Rn 26.

63 **Schriftformklausel:** Im GesVertrag vorgeschriebene Form für Vertragsänderungen (Schriftformklausel, Einl 9 vor § 343) soll wegen des gemeinsamen Bestandsinteresses und der Häufigkeit von GesVertragsänderungen idR nicht Gültigkeitserfordernis sein, sondern nur Klarstellungsfunktion haben (entgegen § 125 S 2 BGB, s Rn 50), BGH **49**, 365. Das ist so allgemein als Auslegungsregel nicht anzuerkennen, hL, Hueck DB **68**, 1207, MüKoBGB/Schäfer § 705 Rn 50, MüKo/K. Schmidt 162; entscheidend ist die Auslegung des GfterWillens (§§ 133, 157 BGB), die jedoch häufig eben dies ergeben wird. Ebenso allgemeiner für GfterBeschlüsse (§ 119 Rn 23). Auch wenn die Schriftformklausel im konkreten Fall Gültigkeitserfordernis ist, können die Gfter einstimmig ohne Wahrung der vorgeschriebenen Form den Vertrag im Einzelfall durchbrechen, BGH **58**, 115, auch wenn sie an die Schriftformklausel nicht gedacht haben, BGH **71**, 164, **132**, 270. PublikumsGes s Anh § 177a Rn 69.

1. Abschnitt. Offene Handelsgesellschaft 64–66 § 105

G. Zustimmungspflicht zur Vertragsänderung: Ein Gfter ist grundsätzlich 64 nicht verpflichtet, einer Vertragsänderung zuzustimmen, auch nicht zur Förderung des GesZweckes, zB Übernahme der Geschäftsführung zur Erlangung einer sonst nicht erlangbaren Geschäftserlaubnis. Nur ausnahmsweise besteht Zustimmungspflicht, stRspr, hL, krit Kollhosser FS Westermann **74**, 275u FS Bärmann **75**, 533.

a) Rechtsgrund: Treuepflicht (§ 109 Rn 23, 27), BGH **44**, 41, 64, 257, **98**, 279, ZIP **86**, 91, WM **86**, 1349, aA Störung der **Geschäftsgrundlage** (§ 313 BGB), BGH BB **74**, 1135, dazu Reuter ZGR **76**, 88, Westermann FS Hefermehl **76**, 225. Die Zustimmungspflicht reicht nur soweit, wie die Anpassung an die geänderten Verhältnisse zur verständigen Weiterverfolgung des GesZwecks, insbesondere zur Erhaltung des Geschaffenen oder zur Vermeidung wesentlicher Verluste dringend geboten und dem Widerstrebenden unter Berücksichtigung seiner eigenen schützenswerten Belange zumutbar ist, BGH **64**, 257, NJW **85**, 973, 974, **10**, 67 ZIP **15**, 1628. Zustimmungspflicht ist idR weniger einschneidend als Ausschließung des Widerstrebenden (§ 140 Rn 4), Brem BB **72**, 811.
Lit: Zöllner 1979; Hueck ZGR **72**, 237, Kollhosser FS Westermann **74**, 275 u. FS Bärmann **75**, 533, Westermann FS Hefermehl **76**, 225, Pabst BB **77**, 1524, Lettl AcP 202 (**02**) 3, Baier NZG **04**, 356 (Geschäftsgrundlage).

b) Verfahren: Die Vertragsänderung ist idR nicht wirksam vor Zustimmung 65 oder rechtskräftiger Verurteilung (§ 894 ZPO) des Zustimmungspflichtigen, BGH WM **75**, 1263, NJW **84**, 173, Ausnahmen s § 109 Rn 28, § 119 Rn 7. Einzelfragen zum Verfahren vgl §§ 117 Rn 7, 140 Rn 20.

c) Einzelfälle: Pflicht zu redaktioneller Änderung, wenn Klarstellung zB für 66 künftige Gfter wesentlich ist; Änderung der Verzinsung von Kapitaleinlagen, BGH NJW **85**, 973, 974; Heilung verdeckter Sacheinlagen (GmbH), BGH **155**, 329; Erhöhung der Tätigkeitsvergütung für geschäftsführenden Gfter, BGH **44**, 41; Stimmrechtsvertretung (§ 119 Rn 21), BGH NJW **70**, 706, ZIP **04**, 2283. Entziehung der Geschäftsführungsbefugnis, BGH NJW **84**, 174; vorzeitige Beiratsabwahl (§ 163 Rn 13), BGH BB **70**, 226; Nachfolge als phG statt als Kdtist, BGH NJW **87**, 952; Nachfolgeklauseländerung bei Ehescheidung, BGH BB **74**, 1135; vorweggenommene Nachfolge wegen Alter oder Krankheit, BGH WM **05**, 39; zeitweilige Aufnahme eines neuen phG (GmbH) zur Vermeidung der Auflösung, BGH BB **79**, 1522; Ausscheiden eines Gfters, BGH NJW **61**, 724, WM **86**, 68; Ausschließung eines MitGfters (§ 140 Rn 15), BGH **64**, 257; Wiederaufnahme eines nach § 135 ausgeschiedenen Gfter, BGH **30**, 201; Kapitalherabsetzung mit Kapitalerhöhung (,,**Sanieren oder Ausscheiden**"), wenn Gfter bei alternativ angebotenem Ausscheiden (dann Pflicht zur Tragung des anteiligen Auseinandersetzungsfehlbetrags) nicht finanziell schlechter als bei sofortiger Liquidation steht, BGH NJW **10**, 65 (PublikumspersonenGes, s auch § 109 Rn 12, Anh 177a Rn 67, auch bei überschuldeter, nicht zahlungsunfähiger Ges, Mü ZIP **14**, 1173), Goette (II ZS) GWR **10**, 1, krit K. Schmidt JZ **10**, 125, Holler ZIP **10**, 1678 (nur iErg zust), Wagner NZG **09**, 1378, Weber DStR **10**, 702, aber nicht nur rein finanzielle Abwägungsgesichtspunkte dürfen zählen und es ist ein seriöser Sanierungsplan notwendig, Priester ZIP **10**, 497; statt Ausscheiden kommt als milderes Mittel (vgl § 140 Rn 6) auch Kapitalherabsetzung in Frage, Westermann NZG **10**, 321, weiter der Verbleib mit verringertem Kapitalanteil, Westermann NZG **16**, 14. Keine Pflicht bei entgegenstehender GesVertragsklausel (Sanierungsrecht, aber nicht Pflicht), BGH ZIP **11**, 768 (PublikumsGes), da GesVertrag die Grundlage der Treupflicht bildet, BGH ZIP **15**, 1628 (entgegenstehende Regelung verneint). Hinnahme der Fortsetzung durch die MitGfter, BGH NJW **73**, 1602; Auflösung einer dauerhaft unrentablen Ges, BGH NJW **60**, 434. **Nicht:** eigene Übernahme der Geschäftsführung, BGH BB

§ 105 67–69   2. Buch. Handelsgesellschaften und stille Gesellschaft

54, 456; Verlängerung der Ges, BGH NJW **73**, 1602; idR Nachschüsse (§ 109 Rn 12, aber auch § 109 Rn 13).

7) Gesellschafterwechsel

67 A. **Eintritt:** Der Eintritt (Beitritt, Aufnahme) eines Gfters (außerhalb Erbgangs, § 139) ist Änderung des GesVertrags (Grundlagengeschäft, § 114 Rn 3). Notwendig ist dafür grundsätzlich ein **Aufnahmevertrag** sämtlicher AltGfter (nicht der Ges) mit dem Neuen, BGH **26**, 333, **76**, 164, NJW **98**, 1226. Das gilt auch, wenn der GesVertrag den Beitritt bereits vorsieht, RG JW **26**, 2099, **128**, 176; doch kann darin ein Beitrittsangebot liegen, das der Neue nur anzunehmen braucht. Der GesVertrag kann **Mehrheitsbeschluss** über die Aufnahme und auch über deren Vollzug zulassen. Er kann auch die Entscheidung darüber und den Abschluss des Aufnahmevertrags einem Gfter, Beirat und sogar einem Dritten (§§ 317 ff BGB) übertragen (§ 163 Rn 14, 16), zB von Kdtisten bei der GmbH & Co durch den GmbHGeschäftsführer; dabei ist Aufnahme „namens der Ges" uU Aufnahme namens der Gfter (§ 164 I 2 BGB), BGH BB **76**, 154. Doch können die Gfter auch die Ges ermächtigen, statt namens der Gfter im eigenen Namen neue Gfter aufzunehmen, dies nicht nur bei der PublikumsGes (Anh § 177a Rn 57).

68 Die Gfter können **Aufnahmepflicht** übernehmen, auch zB gegenüber dem ausscheidenden Vater zur Aufnahme der Tochter, OGH MDR **50**, 147. Diese enthält dadurch einen unmittelbarer Anspruch (§ 328 BGB). Bestehen gegen die aufzunehmende Person Ausschlussgründe (§ 133), kann bereits die Aufnahme verweigert werden, offen OGH MDR **50**, 147, vgl BGH WM **61**, 305. **Form** s Rn 54–57, 62–63; Aufnahme eines Gfters in eine OHG ohne Einlage als **Schenkung** s Rn 56. Ob wirklich Beitritt vorliegt, kann bei unklarer Fassung Frage der **Auslegung** sein (s Rn 59); Übertragung der Geschäftsführung allein genügt nicht zur Bejahung, Unterbleiben der Eintragung im HdlReg nicht zur Verneinung, OGH **4**, 242, anders wenn Eintragung ausdrücklich ausgeschlossen ist, RG **165**, 265, OGH **2**, 253. Eintritt in fehlerhafte Ges und **fehlerhafter Eintritt** s Rn 75, 92. **Haftung des Eintretenden** s § 130; um diese Haftung zu vermeiden, kann statt Eintritts eines neuen Gfters die alte Gesellschaft auflöst und eine neue begründet wird; was vorliegt, ist Auslegungsfrage, Stgt OLGE **19**, 311. Wirkung auf Firma s § 24. **Muster:** Hopt/Fabritius 4. Aufl 2013 Form II. K.12, 14, 16 (Anteilskauf bei OHG, KG, GmbH & Co KG), Form II. K.13, 15, 17 (Anmeldungen dazu).

69 B. **Übertragung: a) Formen:** Der Gfter kann seinen Anteil an einen MitGfter oder einen (dadurch Gfter werdenden) NichtGfter übertragen (Verfügung über die Mitgliedschaft, §§ 413, 398 BGB). §§ 717, 719 BGB sind nicht einschlägig, heute ganz hL, RG WM **64**, 1130. Der Umweg über einen Doppelvertrag des Gfter mit dem Ausscheidenden und dem Eintretenden ist überflüssig, aber möglich und hat zT andere Rechtsfolgen, Staub/Schäfer 292. Auch bloße Teilabtretung ist möglich, BGH **24**, 114 (s Rn 70, 72). Möglich ist auch eine gleichzeitige Übertragung **aller Anteile** an mehrere Dritte (Auswechslung aller Gfter ohne Änderung der Identität der Ges), BGH **13**, 187, **44**, 229; ZIP **16**, 214 (auf GbR übertragbar) auch auf einen einzigen Erwerber, dieser wird Alleininhaber des Vermögens der Ges, die erlischt, Mü ZIP **10**, 2147 (§ 140 Rn 25, § 131 Rn 35). Übertragung an einen Gfter, der seine eigene Beteiligung vorher auf eine nach der Anteilsübertragung liegenden Zeitpunkt gekündigt hat, ist ausgeschlossen, Grund: **keine Aufspaltung** in zwei Anteile (keine Mehrfachmitgliedschaft), kein berechtigtes GfterInteresse (Spekulationsgefahr), BGH WM **89**, 1221, aber Ausnahmen bei der Sonderzuordnung des Anteils (Erb- und Sicherungsfälle), Bspe bei K. Schmidt GesR § 45 I 2b bb, Mü NJW-RR **04**, 334, str. **Verpfändung** s § 135 Rn 15. **Muster:** Hopt/Fabritius 4. Aufl 2013 Form

1. Abschnitt. Offene Handelsgesellschaft   70–72   § 105

I. K.12–17 (Anteilskauf bei OHG, KG, GmbH & Co KG, jeweils mit Anmeldung).

b) Zustimmung: Die Übertragung (§§ 413, 398 BGB, zu unterscheiden von 70 Verpflichtungsgeschäft) ändert den GfterKreis, sie ist Grundlagengeschäft (§ 114 Rn 3, Mü ZIP **15**, 2026: dingliches Grundlagengeschäft) und setzt die Zulassung im GesVertrag oder Zustimmung aller MitGfter voraus (§§ 182 ff BGB), nicht schon das Verpflichtungsgeschäft, BGH BB **58**, 57. Der GesVertrag kann auch Mehrheitsbeschluss oder Delegation der Zustimmung an andere vorsehen (s Rn 67), auch Zustimmung nur des Komplementärs in der (Publikums)KG, Mü NZG **09**, 25, auch generelle Übertragbarkeit ohne Zustimmung. Zustimmung zur Übertragung deckt nicht ohne weiteres die zur Teilübertragung (s Rn 69), Grund: Vermehrung der Gfter. Übertragung an einen Minderjährigen s Rn 26. Zustimmung zugleich als Vertreter eines MitGfters, zB eines Minderjährigen, fällt nicht unter § 181 BGB, BayObLGZ **77**, 80 (§ 119 Rn 22). Bis zur wirksamen Zustimmung ist die Übertragung schwebend unwirksam, der Übertragende bleibt Rechtsträger und voll stimmberechtigt, BGH **24**, 114. Verweigerung der Zustimmung sind unwiderruflich (Rechtssicherheit), sie macht den Vertrag endgültig unwirksam, BGH **13**, 187. Die vorherige Zustimmung (Einwilligung) ist bis zur Vornahme der Übertragung grundsätzlich frei widerruflich, doch kann vorbehaltlose Einwilligung unwiderruflich erteilt sein, BGH **77**, 396 (so iErg). Anfechtung der Zustimmung, auch der nachträglichen (Genehmigung) ist möglich, auch MitGftern (nicht nur dem übertragenden) zu erklären, BGH WM **76**, 448, **86**, 165. Der Willensmangel muss aber gerade die Zustimmung betreffen, nicht das zugrundeliegende Geschäft.

c) Einzelfragen: Der **GesVertrag** kann die Wirksamkeit der Übertragung an 71 weitere Voraussetzungen knüpfen, zB „Vollziehung" des Übergangs erst mit Anmeldung zum HdlReg, BGH BB **55**, 490. Vorgesehen werden können **Andienungsrechte und -pflichten** insbesondere bei Gesellschafterkonflikten. Zulässiger Konfliktlösungsmechanismus können **„russian roulette"** bzw **„shoot out"**-Klauseln sein, bei denen in zweigliedrigen Gesellschaften mit paritätischem Anteilsbesitz ein Gesellschafter dem anderen seine Anteile anbietet, lehnt dieser ab, muss er dasselbe Angebot unterbreiten, Nürnb ZIP **14**, 171, dazu Schaper DB **14**, 821, Schroeder/Welpot NZG **14**, 609, Schmolke ZIP **14**, 897 (s auch § 140 Rn 30). **Form** s Rn 54–57, 62–63. Pflicht zur Anteilsübertragung fällt auch bei Grundstücksgesellschaft nicht unter § 311b I BGB, BGH **86**, 369 (s Rn 55), auch wenn das Vermögen der Ges im Wesentlichen aus einem Grundstück besteht und alle Anteile übertragen werden. Stillschweigend einverständliche Aufhebung gesellschaftsvertraglicher Formvorschriften ist möglich, einerlei ob an die letzteren gedacht wird, BGH **71**, 164. **Schenkung** s Rn 56. Schenkung durch **Vorerben** unterliegt § 2113 II BGB, BGH **69**, 50. Übertragung von Todes wegen s § 139 Rn 4, mit erbrechtlicher Nachfolgeklausel ist Zustimmung zur Anteilsübertragung für den Erbfall in allgemeiner Form und mit Bindung auch für Erben der Gfter erteilt, Mü ZIP **15**, 2026. Fehlerhafte Übertragung s Rn 94.

d) Rechtsfolgen: Die **Mitgliedschaft** als solche **geht über,** also alle Rechte 72 und Pflichten des bisherigen Gfter aus dem GesVertrag, wenn nichts anderes vereinbart ist, BGH **45**, 221, **79**, 378 (GbR), **81**, 89 (KG), **82**, 84. Das gilt iZw auch für alle entstandenen Sozialansprüche und Sozialverbindlichkeiten der Ges gegenüber dem bisherigen Gfter entsprechend dem Rechenwerk der Ges, BGH **45**, 222, WM **68**, 892, **73**, 169, **86**, 1314, **88**, 265, **03**, 442, NZG **09**, 502, aA MüKoBGB/Schäfer § 719 Rn 44: nur mit Genehmigung der Ges (befreiende Schuldübernahme, § 415 BGB), vgl BGH WM **09**, 805. Das gilt nicht, wenn diese ersichtlich nur den bisherigen Gfter betreffen, zB Geschäftsführungs- und Vertretungsmacht wegen besonderer Befähigung; Umgekehrtes kann gelten bei Ausschluss davon aus persönlichen Gründen, die beim Nachfolger nicht mehr

§ 105 73–75   2. Buch. Handelsgesellschaften und stille Gesellschaft

vorliegen. Der alte und der neue Gfter können etwas anderes vereinbaren, BGH **45**, 222, WM **68**, 892, dazu Goette FS Krämer **09**, 253, aber nicht zu Lasten eines Dritten etwa eine Enthaftung des alten (§ 415 BGB), Staub/Schäfer 310, idR also gesamtschuldnerische Haftung beider. Bei Teilübertragung stehen die Verwaltungsrechte beiden voll zu, die Vermögensrechte und -pflichten iZw anteilig. Hat der alte Gfter über Rechte nach § 717 S 2 bereits wirksam verfügt, wirkt das auch gegenüber dem Neuen, anders bei erst künftigen Ansprüchen, zB Vorausabtretung des Auseinandersetzungsguthabens (§ 109 Rn 21). §§ 738, 739 BGB finden auf den Übertragenden keine Anwendung. Eintragung nach § 107, nur deklaratorisch ohne Bedeutung wie bei Kdtist. Bei Übertragung von **Kommanditanteilen** lebt dagegen nach der Rspr ohne Eintragung eines Nachfolgevermerks im HdlReg die Haftung des Übertragenden wieder auf (§ 173 Rn 13). Ein vom Gfter gegen MitGfter eingeklagter Anspruch aus der Ges kann nach Abtretung des Anteils weiter verfolgt werden (§ 265 ZPO), BGH MDR **60**, 472. Wirkung auf Firma s § 24. Lit: Reiff/Nannt DStR **09**, 2376.

73   **Verkauf aller oder nahezu aller Anteile** entspricht wirtschaftlich dem des Unternehmens. Dementsprechend gilt **Mängelhaftung wie beim Unternehmenskauf,** nämlich Sachmängelrecht (gemäß § 453 I BGB entspr §§ 434 ff BGB, Einl 46 vor § 1), BGH **65**, 246 (GmbH). Verkauf nur einzelner Anteile ist dagegen Rechtskauf, Verkäufer haftet nur für Mängel des Rechts, nicht des Unternehmens, daran hat auch das SMG durch § 453 I nF BGB nichts geändert (arg § 453 III BGB), Huber AcP 202 (**02**) 231, Wolf/Kaiser DB **02**, 415, aA Gaul ZHR 166 (**02**) 38. Die genaue Grenze ist bisher offen: sicher Rechtskauf bei Anteilen von 49%, BGH **65**, 250; aber auch bei 50% Anteilen an AG, aA BGH DB **80**, 679; bei 60% Anteil an GmbH, BGH NJW **80**, 2408 (keine satzungsändernde Mehrheit). Aber auch satzungsändernde Mehrheit genügt noch nicht, Sachkauf erst bei Ausschaltung von Minderheitsrechten (§ 50 I GmbHG: über 90%, §§ 122 I, 258 II AktG: über 95%, vgl auch § 327a AktG: Squeeze-out ab 95%), Hiddemann ZGR **82**, 441, aA Mössle BB **83**, 2147. Auch Haftung aus **Verschulden bei Vertragsverhandlungen** wegen mangelnder Aufklärung (Einl 47 vor § 1), zB über Geschäftsschulden, BGH **69**, 53, NJW **80**, 2409, bei überhöhten Gewinnausweisungen (Buchungsfehler, § 278 BGB), BGH WM **03**, 2139; gegen Überspannung BGH BB **81**, 700 (für GmbH). Zur Haftung bei Unternehmens(anteils)verkauf Baur BB **79**, 381, Westermann ZGR **82**, 45, Hommelhoff ZGR **82**, 366. Sicherungsgeschäfte bei Anteilsübertragung s Vossius BB Beil 5/**88**.

74   C. **Austritt:** Ausscheiden s §§ 131–144; zu unterscheiden ist Austritt kraft Vertrag (dafür gelten ähnliche Grundsätze wie für Eintritt und Übertragung) und Ausscheiden kraft Gesetz. Wirkung auf Firma s § 24.

D. **Verpfändung und Pfändung des Gesellschaftsanteils (der Mitgliedschaft):** S §§ 124 Rn 20, 21 und § 135 Rn 15.

8) Fehlerhafte Gesellschaft

75   A. **Grundsatz: a)** Nach der Lehre von der fehlerhaften Ges wird unter **drei Voraussetzungen** (1) **fehlerhafter Gesellschaftsvertrag** (s Rn 79), (2) **Vollzug der Gesellschaft** (s Rn 81) und (3) **Fehlen vorrangiger Schutzinteressen** (s Rn 83) als **Rechtsfolge** die fehlerhafte Ges als **wirksam nach innen und außen** behandelt wird (s Rn 85) mit der Maßgabe, dass der Fehler nur noch für künftig und bei der OHG bzw KG grundsätzlich nur durch Gestaltungsklage geltend gemacht werden kann (s Rn 88). Dies entspricht der stRspr und hL, K. Schmidt § 6 II 2, 3, Wiesner 1980; aA für Abwicklung nach §§ 812 ff, 818 I–III BGB und Rechtsschein- und Vertrauenshaftung Canaris, Vertrauenshaftung 172, Möschel FS Hefermehl **76**, 171, Weber 1978 ua, teils nur für das Innenverhältnis, teils auch für das Außenverhältnis. **EURecht** steht nicht entgegen (Haustür-

1. Abschnitt. Offene Handelsgesellschaft   76–80   § 105

geschäft) s **(7) Bankgeschäfte** Rn G/9a. RsprÜbersichten: Ronke FS Laufke **71**, 217u FS Paulick **73**, 55. Lit: C. Schäfer 2004 (fehlerhafter Verband), Westermann VGR **08**, 145; Miras/Schweizer in Münch. Hdb d. GesR Bd 1, 4. Aufl 2014, §§ 100, 101.

Dogmatisch handelt es sich weder um eine „faktische" Ges (faktisches Vertragsverhältnis iSv Siebert, Haupt ua, betr vor allem Arbeits-, Versorgungs-, Beförderungsverhältnisse), so frühere Bezeichnung (s Rn 77), noch um eine reine Beschränkung der Nichtigkeitsfolgen, so früher üL, Heymann/Emmerich 74, sondern um die Konsequenz daraus, dass die in Vollzug gesetzte Ges ein **Gemeinschafts- und Organisationsverhältnis** ist (s Rn 47), Ulmer FS Flume **78**, II 301, Flume I 1 § 2 III, Staub/Schäfer 326f, Schäfer 2004. Das kann für die fehlerhafte stGes bedeutsam sein (§ 230 Rn 11). 76

b) Entwicklung: In Anlehnung an das Recht der KapitalGes und eG (§§ 275 ff AktG, 75 ff GmbHG, 94 ff GenG) hat schon das RG auch bei OHG und KG **im Verhältnis zu Dritten**, insbesondere für die persönliche Haftung der Gfter, die Nichtigkeitsfolge (§§ 119 ff, 142, 138 ua BGB) nach Eintragung der Ges verneint, RG **145**, 158. Entsprechend wurde später die fehlerhafte Ges auch **unter den Gesellschaftern** als wirksam (und nur für die Zukunft auflösbar) behandelt, RG **165**, 203. Grund: Unangemessenheit der Rückgängigmachung der Ergebnisse der vertragsmäßigen Zusammenarbeit, darum **Bestandsschutz** bis zur Geltendmachung des Fehlers, BGH **55**, 8, **62**, 26. Die vorher übliche Bezeichnung „faktische" Ges gab der BGH auf zugunsten der Bezeichnung als „fehlerhaft", zur Hervorhebung des Erfordernisses eines Vertrags und Absetzung von wirklich nur faktischen Vertragsverhältnissen, BGH **21**, 319, Fischer **LM** § 105 Nr 19u FS Heymanns Verlag **65**, 271. 77

c) Art der Gesellschaft: Auf die Art der fehlerhaften Gesellschaft kommt es nicht an, mindestens sofern sie echte Risikogemeinschaft ist mit auf längere Zeit vereinbarter Gewinn- und Verlustteilung und Beiträgen aller Gfter zum Unternehmenserfolg, zB KG BGH **3**, 285; GbR BGH BB **65**, 1004, NJW **92**, 1501; GmbHGründerGes, BGH **13**, 320; atypische stGes BGH **8**, 157, **62**, 239/241, auch Publikumsgesellschaft, Anh § 177a Rn 58, ggf Ansprüche gg Dritte oder Gfter. Keine Einschränkungen macht die Rspr für bloße InnenGes, BGH BB **65**, 1004, und typische stGes, BGH **55**, 9, stRspr, aA üL, notwendig Bildung von Gesamthandsvermögen, Staub/Schäfer 329 (näher § 230 Rn 11). 78

B. Fehlerhafter Vertrag: Auch eine fehlerhafte Ges setzt zwingend einen wenngleich fehlerhaften Vertrag voraus, ganz hL, BGH **11**, 190, BB **65**, 1004, WM **76**, 180, NJW **88**, 1321, **92**, 1501, **11**, 68; sonst liegt bloße ScheinGes vor (s Rn 98–99). Bsp: Vollmachtsüberschreitung, BGH NJW **11**, 68 mAnm Osterloh-Konrad ZBB **11**, 155; Scheingründung (§ 117 BGB, s Rn 98); automatischer Eintritt des ScheinGfterErben auf Grund Nachfolgeklausel (anders seine Aufnahme durch Vertrag, dem die Geschäftsgrundlage fehlt), Fischer FS Heymanns Verlag **65**, 271 (§ 131 Rn 20). Dissens s Rn 80. Zu **beachten** ist, dass kein fehlerhafter Vertrag und keine fehlerhafte Ges vorliegen, wenn der Vertrag schon nach anderen vertraglichen oder gesetzlichen Regeln (zu §§ 139, 140 BGB s Rn 50) **im Übrigen gültig** bleibt oder wenn es zur **nachträglichen Heilung** des Fehlers kommt (s Rn 55–57). 79

Anwendungsfälle (Arten von Fehlern): Formnichtigkeit (§ 125 BGB) des (über Jahre hinweg von den Gftern als gültig betrachteten und durchgeführten) GesVertrags zB wegen § 311b I BGB (s Rn 55, 71) BGH **8**, 165, DB **77**, 1250, auch bei OHG nur unter Ehegatten in Gütergemeinschaft (s Rn 25), offen BGH **65**, 85. Verstoß gegen **§ 134 BGB,** zB RBerG, Düss NZG **10**, 1106 (GbR). Verstoß gegen **§ 138 BGB,** etwa wenn die Nichtigkeit einer Einzelbestimmung den ganzen Vertrag fehlerhaft erscheinen lässt (aber s Rn 50), BGH BB **70**, 897, DB **76**, 2106, ZIP **03**, 1442 (§ 138 BGB bei fehlender Spielhallen- 80

Roth

§ 105 81–83   2. Buch. Handelsgesellschaften und stille Gesellschaft

konzession abl); sittenwidrige **Übervorteilung** (§ 138 I, II BGB), BGH BB **75**, 759, notwendig ist Einbeziehung aller relevanten Umstände, neben Gewinnbeteiligung auch der Beiträge der Gfter, BGH ZIP **13**, 1623 (Darlehensaufnahme durch GbR, abl), zu negativen Kapitalkonten und Bürgschaften überforderter Gfter Wertenbruch NZG **13**, 1321. **Dissens** über eine wesentliche Bestimmung (§§ 154, 155 BGB und ähnliche Fälle), sofern wenigstens übereinstimmend eine Ges gewollt ist, BGH **11**, 191, NJW **92**, 1501. **Anfechtung** wegen **Irrtums** (§§ 119, 120 BGB), unstr, aber auch wegen **arglistiger Täuschung** oder **Drohung** (§ 123 BGB, unbeschadet der Schadensersatzpflicht hieraus, s Rn 89), str, BGH **13**, 324, **26**, 335, **44**, 235, **55**, 10, 63, 346, BB **73**, 1090, **74**, 1501; auch in schweren Fällen arglistiger Täuschung, MüKoBGB/Schäfer § 705 Rn 340, aA früher BGH **13**, 323, **55**, 9. **Fehlen der Geschäftsgrundlage** (§ 313 II BGB, s Rn 64), BGH **62**, 26, BB **59**, 318 (Rechtsmängel einer Einlage), Kln BB **71**, 211 (Ausbleiben zugesagten Darlehens); ebenso bei **Veränderung der Geschäftsgrundlage** (§ 313 I BGB) kein einfaches Rücktritts- bzw Kündigungsrecht, sondern nur Auflösungs- bzw Ausschließungsklage, falls nicht Anpassung ausreicht (s Rn 64), BGH **10**, 51. **Nicht:** bei Vertretung ohne Vertretungsmacht (§ 177 BGB), Grund: nicht zurechenbar; bei Unwirksamkeit nur einzelner Vertragsbestimmungen, wenn der Vertrag ohnehin im Übrigen gültig bleibt (s Rn 79 aE), anders wenn das ausnahmsweise nicht der Fall ist, vgl iErg BGH **47**, 301; bei vorrangigen Schutzinteressen s Rn 83.

81 C. **Vollzug: a) Vor Vollzug:** Nichtigkeit und Anfechtung richten sich hier nach den allgemeinen Regeln für schuldrechtliche Verträge, was die Ges auch ist (s Rn 47). Es gelten also §§ 104 ff, 119 ff, 142, 143; 138 ua BGB von Anfang an (ex tunc § 142 I BGB), ohne dass Klage entspr § 133 erhoben werden müsste. § 139 BGB gilt aber nicht, zB bei OHG zwischen einem Minderjährigen und zwei MitGftern (s Rn 50).

82 **b) Invollzugsetzung:** Dies ändert sich mit der Invollzugsetzung der Ges nach außen oder nach innen (jeweils mit Wirkung sowohl nach außen als nach innen, s Rn 85), ähnlich Ingangsetzung einer verfassten Organisation K. Schmidt § 6 III 1 b. Invollzugsetzung liegt erst vor, wenn Rechtstatsachen geschaffen sind, an denen die Rechtsordnung nicht vorbeigehen kann, BGH NJW **78**, 2505, **92**, 1502. Bspe: **Tätigkeit nach außen,** auch nur vorbereitende Geschäfte, BGH **13**, 321 (GmbH), str, auch bloße Eintragung im HdlReg (§ 123 I), BGH **26**, 334 (Beitritt eines Kdtisten), aA K. Schmidt AcP 186 (**86**) 440, Staub/Schäfer 335, aber Indiz für Geschäftsaufnahme; **Leistung der Einlage,** BGH **13**, 322, WM **67**, 420, NJW **92**, 1502, NZG **05**, 261 (stGes, auch bei Teilgewinnabführungsvertrag iSv § 292 AktG), aber Bildung von Gesamthandsvermögen ist nicht notwendig, BGH ZIP **05**, 755 (stGes), **09**, 2155 (GbR), aA nur, wenn nicht ohne weiteres gegenständlich rückgängig machbar, bloße Entstehung von Gesamthandsvermögen genüge nicht, Soergel/Hadding/Kießling § 705 Rn 75; nicht ow schon Ausübung (irgendwelcher) gesellschaftsvertraglicher Rechte, aA BGH NJW **92**, 1502 (für Beitritt).

83 D. **Fehlen vorrangiger Schutzinteressen: a)** Die rechtliche Anerkennung der fehlerhaften Gesellschaft endet nach der Rspr und bisher hL, wo **gewichtige Interessen der Allgemeinheit** oder **einzelner schutzwürdiger Personen** entgegenstehen, BGH **3**, 288, **26**, 334, **55**, 9. Bsp: gemeinschaftlichem Verstoß der Gfter gegen Gesetz oder gute Sitten (§§ **134, 138 BGB**), BGH **13**, 323, **17**, 166, **55**, 9 (besonders grober Sittenwidrigkeit), **62**, 241 (RBerG), **75**, 217 (ApG), **97**, 250 (Sozietätsverbot), **153**, 214 (RBerG, iErg abl), WM **73**, 165 (Hauptzweck der Ges Steuerhinterziehung), WM **86**, 1325 (Berufsverbot für Vermessungsingenieure), Hamm NJW-RR **86**, 1433u WRP **88**, 48 (§ 1 GWB), ZIP **03**, 168 (RBerG, iErg abl), str; Grund: Zweck dieser Verbotsgesetze, kein Widerspruch der Rechtsordnung mit sich selbst, GroßKo/Ulmer 345 ff, 355, Theurer

BB **13**, 137 (Kartellrecht), mit guten Gründen kritisch Schäfer 261 ff, Staub/ Schäfer 345, K. Schmidt AcP 186 **(86)** 444, Schwintowski NJW **88**, 937, Wertenbruch NJW **05**, 2825, W.-H. Roth FS Hopt **10**, 2881 (Kartellverstöße): Ausnahme zu pauschal, Verkehrsschutz bei AußenGes setzt sich durch. Nach der Rspr und bisher hL handelt es sich hier um eine objektive Grenze, auf Kenntnis oder Kennenmüssen der Gfter kommt es nicht an, außer wenn das Verbotsgesetz selbst darauf abstellt. **Nicht:** bei einfacher Bordellgesellschaft, BGH NJW-RR **88**, 1379; wenn (und solange) die zuständige (Genehmigungs)Behörde zeitweilig die Ges wirken lässt, BGH **62**, 241, **LM** § 105 Nr 8; Verstoß gegen § 1365 BGB, Sandrock FS Duden **77**, 524, Staub/Schäfer 342, früher str, aber Rückgewähranspruch aus §§ 985, 1368 BGB; auch sonst bei Nichtigkeit nur einzelner Vertragsbestimmungen (s Rn 80 aE) oder nur einzelnen Verstößen, zB einzelnen Steuerhinterziehungen, ohne dass das der Hauptzweck der Ges ist, in all diesen Fällen vorausgesetzt, dass überhaupt fehlerhafte Ges vorliegt (s Rn 80 aE). Änderung der Rspr bei der stGes unter Zulassung von Schadensersatzansprüchen auf Rückzahlung geleisteter Einlagen (§ 230 Rn 11), gegen Ausdehnung auf alle fehlerhaften Ges Schäfer ZHR 170 **(06)** 373.

b) Geschäftsunfähige oder beschränkt Geschäftsfähige: Der Schutz dieser Personen geht nach der Rspr und bisher hL dem Verkehrsschutz vor, Koller/ Kindler 29, Henssler/Henssler 142, auch bei § 105 II BGB, BGH NJW **92**, 1503, neuere Kritik s Rn 83, Staub/Schäfer 338 ff, Ebenroth/Wertenbruch 257. Eine fehlerhafte Ges wird danach nicht anerkannt, soweit ein Gfter geschäftsunfähig ist, RG **145**, 158; entspr bei Teilnahme eines Minderjährigen ohne elterliche oder familiengerichtliche Genehmigung (s Rn 26), BGH **17**, 166, NJW **83**, 748, BayObLG DB **77**, 860. Der Minderjährige nimmt an Verlusten nicht teil. Dann kann er aber auch nicht an den Gewinnen teilhaben oder sonstige Rechte als Gesellschafter haben, eine Aufspaltung in Vor- und Nachteile ist weder gerecht noch konsequent durchführbar, ebenso GroßKo/Ulmer 44, aA differenzierend MüKo/K. Schmidt 239, Oetker/Lieder 113, sehr str, s Rn 83. Unter den übrigen Gftern kann, wenn das (wie wohl regelmäßig) gewollt ist, ohne weiteres eine normal wirksame Ges ohne den Minderjährigen bestehen (zu § 139 BGB s Rn 50); sonst eine fehlerhafte Ges ohne diesen, BGH NJW **83**, 748. Keine Anerkennung auch bei fehlerhaftem Ausscheiden des Minderjährigen (s Rn 95), BGH NJW **92**, 1504.

E. **Wirksamkeit nach innen und außen: a) Grundsatz:** Die Ges ist (nicht nur: scheint oder gilt) damit als vorläufig (bis zur Geltendmachung des Fehlers für die Zukunft, s Rn 88) nach innen u außen voll wirksam. Auf Gutgläubigkeit oder Vertrauen der Gläubiger kommt es nicht an (keine Rechtsschein- o Vertrauenshaftung, s Rn 75), stRspr, BGH **44**, 235, **153**, 222, ZIP **03**, 168. Schutz Geschäftsunfähiger s Rn 84. Verhältnis zu § 15 III s Bürck AcP 171 **(71)** 328.

b) Innenverhältnis: Rechte und Pflichten der Gesellschafter in der fehlerhaften Ges richten sich grundsätzlich nach dem (fehlerhaften) GesVertrag, stRspr, BGH **26**, 330. Das gilt nicht für unmittelbar vom Fehler des Vertrags betroffene Vertragsbestimmungen, zB nach formnichtige oder nach § 138 BGB nichtige; statt ihrer gilt die gesetzliche oder eine andere nach den Umständen angemessene Regelung, BGH **47**, 365, **65**, 85, WM **77**, 783. Vor allem sind die **Einlagen** zu erbringen und die **Verlustausgleichpflicht** ist zu erfüllen, auch soweit nur infolge arglistiger Täuschung übernommen. Grundsätzlich besteht dagegen **keine Arglisteinrede,** so wenn und soweit die Leistung nur den Gläubigern (zB nach einem Liquidationsvergleich) oder MitGftern zugute kommt, denen die Täuschung (zB durch den phG der KG) nicht nach § 278 BGB zugerechnet werden kann; anders, soweit die Leistung ausschließlich dem Betrüger zugute kommen würde, BGH **26**, 335, **63**, 343, **69**, 161, BB **73**, 1091, WM **75**, 348, NJW **76**, 894, DB **76**, 142 (alle betr KG mit vielen Kdtisten, Anh

§ 177a Rn 58, PublikumsGes), sehr str. Das gilt grundsätzlich auch für den „schwer" Getäuschten, der leisten soll, bevor er sein Auflösungsklagerecht (§ 133, s Rn 88) ausüben kann, str, s Rn 80, offen BGH **26**, 335. Zur Berücksichtigung der Belange des Getäuschten in der Auseinandersetzung s Rn 90.

87 c) **Außenverhältnis:** Die fehlerhaften Ges ist auch **gegen Dritte** voll wirksam, zu Gunsten und zu Lasten sowohl der Ges als auch der Dritten, zB bei unrichtiger Vertretung der Ges; auch bei Kenntnis des Dritten von dem Fehler (s Rn 85); auch prozessual (§ 124 I, II HGB, § 17 ZPO, § 11 II Nr 1 InsO), BGH WM **06**, 2254. Beitretende haften nach §§ 128–130, RG **142**, 105, BGH **44**, 235, ZIP **08**, 1320. Kdtisten haften uU unbeschränkt nach § 176, BGH DB **77**, 1250.

88 F. **Geltendmachung des Fehlers: a) Rechtsbehelfe:** Die fehlerhafte Ges ist zwar wirksam, aber die Gfter müssen den Fehler nicht auch für die Zukunft hinnehmen. Der fehlerhafte Vertragsschluss als solcher bildet einen wichtigen Grund zur **Auflösungsklage** (§ 133), BGH **3**, 290, **63**, 345, NJW **76**, 894, **oder außerordentlichen Kündigung,** so für die stGes BGH **55**, 7, NJW **92**, 2698, **93**, 2107 und allgemein für die PublikumsGes (Anh § 177a Rn 58), so auch bei Zulassung der außerordentlichen Kündigung im GesVertrag (§ 133 Rn 18). Nach dem HRefG ist **Austritt** statt Auflösung allgemeiner für die PersonenHdlGes zuzulassen, str (§ 133 Rn 1). Kein wichtiger Grund, wenn der Fehler nicht mehr ernstlich interessiert, Bsp: Irrtum über Eigenschaften eines Gfters, der inzwischen ausschied; es muss aber nur der Fehler fortdauern, nicht dieser auch noch später einen wichtigen Grund darstellen, Staub/Schäfer 350, 336. Trifft der Fehler nur eine einzelne Bestimmung des Vertrags (zB: Gewinnteilung, Kündigung, Auseinandersetzung), ist idR nur diese durch die angemessene Regelung zu ersetzen, BGH **47**, 301. Fällt der Fehler einzelnen Gftern gegenüber andern zur Last (§§ 123 I, II, 138 I, II BGB), kommt statt der Auflösungs- die **Ausschließungs- bzw Übernahmeklage** (§ 140 I 1, 2) gegen diese in Betracht, BGH **10**, 51 oder ein **Übernahmerecht** durch einfache Erklärung entspr § 140 I 2, so bei Aufnahme eines Gfters durch Alleininhaber infolge Betrugs oder Drohung, BGH **47**, 301. Bei der Ausübung dieser Rechte sind die **Fristen** nach §§ 121, 124 BGB analog zu beachten.

89 Gänzlich unberührt bleiben Ansprüche auf **Schadensersatz,** zB aus § 122 BGB, §§ 280, 311 II BGB (Verschulden bei Vertragsverhandlungen, s Rn 51, 61), §§ 823 II, 826 BGB, BGH NJW **93**, 2107 (stGes); Geltendmachung in der Auseinandersetzung s Rn 90.

90 b) **Auseinandersetzung:** Nach Auflösung (s Rn 88) kommt es zur **Auseinandersetzung** (Abwicklung, Liquidation). Diese richtet die Ges sich grundsätzlich nach dem (fehlerhaftem) GesVertrag und im Übrigen nach §§ 145 ff; jedoch ohne Bestimmungen im Widerspruch zur ratio des verletzten Gesetzes, BGH **65**, 85. Ein durch Drohung oder Täuschung erlangter besonders günstiger Gewinn- oder Liquidationsanteil entfällt in der Auseinandersetzung uU ohne weiteres, BGH **13**, 323, **26**, 335, **55**, 9, aber doch nur, soweit die Leistung ausschließlich dem Betrüger zugute kommen würde (wie für die Arglisteinrede, s oben), ähnlich Staub/Schäfer 349, sehr str, vgl Rn 80, 86. In der Auseinandersetzung kommt es zur **Gesamtabrechnung** (§ 145 Rn 6), BGH WM **72**, 1056 (stGes), NJW-RR **88**, 1379; dabei kann der Getäuschte (Bedrohte, Übervorteilte, s Rn 80) auch seine **Schadensersatzansprüche** (s Rn 89) einbringen.

91 G. **Ausdehnung auf fehlerhafte Vertragsänderungen: a) Grundsatz:** Dieselben Regeln wie für die Gründung durch fehlerhaften GesVertrag gelten grundsätzlich auch für spätere fehlerhafte Vertragsänderungen verschiedenster strukturändernder Art, soweit es zu einer Invollzugsetzung **entsprechend** derjenigen bei GesGründung (s Rn 82) gekommen ist,), MüKo/K. Schmidt 252,

1. Abschnitt. Offene Handelsgesellschaft 92–94 § 105

Wiedemann II § 2 V 5, differenzierend mit Katalog von Strukturmerkmalen für Vergleichbarkeit Staub/Schäfer 353 ff, aA die Rspr, zB für fehlerhafte Änderung einer Nachfolgeklausel BGH **62**, 20 („nicht ohne weiteres anzuwenden", nur bei Statutsänderungen, s Rn 97), aber Unterscheidung nicht praktikabel. Entsprechend der fehlerhaften GesGründung wurde früher die allerdings seltene **fehlerhafte Auflösung** behandeln; war sie in Vollzug gesetzt (mit Beginn der Auseinandersetzung), bestand nur noch ein Anspruch nach § 133 auf Rückumwandlung in eine werbende Ges, GroßKo/Ulmer 367, anders die neuere Lehre Staub/Schäfer 356, MüKo/K. Schmidt 251.

b) Fehlerhafter Eintritt: Die Grundsätze der fehlerhaften Ges gelten entspr 92 für fehlerhaften Beitritt eines neuen Gfters (s Rn 67), BGH **26**, 334, **44**, 236, **63**, 344, **69**, 160, **153**, 214, NJW **88**, 1321, 1324, **92**, 1501, ZIP **03**, 168, **15**, 631. Ein Beitritt in Ges, bei dem ein Teil der Gfter nicht mitwirkt, oder ein Gfter seine Beitrittsabschlussvollmacht überschreitet, genügt allerdings grundsätzlich nicht (wie Rn 79, 80 aE); anders wenn der Beitretende und die Gfter in Unkenntnis des Mangels den Beitritt für wirksam gehalten und vollzogen haben, BGH NJW **88**, 1321, **92**, 1501, auch bei Kenntnis des Mangels durch übrige Gfter eine fehlerhafte Ges annehmend Klimke NZG **12**, 1366. Vollzug des Beitritts, nicht nur der Ges ist nötig, BGH NJW **92**, 1501, zB durch Beitragszahlung, Ausübung von GfterRechten, längere Hinnahme der Geschäftsführung für die Ges und damit auch für sich; auch durch Eintragung im HdlReg, BGH **26**, 334, str (s Rn 82).

Auch der fehlerhafte Beitritt musste nach vormaliger Rspr und hL idR durch 93 **Auflösungsklage** bzw **Ausschließungs-** bzw **Übernahmeklage** geltend gemacht werden (§§ 133, 140 I 1, 2, anders nach dem HRefG: Austritt, s Rn 88). Jedenfalls wenn der GesVertrag ein Kündigungsrecht (mit Frist) gibt, kann dieses nun fristlos geltend gemacht werden, BGH BB **73**, 1090. Ein solches außerordentliches Kündigungsrecht kann auch auf Grund ergänzender Vertragsauslegung anzunehmen sein, BGH **63**, 346, **69**, 163, BB **75**, 759, NJW **76**, 894 (PublikumsGes, Anh § 177a Rn 58), der BGH verzichtet nun zutreffend auf dieses Erfordernis, BGH ZIP **10**, 2497 (Immobilienfonds), **15**, 631 (Prozesskostenhilfefonds). Die „Anfechtung" des Beitritts kann als Kündigung zu werten sein, BGH BB **75**, 759, NJW **76**, 894. Kündigung gegenüber dem phG genügt, wenn schon Beitritt gegenüber diesem genügte (Anh § 177a Rn 56–57), BGH NJW **76**, 894. Die **Einlage** muss grundsätzlich erbracht werden, ohne dass die Arglisteinrede hilft (s Rn 86, aber Auseinandersetzung s Rn 88). Bei Fehlen der Geschäftsgrundlage (zB Irrtum über Erbrecht) geht der Rückgängigmachung (zB Ausschließung des falschen Erben) eine zumutbare Anpassung vor (§ 313 III BGB), zB kommt bei langer Dauer bis zur Aufklärung und Verdiensten des Eingetretenen um die Ges seine endgültige Anerkennung als Gfter bei Abfindung des wahren Erben in Betracht, Fischer **LM** § 105 Nr 19.

c) Fehlerhafte Übertragung: Auch die fehlerhafte Abtretung des GesAnteils 94 (s Rn 69) wird von der Rspr, BGH NJW **88**, 1324, ZIP **10**, 1590 (XI ZS in Abstimmung mit II ZS, 1558) und Teilen der Literatur, Wiedemann II 163, Ebenroth/Wertenbruch 279, nach der Grundsätzen der fehlerhaften Ges behandelt, jedenfalls bei Zustimmung aller Gfter oder bei Eintragung des Erwerbers im HdlReg, GroßKo/Ulmer 376, Grunewald ZGR **91**, 452, Grund: Bestandsschutz, Selbstorganschaft. Jedoch berührt die Anteilsübertragung den GesVertrag nicht, BGH WM **68**, 893, **88**, 418 (KG), NJW **90**, 1915 (GmbHAnteil), WM **05**, 282 (Vorgesellschaft), NJW **07**, 1058 (GmbHAnteil), K. Schmidt § 6 V 2b, Staub/Schäfer 364, MüKoBGB/Schäfer § 705 Rn 374; bei derivativem Erwerb (anders als Eintritt, s Rn 92) bleibt es danach bei § 812 BGB, Schutz im Außenverhältnis durch §§ 413, 409, 407 oder § 16 I GmbHG analog und uU § 15 III und

Roth

§ 105   95–98   2. Buch. Handelsgesellschaften und stille Gesellschaft

Rechtsscheingrundsätze. Bei Anfechtung zwischen Kaufvertrag und Verfügungsgeschäft unterscheidend Karlsr NZG **16**, 508 (Kommanditanteil).

95   **d) Fehlerhafter Austritt:** Auch fehlerhaftes Ausscheiden (kraft Vertrag unter den Gftern) ist idR nicht ex tunc unwirksam, BGH WM **55**, 1702, NJW **69**, 1483, BB **75**, 759, NJW **88**, 1324, **92**, 1503, NJW-RR **03**, 533. Der Austritt ist nicht schon mit unwirksamer einseitiger Hinauskündigung, sondern erst mit Anwachsung und Mitwirkungshandlung des Betroffenen vollzogen, ihrer entspr Feststellungsklage, MüKo/K. Schmidt 249. Nach Vollzug hat der Betroffene Anspruch auf Wiederaufnahme idR ex tunc, ggf Neubestimmung der Abfindung, BGH NJW **69**, 1483. Der zugleich erfolgte Eintritt eines anderen wird uU fehlerhaft, wenn der Ausgeschiedene wieder eintritt. Der Minderjährigenschutz geht wie auch sonst (s Rn 84, str) vor, der Minderjährige bleibt also in der Ges und nimmt an deren Gewinnen teil, BGH NJW **92**, 1503, nach aA benötigt der Minderjährige hier diesen Schutz nicht, Staub/Schäfer 363. Fehlerhafte Verbindung von Austritt und Eintritt, aber selten, MüKo/K. Schmidt 250. Lit: Gursky 1969; Däubler BB **66**, 1292.

96   **e) Sonstige Fälle:** Die Regeln für die fehlerhafte Ges gelten grundsätzlich auch für **sonstige fehlerhafte Änderungen** eines (fehlerfreien oder fehlerhaften) GesVertrags, soweit es zu einer Invollzugsetzung **entsprechend** derjenigen bei GesGründung (s Rn 79, 82) gekommen ist, sehr str (s Rn 91), so zB bei Änderungen der Haftungsverfassung, des Gesamthandsvermögens und der Geschäftsführung und Vertretung, der Umwandlung der Ges oder eines Anteils (kraft Vertrags, nicht ex lege) ua. Ebenso fehlerhafte Unternehmensverträge, K. Schmidt § 6 IV 4, ZGR **91**, 373. Die fehlerhafte Umwandlung (Verschmelzung, Spaltung, Formwechsel) ist heute im UmwG geregelt (Einl 23 vor § 105), Mängel lassen die Wirkungen der Eintragung unberührt (§§ 20 II, 131 II, 202 III UmwG), Restitutionsanspruch ist str (vgl § 16 III 6 UmwG), K. Schmidt § 6 IV 5.

97   Genau umgekehrt lehnen Rspr und üL für diese Fallgruppe die Anwendung ab, außer wenn im Einzelfall auch hier ein Bedürfnis nach Bestandsschutz (s Rn 77) besteht, BGH **62**, 26. Das wird grundsätzlich nur bei **Statusänderung** der Ges angenommen, zB Änderung des Bestands der Ges oder der Gfter (s Rn 91–95), nicht bloße Änderung der Beziehungen der Gfter untereinander, jedenfalls soweit dem Gfter nur fehlerhaft Rechte vorenthalten wurden, zB Geschäftsführungsbefugnis, BGH **62**, 28; anders uU wenn ihm tatsächlich fehlerhaft zu viel Rechte gewährt wurden, BGH **62**, 28. Differenzierung nach Statusänderung ist aber schwierig und rechtsunsicher. Lit: Finger ZGR **76**, 240.

9) Scheingesellschaft und Rechtsscheinhaftung

98   **A. Scheingesellschaft:** Wird überhaupt kein GesVertrag oder ein solcher nur zum Schein abgeschlossen, handelt es sich nicht um eine fehlerhafte Ges, sondern um den bloßen Schein einer Ges, zB durch gemeinsames Praxisschild, Briefköpfe oder Stempel, BGH **70**, 249, NJW **90**, 827, Hamm NZG **11**, 137 (Scheinsozietät, § 5 Rn 109), Einzelmandat bedarf besonderer Absprache. Keine ScheinGes ist eine von den Gfter gewollte, wenngleich unwirksam vereinbarte Ges (fehlerhafte Ges, s Rn 75), und erst recht ein wenngleich aus Umgehungsgründung tatsächlich gewollte Ges, zB Strohmanngründung. Die Grundsätze über die fehlerhafte Ges finden deshalb auf die ScheinGes nicht, auch nicht entsprechend, Anwendung, BGH NJW **54**, 231, ZIP **11**, 2005 (Missbrauch der Generalvollmacht, Insichgeschäft, GbR), hL. Wird der GesVertrag nur zum Schein geschlossen, gilt zwischen den Gftern das wirklich Gewollte (§ 117 BGB), BGH NJW **53**, 1220, WM **66**, 736, DB **76**, 2057; Außenverhältnis s Rn 99. Lit: Bartels/Wagner ZGR **13**, 482, ScheinGes in Prozess und Zwangsvollstreckung s Lindacher ZZP 96 (**83**) 486.

1. Abschnitt. Offene Handelsgesellschaft 99–101 § 105

Haftung als Scheingesellschafter ist praktisch relevant für GbR (Anwälte) Hamm NZG **11**, 137, LG Bonn NZG **11**, 143, kommt für OHG und KG insbes in Betracht, wenn Auscheiden eines Ges bekanntgemacht wird, Fall des § 15 HGB. Allein das Führen eines Nichtgesellschafters auf dem Briefkopf reicht nicht aus, es muss der Dritte die Bezeichnung als Ges zumindest dulden, MüKo/K. Schmidt 260.

B. **Rechtsscheinhaftung:** Im Rechtsverkehr finden stattdessen die Grundsätze über die Rechtsscheinhaftung Anwendung (s Rn 11), Bsp: nach außen praktizierte ScheinGes (§ 117 BGB). Das hat erhebliche praktische Bedeutung, denn diese Grundsätze greifen nur bei Voraussetzungen ein, die im Falle der fehlerhaften Ges gerade nicht vorzuliegen brauchen (§ 5 Rn 10–13). **99**

10) Konzernrecht der Personengesellschaften

A. **Grundlagen: a) AktG, GmbHG:** Das kodifizierte Recht der verbundenen Unternehmen (Konzernrecht) zielt auf den Schutz der Aktionäre der abhängigen Ges vor Maßnahmen der herrschenden Ges, aber auch der Aktionäre der herrschenden Ges vor Maßnahmen der Verwaltung sowie auf den Schutz der Gläubiger. Der Konzern selbst ist keine einheitliche juristische Person (Einl 41 vor § 1). Ist eine AG oder KGaA an einer Unternehmensverbindung (§§ 15 ff AktG; Unternehmensbegriff s Einl 32 vor § 1) beteiligt, gilt zu ihrem Schutz das **Konzernrecht des Aktiengesetzes,** besonders §§ 15–19 (Definitionen), §§ 20–22 (Mitteilung des Erwerbs von über 25% der Aktien, aber **(16)** WpHG §§ 21 ff, ab 2018: §§ 33 ff, ab 3 %), §§ 291–337 (verbundene Unternehmen); die Konzernrechnungslegung folgt seit dem BiRiLiG 1985 aus §§ 290 ff HGB, ab 2005 § 315a HGB mit IAS/IFRS. Diese Vorschriften richten sich also auch gegen Personengesellschaften, Bsp: vertragliche oder faktische Beherrschung einer AG durch eine KG (§§ 17, 308 ff, 311 ff AktG), Beteiligung einer OHG oder KG an einer AG (§§ 20–22 AktG); Einbeziehung der OHG unter der einheitlichen Leitung einer inländischen AG oder KGaA in die Konzernrechnungslegung (§§ 290 ff HGB). Entsprechendes gilt für das nicht kodifizierte **GmbHKonzernrecht.** Zur richterrechtlichen Durchgriffshaftung bei existenzvernichtenden Eingriffen im GmbHKonzern und außerhalb desselben (Bremer Vulkan) s Anh § 177a Rn 51 c. Schrifttum zum Aktien- und GmbHKonzernrecht s Einl zu **(2a)** AktG, **(2b)** GmbHG. **100**

b) **Grundbegriffe verbundener Personengesellschaften:** Auch PersonenGes sind zunehmend an Unternehmensverbindungen beteiligt, vor allem als beherrschende PersonenGes (Betriebsaufspaltung mit TochterGmbH, § 1 Rn 18), BAG ZIP **99**, 723 (s Rn 103 aE), aber auch als beherrschte, Erscheinungsformen (Typenreihe) s MüKoHGB/Mülbert Anh § 236 Rn 9 ff (vgl unten Anh § 177a Rn 6). Das Recht der verbundenen PersonenGes ist bisher gesetzlich nicht geregelt. Ein (teilweise noch rudimentäres) **Konzernrecht für Personengesellschaften** ist jedoch von Rspr und Lehre schon unter geltendem Recht entwickelt worden. Dabei ist die fundamentale Unterscheidung diejenige zwischen beherrschter und herrschender PersonenGes (s Rn 102, 106), die sich aber nicht mit der Unterscheidung zwischen Schutz- und Organisationsrecht deckt. Der Unternehmensbegriff (Einl 32 vor § 1), die **Definitionen** der Abhängigkeit und des Konzerns (§§ 17, 18 AktG), die Unterscheidung zwischen Vertragskonzern und faktischem Konzern (§§ 304 ff, 311 ff AktG) und die Unterteilung in verschiedene Unternehmensverträge (§§ 291, 292 AktG) gelten grundsätzlich auch für die PersonenGes, wenn auch mit Besonderheiten ua wegen der Einstimmigkeitsregel (§ 119 I). Als **Unternehmen** ist auch hier jede juristische oder natürliche Person anzusehen, die nicht nur in der Ges, sondern auch außerhalb derselben unternehmerische Interessen verfolgt, BGH **69**, 334 (VEBA/Gelsenberg), also insbesondere auch Einzelpersonen, BGH **96**, 330 (Autokran). Ein- **101**

§ 105   102   2. Buch. Handelsgesellschaften und stille Gesellschaft

schaltung einer **Zwischenholding** ändert insoweit nichts (s Rn 103), str, vgl BGH **65**, 16 (ITT, GmbH & Co), hL. **Vermutungen:** Die Abhängigkeitsvermutung des § 17 II AktG bei in Mehrheitsbesitz stehenden Unternehmen (§ 16 AktG) gilt nicht, Grund: Einstimmigkeitsregel, anders bei Stimmrecht nach Kapitalanteilen wie bei der körperschaftlich strukturierten KG (Anh § 177a Rn 10). Die Konzernvermutung des § 18 I 2 und auch 3 AktG gilt, vgl BGH **89**, 167 (Heumann/Ogilvy), Staub/Schäfer Anh § 105 Rn 29, str.

Lit: MüKoHGB/Mülbert, Anh § 236 Konzernrecht der PersonenGes, 3. Aufl 2012, Staub/Schäfer Anh § 105, Heymann/Emmerich Anh § 105, Ebenroth/Nagel Anh § 105, Emmerich/Habersack, Konzernrecht, 10. Aufl 2013, §§ 33–35, Westermann/Tröger HdbPersGes § 59 (2012), Heidel/Schall/Knott Anh § 105, Wiedemann II § 6 I; Schießl 1985, Baumgartl 1986, Heck 1986, Stehle 1986, Löffler 1988, Burbach 1989, Kleindiek 1991, Geiger 1996 (Wettbewerbsverbote), Ehrhardt 1996 (GmbH & Co), Bitter 2000 (Durchgriffshaftung), Haar 2006 (PersonenGes im Konzern, Habil Hbg, Neuansatz auf ökonomischer Grundlage); Schneider ZGR **75**, 253, **80**, 511, FS Bärmann **75**, 873, BB **75**, 1353, **80**, 1057, ZHR 143 **(79)** 485, Raiser ZGR **80**, 558, FS Stimpel **85**, 855, Reuter ZHR 146 **(82)** 30, JZ **86**, 16, 72, AG **86**, 130, Emmerich FS Stimpel **85**, 743, Hepting FS Pleyer **86**, 301, Kronke ZGR **89**, 473 (IPR), Ulmer in Probleme des Konzernrechts, Symposion Schilling **89**, 26, Ebenroth FS Boujong **96**, 99, Jaeger DStR **97**, 1770, 1813, Mülbert ZHR 163 **(99)** 1 (Unternehmensbegriff), Drygala FS Raiser **05**, 63 (GfterRegress), Hüffer FS Röhricht **05**, 251 (krit zu Heumann/Ogilvy).

102   B. **Die beherrschte (abhängige oder konzernierte) Personengesellschaft:** Auch die PersonenGes ist vor missbräuchlicher und fehlerhafter Ausübung der Leitungsmacht durch personengesellschaftsrechtliche Regeln zu schützen.

a) Begründung des Abhängigkeitsverhältnisses: Die PersonenGes kann abhängig werden zB durch mehrheitlichen Anteilserwerb eines Konkurrenten oder Beteiligung des geschäftsführungsbefugten phG (§§ 109, 114 II) oder des MehrheitsGfters an Konkurrenzunternehmen etwa nach Befreiung vom Wettbewerbsverbot nach § 112 (§ 112 Rn 2, 4, Anh § 177a Rn 22). Abhängig ist die PersonenGes auch von einem alleingeschäftsführenden Unternehmens-Gfter. Die Begründung der Konzernabhängigkeit der PersonenGes (§ 18 I AktG) ohne **vorherige Zustimmung aller Gesellschafter** ist, wenn im GesVertrag nichts anderes bestimmt ist, unzulässig (Grundlagengeschäft § 114 Rn 3, Anh § 177a Rn 22) mit der Folge eines Anspruchs auf Rückgängigmachung der Konzernabhängigkeit (§§ 705, 280, 249 BGB), K. Schmidt § 43 III 3a, aA nur außergewöhnliches Geschäft, MüKo/Mülbert 82; einfache Abhängigkeit als solche (§ 17 AktG) bedarf keiner solchen Legitimation durch Gfter(Konzernierungs)Beschluss, soweit ein solcher nicht schon nach allgemeinem GesRecht notwendig ist, Staub/Schäfer Anh § 105 Rn 39, sehr str. Die Rspr hält entsprechende Mehrheitsbeschlüsse für grundsätzlich rechtswidrig, falls sie nicht durch sachliche Gründe im Interesse der Ges gerechtfertigt sind, so bei Befreiung vom Wettbewerbsverbot aus schwerwiegenden Gründen im Interesse künftiger Leitungs- und Wettbewerbsfähigkeit der Ges, BGH **80**, 74 (Süßen GmbH), **89**, 162 (Heumann/Ogilvy GmbH & Co, Anh § 177a Rn 22). Allgemein gehaltene Abhängigkeits- und Konzernierungsklauseln im GesVertrag, wie immer häufiger, können konkrete Zustimmung nicht ersetzen, Staub/Schäfer Anh § 105 Rn 59, str. Das herrschende Unternehmen muss die PersonenGes auf Grund der Treuepflicht (s Rn 103) von sich aus vom Eintritt der Abhängigkeit (§ 17 AktG, nicht erst § 18 I AktG) **unterrichten,** damit diese ihrer Pflicht zur Unterrichtung der außenstehenden Gfter von der Abhängigkeitslage nachkommen kann, MüKo/

1. Abschnitt. Offene Handelsgesellschaft § 105

Mülbert Anh § 236 Rn 214, anders, wenn sich die Abhängigkeit schon aus GesVertrag ergibt.

b) Einfache Abhängigkeit, faktischer Konzern: Die PersonenGes ist abhängig, wenn ein anderes (herrschendes) Unternehmen auf sie einen beherrschenden Einfluss ausüben kann (§ 17 I AktG); ist sie mit dem herrschenden Unternehmen unter dessen einheitlicher Leitung zusammengefasst, bilden beide einen Konzern (§ 18 I AktG). Das herrschende Unternehmen verstößt bei ungerechtfertigter Schädigung der beherrschten Ges gegen seine **Treuepflicht** als Gfter, zB Octroi einer Konzernumlage ohne entspr Gegenwert gegenüber konzernabhängiger KG und ihrer TochterKG, BGH **65**, 15 (ITT, Anh § 177a Rn 23), **75**, 328 (Benachteiligung), **89**, 168 (Wettbewerbsverbot). Nachteilsausgleich entspr § 311 AktG findet nicht statt, vielmehr ist jede ungerechtfertigte Schädigung ohne die Möglichkeit eines späteren Nachteilsausgleichs verboten. Die Pflichtenbindung wächst mit der Einwirkungsmöglichkeit (Enge der Unternehmensverbindung). Aus der Treuepflicht folgt die Pflicht des herrschenden UnternehmensGfters, die MitGfter bei drohenden Interessenkonflikten und schon vor schädigenden Einwirkungen auf die Ges zu **unterrichten** (Grund: Widerspruchsrecht, § 115 I Halbs 2, s dort Rn 1), also schon im Vorfeld der Informationsrechte der Gfter (vgl auch schon Rn 102). Die MitGter können mit der **actio pro socio** Schadensersatz nach § 280 BGB an die Ges verlangen (§ 109 Rn 32). Minderheitenschützend wirken ua die Treuepflicht mit einem Verbot jeder schädigenden Einwirkung auf die Ges (§ 109 Rn 23); sehr wichtig sodann die vorweg und im Nachhinein die Informationsrechte (§ 118 Rn 16, § 166 Rn 16; s auch § 233 Rn 10, 13), Grenze des § 118 II für einschränkende Vereinbarungen, Verdachtsgründe liegen bei Unternehmensverbindung, zumal bei mittelbarer, wegen geringerer Durchsichtigkeit näher als ohne solche (§ 118 Rn 16, 18, § 166 Rn 17); die Widerspruchs- und Mitspracherechte (§§ 115 I Halbs 2, 116 II, 164), zB der Kdtisten der Mutter bezüglich Tochter, BGH BB **73**, 212 (näher § 163 Rn 5); für die Durchsetzung entscheidend sind die Möglichkeiten der actio pro socio und der Gestaltungsklagen zB nach §§ 117, 127, 133, 140, näher Staub/Schäfer Anh § 105 Rn 45 ff; in gravierenden Fällen bestehen Auflösungs- und Ausschließungsrechte nach §§ 133, 140. Begründung der Konzernabhängigkeit (§ 18 I AktG) ist Grundlagengeschäft (§ 114 Rn 3), nicht die der einfachen Abhängigkeit (§ 17 AktG), sehr str (s Rn 102). Das herrschende Unternehmen ist unterlassungspflichtig (§ 1004 BGB) und haftet nach §§ 280, 276, 278, 280 (nicht 708) BGB (vgl Rn 104) mit Beweislastumkehr nach § 280 I 2 BGB (Verschulden), weitergehende Beweislastumkehr ist str (s Rn 104); Schadensersatz nach § 249 BGB, aber nach Wahl der PersonenGes im Wege der Naturalherstellung oder in Geld. Die Verletzung der Mitspracherechte schlägt unter den Gftern, also vor allem im Verkehr mit dem herrschenden Unternehmen, auf die Vertretungsmacht durch (§ 126 Rn 6, 7). Diese Behelfe sind in geeigneter Weise auf das **nur mittelbar** (an den PersonenGes nicht unmittelbar als Gfter beteiligte) herrschende Unternehmen (**mehrstufiger Konzern,** Zwischenholding, s Rn 101) auszudehnen, iErg BGH **65**, 15 (ITT), MüKo/Mülbert Anh § 236 Rn 206 ff, sehr str, so Wettbewerbsverbot (§ 112 Rn 2, Anh § 177a Rn 22) und Treuepflicht auch eines beherrschenden NichtGfter, Staub/Schäfer Anh § 105 Rn 51, nach aA §§ 311, 317 AktG analog oder Organhaftung der herrschenden Unternehmens (§ 93 II AktG, § 43 II GmbHG, §§ 713, 664 BGB analog), jedenfalls aber auch bei nur mittelbarer Beherrschung umfassendes Schädigungsverbot. Für den **Gläubigerschutz** bei der abhängigen PersonenGes gelten: wenn das herrschende Unternehmen phG ist, § 128; Durchgriffshaftung der existenzvernichtenden Eingriffe (Bremer Vulkan; Anh § 177a Rn 51c); die (mittelbar gläubigerschützende) Verlustausgleichspflicht greift erst bei qualifizierter Konzernierung (falls an diesem Konzept noch wie zT festgehalten wird, s Rn 104), nach aA schon bei einfacher Staub/Schäfer Anh § 105 Rn 75, Emmerich/Habersack § 34 III 2. Die **GmbH & Co KG** ist nicht schon als solche konzernrechtlich relevant, solange sich die KomplementärGmbH, der sie beherrschende Gfter bzw der Kdtist bei der EinheitsGmbH & Co ohne anderweitige Unternehmertätigkeit auf ihre Rolle als Komplementär oder Kdtist der KG beschränken, BSozG AG **95**, 282, MüKo/Mülbert Anh § 236 Rn 52 ff, str; anders in Sonderfällen der Unternehmensaufspaltung, BAG ZIP **99**, 723, Henssler ZGR **00**, 479 (§ 242 BGB, s auch Rn 104). Im Gleichordnungskonzern (§ 18 II AktG) und bei sternförmiger GmbH & Co (dann GmbH als herrschendes Unternehmen) ist auch ein horizontaler Durchgriff nicht ausgeschlossen, idR aber nur einseitig (§ 670 BGB analog), ausnahmsweise als Verlustgemeinschaft (entspr § 730 BGB), K. Schmidt FS Wiedemann **02**, 1199.

104 **c) Qualifizierter faktischer Konzern, Haftung für existenzvernichtenden Eingriff:** Ein qualifizierter faktischer Konzern lag nach der früher hL vor, wenn das Eigeninteresse der abhängigen Ges infolge eines von dem herrschenden Unternehmen sachlich umfassend und zeitlich andauernd ausgeübten Einflusses nachhaltig beeinträchtigt wird (Einzelausgleich ist dann nicht mehr möglich bzw reicht nicht mehr aus), vgl BGH **95**, 344. Auch Betriebsaufspaltung konnte in besonderen Fällen zu qualifizierter faktischer Konzernierung führen, Ziegler 1989, Weimar ZIP **88**, 1525 (s auch Rn 103). Die qualifizierte Beherrschung einer PersonenGes war nicht generell unzulässig, str, für Zulässigkeit nur in der Form des Vertragskonzerns K. Schmidt § 43 III 4. Die neuere Rechtsprechung zur GmbH hat die Figur des qualifizierten faktischen Konzern ua wegen der schwierigen Unterscheidung zwischen einfachen und qualifizierten faktischen Konzern aufgegeben (**Bremer Vulkan, Trihotel,** Anh § 177a Rn 51c, e), krit K. Schmidt § 39 III. Abschied vom qualifizierten Konzern liegt dann auch für PersonenGes nahe, iErg auch Emmerich/Habersack § 34 III 1, aA K. Schmidt § 43 III 4: Schon vorher war diese Unterscheidung für die Personengesellschaft bei Annahme eines Konzernierungsbeschlusserfordernisses (formlos, str, deklaratorische Eintragung in HdlReg, s Rn 105), so Staub/Schäfer Anh § 105 Rn 34, unwesentlich. Von einem solchen Erfordernis ist auch künftig auszugehen. Auch auf der Basis der neuen Rechtsprechung steigen gesellschaftsrechtlich die Anforderungen und Pflichten mit der nachhaltigeren Verbindung und damit größeren Gefährdung. Unklar ist, ob die Rechtsprechung an den bisher bei Vorliegen eines qualifizierten Konzerns gezogenen **Rechtsfolgen** festhält. Davon wird man auf der Grundlage der gesellschafterlichen Treuepflicht ausgehen können. Das würde bedeuten, dass das herrschende Unternehmen wie bisher der PersonenGes (wie bei der einfachen Abhängigkeit, s Rn 103) für jeden Eingriff in ihre Substanz (Bestandsschutz) und für jede nicht durch überwiegende Konzerninteressen gerechtfertigte Verletzung ihrer Interessen nach §§ 280, 276, 278 BGB haftet, BGH NJW **80**, 232 (Gervais, KG), ohne Haftungsmilderung nach § 708 BGB, Grund: über die Ges hinausreichende Schutznorm, vgl BGH WM **85**, 194. Es trägt (über § 280 I 2 BGB betr Verschulden wie nach Rn 103 hinaus) sogar die Beweislast dafür, dass es keine schädigende Handlung vorgenommen hat bzw dass diese nicht pflichtwidrig war, vgl BGH NJW **80**, 232; nach aA soll das schon bei einfacher Abhängigkeit gelten, sehr str, vgl Rn 102. Darüber hinaus (**Gläubigerschutz**) ist das herrschende Unternehmen (im qualifizierten faktischen Konzern bzw bei existenzvernichtendem Eingriff, nach aA allgemeiner im faktischen Konzern, s Rn 103, sehr str) der PersonenGes zum Ausgleich des Jahresfehlbetrags verpflichtet (**Verlustausgleichspflicht**), vgl BGH **95**, 330 (Autokran, GmbH), bei Vermögenslosigkeit der PersonenGes Ausfallhaftung, Rechtsgrund str: nach früher üL § 302 AktG analog, eher Risikohaftung über § 670 hinaus, Staub/Schäfer Anh § 105 Rn 74, demgegenüber je nach Verbandszweck (typisch oder dienend) differenzierend MüKo/Mülbert Anh § 236 Rn 179; Befreiung

1. Abschnitt. Offene Handelsgesellschaft 105, 106 § 105

von der Verlustausgleichspflicht durch GesVertrag oder einstimmigen Gfter-Beschluss ist möglich, hL, Staub/Schäfer Anh § 105 Rn 76, bei Zustimmung aller Ges von vornherein keine Verlustausgleichshaftung annehmend MüKo/Mülbert Anh § 236 Rn 179f, aA K. Schmidt § 43 III 4b; aber Grenzen: § 138 I BGB. Sicherheitsleistung entspr § 303 AktG, BGH **95**, 346.

d) Vertragskonzern: Die PersonenGes kann mit Zustimmung aller Gfter **105** Unternehmensverträge nach § 292 AktG (Gewinngemeinschaft, Teilgewinnabführungsvertrag, Betriebspacht, Betriebsüberlassung) abschließen, BGH NJW **82**, 1817 (Holiday Inn, KG, § 114 Rn 24). **Beherrschungs- und Gewinnabführungsverträge** (§ 291 AktG) sind nicht generell unzulässig, Staub/Schäfer Anh § 105 Rn 12, MüKo/Mülbert Anh § 236 Rn 165; jedenfalls nicht, wenn keine natürlichen Personen als Gfter in der abhängigen PersonenGes beteiligt sind, BayObLG NJW **93**, 1804 (BSW), und allgemeiner bei kapitalistischen PersonenGes (vgl Anh § 177a Rn 10). Gewinnabführungsverträge spielen aber schon aus steuerrechtlichen Gründe praktisch keine Rolle. Der Beherrschungsvertrag erlaubt nachteilige Weisungen (entspr § 308 I 2 AktG); Grenzen für diese folgen aus dem Verbandszweck der dienenden PersonenGes, MüKo/Mülbert Anh § 236 Rn 238, sonst aus den Grundsätzen ordnungsgemäßer Konzerngeschäftsführung (business judgment rule, aber Grenzen ua bei cash management, unzulässig sind jedenfalls Existenzgefährdung und Ausplünderung), persönliche Haftung von MitGftern ist dabei zu mitzuberücksichtigen, keine Weisungsbefugnis zu GesVertragänderung. Das herrschende Unternehmen ist der durch Beherrschungsvertrag eingegliederten PersonenGes zum Verlustausgleich (wie § 304 AktG) verpflichtet, außer wenn es sich pflichtgemäß verhalten hat (§§ 276, 278 BGB, s Rn 103, 104), BGH NJW **80**, 231 (Gervais, KG) m Anm Raiser ZGR **80**, 558. Unternehmensverträge bedürfen grundsätzlich der Schriftform (entspr § 293 III AktG), (deklaratorische) Eintragung in das HdlReg (vgl § 8 Rn 5, nicht aA ihrer Nichtigkeit, s dort), Staub/Schäfer Anh § 105 Rn 61, aA Mü ZIP **11**, 526m krit Anm Wachter BB **11**, 724, MüKo/Mülbert Anh § 236 Rn 153, differenzierend K. Schmidt § 43 III 4b, nach aA bereits (nicht konstitutiv) Konzernierungsbeschluss Staub/Schäfer Anh § 105 Rn 61. Kündigung des Unternehmensvertrags aus wichtigem Grund ist jederzeit möglich (entspr § 297 I AktG, bei PersonenGes wohl durch Gestaltungsklage). **Gläubigerschutz** entspr §§ 302, 303 AktG (s Rn 104).

C. Die herrschende Personengesellschaft: Die Konzernrechtsregeln sind **106** fast durchweg aus der Sicht der beherrschten PersonenGes entwickelt (s Rn 100, 102) und gelten dann für jedes herrschende Unternehmen ohne Besonderheiten für herrschende PersonenGes. Der Schutz der Aktionäre der OberGes durch ungeschriebene Mitwirkungsbefugnisse der Hauptversammlung, so BGH **83**, 122 (Holzmüller, zu § 119 II AktG) und restriktiv fortbildend BGH **159**, 30 (Gelatine), str, hat für die Gfter der herrschenden PersonenGes wegen der Unterschiede im Mitwirkungs- und Beschlussrecht keine unmittelbar entspr Bedeutung. Denn die Gfter der herrschenden PersonenGes, auch nicht geschäftsführende, haben schon nach allgemeinem PersonenGesRecht Widerspruchs-, Mitsprache- und Informationsrechte (§§ 115 I Halbs 2, 116 II, 164; 118, 166), auch soweit TochterGes betroffen sind, Emmerich/Habersack § 35 II, III. Sie haben ein Mitspracherecht bei außergewöhnlichen Geschäften der TochterGesBGH BB **73**, 213 (Einzelfälle s § 116 Rn 2), in bestimmten Fällen kann sogar Grundlagengeschäft vorliegen (§ 114 Rn 3), einschränkend MüKo/Mülbert Anh § 236 Rn 82 (aber engerer Begriff dort Rn 73). Die Bildung stiller Reserven (§ 120 Rn 6) bei einer beherrschten Ges bedürfen grundsätzlich der Zustimmung aller Gfter der herrschenden Ges (Mehrheitsklausel s § 119 Rn 37), vgl Hbg ZIP **06**, 895 (Vorinstanz), MüKo/Mülbert Anh § 236 Rn 97, Haar NZG **07**, 601, Wertenbruch ZIP **07**, 798, aA für pflichtgemäßes Ermessen des Geschäftsführungs-

§ 106 1   2. Buch. Handelsgesellschaften und stille Gesellschaft

organs der Mutter, Priester DStR **07**, 31, tendenziell wohl ebenso, aber noch offen BGH ZIP **07**, 479 (Otto); hält man daran fest, können die Gfter jedenfalls kraft Treuepflicht (§ 109 Rn 23) zustimmungspflichtig sein, Hopt FS Odersky **96**, 799, das ist allerdings gegenüber der Zustimmungsbedürftigkeit schwächer (Beweislast bei der Minderheit), BGH ZIP **07**, 477, krit Haar NZG **07**, 602. Bilanzrechtlich kann sich das aber bei der herrschenden Ges nur auswirken, wenn nicht eine anderweitige Gewinnthesaurierung bei der beherrschten Ges beschlossen ist, Klärung durch Feststellungsklage gegen die OberGes, uU auch Klage gegen die MitGfter wegen Treupflichtverletzung, näher BGH ZIP **07**, 479 (Otto), m Anm Wertenbruch 798, Westermann 2289, Binz/Mayer DB **07**, 1779, Haar NZG **07**, 601, Holler DB **08**, 2067, Priester DStR **08**, 1391. Vorbeugende Unterlassungsklage der MitGfter s § 116 Rn 4; in gravierenden Fällen Abberufung nach §§ 117, 127. Angelegenheiten der Ges iSv §§ 118, 166 sind auch solche der Ges als OberGes der ihr verbundenen Unternehmen, BGH WM **83**, 911 (§ 118 Rn 16, § 166 Rn 16; s auch § 233 Rn 10, 13). Erstreckung auf Unterlagen jedenfalls einer 100%igen TochterGes s BGH 25, 118 (§ 166 Rn 16).

107   **D. Ausblick auf Zusammenschlusskontrolle:** Personengesellschaften in der Zusammenschlusskontrolle (§§ 35 ff GWB/eur FusionskontrollVO; Einl 77–78 vor § 1). Komm: s Einl 77 vor § 1.

[Anmeldung zum Handelsregister]

106 (1) **Die Gesellschaft ist bei dem Gericht, in dessen Bezirke sie ihren Sitz hat, zur Eintragung in das Handelsregister anzumelden.**

(2) **Die Anmeldung hat zu enthalten:**
1. **den Namen, Vornamen, Geburtsdatum und Wohnort jedes Gesellschafters;**
2. **die Firma der Gesellschaft, den Ort, an dem sie ihren Sitz hat, und die inländische Geschäftsanschrift;**
3. *(aufgehoben)*
4. **die Vertretungsmacht der Gesellschafter.**

Übersicht

	Rn
1) Die OHG im Handelsregister	1–4
A. Die OHG im Handelsregister	1
B. Einzutragende Tatsachen	2
C. Eintragung und Bekanntmachung	3
D. Verfahren	4
2) Anmeldung der Gesellschaft (I), Beginn und Dauer der Anmeldepflicht	5
3) Inhalt der Anmeldung, insbesondere Sitz der Gesellschaft (II)	6–13
A. Gesellschafter (II Nr 1)	6
B. Firma (II Nr 2)	7
C. Sitz, Ort und inländische Geschäftsanschrift (II Nr 2)	8
D. Zeitpunkt (II Nr 3 aF)	11
E. Vertretungsmacht der Gesellschafter (II Nr 4)	12
F. Sonstiger Inhalt der Anmeldung mit oder ohne Eintragung	13

1) Die OHG im Handelsregister

1   **A. Die OHG im Handelsregister:** § 106 II Nr 2 idF MoMiG 2008. Die OHG gehört wie jeder andere Kfm (§ 29) in das Handelsregister. Einerlei ob sie schon vor Eintragung im HdlReg OHG ist (weil sie ein HdlGewerbe betreibt: §§ 1, 6 I, 105) oder es erst durch die Eintragung wird (nach §§ 2, 3, 6 I).

1. Abschnitt. Offene Handelsgesellschaft   2–4   **§ 106**

Wirkung der Eintragung s §§ 15, 123, für KG §§ 174, 176. §§ 106–108 bringen nur **wenige Sonderregeln** für die OHG betr die **Anmeldung;** dazu wiederum besonders für die KG § 162. §§ 106–108 sind **zwingend. Muster:** Hopt/Lang 4. Aufl 2013 Form II. B.1b, 2b (Einfacher/ausführlicher OHGVertrag).

B. **Einzutragende Tatsachen:** Außer der **Errichtung** der Ges (§ 106) sind 2 viele **sonstige** die Ges betreffende **Vorgänge** im Register zu vermerken: §§ 107 (Firmenänderung, Sitzverlegung, Eintritt eines Gfters, Änderung der Vertretungsmacht eines Gfters), 143 (Auflösung, Ausscheiden eines Gfters), 144 (Fortsetzung nach Insolvenz) und Fortsetzung in anderen Fällen (vgl § 131 Rn 31), 148, 150 (betr Liquidation), 157 (Erlöschen der Firma nach Liquidation), für die KG ferner: § 162 I, II (Kdtist und Einlage), § 162 III (KdtAnteilsübertragung, Nachfolgevermerk, str, § 162 Rn 8), § 175 (Änderung der Einlage). Ferner wie für alle Kflte §§ 13–13g (betr Zweigniederlassung), 13h (Sitzverlegung, vgl § 107), 25 II (Haftungsausschluss bei Geschäftsübernahme), 28 II (Haftungsausschluss bei Eintritt eines Gfters in EinzelKfmGeschäft), 31 I (Änderung des Inhabers, zB Übernahme), 31 II (Erlöschen der Firma), 32 (Eröffnung des Insolvenzverfahrens und andere Insolvenzakte), 53 (Erteilung und Erlöschen einer Prokura). **Weitere,** im Gesetz nicht genannte Tatsachen sind per Analogie teils eintragungspflichtig, teils nur **eintragungsfähig** (§ 8 Rn 5), zB Änderung des Personalien (§ 107 Rn 3), Dauertestamentsvollstreckung, BGH ZIP **12,** 623; Nießbrauch, Stgt ZIP **13,** 624. **Nicht eintragungsfähig** sind zT im Gegensatz zur AG und GmbH: der GesZweck; die das Innenverhältnis der Gfter betreffenden Tatsachen; gesetzliche oder organschaftliche Vertreter von Gftern, früher str; wenn eine OHG oder KG Gfter der einzutragenden OHG ist, die Gfter der GfterGes; Geschäftszweig und Geschäftsräume (trotz Anmeldung, s Rn 12), Unternehmensgegenstand, KG JW **34,** 1730; Beirat, Hamm MDR **52,** 549. Nach BGH ZIP **12,** 623 zu erwägen ist die **Einreichungsfähigkeit** des GesVertrags zum Handelsregister. Aus dem GesVertrag ergibt sich der Einfluss auf die Geschicke der Ges, vergleichbar § 2214 BGB können Regelungen zum Ausscheiden (§ 131 III 1 Nr 1) sowie zur Abfindung beim Ausscheiden unmittelbar auf die Haftung gegenüber Dritten wirken.

C. **Eintragung und Bekanntmachung:** Die Eintragungen erfolgen idR nur 3 auf Anmeldung, ausnahmsweise von Amts wegen in den Fällen der §§ 31 II 2 (Erlöschen, wenn Anmeldung nicht zu erwirken), 32 (Insolvenzverfahren), 148 II (Bestellung von Liquidatoren durch Gericht). Anmeldepflichtige Personen s § 108 I. Erzwingung der Anmeldung s § 108 Rn 5, 6. Bekanntmachung s § 10; Sonderregel für die KG § 162 II.

D. **Verfahren:** Anzumelden ist beim **Gericht des Sitzes** (§ 106 I). Bei Sitz- 4 verlegung s §§ 107, 13h, bei Errichtung oder Vorhandensein von ZwNl §§ 13–13g. **Form** der Anmeldung s § 12. **Prüfung durch das Gericht** s § 8 Rn 7–8; bei Anhaltspunkten für sachliche Unrichtigkeit oder Fehlen von Angaben von Amts wegen, Jena NZG **11,** 25, hier besonders auf (jedenfalls in den Formalien) richtigen Vertragsschluss, zB richtige Vertretung Minderjähriger und Genehmigung des Famliengerichts, KGJ 23 A 89. Einreichung des schriftlichen GesVertrags (nicht eintragungsfähig, s Rn 2) kann wegen der Öffentlichkeit der Registerakten (§ 9) idR nicht gefordert werden, aber Vorlegung zur Prüfung auf Gültigkeit bei begründeten Zweifeln, vgl BayObLGZ **77,** 78, DB **78,** 1832. Eintragung in **Abteilung A** des Registers, **(4)** HRV §§ 3, 13, 39 ff. **Inhalt** der Eintragung s Rn 2 und im Einzelnen zum Inhalt der Eintragungen in die Abteilungen A und B (die einschlägigen gesetzlichen Anordnungen für den Gebrauch des Registergerichts zusammenfassend) **(4)** HRV §§ 40, 43 idF EHUG 2006. **Amtslöschung** s **(3)** FamFG § 395, s § 8 Rn 12–13.

§ 106 5–8   2. Buch. Handelsgesellschaften und stille Gesellschaft

2) Anmeldung der Gesellschaft (I), Beginn und Dauer der Anmeldepflicht

5 Die Errichtung der Ges ist zur Eintragung anzumelden (I). Die Anmeldepflicht beginnt bei OHG mit HdlGewerbe (§ 1) mit Geschäftsbeginn (§ 123 II), nicht vorher; überhaupt nicht unter §§ 2, 3 (KannKfm). Anmeldung vor Geschäftsbeginn ist möglich (vgl § 123 I). Eine unterbliebene Anmeldung (und Eintragung) der Errichtung muss **auch nach Auflösung** der Ges nachgeholt werden, RG JW **02**, 172, hL, Grund: §§ 143, 148, 157, 159. Vorlegung des GesVertrags s Rn 4.

3) Inhalt der Anmeldung, insbesondere Sitz der Gesellschaft (II)

6 **A. Gesellschafter (II Nr 1):** Die Anmeldung (und die Eintragung) hat nach II Nr 1 nF HRefG von allen Gftern die nachfolgenden Angaben zu enthalten. Ist eine **GbR Gesellschafter** (AußenGbR, § 105 Rn 28), sind auch deren Gfter und spätere Änderungen in der Zusammensetzung der Gfter zur Eintragung anzumelden (entspr II, § 162 I 2 idF ERJuKoG 2001, s dort Rn 2), BGH **148**, 291 (für GbR als Kdtistin). Die Gfter der GbR sind mit dem Zusatz „in Gesellschaft bürgerlichen Rechts" anzugeben, auch wenn die GbR keinen Namen hat. Neben namentlicher Bezeichnung sind auch Geburtstag und Wohnort der GbR-Gesellschafter einzutragen, Celle ZIP **12**, 766.

a) Name: dh Nachname. Für Kfm als Gfter genügt seine Firma; weicht diese von seinem bürgerlichen Namen ab, ist dieser hinzuzufügen (Firma X, Inhaber Y), BayObLG BB **73**, 397 (für Kdtist, § 162 Rn 4), aA Staub/Schäfer 14. Für OHG oder KG als Gfter genügt ihr Name (Firma) ohne die Namen ihrer Gfter, früher str. VorGmbH s Anh § 177a Rn 13. Treuhänder ist auch bei der qualifizierten Treuhand nicht einzutragen, str, s § 105 Rn 31, 34; Unterbeteiligung s § 105 Rn 38; Nießbraucher s § 105 Rn 44.

b) Vorname: Rufname genügt.

c) Geburtsdatum: als Identifikationsmerkmal, früher Stand bzw Beruf.

d) Wohnort. Gfter einer **KG**, die Kdtist ist, werden durch § 162 I 2 nF erfasst (§ 162 Rn 2).

7 **B. Firma (II Nr 2):** Firma der OHG s § 19 I Nr 2, II, § 105 Rn 5.

8 **C. Sitz, Ort und inländische Geschäftsanschrift (II Nr 2): a) Tatsächlicher Verwaltungssitz, gesellschaftsvertraglicher Sitz:** Die Anmeldung muss außer der Firma auch den Ort, an dem die Ges ihren Sitz hat, und die inländische Geschäftsanschrift (seit 2008, s Rn 1; Grund: Zustellungserleichterung für Gläubiger, s § 29 Rn 5) enthalten (II Nr 2). Jede OHG (KG; anders GbR) hat einen Sitz an einem bestimmten Ort (vgl II Nr 2). Vom Sitz hängen wichtige Zuständigkeiten, ua die des Registergerichts (§ 106 I, §§ 13 ff) und der allgemeine Gerichtsstand juristischer Personen (§ 17 I ZPO), sowie nach der bislang herrschenden Sitztheorie, die aber unter EURecht nur noch gegenüber Drittländern gilt und nach MoMiG für die KapitalGes aufgegeben ist (Einl 29 vor § 105), das GesStatut und das international anwendbare Recht. Dieser Sitz ist, wenn man die Sitztheorie für PersonenGes aufrechterhält, bei der OHG bzw KG der Ort der tatsächlichen (Haupt-) Verwaltung, also der Geschäftsführung. Richtiger ist jedenfalls nach MoMiG, auch für die PersonenGes einen vom tatsächlichen Sitz unterschiedenen gesellschaftsvertraglichen bzw satzungsmäßigen Sitz wie bei den KapitalGes (§§ 5, 23 III Nr 1 AktG, § 3 I Nr 1 GmbHG; auch § 24 BGB für den Verein) anzunehmen, Staub/Schäfer 19, Röhricht/Haas 11, E. Voigt, HdlRecht der ZwNl 2009 (Diss Hbg) § 9; Behrens IPRax **03**, 193, Pluskat WM **04**, 608, Zimmer/Naendrup NJW **09**, 548, für Klarstellung im Gesetz Wicke DNotZ **17**, 272; mangels Angabe im GesVertrag ist dieser Sitz in Gesamtschau zu bestimmen. Nach der Rspr und Koller/Kindler § 105 Rn 3 ist jedoch

1. Abschnitt. Offene Handelsgesellschaft   9–13   § 106

bis zur Änderung durch den Gesetzgeber (RefE, Einl 29 vor § 105) der tatsächliche Sitz maßgebend, BGH NJW **09**, 289m Anm Kieninger, Hellgardt/Illmer NZG **09**, 94 (schweiz AG), erklärend Goette DStR **09**, 63 (richterliche Zurückhaltung), und Ort der Geschäftsführung ist Sitz auch bei abweichender Vertragsbestimmung und Eintragung, BGH BB **57**, 799, MDR **69**, 662. Unterscheidung gesellschaftsrechtlicher und tatsächlicher Sitz bei Vortrag rechtlicher Zulässigkeit erwägend KG ZIP **12**, 981, einen einheitlichen Sitz fordernd Schlesw NZG **12**, 775, KG ZIP **12**, 1668. Lit: Ebenroth/Bippus JZ **88**, 677, Koch ZHR 173 **(09)** 101 (freie Sitzwahl).

b) Doppelsitz: Der Zweck des Sitzes verlangt grundsätzlich, dass jede OHG 9 bzw KG **nur einen Sitz** hat. Die Zulässigkeit eines Doppelsitzes wie für Kapital-Ges bei besonderem Bedürfnis gilt für die OHG (KG) nicht; anders als bei der KapitalGes besteht bei der OHG bzw KG auch in aller Regel dafür kein Bedürfnis. Ausnahmsweise Doppelsitz, s BayObLG BB **62**, 497, KG NJW **73**, 1201, BayObLG AG **86**, 49, LG Düss BB **66**, 1036, zB für SpaltGes nach 1945 oder bei besonderem berechtigten Interesse, so uU bei grenzüberschreitenden Unternehmen oder Verschmelzung von Unternehmen mit besonderer Tradition, LG Essen ZIP **01**, 1632 (ThyssenKrupp), MüKo/Langhein 27, Verschmelzung allein genügt nicht. Jeder Sitz ist für sein Rechtsgebiet grundsätzlich der allein maßgebende, die Ges muss an jedem Sitz alle Registerpflichten erfüllen, auch betr Verhältnisse aller ZwNl.

Sitzverlegung: Verlegung des tatsächlichen Sitzes geschieht durch tatsächliche 10 Verlegung der Geschäftsführung auch ohne GfterBeschluss, BGH BB **57**, 799, für den gesellschaftsvertraglichen Sitz (str, s Rn 8) zu Recht anders, Staub/Schäfer 19. Sie ist im HdlRegister einzutragen (§§ 13h, 107), die Eintragung ist aber rein deklaratorisch. In der Liquidation dürfen die Liquidatoren den Sitz nur verlegen, wenn das der Liquidationszweck verlangt, BGH MDR **69**, 662. Folgen der Sitzverlegung ausländischer rechtsfähiger Ges in das Inland s § 105 Rn 10, deutscher Ges in das EU-Ausland s Einl 29 vor § 105. Verlegung nur des gesellschaftsrechtlichen Sitzes erwägend KG ZIP **12**, 981, nach Rspr ist aber einheitlicher Sitz notwendig, Rn 8.

D. Zeitpunkt (II Nr 3 aF), zu welchem die Gesellschaft begonnen hat, 11 braucht seit 1.9.2004 nicht mehr angegeben zu werden (1. JuMoG).

E. Vertretungsmacht der Gesellschafter (II Nr 4): II Nr 4 neu ERJuKOG 12 2001 (**Übergangsrecht** in (1) EGHGB Art. 52) verlangt Angabe der Vertretungsmacht der Gfter, auch der normalen gesetzlichen jedes phG (anders § 125 IV aF), Kln NJW-RR **04**, 1106 (GmbH & Co), wichtig für HdlPraxis und internationalen Verkehr (vgl § 33 Rn 3). Eintragung der Befreiung vom Selbstkontrahierungsverbot auch für englische plc als phG deutscher KG, Ffm ZIP **06**, 1673 (anders hL betr Vertretungsverhältnisse der plc nach englischem Recht, § 13g Rn 1). Bei KG wird (nicht organschaftliche, § 170) Vollmacht von Kdtisten nicht eingetragen, Ffm GmbHR **06**, 265. Bei GbR als phG gilt II Nr 4 auch für deren Gfter (vgl § 162 I 2 bei der KG). Lit: Servatius NZG **02**, 456.

F. Sonstiger Inhalt der Anmeldung mit oder ohne Eintragung: Einge- 13 tragen werden grundsätzlich nur die gesetzlich angeordneten Tatsachen und Rechtsverhältnisse, also zB nicht solche betreffend das Innenverhältnis der Gfter, klärende Vermerke sind aber zulässig. **Ausnahmen** von diesem Grundsatz sind möglich, zB Angabe auch der Gestattung des Selbstkontrahierens (§ 8 Rn 5, § 119 Rn 22, vgl § 53 Rn 3), MüKo/Langhein 38, Staub/Schäfer 11, nach aA nur fakultativ, üL, jedenfalls für Eintragungsfähigkeit BayObLG DB **00**, 37, ZIP **00**, 701; **nicht** aber Ermächtigungen nach II 2, III 2 (§ 125 Rn 17, 24). Weitere Ausnahmen: Unternehmensverträge (§ 8 Rn 5), Fortsetzung nach Auflösung (§ 144 Rn 4), MüKo/Langhein 38. Sonstiger Inhalt der Anmeldung ergibt sich

§ 107 1–3   2. Buch. Handelsgesellschaften und stille Gesellschaft

aus anderen Vorschriften über einzutragende Tatsachen (s Rn 2). Treuhänder s schon Rn 6. Angabe der Lage der Geschäftsräume und des Unternehmensgegenstands s **(4)** HRV § 24 II, IV, insoweit aber keine Eintragung (s Rn 2). Ergänzung von II für die **KG** durch § 162 I.

[Anzumeldende Änderungen]

107 Wird die Firma einer Gesellschaft geändert, der Sitz der Gesellschaft an einen anderen Ort verlegt, die inländische Geschäftsanschrift geändert, tritt ein neuer Gesellschafter in die Gesellschaft ein oder ändert sich die Vertretungsmacht eines Gesellschafters, so ist dies ebenfalls zur Eintragung in das Handelsregister anzumelden.

1) Anmeldepflichtige Änderungen nach § 107

1   A. **Änderungen nach § 107:** § 107 idF MoMiG 2008. Nach § 107 idF ERJuKoG 2001, der § 31 ergänzt, sind nur bestimmte Änderungen von Angaben nach § 106 (erstmalige Anmeldung) anmeldepflichtig. Einzutragen sind ua (§ 106 Rn 2):

a) Änderung der Firma: s § 19, § 105 Rn 5; jede Änderung, einerlei ob Änderung des Firmenkerns oder von Zusätzen.

b) Sitzverlegung, Änderung der Geschäftsanschrift: Nach der Sitztheorie Verlegung des tatsächlichen Verwaltungssitzes an einen anderen Ort, nach neuerer Theorie Verlegung des gesellschaftsvertraglichen Sitzes, Staub/Schäfer 5 (näher § 106 Rn 10; § 13h). Seit 2008 (s Rn 1) auch Änderung der inländischen Geschäftsanschrift (§ 106 Rn 8), dazu auch § 108 Satz 2 (Anmeldung).

c) Eintritt eines neuen Gesellschafters: Eintritt eines „neuen Gfters" (§ 105 Rn 67 ff), einerlei ob durch rechtsgeschäftliche Übertragung oder durch Erbgang (näher für die KG § 162 Rn 8–9); auch Wiedereintritt eines „alten"; auch eines inzwischen bereits wieder ausgeschiedenen Gfters (§ 108 Rn 1); für die KG § 162 III; bei GbR als Gfter gilt das auch für deren Gfter (§ 106 Rn 6);

d) Änderungen der Vertretungsmacht eines Gfters: s § 106 II Nr 4 (dort auch **Übergangsrecht**); einerlei ob die Änderung einen Gfter speziell betrifft (zB Ausschluss von der Vertretung, § 127) oder die ganze Regelung der Vertretung (zB Gesamt- statt Einzelvertretung). Auch die Aufhebung (oder Änderung der Modalitäten) der gemischten Gesamtvertretung (§ 125 Rn 19) ist Änderung in der Vertretungsmacht eines Gfters. Die Aufhebung oder Änderung der einzelnen Prokura ist gemäß § 53 anzumelden. **Nicht:** GfterWechsel in GfterGes (§ 106 Rn 2), Erwerb weiterer Kapitalbeteiligung durch phG, BayObLG WM **83**, 279. Eintritt von Erben s § 139 Rn 50. Anmeldung (und Eintragung) des Eintritts (und Ausscheidens, § 143 II), auch wenn dadurch die Firma unzulässig wird (§ 143 Rn 2), dann aber keine Mitwirkungspflicht des Ausgeschiedenen (§ 108 Rn 6). § 107 gilt auch nach Auflösung der OHG (§ 106 Rn 5). Austritt s § 143 II und für die KG § 162 III.

2   B. **Sonstige anmeldepflichtige Änderungen:** § 107 bezieht sich eng auf § 106 und schließt sonstige anmeldepflichtige Änderungen nicht aus, zB Wechsel in eine andere GfterStellung (§ 162 Rn 10); Änderung der Rechtsform oder sogar Auflösung als Folge des GfterWechsels bzw des Wechsels in eine andere GfterStellung (§ 162 Rn 11).

2) Nicht anmeldepflichtige Änderungen

3   Nicht anmeldepflichtig (insoweit Gegenschluss aus § 107; Rn 2 steht nicht entgegen) sind vor allem **Änderungen der Personalien** (Nachname, Vorname, Geburtsdatum, Wohnort, § 106 II Nr 1) eines Gfters, Hbg OLGE **19**, 309, str.

1. Abschnitt. Offene Handelsgesellschaft 1–3 § 108

Sie sind aber auf (wünschenswerte, jedoch freiwillige) Anmeldung eintragungsfähig (Berichtigung entspr **(4)** HRV § 17 I idF EHUG 2006), vgl Hamm NZG **10**, 631.

[Anmeldung durch alle Gesellschafter]

108 ¹ **Die Anmeldungen sind von sämtlichen Gesellschaftern zu bewirken.** ² **Das gilt nicht, wenn sich nur die inländische Geschäftsanschrift ändert.**

Übersicht

	Rn
1) Anmeldung durch sämtliche Gesellschafter	1–3
A. Sämtliche Gesellschafter	1
B. Vertretung	3
2) Änderung der inländischen Geschäftsanschrift (Satz 2)	4
3) Rechtsnatur der Anmeldung und der Anmeldepflicht	5–7
A. Rechtsnatur der Anmeldung	5
B. Öffentlichrechtliche Anmeldepflicht	6
C. Gesellschaftsrechtliche Mitwirkungspflicht	7

1) Anmeldung durch sämtliche Gesellschafter

A. **Sämtliche Gesellschafter:** § 108 idF EHUG 2006, II aF (Zeichnung der 1 Namensunterschrift) aufgehoben (Grund s § 14 Rn 1). Anmeldepflichtig sind nach Satz 1 sämtliche Gfter (auch ohne Geschäftsführungs- und Vertretungsmacht, anders wenn sich nur die inländische Geschäftsanschrift ändert, Satz 2, s Rn 4) betr die Errichtung der Ges und die Vorgänge, welche die Struktur der Ges ändern: §§ 108, 125 IV, 143, 144, 148 I, 150, 162 (mit 106, 108, 161 II), 175; auch die Kdtisten (§ 162 Rn 3), Schlesw NZG **10**, 958, bei Sitzverlegung, KG ZIP **12**, 981; auch die ausgeschiedenen Gfter bezüglich ihres Ausscheidens; bei Tod eines Gfters seine Erben (auch soweit sie nicht Gfter werden), Nachweis durch Erbschein oder öffentliches Testament mit Eröffnungsprotokoll, Hbg NJW **66**, 986, Hamm Rpfleger **86**, 140; Testamentsvollstrecker nur in den Grenzen seines Mandats, Bln BB **91**, 1283; auch Gfter, die einer (gültig beschlossenen) einzutragenden Änderung widersprachen. Wegen der Publizitätswirkung des HdlReg auch Gfter, dessen Eintritt nicht angemeldet wurde und der inzwischen ausgeschieden ist (vgl Fall Oldbg DB **87**, 1527). Bei der Anmeldung der gemischten Gesamtvertretung (§ 125 Rn 19) nur die Gfter, nicht auch der Prokurist (für diesen selbst gilt § 53 II). Treuhänder s § 105 Rn 31, 34; Unterbeteiligung s § 105 Rn 38; Nießbraucher s § 105 Rn 44. **Nicht:** die Ges selbst; ausgeschiedene Gfter bezüglich des späteren Eintritts von neuen, BayObLG DB **78**, 1832. Angenommen wird einschränkende Auslegung bei Spaltung eines Kommanditisten, s § 162 Rn 7.

Sonstige Anmeldepflichtige sind die Liquidatoren betr Erlöschen nach 2 Liquidation (§ 157), die vertretungsberechtigten Personen betr andere anmeldepflichtige Vorgänge (§ 106 Rn 2), der Insolvenzverwalter. Generalvorsorgevollmacht reicht aus, eine spezielle Erwähnung von Handelsregisteranmeldung ist nicht nötig, Karlsr ZIP **14**, 1392 (LS).

B. **Vertretung:** Vertretung bei der Anmeldung ist möglich (§ 12 Rn 3–4), 3 etwa durch Notar, Mü DB **16**, 2954. Vertretung juristischer Personen und von HdlGes durch ihre organschaftlichen Vertreter in vertretungsbefugter Zahl (andere Frage in Rn 7), auch bei GbR als Gfter, Bergmann ZIP **03**, 2239. Testamentsvollstrecker kann nur bei Dauervollstreckung (§ 2209 BGB), BGH **108**, 187, nicht aber bei Abwicklungsvollstreckung an Stelle des zum Kdtisten gewordenen Erben (Sonderrechtsnachfolge, § 139 Rn 14) anmelden, Mü ZIP **09**, 2059.

§§ 181, 1629, 1795 BGB sind unanwendbar, also zB Anmeldung durch Gfter A zugleich für vertretene (gesetzlich oder mit Vollmacht) Gfter B und C, BayObLG BB **70**, 940, BayObLGZ **77**, 78u 134, Hamm OLGZ **83**, 261; Anmeldung in Doppelfunktion bei KG und GmbH & Co s § 162 Rn 3, Anh § 177a Rn 13. Vollmacht kann bereits im GesVertrag erteilt werden, Ffm BB **73**, 722, aA Staub/Schäfer 13 (außer für PublikumsGes), s § 162 Rn 3. Die Vollmacht ist grundsätzlich widerruflich, Staub/Schäfer 12, aA KG DNotZ **80**, 166. Auch unwiderrufliche Vollmacht, dann Widerruf nur aus wichtigem Grund, BayObLG Rpfleger **75**, 251. Prokura genügt nicht (§ 49 Rn 2); aber Generalvollmacht (allgemeine Grenzen s Überbl 2v § 48), MüKo/Langhein 15, üL verlangt Präzisierung, BayObLGZ **75**, 14, **77**, 132, Ffm OLGZ **73**, 271, offen BGH ZIP **05**, 1322, NJW **06**, 2855.

2) Änderung der inländischen Geschäftsanschrift (Satz 2)

4 Das Erfordernis der Anmeldung durch sämtliche Gesellschafter gilt nicht bei der Änderung der inländischen Geschäftsanschrift, die seit 2008 nach § 107 zum Handelsregister anzumelden ist. Der durch die Aktienrechtsnovelle 2016 eingefügte Satz 2 soll ein Redaktionsversehen des MoMiG beheben; es genügt die Anmeldung durch die vertretungsberechtigten Gesellschafter oder Liquidatoren in vertretungsberechtigter Zahl.

3) Rechtsnatur der Anmeldung und der Anmeldepflicht

5 A. **Rechtsnatur der Anmeldung:** Die Anmeldung ist eine Verfahrenshandlung, entspr Anwendung der Regeln über Rechtsgeschäfte ist dadurch nicht ausgeschlossen, zB §§ 104 ff, 130 I 1, II. Die Anmeldung ist bis zur Eintragung durch das Registergericht durch jeden Gfter frei widerruflich, notfalls eben Erzwingung, KG OLGE **43**, 205 (s Rn 5). **Mängel der Anmeldung** berühren Rechtswirkungen der Eintragung nicht. Aber Beschwerde des einzelnen Anmeldepflichtigen, wenn die Anmeldung nicht durch alle dazu Verpflichteten erfolgt ist, Schlesw NZG **10**, 958. Haben nicht alle angemeldet, ist aber eingetragen, so ist der Mangel geheilt, vgl KGJ **53**, 257.

6 B. **Öffentlichrechtliche Anmeldepflicht:** Erzwingung der Anmeldung durch das Gericht s § 14; Beugestrafen gegen den Anmeldepflichtigen, Bsp BayObLG DB **78**, 1832 (Eintritt), bei juristischen Personen gegen ihre gesetzlichen Vertreter (§ 14 Rn 1). Keine Erzwingung bei Erledigung (auch wenn gesellschaftsrechtliche Mitwirkungspflicht fortbesteht), Staub/Schäfer § 106 Rn 6. Rechtsmittel auch der Ges gegen Zwangsmittel gegen die registerpflichtige natürliche Person, BGH **25**, 154 (eG), BayObLG BB **88**, 89.

7 C. **Gesellschaftsrechtliche Mitwirkungspflicht:** Mehrere anmeldungspflichtige Personen sind auch einander zur Mitwirkung bei der Eintragung verpflichtet. Klage der Gfter, nicht der Ges auf Mitwirkung ist möglich, BGH WM **83**, 786 (§ 124 Rn 41); Anspruch auch gegen den nicht eingetragenen, bereits ausgeschiedenen Kdtisten, KG GWR **11**, 164. Obsiegendes Urteil ersetzt die Mitwirkung (§ 16 I 1). Die Verpflichtung zur Mitwirkung entfällt, wo der Gfter einen Anspruch auf Auflösung der Ges aus §§ 133, 140 hat (dolo agit qui petit quod statim rediturus est), RG **112**, 282, OGH NJW **49**, 382. Der ausgeschiedene Gfter kann Mitwirkung von der durch sein Ausscheiden erforderlich gewordenen Firmenänderung abhängig machen (§ 107 Rn 1). Mitwirkung an einer Anmeldung ist iZw auch im Innenverhältnis der Gfter **als Billigung** des in der Anmeldung Erklärten zu werten (§ 105 Rn 54), BGH BB **76**, 529, WM **84**, 1606, **85**, 1229. Verletzung der Mitwirkungspflicht kann schadensersatzpflichtig machen.

Zweiter Titel. Rechtsverhältnis der Gesellschafter untereinander

[Gesellschaftsvertrag]

109 Das Rechtsverhältnis der Gesellschafter untereinander richtet sich zunächst nach dem Gesellschaftsvertrage; die Vorschriften der §§ 110 bis 122 finden nur insoweit Anwendung, als nicht durch den Gesellschaftsvertrag ein anderes bestimmt ist.

Übersicht

	Rn
1) Vertragsfreiheit im Rechtsverhältnis der Gesellschafter untereinander	1–3
A. Rechtsverhältnis der Gesellschafter untereinander	1
B. Vertragsfreiheit	2
C. Grenzen der Vertragsfreiheit	3
2) Rechte und Pflichten der Gesellschafter untereinander, insbesondere Sorgfalt, Beitrag, Übertragung von Rechten	4–22
A. Überblick	4
B. Eigenübliche Sorgfalt (§ 708 BGB)	5
C. Beiträge	6
D. Leistungspflichten wie bei Dritten	11
E. Nachschüsse	12
F. Keine Übertragung von Verwaltungsrechten	15
G. Übertragung von Vermögensrechten	19
3) Treuepflicht der Gesellschafter	23–28
A. Rechtsnatur und Inhalt	23
B. Beispiele	25
C. Rechtsfolgen der Verletzung	28
4) Gleichbehandlungsgrundsatz	29–31
A. Grundsatz	29
B. Rechtsfolgen der Verletzung	30
C. Abweichende Vereinbarungen	31
5) Actio pro socio	32–37
A. Actio pro socio	32
B. Ausnahmsweise Klage auf Leistung an sich selbst	36
C. Abweichende Vereinbarungen	37
6) Prozesse über gesellschaftsrechtliche Fragen	38–45
A. Prozesse über Grundlagen der Gesellschaft	38
B. Prozesse über Sozialansprüche und -verbindlichkeiten	41
C. Abweichende Vereinbarungen	44

1) Vertragsfreiheit im Rechtsverhältnis der Gesellschafter untereinander

A. Rechtsverhältnis der Gesellschafter untereinander: Abschn 1 Titel 2 **1** (§§ 109–122) handelt nach der Überschrift vom „Rechtsverhältnis der Gfter untereinander". Dazu gehören, da die OHG selbststündige Trägerin von Rechten und Pflichten ist (§ 123 Rn 2), sowohl unmittelbare Beziehungen zwischen Gfter und Gfter als auch solche zwischen Gfter und Ges (wie Titel 3 nach der Überschrift nur von Rechtsbeziehungen „der Gfter" zu Dritten handeln soll, aber größtenteils die Beziehungen der Ges als verselbstständigter Organisation zu Dritten regelt). Titel 2 meint das ganze **Innenverhältnis** der Ges und Gfter (Titel 3 das ganze Außenverhältnis). **Innen- und Außenverhältnis** sind **scharf zu trennen**, obschon die Regeln immer wieder ineinander übergreifen (§ 114 Rn 1). Über die auf **Vermögen** und **Schulden** der Ges bezüglichen Rechtsverhältnisse, auch der Gfter untereinander und zur Ges (§ 124 Rn 3, 23, 48). Mitgliedschaft ist subjektives Recht. Verbandsinterner Deliktsschutz der Mitgliedschaft ist str. Lit zur Mitgliedschaft: Habersack 1996; Lutter AcP 180 **(80)** 84, Westermann NZG **12**, 1121.

2 **B. Vertragsfreiheit: a) Gesellschaftsvertrag:** Im Innenverhältnis der Ges gilt in erster Linie der Gesellschaftsvertrag (**§ 109**), soweit nicht ausnahmsweise zwingendes Recht entgegensteht. Im GesVertrag (§ 105 Rn 47) ist manches ausdrücklich geregelt, manches erst durch Auslegung zu erschließen. Auslegung des GesVertrag s § 105 Rn 59. Der Regelung im eigentlichen, vielfach schriftlichen GesVertrag stehen die (auch stillschweigend, durch schlüssiges Verhalten) außerhalb desselben getroffenen, ihn ändernden oder ad hoc beiseite setzenden **Gesellschafterbeschlüsse** gleich. Rückwirkung nur im Innenverhältnis (§ 105 Rn 50).

b) Gesetzesrecht: In zweiter Linie gelten **§§ 110–122** und ergänzend, soweit das HGB wie häufig keine Sonderregeln für das Innenverhältnis enthält, das **BGB** (§ 105 II, § 105 Rn 15). Zwingend ausgestaltet ist unter den §§ 110–122 nur § 118 I, II (Kontrollrecht jedes Gfters, auch § 716 II BGB, 166 III, 233 III); sonstige Grenzen s Rn 3.

3 **C. Grenzen der Vertragsfreiheit:** Die Parteien machen in der Kautelarpraxis von der Vertragsfreiheit im GesRecht umfassenden Gebrauch. Die Gestaltungsformen der OHG und mehr noch der KG (§§ 161 II, 109) sind vielfältig (Anh § 177a Rn 6–11). Grenzen setzen die allgemeinen **zwingenden** Vorschriften des Privatrechts wie §§ 118, 166, §§ 134, 138 BGB. Daneben bestehen ungeschriebene **gesellschaftsrechtliche Schranken** wie die gesetzlich vorgegebenen Abgrenzungsmerkmale der OHG, KG und GbR (§ 105 Rn 7–10), keine Nachschüsse ohne Zustimmung (§ 707, s Rn 12–14), die Treuepflicht (s Rn 23), der Gleichbehandlungsgrundsatz (s Rn 29), das Abspaltungsverbot (s Rn 16), der Grundsatz der Selbstorganschaft (§ 114 Rn 24, § 125 Rn 5) und die Kernbereichslehre (§ 119 Rn 36). Darüber hinaus praktiziert die Rspr eine auf § 242 BGB und die Grundprinzipien des GesRechts gestützte **Inhaltskontrolle,** dies zuerst bei der PublikumsGes (Anh § 177a Rn 68), inzwischen iErg auch sonst bei den PersonenGes, zB Hinauskündigung (§ 140 Rn 30 ff) und bei Abfindungsklauseln (§ 131 Rn 61 ff); außer bei der PublikumsGes besteht dafür angesichts ua der Treuepflicht jedoch kein Bedürfnis, zur Inhaltskontrolle außerhalb der **(5)** §§ 305 ff BGB Coester-Waltjen AcP 190 **(90)** 1. Im Schrifttum finden sich noch weiter reichende Versuche, Grenzen zB aus **Typus** und **Institution** zu finden, die aber unbestimmt bleiben und sich nicht allgemein durchgesetzt haben.

Lit: Westermann 1970, Teichmann 1970, dazu Geßler ZHR 135 **(71)** 90u Duden ZGR **73**, 380; Fastrich 1992 (Inhaltskontrolle); Hey 2004 (statt Inhaltskontrolle Treupflicht mit Ausübungskontrolle); Wiedemann II § 2 IV 2004.

2) Rechte und Pflichten der Gesellschafter untereinander, insbesondere Sorgfalt, Beitrag, Übertragung von Rechten

4 **A. Überblick:** Die Rechte und Pflichten der Gfter untereinander, genauer: zwischen Gfter und Gfter und Gfter und Ges, sind äußerst **vielfältig**, ihr Kern ist jedoch die aus der Mitgliedschaft entspringende **Treue-, Förder- und Rücksichtspflicht** (s Rn 23); zur Theorie der Mitgliedschaft Lutter AcP 180 **(80)** 84. Die **Erfüllung** der Pflichten der Gfter untereinander ist grundsätzlich mit denselben prozessualen Behelfen **erzwingbar** wie die Erfüllung gleichartiger Pflichten außerhalb einer Ges, auch durch Beugestrafen nach § 888 ZPO (von Dritten nicht ausführbare Handlung, zB Bilanzaufstellung, Vorlage von Geschäftsbüchern, Mitwirkung bei einem GesGeschäft) oder § 890 ZPO (Unterlassung zB von Wettbewerb nach § 112 oder eigenmächtiger Geschäftsführung), RG JW **37**, 236. **Verletzung** von GfterPflichten verpflichtet zu Schadensersatz und Ersatzherausgabe nach §§ 280, 281 str (Haftung des Gfters bei Nichtleistung eines Sachbeitrags und Schadensersatz statt der Leistung gegenüber der Ges), 285, 286 BGB, § 113 (für Wettbewerbsverstöße) und kann Grund zur Auflösung der Ges (§ 133) oder Ausschließung des Gfters (§ 140) liefern. §§ 320 ff BGB sind grundsätzlich unanwendbar, str (§ 105 Rn 48), Mängelhaftung bei Beiträgen s Rn 10. Lit: Lutter AcP 180 (80) 84, Wiedemann II § 3 II 3, WM Sonderbeil 7/92.

B. Eigenübliche Sorgfalt (§ 708 BGB): Die Gfter, die sich zur Förderung 5 des gemeinsamen Zwecks so zusammengetan haben und nehmen müssen, wie sie persönlich sind, schulden bei Erfüllung ihrer GfterPflichten (zB Beitrag, Geschäftsführung, Wettbewerbsverbot, Treuepflicht) nur die Sorgfalt, die sie in eigenen Angelegenheiten anzuwenden pflegen (§ 708 BGB). § 708 BGB ist rechtspolitisch fragwürdig, Fleischer/Danninger NZG **16**, 481; K. Schmidt § 59 III 2 (deshalb für bloße Auslegungsregel), aA MüKoBGB/Schäfer § 708 Rn 2, 13. Bei überdurchschnittlicher Sorgfalt haftet der Gfter nur für normale, bei gewohnheitsmäßiger Nachlässigkeit in eigenen Angelegenheiten jedenfalls nicht für mehr, aber jedenfalls für grobe Fahrlässigkeit. § 708 BGB gilt auch für deliktische Ansprüche wegen derselben schädigenden Handlung (sonst Leerlauf), hL; auch für Neben- und Schutzpflichten aus Gesetz (§§ 242, 241 II BGB), Grund: keine strengere Haftung als für Hauptpflichten, üL, aA Larenz FS Westermann **74**, 307, anders bei rein deliktsrechtlichen Pflichten. **Nicht anwendbar** ist § 708 BGB zB bei Überschreitung der Geschäftsführungsbefugnisse, falls der Gfter die Überschreitung erkennt oder nach § 708 BGB erkennen muss, dann §§ 677 ff, 678 BGB, sehr str (§ 114 Rn 15); bei Stellung des Gfters gegenüber der Ges kraft besonderen Rechtsverhältnisses wie ein Dritter (s Rn 11) oder bei anderen Pflichtverletzungen ohne Zusammenhang mit der Stellung als Gfter; bei kapitalistisch oder körperschaftlich strukturierter Ges (Anh § 177a Rn 26) und bei PublikumsGes (Anh § 177a Rn 74, 75); im Straßenverkehr, zB gegenüber mitfahrenden MitGftern (aber uU Mitverschulden, § 254 BGB), zutr BGH **46**, 318, aA MüKoBGB/Schäfer § 708 Rn 13; entspr im allgemeinen Luftverkehr, offen BGH JZ **72**, 88. § 708 BGB gilt auch nicht für das herrschende Unternehmen gegenüber der abhängigen oder konzernierten PersonenGes (§ 105 Rn 103–104). **Beweislast** liegt nach allgemeinen Regeln bei der Ges; dagegen beim Gfter bei Geschäftsführung (§ 114 Rn 15, Anh § 177a Rn 26) sowie für geringere eigenübliche Sorgfalt als nach § 276 BGB. Geringere als im Verkehr erforderliche Sorgfalt gem § 708 BGB noch nicht allein wegen Eigenschädigung, an den Beweis sind strenge Anforderungen zu stellen, BGH ZIP **13**, 2152 (GbR). **Abweichende Vereinbarung** ist möglich. Lit: Larenz FS Westermann **74**, 299, Müller-Graff AcP 91 (**91**) 475.

C. Beiträge: a) Begriffe: Beiträge im weiteren Sinn sind die Leistungen, 6 die der Gfter auf Grund des GesVertrag zur Förderung des GesZwecks erbringen muss (Förderungspflicht nach § 705 BGB). **Beiträge im engeren Sinn** sind die vermögenswerten Leistungen des Gfters, die das GesVermögen (§ 718 I BGB) mehren (Beiträge iSv §§ 706, 707 BGB).

Einlagen sind Beiträge ieS, die die Haftungsmasse mehren (Bar- bzw Geldeinlage oder Sacheinlage), K. Schmidt § 20 II 3, nach aA die bereits in das GesVermögen übergegangenen Beiträge ieS, dazu MüKoBGB/Schäfer § 706 Rn 4. Einlagen sind idR solche zu Eigentum der Ges sowie dingliche Nutzungsrechte, aber auch andere vermögenswerte, der Ges zur freien Verfügung übertragbare Leistungen, str, aber auch nicht Dienstleistungen.

Aufwendungen eines Gfters im GesInteresse sind keine Beiträge. Sie sind erstattungsfähig (§ 110), aber verändern nicht den Kapitalanteil des Gfters. **Nachschüsse,** die einvernehmlich geleistet werden (§ 707 BGB, s Rn 12) sind Beiträge, nicht aber solche, die erst in der Liquidation geschuldet werden (§ 735 BGB).

Beitragspflicht (§ 706 I BGB): Ob und welche Beiträge zu leisten sind, bestimmt der GesVertrag, ansonsten sind gleiche Beiträge zu leisten (s Rn 29). Ein Gfter kann **„beitragsfrei"** in dem Sinne sein, dass er keinen Beitrag ieS (s oben) beitragen muss, str; ohne Beitrag iwS kann er dagegen kein Gfter sein (Förderungspflicht). Eine OHG bzw KG ist **auch ohne Einlagen** möglich, zB ein einfaches Maklergeschäft.

7   **b) Beitragsarten:** Beiträge, einmalig oder wiederkehrend, können bestehen zB in Geld, Sachen, Rechten, zB Gewerbeerlaubnis, OGH **1**, 349, Erfindung (§ 124 Rn 8), Gebrauchsüberlassung und Nutzungseinlagen, Groh BB **82**, 133, Dienste (**§ 706 III BGB,** wichtigster Fall ist die Geschäftsführung, §§ 114 ff), Unterlassungen (Grenzen durch Kartellrecht), vermögenswerten tatsächlichen Beziehungen (Goodwill, § 124 Rn 4), Know-how (§ 120 Rn 11) und sogar bloße Mithaftung nach § 128 (Standing und Kredit für die Ges). Die Ges hat aber keinen Anspruch gegen den Gfter auf Erfüllung der Haftung nach § 128, BGH **121**, 181. Werden Dienstleistungen als Beitrag erbracht, liegt ein gesellschafts-, kein arbeitsrechtliches Verhältnis vor, MüKoBGB/Schäfer § 706 Rn 14, str, keine arbeitsrechtliche Kündigung, aber für kollektives und Arbeitnehmerschutzrecht Schulze-Osterloh AG **03**, 27. Mitarbeit des Ehegatten eines Gfters kann auf Grund der Ehe für diesen oder als MitGfter der Ges oder in einem Dienstverhältnis zur Ges wie mit einem Dritten geleistet sein (s Rn 11, § 105 Rn 52). Mitarbeit von Familienangehörigen. Lit: Fenn 1970, Krause 2002.

8   Sachen und Rechte können beigetragen werden durch (1) **Übertragung zu voller Rechtsinhaberschaft** auf die Ges, (2) durch **Einbringung nur dem Werte nach,** dann bleiben sie im Eigentum des Gfters, sind aber im Innenverhältnis wie Eigentum der Ges zu behandeln, BGH WM **65**, 746, ZIP **09**, 1809m Anm Berninger DStR **10**, 874, so dass alle Wertänderungen, Lasten, Nutzungen des Gegenstands der Ges zukommen, BGH BB **55**, 203 (Betriebsgrundstücke); auch der Verkaufserlös gebührt dann allen Gftern, nicht nur dem Einbringer, BGH WM **72**, 214, oder (3) durch bloße **Überlassung zur Nutzung** (§ 124 Rn 6), BGH WM **67**, 951, zB Sachen zum Gebrauch, gewerbliche Schutzrechte zur Benutzung, ein ganzes HdlGeschäft zur Fortführung für Rechnung der Ges wie bei Pacht; diese sind bei Ausscheiden des Gfters an ihn zurückzugeben (§ 131 Rn 41). Vertretbare oder verbrauchbare Sachen sollen nach **§ 706 II BGB** (Auslegungsregel) iZw Eigentum der Ges werden; ebenso andere Sachen, wenn sie nach einer Schätzung beizutragen sind (diese darf aber nicht nur für die Gewinnverteilung bestimmt sein, sondern als Grundlage weitergehender Rechte des Gfters zB für die Bestimmung seines späteren Auseinandersetzungsguthabens). § 706 II BGB enthält für die von ihm nicht erfassten Fälle keine Vermutung für das Gegenteil (Überlassung nur zur Nutzung), vielmehr gelten normal §§ 133, 157 BGB.

9   **c) Beitragsleistung:** Die Beitragsleistung ist iZw sofort fällig (§ 271 I BGB). Der Einleger muss der Ges an Geld oder einer anderen nicht nur vorübergehenden Leistung tatsächliche dauernde Verfügungsmacht verschaffen. Die Ges trägt die Gefahr des späteren Verlusts der Einlage, auch ihrer zweckwidrigen Verwendung, zB durch unberechtigte Entnahme durch MitGfter. Die tatsächliche Wertzuführung und ihre Belassung bei der Ges (keine Rückzahlung der Einlage) ist Voraussetzung für die beschränkte Haftung der Kdtisten (§ 171 Rn 6, § 172 Rn 4), dabei ist allerdings zwischen Innenverhältnis und Enthaftung im Außenverhältnis (§§ 171 I Halbs 2, 172 IV) klar zu trennen. Es besteht **kein Aufrechnungsverbot** (ungleich § 66 I 2 AktG, § 19 II 2 GmbHG); tatsächliche Wertzuführung durch den Kdtisten s § 171 Rn 7. Die Einlageschuld ist iZw auch **erfüllbar durch Dritte** (§ 267 I 1 BGB), auch durch MitGfter aus deren Vermögen, BGH NJW **84**, 2290, aber nicht aus GesMitteln, auch nicht aus Drittdarlehen, das die Ges sichert, BGH BB **73**, 862. In Absprache mit der Ges ist auch Erfüllung durch **Leistung an Dritte,** zB GesGläubiger, möglich (Leistung an Erfüllungs statt); ohne Absprache entsteht zumindest aufrechenbarer Erstattungsanspruch (§ 110), BGH NJW **84**, 2290. **Bewertung** der Beiträge ist im Innenverhältnis frei (§ 120 Rn 17). Geldbeiträge sind nach § 111 zu ver-

zinsen. Fehlen und Wegfall der **Geschäftsgrundlage** (§ 313 BGB) von Ges-Vertrag und Beitragspflicht s § 105 Rn 80. Die **Abtretung** der Einlageforderung ist zulässig, vor allem der Einlageforderung gegen Kdtist an einen GesGläubiger (§ 171 Rn 9). Der Gfter behält seine Einwendungen (§ 404 BGB), ggf ein Kündigungsrecht wegen Täuschung beim Beitritt (§ 105 Rn 88, 91), und kann gegenüber dem Zessionar mit einer persönlichen Forderung an die Ges nach § 406 BGB aufrechnen, BGH **51**, 392. Pfändet Gfter-GesGläubiger A die Einlageforderung der Ges an Gfter B, kann dieser mit Forderung an die Ges aufrechnen, in der Liquidation aber nur abzüglich der auf ihn entfallenden Verlustquote, BGH **76**, 853. **Verjährung** der Einlageforderung nach §§ 195, 199 BGB, BGH ZIP **10**, 1342, nicht analog § 19 VI GmbHG ua (KapitalGes), Grund: bei PersonenGes hinreichender Schutz nach § 128 (aber GmbH & Still, § 230 Rn 20).

Leistungsstörungen: §§ 320 ff passen für die PersonenHdlGes **nicht** (näher § 105 Rn 48). Auf **andere als Geldbeitragspflichten** sind die Regeln des nächstliegenden Vertragstyps (Kauf, Pacht, Miete, Werk-, Dienst-, Lizenzvertrag usw) nur entspr anwendbar, soweit das die Zugehörigkeit der Beitragspflicht zum GesVerhältnis gestattet. Die besonderen Vorschriften über die Mängelhaftung bei fehlerhaften Sach- oder Werkleistungen passen nicht nur zum Teil, aA für Zuzahlung der Minderwerts oder bei Rücktritt des vollen Geldwerts Soergel/Hadding/Kießling § 706 Rn 21, und sind anzupassen (§ 105 Rn 48), nach früher üL galt allgemeines Leistungsstörungsrecht, GroßKo/Ulmer § 105 Rn 154, Wiedemann WM Sonderbeil 8/90, 5. Nur wenn der Beitragspflichtige die Nicht- oder Schlechtleistung zu vertreten hat, ist er schadensersatzpflichtig nach §§ 280 ff BGB. Sonst kommt es zur Vertragsanpassung (§ 242 BGB, nach aA § 313 BGB), äußerstenfalls zur Auflösung der Ges (§ 133), unter den Voraussetzungen des § 140 auch zum Ausschluss des Gfters. 10

D. **Leistungspflichten wie bei Dritten:** Der Gfter kann eine Leistung (nicht als Beitrag oder neben einem solchen) auf Grund eines normalen Kauf-, Miet-, Werk-, Dienst- oder Arbeitsvertrags ua schulden, den er mit der Ges wie ein Dritter geschlossen hat. Bsp: Verpachtung von Grundstücken an die Ges oder Lizenzvergabe an sie. Solche Abreden können auch gleichzeitig mit dem GesVertrag und sogar in diesem getroffen werden, dann liegt aber iZw Beitrag vor. Ansonsten ist ein Indiz, ob die Vergütung fest oder abhängig vom Geschäftsergebnis vereinbart ist; bei festem Pachtzins liegt Drittbeziehung nahe, sonst Beitrag als Gfter. Rechtlich sind zu unterscheiden **echter Beitrag** (s Rn 6), **Drittgeschäft auf Grund des Gesellschaftsvertrags** (Anh § 177a Rn 71) **und reines Drittgeschäft** (§ 124 Rn 52). Die Unterscheidung kann aus vielen Gründen wichtig sein, zB Kündigung vor GesEnde, besondere Formvorschriften (zB §§ 550, 578, 581 II BGB), Grad der Sorgfaltspflicht (§ 708 BGB), persönliche Haftung der MitGfter gegenüber dem Gfter, der Drittgläubiger ist (§ 128 Rn 24). 11

E. **Nachschüsse: a) Grundsatz des § 707 BGB:** Der Gfter ist zur Erhöhung des vereinbarten Beitrags ieS (s Rn 6) **nicht verpflichtet,** auch nicht zu einer (dem gleichkommenden) Ergänzung der durch Verlust verminderten Einlage (§ 707 BGB), hL, entsprechender Beschluss ist unwirksam, Einwendung auch noch nach Fristablauf (§ 119 Rn 32), BGH NZG **07**, 582, **09**, 501, Mehrheitsbeschluss ist aber für die zustimmenden Gfter verbindlich, BGH ZIP **09**, 1373. Der Gfter haftet mangels Zustimmung daher auch nicht persönlich für Ansprüche eines MitGfters gegen die Ges (§ 124 Rn 22). § 707 BGB steht aber Ausgleichsansprüchen gegen MitGfter nach Bezahlung von GesSchulden nicht entgegen (§ 128 Rn 27). Wegen der klaren Regelung des § 707 BGB ist in aller Regel **keine Zustimmungspflicht** zur Begründung von Nachschusspflichten anzunehmen (Treuepflicht, § 105 Rn 66), BGH WM **05**, 1608, **06**, 577, NZG **07**, 12

381, NJW **10**, 68. Eine solche mag zwar in ganz besonderen Ausnahmefällen zu bejahen sein, aber die Hürde ist hier besonders groß, BGH WM **07**, 743, **07**, 837, bloßer Sanierungsbedarf der Ges reicht nicht aus, RG JW **38**, 1522, Celle WM **06**, 31, ZIP **06**, 807, selbst wenn die Gfter zahlungskräftig sind (freie Investition); die Ges ist dann eben aufzulösen, BGH WM **61**, 32, möglich aber „Sanieren oder Ausscheiden", das ist keine „faktische Nachschusspflicht", BGH NJW **10**, 67, näher § 105 Rn 66. § 707 steht der Nachschusspflicht bei Verlust im Stadium der **Liquidation** oder beim **Ausscheiden** (§§ 735, 739 BGB) nicht entgegen, BGH **23**, 30. Feststellungsklage des dissentierenden Gfters, nicht erst Abwarten der Inanspruchnahme durch Ges, BGH NZG **07**, 381.

13 Ein Gfter ist auch **nicht berechtigt,** freiwillig **seinen Beitrag zu erhöhen,** denn er würde damit die Beteiligungsverhältnisse in der Ges ändern. Ausnahmsweise können die anderen aber verpflichtet sein, etwa bei dringendem, anders nicht deckbarem Kapitalbedarf der Ges einem entsprechenden Angebot zuzustimmen (Vertragsänderung, s Rn 27, § 105 Rn 64), Hueck OHG § 14 IV, Grunewald FS Großfeld **99**, 333.

14 **b) Abweichende Vereinbarungen:** § 707 BGB ist nachgiebig. Die Gfter können sich etwa bei Ges zur Verwirklichung eines sachlich und wirtschaftlich begrenzten Projekts auch stillschweigend zur Beitragung des zur Erreichung dieses Zwecks Erforderlichen verpflichten, BGH NJW **80**, 340. § 707 BGB greift nicht ein, wenn die Gfter versprochen haben, das zur Erreichung des GesZwecks Erforderliche beizutragen, oder neben fester Einlage laufende Beträge zu leisten (gespaltene Beitragspflicht), Festlegung ist dann ohne GfterBeschluss Sache des Geschäftsführers, BGH WM **07**, 835, 2383, Höhe der laufenden Beiträge muss aber mindestens objektiv bestimmbar sein, BGH WM **07**, 835, 2383. **Nachschusspflichten** können im GesVertrag vereinbart werden, aber nur klar verständlich, nicht versteckt, BGH NJW **83**, 164, und nur so, dass Ausmaß und Umfang erkennbar sind, also mit Angabe von Obergrenze oder sonstigen das Erhöhungsrisiko eingrenzenden Kriterien, BGH **66**, 85, WM **05**, 1608, **06**, 577 (GbR), 774 (PublikumsGes, s auch Anh 177a Rn 70), **07**, 835 (PublikumsGes), ZIP **07**, 476, KG ZIP **07**, 183. Der GesVertrag kann auch Mehrheitsbeschluss vorsehen, die Rspr hat den Bestimmtheitsgrundsatz nunmehr wieder aufgegeben (§ 119 Rn 35, 37), einfache Mehrheitsklausel allein genügte nicht, BGH ZIP **07**, 1458, abgestellt wird jetzt auf die Auslegung des GesVertrags, (119 Rn 39). Angabe der maximalen Höhe, zB Netto-Gesamtaufwand, in GesVertrag selbst oder iVm der zugehörigen Beitrittserklärung (dies auch bei PublikumsGes trotz objektiver Auslegung des GesVertrags, Anh § 177a Rn 67) genügt, BGH WM **07**, 2381, ZIP **08**, 695. Klausel „soweit bei der laufenden Bewirtschaftung der Grundstücke Unterdeckungen auftreten" genügt nicht, BGH WM **07**, 835 (PublikumsGes). Umgekehrt können der GesVertrag oder ein (dort vorgesehener Mehrheits)GfterBeschluss die Herabsetzung der Beiträge bei bestimmten Entwicklungen vorsehen. Bei Verstoß Unwirksamkeit jedenfalls gegenüber dem nicht zustimmenden Gfter, Einwendung gegen Zahlungsklage auch noch nach Fristablauf für Beschlussanfechtung, BGH ZIP **07**, 1368, WM **09**, 805. Lit: Armbrüster ZGR **09**, 1, Nentwig 2011.

15 F. **Keine Übertragung von Verwaltungsrechten: a) Grundsatz:** Die (Verwaltungs)Rechte des Gfters aus dem GesVerhältnis sind nicht übertragbar **(§ 717 S 1 BGB),** weder an MitGfter noch an Dritte. § 717 BGB erfasst nicht nur die **Individualansprüche** aus der Mitgliedschaft gegen die Ges **(Sozialverbindlichkeiten),** sondern auch alle Verwaltungsrechte, zB Geschäftsführung, Vertretung, Stimmrecht, Informations- und Kontrollrecht. § 717 BGB erfasst **nicht** Ansprüche der Ges gegen den Gfter **(Sozialansprüche),** zB auf Leistung der Beiträge, auf Geschäftsführung ua, sie sind Teil des Gesamthandsvermögens (§ 718 BGB).

1. Abschnitt. Offene Handelsgesellschaft 16–20 § 109

b) Abspaltungsverbot: § 717 S 1 ist **zwingend,** BGH **3,** 357, **20,** 364, **36,** 16 293, **43,** 267, NJW **70,** 468. Der GesVertrag kann also nicht wirksam vorsehen, dass Verwaltungsrechte wie das Stimmrecht des Gfters (§ 119 Rn 19) an NichtGfter, aber auch an Gfter übertragen werden können. Das Abspaltungsverbot gründet (auch unabhängig von § 717 S 1) in der Mitgliedschaft, die als Stammrecht ebenso wie in den daraus folgenden Einzelrechten ihrer Natur nach den Gftern vorbehalten ist (verbandsrechtlich zwingende Selbstbestimmung), K. Schmidt § 19 III 4. Das Abspaltungsverbot erschöpft sich also nicht im Schutz der Gfter vor Einmischung Dritter und ist nicht nur ein relatives Veräußerungsverbot iSv § 135 BGB, sondern schlechthin zwingend.

c) Überlassung zur Ausübung: Das Abspaltungsverbot steht der Überlas- 17 sung der Ausübung von Verwaltungsrechten an MitGfter oder Dritte (Vollmacht, § 167 I BGB, oder Ermächtigung, § 185 I BGB analog) nicht entgegen, sofern das im GesVertrag vorgesehen ist oder alle Gfter einverstanden sind. Das gilt zB für die Geschäftsführung (§ 114 Rn 11), das Stimmrecht (§ 119 Rn 20), die Vertretung (§ 125 Rn 7–9). Eine gegen das Abspaltungsverbot verstoßende Übertragung kann in eine wirksame Überlassung zur Ausübung umzudeuten sein (§ 140 BGB), BGH **20,** 366. Das Abspaltungsverbot steht auch der **Vertreterklausel** nicht entgegen (§ 114 Rn 26, § 163 Rn 10), str, diese fasst die Ausübung der Rechte nur zusammen. Mit Zustimmung der Mitgesellschafter möglich ist auch Vorsorgevollmacht, Schäfer ZHR 175 **(11)** 557, Wedemann ZIP **13,** 1508.

d) Anteilsübertragung, also des GesAnteils im ganzen, kann **wirksam** vor- 18 gesehen werden, §§ 717, 719 BGB sind nicht einschlägig (§ 105 Rn 69). Das gilt auch für **Treuhand, Unterbeteiligung und Nießbrauch** (§ 105 Rn 31, 38, 44). **Testamentsvollstrecker** und **Nachlassverwalter** s § 139 Rn 21, 32.

G. Übertragung von Vermögensrechten: § 717 BGB erfasst alle aus der 19 Mitgliedschaft herrührenden Rechte (s Rn 15), dagegen nicht Drittgläubigerforderungen (s Rn 11). Übertragbar (sowie verpfändbar und pfändbar, § 124 Rn 20, 21) sind nach **§ 717 S 2 BGB:**

a) Die aus der Geschäftsführung zustehenden Ansprüche: Übertragbar ist der Anspruch des Geschäftsführers auf Aufwendungsersatz (§ 110); iErg auch Ansprüche auf Geschäftsführervergütung, Begründung str, jedenfalls als gewinnunabhängige Entnahme (s Rn 20), MüKoBGB/Schäfer § 717 Rn 34. Dem stehen gleich **gesamtschuldnerische Ausgleichsansprüche** zwischen den Gftern (§ 128 HGB, §§ 426, 735 BGB).

b) Gewinn: Übertragbar sind die Ansprüche des Gfters auf seinen Gewinn- 20 anteil, auch an künftigem Gewinn (**Gewinnansprüche,** § 121 Rn 3–4). Von diesen Geldforderungen ist zu unterscheiden das **Gewinnstammrecht,** das den einzelnen Gewinnansprüchen zugrundeliegt. Dieses ist in die Mitgliedschaft eingebunden, § 717 S 2 gilt also nicht, es ist nicht übertragbar, üL, auch nicht mit Zustimmung aller Gfter, MüKoBGB/Schäfer § 717 Rn 15, aA wohl BGH ZIP **87,** 1042 mit der Folge, dass dann alle späteren Gewinnansprüche von vornherein in der Person des Zessionars entstünden (§ 121 Rn 4). Analog § 717 S 2 abtretbar sind Ansprüche auf gewinnunabhängige Vorabansprüche und andere periodische Geldleistungen (§ 121 Rn 8), differenzierend MüKoBGB/Schäfer § 717 Rn 36, § 721 Rn 13f, str; dagegen nicht das nach der Vorstellung des Gesetzgebers für den Mindestunterhalt des Gfters bestimmte **Entnahmerecht** nach § 122 I Halbs 1 (§ 122 Rn 4).

Wirkung: Der Zessionar erwirbt nur das übertragene Vermögensrecht, **nicht** dagegen die zu seiner Kontrolle und Durchsetzung dienenden **Verwaltungsrechte** (näher § 121 Rn 5). Er hat also weder Einfluss auf die Feststellung des Gewinns noch ein Informationsrecht (§ 118) über das Geschäftsgebaren der Ges, aber einen Anspruch gegen die Ges auf Mitteilung der Höhe des Anspruchs

§ 109 21–24   2. Buch. Handelsgesellschaften und stille Gesellschaft

(§ 242 BGB), BGH BB **76**, 11; im Übrigen nur schuldrechtliche Nebenpflichten des Veräußerers. Sicherer ist deshalb die Verpfändung oder Sicherungsübertragung der Mitgliedschaft (§ 121 Rn 6), vgl BGH **88**, 205.

21   **c) Auseinandersetzungsguthaben:** Übertragbar ist schließlich der Anspruch auf das Auseinandersetzungsguthaben (§ 131 Rn 48, 54, §§ 145 ff, 155). Zustimmung der Gfter ist unnötig, auch wenn sie zur GesAnteilsübertragung nötig ist, BGH WM **81**, 649. Der Anspruch auf das Auseinandersetzungsguthaben ist ein künftiger Anspruch, BGH **88**, 205 (GmbH), **104**, 353, NJW **97**, 3370, aA aufschiebend bedingt entstandener Anspruch BGH **58**, 330 (eG); das hat Konsequenzen, zB falls der Zedent vor der Auseinandersetzung ausgeschieden ist, MüKoBGB/Schäfer § 717 Rn 32, vgl § 105 Rn 72.

22   **d) Abweichende Vereinbarungen:** § 717 S 2 BGB ist anders als S 1 nicht zwingend. Der GesVertrag kann vorsehen, dass solche Vermögensrechte unübertragbar sind (§ 399 BGB), BGH WM **78**, 515. Reine Drittgläubigerforderungen werden dadurch nicht berührt (s Rn 19).

3) Treuepflicht der Gesellschafter

23   A. **Rechtsnatur und Inhalt:** Die Treuepflicht der Gfter gegenüber der Ges und untereinander ist fundamental und beherrscht die gesamte Mitgliedschaft der Gfter mit all ihren Einzelpflichten, BGH **30**, 201, **44**, 40, **64**, 257, **68**, 82, ganz hL, K. Schmidt § 20 IV. Die Treuepflicht hat ihre Grundlage im GesVertrag (§ 705 BGB), nach aA besonders starke Ausprägung des § 242 BGB im GesRecht; sie ist jedenfalls nicht bloße Schutzpflicht iSv § 241 II BGB. Die Treuepflicht ist fremdnützig (Pflichtrecht im Gegensatz zu eigennützigen Rechten), dh ihr Inhalt ist **Wahrnehmung der Gesellschaftsinteressen**, nicht der persönlichen Interessen der MitGfter, sofern das im Hinblick auf die Zusammenarbeit der Gfter und deren Erfolg geboten ist, BGH **30**, 201, **34**, 83, BB **62**, 349 (GbR). Der Gfter muss alles dem GesZweck Abträgliche unterlassen, nicht aber Gfter-Rechte zugunsten der MitGfter aufgeben, BGH **34**, 83 (Option auf MitGfter-Anteil). Die Treuepflicht kann je nach **Gesellschaftstyp** unterschiedlich weit reichen, zB bei der körperschaftlich strukturierten KG (Anh § 177 Rn 10) und bei der PublikumsGes (Anh § 177 Rn 52) weniger weit, BGH NJW **85**, 973, 974, jedoch besteht sie auch bei der Letzteren uneingeschränkt, wenn es um die Erhaltung des GesUnternehmens geht, BGH NJW **85**, 975. Die Treuepflicht gilt **nur im mitgliedschaftsrechtlichen Bereich** und endet vor dem berechtigten eigenen Interesse, OGH **4**, 73 (keine Ungleichbehandlung), BGH NJW **89**, 166 (Berufung auf Formnichtigkeit von GfterVertrag mit GmbH), **92**, 3171 (Aktienzeichnung), Hbg ZIP **83**, 576. Das entbindet aber nicht von Rücksichtnahme (s Rn 25). Die Treuepflicht wirkt rechtsbegrenzend (zB Stimmrechtsschranken, s auch Rn 25), pflichtenbegründend (Handlungs- und Unterlassungspflichten, Bspe Rn 26, 27) und spielt auch bei der Auslegung des GesVertrags eine Rolle (§ 105 Rn 59). Lit: Zöllner 1963, Hueck 1974, Winter 1988 (GmbH), Grundmann, Treuhandvertrag 1997, Martin Weber 1999 (vormitgliedschaftlich), Janke 2003 (ökonomisch); Hueck FS Hübner **35**, 72, Hüffer FS Steindorff **90**, 59, Lutter AcP 180 (**80**) 84, ZHR 153 (**89**) 446 (AG), ZHR 162 (**98**) 164, Henze ZHR 162 (**98**) 186 (KapitalGes), Michalski NZG **98**, 460, Fleischer NZG **00**, 561 (Aufklärungspflichten), Wellenhofer-Klein RabelsZ **64** (**00**) 564; Förster AcP 209 (**09**) 398 (§ 826 BGB im GesRecht), Hellgardt FS Hopt **10**, 765 (Abdingbarkeit); Fleischer/Harzmeier NZG **15**, 1289 (Abdingbarkeit, auch GmbH.

24   **Zeitlicher Anwendungsbereich:** Die Treuepflicht besteht **während der ganzen Mitgliedschaft** in der Ges, **schon vorher** in der VorGes und in der VorgründungsGes (Anh § 177a Rn 18) und sogar bei der Vertragsanbahnung, K. Schmidt GesR § 20 IV 1b, Martin Weber 1999, sehr str, bis zur vollständigen Beendigung des GesVerhältnisses, BGH ZIP **03**, 74, und sogar **nachwirkend**, zB

1. Abschnitt. Offene Handelsgesellschaft 25, 26 § 109

Treuepflicht zur Nichtbeeinträchtigung nach Ausscheiden, BGH BB **60**, 305 (GbR; auch § 131 Rn 37). Das entspricht der modernen Theorie der Sonderrechtsverbindungen (vgl § 311 II BGB). Sie besteht insbesondere auch noch in der **Liquidation,** jedoch unter Berücksichtigung des nunmehrigen Abwicklungs- statt Erwerbszwecks der Ges (§ 145 Rn 4) und damit zunehmend schwächer mit Fortschreiten der Liquidation. Soweit die Ges nicht mehr werbend tätig ist, besteht kein Wettbewerbsverbot nach § 112 mehr (§ 112 Rn 3), aber das Verbot der Nutzung von GesVermögen (Vertriebsrechte, Geschäftsverbindungen ua) ohne Ausgleich, BGH WM **71**, 442, NJW **80**, 1628. Sie verbietet nicht, die Eröffnung des Insolvenzverfahrens anzustreben, wenn die Lage der Ges aussichtslos und schnelle Liquidierung allen nützlich ist, BGH BB **68**, 850. Zur Treuepflicht im Insolvenzverfahren nun LG Ffm ZIP **13**, 1720 und 1831, Thole ZIP **13**, 1937, auch § 130a Rn 15, zur Krise Rn 27.

B. Beispiele: Auf der Treuepflicht beruht vor allem das **Wettbewerbsverbot** 25 der §§ 112, 113. Die Treuepflicht wird besonders praktisch bei der **Ausübung von Pflichtrechten,** zB Geschäftsführung, Widerspruch (§ 115 Rn 3), Zustimmung zu außergewöhnlichen Geschäften (§ 116 Rn 5). Sie verpflichtet aber auch zur **Rücksichtnahme bei der Ausübung eigennütziger Rechte** wie Vermögens-, Stimm- und Informations- und Kontrollrechte, zB bei Einziehung einer Forderung gegen die Ges, besonders aus zur Förderung der Ges gegebenem Darlehen, RG JW **37**, 1986 (§ 128 Rn 24), so zB bei Anwendung des § 135 (§ 135 Rn 4), bei Aufrechnung gegen Einlageschuld (vgl § 171 Rn 7). Der Gfter muss hier das **schonendste Mittel** gegenüber der Ges und den MitGftern wählen (Grundsatz der Verhältnismäßigkeit), vgl BGH **80**, 74 (Süßen, GmbH). Die Treuepflicht liegt dem gesamten **Minderheitenschutz** der Ges zugrunde (Pflicht der Mehrheit zur Rücksichtnahme), Wiedemann I § 8 II 3, Fischer FS Barz **74**, 33, und ist wichtigstes Instrument für den GfterSchutz im **Konzernrecht** der PersonenGes (§ 105 Rn 100 ff). Die Treuepflicht führt aber **bei Interessenkonflikt** (s Rn 26, § 112 Rn 1, § 119 Rn 8) außer bei Rechtsmissbrauch **nicht zum völligen Ausschluss eigener Rechte,** so muss der Gfter außer bei Rechtsmissbrauch die Rechte und Klagen nach §§ 117, 127, 131, 132, 133, 140 geltend machen können, also sich zB von der Ges lösen können (§ 132 Rn 6), aber ohne auf jeden Fall trotz vollwertiger Abfindung auf Auflösung beharren zu können, BGH WM **86**, 68. Auch massive **Kritik** eines Kdisten an der Geschäftsführung des phG ist, wenn gesellschaftsintern (in Brief an Beiratsmitglieder), nicht pflichtwidrig, BGH DB **72**, 279. Die Treuepflicht gegenüber MitGftern besteht **nicht im reinen Privatbereich,** nur ausnahmsweise schlagen persönliche Zerwürfnisse und Verfehlungen, uU sogar solche von Ehegatten, auf den mitgliedschaftlichen Bereich durch, Bspe BGH **4**, 109/110, **46**, 392.

Geschäftschancen der Gesellschaft (Erwerbschancen, corporate opportuni- 26 ty), an sich zu ziehen, ist ein besonders klarer Fall von Interessenkonflikt (s Rn 25) und als treuwidrig anzusehen (unabhängig von § 112, dort Rn 1), BGH WM **67**, 679 (GmbH), NJW **86**, 584, **89**, 2687, ZIP **13**, 363 (GbR), Düss NJW-RR **86**, 1296, Kblz ZIP **11**, 85 (GbR), so wenn die Geschäftschance in den Geschäftsbereich der Ges fällt und dieser bereits konkret zugeordnet ist und der Gfter erst als solcher (zB kraft seiner Geschäftsführung oder durch Information der Ges) zu der Geschäftschance Zugang erhält. Darauf, dass die Ges die Geschäftschance nicht selbst ausnutzen kann, kommt es grundsätzlich nicht an, Grund: der Gfter müsste sich gerade darum bemühen; anders zB wenn die Ges daran rechtlich gehindert ist (GWB). Die selbstständige Berufstätigkeit zu einengend aber BGH NJW **86**, 585 (für GmbH-Geschäftsführer); s auch Anh § 177a Rn 22. Gfter darf aber Gewinn aus Unterverpachtung des ihm verpachteten Gegenstands der Ges behalten, BGH NJW **98**, 1225. Zustimmung der Ges zu Eigenwahrnehmung ist zulässig (vgl § 112 Rn 13). Bei Verstoß muss der Gfter

§ 109 27–29 2. Buch. Handelsgesellschaften und stille Gesellschaft

Schadensersatz nach § 280 BGB leisten derart, dass er die Ges stellt, wie wenn er das Geschäft für sie geschlossen hätte, zB das erworbene Grundstück zum Erwerbspreis in die Ges einbringen, RG **82**, 14. Statt Schadensersatz mit § 252 BGB (s Rn 28) ist auch Eintritt analog §§ 61 I, 113 I HGB, § 88 II AktG möglich. Gegen den Ersatzanspruch aus Untreue (§ 823 II BGB, § 266 StGB) kann der Gfter nicht mit einem Gewinnanspruch aufrechnen (§ 393 BGB), BGH BB **60**, 755. Besondere Pflichten des geschäftsführenden Gfters in solchen Fällen s § 114 Rn 13. Lit: Grundmann, Treuhandvertrag 1997, S 425 ff; Schiessl GmbHR **88**, 53 (GmbH), Kübler/Waltermann ZGR **91**, 162, Paefgen AG **93**, 457, Merkt ZHR 159 **(95)** 423, Fleischer NZG **03**, 985, NJW **06**, 3239 u NZG **13**, 361 (GbR).

27   Die Treuepflicht kann gehen auf **Zustimmung zu den verschiedenen Gestaltungsklagen** (§§ 117, 127, 140, zB § 117 Rn 6–7), BGH **64**, 257, **68**, 82 (beide zu § 140) und allgemeiner auf **Zustimmung zur Änderung des Gesellschaftsvertrags** (§ 105 Rn 64–66), zB zur Aufgabe des dauerhaft unrentabel gewordenen Geschäftsbetriebs, besonders für einen (nur beschränkt haftenden) Kdtisten, BGH NJW **60**, 434; auf **Mitwirkung an Sanierung** (s (7) Bankgeschäfte Rn G/32), Eidenmüller 1999, Häsemeyer ZHR 160 **(96)** 109, Lutter ZHR 162 **(98)** 170. Relevant in der **Krise**, „Sanieren oder Ausscheiden", dazu § 105 Rn 66. Die **Geltendmachung von Gewinnansprüchen** muss auch dann nicht treupflichtwidrig sein, wenn desh drohende Zahlungsunfähigkeit angenommen werden kann, LG Bln ZIP **14**, 1391 (Suhrkamp, s auch § 130a Rn 14).

28   C. **Rechtsfolgen der Verletzung:** Die Treuepflicht muss erfüllt werden (Zustimmungspflicht, § 894 ZPO; Unterlassungsanspruch, § 1004 BGB). Auf **Zustimmung** muss idR geklagt werden, doch kann ausnahmsweise die treuwidrig verweigerte Zustimmung als gegeben behandelt werden, BGH NJW **60**, 434 (treuwidriger Widerspruch), BB **79**, 1522 (Vermeidung der Auflösung), NJW **85**, 973, 974 (Vertragsänderung bei PublikumsGes), WM **86**, 1556 (Funktionsfähigkeit der Ges, existentielle Bedeutung für die Ges); insoweit zwischen Beschlüssen mit und ohne Außenwirkung differenzierend GroßKo/Ulmer 250, besser zwischen Grundlagen- und Geschäftsführungsbeschlüssen, Staub/Schäfer § 105 Rn 245. Verletzung der Treupflicht kann bei schuldhaftem Verstoß (§ 708 BGB) zu **Schadensersatzpflicht** nach § 280 BGB führen, auch hinsichtlich des durch vorzeitige Beendigung der Ges entstandenen Schadens, RG **89**, 398, mit entgangenem Gewinn (§ 252 BGB). Im Falle des § 112 bestehen die (nicht abschließenden) Rechte nach § 113. Eintrittsrecht entspr §§ 61 I, 113 I HGB, § 88 II AktG im Falle der corporate opportunity (s Rn 26). In schweren Fällen kommt Entziehung der Geschäftsführungs- und Vertretungsbefugnis und sogar Auflösung (§ 133) oder **Ausschluss** (§ 140) in Betracht, RG **163**, 38. Treuwidrig geschlossene Beschlüsse können **unwirksam**, nach aA anfechtbar sein (§ 119 Rn 31). Das treupflichtwidrig mit Dritten geschlossene Geschäft kann nichtig sein (§ 138 BGB), zB bei Schmiergeldabrede oder sonst ungerechtfertigten Eigenvorteilen im Einverständnis mit dem Dritten, BGH NJW **89**, 26, oder bei absichtlicher Vereitelung des Mitbestimmungs- und Mitverwaltungsrechts eines MitGfters und seines Rechts auf Abwicklung der Ges nach §§ 145 ff, RG **162**, 375. Durchbrechung der Rechtskraft nur wie auch sonst (§ 826 BGB), BGH WM **87**, 579.

4) Gleichbehandlungsgrundsatz

29   A. **Grundsatz:** Der Gleichbehandlungsgrundsatz ist ebenso wie die Treuepflicht ein zentraler Grundsatz des Gesellschafts- und Verbandsrechts, BGH **16**, 70, **20**, 369, **116**, 373 (zu GmbH), WM **74**, 1153. Er ist in zahlreichen Vorschriften ausgeprägt, zB §§ 706 I, 709 I, 711, 722 I BGB, §§ 114 I, 119 II, 121 III, 122, 125 I ua; für die AG § 53a AktG. Mangels abweichender Regelung haben iZw alle Gfter **gleiche Rechte und Pflichten,** so für die Beitragspflicht

1. Abschnitt. Offene Handelsgesellschaft 30–32 § 109

§ 706 BGB (s Rn 6). Auch bei verschiedenen Rechten und Pflichten sind grundsätzlich aus gleichen Situationen gegenüber den Gftern gleiche Konsequenzen zu ziehen. Bsp: keine Vorwegeinziehung ausstehender Einlagen von einzelnen Gftern statt im gleichen Verhältnis von allen (Gleichbehandlungsgrundsatz statt Einrede des nicht erfüllten Vertrags nach § 320 BGB, § 105 Rn 48), auch umgekehrt keine einseitige Einlageerhöhung durch einen Gfter (s Rn 13). Einzelne Gfter können nicht durch Mehrheitsbeschluss von der Möglichkeit, ihre Kapitalanteile zu erhöhen, ausgeschlossen werden, BGH WM **74**, 1153. Der Gleichbehandlungsgrundsatz verbietet aber nur willkürliche, dh nicht durch sachliche Gründe gerechtfertigte Ungleichbehandlung von Gftern. Sachlich gerechtfertigte Unterschiede folgen zB aus unterschiedlichen Anteilen, Beiträgen oder sonstigen Leistungen, BGH **116**, 373, **164**, 104u 112 (Manager- und Mitarbeitermodell), WM **65**, 1286. Der Gleichbehandlungsgrundsatz ist besonders wichtig für den Minderheitenschutz gegenüber Mehrheitsbeschlüssen, Staub/Schäfer § 105 Rn 254. Lit: Hueck 1958; Raiser ZHR 111 **(48)** 75, Coing ZGR **78**, 672.

B. **Rechtsfolgen der Verletzung:** Der einseitig benachteiligte Gfter kann auf 30 Gleichbehandlung klagen (**Erfüllung** bzw **Unterlassung**), BGH NJW **60**, 2142 (eG), Saarbr NJW **85**, 811 (GbR), auch auf Ausgleichszahlung, falls zumutbar und sachgerecht, BGH WM **72**, 933 (GmbH). Das ist vor allem wichtig für die übergangene Minderheit. Einen Anspruch auf Sonderzuwendung, die nur einzelnen Gftern gewährt wurde, besteht jedoch nicht, Karlsr ZIP **83**, 445, insoweit kann Ges anderweitige Wiederherstellung der Gleichheit wählen. Der benachteiligte Gfter hat bei schuldhaftem Verstoß (§ 708 BGB) Anspruch auf **Schadensersatz** nach § 280 BGB. Der Grundsatz „Keine Gleichheit im Unrecht" gilt aber auch hier: gleichheitswidrige Bevorzugung einzelner zB Gewährung von Sondervorteilen, gibt den übrigen grundsätzlich keinen Anspruch auf dieselben Vorteile, sondern nur auf Rückgängigmachung bzw auf Ausgleich nach Treu und Glauben, Karlsr ZIP **83**, 446. Die den Gleichbehandlungsgrundsatz verletzende Maßnahme kann **unwirksam** sein, auch ein GfterBeschluss (§ 119 Rn 31), RG **118**, 67 (AG), aber grundsätzlich nur mit interner Wirkung. Nachträgliche Zustimmung kann heilen.

C. **Abweichende Vereinbarungen** im GesVertrag oder mit Einverständnis 31 des Betroffenen sind wie allgemein im Innenverhältnis im Rahmen der Vertragsfreiheit (s Rn 2–3) ohne weiteres möglich, BGH **20**, 369, WM **66**, 1036, zB unterschiedliche Beitragspflichten, Mehrheitsbeschlüsse, Sonderrechte. Grenzen folgen aus der Kernbereichslehre (§ 119 Rn 36) sowie aus dem Minderheitenschutz (zum vormaligen Bestimmtheitsgrundsatz § 119 Rn 37). Nachschüsse durch Mehrheitsbeschluss sind idR nur zulässig bei Festsetzung einer Obergrenze (§ 119 Rn 35). Notfalls ist ein Austrittsrecht zu angemessenen Bedingungen einzuräumen, Heymann/Emmerich 15.

5) Actio pro socio

A. **Actio pro socio:** Alle Ansprüche der Gesamthand gegen den einzelnen 32 Gfter aus dem GesVerhältnis (**Sozialansprüche;** dagegen nicht Verwaltungs- und Vermögensrechte des einzelnen Gfters gegen die Gesamthand, Sozialverbindlichkeiten) kann **auch jeder Mitgesellschafter** einzeln geltend machen (actio pro socio, Einzelklagebefugnis), allerdings nur gerichtet **auf Leistung an die Gesellschaft** (Ausnahmen s Rn 36), BGH **10**, 101, Grund: Ausfluss der Mitgliedschaft, Instrument des Minderheitenschutzes, BGH ZIP **92**, 760, **10**, 1232. Mit der actio pro socio klagt der Gfter **keinen eigenen materiellrechtlichen Anspruch ein,** aA üL, frühere Rspr, BGH **25**, 49, sondern es handelt sich um einen Fall richterrechtlich entwickelter **Prozessstandschaft,** insofern allerdings um ein eigenes Klagerecht des Gfters, Soergel/Hadding/Kießling § 705 Rn 50 (Mitverwaltungsrecht), Staub/Schäfer § 105 Rn 256, Bork ZGR **01**, 515, wohl auch

§ 109   33–36   2. Buch. Handelsgesellschaften und stille Gesellschaft

BGH NJW **85**, 2830, sehr str. Die actio pro socio gibt nur die Einziehungs- und Prozessführungsbefugnis, der Gfter kann aber nicht materiell verfügen, zB Erlass oder Vergleich (§§ 397, 779), zutr Soergel/Hadding/Kießling § 705 Rn 50. Die actio pro socio durchbricht die Zuständigkeitsordnung der Gesellschaft und ist deswegen grundsätzlich nur gegeben, wenn die Gesamtwillensbildung nicht funktioniert bzw in der Abwicklung, Soergel/Hadding/Kießling § 705 Rn 50, aber der Minderheitenschutz darf dabei nicht gefährdet werden, zutr Staub/Schäfer 262, die frühere hL und Rspr wollte die actio pro socio allgemeiner anerkennen. Auch die actio pro socio findet ihre Schranken an der Treuepflicht (s Rn 23), BGH **25**, 50, WM **08**, 1454, ZIP **10**, 1232, zu weitgehend RG **171**, 51. Die actio pro socio gilt auch für Ansprüche aus Beschlüssen der GfterVersammlung oder eines Beirats (§ 114 Rn 27). Sie steht den Gftern auch noch in der **Liquidation** offen, BGH **10**, 91, NJW **84**, 1455, Besonderheiten s Rn 35. Lit: Hadding 1966, Grunewald 1990, Nitschke ZHR 128 (**65**) 48, Hadding JZ **75**, 159, Hassold JuS **80**, 32, Raiser ZHR 153 (**89**) 1 (GfterKlagen), Bork ZGR **01**, 515, Kort DStR **01**, 2162.

33   **Nicht** derart von jedem MitGfter geltend machbar sind Ansprüche der Ges gegen Dritte, hL, BGH **10**, 103, MüKo/K. Schmidt § 105 Rn 200, aA Düss NZG **00**, 475, Grund: keine Einmischung in die Geschäftsführung, Ausnahme Notgeschäftsführung (§ 114 Rn 7); keine actio pro socio ist auch die Geltendmachung von Ansprüchen gegen MitGfter aus dem GesVerhältnis (s Rn 38). Lit: Ulrich/Jäckel NZG **09**, 1132.

34   **Beispiele:** Leistung der Beiträge, BGH WM **55**, 1585, **87**, 1515 (Bauherrengemeinschaft); Schadensersatzpflicht wegen Nichtleistung von Beiträgen der Beitragspflicht, BGH WM **61**, 427; Rückzahlung von Entnahmen, BGH **25**, 49; Durchführung eines Beiratsbeschlusses (§ 163 Rn 12); Auskunft und Rechnungslegung zur Klärung einer Treuepflichtverletzung, BGH WM **71**, 725; Verletzung des Wettbewerbsverbots durch MehrheitsGfter, BGH **89**, 162; deliktische Schädigung des Gewerbebetriebs der Ges, BGH **10**, 101; Schadensersatz wegen pflichtwidriger Geschäftsführung, BGH **25**, 49, BB **60**, 15, BB **73**, 1507, WM **85**, 1227; Unterlassung vertragswidrigen Handelns selbst und der Unterstützung einer GesVertragsverletzung durch MitGfter, BGH BB **73**, 1506; Unterlassung von Geschäftsführungsmaßnahmen nur eingeschränkt (§ 116 Rn 4).

35   **Einzelfragen:** Die Klage bedarf **nicht der Zustimmung** der MitGfter, aA noch RG **171**, 51, doch können die Gfter einstimmig oder, soweit zulässig, durch Mehrheitsbeschluss (s Rn 37) die Verpflichtung stunden oder erlassen und dadurch der Klage den Boden entziehen, BGH **25**, 49, jedoch nicht soweit sie dadurch in GfterRechte zB auf pflichtgemäße Geschäftsführung eingreifen, BGH NJW **85**, 2831. Geltendmachung durch MitGfterErben, OGH **3**, 214. Weiterverfolgung nach Anteilsabtretung (§ 265 ZPO), BGH BB **60**, 340. Ist schuldender MitGfter eine OHG (KG), kann der Gfter auch deren Gfter (phG) in Anspruch nehmen (§ 128), BGH BB **73**, 1506. Der klagende Gfter kann über den Anspruch nicht verfügen, zB durch Vergleich oder Verzicht. Er allein ist Kostenschuldner. Die actio pro socio hindert die Ges nicht an der eigenen Geltendmachung (keine Rechtshängigkeit). Klagabweisendes Urteil hat **keine Rechtskraft gegen die OHG,** RG **90**, 302, üL, aA für Rechtskrafterstreckung auf Ges und MitGfter wohl Soergel/Hadding/Kießling § 705 Rn 50 aE.

36   B. **Ausnahmsweise Klage auf Leistung an sich selbst:** Ausnahmsweise kann der Gfter mit der actio pro socio Leistung statt an die Ges unmittelbar an sich selbst verlangen, nämlich soweit dies bei aufgelöster Ges, besonders bei nur zwei Gftern, die Auseinandersetzung vorwegnimmt (zu unterscheiden von Drittgläubigerforderungen, § 128 Rn 24) und weitere Auseinandersetzung erspart (näher § 145 Rn 6, § 149 Rn 3). Bsp: die Auseinandersetzung würde sich auf Teilung des Werts der Forderung beschränken da keine GesVerbindlichkeit und

außer der Forderung an den Gfter auch kein Vermögen mehr vorhanden ist, BGH **10**, 102, WM **71**, 725; der von dem Gfter geschuldete Wert kommt bei der Auseinandersetzung voll dem MitGfter zu, BGH BB **58**, 603.

C. Abweichende Vereinbarungen: Die actio pro socio ist für den Minder- 37 heitenschutz grundlegend und deshalb jedenfalls **im Kernbereich zwingend** unentziehbar und unverzichtbar, Staub/Schäfer 259, sehr str, offen BGH NJW **85**, 2830.

6) Prozesse über gesellschaftsrechtliche Fragen

A. Prozesse über Grundlagen der Gesellschaft: a) Grundsatz: Streitig- 38 keiten über das GesVerhältnis selbst (vgl Grundlagengeschäfte, § 114 Rn 3) sind grundsätzlich **nur unter den Gesellschaftern** (nicht zwischen einzelnen oder allen Gftern und der Ges) auszutragen, Grund: die Ges hat darüber keine Dispositionsbefugnis, sondern ist selbst Objekt, stRspr, hL. Das gilt grundsätzlich auch in der PublikumsGes, BGH WM **83**, 785, Rstk WM **09**, 255, str (Anh § 177a Rn 73).

b) Beispiele: Bestehen und Rechtsform der Ges; Mitwirkung bei der Anmel- 39 dung zum HdlReg, BGH WM **83**, 786 (§ 106 Rn 6); Eigenschaft einer Person als Gfter, zB Wirksamkeit eines Beitritts, Ausscheidens oder Eintritts als Erbe, BGH **30**, 197, **48**, 175, **81**, 265, **91**, 133; Eigenschaft eines Gfters als phG oder Kdtist, BGH BB **66**, 1122; Übernahmerecht eines Gfters, BGH **48**, 175; Recht zur Einlageerhöhung, RG **163**, 388; Wirksamkeit einer GesVertragsänderung, BGH **85**, 353, BB **65**, 14; Wirksamkeit einer Mehrheitsklausel, BGH NJW **09**, 670; Vereitelung vertraglicher Sonderrechte eines Gfters durch einen MitGfter (auch durch eine Geschäftsführungshandlung eines geschäftsführenden Gfters), BGH BB **62**, 349; Wirksamkeit eines GfterBeschlusses, BGH BB **66**, 1169, **68**, 145, WM **83**, 785, ZIP **14**, 1424; Gültigkeit einer Beiratsmitgliedsbestellung, BGH DB **77**, 1086.

c) Verfahrensfragen: Solche Klagen sind **gegen die bestreitenden MitGf-** 40 **ter** zu richten (zu Gesellschafterbeschlüssen BGH ZIP **11**, 1907). Klage gegen die Ges ist wegen fehlender Passivlegitimation derselben unbegründet. Es besteht **keine notwendige Streitgenossenschaft** iSv § 62 ZPO zwischen den Gftern, weder als Kläger noch als Beklagte, BGH NJW **09**, 670; **außer bei Gestaltungsklagen**, zB §§ 117, 127, 140, die allen übrigen Gftern gemeinsam zustehen (notwendige Streitgenossenschaft auf der Aktivseite), oder § 133, weil die Auflösungsklage gegen alle Gfter wirkt und deshalb gegen alle MitGfter zu erheben ist (notwendige Streitgenossenschaft auf der Passivseite), BGH **30**, 197, BB **57**, 1087, **66**, 1169, Hbg BB **67**, 1267, krit Scholz WM **06**, 961, aA Kln NJW-RR **94**, 491, unklar BGH **91**, 133: Feststellungklage gegen die anderen (alle?) Gfter; in all diesen Fällen genügt aber bindende Einverständniserklärung eines Gfters (§ 133 Rn 13, vgl § 117 Rn 7, § 140 Rn 12, 14). Klage auf Zustimmung zur Vertragsänderung kraft Treuepflicht (§ 105 Rn 64) kann also jeder Gfter gegen jeden einzelnen MitGfter erheben. In einem Prozess zwischen Gfter und Ges können solche Streitfragen nur als Vorfragen entschieden werden (Bsp Gewinnauszahlungsklage des GfterPrätendenten), nicht etwa auf Inzidentfeststellungsantrag, BGH **48**, 177. **Einstweilige Verfügung** (gegen GfterBeschlüsse) s § 119 Rn 32. Die **rechtskräftige Entscheidung** einer solchen Streitfrage unter den **Gftern wirkt auch für und gegen die Gesellschaft,** BGH **48**, 175 (dahingestellt, ob als Folge des GesVertrags oder der Rechtskraft oder durch das Zusammenwirken beider). Lit: Raiser ZHR 153 (**89**) 1, Bork ZGR **90**, 125, Damm ZHR 154 (**90**) 413 (einstweiliger Rechtsschutz).

B. Prozesse über Sozialansprüche und -verbindlichkeiten: a) Klage aus 41 **eigenem oder fremdem Recht:** Der Gfter kann außer eigenen Ansprüchen aus

§ 110 2. Buch. Handelsgesellschaften und stille Gesellschaft

dem Mitgliedschaftsverhältnis gegen die Gesamthand auch Sozialansprüche der Gesamthand gegen einen MitGfter mit der actio pro socio im eigenen Namen (Klage aus fremdem Recht) geltend machen (s Rn 32).

42 **b) Passivlegitimation:** Ansprüche der Gfter auf Grund der Mitgliedschaft gegen die Gesamthand sind grundsätzlich **gegen die Gesellschaft,** vertreten durch ihren Geschäftsführer, zu richten, zB vermögensrechtliche Ansprüche auf Aufwendungsersatz (§ 110), Einsicht und Information (§ 118 I), Gewinn und Entnahmen, BGH BB **55**, 1068, Abfindung (§ 131 Rn 48), BGH WM **72**, 1400. Dass damit incident auch über die Grundlagen der Ges entschieden wird, steht nicht entgegen (Vorfrage, s Rn 40).

43 Solche Ansprüche können zu einer Klage **auch gegen einen Mitgesellschafter** führen, wenn ein besonderes Rechtsschutzbedürfnis besteht, zB wenn dieser den Anspruch bestreitet (Feststellungsinteresse) oder für seine Erfüllung in der Ges zuständig ist (Klage auf Mitwirkung), Staub/Schäfer 62. Jedenfalls in der Zwei-Mann-OHG kann A auf Feststellung, dass die Zinsen einer GesSchuld von der Ges, nicht von ihm zu tragen sind, auch (statt gegen die Ges) gegen B klagen, BGH NJW **65**, 1591. Eine Klage gegen den MitGfter auf Erfüllung des Anspruchs scheidet dagegen aus, da diese dafür nicht nach § 128 haften (§ 128 Rn 22).

44 **C. Abweichende Vereinbarungen: a) Klageart und Beklagter:** Der GesVertrag kann Abweichungen zulassen, zB Streit über Wirksamkeit von GesVertragsänderungen oder Anfechtung von GfterBeschlüssen durch Klage gegen die Ges (§ 119 Rn 32), BGH **85**, 353, NJW **95**, 1218, **99**, 3113, ZIP **03**, 843, NJW **06**, 2853, ZIP **11**, 1907 auch konkludent zB durch Fassung einer Schiedsklausel. Mangels solcher Klausel kann konkludente Vereinbarung über Vertragsdurchbrechung im Einzelfall vorliegen, BGH WM **90**, 309, 675. Die Zulässigkeit solcher Vereinbarungen wird zT bezweifelt, weil Gestaltungsklagen nicht frei vereinbart werden können und die gewillkürte Prozessstandschaft auf der Passivseite unzulässig sei, bei Feststellungsklage dann aber Umdeutung in Vollmacht zur gemeinsamen Vertretung, Staub/Schäfer 75. **Grenzen** setzen unentziehbare GfterRechte, namentlich solche auf rechtliches Gehör im Prozess, Staub/Schäfer 76.

45 **b) Sonstige Abweichungen:** Häufig sind Schiedsvereinbarungen (Einl 89, 90 vor § 1), diese wirkt auch noch nach Auflösung der Gesellschaft, OLG Karlsr NZG **12**, 472 (LS). Der GesVertrag kann die Klageerhebung auch an bestimmte Formen, Fristen und sonstige **Klagevoraussetzungen** binden, zB Gutachten und Schlichtungsversuch eines Beirats, BGH BB **77**, 1321. Solche Klauseln sind aber nur in **Grenzen** möglich, insbesondere dürfen sie nicht in den Kernbereich der GfterRechte eingreifen (§ 163 Rn 14). Wird eine solche Klagevoraussetzung nicht beachtet und auch nicht nachgeholt, ist die Klage als unbegründet abzuweisen (materielle Klagevoraussetzung), Staub/Schäfer 72, nach aA derzeit unzulässig wegen Prozesshindernis, BGH NJW **84**, 669, wohl auch BGH BB **77**, 1321.

[Ersatz für Aufwendungen und Verluste]

110 (1) **Macht der Gesellschafter in den Gesellschaftsangelegenheiten Aufwendungen, die er den Umständen nach für erforderlich halten darf, oder erleidet er unmittelbar durch seine Geschäftsführung oder aus Gefahren, die mit ihr untrennbar verbunden sind, Verluste, so ist ihm die Gesellschaft zum Ersatze verpflichtet.**

(2) **Aufgewendetes Geld hat die Gesellschaft von der Zeit der Aufwendung an zu verzinsen.**

1. Abschnitt. Offene Handelsgesellschaft 1–4 § 110

Übersicht

	Rn
1) Grundsatz, Ersatzberechtigte, Ersatzverpflichtete	1–6
A. Grundsatz	1
B. Ersatzberechtigte	2
C. Ersatzverpflichtete	5
D. Ersatzpflichtige Dritte	6
2) Aufwendungsersatz (I Fall 1)	7–10
A. Aufwendung	7
B. In Gesellschaftsangelegenheiten	8
C. Erforderlichkeit	9
D. Beispiele	10
3) Ersatz für Verluste (I Fall 2)	11–14
A. Verluste	11
B. Untrennbare Verbundenheit mit Geschäftsführung	12
C. Geldstrafen	14
4) Verzinsung (II), sonstige Ansprüche und Pflichten	15–17
A. Verzinsung	15
B. Vorschuss, Freistellung	16
C. Pflichten	17
5) Abweichende Vereinbarungen	18
6) Vergütung für Geschäftsführung und sonstige Dienstleistungen	19–21
A. Vergütung für Geschäftsführung	19
B. Drittgeschäfte	21

1) Grundsatz, Ersatzberechtigte, Ersatzverpflichtete

A. Grundsatz: § 110 wiederholt und erweitert § 670 BGB (lex specialis dazu, 1 §§ 713, 664–670 im Übrigen bleiben unberührt, s Rn 16, 17). Jeder Gfter hat danach Anspruch auf Aufwendungsersatz (I 1. Fall, s Rn 7) und über § 670 BGB hinaus ausdrücklich auch Anspruch auf Ersatz von Verlusten (I 2. Fall, s Rn 11). Nach II ist aufgewendetes Geld zu verzinsen (s Rn 15). § 110 trägt nicht auch einen Anspruch auf Vergütung für Geschäftsführung und sonstige Dienstleistungen, doch wird das wegen der Sachnähe hier mitbehandelt (s Rn 19). § 110 ist Ausprägung des Grundsatzes der **Risikozurechnung** (§ 59 Rn 106).

B. Ersatzberechtigte: § 110 gilt für **alle Gesellschafter,** nicht nur für „ge- 2 schäftsführende" iSv §§ 114 ff, auch für Kdtisten, BGH NJW 08, 3438 (überschießende Außenhaftung) und für einem Gfter gleichgestellten TreugeberKdtisten, BGH ZIP **15,** 2268; **nicht** für **ausgeschiedene** Gfter, die nach Ausscheiden Aufwendungen oder Verluste im GesInteresse haben, BGH **39,** 324, WM **78,** 114, aA entspr § 774 I 1 BGB Preuß ZHR 160 **(96)** 174, dann aber § 670 BGB oder §§ 683, 670 BGB (so auch bei Treuhand Mock ZIP **16,** 503) und bei Bezahlung von GesSchulden (§§ 159, 128) § 426 I BGB (§ 128 Rn 27). **§§ 844, 845 BGB** gilt entspr, RG **167,** 89, BGH **7,** 34. Auch beim nicht geschäftsführenden Gfter keine Einschränkung auf objektiv befugtes Handeln des nicht geschäftsführenden Gfters im Gesellschaftsinteresse, Ebenroth/Bergmann 7, aA Staub/Schäfer 10.

Nicht: Tätigwerden **im eigenen Interesse,** zB Ausübung von **Stimm-,** 3 **Informations- und Kontrollrechten** (§§ 118, 166). Teilnahme an GfterVersammlung ist Tätigwerden im eigenen Interesse, Kostenersatz nur bei Vereinbarung und in besonderen Ausnahmefälle, Staub/Schäfer 7 f. Eine solche kommt auch bei langjähriger Übung in Betracht (§ 105 Rn 62). Tätigwerden **auf Grund eines Drittgeschäfts** (§ 109 Rn 11, § 128 Rn 24) fällt nicht hierher, Vergütung und Ersatz richten sich nach der Vertragsbeziehung (s Rn 21).

Geschäftsführung ohne Auftrag: Der Gfter ist gedeckt (§ 114 Rn 15) und 4 dann auch nach § 110 ersatzberechtigt, soweit er ohne Verschulden (§ 708 BGB) annimmt, seine Geschäftsführungsbefugnis nicht zu überschreiten oder, falls er nicht Geschäftsführer ist, im konkreten Fall Geschäftsführungsbefugnis zu haben, zB Notgeschäftsführung (§ 744 II BGB, § 114 Rn 7); manchmal wird auch Genehmigung einer unbefugten Tätigkeit für die Ges durch diese angenommen werden können. Andernfalls kommt ein Ersatzanspruch nur aus Geschäftsführung ohne Auftrag in Betracht (§§ 683, 670 BGB), also bei a) objektiver Übereinstimmung mit dem GesInteresse und b) entweder Übereinstimmung mit dem wirklichen oder mutmaßlichen Willen der Ges (der sie vertretenden Gfter) oder Erfüllung öffentlicher Pflichten der Ges (§§ 683 S 2, 679 BGB).

5   C. **Ersatzverpflichtete:** Aufwendungsersatz nach § 110 schuldet während ihres Bestehens **nur die Gesellschaft,** dagegen **nicht die Mitgesellschafter.** Andernfalls käme es über § 110 zu Nachschussverpflichtung entgegen § 707 BGB (§ 109 Rn 12), aus demselben Grund greift insoweit auch § 128 nicht ein, BGH **37,** 301, NJW **80,** 339, ZIP **10,** 515 (GbR), MüKo/Langhein 10, hL, aA Wiedemann I 270; das gilt grundsätzlich auch in der Liquidation, BGH ZIP **89,** 852, Mü ZIP **10,** 184, aber ausnahmsweise kommt anteilige Inanspruchnahme als Vorwegnahme der Schlussabrechnung in Betracht, Staub/Schäfer 31, so wenn mangels freier Mittel des Ges (nicht erst bei Aussichtslosigkeit der Zwangsvollstreckung gegen diese) der Gfter sonst wegen seiner Aufwendungen regresslos wäre, BGH WM **11,** 765 (GbR), MüKoBGB/Schäfer § 713 BGB Rn 15. Andere Grundsätze gelten auf Grund von § 426 I BGB nach Deckung einer GesSchuld durch einen Gfter (§ 128 Rn 27) bzw durch einen einem Gfter gleichstehenden TreugeberKdtisten, BGH ZIP **15,** 2268 (auch zur Verjährung nach §§ 195, 199 BGB), str.

6   D. **Ersatzpflichtige Dritte** brauchen nicht vor der Ges in Anspruch genommen werden. Auch die gesellschafterliche Treuepflicht (§ 109 Rn 23) begründet **keine Subsidiarität** des Ersatzanspruchs nach § 110, selbst wenn dieser leicht realisierbar wäre, zB Anspruch gegen haftpflichtversicherten Kraftfahrer. Ansprüche gegen Dritte sind aber an die Ges abzutreten (§ 255 BGB).

2) Aufwendungsersatz (I Fall 1)

7   A. **Aufwendung:** Aufwendungen sind (im Innenverhältnis) freiwillige Vermögensopfer des Gfters im Interesse der Ges (vgl § 87d Rn 3, § 396 Rn 5), RG **122,** 303, BGH NJW **60,** 1569. Zufallsschäden fallen nicht unter I 1. Fall, anders die Rspr zu § 670 BGB (§ 59 Rn 106), Grund: Haftung folgt allgemein aus dem Grundsatz der Risikozurechnung (s Rn 1), speziell hier aus I 2. Fall (s Rn 11). Keine Aufwendung iSv I ist die bloße Bereitschaft zur Haftung nach § 128, BGH BB **73,** 1369.

8   B. **In Gesellschaftsangelegenheiten:** Der Gfter muss objektiv in GesAngelegenheiten (nicht nur Geschäftsführung, auch Gefahrenabwehr ua, s Rn 12) gehandelt und subjektiv dies gewollt haben. Dass der Gfter zugleich eine eigene Pflicht erfüllt, zB nach § 128 (s Rn 10), steht nicht entgegen, Hamm ZIP **10,** 2058.

9   C. **Erforderlichkeit:** Der Gfter muss die Aufwendung nach den Umständen für erforderlich halten dürfen, BGH NJW **80,** 339. Aufwendungen können also auch dann ersatzfähig sein, wenn sie objektiv nicht erforderlich waren oder der Gfter sie bei ihrer Tätigkeit subjektiv nicht für erforderlich hielt. Es kommt nur darauf an, ob ein sorgfältiger Gfter sie ex ante für erforderlich halten durfte (§ 708 BGB, s § 109 Rn 5), zB Bezahlung einer vermeintlichen GesSchuld.

10 D. **Beispiele:** Geldauslagen; auch Prozesskosten aus Klärung von Rechtsfragen der Ges, zB richtige Buchführung, und uU auch mit der Ges, zB Auslegung von GesVertrag; Überlassung von Gegenständen wie private Erfindung (falls ihre der Ges ersatzlos zusteht, § 124 Rn 8), Hamm NJW-RR **86,** 780; auch Dienste, die nicht schon auf Grund des GesVertrags (zB Geschäftsführung, s

Rn 19), BGH **10**, 55, oder auf Grund eines Drittgeschäfts (s Rn 21) geschuldet werden, sofern Vergütung üblich ist, insbesondere berufliche; Schmiergelder s § 87d Rn 3. Auch **Deckung von Gesellschaftsschulden** (§ 128) ist Aufwendung iSv § 110 (§ 128 Rn 25), BGH **37**, 301; falls Aufwendung zu Unrecht (Innenverhältnis, s Rn 7) wegen mangelnder Freiwilligkeit abgelehnt wird, gilt § 110 jedenfalls entspr. Auch Rückzahlung von berechtigten Entnahmen, obschon zur Vermeidung von Inanspruchnahme nach § 172 IV, BGH ZIP **05**, 1552. Der noch nach Ausscheiden zu einer die Ges treffenden **Steuer**, zB Gewerbesteuer, Herangezogene hat den Ersatzanspruch; das gilt auch für Ges, die Hdlgeschäft und Firma einer anderen aufgelösten Ges übernahm (§ 25); BGH WM **78**, 114.

3) Ersatz für Verluste (I Fall 2)

A. **Verluste:** I 2. Fall gewährt dem Gfter über § 670 BGB hinaus auch Ersatz **11** für Verluste bzw Schäden (ohne Abzug eines eigenen Verlustanteils, aber § 254 BGB). I 2 ist aber kein Schadens-, sondern Aufwendungsersatzanspruch wie I 1. Fall. Verluste sind im Unterschied zu Aufwendungen (s Rn 7) **unfreiwillige Vermögensnachteile**, zB Sach-, Vermögens- oder Personenschäden; auch Verdienstausfall, BGH **33**, 257, auch Prozessrisiken und -kosten, auch strafrechtliche (abs s Rn 14). Immaterielle Schäden sind nicht Verlust iSv § 110, also zB kein Anspruch gegen die Ges auf Schmerzensgeld aus Unfall auf Geschäftsreise; die Ges kann aber zur Naturalbeseitigung verpflichtet sein (§ 242 BGB), zB zu richtig stellender Veröffentlichung, wenn der Ruf des Gfters durch Dienst für die Ges geschädigt ist.

B. **Untrennbare Verbundenheit mit Geschäftsführung: a) Geschäftsführ- 12 ung:** § 110 erfasst Schäden aus der Geschäftsführung des Gfters oder aus mit ihr untrennbar verbundenen Gefahren. Geschäftsführung ist dem Sinn von § 110 nach nicht die organschaftliche nach §§ 114 ff, sondern jede Geschäftsbesorgung iSv § 675 I BGB für die Ges, auch durch nicht geschäftsführende Gfter, zB Abwehr von Gefahren für die Ges, eine einzelne Reise, ein chemischer Versuch.

b) Untrennbare Verbundenheit: Bloße Kausalität genügt nicht. Die Gefahr **13** muss gerade mit der Tätigkeit für die Ges zusammenhängen. **Nicht** erstattungsfähig sind deshalb Schäden aus dem allgemeinen Lebensrisiko, idR Teilnahme am Straßenverkehr, aber BGH **38**, 270 (fremdnützige Selbstschädigung); aus einer vom Gfter im persönlichen Interesse geschaffenen Gefahrenlage, zB durch Verknüpfung persönlicher mit GesGeschäften, BGH NJW **60**, 1568.

C. **Geldstrafen:** Straftaten und Ordnungswidrigkeiten, die in der Tätigkeit für **14** die Ges begangen werden, sind keine erlaubte Geschäftsführung für die Ges, auch wenn die MitGfter die Handlung billigen, Grund: Straf(norm)zweck, Ebenroth/Bergmann 20; vgl aber auch BGH **10**, 54, **25**, 222. Daher idR kein Ersatz für Geldstrafen oder Geldbußen, auch wenn die Tätigkeit insoweit besonders gefährdend ist, zB Straßenverkehr. Etwas anderes kann auch nicht schlechthin für ausländisches Recht gelten, Ebenroth/Bergmann 19, jedenfalls nicht innerhalb der EU. Anders aber für Strafprozessrisiken (s Rn 11). Abweichende Vereinbarung ist aber bei PersonenGes zulässig, bei (einstimmiger) Billigung auch stillschweigend. Lit: Bastuck, Enthaftung des Managements, 1986; Rehbinder ZHR 148 **(84)** 555.

4) Verzinsung (II), sonstige Ansprüche und Pflichten

A. **Verzinsung:** Aufgewendetes Geld muss die Ges ab Eintritt des Vermögens- **15** nachteils verzinsen (II). II spricht nur von Aufwendungen, gilt aber sinngemäß auch für Verluste. Der Zinsanspruch folgt meist schon aus § 256 BGB, dagegen idR nicht auch aus § 352, da die Gfter nicht ohne weiteres Kflte sind (§ 105 Rn 19, 21). II hat aber Bedeutung für den Zinssatz (§ 352).

§ 110 16–21   2. Buch. Handelsgesellschaften und stille Gesellschaft

16 **B. Vorschuss, Freistellung:** Die geschäftsführenden Gfter haben Anspruch auf Vorschuss für Auslagen nach § 105 II HGB, §§ 713, 669 BGB, anders bei Widerspruch oder fehlender Zustimmung nach § 115 oder in Falle des § 117. Von Verbindlichkeiten, die ein Gfter im Interesse der Ges eingegangen ist und deren Eingehung er für erforderlich halten durfte, kann er Freistellung fordern (§ 257 BGB). Zum Aufwendungsersatz in der GbR BGH NZG **11**, 502.

17 **C. Pflichten:** Der nach § 110 ersatzberechtigte Gfter hat wie ein Beauftragter Pflichten aus § 105 II HGB, §§ 713, 664 ff (s Rn 1). Praktisch werden die Auskunfts- und Rechenschaftspflicht (§ 666 BGB) und die Herausgabepflicht (§ 667 BGB).

5) Abweichende Vereinbarungen

18 Abweichende Vereinbarungen zu § 110 sind ohne weiteres zulässig (Innenverhältnis, § 109), auch stillschweigend (Bsp s Rn 14), BGH NJW **80**, 339.

6) Vergütung für Geschäftsführung und sonstige Dienstleistungen

19 **A. Vergütung für Geschäftsführung: a) Anspruch:** Die geschäftsführenden Gfter enthalten grundsätzlich keine Vergütung bzw Ersatz für ihre Dienstleistung für die Ges, weder aus § 110, BGH **17**, 301, noch nach § 354 oder § 612 BGB. Entgelt ihrer Arbeit (wie ihres Kapitaleinsatzes) ist iZw nur ihre Gewinnbeteiligung, BGH **44**, 41, BB **73**, 1369, Kblz NJW-RR **87**, 24. Diese ist für geschäftsführende Gfter oft im **Gesellschaftsvertrag** besonders erhöht oder durch einen Vorrang besonders gesichert (Gewinnvoraus), manchmal auch durch eine vom Geschäftsvertrag unabhängige, auch ohne Gewinn und bei Verlust zahlbare Dienstvergütung („Gehalt") ergänzt. Vergütung kann ausnahmsweise auch stillschweigend, etwa bei außergewöhnlicher Dienstleistungspflicht, als vereinbart gelten, BGH **17**, 301, Kblz NJW-RR **87**, 24, aber nicht schon wenn ein Gfter in einer FamilienGes für den ausgefallenen anderen einspringen muss. Rechtlich liegt idR eine bloße Gewinnverteilungsabrede vor, dann ist nur GesRecht, nicht auch Dienstvertragsrecht anwendbar, Kblz BB **80**, 855, WM **86**, 590, Mü-KoBGB/Schäfer § 709 Rn 32, aA BGH NJW **63**, 1052 (§ 616 BGB), Nürnb BB **65**, 887 (Gratifikation); doch kann auch zusätzlicher **Dienst- oder Arbeitsvertrag** vorliegen. In besonderen Fällen ist der geschäftsführende Gfter tatsächlich Arbeitnehmer, das GesRecht bietet keinen gleichwertigen Schutz, Arbeitsrecht ist dann anwendbar neben GesRecht (Typenmischung), str, von Hoyningen-Huene NJW **00**, 3233. Die Vergütung für die Geschäftsführung wird idR nur solange geschuldet, als der Gfter tätig wird (§§ 133, 157 BGB) oder er bei Verhinderung für Vertreter sorgt, also nicht mehr nach Entziehung der Geschäftsführungsmacht (§ 117 Rn 9); Leistungsstörungen s Kblz BB **80**, 855, § 105 Rn 48. Für die Vergütung haften nur die Ges (Sozialverpflichtung), nicht auch die MitGfter, Kblz BB **80**, 855. Kdtist s § 164 Rn 7, 8. Lit: Ganssmüller 1961 u NJW **65**, 1948, DB **66**, 1505; Dänzer-Vanotti BB **83**, 999.

20 **b) Änderung** solcher Vergütung ist Vertragsänderung, nicht Geschäftsführung, BGH BB **67**, 143. Anpassung entspr der Entwicklung der Lebenshaltungskosten oder der Entwicklung der Gehälter leitender Angestellter ist iZw nicht vereinbart, BGH **44**, 41; aber uU ergänzende Vertragsauslegung, Störung der Geschäftsgrundlage (§ 313 BGB) und ganz ausnahmsweise Treuepflicht der MitGfter (§ 105 Rn 66), BGH **44**, 42, BB **67**, 1307, WM **74**, 376, **77**, 1140.

21 **B. Drittgeschäfte:** Der Gfter kann mit der Ges ein Drittgeschäft abgeschlossen haben (§ 109 Rn 11, § 128 Rn 24), zB als Anwalt, Steuerberater oder Wirtschaftsprüfer. Solche Vereinbarung kann Dienst- oder Geschäftsbesorgungsvertrag sein (§§ 611, 675 I BGB). Vergütung und Auslagen richten sich dann nach diesem Vertragsverhältnis, nicht nach § 110. Kdtist s § 164 Rn 7, 8.

1. Abschnitt. Offene Handelsgesellschaft § 112

[Verzinsungspflicht]

111 (1) **Ein Gesellschafter, der seine Geldeinlage nicht zur rechten Zeit einzahlt oder eingenommenes Gesellschaftsgeld nicht zur rechten Zeit an die Gesellschaftskasse abliefert oder unbefugt Geld aus der Gesellschaftskasse für sich entnimmt, hat Zinsen von dem Tage an zu entrichten, an welchem die Zahlung oder die Ablieferung hätte geschehen sollen oder die Herausnahme des Geldes erfolgt ist.**

(2) **Die Geltendmachung eines weiteren Schadens ist nicht ausgeschlossen.**

1) Verzinsungspflicht (I)

Jeder Gfter, der der Ges Gelder vorenthält, hat diese auch ohne Verzug (also ab Fälligkeit, ohne Verschulden) zu verzinsen (I, lex specialis zu § 668 BGB; vgl §§ 353, 354 II). Das gilt nach I in drei Fällen: 1

a) Nichtzahlung von Geldeinlagen; auch Wechsel, Scheck und marktgängige Wertpapiere; str; auch unberechtigte Kapitalrückzahlungen, Ebenroth/Bergmann 8, § 172 V betrifft nur das Verhältnis zu GesGläubigern, str (§ 172 Rn 9);

b) Nichtablieferung von Gesellschaftsgeldern, zB bei Ansprüchen aus §§ 713, 667 oder 681, 684 BGB, nicht nur Bargeld (wie zu a); und

c) unbefugte Geldentnahmen aus der GesKasse; auch Umbuchung von GesGeldern auf privates Konto (nicht schon Kapitalkonto bei Ges, noch keine Entnahme), Scheckausstellung zu Lasten der Ges; **nicht** bei Entnahme als Vorschuss auf bevorstehende Aufwendungen (§§ 713, 669 BGB), „genehmigter Überziehung" und Schulden aus Darlehen. Wo § 111 nicht eingreift, kann § 353 anwendbar sein. Zinssatz § 352.

2) Geltendmachung sonstiger Rechte (II); abweichende Vereinbarungen

I ist nicht abschließend (so klarstellend II); Schadensersatzpflichten (bei Verschulden) und sonstige Ansprüche bleiben unberührt. I und II sind voll dispositiv (§ 109). 2

[Wettbewerbsverbot]

112 (1) **Ein Gesellschafter darf ohne Einwilligung der anderen Gesellschafter weder in dem Handelszweig der Gesellschaft Geschäfte machen noch an einer anderen gleichartigen Handelsgesellschaft als persönlich haftender Gesellschafter teilnehmen.**

(2) **Die Einwilligung zur Teilnahme an einer anderen Gesellschaft gilt als erteilt, wenn den übrigen Gesellschaftern bei Eingehung der Gesellschaft bekannt ist, daß der Gesellschafter an einer anderen Gesellschaft als persönlich haftender Gesellschafter teilnimmt, und gleichwohl die Aufgabe dieser Beteiligung nicht ausdrücklich bedungen wird.**

Übersicht

	Rn
1) Wettbewerbsverbot während der Vertragszeit (I)	1–8
A. Normzweck	1
B. Anwendungsbereich	2
C. Verbotene Geschäfte im gleichen Handelszweig	4
D. Verbotene Beteiligung mit persönlicher Haftung an gleichartiger Handelsgesellschaft	6
E. Rechtsfolgen	8

§ 112 1, 2   2. Buch. Handelsgesellschaften und stille Gesellschaft

	Rn
2) Einwilligung (I, II)	9–11
A. Einwilligung (I)	9
B. Unwiderleglich vermutete Einwilligung (II)	10
3) Abweichende Vereinbarungen	12, 13
A. Erweiterung des Wettbewerbsverbots	12
B. Befreiung vom Wettbewerbsverbot	13
4) Nachvertragliches Wettbewerbsverbot	14
5) Verhältnis zu § 1 GWB	15–17
A. Wettbewerbsverbot während der Vertragszeit (§§ 112, 113)	15
B. Nachvertragliches Wettbewerbsverbot	17

1) Wettbewerbsverbot während der Vertragszeit (I)

1 A. **Normzweck:** §§ 112, 113 regeln einen wichtigen **Interessenkonflikt** (Beeinträchtigung durch Wettbewerb des phG mit Insiderinformationen über die Ges, Zuweisung von Geschäftschancen an die Ges; nicht: Erhaltung der vollen Arbeitskraft des Gfters) zugunsten der Ges mittels eines Gefährdungstatbestands. Das Verbot ist eine (selbstständige) Ausprägung der Treuepflicht der Gfter (§ 109 Rn 23), BGH **89**, 165. Aus der Treuepflicht resultiert auch die über §§ 112, 113 hinausgehende (unklar BGH NJW **98**, 1225) Pflicht, Geschäftschancen der Ges nicht anzutasten (corporate opportunity, § 109 Rn 26, § 114 Rn 13). Funktion als konzernrechtlicher Präventivschutz s Rn 2, 4, Anh § 177 Rn 22. Mit §§ 112, 113 stimmt weitgehend überein § 284 AktG für den phG der KGaA, dagegen weitergehend und zT abweichend §§ 60, 61 für HdlGehilfen. Zu Interessenkonflikten s § 109 Rn 25, 26, § 119 Rn 8. Lit: Kardaras 1967, Schütte 1971, Salfeld 1987; Raiser FS Stimpel **85**, 855, Löffler NJW **86**, 223 (KG), Röhricht WPg **92**, 766, Armbrüster ZIP **97**, 261, Weller ZHR 175 **(11)** 110, Westermann/Wertenbruch § 23.

2 B. **Anwendungsbereich: a) Persönlich:** Das Wettbewerbsverbot gilt für alle Gesellschafter der OHG, ob geschäftsführend oder nicht, BGH **89**, 165, Weller ZHR 175 **(11)** 110, str, letzterenfalls zu einengend Staub/Schäfer 7, aber Bestehen allein einer diesbezüglichen Treupflicht reicht nicht aus. Nach dem Normzweck kann es auch bei Treuhand, Unterbeteiligung und Nießbrauch gelten (§ 105 Rn 34, 41, 46). Im mehrstufigen Konzern erstreckt sich das Wettbewerbsverbot auf die OberGes, BGH **89**, 166 (näher Anh § 177 Rn 22, § 105 Rn 103). In der KG gilt es nur für den phG, nicht den Kdtisten, außer wenn dieser eine Stellung wie ein phG hat (§ 165 Rn 3), entspr für stGes. Für gesetzliche Vertreter eines Gfters gilt es grundsätzlich nicht, es gilt aber für die GmbH & Co, Anh § 177 Rn 23, 27, str; sehr str, ob es auch für Vorstandsmitglieder einer KomplementärAG gilt, verneinend, da kein praktisches Vetorecht analog §§ 112, 113 entgegen der aktienrechtlichen Kompetenzordnung, BGH ZIP **09**, 1162 (Vorstandsdoppelmandat) m Anm Grigoleit ZGR **10**, 662, Hbg ZIP **07**, 1370m Anm Hellgardt 2248, bejahend Cahn Konzern **07**, 716, für konzernrechtliche Lösung Altmeppen ZIP **08**, 437, für Geschäftsleitervertrag mit Schutzwirkung zugunsten der KG (Anh § 177a Rn 27f), Weller ZHR 175 **(11)** 133, iErg wohl auch Böttcher/Kautzsch NZG **09**, 819; jedenfalls können §§ 1667, 1909 BGB eingreifen oder solche Gfter verpflichtet sein, für die Beseitigung der Kollision, die ihnen nach § 278 BGB zuzurechnen ist, zB durch andere Geschäftszuteilung oder Abberufung zu sorgen. Das gilt auch bei Zwischenschaltung sonstiger Personen, außer bei Strohmann und Umgehung, dann gelten für den umgehenden Gfter unmittelbar §§ 112, 113. Ein Doppelmandatsträger hat auf jeden Fall bei seinen Entscheidungen stets die Interessen des jeweiligen Pflichtenkreises einzuhalten, BGH ZIP **09**, 1163.

1. Abschnitt. Offene Handelsgesellschaft 3–6 § 112

b) Zeitlich: Das Wettbewerbsverbot gilt nur für Gfter, also nicht schon 3 vorher, BGH NJW **98**, 1225 (GmbH für spätere GmbH & Co), und es erlischt mit **Ausscheiden** des Gfters, auch wenn der Gfter nur deshalb ausscheidet (nachvertragliches Wettbewerbsverbot s Rn 14); schon vorher, wenn der Austritt einvernehmlich ist, aber nach dem GesVertrag (bei entsprechend reduzierten Gfter-Rechten und -pflichten) noch der Umsetzung bedarf, BGH NJW **10**, 1206 (GmbH) mAnm Wilsing/Ogorek NZG **10**, 379. Es erlischt bei Auflösung der Ges mit deren **Beendigung,** nicht schon mit Auflösung, aA früher hL. Nach dem Normzweck gilt das Wettbewerbsverbot auch noch während der Liquidation (§ 145), aber nur soweit und solange die GesUnternehmen ganz oder teilweise weitergeführt wird, BGH WM **61**, 631, NJW **80**, 1627; für die Zeit später s § 109 Rn 24. Die **Vorbereitung** der späteren eigenen Geschäftstätigkeit, die unmittelbar mit Beendigung beginnen darf, ist aber schon jetzt möglich, RG **90**, 100 sowie entspr die Rspr zum HdlGehilfen (§ 60 Rn 1), enger Ebenroth/Bergmann 20: nur untergeordnete Hilfsgeschäfte und nicht nach außen.

C. Verbotene Geschäfte im gleichen Handelszweig (I 1. Fall): a) Ge- 4 **schäfte:** Verboten sind Geschäfte im gleichen Handelszweig, einerlei ob für eigene oder fremde Rechnung (arg § 113 I Halbs 2), zB als Makler, Kommissionär oder als HdlVertreter, BGH WM **72**, 1229; auch als GmbHGeschäftsführer, Vorstand der AG oder bei sonstiger aktiver Mitwirkung an der Geschäftsführung eines anderen Unternehmens; nach Nürnb BB **81**, 452 auch mittelbar als Geschäftsführer einer GmbH mit 50%iger Beteiligung an dem Konkurrenzunternehmen wegen des „tatsächlich erheblichen Einflusses", richtiger kommt es auf Abhängigkeitsverhältnis (§ 17 AktG) an, Staub/Schäfer 24f; auch über Strohmann oder zwischengeschaltete abhängige Ges; nicht schon bei bloßer Kapitalbeteiligung oder Aufsichtsratstätigkeit. Geschäfte sind solche zu Erwerbszwecken.

b) Relevanter Markt (Handelszweig): Das Wettbewerbsverbot gilt nur 5 innerhalb des sachlich und räumlich relevanten Markts (sonst bleibt immer noch die Geschäftschancenlehre, s Rn 1). Mit HdlZweig der Ges ist der für das Wettbewerbsverbot (sachlich) relevante Markt gemeint. Dieser ist weiter als der konkrete Unternehmensgegenstand, wie ihn die Gfter auf Grund des GesVertrag führen wollen, Staub/Schäfer 17, jedoch nicht ohne weiteres so weit wie die idR umfassende Umschreibung der erlaubten Tätigkeiten im GesVertrag, wohl aA BGH **89**, 170. Der HdlZweig ist von den Gftern iZw nicht eng gemeint, BGH WM **57**, 1128, und umfasst auch spätere Weiterentwicklung der GesTätigkeit, BGH **70**, 333, Staub/Schäfer 17, aber keinesfalls fünf Jahre analog § 202 AktG, erwogen von Wiedemann/Hirte ZGR **86**, 171 Fußn 23, Grund: Marktzutrittsschranke. Darüber hinausgehende eigenmächtige Ausdehnung durch die Ges erweitert das Wettbewerbsverbot der Gfter jedoch nur bei deren Zustimmung oder bei wirksamer (auch konkludenter) GesVertragsänderung, Staub/Schäfer 15, Heymann/Emmerich 12a, unklar BGH **70**, 333, nach aA ist stets maßgeblich das jeweilige tatsächliche Betätigungsgebiet der Ges. Jedenfalls darf Ausdehnung nicht einseitig zu Lasten des Gfters gehen, für Lösung unter Heranziehung von Treupflichterwägungen Ebenroth/Bergmann 17. Wird der konkrete Unternehmensgegenstand später einvernehmlich eingeschränkt, schrumpft damit auch der relevante Markt, BGH **70**, 332, **89**, 170. Unwesentlich ist, ob Ges das Geschäft selbst so wie der Gfter oder überhaupt vorgenommen hätte, BGH **70**, 333, WM **84**, 229.

D. Verbotene Beteiligung mit persönlicher Haftung an gleichartiger 6 **Handelsgesellschaft (I 2. Fall): a) Beteiligung mit persönlicher Haftung:** Verboten ist Beteiligung als phG einer nach GesVertrag oder Satzung auf einen ganz oder teilweise gleichen Zweck gerichteten HdlGes einerlei welcher Rechtsform (OHG, KG, KGaA), BGH **38**, 306. Nach dem Normzweck können auch andere als HdlGes erfasst sein, zB ErwerbsGbR und ausländische Ges. Die Betei-

§ 112 7–13   2. Buch. Handelsgesellschaften und stille Gesellschaft

ligung als Kdtist oder in anderer Form wird grundsätzlich nicht erfasst; etwas anderes gilt nach dem Normzweck (trotz des Wortlauts), wenn der Gfter als Kdtist in der anderen Ges eine Stellung wie ein phG hat (vgl oben Rn 4 und ähnlich § 165 Rn 3). Beteiligung an konkurrierender AG oder GmbH fällt nicht unter den 2. Fall, ist aber bei Begründung eines Abhängigkeitsverhältnisses unter den 1. Fall zu subsumieren (s Rn 4), Staub/Schäfer 25.

7   b) **Relevanter Markt (Gleichartigkeit):** Für die Gleichartigkeit gilt das zum relevanten Markt bereits Gesagte entsprechend (s Rn 5), auch partielle Marktüberschneidung genügt, aber nicht nur in Randgebieten oder ganz unerheblichem Umfang. Die Gleichartigkeit kann sich auch durch die eigenmächtige Ausgliederung von Unternehmenstätigkeiten der Ges, zB Vertrieb, durch den Gfter auf die andere Ges ergeben, Ffm BB **76**, 383.

8   E. **Rechtsfolgen:** s § 113, dort auch Rn 4, 5.

2) Einwilligung (I, II)

9   A. **Einwilligung (I):** Einwilligung der anderen Gfter (also aller, auch der nicht geschäftsführenden) macht die Wettbewerbshandlung erlaubt (I). Für die Einwilligung gelten §§ 182–184 entspr, str. Ein GfterBeschluss ist nicht nötig, dieser bedarf freilich keiner Form, Ebenroth/Bergmann 25. Sachliche Rechtfertigung der Einwilligung durch das Interesse der OHG ist nicht erforderlich, str. Widerspruchslose Hinnahme einer Konkurrenztätigkeit ist noch keine Einwilligung (s Rn 10, 11). Mangels Vorbehalt ist sie grundsätzlich unwiderruflich (Grund: Treuepflicht der Gfter), spätestens nach Aufnahme der Wettbewerbstätigkeit durch den Gfter. Auch dann ist sie aber bei wichtigem Grund widerruflich, nach aA überhaupt nur bei Vorbehalt des Widerrufs, Hueck OHG § 13 II 4, oder nur bei ganz schwerwiegenden Gründen. Auslegung gesellschaftsvertraglicher Wettbewerbsverbote (Erstreckung auf Ehegatten), BGH BB **70**, 1374. Widerruf eines einzelnen Gfters genügt nicht, Ebenroth/Bergmann 26 (GfterVersammlung). Die Beweislast trägt der konkurrierende Gfter. Erst nachträgliche Zustimmung (Genehmigung) hat Wirkung nach § 184 BGB.

10   B. **Unwiderleglich vermutete Einwilligung (II):** Die Einwilligung gilt im Falle des II als erteilt (unwiderlegliche Vermutung), nämlich wenn alle übrigen Gfter bei Eingehung der Ges (Abschluss des GesVertrags) die Beteiligung als phG an einer gleichartigen Ges (positiv) kennen und die Aufgabe dieser Beteiligung nicht ausdrücklich ausbedingen. Ausdrücklich bedeutet eindeutig, nicht notwendig im GesVertrag oder schriftlich. II gilt entspr bei späterem Beitritt eines Gfters. II gilt nach seinem klaren Wortlaut nur für I 2. Fall (s Rn 6). Beweislast nach allgemeinen Regeln.

11   In allen anderen Fällen von Wettbewerbsverboten kommt nur eine tatsächliche (auch stillschweigende) Einwilligung in Betracht. Diese kann, aber muss (anders II) nicht stets vorliegen, wenn die Tätigkeit des Gfters als EinzelKfm bekannt ist und nicht untersagt wird (für GmbH & Co s Anh § 177 Rn 22). Die Beweislast liegt dann bei dem betroffenen Gfter, tatsächliche Vermutung kann eingreifen; weitergehend für widerlegliche Vermutung in sinngemäßer Anwendung von II Staub/Schäfer 30.

3) Abweichende Vereinbarungen

12   A. **Erweiterung des Wettbewerbsverbots:** § 112 ist dispositiv. Der GesVertrag kann für alle oder einzelne Gfter das Verbot verschärfen. Grenzen setzen § 138 BGB, BGH **37**, 384, und GWB (s Rn 15), nicht unmittelbar Art 12 GG (nur Ausstrahlung). Nachvertragliches Wettbewerbsverbot s Rn 14.

13   B. **Befreiung vom Wettbewerbsverbot:** Der GesVertrag kann allen oder einzelnen Gfter ganz oder teilweise Wettbewerb mit der Ges erlauben. Dann gilt § 112 (mit Einwilligungserfordernis nach I, II und § 113) erst gar nicht. Er kann

1. Abschnitt. Offene Handelsgesellschaft 14–16 § 112

statt der Einwilligung durch jeden einzelnen Gfter (s Rn 9) auch GfterBeschluss mit Mehrheit vorsehen, dabei hat der betroffene Gfter aber kein Stimmrecht (§ 119 Rn 8) und die Befreiung muss durch sachliche Gründe im Interesse der Ges gerechtfertigt sein, BGH **80**, 71/74 (GmbH), Staub/Schäfer 31. Umgehung s Bambg NZG **10**, 385 (GmbH). Führt die Befreiung zur Begründung der Konzernabhängigkeit (§ 18 I AktG), ist das ein Grundlagengeschäft (§ 114 Rn 3, § 105 Rn 102), für das grundsätzlich ein Mehrheitsbeschluss nicht genügt); Konzernrecht s § 105 Rn 103 ff.

4) Nachvertragliches Wettbewerbsverbot

§§ 112, 113 gelten nicht für ausgeschiedene Gfter (s Rn 3). Ein Wettbewerbs- **14** verbot folgt auch nicht schon aus der nachvertraglichen Treuepflicht des Gfters (§ 131 Rn 37), Düss ZIP **90**, 869, aber s § 109 Rn 24. Ein nachvertragliches Wettbewerbsverbot ergibt sich auch nicht ohne weiteres als Schadensersatz (§ 113 Rn 1). Möglich ist aber ein **vertragliches Wettbewerbsverbot** in den Grenzen des GWB (s Rn 14) und § 138 BGB, BGH WM **74**, 74, **86**, 1282. Ein solches ist auch stillschweigend möglich, zB bei längerdauernder Gewinnbeteiligung als Abfindung, Staub/Schäfer 13. Nach (Art 12 GG iVm) § 138 BGB ist die Wettbewerbsbeschränkung auf das zeitlich, räumlich und gegenständlich notwendige Maß zu beschränken, so für Mandantenschutzklauseln BGH NJW **91**, 699 (GbR), NJW **00**, 2584, **04**, 66, **05**, 3061 (Freiberuflersozietät, längstens 2 Jahre, aktuelle Mandanten), dazu auch § 60 Rn 6. Zu berücksichtigen ist auch, dass das Wettbewerbsverbot idR in der Auseinandersetzungsabfindung einkalkuliert ist. Ein zeitlich zu langes Wettbewerbsverbot kann mit wirksamer kürzerer Laufzeit aufrecht erhalten werden (§ 139 BGB), BGH NJW **91**, 699, **00**, 2584. §§ 74 ff (HdlGehilfe), 90a (HV) sind nicht, auch nicht entspr anwendbar, ihr Sozialschutzzweck gilt grundsätzlich nicht für Gfter. Wer von MitGftern schuldhaft zum Ausscheiden veranlasst wurde, kann sich von der Wettbewerbsabrede lossagen (vgl § 323 BGB, §§ 75 I, 90a III HGB, aber § 105 Rn 48). Ges iL s § 156. Bei Verstoß Schadensersatzpflicht nach § 280 BGB und allgemeine Rechtsfolgen, § 113 I–IV gilt nicht.

5) Verhältnis zu § 1 GWB

A. **Wettbewerbsverbot während der Vertragszeit (§§ 112, 113):** Bei einer **15** der gesetzlichen Regelform entsprechenden OHG und KG (§ 165 Rn 3), deren GesVertrag nicht geeignet ist, durch Beschränkung des Wettbewerbs die Marktverhältnisse zu beeinflussen, sichern §§ 112, 113 nur gesellschaftstreue Mitarbeit der geschäftsführenden Gfter und kollidieren deshalb nicht mit § 1 GWB, BGH **70**, 334 (Gabelstapler), **89**, 169 (Werbeagentur), **104**, 251 (GmbH). Entscheidend ist die Funktionsnotwendigkeit des Wettbewerbsverbots für den gemeinsamen Betrieb der Ges, BGH ZIP **09**, 2263 (Gratiszeitung Hallo, GmbH), kartellrechtsneutrales Gemeinschaftsunternehmen, Blockademöglichkeit wegen Einstimmigkeit). Sie ist auch noch gegeben, wenn der Gfter zwar nicht geschäftsführungsbefugt ist, aber umfassende Informations- und Kontrollrechte hat, vgl Stgt WuW/E OLG 4136, Staub/Schäfer 47, str, Stimmanteil von je ein Drittel in KG und GmbH reicht dafür idR nicht aus, Ffm NZG **09**, 903.

In Ausnahmefällen fehlt diese Funktionsnotwendigkeit und § 1 GWB greift **16** ein, so zB bei wesentlich kapitalistisch organisierter OHG (KG), wenn der Gfter von Geschäftsführung und Vertretung ausgeschlossen ist und §§ 112, 113 hauptsächlich die Tätigkeit der Gfter außerhalb der Ges beschränken, BGH **38**, 306 (2 KinoOHG, beide spezialisiert auf Aktionsfilme) oder wenn Rechtsform der OHG bzw KG für kartellrechtswidrige Ziele verwandt wird, BGHSt **30**, 270, BGH NJW **82**, 938 (VertriebsGmbH & Co von Baustoffhändlern), str. Dazu Staub/Schäfer 40; Beuthien ZHR 142 (**78**) 259, DB **78**, 1625, 1677, Kellermann

FS Fischer **79**, 307, K. Schmidt ZHR 149 (**85**) 1, Linsmeier/Lichtenegger BB **11**, 328.

17 B. **Nachvertragliches Wettbewerbsverbot:** Für dieses gilt § 1 GWB uneingeschränkt, da §§ 112, 113 nicht anwendbar sind (s Rn 14). Es gelten grundsätzlich dieselben Regeln wie bei Wettbewerbsverboten im Rahmen von Unternehmensveräußerungen (Einl 45v § 1), Staub/Schäfer 48.

[Verletzung des Wettbewerbsverbots]

113 (1) **Verletzt ein Gesellschafter die ihm nach § 112 obliegende Verpflichtung, so kann die Gesellschaft Schadensersatz fordern; sie kann statt dessen von dem Gesellschafter verlangen, daß er die für eigene Rechnung gemachten Geschäfte als für Rechnung der Gesellschaft eingegangen gelten lasse und die aus Geschäften für fremde Rechnung bezogene Vergütung herausgebe oder seinen Anspruch auf die Vergütung abtrete.**

(2) **Über die Geltendmachung dieser Ansprüche beschließen die übrigen Gesellschafter.**

(3) **Die Ansprüche verjähren in drei Monaten von dem Zeitpunkt an, in welchem die übrigen Gesellschafter von dem Abschluss des Geschäfts oder von der Teilnahme des Gesellschafters an der anderen Gesellschaft Kenntnis erlangen oder ohne grobe Fahrlässigkeit erlangen müssten; sie verjähren ohne Rücksicht auf diese Kenntnis oder grob fahrlässige Unkenntnis in fünf Jahren von ihrer Entstehung an.**

(4) **Das Recht der Gesellschafter, die Auflösung der Gesellschaft zu verlangen, wird durch diese Vorschriften nicht berührt.**

Übersicht

	Rn
1) Schadensersatz (I Halbsatz 1)	1
2) Gewinnherausgabe (I Halbsatz 2)	2, 3
A. Bei verbotenen Geschäften	2
B. Bei verbotener Beteiligung	3
3) Sonstige Rechtsfolgen von Verstößen	4, 5
A. Unterlassungsanspruch	4
B. Weitere Rechtsfolgen	5
4) Geltendmachung nur auf Grund von Beschluss (II)	6–9
A. Anwendungsbereich von II	6
B. Gesellschafterbeschluss	7
5) Verjährung (III)	10
6) Auflösung (IV)	11
7) Abweichende Vereinbarungen	12

1) Schadensersatz (I Halbsatz 1)

1 § 113 regelt bestimmte Rechtsfolgen bei Verstoß gegen § 112 (nur gegen diesen, nicht gegen nachvertragliches Wettbewerbsverbot, § 112 Rn 13). Verstoß gegen § 112 berechtigt bei Verschulden (§ 708 BGB) zum Schadensersatz (I Halbs 1, entspr § 61 I Halbs 1). Beweislast nach § 280 I 2 BGB. Der Schaden der Ges deckt sich nicht ohne weiteres mit dem Gewinn des Gfters, außer wenn die Ges das Geschäft sonst selbst gemacht hätte (aber § 112 Rn 5). Führt der Verstoß zum Ausschluss, kommt als Schaden auch Nichteinhaltung des Wettbewerbsverbots bis zum nächsten ordentlichen Kündigungstermin in Betracht, BAG NJW **75**, 1987 (zu § 628 II BGB), Paefgen ZIP **90**, 839, BB **90**, 1777 gegen Düss ZIP **90**, 861.

1. Abschnitt. Offene Handelsgesellschaft 2–7 § 113

2) Gewinnherausgabe (I Halbsatz 2)

A. **Bei verbotenen Geschäften:** Statt des (uU schwer nachzuweisenden) Schadensersatzes hat die Ges das Eintrittsrecht, dh sie kann (ebenfalls nur bei Verschulden, § 708 BGB) verlangen, dass der Gfter die für eigene Rechnung gemachten Geschäfte (§ 112 Rn 4) als für Rechnung der Ges gelten lässt und bei für fremde Rechnung gemachten Geschäften den Gewinn herausgibt bzw den Anspruch darauf abtritt (I Halbs 2, entspr § 61 I Halbs 2). Der Gfter hat dann Anspruch auf Aufwendungsersatz. 2

B. **Bei verbotener Beteiligung:** I Halbs 2 („Geschäfte") gilt auch für den Fall der verbotenen Beteiligung an einer anderen Ges (§ 112 Rn 6), BGH **38**, 306, Staub/Schäfer 20, Ebenroth/Bergmann 12, aA früher hL sowie zu § 61 I (aber Sozialschutz) RG **73**, 423, BAG BB **62**, 638. Die OHG kann danach den vollen Ertrag aus der Beteiligung (Gewinn abzüglich Aufwendungen nach § 670 BGB) an sich ziehen. Das gilt grundsätzlich auch, soweit die andere Ges in anderen relevanten Märkten tätig ist, Staub/Schäfer 20, unklar BGH **89**, 172, aA Ebenroth/Bergmann 20 (Überdehnung), Hueck OHG § 13 II Fn 25, und der Ertrag auch auf Eigenleistungen des Gfters beruht (vgl § 687 II BGB), Grund: wirksame Sanktion, aber das darf nicht unbillig sein. I Halbs 2 gibt aber kein Eintrittsrecht mit Außenwirkung gegen die andere OHG, auch nicht auf Abtretung des (abtretbaren) Anteils an der anderen OHG, BGH **89**, 170. Die OHG kann aber Ausscheiden aus der anderen Ges verlangen (Unterlassung, s Rn 4). 3

3) Sonstige Rechtsfolgen von Verstößen

A. **Unterlassungsanspruch:** § 113, auch dessen IV, ist nicht abschließend. Die Ges (durch ihre Vertreter) und jeder einzelne MitGfter (actio pro socio) können auf (Erfüllung des GesVertrags durch) Unterlassung klagen, BGH **70**, 336, **89**, 170, auch ohne Beschluss nach II, hL, Nürnb BB **81**, 452. Zu III näher Rn 10. Erzwingung nach § 890 ZPO. 4

B. **Weitere Rechtsfolgen:** In Betracht kommen neben den allgemeinen Hilfsrechten auf Auskunft (§ 242 BGB) und auf Rechnungslegung (§ 666 BGB), BGH WM **72**, 1230, zB die Entziehung der Geschäftsführung und Vertretung (§§ 117, 127), Ausschließung des Schuldigen (§ 140), Unzulässigkeit des Beitritts, BGH ZIP **82**, 309, Heymann/Horn § 165 Rn 7, letztlich sogar Auflösung der Ges (§ 133). 5

Selbstverständlich unberührt bleiben Ansprüche aus anderem Rechtsgrund, zB wegen gleichzeitiger Verletzung der Geschäftsführungspflicht (§ 114 Rn 15) oder auf Herausgabe (§ 105 II, §§ 713, 667 BGB; §§ 687 II, 681, 667 BGB) etwa bei Aneignung von Erwerbschancen (§ 112 Rn 1).

4) Geltendmachung nur auf Grund von Beschluss (II)

A. **Anwendungsbereich von II:** Das Erfordernis eines GfterBeschlusses nach II gilt auch in der Liquidation; die Liquidatoren (Gfter oder Dritte) müssen ihn ausführen. Auskunftsklage des Gfters gegen MitGfter ohne solchen Beschluss zur Klärung von Voraussetzungen eines Ersatzanspruchs aus § 113 I, Ffm BB **76**, 382 (§ 145 Rn 7). In der Insolvenz der Ges entscheidet über die Geltendmachung der Insolvenzverwalter nach dem Interesse der Insolvenzgläubiger. 6

B. **Gesellschafterbeschluss:** Die Geltendmachung der Ansprüche nach I (auch des Schadensersatzanspruches) setzt nach II einen Beschluss der übrigen (auch nicht geschäftsführenden) Gfter voraus, bei der Zwei-Mann-Ges die Entschließung des anderen Gfters. Stillschweigender Beschluss genügt, zB Klageerhebung gemeinsam oder mit Zustimmung, BGH **89**, 172. Liegt der Beschluss vor, erfolgt die Geltendmachung durch die Ges (also ihre Vertreter) oder jeden einzelnen MitGfter (actio pro socio auf Leistung an die Ges, § 109 Rn 32), bei 7

§ 114 2. Buch. Handelsgesellschaften und stille Gesellschaft

Zwei-Mann-Ges durch den einzigen MitGfter gegen den ungetreuen alleingeschäftsführenden Gfter.

8   **Ausübung des Wahlrechts:** Mit dem GfterBeschluss wird das Wahlrecht nach I (elektive Konkurrenz, nicht §§ 262 ff BGB) ausgeübt; die Ges ist an die Ausübung des Eintrittsrechts (gegenüber dem Gfter, Zugang) gebunden; nicht aber an das Schadensersatzverlangen (elektive Konkurrenz), Staub/Schäfer 9, aA noch üL, Ebenroth/Bergmann 6. Die Wahl ist bei einheitlichem Verstoß auch nur einheitlich möglich, anders bei Mehrzahl von Verstößen.

9   **Ohne Beschluss** nach II können die Ansprüche nach I nicht geltend gemacht werden, jedoch sonstige Ansprüche (Unterlassung und andere Rechtsfolgen, s Rn 4, 5), sowie Ansprüche aus anderem Rechtsgrund (s Rn 5). Die MitGfter sind grundsätzlich nicht zur Zustimmung verpflichtet; ausnahmsweise besteht aber **Zustimmungspflicht** bei grundloser, also vertragswidriger Weigerung, dann Klage auf Zustimmung. Die Klage aus §§ 112, 113 gegen den einen Gfter und die Klage auf Zustimmung gegen den anderen ist zulässig (wie bei der Entziehungs- und Ausschließungsklage, § 117 Rn 6, § 140 Rn 15).

5) Verjährung (III)

10   III idF VerjährungsanpassG 9.12.04 BGBl 3214 (vgl § 61 II, dort Rn 4). Es gilt kumulativ eine doppelte Verjährung, von drei Monaten ab Kenntnis oder grob fahrlässiger Unkenntnis (nF) aller übrigen Gfter von dem (einmaligen oder Dauer-)Verstoß (III; vgl § 61 II) und jedenfalls von fünf Jahren ab Anspruchsentstehung ohne Rücksicht auf Kenntnis oder grob fahrlässige Unkenntnis. Das gilt iZw auch bei vertraglicher Wiederholung des gesetzlichen Verbots. Die Verjährung erfasst nur die Ansprüche aus I, str. **Nicht:** Unterlassungsanspruch, ebenso wenig wie II (s Rn 4, 9), MüKo/Langhein 11, Ebenroth/Bergmann 41, aA noch 31. Aufl (nach dieser aber nur aus Dauerverstoß, nicht aus künftigen neuen Verstößen), Grund: auch II gilt für diesen nicht, schwierige Abgrenzung von Dauer- und Einmalverstoß; Deliktsansprüche, BGH WM **72**, 1230, sonstige Ansprüche (s Rn 5), Anspruch auf Vertragsstrafe. Das gilt grundsätzlich auch für den Anspruch wegen gleichzeitiger Verletzung der Geschäftsführungs- oder Treuepflicht (§ 114 Rn 15), BGH WM **71**, 413, WM **72**, 1230 (Überleitung von GesGeschäften auf sich selbst), Düss NJW **70**, 1373 (Abwicklung über anderes Unternehmen), Ebenroth/Bergmann 41, für diese bleibt es bei der für sie geltenden Verjährung, idR § 195 BGB; erschöpft sich die Treupflichtverletzung oder die Geschäftschancenaneignung (§ 113 Rn 13) jedoch gerade in dem Verstoß gegen das Wettbewerbsverbot, muss es bei III bleiben, Kln NZG **09**, 306, vgl GroßKoAktG/Hopt/Roth § 93 Rn 582.

6) Auflösung (IV)

11   IV stellt klar, dass das Recht auf Auflösung (§ 133) unberührt bleibt. Das ist nur beispielhaft, § 113 berührt auch nicht sonstige Rechte der Ges oder MitGfter (s Rn 4, 5).

7) Abweichende Vereinbarungen

12   § 113 ist ebenso wie § 112 dispositiv (dort Rn 12, 13), Verjährung nach III aber nur im Rahmen des § 202 BGB. In der Praxis geläufig sind Vertragsstrafen (§§ 340, 341 BGB).

[Geschäftsführung]

114 (1) **Zur Führung der Geschäfte der Gesellschaft sind alle Gesellschafter berechtigt und verpflichtet.**

1. Abschnitt. Offene Handelsgesellschaft 1, 2 **§ 114**

(2) **Ist im Gesellschaftsvertrage die Geschäftsführung einem Gesellschafter oder mehreren Gesellschaftern übertragen, so sind die übrigen Gesellschafter von der Geschäftsführung ausgeschlossen.**

Übersicht

	Rn
1) Begriff und Abgrenzung der Geschäftsführung	1–3
A. Abgrenzung zur Vertretung.............................	1
B. Inhalt der Geschäftsführung (I)	2
C. Grundlagengeschäfte	3
2) Teilnahme aller Gesellschafter an der Geschäftsführung (I) .	4, 5
A. Einzelgeschäftsführung durch alle Gesellschafter (I)	4
B. Erben	5
3) Ausschluss einzelner Gesellschafter von der Geschäftsführung (II)	6–8
A. Auslegungsregel (II)	6
B. Notgeschäftsführung	7
C. Haftung von Gesellschaftern ohne Geschäftsführung ...	8
4) Rechte und Pflichten der geschäftsführenden Gesellschafter	9–19
A. Rechtsgrundlage	9
B. Ausübung	10
C. Einzelne Pflichten	12
D. Haftung	15
E. Vergütung, Aufwendungsersatz	18
F. Kündigung der Geschäftsführung.......................	19
5) Abweichende Vereinbarungen	20–28
A. Grundsatz	20
B. Abspaltungsverbot	23
C. Selbstorganschaft	24
D. Vertreterklausel	26
E. Beirat	27
F. Mitwirkung Dritter	28

1) Begriff und Abgrenzung der Geschäftsführung

A. **Abgrenzung zur Vertretung:** Grundlegend ist die Unterscheidung zwischen Geschäftsführung(srecht und -pflicht) im Verhältnis der Gfter zueinander **(Innenverhältnis)** und Vertretungsmacht, dh Rechtsmacht zur Bindung der Ges gegenüber Dritten **(Außenverhältnis),** so §§ 709–713/§§ 714, 715 BGB und §§ 114–117/§§ 125–127 HGB. Vertragsklauseln über „Geschäftsführung" meinen oft nur oder auch Vertretung. **§§ 114–117** regeln nur die Geschäftsführung. § 114 besagt, wer von den Gftern an der Geschäftsführung teilnimmt, § 115 wie sie unter mehreren Geschäftsführern geregelt ist, § 116 welchen Umfang sie hat, also zu welcher Art von Handlungen sie berechtigt; § 117 regelt die Entziehung dieser Befugnis. Ergänzend gelten auch für die OHG §§ 709–713 BGB und nach § 713 BGB auch §§ 664–670 BGB. Für die KG gilt die Sonderregelung des § 164. Lit: Gogos 1953, Spitze 2014, Westermann/Wertenbruch §§ 14, 15.

B. **Inhalt der Geschäftsführung (I):** Die Geschäftsführung umfasst sämtliche tatsächlichen und rechtsgeschäftlichen, gewöhnlichen und außergewöhnlichen (§ 116) Handlungen der Gfter, die auf die Verwirklichung des GesZwecks gerichtet sind. Bsp: Tätigkeiten in Betrieb und Unternehmen, zB Organisation, Einsatz des Personals, Buchführung, Aufstellung des Jahresabschlusses (aber s Rn 3); Handeln für die Ges gegenüber Dritten, auch gegenüber Gftern persönlich, Einzug von Forderungen; idR auch Aufnahme von stillen Gftern (§ 230 Rn 5). Auch höchstpersönliche Arbeit zB als Erfinder, Entwerfer oder Prüfer kann Teil der Geschäftsführung sein, auch wenn sie GfterBeitrag iSv § 706 III BGB ist, vgl MüKoBGB/Schäfer § 706 Rn 14, aber ggf Sonderrecht des Gfters;

§ 114 3, 4   2. Buch. Handelsgesellschaften und stille Gesellschaft

anders wenn der Gfter sie nicht als solcher, sondern als Dritter auf Grund eines besonderen Vertrags mit der Ges leistet (s auch § 110 Rn 21).

3   C. **Grundlagengeschäfte:** Diese betreffen das GesVerhältnis und seine Gestaltung, sie sind überhaupt kein Teil der Geschäftsführung, also weder gewöhnliche noch außergewöhnliche Geschäfte derselben, BGH **76**, 164 (entspr für Vertretungsmacht, § 126 Rn 3 und Bspe dort), distanziert zur Terminologie nun BGH ZIP **13**, 66, 71, **14**, 2231 (12, 13, 18), dazu unten, § 116 Rn 3. Der Kritik ist zuzugeben, dass eine trennscharfe und zwingende Abgrenzung abstrakt nicht immer möglich ist. Entscheidend ist ggf die Auslegung des GesVertrags, ob trotz Grundlagengeschäft im konkreten Einzelfall Zuständigkeit der phG oder eines Beirats gewollt ist.

Bspe: Änderung des GesVertrags, Umwandlung, Auflösung, Wahl des Abschlussprüfers (§ 318 I 1, auch sonst), BGH **76**, 342, Stgt ZIP **10**, 135, Entlastung, str; Beitragserhöhung, RG **151**, 327; Entziehung der Geschäftsführungs- und der Vertretungsbefugnis (§§ 117, 127); Aufnahme eines neuen Gfter, BGH **76**, 164, Verpflichtung der Ges zur Aufnahme, aA RG JW **21**, 1239; Ausschließung eines Gfters; Veräußerung des HdlGeschäfts jedenfalls mit Firma, BGH NJW **95**, 596, hL (s aber § 22 Rn 9 für das Vollzugsgeschäft), aber (sofern wie idR der GesVertrag berührt wird) auch ohne Firma, str, Heymann/Emmerich § 126 Rn 14, aA RG **85**, 399, für Einbringung des HdlGeschäfts in AG gegen Aktien KG OLG **42**, 196; ebenso Unternehmensvertrag (§§ 291 f AktG) einschließlich Betriebspacht und Betriebsüberlassung, offen BGH NJW **82**, 1818, insoweit auf § 179a AktG analog abstellend Leitzen NZG **12**, 491; Übertragung des gesamten GesVermögens, BGH NJW **95**, 596, RG **162**, 372 (aber für Vollzugsgeschäft s § 126 Rn 3), aA iZw nur außergewöhnliches Geschäft, Stgt ZIP **10**, 133, auch wesentlicher Teile des Unternehmens; Begründung eines Konzernverhältnisses mit einem herrschenden Unternehmen (§ 18 I AktG, Konzernabhängigkeit), str (§ 105 Rn 102), nach aA nur außergewöhnliches Geschäft, nach aA Grundlagengeschäft auch schon die Begründung der einfachen Abhängigkeit von einem anderen Unternehmen (§ 17 AktG, § 105 Rn 102f), sehr str, aber nicht schon Erwerb einer Mehrheitsbeteiligung (§ 16 AktG), aA GroßKo/Schilling § 164 Rn 5; ausnahmsweise auch konzernumstrukturierende Maßnahmen, wenn diese über außergewöhnliche Geschäfte (§ 116 Rn 2) hinausreichen. Erlass von Ersatzansprüchen gegen Gfter aus pflichtwidriger Geschäftsführung, BGH WM **85**, 1227, Stgt ZIP **10**, 479, Grund: Eingriff in actio pro socio, Beschluss über Inanspruchnahme ist dagegen nur außergewöhnliches Geschäft (§ 116 Rn 2). Beim **Jahresabschluss** gehört die Aufstellung, dh seine Vorbereitung bis zur Beschlussreife, zur Geschäftsführung, seine Feststellung (Billigung) erfolgt dagegen als bilanzrechtliches Grundlagengeschäft (näher § 164 Rn 3, 4). Katalog bei Schulze-Osterloh FS Hadding **04**, 645.

Grundlagengeschäfte bedürfen grundsätzlich der **Zustimmung aller** Gfter, sofern im Gesetz (zB §§ 117, 127) oder im GesVertrag nichts anderes vorgesehen ist (§ 109), zB Einforderungen von Nachschüssen, RG **151**, 328, Aufnahme weiterer Gfter, BGH **76**, 164, vor allem bei der PublikumsGes (Anh § 177a Rn 57). Am Erfordernis einer eindeutigen Regelung im GesVertrag festhaltend BGH ZIP **13**, 66, 71, **14**, 2231, durch Zustimmung aller Gfter können auch Grundlagengeschäfte einzelnen Gftern, den phG oder einem Beirat zugewiesen werden. So ist es etwa möglich, im GesVertrag die Bestellung von Geschäftsführern und deren Aufnahme als phG einem Beirat zu übertragen, s auch § 105 Rn 67. Grundsätzliche Übertragung einer Kompetenz muss außergewöhnliche Fälle nicht umfassen, auch insoweit Auslegung des GesVertrags.

2) Teilnahme aller Gesellschafter an der Geschäftsführung (I)

4   A. **Einzelgeschäftsführung durch alle Gesellschafter (I):** Gesetzliche Regel ist Geschäftsführungsrecht und -pflicht aller Gesellschafter, jeder Gesellschafter

1. Abschnitt. Offene Handelsgesellschaft   5–9   § 114

hat Geschäftsführungsbefugnis. Auch ein Minderjähriger kann Geschäftsführer sein, bedarf aber für rechtsgeschäftliches Handeln der Zustimmung seines gesetzlichen Vertreters außer bei Ermächtigung nach § 112 BGB. Der gesetzliche Vertreter kann ohne Zustimmung aller übrigen Gfter auch selbst tätig werden, MüKo/Rawert 36, aA Röhricht/Haas 17, Grund: er kann auch die sonstigen GfterRechte, zB Stimmrecht, ausüben. Für Ges als Gfter handeln ihre organschaftlichen Vertreter. Ist eine **juristische Person** Gfter der OHG oder KG (§ 105 Rn 28, § 161 Rn 3), kann sie auch Geschäftsführer sein (anders § 6 II 1 GmbH, § 76 IV 1 AktG); sie handelt durch ihre gesetzlichen Vertreter. GmbH & Co vgl Anh § 177a Rn 34.

B. **Erben:** Wird die Ges mit dem GfterErben als phG fortgesetzt (§ 139), ist **5** dieser iZw wie der Erblasser zur Geschäftsführung (und Vertretung) berechtigt (§§ 114 ff, 125 ff); der GesVertrag kann aber etwas anders bestimmen, RG DR **42**, 1057, BGH **41**, 368, NJW **59**, 192, Fischer BB **56**, 839. Ein Testament kann den **Testamentsvollstrecker** (§ 139 Rn 21) nicht ermächtigen, an Stelle des eintretenden Erben einen Geschäftsführer mit Vertretungsbefugnis zu bestellen, KG DR **43**, 353; es kann aber die Ernennung durch den Erben an die Zustimmung des Testamentsvollstreckers binden.

3) Ausschluss einzelner Gesellschafter von der Geschäftsführung (II)

A. **Auslegungsregel (II):** Der GesVertrag kann, da §§ 114–117 dispositiv sind **6** (§ 109), einen oder einige Gfter von der Geschäftsführung ausschließen, entweder direkt oder indirekt dadurch, dass er diese nur den anderen überträgt. II bringt eine Auslegungsregel dahin, dass die Übertragung der Geschäftsführung an einen oder mehrere Gfter als Ausschluss der übrigen Gfter von ihr anzusehen ist.

B. **Notgeschäftsführung:** Jeder Gfter, auch der von der Geschäftsführung **7** ausgeschlossene, hat das Recht, ohne Zustimmung der anderen notwendige Maßnahmen zur Erhaltung von Gegenständen des GesVermögens **(§ 744 II BGB)** oder der Ges selbst zu treffen, RG **112**, 367, BGH **17**, 183, **39**, 20, ZIP **08**, 1585, **11**, 770. Der Gfter kann aus diesem Titel uU auch gegen Dritte klagen, zB auf eine Leistung an die Ges, jedoch nur im eigenen Namen, nicht namens der Ges, BGH **17**, 186, ZIP **11**, 770 (§ 124 Rn 14).

Bei Gefahr im Verzug und in anderen außergewöhnlichen Fällen (uU auch zur Wahrnehmung einer außergewöhnlichen, sonst der Ges entgehenden Chance) kann der von der Geschäftsführung ausgeschlossene Gfter doch wie ein geschäftsführender für die Ges zu handeln berechtigt, uU sogar verpflichtet sein. Das kann sich aus dem (uU ergänzend ausgelegten) GesVertrag (Zweckgemeinschaft; Treueverhältnis, § 109 Rn 23) oder aus §§ 677 ff BGB ergeben.

Unberührt bleibt die Möglichkeit, den Gfter zu ermächtigen, einen Anspruch der Ges im eigenen Namen und auf eigene Rechnung geltend zu machen (gewillkürte Prozessstandschaft), BGH NJW **88**, 1585 (GbR).

C. **Haftung von Gesellschaftern ohne Geschäftsführung:** Auch ein nicht **8** geschäftsführender Gfter kann der Ges nach § 280 BGB haftbar sein, wenn er (insbesondere als MehrheitsGfter) einen maßgeblichen Einfluss auf geschäftsführende Gfter ausübt, um sie zu einem Pflichtverstoß zu bewegen, BGH **65**, 19 (ITT, Anh § 177a Rn 23), **75**, 328, **89**, 168, BB **73**, 1506. Auch schuldhaft pflichtwidrige Notgeschäftsführung macht schadensersatzpflichtig nach § 280 BGB.

4) Rechte und Pflichten der geschäftsführenden Gesellschafter

A. **Rechtsgrundlage:** Die Geschäftsführung von Gftern ist Ausfluss des Ge- **9** sellschaftsverhältnisses selbst, RG **142**, 18. Für sie gilt daher, was allgemein für Rechte und Pflichten der Gfter aus dem GesVerhältnis gilt (§ 109; ergänzend §§ 709–713, 664–670 BGB, s Rn 1). Zusätzlich kann Dienstvertrag abgeschlos-

§ 114 10–14   2. Buch. Handelsgesellschaften und stille Gesellschaft

sen sein (§ 110 Rn 19, 20). Die geschäftsführenden Gfter üben das Geschäftsführungsrecht in eigener Verantwortung aus. Weisungen durch GfterBeschluss binden sie nur, soweit das besonders vorgesehen ist (zB im GesVertrag oder nach § 116 II für Beschluss sämtlicher Gfter), BGH **76**, 164; Grenze § 117.

10 B. **Ausübung:** Recht und Pflicht zur Geschäftsführung sind grundsätzlich **umfassend,** interne Arbeitsteilung lässt Gesamtverantwortung (Information und Kontrolle) unberührt, RG **98**, 100. Jedoch hat jeder Geschäftsführer ein Recht, dass die anderen die gesellschaftsvertragliche Ordnung beachten und nicht in seinen Zuständigkeitsbereich eingreifen, BGH NJW **84**, 173.

11 Die (organschaftliche) Geschäftsführung als solche ist **höchstpersönlich** und **nicht übertragbar** (§§ 717, 664, 713 BGB), BGH BB **62**, 233, ZIP **11**, 911. Dieses Abspaltungsverbot (§ 109 Rn 16) schließt auch die echte Vertretung in der Geschäftsführung aus, RG **123**, 299, auch durch MitGfter, auch während nur kurzer Zeit der Verhinderung. Keine unzulässige Übertragung der Geschäftsführung bzw Vertretung ist die Delegation an Mitarbeiter und Einschaltung Dritter. Die **Mitarbeiter** in der Ges sind weder Vertreter des Geschäftsführers noch seine Erfüllungsgehilfen gegenüber den anderen Gftern, BGH **13**, 64; der Geschäftsführer haftet nur für eigenes Verschulden (Auswahl, Leitung, Überwachung). Die Betrauung eines **Dritten** mit Geschäftsführungsaufgaben, die nach GesVertrag oder GfterBeschluss auch umfassend sein kann (s Rn 24), ist nicht Übertragung der Geschäftsführung iSv § 114; der Dritte wird idR kraft Dienstvertrags tätig (§§ 675 I, 611 BGB). Er hat keine GfterTreuepflicht, er ist abberufbar im Rahmen seines Vertrags (nicht § 117, s dort Rn 2) und steht der Ges auch sonst, zB Vergütung, als Drittgläubiger gegenüber, BGH BB **62**, 233. Auch wenn ein geschäftsführender Gfter statt seiner einen Dritten einschalten darf, haftet er nicht für diesen aus § 278, sondern nur für eigenes Verschulden, aA Hueck OHG § 10 V 2.

12 C. **Einzelne Pflichten:** Die Geschäftsführung beinhaltet zahlreiche hier nicht aufzuführende Sorgfaltspflichten und Interessenwahrungs- und Loyalitätspflichten (vgl Rspr zum Auftragsrecht und zu § 43 GmbHG, § 93 AktG); ferner zB Handeln gegen den Widerspruch eines Mitgeschäftsführers oder pflichtwidriger Widerspruch (§ 115 Rn 4). **Schmiergelder:** Ihre Annahme ist pflichtwidrig; das gilt auch für sonstige der Ges nicht offengelegte Provisionen (vgl § 347 Rn 30). Sie sind wie alles durch die Geschäftsführung Erlangte herauszugeben (§ 667 BGB), RG **99**, 31, **164**, 102, etwa eine Internet-Domain, Brdbg NZG **14**, 577 (GbR).

13 **Geschäftschancen der Gesellschaft** (corporate opportunity, näher § 109 Rn 26) darf der geschäftsführende Gfter wie jeder Gfter nicht für sich oder andere, sondern nur für die Ges nutzen, BGH NJW **89**, 2687; darin liegt wie bei allen Gftern ein Verstoß gegen die Treuepflicht sowie eine Verletzung der Geschäftsführungspflicht. Bei ungenügenden Mitteln der Ges muss er sich uU um Kredite bemühen, jedenfalls aber erst Entscheidung der GfterVersammlung herbeiführen, BGH NJW **86**, 584 (Erwerb des der Ges verpachteten Geschäftsgrundstücks durch Ehefrau des Gfters). **Nebentätigkeit** ist iZw zulässig im Rahmen des Wettbewerbsverbots (§§ 112, 113), grundsätzlich unbeschränkt als Abgeordneter (Art 48 II 1 GG), BGH **43**, 385, Konzen AcP 172 **(72)** 317.

14 **Auskunft und Rechenschaft:** Die geschäftsführenden Gfter schulden der Ges Bericht (ohne besondere Aufforderung), Auskunft auf Verlangen und nach Beendigung der Geschäftsführung Rechenschaft (§§ 713, 666 BGB), nach aA ebenfalls Individualrecht (Auskunft an sich selbst), Huber ZGR **82**, 546. Dieses Recht kann auch von jedem einzelnen Gfter zugunsten der Ges geltend gemacht werden (actio pro socio, § 109 Rn 32), MüKoBGB/Schäfer § 713 Rn 8, offen, bei Kdtisten jedenfalls nur nach Maß ihrer Mitwirkungsrechte (§ 166 Rn 12), BGH NJW **92**, 1890. Diese Rechte der MitGfter bestehen neben ihrem Kon-

1. Abschnitt. Offene Handelsgesellschaft 15–17 § 114

trollrecht (§ 118), das sie nur verstärken, nicht ersetzen, str (§ 118 Rn 12). Das allgemeine Auskunfts- und Rechenschaftsrecht nach §§ 713, 666 BGB ist zwingend (Grund: persönliche Haftung der Gfter), das nach § 118 nicht (§ 118 Rn 17–19).

D. Haftung: Für Verletzung der Geschäftsführungspflicht haften die Gfter **15** nach § 280 BGB bei Verschulden (grundsätzlich § 708 BGB, aber Ausnahmen § 109 Rn 5) auf Schadensersatz. Sie haften der Ges; die Ges selbst und jeder Gfter können Schadensersatzleistung an die Ges fordern (actio pro socio, § 109 Rn 32). Beweislast für Pflichtwidrigkeit liegt nicht bei der Ges (aber § 109 Rn 5), sondern geschäftsführender Gfter muss sich entlasten (entspr §§ 93 II 2, 116 AktG; §§ 34 II 2, 41 GenG; allgemein § 280 I 2 BGB), vgl BGH BB **75**, 1753; die Ges trägt nur die Darlegungs- und Beweislast für ein möglicherweise pflichtwidriges Verhalten und für ihren Schaden, BGH **152**, 280 (GmbH). Bei **Überschreitung** der Geschäftsführungsbefugnis (zB Handeln gegen Widerspruch eines anderen Geschäftsführers, § 115 I) haftet der Gfter nicht aus Vertrag (§ 708), sondern aus Geschäftsführung ohne Auftrag (§§ 677 ff, insbesondere § 678 BGB), ohne dass ihm § 708 BGB zugute kommt, MüKoBGB/Schäfer § 708 Rn 10, str, iErg auch BGH NJW **97**, 314, allerdings nur als vertragliche Haftung. Berufung auf ein hypothetisch rechtmäßiges Alternativverhalten ist dem Gfter nach der hL grundsätzlich verwehrt, Röhricht/Haas 28, GroßKoAktG/Hopt/Roth § 93 Rn 416, Grund: Sanktionierung, Mitwirkungsrechte der anderen (uU Minderheits)Gfter, aA mit guten Kautelen Fleischer DStR **09**, 1204. **Klage auf Erfüllung** der Geschäftsführungspflicht bleibt möglich, ist aber wenig praktisch, da ein Urteil nicht vollstreckbar ist (§ 888 III ZPO, persönliche Dienste). Für Gleichlauf mit KapGesR Podewils BB **14**, 2632 (business judgment rule).

Entlastung: Entlastung ist die (einseitige, nicht vertragliche) verbindliche Bil- **16** ligung der Art und Weise der Geschäftsführung während der zurückliegenden Entlastungsperiode (vgl § 120 II 1 AktG), idR verbunden mit einem Vertrauensbeweis für die zukünftige Geschäftsführung. Sie wird durch eigenen Beschluss ausgesprochen und spätestens in der gemeinsamen Unterzeichnung der Bilanz (§ 245 S 2). Mit der Entlastung ist die Ges von der Entziehung aus wichtigem Grund (§ 117) und der Geltendmachung von **Ersatzansprüchen** aus pflichtwidriger Geschäftsführung ausgeschlossen, entweder wegen Verzichts (anders ausdrücklich § 120 I 2 AktG), üL, oder treffender wegen Präklusion, K. Schmidt § 14 VI 2b, unklar BGH WM **86**, 791. Voraussetzung ist ordnungsmäßige Rechenschaftslegung, idR Aufstellung der Jahresbilanz. Der Ausschluss umfasst nur verzichtbare Ansprüche und reicht nur soweit, wie die Umstände der Ges bekannt oder bei sorgfältiger Prüfung aller Vorlagen und Berichte erkennbar waren oder sonst sämtlichen Gftern privat bekannt waren, BGH **94**, 326 (GmbH), WM **83**, 912, **87**, 727. Er erstreckt sich auf Ersatzansprüche verschiedenster Rechtsgrundlagen (zB Schadensersatz aus Vertrag und Delikt, § 113, § 812 BGB), BGH WM **86**, 790, aber nicht auf Ansprüche aus anderen Rechtsverhältnissen als der Geschäftsführung in der Ges. Der Geschäftsführer hat keinen einklagbaren Anspruch auf Entlastung (denn Vertrauenskundgabe mit Ausschluss von Ansprüchen), BGH **94**, 326, K. Schmidt § 14 VI 3, Ebenroth/Drescher 46, MüKo/Rawert 73, aA (einklagbar und vollstreckbar nach § 894 ZPO) Schlegelb/Martens 44 für die PersonenGes, anders wenn wie häufig im GesVertrag vorgesehen; aber grundlose Verweigerung der Entlastung ist pflichtwidrig, der Geschäftsführer kann ggf aus wichtigem Grund kündigen, RG **89**, 396, und er kann negative Feststellungsklage bezüglich pflichtwidriger Geschäftsführung und Ansprüchen daraus erheben, BGH **94**, 328 (GmbH), auch RG **89**, 397. Rechtsschutz gegen fehlerhafte Entlastung, Gaul DStR **09**, 804.

Erlass der Ersatzpflicht (§ 397 BGB) ist durch Vertrag (GfterBeschluss und **17** Annahme durch den Geschäftsführer) möglich. Erschwerende Vorschriften wie bei der AG (§ 124 AktG) bestehen nicht. Mehrheitsbeschluss, wenn zugelassen (§ 119, ohne den Ersatzpflichtigen), reicht aus. **Generalbereinigung** ist (vertraglicher) Verzicht auf sämtliche denkbaren und verzichtbaren Ersatzansprüche, BGH WM **76**, 737, **86**, 791.

18 E. **Vergütung, Aufwendungsersatz:** Ersatz für Aufwendungen und Schäden § 110 (statt und weiter als § 670 BGB) und bei Geschäftsführung ohne Auftrag §§ 683, 670 BGB (§ 110 Rn 4), Vorschuss § 669 BGB (§ 110 Rn 16), Vergütung („Gehalt", § 110 Rn 19–21), Zinspflicht § 111 (statt § 668 BGB).

19 F. **Kündigung der Geschäftsführung:** Der Gfter kann die Geschäftsführung bei wichtigem Grund kündigen (§ 105 II HGB, § 712 II BGB). Diese Kündigungsrecht betrifft sowohl die vertraglich übertragene als auch die gesetzliche Geschäftsführung, für die OHG hL; dasselbe gilt jedoch auch für die GbR, MüKoBGB/Schäfer § 712 Rn 27, aA früher hL (§ 117 Rn 3). Die Geschäftsführung wird nicht im Rechtssinn „niedergelegt", aA Weimar JR **77**, 234, sondern die Kündigung hat den Wegfall der Geschäftsführungsmacht zur Folge, K. Schmidt DB **88**, 2241. Die Kündigung setzt einen wichtigen Grund voraus (vgl §§ 314, 626, 671 III BGB), sonst ist sie unwirksam, verletzt die Pflicht zur Geschäftsführung und macht haftbar (s Rn 15). Auch bei wichtigem Grund darf der Gfter nicht zur Unzeit, also so, dass die Ges nicht für die Weiterführung ihrer Geschäfte angemessen sorgen kann, kündigen (§§ 712 II, 671 II BGB), außer wenn der wichtige Grund auch insoweit vorliegt); sonst zwar keine Unwirksamkeit, aber Haftung. Die wirksame Kündigung lässt den GesVertrag unberührt (anders § 89a; § 626 BGB), kann aber für einen MitGfter seinerseits zur (ordentlichen oder außerordentlichen) Kündigung berechtigen, zB wenn infolge der Kündigung Gesamtgeschäftsführung auch für bisher freigestellte Gfter eintritt. Abweichende Vereinbarungen s Rn 22.

5) Abweichende Vereinbarungen

20 A. **Grundsatz:** § 114 ist wie das gesamte Geschäftsführungsrecht (§§ 114–117) dispositiv (§ 109). Der GesVertrag kann zB die Teilnahme der Gfter an der Geschäftsführung noch anders als nach I, II regeln. Bsp: Geschäftsführung auf Zeit; alternierend; unter bestimmten Voraussetzungen, Bestellung durch Mehrheitsbeschluss. Aber **Grenzen** folgen aus dem Abspaltungsverbot (s Rn 23), dem Gebot der Selbstorganschaft (s Rn 24), aus dem Verbot des Eingriffs in den Kernbereich, so namentlich bei Vertreterklauseln (s Rn 26) und Beiräten (s Rn 27).

21 Der GesVertrag kann einzelne Gfter berechtigen, einem anderen (bei dessen Eintritt oder später) Geschäftsführung (und Vertretung) zu übertragen, sei es unmittelbar **(Optionsrecht)**, sei es über einen GfterBeschluss **(Präsentationsrecht).** Sind die Voraussetzungen vertraglich bestimmt (zB: Alter, bestimmte Ausbildung) und gegeben, sind die MitGfter zur Zustimmung verpflichtet, selbst geschäftsführende Gfter, deren Gewinnvoraus dadurch gekürzt wird. Sieht der Vertrag Anfechtbarkeit des Beschlusses vor, beschränkt sich die Anfechtung auf Ermessensmissbrauchsfälle. „Entsprechende Eignung und Vorbildung" fordert nicht Bewährung in einer Geschäftsleitung gleicher Bedeutung, auch nicht Ausbildung gerade in der zZ vakanten Sparte (Ausbildung als Chemiker, gebraucht wird ein Kfm), BGH BB **67**, 309.

22 Die **Kündigung der Geschäftsführung** (s Rn 19) kann durch den GesVertrag beliebig erleichtert, aber nicht erschwert werden (§§ 712 II, 671 III BGB). Bestimmte Kündigungsgründe können einvernehmlich als wichtig vorausbewertet werden, aber grundsätzlich nicht umgekehrt (vgl § 89a Rn 27, 28). Ein erweitertes (nicht von wichtigem Grunde abhängiges) Kündigungsrecht kann durch Kündigungsfristen ua beschränkt werden.

1. Abschnitt. Offene Handelsgesellschaft § 115

B. Abspaltungsverbot: Die eigene Geschäftsführungsmacht ist nicht übertragbar (s Rn 11), auch nicht teilweise. Dieses Abspaltungsverbot umfasst alle aus der Mitgliedschaft resultierenden Verwaltungsrechte (§ 109 Rn 16). Es steht der Überlassung zur Ausübung aber nicht entgegen (s Rn 11, § 109 Rn 17). 23

C. Selbstorganschaft: Organschaftliche Geschäftsführer iSv §§ 125 ff können idR nur **Gesellschafter** sein (Selbstorganschaft, keine Drittorganschaft wie bei KapitalGes), BGH **36**, 293, ZIP **11**, 911, str; entspr für Vertretung (§ 125 Rn 5). Jedoch können die Gfter (im GesVertrag oder später, iZw nur einstimmig) einen Dritten durch Dienstvertrag (§ 675 I BGB, keine Übertragung von Geschäftsführung iSv § 114, s Rn 11) mit entsprechenden, auch umfassenden Aufgaben als Geschäftsführer bestellen (und ihm eine Vollmacht, zB Generalvollmacht erteilen, § 125 Rn 9), BGH **36**, 293, NJW **82**, 878, auch eine juristische Person (zB GmbH, Stiftung). Zulässig ist auch ein umfassender Betriebsführungsvertrag (Hotel) frei von Einzelweisungen, wenn nur die Kontroll- und Planungsbefugnis den Gftern erhalten bleiben § 105 Rn 105), BGH NJW **82**, 1817 (Holiday Inn, KG), Löffler NJW **83**, 2920, restriktiver Lit: Veelken 1975, Schürnbrand 2007 (Organschaft, private Verbände), Westermann/Wertenbruch § 13; K. Schmidt GS Knobbe-Keuk **97**, 307. 24

Wegen der persönlichen Haftung der Gfter gelten aber zwingende Grenzen. Die Gfter müssen solchen dritten Geschäftsführern zwar nicht zwingend jederzeit ohne wichtigem Grund die Geschäftsführungsmacht entziehen können, BGH NJW **82**, 878, aA Heymann/Emmerich 28 (zur Vertretungsmacht s strenger § 125 Rn 7). Aber Kündigung aus wichtigem Grund kann nicht und das Weisungsrecht der Gfter an solche Vertreter nicht völlig ausgeschlossen werden (vgl Rn 26), jedenfalls sämtliche Gfter gemeinsam bleiben weisungsbefugt (Umdeutung nach § 140 BGB in Gesamtgeschäftsführung), Heymann/Emmerich 29, Grenzen im Übrigen s § 125 Rn 7. Noch engere Grenzen gelten bei PublikumsGes (Anh § 177a Rn 74). 25

D. Vertreterklausel: Bei der OHG soll anders als bei der KG (§ 163 Rn 10) eine Vertreterklausel schlechthin ausscheiden, üL, K. Schmidt ZHR 146 **(82)** 529, offen BGH **46**, 297, aA Flume I 2 S 222 (Stimmrechtsausschluss). Jedoch gelten auch hier die KG Grenzen (§ 163 Rn 11). Diese lassen sich statt einer starren Ablehnung auch bei der OHG fruchtbar machen, wohl auch Heymann/Emmerich 42, und zwar wegen der persönlichen Haftung tendenziell strenger, zB keine Verdrängung, Recht jedes einzelnen Gfter, die Vertretungsmacht für seine Person jedenfalls aus wichtigem Grund zu beenden (vgl Rn 25). 26

E. Beirat: Der GesVertrag kann einen Beirat (auch Aufsichts-, Verwaltungsrat, GfterAusschuss ua genannt) mit Kompetenzen in Bezug auf die Geschäftsführung (Beratung, Entscheidung, Kontrolle, Vertretung, aber s Rn 25, 26) vorsehen. Das findet sich in der Praxis häufig bei der KG (Einzelheiten dort, § 163 Rn 12–15) und vor allem der GmbH & Co und der PublikumsGes (Anh § 177a Rn 75), ist aber rechtlich zulässig auch bei der OHG. Grenzen wie dort, vor allem kein Eingriff in den Kernbereich der GfterRechte (§ 163 Rn 11, 14, 16). 27

F. Mitwirkung Dritter: Eine echte Mitwirkung Dritter an der Willensbildung der Ges durch Stimm- und Kontrollrechte ist nur auf Grund des GesVertrags und nur mit abgeleiteten (nicht originären) Befugnissen zulässig (wie für KG § 163 Rn 16). 28

[Geschäftsführung durch mehrere Gesellschafter]

115 (1) **Steht die Geschäftsführung allen oder mehreren Gesellschaftern zu, so ist jeder von ihnen allein zu handeln berechtigt; widerspricht**

jedoch ein anderer geschäftsführender Gesellschafter der Vornahme einer Handlung, so muß diese unterbleiben.

(2) Ist im Gesellschaftsvertrage bestimmt, daß die Gesellschafter, denen die Geschäftsführung zusteht, nur zusammen handeln können, so bedarf es für jedes Geschäft der Zustimmung aller geschäftsführenden Gesellschafter, es sei denn, daß Gefahr im Verzug ist.

Übersicht

	Rn
1) Einzelgeschäftsführung, Widerspruchsrecht (I)	1–4
A. Einzelgeschäftsführungsbefugnis (I Halbsatz 1)	1
B. Widerspruchsrecht (I Halbsatz 2)	2
2) Gesamtgeschäftsführung (II)	5, 6
A. Gesamtgeschäftsführung	5
B. Grenzen	6
3) Abweichende Vereinbarungen	7

1) Einzelgeschäftsführung, Widerspruchsrecht (I)

1 A. **Einzelgeschäftsführungsbefugnis (I Halbsatz 1):** Nehmen alle oder mehrere Gfter an der Geschäftsführung teil, ist jeder von ihnen im ganzen Bereich der Geschäftsführung allein zu handeln berechtigt (Vertretungsmacht s § 125 I). Er ist dazu auch verpflichtet, wenn Abstimmung mit den MitGftern nicht möglich ist. Er muss aber jedenfalls bei bedeutenderen Maßnahmen die MitGfter vorab unterrichten und ihnen Gelegenheit zum Widerspruch geben; das Alleinhandlungsrecht deckt nicht bewusste Übergehung des MitGfters, von dem Widerspruch (s Rn 2) zu erwarten ist, zB gegen Kündigung des Sohnes des MitGfters, BGH BB **71**, 759, oder gegen großes, bedeutsames Geschäft, BGH NJW **84**, 1461. Der MitGfter kann die Maßnahme selbst rückgängig machen (auch gegen den Widerspruch des anderen), BGH BB **71**, 759. Auch ohne zu erwartenden Widerspruch müssen die anderen über die geplanten Maßnahmen rechtzeitig informiert werden, sonst sind diese rückgängig zu machen, falls tatsächlich berechtigt widersprochen worden wäre (§ 249 BGB).

2 B. **Widerspruchsrecht (I Halbsatz 2): a) Grundsatz:** Jeder Mitgeschäftsführer (bei Gesamtgeschäftsführung mehrerer nur gemeinsam) hat ein Recht und, wenn das Interesse der Ges es verlangt, auch die Pflicht zum Widerspruch. Ein Geschäftsführer darf nicht gegen den Widerspruch eines Mitgeschäftsführers handeln (nur interne Wirkung, s Rn 4). Der Widerspruch muss ihm gegenüber, auch konkludent, erklärt werden. Der Widerspruch ist grundsätzlich zu begründen, BGH NJW **72**, 863, aA MüKoBGB/Schäfer § 709 Rn 44, zumal pflichtwidrige Erhebung naheliegt (s Rn 3), spätestens im Prozess (s Rn 4), anders, wenn Streit vorausgegangen ist oder Grund auf der Hand liegt. Widerspruch ohne Begründung ist aber nicht einfach unbeachtlich, str, sondern nur, wenn er treuwidrig erklärt wird, (s Rn 3), MüKoBGB/Schäfer § 711 Rn 11, iErg auch MüKo/Rawert 24. Der Widerspruch kann auch mehrere Geschäfte oder alle Geschäfte bestimmter Art umfassen, zutr großzügig MüKo/Rawert 18, aber nicht die gesamte Tätigkeit des Mitgeschäftsführer, RG **84**, 139, Grund: Umgehung des § 117. Der Widerspruch ist möglich nur bis zur Vornahme der Handlung, späterer Widerspruch ist unbeachtlich (aber s Rn 1). Der Widerspruch wird nicht durch Zustimmung(sbeschluss) der übrigen Gfter ausgeschlossen, aber durch eigene frühere Zustimmung des Widersprechenden, anders nur bei wichtigem Grund. Widerruf des Widerspruchs ist jederzeit möglich. Kein Widerspruch gegen den Widerspruch, BGH LM § 115 Nr 2. Lit: Weygand AcP 158 **(59)** 150.

3 **b) Grenzen:** Das Widerspruchsrecht ist als Teil der Geschäftsführungsbefugnis ausschließlich im Interesse der Ges auszuüben. In der Beurteilung dieses Interesses hat der Gfter aber einen weiten Ermessensspielraum, insbesondere bei Personalentscheidungen, BGH NJW **86**, 844, WM **88**, 970. Es ist nicht Sache der Gerichte, den Widerspruch auf seine Zweckmäßigkeit zu überprüfen. Der Widerspruch ist jedoch **unbeachtlich,** wenn er eine pflichtwidrige Verletzung des GesInteresses darstellt (s auch Rn 2), BGH NJW **86**, 844, ZIP **02**, 398. Bsp: Widerspruch gegen gesetzlich gebotene Handlungen; von Seiten eines Gfters, gegen den ein Anspruch der Ges erhoben, BGH BB **74**, 996, Stgt ZIP **10**, 476, oder dem gegenüber für die Ges ein Rechtsgeschäft vorgenommen werden soll, zB Vertragskündigung (Interessenkollision, § 119 Rn 8), RG **81**, 94; gegen unerlässliche Maßnahmen zur Erhaltung der Ges und ihres Vermögens, zB Zahlung eines Wechsels zur Vermeidung von Protest und Insolvenzantrag (Notgeschäftsführung entspr § 744 II BGB, BGH **17**, 183); wenn der Widersprechende sich aus Eigennutz über das GesInteresse hinwegsetzt, RG **158**, 310, **163**, 39, BGH BB **56**, 92, **71**, 759; wenn der Gfter bei Streit mit der Ges oder den MitGftern die Geschäftstätigkeit der Ges blockiert, MüKoBGB/Schäfer § 711 Rn 12; durch bei systematischer Verweigerung der Mitwirkung an der Geschäftsführung kann das Widerspruchsrecht überhaupt verwirkt werden, außer gegen pflichtwidrige Maßnahmen der Mitgeschäftsführer, vgl BGH BB **72**, 551 (GbR). **Nicht:** schon bei Gefahr im Verzug (II Halbs 2 gilt nicht entspr), RG **109**, 60; wenn die Maßnahme, der der Gfter widersprach, im Rückblick zweckmäßig erscheint; wenn beim Widerspruch neben dem GesInteresse auch persönliches Interesse mitwirkt, BGH NJW **86**, 844; gegen andere als Geschäftsführungsmaßnahmen, zB actio pro socio oder Geltendmachung eines eigenen Anspruchs des MitGfters gegen die Ges, zB von Informations- und Kontrollrechten. Wer Unwirksamkeit des Widerspruchs behauptet (zB der Mitgeschäftsführer, der trotz Widerspruch handelte), trägt die Beweislast.

c) **Rechtsfolgen: Bei berechtigtem Widerspruch** muss die Geschäftsführungsmaßnahme unterbleiben (I Halbs 2). Das gilt aber nur zwischen den Gftern, also **ohne Außenwirkung** gegen Dritte (Vertretungsmacht, § 126 II, s § 126 Rn 5, 6), hL, BGH **16**, 398, ZIP **08**, 1582 (GbR), Grund: Handlungsfähigkeit der Ges; dies auch, wenn der Widerspruch dem Dritten gegenüber erklärt wird, MüKo/Rawert 30, Grenze: Missbrauch der Vertretungsmacht (§ 126 Rn 11). Handeln gegen Widerspruch ist Überschreitung der Geschäftsführungsbefugnis (§ 114 Rn 15) und macht bei Verschulden (§ 708 BGB) nach § 280 BGB haftbar, anders bei Verletzung einer Begründungspflicht (s Rn 2), selbst wenn sich später die Berechtigung des Widerspruchs herausstellt. Die anderen geschäftsführenden Gfter können trotzdem vorgenommene Handlungen rückgängig machen (dagegen kein Widerspruch des Handelnden, s Rn 2). Der widersprechende Gfter hat klagbaren, in Eilfall mit einstweiliger Verfügung durchsetzbaren **Unterlassungsanspruch** gegen die Gfter, zB bei Personaleinstellung, Hamm BB **93**, 165; so auch die anderen geschäftsführungsberechtigten Gfter, für nichtgeschäftsführende MitGfter str, § 116 Rn 4.

Bei unberechtigtem Widerspruch kann der Widersprechende der Ges bei schuldhafter (§ 708 BGB, § 109 Rn 5) Treuepflichtverletzung nach § 280 BGB haftbar werden. Das Widerspruchsrecht kann, da Teil der Geschäftsführungsbefugnis (s Rn 3), aus wichtigem Grund entzogen werden (§ 117).

2) Gesamtgeschäftsführung (II)

A. **Gesamtgeschäftsführung:** Sieht der GesVertrag vor, dass alle geschäftsführenden Gfter nur zusammen handeln können (Gesamtgeschäftsführung II; gesetzliche Regel für GbR § 709 I BGB), ist für jedes Geschäft Zustimmung (nicht notwendig Mitwirkung) aller Geschäftsführer notwendig, bei Gefahr im Verzug nur derjenigen, deren Zustimmung schnell genug erhältlich ist. Generelle Zustimmung zur gesamten Tätigkeit ist als Umgehung unwirksam, BGH **34**, 30.

Die Zustimmung ist grundsätzlich bindend, aber bis zur Vornahme der Handlung aus wichtigem Grunde widerruflich. Die Gesamtgeschäftsführung verlangt auch gemeinsame Beratung der ganzen Geschäftsführung.

6 **B. Grenzen:** Das Zustimmungsrecht ist wie das Widerspruchsrecht als Teil der Geschäftsführungsbefugnis ausschließlich im Interesse des Ges auszuüben. Auch hier hat der Gfter einen weiten Ermessensspielraum, insbesondere bei Personalentscheidungen (s Rn 3). Die Versagung der Zustimmung ist bei Verletzung des GesInteresses pflichtwidrig, Bspe wie zum Widerspruch (Rn 3). Während der pflichtwidrige Widerspruch aber unbeachtlich ist (s Rn 3), ist hier grundsätzlich (Leistungs)Klage auf Zustimmung (§ 894 ZPO) notwendig, BGH WM 08, 1556 (GbR), ganz enge Ausnahmen in Fällen von existenzieller Bedeutung für die Ges, BGH WM 85, 195, 86, 1557, 08, 1556. Bei systematischer Verweigerung der Mitwirkung an der Geschäftsführung kann das Zustimmungsrecht überhaupt verwirkt werden (wie Widerspruchsrecht, s Rn 3).

3) Abweichende Vereinbarungen

7 § 115 ist dispositiv. Der Gesellschaftsvertrag kann die Geschäftsführung durch mehrere abw von I, zB Gesamtgeschäftsführung (II); Einschränkung oder Ausschluss des Widerspruchs des Mitgeschäftsführers, BGH WM 88, 968, wohl außer im direkten Gegensatz zum Handeln des Mitgeschäftsführers; Gesamtbefugnis einiger, Alleinbefugnis anderer Geschäftsführer; Mehrheitsentscheid der Geschäftsführer (ähnlich Vorstandsbeschluss der AG); Unterscheidung nach Arten von Geschäften, nach Sachgebieten (Ressorts), dh mit Ausschluss (entsprechend § 114 II) der Geschäftsführungsbefugnis (auch des Widerspruchsrechts nach § 115 I) des B im Ressort des A und umgekehrt und entsprechend geteilter Verantwortung und Haftung (im Gegensatz zu bloßen Geschäftsverteilungsabsprachen unter Gftern mit gemeinsamer Geschäftsführung), Stgt ZIP 10, 133, vgl Schwamberger BB 63, 279, zu Ressortverteilungen MüKo/Rawert 7; Bindung einzelner an Mitwirkung von Mitgeschäftsführern, Prokuristen, Dritten; Gewährung von Überwachungs- und Widerspruchsrecht an Dritte, so BGH NJW 60, 963, ist mit Selbstorganschaft (§ 114 Rn 24) und Abspaltungsverbot (§ 119 Rn 19) unvereinbar, MüKoBGB/Schäfer § 711 Rn 5, MüKo/Rawert 41, aber vertragliche Rechte möglich. Die zu § 114 genannten Grenzen sind auch hier zu beachten (§ 114 Rn 23 ff).

[Umfang der Geschäftsführungsbefugnis]

116 (1) **Die Befugnis zur Geschäftsführung erstreckt sich auf alle Handlungen, die der gewöhnliche Betrieb des Handelsgewerbes der Gesellschaft mit sich bringt.**

(2) **Zur Vornahme von Handlungen, die darüber hinausgehen, ist ein Beschluß sämtlicher Gesellschafter erforderlich.**

(3) [1] **Zur Bestellung eines Prokuristen bedarf es der Zustimmung aller geschäftsführenden Gesellschafter, es sei denn, daß Gefahr im Verzug ist.** [2] **Der Widerruf der Prokura kann von jedem der zur Erteilung oder zur Mitwirkung bei der Erteilung befugten Gesellschafter erfolgen.**

Übersicht

	Rn
1) Beschränkung der Geschäftsführung auf gewöhnliche Geschäfte (I)	1–4
A. Gewöhnliche Geschäfte (I)	1
B. Außergewöhnliche Geschäfte	2

1. Abschnitt. Offene Handelsgesellschaft 1, 2 § 116

	Rn
C. Grundlagengeschäfte	3
D. Vorbeugende Unterlassungsklage	4
2) Beschluss sämtlicher Gesellschafter bei außergewöhnlichen Geschäften (II)	5–7
A. Beschluss sämtlicher Gesellschafter	5
B. Wirkungen des Beschlusses	6
C. Fehlen des Beschlusses	7
3) Erteilung und Widerruf einer Prokura (III)	8–10
A. Erteilung (III 1)	8
B. Widerruf (III 2)	9
C. Erweiterung, Beschränkung	10
4) Abweichende Vereinbarungen	11

1) Beschränkung der Geschäftsführung auf gewöhnliche Geschäfte (I)

A. Gewöhnliche Geschäfte (I): Die Geschäftsführung berechtigt zu allen 1 Handlungen, die der gewöhnliche Betriebs des HdlGewerbe der konkreten Ges mit sich bringt. Gewöhnlich ist, was in einem HdlGewerbe, wie es diese OHG betreibt, normalerweise vorkommen kann. Gewöhnliche Geschäfte sind iZw alle Geschäfte im HdlZweig, der den Gegenstand des Unternehmens bildet, zB auch übliche Kreditgewährung. Unter I fallen idR auch Erteilung und Widerruf einer **Handlungsvollmacht** (§ 54; Prokura s Rn 8).

B. Außergewöhnliche Geschäfte: Der Gegensatz sind außergewöhnliche 2 Geschäfte, dh solche mit Ausnahmecharakter nach Art und Inhalt (zB einschneidende Änderung von Organisation oder Vertrieb, Beteiligung an anderen Unternehmen) oder Zweck (zB außerhalb des Unternehmensgegenstands) oder Umfang und Risiko (zB Großkredit, Spekulationsgeschäft), bei Beachtung der besonderen Verhältnisse der Ges und der Zeitumstände, RG **158,** 308, BGH **76,** 162, Stgt ZIP **10,** 133.
Beispiele: Außergewöhnlich sind nach Gegenstand, Umfang, Bedingungen oder Dauer aus dem Rahmen fallende, potentiell gefährliche Geschäfte; Bauausführungen auf dem Geschäftsgrundstück, vgl RG **109,** 57; Ersteigerung von Grundstücken, RG LZ **14,** 580; Einrichtung von Zweigniederlassungen; Verkauf von als Kapitalrücklage bestimmten Wertpapieren, RG JW **30,** 706; Klage und Klagerweiterung gegen MitGfter, RG **171,** 54, BGH WM **97,** 1431, Stgt ZIP **10,** 476, anders bei Drittgeschäft, BGH WM **97,** 1431; Aufnahme eines stillen Gfter (vgl § 230 Rn 9); uU Ausgliederung in eine TochterGes (§ 105 Rn 106), vgl (für die AG) BGH **83,** 130 (Holzmüller) **159,** 30 (Gelatine), oder andere strukturelle Maßnahmen, die wesentliche Gewinne oder Geschäftschancen an der MutterGes vorbeileiten, vgl auch Katalog bei GroßKoAktG/Mülbert § 119 Rn 30, aber es ist jeweils genau zu prüfen, ob gewöhnliches, außergewöhnliches oder Grundlagengeschäft (§ 114 Rn 3) vorliegt; Erwerb von Finanzbeteiligungen nur in Ausnahmefällen, idR bloße Anlageverwaltung, MüKo/Mülbert Anh § 236 Rn 77. Eine sonst noch gewöhnliche Maßnahme kann ungewöhnlich sein, wenn sie eine schwere Interessenkollisionsgefahr begründet, zB Zusammenlegung des Einkaufs der Ges mit dem privaten Unternehmen des geschäftsführenden Gfters, BGH BB **73,** 213, außergewöhnliches Geschäft und Interessenkollision nahm Celle NZG **17,** 418 bei Übernahme von Rechtsverfolgungskosten für eine vergeblich die Komplementärstellung anstrebende GmbH an (Publikumsges, GmbH & Co). Typische Interessenkollision, zumal bei gesellschaftsvertraglicher Gestattung des Selbstkontrahierens (§ 181 BGB), genügt dafür aber nicht, BGH **76,** 163. Was bei der Ges als ungewöhnlich zu werten ist, ist das iZw auch bei einer 100%igen Tochter (Betriebsspaltung); Zustimmung der Kdtisten ist dann auch erforderlich, soweit der geschäftsführende Gfter der Mutter deren Rechte in der Tochter wahrnimmt, BGH BB **73,** 213.

§ 116 3–7   2. Buch. Handelsgesellschaften und stille Gesellschaft

3   **C. Grundlagengeschäfte:** Diese betreffen das GesVerhältnis und seine Gestaltung, sie sind überhaupt kein Teil der Geschäftsführung, also weder gewöhnliche noch außergewöhnliche Geschäfte derselben, BGH **76**, 164; näher § 114 Rn 3, § 126 Rn 3. Der Bundesgerichtshof äußert sich nunmehr distanziert zum Grundlagengeschäft, BGH ZIP **13**, 66, 71: früher so genanntes Grundlagengeschäft. Hilfreich bleibt der Begriff des Grundlagengeschäfts aber nicht nur für die Vertretungsmacht der Gfter, die solche Geschäfte nicht umfasst, er ist auch geeignet die Geschäftsführungsbefugnis von der innergesellschaftlichen Sphäre abzugrenzen. Beim Grundlagengeschäft handelt es sich um einen auch bei Kapitalgesellschaften anerkannten Grundsatz (BGH NJW **92**, 1453), der wegen der grds persönlichen Haftung der Gfter in der PersGes einen weiteren Anwendungsbereich als etwa in der AG (zuletzt ohne den Begriff BGH **159**, 30, Gelatine) hat.

4   **D. Vorbeugende Unterlassungsklage:** Bei pflichtwidrigen einfachen Geschäften soll dem nicht geschäftsführungsberechtigten Gfter kein Unterlassungsanspruch, sondern nur später Schadensersatz zustehen, BGH **76**, 160, anders nur, wenn dies wegen besonderer Umstände zur Erhaltung des gemeinsamen Vermögens erforderlich ist (§ 744 II BGB), BGH **76**, 168. Der dafür angegebene Grund der Organisationsordnung und Funktionsfähigkeit der Ges trägt dies jedoch nicht. Liegt eine Maßnahme noch im Rahmen des unternehmerischen Ermessens, besteht mangels Pflichtverletzung schon gar kein Anspruch. Überschreitet der Geschäftsführer dagegen seine Kompetenz (also nicht bloß fehlerhafte Geschäftsführung), kann jeder MitGfter ihn daran hindern, Kblz NJW-RR **91**, 488 (SAT I), Lutter AcP 180 (**80**) 139, MüKo/Jickeli 46, aA Grunewald DB **81**, 407: nur bei evidenter Überschreitung.

2) Beschluss sämtlicher Gesellschafter bei außergewöhnlichen Geschäften (II)

5   **A. Beschluss sämtlicher Gesellschafter:** Außergewöhnliche Geschäfte (s Rn 2) setzen einen Beschluss sämtlicher Gesellschafter (§ 119) voraus, auch der nicht geschäftsführenden und in der KG der Kdtisten (§ 164 Rn 2). Eine Ausnahme bei Gefahr im Verzug (wie in III, § 115 II) ist in II nicht gemacht (aber s Rn 8). Alle Gfter sind zur Mitwirkung an der Beschlussfassung nach II verpflichtet. Verhinderung der Beschlussfassung durch Abwesenheit ohne wichtigen Grund ist pflichtwidrig, Ebenroth/Drescher 10, und kann bei Wiederholung zur Verwirkung des Stimmrechts führen, so für das Recht, die Zustimmung aus Zweckmäßigkeitsgründen zu versagen, BGH **LM** § 709 BGB Nr 7; außerdem Schadensersatzpflicht nach § 280 BGB. Ausnahmsweise besteht sogar **Pflicht zur Zustimmung**, BGH WM **73**, 1294 (§ 115 Rn 3, 6). Besteht diese, kann der geschäftsführende Gfter handeln, weil Berufung auf Fehlen des Beschlusses treuwidrig wäre, doch handelt er auf eigenes Risiko. Sicherer, aber umständlicher ist actio pro socio (§ 109 Rn 32). Für Wirksamkeit einer Zustimmung reicht die Kenntnis des wesentlichen Inhalts eines Vertrages aus, BGH ZIP **13**, 366. Die Stellung eines Insolvenzantrags wegen drohender Zahlungsunfähigkeit ist grds Sache der Gfter, LG Ffm ZIP **13**, 1831, s 130a Rn 14.

6   **B. Wirkungen des Beschlusses:** Der Beschluss bindet. Der einzelne Gfter kann seine Zustimmung nur noch aus wichtigem Grund widerrufen, aA Heymann/Emmerich 10: jederzeit bis zu Durchführung der Maßnahme. § 183 BGB ist unanwendbar. Die Ausführung des GfterBeschlusses ist Recht und Pflicht der Geschäftsführer.

7   **C. Fehlen des Beschlusses:** Unerlässliche außergewöhnliche Erhaltungsmaßnahmen sind bei Unmöglichkeit rechtzeitiger Beschlussfassung (falls nicht schon Zustimmungspflicht besteht, s Rn 5) auch ohne sie erlaubt und uU sogar geboten (Notgeschäftsführung nach § 744 II BGB (§ 114 Rn 7). Das Fehlen des GfterBeschlusses berührt nicht die Vertretungsmacht (Außenverhältnis, §§ 125 ff)

1. Abschnitt. Offene Handelsgesellschaft 8–11 § 116

BGH **26**, 332, ZIP **08**, 1582 (GbR), WM **08**, 2252 (KG); daher prüft zB der Grundbuchrichter bei Eintragung eines Geschäfts vertretungsberechtigter Gfter nicht, ob es außergewöhnlich ist, also ein GfterBeschluss erforderlich war, und ob dieser Beschluss gefasst wurde, KGJ **23** A 122.

3) Erteilung und Widerruf einer Prokura (III)

A. **Erteilung (III 1):** Die Erteilung der Prokura ist idR ein gewöhnliches **8** Geschäft (I; sonst bleibt es bei II, der III vorgeht, aA GroßKo/Schilling § 164 Rn 1). Trotzdem bedarf sie nach III 1 (abw von § 115 I, entspr § 115 II) der **Zustimmung aller geschäftsführenden Gesellschafter,** außer bei Gefahr im Verzug. Gefahr im Verzug besteht, wenn infolge ungenügender Vertretung der Ges, die nur durch Erteilung der Prokura behoben werden kann, ernsthaft Schaden droht. Dann darf (ggf muss) der geschäftsführungsberechtigte Gfter Prokura erteilen. Doch muss er dann unverzüglich die Zustimmung der übrigen geschäftsführenden Gfter einholen; wird diese verweigert, ist die Prokura zu widerrufen. Auch dieses Erfordernis gilt nur im Innenverhältnis (s Rn 7; im Außenverhältnis deckt die gewöhnliche Vertretungsmacht der Gfter die Prokuraerteilung), es berührt also zB nicht den Registerrichter bei Eintragung der vom vertretungsberechtigten Gfter erteilten Prokura, RG **134**, 307, BGH **62**, 169. III betrifft nur die Prokura, nicht: HdlVollmacht (s Rn 1), Generalvollmacht (je nachdem I oder II), Abschluss und Aufhebung des der Prokura zugrundeliegenden Arbeitsvertrags. HdlVollmacht s Rn 1. **Anmeldung** zum HdlReg s § 53.

B. **Widerruf (III 2):** Widerrufen darf die Prokura **jeder geschäftsführende 9 Gesellschafter,** auch bei Gesamtgeschäftsführung, obwohl er sie dann nicht allein erteilen könnte. Widerspruch der anderen Gfter ist unerheblich (anders als in § 115 I). III 2 betrifft nur das Innenverhältnis, gegenüber dem Prokuristen gilt § 126 I. Ist die Prokura wirksam widerrufen, kann sie durch die vertretungsberechtigten Gfter (s Rn 6, 8) wieder erteilt werden, RG **163**, 38. Ist die Wiedererteilung offensichtlich pflichtwidrig und somit alsbaldiger Widerruf zu erwarten, kann das Registergericht die Eintragung der Erteilung ablehnen, BayObLG HRR **28**, 638. Äußerstenfalls bleibt nur die Auflösung (§ 133). Entziehung der im GesVertrag einem Kdtisten erteilten Prokura s § 170 Rn 4.

C. **Erweiterung, Beschränkung:** Auf Erweiterung einer Prokura ist III 1 **10** entspr anzuwenden, auf Beschränkung III 2, MüKo/Jickeli 54, 58, str.

4) Abweichende Vereinbarungen

Die Regelung der Geschäftsführung (Innenverhältnis) ist dispositiv (§ 109), so **11** schon § 115 (Einzel- oder Gesamtgeschäftsführung oder beide kombiniert), aber auch § 116 I–III. Der GesVertrag kann den Umfang der Geschäftsführungsbefugnis (für einen oder mehrere Geschäftsführer) abw von I regeln. Er kann das Erfordernis des GfterBeschlusses (II) erweitern, zB auf nicht außergewöhnliche Geschäfte bestimmter Art, oder beschränken, zB auf außergewöhnliche Geschäfte bestimmter Art unter Ausschluss der anderen, oder Mehrheitsbeschluss vorsehen, BGH ZIP **10**, 2346. Er kann schließlich Erteilung und Widerruf der Prokura gegenüber III erleichtern (gibt es kaum) oder erschweren, zB (so häufig) den Widerruf ebenso an Zustimmung der Mitgeschäftsführer binden wie die Erteilung (ohne Wirkung im Außenverhältnis, RG **163**, 37, s Rn 6), BGH WM **73**, 1293. Wenn der GesVertrag für Maßnahmen bestimmter Art die Zustimmung der Nichtgeschäftsführer fordert, gilt dies iZw auch, soweit der Geschäftsführer die Rechte der Ges in Bezug auf gleichartige Maßnahmen einer hundertprozentigen TochterGes ausübt, BGH **73**, 214. Haftung bei Nichtbeachtung der internen Kompetenzordnung, BGH WM **08**, 1453.

§ 117 [Entziehung der Geschäftsführungsbefugnis]

117 Die Befugnis zur Geschäftsführung kann einem Gesellschafter auf Antrag der übrigen Gesellschafter durch gerichtliche Entscheidung entzogen werden, wenn ein wichtiger Grund vorliegt; ein solcher Grund ist insbesondere grobe Pflichtverletzung oder Unfähigkeit zur ordnungsmäßigen Geschäftsführung.

Übersicht

	Rn
1) Entziehung der Geschäftsführung aus wichtigem Grund ...	1–5
A. Anwendungsbereich	1
B. Gegenstand der Entziehung	3
C. Wichtiger Grund	4
2) Klage auf Entziehung	6–8
A. Klage der übrigen Gesellschafter	6
B. Verfahren	7
C. Schiedsvereinbarung	8
3) Wirkung der Entziehung, Neuordnung der Geschäftsführung	9, 10
A. Gegenüber dem beklagten Gesellschafter	9
B. Neuordnung der Geschäftsführung	10
4) Abweichende Vereinbarungen	11, 12
A. Erschwerung	11
B. Erleichterung	12

1) Entziehung der Geschäftsführung aus wichtigem Grund

1 **A. Anwendungsbereich:** Die Geschäftsführung kann nur durch Urteil auf Klage der MitGfter entzogen werden (S 1 Halbs 1; § 712 I BGB: durch Gfter-Beschluss; so auch vertraglich, s Rn 12). Die Geschäftsführung kann auch dem einzigen Geschäftsführenden (vgl § 114 II) entzogen werden, BGH **33**, 107, NJW **84**, 173, auch dem einzigen phG der KG (§ 164 Rn 1), **51**, 201; die Geschäftsführung fällt dann iZw an die Gesamtheit aller Gfter. Geschäftsführungsmacht des Kdtisten s Rn 3. Entziehung der Vertretungsmacht s übereinstimmend § 127, Verbindung beider Entziehungen s Rn 7. Lit: Westermann 1980; Pabst BB **78**, 892, Hopt ZGR **79**, 1 (GmbH & Co), Reichert/Winter BB **88**, 981, Harrer GesRZ **03**, 307 (wie actio pro socio).

2 **Nicht** § 117, sondern Dienstvertragsrecht gilt für geschäftsführende **Dritte** (§ 114 Rn 11), BGH **36**, 294, danach beurteilt sich Kündigung (§ 59 Rn 121) und Freisetzungsrecht (idR jederzeit bei Gehaltsfortzahlung nach § 615 BGB, § 59 Rn 96). Ist Gfter eine andere OHG, fällt nur diese selbst unter § 117, nicht auch ihr GmbHGeschäftsführer, insoweit dies auf den Wirkungskreis der Ges beschränkte Entziehung entspr §§ 117, 127, Hopt ZGR **79**, 9; anders bei der GmbH & Co (Anh § 177a Rn 30). **Niederlegung** bzw Kündigung der Geschäftsführung durch den Gfter selbst s § 114 Rn 19.

3 **B. Gegenstand der Entziehung:** Jede Art von Geschäftsführung, gesetzlich oder vertraglich, kann nach § 117 entzogen werden (anders § 712 I BGB, Unentziehbarkeit der gesetzlichen Gesamtgeschäftsführung); § 117 betrifft sowohl die vertraglich übertragene als auch die gesetzliche Geschäftsführung, für die OHG hL (anders für Unentziehbarkeit der gesetzlichen Gesamtgeschäftsführung nach § 712 I BGB die früher hL, § 114 Rn 19, dann bleibt nur die Ausschließung des Gfters oder die Auflösung der Ges, deshalb zu § 712 I BGB wie zu § 117 zutr MüKoBGB/Schäfer § 712 Rn 5 f, 27). Auch die dem Kdtisten abw von § 164 eingeräumte Geschäftsführung (§ 164 Rn 7) ist entziehbar, RG **110**, 418, Kln BB **77**, 465; phG der KG s Rn 1. § 117 ist analog anwendbar auf einzelne die Geschäftsführung betreffende Rechte, zB vertragliches Weisungs-

oder Vetorecht nicht geschäftsführender Gfter, Kln BB **77**, 465, Hueck OHG § 10 VII 2, aber nicht sonstige Rechte wie Informations- und Kontrollrechte nach §§ 118, 166 (§ 118 Rn 1), Peters NJW **65**, 1212, str, oder nicht organschaftliche, sondern im eigenen Interesse des Gfters eingeräumt sind, Fischer NJW **59**, 1058. Mitgliedschaftliche Mitarbeitsrechte können jedenfalls nicht ohne wichtigen Grund entzogen werden, offen ob durch GfterBeschluss, so Wackerbarth NZG **08**, 281, oder nur nach § 117, BGH NZG **05**, 34. Die Übertragung der zustehenden Geschäftsführung kann bei wichtigem Grund verweigert werden, aber ohne das Verfahren nach § 117.

C. Wichtiger Grund: Zur Entziehung bedarf es eines wichtigen Grundes 4 (§ 117; insoweit wie § 712 I BGB). Ein wichtiger Grund liegt vor, wenn die unveränderte Belassung der Geschäftsführung nicht mehr zumutbar ist. Dafür ist eine umfassende Abwägung der Belange aller Beteiligten notwendig (Gesamtbetrachtung aller Umstände des Einzelfalls, so auch § 314 I 2 BGB). Ein wichtiger Grund ist nach Halbs 2 (ebenso § 712 I Halbs 2) insbesondere

a) grobe Pflichtverletzung durch den Geschäftsführenden, der das Verhältnis der übrigen Gfter zu ihm nachhaltig zerstört hat. Bsp: hartnäckige Nichtbeachtung der Mitwirkungsrechte anderer Gfter, BGH NJW **84**, 173; grundlose Kündigung von Angestellten gegen den erklärten Willen eines MitGfters, BGH ZIP **02**, 396; anhaltende Störung und Blockierung der Geschäftsführung der Ges, BGH LM § 709 BGB Nr 7; Verstoß gegen § 112; führt der Geschäftsführer die Geschäfte auch in anderen Ges, finanzielle Unregelmäßigkeiten zu Lasten des jeweiligen GesVermögens, auch ohne solche gerade bei der (entziehenden Ges), BGH ZIP **08**, 597 (GbR); Antrag auf Eröffnung des Insolvenzverfahrens über das Vermögen der Ges aus persönlichen Motiven, Düss JW **32**, 1671. Bereits der Verdacht eines unredlichen Verhaltnes kann dazu führen, dass das erforderliche Vertrauensverhältnis unrettbar zerstört ist, BGH **31**, 304, ZIP **08**, 597 (GbR).

b) Unfähigkeit zur ordnungsmäßigen Geschäftsführung. Bsp: dauernde Krankheit. Damit sind **sonstige wichtige Gründe** („insbesondere") nicht ausgeschlossen. Verschulden ist nicht unbedingt erforderlich, zB unverschuldetes, nicht behebbares Zerwürfnis der Gfter; aber hohes Alter genügt nicht ohne weiteres, BGH LM § 117 Nr 1. Auch für § 117 ist das Verhalten der Kläger von Bedeutung BGH WM **77**, 502, LM § 117 Nr 1. Ist eine juristische Person Gfter, muss sie sich das Verhalten ihres organschaftlichen Vertreters, BGH WM **77**, 502, NJW **84**, 173, sowie ihrer Mutter und uU auch Tochter zurechnen lassen, RG HRR **40** Nr 1074, Heymann/Emmerich 8. Weitere Beispiele für wichtige Gründe s bei § 127, 133, 140.

Verhältnismäßigkeit: Ein wichtiger Grund liegt nach § 117 wie auch sonst 5 (vgl § 314 I 2 BGB) nur vor, wenn keine weniger einschneidende Maßnahme genügt und auch dem Beklagten zumutbar ist, zB eine bestimmte Beschränkung seiner Geschäftsführungsbefugnis statt ihrer Entziehung, OGH **1**, 33, BGH **51**, 203, WM **77**, 502; auch Gesamt- statt Einzelgeschäftsführung, BGH ZIP **02**, 396, aA Fischer NJW **59**, 1057, Lukes JR **60**, 47 (vgl § 133 Rn 6, § 140 Rn 6); auch zeitlich. Teilentziehung setzt prozessual einen entsprechenden Antrag (zB Haupt- und Hilfsantrag) voraus (anderer Streitgegenstand, kein bloßes Minus), BGH ZIP **02**, 396, MüKo/K. Schmidt § 127 Rn 23, aA RG JW **35**, 696.

2) Klage auf Entziehung

A. Klage der übrigen Gesellschafter: Antrag der übrigen, dh aller Gesell- 6 schafter außer dem Beklagten ist nötig, auch der Gfter ohne Geschäftsführung und bei der KG der Kdtisten, Kln BB **77**, 465, auch bei Gefahr im Verzug; GmbH & Co s Anh § 177a Rn 30. Bei PublikumsGes genügt zwingend Mehrheitsbeschluss (Anh § 177a Rn 74). Mit Antrag ist Klageerhebung gemeint. Wäre die Entziehung unverhältnismäßig, ist von vornherein Klage auf bestimmte Be-

§ 117 7–10   2. Buch. Handelsgesellschaften und stille Gesellschaft

schränkung angezeigt (s Rn 5). **Mitwirkungspflicht:** Anderer Gfter kann zur Mitwirkung an der Klageerhebung (bzw zur Zustimmung, s Rn 7) verpflichtet sein (kein freies Ermessen, Treuepflicht, § 109 Rn 23), BGH **102**, 176 (GbR), üL, K. Schmidt § 47 V 1b, sehr str, zB wenn er trotz eines vertraglich vorgesehen Mehrheitsbeschlusses oder sonst treuwidrig die Mitwirkung verweigert. Anspruchshäufung s Rn 7.

7 B. **Verfahren:** Mehrere Kläger sind **notwendige Streitgenossen** (§ 62 ZPO), RG **122**, 315, BGH **30**, 197, Ulmer FS Geßler **71**, 269; bindende Einverständniserklärung mit Klageerhebung genügt (gewillkürte Prozessstandschaft), Ebenroth/Drescher 20, MüKo/Jickeli 61, aA MüKo/K. Schmidt § 127 Rn 20. Möglich und häufig ist **Anspruchshäufung** nach § 260 ZPO (vgl § 140 Rn 17, 20, str), BGH **64**, 256, **68**, 82, WM **88**, 25. Bspe: Verbindung mehrerer Klagen auf Entziehung, auch ohne Sachzusammenhang, str; Verbindung einer Klage auf Entziehung und einer auf Zustimmung zur Entziehung oder zur Neuordnung der Geschäftsführung, BGH **51**, 201; Verbindung der Klagen auf Entziehung der Geschäftsführung und der Vertretungsmacht (§ 127 Rn 8). **Widerklage** auf Auflösung (s Rn 9, 10) ist zulässig, str. **Einstweilige Verfügung** (§§ 935, 940 ZPO) auf Beschränkung oder auf vorläufige Entziehung ist auf Antrag aller übrigen Gfter im Prozess möglich (Schiedsverfahren, s Rn 8); auch mit Bestellung eines Dritten als Geschäftsführer (auch mit Vertretungsmacht, § 125 Rn 8), so vor allem im Prozess gegen den einzigen Geschäftsführenden (s Rn 1), BGH **33**, 107; auch auf Zustimmung; auch auf Untersagung der Wahrnehmung von Geschäftsführungsaufgaben, dann bereits auf Antrag eines Gfters, Schlegelb/K. Schmidt § 127 Rn 31. Lit: Semler BB **79**, 1533, von Gerkan ZGR **85**, 167. Zum **Verfahren** vgl auch § 140 Rn 12–18. **Urteil:** Gestaltungsurteil (s Rn 9). Besteht wichtiger Grund, muss das Gericht entziehen („kann" in § 117 gibt kein Ermessen), RG **122**, 314, **146**, 179. Fehlt es an der Verhältnismäßigkeit, kann das Gericht mangels Klagantrags (§ 308 ZPO, aber Hinweispflicht, § 139 ZPO) nicht von sich aus weniger einschneidende Maßnahme wählen, BGH **35**, 284 zu § 140, Ebenroth/Drescher 24, str.

8 C. **Schiedsvereinbarung:** Sie ist möglich (Einl 90 vor § 1) für die Entziehungsklage, RG **71**, 255, ebenso wie für den Streit über vertraglich zugelassenen Entziehungsbeschluss (s Rn 12). Entziehung durch Schiedsspruch erst nach Vollstreckbarerklärung (§ 1060 ZPO), BayObLG WM **84**, 809, str. Einstweiliger Rechtsschutz (s Rn 7) auch durch das Schiedsgericht (§ 1041 ZPO). Die Schiedsvereinbarung kann aber dem Schiedsgericht erlauben, bei Verfahrensbeginn Enthaltungspflicht, auch vorläufige Entziehung auszusprechen. Lit: Erman FS Möhring **65**, 3, Lindacher ZGR **79**, 201, Westermann FS Fischer **79**, 853; Sackmann NZG **16**, 1041.

3) Wirkung der Entziehung, Neuordnung der Geschäftsführung

9 A. **Gegenüber dem beklagten Gesellschafter:** Das Geschäftsführungsrecht erlischt oder wird beschränkt **mit Rechtskraft** des entziehenden (Gestaltungs-) Urteils (Schiedsspruch s Rn 8) oder Zustellung der einstweiligen Verfügung (s Rn 7). Mit Entziehung der Geschäftsführung entfällt auch eine besondere **Vergütung** (§ 110 Rn 19) bzw sie kommt jetzt in angemessener Höhe den nunmehr geschäftsführenden MitGftern zu, str. Auch die wirksame Abberufung kann den betroffenen Gfter uU berechtigen zu kündigen (zur Abfindung in diesem Fall vgl § 140 Rn 22, Herabstufung) oder die Auflösung der Ges verlangen, BGH **LM** § 119 Nr 9.

10 B. **Neuordnung der Geschäftsführung:** Die Entziehung kann eine Neuordnung der Geschäftsführung (Vertragsänderung) nötig machen, zB wenn kein Geschäftsführender bleibt oder von zwei Geschäftsführern mit Gesamtgeschäftsführung der verbleibende nun ohne Mitgeschäftsführer ist (und auch nicht ohne weiteres Alleingeschäftsführer wird) und die Gfter (samt dem nach § 117 Beklagten) sich nicht einigen können. Dann kann jeder Gfter verpflichtet sein, zur Erhaltung der Ges einem zumutbaren Neuordnungsvorschlag zuzustimmen (Treuepflicht, § 109 Rn 23, 27), vgl BGH **51**, 202. Die Klage auf diese Zustimmung kann bereits der Klage auf Entziehung verbunden werden (s Rn 7). Kommt auch so die Neuordnung nicht zustande, kann jeder Gfter unter den Voraussetzungen des § 140 Ausschließung des die Neuordnung vereitelnden Gfters oder Auflösung der Ges (§ 133) verlangen. Der Mangel ordnungsmäßiger Geschäftsführung macht die Ges nicht unvertreten (§ 125 Rn 1).

4) Abweichende Vereinbarungen

A. **Erschwerung:** § 117 ist (in weitem Umfang) dispositiv (§ 109), BGH ZIP 04, 2284, WM **10**, 2312. Der GesVertrag kann die Entziehung der Geschäftsführung weiter erschweren, zB durch einengende Umschreibung der Entziehungsgründe, durch (zusätzliches) Erfordernis eines GfterBeschlusses (mit qualifizierter oder einfacher Mehrheit) oder der Vorprüfung durch Schiedsgutachter oder Beirat (§ 163 Rn 14). Der GesVertrag kann die Entziehung aus wichtigem Grund jedoch nicht völlig ausschließen; aA früher hL, da Ausschließung des Gfters (§ 140, dann Auszahlung, uU mit Aufrechnung von Schadensersatz) und Auflösung der Ges (§ 133) möglich bleiben. Aber das schränkt die übrigen Gfter unzumutbar ein. Mittelmeinung will Erschwerung zulassen, aber im Einzelfall über § 242 BGB korrigieren, MüKo/Jickeli 81, Heymann/Emmerich 25a.

B. **Erleichterung:** Der GesVertrag kann die Entziehung der Geschäftsführung auch erleichtern, materiell und verfahrensmäßig. Bsp: Aufstellung absoluter (nicht im Streitfall auf „Wichtigkeit" nachprüfbarer) Entziehungsgründe; Klage schon bei Mehrheitsbeschluss; Entziehung statt auf Klage durch GfterBeschluss (wie nach § 712 I BGB), mit qualifizierter oder einfacher Mehrheit, dabei treuwidrig ausgeübte Stimme ist unwirksam, BGH **102**, 176 (GbR), auch aus wichtigem Grund oder ohne besonderen Grund (nicht vergleichbar mit Ausschließung nach § 140), RG HRR **40**, 1074, BGH **86**, 180, **LM** § 119 Nr 9. Abberufung durch Beirat s § 163 Rn 14. Die Entziehung wird dann wirksam mit Mitteilung des Beschlusses an den Betroffenen. Im Streitfall stellt das Gericht dann nur die Wirksamkeit der Entziehung durch den Beschluss fest, spricht diese nicht aus; der betroffene Gfter kann dagegen Feststellungsklage erheben, BGH **86**, 180. Die Möglichkeit der gerichtlichen Nachprüfung kann nicht wirksam ausgeschlossen werden, MüKo/K. Schmidt § 127 Rn 10.

[Kontrollrecht der Gesellschafter]

118

(1) **Ein Gesellschafter kann, auch wenn er von der Geschäftsführung ausgeschlossen ist, sich von den Angelegenheiten der Gesellschaft persönlich unterrichten, die Handelsbücher und die Papiere der Gesellschaft einsehen und sich aus ihnen eine Bilanz und einen Jahresabschluß anfertigen.**

(2) **Eine dieses Recht ausschließende oder beschränkende Vereinbarung steht der Geltendmachung des Rechtes nicht entgegen, wenn Grund zu der Annahme unredlicher Geschäftsführung besteht.**

Übersicht

	Rn
1) Das Informationsrecht jedes, auch nicht geschäftsführenden Gesellschafters (I)	1–10
A. Grundsatz und Reichweite	1
B. Unterrichtung in Angelegenheiten der Gesellschaft	3
C. Einsichtsrecht	4

§ 118 1, 2   2. Buch. Handelsgesellschaften und stille Gesellschaft

	Rn
D. Recht auf Abschriften	6
E. Auskunftsrecht	7
F. Ausübung	8
2) Sonstige Informationsrechte	11–14
A. Einsichtsrecht nach § 810 BGB	11
B. Auskunftsrecht	12
C. Vorlegungsrechte	14
3) Verfahren	15
4) Die Informationsrechte bei verbundenen Personengesellschaften	16
5) Abweichende Vereinbarungen (II)	17–20
A. Einschränkung	17
B. Erweiterung	20

1) Das Informationsrecht jedes, auch nicht geschäftsführenden Gesellschafters (I)

1   **A. Grundsatz und Reichweite:** Nach § 118 I (wie § 716 I BGB für die GbR) hat **jeder Gesellschafter,** ob mit oder ohne Geschäftsführungsbefugnis, ein höchstpersönliches allgemeines Informationsrecht über die Angelegenheiten der Ges. Dieses Recht ist aber vor allem für nicht geschäftsführende Gfter wichtig. Dieses Recht richtet sich **gegen die Gesellschaft,** BGH BB **62**, 899, aber auch unmittelbar gegen die zuständigen geschäftsführenden Gfter, BGH WM **55**, 1585, **83**, 911, aA Wiedemann I 290, und geht in erster Linie auf Duldung und Gewährung des Zugangs (s Rn 4), nur ausnahmsweise Auskunft (s Rn 7). Es ist ein Verwaltungsrecht (s Rn 8), aber kein reines Pflichtrecht, sondern steht dem Gfter im eigenen Interesse zu. Ähnliche, aber nicht so weit gehende Informationsrechte haben die Kdtisten (§ 166) und der stille Gfter (§ 233). Nachweis eines besonderen Interesses an der Information ist unnötig, Kln BB **61**, 953. Säumnis mit der Erfüllung eigener GfterPflichten, zB Beiträgen, hindert grundsätzlich nicht, RG LZ **18**, 66; vgl zu § 320 BGB § 105 Rn 48; auch nicht die Absicht, Informationen für Abfindungs- oder Schadensersatzansprüche und -klagen gegen die Ges zu erhalten. **Grenzen** folgen aber aus dem Missbrauchsverbot und der Treuepflicht (§ 109 Rn 23), zB bei Ausübung zur Störung (s auch Rn 4) oder für sonstige vertragswidrige Zwecke wie Wettbewerb, RG **148**, 280, BGH **10**, 387 (§ 259 BGB), BB **70**, 187, BayObLG WM **88**, 1790 (GmbH); bei berechtigtem Wettbewerb bleibt das Informationsrecht des Gfter unberührt, kann aber uU nur durch einen Sachverständigen ausgeübt werden (s Rn 10). Doch ist das Informationsrecht anders als die Geschäftsführungsbefugnis nicht entspr § 117 entziehbar (§ 117 Rn 3), auch nicht unter Vorbehalt von II, aA OGH **1**, 39, **4**, 39 (Erbin eines Gfters); möglich ist aber von I abweichende Vereinbarung (s Rn 17–18). Lit: K. Schmidt 1984, Wohlleben 1989, Akermann 2002, Wiedemann II § 3 III 4; Schiessl GmbHR **85**, 109; Otte NZG **14**, 521.

2   **Auflösung, Ausscheiden:** Der Gfter hat das Informationsrecht auch noch nach Auflösung der Ges in der Liquidation (später § 157 III), KG HRR **32**, 1142, BayObLG BB **87**, 2184. § 118 gilt nicht für ausgeschiedene Gfter, BGH **50**, 324 (stGes), WM **63**, 989, BayObLG BB **87**, 711, aA betr die Zeit vorher Hamm MDR **61**, 325, **70**, 595, Heymann/Emmerich 4; für den Gfter werdenden Nacherben vor Eintritt des Nacherbfalls, BGH WM **82**, 709 (KG); für die nicht Gfter werdenden Erben des Gfter, RG **170**, 395, OGH **4**, 39; für den Testamentsvollstrecker, außer wenn ihm der Anteil übertragen worden ist oder die MitGfter zustimmen, RG **170**, 395. Sie haben betr die Zeit vor ihrem Ausscheiden (zB zur Bestimmung der Abfindung, § 131 Rn 52; betr Beteiligung an schwebenden Geschäften s § 131 Rn 47) aber das Einsichtsrecht nach § 810 BGB (s Rn 11), BGH BB **77**, 1168 (GmbH), NJW **89**, 226 (GmbH), WM **89**, 878 (KG), und das Auskunftsrecht aus § 242 BGB (s Rn 13), hL.

1. Abschnitt. Offene Handelsgesellschaft 3–8 § 118

B. Unterrichtung in Angelegenheiten der Gesellschaft: Angelegenheiten 3 der Ges sind **weit** zu verstehen, nämlich alles, was die Lage der Ges betrifft. Der Gfter hat ein Recht, sich darüber zu unterrichten, und zwar angesichts seiner persönlichen Haftung **umfassend.** Dazu gehören auch Namen und Anschriften der Gfter, BGH NJW **10,** 439, **11,** 921 (GbR), für PublikumsGes str (Anh § 177a Rn 72). Informationsrechte bei verbundenen PersonenGes s Rn 16. Die Unterrichtung erfolgt idR durch Einsicht (s Rn 4). Der Gfter hat kein Recht zur selbstständigen Befragung des Personals, Ebenroth/Drescher 12.

C. Einsichtsrecht: Das Einsichtrecht des Gfters erstreckt sich auf alle **Han-** 4 **delsbücher und Papiere der OHG** und ist anders als das des Kdtisten (§ 166) nicht auf die Kontrolle des Rechnungsabschlusses beschränkt. Der Gfter darf dazu Geschäftsräume betreten; Anlagen, Einrichtungen, Sachen besichtigen; die HdlBücher einsehen, auch soweit sie Konzernbeziehungen betreffen (s Rn 16); auch Privatbücher eines Gfters, wenn er geschäftliche und persönliche Aufzeichnungen nicht getrennt hat, RG **103,** 72, BGH BB **70,** 187; die sonstigen „Papiere", besonders Verträge, Korrespondenzen, Aktenvermerke, einsehen, auch soweit nur in EDV vorhanden; auch Geheimpapiere betr Modelle, Konstruktionen und Verfahren, RG **117,** 334; sich Notizen und Kopien machen und diese mitnehmen, Kln ZIP **85,** 800 (§ 51a GmbHG), außer bei berechtigtem Interesse der Ges (s Rn 6). Bei EDV-Speicherung kann Ausdruck verlangt werden, BGH NJW **10,** 439 (GbR). Einsicht ist nach **Zeit, Ort, Art und Weise** zu möglichst reibungsloser Durchführung entspr der Treuepflicht (s Rn 1) zu bestimmen, also nicht zur Unzeit (aber nicht unbedingt nur zur Geschäftszeit) und idR in den Geschäftsräumen (also keine Herausgabe, Mitnahme, Versendung), BGH WM **84,** 1273, Celle BB **83,** 1450. Bei wichtigem Grund kann der Gfter ausnahmsweise vorübergehende Überlassung von Unterlagen verlangen, Kln BB **61,** 953, aber nicht bei Unternehmensgeheimnissen. Das Einsichtsrecht ist innerhalb angemessener Frist nach Vorlage der Bilanz auszuüben. Es entfällt nicht schon mit vorbehaltsloser Anerkennung der Bilanz (§ 166 Rn 4), KG GmbHR **88,** 224 (GmbH), Ebenroth/Drescher 15, aA RG **117,** 334. Wirkung der Entlastung s § 114 Rn 16.

Kosten trägt grundsätzlich der einsehende Gfter, BGH BB **70,** 187, Mü BB 5 **54,** 669, dagegen die Ges, wenn nur ihretwegen Sachverständiger eingeschaltet wird (Bsp wegen schlechter Buchführung, auch Rn 10), aA BGH BB **70,** 187 (GbR), und bei Ansprüchen aus §§ 713, 666 BGB (§ 114 Rn 14); uU Schadensersatzanspruch des Gfters auf Erstattung (wenn Prüfung Verstoß ergibt).

D. Recht auf Abschriften: Der Gfter darf sich ferner selbst oder durch eigene 6 Hilfspersonen (nicht die der Ges) aus den HdlBüchern und Papieren eine Bilanz und einen Jahresabschluss (nF 1986, Anpassung an § 242 III) anfertigen (idR nicht: solche fordern). Die Ges kann dem Gfter die Anfertigung von Photokopien (auf eigene Kosten, s Rn 5) nur bei berechtigtem Interesse verweigern, zB bei Unternehmensgeheimnissen.

E. Auskunftsrecht: Das Informationsrecht nach § 118 kann **ausnahmsweise** 7 zum Auskunftsrecht des einzelnen Gfter erstarken, nämlich wenn die erforderlichen Angaben nicht aus den Büchern und Papieren der Ges ersichtlich sind und sich der Gfter etwa bei Lückenhaftigkeit oder Widersprüchlichkeit der Unterlagen ohne die Auskunft keine Klarheit über die Angelegenheiten der Ges verschaffen kann, BGH BB **72,** 1245, **74,** 1272, **84,** 1272, hL. Auskunftsrecht aus §§ 713, 666 BGB s Rn 12.

F. Ausübung: a) Persönlich: Das Informationsrecht des Gfters nach § 118 ist 8 ein Verwaltungsrecht, das grundsätzlich **nur persönlich** ausgeübt und nicht übertragen werden kann (§ 717 S 1 BGB, § 109 Rn 15), BGH **25,** 122, BB **62,** 899. Bei Minderjährigen wird es durch den gesetzlichen Vertreter ausgeübt, BGH

§ 118 9–12   2. Buch. Handelsgesellschaften und stille Gesellschaft

44, 100 (§ 105 Rn 27), dieser unterliegt dann insoweit der Treuepflicht bzw hat sich dieser zu unterwerfen, Ebenroth/Drescher 18. Bei Abtretung und Verpfändung von Vermögensrechten verbleibt das Informationsrecht beim Gfter (§ 109 Rn 20). Ausübung durch **Bevollmächtigte** ist nur mit Zustimmung der MitGfter zulässig; ohne Zustimmung nur bei wichtigem Grund, zB wenn der Gfter durch besondere Umstände wie längere Abwesenheit oder längere Krankheit verhindert ist, BGH **25**, 123, Hamm OLGZ **70**, 398. Der Bevollmächtigte kann aus Gründen in seiner Person abgelehnt werden (s Rn 9), RG DR **42**, 279. Bspe: mangelnde Vertrauenswürdigkeit oder wenn gerade durch seine Einschaltung die Ges geschädigt oder das Verhältnis der Gfter weiter verschlechtert würde.

9   **b) Hinzuziehung Dritter:** Der einsichtsberechtigte Gfter darf aber, auch ohne mangelnde Sachkunde oder sonstige Gründe nachweisen zu müssen, einen geeigneten **Sachverständigen** hinzuziehen, BGH **25**, 115, BB **62**, 899, **84**, 1274. Der Gfter soll dem Sachverständigen nicht die Ausübung übertragen dürfen, BGH **25**, 113, Soergel/Hadding/Kießling § 716 Rn 10; das ist zwar theoretisch richtig, aber der Gfter braucht weder persönlich anwesend zu sein noch für die „Leitung der Büchereinsicht" die Verantwortung tragen, zutr MüKoBGB/Schäfer § 716 Rn 16. Geeignet ist idR nur, wer berufsrechtlich zur Verschwiegenheit verpflichtet, BGH BB **62**, 899, zB Wirtschaftsprüfer, Rechtsanwalt, Steuerberater, vereidigter Buchprüfer, Notar. Ein Sachverständiger kann bei berechtigtem Grund von der (dafür beweispflichtigen) Ges abgelehnt werden, nicht allein Befürchtung besonders kritischer Ausübung, Hamm BB **70**, 104, oder wegen ständiger enger Verbindung mit dem einsichtsberechtigten Gfter oder bei voraussichtlicher Ausübung im Interesse vor allem des Gfters, BayObLG BB **91**, 1589, aber zB wenn er für Verleumdung in der Klageschrift verantwortlich ist oder nachweislich schon Störenfried in anderen Ges war, BGH BB **62**, 900. Bestellung des Sachverständigen notfalls auf Kosten des Ges durch das Gericht, BGH BB **70**, 187. Lit: Goerdeler FS Stimpel **85**, 125, Hirte BB **85**, 2208u FS Röhricht **05**, 217.

10   **c) Ausübung nur durch Dritte:** Der Gfter kann ausnahmsweise, zB bei (erlaubtem) Wettbewerb mit der Ges, sein Informationsrecht überhaupt nur durch einen Sachverständigen ausüben, der dann dem Gfter ihm nicht zustehende Informationen nicht zugänglich machen darf (überwiegende Interessen der Ges, Treuepflicht, § 109 Rn 23), BGH BB **70**, 187 (GbR), **79**, 1316 (KG), WM **82**, 1403, näher § 166 Rn 7. Kosten s Rn 5. Ausübung nur durch gemeinsamen Kdtistenvertreter ist bei der PublikumsGes sogar die Regel (Anh § 177 Rn 72).

2) Sonstige Informationsrechte

11   A. **Einsichtsrecht nach § 810 BGB:** Wenn § 118 wie zB dem ausgeschiedenen Gfter nicht zur Verfügung steht, kann er auf § 810 BGB rekurrieren (s Rn 2). Grundsätzlich keine strengen Anforderungen, BGH **55**, 203, es genügen zB konkrete Anhaltspunkte für Diskrepanz zwischen Buchwert und vollem Wert, BGH WM **89**, 878. Errichtung „im Interesse einer Partei" bedeutet: bestimmt, ihr als Beweismittel zu dienen, mindestens ihre rechtlichen Beziehungen zu fördern, BGH DB **71**, 1416. § 810 erstreckt das Einsichtsrecht bei GmbH & Co auf Bilanz samt Prüfungsberichte beider Ges, vgl BGH NJW **89**, 225. Kein rechtliches Interesse an Einsicht ist das zur „Ausforschung" (nicht zur Beweisführung für bestimmte Tatsachen), BGH **109**, 267.

12   B. **Auskunftsrecht:** Unabhängig von § 118 (bzw in der GbR § 716 BGB) und dazu nicht subsidiär, Ebenroth/Drescher 41, str, schulden die geschäftsführenden Gfter persönlich der Gesamtheit der übrigen Gfter Nachricht, Rechenschaft und auf Verlangen Auskunft (**§§ 713, 666 BGB;** § 114 Rn 14). Dieses Recht ist kein Individualrecht, kann aber von jedem einzelnen Gftern zugunsten

1. Abschnitt. Offene Handelsgesellschaft 13–18 § 118

der Ges geltend gemacht werden (actio pro socio, § 109 Rn 32), MüKoBGB/ Schäfer § 713 Rn 8, offen BGH NJW **92**, 1890.

Ausnahmsweise folgt ein Auskunftsrecht aus **§ 242 BGB,** so desjenigen, der 13 entschuldbar über Bestand und Umfang seiner Rechte im Ungewissen ist, gegenüber dem, der darüber unschwer Auskunft geben kann, BGH **10**, 385, **14**, 56 (GmbH), **55**, 203 (HV), **95**, 288, hL. Dieses Auskunftsrecht ist unabhängig von dem Einsichtsrecht nach § 810 BGB.

C. **Vorlegungsrechte** aus § 258 HGB und §§ 422 ff ZPO bestehen neben 14 den Informationsrechten, BGH BB **77**, 1168 (§ 810 BGB). Ein Auskunftsberechtigter (aus §§ 260 I oder 242 BGB, s Rn 13) hat uU das Recht auf eidesstattliche Versicherung (§ 260 II BGB), BGH **55**, 201.

3) Verfahren

Die Rechte nach I, auch das außerordentliche Informationsrecht nach II, sind 15 durch (Leistungs-, Schadensersatz-)**Klage** vor dem Prozessgericht geltend zu machen. Bestellung von Sachverständigen durch das Gericht ist möglich (s Rn 9). Vorläufiger Rechtsschutz, zB nach §§ 935 ff ZPO auf Sicherstellung von Büchern und Papieren, ist möglich. **Vollstreckung** des Rechts auf Einsicht in Urkunden (Vorlage dieser) nach § 883 ZPO (ähnlich Herausgabe), Ffm WM **91**, 1555; Auskunftserteilung ist dagegen unvertretbare Handlung, Vollstreckung nach § 888 ZPO, BayObLG WM **89**, 372 (§ 51a GmbHG).

4) Die Informationsrechte bei verbundenen Personengesellschaften

Verbundene PersonenGes s § 105 Rn 100, 103. Angelegenheiten der Ges sind 16 auch solche der Ges als Obergesellschaft der ihr verbundenen Unternehmen, BGH BB **84**, 1274 (stGes). Einsicht in Bücher und Papiere der Ges, auch soweit ihre Konzernbeziehungen betroffen sind. Kein Informationsrecht gegen selbstständige TochterGes (näher § 166 Rn 16). Ist die Ges abhängig oder konzerniert (§ 105 Rn 102–105), ist das nicht als solches schon ein Grund nach II (s Rn 18; s auch § 166 Rn 17). Lit: § 166 Rn 16.

5) Abweichende Vereinbarungen (II)

A. **Einschränkung: a) Grundsatz:** I ist dispositiv. Der GesVertrag oder ein- 17 stimmiger GfterBeschluss können das Informationsrecht allgemein oder ad hoc einschränken, zB nur bezüglich begrenzter Unterlagen oder nur zu bestimmten Terminen oder Ausübung überhaupt nur durch Sachverständige oder einen Beirat, BGH WM **84**, 808 (stGes). Auch völliger Ausschluss des Informationsrechts nach I ist zulässig (im Gegensatz zu § 51a GmbHG, aber § 166 Rn 16 und für PublikumsGes Anh § 177a Rn 72), BGH WM **88**, 1790, Grenzen s Rn 18. Aber keine Entziehung entspr § 117 (s Rn 1).

b) Grenzen: Einschränkung und Verzicht sind nach **II** (wie § 716 II BGB für 18 die GbR) nicht wirksam, soweit **Grund zur Annahme unredlicher Geschäftsführung** besteht (vgl auch §§ 166 III, 233 III: wichtige Gründe). Dazu genügt bereits, dass der Gfter Verdachtsgründe für eine pflichtwidrige Schädigung der Ges durch den Geschäftsführer dartut, BGH WM **84**, 808 (stGes), Glaubhaftmachung iSd ZPO ist nicht nötig. Verdachtsgründe iSv II liegen bei Unternehmensverbindung, zumal bei mittelbarer, wegen geringerer Durchsichtigkeit näher als ohne solche (§ 105 Rn 103, s auch Rn 16). Dafür muss der Gfter keinesfalls Beweis erbringen, aber doch idR konkrete Tatsachen für den Verdacht behaupten, den auszuräumen dann Sache der Ges ist, MüKoBGB/Schäfer § 716 Rn 19, zB Vertuschungsversuche, grundlose Verweigerung der Ausübung des Informationsrechts, Hamm OLGZ **70**, 396 (KG), wesentliche Lücken und Fehlen wichtiger Unterlagen aus der Buchführung, Heymann/Emmerich 19. Auch II steht unter der gesellschafterlichen Treuepflicht (s Rn 1).

§ 119 1   2. Buch. Handelsgesellschaften und stille Gesellschaft

19   Unberührt bleibt das Auskunftsrecht nach **§§ 713, 666 BGB,** das schon wegen der persönlichen Haftung unentziehbar ist (§ 114 Rn 14), hL.

20   B. **Erweiterung:** Der GesVertrag kann die Informationsrechte des Gfter **erweitern,** zB zugunsten ausgeschiedener Gfter und GfterErben zu Zwecken ihrer Abfindung (s Rn 2); Ausscheiden auf 30.6., Vereinbarung der Prüfung auf diesen Termin, schließt Prüfung des Jahresabschlusses (31.12.) zur Bestimmung des Gewinnanteils 1.1.–30.6. ein, BGH BB **61**, 1341.

[Beschlussfassung]

119 (1) **Für die von den Gesellschaftern zu fassenden Beschlüsse bedarf es der Zustimmung aller zur Mitwirkung bei der Beschlußfassung berufenen Gesellschafter.**

(2) **Hat nach dem Gesellschaftsvertrage die Mehrheit der Stimmen zu entscheiden, so ist die Mehrheit im Zweifel nach der Zahl der Gesellschafter zu berechnen.**

Übersicht

	Rn
1) Erforderlichkeit von Gesellschafterbeschlüssen (I)	1–4
A. Beschluss aller Gesellschafter (I)	1
B. Beschluss aller geschäftsführenden Gesellschafter	3
C. Beschluss aller Mitgesellschafter	4
2) Das Stimmrecht	5–24
A. Stimmrecht	5
B. Stimmrechtsausschluss kraft Gesetz (Stimmverbot)	8
C. Stimmrechtsausschluss und -grenzen aus Vertrag	12
D. Stimmbindungsvertrag	17
E. Stimmrechtsübertragung, Abspaltungsverbot	19
F. Stimmrechtsvertretung	21
G. Fehlerhafte Stimmabgaben	24
3) Der Gesellschafterbeschluss	25–32
A. Rechtsnatur des Beschlusses	25
B. Zustandekommen	26
C. Gesellschafterversammlung	29
D. Fehlerhafte Beschlüsse	31
4) Mehrheitsbeschlüsse (II)	33–41
A. Grundsatz der Einstimmigkeit	33
B. Zulassung von Mehrheitsbeschlüssen (II Halbsatz 1)	34
C. Allgemeine Grenzen für Mehrheitsbeschlüsse, Kernbereich	35
D. Zweistufige Prüfung: Zulassen eines Mehrheitsbeschlusses und Kernbereich	37
E. Mehrheit der Stimmen (II Halbsatz 2)	41

1) Erforderlichkeit von Gesellschafterbeschlüssen (I)

1   A. **Beschluss aller Gesellschafter (I):** Für GfterBeschlüsse ist grundsätzlich die Zustimmung aller mitwirkungsberechtigten Gfter nötig (I). Beschluss aller Gfter (Gegensatz: aller geschäftsführenden oder aller MitGfter), also einschließlich eines besonders Betroffenen (Stimmrechtsausschluss s Rn 8) ist nötig zu außergewöhnlichen Geschäftsführungsmaßnahmen (§ 116 II), zur einvernehmlichen Auflösung der Ges (§ 131 Nr 2), zu verschiedenen Maßnahmen in und nach der Liquidation (§§ 146 I, 147, 152, 157 II 2) und allgemein zur Änderung des GesVertrags (§ 105 Rn 60) und allen sonstigen Grundlagengeschäften (§ 114 Rn 3); zur Abweichung vom GesVertrag für den Einzelfall; in anderen vom GesVertrag vorgesehenen Fällen. Zulässig sind GfterBeschlüsse in allen GesAnge-

1. Abschnitt. Offene Handelsgesellschaft 2–8 **§ 119**

legenheiten, auch solchen, die nach dem GesVertrag einzelnen Gftern zugewiesen sind; sie weichen insoweit wirksam vom Vertrag ab. Lit: zu Stimmrecht, Stimmabgabe, Beschluss Winnefeld DB **72**, 261.

§ 119 ist aber **dispositiv** (§ 109). Statt des einstimmigen Beschlusses aller Gfter **2** kann Mehrheitbeschluss vorgesehen sein (s Rn 34, Grenzen 35 ff). Statt Zuständigkeit der Gfter kann in bestimmten Grenzen Zuständigkeit anderer Organe, zB Beirat oder Schiedsgericht, vereinbart sein (s Rn 16).

B. **Beschluss aller geschäftsführenden Gesellschafter** ist nötig bei Gesamt- **3** geschäftsführung (§ 115 II), zur Bestellung von Prokuristen (§ 116 III) und wo im GesVertrag vorgesehen.

C. **Beschluss aller Mitgesellschafter:** Beschluss aller MitGfter (der „übri- **4** gen" Gfter) sehen vor §§ 113 II (Ansprüche aus unzulässigem Wettbewerb), 122 II (Verminderung des Kapitalanteils eines Gfters), gemeinsame Klage aller MitGfter, die idR auf einem Beschluss beruhen wird, nach §§ 117, 127, 140 (Entziehung, Ausschließung).

2) Das Stimmrecht

A. **Stimmrecht:** Das Stimmrecht ist mit das wichtigste GfterRecht. Es ist **5** höchstpersönlich und kann nicht übertragen werden (s Rn 19). Stimmrechtsvertretung kann zulässig sein (s Rn 21), dabei wird das Verbot des Selbstkontrahierens (§ 181 BGB) praktisch s Rn 22. Die Stimmabgabe ist (im Gegensatz zum Beschluss (s Rn 25) eine einfache **Willenserklärung**, für die die allgemeinen Vorschriften über Zustandekommen (Zugang an die MitGfter, § 130 BGB), BGH **65**, 97, und Wirksamkeit, also Nichtigkeit und Anfechtbarkeit (§§ 104 ff, 134, 138, 142 ua BGB) gelten, BGH **14**, 267, **48**, 173. Fehlerhafte Stimmabgabe s Rn 24.

Stimmpflicht: Das Stimmrecht ist kein rein eigennütziges Recht, sondern **6** durch die Pflicht zur Förderung des gemeinsamen Zwecks (§ 105 Rn 1) und die gesellschafterliche Treuepflicht (§ 109 Rn 23) gebunden. Die Gfter sind, soweit sie an Beschlüssen mitwirken können (s Rn 1–4), zur Mitwirkung (Information, Erörterung, Stellungnahme) und Stimmabgabe verpflichtet. Das gilt auch bei Mehrheitsbeschlüssen, anders wenn bestimmte Quoren für die Beschlussfähigkeit der Gfter vorgesehen sind, Heymann/Emmerich 16. Die Stimmpflicht kann grundsätzlich auch durch Stimmenthaltung erfüllt werden, Ebenroth/Freitag 35, str. Abstimmung in einer bestimmten Richtung, sei es Ablehnung oder Zustimmung, ist damit noch nicht vorgeschrieben (aber s Rn 7).

Ablehnungs- und Zustimmungspflicht: Aus der Treuepflicht der Gfter **7** kann die Pflicht zur Abstimmung in bestimmtem Sinne folgen, zB Ablehnung bei rechtswidrigen Beschlussvorschlägen oder Zustimmung zu gebotenen Geschäftsführungsmaßnahmen (§ 115 Rn 6, § 116 Rn 5), zur Vertragsänderung (§ 105 Rn 64–66) oder zur Mitwirkung bei Klageerhebung nach §§ 117, 127, 140 (§ 109 Rn 27). Bei pflichtwidriger Ablehnung der Zustimmung ist grundsätzlich Leistungsklage der übrigen Gfter gegen den Ablehnenden nötig; die geschuldete Zustimmung wird dann durch Urteil ersetzt (§ 894 ZPO), BGH **64**, 259. Zum Verfahren s § 109 Rn 38 ff und zu §§ 117, 127, 140. Zur Verfügung steht auch die actio pro socio (§ 109 Rn 32). Ausnahmsweise ist der Gfter kraft Treuepflicht auch ohne Zustimmung an den Beschluss der übrigen gebunden (§ 105 Rn 28). Die aus der Treuepflicht folgende innergesellschaftliche Zustimmungspflicht ist streng von einer besonderen vertraglichen Stimmbindung gegenüber MitGftern oder Dritten zu unterscheiden (s Rn 17–18).

B. **Stimmrechtsausschluss kraft Gesetz (Stimmverbot):** Für die OHG **8** und KG ist die Frage des Ausschlusses des Stimmrechts eines Gfters bei Interessenkonflikten (seines persönlichen Interesses mit dem GesInteresse) gesetzlich

§ 119 9

nicht geregelt. Andere Gesetze bieten Parallelen. Das Stimmrecht bei Gfter-Beschlüssen (und entspr bei Beschlüssen in Beirat ua) entfällt

a) bei Beschluss über gerichtliche oder außergerichtliche **Geltendmachung eines Anspruchs gegen den Gesellschafter,** BGH NJW **74,** 1555, BGH ZIP **12,** 918, Stgt ZIP **10,** 478, Grund: Rechtsgedanke des § 113 II (s Rn 4), ebenso § 136 I 1 AktG, § 43 VI GenG;

b) bei der **Einleitung oder Erledigung eines Rechtsstreits mit ihm,** BGH WM **83,** 60, so §§ 34 2. Fall BGB, 47 IV 2 GmbHG, BGH ZIP **12,** 918;

c) bei **Entlastung oder Befreiung von einer Verbindlichkeit,** so § 47 IV 1 1. u 2. Fall GmbHG, 136 I 1 AktG, 43 VI GenG, BGH ZIP **12,** 918.

d) Gleiches gilt entspr §§ 34 1. Fall BGB, 47 IV 2 GmbHG, bei **Vornahme eines Rechtsgeschäfts mit einem Gesellschafter** oder ihm gegenüber (zB Vertrag, Vertragskündigung), RG **136,** 245 (sogar: Zulassung des Mitstimmens in solchem Falle sei gesetzwidrig, § 134 BGB), Mü NZG **09,** 1267 (GbR, wirtschaftliche Verbundenheit), KG NZG **09,** 1269 LS (PublikumsGes), üL, aA MüKo/Enzinger 33, offen bzw unklar (da Änderung des Aktienrechts im Gegensinne: § 114 V AktG 1937, jetzt § 136 I 1 AktG 1965, gegen früher § 252 III HGB) RG **162,** 373, BGH **48,** 256, **56,** 53. Rechtsgeschäfte sind auch einseitige rechtsgeschäftliche sowie rechtsgeschäftsähnliche Maßnahmen, zB Zuwendung eines besonderen Vorteils an den Gfter.

e) Das gilt auch für **sonstige Maßnahmen gegen ihn aus wichtigem Grund,** zB Entziehung der Geschäftsführungs- oder Vertretungsmacht und Ausschluss nach §§ 117, 127, 140 oder seine Abberufung als Beiratsmitglied aus wichtigem Grund, BGH **86,** 178 (GmbH), Staub/Schäfer 65, Grund: Rechtsgedanke der §§ 113, 117, 127, 140, 141. Dieser besondere gesetzliche Stimmrechtsausschluss liegt gegenüber dem allgemeinen Stimmverbot des § 181 BGB (s Rn 22, bloßes Vertretungsproblem) anders und ist im Rahmen seines Geltungsbereichs eine Sonderregelung, str, vgl für § 47 IV 2 GmbHG Lu/Ho/Bayer § 47 Rn 35.

Zusammenfassend gilt also in der OHG und KG ein **Stimmverbot bei Interessenkonflikt** (§ 109 Rn 25, 26, § 112 Rn 1) entspr § 34 BGB, § 47 IV GmbHG für Stimmrechtsausübung für sich oder andere, wenn ein Interessenkonflikt zwischen unmittelbaren Vermögensinteressen der Ges und des Gfters besteht und das Mitstimmen bei dem Beschluss ein **Richten in eigener Sache** wäre, BGH **9,** 178, **97,** 33 (beide GmbH), Ebenroth/Freitag 15. § 181 BGB als weiterer Rechtsgedanke ist angesichts der Restriktionen dieser Norm möglich, aber wenig hilfreich. Das einheitliche verbandsrechtliches Prinzip hilft auch nicht über die unterschiedliche Reichweite je nach GesForm hinweg. Das Stimmverbot gilt auch im **Konzern,** BGH NJW **73,** 1040 (GmbH), sowie in einer von dem Gfter beherrschten Ges (wirtschaftliche Einheit), BGH **56,** 53, **68,** 110 (GmbH). Das Stimmverbot erfasst auch alle **Umgehungen,** zB Zwischenschaltung eines Vertreters oder Treuhänders. Dieses gesetzliche Stimmverbot ist bis auf den zwingenden Kern in seinen einzelnen Ausprägungen **dispositiv** (s Rn 12). Zu weitergehenden Sanktionen bei Interessenkonflikten Hopt ZGR **04,** 1, FS Doralt **04,** 213. Unterliegt nur ein Gfter einer Gfterin einem Stimmrechtsverbot schlägt es auf die Gfterin durch, wenn der Gfter maßgeblichen Einfluss auf die Gfterin hat, BGH ZIP **12,** 918. Dies auch, wenn der Gfter nicht direkt vom Beschluss betroffen ist, aber eine gemeinsame Verfehlung vorliegt, BGH ZIP **12,** 919.

9 Dieses Stimmverbot lässt **alle anderen Rechte** des Gfter wie Teilnahme an der GfterVersammlung, Rederecht, Antragstellung ua grds **unberührt,** vgl Groß-KoAktG/Hopt/Roth § 108 Rn 48.

1. Abschnitt. Offene Handelsgesellschaft 10–14 § 119

Kein Stimmrechtsausschluss: Das Stimmrecht entfällt nicht **bei Beschlüs-** 10
sen über die innere Ordnung der Gesellschaft, hier hat das Mitverwaltungsrecht des Gfters Vorrang, Ebenroth/Freitag 16. Bspe: Änderung des GesVertrag, zB Abtretungsgenehmigung, BGH **48**, 167 (GmbH), oder Änderung der Zuständigkeitsordnung, zB der Geschäftsführungs- und Vertretungsbefugnis (einschließlich der finanziellen Vereinbarungen) mit Auswirkung auf den Gfter, BGH **51**, 215, **52**, 320, WM **90**, 1618 (alle GmbH); allgemein bei vermögenswertem Eigeninteresse, zB Gewährung einer Pension an den Gfter, BGH **18**, 205 (GmbH), Entscheidung über Nachfolge eines ausscheidenden Gfters, BGH WM **74**, 374 (GmbH), Einforderung von Einlagen, BGH WM **90**, 1618 (GmbH). Das gilt aber nicht bei Maßnahmen aus wichtigem Grund zB nach §§ 117, 127, 140 (s Rn 7). Lit: Zöllner 1963, K. Schmidt § 21 II u NJW **86**, 2018, Immenga/Werner GmbHR **76**, 54 (GmbH). RsprÜbersicht: Wank ZGR **79**, 222 (GmbH).

Stimmrechtsmissbrauch: Soweit danach ein Stimmrechtsausschluss entspr 11
§ 34 BGB, § 47 IV GmbHG nicht vorliegt, kommt ebenso wie dort als weitere Schranke von Rechts wegen ein Stimmrechtsmissbrauch in Betracht (Treuepflicht, § 109 Rn 23), BGH **80**, 71 (GmbH), Lu/Ho/Bayer § 47 Rn 14, so wenn der Gfter Sondervorteile verfolgt oder wenn er nach seiner Kündigung eine sachlich vertretbare, seine Vermögensinteressen nicht tangierende Maßnahme blockiert, BGH **88**, 328 (GmbH), oder wenn dem Gfter besonders nahe stehende Gfter (Ehegatte, Kinder, Eltern) im Einzelfall eindeutig befangen sind, BGH **80**, 71 (GmbH), oder wenn Abschlussprüfer ohne sachlich gerechtfertigten Grund gegen den Willen der MitGfter abberufen wird, BGH WM **91**, 1951 (§ 318 Rn 4).

C. **Stimmrechtsausschluss und -grenzen aus Vertrag:** Der Stimmrechts- 12
ausschluss kraft Gesetzes ist grundsätzlich **dispositiv.** Der GesVertrag kann also **Einschränkungen des Stimmverbots** vorsehen ebenso wie Ausdehnungen. Das gesetzliche Stimmverbot kann in seinen Einzelausprägungen und Abgrenzungen ohne weiteres mitgeschärft werden, **das Verbot des Richtens in eigener Sache** ist dagegen im Kern zwingend, BGH BB **89**, 1496 (Entlastung), Lu/Ho/Bayer § 47 Rn 37. Praktisch häufiger und wichtiger sind die vertraglichen **Ausdehnungen.**

Vertraglicher Stimmrechtsausschluss: Möglich ist auch ein vertraglicher 13
Ausschluss des Stimmrechts für Gfter (wie für GmbHGfter, BGH **14**, 269), außer für Beschlüsse, die in die Rechtsstellung der Gfter eingreifen (**Kernbereichslehre,** Begriff str, s Rn 36) zB durch Änderung der Gewinnbeteiligung, des Auseinandersetzungsguthabens (ähnlich dem Schutz der Sonderrechte des GmbHGfters, § 35 BGB, § 53 III GmbHG), BGH **20**, 368 (KG, § 163 Rn 5), NJW **93**, 2100 (GmbH in der GmbH & Co, Anh § 177a Rn 25), MüKoBGB/Schäfer § 709 Rn 63, vgl K. Schmidt § 21 II 1c, Lutter AcP 180 (**80**) 147.

Nach aA ist dieser für die KG mangels persönlicher Haftung noch hinnehmbare Stimmrechtsausschluss bei der OHG nicht mehr akzeptabel. Auch liege ein Wertungswiderspruch zum Verbot der Stimmrechtsabtretung nahe, Heymann/Emmerich 25. Dem Interesse der Gfter an Entscheidungsfindung und Mehrheitsbildung werde durch die Möglichkeit von Mehrheitsbeschlüssen hinreichend Rechnung getragen (s Rn 26 ff), Wiedemann I § 7 II 1a, Heymann/Emmerich 25. Lit: Comes DB **74**, 2189, 2237.

Ungleiches Stimmrecht (Mehrstimmrechte) als solches ist bei Personen- 14
Ges (anders § 12 II AktG) idR unbedenklich, außer wenn GesVertrag mit Mehrheit geändert werden kann und zB die ungleiche Stimmrecht sittenwidrige Abhängigkeit schafft, BGH **20**, 370; ebenso für die KG § 163 Rn 8. Das ungleiche Stimmrecht darf aber nicht einem bei der OHG unzulässigen Stimmrechtsausschluss gleichkommen (s Rn 13). Bei PublikumsGes ist sachliche Rechtfertigung nötig, K. Schmidt § 21 II 1 e.

§ 119 15–19   2. Buch. Handelsgesellschaften und stille Gesellschaft

15   **Vertreterklausel** und **Beirat** mit bestimmten Entscheidungsbefugnissen sind auch bei der OHG nicht grundsätzlich ausgeschlossen, str, aber nur in bestimmten Grenzen (§ 114 Rn 26, 27).

16   **Mitwirkung Dritter** an der Willensbildung der Ges durch Stimmrechte ist nur auf Grund des GesVertrags und nur mit abgeleiteten Befugnissen zulässig (§ 114 Rn 28). Entscheidung über Meinungsverschiedenheiten durch **Schiedsgericht** oder **Schiedsgutachter** (Einl Rn 90, 93 vor § 1) kann wirksam vorgesehen werden, BGH **43**, 261 (GmbH, als Gesellschaftsorgan), möglich ist auch Schiedsvereinbarung zu Beschlussmängelstreitigkeiten in Personengesellschaften, BGH ZIP **17**, 1026 (Schiedsfähigkeit III, zur KG).

17   D. **Stimmbindungsvertrag: a) Gegenüber anderen Gesellschaftern:** Gfter können sich gegenüber anderen Gftern schuldrechtlich verpflichten, in bestimmtem Sinne abzustimmen, zB nach festen inhaltlichen Vorgaben, nach Weisung eines anderen Gfters, BGH NJW **51**, 268, oder nach (Mehrheits-) Beschluss einer Gruppe oder eines Familienstammes von Gftern (Konsortialvertrag, meist als InnenGbR, Stimmrechtskonsortium), BGH NJW **09**, 670 mAnm Wertenbruch NZG **09**, 645. Eine solche Stimmbindung ist ohne Zustimmung der anderen Gfter (ähnlich wie bei AG, GmbH) zulässig. Grenzen folgen außer wie immer aus § 138 BGB, aus dem Schutz des Kernbereichs (s Rn 13), aus der Treuepflicht der Gfter (§ 109 Rn 23) und aus Stimmverboten und Stimmpflichten gegenüber MitGftern (s Rn 6–16). Die bindungswidrig abgegebene Stimme ist im GesVerhältnis wirksam, aber Erfüllungsklage auf Stimmabgabe ist vereinbart; Vollstreckung nach § 894 ZPO, BGH **48**, 163, Kln WM **88**, 974 (beide GmbH), aber diese kommt häufig zu spät. Die Gewährung einstweiligen Rechtsschutzes sollte deshalb jedenfalls im Grundsatz möglich sein, Kblz NJW **86**, 1692, aA üL, aber doch nur restriktiv und nicht wenn sie einer endgültigen Vorwegnahme gleichkommt, sehr str. Das Urteil auf Stimmabgabe in bestimmtem Sinne, wenn dem die Beschlussfassung Leitenden mitgeteilt (BGH **48**, 174), ersetzt die Stimmabgabe. Unwirksamkeit der Abrede macht grundsätzlich nicht auch die ihr gemäß abgegebene Stimme unwirksam, aA Flume I 2 § 7 VI, aber Schadensersatz.

18   **b) Gegenüber Dritten:** Stimmbindungen gegenüber Dritten sind nach der Rspr ebenfalls zulässig und nach § 894 ZPO vollstreckbar, BGH **48**, 163 (GmbH). Indessen kollidieren sie mit dem Abspaltungsverbot (§ 109 Rn 16) und sind wegen der Fremdbestimmung mit dem Charakter einer PersonenGes grundsätzlich nicht zu vereinbaren, MüKoBGB/Schäfer § 717 Rn 25, Staub/Schäfer 72, Flume I 1 § 14 VI, auch Ebenroth/Freitag 43, aA für Stimmbindungen nur ad hoc K. Schmidt § 21 II 4a cc. Keinesfalls zulässig sind sie ohne Zustimmung der MitGfter, wenn auch die Anteilsübertragung nur mit ihrer Zustimmung zulässig ist. Zulässig ist die Stimmbindung gegenüber Dritten jedoch bei Treuhand, Unterbeteiligung und Nießbrauch (§ 105 Rn 31, 38, 44), Staub/Schäfer 72, weil diese Rechtsverhältnisse an die Mitgliedschaft gebunden sind; dann ohne Zustimmung der anderen Gfter, str, und mit Wirksamkeit in denselben Grenzen wie gegenüber Gftern. Zulässig ist auch eine Stimmbindung als Nebenpflicht zu einem Austauschvertrag, zB bei Anteilsübertragung Pflicht, beim GfterBeschluss darüber zuzustimmen. Lit: Overrath 1973, Herfs 1994 (Einwirkung Dritter, GmbH); Hueck FS Nipperdey **65** I, 401, Zöllner ZHR 155 (**91**) 168, Zutt ZHR 155 (**91**) 190 (einstweiliger Rechtsschutz).

19   E. **Stimmrechtsübertragung, Abspaltungsverbot:** Das Stimmrecht des Gfters kann als Verwaltungsrecht (§ 717 S 1 BGB; anders bei Vermögensrechten, § 717 S 2 BGB) isoliert von der Mitgliedschaft (Anteil) weder einem Dritten noch einem MitGfter übertragen werden (Abspaltungsverbot, § 109 Rn 16), BGH **3**, 354, **20**, 364, **36**, 293, **43**, 267; auch nicht mit Zustimmung der MitGfter, BGH NJW **60**, 963. Unzulässig sind auch andere Gestaltungen, auf

1. Abschnitt. Offene Handelsgesellschaft 20–23 § 119

Grund derer der andere das Stimmrecht rechtlich wie ein eigenes Recht ausüben kann, BGH NJW **87**, 780 (AG), zB die Legitimationszession, offen BayObLG ZIP **86**, 305, und verdrängende Vollmachten wie unwiderrufliche Stimmrechtsvollmacht mit Stimmverzicht des Gfters, BGH **3**, 357, **20**, 365, oder mit dessen Verpflichtung, nicht gegen den Willen des Bevollmächtigten zu stimmen (also auch keine dahin gehende Auslegung), BGH BB **70**, 187. Dieses Abspaltungsverbot gilt auch für Kdtisten, auch bei kapitalistisch organisierter KG, BGH **20**, 364. Eine gegen das Abspaltungsverbot verstoßende Übertragung kann in eine bloße Überlassung zur Ausübung oder eine andere zulässige Gestaltung umzudeuten sein (§ 140 BGB), BGH **20**, 366.

Zulässige Gestaltungen auf Grund GesVertrags oder mit Zust aller Gfter: **20** Überlassung nur zur Ausübung (§ 109 Rn 17), also durch Vollmacht (§ 167 I BGB) oder Ermächtigung zur Ausübung im eigenen Namen (§ 185 I BGB analog); Ausschluss des Stimmrechts (s Rn 13; eventuell Umdeutung in einen solchen Ausschluss, § 140 BGB); ungleiches Stimmgewicht (s Rn 14, KG § 163 Rn 8); Vertreterklausel (s Rn 15, KG § 163 Rn 10); Mitwirkungsrechte eines Beirats (s Rn 15, KG § 163 Rn 12). Zulässig ist auch die Aufteilung der Rechte zwischen dem Gfter und einem Treuhänder, Unterbeteiligten und Nießbraucher (§ 105 Rn 31, 38, 44), sowie einem Testamentsvollstrecker (§ 139 Rn 21). Möglich soll nach der Rspr auch die Gewährung eines zusätzlichen (entziehbaren) Stimmrechts an NichtGfter (ohne Beschränkung desjenigen der Gfter) entspr § 317 BGB sein, BGH NJW **60**, 963, auch eines Überwachungs- und Widerspruchsrechts iSv § 115 I (s dort Rn 2–3); anders oben Rn 16, § 114 Rn 28, MüKoBGB/Schäfer § 717 Rn 10, Ebenroth/Freitag 33. Lit: Hueck ZHR 125 (**63**) 1, Martens DB **73**, 413, Fleck FS Fischer **79**, 107 (GmbH).

F. **Stimmrechtsvertretung:** Die Stimmerklärungen der Gfter können, da das **21** Stimmrecht höchstpersönlich ist (s Rn 5), grundsätzlich nicht durch **Vertreter** (außer gesetzlichen Vertretern, § 105 Rn 27) erfolgen, auch nicht durch MitGfter als Vertreter. Der GesVertrag kann aber die **Stimmvollmacht** zulassen, auch für NichtGfter, auch eine unwiderrufliche, wenn sie nicht der Stimmrechtsübertragung gleichkommt (s Rn 19–20). Auch ad hoc können die MitGfter eine Vertretung zulassen, uU sind sie dazu verpflichtet (vorübergehend, durch vertrauenswürdigen Dritten), BGH DB **70**, 437, zB für Ausübung des Informationsrechts (§ 118 Rn 8–10). Ausnahmsweise Zustimmungspflicht der MitGfter (§ 105 Rn 66). Nießbraucher s § 105 Rn 46.

Verbot des Selbstkontrahierens: § 181 BGB (s auch § 126 Rn 9) hindert **22** grundsätzlich nicht Stimmerklärung über Geschäftsführung (vgl §§ 116 II, 164) und andere gemeinsame GesAngelegenheiten durch einen Gfter für sich und zugleich in Vertretung von MitGftern, BGH **65**, 97. § 181 BGB erfasst dagegen den Vollzug durch Abschluss eines Vertrags mit dem Gfter, BGH **112**, 341; vertragsbegründende und vertragsändernde Beschlüsse, zB GesVertragsänderung, BGH **65**, 96, **112**, 342, und zwar einstimmige, BGH BB **61**, 304, **76**, 901, ebenso wie solche mit Mehrheit. Untervertretung ändert nichts, BGH **112**, 343. Möglich ist aber **Gestattung** (vgl § 181 BGB), die zB enthalten ist in unbeschränkter Vollmacht zur Stimmabgabe in der für eine solchen Beschluss vorgesehenen Versammlung, BGH **86**, **112**, 343, nicht schon wenn der vertretene Gfter zur Zustimmung zur Vertragsänderung verpflichtet ist (§ 105 Rn 64, 65), BGH NJW **61**, 724. Nachträgliche **Genehmigung** durch die Gfter ist möglich. **Befreiung** von § 181 BGB ist im HdlReg ist **eintragungsfähig**, Hamm BB **83**, 858, Hbg BB **86**, 1255, BayObLG DB **00**, 37, s auch § 53 Rn 3, Anh § 177a Rn 39; Eintragungspflicht s § 125 Rn 26. Lit: Hübner 1977; Schilling FS Ballerstedt **75**, 257, Fischer FS Hauß **78**, 61, Röll NJW **79**, 627.

Bedeutung für Vertretung **Minderjähriger** s § 105 Rn 26, 27. GmbH & Co s **23** Anh § 177a Rn 39–40. Zwischen Mutter als einzigem phG und minderjährigen

Kindern als Kdtisten ist die Generalbevollmächtigung der Mutter, um bei späteren Rechtsgeschäften unter den Gftern Ergänzungspflegerbestellung zu vermeiden, unzulässig, Hamm BB **72**, 593.

24   G. **Fehlerhafte Stimmabgaben:** Die Stimmerklärungen sind als Willenserklärungen **nichtig** oder **anfechtbar** (s Rn 4). Im Falle des Entscheids über Geschäftsführungsmaßnahmen sind sie bei pflichtwidriger Abgabe **unwirksam** (wie bei Widerspruch gegen Geschäftsführungsmaßnahmen, § 115 Rn 4). Sie sind bei solchem Entscheid bis zur Ausführung der Maßnahme **widerruflich**, jedoch nur aus wichtigem Grunde, bei das GesVerhältnis berührenden Beschlüssen nur bis zur Perfektion des Beschlusses. Ungültigkeit einer Stimmerklärung macht den **ganzen Beschluss ungültig,** wenn die Erklärung für das Ergebnis ursächlich gewesen sein kann, sei es, dass ohne sie ohne weiteres die erforderliche Mehrheit fehlte, sei es auch, dass bei anderer Stimmabgabe des Gfters vielleicht MitGfter auch anders gestimmt hätten, BGH **12**, 331 (Aufsichtsrat in AG), **69**, 267 (GmbH).

3) Der Gesellschafterbeschluss

25   A. **Rechtsnatur des Beschlusses:** Die Rechtsnatur des GfterBeschluss ist str (Vertrag, Gesamtakt, Sozialakt ua), er ist jedenfalls ein Rechtsgeschäft, aber im Gegensatz zur einzelnen Stimmabgabe (s Rn 5) keine Willenserklärung iSv §§ 116 ff BGB. GfterBeschlüsse, die vom GesVertrag nicht nur für den Einzelfall abweichen, sondern ihn ändern, haben die gleiche Rechtsnatur wie der GesVertrag selbst (§ 105 Rn 47). Beschluss kann aufschiebend oder auflösend bedingt sein, sofern keine schutzwürdigen Interessen Dritte berührt sind, BGH NZG **06**, 62, ZIP **09**, 1373. Fehlerhafter Beschluss s Rn 31. Lit: K. Schmidt § 15.

26   B. **Zustandekommen:** Beschlüsse kommen durch die **Stimmabgaben** der Gfter zustande. Sie können in einer Gfterversammlung, im Umlaufverfahren, MüKo/Enzinger 40, durch Briefwechsel oder anderweitig gefasst werden. Es genügt gesonderte (also nicht unbedingt gleichzeitige), auch mündliche Stimmabgabe; iZw gegenüber jedem Mitstimmenden; falls nach GesVertrag ein Gfter die Beschlussfassung leitet (nicht ohne weiteres der alleinige Geschäftsführer), gegenüber diesem. Bei gesonderter Stimmabgabe (nach oder ohne Abhaltung der GfterVersammlung) wird der Beschluss idR erst mit Zugang der letzten Stimmerklärung (an den letztempfangenden MitGfter oder den Leiter) wirksam, aber nur wenn bis dahin kein Mitstimmender widerrufen hat, RG **128**, 177, **163**, 392, offen BGH WM **90**, 586, jedenfalls kann Bindung bis zur letzten Stimmabgabe erklärt sein. Ausnahmsweise kann Verzicht auf Zugang (§ 151 BGB) anzunehmen sein, OGH **4**, 70. Widerruf s Rn 24. Ist der Beschluss zustandegekommen, kann er nur durch einen neuen Beschluss umgestoßen werden, falls keine Rechte Dritter begründet worden sind, BGH **48**, 172.

27   **Form:** Beschlüsse sind grundsätzlich **formfrei,** Stgt ZIP **10**, 477, GfterVersammlung (s Rn 29) ist nicht erforderlich. Sie können auch **stillschweigend** durch übereinstimmendes schlüssiges Verhalten der Gfter zustandekommen, BayObLG BB **87**, 713, auch vertragsändernde Beschlüsse, uU auch durch **langjährige Übung** (§ 105 Rn 62).

28   **Schriftformklausel:** Im GesVertrag vorgeschriebene Form (Schriftformklausel, Einl 9 vor § 343) soll für Vertragsänderungen (§ 105 Rn 63) und deshalb ohne weiteres auch für vertragsändernde Beschlüsse idR nicht Gültigkeitserfordernis sein, sondern nur Klarstellungsfunktion haben (entgegen § 125 S 2 BGB), BGH **49**, 365, str (§ 105 Rn 63). Dasselbe wäre dann iZw auch für sonstige Beschlüsse und Beschlussformvorschriften anzunehmen, RG **104**, 415, **122**, 367 (für Protokollierung). Das ist indessen so allgemein weder für Vertragsänderungen (Nachweise s § 105 Rn 63) noch erst recht für sämtliche Beschlüsse anzuerkennen, entscheidend ist die Auslegung des GfterWillens (§§ 133, 157 BGB), BGH

WM **61**, 1275, BayObLG BB **87**, 713. Dementsprechend genügt bei Schriftformklausel in PublikumsGesVertrag (Anh § 177a Rn 69) einfache Protokollierung, BGH **66**, 82. Ist im normalen GesVertrag notarielle Beurkundung vorgesehen, ist das idR als Gültigkeitserfordernis gemeint, RG **122**, 369 (GmbH). Auch wenn die Schriftformklausel im konkreten Fall Gültigkeitserfordernis ist, können die Gfter einstimmig ohne Wahrung der vorgeschriebenen Form den Vertrag für den Einzelfall durchbrechen, BGH **58**, 115, WM **72**, 312, auch wenn sie an die Schriftformklausel nicht gedacht haben, BGH **71**, 164.

C. Gesellschafterversammlung: a) Formalien: Die Gfter können dies frei 29 regeln, Leitlinien aus GmbHRecht, Ebenroth/Freitag 46. Schreibt der GesVertrag Beschlussfassung in einer GfterVersammlung vor, kann diese grundsätzlich jeder Gfter **einberufen**, Stgt ZIP **10**, 476, auch bei Gesamtgeschäftsführung, Staub/Schäfer 18. Sieht der GesVertrag Einberufung allein durch den Versammlungsleiter vor, kann jedenfalls bei wichtigem Grund zwingend jeder Gfter die Einberufung verlangen und bei unbegründeter Verweigerung entspr § 50 III GmbHG selbst einberufen, Kln ZIP **87**, 1120. Ort, Zeit und Art der Vorbereitung der Versammlung (Ladung mit mindestens einwöchiger Frist entspr § 51 I 2 GmbHG, BGH NJW **95**, 1356, Stgt NJW **10**, 477, und Ankündigung der Verhandlungsgegenstände) müssen tunlich allen die Teilnahme ermöglichen und Überrumpelungen ausschließen. Ein nach Einberufung durch Unbefugten (BGH ZIP **14**, 1422) oder sonst ohne ordnungsgemäße Ladung zustandegek Beschluss ist außer bei Zustimmung aller Gfter unwirksam, BGH **59**, 373 (eV), WM **83**, 1407; großzügiger für PublikumsGes (Anh § 177a Rn 69). Monogr Vogel 2. Aufl 1986.

b) Teilnahmeberechtigung: Zur Teilnahme an der Versammlung berechtigt 30 sind iZw nur Gfter (sofern nicht vertreten) und zuzulassende Vertreter (s Rn 21), nicht Beistände neben Gftern, bloße „Beobachter" für abwesende Gfter, Angestellte, Berater der Ges. Hinzuziehung sachverständiger Dritter wie Wirtschaftsprüfern, Rechtsanwälte ua ist nur auf Grund GesVertrag oder (einstimmigen) GfterBeschlusses zulässig; aber die GfterTreuepflicht (§ 109 Rn 23) kann Zustimmung gebieten, so wenn die angemessene Wahrnehmung der GfterRechte sonst nicht gewährleistet ist, LG Kln BB **75**, 343, Kirberger BB **78**, 1390, MüKoBGB/Schäfer § 709 Rn 61, aA stets im Kernbereich der Mitgliedschaft Saenger NJW **92**, 348; dann aber mit denselben Schranken wie bei Ausübung des Informationsrechts (§ 118 Rn 9). Wird eine Niederschrift errichtet, ob im GesVertrag vorgeschrieben oder nicht, hat jeder Gfter Recht auf Einsicht, § 810 BGB, auch auf Abschrift, auch auf Einsicht in ein Verhandlungsstenogramm, hier abw Rutenfranz BB **65**, 601.

D. Fehlerhafte Beschlüsse: a) Fehlerhaftigkeit: Fehlerhafte Beschlüsse sind 31 **nichtig** (§§ 134, 138 BGB), nicht nur anfechtbar wie nach §§ 243 ff AktG, „Anfechtung" heißt hier Geltendmachen der Nichtigkeit (s Rn 32), trad hL, BGH **81**, 264, **85**, 353, Staub/Schäfer 77, Oetker/Lieder 67 (mit Vorschlag der Regelung de lege ferenda) aA nun wohl üL, K. Schmidt §§ 15 II 3, 21 V 2, FS Stimpel **85**, 217, MüKo/Enzinger 98 ff, nun auch Ebenroth/Freitag 82, Scholz WM **06**, 897, ohne Stellungnahme zum Streitstand BGH ZIP **14**, 1019. Ausnahme bei Eingreifen der Regeln über die fehlerhafte Ges (§ 105 Rn 75, 91 ff); GesVertrag kann anders regeln, BGH WM **90**, 675, NJW **95**, 1218, **99**, 3113. Voraussetzung ist, dass der Fehler nicht nur im Verstoß gegen bloße Ordnungsvorschriften besteht. Verstoß gegen Form, Frist und Inhalt der Einberufung einer GesVers kann zur Nichtigkeit des Beschlusses führen, BGH ZIP **14**, 1019, dies wenn der verfolgte Zweck der Vorbereitung auf Tagesordnungspunkt vereitelt wird. Außerdem ist **Kausalität** zwischen Fehler und Abstimmungsergebnis notwendig, BGH NJW **87**, 1263, ZIP **14**, 1020 (Verfahrensmangel). Bloße Teilnichtigkeit eines Beschlusses ist möglich, wenn der Rest ein sinnvoller Beschluss

§ 119 32–35 2. Buch. Handelsgesellschaften und stille Gesellschaft

bleibt; ob er für sich allein gelten soll, bestimmt sich nach § 139 BGB, BGH BB **73**, 771. Die Darlegungslast (Tatsachenbehauptung, nicht ins Blaue hinein) liegt bei dem, der sich auf die Nichtigkeit beruft; die Beweislast für die Wirksamkeit des Beschlusses liegt dann bei dem, der Rechte aus ihm ableitet, BGH NJW **87**, 1263, WM **87**, 928. Beschlüsse über unberechtigte Nachschüsse (s Rn 35) sind unwirksam, BGH WM **07**, 743.

32   **b) Geltendmachung:** Die Geltendmachung erfolgt durch Feststellungsklage nach § 256 I ZPO (s Rn 31), BGH NJW **99**, 3113, **10**, 66, NZG **07**, 381, **09**, 501, WM **11**, 789, Staub/Schäfer 91, nach aA Beschlussanfechtungsklage (K. Schmidt, s Rn 31), gegen die MitGfter (BGH ZIP **14**, 1424, Stgt NZG **13**, 456, § 109 Rn 38 ff), bei unberechtigten Nachschüssen gegen die Ges oder gegen jeden einzelnen MitGfter, BGH WM **07**, 743. Allerdings kann der GesVertrag das kapitalgesellschaftsrechtliche Klagesystem übernehmen, also Klage gegen die Ges, das folgt aber nicht schon aus der Vereinbarung einer „Anfechtungsfrist", BGH WM **11**, 789. Eine gesetzliche oder am Leitbild des § 246 I AktG orientierte **Klagefrist** gibt es anders als im KapitalGesRecht nicht. Der GesVertrag kann aber für die Geltendmachung eine Frist bestimmen, jedoch nicht unter 1 Monat (entspr § 246 AktG), BGH NJW **95**, 1218; sie gilt iZw nicht für von vornherein unzulässige Beschlüsse, BGH **68**, 216 (GfterAusschließung ohne wichtigen Grund, vgl § 140 Rn 24), WM **87**, 1103. Mangels vertraglicher Frist ist der Mangel in angemessener Zeit (nach Kenntnis, auch nach Ausscheiden, BGH ZIP **13**, 1021) geltend zu machen, sonst droht Verwirkung, BGH **112**, 344, im konkr Fall 6 Monate ausreichend, uU aber bis zu 3 Jahren (vgl § 256 VI AktG), BGH WM **91**, 509, NJW **99**, 3113. Feststellungsinteresse grds auch noch nach Ausscheiden aus der Ges, BGH ZIP **13**, 1021. GesVertrag kann Einigungsversuch vorsehen, bei Schlichtung durch Vertrauensmänner ist Klage erst nach Ablauf der dafür vorgesehenen Frist möglich, Ffm ZIP **14**, 1097. **Einstweilige Verfügungen** sind nur in engen Grenzen (eindeutige Rechtslage oder besonderes Schutzbedürfnis zB gegen Vollzug nichtiger Beschlüsse) möglich, Ffm BB **82**, 274, Stgt NJW **87**, 2449 (GmbH), von Gerkan ZGR **85**, 167. Lit: Noack 1990; K. Schmidt § 15 II, FS Fischer **79**, 693 (Kartellbeschlüsse), FS Stimpel **85**, 217, ZGR **08**, 24, Herchen VGR **16**, 83.

4) Mehrheitsbeschlüsse (II)

33   **A. Grundsatz der Einstimmigkeit:** Nach gesetzlicher Regel können bei OHG und KG (wie bei der GbR § 709 I BGB) GfterBeschlüsse nur mit Zustimmung aller zur Mitwirkung bei der Beschlussfassung berufenen Gfter (s Rn 1–4), also **einstimmig** gefasst werden. Bei **PublikumsGes** sind **Mehrheitsbeschlüsse** zutr auch ohne Bestimmung im GesVertrag möglich, dazu unten Anh § 177a Rn 69b. Auch die Abkehr vom Bestimmtheitsgrundsatz wurde hier entwickelt.

34   **B. Zulassung von Mehrheitsbeschlüssen (II Halbsatz 1):** Mehrheitsbeschlüsse sind zulässig auf Grund GesVertrag (§§ 109, 119 II), stRspr, zB BGH NJW **09**, 669, BayObLG BB **87**, 713, oder einstimmigen GfterBeschluss, uU auch stillschweigend durch längere Übung (§ 105 Rn 62), RG **151**, 327; weitergehend bei PublikumsGes (Anh § 177a Rn 69b). Mehrheitsbeschlüsse können zugelassen werden für Geschäftsführungsmaßnahmen, aber auch für Änderungen des GesVertrags, BGH ZIP **13**, 65, 68 (Auslegung), zB für Bestellung und Abberufung der Geschäftsführer (§ 114 Rn 20, Entziehung der Geschäftsführung aus wichtigem Grund (§ 117 Rn 12), Ausschluss (§ 140 Rn 23) und Aufnahme (§ 105 Rn 67) von Gftern, Annahme eines Antrags nach § 139 (§ 139 Rn 39), Umwandlung (Einl 25 vor § 105).

35   **C. Allgemeine Grenzen für Mehrheitsbeschlüsse, Kernbereich:** Allgemeine Grenzen setzen §§ 134, 138 BGB **(gute Sitten)**. Der Mehrheits-

beschluss darf keine sittenwidrige Abhängigkeit des einzelnen Gfters von der Mehrheit begründen. Eine **Nachschusspflicht** (§ 109 Rn 14) nur in vorausbestimmten Grenzen **(Obergrenze),** RG **91,** 168, **151,** 327, **163,** 391, oder mit Austrittsrecht des Überstimmten zulässig, hL; für die PublikumsGes flexibler BGH **66,** 85 (Anh § 177a Rn 69); Konsequenzen bei Verstoß Rn 31, 32. Ähnlich für Verlängerung der Ges BGH NJW **73,** 1602 auf Grund § 723 III BGB (§ 234 Rn 8). Der **Minderheitenschutz** setzt selbst qualifizierten Mehrheitsbeschlüssen Grenzen, zB keine nachteilige **Ungleichbehandlung** eines Gfters gegenüber den anderen ohne seine Zustimmung; kein rückwirkender **Entzug erworbener Rechte,** zB bereits entstandener Anspruch auf Zinsen, BGH NJW **85,** 974 (aber uU Zustimmungspflicht zu GesVertragsänderung, § 105 Rn 66). Die Mehrheit muss den Grundsatz der **Verhältnismäßigkeit** wahren (Treuepflicht, § 109 Rn 25).

Eingriff in den **Kernbereich** der GfterPosition ist nur mit Zustimmung der **36** betroffenen Gfter zulässig, BGH NJW **85,** 972, 974 (PublikumsGes), also von einer allgemeinen Mehrheitsklausel im GesVertrag nicht gedeckt, BGH NJW **95,** 194, nach aktueller und zutr Rspr nicht ohne weiteres. Umfang und Bedeutung dieser Kernbereichslehre sind str (zur zweistufigen Prüfung von Mehrheitsbeschlüssen s Rn 37), von Rspr wird Begriff nunmehr in Anführungszeichen gesetzt und jedenfalls distanziert verwendet, BGH ZIP **13,** 67, 73, **14,** 2234. Abgestellt wird auf die Auslegung des GesVertrags, Rn 39, also die erste Stufe der Prüfung von Mehrheitsentscheidungen (distanziert bei zweiter Stufe BGH ZIP **14,** 2231 Rn 19). Dabei kommt dem Kernbereich jedenfalls indizielle Wirkung zu, es können mindestens dazu gerechnet werden: Änderung des GesVertrags; Eingriffe in das Stimm-, Gewinn-, Geschäftsführungs- und Liquidationsbeteiligungsrecht, BGH NJW **95,** 194; völliger Entzug des Informationsrechts bei erlaubter Konkurrenztätigkeit, BGH NJW **95,** 194 (§ 166 Rn 18); Mehrheitsentscheidung bei Bilanzfeststellung (§ 164 Rn 3), BGH **132,** 268 (s auch Rn 38); Entzug und Begründung von Sonderrechten, Verbot im GesVertrag nicht vorgesehener Belastungen, Eingriffe in die vermögensmäßige Rechtsstellung der Gfter, Erhaltung der actio pro socio mindestens im Kern, näher Löffler, NJW **89,** 2656. Die Kernbereichslehre stand selbstständig neben dem Bestimmtheitsgrundsatz (Rn 37, 39), BGH NJW **95,** 194, K. Schmidt § 16 II 2, ZHR 158 **(94)** 220; aA diesen ersetzend MüKoBGB/Schäfer § 709 Rn 91. Zur Aufgabe des Bestimmtheitsgrundsatzes durch BGH ZIP **13,** 66 und 71 s Rn 37, nach Wertenbruch DB **14,** 2875 auch Aufgabe der Kernbereichslehre, nach Schäfer NZG **14,** 1404 Reserve des BGH, wie hier daran festhaltend Ulmer ZIP **15,** 659, Priester NZG **15,** 529, Schäfer ZIP **15,** 1313, Westermann/Westermann Rn I 519, auf die Publikumsgesellschaft beschränkend Klöhn AcP 216 **(16)** 308. Zutreffend soll der GesVertrag umfassend ausgelegt werden, dies auch wenn der Kernbereich betroffen ist. Der Kernbereich ist aber im Rahmen der Auslegung weiter heranzuziehen. Die Zustimmung der betroffenen Gfter ist grundsätzlich auch schon im GesVertrag möglich, MüKoBGB/Schäfer § 709 Rn 92, aA Wiedemann § 7 I 1b aE, Immenga ZGR **74,** 425. Der GesVertrag ist auszulegen (s Rn 37). Bei Indizien für entsprechenden Willens je nach betroffenem Recht ggf erhöhte Anforderungen. Treupflicht als Förderpflicht (Mülbert AcP 214 **(14)** 245) auch im Kernbereich, ausnahmsweise Pflicht zur Zustimmung zur Änderung des GesVertrags („Sanieren und Ausscheiden"), s § 105 Rn 66. Lit: Röttger 1989, Heinrichs 2006; K. Schmidt § 16 III 3, Wiedemann § 7 I 1b, MüKoBGB/Schäfer § 709 Rn 91 ff, Immenga ZGR **74,** 385 (Kdtisten), Löffler NJW **89,** 2656, Hermanns ZGR **96,** 103, Haar NZG **07,** 601, K. Schmidt ZGR **08,** 1, Priester DStR **08,** 1386, Sigle FS Hüffer **10,** 973, Schäfer ZGR **13,** 237, Seidel/Wolf BB **15,** 2563.

D. Zweistufige Prüfung. Nach nunmehr gefestigter Rechtsprechung erfolgt **37** die **Prüfung** eines Mehrheitsbeschlusses **in zwei Stufen,** BGH ZIP **07,** 476, **09,**

218 **12**, 518, **13**, 67, 72, **14**, 2231: auf der **ersten,** formalen geht es darum, ob der Gfter **überhaupt auf die Einstimmigkeit verzichtet hat,** auf der **zweiten,** ob der **Mehrheitsbeschluss gegen unverzichtbare Mitgliedschaftsrechte oder die Treupflicht verstößt,** insoweit aber **keine volle Inhaltskontrolle.** Die gebotene Klarheit bei einer **Mehrheitsklausel,** die als wertneutrale Verfahrensregel je nachdem jedem Gfter zugutekommen kann, verlangt nur Eindeutigkeit der Vertragsregelung, nicht Auflistung der betroffenen Beschlussgegenstände (wäre Förmelei, endgültig klarstellend BGH ZIP **13**, 66), auch nicht bei gravierenden Strukturmaßnahmen, sogar Auflösung, kein Recht auf Erhaltung einer Sperrminorität, die kapitalgesellschaftsrechtlichen Erfordernisse an eine qualifizierte Mehrheit schlagen nicht auf die Konsortialbindung durch, BGH NJW 09, 671m Anm C. Schäfer ZGR 09, 768, K. Schmidt ZIP 09, 742, str; Grund und Tragweite der Legitimation für Mehrheitsentscheidungen können sich vielmehr durch GesVertragsauslegung ergeben, BGH ZIP 07, 475. Eine Aufzählung ist auch dann nicht zwingend erforderlich, wenn es sich um ein so genanntes Grundlagengeschäft handelt, BGH ZIP **12**, 515. Ob ein konkreter Mehrheitsbeschluss wirksam ist, ist erst auf einer **zweiten Stufe** zu prüfen, BGH ZIP 07, 476, nämlich ob ein Eingriff in schlechthin unverzichtbare oder in „relativ unentziehbare" Mitgliedschaftsrechte vorliegt, letztere können nur mit (ggf antizipierter) Zustimmung des einzelnen Gfters oder aus wichtigem Grund entzogen werden, dabei hat die Minderheit den Nachweis einer treupflichtwidrigen Mehrheitsentscheidung zu führen, BGH ZIP 07, 477, str. Aber **auch einfache Treupflichtverletzung** (also nicht nur bei Beschlüssen, die die Vertragsgrundlagen oder den Kernbereich der Mitgliedschaftsrechte der Minderheit berühren) ist **auf der zweiten Stufe zu prüfen,** klarstellend BGH ZIP 09, 216. Bei relativ unentziehbaren Rechten kommt ein ggü dem betroffenen Gfter relativ unwirksamer Beschluss in Betracht, BGH ZIP **14**, 2234, dazu Ulmer ZIP **15**, 660.

Dem Schutz der Minderheit auf der **ersten Stufe** diente traditionell der **Bestimmtheitsgrundsatz:** GesVertragsklauseln über **Zulassung von Mehrheitsbeschlüssen** sind für die Gfter gefährlich und waren nach dem Bestimmtheitsgrundsatz eng auszulegen. Eine pauschal Vertragsänderungen erfassende Mehrheitsklausel deckte nur übliche Vertragsänderungen. Bei Vertragsänd mit **ungewöhnlichem Inhalt** musste und muss sich der Beschlussgegenstand **unzweideutig,** sei es auch nur durch Auslegung, aus dem GesVertrag ergeben; noch auf Grundlage des Bestimmtheitsgrundsatzes BGH **85**, 356, ZIP **94**, 1942, gegen Kritik daran begrifflich festhaltend zunächst BGH ZIP 07, 475 (Otto, s auch § 105 Rn 106), weiter relativierend BGH NJW 09, 671 (Schutzgemeinschaft II), aber (noch) nicht völlig aufgebend, so Vorauflage, K. Schmidt ZIP 09, 737, Sigle FS Hüffer **10**, 973, aA C. Schäfer ZGR 09, 768, Staub/Schäfer 37. Nach BGH ZIP **13**, 66 und 71, **14**, 2231 kommt dem **Bestimmtheitsgrundsatz keine Bedeutung mehr zu.** Konkret entschieden ist der zur Publikumsgesellschaft (BGH ZIP **13**, 66, NZG **14**, 302) sowie zur GmbH & Co KG (BGH ZIP **14**, 2231, dazu Vorauf 37c, zur zuvor divergierenden Rechtsprechung Ebenroth/Henze/Notz § 177a Anh. B Rn 2). Bei **Publikumsgesellschaft** greift mit der **Inhaltskontrolle** und der Anlehnung an § 305c II BGB (**Zweifel bei Auslegung gehen zu Lasten des Verwenders**) freilich ein dem Bestimmtheitsgrundsatz nicht völlig unähnlicher Schutzstandard, näher Anh § 177a Rn 68.

38 **Beispiele für Auslegung (Grenzen, vormals Bestimmtheit) sowie den Kernbereich:** Ausschluss, Entziehung der Geschäftsführung oder Vertretung, Aufnahme eines neuen Gfter, nach oben unbegrenzte Beitragserhöhung, Begründung neuer Pflichten für Gfter, Schaffung oder Beseitigung von Sonderrechten, im Einzelnen: Fortsetzung nach Auflösung, BGH **8**, 39 (Auslegung); Änderung von Kündigungsfolgen nach Kündigung, BGH **48**, 254 (Einstimmigkeit, da

1. Abschnitt. Offene Handelsgesellschaft   39, 40   § 119

Eingriff in Rechtsposition wenn Ausscheiden statt Auflösung); KG-„Kapitalerhöhung", BGH **66**, 85 (Auslegung); Umwandlung von KG in GmbH, BGH **85**, 356 (Auslegung, Vielzahl von Gftern, Ausn von Bestimmtheitsgrds); Änderung des Auseinandersetzungsmodus, BGH WM **66**, 707 (Auslegung); Abberufung aus Beirat auf Grund Klausel über Entziehung der phG-Stellung und Geschäftsführung, BGH WM **73**, 101 (Auslegung); Verlängerung der Ges, soweit mit Mehrheit möglich (s Rn 35), BGH DB **73**, 1545 (Feststellung des Parteiwillens bei sonst vorgesehenem Kündigungsrecht, Notwendigkeit von Grenzen); Eingriff in schon entstandene GfterAnsprüche, zB Guthabenzinsen, BGH WM **75**, 663 (Eingriff in Rechte grds nur mit Zust des Betroffenen, nicht eindeutig bestimmt); Bildung von Rücklagen (§ 120 Rn 5, 8), BGH BB **76**, 948 (Auslegung); Mehrheitsentscheidung in KG bei Bilanzfeststellung (§ 164 Rn 3), gegen phG BGH **132**, 268 (Kernbereich/Bestimmtheit), offener dann aber bei GmbH & Co BGH ZIP **07**, 475 (Otto, Auslegung, kein Eingriff in unverzichtbare Gesellschafterrechte/Kernbereich, Aufgabe von BGH **132**, 268), Vorinstanz Hbg ZIP **06**, 895 (s auch Rn 36); Beschränkung der actio pro socio (§ 109 Rn 32), BGH NJW **85**, 2830 (Eingriff in Rechte, Parteiwille nicht eindeutig feststellbar); rückwirkende Änderung der Berechnung der Höhe des Gewinnanteils, BGH WM **86**, 1556 (nicht von allg Mehrheitsklausel gedeckt); Herabsetzung eines bestimmten Mehrheitserfordernisses, BGH NJW **88**, 411 (kein unzweideutiger Wille erklärt). Zulassung der Beitragserhöhung durch Mehrheitsbeschluss ist idR nur möglich bei Festsetzung einer Obergrenze, BGH **8**, 39, **66**, 85, Ausmaß und Umfang einer möglichen zusätzlichen Belastung muss erkennbar sein, BGH ZIP **07**, 476 (§ 109 Rn 14). Rspr-Übersicht: Brändel FS Stimpel **85**, 95, Goette FS Sigle **00**, 145.

Nunmehr stellt die Rechtsprechung auf die **Auslegung der Mehrheitsklausel** ab. Dabei nimmt der BGH für die **Publikumsgesellschaft** eine **objektive Auslegung** an (Anh § 177a Rn 67). Auch im Fall der **GmbH & Co KG** wird der subjektive Maßstab (§ 105 Rn 59) modifiziert, der Gesellschaftsvertrag **zunächst** nach seinem Wortlaut und Gesamtzusammenhang **objektiv ausgelegt**, ZIP **14**, 2233 (15). Ein abweichender **übereinstimmender Wille** soll nur beachtlich sein, wenn Gfter ihren übereinstimmenden Willen **einander zu erkennen gegeben** haben; dies wird derjenige, der sich darauf berufen möchte, ggf zu beweisen haben, vgl § 123 Rn 12. Für dem gesetzlichen Idealtypus entsprechende PersGes können diese Auslegungsgrundsätze jedenfalls nicht grundsätzlich gelten, dies auch bei Fortfall des Bestimmtheitsgrundsatzes (insoweit noch 36. Aufl Rn 37c), da hier die persönliche Haftung über die Einlage hinaus in Rede steht. Die **Nachschusspflicht** wurde auch nach Aufgabe des Bestimmtheitsgrundsatzes durch BGH als möglicher Anwendungsbereich des allg zivilrechtl Bestimmtheitsgrundsatzes (Staub/Casper § 161 Rn 182, auf diesen hinweisend auch Altmeppen NJW **15**, 2070) bzw des trad gesellschaftsr Bestimmtheitsgrundsatzes (36. Aufl Rn 37c) angesehen. Bestimmtheit ist insbesondere bei Nachschüssen weiter nötig, Staub/Casper § 161 Rn 183 (s auch § 109 Rn 14, zur Rückzahlung gewinnunabhängiger Ausschüttungen unten Rn 40), zum Bestimmtheitserfordernis bei der Teilung eines GmbH-Geschäftsanteils BGH NZG **14**, 184. Die Rspr kommt über Auslegungsgrundsätze zu vergleichbaren Ergebnissen, so dass auf **Terminologie des Bestimmtheitsgrundsatzes ganz verzichtet** werden kann; in den in Rn 38 genannten Entscheidungen hatte der Bestimmtheitsgrundsatz kaum entscheidende Bedeutung. Nach Mayer ZIP **15**, 256 Bindung zustimmender Gfter auch bei dies nicht tragender Mehrheitsklausel, zum relativ unwirksamen Beschluss auch oben Rn 37.

Die Abkehr von der Begrifflichkeit des Bestimmtheitsgrundsatzes hat die Rspr bei vom Gesetz als atypisch betrachteten PersGes entwickelt, zunächst als Sonderregel für die kapitalistische KG (§ 161 Rn 11) und vor allem für die

Publikumsgesellschaft (Anh § 177a Rn 69). Auch die endgültige Aufgabe des Bestimmtheitsgrundsatzes (BGH ZIP **13**, 66, oben Rn 37) hat der BGH, letztlich in einem obiter dictum, in eine Publikumsgesellschaft betreffenden Entscheidungen vollzogen, 35 Jahre nach BGH **69**, 160, **71**, 53 zur Nichtanwendung des Bestimmtheitsgrundsatzes auf die Publikumsgesellschaft selbst. Bestätigt hat der BGH die Abkehr vom Bestimmtheitsgrundsatz in einer Entscheidung zu einer GmbH & Co KG, BGH ZIP **14**, 2231. Allgemein müssen bei sachgemäßer, strikter Auslegung des GesVertrags keine Schutzlücken entstehen, dies zeigt nach begrifflicher Aufgabe des spezifisch personengesellschaftsrechtlichen Bestimmtheitsgrundsatzes die Entscheidung BGH zur im Innenverhältnis fehlenden Pflicht, gewinnunabhängige Ausschüttungen zurückzuzahlen, BGH ZIP **13**, 1224, so auch Nürnb ZIP **15**, 273, auch die Bezeichnung der Ausschüttung von Liquiditätsüberschüssen als unverzinsliches Darlehen genügt allein den Anforderungen an eine klare und unmissverständliche Regelung der Rückzahlungspflicht nicht, BGH ZIP **16**, 518, zu unterscheiden sind bloße Fälligkeitsabreden im GesVertr, Mü ZIP **17**, 679. Bestimmtheit als allgemeine Auslegungsregel bleibt erhalten (oben Rn 39).

41 E. **Mehrheit der Stimmen (II Halbsatz 2):** Mehrheit der Stimmen ist iZw Mehrheit **nach Köpfen**. Das bedeutet Mehrheit der stimmberechtigten Mitglieder, **Enthaltung wirkt also wie Gegenstimme**, KG NJW-Sp **09**, 704, str, aA für Verein BGH **83**, 36, anders beim Aufsichtsrat; stimmrechtslose und einem Stimmverbot unterliegende Gfter werden nicht mitgezählt. Modifikationen bei der GmbH & Co KG, PublikumsGes (Anh § 177a Rn 25, 76). II ist aber **dispositiv**. Der GesVertrag kann die Mehrheit anders, insbesondere **nach Kapitalanteilen** (§ 120 Rn 12) berechnen lassen, BGH NJW **09**, 670, Stgt ZIP **10**, 478. Er kann statt einfacher auch eine irgendwie **qualifizierte** Mehrheit fordern oder statt Mehrheit aller Gfter Mehrheit unter einer Mindestzahl von an der Beschlussfassung teilnehmenden Gfter (**Quorum**, vgl §§ 32 I 3 BGB, 47 I GmbHG, 133 I AktG) ausreichen lassen. Anwesende Gfter sind bei schriftlicher Stimmabgabe die sich an der Abstimmung beteiligenden, BGH ZIP **11**, 1908, WM **11**, 1853. Ein mit ausreichender Mehrheit gefasster Beschluss ist trotzdem unwirksam (weil nicht vertragsgemäß zustande gekommen), wenn nicht **alle Stimmberechtigten** ihre Stimme abgeben konnten und (iZw) auch Gelegenheit zur Begründung hatten. Beschlüsse mit ungenügender Mehrheit können (nach Grundsätzen der Verwirkung, § 242 BGB) uU **mangels Widerspruchs** der überstimmten oder zu Unrecht an der Beschlussfassung nicht beteiligten Gfter **wirksam werden**, OGH **4**, 68, BGH DB **73**, 467. Unrichtige Vertretung (s Rn 21–23) steht iZw der Nichtbeteiligung gleich. Im Einzelfall kann das Vorsehen einer Mehrheit für Gesellschafterbeschlüsse als Erfordernis einer qualifizierten Mehrheit auszulegen sein, BGH ZIP **11**, 1908.

[Gewinn und Verlust]

120 (1) **Am Schlusse jedes Geschäftsjahrs wird auf Grund der Bilanz der Gewinn oder der Verlust des Jahres ermittelt und für jeden Gesellschafter sein Anteil daran berechnet.**

(2) **Der einem Gesellschafter zukommende Gewinn wird dem Kapitalanteile des Gesellschafters zugeschrieben; der auf einen Gesellschafter entfallende Verlust sowie das während des Geschäftsjahrs auf den Kapitalanteil entnommene Geld wird davon abgeschrieben.**

1. Abschnitt. Offene Handelsgesellschaft   1–4   § 120

Übersicht

	Rn
1) Ermittlung des Gewinns oder Verlusts der OHG und der Anteile der Gesellschafter daran (I)	1–11
A. Jahresabschluss	1
B. Einzelne Posten	2
C. Gewinnermittlung	7
D. Gewinnverwendung	8
E. Berechnung des Anteils der Gesellschafter (I Halbsatz 2)	9
F. Abweichende Vereinbarungen	10
2) Bildung und Behandlung der Kapitalanteile der Gesellschafter (II)	12–23
A. Begriff und Rechtsnatur	12
B. Variabler Kapitalanteil	14
C. Fester Kapitalanteil	15
D. Bewertung und Einlagen	17
E. Kapitalkonto und Privatkonto	18
F. Negativer Kapitalanteil	22
G. Gesellschafter ohne Kapitalanteil	23

1) Ermittlung des Gewinns oder Verlusts der OHG und der Anteile der Gesellschafter daran (I)

A. **Jahresabschluss:** Die OHG hat wie jeder Kfm bei Beginn ihres HdlGe- 1 werbes eine Eröffnungsbilanz und dann für den Schluss jedes Geschäftsjahrs einen Jahresabschluss zu machen (§§ 242 ff). Der Jahresabschluss besteht aus der **Bilanz** und einer besonderen **Gewinn- und Verlustrechnung** (§ 242 III). **Aufstellung und Feststellung** des Jahresabschlusses sind zu unterscheiden (wichtig wegen unterschiedlicher Zuständigkeit nur der geschäftsführenden Gfter oder aller Gfter einschließlich der Kdtisten, § 114 Rn 2, 3, § 164 Rn 3). **Rechtsnatur** der Feststellung ist str, s § 164 Rn 3. Unterzeichnung § 245, Aufbewahrung § 257. Ein förmlicher Lagebericht (vgl § 289 für KapitalGes) ist für die OHG nicht vorgeschrieben. Über Berichtspflicht § 114 Rn 14, Kontrollrechte § 118. Die Buchführungs- und Bilanzierungspflichten des III. Buchs sind öffentlichrechtliche Pflichten (§ 238 Rn 4), die Rechte und Pflichten der Gfter untereinander nach §§ 120–122 sind davon unabhängig (§ 243 Rn 34). Lit: IdW 1990; Goerdeler FS Fleck **88**, 53, Wahlers/Orlikowski-Wolf ZIP **12**, 1161 (Beschlussfassung über Feststellung).

B. **Einzelne Posten: a)** Zu den Aktiva gehören die Ansprüche der Ges gegen 2 die Gfter, ihre Verbindlichkeiten gegenüber den Gftern gehören zu ihren Passiva (vgl § 124 Rn 3, 23). Die Haftung der Gfter für GesSchulden nach § 128 berührt die Bilanz der Ges nicht.

b) Eigenkapital und Einlagen: Ein Stamm- oder Grundkapital mit einem 3 festen Kapitalbetrag wie bei AG und GmbH ist gesetzlich ebenso wenig vorgeschrieben wie Einlagen der Gfter, das gilt bilanzrechtlich (s Rn 1) und gesellschaftsrechtlich (§ 109 Rn 6). Doch können Eigenkapital und Einlagen nach GesVertrag oder Übung der Gfter vorgesehen sein. Das Eigenkapital ist dann idR gleich der Summe fester Kapitalanteile der Gfter (s Rn 15). Denkbar wäre auch ein fester Kapitalbetrag der Ges mit variablen, nach besonderem Schlüssel wechselnden Kapitalanteilen (s Rn 14). Der gesetzlichen Regelung entspricht die Ausweisung solcher veränderbarer Kapitalanteile, deren Summe die Differenz von Aktiven und Passiven am Bilanztage entspricht. Bewertung der Einlagen s Rn 17. Lit: Pauli 1990.

c) Rückstellungen: Für ungewisse Verbindlichkeiten und drohende Verluste 4 aus schwebenden Geschäften ua sind Rückstellungen zu bilden (näher § 249 I 1).

§ 120 5–9   2. Buch. Handelsgesellschaften und stille Gesellschaft

5   **d) Rücklagen:** Die Bildung von **gesetzlichen Rücklagen** ist, anders als zB nach § 150 AktG, für die OHG nicht vorgeschrieben (§ 122 Rn 3), doch ist nach GoB (§ 238 Rn 11) jedenfalls Bildung der für die Lebens- und Widerstandsfähigkeit der Ges erforderlichen Rücklagen zu fordern, Ulmer FS Hefermehl **76**, 218, Westermann FS von Caemmerer **78**, 657. Der **Gesellschaftsvertrag** kann darüber hinaus die Bildung von **freien Rücklagen** vorschreiben oder zulassen. Sie ist auch zulässig, soweit alle Gfter (auch konkludent) einverstanden sind. Mangels vertraglicher Zulassung ist Rücklagenbeschluss Vertragsänderung, die Gfter müssen aber angemessenen offenen Rücklagen zustimmen (Treuepflicht, § 109 Rn 23), sehr str. Gestattet Vertrag allgemein Änderung mit Mehrheit (§ 119 Rn 34), erlaubt das Mehrheitsbeschluss nur für Bildung kfm notwendiger Rücklagen, BGH BB **76**, 948 (Bestimmtheitsgrundsatz, § 119 Rn 37, 38), strenger BGH **132**, 275: dann überhaupt kein Mehrheitsbeschluss. Den Gftern sollte dabei aber nach Möglichkeit ein Betrag übrigbleiben, der für die Steuerschuld ausreicht (aber s § 122 Rn 17), Ebenroth/Ehricke 30, weitergehend Heymann/Emmerich 20: dies sei stets Grenze für Rücklagen. Lit: Großfeld WPg **87**, 698, Priester FS Quack **91**, 373, Haar NZG **07**, 601.

6   **Stille Reserven:** Die bilanzrechtlich in bestimmten Grenzen erlaubte Bildung stiller Reserven (§ 253 Rn 25–35) ist nicht ohne weiteres auch gesellschaftsrechtlich zulässig. Soweit stille Reserven nicht durch GoB oder durch GesVertrag gedeckt sind, sind sie nur zulässig, soweit alle Gfter einverstanden sind (Mehrheitsbeschluss s Rn 5), eine Zustimmungspflicht besteht grundsätzlich nicht, BGH **132**, 275f (§ 164 Rn 3), Ulmer FS Hefermehl **76**, 220, Heymann/Emmerich 18a, sehr str, Grund: stille Reserven sind für die Ges gefährlich und verkürzen künstlich den ausschüttungsfähigen Bilanzgewinn, das betrifft ebenso wie die Feststellung der Bilanz die Grundlagen (s Rn 1). Lit: Priester FS Quack **91**, 373, Ulmer FS Lutter **00**, 935, Haar NZG **07**, 601.

7   **C. Gewinnermittlung:** Gewinn und Verlust der Ges ergeben sich aus den Veränderungen des GesVermögens gegenüber der Vorjahrsbilanz (s Rn 1). Eigenkapital als Gewinnermittlungs- und -ausschüttungssperre ist anders als bei AG und GmbH nicht vorgeschrieben (s Rn 3). Der Gewinn ist danach der nach Rücklagenbildung von den Gftern als „Überschuss" erklärte und damit gleichzeitig freigegebene Anteil am GesVermögen, BGH **58**, 320, **80**, 358. Die Gewinnermittlung in der Bilanz gibt den Rahmen für die Gewinnverwendung (s Rn 8). Für die Zuständigkeit sind Aufstellung und Feststellung der Bilanz zu unterscheiden (s Rn 1).

8   **D. Gewinnverwendung:** Sie ist von der Gewinnermittlung zu unterscheiden und wird von allen Gfter beschlossen, falls der GesVertrag nicht einen Mehrheitsbeschluss zulässt (§ 119 Rn 34), MüKo/Priester 81, Kernbereichsrelevanz offen, BGH ZIP **07**, 477, str (s auch § 164 Rn 3, 4). Weicht die Gewinnverwendung vom GesVertrag ab, liegt Vertragsänderung vor, für die ebenfalls Mehrheitsbeschluss vorgesehen werden kann (aber Bestimmtheitsgrundsatz, § 119 Rn 37, 38, § 164 Rn 3, 4).

9   **E. Berechnung des Anteils der Gesellschafter (I Halbsatz 2):** Aus dem Gewinn bzw Verlust sind **Anteile** der Gfter zu bilden (I Halbs 2, § 121). Aus der Feststellung der Anteile der Gfter am Gewinn oder Verlust folgt nach dem Gesetz nur die Zu- oder Abschreibung dieser Beträge zum oder vom Kapitalanteil (II, s Rn 12). Der Gewinn kommt dem Gfter persönlich nur mittelbar zugute, indem er sein Entnahmerecht stärkt (§ 122 I) und für den Fall der Auflösung der Ges das dem Gfter dann zukommende Auseinandersetzungsguthaben (für den Normalfall der Liquidation des Unternehmens, § 155 I) erhöht. Der Verlust berührt ihn mittelbar in derselben Weise, unmittelbar trifft er ihn nicht, er hat nichts nachzuschießen (§ 707 BGB, § 109 Rn 12).

F. **Abweichende Vereinbarungen: a) Bilanzierung:** Die Pflicht zur Aufstellung eines Jahresabschlusses nach § 242 und die Vorgaben des III. Buchs dafür sind zwingend (s Rn 1). **§§ 120–122, 155** sind dagegen **dispositiv** (§§ 109, 145).

b) Gewinnermittlung und Gewinnverwendung: Die Gfter können für die Zwecke der Gewinnermittlung und Gewinnverteilung besondere, von §§ 121–123 abweichende Vereinbarungen treffen. Mangels anderer Vereinbarung werden dafür alle Vorfälle des Geschäfts der Ges in gleicher Weise erfasst. Abweichungen, zB gesonderte Rechnung und Bilanz für einzelne Abteilungen, Niederlassungen, Einzelgeschäfte, sind nach Vereinbarung möglich, zB als Grundlage einer Gewinnverteilung gemäß Teilergebnissen, an denen die Gfter in verschiedener Weise teilhaben sollen. Der GesVertrag kann auch schlicht (ohne die Einschränkung des § 122 I) Ausschüttung der Gewinnanteile, andererseits Deckung der Verlustanteile durch Nachschüsse anordnen (§ 109 Rn 13).

2) Bildung und Behandlung der Kapitalanteile der Gesellschafter (II)

A. **Begriff und Rechtsnatur:** Das HGB geht in den (sämtlich dispositiven, s Rn 10) II, § 121 (Gewinnverteilung), § 122 (Entnahmerecht), § 155 (Auseinandersetzung) vom Bestehen von Kapitalanteilen aus, ohne diese zu definieren. Die Kapitalanteile zeigen das **Verhältnis der Beteiligung der verschiedenen Gesellschafter** durch Zahlen an, nach Gesetz in Bezug auf die drei genannten Punkte (§§ 121, 122, 155), nach dem vorrangigen GesVertrag uU nicht für alle drei (zB Gewinnverteilung und Entnahmerecht unabhängig und nur die Auseinandersetzung nach Auflösung der Ges abhängig von Kapitalanteilen) oder darüber hinaus für weitere Punkte (zB Stimmrechte, Zuschusspflichten ua). Macht der GesVertrag auch die Auseinandersetzung von den Kapitalanteilen unabhängig (zB durch Zuweisung bestimmter Beträge an Gfter A und B, des Restes des Liquidationserlöses an C), sind diese rechtlich überflüssig; werden sie dennoch auf den Kapitalkonten und in der Bilanz ausgewiesen, hat das wie gewöhnliche Buchungen nur die Bedeutung historischer Feststellung. Der BGH betont zutreffend, dass die Verbuchung der Rechtsbeziehungen zwischen Gesellschaft und Gesellschaftern das Innenverhältnis betrifft und insoweit Vertragsfreiheit besteht, BGH ZIP **16**, 522.

Rechtlich ist danach der Kapitalanteil **nur eine Rechnungsziffer** (Verhältniszahl), die für gewisse Zwecke das Verhältnis der Rechte und Pflichten der Gfter angeben soll, RG **117**, 242, BGH NJW **99**, 2438, hL. Er bezeichnet **nicht** dasselbe wie der (auch oft Kapitalanteil genannte) **Anteil am Gesellschaftsvermögen** (§ 719 I BGB, s § 124 Rn 16) noch ist er eine **Forderung** des Gfters gegen die Ges ebenso wenig wie ein negativer Kapitalanteil (s Rn 22) eine Forderung der Ges gegen den Gfter ist, BGH **68**, 227. Deshalb ist rechtlich **keine Verfügung über den Kapitalanteil** möglich wie Abtretung, Verpfändung, Pfändung des Ganzen oder von Teilen; gewollt sein kann aber eine Verfügung über den Gewinnanspruch, das Gewinnstammrecht oder die ganze Mitgliedschaft (§ 121 Rn 3–6). In der **Insolvenz** der Ges ist der Kapitalanteil nicht Insolvenzforderung (sowenig der EinzelKfm in seiner Insolvenz mit dem Betrag, den er in sein Geschäft gesteckt hat, Insolvenzgläubiger ist). Dementsprechend ist ein negativer Kapitalanteil (s Rn 21) keine Verbindlichkeit, die der Insolvenzverwalter vom Gfter einziehen könnte. Lit: Huber 1970; Ganssmüller DB **67**, 2103, **70**, 389, Hopt/Hehl JuS **79**, 728.

B. **Variabler Kapitalanteil:** Nach II, § 121 wird ein veränderlicher Kapitalanteil gebildet, und zwar durch Gutschrift der ersten Einlage (vom Gesetz stillschweigend unterstellt) sowie Zuschreibung der Gewinnanteile (und etwaiger weiterer Einlagen) und Abschreibung der Verlustanteile und Entnahmen (auch unzulässiger, § 122 Rn 1). Das geschieht idR jährlich einmal bei Feststellung des

§ 120 15–19   2. Buch. Handelsgesellschaften und stille Gesellschaft

Jahresabschlusses. Die vom Kapitalanteil abhängigen Regelungen (s Rn 12) richten sich dann jeweils nach den im letzten Jahresabschluss festgestellten Kapitalanteilen.

15   C. **Fester Kapitalanteil:** In der Praxis wird der Kapitalanteil sehr häufig nach GesVertrag einfach durch Festsetzung eines Betrages (etwa genau oder ungefähr den Einlagen der Gfter entspr) gebildet, der (bis zu einer Vertragsänderung) unverändert bleibt, zB: A € 30 000, B € 20 000, C € 10 000. Gewinne, Verluste, Entnahmen der Gfter werden dann gesondert gebucht (s Rn 19, 20) mit der Folge, dass die Kapitalanteile und die von ihrer Höhe abhängigen Beziehungen (s Rn 12) gleich bleiben, zB Anteile an Gewinn und Verlust, Höhe der erlaubten Entnahmen, Stimmrechte, Zuschusspflichten, Anteile am Liquidationserlös nach Auflösung der Ges usw. Diese Regelung sichert also das Einfluss-, Rechte- und Pflichtenverhältnis der Gfter gegen rasche, uU unerwartete Änderung, die das Einvernehmen stören kann. Bsp: BGH NJW **72**, 1756.

16   Der Kapitalanteil kann nach Vertrag (selten) auch als bloße **Quote** (zB 3/5, 2/6, 1/6 oder x%, y%, z%) gebildet werden, OGH **1**, 349; dieser Kapitalanteil ist mit einem festen Kapitalanteil (s Rn 15) weitgehend gleichbedeutend, führt aber zu anderer Buchung (s Rn 19).

17   D. **Bewertung der Einlagen:** In der Bewertung der Einlagen für die Bestimmung der Kapitalanteile sind die Gfter grundsätzlich frei (**Innenverhältnis,** zu unterscheiden von zwingenden Bilanzansätzen, Ebenroth/Ehricke 25). Sie können Bareinlagen niedriger (zB bei Aufnahme eines neuen Gfters wegen stiller Rücklagen im Altvermögen) oder höher als ihren Nennwert, Sacheinlagen über oder unter Verkehrswert ansetzen, BGH **17**, 130, BB **59**, 92, **70**, 1070, WM **72**, 214, **74**, 1151, **75**, 327. Grenzen setzen §§ 138, 826 BGB, zur sittenwidrigen Unterbewertung BGH WM **75**, 327. Diese Bewertungsfreiheit im Innenverhältnis steht in scharfem Gegensatz zum **Erfordernis tatsächlicher Wertzuführung im Außen- und Haftungsverhältnis bei der KG** (§ 171 Rn 6). An der durch Unterbewertung einer Sacheinlage gebildeten stillen Rücklage haben bei Auseinandersetzung die MitGfter teil, wenn nicht ausdrücklich vereinbart, dass der Mehrwert als Darlehen des Einbringers zu behandeln, BGH WM **72**, 214; Abfindungsklauseln s § 131 Rn 64. Eine Ges, die im Einvernehmen aller Gfter vorbehaltlich der Bewertung von Einlagen vollzogen ist, ist abweichend von § 154 I BGB wirksam zustande gekommen (keine fehlerhafte Ges, § 105 Rn 50). Auch **Dienste** (§ 109 Rn 7) können als Einlagen bewertet werden, und zwar mit einem Erinnerungswert oder als laufende Einlage oder kapitalisiert als Summe des Werts künftiger Dienste, Sudhoff NJW **64**, 1249 zT abw Ganssmüller DB **70**, 285; stGes s § 230 Rn 20, 22, § 235 Rn 1. Auch Kenntnisse und Erfahrungen (**Know-how,** Einl 34 vor § 1), Barz FS W. Schmidt **59**, 157.

18   E. **Kapitalkonto und Privatkonto: a) Kapitalkonto:** Der Kapitalanteil jedes Gfters wird buchmäßig auf seinem Kapitalkonto ausgewiesen, entweder veränderlich (idR von Jahr zu Jahr, s Rn 14) oder wie meist in der Praxis mit stets gleich bleibendem Betrag (s Rn 15) oder auch in jeder Bilanz mit der Quote (s Rn 16) entsprechenden Teilbetrag des aus der Bilanz hervorgehenden Reinvermögens. Die Kapitalanteile der Gfter stehen in der **Bilanz** der OHG unter den Passiven wie Grund- bzw Stammkapital in der Bilanz der AG und GmbH (§§ 247 I, 266 III A) und zeigen das buchmäßige (vom wahren Wert oft sehr abweichende) Reinvermögen der Ges, wenn nicht (was besonders beim festen Kapitalanteil, in Betracht kommt) aus Gewinnen Rücklagen gebildet sind. Verzinsung nur bei (auch stillschweigender) Vereinbarung.

19   b) **Kapitalkonto I, II:** In der Praxis wird das Kapitalkonto häufig **in einen festen** Teil für die Einlage (Kapitalkonto I) **und einen variablen Teil** für Gewinne, Verluste und Entnahmen (Kapitalkonto II) **zweigeteilt** (auch Drei-

und Vierteilung kommt vor, zB zusätzlich separates Rücklagenkonto). Bsp: BGH NJW **72**, 1756. Die Einheitlichkeit des Kapitalanteils wird dadurch nicht beseitigt (Konsequenz s § 122 Rn 8). Das echte Kapitalkonto II ist ein Kapitalkonto, und zwar ein Einlagenkonto, nach aA bloßes Forderungskonto. Die Bezeichnungen (statt Kapitalkonto II manchmal auch variables Sonderkonto; zT auch missverständlich Privat-, Darlehenskonto, s Rn 20) sind aber rechtlich nicht maßgeblich. Die Bedeutung der Konten richtet sich vielmehr nach dem GesVertrag und den Gfterbeschlüssen und nach der Art der ihrer Bildung zugrundeliegenden Geschäftsvorgänge, BGH **58**, 316, BB **75**, 295, WM **82**, 1311. Verrechnung von Gewinn und Verlust nur innerhalb des Kapitalkontos II, nicht zwischen diesem und einem Privatkonto (s Rn 20). Verzinsung nur bei (auch stillschweigender) Vereinbarung. Lit: Huber ZGR **88**, 1, Wertenbruch FS Gerhardt **04**, 1077 (Pfändung Kapitalkonto II).

c) **Privatkonto:** Auf anderen Konten (Sonder-, Privat-, Darlehenskonto ua 20 genannt) bucht man die grundsätzlich jederzeit fälligen Ansprüche und Verbindlichkeiten zwischen Ges und Gfter, zB Ansprüche des Gfters auf Gehalt, Aufwendungsersatz oder der Ges gegebenen Darlehen, Ansprüche der Ges auf Zahlung rückständiger Einlagen, Rückzahlung unzulässiger Entnahmen, Ansprüche und Verbindlichkeiten aus Geschäften zwischen Ges und Gfter usw. Bsp: BGH BB **78**, 630. Bei festen Kapitalanteilen gehören hierhin auch der Anspruch auf Auszahlung des Gewinns (der hier nicht wie beim System des § 120 II dem Kapitalanteil zugeschrieben wird) und entspr die Verbindlichkeit des Gfters zur Einzahlung des ihn treffenden Verlustanteils (der hier nicht dem Kapitalanteil abgeschrieben wird). Das Konto ist danach ein **reines Forderungskonto**. Doch kommt es auch hier nicht auf die Bezeichnung, sondern das tatsächlich Gewollte an (s Rn 19). Das ist in der Praxis oft schwer festzustellen. Für ein Privatkonto sollen zB mangelnde Relevanz für Rechte nach §§ 121, 122, 155 (s Rn 12), Kündigungsmöglichkeit, feste Verzinsung sprechen; das ist aber unzuverlässig, richtiger kommt es auf die Verlustdeckungsfunktion des auf dem Konto ausgewiesenen Kapitals an, BGH BB **78**, 631, Ebenroth/Ehricke 85. Die auf solchem Konto gebuchten Beträge können rechtlich nicht teils als Kapital teils anders gewertet werden, BGH BB **78**, 631, aber es kann fehlerhafte Buchung vorliegen (s Rn 21). Umwandlung in Einlage oder in Darlehen nur durch (auch stillschweigende) Vereinbarung (§ 167 Rn 7); deshalb in der Praxis oft eigenes Darlehenskonto neben dem allgemeinen Privatkonto. Verzinsung der Beträge auf Privatkonto nur bei (auch stillschweigender) Vereinbarung, so idR bei Beträgen auf Darlehenskonto. Lit: Huber ZGR **88**, 1.

d) **Abweichende Buchungen:** Die Buchung des auf Kapitalkonto Gehören- 21 den auf Privatkonto oder umgekehrt ist entweder unrichtig und für die Rechtslage unerheblich, oder sie ist bei Einverständnis aller Gfter eine Änderung des Rechtsverhältnisses, Bsp: Umwandlung einer Darlehensforderung des Gfters in eine Einlage, die nun wie der übrige Kapitalanteil gebunden ist, also nicht mehr wie ein Darlehen auszahlbar und in der Insolvenz der Ges als Insolvenzforderung anmeldbar ist.

F. **Negativer Kapitalanteil:** Werden Verluste und Entnahmen vom (variablen, 22 s Rn 14) Kapitalanteil abgeschrieben, kann der Kapitalanteil einzelner Gfter oder auch aller passiv (oder negativ, Gegensatz: aktiv oder positiv) werden. Das ändert seine Bedeutung als reine Verhältniszahl (s Rn 13) nicht. Er weist keine Forderung gegen den Gfter aus, BGH **68**, 227, NJW **99**, 2438, somit keine Verzinsung (s Rn 18, 19); auch besteht keine Nachschusspflicht (§ 707 BGB, § 109 Rn 12), BGH WM **82**, 1311. Bei negativem Kapitalanteil **entfällt das Entnahmerecht** (§ 122 I 1. Fall: 4% des Kapitalsteils ohne Rücksicht auf Gewinn; der negative Kapitalanteil muss erst wieder positiv werden), nicht aber der Gewinnanteil (§ 121 III) und die Mitverwaltungsrechte des Gfter. Der GesVertrag kann an das

§ 121 1   2. Buch. Handelsgesellschaften und stille Gesellschaft

„Passivwerden" eines Gfters aber weitere Folgen knüpfen (zB hinsichtlich Stimmrechts). Sieht der GesVertrag Gewinnverteilung statt nach Köpfen nach Kapitalanteilen vor, ist nach einem den Umständen nach angemessenen Verhältnis zu verteilen (§ 168 II analog), Heymann/Emmerich 26. Für die **Liquidation** zeigt der negative Kapitalanteil der OHG die Höhe des Ausgleichspflicht des Gfters gegenüber seinen MitGftern an (außer bei Liquidationsgewinn, § 154 Rn 3). In der **Insolvenz** der Ges ist der passive Kapitalanteil nicht vom Insolvenzverwalter einzuziehen, er ist nicht Verbindlichkeit des Gfters an die Ges, aber er gibt an, wieweit der Gfter im Innenverhältnis die ungedeckten GesSchulden auf sich nehmen muss, wenn die Gläubiger ihn oder andere Gfter auf Grund ihrer persönlichen Haftung (§ 128) in Anspruch nehmen. Zum finanziell überforderten Gfter Wertenbruch NZG **13**, 1321.

23   **G. Gesellschafter ohne Kapitalanteil:** In der Praxis haben mitunter einzelne Gfter nach dem GesVertrag keinen Kapitalanteil, Hbg ZIP **07**, 1237, zB GmbH in der GmbH & Co, BGH ZIP **15**, 424. Das bedeutet iZw nur, dass solche Gfter keine Rechte aus §§ 121, 122, 155 (s Rn 12) haben. Der GesVertrag kann aber (im Innenverhältnis) anderes vorsehen, etwa die Vergütung der Tätigkeit als Komplementär-GmbH, BGH ZIP **15**, 426 (maßgeblich für den Streitwert).

[Verteilung von Gewinn und Verlust]

121 (1) ¹Von dem Jahresgewinne gebührt jedem Gesellschafter zunächst ein Anteil in Höhe von vier vom Hundert seines Kapitalanteils. ²Reicht der Jahresgewinn hierzu nicht aus, so bestimmen sich die Anteile nach einem entsprechend niedrigeren Satze.

(2) ¹Bei der Berechnung des nach Absatz 1 einem Gesellschafter zukommenden Gewinnanteils werden Leistungen, die der Gesellschafter im Laufe des Geschäftsjahrs als Einlage gemacht hat, nach dem Verhältnisse der seit der Leistung abgelaufenen Zeit berücksichtigt. ²Hat der Gesellschafter im Laufe des Geschäftsjahrs Geld aus seinem Kapitalanteil entnommen, so werden die entnommenen Beträge nach dem Verhältnisse der bis zur Entnahme abgelaufenen Zeit berücksichtigt.

(3) Derjenige Teil des Jahresgewinns, welcher die nach den Absätzen 1 und 2 zu berechnenden Gewinnanteile übersteigt, sowie der Verlust eines Geschäftsjahrs wird unter die Gesellschafter nach Köpfen verteilt.

Übersicht

	Rn
1) Gewinnverteilung (I, II, III)	1–6
A. Vorzugsgewinnanteil	1
B. Mehrgewinn (III)	2
C. Gewinnanspruch, Gewinnstammrecht	3
2) Verteilung eines Verlusts	7
3) Abweichende Vereinbarungen	8–10
A. Gewinnverteilung	8
B. Verlustverteilung	9
C. Änderung	10

1) Gewinnverteilung (I, II, III)

1   A. **Vorzugsgewinnanteil:** § 121 besagt, zu welchen Teilen der nach § 120 I ermittelte Jahresgewinn den einzelnen Gesellschaftern gebührt (ob er nun nach § 120 II dem Kapitalanteil zugeschrieben oder nach GesVertrag als gesonderter Anspruch neben dem unverändert festen Kapitalanteil, § 120 Rn 12,

1. Abschnitt. Offene Handelsgesellschaft 2–6 § 121

gebucht wird); das Recht auf Auszahlung bestimmt sich in beiden Fällen nach § 122 bzw GesVertrag.

a) Bei ausreichendem Gewinn erhält nach **I 1** jeder Gfter (außer Gfter mit negativem oder ganz ohne Kapitalanteil, § 120 Rn 22, 23) zunächst **4 % seines Kapitalanteils** bei Geschäftsjahresanfang (Vorzugsgewinnanteil, Vordividende, Vorzugsdividende).

b) Eingerechnet werden 4 % auf im Geschäftsjahr gemachte **Einlagen** abzüglich 4 % auf im Geschäftsjahr vorgenommene Entnahmen, beides aber nur mit dem Anteil entspr dem Teil des Jahres, der nach der Einlage bzw vor der Entnahme verstrich **(II)**. **c)** Reicht der Gewinn hierfür nicht aus, dann gilt derjenigen **unter 4 %** liegende Prozentsatz, dessen Anwendung den Gewinn erschöpft (I 2). Vorausgesetzt ist positiver Kapitalanteil, ein negativer (§ 120 Rn 22) bleibt unberührt, wird also nicht etwa entspr belastet. Auch ein Gfter ohne Kapitalanteil (§ 120 Rn 23) bleibt unberührt. Fehlt ein Gewinn, so erhalten die Gfter nichts, denn die 4 % nach I 1 sind Vorzugsdividende, nicht Kapitalzins. Lit: Flume DB **73**, 786.

B. Mehrgewinn (III): Der 4 % übersteigende Jahresgewinn ist nach Köpfen 2 zu verteilen, dh gleichmäßig auf alle Gfter, insbesondere ohne Rücksicht auf ihre Kapitalanteile. Reine Buchgewinne sind nicht auszuschütten, BGH WM **86**, 355.

C. Gewinnanspruch, Gewinnstammrecht: Das Recht eines Gfters auf 3 einen bestimmten Gewinnanteil **(Gewinnanspruch)** entsteht mit und gemäß Feststellung des Jahresabschlusses. Der Gewinnanspruch kann während des Bestehens der Ges nur gegen diese geltend gemacht werden (§ 128 Rn 22). **Verfügung** über den Gewinnanspruch ist möglich (anders Kapitalanteil, § 120 Rn 13, und Entnahmerecht, § 122 Rn 4), er ist also abtretbar, verpfändbar, pfändbar (bei Zuschreibung zum Kapitalanteil wie bei gesonderter Buchung, § 120 Rn 11–13), § 717 S 2 BGB (§ 109 Rn 19). Die Schranken der Gewinnauszahlung (§ 122 I) wirken auch gegen Zessionar, Pfand- und Pfändungsgläubiger. **Verjährung** des Gewinnsanspruchs in 3 Jahren (§§ 195, 199 BGB). Lit: Gansmüller DB **67**, 2103, **70**, 285.

Auch **künftige Gewinnansprüche** sind nach allgemeinen Regeln abtretbar, 4 verpfändbar, pfändbar (Vorausverfügung über künftiges Recht); dagegen nicht das **Gewinnstammrecht,** das den einzelnen Gewinnansprüchen zugrundeliegt (§ 109 Rn 20), str.

Wirkung der Verfügung: Die Abtretung (Verpfändung, Pfändung) hindert 5 nach Mitteilung an die Ges die Gewinnauszahlung an den Gfter und anderweitige Verfügungen über die Gewinne, gibt aber dem Zessionar, Pfand- und Pfändungsgläubiger **nicht** die der Kontrolle und Durchsetzung des erworbenen Vermögensrechts dienenden **Verwaltungsrechte** (§ 109 Rn 20), BGH WM **83**, 1280. Er hat also keinen Einfluss auf die Feststellung der die künftigen Gewinne bestimmenden Jahresabschlüsse, zB Rücklagenbildung, RG **98**, 318 (GmbH); kein Informationsrecht gegenüber der Ges (§ 118) außer auf Mitteilung des Gewinnanteils, RG **90**, 19, BGH BB **76**, 11; kein Veto gegen Änderung des GesVertrags, die das Gewinnrecht des Zedenten (Verpfänders, Pfändungsschuldners) schmälert, str; Grenzen: §§ 138, 826 BGB. Er bleibt also auf schuldrechtliche Nebenpflichten des Veräußerers angewiesen.

Mit stärkerer Wirkung kann der Gfter über sein Gewinnrecht nur im Rahmen 6 der **Verfügung über seinen ganzen Gesellschaftsanteil (Mitgliedschaft)** einwirken, welche über Auflösung der Ges Zugriff auf die Rücklagen und stillen Reserven gewährt (§ 105 Rn 69, § 120 Rn 4). Nießbrauch s § 105 Rn 44; Sicherungsabtretung, Verpfändung, Pfändung s § 124 Rn 19–21.

§ 122

2) Verteilung eines Verlusts (III)

7 Nach III ist der nach § 120 I ermittelte Jahresverlust nach Köpfen (insbesondere ohne Rücksicht auf die Kapitalanteile) auf die Gfter umzulegen, dh entweder nach § 120 II von den Kapitalanteilen abzuziehen oder neben festen Kapitalanteilen (§ 120 Rn 12) gesondert zu buchen. Ihn durch Nachschüsse auszugleichen, sind die Gfter weder verpflichtet (§ 707 BGB) noch berechtigt (§ 109 Rn 12–14). Unberechtigte Nachschüsse sind auf dem Privatkonto zu verbuchen, abweichende Buchung s § 120 Rn 21.

3) Abweichende Vereinbarungen

8 A. **Gewinnverteilung:** Der GesVertrag kann in der Gewinnverteilung von § 121 beliebig (im Rahmen des § 138 BGB) abweichen und tut das in der Praxis regelmäßig, zB: die Vorzugsdividende auf die Kapitalanteile (I 1) erhöhen oder senken; statt einer Vorzugsdividende eine Festverzinsung vorsehen; den Mehrgewinn anders als nach Köpfen (III) verteilen; die Anteile je nach Höhe des Gewinns verschieden bestimmen; Vorausanteile einzelnen Gftern zuteilen, insbesondere Gewinntantiemen für geschäftsführende Gfter, GründerGfter, für Überlassung von Gegenständen zur Nutzung usw, statt oder neben Gehalt (§ 110 Rn 19) oder anderen auch ohne Gewinn geschuldeten Leistungen. Ausschüttung auch bloßer Buchgewinne ist iZw nicht vereinbart, BGH WM **86**, 356. Anpassung der Gewinnverteilung (§ 313 BGB) nicht durch Klage gegen die Ges, sondern gegen die MitGfter auf Änderung des (Unter-)Beteiligungsvertrags, Mü NZG **10**, 863. Lit: Paulick FS Laufke **71**, 193 (FamilienGes).

9 B. **Verlustverteilung:** Ebenso kann der GesVertrag in der Verlustverteilung von § 121 III (nur Innenverhältnis) abweichen, zB: wie häufig den Verlust ganz oder zum Teil nach Kapitalanteilen verteilen (als negativen Kapitalertrag); einzelne Gfter von Verlustbeteiligung ganz freistellen (was iZw als minus aus einer Gewinngarantie folgt, iZw nicht aus Gewährung einer Voraustantieme), BGH WM **75**, 662. Die Bestimmung der Gewinnanteile gilt iZw entspr für die Umlegung eines Verlusts (§ 722 II BGB). Lit: Gansmüller DB **68**, 1699.

10 C. Jede **Änderung** der Gewinn- bzw Verlustverteilung, sei es der gesetzlichen nach § 121 oder besonderer Bestimmungen des GesVertrags, bedarf grundsätzlich (§ 105 Rn 60, § 114 Rn 3) eines einstimmigen (auch stillschweigenden) Beschlusses der Gfter; langdauernde Abweichung vom GesVertrag kann den Beschluss ersetzen, wenn im Einverständnis aller Gfter geübt, nicht wenn ihr nicht alle zustimmten, BGH NJW **66**, 826, BB **67**, 1307. Der GesVertrag kann Änderung mit Mehrheit vorsehen, auch insoweit Aufgabe des Bestimmtheitsgrundsatzes (§ 119 Rn 37, 38), dazu noch BGH WM **86**, 1556.

[Entnahmen]

122 (1) **Jeder Gesellschafter ist berechtigt, aus der Gesellschaftskasse Geld bis zum Betrage von vier vom Hundert seines für das letzte Geschäftsjahr festgestellten Kapitalanteils zu seinen Lasten zu erheben und,** soweit es nicht zum offenbaren Schaden der Gesellschaft gereicht, auch die Auszahlung seines den bezeichneten Betrag übersteigenden Anteils am Gewinne des letzten Jahres zu verlangen.

(2) Im übrigen ist ein Gesellschafter nicht befugt, ohne Einwilligung der anderen Gesellschafter seinen Kapitalanteil zu vermindern.

Übersicht

	Rn
1) Entnahmerecht und andere Zahlungsansprüche	1–7
A. Entnahmen	1
B. Gewinnrecht und Entnahmen	2
C. Kein festes Grundkapital	3
D. Entnahmerecht	4
E. Gesellschafterdarlehen	7
2) Entnahmerecht in Höhe von 4% des letzten Kapitalanteils (I Halbsatz 1)	8–11
A. Entnahmerecht (I Halbsatz 1)	8
B. Grenzen	9
C. Vorschuss	11
3) Anspruch auf den Mehrgewinn (I Halbsatz 2)	12, 13
A. Gewinnrecht (I Halbsatz 2)	12
B. Grenzen	13
4) Verbot der Verminderung des Kapitalanteils (II)	14
5) Abweichende Vereinbarungen	15, 16
A. Erweiterungen	15
B. Beschränkungen	16
6) Entnahmen und Steuerrecht	17

1) Entnahmerecht und andere Zahlungsansprüche

A. Entnahmen: § 122 spricht von Erheben von Geld aus der GesKasse durch 1 Gfter, Auszahlung an Gfter und Vermindern ihres Kapitalanteils durch Gfter. All das sind Formen der Entnahme der Gfter. Entnahme kann aber jede Art von Vermögenszuwendung der Ges an einen Gfter sein, insbesondere Zahlungen wie die oft im GesVertrag vorgesehene Bezahlung persönlicher Steuerschulden der Gfter durch die Ges (s Rn 17) und verdeckte Zuwendungen. Keine Entnahmen sind Leistungen der Ges an den Gfter auf Grund eines Drittgeschäfts (§ 109 Rn 11). Differenzierend für Steuerrückerstattungen BGH NJW **95**, 1088, Kapitalertragssteuer der an sich nicht steuerpflichtigen PersGes wird als Entnahme angesehen, BGH ZIP **13**, 1174. Lit: Hopt/Hehl JuS **79**, 728 (Bspe zu §§ 120–122), Balz DB **88**, 1305, Ulmer FS Lutter **00**, 935, Schön 5. Hachenburg-Gedächtnisvorlesung 2002, 2003, S 17 (Gewinnermittlung, -verteilung, -ausschüttung).

B. Gewinnrecht und Entnahmen: § 122 unterscheidet nicht, ob die Ent- 2 nahme aus Gewinn oder Kapital erfolgt. Die Reichweite des Gewinnrechts (§ 121) und des Entnahmerechts (§ 122) decken sich nur zum Teil. Insbesondere sind das gewinnunabhängige Entnahmerecht nach § 122 I Halbs 1 und der Vorzugsgewinnanteil nach § 121 I (beide 4%) nicht zu verwechseln. § 122 geht von der gesetzlichen Regel (§ 120 II) aus, nach der Gewinnanteile stets sogleich dem Kapitalanteil zugeschlagen werden, der also sowohl Kapital wie Gewinn (im wirtschaftlichen Sinne) enthält. Bestimmt der GesVertrag dagegen, dass das Gewinnrecht Ansprüche außerhalb des Kapitalanteils begründet (§ 120 Rn 15), wird zweckmäßigerweise auch das Entnahmerecht abw von § 122 geregelt, also gesondert für Kapitalanteil und Gewinnanteil. § 122 I gilt **nicht** in der Liquidation (§ 155 II 3) und in der KG für Kdtisten (§ 169 I).

C. Kein festes Grundkapital: Bei OHG und KG besteht wegen der per- 3 sönlichen Haftung der Gfter (für Kdtisten vor Einzahlung und nach Rückzahlung ihrer Einlage, §§ 171, 172) **kein** (im Gläubigerinteresse erlassenes) **Verbot von Auszahlungen an die Gesellschafter aus dem Kapital** wie bei AG und GmbH (§ 120 Rn 3). Schon die gesetzliche Regelung (§ 122 I) gestattet in gewissem Umfang Auszahlungen aus dem Kapital, diese Möglichkeit kann vertraglich erweitert werden.

§ 122 4–8   2. Buch. Handelsgesellschaften und stille Gesellschaft

4   D. **Entnahmerecht:** Das Entnahmerecht nach § 122 **entsteht** mit Feststellung des Jahresabschlusses. Es ist ein **Recht, keine Pflicht;** wird es nicht ausgeübt, erhöht sich der variable Kapitalanteil des Gfters (§ 120 Rn 14); bei festem Kapitalanteil wird auf Kapitalkonto II, sonst auf Privatkonto gebucht (§ 120 Rn 19, 20). **Verfügung** über das Entnahmerecht nach I Halbs 1 ist separat von dem Gewinnanspruch (§ 121 Rn 3) nicht möglich, Grund: es knüpft unabhängig von einer Gewinnerzielung der Ges an den Kapitalanteil an, hat einen spezifischen Schutzzweck für den Gfter (Mindestunterhalt, s Rn 8) und ist selbst kein Gewinnrecht, für das § 717 S 2 BGB gälte (s Rn 8), es ist also grundsätzlich nicht für sich allein abtretbar, verpfändbar oder pfändbar (§ 109 Rn 20), RG **67**, 17, hL, differenzierend Ebenroth/Ehricke 30, sehr str. Es geht aber auf den Zessionar (Pfändungsgläubiger) durch Abtretung (Überweisung) des Anspruchs auf den Gewinnanspruch über (§ 717 S 2 BGB, § 109 Rn 20). Die Schranken des Entnahmerechts (s Rn 9–10) wirken auch gegen Zessionar, Pfand- und Pfändungsgläubiger des Gewinnanspruchs. Soweit die Entnahme unzulässig ist, muss der Zessionar (Pfändungsgläubiger) den Gewinn bei der Ges stehen lassen. Das vom Gewinnanspruch unabhängige vertragliche Entnahmerecht ist abtretbar, verpfändbar, pfändbar, MüKoBGB/Schäfer § 717 Rn 33, § 721 Rn 13, 15, Wertenbruch FS Gerhardt **04**, 1077, aA Soergel/Hadding/Kießling § 717 Rn 10, da nicht auf Geldleistung, sondern nur Duldung gerichtet, aber zu formal (§ 109 Rn 20). **Verfall** und **Verjährung** s Rn 10. Lit: Winnefeld DB **77**, 897.

5   **Durchsetzung der Entnahme:** Das Entnahmerecht gestattet nicht eigenmächtige Entnahme durch jeden Gfter. Nur vertretungsberechtigte Gfter dürfen im Rahmen ihrer Vertretungsmacht die zu entnehmenden Beträge **selbst** der GesKasse **entnehmen** (§ 181 BGB). Andere Gfter müssen ihr Entnahmerecht durch **Zahlungsklage** gegen die Ges, nicht gegen die MitGfter verfolgen (§ 128 Rn 22); die Rspr lässt darüber hinaus Klage gegen den die Auszahlung verweigernden Alleingeschäftsführer-MitGfter auf Zahlung aus der GesKasse zu, RG **170**, 395. Die Beweislast für das Entnahmerecht trifft den Gfter, der entnommen hat, wie den, der Entnahme begehrt, BGH BB **60**, 188.

6   **Unzulässige Entnahmen** sind zurückzuzahlen und bis zur Rückzahlung zu verzinsen (§ 111 I). Beweislast s Rn 5. Die Rückzahlung an die Ges kann jeder Gfter mit der actio pro socio geltend machen (§ 109 Rn 32). Ein Gfter, der selbst unzulässig entnahm, verwirkt uU das Recht, von MitGftern Rückzahlung unzulässiger Entnahmen zu fordern, BGH WM **73**, 101. Unzulässige Entnahmen mindern nicht den Kapitalanteil und damit den Gewinnanteil (§ 121 I, II) und das Entnahmerecht im folgenden Jahr (§ 122 I), sondern sind dem Privatkonto zu belasten, Heymann/Emmerich 9, str. Der Gfter schuldet uU der Ges Schadensersatz über den Zins hinaus (§ 111 II).

7   E. **Gesellschafterdarlehen** (Darlehen eines Gfters an die Ges) sind gemäß Vereinbarung zurückzuzahlen und zu verzinsen, sie berühren den Kapitalanteil nicht, somit auch nicht den Gewinnanteil und das Entnahmerecht (§§ 121, 122). Wichtige **Schranken** ergaben sich aber bei der Ges ohne eine natürliche Person als phG aus §§ 129a, 172a aF, nunmehr InsO. Eine vereinbarte außerordentliche rückzahlbare „Entnahme" des Gfters ist idR Darlehen der Ges an den Gfter. Nach Merkblatt der BaFin (NZG **14**, 370) kann Gesellschafterdarlehen erlaubnispflichtiges Bankgeschäft sein, krit Fischer WM **14**, 1709, auch zur Entwicklung Galla/Müller ZIP **15**, 1862.

2) Entnahmerecht in Höhe von 4% des letzten Kapitalanteils (I Halbsatz 1)

8   A. **Entnahmerecht (I Halbsatz 1):** Der Gfter darf 4% des Betrags seines Kapitalanteils am letzten Geschäftsjahresende (nach Zu- und Abschreibung nach § 120 II, vorbehaltlich abw Vertrags, § 120 Rn 12) entnehmen, **einerlei ob** das

1. Abschnitt. Offene Handelsgesellschaft 9–13 § 122

letzte Geschäftsjahr der Ges **Gewinn oder Verlust** gebracht hat. Diese gewinnunabhängige Regelung soll nach der Vorstellung des Gesetzgebers einen Mindestunterhalt für den Gfter sichern. Prozentbasis ist der gesamte einheitliche Kapitalanteil, also mangels anderer Vereinbarung einschließlich Kapitalkonto II (§ 120 Rn 19), Ebenroth/Ehricke 27, str. Das Entnahmerecht beläuft sich auf einen Prozentsatz des Kapitalanteils des Gfters, steht also einem Gfter mit negativem oder ganz ohne Kapitalanteil nicht zu (§ 120 Rn 22, 23). Es ist nicht separat von dem Gewinnanspruch abtretbar (s Rn 4).

B. **Grenzen: a) Treuepflicht:** Die Einschränkung „soweit es nicht zum offenbaren Schaden der Ges gereicht" (I Halbs 2) gilt nicht schon für die Entnahme. Aber die allgemeine Treuepflicht der Gfter (§ 109 Rn 23) kann das Entnahmerecht ausnahmsweise beschränken, vgl. BGH **132**, 276f (§ 164 Rn 3), doch gilt das nur vorübergehend und soweit der Ges ein schwerer, nicht wieder gut zu machender Schaden droht, Heymann/Emmerich 12, denn bei der OHG gibt es wegen der persönlichen Haftung der Gfter kein festes Grund- und Mindestkapital der OHG (§ 120 Rn 3). Die Entnahme kann zB auf die Höhe der auf den Gewinn anfallenden Steuern begrenzt sein (s Rn 17). 9

b) Zeitlich: Das Entnahmerecht besteht nur bis zur Feststellung des nächsten Jahresabschlusses und verfällt, soweit es nicht bis dahin geltend gemacht wurde, Grenze: § 242 BGB. Gestattung der Entnahme nach Verfall ist Vertragsänderung, für die idR Einstimmigkeit nötig ist, BGH BB **75**, 1605. Mit dem nächsten Jahresabschluss kann ein neues, aber möglicherweise betragsmäßig ganz verschiedenes Entnahmerecht entstehen. Das rechtzeitig geltend gemachte Entnahmerecht führt zu einem Zahlungsanspruch, der in 3 Jahren verjährt (§§ 195, 199 BGB, vgl § 121 Rn 3). 10

C. **Vorschuss:** Vor Feststellung des Jahresabschlusses für das Vorjahr sind iZw angemessene Vorschüsse kraft GesVertrag entnehmbar nach Maßgabe des ungünstigsten möglich erscheinenden Abschlussergebnisses. Die Vorschüsse sind zurückzuzahlen, wenn ihre Voraussetzungen nicht vorlagen (zB bei negativem Kapitalanteil) oder später weggefallen sind. Rückzahlung einer bedingt (vorschussweise) gestatteten Entnahme ist Vertragspflicht, nicht Bereicherungsschuld (§ 812 BGB), BGH **48**, 74. 11

3) Anspruch auf den Mehrgewinn (I Halbsatz 2)

A. **Gewinnrecht (I Halbsatz 2):** Hatte der Gfter am letzten Geschäftsjahresende einen Gewinnanteil und war dieser größer als 4 % des (diesen Gewinnanteil nach § 120 II mitenthaltenden) Kapitalanteils (Mehrgewinn, s Rn 8, § 121 Rn 2), so darf der Gfter auch diesen Überschuss entnehmen. Dieses Gewinnrecht knüpft anders als das Entnahmerecht nach I Halbs 1 nicht an den Kapitalanteil an, steht also auch einem Gfter mit negativem Kapitalanteil und (je nach Ausgestaltung) ganz ohne Kapitalanteil zu (§ 120 Rn 22, 23). Es ist abtretbar und zieht dann das Entnahmerecht mit sich (s Rn 4). 12

B. **Grenzen:** Anders als beim Entnahmerecht ist nach I Halbs 2 die Entnahme des Mehrgewinns nur zulässig, **soweit es nicht zum offenbaren Schaden der Gesellschaft gereicht,** also zB nur ohne ihr unentbehrliche Betriebsmittel zu nehmen oder den Kredit der Ges zu erschüttern; aA weitergehend Hueck OHG § 17 III 3: bereits der Entgang besonders günstiger Geschäftsmöglichkeiten für die Ges als Folge der Entnahme. Rücklagen s § 120 Rn 5. Droht ein solcher Schaden, kann die Ges die Entnahme solange ablehnen, wie sie die Betriebsmittel benötigt; auch teilweise, dann aber gleichmäßig (§ 109 Rn 29). Die Grenze nach I 2 gilt nicht schon für die Entnahme und überhaupt nicht für den Kdtisten (§ 169), dann folgen aber ausnahmsweise Grenzen aus der Treuepflicht (s Rn 9, § 169 Rn 3). 13

§ 123 2. Buch. Handelsgesellschaften und stille Gesellschaft

4) Verbot der Verminderung des Kapitalanteils (II)

14 Abgesehen von zulässigen Entnahmen nach I darf ein Gfter nicht ohne Einwilligung der anderen Gfter seinen Kapitalanteil vermindern. Unzulässige Entnahmen sind zurückzuzahlen (s Rn 6).

5) Abweichende Vereinbarungen

15 A. **Erweiterungen:** § 122 ist dispositiv (§ 109). Der GesVertrag kann Voraussetzungen und Umfang der Entnahme nach I Halbs 1 und des Anspruchs auf den Mehrgewinn (I Halbs 2) abweichend regeln und tut vor allem ersteres in der Praxis häufig. Ein Verbot der Kapitalrückzahlung besteht nicht (s Rn 3). GesVertrag kann GfterBeschluss über Entnahmen aus dem Liquiditätsüberschuss der Ges zulassen, BGH NJW **82**, 2065, 2066 (iErg unwirksam). Tätigkeitsvergütung kann als Gewinnvoraus oder aus besonderem Dienstvertrag zugesagt sein (§ 169 Rn 7, § 110 Rn 19). Auch zu II kann anderes vereinbart sein, zB statt Einwilligung aller anderen Gfter Mehrheitsbeschluss (Auslegung, vormals Bestimmtheitsgrundsatz, § 119 Rn 37).

16 B. **Beschränkungen:** Der GesVertrag kann zur Deckung des Kapitalbedarfs der Ges das Entnahmerecht entgegen I beschränken. Er kann vorsehen, dass nicht entnehmbare Beträge auf einem Darlehenskonto gutzuschreiben sind (§ 120 Rn 20, § 167 Rn 7). Ein Rücklagenkonto ist iZw nur mit der Mitgliedschaft kündbar, GroßKo/Schilling § 169 Rn 8. Der GesVertrag kann Entnahme nur nach den Bedürfnissen der Gfter vorsehen; ob diese vorliegen, bestimmen weder der betroffene Gfter noch Geschäftsführer oder MitGfter (§ 315 BGB gilt nicht), vielmehr dann angemessene Deckung der Bedürfnisse bei Rücksicht auf das GesInteresse vom Gericht zu ermitteln. Mehrheitsbeschluss unterliegt zweistufiger Prüfung (§ 119 Rn 37). Lit: Barz FS Knur **72**, 25.

6) Entnahmen und Steuerrecht

17 Nach dem geltenden **Steuerrecht** (§ 15 EStG) wird der Gfter mit seinem Anteil am GesGewinn besteuert, nicht nur mit der Ausschüttung an ihn; er schuldet aus der Beteiligung Vermögenssteuer (wegen BVerfG NJW **95**, 2615 derzeit nicht erhoben) auch ohne Gewinn; gesetzliche Ausschüttungen (§ 122 I) und Besteuerung des Gfters fallen zeitlich nicht zusammen. Das Gesetz kennt zwar **kein Steuerentnahmerecht** neben § 122, BGH **132**, 277 (vgl § 253 Rn 34), sehr str, aber im Einzelfall besteht ein solches kraft Treupflicht der Gfter, Staub/Schäfer 21, nach aA kraft § 110, Schön FS Beisse **97**, 487. Doch kann (auch stillschweigend) ein selbstständiges Steuerentnahmerecht oder doch ein Entnahmerecht mindestens in Höhe der auf den Gewinn anfallenden Steuer vereinbart sein (s Rn 9, § 120 Rn 5); iZw nicht, wenn eine Tätigkeitsvergütung (§ 110 Rn 19) die Steuern deckt. Ausnahmsweise besteht Pflicht zu entspr Vertragsänderung (§ 105 Rn 64, 66). **Verdeckte Entnahmen** (bei KapitalGes entsprechend der verdeckten Gewinnausschüttung) sind steuerlich zu berücksichtigen. Besteuerung des Gewinns der OHG s von Wallis FS Fischer **79**, 809. Steuerrückerstattungen s Rn 1. Lit: Gansmüller 1962 (Steuerentnahmerecht), Knobbe-Keuk, Bilanz- und Unternehmenssteuerrecht; Ernst BB **61**, 377, Balz DB **88**, 1305, Schön FS Beisse **97**, 487.

Dritter Titel. Rechtsverhältnis der Gesellschafter zu Dritten

[Wirksamkeit im Verhältnis zu Dritten]

123 (1) **Die Wirksamkeit der offenen Handelsgesellschaft tritt im Verhältnisse zu Dritten mit dem Zeitpunkt ein, in welchem die Gesellschaft in das Handelsregister eingetragen wird.**

1. Abschnitt. Offene Handelsgesellschaft 1–3 § 123

(2) **Beginnt die Gesellschaft ihre Geschäfte schon vor der Eintragung, so tritt die Wirksamkeit mit dem Zeitpunkte des Geschäftsbeginns ein, soweit nicht aus § 2 oder § 105 Abs. 2 sich ein anderes ergibt.**

(3) **Eine Vereinbarung, daß die Gesellschaft erst mit einem späteren Zeitpunkt ihren Anfang nehmen soll, ist Dritten gegenüber unwirksam.**

Übersicht

	Rn
1) Das Rechtsverhältnis der Gesellschaft und der Gesellschafter zu Dritten	1–4
A. Übersicht (§§ 123–130b)	1
B. Entstehung der OHG im Außenverhältnis (§ 123)	2
C. Entstehen und Bestehen als Handelsgesellschaft (Kaufmannseigenschaft)	3
D. Eintritt eines neuen Gesellschafters	4
2) Die Handelsgesellschaft kraft Eintragung im Handelsregister (I)	5–8
A. Eintragung	5
B. Eintragung eines Zeitpunkts vor der Eintragung	7
C. Eintragung eines Zeitpunkts nach der Eintragung	8
3) Die Handelsgesellschaft kraft Geschäftsbeginns (II)	9–14
A. Geschäftsbeginn	9
B. Einvernehmlicher Geschäftsbeginn	12
C. Wirkung des Geschäftsbeginns	13
4) Unwirksamkeit abweichender Vereinbarungen (III)	15
5) Die Gesellschaft vor Erwerb der Kaufmannseigenschaft	16–22
A. Entstehung im Innenverhältnis	16
B. Entstehung der Gesellschaft als Rechtsträger	17
C. Rechtsverhältnisse vor Entstehung im Außenverhältnis	18
D. OHG kraft Rechtsscheins	22

1) Das Rechtsverhältnis der Gesellschaft und der Gesellschafter zu Dritten

A. Übersicht (§§ 123–130b): Abschn 1 Titel 3 (§§ 123–130b) handelt vom 1 Rechtsverhältnis der Gfter sowie (entgegen der Überschrift) der Ges zu Dritten. §§ 123–130 scheiden auch im Verhältnis zu Dritten klar Ges und Gfter. § 123 handelt vom Eintritt der Wirkungen des GesVertrags im Verhältnis zu Dritten, § 124 von der rechtlichen Selbstständigkeit der Ges, §§ 125–127 von der Vertretungsmacht der Gfter für die Ges, §§ 128–130 von der Haftung der Gfter für Verbindlichkeiten der Ges, § 130a vom Zahlungsverbot bei Zahlungsunfähigkeit oder Überschuldung.

B. Entstehung der OHG im Außenverhältnis (§ 123): Der Vertrag zur 2 Errichtung einer OHG ist ohne weiteres unter den Gftern wirksam (Innenverhältnis, s Rn 15). Die Ges entsteht als Rechtsträger mit der Begründung der Gesamthand durch die Gfter (s Rn 17). Aber § 123 fordert für die Entstehung der OHG im Außenverhältnis wegen der Konsequenzen für Dritte ebenso wie für die einzelnen Gfter (vor allem persönliche Haftung nach § 128) zusätzlich entweder die **Eintragung** der Ges im HdlReg (die alle Gfter beantragen müssen, §§ 106, 108 I) oder den **Geschäftsbeginn** (im Einvernehmen aller Gfter, s Rn 10), s Rn 5 ff und 9 ff. Fehlerhafte OHG s § 105 Rn 75. Bloßer Rechtsschein s § 15 Rn 16, § 105 Rn 99.

C. Entstehen und Bestehen als Handelsgesellschaft (Kaufmannseigen- 3 **schaft):** Die Ges erlangt auch die Eigenschaft als Kfm (§ 6 I), deren Bedeutung primär im Verhältnis zu Dritten liegt, erst mit ihrer Wirksamkeit im Verhältnis zu Dritten; mit der Eintragung auch dann, wenn sie erst später ihre Geschäfte aufnimmt und damit erst ihr HdlGewerbe beginnt (I; s auch § 5). Da eine Ges,

§ 123 4–9 2. Buch. Handelsgesellschaften und stille Gesellschaft

die kein HdlGewerbe (§ 1 II), sondern ein unter § 2 oder § 3 fallendes Gewerbe oder bloße Vermögensverwaltung betreibt, erst durch die Eintragung OHG wird (§ 105 II 1), treten für die Ges **ohne Handelsgewerbe** die Wirkungen gegenüber Dritten nach OHGRecht immer **nur durch Eintragung** im HdlReg ein, nicht schon durch früheren Geschäftsbeginn (einschließlich anderer Kundgebungen an die Öffentlichkeit als Eintragung, s Rn 11).

4 D. **Eintritt eines neuen Gesellschafters:** § 123 ist entspr anwendbar beim Eintritt eines neuen Gfters in eine schon bestehende Ges (vgl § 176 II). Nicht schon der Beitrittsvertrag (§ 105 Rn 67), sondern erst die Eintragung des Eintritts im HdlReg oder die Fortsetzung der Geschäfte mit Zustimmung des Neuen auch für seine Rechnung macht den Eintritt gegenüber Dritten wirksam, zB den Neuen haftbar nach § 130. Fehlerhafter Eintritt s § 105 Rn 91. Bloßer Rechtsschein des Eintritts, etwa bei entspr Neufirmierung, s § 15 Rn 16, § 105 Rn 99.

2) Die Handelsgesellschaft kraft Eintragung im Handelsregister (I)

5 A. **Eintragung:** Spätestens mit Eintragung (nicht erst Bekanntmachung) wird die Ges, die zuvor idR schon als GbR bestand (s Rn 17), Dritten gegenüber als OHG wirksam (s Rn 3). Nach § 106 II Nr 3 ist mit der Ges anzumelden und einzutragen der Zeitpunkt, mit welchem die Gesellschaft begonnen hat, und zwar entweder der Zeitpunkt der Eintragung selbst oder ein früherer, nicht ein späterer (§ 106 Rn 11). Die Anmeldung zur Eintragung muss durch alle Gfter erfolgen, sie sind einander dazu verpflichtet (s Rn 16).

6 Gleiche Wirkung mit Eintragung der Ges selbst hat die **Übernahme eines eingetragenen Unternehmens** (EinzelKfm oder Ges) durch die Ges. Diese Übernahme macht die Ges also zur OHG, auch wenn sie selbst noch nicht eingetragen ist, BGH **59**, 179, hL, und zwar nach II, MüKo/K. Schmidt 7, die Übernahme ist Geschäftsbeginn. Wenn die Ges das Unternehmen eines eingetragenen **Formkaufmanns** (AG, GmbH, eG) übernimmt, ist zu beachten, dass diese als Kflte gelten, auch ohne ein HdlGewerbe iSv §§ 1 ff zu betreiben (§ 6 I iVm § 3 AktG, § 13 III GmbHG; § 17 II GenG); die übernehmende Ges wird deshalb selbst Kfm nur, wenn der übernommene FormKfm ein HdlGewerbe iSv § 1 II betreibt, BGH **59**, 179, MüKo/K. Schmidt 7, aA wohl Heymann/Emmerich 10. Ist das nicht der Fall, kommt Rechtsschein einer OHG oder KG in Betracht, BGH **59**, 185, **61**, 60; vgl auch BGH **63**, 45 (§ 179 BGB).

7 B. **Eintragung eines Zeitpunkts vor der Eintragung:** Ist für den Beginn der Ges ein Zeitpunkt vor der Eintragung eingetragen und begann die Ges zu diesem früheren Zeitpunkt tatsächlich ihre Geschäfte, so wurde sie damals im Verhältnis zu Dritten wirksam (II, s Rn 13; Ausnahme §§ 2, 3, s Rn 14). Begann sie tatsächlich ihre Geschäfte später, wurde sie erst später im Verhältnis zu Dritten wirksam (II; spätestens durch die Eintragung, I), aber die Gfter müssen gegen sich gelten lassen, dass sie schon früher eine OHG sein wollten, sie müssen sich daher als OHG seit dem angegebenen früheren Zeitpunkt behandeln lassen, iErg auch RG **34**, 55, str, vgl Rn 18–22.

8 C. **Eintragung eines Zeitpunkts nach der Eintragung:** Ist unzulässigerweise (§ 106 Rn 11) für den Beginn der Ges ein Zeitpunkt nach der Eintragung eingetragen, so wird die Ges trotzdem im Zeitpunkt der Eintragung im Verhältnis zu Dritten wirksam (III, s Rn 15).

3) Die Handelsgesellschaft kraft Geschäftsbeginns (II)

9 A. **Geschäftsbeginn:** Maßgeblich ist der **wirkliche** Geschäftsbeginn, nicht der vereinbarte oder was nach § 106 II Nr 3 über den Beginn der Ges angemeldet und eingetragen wird. Beginn der Geschäfte der Ges sind nur Handlungen **im Namen der Gesellschaft** (der künftigen OHG oder KG, s Rn 21) nicht solche von Gftern im eigenen Namen, mögen sie sie auch für Rechnung der

1. Abschnitt. Offene Handelsgesellschaft 10–17 § 123

werdenden Ges gelten lassen wollen, RG **119,** 66. Die Rückdatierung des Beginns der Ges im HdlReg (s Rn 7) beweist nicht, dass Geschäfte in der Zwischenzeit im Namen der Ges geschlossen wurden, RG **119,** 67.

Die Ges beginnt ihre Geschäfte nicht erst mit ihrem HdlGewerbe entspr ihrem GesZweck, sondern bereits durch die **Vorbereitung** desselben durch Geschäfte (Rechtsgeschäfte oder geschäftsähnliche Handlungen) nach außen, BGH WM **90,** 586, zB Miete von Geschäftsräumen, Einstellung von Personal, Eröffnung eines Bankkontos, RG DR **41,** 1944, **43,** 1221, BGH ZIP **04,** 1208, Verhandlungen über Kauf eines Betriebsgrundstücks oder Vorbereitungen des notariellen Abschlusses des Grundstückkaufvertrags, BGH ZIP **04,** 1209, Erscheinen eines Vertreters der Ges vor einem Notar zu einem Vertragsschluss (nicht Gründungsvertrag), so dass für diesen schon OHGRecht gilt, zB Erwerb eines Grundstückes auf den Namen der Ges (§ 124), KG DR **39,** 1795, ZIP **15,** 873. Zur VorgründungsGes vgl Anh § 177a Rn 18. 10

Gleiche Wirkung wie Eintragung oder Geschäftsbeginn haben Kundgebungen an die Öffentlichkeit, zB Zeitungsanzeigen, Rundschreiben oder sonstige **Mitteilung an Dritte,** dass die Ges bestehe. 11

B. **Einvernehmlicher Geschäftsbeginn:** Alle Gfter müssen dem Beginn der Geschäfte (wie der Anmeldung zur Eintragung, s Rn 5) zugestimmt haben, ROHG **12,** 409, hL, offen BGH ZIP **04,** 1209, aA MüKo/K. Schmidt 10. Einzelvertretung (§ 125) gilt hier noch nicht, sondern erst nachdem mit Zustimmung aller Gfter die Geschäfte begonnen sind. Die Beweislast liegt bei dem, der sich auf einvernehmlichen Geschäftsbeginn beruft. 12

C. **Wirkung des Geschäftsbeginns:** Die Ges wird auch ohne Eintragung Dritten gegenüber mit Geschäftsbeginn wirksam. Der Geschäftsbeginn nach II wirkt also wie die Eintragung im Verhältnis zu allen Dritten, nicht etwa nur im Verhältnis zu den Partnern derjenigen Geschäfte, mit denen die Ges ihre Geschäfte beginnt. 13

Ausnahme: II gilt nicht für Kleingewerbetreibende, GbR und VermögensverwaltungsGes (**II letzter Halbsatz** idF HRefG 1998 iVm §§ 2, 3 II, III, 105 II; vgl § 176 Rn 5). Diese behalten ihre freiwillige Eintragungsoption, ihre Eintragung wirkt konstitutiv (§ 2 Rn 3, § 105 Rn 12). 14

4) Unwirksamkeit abweichender Vereinbarungen (III)

Dass die Ges als OHG später als gemäß I, II im Verhältnis zu Dritten wirksam werden soll, können die Gfter nicht mit Wirkung gegen Dritte vereinbaren (III). Anders im Innenverhältnis s Rn 16–18. 15

5) Die Gesellschaft vor Erwerb der Kaufmannseigenschaft

A. **Entstehung im Innenverhältnis:** Den Beginn des GesVerhältnisses unter den Gftern bestimmt der **Gesellschaftsvertrag,** iZw fallen dessen Abschluss und der Beginn zusammen. Bedingung und Befristung sind möglich (§ 105 Rn 50). Verlegt er ihn zurück, gehen vorbereitende Maßnahmen von Gftern in der Zwischenzeit oder, wenn die Ges ein schon bestehendes HdlGeschäft übernimmt, dessen Ergebnis in der Zwischenzeit auf Rechnung der Ges, nicht ohne weiteres auch persönliche Rechtsverhältnisse, BGH WM **76,** 974, **79,** 891; zur Rückdatierung Schneider AcP 175 **(75)** 297. Zur Wirkung unter den Gftern bedarf es weder der Eintragung noch des Beginns der Geschäfte unter gemeinsamer Firma, der Vertrag muss nur hierauf gerichtet sein. Allein auf Grund des Vertrags kann also ein Gfter vom anderen die **Mitwirkung bei der Eintragung** als OHG fordern (§ 108 Rn 6), RG **112,** 281, durch welche die Ges dann auch im Verhältnis zu Dritten wirksam wird. 16

B. **Entstehung der Gesellschaft als Rechtsträger:** Die Ges entsteht nur als OHG, soweit sich nicht aus §§ 2, 3, 105 II etwas anderes ergibt (§ 123 II aE, s 17

Rn 14). Vorher kann nur eine **Gesellschaft bürgerlichen Rechts** bestehen; s für die KG § 176 Rn 6. Entscheidend für das Entstehen der GbR als Rechtsträger (AußenGes, Einl 14 vor § 105) ist die Begründung der Gesamthand durch die Gfter, K. Schmidt § 11 IV 1, MüKoBGB/Schäfer § 705 Rn 302, Soergel/ Hadding/Kießling Vor § 705 Rn 21. Eine Gesamthand entsteht nicht bei der bloßen InnenGes (Einl 10 vor § 105), selbst wenn diese Vermögen hat, sondern durch Auftreten nach außen, also Teilnahme der GbR am Rechtsverkehr, MüKoBGB/Schäfer § 705 Rn 305; aber hier ist die Ges von vornherein als OHG und damit als AußenGes gewollt (Einl 11 vor § 105). Umwandlung der GbR in OHG (und umgekehrt) von Rechts wegen (Einl 21 vor § 105).

18 C. **Rechtsverhältnisse vor Entstehung im Außenverhältnis: a) Anwendbares Recht im Innenverhältnis:** Beginn der Ges im Innenverhältnis s Rn 16. Unter den Gftern gilt **OHGRecht** (nicht Recht der GbR) schon vor Beginn der Wirksamkeit im Außenverhältnis.

19 b) **Außenverhältnis: § 123** wirkt zugunsten der Gfter, aber **auch zugunsten Dritter.** Die Firma der Ges ist also vor Eintragung oder Geschäftsbeginn nicht gegen Dritte (firmenmäßig, § 17 Rn 32 ff) geschützt. Dritte müssen sich nicht von der Ges (nur von den Gftern) verklagen lassen (§ 124). Zur Vollstreckung in GesVermögen brauchen sie vorher keinen Titel gegen die Ges (§ 124 II). Nach Eintragung bis zu deren Bekanntmachung, nach Geschäftsbeginn bis die Ges eingetragen und bekanntgemacht ist, gilt ferner zugunsten Dritter § 15 I.

20 Nach dem Willen der Vertragschließenden gilt im Übrigen aber iZw OHG-Recht auch im Verhältnis zu Dritten auch in den Fällen der §§ 2, 3 (wo die Ges erst durch die Eintragung OHG wird), weil die Gfter eine OHG (nicht GbR) errichten (für einen Sonderfall s Rn 7). Die Vertragschließenden können es aber auch beim Recht der der GbR belassen. Für die Vertretungsmacht gelten also iZw schon jetzt §§ 125 ff, 170, nicht § 714 BGB, Hamm NZG **11**, 301 (Nachweis § 32 II GBO, KG), MüKo/K. Schmidt 17, Nachweis der Vertretungsmacht kann aber erst ab Eintragung der Gesellschaft durch Verweis auf die Eintragung im Handelsregister geführt werden, KG ZIP **15**, 872. Für § 128 str (§ 128 Rn 1).

21 Die auf eine OHG hin angelegte GbR kann als **„OHG in Gründung"** bereits im Grundbuch eingetragen werden, BayObLG WM **85**, 1398; bei Entstehen der OHG geht das Vermögen der GbR wegen Identität der beiden Ges ohne Einzelübertragung über. Aus Geschäften vor Eintragung ggf Klage des Vertragsgegners gegen die Gfter, Hamm WM **75**, 46. Rechtsgeschäfte mit der künftigen OHG (im Unterschied zu der OHG in Gründung, also GbR) sind möglich (s Rn 9), einerlei ob die Ges unter § 1 oder § 2 fällt, so zB Auflassung, BayObLG NJW **84**, 497.

22 D. **OHG kraft Rechtsscheins** s § 105 Rn 14. **OHG nach Wegfall der Kaufmannseigenschaft** s § 105 Rn 11.

[Rechtliche Selbständigkeit; Zwangsvollstreckung in Gesellschaftsvermögen]

124 (1) **Die offene Handelsgesellschaft kann unter ihrer Firma Rechte erwerben und Verbindlichkeiten eingehen, Eigentum und andere dingliche Rechte an Grundstücken erwerben, vor Gericht klagen und verklagt werden.**

(2) **Zur Zwangsvollstreckung in das Gesellschaftsvermögen ist ein gegen die Gesellschaft gerichteter vollstreckbarer Schuldtitel erforderlich.**

1. Abschnitt. Offene Handelsgesellschaft § 124

Übersicht

	Rn
1) Die OHG als selbstständiger Träger von Rechten und Pflichten	1, 2
A. Rechtsnatur der OHG	1
B. Trägerin von Rechten und Pflichten	2
2) Die OHG als Trägerin des Gesellschaftsvermögens	3–15
A. Anwendbares Recht	3
B. Arten von Gesellschaftsvermögen	4
C. Fehlen von Gesellschaftsvermögen	5
D. Erwerb von Gesellschaftsvermögen	7
E. Verfügung über Gesellschafsvermögen	12
F. Geltendmachung von Vermögensrechten der Gesellschaft	13
3) Anteile der Gesellschafter am Gesellschaftsvermögen	16–22
A. Gesellschaftsanteil	16
B. Keine Anteile der Gesellschafter an den einzelnen Gegenständen	17
C. Verfügung über den Anteil	18
D. Rechte der Mitgesellschafter	22
4) Verbindlichkeiten der OHG	23–30
A. Rechtsgeschäftliche Verbindlichkeiten	23
B. Haftung der OHG	24
C. Erfüllung	30
5) Andere Rechtsverhältnisse der OHG	31–40
A. OHG im Privatrecht	31
B. Öffentliches Recht	38
C. Strafrecht	39
6) Die OHG im Prozess	41–44
A. Trennung von Gesellschafts- und Gesellschafterprozess	41
B. Gesellschaftsprozess	42
C. Einzelprobleme	43
7) Die OHG in Zwangsvollstreckung und Insolvenz	45–47
A. Zwangsvollstreckung gegen OHG (II)	45
B. Gesellschaftsinsolvenz	46
8) Rechtsübertragung und andere Rechtsgeschäfte zwischen Gesellschaft und Gesellschafter	48–55
A. Rechtsübertragung	48
B. Rechtsgeschäfte zwischen Gesellschaft und Gesellschafter	51

1) Die OHG als selbstständiger Träger von Rechten und Pflichten

A. Rechtsnatur der OHG: Die OHG ist keine juristische Person. Träger der 1 namens der OHG begründeten Rechte und Pflichten ist nicht ein von den Gftern verschiedenes Rechtssubjekt, sondern die gesamthänderisch verbundenen Gfter, so BGH **34,** 296, **110,** 128, Hueck OHG § 3 III. Die OHG ist jedoch eine Gesamthand mit der Fähigkeit der selbstständigen Rechtsträgerschaft. Das folgt nach der früher hL erst aus § 124 I, nach der modernen Gesamthandslehre zutr schon aus der Gesamthand (schon oben § 123 Rn 17), Flume I 1 § 4, ZHR 136 **(72)** 187, Ulmer AcP 198 **(98)** 113, MüKoBGB/Schäfer § 705 Rn 303, 308, K. Schmidt § 8 III 2, 4, IV, krit Zöllner FS Gernhuber **93,** 563. Ebenso für die GbR BGH **146,** 341 (Einl 14 vor § 105). Untreue nach BGH NZG **13,** 1304 (GmbH & Co KG), nicht zulasten der Ges, sondern der Gfter, zutr krit K. Schmidt JZ **14,** 898, Wessing NZG **14,** 97,

B. Trägerin von Rechten und Pflichten: Unabhängig vom Streit über die 2 Rechtsnatur der OHG ist diese als rechtlich selbstständige Trägerin von Rechten und Pflichten gesetzlich anerkannt (§ 124). Sie ist insbesondere Trägerin des GesVermögens (s Rn 3), falls ein solches vorhanden ist (s Rn 5). Sie kann eigene Verbindlichkeiten haben (s Rn 23), aus Rechtsgeschäften ebenso wie aus Delikt

§ 124 3–6   2. Buch. Handelsgesellschaften und stille Gesellschaft

und sonst aus Gesetz. Sie ist auch in anderen Rechtsverhältnissen selbst berechtigt und verpflichtet (s Rn 31). Das zeigt sich auch in Prozess, Zwangsvollstreckung und Insolvenz (s Rn 41) und in der Notwendigkeit einer Rechtsübertragung und der Möglichkeit von Drittgeschäften zwischen der OHG als solchen und einem Gesellschafter (s Rn 47).

2) Die OHG als Trägerin des Gesellschaftsvermögens

3   A. **Anwendbares Recht: a) §§ 718–720 BGB:** Auf die OHG als Trägerin des GesVermögens („Rechte", I) finden §§ 718–720 BGB entspr Anwendung (§ 105 II). Danach wird das GesVermögen aus den Beiträgen der Gfter und den für die Ges erworbenen Gegenständen als „gemeinschaftliches Vermögen der Gfter" (Legaldefinition) gebildet (§ 718 I BGB) und ist gesamthänderisch gebunden (§ 719 BGB). Das gemeinschaftliche Vermögen der Gfter ist hier als Vermögen der OHG vom **Einzelvermögen** der Gfter klar getrennt (s Rn 1, 2). Klar geschieden ist das Vermögen der OHG auch von dem einer aus denselben Personen bestehenden GbR oder OHG (Konsequenz: besondere Übertragungsakte, s Rn 49). Das **Gesamthandsvermögen** nach §§ 718 ff BGB ist die Normalform der dinglichen Rechtsverhältnisse unter den Gftern, daher kann iZw kein Gfter Teilung des GesVermögens fordern (§ 719 BGB, aber abdingbar); das gilt sogar nach Auflösung der Ges, dann wird mangels anderer Vereinbarung liquidiert und der Liquidationserlös (nach Tilgung der Schulden) geteilt, nicht das bei Auflösung vorhandene GesVermögen realiter (§§ 145 ff).

b) §§ 741 ff BGB: Soweit §§ 718–720 BGB und das sonstige GesRecht nichts anderes ergeben, gelten für das GesVermögen iSv §§ 718 ff BGB die Vorschriften über die Gemeinschaft nach Bruchteilen, also zB § 744 BGB (§ 114 Rn 7).

4   B. **Arten von Gesellschaftsvermögen:** Zum GesVermögen können **Vermögensrechte aller Art** gehören, vor allem Eigentum an beweglichen Sachen (Besitz s Rn 36), Grundstücke (s Rn 37), Forderungen, insbesondere die Einlagenforderung (§ 109 Rn 6); aber auch gewerbliche Schutzrechte wie Patente, Marken (Eintragung der OHG als solcher in die Register ebenso wie bei Grundbuch, s Rn 37), Urheberrechte; Firma (§ 17); Namensrecht nach § 12 BGB, unabhängig davon, ob die Firma einen persönlichen Namen enthält (§ 17 Rn 33); Unternehmenskennzeichen (§§ 5, 15 MarkenG); Nießbrauch und beschränkte persönliche Dienstbarkeiten wie bei juristischen Personen (§§ 1059a II, 1061 S 2, 1092 II, 14 BGB); Vorkaufsrecht, BGH **50**, 307. Auch **öffentlich-rechtliche Vermögensrechte,** zB Gewerbekonzessionen (die aber zT nur Einzelpersonen erteilt werden), Entschädigungsanspruch, BGH BB **58**, 394. Auch **vermögenswerte tatsächliche Beziehungen** wie Erfindungen (s Rn 8), Kenntnisse, Betriebsgeheimnisse, Geschäftsbeziehungen mit Lieferanten, Abnehmern, Geldgebern, Behörden und sonstiger Goodwill.

5   C. **Fehlen von Gesellschaftsvermögen:** Die OHG hat zwar als AußenGes (Einl 11 vor § 105) zwingend die Fähigkeit, GesVermögen iSv §§ 718 ff BGB zu erwerben und in aller Regel auch tatsächlich ein solches Vermögen (zB bei Pachtung der Betriebsmittel oder eines ganzen Betriebes: die Rechte aus dem Pachtvertrag). Rechtlich notwendig ist aber das Vorhandensein eines GesVermögens nicht. Statt Eigentum der OHG selbst kann auch am Eingebrachten und Erworbenen Eigentum der Gfter bestehen, zB **Bruchteilseigentum der Gesellschafter,** Eigentum einzelner Gfter in einer besonderen Gemeinschaft (etwa GbR) unter Ausschluss anderer, Eigentum eines Gfters allein ua (Überlassung zur Nutzung in solchen Fällen s Rn 6). Das kann von vornherein oder nach Gründung der Ges vereinbart werden. Soll die OHG Eigentümerin werden, ist besondere Übertragung notwendig (s Rn 48).

6   **Überlassung zur Nutzung:** Bei Überlassung von GfterEigentum an die Ges nur zur Nutzung (§ 109 Rn 8) wird dieses nicht GesVermögen (ebenso wie bei

1. Abschnitt. Offene Handelsgesellschaft 7–13 § 124

Einbringung nur dem Werte nach, § 109 Rn 8), jedoch ein der Ges eventuell zustehendes Nutzungsrecht; auch die Rechte aus Verwendungen auf solche Gegenstände, zB bei Bauten auf Betriebsgrundstücken; auch der Besitz, zB wenn Baugerät des A der Bauunternehmerarbeitsgemeinschaft AB überlassen wird, BGH BB **63**, 576.

D. Erwerb von Gesellschaftsvermögen: Die Ges erwirbt GesVermögen iSv 7 §§ 718 ff BGB ua:

a) durch **Beiträge** der Gfter (§ 718 I BGB, § 109 Rn 6);

b) durch die **Geschäftsführung**, idR durch Handeln von Gftern in Vertre- 8 tung der Ges (§§ 125 ff); durch Handeln von Gftern im eigenen Namen für Rechnung der Ges (vgl § 383 Rn 25 zur Einkaufskommission); derivativ oder **originär**, zB durch im Betrieb erfolgende Verarbeitung, Verbindung, Vermischung (§§ 946 ff BGB), Gewinnung von Verkehrsgeltung für eine Marke (§ 4 Nr 2 MarkenG). Arbeitnehmererfindungen s § 59 Rn 54. Die persönliche **Erfindung** eines geschäftsführenden Gfters gehört ihm, falls nicht im GesVertrag anders bestimmt und im Voraus über sie zugunsten der Ges verfügt wird; der GesVertrag kann den Gfter verpflichten, sie als einen Beitrag (§ 705 BGB) der Ges zu übertragen oder zur Benutzung zu überlassen (§ 110 Rn 10), BGH NJW **55**, 542, Hamm NJW-RR **86**, 780;

c) auf Grund zum GesVermögen gehörender Rechte, zB Früchte und andere 9 Nutzungen (§§ 99 f BGB), Erwerb aus Option (zB Bezug junger Aktien), dabei ist je nachdem rechtsgeschäftlicher oder tatsächlicher Erwerbsakt nötig;

d) durch **Surrogation** bei Zerstörung, Beschädigung oder Entziehung eines 10 Gesamthandgegenstandes (§ 718 II BGB), zB Schadensersatzanspruch, Entschädigung aus privatem oder öffentlichem Recht, Versicherungs- und Bereicherungsansprüche;

e) aus anderem, im Falle der OHG wirksamem Rechtsgrund, zB durch letzt- 11 willige Verfügung (s Rn 38).

E. Verfügung über Gesellschaftsvermögen: Die Verfügung über ungeteil- 12 tes Gesellschaftsvermögen, über einzelne Gegenstände oder auch das gesamte Vermögen (im Gegensatz zur Verfügung über einzelne GfterAnteile, s Rn 18 ff) ist durch die Vorschriften über die Vertretung der OHG (§§ 125 ff) geregelt. **Aufrechnung** gegen eine GesForderung mit einer Forderung gegen einen Gfter ist nicht möglich. Dem Dritten verwehrt dies § 719 II BGB (bei Aufrechnung im Prozess Hemmung der Verjährung der GfterSchuld nach § 204 I Nr 5 BGB, vgl BGH **80**, 227, aber dogmatisch überholt). Der schuldende Gfter andererseits kann nur als Vertreter nach § 125 ff über die GesForderung verfügen; hat er solche Vertretungsmacht, könnte er doch idR (mangels Gegenseitigkeit, § 387 BGB, anders nach Abtretung) die GesForderung nicht zur Tilgung seiner persönlichen Schuld verwenden. Die schuldende Ges kann ebenso wenig den Anspruch eines Gfters zur Aufrechnung einsetzen, Celle NZG **02**, 481.

F. Geltendmachung von Vermögensrechten der Gesellschaft: Rechte 13 der Ges gegen Dritte sind in ihrem Namen durch vertretende Gfter (§§ 125–127, nach Auflösung Liquidatoren, §§ 149 ff) oder Bevollmächtigte, zB Prokuristen (§ 48 Rn 1) geltend zu machen. Der einzelne Gfter kann Rechte der Ges weder im eigenen Namen geltend machen noch (außer nach § 744 II BGB, s Rn 14) Leistung an die Ges verlangen, BGH NJW **92**, 112. Insbesondere gelten für **Forderungen** der Ges nicht §§ 428 ff, 432 BGB, auch nicht in der Liquidation, auch nicht in der GesInsolvenz nach Freigabe einer GesForderung durch den Insolvenzverwalter, BGH BB **64**, 823. Die von BGH **12**, 308, **17**, 340, **39**, 15 für die GbR aufgestellten Grundsätze (betr Voraussetzungen der Geltendmachung

Roth

§ 124 14–17   2. Buch. Handelsgesellschaften und stille Gesellschaft

von Gesamthand-Forderungen durch einzelne Gfter) sind auf OHG, KG nicht anwendbar, BGH BB **73**, 1507, str, dazu Hadding JZ **75**, 159.

14   Ein Recht des Gfters zur Geltendmachung von Rechten der Ges gegen Dritte im eigenen Namen folgt uU aus **§ 744 II BGB** (§ 114 Rn 7), wenn das Recht gefährdet ist und hierdurch erhalten wird, BGH **17**, 186.

15   **Schaden am Gesellschaftsvermögen:** Rechte daraus gehören zum GesVermögen (§ 718 II BGB) und sind gegen Dritte geltend zu machen wie andere Rechte der Ges (s Rn 13, 14). Der einzelne Gfter hat weder aus § 823 I BGB auf Grund seiner Mitgliedschaft noch ggf aus §§ 823 II, 826 BGB oder wegen Pflichtverletzung (zB §§ 280 ff, BGB) unmittelbar Anspruch gegen den Dritten (Schädiger) auf Schadensersatz wegen der Auswirkungen der Ges schädigenden Handlung auf ihn persönlich, BGH **10**, 102. Auch soweit der Schädiger MitGfter ist, kann der mittelbar geschädigte Gfter den Schädiger idR nur auf Zahlung an die Ges in Anspruch nehmen (Grund: Zweckwidmung des GesVermögens, keine Sonderausschüttung entgegen Gleichbehandlungsgebot), anders zB wenn die Ges den Anspruch selbst nicht mehr geltend machen kann, zB wegen Verjährung, BGH NJW **88**, 413 (stGes).

3) Anteile der Gesellschafter am Gesellschaftsvermögen

16   **A. Gesellschaftsanteil:** GesAnteil oder Geschäftsanteil (vgl § 14 GmbHG) nennt man die Gesamtheit der Rechte und Pflichten eines Gfters aus dem GesVerhältnis; in ihm enthalten ist sein Anteil an dem GesVermögen (§ 719 I BGB, s Rn 3). Die **Beteiligung** eines Gfters ist **stets einheitlich,** abw von § 15 II GmbHG (Gfter mit mehreren Geschäftsanteilen) und erst recht vom Aktienrecht (Aktien), BGH **24**, 108, **58**, 316, NJW **84**, 363, BayObLG ZIP **03**, 1443; aber im Innenverhältnis der Gfter kann andere Behandlung vereinbart werden. Der phG der KG wird durch Erwerb des Anteils eines Kdtisten nicht auch Kdtist, sondern bleibt (nur) phG mit vergrößertem Anteil; ein Kdtist kann nicht, ohne diese Rechtsstellung zu verlieren, phG werden, auch nicht befristet, BGH **101**, 129. Aufspaltung eines KdtAnteils in Teile, die Kdtist treuhänderisch (§ 105 Rn 31) für verschiedene Personen hält, ist ausgeschlossen; daher ist Unterbeteiligung am volleingezahlten KdtAnteil nur möglich nach Volleinzahlung des ganzen Anteils, BGH WM **76**, 1262. Auslegungsfrage ist, ob eine (nach GesVertrag zulässige) Teilanteilsübertragung von phG auf Kdtisten diesen zum (weiteren) phG macht, BGH DB **75**, 2123. Das Verhältnis der Beteiligungen der Gfter zueinander wird durch die Kapitalanteile ausgedrückt (§ 120 Rn 12). Der GesAnteil ist nicht unbewegliches Vermögen, auch wenn Grundstücke in GesVermögen sind, BGH **24**, 268. Lit: U. Huber 1970; Hadding FS Reinhardt **72**, 249, Ulmer ZHR 167 **(03)** 103.

17   **B. Keine Anteile der Gesellschafter an den einzelnen Gegenständen:** Die Gfter haben nur einen GesAnteil insgesamt, aber keine Anteile an den einzelnen Gegenständen des GesVermögens. § 719 I BGB spricht zwar von solchen Anteilen, schließt aber die Verfügung über sie zwingend aus; § 859 I 2 ZPO erklärt ihre Pfändung für unmöglich. Rechtlich gibt es solche Anteile an den einzelnen Gegenständen als gesonderte Rechte ebenso wenig wie Anteile der Mitglieder einer juristischen Person (zB AG, GmbH) an den einzelnen Gegenständen ihres Vermögens. Werden also Verfügungen über solche Anteile erklärt (zB Abtretung des „Anteils" des Gfters A am Auto der Ges an den einzigen MitGfter B), so sind sie, wenn möglich, umzudeuten (in casu in Übertragung des Autos aus dem GesVermögen in Eigentum des B; bei einem Grundstück bedürfte es dazu der Auflassung und Umschreibung im Grundbuch). Die Verfügung der vertretenden Gfter über GesVermögen (zB ein Grundstück) ist daher nicht Verfügung über Rechte der einzelnen Gfter; daher bedarf es zB dazu nicht der

1. Abschnitt. Offene Handelsgesellschaft 18–22 § 124

Genehmigung des Familiengerichts nach § 1821 I Nr 1 BGB, wenn ein Gfter minderjährig ist (§ 105 Rn 26).

C. Verfügung über den Anteil: Übertragung s § 105 Rn 69; Treuhand s **18** § 105 Rn 31; Unterbeteiligung s § 105 Rn 38; Nießbrauch s § 105 Rn 44.

Sicherungsabtretung des Anteils (an NichtGfter) ist möglich (mit Zustim- **19** mung der MitGfter) als Eintritt des Gläubigers in die Ges mit Übernahme des Anteils des Schuldners (ganz oder teilweise, mit oder ohne Ausscheiden des Schuldners aus der Ges) unter Verpflichtung des Gläubigers zum Wiederausscheiden nach Tilgung seiner Forderung (Sanktion: entweder Klage auf Zustimmung zum Ausscheiden oder, wenn im Vertrag vorgesehen, Ausschluss, § 140 Rn 23). Geschäftsführungsbefugnis, Vertretungsmacht, Gewinn- und Verlustbeteiligung, Entnahmerecht nach Vereinbarung. Nicht ausschließbar ist Haftung des Eintretenden (§§ 128, 130), nicht höher solcher Kommanditanteil s § 172 Rn 5; möglich ist Umwandlung einer phG-Beteiligung in solchen ad hoc. Ohne jene Zustimmung möglich ist Sicherungsabtretung von Gewinn- und Auseinandersetzungsansprüchen (vgl Rn 21); in solche umdeutbar (§ 140 BGB) uU die des Anteils; dann keine Haftung des Gläubigers, auch keine Mitverwaltung; Verwertung ggf nach § 135; Wert solcher Sicherung, Riegger BB **72**, 115. Lit: Rümker WM **73**, 626, Vossius BB Beil 5/**88**.

Verpfändung des Anteils (näher § 135 Rn 15, 16) ist möglich bei Zulassung **20** im GesVertrag oder Zustimmung der MitGfter ad hoc, ihre Zulässigkeit folgt nicht ohne weiteres aus der der Übertragung (s Rn 18, § 135 Rn 15). Anders Verpfändung von Gewinn- und Auseinandersetzungsansprüchen (vgl Rn 21). Lit: Hackenbroch 1970. **Muster:** Hopt/Lang 4. Aufl 2013 Form II. C.7 (Verpfändung eines KGAnteils).

Pfändung des Anteils erfolgt nach §§ 859 I, 857 I ZPO, BGH **97**, 392 (GbR), **21** hL, nach aA Globalpfändung aller abtretbaren Forderungen aus dem GesVerhältnis; neben der Anteils(Mitgliedschafts)pfändung sind aber auch die Einzelansprüche pfändbar, MüKo/K. Schmidt § 135 Rn 2. Zustellung (§§ 857 I, 829 III ZPO) an Ges (§ 125), nicht an alle MitGfter, letztere reicht aber aus, MüKo/K. Schmidt § 135 Rn 10, str. Pfändung auch bei negativem Kapitalanteil (§ 120 Rn 22). Pfändung des Anteils erfasst die Gesamtheit der GfterRechte des Schuldners, soweit diese pfändbar sind, ua Gewinnansprüche und (künftiges) Auseinandersetzungsguthaben (§ 717 S 2 BGB, s § 109 Rn 20–22), BGH **116**, 229, WM **10**, 370; sie erfasst erst recht, falls Ges schon aufgelöst, die schon begründete Abfindungsforderung, so wie sie von den Gftern vertraglich bestimmt ist, auch wenn der Pfändende diesen Vertrag nicht kennt, BGH BB **72**, 11. Eine „Überweisung des Anteils zur Einziehung" wirkt auf diese Ansprüche, vgl BGH BB **72**, 11. Pfändung und Überweisung berechtigen den Gläubiger zu allen im Recht des Schuldners begründeten Maßnahmen zur Befriedigung (§ 836 I ZPO); offen für höchstpersönliche Hilfsrechte (entspr § 851 ZPO) BGH **116**, 229 (GbR). Herbeiführung der Auseinandersetzung durch Gläubiger erfolgt nach § 135; zur Pfändung und Überweisung des Auseinandersetzungsguthabens als Voraussetzung dort s § 135 Rn 7. Die Anteilspfändung bewirkt keine Verfügungsbeschränkung der einzelnen GesVermögensgegenstände, deshalb keine Grundbucheintragung, Zweibr OLGZ **82**, 406. Kein Zwangsverkauf des Anteils, keine Überweisung an Zahlungs Statt (vgl §§ 844, 857 ZPO), auch nicht an Gläubiger-MitGfter; anders wenn die Mitgliedschaft übertragbar ist oder sämtliche Gfter zustimmen. Lit: K. Schmidt JR **77**, 177, Marotzke ZIP **88**, 1509 (krit zum Vorrang der Stammrechtsverfügung).

D. Rechte der Mitgesellschafter: Der GesVertrag kann A unter gewissen **22** Voraussetzungen (auch ohne wichtigen Grund iSv § 140, zB bei Erbfällen) das **Recht zur Übernahme** des (oder eines Teils des) Anteils des B geben, als Forderung auf Übertragung oder weitergehend als einseitiges Gestaltungsrecht,

Roth

§ 124 23–28   2. Buch. Handelsgesellschaften und stille Gesellschaft

Grenze § 138 BGB, BGH **34**, 83, NJW **67**, 2161 (GmbH), Fischer **LM** § 105 Nr 16.

4) Verbindlichkeiten der OHG

23 A. **Rechtsgeschäftliche Verbindlichkeiten:** Die OHG kann unter ihrer Firma Verbindlichkeiten eingehen (I). Hier ist zunächst an Rechtsgeschäfte gedacht, die OHG wird dabei nach §§ 125 ff vertreten. Kommt es für Rechtswirkungen eines Rechtsgeschäftes auf Eigenschaften der Person an, so hier auf Eigenschaften der Gfter. Näheverhältnis eines Gfters (nahe stehende Person iSv § 138 II Nr 1, 3, I InsO) genügt zur Anfechtung nach § 3 II AnfG, § 133 II InsO. Guter Glaube, Kenntnis, Kennenmüssen, Absicht ua bestimmt sich aus der Person des Gfter (**Wissenszurechnung,** s Rn 50, § 125 Rn 4).

24 B. **Haftung der OHG: a) §§ 278, 831 BGB:** Die Verletzung ihrer Pflichten aus **rechtsgeschäftlichen und rechtsgeschäftsähnlichen** Schuldverhältnissen (§ 311 BGB) macht die OHG haftbar. Sie haftet dabei für ihre Erfüllungsgehilfen, insbesondere ihre Vertreter, nach § 278 BGB.

Außerhalb dieser Sonderverbindungen, zB bei **Verkehrssicherungspflicht** der OHG (§ 823 I BGB), haftet die OHG für Verrichtungsgehilfen nur bei eigenem Verschulden nach § 831 BGB. Das gilt auch bei **Gefährdungshaftung** der OHG.

25 b) **31 BGB analog:** Die OHG ist darüber hinaus für jeden Schaden verantwortlich, den einer ihrer „verfassungsmäßig berufenen Vertreter" durch eine in Ausführung der ihm zustehenden Verrichtungen begangene, zum Schadensersatz verpflichtende Handlung einem Dritten zufügt (§ 31 BGB analog), BGH **45**, 312, **154**, 94, NJW **52**, 528 (auch für GbR, Einl 14 vor § 105). Abweichende Vereinbarung ist ausgeschlossen (§ 40 BGB analog). § 31 BGB gilt für unerlaubte Handlungen (§§ 823 ff BGB, die OHG ist deliktsfähig), Pflichtverletzungen (§§ 280 ff BGB), Verschulden bei Vertragsverhandlungen (§§ 280, 311 II BGB), §§ 122, 311a BGB, schuldloses zum Schadensersatz verpflichtendes Handeln ua.

26 **Verfassungsmäßig berufener Vertreter: Jeder Gesellschafter** ist Vertreter der OHG (KG) iSv § 31 BGB im Rahmen der Tätigkeit, die der GesVertrag oder GfterBeschluss ihm zuweist, BGH WM **73**, 165, **74**, 153; **auch ohne Vertretungsmacht,** zB wenn der mit der Werbung betraute Gfter gegen § 3 UWG oder § 826 BGB verstößt. Auch die bei Geschäftsabschluss begangene unerlaubte Handlung eines von mehreren **Gesamtvertretern** (§ 125 II, III) macht die OHG haftbar, auch wenn die unerlaubte Handlung gerade in der Vortäuschung rechtlicher Verbindlichkeiten einer von den einen Gesamtvertreter allein abgegebenen Willenserklärung besteht, BGH **98**, 148 (GmbH), aA RG **134**, 375, BGH WM **67**, 714.

27 Verfassungsmäßig berufener Vertreter ist in erweiternder Auslegung von § 31 BGB auch jeder **Nichtgesellschafter,** dem durch „allgemeine Betriebsregelung und Handhabung bedeutsame, wesensmäßige Funktionen (der Ges) zur selbständigen eigenverantwortlichen Erfüllung zugewiesen" sind, zB Filialleiter einer Auskunftei, BGH **49**, 21, hL, stRspr. Das kann vorliegen auch bei (sogar vorsätzlichem) Missbrauch der Vertretungsmacht, vgl BGH **49**, 23, WM **73**, 1293, BB **74**, 297; auch ohne jede rechtsgeschäftliche Vertretungsmacht; auch außerhalb des Aufgabenbereichs der geschäftsführenden Verwaltung.

28 **Organisationsmangel:** Soweit danach Gfter und Angestellte keine verfassungsmäßig berufenen Vertreter iSv § 31 BGB sind, kommt Haftung aus Organisationsmangel (ohne Exkulpationsrecht nach § 831 I 2 BGB) in Betracht. Die OHG muss ihrem GesBereich so organisieren, dass für alle wichtigen Aufgabengebiete ein solcher Vertreter vorhanden ist, der bei den wesentlichen Entscheidungen selbst trifft. Bspe (nicht speziell für OHG): BGH **24**, 212, **27**, 280, **39**, 129, NJW **80**, 2810. Lit: Landwehr AcP 164 **(64)** 482, Steindorff AcP 170 **(70)** 93.

1. Abschnitt. Offene Handelsgesellschaft   29–36   § 124

Mitverschulden: Entspr § 31 BGB wird der OHG, die ihrerseits einen 29 Schadensersatzanspruch geltend macht, Mitverschulden ihrer verfassungsmäßig berufenen Vertreter nach § 254 BGB zugerechnet, BGH NJW **52**, 537.

C. **Erfüllung** der GesVerbindlichkeiten ist Aufgabe der geschäftsführenden 30 Gfter (§§ 114 ff), die dazu erforderlichen Verfügungen über GesVermögen treffen die vertretungsberechtigten Gfter (§§ 125 ff). GesVerbindlichkeiten können (soweit nach ihrem Inhalt möglich) statt durch die Ges durch Gfter persönlich erfüllt werden, auch durch Aufrechnung (vgl Rn 12), ohne Widerspruchs- und Ablehnungsrecht von Ges und Gläubiger nach § 267 II BGB; die (nach § 128 für die GesSchuld haftenden) Gfter sind nicht „Dritte" iSv § 267 BGB.

5) Andere Rechtsverhältnisse der OHG

A. **OHG im Privatrecht:** Die OHG kann nicht nur Vermögen aller Art 31 haben (s Rn 4 ff) und Verbindlichkeiten eingehen (s Rn 23 ff), auch **Wechsel,** sondern ist, abgesehen vom Familienrecht, auch sonst Träger aller möglichen Rechte und Pflichten. Sie kann Verträge verschiedenster Art schließen. Bei **Versicherung** von GesVermögen durch die Ges sind auch die Gfter geschützt, iErg BGH **110**, 127 (Gfter als Versicherungsnehmer, bei Firmenrechtsschutzversicherung jedenfalls der phG), zutr präziser MüKo/K. Schmidt 15. Der KfzKaskoversicherer kann nach Entschädigung der Ges nicht gegen einen Gfter als Dritten (§ 67 I 1 aF, 86 I nF VVG) Rückgriff nehmen, BGH MDR **64**, 485.

Die OHG kann **Mitglied** einer privatrechtlichen Vereinigung sein, zB Aktio- 32 när, GmbHGfter, Genosse einer eG, Gfter einer anderen OHG (§ 105 Rn 28), einer KG (§ 161 Rn 3), GbR, RG **142**, 21, Mitglied eines auch nicht rechtsfähigen Vereins; auch phG einer KGaA (Anh § 177a Rn 34), MüKo/K. Schmidt 6, früher aA Schlegelb/K. Schmidt 15. Für OHG (KG) mit GmbHAnteil (Aktien) gelten nicht § 18 GmbHG, § 69 AktG (mehrere Berechtigte), hM, aA Schwichtenberg DB **76**, 375.

Die OHG kann **Vollmachten** empfangen, auch HdlVollmacht (§ 54), aber 33 keine Prokura (nur natürliche Person ua wegen § 52 II, § 54 Rn 7). Die OHG (zB eine BankOHG) kann **Verwalter fremden Vermögens** sein, zB als Beauftragter, Liquidator einer HdlGes (§ 146 Rn 4), str, Testamentsvollstrecker, Abwesenheitspfleger (§ 1911 BGB, reine Vermögensfürsorge), aA MüKo/K. Schmidt 20 wegen Personalpflegschaft, aber mit Ausnahmen; **nicht** Organ einer juristischen Person (zB § 76 III 1 AktG, § 6 II 1 GmbHG), Insolvenzverwalter, str, auch nicht Vormund, Betreuer oder Pfleger nach §§ 1773 ff BGB, Grund: Personenfürsorge grundsätzlich durch natürliche Personen, nur ausnahmsweise durch Verein, Jugendamt, Behörde (§§ 1791a–c, 1900 BGB).

Die OHG genießt wie alle HdlGesellschaften als solche zivilrechtlichen **Eh-** 34 **renschutz** (§§ 823, 824 BGB), bei rufschädigenden Angriffen auf einen Gfter oder Betriebsangehörigen aber nur, soweit sie dadurch selbst unmittelbar getroffen wird; keine Geldentschädigung der OHG für immaterielle Nachteile, BGH **78**, 24, str. Persönlichkeitsrechtsschutz juristischer Personen s Leßmann AcP 170 **(70)** 266, Wronka WRP **76**, 425. Grundrechte s Rn 38. Deliktsrecht s Rn 24 ff.

Mietrecht: Die OHG (KG sowie GmbH & Co KG) kann, anders als die 35 GbR, nicht wegen Eigenbedarfs ihrer Gfter kündigen, BGH NJW **11**, 993m Bespr Wedemann NZG **11**, 533.

Besitz: Besitzer der Sachen der Ges (§ 854 BGB) sind nicht die Gfter, sondern 36 die Ges selbst durch ihre vertretungsberechtigten Gfter, BGH **57**, 167 (keinesfalls die Kdtisten), **86**, 307, 344, WM **67**, 938, Flume FS Hengeler **72**, 76, Kuchinke FS Paulick **73**, 45, aA Steindorff FS Kronstein **67**, 151, JZ **68**, 69. Folge: Besitzschutz nur der Ges selbst; Besitzschutz gegen die Ges, die Gfter haften nach § 128.

Roth

§ 124 37–42   2. Buch. Handelsgesellschaften und stille Gesellschaft

Grundbuch: Rechte an Grundstücken sind in I besonders hervorgehoben. Da die OHG sie unter ihrer Firma erwirbt, wird sie mit ihrer Firma im Grundbuch eingetragen (anders BGB-Ges, vgl § 899a BGB). Dingliche Rechte der OHG s Rn 4. Rechtsübertragung von Ges auf Gfter und umgekehrt, s Rn 47.

37 **Erbrecht:** Die OHG kann auch als **Erbe** eingesetzt, BGH NJW **89**, 2495, Krieg 2013, oder mit einem **Vermächtnis** bedacht werden.

38 **B. Öffentliches Recht:** Die OHG kann mit Verfassungsbeschwerde das Grundrecht auf allgemeine Handlungsfreiheit (Art 2 I GG) auf wirtschaftlichem Gebiet geltend machen, sie ist auch sonst **grundrechtsfähig**, BVerfG **10**, 89, **42**, 383. Die OHG hat die öffentlichen Pflichten, die aus ihrem Gewerbebetrieb folgen, und ist darum auch Adressat für einschlägige polizeiliche Anordnungen, vgl OVG Münst BB **69**, 1327.

39 **C. Strafrecht: a) Strafrechtsschutz:** Die OHG genießt Strafrechtsschutz, zB nach §§ 186, 187 StGB, str für § 186 StGB; dagegen schützt § 185 StGB nur natürliche Personen (zivilrechtlicher Ehrenschutz s Rn 34); nach § 266 StGB (Untreue), vgl BGH WM **87**, 815, oben Rn 1. Sie kann bei Verletzung ihrer Rechte, zB gewerblicher Schutzrechte, Strafanträge stellen.

40 **b) Strafbarkeit:** Bestraft werden kann die OHG nach dem StGB (und WiStG 1954 idF von 1975) grundsätzlich nicht, aber ihre Organe (vgl § 14 StGB, § 9 OWiG). Anordnung des Verfalls (§ 73 III StGB) und der Einziehung (§ 75 StGB) sind auch gegenüber der OHG möglich, nach § 30 OWiG ferner Geldbuße gegenüber der OHG, so auch bei Steuerordnungswidrigkeiten. Die OHG ist nicht strafbar nach §§ 16 ff UWG, strafbar sind hier nur natürliche Einzelpersonen. Ein Strafantrag gegen die OHG ist, wenn nur Einzelpersonen bestraft werden können, idR als Antrag gegen die Personen zu verstehen, die für die Ges gehandelt haben.

6) Die OHG im Prozess

41 **A. Trennung von Gesellschafts- und Gesellschafterprozess:** Da die OHG selbstständiger Träger von Rechten und Pflichten ist (s Rn 2), sind auch prozessual der **Gesellschaftsprozess (I) und der Gesellschafterprozess** (§ 128 Rn 39) **klar zu trennen.** Ges und Gfter sind verschiedene Prozessparteien, BGH **62**, 132, **64**, 156. Klage gegen beide führt nicht zur notwendigen Streitgenossenschaft (§ 128 Rn 39); weitere Konsequenzen BGH **62**, 133. Dieser Trennungsgrundsatz ist trotz der vielfältigen gegenseitigen Auswirkungen der Prozesse infolge der Akzessorietät der GfterHaftung (§ 129 Rn 1) strikt durchzuhalten. Prozesse zwischen der Ges und ihren Gftern sind ohne weiteres möglich (s Rn 53, 54). Nicht gegen die Ges gerichtet, sondern gegen die MitGfter sind die **actio pro socio** (§ 109 Rn 32, auch wenn man Prozessstandschaft annimmt). Auch Rechtsstreitigkeiten um **Grundlagengeschäften** (§ 114 Rn 3, § 126 Rn 3) tragen die Gfter nur unter sich, also ohne Beteiligung der Ges (aber dispositiv, § 109), aus.

42 **B. Gesellschaftsprozess:** Die **OHG ist** nach § 124 im Zivilprozess **parteifähig**, BGH **17**, 342, **62**, 132, früher str. Sie wird als Prozesspartei mit ihrer Firma bezeichnet, der Namen der Gfter bedarf es nicht. Falsche Bezeichnung schadet bei Klage einer OHG oder gegen eine OHG so wenig wie sonst, wenn die Identität der Partei feststeht (zB als Inhaber eines bestimmten Unternehmens, mag er EinzelKfm oder Ges sein), RG **157**, 373. Dazu ist Auslegung nötig, BGH ZIP **89**, 1260 (unklarer Mahnbescheid). Wechsel der Gfter berührt Prozesse der OHG nicht. Übergang vom Ges- zum Gfterprozess ist gewillkürter Parteiwechsel (§ 128 Rn 39). Die OHG ist selbst **nicht prozessfähig** (§ 51 I ZPO), sie wird von ihren **organschaftlichen Vertretern** vertreten (§§ 125 ff); für Zustellungen an sie gelten §§ 125 II 3, III 2 (§ 170 I ZPO). Bei Durchsetzung von Ersatz-

1. Abschnitt. Offene Handelsgesellschaft   43–45   § 124

ansprüchen gegen diese(n) Vertreter (Verhinderung, § 126 Rn 9) kann auch bei Gesamtvertretung (Gefahr der Voreingenommenheit; vgl § 125 Rn 16) **besonderer Vertreter** analog § 46 Nr 8 Halbs 2 GmbHG, § 147 II 1 AktG bestellt werden, BGH ZIP **10**, 2345, Karrer NZG **08**, 206, **09**, 932. Beirat als Sondervertreter bei der PublikumsGes s Anh § 177a Rn 75. Prozesspflegerbestellung nach § 57 ZPO. Ihren allgemeinen **Gerichtsstand** hat die OHG nach § 17 ZPO an ihrem Sitz ohne Rücksicht auf den Wohnsitz der Gfter. Urteilswirkung für Gfter s § 128 Rn 43, § 129 Rn 7. Lit: Noack DB **73**, 1157 (KG), Hüffer FS Stimpel **85**, 165 (Gesamthand).

C. **Einzelprobleme: Schiedsvereinbarungen** s Einl 89, 90 vor § 1, § 128 43
Rn 40. Die Gfter können der OHG oder dem Prozessgegner als **Nebenintervenienten** (Streitgehilfen) beitreten (§§ 66 ff ZPO), BGH **62**, 133. Im Prozess der OHG, KG sind ihre vertretungsberechtigten **Gesellschafter** als **Partei** (Beweis durch Parteivernehmung, § 445 ff ZPO) zu hören; die nicht vertretungsberechtigten Gfter (falls nicht mitverklagt) als **Zeugen**, BGH **42**, 231, BB **65**, 1167, str, überholt BGH **34**, 297 (obiter), zB phG der KG iL, wenn er nicht Liquidator ist, der Gfter der OHG ohne Vertretung (§ 125), der Kdtist, auch wenn er Prokura hat (§ 170 Rn 3). **Prozesskostenhilfe** s § 116 S 1 Nr 2 ZPO (nF 1980, parteifähige Vereinigung), bei einer KG kommt es auch auf die Leistungsfähigkeit der Kdtisten an, Stgt NJW **75**, 2022.

Auswirkung der Auflösung der OHG: Bei **Auflösung** der Ges während 44
des Prozesses dauert die Parteifähigkeit bis zur Prozessbeendigung notwendig fort (§§ 156, 124). Ob Abwicklung eintritt oder eine andere Art der Auseinandersetzung, ist gleich. Keine Unterbrechung (§ 241 ZPO, aber Aussetzung, § 246 ZPO) im Normalfall des § 146 I 1, Kln BB **59**, 463, anders wenn die Gfter nicht Liquidatoren werden und Dritte nicht umgehend bestellt werden, BGH WM **82**, 1170. **Vollbeendigung** der Ges (§ 157 I, aber § 15; § 131 Rn 3) macht die Klage unzulässig, BGH **74**, 212 (Erlöschen von eV), ganz hL, aA früher RG. Aufnahme durch (gegen) die Gfter ist gewillkürter Parteiwechsel, bei Wegfall der beklagten Ges also (jedenfalls in der Berufungsinstanz, BGH **21**, 285, **40**, 189) nur mit Zustimmung der nunmehr beklagten Gfter, außer bei Missbrauch, zB weil die Gfter als Geschäftsführer der Ges (auch der phG-GmbH) bereits mit dem Prozess befasst waren, BGH **62**, 132, Ffm DB **76**, 2299, aA Henckel ZGR **75**, 232: gesetzlicher Parteiwechsel entspr §§ 239 ff ZPO. Bei Übergang des Vermögens der OHG ohne Liquidation auf den letzten verbliebenen Gfter gelten §§ 239 ff, 246, 86 Halbs 1 ZPO analog, BGH NJW **02**, 1207, ZIP **04**, 1047. Erledigung der Hauptsache bei Verlust der Rechtsfähigkeit der KG und der KomplementärGmbH während des Rechtsstreits, falls Klage gegen sie bis dahin begründet war, BGH NJW **82**, 238. Geschäftsübernahme durch einen einzigen Gfter s § 140 Rn 14, 25.

7) Die OHG in Zwangsvollstreckung und Insolvenz

A. **Zwangsvollstreckung gegen OHG (II):** Zur Vollstreckung gegen die 45
OHG bedarf es des Titels gegen sie (II), nicht eines gegen die sämtlichen Gfter (vgl umgekehrt § 129 IV). Doch sollte herkömmlich ein solcher (§ 736 ZPO) genügen, wenn eine GbR ohne Kenntnis des Gläubigers OHG wurde (Einl 23 vor § 105), BGH BB **67**, 143, so noch Schlegelb/K. Schmidt 34, aber ungewiss wegen BGH **146**, 341 (Einl 14 vor § 105), MüKo/K. Schmidt 30, konsequenter ist Erfordernis eines Titels gegen die Ges selbst, Habersack BB **01**, 481, Hadding ZGR **01**, 734. Umschreibung (§§ 727 ff ZPO) gegen Gfter ist nicht möglich, auch nicht nach Ende der Ges (s Rn 44), Grund: persönliche Einwendungen (§ 129 I) würden abgeschnitten, aber Gfter können mitverklagt werden (§ 128, dort Rn 39), BGH **62**, 133. Eidesstattliche Versicherung (§§ 899 ff ZPO) gibt

der vertretungsberechtigte Gfter ab. Zwangsvollstr gegen Gfter s § 128 Rn 45, § 129 Rn 15.

46 B. **Gesellschaftsinsolvenz:** Die InsO macht ein **besonderes Insolvenzverfahren über das Gesellschaftsvermögen** möglich (§ 131 I Nr 3 HGB, § 11 II Nr 1 InsO), unterschieden vom Insolvenzverfahren über das Privatvermögen von Gftern (**Gesellschafterinsolvenz,** § 128 Rn 47). Schuldner iSd InsO ist die OHG, nicht die Gfter, heute ganz hL, MüKo/K. Schmidt Anh § 158 Rn 5, aA noch BGH **34**, 297. Insolvenzfähig ist auch die fehlerhafte OHG, nicht die ScheinOHG (§ 105 Rn 75, 98). Die Insolvenzfähigkeit der OHG endet nicht schon mit Auflösung, sondern erst mit Vollbeendigung (§ 11 III InsO), auch mit Gesamtrechtsnachfolge des letzten Gfters (§ 131 Rn 13, 35). Insolvenzgrund ist für die OHG bzw KG Zahlungsunfähigkeit (§ 17 InsO) und, falls kein phG eine natürliche Person ist, auch Überschuldung (§ 130a HGB, § 19 III InsO, Überschuldungsbegriff § 19 II InsO s § 130a Rn 3). Drohende Zahlungsunfähigkeit s § 18 I, III InsO. Antragsberechtigt sind außer wie immer den Insolvenzgläubigern jeder phG ohne Rücksicht auf seine Vertretungsmacht und jeder Abwickler (§ 15 I InsO). Wird der Antrag nicht von allen Gftern gemeinsam gestellt, ist der Insolvenzgrund glaubhaft zu machen (§ 15 II InsO), dazu auch § 130a Rn 14 (Suhrkamp). Jedenfalls wenn eine natürliche Person phG ist, kann in Insolvenzantragstellung eine Treupflichtverletzung liegen, für (wegen verhältnismäßig geringfügen Betrags zahlungsunfähige) GbR und Möglichkeit der Klärung innergesellschaftlicher Streitigkeit Mü ZIP **15**, 827 f.

Durch die GesInsolvenz wird die OHG aufgelöst (§ 131 I Nr 3, dort Rn 13). Die Insolvenzmasse ist das GesVermögen. Insolvenzgläubiger (§§ 38, 39 InsO) sind nur die Gläubiger der Ges, nicht auch Gläubiger von Forderungen gegen einen oder auch alle Gfter persönlich. Die Gfter selbst mit ihrer Einlage sind nicht Insolvenzgläubiger, auch nicht mit einem Darlehen mit Eigenkapitalcharakter (Anh § 177a Rn 71), BGH **93**, 159, anders mit bestimmten Sozialansprüchen wie Aufwendungsersatz (§ 110) und echten Drittforderungen (§ 124 Rn 52), auch Abfindungen von Gftern, die vor Verfahrenseröffnung ausgeschieden sind. Für Dienstverträge von Gftern (§ 114 Rn 9, § 110 Rn 19, 20) gilt § 103 InsO; Unterhaltsanspruch nach §§ 101 I 3, 100 InsO ist str. Rückständige Einlagen samt Zinsen (§ 111), Ansprüche der Ges aus für sie geführten Geschäften und Schadensersatzansprüche wegen Verletzung gesellschaftsvertraglicher Pflichten macht nur noch der Insolvenzverwalter geltend, die actio pro socio entfällt insoweit. Auch die Firma der OHG gehört zur Insolvenzmasse, aber Veräußerung nur mit Zustimmung der Namensträger (§ 17 Rn 47). Auswirkungen der GesInsolvenz auf die Gfter s § 128 Rn 46. Die GesInsolvenz hindert die Gläubiger während des Insolvenzverfahrens am Vorgehen gegen einzelne Gfter (§ 128 iVm § 93 InsO, § 128 Rn 46). GfterInsolvenz s § 128 Rn 47. Lit: Komm zur InsO, Häsemeyer Insolvenzrecht 4. Aufl 2007 Kap. 31; K. Schmidt ZGR **98**, 633.

47 Das besondere Vergleichsverfahren über das Vermögen der Ges (§§ 109–110 VerglO aF) gibt es nicht mehr. Die InsO sieht dafür nur noch einheitlich den Insolvenzplan vor, dazu nach dem ESUG K. Schmidt ZGR **12**, 566, Wertenbruch ZIP **13**, 1693, s auch § 130a Rn 15.

8) Rechtsübertragung und andere Rechtsgeschäfte zwischen Gesellschaft und Gesellschafter

48 A. **Rechtsübertragung** von einem Gfter auf die Ges und umgekehrt ist **echte Übertragung** von dem einen auf den anderen Rechtsträger. Sie bedarf daher der für eine solche vorgeschriebenen **Form** (zB bei Einbringung eines Grundstücks, einer beweglichen Sache, eines GmbHAnteils durch einen Gfter der Formen der §§ 311b I, 873, 925 BGB, §§ 929 ff BGB, § 15 GmbHG, s § 105 Rn 55). **Sachenrechtlich** stehen die allgemeinen Möglichkeiten für eine solche Über-

1. Abschnitt. Offene Handelsgesellschaft 49–53 § 124

tragung zur Verfügung (vgl § 383 Rn 25 zur Einkaufskommission). Im Falle des § 930 BGB wird das Besitzkonstitut idR im GesVerhältnis stillschweigend vereinbart sein.

Einzelfälle: Die Übertragungsformen sind ferner ua zu wahren: bei Übertragung aus Bruchteilseigentum der Gfter in GesVermögen (s Rn 5); aus einer neben der OHG bestehenden GbR der Gfter der OHG an die OHG; aus GesVermögen der OHG in Gesamthandseigentum einer GbR derselben Gfter, RG **136**, 405, BayObLG NJW **82**, 110; aus einer OHG in eine personengleiche andere OHG, BGH BB **63**, 747, BayObLG NJW **82**, 110; aus ungeteilter Erbengemeinschaft in das Vermögen einer von den Erben errichteten OHG (§ 105 Rn 55). Anders bei bloßer Umwandlung einer GbR zur OHG bzw KG oder umgekehrt (Einl 21 vor § 105, § 105 Rn 8). 49

Gutgläubiger Erwerb eines Gfters von der nichtberechtigten OHG ist möglich. Erwirbt umgekehrt die OHG vom nichtberechtigten Gfter (zB bei Einbringung von Sachen durch den Gfter), so kommt es auf den guten Glauben der für sie handelnden Gfter an (§ 166 I BGB, s Rn 23, § 125 Rn 4). Zu diesen gehört der übertragende Gfter nicht (anders im Fall § 181 BGB), seine Bösgläubigkeit hindert also den Erwerb der OHG nicht, wenn die anderen Gfter gutgläubig sind, str, anscheinend aA BGH BB **59**, 318. Der gute Glaube der OHG ist aber zB bei Beschluss aller Gfter, von dem einen zu erwerben, ausgeschlossen (§ 166 II BGB, § 125 Rn 4). Mangels gutgläubigen Erwerbs ist die rechtlich unwirksame Einlage (im Unterschied zu Ges oder Eintritt, § 105 Rn 80) nicht nach den Grundsätzen der fehlerhaften Ges wirksam, BGH BB **59**, 318. 50

B. Rechtsgeschäfte zwischen Gesellschaft und Gesellschafter: a) Sozialansprüche und -verbindlichkeiten: Schuldverhältnisse zwischen Ges und Gfter können aus dem **Gesellschaftsverhältnis** selbst hervorgehen, zB aus Beitragspflicht (§ 109 Rn 6), Geschäftsführungsrecht und -pflicht (§§ 114 ff), Aufwendungen (§ 110), Wettbewerb (§ 113), Entnahmerecht (§ 122) usw. Sozialansprüche der Gesamthand gegen einen Gfter kann außer der Ges auch jeder MitGfter einzeln mit der **actio pro socio** geltend machen, allerdings nur gerichtet auf Leistung an die Ges (§ 109 Rn 32). Der Gfter kann für einen Sozialanspruch gegen die Ges **nicht** auch die **Mitgesellschafter nach § 128** in Anspruch nehmen (§ 128 Rn 22), Grund: das käme einer Nachschusspflicht gleich (§ 109 Rn 12). Zur Lage nach Ausscheiden oder Auflösung s § 128 Rn 23, 28, § 145 Rn 6. 51

b) Drittgeschäfte: Zwischen Ges und Gfter sind aber auch unabhängig vom GesVerhältnis Rechtsverhältnisse möglich wie sonst zwischen Rechtspersonen (§ 109 Rn 11), zB Verträge, dingliche Rechtsverhältnisse (zB Miteigentum, beschränkte Rechte des einen Teils am Eigentum des anderen), Vollmacht, Options- und andere Gestaltungsrechte. Die **Abgrenzung** zwischen Ansprüchen aus GesVertrag (zB Beitrag oder Geschäftsführung als Gfter) und Drittgeschäft (zB Grundstückspacht, BGH BB **61**, 6, Überlassung von Baugerät, BGH BB **63**, 576, zusätzlicher Dienst- oder Arbeitsvertrag) kann im Einzelnen schwierig sein (§ 109 Rn 11, § 110 Rn 19–21). Vertretung der Ges bei Vertrag zwischen Ges und Gfter s Rn 53. Lit: Loritz, Die Mitarbeit Unternehmensbeteiligter, 1984. 52

Vorgehen der Gesellschaft gegen den Gesellschafter: Die Ges kann eine Forderung gegen einen Gesellschafter aus einem Drittgeschäft durch ihre vertretungsberechtigten Gfter geltend machen. **Notwendig** ist hier aber (anders als gegenüber einem Dritten) **außer Vertretungsmacht auch Geschäftsführungsbefugnis** (§ 126 Rn 6). Bei Einzelgeschäftsführung kann danach jeder MitGfter widersprechen (§ 115 I, aber nicht der schuldende Gfter, § 115 Rn 3), bei Gesamtgeschäftsführung müssen alle geschäftsführenden Gfter, unter den Voraussetzungen des § 116 II alle Gfter, auch die nicht geschäftsführenden, zustimmen (§§ 115 II, 116 II, dispositiv), wiederum mit Ausnahme des schulden- 53

§ 125 2. Buch. Handelsgesellschaften und stille Gesellschaft

den Gfters. Einziehung von Forderungen der Ges gegen Gfter in der Liquidation s § 149 Rn 3.

54 **Vorgehen des Gesellschafters gegen die Gesellschaft:** Der Gfter kann eine Forderung gegen die Gesellschaft aus Drittgeschäft grundsätzlich ebenso wie ein NichtGfter geltend machen, Grenze: **Rücksicht** bei der Einziehung kraft Treuepflicht (§ 109 Rn 23), zB bei einem im Hinblick auf die Zugehörigkeit zur Ges und zur Förderung der GesInteressen gegebenen Darlehen, RG JW **37**, 1986, abw Prediger BB **71**, 245.

55 **Vorgehen des Gesellschafters gegen Mitgesellschafter:** Der Gfter kann für eine Drittgläubigerforderung gegen die Ges auch **nach § 128** die Mitgesellschafter in Anspruch nehmen, **aber** bei Geldforderungen mit **Abzug** mindestens des seinem **Verlustanteil** entspr Forderungsteils (§ 128 Rn 24). Zur Lage nach Ausscheiden oder Auflösung s § 128 Rn 23, 28, § 145 Rn 6.

[Vertretung der Gesellschaft]

125 (1) Zur Vertretung der Gesellschaft ist jeder Gesellschafter ermächtigt, wenn er nicht durch den Gesellschaftsvertrag von der Vertretung ausgeschlossen ist.

(2) ¹Im Gesellschaftsvertrage kann bestimmt werden, daß alle oder mehrere Gesellschafter nur in Gemeinschaft zur Vertretung der Gesellschaft ermächtigt sein sollen (Gesamtvertretung). ²Die zur Gesamtvertretung berechtigten Gesellschafter können einzelne von ihnen zur Vornahme bestimmter Geschäfte oder bestimmter Arten von Geschäften ermächtigen. ³Ist der Gesellschaft gegenüber eine Willenserklärung abzugeben, so genügt die Abgabe gegenüber einem der zur Mitwirkung bei der Vertretung befugten Gesellschafter.

(3) ¹Im Gesellschaftsvertrage kann bestimmt werden, daß die Gesellschafter, wenn nicht mehrere zusammen handeln, nur in Gemeinschaft mit einem Prokuristen zur Vertretung der Gesellschaft ermächtigt sein sollen. ²Die Vorschriften des Absatzes 2 Satz 2 und 3 finden in diesem Falle entsprechende Anwendung.

Übersicht

	Rn
1) Begriff und Abgrenzung der Vertretungsmacht; Wissenszurechnung	1–4
A. Abgrenzung zur Geschäftsführung	1
B. Organschaftliche und andere Vertretungsmacht	2
C. Verschuldenszurechnung	3
D. Wissenszurechnung	4
2) Selbstorganschaft und Vollmachten an Dritte	5–9
A. Selbstorganschaft	5
B. Nichtübertragbarkeit der organschaftlichen Vertretungsmacht	6
C. Keine Umgehung der Selbstorganschaft	7
D. Ausnahmen	8
E. Normale Vollmachten an Dritte	9
3) Einzelvertretungsmacht aller, Ausschluss einzelner Gesellschafter (I)	10–15
A. Einzelvertretungsmacht jedes Gesellschafters (I Halbsatz 1)	10
B. Ausschluss einzelner Gesellschafter von der Vertretung (I Halbsatz 2)	12
C. Abbedingung der gesetzlichen Vertretung nach I	13
D. Sonstige abweichende Vereinbarungen	14
E. Keine Notvertretungsmacht	15

1. Abschnitt. Offene Handelsgesellschaft 1–4 § 125

Rn
4) Gesamtvertretungsmacht mehrerer Gesellschafter (II) 16–18
  A. Gesamtvertretung (II 1) 16
  B. Ermächtigung einzelner Gesamtvertreter (II 2) 17
  C. Passive Einzelvertretung (II 3) 18
5) Gemischte Gesamtvertretung (III) 19–26
  A. Gemischte Gesamtvertretung (III 1) 19
  B. Auswirkung auf den Prokuristen 23
  C. Ermächtigung, passive Einzelvertretung (III 2) 24
  D. Prokura mit Bindung an Mitwirkung eines Gesellschafters 25

1) Begriff und Abgrenzung der Vertretungsmacht; Wissenszurechnung

A. Abgrenzung zur Geschäftsführung: Die Vertretungsmacht ist die 1 Rechtsmacht zur rechtsgeschäftlichen Bindung der Ges gegenüber Dritten **(Außenverhältnis).** Sie steht damit im Gegensatz zur Geschäftsführung im Verhältnis der Gfter zueinander (Innenverhältnis, § 114 Rn 1) und ist auch abweichend geregelt, zB §§ 114 II, 115 I 2. Halbs, II (Gefahr im Verzug), 116. §§ 125–127 regeln nur die Vertretung. § 125 besagt, wer von den Gftern Vertretungsmacht hat. § 125a betrifft Angaben für den Geschäftsverkehr. § 126 steckt zwingend den Umfang der Vertretungsmacht ab. § 127 regelt ihre Entziehung.

B. Organschaftliche und andere Vertretungsmacht: Die Vertretungs- 2 macht der §§ 125 ff ist eine organschaftliche, BGH **33**, 108, **36**, 295, **51**, 200, **64**, 75. Ihrer Rechtsnatur nach ist sie eine gesetzliche Vertretungsmacht (wie bei juristischen Personen; keine Vollmacht, keine dritte Kategorie), vgl K. Schmidt § 10 II, str. Die vertretenden Gfter sind Organe der Ges entspr den gesetzlichen Vertreter juristischer Personen. Die Anwendung von Vollmachtsvorschriften ist aber nicht ausgeschlossen, zB § 166 I BGB (zB: kein Erwerb der Ges kraft guten Glaubens, wenn der handelnde Gfter gutgläubig ist, aber nach Weisungen der anderen Gfter handelt, von denen auch nur einer bösgläubig), s Rn 4. Insolventer Gfter kann seine Vertretungsmacht nicht mehr (selbst) ausüben, KG ZIP **11**, 371 (GbR).

C. Verschuldenszurechnung: Die Vertretung ist rechtsgeschäftliches Han- 3 deln im Namen der Ges. Die Verschuldenszurechnung betrifft das Einstehen der Ges für Schäden, zB nach §§ 31, 278, 831 BGB (§ 124 Rn 24 ff).

D. Wissenszurechnung: Für die Wissenszurechnung (Kenntnis oder Ken- 4 nenmüssen zB bei Irrtum, Gutgläubigkeit nach § 15, gutgläubiger Erwerb; entspr persönliche Beziehungen und Verhältnisse, zB im Insolvenzrecht) gilt § 166 I BGB, § 125 II 3 analog, wonach es auf die Person des Vertreters, nicht des Vertretenen ankommt, üL, Rspr, nach aA Rechtsgedanke von § 31 BGB (organschaftliche Kenntnis), K. Schmidt § 10 V 2b, aber führt zu weit; allgemeiner zur Dogmatik der Wissenszurechnung **(Pflicht zur ordnungsgemäßen Organisation der Kommunikation),** die im Bankvertragsrecht besonders relevant wird, **(7)** Bankgeschäfte Rn A/16, dabei ist zu beachten, dass ältere Rspr mit absoluter Wissenszurechnung überholt ist (Unterschiede zwischen den Senaten), keine Zurechnung von Wissen, sondern von wissensgetragenem, rechtserheblichem (aktivem oder passivem) Verhalten, Nobbe Bankrechtstag **02**, 126. Für Wissenszurechnung bei juristischen Personen und PersonenGes gilt grundsätzlich dasselbe. Aus der (uneinheitlichen) Rspr ist hervorzuheben: Das Wissen eines einzigen Gfters genügt, BGH **34**, 297, jedenfalls wenn die Nichtweitergabe des Wissens an den handelnden Gfter organisationspflichtwidrig war, BGH **140**, 61 (IX ZS); nach aA nur, wenn er konkret vertreten hat, für die übrigen Vertreter nur nach § 166 II BGB, offen BGH NJW **95**, 2160. Das gilt auch bei Gesamtvertretung, BGH **20**, 153, 62, 173; wenn ein Gesamtvertreter am Vertragsschluss nicht mitwirkt; wenn er das Wissen im privaten Bereich erworben hat, BGH

§ 125   5–8   2. Buch. Handelsgesellschaften und stille Gesellschaft

WM **55**, 832; wenn der Organvertreter ausgeschieden oder verstorben ist (so bei juristischen Personen), aber nur sofern es sich um typischerweise aktenmäßig festgehaltenes Wissen handelt, BGH **109**, 332 (V ZS), NJW **95**, 2160, **96**, 1205 (beide iErg abl). Auch das Wissen von verfassungsmäßigen Vertretern (§ 124 Rn 25) ist der Ges zuzurechnen (vgl **(7)** Bankgeschäfte Rn A/16). Handelt ein Vertreter nach Weisung, kann § 166 II BGB entspr anwendbar sein. Beim Erwerb einer Sache vom Nichtberechtigten auf Grund Beschlusses aller Gfter schließt deshalb Bösgläubigkeit eines Gfters den Rechtserwerb kraft guten Glaubens aus, auch wenn der mit dem Erwerb beauftragte vertretungsberechtigte Gfter gutgläubig ist, Windbichler § 8 Rn 8, anders wenn ein gutgläubiger Gfter aus eigener Initiative erwirbt (§ 124 Rn 50). Lit: Schilken 1983, Buck 2001 (Habilitationsschrift); Baumann ZGR **73**, 284, Waltermann AcP 192 **(92)** 181, Grunewald FS Beusch **93**, 301, Medicus u Taupitz, Karlsruher Forum **94**, 4, 16, Drexl ZHR 161 **(97)** 491 (Konzern), Fassbender/Neuhaus WM **02**, 1253, Drexl, Nobbe Bankrechtstag **02**, 85, 121.

2) Selbstorganschaft und Vollmachten an Dritte

5   A. **Selbstorganschaft:** Organschaftliche Vertreter iSv §§ 125 ff können idR nur **Gesellschafter** sein (Selbstorganschaft, entspr für Geschäftsführung § 114 Rn 24), BGH **26**, 333, **33**, 108, **41**, 367, NJW **82**, 1817, str; bei der KG nur phG (§ 170), BGH **51**, 200. Dies ist ein wichtiger Unterschied zur KapitalGes, wo die Drittorganschaft sogar die Regel ist. Konsequenz ist ua, dass nicht alle Gfter von der Vertretung ausgeschlossen werden können (s Rn 12). Der Grundsatz der Selbstorganschaft für PersonenGes ist wegen der persönlichen Haftung der Gfter berechtigt, str, und schränkt die Ges in der Praxis nicht übermäßig ein (Generalvollmacht s Rn 7, 9; umfassende Geschäftsführung durch Dritte, sogar Betriebsführungsvertrag s § 114 Rn 24), er wird trotz rechtsformmäßig beschränkter Haftung auch bei der GmbH & Co KG angenommen, Anh § 177a Rn 21. Lit: Werra 1991; Helm/Wagner BB **79**, 225, zum Betriebsführungsvertrag Otte-Gräbener/Deilmann NZG **16**, 1361.

6   B. **Nichtübertragbarkeit der organschaftlichen Vertretungsmacht:** Die organschaftliche Vertretungsmacht als solche ist **höchstpersönlich** und **nicht übertragbar** (§§ 717, 664, 713 BGB), BGH **33**, 108, **34**, 30, **36**, 295, ZIP **11**, 911; ebenso für Geschäftsführung (§ 114 Rn 11), Stimmrecht (§ 119 Rn 19), sonstige Verwaltungsrechte.

7   C. **Keine Umgehung der Selbstorganschaft:** Auch nichtorganschaftliche, umfassende Vollmachten **an Dritte** kann unzulässige Fremdorganschaft darstellen, zB bei unwiderruflicher Generalvollmacht, bei Ausschluss aller Gfter von der Vertretungsmacht, bei Bindung in der eigenen Ausübung an die Weisungen Dritter, bei Verzicht auf Ausübung der Vertretungsmacht als Gfter oder bei völligem Ausschluss des Weisungsrechts. Die Gfter können also solchen dritten Vertretern zwingend jederzeit die Vertretungsmacht entziehen, auch bei Betriebsführungsvertrag, Heymann/Emmerich § 114 Rn 28, aA BGH NJW **82**, 1817 (für Geschäftsführungsbefugnis s enger § 114 Rn 3). Das Weisungsrecht der Gfter an solche Vertreter kann nicht völlig ausgeschlossen werden, jedenfalls alle Gfter gemeinsam bleiben weisungsbefugt (§ 114 Rn 22). Noch engere Grenzen gelten bei PublikumsGes (Anh § 177a Rn 74).

8   D. **Ausnahmen:** Der Grundsatz der Selbstorganschaft ist durchbrochen in der Liquidation (§ 146 II, gerichtliche Bestellung auch von NichtGftern), und vorübergehend in „liquidationsähnlichen Sonderlagen", BGH ZIP 10, 2347, zB im Prozess gegen einen Gfter oder während Ausschließungs-, Auflösungs-, Entziehungsprozesses, BGH **33**, 108, 51, 200 (§ 124 Rn 42, § 127 Rn 8, § 133 Rn 14, § 140 Rn 16); aber nicht stets aus wichtigem Grund, Müller NJW **55**, 1910 und nicht allgemein als Notvertretung entspr § 29 BGB (s Rn 15). Möglich ist ferner

1. Abschnitt. Offene Handelsgesellschaft 9–12 § 125

Prozesspflegerbestellung nach § 57 ZPO; wohl auch Pflegschaft nach §§ 1911, 1913 BGB, Peters MDR 51, 243. Lit: Teichmann 1970, H. P. Westermann 1970, Werra 1991; Dellmann FS Hengeler 72, 64, Helm/Wagner BB 79, 225, Schäfer ZHR 175 (11) 557 (Vorsorgevollmacht). Vererbung des Vertretungsrechts s § 114 Rn 5, § 139 Rn 13.

E. **Normale Vollmachten an Dritte:** NichtGfter, auch nicht alleinvertretungsberechtigte Gfter, Staub/Habersack 13, aA üL, können von der Ges Vollmachten verschiedener Art erhalten (Prokura, § 48 Rn 2; HdlVollmacht), **auch Generalvollmacht** (Überbl 2 vor § 48), BGH **36**, 295, und uU mit solcher die Geschäfte allein führen (§ 114 Rn 24). In besonderen Fällen besteht sogar Zustimmungspflicht der Gfter zur Erteilung auch weitreichender Vollmachten, zB bei Verhinderung des vertretungsberechtigten Gfters durch Krankheit oder längere Abwesenheit, Heymann/Emmerich § 114 Rn 25. Aber die Generalvollmacht kann namentlich bei gleichzeitigem Verzicht des Gfter auf die Ausübung seiner Rechte eine unzulässige Übertragung der organschaftlichen Vertretungsmacht (s Rn 6) und eine unzulässige Drittorganschaft darstellen (s Rn 7). 9

3) Einzelvertretungsmacht aller, Ausschluss einzelner Gesellschafter (I)

A. **Einzelvertretungsmacht jedes Gesellschafters (I Halbsatz 1):** Mangels anderer Vereinbarung hat jeder Gfter ohne Mitwirkung der anderen Vertretungsmacht (I; anders bei GbR, §§ 714, 709 BGB), also auch Geschäftsunfähige, beschränkt Geschäftsfähige, juristische Person und andere Personenvereinigungen, die Gfter sein können (§ 105 Rn 26–30), auch aufgelöste GmbH (Anh § 177a Rn 45). **Beschränkt Geschäftsfähige** können außer nach § 112 BGB, str, nicht selbst vertreten, § 165 BGB ist unanwendbar, MüKo/K. Schmidt 18. Die namens der Ges handelnden Vertreter solcher Gfter handeln mit Wirkung für und gegen die Ges, nicht die Gfter persönlich, also ohne familiengerichtliche Genehmigungen (vgl § 105 Rn 26). Geben mehrere Gfter einander **widersprechenden Erklärungen** ab, gilt, wenn die Erklärung bindend ist, die Erste (idR nach der Zeit des Zugehens), andernfalls die letzte (zB Widerruf, Anfechtung); gleichzeitige heben sich auf, RG **81**, 95. 10

Rechtliche Bedeutung: Die Ges vertreten heißt **in ihrem Namen** handeln. Gewöhnlich genügt, dass die Umstände dies ergeben (schon § 164 I 2, nicht erst II BGB; vgl auch Handeln für die Firma Überbl 8 vor § 48); bei skripturgemäßer Verpflichtung muss es aus der Urkunde, zB dem Wechsel, hervorgehen, RG **47**, 166. Die klarste Form der Unterschrift namens der Ges ist das Zeichnen des eigenen Namens mit Vermerk, dass man für die Ges handelt („für die X-Ges", „namens der X-Ges"). Möglich ist Zeichnen mit der GesFirma allein, auch im Grundbuchverkehr; dieses kann im Einzelfall auch umgekehrt Handeln im eigenen Namen bedeuten, Bsp: Einspruch gegen Strafandrohung nach § 37 I HGB, (3) FamFG § 388 ff, KJG **31**, 211. An die GfterVertretungsmacht knüpfen **öffentlichrechtliche** Verhaltenspflichten an; der Gfter mit Vertretungsmacht bleibt ihnen unterworfen, obwohl er die Betriebsleitung einem anderen überträgt; Bsp Kblz BB **75**, 983 (Transport gefährlicher Güter). 11

B. **Ausschluss einzelner Gesellschafter von der Vertretung (I Halbsatz 2):** Der GesVertrag kann einen oder mehrere Gfter von der Vertretung ausschließen, so schon kraft Rechtsform bei der KG (§ 170 Rn 1), aber nicht alle (Selbstorganschaft, s Rn 5), BGH **41**, 367. Benennung einiger Gfter als („zeichnungs-", „firmierungs-") vertretungsberechtigt bedeutet idR Ausschluss der übrigen (§§ 133, 157 BGB; die Auslegungsregel des § 114 II gilt hier nicht). Klauseln über „Geschäftsführung" meinen meist sowohl Geschäftsführungsbefugnis (§§ 114 ff) wie Vertretung (§§ 125 ff). Die Vertretungsmacht kann nicht nur teilweise oder befristet oder bedingt ausgeschlossen werden (II), aber der von ihr (ganz) ausgeschlossene Gfter kann ebenso wie ein NichtGfter (s Rn 9) **Voll-** 12

§ 125 13–16 2. Buch. Handelsgesellschaften und stille Gesellschaft

macht erhalten, zB auch HdlVollmacht, Generalvollmacht, Prokura, hM; diese Vollmacht ist nicht organschaftlich, aber bei Erteilung auf Grund GesVertrags nur aus wichtigem Grund entziehbar (§ 170 Rn 4). **Feststellungklage** zwischen den Gftern (nicht Ges), ob Gfter Vertretungsmacht hat oder nicht, ist möglich (§ 256 ZPO); Klage eines Gfters gegen den Geschäftspartner der Ges auf Feststellung seiner Vertretungsmacht ist mangels eines feststellbaren Rechtsverhältnisses idR unzulässig, BGH BB **79**, 286.

13   C. **Abbedingung der gesetzlichen Vertretung nach I:** Ist die gesetzliche Vertretung abbedungen, die vereinbarte aber nicht wirksam, gilt **Gesamtvertretung aller** Gfter mit passiver Einzelvertretung (II 1, 3), KG HRR **39**, Nr 94, BGH **33**, 108. Bspe: bei vertraglichem Ausschluss aller Gfter von der Vertretung (s Rn 5, 12) oder Wegfall des einzigen Vertretenden etwa durch Tod, Geschäftsunfähigwerden, Ausschließung (§ 140 Rn 8), Entziehung der Vertretungsmacht (§ 127 Rn 2). Bei nur tatsächlicher **Verhinderung** der vertretenden Gfter bleibt die geltende Regelung der Vertretung in Kraft (s Rn 16).

14   D. **Sonstige abweichende Vereinbarungen:** §§ 125–126 sind im Interesse des Rechtsverkehrs zwingend, soweit nicht das Gesetz Abweichungen zulässt, BGH **17**, 186. Der GesVertrag kann Gesamtvertretung mehrerer Gfter (II, s Rn 16), gemischte Gesamtvertretung eines oder mehrerer Gfter in Gemeinschaft mit Prokuristen (III, s Rn 19) oder auch **Kombinationen** davon vorsehen, zB Einzelvertretung durch Gfter A, Gesamtvertretung durch B mit C oder A, C mit B oder A); auch Einzelvertretung durch A, Gesamtvertretung durch B mit A (was nicht dem Ausschluss des B von der Vertretung gleichsteht), RG **90**, 22, BGH **62**, 171 (halbseitige Gesamtvertretung, vgl § 48 Rn 6 für Prokura). Umfang der Vertretungsmacht stets nur nach § 126.

15   E. **Keine Notvertretungsmacht:** Das Recht der Gfter zu Notmaßnahmen zur Erhaltung des GesVermögens (§ 744 II BGB, § 114 Rn 7) gibt dem Gfter keine Vertretungsmacht, BGH **17**, 183. Vertretungsmacht folgt auch nicht aus einem (zu Unrecht) teilweise vertretenen Recht des einzelnen Gfter, uU Rechte der Ges im gegen Dritte im eigenen Namen geltend zu machen (§ 124 Rn 13); ebenso wenig aus Geschäftsführung ohne Auftrag (§§ 677 ff BGB), BGH **17**, 187. Auch eine Notbestellung durch das Amtsgericht entspr § 29 BGB scheidet aus, BGH **51**, 200, str. Ausnahme für Sonderfälle, zB Prozess gegen den einzigen vertretungsberechtigten Gfter, MüKo/K. Schmidt 7; für § 46 Nr 8 Halbs 2 GmbHG, § 147 II 1 AktG analog (Sondervertreter, s § 124 Rn 42) Karrer NZG **08**, 206, uU gegen KonzernGes.

4) Gesamtvertretungsmacht mehrerer Gesellschafter (II)

16   A. **Gesamtvertretung (II 1):** Der GesVertrag kann alle oder mehrere Gfter nur in Gemeinschaft zur Vertretung ermächtigen (Gesamtvertretung, II 1, auch gewöhnliche oder echte genannt im Unterschied zu III; vgl § 48 II Gesamtprokura, § 71 II AktG, § 35 II GmbHG). Die so ermächtigten Gfter können die für die Ges verbindliche Erklärung nur gemeinsam bewirken. Willensmängel, Kenntnis, Kennenmüssen eines der mehreren Handelnden wirken für und gegen die Ges. Die Gesamtvertreter müssen nicht gleichzeitig handeln, aber die erste Erklärung muss noch in Kraft sein, wenn die andere folgt. Ein Gesamtvertreter kann den anderen zum alleinigen Handeln ermächtigen (s Rn 17) oder solches auch nachträglich nach § 177 BGB **genehmigen** (beides formlos, auch bei formbedürftigem Rechtsgeschäft), Mü ZIP **09**, 621, bei Verhinderung auch für einzelne Geschäfte (nicht in allgemeiner Weise) einen Dritten zur Mitwirkung an seiner Statt bevollmächtigen (s Rn 9). §§ 174, 180 BGB (Zurückweisung mangels Vorlage einer Ermächtigungsurkunde, Unzulässigkeit einseitiger Rechtsgeschäfte) gelten entspr, BAG NJW **81**, 2374. Für die konkludente Genehmigung kommt es allein auf den Kenntnisstand des anderen an, jedenfalls wenn auch vom

Verbot des § 181 BGB befreit werden soll (Schutzzweck), BGH NJW **10**, 863 (GbR). **Wegfall** des einen Gesamtvertreters (A) gibt nicht dem anderen (B) Alleinvertretung, sofern noch anderweitige Gesamtvertretung möglich ist (zB BC oder CD), anders wenn diese unmöglich ist, zB bei nur zwei phG einer KG, BGH **41**, 367, KG JW **39**, 424. Nur tatsächliche **Verhinderung** des einen Gesamtvertreters ändert an der Gesamtvertretung nichts, BGH **34**, 27 (GmbH). Täuscht ein Gesamtvertreter die Verbindlichkeit einer von ihm allein abgegebenen Willenserklärung vor, haftet die Ges aus § 31 BGB (§ 124 Rn 25), BGH **98**, 148, aA BGH WM **67**, 714; vgl (problematisch) Dieckmann WM **87**, 1473, 1509. Bei **Verweigerung** der Mitwirkung erst Klage auf Zustimmung, nicht inzident im Prozess der OHG gegen Dritten, Stgt NZG **10**, 1223 (GbR). Gesamtvertretung von phG und Kdtist s § 170 Rn 1. Halbseitige Gesamtvertretung s Rn 14.

B. **Ermächtigung einzelner Gesamtvertreter (II 2):** Die Gesamtvertreter 17 können einzelne unter ihnen zur Alleinvornahme bestimmter Geschäfte oder bestimmter Arten von Geschäften ermächtigen (II 2); also nicht im ganzen Umfang ihrer Vertretungsmacht, BGH **34**, 27 (GmbH), NJW-RR **86**, 778 (GmbH), Grund: Wortlaut, Zweck. II 2 ist nur klarstellend, beseitigt aber Zweifel aus § 181 BGB. Die **Erteilung** der Ermächtigung erfolgt durch formlose, auch stillschweigende Erklärung an den zu Ermächtigenden. So kann die Klage des Gfters A gegen die Ges, vertreten durch den (einzigen) MitGfter B, bei Gesamtvertretung als Ermächtigung des B zur Vertretung der Ges in dem Rechtsstreit verstanden werden, RG **116**, 18, BGH **41**, 367 (zu § 150 II 1). Erteilung entspr §§ 167 I, 170 ff BGB (gegenüber Dritten, öffentlich) ist möglich, aber wenig praktisch. Die Ermächtigung bedarf keiner Annahme und kann nicht abgelehnt werden. **Widerruf** ist jederzeit, ohne wichtigen Grund und nicht notwendig durch dieselben Gesamtvertreter, die die Ermächtigung ausgesprochen haben, möglich. Nach BGH **64**, 75 ist die Ermächtigung ihrer **Rechtsnatur** nach nicht einfache oder HdlVollmacht (dann Problem des § 181 BGB), sondern macht den Ermächtigten partiell zum organschaftlichen Alleinvertreter, aA MüKo/K. Schmidt 45, aber iErg ähnlich (s auch § 126 Rn 9). §§ 174, 180 BGB s Rn 16. Lit: Lüdtke-Handjery DB **72**, 565.

C. **Passive Einzelvertretung (II 3):** Die vereinbarte Gesamtvertretung gleich 18 welcher Art gilt nicht für die **passive Vertretung** der Ges beim Empfang von Willenserklärungen. Hier gilt zwingend Einzelvertretung. Die Erklärung braucht also nur einem Gesamtvertreter zuzugehen (II 3; entspr § 78 II 2 AktG, § 35 II 2 GmbHG; § 170 III ZPO für Zustellungen im Prozess), zB Wechselprotest, RG **53**, 227; Urteilsverkündung in Anwesenheit eines Gesamtvertreters, RG JW **28**, 68. Die passive Einzelvertretung umfasst nicht **stillschweigende Zustimmung** zu einer zugegangenen Erklärung, anders für Schweigen mit Wirkung kraft Gesetzes, zB § 75h, 91a, 362 I, kfm Bestätigungsschreiben, Staub/Habersack 55, aA nur für kfm Bestätigungsschreiben MüKo/K.Schmidt 47. Kenntnis nur eines Gesamtvertreters von einem Bestätigungsschreiben bewirkt zwar Kenntnis der Ges, genügt aber nicht als Voraussetzung stillschweigender Genehmigung durch die Ges, RG JW **27**, 1676; aber Ges kann bei Willensmangel auch nur eines Gesamtvertreters anfechten (s Rn 16).

5) Gemischte Gesamtvertretung (III)

A. **Gemischte Gesamtvertretung (III 1): 1. Voraussetzungen:** II 1 setzt 19 voraus, dass überhaupt Gesamtvertretung vereinbart ist, also nicht bei Einzelvertretungsmacht aller oder einzelner Gfter nach I. Wird Gesamtvertretung vereinbart, kann Gesamtvertretung durch einen oder mehrere Gfter mit einem oder mehreren Prokuristen angeordnet werden (gemischte oder unechte Gesamtvertretung, III 1). Sehr häufig ist die Anordnung der Vertretung durch entweder

§ 125a 2. Buch. Handelsgesellschaften und stille Gesellschaft

zwei Gfter oder einen Gfter mit einem Prokuristen. Weitere Varianten bei MüKo/K. Schmidt 34 ff.

20 **2. Grenzen: a) Selbstorganschaft:** Das gilt nicht, wenn außer der gemischten Gesamtvertretung keine Vertretung durch Gfter allein, entweder einzeln oder gesamt, besteht, BGH **26**, 332, WM **61**, 322, Grund: Selbstorganschaft (s Rn 5). Gemischte Gesamtvertretung mit Kdtisten s § 170 Rn 3.

21 **b)** Einzelvertretung des einen Gfter und gemischte Gesamtvertretung des anderen Gfter mit ihm oder mit einem Prokuristen ist zulässig, nicht aber der anderen nur mit dem Prokuristen, BGH **26**, 333, WM **87**, 107, Grund: Wortlaut erlaube nur Erleichterung einer ohnehin bestehenden Gesamtvertretung mehrerer Gfter, aber sehr formal.

22 **c) Handlungsvollmacht:** Gemischte Gesamtvertretung mit Bindung des Gfters an Mitwirkung eines HdlBevollmächtigten ist unzulässig (vgl § 48 Rn 6). Zulässig ist nur Bindung des HdlBevollmächtigten an Mitwirkung des Gfters, aber Vertretungsmacht entweder dieses allein oder zusammen mit einem andern Gfter (vgl Rn 25).

23 **B. Auswirkung auf den Prokuristen:** Die gemischte Gesamtvertretung erweitert sachlich die Vertretungsmacht des beteiligten Prokuristen (§ 49 Rn 3). Bei gemischter Vertretung handelt der Prokurist unter eigener Verantwortung, nicht als Erfüllungsgehilfe (§ 278 BGB) seines Gesamtvertreters oder eines anderen geschäftsführenden Gfters, diese haften nur für eigenes Verschulden, zB für mangelnde Überwachung, BGH **13**, 64 (§ 114 Rn 11).

24 **C. Ermächtigung, passive Einzelvertretung (III 2):** Bei gemischter Gesamtvertretung gelten keine Besonderheiten, III 2 verweist auf II 2, 3 (s Rn 17, 18).

25 **D. Prokura mit Bindung an Mitwirkung eines Gesellschafters:** Die gemischte Gesamtvertretung nach III ist zu unterscheiden von der Erteilung einer Prokura unter Bindung an die Mitwirkung eines oder mehrerer Gesellschafter (§ 48 Rn 6). Diese Gfter sind dann selbst nicht nach III eingeschränkt. Entspr gilt für HdlVollmacht (s Rn 22).

26 Die Eintragung der Vertretungsmacht und ihrer Änderungen regelt § 106 II Nr 4 neu ERJuKoG 2001, IV aF konnte deshalb entfallen. Eintragungspflichtig ist die Vertretungsmacht der Gfter, auch der normalen gesetzlichen, nicht nur einer vom Gesetz abweichenden vertraglichen (§ 106 Rn 12, anders IV aF). Anmeldepflichtig sind sämtliche Gfter, auch die von der Vertretung ausgeschlossenen (§ 108 Rn 1).

[Angaben auf Geschäftsbriefen]

125a (1) [1] Auf allen Geschäftsbriefen der Gesellschaft gleichviel welcher Form, die an einen bestimmten Empfänger gerichtet werden, müssen die Rechtsform und der Sitz der Gesellschaft, das Registergericht und die Nummer, unter der die Gesellschaft in das Handelsregister eingetragen ist, angegeben werden. [2] Bei einer Gesellschaft, bei der kein Gesellschafter eine natürliche Person ist, sind auf den Geschäftsbriefen der Gesellschaft ferner die Firmen der Gesellschafter anzugeben sowie für die Gesellschafter die nach § 35a des Gesetzes betreffend die Gesellschaften mit beschränkter Haftung oder § 80 des Aktiengesetzes für Geschäftsbriefe vorgeschriebenen Angaben zu machen. [3] Die Angaben nach Satz 2 sind nicht erforderlich, wenn zu den Gesellschaftern der Gesellschaft eine offene Handelsgesellschaft oder Kommanditgesellschaft gehört, bei der ein persönlich haftender Gesellschafter eine natürliche Person ist.

1. Abschnitt. Offene Handelsgesellschaft 1–4 **§ 125a**

(2) **Für Vordrucke und Bestellscheine ist § 37a Abs. 2 und 3, für Zwangsgelder gegen die zur Vertretung der Gesellschaft ermächtigten Gesellschafter oder deren organschaftliche Vertreter und die Liquidatoren ist § 37a Abs. 4 entsprechend anzuwenden.**

Übersicht

	Rn
1) Normzweck, Anwendungsbereich	1–4
A. Normzweck	1
B. Anwendungsbereich	2
2) Pflichtangaben auf Geschäftsbriefen (I)	5–7
A. Pflichtangaben	5
B. Geschäftsbriefe	7
3) Vordrucke, Bestellscheine; Zwangsgeld (II)	8–11
A. Vordrucke (II iVm § 37a II)	8
B. Bestellscheine (II iVm § 37a III)	9
C. Zwangsgeld (II iVm § 37a IV)	10
D. Zivilrechtliche Folgen	11

1) Normzweck, Anwendungsbereich

A. **Normzweck:** § 125a eingefügt durch GmbHNovelle 1980, idF HRefG 1998, I 1 idF EHUG 2006 (Geschäftsbriefe „gleich welcher Form", vgl § 37a Rn 4). § 125a ist § 80 AktG, § 35a GmbHG (auch § 25a GenG) teilweise nachgebildet und verweist zT darauf. Diese gehen ihrerseits auf die 1. EU-Ri 1968 zurück (Einl 36 vor § 105), die aber ausdrücklich nur für AG, KGaA und GmbH gilt und nicht ausdrücklich auf die GmbH & Co erstreckt worden ist (vgl zur entsprechenden Streitfrage bei §§ 238 ff Einl 8 vor § 238). Dies erklärt, aber rechtfertigt nicht die unübersichtliche Normaufsplitterung, K. Schmidt JZ 03, 592. **Grundnorm zu § 125a** ist seit dem HRefG **§ 37a,** deshalb grundsätzlich einheitliche Auslegung (s zu allen Einzelheiten die Komm dort). Der Normzweck von § 125a ist seit 1998 ein doppelter: Die Norm soll bei allen OHG dem Geschäftsverkehr allgemeine Grundinformationen über diese geben sowie wie schon bisher zusätzliche Informationen über Gfter ua bei solchen OHG, bei denen kein Gfter eine natürliche Person ist und bei der deshalb den Gläubigern nur eine begrenzte Haftungsmasse zur Verfügung steht. Dem Normzweck entsprechend ist § 125a weit auszulegen und **zwingend.** Europäisches Recht s § 37a Rn 9. Übergangsvorschrift **(1)** EGHGB Art 39. Lit: Hüttmann DB **80,** 1884, Lutter DB **80,** 1325, Schaffland BB **80,** 1501.

B. **Anwendungsbereich: a) I 1** erfasst seit 1998 alle OHG mit dem Erfordernis bestimmter Grundangaben. I 1 gilt für alle inländischen OHG ohne Unterschied, ob sie eingetragen sind oder nicht (s Rn 5) und ob es um einen Geschäftsverkehr im Inland oder mit dem Ausland geht. I gilt auch für inländische ZwNln ausländischer OHG (§ 37a Rn 2) sowie inländische Betriebsstätten ausländischer OHG, str; zusätzliche Normen s Rn 3.

b) I 2 betrifft nur solche OHG, bei denen **keine natürliche Person als Gesellschafter** (unmittelbar) beteiligt ist, zB OHG mit zwei GmbH als Gfter. Inländische ZwNln sowie inländische Betriebsstätten ausländischer OHG, letzteres str, werden zusätzlich über § 35a IV GmbHG, § 80 IV AktG erfasst. Bei AuslandsGes aus der EU ist das Erfordernis der Angabe der Geschäftsleiter (I 2 iVm § 35a I 1 GmbHG, § 80 I 1 AktG) durch die 11. EU-Ri nicht gedeckt (§ 37a Rn 9), str.

I 3 schränkt I 2 für **doppelstöckige OHG** (dreistufige, vgl Anh 9 zu § 177a) ein und belässt es für solche OHG, bei denen zu den Gftern eine OHG oder KG gehört, bei der ein phG eine natürliche Person ist, bei I 1. Denn dann haftet eine natürliche Person unbeschränkt mit ihrem Vermögen. Dies ist nicht nur wie nach

§ 125a 5–10   2. Buch. Handelsgesellschaften und stille Gesellschaft

dem Wortlaut von I 3 bei doppelstöckigen OHG, sondern auch dann der Fall, wenn die MitgliedsOHG oder -KG zwar selbst keine natürliche Person als phG hat, sondern wiederum OHG oder KG, bei der jedoch dann ein phG eine natürliche Person ist. Das entspricht § 19 II nF (§ 19 Rn 10) und schon aF; BayObLG ZIP **94**, 1695, str, Gegenschluss wegen Nichtanpassung von I 3 überzeugt nicht. I 2, 3 erhalten ihre Praxisbedeutung hauptsächlich über die **Verweisungsnormen** des **§ 177a** für die **GmbH & Co** (zu dieser Anh § 177a Rn 1).

2) Pflichtangaben auf Geschäftsbriefen (I)

5 A. **Pflichtangaben: a) Alle OHG (I 1):** Auf allen Geschäftsbriefen der Ges (gleich welcher Form, s Rn 7) an einen bestimmten Empfänger sind anzugeben: Rechtsform (§ 19 I Nr 2, 3); Angabe auch, wenn Rechtsform bereits aus Firma deutlich wird, Grund: EU-weiter Verkehrsschutz, aA Heymann/Emmerich 8) und Sitz der Ges (§ 106, auch bei Geschäftsbriefen von ZwNl, str, § 37a Rn 3), das Registergericht (des Sitzes der Ges) und die Nummer der Eintragung der Ges in das HdlReg. Auch die nicht eingetragene OHG kann Firma führen und muss deshalb entsprechende Angaben machen, soweit trotz Nichteintragung möglich, vgl Zimmer ZIP **98**, 2051. Bei inländischen ZwNl ausländischer Ges sind die Angaben zur HauptNl zu machen, die registerrechtlich an die Stelle der ausländischen Ges tritt.

6 b) **OHG ohne natürliche Personen als Gesellschafter (I 2, 3):** Bei Ges, bei der kein Gfter eine natürliche Person ist (mehrstöckige OHG s Rn 3) sind zusätzlich zu den Angaben nach I 1 die Firmen der Gfter der OHG anzugeben. Außerdem sind für Gfter, soweit es sich um GmbH oder AG handelt, die nach § 35a GmbHG oder § 80 AktG vorgeschriebenen Angaben zu machen (I 2). Ausnahme I 3 (s Rn 4).

7 B. **Geschäftsbriefe:** I erfasst Geschäftsbriefe gleich welcher Form (s Rn 1). Der Begriff der Geschäftsbriefe (weiter als HdlBrief, § 257 II) ist derselbe wie in § 37a I (näher dort Rn 4). Erfasst werden also:

a) alle (nicht mündlichen oder telefonischen) Mitteilungen des Kfm über **geschäftliche Angelegenheiten** nach außen (außerhalb der Ges und der Gfter außer bei Drittgeschäften und Konzernbeziehungen);

b) nur solche, die an einen **bestimmten Empfänger** gerichtet werden, also nicht solche an eine größere, unbestimmte Vielzahl von Empfängern wie allgemeine Rundschreiben an alle Kunden.

3) Vordrucke, Bestellscheine; Zwangsgeld (II)

8 A. **Vordrucke (II iVm § 37a II):** Bei Mitteilungen oder Berichten im Rahmen einer bestehenden **Geschäftsverbindung** (Einl 3 vor § 343) und für die **üblicherweise Vordrucke** verwendet werden, in denen nur die im Einzelfall erforderlichen besonderen Angaben eingefügt zu werden brauchen, sind die Angaben nach I entbehrlich.

9 B. **Bestellscheine (II iVm § 37a III):** Sie gelten als Geschäftsbriefe iSv I, nicht als Vordrucke. Die Ausnahme des § 37a II gilt für sie also nicht.

10 C. **Zwangsgeld (II iVm § 37a IV):** Wenn die zur Vertretung der Ges ermächtigten Gfter oder deren organschaftliche Vertreter (§§ 125 ff) und die Liquidatoren (§§ 146 f) ihren Pflichten nach § 125a (ganz oder teilweise) nicht nachkommen, sind sie vom Registergericht durch Zwangsgeld dazu anzuhalten (§ 14 Satz 2, (3) FamFG § 388). Zwangsgeld ist auch gegen Geschäftsführer des phG, zB der GmbH der GmbH & Co KG, sowie gegen die Liquidatoren möglich, nicht gegen GmbH selbst (keine physische Person).

D. Zivilrechtliche Folgen: § 37a IV, auf den II verweist, besagt nichts über 11 mögliche zivilrechtliche Folgen. § 37a IV bewirkt keine Nichtigkeit, ist aber nach hL ein Schutzgesetz iSv § 823 II BGB, Staub/Habersack 11, Oetker/Boesche 13, str (§ 37a Rn 8). Denkbar ist auch Rechtsscheinhaftung, jedenfalls Rechtsschein einer mangelnden Haftungsbeschränkung nach § 19 II (vgl § 19 Rn 29). Zu möglichen allgemeinen zivilrechtlichen Ansprüchen s § 37a Rn 8.

[Umfang der Vertretungsmacht]

126 (1) **Die Vertretungsmacht der Gesellschafter erstreckt sich auf alle gerichtlichen und außergerichtlichen Geschäfte und Rechtshandlungen einschließlich der Veräußerung und Belastung von Grundstücken sowie der Erteilung und des Widerrufs einer Prokura.**

(2) Eine Beschränkung des Umfanges der Vertretungsmacht ist Dritten gegenüber unwirksam; dies gilt insbesondere von der Beschränkung, daß sich die Vertretung nur auf gewisse Geschäfte oder Arten von Geschäften erstrecken oder daß sie nur unter gewissen Umständen oder für eine gewisse Zeit oder an einzelnen Orten stattfinden soll.

(3) In betreff der Beschränkung auf den Betrieb einer von mehreren Niederlassungen der Gesellschaft finden die Vorschriften des § 50 Abs. 3 entsprechende Anwendung.

Übersicht

	Rn
1) Umfang der Vertretungsmacht (I)	1–4
A. Grundsatz und Anwendungsbereich	1
B. Prokura	2
C. Grundlagengeschäfte	3
2) Unbeschränkbarkeit der Vertretungsmacht gegenüber Dritten (II); Vertretung gegenüber Gesellschaftern	5–9
A. Grundsatz der Unbeschränkbarkeit	5
B. Vertretung gegenüber Gesellschaftern	6
C. Verbot des Selbstkontrahierens (§ 181 BGB)	9
3) Beschränkbarkeit auf Zweigniederlassungen (III)	10
4) Missbrauch der Vertretungsmacht	11

1) Umfang der Vertretungsmacht (I)

A. Grundsatz und Anwendungsbereich: Die Vertretungsmacht der Gfter 1 umfasst **alle gerichtlichen und außergerichtlichen Geschäfte und Rechtshandlungen** (I), also nicht nur solche, die der Betrieb eines derartigen HdlGewerbes gewöhnlich mit sich bringt (HdlVollmacht, § 54 I) oder der Betrieb eines HdlGewerbes mit sich bringt (Prokura, § 49 I). Sie umfasst also zB auch Übernahme fremder Verbindlichkeiten und Schenkungen (auch außerhalb des geschäftlich Üblichen) und gilt auch, wenn unter den Gftern ein Minderjähriger ist, ohne die Beschränkungen der §§ 1821 f BGB, RG **125**, 380. Die Vertretungsmacht wird auch nicht durch den GesZweck beschränkt (keine ultra-vires-Lehre). **Weisungen** an Personal der Ges sind diesen gegenüber Ausübung der Vertretungsmacht; Berechtigung und Umfang der Weisungsmacht (Innenverhältnis) folgt aber iZw nach dem Willen der Gfter der Geschäftsführung, MüKo/K. Schmidt 4. I erwähnt ausdrücklich auch Veräußerung und Belastung von **Grundstücken** (anders § 49 I).

B. Prokura: I erwähnt klarstellend auch Erteilung und Widerruf einer Pro- 2 kura (§ 48 I). Ihre Wirksamkeit folgt allein aus §§ 125, 126, einerlei ob Zustimmung nach § 116 III 1 fehlt oder die Erteilung sonst pflichtwidrig war. Eine

§ 126 3–6 2. Buch. Handelsgesellschaften und stille Gesellschaft

solche Prokura ist ohne Nachweis der Zustimmung nach § 116 III 1 im HdlReg einzutragen, RG **134,** 307 (AG), Düss SJZ **49,** 780 (GmbH). Einzutragen ist auch bei ausdrücklichem Widerspruch, doch kann dann Anlass zur Prüfung auf Missbrauch der Vertretungsmacht (s Rn 10) bestehen. Widerruf der Prokura und ihre Anmeldung zum HdlReg erfordert bei Gesamtvertretung (§ 125 II, III) Mitwirkung der mehreren Gesamtvertreter (anders § 116 III 2 im Innenverhältnis, § 116 Rn 9). Bei gemischter Gesamtvertretung (§ 125 III) erklären Gfter und Prokurist gemeinsam die Erteilung und den Widerruf der (anderen) Prokura samt Anmeldung zum HdlReg, RG **134,** 307 (AG), KG JW **37,** 890.

3 C. **Grundlagengeschäfte:** Die Vertretungsmacht der Gfter nach §§ 125, 126 erstreckt sich trotz ihrer Unbeschränkbarkeit ebenso wenig wie die Geschäftsführung auf die Tätigkeit (und die Verpflichtung der Ges zur Tätigkeit) von Grundlagengeschäfte, also solche Geschäfte, die das innere Verhältnis der Gfter zueinander betreffen (§ 114 Rn 3 und die Bspe dort, zum Festhalten am Begriff § 116 Rn 3), RG **162,** 374, BGH **26,** 333, Stgt ZIP **10,** 475; Bspe: so Änderung des GesVertrags; Entziehung der Geschäftsführungs- und Vertretungsmacht (§§ 117, 127); Aufnahme eines neuen Gfters, BGH **26,** 333, Verpflichtung der Ges zur Aufnahme, aA RG JW **21,** 1239; Ausschließung eines Gfters; Veräußerung des HdlGeschäfts jedenfalls mit Firma, BGH NJW **95,** 596, hL, aber idR auch ohne Firma, str (§ 114 Rn 3); ebenso Unternehmensvertrag (§§ 291 f AktG) einschließlich Betriebspacht und Betriebsüberlassung, offen BGH NJW **82,** 1818, aA für Betriebsführungsvertrag Staub/Habersack 18; Übertragung des gesamten GesVermögens, (aber nur Verpflichtungsgeschäft, nicht die einzelnen Verfügungen, insoweit uU Missbrauch, s Rn 11), BGH NJW **95,** 596, K. Schmidt ZGR **95,** 681, Bredol/Natterer ZIP **15,** 1422 (gegen Anwendbarkeit des § 179a AktG); ausnahmsweise auch konzernumstrukturierende Maßnahmen, wenn diese über außergewöhnliche Geschäfte (§ 116 Rn 2) hinausreichen (§ 114 Rn 3); Änderung der GesFirma, BGH NJW **52,** 537; Auflösung der Ges. Die Vertretungsmacht erstreckt sich grundsätzlich auch nicht auf die gesellschaftsfreie **Privatsphäre** der MitGfter (§ 128 Rn 9), Staub/Habersack 12, Heymann/Emmerich 9. **Nicht** Grundlagengeschäfte sind zB die (das OHGVerhältnis nicht ändernde) Aufnahme eines stillen Teilhabers und die Kündigung einer **stillen Gesellschaft** der Ges mit einem Gfter, BGH WM **79,** 72 (§ 230 Rn 5); die Schadensersatzklage gegen einen Mitkomplementär, Stgt ZIP **10,** 475; die Ausübung von Rechten der Ges in anderen Ges auf Grund von **Beteiligungen** und Unternehmensverbindungen (Grenzen s § 114 Rn 3, § 105 Rn 102–104).

4 **Abweichende Vereinbarungen:** Die Vertretungsmacht kann aber ebenso wie die Geschäftsführung im GesVertrag auch auf Grundlagengeschäft erweitert werden (§ 114 Rn 3; Anh § 177a Rn 57). Lit: Schlüter 1965.

2) Unbeschränkbarkeit der Vertretungsmacht gegenüber Dritten (II); Vertretung gegenüber Gesellschaftern

5 A. **Grundsatz der Unbeschränkbarkeit:** Der Umfang der Vertretungsmacht kann weder durch GesVertrag noch einstimmigen GfterBeschluss mit Wirkung gegenüber Dritten beschränkt werden (II, zwingender Verkehrsschutz), auch nicht bei fälschlicher Eintragung im HdlReg. Die dritten Geschäftspartner der Ges sollen sich um das Innenverhältnis, zB einen **Widerspruch** nach § 115 I Halbs 2, nicht kümmern müssen. Grenzen: Drittgeschäfte von Gftern mit der Ges (s Rn 6), § 181 BGB (s Rn 9) und Missbrauch der Vertretungsmacht (s Rn 11).

6 B. **Vertretung gegenüber Gesellschaftern: a) Keine Geltung von II:** I (mit § 125) gilt auch für Vertretung der Ges bei Rechtsgeschäften mit Gftern, heute hL. Dagegen gilt II hier nicht, BGH **38,** 33, NJW **74,** 1555, WM **79,** 72, Stgt ZIP **10,** 475, aA Lindacher JR **73,** 376, MüKo/K. Schmidt 17 (stattdessen

Missbrauch der Vertretungsmacht), Grund: die Gfter können sich gegenüber ihren MitGtern nicht auf eine ihre Dürfen übersteigende Rechtsmacht (Können) berufen, unter ihnen kein Verkehrsschutz. Der Umfang der Vertretungsmacht richtet sich also hier nach dem ihrer Geschäftsführungsmacht (wie § 714 BGB); deren Beschränkungen nach §§ 114–116, GesVertrag oder GfterBeschluss schlagen auf die Vertretungsmacht durch, so zB auch bei Vorgehen der Ges gegen den Gfter aus einem Drittgeschäft (§ 124 Rn 53). Ob der GfterGeschäftspartner die Beschränkung im Einzelfall kennt und ob er sie **kennen** muss (zB Widerspruch eines dritten Gfters, § 115 I), ist **unerheblich**, str, aA Hueck OHG § 20 III 2 d. Die Nichtanwendung von II reicht bei dieser Auffassung weiter als die Einschränkung durch den Missbrauch der Vertretungsmacht (s Rn 11), aA umgekehrt MüKo/K. Schmidt 17: hL von der Nichtgeltung von II überflüssig; anders nur, wenn der Abschluss trotz der (dem GfterGeschäftspartner bekannten) Pflichtwidrigkeit noch von der Geschäftsführungsbefugnis gedeckt war.

b) Reichweite der Einschränkung: Diese Einschränkung gilt je nachdem auch für Treugeber, Unterbeteiligte und Nießbraucher (§ 105 Rn 34, 41, 46); TochterGes, jedenfalls wenn keine Dritten beteiligt sind, also hundertprozentige TochterGes, Heymann/Emmerich 21; von Gftern beherrschte Ges, BGH WM **79**, 72, nicht aber ausgeschiedene Gfter und Erben, BGH NJW **74**, 1555.

c) Beispiele: Der gemäß I, aber ohne vertraglich vorgeschriebene Erfordernisse (zB Zustimmung eines MitGfters, GfterBeschluss) oder gegen Widerspruch (§ 115 I) Handelnde vertritt die Ges ohne Vertretungsmacht, BGH **38**, 33, NJW **74**, 1555, BB **76**, 527. Hat ein Kdtist nach dem GesVertrag Geschäftsführungsmacht ohne besondere Vergütung (§ 164 Rn 7), beschränkt dies die Vertretungsmacht des phG bezüglich der Zusage einer solchen, BGH BB **76**, 527. Das gilt auch bei Bindung der Vertretenden nicht durch den GesVertrag, sondern durch (idR einstimmigen) GfterBeschluss ad hoc; wird eine demgemäß erteilte Zustimmung wirksam angefochten, entfällt die Vertretungsmacht rückwirkend zu Lasten der GfterVertragspartner (§ 142 I BGB), BGH BB **73**, 771.

C. Verbot des Selbstkontrahierens (§ 181 BGB): Für Geschäfte der Ges mit den Gesellschaftern, die sie vertreten (auch mit einem von mehreren Gesamtvertretern), gilt § 181 BGB (vgl § 119 Rn 22). Befreiung und Eintragung im HdlReg s § 119 Rn 22. Ein Gfter mit Alleinvertretung kann iZw nicht GesForderungen an sich abtreten, auch nicht, wenn die Ges dadurch nur Vorteil hätte, RG **157**, 31, wohl aber Alleinvertreter A an B und zugleich Alleinvertreter B an A, Hbg BB **59**, 173. Im Prozess der Ges gegen Gfter kann dieser die Ges nicht organschaftlich vertreten, kein Insichprozess, BGH ZIP **09**, 804, ZIP **10**, 2346, dann uU besonderer Vertreter (§ 124 Rn 42). Von zwei Gftern mit Gesamtvertretung kann A den B ermächtigen (§ 125 II 2, s dort Rn 17), die Ges gegenüber ihm (A) zu vertreten, so BGH **64**, 75, BAG NJW **81**, 2374, nur iErg auch MüKo/K. Schmidt § 125 Rn 45, krit Reinicke NJW **75**, 1185, Klamroth BB **75**, 851, Plander DB **75**, 1493. Die Frage der Anwendbarkeit von § 181 BGB beim Abschluss des AlleinGfters mit sich als Vertreter der Ges (für GmbH & Co Anh § 177a Rn 39–40) stellt sich für OHG grundsätzlich nicht (keine EinpersonenGes; Sonderfall Vorerbschaft, § 131 Rn 17). Nachträgliche Genehmigung durch die Gfter ist möglich. Bei Nichtigkeit des Vertrags nach § 181 BGB Rückabwicklung nach §§ 812 ff BGB; Kenntnis des Insichgeschäfts ist Geschäftsleuten nicht ohne weiteres zu unterstellen, Zweifel und Kennenmüssen steht iSv § 814 BGB (Ausschluss der Rückforderung) nicht gleich, BGH WM **73**, 295.

3) Beschränkbarkeit auf Zweigniederlassungen (III)

Vom Grundsatz der Unbeschränkbarkeit der Vertretungsmacht (II) macht III unter Verweisung auf § 50 III (Filialprokura) eine Ausnahme für den Fall, dass die Ges mehrere Niederlassungen unter verschiedenen Firmen, auch nur durch Zusätze unterschieden (§ 50 III 2) betreibt. Die Vertretungsmacht von Gftern der OHG kann dann mit Wirkung gegen Dritte auf Handlungen im Betrieb einer dieser ZwNl beschränkt werden (III, entspr § 50 III für die Prokura).

4) Missbrauch der Vertretungsmacht

11 Die organschaftliche Vertretung nach §§ 125, 126 ist wie jede Vertretung durch die Lehre vom Missbrauch der Vertretungsmacht begrenzt (§ 50 Rn 4–6). Das gilt ohne weiteres bei vorsätzlichem Zusammenwirken **(Kollusion)** des vertretenden Gfters (mit oder ohne Befugnisüberschreitung im Innenverhältnis) und des dritten Geschäftsgegners zum Nachteil der Ges. Die Vertretungsmacht entfällt aber auch (§§ 138, 826 BGB, nach aA §§ 177 ff BGB, s § 50 Rn 5), wenn der Dritte das missbräuchliche Verhalten des vertretenden Gfters **positiv kennt** oder **grob fahrlässig (str) nicht kennt,** hL. Grobe Fahrlässigkeit liegt bei evidentem Missbrauch vor, keine Nachforschungspflicht des Geschäftsgegners. Die Rspr stellt dagegen darauf ab, ob der vertretende Gfter bewusst zum Nachteil der Ges handelte und der Dritte dies erkannte oder bei Anwendung der im Verkehr erforderlichen Sorgfalt (§ 276 BGB) erkennen musste, vgl BGH **50**, 114 (betr Prokura, teils ausdrücklich auch für Vertretungsmacht des Gfters), gegenüber einfacher Fahrlässigkeit einschränkend die jüngere Rspr (§ 50 Rn 5): Untreue des Vertreters muss sich dem Dritten nach den Umständen geradezu aufdrängen. Verstärkt gilt der Missbrauchseinwand unter Gftern, falls hier nicht schon wie idR die Geschäftsführungsbefugnis fehlt (Nichtanwendung von II, s Rn 6); zB Anstellungs- und Pensionsvertrag des phG mit seinem Schwiegersohn, BAG GmbHR **78**, 272. Rechtsfolgen aus §§ 177–179 BGB, ggf ergänzt durch Verschulden bei Vertragsverhandlungen (§§ 280, 311 II BGB) iVm § 254 BGB, str (§ 50 Rn 6). Lit: Geßler FS von Caemmerer **78**, 531.

[Entziehung der Vertretungsmacht]

127 Die Vertretungsmacht kann einem Gesellschafter auf Antrag der übrigen Gesellschafter durch gerichtliche Entscheidung entzogen werden, wenn ein wichtiger Grund vorliegt; ein solcher Grund ist insbesondere grobe Pflichtverletzung oder Unfähigkeit zur ordnungsgemäßen Vertretung der Gesellschaft.

Übersicht

	Rn
1) Entziehung der Vertretungsmacht aus wichtigem Grund	1–7
A. Parallelität zur Entziehung der Geschäftsführung	1
B. Anwendungsbereich	2
C. Gegenstand der Entziehung	5
D. Wichtiger Grund	6
2) Klage auf Entziehung	8
3) Wirkung der Entziehung	9, 10
A. Gegenüber dem beklagten Gesellschafter	9
B. Gegenüber Dritten	10
4) Abweichende Vereinbarungen	11, 12
A. Erschwerung	11
B. Erleichterung	12

1) Entziehung der Vertretungsmacht aus wichtigem Grund

1 A. **Parallelität zur Entziehung der Geschäftsführung:** Die Entziehung der Vertretungsmacht ist aus entsprechenden Gründen und im gleichen Verfahren wie die der Geschäftsführung möglich, § 127 entspricht weitestgehend **§ 117,** auf die Kommentierung dort wird **verwiesen.** Beide Entziehungen werden idR miteinander verbunden (s Rn 6).

1. Abschnitt. Offene Handelsgesellschaft   2–8   § 127

B. Anwendungsbereich: Entziehung der Vertretungsmacht auch des **ein-** 2 **zigen vertretungsberechtigten Gesellschafters der OHG** ist möglich, sie schafft ohne weiteres Gesamtvertretung aller Gfter, RG **74**, 299, BGH **33**, 108, **41**, 368 (§ 125 Rn 5), doch sollte das Entziehungs-Urteil dies der Klarheit halber aussprechen. Während des Prozesses ist ebenso wie im Ausschließungsprozess gegen den einzigen Vertretenden Vertretung durch Dritten möglich (§ 125 Rn 8).

Nicht möglich ist nach der Rspr die Entziehung der Vertretungsmacht ggü 3 dem einzigen **Komplementär** (phG) der **KG,** ihm kann nur die Geschäftsführungsbefugnis entzogen werden (§ 117 Rn 1), BGH **41**, 369, **51**, 200. Grund: sonst gäbe es keine (organschaftliche) Vertretung der Ges; die Kdtisten können statt nach § 127 nach §§ 133, 140 vorgehen; nach besserer aA ist Entziehung möglich mit der Folge der Auflösung und Vertretung durch alle Gfter als Liquidatoren (§§ 133, 146 I 1), aber der Möglichkeit eines Fortsetzungsbeschlusses mit neuem Vertreter, MüKo/K. Schmidt 7, Wiedemann JZ **69**, 471. Der **Kommanditist,** der abw von § 170 vertretungsberechtigt ist, hat keine organschaftliche Vertretungsmacht (aber Sonderrecht als Gfter), die Gestaltungsklage nach § 127 ist deshalb weder nötig noch möglich (§ 170 Rn 4). Ebensowenig fallen vertretungsberechtigte **Dritte** unter § 127 (wie § 117 Rn 2), zB Prokurist, auch bei gemischter Gesamtprokura gilt für ihn nur § 52 I. Bei der **Publikumsgesellschaft** gilt zwingend Entziehungsmöglichkeit durch Beschluss mit einfacher Mehrheit, ohne weiteres bei Zulässigkeit von Mehrheitsbeschlüssen, aber auch ohne diese (Anh § 177a Rn 72, 74).

Niederlegung der Vertretungsmacht ist in § 127 ebenso wenig geregelt wie 4 die der Geschäftsführung in § 117. Eine eigentliche Niederlegung (aus wichtigem Grund) wie durch GmbHGeschäftsführer, BGH **78**, 82, NJW **78**, 1435, ist zwar nicht möglich, aA § 712 II BGB analog Heymann/Emmerich 10. Aber die Kündigung der Geschäftsführung bei wichtigem Grund (§ 105 II HGB, § 712 II BGB) führt auch zum Erlöschen der Vertretungsmacht (§ 168 S 1 BGB), K. Schmidt DB **88**, 2241; zu deren Voraussetzungen s § 117 Rn 19. Eintragung im HdlReg und Wirkung gegen Dritte s Rn 10.

C. Gegenstand der Entziehung: Jede Art von organschaftlicher Vertretungs- 5 macht des Gfter (Einzel-, Gesamt-, gesetzliche und vertragliche Vertretungsmacht), kann nach § 127 entzogen werden. **Nicht** Prokura bei der gemischten Gesamtvertretung (s Rn 3); normale Vollmacht (§ 125 Rn 9); Ermächtigung nach § 125 II 2 (jederzeitiger Widerruf, § 125 Rn 17), Staub/Habersack 6.

D. Wichtiger Grund: Zur Entziehung bedarf es eines wichtigen Grundes 6 (§ 127, s § 117 Rn 4). Wichtiger Grund zur Entziehung der Geschäftsführung ist idR auch notwendig und ausreichend zur Entziehung der Vertretung, doch muss das nicht so sein. Die auch hier notwendige Abwägung der Belange aller Beteiligten kann eine unterschiedliche Behandlung rechtfertigen.

Verhältnismäßigkeit: Beschränkung der Vertretungsmacht statt Entziehung 7 setzt voraus, dass das Gesetz eine (mit Wirkung gegen Dritte) beschränkte Vertretungsmacht kennt (vor allem echte oder unechte Gesamtvertretung nach § 125 II, III; auch Beschränkung auf ZwNl nach § 126 III; auch zeitlich). Nur Beschränkung ist zulässig, wenn sie nach den Umständen genügt und dem Beklagten zumutbar ist, str (wie § 117 Rn 5). Teilentziehung setzt einen entsprechenden Antrag voraus, str (§ 117 Rn 5).

2) Klage auf Entziehung

Klage der übrigen Gesellschafter, Mitwirkungspflicht und **Verfahren** 8 wie bei Entziehung der Geschäftsführung s § 117 Rn 6–8. **Verbindung** der Klagen auf Entziehung der Geschäftsführung und der Vertretungsmacht ist zulässig und praktisch häufig. Der Antrag auf Entziehung der „Geschäftsführungs-

§ 128

befugnis" kann als Antrag auf Entziehung beider Rechte auszulegen sein, BGH **51**, 199. Das (Gestaltungs)Urteil zu beiden Klagen kann unterschiedlich ausfallen (s Rn 6). **Einstweilige Verfügung** (§§ 935, 940 ZPO) nicht nur auf Entziehung, sondern auch Bestellung eines Dritten zum Vertreter, BGH **33**, 107 (§ 117 Rn 7).

3) Wirkung der Entziehung

9   A. **Gegenüber dem beklagten Gesellschafter:** Die Vertretungsmacht erlischt oder wird beschränkt erst mit Rechtskraft des entziehenden (Gestaltungs) Urteils (§ 117 Rn 9) oder Zustellung der einstweiligen Verfügung (s Rn 8). Entziehung der Vertretungsmacht eines **Gesamtvertreters** (§ 125 II, III) vernichtet auch die des (der) anderen, wenn nicht die (mehreren) anderen ohnehin miteinander ohne ersteren vertretungsberechtigt sind.

10   B. **Gegenüber Dritten:** Die Entziehung ist von allen übrigen Gftern (also ohne den Beklagten) im **Handelsregister** anzumelden (§§ 125 IV, 16). Bei Entziehung ohne Prozess auf Grund des Vertrags und bei Niederlegung müssen alle, auch der Betroffene, anmelden (§ 125 IV), notfalls erst nach seiner Verurteilung zur Mitwirkung. Wirkung gegen Dritte s § 15.

4) Abweichende Vereinbarungen

11   A. **Erschwerung:** § 127 ist partiell zwingend. Der GesVertrag kann die Entziehung als wichtigen Grund nicht völlig ausschließen, BGH NJW **98**, 1226, MüKo/K. Schmidt 9; aA früher hL, da Ausschließung des Gfters und Auflösung der Ges möglich bleiben, aber das schränkt die übrigen Gfter unzumutbar ein. Einengende Umschreibung der Entziehungsgründe und verfahrensmäßige Anforderungen sind zulässig, Entziehung aus wichtigem Grund muss aber möglich bleiben (wegen der Außenwirkung von § 127 tendenziell strengere Anforderungen als unter § 117, s dort Rn 11).

12   B. **Erleichterung:** Der GesVertrag kann die Entziehung auch erleichtern, materiell und verfahrensmäßig (wie § 117 Rn 12), BGH NJW **98**, 1226, zB Entziehung auch ohne wichtigen Grund und Entziehung durch GfterBeschluss mit einfacher Mehrheit (so schon von Rechts wegen bei der PublikumsGes, s Rn 3), aber nur mit gerichtlicher Nachprüfungsmöglichkeit. Der GesVertrag kann aber nicht die Anmeldung zum HdlReg (s Rn 10) erleichtern, zB durch Prozessbevollmächtigten der Kläger.

[Persönliche Haftung der Gesellschafter]

128 [1] Die Gesellschafter haften für die Verbindlichkeiten der Gesellschaft den Gläubigern als Gesamtschuldner persönlich. [2] Eine entgegenstehende Vereinbarung ist Dritten gegenüber unwirksam.

Schrifttum

Kornblum 1972. – *Flume* FS Knur **72**, 125, FS Reinhardt **72**, 223, FS Westermann **74**, 119 (= I 1 § 16 II, III, IV). – *Hadding* ZGR **81**, 577. – *Wiedemann* WM Sonderbeil 4/**75**. – *Beuthien* DB **75**, 725, 773.

Übersicht

	Rn
1) Art und Voraussetzungen der Haftung nach § 128	1–7
A. Art der Haftung nach § 128	1
B. Gesellschaftsverbindlichkeit	2
C. Gesellschaftereigenschaft	3
D. Dauer der Haftung	4

1. Abschnitt. Offene Handelsgesellschaft   1, 2 § 128

	Rn
E. Rechtsscheinhaftung	5
F. Sonstige Haftungstatbestände	6
2) Inhalt der Haftung	8–18
A. Theorienstreit	8
B. Auslegung und Interessenabwägung	9
C. Umgehung, Durchgriff	12
D. Konsequenzen für Prozess und Vollstreckung	13
3) Gesamtschuldfrage	19–21
A. Keine Gesamtschuld zwischen Gesellschaft und Gesellschafter	19
B. Die Gesellschafter als Gesamtschuldner	21
4) Haftung aus § 128 gegenüber Mitgesellschaftern	22–24
A. Aus dem Gesellschaftsverhältnis (Sozialverbindlichkeit)	22
B. Aus Drittgeschäft (Drittgläubigerforderung)	24
5) Erstattungsansprüche (Haftungsregress)	25–27
A. Regress gegen die Gesellschaft	25
B. Regress gegen die Mitgesellschafter	27
6) Haftung ausgeschiedener Gesellschafter	28–36
A. Forthaftung nach Ausscheiden	28
B. Haftung nur für Altschulden	29
C. Haftungseinschränkungen	31
D. Verzicht und Verwirkung	35
E. Gesamtschuld	36
7) Abweichende Vereinbarungen (Satz 2)	37, 38
A. Vereinbarungen der Gesellschafter untereinander	37
B. Vereinbarungen mit dem Gläubiger	38
8) Prozess gegen Gesellschaft und Gesellschafter	39–44
A. Gesellschafts- und Gesellschafterprozess	39
B. Schiedsvereinbarung der OHG	40
C. Einzelprobleme	41
D. Urteilswirkung	43
9) Die Gesellschafter in Zwangsvollstreckung und Insolvenz	45–47
A. Zwangsvollstreckung gegen Gesellschafter	45
B. Auswirkungen der Gesellschaftsinsolvenz auf die Gesellschafter	46
C. Gesellschafterinsolvenz	47

1) Art und Voraussetzungen der Haftung nach § 128

A. **Art der Haftung nach § 128:** Die **OHG** ist selbstständiger Träger von 1
Rechten und Pflichten (§ 124 Rn 2). Für die Verbindlichkeiten der OHG haften
außer ihr selbst nach § 124 auch die Gfter als Gesamtschuldner persönlich nach
§ 128 S 1. Das ist für die OHG rechtlich ein konstitutives Merkmal (§ 105 Rn 9)
und im HdlVerkehr **Grundlage ihres Kredits**. §§ 128–130 gelten in der **KG**
nicht nur für phG, sondern auch für die Kdtisten, aber mit den Einschränkungen
nach §§ 171–176. Bei der **GbR** gilt § 128 analog, MüKoBGB/Schäfer § 714
Rn 36, MüKo/K. Schmidt 4, Mülbert AcP 199 **(99)** 90, aA früher hL, sehr str
(Einl 14 vor § 105). Die Haftung der Gfter ist zu der der Ges **akzessorisch** (s
Rn 8), wie auch aus § 129 folgt, also ist zB kein Erlass der GesSchuld unter
Aufrechterhaltung der GfterHaftung möglich (§ 129 Rn 3). Das hat Konsequenzen für die Frage der Gesamtschuld zwischen Ges und Gfter (s Rn 19). Die Gfter
der OHG haften **persönlich** (also mit ihrem gesamten Vermögen), **unbeschränkt** (anders als der Kdtist, § 171 I), **unmittelbar** (nicht bloße Nachschusspflicht gegenüber der Ges), **primär** (anders als der nicht selbstschuldnerische
Bürge nach § 771 BGB) und auf das **Ganze** (aber Innenausgleich). Sie haften
untereinander **als Gesamtschuldner** (s Rn 21).

B. **Gesellschaftsverbindlichkeit:** § 128 gilt für alle Verbindlichkeiten einer 2
OHG oder KG (bloßer Rechtsschein einer solchen s Rn 5), gleich aus welchem
Rechtsgrund, zB aus Vertrag, ungerechtfertigter Bereicherung, Delikt, BGH

§ 128 3–7   2. Buch. Handelsgesellschaften und stille Gesellschaft

NJW **07**, 2492, Gefährdungshaftung, arbeitsrechtlichen Pensionszusagen, BGH **87**, 288, sonstigem privaten oder öffentlichen Recht, etwa Steuerschulden, BVerwG NZG **16**, 1264; aA für Delikt (§ 31 BGB) Altmeppen NJW **96**, 1017. § 128 gilt grundsätzlich für GesVerbindlichkeiten gleich mit welchem **Inhalt;** nur der Inhalt der Haftung der Gfter ist je nachdem unterschiedlich (s Rn 8). Auch Verbindlichkeiten der Ges gegenüber Gftern können unter § 128 fallen, die Gfter können also aus § 128 **auch gegenüber Mitgesellschaftern** haften, aber das gilt nur für Drittgläubigerforderungen, nicht für Sozialverbindlichkeiten der Ges (s Rn 22–24). Ein Gfter kann gegen den anderen auf **Feststellung** klagen, dass die Verbindlichkeit eine solche der Ges ist, nicht des einen Gfters, BGH JZ **65**, 407.

3   C. **Gesellschaftereigenschaft:** Nach § 128 haften **alle Gesellschafter,** die zurzeit der Entstehung der Verbindlichkeit der Ges angehören, auch nach ihrem späteren Ausscheiden (s Rn 28). Auch später in die Ges eintretende treten in die Haftung ein (§ 130). Bereits ausgeschiedene Gfter werden durch eine erst später entstehende Haftung nicht mehr berührt (aber §§ 15 I, 143). Rechtsscheingesellschafter s Rn 5.

4   D. **Dauer der Haftung:** Die Haftung dauert **während Bestehens der Gesellschaft** unverändert fort, verjährt auch nicht, der Gfter hat die Verjährungseinrede nur so wie die Ges (§ 129 I), also zB nicht, wenn die Ges auf sie verzichtete, auch nicht, wenn die Verjährung der GesSchuld durch Klage gegen Ges gehemmt wurde, BGH **73**, 217. Nach **Auflösung** der Ges verjährt sie für alle Gfter (§ 159), nach **Ausscheiden** eines Gfters für diesen (s Rn 28; § 160).

5   E. **Rechtsscheinhaftung: a) Rechtsschein einer OHG oder KG:** Liegen die Voraussetzungen des § 128, insbesondere Bestehen einer OHG oder KG (s Rn 1), nicht vor, kann bei dem Anschein, dass eine solche Ges besteht, unter bestimmten Voraussetzungen (§ 5 Rn 9 ff) eine Rechtsscheinhaftung mit der Wirkung des § 128 bestehen, BGH NJW **07**, 2492.

b) Scheingesellschafter: Dasselbe gilt beim Anschein, dass jemand Gfter der OHG oder KG ist (§ 5 Rn 9 ff), BGH **17**, 13, BB **70**, 684, NJW **72**, 1418, Hamm MDR **65**, 580. Ausgeschiedene Gfter s Rn 3, etwa wenn sie noch im Briefkopf der Gesellschaft geführt werden, BGH ZIP **12**, 371 (GbR). Lit: Deckenbrock/Meyer ZIP **14**, 701 (Scheinsozius).

c) Scheingesellschafter einer Scheingesellschaft: Beide Rechtsscheintatbestände können zusammenkommen, BGH **17**, 13.

6   F. **Sonstige Haftungstatbestände:** Neben der (beim Kdtisten gemäß §§ 161 ff beschränkten) Haftung nach §§ 128–130 kommt (unbeschränkte) Haftung des Gfters (auch Kdtisten) aus sonstigen Haftungstatbeständen in Betracht, zB Verletzung des Zahlungsverbots bei Zahlungsunfähigkeit oder Insolvenz (§ 130a), **Verschulden bei Vertragsverhandlungen** (§§ 280, 311 II, III BGB), des Geschäftsführers bei Insolvenzverschleppung Anh § 177a Rn 44), oder wenn der Gfter eigene Aufklärungspflichten gegenüber einem Gläubiger verletzt (§ 347 Rn 8 ff; vgl für den GmbHGeschäftsführer Anh § 177a Rn 44), oder **§ 826 BGB,** wenn der Gfter sittenwidrig und vorsätzlich schädigend die Verletzung von Verpflichtungen der Ges veranlasst. Diese Haftungstatbestände sind vor allem bei der nur beschränkt haftenden Kdtisten bedeutsam.

7   **Gesellschafterbürgschaft:** Die nach § 128 persönlich haftenden Gfter können sich **außerdem** für GesSchulden **verbürgen.** Eine Bürgschaft, die der Bürge vor Eintritt in die Ges übernommen hat, bleibt neben der Haftung aus § 130 bestehen, BGH NJW **86**, 2308. Formlose Verbürgung von organschaftlichen Vertretern der OHG s § 105 Rn 22. Die GfterBürgen haften auch aus der Bürgschaft ohne die Verjährung bzw zeitliche Begrenzung der Haftung nach §§ 159, 160 und ohne Befreiung durch Bestätigung des Insolvenzplans (§ 254 II 1 InsO).

Verbürgen sich ein phG und ein dritter Bürge, so hat der aus der Bürgschaft in Anspruch genommene Gfter iZw keinen Rückgriff gegen den Dritten (sondern umgekehrt), BGH **LM** § 774 BGB Nr 3. Lit: MüKo/K. Schmidt 95.

2) Inhalt der Haftung

A. **Theorienstreit:** Nach älterer Auffassung sind GesSchuld und GfterHaftung, da die Ges nicht als Rechtsperson verstanden wurde, im Grunde eins, das Nebeneinander der §§ 124, 128 zeigt dann nur die Möglichkeit des Zugriffs auf mehrere Vermögensmassen. Derartige Identitätsvorstellungen sind heute überholt. Die OHG ist eine selbstständige Trägerin von Rechten und Pflichten (§ 124 Rn 2). Die Gfter haften für fremde Schuld (**Akzessorietät**, s Rn 1), hL, BGH **74**, 242. Die Wahl zwischen der **Erfüllungstheorie** (die Gfter schulden grundsätzlich wie die Ges in natura) und der **Haftungstheorie** (sie müssen nur dafür einstehen) ist damit nicht entschieden, doch entspricht die Erfüllungstheorie als Ausgangspunkt der Funktion des § 128 (Kreditwürdigkeit der Ges, Gläubigerschutz, s Rn 1) besser, iErg auch K. Schmidt § 49 III 1. Konkrete Ergebnisse lassen sich aber weder aus der einen noch der anderen Theorie deduzieren. Lit: Flume FS Knur **72**, 125u FS Reinhardt **72**, 223, Kühne ZHR 133 **(70)** 149, Hadding ZGR **73**, 144, **81**, 577, Westermann/Wertenbruch § 34.

B. **Auslegung und Interessenabwägung: a) Grundlinien:** Die Entscheidung, welchen Inhalt die Haftung der Gfter nach § 128 hat, wird heute überwiegend nicht mehr von der einen oder anderen Theorie abhängig gemacht. Vielmehr kommt es zunächst auf die Auslegung des jeweiligen Vertrags zwischen der Ges und dem GesGläubiger an, im Übrigen hat eine Interessenabwägung stattzufinden. Bei der Auslegung kann eine Rolle spielen, ob danach eine **Pflicht der Gesellschaft** besteht, **für die Leistung durch ihre Gesellschafter** an den Gläubiger **zu sorgen,** BGH **23**, 306, BB **74**, 482, das spricht idR für einen unmittelbaren Erfüllungsanspruch des Gläubigers gegen diese Gfter, Grund: Vertragsauslegung, kein unzulässiger Schluss aus dem Innenverhältnis. Ein wichtiger Gesichtspunkt bei der Auslegung ist weiter die **Wahrung der gesellschaftsfreien Privatsphäre,** BGH **23**, 305. Der Gläubiger kann nicht ohne weiteres annehmen, dass diese tangiert werden soll, zumal der **Umfang der Vertretungsmacht** der Gfter die Einbeziehung dieser gesellschaftsfreien Privatsphäre grundsätzlich nicht deckt (§ 126 Rn 3), Heymann/Emmerich 22. **Geldschulden** sind danach unproblematisch, hier decken sich GesSchuld und GfterHaftung ohne weiteres. Bei **Schulden anderer Art** besteht ein unmittelbarer Erfüllungsanspruch außer gegen die Ges auch gegen den phG, wenn es auf die Person des Ausführenden nicht ankommt und die Erfüllung ihn in seiner gesellschaftsfreien Privatsphäre nicht wesentlich mehr als eine Geldleistung beeinträchtigt, BGH **73**, 221, NJW **87**, 2369. Haftung aus § 128 gegenüber MitGftern bei Sozialverbindlichkeiten und Drittgläubigerforderungen s Rn 22–24.

b) **Haftungsbeispiele aus der Rechtsprechung:** Klage auch gegen die geschäftsführenden Gfter (aber s Rn 15) bei Streit um Einsicht in die GesBücher, RG DR **44**, 246, BGH WM **55**, 1585; von Ges geschuldete Rechnungslegung, BGH **23**, 305; Gewinnauszahlung, RG **170**, 396, BGH WM **61**, 1075. Klage allgemeiner gegen Gfter (auch nicht geschäftsführende) bei von Ges geschuldeter Übereignung von GfterGrundstück, wenn der Gfter der Ges zur Übereignung verpflichtet ist (s Rn 9), vgl BGH **23**, 306 (anderer Fall); bei Verwahrung durch Ges auch gegen ausgeschiedenen Gfter, selbst wenn der verbliebene Gfter die Sache später unterschlagen hat, BGH **36**, 224, NJW **87**, 2369; bei von Ges geschuldeter Unterlassung von Wettbewerb gleiche Pflicht der Gfter, BGH BB **74**, 482; bei von Ges geschuldeter Herausgabe einer Leasinguntersache Klage auch gegen ausgeschiedenen Gfter, BGH NJW **87**, 2367; bei

§ 128 11–17   2. Buch. Handelsgesellschaften und stille Gesellschaft

Verletzung des GesVertrags durch GfterGes und deren phG (Unterlassungs-, Schadensersatzpflicht), BGH BB **73**, 1507.

11 Bei **KG** gilt für den phG dasselbe wie für die Gfter der OHG, BGH BB **74**, 482. Für Kdtisten besteht jedenfalls nach Erbringung der Hafteinlage keine Haftung, idR auch vorher nur bei Geldschuld und begrenzt durch die Hafteinlage. Anders in Ausnahmefällen, zB bei Kdtisten mit Stellung wie phG (§ 170 Rn 3); bei Zwischenschaltung einer KG (s Rn 12), BGH BB **74**, 482. Kdtisten einer kapitalistischen KG (Anh § 177a Rn 10) haften uU auf Geldersatz, wenn bei Unterlassungsanspruch (s Rn 17) der Unterlassungswert ihre ausstehende Einlage übersteigt, dazu Kornblum BB **71**, 1434.

12 C. **Umgehung, Durchgriff:** Umgehungen sind wie immer nicht hinzunehmen, vgl BGH BB **74**, 482. Nur ausnahmsweise liegt ein Durchgriffsproblem (zur Durchgriffshaftung vgl § 172a Rn 40) vor, vgl dazu K. Schmidt § 49 III 2 c. Handeln alle Gfter einer Unterlassungspflicht der Ges zuwider, kann der Ges-Gläubiger gegen sie vorgehen, RG **136**, 270, auch gegen eine von ihnen gebildete **weitere Gesellschaft**, zB bei Kiesgrubenpacht mit Sperrbezirksklausel, BGH **59**, 67, bei Wettbewerbsverbot nach Betriebsverkauf, BB **74**, 482, auch wenn in die Ges ein weiterer Gfter aufgenommen worden ist, jedenfalls wenn dieser nicht geschäftsführend ist, BGH WM **75**, 777.

13 D. **Konsequenzen für Prozess und Vollstreckung: a) Geldschulden:** Der Gläubiger kann auch gegen den Gfter (§ 128) Zahlungsklage erheben, allgM. Vollstreckung nach §§ 803 ff ZPO.

14 **b) Sachschulden:** Schuldet der Gfter der Ges Lieferung oder Herausgabe **vertretbarer** Sachen, wie sie Ges dem Gläubiger schuldet, hat der Gläubiger gegen den Gfter die Leistungsklage, BGH **73**, 221, NJW **87**, 2369. Vollstreckung nach §§ 883, 884 ZPO, wenn die Sache beim Gfter vorgefunden wird, sonst Schadensersatz nach § 281 BGB. Bei Verbindlichkeiten zur Lieferung oder Herausgabe **nicht vertretbarer** Sachen ebenfalls Leistungsklage. Vollstreckung ggf nach §§ 883, 885 ZPO; Übereignung, insbesondere Auflassung, s Rn 18.

15 **c) Handlungen (Tun):** Schuldet die Ges eine **vertretbare Handlung** (zB Beförderung, sonstige unpersönliche Werkleistung, Instandsetzung vermieteter Sachen, Baumängelbeseitigung) und ist der Gfter zu solcher Leistung für die Ges verpflichtet, hat der Gläubiger gegen den Gfter die Leistungsklage. Vollstreckung nach § 887 ZPO. Bei Verbindlichkeit zu **unvertretbarer Handlung** (zB Rechnungslegung, Auskunft, Zeugniserteilung, Mitteilung von Kenntnissen und Erfahrungen, technische Spezialleistungen, Prüfungen) nach der Rspr ebenfalls Leistungsklage auch gegen den betreffenden Gfter (etwa Ffm ZIP **15**, 977, Auskunft bei Wettbewerbsverstößen), aA zutr K. Schmidt § 49 III 2b, Grund: Handeln nur als Organ, nicht persönlich. Vollstreckung nach § 888 ZPO.

16 **d) Duldungen und Unterlassungen:** Bei Verbindlichkeit der Ges zur Duldung (zB Einwirkung auf ein Grundstück, Befriedigung aus Pfand oder zurückbehaltener Sache nach § 371) kommt es darauf an, ob der Gfter in der Lage ist, Widerstand gegen die Handlung zu leisten (zB ob er die Sache besitzt, ihr Eigentümer ist oder Herausgabeanspruch hat), und auch persönlich duldungspflichtig ist (zB weil er das ihm gehörende Grundstück der Ges zur Verfügung nach Maßgabe ihrer Verpflichtungen halten muss). Dann Duldungsklage, Vollstreckung nach § 890 ZPO; anderer Gfter haften nur auf Geldersatz.

17 Bei Verbindlichkeit der Ges zur Unterlassung (zB von Wettbewerb, Bspe: § 165 Rn 3) kommt es darauf an, ob die verbotene Handlung nur im HdlGeschäft der Ges zu unterbleiben hat (wie Rechnungslegung, s Rn 10). Wenn ja, kann der Gläubiger nach der Rspr (aber s Rn 15) unmittelbar gegen den geschäftsführenden Gfter auf Unterlassung klagen, gegen andere Gfter auf Geldersatz. Hat die Handlung auch außerhalb des GesHdlGeschäfts unterbleiben, zB

1. Abschnitt. Offene Handelsgesellschaft   18–21   § 128

in GfterHdlGeschäft (s Rn 12), kann der Gläubiger nach der Rspr (s Rn 12) unmittelbar gegen jeden Gfter auf Unterlassung klagen, der der Ges zur Unterlassung verpflichtet ist, zB nicht bei einem von der Ges genehmigtem Konkurrenzgeschäft, iErg wohl auch MüKo/K. Schmidt 29, allerdings nicht aus § 128, sondern aus eigener Primärschuld des Gfters, zB § 1 UWG oder Durchgriffshaftung. Vollstreckung nach § 890 ZPO; andere Gfter haften auf Geldersatz. Gfter haftet nicht persönlich für Unterlassenserklärung der Ges, BGH ZIP 13, 1856 (GbR).

e) Abgabe einer Willenserklärung: Auf Abgabe einer Willenserklärung **18** namens der Ges kann kein Gfter, auch nicht ein vertretender, persönlich in Anspruch genommen werden. Die Verurteilung der Ges ersetzt die verweigerte Erklärung (§ 894 ZPO), die Inanspruchnahme des (vertretenden) Gfters fügt nichts hinzu, BGH WM **83**, 221, NJW **08**, 1378 (GbR). Etwas anderes gilt, wenn die Erklärung zur Ausführung einer Leistung gehört, welche die Ges schuldet, die aber nach Lage des Falles der Gfter erbringen kann, zB Auflassung eines von der Ges verkauften, dem Gfter persönlich gehörenden Grundstücks. Hier Klage gegen den Gfter mit der Wirkung des § 894 ZPO (wegen der Herausgabe s Rn 15). Sonst nur Haftung des Gfters auf Geldersatz.

3) Gesamtschuldfrage

A. **Keine Gesamtschuld zwischen Gesellschaft und Gesellschafter:** Zwi- **19** schen Ges und Gftern liegt keine echte Gesamtschuld iSv §§ 421 ff BGB vor, vielmehr ist **jeweils zu prüfen,** ob der Rechtsgedanke der §§ 422 ff BGB anwendbar ist, BGH **47**, 378, **104,** 78. Nur ausnahmsweise folgt das unmittelbar aus Gesetz, zB für Prozesskostenschuld der zusammen verurteilten Ges und Gfter (§ 100 IV ZPO), Karlsr NJW **73**, 1202. Auch zwischen Ges und ausgeschiedenem Gfter besteht keine Gesamtschuld, aber teilweise unterschiedliche Ergebnisse (s Rn 36).

Das bedeutet im Einzelnen: Anwendbar sind § 422 BGB (Erfüllung), § 424 **20** BGB (Wirkung des Gläubigerverzugs), also Wirkung bei Ges wirkt sich jeweils bei Gfter aus. **Nicht** anwendbar sind, also Wirkung bei Ges wirkt sich auch bei Gfter aus: § 423 BGB (Erlass, § 129 Rn 3), BGH **47**, 379, Grund: Gfter würde sonst seine Rechte aus § 129 verlieren; § 425 BGB (zB Kündigung, Verzug, Unmöglichkeit, Verjährung), BGH **36**, 224, **48,** 204, **73**, 224, Grund: Auseinanderentwicklung der Ges- und der GfterHaftung widerspräche der Akzessorietät; Neubeginn der Verjährung, Hemmung und Ablaufhemmung s § 129 Rn 2; Rechtskrafterstreckung s 129 Rn 6; § 426 BGB (s Rn 25).

B. **Die Gesellschafter als Gesamtschuldner:** Die mehreren nach § 128 **21** haftenden Gfter sind Gesamtschuldner iSv §§ 421 ff BGB. Der Gläubiger hat also die Wahl nach § 421 BGB, er braucht dabei nicht auf ausbleibende Zahlungen des anderen Gfters hinzuweisen, BGH NJW **10**, 861 (GbR); Grenze Rechtsmissbrauch, zB Aufgabe einer dinglichen Sicherheit, Schadenszufügungsabsicht, BGH NJW **10**, 863. Nimmt der Gläubiger eine Leistung des einen Gfters an Erfüllungs Statt an, wird auch der MitGfter frei (§ 422 I BGB), BGH BB **72**, 1113; auch sonst gilt § 422 BGB. Erlass nur der Schuld des einen unter Vorbehalt der des anderen Gfters ist möglich (§ 423 BGB; anders bei Erlass der GesSchuld, s Rn 20), aber dieser kann dann im ersteren Regress nehmen (§ 426 BGB), BGH NJW **86**, 1098 (GmbH) u Hamm NJW-RR **88**, 1174 (Gesamtschuld) mit jeweils unterschiedlichem Erlassinhalt. Gläubigerverzug des einen wirkt zugunsten des anderen Gfters (§ 424 BGB). Andere Tatsachen als nach §§ 422–424 BGB wirken nicht auch für und gegen den anderen Gfter, zB Verjährungshemmung (§ 425 II BGB; anders beim GesSchuld, s Rn 20). Bei Begleichung eines GesSchuld hat der Gfter Ausgleichsansprüche nach §§ 426 I, II BGB gegen seine MitGfter (s Rn 27).

§ 128 22–26

4) Haftung aus § 128 gegenüber Mitgesellschaftern

22 **A. Aus dem Gesellschaftsverhältnis (Sozialverbindlichkeit):** Für Forderungen eines Gfters gegen die Ges aus dem Gesellschaftsverhältnis (zB auf Aufwendungsersatz, Geschäftsführervergütung, Gewinn; Sozialverbindlichkeiten, § 109 Rn 32) **haften** während Bestehens der Ges die **Mitgesellschafter nicht nach § 128** (§ 110 Rn 5); Grund: sie würden sonst wirtschaftlich entgegen § 707 BGB (§ 109 Rn 12) zu Nachschüssen in die Ges genötigt, BGH **37**, 201. Davon wird eine **Ausnahme** für Erstattungsansprüche nach **Bezahlung einer Gesellschaftsschuld** gemacht (s Rn 25). Bei GesSchulden anderer Art als Geldschulden kann der Gfter außer der Ges uU auch die MitGfter persönlich auf Erfüllung in Anspruch nehmen (s Rn 14 ff).

23 Einem **ausgeschiedenen** Gfter haften für Ansprüche an die Ges die anderen Gfter wie einem Dritten, zB für seine Abfindung (§ 131 Rn 48), BGH **148**, 206. Zur Lage nach Auflösung s § 145 Rn 6.

24 **B. Aus Drittgeschäft (Drittgläubigerforderung):** Der Gfter kann für eine Forderung gegen die Ges aus anderem Rechtsgrund als dem GesVerhältnis (Drittgeschäft, § 124 Rn 52) auch die MitGfter nach § 128 in Anspruch nehmen, RG **153**, 307 (Darlehen), BGH LM § 138 Nr 7 (stille Beteiligung), **aber** bei Geldforderungen mit **Abzug** mindestens des seinem eigenen **Verlustanteil** (§§ 120 I, 121 III, s § 121 Rn 7) entspr Forderungsteils (§ 124 Rn 55), RG **153**, 310, auch eines entsprechenden Teils vom Anteil eines mit Sicherheit zahlungsunfähigen anderen MitGfters; aA Altmeppen NJW **09**, 2241. Bsp: A, B, C haben gleiche Verlustbeteiligung, A hat € 9000 zu fordern, C ist zahlungsunfähig, A kann von B € 9000-3000–1500 = € 4500 fordern. Der Abzug des Verlustanteils trifft auch einen dritten Zessionar (§ 404 BGB), BGH NJW **83**, 749m Anm Walter JZ **83**, 260. Der in Anspruch genommene Gfter hat die Einwendungen der Ges (§ 129 I), zB den Einwand mangelnder Rücksichtnahme auf das GesInteresse (§ 124 Rn 54). Auch die Treue- und Rücksichtspflicht gegenüber den MitGftern (§ 109 Rn 23, 25) kann Grenzen setzen, nach trad hL muss sich der Gfter iZw **erst** an **die Gesellschaft** halten, aA Prediger BB **71**, 246, OLG Kln NZG **14**, 182, gilt freilich jedenfalls nicht bei Drittgläubigeransprüchen in der Publikumsgesellschaft, BGH ZIP **13**, 2308, Stgt WM **13**, 756, nach Rspr wohl auch sonst nicht. Die Inanspruchnahme der Gfters kann durch (stillschweigende) Vereinbarung ausgeschlossen oder beschränkt sein (s Rn 38), RG **153**, 314, JW **37**, 1986. Mehrere MitGfter haften als Gesamtschuldner, str. Zur Lage nach Ausscheiden s Rn 28; nach Auflösung s § 145 Rn 6.

5) Erstattungsansprüche (Haftungsregress)

25 **A. Regress gegen die Gesellschaft:** Der Gfter, der nach § 128 an einen GesGläubiger geleistet hat, kann von der Ges nach § 110 Ersatz fordern (§ 110 Rn 10), ein ausgeschiedener Gfter nach § 670 BGB (§ 110 Rn 2). Im Verhältnis zur Ges besteht keine Gesamtschuld iSv §§ 421 ff BGB (s Rn 19), daher kein Forderungsübergang und kein Übergang von Sicherungsrechten vom befriedigten Gläubiger auf den Gfter (vgl §§ 426 II, 412, 401 BGB), BGH **39**, 323; dies ohne Unterschied ob Ges, andere Gfter oder Dritte die Sicherheit stellten, nach BGH ZIP **11**, 1663 auch nicht nach § 774 I BGB analog, dafür mit guten Gründen Staub/Habersack 43, MüKo/K. Schmidt 31. Forderungs- und Sicherheitenübergang entspr § 426 II BGB dagegen auf die ausgeschiedenen Gfter, BGH **39**, 325. Der zahlende Gfter hat auch Zugriff auf bei Dritten befindliches GesVermögen, BGH WM **86**, 906. Rückgriff des Gfters, der von der Ges ausgestellten Wechsel einlöste, ohne Rechtsnachfolge iSv §§ 265, 727 ZPO, Hbg MDR **68**, 1014, str.

26 Bei drohender Inanspruchnahme durch Gläubiger braucht der Gfter nicht erst zu zahlen und dann Regress zu nehmen, sondern hat bereits einen **Freistellungsanspruch** gegen die Ges entspr § 257 BGB, LG Hagen BB **76**, 763.

1. Abschnitt. Offene Handelsgesellschaft   27, 28   § 128

B. **Regress gegen die Mitgesellschafter:** Der Gfter, der eine GesSchuld 27 begleicht (§ 128; auch der Kdtist, der dies freiwillig tut, BGH ZIP **02**, 394), hat gegen seine MitGfter Ausgleichsansprüche nach § 426 I BGB, BGH WM **79**, 1282, ZIP **07**, 2313, der einem Gfter gleichgestellte TreuhandKdtist nach § 426 I BGB entspr, BGH ZIP **15**, 2268. Forderungsübergang schon nach §§ 412, 401 als Folge des Übergangs der Hauptforderung, Staub/Habersack 48, nach üL § 426 II BGB, nach aA § 774 I 1 BGB analog, aA (kein Forderungsübergang) Harrer GesRZ **08**, 266. Die MitGfter haften alsbald, subsidiär, pro rata, BGH **37**, 302, **103**, 76, ZIP **02**, 394 (ganz anders bei Drittgläubigerforderung der Gfter: alsbald, nicht strikt subsidiär, nicht nur pro rata, s Rn 24, BGH ZIP **13**, 2306). Die Ausgleichspflicht der MitGfter gründet auf der auch sie treffenden Haftung nach § 128, verteilt nur deren Folgen, bedeutet also nicht Nachschusszwang im Widerspruch zu § 707 BGB, BGH **37**, 302. Freistellungsanspruch, BGH ZIP **07**, 2313.

a) Haftung alsbald: Die MitGfter haften nicht wie im Regelfall des § 110 (s dort Rn 5) erst nach Auflösung oder Ausscheiden, sondern alsbald. Im Liquidationsstadium gelten Sonderregeln (Lähmung, § 145 Rn 6).

b) Subsidiär: Der Gfter muss jedoch zuerst von der Ges Erstattung suchen. Diese darf ihn nicht auf eine bestrittene Forderung (der Ges) gegen MitGfter verweisen. Die subsidiäre Haftung der MitGfter greift nicht erst bei Aussichtslosigkeit der Zwangsvollstreckung in das GesVermögen ein, sondern schon wenn die Ges keine freiverfügbaren Mittel hat, BGH NJW **80**, 340, zur Drittgläubigerforderung BGH ZIP **13**, 2305, oben Rn 24.

c) Pro rata: Ausgleich im Innenverhältnis nur pro rata in Höhe der jeweiligen Verlustbeteiligung, mehrere MitGfter haften also nicht als Gesamtschuldner, BGH **103**, 76, ZIP **07**, 2313; anders wenn die gesamtschuldnerische Haftung auf dem schuldhaften Verhalten eines der Gfter beruht (Gedanke des § 254 BGB), BGH ZIP **08**, 1915.

d) Die Ansprüche des § 426 I BGB und aus übergegangener Forderung sind selbstständig (Verjährung, Einwendungen), BGH **58**, 218, NJW **10**, 62, aber zweckverbunden (gemeinsame Entstehung durch Begründung der Gesamtschuld, auch bei Zahlungsanspruch, BGH NJW **10**, 60, gemeinsames Erlöschen, keine gesonderte Abtretung, Übergang nach § 401 BGB entspr). Einheitlicher Verjährungsbeginn, einerlei ob Mitwirkungs-, Befreiungs- oder Zahlungsanspruch, BGH NJW **10**, 60, aA Hartman/Lieschke WM **11**, 205, aber Ausgleichsanspruch trotz Verjährung beim anderen Gesamtschuldner, BGH NJW **10**, 62, 435, Grenze Rechtsmissbrauch. Nach Düss ZIP **13**, 1860 desh Beginn der dreijährigen Verjährung (§ 195 BGB) bereits vor Zahlung mit Möglichkeit der Durchsetzung eines Befreiungsanspruchs. Zur Inanspruchnahme eines durch Anteilsabtretung ausgeschiedenen Gfters BGH NJW **81**, 1095, zum TreuhandKdtisten BGH ZIP **15**, 2272. Lit: Prediger BB **70**, 868, Hadding FS Stimpel **85**, 139 (nach Ausscheiden), WM **88**, 1585 (GbR), Habersack AcP 198 (**98**) 152, Drygala FS Raiser **05**, 63 (Konzern), Faust FS K. Schmidt **09**, 357, Pfeiffer NJW **10**, 23 (Verjährung).

6) Haftung ausgeschiedener Gesellschafter

A. **Forthaftung nach Ausscheiden:** Das Ausscheiden des Gfters beseitigt 28 seine Haftung nicht (s Rn 3). Das bestätigen auch § 159 über die Verjährung bei Auflösung der OHG und § 160 über die Nachhaftungsbegrenzung bei Ausscheiden. Der ausgeschiedene Gfter bleibt auch haftbar, wenn nach seinem Ausscheiden die Ges aufgelöst wird und ein Gfter das HdlGeschäft (mit Aktiven und Passiven) übernimmt (§ 140 Rn 25, § 145 Rn 11), BGH **48**, 205, **50**, 237, etwa bei Zweipersonengesellschaft, BGH ZIP **12**, 370 (GbR).

§ 128 29–32 2. Buch. Handelsgesellschaften und stille Gesellschaft

29 **B. Haftung nur für Altschulden: a) Grundsatz:** Die Haftung gilt für alle Altschulden, nicht für Neuschulden aus der Zeit nach dem Ausscheiden (§§ 15 I, 143, s Rn 3). Altschulden sind grundsätzlich auch Verpflichtungen, deren **Rechtsgrund noch vor dem Ausscheiden gelegt** ist, auch wenn weitere Voraussetzungen ihres Entstehens erst später erfüllt werden, stRspr, BGH **55**, 269, **142**, 329, NJW **86**, 1690, BAG NJW **04**, 3287, Hamm NZG **08**, 101, vgl auch § 25 Rn 11, § 160 Rn 2.

30 **b) Einzelfälle:** Verbindlichkeit aus einem vorher geschlossenen und erst später erfüllten Werkvertrag, BGH **55**, 269; Haftung auf Ersatz von vorher begründeten, erst später getätigten Aufwendungen (Grundschuld wird vom Dritten für Ges-Schuld vorher bestellt und erst später ausgelöst), BGH NJW **86**, 1690; für Vertragsverletzung durch die Ges auch erst nach seinem Ausscheiden, BGH **36**, 226 (Wertpapierverwahrung vor Ausscheiden, schuldhafte Auslieferung an Nichtberechtigten nachher, § 283 BGB), ähnlich schon RG **125**, 418; auf Entschädigung aus erlaubten, aber zur Entschädigung verpflichtenden Handlungen der Ges nach seinem Ausscheiden, RG **140**, 12 (Vergleichsverfahren, Mietkündigung, vgl §§ 50, 51 II, 52 I VerglO aF); auf Schadensersatz statt der Leistung, wenn die Ges (oder ein Alleinübernehmer, s Rn 28) insolvent wird und der Insolvenzverwalter die Vertragserfüllung ablehnt (§ 103 InsO), BGH **48**, 205.

Die Haftung gilt auch für nach dem Ausscheiden **gestundete Verbindlichkeiten**, Düss HRR **38**, 538, und für Ratenzahlungen. Sie gilt nicht für Prolongationswechsel, RG **140**, 13, wohl aber für die fortbestehende Verbindlichkeit, für die erfüllungshalber, nicht an Erfüllungsstatt **Wechsel** gegeben sind, RG JW **13**, 324. Für **Kreditgewährung** nach Ausscheiden, auch auf Grund von Kreditzusage vorher, haftet der Ausgeschiedene nicht, Gamp/Werner ZHR 147 **(83)** 1; ebenso Kreditprolongierung durch Vereinbarung, die der Neugewährung gleichkommt (zB in der Bank-Refinanzierung), Bereicherungsanspruch wegen irrtümlicher Zahlung an Ges nach Ausscheiden des Gfters, BGH ZIP **12**, 369, **Subvention,** aA OVG Kblz NJW **86**, 2129. **Kontokorrent:** Für Schulden in laufender Rechnung (§§ 355 ff) haftet der Ausgeschiedene bis zur Höhe der Schuld bei seinem Ausscheiden, jedoch nicht über den niedrigsten späteren Rechnungsabschluss-(nicht Tages-)Saldo hinaus (vgl § 356 Rn 2), BGH **26**, 142, **50**, 278, 283, DB **73**, 2439; ergibt sich einmal beim Abschluss einer Rechnungsperiode ein Guthaben der Ges, erlischt die Haftung des Ausgeschiedenen, BGH WM **72**, 284. **Sicherheiten** kann der Ausgeschiedene erst zurückfordern, wenn seine Haftung aus § 128 weggefallen ist (Freigabe anderer Sicherheiten durch Gläubiger s Rn 35), BGH BB **72**, 1112. **Vertragsverlängerung** betrifft den Ausgeschiedenen nicht mehr, anders bei zuvor eingeräumter Verlängerungsoption des Gläubigers, aA Heymann/Emmerich 60, Grenzen nach §§ 133, 157, 242 BGB.

31 **C. Haftungseinschränkungen: a) Ausschlussfrist von fünf Jahren (§ 160 nF):** Die Forthaftung für Altverbindlichkeiten gilt grundsätzlich auch für laufende und neue Teilverbindlichkeiten aus Dauerschuldverhältnissen (zB Dauerliefer- und Dauerabnahmeschulden, Verbindlichkeiten aus Miete, Pacht, Arbeits-, Lizenz- und Verlagsverträgen, Wertpapierverwahrung). Das ginge jedoch, strikt durchgehalten, untragbar weit. Seit 1994 gilt kraft Gesetzes eine Ausschlussfrist von fünf Jahren, so schon früher die Rspr, BGH **87**, 292, NJW **83**, 2941, und hL. § 160 regelt die Haftungseinschränkungen abschließend (§ 159 Rn 2, § 160 Rn 1), BGH **142**, 324 (Aufgabe der Kündigungstheorie), NJW **02**, 2170, BAG NJW **04**, 3287, K. Schmidt § 51 I 3, II 4.

32 **b) Übergangsrecht:** Die früheren, sehr streitigen Einschränkungen der Nachhaftung können im Einzelfall zu einer kürzeren Begrenzung führen und bleiben relevant für das Übergangsrecht, s **(1)** EGHGB Art 35, 36. Lit: Lieb 1992; Ulmer/Wiesner ZHR 144 **(80)** 393, von Stebut ZGR **81**, 183, Ulmer BB **83**,

1865, Wiesner ZIP **83**, 1032, Priester/K. Schmidt ZIP **84**, 1064, Lieb ZGR **85**, 124, Hönn ZHR 149 **(85)** 300, Honsell/Harrer ZIP **86**, 341, K. Schmidt ZHR 152 **(88)** 105; weitere Literatur s § 59 Rn 22.

Die wichtigste Einschränkung war die, dass die Haftung des ausgeschiedenen 33 Gfters nur für solche Ansprüche anerkannt wurde, die bis zum Ersten ordentlichen Kündigungstermin nach Ausscheiden entstanden waren, BGH **70**, 135, **87**, 291; die Rspr stellte dabei auf die Kündigungsmöglichkeit des Gläubigers ab. Weitere Rspr s 29. Aufl.

Die Lehre hatte bis zum NachhBG 1994 teilweise weitergehend insbesondere 34 bei langfristigen Verträgen über bestimmte Leistungen eine Enthaftung analog § 613a II BGB entwickelt, Ulmer/Wiesner ZHR 144 **(80)** 393 ua, sehr str. Die Rspr hat diese Analogie seit jeher abgelehnt, BGH **87**, 295, NJW **83**, 2942, BAG WM **90**, 1466 (§ 59 Rn 22 mwN). In der Tat sind die Interessenlagen verschieden, und die Analogie führte zu Wertungsdifferenzen.

D. **Verzicht und Verwirkung:** Der Gläubiger kann auf die Haftung nach 35 § 128 verzichten (s Rn 38). Wenn er ohne verständigen Grund die Stellung des Ausscheidenden verschlechtert, also die Chance der Inanspruchnahme erhöht, kann er die Inanspruchnahme des Ausgeschiedenen verwirken, BGH DB **73**, 2440. Gibt der Gläubiger **andere Sicherheiten** frei, wirkt das nicht ohne weiteres entspr § 776 BGB (Bürgschaft) zugunsten des Ausgeschiedenen; doch kann dieser die Freigabe dem Gläubiger entgegenhalten, allerdings nicht bei Freigabe zugunsten eines anderen, für die Ges existenzwichtigen Kredits, BGH BB **72**, 1112.

E. **Gesamtschuld:** Auch **zwischen Gesellschaft und Ausgeschiedenem** 36 liegt **keine echte Gesamtschuld** iSv §§ 421 ff vor (s Rn 19). Das Verhältnis des ausgeschiedenen Gfters zur Ges (bzw dem Alleinübernehmer, soeben) wird zwar der Gesamtschuld ähnlicher, aber es bleibt doch **jeweils zu prüfen,** ob die unterschiedliche Interessenlage die entspr Anwendung der §§ 422 ff BGB erlaubt oder nicht, BGH **36**, 227, **39**, 324, **44**, 233, **48**, 204, Fischer **LM** § 105 Nr 21, § 128 Nr 10. Kein Erlass gegenüber der Ges unter Vorbehalt der Inanspruchnahme des Ausgeschiedenen (§ 129 Rn 3). Der Erstattungsanspruch des Ausgeschiedenen, der zahlte, gegen die Ges folgt nicht aus § 110, sondern aus § 670 BGB (§ 110 Rn 2); hier ist dann (anders als vor Ausscheiden, s Rn 25) § 426 II BGB anwendbar, die bezahlte Forderung geht also samt Sicherheiten (§§ 412, 401 BGB) über, BGH **39**, 324; die anderen Gfter haften dem Ausgeschiedenen gesamtschuldnerisch auf Erstattung; im Einzelnen str, für Anwendung des § 128 MüKo/K. Schmidt 62. Urteile gegen die Ges wirken nicht gegen den ausgeschiedenen (forthaftenden) Gfter (vgl § 425 BGB), BGH **44**, 233 (s Rn 43); so auch in anderen Fällen des § 425 II, BGH **36**, 227, str, zB Hemmung der Verjährung der GesSchuld (§ 129 Rn 2). Lit: Hadding ZGR **73**, 137, FS Stimpel **85**, 139.

7) Abweichende Vereinbarungen (Satz 2)

A. **Vereinbarungen der Gesellschafter untereinander:** Von S 1 abwei- 37 chende Vereinbarungen der Gfter untereinander sind **Dritten gegenüber unwirksam** (S 2). Die Gfter können zwar die Ausgleichspflichten im Innenverhältnis (s Rn 27) ändern, nicht aber die Haftung gegenüber den GesGläubigern ändern. Auf einen guten Glauben des Gläubigers kommt es nicht an. Die Gfter haften nach § 128 S 1 selbst bei positiver Kenntnis des Gläubigers von der abweichenden Vereinbarung, nur ganz ausnahmsweise kann unzulässige Rechtsausübung des Gläubigers vorliegen.

B. **Vereinbarungen mit dem Gläubiger:** Möglich ist **Verzicht** des Gläubi- 38 gers auf die Haftung nach § 128 („Entlassung" aus dieser), BGH BB **71**, 975, **oder sonstige Haftungsvereinbarung** mit ihm, zB Verzicht gegenüber einem ausscheidenden Gfter (s Rn 28) oder Vereinbarung eines ausscheidenden Gfters mit den verbleibenden, dass ihm für seine Abfindung nur die Ges selbst haften soll (§ 131 Rn 48) oder Abbedingung der gesamtschuldnerischen Haftung der Gfter, also nur Teilschuld, vgl KG ZIP **11**, 227, quotale Haftung, BGH ZIP **11**, 911 (GbR m Bespr K. Schmidt NJW **11**, 2001), NZG **12**, 701; auch Vereinbarung der Ges mit dem Gläubiger zugunsten von Gftern (§ 328 BGB). Solche Haftungsvereinbarungen auch stillschweigend möglich. Aber dies ist jedenfalls für dritte Gläubiger ungewöhnlich und nur anzunehmen, wenn der Gläubiger nach den Umständen das Festhalten an der Haftung der Gfter hätte erklären müssen; die Vermutung spricht dagegen (für Dauerschuldverhältnisse s Rn 32, 34), Mü WM **03**, 1327. Anders kann es liegen, wenn der dritte Gläubiger Gfter ist (s Rn 24). Solche Vereinbarungen mit dem Gläubiger wirken nicht im Innenverhältnis zur Ges und den MitGftern, BGH ZIP **09**, 1008 (GbR). PublikumsGes s Anh § 177a Rn 82. Ob Zahlungen der Gesellschaft auch eine vereinbarte quotale Haftung mindern sollen, ist Auslegungsfrage, BGH ZIP **11**, 911, 916, für eine Anrechnung von Zahlungen der Gesellschaft KG WM **11**, 929.

8) Prozess gegen Gesellschaft und Gesellschafter

39 A. **Gesellschafts- und Gesellschafterprozess:** Der Gläubiger kann nach Belieben die Ges u alle Gfter oder einen oder einige Gfter verklagen. Prozess gegen die Ges s § 124 Rn 41. Übergang vom Ges- zum Gfterprozess ist **gewillkürter Parteiwechsel**, BGH **17**, 342, **62**, 132, WM **82**, 1170, ebenso umgekehrt (§ 124 Rn 42). Werden Ges und Gfter zusammen verklagt, sind sie einfache und **nicht notwendige Streitgenossen** (§ 62 ZPO), BGH **54**, 254, **63**, 54, NJW **88**, 2113, auch wenn der Gfter keine persönlichen Einwendungen erhebt. Maßgebend ist, ob nach Klagebegründung oder -erwiderung verschiedene Beurteilung der Klage gegen Ges und gegen Gfter möglich ist, ua bei Geltendmachung persönlicher Einwendungen (§ 129 I). **Tenor** des (Zahlungs-)Urteils gegen Ges und Gfter ist bis heute unklar, wahrscheinlich (obwohl kein Fall der §§ 421 ff BGB, s Rn 19–20) „als Gesamtschuldner", vgl (Fall Hauptschuldner und Bürge) Celle JZ **56**, 490, Schneider MDR **67**, 353, nicht „als unechte Gesamtschuldner" (Hbg MDR **67**, 50) oder „als wären sie Gesamtschuldner" (LG Hbg MDR **67**, 401). Prozesskosten s § 100 IV ZPO (Streitgenossen). **Rechtsmittel** des Gfters hindert nicht Rechtskraft des Urteils gegen die Ges. Urteilswirkung s Rn 43–44. Lit: Barnert, GfterKlage, 2003; M. Schwab, Prozessrecht gesellschaftsinterner Streitigkeiten, 2004; Fischer FS Hedemann **58**, 74, Hüffer FS Stimpel **85**, 165 (Gesamthand).

40 B. **Schiedsvereinbarung der OHG:** Schiedsvereinbarung der OHG mit Dritten (Einl 89 vor § 1; davon streng zu unterscheiden ist Schiedsklausel im GesVertrag, Einl 90 vor § 1) wirkt idR auch für und gegen die nach § 128 haftenden Gfter, BGH NJW **80**, 1797 (bei Eintritt als Gfter), **81**, 2646, WM **91**, 384, BayObLG SchiedsVZ **04**, 45, hL, aA Habersack SchiedsVZ **03**, 241, anders für Kdtisten (§ 171 Rn 3) und natürlich, wenn der Gfter eigene, von der Ges nicht abgeleitete Rechte einklagt. Das folgt nach üL u Rspr schon aus § 128, richtiger aus Auslegung der Schiedsvereinbarung. Für diese ist idR konkludente Vollmacht der Gfter anzunehmen. Bloße Nachweisform nach § 1031 I (statt V) ZPO genügt für alle Gfter der OHG, nicht nur die geschäftsführenden, Staub/Schäfer § 105 Rn 82. Rechtsschutzinteresse für Klage gegen Gfter nach Schiedsspruch gegen Ges s BGH BB **69**, 892. Lit: K. Schmidt ZHR 162 (**98**) 273, DB **89**, 2315, Weber/v Schlabrendorff FS Glossner FS **93**, 477, Habersack SchiedsVZ **03**, 241, Haas/Oberhammer FS K. Schmidt **09**, 493; s auch Einl 90 vor § 1.

41 C. **Einzelprobleme: Gerichtsstandsvereinbarung** (Einl 86 vor § 1) der Ges wirkt idR auch für und gegen die nach § 128 in Anspruch genommen Gfter, BGH NJW **81**, 2644. Klage gegen die Ges macht die Sache **nicht rechtshängig**

1. Abschnitt. Offene Handelsgesellschaft 42–46 § 128

gegen den Gfter und umgekehrt, Partei und Prozessgegenstand sind verschieden, BGH **62**, 133, hL. Der (mitverklagte, vgl BGH **8**, 78, oder nicht mitverklagte) Gfter kann der verklagten Ges als **Nebenintervenient** beitreten, da ein vom Gläubiger gegen die Ges erwirktes Urteil gegen ihn wirksam wäre (s Rn 43), BGH **62**, 133. **Unterbrechung** des Prozesses gegen die Ges durch Eröffnung des Insolvenzverfahrens über das Vermögen der Ges hindert nicht Ausdehnung der Klage auf die Gfter, BGH BB **61**, 426, unterbricht nicht schon anhängigen Prozess gegen Gfter, gleich ob dieser persönliche Einwendungen erhob oder nicht, Nürnb MDR **68**, 502. Beim Tod des beklagten Gfters ist nur gegen ihn auszusetzen, nicht gegen die Ges, Celle NJW **69**, 515.

Feststellungsklage: Neben Klage gegen die Ges auf Feststellung einer Ges- 42
Verbindlichkeit fehlt idR das Rechtsschutzinteresse (§ 256 ZPO) für gleiche Klagen gegen Gfter, weil das Urteil auf die erstere Klage auch gegen die Gfter wirkt (§ 129 I), BGH **2**, 254. Bei Klage auf Feststellung nicht einer Verbindlichkeit, sondern eines umfassenden Rechtsverhältnisses kann das anders sein, Hbg MDR **67**, 498. **Wechselprozess:** Aufgrund § 128 kann aus einem Wechsel, den der eine Gfter namens der Ges zeichnete, auch der andere Gfter im Wechselprozess verklagt werden, BGH BB **60**, 341. **Arbeitsgerichtsprozess** (§ 2 ArbGG) auch bei Klage aus § 128 gegen Gfter der Arbeitgeberin, BAG NJW **80**, 1710. **Öffentlichrechtlicher Haftungsbescheid** (Verwaltungsakt) statt Zivilprozess bei öffentlichrechtlichen Verbindlichkeiten der Gfter der OHG, Wochner BB **80**, 1757.

D. **Urteilswirkung: a) Gesellschaftsprozess:** Auf ein Urteil zugunsten der 43
Ges kann sich auch der Gfter gegen den Gläubiger berufen, Grund: § 128. Ein Urteil gegen die Ges wirkt auch gegen den Gfter, indem es ihm die Einwendungen nimmt, die der Ges abgesprochen werden (§ 129 Rn 7), BGH **54**, 255, **64**, 156 (nicht § 325 I ZPO), WM **76**, 1085 (Präklusion ähnlich § 767 II ZPO, der BGH (ZIP **11**, 1143) lässt offen, ob Rechtskrafterstreckung (so § 129 Rn 7) oder Präklusion entsprechend § 767 II ZPO, dafür Staub/Habersack § 129 Rn 11. Das gegen die Ges ergangene Urteil wirkt nicht gegen den ausgeschiedenen Gfter, jedenfalls bei Klage nach dem Ausscheiden, BGH **44**, 229 (s Rn 36); Wirkung aber gegen den ehemaligen phG, der nach Umwandlung in GmbH & Co KG Kdtist und Geschäftsführer der GmbH ist, BGH **78**, 114 (aber § 160 III nF).

b) Gesellschafterprozess: Das Urteil im Prozess gegen den Gfter wirkt 44
weder für noch gegen die Ges, BGH ZIP **11**, 1144 (GbR, s auch § 129 Rn 8), aber Erstattungsansprüche (s Rn 25–27). Zweckmäßig verkündet er der Ges den Streit.

9) Die Gesellschafter in Zwangsvollstreckung und Insolvenz

A. **Zwangsvollstreckung gegen Gesellschafter:** Zur Vollstreckung in das 45
GesVermögen bedarf der Gläubiger des Titels gegen die Ges (§ 124 II, dort Rn 45), zur Vollstreckung in das private Vermögen eines Gfters des Titels gegen ihn (§ 129 IV). Er kann auf Grund dieses Titels auch den Anteil des Gfters an der Ges (oder nur seinen Anspruch auf das künftige Auseinandersetzungsguthaben) pfänden (§ 124 Rn 21), aber die Ges nicht kündigen (§ 135). Lit: Hüffer FS Stimpel **85**, 165 (Gesamthand).

B. **Auswirkungen der Gesellschaftsinsolvenz auf die Gesellschafter:** Die 46
GesInsolvenz (§ 124 Rn 46) berührt grundsätzlich nicht die Haftung des Gfters, diese kann aber während des GesInsolvenzverfahrens nur vom Insolvenzverwalter geltend gemacht werden (§ 93 InsO; vgl § 171 II HGB), Grund: kein Wettlauf der Gläubiger. Rechtsstreit vom Gläubigern gegen Gfter aus § 128 wird unterbrochen, BGH ZIP **09**, 47 (zu § 160 III). § 93 InsO bezieht sich aber nur auf Ansprüche aus der gesetzlichen akzessorischen GfterHaftung, BGH **151**, 245,

§ 128   47   2. Buch. Handelsgesellschaften und stille Gesellschaft

nach aA auch bei Bürgschaften und entsprechender Mithaftung von Gftern. Die Gfter haften für Altverbindlichkeiten, auch für Masseschulden nach § 55 I Nr 2 InsO. Die Gfter haften nicht für die Kosten des Insolvenzverfahrens über das Vermögen der Ges und die vom Insolvenzverwalter begründeten Neuverbindlichkeiten (auch Masseschulden nach § 55 I Nr 1, 3 InsO), hL, BGH NJW **10**, 69, MüKo/K. Schmidt 81, Staub/Habersack 72f, Brdbg ZIP **07**, 1756, str, Grund: teleologische Reduktion, Behandlung wie Ausgeschiedene, aA schon aus insolvenzrechtlichen Gründen BGH (IX ZS) NJW **10**, 70, Kostentragung bei Liquidation liegt anders. Der Insolvenzverwalter hat die Wahl, gegen welche Gfter und in welcher Höhe er vorgeht (§ 128), aber nur soweit noch Fehlbedarf besteht. Einwendungen jedes Gfters nach § 129, der Insolvenzverwalter kann sich hinsichtlich der Höhe der Haftung mit Gftern vergleichen, dies auch mit Wirkung für die Gläubiger, BGH ZIP **16**, 277. Das nach § 93 InsO Beigetriebene bildet eine Sondermasse. Gläubiger der Ges, die nach Verfahrenseröffnung von Gftern etwas erlangen, müssen dies in diese Sondermasse erstatten. Die Gfter werden, falls im Insolvenzplan nichts anderes vorgesehen ist, ebenso wie die Ges mit der im gestaltenden Teil vorgesehenen Befriedigung der Insolvenzgläubiger von ihrer restlichen persönlichen Haftung frei (§§ 227 II, I, 221 InsO), BGH **100**, 126, auch (zu § 109 I Nr 3 VerglO aF) BGH **26**, 126, **118**, 82; auch die vor Eröffnung des Insolvenzverfahrens ausgeschiedenen Gfter, die für Altschulden noch haften, von ihrer Nachhaftung (s Rn 28), aA RG **142**, 208, **159**, 319, BGH **LM** § 193 KO Nr 2 (für Anwendung von § 193 S 2 KO aF, entspr § 254 II 1 InsO); nicht die Gfter aus von ihnen gewährten dinglichen Sicherheiten, BGH WM **87**, 571, GfterBürgschaften (s Rn 7) ua (§ 254 II 1 InsO). Jeder Gfter kann angemeldete Forderungen bestreiten, also der Anmeldung widersprechen (§§ 178 II, 201 II InsO entsprechend), Grund: § 129 HGB, Einziehungsbefugnis des Insolvenzverwalters; die rechtskräftige Feststellung einer GesVerbindlichkeit zur Tabelle (§ 178 III, 201 II InsO) ohne Widerspruch eines Gfters wirkt gegen alle Gfter (§ 129 I HGB), Widerspruch eines Gfters hindert Rechtskraft gegenüber diesem, BGH BB **61**, 426. § 189 I InsO gilt entsprechend auch für bestrittene GfterVerbindlichkeiten. In der GesInsolvenz ist jeder vertretungsberechtigte phG auskunfts- und mitwirkungspflichtig (früher jeder Gfter), auch soweit er innerhalb der Letzten zwei Jahre ausgeschieden ist (§§ 101 I 1, 2, 97 ff InsO). Ansprüche von Gftern gegen die Insolvenzmasse aus Drittgeschäften s § 124 Rn 46. Rechtsgeschäfte zwischen der OHG und ihren Gftern (und den ihnen nahe stehenden Personen) unterliegen mit Verfahrenseröffnung der verschärften Insolvenzanfechtung (§§ 130 III, 131 II, 132 III, 133 II, 138 II, I InsO), Ausübung durch den Insolvenzverwalter (§ 93 InsO analog), BGH **178**, 171 (dort auch zur Doppelinsolvenz). Nur alle Gfter gemeinsam können einen Insolvenzplan vorlegen (vgl § 218 I InsO) und einem vom Verwalter vorgelegten Insolvenzplan (§ 247 I InsO) zustimmen, Grund: Bedeutung für persönliche Haftung der Gfter (vgl § 227 InsO). Lit: Häsemeyer Insolvenzrecht 4. Aufl 2007 Kap 31; Hüffer FS Stimpel **85**, 165; K. Schmidt ZGR **96**, 209 (§§ 92, 93 InsO).

47   C. **Gesellschafterinsolvenz:** Werden wie häufig neben der Ges auch die Gfter insolvent (Folge: Ausscheiden des Gfters § 131 III 1 Nr 2, dort Rn 22), werden beide Verfahren grundsätzlich unabhängig voneinander und nach ihrer jeweils eigenen Haftungsordnung abgewickelt. § 93 InsO (s Rn 46) gilt auch in den einzelnen GfterInsolvenzverfahren (RegE). Die GesGläubiger werden (trotz des Interesses der Privatgläubiger des Gfters, denen schon der GesAnteil ihres Schuldners entgeht) im Insolvenzverfahren über das Vermögen des Gfters mit dem vollen Betrag berücksichtigt (§ 43 InsO), nicht nur mit dem bei der Ges erlittenen Ausfall (anders § 212 KO aF). Masseverbindlichkeiten in der GesInsolvenz berühren das GfterInsolvenzverfahren nicht, RG **135**, 62, BGH **34**, 294, anders nur Masseverbindlichkeiten, die aus Insolvenzforderungen erwachsen

(§§ 55 I Nr 1, 103 ff InsO), insoweit ist aber in der GfterInsolvenz nur Insolvenzquote zu erlangen. Geraten mehrere Gfter in Insolvenz, kann der Gläubiger in jedem Verfahren bis zu seiner vollen Befriedigung den vollen Betrag geltend machen, den er von den Gftern persönlich bei Eröffnung des Verfahrens fordern konnte (§ 43 InsO). Zahlt ein phG auf die Forderung eines Gläubigers, so liegt darin auch dann keine unentgeltliche Leistung, wenn er auf die Schuld der Gesellschaft leistet, BGH ZIP **15**, 2484, eine insolvenzrechtliche Anfechtung scheidet aus. Lit: Krantz BB **53**, 76.

[Einwendungen des Gesellschafters]

129 (1) **Wird ein Gesellschafter wegen einer Verbindlichkeit der Gesellschaft in Anspruch genommen, so kann er Einwendungen, die nicht in seiner Person begründet sind, nur insoweit geltend machen, als sie von der Gesellschaft erhoben werden können.**

(2) **Der Gesellschafter kann die Befriedigung des Gläubigers verweigern, solange der Gesellschaft das Recht zusteht, das ihrer Verbindlichkeit zugrunde liegende Rechtsgeschäft anzufechten.**

(3) **Die gleiche Befugnis hat der Gesellschafter, solange sich der Gläubiger durch Aufrechnung gegen eine fällige Forderung der Gesellschaft befriedigen kann.**

(4) **Aus einem gegen die Gesellschaft gerichteten vollstreckbaren Schuldtitel findet die Zwangsvollstreckung gegen die Gesellschafter nicht statt.**

Übersicht

	Rn
1) Einwendungen des Gesellschafters (I)	1–8
A. Einwendungen der Gesellschaft	1
B. Persönliche Einwendungen	6
C. Urteilswirkung	7
2) Anfechtung (II)	9, 10
3) Aufrechnung (III)	11–14
A. Bereits erfolgte Aufrechnung	11
B. Aufrechnungsmöglichkeit der Gesellschaft	12
C. Aufrechnungsmöglichkeit nur des Gläubigers	13
D. Aufrechnungsmöglichkeit des Gesellschafters	14
4) Zwangsvollstreckung (IV)	15

1) Einwendungen des Gesellschafters (I)

A. **Einwendungen der Gesellschaft:** Der nach §§ 128 f haftende Gfter (auch 1 der ausgeschiedene, § 128 Rn 28) hat gegen Inanspruchnahme aus GesSchulden zunächst die Einwendungen der Gesellschaft, Grund: Akzessorietät der Haftung (§ 128 Rn 1). Umgekehrt wirkt die Entkräftung solcher Einwendungen durch den Gläubiger im Verhältnis zur Ges auch gegen den haftenden Gfter. Ausschluss der Einwendungen greift nicht ein, wenn die OHG bei Prozess nicht wirksam vertreten war (§ 579 I Nr 4 ZPO) oder bei Kollusion zum Nachteil des Gfters, BGH ZIP **16**, 214, s auch Rn 6. Die nach einem Urteil entstehenden Einwendungen (Erfüllung etc) kann der Gfter dem Gläubiger auch ohne Vollstreckungsgegenklage nach § 767 ZPO entgegenhalten, BGH ZIP **06**, 995, s auch Rn 7.

§ 128 I gilt für **Einwendungen und Einreden jeglicher Art,** zB Erfüllung, Erlass, Vergleich, Annahmeverzug; auch solche, die der Gfter nach § 425 BGB nicht hätte (§ 128 Rn 20); Verwirkung, rechtskräftige Abweisung, persönliche Unmöglichkeit, Verjährung, pactum de non petendo (Stillhalteabkommen, LG Ffm ZIP **16**, 1585). Bei Einreden auch bevor die Ges sie geltend macht (vgl § 768

§ 129 2–7   2. Buch. Handelsgesellschaften und stille Gesellschaft

BGB), nach aA II entspr; anders für Gestaltungsrechte vor Geltendmachung durch die Ges (s Rn 5). Besonderheiten für den ausgeschiedenen Gfter s Rn 2, 7, § 128 Rn 36. Lit: Klimke ZGR **06**, 541.

2 **Neubeginn, Hemmung und Ablaufhemmung der Verjährung** der GesSchuld wirken auch gegen den Gfter, BGH **73**, 223, **78**, 120, heute hL, aber nicht gegen Ausgeschiedenen (§ 128 Rn 36), also keine eigenständige Verjährung der GesSchuld und der akzessorischen Gfterhaftung, BGH ZIP **10**, 319, Grund: Sicherungsinteresse des Gläubigers; ebenso Ausschlussfristen, Heymann/Emmerich 2; Neubeginn, Hemmung (nicht nur nach § 204 BGB, enger § 159 IV) und Ablaufhemmung gegenüber dem Gfter persönlich wirken gegen diesen, BGH **104**, 76 (zu Unterbrechung), nicht auch gegen die Ges, MüKo/K. Schmidt 9, offen BGH **104**, 81, das zwingt allerdings den Gläubiger zur Klage oder zu sonstigem Tätigwerden auch gegenüber der Ges. Nachträgliche Verjährung gegenüber der Ges s Rn 8.

3 **Nicht** möglich ist **Erlass** durch den GesGläubiger unter Vorbehalt der Inanspruchnahme des (auch ausgeschiedenen) Gfters (§ 128 Rn 20, 36), weil sie diesem Rechte (vgl I, II, III) nehmen würde (§ 423 BGB gilt nicht entspr); der Vorbehalt und damit idR der ganze Erlass sind unwirksam, anders bei Zustimmung des Gfters, BGH **47**, 376, WM **75**, 974, mit anderer Konstruktion MüKo/K. Schmidt § 128 Rn 17, hL, aA RG JW **28**, 2612, Tiedtke DB **75**, 1109, früher hL; umgekehrt ist Erlass gegenüber dem Gfter unter Vorbehalt der Inanspruchnahme der Ges möglich, BGH BB **71**, 975. Das gilt entspr für **Stundung** nur der GesSchuld und Abrede, dass der Gläubiger erst den Gfter in Anspruch nehmen solle, Heymann/Emmerich § 128 Rn 8.

4 I gilt nicht für **prozessuale Einreden** wie örtliche Unzuständigkeit nach Sitz der Ges, Rechtshängigkeit wegen eines Prozesses der Ges (§ 128 Rn 41). Der Gläubiger kann zwischen den Gerichtsständen der Ges und der Gfter wählen. Schiedsvereinbarungen, Gerichtsstand, Wechselprozess s § 128 Rn 40–42.

5 I gilt auch nicht für **Gestaltungsrechte** der Ges, zB Anfechtung und Aufrechnung (insoweit II, III, s Rn 9, 11), Rücktritt; diese kann nur die Ges (§ 125) geltend machen. Der Gfter hat in diesen Fällen aber ein Leistungsverweigerungsrecht entspr II (s Rn 10).

6 B. **Persönliche Einwendungen:** Der Gfter hat selbstverständlich seine persönlichen Einwendungen und Einreden, BGH ZIP **08**, 1320, **14**, 565, zB solche aus §§ 159, 160; Vereinbarung mit dem Gläubiger über Entlassung aus § 128 (§ 128 Rn 38) oder Stundung; Vergleich des Gfters mit dem Gläubiger (§ 779 BGB); Abrede zwischen Ges und Gläubiger, dass zuerst ein anderer Gfter in Anspruch genommen werden soll (Vertrag zugunsten eines Dritten, § 328 BGB); Kollusion, insbesondere Urteilserschleichung (§ 826 BGB), BGH NJW **96**, 658; Einwendung aus Schutzzweck des RBerG (§ 105 Rn 87, Anh § 177a Rn 78a), BGH WM **08**, 1359, jetzt RDG.

7 C. **Urteilswirkung: a) Gesellschaftsprozess:** Nach rechtskräftigem Urteil gegen die Gesellschaft bleiben dem (nicht ausgeschiedenen, sonst § 128 Rn 43) Gfter nur noch: (1) die der Ges noch offen stehenden Einwendungen, zB die nach § 767 ZPO (Vollstreckungsabwehrklage), im Übrigen wirkt die Rechtskraft auch gegen den Gfter (§ 128 Rn 43) und (2) die persönlichen Einwendungen (s Rn 6), diese kann der Gläubiger nur durch gegen den Gfter selbst erwirktes Urteil beseitigen. Art des Urteils macht keinen Unterschied, zB streitiges, Anerkenntnis- oder Versäumnisurteil, BGH **73**, 224, Feststellungsurteil (§ 128 Rn 40), Vorbehaltsurteil im Urkundenprozess (§ 599 ZPO), auch Eintragung in (Insolvenz-)Tabelle, BGH WM **61**, 429. Vollstreckungsgegenklage wegen Einwendung der Ges ist durch Ges, nicht durch Gfter zu erheben, BGH ZIP **16**, 215. Keine Titelumschreibung s Rn 12.

1. Abschnitt. Offene Handelsgesellschaft § 129a

b) Gesellschafterprozess: Nach rechtskräftigem Urteil gegen den Gfter 8 (Wirkung für die Ges s § 128 Rn 44) kann der Gfter noch die später entstandenen Einwendungen der Ges geltend machen, zB nachträgliche Erfüllung durch die Ges (§§ 767 II, 796 II ZPO). Das gilt nicht für die Einrede, die Forderung des Gläubigers gegen die Ges sei nachträglich verjährt (vgl Rn 2), BGH **104,** 76, NJW **81,** 2579.

2) Anfechtung (II)

Ein **Anfechtungsrecht der Gesellschaft** (§§ 119ff BGB), kann der Gfter 9 nicht aus eigenem Recht ausüben, Grund: Willenserklärung der Ges, nur diese kann anfechten (s Rn 5). Der Gfter hat aber (anders als die Ges selbst und als Ausnahme von I) ein **Leistungsverweigerungsrecht** (aufschiebende Einrede), solange die Ges anfechten und damit den Anspruch beseitigen kann (vgl § 770 BGB). Hat die Ges angefochten, so kann sich der Gfter nach I auf die Folgen berufen wie die Ges selbst.

II gilt entspr für **sonstige Gestaltungsrechte der Gesellschaft,** die der Gfter 10 (mangels Vertretungsmacht für die Ges) nicht geltend machen kann (s Rn 5).

3) Aufrechnung (III)

A. **Bereits erfolgte Aufrechnung:** Ist die Aufrechnung durch die Ges oder 11 den Gfter bereits erklärt, gilt § 389 BGB, darauf kann sich der Gfter schon nach I berufen. III erfasst die Fälle der Aufrechenbarkeit.

B. **Aufrechnungsmöglichkeit der Gesellschaft:** Der Gfter kann mit einer 12 Gegenforderung der Ges nicht aufrechnen, weil er über GesGegenstände nicht verfügen kann (auch keine Gegenseitigkeit, § 124 Rn 12). Nach III hat er aber eine aufschiebende Einrede (wie II, s Rn 9). Er kann also die Leistung an den Gläubiger verweigern, wenn die Ges mit eigenen Forderungen gegen den Gläubiger aufrechnen könnte. In der Regel kann dann auch der Gläubiger aufrechnen; doch kommt es darauf nicht an. III gilt auch, wenn nur die Ges aufrechnen kann, nicht der Gläubiger, die Ges aber nicht aufrechnet, früher str, Grund: III zieht wie II nur die Konsequenz daraus, dass der Gfter das Gestaltungsrecht der Ges nicht selbst ausüben kann, der Gläubiger kann ohne weiteres gegen die Ges vorgehen.

C. **Aufrechnungsmöglichkeit nur des Gläubigers:** Der Gfter hat das Ver- 13 weigerungsrecht nach **III nicht** (entgegen dem Wortlaut), wenn zwar der Gläubiger, nicht aber die Ges aufrechnen darf, BGH **42,** 397, noch offen BGH **38,** 122, heute hL, Grund: wie Rn 10. Bspe: § 393 BGB, § 394 BGB zB iVm §§ 850ff ZPO, vertragliches Aufrechnungsverbot der Ges aus Vertrag mit dem Gläubiger. Lit: Schlüter FS Westermann **74,** 509.

D. **Aufrechnungsmöglichkeit des Gesellschafters:** Bestehen eine Ges- 14 Schuld einerseits und eine persönliche Forderung des Gfters gegen den Gläubiger andererseits, dann gilt **III nicht,** sondern der Gfter und der Gläubiger können beide normal aufrechnen (§ 387 BGB).

4) Zwangsvollstreckung (IV)

Zur Zwangsvollstreckung gegen einen Gfter ist ein **Titel gegen den Gesell-** 15 **schafter** erforderlich (IV entspricht § 124 II für die Ges). Ein Titel gegen die Ges genügt nicht (§ 128 Rn 45), auch nicht nach Auflösung der Ges, keine Umschreibung des Titels nach § 727 ZPO, Hamm NJW **79,** 51, Ffm BB **82,** 399. Wird ohne solchen Titel vollstreckt, ist das unzulässig (§§ 766, 771 ZPO).

129a *(aufgehoben)*

§ 130 1–3

1 § 129a ist durch das MoMiG v 23.10.08 BGBl I 2026 mit Wirkung vom 1.11.2008 aufgehoben und durch eine rechtsformneutrale formulierte Regelung in der InsO und im AnfG ersetzt worden, **Altfälle** Art 103d EGInsO, BGH NJW **09**, 997m Anm Wertenbruch NJW **09**, 1796.

[Haftung des eintretenden Gesellschafters]

130 (1) **Wer in eine bestehende Gesellschaft eintritt, haftet gleich den anderen Gesellschaftern nach Maßgabe der §§ 128 und 129 für die vor seinem Eintritte begründeten Verbindlichkeiten der Gesellschaft, ohne Unterschied, ob die Firma eine Änderung erleidet oder nicht.**

(2) **Eine entgegenstehende Vereinbarung ist Dritten gegenüber unwirksam.**

Übersicht

	Rn
1) Bedeutung von § 130 und ähnlichen Normen	1
2) Anwendungsbereich	2–6
A. Bestehen einer OHG oder KG	2
B. Eintritt	4
C. Vollzug nach außen	6
3) Rechtsfolgen	7
4) Abweichende Vereinbarungen (II)	8, 9
A. Vereinbarungen der Gesellschafter untereinander	8
B. Vereinbarungen mit dem Gläubiger	9

1) Bedeutung von § 130 und ähnlichen Normen

1 § 130 regelt die Haftung dessen, der in eine bestehende OHG als Gfter eintritt. Dem entspricht **§ 173** für den Eintritt als Kdtist. Der neue Gfter soll wie die alten voll für alle Verbindlichkeiten, auch die alten, der OHG haften. Das entspricht einer im Verkehrsschutzinteresse zu Ende gedachten Akzessorietät der Haftung (§ 128 Rn 1), BGH **154,** 373, str. Eine verwandte Regelung enthält **§ 28** für den Eintritt als Gfter in das Geschäft eines EinzelKfm (Neugründung einer OHG oder KG). Doch geht es bei § 28 um die Kontinuität des Unternehmens nach außen, diese steht bei §§ 130, 173 erst gar nicht in Frage. Lit: Gerlach 1976; Honsell/Harrer ZIP **83**, 259; s auch zu § 130.

2) Anwendungsbereich

2 A. **Bestehen einer OHG oder KG:** I setzt das Bestehen einer PersonenHdlGes voraus (vgl § 28 Rn 2). I gilt auch bei einer im HdlRegister noch als OHG eingetragenen „GbR" (§ 5), BGH NJW **82**, 45, anders wenn diese kein Gewerbe (§ 1 Rn 1) mehr betreibt (§ 5 Rn 5); auch bei KG, wenn jemand als phG eintritt oder ein Kdtist im Wege der Beteiligungsumwandlung zum phG wird (§§ 161 II, 130); auch bei aufgelöster, aber noch nicht vollbeendeter OHG oder KG.

3 Der Grundsatz des § 130 gilt, jedenfalls nach Änderung der Rspr zur GbR (Einl 14 vor § 105), auch bei Eintritt in **GbR** (die GbR bleibt, also nicht zur OHG wird), BGH **154,** 370, ZIP **14**, 1221, MüKo/K. Schmidt 5, Staub/Habersack 5 gegen BGH **74**, 240, und früher hL, weiterhin Canaris ZGR **04**, 69; Ausnahme für Berufshaftungsschulden offen, BGH **154**, 370, verneinend K. Schmidt NJW **05**, 2807; Vertrauensschutz, BGH NJW **06**, 765 (iErg abl), ZIP **07**, 67, 79. **Nicht** entspr gilt § 130 in Fällen der Umwandlung von GbR in OHG (außerhalb des UmwG, Einl 21 vor § 105), Staub/Habersack 6, Röhricht/Haas/Mock § 173 Rn 46, für weitergehende Analogie MüKo/K. Schmidt § 173

1. Abschnitt. Offene Handelsgesellschaft **§ 130a**

Rn 10, 50; bei Auflösung der OHG unter Neugründung, auch mit denselben Gftern, doch können je nachdem § 25 oder § 28 vorliegen.

B. **Eintritt:** I setzt weiter Eintritt in die PersonenHdlGes voraus. Eintritt durch 4 Aufnahmevertrag (§ 105 Rn 67), Erbgang (§ 139) oder Anteilsübertragung (§ 105 Rn 69), auch in zweigliedriger OHG, stehen gleich. I gilt auch bei fehlerhaftem Eintritt, Eintritt in eine fehlerhafte Ges und fehlerhaftem Eintritt in eine fehlerhafte Ges (§ 105 Rn 75, 92), nicht bei fehlerhafter Übertragung (§ 105 Rn 94), MüKo/K. Schmidt 15 (aber uU Rechtsscheinhaftung, § 5 Rn 9); auch bei arglistiger Täuschung (§ 105 Rn 80), aA Honsell/Harrer ZIP **83**, 259. I gilt auch bei tatsächlichem Eintritt in eine RechtsscheinOHG (§ 105 Rn 99), Heymann/Emmerich 4.

Nicht anwendbar ist I bei nur scheinbarem Eintritt, Saarbr ZIP **06**, 1952, dann 5 aber eventuell Rechtsscheinhaftung (§ 5 Rn 9 ff), zB Eintritt in eine als OHG firmierende Ärztegemeinschaft, Hopt/Hehl JuS **79**, 274.

C. **Vollzug nach außen:** Der Eintritt muss entspr § 123 durch Eintragung 6 oder Fortsetzung der Geschäfte mit Zustimmung des Eintretenden nach außen vollzogen sein (§ 123 Rn 4).

3) Rechtsfolgen

Der Eintretende **haftet** Dritten gegenüber nach §§ 128, 129 nicht nur für 7 neue, sondern **auch für Altschulden,** auch für solche gegenüber MitGftern und ausgeschiedenen Gftern. Kenntnis oder Kennenmüssen des Eintretenden von der Haftung ist unnötig. Auf den guten Glauben des Gläubigers kommt es nicht an. Der Eintretende ist auf Ausgleichs- und Schadensersatzansprüche gegen seine MitGfter angewiesen. Gläubiger müssen nicht nach § 12 I 3 eine Rechtsnachfolge durch öffentliche Urkunde nachweisen, Heinze NZG **11**, 647.

4) Abweichende Vereinbarungen (II)

A. **Vereinbarungen der Gesellschafter untereinander:** Von I abweichende 8 Vereinbarungen der bisherigen Gfter und des neu eintretenden sind **Dritten gegenüber unwirksam** (II; anders § 28 II). Die Gfter können zwar die Ausgleichspflichten im Innenverhältnis, nicht aber die Haftung gegenüber den Ges-Gläubigern ändern.

B. **Vereinbarungen mit dem Gläubiger:** Möglich ist Haftungsvereinbarung 9 mit dem Gläubiger (wie § 128 Rn 38).

[Antragspflicht bei Zahlungsunfähigkeit oder Überschuldung]

130a (1) [1]Nachdem bei einer Gesellschaft, bei der kein Gesellschafter eine natürliche Person ist, die Zahlungsunfähigkeit eingetreten ist oder sich ihre Überschuldung ergeben hat, dürfen die organschaftlichen Vertreter der zur Vertretung der Gesellschaft ermächtigten Gesellschafter und die Liquidatoren für die Gesellschaft keine Zahlungen leisten. [2]Dies gilt nicht von Zahlungen, die auch nach diesem Zeitpunkt mit der Sorgfalt eines ordentlichen und gewissenhaften Geschäftsleiters vereinbar sind. [3]Entsprechendes gilt für Zahlungen an Gesellschafter, soweit diese zur Zahlungsunfähigkeit der Gesellschaft führen mussten, es sei denn, dies war auch bei Beachtung der in Satz 2 bezeichneten Sorgfalt nicht erkennbar. [4]Die Sätze 1 bis 3 gelten nicht, wenn zu den Gesellschaftern der offenen Handelsgesellschaft eine andere offene Handelsgesellschaft oder Kommanditgesellschaft gehört, bei der ein persönlich haftender Gesellschafter eine natürliche Person ist.

(2) [1]Wird entgegen § 15a Abs. 1 der Insolvenzordnung die Eröffnung des Insolvenzverfahrens nicht oder nicht rechtzeitig beantragt oder werden ent-

§ 130a 1, 2   2. Buch. Handelsgesellschaften und stille Gesellschaft

gegen Absatz 1 Zahlungen geleistet, so sind die organschaftlichen Vertreter der zur Vertretung der Gesellschaft ermächtigten Gesellschafter und die Liquidatoren der Gesellschaft gegenüber zum Ersatz des daraus entstehenden Schadens als Gesamtschuldner verpflichtet. ²Ist dabei streitig, ob sie die Sorgfalt eines ordentlichen und gewissenhaften Geschäftsleiters angewandt haben, so trifft sie die Beweislast. ³Die Ersatzpflicht kann durch Vereinbarung mit den Gesellschaftern weder eingeschränkt noch ausgeschlossen werden. ⁴Soweit der Ersatz zur Befriedigung der Gläubiger der Gesellschaft erforderlich ist, wird die Ersatzpflicht weder durch einen Verzicht oder Vergleich der Gesellschaft noch dadurch aufgehoben, daß die Handlung auf einem Beschluß der Gesellschafter beruht. ⁵Satz 4 gilt nicht, wenn der Ersatzpflichtige zahlungsunfähig ist und sich zur Abwendung des Insolvenzverfahrens mit seinen Gläubigern vergleicht oder wenn die Ersatzpflicht in einem Insolvenzplan geregelt wird. ⁶Die Ansprüche aus diesen Vorschriften verjähren in fünf Jahren.

(3) Diese Vorschriften gelten sinngemäß, wenn die in den Absätzen 1 und 2 genannten organschaftlichen Vertreter ihrerseits Gesellschaften sind, bei denen kein Gesellschafter eine natürliche Person ist, oder sich die Verbindung von Gesellschaften in dieser Art fortsetzt.

Übersicht

	Rn
1) Inhalt von § 130a vor und nach dem MoMiG 2008	1–4
A. Inhalt und Reichweite	1
B. Zahlungsunfähigkeit, Überschuldung (I 1)	2
2) Zahlungsverbot (I)	5, 6
3) Haftung (II)	7–12
A. Inhalt und Umfang der Haftung nach II	7
B. Verschulden bei Vertragsverhandlungen	10
C. Deliktshaftung	11
4) Umgehungsverbot (III)	13
5) Drohende Zahlungsunfähigkeit, Insolvenzplan	14

1) Inhalt von § 130a vor und nach dem MoMiG 2008

1 A. **Inhalt und Reichweite:** Norm regelt unmittelbar den Fall der OHG ohne natürliche Person als (persönlich haftenden) Gesellschafter, **praktische Bedeutung** für KG ohne natürliche Person als phG (Komplementär) über § 177a, insbesondere für **GmbH & Co KG**, s § 177a Rn 45. § 130a I aF durch MoMiG 2008 mit Wirkung vom 1.11.2008 aufgehoben, II–IV aF wurden I–III nF, I 3, 4 nF neu; Altfälle Art 103d EGInsO. §§ 130a, 130b, 177a aF entsprachen §§ 64, 84 aF GmbHG. § 130a II aF ist in **§ 15a InsO** überführt worden, II nF verweist nunmehr statt auf I aF auf § 15a InsO. Einzelprobleme und Rspr sind in den Kommentaren zum GmbHG und der durch MoMiG novellierten InsO zu finden. Lit zur Neuregelung: Lu/Ho/Kleindiek 18. Aufl Anh A zu § 64 (Insolvenzantragspflicht); Wagner FS K. Schmidt **09**, 1665; Hefendehl ZIP **11**, 601, zum aktuellen Überschuldungsbegriff K. Schmidt ZIP **13**, 485, zur PersGes in der Insolvenz Westermann/Wertenbruch § 44.

2 B. **Zahlungsunfähigkeit, Überschuldung (I 1): a) Zahlungsunfähigkeit:** Die Ges ist zahlungsunfähig, wenn sie nicht in der Lage ist, die fälligen Zahlungspflichten zu erfüllen; Zahlungsunfähigkeit ist idR anzunehmen, wenn sie ihre Zahlungen eingestellt hat (§ 17 II 1, 2 InsO). Es muss sich dabei um fällige und durchsetzbare, nicht nur künftige Geldschulden handeln. Solche sind auch Gfter-Ansprüche aus Drittgeschäften (§ 124 Rn 52), die Ausnahmen bei eigenkapitalersetzenden Darlehen (§§ 129a, 172a aF) finden sich jetzt in der InsO. Die Geldschulden müssen ernsthaft angefordert sein, BGH **173**, 286, ZIP **05**, 706. Es

1. Abschnitt. Offene Handelsgesellschaft 3, 4 § 130a

genügt Unvermögen zur Zahlung des wesentlichen Teils dieser Verbindlichkeiten, BGH WM **85**, 396. Ganz geringfügige Liquiditätslücken und vorübergehende Zahlungsstockung sind noch keine Zahlungsunfähigkeit, RegE InsO S 114. Vermutungen s BGH **163**, 134.

b) Überschuldung: Die Überschuldungsbegriffe wechselten im Laufe der 3 Zeit erheblich. Galt nach üL ursprünglich ein einstufiger und sodann ein (modifizierter) zweistufiger Überschuldungsbegriff, wurde mit der InsO ab 1.1.99 durch § 19 II InsO gesetzlich ein einstufiger Überschuldungsbegriff vorgesehen. Als Reaktion auf die Finanzkrise wurde (erst im Rechtsausschuss) zunächst zeitlich begrenzt (erst bis 31.12.2010, dann bis 31.12.2013) der modifiziert zweistufige Überschuldungsbegriff wieder eingeführt (unter Bezugnahme auf BGH **119**, 214 Dornier FMStG BGBl **08**, 1988 iVm FMStErgG BGBl **09**, 725), K. Schmidt DB **08**, 2467, Bitter ZInsO **08**, 1097 (krit), Ahrend/Plischkaner NJW **09**, 964, Hecker/Glozbach BB **09**, 1544 (auch zu den IDW-Standards), Rokas ZInsO **09**, 18, Haußer/Heeg ZIP **10**, 1427 (Patronatserklärung). Endgültiges Festschreiben des zweistufigen Überschuldungsbegriffs im Gesetz (BGBl **12**, 2424) beruht auf einem Gutachten von Bitter/Hommerich, Zukunft des Überschuldungsbegriffs 2012, zur Expertenbefragung Bitter/Hommerich/Reiß ZIP **12**, 1201.

aa) Fassung des § 19 II InsO seit der Finanzkrise: Danach ist die Ges überschuldet, wenn ihr Vermögen bei Ansatz von Liquidationswerten (unter Einbezug der stillen Reserven, ohne Rücksicht auf § 248 II) ihre Schulden nicht mehr deckt **(rechnerische Überschuldung)** und die Finanzkraft der Ges nach überwiegender Wahrscheinlichkeit mittelfristig (laufendes und folgendes Geschäftsjahr) zur Fortführung des Unternehmens nicht ausreicht, also die Ertragsbzw Lebensfähigkeit der Ges zu verneinen ist **(negative Überlebens- oder Fortbestehensprognose)**, BGH **119**, 214 (Dornier), **128**, 153, ZIP **07**, 676, Hach/Ulmer § 63 Rn 23, 33 ff, 50, aA für Prüfung auf der Basis der handelsrechtlichen Ansatz- und Bewertungsvorschriften KöKo/Mertens/Cahn Anh § 92 AktG Rn 15f, Einzelheiten sehr str, vgl Hbg BB **81**, 1441, Düss NJW **88**, 3166, Groß WPg **10**, 119 (WP). Notfalls muss sich der Vertreter eben fachkundig beraten lassen. Überwiegende Wahrscheinlichkeit heißt, dass die Fortführung nach den Umständen wahrscheinlicher ist als die Stilllegung. Risiko der Gläubiger ist es, wenn sich die Prognose als falsch erweist, deshalb für Reform Rechtsausschuss zu § 23 RegEInsO (= § 19 InsO) BTDrucks 12/7302 S 157.

bb) Fassung des § 19 II InsO bis zum 17.10.2008: Überschuldung lag danach bei juristischen Personen und bei Ges ohne Rechtspersönlichkeit ohne natürliche Person als phG (§ 19 III 1, 2 InsO) vor, wenn das Vermögen des Schuldners die bestehenden Verbindlichkeiten nicht mehr deckt; bei der Bewertung des Vermögens des Schuldners war jedoch die Fortführung des Unternehmens zugrunde zu legen, wenn diese nach den Umständen überwiegend wahrscheinlich ist (§ 19 II InsO). Mit diesem Überschuldungsbegriff sollten Überschneidungen mit der dem drohenden Zahlungsunfähigkeit (Prognoseelement, § 18 II InsO) vermieden werden. Vom Inkrafttreten der InsO bis zu Beginn der Finanzmarktkrise galt (wieder) ein **einstufiger Überschuldungstatbestand**, der jedoch in der Sache von der richtig verstandenen, bis zur InsO weithin vertretenen modifiziert zweistufigen Überschuldungsprüfung kaum abwich, K. Schmidt ZGR **98**, 652, Hach/Ulmer § 63 Rn 50, Markus Roth 2001, aber Rechtsausschuss BTDrucks 12/7302, S 157 (oben aa).

Der **Überschuldungsstatus** ist strikt **von der Jahresbilanz zu unterscheiden** (andere Funktion, andere Ansätze ua, § 266 Rn 17). Der Begriff Bewertung in § 19 II 2 InsO schließt auch den Ansatz im Überschuldungsstatus ein, Bsp: wertloser Gegenstand bleibt außer Ansatz, dh Bewertung mit Null (Rechtsausschuss). Zu den Ansätzen und der Bewertung im Überschuldungsstatus Hach/

Ulmer § 63 Rn 38 ff, GroßKoAktG/Habersack/Foerster § 92 Rn 70 ff. Kredit Dritter berührt nur die Zahlungsunfähigkeit, nicht die Überschuldung. Der Überschuldungstatbestand ist objektiv, auf Kenntnis des jeweiligen Organwalters kommt es nicht an, Prognose ist unter InsO objektiv zu sehen. Empfehlungen zur Überschuldungsprüfung bei Unternehmen IdW-FAR 1/96 WPg 97, 22: Empfehlungen zur Prüfung eingetretener oder drohender Zahlungsunfähigkeit bei Unternehmen IDW PS 800 (2009). Zum Rangrücktritt BGH ZIP **15**, 638.

2) Zahlungsverbot (I)

5 Praktisch relevant verbietet I 1 bei einer Ges, bei der kein Gfter eine natürliche Person ist, den Antragspflichtigen im Grundsatz alle Zahlungen nach Eintritt der Zahlungsunfähigkeit oder Überschuldung (s Rn 2, 3); Ausnahme: im Interesse der Gläubiger liegende Zahlungen (I 2), zu Zahlungen im Konzern, BGH ZIP **08**, 1229 (§ 64 II 1, 2 aF GmbHG), str. Zahlungen sind nicht nur Geldzahlungen, sondern auch Hingabe von Sachen und Rechten ohne hinreichende Gegenleistung; auch der Scheckeinzug auf ein debitorisches Bankkonto der insolvenzreifen Ges, BGH **143**, 184, NJW **01**, 304 (GmbH). Zahlungsverbot beginnt mit der für den Geschäftsführer erkennbaren Zahlungsunfähigkeit oder Überschuldung der Ges, nicht erst ab Ende der Insolvenzfrist, Beweislast für fehlende Erkennbarkeit trifft den Geschäftsführer, BGH **143**, 184, NJW **09**, 2454 (§ 92 II 1 AktG), Bork NZG **09**, 775. Der Ersatzanspruch entfällt, wenn die Massekürzung anderweitig ausgeglichen und der Zweck der Ersatzpflicht erreicht wird, BGH ZIP **15**, 71m Bespr K. Schmidt NZG **15**, 129, so bei erfolgreicher Anfechtung durch den Insolvenzverwalter, BGH ZIP **14**, 1523, oder wenn ein entsprechender Gegenwert in die Insolvenzmasse gelangt, BGH ZIP **10**, 2400, wie etwa bei einer Verarbeitung. Ausreichend ist bei einem revolvierenden Anspruch auf Darlehenshingabe, wenn innerhalb einer Woche ein neues Darlehen vereinbart und ausbezahlt wird, BGH ZIP **15**, 72, der Vorteil muss bei Insolvenzeröffnung nicht mehr vorhanden sein. Verschulden kann nach I 2 ausnahmsweise entfallen, wenn die Zahlung nicht die Masse verkürzt oder durch sie größere Nachteile für die Masse abgewendet werden, BGH **146**, 275, oder wenn die Zahlung mit einem ernsthaften Sanierungsversuch verbunden ist, dann auch noch nach Ablauf der Dreiwochenfrist, Hbg ZIP **10**, 2448. Keine Haftung für Zahlung von Steuer- und Beitragsrückständen nach Insolvenzreife, BGH ZIP **11**, 422. Zuständigkeit der Gerichte des Staats, in dem Insolvenzverfahren eröffnet wurde, EuGH ZIP **15**, 196.

6 Entsprechendes gilt für Zahlungen an Gfter, soweit diese zur Zahlungsunfähigkeit der Ges führen mussten, es sei denn, dies war auch bei Beachtung der in Satz 2 bezeichneten Sorgfalt nicht erkennbar **(I 3)**. Das entspricht § 64 Satz 3 GmbHG. Damit soll der Schutz der GesGläubiger gegen Vermögensverschiebungen zwischen Ges und Gftern (ua §§ 129 ff InsO, AnfG) ergänzt werden. I 3 richtet sich gegen den Abzug von Vermögenswerten, die die Ges bei objektiver Betrachtung zur Erfüllung ihrer Verbindlichkeiten benötigt (Parallelen zum solvency test). I 3 erfasst einen Teilbereich der Existenzvernichtungshaftung (§ 177a Rn 41b), diese und das Verhältnis zu I 3 bleiben aber der Rechtsfortbildung überlassen (RegE zu § 64 GmbHG). Zahlungen iSv I 3 sind nicht nur Geldzahlungen, sondern auch andere vergleichbare Leistungen zu Lasten des GesVermögens (RegE). Die Ersatzpflicht der Geschäftsleiter setzt Kausalität der Zahlungen an die Gfter (nicht an gesellschaftsfremde Dritte) für den Eintritt der Zahlungsunfähigkeit voraus („soweit ... führen mussten"), was bei entsprechenden liquiden Gegenleistungen nicht der Fall ist. Mitkausalität genügt nicht, die Zahlung muss ohne Hinzutreten weiterer Kausalbeiträge zur Zahlungsunfähigkeit führen (RegE). Umgekehrt bleiben außergewöhnliche Umstände, die die Zahlungsfähigkeit hätten retten können, mit denen man aber bei Auszahlung nicht rechnen konnte, außer Betracht (RegE). I 3 letzter Halbsatz ermöglicht Entlastungsbeweis bei Nichterkennbarkeit trotz der Sorgfalt eines ordentlichen und gewissenhaften Geschäftsleiters (I 2). Die Geschäftsleiterhaftung nach § 64 GmbHG hat nach der Vorstellung des Gesetzgebers einen starken insolvenzrechtlichen Bezug und soll deshalb auch auf AuslandsGes angewandt werden (RegE, Einl 29v § 105), nur eingeschränkt für EU/EWRGes, Greulich/Rau NZG **08**, 567. I 1 bis 3 gelten nicht, wenn zu den Gftern der OHG eine andere OHG/KG gehört, bei der ein phG eine natürliche Person ist **(I 4)**. Lit: Komm zu § 64 GmbHG, s vor **(2b)** GmbHG; Greulich/Rau NZG **08**, 284 (§ 64 S 3 GmbHG, RegE), Greulich/Rau NZG **08**, 565.

3) Haftung (II)

A. **Inhalt und Umfang der Haftung nach II: a) Verpflichteter:** II 1 regelt 7 die Haftung der Antragspflichtigen (faktischer Geschäftsführer s Rn 6) gegenüber der OHG bei Verletzung von § 15a I InsO (I aF) oder I (II aF, zT entspr §§ 64 II aF, 71 III aF GmbHG, §§ 93 II, III Nr 6, VI, 268 II AktG, aber dort „Ersatz", hier „Schadensersatz"; Rechtsnatur dort und Gleichlauf von II 1 nF mit diesen sehr str, BGH ZIP **07**, 1006, K. Schmidt ZIP **05**, 2184 krit zu Schlesw ZIP **05**, 2211). Fahrlässigkeit genügt, **BGH 75**, 111, **126**, 199, ZIP **07**, 1274 (iErg abl), hL. Teilnahme nicht an § 64 (II aF) GmbHG, BGH **146**, 278, ZIP **08**, 1026, aber s Rn 12. **II 2** enthält Vermutung hinsichtlich des Verschuldens, die der Antragspflichtige widerlegen muss, BGH **143**, 184, ZIP **07**, 677, ZIP **07**, 1265, 1501, im Übrigen (Vorliegen eines Eröffnungsgrundes) gelten die allgemeinen Regeln, str, Hach/Ulmer § 64 Rn 19, 58, Beweislast für Veranlassung der Zahlung durch den Geschäftsführer liegt beim Kläger, BGH NJW **09**, 1598; zur Beweislastumkehr hinsichtlich der Fortbestehensprognose offen BGH **126**, 200. Mitverschulden nach § 254 BGB. Die Haftung ist zwingend, keine Haftungsbeschränkungsvereinbarung mit den Gftern **(II 3)**. Verzicht und Vergleich der Ges sind grundsätzlich ausgeschlossen, gewisse Ausnahmen im Gläubigerinteresse bei Zahlungsunfähigkeit **(II 4, 5)**. Verjährung in fünf Jahren **(II 6)**; für Altfälle str, für Regelverjährung, Saarbr ZIP **09**, 565. Daneben außerordentliche Kündigung seitens der Ges (§ 626 BGB), BGH NJW **05**, 3069. Lit: Komm zu § 64 GmbHG, s vor **(2b)** GmbHG; Meyke ZIP **98**, 1179 (Prozess), K. Schmidt ZIP **05**, 2177.

b) Berechtigte: II schützt die Gesamtheit der Alt- und Neugläubiger (dh 8 Gläubiger schon vor oder erst nach Insolvenzeröffnung) durch Auffüllung des GesVermögens, unstr.

(1) **II 1 Alternative 1:** Bei Verstoß gegen § 15a I InsO, also II 1 1. Alt, gilt das für **Altgläubiger** nur beschränkt auf den **Umfang**, in dem durch die verzögerte Insolvenzverfahrenseröffnung die Befriedigung der Gläubiger verringert ist **(Quotenschaden;** § 287 ZPO), **anders** für **Neugläubiger,** zutr ohne diese Einschränkung, aber Haftung nur für Vertrauensschaden, BGH **126**, 181 (II. ZS in Abstimmung mit übrigen ZS und BAG, gegen BGH **29**, 100, **100**, 19), **164**, 50, ZIP **03**, 1713m krit Anm K. Schmidt, NJW **07**, 3130, ZIP **09**, 1220 mAnm Römermann NZG **09**, 954, sehr str; denn die Neugläubiger hätten bei rechtzeitiger Insolvenzantragstellung überhaupt nicht mehr kontrahiert. Auch erfüllt die Insolvenzantragspflicht nur bei dieser Sanktion ihre Schutzfunktion. Eine Ungleichbehandlung beider Gläubigergruppen liegt darin nicht, denn es geht nicht um unterschiedlichen Schutz, sondern um unterschiedliche Schäden. Abgrenzung von Alt- und Neugläubiger richtet sich nach dem Entstehen des Anspruchs ohne Rücksicht auf Bestehen einer Geschäftsverbindung, BGH NJW **07**, 3130. Eine Bank, bei der die Ges einen Kontokorrentkredit unterhält, ist Neugläubigerin, soweit sich das von der Ges in Anspruch genommene Kreditvolumen während der Insolvenzverschleppung erhöht, auf zwischenzeitliche Rechnungsabschlüsse (§ 355 Rn 9) kommt es dabei nicht an, BGH ZIP **07**, 676. Der Geschäftsführer haftet (s Rn 7) für den Differenzschaden (negatives Interesse)

ohne Kürzung um Insolvenzquote (gegen BGH **126,** 201), aber Abtretung der Insolvenzforderung des Neugläubigers gegen Ges (§ 255 iVm §§ 273 f BGB), BGH ZIP **07,** 676. Auch Ersatz von Rechtsverfolgungskosten, anderweitig entgangener Gewinn, BGH ZIP **09,** 1220. Dagegen sind GesGläubiger, die ihre Forderung überhaupt erst nach Eröffnung des Insolvenzverfahrens erworben haben, nicht geschützt, zB Bundesagentur für Arbeit (s Rn 11). Der Insolvenzverwalter kann nur den einheitlichen Quotenschaden der Altgläubiger (Gesamtgläubigerschaden), nicht auch einen Quoten- oder sonstigen Schaden der Neugläubiger geltend machen, BGH **138,** 211, Goette DStR **98,** 654, GroßKoAktG/Habersack/Foerster § 92 Rn 112, str, Grund: der Neugläubigerschaden ist jeweils individuell, bei Bildung einer Sondermasse für Neugläubiger käme es zu Prozessverdopplungen. Zur Frage einer Vorteilsausgleichung BGH NJW **07,** 3130. Beschränkung der Haftung nach Rspr auf Vertrauensschaden hat Folgen für deliktische Schäden von Neugläubigern, auch bei Entwendung bei späterem Insolvenzschuldner, BGH ZIP **15,** 269.

9 (2) **II 1 Alternative 2:** Bei Verstoß gegen I (bisheriges Redaktionsversehen „I" bereinigt durch AktienRNovelle 2016), also II 1 2. Alt, ist der Erstattungsanspruch wie nach § 64 (§ 64 II aF) GmbHG auf Erstattung der dem Verbot des I zuwider geleisteten Zahlungen gerichtet, also anders als nach II 1 1. Alt (s Rn 8) nicht auf Ersatz eines Quotenschadens, BGH ZIP **07,** 1006, 1501 (GmbH & Co), BGH **146,** 264 (GmbH). Der Schaden liegt hier schon im Abfluss der Mittel, nicht Differenzhypothese (Ersatzanspruch eigener Art, BGH **146,** 278, oder iErg gleich Schadenersatzanspruch eigener Art, BGH ZIP **07,** 1006), BGH ZIP **07,** 1006, 1501 aA mit beachtlichen Gründen K. Schmidt ZIP **05,** 2177, **08,** 1401: statt strikte Erstattung einzelner Zahlungen besser Schadensersatz aus Insolvenzverschleppung. Zahlungen mit Kreditmitteln aus einem debitorisch geführten Bankkonto einer insolvenzreifen GmbH oder GmbH & Co fallen nicht unter die (dem Schutz ihrer Gläubigergesamtheit dienenden) I, II 1 HGB, § 64 GmbHG, sondern gehen allein zum Nachteil der Bank, BGH ZIP **07,** 1006, bloßer Gläubigertausch, BGH **143,** 187, auch hier aA K. Schmidt ZIP **08,** 1401 gegen Verschiedenbehandlung debitorischer und kreditorischer Konten. Eine aus der Debeterhöhung resultierende höhere Zinsschuld der Ges ist keine Zahlung isV I, § 64 GmbHG, BGH **43,** 187, ZIP **07,** 1007; ebenso wenig Zahlung auf Grund Zwangsvollstreckung, Kontopfändung, BGH NJW **09,** 1598, Mü ZIP **11,** 277. Der Geschäftsführer der insolvenzreifen GmbH oder GmbH & Co muss auf Grund seiner Massenerhaltungspflicht (BGH **146,** 275) dafür sorgen, dass Zahlungen von GesSchuldnern nicht auf ein debitorisch geführtes Bankkonto der Ges geleistet werden, sondern auf ein neues, kreditorisch eröffnetes Bankkonto bei einer anderen Bank (BGH **143,** 88), sonst haftet er für die Zahlungen nach II, § 64 GmbHG, BGH ZIP **07,** 1006.

Lit: Komm zu § 64 GmbHG, s vor **(2b)** GmbHG; GroßKoAktG/Habersack/Foerster § 92 Rn 122; Altmeppen/Wilhelm NJW **99,** 673, K. Schmidt NZI **98,** 9, ZGR **98,** 663u ZIP **05,** 2177, Bayer/Lieder WM **06,** 1.

10 B. **Verschulden bei Vertragsverhandlungen:** Der **Geschäftsführer** haftet unmittelbar gegenüber den Vertragspartnern der Ges aus Verschulden bei Vertragsverhandlungen (§§ 280, 311 II, III BGB), s § 172a Rn 44, 45.

11 C. **Deliktshaftung:** Die Haftung nach §§ 823 II, 826 BGB bleibt unberührt. Schutzgesetze iSv § 823 II BGB sind auch Insolvenzantragsvorschriften, zB § 15a InsO, zuvor (alle aF) §§ 130a, 177a HGB, § 64 I GmbHG, § 92 II AktG, BGH **110,** 360, **126,** 199; für § 64 II aF GmbHG K. Schmidt ZHR 168 **(04)** 637, str. Die Bundesagentur für Arbeit als Insolvenz(ausfall)geldschuldnerin fällt nicht in den Schutzbereich des § 130a aF (s Rn 8), BGH **108,** 134 (GmbHG), aber bei Eventualvorsatz § 826 BGB.

1. Abschnitt. Offene Handelsgesellschaft   12–15   § 130a

Täter (Insolvenzantragspflicht) können nur Geschäftsführer sein (echtes Sonderdelikt). **Anstifter** oder **Gehilfen** haften nach §§ 830 II, 840 BGB (vorsätzlich bei vorsätzlicher Haupttat, vgl §§ 26, 27 StGB), BGH **164**, 50. Auch nicht antragsberechtigte Gfter können als Anstifter oder Gehilfen haften, BGH **75**, 107; uU auch Dritte, zB Banken, Konzernmütter, K. Schmidt ZIP **88**, 1497, doch darf das iErg nicht wesentlich weiterführen als die sittenwidrige Insolvenzverschleppung nach § 826 BGB. Der Teilnehmer haftet für Neugläubigerschäden infolge krimineller Machenschaften des Geschäftsführers im Stadium der Insolvenzverschleppung (Exzess) nur bei Wissen davon, BGH **164**, 50, Grund: Schutzzweck der Norm, kein Vertrauensschaden nichtvertraglicher Neugläubiger, insoweit nur Quotenschaden, Bayer/Lieder WM **06**, 1. Einschränkend auf Vorsatz Schulze-Osterloh AG **84**, 141. Beschränkter Umfang der Schadensersatzpflicht s Rn 8. **Geltendmachung** des Gesamt(alt)gläubigerschadens in der Insolvenz durch Insolvenzverwalter (§ 92 InsO) im Gegensatz zum Individualschaden der Neugläubiger, BGH **126**, 190, **138**, 214, ZIP **07**, 678.   12

4) Umgehungsverbot (III)

III verlangt entspr Anwendung der I–II, wenn der organschaftliche Vertreter selbst eine Ges ist, bei der kein Gfter natürliche Person ist, und bei noch weiter gehender Verschachtelung, zB doppelstöckiger OHG, vgl § 125a Rn 4, § 19 Rn 25.   13

5) Drohende Zahlungsunfähigkeit, Insolvenzplan

Nach §§ 15, 18 InsO kann jeder organschaftliche Vertreter, Abwickler und zur Vertretung ermächtigte Gesellschafter einen Insolvenzantrag wegen drohender Zahlungsunfähigkeit stellen. **Drohende Zahlungsunfähigkeit**, wenn Eintritt der Zahlungsunfähigkeit wahrscheinlicher ist als ihre Vermeidung, BGH NZG **14**, 274, etwa bei zu erwartender Kreditkündigung. Gesellschaftsrechtlich ist der Insolvenzantrag wegen drohender Zahlungsunfähigkeit ein **Grundlagengeschäft**, das von den Gftern grds einstimmig bzw bei entsprechender Mehrheitsklausel mit der hierfür erforderlichen Mehrheit beschlossen werden muss, Mü ZIP **13**, 1124, LG Ffm ZIP **13**, 1832 (Suhrkamp). Keines Gfterbeschlusses bedarf es bei Antragspflicht nach § 15a InsO, auch wenn neben drohender Zahlungsunfähigkeit zugleich der Insolvenzgrund der Zahlungsunfähigkeit oder Überschuldung begründbar ist, ausreichend ist die Vertretbarkeit. Da sich **drohende Zahlungsunfähigkeit** und **Überschuldung** überschneiden, werden organschaftliche Vertreter regelmäßig allein entscheiden können, zur AG (Vorstand) Markus Roth 2001, S 248, auch einen entsprechenden Antrag zu fordern wäre bloße Förmelei. Dies gilt auch, wenn Eigenverwaltung und Umwandlung in eine neue Rechtsform in Insolvenzplan angestrebt werden, str. Ein grundloser Insolvenzantrag verstößt gegen die Treuepflicht der Gfter, Mü ZIP **15**, 825 (GbR). Kein Rechtsmissbrauch des Insolvenzantrags bei bestehender drohender Zahlungsunfähigkeit, Lang/Muschalla NZI **13**, 953 mit Schilderung Fall Suhrkamp.   14

Die Treuepflicht der Gfter gilt auch noch im Insolvenzverfahren (Westermann NZG **15**, 138, str) sowie gegebenenfalls in einer neuen Gesellschaftsform (§ 109 Rn 23 ff). Praktisch bedeutsame Modifikationen gelten in der Eigenverwaltung und im Insolvenzplanverfahren, Eidenmüller NJW **14**, 18, ferner Thole ZIP **13**, 1941; Madaus ZIP **14**, 504, wohl strikter Schäfer ZIP **13**, 2243. Es kommt dann auch die Umwandlung in eine AG in Betracht, die bei der Vorstand von den Gftern unabhängiger ist. Der Minderheitsgfter muss das bei langanhaltenden Gfterstreitigkeiten dulden (aA Brinkmann ZIP **14**, 197), umgekehrt nicht zwingend Verstoß gegen Treuplicht, wenn Verhalten eines Ges zur drohenden Zahlungsunfähigkeit beiträgt (LG Bln ZIP **14**, 1391, anders bei Zahlungsunfähigkeit und Überschuldung, Stöber NZI **13**, 2464). Jedenfalls grundsätzlich müssen die alten Beteiligungsverhältnisse erhalten bleiben. Problematisch, wenn der vom Mehrheitsgfters vorgeschlagene **Insolvenzplan** eine Vinkulierung sowie einen   15

Bezugsrechtsausschluss vorsieht (BGH ZIP **14**, 1448 nennt weiter die Umwandlung in die AG), dies ist aber nicht gesellschaftsrechtlich unzulässig iSv § 225a III InsO (so Schäfer ZIP **14**, 2417, auf werthaltige Mitgliedschaft und deren Schutz abstellend Schäfer ZIP **16**, 1914), sondern nach Abschluss des InsVerf ggf gesellschaftsrechtlich geltend zu machen. Zutreffend besteht insoweit ein Vorrang insolvenzrechtlicher Spezialregelungen, die gerade auch eine strategische Insolvenzantragstellung ermöglichen, Seibt ZIP **17**, 357. Der Rechtsschutz im Insolvenzverfahren ist eingeschränkt, die sofortige Beschwerde gegen einen Insolvenzplan kann nach § 253 IV 1 (dazu Vaske 2015) wegen Nachteilen bei einer Verzögerung zurückgewiesen werden, dies auch mit Blick auf Arbeitsplätze, LG Bln ZIP **14**, 2199, auch bei voller Befriedigung der Gläubiger, nach § 238a InsO bleiben ferner Stimmrechtsbeschränkungen unbeachtet, Madaus ZIP **14**, 504. Verfassungsrechtlich wird der **beschränkte Rechtsschutz** gegen einen bestätigten Insolvenzplan gebilligt, BVerfG ZIP **15**, 79, krit Schäfer ZIP **15**, 1208, de lege ferenda für Berücksichtigung des Minderheitenschutzes bei Eröffnung des Insolvenzverfahrens Böcker ZInsO **15**, 782.

130b *(aufgehoben)*

1 Die Strafvorschriften des § 130b sind durch das MoMiG v 23.10.08 BGBl I 2026 mit Wirkung vom 1.11.2008 aufgehoben und durch eine rechtsformneutral formulierte Regelung in der InsO ersetzt worden (§ 15 Abs 4 und 5 InsO).

Vierter Titel. Auflösung der Gesellschaft und Ausscheiden von Gesellschaftern

[Auflösungsgründe]

131
(1) **Die offene Handelsgesellschaft wird aufgelöst:**
1. **durch den Ablauf der Zeit, für welche sie eingegangen ist;**
2. **durch Beschluß der Gesellschafter;**
3. **durch die Eröffnung des Insolvenzverfahrens über das Vermögen der Gesellschaft;**
4. **durch gerichtliche Entscheidung.**

(2) ¹**Eine offene Handelsgesellschaft, bei der kein persönlich haftender Gesellschafter eine natürliche Person ist, wird ferner aufgelöst:**
1. **mit der Rechtskraft des Beschlusses, durch den die Eröffnung des Insolvenzverfahrens mangels Masse abgelehnt worden ist;**
2. **durch die Löschung wegen Vermögenslosigkeit nach § 394 des Gesetzes über das Verfahren in Familiensachen und in den Angelegenheiten der freiwilligen Gerichtsbarkeit.**

²**Dies gilt nicht, wenn zu den persönlich haftenden Gesellschaftern eine andere offene Handelsgesellschaft oder Kommanditgesellschaft gehört, bei der ein persönlich haftender Gesellschafter eine natürliche Person ist.**

(3) ¹**Folgende Gründe führen mangels abweichender vertraglicher Bestimmung zum Ausscheiden eines Gesellschafters:**
1. **Tod des Gesellschafters,**
2. **Eröffnung des Insolvenzverfahrens über das Vermögen des Gesellschafters,**
3. **Kündigung des Gesellschafters,**

1. Abschnitt. Offene Handelsgesellschaft § 131

4. Kündigung durch den Privatgläubiger des Gesellschafters,
5. Eintritt von weiteren im Gesellschaftsvertrag vorgesehenen Fällen,
6. Beschluß der Gesellschafter.

²Der Gesellschafter scheidet mit dem Eintritt des ihn betreffenden Ereignisses aus, im Falle der Kündigung aber nicht vor Ablauf der Kündigungsfrist.

Übersicht

	Rn
1) Systematik der §§ 131 ff, Grundbegriffe, Überblick und Anwendungsbereich von § 131	1–10
A. Systematik der §§ 131–144	1
B. Grundbegriffe: Ausscheiden, Auflösung, Abwicklung (Liquidation), Vollbeendigung	2
C. Inhalt und Anwendungsbereich von § 131	3
D. Auflösungsgründe im HGB und außerhalb	6
E. Keine Auflösungsgründe, insbesondere die Umwandlung	9
2) Auflösungsgründe (I Nr 1–4, II)	11–17
A. Zeitablauf (I Nr 1)	11
B. Auflösungsbeschluss der Gesellschafter (I Nr 2)	12
C. Insolvenz der Gesellschaft (I Nr 3)	13
D. Gerichtliche Entscheidung (I Nr 4)	14
E. Besondere Auflösungsgründe bei OHG ohne natürliche Person als persönlich haftendem Gesellschafter (II)	15
3) Gründe für das Ausscheiden eines Gesellschafters (III 1 Nr 1–6, III 2)	18–28
A. Tod des Gesellschafters (III 1 Nr 1)	18
B. Insolvenz des Gesellschafters (III 1 Nr 2)	22
C. Kündigung des Gesellschafters (III 1 Nr 3)	23
D. Kündigung durch den Privatgläubiger des Gesellschafters (III 1 Nr 4)	24
E. Eintritt von weiteren im Gesellschaftsvertrag vorgesehenen Fällen (III 1 Nr 5)	25
F. Beschluss der Gesellschafter (III 1 Nr 6)	26
G. Analogie zu III 1 Nr 1–6	27
H. Zeitpunkt des Ausscheidens (III 2)	28
4) Rechtsfolgen der Auflösung, Fortsetzung der aufgelösten Gesellschaft	29–33
A. Rechtsfolgen der Auflösung, Beginn der Abwicklung	29
B. Fortsetzung der aufgelösten Gesellschaft	30
5) Rechtsfolgen des Ausscheidens eines Gesellschafters	34–47
A. Ausscheiden und Fortsetzung unter den übrigen Gesellschaftern	34
B. Rechte und Pflichten der Gesellschaft und des Ausgeschiedenen	37
C. Auseinandersetzung mit dem Ausgeschiedenen nach §§ 738–740 BGB	38
D. Anwachsung des Anteils am Gesellschaftsvermögen	39
E. Rückgabe von Gegenständen	41
F. Befreiung von Schulden	42
G. Gesamtabrechnung	44
H. Beteiligung an schwebenden Geschäften	45
6) Die Abfindung des ausscheidenden Gesellschafters	48–57
A. Abfindungsanspruch	48
B. Bewertung	49
C. Abschichtungsbilanz	50
D. Informationsrecht des Ausgeschiedenen	52
E. Schiedsgutachter	53
F. Zahlung	54
G. Prozess	57

§ 131 1, 2   2. Buch. Handelsgesellschaften und stille Gesellschaft

	Rn
7) Abfindungsklauseln und ihre Grenzen	58–73
A. Abweichende Vereinbarungen über die Auseinandersetzung	58
B. Zulässiger Abfindungsausschluss bei Tod	62
C. Abfindungsbeschränkung durch Abfindungsklauseln	64
D. Berechnung und Zahlung gemäß Abfindungsklauseln	67
E. Ausübungskontrolle	69
F. Einzelprobleme	71
G. Rechtsfolgen	73
8) Abweichende Vereinbarungen zur Auflösung (zu I, II)	74–81
A. Erweiterung der Auflösungsgründe	74
B. Einschränkung der Auflösungsgründe, Fortsetzungsklauseln	78
9) Abweichende Vereinbarungen zum Ausscheiden (zu III)	82–84
A. Erweiterung der Ausscheidensgründe	82
B. Einschränkung der Ausscheidensgründe, Fortsetzungsklauseln	83

1) Systematik der §§ 131 ff, Grundbegriffe, Überblick und Anwendungsbereich von § 131

1   A. **Systematik der §§ 131–144:** Das HRefG vom 22.6.1998 BGBl 1474 (Liste der geänderten Vorschriften Einl 15 vor § 1) hat den 4. Titel über Auflösung der Ges und Ausscheiden von Gftern **grundlegend geändert**. Es gilt die Regel „**Fortführung der Gesellschaft und Ausscheiden des Gesellschafters**" statt wie bisher umgekehrt „Auflösung der Ges durch Austritt eines Gfters" (Gedanke der Unternehmenserhaltung), BGH NJW 07, 591. Die bisherige, schon im ADHGB verwirklichte Konzeption entsprach nicht mehr den wirtschaftlichen Bedürfnissen der Praxis (Wertverluste durch Zerschlagung) und der Realität der Kautelarjurisprudenz (Fortsetzungsklauseln). Die neue Konzeption folgt auch einer **Empfehlung der Europäischen Kommission** (keine Bindungswirkung, vgl Einl 35 vor § 105), Art 5 der Empfehlung 94/1069/EG. Sie lag bereits dem PartGG 1994 zugrunde. Auf die GbR ist die neue Konzeption wegen ihrer unterschiedlichen Erscheinungsformen nicht erstreckt worden. Für § 131 bedeutete die Reform, dass alle aus den bisherigen Auflösungsgründen nach I alle auf die Gfter bezogenen Gründe als Ausscheidensgründe in III übernommen wurden. Materialien und Lit: zu HRefG § 1 Rn 4, speziell zum GesR A. Hess 2006; Lamprecht ZIP 97, 919, Sethe JZ 97, 989, K. Schmidt DB 98, 63, Habersack in Dreher ua (Bayer-Stiftung) 1999, S 73, Wiedemann GedS Lüderitz 00, 799, K. Schmidt BB 01, 1, Bork/Jacoby ZGR 05, 611, Westermann/Wertenbruch § 42. Die Kündigung eines Gfters führt auch bei vor 1998 gegründeten Ges nun nicht mehr zur Auflösung, Celle NZG 11, 261.

2   B. **Grundbegriffe: Ausscheiden, Auflösung, Abwicklung (Liquidation), Vollbeendigung: a) Ausscheiden:** Ausscheiden eines Gfters bedeutet zunächst nur, dass der betreffende Gfter aus der Ges ausscheidet und zwischen den verbleibenden Gftern und ihm eine Auseinandersetzung stattfindet (§ 738 BGB). Nach der Konzeption der §§ 131 ff nF führt das Ausscheiden anders als früher nicht mehr zur Auflösung der Ges, sondern lässt diese bestehen.

    b) Auflösung: Auflösung der Ges bedeutet nicht Ende der Ges, sondern idR nur ihren Übergang aus der dem GesZweck gewidmeten, werbenden Tätigkeit in die Abwicklung (Zweckänderung). Die Ges besteht also bis zu deren Beendigung weiter.

    c) Abwicklung (Liquidation): Die Abwicklung oder Liquidation ist die Auseinandersetzung unter den Gftern (§§ 145 ff HGB, §§ 730 ff BGB). Sie schließt sich als gesetzliche Regelfolge an die Auflösung an, wenn die Gfter nichts

1. Abschnitt. Offene Handelsgesellschaft 3–8 § 131

anderes vereinbart haben und nicht über das Vermögen der Ges das Insolvenzverfahren eröffnet ist.

d) Vollbeendigung: Das Ende der Abwicklung (vgl § 155) bewirkt die Vollbeendigung (Ende) der Ges. Nach Vollbeendigung ist keine Fortsetzung mehr möglich (s Rn 33).

C. Inhalt und Anwendungsbereich von § 131: a) Inhalt: § 131 nF 3 HRefG 1998 mit auf Unternehmenskontinuität gerichteter Neukonzeption (s Rn 1). I regelt (nur), aus welchen Gründen die OHG aufgelöst wird (I, II) und welche Gründe zum Ausscheiden eines Gfters führen (III). Für die Auflösung bringt I vier Gründe (I Nr 1–4). II 1 ergänzt dies für die OHG, bei der kein persönlich haftender Gfter eine natürliche Person ist (KapitalGes & Co OHG), durch zwei weitere Gründe (II 1 Nr 1–2); dieser Ergänzung bedarf es nicht in der mehrstöckigen Ges, in der letztlich doch eine natürliche Person persönlich haftet (II 2). Für das Ausscheiden nennt III 1 sechs Gründe (III 1 Nr 1–6). III 2 regelt (nur) den Zeitpunkt des Ausscheidens. Streitig ist, ob § 131 die Auflösungs- und die Ausscheidensgründe bei der OHG abschließend regelt (s Rn 6, 27). § 131 besagt nichts zu den Rechtsfolgen der Auflösung und des Ausscheidens.

b) Zusammenspiel mit §§ 132–144: § 131 wird durch §§ 132–144 ergänzt. 4 § 131 I Nr 3 (Insolvenz der Ges) wird durch § 144 (Fortsetzungsmöglichkeit) ergänzt. § 131 I Nr 4 (Auflösung durch gerichtliche Entscheidung) wird durch §§ 133, 134 ergänzt. Statt Auflösung kann bei wichtigem Grund in der Person eines Gfters dessen Ausschließung durch gerichtliche Entscheidung verlangt werden (§ 140). An § 131 III Nr 1 schließt § 139 (Fortsetzung mit den Erben) an. § 131 III Nr 3 (Kündigung des Gfters) wird durch §§ 132, 134 ergänzt, § 131 III Nr 4 (Kündigung durch Privatgläubiger eines Gfters) durch § 135. Nach § 143 sind Auflösung und Ausscheiden zum HdlReg anzumelden. §§ 136–138 aF, 141, 142 aF sind entfallen.

c) Anwendungsbereich: § 131 gilt für die OHG und KG; GmbH & Co s 5 Anh § 177a Rn 45. § 131 gilt auch für die fehlerhafte Ges (§ 105 Rn 75); auch für die aufgelöste (aber nicht vollbeendete) Ges, zutr MüKo/K. Schmidt 10, Grund: eigenes Schicksal jedes Auflösungs- bzw Ausscheidensgrundes, Konsequenzen für Fortsetzung (vgl § 135 Rn 2).

D. Auflösungsgründe im HGB und außerhalb: a) Innerhalb von § 131: 6 Die Auflösungsgründe für die OHG und die KG sind in § 131 grundsätzlich abschließend aufgeführt, BGH **75**, 179, **82**, 326, WM **73**, 864, hL, krit K. Schmidt ZHR 153 **(89)** 278; das gilt aber jedenfalls nicht für Vollbeendigungsgründe aus allgemeinem PersonenGesRecht und für Auflösungsgründe aus Sondergesetzen (s Rn 7, 8). Eine analoge Anwendung der III 1 Nr 1–6 auf weitere gesellschafterbezogene Ausscheidensgründe ist jedenfalls nicht ausgeschlossen (RegE, s Rn 27). Eingreifen mehrerer Auflösungsgründe s Rn 5. Abweichende Vereinbarungen s Rn 74 f.

b) Außerhalb des HGB: Aus allgemeinem PersonenGesRecht ergibt sich 7 auch für die OHG und KG, dass die Ges **mit Wegfall des vorletzten Gesellschafters aufgelöst und** ohne Liquidation **vollbeendet** ist (s Rn 19, 35). Die KG wird durch Wegfall ihres einzigen phG aufgelöst (s Rn 18).

Sondergesetze: Auflösungsgründe folgen ferner aus Sondergesetzen. So wirkt 8 für **Kreditinstitute** die Abwicklungsanordnung des BAKred wie ein Auflösungsbeschluss (§ 38 KWG). Verbot nach §§ 3 ff **VereinsG** s dort. **Entflechtung** eines Zusammenschlusses wirkt nicht unmittelbar auflösend (§ 41 III, IV GWB). Zur **Umwandlung (Verschmelzung)** ua) einer OHG bzw in eine OHG nach dem **UmwG** s Einl 25, 26 vor § 105.

§ 131 9–13   2. Buch. Handelsgesellschaften und stille Gesellschaft

9   **E. Keine Auflösungsgründe, insbesondere die Umwandlung: a) Umwandlung:** Keine Auflösung der OHG oder KG iSv §§ 131 ff ist ihr Ende als OHG, also ihre **Umwandlung (kraft Gesetzes** durch Wegfall einer Voraussetzung einer OHG bzw KG oder durch Vertrag) in eine GbR oder eine KG, entspr für KG (Einl 21 vor § 105), BGH **82**, 326.

10 **b) Keine Auflösungsgründe** sind auch: **Vermögenslosigkeit** ohne Eröffnung des Insolvenzverfahrens, BGH **82**, 326; **Enteignung des Auslandsvermögens** (Bsp: ehemalige DDR), wenn Fortsetzung der Tätigkeit anderswo möglich und beabsichtigt ist, BGH **13**, 108, **17**, 212, WM **71**, 724, Grund: nur beschränkte Gebietshoheit; **Auflösung** eines Gesellschafters, der juristische Person ist (s Rn 20). **Zweckerreichung** oder **Unmöglichwerden** des Gesellschaftszwecks lösen im Gegensatz zu § 726 BGB die OHG nicht auf, BGH **69**, 162, WM **73**, 864, str (§ 133 Rn 10); die Gfter können ihr idR nur einstimmig einen neuen, dem § 105 entsprechenden Zweck setzen, sonst hat jeder Gfter die Auflösungsklage (§ 133). Wird die Absicht, HdlGeschäfte irgendwelcher Art zu betreiben, endgültig ganz aufgegeben, so wird die OHG zur GbR (§ 105 Rn 18, außer bei § 105 II) und ist, falls ihr auch kein anderer Zweck gesetzt wird, nach § 726 BGB aufgelöst.

2) Auflösungsgründe (I Nr 1–4, II)

11 **A. Zeitablauf (I Nr 1):** Ist die Ges nur für eine bestimmte Zeit (kalendermäßig bestimmt oder an ein bestimmtes, zeitlich noch nicht feststehendes Ereignis geknüpft, auch bei Höchstdauer, s auch § 132 Rn 2; nicht: bloße Mindestdauer) eingegangen, so ist die Ges mit deren Ablauf automatisch aufgelöst. Der GesVertrag kann aber auch vorsehen, dass sich die Ges bei Eintritt eines bestimmten Umstandes um eine bestimmte oder unbestimmte Zeit verlängert, wenn sie nicht gekündigt ist (vgl § 132). Die bestimmte Zeitdauer kann sich auch allein aus einem zeitlich begrenzten GesZweck ergeben, BGH WM **85**, 1369, zB auf die Dauer der durch die Ges auszuwertenden Schutzrechte, Nr 1 kommt dann § 726 BGB (s Rn 13) nahe. Bei Nichtbeachtung des Zeitablaufs und stillschweigender Fortsetzung gilt § 134 (dort Rn 5).

12 **B. Auflösungsbeschluss der Gesellschafter (I Nr 2):** Die Auflösung ist ebenso wie jede Vertragsänderung (§ 105 Rn 60) idR einstimmig zu beschließen; Mehrheitsbeschluss s § 119 Rn 34. Ganz ausnahmsweise kann Zustimmungspflicht bestehen (Treuepflicht, § 105 Rn 64–66), zB bei dauerhaft unrentabler Ges, BGH NJW **60**, 434. Der Auflösungsbeschluss ist formlos und stillschweigend möglich (§ 105 Rn 62). Ein Auflösungsbeschluss kann vorliegen zB bei Annahme der unstatthaften Kündigung eines Gfters durch die übrigen, Einstellung des Gewerbebetriebs, Übertragung des ganzen Vermögens, BGH BB **58**, 891, Auflösungsklage aller übrigen Gfter gegen einen widersprechenden Gfter (Mehrheitsbeschluss). Der Auflösungsbeschluss kann gegen die Treuepflicht der Gfter verstoßen (§ 109 Rn 23), vgl BGH **76**, 352 (GmbH), **103**, 184 (AG). Fehlerhafte Auflösung s § 105 Rn 91, 96. **Muster:** Hopt/Lang 4. Aufl 2013 Form II. C.8 (Auflösung und Liquidation einer KG).

13 **C. Insolvenz der Gesellschaft (I Nr 3):** Die Eröffnung des Insolvenzverfahrens über das Vermögen der Ges (näher § 124 Rn 46) löst die Ges zwingend auf (I Nr 3; vgl § 11 II Nr 1 InsO, ebenso § 728 I 1 BGB für die GbR), nicht schon Antrag auf Eröffnung (§ 13 InsO), Anordnung von Sicherungsmaßnahmen und Bestellung eines vorläufigen Insolvenzverwalters (§§ 21, 22 InsO). Auflösende Bedingung ist Aufhebung des Eröffnungsbeschlusses auf Beschwerde. Nach Ende des Insolvenzverfahrens kann sich, wenn ausnahmsweise ein Überschuss verbleibt, noch eine Abwicklung anschließen (§ 145 Rn 1), BGH **93**, 164. Die Ges kann fortgesetzt werden (s Rn 79, vgl § 144 aF). Der Vertragspartnerschutz nach § 115 III InsO (erst bei Kenntnis des Beauftragten) wird durch die Auflösung der Ges

nicht berührt, BGH **63**, 91 (zu § 23 I 2 KO aF). Keine Auflösung der Ges durch Abweisung mangels Masse (§ 26 InsO), BGH **75**, 178, **96**, 154, NJW **95**, 196, MüKo/K. Schmidt 22, Rö//Haas 20.

D. Gerichtliche Entscheidung (I Nr 4): Die Ges wird durch gerichtliche Entscheidung aufgelöst. I Nr 4 verweist damit auf die Auflösung nach Auflösungsklage (§ 133). **14**

E. Besondere Auflösungsgründe bei OHG ohne natürliche Person als persönlich haftendem Gesellschafter (II): a) Ablehnung mangels Masse (II 1 Nr 1): II 1 Nr 1 idF EGInsO wie § 60 I Nr 5 GmbHG, § 262 I Nr 4 AktG. Eine OHG, bei der kein phG eine natürliche Person ist (KapitalGes & Co OHG), wird auch aufgelöst mit Rechtskraft des Beschlusses, durch den die Eröffnung des Insolvenzverfahrens mangels Masse abgelehnt worden ist (§ 26 InsO), aA zum alten Recht BGH NJW-RR **89**, 995, II 1 Nr 1 betrifft nur die GmbH & Co, nicht die GmbH (Anh § 177a Rn 45). **15**

b) Löschung wegen Vermögenslosigkeit (II 1 Nr 2): II 1 Nr 2 idF EGInsO wie § 60 I Nr 7 GmbHG, § 262 I Nr 6 AktG (früher LöschG). Eine KapitalGes & Co OHG (s Rn 18) wird zum Schutz des Rechtsverkehrs auch aufgelöst durch die Löschung wegen Vermögenslosigkeit nach (3) FamFG § 394 IV. Mit der Löschung fehlt es an der in § 106 geforderten Publizität. **16**

c) Ausnahme von II 1 Nr 1, 2 (II 2): Die Auflösung der KapitalGes & Co OHG (s Rn 18) ist dann nicht geboten, wenn die Ges mehrstöckig ist und in ihr letztlich doch eine natürliche Person persönlich haftet (II 2). Vgl § 19 II 2. **17**

3) Gründe für das Ausscheiden eines Gesellschafters (III 1 Nr 1–6, III 2)

A. Tod des Gesellschafters (III 1 Nr 1): Grundsätzliches Ausscheiden: Wenn im GesVertrag nichts anderes bestimmt ist (§ 139), scheidet der Gfter mit seinem Tode aus (III 1 Nr 1). Dem steht die Todeserklärung gleich. Zur Auflösung der Ges kommt es mangels anderweitiger Vereinbarung im GesVertrag nicht (anders § 131 Nr 4 aF). Die Mitgliedschaft ist nicht ohne weiteres vererblich, dazu bedarf es einer Nachfolgeklausel, die der Praxis dringend zu empfehlen ist (§ 139 Rn 10), K. Schmidt ZIP **08**, 2345. Krit zu III 1 Nr 1 K. Schmidt NJW **98**, 2166, JZ **03**, 594, ZIP **08**, 2337, zur Simultaninsolvenz bei der GmbH & Co s Rn 35. Stirbt der **einzige Komplementär der KG,** ohne dass ein Erbe als phG nachfolgt, so ist die KG aufgelöst, kann aber, wenn sich ein phG findet, fortgesetzt werden (§ 177 Rn 1); dasselbe gilt bei Ausscheiden des phG aus anderem Grund als III 1 Nr 1 (s Rn 36). **18**

Zweipersonengesellschaft: Die Ges **erlischt** in jedem Falle, wenn von zwei Gftern einer stirbt und der andere ihn allein beerbt, falls nicht auf Grund Vereinbarung beider Gfter mit einem Dritten dieser an Stelle des Verstorbenen tritt (s Rn 35), BGH **65**, 82, **113**, 133, WM **57**, 513. Wird der einzige MitGfter des Erblassers Vorerbe, erlischt die Ges nicht, Baur/Grunsky ZHR 133 **(69)** 209, vgl BGH **98**, 57, str. **19**

Gesellschafter-Gesellschaft: Analog zu III 1 Nr 1 (I Nr 4 aF) wird der Wegfall einer Gesellschafter-Gesellschaft (§ 105 Rn 28) behandelt (s Rn 27, RegE HRefG S. 66). Diese, also zB GmbH in GmbH & Co, scheidet allerdings nicht schon mit ihrer Auflösung (zB bei AG § 262 AktG, bei GmbH § 60 GmbHG), sondern erst mit ihrer **Vollbeendigung** (zB bei AG § 273 AktG, bei GmbH § 74 GmbHG) aus, RG **122**, 257, **123**, 294, BGH WM **82**, 974, Hbg NJW **87**, 1896, ZIP **07**, 1237, aA MüKo/K. Schmidt 68 (nicht III 1 Nr 1, sondern ergänzende Auslegung des GesVertrags: Unumkehrbarkeit der Auflösung), str, für Insolvenz der GmbH in der GmbH & Co iErg auch BGH **75**, 178, str (s Rn 22). Konsequenzen für die Auflösung der OHG bzw KG s Rn 36, Anh § 177a Rn 45. **20**

§ 131 21–25 2. Buch. Handelsgesellschaften und stille Gesellschaft

21 **Umwandlung:** III 1 Nr 1 gilt analog bei Umwandlung der GfterGes, wenn diese dabei erlischt, Schlegelb/K. Schmidt 33, str, nicht wenn sie bei Verschmelzung aufnehmender Rechtsträger ist (§ 2 I Nr 1 UmwG), RG **123**, 294, oder bei bloß formwechselnder Umwandlung.

22 **B. Insolvenz des Gesellschafters (III 1 Nr 2):** Die Eröffnung des Insolvenzverfahrens über das Vermögen des Gfters (§ 128 Rn 47), bei der KG eines phG, aber auch eines Kdtisten (§§ 161 II; 177, Markgraf/Remuta NZG **14**, 81, auch bei Simultaninsolvenz gleichzeitig der zweigliedrigen KG, BVerwG ZIP **11**, 1868, ohne Beschränkung auf zweigliedrige KG BGH ZIP **14**, 1280), führt mangels abweichender Bestimmung im GesVertrag (s Rn 78, für die ZweipersonenGes ergänzende Vertragsauslegung, MüKo/K. Schmidt 75) zum Ausscheiden des Gfters (III 1 Nr 2), BGH ZIP **04**, 1047, **08**, 1677, bei zweigliedriger Gesellschaft dann Auflösung, Rn 35, krit MüKo/K. Schmidt 75 aA zur (vertikalen ebenso wie zur horizontalen) Simultaninsolvenz aller Gfter K. Schmidt ZIP **10**, 1626 (näher Anh § 177a Rn 45), auch nach Erbeneintritt in die Ges, auch aus der aus anderem Grunde aufgelösten Ges; GmbH & Co s Anh § 177 Rn 45. Zur Auflösung der Ges infolge der GfterInsolvenz kommt es mangels anderweitiger Vereinbarung im GesVertrag nicht (anders § 131 Nr 5 aF, BGH **75**, 181, und auch nach HRefG § 728 II 1 BGB für die GbR). Zum Ausscheiden bedarf es keiner Erklärung der übrigen Gfter gegenüber dem Insolvenzverwalter (anders § 141 II aF). Zum Ausscheiden führt auch die Nachlassinsolvenz des GfterErben (§§ 315 ff InsO), K. Schmidt § 50 II 3b, aA BGH **91**, 132 (zu § 131 Nr 5 aF); der Gfter-Erbe kann jedoch von seinen MitGftern Verbleiben in der Ges fordern, wenn er den Anteil durch Zahlung aus seinem Privatvermögen aus der Nachlassinsolvenz auslöst. Abweisung des Antrags auf Eröffnung des Insolvenzverfahrens über das Vermögen des Gfters führt nicht zum Ausscheiden, auch nicht bei Abweisung mangels Masse (§ 26 InsO, s auch Rn 20), BGH **75**, 181, **96**, 154, NJW-RR **89**, 995, Hbg ZIP **07**, 1807, Staub/Schäfer 91, aA MüKo/K. Schmidt 74, K. Schmidt BB **80**, 1497: a fortiori. Zur (horizontalen) Simultaninsolvenz bei der GmbH & Co, dort sehr str, Anh § 177a Rn 45.

23 **C. Kündigung des Gesellschafters (III 1 Nr 3):** Wenn im GesVertrag nichts anderes bestimmt ist, scheidet der Gfter mit seiner Kündigung aus (III 1 Nr 3). Zur Auflösung der Ges kommt es mangels anderweitiger Vereinbarung im GesVertrag nicht (anders § 131 Nr 6 aF), anders bei Kündigung des einzigen Komplementärs der KG (s Rn 18). Voraussetzung für III 1 Nr 3 ist eine wirksame **ordentliche Kündigung** oder eine im GesVertrag zugelassene wirksame **Kündigung aus wichtigem Grund** (§ 133 Rn 18). Nach Wortlaut und Sinn von III 1 Nr 3, § 133 wird man weitergehend auch die gesetzliche Kündigung aus wichtigem Grund (Austritt ohne Gestaltungsklage) hierher rechnen können, str (§ 133 Rn 1); nicht aber die gesetzliche Hinauskündigung eines Gfters aus wichtigem Grund, diese ist nur nach § 140 möglich, der aber seinerseits nicht zwingend ist (§ 140 Rn 28, 30). Kündigungsfrist für den Gfter s §§ 132, 134. Lit.: Stodolkowitz NZG **11**, 1327. Die Kodifikation eines allgemeinen Austrittsrechts aus wichtigem Grund empfehlend Schäfer GA 71. DJT **16** E 98.

24 **D. Kündigung durch den Privatgläubiger des Gesellschafters (III 1 Nr 4):** Wenn im GesVertrag nichts anderes bestimmt ist, scheidet der Gfter mit der Kündigung durch den Privatgläubiger des Gfters aus (III 1 Nr 4). Zur Auflösung der Ges kommt es mangels anderweitiger Vereinbarung im GesVertrag nicht (anders § 131 Nr 6 aF). Einziger Komplementär einer KG s Rn 18. Voraussetzungen und Rechtsfolgen der Kündigung s § 135.

25 **E. Eintritt von weiteren im Gesellschaftsvertrag vorgesehenen Fällen (III 1 Nr 5):** Der GesVertrag kann das Ausscheiden eines Gfters aus der Ges auch in anderen Fällen als nach III 1–4, 6 vorsehen (III Nr 5, s auch Rn 82), zB bei

1. Abschnitt. Offene Handelsgesellschaft   26–29   § 131

außerordentlicher Kündigung des Gfters (aber § 133 III, s dort Rn 19), bei Eintritt bestimmter Umstände in der Person des Gfters wie Alter, Arbeitsunfähigkeit, Wiederverheiratung, BGH BB **65**, 1167, bei Sanierung oder Ausscheiden, BGH NJW **10**, 66 (§ 105 Rn 66), ua. III 1 Nr 5 ist insoweit missverständlich, als III 1 Nr 5 den Gftern nicht freie Hand für einen beliebigen Ausschluss gibt. III 1 Nr 5 ändert nichts an den zu §§ 138, 140, 142 aF entwickelten Zulässigkeitsschranken für gesellschaftsvertragliche Ausschlussklauseln (RegE), näher unten § 140 Rn 30 ff. Zulässig ist Ausscheidensklausel, die an ein festes Tatbestandsmerkmal (zB Tod eines MitGfters) anknüpft, vgl BGH **105**, 213 (zur Kündigung, § 140 Rn 31), oder an nur in der Person des Ausscheidenden gegebene, sachliche Gründe, zB Alter, Berufszulassung (vgl § 9 III PartGG), Abberufung als Drittgeschäftsführer, Scheidung des Eingeheirateten ua.

F. **Beschluss der Gesellschafter (III 1 Nr 6):** Ein GfterBeschluss nach III 1 Nr 6 setzt mangels anderer Vereinbarung Einstimmigkeit voraus (§ 119 Rn 33). Ausschluss gegen den Willen des Gfters ist nur durch Ausschlussklage nach §§ 140, 133 bei wichtigem Grund in der Person des Gfters oder bei entsprechender Ausschlussklausel im GesVertrag möglich, str, aA iErg Wiedemann GedS Lüderitz **00**, 809: auch ad hoc. III 1 Nr 6 ist wie Nr 5 missverständlich. Gemeint ist nicht, dass die Gfter auf Grund von III 1 Nr 6 einen MitGter ohne dessen Zustimmung bzw bei entsprechender GesVertragsklausel nach freiem Ermessen ausschließen könnten (§ 140 Rn 31). III 1 Nr 6 ändert nichts an den zu §§ 138, 140, 142 aF entwickelten Zulässigkeitsschranken für solche gesellschaftsvertraglichen Ausschlussklauseln (RegE), so auch Wiedemann GedS Lüderitz **00**, 809f, 812, näher unten § 140 Rn 30 ff.

G. **Analogie zu III 1 Nr 1–6:** Die analoge Anwendung von III 1 Nr 1–6 auf weitere gesellschafterbezogene Ausscheidensgründe bleibt möglich, RegE, MüKo/K. Schmidt 56. Dabei tritt Ausscheiden des Gfters an die Stelle der bisher in Analogie zu I Nr 1–6 aF angenommenen Auflösung der Ges. Eine solche Analogie zu III 1 Nr 1 (I Nr 4 aF) wird für den Wegfall einer Gesellschafter-Gesellschaft gezogen (s Rn 20). Ausschließlung s § 140.

H. **Zeitpunkt des Ausscheidens (III 2):** II regelt (nur) den Zeitpunkt des Ausscheidens nach III 1. Dieser fällt mit dem Eintritt des den Gfter betreffenden Ereignisses zusammen, im Falle von III 1 Nr 2 also mit der Eröffnung des Insolvenzverfahrens (§ 27 I, III InsO). Im Fall der Kündigung (III 1 Nr 3, 4) scheidet der Gfter nicht vor Ablauf der Kündigungsfrist aus (III 2 letzter Halbs, §§ 132, 134, 135).

4) Rechtsfolgen der Auflösung, Fortsetzung der aufgelösten Gesellschaft

A. **Rechtsfolgen der Auflösung, Beginn der Abwicklung:** Die Auflösung der Ges (I, II) bedeutet idR nicht die Beendigung der Ges, sondern bloße Zweckänderung von werbender in abwickelnde Tätigkeit (s Rn 2). Nach der Auflösung beginnt die Abwicklung oder Liquidation als Auseinandersetzung unter den Gftern (§§ 145 ff HGB, §§ 730 ff BGB) als gesetzliche Regelfolge, wenn die Gfter nichts anderes vereinbart haben und nicht über das Vermögen der Ges das Insolvenzverfahren eröffnet ist. Mit Auflösung der Ges verlieren die Gfter ihre Geschäftsführungs- und Vertretungsbefugnis an die Liquidatoren (§§ 146 ff). Schutz der Ges bei Auflösung durch Tod oder Insolvenz des Gfters entgegen III 1 Nr 1, 2s Rn 74. Gutgläubig kraft Gesetz oder Vertrag geschäftsführende Gfter werden durch den dispositiven § 729 Satz 1 nF BGB geschützt (weiter als § 136 aF). Das gilt nicht für die Vertretungsmacht; diese wirkt, solange sie eingetragen und ihr Erlöschen Dritten unbekannt ist (§§ 15, 143). Der geschäftsführende Gfter wird damit vor Ersatzansprüchen geschützt, wenn er das Ende seiner Geschäftsführungsbefugnis infolge Auflösung der Ges ohne Fahrlässigkeit nicht kannte (§§ 122, 708 BGB, § 109 Rn 5).

26

27

28

29

Roth

§ 131 30–34   2. Buch. Handelsgesellschaften und stille Gesellschaft

30   **B. Fortsetzung der aufgelösten Gesellschaft:** Die Auflösung ist nicht (rückwirkend vom Auflösungstag) aufhebbar, keinesfalls mit Wirkung nach außen. Die Gfter können aber vor Vollbeendigung (s Rn 2) die in der Auseinandersetzung befindliche Ges ex nunc **fortsetzen,** dh wieder zur werbenden machen (Zweckänderung nach § 705 BGB, § 105 HGB), der dies ausdrücklich besagende § 144 enthält nur einen allgemeinen Grundsatz.

31   **Fortsetzungsbeschluss:** Zur Fortsetzung ist ein Fortsetzungsbeschluss nötig, auch formlos und stillschweigend (vgl § 105 Rn 62), zB bei gemeinsamer Einstellung von Personal oder Abschluss längerfristiger Verträge, nicht bloße Verhandlungen über Fortsetzung, BGH NJW **95,** 2843. Stillschweigende Fortsetzung nach Zeitablauf s § 134. Da es sich um eine Zweckänderung handelt, muss der Beschluss einstimmig sein, nachträgliche Zustimmung heilt (§ 184 I BGB), BGH **8,** 39, ZIP **07,** 1988. Der GesVertrag kann Mehrheitsbeschluss genügen lassen, nach Bestimmtheitsgrundsatz genügte allgemeine Zulassung der Änderung des GesVertrags mit Mehrheit iZw nicht, nach neuer Rspr ist auf Auslegung des GesVertrags abzustellen (§ 119 Rn 37). Ausnahmsweise kann Zustimmungspflicht bestehen (Treuepflicht, § 109 Rn 23, 27, § 105 Rn 66), uU bei Abfindungsangebot der MitGfter. Der minderjährige Erbe bedarf nicht der Genehmigung des Familiengerichts (entspr Vertragsänderung, § 105 Rn 26), str, anders, wenn er erst nach Auflösung durch Erbfall eintrat. Fortsetzung ist ausgeschlossen, wenn öffentlichrechtliche Vorschriften (zB KWG, s Rn 8) entgegenstehen. Der Fortsetzungsbeschluss wirkt grundsätzlich nicht zurück, die Gfter können aber unter sich etwas anderes vereinbaren. Die Fortsetzung ist stets anmeldepflichtig, arg aus § 144 II. Fehlerhafte Fortsetzung s 105 Rn 96–97.

32   **Rechtsfolgen:** Die Ges bleibt dann auch bei Firmenänderung dieselbe. Statt der Auseinandersetzung (§§ 145 ff, 158) gelten dann mangels anderer Vereinbarung wieder Geschäftsführung und Vertretung nach dem GesVertrag, RG **106,** 66, BGH **1,** 327. Die aufgelöste und dann wieder zur werbenden gemachte Ges haftet für die alten Schulden, Grund: es ist dieselbe Ges, die Schulden sind ihre eigenen (anders nach Vollbeendigung, s Rn 33).

33   **Keine Fortsetzung nach Vollbeendigung:** Das Ende der Ges ist nicht aufhebbar, eine ganz abgewickelte oder anders zu Ende geführte Ges (zB Übernahme durch einen Gfter, Oldbg BB **55,** 237) kann nicht wiederhergestellt werden. Die Gfter müssen ggf eine neue Ges gründen. Das kann mit solchem Wiederbelebungsbeschluss gemeint sein. Diese neue Ges haftet nicht für die alten Schulden, wohl aber haften die Gfter (§§ 128 ff, 159 f). Auffinden von Vermögen nach angenommenem Ende der Ges s § 157 Rn 3.

5) Rechtsfolgen des Ausscheidens eines Gesellschafters

34   **A. Ausscheiden und Fortsetzung unter den übrigen Gesellschaftern: a) Grundsätzliche Fortsetzung:** Nach III scheidet der betroffene Gfter mangels abweichender vertraglicher Vereinbarung aus, Erben des verstorbenen Gfters treten nicht ein. Rechtsfolge bei Ausscheiden ist, ohne dass das im Gesetz ausdrücklich gesagt werden muss, die Fortsetzung der Ges unter den übrigen Gesellschaftern (vgl § 143 II, III). Etwas anderes gilt beim Ausscheiden des phG in der KG, das führt mangels Nachfolge etwa eines Erben zur Auflösung, da die KG ohne phG als werbende nicht fortbestehen kann (s Rn 18, § 177 Rn 1). Zeitpunkt des Ausscheidens s III 2 (s Rn 28). Der Grundsatz der Fortsetzung ohne den Ausgeschiedenen, aber auch des Übergangs auf den Verbliebenen bei der ZweipersonenGes (s Rn 35) kann durchaus zu unbefriedigenden Ergebnissen führen (das sieht auch der RegE); abweichende Vereinbarungen entweder schon zu Auflösung statt Ausscheiden (s Rn 74) oder zur Höhe und Berechnung der Abfindung (Abfindungsklauseln, s Rn 58) wird sich in vielen Fällen empfehlen.

1. Abschnitt. Offene Handelsgesellschaft 35–37 § 131

b) Zweipersonengesellschaft: Die Ges **erlischt** in jedem Falle, wenn von 35 den zwei Gftern (oder auch von allen, etwa durch Übertragung aller Anteile an einen Dritten, § 105 Rn 69) nur noch einer übrig bleibt (Konfusion), zB wenn alle anderen ausscheiden oder ausgeschlossen werden (§ 140 I 2) oder der eine Gfter den anderen beerbt oder seinen Anteil unter Lebenden erwirbt (s Rn 19), BGH **65**, 82, **113,** 133, WM **57**, 513, NJW **93**, 1918, Ffm ZIP **04**, 1458 (Vereinigung zweier GmbH & Co), KG ZIP **05**, 1640, MüKoBGB/Schäfer Vor § 723 Rn 9. Das GesVermögen geht auf den Verbliebenen im Wege der **Gesamtrechtsnachfolge** über (§ 105 Rn 8, 140 Rn 25), BGH ZIP **04**, 1047, Hbg ZIP **07**, 1237 (Simultaninsolvenz von GmbH und KG), MüKoBGB/Schäfer § 718 Rn 13, 730 Rn 81, nicht Anwachsung iS § 738 I 1 BGB (s Rn 39, Fortsetzungsklausel s Rn 81), so aber BGH ZIP **08**, 1677 (GbR), was Konsequenzen für die Haftung hat (der verbleibende Kdtist haftet als Gesamtrechtsnachfolger grundsätzlich unbeschränkt, str, für alle Altschulden der Ges), BGH **48**, 206, **113,** 134, und kautelarische Vorsorge geraten sein lässt (s Rn 84, 81), Haftungsbeschränkung (entspr § 27), Bork/Jacoby ZGR **05**, 632, krit K. Schmidt ZIP **08**, 2337, für Anwachsung auch MüKo/Schäfer § 730 Rn 82. Statt Abwicklung hat der Ausgeschiedene einen Abfindungsanspruch. Die nach § 159 fortbestehende Haftung der Gfter für die GesSchulden und die aus ihr etwa folgenden Ausgleichspflichten unter ihnen tragen unter den Gftern kein GesVerhältnis, es fehlt insoweit am gemeinsamen Zweck (§ 705 BGB, § 105 Rn 1). Vollbeendigung und Gesamtrechtsnachfolge während eines Prozesses s § 124 Rn 44; Auswirkung auf Insolvenzverfahren str, für Partikularinsolvenzverfahren des auf den Kdtisten übergegangenen Sondervermögens Bork/Jacoby ZGR **05**, 630, Hbg ZIP **07**, 1236. Näher zu den Folgen der Gesamtrechtsnachfolge auf Rechtsverhältnisse § 140 Rn 25.

c) Gesellschafter-Gesellschaft: Mit **Wegfall des einzigen Komplemen-** 36 **tärs** bei der KG kommt es bei dieser zur **Auflösung** und Abwicklung, BGH **8**, 37, WM **78**, 675, ZIP **10**, 2446, BayObLG BB **00**, 1211. Berufung eines neuen phG ist in der MehrpersonenGes möglich (Anh § 177a Rn 45). Ist eine **Gesellschafter-Gesellschaft** Komplementär, scheidet diese nicht schon mit ihrer Auflösung, sondern erst mit ihrer **Vollbeendigung** aus (s Rn 20), str; erst ihre Vollbeendigung führt dann zur Auflösung der KG. Ist die KG ZweipersonenGes, sind Auflösung und gleichzeitige Vollbeendigung die Folge (s Rn 35). Lit: Frey/von Bredow ZIP **98**, 1620, Bork/Jacoby ZGR **05**, 611.

B. Rechte und Pflichten der Gesellschaft und des Ausgeschiedenen: Im 37 **Innenverhältnis** zwischen der Ges und dem Ausgeschiedenen kommt es zur Auseinandersetzung nach §§ 738–740 BGB (s Rn 38 ff). Praktisch wichtig ist dabei für beide Teile vor allem die Abfindung des Ausscheidenden und ihre eventuelle Modifikation durch eine Abfindungsklausel (s Rn 58). Die verbleibenden Gfter haben aber immer noch die Möglichkeit, die Auflösung zu beschließen. Das ändert dann zwar nichts daran, dass der Ausgeschiedene ausgeschieden bleibt, doch wird sich dann der Abfindungsanspruch am Liquidationserlös der übrigen Gfter ausrichten. Gutgläubig kraft Gesetz oder Vertrag geschäftsführende Gfter werden durch den dispositiven **§ 729 Satz 2 nF BGB** geschützt (s Rn 29). Auch der ausgeschiedene Gfter ist durch die **nachwirkende Treuepflicht** (§ 109 Rn 24) noch insoweit gebunden, als er die Belange der Ges nicht durch unlautere Handlungen beeinträchtigen, zB keine Geheimnisse verraten und den Ruf der OHG nicht schädigen darf. Ein **Wettbewerbsverbot** für den ausgeschiedenen Gfter gemäß §§ 112, 113 folgt daraus aber nicht. Dazu ist eine besondere Wettbewerbsabrede nötig, zB Mandantenschutzklausel (§ 112 Rn 14). **Informationsrecht** s Rn 47, 52. Im **Außenverhältnis** haftet der Ausgeschiedene für vor seinem Ausscheiden begründete Gesellschaftsverbindlichkeiten weiter (§ 128 Rn 28–36); zeitliche Begrenzung der **Nachhaftung** des ausgeschiedenen

§ 131 38–42 2. Buch. Handelsgesellschaften und stille Gesellschaft

Gfters nach § 160 (§ 128 Rn 31). Besonderheiten gelten in der Zweipersonen-Ges (s Rn 35). Der Erbe des ausgeschiedenen Gfters haftet für dessen Verbindlichkeiten nach § 128 und für Ansprüche der Ges gegen den Erblasser, diese Erbenhaftung ist aber erbrechtlich beschränkbar (§§ 1975 ff BGB). Haftung bei Nichteintragung im HdlReg s § 143 Rn 6. Auswirkungen auf die **Firma** § 24 I, II. Bei der **Anmeldung** des Ausscheidens hat der Ausgeschiedene bzw sein Erbe mitzuwirken (§ 108 Rn 1), er kann dies nicht von der Zahlung der Abfindung abhängig machen, Hbg OLGE **40**, 189.

38 C. **Auseinandersetzung mit dem Ausgeschiedenen nach §§ 738–740 BGB:** Auch für die OHG und KG gelten §§ 738–740 BGB (§§ 161 II, 105 II). Aber diese sind mit Ausnahme von § 738 I 1 BGB (Anwachsung, s Rn 39) nicht zwingend, **abweichende Vereinbarungen** sind **die Regel**, zB Abfindungsklauseln (s Rn 58 ff). Bei Insolvenz des Gfters nach III 1 Nr 2 erfolgt die Auseinandersetzung mit dem Insolvenzverwalter, das Auseinandersetzungsguthaben des ausgeschiedenen GfterSchuldners kommt der Insolvenzmasse zu.

39 D. **Anwachsung des Anteils am Gesellschaftsvermögen:** Der Anteil des Ausgeschiedenen am GesVermögen (§ 124 Rn 16) wächst den andern Gftern mit dem Ausscheiden automatisch, also ohne besonderen Übertragungsakt, zu (§ 738 I 1 BGB), RG **136**, 99, hL; nach aA folgt dies schon aus der Kontinuität der Gesamthand, K. Schmidt § 45 II 5, bei ZweipersonenGes dagegen Gesamtrechtsnachfolge (mit Konsequenzen für die Haftung, s Rn 35). Bei Grundstücken vollzieht sich dies also außerhalb des Grundbuchs. Ein besonderer Gläubigerschutz ist nicht vorgesehen. § 738 BGB gilt nicht bei Anteilsübertragung (§ 105 Rn 69) zwischen dem alten und dem neuen Gfter, BGH NJW **75**, 166 (GbR). § 738 I 1 BGB ist zwingend, RG **56**, 208, Soergel/Hadding/Kießling § 738 Rn 1, str, das betrifft jedoch nur den Anwachsungsanspruch und die Anwachsungsquote, die von den bisherigen Beteiligungsverhältnissen abweichen kann, MüKoBGB/Schäfer § 738 Rn 13, K. Schmidt FS Huber **06**, 987, Früchtl NZG **07**, 368.

40 Nach Anwachsung sind die **Kapitalanteile** (§ 120 Rn 12) der bleibenden Gfter neu, iZw entspr ihren bisherigen Anteilen, zu bestimmen. Sie ändern sich ausnahmsweise nicht, wenn sich das Abfindungsguthaben des ausgeschiedenen Gfters mit seinem Kapitalanteil deckt, also in der Bilanz dem Eigenkapital gerade das abgeht, was den MitGftern zukommt.

41 E. **Rückgabe von Gegenständen:** Gegenstände, die ein Gfter zur Benutzung überlassen hat, sind ihm zurückzugeben, ohne Ersatz für Verluste durch Zufall (§§ 738 I 2, 732 BGB). Die Ges hat ein Zurückbehaltungsrecht bis zur genauen Feststellung eines wahrscheinlich bestehenden Ausgleichsanspruchs gegen den Gfter in der Abschichtungsbilanz, BGH NJW **81**, 2802. Umgekehrt ist der Ausgeschiedene verpflichtet, Gegenstände, die ihm auf Grund des GesVerhältnisses von der Ges oder MitGftern zu Eigentum oder zur Benutzung überlassen sind, zurückzugeben (§§ 667, 713 BGB).

42 F. **Befreiung von Schulden:** Der ausgeschiedene Gfter haftet im Außenverhältnis nach § 128 fort (§ 128 Rn 28), auch bei Kenntnis und Zustimmung des GesGläubigers zu einer entsprechenden Freistellungsvereinbarung, BGH WM **76**, 809. Der Ausgeschiedene hat deshalb einen Anspruch gegen die Ges, ihn von den gemeinschaftlichen Schulden zu befreien (§ 738 I 2 BGB), BGH **23**, 28. Der Anspruch geht auf **sofortige Befreiung,** also Beseitigung entweder der Schuld selbst (zB durch deren Erfüllung) oder der Haftung des Ausscheidenden für die Schuld (zB indem eine Entlassungserklärung des Gläubigers für ihn besorgt wird), auch wenn die Schuld noch nicht fällig ist und derzeit keine Inanspruchnahme des Ausgeschiedenen droht. Für nicht fällige Schulden genügt aber Sicherheitsleistung statt sofortiger Befreiung (§ 738 I 3 BGB). Für eine vom Dritten

1. Abschnitt. Offene Handelsgesellschaft   43–47   § 131

behauptete, von der Ges aber bestrittene Schuld gilt dies nicht, RG **60**, 156, der Ausscheidende trägt hier dasselbe Risiko wie sonst bei einer noch unbekannten Schuld. Der Ausscheidende kann entspr § 738 I 2 BGB fordern, dass die Ges ihn von einer **Sicherheit** befreit, die er aus seinem Privatvermögen einem GesGläubiger bestellt hat, RG **132**, 29, BGH BB **74**, 811; entspr von einer Bürgschaft gegenüber einem GesGläubiger, iErg anders BGH **51**, 208. Die Ges hat ein Zurückbehaltungsrecht (§ 273 BGB), wenn feststeht, dass der ausscheidende Gfter keine Abfindung bekommt, sondern Verlustausgleich (s Rn 55) schuldet, uU auch (§ 242 BGB) vor dieser Klärung, BGH BB **74**, 811. Der Anspruch auf Freihaltung von einer Verbindlichkeit ist an deren Gläubiger **abtretbar** und wird dann Zahlungsanspruch, BGH **23**, 22.

Keine Befreiung: Bei Anteilsübertragung hat der alte Gfter keinen Freistellungsanspruch gegen den neuen, BGH DB **75**, 145, NJW **81**, 1095 (GbR, bei OHG beachte § 130). Falls es nicht zur Befreiung kommt und der ausgeschiedene Gfter von GesGläubigern in Anspruch genommen wird, hat er Anspruch auf **Erstattung** aus § 670 BGB (§ 128 Rn 36).

G. **Gesamtabrechnung:** Einzelansprüche zwischen Ges und Ausgeschiedenem sind ebenso wie nach Auflösung (§ 145 Rn 6) bloße unselbstständige **Rechnungsposten** in der Auseinandersetzungsrechnung. Sie können also idR nicht mehr gesondert geltend gemacht werden, BGH **23**, 29, WM **71**, 131, **73**, 864, **88**, 446, NJW **00**, 2586, **05**, 2618. Diese **Durchsetzungssperre** gilt für den Gfter ebenso wie für die Ges, zB Forderung auf Einlagennachschuss, BGH BB **52**, 870, Karlsr BB **73**, 1457 (stGes); Konsequenzen im Prozess s Rn 57. Eine **Ausnahme** davon gilt insbesondere für solche Einzelposten, von denen mit Sicherheit feststeht, dass der Gfter den so erlangten Betrag keinesfalls mehr zurückzahlen muss, BGH **37**, 305, WM **81**, 487, **88**, 448 (vgl § 145 Rn 6), auch bei Treuepflichtverletzung oder besonderer Absprache, BGH NJW **98**, 376; im Einzelfall auch für solche aus unerlaubter Handlung, LG Hbg MDR **72**, 596; erst recht für Drittgeschäfte (§ 124 Rn 52), RG **118**, 299, MüKo/K. Schmidt 132, aA BGH WM **78**, 90, **79**, 938, Düss BB **91**, 946 (atypische stGes). Die Gesamtabrechnung erfolgt idR durch Abschichtungsbilanz zum Zeitpunkt des Ausscheidens (Stichtag s Rn 50).

H. **Beteiligung an schwebenden Geschäften: a) Grundsatz:** Der ausgeschiedene Gfter nimmt im Innenverhältnis am Gewinn und Verlust der schwebenden Geschäfte teil (§ 740 I 1 BGB). § 740 BGB verselbstständigt den Anspruch aus schwebenden Geschäften gegenüber dem Abfindungsanspruch zwecks Erleichterung der Auseinandersetzung der Gfter, BGH NJW **93**, 1194. § 740 BGB ist jedoch mit der Ertragswertermittlung unvereinbar (s Rn 49) und deswegen insoweit heute weitgehend **überholt**, MüKoBGB/Schäfer § 740 Rn 3. Bei anderer Wertermittlung, namentlich Substanzwertermittlung, wird dagegen von der Rspr weiterhin § 740 BGB angewandt. § 740 ist in vollem Umfang **abdingbar**, BGH WM **79**, 1065, so idR durch Buchwertklausel, die auf den letzten Jahresabschluss abstellt, MüKoBGB/Schäfer § 740 Rn 8.

b) Begriff des schwebenden Geschäfts: Ein schwebendes Geschäft ist ein die Ges im Zeitpunkt des Ausscheidens des Gfters bereits bindendes, aber von beiden Vertragspartnern bis dahin noch nicht voll erfülltes Geschäft, BGH WM **86**, 709. Nur unternehmensbezogene Umsatzgeschäfte gehören dazu, nicht bloße Hilfsgeschäfte. Dauerschuldverhältnisse fallen nicht darunter, BGH WM **86**, 709, 967, sonst Perpetuierung der GesZugehörigkeit. Die Verbleibenden können die Geschäfte nach pflichtmäßigem Ermessen abwickeln (§§ 740 I 2, 708 BGB; § 109 Rn 5).

c) Rechenschaft, Auszahlung, Auskunft: An jedem Geschäftsjahresende kann der ausgeschiedene Gfter Rechenschaft, Auszahlung des ihm gebührenden

§ 131 48–50   2. Buch. Handelsgesellschaften und stille Gesellschaft

Betrags und Auskunft über den Stand der noch schwebenden Geschäfte verlangen (§ 740 II BGB), dazu BGH WM **80**, 212. Der ausgeschiedene Gfter hat nicht mehr das Informationsrecht nach § 118, str (s Rn 52, § 118 Rn 2), also kein Recht auf Einsicht der Bücher und Papiere der Ges, sondern nur auf Rechnung, Belege und uU Abgabe einer eidesstattlichen Versicherung nach § 259 BGB, BGH BB **59**, 828, **61**, 190. Auszahlung nicht unbedingt nach dem Ergebnis der Rechnungslegung; der Gfter kann sein Guthaben ohne Rechnung einklagen, wenn er es anderweit berechnet. Generalunkosten treffen den Ausgeschiedenen anteilig. Der Anspruch aus § 740 BGB ist, da selbstständig, kein Rechnungsposten der Ermittlung des Abfindungsguthabens (s Rn 22), BGH WM **85**, 1166, hL; er kann daher, wenn er ausnahmsweise früher geklärt wird, auch vor Regelung der Abfindung geltend gemacht werden, BGH BB **69**, 773, NJW **93**, 1194.

6) Die Abfindung des ausscheidenden Gesellschafters

48   A. **Abfindungsanspruch:** Der Ausgeschiedene erhält für seinen Anteil am GesVermögen das, was er bei Auflösung der Ges und Auseinandersetzung erhalten würde (**Auseinandersetzungsguthaben**, § 738 I 2 BGB). Der Abfindungsanspruch entsteht mit Ausscheiden des Gfters (Stichtag s Rn 50), BGH **88**, 207, trotz Fehlens der Abschichtungsbilanz (s Rn 50), BGH ZIP **10**, 1637, und richtet sich gegen die Ges (§ 124), BGH WM **72**, 1400, und die Gfter (§§ 128, 130), BGH **148**, 206, WM **71**, 1451, Wertenbruch NZG **11**, 1133. Gleichzeitig Ausgeschiedene haften einander nicht, Stimpel **LM** § 135 Nr 2. Zahlung und Abtretung s Rn 54.

Gfter kann einzelne Ansprüche nach Ausscheiden nicht mehr einzeln durchsetzen (Durchsetzungssperre), BGH ZIP **11**, 1360 (GbR).

49   B. **Bewertung:** Die Abfindung bestimmt sich mangels anderer Vereinbarung (Abfindungsklauseln s Rn 58 ff) nach dem wahren Wert des GesVermögens am Tag des Ausscheidens (anders Jahresabschluss). Das erfordert eine Bewertung, deren Einzelheiten streitig sind (ausführlich Einl 34–37 vor § 1). Maßgeblich ist der volle wirtschaftliche Wert des lebenden Unternehmens (**Verkehrswert**) einschließlich aller stillen Reserven (§ 253 Rn 25 ff) und des Goodwill. Das ist der **Fortführungswert, nicht** der **Liquidationswert** (entgegen Wortlaut des § 738 I 2 BGB), dieser ist **nur** ein Mindestwert, also idR **Untergrenze** (Einl 37 vor § 1), und zwar auch bei einer Ertragswertklausel, BGH WM **06**, 776. Der Fortführungswert ergibt sich im Allgemeinen aus dem Preis, der bei der Veräußerung des Unternehmens als Einheit erzielt würde, BGH **116**, 370 (GmbH), WM **71**, 1450, **84**, 1506. Zutreffend ist nicht auf den Substanzwert, sondern auf den **Ertragswert** abzustellen (Prognose der künftigen Überschüsse der Einnahmen über die Ausgaben unter Abzinsung), hL im Anschluss an die Betriebswirtschaftslehre, BGH NJW **85**, 192, stRspr, vgl BGH **116**, 371; zu den Schwierigkeiten dieser Methode und zu Wertuntergrenzen (Liquidationswert, Börsenkurs) s Einl 37 vor § 1. Bei Ertragswertermittlung gibt es keine gesonderte Abrechnung schwebender Geschäfte mehr, § 740 BGB (s Rn 46) ist insoweit überholt. Meist ist Schätzung nötig (§ 738 II BGB), idR nur auf Grund von Sachverständigengutachten, BGH NJW **85**, 193. Bei Anteilsermittlung ist erst der Wert der Gesellschaft und dann erst der des Anteils zu ermitteln (indirekte Methode), IDW S 1 Tz 13 WPg **05**, 1303 (Einl 35 vor § 1), nach aA Direktermittlung ggf mit Paketzuschlag oder Minderheitsabschlag. Lit: Casper/Altgen DStR **08**, 2319 (ErbStReform), Einl 37 vor § 1.

50   C. **Abschichtungsbilanz:** Die Bewertung des GesVermögens ist grundsätzlich in einer besonderen Bilanz (Auseinandersetzungs-, Abfindungs- oder Abschichtungsbilanz) auszuweisen, BGH **17**, 136, **23**, 29, NJW-RR **86**, 454, üL, generell aA Ebenroth/Lorz 104 wegen Ertragswertberechnung. Sie ist ausnahmsweise entbehrlich, so in ganz einfach gelagerten Fällen, idR bei bloßem Buchwertabfindungsanspruch, BGH WM **80**, 1362, NJW-RR **87**, 1386, auch bei Ertragswertberechnung (s Rn 49), aA MüKo/K. Schmidt 135, sonst nur bei Zustimmung des ausgeschiedenen Gfters (s Rn 23), wohl aA weitergehend Schulze-Osterloh ZGR **86**, 552. Nachschusszahlungen der Gfter sind zu passivieren, einerlei ob auf Grund eines wirksamen oder unwirksamen GfterBeschlusses geleistet, BGH ZIP **09**, 1008 (GbR). **Stichtag** ist der Zeitpunkt des Ausscheidens des Gfters (vgl demgegenüber §§ 140 II, 142 III), doch können auch nachträgliche Erkenntnisse Rückschlüsse auf die Werte am Stichtag erlauben, BGH WM **81**, 452. **Gewinn oder Verlust** ergeben sich aus dem Vergleich der Abfindungsbilanz mit dem letzten Jahresabschluss (bei Ausscheiden zum Geschäftsjahresende: mit dem vorigen Jahresabschluss). Der so ermittelte Auseinandersetzungsgewinn, einschließlich insbesondere der aufgelösten stillen Reserven und des aktivierten Goodwill (s Rn 49), ist nach dem (vertraglichen, sonst gesetzlichen) Gewinnverteilungsschlüssel (und zwar dem zuletzt gültigen, nicht davon abweichenden früheren bei Bildung der stillen Reserven) dem Kapitalanteil des Ausscheidenden zuzuschlagen, BGH **17**, 133, **19**, 47, im Einzelnen str. Schwebende Geschäfte gehen nicht in die Abschichtungsbilanz ein, sondern werden gesondert abgerechnet (s Rn 47).

Aufstellung der Abschichtungsbilanz ist grundsätzlich Recht aller Gfter einschließlich des ausgeschiedenen, auch unter Beiziehung von Sachverständigen (vgl § 118 Rn 9). Sie obliegt aber idR den Gftern, die dafür zuständig sind bzw dies am ehesten können, also idR den verbliebenen geschäftsführenden Gftern, BGH NJW **09**, 433, doch kann auch der Ausgeschiedene selbst mitwirkungspflichtig sein, BGH BB **73**, 441. Der ausgeschiedene Gfter hat einen klagbaren **Anspruch auf Aufstellung** der Abschichtungsbilanz (Ausnahmen s Rn 50) und ihrer Vorlegung. Der Anspruch richtet sich gegen die Ges, BGH ZIP **16**, 1628, MüKo/K. Schmidt 136, nach aA gegen den oder die zuständigen Gfter, stRspr, üL, zB den einzig verbleibenden phG, BGH NJW **59**, 1491, oder einen Kdtisten mit Geschäftsführungsmacht (§ 164 Rn 7), BGH BB **73**, 441; nach aA Wahlmöglichkeit zwischen Ges und Gfter, Heymann/Emmerich § 138 aF Rn 18. Die **Feststellung** (Billigung) der Abschichtungsbilanz ist ein auch stillschweigend geschlossener **kausaler Feststellungsvertrag** ebenso wie beim Jahresabschluss (§ 164 Rn 3, § 242 Rn 3), str, MüKo/K. Schmidt 137. Bindungswirkung s § 164 Rn 3, Schwung BB **85**, 1375.

D. **Informationsrecht des Ausgeschiedenen:** Der ausgeschiedene Gfter hat nicht mehr das Informationsrecht nach § 118, str (§ 118 Rn 2), aber bezüglich der Zeit vor dem Ausscheiden die Einsichts- und Auskunftsrechte aus § 810 BGB und § 242 BGB (für schwebende Geschäfte § 740 II, s Rn 47), BGH WM **89**, 878. Im Prozess kann das Gericht Sachverständige zuziehen (§ 287 ZPO); dadurch verliert der Ausgeschiedene aber nicht das Recht zur eigenen Überprüfung, BGH BB **59**, 505. Der Gfter kann noch vor Ausscheiden etwa durch Kündigung ein Recht auf Vorabklärung der Abfindung haben (Rücksichtspflicht, § 109 Rn 23), Erman FS Westermann **74**, 75. Abweichende Vereinbarungen zum Informationsrecht sind in bestimmten Grenzen möglich (§ 118 Rn 2, 17 ff, § 166 Rn 2, 18 ff).

E. **Schiedsgutachter:** Möglich und häufig ist die Vereinbarung im GesVertrag oder ad hoc, dass das Abfindungsguthaben verbindlich durch einen sachverständigen Schiedsgutachter festgestellt werden soll, vgl BGH NJW **57**, 1834. Dann gelten §§ 317–319 BGB, näher Einl 93–95 vor § 1. Das Schiedsgutachten ist im Rahmen von § 319 BGB nachprüfbar (Einl 93 vor § 1), BGH **6**, 339. Meist ist Feststellung nach billigem Ermessen (§ 319 I BGB), nicht nach freiem Belieben (§ 319 II BGB), gewollt (Einl 95 vor § 1), so bei Bindung an die allgemeinen wirtschaftlichen Grundsätze für einschlägige Bewertungen und die wahren Werte,

BGH WM **76**, 253. Offenbar unrichtiger einzelner Wertansatz berührt idR nicht die schiedsgutachterliche Bilanz im Übrigen, BGH NJW **57**, 1834. Krasse Abweichung mehrerer Schiedsgutachten s BGH NJW **64**, 2401. Benennt die verpflichtete Gesellschaft den Gutachter nicht innerhalb einer angemessenen Frist, kann der ausscheidende Gesellschafter Zahlungsklage erheben, das Gericht trifft die Bestimmung der Leistung durch Urteil, BGH ZIP **11**, 1358 (GbR, fast zwei Jahre verspätet), § 319 I 2, 2. Halbs BGB analog. Lit: Michalski ZIP **91**, 914, allg Kleinschmidt 2014.

54 F. **Zahlung:** Die Abfindung des ausgeschiedenen Gfters ist grundsätzlich sofort, dh sofern und sobald sie bestimmbar ist, **fällig** (§ 271 I BGB), MüKoBGB/Schäfer § 738 Rn 20, so jedenfalls mangels Aufstellung einer Abschichtungsbilanz (s Rn 50); wird eine solche aufgestellt, ist die Fälligkeit nach dem Parteiwillen für die dafür benötigte Zeit hinausgeschoben, nach aA stets erst mit Feststellung der Abschichtungsbilanz, aber Verzögerungsgefahr. Zahlung in mehrjährigen **Raten** ist zulässig mit Zustimmung des Ausgeschiedenen, bei Gefährdung der Ges durch sofortige Zahlung ausnahmsweise Zustimmungspflicht dazu (nachwirkende Treuepflicht, s Rn 37). Ist dabei eine vermeintlich wertbeständige, ausländische Währung als Wertmesser angenommen und wird diese unerwartet abgewertet, Ausgleich wegen Störung der Geschäftsgrundlage (§ 313 BGB), vgl RG **163**, 327, aber nur, wenn die Abwertung erheblich über normale Paritätsänderung hinausgeht. Recht auf Abschlagszahlung, wenn Mindesthöhe der Abfindung feststeht, BGH **LM** § 138 Nr 7, BB **61**, 348, DB **62**, 867. Kein Anspruch auf Sicherheit vor Auszahlung, RG JW **19**, 34. **Verzinsung** ab Fälligkeit, also grundsätzlich sofort (§ 271 BGB, Stichtag s Rn 50), BGH BB **59**, 719, jedenfalls für unter den Gftern unstreitige Beträge, sonst erst, wenn der Anspruch zu diesem Zeitpunkt bereits berechenbar ist, MüKo/K. Schmidt 129; ist das nicht der Fall, dann erst zB wenn Abschichtungsbilanz festgestellt ist oder zumutbar hätte festgestellt werden können, uU stillschweigende Verzinsungsabrede, aber nicht ohne weiteres, aA Staub/Schäfer 146; Höhe nicht nach § 353, da der Abschluss des GesVertrags kein HdlGeschäft ist (§ 105 Rn 21), aA RG JW **38**, 3047, selbst wo Erben abzufinden sind, die nicht Kfm sind. Der Abfindungsanspruch ist **abtretbar** (§ 717 S 2 BGB, § 109 Rn 21), Rechtsstellung des Zessionars s § 109 Rn 20.

55 **Debetsaldo, Verlustausgleich:** Die Abfindungsbilanz kann aber auch einen Debetsaldo zu Lasten des ausgeschiedenen Gfters ergeben. Dieser hat anteilig für einen Fehlbetrag der Ges aufzukommen (§ 739 BGB) und muss sein negatives Kapitalkonto (§ 120 Rn 22) und den Debetsaldo anderer Konten durch Zahlung an die Ges ausgleichen (kein selbstständiger Anspruch, § 120 Rn 13, 22), BGH NJW **99**, 2439. Dies widerspricht nicht dem (während Bestehens des GesVerhältnisses geltenden) Grundsatz, dass die Gfter nicht nachschusspflichtig sind (§ 109 Rn 13), BGH **23**, 30, WM **73**, 864. Verjährung des Verlustausgleichsanspruchs nach § 195 BGB, BGH ZIP **11**, 1362 (GbR), unabhängig von §§§ 159, 160, aA K. Schmidt DB **10**, 2095 f.

56 **Aufrechnung:** Erst mit Feststellung des Abfindungsguthabens weiß man, ob der ausscheidende Gfter überhaupt einen Anspruch gegen die Ges hat; daher vorher keine Aufrechnung gegen Forderungen der Ges aus mit ihm abgeschlossenen Geschäften, Ansprüche aus solchen Geschäften kann die Ges außerhalb des Auseinandersetzungsverfahrens geltend machen, RG **118**, 297, 299.

57 G. **Prozess:** In Frage kommen eine Klage des Gfters auf **Zahlung** einer Abfindung in bestimmter Höhe wie umgekehrt Klage der Ges bei Debet (s Rn 50), und zwar auch schon vor oder ohne Auf- und Feststellung einer Abschichtungsbilanz, BGH WM **87**, 1280, Grund: Anspruch ist auch ohne solche fällig (s Rn 54); aber keine gesonderte Geltendmachung einzelner Rechnungsposten (s Rn 44); Klagegegner (Passivlegitimation) sind die Ges oder die Gfter (s

1. Abschnitt. Offene Handelsgesellschaft 58–61 § 131

Rn 20). Die Durchsetzungssperre (s Rn 44) schließt aber nicht Klage auf **Feststellung** bestimmter Einzelansprüche vorweg aus, BGH NJW **85**, 1898, etwa dass in die Abfindungsbilanz bestimmte Posten aufzunehmen oder dort außer Ansatz zu lassen sind. Nicht möglich ist dagegen eine Gestaltungsklage derart, dass die ganze Bilanz durch das Gericht festgestellt wird, BGH **26**, 28, WM **71**, 1450. Die zurzeit unbegründete Leistungsklage beinhaltet ohne weiteres Feststellungsbegehren (§ 140 BGB), BGH NJW **95**, 188, **00**, 2586. Klagegegner ist hier die Ges oder der oder die bestreitenden Gfter. Klage auf **Aufstellung der Abschichtungsbilanz,** Klagegegner ist die Ges (s Rn 51), str, Vollstreckung nach § 887 ZPO, BGH NJW **09**, 432, MüKo/K. Schmidt 136, str. Dagegen nach Auflösung der InnenGes idR keine Klage auf Zustimmung zur Abschichtungsbilanz, BGH WM **86**, 1144, str. Möglich ist auch **Stufenklage** (§ 254 ZPO) auf Aufstellung der Abschichtungsbilanz und auf Zahlung des Auseinandersetzungsguthabens, BGH ZIP **16**, 1628, Karlsr BB **77**, 1475, Stötter BB **77**, 1219. Anfechtbarkeit der Auseinandersetzung bei Schneeballsystem mit Scheingewinnen nach § 134 I InsO, BGH ZIP **13**, 1533.

7) Abfindungsklauseln und ihre Grenzen

A. **Abweichende Vereinbarungen über die Auseinandersetzung:** Die 58 Auseinandersetzung kann durch GesVertrag oder durch spätere Vereinbarung ad hoc abweichend vom Gesetz geregelt werden (s Rn 3). Solche Abfindungsklauseln haben unterschiedliche **Zwecke.** Im Vordergrund steht meist die Erhaltung der Liquidität und Substanz des Unternehmens. Hinzu kommen der Wunsch, die stillen Reserven offenzulegen und Streit über die Höhe der Abfindung zu vermeiden. Auch kann durch eine ungünstige Abfindungsklausel Druck auf die Gfter ausgeübt werden, in der Ges zu verbleiben, Bsp: BGH NJW **89**, 2685.

Sehr unterschiedlich ist der **Inhalt** der Abfindungsklauseln. Sie können die 59 Abfindung völlig ausschließen, zB bei Tod eines Gfters für dessen Erben (s Rn 62) oder bei Teilung der Sachwerte und gleicher Möglichkeit der Mandantenwerbung, BGH ZIP **10**, 1443, 1594 (Freiberuflersozietät, „Geld oder Mandanten", § 145 Rn 10), oder die Abfindung zu einem niedrigeren als dem wahren Wert (s Rn 49) vorsehen, zB so am häufigsten zum Buchwert (Kapitalkonto, s Rn 64), zum Substanzwert, Nennwert der Einlage oder Substanzwert kombiniert mit Ertragswert. Sie können aber auch nur die Berechnung, Zahlung oder sonstigen Modalitäten der Abfindung (s Rn 67) regeln. Lit: Rasner ZHR 158 (**94**) 293.

Das Problem der Abfindungsklauseln ist das ihrer **Grenzen.** Solche Grenzen 60 kann der **Gläubigerschutz** setzen. Bei Gläubigerbeeinträchtigung greift über die insolvenzrechtliche Anfechtung hinaus **§ 138 BGB** bzw das gesellschaftsrechtliche Gläubigerschutzprinzip ein, MüKoBGB/Schäfer § 738 Rn 45, 48. Das gilt insbesondere, wenn die Abfindungsklausel nicht den Gfter, sondern nur seine Gläubiger betrifft. Umgekehrt können die Gläubiger des Gfters jedoch grundsätzlich nicht mehr beanspruchen als dieser selbst, aA Heymann/Emmerich § 138 aF Rn 50, der den Ehegatten des ausgeschiedenen Gfters (Zugewinnausgleich, § 1376 BGB) und Pflichtteilsberechtigten (§ 2311 BGB), nach altem Recht auch nichtehelichen Kindern (ehem Erbersatzanspruch, § 1934a aF BGB) stets Anspruch auf den vollen Wert des GesAnteils zubilligt und Buchwertklauseln insoweit für unwirksam hält.

Viel häufiger und praktisch wichtiger sind die Grenzen, die sich aus dem 61 **Gesellschafterschutz** ergeben. Rechtsgrundlage dafür ist ebenfalls **§ 138 BGB,** aber auch **§ 242 BGB** und nach der Rspr **§ 723 III BGB, § 133 III HGB** (s Rn 64), insoweit aA MüKo/K. Schmidt 156, der aber den Schutzzweck des § 133 III unter § 138 BGB berücksichtigen will. Eine Inhaltskontrolle nach **(5)** §§ 307 ff BGB scheidet bei GesVerträgen aus, **(5)** § 310 IV 1 BGB. Die so gesetzten Grenzen verlaufen in verschiedenen Fallgruppen unterschiedlich und

§ 131 62–64 2. Buch. Handelsgesellschaften und stille Gesellschaft

sind auch seit etwa 1980 durch die höchstrichterliche Rechtsprechung deutlich zu Lasten der Ges und der verbleibenden Gfter (Konzept der „angemessenen" Abfindung) verschoben worden.

Lit: Heckelmann 1973, Gehrlein 1997 (GmbH), Richter 2002, Wangler 2. Aufl 2003, Haar 2006 (PersonenGes im Konzern, ökonomische Theorie); Ulmer/Schäfer ZGR **95**, 134, Schön ZHR 166 **(02)** 585 (PersonenGesKonzern); Boujong FS Ulmer **03**, 41, Habersack/Verse ZGR **05**, 451 (Mitarbeiterbeteiligung), Casper/Altgen DStR **08**, 2319 (ErbStReform), Henze FS K. Schmidt **09**, 619, Freund ZIP **09**, 941 (Freiberuflersozietät), Iversen NJW **10**, 183 (Pflichtteil), Krumm NJW **10**, 187 (ErbStG), Ulmer ZIP **10**, 805 (große FamilienGes), Foerster ZGR **14**, 396 (Zeitablauf).

62 B. **Zulässiger Abfindungsausschluss bei Tod:** Der GesVertrag kann die Abfindung für den (nicht eintretenden) Erben des verstorbenen Gfters wirksam völlig ausschließen, der Anteil des Gfters geht dann an die MitGfter, an einzelne von ihnen oder an Dritte, RG **145**, 294, **171**, 350, BGH **22**, 194, WM **71**, 1339, MüKo/K. Schmidt 161, hL, aA Heymann/Emmerich § 138 aF Rn 43. Eine solche Vereinbarung ist, wenn sie gleichmäßig für alle Gfter gilt, keine Schenkung, BGH **22**, 194. Bei ungleicher Regelung kann Entgeltlichkeit aus Vorgängen bei Gründung der Ges folgen, vgl BGH WM **71**, 1339, KG JR **71**, 422m Anm Säcker. Ist Schenkung anzunehmen (§ 105 Rn 56), ist sie unter Lebenden vollzogen durch Zuwendung der Anwartschaft auf den Anteil an die Begünstigten, Formmangel ist damit geheilt (§§ 2301 II, 518 II BGB), BGH WM **71**, 1339; KG JR **71**, 422. Abfindungsausschluss hindert nicht Rückforderung unzulässiger Entnahmen, ggf von den Erben, BGH BB **74**, 996.

63 **Unzulässiger Abfindungsausschluss in sonstigen Fällen:** Für die GbR wird zu Recht noch eine zweite Fallgruppe zulässigen Abfindungsausschlusses angenommen, nämlich für Ges mit rein ideellem Zweck, BGH **135**, 387, MüKoBGB/Schäfer § 738 Rn 62. Diese spielt jedoch für HdlGes keine Rolle. Im Übrigen ist der völlige Abfindungsausschluss jedoch grundsätzlich unwirksam, auch bei Ausschließung des Gfters aus wichtigem Grund, BGH ZIP **14**, 1327 (GmbH), MüKo/K. Schmidt 166, MüKoBGB/Schäfer § 738 Rn 60, aA Flume I 1 § 12 III.

64 C. **Abfindungsbeschränkung durch Abfindungsklauseln: a) Grundsatz:** Häufig sind **Buchwertklauseln**, zB Beschränkung auf Buchwert (dh auf die Werte in der Jahresbilanz, also ohne stille Reserven, § 253 Rn 25 ff; Auslegung s Rn 71) oder Buchwert und stille Reserven (ohne Geschäftswert); Bspe für reine Buchwertklauseln, BGH BB **78**, 1333, WM **86**, 1527, für Buchwertklauseln mit Zu- und Abschlägen, BGH NJW **84**, 362, **89**, 2685. Sie werden heute von der Rspr anders als früher nicht mehr für grundsätzlich zulässig, sondern jedenfalls bei erheblicher Abweichung für grundsätzlich unzulässig angesehen, zB BGH NJW **79**, 104, allerdings rglm nicht schon nach § 138 BGB, zutr MüKoBGB/Schäfer § 738 Rn 46, 64, sondern nach § 723 III BGB (und § 133 III HGB). Das Recht des Gfters auf Abfindung bei Ausscheiden ist ein Grundmitgliedschaftsrecht. **Bei erheblichem Missverhältnis** zwischen dem Buchwert und vollem wirtschaftlichen Wert (Ermittlung s Rn 49–50) ist eine Buchwertklausel aber wegen unzumutbarer Erschwerung der Kündigung (§ 723 III BGB) **unzulässig**, BGH **116**, 369 (GmbH), **123**, 283, WM **79**, 1065, NJW **85**, 192. Dazu gibt es **keine festen Prozentsätze**, vgl BGH NJW **93**, 2102 (s Rn 70); die in der Literatur zT vorgeschlagenen Grenzen (etwa 50 %, Ulmer/Schäfer ZGR **95**, 153) mögen praktisch wünschenswert sein, täuschen jedoch über die Unterschiedlichkeit der Fallgruppen hinweg und gaukeln eine falsche Sicherheit vor. Typische Kündigungserschwerung genügt, tatsächliche Auswirkung auf den Kündigungsberechtigten ist unnötig. Diskrepanz zum vollen Wert kann auch bei Zugrundelegung der Einkommensteuerbilanz oder der Vermögensaufstellung

1. Abschnitt. Offene Handelsgesellschaft 65–70 § 131

nach BewG vorliegen, BGH WM **89**, 878. Klauseln über weniger als der Buchwert sind in aller Regel unzulässig, das wird vor allem für Klauseln über **Abschläge** vom Buchwert relevant sein, nach aA Unzulässigkeit nur mangels besonderer Gründe. Jedenfalls die Kürzung auf die Hälfte ist unzulässig, BGH NJW **89**, 2685, auch bei Hinauskündigung aus wichtigem Grund (s Rn 65) oder bei vorausgegangener Anteilsschenkung (s Rn 66). Ganz ausnahmsweise sind Abschläge akzeptabel, zB bei Absinken des wirklichen Werts unter den Buchwert.

b) Anlass des Ausscheidens: Buchwertabfindung für den Fall der **Ausschließung aus wichtigem Grund** ist grundsätzlich zulässig, offen BGH NJW **89**, 2685. Unzulässig ist dagegen auch dann die Kürzung auf die Hälfte, BGH NJW **89**, 2685. Buchwertklausel auch für den Fall der Ausschließung ohne sachlich gerechtfertigten Grund ist dagegen unzulässig (falls nicht schon wie idR die Ausschließung selbst unzulässig ist, § 140 Rn 31 ff), zulässig ist dann nur eine angemessene Abfindung, BGH NJW **79**, 104; anders kann es liegen, wenn die Persönlichkeit eines oder mehrerer Gfter entscheidend den inneren Wert der Ges prägt. Begrenzung der Abfindung bei **sachlich berechtigter Hinauskündigung** (§ 140 Rn 31) auf den von dem Gfter (zB Mitarbeiter) für den Erwerb des Anteils gezahlten Betrag (zB Nennwert des Anteils) unter Ausschluss späterer Wertsteigerungen ist zulässig, BGH **164**, 108. 65

c) Art der Beteiligung, sonstige Sonderfälle: Diese Grundsätze gelten ebenso bei **Anteilsschenkung** (§ 105 Rn 56), auch der Beschenkte ist kein Gfter „minderen Rechts", BGH **164**, 115, NJW **89**, 2685, str (§ 140 Rn 31). Das schließt zwar nicht allgemein eine Berücksichtigung der Art der Beteiligung aus, zB für eine an die Beschäftigung bei der Ges gebundene Beteiligung mit bloßer Nennwerteinlage oder für unternehmerisch zweckbeschränkte Mitgliedschaften (s Rn 65). Aber das Konzept von Gftern minderen Rechts ist dafür ungeeignet, BGH **164**, 116. Wer einmal Gfter geworden ist und einen Anteil erworben hat, hat grundsätzlich Anspruch auf die diesem Anteil entsprechende Abfindung. 66

Sonstige Sonderfälle mit größerem Spielraum für Abfindungsbeschränkungen sind denkbar, zB bei Gesellschaften mit ideellem Zweck, BGH **135**, 390 (Beschränkung auf Rückzahlung der Einlage), Freiberuflersozietäten (s Rn 59), Managermodelle, BGH **164**, 98, 107 (s auch Rn 65), uU große FamilienGes, Ulmer ZIP **10**, 805. Aber darüber dürfen die Grundsätze (s Rn 61, 64) nicht zu Lasten des Gfters, der ausscheiden will oder ausscheiden muss, vergessen werden.

D. **Berechnung und Zahlung gemäß Abfindungsklauseln:** Klauseln über die Art und Weise der Berechnung der Abfindung, insbesondere über die Bewertungsmethode, sind ohne weiteres zulässig, soweit sie sich im Rahmen der üblichen Bewertungsmethoden halten (s Rn 49) und eine angemessene Abfindung zulassen. Schiedsgutachten s Rn 53. 67

Klauseln über Stundung des Abfindungsanspruchs sind zulässig; auch über Abfindung in Raten, aber in aller Regel nicht über 10 Jahre und nur bei angemessener Verzinsung und Sicherstellung, str, aA strenger Heymann/Emmerich § 138 aF Rn 51. Klausel über 15 gleiche Jahresraten ist auch bei 6% Zinsen unzulässig, BGH NJW **89**, 2685. 68

E. **Ausübungskontrolle: a) Rechtsmissbrauch:** Die Berufung auf eine Abfindungsklausel kann rechtsmissbräuchlich (§ 242 BGB, Treuepflicht, s Rn 37) sein, wenn derjenige, der sich darauf beruft, das Ausscheiden durch grob vertragswidriges Verhalten herbeigeführt hat, zB Berufung der verbliebenen Gfter auf eine weitreichende Buchwertklausel. 69

b) Anpassung an veränderte Umstände: Eine wirksame Abfindungsklausel wird nicht durch ein erst später eingetretenes grobes Missverhältnis zum wirklichen Anteilswert unwirksam, BGH **123**, 281. Das Festhalten an einer Abfin- 70 dungsklausel kann aber durch die spätere Entwicklung unzumutbar werden (§ 242 BGB), eine feste quotenmäßige Grenze dafür gibt es nicht, BGH NJW **93**, 2101, zu berücksichtigen sind alle Umstände des Einzelfalls, Bremen NZG **13**, 780. Die Abfindung soll dann in ergänzender Vertragsauslegung zu ermitteln sein (zwischen Buch- und Verkehrswert), BGH **123**, 281, aber wohl nur in Ausnahmefällen hilfreich; richtiger Störung der Geschäftsgrundlage (§ 313 BGB), vgl BGH **126**, 226: §§ 157, 242 BGB, oder Ausübungs-, nicht Inhaltskontrolle nach § 242 BGB, Ulmer/Schäfer ZGR **95**, 144, dabei Orientierung am hypothetischen Parteiwillen. Relevant sind dabei ua Grad des Missverhältnisses (s Rn 64), Anlass des Ausscheidens (s Rn 65), Dauer der Mitgliedschaft, Beitrag zum Unternehmenserfolg, BGH NJW **93**, 2102, spätere Steuerentwicklungen, MüKoBGB/Schäfer § 738 Rn 42, auch sonstige Gründe, Büttner FS Nirk **92**, 128, aber nicht Gründe außerhalb des GesVerhältnisses, zB wirtschaftliche Lage oder private Umstände des Ausscheidenden.

71 F. **Einzelprobleme:** „Buchmäßiger Kapitalanteil" bedeutet nicht notwendig Bewertung nur nach Buchwerten und damit Ausschluss von den stillen Reserven, schließt aber iZw Geschäftswert aus, BGH BB **73**, 442. Abfindung „zu Buchwerten" erfasst idR nicht stille Reserven und Firmenwert, aber offene Rücklagen und sonstige Posten mit Rücklagecharakter, BGH BB **78**, 1333. Steuerrechtliche Sonderabschreibungen sind grundsätzlich nicht aufzulösen, MüKoBGB/Schäfer § 738 Rn 63. Klausel „Betriebsfortsetzungswert unter Auflösung stiller Reserven", BGH BB **61**, 348. Buchwert umfasst auf jeden Fall die offenen Rücklagen. Klausel über Erstattung der auf die Abfindung anfallenden Einkommensteuer (aus Veräußerungsgewinn) des Ausscheidenden durch die Ges kann auch Pflicht zum Ausgleich mittelbarer Steuerfolgen beinhalten, BGH BB **57**, 907. Ob mit Wert der Wert für die verbleibenden Gfter oder der bei (unterstellter) Veräußerung an Dritten maßgebend ist, ist Auslegungsfrage, BGH WM **73**, 286. Die Abfindungsvereinbarung hindert nicht nachträgliche Geltendmachung eines Ersatzanspruchs aus Untreue gegen den Ausgeschiedenen, BGH BB **60**, 755; aA im Falle einer ausdrücklichen Pauschalierungsklausel wohl BGH BB **62**, 1303.

72 Sittenwidrigkeit der Abfindungsklausel macht nicht ohne weiteres die Ausschließung überhaupt unwirksam (§ 140 Rn 33). Darlegungs- und Beweislast, zB für hinreichende Diskrepanz zwischen Buch- und wahrem Wert, liegt beim Gfter, BGH WM **89**, 878. Er hat dazu aber ein Einsichtsrecht aus § 810 BGB (s Rn 52), auch in die Prüfungsunterlagen, BGH WM **89**, 878 (vgl § 166 Rn 4).

73 G. **Rechtsfolgen:** Abfindungsklauseln, die die oben genannten Grenzen (s Rn 60 ff) überschreiten, sind unwirksam. Die Unwirksamkeit beschränkt sich auf die Klausel, sie erfasst nicht weitergehend den GesVertrag (§ 105 Rn 50). Die Klausel selbst ist nicht notwendigerweise insgesamt unwirksam. **(5)** § 306 II BGB greift zwar nicht ein (s Rn 61), eine geltungserhaltende Reduktion der Abfindungsklausel ist aber auch unter § 138 BGB nicht möglich, Grund: sie würde den sittenwidrig Handelnden belohnen, anders jedoch in den übrigen Fällen der Unwirksamkeit, MüKoBGB/Schäfer § 738 Rn 75, Büttner FS Nirk **92**, 127. Sie geschieht durch (auch **ergänzende**) **Vertragsauslegung** (§ 105 Rn 59). Diese führt idR zu dem Ergebnis, dass eine angemessene Abfindung geschuldet ist, BGH NJW **85**, 193. De lege ferenda für einheitliche Regelung (Ausübungskontrolle) Wicke DNotZ **17**, 271.

8) Abweichende Vereinbarungen zur Auflösung (zu I, II)

74 A. **Erweiterung der Auflösungsgründe: a) Auflösungsklausel:** § 131 I, II ist nicht zwingend abschließend, der GesVertrag kann weitere Auflösungsgründe bestimmen (arg aus I Nr 1, 2), zB Auflösung statt Ausscheiden bei Tod, Insolvenz oder Kündigung des Gfters oder bei Kündigung durch den Privatgläubiger des Gfters (entgegen III 1 Nr 1–4, wie I Nr 3–6 aF). Auch Klausel über Auflösung bei Tod ua, verbunden mit Fortsetzung bei Beschluss und Ausscheidensrecht des Erben ist möglich.

b) Rechtsfolgen: Wird die Ges kraft **Auflösungsklausel** durch den **Tod des** 75 **Gesellschafters** aufgelöst statt Ausscheidens des Gfters nach III 1 Nr 1, wird der **Erbe,** wenn die Ges nicht zugleich erlischt, neuer vollwertiger Gfter der Ges iL (§§ 145 ff), BGH **1,** 327, NJW **82,** 170. Er wirkt mit an der Ges iL (zB nach § 146 I), nimmt ggf teil am Fortsetzungsbeschluss (s Rn 30), KG HRR **42,** 477, auch bei Fortsetzung ohne ihn, und hat das Übernahmerecht nach § 140 I 2, BGH **1,** 327. Er hat die Anzeige- und Geschäftsführungspflichten nach § 727 II BGB (s Rn 79). Er haftet (beschränkbar als Erbe, ua § 1975 BGB, mit Erblasseranteil und Nachlass außerhalb der Ges) für GesSchulden, BGH **113,** 134, auch in der Liquidation (nach dem Erbfall) eingegangene, unter Geltung von § 15, BGH **66,** 102. Mehrere Erben treten als **Erbengemeinschaft** (§§ 2032 ff BGB) in die LiquidationsGes ein, RG **106,** 65, BGH NJW **82,** 170. Sie haben einen gemeinsamen Vertreter zu bestellen (§ 146 I 2). Der Testamentsvollstrecker verwaltet den Anteil, BGH **98,** 58. **Vor- und Nacherbe** s § 139 Rn 19.

Scheinerben: Der Scheinerbe bzw Scheinmiterbe (mit und ohne Erbschein) 76 wird nicht über § 1922 BGB Gfter, auch nicht nach den Grundsätzen der fehlerhaften Ges, aA Konzen ZHR 145 **(81)** 61. Der wahre Erbe hat den Erbschaftsanspruch nach §§ 2018 ff BGB gegen den Scheinerben. Tritt der Scheinerbe dagegen auf Grund einer rechtsgeschäftlichen Eintrittsklausel (§ 139 Rn 3, 5) in die Ges ein, liegt eine fehlerhafte Ges vor (§ 105 Rn 79). Im übrigen Gutglaubensschutz bei Erbschein (§§ 2365 ff BGB). Lit: Fischer FS Heymanns Verlag **65,** 271, Schreiner NJW **78,** 921, Konzen ZHR 145 **(81)** 29.

Wird die Ges danach bei **Tod** des Gfters aufgelöst, wird die Ges durch die 77 Pflicht des Erben zur unverzüglichen Anzeige und bei Gefahr im Verzuge durch **einstweilige Fortdauer** des Rechts und der Pflicht zur **Geschäftsführung** seitens der Erben (Miterben, §§ 431, 425, 2038 BGB; ab Erbschaftsanfall; bei Ausschlagung § 1959 BGB) und der übrigen Gfter geschützt (§ 727 II BGB, ähnlich § 137 I aF). Bei Auflösung wegen **Insolvenz** des Gesellschafters entsprechend einstweilige Geschäftsführung durch die übrigen Gfter (§ 728 II 2 BGB, ähnlich § 137 II aF), nicht den insolventen Gfter oder den Insolvenzverwalter, letzterer wirkt nur bei Liquidation mit (§ 146 III). § 727 II BGB gilt entspr für Testamentsvollstrecker und Nachlassverwalter. Im Rahmen der notwendigen Maßnahmen hat der Erbe auch Vertretungsmacht. Die Pflicht des Erben ist eine Nachlassverbindlichkeit (§ 1967 BGB); daher gelten die gesetzlichen Beschränkungsmöglichkeiten (§§ 1975 ff BGB). Für eingegangene Verbindlichkeiten haften die Gfter (§ 128) und der Nachlass. Verletzung der Anzeige und Fortführungspflichten macht ersatzpflichtig (§ 280 BGB), Haftungsmaßstab ist § 708 BGB, str (§ 109 Rn 5). Im Falle der Insolvenz eines Gfters sind die MitGfter wegen ihrer Aufwendungen (§ 110) Massegläubiger in der Insolvenz des Gfters (§ 118 InsO); schließen sie Geschäfte mit Dritten, haftet diesen auch der insolvente Gfter persönlich (§ 128), nicht die Insolvenzmasse. Zur Stellung des Erben in der AbwicklungsGes MüKoBGB/Schäfer § 727 Rn 13.

B. Einschränkung der Auflösungsgründe, Fortsetzungsklauseln: 78 **a) Einschränkung der Auflösungsgründe:** Die Auflösungsgründe sind zT zwingendes Recht, so nach I Nr 3, II Nr 1, 2 sowie die Auflösungsgründe nach Sondergesetzen (s Rn 8). Auch die Vollbeendigung mit Wegfall des vorletzten Gesellschafters (s Rn 7) ist nicht dispositiv (nur EinpersonenKapitalGes). Privatautonomie besteht dagegen nach I Nr 1, 2, einer Fortsetzungsklausel (s Rn 79) bedarf es dazu nicht. Dispositiv ist auch I Nr 4 iVm § 133, der GesVertrag kann dazu zB statt Auflösung Ausscheiden des Gfters vorsehen (§ 133 Rn 19).

b) Fortsetzungsklauseln: Die vor Reform des § 131 verbreiteten Fortset- 79 zungsklauseln zielten auf die Auflösung der Ges durch Kündigung, Tod und

Insolvenz eines Gfters (§ 131 Nr 6, 5, 4 aF) und ersetzten die Auflösung (und Liquidation) der Ges durch Ausscheiden des Gfters aus der unter den MitGftern fortbestehenden Ges (§ 138 aF). Da in diesen Fällen der Gfter nunmehr nach III ausscheidet, haben sie für Fortsetzung der Ges ihre Funktion verloren (anders für die GbR, s § 736 BGB). In besonderen Fällen haben Fortsetzungsklauseln aber nach wie vor für die Fortsetzung der Ges Bedeutung, zB nach Ende des Insolvenzverfahrens (I Nr 3, s Rn 13), im Fall des § 133 (dort Rn 19), bei Auflösung infolge Wegfalls des vorletzten Gfters (s Rn 35) oder des einzigen Komplementärs (s Rn 36) oder wenn die Ges nach Sondergesetzen aufgelöst ist (s Rn 8) und der sondergesetzliche Auflösungsgrund später wegfällt. Die Gfter können die Fortsetzung auch ad hoc vereinbaren. Dazu ist grundsätzlich Einstimmigkeit erforderlich, doch kann GesVertrag Mehrheitsbeschluss zulassen (s Rn 30). Vertragskonstruktionen zum Ziel der „ewigen" NachfolgeGes, Sudhoff DB **71**, 2097. Mit der Fortsetzungsklausel wird nur die Fortsetzung der Ges gesichert; soll die Ges mit dem Erben statt dessen Ausscheiden fortgesetzt werden, ist eine Nachfolgeklausel notwendig (§ 139 Rn 10, 14).

80   **c) Einzelprobleme bei Fortsetzungsklauseln:** Die folgende Rspr hat ihre Hauptanwendungsfälle verloren, aber ist für Sonderfälle weiterhin relevant (s Rn 79). Der GesVertrag kann die Fortsetzung ausdrücklich vorsehen, Bsp: BGH BB **73**, 166, **74**, 902. Dieser GfterWille kann sich aber auch erst aus (auch ergänzender) Vertragsauslegung ergeben (§ 105 Rn 59), BGH WM **73**, 37, BB **79**, 287. Dafür genügt nicht allein Entwicklung zum Großunternehmen, sofern die Personenbezogenheit der Ges gewahrt bleibt, BGH DB **77**, 1403. In der PublikumsGes ist dagegen in aller Regel eine Fortsetzungsklausel als gewollt anzusehen (Anh § 177a Rn 83). Fortsetzungsklausel für einen Fall (Todesfall nach § 131 Nr 4 aF) zwingt nicht zu entspr Auslegung für einen anderen (Kündigung nach § 131 Nr 6 aF), BGH DB **77**, 1403. Möglich ist Klausel, dass die MitGfter nicht ohne weiteres fortsetzen, sondern dies nur beschließen können, mit oder ohne Teilnahme des Kündigenden, einstimmig oder mit Mehrheit, vgl BGH BB **74**, 902. Scheidet bei einer KG der Einzige phG aus (s Rn 36), so kann GesVertrag vorsehen, dass die verbleibenden Kdtisten einen neuen phG aufnehmen; verweigert ein Kdtist hierbei seine Mitwirkung, kann dies treuwidrig sein (§ 109 Rn 23), BGH DB **79**, 1836. Fortsetzungsklausel ist auch auf Ausscheiden mehrerer AltGfter anwendbar, § 723 III BGB greift nicht, BGH NJW **08**, 1943, 2987 (GbR).

81   **Zweipersonengesellschaft:** Bei Ges mit nur (noch) zwei Gftern (ZweiPersonenGes, s Rn 19, 35) ist die Fortsetzungsklausel, auch wenn die Ges ursprünglich mehr Gfter hatte, idR dahin zu verstehen, dass bei Wegfall des einen Gfters der andere ein Übernahmerecht hat (§ 140 Rn 30) und bei dessen Ausübung das Geschäft von Rechts wegen auf ihn als Alleininhaber übergeht (Gesamtrechtsnachfolge s Rn 35, nicht Anwachsung, s Rn 39, entsprechende Haftungsfolgen, s Rn 84), BGH **LM** § 138 Nr 2, BB **65**, 844, Mü BB **81**, 1117 (Kündigung); s auch Rn 84. Übernahmerecht, iZw nicht Übernahmepflicht, Karlsr ZIP **07**, 1908. Eine vor Übernahme bewilligte, später für die Ges eingetragene Hypothek entsteht dann unmittelbar für den Übernehmer. Die Übernahme kann missbräuchlich sein, zB wenn doch liquidiert werden muss und die Übernahme nur dem Übernehmer einen besonderen Liquidationsgewinn bringen würde, BGH BB **58**, 851.

9) Abweichende Vereinbarungen zum Ausscheiden (zu III)

82   A. **Erweiterung der Ausscheidensgründe:** Der GesVertrag kann das Ausscheiden eines Gfters aus der unter den MitGftern fortbestehenden Ges auch in anderen Fällen als nach III 1–4, 6 vorsehen (III Nr 5, s Rn 25). Die Gfter können das Ausscheiden eines Gfters und die Fortsetzung unter den übrigen auch ad hoc

1. Abschnitt. Offene Handelsgesellschaft § 132

vereinbaren. Dazu ist grundsätzlich Einstimmigkeit erforderlich, doch kann GesVertrag Mehrheitsbeschluss zulassen (§ 131 Rn 20 ff). Erleichterung der Ausschließung s § 140 Rn 30.

B. **Einschränkung der Ausscheidensgründe, Fortsetzungsklauseln:** Die 83
Ausscheidensgründe nach III Nr 1–6 sind nicht zwingend. Der GesVertrag kann vorsehen, dass in den Fällen III Nr 1–4 die Ges aufgelöst ist (wie nach I Nr 3–6 aF). Der GesVertrag kann umgekehrt vorsehen, dass der Gfter oder sein Erbe in der Ges länger als nach III 2 verbleibt, zB um Ges als GmbH & Co weiterzuführen, oder ein bloßes Ausscheidensrecht hat oder gar nicht ausscheidet, auch zu III Nr 2, MüKo/K. Schmidt 71, 75, 76, Voigt NZG **07**, 695, aA üL, Göcke NZG **09**, 211. Letzterem dienen die verschiedenen Nachfolgeklauseln, die den Ges-Anteil erst vererblich machen (§ 139 Rn 1 ff). Denkbar ist auch die Bildung einer **stillen Gesellschaft.** Soll nach dem GesVertrag im Todesfall die OHG oder KG unter den übrigen Gftern fortgesetzt und der Erbe stiller Gfter werden, scheidet der Erbe aus der Ges aus und die MitGfter sind ihm und untereinander zur Gründung einer stGes mit dem Erben verpflichtet. Sein Auseinandersetzungsguthaben bildet seine Einlage (§ 230 I). Erschwerung der Ausschließung und bloße Herabstufung s § 140 Rn 28 f.

Vorsorge bietet sich auch für den Fall des Ausscheidens des vorletzten Gfters 84
aus der **Zweipersonengesellschaft** an, da dann der andere von Gesetzes wegen im Wege der Gesamtrechtsnachfolge (auch als bisheriger Kdtist) unbeschränkt für alle Altschulden der Ges haftet (s Rn 35). Ein Recht zu Ablehnung der Übernahme (RegE) kommt zu spät, stattdessen kommt eine Klausel über Auflösung statt Ausscheiden verbunden mit Übernahmeklausel in Betracht (s Rn 74, 81). Zur Insolvenz des Kommanditisten, Heerma ZIP **11**, 981.

[Kündigung eines Gesellschafters]

132 Die Kündigung eines Gesellschafters kann, wenn die Gesellschaft für unbestimmte Zeit eingegangen ist, nur für den Schluß eines Geschäftsjahrs erfolgen; sie muß mindestens sechs Monate vor diesem Zeitpunkte stattfinden.

Übersicht

Rn
1) Kündigung der auf unbestimmte Zeit eingegangenen
   Gesellschaft 1, 2
   A. Inhalt von § 132 1
   B. Für unbestimmte Zeit eingegangen 2
2) Ordentliche gesetzliche Kündigung 3–7
   A. Kündigungserklärung 3
   B. Kündigungsfrist 4
   C. Keine Kündigung zur Unzeit 5
   D. Missbräuchliche Kündigung 6
   E. Rechtsfolgen 7
3) Abweichende Vereinbarungen 8–14
   A. Erleichterungen 8
   B. Erschwerungen 9

1) Kündigung der auf unbestimmte Zeit eingegangenen Gesellschaft

A. **Inhalt von § 132:** § 132 regelt Termin und Frist der ordentlichen Kündi- 1
gung der auf unbestimmte Zeit eingegangenen OHG bzw KG (auf bestimmte Zeit eingegangene Ges s § 131 I Nr 1); im Übrigen, vor allem zum Kündigungsrecht, bleibt § 723 BGB anwendbar, insbesondere § 723 III BGB (s Rn 6, 12–13), BGH **23**, 15, NJW **85**, 192. Die außerordentliche Kündigung ist in

§ 132 2–7 2. Buch. Handelsgesellschaften und stille Gesellschaft

§ 133 geregelt und nur als Auflösungsklage möglich, falls der GesVertrag nichts anderes vorsieht. Lit: Strothmann/Vieregge, FS Oppenhoff **85**, 451, Henssler/Kilian ZIP **05**, 2229 (Kollektivaustritt), s auch § 134 Rn 1.

2 B. **Für unbestimmte Zeit eingegangen:** Eine bestimmte Zeit ist nicht nur eine solche nach dem Kalender, sondern auch durch den GesZweck (§ 131 Rn 11), zB bis zum Erscheinen der ersten Publikation eines Verlags, BGH **10**, 98, **50**, 321, oder auf die Dauer des Bestehens einer anderen Ges, die nicht über ist. Eine unbestimmte Zeit ist eine solche, die nicht in diesem Sinne bestimmt ist; doch muss wohl in jedem Falle die Dauer der Bindung für die Gfter einigermaßen übersehbar sein, so dass sie ähnlich wie bei kalendermäßig bestimmter Dauer danach Dispositionen treffen können, BGH **50**, 322, NJW **92**, 2696. Ges auf Lebenszeit und stillschweigend fortgesetzte Ges stehen der für unbestimmte Zeit eingegangenen Ges gleich (§ 134).

2) Ordentliche gesetzliche Kündigung

3 A. **Kündigungserklärung:** Die Kündigung ist eine empfangsbedürftige Willenserklärung. Sie ist **an alle übrigen** (auch nicht geschäftsführenden) Gftern zu erklären, nicht an die Ges, außer wenn anders vereinbart. Doch wirkt die Kündigung an die Ges, sobald sie die übrigen Gfter erfahren, BGH NJW **93**, 1002. Die Kündigung ist **formfrei**, doch kann der GesVertrag Form vorsehen; auch dann wirkt die Kündigung sobald sie die übrigen Gfter erfahren, RG **77**, 70. Sie ist konkludent möglich, muss aber eindeutig sein. Bedingte Kündigung und Änderungskündigung sind zulässig, wenn keine unzumutbare Ungewissheit entsteht, vgl BGH WM **86**, 975, wohl aA Heymann/Emmerich 6, zulässig sind jedenfalls unechte Bedingungen, OGH **3**, 250. Die Kündigung ist in der Auflösungsklage (§ 133) idR enthalten, wegen der anderen Wirkungen dagegen nicht in der Übernahmeklage (§ 140 I 2).

4 B. **Kündigungsfrist:** Bei Ges auf unbestimmte Zeit ist Kündigung jederzeit zum Ende des Geschäftsjahrs mit Frist von sechs Monaten möglich; wenn Geschäftsjahr gleich Kalenderjahr: spätestens am 30. 6. (zugehend) zum 31. 12. Verspätete Kündigung wirkt idR auf den nächstfolgenden Termin. Geltenlassen verspäteter Kündigung (nicht ohne weiteres bloßes Schweigen, § 346 Rn 32) wird idR Beschluss über Ausscheiden des Kündigenden (§ 131 III Nr 6, dort Rn 26) zum genannten Termin bedeuten.

5 C. **Keine Kündigung zur Unzeit:** Die Kündigung kann unzeitig sein; dann ist sie zwar wirksam, macht aber schadensersatzpflichtig (§ 723 II BGB auch für OHG, nach aA § 280 BGB wegen Verletzung der Treuepflicht). Schadensersatzpflicht setzt wie auch sonst (vgl § 280 I 2 BGB) Verschulden voraus, Soergel/Hadding/Kießling § 723 Rn 52, MüKoBGB/Schäfer § 723 Rn 55.

6 D. **Missbräuchliche Kündigung:** Die Kündigung kann ausnahmsweise treuwidrig sein (Treuepflicht, § 109 Rn 23), nach der Rspr rechtsmissbräuchlich (§ 242 BGB), aber nur in besonderen Ausnahmefällen, OGH **3**, 250, uU eine Kündigung schon in den ersten Jahren der Ges, BGH **23**, 16. Das Missbrauchsverbot darf keinesfalls zum dauernden Ausschluss der Kündigung führen (§ 723 III BGB), BGH **23**, 16, DB **77**, 1404. Missbrauch **nicht** schon bei grundloser Kündigung; bei Ausnutzung einer dem kündigenden Gfter einen Vorteil bei der Auseinandersetzung sichernden Dauerlage, da sonst Kündigungsausschluss, BGH JZ **54**, 195; bei Kündigung, um Fortsetzung unter günstigeren Bedingungen zu erreichen, BGH DB **77**, 1404, WM **88**, 328, str. Lit: Ulmer 2. FS Möhring **75**, 295 (Treuepflicht).

7 E. **Rechtsfolgen:** Die Kündigung führt nach Ablauf der Kündigungsfrist zum Ausscheiden des Gfters (§ 131 III Nr 3, anders § 131 Nr 6 aF). Bis dahin kann **anderer Kündigungsgrund** zuvorkommen, zB Tod des Kündigenden vor Ende

1. Abschnitt. Offene Handelsgesellschaft 8–14 § 132

der Kündigungsfrist, OGH **3,** 254, hL; für die Zeit nachher str (§ 131 Rn 5). Die Rechtsfolgen der Kündigung können grundsätzlich nur einstimmig verändert werden, BGH **48,** 251.

3) Abweichende Vereinbarungen

A. **Erleichterungen:** Erleichterung der Kündigung bezüglich Termin und 8 Frist sind ohne weiteres zulässig, auch ordentliche Kündigung jederzeit fristlos, aber § 723 II BGB (s Rn 5). Auch Regelung der Rechtsfolgen der Kündigung (vgl Rn 11), zB auch Auflösung (§ 131 Rn 74).

B. **Erschwerungen:** Zulässig ist die Festlegung einer bestimmten Zeitdauer 9 der Ges oder gleichstehend der Ausschluss der Kündigung auf Zeit. Der Ausschluss braucht nicht Zeitraum oder Zeitpunkt kalendermäßig festzusetzen. Hinreichende Bestimmbarkeit der Vertragsdauer genügt, zB bis zum Erscheinen der ersten Ausgabe eines Verlags (s Rn 2), RG HRR **26,** 1266; mangels solcher Bestimmbarkeit ist Ges auf unbestimmte Zeit eingegangen (s Rn 2). Zulässig ist auch die Verlängerung der gesetzlichen Kündigungsfrist (§ 105 II iVm § 723 I 3 BGB), zB Frist von zwei Jahren. Kündigungsfrist und -modalitäten können für die Gfter auch ungleich sein, vgl BGH WM **68,** 532.

Zulässig sind auch **Abtretungs- und Umwandlungsklauseln.** Bspe: Ersetzung der ordentlichen Kündigung durch Anspruch auf Umwandlung in Kapital- 10 Ges, RG **156,** 136, Grenze im Einzelfall bei Unzumutbarkeit, MüKo/K. Schmidt 29; Ersetzung durch Anspruch auf Anteilsübertragung; auch Ausschluss des ordentlichen Kündigungsrechts der GmbH bei der GmbH & Co; ebenso bei der KG für Kdtisten bei Zulassung freier Anteilsübertragung.

Auch **Klauseln über die Rechtsfolgen** der Kündigung können die Kündi- 11 gung zulässig erschweren, zB durch Beschränkung der Abfindung (aber Grenzen, § 131 Rn 64 ff) oder Übernahmerecht (§ 140 Rn 30 ff).

Grenzen: a) Kein Ausschluss. Unzulässig ist der Ausschluss der (ordentli- 12 chen) Kündigung auf Dauer (**§ 723 III BGB,** s Rn 1), auch bei kapitalistischer Ges, BGH **23,** 15. Gleiches gilt für andere dem Ausschluss nahekommende Erschwerungen (vgl § 133 Rn 20), zB durch Bindung an Zustimmung von MitGftern, RG **21,** 94, Anordnung von Nachteilen gegen den Kündigenden, BGH **126,** 231, insbesondere Abfindungsklauseln (§ 131 Rn 61). Abtretungs- und Umwandlungsklauseln sind umstritten (s Rn 10).

b) Keine übermäßig lange Bindung: Das folgt für krasse Fälle bereits aus 13 § 138 BGB, für andere Fälle aus der Normzweck des § 723 III BGB (§ 234 Rn 9), MüKoBGB/Schäfer § 723 Rn 65 (Umgehung), str, nach aA ist beliebig lange Befristung möglich, üL, Grenze dann erst §§ 138, 826 BGB. Eine feste zeitliche Grenze (zB Lebenszeit aller Gfter, § 134 Rn 3) gibt es allerdings nicht, eine zwingende Rechtfertigung aus dem GesZweck ist nicht notwendig, str. Es kommt immer auf Abwägung im Einzelfall an, 10 bis 12 Jahre, aber nicht Auslieferung auf „Gedeih und Verderb", BGH NJW **05,** 1786. 30 Jahre bei Anwaltssozietät ist, obschon Teil der Alterssicherung der Seniorpartner, unwirksam (Grenzziehung des Untergerichts bei 14 Jahren akzeptiert), BGH NJW **07,** 295m Anm Römermann, vgl aber noch BGH WM **67,** 316 (30 Jahre). Auch in großen Familiengesellschaften sind 30 Jahre zu lang, aA Ulmer ZIP **10,** 816. Strengere Maßstäbe in PublikumsGes (Anh § 177a Rn 68).

c) Rechtsfolge der unzulässigen Kündigungserschwerung ist in aller Regel 14 nicht Nichtigkeit des GesVertrags (§ 139 BGB gilt nicht, § 105 Rn 50), RG **162,** 393. Statt der unzulässigen Kündigungsklausel kann im Wege der (auch **ergänzenden**) **Vertragsauslegung** (§ 105 Rn 59) eine zulässige anzunehmen sein, BGH WM **67,** 316, nun auch Soergel/Hadding/Kießling § 723 Rn 55, nach aA stets nur dispositives Recht. Das Verbot der geltungserhaltenden Reduktion (AGBRecht) und das Transparenzgebot (s **(5)** § 307 I 2 BGB) stehen dem nicht

§ 133 1 2. Buch. Handelsgesellschaften und stille Gesellschaft

entgegen (s (5) § 310 IV 1 BGB). Jedoch ist wie unter § 138 BGB zu beachten, dass nicht der sittenwidrige Handelnde belohnt wird, dann keine geltungserhaltende Reduktion (§ 131 Rn 73), sondern nur dispositives Recht (gleiche Problematik zB in §§ 133, 138, 140, vgl § 131 Rn 73). Ausnahmsweise kommt wie nach § 134 Annahme einer Ges auf unbestimmte Zeit mit Kündigungsrecht nach § 132 in Betracht, BGH NJW 54, 106.

[Auflösung durch gerichtliche Entscheidung]

133 (1) **Auf Antrag eines Gesellschafters kann die Auflösung der Gesellschaft vor dem Ablaufe der für ihre Dauer bestimmten Zeit oder bei einer für unbestimmte Zeit eingegangenen Gesellschaft ohne Kündigung durch gerichtliche Entscheidung ausgesprochen werden, wenn ein wichtiger Grund vorliegt.**

(2) **Ein solcher Grund ist insbesondere vorhanden, wenn ein anderer Gesellschafter eine ihm nach dem Gesellschaftsvertrag obliegende wesentliche Verpflichtung vorsätzlich oder aus grober Fahrlässigkeit verletzt oder wenn die Erfüllung einer solchen Verpflichtung unmöglich wird.**

(3) **Eine Vereinbarung, durch welche das Recht des Gesellschafters, die Auflösung der Gesellschaft zu verlangen, ausgeschlossen oder diesen Vorschriften zuwider beschränkt wird, ist nichtig.**

Übersicht

	Rn
1) Auflösung aus wichtigem Grund durch gerichtliche Entscheidung	1–4
A. Grundsatz	1
B. Geltungsbereich	2
2) Wichtiger Grund für die Auflösung (I, II)	5–12
A. Grundsatz	5
B. Beispielsfälle des II	7
C. Weitere Beispiele	10
D. Verzicht, Verwirkung, Verzeihung	12
3) Auflösungsklage (I)	13–17
A. Parteien	13
B. Prozess	14
C. Schadensersatz	17
4) Abweichende Vereinbarungen (III)	18–21
A. Erleichterung der Auflösung	18
B. Erschwerung der Auflösung	19

1) Auflösung aus wichtigem Grund durch gerichtliche Entscheidung

1 A. **Grundsatz:** Neben der ordentlichen Kündigung (§§ 132, 134, Vertrag) gibt es die außerordentliche. Erstere führt zum Ausscheiden des Gfters (§ 131 III 1 Nr 3), mit letzterer kann die Ges aus wichtigem Grund außerordentlich zu Ende gebracht werden. § 133 setzte bisher anstelle der außerordentlichen Kündigung (so § 723 BGB für die GbR, aber s Rn 2) aus Gründen der Rechtssicherheit die Auflösung durch gerichtliche Entscheidung (ebenso § 140 I 1, 2), BGH **10**, 52, so auch nach neuem Recht üL, Habersack in Bayer-Stiftung 1999, S 92. § 133 und § 723 BGB sind Sondervorschriften zu § 314 BGB. Verhältnis zu § 140 s § 140 Rn 1, 5. § 133 ist bei der Änderung und dem Paradigmenwechsel zu §§ 131 ff durch das HRefG (§ 131 Rn 1) unverändert geblieben, was zu Unstimmigkeiten führt. Wenn die ordentliche Kündigung idR nicht mehr zur Auflösung, sondern nur zum Ausscheiden des kündigenden Gfters führt (anders § 131 Nr 6 aF), muss erst recht die außerordentliche Kündigung zulässig sein und

1. Abschnitt. Offene Handelsgesellschaft 2–5 § 133

konsequent idR nur zum **Ausscheiden (Austritt) aus wichtigem Grund** führen, so auch die Rspr und hL zur PublikumsGes, Anh § 177a Rn 58; für ein allgemeines Austrittsrecht aus wichtigem Grund auch bei der OHG Röhricht FS Kellermann **91**, 379, K. Schmidt § 50 II 4d, differenzierend Ulmer FS Goette **11**, 545. Die Frage ist dann nur noch, ob dieses Recht wie auch sonst durch Kündigungserklärung oder nur durch Gestaltungsklage geltend zu machen ist. Die besseren Gründe sprechen für ersteres, also **außerordentliche Kündigung auch bei der OHG**: Wortlaut der §§ 131 III 1 Nr 3 (jede Kündigung), 133 (nur Auflösungsklage); Normzweck von § 133 (Auflösung durch Gestaltungsurteil im Interesse der Verkehrssicherheit); Rspr und hL zur PublikumsGes (Austritt ohne Gestaltungsklage, Anh § 177a Rn 58), K. Schmidt § 132 Rn 39, Celle NZG **11**, 262, für den fehlerhaften Beitritt auch K. Schmidt § 6 V 1, aA aA Staub/Schäfer 4, Habersack in Bayer-Stiftung 1999, S 92. Ein Interesse an Verkehrssicherheit auch für den Fall des Austritts wird schon bisher nicht anerkannt, weil die Gfter die normale außerordentliche Kündigung ohne Gestaltungsklage zulassen können (s Rn 18). Nach dieser Konzeption stehen **außerordentliche Kündigung ohne Klage, Auflösungsklage nach § 133 und Ausschluss- und Übernahmeklage nach § 140 I 1, 2 gut abgrenzbar nebeneinander.** Eine außerordentliche Auflösungskündigung wie nach der aF gibt es jedoch, wenn nicht anders vereinbart, nicht mehr, Übergangsrecht nach **(1)** EGHGB Art 41, Celle NZG **11**, 261. Folgt man dem nicht, müsste nach dem HRefG konsequent § 133 über den Wortlaut hinaus dahin ausgelegt werden, dass das Gericht statt Auflösung als milderes Mittel das Ausscheiden bzw den Austritt des Gfters aussprechen kann, so bei Einverständnis des Klägers mit dem Ausscheiden (und der Abfindung). Konsequent müsste dann auch von vornherein eine auf einen solchen Austritt gerichtete Klage möglich sein. § 133 würde dann die Gestaltungsklage auf Auflösung oder auf Ausscheiden bzw Austritt aus wichtigem Grund regeln. De lege ferenda eine Kodifikation des Austrittsrecht aus wichtigem Grund bei § 131 empfiehlt mit guten Gründen Schäfer GA 71. DJT **16** E 98.

B. **Geltungsbereich:** § 133 gilt für die OHG und KG (§ 161 II), auch die 2 fehlerhafte (§ 105 Rn 75), nur bildet dort schon der fehlerhafte Vertragsschluss als solcher einen wichtigen Grund zur Auflösungsklage (§ 105 Rn 88). § 133 gilt nicht für die GbR, hL, aA für die unternehmenstragende GbR MüKo/K. Schmidt 3, s aber auch Einl 14 vor § 105.

Ist die Ges bereits aufgelöst, fehlt es idR am **Rechtsschutzbedürfnis** für die 3 Auflösungsklage, zB wenn die Auflösung unstreitig oder rechtskräftig festgestellt ist, Staub/Schäfer 9, anders, wenn Auflösung noch nicht feststeht, MüKo/K. Schmidt 5. Ebenso fehlt das Rechtsschutzbedürfnis, wenn der Gfter auf Grund des GesVertrags die Ges jederzeit fristlos ordentlich oder außerordentlich kündigen kann mit der Folge der Auflösung der Ges (nicht des bloßen Austritts, s Rn 1, 18). Das soll nach manchen auch bei zumutbarer kurzer Kündigungsfrist gelten, Heymann/Emmerich 2, richtiger fehlt es dann am wichtigen Grund (s Rn 5).

Das Klagerecht nach § 133 kann grundsätzlich **nicht mittels Einwendung** 4 oder Einrede geltend gemacht werden, Grund: Gestaltungsklage (s Rn 2), zB nicht gegenüber der Klage auf Feststellung des Bestehens der OHG, OGH **1**, 351, Heymann/Emmerich 17; anders nach der Rspr gegen die Forderung zur Mitwirkung bei der Anmeldung der noch nicht eingetragenen OHG ins HdlReg (§ 108 Rn 6), RG **112**, 282.

2) Wichtiger Grund für die Auflösung (I, II)

A. **Grundsatz:** Wichtiger Grund zur Auflösung ist ein Sachverhalt, der das 5 Zusammenwirken der Gfter zur Erreichung des GesZwecks beeinträchtigt und dem Kläger die Fortsetzung der Ges **unzumutbar** macht, RG LZ **16**, 40, JW **29**,

§ 133   6–8   2. Buch. Handelsgesellschaften und stille Gesellschaft

1360, BGH **69**, 169, vgl allgemein § 314 I 2 BGB. Die Gesamtheit der Umstände (bei Schluss der letzten mündlichen Verhandlung) ist unter diesem Gesichtspunkt zu würdigen, umfassende Interessenabwägung, BGH **84**, 382 (stGes). Florieren des Unternehmens fällt gegen die Auflösung ins Gewicht, schließt sie aber nicht aus, OGH **2**, 259, BGH **4**, 112. Die eben beginnende Ges ist idR eher auflösbar als die ältere, BGH WM **69**, 526, **76**, 1032. Die unrentable oder kränkelnde Ges ist idR eher auflösbar, als wenn erhebliche wirtschaftliche Werte zerschlagen werden müssten, BGH WM **64**, 201. Der kapitalistische Charakter der Ges (Anh § 177a Rn 10) kann für die Zumutbarkeit eine Rolle spielen (§ 140 Rn 8), BGH **18**, 361. Am wichtigen Grund fehlt es, wenn dem Kläger die ordentliche Kündigung (§§ 132, 131 III 1 Nr 3 mit der Folge des Ausscheidens), ggf das Warten auf den Kündigungstermin, zumutbar ist (s Rn 6, § 314 I 2 BGB). Lit: Stauf 1980.

6   **Vorrang von Anpassungsmaßnahmen, Verhältnismäßigkeitsgrundsatz:** Kein wichtiger Grund liegt vor, wenn die Auflösung durch zumutbare Anpassung oder weniger einschneidende Maßnahmen vermieden werden kann (letztes Mittel), BGH **69**, 169. So kann es liegen, wenn Ausschließung des Auflösungsklägers (§ 140) gerechtfertigt wäre (Vorrang von den Fortbestand der Ges sichernden Abhilfemaßnahmen), BGH **80**, 348 (GmbH; vgl § 140 Rn 6, 15); dagegen geht Übernahmerecht nach § 140 I 2 der Auflösung nicht vor, der Übernahmeberechtigte kann auch Auflösung verlangen, MüKo/K. Schmidt 7. Ebenso wenn eine weniger einschneidende Regelung möglich und dem Kläger zumutbar ist, RG **146**, 180, JW **38**, 2213; zB Neuregelung der Geschäftsführung und Vertretung, uU Ausscheiden des Klägers, OGH **2**, 262; dabei aber keine Grundumgestaltung der Ges oder Erhöhung der GfterPflichten, Nürnb BB **58**, 1001. Auch braucht sich der Kläger nicht generell auf sein Austrittsrecht aus wichtigem Grund (s Rn 1) verweisen zu lassen, ein vom Kläger nicht gewünschter Austritt ist also nicht schlechthin ein milderes Mittel zur Auflösung (aber s Rn 9). Anpassung statt Auflösung vor allem dann, wenn eine Änderung der Verhältnisse den Kläger begünstigen würde, BGH LM § 133 Nr 6. Rechtsschutzbedürfnis s Rn 3.

7   B. **Beispielsfälle des II:** II bezeichnet (entspr § 723 I 3 Nr 1 BGB; **§ 723 I 3 Nr 2 BGB** idF MHBeG 1998 bei **Volljährigwerden** sollte nach dem RegE ZIP **96**, 939, ebenso BReg [Ausstrahlungswirkung, Regelung deshalb unnötig], auch für § 133 gelten, Behnke NJW **98**, 3082, sachgerechter ist Kündigung des Volljährigen nach § 131 III Nr 3 nF ohne Auflösung der Ges, Grunewald ZIP **99**, 599, str; vgl § 1 Rn 34) zwei Sachverhalte nicht abschließend als Auflösungsgrund:

8   a) **Verletzung einer wesentlichen Verpflichtung** aus dem GesVertrag; gleich ob der Vertrag selbst oder das Gesetz die Pflicht begründet; auch der allgemeinen Treuepflicht (§ 109 Rn 23); gleich ob durch Nichterfüllung oder unzulässiges Handeln; uU auch Verletzung allgemeinerer Pflichten gegenüber MitGftern (Körperverletzung, Beleidigung, Verleumdung, unbegründete Anzeigen), BGH **4**, 118, **46**, 394, **51**, 207; auch von Pflichten in Bezug auf das Verhalten gegenüber dem Personal, RG JW **38**, 2752, KG OLGE **36**, 272: **Abmahnung** ist bei Störung im Leistungsbereich (je nach den Umständen auch im Vertrauensbereich, aber anders bei Zerrüttung der Vertrauensbasis) idR erforderlich (vgl § 314 II BGB: auch § 59 Rn 130, aber die arbeitsrechtlichen Grundsätze sind nicht unbesehen übertragbar).

II nennt vorsätzliche oder grobfahrlässige Pflichtverletzung, doch nur beispielhaft. Auch leicht fahrlässige Verstöße, sogar solche **ohne Verschulden,** können Auflösungsgrund sein. Doch wiegen verschuldete Verletzungen mehr, OGH **2**, 259. Verfehlungen des Klägers fallen bei Würdigung derjenigen des Beklagten ins Gewicht, RG **122**, 13; vgl § 140 Rn 7, 16.

b) Unmöglichkeit der Erfüllung einer wesentlichen Verpflichtung aus dem 9
GesVertrag (s Rn 7), zB durch Krankheit, Alter, anderweitige Berufstätigkeit,
unlösbare Interessenkonflikte, vgl BGH **84**, 256; wegen Bedenken nach KWG
Auszahlung des Auseinandersetzungsguthabens statt der vereinbarten Verrentung,
BGH NJW **05**, 1784, WM **05**, 841 (stGes); uU solche Verhinderung auf der Seite
des Klägers, dann ist aber an Austritt als milderes Mittel zu denken (s Rn 1).

C. **Weitere Beispiele:** Noch nicht geheilte Gründungsfehler (§ 105 Rn 88), 10
hL, Staub/Schäfer 38, einschränkend MüKo/K. Schmidt 15; Zweckerreichung
oder Unmöglichkeit der Erreichung des GesZwecks, die die OHG nicht ipso iure
auflösen (§ 131 Rn 10), BGH **69**, 162, WM **73**, 864, hL, aA für die Zweckerreichung MüKo/K. Schmidt 16: bei HdlGes nicht möglich; derart nachhaltige Zerrüttung des persönlichen Vertrauensverhältnisses, dass keine vertrauensvolle Zusammenarbeit mehr zu erwarten ist, RG JW **29**, 1360, BGH **4**, 113,
LM § 133 Nr 4, 6, auch durch schuldhafte Erweckung des Verdachts unredlichen
Verhaltens, BGH **31**, 304, auch ohne Verschulden hier oder dort, zumal aber
wenn vorwiegend vom Beklagten verschuldet, stets nach Lage des Falls, vgl BGH
WM **63**, 282, **66**, 1051, **75**, 330, 770 (zT zu § 723 BGB); dauernde Unrentabilität des Unternehmens, RG LZ **07**, 139, 68, 61. Weitere Kasuistik von personen-
und gesellschaftsbezogenen Auflösungsgründen bei Staub/Schäfer 23 ff, 35 ff.

Nicht wichtig ist der Grund zB, wenn mildere Maßnahmen ausreichen, zB 11
nach §§ 117, 127 (s Rn 6); idR Gründe nur aus der Privatsphäre (§ 140 Rn 11,
16); wenn alle mit dem Verhalten einverstanden waren, außer unter besonderen
Umständen wie Ausnutzung einer Unerfahrenheit oder Notlage, BGH **31**, 307.
Auch aus langem Zuwarten mit der Klageerhebung kann auf fehlende Unzumutbarkeit geschlossen werden (s auch Rn 12).

D. **Verzicht, Verwirkung, Verzeihung:** Langes Warten mit der Auflösungs- 12
klage (bei GbR Kündigung, s Rn 1) kann Verzicht auf das Auflösungsrecht (aus
den bis dahin gegebenen Gründen) bedeuten, RG JW **38**, 2213, oder es kann das
Klage- bzw Kündigungsrecht verwirkt werden oder jedenfalls die (tatsächliche)
Vermutung entstehen, dass seine Gründe entkräftet sind, BGH LM § 133 Nr 4,
NJW **66**, 2160, **99**, 2820 (Ausschließung eines Kdtisten), vgl allgemein § 314 III
BGB. Der wichtige Grund entfällt bei Verzeihung oder nachträglicher Billigung
eines Fehlverhaltens, RG **51**, 91, BGH **31**, 307.

3) Auflösungsklage (I)

A. **Parteien:** Jeder einzelne Gfter hat das Klagerecht, auch ein Kdtist, bei der 13
GmbH & Co auch die GmbH. Zur einheitlichen Entscheidung über das GesVerhältnis unter allen Gftern müssen grundsätzlich alle am Prozess (als Kläger oder
Beklagte) teilnehmen, BGH **30**, 197. Doch genügt außergerichtliche (dem Gericht nachzuweisende) bindende Erklärung des Einverständnisses mit der Auflösung, sie macht nachträglichen Widerspruch unbeachtlich, RG **146**, 169, BGH
NJW **58**, 418, **98**, 146, Ulmer FS Geßler **71**, 269, aA MüKo/K. Schmidt 48 (wie
§ 117 Rn 7). PublikumsGes s Anh § 177a Rn 83. Klagen mehrere zusammen, so
sind sie notwendig Streitgenossen (§ 62 ZPO, BGH **LM** Nr 3); ebenso sind es
mehrere Beklagte, BGH **30**, 197, Ulmer FS Geßler **71**, 269. Klageberechtigt ist
grundsätzlich nur der GfterTreuhänder, nicht auch der Treugeber (§ 105 Rn 33).
Mitverklagung von NichtGftern, zB idR Treugeber (§ 105 Rn 34), kann nicht
vorgeschrieben werden (vgl III, s Rn 20), OGH **2**, 257. Nicht klageberechtigt
sind (vor Ende der letzten mündlichen Verhandlung) bereits ausgeschiedene Gfter
(Austrittsrecht s Rn 6). Zustimmungsklage s § 140 Rn 20.

B. **Prozess:** Gerichtsstand s §§ 17, 22 ZPO. Während des Auflösungsprozesses 14
ist Vertretung und Geschäftsführung durch Dritten möglich, BGH **33**, 110 (§ 125
Rn 8; vgl § 127 Rn 8, § 140 Rn 21). Ausscheiden des Klägers während des
Prozesses (s Rn 13) macht Klage unbegründet, RG **89**, 336; Ausscheiden eines

Beklagten macht die Klage gegen ihn grundsätzlich unzulässig. Die Klage ist möglich als Widerklage. Einstweilige Verfügung auf Auflösung der Ges ist unzulässig. Streitwert (§ 3 ZPO) entspr dem Interesse des Klägers an Auflösung, Kln BB **82**, 1384. Auflösung und Ausschließung (§§ 133, 140 I 1, 2) sind Verschiedenes. Übergang vom einen zum anderen ist Klageänderung (§ 140 Rn 21). Wegfall des Rechtsschutzbedürfnisses s Rn 3.

15 **Gestaltungsurteil:** Die Klage geht auf Auflösung der Ges, also Rechtsgestaltung. Wirkung erst mit Rechtskraft, RG **123,** 153. Ist zu Unrecht für vorläufig vollstreckbar erklärt, so ist das ohne Wirkung, lässt namentlich keine Eintragung zu, KG RJA **11,** 225. Schiedsspruch s Rn 19. Lit: K. Schmidt, Mehrseitige Gestaltungsprozesse, 1992; Becker ZPP 97 **(84)** 314, H. Roth FS Großfeld **99,** 915.

16 „Kann" in I stellt die Entscheidung nicht ins Ermessen des Gerichts, RG **122,** 314, früher str.

17 C. **Schadensersatz:** Der Gfter, der durch schuldhaft vertragswidriges Verhalten die Kündigung veranlasst hat, hat dem anderen Teil den durch vorzeitige Beendigung der Ges erwachsenen Schaden zu ersetzen, RG **89,** 400, BGH WM **63,** 283; das folgt aus § 280 BGB (§ 109 Rn 4), nach aA aus § 628 II BGB analog, Umfang §§ 249, 252 BGB, dazu gehört auch der Geschäftswertverlust des zu Ende gebrachten Unternehmens. Bei Mitverschulden gilt § 254 BGB.

4) Abweichende Vereinbarungen (III)

18 A. **Erleichterung der Auflösung:** § 133 ist grundsätzlich nicht zwingend, BGH **31,** 300. Der GesVertrag kann bestimmte Verhaltensweisen oder Ereignisse stets als wichtigen Grund bezeichnen. Er kann statt Auflösungsklage normale außerordentliche Kündigung vorsehen und es als Rechtsfolge derselben bei der Auflösung belassen (idR anders, s Rn 19). Der GesVertrag kann vorsehen, dass das Unternehmen bei Auflösung in eine KapitalGes einzubringen ist und die Gfter nur Aktien oder Geschäftsanteile erhalten, RG **156,** 136. Der Streit über Auflösung ist dann unter den Gftern auszutragen (kein gestaltendes Auflösungsurteil wie nach § 133) BGH **91,** 133, NJW **08,** 2989 (GbR).

19 B. **Erschwerung der Auflösung:** Der GesVertrag kann bestimmte Verhaltensweisen oder Ereignisse als wichtigen Grund ausschließen, RG Warn **14** Nr 248 (zu § 626 BGB), sofern er damit das Kündigungsrecht nicht unzulässig beschränkt (s Rn 20), zB wenn er andere Abhilfe vorsieht. Statt Auflösungsklage nach § 133 kann der GesVertrag wie häufig die **normale Kündigung aus wichtigem Grund mit Ausscheiden** (statt Auflösung, § 131 III 1 Nr 3) zulassen, BGH **31,** 298, wie fest etabliert und wichtig bei der Publikumspersonen-Ges (Anh § 177a Rn 58, 83, 84); solche Klausel ist sinnvoll trotz des Austrittsrechts aus wichtigem Grund, weil dieses str ist (s Rn 1). Diese Klausel ist auch für das Kündigungsrecht des Minderjährigen nach § 723 I 3 Nr 2 BGB zulässig (s Rn 7, 20). Umgekehrt wird man **Ersetzung des Austrittsrechts** aus wichtigem Grund (str, s Rn 1) **durch Auflösungsklage** wie vor HRefG für zulässig halten können. Ohne weiteres möglich ist Verzicht auf Klage aus schon gegebenem Grund. Statt des staatlichen Gerichts kann **Schiedsgericht** vorgesehen werden, RG **71,** 255 (Einl 88 vor § 1). Ein Schiedsspruch äußert auflösende Wirkung erst mit der Vollstreckbarerklärung (§ 1060 ZPO, Einl 92 vor § 1), BayObLG NJW **84,** 809, hL, aA Vollmer BB **84,** 1774.

20 **Grenzen:** Die **Auflösungsklage aus wichtigem Grund** ist **zwingend** gegeben, entgegenstehende Vereinbarungen sind nichtig **(III).** Unzulässige Beschränkungen sind zB Ausschluss bestimmter wichtiger Kündigungsgründe, zB bei Minderjährigen nach § 723 I 3 Nr 2 BGB (s Rn 7, 19), Ausschluss des Rechtswegs, Abhängigmachen von der Mitwirkung Dritter, Ausscheiden ohne weiteres bei unbegründeter Klage bzw Kündigung (strafähnlich), statt Auflösung Ausschei-

1. Abschnitt. Offene Handelsgesellschaft 1–3 **§ 134**

den nur unter nachteiliger Abfindungsregelung für den Gfter (s Rn 19, § 131 Rn 58 ff). Mitverklagen von Treugebern s Rn 13.

Rechtsfolge der unzulässigen Kündigungserschwerung ist nicht Nichtigkeit 21 des GesVertrags (§ 139 BGB gilt nicht, § 105 Rn 50). Statt der unzulässigen Kündigungsklausel kann im Wege der (auch ergänzenden) Vertragsauslegung eine zulässige anzunehmen sein (näher § 132 Rn 14), str.

[Gesellschaft auf Lebenszeit; fortgesetzte Gesellschaft]

134
Eine Gesellschaft, die für die Lebenszeit eines Gesellschafters eingegangen ist oder nach dem Ablaufe der für ihre Dauer bestimmten Zeit stillschweigend fortgesetzt wird, steht im Sinne der Vorschriften der §§ 132 und 133 einer für unbestimmte Zeit eingegangenen Gesellschaft gleich.

Übersicht

	Rn
1) Gesellschaft auf Lebenszeit	1–4
A. Grundsatz	1
B. Gesellschaft auf Lebenszeit	2
C. Rechtsfolgen	4
2) Nach Ablauf stillschweigend fortgesetzte Gesellschaft	5
3) Abweichende Vereinbarungen	6, 7
A. Gesellschaft auf Lebenszeit	6
B. Fortgesetzte Gesellschaft	7

1) Gesellschaft auf Lebenszeit

A. **Grundsatz:** § 134 entspricht für die OHG und KG § 724 BGB für die 1 GbR. Danach ist eine auf Lebenszeit eines Gfter eingegangene Ges ebenso wie eine nach Ablauf der bestimmten Zeit stillschweigend fortgesetzte Ges (s Rn 5) für die Kündigung wie eine für unbestimmte Zeit eingegangene Ges zu behandeln. Für sie gelten also die ordentliche Kündigung zum Ende des Geschäftsjahrs mit Frist von sechs Monaten (§ 132) und das Auflösungsklagerecht und Austrittsrecht (str) aus wichtigem Grund (§ 133 Rn 1). § 134 1. Fall ist im Kern zwingend, § 134 2. Fall ist eine bloße Auslegungsregel (s Rn 6, 7). Lit: Simon DB **61**, 1679, Merle FS Bärmann **75**, 631.

B. **Gesellschaft auf Lebenszeit:** Die Ges muss im GesVertrag ausdrücklich (s 2 Rn 3) auf Lebenszeit eines oder mehrerer Gfter als Mindestdauer eingegangen sein. Es genügt, wenn nur ein Gfter so gebunden ist, RG **156**, 136.

Nicht anwendbar ist § 134 bei Abschluss auf bestimmte Zeit, längstens aber 3 auf Lebenszeit eines Gfters (Höchstdauer; entspricht § 131 III Nr 1); bei Abschluss mit fester kalendermäßiger Dauer über die voraussichtliche Lebenszeit eines oder aller Gfter hinaus, Schlegelb/K. Schmidt 5, heute hL, aA RG **156**, 136 (aber andere Grenzen, § 132 Rn 12–13); bei Abschluss auf Lebenszeit, wenn jeder Gfter durch Kündigung ausscheiden kann, BGH **23**, 10 (stGes, § 234 Rn 8); ebenso wenn der Gfter statt des Kündigungsrechts das Recht auf Umwandlung in eine KapitalGes hat, RG **156**, 136, anders wenn er statt zu kündigen nur seinen Anteil abgeben kann. Bei Abschluss auf die Dauer des Bestehens einer als Gfter teilnehmenden **juristischen Person** oder Ges, zB GmbH & Co KG (§ 105 Rn 28, § 161 Rn 3), gilt nicht § 134, sondern, wenn die juristische Person auf bestimmte Zeit eingegangen ist, § 131 I Nr 1, sonst § 132, heute hL, MüKoBGB/Schäfer § 724 Rn 8, vgl BGH **50**, 321, differenzierend noch Schlegelb/K. Schmidt 7: für bestimmte Fälle § 134 analog, aber praktisch irrelevant, MüKo/K. Schmidt 13. § 134 gilt an sich auch für **KG,** aber wenn KdtBeteiligung ohne Zustimmung der Gfter übertragbar ist, ist mangels persönlicher Haftung

Roth 797

§ 135

über die Einlage und Übertragbarkeit wie bei der GmbH Schutz des § 134 unnötig, K. Schmidt § 50 II 4c bb, auf funktionierenden Anteilsmarkt kommt es dann nicht an, Ebenroth/Lorz § 132 Rn 29.

4   C. **Rechtsfolgen:** Die auf Lebenszeit eingegangene Ges wird von Gesetzes wegen in eine solche auf unbestimmte Zeit umgedeutet (also keine Teilnichtigkeit der Lebenszeitklausel), BGH WM 67, 315; im Einzelfall kann es aber bei einer auf eine bestimmte (noch zulässige) Zeit eingegangenen Ges verbleiben (s Rn 6). Ersterenfalls gelten §§ 132, 133 (s Rn 1). Das Kündigungsrecht nach § 132 hat jeder entgegen § 134 gebundene Gfter, nicht nur der Gfter, auf dessen Lebenszeit abgestellt ist, heute hL.

2) Nach Ablauf stillschweigend fortgesetzte Gesellschaft

5   Auch die Ges, die nach Ablauf der für ihre Dauer bestimmten Zeit (§ 131 I Nr 1) stillschweigend fortgesetzt wird, kann nach §§ 132, 133 gekündigt werden. Dasselbe gilt schon nach §§ 132, 133 bei ausdrücklicher Fortsetzung auf unbestimmte Zeit, auch bei Streichung des Endtermins (Änderung der Ges auf bestimmte in Ges auf unbestimmte Zeit). § 134 gilt **nicht** bei Fortsetzung der Ges nach dem Zeitablauf wiederum auf (ausdrücklich oder stillschweigend) bestimmte Zeit, zB bis zum Ablauf eines Patents oder Vertrags (§ 131 I Nr 1, dort Rn 11); bei Fortsetzung in anderen Fällen als nach Auflösung infolge Zeitablauf (§ 131 I Nr 1), zB durch Kündigung, Tod oder Insolvenz eines Gfters, hier bleibt es grundsätzlich bei der im GesVertrag bestimmten Dauer, heute hL.

3) Abweichende Vereinbarungen

6   A. **Gesellschaft auf Lebenszeit:** § 134 1. Fall schließt Bindung (ausdrücklich, nicht nur mittelbar) auf Lebenszeit zwingend aus, MüKoBGB/Schäfer § 724 Rn 1, 6. Jedoch bleibt die (auch ergänzende) Vertragsauslegung oder geltungserhaltende Reduktion auf eine feste, aber noch zulässige Dauer (statt Umdeutung in auf unbestimmte Zeit eingegangene Ges und § 132) möglich, Staub/Schäfer 7, nach aA ist dazu Rückgriff auf Störung der Geschäftsgrundlage (§ 313 BGB) nötig, BGH WM 67, 315, wohl auch Heymann/Emmerich 6.

7   B. **Fortgesetzte Gesellschaft:** § 134 2. Fall ist nicht zwingend, sondern eine bloße Auslegungsregel. Die Gfter können also in ihrem Fortsetzungsbeschluss (auch stillschweigend) anderes bestimmen.

[Kündigung durch den Privatgläubiger]

135   Hat ein Privatgläubiger eines Gesellschafters, nachdem innerhalb der letzten sechs Monate eine Zwangsvollstreckung in das bewegliche Vermögen des Gesellschafters ohne Erfolg versucht ist, auf Grund eines nicht bloß vorläufig vollstreckbaren Schuldtitels die Pfändung und Überweisung des Anspruchs auf dasjenige erwirkt, was dem Gesellschafter bei der Auseinandersetzung zukommt, so kann er die Gesellschaft ohne Rücksicht darauf, ob sie für bestimmte oder unbestimmte Zeit eingegangen ist, sechs Monate vor dem Ende des Geschäftsjahrs für diesen Zeitpunkt kündigen.

Übersicht

	Rn
1) Zugriff des Privatgläubigers durch Kündigung nach Pfändung	1–3
A. Grundsatz	1
B. Anwendungsbereich	2
2) Voraussetzungen der Kündigung	4–8
A. Privatgläubiger	4

1. Abschnitt. Offene Handelsgesellschaft 1–6 § 135

	Rn
B. Titel	5
C. Vollstreckungsversuch	6
D. Pfändung und Überweisung des Auseinandersetzungsguthabens	7
E. Reihenfolge	8
3) Kündigung	9
4) Rechtsfolgen der Kündigung	10, 11
A. Ausscheiden und Fortsetzung der Gesellschaft	10
B. Wiederaufnahme des Gesellschafters	11
5) Abweichende Vereinbarungen	12–14
A. Erschwerungen	12
B. Erleichterungen	13
6) Verpfändung des Anteils (der Mitgliedschaft)	15, 16
A. Verpfändbarkeit	15
B. Rechtsstellung des Pfandgläubigers	16

1) Zugriff des Privatgläubigers durch Kündigung nach Pfändung

A. **Grundsatz:** § 135 gewährt, zT entspr § 725 BGB, dem Privatgläubiger 1 eines Gfters die Möglichkeit des Zugriffs auf den Kapitalwert des GesAnteils seines Schuldners (nicht nur dessen Gewinnrechte, § 124 Rn 21) durch ein selbstständiges, nicht von dem Gfter abgeleitetes Kündigungsrecht. Lit: Paschke Diss 1981, Wössner 2000; K. Schmidt JR **77**, 177.

B. **Anwendungsbereich:** § 135 (und § 725 II BGB) gilt für die OHG und 2 KG (auch für Kdtisten). Für die GbR gilt § 725 BGB, aA für unternehmenstragende GbR MüKo/K. Schmidt 3. § 135 gilt auch für die bereits aufgelöste Ges, mehrere Auflösungsgründe sind nebeneinander möglich (§ 131 Rn 5), hL.

§ 135 gilt nur für Einzelgläubiger (s Rn 4), nicht für den Insolvenzverwalter 3 (§ 131 III Nr 2) und den Nachlassinsolvenzverwalter, da die Nachlassinsolvenz schon unter § 131 III Nr 2 fällt (str, § 131 Rn 22). Dagegen hat der **Nachlassverwalter** (§§ 1981 ff BGB, für OHGAnteil str, § 139 Rn 32) ein Kündigungsrecht analog § 135, BGH **91**, 135, Staub/Schäfer 6, Ulmer/Schäfer ZHR 160 **(96)** 437, str; ebenso der Testamentsvollstrecker.

2) Voraussetzungen der Kündigung

A. **Privatgläubiger:** § 135 gilt nur für Privatgläubiger eines Gfters. GesGläu- 4 biger können nur direkt gegen die Ges vorgehen (§ 123 Rn 41, 45). § 135 gilt auch für einen Gfter mit einem nicht aus dem GesVerhältnis herrührenden Anspruch gegen einen MitGfter, sofern seiner Kündigung nicht ausnahmsweise die Treuepflicht (§ 109 Rn 23) entgegensteht, BGH **51**, 87, WM **78**, 675. Anspruch aus § 128 trägt § 135 also nicht. Forderung aus gerichtlicher Kostenfestsetzung ist dagegen gesellschaftsfremd, auch wenn aus Streit über GesVerhältnis entstanden, BGH DB **78**, 1395. § 135 gilt auch für Nachlassgläubiger eines Gfters. § 135 entfällt mit der späteren Befriedigung des Privatgläubigers.

B. **Titel:** Der Privatgläubiger muss einen nicht bloß vorläufig vollstreckbaren 5 Schuldtitel haben, also einen, gegen den es kein ordentliches Rechtsmitteln mehr gibt. Das sind zB rechtskräftiges Urteil, rechtskräftiger Vollstreckungsbescheid, Prozessvergleich und vollstreckbare Urkunden (§ 794 Nr 1, 5 ZPO), entsprechender verwaltungsrechtlicher Titel; **nicht:** nur vorläufig vollstreckbares Urteil, Vorbehaltsurteil, Vollstreckungsbescheid (§§ 699 ff ZPO), Arrest (§ 922 ZPO).

C. **Vollstreckungsversuch:** Der Privatgläubiger oder ein anderer Gläubiger 6 muss innerhalb der letzten sechs Monaten, einerlei ob vor oder nach Zustellung des Beschlusses über die Pfändung des Auseinandersetzungsguthabens, einen erfolglosen (nicht zur vollen Befriedigung des Gläubigers führenden) Zwangsvollstreckungsversuch (wegen einer Geldforderung) in das bewegliche Vermögen des Gfters unternommen haben, BGH ZIP **09**, 1863. Reihenfolge (Vollstreckungs-

§ 135 7–11 2. Buch. Handelsgesellschaften und stille Gesellschaft

versuch, Rechtskraft des Schuldtitels, Pfändungs- und Überweisungsbeschluss) ist gleichgültig, MüKo/K. Schmidt 20. Vollstreckung gleich aus welchem Titel (hier auch aus einem vorläufig vollstreckbaren). Nachweis der Erfolglosigkeit idR durch Unpfändbarkeitsprotokoll des Gerichtsvollziehers.

7   D. **Pfändung und Überweisung des Auseinandersetzungsguthabens:** Anders als § 725 BGB (Anteilspfändung) setzt § 135 Pfändung sowie Überweisung des Auseinandersetzungsguthabens des Gfters voraus (§§ 859 I, 857 I, 829 I, 835 ZPO. Näher zur Anteilspfändung s § 124 Rn 21; zu den verschiedenen Pfändungszugriffsmöglichkeiten MüKo/K. Schmidt 8. Pfändung des Anteils umfasst auch das Auseinandersetzungsguthaben (§ 124 Rn 21) und genügt deshalb. Ist der Auseinandersetzungsanspruch bereits abgetreten (auch an den Privatgläubiger selbst), kann die Pfändung desselben nicht greifen, dagegen geht die Pfändung des GesAnteils (s Rn 15) der Vorausabtretung des künftigen Auseinandersetzungsanspruchs vor, BGH **104**, 351, MüKo/Schmidt 16, Staub/Schäfer 14, aA Marotzke ZIP **88**, 1509. Zustellung des Pfändungsbeschlusses an die Ges, BGH **97**, 396. Die Ges und die Gfter können von da an die Rechtsstellung der Pfändungspfandgläubigers nicht mehr ohne dessen Zustimmung schmälern, zB durch Abfindungsvereinbarungen (s Rn 12). Zur Pfändung und Verpfändung von GesAnteilen H. Roth ZGR **00**, 187.

8   E. **Reihenfolge** der verschiedenen Voraussetzungen ist entgegen dem Wortlaut des § 135 gleichgültig, BGH NJW **82**, 2773, Düss ZIP **81**, 1210.

3) Kündigung

9   Wenn im Zeitpunkt der Kündigung sämtliche Voraussetzungen derselben (s Rn 4 ff) noch vorliegen, kann der Gläubiger die Ges (richtiger der Ges, s Rn 10) mit Sechsmonatsfrist auf das Ende des Geschäftsjahrs kündigen. Die Kündigung ist nicht der Ges, str, sondern wie nach § 132 allen Gftern, also dem SchuldnerGfter und den übrigen Gftern, zu erklären; die Ges kann aber rechtzeitig weiterleiten, BGH WM **93**, 460. Die Gfter können die Kündigung entspr § 174 BGB zurückweisen, wenn ihnen der Gläubiger auf ihr Verlangen nicht die Voraussetzungen nachweist. Die Kündigung kann vom Gläubiger nicht ohne Zustimmung aller Gfter zurückgenommen werden.

4) Rechtsfolgen der Kündigung

10   A. **Ausscheiden und Fortsetzung der Gesellschaft:** Die Kündigung des Privatgläubigers führt zum Ausscheiden des SchuldnerGfters zum Ende des Geschäftsjahrs (§ 131 III 1 Nr 4, III 2), nicht zur Auflösung (anders § 131 Nr 6 aF). Einer Erklärung gegenüber dem Privatgläubiger bedarf es dafür nicht (anders § 141 I aF), auch keiner Fortsetzungsklausel. Zwischen dem Ausgeschiedenen und der Ges findet eine Auseinandersetzung statt (§§ 738–740 BGB, dazu § 131 Rn 38). Der Privatgläubiger kann sich aus dem ihm überwiesenen (vgl § 135) Auseinandersetzungsguthaben des GfterSchuldners befriedigen, aber nur so, wie sich dieses für den Gfter nach Gesetz oder GesVertrag ergibt (zB Abfindungsklauseln, § 131 Rn 58 ff); uU kommt Insolvenzanfechtung nach §§ 129 ff InsO, § 3 I AnfG in Betracht. Auskunftsrechte wie bei Auflösung nach § 135 (s dort Rn 11). Vereinbarungen über die Abfindung sind nach Pfändung und Überweisung des Auseinandersetzungsanspruchs nur noch mit Zustimmung des Privatgläubigers möglich.

11   B. **Wiederaufnahme des Gesellschafters:** Hat SchuldnerGfter inzwischen seinen Gläubiger befriedigt, können die verbleibenden Gfter auf Grund ihrer Treuepflicht (§ 109 Rn 23) verpflichtet sein, ihn wieder aufzunehmen, RG **169**, 155, BGH **30**, 201, bzw bei Übernahme nach § 140 I 2 die Ges wieder zu begründen. Gfter A, der arglistig den Gläubiger des B zur Kündigung veranlasste und Hilfe durch C, D hinderte, kann sich auf Ausscheiden des B nicht berufen,

1. Abschnitt. Offene Handelsgesellschaft   12–15   § 135

BGH **30**, 202, **101**, 120 (GmbH), WM **64**, 1128, nicht schon weil A das Vorgehen des Privatgläubigers gegen B mitverursachte, BGH **LM** § 142 Nr 7 (Selbstanzeige A an Finanzamt, Vorgehen dieses gegen B, Übernahmeerklärung des A).

5) Abweichende Vereinbarungen

A. **Erschwerungen:** § 135 ist zum Schutz des Privatgläubigers **zwingend**, 12 auch zugunsten des Gläubigers eines Kommanditisten (Heerma ZIP **11**, 987). Das Kündigungsrecht des Privatgläubigers kann nicht ohne dessen Zustimmung angetastet werden. Es kann also weder ganz ausgeschlossen noch erschwert werden, zB durch Fristverlängerung. Der Gläubiger muss sich allerdings Regelungen entgegenhalten lassen, die das Ausscheiden des Gfters regeln (Rn 7, 10).

B. **Erleichterungen:** Das Kündigungsrecht des Privatgläubigers kann aber 13 erleichtert und in seinen Folgen erweitert werden. So sind kürzere Kündigungsfristen möglich. Der GesVertrag kann vorsehen, dass der GfterSchuldner bereits bei Privatgläubigerpfändung, also nicht erst bei Kündigung nach § 131 III 1 Nr 4 ausscheidet, vgl BGH **51**, 205. Der GesVertrag kann auch statt des Ausscheidens die **Auflösung** der Ges vorsehen (wie nach § 131 Nr 5 aF) oder zB Fortsetzung nur mit Zustimmung des betroffenen Gfters und des Privatgläubigers. Die Ges wird dann bzw mangels Zustimmung am Ende des Geschäftsjahrs aufgelöst. Die Liquidation kann nur mit Zustimmung des Gläubigers unterbleiben (§ 145 II), außer wenn dieser inzwischen befriedigt ist. Er kann beim Registergericht dahin wirken, dass es die Anmeldung der Auflösung veranlasst (Zwangsgeld, § 14), RG **95**, 233. Die Ges und die MitGfter haben ein Ablösungsrecht entspr § 268 BGB, offen BGH **97**, 396, oder sonstiger Wegfall des Kündigungsgrunds beseitigt Zustimmungserfordernis nach § 145 II, nicht die Auflösung (aber s Rn 11). Auch nach eingetretener Auflösung können die Gfter einschließlich des Betroffenen mit Zustimmung des Privatgläubigers die Frist über den Auflösungszeitpunkt hinaus unter Aufschub der Liquidation verlängern, BGH **51**, 90. Ist die Ges danach aufgelöst, können die Gfter sich das anders überlegen und die Fortsetzung der aufgelösten Ges beschließen, aber grundsätzlich nur einstimmig (§ 131 Rn 30f). Da der GfterSchuldner noch Gfter ist und es § 141 I 1 aF (Erklärung der übrigen Gfter) nicht mehr gibt, nimmt er an dem Fortsetzungsbeschluss teil, wenn das nicht, wie empfehlenswert, im GesVertrag anders vorgesehen ist. Ohne eine solche Klausel kommt in besonderen Fällen Zustimmungspflicht des insolventen Gfters zur Fortsetzung ohne ihn aus nachwirkender Treuepflicht in Betracht, str. Entsprechendes gilt in der ZweipersonenGes (vgl § 142 II aF).

Die aufgelöste Ges ist **abzuwickeln** (Fortsetzung s Rn 13). An der Liquidation 14 kann der Gläubiger, der nicht Gfter wird (s Rn 16), nur nach §§ 146 II 2, 147, 152 mitwirken (Bestellung, Abberufung, Instruktion von Liquidatoren). Der Gläubiger hat Rechte auf Einsicht, Prüfung, Rechnungslegung, Auskunft nicht nur gegen den SchuldnerGfter (zugrundeliegendes Rechtsverhältnis, § 836 III 1 ZPO), sondern auch gegen die Ges selbst (vertreten durch die Liquidatoren), soweit notwendig zur Klärung, was ihm als Auseinandersetzungsguthaben (der ihm zur Einziehung überwiesen ist) zukommt, KG OLGE **21**, 386, str. Zur Rechtsstellung des Vertragspfandgläubigers allgemein s Rn 16.

6) Verpfändung des Anteils (der Mitgliedschaft)

A. **Verpfändbarkeit:** Soweit der Anteil übertragbar ist (§ 105 Rn 70), ist er 15 auch verpfändbar (§§ 1273, 1274 BGB, § 124 Rn 20); Anzeige ist nicht nötig, § 1280 gilt nicht, RG **57**, 415, BGH WM **10**, 369, anders Verpfändung des Gewinnanteils, da Forderung, BGH **10**, 270. Verpfändung des Anteils setzt Zulassung im GesVertrag oder Zustimmung der MitGfter ad hoc voraus (§ 1274 II, Übertragbarkeit, § 105 Rn 70), ihre Zulässigkeit folgt nicht ohne weiteres aus der der Übertragung, Ebenroth/Wertenbruch § 105 Rn 240, offen BGH WM **10**, 369. Ohne Zustimmung bleibt nur die Verpfändung von Gewinn- und Auseinan-

§ 139

dersetzungansprüchen (§ 717 S 2 BGB, vgl § 124 Rn 21). Die Verpfändung des Anteils erfasst bis zur Vollstreckung nicht das Gewinnbezugsrecht (§ 1289 BGB nicht analog), BGH **119**, 194, WM **10**, 370, anders Vollstreckung (§ 124 Rn 21). Lit: Hackenbroch 1970, Hadding/Schneider 1979; Vossius BB Beil 5/**88**. **Muster:** Hopt/Lang 4. Aufl 2013 Form II. C.7 (Verpfändung eines KGAnteils).

16 **B. Rechtsstellung des Pfandgläubigers:** Der Vertragspfandgläubiger wird nicht Gfter (vgl § 725 II BGB), die GfterRechte und die GfterHaftung verbleiben bei dem verpfändenden Gfter, insbes Verwaltungsrechte und Stimmrecht, KG ZIP **14**, 2506. Die Rechtsstellung des Vertragspfandgläubigers kann durch spätere GesVertragsänderung und der Verpfändung nachfolgende Verfügungen des verpfändenden Gfters nicht mehr tangiert werden, MüKo/K. Schmidt 36; Schutz vor mittelbaren Beeinträchtigungen entspr § 1276 BGB, ist umstritten, RG **139**, 229 (GmbH), Staub/Schäfer § 105 Rn 282, Staub/Schäfer 14 Fn 53, aA MüKo/ K. Schmidt 36. Er hat entspr §§ 1273 II, 1258 BGB gegen die Ges Informations- und Kontrollrechte zur Durchsetzung seines Pfandrechts, Staub/Schäfer § 105 Rn 282f, nach aA § 1258 BGB allgemeiner oder überhaupt nicht. Er muss sich nach § 1277 BGB befriedigen, also durch Zwangsvollstreckung und anschließende Kündigung nach § 135. Rechtsstellung nach Kündigung s Rn 10 ff. Lit: H. Roth ZGR **00**, 187.

136-138 *(aufgehoben)*

[Fortsetzung mit den Erben]

139 (1) **Ist im Gesellschaftsvertrage bestimmt, daß im Falle des Todes eines Gesellschafters die Gesellschaft mit dessen Erben fortgesetzt werden soll, so kann jeder Erbe sein Verbleiben in der Gesellschaft davon abhängig machen, daß ihm unter Belassung des bisherigen Gewinnanteils die Stellung eines Kommanditisten eingeräumt und der auf ihn fallende Teil der Einlage des Erblassers als seine Kommanditeinlage anerkannt wird.**

(2) **Nehmen die übrigen Gesellschafter einen dahingehenden Antrag des Erben nicht an, so ist dieser befugt, ohne Einhaltung einer Kündigungsfrist sein Ausscheiden aus der Gesellschaft zu erklären.**

(3) [1]**Die bezeichneten Rechte können von dem Erben nur innerhalb einer Frist von drei Monaten nach dem Zeitpunkt, in welchem er von dem Anfalle der Erbschaft Kenntnis erlangt hat, geltend gemacht werden.** [2] **Auf den Lauf der Frist finden die für die Verjährung geltenden Vorschriften des § 210 des Bürgerlichen Gesetzbuchs entsprechende Anwendung.** [3] **Ist bei dem Ablaufe der drei Monate das Recht zur Ausschlagung der Erbschaft noch nicht verloren, so endigt die Frist nicht vor dem Ablaufe der Ausschlagungsfrist.**

(4) **Scheidet innerhalb der Frist des Absatzes 3 der Erbe aus der Gesellschaft aus oder wird innerhalb der Frist die Gesellschaft aufgelöst oder dem Erben die Stellung eines Kommanditisten eingeräumt, so haftet er für die bis dahin entstandenen Gesellschaftsschulden nur nach Maßgabe der die Haftung des Erben für die Nachlaßverbindlichkeiten betreffenden Vorschriften des bürgerlichen Rechtes.**

(5) **Der Gesellschaftsvertrag kann die Anwendung der Vorschriften der Absätze 1 bis 4 nicht ausschließen; es kann jedoch für den Fall, daß der Erbe sein Verbleiben in der Gesellschaft von der Einräumung der Stellung eines Kommanditisten abhängig macht, sein Gewinnanteil anders als der des Erblassers bestimmt werden.**

1. Abschnitt. Offene Handelsgesellschaft § 139

Übersicht

	Rn
1) Überblick über die Rechtsfolgen des Todes eines Gesellschafters und § 139 sowie die üblichen Vertragsklauseln	1–9
A. Die Rechtsfolgen des Todes eines Gesellschafters, Vertragsklauseln	1
B. Überblick über § 139	6
2) Die Nachfolge aller Erben (einfache Nachfolgeklausel)	10–13
A. Einfache Nachfolgeklausel	10
B. Ausgestaltung von Nachfolgeklauseln	11
C. Erbenstellung	12
D. Rechtsfolgen der Nachfolge	13
3) Die Nachfolge nicht aller Erben (qualifizierte Nachfolgeklausel)	14–18
A. Sondererbfolge mehrerer Erben	14
B. Berufung nur eines Erben zum Komplementär	15
C. Berufung nur eines Erben zum Nachfolger unter Abfindung der übrigen	16
D. Berufung nur eines Erben zum Nachfolger ohne Abfindung der übrigen	17
4) Vor- und Nacherbfolge	19, 20
A. Nachfolge	19
B. Verfügungen des Vorerben	20
5) Testamentsvollstreckung	21–31
A. OHGAnteil	21
B. Kommanditanteil	24
C. Anmeldung	28
D. Rechtsausübung durch den Testamentsvollstrecker	29
E. Rechtsausübung durch den Erben	30
F. Freigabe durch den Testamentsvollstrecker	31
6) Nachlassverwaltung	32–36
A. Zulässigkeit	32
B. Rechtsausübung durch den Nachlassverwalter	35
C. Rechtsausübung durch den Erben	36
7) Das Wahlrecht des Erben (I–III)	37–43
A. Wahlrecht des Erben	37
B. Wechsel des Erben in die Kommanditistenstellung	41
C. Ausscheiden des Erben (II)	43
8) Die Haftung des Erben (IV)	44–49
A. Grundsatz	44
B. Haftung während der Schwebezeit	45
C. Die Haftung des Erben als persönlich haftender Gesellschafter	46
D. Die Haftung des Erben als Kommanditist	47
E. Die Haftung bei Ausscheiden des Erben	48
F. Die Haftung bei Auflösung der Gesellschaft	49
9) Eintrittsklauseln	50–55
A. Begriff und Rechtsnatur der Eintrittsklausel	50
B. Ausübung des Eintritts	53
C. Rechtsfolgen des Eintritts	54
10) Rechtsgeschäftliche Nachfolgeklauseln	56–58
A. Begriff und Rechtsnatur der Nachfolgeklausel	56
B. Mitwirkung des Begünstigten	57
C. Ohne Mitwirkung des Begünstigten	58
11) Unrichtige oder verspätete Eintragung	59
12) Abweichende Vereinbarungen (V)	61–64
A. Erschwerungen	61
B. Erleichterungen	63
C. Letztwillige Verfügungen	64

§ 139 1–7 2. Buch. Handelsgesellschaften und stille Gesellschaft

1) Überblick über die Rechtsfolgen des Todes eines Gesellschafters und § 139 sowie die üblichen Vertragsklauseln

1 A. **Die Rechtsfolgen des Todes eines Gesellschafters, Vertragsklauseln:**
a) **Fortsetzungsklausel:** Der Tod eines Gfters führt zu dessen Ausscheiden aus der Ges, sofern sich nicht aus dem GesVertrag etwas anderes ergibt (§ 131 III 1 Nr 1). Bei der KG gilt dasselbe nur für den Tod eines phG (§§ 161 II; 177). Der GesVertrag kann statt des Ausscheidens Fortsetzung mit den Erben vorsehen (Fortsetzungs- und Nachfolgeklauseln, § 131 Rn 79, unten Rn 10, 14). Wird die Ges ohne die Erben des verstorbenen Gfters unter den MitGftern fortgesetzt, werden die Erben abgefunden, außer wenn der GesVertrag die Abfindung ausgeschlossen hat (zulässig, s § 131 Rn 62).

2 b) **Nachfolgeklauseln:** Der GesVertrag kann vorsehen, dass die Ges mit dem einen oder sämtlichen Erben fortgesetzt wird (**einfache Nachfolgeklausel**). Statt alle Erben als Gfter hereinzunehmen, kann der GesVertrag auch Fortsetzung mit nur einem oder mehreren von ihnen vorsehen (**qualifizierte Nachfolgeklausel**). Nachfolgeklauseln stellen nur den GesAnteil vererblich. Ob und wie sie sich auswirken, hängt vom Erbfall ab. Soll der Erbe des phG Kdist werden, spricht man von **Umwandlungsklausel**. Diese Klauseln können **auch kombiniert** werden, zB kombinierte Nachfolge- und Umwandlungsklausel. Lit: Sethe JZ **97**, 989.

3 c) **Eintrittsklauseln:** Soll der Eintritt des bzw der Erben nicht ohne weiteres mit dem Erbfall erfolgen, sondern diese oder Dritte nur durch Rechtsgeschäft unter Lebenden in die Ges eintreten können, spricht man von einer Eintrittsklausel (auch gesellschaftsrechtliche Nachfolgeklausel genannt).

4 d) **Sonstige Fälle:** Ohne die Öffnung der Ges durch derartige Klauseln für die Erben ist eine Nachfolge derselben in die GfterStellung des Erblassers nicht möglich. Erbrechtliche Wege wie Testament (§§ 2229 ff BGB), Vermächtnis (§§ 2147 ff BGB) oder Auseinandersetzung (§§ 2042 ff BGB) vermögen dagegen nichts. Die Nachfolge kann sich allerdings auch ohne Klausel im GesVertrag durch freie Vereinbarung ad hoc, auch im Wege der sog vorweggenommenen Erbfolge (unter Lebenden), abspielen. Nachfolgerbestimmung durch Dritte s § 1 Rn 36.

5 e) **Scheinerbe:** Die Nachfolgeklausel betrifft nur den Erben, nicht den Scheinerben. Ein rechtsgeschäftlicher Eintritt kann dagegen auch mit einem Scheinerben vollzogen werden, aber dann fehlerhafte Ges (§ 105 Rn 79). Näher § 131 Rn 76.

6 B. **Überblick über § 139: a) Inhalt:** § 139 handelt vom Fall, dass der GesVertrag bei Tod eines Gfters Fortsetzung der Ges mit dem oder den Erben anordnet. Er **betrifft** also **nur Fälle der Nachfolgeklausel, nicht solche der Eintrittsklausel** (s Rn 50), RG **170**, 108. § 139 will dem Erben das Dilemma ersparen, entweder die gefährliche persönliche Haftung nach § 128 akzeptieren oder die Erbschaft ausschlagen zu müssen. Der Erbe kann vielmehr die Erbschaft antreten und hat das Wahlrecht, entweder voll haftender Gfter zu werden oder aber seinen Verbleib in der Ges von der Einräumung des Kdtistenstatus abhängig zu machen.

7 b) **Anwendungsbereich:** § 139 gilt für die OHG; auch für die KG, dort aber nur für den Erben des phG (vgl § 177); auch, wenn der Erbe bereits Kdtist ist (s Rn 37); in der zweigliedrigen Ges, doch geht dann bei Ausscheiden des Erben das Unternehmen auf den einzig verbliebenen Gfter über (s Rn 43). § 139 gilt auch, wenn der Eintritt als Gfter nach dem GesVertrag vom Beschluss der MitGfter abhängt, die Ges mit dem Erben fortzusetzen, und die MitGfter dies beschließen, RG JW **12**, 475. § 139 gilt auch bei negativem Kapitalanteil des

Erblassers (s Rn 42); entspr wenn der Erblasser Gfter ohne Kapitalanteil war, mit Differenzierungen MüKo/K. Schmidt 63, vgl Hamm DB **99**, 273.
Nicht anwendbar ist § 139, wenn die Ges bereits aufgelöst ist, BGH NJW **82**, **8** 45, hL, aA MüKo/K. Schmidt 61, Grund: hier schützt IV (s Rn 49). § 139 entfällt nach seinem Zweck, wenn der Erbe des Wahlrechts nicht bedarf, zB wenn er bereits phG ist, KG JW **36**, 2933, Grund: Einheitlichkeit des GesAnteils (s Rn 37). § 139 gilt nicht in der GbR, bisher hL, aA für unternehmenstragende GbR MüKo/K. Schmidt 60, allgemeiner Schäfer NJW **05**, 3665, im Vordringen befindliche Meinung, noch offen BGH ZIP **14**, 1221. Anzuraten ist Regelung im GesVertrag, insbesondere Freiberuflern steht die Rechtsform der KG häufig nicht zur Verfügung, zumindest insoweit unterschiedliche Interessenlage bei GbR und OHG.

Lit: Wiedemann 1965, Rokas 1965, Behrens 1969, Säcker 1970, Finger 1974. **9** Damrau NJW **84**, 2787, Emmerich ZHR 150 **(86)** 193, Esch NJW **84**, 339, Flume FS Schilling **73**, 23, NJW **88**, 161, Herfs DB **91**, 2121, Koch BB **87**, 2106, Marotzke AcP 184 **(84)** 541, AcP 187 **(87)** 223, K. Schmidt ZGR **89**, 445, BB **89**, 1702, Tiedau NJW **80**, 2446, Ulmer ZGR **72**, 195, 324, FS Schilling **73**, 79, BB **77**, 805, NJW **84**, 1496, **90**, 73, D. Weber FS Stiefel **87**, 829, Wiedemann JZ **77**, 689, Feddersen/Kiem ZHR 159 **(95)** 479 (steuerliche Gestaltung), Foerster ZGR **14**, 396.

2) Die Nachfolge aller Erben (einfache Nachfolgeklausel)

A. **Einfache Nachfolgeklausel:** Eine einfache Klausel im GesVertrag (auch **10** <u>**erbrechtliche Nachfolgeklausel** genannt)</u> sorgt nur dafür, dass der GesAnteil <u>überhaupt vererblich ist.</u> Die Klausel begründet also nicht Eintrittsrechte für den Erben, sie kann vielmehr jederzeit geändert werden (s Rn 15), BGH **62**, 23. Schon gar nicht stellt sie eine rechtsgeschäftliche Verfügung über den Anteil zugunsten des späteren Erben dar. Vielmehr bestimmt sich beim Erbfall die Nachfolge allein nach Erbrecht. Das gilt auch, wenn in der Nachfolgeklausel bereits ein bestimmter Nachfolger benannt ist. Wird dieser auf Grund einer auch jüngeren letztwilligen Verfügung nicht Erbe, kann er auch nicht auf Grund der erbrechtlichen Nachfolgeklausel im GesVertrag Gfter werden, BGH **68**, 225, BayObLG DB **80**, 2028. Scheitert die Nachfolge, weil die in der Nachfolgeklausel Benannten nicht Erben werden, kommt aber ergänzende Auslegung (sonst Umdeutung, § 140 BGB) der Nachfolge- als Eintrittsklausel (s Rn 50) in Betracht, BGH NJW **78**, 264, Ffm NJW-RR **88**, 1251. Jedoch liegt iZw stets eine Nachfolge-, keine Eintrittsklausel vor, BGH **68**, 225, BayObLG DB **80**, 2028, Grund: nur die Eintrittsklausel führt zum automatischen Eintritt des Nachfolgers.

B. **Ausgestaltung von Nachfolgeklauseln:** Die Berufung von Erben zum **11** Eintritt in die Ges anstelle des verstorbenen Gfters kann im GesVertrag von **Bedingungen,** <u>auch Potestativbedingungen und Benennungsrechten abhängig gemacht werden</u>, zB betr Alter, Geschlecht, Ausbildung; Berufungsrecht des ErblasserGfters, idR Bestimmung des Nachfolgers durch formfreie Erklärung an die MitGfter; Beschluss der MitGfter nach seinem Tode, zB <u>Wahl eines unter mehreren Erben</u>; Zustimmung der Berufenen; Präsentation des Nachfolgers durch Beschluss mehrerer Erben ua. Tritt die (aufschiebende) Bedingung, zB Beschluss oder Zustimmung, erst nach dem Erbfall ein, besteht bis dahin ein Schwebezustand, RG **170**, 108; falls nicht überhaupt nur ein ex nunc wirkendes Eintrittsrecht gewollt ist (s Rn 50). Der Fiskus als Erbe nach § 1936 BGB kann zum Eintritt berufen werden, str; die Berufung von „Erben" meint ihn aber iZw nicht. Verschaffungsvermächtnis über Gewinn bis zum Eintritt s BGH BB **83**, 1562. Auslegung einer Nachfolgeklausel bei Vorversterben des Benannten, BGH

68, 235, krit Heymann/Emmerich 6, zur Unwirksamkeit von Klauseln im Zeitablauf Foerster ZGR **14**, 396.

12 C. **Erbenstellung:** Die Fortsetzung der Ges mit Erben des Verstorbenen setzt Annahme der Erbschaft durch diese voraus (s Rn 6). Nachlassinsolvenz führt zum Ausscheiden des Gfters, aber uU Recht zum Bleiben (§ 131 Rn 22). Ein **minderjähriger Erbe** wird Gfter ohne Genehmigung des Familiengerichts, BGH **55**, 269, BB **72**, 1475, WM **87**, 1161, Grund: automatische Nachfolge nach Erbrecht. Aber Haftungsbeschränkung Minderjähriger nach § 1629a BGB (§ 1 Rn 34, 39). Die Rechte des Minderjährigen, auch persönliche, übt der gesetzliche Vertreter, uU ein Pfleger aus, als Pfleger kann auch der Testamentsvollstrecker bestellt werden, KG JW **35**, 3558.

13 D. **Rechtsfolgen der Nachfolge:** Der Erbe hat die Rechte aus § 139 (s Rn 37, 44). Je nachdem bestimmt sich seine endgültige Rechtsstellung, nämlich Verbleib in der Ges als voll haftender Gfter bzw phG, Wechsel in die Stellung eines Kdtisten, Ausscheiden aus der Ges oder deren Auflösung (s Rn 44 aE). Verbleibt er in der Ges als voll haftender Gfter, tritt er iZw auch in alle übrigen GfterRechte und -Pflichten des Erblassers ein, betr Geschäftsführung und Vertretung (§ 114 Rn 5). **Pflichtteilsansprüche** von Nichterben gegen den eintretenden Erben bestimmen sich (§ 2311 I 1 BGB) nach dem wahren Wert der fortgeführten Beteiligung, ungeachtet gesellschaftsvertraglicher Beschränkung der Abfindung bei Ausscheiden von Gftern (§ 131 Rn 58 ff), Zimmermann BB **69**, 965, Heinrich/Brunk, DB **73**, 1003, Haegele BWNotZ **76**, 25, abw Sudhoff DB **73**, 53, 1006.

3) Die Nachfolge nicht aller Erben (qualifizierte Nachfolgeklausel)

14 A. **Sondererbfolge mehrerer Erben:** Mehrere Erben, die nach dem GesVertrag alle an Stelle des Verstorbenen Gfter werden sollen, werden es durch eine **Sondererbfolge** (Einzelnachfolge außerhalb der Erbengemeinschaft nach §§ 2032 ff BGB, da diese nicht Mitglied einer OHG werden kann, § 105 Rn 29) als Gfter je mit dem ihrer Erbquote entsprechenden Teil des GesAnteils des Verstorbenen (auch des KdtAnteils), BGH **22**, 192, **68**, 237, **91**, 135, **98**, 51, **108**, 192, NJW **96**, 1284 (GbR), ZIP **12**, 624 (KdtAnteil), heute ganz hL. Der GesAnteil gehört trotz dieser Sondererbfolge insofern **zum Nachlass**, als er Teil des vom Erblasser hinterlassenen Vermögens ist, str; er ist aber aus dem gesamthänderisch gebundenen übrigen Nachlass ausgegliedert, BGH **108**, 192, dies allerdings mit Ausnahme der aus der Beteiligung folgenden übertragbaren Vermögensrechte, zB Anspruch auf das Auseinandersetzungsguthaben (§ 109 Rn 21, § 131 Rn 48). Für Nachlasszugehörigkeit MüKo/K. Schmidt 12, Esch NJW **84**, 339, Damrau NJW **84**, 2787, Flume NJW **88**, 161; aA früher Ulmer NJW **84**, 1496. Differenzierung zwischen TV an OHG- und KGAnteil s Rn 21, 24. Denkbar wäre dann überhaupt Ablehnung der Sondererbfolge des typischen KdtAnteils, Ulmer NJW **90**, 75. Zugriff der Nachlass- und Privatgläubiger auf den übergegangenen Anteil s Ulmer/Schäfer ZHR 160 **(96)** 413. Lit: Raddatz 1991.

15 B. **Berufung nur eines Erben zum Komplementär:** Der GesVertrag kann vorsehen, dass nur ein vom GfterErblasser bestimmter Erbe Komplementär bzw phG wird, die anderen Kdtisten, vgl BGH BB **87**, 20. Nach dem GesVertrag richtet sich, wie solche Bestimmung erfolgen muss. Ist sie erfolgt, selbst erbvertraglich oder in einem gemeinschaftlichen Testament bindend, schließt das nicht abweichende Regelung durch Änderung des GesVertrags aus, BGH **62**, 23 (vgl § 2286 BGB). Bei irriger Annahme der Gfter, der ErblasserGfter sei auch erbrechtlich frei zur Änderung seiner Bestimmung, kann der GesVertragsänderung aber die Geschäftsgrundlage fehlen (§ 313 BGB), BGH **62**, 25 (fehlerhafte Ges, § 105 Rn 80). Der GesVertrag kann vorsehen, dass mangels Bestimmung durch den Erblasser die Erben selbst diese Bestimmung treffen; dies kann auch durch Auslegung dem Vertrag zu entnehmen sein, BGH BB **66**, 1123. Hat der Erblasser den Nachfolger bestimmt, wird dieser mit dem Erbfall zum phG, jeder Miterbe Kdtist; haben ihn die Erben zu wählen, werden sie zunächst alle Kdtisten, der Gewählte wird mit der Wahl phG, BGH BB **63**, 323. Gemeinsamer Kdtisten-Vertreter s § 163 Rn 10. Empfehlenswert kann eine kombinierte Nachfolge- und Umwandlungsklausel sein, K. Schmidt BB **89**, 1702.

C. **Berufung nur eines Erben zum Nachfolger unter Abfindung der übrigen:** Der GesVertrag kann vorsehen, dass überhaupt nur ein Erbe (im Wege der Sonderrechtsnachfolge) mit dem seinem Erbteil entsprechenden Teil des Ges-Anteils des Verstorbenen Gfter wird, während seine Miterben für ihre Teile abzufinden sind. Sind mehrere so ausgeschlossen, haben sie für die Summe ihrer Teile den Abfindungsanspruch zur gesamten Hand entspr § 2032 BGB, RG **170**, 106, **171**, 350, BGH **22**, 194.

D. **Berufung nur eines Erben zum Nachfolger ohne Abfindung der übrigen:** Der GesVertrag kann schließlich sogar vorsehen, dass von mehreren Erben einer den ganzen GesAnteil des Verstorbenen erhält, während die Miterben nichts, auch keine Abfindung bekommen. Die Nachfolge vollzieht sich auch hier durch unmittelbaren Übergang des ganzen Anteils auf diesen einen Nachfolger **(Vollnachfolge)**, BGH **68**, 237, Ulmer ZGR **72**, 206, MüKo/K. Schmidt 18, heute hL, aA noch BGH **22**, 195: zunächst bloße Teilnachfolge dieses Erben entsprechend seiner Erbquote. Die Befugnis des TV zur Bestimmung des Nachfolgererben setzt entsprechende Nachfolgeklausel im GesVertrag oder Zustimmung der MitGfter voraus, BGH NJW-RR **86**, 28.

Ausgleichspflicht: Abfindungsansprüche der nicht nachfolgenden Miterben nach GesRecht entstehen nicht (s Rn 17). Erbrechtlich ist dagegen der Zuvielempfang des allein nachfolgenden Erben gegenüber den Miterben gemäß den Erbquoten auszugleichen, RG **170**, 107 (selbstverständliche Folge der Zuteilung eines Nachlassgegenstandes an einen Erben), BGH **22**, 197 (nach § 242 BGB), **68**, 238; uU auf Grund Testaments (Vermächtnis) durch Schaffung von Unterbeteiligungen (§ 105 Rn 38) der Miterben, BGH **50**, 318 (Umdeutung eines Testaments, das die Miterben entgegen dem GesVertrag auch in die Ges beruft). Der Erblasser kann diese erbrechtliche Augleichspflicht jedoch durch Teilungsanordnung oder Vorausvermächtnis ausschließen, MüKo/K. Schmidt 20, nicht dagegen durch Rechtsgeschäft unter Lebenden, str. Auch in diesem Falle haften alle Erben, nicht nur der GfterNachfolger, für Schulden des Erblassers an die Ges, zB aus unzulässigen Entnahmen (§ 122 Rn 6), BGH **68**, 239.

4) Vor- und Nacherbfolge

A. **Nachfolge:** § 139 gilt auch für die Vor- und Nacherben (§§ 2100 ff BGB). Zur Auflösung bei Vorerbschaft s § 131 Rn 19. Der Vorerbe und später der Nacherbe werden bei Nachfolgeklausel statt des Erblassers unmittelbar Gfter, BGH **69**, 50. Bei qualifizierter Nachfolgeklausel müssen sowohl der Vorerbe als auch der Nacherbe deren Voraussetzungen erfüllen, BGH **78**, 177. Die MitGfter des Erblassers brauchen sich daher keinen Gfter-Nachfolger aufdrängen zu lassen; trotz Surrogation (§ 177) kann der Nacherbe nicht ohne die auch nachträgliche Zustimmung aller Gfter MitGfter werden, offen BGH **109**, 219. Ausnahmsweise besteht aber eine Zustimmungspflicht, BGH **109**, 219. Wurde der Vorerbe gemäß § 139 Kdtist, kann der Nacherbe nicht mehr verlangen, phG zu werden, BGH **69**, 52.

B. **Verfügungen des Vorerben:** Der Vorerbe wird voller Gfter mit allen Rechten und Pflichten. Er kann auch die Rechte des § 139 mit Wirkung für den Nacherben ausüben (s Rn 19). Der Vorerbe unterliegt aber zum Schutze des Nacherben den Beschränkungen der §§ 2113 ff BGB. Diese berühren aber die

§ 139 21, 22   2. Buch. Handelsgesellschaften und stille Gesellschaft

Ges selbst nicht, BGH **69**, 50. Der Vorerbe kann über den Anteil verfügen, aber nicht unentgeltlich wie zB gegen eine Leibrente (§ 2113 II BGB), BGH **69**, 47. Entgeltlich heißt vollwertige Gegenleistung. Bei gesellschaftsinternen Maßnahmen bedeutet das ordnungsgemäße Verwaltung, str. GesVertragsänderung für alle Gfter gleichmäßig oder einseitige Änderung zu Lasten des Vorerben als Konzession für zusätzlichen Einsatz der MitGfter für GesUnternehmen sind nicht unentgeltlich, BGH **78**, 177. Ausscheiden des Vorerben wegen Abfindungsklausel kann bei nicht vollwertiger Abfindung als teilweise unentgeltliche Verfügung unwirksam sein, BGH NJW **84**, 362; je nachdem auch Sanierungsmaßnahmen der Vorerben aus Mitteln des Nachlasses, BGH NJW **84**, 366. Anfallende Gewinnanteile gebühren dem Vorerben als Nutzung iSv § 2111 I 1 BGB, BGH **78**, 188, das gilt aber nur für den zur Ausschüttung freigegebenen Vermögensanteil ohne den zulässig in Rücklage eingestellten Gewinn (wie bei Nießbrauch, § 105 Rn 45). Zustimmung des Vorerben zur Änderung des Gewinnverteilungsschlüssels mit Auswirkung auf Verteilung der stillen Reserven bei Auflösung, s BGH NJW **81**, 1561. Lit: Baur/Grunsky ZHR 133 **(70)** 209, Hefermehl FS Westermann **74**, 223, Lutter ZGR **82**, 108, Paschke ZIP **85**, 129, Michalski DB Beil 16/**87**.

5) Testamentsvollstreckung

21   A. **OHGAnteil:** Anders als ein ganzes HdlGeschäft (BGH **12**, 102, § 1 Rn 40) unterliegt der Anteil an einer OHG der Verwaltung durch TV **nicht.** Die unbeschränkte Haftung des Gfters nach §§ 128, 130 und die nach § 2206 II, § 2208 BGB beschränkte Rechtsmacht des nicht persönlich haftenden TV sind mit einer solchen Verwaltung unvereinbar, BGH **108**, 195 (II ZS), Düss ZEV **08**, 142m Anm Grunsky, hL, Staub/Schäfer 60; nach aA gilt dies schon mangels Nachlasszugehörigkeit des Anteils infolge Sondererbfolge (str, s Rn 14); nach aA ist die TV am OHGAnteil ebenso zulässig wie am KdtAnteil (s Rn 24), BGH **98**, 48, NJW **96**, 1284 (IV ZS), MüKo/K. Schmidt 47, dann allerdings schwierige Abgrenzung zwischen der Außenseite des GesAnteils, die der verwaltenden Testamentsvollstreckung unterliegt (Verfügung des TV über den GesAnteil, durch den Gfter nur mit Zustimmung des TV, Ausübung der Vermögensrechte wie Gewinnanspruch und Anspruch auf das Auseinandersetzungsguthaben) und Innenseite, die dem Erben verbleibt (Geschäftsführung, Prozessführung, Stimmrecht, Wahlrecht nach § 139), Weidlich NJW **11**, 642. Der **Anspruch auf Auseinandersetzungsguthaben** bei Ausscheiden des Gfter oder Auflösung der Ges und sonstige aus der Beteiligung abzuleitende übertragbare Vermögensrechte unterliegen dagegen der TV, BGH **91**, 136, **108**, 192, Zustimmung des Gfter ist dafür nicht nötig. Ersatzlösungen sind die Vollmachtslösung und Treuhandlösung (s Rn 22, 23).

22   **Vollmachtlösung:** Möglich ist aber eine **Überlassung der Rechtsausübung** durch den (die) Erben-Nachfolger an den TV, jedenfalls für phG, BGH **24**, 112, **68**, 239, **91**, 132, NJW **81**, 750 (für GbR), Düss ZEV **08**, 142m Anm Grunsky. Die Überlassung der Rechtsausübung (oder Übertragung des Anteils) bedarf der **Zustimmung** der MitGfter (im Voraus im GesVertrag oder ad hoc), sie ist vor dieser schwebend unwirksam, BGH **24**, 114 (zB das Stimmrecht aus dem Anteil vorher beim Erben, nicht TV), entspr der Verfügung eines Gfters über seinen Anteil unter Lebenden (§ 105 Rn 69). Der GesVertrag kann die MitGfter zur Zustimmung verpflichten. Auslegung des GesVertrags iS der Zustimmung (mangels ausdrücklicher Regelung) allenfalls, wenn GesVertrag dem Erblasser-Gfter zur Nachfolgerbestimmung ganz freie Hand lässt, BGH **68**, 241. In der letztwilligen Anordnung einer den Anteil erfassenden TVVerwaltung liegt wohl iZw die Auflage an den Erben, dem TV die Rechtsausübung zu überlassen oder den Anteil treuhänderisch zu übertragen, RG **172,** 205, abw BGH BB **69**, 773, s aber BGH **24**, 112 für Einzelgeschäft (§ 1 Rn 40 ff)

1. Abschnitt. Offene Handelsgesellschaft 23–29 § 139

Treuhandlösung: Mit Zustimmung der MitGfter kann (falls kein anderer 23 Wille des Erblassers erhellt) der TV wie bei Vererbung eines ganzen HdlGeschäfts (BGH **12**, 101, § 1 Rn 42), auch den **Anteil auf sich als Treuhänder übertragen** lassen. So jedenfalls den Anteil eines phG, BGH **24**, 112, NJW **81**, 750. Näher zur Treuhandlösung vgl § 1 Rn 42.

B. **Kommanditanteil:** TV für den KdtAnteil ist dagegen möglich, BGH **98**, 24 55 (IV a ZS), **108**, 195 (II ZS), ZIP **12**, 623, MüKo/K. Schmidt 45, Staub/ Schäfer 59, vormals sehr str, heute hL. Grund: Der Kdtist haftet nur beschränkt auf seine Einlage und auch sonst ist ausreichender Kdtistenschutz möglich. So ist im Fall des § 176 II der TV zur umgehenden Anmeldung verpflichtet, und die Rückzahlung der Einlage an den TV (§ 172 IV) verstößt gegen § 2216 I BGB.

Die frühere Gegenansicht, Ulmer ZHR 146 **(82)** 555, Koch NJW **83**, 1762, 25 arbeitete mit Ersatzlösungen: ua Vermächtnis; postmortale, unwiderrufliche (dh vom Erben nur bei wichtigem Grund widerrufliche) Vollmacht an TV betr KdtAnteil (§§ 133, 140 BGB), sogar verdrängend, so Ulmer ZHR 146 **(82)** 573, str; Übertragung des Anteils auf den TV als Treuhänder (s Rn 23), aber unnötig weitgehend. Nunmehr wie hL Ulmer/Schäfer ZHR 160 **(96)** 439.

Dazu, dass der KdtAnteil der TV unterfällt, ist aber Zustimmung der MitGfter 26 nötig, hL, aA K. Schmidt FS Maier-Reimer **10**, 629 (wie GmbH), Grund: Ges als persönlicher Zusammenschluss der Gfter (zweifelhaft). Diese kann schon im GesVertrag enthalten sein, BGH **108**, 191, NJW **85**, 1954; so konkludent bei freier Übertragbarkeit der Anteile, Hamm NJW-RR **91**, 837, aber nicht schon bei einfacher Nachfolgeklausel. War der Erbe schon vor dem Erbfall Gfter, scheidet eine TV aus. Denn die Aufspaltung des einheitlichen GesAnteils in einen normalen und einen der TV unterfallenden ist nicht möglich, BGH **24**, 113, wohl auch BGH **108**, 199 (II ZS), aA BGH NJW **96**, 1284 (IV ZS), MüKo/K. Schmidt § 105 Rn 78; aber dann kommen die genannten Ersatzlösungen in Betracht. TV scheidet dagegen nicht schon aus, wenn er nur weil der Kdtist/Erbe Geschäftsführungsbefugnis hat, Ulmer NJW **90**, 76.

Ausübung der GfterRechte, auch betr Vertragsänderung, obliegt dem TV. Das 27 Abspaltungsverbot steht nicht entgegen. Der TV bedarf aber der Zustimmung des Gfter/Erben, wenn dessen persönliche Haftung begründet oder in den Kernbereich seiner Mitgliedschaftsrechte eingegriffen wird, Hamm NJW-RR **02**, 729. Treuepflicht (§ 109 Rn 23) gilt auch für TV. TVVermerk im HdlReg s Rn 28. Lit: Ulmer NJW **90**, 73, Weidlich ZEV **94**, 205 und NJW **11**, 641, Schneider NJW **15**, 1143.

C. **Anmeldung** des Erbeneintritts zum HdlRegister (§ 143) bei der **OHG** 28 erfolgt durch den Erben selbst (mit den MitGftern, vgl §§ 107, 108), str, BayObLG ZIP **03**, 1443. Bei der **KG** ist die Anmeldung des Gfterwechsels durch Vererbung des KdtAnteils Sache des TV nach § 2205 BGB (Dauer- bzw Verwaltungsvollstreckung), BGH **108**, 187, nicht bei bloßer Nachlassabwicklung, Hamm NZG **11**, 437. Daneben hat der Erbe kein Recht zu Anmeldung, aber Anhörung, MüKo/Langhein § 108 Rn 10, str, offen BGH **108**, 190. **Eintragung der TV** selbst **im HdlReg** mit BGH ZIP **12**, 623 möglich, war umstritten (für TV am HdlGeschäft differenzierend § 1 Rn 41, 42, § 8 Rn 5), verneinend KG WM **95**, 1890, Damrau BWNotZ **90**, 69, bejahend Ebenroth/Strohn § 177 Rn 22, offen noch BGH **108**, 190. Unanwendbarkeit von § 15 während der Schwebezeit nach III s Rn 45–49.

D. **Rechtsausübung durch den Testamentsvollstrecker:** Mitverwaltungs- 29 rechte des Erben werden grundsätzlich insgesamt vom TV ausgeübt. Der Testamentsvollstrecker kann etwa Gfterversammlungen einberufen und dort das Stimmrecht ausüben, BGH ZIP **14**, 1422. Eine Stimmrechtsabspaltung findet auch bei der DauerTV für KdtAnteile nicht statt, BGH **108**, 199. Die MitGfter müssen die Mitwirkung des TV statt des Erben zB bei GfterBeschlüssen dulden,

§ 139 30–36 2. Buch. Handelsgesellschaften und stille Gesellschaft

wie bei Vertreterklausel (§ 163 Rn 10). HdlRegisteranmeldung durch den TV s Rn 28, § 108 Rn 1.

30   E. **Rechtsausübung durch den Erben:** Von der TV unberührt und nur vom Erben auszuüben sind iZw die Rechte des Erben betr Entscheidung gemäß § 139 I, II, Auflösung einer (durch den Erbfall nicht aufgelösten) Ges, Fortsetzung einer aufgelösten Ges (§ 131 Rn 75, 79), Mitwirkung an einer Einlagenerhöhung; aber auch sonstige den Kernbereich (§ 119 Rn 36) betreffende Maßnahmen wie Änderung der Gewinnbeteiligung oder Beschneidung des Auseinandersetzungsguthabens, offen BGH **108**, 198. Auch das Informationsrecht des Erben (§ 118) ist nicht durch die TV beschränkt (mangels anderer Anordnung des Erblassers oder im GesVertrag), RG **170**, 395.

31   F. **Freigabe durch den Testamentsvollstrecker:** Der TV kann den Anteil (ebenso wie ein ganzes HdlGeschäft, § 1 Rn 43) freigeben; nach § 2217 I BGB ist er dazu uU verpflichtet. Die Freigabe ist wirksam, auch wenn sie den Anordnungen des Erblassers zuwiderläuft; fehlen aber die Voraussetzungen der Freigabe nach diesen Anordnungen oder nach § 2217 I BGB, so kann der TV nach § 812 BGB Wiederherstellung seines Verwaltungsrechts fordern, ggf auch durch Rückübertragung auf ihn als Treuhänder, BGH **24**, 109.

6) Nachlassverwaltung

32   A. **Zulässigkeit:** Die Zulässigkeit der Nachlassverwaltung (§§ 1975 ff BGB) am **OHGAnteil** ist wie die der Testamentsvollstreckung (s Rn 21 ff) umstritten. Nach manchen ist die Nachlassverwaltung schon mangels Nachlasszugehörigkeit des Anteils infolge Sondererbfolge ausgeschlossen (str, s Rn 14), BayObLG BB **88**, 792; nach üL ist sie zulässig, BGH **47**, 293, MüKo/K. Schmidt 55, aber beschränkt auf die Vermögensrechte des Erben. Jedenfalls kann der Nachlassverwalter nicht die Rechte des Erben aus §§ 139, 133, 140 geltend machen, sondern nur Ansprüche auf Gewinn bzw Abfindung. Er kann doch entspr § 135 kündigen (§ 135 Rn 3). Der **Anspruch auf Auseinandersetzungsguthaben** bei Ausscheiden des Gfters oder Auflösung der Ges und sonstige aus der Beteiligung abzuleitende übertragbare Vermögensrechte unterliegen dagegen der Nachlassverwaltung, BGH **47**, 296, **91**, 136, Zustimmung der Gfter ist dafür nicht nötig.

33   Möglich ist aber die Nachlassverwaltung am **Kommanditanteil** (wie TV, s Rn 24).

34   Anmeldung durch den Erben, in bestimmten Fällen auch durch den Nachlassverwalter (s Rn 28).

35   B. **Rechtsausübung durch den Nachlassverwalter:** Der Nachlassverwalter (§§ 1984, 1985 BGB) kann aber nur über Vermögensrechte des Erben verfügen (s für den TV Rn 29), zB Ansprüche auf Gewinn oder Abfindung, nicht über persönliche Rechte des Erben als Gfter (s Rn 36), BGH **47**, 295. Der Nachlassverwalter kann den früheren MitGfter auf Herausgabe des Geschäftsvermögens verklagen, wenn der Erblasser ein Übernahmerecht ausgeübt hatte mit der Folge der Alleininhaberschaft des Erblassers und jetzt des Erben, BGH **47**, 293. Der Nachlassverwalter kann auch das GesVerhältnis analog § 135 kündigen (§ 135 Rn 3).

36   C. **Rechtsausübung durch den Erben:** Auch soweit die Nachlassverwaltung zulässig ist, kann der Nachlassverwalter jedenfalls nicht die ererbten Mitgliedschaftsrechte des Erben ausüben (s für den TV Rn 30). Nur der Erbe hat die Rechte nach § 139. Nur er kann den GesVertrag ändern, zB für den Fall einer Auflösung durch den Tod die Fortsetzung (§ 131 Rn 75) mit beschließen, KG HRR **42**, 477. Nur der Erbe ist aktiv oder passiv legitimiert im Streit darüber, ob er mit dem Erbfall Gfter geworden ist, zB ob ein gültiger GesVertrag

1. Abschnitt. Offene Handelsgesellschaft 37–41 § 139

besteht. Er hat die Klagerechte aus §§ 133, 140 I 1, 2, BGH **47**, 297, und ist auf Ausschließung zu verklagen (§ 140).

7) Das Wahlrecht des Erben (I–III)

A. Wahlrecht des Erben: a) Berechtigung und Ausübung: Der Erbe, der 37 durch Erbgang Gfter der OHG bzw in der KG phG geworden ist, kann wählen, ob er mit voller Haftung in der Ges verbleibt oder sein Verbleiben in der Ges von der Einräumung des Kdtistenstatus durch die MitGfter abhängig machen (I). **Anwendungsbereich** von I s Rn 7. Der GfterErbe übt dieses Wahlrecht aus, indem er an die übrigen Gfter (nicht an die Ges; nicht an die Miterben als solche, außer wenn sie schon vorher Gfter waren, BGH **55**, 270, vgl II) den formlosen **Antrag** richtet, ihn unter Änderung des GesV zum Kdtisten zu machen, BayObLG ZIP **03**, 1444. **Mehrere Erben** können das Wahlrecht jeder einzeln und unterschiedlich ausüben, BGH NJW **71**, 1268. Wahlberechtigt ist auch ein Vorerbe und, sofern dieser nicht schon Kdtist geworden oder ausgeschieden ist, auch der Nacherbe (s Rn 19). Ist der Erbe bereits phG, hat er wegen der Einheitlichkeit des GesAnteils (§ 124 Rn 16) das Wahlrecht nicht (s Rn 8); ist der Erbe bereits Kdtist, kann er das Wahlrecht zwar ausüben, aber aus demselben Grund nur einheitlich.

b) Antragsfrist (III): Der GfterErbe hat nach **III 1** eine Bedenkzeit (vgl § 27 38 II) von drei Monaten. Für nicht voll geschäftsfähige Erben ohne gesetzlichen Vertreter beginnt die dreimonatige Bedenkzeit erst mit Eintritt der vollen Geschäftsfähigkeit oder Bestellung eines Vertreters (Ablaufhemmung, **III 2** iVm § 210 I 2 BGB, Verweisung durch SMG angepasst). Die gesetzliche Vertretung fehlt auch dann, wenn ein gesetzlicher Vertreter vorhanden, aber verhindert ist, zB durch § 181 BGB (s Rn 32), BGH **55**, 271. Die Bedenkzeit nach III 1 (ab Kenntnis vom Anfall der Erbschaft) ist uU kürzer als die Erbausschlagungsfrist nach § 1944 BGB (zwar nur sechs Wochen, aber erst ab Kenntnis vom Anfall und vom Grunde der Berufung). Deshalb endet nach **III 3** die Bedenkfrist nicht, solange die Erbschaft noch angenommen und die Ausschlagung noch möglich ist.

c) Vertrag mit den Gesellschaftern: Die Beteiligungsumwandlung erfolgt 39 durch Vertrag der Erben mit allen MitGftern. Ist ein Erbe minderjährig, braucht es zu dieser sein Risiko beschränkenden Vereinbarung nicht der Genehmigung des Familiengerichts. Jeder Erbe hat das Wahlrecht unabhängig vom anderen. War ein Erbe schon Gfter, kann er hierbei einen anderen nicht vertreten, § 181 BGB, BGH **55**, 270. Der Antrag bedarf der Annahme durch alle MitGfter, der GesVertrag kann aber Mehrheitsbeschluss zulassen (§ 119 Rn 33). Der Antrag kann für mehrere Erben unterschiedlich beschieden werden, BGH NJW **71**, 1268. Der Vertrag muss innerhalb der Frist des III zustandekommen, damit IV gilt. Der einverständliche Wechsel in die Stellung eines Kdtisten ohne die Folgen des § 139 ist dagegen jederzeit auch noch später möglich.

d) Rechtsfolgen: Kommt es zu einem solchen Vertrag, wird der Erbe mit 40 Vertragsschluss Kdtist (s Rn 41). Kommt es nicht zum Vertrag, hat der Erbe, falls der Antrag fristgerecht und ohne erschwerende Bedingungen gestellt war, das Wahlrecht zwischen Verbleib in der Ges als nunmehr endgültig voll haftender Gfter oder dem Ausscheiden (s Rn 43).

B. Wechsel des Erben in die Kommanditistenstellung: Kommt es zu dem 41 Vertrag zwischen dem Erben und den Gftern, wird die Ges zur KG, an Stelle der Rechte und Pflichten eines phG treten für den ErbenGfter die eines Kdtisten, die übrigen Bestimmungen des GesVertrags bleiben unberührt. Der Kdtist hat denselben Gewinnanteil und Verlustanteil wie der Erblasser, soweit der GesVertrag nicht in den Grenzen des V (s Rn 61) etwas anderes bestimmt, BGH WM **67**,

318. Gemäß I wird der Erbe Kdtist mit dem auf ihn fallenden Teil der Einlage des Erblassers (I). Das ist der **Kapitalanteil des Erblassers** (§ 120 Rn 12) bei seinem Tode. Bei mehreren Erben wird der Kapitalanteil auf diese verteilt. Bei festen Kapitalanteilen ist der Anteil an zusätzlichen Guthaben oder einem Debet des Erblassers zu- bzw abzurechnen, geschuldete Einlagen bzw Nachschüsse und unzulässige Entnahmen sind hinzuzurechnen, näher Staub/Schäfer 102 ff, hL, zT anders K. Schmidt ZGR **89**, 445, MüKo/K. Schmidt 71 ff.

42 Das kann dazu führen, dass der für den Kdtisten sich ergebende Kapitalanteil auf Null sinkt oder sogar negativ wird. Nach dem Sinn des § 139 soll der Erbe jedoch nur begrenzt wie ein Kdtist haften. Ein **negativer Kapitalanteil** (§ 120 Rn 22) steht deshalb der Ausübung des Wahlrechts nach I nicht entgegen, BGH **101**, 125, NJW **71**, 1269, str. Bei Verbleiben des Erben in der Ges als Kdtist bleibt die Pflichteinlage negativ, die Hafteinlage beträgt 1 Euro, Staub/Schäfer 111, üL; nach aA freie Wahl der Hafteinlage durch Erben bis zur Obergrenze des Kapitalanteils des Erblassers, nach aA Hafteinlage stets in Höhe des Betrags der bedungenen Einlage, MüKo/K. Schmidt 79a.

43 C. **Ausscheiden des Erben (II):** Kommt der Vertrag nach I nicht zustande, kann der Erbe entweder es dabei belassen und als voll haftender Gfter in der Ges verbleiben oder aber ohne Einhaltung einer Kündigungsfrist aus der Ges ausscheiden (II). Er hat dieses Recht aber nur, wenn der Antrag fristgerecht und ohne erschwerende Bedingungen gestellt war (s Rn 40). Der Erbe muss auch das Ausscheiden noch in der Frist nach III erklären. Er kann schon mit dem Antrag nach I für den Fall der Ablehnung das Ausscheiden erklären. Die Ges besteht unter den übrigen fort. Bleibt nur ein Gfter übrig, kann dieser das Unternehmen entspr § 140 I 2 im Wege der Gesamtrechtsnachfolge übernehmen (s Rn 7, § 131 Rn 25). Mit dem Ausgeschiedenen findet die Auseinandersetzung statt (§ 131 Rn 38). Eine das Abfindungsguthaben eines kündigenden Gfters beschränkende Abrede gilt iZw nicht für den wegen Ablehnung der Umwandlung nach II ausscheidenden Erben.

8) Die Haftung des Erben (IV)

44 A. **Grundsatz:** Scheidet der Erbe in der Frist gemäß III aus oder wird in dieser Frist die Ges aufgelöst oder der Erbe Kdtist, so haftet er für bis dahin entstandene Schulden der Ges nur mit den erbrechtlichen Beschränkungsmöglichkeiten (§§ 1967 ff BGB; so IV). Wie II gilt IV nur, wenn der Antrag fristgerecht (s Rn 38) und ohne erschwerende Bedingungen (s Rn 40) gestellt war. Dann bringt IV in den dort genannten drei Fällen eine **Haftungserleichterung für den Erben;** diese Haftungserleichterung beschränkt sich aber auf die Haftung des Erben als Gfter und auf Verbindlichkeiten ab Erbfall bis zum Eintritt eines dieser Fälle. Die richtige Anwendung von IV setzt voraus, dass gleichzeitig vier Unterscheidungen berücksichtigt werden. Zu unterscheiden sind: (1) zeitlich die Haftung während der Schwebezeit des III (s Rn 45) und später (s Rn 46 ff), (2) nach Art der Verbindlichkeiten **Altschulden** (bis zum Erbfall), **Zwischenneuschulden** (vom Erbfall bis zur endgültigen Entscheidung nach III) und **echten Neuschulden** (ab der endgültigen Entscheidung nach III), s jeweils Rn 46–49); (3) im Hinblick auf den Rechtsgrund die in IV nicht geregelte Haftung als Erbe und die dort geregelte Haftung als Gfter (s jeweils Rn 46–49), und (4) sachlich die Haftung in den vier Fallvarianten, die eintreten können: der Erbe bleibt endgültig phG (s Rn 46), er wird Kdtist (s Rn 47), er scheidet aus (s Rn 48) oder die Ges wird aufgelöst (s Rn 49). Ausführlich zu den folgenden Fallgruppen MüKo/K. Schmidt 102 ff, Staub/Schäfer 123 ff.

45 B. **Haftung während der Schwebezeit:** Die Schwebezeit dauert höchstens drei Monate (III, s Rn 38). In dieser Zeit ist der Erbe zwar persönlich haftender Gfter, BGH **55**, 273, nach aA nur Treuhänder, aber § 139 schützt ihn vorläufig

1. Abschnitt. Offene Handelsgesellschaft 46–49 § 139

vor der Haftung mit seinem Privatvermögen. Der Erbe haftet also in seiner Eigenschaft als Erbe für die Altschulden (bis zum Erbfall) der Ges (§§ 124, 128) als Nachlassverbindlichkeiten persönlich (§ 1967 BGB), aber mit der Möglichkeit der Haftungsbeschränkung (§ 1975 BGB). Der Erbe haftet auch als vorläufiger persönlich haftender Gfter für Altschulden der Ges (§ 130) und für die Neuschulden vom Erbfall bis zur endgültigen Entscheidung nach IV (Zwischenneuschulden; §§ 124, 128), jedoch vorläufig noch nicht mit seinem Privatvermögen. Dieser Schutz des § 139 darf nicht durch das HdlRegister ausgehöhlt werden, deshalb besteht während dieser Zeit keine Eintragungspflicht (bezüglich des Haftungsbeschränkungsrechts nach IV; vgl § 107), § 15 ist insoweit unanwendbar, BGH 55, 273, darüber hinaus gehender besonderer Rechtsscheintatbestand ist aber nicht ausgeschlossen; Anmeldung zum HdlReg s Rn 28.

C. **Die Haftung des Erben als persönlich haftender Gesellschafter:** Diese 46 greift Platz, wenn der Erbe schon vorher Gfter der OHG oder phG der KG war (s Rn 8) oder wenn er das Wahlrecht nach III verloren hat. Der Erbe haftet in seiner Eigenschaft als Erbe persönlich wie schon während der Schwebezeit (s Rn 45), die erbrechtliche Haftungsbeschränkungsmöglichkeit bleibt unberührt. Mehrere Miterben haften an sich trotz Sondererbfolge (s Rn 14) den Nachlassgläubigern gesamtschuldnerisch (§§ 2058 ff BGB), hier hilft entweder § 2062 BGB analog (Nachlassverwaltung), Heymann/Emmerich 51, oder nur der interne Haftungsregress, MüKo/K. Schmidt 109. Der Erbe haftet als nunmehr endgültig persönlich haftender Gfter auch uneingeschränkt mit seinem Privatvermögen, und zwar für Alt- und Neuschulden gleichermaßen (§§ 130, 124, 128), BGH NJW 82, 46. Die erbrechtliche Haftungsbeschränkung vermag daran nichts zu ändern.

D. **Die Haftung des Erben als Kommanditist:** Wird der Erbe innerhalb 47 der Frist des III Kdtist, haftet er in seiner Eigenschaft als Erbe für die Altschulden bis zum Erbfall und für die Neuschulden bis zur Beteiligungsumwandlung als Nachlassverbindlichkeiten persönlich, aber mit der Möglichkeit der erbrechtlichen Haftungsbeschränkung (IV), BGH 55, 273. Außerdem haftet er als Kdtist für diese Schulden nach § 173, MüKo/K. Schmidt 112, aA Heymann/Horn § 173 Rn 8 (näher § 173 Rn 15). Die ursprüngliche Haftung nach §§ 130, 124, 128 (s Rn 45) erlischt. Für Neuschulden ab Beteiligungsumwandlung (erst dann ist er Kdtist; auch echte Neuschulden genannt) haftet der Erbe ohne weiteres nach §§ 171 ff. Strittig ist, ob auch in diesem Fall § 176 II gilt (§ 176 Rn 12). Der Wechsel in die Stellung eines Kdtisten ist aber auf jeden Fall eintragungspflichtig (§ 162 Rn 10), der Erbe ist selbst mitwirkungspflichtig (s Rn 28, § 108 Rn 1), erst jetzt gilt auch § 15 (vgl Rn 45), BGH 66, 102, str.

E. **Die Haftung bei Ausscheiden des Erben:** Scheidet der Erbe innerhalb 48 der Frist des III durch Kündigung nach II oder gleichstehend Vereinbarung mit den MitGftern, BGH 55, 271, aus, haftet er in seiner Eigenschaft als Erbe für die Altschulden bis zum Erbfall und für die Neuschulden bis zur Beteiligungsumwandlung als Nachlassverbindlichkeiten persönlich, aber mit der Möglichkeit der erbrechtlichen Haftungsbeschränkung (IV), BGH 55, 273. Für Neuschulden nach seinem Ausscheiden haftet der Erbe überhaupt nicht. Haftung mehrerer Erben (§§ 2058 ff BGB) s Rn 46. Als Gfter, der er hier endgültig nicht wird, haftet der Erbe nicht, weder für Alt- noch für Neuschulden; die ursprüngliche Haftung nach §§ 130, 124, 128 (s Rn 45) erlischt. Das Ausscheiden ist eintragungspflichtig (§ 143 II), der Erbe ist selbst mitwirkungspflichtig (s Rn 28, § 108 Rn 1), erst jetzt gilt auch § 15 (vgl Rn 45), BGH 66, 102, str.

F. **Die Haftung bei Auflösung der Gesellschaft:** Bei Auflösung der Ges 49 innerhalb der Frist des III (einerlei ob erst nach dem Erbfall oder mit diesem oder schon vorher, BGH NJW 82, 46) gilt grundsätzlich dasselbe wie bei Ausscheiden

§ 139 50–54   2. Buch. Handelsgesellschaften und stille Gesellschaft

des Erben (s Rn 48), hL, aber str (s Rn 8). Haftung als Erbe s Rn 48. Haftung mehrerer Erben (§§ 2058 ff BGB) s Rn 46. Der Erbe haftet als Gfter der nunmehr aufgelösten Ges, in der § 139 nicht gilt und deshalb auch das Wahlrecht nach III weggefallen ist (str, s Rn 8), gemäß IV nur nach Maßgabe der Haftung des Erben für Nachlassverbindlichkeiten (§§ 1967, 1975 BGB), BGH NJW **82**, 46; die ursprüngliche Haftung nach §§ 130, 124, 128 (s Rn 45) erlischt. Die Auflösung ist eintragungspflichtig (§ 143 I), der Erbe ist selbst mitwirkungspflichtig (s Rn 28, § 108 Rn 1), erst jetzt gilt auch § 15 (vgl Rn 45), BGH **66**, 102, str.

9) Eintrittsklauseln

50   A. **Begriff und Rechtsnatur der Eintrittsklausel:** Die Eintrittsklausel (auch gesellschaftsrechtliche Nachfolgeklauseln genannt) begründet für den begünstigten Erben oder Dritten, der nicht Erbe wird, ein bloßes rechtsgeschäftliches Eintrittsrecht, wenn der Gfter stirbt (oder für andere Fälle als den Todesfall), BGH **22**, 188, **68**, 231, WM **71**, 1339. Die Eintrittsklausel kann für den Eintritt bestimmte Voraussetzungen bestimmen und es erst zu einem späteren Zeitpunkt (zB Volljährigkeit, bestimmtes Alter) einräumen, BGH NJW **78**, 264. Die Eintrittsklausel soll den Begünstigen iZw wie den Erben bei einer (qualifizierten) Nachfolgeklausel stellen, also mit einer GfterStellung wie der des Erblassers. Wenn nicht alle Erben eintrittsberechtigt sein sollen, spricht man auch (missverständlich) von qualifizierter Eintrittsklausel. **Dritte**, die nicht Erbe werden, können überhaupt nur durch Eintrittsklausel (rechtsgeschäftliche Nachfolgeklausel, s Rn 56) Gfter werden, da die Nachfolgeklauseln die Erbenstellung voraussetzen. Eine Eintrittsklausel kann auch bei Scheitern einer Nachfolgeklausel, etwa weil die Benannten nicht Erbe werden, anzunehmen sein (ergänzende Auslegung des GesVertrags, § 105 Rn 59), BGH NJW **78**, 264, Ffm NJW-RR **88**, 1251.

51   Rechtlich liegt idR ein begünstigender **Vertrag zugunsten Dritter** auf den Todesfall (§§ 328, 331 BGB) vor. Ein solcher Vertrag verstößt nicht gegen § 2301 BGB. Die Eintrittsklausel kann aber auch bereits ein bindendes **Vertragsangebot** der Gfter an den Begünstigten enthalten oder diesem ein Optionsrecht einräumen. Der Begünstigte kann auch später, durch den Erblasser oder durch einen Dritten bestimmt werden. Zu den rechtlichen Unterschieden zwischen solchen Eintrittsklauseln und den (erbrechtlichen) Nachfolgeklauseln s MüKoBGB/Schäfer § 727 Rn 55.

52   Der GesVertrag kann **keine Eintrittspflicht** eines Dritten begründen (Vertrag zu Lasten Dritter), BGH **68**, 232. Der Dritte kann sich aber selbst zu einem solchen Eintritt verpflichten, gegenüber dem Gfter und späteren Erblasser oder gegenüber den Gftern. Ist der Begünstigte Erbe, kann der Erblasser den Begünstigten durch letztwillige Verfügung wie Bedingungen und Auflagen beeinflussen.

53   B. **Ausübung des Eintritts:** Der Eintritt wird durch Erklärung des Berechtigten nach dem Erbfall ausgeübt. Ob der Berechtigte diese Erklärung abgibt, ist seine Sache (s Rn 38). Solange er die Erklärung nicht abgibt, verbleibt es bei den Rechtsfolgen des Todes des Gfters, also Anwachsung des Anteils des Ausgeschiedenen an GesVermögen bei den MitGftern und Abfindungsrecht der Erben (§ 131 Rn 39, 48). Das ist kein Schwebezustand, aA RG **170**, 108, sondern die eingetretene Rechtslage wird durch Aufnahmevertrag mit dem Berechtigten verändert, BGH NJW **78**, 266. Der Eintritt kann iZw nur binnen angemessener Frist ausgeübt werden (§§ 133, 157 BGB), BGH NJW-RR **87**, 989, nach aA gilt § 139 III analog.

54   C. **Rechtsfolgen des Eintritts:** Der Berechtigte wird Gfter kraft Eintritts, nicht kraft Anteilsübertragung, BGH NJW **78**, 264. Der Berechtigte hätte dann an sich seine Einlage zu erbringen und die nicht Gfter werdenden Erben hätten einen Abfindungsanspruch. Das lässt sich am besten rechtsgeschäftlich so ver-

hindern, dass die Abfindung der Erben ausgeschlossen (zulässig, s § 131 Rn 62) und der Berechtigten von der Einlagepflicht freigestellt wird und die MitGfter sich nach §§ 328, 331 BGB zur Übertragung der mit dem Anteil des Erblassers ursprünglich verbundenen Rechte an den Berechtigten verpflichten (**Treuhandlösung**), Ulmer ZGR **72**, 219, MüKoBGB/Schäfer § 727 Rn 59, vgl BGH NJW **78**, 265. Gefahren sieht dabei Heymann/Emmerich 70.

Möglich ist aber auch die Abtretung des Abfindungsanspruchs der Erben an 55 den Berechtigten, wozu der Erblasser die Erben durch Vermächtnis oder Teilungsanordnung veranlassen kann (**erbrechtliche Lösung**), Ulmer ZGR **72**, 220, wohl auch BGH NJW-RR **87**, 989. Ausgleichansprüche der weichenden Miterben sind umstritten, vgl Rn 46.

10) Rechtsgeschäftliche Nachfolgeklauseln

A. **Begriff und Rechtsnatur der Nachfolgeklausel:** Rechtsgeschäftliche 56 Nachfolgeklauseln versuchen insoweit wie erbrechtliche Nachfolgeklauseln die Nachfolge des Begünstigten (Erben oder Dritter) auf den Zeitpunkt des Todesfalles zu erreichen, aber im Unterschied zu diesen durch Rechtsgeschäft unter Lebenden. Sie unterscheiden sich von den Eintrittsklauseln (auch gesellschaftsrechtliche Nachfolgeklauseln genannt) dadurch, dass die Nachfolge eo ipso auf den Zeitpunkt des Todesfalles stattfinden soll, nicht erst auf Grund der Ausübung eines rechtsgeschäftlichen Eintrittsrechts. Rechtsgeschäftliche Nachfolgeklauseln kommen vor allem in Betracht, wenn unsicher ist, ob der Begünstigte Erbe wird.

B. **Mitwirkung des Begünstigten:** Rechtsgeschäftliche Nachfolgeklauseln 57 sind weniger problematisch bei Mitwirkung des Begünstigten. Sie sind dann so zu verstehen, dass der Gfter (spätere Erblasser) seinen GesAnteil unter Lebenden an den Begünstigten überträgt, aber unter der aufschiebenden Bedingung seines Todes bzw einer entsprechenden Befristung, BGH **68**, 234, NJW **70**, 1639. Bedenken ergeben sich hier wie allgemein bei Rechtsgeschäften auf den Todesfall aus § 2301 BGB. Ausgleichsansprüche der Erben und Pflichtteilsberechtigten, denen der Abfindungsanspruch entgeht, sind möglich nach §§ 2050 ff, 2301, 2316, 2325, näher MüKo/K. Schmidt 20.

C. **Ohne Mitwirkung des Begünstigten:** Rechtsgeschäftliche Nachfolge- 58 klauseln ohne Mitwirkung des Begünstigten beinhalten eine Verfügung zu Gunsten eines Dritten und zugleich einen Vertrag zu Lasten des Dritten, der als Gfter zwingend nach §§ 128, 130 haftet. Beides ist unzulässig. Solche Klauseln sind unwirksam, BGH **68**, 225, NJW **78**, 264, Ulmer BB **77**, 806. Sie können aber je nachdem in eine erbrechtliche Nachfolgeklausel oder in eine Eintrittsklausel umgedeutet werden (§ 140 BGB), BGH **68**, 233, NJW **78**, 264, MüKoBGB/ Schäfer § 727 Rn 60.

11) Unrichtige oder verspätete Eintragung

Für die Haftungsbeschränkung nach IV ist entscheidend, dass der Erbe frist- 59 gemäß entweder aus der Ges ausscheidet oder die Ges aufgelöst wird oder der Erbe die Stellung eines Kdtisten erhält. Bei Ausscheiden haftet der Erbe mangels Eintragung und Bekanntmachung (§ 143 II, III) nach **§ 15**. Dasselbe gilt, wenn die Auflösung der Ges nicht eingetragen und bekanntgemacht wird (§ 143 I, III). Unterlagen für die Eintragung s § 12 Rn 5.

Wird der Erbe **Kommanditist**, findet nach herkömmlicher Ansicht § 176 II 60 Anwendung, dann haftet der Erbe, wenn der Wechsel in die Stellung eines Kdtisten nicht unverzüglich eingetragen wird. Findet § 176 II richtigerweise keine Anwendung (§ 176 Rn 12), gilt jedenfalls § 15, da der Wechsel entspr § 143 einzutragen ist. Geschützt werden dann nur die Neugläubiger, dh von Verbindlichkeiten, die erst nach der Umwandlung, aber vor Eintragung und Bekanntmachung, entstanden sind, MüKo/K. Schmidt 128.

§ 140 — 2. Buch. Handelsgesellschaften und stille Gesellschaft

12) Abweichende Vereinbarungen (V)

61 **A. Erschwerungen:** § 139 I–IV schützt den Erben in seiner Wahlmöglichkeit und ist deshalb **zwingend** (V 1. Halbs), vgl BGH BB **63**, 323. Das Recht des Erben, Kdtist zu werden oder auszuscheiden, kann nicht erschwert werden, zB durch Vorgabe einer höheren KdtBeteiligung oder Verkürzung der Wahlfrist.

62 Der GesVertrag kann jedoch für den Fall, dass der Erbe nur Kdtist zu werden bereit ist, vorsehen, dass sein **Gewinnanteil** anders als der des Erblassers bestimmt, also gekürzt wird (V 2. Halbs). Das ist im Hinblick auf die eingeschränkte Haftung des Kdtisten sachgerecht.

63 **B. Erleichterungen:** Regelungen, die die Haftungsbeschränkung des Erben erleichtern, bleiben möglich. Der GesVertrag kann es beim Ausscheiden des Erben belassen (§ 131 III 1 Nr 1) und die Abfindung ausschließen (zulässig, § 131 Rn 62). Der GesVertrag kann auch automatischen Wechsel in die Stellung eines Kdtisten, also ohne Wahlrecht, vorsehen **(Umwandlungsklausel)**, BGH **66**, 101, **101,** 125; Wahlrecht zwischen Stellung als voll haftender Gfter oder Kdtist ohne vertragliche Zustimmung der MitGfter (vgl Rn 39); Verlängerung der Wahlfrist (aber nur intern, nicht mit Wirkung gegenüber den Gläubigern), Recht zum sofortigen Ausscheiden, besseren Gewinnanteil ua. Lit: K. Schmidt BB **89,** 1702 (kombinierte Nachfolge- und Umwandlungsklausel).

64 **C. Letztwillige Verfügungen:** V betrifft nur die Gfter als solche. Der Erblasser kann den Erben jederzeit durch letztwillige Verfügung zugunsten seiner MitGfter belasten, zB durch Auflage, nicht Kdtist zu werden. Wirksamkeit und Folgen bestimmen sich allein nach Erbrecht, hL, Staub/Schäfer 142; MüKo/K. Schmidt 95, aA V analog Budzikiewicz AcP 209 **(09)** 354.

[Ausschließung eines Gesellschafters]

140 (1) ¹Tritt in der Person eines Gesellschafters ein Umstand ein, der nach § 133 für die übrigen Gesellschafter das Recht begründet, die Auflösung der Gesellschaft zu verlangen, so kann vom Gericht anstatt der Auflösung die Ausschließung dieses Gesellschafters aus der Gesellschaft ausgesprochen werden, sofern die übrigen Gesellschafter dies beantragen. ²Der Ausschließungsklage steht nicht entgegen, daß nach der Ausschließung nur ein Gesellschafter verbleibt.

(2) **Für die Auseinandersetzung zwischen der Gesellschaft und dem ausgeschlossenen Gesellschafter ist die Vermögenslage der Gesellschaft in dem Zeitpunkte maßgebend, in welchem die Klage auf Ausschließung erhoben ist.**

Übersicht

	Rn
1) Ausschließung aus wichtigem Grund durch gerichtliche Entscheidung (I)	1, 2
A. Grundsatz	1
B. Geltungsbereich	2
2) Ausschließung aus wichtigem Grund durch gerichtliche Entscheidung aus der Zweipersonengesellschaft (I 2, Übernahme)	3, 4
A. Grundsatz	3
B. Geltungsbereich	4
3) Wichtiger Grund für die Ausschließung (I 1)	5–13
A. Grundsatz	5
B. Beispiele für wichtigen Grund	7
C. Besondere Fallgestaltungen	8
D. Verzicht, Verwirkung, Verzeihung	13

1. Abschnitt. Offene Handelsgesellschaft 1–3 § 140

	Rn
4) Wichtiger Grund für die Ausschließung aus der Zweipersonengesellschaft (I 2, Übernahme)	14–16
A. Grundsatz	14
B. Beispiele für wichtigen Grund	16
5) Ausschließungsklage, Übernahmeklage	17–23
A. Parteien	17
B. Prozess	21
C. Gestaltungsurteil	22
6) Rechtsfolgen der Ausschließung eines Gesellschafters (II)	24–27
A. Rechte und Pflichten der Gesellschaft und des Ausgeschiedenen	24
B. Gesamtrechtsnachfolge bei Ausschließung aus der Zweipersonengesellschaft	25
C. Auseinandersetzung (II)	26
D. Schadensersatz	27
7) Abweichende Vereinbarungen	28–33
A. Erschwerung der Ausschließung	28
B. Herabstufung	29
C. Erleichterungen der Ausschließung	30
D. Grenzen der Erleichterung der Ausschließung	31
E. Rechtsfolgen einer unzulässigen abweichenden Vereinbarung	33

1) Ausschließung aus wichtigem Grund durch gerichtliche Entscheidung (I)

A. Grundsatz: Ist die Ges aus einem wichtigem Grund in der Person eines **1** Gfters nach § 133 aufzulösen, kann das Gericht stattdessen auf Antrag der übrigen Gfter die Ausschließung dieses Gfters aussprechen. § 140 will den übrigen Gftern die im Unternehmen steckenden Werte erhalten, BGH **50**, 309. Die gerichtliche Entscheidung dient der Rechtssicherheit, BGH **31**, 300. § 140 steht **im engen Zusammenhang mit § 133**, doch bringt § 140 zusätzliche und zT andere Voraussetzungen (zum wichtigen Grund s Rn 5, 14). Strenger als § 140 I 1 ist der an diesen anschließende § 140 I 2, wenn einer von zwei Gftern ausgeschlossen und der andere das Geschäft übernehmen soll (s Rn 3), str. Lit: Grunewald 1987, Westermann 4. Aufl 1988; Schöne 1993; Sandrock JR **68**, 323, Lindacher FS Paulick **73**, 73, Merle ZGR **79**, 84, Behr ZGR **85**, 475; Lit speziell zu Ausschließungsklauseln s Rn 31.

B. Geltungsbereich: § 140 gilt für die OHG und KG (§ 161 II; s Rn 10), **2** auch die fehlerhafte (§ 105 Rn 75, § 133 Rn 2), nicht für die GbR, str (§ 133 Rn 2). § 140 gilt ab Beginn der Ges im Innenverhältnis bis zur Vollbeendigung, Ausschließung ist also auch aus der aufgelösten Ges möglich, es fehlt hier auch nicht Rechtsschutzbedürfnis (anders § 133 Rn 3), jedoch bezieht sich der wichtige Grund dann auf die aufgelöste Ges, BGH **1**, 332 (s Rn 18), also Ausschließung nur, soweit für deren Abwicklung oder Fortsetzung als werbende Ges notwendig, Heymann/Emmerich 4. Das Klagerecht nach § 140 kann grundsätzlich nicht mittels Einwendung oder Einrede geltend gemacht werden (§ 133 Rn 4).

2) Ausschließung aus wichtigem Grund durch gerichtliche Entscheidung aus der Zweipersonengesellschaft (I 2, Übernahme)

A. Grundsatz: I 2 idF HRefG (statt § 142 I, III aF). Die Ausschließung aus **3** wichtigem Grund durch gerichtliche Entscheidung ist auch aus der ZweipersonenGes möglich, nur ist die Rechtsfolge dann das Erlöschen der Ges und die Übernahme des HdlGeschäfts durch den anderen Teil. I 2 nF bringt richtiger Ansicht nach gegenüber § 142 I, III aF, der schon bisher in vielen, aber nicht allen Punkten § 140 entsprach, in der Sache keine Änderungen. Insbesondere sollen die höheren Anforderungen an den wichtigen Grund bei Ausschlie-

§ 140 4–6   2. Buch. Handelsgesellschaften und stille Gesellschaft

ßung aus der ZweipersonenGes nicht berührt werden (RegE), und auch die Rechts- und Haftungsfolgen sind unterschiedlich (bei Übernahme Gesamtrechtsnachfolge, s Rn 25). Dann ist aber I 2 kein Fortschritt, sondern eher eine Verunklarung, aA K. Schmidt ZIP **97**, 918. Jedenfalls kann man bei I 2 wie bisher von einer **Übernahmeklage** sprechen. I 2 steht ebenso wie I 1 im engen Zusammenhang mit § 133 (s Rn 1). Rechtssicherheit und Werterhaltung sind auch die Zwecke des I 2 (s Rn 1), BGH **50**, 309. Lit: Sandrock JR **68**, 323, K. Schmidt FS Frotz **93**, 401.

4   B. **Geltungsbereich:** I 2 gilt für die OHG und KG (s Rn 2), Stgt DB **61**, 1644, auch die fehlerhafte (s Rn 2). I 2 gilt entspr für die GbR, zB frühere OHG nach Betriebseinstellung (§ 105 Rn 8), BGH **32**, 314, K. Schmidt § 58 V 2b: (nur) für die unternehmenstragende GbR, nach aA nur § 737 BGB analog bei Fortsetzungsklausel im GesVertrag, MüKoBGB/Schäfer § 730 Rn 76 I 2 gilt ab Beginn der Ges im Innenverhältnis bis zur Vollbeendigung, Übernahme also auch bei der bereits aufgelösten Ges (wichtig für gegenläufige Übernahmeversuche), aber Konsequenzen für den wichtigen Grund (s Rn 2, 18), BGH **1**, 330, Heymann/Emmerich § 142 Rn 5 I 2 gilt auch in der MehrpersonenGes, wenn der eine Gfter von den übrigen Gftern Übernahme begehrt, hL, Stgt DB **61**, 1644. I 2 gilt nicht für die stGes. Das Klagerecht nach I 2 kann grundsätzlich nicht mittels Einwendung oder Einrede geltend gemacht werden (s Rn 2).

3) Wichtiger Grund für die Ausschließung (I 1)

5   A. **Grundsatz:** Der Begriff des wichtigen Grundes ist grundsätzlich derselbe in § 133 wie in § 140; vgl deshalb zunächst zu § 133 II (§ 133 Rn 5 ff), also Unzumutbarkeit der Fortsetzung der Ges, umfassende Interessenabwägung der Lage bei Schluss der letzten mündlichen Verhandlung. Der wichtigste Unterschied liegt darin, dass der **wichtige Grund** nach § 140 gerade in der Person des Auszuschließenden liegen muss, sonst bleibt nur die Auflösungsklage nach § 133. Eine Rechtsregel, dass an die **Ausschließung** idR höhere Anforderungen (da notwendigerweise nur den einen, nicht auch alle anderen treffend) als an die **Auflösung** zu stellen wären, lässt sich nicht aufstellen, aA früher hL. Zwar mag ein Grund in der Person eines Gfters im Einzelfall die Auflösung der Ges, nicht aber seine Ausschließung tragen, aber auch umgekehrt mag nur Ausschließung, nicht Auflösung gerechtfertigt sein. Für die Beurteilung, ob ein Gfter für die anderen untragbar geworden ist, ist Gesamtschau unerlässlich, kann einzelne gravierende Umstände in anderem Licht erscheinen lassen. Lit: Stauf 1980.

6   **Ausschließung als äußerstes Mittel:** Die Ausschließung ist keine Strafe für den Betroffenen, sondern das letzte Mittel, wenn nur noch so Schaden von der Ges abgewendet werden kann (vgl § 133 Rn 6). Das zwischen den Gftern bestehende Treueverhältnis (§ 109 Rn 23) erlaubt sie daher **nur, wo sich kein anderer zumutbarer Weg findet**, RG **146**, 180, JW **38**, 2213, BGH BB **55**, 1038, WM **11**, 792, Mü NZG **09**, 944 LS, Kobl ZIP **14**, 2086, stRspr, hL, vgl allgemein § 314 I 2 BGB. Das ist auch dann der Fall, wenn es zwar ein solches milderes Mittel gibt und es dem Auszuschließenden verbindlich angeboten worden ist, dieser es aber endgültig abgelehnt hat (näher Rn 23).

Beispiele für mildere Mittel: Bloße Entziehung oder Beschränkung der Vertretungsmacht oder Geschäftsführung (§§ 117, 127), OGH **1**, 33, BGH DB **71**, 140, WM **77**, 500; bei Ges im Liquidationsstadium Abberufung des Gfters als Liquidator oder Einsetzung eines Dritten zur Ausübung der Liquidationsrechte, OGH **3**, 210; Vertragsänderungen (s Rn 23), zB Umwandlung der GfterStellung als phG in Kdtist, BGH NJW **61**, 1767, DB **71**, 140, Kontrollrechtsbeschränkung für Kdtist oder Ausübung der GfterRechte nur durch Treuhänder uä, BGH **18**, 362, **LM** § 142 Nr 6, JR **68**, 339. Solche Alternativen sind besonders sorgfältig zu prüfen bei Ausschließung des einzigen KG-phG, zumal aus einer FamilienGes,

1. Abschnitt. Offene Handelsgesellschaft 7–9 § 140

BGH DB **71**, 140, dann ist zB auch an Übertragung des Anteils an einen anderen Familienangehörigen zu denken. Ausschließung auch bei GmbH & Co (Anh § 177a Rn 47), BGH WM **77**, 500. Zur Rspr krit Westermann NJW **77**, 2185: das Ausschlussrecht sei eine stumpfe Waffe. Nicht milderes Mittel ist idR die Auflösung (§ 133 Rn 6), BGH **80**, 348.

B. **Beispiele für wichtigen Grund:** Vgl zunächst die personenbezogenen wichtigen Gründe für die Auflösung in § 133 II (§ 133 Rn 7–9), auch für die Übernahme (s Rn 14). Wichtiger Grund zur Ausschließung können sein: Veruntreuung, BGH **16**, 323, **32**, 17, unberechtigte Entnahmen, BGH **80**, 350 (jeweils GmbH); objektiv begründeter Verdacht grober Unredlichkeit, zB Verschleierung von Sonderentnahmen, BGH **31**, 304; Aushöhlung des GesUnternehmens und Aufbau eines eigenen in Erwartung der Trennung, BGH JR **68**, 340; Verstoß gegen das Wettbewerbsverbot (§§ 112, 113), BGH WM **57**, 583, Stgt DB **61**, 1644; unberechtigtes Ansichziehen von Geschäftschancen der Ges (§ 109 Rn 26), Führen der Ges als eigene bei gleichzeitiger Inanspruchnahme des Mitgfters für Schulden der Ges, Kobl ZIP **14**, 2086; Schädigung der Ges im Zusammenwirken mit Dritten, BGH WM **85**, 997; Übervorteilung bei gemeinsamer Steuerhinterziehung (keine Analogie zu § 817 BGB), BGH **31**, 303. Umstände **auch ohne Verschulden** des Beklagten können genügen, wie Krankheit oder nicht vorwerfbare, aber mit dem GesVerhältnis unvereinbare Bindung, RG **146**, 176, BGH LM § 140 Nr 2, oder Scheidung der Ehe, Grundlage der GfterStellung des Beklagten, Brem BB **72**, 813 (aber s Rn 11).

Abzuwägen sind ua die Verdienste um das Unternehmen wie die gegenseitigen Verfehlungen, dabei sind ihre Folgen für beide Seiten zu beachten, BGH LM § 140 Nr 2, § 133 Nr 6, WM **77**, 500, NJW **98**, 146; auch das Alter und ob mit dem Beklagten ein ganzer Familienstamm ausscheiden würde, kann eine Rolle spielen, BGH DB **71**, 140; ferner können die Art des Unternehmens, zB Familienunternehmen oder kapitalistischer Charakter, BGH **4**, 111, **18**, 361, die Dauer seines Bestehens und der Beteiligung und die auf dem Spiele stehenden Werte relevant sein (vgl § 133 Rn 5); auch wer das Unternehmen am besten weiterführen kann, RG HRR **41**, 777, BGH **4**, 111, JR **68**, 341, str und nicht unproblematisch. Mitausschließung der Ehefrau, die die Verfehlungen des ersten Beklagten duldete, ist nicht ausgeschlossen, Stgt DB **61**, 1644. Privatsphäre s Rn 11. Ein wichtiger Grund für die Ausschließung liegt grundsätzlich **nicht** vor, **wenn** in der Person des (oder auch nur eines) **Verbleibenden selbst ein Ausschließungsgrund** vorliegt, BGH **32**, 35 (GmbH), LM § 142 Nr 9, str, Grund: dann darf nicht einer vertrieben werden, es bleibt nur Auflösung nach § 133; ist das nicht der Fall, so kann zwar ein überwiegendes Verschulden des Auszuschließenden ausreichen, BGH **80**, 351 (GmbH), zurückhaltend (Gleichbehandlung, uU § 254 BGB) Heymann/Emmerich 14, genügt aber nicht in jedem Fall. Nicht wichtig ist ein Verhalten, mit dem alle einverstanden waren, außer unter besonderen Umständen wie Ausnutzung einer Unerfahrenheit oder Notlage, BGH **31**, 307. Ebenso, wenn die anderen Gfter (auch ohne Einverständnis) die Verfehlung offenbar selbst nicht für so gravierend angesehen haben, dass Trennung unvermeidlich wäre, BGH NJW **97**, 1226. Weitere Kasuistik verhaltens- und nicht verhaltensbezogener Ausschließungsgründe bei MüKo/K. Schmidt 39 ff, 53 ff.

C. **Besondere Fallgestaltungen: Der einzig vertretende Gesellschafter** kann ausgeschlossen werden, dann Gesamtvertretung der andern; auch des einzigen phG der KG, dann aber Auflösung, wenn nicht ein Kdtist phG wird oder ein Dritter als phG zutritt, BGH **6**, 116, **51**, 200, **68**, 82 (GmbH & Co), vgl § 131 Rn 18. Ausschließung des einzigen weiteren Gfters ist möglich (I 2, s Rn 14). Besonderheiten im Ausschließungsprozess s Rn 21.

Mehrheits- und Minderheitsgesellschafter: Die Größe des Anteils des Auszuschließenden ist nach der Rspr idR unerheblich, BGH **51**, 207 (§ 142 aF), aA

§ 140 10–14   2. Buch. Handelsgesellschaften und stille Gesellschaft

Sandrock JR **68**, 323, differenzierend MüKo/K. Schmidt 33; Sonderfall bei extrem kleinen Anteil, BGH **6**, 117. Auch ein oder mehrere MehrheitsGfter können ausgeschlossen werden, auch im gleichen Prozess (s Rn 19). Jedoch wirkt die Ausschließung idR umso stärker, je größer der Anteil ist. Eine schematische Regel, dass eine Minderheit unter 25% kein Ausschließungsrecht habe, ist abzulehnen, str. Die Art des vom Auszuschließenden Eingebrachten ist wohl erst recht idR unerheblich, BGH **51**, 207.

10   **Kommanditisten:** Das Ausschließungsrecht gilt in der KG auch gegen Kdtisten, aber wegen ihres loseren Verhältnisses zu den MitGftern idR unter strengeren Anforderungen, so zB nur auf Grund vom Zerwürfnis der Gfter nur in besonders schwerwiegenden Fällen; anders bei Zerwürfnissen oder Handlungen des Kdtisten, die für die MitGfter ebenso gefährlich sind wie solche eines phG, BGH NJW **61**, 1767, **95**, 597, **98**, 147, Hamm BB **76**, 722, uU auch nach ganz kurzer GesZugehörigkeit und bei Wegfall der Voraussetzungen der Aufnahme. In einer FamilienGes ist Fehlverhalten eines Kdtisten ambivalent, es kann besonders schwer wiegen oder Nachsicht bzw mildere Maßnahmen erheischen, BGH NJW **95**, 597. Das Ausschließungsrecht gilt auch bei einer kapitalistisch organisierten KG (Anh § 177a Rn 10), doch fällt die unpersönliche Organisation ins Gewicht (§ 133 Rn 5), BGH **18**, 361. Ausschließung des einzigen phG s Rn 14. **Herabstufung** des Gfters der OHG bzw des phG in der KG zum Kommanditisten (ohne Geschäftsführungs- und Vertretungsbefugnis) kommt in Betracht als mildere Maßregel als Ausschließung (s auch Rn 29).

11   **Privatsphäre:** Rein Privates begründet nicht gesellschaftsrechtlich die Ausschließung (keine Strafe, s Rn 6), so idR nicht Eheverfehlungen gegen Tochter oder Schwester des MitGfters; anders bei unmittelbarer persönlicher Verletzung von MitGftern (zB Bruch der Ehe des MitGfters), oder wenn die persönliche Verfehlung aus besonderen Gründen das Unternehmen schädigt, BGH **4**, 113, BB **73**, 62; s auch zu I 2 Rn 16.

12   **Zurechnung des Verhaltens anderer:** Das Verhalten **gesetzlicher Vertreter** ist grundsätzlich wie eigenes zuzurechnen, BGH WM **77**, 502 (GmbH), nicht ohne weiteres dagegen das Verhalten von **Angehörigen**, BGH WM **58**, 50, Stgt DB **61**, 1644 (s Rn 7). Zurechnung des Verhaltens des herrschenden Unternehmens ist möglich, aber die allgemeinen konzernrechtlichen Regeln (§ 105 Rn 100 ff) sind nicht unbesehen übertragbar. Zurechnung des Verhaltens des **Treugebers,** der auf den Treuhänder einwirken kann, BGH **32**, 33, WM **80**, 1084. Ausschließungsgründe gegen den **Rechtsvorgänger** wirken idR nicht gegen seinen Rechtsnachfolger, der bei seinem Tod als Erbe oder nach GesVertrag an seine Stelle rückt, RG **153**, 277, OGH **3**, 211, BGH **1**, 330, BB **58**, 58, str. Nach Tod des Klägers kann idR sein Nachfolger (Erbe) die Klage fortführen; der Beklagte kann ihm Verfehlungen des Klägers (Erblassers) idR nicht entgegenhalten, selbst wenn nur dessen Tod ihn (Beklagten) an der Gegenausschließungsklage hinderte, RG **153**, 277, OGH **3**, 211.

13   D. **Verzicht, Verwirkung, Verzeihung:** Sie sind wie in § 133 möglich, zB BGH NJW **99**, 2820 (näher § 133 Rn 12).

4) Wichtiger Grund für die Ausschließung aus der Zweipersonengesellschaft (I 2, Übernahme)

14   A. **Grundsatz:** Begriff des wichtigen Grundes grundsätzlich wie in I 1, § 133 (s Rn 5, § 133 Rn 5 ff), also Unzumutbarkeit der Fortsetzung der Ges, umfassende Interessenabwägung der Lage bei Abschluss der Letzten mündlichen Verhandlung. An den wichtigen Grund sind zwar nach alter Rspr gegenüber der Ausschließung nach I 1 bei der Übernahme nach I 2 grundsätzlich noch höhere Anforderungen als für die Ausschließung dort (Rn 5 ff) zu stellen, BGH **4**, 110, **51**, 205, anders schon früher Schlegelb/K. Schmidt § 142 Rn 17, heute Staub/

Schäfer 21, Grund: die Ausschließung eines von zwei sei idR noch härter als eines von drei oder mehr Gftern; aber dies ist nur ein einzelner Abwägungsgesichtspunkt bei der notwendigen Gesamtwürdigung (s Rn 3).

Rechtsmissbrauch des Übernahmerechts wie bei jedem Recht, vgl für Ehegatten BGH **34,** 80, **46,** 392, weitere Bspe Heymann/Emmerich § 142 Rn 6; aber dann fehlt es unter I idR schon am wichtigen Grund.

Übernahme als äußerstes Mittel: Die Übernahme ist das äußerste Mittel, **15** wenn sich kein anderer zumutbarer Weg für den MitGfter findet (s Rn 6), BGH **1,** 333, **4,** 108, stRspr, hL. Das ist auch dann der Fall, wenn es zwar ein solches milderes Mittel gibt und ein dem Auszuschließenden verbindlich angeboten worden ist, dieser es aber endgültig abgelehnt hat (näher § 140 Rn 23). Möglichkeit milderer Mittel näher s Rn 6.

B. **Beispiele für wichtigen Grund:** Vgl die wichtigen Gründe für die Aus- **16** schließung (s Rn 7) sowie die personenbezogenen wichtigen Gründe für die Auflösung in § 133 II (§ 133 Rn 7–9); aber s auch Rn 15. **Abwägung** sämtlicher Umstände unter Berücksichtigung des beiderseitigen Verhaltens, zB BGH NJW **06,** 844 (GbR), s Rn 7. Ein wichtiger Grund für die Übernahme liegt grundsätzlich **nicht** vor, **wenn** in der Person des (oder auch nur eines) **Übernehmenden** selbst ein **Ausschließungsgrund** vorliegt, BGH **4,** 111, **32,** 35 (GmbH), **46,** 394, NJW **57,** 873, **LM** § 142 Nr 9, str, Grund: dann darf nicht der andere vertrieben werden, es bleibt nur Auflösung; ist das nicht der Fall, kann aber ein überwiegendes Verschulden des Auszuschließenden ausreichen (s auch Rn 6), BGH **80,** 351 (GmbH), aA Heymann/Emmerich § 142 Rn 10 (idR nur Auflösung), genügt aber nicht in jedem Fall. Übernahme scheidet idR aus, wenn der klagende Gfter den Freistellungsanspruch des MitGfters wegen Bürgschaft für die Ges (§ 131 Rn 42) nicht erfüllen könnte, BGH **51,** 207. Der Kdtist kann die Übernahmeklage auch gegen den **einzig vertretenden Gesellschafter** der KG erheben (s Rn 8), Stgt DB **61,** 1644. **Mehrheits- und Minderheitsgesellschafter** s Rn 9. Die Größe des Anteils ist nach der Rspr idR unerheblich, BGH **51,** 207, aA Sandrock JR **68,** 323; Sonderfall bei extrem kleinen Anteil, BGH **6,** 117. Auch der MinderheitsGfter kann übernahmeberechtigt sein (s Rn 9). **Privatsphäre** s Rn 11. Unter **Verwandten** gelten nicht allgemein strengere Anforderungen an die Übernahmeklage, manches kann hier leichter, anderes schwerer wiegen, BGH **4,** 115, **51,** 206. Unter Ehegatten ist außergeschäftliches ehewidriges Verhalten des Klägers beachtlich (s Rn 11); es schließt aber die Übernahme nicht aus, besonders wenn Kläger das Unternehmen schuf und führt und der Partner wichtige Unternehmensinteressen grob verletzte, BGH **46,** 396 (kein Staatszwang zur Ehetreue, dazu BGH **34,** 80). **Zurechnung des Verhaltens anderer** s Rn 12. **Verzicht, Verwirkung, Verzeihung** s Rn 13.

5) Ausschließungsklage, Übernahmeklage

A. **Parteien: a) Kläger:** Notwendig ist idR **Klage aller Mitgesellschafter.** **17** Nicht notwendig ist Mitwirkung eines MitGfters, der verbindlich dem Klagziel zustimmte (entspr § 133 Rn 13), BGH NJW **58,** 418, **98,** 146, ZIP **02,** 711, aA Ulmer FS Geßler **71,** 269 (hier anders als bei Auflösung), MüKo/M. Schmidt 62, 71, für Beiladung nach § 856 III ZPO H. Roth FS Großfeld **99,** 926. Die Kläger sind bei der Ausschlussklage notwendige Streitgenossen (§ 62 ZPO), BGH **30,** 197, ZIP **10,** 2446 (aber Rn 30), hL, Bsp: Abweisung aller, wenn Verfehlungen eines einzigen die Klage entkräften, RG **122,** 315. Lit: Nickel JuS **77,** 14, Pabst BB **78,** 892.

Die Ausschließungsklage nach I 1, 2 ist **auch nach Auflösung** der Ges **18** möglich (s Rn 2), auch durch einen Gfter, der die Ges durch Kündigung zur Auflösung brachte; jedoch, wenn die Ausschließungsgründe in der Person des Beklagten erst nach der Auflösung eingetreten sind, nicht mehr zu seinem Ausscheiden aus dem Unternehmen und dessen Sicherung für die Kläger allein, sondern nur noch als äußerstes Mittel zur Durchführung einer sachgemäßen und gerechten Abwicklung OGH **3**, 206, BGH **1**, 331. Diese Einschränkung gilt nicht, wenn die Ausschließungsgründe vor der Auflösung eingetreten waren, BGH BB **68**, 230.

19 b) **Beklagte: Ausschließungsklage** nach I 1, 2 ist auch gegen mehrere Gfter möglich (vgl Rn 9), auch aus verschiedenen wichtigen Gründen. Sie ist aber, wenn gegen einen Beklagten unbegründet, im Ganzen abzuweisen, weil dann gegen den (die) andern der Antrag aller MitGfter fehlt, BGH **64**, 255. Nicht notwendig ist Mitwirkung eines MitGfters, der sich dem Kläger verpflichtete, bei Erfolg der Klage auch auszuscheiden, RG **146**, 172 (str wie Rn 17). Mehrere Beklagte sind auch hier notwendige Streitgenossen iSv § 62 ZPO, aA RG **146**, 174 (s Rn 12).

20 **Zustimmungsklage:** Die Treuepflicht der Gfter kann auf Zustimmung zur Mitwirkung an der (begründeten) Ausschließungsklage gehen (§ 109 Rn 27), BGH **64**, 257. Das gilt auch für die bei vertragsmäßiger Mehrheitsentscheidung (s Rn 30) überstimmten Gfter, außer bei triftigen persönlichen Gegengründen wie naher Verwandtschaft, RG **162**, 388, Nürnb BB **58**, 1001. Zu Unrecht nicht Mitwirkende machen sich nicht nur schadensersatzpflichtig nach § 280 BGB (§ 109 Rn 4), sondern können auch auf Zustimmung verklagt werden, aA wegen Beiladungsmöglichkeit kein Rechtsschutzbedürfnis H. Roth FS Großfeld **99**, 925. Das Urteil ersetzt die Teilnahme an der Ausschließungsklage (§ 894 ZPO), BGH **64**, 259, **68**, 82. Möglich ist Anspruchshäufung nach § 260 ZPO (vgl § 117 Rn 7), also Klage zugleich gegen X auf seine Ausschließung und Y auf Zustimmung dazu, BGH **68**, 83, aA Ulmer FS Geßler **71**, 269; Y kann X als Streithelfer beitreten, BGH **68**, 85. Auf diese Zustimmung kann (anders als auf die Ausschließung) jeder MitGfter gegen jeden allein klagen, BGH **64**, 256. Lit: K. Schmidt, Mehrseitige Gestaltungsprozesse 1992, § 7; Pabst BB **77**, 1524, H. Roth FS Großfeld **99**, 915.

21 B. **Prozess:** Gerichtsstand beim Auszuschließenden (§ 13 ZPO) und bei der Ges (§ 22 ZPO), letzterer auch für Zustimmungsklagen gegen MitGfter. Während des Auflösungsprozesses ist Vertretung und Geschäftsführung durch Dritten möglich (ähnlich § 146 II), BGH **33**, 110 (§ 125 Rn 8; vgl § 127 Rn 8, § 133 Rn 14); auch Änderung der GfterRechte und -Pflichten durch einstweilige Verfügung, zB nach §§ 117, 127, BGH **33**, 105, Stgt DB **61**, 1457. Aber kein Ausschluss im Wege der einstweiligen Verfügung. Möglich ist Widerklage nach §§ 117, 127, 133, 140. Ausschließung bzw Übernahme und Auflösung (§ 140 I 1, 2, 133) sind Verschiedenes. Übergang vom einen zum anderen ist Klageänderung; Gericht kann nicht auf das eine erkennen statt des beantragten anderen, RG JW **17**, 292. Dagegen ist der Streitgegenstand bei Ausschließung nach I 1 und Übernahme nach I 2 (jedenfalls nach HRefG) derselbe, aA früher hL (zu §§ 140, 142 aF), die sich aber mit Auslegung des Klageantrags und ggf Urteils behalf. Klage auf Ausschließung ist nicht „weitergehend" als Auflösung, Prozess über erstere ist deshalb nicht auszusetzen (§ 148 ZPO) bis zur Entscheidung über letztere; vielmehr sind beide Verfahren wenn möglich zu verbinden, sonst gesondert durchzuführen, Ffm BB **71**, 1479.

22 C. **Gestaltungsurteil:** Die Klage geht auf Ausschließung des Gfters (I 1) oder Übernahme (I 2), also Rechtsgestaltung (näher § 133 Rn 15). Wirkung erst mit Rechtskraft des Urteils bzw Vollstreckbarkeitserklärung des Schiedsspruchs (§ 133 Rn 19). Das rechtskräftige Urteil zu I 2 gibt nicht nur ein Recht zur Übernahme, sondern überträgt unmittelbar, hL (missverständlich § 142 aF); iZw auch ein Schiedsspruch (wenn für vollstreckbar erklärt, § 133 Rn 19). Nach Aufhebung des Ausschließungsurteils im Wiederaufnahmeverfahren kann eine neue Ausschließungsklage sich auf das Verhalten des Beklagten in der Zwischenzeit stützen mit Berücksichtigung, dass er sich in dieser Zeit als NichtGfter fühlen durfte, BGH **18**, 358.

„Kann" in I stellt die Entscheidung nicht ins Ermessen des Gerichts (§ 133 Rn 16). Die Klage kann abzuweisen sein, wenn der Beklagte eine dem Kläger zumutbare, **weniger einschneidende Regelung** als die Ausschließung **vorgeschlagen** und die Kläger sie abgelehnt haben oder das Gericht solche Regelung vorschlug, der Beklagte annahm, die Kläger ablehnten, BGH **18**, 363, zB Vorschlag der Übertragung des Anteils des Beklagten auf dessen Söhne, Ruhen des Stimmrechts aus dem Anteil auf Lebzeit des Beklagten. Notwendig ist aber ein verbindliches Angebot, und das Gericht muss die Klagevorwürfe erschöpfend aufklären, BGH WM **75**, 769. Umgekehrt kann der sonst nicht hinreichend begründeten Klage stattzugeben sein, wenn der Beklagte eine vorgeschlagene mildere, ihm zumutbare Regelung ablehnt. Auch das **Revisionsgericht** kann solches noch vorschlagen und sein Urteil nach der Stellungnahme der Parteien zu solchem Vorschlag bestimmen, BGH **18**, 363, **LM** § 142 Nr 6, Fischer **LM** § 161 Nr 6.

6) Rechtsfolgen der Ausschließung eines Gesellschafters (II)

A. Rechte und Pflichten der Gesellschaft und des Ausgeschiedenen: Die Rechtsfolgen der wirksamen Ausschließung eines Gfters sind grundsätzlich dieselben wie bei seinem Ausscheiden nach § 131 III (dort Rn 34 ff). Dabei ist zwischen dem Innenverhältnis und dem Außenverhältnis zu unterscheiden (§ 131 Rn 37). Besonderheiten ergeben sich bei der Ausschließung aus der ZweipersonenGes (s Rn 25). Es findet also eine Auseinandersetzung zwischen dem Ausgeschlossenen und der Ges bzw dem Übernehmer statt (s Rn 26). Abfindung und Abfindungsklauseln s § 131 Rn 48 ff, 58 ff.

B. Gesamtrechtsnachfolge bei Ausschließung aus der Zweipersonengesellschaft: Die Ges **erlischt** (§ 131 Rn 35), nicht etwa EinpersonenGes (Rechtsausschuss), aA Weimar ZIP **97**, 1769. Das GesVermögen wird Alleinvermögen des Übernehmers durch **Gesamtrechtsnachfolge** (§ 105 Rn 8), MüKoBGB/Schäfer §§ 718 Rn 13, 730 Rn 81, nicht Anwachsung nach § 738 I 1 BGB, was Konsequenzen für die Haftung hat (der verbleibende Kdtist haftet als Gesamtrechtsnachfolger unbeschränkt für alle Altschulden der Ges), BGH **48**, 206, **113**, 134 (§ 131 Rn 35). An der Haftung eines Gfters, der schon vor der Übernahme ausschied (§ 128 Rn 28; § 160), ändert sich nichts, BGH **50**, 237. Vermögensübergang also ohne Liquidation (§§ 145 ff), ohne Einhaltung von Formvorschriften (zB § 311b I BGB, § 15 GmbHG) und außerhalb des Grundbuchs (Grundbuchberichtigung). Maßgebender Zeitpunkt ist die Rechtskraft des Urteils, II gilt nur für die Auseinandersetzung (Innenverhältnis, s Rn 26). Es gelten die Grundsätze für die Umwandlung kraft Gesetzes, zB für Beibehaltung der stillen Reserven und für Firmenfortführung (Einl 22 vor § 105). Ein dingliches Vorkaufsrecht der Ges erlischt nicht nach § 514 BGB, sondern besteht fort nach §§ 1059a Nr 1, 1098 III BGB (betr juristische Person, entspr anwendbar auf OHG), BGH **50**, 310. Höchstpersönliche Rechte, zB persönliche öffentlich-rechtliche Erlaubnis, erlöschen. Eine Vereinbarung über die Ausnahme einzelner Gegenstände von der Gesamtrechtsnachfolge hat nur schuldrechtliche Wirkung, str. Im anhängigen Prozess der Ges erfolgt Parteiwechsel kraft Gesetzes, nicht durch gewillkürten Parteiwechsel bzw Klageänderung (§ 124 Rn 44), BGH NJW **71**, 1844, **93**, 1917, aA Huber ZZP 82 (**69**) 253. §§ 239 ff ZPO gelten entspr, K. Schmidt § 46 II 3a. War in 1. Instanz gegen die Ges abgewiesen, hindert Berufung mit Antrag gegen Übernehmer die Rechtskraft, BGH NJW **71**, 1844. Übernahmeerklärung mit Vereinbarung der „Liquidation" kann bedeuten: Übergang des Unternehmens, aber während der Auseinandersetzung nach Fortführung auch zugunsten des Ausscheidenden, BGH BB **73**, 910. Anmeldung

§ 140 26–30 2. Buch. Handelsgesellschaften und stille Gesellschaft

zum HdlReg s § 143 Rn 1. Für die **Firmenfortführung** gilt § 24 II, nicht § 22 (§ 24 Rn 11).

26 C. **Auseinandersetzung (II):** Zwischen dem Ausgeschlossenen und der Ges findet eine Auseinandersetzung statt (§§ 738–740 BGB, dazu § 131 Rn 38–47). Dafür ist der Zeitpunkt der Klageerhebung, nicht der der Rechtskraft des Gestaltungsurteils maßgebend (II). Das gilt für die Ausschließung ebenso wie für die Übernahme nach I 2, BGH WM **65**, 426. Der Ausgeschlossene nimmt also nicht teil am Gewinn (oder Verlust) der Prozesszeit. Das soll auch gelten, wenn der durchschlagende Ausschließungsgrund erst später (s Rn 6) eintrat, RG **101**, 242, zweifelnd OGH BB **50**, 174, es gilt wenn der Gfter der zul und begr Ausschließungsklage durch eigenes Ausscheiden den Boden entzieht, Otte NZG **11**, 1365. Abfindung und Abfindungsklauseln s § 131 Rn 48 ff, 58 ff.

27 D. **Schadensersatz:** Der Ausgeschlossene kann den übrigen schadensersatzpflichtig sein (§ 133 Rn 17).

7) Abweichende Vereinbarungen

28 A. **Erschwerungen der Ausschließung:** § 140 ist nicht zwingend (anders das Recht auf Auflösung, § 133 III), weder I 1, BGH NJW **98**, 146, noch I 2, BGH **51**, 205 (zu § 142 aF). Der GesVertrag kann das Ausschließungs- bzw Übernahmerecht ohne weiteres erschweren oder sogar ganz beseitigen, es bleibt dann eben nur die Auflösung, BGH **51**, 204, oder der eigene Austritt aus wichtigem Grund, str (§ 133 Rn 1). Der GesVertrag kann zB bestimmte Verhaltensweisen oder Ereignisse als wichtigen (Ausschließungs-)Grund ausschließen, eine Vorprüfung durch GfterVersammlung oder Beirat vorsehen oder die Zustimmung Dritter verlangen.

29 B. **Herabstufung:** Der GesVertrag kann als gegenüber der Ausschließung milderes Mittel vorsehen, dass ein Gfter der OHG oder der phG der KG zum Kdtisten herabgestuft wird (s Rn 10). Eine solche Regelung ist nicht schon deshalb unwirksam, weil die Herabstufung dem Gfter Grund zum Ausscheiden gibt, dieses aber durch eine einschneidende Abfindungsklausel erschwert wird, vielmehr können dann Herabstufungsklausel und entspr GfterBeschluss wirksam sein, die Abfindung ist danach angemessen zu bestimmen, BGH NJW **73**, 651, dazu Schneider NJW **73**, 750, s Rn 33.

30 C. **Erleichterungen der Ausschließung:** Umgekehrt kann der GesVertrag, wie auch § 133 III 1 Nr 5 nF nahelegt (aber s dort Rn 25), die Ausschließung bzw Übernahme erleichtern, also Gründe und Verfahren abweichend vom Gesetz regeln, zB weitere Umschreibung und Fixierung der möglichen Ausschlussgründe („absolute" Ausschlussgründe), BGH **51**, 205, **81**, 266, oder Einräumung eines Übernahmerechts in anderen Fällen (auch in der Ges mit zwei oder mehr Gftern), BGH **32**, 22, **50**, 308. Bspe: Altersgrenze, Vermögensverfall, Berufszulassungsentzug, Beendigung der Mitarbeit, Abreißen verwandschaftlicher Beziehungen, Gehrlein NJW **05**, 1970, zu „russian roulette" und „shoot-out"-Klauseln als Konfliktlösungsmechanismus § 105 Rn 71. Auslegungsfrage ist es, ob das Übernahmerecht auch für und gegen einen später eintretenden MitGfter gilt, BGH WM **73**, 866. Die Erleichterungen können auch beinhalten zB Mehrheitsentscheidung über Erhebung der Ausschlussklage, Antragsrecht einzelner Gfter, nähere Regelung der Geltendmachung des Ausschließungsrechts. Feststellungsstatt Ausschlussklage, BGH NJW **98**, 146. Übertragung an ein Schiedsgericht. Der GesVertrag kann auch Ausschließung durch **bloßen Gesellschafterbeschluss** der übrigen Gfter vorsehen (Stimmrechtsausschluss des Auszuschließenden, § 119 Rn 8), BGH **31**, 301, **68**, 214, ZIP **05**, 1322, **11**, 1509, Ulmer JZ **76**, 97; auch durch Mehrheitsbeschluss (aber Bestimmtheitsgrundsatz, § 119 Rn 37). Ein einseitiges **Ausschließungsrecht** der GfterMehrheit oder -gruppe

oder einzelner Gfter gegen andere, auch als „Kündigungsrecht" mit der Folge des Ausscheidens des Gekündigten statt Auflösung der Ges (§ 133) oder Ausscheiden des Kündigenden (§ 133 III 1 Nr 3), sog **Hinauskündigung,** ist zwar grundsätzlich unwirksam (§ 138 BGB, str), aber Ausnahmen **in engen Grenzen** (s Rn 31). Der Beschluss bzw die Hinauskündigung wirkt (wenn rechtmäßig) mit Mitteilung an den Ausgeschlossenen (wie nach § 737 BGB), abzustellen ist auf den Zugang beim auszuschließenden Gesellschafter, BGH ZIP **11,** 1509. Der Beschluss ist rglm Voraussetzung der Bekanntgabe und kann Anknüpfungspunkt für eine Frist zur Klage gegen den Gesellschafterbeschluss sein, BGH ZIP **11,** 1510. Der rechtswidrige Beschluss ist unwirksam (§ 119 Rn 31, Geltendmachung und Frist § 119 Rn 32, Gfter sind dann keine notwendigen Streitgenossen, BGH ZIP **10,** 2446) und kann die Beschließenden nach § 280 BGB schadensersatzpflichtig machen, BGH **31,** 301.

Übernahme (mit Wirkung der Gesamtrechtsnachfolge) ist auch ohne Vereinbarung im GesVertrag durch **Übernahmevereinbarung ad hoc** möglich, sowohl bei noch werbender Ges (die dadurch aufgelöst wird) wie bei schon aufgelöster (§ 145 Rn 10), BGH **50,** 308, **71,** 299, NJW **89,** 1030, BAG NJW **91,** 1972. Mit entspr Wirkung (Erlöschen der Ges, Gesamtrechtsnachfolge) möglich ist Übernahme aller Anteile (§ 105 Rn 69) durch einen einzigen **Nichtgesellschafter,** BGH **71,** 299.

D. Grenzen der Erleichterung der Ausschließung: a) Kernbereichslehre 31 **und Treuepflicht:** Grenzen für Ausschließung und Übernahme folgen allgemein aus § 138 I BGB und spezieller aus dem Schutz des Kernbereichs der Gfter-Position (§ 119 Rn 36) und der Treuepflicht (§ 109 Rn 23). Eine Vereinbarung (im oder neben dem GesVertrag, BGH **112,** 107, **164,** 98), dass Kdtisten durch Mehrheitsbeschluss **ohne wichtigen Grund** ausgeschlossen werden können (**Hinauskündigung,** s Rn 30), ist grundsätzlich **unzulässig,** anders nur **ausnahmsweise,** wenn sie eindeutig vereinbart und **durch besondere Gründe sachlich gerechtfertigt** ist, BGH **68,** 215, **81,** 264, **105,** 216, **107,** 356, **112,** 107 (GmbH), **164,** 98u 107 (GmbH), NJW **04,** 2013 (GbR), ZIP **05,** 706 (GmbH), **07,** 1309 (ÄrzteGes), ZIP **07,** 1309, stRspr (zur Abfindung in solchen Fällen § 131 Rn 65). § 131 III 1 Nr 6 hat daran nichts geändert (§ 131 Rn 26). Die Einräumung eines Rechts an einen Gfter, MitGfter (zB auch Kdtisten) nach freiem Ermessen aus der Ges auszuschließen, ist nichtig; anders nur bei sachlicher Rechtfertigung durch besondere Umstände, BGH **81,** 269, **105,** 213, **107,** 351, **164,** 98u 107, MüKoBGB/Schäfer § 737 Rn 19, str, Fallgruppenbildung bei MüKo/K. Schmidt 101 ff, umstritten ist insbesondere die Figur des „Gfters minderen Rechts". Solche besonderen Umstände können sein: zB Beteiligung nur von persönlich mitarbeitenden Gftern, WM **83,** 956, Einräumung der Gfter-Stellung nur wegen enger persönlicher Beziehungen (insoweit „auf Zeit", treuhänderähnlich), BGH **112,** 103 (GmbH), einlagenfreie Aufnahme in Sozietät mit Prüfungszeit, BGH NJW **04,** 2013 (GbR, 10 Jahre bei weitem zu lang), maximal dreijährige „Probezeit" bei Gemeinschaftsarztpraxis, BGH ZIP **07,** 1309, Gfter Beteiligung nur als bloßer Annex eines Kooperationsvertrags ohne darüber hinausgehende Chancen, BGH ZIP **05,** 706, Minderheitsbeteiligung eines Drittgeschäftsführers für die Zeit seines Amtes und gegen bloßes Nennwertentgelt (Managermodell), BGH **164,** 98m Anm Gehrlein BB **05,** 2433, wohl auch allgemeiner für führende Mitarbeiter (sog leaver-Klausel bei private equity-Transaktionen), Drinkuth NJW **06,** 413, Minderheitsbeteiligung eines verdienten Mitarbeiters gegen bloße Nennwertzahlung (Mitarbeitermodell), kein Verstoß gegen § 622 VI BGB, BGH **164,** 107, auf Testament zurückgehende Differenzierung zwischen Kindern, BGH ZIP **07,** 862, aA MüKoBGB/Schäfer § 737 Rn 19, besondere Verdienste des Ausschließungsberechtigten um die Ges; treuhandähnliches Verhältnis, Prüfung gedeihlicher Zusammenarbeit, Beendigung der für die

§§ 141, 142

Beteiligung maßgeblichen Zusammenarbeit, genereller für Zulassung bei (auch nachgeschobenem) sachlichem Grund Gehrlein NJW 05, 1971. **Nicht:** Kein solcher Grund ist der Erwerb der Mitgliedschaft durch **Vererbung**, BGH **81**, 270 (aber Testament, oben, damit wird dieser Grundsatz verwässert), **geringe Kapitalbeteiligung**, vgl BGH NJW **85**, 2421. Für **Anteilsschenkung** gilt, dass der Beschenkte kein Gfter mindern Rechts ist (§ 131 Rn 66), BGH **164**, 116; für Anteilsschenkung unter Widerrufsvorbehalt nach freiem Belieben mit Rückübertragungsverpflichtung ist solcher Grund anzuerkennen, aber Ausübungskontrolle vorzusehen, MüKoBGB/Schäfer § 737 Rn 22, str, vgl Karlsr NZG **07**, 423m Anm Wälzholz 416, Nichtzulassungsbeschwerde abgelehnt, Nassall NZG **08**, 852. Diese Grenzen gelten selbst bei voller oder jedenfalls angemessener Abfindung, weil die vom „Damoklesschwert der Hinauskündigung" bedrohten Gfter in ihrer gesellschaftlichen Willensbildung unzulässig beeinflusst werden, BGH **81**, 268, **84**, 16, **104**, 50, **125**, 79 (stGes). Diese Grenzen gelten nicht für ein an ein festes Tatbestandsmerkmal (zB Tod eines MitGfters) anknüpfendes, zeitlich begrenztes Kündigungsrecht, BGH **105**, 213; Entscheidungsfrist bis zu einem Jahr (offen).

Zu diesen Grenzen Goette DStR **97**, 337, Harrer FS Sonnenberger **04**, 235 (Wertungsparallele zu § 327a AktG), Gehrlein NJW **05**, 1969, Habersack/Verse ZGR **05**, 451 (Mitarbeiterbeteiligung), Drinkuth NJW **06**, 410, Werner WM **06**, 213, Kilian WM **06**, 1567, Peltzer ZGR **06**, 702, Verse DStR **07**, 1822, Wälzholz NZG **07**, 416, Nassall NZG **08**, 851, Fleischer DB **10**, 2713 (shoot-out-Klauseln).

32 **b) Sittenwidrigkeit:** Neben diesen engen Grenzen aus den Grundprinzipien des GesRechts sind die allgemeinen Grenzen, zB **§ 138 BGB**, nur noch von geringer Bedeutung. Zu prüfen sind ua Rechtsstellung der Betroffenen als Gfter (zB Ausscheidensrecht ihrerseits), Herkunft ihrer Beteiligung (zB familienfremde Geschäftsführer-Gfter ohne Kapitalanteil). Kündigungs- und Übernahmerecht nach freiem Ermessen ist sittenwidrig, wenn die Mitgliedschaft Lebensberuf und Existenzgrundlage bildet, auch bei FamilienGes, auch wenn dem Gründer vorbehalten, BGH NJW **85**, 2421, str. Ausschluss der gerichtlichen (auch schiedsgerichtliche) Nachprüfung ist unzulässig.

33 **E. Rechtsfolgen einer unzulässigen abweichenden Vereinbarung: a) Gesellschaftsvertrag:** Rechtsfolge der unzulässigen Ausschlussklausel ist nicht Nichtigkeit des GesVertrags (§ 139 BGB gilt nicht, § 105 Rn 50).

b) Ausschließung: Statt der unzulässigen Ausschlussklausel kann im Wege der (auch ergänzenden) Vertragsauslegung eine zulässige anzunehmen sein (näher § 132 Rn 14), str, zB kann Ausschlussklausel nach freiem Ermessen insoweit wirksam sein, als sie Ausschließung aus wichtigem Grund zulässt (insoweit gilt § 139 BGB), BGH **107**, 351m Anm Fastrich ZGR **91**, 306. Die Sittenwidrigkeit oder sonstige Unzulässigkeit der **Abfindungsklausel** (§ 131 Rn 58ff) lässt die Wirksamkeit der Ausschließung unberührt, die angemessene Abfindung ist notfalls in einem besonderen Rechtsstreit festzustellen, BGH **105**, 222, **112**, 111, **164**, 104, NJW **73**, 1606 (s Rn 29) gegen frühere Rspr. Für Regelung de lege ferenda (Ausübungskontrolle) Wicke DNotZ **17**, 271.

141, 142 *(aufgehoben)*

1. Abschnitt. Offene Handelsgesellschaft 1, 2 § 143

[Anmeldung von Auflösung und Ausscheiden]

143 (1) ¹Die Auflösung der Gesellschaft ist von sämtlichen Gesellschaftern zur Eintragung in das Handelsregister anzumelden. ²Dies gilt nicht in den Fällen der Eröffnung oder der Ablehnung der Eröffnung des Insolvenzverfahrens über das Vermögen der Gesellschaft (§ 131 Abs. 1 Nr. 3 und Abs. 2 Nr. 1). ³In diesen Fällen hat das Gericht die Auflösung und ihren Grund von Amts wegen einzutragen. ⁴Im Falle der Löschung der Gesellschaft (§ 131 Abs. 2 Nr. 2) entfällt die Eintragung der Auflösung.

(2) Absatz 1 Satz 1 gilt entsprechend für das Ausscheiden eines Gesellschafters aus der Gesellschaft.

(3) Ist anzunehmen, daß der Tod eines Gesellschafters die Auflösung oder das Ausscheiden zur Folge gehabt hat, so kann, auch ohne daß die Erben bei der Anmeldung mitwirken, die Eintragung erfolgen, soweit einer solchen Mitwirkung besondere Hindernisse entgegenstehen.

Übersicht

	Rn
1) Anmeldung von Auflösung und Ausscheiden	1, 2
A. Auflösung (I)	1
B. Ausscheiden (II)	2
2) Anmeldepflicht sämtlicher Gesellschafter	3, 4
A. Öffentlich-rechtliche Anmeldepflicht (§ 143)	3
B. Gesellschaftsrechtliche Mitwirkungspflicht	4
3) Rechtsfolgen der (fehlenden) Eintragung	5, 6
A. Eintragung	5
B. Fehlende Eintragung	6

1) Anmeldung von Auflösung und Ausscheiden

A. Auflösung (I): § 143 idF EGInsO 1994. 1

a) Regelfälle (I 1): Über die OHG und KG im HdlReg s zunächst §§ 106–108, 162. Nach I 1 ist die Auflösung der Ges (§ 131 I, II) anzumelden und einzutragen; bei Übernahme durch einen Gfter, etwa nach § 140 I 2 (dort Rn 25) mit Besonderheiten, nämlich Auflösung und Wechsel des Firmeninhabers, MüKo/K. Schmidt 4, Staub/Schäfer 11. Auch Auflösung einer (zu Unrecht) nicht eingetragenen Ges und mangelnde Voreintragung stehen nicht entgegen, die Ges ist vielmehr zugleich mit ihrer Auflösung einzutragen, allgM. Auch bei Fortsetzung der Ges ist vor dieser zunächst noch die Auflösung einzutragen, MüKo/K. Schmidt 3, str. Fallen Auflösung und Erlöschen ausnahmsweise zusammen (§ 131 Rn 5, 10), stehen Anmeldung nach I 1 und § 157 nebeneinander.

b) Auflösung bei Insolvenz (I 2, 3): I gilt **nicht** für Auflösung in den Fällen der Eröffnung oder der Ablehnung der Eröffnung des Insolvenzverfahrens über das Vermögen der Ges (§ 131 I Nr 3, II 1 Nr 1); in diesen Fällen werden die Auflösung und ihr Grund von Amts wegen eingetragen (I 2, 3 iVm §§ 32, 6), vgl BGH NJW **82**, 2443.

c) Auflösung durch Löschung (I 4): Bei Löschung nach § 131 II 1 Nr 2 entfällt die Eintragung der Auflösung überhaupt. Bereits die Löschung erfüllt die Warnfunktion des HdlReg.

B. Ausscheiden (II): Anzumelden und einzutragen ist ebenso das Ausscheiden eines Gfters (bei GbR als Gfter auch deren Gfter, § 106 Rn 6), gleich 2 wodurch, zB Tod, auch Ausschließung (§ 140), sofern die Ges wie idR fortgesetzt wird. Wechsel des phG in die Stellung eines Kdtisten ist zwar kein Ausscheiden, die Beteiligungsumwandlung ist aber als solche anmeldepflichtig

§ 144
2. Buch. Handelsgesellschaften und stille Gesellschaft

(§ 162 Rn 10). Einzutragen ist auch, wenn dadurch die Firma unzulässig wird, zB bei Wegfall der letzten natürlichen Person unter den phG (§ 19 II); Eintragung kann auch nicht von gleichzeitiger Anmeldung der entsprechenden Firmenänderung abhängig gemacht werden (§ 14 Rn 1), BGH NJW **77**, 1879, Hamm NJW **94**, 393. Vorgehen gegen unzulässige Firma nach § 37. Eintritt von Gftern, auch Eintritt von Erben s § 107.

2) Anmeldepflicht sämtlicher Gesellschafter

3 A. **Öffentlich-rechtliche Anmeldepflicht (§ 143):** Anmeldepflichtig bei Tod eines Gfters sind alle MitGfter (näher § 108 Rn 1, 2), daneben alle Erben, auch soweit sie nicht nachfolge- oder eintrittsberechtigt sind (vgl III), BayObLG DB **79**, 86, BB **93**, 385; auch der Erbe eines vor seinem Tod ausgeschiedenen Gfters, MüKo/K. Schmidt 10, str; auch ScheinGfter, BGH WM **66**, 736. III auch Ausnahmen im Fall besonderer Hindernisse, MüKo/K. Schmidt 15. Testamentsvollstrecker (§ 139 Rn 21), BGH **108**, 190. Anmeldepflichtig ist bei Ausscheiden auch der Ausgeschiedene (§ 108 Rn 1), BayObLG DB **78**, 1832. Bei §§ 133, 140 ersetzt das rechtskräftige Urteil die Anmeldung des Ausgeschiedenen. Statt des wegen Insolvenz ausscheidenden Gfters hat der Insolvenzverwalter mitanzumelden (§ 146 III analog), BGH NJW **81**, 822. Die Anmeldepflicht ist öffentlich-rechtlicher Natur (§ 108 Rn 5), also Erzwingung (§ 14).

4 B. **Gesellschaftsrechtliche Mitwirkungspflicht:** Daneben besteht eine Mitwirkungspflicht aller Gfter untereinander (näher § 108 Rn 6), RG HRR **42**, 763. Einwendungen aus dem GesVerhältnis s § 108 Rn 6. Klage nicht der Ges, sondern der Gfter untereinander (§ 108 Rn 6), ohne notwendige Streitgenossenschaft auf Aktiv- oder Passivseite, vgl BGH **30**, 197. Streitwert (§ 3 ZPO) nach BGH BB **79**, 647 etwa 1/4 des Anteils (samt stillen Reserven) des klagenden Gfters, nach Kln DB **71**, 1055 etwa 1/10 der (Kdt-)Einlage.

3) Rechtsfolgen der (fehlenden) Eintragung

5 A. **Eintragung:** Die Eintragung ist nur deklaratorisch (§ 8 Rn 11).

6 B. **Fehlende Eintragung:** Die Wirksamkeit der Auflösung und des Ausscheidens hängen nicht von der Eintragung ab. Aber im Verhältnis zu Dritten gilt § 15. Kenntnis des Auflösungsgrunds ist nicht gleich Kenntnis der Auflösung (vgl § 15 I), denn der Schluss verlangt Rechtskenntnis und abweichende GesVertragsregelung sind häufig, RG **144**, 204. § 15 gilt nur insoweit nicht, als § 139 IV entgegensteht (dort Rn 45), aber im Falle eines darüber hinausgehenden besonderen Rechtsscheintatbestands. Weitere Rspr: RG **70**, 273, **127**, 99, **128**, 181, BGH **55**, 273, **66**, 103.

[Fortsetzung nach Insolvenz der Gesellschaft]

144 (1) **Ist die Gesellschaft durch die Eröffnung des Insolvenzverfahrens über ihr Vermögen aufgelöst, das Verfahren aber auf Antrag des Schuldners eingestellt oder nach der Bestätigung eines Insolvenzplans, der den Fortbestand der Gesellschaft vorsieht, aufgehoben, so können die Gesellschafter die Fortsetzung der Gesellschaft beschließen.**

(2) **Die Fortsetzung ist von sämtlichen Gesellschaftern zur Eintragung in das Handelsregister anzumelden.**

1. Abschnitt. Offene Handelsgesellschaft § 145

Übersicht

	Rn
1) Fortsetzung nach § 144	1–3
A. Fortsetzung (I)	1
B. Eintragung (II)	2
C. Abweichende Vereinbarungen	3
2) Fortsetzung allgemein nach Auflösung	4

1) Fortsetzung nach § 144

A. Fortsetzung (I): § 144 (I idF EGInsO) regelt die Fortsetzung der durch GesInsolvenz (§ 131 I Nr 3) aufgelösten Ges für zwei Fälle der Beendigung des Insolvenzverfahrens: Einstellung des Verfahrens auf Antrag des Schuldners und Aufhebung des Verfahrens nach der Bestätigung eines Insolvenzplans, der den Fortbestand der Ges vorsieht (§§ 212, 213, 248 InsO). § 144 setzt voraus, dass nach Beendigung des Insolvenzverfahrens überhaupt noch GesVermögen vorhanden ist; der Fortsetzungsbeschluss vermeidet das sonst jetzt anschließende normale Liquidationsverfahren, vgl BGH 93, 164. § 144 gilt entspr bei Einstellung mangels Masse (§ 207 InsO) oder Aufhebung des Insolvenzverfahrens nach der Schlussverteilung § 207 InsO), BGH NJW 95, 196, hL, nach aA hier nur Fortsetzung allgemein (s Rn 3), MüKo/K. Schmidt 3. Zur Personengesellschaft im Insolvenzplanverfahren, Wertenbruch ZIP 13, 1693, dazu auch § 130a Rn 15. 1

B. Eintragung (II): Die Fortsetzung ist von sämtlichen Gftern (§ 108 Rn 1) zur Eintragung in das HdlReg anzumelden, insoweit gilt § 15. Die Eintragung der Beendigung des Insolvenzverfahrens erfolgt von Amts wegen ohne Geltung von § 15 (§ 32 Rn 2, 3). 2

C. Abweichende Vereinbarungen: I ist nicht zwingend, zB kann Mehrheitsbeschluss vorgesehen werden (§ 119 Rn 34). Rechte Dritter können aber nicht beeinträchtigt werden. II ist zwingend. 3

2) Fortsetzung allgemein nach Auflösung

Die Fortsetzung einer aufgelösten Ges vor Vollbeendigung ist über § 144 hinaus allgemein möglich (§ 131 Rn 30), zB Fortsetzungsbeschluss vor Ende des Insolvenzverfahrens mit Zustimmung aller Gfter und des Insolvenzverwalters. Auch insoweit ist einzutragen (§ 106 Rn 13). 4

Fünfter Titel. Liquidation der Gesellschaft

[Notwendigkeit der Liquidation]

145 (1) Nach der Auflösung der Gesellschaft findet die Liquidation statt, sofern nicht eine andere Art der Auseinandersetzung von den Gesellschaftern vereinbart oder über das Vermögen der Gesellschaft das Insolvenzverfahren eröffnet ist.

(2) Ist die Gesellschaft durch Kündigung des Gläubigers eines Gesellschafters oder durch die Eröffnung des Insolvenzverfahrens über das Vermögen eines Gesellschafters aufgelöst, so kann die Liquidation nur mit Zustimmung des Gläubigers oder des Insolvenzverwalters unterbleiben; ist im Insolvenzverfahren Eigenverwaltung angeordnet, so tritt an die Stelle der Zustimmung des Insolvenzverwalters die Zustimmung des Schuldners.

(3) Ist die Gesellschaft durch Löschung wegen Vermögenslosigkeit aufgelöst, so findet eine Liquidation nur statt, wenn sich nach der Löschung herausstellt, daß Vermögen vorhanden ist, das der Verteilung unterliegt.

§ 145 1–4   2. Buch. Handelsgesellschaften und stille Gesellschaft

Übersicht

	Rn
1) Liquidation (I 1. Halbsatz)	1–7
2) Andere Art der Auseinandersetzung (I 2. Halbsatz)	8–10
3) Zustimmung des Gläubigers oder Insolvenzverwalters (II)	11
4) Löschung wegen Vermögenslosigkeit (III)	12

1) Liquidation (I 1. Halbsatz)

1 A. § 145 idF HRefG 1998. **Auf die Auflösung** (§ 131 Rn 1) der Ges **folgt die Auseinandersetzung** unter den Gftern (§ 730 BGB), idR durch die Liquidation (vgl §§ 731–735 BGB) oder bei entspr Vereinbarung auf eine andere Art (vgl § 731 BGB). Auf Auflösung durch Eröffnung des Insolvenzverfahrens über das Vermögen der Ges (§ 131 I Nr 3) folgt nur das Insolvenzverfahren (mit Verteilung eines eventuellen Überschusses bei der Schlussverteilung an die Gfter, § 199 S 2 InsO, Ziel: Vollabwicklung im Rahmen des Insolvenzverfahrens), ausnahmsweise nach dessen Ende (wenn noch Vermögen auftaucht) Auseinandersetzung (durch Liquidation oder anders), BGH **93**, 164, oder Fortsetzung der Ges (§ 144). Ausnahmsweise entfällt jede Art der Auseinandersetzung, so wenn von zwei Gftern der eine stirbt und der andere ihn beerbt, dann Gesamtrechtsnachfolge und Abfindungsanspruch (§ 131 Rn 35). Bei **Umwandlung** der (nicht aufgelösten) Ges durch Verschmelzung oder Vermögensübertragung nach dem UmwG (Einl 24–25 vor § 10) entfällt die Liquidation. Auch Umwandlung einer bereits aufgelösten Ges ist unter bestimmten Voraussetzungen möglich (§§ 3 III, 39, 124 II, 191 III UmwG, Einl 24 vor § 105).

2 B. **Liquidation** ist der **Normalfall**, sie allein ist in der Überschrift des fünften Titels erwähnt und in §§ 146 ff des Näheren geregelt. Mangels anderer Abrede hat jeder Gfter Anspruch darauf (solange GesVermögen vorhanden ist, RG **40**, 31), dass die Auseinandersetzung in dieser Form erfolgt. Die Gfter können anderes vereinbaren, s Rn 8. Vorausverzicht auf Liquidation kann aber sittenwidrig sein. Grundsätzlich sind die Gfter in diesen Entscheidungen frei; uU stehen aber Rechte eines Vertragspartners der Ges der Liquidation entgegen und verlangen eine andere Art der Auseinandersetzung, so wenn die Ges kein eigenes, sondern ein gepachtetes Unternehmen betreibt und den Pachtvertrag nicht lösen kann, RG **123**, 155. Lit: Ensthaler 1985, Hillers 1989; K. Schmidt ZHR 153 **(89)** 270.

3 C. In der **Terminologie** herrscht Verwirrung. RG **123**, 155 unterscheidet Liquidation der Ges und Liquidation des Unternehmens, das Gegenstand der Ges ist, gewöhnlich gehe die Erste den Weg über die zweite. Das HGB spricht aber nur von einer Art von Liquidation; es nennt sie im Text (§§ 145 I, II, 146 I ua) einfach „Liquidation", in der Überschrift „Liquidation der Ges"; es ist die in § 149 S 1 beschriebene, von Liquidatoren zu erfüllende Aufgabe. Statt Liquidation wird auch **Abwicklung** gesprochen (auch in Gesetzen: §§ 264 ff AktG), statt „Liquidator" „Abwickler", ein zweifelhafter Gewinn: abwickeln gibt vage ein Bild der Art der hier verlangten Tätigkeit, liquidieren (flüssig machen) kennzeichnet klar ihr normales Ziel.

4 D. **Wirkung** auf die **Gesellschaft**: Vgl § 156. Die Auflösung berührt nicht die Identität der Ges, RG **155**, 85, Mü ZIP **15**, 2223; grundsätzlich auch nicht die Rechtsverhältnisse am GesVermögen, der Gfter untereinander, zwischen Ges und Gfter. Durch die Auflösung entfällt der Erwerbszweck der Ges, sie ist nicht mehr werbend, Zweck ist auf Abwicklung und Vollbeendigung gerichtet, Mü ZIP **15**, 2223; die Gfter schulden einander nur noch Mitwirkung zur Abwicklung. Nach RG JW **30**, 3743 bleiben die Gfter Kflte (s aber § 105 Rn 19). Die Geschäfte der Ges nach Auflösung sind HdlGeschäfte. Die Firma bleibt bestehen, ist aber als Liquidationsfirma zu bezeichnen (§ 153, s dort); sie kann in der

1. Abschnitt. Offene Handelsgesellschaft   5–8   § 145

Liquidation noch geändert werden, zB nach Veräußerung des Unternehmens (oder eines Teils) mit der (bisherigen) Firma, KGJ **39** A 104. Die Vertretungsmacht der Gfter entfällt zugunsten derjenigen der Liquidatoren (§§ 146–153). Nach herkömmlicher Ansicht erlöschen Prokuren, werden HdlVollmachten im Rahmen des Liquidationszwecks, RG **72**, 123, dies ist aufgrund gewandelten Verständnisses der Liquidation aufzugeben, Mü ZIP **11**, 2059, str; ebenso str ist, ob noch Prokura erteilt werden kann (§ 48 Rn 1). Prokura erlischt, wenn der Prokurist zum Liquidator bestellt wird, Düss NZG **12**, 957.

E. **Wirkung** auf **Dritte**. Vgl § 156. Forderungen an die Ges werden idR nicht 5 vorzeitig fällig, natürlich auch nicht Forderungen der Ges an Dritte. Die Auflösung kann dem Partner der Ges in einem langfristigen Vertrag, uU auch der Ges selbst, Grund zu außerordentlicher Kündigung (vgl §§ 314, 626, 723 BGB) oder zu Anpassungsverlangen oder Kündigung wegen Störung der Geschäftsgrundlage (§ 313 BGB) liefern. Dies vor allem, wenn das von der Ges betriebene Unternehmen liquidiert wird, uU auch wenn die Gfter sich anders auseinandersetzen (s Rn 8) dabei das Unternehmen zwar erhalten bleibt, aber in andere Hand übergeht. Aus einer Genossenschaft scheidet die Ges bei Auflösung zu Ende des Geschäftsjahres aus (§ 77a GenG), nicht schon mit Auflösung, aA KG JW **26**, 2933, früher str.

F. Auf der Ges beruhende Ansprüche **unter Gesellschaftern** sind (wie solche 6 zwischen Ges und Gftern, dazu § 149 Rn 3, 5) in der Liquidation idR nicht mehr selbstständig geltend zu machen, sondern nur Rechnungsposten der Auseinandersetzung **(Grundsatz der Gesamtabrechnung, Durchsetzungssperre),** BGH **37**, 304, NJW **68**, 2005, NJW **84**, 1455, **06**, 1077 (GbR); anders wenn schon vor Liquidation feststeht, dass Gfter jedenfalls einen bestimmten Betrag verlangen kann, BGH WM **93**, 1340, NJW **95**, 188 (GbR), Hamm NZG **04**, 765 (GbR). Das gilt auch für Anspruch aus § 426 II BGB (s § 128 Rn 27), BGH **103**, 72. Möglich bleibt Feststellungsklage, BGH NJW **85**, 1898; auch Zahlungsverlangen, soweit schon vor Ende der Auseinandersetzung ein Anspruch aus dieser sicher erscheint, BGH **37**, 305; ebenso wenn Schuldner-Gfter die Auseinandersetzung absichtlich verzögert (er muss dann Zuviel-Vorausleistung riskieren), BGH NJW **68**, 2005; so auch uU ein Erstattungsanspruch gegen MitGfter, BGH BB **75**, 7. Umdeutung der zurzeit unbegründeten Zahlungsklage in Feststellungsantrag (§ 131 Rn 57). Die Durchsetzungssperre gilt nicht für die Klage eines Gfter-**Drittgläubigers,** BGH WM **06**, 1078 (GbR), hier gelten die allgemeinen Regeln (§ 128 Rn 24) gegen MitGfter. Lit: Messer FS Stimpel **85**, 205.

G. Möglich ist Klage auf **Auskunft** unter Gftern gegen Gfter auf Klärung 7 bestimmter Rechnungsposten (vgl Rn 6) für die Auseinandersetzung, zB eines Schadensersatzanspruchs der Ges gegen Beklagten aus Wettbewerb (§§ 112, 113), Ffm BB **76**, 382.

2) Andere Art der Auseinandersetzung (I 2. Halbsatz)

A. Der **Gesellschaftsvertrag** kann statt der Liquidation eine **andere Art** der 8 Auseinandersetzung vorsehen. Die Gfter können solche **auch ad hoc** vereinbaren, mangels anderer Vertragsbestimmung einstimmig, BGH ZIP **09**, 1376 (PartG); auch noch nach Auflösung und Beginn der Liquidation, die dadurch abgebrochen wird, ohne Mitwirkung des NichtGfter-Liquidators, KGJ **39** A 111, BayObLG DB **81**, 518, Hamm ZIP **84**, 181. Mehrere Erben eines Gfters haben als Erbengemeinschaft nur die eine Stimme des Erblassers. Für nicht voll Geschäftsfähige kann der gesetzliche Vertreter, uU Pfleger, an solcher Vereinbarung teilnehmen, und zwar, sofern eine Auseinandersetzung in üblicher Art (wenn auch ohne Liquidation) beschlossen wird, ohne Genehmigung des Familiengerichts, auch wenn Grundstücke zum GesVermögen gehören.

9 B. Die Gfter können nach Auflösung der Ges uU aus wichtigem Grunde die Liquidation zunächst **aufschieben** und die Art der Auseinandersetzung zeitweilig in der Schwebe lassen, zB bei Anhängigkeit einer Klage auf Übernahme nach § 140, die durch Liquidation vereitelt würde; während dieser Zeit darf die werbende Tätigkeit fortgeführt werden, darin liegt noch keine Fortführung der Ges (dh Wiederaufnahme ihres werbenden Zwecks), BGH **1**, 329.

10 C. Als „andere Art der Auseinandersetzung" kommen insbesondere in Betracht:

a) Übernahme des HdlGeschäfts durch einen **Gesellschafter** auf Grund kaufähnlicher Vereinbarung, auch Versteigerung, mit Abfindung des (der) MitGfter (vgl § 131 Rn 35, § 140 Rn 25). Erlass einer GesSchuld durch Gläubiger nach Auflösung vor Auseinandersetzung kommt allen Gftern, nicht nur dem übernehmenden zugute, Nürnb BB **58**, 891. Die GesRechte und -Schulden setzen sich in der Person des Übernehmers fort; wird er insolvent, hat der Insolvenzverwalter das Wahlrecht nach § 103 InsO in Bezug auf noch unerfüllte Verträge des Ges, BGH **48**, 206 (Vorbehaltskauf der Ges);

b) Einbringung des HdlGeschäfts **in eine GmbH, AG, KGaA,** die zu diesem Zweck gegründet wird (Umwandlung nach UmwG, Einl 23, 27 vor § 105) oder schon besteht und dafür neue Anteile ausgibt;

c) Naturalteilung des GesVermögens (einschließlich des HdlGeschäfts, zB mehrerer Niederlassungen auf je einen Gfter); Teilung der Sachwerte und gleiche Möglichkeit der Mandantenwerbung, BGH ZIP **10**, 1594 (Freiberuflersozietät, Abfindung § 131 Rn 59);

d) Übertragung des Gesamtvermögens auf Treuhänder zur endgültigen Abfindung der Gläubiger **(Liquidationsvergleich)** und Ausgleich unter Gftern mit aktivem und passivem Kapitalkonto, BGH **26**, 128 (noch unter VerglO aF), str, anders wenn noch Ansprüche gegen den Treuhänder auf Herausgabe des Erlangten bestehen können (vgl § 155 Rn 3), Staub/Habersack 37;

e) Übertragung aller Anteile (auf Grund Verkaufs durch die Gfter) auf einen NichtGfter, vgl § 140 Rn 130.

3) Zustimmung des Gläubigers oder Insolvenzverwalters (II)

11 **Gläubiger der Gesellschaft** können dem Ausschluss der Liquidation nicht widersprechen, sie schützt die noch eine bestimmte Zeit fortdauernde Haftung der Gfter (§§ 128 ff, 159, 160 und § 25, uU das AnfG). Dagegen bedarf es nach **II** bei Auflösung der Ges durch **Kündigung des Privatgläubigers eines Gesellschafters** (§ 135 iVm § 131 Nr 6 aF oder Auflösungsklausel, § 135 Rn 13) **oder Eröffnung des Insolvenzverfahrens** über sein Vermögen zum Ausschluss der Liquidation der Zustimmung des Privatgläubigers (Insolvenzverwalters), wenn der Ausschluss der Liquidation nicht schon vor der Pfändung (Eröffnung des Insolvenzverfahrens) unter den Gftern vereinbart ist, str. Entfallen des Zustimmungserfordernisses s § 135 Rn 13. Die Zustimmung des Schuldner-Gfters ist entbehrlich im Insolvenzfall (weil er die Verwaltung seines Vermögens verliert), nicht im Pfändungsfall. Bei Eigenverwaltung (§ 270 InsO) tritt an die Stelle der Zustimmung des Insolvenzverwalters die Zustimmung des Schuldners (II letzter Halbsatz).

4) Löschung wegen Vermögenslosigkeit (III)

12 III nF EGInsO entspr § 66 V GmbHG, § 264 II AktG (früher LöschG). Bei Auflösung der Ges durch Löschung wegen Vermögenslosigkeit (§ 131 II 1 Nr 2) findet eine Liquidation nur statt, wenn sich nach der Löschung noch verteilungsfähiges Vermögen findet (so III, s auch Rn 1). Das ist selbstverständlich, III hat aber iVm § 146 II 3 Bedeutung. III gilt auch für gelöschte OHG nach § 105 II,

1. Abschnitt. Offene Handelsgesellschaft 1, 2 § 146

die zur GbR abgesunken ist (§ 105 Rn 8, 12), verdrängt also §§ 730 ff BGB. Die gelöschte Ges gilt als vollbeendet, ist aber in einem Rechtsstreit über solche vermögensrechtlichen Ansprüche, die zurzeit der Löschung bestanden haben, parteifähig, BAG NJW 03, 80.

[Bestellung der Liquidatoren]

146 (1) ¹Die Liquidation erfolgt, sofern sie nicht durch Beschluß der Gesellschafter oder durch den Gesellschaftsvertrag einzelnen Gesellschaftern oder anderen Personen übertragen ist, durch sämtliche Gesellschafter als Liquidatoren. ²Mehrere Erben eines Gesellschafters haben einen gemeinsamen Vertreter zu bestellen.

(2) ¹Auf Antrag eines Beteiligten kann aus wichtigen Gründen die Ernennung von Liquidatoren durch das Gericht erfolgen, in dessen Bezirke die Gesellschaft ihren Sitz hat; das Gericht kann in einem solchen Falle Personen zu Liquidatoren ernennen, die nicht zu den Gesellschaftern gehören. ²Als Beteiligter gilt außer den Gesellschaftern im Falle des § 135 auch der Gläubiger, durch den die Kündigung erfolgt ist. ³Im Falle des § 145 Abs. 3 sind die Liquidatoren auf Antrag eines Beteiligten durch das Gericht zu ernennen.

(3) Ist über das Vermögen eines Gesellschafters das Insolvenzverfahren eröffnet und ist ein Insolvenzverwalter bestellt, so tritt dieser an die Stelle des Gesellschafters.

Übersicht

	Rn
1) Übersicht	1
2) Gesetzliche Regelung (geborene Liquidatoren, I, III)	2, 3
3) Abweichende Vereinbarung (gekorene Liquidatoren, I 1 1. Halbsatz)	4
4) Bestellung durch das Gericht (II)	5–9
5) Nachtragsliquidation	10

1) Übersicht

Bei Auflösung der Ges erlöschen Geschäftsführungsbefugnis und Vertretungs- 1 macht der Gfter, wie sie nach Gesetz (§§ 114 ff, 125 ff) und Vertrag für die werbende Ges gelten, dies gilt auch bei einer GmbH & Co, Düss ZIP **16**, 1583. Erfolgt die Auseinandersetzung der Gfter durch Liquidation, so führen in ihr **Liquidatoren** (uU Gfter als Liquidatoren) die Geschäfte und vertreten die Ges. Über ihre Rechtsstellung s bei § 149. Erfolgt die Auseinandersetzung in anderer Weise (§ 145 Rn 8), so bedarf es der Bestellung von Liquidatoren nicht; was an Geschäftsführung erforderlich ist, haben die Gfter als solche zu leisten, sie vertreten auch die Ges (§ 158).

2) Gesetzliche Regelung (geborene Liquidatoren, I, III)

A. Mangels gegenteiligen GesVertrags oder GfterBeschlusses sind Liquidatoren: 2 **sämtliche Gesellschafter,** auch die vor der Auflösung nicht Geschäftsführungsbefugnis und Vertretungsmacht hatten, in der KG (und GmbH & Co, Düss ZIP **16**, 1583) auch die Kdtisten, BGH WM **82**, 1170, auch die sie durch Entziehung (§§ 117, 127) verloren (auch wenn eben diese Entziehung zur Auflösung führte, vgl § 127 Rn 3); im Falle des § 135 auch der Gfter-Schuldner (nicht der Gläubiger); auch der nicht voll geschäftsfähigen Gfters, aber ihn vertritt der **gesetzliche Vertreter,** uU Pfleger (dieser selbst, nicht der vertretene Gfter ist Liquidator mit Rechten, Pflichten, Haftung eines solchen, str, vgl dagegen Geschäftsführungsbefugnis die nicht voll geschäftsfähigen Gfters, § 105 Rn 26, 27); ebenso der in der Insolvenz befindliche Gfter (ebenso im Falle des Insolvenzverfahrens über den

§ 146 3–6 2. Buch. Handelsgesellschaften und stille Gesellschaft

Nachlass eines verstorbenen Gfters), ihn vertritt der bestellte **Insolvenzverwalter (III)**, Staub/Habersack 46, aA wohl BGH NJW **81**, 822; auch die mehreren Erben eines Gfters (falls dessen Tod die Ges auflöste oder der nach der Auflösung der Ges starb, KGJ **32** A 135), sie vertritt ein von ihnen zu bestellender **gemeinsamer Vertreter (I 2)**, Staub/Habersack 26, MüKo/K.Schmidt 17, aA bisher hL.

3   B. Die Gfter erlangen das Amt kraft Gesetzes, sie sind **einander** zur Erfüllung der Pflichten des Liquidators **verpflichtet**. Zur Bestellung des gemeinsamen Vertreters nach I 2 sind die **Erben** einander verpflichtet, er kann mit Mehrheit gewählt werden, §§ 2038 II 1, 745 BGB, Säumnis kann die Bestellung eines Liquidators durch das Gericht nach II auf Antrag anderer Gfter rechtfertigen, die Bestellung ist nicht nach § 14 erzwingbar. Bestellung eines MitGfters (Nicht-Erbe) verlangt Zustimmung aller Erben, § 181 BGB (da der MitGfter-Vertreter als Liquidator zugleich mit Wirkung für und gegen sich selbst und die Erbengemeinschaft handelt); anders wohl Bestellung eines der Erben (der als Liquidator nicht mit Wirkung für und gegen sich selbst, nur für und gegen die Erbengemeinschaft handelt).

3) Abweichende Vereinbarung (gekorene Liquidatoren, I 1 1. Halbsatz)

4   Durch den Ges**Vertrag** oder Gfter**Beschluss** ad hoc, vor oder nach Auflösung der Ges, mangels anderer Bestimmung des GesVertrags einstimmig (mit Vertretung mehrerer Erben und in anderen Fällen gemäß I 2 und oben Rn 2), kann die Liquidation **einzelnen Gesellschaftern** unter Ausschluss anderer oder **Dritten** übertragen werden; auch einer **juristischen Person** (zB TreuhandGes) oder anderen OHG (KG), die ja auch Gfter sein können (§ 105 Rn 28); auch einem von der Gfter-Versammlung erst zu Bestimmenden, Brem BB **78**, 275 (bis dahin keine gesetzliche Vertretung, außer ggf nach II, nicht gilt I, str); auch einem oder mehreren **Gläubigern** der Ges, auch mit der Ermächtigung, sich aus dem GesVermögen selbst zu befriedigen (§ 181 BGB). Geschäftsführende Gfter sind iZw zur Annahme des so übertragenen Liquidatoramtes verpflichtet. Der Gfter, dem durch GfterBeschluss die Liquidation übertragen ist, hat grundsätzlich nicht Anspruch auf Vergütung; diese kann ihm durch Beschluss bewilligt, auch wieder entzogen werden, Hamm BB **60**, 1355. Ein Dritter ohne unmittelbares Eigeninteresse kann durch Mehrheitsbeschluss bei entspr Klausel im GesVertr jedenfalls bei PublGes als Liquidator eingesetzt werden, BGH NZG **14**, 304.

4) Bestellung durch das Gericht (II)

5   A. **Bestellung auf Antrag eines Beteiligten:** Auf **Antrag** eines **Beteiligten,** zB jedes Gfters, jedes Erben eines Gfters, des Testamentsvollstreckers, Nachlassverwalters, Insolvenzverwalters (III und oben Rn 2), **nicht** jedes GesGläubigers, kann das Gericht Liquidatoren, Gfter oder Dritte, bestellen **(II)**; vorsorglich schon vor Auflösung der Ges, KG HRR **39**, 95; nach Auflösung der Ges bis nichts mehr zu verteilen ist, KG OLGE **9**, 262, nicht bei Streit, ob aufgelöst ist, das ist im Zivilprozess zu klären, Hamm ZIP **07**, 1905. Im Falle des § 135 gilt als Beteiligter außer den Gftern auch der kündigende Privatgläubiger **(II 2)**. Die Bestellung bedarf der **Annahme** durch den Bestellten gegenüber der Ges. Das Rechtsverhältnis des Bestellten zur Ges ist nach der vormals hL nicht anders als beim gesetzlichen oder durch Vereinbarung berufenen Liquidator, also § 675 I BGB (s § 149 Rn 1), aA zutr Analogie zu § 265 IV AktG (Vergütung), MüKo/K. Schmidt 43, ebenso § 157 Rn 5 II gilt entsprechend während des Ausschließungs-, Auflösungs-, Entziehungsprozesses (§ 125 Rn 8).

6   B. **Voraussetzung:** Außer dem Antrag ist Voraussetzung für die Bestellung durch das Gericht nach II 1, 2 ein **wichtiger Grund** für solche Änderung der gesetzlichen oder vereinbarten Regelung und (falls die Bestellung nicht schon vor

1. Abschnitt. Offene Handelsgesellschaft § 147

der Auflösung erfolgt) Abberufung der durch Gesetz oder Vereinbarung berufenen Liquidatoren, zB: Verdacht der Unfähigkeit, Parteilichkeit, Unredlichkeit, zu starke Behinderung, Fehlen des Mindestmaßes an Vertrauen der Interessenten (Gfter und Gläubiger), Nichtbestellung des gemeinsamen Vertreters nach I 2, BayObLG JW **28**, 2639, Brschw OLGE **24**, 136, KGJ **32** A 133, Hamm BB **58**, 497. Die Bestellung im Falle von § 145 III erfolgt auf Antrag auch **ohne** wichtigen Grund (**II 3** nF durch EGInsO 1994).

C. **Ernennung, nicht Weisungen durch das Gericht:** Das Gericht kann zwar bestimmen, dass der bestellte Abwickler Einzel- oder Gesamtbefugnis hat, dass er neben oder statt dem vorhandenen Abwickler tätig wird, nicht aber im Übrigen seine Befugnisse beschränken oder ihm Weisungen geben, auch nicht mit Wirkung im Innenverhältnis, RG LZ **13**, 212. Es hat kein Überwachungsrecht, KG RJA **6**, 131. Seine Tätigkeit erschöpft sich mit der Ernennung; auch die Vergütung darf es nicht festsetzen, KG RJA **4**, 144, und nicht einem verhinderten Abwickler einen Vertreter bestellen, KG RJA **15**, 127. Ebenso Hbg MDR **73**, 54. Bei Aufhebung der Ernennung bleiben inzwischen vorgenommene Rechtsgeschäfte wirksam (§ 47 FamFG). 7

D. **Zuständig** für die Bestellung ist das Amtsgericht als Gericht der freiwilligen Gerichtsbarkeit (§ 23a GVG idF FGG-RG), nicht das Registergericht. Die Entscheidung ergeht auf Antrag eines Beteiligten. Anhörung der Beteiligten (auch soweit nicht „Gegner") nach § 34 FamFG. Gegen abweisende Verfügung Beschwerde des Antragstellers, gegen die Bestellung Beschwerde jedes in seinem Recht Beeinträchtigten. 8

E. Eine kumulative oder auch nur Ersatzzuständigkeit des Prozessgerichts neben dem Amtsgericht (s Rn 8) ist nicht vorgesehen; also auch **keine einstweilige Verfügung des Prozessgerichts**, Ffm ZIP **89**, 39. 9

5) Nachtragsliquidation

Das HGB regelt die Nachtragsliquidation nur für den Fall der Löschung wegen Vermögenslosigkeit (§ 145 III, zu II 3 s oben Rn 6) sieht aber neben II 3 keine besondere Regelung für die Bestellung von Nachtragsliquidatoren vor. Für die Publikumskommanditgesellschaft ist der Nachtragsliquidator in entsprechender Anwendung von § 273 IV AktG vom Gericht zu bestellen, BGH ZIP **03**, 1339. Einer Bestellung durch das Gericht bedarf es nach Riehm NZG **03**, 1055, Neumann NZG **15**, 1019 auch bei anderen Personenhandelsgesellschaften. Zutr ist das ratsam, wegen der persönlichen Haftung der Ges in der OHG sowie des Komplementärs der KG aber nicht in jedem Fall geboten. Bei GmbH & Co erscheint rglm die Anwendung kapitalgesellschaftsrechtlicher Prinzipien und damit eine Bestellung durch das Gericht angemessen. Zum Nachtragsliquidator der GmbH im Fall einer GmbH & Co s Anh § 177a Rn 46. 10

[Abberufung von Liquidatoren]

147 Die Abberufung von Liquidatoren geschieht durch einstimmigen Beschluß der nach § 146 Abs. 2 und 3 Beteiligten; sie kann auf Antrag eines Beteiligten aus wichtigen Gründen auch durch das Gericht erfolgen.

Übersicht

	Rn
1) Abberufung	1–4
2) Niederlegung des Amts	5
3) Tod	6

§ 148 2. Buch. Handelsgesellschaften und stille Gesellschaft

1) Abberufung

1 A. Jeder Liquidator, auch ein vom Gericht bestellter, kann durch einstimmigen Beschluss aller Beteiligten (§ 146 II, III, ggf mit der Vertretung nach § 146 I 2, s § 146 Rn 5) **abberufen** werden. Neben der Abberufung gibt es andere Beendigungsgründe, zB Erledigung der übertragenen Tätigkeit, Übergang zu einer anderen Art der Auseinandersetzung (§ 158), Amtsniederlegung (s Rn 5), Tod (s Rn 6), BayObLG DB **81**, 518. Abberufung vom Amt und Kündigung des Dienstvertrags eines Nicht-Gfter-Liquidators sind ebenso wie im Aktienrecht auseinanderzuhalten, anders wohl BayObLG DB **81**, 518. Die Abberufung aus wichtigem Grunde ist unverzichtbar, die aus freier Entschließung verzichtbar. Im GesVertrag kann auch für die Abberufung Mehrheitsbeschluss der Gfter vorgesehen sein; er ist auch gegen Insolvenzverwalter möglich, hingegen nicht bei vom Gericht bestelltem Liquidator gegen den Gfter oder Insolvenzverwalter, auf dessen Antrag er bestellt wurde.

2 B. Die Bestellung weiterer Liquidatoren ist **Beschränkung** der vorhandenen und deren Abberufung iSv § 147 gleichzustellen, ebenso ihre Beschränkung in anderer Weise.

3 C. Die Abberufung durch das **Gericht** ist möglich aus **wichtigen Gründen,** vgl dazu §§ 117, 127; aber die Aufgabe des Liquidators ist (sachlich und zeitlich) anders und enger begrenzt, daher rechtfertigt ein Sachverhalt, der die Rechtsentziehung nach §§ 117, 127 rechtfertigen würde, nicht notwendig Abberufung nach § 147 und umgekehrt, Hamm BB **60**, 918. Abberufung wegen Gehaltsentnahme nach Widerruf der Gehaltsbewilligung durch die Gfter, Hamm BB **60**, 1355 (vgl § 146 Rn 4); wegen begründeter Zweifel an Unparteilichkeit, bei unzureichender Information vor grundlegenden Entscheidungen, Kln BB **89**, 1432.

4 D. **Verfahren** und **Zuständigkeit** bei gerichtlicher Abberufung: § 146 Rn 7, 8. Vorherige Eintragung der Liquidation ist nicht unbedingte Voraussetzung, KG JW **39**, 163. Beteiligter ist ua jeder Miterbe eines Gfters, auch der Liquidator, er kann also seine Abberufung beantragen, str. Entscheidung nur auf Abberufung oder Zurückweisung des Antrags, nicht auf Vornahme oder Unterlassung einer Handlung. Dass ein Liquidator einen Prozess gegen die Ges führen will, ist kein Abberufungsgrund, auch nicht, wo der Prozess grundlos ist. Gegen Abberufung besteht nach Beschwerderecht (§ 59 I FamFG) des einzelnen MitGfters, BayObLG BB **88**, 791, aA Hamm DB **77**, 2089.

2) Niederlegung des Amts

5 Amtsniederlegung steht Drittem frei, als unentgeltlichem Beauftragten nach § 671 BGB, als Dienstverpflichtetem nach § 627 BGB; bei unzeitiger Niederlegung Ersatzpflicht. Der GfterLiquidator darf nur aus wichtigem Grunde niederlegen.

3) Tod

6 Der Tod des vom Gericht bestellten Liquidators, iZw auch des von den Gftern besonders bestellten (§ 146 I 1, auch eines Gfters), beendet sein Amt. An die Stelle eines durch Gesetz berufenen (§ 146 I 1: jedes Gfters) tritt sein Erbe; mehrere Erben müssen entspr § 146 I 2 einen Vertreter bestellen. An die Stelle des gekorenen (§ 146 Rn 2) tritt der gesetzliche, wenn der Gfter oder das Gericht keinen anderen bestellt haben, Hamm BB **82**, 399.

[Anmeldung der Liquidatoren]

148 (1) ¹**Die Liquidatoren und ihre Vertretungsmacht sind von sämtlichen Gesellschaftern zur Eintragung in das Handelsregister anzumelden.** ²**Das gleiche gilt von jeder Änderung in den Personen der Liquida-**

1. Abschnitt. Offene Handelsgesellschaft § 149

toren oder in ihrer Vertretungsmacht. ³Im Falle des Todes eines Gesellschafters kann, wenn anzunehmen ist, daß die Anmeldung den Tatsachen entspricht, die Eintragung erfolgen, auch ohne daß die Erben bei der Anmeldung mitwirken, soweit einer solchen Mitwirkung besondere Hindernisse entgegenstehen.

(2) Die Eintragung gerichtlich bestellter Liquidatoren sowie die Eintragung der gerichtlichen Abberufung von Liquidatoren geschieht von Amts wegen.

Übersicht

Rn
1) Anmeldung, Eintragung und Bekanntmachung 1
2) Anmeldung durch sämtliche Gesellschafter 2

1) Anmeldung, Eintragung und Bekanntmachung

Über die Behandlung der OHG im HdlReg allgemein s bei §§ 106–108. Die 1
Eintragung ist nur rechtsbekundend (§ 8 Rn 11), Bestellung und Abberufung der Liquidatoren erfolgen außerhalb des HdlRegisters nach materiellem Recht. Zur Eintragung anzumelden sind auch: die **Person der Liquidatoren und ihre Vertretungsmacht** (I 1 idF ERJuKoG 2001, **Übergangsrecht** in (1) EGHGB Art 52), auch der Gfter im Falle § 146 I 1), jede **Änderung** der **Personen** oder ihrer **Vertretungsmacht** (I 2, vor allem ihre Abberufung), auch schon jede (durch GesVertrag, GfterBeschluss oder gerichtliche Entscheidung, § 146 I, II angeordnete) Abweichung von der Gesamtvertretung (§ 150); gilt nicht für Person gerichtet bestellter Liquidatoren und ggf ihre Abberufung, diese werden von Amts wegen eingetragen (§ 148 II). Ist die Ges noch nicht eingetragen, so sind vorweg ihre Errichtung und ihre Auflösung einzutragen, KG OLGE **41**, 202. I 1 gilt auch, wenn zugleich das Erlöschen der Firma angemeldet wird, BayObLG BB **82**, 1749. III aF (Zeichnung der Namensunterschrift) aufgehoben durch EHUG 2006 (Grund s § 14 Rn 1).

2) Anmeldung durch sämtliche Gesellschafter

Anmeldepflichtig sind **alle Gesellschafter** (§ 108 Rn 1); bei Insolvenz eines 2
Gfters der Insolvenzverwalter; im Falle des § 135 nicht der Gläubiger, sondern der GfterSchuldner; ggf alle Erben eines verstorbenen Gfters, aber mit der Erleichterung nach I 3 (entspr § 143 III); für nicht voll geschäftsfähige Gfter die gesetzlichen Vertreter. Einen Streit darüber, wer Liquidator ist, kann das Registergericht selbstständig entscheiden und entspr Anmeldung erzwingen; es kann aber auch anstelle der gesetzlich Berufenen, wenn deren Person nicht feststeht, selbst Liquidatoren bestellen (§§ 146 II, 147).

[Rechte und Pflichten der Liquidatoren]

149
¹Die Liquidatoren haben die laufenden Geschäfte zu beendigen, die Forderungen einzuziehen, das übrige Vermögen in Geld umzusetzen und die Gläubiger zu befriedigen; zur Beendigung schwebender Geschäfte können sie auch neue Geschäfte eingehen. ²Die Liquidatoren vertreten innerhalb ihres Geschäftskreises die Gesellschaft gerichtlich und außergerichtlich.

Übersicht

Rn
1) Verhältnis zur Gesellschaft 1
2) Aufgaben 2–6
3) Vertretungsmacht 7, 8

§ 149 1–4 2. Buch. Handelsgesellschaften und stille Gesellschaft

1) Verhältnis zur Gesellschaft

1 §§ 149–151 regeln die Rechte und Pflichten der Liquidatoren in der Gesellschaft. Ein Gfter-Liquidator handelt auf Grund des **Gesellschaftsverhältnisses** wie ein geschäftsführender Gfter (§ 114), ein Dritter (auch der vom Gericht bestellte, § 146 II) auf Grund **Dienstvertrags zur Geschäftsbesorgung** (§ 675 I BGB), RG LZ **13**, 212. In beiden Fällen (nach § 713 BGB und nach § 675 I BGB) gilt weitgehend Auftragsrecht. Die Sorgfaltsanforderung bestimmt sich dort nach § 708 BGB, hier nach § 276 BGB. Eigeninteressen hat der Liquidator zurückzustellen, schädliche Folgen einer Pflichtverletzung muss er möglichst gering halten, BGH **110**, 354. Die Gfter, die nicht Liquidatoren sind, haben die Kontrollrechte nach § 118 oder GesVertrag. Über Weisungsrecht (vgl §§ 665, 675 I, 713 BGB) s auch § 152. Über Auskunft, Rechenschaft (§§ 666, 675 I, 713 BGB s Karlsr LZ **17**, 556, RG **91**, 35. Gfter erhalten als Liquidatoren iZw keine besondere **Vergütung,** BGH **17**, 301, anders Dritte, Hbg MDR **73**, 54, uU auch Vorschuss.

2) Aufgaben

2 A. Die Liquidatoren haben die **laufenden Geschäfte** zu **beendigen.** Anhängige Prozesse setzen die Abwickler unter der Abwicklungsfirma fort; die Auflösung unterbricht nicht, wenn die Gfter Abwickler werden. Die Abwickler brauchen bei minderjährigen Gftern keine familiengerichtliche Genehmigung.

3 B. Die Liquidatoren haben die **Forderungen** der Ges **einzuziehen** (oder anders zu verwerten). Auch solche gegen **Gesellschafter:** Ohne besondere Einschränkung Forderungen aus anderen Rechtsverhältnissen (vgl § 124 Rn 52). Rückständige Einlagen (auch gleichstehende zurückbezahlte GfterDarlehen, soweit zur Durchführung der Abwicklung benötigt); den Gfter trifft die Gegenbeweislast, jedoch mit Aufklärungspflicht der Abwickler; BGH BB **78**, 1134, Mü ZIP **15**, 2223. Auch Nachschüsse (§ 735 BGB, § 155 Rn 3), jedenfalls bei der PublikumsGes, KG NZG **10**, 1102 und bei entsprechender Regelung im GesVertrag, von BGH ZIP **11**, 2303. Pflichtgemäßes Ermessen des Liquidators, ob und in welchem Umfang einzelne rückständige Einlagen eingezogen werden, nicht notwendig anteilsmäßig (Praktikabilität, keine Vorwegauseinandersetzung), BGH NJW **80**, 1522; grds kein Einzug zwecks endgültigen Ausgleichs unter den Gftern, dieser ist Sache der Gfter nach beendeter Liquidation, BGH NJW **84**, 435, offen BGH ZIP **11**, 2303. Schadensersatz wegen pflichtwidriger Geschäftsführung (§§ 280, 708 BGB, s § 114 Rn 15) nicht, soweit der Gfter-Schuldner auch bei Schadensersatzleistung im Endergebnis aus der Liquidationsmasse noch etwas zu fordern hätte, BGH WM **60**, 47, **77**, 618, **92**, 306. Ferner entfällt für die Forderungen aus dem GesVerhältnis idR die selbstständige Geltendmachung, sie werden Rechnungsposten der Auseinandersetzung (s Rn 5, § 145 Rn 6). Darunter fallen uU auch Drittgläubigeransprüche von Gftern, die eng mit dem GesVerhältnis verbunden, BGH WM **71**, 931 (aufgelöste Ges), **78**, 89 (Ausscheiden von Gftern). Ob **actio pro socio** der Gfter (§ 124 Rn 51) noch möglich ist, ist str, offen BGH **155**, 125, jedenfalls aber nur, soweit Einlagen für Liquidation benötigt werden, MüKo/K. Schmidt § 146 Rn 55 (s auch Rn 5). Keine Forderung der Ges gegen einen Gfter ist der durch Verluste u zulässige Entnahmen auf seinem Kapitalkonto entstandene **Sollsaldo;** Ausgleich der Kapitalkonten unter den Gftern s § 155 Rn 2, 3.

4 C. Die Liquidatoren haben das **übrige Vermögen in Geld umzusetzen,** ohne Einschränkung (abw von § 733 III BGB), freihändig oder durch Versteigerung. Öffentliche Versteigerung nicht vorgeschrieben. Sie sind zum Verkauf im ganzen (oder solcher Teile wie möglich) verpflichtet, wenn das die vorteilhafteste Verwertung ist; vgl RG LZ **13**, 212; zum Verkauf an den Meistbietenden, auch einen Gfter oder eine GfterGruppe, Hamm BB **54**, 913, auch gegen Widerspruch

1. Abschnitt. Offene Handelsgesellschaft   5–7   § 149

eines anderen Gfters (der nicht Liquidator), auch mit Firma bei Einwilligung sämtlicher Gfter, auch wenn die Firma ihren Namen nicht enthält, § 22, RG JW **38**, 3182. Zeit der Versilberung nach pflichtmäßigem Ermessen der Abwickler; sie können aber nicht unbeschränkt auf Besserung der Marktlage warten. Zulässig auch Teilung in Natur oder Zuweisung bestimmter Vermögensstücke nach (iZw einstimmigem) GfterBeschluss (vgl über Ersetzung der ganzen Liquidation durch Naturalteilung § 145 Rn 10).

D. Die Liquidatoren haben die **Gläubiger** zu **befriedigen**. Sie haften diesen **5** nur nach § 826 BGB; § 149 ist nicht Gesetz zum Schutze der Gläubiger iSv § 823 II BGB. Ist eine Schuld noch nicht fällig oder bleibt sie streitig, so ist das zur Berichtigung Erforderliche zurückzubehalten (§ 733 I 2 BGB). Können die Gläubiger nicht voll befriedigt werden, müssen die Liquidatoren Insolvenzantrag stellen. Ansprüche **von Gesellschaftern** gegen die Ges aus dem GesVerhältnis (zB aus § 110, aus Abdeckung von GesSchulden, § 128 Rn 25) sind in der Liquidation grundsätzlich nicht mehr selbstständig geltend zu machen (weder gegen die Ges noch gegen MitGfter), sondern nur noch Rechnungsposten der Auseinandersetzung (s Rn 3, § 145 Rn 6).

E. „Zur Beendigung schwebender Geschäfte" (§ 149 I 1) dürfen die Liquida- **6** toren **neue Geschäfte** eingehen, Bsp: Einkauf von Ware zur Erfüllung von Verbindlichkeiten. Allgemeiner: zur Abwicklung gehören neue Geschäfte (auch außerhalb einzelner älterer schwebender), soweit zur Erhaltung des Werts des GesVermögens notwendig oder wirtschaftlich sinnvoll, BGH **LM** § 149 Nr 2, zB uU Grundstücksbelastung, KG RJA **9**, 122, Miete von Geschäftsräumen, Wechselindossierung, RG **44**, 82, Kauf von X-Aktien zur Stützung der X-AG, an welcher die Y-AG beteiligt, deren Aktien 100 % bei der OHG und realiter auf die Gfter verteilt werden sollen, BGH **LM** § 149 Nr 2. Die Liquidatoren dürfen Vergleiche schließen, in denen sie auf zweifelhafte Ansprüche verzichten, RG HRR **32**, 257. **Nicht** erlaubt sind ihnen idR werbende Geschäfte (auf Vermögens-Mehrung, nicht nur -Erhaltung und -Flüssigmachung zielend), mögen sie der Ges nützlich sein oder nicht; sind alle Gfter Liquidatoren, kann aber in der Vornahme werbender Geschäfte ein Beschluss zur Fortführung der Ges, also ein Rückgängigmachen der Auflösung, liegen (§ 131 Rn 30). Die Liquidatoren dürfen auch nicht die Grundlagen des GesVerhältnisses ändern; auch nicht die GesFirma (das bei Veräußerung zu tun ist Sache der Erwerber); auch nicht den Sitz der Ges, außer wenn der Abwicklungszweck das ausnahmsweise verlangt (§ 106 Rn 10).

3) Vertretungsmacht

A. Die Liquidatoren **vertreten** die Ges gerichtlich und außergerichtlich **7** (§ 149 S 2); die Ges haftet für ihre Handlungen auch nach § 31 BGB (§ 124 Rn 25). Ihre Vertretungsmacht besteht „innerhalb ihres Geschäftskreises", dh für alle Handlungen, die ihrer Art und den Umständen nach (objektiv) **Handlungen für den Liquidationszweck** sein können; dass dies zutrifft, ist zugunsten Dritter zu vermuten, RG **146**, 378. Auch das nachweislich liquidationsfremde Geschäft verpflichtet die Ges; anders wenn der Geschäftsgegner die Liquidationsfremdheit kannte oder kennen musste, wofür die Ges beweispflichtig ist, BGH **LM** § 149 Nr 2, ZIP **84**, 315; dazu K. Schmidt AcP 174 **(74)** 55 (in Wahrheit unbeschränkte Vertretung), 184 **(84)** 529. Vertretung im Verhältnis zu Gftern, Selbstkontrahieren, Missbrauch vgl § 126 Rn 6, 9, 11; die Überschreitung der Vertretungsmacht kann von den (allen) Gftern genehmigt werden, § 177 BGB, BGH ZIP **84**, 315. Durch **Gesellschaftsvertrag** oder (iZw einstimmigen) GfterBeschluss kann die Vertretungsmacht erweitert (von jener Beschränkung auf den Liquidationszweck befreit) werden; dagegen nicht mit Wirkung gegen Dritte beschränkt werden (§ 151, s dort).

§ 150 1–6 2. Buch. Handelsgesellschaften und stille Gesellschaft

8   B. Im **Prozess** der Ges sind GfterLiquidatoren Partei wie vertretungsberechtigte Gfter; Gfter, die nicht Liquidatoren sind, sind Partei wie nicht vertretungsberechtigte vor der Auflösung (§ 124 Rn 41, 43). Dritte sind als Liquidatoren hier wie bei AG, GmbH, eG nicht Partei, können Zeuge sein, str.

[Mehrere Liquidatoren]

150 (1) **Sind mehrere Liquidatoren vorhanden, so können sie die zur Liquidation gehörenden Handlungen nur in Gemeinschaft vornehmen, sofern nicht bestimmt ist, daß sie einzeln handeln können.**

(2) ¹**Durch die Vorschrift des Absatzes 1 wird nicht ausgeschlossen, daß die Liquidatoren einzelne von ihnen zur Vornahme bestimmter Geschäfte oder bestimmter Arten von Geschäften ermächtigen.** ²**Ist der Gesellschaft gegenüber eine Willenserklärung abzugeben, so findet die Vorschrift des § 125 Abs. 2 Satz 3 entsprechende Anwendung.**

Übersicht

	Rn
1) Gemeinsames Handeln, Gesamtvertretung	1–4
2) Ermächtigung, passive Vertretung (II)	5, 6

1) Gemeinsames Handeln, Gesamtvertretung

1   A. § 150 I 2. Halbs neu ERJuKoG 2001 (**Übergangsrecht** in (1) EGHGB Art 52). Mehrere Liquidatoren **dürfen nur gemeinsam handeln**, keiner also gegen Widerspruch des anderen, es sei denn bei **Gefahr im Verzug** und bei unzulässigem Widerspruch (§ 115). Einen pflichtwidrig nicht mitwirkenden Liquidator kann die Ges, hierbei vertreten durch sämtliche Gfter, auf Mitwirkung verklagen, einen Gfter-Liquidator auch jeder MitGfter (im eigenen Namen, actio pro socio, § 109 Rn 32). Entfällt ein Liquidator, so verschafft das dem verbleibenden keine Alleinbefugnis, RG **103,** 417.

2   B. Mehrere Liquidatoren können die Ges auch **nur gemeinsam vertreten**, auch bei Gefahr im Verzug, es gibt keine Noteinzelvertretungsmacht (§ 125 Rn 15); kein Gegenstück zB zur uU möglichen Alleinklage eines Gfters der aufgelösten GbR gegen Dritte nach § 432 BGB, vgl BGH **17,** 346. Gerichtliche Abberufung und Bestellung nach §§ 146 II, 147 kann helfen. Mit Auflösung erlischt Einzelgeschäftsführungsbefugnis, BGH ZIP **11,** 1865 (GbR).

3   C. Zur Geltendmachung eines Anspruchs der Ges **gegen einen Gesellschafter-Liquidator** oder Verfügung über solchen Anspruch bedarf es anderweitiger Regelung der Vertretung durch einstimmigen Beschluss, Ermächtigung einzelner nach § 150 II 1 oder Ernennung nach § 146 II, RG **162,** 376 (ebenso RG **47,** 18, zweifelnd KG JW **36,** 943).

4   D. Durch **Gesellschaftsvertrag**, GfterBeschluss (iZw einstimmig), gerichtliche Anordnung (§ 146 II) kann Einzelgeschäftsführung und Einzelvertretung der Liquidatoren vorgesehen sein (§ 150 I), auch Kombination von Gesamt- und Einzelvertretung (§ 125 Rn 149). Gemischte Gesamtvertretung mit Prokuristen (vgl § 125 Rn 19) ist unzulässig. Zwar können Prokuren in der Liquidation bestehen (§ 145 Rn 4), dennoch wird eine Bindung an die Zustimmung des Prokuristen abgelehnt, MüKo/K. Schmidt 13, str.

2) Ermächtigung, passive Vertretung (II)

5   A. § 150 II 1 entspricht § 125 II 3 (§ 125 Rn 18).

6   B. Entspr § 125 II 3 (s dort) genügt für Erklärungen an die Ges die Abgabe gegenüber einem Liquidator (§ 150 II 2).

1. Abschnitt. Offene Handelsgesellschaft § 153

[Unbeschränkbarkeit der Befugnisse]

151 Eine Beschränkung des Umfanges der Befugnisse der Liquidatoren ist Dritten gegenüber unwirksam.

1) Die Vertretungsmacht der Liquidatoren kann nicht mit Wirkung gegen Dritte beschränkt werden, auch nicht entspr § 126 III auf eine von mehreren Niederlassungen. § 151 gilt nicht gegenüber den Gftern. Erweiterung der Vertretungsmacht bleibt möglich, s § 149 Rn 7.

[Bindung an Weisungen]

152 Gegenüber den nach § 146 Abs. 2 und 3 Beteiligten haben die Liquidatoren, auch wenn sie vom Gerichte bestellt sind, den Anordnungen Folge zu leisten, welche die Beteiligten in betreff der Geschäftsführung einstimmig beschließen.

1) Die **Bindung des Liquidators an Weisungen** gemäß Auftragsrecht (mit §§ 713 oder 675 I BGB, § 149 Rn 1) wird präzisiert durch § 152. Beteiligte: §§ 146 II, III (§ 146 Rn 5), vor allem die Gfter. Nur einstimmig beschlossene Weisungen binden nach § 152 den Nicht-Gfter-Liquidator, BGH LM § 149 Nr 2, nicht liquidationsfremde (§ 149 Rn 6); den Gfter-Liquidator binden sie also nur mit seiner eigenen Zustimmung. Abweichung von nach § 152 bindender Weisung ist zulässig nach § 665 BGB. Unverbindliche Weisung (zB von einem Gfter) verpflichtet uU den anders handelnden Liquidator zu erhöhter Sorgfalt, fällt dann bei Misserfolg für Schuldvorwurf gegen ihn ins Gewicht, BGH LM § 149 Nr 2. Durch GesVertrag oder GfterBeschluss kann das Weisungsrecht erweitert oder eingeschränkt werden; die Gfter können auf es verzichten, auch stillschweigend, zB bei Berufung eines Treuhänders der GesGläubiger als Liquidatoren mit Überlassung des GesVermögens an ihn zur Befriedigung der Gläubiger, unverzichtbar bleibt auch dann die Abberufung aus wichtigem Grunde (§ 147 Rn 3). Der GesVertrag kann abweichen. Möglich zB Mehrheitsentscheid über Weisungen. Fraglich ob dem entspr Vertragsänderung möglich durch Mehrheitsbeschluss auf Grund Klausel, die Vertragsänderungen mit Mehrheit zulässt (§ 119 Rn 34), jedenfalls nicht mehr nach (zu Auflösung und Liquidation führender) Kündigung, BGH **48**, 255.

[Unterschrift]

153 Die Liquidatoren haben ihre Unterschrift in der Weise abzugeben, daß sie der bisherigen, als Liquidationsfirma zu bezeichnenden Firma ihren Namen beifügen.

1) Über die Firma der OHG (KG) in Liquidation s § 145 Rn 4. Übliche Zusätze „i. L.", „in Liq", „i. A.". Verstoß gegen § 153 kann Geschäftsgegner zur Anfechtung nach § 119 II BGB (wesentliche Eigenschaft) und zum Schadensersatz gegen Ges und Liquidator (Verschulden bei Vertragsverhandlungen, §§ 280, 311 II, III BGB; § 823 II BGB iVm § 263 StGB) berechtigen. § 153 selbst ist Schutzgesetz iSv § 823 II BGB, Staub/Habersack 8, str, zu § 68 II GmbHG Ffm NJW **91**, 3286, NZG **98**, 550, Naumbg OLGR **00**, 482, Verse ZHR 170 **(06)** 416.

§ 154 1–5   2. Buch. Handelsgesellschaften und stille Gesellschaft

[Bilanzen]

154 Die Liquidatoren haben bei dem Beginne sowie bei der Beendigung der Liquidation eine Bilanz aufzustellen.

Übersicht

	Rn
1) Buchführung	1
2) Bilanzen	2–5

1) Buchführung

1 Die Buchführungspflicht (§§ 238 ff) gilt auch in der Liquidation. Die Liquidatoren, aber auch die Gfter, können sich strafbar machen (§ 238 Rn 18).

2) Bilanzen

2 A. Die **Liquidationseröffnungsbilanz,** unverzüglich nach Auflösung aufzustellen auf den Tag der Auflösung, ist Wertfeststellungs-, Vermögens-, statische Bilanz (§ 242 Rn 7), dient nicht zur Ermittlung eines Geschäftsergebnisses (etwa der Zeit vom letzten Jahresabschluss bis zur Auflösung), nur zur vorläufigen Klärung des Standes von Aktiven und Passiven, somit der Aussichten der Liquidation, als Grundlage der Entschlüsse der Liquidatoren und ihrer Verhandlungen mit Gläubigern. Man übernimmt die Kapitalanteile (§ 120 II) aus dem letzten Jahresabschluss und weist das Mehr oder Weniger an Eigenkapital ungeteilt gesondert aus, vgl RG **98**, 360, KG OLGE **21**, 378. Auch bei Auflösung der Ges am Geschäftsjahresende ist außer dem Jahresabschluss auf denselben Zeitpunkt die Liquidationseröffnungsbilanz aufzustellen.

3 B. Eine **Liquidationsschlussbilanz** ist (entgegen dem Wortlaut) nicht erst bei Beendigung der Liquidation aufzustellen, sondern sobald das Vermögen vollständig gemäß § 155 verteilbar ist, idR also wenn das Sachvermögen flüssig gemacht ist, die Schulden getilgt, wenigstens festgestellt sind, so dass das Liquidationsergebnis festgestellt und auf die Gfter umgelegt werden kann. Gewinn oder Verlust der Liquidation ergibt der Vergleich mit dem letzten Jahresabschluss (die Liquidationseröffnungsbilanz, s Rn 2, dient nicht der Verteilung eines Ergebnisses). Liquidationsgewinn und -verlust werden nach gleichen Regeln (s bei § 120) wie vorher Gewinn und Verlust verteilt, BGH **19**, 48. Die Liquidationsschlussbilanz ist überflüssig, wenn aus der Liquidation in das Insolvenzverfahren über das Vermögen der Ges übergegangen wird.

4 C. **Jahresbilanzen** (§ 242) sind nach herkömmlicher Ansicht während der Liquidation (mangels Weisung, § 152) idR nicht geboten, weil vom Zweck der Liquidation nicht gefordert, anders nur bei längerer Liquidation mit umfangreichen Geschäften, BGH NJW **80**, 1523, offen BGH ZIP **10**, 2165; dann kann auch Pflicht zur Aufstellung von **Zwischenbilanzen** bestehen, Celle BB **83**, 1451. Nach zutr neuerer Ansicht betrifft § 154 nur die interne Liquidationsrechnungslegung, die externe richtet sich nach wie vor nach § 242, Staub/Habersack 9, Grund: die Ges bleibt auch nach Auflösung HdlGes, ferner § 155 I InsO.

5 D. **Aufstellung** der Bilanz ist Vorbereitung der Bilanz für die Feststellung; sie ist jedem einzelnen Gfter möglich, deshalb keine notwendige Streitgenossenschaft (selbst wenn mehrere Gfter zur Aufstellung verpflichtet sind), BGH WM **83**, 1280. Erst die **Feststellung** der Bilanz ist rechtsgeschäftlicher Natur und legt die Bilanzansätze verbindlich fest (§ 242 Rn 3).

1. Abschnitt. Offene Handelsgesellschaft 1, 2 **§ 155**

[Verteilung des Gesellschaftsvermögens]

155 (1) Das nach Berichtigung der Schulden verbleibende Vermögen der Gesellschaft ist von den Liquidatoren nach dem Verhältnisse der Kapitalanteile, wie sie sich auf Grund der Schlußbilanz ergeben, unter die Gesellschafter zu verteilen.

(2) ¹Das während der Liquidation entbehrliche Geld wird vorläufig verteilt. ²Zur Deckung noch nicht fälliger oder streitiger Verbindlichkeiten sowie zur Sicherung der den Gesellschaftern bei der Schlußverteilung zukommenden Beträge ist das Erforderliche zurückzubehalten. ³Die Vorschriften des § 122 Abs. 1 finden während der Liquidation keine Anwendung.

(3) Entsteht über die Verteilung des Gesellschaftsvermögens Streit unter den Gesellschaftern, so haben die Liquidatoren die Verteilung bis zur Entscheidung des Streites auszusetzen.

Übersicht

	Rn
1) Verteilung	1–5
2) Rückgabe	6

1) Verteilung

A. Der Anspruch auf **Zwischen- und Schlussverteilung** (I, II 1, 2) **geht auf** 1 **Geld** (Grundsatz der Versilberung); Abweichung mit Einverständnis des Gfters; BayObLG BB **83**, 82. Der Anspruch setzt nicht in jedem Fall Aufstellung der Schlussbilanz (§ 154) voraus, BGH BB **68**, 268, str, der Gfter kann also seinen Anteil selbst errechnen und einklagen, RG **47**, 19, ebenso der Gläubiger im Falle § 135, über dessen Auskunftsrechte § 135 Rn 14; im Prozess vertreten die Ges die unbeteiligten Liquidatoren, notfalls Prozesspfleger nach § 57 ZPO. Die Zwischenverteilung ist vorläufig (II 1); zu viel Gezahltes ist ggf auf Grund dieses Vorbehalts (nicht nach §§ 812 ff BGB) zurückzuzahlen, RG LZ **31**, 1261 (wohl mit angemessenem Zins, vgl RG **151**, 125), im Falle des § 135 auch vom Gläubiger, bei (vor der Zahlung eröffnetem) Insolvenzverfahren über das Vermögen des Gfters als Masseschuld (§ 55 InsO). Über die "Entbehrlichkeit" von Geld (II 1) entscheiden die Liquidatoren pflichtgemäß, Klage des Gfter gegen sie auf Zahlung ist möglich. Das **Entnahmerecht** nach § 122 I entfällt in der Liquidation (II 3).

B. Schluss- und auch schon Zwischenverteilung erfolgen **nach Kapitalantei-** 2 **len**. Die bei der GbR nach § 733 II BGB zu erstattenden Einlagen fallen bei der OHG in die nach §§ 120, 155 I gebildeten Kapitalanteile. Dem flüssigen Ges-Vermögen entspricht die Summe dieser Kapitalanteile, wenn diese alle aktiv sind. Bestehen neben positiven auch negative Anteile, so ist die Summe der Ersten abzüglich der Summe der zweiten gleich dem Schlussvermögen. Die positiven Anteile erhalten dann je nur eine Quote und sind zwecks Auffüllung auf den Ausgleichsanspruch gegen die Inhaber negativer Anteile angewiesen; diesen Betrag haben nur bei entspr Bestimmung des GesVertrags oder GfterBeschlusses die Liquidatoren einzuziehen und zu verteilen. Sonst geht er anteilig auf die Gfter mit positiven Anteilen über, der Ausgleich vollzieht sich unter den Gftern unmittelbar, RG LZ **14**, 1030, jeder Gfter kann und muss seine etwaige Ausgleichsforderung persönlich gegen die MitGfter geltend machen, BGH BB **66**, 844, der BGH spricht insoweit von einer vereinfachten Auseinandersetzungsrechnung, ZIP **16**, 217, zur Publikumsgesellschaft s Anh § 177a Rn 85. Mit Beendigung der Schlussverteilung ist die Liquidation beendet. Stellt sich später heraus, dass noch ungeteiltes Vermögen da ist, so ist die Liquidation in Wahrheit nicht

§ 155 3–6   2. Buch. Handelsgesellschaften und stille Gesellschaft

beendet und fortzusetzen; die Liquidatoren werden wieder tätig, die Schlussbilanz ist zu berichtigen. Sehen die Gfter nach Befriedigung der GesGläubiger von Verteilung des Restvermögens ab, so bilden sie eine GbR, KG DR **40**, 806.

3   C. Für **ungedeckte Schulden** der Ges besteht Nachschusspflicht (§ 735 BGB), Einzug durch die Liquidatoren (§ 149 Rn 3). Danach gilt:

a) Sind GesSchulden in der Abwicklung ungedeckt geblieben, so haften die Gfter auf den Fehlbetrag nach dem (vertraglichen oder gesetzlichen) Verlustverteilungsschlüssel;

b) sind die GesGläubiger befriedigt, aber die Gfter mit aktivem Kapitalkonto ganz oder teilweise ungedeckt, so haften die Gfter mit passivem Kapitalkonto (s oben); für jeden Ausfall bei einem Gfter haften alle anderen nach dem Verlustverteilungsschlüssel. Diesen Ausgleich müssen und dürfen die Gfter ohne Rücksicht auf rückständige GesSchulden vornehmen; nimmt ein Gläubiger dann einen Gfter in Anspruch, so muss ein neuer Ausgleich stattfinden, RG **40**, 32. Denn die Haftung der Gfter den Gläubigern gegenüber berührt die Verteilung nicht. Ausgleich unter Gftern mit aktiven und passiven Kapitalkonten nach Zwangs- oder freiwilligem (Liquidations-)Vergleich (§ 145 Rn 10), BGH **26**, 129 (Teilung des durch Teilschulderlass entstandenen Liquidationsgewinns).

4   D. Streiten die Gfter über die **Verteilung (III),** so geht dieser Streit die Liquidatoren nichts an, RG **59**, 59, sofern nicht die Beteiligten ihnen die Entscheidung übertragen. Die Gfter haben ihn unter sich auszutragen; die Liquidatoren müssen die Verteilung bei Meidung der Ersatzpflicht bis zur Entscheidung des Streits aussetzen, und zwar sowohl eine Abschlags- als auch die Schlussverteilung, und ohne ein Recht, die Aussichten zu prüfen. Die Entscheidung bindet die Liquidatoren. Vor Erledigung ist die Liquidation nicht beendet, BayObLG BB **83**, 82; doch können sie die Liqidatoren durch Hinterlegung des Betrags beenden, BayObLG WM **79**, 655.

5   E. Ein Gfter, der nach Abwicklung des GesUnternehmens dessen Hauptaktivum (zB Importquote) persönlich nutzen kann und nutzt, während sein früherer MitGfter daran (faktisch, nicht rechtlich) gehindert ist, muss diesem uU nach Treu und Glauben einen **Ausgleich** leisten, BGH MDR **58**, 584. Entspr schuldet der deutsche ex-Gfter seinem französischen MitGfter Ausgleich, wenn dieser aus der Aktivität der Straßburger KG auf Grund der französischen Nachkriegsgesetze allein (auf die volle Wiedergutmachung) in Anspruch genommen wurde, BGH NJW **67**, 36.

2) Rückgabe

6   Wie beim Ausscheiden eines Gfters aus fortbestehender Ges sind in der Liquidation der Ges den Gftern die von ihnen der Ges zur Benutzung überlassenen **Gegenstände zurückzugeben** (§ 732 BGB, § 131 Rn 41). Rückgabe, sobald das der Liquidationszweck erlaubt, spätestens bei Beendigung der Liquidation. Ersatz für Verlust oder Verschlechterung nur bei Verschulden; die Gefahr trägt der Gfter. Anspruch erfasst Surrogate entspr § 285 BGB. Kein Ersatz für die gewährte Benutzung und für geleistete Dienste (§ 733 II 3 BGB); anders bei werkvertraglichen Leistungen, BGH NJW **80**, 1744 (Architekt). Gegenstände, die der Ges als Einlage zu Eigentum (nicht nur zur Benutzung) überlassen sind, sind wie anderes GesEigentum zu versilbern. § 732 BGB gilt ferner nicht bei Miete oder Pacht von Gegenständen des Gfters durch die Ges, solche Verträge erlöschen nicht durch die Auflösung der Ges. Der VermieterGfter ist auch nicht ohne weiteres zur vorzeitigen Vertragsauflösung verpflichtet.

1. Abschnitt. Offene Handelsgesellschaft 1–4 **§ 156**

[Rechtsverhältnisse der Gesellschafter]

156 Bis zur Beendigung der Liquidation kommen in bezug auf das Rechtsverhältnis der bisherigen Gesellschafter untereinander sowie der Gesellschaft zu Dritten die Vorschriften des zweiten und dritten Titels zur Anwendung, soweit sich nicht aus dem gegenwärtigen Titel oder aus dem Zwecke der Liquidation ein anderes ergibt.

Übersicht

	Rn
1) Allgemeines	1
2) Anwendbare Vorschriften	2–6

1) Allgemeines

Über die Wirkung der Auflösung s § 131 Rn 1–2, § 145 Rn 1. § 156 bringt **1** zum Ausdruck, dass die Ges fortbesteht und die Rechtsverhältnisse der Gfter untereinander und der Ges zu Dritten unverändert bleiben, soweit nicht besondere Vorschriften oder der Liquidationszweck entgegenstehen. § 156 nennt nur die Vorschriften des 2. und 3. Titels (§§ 109 ff, 123 ff), aber auch Vorschriften aus dem 1., 4. und 6. Titel sind auf die Ges in Liquidation anwendbar:

2) Anwendbare Vorschriften

1. Titel: § 105 II: anwendbar. Namentlich regeln die Vorschriften des BGB **2** über die GbR die Haftung der Gfter für Verschulden; die Übertragbarkeit der GfterRechte; die Beitragspflicht, auch in Form der Dienstleistung als Liquidatoren; die Gesamtbindung des GesVermögens (ein Gfter kann während der Liquidation Leistung an sich nur verlangen, wenn die Verteilung eines letzten Vermögenswerts in Frage steht und keine Schulden mehr da sind, RG **158,** 314); den Ausschluss der Haftung des GesVermögens für persönliche Schulden der Gfter; die Aufrechnungsvorschriften. – **§ 106:** unanwendbar. – **§§ 107, 108:** nur für Änderung von Sitz und Firma anwendbar, soweit der Liquidationszweck diese Änderung verlangt. Jedenfalls müssen alle Liquidatoren anmelden. § 108 II ist ersetzt durch § 148 III.

2. Titel: § 109: anwendbar. Auch für die LiquidationsGes gilt in erster Linie **3** der GesVertrag, unbedingt, soweit er gerade die Liquidation vorsieht, im Übrigen unter Beachtung des Liquidationszwecks (Auslegungsfrage). – **§ 110:** anwendbar. Aufwendungen, die ein Gfter als Liquidator macht, sind ihm zu erstatten, aber nur, soweit hinreichende Mittel da sind. Aufwendungen eines sonstigen Liquidators fallen unter §§ 670, 675 I BGB. – **§ 111:** (Verzinsungspflicht) anwendbar. – **§§ 112, 113:** (Wettbewerbsverbot) s § 109 Rn 24, § 112 Rn 3. – **§§ 114–117:** (Geschäftsführung) durch §§ 146, 147, 149 ersetzt. – **§ 118:** (Überwachungsrecht) anwendbar, KG Recht **32,** 337. Auch nach Ende der Liquidation besteht noch ein Einsichtsrecht, § 157 III. – **§ 119:** (Beschlussfassung) anwendbar (Ausnahme § 147). Mehrheitsbeschlüsse nach Vertrag zulässig; iZw muss man die Vereinbarung auch auf die Liquidation beziehen, hM. – **§§ 120–122:** (Gewinn und Verlust der Gfter) nur sehr beschränkt anwendbar (s §§ 154, 155 mit Anm). § 122 II gilt fort.

3. Titel: § 123: (Beginn der Wirksamkeit) unanwendbar. – **§ 124:** (Rechts- **4** stellung und Zwangsvollstreckung in GesVermögen) anwendbar. Die Liquidatoren handeln unter der Firma der OHG mit Liquidationszusatz, auch wenn die LiquidationsGes kein HdlGewerbe mehr betreibt. Der Gerichtsstand des § 17 ZPO dauert fort. – **§§ 125–127:** (Vertretung) ersetzt durch §§ 146, 147, 149–151. – **§§ 128, 129:** anwendbar. Die alte Gesamthaftung der Gfter besteht fort; sie tritt ein für die von den Liquidatoren eingegangenen GesSchulden. Nur die Gfter haften, nicht ihre eingetretenen Erben (Erbenhaftung) und nicht die

Roth 845

§ 157 1–3   2. Buch. Handelsgesellschaften und stille Gesellschaft

Liquidatoren. Fortdauer auch bei Eröffnung des Insolvenzverfahrens über das Vermögen eines Gfters; die Masse haftet nur für vor Eröffnung entstandene Schulden. – § 130: anwendbar. Während der Liquidation eintretende neue Gfter haften; so auch, wenn die LiquidationsGes nicht wieder ErwerbsGes wird.

5 **4. Titel:** Da ein Gfter auch in der Liquidation ausscheiden kann, sind die Vorschriften, die ein Ausscheiden betreffen, anwendbar.

6 **6. Titel: §§ 159, 160:** anwendbar, allgM. Ansprüche des Gläubigers gegen die Ges sind auch die in der Liquidation entstandenen.

[Anmeldung des Erlöschens; Geschäftsbücher]

157 (1) **Nach der Beendigung der Liquidation ist das Erlöschen der Firma von den Liquidatoren zur Eintragung in das Handelsregister anzumelden.**

(2) [1] **Die Bücher und Papiere der aufgelösten Gesellschaft werden einem der Gesellschafter oder einem Dritten in Verwahrung gegeben.** [2] **Der Gesellschafter oder der Dritte wird in Ermangelung einer Verständigung durch das Gericht bestimmt, in dessen Bezirke die Gesellschaft ihren Sitz hat.**

(3) **Die Gesellschafter und deren Erben behalten das Recht auf Einsicht und Benutzung der Bücher und Papiere.**

Übersicht

	Rn
1) Erlöschen der Firma (I)	1–3
2) Bücher und Papiere (II)	4–6
3) Einsicht und Benutzung (III)	7

1) Erlöschen der Firma (I)

1 A. Zu I s schon § 31 II. Die Firma **erlischt** im Falle der Liquidation mit Beendigung der Verteilung des reinen Vermögens, RG JW **26**, 1432, es dürfen also zwar noch GesSchulden vorhanden sein, aber keine beitreiblichen Forderungen mehr, auch nicht gegen Gfter oder Liquidatoren, vgl KGJ **28** A 44. Ein Prozess gegen die Ges hindert nicht, aA BayObLG LZ **14**, 785, nach Düss NZG **14**, 583 Eintragen des Erlöschens auch bei ausstehenden Veranlagungen des Finanzamts. Findet keine Liquidation statt oder geht man von ihr zu anderer Auseinandersetzung über, übernimmt zB ein Gfter das Geschäft mit Aktiven, Passiven und Firma, so gilt § 157 (auch Abs 1) nicht, KGJ **39** A 112, der Übernehmer ist anmeldepflichtig nach § 31 I. Die Eintragung enthält die öffentliche Kundgabe der Beendigung; ist früher beendigt, so ist das nur nach § 15 Dritten entgegenzusetzen, RG JW **30**, 3743. Nach Beendigung der OHG geht der Prozess gegen die letzten Gfter als notwendige Streitgenossen weiter, Berichtigung der Parteibezeichnung, notfalls von Amts wegen, RG DR **44**, 665.

2 B. **Anmeldepflichtig sind sämtliche Liquidatoren.** So auch, wo sie oder die Gfter das Geschäft ohne Firma veräußern. Erlischt die Firma ohne Liquidation, haben die Gfter dies anzumelden, KGJ **22** A 109. Auch sonst können alle Gfter zusammen das Erlöschen der Firma anmelden, weil sie auch die Abwicklung beenden oder selbst übernehmen können.

3 C. Die Löschungseintragung wirkt nur deklaratorisch. Findet sich nach Schlussverteilung (§ 155), auch Löschung (§ 151 I), doch noch GesVermögen, so ist die Liquidation noch nicht beendet, die Firma in Wahrheit noch nicht erloschen, BGH NJW **79**, 1987, BayObLG BB **83**, 82, Hamm ZIP **17**, 771 (subj-dingl Vorkaufsrecht). Die bisherige (Vertretungsmacht besteht ohne Neubestellung weiter, BGH NJW **79**, 1987, Düss ZIP **16**, 1584), ggf neu bestellte

846   Roth

Liquidatoren haben die Liquidation zu vollenden. Die unzutreffende Löschung der Firma ist (falls zum Registerzweck geboten) ihrerseits zu löschen (vgl § 8 Rn 12).

2) Bücher und Papiere (II)

A. II trifft alle Fälle, in denen **liquidiert** ist und die Bücher nicht auf einen Übernehmer oder Erwerber übergegangen sind; aber entspr auch alle Fälle, in denen keine **Liquidation stattgefunden** hat und für die Verwahrung nicht anderweitig gesorgt ist, wie bei Beendigung der GesInsolvenz, KG OLGE **19**, 317. Zu verwahren sind die Bücher und Papiere der aufgelösten Ges. Ergänzt wird § 157 durch § 257. Die Kosten der Verwahrung tragen die Gfter gemeinsam; sie sind von den Liquidatoren zurückzubehalten. Sind bei Beendigung der Liquidation keine Bücher usw vorhanden, so ist II unanwendbar; so namentlich, wo die Bücher mit den Aktiven in den Besitz eines Geschäftserwerbers übergehen. Vgl Hbg BB **72**, 417 (GbR).

B. Aufzubewahren hat ein **Gesellschafter oder** ein **Dritter.** Die Person bestimmt sich:

a) nach Vereinbarung der Gfter oder ihrer Erben, die nach § 119 stattzufinden hat. Fremde Zustimmung, auch die der Liquidatoren, unnötig. Ebenso die des Insolvenzverwalters (nach manchen bestimmt der Insolvenzverwalter, nach anderen er mit den Gftern). Die Liquidatoren müssen dem Beschluss nach § 152 gehorchen und die Bücher usw abliefern. Die Vereinbarung ist unwiderruflich.

b) Fehlt sie, so bestimmt das AG des Sitzes der Ges, nicht das Registergericht (FamFGVerfahren), Staub/Habersack 18, einen Verwahrer, wobei es an Anträge auch bezüglich der Person gebunden ist. Verfahren nach FamFG (§ 146 Rn 8). Das Gericht stellt die nötigen Ermittlungen von Amts wegen an. Zulässig auch Bestellung durch einstweilige Verfügung des Prozessgerichts. Nachträgliche Vereinbarung der Gfter macht den Beschluss hinfällig. Kein Zwang zur Annahme des Amts. Mit Annahme entsteht nach hL zwischen den früheren Gftern und dem Aufbewahrer ein Verwahrungsverhältnis, Vergütung dann entspr § 689 BGB (s auch § 146 Rn 5), vgl MüKo/K. Schmidt 24, aA zutr Staub/Habersack 20: § 265 IV AktG analog.

3) Einsicht und Benutzung (III)

Sie stehen den Gftern und ihren Erben zu, die dabei Sachverständige zuziehen dürfen. Jeder Gfter und jeder Erbe ist für sich berechtigt, GesGläubiger und Privatgläubiger nach § 135 dürfen nur nach § 810 BGB benutzen, ebenso ein vor Liquidationsende ausgeschiedener Gfter. Berechtigt ist aber auch der Insolvenzverwalter. Einsicht an fremdem Ort nur nach § 811 BGB. Rechtliches Interesse unnötig. Der Gfter kann sich Abschriften fertigen; er hat auch das Recht, sich die Beziehungen der Ges und ihre Geschäftsgeheimnisse zunutze zu machen. Sind die Bücher mit dem Geschäft veräußert, richtet sich das Einsichtsrecht früherer Gfter nach dem Vertrag und § 810 BGB, RG **43**, 135.

[Andere Art der Auseinandersetzung]

158 Vereinbaren die Gesellschafter statt der Liquidation eine andere Art der Auseinandersetzung, so finden, solange noch ungeteiltes Gesellschaftsvermögen vorhanden ist, im Verhältnisse zu Dritten die für die Liquidation geltenden Vorschriften entsprechende Anwendung.

1) § 158 bringt für den Fall einer „andern Art der Auseinandersetzung" (§ 145 Rn 8; wie § 156 für den Fall der Liquidation) zum Ausdruck, dass die aufgelöste Ges **fortbesteht.** Im Verhältnis zu Dritten soll **Liquidationsrecht** (ohne Beru-

§ 159 1, 2

fung von Liquidatoren) entspr gelten, solange noch ungeteiltes GesVermögen vorhanden ist. Die Ges haftet nach § 124, wird vertreten durch die Gfter entspr §§ 146 I, III, 150 I, II, 151.

2) § 158 gilt, wenn die **andere Art der Auseinandersetzung** unmittelbar auf die Auflösung folgt und wenn von der Liquidation zu ihr übergegangen wird (wodurch die Liquidation endet, das Amt der Liquidatoren erlischt, § 145 Rn 8). Wird die OHG **Gesellschaft bürgerlichen Rechts** (Einl 23 vor § 105), so gilt § 158 nicht, die Rechtsverhältnisse zu Dritten bestimmen sich nicht nach HGB, sondern BGB (zB §§ 714 f, 427; §§ 719 f, 725).

Sechster Titel. Verjährung. Zeitliche Begrenzung der Haftung

[Ansprüche gegen einen Gesellschafter]

159 (1) **Die Ansprüche gegen einen Gesellschafter aus Verbindlichkeiten der Gesellschaft verjähren in fünf Jahren nach der Auflösung der Gesellschaft, sofern nicht der Anspruch gegen die Gesellschaft einer kürzeren Verjährung unterliegt.**

(2) **Die Verjährung beginnt mit dem Ende des Tages, an welchem die Auflösung der Gesellschaft in das Handelsregister des für den Sitz der Gesellschaft zuständigen Gerichts eingetragen wird.**

(3) **Wird der Anspruch des Gläubigers gegen die Gesellschaft erst nach der Eintragung fällig, so beginnt die Verjährung mit dem Zeitpunkte der Fälligkeit.**

(4) **Der Neubeginn der Verjährung und ihre Hemmung nach § 204 des Bürgerlichen Gesetzbuchs gegenüber der aufgelösten Gesellschaft wirken auch gegenüber den Gesellschaftern, die der Gesellschaft zur Zeit der Auflösung angehört haben.**

Übersicht

	Rn
1) Übersicht über §§ 159, 160	1, 2
A. Grundsatz der Forthaftung des Ausgeschiedenen	1
B. Anwendungsbereich	2
2) Verjährung in fünf Jahren (§ 159 I)	3–5
A. Sonderverjährung nach Auflösung der Gesellschaft	3
B. Erfasste Ansprüche	4
C. Dauer der Verjährung	5
3) Beginn der Verjährung (II, III)	6–8
A. Beginn mit Eintragung (II)	6
B. Beginn mit Fälligkeit (III)	7
4) Neubeginn und Hemmung der Verjährung (IV)	9

1) Übersicht über §§ 159, 160

1 A. **Grundsatz der Forthaftung des Ausgeschiedenen: Ausgeschiedene Gesellschafter** (nicht eintretende Erben eines verstorbenen Gfters) **haften weiter** für die Verbindlichkeiten der Ges (§ 128 Rn 28). Dasselbe gilt **auch** für alle Gfter **nach Auflösung der Gesellschaft.**

2 B. **Anwendungsbereich:** §§ 159, 160 nF NachhBG (§ 26 Rn 1) mildern das uU lange Haftungsrisiko. **§ 159** gilt **nur noch für** den Fall der **Auflösung** der Ges und ist wie bisher eine echte Verjährungsvorschrift (**Sonderverjährung,** s Einl 16 vor § 343). **§ 160** gilt **für** den Fall des **Ausscheidens** des Gfters und sieht keine Verjährung, sondern eine zeitliche **Begrenzung der Nachhaftung** des ausgeschiedenen Gfters vor (Ausschlussfrist, § 160 Rn 2). §§ 159, 160 begrenzen

1. Abschnitt. Offene Handelsgesellschaft   3–9   § 159

die Nachhaftung abschließend (§ 160 Rn 1). Lit: s § 160 Rn 1; zur aF K. Schmidt ZHR 152 **(88)** 105.

2) Verjährung in fünf Jahren (§ 159 I)

A. **Sonderverjährung nach Auflösung der Gesellschaft:** Die Sonderverjährung nach § 159 gilt nach Auflösung der Gesellschaft (§§ 131 ff). § 160 findet insoweit keine Anwendung (§ 160 Rn 1). 3

B. **Erfasste Ansprüche:** § 159 betrifft **nur Ansprüche** aus der persönlichen Haftung (§§ 128 ff) für GesVerbindlichkeiten; nicht zB aus Bürgschaft des Gfters für solche (§ 128 Rn 7), Schuldbeitritt, aA BGH **42**, 382 (zu § 25), Wechselzeichnung, Geschäftsübernahme (§ 25, RG **142**, 301). § 159 gilt auch gegen MitGfter als Gläubiger der Ges aus anderem Rechtsgrund als dem GesVerhältnis. § 159 gilt auch, wenn über die GesSchuld ein rechtskräftiges Urteil (gegen die Ges) vorliegt (das idR nicht gegen den Ausgeschiedenen wirkt, § 128 Rn 43); ist aber der (ex-)Gfter selbst verurteilt, gilt Verjährung nach § 197 I Nr 3 BGB, BGH NJW **81**, 2579 (zu § 218 aF BGB). 4

C. **Dauer der Verjährung:** Die Sonderverjährung beträgt **fünf Jahre**. Wenn der Anspruch jedoch nach allgemeinem Recht (oder Rechtsgeschäft) rascher verjährt, bleibt es bei der kürzeren Verjährung, hL; aA BGH NJW **82**, 2443, Brandes FS Stimpel **85**, 113, aber Berufung auf Verjährungseinwand der OHG (§ 129 Rn 1). 5

3) Beginn der Verjährung (II, III)

A. **Beginn mit Eintragung (II):** Die Fünfjahresfrist läuft mit dem Ende des Tages der Eintragung der Auflösung der Ges (oder des Insolvenzvermerks nach § 32, BGH NJW **82**, 2443). Unerheblich ist, ob diese sich verzögert, ob und wann sie bekannt gemacht wird, ob und wann Gläubiger von der Auflösung Kenntnis erlangt. § 15 ist nicht anwendbar. 6

B. **Beginn mit Fälligkeit (III):** Fälligkeit erst nach der Eintragung schiebt den Fristbeginn hinaus (III). Erst recht späteres Entstehen des Anspruchs, zB Begründung in der Liquidation. Bei Fälligkeit auf Anfechtung oder Kündigung entscheidet Wirksamwerden der Erklärung, nicht ihre Möglichkeit (anders §§ 199, 200 aF BGB). Im Fall einer Dauerschuld mit wiederkehrenden Einzelfälligkeiten (zB Rentenschuld aus Kauf) verjährt nach § 159 nicht der Gesamtanspruch schon in fünf Jahren, sondern der Anspruch auf jede einzelne Rate erst nach deren Fälligkeit; so (wegen des Zwecks dieser Haftung) BGH **50**, 235, str. Eine andere Frage ist Verjährung des Gesamtanspruchs, neben der der Teilansprüche, in solchem Falle nach BGB, hier der Ges gegenüber; dahingestellt vom BGH **50**, 234. 7

III betraf schon in aF nicht die Haftung ausgeschiedener Gfter aus **Dauerschuldverhältnissen**, die Lücke war anderweitig zu füllen (§ 128 Rn 31 ff), BGH **87**, 291, NJW **83**, 2942. III nF betrifft überhaupt nur noch die Auflösung, nicht mehr das Ausscheiden einzelner Gfter, insoweit s § 160 nF. 8

4) Neubeginn und Hemmung der Verjährung (IV)

IV idF SMG 2001 (nur redaktionell) entspricht in der Funktion § 160 aF. Der Neubeginn (zB durch Anerkenntnis, § 212 I Nr 1 BGB) und Hemmung durch Rechtsverfolgung (§ 204 BGB) der Verjährung im Verhältnis Ges-Gläubiger wirken gegen die nicht ausgeschiedenen Gfter (§ 129 Rn 2); nicht gegen vorher Ausgeschiedene (§ 128 Rn 36). IV stellt klar, dass nach Auflösung der Ges der Neubeginn und die Hemmung nach § 204 BGB im Verhältnis zwischen Gläubiger und (aufgelöster, damit nicht erloschener) Ges (§ 145 Rn 4, 5) gegen die Gfter wirken, die ihr im Zeitpunkt der Auflösung angehört haben. Dies gilt, solange noch ungeteiltes Vermögen vorhanden ist (oder nachträglich aufgefunden 9 wird § 157 Rn 3). Kein Neubeginn, keine Hemmung nach § 204 BGB gegenüber den Gftern, wenn die Forderung der Ges verjährt ist, BGH NJW **82**, 2443. Neubeginn und Hemmung nach § 204 BGB im Verhältnis zwischen Gläubiger und Gfter wirken nicht gegen MitGfter. Bei Neubeginn (aber § 212 II, III BGB) läuft erneut die Frist des § 159 (§ 212 I BGB), während der Hemmungszeitraum nur in die laufende Frist des § 159 nicht eingerechnet wird (§ 209 BGB).

[Haftung des ausscheidenden Gesellschafters; Fristen; Haftung als Kommanditist]

160 (1) ¹Scheidet ein Gesellschafter aus der Gesellschaft aus, so haftet er für ihre bis dahin begründeten Verbindlichkeiten, wenn sie vor Ablauf von fünf Jahren nach dem Ausscheiden fällig und daraus Ansprüche gegen ihn in einer in § 197 Abs. 1 Nr. 3 bis 5 des Bürgerlichen Gesetzbuchs bezeichneten Art festgestellt sind oder eine gerichtliche oder behördliche Vollstreckungshandlung vorgenommen oder beantragt wird; bei öffentlich-rechtlichen Verbindlichkeiten genügt der Erlass eines Verwaltungsakts. ²Die Frist beginnt mit dem Ende des Tages, an dem das Ausscheiden in das Handelsregister des für den Sitz der Gesellschaft zuständigen Gerichts eingetragen wird. ³Die für die Verjährung geltenden §§ 204, 206, 210, 211 und 212 Abs. 2 und 3 des Bürgerlichen Gesetzbuches sind entsprechend anzuwenden.

(2) Einer Feststellung in einer in § 197 Abs. 1 Nr. 3 bis 5 des Bürgerlichen Gesetzbuchs bezeichneten Art bedarf es nicht, soweit der Gesellschafter den Anspruch schriftlich anerkannt hat.

(3) ¹Wird ein Gesellschafter Kommanditist, so sind für die Begrenzung seiner Haftung für die im Zeitpunkt der Eintragung der Änderung in das Handelsregister begründeten Verbindlichkeiten die Absätze 1 und 2 entsprechend anzuwenden. ²Dies gilt auch, wenn er in der Gesellschaft oder einem ihr als Gesellschafter angehörenden Unternehmen geschäftsführend tätig wird. ³Seine Haftung als Kommanditist bleibt unberührt.

Übersicht

	Rn
1) Begrenzung der Nachhaftung des ausgeschiedenen Gesellschafters (I)	1–5
A. Allgemeiner Grundsatz	1
B. Begrenzung auf fünf Jahre (I 1)	2
C. Fristbeginn (I 2)	5
2) Schriftliches Anerkenntnis (II)	6
3) Wechsel in die Stellung eines Kommanditisten (III)	7
4) Abweichende Vereinbarungen	8

1) Begrenzung der Nachhaftung des ausgeschiedenen Gesellschafters (I)

1 A. **Allgemeiner Grundsatz:** § 160 nF NachhBG 1994 (§ 26 Rn 3), I 1, 3 idF SMG 2001, begrenzt die Nachhaftung des ausgeschiedenen Gesellschafters **wie § 26** und zahlreiche andere Normen (§ 159 Rn 2, § 26 Rn 1). § 160 gilt über §§ 172 IV, 161 II auch bei Ausscheiden des Kdtisten unter Einlagenrückgewähr. Schon bisher galt der entsprechende § 159 aF analog für die GbR, BGH **117**, 168, Wiedemann/Frey DB **89**, 1809; jetzt § 736 II nF BGB, Kblz NZG **09**, 1426, aber mangels Registerpublizität der GbR wohl nur bei positiver Kenntnis des Gläubigers (Abhilfe: Umwandlung der GbR in KG). Einheitliche Auslegung ist geboten (§ 26 Rn 1). § 160 gilt nicht bei Ausscheiden aller Gfter bei Auflösung der Ges, weil dann dem Gläubiger sonst die Ges als Schuldner verbleibt. § 160 ist abschließend, BGH **142**, 324 (Aufgabe der Kündigungstheorie), NJW **02**, 2170, kürzere Verjährungs- und Ausschlussfristen nach altem Recht sind aber

1. Abschnitt. Offene Handelsgesellschaft   2–5   § 160

für das Übergangsrecht relevant (§ 159 Rn 2, § 128 Rn 32–34). **Übergangsrecht:** s **(1)** EGHGB Art 35, 36. Lit: Ulmer/Timmann ZIP **92**, 1, Reichold NJW **94**, 1617, Seibert DB **94**, 461, Dehmer WiB **94**, 297, Steinbeck WM **96**, 2041, Medicus FS Lutter **00**, 891, Siems/Maaß WM **00**, 2328, Lüneborg ZIP **12**, 2229.

B. Begrenzung auf fünf Jahre (I 1): I 1 betrifft nur Ansprüche aus der   2 persönlichen Haftung (§§ 128 ff) für GesVerbindlichkeiten (nicht andere Ansprüche wie Schuldbeitritt ua, str, § 159 Rn 4), aber für alle, auch solche aus betrieblicher Altersversorgung von Arbeitnehmern oder aus Delikt, nicht nur solche aus Dauerschuldverhältnissen (§ 128 Rn 31, 33), BGH NJW **02**, 2170; auch aus Delikt. I 1 betrifft nicht Ansprüche aus anderem Rechtsgrund, zB aus eigener persönlicher Sicherung für Verbindlichkeit der Ges wie Bürgschaft (§ 128 Rn 7). Bei mietvertraglicher Verlängerungsautomatik wird der alte Vertrag fortgesetzt, kein neuer geschlossen, I 1 bleibt also anwendbar, BGH NJW **02**, 2170. „Bis dahin begründet" heißt bei **Dauerschuldverhältnissen,** dass dieses Verhältnis, nicht auch der haftungsbegründende Tatbestand selbst vor dem Ausscheiden des Gfters verwirklicht, also zB die Pflichtverletzung vorher begangen worden ist, Staub/Habersack 10 (§ 128 Rn 30), aA LG Bonn NZG **11**, 143, str.

Für solche früheren Verbindlichkeiten bringt I 1 eine doppelte Nachhaftungs-   3 begrenzung (Fünfjahresgrenze und Erfordernis der besonderen Feststellung oder Vollstreckungshandlung). Der ausgeschiedene Gfter haftet nur, wenn sie **vor Ablauf von 5 Jahren fällig** sind (wie § 26 Rn 5). I 1 enthält eine **Ausschlussfrist** (Einwendung), keine Verjährung (§ 26 Rn 1), I 3 ändert daran nichts (s Rn 5). Die Verjährungseinrede nach § 129 I, so wenn die Verjährungsfrist schon vor der Ausschlussfrist nach I 1 abläuft, bleibt aber unberührt. Für rechtskräftig festgestellte Ansprüche greift I 1 nicht, es bleibt bei deren Verjährung (30 Jahre, § 197 I Nr 3 BGB).

I 1 verlangt wie § 26 I 1 zusätzlich, dass der Anspruch gegen den ausgeschiedenen Gfter (nicht: Ges) in der in § 197 I Nr 3–5 BGB bezeichneten Art (Rechtskraft oder Vollstreckbarkeit) **festgestellt** ist oder eine gerichtliche oder behördliche Vollstreckungshandlung vorgenommen oder beantragt wird; Maßnahmen der Rechtsverfolgung und andere Umstände hemmen aber den Fristablauf (I 3 wie § 26 I 3). Zu diesem schwer verständlichen System s § 26 Rn 6, 8.

§§ 159, 160 wirken nicht auf die Verjährung des Verlustausgleichsanspruchs ein, BGH ZIP **11**, 1363, s § 131 Rn 55. Haftung gegenüber Dritten und Haftungsbegrenzung nach §§ 159, 160 sind unabhängig vom Abfindungsanspruch des Gfters und ggf einem Verlustausgleichsanspruch der Ges.

Bei öffentlichrechtlichen Verbindlichkeiten genügt zur Geltendmachung der   4 Erlass eines Verwaltungsakts (I 1 Halbs 2; § 26 Rn 7). I 1 Halbs 2 macht deutlich, dass sich die Fristwahrung durch Verwaltungsakt, zB im Steuerrecht, auch bezüglich der Zeitdauer primär nach Zivilrecht (§ 160 sowie Verjährungsrechtsregeln über § 160 I 3 oder Verweisungen auf diese im öffentlichen Recht) richten soll. Das schließt aber besondere öffentlichrechtliche Vorschriften nicht aus, zB dass für die Fristwahrung nicht die Absendung, sondern der Zugang des Verwaltungsakts maßgeblich ist.

C. Fristbeginn (I 2): Die Frist beginnt grundsätzlich mit Ende des Tages der   5 Eintragung des Ausscheidens, Hofmeister NJW **93**, 93 (rechtsgeschichtlich), MüKo/K. Schmidt 26; bei positiver Kenntnis des Gläubigers vom Ausscheiden des Gfters beginnt sie aber schon vorher, MüKo/K. Schmidt 27, Altmeppen NJW **00**, 2529, die Beweislast hierfür trägt der ausgeschiedene Gesellschafter, BGH ZIP **17**, 289. Auch mangels Eintragung Fristbeginn mit positiver Kenntnis, BGH NJW **07**, 3784, Ffm NZG **09**, 659 LS, MüKo/K. Schmidt 27, aA früher hL (Eintragung konstitutiv, Wortlaut). Maßgebend ist das HdlReg des für den Sitz der Ges zuständigen Gerichts. Das gilt abw von § 15 IV auch für Schulden aus einer ZwNl. Nach **I 3** idF SMG sind bestimmte Verjährungsvorschriften entspr anzuwenden (näher § 26 Rn 10).

2) Schriftliches Anerkenntnis (II)

6 Bei einem schriftlichen Anerkenntnis des früheren Geschäftsinhabers bedarf es der Feststellung in einer nach § 197 I Nr 3–5 BGB bezeichneten Art (s Rn 3) nicht (II, wie § 26 II, dort Rn 11). Die Schriftform dient der Rechtssicherheit, mündliches oder tatsächliches Anerkenntnis, zB durch Abschlags- oder Zinszahlung genügt nicht. II verlangt kein Schuldanerkenntnis nach § 780 BGB, iZw ist ein solches bei einer Erklärung nach II auch nicht gewollt. Im Übrigen verbleibt es aber bei der Begrenzung auf fünf Jahre. Anders nur bei abweichender Vereinbarung mit dem Gläubiger (s Rn 8).

3) Wechsel in die Stellung eines Kommanditisten (III)

7 Die Ausschlussfrist nach I und II gilt auch den für phG, der Kdtist wird (III 1). III nF entspricht § 28 III nF (s dort Rn 7). Dass der frühere Geschäftsinhaber, in der Ges oder einem ihr als Gfter angehörenden Unternehmen geschäftsführend tätig wird, steht der Begrenzung nicht entgegen (III 2). Damit ist die frühere Rspr zur Umwandlung der Ges in eine GmbH & Co überholt, wonach der phG, der zwar Kdtist wurde, aber zugleich Geschäftsführer der GmbH blieb, unbegrenzt weiter haftete, BGH **78**, 114, **108**, 341, NJW **83**, 2258, 2941. **Übergangsrecht** zu III 2: s **(1)** EGHGB Art 36 III 3 stellt klar, dass die Haftung als Kdtist unberührt bleibt. Lit: Bormann NZG **04**, 751.

4) Abweichende Vereinbarungen

8 § 160 I–III ist nicht zwingend (vgl § 26 Rn 12), hL, Seibert DB **94**, 462, aA Staub/Habersack 7, Leverenz ZHR 160 **(96)** 7. Die Nachhaftungsbegrenzung wird aber nicht schon durch eine Vereinbarung zwischen dem ausscheidenden oder in die Stellung eines Kdtisten wechselnden Gfter und der Ges beseitigt, sondern nur durch eine solche zwischen dem ihm und dem jeweiligen Gläubiger. Diese Vereinbarung braucht anders als das Anerkenntnis nach II nicht schriftlich zu sein. Sie kann zB in einer Prolongationsabrede liegen; auch in der Bestellung einer eigenen persönlichen Sicherung des Gfters für Verbindlichkeiten der Ges (RegE).

Anhang nach § 160: Partnerschaftsgesellschaft (PartG)

Gesetz über Partnerschaftsgesellschaften Angehöriger Freier Berufe (Partnerschaftsgesellschaftsgesetz – PartGG)

Vom 25. Juli 1994 (BGBl I 1744) mit den späteren Änderungen

Schrifttum

Feddersen/Meyer-Landrut 1995. – *Henssler* 2. Aufl 2008. – *Meilicke/Graf von Westphalen/ Hoffmann/Lenz/Wolff* 3. Aufl 2015. –MüKoBGB/*Schäfer,* GbR und PartG, 7. Aufl 2017. – *Römermann* 5. Aufl 2017. –*Wehrheim* 5. Aufl 2013. – *K. Schmidt* NJW **95**, 1. – *Scharlach/ Hoffmann* WM **00**, 2082. **Muster:** Hopt/*Volhard* Vertrags- und Formularbuch zum Hdl-, Ges- und Bankrecht, 3. Aufl 2007, Teil II. C.2; *Michalski/Römermann* 3. Aufl 2002.

1. Allgemeines

1 Das PartGG vom 25.7.94 (geändert ua durch ERJuKoG 2001, EHUG 2006, MoMiG 2008), eröffnet Angehörigen Freier Berufe zur Ausübung ihrer Berufe die Partnerschaft (PartG) als eine neue, auf sie zugeschnittene Gesellschaftsform.

1. Abschnitt. Offene Handelsgesellschaft 2–5 **Anh § 160**

Die PartG übt kein HdlGewerbe aus und kann nur natürliche Personen, und zwar Freiberufler, als Angehörige haben (§ 1 I 2, 3 PartGG), und trotz § 7 III PartG auch keine Prokura erteilen (§ 48 Rn 1). Auf die PartG finden zwar, soweit das PartGG nichts anderes bestimmt, die Vorschriften über die GbR Anwendung (§ 1 IV PartGG). Das PartGG verweist jedoch an vielen Stellen ausdrücklich auf Vorschriften über die OHG und ist dieser in vielfacher Weise ähnlich. Insbesondere wird die PartG im Verhältnis zu Dritten mit ihrer Eintragung in das Partnerschaftsregister wirksam (§ 7 PartGG; VO v 16.6.95, BGBl 808). Das Partnerschaftsregister entspricht weitgehend dem HdlReg (§ 5 PartGG). Es ist wie dieses elektronisch zu führen und genießt denselben Bezeichnungsschutz (§ 5 PartGG iVm § 8 II HGB idF EHUG, Übergangsrecht § 11 III PartGG). Doktortitel sind aufgrund Gewohnheitsrechts in das Partnerschaftsregister eintragungsfähig, BGH ZIP **17**, 1067.

Die PartG ist wie die OHG selbstständige Trägerin von Rechten und Pflichten **2** (§ 7 II PartGG iVm § 124 HGB). Für Verbindlichkeiten der PartG haften den Gläubigern neben dem Vermögen der PartGG die Partner als Gesamtschuldner (§ 8 PartGG mit Haftungsbeschränkung(smöglichkeiten) nach § 8 II, III PartGG). Umfang bei komplexen Mandaten problematisch, Hahn/Naumann WM **12**, 1756. Im Übrigen sind das materielle HdlRecht und insbesondere die Pflicht zu kfm Rechnungslegung auf die PartG unanwendbar. Andere Ges, die nach dem 1.7.95 gegründet oder umbenannt werden, dürfen nicht mit „und Partner" oder „Partnerschaft" firmieren (§ 2 PartGG, § 18 HGB Rn 22); BGH **135**, 257, Karlsr NJW **98**, 1160, KG NJW-RR **04**, 976. „artax" als Kanzleiname s § 19 Rn 18, Recht des Erwerbers zur Änderung einer fortgeführten Firma unterliegt weitgehenden Einschränkungen, Hamm ZIP **17**, 331. Es gibt in Ergänzung von (**4**) HRV eine eigene PartRV 16.6.95 BGBl 808 mit späteren Änderungen ua durch EHUG 2006.

Das PartGG ist in verschiedenen spezialisierten Kommentaren, darunter Mü- **3** KoBGB/Schäfer, GbR und PartG, ausführlich erläutert (oben Schrifttum). Von einer Kurzkommentierung wird deshalb hier abgesehen. Wichtig ist Einfluss des Berufsrechts. Verbot gemeinschaftlicher Berufsausübung von Rechtsanwälten mit Ärzten oder Apothekern verletzt aber Grundrecht der Berufsfreiheit, BVerfG ZIP **16**, 258, entsprechende Partnerschaft ist deshalb einzutragen, BGH ZIP **16**, 1115, zu interprofessionellen Partnerschaftsgesellschaften Ring WM **16**, 957, Henssler/Trottmann NZG **17**, 241. PartG kann nicht Gesellschafterin einer Rechtsanwaltsgesellschaft sein, BGH ZIP **17**, 811.

2. § 8 II PartGG und PartGmbB (§ 8 IV PartGG)

Als Reaktion auf die englische limited liability partnership (LLP) und deren **4** wachsende Verbreitung insbesondere im deutschen Anwaltsmarkt wurde im Juli 2013 die Partnerschaft mit beschränkter Berufshaftung, PartGmbB, eingeführt (G v 17.7.2013, BGBl 2386), zur Anwendbarkeit der Gründungstheorie innerhalb der EU Einl 29 vor § 105. Freilich kennt das PartGG eine Haftungsbeschränkung der Partner bereits seit 1998. Nach § 8 II haften für berufliche Fehler bei der Bearbeitung eines Auftrags neben der Partnerschaft nur die Partner, die mit dem Auftrag befasst waren. Untergeordnete Beiträge anderer Partner bleiben außer Betracht. Fehlt es an einer Befassung durch einen Partner (Überwachung eines Angestellten reicht aus, sollte aber dokumentiert werden) oder sind alle Partner befasst, verbleibt es bei der Haftung aller Partner. Gegenüber GbR Vorteil der Haftungsbeschränkung nach § 8 II PartGG, Vorschrift gilt nicht für GbR, BGH ZIP **12**, 1413.

In der PartGmbB ist die Haftung für Schäden wegen fehlerhafter Berufsaus- **5** übung nach § 8 IV auf das Gesellschaftsvermögen beschränkt, wenn die Partnerschaft eine zu diesem Zweck vom Gesetz vorgegebene Berufshaftpflicht unterhält. Für Anwälte sieht § 51a II BRAO eine um das 10-fache erhöhte Mindestversicherungssumme (2,5 Mio Euro, sonst 250.000 Euro) vor. Inzwischen sind ein Drittel der PartG solche mit beschränkter Berufshaftung, Lieder/Hoffmann NZG **17**, 327. Relevant ist die PartmbB bei eigenständiger Arbeit angestellter Berufsträger sowie zur Beschränkung der eigenen Haftung bei beruflichem Fehlverhalten, dabei stellt sich freilich jeweils die Frage, inwieweit der Partner Rückgriffsansprüchen seiner Mitpartner ausgesetzt ist, dazu Wertenbruch NZG **13**, 1007. Nach vKlitzing/Seiffert ZIP **15**, 2401 greift Innenhaftung, weshalb Haftungsvereinbarung empfohlen wird.

6 Die unstr lediglich im Außenverhältnis geltende Beschränkung der Haftung nach § 8 IV greift nur für Berufsfehler, für sonstige Forderungen Dritter (Lohnforderungen der Angestellten, Miete etc) verbleibt es bei der unbeschränkten Haftung aller Partner mit dem Privatvermögen neben der Partnerschaft. Nach Nürnb ZIP **14**, 420 ist der Zusatz „mit beschränkter Berufshaftung" nicht in das Handelsregister einzutragen. Lit zur Partnerschaft mit beschränkter Berufshaftung Leuering, Grunewald ZIP **12**, 1112, 1115, Römermann/Praß NZG **12**, 601, Römermann NJW **13**, 2305, Seibert DB **13**, 1710, Sommer/Treptow NJW **13**, 3269; Leuering NZG **13**, 1001, Tröger/Pfaffinger JZ **13**, 812, Henssler AnwBl **14**, 96, Lieder/Hoffmann NZG **14**, 127, **16**, 287, **17**, 325 (Rechtstatsachen), Schumacher NZG **15**, 379, Römermann/Jähne BB **15**, 579, Westermann/Wertenbruch § 34a. Für weitergehende Reform Schüppen BB **12**, 783, mit Verweis auch auf K. Schmidt, allg zur Kodifikation einer PersGes mit beschränkter Haftung Einl 41 vor § 105.

§ 1 PartGG Voraussetzungen der Partnerschaft

(1) ¹Die Partnerschaft ist eine Gesellschaft, in der sich Angehörige Freier Berufe zur Ausübung ihrer Berufe zusammenschließen. ²Sie übt kein Handelsgewerbe aus. ³Angehörige einer Partnerschaft können nur natürliche Personen sein.

(2) ¹Die Freien Berufe haben im allgemeinen auf der Grundlage besonderer beruflicher Qualifikation oder schöpferischer Begabung die persönliche, eigenverantwortliche und fachlich unabhängige Erbringung von Dienstleistungen höherer Art im Interesse der Auftraggeber und der Allgemeinheit zum Inhalt. ²Ausübung eines Freien Berufs im Sinne dieses Gesetzes ist die selbständige Berufstätigkeit der Ärzte, Zahnärzte, Tierärzte, Heilpraktiker, Krankengymnasten, Hebammen, Heilmasseure, Diplom-Psychologen, Mitglieder der Rechtsanwaltskammern, Patentanwälte, Wirtschaftsprüfer, Steuerberater, beratenden Volks- und Betriebswirte, vereidigten Buchprüfer (vereidigte Buchrevisoren), Steuerbevollmächtigten, Ingenieure, Architekten, Handelschemiker, Lotsen, hauptberuflichen Sachverständigen, Journalisten, Bildberichterstatter, Dolmetscher, Übersetzer und ähnlicher Berufe sowie der Wissenschaftler, Künstler, Schriftsteller, Lehrer und Erzieher.

(3) Die Berufsausübung in der Partnerschaft kann in Vorschriften über einzelne Berufe ausgeschlossen oder von weiteren Voraussetzungen abhängig gemacht werden.

(4) Auf die Partnerschaft finden, soweit in diesem Gesetz nichts anderes bestimmt ist, die Vorschriften des Bürgerlichen Gesetzbuchs über die Gesellschaft Anwendung.

§ 2 PartGG Name der Partnerschaft

(1) ¹Der Name der Partnerschaft muß den Namen mindestens eines Partners, den Zusatz „und Partner" oder „Partnerschaft" sowie die Berufsbezeichnungen aller in der Partnerschaft vertretenen Berufe enthalten. ²Die Beifügung von Vornamen ist nicht erforderlich. ³Die Namen anderer Personen als der Partner dürfen nicht in den Namen der Partnerschaft aufgenommen werden.

(2) § 18 Abs. 2, §§ 21, 22 Abs. 1, §§ 23, 24, 30, 31 Abs. 2, §§ 32 und 37 des Handelsgesetzbuchs sind entsprechend anzuwenden; § 24 Abs. 2 des Handelsgesetzbuchs gilt auch bei Umwandlung einer Gesellschaft bürgerlichen Rechts in eine Partnerschaft.

§ 3 PartGG Partnerschaftsvertrag

(1) Der Partnerschaftsvertrag bedarf der Schriftform.

(2) Der Partnerschaftsvertrag muß enthalten

1. den Namen und den Sitz der Partnerschaft;
2. den Namen und den Vornamen sowie den in der Partnerschaft ausgeübten Beruf und den Wohnort jedes Partners;
3. den Gegenstand der Partnerschaft.

§ 4 PartGG Anmeldung der Partnerschaft

(1) [1] Auf die Anmeldung der Partnerschaft in das Partnerschaftsregister sind § 106 Abs. 1 und § 108 Satz 1 des Handelsgesetzbuchs entsprechend anzuwenden. [2] Die Anmeldung hat die in § 3 Abs. 2 vorgeschriebenen Angaben, das Geburtsdatum jedes Partners und die Vertretungsmacht der Partner zu enthalten. [3] Änderungen dieser Angaben sind gleichfalls zur Eintragung in das Partnerschaftsregister anzumelden.

(2) [1] In der Anmeldung ist die Zugehörigkeit jedes Partners zu dem Freien Beruf, den er in der Partnerschaft ausübt, anzugeben. [2] Das Registergericht legt bei der Eintragung die Angaben der Partner zugrunde, es sei denn, ihm ist deren Unrichtigkeit bekannt.

(3) Der Anmeldung einer Partnerschaft mit beschränkter Berufshaftung nach § 8 Absatz 4 muss eine Versicherungsbescheinigung gemäß § 113 Absatz 2 des Gesetzes über den Versicherungsvertrag beigefügt sein.

§ 5 PartGG Inhalt der Eintragung; anzuwendende Vorschriften

(1) Die Eintragung hat die in § 3 Abs. 2 genannten Angaben, das Geburtsdatum jedes Partners und die Vertretungsmacht der Partner zu enthalten.

(2) Auf das Partnerschaftsregister und die registerrechtliche Behandlung von Zweigniederlassungen sind die §§ 8, 8a, 9, 10 bis 12, 13, 13d, 13h und 14 bis 16 des Handelsgesetzbuchs über das Handelsregister entsprechend anzuwenden; eine Pflicht zur Anmeldung einer inländischen Geschäftsanschrift besteht nicht.

§ 6 PartGG Rechtsverhältnis der Partner untereinander

(1) Die Partner erbringen ihre beruflichen Leistungen unter Beachtung des für sie geltenden Berufsrechts.

(2) Einzelne Partner können im Partnerschaftsvertrag nur von der Führung der sonstigen Geschäfte ausgeschlossen werden.

(3) [1] Im übrigen richtet sich das Rechtsverhältnis der Partner untereinander nach dem Partnerschaftsvertrag. [2] Soweit der Partnerschaftsvertrag keine Bestimmungen enthält, sind die §§ 110 bis 116 Abs. 2, §§ 117 bis 119 des Handelsgesetzbuchs entsprechend anzuwenden.

§ 7 PartGG Wirksamkeit im Verhältnis zu Dritten; rechtliche Selbständigkeit; Vertretung

(1) Die Partnerschaft wird im Verhältnis zu Dritten mit ihrer Eintragung in das Partnerschaftsregister wirksam.

(2) § 124 des Handelsgesetzbuchs ist entsprechend anzuwenden.

(3) Auf die Vertretung der Partnerschaft sind die Vorschriften des § 125 Abs. 1 und 2 sowie der §§ 126 und 127 des Handelsgesetzbuchs entsprechend anzuwenden.

(4) [1] Die Partnerschaft kann als Prozess- oder Verfahrensbevollmächtigte beauftragt werden. [2] Sie handelt durch ihre Partner und Vertreter, in deren Person die für die Erbringung rechtsbesorgender Leistungen gesetzlich vorgeschriebenen Voraussetzungen im Einzelfalle vorliegen müssen, und ist in gleichem Umfang wie diese postulationsfähig. [3] Verteidiger im Sinne der §§ 137 ff. der Strafprozessordnung ist nur die für die Partnerschaft handelnde Person.

(5) Für die Angabe auf Geschäftsbriefen der Partnerschaft ist § 125a Absatz 1 Satz 1, Absatz 2 des Handelsgesetzbuchs mit der Maßgabe entsprechend anzuwenden, dass bei einer Partnerschaft mit beschränkter Berufshaftung auch der von dieser gewählte Namenszusatz im Sinne des § 8 Absatz 4 Satz 3 anzugeben ist.

§ 8 PartGG Haftung für Verbindlichkeiten der Partnerschaft

(1) ¹Für Verbindlichkeiten der Partnerschaft haften den Gläubigern neben dem Vermögen der Partnerschaft die Partner als Gesamtschuldner. ²Die §§ 129 und 130 des Handelsgesetzbuchs sind entsprechend anzuwenden.

(2) Waren nur einzelne Partner mit der Bearbeitung eines Auftrags befaßt, so haften nur sie gemäß Absatz 1 für berufliche Fehler neben der Partnerschaft; ausgenommen sind Bearbeitungsbeiträge von untergeordneter Bedeutung.

(3) Durch Gesetz kann für einzelne Berufe eine Beschränkung der Haftung für Ansprüche aus Schäden wegen fehlerhafter Berufsausübung auf einen bestimmten Höchstbetrag zugelassen werden, wenn zugleich eine Pflicht zum Abschluß einer Berufshaftpflichtversicherung der Partner oder der Partnerschaft begründet wird.

(4) ¹Für Verbindlichkeiten der Partnerschaft aus Schäden wegen fehlerhafter Berufsausübung haftet den Gläubigern nur das Gesellschaftsvermögen, wenn die Partnerschaft eine zu diesem Zweck durch Gesetz vorgegebene Berufshaftpflichtversicherung unterhält. ²Für die Berufshaftpflichtversicherung gelten § 113 Absatz 3 und die §§ 114 bis 124 des Versicherungsvertragsgesetzes entsprechend. ³Der Name der Partnerschaft muss den Zusatz „mit beschränkter Berufshaftung" oder die Abkürzung „mbB" oder eine andere allgemein verständliche Abkürzung dieser Bezeichnung enthalten; anstelle der Namenszusätze nach § 2 Absatz 1 Satz 1 kann der Name der Partnerschaft mit beschränkter Berufshaftung den Zusatz „Part" oder „PartG" enthalten.

§ 9 PartGG Ausscheiden eines Partners; Auflösung der Partnerschaft

(1) Auf das Ausscheiden eines Partners und die Auflösung der Partnerschaft sind, soweit im folgenden nichts anderes bestimmt ist, die §§ 131 bis 144 des Handelsgesetzbuchs entsprechend anzuwenden.

(2) (aufgehoben)

(3) Verliert ein Partner eine erforderliche Zulassung zu dem Freien Beruf, den er in der Partnerschaft ausübt, so scheidet er mit deren Verlust aus der Partnerschaft aus.

(4) ¹Die Beteiligung an einer Partnerschaft ist nicht vererblich. ²Der Partnerschaftsvertrag kann jedoch bestimmen, daß sie an Dritte vererblich ist, die Partner im Sinne des § 1 Abs. 1 und 2 sein können. ³§ 139 des Handelsgesetzbuchs ist nur insoweit anzuwenden, als der Erbe der Beteiligung befugt ist, seinen Austritt aus der Partnerschaft zu erklären.

§ 10 PartGG Liquidation der Partnerschaft; Nachhaftung

(1) Für die Liquidation der Partnerschaft sind die Vorschriften über die Liquidation der offenen Handelsgesellschaft entsprechend anwendbar.

(2) Nach der Auflösung der Partnerschaft oder nach dem Ausscheiden des Partners bestimmt sich die Haftung der Partner aus Verbindlichkeiten der Partnerschaft nach den §§ 159, 160 des Handelsgesetzbuchs.

§ 11 PartGG Übergangsvorschriften

(vom Abdruck wird abgesehen)

Zweiter Abschnitt. Kommanditgesellschaft

[Begriff der KG; Anwendbarkeit der OHG-Vorschriften]

161 (1) Eine Gesellschaft, deren Zweck auf den Betrieb eines Handelsgewerbes unter gemeinschaftlicher Firma gerichtet ist, ist eine Kommanditgesellschaft, wenn bei einem oder bei einigen von den Gesellschaftern die Haftung gegenüber den Gesellschaftsgläubigern auf den Betrag einer bestimmten Vermögenseinlage beschränkt ist (Kommanditisten), wäh-

2. Abschnitt. Kommanditgesellschaft § 161

rend bei dem anderen Teile der Gesellschafter eine Beschränkung der Haftung nicht stattfindet (persönlich haftende Gesellschafter).

(2) Soweit nicht in diesem Abschnitt ein anderes vorgeschrieben ist, finden auf die Kommanditgesellschaft die für die offene Handelsgesellschaft geltenden Vorschriften Anwendung.

Schrifttum

S Einl vor § 105, Staub/Schilling §§ 161–177a, 4. Aufl 1987; *Wiedemann* II § 8, Röder RabelsZ 78 **(14)** 110 (Rechtsvergleich). – Zur **GmbH & Co** s Anh § 177a unter A; zur **Publikumsgesellschaft** s Anh § 177a unter B; zur **Investmentkommanditgesellschaft** s Anh § 177a unter C. – **Muster:** *Hopt/Lang*, Vertrags- und Formularbuch zum Hdl-, Ges- und Bankrecht, 4. Aufl 2013, Teil II.C (mit 5 KGVertragsmustern). **RsprÜbersichten:** *Kuhn* WM **68**, 1074, **74**, 674, Sonderbeil I/**78**, *Jasper* WiB **97**, 628.

Übersicht

	Rn
1) Begriff der Kommanditgesellschaft: Abwandlung der OHG	1, 2
A. Die KG als Abwandlung der OHG (I)	1
B. Merkmale der KG wie der OHG	2
2) Die Gesellschafter; Kaufmannseigenschaft	3–6
A. Komplementär	3
B. Kommanditist	4
C. Kaufmannseigenschaft	5
D. Wechsel in andere Gesellschafterstellung	6
3) Gesellschaftsvertrag	7
4) Gesellschafterwechsel	8
5) Erscheinungsformen der KG	9–13
A. Gesetzliches Leitbild der KG	9
B. GmbH & Co KG	10
C. Kapitalistische KG	11
D. KG ähnlich wie eine KGaA	12
E. Die konzernverbundene KG	13
6) Anwendbares Recht (II)	14–16
A. Sonderregeln der §§ 161–177a	14
B. Recht der OHG (II)	15
C. Sonderregeln außerhalb des 2. Buches	16
7) Umwandlung von und in KG	17, 18
A. Umwandlung kraft Gesetzes	17
B. Umwandlung kraft Rechtsgeschäfts	18

1) Begriff der Kommanditgesellschaft: Abwandlung der OHG

A. **Die KG als Abwandlung der OHG (I):** Die KG **entspricht der OHG** 1 mit dem **einzigen Unterschied,** dass in der Ges mindestens ein persönlich haftender Gfter vorhanden ist, sog **Komplementär, und** mindestens ein sog **Kommanditist,** der den GesGläubigern nicht nach §§ 128 ff, sondern nur beschränkt nach §§ **171 ff** haftet. Die §§ 171–176 betr die Haftung des Kdtisten bilden den Kern des Rechts der KG, die übrigen Vorschriften des Abschn 2 (§§ 161–170, 177) bringen durch diesen Hauptunterschied veranlasste weitere Abweichungen vom Recht der OHG. Diese Unterschiede können dazu führen, dass die KG als Rechtsform nicht zur Verfügung steht, zB für Apotheken (§ 8 ApG, s § 1 Rn 25).

B. **Merkmale der KG wie der OHG:** Die KG ist also im Übrigen wie die 2 OHG eine PersonenGes und anders als die stille Ges (§§ 230–237) eine Außen-Ges. Träger des GesVermögens ist die KG als Gesamthandsgemeinschaft (§ 124 Rn 1, 2). Besitz s § 124 Rn 35. Die KG ist eine **Handelsgesellschaft** (Einl 8 vor § 105). Ihr Zweck ist auf den Betrieb eines HdlGewerbes (§ 1 II) **unter gemeinschaftlicher Firma** (§ 19 Rn 19) gerichtet (§ 105 Rn 1–6). „KG" bei

§ 161 3–7   2. Buch. Handelsgesellschaften und stille Gesellschaft

Fehlen oder Wegfall des HdlGewerbes s § 105 Rn 7–10. Die KG tritt unter ihrer Firma **im Rechtsverkehr selbstständig** auf (II, § 124 I), sie entsteht bei kfm Gewerbe ohne Handelsregistereintragung. Auch deliktsrechtlich und für das Verfahrensrecht gilt dasselbe wie für die OHG. Anwendbares Recht s Rn 14, Eintragung wichtig für Haftung der Kdtisten, § 176. Die **„Innen-KG"** ist eine KG-ähnlich ausgestaltete **stille Gesellschaft**, die als Innengesellschaft nicht rechtsfähig ist, K. Schmidt ZIP **14**, 1458, ZHR 178 **(14)** 10, s auch § 230 Rn 3.

2) Die Gesellschafter; Kaufmannseigenschaft

3 A. **Komplementär:** Die KG muss mindestens einen Komplementär haben (Wegfall s § 131 Rn 36). Komplementär bzw phG kann jeder sein, der phG der OHG sein kann (§ 105 Rn 24–30), zB eine OHG oder eine andere KG; nur ein einziger (aber mindestens einer, da Begriffsmerkmal, s Rn 1) oder mehrere; auch eine **juristische Person,** zB eine GmbH (GmbH & Co KG), so die Praxis seit RG **105**, 104 (Anh § 177a Rn 4).

4 B. **Kommanditist:** Die KG muss mindestens einen Kdtisten haben, der als solcher nur beschränkt, dh nach außen nur in Höhe seiner Haftsumme haftet (anders uU interne Pflichteinlage, § 171 Rn 1). Kdtist kann jeder sein, der auch Gfter der OHG sein kann (§ 105 Rn 24–30), zB auch eine OHG, andere KG, (Außen)GbR oder nicht rechtsfähiger Verein (§ 105 Rn 28). **Nicht** Kdtist können sein (§ 105 Rn 29): InnenGbR (§ 105 Rn 29), eheliche Gütergemeinschaft, BayObLG ZIP **03**, 480; **Erbengemeinschaft** (§ 105 Rn 29), auch nicht bei Beerbung eines Kdtisten, auch hier gilt, wie bei Beerbung eines Gfters der OHG oder phG der KG, Sondernachfolge der einzelnen Erben als Kdtisten (§ 139 Rn 14, § 177 Rn 3), BGH **58**, 317, **68**, 225. **Treuhänder**Kdtisten können Vielzahl von Treugebern haben (§ 105 Rn 31–37). Ein phG kann nicht gleichzeitig Kdtist sein und umgekehrt (**Einheit des Anteils jedes Gfters,** § 124 Rn 16), Jena ZIP **11**, 2256. Den Kdtisten können Beitrags- und Nachschusspflichten treffen, Wilde NZG **12**, 215.

5 C. **Kaufmannseigenschaft:** Kfm ist die KG als HdlGes (§ 6 I). Der phG ist als solcher, also persönlich, nicht Kfm, aA noch Rspr (§ 105 Rn 19). Erst recht ist der Kdtist als solcher **nicht Kaufmann,** weder grundsätzlich noch bei Geschäften mit MitGftern oder der KG (ua Rechtsunsicherheit), BGH **45**, 285 (Schiedsvereinbarung), Einl 90 vor § 1), NJW **80**, 1049, 1054, **82**, 570 (Bürgschaft), Staub/Casper 14, hL, aA Ballerstedt JuS **63**, 259; näher s § 105 Rn 19–23. Das gilt auch dann, wenn die Stellung des Kdtisten vertraglich der eines phG angenähert ist, etwa bei Geschäftsführungsbefugnis entgegen § 164, str. **Schiedsvereinbarung** der KG mit Dritten erstreckt sich idR nicht auf den Kdtist (§ 171 Rn 3). Kdtist ist „Gewerbetreibender" iSv GewO (zB § 14 I: Anzeigepflicht, § 35: Untersagung), auch ggf eintragungspflichtig in Handwerksrolle (§ 7 HwO); OVG Münst BB **62**, 541.

6 D. **Wechsel in andere Gesellschafterstellung:** Durch Änderung des GesVertrags kann ein phG Kdtist, ein Kdtist phG werden. Bei der Beteiligungsumwandlung handelt es sich nicht um einen Gfterwechsel, die Mitgliedschaft dauert fort, BayObLG NJW **70**, 1796 (§ 162 Rn 10). Das kann, aber braucht nicht eine Umwandlung der Ges zur Folge haben (s Rn 17).

3) Gesellschaftsvertrag

7 GesVertrag wie bei der OHG (§ 105 Rn 47, 54), auch **stillschweigend,** die stillschweigende Vereinbarung muss sich dann aber auch auf die beschränkte Haftung und eine bestimmte Haftsumme eines der Gfter erstrecken. Bedingter Vertragsschluss (§ 105 Rn 48) oder Beitritt zu KG ist zulässig, BGH WM **79**, 613, NJW **85**, 1080 (PublikumsGes), zB bis zur vollen Beitragsfinanzierung, Klärung einer Steuerfrage oder Eintragung (Grund: § 176 II). **Grenzen der**

2. Abschnitt. Kommanditgesellschaft 8–12 § 161

Vertragsfreiheit s § 163 Rn 2. **Form** nach § 311b I BGB nicht erforderlich für GesVertrag und Beitritt von Kdtisten bei einer KG zur Verschaffung von Eigentumswohnungen, wohl aber für Beitritt, der Kdtist zum Erwerb der Wohnung verpflichtet, BGH BB **78**, 726. Schenkung des KdtAnteils, auch bei KGGründung, ist möglich (§ 105 Rn 56). Zur Schriftformklausel bei der PublikumsKG s Anh § 177a Rn 69. Schiedsvereinbarungen s Einl 90 vor § 1, notwendig ist ein ausreichender Schutz der Kommanditisten, BGH ZIP **17**, 1026 (Schiedsfähigkeit III), gdrs wie GmbH-Gfter. Der GesVertrag kann **Vertragsänderung** mit Mehrheit zulassen, zur zweistufigen Prüfung (Auslegung, Wirksamkeit des Beschlusses, insbesondere Verstoß gegen Treupflicht, vormals Bestimmtheitsgrundsatz) s § 119 Rn 37. **Muster:** Hopt/Lang 4. Aufl 2013 Form II. C.1, 2 (einfacher/ausführlicher KGVertrag), Form II. C.3 (FamilienKG).

4) Gesellschafterwechsel

Für die KG gelten zunächst dieselben Grundsätze wie bei der OHG (§ 105 8 Rn 67). Eine Ausnahme macht § 177 für den Tod des Kdtisten. Die KdtBeteiligung (Mitgliedschaft) ist mit Zustimmung aller Gfter übertragbar (§ 105 Rn 69–73). GfterWechsel in eine andere GfterStellung s Rn 6. Fehlerhafter Beitritt von Kdtisten s § 105 Rn 92–94. Treuhand, Unterbeteiligung, Nießbrauch s § 105 Rn 31, 38, 44. Nur einheitliche Beteiligung (§ 124 Rn 16). GfterWechsel bei der PublikumsKG s Anh § 177a Rn 83–85.

5) Erscheinungsformen der KG

A. **Gesetzliches Leitbild der KG:** Bei der KG stehen typischerweise ein oder 9 wenige voll haftende und geschäftsführende Gfter und ein oder wenige nur Kapital gebende, nicht haftende Gfter nebeneinander. Die Möglichkeit der Haftungsbeschränkung für alle Gfter außer einem führt jedoch in der Praxis zu vielen, zT grundlegenden Abwandlungen, zwischen denen wiederum Vermischungen möglich sind.

B. **GmbH & Co KG** ist der Prototyp der OHG/KG mit einer juristischen 10 Person als phG. Diese in der Praxis besonders häufige GesForm ist zwar rechtlich eine KG, in der Sache dagegen eine Mischform mit Elementen der Personen- und KapitalGes. Sie wird deshalb **eigens** im **Anhang § 177a** unter A (Rn 1–51) dargestellt.

C. **Kapitalistische KG:** Die Kdtisten halten das ganze oder fast das ganze 11 Kapital und beherrschen die GfterVersammlung (ähnlich Aktionären), der bzw die phG führen die Geschäfte (ähnlich dem angestellten Vorstand der AG). Dieser Sachverhalt ändert zwar nicht die Grundregeln des KG-Rechts, vgl zB BGH **18**, 351 (betr Ausschließung), **20**, 364 (Stimmrechtsausschluss), **23**, 15 (Kündigung), **45**, 204 (Rektor-Fall, kein Durchgriff auf den Kdtisten), **50**, 320. Er ist aber doch in vielfacher Hinsicht von Bedeutung, Bspe: Auslegung des Vertrags etwa zum Wettbewerbsverbot des Kdtisten (vgl § 165 Rn 3–5); Geschäftsführung und Vertretung des dem Gfter nachfolgenden phG-Erben (§ 114 Rn 5). Der Bestimmtheitsgrundsatz (zur Aufgabe durch die Rspr § 119 Rn 37) galt bereits seit längerem nur beschränkt, BGH **85**, 358, Hbg ZIP **06**, 895, offen BGH ZIP **07**, 478, er schützt den phG. Einstehen der Kdtisten für Täuschung durch phG s § 105 Rn 86. Grenzen der KdtistenRechte (§ 138 BGB), Maiberg DB **80**, 2175. Sonderregeln für **große Familien-KG,** zB objektive Vertragsauslegung, Mehrheitsklauseln, Vorrang des GesInteresses vor GfterEinzelinteresse, Ulmer ZIP **10**, 549, 805, aber § 131 Rn 66, § 132 Rn 13. Lit: Nitschke 1970; Wiedemann FS Bärmann **75**, 1048, K. Schmidt JZ **08**, 425.

D. **KG** kann **ähnlich wie eine KGaA** ausgestaltet sein, also einen phG und 12 viele aktionärsähnliche Kdtisten haben. Ist ersterer eine natürliche Person, hat er angesichts seiner persönlichen Haftung idR das Sagen; letztere sind dann häufig in einer besonderen Organisation zusammengefasst, etwa unter Geltung einer Vertreterklausel (§ 163 Rn 10). Der phG kann aber auch eine juristische Person sein (s Rn 3) und die aktionärsähnliche Stellung der Kdtisten, insbesondere bei öffentlichem Vertrieb der Anteile, kann so weit getrieben sein, dass eine **Publikumsgesellschaft** vorliegt. Diese wird eigens im **Anhang § 177a** unter B (Rn 52–85) dargestellt.

13 E. **Die konzernverbundene KG:** Die KG kann ein verbundenes Unternehmen iSv §§ 15 ff AktG sein, insbesondere abhängige Ges oder herrschende Ges (§ 105 Rn 102, 106).

6) Anwendbares Recht (II)

14 A. **Sonderregeln der §§ 161–177a:** In erster Linie gelten §§ 161–177a als Sonderregeln zu §§ 105–160. Der Aufbau der §§ 161–177a entspricht dem bei der OHG: §§ 161–162 entsprechen dem 1. Titel dort (§§ 105–108), dabei bestimmt § 161 I den Begriff der KG, § 162 enthält Sonderregelungen zu § 106. §§ 163–169 entsprechen dem 2. Titel (§§ 109–122) mit Sonderregeln über das Rechtsverhältnis der Gfter untereinander (Innenverhältnis). §§ 170–176 entsprechen dem 3. Titel (§§ 123–130a) mit Sonderrecht zum Rechtsverhältnis der Gesellschafter zu Dritten (Außenverhältnis). § 177 bringt eine Klarstellung zum 4. Titel (§§ 131–144), nämlich, dass bei Tod des Kdtisten die Ges mit den Erben fortgesetzt wird. Zum 5. Titel (Liquidation) und 6. Titel (Verjährung, zeitliche Begrenzung der Haftung) sind keine Sonderregeln vorgesehen. § 177a schließlich bringt Sonderregeln für den Fall, dass keine natürliche Person in der KG voll haftet (zB GmbH & Co KG), gesetzestechnisch durch Verweisung auf die entspr Sonderregeln im Recht der OHG.

15 B. **Recht der OHG (II):** Da die KG eine bloße Abwandlung der OHG ist, gilt mangels spezieller anderer Regelung dort dasselbe wie für die OHG. Die Kommentierung der §§ 105–160 ist daher auch auf die KG anwendbar, soweit nachstehend zu §§ 161–177 nichts anderes gesagt wird. Prozess und Vollstreckung (§ 124 Rn 41, 45), Noack DB **73**, 1157. Für §§ 161 II, 105 II findet mangels besonderer Regeln für die KG und die OHG das **Recht der Gesellschaft des bürgerlichen Rechts** (§§ 705–740), wo teilweise weiter auf das Recht der Gemeinschaft (§§ 741–758) verwiesen wird (§ 731 S 2).

16 C. **Sonderregeln** für die KG finden sich **außerhalb des 2. Buches,** zB in § 19 I Nr 3, II über die Firma der KG, sowie außerhalb des HGB.

7) Umwandlung von und in KG

17 A. **Umwandlung kraft Gesetzes:** Zwischen KG, OHG, GbR und EinzelKfm erfolgt wegen der jeweiligen Begriffsbestimmungen die Umwandlung ohne besondere Vereinbarung, uU sogar gegen den Willen der Gfter, kraft Gesetzes, zB wenn aus einer KG mit zwei phG der Kdtist ausscheidet (OHG) oder nur noch ein Gfter übrig bleibt (EinzelKfm; Einl 21–22 vor § 105). Die Umwandlung der Ges ist vom bloßen Wechsel der GfterStellung zu unterscheiden (s Rn 6).

18 B. **Umwandlung kraft Rechtsgeschäfts:** Die Umwandlung kraft Rechtsgeschäfts von einer KG in eine KapitalGes und umgekehrt ist unter den Voraussetzungen des UmwG möglich (Einl 26–26 vor § 105). Daneben ist die rechtsgeschäftliche Umwandlung unter Ausnutzung der Umwandlung kraft Gesetzes möglich (Einl 21 vor § 105). Für die Verschmelzung von GmbH & Co KG auf ihre phG-GmbH sind beide Wege möglich (Einl 22, 25 vor § 105, Anh § 177a Rn 14).

2. Abschnitt. Kommanditgesellschaft 1, 2 § 162

[Anmeldung zum Handelsregister]

162 (1) ¹Die Anmeldung der Gesellschaft hat außer den in § 106 Abs. 2 vorgesehenen Angaben die Bezeichnung der Kommanditisten und den Betrag der Einlage eines jeden von ihnen zu enthalten. ²Ist eine Gesellschaft bürgerlichen Rechts Kommanditist, so sind auch deren Gesellschafter entsprechend § 106 Abs. 2 und spätere Änderungen in der Zusammensetzung der Gesellschafter zur Eintragung anzumelden.

(2) Bei der Bekanntmachung der Eintragung der Gesellschaft sind keine Angaben zu den Kommanditisten zu machen; die Vorschriften des § 15 sind insoweit nicht anzuwenden.

(3) Diese Vorschriften finden im Falle des Eintritts eines Kommanditisten in eine bestehende Handelsgesellschaft und im Falle des Ausscheidens eines Kommanditisten aus einer Kommanditgesellschaft entsprechende Anwendung.

Übersicht

	Rn
1) Anmeldung der Gesellschaft (I)	1–3
A. Allgemeines	1
B. Inhalt und Form der Anmeldung	2
C. Anmeldepflichtige Personen	3
2) Eintragung und Bekanntmachung hinsichtlich Kdtisten (II)	4–6
A. Eintragung	4
B. Bekanntmachung (II)	5
C. Wirkung	6
3) Anmeldung, Eintragung und Bekanntmachung von Veränderungen (III)	7–11
A. Eintritt, Austritt	7
B. Wechsel in andere Gesellschafterstellung	10
C. Änderung der Rechtsform, Auflösung	11

1) Anmeldung der Gesellschaft (I)

A. **Allgemeines:** Für die Behandlung der KG im HdlReg gelten **wie für die** 1 **OHG** allgemein §§ 106–108; GmbH & Co s Anh § 177a Rn 13. Verzögerung der Anmeldung gefährdet den Kdtisten wegen § 176 besonders. Die (zunächst versäumte) Anmeldung ist auch im Liquidationsstadium noch notwendig und sinnvoll.

B. **Inhalt und Form der Anmeldung:** Die Anmeldung der KG muss außer 2 den Angaben nach § 106 II auch die Bezeichnung der Kdtisten und den Betrag der Einlage eines jeden von ihnen enthalten **(I 1).** Als **Kommanditist** eingetragen werden kann auch die deutsche Zweigniederlassung eines ausländischen Unternehmens, Brem ZIP **13,** 268. **Einlage** ist die (mit Außenwirkung) vereinbarte Haftsumme, nicht die im Innenverhältnis versprochene Pflichteinlage (§ 171 Rn 1). Bezeichnung s Rn 4. Ist eine **GbR Kommanditistin,** sind auch deren Gfter entsprechend § 106 II und spätere Änderungen in der Zusammensetzung der Ges (unscharf I 2: Zusammensetzung der Gfter) zur Eintragung anzumelden **(I 2** idF ERJuKoG 2001), dazu Bergmann ZIP **03,** 2236. I 2 ordnet abgeleitete (auf die KG bezogene und unter ihrer Eintragung zu findende) Publizität an und trägt damit der Rspr und Lehre Rechnung, wonach eine (Außen)GbR Kdtist sein kann, dann aber auch neben der GbR deren Gfter im HdlReg einzutragen sind, BGH **148,** 291. I 2 spricht zwar generell von GbR als Kdtist, besagt aber selbst nichts darüber, wann GbR Kdtist sein kann (§ 105 Rn 28f, nur AußenGbR). Die Gfter der GbR sind mit dem Zusatz „in Gesellschaft bürgerlichen Rechts" anzugeben, auch wenn die GbR keine Namen hat.

Roth 861

§ 162   3–6   2. Buch. Handelsgesellschaften und stille Gesellschaft

Anmeldung der **Änderung** der Einlage s § 175 S 1. Form der Anmeldung s § 12 I. Rechtsnatur der Anmeldung s § 108 Rn 4.

3   C. **Anmeldepflichtige Personen:** Anmeldepflichtig sind sämtliche Gfter (§ 108 Rn 1), also auch die Kdtisten, BayObLG WM **88**, 710, Ffm NZG **12**, 585 (Änderung der Geschäftsanschrift). **Vertretung** bei der Anmeldung ist möglich (§ 108 Rn 3). Anmeldung zugleich als MitGfter im eigenen Namen und als gesetzlicher Vertreter eines minderjährigen Kdtisten wird durch § 181 BGB nicht gehindert, BayObLG **70**, 940 (näher § 108 Rn 3). Anmeldung in Doppelfunktion als Kdtist und Geschäftsführer der Komplementär-GmbH einer GmbH & Co s Anh § 177a Rn 13. Die Vollmacht kann bereits im GesVertrag erteilt werden, Ffm BB **73**, 722 (§ 108 Rn 3); das ist grundsätzlich keine Umgehung des Gebots der Anmeldung durch alle Gfter, aA Staub/Schäfer § 108 Rn 13 (außer für PublikumsGes), LG Bln BB **75**, 251. Widerruf der Vollmacht, str (§ 108 Rn 3). Prokura genügt nicht (§ 49 Rn 2), aber Generalvollmacht (§ 108 Rn 3). Zur Auslegung einer Vollmacht (des phG) zur Anmeldung (ua) des Beitritts von Kdtisten (sie umfasst iZw nicht die Anmeldung der Auswechslung des phG) s KG OLGZ **76**, 30. Der Kdtist kann durch das Registergericht (§ 108 Rn 5) sowie durch jeden MitGfter, auch einen anderen Kdtisten, im Klagewege zur Anmeldung gezwungen werden; der Kdtist macht sich ggf seinen MitGftern schadensersatzpflichtig (§ 108 Rn 6).

2) Eintragung und Bekanntmachung hinsichtlich Kdtisten (II)

4   A. **Eintragung:** Angabe auch des Geburtsdatums, nicht mehr des Standes (entspr § 106 II Nr 1 nF). Ein EinzelKfm, der unter seiner Firma als Kdtist einer Ges beitritt (§ 17 Rn 18), kann unter seiner Firma als Kdtist eingetragen werden; weicht diese von seinem bürgerlichen Namen ab, ist dieser hinzuzufügen (Firma X, Inhaber Y), BayObLG BB **73**, 397, üL, teilweise aA Staub/Casper 11, Eintragung kann auch nachträglich dem privaten Bereich zugeordnet werden, Jena NZG **11**, 25. Ist eine OHG oder KG Gfter der einzutragenden KG, wird nur die GfterGes, nicht auch deren Gfter eingetragen, früher str. Einzutragen ist die vereinbarte **Einlage** (Haftsumme, s Rn 2), nicht ob und in welcher Höhe geleistet wurde. BGH **81**, 87. Die Einlage braucht nicht ausdrücklich als Haftsumme bezeichnet zu werden, wenn sich dies auch so ergibt, zB bei Bezeichnung als Bareinlage, Celle OLGZ **75**, 385. Eintragung der **Änderung** der Einlage s § 175 S 3. Sonstige Umstände, zB Beirat, GfterVertreter, sind nicht einzutragen, Hamm MDR **52**, 549 (näher § 106 Rn 2).

5   B. **Bekanntmachung (II):** II idF HRefG 1998 und NaStraG 2001. Bekanntgemacht wird anders als sonst unter § 10 nicht der volle Inhalt der Eintragung, sondern der Inhalt ohne jede Angabe zu den Kdtisten, auch ohne deren Zahl, die für die Gläubiger irrelevant ist (anders II aF), konsequent greift (nur) insoweit (keine Bekanntmachung) auch § 15 nicht (klarstellend II Halbs 2 nF), str, K. Schmidt ZIP **02**, 413, Grunewald ZGR **03**, 541, Burgard FS Hadding **04**, 325, insges krit zu II Schäfer GA 71. DJT **16** E 99. Person und Haftsumme der Kdtisten sind aber aus dem HdlReg selbst ersichtlich. Wird die Haftsumme trotzdem und unrichtig bekanntgemacht, ist die eingetragene Haftsumme allein maßgeblich, wegen II greift § 15 II nicht ein. Bekanntmachung im Übrigen s § 10. Bekanntmachung der **Änderung** der Einlage s § 175 S 2.

6   C. **Wirkung:** Die Wirkung der Eintragung ist bezüglich des Umfangs der Haftung des Kdtisten in §§ 172, 174, 176 zT abw von § 15 geregelt. Haftsumme und § 15 II s Rn 5. Lit: K. Schmidt DB **11**, 1149.

2. Abschnitt. Kommanditgesellschaft 7–11 § 162

3) Anmeldung, Eintragung und Bekanntmachung von Veränderungen (III)

A. Eintritt, Austritt: III ergänzt §§ 107, 143 II für den Eintritt und Austritt 7 eines Kdtisten. Für Eintritt und Austritt eines Gfters der GbR, die Kdtist ist, folgt das aus I 2. Anmeldung der Übertragung durch alle Gfter, § 108 I, auch durch Bevollmächtigte (Form s § 12 II). GfterMehrheitsbeschluss ersetzt nicht die Vollmachten aller Gfter, wohl aber Bevollmächtigung im GesVertrag, sofern in der Form des § 12 II, Ffm BB **73**, 722 (GmbH & Co, Vollmacht für phG zur Anmeldung von KdtAnteilsübertragungen). Bekanntmachung wegen II nF (s Rn 5) unnötig. Nach Rawert ZIP **16**, 1611 teleologische Reduktion des Erfordernisses der Anmeldung durch alle Gfter (§ 108), wenn Spaltung des Kommanditisten und Richtigkeitsgewähr durch vorherige Prüfung des Registergerichts.

Bei rechtsgeschäftlicher **Übertragung** des Anteils an anderen Kdtisten (nicht 8 bei Übertragung an Komplementär, BayObLG BB **83**, 334, Kln BB **92**, 1742, denn Einheit des Anteils, § 124 Rn 16) ist nicht das Ausscheiden des alten (§ 143 II) und der Eintritt des neuen Gfters (§ 107) als solche einzutragen, sondern die Übertragung der Mitgliedschaft (Einzel- oder Sonder-)Rechtsnachfolge deutlich zu machen **(Nachfolgevermerk)**, RG DNotZ **44**, 201u WM **64**, 1130, BGH WM **06**, 37 (Gewohnheitsrecht), so auch unter II nF Kln ZIP **04**, 505, MüKo/Grunewald 15. Dafür wird eine Versicherung gefordert, dass der Veräußerer keinerlei Abfindung von der Ges erhalten habe **(negative Abfindungsversicherung)**, die zwar gesetzlich nicht vorgesehen, aber ständige Praxis ist, daran festhaltend BGH WM **06**, 36, KG ZIP **09**, 1571, OLG Nürnb WM **12**, 2104, üL, gegen KG ZIP **04**, 1847, MüKo/Grunewald 15, diese ist formlos (nicht Teil der Anmeldung nach § 12 I 1), persönlich abzugeben (nicht § 164 BGB) und nicht eintragungsfähig, BGH **81**, 87, Michel DB **88**, 1985. Die Eintragung des Nachfolgevermerks ist für die Wirksamkeit der Übertragung ohne Bedeutung, näher MüKo/Grunewald § 173 Rn 26 f, auch MüKo/Krebs § 15 Rn 56. Er wird auch nicht bekannt gemacht (anders unter II aF, s Rn 5). Zu den Haftungsfragen bei Übertragung des KdtAnteils s § 173 Rn 11–13.

Bei Übergang eines KdtAnteils durch **Erbgang** ist im HdlReg nicht das 9 Ausscheiden eines Kdtisten und der Eintritt des anderen (oder mehrerer) als solche einzutragen, sondern, dass dieser als Erbe eintrat, so dass deutlich wird, dass nicht mehr Gfter als vorher haften, MüKo/Grunewald 16. Anmeldung des Eintritts mehrerer Erben-Kdtisten durch sie alle, KGJ **44**, 135. Anmeldepflichtig sind neben den Gftern alle (auch nicht nachfolgeberechtigten) Erben, außer bei § 143 III, BayObLG DNotZ **79**, 109. Bei Beerbung des Kdtisten durch nur einen Erben, ist Angabe der Haftsumme unnötig; bei Beerbung durch mehrere, ist die Höhe der Haftsumme der einzelnen Erben anzugeben. Bei Testamentsvollstreckung ist Testamentsvollstreckervermerk einzutragen (Grund: § 2211 II BGB), jedenfalls bei Dauertestamentsvollstreckung eine Eintragung zulassend BGH ZIP **12**, 623.

B. Wechsel in andere Gesellschafterstellung: Die Beteiligungsumwandlung 10 (phG in Kdtist und umgekehrt, § 161 Rn 6) lässt die Mitgliedschaft unberührt, III gilt also nicht unmittelbar. Die Beteiligungsumwandlung ist als solche anmeldepflichtig. Sie wird im HdlReg dargestellt als Ausscheiden in dieser, Eintritt in jener Eigenschaft (vgl entspr (4) HRV § 40 Nr 5 II c aF vor EHUG); Anmeldung gerade in dieser Form ist aber nicht zu fordern, BayObLG NJW **70**, 1796, WM **88**, 710, Düss BB **76**, 1759. Bekanntgemacht werden mit Namen Ausscheiden bzw Eintritt des phG ohne Angaben zu den Kdtisten (s Rn 7). Kein Wechsel in andere GfterStellung ist Änderung der Einlage, für Anmeldung gilt § 175 S 1.

C. Änderung der Rechtsform, Auflösung: Führt der Gfterwechsel bzw 11 der Wechsel in eine andere GfterStellung zur Änderung der Rechtsform der Ges

§ 163 1, 2   2. Buch. Handelsgesellschaften und stille Gesellschaft

(KG in OHG oder OHG in KG, § 161 Rn 17), ist auch diese Umwandlung der Ges anzumelden, einzutragen und bekanntzumachen. So kann auch eine GbR, die sodann ein Handelsgewerbe und bei der aufgrund gesellschaftsrechtlicher Vereinbarungen ein(ige) Gfter nur beschränkt haften soll, zu KG werden, Mü ZIP **16**, 270 (identitätswahrender Formwechsel), mit der Folge, dass etwa Grundbuch nur umzuschreiben ist. Bei Wegfall aller Komplementäre, zB unter § 139 I, ist die Ges aufgelöst (§ 131 Rn 18); dann ist auch die Auflösung anzumelden, einzutragen und bekanntzumachen, KG JW **39**, 163, außer bei Fortsetzungsbeschluss unter Behebung des Mangels.

[Rechtsverhältnis der Gesellschafter untereinander]

163 Für das Verhältnis der Gesellschafter untereinander gelten in Ermangelung abweichender Bestimmungen des Gesellschaftsvertrags die besonderen Vorschriften der §§ 164 bis 169.

Übersicht

	Rn
1) Vertragsfreiheit im Rechtsverhältnis der Gesellschafter untereinander	1–3
A. Vertragsfreiheit	1
B. Grenzen der Vertragsfreiheit	2
2) Beschlüsse, Stimmrechtsbeschränkung, Stimmrechtsbindung	4–9
A. Mehrheitsbeschlüsse	4
B. Stimmrechtsbeschränkung	5
C. Stimmbindungsvertrag	9
3) Vertreterklausel	10, 11
A. Vertreterklausel	10
B. Grenzen	11
4) Beirat	12–15
A. Gesellschaftsorgan	12
B. Bestellung, Abberufung	13
C. Befugnisse	14
D. Haftung	15
5) Mitwirkung Dritter	16

1) Vertragsfreiheit im Rechtsverhältnis der Gesellschafter untereinander

1 A. **Vertragsfreiheit:** Das Verhältnis der Gfter untereinander (**Innenverhältnis**) regelt in erster Linie der **Gesellschaftsvertrag** (§ 161 Rn 7). Dabei gilt Vertragsfreiheit. Bsp: Bei kapitalistischer KG (§ 161 Rn 12) kann der phG im Innenverhältnis Angestellter der Kdtisten sein. Mangels abweichender Bestimmung des GesVertrags gelten **§§ 164–169** und, soweit diese nicht abweichen, gemäß § 161 II die **§§ 109–122**; subsidiär gelten §§ 705 ff BGB. Diese Vorschriften sind dispositiv, können also grundsätzlich durch GesVertrag ausgeschlossen werden (aber s Rn 2).

2 B. **Grenzen der Vertragsfreiheit: a) Normale KG:** Nicht nur im Außenverhältnis (§§ 170 ff) bestehen zwingende Rechtsnormen, zB zur (organschaftlichen) Vertretung und zur Haftung. Auch im Innenverhältnis ist die Vertragsfreiheit nicht schrankenlos. Grenzen setzen zB für Mehrheitsbeschlüsse §§ 134, 138 BGB und der Minderheitsschutz. Die Instrumente sind sehr unterschiedlich, zB Verbot des Eingriffs in den **Kernbereich** (str, jedenfalls zurückhaltend BGH ZIP **13**, 66), zweistufige Vertragskontrolle und **Treuepflicht** der Gfter (§ 119 Rn 36, 37, § 109 Rn 23). Wohlerworbene Rechte können ohne Zustimmung nachträglich entzogen werden. **Abfindungsklauseln** werden von der Rspr streng kontrolliert, vor allem bei Kombination mit Ausschluss des Gfters aus der Ges

2. Abschnitt. Kommanditgesellschaft 3–7 § 163

(§ 131 Rn 64). Dasselbe gilt für **Ausschließungsrechte**. Einseitiges Ausschließungsrecht nach freiem Ermessen ist idR nichtig, anders nur bei sachlicher Rechtfertigung durch außergewöhnliche Umstände, BGH **81**, 263 (§ 140 Rn 30). Für die KG gilt insoweit grundsätzlich dasselbe wie für die OHG. Kdtisten, die von der Geschäftsführung und zwingend von der Vertretung ausgeschlossen sind, benötigen einen speziellen Schutz wenigstens durch einen Kern unentziehbarer **Kontroll- und Informationsrechte** (s zu § 166).

b) Publikumsgesellschaft: Besonders schutzbedürftig sind die (Anleger) 3 Kdtisten bei der Publikumsgesellschaft, bei der es sich wirtschaftlich um eine KapitalGes mit Aktionären im Kleide einer PersonenGes mit Kdtisten handelt. Die Rspr hat deshalb für diese zutreffend in vielfacher Hinsicht ein Sonderrecht entwickelt (Anh § 177a Rn 52 ff).

2) Beschlüsse, Stimmrechtsbeschränkung, Stimmrechtsbindung

A. **Mehrheitsbeschlüsse:** Der KGVertrag kann wie der der OHG wirksam 4 (auch vertragsändernde) Mehrheitsbeschlüsse zulassen. Grenzen setzen ua der Schutz des Kernbereichs der GfterRechte (§ 119 Rn 36), die Treuepflicht der Gfter (§ 109 Rn 23) und der Bestimmtheitsgrundsatz (§ 119 Rn 37). Die Schutzwirkung des Bestimmtheitsgrundsatzes würde sich allerdings bei der PublikumsGes ins Gegenteil verkehren, dieser gilt deshalb dort nicht (Anh § 177a Rn 69), zB bei Verzicht auf vertraglich vorgesehene Verzinsung von Kapitaleinlagen in Notlage, BGH NJW **85**, 974 (jedenfalls bei Treuepflicht der Gfter zur Zustimmung, § 105 Rn 66). Keine Beschlusskompetenz der die Kdtisten umfassenden GfterVersammlung, soweit die Mitwirkungsrechte der Kdtisten berührt sind, offen hinsichtlich unverbindlicher Stellungnahmen außerhalb der Beschlusskompetenz, Stgt ZIP **10**, 134. Grenzen von Mehrheitsbeschlüssen bei der KG s Kort DStR **93**, 401u 438.

B. **Stimmrechtsbeschränkung:** Grenzen des Stimmrechts folgen schon aus 5 Gesetz zB als Folge des auch für Kdtisten geltenden Abspaltungsverbots (§ 109 Rn 16, § 119 Rn 19), bei Interessenkonflikt (§ 119 Rn 8) und aus der Treuepflicht der Gfter (§ 109 Rn 23). Mit Stimmrechtsbeschränkung ist idR der **vertragliche Ausschluss des Stimmrechts** gemeint. Der GesVertrag kann das Stimmrecht von Kdtisten (wie von GmbHGfter, BGH **14**, 269) grundsätzlich wirksam ausschließen, BGH **20**, 363, also auch für außergewöhnliche Handlungen (§§ 164, 116 II) und zwar für sog laufende Grundlagengeschäfte, Staub/Casper 13, aber uU auch für andere Grundlagengeschäfte und sogar für bestimmte GesVertragsänderungen, Heymann/Horn § 164 Rn 15, aA Staub/Casper 13; Bsp: Aufnahme weiterer Kdtisten durch KG selbst oder Vertreter (Vertreterklausel s Rn 10–11), jedenfalls bei der PublikumsGes, Anh § 177a Rn 57, ebenso Einlagenerhöhung, aber ohne persönliche Nachschusspflicht des Kdtisten.

Wie Stimmrechtsausschluss kann **Auslagerung** von Geschäftstätigkeiten **in Tochtergesellschaft** wirken; dann gilt zwar iZw dass die Zustimmungsrechte der Kdtisten in der MutterGes auch, soweit der geschäftsführende Gfter der MutterGes deren Rechte in der TochterGes wahrnimmt, BGH BB **73**, 213, andere Vereinbarung ist aber möglich (Konzernrecht s § 105 Rn 102, 103).

Grenzen: Der Stimmrechtsausschluss allgemein für GesVertragsänderungen ist 6 jedoch unwirksam, insbesondere für Beschlüsse, die in den Rechtsstellung des Kdtisten als solche eingreifen, zB durch Änderung der Beteiligung als Kdtist, der Haftsumme, der Gewinnbeteiligung, des Auseinandersetzungsguthabens (ähnlich dem Schutz der Sonderrechte des GmbHGfters, § 35 BGB, § 53 III GmbHG), BGH **20**, 368. Soweit der Stimmrechtsausschluss unwirksam ist, kann aber die Treuepflicht des Gfter Zustimmung gebieten (vgl Rn 4).

Bei der **OHG** gelten für die Stimmrechtsbeschränkung dieselben, wegen der 7 persönlichen Haftung nach manchen engere Grenzen (§ 119 Rn 13).

§ 163 8–11   2. Buch. Handelsgesellschaften und stille Gesellschaft

8   **Ungleiches Stimmrecht (Mehrstimmrecht)** als solches ist bei PersonenGes (anders § 12 II AktG) idR unbedenklich, außer wenn GesVertrag mit Mehrheit geändert werden kann und das ungleiche Stimmrecht sittenwidrige Abhängigkeit schafft, BGH **20**, 370.

9   C. **Stimmbindungsvertrag** Sie ist für Kdtisten ebenso und mit denselben Schranken zulässig wie für Komplementäre (§ 119 Rn 17, 18). Praktisch wird sie besonders beim TreuhandKdtisten (Anh § 177a Rn 77–78).

3) Vertreterklausel

10   A. **Vertreterklausel:** Der GesVertrag kann mehreren Kdtisten (zB Erben eines Gfters) vorschreiben, ihre Rechte **gemeinsam** durch einen **Vertreter** ausüben zu lassen **(Gruppenvertreter).** Das ist wirksam und zur Vermeidung von Zersplitterung vor allem bei Erbgang sinnvoll. Die Anteile werden dadurch nicht vereinigt. Der gemeinsame Vertreter kann MitGfter oder Dritter sein, BGH **46**, 295, letzteres aber nur wenn im GesVertrag zugelassen (s Rn 13). Er ist Bevollmächtigter der Gruppe (bei Mehrheitsbeschluss auch der überstimmten Mitglieder), nach aA GesOrgan; er ist grundsätzlich weisungsgebunden und zwingend abberufbar (s Rn 16). Er unterliegt auch als NichtGfter der gesellschafterlichen Treuepflicht, da er GfterRechte ausübt. Die Vertreterklausel gebietet iZw einheitliche Rechtsausübung, notwendig ist das aber nicht, wohl aA BGH **46**, 296. GesVertrag kann aber nicht die Willensbildung innerhalb des Stamms regeln, offen BGH **119,** 353. Dieser kann sich als Gesellschaft (§§ 705 ff BGB) organisieren oder bloße Gemeinschaft bleiben (§§ 741 ff, 745 BGB), nach aA nur Ges, Heymann/Horn § 164 Rn 18, wohl auch BGH ZIP **04**, 2284. Je nachdem erfolgt auch die gruppeninterne Willensbildung, Einstimmigkeit ist dabei nicht unbedingt nötig (zB § 745 BGB), BGH **119,** 354, aber iZw vorgesehen (§ 709 BGB), BGH ZIP **04**, 2284, str; einfache Mehrheit nach Größe der Anteile genügt iZw für die Bestellung, auf jeden Fall für die Abberufung. Die Vertreterklausel verpflichtet die Beteiligten zur Mitwirkung an der Bestellung des Vertreters und Erteilung von Weisungen (§§ 675 I, 665 BGB) an ihn. Sie berührt iZw nicht das Recht jedes Mitglieds zur Geltendmachung seiner Rechte im Prozess, BGH **46**, 291. Unberührt bleibt auf jeden Fall die Ausübung der GfterRechte im Kernbereich (s Rn 11). Ähnliche Gestaltungen ermöglicht die Treuhand (§ 105 Rn 31). Überlassung von Gfterrechten zur Ausübung an MitGfter oder Dritte s § 109 Rn 17.

11   B. **Grenzen:** Vertreterklausel unterliegt, wenn sie die Majorisierung des einzelnen Kdtisten erlaubt, denselben Grenzen wie die Zulassung vertragsändernder Mehrheitsbeschlüsse (s Rn 4, 5, § 119 Rn 35 ff), BGH NJW **73**, 1602, Zweibr OLGZ **75**, 404. Auch sonst stößt die Vertreterklausel an Grenzen: nicht bei unzulässiger Stimmrechtsbeschränkung (s Rn 6), keine unwiderrufliche verdrängende Stimmrechtsvollmacht (Abspaltungsverbot, § 119 Rn 19); zwingende Letztzuständigkeit der Gfter mit satzungsändernder Mehrheit, Flume I 1 S 239f; keine obligatorische Gruppenvertretung im Kernbereich der GfterRechte (Terminologie str, § 119 Rn 36), BGH **46**, 297; nicht für höchstpersönliche GfterRechte wie Kündigungsrecht und, soweit unentziehbar, Informationsrechte und Prozessführungsrecht bezüglich persönlicher GfterRechte, unscharf BGH **46**, 300; zwingende Abberufbarkeit mit Mehrheit und auch ohne wichtigen Grund, aA Heymann/Horn § 164 Rn 18, jedenfalls durch GesVertragsänderung. Außenwirkung §§ 170 ff BGB. Diese Grenzen decken sich nicht mit den GesVertragsänderungen, str (wie Rn 5–6), zulässig zB Verlängerung der GesDauer in zeitlichen Grenzen, BGH NJW **73**, 1602, aA Staub/Schilling 16. Lit: J. Servatius 2010; A. Hueck ZHR 125 **(62)** 1 (Vertreterklausel), Immenga ZGR **74**, 385, K. Schmidt ZHR 146 **(82)** 525.

2. Abschnitt. Kommanditgesellschaft 12–15 § 163

4) Beirat

A. Gesellschaftsorgan: Der GesVertrag kann die Einrichtung eines Beirats 12 (auch Aufsichts-, Verwaltungsrat, GfterAusschuss ua genannt) vorsehen, so häufig bei der GmbH & Co (dort entweder bei KG oder GmbH, Anh § 177a Rn 31) und der PublikumsGes (mit Besonderheiten zur Haftung, Anh § 177a Rn 75). Der Beirat ist iZw GesOrgan, jedenfalls bei Rechten entspr einem Aufsichtsrat der AG, nur bei besonderer Gestaltung ist er Organ einer Gftergruppe (zB KdtistenGesamtheit), BGH **69**, 208, NJW **85**, 1900. Wirksame Entscheidungen des Beirats binden die Gfter, davon abweichender GfterBeschluss ist Vertragsänderung. Ihre Durchführung kann Gfter gegen MitGfter einklagen (actio pro socio, § 109 Rn 32), auch noch nach Auflösung des Beirats, BGH BB **70**, 226. Sie sind iZw nicht nach §§ 317 ff BGB angreifbar (Schiedsgutachter, Einl 93 vor § 1). Lit: Voormann 1981, Maulbetsch 1984, Huber 2004; Kormann 2008u A. Wiedemann/Kögel 2008 (Familienunternehmen); Schneider DB **73**, 953, Wiedemann FS Schilling **73**, 105, Rinze NJW **92**, 2790 (Haftung).

B. Bestellung, Abberufung: Bestellung, Amtszeit, Vergütung, Aufgabe und 13 Befugnisse sind idR im GesVertrag geregelt. Dem Beirat können sowohl Gfter wie NichtGfter angehören. Ein Beiratsmitglied steht grundsätzlich im Dienstverhältnis (§ 675 I BGB) zur Ges; zugleich gehört es dem GesOrgan an (ähnlich Aufsichtsrat der AG), BGH NJW **85**, 1900. Zur Abberufung ist iZw GfterBeschluss nötig, iZw genügt einfache Mehrheit, BGH WM **73**, 101. Weder einzelne Gfter selbst noch die vertretenden (§ 125) namens der Ges können abberufen, BGH BB **68**, 145. GfterBeiratsmitglied kann trotz Interessenkollision mitstimmen, BGH WM **73**, 844 (§ 119 Rn 10), anders bei wichtigem Grund. Sieht der GesVertrag bestimmte personelle Besetzung vor, ist Änderung, zB vorzeitige Abwahl, nur mit vertragsändernder Mehrheit möglich; dies auch bei wichtigem Abberufungsgrund, dann aber (idR) Zustimmungspflicht (Treuepflicht, § 105 Rn 64), BGH BB **70**, 226. Sonderrecht (§ 35 BGB) auf Entsendung ist möglich, auch dann aber Abberufung bei wichtigem Grund mit vertragsändernder Mehrheit, Staub/Schäfer § 109 Rn 56. Entsendungsrecht Dritter s Rn 16.

C. Befugnisse: Der Beirat übt neben den Kdtisten oder an ihrer Stelle Zu- 14 stimmungs- und Kontrollrechte (vgl §§ 164, 166) aus, eine (unzulässige) Übertragung der GfterGeschäftsführung liegt darin nicht (§ 114 Rn 11, 24), BGH **36**, 293. Bspe: Bestellung, Abberufung, Kontrolle der Geschäftsführer, BGH **69**, 207; Beteiligung an Feststellung des Jahresabschlusses und Vorbereitung der Entlastung, BGH **84**, 214 (für bergrechtliche Gewerkschaft), Entscheidung über Gewinnverteilung; Aufnahme neuer Gfter (Anh § 177a Rn 57). GesVertrag kann Klage unter Gftern vom Gutachten und Schlichtungsversuch des Beirats abhängig machen; auch gegen ausgeschiedenen Gfter, aber ohne nach seinem Ausscheiden vereinbarte Modalitäten, BGH BB **77**, 1321. Mitwirkungsbefugnisse sind sogar bei GesVertragsänderungen nicht schlechthin ausgeschlossen, BGH WM **85**, 256, jedenfalls neben der GfterVersammlung oder bei Zustimmungspflicht der Gfter, aA BGH **43**, 264, Staub/Casper § 161 Rn 215 mit Ausnahmen Staub/Schilling 21. Beschlussfassung des Beirats iZw mit einfacher Mehrheit. Der Beirat unterliegt auch bei Besetzung durch NichtGfter der gesellschafterlichen Treuepflicht, da er abgeleitete GfterRechte ausübt. **Grenzen** wie bei einem Vertreter, also vor allem zwingende Letztzuständigkeit der Gfter mit satzungsändernder Mehrheit, Flume I 1 S 239f, kein Eingriff in den Kernbereich der GfterRechte, kein Ausschluss der Abberufbarkeit einzelner Beiratsmitglieder und der Abschaffung des gesamten Beirats (näher s Rn 11).

D. Haftung: Die Beiratsmitglieder müssen ihre Aufgaben pflichtgemäß erfül- 15 len, insbesondere die Geschäftsführung hinreichend kontrollieren, BGH **69**, 213

§ 164
2. Buch. Handelsgesellschaften und stille Gesellschaft

(PublikumsGes), bei Kontrolle des Jahresabschlusses unter Heranziehung von Fachleuten, idR von Wirtschaftsprüfern. Sie sind ausschließlich auf das Interesse der Ges verpflichtet, auch wenn sie von GfterGruppen oder Dritten entsandt sind, Interessenkonflikt entlastet nicht, BGH NJW **80**, 1630 (AG, § 347 Rn 30). Haftungsmaßstab iZw § 708 BGB, Staub/Schäfer § 109 Rn 57, aA Staub/Schilling 23 (differenzierend), Heymann/Emmerich 39 (stets); anders bei PublikumsGes (Anh § 177a Rn 75) und je nach Umständen, zB Beirat nur aus Dritten. Schadensersatzansprüche gemäß § 280 BGB (§§ 116, 93 AktG analog nur bei PublikumsGes, Anh § 177a Rn 75) sind, wenn der Beirat GesOrgan ist, nur durch die Ges (bzw Insolvenzverwalter) geltend zu machen, BGH NJW **75**, 1318; ist er Sachwalter der KdtistenGesamtheit, ist diese berechtigt, BGH WM **83**, 556, näher Hüffer ZGR **80**, 349. Ausnahmsweise kann dieses Recht nach GesVertrag oder Geschäftsbesorgungsvertrag auch den Gftern zustehen (Drittschutzwirkung), sie können Zahlung, aber nur an die Ges verlangen (entspr actio pro socio), BGH NJW **85**, 1900. Aktienrechtsähnliche Besonderheiten gelten für die Beiratshaftung in der PublikumsGes (Anh § 177a Rn 75).

5) Mitwirkung Dritter

16   NichtGfter, einzeln oder als Gremium (s Rn 10, 13), können an der Willensbildung der Ges nicht durch gesellschafterliche Stimm- und Kontrollrechte beteiligt werden, weder mit abgeleiteten (abgespaltenen) noch mit originären Befugnissen, MüKoBGB/Schäfer § 717 Rn 10, K. Schmidt § 21 II 1d, str, aA BGH NJW **60**, 936 für originäres Stimmrecht, Grund: bei Abspaltung Abspaltungsverbot (§ 119 Rn 19), sonst und in der Sache Beschränkung der Willensbildung (samt Verwaltungsrechten) auf die Mitglieder. Einschaltung bei der Aufnahme von Gftern s § 105 Rn 66. Entsendungsrechte in Beirat (s Rn 13), aber jedenfalls bei Kontrollfunktion muss Mehrheit der Mitglieder von Gftern bestellt werden, vgl für Geschäftsführung einer PublikumsGbR BGH LM § 709 Nr 9. Bei Eingriffen in den Kernbereich von GfterRechten sind NichtGfter (außer als Vertreter) ausgeschlossen, Staub/Schäfer § 19 Rn 35. Die Rechte können den Dritten durch Änderung des GesVertrag jederzeit und ohne seine Zustimmung wieder entzogen werden (kein unentziehbares Sonderrecht). Für den Testamentsvollstrecker gelten besondere Regeln (§ 139 Rn 21). Entscheidung über Meinungsverschiedenheiten durch **Schiedsgericht** oder **Schiedsgutachter** (Einl Rn 90, 93 vor § 1) kann wirksam vorgesehen werden, BGH **43**, 261 (GmbH), ZIP **17**, 1026, Lit: Herfs 1994 (GmbH).

[Geschäftsführung]

164 ¹Die Kommanditisten sind von der Führung der Geschäfte der Gesellschaft ausgeschlossen; sie können einer Handlung der persönlich haftenden Gesellschafter nicht widersprechen, es sei denn, daß die Handlung über den gewöhnlichen Betrieb des Handelsgewerbes der Gesellschaft hinausgeht. ²Die Vorschriften des § 116 Abs. 3 bleiben unberührt.

Übersicht

	Rn
1) Geschäftsführung der Komplementäre, Ausschluss der Kommanditisten (Satz 1)	1
2) Zustimmung zu außergewöhnlichen Geschäften (Satz 1 letzter Halbsatz, § 116 II)	2–4
A. Zustimmung zu außergewöhnlichen Geschäften	2
B. Aufstellung und Feststellung des Jahresabschlusses	3
C. Grundlagengeschäfte	4
3) Erteilung und Widerruf der Prokura (Satz 2, § 116 III)	5

	Rn
4) Abweichende Vereinbarungen	6–9
A. Einschränkung der Kommanditistenrechte	6
B. Stärkung der Kommanditistenrechte	7
C. Geschäftsführender Kommanditist	8

1) Geschäftsführung der Komplementäre, Ausschluss der Kommanditisten (Satz 1)

Bei der KG ist die Geschäftsführung Sache der Komplementäre. Kdtisten sind mangels abw Vertragsbestimmung (s Rn 6) von der Geschäftsführung (§§ 114–117) ausgeschlossen. Der Kdtist kann den geschäftsführenden Gftern weder Weisungen erteilen noch ihren Handlungen nach § 115 I Halbs 2 widersprechen, soweit sie nicht über den gewöhnlichen Betrieb des HdlGewerbes der Ges hinausgehen (sonst s Rn 2). Kdtisten können auch nicht dadurch auf die Geschäftsführung einwirken, dass ein Gesellschafterbeschluss gefasst wird. Ein ohne zugleich den GesVertrag ändernder GfterBeschl greift in die Rechte der Komplementäre ein, begründet diesen ggü kein Weisungsrecht, BGH ZIP **80**, 370 und ist anfechtbar, Hamm ZIP **16**, 1073.

Der Ausschluss von der Geschäftsführung berührt nicht das Recht auch des Kdtisten, gegen pflichtwidrige Geschäftsführungsmaßnahmen vorzugehen (actio pro socio, § 109 Rn 31). Die Kdisten wirken auch an der Klage auf Entziehung der Geschäftsführungsbefugnis mit (§ 117: „übrige" Gfter). Haftung nichtgeschäftsführender Gfter (insbesondere MehrheitsGfter) aus Einflussnahme auf geschäftsführende s § 114 Rn 8. Eine feste Vergütung des Komplementärs ohne Kapitaleinlage für Geschäftsführung, Vertretung und Haftung ist umsatzsteuerpflichtig, BFH ZIP **11**, 961.

2) Zustimmung zu außergewöhnlichen Geschäften (Satz 1 letzter Halbsatz, § 116 II)

A. Zustimmung zu außergewöhnlichen Geschäften: Der Kdtist hat **nicht** 2 ein **bloßes Widerspruchsrecht** gegen Handlungen der geschäftsführenden Gfter, die über den gewöhnlichen Betrieb des HdlGewerbes der Ges hinausgehen (so missverständlich Satz 1, für Neufassung des Gesetzes Beuthien NZG **13**, 972), sondern es bleibt auch für die KG bei § 116 II, dass dafür ein Beschluss sämtlicher, auch der nichtgeschäftsführungsberechtigten Gfter, also einschließlich der Kdtisten, notwendig ist, RG **158**, 305, Stgt ZIP **10**, 476, ganz hL. Außergewöhnliche Geschäfte s § 116 Rn 2. Das Fehlen der Zustimmung berührt nicht die Vertretungsmacht (Außenverhältnis, § 116 Rn 7).

B. Aufstellung und Feststellung des Jahresabschlusses: a) Die **Aufstel-** 3 **lung** (dh Vorbereitung bis zur Beschlussreife) des Jahresabschlusses (Bilanz und Gewinn- und Verlustrechnung, § 242 III), einschließlich der Bilanzierungsmaßnahmen, die der Darstellung der Vermögenslage iSv § 238 I 2 dienen, ist im Rahmen von Gesetz und GoB allein Sache der geschäftsführenden Gfter (§ 114 Rn 2), BGH **132**, 272, BB **80**, 121. Bilanzierungsentscheidungen, die der Sache nach Ergebnisverwendungen sind, können gem BGH **132**, 263, grundsätzlich nur durch alle Gfter gemeinschaftlich getroffen werden, soweit der GesVertrag nichts anderes bestimmt (Mehrheitsklauseln billigend BGH ZIP **07**, 475), weniger streng Hopt FS Odersky **96**, 805, s auch Ulmer FS Lutter **00**, 940; dazu gehören ua Bildung offener Rücklagen, Abschreibungen nach § 253 IV (stille Reserven, § 120 Rn 6), Aufwandrückstellungen nach § 249 I 3, II, steuerliche Sonderabschreibungen, differenzierend Schön FS Beisse **97**, 471. Die Entscheidung über die Ergebnisverwendung steht aber nicht im Belieben eines jeden Gfters. Vielmehr sind die Ausschüttungsinteressen der einzelnen Gfter und das Bedürfnis der Selbstfinanzierung und Zukunftssicherung der Ges abzuwägen, BGH **132**, 263. Die geschäftsführenden Gfter müssen ggf sachverständige Hilfs-

§ 164 4   2. Buch. Handelsgesellschaften und stille Gesellschaft

kräfte beiziehen. Jeder Gfter kann sie durch actio pro socio (§ 109 Rn 32) zur Aufstellung des Jahresabschlusses zwingen. Die übrigen Gfter haben Recht auf Prüfung, ob Gesetz und GoB eingehalten sind, BGH **132**, 263. Meinungsverschiedenheiten über die aufzustellende Bilanz und ihre einzelnen Posten sind notfalls durch Klage gegen den widerstrebenden Gfter zu klären, BGH WM **79**, 1330, ohne notwendige Streitgenossenschaft, BGH WM **83**, 1279.

b) Die **Feststellung** (dh Verbindlicherklärung im Verhältnis der Gfter untereinander und der Ges zu Dritten) des Jahresabschlusses ist dagegen Sache der Gfter und (nur) in diesem Sinne Grundlagengeschäft (s Rn 4; Gewinnverwendung, § 120 Rn 8), BGH ZIP **07**, 477. Der Kdtist nimmt daran und, falls auch bei der KG eine Abschlussprüfung stattfindet (grundsätzlich nur bei KapitalGes, Ausnahme PublG), auch an der Wahl der Abschlussprüfer teil, BGH **76**, 338 (vgl § 116 II), **80**, 358, **132**, 266, Hbg ZIP **06**, 895, Staub/Casper § 167 Rn 7, Ulmer FS Hefermehl **76**, 207, Schulze-Osterloh BB **80**, 1402, Priester FS Quack **91**, 380, aA Heymann/Horn § 167 Rn 2 und früher hL wegen §§ 166, 245 S 2 über die Unterzeichnung (nur) durch alle phG, aber dies ist eine rein öffentlichrechtliche Vorschrift (§ 245 Rn 2). Die Feststellung des Jahresabschlusses ist nach der Rspr rechtsgeschäftliches Anerkenntnis (Feststellung von Gewinnbeteiligung ua, § 242 Rn 3), BGH WM **60**, 187, **66**, 398, **09**, 805, **11**, 794, Hbg ZIP **83**, 62, Karlsr DB **95**, 264, je nachdem konstitutives oder deklaratorisches Schuldanerkenntnis, BGH **09**, 988, **11**, 794, nach aA kausaler Feststellungsvertrag, Ulmer FS Hefermehl **76**, 215, Heymann/Emmerich § 120 Rn 9, Ebenroth/Ehricke § 120 Rn 37, vgl BGH **132**, 266, besser **Organbeschluss**, MüKo/Priester § 120 Rn 57, auch Staub/Schäfer § 120 Rn 19 (Feststellungsbeschluss). Die Feststellung hat unter den Gftern Bindungswirkung (nicht gegenüber Dritten, zB Stille oder partiarische Gläubiger), Staub/Schäfer § 120 Rn 17, nach MüKo/Priester § 120 Rn 61 ohne Auswirkungen auf Ansprüche von Ges und Gfter; nach der Rspr ist Anfechtung möglich (§§ 119 ff BGB, § 242 Rn 3). Bildung stiller Reserven s oben a, § 120 Rn 6, Bildung offener Rücklagen s § 120 Rn 5. Ein Rechtsstreit ist nicht gegen die Ges, sondern unter den Gftern auszutragen, BGH BB **80**, 120, Hbg ZIP **06**, 895, hier notwendige Streitgenossenschaft, wohl BGH WM **83**, 1279. Auswirkung der Mitunterzeichnung auf § 166 ist str (§ 166 Rn 4). Bilanzrechtliche Rechtswirkung des festgestellten Jahresabschlusses s § 245 Rn 3 ff. Keine Dritthaftung des Kdtisten, der bei der Feststellung mitwirkt und (unnötig) mitunterzeichnet; anders nur ganz ausnahmsweise, zB wenn Kdtist den Abschluss Dritten mitvorlegte (§ 347 Rn 21). Lit: Schulze-Osterloh BB **95**, 2519, Hopt FS Odersky **96**, 799, Binz/Sorg DB **96**, 969, Schön FS Beisse **97**, 471, Ulmer FS Lutter **00**, 935, Schön 5. Hachenburg-Gedächtnisvorlesung 2002, 2003 S 21.

4   C. **Grundlagengeschäfte:** Die Geschäftsführungsbefugnis erstreckt sich überhaupt nicht auf Grundlagengeschäfte (§ 114 Rn 3, § 126 Rn 3), Bsp: Konzernierung (§ 105 Rn 102). Sie sind Sache aller Gfter, auch der Kdtisten, BGH **132**, 266, str für Aufteilung der Geschäftsführung zwischen mehreren Komplementären, Stgt ZIP **10**, 135. Die Feststellung des Jahresabschlusses ist „Grundlagengeschäft" nur in dem Sinne, dass die Geschäftsführungsorgane nicht zuständig sind, berührt jedoch nicht wie zB eine Vertragsänderung die Grundlagen der Ges, BGH ZIP **07**, 477, sie wird deshalb idR von einer allgemeinen Mehrheitsklausel im GesVertrag gedeckt, BGH ZIP **07**, 475 (Otto, dazu § 105 Rn 106, 119 Rn 37; Aufgabe von BGH **132**, 266), Priester DStR **07**, 28. Ob das auch für die Feststellung des Jahresabschlusses mit einer in ihm vorweggenommenen Ergebnisverwendung (vgl § 268 I 1, § 120 Rn 8) gilt, insbesondere bei Bildung stiller Reserven (§ 120 Rn 6), ist noch offen, BGH ZIP **07**, 477, aber zu erwarten (wichtig im Konzern, § 105 Rn 6).

2. Abschnitt. Kommanditgesellschaft 5–9 § 164

3) Erteilung und Widerruf der Prokura (Satz 2, § 116 III)
Erteilung und Widerruf der Prokura erfolgen nach § 116 III, der unberührt 5
bleibt (S 2), durch alle geschäftsführenden Gfter, auch wenn an bei Einzelgeschäftsführungsbefugnis. Die nicht geschäftsführungsbefugten Kdisten wirken also nicht mit. § 116 III ändert aber nichts an § 116 II, wenn die Prokuraerteilung ein außergewöhnliches Geschäft ist (§ 116 Rn 8), aA Staub/Casper 20. Zur KdtistenProkura § 170 Rn 3.

4) Abweichende Vereinbarungen
A. **Einschränkung der Kommanditistenrechte:** § 164 ist dispositiv. Der 6
GesVertrag kann die Rechte des Kdtisten in Bezug auf die Geschäftsführung weiter einschränken, zB sein Stimmrecht auch für außergewöhnliche Geschäfte (s Rn 2) ganz ausschließen, BGH **20**, 368, **119**, 357 (§ 163 Rn 5); einen Mehrheitsbeschluss vorsehen (§ 163 Rn 4); mehrere Kdtisten ungleich stellen (§ 163 Rn 8), s BGH BB **73**, 213; einen gemeinsamen Vertreter anordnen oder die Befugnisse auf einen Beirat übertragen (§ 163 Rn 10, 12), BGH **132**, 267. Katalog zustimmungspflichtiger Geschäfte im GesVertrag ist auszulegen, ob abschließend gemeint oder nicht, möglich ist auch ein Widerrufsrecht, mit Staub/Casper 44 iZw Zustimmungsrecht. Grenze der Einschränkung: Der Kernbereich der KdtistenRechte (§ 119 Rn 36) ist unantastbar und unverzichtbar. Lit: Immenga ZGR **74**, 385 (Kdtisten-Minderheitsrechte).

B. **Stärkung der Kommanditistenrechte:** Der GesVertrag kann dem Kdtis- 7
ten Geschäftsführungsbefugnis entspr § 116 geben (idR ohne Vertretungsmacht, dazu § 170), BGH BB **76**, 526, auch andere Rechte auf Mitwirkung an der Geschäftsführung, zB Weisungsrecht an den Komplementär, BGH **45**, 204, Stgt ZIP **10**, 132, und sogar alleinige Geschäftsführung durch den Kdtisten unter Ausschluss des Komplementärs, BGH **51**, 198, str, dann aber Schutz des persönlich Haftenden (§ 116 II). Die Geschäftsführung des Kdtisten ist dann Teil seines GfterBeitrags, BGH **17**, 394. § 114 II gilt nur für § 114 I, nicht hier. Solche Rechte sind, sofern sie echte Bestandteile des GesVertrags sind, grundsätzlich nur durch Änderung des GesVertrags entziehbar. Dann auch keine isolierte Kündigung eines eventuellen, gesellschaftsvertraglich eingeräumten Dienst- oder Arbeitsvertrags, BAG NJW **79**, 999. Entziehung durch Klage nach § 117, BGH **17**, 395, nicht durch bloßen GfterBeschluss, außer wenn im GesVertrag vorgesehen, str, offen BGH WM **74**, 177, ZIP **04**, 2284. Die Geschäftsführungsbefugnis an einen Kdtisten ist iZw nicht als Ausschluss des phG von der Geschäftsführung zu verstehen (anders § 114 II), doch ist solcher Ausschluss (nicht von der Vertretungsmacht) möglich, BGH **17**, 394, **41**, 369, **51**, 201, DB **68**, 797. Der Widerruf einer KdtistenProkura (§ 170 Rn 4) berührt nicht seine Geschäftsführungsbefugnis. Die organschaftliche Geschäftsführung eines Kdtisten (uU mit zusätzlichem Dienst- oder Arbeitsvertrag) ist streng von reinem Dienst- oder Arbeitsvertrag mit Ges zu unterscheiden, der isoliert nach Arbeitsrecht gekündigt werden kann, BGH **17**, 395.

C. **Geschäftsführender Kommanditist:** Die Geschäftsführung kann im 8
GesVertrag als Leistung der KdtEinlage vereinbart sein (§ 706 III BGB); die Höhe der Einlage muss aber beziffert werden (§ 171 Rn 1). Gibt der GesVertrag dem Kdtisten Geschäftsführungsbefugnis, bedarf auch die Vergütung der Bestimmung im GesVertrag oder eines vertragsändernden Beschlusses, BGH BB **76**, 526. Der Kdtist ist kein Arbeitnehmer (anders bei Arbeitsvertrag, s Rn 7), nach aA Anwendung einzelner arbeitsrechtlicher Vorschriften; für phGs § 110 Rn 19. Betriebliche Altersversorgung s § 59 Rn 88.

Rechtsstellung des geschäftsführenden Kommanditisten: 9

§ 165 1–3   2. Buch. Handelsgesellschaften und stille Gesellschaft

a) Gegenüber der KG: Er haftet gegenüber der Ges wie phG (§ 114 Rn 15). Haftung des nicht geschäftsführenden Kdisten s Rn 1.

b) Gegenüber Dritten: Den GesGläubigern haftet der geschäftsführende Kdtisten dagegen nicht nach § 128 wie phG, auch nicht bei alleinigem Weisungs- oder Geschäftsführungsrecht, BGH **45**, 204 (Rektorfall), hL; anders nur bei (darüber hinausgehendem) Rechtsmissbrauch oder aus Rechtsgeschäft mit dem Gläubiger (§ 171 Rn 4).

[Wettbewerbsverbot]

165 Die §§ 112 und 113 finden auf die Kommanditisten keine Anwendung.

Übersicht

	Rn
1) Komplementäre (§§ 112, 113)	1
2) Kommanditisten (§ 165)	2, 3
A. Normalfall	2
B. Kommanditist mit Stellung wie Komplementär	3
3) Abweichende Vereinbarungen	4, 5
A. Vertragliches Wettbewerbsverbot	4
B. Befreiung vom Wettbewerbsverbot	5

1) Komplementäre (§§ 112, 113)

1 In der KG unterliegen phG dem Wettbewerbsverbot der §§ 112, 113, BGH **70**, 331; auch wenn sie von der Geschäftsführung ausgeschlossen sind (str, s § 112 Rn 2). Die Einwilligung nach § 112 muss auch von dem (den) Kdtisten erteilt, ein Beschluss nach § 113 II mit ihrer Mitwirkung gefasst werden. GmbH in GmbH & Co s Anh § 177a Rn 22.

2) Kommanditisten (§ 165)

2 A. **Normalfall:** Für Kdtisten, der keine Geschäftsführungsmacht und nur begrenzte Informations- und Kontrollrechte hat (§§ 164, 166), gelten §§ 112, 113 **nicht** (§ 165). Seine Treuepflicht im Übrigen (§ 112 Rn 1) bleibt aber unberührt; sie kann die Ausnutzung von Informationen aus der GesSphäre verbieten. Da bei Wettbewerbssituation die persönlichen Einsichtsrechte eingeschränkt sind (§ 166 Rn 7), muss das Wettbewerbsverbot der Ausübung eines Eintrittsrechts eines Wettbewerbers als Kdtist nicht entgegenstehen, BGH WM **82**, 234.

3 B. **Kommanditist mit Stellung wie Komplementär:** Allein auf die formale KdtistenStellung kommt es nach dem Normzweck der §§ 165, 112, 113 (anders Wortlaut), die auf der Treupflicht der Gfter beruhen (§ 112 Rn 1), nicht an, entscheidend ist vielmehr seine konkrete Stellung in der Ges (Umfang seiner Beteiligung, Geschäftsführungsbefugnis, Informationsrechte). Hat der Kdtist nach dem GesVertrag Geschäftsführungsbefugnis (§ 164 Rn 7) oder sonst (zB im Konzern, Anh § 177a Rn 23 oder als Gründer in einer FamilienGes) einen maßgeblichen Einfluss auf die Geschäftsführung zB durch Weisungsrecht, insbesondere auf Grund Mehrheitsbeteiligung (§ 18 AktG), gelten §§ 112, 113 auch für ihn (Treuegedanke, § 112 Rn 1), BGH **89**, 166, NJW **02**, 1047, WM **05**, 391 (GmbH), ZIP **09**, 1163, 2263 (GmbH) (s auch § 112 Rn 2), str. So auch, wenn der Kdtist ohne Geschäftsführungsbefugnis Zugang zu den Informationen des Geschäftsführungsbereichs hat (§ 118, nicht nur § 166), Ebenroth/Weipert 8, Stgt WuW/E OLG 4136 (§ 112 Rn 1, 15), oder ähnlich (nicht unbedingt gleich), str, aA MüKo/Grunewald 9. Konzernrecht s Anh § 177a

2. Abschnitt. Kommanditgesellschaft § 166

Rn 22. Sperrminorität oder unternehmerische Beteiligung (welcher Art?) allein reichen aber nicht aus, Müller NJW **07**, 1726, str, bei Einstimmigkeitserfordnis (§§ 161 II, 119 I) liefe § 165 sonst leer, aber die Möglichkeit, strategisch wichtige Unternehmensentscheidungen infolge Einstimmigkeitsklausel in Satzung zu blockieren, kann ausreichen, BGH ZIP **09**, 2263 (GmbH, § 112 Rn 15). Vielfach erstreckt schon der GesVertrag das Wettbewerbsverbot (nach §§ 112, 113 oder mit Abweichungen) auf die Kdtisten, dann Interesse daran, unter §§ 112, 113 HGB und damit nicht unter GWB zu fallen (§ 112 Rn 15), Wettbewerbsverbote zu Lasten von MinderheitsGftern Linsmeier/Lichtenegger BB **11**, 328. Verhältnis zu § 1 GWB s § 112 Rn 15. Rechtsfolgen s § 113, dort auch Rn 4, 5. **Geschäftschancen** der KG darf der Kdtist nicht an sich ziehen, das folgt nicht aus § 165, sondern aus der Treuepflicht (§ 109 Rn 26, 112 Rn 1). Lit: Löffler NJW **86**, 223, Müller NJW **07**, 1725, Weller ZHR 175 **(11)** 110 und § 112 Rn 1.

3) Abweichende Vereinbarungen

A. **Vertragliches Wettbewerbsverbot:** § 165 ist dispositiv. Auch im Normalfall der KG kann dem Kdtisten in den Grenzen der § 138 BGB, § 1 GWB (§ 112 Rn 15) ein vertragliches Wettbewerbsverbot auferlegt werden (vgl § 112 Rn 12), KG NZG **14**, 1058 (LS), auch ein nachvertragliches (vgl § 112 Rn 14). 4

B. **Befreiung vom Wettbewerbsverbot:** Umgekehrt kann der Kdtist, für den wegen seiner Stellung wie ein Komplementär §§ 112, 113 gelten (s Rn 3), wie ein pHG in bestimmten Grenzen von dem Wettbewerbsverbot befreit werden (§ 112 Rn 13). 5

[Kontrollrecht]

166 (1) **Der Kommanditist ist berechtigt, die abschriftliche Mitteilung des Jahresabschlusses zu verlangen und dessen Richtigkeit unter Einsicht der Bücher und Papiere zu prüfen.**

(2) **Die in § 118 dem von der Geschäftsführung ausgeschlossenen Gesellschafter eingeräumten weiteren Rechte stehen dem Kommanditisten nicht zu.**

(3) **Auf Antrag eines Kommanditisten kann das Gericht, wenn wichtige Gründe vorliegen, die Mitteilung einer Bilanz und eines Jahresabschlusses oder sonstiger Aufklärungen sowie die Vorlegung der Bücher und Papiere jederzeit anordnen.**

Übersicht

	Rn
1) Das ordentliche Informationsrecht des Kommanditisten (I)	1–7
A. Grundsatz und Reichweite	1
B. Mitteilung des Jahresabschlusses	3
C. Einsichtsrecht	4
D. Ausübung	5
2) Das außerordentliche Informationsrecht (vgl III)	8–10
A. Grundsatz	8
B. Wichtiger Grund	9
C. Umfang	10
3) Sonstige Informationsrechte (vgl II)	11–13
A. Allgemeines Informationsrecht des Kommanditisten	11
B. Auskunftsrecht	12
4) Verfahren allgemein und nach III	14, 15
A. Allgemeines Verfahren	14
B. Sonderverfahren nach III	15

§ 166 1–4   2. Buch. Handelsgesellschaften und stille Gesellschaft

	Rn
5) Die Informationsrechte bei verbundenen Personengesellschaften	16, 17
A. KG als herrschende Gesellschaft	16
B. KG als beherrschte Gesellschaft	17
6) Abweichende Vereinbarungen	18–21
A. Einschränkung	18
B. Erweiterung	21

1) Das ordentliche Informationsrecht des Kommanditisten (I)

1   A. **Grundsatz und Reichweite:** Nach § 166 (wie § 233 für die stGes) hat der Kdtist zur Kontrolle der Geschäftsführung ein Recht auf Mitteilung und Nachprüfung des Jahresabschlusses (I) und bei Vorliegen wichtiger Gründe darüber hinaus ein außerordentliches Informationsrecht (vgl III). § 166 ist zwar enger als § 118, aber im Übrigen diesem vergleichbar (Grundkommentierung des Informationsrechts erfolgt bei § 118). Das Informationsrecht richtet sich **gegen die Gesellschaft**, Celle BB **83**, 1451, BayObLG BB **91**, 1589, aber auch unmittelbar gegen die zuständigen geschäftsführenden Gfter (§ 118 Rn 1). Einsichtsrecht besteht auch, wenn Kdtist Wettbewerber der KG ist; bei überwiegenden Interessen der KG jedoch Ausübung uU durch Sachverständigen (s Rn 7). Weitere **Grenzen** aus Missbrauchsverbot und Treuepflicht (§ 118 Rn 1). Lit: K. Schmidt 1984; Huber ZGR **82**, 539, Grunewald ZGR **89**, 545, Goerdeler FS Kellermann **91**, 77, Binz/Freudenberg/Sorg BB **91**, 785, Casper/Selbach NZG **16**, 1324.

2   **Auflösung, Ausscheiden:** § 166 gilt auch in der Liquidation (wenn Kdtist nicht selbst Liquidator ist), BayObLG BB **87**, 2184, bis zur Vollbeendigung (später § 157 III), Celle BB **83**, 1450. In der Insolvenz Anspruch gegen Insolvenzverwalter, Zweibr ZIP **06**, 2047, III nur gegen Insolvenzverwalter, LG **14**, 1744. § 166 gilt nicht für ausgeschiedene Kdtisten, BGH **50**, 324, BayObLG BB **87**, 712, aA betr die Zeit vorher Hamm BB **70**, 509 (zu III), Heymann/Horn 4. Erben und Nacherben s § 118 Rn 2. Sie haben betr die Zeit vor ihrem Ausscheiden aber die aus § 810 BGB und § 242 BGB folgenden Einsichts- und Auskunftsrechte (s Rn 12), BGH WM **89**, 878. Ein Verfahren nach III ist nicht mehr zulässig, BayObLG BB **87**, 712, aA Hamm MDR **70**, 596, Heymann/Horn 4.

3   B. **Mitteilung des Jahresabschlusses:** Jahresabschluss bedeutet bei Personen-Ges Bilanz samt Gewinn- und Verlustrechnung (§ 242 III). I (nF 1986, Anpassung an § 242 III) umfasst seinem Zweck nach neben der Handelsbilanz auch die höchst wichtige Steuerbilanz (dh die Handelsbilanz mit den steuerlich notwendigen Änderungen), Stgt OLGZ **70**, 264, auch Eröffnungsbilanz (§ 242 I), str, auch Liquidationsbilanz (§ 154). **Nicht:** Zwischenabschlüsse, Prüfungsberichte (zB über freiwillige Abschlussprüfung oder des Finanzamts), insoweit also keine Aushändigung, str, sondern nur Einsichtsrecht (s Rn 4), auch bei ges vorgeschriebener Prüfung, BGH ZIP **15**, 778, Prüfbericht muss aber bei Beschlussfassung vorliegen.

4   C. **Einsichtsrecht:** Der Kdtist kann die Richtigkeit des Jahresabschluss unter Einsicht der Bücher und Papiere der Ges prüfen. Zu den **Büchern und Papieren der KG** gehören alle Unterlagen der Ges, auch Prüfungsberichte (keine Aushändigung, s Rn 3), BGH WM **89**, 878, auch Geheimbücher der Ges, Mü WM **08**, 2211 (§ 118 Rn 4). Der Kdtist kann unter den Schriftstücken wählen, Mü WM **08**, 2211, **09**, 1229; der geschäftsführende Gfter kann dartun, dass die Einsicht in ein gewähltes Stück nicht zur sachgerechten Prüfung des Jahresabschlusses erforderlich, daher missbräuchlich. Im Urteil auf Duldung der Einsicht Tenor idR ohne Einschränkung, die Gründe können auf mögliche Einschränkungen hinweisen, BGH **25**, 120, 122, BB **75**, 1083. Das Einsichtsrecht ist

2. Abschnitt. Kommanditgesellschaft 5–8 § 166

auf die Kontrolle des Rechnungsabschlusses beschränkt (anders § 118), BGH **25**, 120, BB **84**, 1273, und zwar so wie er vorhanden ist, die Kdtsten haben keinen eigenen Anspruch auf Rechnungslegung, weder gegen die Ges noch gegen den Kommissionär, KG ZIP **09**, 1824, MüKo/Grunewald 8. **Zeit, Ort, Art und Weise** der Einsicht entspr der Treuepflicht, keine Herausgabe, Mitnahme, Versendung (§ 118 Rn 4). **Mitunterzeichnung der Bilanz** durch Kdtist ist nach der Rspr (§ 164 Rn 3) Anerkennung ihrer Richtigkeit, schließt aber spätere Einsicht in die Unterlagen nicht ohne weiteres aus (§ 118 Rn 4), KG GmbHR **88**, 224 (GmbH), auch nach Abschlussprüfung, MüKo/Grunewald 7, erst recht nicht bei Annahme eines bloßen Organbeschlusses (§ 164 Rn 3), aA RG **117**, 334 (bei vorbehaltslosem Anerkenntnis), BGH BB **62**, 426 (unklar), Nürnb BB **57**, 1047, Hamm GmbHR **94**, 129, Ebenroth/Weipert 16, Röhricht/Haas/Mock 13, Voigt NZG **09**, 772, dann aber wenigstens nach Anfechtung. Wirkung der Entlastung s § 114 Rn 16. **Kosten** s § 118 Rn 5.

D. **Ausübung: a) Persönlich:** Es kann grundsätzlich **nur persönlich** ausgeübt und nicht übertragen werden, bei Minderjährigen durch den gesetzlichen Vertreter (§ 118 Rn 8). Ausübung durch **Bevollmächtigte** ist nur mit Zustimmung der MitGfter zulässig; ohne Zustimmung nur bei wichtigem Grund, zB wenn der Gfter durch besondere Umstände wie längere Abwesenheit oder längere Krankheit verhindert ist, BGH **25**, 123 (näher § 118 Rn 8). 5

b) Hinzuziehung Dritter: Der einsichtsberechtigte Kdtist darf aber, auch ohne mangelnde Sachkunde oder sonstige Gründe nachweisen zu müssen, einen geeigneten **Sachverständigen** hinzuziehen, BGH **25**, 115, BB **84**, 1274. Möglich ist Ablehnung aus Gründen in der Person der Vorgeschlagenen, bei Streit hierüber Bestimmung durch das Gericht, BGH BB **70**, 187, Hamm BB **70**, 104 (näher § 118 Rn 9). 6

c) Ausübung nur durch Dritte: Der Kdtist kann ausnahmsweise, zB wenn der Kdtist Wettbewerber der Ges ist (§ 165) sein Informationsrecht nicht persönlich, sondern nur durch einen Sachverständigen ausüben, der dann dem Kdtisten ihm nicht zustehende Informationen nicht zugänglich machen darf (überwiegende Interessen der Ges, Treuepflicht, § 109 Rn 23), BGH BB **79**, 1316, WM **82**, 1403. Ausübung nur durch gemeinsamen Kdtistenvertreter ist bei der PublikumsGes sogar die Regel (Anh § 177 Rn 72). Die Beweislast für konkrete Gefährdung betr bestimmter Geschäftsunterlagen liegt bei der Ges, BGH BB **79**, 1316. Auswahl des Sachverständigen liegt auch hier beim Kdtisten als Rechtsinhaber, aA (wegen Gefährdung der Ges) Einigung mit KG, BayObLG WM **89**, 372; aber Widerspruchsrecht der KG bei begründeten Zweifeln (§ 118 Rn 9). Kosten § 118 Rn 5. 7

2) Das außerordentliche Informationsrecht (vgl III)

A. **Grundsatz:** Neben dem Informationsrecht nach I, Mü WM **08**, 2212, ZIP **10**, 1693, besteht bei wichtigem Grund ein außerordentliches Informationsrecht, das nach üL aus III folgt, richtiger aber unabhängig von III (dann nur Verfahrensvorschrift) besteht (s Rn 11). Das außerordentliche Einsichtsrecht ist anders als I **nicht auf die Kontrolle des Rechnungsabschlusses beschränkt** (so aber Kln NZG **14**, 660m krit Bespr Rosner 665), sondern erstreckt sich auch auf die Geschäftsführung des Komplementärs allgemein und die damit zusammenhängenden Unterlagen, Mü WM **08**, 2211. Dieses Informationsrecht dient auch der Kontrolle der Geschäftsführung, BGH ZIP **16**, 1770, was nach BGH und hL direkt aus III folgt. Für hier vertretene Meinung spricht weiter, dass so auch ggü Ges ein entsprechendes Informationsrecht besteht, es also nicht stets gerichtlicher Inanspruchnahme bedarf. Das Informationsrecht ist unanwendbar zur Prüfung von Unterlagen (Schlussbilanz) eines einzelkfm Unternehmens, aus dem die KG hervorging, Düss DB **71**, 1779. Es richtet sich idR gegen die Ges selbst, Mü WM 8

§ 166 9–12   2. Buch. Handelsgesellschaften und stille Gesellschaft

08, 2211, **09**, 1229 (s Rn 1). III gilt nicht nach Ausscheiden, str (s Rn 2). Ausübung persönlich oder durch Dritte s Rn 5–7.

9 B. **Wichtiger Grund:** Ein solcher liegt vor, wenn über I hinaus sofortige Überwachung im Interesse des Kdtisten geboten ist, also bei konkreter Gefährdung der Interessen des Kdtisten, Mü WM **09**, 1229, zB bei drohender Schädigung von Ges oder Kdtist, BGH BB **84**, 1274 (stGes), bei begründetem Verdacht nicht ordnungsmäßiger Geschäfts- oder Buchführung, Hbg MDR **65**, 666, Mü WM **08**, 2212; idR bei Verweigerung oder längerer Verzögerung der Kontrolle nach I, Hamm BB **70**, 509, MDR **71**, 1014, iErg BayObLG BB **91**, 1589. Der wichtige Grund begrenzt zugleich Umfang und Dauer der Überwachung, Mü WM **09**, 1229, also uU nur einmalig, nach aA immer nur einmalig, so wohl BayObLG BB **91**, 1589. **Nicht:** Betriebsprüfung mit möglicherweise nachteiligen steuerlichen Folgen, Mü ZIP **10**, 1692; Verweigerung des Prüfungsrechts nach I (Klage vor Prozessgericht, s Rn 14, anders bei III, s Rn 15), anders wenn mehrjährig und Gefährdung des Kdtisten, Mü ZIP **10**, 1694, Ges kann verlangen, dass Person des Einsichtnehmenden und Unterlagen benannt werden, Mü ZIP **11**, 1619.

10 C. **Umfang:** Mitteilung (Kopie) von Bilanz, Jahresabschluss (III nF 1986, Anpassung an § 242 III) und sonstige Aufklärungen (Auskunft) sowie Vorlegung (Einsicht) der Bücher und Papiere (näher Rn 4), auch Zwischenabschlüsse (anders I, s Rn 3). III wird von Rspr weit ausgelegt, BGH ZIP **16**, 1772, regelt die Anordnungsbefugnis des Gerichts nach FamFG, das außerordentliche Informationsrecht besteht davon unabhängig. Der Umfang richtet sich jeweils nach Lage des Falles, Mü WM **09**, 1229; Bsp: Teile eines Berichts, vgl Hbg MDR **65**, 666. Auch Aufstellung einer Zwischenbilanz kann verlangt werden, Oetker/Oetker 26, str. Eignung, Erforderlichkeit und Umfang der zu erteilenden Auskunft hängen von dem geltend gemachten wichtigen Grund ab, abzuwägen sind das Informationsbedürfnis des Kdtisten und die Interessen der Ges, BGH ZIP **16**, 1772.

3) Sonstige Informationsrechte (vgl II)

11 A. **Allgemeines Informationsrecht des Kommanditisten:** Die Rechte des § 118, zB allgemeines Büchereinsichtsrecht, hat der Kdtist nicht (II), BGH WM **83**, 911. Dennoch ist ein allgemeines Informationsrecht auch des Kdtisten über § 166 hinaus anzuerkennen, K. Schmidt §§ 53 III 3b, 21 III, Goerdeler FS Kellermann **91**, 77, aA Heymann/Horn 18, offen BGH NJW **92**, 1890; jedenfalls bei PublikumsGes hL (Anh § 177a Rn 72). Es kann bestehen zB bei Steuerpflichten des Kdtisten als steuerrechtlichem Mitunternehmer, Heymann/Horn 19; bei Abstimmung über außergewöhnliche Geschäfte (§ 164 Rn 2); bei Änderungen des GesVertrags oder andere Grundlagengeschäften (§ 164 Rn 4). Auch dieses allgemeine Informationsrecht ist aber funktionsgebunden, besteht also nicht zwecks Einwirkung auf die Geschäftsführung, BGH NJW **92**, 1890. Das Informationsrecht nach § 166 kann **ausnahmsweise** zum **Auskunftsrecht** des einzelnen Gfter erstarken, nämlich wenn die erforderlichen Angaben nicht aus den Büchern und Papieren der Ges ersichtlich sind und sich der Gfter etwa bei Lückenhaftigkeit oder Widersprüchlichkeit der Unterlagen ohne die Auskunft keine Klarheit über die Angelegenheiten der Ges verschaffen kann (§ 118 Rn 7).

12 B. **Auskunftsrecht:** Neben dem Informationsrecht (Individualrecht) des Kdtisten gegen die Ges und durch § 166 nicht ausgeschlossen, Huber ZGR **82**, 539, str, besteht ein (kollektives) Informationsrecht aller Gfter gegen den geschäftsführenden (**§§ 713, 666 BGB;** § 114 Rn 14). Dieses Recht ist kein Individualrecht, kann nur von jedem einzelnen Gftern zugunsten der Ges geltend gemacht werden (actio pro socio, § 109 Rn 32), MüKoBGB/Schäfer § 713 Rn 8, offen, aber jedenfalls nur nach Maß der Mitwirkungsrechte des Kdtisten, also nicht betr Geschäftsführung, BGH NJW **92**, 1890. Auch das Recht auf Auskunft über Namen und Anschrift der anderen Kdtisten kann gegen den geschf MitGfter gerichtet werden, BGH ZIP **15**, 322.

Wenn § 166 wie zB dem ausgeschiedenen Kdtisten nicht zur Verfügung steht, **13** kann er auf **§ 810 BGB** rekurrieren (s Rn 2, § 118 Rn 11). Ausnahmsweise folgt ein Auskunftsrecht aus **§ 242 BGB** (§ 118 Rn 13). Hinzu kommen **Vorlegungsrechte** aus § 258 HGB und §§ 422 ff ZPO (§ 118 Rn 14).

4) Verfahren allgemein und nach III

A. **Allgemeines Verfahren:** Die Rechte nach I sind idR durch (Leistungs-, **14** Schadensersatz-)**Klage vor dem Prozessgericht** geltend zu machen. Das ist auch für das außerordentliche Informationsrecht (nach üL III, s Rn 8) möglich, BGH BB **84**, 1273 (stGes), offen BayObLG BB **91**, 1589. Umgekehrt ist für Rechte nach I (ebenso wie für das außerordentliche Informationsrecht) bei wichtigem Grunde auch das Verfahren nach III möglich; wichtiger Grund ist insbesondere (s Rn 9) schon Verweigerung (ausdrücklich oder faktisch) der Kontrolle nach I (so dass bei Klageanlass meist auch der Weg nach III offen sein wird), Hamm BB **70**, 509, MDR **71**, 1014. Der Kdtist kann gleichzeitig auf beiden Wegen vorgehen (unterschiedliche Voraussetzungen), Celle BB **83**, 1451, BGH ZIP **16**, 1770, was (lösbare) Probleme aufwirft, Ebenroth/Weipert 36, 45. Keine Klage des Kdtisten gegen KG auf Änderung eines Bilanzentwurfs, BGH BB **80**, 121. Vorläufiger Rechtsschutz, zB nach §§ 935 ff ZPO auf Sicherstellung von Büchern und Papieren, ist zu I und zum außerordentlichen Informationsrecht möglich (nicht nach III, s Rn 15), nach aA ist III eine Sonderverfahrensregel für den einstweiligen Rechtsschutz, K. Schmidt § 53 II 3 c. Bestellung von Sachverständigen durch das Gericht ist möglich (s Rn 6). Vollstreckung s § 118 Rn 15.

B. **Sonderverfahren nach III:** Streitiges Verfahren nach **FamFG** (Einl 81 vor **15** § 1, § 146 Rn 8) mit entspr Anwendung der ZPO, BayObLG DB **78**, 2405, KG ZIP **09**, 1825. Amtsermittlung (§ 26 FamFG). Bei Tod des geschäftsführenden Gfters ist Verfahren gegen Nachfolger fortzusetzen (keine Unterbrechung nach § 239 ZPO), Hamm BB **70**, 104. Bei Vorliegen von III kein Ermessen des Gerichts zum Ob, nur zum Wie, BayObLG BB **91**, 1589. Im Verfahren nach III kann Anspruch nach I mitgeprüft werden (s Rn 14). Einstweilige Verfügung ist im FamFGVerfahren nach III nicht möglich, aber richterliche Anordnung, Mü-Ko/Grunewald 36. Das Verfahren nach III kann durch Vergleich beendet werden, BayObLG DB **78**, 2405. Vollstreckung nach § 95 FamFG iVm ZPO, Mü ZIP **10**, 1692, str, nach aA § 35 FamFG, bei Insolvenz gegen Insolvenzverwalter, KG ZIP **14**, 1744.

5) Die Informationsrechte bei verbundenen Personengesellschaften

A. **KG als herrschende Gesellschaft:** Bücher und Papiere der Ges, nicht nur **16** solche über die inneren Angelegenheiten der Ges, sondern auch über ihre Konzernbeziehungen (§ 105 Rn 100, 106), BGH BB **84**, 1274 (stGes). Ein eigenes oder abgeleitetes Informationsrecht gegen selbstständige TochterGes hat der Kdtist nach I nicht, auch nicht gegen die KG auf Ermöglichung solcher unmittelbarer Kontrolle, BGH BB **84**, 1272, 1274 (stGes), aA für Sonderfall Kln OLGZ **67**, 362. Ausnahmsweise besteht Anspruch gegen die Ges auf Einsicht in Bücher der (nahezu) 100%igen TochterGes, BGH **25**, 118 (EinpersonenGmbH), Stgt BB **56**, 573; uU auch bei Manipulationen und personeller Verflechtung, Heymann/Horn 24, aber die Rechte der Gfter der TochterGes sind zu wahren; für allgemeinere Erstreckung auch auf Angelegenheiten des verbundenen Unternehmens im Konzern Kln ZIP **85**, 800 (GmbH), Schneider BB **75**, 1353, Entspr gilt unter § 51a GmbHG bei GmbH & Co (Anh § 177a Rn 25). Lit: MüKo/Mülbert Anh § 236 Rn 100 ff; Schneider BB **75**, 1353 u ZHR 143 **(79)** 501, Hepting FS Pleyer **86**, 301, Kort ZGR **87**, 46.

§ 167   2. Buch. Handelsgesellschaften und stille Gesellschaft

17 B. **KG als beherrschte Gesellschaft:** Ist die KG abhängig oder konzerniert (§ 105 Rn 102–105), ist dies nicht schon für sich allein ein wichtiger Grund iSv III, Röhricht/Haas/Mock 24, MüKo/Grunewald 31, aA Heymann/Horn 23, Schneider BB **75**, 1353. Doch liegt ein solcher bei Unternehmensverbindung, zumal bei mittelbarer, wegen geringerer Durchsichtigkeit näher als ohne solche (§ 105 Rn 103, s auch § 116 Rn 16). Im qualifizierten faktischen Konzern, nach aA auch schon im einfachen, hilft auch Beweislastumkehr, BGH NJW **80**, 232 (§ 105 Rn 104).

6) Abweichende Vereinbarungen

18 A. **Einschränkung: a) Das ordentliche Informationsrecht:** I und II sind nicht schlechthin unabdingbar, aA MüKo/Grunewald 48 für gesetzestypische KG, Einzelheiten sehr str. Der GesVertrag kann die Informationsrechte zwar nicht ganz beseitigen, aber ausgestalten und dabei auch einschränken, BayObLG WM **88**, 1790, auch K. Schmidt § 53 III 3d, so insbesondere hinsichtlich der Art und Weise der Ausübung, zB Vertreterklausel (Ausübung der Rechte nur durch gemeinsamen Vertreter) bei PublikumsGes BGH NJW **84**, 2471 (Anh § 177a Rn 72); offen oder sogar aA BGH NJW **89**, 225m zust Anm Schießl 1597, Grunewald ZGR **89**, 545 entspr dem (problematischen, Mertens FS Werner **84**, 557) § 51a III GmbHG. Solche Einschränkungen dürfen aber nicht den Kern des Informations- und Kontrollrechts berühren, so bei völligem Entzug wegen erlaubter Konkurrenztätigkeit, BGH NJW **95**, 194 (Kernbereichslehre, § 119, Rn 36). Keinesfalls wirken sie bei Verdacht unredlicher Geschäftsführung (entspr § 716 II BGB, § 118 II HGB); auch das Recht auf Mitteilung der Bilanz und einer Möglichkeit zur Prüfung ist zwingend, K. Schmidt § 53 III 3d, str.

19 **b) Das außerordentliche Informationsrecht** und die Befugnisse des Gerichts bei wichtigem Grund nach III sind wie immer unbeschränkbar, Hamm BB **70**, 509. Besonderheiten gelten für die PublikumsGes (Anh § 177a Rn 72). Doch hindert ein im GesVertrag enthaltene Schiedsklausel solche Anträge, BayObLG DB **78**, 2405. Lit: Veltins/Hikel DB **89**, 465.

20 Unberührt bleibt das zwingende Auskunftsrecht nach **§§ 713, 666 BGB** (§ 114 Rn 14).

21 B. **Erweiterung:** Erweiterungen von I und II sind ohne weiteres möglich, auch des außerordentlichen Informationsrechts (zB bezüglich des wichtigen Grundes). Das Verfahren nach III ist dagegen nicht disponibel.

[Gewinn und Verlust]

167 (1) **Die Vorschriften des § 120 über die Berechnung des Gewinns oder Verlustes gelten auch für den Kommanditisten.**

(2) **Jedoch wird der einem Kommanditisten zukommende Gewinn seinem Kapitalanteil nur so lange zugeschrieben, als dieser den Betrag der bedungenen Einlage nicht erreicht.**

(3) **An dem Verluste nimmt der Kommanditist nur bis zum Betrage seines Kapitalanteils und seiner noch rückständigen Einlage teil.**

Übersicht

	Rn
1) Ermittlung von Gewinn und Verlust der KG (I)	1
2) Begrenzte Gewinnzuschreibung (II)	2, 3
A. Dem Kapitalanteil zugeschriebener Gewinn	2
B. Nicht dem Kapitalanteil zugeschriebener Gewinn	3

2. Abschnitt. Kommanditgesellschaft 1–5 § 167

	Rn
3) Begrenzter Verlustanteil (III)	4, 5
A. Begrenzter Verlustanteil	4
B. Negativer Kapitalanteil	5
4) Abweichende Vereinbarungen	6–8
A. Vertragsfreiheit	6
B. Gewinnzuschreibung, Konten	7
C. Verlustanteil	8

1) Ermittlung von Gewinn und Verlust der KG (I)

Für die **Ermittlung** des Gewinns oder Verlusts der Ges **im Ganzen** gilt bei 1
der KG nichts anderes als bei der OHG (§ 120 I).

2) Begrenzte Gewinnzuschreibung (II)

A. **Dem Kapitalanteil zugeschriebener Gewinn:** Für die Bildung und 2
Behandlung der Kapitalanteile der Gfter gilt grundsätzlich dasselbe wie bei der
OHG (§ 120 II, dort Rn 12). Dem Kapitalanteil des Kdtisten wird aber abw von
§ 120 II (also anders als phG) iZw **Gewinn nur** solange **zugeschrieben, bis** der
Kapitalanteil die zugesagte **Einlage erreicht** (Pflichteinlage, nicht Hafteinlage,
§ 171 Rn 1), also gar nicht, wenn diese sogleich voll geleistet ist und nicht durch
Verluste oder Entnahmen vermindert wird. Darüber hinaus kommen Gewinnanteile dem Kdtisten außerhalb seines Kapitalanteils zugute, wie im System der
festen Kapitalanteile alle Gewinnanteile allen Gftern (§ 120 Rn 15, 18–21). Dem
Kapitalanteil zugeschriebener Gewinn wird auf dem Kapitalkonto verbucht
(§ 120 Rn 18, 19). Verzinsung nur bei Vereinbarung (s Rn 7).

B. **Nicht dem Kapitalanteil zugeschriebener Gewinn:** Dieser ist nicht auf 3
dem Kapitalkonto, sondern auf dem Privatkonto zu buchen (§ 120 Rn 18–21).
Er ist jederzeit fristlos verfügbar (abrufbar, abtretbar, verpfändbar; Grenze: Treuepflicht § 109 Rn 23) und für Gläubiger pfändbar. Das gilt auch, wenn das
Kapitalkonto negativ ist (s Rn 5), also keine Verrechnung. Verzinsung nur, wenn
(auch stillschweigend) vereinbart. Umwandlung des Guthabens in zusätzliche
Einlage oder in Darlehen setzt (auch stillschweigenden) Vertrag voraus (s Rn 7).

3) Begrenzter Verlustanteil (III)

A. **Begrenzter Verlustanteil:** Der Kdtist nimmt am Verlust nur bis zum 4
Betrage seines Kapitalanteils und seiner noch rückständigen Einlage teil (III). Der
Kdtist hat nicht nur während des Bestehens der KG keine Nachschusspflicht
(§ 707 BGB, s § 109 Rn 12), sondern nach III auch nicht in der Liquidation oder
beim Ausscheiden, etwaige Verluste bleiben vielmehr allein beim phG hängen,
BGH **86**, 126, WM **86**, 235.

B. **Negativer Kapitalanteil:** III bedeutet jedoch nicht, dass die Belastung des 5
Kdtisten mit Verlusten bei Erschöpfung seines (durch Einlage und Gewinnzuschreibungen gebildeten, s Rn 2) Kapitalanteils zuzüglich der noch zu leistenden Einlage aufhört. Vielmehr kann der Kdtist ebenso wie der phG einen
negativen Kapitalanteil haben (§ 120 Rn 22), den er durch spätere Gewinnanteile
zuerst wieder auf Null bringen muss, bevor er Beträge ausbezahlt verlangen kann
(§ 168 Rn 1). Darin erschöpft sich aber mangels anderer Vereinbarung (s Rn 6)
die Bedeutung des negativen Kapitalanteils. Der Kdtist, der bei Auflösung der
Ges oder bei seinem Ausscheiden einen negativen Kapitalanteil hat, braucht
diesen also nicht aufzufüllen (s Rn 4). Steuerrechtliche Einschränkung des negativen Kapitalkontos s Anh § 177a Rn 43.

§ 168

4) Abweichende Vereinbarungen

A. Vertragsfreiheit: 167 ist dispositiv (Innenverhältnis, § 109). Zu I sind abweichende Vereinbarungen wie bei der OHG möglich (§ 120 Rn 11), zB zur Aufstellung und Feststellung des Jahresabschlusses (§ 164 Rn 3, 6–9).

B. Gewinnzuschreibung, Konten: Der GesVertrag kann dem Kdtisten entgegen II ein **Aufstockungsrecht** einräumen, dann kann er (bei variablen Kapitalanteilen, § 120 Rn 14) durch Stehenlassen von Gewinnen seine Einlage erhöhen. Sonst setzt Umwandlung des Guthabens in zusätzliche **Einlage** einen (auch stillschweigenden) Vertrag. Bloßes Stehenlassen genügt auch nicht für (Vereinbarungs-)**Darlehen**. Bei einvernehmlicher Buchung als Darlehen oder sonstwie Einigung auf Behandlung als Darlehen ist das so gebildete Darlehen iZw kündbar (Fristen § 488 III BGB), Düss BB **63**, 284, Grenze: Treuepflicht (§ 109 Rn 23). Der GesVertrag kann die Kündigung ausschließen, Düss BB **63**, 284, auch durch Beschränkung des Gewinnentnahmerechts, str. Auch dann darf der Kdtist aber iZw den Betrag entnehmen, der zur Zahlung der auf den Gewinn anfallenden Steuern notwendig ist (vgl § 122 Rn 16), Heymann/Horn 12, str. Je nachdem werden auch unterschiedliche **Konten**, zB Kapitalkonto I, II, Privatkonten, vereinbart (§ 120 Rn 18–21). Übergang von festem zu variablem Konten mit Gewinnzuschreibung gilt iZw auch für Kdtisten, BGH WM **67**, 317. Auslegung von Buchungen auf variablen Konten (Einlagen oder Darlehen), Kln ZIP **00**, 1726. Gfter ohne Kapitalanteil s § 120 Rn 23. Verzinsung, auch eines Vorschusses, kann (auch stillschweigend) vereinbart werden (§ 120 Rn 18, 19); sie kann haftungsschädliche Entnahme nach § 172 IV sein (§ 168 Rn 4), BGH **39**, 332. Lit: Huber ZGR **88**, 1.

C. Verlustanteil: Abbedingung des Verlustanteils bei Gfter ohne Kapitalanteil (§ 120 Rn 23). Nachschusspflicht kann besonders vereinbart sein, aber nur beschränkt durch Bestimmtheitsgrundsatz und Obergrenzen (§ 109 Rn 14). Abbedingung von III (Freistellungspflicht des Kdtisten) bei GmbH & Co, s Anh § 177a Rn 43. Zur Nachschusspflicht Wilde NZG **12**, 215.

[Verteilung von Gewinn und Verlust]

168 (1) Die Anteile der Gesellschafter am Gewinne bestimmen sich, soweit der Gewinn den Betrag von vier vom Hundert der Kapitalanteile nicht übersteigt, nach den Vorschriften des § 121 Abs. 1 und 2.

(2) In Ansehung des Gewinns, welcher diesen Betrag übersteigt, sowie in Ansehung des Verlustes gilt, soweit nicht ein anderes vereinbart ist, ein den Umständen nach angemessenes Verhältnis der Anteile als bedungen.

Übersicht

	Rn
1) Gewinnverteilung (I, II)	1, 2
A. Vorzugsgewinnanteil	1
B. Mehrgewinn	2
2) Verlustverteilung (II)	3
3) Abweichende Vereinbarungen	4, 5
A. Gewinn- und Verlustverteilungsabreden	4
B. Sonstige Änderungen	5

1) Gewinnverteilung (I, II)

A. Vorzugsgewinnanteil: Nach I werden entspr § 121 (falls nicht wie üblich vertraglich anders geregelt) aus dem Gewinn zunächst bis zu 4 % auf die Kapitalanteile (§ 167 Rn 2) verteilt, bei Berücksichtigung von Einlagen und Entnahmen

2. Abschnitt. Kommanditgesellschaft § 169

während des Geschäftsjahrs nach § 121 II. Die 4% sind ggf anteilig zu kürzen (§ 121 I 2). Ein negativer Kapitalanteil wird nicht bedient (§ 167 Rn 5).

B. **Mehrgewinn** wird iZw nicht wie nach § 121 III nach Köpfen, sondern in angemessenem Verhältnis verteilt (II), vgl RG Gruch **38**, 1132, BGH WM **56**, 1062. Angemessen ist idR Gewinnvoraus an den phG (wegen § 128) und die vergütungslos tätigen (§ 110 Rn 19) geschäftsführenden Gfter (auch Kdtisten, § 164 Rn 7), Verteilung des Restbetrags nach Kapitalanteilen (wie nach I). Streit über die Gewinn- und Verlustverteilung ist unter den Gftern, nicht mit der Ges auszutragen, BGH WM **74**, 177. Leistungsklage betrifft nur das konkrete Jahr, deshalb besteht idR Rechtsschutzbedürfnis für Feststellungsklage.

2) Verlustverteilung (II)

Auch Verlust wird abw von § 121 III in angemessenem Verhältnis umgelegt (II, s Rn 2). Angemessen ist idR Verteilung nach Kapitalanteilen. Klage s Rn 2.

3) Abweichende Vereinbarungen

A. **Gewinn- und Verlustverteilungsabreden:** § 168 ist dispositiv (Innenverhältnis, § 109); so für Gewinnverteilung (§ 121 Rn 8), BGH WM **78**, 1230, ebenso wie für Verlustverteilung (§ 121 Rn 9). Tätigkeitsvergütung s § 169 Rn 5. Der Gewinnvoraus für phG und Geschäftsführer (s Rn 2) kann näher bestimmt werden. Gewinne und Verluste können statt nach I, II nur nach Kapitalanteilen verteilt werden. Feste Verzinsung oder garantierter Gewinnanteil an Kdtisten sind auch bei Verlust der Ges zu bezahlen, sie sind iZw Ausschluss der Verlustbeteiligung des Kdtisten, BGH WM **75**, 662. Dies kann zu haftungsschädlicher Entnahme nach § 172 IV führen (§ 167 Rn 7). Gfter ohne Kapitalanteil s § 168 Rn 7, 8.

B. **Sonstige Änderungen:** Jede Änderung der Gewinn- und Verlustverteilung ist Vertragsänderung (§ 121 Rn 10).

[Gewinnauszahlung]

169 (1) [1] § 122 findet auf den Kommanditisten keine Anwendung. [2] Dieser hat nur Anspruch auf Auszahlung des ihm zukommenden Gewinns; er kann auch die Auszahlung des Gewinns nicht fordern, solange sein Kapitalanteil durch Verlust unter den auf die bedungene Einlage geleisteten Betrag herabgemindert ist oder durch die Auszahlung unter diesen Betrag herabgemindert werden würde.

(2) Der Kommanditist ist nicht verpflichtet, den bezogenen Gewinn wegen späterer Verluste zurückzuzahlen.

Übersicht

	Rn
1) Gewinnentnahmen der Kommanditisten (I)	1–5
A. Kein gewinnunabhängiges Entnahmerecht (I 1)	1
B. Gewinnrecht (I 2 Halbsatz 2)	2
C. Grenzen	3
2) Keine Gewinnrückzahlung (II)	6
3) Abweichende Vereinbarungen	7, 8
A. Erweiterungen	7
B. Beschränkungen	8

1) Gewinnentnahmen der Kommanditisten (I)

A. **Kein gewinnunabhängiges Entnahmerecht (I 1):** Für Kdtisten gilt (anders als für phG der KG) § 122 nicht (I 1). Der Kdtist hat also kein gewinnunabhängiges Entnahmerecht nach § 122 I 1. Halbs (§ 122 Rn 8). Das Verbot des § 122 II kehrt der Sache nach wieder in § 169 I 2. Es besteht kein Auszahlungsverbot zum Schutze der Gläubiger, aber Auszahlungen an den Kdtisten können seine persönliche Haftung begründen (§ 172 IV).

2 B. **Gewinnrecht (I 2 Halbsatz 2):** Den ihm zukommenden Gewinn darf der Kdtist grundsätzlich ganz entnehmen. Entnehmen bedeutet für den nicht geschäftsführenden Kdtisten: sich auszahlen lassen (§ 122 Rn 5). Nicht nötig ist ein entspr Gewinnverwendungsbeschluss der Ges, LG Ffm NZG **13**, 1224.

3 C. **Grenzen: a)** Die Grenze des § 122 I, wonach die Entnahme nicht zum offenbaren Schaden der Ges gereichen darf, gilt nicht, str, nach aA allgemeiner Grundsatz, doch kann die **Treuepflicht** des Kdtisten das Entnahmerecht ausnahmsweise beschränken, doch gilt das nur vorübergehend und soweit der Ges ein schwerer, nicht wiedergutzumachender Schaden droht (§ 122 Rn 9, 13), Staub/Casper 13. Steuerentnahme s § 122 Rn 9, 17. Gebilligt wurde das Fälligstellen einer Gewinnforderung, um ein Schutzschirmverfahren nach InsO zu ermöglichen, LG Ffm ZIP **13**, 1473 (Suhrkamp).

4 **b)** Der Kdtist darf einen Gewinnanteil nicht entnehmen, wenn sein Kapitalanteil infolge von Verlusten unter dem Betrage der von ihm zugesagten Einlage (**Pflichteinlage**) liegt oder durch die Auszahlung unter diesem Betrag käme (**I 2 Halbsatz 2**). Auch ein negatives Kapitalkonto ist auszugleichen. Ist der Kdtist mit seiner Pflichteinlage im Rückstand, so hat er nach dem klaren Wortlaut des I 2 Halbs 2 dennoch Anspruch auf Auszahlung seines Gewinnanteils, aber die Ges kann diesen und die Einlageschuld aufrechnen; anders soweit die Einlage noch nicht fällig ist (§ 387 BGB), bis dahin darf der Kdtist Gewinnanteile entnehmen. Die Beschränkung des I 2 Halbs 2 gilt iZw nur gegen den gesetzlichen Gewinnanspruch (§§ 167, 168), nicht eine vertragliche Gewinngarantie, BGH WM **75**, 662.

5 **c) Zeitlich:** Die Einjahresgrenze nach § 122 I 1. Halbs (§ 122 Rn 10) gilt für den Kdtisten grundsätzlich nicht (I 1), Staub/Casper 15, str. Ist nämlich die Pflichteinlage erbracht, wird der Gewinn nicht dem Kapitalanteil zugeschrieben und ist dann jederzeit abrufbar (§ 167 Rn 3). Ist die Pflichteinlage dagegen noch nicht voll erbracht und hat der Kdtist ein Aufstockungsrecht (§ 167 Rn 7), so gilt für den dem Kapitalanteil zuzuschreibenden Gewinn die Einjahresgrenze in entspr Anwendung, Heymann/Horn 7.

2) Keine Gewinnrückzahlung (II)

6 Der Kdtist braucht ebenso wie der Gfter der OHG und der phG der KG einmal bezogene (ausgezahlte oder zur freien Verfügung auf Privatkonto gutgeschriebene) Gewinne nicht wegen späterer Verluste zurückzuzahlen. Anders, nämlich Bereicherungsanspruch der KG, wenn der Kdtist Gewinn unter Verstoß gegen I bzw GesVertrag bezogen hat oder wenn der Jahresabschluss unrichtig ist oder nachträglich geändert wird unter Antastung des Gewinns (§ 245 Rn 3–5). Guter Glaube schützt den Kdtisten nicht, § 172 V gilt nicht entspr (vgl § 172 Rn 9), str. Rückzahlung einer vorschussweise gestatteten Entnahme s § 122 Rn 11 II gilt nur im Innenverhältnis. Für die Haftung gegenüber Gläubigern aus Entnahmen gelten § 172 IV, V.

3) Abweichende Vereinbarungen

7 A. **Erweiterungen:** § 169 ist dispositiv (Innenverhältnis, § 109; Außenverhältnis s Rn 1). Zulässig sind Erweiterungen (näher § 122 Rn 15). Der GesVertrag kann den Kdtisten (wie phG, § 122 Rn 8) zB entgegen I 1 ein gewinnunabhängiges Entnahmerecht einräumen, BGH WM **79**, 803, ZIP **13**, 1223, **13**, 1533. GesVertrag kann GfterBeschluss über Entnahmen aus dem Liquiditätsüberschuss der Ges zulassen, BGH NJW **82**, 2065, 2066 (iErg unwirksam). Eine

2. Abschnitt. Kommanditgesellschaft § 170

vereinbarte Tätigkeitsvergütung folgt entweder aus dem GesVertrag (als Voraus auf den Gewinnanteil nach § 169 oder abw von § 169 vereinbarte gewinnunabhängige Ausschüttung) oder aus besonderem Dienstvertrag (§ 164 Rn 7, § 110 Rn 19); das Erste gilt iZw bei Übertragung der Geschäftsführung an den Kdtisten neben dem phG, Celle OLGZ **73**, 343 (Folge: Haftung nach § 172 IV). Die Rückforderung gewinnunabhängiger Entnahmen muss auch nach Aufgabe des Bestimmtheitsgrundsatzes unmissverständlich vom GesVertr vorgesehen werden, BGH ZIP **13**, 1224, krit Lux NZG **13**, 1017. Auszahlungen aufgrund eines gewinnunabhängigen Entnahmerechts sind grds nicht als unentgeltliche Leistungen nach § 134 InsO anfechtbar, BGH ZIP **17**, 1284. Bezahlt der Gfter gewinnunabhängig erfolgte Auszahlung zurück, ohne dazu verpflichtet zu sein, kann er Rückzahlung nicht zur Insolvenztabelle anmelden, Hamb NZG **15**, 1192.

B. Beschränkungen: Der GesVertrag kann zur Deckung des Kapitalbedarfs 8 der Ges das Entnahmerecht entgegen I 2 Halbs 1 beschränken (näher § 122 Rn 16). Bei Ausschluss der Gewinnentnahme kann (auch stillschweigend) jedenfalls Steuerentnahmerecht des Kdtisten vereinbart sein (§ 122 Rn 17), weitergehend Heymann/Horn 9. Er kann vorsehen, dass nicht entnehmbare Beträge auf einem Darlehenskonto gutzuschreiben sind (§ 167 Rn 7). Das Entnahmerecht des Kdtisten-Erben eines phG bestimmt sich in erster Linie nicht nach § 169, sondern in ergänzender Auslegung (§ 105 Rn 59) anhand der Entnahmeregelung für den Erblasser (zB ähnlich beschränkt), BGH BB **73**, 1000. Für Kontrolle eines Mehrheitsbeschlusses zweistufer Prüfungsmaßstab (§ 119 Rn 37). Verlangen gewinnunabhängiger Entnahmen kann gegen die Treupflicht verstoßen, BGH ZIP **13**, 1537. Beschränkung durch Treupflicht auch bei gewinnabhängiger Entnahme, LG Ffm ZIP **13**, 1720 (Suhrkamp), Mü ZIP **14**, 69 (Kirch).

[Vertretung der KG]

170 Der Kommanditist ist zur Vertretung der Gesellschaft nicht ermächtigt.

Übersicht

	Rn
1) Gesetzliche Regelung	1, 2
A. Vertretung der KG durch den Komplementär	1
B. Haftung der KG	2
2) Kommanditisten mit Vollmacht	3, 4
A. Prokura und andere Vollmachten	3
B. Entziehung der Prokura	4

1) Gesetzliche Regelung

A. **Vertretung der KG durch den Komplementär:** Die KG wird nach 1 §§ 161 II, 125–127 durch den phG vertreten. **Kommanditisten** sind von der organschaftlichen Vertretung (§ 125 Rn 2, 5) **zwingend ausgeschlossen,** BGH **51**, 200, üL, krit MüKo/Grunewald 10, aA Bergmann ZIP **06**, 2064, ggf Umdeutung in Vollmacht (§ 140 BGB, s Rn 3). Mehrere phG können nach § 125 III (gemischte Gesamtvertretung) an Mitwirkung eines Kdtisten mit Prokura gebunden werden, aber nicht der Einzige phG, KG JW **39**, 424 (Selbstorganschaft, § 125 Rn 5, 20), aA Brox FS Westermann **74**, 21. Aus demselben Grund kann dem einzigen phG die Vertretungsmacht nicht entzogen werden, BGH **41**, 369, **51**, 200 (näher § 127 Rn 3). In einer KG mit nur zwei phG führt bei Gesamtvertretungsmacht beider das Ausscheiden des einen zur Alleinvertretung durch den anderen, BGH **41**, 367 (§ 125 Rn 16). Mitunterschrift des

§ 171

2. Buch. Handelsgesellschaften und stille Gesellschaft

Kdtisten s § 17 Rn 12. Im Prozess der KG ist sind die Kdtisten, auch bei Vollmacht (s Rn 3), nicht als Partei, sondern nur als Zeugen zu hören (§ 124 Rn 43).

2 B. **Haftung der KG:** Die Ges haftet für ihre Gfter, auch für die Kdtisten, je nachdem entspr § 31 BGB, nach § 278 BGB oder § 831 BGB (näher § 124 Rn 24 ff). Ob der Kdtist Geschäftsführungs- und Vertretungsmacht hat oder nicht (§ 164 Rn 1, 7) ist für diese Zurechnung nicht das entscheidende Kriterium.

2) Kommanditisten mit Vollmacht

3 A. **Prokura und andere Vollmachten:** Kdtisten können, durch GesVertrag oder durch den phG namens der Ges, Vollmacht jeder Art für die Ges erhalten, auch Prokura, BGH **17**, 394; auch Generalvollmacht, BGH **36**, 295; auch stillschweigend durch schlüssiges Verhalten des (der) phG, BGH BB **72**, 726. Ein Kdtist kann auch Geschäftsführer der GmbH bei der GmbH & Co werden (Anh § 177a Rn 27).

4 B. **Entziehung der Prokura:** Die dem Kdtisten im GesVertrag erteilte Prokura kann ihm jederzeit durch einfache Erklärung mit Wirkung nach außen entzogen werden (§ 52 I), also ohne Prozess (§ 127 Rn 3). Im Innenverhältnis ist dafür aber ein wichtiger Grund nötig (nur insoweit entspr §§ 117, 127), BGH **17**, 394. Das gilt auch, wenn der Kdtist von der Geschäftsführung ausgeschlossen ist (Titularprokura). Anders, wenn die Prokura des Kdtisten auf Dienst- oder sonstigem Vertrag beruht (§ 109 Rn 11, § 110 Rn 19), dann richtet sich die Entziehung allein nach diesem Rechtsverhältnis. Der GesVertrag kann die Entziehung von Zustimmung aller andern Gfter oder einer Mehrheit von ihnen abhängig machen, Karlsr BB **73**, 1551.

[Haftung des Kommanditisten]

171 (1) **Der Kommanditist haftet den Gläubigern der Gesellschaft bis zur Höhe seiner Einlage unmittelbar; die Haftung ist ausgeschlossen, soweit die Einlage geleistet ist.**

(2) **Ist über das Vermögen der Gesellschaft das Insolvenzverfahren eröffnet, so wird während der Dauer des Verfahrens das den Gesellschaftsgläubigern nach Absatz 1 zustehende Recht durch den Insolvenzverwalter oder den Sachwalter ausgeübt.**

Übersicht

	Rn
1) Beschränkung der Haftung (I Halbsatz 1)	1–5
A. Auf die Haftsumme beschränkte Haftung des Kommanditisten	1
B. Rechtsmissbrauch	4
C. Haftung aus anderen Gründen	5
2) Wegfall der Haftung (I Halbsatz 2)	6–10
A. Leistung der Einlage	6
B. Aufrechnung	7
C. Leistung an einen Gesellschaftsgläubiger	8
D. Abtretung der Einlageforderung	9
E. Verfahrensfragen	10
3) Haftung des Kommanditisten in der Gesellschaftsinsolvenz (II)	11–14
A. Zuständigkeit des Insolvenzverwalters bzw Sachwalters	11
B. Zahlung zur Masse	12
C. Ausscheiden vor Eröffnung des Insolvenzverfahrens	14

2. Abschnitt. Kommanditgesellschaft — 1–4 § 171

1) Beschränkung der Haftung (I Halbsatz 1)

A. Auf die Haftsumme beschränkte Haftung des Kommanditisten: Der 1
Kdtist haftet den GesGläubigern **nur bis zur Höhe** der im GesVertrag bestimmten, nach § 162 I ins HdlReg einzutragenden „Einlage", besser **Haftsumme** (Haftungssumme, Außenverhältnis). Diese ist streng von der im Verhältnis unter den Gftern zu leistenden Einlage (sog **Pflichteinlage,** Innenverhältnis) zu unterscheiden, BGH NJW **95,** 197. Mangels besonderer Vereinbarung entspricht zwar die Haftsumme der Pflichteinlage, BGH DB **77,** 1249; die Pflichteinlage kann jedoch von der Haftsumme abweichen, vgl § 172 III. Auch der StrohmannKdtist und der offene TreuhänderKdtist haften als Gfter, daneben uU auch der Treugeber, Celle ZIP **85,** 102, s Rn 5. Haftung vor Eintragung des Einlagebetrags s § 176. Lit: K. Schmidt 1977; K. Schmidt GmbHR **86,** 337, Huber ZGR **88,** 11.

Art und Inhalt der Haftung (§§ 128, 129): Die Haftung des Kdtisten ist, 2
von der Beschränkung und von der Sondervorschrift für die Gesellschaftsinsolvenz (II) abgesehen, keine andere als die der Gfter der OHG und des phG in der KG (§§ 128, 129, s dort). Wie deren Haftung dauert sie über Auflösung der Ges und Ausscheidens des Gfters fort, im Fall des Ausscheidens beschränkt auf die vor dem Ausscheiden begründeten GesVerbindlichkeiten (Altgläubiger), § 128 Rn 29, § 160 nF 1994. Sie ist nicht subsidiär, gilt ohne Rücksicht auf Möglichkeit oder Unmöglichkeit der Befriedigung des Gläubigers aus dem GesVermögen, BGH **39,** 322. So auch bei Übertragung des GesAnteils (näher § 173 Rn 11–13).

Einzelfälle: Gewerbesteuer für den GesBetrieb nach GewStG: persönliche 3
Steuerpflicht nur nach Maßgabe der bürgerlichrechtlichen Haftung für Verbindlichkeiten, des Gewerbebetriebs, des Kdtisten also nur gemäß KdtistenHaftung. Vgl BB **66,** 319. Ebenso nur beschränkte Haftung für Grundsteuer, RFH **48,** 160; ebenso für die Fernsprechgebührenschuld der KG, BGH BB **65,** 303. Für HdlRegEintragungskosten haftet der Kdtist persönlich, soweit er selbst anmeldepflichtig ist (Bsp Sitzverlegung, §§ 107, 108 I, 161 II); anders hier (auch damit verbundene) andere Anmeldung der Ges (Bsp ZwNlErrichtung, § 13), Hamm BB **76,** 811.

Schiedsvereinbarung der KG: Schiedsvereinbarung der KG mit Dritten (Einl 89 vor § 1; davon streng zu unterscheiden ist Schiedsklausel im GesVertrag, Einl 90 vor § 1) wirkt anders als bei der OHG (§ 128 Rn 40) idR nicht für und gegen Kdtisten, die nach §§ 171 ff in Anspruch genommen werden, wohl BGH WM **91,** 385, Hbg RIW **89,** 577, hL, aA BGH WM **71,** 308. Die Verneinung oder Bejahung dieser Erstreckung folgt aber nicht schon aus den Haftungsnormen der §§ 171 ff (entspr üL u Rspr bei der OHG § 128), sondern aus Auslegung der Schiedsvereinbarung (§ 128 Rn 40). Für diese ist bei geschäftsführenden Kdtisten (§ 164 Rn 7) ebenso wie bei phG idR konkludente Vollmacht des nicht unterzeichnenden Kdtisten anzunehmen. Für andere Kdtisten ist dazu klarer Vertragswille notwendig, bei PublikumsKG wird dieser nie vorliegen (ggf Inhaltskontrolle, Anh § 177a Rn 68). Lit: K. Schmidt DB **89,** 2315, Weber/v Schlabrendorff FS Glossner **93,** 477.

B. Rechtsmissbrauch: Der Kdtist haftet den GesGläubigern auch bei alleini- 4
gem Weisungs- oder Geschäftsführungsrecht nicht nach § 128 wie phG; anders bei (darüber hinausgehendem) Rechtsmissbrauch oder aus Rechtsgeschäft mit dem Gläubiger, zB Schuldbeitritt oder Garantie, BGH **45,** 210 (§ 164 Rn 9). Die Berufung des Kdtisten auf die Beschränkung seiner Haftung ist nicht immer schon dann missbräuchlich, wenn er allein Kapitalinhaber ist und den maßgeblichen Einfluss in der Ges hat, während der phG vermögenslos und daher seine persönliche Haftung für Gläubiger nutzlos ist (s § 161 Rn 12, kapitalistische KG), Ebenroth/Strohn 29, str: zu weitgehend (kein Rechtsmissbrauch) BGH **45,** 209, Staub/Schilling § 164 Rn 12; zu eng (immer Rechtsmissbrauch) Wiedemann I 545, aber der Gleichlauf von Herrschaft und Haftung ist de lege lata nicht

§ 171 5, 6   2. Buch. Handelsgesellschaften und stille Gesellschaft

zwingend. Vielmehr kommt es auf die Umstände im Einzelfall an. Danach kann der Kdtist haften zB wenn er durch solche Gestaltung Dritte vorsätzlich sittenwidrig schädigt (§ 826 BGB); wenn er den Rechtsschein einer Haftung wie phG erweckt (§ 5 Rn 9), zB wenn er auf seine persönliche Kreditwürdigkeit und Zahlungsbereitschaft hinwies (vgl Vorinstanz Hamm MDR **63**, 849), aA BGH **45**, 209; unter den Voraussetzungen der Durchgriffshaftung, BGH **54**, 222 (e. V.), Anh § 177a Rn 51 b.

5   **C. Haftung aus anderen Gründen:** Möglich (und häufig) ist die Haftung des Kdtisten aus anderem Schuldgrund, Ebenroth/Strohn 20, zB **Verschulden bei Vertragsverhandlungen** oder **Rechtsschein** (s Anh § 177a Rn 43), **Bürgschaft** oder Schuldbeitritt. Bei Schuldbeitritt kann Verbraucherschutz eingreifen, BGH WM **11**, 2356 (§§ 4, 6 VerbrKrG, jetzt §§ 492, 494 BGB). Bei Dauer-Mitschuld-Vertrag des Kdsten uU aus § 314 BGB Kündigungsrecht aus wichtigem Grund, nicht allein wegen Vermögensverschlechterung der KG, Mü MDR **72**, 243. **Verlustausschluss des persönlich haftenden Gesellschafters** kann als nur intern wirkende Verteilungsvorschrift gemeint sein; Pflicht des (der) Kdtisten, phG von Außenhaftung freizustellen, führt mittelbar zu unbeschränkter Haftung des (der) Kdtisten (Anh § 177a Rn 43). Gegen den Haftungsanspruch (Inanspruchnahme des Kdsten durch Gläubiger) ist entspr § 387 BGB **Aufrechnung** mit Anspruch des Kdtisten gegen die Ges möglich, so wie Aufrechnung gegenüber Ges als enthaftende Einlageleistung wirksam (vgl Rn 6), BGH **58**, 75, NJW **74**, 2000, **76**, 418.

2) Wegfall der Haftung (I Halbsatz 2)

6   **A. Leistung der Einlage:** Die Haftung (I Halbs 1) entfällt durch Leistung der Einlage in Höhe des Werts des Geleisteten. Erforderlich ist **tatsächliche Wertzuführung (Kapitalaufbringungsprinzip)**, BGH **95**, 197, **109**, 334. Bei wertmäßiger Deckung (auch ohne Aktivierung der stillen Reserven) genügt Einbuchung, zB bei schenkweiser Aufnahme der Kdtisten oder bei Umwandlung der phG- in KdtBeteiligungen, BGH **101**, 126; Schenkung des Anteils durch Einbuchung, K. Schmidt BB **90**, 1992. Auch Zahlung durch phG, s § 172 Rn 6. Absprache über Leistung der Einlage aus späteren GesTantiemen und Wegfall der Beitragspflicht im Übrigen ist nur im Innenverhältnis relevant, BGH WM **82**, 7. Die freie **Bewertung** im Innenverhältnis der Gfter (§ 120 Rn 17) gilt nicht für den Haftungswegfall. Eine Sachleistung ist mit objektivem Zeitwert anzusetzen, BGH **95**, 195, unmittelbar vor Insolvenz nur mit Versilberungswert, BGH **39**, 330; entspr eine dubiose Forderung gegen Dritte, BGH **61**, 71; ebenso ein eingebrachtes HdlGeschäft und eine Forderung gegen dieses, BGH DB **77**, 394. Eine Goodwill-Anteil-Gutschrift, ohne wirkliche Wertzuführung, wirkt nicht gegen die Gläubiger, Kln BB **71**, 1077. Bei Unterbewertung wirkt auch der „stille" Teil der Einlage gegen die Gläubiger, kürzt die sonst gegebene Direkthaftung, kann später eine Haftsummenerhöhung decken (iS § 171 I Halbs 2), kann ohne Haftungseffekt gemäß § 172 IV (s dort Rn 4) entnommen werden, str, s Felix NJW **73**, 491. Anteile an der phG-GmbH s § 172 VI. Anteilsübertragung s § 172 Rn 11–13. Zahlung auf zusätzlich versprochene Darlehen s Anh § 177a Rn 71. Sind Dienste als Einlage geleistet (§ 109 Rn 7, 11, § 120 Rn 17, § 230 Rn 20, § 235 Rn 1), kommt es auf deren objektiven Wert an. Sach- (Grundstücks-)Einbringung „dem Werte nach" s Ullrich NJW **74**, 1490. Einbringung eines schon **überschuldeten** HdlGeschäfts als Einlage (zu Wert x) wirkt nicht befreiend (I Halbs 2), begründet aber keine Haftung über die Einlage (Haftsumme) hinaus, BGH **60**, 327. Debt to Equity Swap auch bei (GmbH & Co)KG möglich, maßgeblich ist der objektive Wert, K. Schmidt ZGR **12**, 577. Einauszahlung s § 172. Vgl aber Kuhn FS Schilling **73**, 69: uU Erstattungsanspruch der Ges gegen Kdtist aus § 812 BGB, mit § 138 BGB (bei bewusster Gläubigerbe-

nachteiligung) oder § 242 BGB. S auch K. Schmidt DB **73**, 2228. Sanierungsgründung einer AuffangKG unter Einbringung der Forderung des Kstisten gegen die bisherige Ges ist möglich, aber gefährlich, Ebenroth/Strohn 59, unabhängig davon gelten die Vorschriften der InsO. Lit: K. Schmidt 1977 (Verhältnis Einlage-Haftung), Elsing 1977; K. Schmidt ZGR **76**, 307, DB **77**, 2313, ZGR **89**, 445, Saßenrath BB **90**, 1209.

B. **Aufrechnung:** Enthaftende Einlageleistung erfolgt auch (wesentlicher Unterschied von § 19 II 2 GmbHG, § 66 I 2 AktG) durch Aufrechnung mit einer Forderung gegen die Ges, gleich welcher Art, auch mit einem Schadensersatzanspruch. Befreit der Kdtist die Ges durch Aufrechnung von einer Drittgläubigerforderung, enthaftet ihn das in Höhe des Nennwertes, also ohne Rücksicht auf die Bonität der Forderung des Drittgläubigers im Hinblick auf die Vermögenslage der Ges, BGH **95**, 195. Rechnet der Kdtist jedoch gegen die Einlageforderung mit einer Eigenforderung gegen die Ges, kommt es auf die tatsächliche Wertzuführung an (s Rn 6), BGH **95**, 196 m Anm K. Schmidt ZGR **86**, 152, aA BGH **51**, 394l, differenzierend von Olshausen ZGR **01**, 175. Der Kdtist steht als GesGläubiger also schlechter als der außenstehende Gläubiger. Die Aufrechnung ist auch bei nur teilweiser Wertzuführung nicht überhaupt nichtig (anders als für GmbH), sondern befreit teilweise, BGH **95**, 198. 7

C. **Leistung an einen Gesellschaftsgläubiger:** Die Befriedigung eines GesGläubigers, gleich welcher Art, auch durch Aufrechnung mit einer persönlichen Gegenforderung an den Gläubiger, ist auch bei Inanspruchnahme durch den GesGläubiger keine Einlageleistung, BGH NJW **84**, 2291, MüKo/K. Schmidt 50, aA Staub/Schilling 2. Die Einlage erbringt der Kdtist erst mit Aufrechnung seines Regressanspruchs (§ 110) gegen die Einlageforderung der Ges, BGH NJW **84**, 2291, Staub/Thiessen 101, MüKo/K. Schmidt 60, ohne Erfordernis einer Aufrechnung BGH ZIP **15**, 2270 (Treuhand-Kdtist). Diese Aufrechnung (gegenüber der Ges, nicht ggb GesGläubigern) ist auch im Insolvenzverfahren möglich (s Rn 13, 14), MüKo/K. Schmidt 111, 107. Mit der Aufrechnung wird der Kdtist gegenüber allen Gläubigern von der Haftung frei, auch gegenüber einem anderen Gläubiger, der den Kdtist schon verklagt hat; BGH **36**, 328, **42**, 192, **51**, 393. Der Kdtist hat die Wahl, ob er an die Ges oder an einen GesGläubiger und an welchen er leistet, mit der rechtskräftigen Verurteilung soll er das Wahlrecht verlieren, Staub/Thiessen 118, str. Dieselben Grundsätze gelten für den (forthaftenden) ex-Kdtisten bei Befriedigung eines Altgläubigers (vgl Rn 2), BGH **42**, 193. 8

D. **Abtretung der Einlageforderung:** Gleich wirkt Abtretung (§ 109 Rn 9) der Einlageforderung Ges-Kdtist an GesGläubiger an Erfüllungs Statt (also Ges gegenüber Gläubiger befreiend, gleich wie Vermögenslage der Ges), BGH **63**, 341, NJW **82**, 35; auch Abtretung zur Sicherung, erfüllungshalber, und daraufhin Zahlung an den Gläubiger nach Eröffnung des Insolvenzverfahrens über das Vermögen der Ges, BGH **63**, 341. Erlass oder Rückabtretung der Einlageforderung durch den Gläubiger an Kdtisten schadet nicht, BGH NJW **84**, 874. 9

E. **Verfahrensfragen:** Der **Beweis** der die Haftung ausschließenden Einlage obliegt dem Kdtisten, Kln BB **71**, 1077; auch der des Werts der Einlage (vgl Rn 6), BGH WM **77**, 168. Er kann die Leistung der Einlage noch durch Vollstreckungsabwehrklage (§ 767 ZPO) geltend machen. Die Haftungsklage des Gläubigers erledigt sich durch Einlageleistung des beklagten Kdtisten während des Prozesses. Der Kdtist, der über die Leistung der Einlage dem Gläubiger nicht Auskunft gab, schuldet ihm (der mit der Haftungsklage abgewiesen wird) Kostenersatz (§ 280 BGB). Regressprozess (Aufwendungsersatz) s § 110 Rn 2. 10

3) Haftung des Kommanditisten in der Gesellschaftsinsolvenz (II)

11 **A. Zuständigkeit des Insolvenzverwalters bzw Sachwalters:** Für die Insolvenz der KG gilt grundsätzlich dasselbe wie für die OHG (§ 124 Rn 46, § 128 Rn 46, 47), Besonderheiten für die KG folgen aus II und der beschränkten KdtistenHaftung. Ist über das Vermögen der OHG das Insolvenzverfahren eröffnet, so sind meist auch die Gfter insolvent. Anders bei der KG, wenn die mindestens ein Gfter nur beschränkt haftet und deshalb idR nicht neben der Ges ebenfalls insolvent wird. Um Wettrennen der GesGläubiger um die Verwertung dieser Haftung des Kdtisten zu unterbinden, lässt II (inhaltlich eine Insolvenzrechtsnorm) die Rechte aus dieser Haftung bei Insolvenz der Ges **ausschließlich** den **Insolvenzverwalter** oder bei Eigenverwaltung den **Sachwalter** nach § 270 III InsO (im Interesse der GesGläubiger) ausüben. Für Vorgehen gegen den phG und die nach § 176 unbeschränkt haftenden Kdtisten ist die umstrittene Reichweite des § 93 InsO zu beachten, BGH **151**, 245, s § 128 Rn 46 II gilt auch gegenüber ausgeschiedenen Kdtisten, BGH NJW **90**, 3145, Hbg ZIP **07**, 1239, aber nicht entspr gegenüber phG, BGH **121**, 190 (vgl § 109 Rn 7). II gilt seinem Schutzzweck nach auch in der Insolvenz einer NichtKG (zB umgewandelte Ges oder Rechtsnachfolgerin der KG), für deren Schulden ein Kdtist summenmäßig beschränkt haftet, BGH **112**, 31, aA BGH BB **76**, 383. II gilt auch in der Insolvenz einer als KG eingetragenen GbR, BGH **113**, 216 (kein Rechtsschein, sondern Vertretungsmacht) m krit Anm von Gerkan ZGR **92**, 109. Kdtistenhaftung und Insolvenzrecht s Häsemeyer ZHR 149 (**85**) 42.

12 **B. Zahlung zur Masse:** Der Kdtist schuldet Zahlung des Betrags, mit dem er haftet und der zur Befriedigung der Gläubiger benötigt wird, RG **51**, 40, zur Masse: sog „Hafteinlageschuld" (zu unterscheiden von der „Pflichteinlage", s Rn 1). Er kann keinen Gläubiger mehr mit Wirkung gegen den Insolvenzverwalter befriedigen, RG **37**, 86. Ein anhängiger Rechtsstreit des GesGläubigers mit dem Kdtisten wird unterbrochen, BGH **82**, 218, also keine Erledigung in der Hauptsache (anders hL), Insolvenzverwalter kann also in den Rechtsstreit eintreten, Kdtist kann ihn später uU wieder aufnehmen. Werden nicht alle Kdtistenhaftsummen zur Befriedigung der Gläubiger benötigt, entscheidet der Insolvenzverwalter nach pflichtgemäßem Ermessen über Einziehung; er braucht nicht anteilig einzuziehen, BGH **109**, 344. Erlass und Vergleich zwischen Insolvenzverwalter und Kdtisten wirken gegen die Gläubiger, RG **39**, 64. Der Insolvenzverwalter kann den Anspruch gegen den Kdtisten nicht auf Gläubiger „übertragen" oder „rückübertragen" oder ihnen „freigeben", vgl RG **74**, 430, str; möglich ist wohl treuhänderische Abtretung an einen Insolvenzgläubiger zur Einziehung für die Masse, BGH BB **74**, 1361.

13 Der Kdtist kann gegen den Anspruch des Insolvenzverwalters **aufrechnen** mit einer (vor Insolvenzeröffnung begründeten) Drittgläubiger-Forderung (§ 124 Rn 52) an die Ges (entspr Anwendung § 387 BGB, §§ 94 ff InsO: Kdtist ist zwar nach § 171 Schuldner nicht der Ges, sondern der GesGläubiger, kann aber befreiend an die Ges leisten, § 171 I Halbs 2); nicht so aufrechnen kann er mit einem Erstattungsanspruch aus Inanspruchnahme als Bürge oder Mitschuldner durch einen GesGläubiger (anders RG **37**, 87 betr Kdtist-Bürge), soweit der Anspruch sich mit der Hafteinlageschuld (§ 171 II) deckt; insoweit zahlt er doppelt; BGH **58**, 75, BB **74**, 1361, NJW **81**, 232; aA Fromm BB **81**, 813: für GmbH & Co § 19 II 2 GmbHG analog. Entscheidend ist dabei aber, dass die Aufrechnung nur in Höhe der tatsächlichen Wertzuführung enthaftet (s Rn 7), Röhricht/Haas/Mock 76. Zur Sacheinlageleistungspflicht (gemäß Vertrag) des Kdtisten, der vor Eröffnung des Insolvenzverfahrens schon gemäß seiner Haftsumme einen Gläubiger befriedigte (doppeltes Risiko des Kdtisten) BGH **39**, 323, **63**, 342, str; s Gursky DB **78**, 1261.

2. Abschnitt. Kommanditgesellschaft § 172

C. Ausscheiden vor Eröffnung des Insolvenzverfahrens: Der vor Eröff- 14
nung des Insolvenzverfahrens über das Vermögen der Ges ausgeschiedene Kommanditist haftet nur noch für vor seinem Ausscheiden begründete Verbindlichkeiten der Ges; die Ansprüche der Altgläubiger gegen den ex-Kdtisten macht nach II der Insolvenzverwalter im eigenen Namen für ihre Rechnung geltend (sie werden nicht Teil der Insolvenzmasse), das Eingezogene darf der Insolvenzverwalter nur für die Altgläubiger verwenden (Bildung einer Sondermasse), BGH **27, 56, 39,** 321, **71,** 304; Fischer LM § 172 Nr 2, 3, 4. Die Einziehung setzt nicht Feststellung der Altforderung im Prüfungstermin voraus, Stgt NJW **55,** 1928. Der Insolvenzverwalter darf den Anspruch des einzigen Altgläubigers nicht gemäß § 171 II geltend machen, wenn der Gläubiger sich nicht am Insolvenzverfahren beteiligt, BGH NJW **58,** 1139, vgl BGH **39,** 321. Der haftende ex-Kdtist befreit sich nicht durch unmittelbare Befriedigung eines einzelnen Ges-Gläubigers, auch nicht durch Aufrechnung mit einer eigenen Forderung gegen diesen, BGH **42,** 192. Er hat für nach Eröffnung des Insolvenzverfahrens an Altgläubiger geleistete Zahlungen Erstattungsanspruch an die Ges; er kann diesen nicht neben einer Restforderung der Altgläubiger im Insolvenzverfahren geltend machen (§ 43 InsO), wohl aber nach Vollbefriedigung der Altgläubiger (durch ihn selbst oder kraft eines Vorrechts aus der Masse) in gleichem Rang mit Neugläubigern, BGH **27,** 58, **38,** 325, 327, str.

[Umfang der Haftung]

172 (1) Im Verhältnisse zu den Gläubigern der Gesellschaft wird nach der Eintragung in das Handelsregister die Einlage eines Kommanditisten durch den in der Eintragung angegebenen Betrag bestimmt.

(2) Auf eine nicht eingetragene Erhöhung der aus dem Handelsregister ersichtlichen Einlage können sich die Gläubiger nur berufen, wenn die Erhöhung in handelsüblicher Weise kundgemacht oder ihnen in anderer Weise von der Gesellschaft mitgeteilt worden ist.

(3) Eine Vereinbarung der Gesellschafter, durch die einem Kommanditisten die Einlage erlassen oder gestundet wird, ist den Gläubigern gegenüber unwirksam.

(4) [1] Soweit die Einlage eines Kommanditisten zurückbezahlt wird, gilt sie den Gläubigern gegenüber als nicht geleistet. [2] Das gleiche gilt, soweit ein Kommanditist Gewinnanteile entnimmt, während sein Kapitalanteil durch Verlust unter den Betrag der geleisteten Einlage herabgemindert ist, oder soweit durch die Entnahme der Kapitalanteil unter den bezeichneten Betrag herabgemindert wird. [3] Bei der Berechnung des Kapitalanteils nach Satz 2 sind Beträge im Sinn des § 268 Abs. 8 nicht zu berücksichtigen.

(5) Was ein Kommanditist auf Grund einer in gutem Glauben errichteten Bilanz in gutem Glauben als Gewinn bezieht, ist er in keinem Falle zurückzuzahlen verpflichtet.

(6) [1] Gegenüber den Gläubigern einer Gesellschaft, bei der kein persönlich haftender Gesellschafter eine natürliche Person ist, gilt die Einlage eines Kommanditisten als nicht geleistet, soweit sie in Anteilen an den persönlich haftenden Gesellschaftern bewirkt ist. [2] Dies gilt nicht, wenn zu den persönlich haftenden Gesellschaftern eine offene Handelsgesellschaft oder Kommanditgesellschaft gehört, bei der ein persönlich haftender Gesellschafter eine natürliche Person ist.

Roth

§ 172 1–4   2. Buch. Handelsgesellschaften und stille Gesellschaft

Übersicht

	Rn
1) Höhe der Haftsumme (I–III)	1–3
A. Haftsumme gemäß Eintragung (I)	1
B. Erhöhung der Haftsumme (II)	2
C. Erlass, Stundung im Innenverhältnis (III)	3
2) Rückzahlung der Einlage (IV–V)	4–12
A. Wiederaufleben der Haftung	4
B. Rückzahlung (IV 1)	6
C. Gewinnentnahme (IV 2, 3)	8
D. Gutgläubiger Gewinnbezug (V)	9
3) KG ohne natürliche Person als persönlich haftendem Gesellschafter (VI)	13
4) Anteilsübertragung (Verweisung)	14

1) Höhe der Haftsumme (I–III)

1   A. **Haftsumme gemäß Eintragung (I):** § 172 IV 3 neu BilMoG. Nach Eintragung der Ges bestimmt sich die Höhe der Haftung des Kdtisten im Verhältnis zu Dritten allein nach dem Eingetragenen, I (vorher gilt grundsätzlich unbeschränkte Haftung, § 176); anderweitige Vereinbarungen und Fehler (Irrtum, Täuschung) im Innenverhältnis sind unmaßgeblich, Celle ZIP **85**, 100. Der Kdtist kann dem Dritten ggf entgegenhalten, dass ein höherer als der angemeldete Betrag eingetragen wurde und der Dritte zZ der Begründung seiner Forderung dies wusste, hM; idR (vorbehaltlich der §§ 826, 242 BGB) kann er nicht einwenden, es sei ein höherer als der vereinbarte Betrag angemeldet worden und dies dem Dritten bekannt gewesen; dieses Risiko liegt in der Sphäre des Gfters, jenes nicht.

2   B. **Erhöhung der Haftsumme (II):** Eine Erhöhung der Haftsumme wird (auch für ältere Schulden) zugunsten Dritter außer durch Eintragung nach I wirksam durch **Kundmachung** nach II, und zwar handelsübliche Bekanntmachung, II 1. Alt, zB in einer verbreiteten Zeitung, RG JW **30**, 2658, oder Mitteilung irgendwelcher Art an den Gläubiger, der sich auf sie beruft. Die Kundmachung durch die Ges bedarf der Zustimmung des Kdtisten, BGH **108**, 198, kann aber auch vom Kdtisten selbst ausgehen, BGH WM **92**, 687. Der TV kann für den Kdtisten nicht ohne dessen Zustimmung handeln (§ 139 Rn 21).

3   C. **Erlass, Stundung im Innenverhältnis (III):** III bringt zum Ausdruck, dass für die Haftung des Kdtisten gegenüber Dritten **nicht maßgebend** ist, was er nach Vereinbarung der Gfter einzulegen hat; wie von vornherein, so kann auch später durch Erlass oder Stundung der Einlage dies unabhängig von jenem geregelt werden.

2) Rückzahlung der Einlage (IV–V)

4   A. **Wiederaufleben der Haftung:** IV, V ergänzen § 171 I Halbs 2: Was **zurückgewährt** ist, gilt **wie nicht geleistet**. Rückgewährung der Einlage insbesondere, wenn Zahlung nicht aus Gewinn geleistet werden kann, das Kapitalkonto unter die bedungene Einlage herabmindert oder eine bestehende Belastung vertieft BGH ZIP **13**, 1223, AG Berlin-Charlottenburg ZIP **13**, 898 (garantierte Verzinsung, freilich keine Durchsetzung in der Insolvenz). Die Haftung lebt insoweit wieder auf (nur für die Zukunft kann sie nach §§ 174, 175 herabgesetzt werden). Sie kann dann durch erneute tatsächliche Wertzuführung wieder beseitigt werden (§ 171 Rn 6), Bezeichnung als Einlageleistung ist unnötig, Mü ZIP **90**, 1266, Hamb NZG **15**, 1192. Eine andere, von den internen Abreden abhängige Frage ist, ob die Ges abermalige Einlegung des Zurückgegebenen fordern kann. Nach Ausscheiden des Kdtisten Ausschlussfrist für Ansprüche gegen ihn nach § 160 nF 1994. Unerheblich ist wohl der Zeitpunkt der Rück-

2. Abschnitt. Kommanditgesellschaft 5–7 § 172

gewähr der Einlage (nach Eintragung des Ausscheidens), Tschierschke NJW **68**, 1367, str. Dazu LG Gött NJW **70**, 1375. Rückgewähr bisher stiller Reserven s § 171 Rn 6. Rückzahlung von Aufgeld (Agio), das Kdtist neben Einlage gezahlt hat, ist nur unschädlich, wenn nicht Kapitalanteil dadurch unter die Haftsumme sinkt, sonst nicht, so BGH **84**, 387, WM **07**, 1885 (ber 2355), **08**, 1228, MüKo/ K. Schmidt §§ 171, 172 Rn 67, Böttcher/Kautzsch NZG **08**, 583, aA Bayer/ Lieder ZIP **08**, 809, Charakter und Zweckbindung der Zusatzzahlung, auch bei gesplitteter Einlage, können aber eine Rolle spielen. Vgl betr Einbringung eines überschuldeten Geschäfts § 171 Rn 6. Lit: K. Schmidt DB **73**, 2228. Anteilsübertragung s § 173 Rn 11–13.

Haftsumme als Haftungsobergrenze: Gegenüber Dritten Haftung nur 5 soweit Gesellschaftsvermögen zur Befriedigung nicht ausreicht, Haftsumme von (Haft)Einlage zu unterscheiden, bei Entnahmen insoweit Berücksichtigung auch von zwischenzeitlichen Gewinnen, BGH ZIP **11**, 908. Über die Einlage (Haftsumme) hinausgehende Zahlungen der Ges an Kdtist lassen ihn nicht höher haften (GesVermögensminderung zugunsten des Kdtisten ist nicht verboten, macht ihn nicht schlechthin haftbar, nur im Rahmen der Einlage), BGH **60**, 327.

B. **Rückzahlung (IV 1):** Rückzahlung der Einlage iSv IV ist jede Zuwen- 6 dung an einen Kommanditisten, durch die dem Gesellschaftsvermögen ein Wert ohne entsprechende Gegenleistung entzogen wird, BGH ZIP **17**, 77. Rückzahlung der Einlage ist auch die Auszahlung des Auseinandersetzungsguthabens (§ 131 Rn 48) an den ausgeschiedenen (aber weiterhaftenden, § 171 Rn 2) Kdtisten: liegt es infolge von Verlusten (nicht Überentnahmen, vgl Rn 8, 9) unter dem Eingelegten, lebt die Haftung entspr niedriger auf. Ferner stehen der Rückzahlung iSv IV 1 gleich: Rückzahlung eines Agio (s Rn 4); Überentnahmen; Begleichung persönlicher Verbindlichkeiten des Kdtisten durch die Ges; Erwerb eines Gegenstandes bzw Unternehmensanteils von einem Kdtisten zu einem überhöhten Kaufpreis, BGH ZIP **17**, 77 (abzustellen ist auf Drittvergleich, BGH ZIP **u7** 78); Leistung an Dritten, der dafür entspr dem Kdisten leistet, BGH **47**, 149; Eigentümergrundschuldabtretung durch die Ges an Kreditgeber des Kdtisten, BGH BB **76**, 383; Rückzahlung aus Privatvermögen des MitGfters mit der Folge von Erstattung(sanspruch, § 110) aus GesVermögen, also bei Zahlung auf GesSchuld, BGH **61**, 151, **76**, 130, **93**, 249; Anteilsübertragung Kdtist-phG gegen Kaufpreis, Ffm NJW **63**, 545, s auch BGH WM **77**, 919; Auszahlung durch MitGfter-Geschäftsübernehmer, nach dieser Übernahme oder auch vorwegnehmend vorher, BGH **61**, 151; Abführung von Einkommensteuer des Kdtisten durch die Ges für diesen, PKW-Nutzung, private Steuerberaterkosten ua, die nicht Teil der vereinbarten Vergütung waren, Hamm NZG **10**, 1298; Leistung der KG an andere Ges schon bei bloßer Beteiligung und maßgeblichen Einfluss des Kdtisten auf deren Geschäftsführung, BGH NJW **09**, 2378. Ebenso Rückzahlung an den TV ohne Zustimmung des Erben, BGH **108**, 197, str, aber der TV ist idR zur Rückzahlung verpflichtet, BGH **108**, 198, Grund: Fehlen der Vertretungsmacht des TV, nach aA jedenfalls für den TV erkennbarer Missbrauch der Vertretungsmacht des Gfters. Insolvenzverwalter genügt Darlegungslast für eine Haftung nach durch Darlegung negativer Jahresabschlüsse, wenn durch dennoch erfolgte Ausschüttungen der Kapitalanteil rechnerisch unter die Haftsumme fällt oder sogar negativ wird, Mü ZIP **15**, 2138.

Nicht Rückzahlung aus (den Gläubigern auch haftendem) phG-(uU Kdtist-) 7 Privatvermögen, wenn Erstattung rechtlich oder tatsächlich ausscheidet, BGH **93**, 246, denn Privatvermögen unterliegt keiner gesetzlichen Kapitalerhaltung; aA Riegger BB **75**, 1282, differenzierend Bälz BB **77**, 1481. Nicht Rückzahlung ist Zahlung angemessener Tätigkeitsvergütung für Geschäftsführung des Kdtisten, str (Anh § 177a Rn 42). Nach Priester ZIP **16**, 951 auch nicht Abfindungszahlungen an ausscheidenden Gfter oberhalb des Buchwertes. Aufwendungen der Ges

§ 172 8–10   2. Buch. Handelsgesellschaften und stille Gesellschaft

für den Kdtisten, wenn dem ein Verkehrsgeschäft (Drittvergleich), zB Darlehensgewährung seitens der Ges, zugrundeliegt, Hamm NZG **10**, 1298. Umwandlung des Auseinandersetzungsguthabens (§ 131 Rn 48) in Darlehensforderung, anders Begleichung dieser Darlehensschuld, auch schon Zinszahlung auf das Darlehen, soweit nicht gleich Gewinnanteil, BGH **39**, 331; dazu Keuk ZHR 135 **(71)** 421.

8   **C. Gewinnentnahme (IV 2, 3):** Entnimmt der Kdtist Gewinnanteile, während sein Kapitalanteil durch Verlust unter den Betrag der geleisteten Einlage herabgemindert ist, oder soweit er durch die Entnahme unter den bezeichneten Betrag herabgemindert wird, so lässt die Entnahme die Haftung wie eine Rückzahlung des Eingelegten wiederaufleben (zuerst soll der durch Einlegung begründete, durch Verlust verminderte Kapitalanteil des Kdtisten wieder aufgefüllt werden). Der diesbezügliche **IV 2** ist eine Einlagensicherungsnorm, Beispiel Hamm NZG **10**, 1298 (s Rn 6). Das ist (wie bei der Feststellung der Unterbilanz einer GmbH) auf Grund einer Erfolgsbilanz zu fortgeführten Buchwerten (zB §§ 248, 253, 255 IV) zu beurteilen; auch bei Bildung stiller Reserven aus Sonderabschreibungen, BGH **109**, 334, Schulze-Osterloh ZGR **91**, 510, aA, da reine Buchwertverluste, Priester BB **76**, 1004, früher hL. Bei Überbewertung des Eingelegten (§ 171 Rn 7) gilt der wahre Wert, Schmeding BB **71**, 1301. Im Innenverhältnis verneint § 167 II (nachgiebig) den Anspruch des Kdtisten auf Gewinnauszahlung in diesen Fällen. § 169 I 2 und § 172 IV 2 treffen nicht Gewinnauszahlungen auf einen unter dem Betrage der Einlage liegenden Kapitalanteil, wenn dieser niemals höher war als bei der Auszahlung, eine Wiederauffüllung also nicht in Frage steht. Auch Zahlung von Geschäftsführerbezügen an Kdtist, falls kein Arbeitsverhältnis begründet, was iZw nicht anzunehmen (§ 164 Rn 7, 8), kann (als Gewinnvoraus) zu Haftung nach IV 2 führen, Celle OLGZ **73**, 343, Hamm DB **77**, 717, dazu Priester DB **75**, 1878.

8a   Bei der Berechnung des Kapitalanteils nach Satz 2 sind Beträge (nicht: Erträge, wie irrtümlich im RegE) iSv § 268 VIII nicht zu berücksichtigen (**IV 3** neu BilMoG). Nach § 268 VIII (neu BilMoG) sind selbst geschaffene immaterielle Vermögensgegenstände des Anlagevermögens, die wegen der stärker informationsorientierten Bilanzierung nach BilMoG in der Bilanz ausgewiesen werden (§ 268 VIII 1 sowie § 268 VIII 2, 3 betr latente Steuern), unter bestimmten Voraussetzungen ausschüttungs- und nach § 301 Satz 1 AktG (neu BilMoG) abführungsgesperrt. Diese Sperren gelten bei den KG mangels strenger Entnahmegrenzen wie für KapitalGes zwar nicht, aber auch das Wiederaufleben der Haftung des Kdtisten für den Fall, dass dieser Gewinne entnimmt, während sein Kapitalanteil durch Verlust unter den Betrag der geleisteten Einalge herabgemindert ist oder durch die Entnahme unter diesen Betrag herabgemindert wird, ist auszuschließen. Nach IV 3 bleiben deshalb Beträge iSv § 268 VIII für die Berechnung des Kapitalanteils nach Satz 2 außer Betracht.

9   **D. Gutgläubiger Gewinnbezug (V):** V spricht vom „Zurückzahlen" von Gewinnen, meint aber, wie der Zusammenhang mit I–IV ergibt, die Haftung des Kdtisten im Verhältnis zu GesGläubigern nämlich das Wiederaufleben seiner Haftung. Gewinn iSv V ist der auf Grund eines Jahresabschlusses und eines Gewinnverwendungsbeschlusses ausgeschüttete Gewinn, nicht Gewinnvorausoder -garantiezahlungen; allein nach dem Inhalt der Bilanz beurteilt sich die Herabminderung nach IV, BGH WM **09**, 1198. Die Bilanz muss also überhaupt Gewinne verzeichnen, sonst greift V schon nach seinem Wortlaut nicht, hL, Stgt ZIP **10**, 1694.

10   **Guter Glaube:** In den Fällen einer unrichtigen Bilanz (nur in diesen, selbstverständlich, so auch 33. Aufl), BGH WM **09**, 1199, soll die Haftung bei doppeltem guten Glauben nicht gemäß IV aufleben, nämlich wenn (1) die Bilanz in gutem Glauben errichtet war, also (von allen an der Errichtung beteiligten Gftern) ohne Vorsatz, BGH **84**, 385, und ohne grobe (nicht schon leichte, vgl

2. Abschnitt. Kommanditgesellschaft § 172a

§ 62 I 2 AktG, Staub/Thiessen 148, aA Staub/Schilling 18: § 276 BGB, nicht § 708 BGB) Fahrlässigkeit für richtig (dh nicht unerlaubt günstig) gehalten wurde, vgl RG Gruch **37**, 1163, (2) der Kdtist ohne grobe Fahrlässigkeit, Nürnb ZIP **08**, 2269, Ebenroth/Strohn 53 (nach aA nur ohne positive Kenntnis, MüKo/K. Schmidt §§ 171, 172 Rn 89) den Gewinnbezug für ordnungsmäßig, dh keinen der genannten drei Fälle für gegeben ansah. Rechtsirrtum entlastet nur, wenn er unverschuldet (dh nicht grob fahrlässig) ist, Ebenroth/Strohn 53.

Bezug als Gewinn: Nur Bezug als Gewinn ist geschützt, nicht Gutschrift auf 11 das Einlagenkonto des Kdtisten, MüKo/K. Schmidt 85, aA Staub/Thiessen 136: Nicht zur Haftungsdeckung dienendes Darlehens- oder Privatkonto genügt, nicht aber das variable Kapitalkonto, Staub/Thiessen 137. Fordert der Kdtist den Gewinn nicht bis zur nächsten Jahresbilanz ein, so verliert seine Forderung den Charakter als Gewinnanspruch. Vorauszahlungen auf Gewinn fallen nicht unter V, RG **37**, 82, ebenso wenig Beträge auf Grund einer Gewinngarantie oder verdeckte Gewinnausschüttung bei Austauschgeschäften, Ebenroth/Strohn 50.

Beweislast: Die Voraussetzungen des IV 2, insbesondere die Unrichtigkeit der 12 Bilanz muss der Gläubiger, den guten Glauben muss der Kdtist beweisen.

3) KG ohne natürliche Person als persönlich haftendem Gesellschafter (VI)

Der durch die GmbH-Novelle 1980 eingefügte VI dient dem verbesserten 13 Schutz der Gläubiger einer KG, bei der kein phG eine natürliche Person ist und den Gläubigern deshalb nur eine begrenzte Haftungsmasse zur Verfügung steht (vgl § 19 Rn 7). Werden in einer solchen KG Anteile am phG (meist Geschäftsanteile der Komplementär-GmbH) als Kommanditeinlage geleistet, so gilt die Einlage des Kdtisten gegenüber den Gläubigern der KG als nicht geleistet, der Kdtist haftet ihnen also persönlich bis zur Höhe seiner Einlage (§ 171 I). Grund dieser schon vorher vertretenen Regelung ist, dass die Haftungsmasse einer solchen KG aus der Haftung der Komplementär-GmbH und der beschränkten Haftung der Kdtisten besteht. Könnten die Geschäftsanteile an der GmbH als Kommanditeinlagen befreiend geleistet werden, würde das Vermögen der GmbH gleichzeitig als Haftungsmasse der Komplementär-GmbH und als Haftungsmasse der Kdtisten dienen; den Gläubigern stünde in Wirklichkeit nur eine Haftungsmasse zur Verfügung.

4) Anteilsübertragung (Verweisung)
S bei § 173. 14

172a *(aufgehoben)*

[1] *Bei einer Kommanditgesellschaft, bei der kein persönlich haftender Gesellschafter eine natürliche Person ist, gelten die §§ 32a, 32b des Gesetzes betreffend die Gesellschaften mit beschränkter Haftung sinngemäß mit der Maßgabe, daß an die Stelle der Gesellschafter der Gesellschaft mit beschränkter Haftung die Gesellschafter oder Mitglieder der persönlich haftenden Gesellschafter der Kommanditgesellschaft sowie die Kommanditisten treten.* [2] *Dies gilt nicht, wenn zu den persönlich haftenden Gesellschaftern eine offene Handelsgesellschaft oder Kommanditgesellschaft gehört, bei der ein persönlich haftender Gesellschafter eine natürliche Person ist.*

§§ 129a, 172a aF sind ebenso wie §§ 32a, 32b GmbHG aF durch das MoMiG 1 v 23.10.08 BGBl I 2026 mit Wirkung vom 1.11.2008 aufgehoben und durch eine rechtsformneutral formulierte Regelung in der InsO und im AnfG ersetzt

§ 173

worden, Altfälle Art 103d EGInsO BGH ZIP 09, 615, Dahl/Schmitz NZG 09, 331, Holzer ZIP 09, 206, vgl Hirte/Mock NZG 09, 48. Gesellschafterdarlehen werden nicht mehr als materielles Eigenkapital behandelt. Alle Darlehensrückzahlungsansprüche von Gftern einer Ges ohne eine natürliche Person als phG (§ 39 IV 1 InsO) sind vielmehr nachrangige Insolvenzforderungen, ohne dass es auf den Eigenkapitalersatzcharakter ankommt (§§ 39 I Nr 5, 44a, 135, 143 InsO, Ausnahmen: Sanierungsprivileg und Kleinbeteiligungsprivileg, §§ 39 IV 2, V InsO). Die „Rechtsprechungsregeln" zum Eigenkapitalersatz (§§ 30, 31 GmbHG analog) entfallen (§ 30 I 3 GmbHG, BRDrucks 354/07 S 95, sog „Nichtanwendungsgesetz", BGH ZIP **09**, 617, **13**, 2308). Die eigenkapitalersetzende Nutzungsüberlassung ist nunmehr in § 135 III InsO geregelt. Die Geschäftsführer haften der Ges für Zahlungen an Gfter, soweit diese zur Zahlungsunfähigkeit der Ges führen mussten, außer wenn nicht erkennbar (§ 64 S 3 GmbHG, § 92 II 3 AktG). Die Insolvenzanfechtung ist gestärkt (§§ 135, 143 InsO, §§ 6, 6a AnfG). Die Figur der **Finanzplankredite**, BGH **142,** 116, ist unabhängig von den Grundsätzen über eigenkapitalersetzende Darlehen, BGH **142,** 115, ZIP **10,** 1079; konsequent Fortgeltung auch nach MoMiG, K. Schmidt ZIP 06, 1933, Buschmann NZG 09, 91, Hölzle ZIP 09, 1939; dazu Fleischer 1995; Habersack ZHR 161 **(97)** 457, ZGR **00,** 410, Altmeppen NJW **99,** 2812, Steinbeck ZGR **00,** 503.

Lit: Lu/Ho/Kleindiek Anh B zu § 64 (GfterDarlehen in der Insolvenz); Altmeppen NJW **08**, 3601, Bork ZGR **07**, 250 (RefE), Habersack ZIP **07**, 2145 (RegE), Veil ZIP **07**, 1241(RegE), Bork ZIP **08**, 1041 (Insolvenzanfechtung), Gehrlein BB **08**, 846, Habersack ZIP **08**, 2385 (Erstreckung auf Dritte), Heinze ZIP **08**, 110 (Nutzungsüberlassung), Hirte NZG **08**, 761u WM **08**, 1429, K. Schmidt BB **08**, 1966 (durch Gfter besicherte Drittkredite), Dahl/Schmitz NZG **09**, 325, Haas DStR **09**, 976 (Übergangsrecht), Spliedt ZIP **09**, 149, Rellermeyer/Gröblinghoff ZIP **09**, 1933 (Übergangsrecht), Bork FS Ganter 10, 135 (Doppelbesicherung durch Ges und Gfter), Huber, K. Schmidt ZIP Beil 2/**10** (GfterDarlehen nach MoMiG), Gehrlein BB **11**, 3 (Neuregelung).

2   Der bisherige Abschnitt 9 zu § 172a aF über die **unterkapitalisierte GmbH & Co, Durchgriffshaftung, Haftung aus existenzvernichtendem Eingriff** ist vom MoMiG unberührt geblieben und findet sich jetzt bei der GmbH & Co, **s Anhang § 177a Rn 51a–51j.**

[Haftung bei Eintritt als Kommanditist]

173 (1) **Wer in eine bestehende Handelsgesellschaft als Kommanditist eintritt, haftet nach Maßgabe der §§ 171 und 172 für die vor seinem Eintritte begründeten Verbindlichkeiten der Gesellschaft, ohne Unterschied, ob die Firma eine Änderung erleidet oder nicht.**

(2) **Eine entgegenstehende Vereinbarung ist Dritten gegenüber unwirksam.**

Übersicht

	Rn
1) Bedeutung von § 173 und ähnliche Normen	1
2) Anwendungsbereich	2–6
A. Bestehen einer OHG oder KG	2
B. Eintritt	4
C. Vollzug nach außen	6
3) Rechtsfolgen	7, 8
4) Abweichende Vereinbarungen (II)	9, 10
A. Vereinbarungen der Gesellschafter untereinander	9
B. Vereinbarungen mit dem Gläubiger	10

2. Abschnitt. Kommanditgesellschaft 1–7 **§ 173**

	Rn
5) Kommanditistenwechsel (Anteilsübertragung)	11–13
A. Haftung bis zur Anteilsübertragung	11
B. Anteilsübertragung ohne Rechtsnachfolgevermerk	13
6) Gesamtrechtsnachfolge	14–16
A. Gesamtrechtsnachfolge	14
B. Erbgang	15

1) Bedeutung von § 173 und ähnliche Normen

1) § 173 entspricht § 130. Regelungszweck und Abgrenzung zu § 28 s 1
§ 130 Rn 1. Bei Eintritt eines Teilhabers als Kdtist in das Geschäft eines EinzelKfm gilt § 28, RG **142**, 101.

2) Anwendungsbereich

A. **Bestehen einer OHG oder KG:** I setzt das Bestehen einer PersonenHdlGes voraus (§ 130 Rn 2), entweder eine KG oder eine OHG, die durch den Zutritt eines Kdtisten KG wird. Tritt bei der KG jemand als phG ein oder wird ein Kdtist im Wege der Beteiligungsumwandlung zum phG, gilt § 130 (§ 161 II).

§ 173 gilt nach bisher hL nicht bei Eintritt in **GbR**, nach der Änderung der Rspr zur GbR (Einl 14 vor § 105) kann man das für die AußenGbR anders sehen, sehr str, Hamm NZG **02**, 282 (zu § 130), zwingend ist das aber keineswegs (§ 130 Rn 3); da es bei der GbR aber keine beschränkt haftenden Gfter gibt, BGH **142**, 315, greift § 173 analog hier jedenfalls dann, wenn die GbR durch Eintritt zur KG wird, MüKo/K. Schmidt 14. **Nicht** entspr gilt § 130 in anderen Fällen der Umwandlung von GbR in KG (außerhalb des UmwG, Einl 21 vor § 105), Röhricht/Haas/Mock 46, Folgen s Rn 4, für weitergehende Analogie MüKo/K. Schmidt 10, 50; bei Auflösung der KG unter Neugründung (§ 130 Rn 3).

B. **Eintritt:** I setzt weiter Eintritt als Kdtist in die PersonenHdlGes voraus. 4
Eintritt durch Aufnahmevertrag (§ 105 Rn 67) oder Erbgang (§ 139) stehen gleich. Anteilsübertragung s Rn 11–13. I gilt auch bei fehlerhaftem Eintritt, Eintritt in eine fehlerhafte Ges und fehlerhaftem Eintritt in eine fehlerhafte Ges (§ 105 Rn 75, 92), auch bei arglistiger Täuschung (§ 105 Rn 80), aA Honsell/Harrer ZIP **83**, 259. I gilt auch bei tatsächlichem Eintritt in einer RechtsscheinKG (§ 130 Rn 4). I gilt auch bei Beteiligungsumwandlung (phG/Kdtist), Rechtsfolgen s Rn 8. Umwandlung einer GbR von Rechts wegen in KG ist zwar mangels Eintritt kein Fall von I (s Rn 3), aber die bisherigen GbRGfter haften für Altschulden unbeschränkt weiter (bei Ausscheiden § 736 II BGB), nach aA auch § 173 analog, MüKo/K. Schmidt 50 (s Rn 3), für Neuschulden gelten normal §§ 171, 172.

Nicht anwendbar gilt I, wenn phG zusätzlich KdtAnteil erwirbt (einheitliche 5
Beteiligung als phG, § 124 Rn 16); bei nur scheinbarem Eintritt, dann aber eventuell Rechtsscheinhaftung (§ 5 Rn 9 ff).

C. **Vollzug nach außen:** Der Eintritt muss entspr § 123 durch Eintragung 6
oder Fortsetzung der Geschäfte mit Zustimmung des Eintretenden nach außen vollzogen sein (§ 123 Rn 4). Davon zu unterscheiden ist § 176 II (Neuschulden, s Rn 7).

3) Rechtsfolgen

Der Eintretende **haftet** Dritten gegenüber nach §§ 171, 172, 176 nicht nur für 7
neue (hier ist § 176 II zu beachten), sondern **auch für Altschulden,** auch für solche gegenüber MitGftern und ausgeschiedenen Gftern. Kenntnis oder Kennenmüssen des Kdtisten von der Haftung ist unnötig. Auf den guten Glauben

kommt es nicht an. Der Eintretende ist auf Ausgleichs- und Schadensersatzansprüche gegen seine MitGfter angewiesen.

8 Wird ein phG im Wege der **Beteiligungsumwandlung** Kdtist, haftet er für Altschulden weiterhin unbeschränkt nach §§ 128 ff (aber fünfjährige Ausschlussfrist, § 160 III nF), für Neuschulden beschränkt als Kdtist. Entfällt die unbeschränkte Haftung für Altschulden zB nach § 160 III nF, bleibt jedenfalls die beschränkte Haftung für Altschulden nach § 173, der hier anwendbar ist (s Rn 4), bestehen, MüKo/K. Schmidt 9.

4) Abweichende Vereinbarungen (II)

9 A. **Vereinbarungen der Gesellschafter untereinander:** Von I abweichende Vereinbarungen der bisherigen Gfter und des neu eintretenden sind **Dritten gegenüber unwirksam** (II wie § 130 II; anders § 28 II). Die Gfter können zwar die Ausgleichspflichten im Innenverhältnis, nicht aber die Haftung gegenüber den GesGläubigern ändern.

10 B. **Vereinbarungen mit dem Gläubiger:** Möglich ist Haftungsvereinbarung mit dem Gläubiger (wie § 128 Rn 38).

5) Kommanditistenwechsel (Anteilsübertragung)

11 A. **Haftung bis zur Anteilsübertragung:** Die Übertragung des Anteils vom ausscheidenden auf den eintretenden Kdtisten (§ 161 Rn 8; als solche ohne Aus- und Einzahlungen einzutragen, § 162 Rn 8) ist vom gesonderten Ausscheiden und Eintritt (sei es auch ohne Auszahlung an den Ausscheidenden, sondern mit Umbuchung seines Kapitalguthabens auf den Eintretenden) zu unterscheiden. Für die Haftung gemäß §§ 171 I, 172 IV gilt folgendes: Die Leistung durch den AltKdtisten (früher oder jetzt) wirkt für den Neuen, die Leistung durch den Neuen (jetzt oder später) wirkt für den Alten (also keine Verdoppelung der Haftsumme); soweit die Einlage nicht geleistet ist, haften beide gesamtschuldnerisch, RG GrS DNotZ **44**, 199 = WM **64**, 1131, BayObLG BB **83**, 334. Die Rückzahlung an den Alten bis zur Anteilsübertragung wirkt auch gegen den Neuen.

12 **Nach Anteilsübertragung**, mit der der Alte endgültig ausgeschieden ist, schaden diesem spätere Auszahlungen nicht mehr, ihn str. Die Kdtistenhaftung des Alten lebt also durch eine Auszahlung an ihn nicht mehr auf (unbeschadet anderweitiger Rückzahlungsansprüche); noch macht ihn die Rückzahlung an den Neuen haftbar, Michel ZGR **93**, 118, früher Schlegelb/K. Schmidt 33, Grund: Übergang der Finanzierungsverantwortung, aA üL RG WM **64**, 1131, BGH NJW **76**, 752, auch MüKo/K. Schmidt 39, Begründungen: kein Gläubiger braucht sich einen anderen Schuldner aufzwingen zu lassen, Gläubigerschutz. Etwas anderes kann bei Umgehungen gelten. Vermögensverschiebungen nach Anteilsübertragung, Michel ZGR **93**, 118. Bei fehlerhafter Anteilsübertragung gelten auch hier die Grundsätze der fehlerhaften Ges, str (§ 105 Rn 94). Diese Grundsätze gelten entspr bei Teilübertragung, MüKo/K. Schmidt 34.

13 B. **Anteilsübertragung ohne Rechtsnachfolgevermerk:** Bei Abtretung eines KdtAnteils und Eintragung in das HdlReg ohne Rechtsnachfolgevermerk („im Wege der Sonderrechtsnachfolge", „als Rechtsnachfolger" oä, § 162 Rn 8) haftet der Rechtsnachfolger nicht, wenn der Rechtsvorgänger die Haftsumme eingezahlt hat, vielmehr haftet der Rechtsvorgänger entspr § 172 IV (Grund: seine Einlageleistung wirkt jetzt für den Neuen), BGH **81**, 82 gegen die früher hL, dazu Eckert ZHR 147 (**83**) 565, Huber ZGR **84**, 146; aA MüKo/K. Schmidt 36: nur bei Rechtsschein (§ 5 Rn 9) mit Konsequenzen für guten Glauben und Kausalität (§ 5 Rn 12f); Rekurs auf § 15 scheidet jedenfalls wegen § 162 II nF (§ 162 Rn 8) aus; ausführlich von Olshausen GedS Knobbe-Keuk **97**, 262, K. Schmidt ZIP **02**, 413, Bueren ZHR 178 (**14**) 715. Das gilt entspr für

Teilübertragung (s Rn 12). Weitere Fälle unrichtiger Registerlage, so Nichteintragung der Anteilsveräußerung selbst bei MüKo/K. Schmidt 37–39.

6) Gesamtrechtsnachfolge

A. **Gesamtrechtsnachfolge:** Auch eine Gesamtrechtsnachfolge ist Eintritt iSv § 173, zB bei Umwandlung (Einl 23 vor § 105). 14

B. **Erbgang: a) Erwerb von Todes wegen:** Bei Vererbung des KdtAnteils im Normalfall des § 177 ist § 173 anwendbar, üL, MüKo/K. Schmidt 41, Ebenroth/Strohn 25, aA Liebisch ZHR 116 (54) 161, Heymann/Horn 8; auch bei anderer Gesamtrechtsnachfolge. Zu unterscheiden sind nämlich die Haftung des Erben als solchem nach § 1967 BGB, §§ 171, 172 HGB und die Haftung des Erben als neuem Kdtisten nach § 173 (§ 177 Rn 3–4, § 139 Rn 47). Die Gegenmeinung will dem Erben des Kdtisten ebenso wie dem Erben einer OHGAnteils entsprechend § 139 IV die Möglichkeit der erbrechtlichen Haftungsbeschränkung für Altschulden einräumen, danach würde § 139 IV den § 173 verdrängen. Jedoch gibt es keinen Grund einen neu eintretenden Dritten, der ohne weiteres nach § 173 für Altschulden haftet (s Rn 16), schlechter zu stellen als einen Erben nach § 139 oder den Erben eines KdtAnteils. Mehrere Miterben erwerben kraft Sondernachfolge unmittelbar anteilig, dementsprechend haften sie auch nach § 173 nur insoweit, str. Dieselben Grundsätze gelten, wenn der GesVertrag bestimmt, dass nur ein Erbe von mehreren Kdtist wird (wie bei der qualifizierten Nachfolgeklausel bei der OHG, § 177 Rn 3), dieser Erbe haftet nach § 173, die übrigen dagegen nicht nach § 173. Nachfolgevermerk zB „als Erbe" ist nötig, str (§ 162 Rn 8), sonst droht Haftung kraft Rechtsschein, wegen § 162 II nF allerdings nicht mehr § 15 (s Rn 13), MüKo/K. Schmidt 45. 15

b) Erwerb bei Eintrittsklausel: Erwirbt der Kdtist nicht wie im Normalfall des § 177 von Todes wegen, sondern kraft Eintrittsklausel (§ 177 Rn 7) unter Lebenden (§ 139 Rn 50), gilt § 173 ohne weiteres, aA auch hier Heymann/Horn 12. Erst recht gilt § 173, wenn der als Kdtist Eintretende den Anteil erst vom Erben infolge eines Vermächtnisses erhält (§ 177 Rn 3), hier wohl auch Heymann/Horn 13. Nachfolgevermerk zB „als Erbe" ist nötig, sonst droht Haftung kraft § 15. 16

[Herabsetzung der Einlage]

§ 174

Eine Herabsetzung der Einlage eines Kommanditisten ist, solange sie nicht in das Handelsregister des Gerichts, in dessen Bezirke die Gesellschaft ihren Sitz hat, eingetragen ist, den Gläubigern gegenüber unwirksam; Gläubiger, deren Forderungen zur Zeit der Eintragung begründet waren, brauchen die Herabsetzung nicht gegen sich gelten zu lassen.

1) Herabsetzung:

Mit Einlage meint § 174 ebenso wie § 175 die Haftsumme (§ 171 Rn 1). § 174 regelt das **Wirksamwerden der Herabsetzung** der KdtEinlage, während § 175 nur das Verfahren regelt. Die Herabsetzung der Einlage wirkt gegen Dritte nur durch Eintragung ins HdlReg (§ 174 Satz 1), sie hat also konstitutive Wirkung. Wie bei § 176 I 1 aE ist aber positive Kenntnis des Gläubigers von der Herabsetzung schädlich, MüKo/K. Schmidt 17. Ist die Herabsetzung eingetragen, aber noch nicht bekannt gemacht, schützt § 15; bis dahin kann die Herabsetzung einem Dritten nicht entgegengesetzt werden, es sei denn, dass dieser sie kannte (§ 15 I, II). § 15 III hat bei Herabsetzung keine Funktion. Rechtsscheinhaftung (§ 5 Rn 9) ist dagegen vorstellbar. 1

Altschulden: Vor Eintragung begründete Verbindlichkeiten bleiben unberührt, für sie haftet der Kdtist bis zur alten Haftsumme (Halbs 2). Die Altschuld 2 unterliegt aber in Höhe des über dem herabgesetzten Betrag liegenden Teils der Ausschlussfrist nach § 160 nF 1994.

2) Erhöhung:

Wirkung der Erhöhung s § 172 II.

[Anmeldung der Änderung einer Einlage]

175 ¹Die Erhöhung sowie die Herabsetzung einer Einlage ist durch die sämtlichen Gesellschafter zur Eintragung in das Handelsregister anzumelden. ²§ 162 Abs. 2 gilt entsprechend. ³Auf die Eintragung in das Handelsregister des Sitzes der Gesellschaft finden die Vorschriften des § 14 keine Anwendung.

1) Anmeldung (Satz 1):

§ 175 regelt das Verfahren für die Eintragung im HdlReg für die Erhöhung und Herabsetzung der Einlage, § 174 regelt nur das Wirksamwerden der Herabsetzung. § 175 handelt (ebenso wie § 174) von der Haftsumme des Kdtisten, nicht seiner Pflichteinlage (§ 171 Rn 1), BayObLG ZIP **03**, 1444. Über die Behandlung der KG im HdlReg s §§ 106–108 (mit § 161 II) und § 162. Auch Erhöhung und Herabsetzung der Haftsumme sind gemäß S 1 zur Eintragung in das HdlReg anzumelden. S 1 macht sie zu einer **einzutragenden Tatsache** iSv § 15 (§ 15 Rn 5). Die Anmeldung hat durch sämtliche Gfter einschließlich der Kdtstn zu erfolgen (S 1, § 162 Rn 3). Für die Anmeldung durch anderen Gfter kann schon der GesVertrag eine Vollmacht enthalten (§ 162 Rn 3). Die Vollmacht muss sich aber auf diese Anmeldung erstrecken, LG Bln BB **75**, 251.

2) Bekanntmachung (Satz 2):

S 2 idF NaStraG 2001 verweist auf § 162 II nF, Bekanntmachung der Eintragung über eine Änderung der KdtEinlage erfolgt nicht mehr.

3) Keine Erzwingung (Satz 3):

Die Anmeldung soll vom Gericht nicht erzwungen (§ 14) werden, sondern den Gftern freistehen, BayObLG ZIP **03**, 1444.

[Haftung vor Eintragung]

176 (1) ¹Hat die Gesellschaft ihre Geschäfte begonnen, bevor sie in das Handelsregister des Gerichts, in dessen Bezirke sie ihren Sitz hat, eingetragen ist, so haftet jeder Kommanditist, der dem Geschäftsbeginne zugestimmt hat, für die bis zur Eintragung begründeten Verbindlichkeiten der Gesellschaft gleich einem persönlich haftenden Gesellschafter, es sei denn, daß seine Beteiligung als Kommanditist dem Gläubiger bekannt war. ²Diese Vorschrift kommt nicht zur Anwendung, soweit sich aus § 2 oder § 105 Abs. 2 ein anderes ergibt.

(2) **Tritt ein Kommanditist in eine bestehende Handelsgesellschaft ein, so findet die Vorschrift des Absatzes 1 Satz 1 für die in der Zeit zwischen seinem Eintritt und dessen Eintragung in das Handelsregister begründeten Verbindlichkeiten der Gesellschaft entsprechende Anwendung.**

2. Abschnitt. Kommanditgesellschaft 1–4 § 176

Übersicht

	Rn
1) Haftung vor Eintragung der Gesellschaft (I 1)	1–4
A. Grundsatz und Reichweite (I 1)	1
B. Ausnahme bei Kenntnis des Gläubigers (I 1 letzter Halbsatz)	4
2) Unanwendbarkeit auf Gesellschaft ohne Handelsgewerbe (I 2)	5–8
A. Gesellschaft ohne Handelsgewerbe (I 2)	5
B. Rechtsscheinhaftung	7
C. Eigenhaftung	8
3) Haftung bei Eintritt (II)	9–13
A. Haftung bei Eintritt	9
B. Keine Geltung von II	10
C. Haftungsbegrenzung	13

1) Haftung vor Eintragung der Gesellschaft (I 1)

A. Grundsatz und Reichweite (I 1): a) KG: Beginnt die KG ihre **Ge-** 1 **schäfte vor ihrer Eintragung** ins HdlReg (§ 123 II), so **haftet jeder Kommanditist, der** dem früheren Geschäftsbeginn **zustimmte**, für die zwischen Geschäftsbeginn und Eintragung (nicht Anmeldung, str, s Rn 6, nicht Bekanntmachung) begründeten GesSchulden grundsätzlich wie ein phG, also **ohne Beschränkung** gemäß §§ 171, 172 (so **I 1**). Auch § 171 II (Zugriff nur des Insolvenzverwalters) greift vor Eintragung nicht ein, s § 171 Rn 11. Normzweck ist objektiver Vertrauensschutz im Rechtsverkehr, Haftungsbeschränkung setzt Publizität voraus. Dieser vielfach als zu streng empfundenen Regelung sollte der Kdtist dadurch entgehen, dass er seinen Beitritt unter die **aufschiebende Bedingung** der HdlRegEintragung stellt, BGH **82**, 212, NJW **83**, 2259. Verbindlichkeiten iSv § 176 sind nicht solche aus unerlaubter Handlung, BGH **82**, 215; richtiger ist Erstreckung auf den gesamten **Geschäfts- und Prozessverkehr** wie in § 15 (§ 15 Rn 8), str. Die Haftung aus § 176 entfällt (anders als nach § 11 II GmbHG, s Anh § 177a Rn 17) nicht mit späterer Eintragung. Die Verjährung des Anspruchs aus § 176 wird auch durch die Klage zunächst nur aus § 171 I gehemmt, BGH NJW **83**, 2813. Verjährung und Ausschlussfrist gemäß §§ 159, 160 (nF 1994) erst ab Eintragung, vgl BGH **78**, 117. Dauerschuldverhältnisse s § 128 Rn 31 ff. KdtistenHaftung und Registerpublizität, Mattheus/Schwab ZGR **08**, 65. Keine pers Haftung des Kommanditisten für Ordnungsgeld bei Nichteinreichen des Jahresabschlusses, LG Bonn NZG **13**, 1220.

b) GmbH & Co KG: Geltung des § 176 für GmbH & Co-Kdtisten str, s Anh 2 § 177a Rn 19.

c) Rechtsschein-KG: Hier gilt § 176 nicht, sondern nur Rechtsscheinhaf- 3 tung (s Rn 7, § 5 Rn 9); anders BAG NJW **80**, 1071, Priester BB **80**, 911: § 176 analog. Lit: Beyerle 1976, dazu Lieb ZHR 141 (**77**) 374; Crezelius BB **83**, 5, Knobbe-Keuk FS Stimpel **85**, 187, Dauner-Lieb FS Lutter **00**, 835, K. Schmidt GmbHR **02**, 341, Jacobs DB **05**, 2227.

B. Ausnahme bei Kenntnis des Gläubigers (I 1 letzter Halbsatz): War 4 dem Gläubiger die Beteiligung als Kdtist, gleichviel mit welcher Einlage, bekannt, so entfällt die unbeschränkte Haftung. Kenntnis, dass die Ges eine KG ist, genügt nicht, aber Kenntnis aller phG, BGH WM **86**, 1280. Kennenmüssen steht der Kenntnis nicht gleich, RG **128**, 183, bei Evidenz str, Clauss/Fleckner WM **03**, 1792. Beweispflichtig ist der Kdtist. § 15 gilt nicht: bei zwischen Eintragung und Bekanntmachung begründeter Verbindlichkeit kann weder der Dritte sich auf Unkenntnis der Eintragung (der Ges als KG, des Gfters als Kdtist) berufen noch muss Kdtist dem Dritten Kenntnis der beschränkten Haftung beweisen. Höhe der beschränkten Haftung: Haftsumme laut GesVertrag, BGH DB **77**, 1250; dazu K.

§ 176 5–8   2. Buch. Handelsgesellschaften und stille Gesellschaft

Schmidt DB 77, 2313, nunmehr § 162 II (§ 162 Rn 5). Beitritt s Rn 9. S auch Ffm BB 72, 333: volle Haftung des X, auch wenn Gläubiger von ihm überhaupt nichts weiß.

2) Unanwendbarkeit auf Gesellschaft ohne Handelsgewerbe (I 2)

Schrifttum

Fischer NJW 73, 2188. – *Canaris* NJW 74, 455. – *Flume* FS Westermann 74, 137. – *K. Schmidt* JZ 74, 219, NJW 75, 665. – *Beyerle* BB 75, 944. – *Teichmann/Schick* JuS 75, 18. – *Kollhosser* ZGR 76, 231. – *Huber* FS Hefermehl 76, 127. – *Dauner-Lieb* FS Lutter 00, 835. – *K. Schmidt* GmbHR 02, 341. – *Clauss/Fleckner* WM 03, 1790.

5 A. **Gesellschaft ohne Handelsgewerbe: I 2** entspricht § 123 II letzter Halbs (§ 123 Rn 14). I 1 gilt nicht für Kleingewerbetreibende, GbR und VermögensverwaltungsGes (I 2 idF HRefG 1998 iVm §§ 2, 3 II, III, 105 II). Diese behalten ihre freiwillige Eintragungsoption, ihre Eintragung wirkt konstitutiv (§ 2 Rn 3, § 105 Rn 12). I 1 ist jedoch anwendbar, wenn die (noch nicht eingetragene) KG ein schon nach § 2 eingetragenes EinzelKfmGeschäft übernimmt und unter alter Firma fortführt (§ 28); unanwendbar bei Übernahme des nicht unter § 1 fallenden Geschäfts einer GmbH (obwohl diese stets als HdlGes gilt, § 13 III GmbHG), BGH 59, 183, 61, 60, 73, 220.

6 Bei Unanwendbarkeit von I 1 gilt für die (noch nicht eingetragene) KG das **Recht der BGBGesellschaft** (MitunternehmerGbR), BGH 69, 95, NJW 83, 1907, das aber inzwischen dem der OHG angenähert ist (§ 128 analog, Einl 14 vor § 105). Ausdehnung der Haftungsprivilegierung nach I 1 ist nicht schon durch Information der Gläubiger über die beschränkte Haftung möglich, aA Mülbert AcP 199 (99) 96: Haftungsbeschränkung kraft Individualpublizität; Schäfer GA 71. DJT 16 E 100 mit dem Vorschlag die Vorschrift zu streichen. Für Ausdehnung jedenfalls dann, wenn der Antrag zur Eintragung als KG gestellt ist, Dauner-Lieb FS Lutter 00, 839, ebenso wenn Eintragung betrieben wird, MüKo/ K. Schmidt 3, 9, Wachter ZErb 08, 125, was de lege lata sehr weit geht, Clauss/ Fleckner WM 03, 1793. Aus Wechselzeichnung (namens der „KG") durch Geschäftsführer der phG-GmbH (vgl oben) haftet idR nur dieser selbst, BGH 59, 184, 61, 60, dazu Schwerdtner JR 73, 319. Der Akzeptzeichner haftet nicht (Art 8 WG ist unanwendbar); die nach hM (vom BGH dahingestellt) für solche „Mitunternehmer-GbR" geltende ungünstigere Prozessregelung (Klage gegen die Gfter) muss Gläubiger hinnehmen; BGH 61, 60, 69, 99.

7 B. **Rechtsscheinhaftung:** Diese kommt bei Auftreten namens der „KG" in Betracht. Dann haften die „Kdtisten"-(GbRGfter), soweit sie der Geschäftsaufnahme zustimmten, aus Rechtsschein durch Auftreten als Gfter der HdlGes (vgl § 5 Rn 9), jedoch nicht weiter als wäre der Schein Wahrheit, dh beschränkt gemäß dem KGVertrag; nicht etwa gilt § 176 I 1, gleich ob Gläubiger weiß, wer Kdtist, wer phG sein soll, str; BGH 61, 60, 69, 99. Lit: Beyerle BB 75, 944, Teichmann/Schick JuS 75, 18, Kollhosser ZGR 76, 231, Huber FS Hefermehl 76, 127, Wackerbarth ZGR 99, 365, Clauss/Fleckner WM 03, 1795.

8 C. **Eigenhaftung:** Im Falle von I 2 idR auch keine Haftung des Handelnden aus § 179 I BGB (Vertreter ohne Vertretungsmacht), da die KG mit Eintragung Schuldnerin wird, BGH 69, 101; abw in einem Sonderfall (rechtskräftige Abweisung der Klage gegen die KG) BGH 63, 48. Zum Wegfall der Haftung des Handelnden aus § 11 II GmbHG s Anh § 177a Rn 17 bei der GmbH & Co. Möglich (idR nicht anzunehmen) ist persönliche Einstehensverpflichtung der Gründer (§ 427 BGB), BGH 63, 48; Wegfall der Verpflichtung der Gründer für Verbindlichkeiten der Vorgesellschaft bei Eintragung der GmbH, BGH 80, 130, s Anh § 177a Rn 16.

2. Abschnitt. Kommanditgesellschaft § 177

3) Haftung bei Eintritt (II)

A. Haftung bei Eintritt: Der in eine bestehende „HdlGes", dh OHG (die 9
dadurch KG wird) oder KG, eintretende Kdtist haftet unbeschränkt, entsprechend
I 1 für die zwischen seinem Eintritt und dessen Eintragung ins HdlReg begründeten GesSchulden (**II**). **Eintritt** ist iZw der Abschluss des Eintrittsvertrags;
anders wenn nach diesem der Eintritt zu anderer Zeit wirksam werden soll, zB
erst mit Eintragung des Eintritts, wodurch das Risiko aus II entfällt, BGH **82**,
212m Anm K. Schmidt NJW **82**, 886. Anders als nach I 1 bei Beitritt vor
Geschäftsbeginn ist nach II **keine Zustimmung** des Eintretenden zur Fortführung der Geschäfte erforderlich, BGH **82**, 211. II gilt auch für GbR als Kdtist,
nicht aber für deren nicht eingetragene Gfter (§ 162 I 2), wenn die GbR selbst
eingetragen ist. II gilt auch, wenn der GesGläubiger bei Geschäftsabschluss die
GesZugehörigkeit des Kdsten nicht gekannt hat, BGH **82**, 212, aA Priester BB
80, 913. Bei Kenntnis des Gläubigers vom Eintritt als Kdtist beschränkte Haftung
vgl Rn 4. Höhe (falls nicht im GesVertrag bestimmt, vgl Rn 4): vereinbarte
Einlage (Haftsumme gleich Pflichteinlage); wenn Sacheinlage deren wirklicher
Wert; soweit Einbringungszusage rechtswirksam (zB nicht bei Formverstoß,
§ 311b I BGB); BGH DB **77**, 1250.

B. Keine Geltung von II: a) Umwandlung der phG- in KdtBeteiligung nach 10
§ 139, MüKo/K. Schmidt 24, Oetker/Oetker 43, aA BGH **66**, 100 mit Ausnahme, wenn der Erbe bereits Gfter war; doch kommt dann Haftung als Erbe des
phG in Betracht (§§ 15 I, 128, Erbenhaftungsrecht).

b) Eintritt (eines NichtGfters) durch **Anteilsübertragung**, zB **Abtretung** 11
des KdtAnteils, MüKo/K. Schmidt 21, Ebenroth/Strohn 27, aA BGH **66**, 100,
NJW **83**, 2259.

c) Nachfolge von Todes wegen, MüKo/K. Schmidt 22, Ebenroth/Strohn 12
27, wohl auch BGH **108**, 197; aA noch BGH **66**, 100, NJW **83**, 2259, aber mit
Einschränkungen: erst nach Schonfrist für unverzügliche Herbeiführung der Eintragung (als Kdtist) und auch nicht, wenn ein (schon der Ges angehörender)
Kdtist einen phG beerbt. Davon zu unterscheiden ist die fehlende Eintragung der
KG bzw des Eintritts des Erblassers; die Haftung des Erblassers geht auf den Erben
über, BGH **108**, 197.

C. Haftungsbegrenzung: Haftung erlischt nicht mit Eintragung der KG 13
(anders § 11 II GmbHG, s Anh § 177a Rn 17), doch kommt es zur Haftungsbegrenzung auf fünf Jahre entspr § 160 nF 1994.

[Tod des Kommanditisten]

177 Beim Tod eines Kommanditisten wird die Gesellschaft mangels abweichender vertraglicher Bestimmung mit den Erben fortgesetzt.

Übersicht

	Rn
1) Tod eines persönlich haftenden Gesellschafters	1
2) Tod eines Kommanditisten	2–5
A. Keine Auflösung der Gesellschaft bei Tod des Kommanditisten	2
B. Nachfolge	3
C. Testamentsvollstreckung	5
3) Abwicklung	6
4) Abweichende Vereinbarungen	7

§ 177 1–4   2. Buch. Handelsgesellschaften und stille Gesellschaft

1) Tod eines persönlich haftenden Gesellschafters

1   § 177 idF HRefG 1998. Beim Tod eines phG gilt dasselbe wie beim Tod eines Gfters in der OHG. Die KG wird nicht aufgelöst (anders § 131 Nr 4 aF), sondern der phG scheidet aus (§ 131 III 1 Nr 1, s dort Rn 18), außer bei einer Nachfolgeklausel (§ 139 Rn 1, 2), aA (Verbleiben des phG bzw seiner Erben in der KG iL) Frey/v Bredow ZIP **98**, 1620. Allerdings kann eine KG ohne phG nicht fortbestehen (§ 161 Rn 3). Sie wird weder kraft Gesetzes zur OHG noch besteht eine werbende KG ohne phG weiter, bis irgendwann einmal vielleicht ein phG gefunden wird, sondern die KG ist aufgelöst (§ 145, KG iL § 131 Rn 18). Der bzw die Kdtisten können aber einen neuen phG suchen und sind sich dazu auch kraft ihrer Treuepflicht verpflichtet, uU auch derart, dass sie eine GmbH als künftigen phG gründen. Tritt dieser ein, kann die KG iL als werbende KG fortgeführt werden. Dazu bedarf es mangels Bestimmung im GesVertrag (uU §§ 133, 157 BGB, vgl BGH NJW **79**, 1706) eines Fortsetzungsbeschlusses (§ 131 Rn 31). Führen die Kdtisten die KG ohne phG als werbende weiter, wird sie damit idR zur OHG, BGH NJW **79**, 1706. Eine Nachfolgeklausel findet sich bei der KG häufig. § 139 gilt über § 161 II grundsätzlich uneingeschränkt. Auflösung der GmbH bei der GmbH & Co steht dem Tod des phG nicht gleich, zum Ausscheiden (früher: Auflösung) führt erst die Vollbeendigung, BGH **75**, 178 hL, str (§ 131 Rn 20. 36, Anh § 177a Rn 45). Abweisung mangels Masse der GmbH (§ 26 InsO) löst die KG nicht auf, hL, str (§ 131 Rn 22, Anh § 177a Rn 45). Berufung nur eines Erben zum phG, der anderen zu Kdtisten s § 139 Rn 15. Wechsel in die Stellung eines Kdtisten nach §§ 139 I, III s § 139 Rn 41. Lit: Bork/Jacoby ZGR **05**, 611.

2) Tod eines Kommanditisten (§ 177)

2   A. **Keine Auflösung der Gesellschaft bei Tod des Kommanditisten:** Erst recht wird die KG beim Tod eines Kdtisten nicht aufgelöst, der Kdtist scheidet aber anders als der phG (§ 131 III 1 Nr 1) nicht aus, sondern die KG wird mangels abweichender vertraglicher Bestimmung mit den Erben fortgesetzt (§ 177 nF). Damit entfällt die Grundlage für § 139.

3   B. **Nachfolge:** Der GesAnteil des Kdtisten fällt an seine Erben, ohne dass es dazu einer (einfachen) Nachfolgeklausel wie bei der OHG (§ 139 Rn 2, 10) bedarf, BGH **68**, 230. Die Kdtistenstellung des Vorerben gehört als Surrogat zum Nachlass (§ 139 Rn 14), BGH **109**, 214, Aufgabe von NJW **77**, 433. Mehrere Erben treten auch anstelle eines Kdtisten nicht als Erbengemeinschaft ein, die nicht Gfter sein kann (§ 161 Rn 4), sondern einzeln im Wege der **Sondererbfolge** (§ 139 Rn 14). Der GesVertrag kann bestimmen, dass nur ein Erbe Kdtist wird (wie bei der qualifizierten Nachfolgeklausel bei der OHG, § 139 Rn 15–18). Der Abfindungsanspruch der (nicht eintretenden) Erben kann wirksam völlig ausgeschlossen werden (§ 131 Rn 62). Die Nachfolge findet auch bei negativem Kapitalkonto des Erblassers (§ 120 Rn 22) statt (§ 139 Rn 42). Ist wirksam unter Lebenden auf den Todesfall über den Anteil verfügt, fällt der Anteil an den so Bestimmten. Ist dies der einzige MitGfter (phG), wird er Alleininhaber (§ 140 Rn 25). Ist durch **Vermächtnis** über den Anteil verfügt, wird zunächst der Erbe Kdtist mit der Pflicht, den Anteil dem Bedachten zu verschaffen bzw, wenn der GesVertrag das nicht zulässt, die übertragbaren Rechte aus dem Anteil (zB auf Gewinn, Auseinandersetzungsguthaben), BGH WM **76**, 251. Ergänzende Auslegung eines GesVertrags über Beerbung eines Kdtisten s BGH WM **79**, 535. Vor- und Nacherbschaft mit KdtAnteil wie bei der OHG (§ 139 Rn 19–20).

4   Der Erbe tritt von Rechts wegen in die Stellung des Erblassers als Kdtist ein. **§§ 171, 172** gelten für ihn so wie für den Erblasser. Ob **§ 173** für den so nachfolgenden Kdtisten gilt, ist str (§ 173 Rn 15). Ist der Erbe bereits Gfter, greift der Grundsatz der Einheitlichkeit des GesAnteils durch (§ 124 Rn 16): ist er

phG, erhöht der KdtAnteil seinen Kapitalanteil, an der unbeschränkten Haftung ändert sich nichts, Hbg ZIP **84**, 1227; ist er Kdtist, hat erhöht sich sein KdtAnteil. Für Anmeldungen zum Handelsregister kann es des Nachweises der Rechtsnachfolge bedürfen, s § 12 Rn 5.

C. **Testamentsvollstreckung** für einen KdtAnteil ist möglich (ausführlich 5 § 139 Rn 24–28), sehr str, jedenfalls Dauertestamentsvollstreckung kann (zutr: muss, § 162 Rn 9) eingetragen werden, BGH ZIP **12**, 623, Antrag durch den Testamentsvollstrecker, Wicke ZGR **15**, 182. Möglich ist auch eine **Nachlassverwaltung** (§ 139 Rn 33).

3) Abwicklung

Für die Abwicklung gelten wie bei der OHG §§ 145 ff, sofern nicht anderes 6 bestimmt ist (§ 145 I). Auch die Kdtisten sind zu Liquidatoren berufen (§ 145 Rn 2), BGH WM **82**, 1170. Wird die aufgelöste KG als GbR fortgeführt, gilt nicht § 158, sondern BGB (§ 158 Rn 2); das Grundbuch ist zu berichtigen, Hamm ZIP **84**, 180.

4) Abweichende Vereinbarungen

§ 177 ist, wie dort ausdrücklich gesagt, dispositiv. Der GesVertrag kann be- 7 stimmen, dass der KdtAnteil nicht vererblich ist, oder statt automatischer Nachfolge kraft Erbrechts nur eine Eintrittsklausel vorsehen (§ 139 Rn 50). Er kann die Abfindung beschränken oder ganz ausschließen (§ 131 Rn 62). Dass §§ 145 ff dispositiv sind, folgt schon aus § 145 I 2 Halbs.

[Angaben auf Geschäftsbriefen; Zahlungsunfähigkeit oder Überschuldung]

177a [1] Die §§ 125a und 130a gelten auch für die Gesellschaft, bei der ein Kommanditist eine natürliche Person ist, § 130a jedoch mit der Maßgabe, daß anstelle des Absatzes 1 Satz 4 der § 172 Abs. 6 Satz 2 anzuwenden ist. [2] Der in § 125a Abs. 1 Satz 2 für die Gesellschafter vorgeschriebenen Angaben bedarf es nur für die persönlich haftenden Gesellschafter der Gesellschaft.

1) § 177a idF des MoMiG 2008, vorher HRefG 1998, GmbHNovelle 1980. 1 §§ 125a und 130a (s dort) gelten auch für die KG, bei der zwar ein Kdtist natürliche Person ist, nicht jedoch ein phG. Ausgenommen sind auch hier nach dem Zweck des Gesetzes solche KGen, zu deren phG eine OHG oder KG gehört, bei der ein phG eine natürliche Person ist (Verweisung auf § 172 VI 2); doppelstöckige KG s § 125a Rn 4, 130a Rn 13, vgl § 19 Rn 25. Die nach § 125a I 2 für die Gfter vorgeschriebenen Angaben auf Geschäftsbriefen müssen nur für die phG der KG, nicht jedoch für die Kommanditisten gemacht werden. § 130a entfaltet praktische Bedeutung im Wesentlichen nur über § 177a, insbesondere für die GmbH & Co.

Anhang nach § 177a: GmbH & Co; Publikumsgesellschaft (mit Prospekthaftung)

A. GmbH & Co

Schrifttum

a) Kommentare: s Kommentare zum HGB (s Einl vor § 105, dort bei § 161) und GmbHG (s **(2b)** GmbHG Einl) sowie *Ebenroth/Boujong/Joost/Strohn/Henze/Notz* Bd 1 3. Aufl 2014 Anh A nach § 177a. – Heidel(/Schall)/Bergmann Anhang GmbH & Co, nach

Anh § 177a 2. Buch. Handelsgesellschaften und stille Gesellschaft

§ 177a, 2. Aufl 2015. – *Henssler(/Strohn)/Servatius* Anhang Publikumsgesellschaft und GmbH & Co KG, 3. Aufl 2016. –Oetker/Oetker § 161 Rdn 67 ff.

b) Handbücher: *Binz/Sorg,* 11. Aufl 2010. – Münch. Hdb des GesR Bd 2 KG, GmbH & Co KG, Publikums-KG, StGes, 4. Aufl 2014, §§ 49–60. – *Hesselmann(/Tillmann/Mueller-Thuns)/Bearbeiter,* 21. Aufl 2018 (Hdb). – Reichert 7. Aufl 2015. – *Schulze zur Wiesche/Ottersbach* 5. Aufl 2009. – *Söffing* 3. Aufl 2016. – *Wagner/Rux,* 12. Aufl 2013. – *Westermann (/Wertenbruch)/Blaum,* Hdb der Personengesellschaften, §§ 55, 56 (LBl). – Winter 2017.

c) Einzeldarstellungen und Sonstiges: Centrale für GmbH Dr. O. Schmidt, Hrsg, Aktuelle Probleme der GmbH & Co, 1967. – *H. P. Westermann,* Die GmbH & Co im Lichte der Wirtschaftsverfassung, 1973. – *Binz,* Haftungsverhältnisse im Gründungsstadium der GmbH & Co KG, 1977. – *K. Schmidt/Uhlenbruck,* Die GmbH in Krise, Sanierung und Insolvenz, 5. Aufl 2017. – *Zacher,* Kapitalsicherung und Haftung in der GmbH & Co KG, 1992. – **Muster:** Hopt/Lang, Vertrags- und Formularbuch zum Hdl-, Ges- und Bankrecht, 4. Aufl 2013, Teil II. C.3–5 (mit 3 Vertragsmustern). – *Priester,* 3. Aufl 2000. – *Sommer,* 4. Aufl 2012. **RsprÜbersichten:** *Goette* 1997 (GmbH); BGHFSWissII/*Hopt* 00, 497 (Kapitalmarktrecht mit Prospekthaftung); *Kuhn* WM Sonderbeil 1/**78**; *Brandes* WM Sonderbeil 1/**87**; *K. Schmidt* FS Priester **07**, 691u JZ **08**, 425; *Wachter* GmbHR **08**, 87 (Sonderheft); zur GmbH *Brandes* WM Sonderbeil 3/**92**. – Zahlreiche Aufsätze bes in GmbHR. – Laufende Materialsammlung bei Centrale für GmbH Dr. Otto Schmidt. – Zum HRefG 1998s § 105 II, dort Rn 12; *Schlitt* NZG **98**, 580. – Zum MoMiG Wedemann WM **08**, 1381.

Schrifttum zur PublikumsGes s unter B vor Rn 52, zum KAGB s unter C vor Rn 86.

Übersicht

	Rn
I. Begriff, Allgemeines	1–11
1) Begriff, praktische Bedeutung	1–3
A. Begriff	1
B. Praktische Bedeutung	2
2) Rechtliche Zulässigkeit	4, 5
A. Rechtliche Zulässigkeit	4
B. Gesetzgeberische Kautelen	5
3) Erscheinungsformen	6–11
A. Die personen- und beteiligungsgleiche GmbH & Co (echte GmbH & Co)	6
B. Die nicht personen- und beteiligungsgleiche GmbH & Co	7
C. Einheitsgesellschaft (EinheitsGmbH & Co)	8
D. Die doppelstöckige (dreistufige) GmbH & Co	9
E. Kapitalgesellschaftsähnliche Formen der GmbH & Co	10
F. Sonderformen und Typenverbindungen mit anderen Gesellschaften	11
II. Errichtung	12–20
1) Gründung	12–14
A. Gesellschaftsvertrag	12
B. Anmeldung und Eintragung im Handelsregister	13
C. Umwandlung	14
2) Haftung im Gründungsstadium und Kapitalerhaltung	15–19
A. Vor Eintragung	15
B. Nach Eintragung	16
C. Handelndenhaftung	17
D. Haftung der Mitglieder der Vorgründungsgesellschaft	18
E. Haftung der Kommanditisten vor Eintragung	19
3) Firma	20
III. Rechtsverhältnisse der Gesellschafter untereinander	21–33
1) Rechte und Pflichten der Gesellschafter	21–25
A. Grundlage im Recht der KG	21
B. Einzelne Rechte und Pflichten	22
2) KGGeschäftsführung, GmbHGeschäftsführer	26–30
A. Geschäftsführung im KG	26
B. Geschäftsführer der GmbH	27

	Rn
3) Beirat, Aufsichtsrat und Prüfungsausschuss	31
4) Gesellschafterversammlung	32
5) Gesellschaftsvertragsänderung	33
IV. Rechtsverhältnisse der Gesellschafter zu Dritten	34–44
1) Rechtliche Selbstständigkeit der Gesellschaft	34, 35
A. Wirksamkeit und Rechtsstellung der KG	34
B. Prozess	35
2) Vertretung, Selbstkontrahieren	36–40
A. Organschaftliche Vertretung	36
B. Rechtsgeschäftliche Vertretung	37
C. Vertretung der Kommanditisten	38
D. Selbstkontrahieren	39
3) Haftung gegenüber Dritten	41–44
A. Haftung der GmbH & Co	41
B. Haftung der Kommanditisten	42
C. Haftung des GmbHGeschäftsführers	44
V. Auflösung, Gesellschafterwechsel, Auseinandersetzung	45–49
1) Auflösung	45, 46
A. KG	45
B. GmbH	46
2) Gesellschafterwechsel	47, 48
A. KG	47
B. GmbH	48
3) Auseinandersetzung (Liquidation)	49
VI. Mitbestimmung	50
VII. Rechnungslegung und Transparenz	51
VIII. Die unterkapitalisierte GmbH & Co, allgemeine Durchgriffshaftung, Haftung aus existenzvernichtendem Eingriff	51a–51j

I. Begriff, Allgemeines

1) Begriff, praktische Bedeutung

A. **Begriff:** Die **GmbH & Co** (KG) ist eine **KG, an der eine GmbH als** fast **1** immer einziger **Komplementär beteiligt ist.** Als KG ist sie rechtlich eine PersonenGes, die ein HdlGewerbe voraussetzt, §§ 1, 2, 3, 5, 161 I (str, Lüdtke-Handjery BB **73**, 71; die KG selbst, nicht nur die GmbH muss Kfm sein, BayObLG NJW **85**, 982, str; vgl Rn 9) und auf die grundsätzlich KGRecht Anwendung findet. Der Umstand, dass ihr phG eine Ges „mbH" (juristische Person, KapitalGes) ist, bedeutet eine Typenverbindung und wirtschaftliche Annäherung an eine KapitalGes, BGH **62**, 227 („der Form nach eine Personengesellschaft", „sachlich Gesellschaft mbH"). Dies ist der Grund für die besonderen Rechtsprobleme der GmbH & Co. Dabei geht es um die Überlagerung des KGRechts durch KapitalGesRecht oder eigene Regeln für den besonderen Mischtyp. Solche Gesellschaften werden international nicht immer anerkannt, eine interessante Hybridform von Personen- und Kapitalgesellschaft mit freilich einheitlichem Gesellschaftsstatut stellt die US-amerikanische LLC dar, s oben Einl vor § 105 Rn 37. Lit: K. Schmidt JZ **08**, 425, international Ribstein 2010, zur LLC auch Henssler FS Kirchhoff **02**, 177. Bei der GmbH & Co KG kommt der **Kautelarpraxis** besondere Bedeutung zu, in der sich verschiedene Grundtypen herausgebildet haben, s Rn 6 ff, und der auch die Aufgabe zukommt, die Gesellschaftsverträge von GmbH und KG unternehmensindividuell aufeinander abzustimmen.

B. **Praktische Bedeutung:** Rechtstatsächlich ist die GmbH & Co KG die **2** vorherrschende Rechtsform des in der Rechtsform einer Personengesellschaft organisierten kaufmännischen Rechtsverkehrs. Ihr kommt aber auch darüber hinaus eine herausragende Bedeutung zu, es handelt sich um die nach GmbH/ UG zweithäufigste kaufmännisch organisierte Rechtsform; betrachtet man Gesellschaften mit mehr als fünf Mitgliedern, dürfte es sich bei der GmbH & Co sogar um die häufigste Gesellschaftsform für Handelsgesellschaften handeln, dazu Einl 40 vor § 105, wobei es sich freilich häufig um Publikumsgesellschaften, also im Kern um bloße Anlagevehikel handeln wird, s Rn 52 ff. Praktische Verwendung findet die GmbH & Co insbesondere bei Familiengesellschaften, Holler BB **12**, 719.

Die GmbH & Co hat sich seit den 20er Jahren vor allem aus **steuerlichen Gründen** rasch ausgebreitet. Die Doppelbesteuerung nach KStG (Besteuerung der Gewinne zB der AG und noch einmal der Dividenden bei den Aktionären) ist zwar seit 1977 und die Vermögensbesteuerung seit 1997 beseitigt, Steueranreize ergeben sich aber ua aus Sonderabschreibungen, die nur der PersonenGes offen stehen. Bei der Entscheidung für GmbH & Co oder bloße GmbH ist ein **konkreter Belastungsvergleich** unerlässlich, Bspe bei Hesselmann/Müller-Thuns 2.38–60, Vergleich von KG und GmbH auch mit Darstellung der historischen Entwicklung Kußmaul/Meyering/Schwarz GmbHR **16**, 385. Übliche Gestaltungsvariante ist, dass alle Gewinne bei den Kdtisten anfallen, Hesselmann/Müller-Thuns 1.4, die GmbH freilich eine Vergütung (auch) für die Haftungsübernahme erhält. Demgegenüber haben Gesellschafter ohne bes Regelung im GesVertrag kein „Steuerentnahmerecht" ggü der Ges, BGH ZIP **16**, 1020. Lit: Binz/Sorg § 1 V (Verbreitung), § 22 (Rechtsformenwahl, Wegfall früherer Vorteile, aber Flexibilität), von der Osten GmbHR **95**, 438. Nach BFH ZIP **16**, 1382 kann unter den steuerrechtlichen Begriff der juristischen Person im Einzelfall auch eine GmbH & Co gefasst werden (RL 37/388/EWG), bei überhöhter Geschäftsführervergütung ggf verdeckte Gewinnausschüttung, BFH GmbHR **16**, 125.

3 Heute stehen die **gesellschaftsrechtlichen Vorteile** der GmbH & Co KG klar **im Vordergrund.** Sie liegen in der Kombination von Vorteilen der KapitalGes und der PersonenGes. Zu den ersteren gehören zB Haftungsbeschränkung, Möglichkeit der Drittorganschaft, Lösung des Nachfolgeproblems (Unternehmensperpetuierung), bei Publikumspersonengesellschaft leichtere Kapitalbeschaffung durch besseren Zugang zum Finanz- und Kapitalmarkt (vgl Rn 52–53, sogar besser als bei GmbH), Beherrschung ohne Kapitalmehrheit, EinpersonenGes ua (Sachfirma ist inzwischen allgemeiner möglich, § 19 I). Dies alles ermöglichte diese Rechtsform bei gleichzeitiger Inanspruchnahme der Vorteile einer PersonenGes, zB formloser GesVertrag, freie Gestaltung des Innenverhältnisses, formloser Gesellschafterwechsel, Entnahmerecht auch ohne Gewinnwirtschaftung, Vermeidung der unternehmerischen Mitbestimmung (im Aufsichtsrat) nach DrittelbG und Entschärfung derjenigen nach MitbestG (s Rn 50), und bis zum KapCoRiLiG 2000 (Einl 8 vor § 238) erheblich geringerer Zwang zur Publizität. Auch heute ist die Publizität gegenüber einer reinen Kapitalgesellschaft noch herabgesetzt, s Rn 51aE.

2) Rechtliche Zulässigkeit

4 A. **Rechtliche Zulässigkeit:** Die Zulässigkeit der GmbH & Co ist trotz Widerstands der Literatur schon früh von der Rspr **anerkannt,** BayObLG OLGE **27**, 331 **(1912)**, RG **105**, 101 **(1922)**, inzwischen durch vom Gesetzgeber (KVStG 1972; § 4 I MitbestG 1976; 1976: §§ 130a, 130b aufgehoben; 1981: §§ 19 V, 125a, 129a aufgehoben, 172 VI, 172a aufgehoben, 177a), seit MoMiG 2008 findet sich Insolvenzantragspflicht und strafrechtliche Verantwortlichkeit in § 15a InsO, Gesellschafterdarlehen in § 135 InsO. Anerkannt ist heute KGaA mit GmbH als phG, BGH **134**, 392 (s Rn 34), aA K. Schmidt ZHR 160 **(96)** 265, das KAGB (§ 18 I) lässt nur AG, GmbH und GmbH & Co als Rechtsformen für externe Kapitalverwaltungsgesellschaft zu, s Anhang C. Nach MoMiG auch UG (haftungsbeschränkt) & Co (s Rn 11). Auch eine WirtschaftsprüfungsGes und

2. Abschnitt. Kommanditgesellschaft 5, 6 **Anh § 177a**

eine StBerGes, die die Voraussetzungen des § 50a StBerG erfüllt, können Komplementär einer Wirtschaftsprüfungs- bzw StBerKG sein, K. Schmidt DB 09, 271 (s auch § 105 Rn 13), zu Haftungsgefahren bei Nichtvorliegen der Voraussetzungen des § 49 II StBerG Potsch NZG **12**, 329. Der BGH lässt Eintragung als GmbH & Co KG weiter zu, BGH ZIP **14**, 2032, (abl etwa KG ZIP **13**, 2156, als Vorinstanz Dresd NZG **13**, 873), dazu K Schmidt ZIP **14**, 2226. Eine Rechtsanwalts-GmbH & Co KG de lege lata nicht zulassend AnwGH NZG **11**, 344, BGH ZIP **11**, 1664 (krit K. Schmidt DB **11**, 2477), Verfassungsbeschwerde nicht zur Entscheidung angenommen, BVerfG ZIP **12**, 367, dafür Karl NJW **10**, 967, arg e § 59c I BRAO (RAGmbH) und § 105 II (s § 105 Rn 13, str), de lege ferenda Henssler NZG **11**, 1121, **15**, 7. Anerkannt wird die GmbH & Co durch ein Ingenieurbüro, Zweibr NZG **13**, 105. Ausländische juristische Person & Co s Rn 11. **Konzernrecht** betrifft die GmbH & Co nicht als solche, anders wenn die GmbH als phG gleichzeitig mehrere Ges leitet; s § 105 Rn 103, es wird die GmbH & Co KG aber durchaus auch als Tochtergesellschaft (ausländischer) Gesellschaften verwandt. Zur Rückabwicklung **kartellrechtswidriger GmbH & Co** Wessels ZIP **14**, 101, 857, K. Schmidt BB **14**, 515 (auch zur fehlerhaften Ges), ZIP **14**, 863. Vorschlag, die GmbH & Co zwingend durch eine allein zulässige Handelsgesellschaft auf Einlagen zu ersetzen (Hueck et al 1971) konnte sich nicht durchsetzen. Lit: Krebs 1991, Ehrhardt 1996, Henssler ZGR **00**, 479u FS Kreutz **10**, 635, Fleischer/Wansleben GmbHR **17**, 169.

B. **Gesetzgeberische Kautelen:** Es fehlt eine eigenständige gesetzliche Regelung, Einl 41 vor § 105, die de lege ferenda durchaus zu erwägen wäre. Eine Reihe der wichtigsten Probleme wie Firmierung (§ 19 II), Angabe der Rechtsform ua auf Geschäftsbriefen (§§ 125a, 177a), Insolvenzantragspflicht bei Zahlungsunfähigkeit und Überschuldung (seit MoMiG § 15a InsO, s vor § 177a, zuvor §§ 130a, 130b, 177a, aF), Leistung der Kommanditeinlage durch Einbringung des GmbHAnteils (§ 172 VI), Darlehensrückgewähr der (unterfinanzierten) Ges an die Gfter-Darlehensgeber (seit MoMiG §§ 39 I Nr 5, IV, V, 44a, 135, 143 III InsO, §§ 6, 6a AnfG, zuvor §§ 129a und 172a aF) sind besonders durch die GmbHNovelle 1980 und 2008 durch das MoMiG (s vor § 177a) gelöst oder entschärft worden. Das gilt seit dem KapCoRiLiG 2000 auch für die Rechnungslegung (s Rn 51). Die Problematik der GmbH & Co hat sich heute im Rahmen der klassischen GmbH & Co zu vielen Detailfragen, im Übrigen zur Publikums-Ges (s Rn 52) verlagert. Anstelle im parlamentarischen Verfahren erlassener und gesetzgeberischer Kautelen tritt häufig die Kautelarpraxis, was insbesondere bei langlebigen Gesellschaften und Rechtsprechungsänderungen (zum Wegfall des Bestimmtheitsgrundsatzes BGH ZIP **14**, 2231) zu Problemen führen kann. Lit: K. Schmidt GmbHR **84**, 272.

3) Erscheinungsformen

A. **Die personen- und beteiligungsgleiche GmbH & Co (echte GmbH & Co):** Diese Form ist in der Praxis herkömmlich am gebräuchlichsten; bei ihr sind die Gfter der GmbH und die Kdtisten der KG identisch und haben dieselben Beteiligungsquoten in der GmbH und KG, Bsp Hbg ZIP **06**, 898. Das führt zum rechtlichen Gleichlauf **(Verzahnung)**, vermeidet Probleme und ist für viele Fälle empfehlenswert. Ausschluss des Stimmrechts der GmbH empfiehlt sich (s Rn 25), bei Anteilsübertragung sind Besonderheiten des GmbH-Rechts zu beachten (s Rn 47 f). Praxis spricht von einer typischen GmbH & Co im engeren Sinne, MüHdbGesR2/Gummert § 50, 1. Vorsorge zu treffen ist für den Erbfall, da bei GmbH Universalsukzession und bei KG Sonderrechtsnachfolge, weiter für Anteilsübertragungen.

Ein **Sonderfall** der personengleichen GmbH & Co ist die **Einpersonen-GmbH & Co**. Hier ist der AlleinGfter der GmbH zugleich der einzige Kdtist.

Seit 1981 kann die GmbH und damit die GmbH & Co auch als EinpersonenGes gegründet werden (§ 1 GmbHG); damit ist auch die EinpersonenVorGmbH anerkannt (s Rn 15). Alleingesellschafter und einziger Kommanditist kann zugleich Alleingeschäftsführer der GmbH sein, zu beachten ist dann § 35 IV GmbHG, MüHdbGesR2/Gummert § 51, 2. Rechtsprobleme der Einpersonengründung der GmbH, Ulmer BB **80**, 1001, Hüffer ZHR 145 **(81)** 521, K. Schmidt ZHR 145 **(81)** 540, Flume ZHR 146 **(82)** 205, für GmbH Erleichterung durch das MoMiG. Wettbewerbsverbot s Rn 23, 27. Verbot des Selbstkontrahierens (§ 181 BGB, § 35 III GmbHG nF) s Rn 39. **Muster:** Hopt/Weyland/Hoger 4. Aufl 2013 Form II. D.1.2 (EinpersonenGmbH).

7 B. **Die nicht personen- und beteiligungsgleiche GmbH & Co:** Auch diese Form ist praktisch wichtig. Bei ihr sind die Gfter der GmbH und die Kdtisten der KG entweder verschiedene Personen oder ihre Beteiligungsverhältnisse weichen in beiden Ges ab; zB bestimmte Gfter wollen oder sollen keinen Einfluss auf die Geschäftspolitik haben. Gelegentlich fungiert dieselbe GmbH als phG bei verschiedenen GmbH & Co **(sternförmige GmbH & Co)**, haben die KG der GmbH jeweils Mehrvertretung gestattet, so gilt die Befreiung von § 181 auch für Geschäfte zwischen den GmbH und Co KGs, KG ZIP **13**, 162. In besonderen Fällen horizontaler Haftungsdurchgriff (§ 105 Rn 103). GmbH & Co kann so kapitalgesellschaftsähnlich ausgestaltet werden, s Rn 10, GmbH & Co mit AnlageGftern als Kdtisten (PublikumsGes) s Rn 52, mit Arbeitnehmern als Kdtisten Tillmann DB **70**, 2157, GmbH ist für Beteiligung der Arbeitnehmer am Unternehmen wegen der Formvorschrift des § 15 III, IV GmbHG ungeeignet. Abwandlung der internen Organisation s Rn 10. **Muster:** Hopt/Lang 4. Aufl 2013 Form II. C.3 (Vertrag einer GmbH & Co KG mit mehreren Familienstämmen).

8 C. **Einheitsgesellschaft (EinheitsGmbH & Co):** Bei dieser Form ist die KG Inhaberin aller Anteile an der GmbH und damit AlleinGfter der GmbH, also ihres Komplementärs, BayObLG DB **74**, 962, Mertens NJW **66**, 1049. Es bedarf dann keiner Verzahnung der für KG und GmbH geschlossenen GesVerträge. Diese Form der GmbH & Co ist durch § 172 VI nF seit 1981 entgegen früheren Zweifeln gesetzlich anerkannt; die KdtEinlage gilt aber als nicht geleistet, wenn sie in Anteilen am phG bewirkt wird, außer wenn letztlich doch eine natürliche Person (als phG des Komplementärs der GmbH & Co) haftet (§ 172 VI 2). Komplementäre müssen so über die im HReg eingetragene Haftsumme hinaus eine Einlage leisten, mit die KG ihrerseits Einlage an der GmbH leistet, s Rn 13. Weisung an den GmbHGeschäftsführer s Rn 27. Willensbildung in der EinheitsGes s Rn 32. Lit: Binz/Sorg § 8; Bülow DB **82**, 527, Esch BB **91**, 1128, Fleck FS Semler **93**, 115, K. Schmidt JZ **08**, 435, FS Westermann **08**, 1425; Wachter GmbHR **15**, 177, Brosius/Frese NZG **16**, 808. **Muster:** Hopt/Lang 4. Aufl 2013 Form II. C.5 (Vertrag einer EinheitsGmbH & Co KG), Hopt/Weyland/Hoger Form II. D.1.6 (GmbH als phG einer EinheitsGes).

9 D. **Die doppelstöckige (dreistufige) GmbH & Co:** Bei dieser Form ist Komplementär der GmbH & Co eine weitere GmbH & Co, Bsp LG Brem BB **71**, 1121. Auch diese Form ist zulässig (zB § 4 I 2 MitbestG), hL, Hbg GmbHR **69**, 135 (für KGaA, s Rn 34) m zust Anm Hesselmann, aA Pfander/von Stumm DB **73**, 2499. Das HdlGewerbe der KomplementärGmbH & Co kann im Betreiben des HdlGewerbes der dreistufigen GmbH & Co KG bestehen, sehr str (§ 1 Rn 18). Jedenfalls kann die KomplementärGmbH & Co Kfm nach § 105 II idF HRefG werden (§ 105 Rn 13), Schlitt NZG **98**, 581.

10 E. **Kapitalgesellschaftsähnliche Formen der GmbH & Co:** Auch die einfache, nicht personengleiche GmbH & Co (s Rn 7) kann durch entspr Rechte und Pflichten der Kdtisten vom Normaltyp der noch einer PersonenGes ähn-

2. Abschnitt. Kommanditgesellschaft   11   Anh § 177a

lichen GmbH & Co zu einer **kapitalistischen GmbH & Co** (Geldgeber und beherrschend sind die Kdtisten, § 161 Rn 11, häufig bei großer FamilienKG, Lit: Barbasch 1989) oder einer **Trennung** von **Kapital** und **Management**, insbesondere in Form einer **Publikumsgesellschaft** (Geldgeber sind die Kdtisten, beherrschend die Gfter der GmbH oder Außenstehende, s Rn 52, § 161 Rn 12) ausgestaltet werden. Letzteres führt idR zu einer **körperschaftlich strukturierten KG**. Für diese sind typisch: Abstimmung mit Mehrheit und nach Kapitalbeträgen; GfterWechsel ohne Folgen für den Bestand der Ges; Pooling der Kontrollrechte; Aufsichtsorgane, Beiräte und Treuhänder; Verbriefung der Mitgliedschaftsrechte (nur Beweisurkunde, keine WP) ua. Lit: K. Schmidt FS Röhricht **05**, 511. **Muster:** Hopt/Lang 4. Aufl 2013 Form II.C.3 (ausführlicher GmbH & Co KGVertrag, für FamilienGes mit mehreren Stämmen), Hopt/Weyland/Hoger Form II.D.1.4. (ausführlicher GmbHVertrag für FamilienGes), Hopt/Lang Form II.G.5 (Genussrechtsvertrag).

F. **Sonderformen** und **Typenverbindungen mit anderen Gesellschaften:** 11 **Sonderform** ist etwa die GmbH & Co mit mehr als einem Komplementär, zur **Doppelkomplementär GmbH & Co** Mehringer NZG **17**, 41. Hier besteht mit Blick auf das Verhältnis der Komplementäre untereinander zusätzlicher Regelungsbedarf. Sind an der KG neben der GmbH auch natürliche Personen als Kommanditisten beteiligt, liegt eine **unechte GmbH & Co** vor. Hat eine KG nur eine natürliche Person als persönlich haftenden Gesellschafter, so kann eine GmbH als weiterer Komplementär aufgenommen werden, um die **Auflösung nach § 130 II** zu **vermeiden**. Es entsteht dann bei Versterben des einzigen als natürliche Person haftenden Komplementärs eine echte GmbH & Co, als solche kann KG auch schon zuvor im Rechtsverkehr auftreten (Westermann/Blaum I Rn 3171), Alternativen sind Fortsetzungs- und Nachfolgeklauseln, s § 131 Rn 79 f, insoweit kann die GmbH dann auch von einer Kommanditisten in eine Komplementärstellung wechseln. Teilweise als eigenständige Gestaltungsvariante genannt werden auch die **Einmann- GmbH & Co**, bei der eine Person einziger Kommanditist und einziger GmbH-Gesellschafter ist, die **Familien-GmbH & Co** sowie die **vermögensverwaltende GmbH & Co**.

Typenverbindungen sind weiter zB **OHG nur mit juristischen Personen als Gfter** (§ 105 Rn 28); **AG & Co,** Lit: Beckmann 1992; **GmbH & Still** (§ 230 Rn 5); **Limited & Still** (§ 230 Rn 5); GbR & Co, Bergmann ZIP **03**, 2240; ähnlich ist die UG & Co da die UnternehmerGes (§ 5a GmbHG) nur eine Unterform der GmbH ist.

Seit MoMiG praktisch an Bedeutung gewinnt die **UG (haftungsbeschränkt) & Co,** aber keine Eintragung als GmbH & Co, KG ZIP **09**, 2293. Ausschluss der UG von der Gewinnbeteiligung ist wegen § 5a III GmbHG sehr problematisch, Veil GmbHR **07**, 1084, Gehrlein Konzern **07**, 779, Wachter GmbHR Sonderheft 10/**08**, 89, für Zulässigkeit Stenzel NZG **09**, 168, Kock/Vater/Mraz BB **09**, 848, Römermann/Passarge ZIP **09**, 1497, Müller ZGR **12**, 106 jedenfalls eine Vergütung der Unternehmergesellschaft fordernd Schäfer ZIP **11**, 59. Klärung durch die Rechtsprechung steht aus, nach BGH NZG **12**, 1061 reicht bei UG eine Einlage von 500 Euro nicht aus, um einen dauerhaft ordnungsgemäßen Geschäftsbetrieb und Ersatz im Haftungsfall sicherzustellen (Unwirksamkeit der Bestellung als Verwalter einer WEG). International sind beschränkt haftende Gesellschaften ohne Mindestkapital anerkannt (Einl 37 vor § 105), UG dient aber in erster Linie der Gründungserleichterung. Allein das Vereiteln der Möglichkeit eines Anwachsens der UG zur GmbH führt noch nicht zur unbeschränkten persönlichen Haftung der Komplementäre. Praktisch wird aus steuerlichen Gründen rglm eine Haftungsvergütung bezahlt (s Rn 21), dies reicht aus, MüHdbGesR2/Gummert, § 49, 14. Freilich kann gerade bei einer UG als phG die Bilanzierung einer Haftungsgefahr nach § 128 zur Überschuldung führen, s Rn 51.

Anh § 177a 12 2. Buch. Handelsgesellschaften und stille Gesellschaft

Rechtsfähige **Stiftung & Co**, stiftungsrechtlich zulässig, wenn über Komplementärstellung hinaus weitere, primäre Aufgabe übernommen wird (nicht bei Unternehmensselbstzweckstiftung oder reiner Funktionsstiftung), Seibt ZIP **11**, 251.

Zulässig und einzutragen ist auch die **ausländische juristische Person & Co**: (1) sofern sie nach IPR als rechtsfähig anzuerkennen ist (Thiermann ZIP **11**, 988); sie braucht nicht zusätzlich (besondere Rechtsfähigkeit) nach ihrem Heimatrecht sich an der dort der KG entspr PersonenGes beteiligen zu können, Staub/Burgard § 19 Rn 20, maßgebl ist dt PersGesR, Teichmann ZGR **14**, 228, aA Staud/Großfeld IntGesR 542, Koller/Kindler § 105 Rn 17, Staub/Ulmer § 105 Rn 92, einschr nun Staub/Schäfer §§ 105 Rn 94 (EU und USA zulässig), Staub/Casper § 161 Rn 76; Bspe BayObLG NJW **86**, 3029 (UK private limited company), Saarbr NJW **90**, 647 (schweiz AG), Stgt JZ **95**, 795, (2) sofern sie nach deutschem GesRecht zulässig ist (insbesondere Haftungsstruktur), Kapitalerhaltungsschutz entspr §§ 30 f GmbHG ist dazu aber nicht notwendig, aA K. Schmidt § 56 VII 2; für Ges aus EU und EWR ist nunmehr die Überseering-Rspr des EuGH zu beachten (Einl 29 vor § 105). Eine englische Limited konnte ohne weiteres Komplementärin einer deutschen GmbH & Co sein, ohne eigene Registerpflicht (§ 106 Rn 6), Ffm ZIP **08**, 1286, sie ist nicht als ZwNl einzutragen (§ 13d Rn 1), nach Brexit bei Scheinauslandsgesellschaft Frage der Qualifikation, bei Drittstaat je nach Sitztheorie, s Einl 29 vor § 105. In der Praxis spielen diese Typenverbindungen eine gewisse, wenngleich nicht überragende Rolle. Die Rechtsprobleme sind dieselben oder ähnliche wie bei der GmbH & Co (vgl §§ 19 V, 125a, 130a), zulässig ist auch die ausländische juristische Person & Co mit ausländischem Komplementär (also Sitz im Ausland), Nentwig GmbHR **15**, 1145, Komplementär muss nicht Scheinauslandsgesellschaft sein (freilich häufig), zum IPR Einl 29 vor § 105, str. **Muster:** Hopt/Herfs/Scholz 4. Aufl 2013 Form II.E.1–8 (AG, KGaA, SE); Hopt/Lang Form F1, 2 (Vertrag einer gemeinnützigen Stiftung, einer unternehmenstragenden Stiftung). Lit: Duys 2001, Westermann/Blaum § 57.

Einer GmbH & Co KG vergleichbar ist die **Kapitalgesellschaft & Co KGaA**, die etwa als SE & Co KGaA vermehrt Verbreitung findet. Bei der KGaA handelt es sich bereits um eine Mischform (s Einl 13 vor § 105), die anders als eine GmbH & Co aber börsenfähig ist. Wirtschaftlich handelt es sich bei einer Publikumsgesellschaft um eine KGaA (s Rn 52, str); auch bei einer KGaA wird die Organisationsform der Kapitalgesellschaft & Co zugelassen und kann einziger persönlich haftender Gesellschaft (Komplementär) eine Kapitalgesellschaft sein.

II. Errichtung

1) Gründung

12 A. **Gesellschaftsvertrag:** Beim **KGVertragsschluss** greift § 181 BGB ein, wenn der GmbHGeschäftsführer selbst Kdtist ist (vgl Rn 37); wenn GmbH hierzu gegründet wird, Gestattung durch GmbHVertrag, BGH BB **68**, 481. **GmbHVertragsschluss** nach GmbHG. Formerfordernisse für KG-Vertrag s § 105 Rn 54, 57, Binz/Mayer NJW **02**, 3054, GmbHVertrag bedarf der notariellen Beurkundung, § 2 I GmbHG. Schiedsklauseln: GmbHVertrag § 1066 ZPO, str, BGH NJW **09**, 1962 (Schiedsfähigkeit II) auch für KG-Vertrag zulässig BGH ZIP **17**, 1026 (Schiedsfähigkeit III), nötig ist ausreichender Schutz der Kdtisten (grds wie GmbH), bzgl KGVertrag Form des § 1031 ZPO (Einl 90 vor § 1), BGH NJW **80**, 1049; bei Beschlussmängelstreitigkeiten nach Rspr Doppelprozesse, Hamm DB **92**, 2180, Timm ZIP **96**, 449 (Einl 88 vor § 1) mit jeweils eigenen Regeln. GmbH & Co KG ist keine eigene Rechtsform, Gesellschaftsverträge von KG und GmbH sind so getrennt zu betrachten, rglm besteht so der

Bedarf, diese zu verzahnen und zu harmonisieren, Hesselmann/Lüke § 3. Möglich erscheint aber eine einheitliche Vorgründungsgesellschaft, in der die Gründung sowohl von GmbH als auch KG verabredet und für beide Gesellschaften ein rechtlicher Rahmen vorgegeben wird, weiter kann für KG und GmbH eine einheitliche Schiedsklausel vorgesehen werden, Westermann/Blaum I Rn 3227.

Praxis empfiehlt, zunächst den GmbH-Vertrag abzuschließen, bereits dadurch entsteht Vor-GmbH (die bereits durch den Geschäftsführer vertreten wird), erst sodann KG. Soll der Geschäftsführer der GmbH zugleich Kommanditist werden, bedarf es der Befreiung vom Verbot des Selbstkontrahierens nach § 181 BGB. Auch im Übrigen ist bei der Abfassung des Gesellschaftsvertrags besonderes Augenmerk auf das Verbot des Insichgeschäfts nach § 181 BGB zu legen, zu weiteren Fällen des Selbstkontrahierens s Rn 39 f (GmbH-Geschäftsführer). Nach Nürnb ZIP **16**, 74 bezieht sich Befreiung von Beschränkungen des § 181 bei Gründung nach Musterprotokoll nur auf dort genannten Alleingeschäftsführer, Befreiung erlischt grds, wenn ein weiterer Geschäftsführer bestellt wird. Bei der Festsetzung des Stammkapitals der GmbH ist auch zu beachten, dass Gefahr einer Inanspruchnahme nach § 128 HGB zu bilanzieren ist, s Rn 51.

Ergänzende Auslegung des GesVertrags ist möglich, Nürnb ZIP **14**, 171, beim KG-Vertrag nicht ohne weiteres subjektive Auslegung (§ 105 Rn 59, 119 Rn 37), im Fall BGH ZIP **14**, 2231 (15) Maßgeblichkeit der obj Auslegung, wenn nicht übereinstimmender anderer Wille erkennbar erklärt. **Muster:** Hopt/Lang 4. Aufl 2013 Form II. C.3 (ausführlicher GmbH & Co KGVertrag), Hopt/Weyland/Hoger Form D.1.1, 1.5 Form II. D.1, 5 (einfacher GmbHVertrag, GmbH als phG einer KG), Muster für besondere Formen der GmbH & Co s Rn 6–11; Hopt/Herfs/Scholz Form II. E.3 (Satzungen juristischer Personen).

B. **Anmeldung und Eintragung im Handelsregister:** Anmeldung der KG (§§ 106, 162) idR erst nach Eintragung der GmbH, die vorher nicht besteht (§ 11 I GmbHG), BayObLG GmbHR **69**, 22, Hamm OLGZ **77**, 58; die künftige GmbH kann nicht eingetragen werden. Wenn jedoch eine VorGmbH besteht, die bereits phG der KG sein kann (s Rn 15), str, ist auch ein früherer Zeitpunkt möglich, Ulmer ZGR **81**, 617, aA Hamm BB **76**, 1094, und wegen des für Kdtisten drohenden Haftungsrisikos aus § 176 I (s freilich Rn 19) empfehlenswert. Danach richtet sich auch der einzutragende Zeitpunkt des Beginns der KG (§ 106 II Nr 3). Eintragung der VorGmbH als phG der KG ist zulässig (s Rn 15), aber nicht mehr, wenn bereits die GmbH eingetragen ist, BGH NJW **85**, 736. Die VorGmbH ist als solche zB mit Zusatz „i. G." kenntlich zu machen. Der Zusatz wird nach der Eintragung der GmbH gelöscht.

Als **Gegenstand des Unternehmens der GmbH** (§ 10 GmbHG) soll konkret der Tätigkeitsbereich der GmbH & Co anzugeben sein, nicht nur „phG-Funktion in der KG X", Hbg BB **68**, 267, BayObLG NJW **76**, 1694, dagegen wegen Vermischung der Eigen- und Fremdgeschäftsführung zu Recht üL, Hach/Ulmer § 3 Rz 24. Die bei der Anmeldung der GmbH abzugebende Versicherung über Einlageleistungen (§ 8 II GmbHG) und die Prüfung durch das Registergericht (§ 9c GmbHG) haben sich bei einer Bargründung auch darauf zu erstrecken, inwieweit das Anfangskapital der GmbH bereits durch Schulden vorbelastet ist (s Rn 16), BGH **80**, 143. Keine Eintragung der gesetzlichen Vertreter der phG-GmbH im HdlReg der KG, str, aA BayObLG DB **00**, 37 (Gestattung des Selbstkontrahierens, § 125 Rn 26), erst recht nicht von der GmbH erteilte Prokura.

Zeichnung der Namensunterschrift bei Anmeldung zum HdlReg ist seit EHUG 2006 nicht mehr notwendig (§ 14 Rn 1), damit sind zahlreiche Streitfragen entfallen (s 32. Aufl).

Kapitalaufbringung in der **GmbH** richtet sich nach GmbH-Recht. Danach sind für die Anmeldung Bareinlagen zumindest zu einem Viertel und Sacheinla-

Anh § 177a 14, 15 2. Buch. Handelsgesellschaften und stille Gesellschaft

gen voll zu leisten, insgesamt muss mindestens die Hälfte des Mindestkapitals von 25.000 Euro geleistet sein, § 7 GmbHG. Bei Sacheinlage in GmbH ggf Gründungsprüfung, auch bei GmbH & Co keine Gründungsprüfung bei KG, es greifen die allgemeinen Grundsätze, zur Haftsumme s § 171 Rn 1. Übernahme der Gründungskosten durch GmbH unterliegt der Kontrolle durch das Registergericht, Celle GmbHR **15**, 139. Kapitaleinlagen in der **KG** kann bei GmbH & Co nach § 172 VI 1 nicht wirksam durch Leistung der Einlage der GmbH geleistet werden, was für Einheitsgesellschaft bedeutsam ist (s Rn 8). Zur Haftung im Gründungsstadium s Rn 15.

KG entsteht bei kfm Tätigkeit ohne Eintragung in das Handelsregister, s § 161 Rn 2, Vertretung richtet sich dann bereits nach KG-Recht (§ 123 Rn 20), es kann Ges aber nicht auf spätere Handelsregistereintragung verweisen, um für Eintragung in Grundbuch die Vertretungsbefugnis zu belegen, Mü ZIP **15**, 872.

14   **C. Umwandlung:** Umwandlung einer GmbH & Co ist kraft Gesetzes möglich (Einl 21–22 vor § 105). Umwandlung einer GmbH & Co kraft Rechtsgeschäfts erlaubt das UmwG (Einl 23–26 vor § 105, 2. UmwGÄndG 2007 erfasst GmbH & Co nicht). Praktisch wichtig ist die Verschmelzung der GmbH & Co KG auf ihre phG-GmbH, sie ist sowohl nach dem Anwachsungsmodell als auch nach dem UmwG möglich (Einl 22, 25 vor § 105). Haftung des ehemaligen phG und jetzigen Kdtisten/GmbHGeschäftsführers dauert anders als früher nicht unbegrenzt fort (§ 160 III nF 1994, s dort Rn 7). Entsprechend nach § 224 UmwG (Einl 25 vor § 105). Umwandlung in GmbH & Co kann den Gläubiger zur fristlosen Kündigung (§ 314 BGB) eines langfristigen Vertrags berechtigen, wenn der Schuldner ihm nicht von sich aus Mitteilung macht, BGH BB **78**, 982; zur Rechtsscheinhaftung in solchen Fällen s § 15 Rn 15. GmbHMantel s Komm zu § 3 GmbHG, Vorrats-Mantelkauf wie Neugründung, s § 23 Rn 4. Bei Formwechsel von GmbH & Co KG in eine GmbH ist für Bewertung des eingebrachten Unternehmens nach § 220 UmwG in erster Linie auf Ertragswert abzustellen Ffm ZIP **15**, 1229, zur Gründung der GmbH & Co durch formwechselnde Umwandlung einer GmbH Westermann/Blaum I Rn 3195.

2) Haftung im Gründungsstadium und Kapitalerhaltung

15   **A. Vor Eintragung:** Eröffnen die Gründer den Geschäftsbetrieb vor Eintragung der GmbH und der KG, besteht GbR, wenn der Betrieb nicht unter § 1 fällt (im Innenverhältnis unter den Gftern gilt trotzdem nicht das Recht der GbR, sondern der KG, str), sonst hdlrechtliche PersonenGes. Diese ist **KG,** denn die (mit Abschluss des GmbHVertrags entstehende, selbst nicht eingetragene) **VorGmbH** kann bereits phG der KG sein (VorGmbH & Co, § 105 Rn 28), BGH **80**, 132 gegen **63**, 47, noch offen in **69**, 95, **70**, 132. Auf die VorGmbH finden weitgehend die für die spätere Rechtsform gültigen Rechtsgrundsätze Anwendung, stRspr, BGH **79**, 241, **80**, 132, **117**, 326, NJW **98**, 1079 (aktiv parteifähig), **07**, 589 (VorAG), bei EinpersonenVorGmbH (s Rn 6) aber ohne Haftungsbeschränkung, Ulmer/Ihrig GmbHR **88**, 382, str. Die **Vertretungsmacht** des Geschäftsführers der VorGmbH ist an sich durch deren Zweck begrenzt; bei Bargründung also idR auf Herbeiführung der Eintragung und ihrer Voraussetzungen (außer bei einer weitergehenden, nicht der Form des § 2 GmbHG bedürftigen Ermächtigung aller Gfter), BGH **80**, 139; bei Sachgründung ist Fortführung des eingebrachten HdlGeschäfts gedeckt, BGH WM **63**, 249. Laufende Geschäfte namens der künftigen Ges verpflichten aus der Sicht des Geschäftsgegners allerdings die VorGes, deren Verbindlichkeiten gehen nach Eintragung der GmbH auf diese über. Für Verbindlichkeiten der VorGmbH haften auch die Gründer (**Verlustdeckungshaftung** als Teil der einheitlichen **Gründerhaftung,** s Rn 16), soweit sie den handelnden Geschäftsführer (auch stillschweigend) ermächtigt haben, der Ges (bloße Innenhaftung wie Rn 16) persönlich und nicht begrenzt durch die Höhe ihrer Einlagen (wie Rn 16), BGH **134,** 333, Teilaufgabe von BGH **65,** 378, **72,** 45, **80,** 129, **91,** 148. Die Verlustdeckungshaftung entfällt mit Eintragung der GmbH (s Rn 16). Sie entfällt auch dann, wenn bei Scheitern der Gründung der GmbH die Geschäftstätigkeit nicht sofort beendet und die VorGmbH abgewickelt wird; vielmehr haften dann die Gründer für sämtliche Verbindlichkeiten der VorGmbH, auch für die bis zum Scheitern entstandenen, wie PersonenGfter, BGH NJW **03,** 429.

Haben die **GmbH-Gfter** auch noch keinen Gesellschaftsvertrag abgeschlossen, handelt es sich um eine bloße **Vorgründungsgesellschaft.** Vorgründungsgesellschaft ist GbR, kann bei Betreiben eines Handelsgewerbes aber auch KG oder OHG sein. Werden die Gesellschafter bereits vor Abschluss des Gesellschaftsvertrags der GmbH tätig, entstehen besondere Probleme, insbesondere zum Haftungsübergang bei der Vorgründungsgesellschaft s Rn 18. Nachdem nunmehr auch eine Außen-GbR als Komplementärin in eine KG bzw OHG eintreten kann (s § 161 Rn 3, 105 Rn 28) könnte ggf bereits eine solche als KG im Rechtsverkehr auftreten, dies dann freilich mit der Folge der Anwendbarkeit des § 128 auf die künftigen GmbH-Gesellschafter, Westermann/Blaum I Rn 3282.

B. Nach Eintragung: Mit Eintragung entsteht die GmbH; die VorGmbH **16** und die persönliche Haftung der Gfter der VorGmbH fallen weg. Die Rechte und Pflichten aus Geschäften der VorGmbH gehen mit Eintragung der GmbH voll auf diese über **(Schuldenübergang ohne Vorbelastungsverbot),** BGH **80,** 134, Gründe: Übergang auch aller Aktiva der VorGmbH auf die GmbH, Rechtsgedanke des früheren § 419 aF BGB; sehr str. Konsequent haften die Gfter der Ges (Innenhaftung wie Rn 15, str, aA Kleindiek ZGR **97,** 436) anteilig für die Differenz, die sich durch solche Vorbelastungen zwischen dem Stammkapital und dem Wert des GesVermögens zum Zeitpunkt der Eintragung ergibt (**Vorbelastungs-** oder **Unterbilanzhaftung,** Teil der einheitlichen Gründerhaftung, s Rn 15; Rechtsgedanke der Differenzhaftung nach § 9 GmbHG nF auch bei Bargründung), BGH **80,** 140. Diese Haftung ist grundsätzlich wie Anspruch auf Leistung fehlender Bareinlagen zu behandeln, auch bezüglich der Kapitalaufbringungsregeln, BGH **165,** 391. Die Haftung geht über Stammkapital und -einlage hinaus auf vollen Verlustausgleich (wie Rn 15), BGH **134,** 333, WM **82,** 40. Sie verjährt wie Differenzhaftung (§ 9 II GmbHG), BGH **105,** 300. Als Korrelat zu Schuldenübergang und Unterbilanzhaftung kommt es mit Eintragung der GmbH zum Erlöschen der Haftung der Gründer aus Verbindlichkeiten der VorGmbH (s Rn 15), BGH **80,** 144, an ihre Stelle tritt die Vorbelastungshaftung. Zu ihrer Feststellung ist eine besondere Bilanz auf den Zeitpunkt der Eintragung der GmbH ins HdlReg aufzustellen (Vorbelastungsbilanz, vgl § 242 Rn 1, 7), BGH **124,** 285, **165,** 391 (start-up-Unternehmen); Bewertung des VorGmbHUnternehmens nach Ertragswertmethode (Einl 37 vor § 1), BGH **140,** 35; analog § 252 I Nr 2, bei negativer Fortbestehensprognose nach Veräußerungswerten (Einl 36f vor § 1), BGH NJW **98,** 233; Lit: Meister FS Werner **84,** 540, Schulze-Osterloh FS Goerdeler **87,** 531.

Kein Sonderrecht für die **Kapitalaufbringung** bei der GmbH (§ 19 GmbHG) in der GmbH & Co, BGH ZIP **08,** 175m abl Anm K. Schmidt ZIP **08,** 481 mit Praxiswarnungen, aber s § 172a vor Rn 1. Darlehensweise Überlassung des Stammkapitals an die KG bei vollwertigem, jederzeit fälligem oder fällig stellbarem Rückgewähranspruch (§ 19 V 1 GmbHG), Wachter GmbHR Sonderheft 10/**08,** 91. Auch für die KG gelten die allgemeinen Regeln, die KG entsteht auch wirksam, wenn die Kommanditisten die Haftsumme (im Handelsregister eingetragene Einlage) zum Zeitpunkt der Anmeldung bzw Eintragung noch nicht aufgebracht haben.

Für die **Kapitalerhaltung** ist auf GmbH und KG abzustellen. Eine gegen § 30 GmbHG verstoßende Auszahlung liegt auch vor, wenn das Vermögen der GmbH

Anh § 177a 17–19   2. Buch. Handelsgesellschaften und stille Gesellschaft

durch Zahlungen der KG an einen Kommanditisten oder Gfter der Komplementär-GmbH unter die Stammkapitalziffer sinkt oder eine bilanzielle Überschuldung vertieft, BGH ZIP **15**, 322, **17**, 972. Dies gilt unabhängig davon, ob der Kdtist auch an der GmbH beteiligt ist, aA Pöschke/Steenbreker NZG **15**, 618. Mit der Eintragung beider Ges wird die KG, soweit nichts anderes vereinbart ist, Schuldnerin der namens der GmbH & Co eingegangenen Verbindlichkeiten; hierfür haftet die eingetragene GmbH nach § 128, BGH **69**, 95, **76**, 320. Bei KG keine Pflicht zur Kapitalerhaltung, aber ggf Haftung ggü Dritten, wenn Einlage nicht gewährt oder aber zurückgeleistet wurde, etwa weil Zahlung nicht aus Gewinn geleistet werden kann, s § 172 Rn 4.

17   C. **Handelndenhaftung:** Persönliche Haftung der vor Eintragung rechtsgeschäftlich im Namen der GmbH Handelnden folgt aus **§ 11 II GmbHG;** der Sinn des II liegt nicht so sehr in der Beschaffung eines Ersatzschuldners vor Entstehen der GmbH, sondern in einem den Gläubigern gebührenden Ausgleich für die geringere rechtliche Kontrolle und Absicherung der Kapitalgrundlage der VorGes, BGH **80**, 184 gegen **65**, 381. „Handelnder" ist eng auszulegen, BGH **65**, 378, **66**, 359, WM **86**, 955, Hbg WM **86**, 738 (mindestens aktive Einflussnahme auf konkrete Geschäftsführung). Der Geschäftsführer der VorGmbH haftet persönlich nach § 11 II GmbHG, auch wenn er im Namen der KG handelt, aber dadurch die Haftung der VorGmbH nach § 128 auslöst, BGH **80**, 133. § 11 II GmbHG greift erst nach notariellem Abschluss des GesVertrags bzw Einpersonenerrichtungserklärung (§§ 1, 2 GmbHG), ohne den auch noch keine VorGes besteht, ein, BGH **91**, 148, anders noch BGH NJW **80**, 287. Die Haftung aus § 11 II GmbHG greift nicht ein zugunsten eines GründungsGfters und seines Treugebers, auch nicht bei Erwerb einer Forderung gegen die Ges als Drittgläubiger vor Eintragung der GmbH, BGH **76**, 320. Die Haftung nach § 11 II GmbHG aus namens der Ges mit Ermächtigung aller Gründer getätigten Geschäfte **erlischt** (bei Sach- und bei Bargründung gleichermaßen) **mit Eintragung der GmbH,** BGH **76**, 320, **80**, 143, 182; ebenso eine eventuelle Haftung aus § 179 BGB, BGH **76**, 320 (vgl BGH **63**, 45 zu § 179 BGB; überholt).

18   D. **Haftung der Mitglieder der Vorgründungsgesellschaft:** Persönliche Haftung der Gründer als Mitglieder einer vor Abschluss des GmbHVertrags geschlossenen Vorgründungsgesellschaft: diese Ges („GmbH in Gründung") ist entweder BGBGes oder, wenn sie bereits ein HdlGewerbe unter gemeinsamer Firma betreibt, eine OHG. Aus für sie abgeschlossenen Geschäften haften die Gfter persönlich unbeschränkt, BGH ZIP **97**, 926; eine anderweitige Vereinbarung folgt nicht schon aus dem Auftreten für die „GmbH in Gründung", BGH NJW **83**, 2822. Diese Haftung endet nicht mit Abschluss des GmbHVertrags und dadurch Entstehen der VorGmbH, trotz deren Haftung für dieselbe Verbindlichkeit; Grund: keine GesIdentität und keine befreiende Schuldübernahme ohne Zustimmung der Gläubiger. Die Haftung der VorgründungsGes endet anders als bei der VorGes und bei § 11 II GmbHG auch nicht mit Eintragung der GmbH, außer wenn das mit dem Gläubiger so vereinbart ist, BGH NJW **82**, 932 (iErg ja), **83**, 2822 (iErg nein), allerdings gute Gründe für den Übergang von Forderungen, Verbindlichkeiten und Vermögen auf die entstandene GmbH, Altmeppen/Roth § 11 GmbHG Rn 75, Rechtsfortbildung (jedenfalls antizipierte Mitverpflichtung der GmbH) wünschenswert. Lit: K. Schmidt GmbHR **82**, 6, Maulbetsch DB **84**, 1561.

19   E. **Haftung der Kommanditisten vor Eintragung:** Noch nicht im HdlReg eingetragene Kommanditisten haften richtigerweise nicht nach § 176 I unbeschränkt, weil üblicherweise alle Gfter außer der KomplementärGmbH Kdtisten sind und der Verkehr das weiß (kein Vertrauenstatbestand, s § 176 Rn 1), Ffm ZIP **07**, 1809, Ebenroth/Strohn § 176 Rn 22, K. Schmidt ZHR 144 (**80**) 202, Priester BB **80**, 913, str; dies gilt angesichts § 19 V jedenfalls für Vorgänge ab

1.1.81, offen BGH NJW **83**, 2260, aA für früher zB BGH NJW **80**, 54, **83**, 2260. Möglicher Ausweg ist Eintragung der KG vor der GmbH (s Rn 13), eingetragen werden kann als Komplementär auch die Vor-GmbH.

3) Firma

Die Firma der **GmbH & Co** ist in § 19 II geregelt, s dort (§ 19 Rn 24–36), Firma muss eine Bezeichnung enthalten, welche die Haftungsbeschränkung kennzeichnet. Auch die **VorGmbH** kann wie spätere GmbH firmieren, auch wenn sie selbst kein HdlGewerbe betreibt, hL; das gilt nicht für **Vorgründungsgesellschaft**.

III. Rechtsverhältnisse der Gesellschafter untereinander

1) Rechte und Pflichten der Gesellschafter

A. **Grundlage im Recht der KG:** Die Rechte und Pflichten der Gfter bestimmen sich nach KGRecht; für die GmbH sind es die eines phG der KG. Doch können das Fehlen der unbeschränkt haftenden natürlichen Person und die besondere Erscheinungsform, zB personengleiche GmbH & Co (s Rn 6), zu Abweichungen von OHGRecht, zT auch von GmbH- und Aktienrecht (s für die PublikumsGes Rn 53) führen, bei der Auslegung des Ges-Vertrags, Rn 12, § 119 Rn 37. Die GmbH erhält häufig eine Vergütung oder Beteiligung am Vermögen und Gewinn der KG, dies aber nicht immer (str, ob bei UG & Co zulässig, oben Rn 11), weiter werden ihre Aufwendungen erstattet. Bereits Haftungsvergütung ist Einnahme aus gewerblicher Tätigkeit, BFH ZIP **12**, 2497 (Steuerberatungs- und Wirtschaftsprüfungs-KG). BGH verweist auch für die GmbH & Co KG auf den Grundsatz der Selbstorganschaft, BGH ZIP **15**, 425, dieser gilt international nur als Regel bei der LLC, dazu Vor § 105 Rn 37, funktional wird Drittorganschaft ermöglicht, s Rn 3.

B. **Einzelne Rechte und Pflichten: a) Treuepflicht:** Grundlegend ist auch bei der GmbH & Co die Treuepflicht der KGGfter (§ 109 Rn 23). Hängt nach dem GesVertrag der KG die Vergütung der GmbH von der Höhe ihres Stammkapitals ab, dürfen die KGGfter das Stammkapital nicht ohne sachlichen Grund ganz erheblich erhöhen, BGH WM **06**, 436 (um das 42-fache). Die gegenseitige Treuepflicht der Gfter der GmbH, die satzungsgemäß die Geschäfte der KG führt, verbietet es dem MehrheitsGfter, die GmbHGeschäftsführung zu nachteiligen Geschäften (Konzernumlage) zu Lasten der KG und ihrer TochterKG zu veranlassen; der MinderheitsGfter der GmbH und KG kann Schadensersatz nach § 280 BGB an die benachteiligten Ges verlangen, BGH **65**, 18 (ITT); dazu Schilling BB **75**, 1451, Rehbinder ZGR **76**, 386, Ulmer NJW **76**, 192, Westermann GmbHR **76**, 77, Wiedemann JZ **76**, 392.

b) Wettbewerbsverbot: Für die GmbH gilt wie für jeden phG §§ 112, 113, hL, aA Ffm BB **82**, 1383. Bei bekannter Altkonkurrenz der GmbH kann, soweit nicht § 112 II eingreift, entweder Einstellung oder Fortführung gewollt sein (§ 112 Rn 10), Lüdtke-Handjery BB **73**, 69, ausdrückliche GesVertragsklausel empfiehlt sich. Für die Kdtisten der personengleichen GmbH & Co gelten §§ 112, 113 (§ 165 Rn 3), insbesondere, wenn sie aufgrund der Mehrheitsverhältnisse im Innenverhältnis über Wohl und Wehe der Gesellschaft entscheiden, Westermann/Blaum I Rn 3245.

Ein Wettbewerbsverbot der GmbHGfter gegenüber der KG und den KGGftern besteht unmittelbar nicht (§ 112 Rn 2). Doch kann es je nach den Umständen mittelbar aus der Treuepflicht gegenüber der GmbH folgen, zB wenn der GmbHGfter und -Geschäftsführer auf Grund hoher Mehrheitsbeteiligungen an GmbH und KG die Ges beherrschen (§§ 17 II, 18 I 3 AktG, anders bei bloßer

Anh § 177a 24, 25 2. Buch. Handelsgesellschaften und stille Gesellschaft

Finanzbeteiligung), BGH **89**, 162 (Heumann/Ogilvy). Geschäftsführer der GmbH s Rn 27. Ist der beherrschende Gfter eine HoldingGes, deren sich ihre MutterGes beim Erwerb jener Mehrheitsbeteiligungen bedient hat (mehrstufiger Konzern), kann auch die Mutter(Ober)Ges dem Wettbewerbsverbot unterliegen (§ 105 Rn 103), BGH **89**, 162, Wiedemann/Hirte ZGR **86**, 163, krit Immenga JZ **84**, 579. Begründung im mehrstufigen Konzern ist str: Treuepflicht der MutterGes gegenüber Tochter mit Schutzwirkung für Enkel, Treuepflicht und § 112 der Tochter gegenüber Enkel und Zurechnungsdurchgriff auf die Gfter der Tochter (Mutter), für Vertrag mit Schutzwirkung zugunsten Dritter in der KapitalGes & Co KG Weller ZHR 175 **(11)** 133.

GesVertrag der KG kann Befreiung vom Wettbewerbsverbot durch Gfter-Beschluss mit Mehrheit vorsehen, aber ohne Stimmrecht des betroffenen Gfter und nur bei Rechtfertigung durch sachliche Gründe im Interesse der Ges, BGH **80**, 69 (Süssen), Raiser FS Stimpel **85**, 855; bei Begründung der Abhängigkeit genügt Mehrheitsbeschluss aber nicht (§ 105 Rn 103, § 112 Rn 12). Erwerbschancen der Ges (corporate opportunity) s § 109 Rn 26, § 114 Rn 13, Timm GmbHR **81**, 177. Kollision mit § 1 GWB s § 112 Rn 15. Lit: Röhricht WPg **92**, 766 (GmbH), Müller NJW **07**, 1724, Weller ZHR 175 **(11)** 110, Hoffmann-Becking ZHR 175 **(11)** 597.

24   c) **Gewinn und Verlust, Kapitalerhaltung:** s §§ 167–169. Vertragsändernde Beschlüsse darüber sind grundsätzlich nur einstimmig möglich, zur zweistufigen Kontrolle von Mehrheitsbeschlüssen s § 119 Rn 37. Zur Kapitalerhaltung bei der GmbH s Rn 16.

25   d) **Stimmrecht:** Das Stimmrecht der GmbH kann sowie wie bei Kdtisten ausgeschlossen werden. Zulässig jedenfalls bei personengleicher GmbH & Co (s Rn 6), dort auch betr Kernbereich (§ 119 Rn 36), BGH NJW **93**, 2100. Der Bestimmtheitsgrundsatz (zur Aufgabe § 119 Rn 37, 39) ist auch bei der GmbH & Co nicht anwendbar, BGH ZIP **14**, 2231. Insbesondere kann das Stimmrecht an die Kapitalanteile anknüpfen, häufig hält die GmbH keinen Kapitalanteil an der KG. Für die Mehrheit kommt es wie im KapitalGesRecht nur auf die abgegebenen Ja- oder Neinstimmen an (anders bei der OHG, § 119 Rn 41), vgl BGH **71**, 60. Stimmrecht in der Gesellschafterversammlung der GmbH richtet sich nach GmbH-Recht.

Gesetzliche Informationsrechte der **Kdtisten** bestehen nach § 166 (und nach anderen Rechtsgrundlagen, § 166 Rn 11–14) auch in der kapitalistischen GmbH & Co KG s Rn 10), Mü WM **08**, 2211, ZIP **10**, 1693. Als **GmbHGfter** (sonst nicht, str) hat Kdtist daneben das **weitergehende** zwingende **Informationsrecht** aus **§ 51a GmbHG**, das sich auf die Angelegenheiten der KG erstreckt, BGH NJW **89**, 225, Düss WM **90**, 1823, sowie deren (nahezu) 100%iger TochterGes, und durch Ausgliederung nicht tangiert werden kann, BGH **25**, 118 (§ 166), Hamm WM **86**, 740; weitergehende Erstreckung auch auf Angelegenheiten des verbundenen Unternehmens im GmbHKonzern Kln ZIP **85**, 800, Schneider BB **75**, 1353. Die GmbH hat kein Zurückbehaltungsrecht wegen eigener Auskunfts- oder Zahlungsansprüche, Ffm NZG **08**, 158, Grund: Informationszweck. Geheimhaltungsinteressen der Ges, Mü NZG **08**, 878. Auch der ausgeschiedene Gfter, der jetzt bei einem Wettbewerber ist, hat das Recht, aber uU nur an einen Treuhänder (§ 118 Rn 9), Grenze erst § 51a II GmbHG, Mü NZG **08**, 199. Informationsrechte bei verbundenen PersonenGes s § 166 Rn 16–17. Der Gesellschaftsvertrag kann den Kdtisten weitergehende Informationsrechte zubilligen (s § 166 Rn 21) und so eine Angleichung an den Standard in der GmbH vornehmen, ggü Vereinheitlichung durch Rechtsfortbildung hat das wg § 51a III GmbHG den Vorteil der Flexibilität. Lit: Kort ZGR **87**, 46, Grunewald ZGR **89**, 545, Binz/Freudenberg/Sorg BB **91**, 785, Witte ZGR **98**, 151 (GmbH).

2) KGGeschäftsführung, GmbHGeschäftsführer

A. Geschäftsführung in der KG: Im Grundsatz gelten für die Geschäfts- 26
führung in der GmbH & Co die allgemeinen Regeln des KG-Rechts, danach
sind die Kdtisten von der Geschäftsführung ausgeschlossen (§ 164) und kann die
Gesellschafterversammlung der KG deshalb keine Entscheidungen in Geschäftsführungsfragen treffen, s § 164 Rn 1. Dies gilt nach Hamm ZIP **16**, 1073 auch in
der beteiligungsgleichen GmbH & Co, so dass sich ggf Regelung im GesVertrag
empfiehlt. Bedarf an einer Rechtsfortbildung mit Änderung der Zuständigkeitsordnung erscheint aufgrund der geltenden Vertragsfreiheit und der praktisch wohl
rglm Übernahme bzw Genehmigung der Entscheidung gering, wenn auch
Ergebnis praktisch bei Beschränkung der Haftung aller Gfter auf Einlage bzw
Stammkapital wenig einleuchtend erscheinen. Als Geschäftsführung der GmbH
gebilligt hat der BGH so auch die Verlängerung des Geschäftsführeranstellungsvertrags zwischen der KG und dem Geschäftsführer der Komplementär-GmbH
durch Insichgeschäft des vom Verbot des Insichgeschäfts befreiten GmbH-Geschäftsführers, BGH ZIP **16**, 1332, eines Einverständnisses der Gesellschafterversammlung der KG bedürfe es nicht, auch nicht bei der GmbH wegen einer
Entscheidung des Beirats und identischer Gesellschafterstruktur von KG und
GmbH. Auch insoweit empfiehlt sich eine Regelung im Gesellschaftsvertrag.

Freie Regelung im GesVertrag (§§ 161 II, 109) und §§ 164 ff. Verbot des
Selbstkontrahierens s Rn 39. Der GmbH kann die Geschäftsführungsbefugnis
nach § 117 entzogen werden; sie muss sich dabei das Handeln ihres Geschäftsführers zurechnen lassen, ohne dass stets vorrangig dessen Abberufung betrieben
werden müsste, BGH NJW **84**, 173m Anm Westermann ZIP **83**, 1070. Die
Geschäftsführung kann dem Kdtisten allein übertragen, die Vertretungsmacht
aber der GmbH nicht entzogen werden (§ 164 Rn 7, § 170 Rn 3), möglich ist
aber Regelung der Willensbildung in der Einheitsgesellschaft, s Rn 32. Grundlagengeschäfte sind kein Teil der Geschäftsführung (§ 114 Rn 3, dort auch zur
Konzernierung), dies spielt nach Zweibr NZG **12**, 508 für Eintragung in Register
aber keine Rolle. Die geschäftsführende GmbH haftet der KG zwar grundsätzlich
wie jeder phG nur für Sorgfalt wie in eigenen Angelegenheiten, MüKoBGB/
Schäfer § 708 Rn 5; aber bei kapitalistischer oder körperschaftlich strukturierter
GmbH & Co (s Rn 10) und auf jeden Fall bei der PublikumsGes (s Rn 74, 75)
haftet sie für jede Sorgfalt eines ordentlichen Geschäftsmannes (§ 43 I GmbHG),
BGH **75**, 327, **76**, 166u 338. Dieser schärfere Sorgfaltsmaßstab gilt auch für den
Gfter der KomplementärGmbH, der maßgeblichen Einfluss auf deren Geschäftsführung ausübt, BGH NJW **76**, 192 (ITT, § 114 Rn 8). Beweislast liegt beim
Geschäftsführer (§ 114 Rn 15).

B. Geschäftsführer der GmbH: Der GmbHGeschäftsführer steht im Dienst- 27
vertrag zur GmbH; nur bei besonderer Vertragsgestaltung wird er von der GmbH
& Co angestellt und bezahlt, BAG WM **83**, 800 (mit Konsequenz für Kündigungsschutz), ZIP **92**, 1496, Celle GmbHR **80**, 32; zur Drittanstellung Fleck
ZHR 149 (**85**) 387, Wertenbruch NZG **16**, 1081. Auch die Übernahme der
Vergütung des GmbH-GF als Aufwendungsersatz für die Geschäftsführung bedarf
einer entspr Abrede im GesVertr. Ein **Weisungsrecht** hat idR nur die GmbH
(§§ 37 I, 45 GmbHG, „Angelegenheiten der Ges" ist auch die Geschäftsführung
der KG), nicht die KG, BGH **75**, 326, Esch NJW **88**, 1553. Aber bei personengleicher GmbH & Co (s Rn 6) sind die Kdtisten als GmbHGfter weisungsberechtigt. Auch sonst, sinnvoll vor allem bei der EinheitsGmbH & Co (s Rn 8),
kann Weisungsrecht der KG oder eines Kdtisten im GesVertrag wirksam vereinbart werden, dazu Konzen NJW **89**, 2982, weiter kann einem Beirat ein
Weisungsrecht verliehen werden. Für den GmbHGeschäftsführer gilt im **Wettbewerbsverbot** gegenüber der GmbH und anders als nach dem Grundsatz
(§ 112 Rn 2) und als für GmbHGfter (s Rn 23) auch gegenüber der KG (jeden-

falls in den in Rn 28 genannten Fällen), MüKo/Grunewald § 165 Rn 14, Grund: Schutzwirkung für die KG (s Rn 28), nach aA § 112 analog, str, Kln NZG **09**, 307, offen Hbg ZIP **07**, 1372m Anm Hellgardt 2248, iErg abl Kblz NZG **08**, 423, zur AG & Co § 112 Rn 2, anders für die EinpersonenGes (s Rn 6), Röhricht WPg **92**, 706. Keine Arbeitnehmereigenschaft, str, s § 59 Rn 26. Für einheitliches Schutzkonzept bei GmbH & Co KG, AG & Co KG, GmbH & Co KGaA und AG & Co KGaA zutr Hoffmann-Becking ZHR 175 **(11)** 597. Nachvertragliches Wettbewerbsverbot kann auch zugunsten der GmbH & Co durch Regelung im Anstellungsvertrag vorgesehen werden, die interessengerecht ausgestaltet sein muss.

28   Der Geschäftsführer der GmbH, deren wesentliche Aufgabe die Geschäftsführung der KG ist, haftet jedoch auch der KG aus Dienstvertrag mit der GmbH (und organschaftlich aus § 43 II GmbHG mit **Schutzwirkung für die KG;** ohne vorherige Beschlussfassung der GfterVersammlung entspr § 46 Nr 8 GmbHG), BGH **75**, 321, **76**, 327, **100**, 193, NJW **95**, 1357, ZIP **09**, 1164, **13**, 1713 (Organ- und Anstellungsverhältnis), Kblz NZG **08**, 423, Kln NZG **09**, 307, 1223, KG NZG **11**, 430, Karlsr NZG **13**, 1178, hL, Hüffer ZGR **81**, 351; Staub/Casper § 164 Rn 57, 58, iErg auch Staub/Schilling § 164 Rn 16, aber ohne Anknüpfung an den Dienstvertrag, auch KG NZG **11**, 429: Drittschutz auf Grund § 43 II GmbHG; s auch Rn 79. **Er haftet** der KG bei Untreue auch deliktisch (Verjährung nach §§ 195, 199 BGB), BGH **100**, 190, zum Strafantrag Celle ZIP **13**, 2362. Die Verletzung von Geschäftsführerpflichten kann beim GfterGeschäftsführer zugleich Verstoß gegen GfterPflichten sein; es gelten dann (aber nur insoweit) statt § 43 I, IV GmbHG (s Rn 26) § 708 BGB und §§ 195, 199 BGB, BGH NJW **82**, 2869m krit Anm Westermann. Schutzwirkung für die KG hat auch die Haftung des Gfter der KomplementärGmbH, der maßgeblichen Einfluss auf deren Geschäftsführung ausübt (s Rn 26). Einverständnis aller KG-Gfter schließt Anspruch der KG aus, BGH ZIP **13**, 1716, nicht Entlastung personenverschiedener GmbH-Gesellschafter, so aber Ristelhuber GWR **16**, 249, zum Mitverschuldenseinwand *Bayer/Scholz* GmbHR **16**, 841.

29   **Haftungsrisiko** des GmbH-Geschäftsführers ist geringer als das einer natürlichen Person als Komplementär (phG) einer KG. Grundsätzlich keine **Eigenhaftung** des Geschäftsführers gegenüber Dritten, zB Vertragspartnern der GmbH oder KG, BGH NJW **90**, 389, WM **91**, 1548, aber s § 172a Rn 45; Überbl 9 vor § 48. Ausnahmsweise soll der Geschäftsführer persönlich nach § 823 I BGB als Garant aus Organisationspflicht haften, Bsp: Vermeidung der Kollision zwischen dem verlängertem Eigentumsvorbehalt der Lieferanten der GmbH mit einem Abtretungsverbot ihrer Auftraggeber, so BGH **109**, 297; zu Recht kritisch Dreher ZGR **92**, 22. Richtiger ist Eigenhaftung nur bei besonderem persönlichen Vertrauen des Dritten in den Geschäftsführer (§ 311 III 2 BGB, Überbl 9 vor § 48) oder nach § 823 II BGB bei Schutzgesetzverletzung. Haftung auch ggü Dritten bei Verletzung der **Insolvenzantragspflicht**, § 15a InsO. (Bilanzielle) Überschuldung der GmbH kann sich auch aus der Gefahr einer Inanspruchnahme nach § 128 HGB ergeben, Überschuldungszeitpunkt der GmbH kann so vor dem der KG liegen. Seit MoMiG ergibt sich Pflicht zur Stellung eines Insolvenzantrags rechtsformunabhängig aus § 15a InsO.

30   Die Bestellung des GmbHGeschäftsführer ist jederzeit widerruflich, außer wenn die Satzung dies auf wichtigen Grund beschränkt (§ 38 I, II GmbHG), letzterenfalls ist Widerruf aus wichtigem Grund auch bei Sonderrecht auf Geschäftsführung möglich. Kündigungsfrist nach § 622 I BGB gilt auch für den von der KG angestellten GmbHGeschäftsführer, soweit dieser nicht herrschender Gfter ist, BGH NJW **87**, 2073. **Abberufung** des GmbHGeschäftsführers bei der GmbH & Co, str, nach Rspr reicht in Einheits-KG Kündigung im Namen der KG aus, Hbg ZIP **13**, 881, (zu) strikt nach § 46 Nr 5 GmbHG (KG als AlleinGfterin der GmbH), BGH ZIP **07**, 1658m Anm Gehrlein BB **07**, 1915, für

2. Abschnitt. Kommanditgesellschaft 31, 32 Anh § 177a

Beschlüsse in KG und GmbH durch Kdtisten, K. Schmidt ZIP **07**, 2193, analog §§ 117, 127, Hopt ZGR **79**, 1, Hüffer ZGR **81**, 359, dagegen MüKo/Grunewald § 161 Rn 80, weil bei der GmbH & Co die KdtistenRechte zurückgedrängt seien und §§ 117, 127, 140 gegen die GmbH ausreichten, letzteres trifft aber praktisch nicht zu. Bestellungswiderruf in GmbH mit zwei gleich hoch beteiligten Gftern s BGH **86**, 177, Schneider ZGR **83**, 535. Insolvenzsicherung für Ruhegeldansprüche des GmbHGeschäftsführers s § 59 Rn 88. Stimmrechtsausübung bei der GmbH im Alleinbesitz ihrer KG s Bülow GmbHR **82**, 121.

Lit: Brandmüller 18. Aufl 2006; Drescher 7. Auflage 2013 (Haftung); Ek 2011 (Haftung); Hoffmann/Liebs 3. Aufl 2009; Jula 4. Aufl. 2012; Oppenländer/Trölitzsch 2. Aufl 2011; Tillmann/Mohr 10. Aufl 2013; Krebs 1991 (Haftung bei GmbH & Co). RsprÜbersicht: Fleck WM **85**, 677 (Geschäftsführer). **Muster:** Hopt/Weyland/Hoger 4. Aufl 2013 Form II. D.1.8 (Geschäftsordnung für GmbHGeschäftsführung).

3) Beirat, Aufsichtsrat und Prüfungsausschuss

Ein Beirat kann entweder **in der KG** (§ 163 Rn 12; PublikumsGes s Rn 75) **31 oder in der GmbH** oder in beiden (dann möglichst in gleicher Besetzung) bestehen, grds möglich ist auch ein Beirat für GmbH und KG, einschr Staub/Casper § 161 Rn 214, nicht bei sternförmiger GmbH & Co (Rn 7). Der Beirat der GmbH ist vom (fakultativen) Aufsichtsrat derselben (§ 52 GmbHG) zu unterscheiden. Prozess über Zugehörigkeit zum Beirat der GmbH (und KG) ist möglich unter den GmbHGftern (Kdtisten), BGH WM **77**, 477 (§ 109 Rn 39). Einem Beirat können weitreichende Befugnisse übertragen werden, s § 163 Rn 14. Haftung der GmbHBeiratsmitglieder gegenüber der KG wie Rn 28. Lit: Hölters 1979, Huber 2004; Hölters DB **80**, 2225, Haack BB **93**, 1607, Bayer FS Schneider **11**, 75, Werner GmbHR **15**, 577 (fehlerhafter Beschluss) und bei § 163 Rn 12. Vgl **Muster:** Hopt/Weyland/Hoger 4. Aufl 2013 Form II. D.1.3 (GmbH mit Aufsichtsrat), Hopt/Herfs/Scholz Form II. E.8.2 (Geschäftsordnung für Aufsichtsrat einer AG).

Gesellschaftsvertrag kann statt eines Beirats auch einen **Aufsichtsrat** vorsehen (fakultativer, freiwilliger Aufsichtsrat), nach KG GmbHR **16**, 29m krit Bespr Otto GmbHR **16**, 19 keine Einrichtung durch einfachen Gesellschafterbeschluss bei entsprechender Öffnungsklausel im GesVertrag. Beschäftigt die GmbH & Co mehr als 2.000 Arbeitnehmer, kann ggf aufgrund **gesetzlicher Anordnung** ein **Aufsichtsrat** zu bilden sein (obligatorischer Aufsichtsrat, auch in der Finanzindustrie). § 4 MitbestG sieht eine Zurechnung der Arbeitnehmer der KG zur GmbH vor, wenn die Mehrheit der Kommanditisten der KG die Mehrheit der Anteile des persönlich haftenden Gesellschafters halten und die GmbH keinen eigenen Geschäftsbetrieb mit in der Regel mehr als 500 Arbeitnehmern hat. Hat eine kapitalmarktorientierte GmbH & Co keinen Aufsichtsrat, ist aufgrund § 324 ein **Prüfungsausschuss** zu bilden.

4) Gesellschafterversammlung

Eine Gesellschafterversammlung ist im HGB nicht vorgesehen (anders §§ 48 ff **32** GmbHG), fördert aber klare Beschlüsse und die Integration der Gfter und ist deshalb für den Gesellschaftsvertrag zu empfehlen (Regelung entspr GmbHRecht). Abzuhalten sind bei einer entsprechenden Regelung Gesellschafterversammlungen nicht nur in der GmbH, sondern auch in der KG. Dabei handelt es sich dann um zu unterscheidende Veranstaltungen. Bei personen- und beteiligungsgleicher GmbH & Co können Gesellschafterversammlungen am selben Tag und selben Ort stattfinden, jedenfalls Tagesordnungen und Beschlussfassungen sind zu unterscheiden und für jede Gesellschaft eigene Protokolle anzufertigen.

Bei der **EinheitsGmbH & Co** (s Rn 8) vollzieht sich die Willensbildung praktisch durch die Kdtisten als GfterVersammlung, rechtlich kann so die Gfter-

Versammlung der GmbH aber nicht ersetzt werden, str; die GmbH kann ihre GfterRechte nicht bei sich selbst in ihrer eigenen GfterVersammlung ausüben (und der GmbH-GF sich nicht selbst wählen und überwachen, str), das können aber die von ihre bevollmächtigten Kdtisten, dazu ist inspr Vertragsgestaltung nötig, zu diesen MüKo/Grunewald § 161 Rn 99, Schranken derselben s Fleck FS Semler **93**, 115, jedenfalls insoweit keine zwingende Selbstorganschaft. Die Kommanditisten können ihrerseits die Ausübung der Gfterrechte auf einen Beirat übertragen, Celle ZIP **16**, 1728, Stimmbindung der GmbH gegenüber den Kdtisten (zB Wiederwahl des GmbHGeschäftsführers) ist wirksam (§ 119 Rn 17–18), Kln WM **88**, 974, str. Lit: Vogel 1976, Eickhoff 4. Aufl 2006, von Bonin NZG **16**, 1299.

5) Gesellschaftsvertragsänderung

33 Änderung des Gesellschaftsvertrags als Grundlagengeschäft s § 105 Rn 60; sonstige Grundlagengeschäfte (§ 114 Rn 3). In der personengleichen GmbH & Co (s Rn 6) liegt im einstimmigen Beschluss zur KGVertragsänderung die Gestattung des Selbstkontrahierens an den Kdtisten, der zugleich GmbHGeschäftsführer ist (§ 119 Rn 22), BGH BB **76**, 901. Bestehen mehrere Ges mit denselben Gftern, so wird auch im Konzern nur GesVertrag der Ges geändert, für die eine GesVersammlung abgehalten wird, Hamm ZIP **15**, 973 (Motiv der Leitungsmacht in der Konzernspitze, Tönnies).

IV. Rechtsverhältnisse der Gesellschafter zu Dritten

1) Rechtliche Selbstständigkeit der Gesellschaft

34 A. **Wirksamkeit und Rechtsstellung der KG:** Für die Wirksamkeit der KG im Verhältnis zu Dritten gilt wie für die OHG § 123 I, II. Betreibt die KG kein HdlGewerbe, entsteht sie erst mit Eintragung (§ 123 Rn 3). KfmEigenschaft der GmbH (§ 6) ersetzt nicht die der KG, BayObLG NJW **85**, 982. **Inhaber** des HdlGeschäfts und Eigentümer des Geschäftsvermögens ist die **KG** (Verpachtung s § 1 Rn 18, 30). Sie ist auch Besitzer der Sachen der Ges (§ 124 Rn 35). Sie ist in die Handwerksrolle einzutragen (vgl § 1 Rn 26). Die GmbH & Co (und andere KapitalGes) kann, wie sich seit HRefG schon aus § 279 II AktG ergibt, trotz § 281 I AktG phG einer KGaA sein, zutr BGH **134**, 392, schon früher Hbg NJW **69**, 1030, aA früher üL, K. Schmidt 160 (**96**) 265; Grund: außer § 279 II AktG Gestaltungsfreiheit bei phG der KGaA, Geschäftsleitung durch den Komplementär, wichtig für mittelständische Unternehmen.

35 B. **Prozess:** Im Prozess der GmbH & Co ist der Geschäftsführer der GmbH als Partei, nicht als Zeuge zu hören, LG Oldbg BB **75**, 983 (§ 124 Rn 41–43). Titel gegen die GmbH trägt keine Vollstreckung gegen die KG (Einheits-GmbH & Co, s Rn 8). Zustellung an GmbH & Co KG durch Zustellung an Komplementär-GmbH, Düss ZIP **15**, 2093.

2) Vertretung, Selbstkontrahieren

36 A. **Organschaftliche Vertretung:** Die Vertretung der KG kann organschaftlich oder rechtsgeschäftlich sein. Organschaftlich (also im gesetzlichen Regelfall, s Überbl 3 vor § 48) wird die KG durch die GmbH vertreten (§§ 125, 161 II, 170). Für die **GmbH** handeln, auch soweit sie als phG der KG für diese tätig wird, ihre gesetzlichen Vertreter, also der bzw die **GmbHGeschäftsführer**; Abberufung s Rn 30. Nach Löschung der GmbH ist die KG nicht mehr prozessfähig, Zweibr ZIP **83**, 941. Bestellung eines Notliquidators (§§ 29, 48 I BGB) für die aufgelöste GmbH zur Sicherung von Vertretung und Geschäftsführung der nicht aufgelösten KG auf Antrag von Kdtisten, BayObLG DB **76**, 1571.

B. Rechtsgeschäftliche Vertretung: Für die rechtsgeschäftliche Vertretung 37
der KG gilt allgemeines Vertretungsrecht, insbes § 181 BGB, zum Insichgeschäft
Mielke BB **17**, 1734. Ein **Prokurist** der GmbH kann für die GmbH als Vertreter
in der KG (dh mittelbar für die KG) handeln, Hamm NJW **67**, 2163. Prokuristen
der KG werden durch die GmbH bestellt (§§ 161 II, 126 I). Möglich ist auch
gemischte Gesamtprokura für die KG mit Bindung an die Mitwirkung der GmbH
(nicht deren Geschäftsführer) s § 48 Rn 6–7. Auch die Geschäftsführer der
GmbH können Prokura für die KG erhalten, Hamm BB **73**, 354, BayObLG BB
80, 1487. Auch **Kommanditisten** können trotz § 170 Prokura oder Vollmacht
für die KG erhalten (§ 170 Rn 3). § 170 hindert nicht die Vertretung der GmbH
& Co durch GmbH, für die ein Geschäftsführer handelt, der auch Kdtist ist, aA
BPatG BB **75**, 1127; Kdtisten als solche sind aber von der organschaftlichen
Vertretung ausgeschlossen (§ 170 Rn 1).

C. Vertretung der Kommanditisten: Die rechtsgeschäftliche Vertretung der 38
Kommanditisten persönlich durch die GmbH setzt deren Vollmacht voraus, zB
Übernahme der persönlichen Haftung der Kdtisten für ein der KG zu gewährendes Bankdarlehen; zur Auslegung der von der GmbH vorformulierten Vollmacht,
BGH DB **80**, 534.

D. Selbstkontrahieren: Selbstkontrahieren des GmbHGeschäftsführers kann 39
auf der Ebene der GmbH und der der KG relevant werden. Selbstkontrahieren
des GmbHGeschäftsführers (als Vertreter der Ges mit sich selbst) ist nur möglich
bei bloßer Erfüllung einer Verbindlichkeit, zB Einlageschuld, oder bei Gestattung
(§ 181 BGB; § 119 Rn 22). Bei Geschäften zwischen GmbH und KG Mehrvertretung, Hauschild ZIP **14**, 955. Selbst- und Mehrfachvertretung sowie die
Norm des § 181 BGB führen insbes bei der GmbH & Co zu Beratungsbedarf.
Keine Befreiung nach § 181 BGB ist nötig, wenn zwei GF einer Komplementär-GmbH, die zugleich alleinige Kommanditisten der KG sind, sich gegenseitig eine
Vergütung gewähren und bei KG ein entsprechender Grundsatzbeschluss der
Gesellschafterversammlung vorliegt, BGH ZIP **16**, 1376.

a) Mit der GmbH: Eigene Rechtsgeschäfte des GmbHGeschäftsführers mit
der GmbH erfordern Gestattung der GmbH. Das gilt auch für die EinpersonenGmbH, so § 35 III GmbHG (anders zu aF BGH **56**, 97, **75**, 358 für die
GmbH & Co, **81**, 367, aber strenge Beweisanforderungen, mindestens Verbuchung des Insichgeschäfts). Die generelle Befreiung des Geschäftsführers und
AlleinGfters der EinpersonenGmbH ist nur im GesVertrag möglich oder aber
nachträglich durch Satzungsänderung (nicht bloßen GfterBeschluss) und bedarf
dann der Eintragung im HdlReg, BGH **87**, 60, BayObLG NJW **81**, 1565, BB
82, 577, Düss AG **10**, 295 (vgl § 119 Rn 22), str. Die Befreiung bleibt wirksam,
auch wenn der Geschäftsführer AlleinGfter der GmbH wird, BGH WM **91**, 891.
Befreiung durch GfterBeschluss ist bei Ermächtigung im GesVertrag zulässig und
nach unterschriebener Niederschrift (§ 48 III GmbHG) im HdlReg einzutragen,
BayObLG BB **89**, 2426. Beschränkung auf den AlleinGfter ist jedoch nicht
eintragbar, da die Vertretungsmacht so nicht allein aus dem HdlReg ersichtlich
ist, BGH **87**, 63 (s auch § 8 Rn 5), auch muss sich eine Eintragung ergeben, ob
vom Verbot des Insichgeschäfts und/oder vom Verbot der Mehrfachvertretung
befreit wird, Nürnb GmbHR **15**, 485. § 181 BGB gilt entspr, wenn der
GmbHGeschäftsführer sich durch seinen Ehegatten vertreten lässt, Hamm NJW
82, 1105; auch bei anderen Unterbevollmächtigten, nicht aber bei Prokuristen,
BGH **91**, 336. Lit: Altmeppen NJW **95**, 1182, Bacher/von Blumenthal GmbHR
15, 457.

b) Mit der KG: Eigene Rechtsgeschäfte des GmbHGeschäftsführers mit der 40
KG erfordern Gestattung der KG. Eine Gestattung auf den Einzelfall obliegt als
Maßnahme der KGGeschäftsführung und -Vertretung allein der Komplemen-

Anh § 177a 41–44 2. Buch. Handelsgesellschaften und stille Gesellschaft

tärGmbH; auch bei rechtlicher Verhinderung des GmbHGeschäftsführers sind dazu weder die Kdtisten noch die GmbHGfter befugt, BGH **58**, 115, aA Frank NJW **74**, 1073. Möglich ist aber ein den GesVertrag für den Einzelfall ändernder Beschluss der Gfter der KG mit satzungsändernder Mehrheit; ist Einstimmigkeit nötig, liegt für den GmbHGeschäftsführer zugleich ein eigenes Rechtsgeschäft mit der GmbH vor (s Rn 39), BGH **58**, 118, mit Sachverhaltsvariante Düss NZG **05**, 131. Der GmbHGeschäftsführer kann namens der GmbH der Übertragung des (einzigen) Kommanditanteils auf ihn zustimmen, BayObLG WM **77**, 949. Wenn Befreiung von § 181 nur im Verh zu GmbH und Anstellungsvertrag mit KG geschlossen, bedarf es zur Erhöhung des Gehalts des GF eines Beschlusses der Gesellschafterversammlung der GmbH, BGH ZIP **14**, 1278, dazu Höpfner NZG **14**, 1174.

3) Haftung gegenüber Dritten

41   A. **Haftung der GmbH & Co:** Die GmbH & Co haftet unbeschränkt mit ihrem gesamten Vermögen. Für Handlungen ihres Geschäftsführers haftet die GmbH entspr § 31 BGB (vgl § 124 Rn 25).

42   B. **Haftung der Kommanditisten: a) Als Kommanditisten:** Die Kdtisten haften nach §§ 171 ff. Leistung der KG an die GmbH und dieser an einen Dritten, der dafür entsprechend an den Kdtisten leistet, ist Einlagenrückgewähr nach § 172 IV, BGH **47**, 149. Keine Einlagenrückgewähr ist Bezug angemessener Tätigkeitsvergütung als GmbHGeschäftsführer durch Kdtisten, BAG WM **83**, 514, differenzierend Riegger DB **83**, 1909, Bork AcP 184 **(84)** 465; s § 172 Rn 6. Weder der unter Abbedingung des § 164 geschäftsführende Kdtist noch der EinpersonenGfter haftet als solcher unbeschränkt; Ausnahme Durchgriffshaftung s § 172a Rn 40. Zur beschränkten GfterHaftung in der PublikumsGbR Kln NZG **10**, 102, gegen KG NZG **10**, 1265, Schäfer FS Nobbe **09**, 909, NZG **10**, 241, auch Einl 14 vor § 105.

43   b) **Sonstige Haftungsgrundlagen:** Daneben werden besondere Haftungsgründe praktisch. **Finanzplankredite,** BGH **104**, 33, s § 172a aF Rn 21. **Verschulden bei Vertragsverhandlungen** wegen mangelnder Aufklärung eines Kreditgebers (§ 172a aF Rn 45), BGH NJW **84**, 2284m krit Anm Wiedemann. **Rechtsscheinhaftung** der Kdtisten, die wie phG auftreten, s § 5 Rn 9, § 128 Rn 5. Weiterhaftung nach **§ 15** bei Wechsel des phG in KdtistenStellung (§ 15 Rn 4). Die Nachhaftung des früheren EinzelKfm und jetzigen Kdtisten für Altschulden ist begrenzt (§ 28 III, dort Rn 7). Bei Ausschluss der Verlustbeteiligung der GmbH trifft die Kdtisten nach GesVertrag bei Inanspruchnahme der GmbH nicht ohne weiteres eine **Freistellungspflicht,** diese setzt vielmehr eine klare Abbedingung des § 167 III (idR zu verneinen) voraus, Karlsr BB **82**, 327; dann haften die Kdtisten (mittelbar) unbeschränkt ohne dass auf die Freistellungsansprüche zugreifenden KGGläubigern; Ganssmüller NJW **72**, 1034, Sudhoff DB **73**, 2175, K. Schmidt DB **73**, 2227, Fehl BB **76**, 109. Die Abbedingung des § 167 III gilt nur im Innenverhältnis und steht einer Eintragung der Ges als KG nicht entgegen, aA Buchheister BB **73**, 687. Haftung bei Geschäftsaufnahme vor Eintragung s Rn 17–18, § 176 Rn 1. Bürgschaft von Kdtisten bei Scheingeschäften zur Umgehung der Bardepotpflicht, BGH NJW **80**, 1572.

44   C. **Haftung des GmbHGeschäftsführers:** Die Haftung des GmbHGeschäftsführers kann sich aus sehr unterschiedlichen Anlässen und Rechtsgrundlagen ergeben: im Gründungsstadium s Rn 15 ff; aus Prospekthaftung s Rn 63; aus Rechtsscheinhaftung mangels Kennzeichnung der Haftungsbeschränkung s § 19 Rn 24–30; aus § 826 BGB, BGH WM **82**, 740. Wichtig und gefährlich ist die **Eigenhaftung des GmbHGeschäftsführers** wegen Insolvenzverschleppung (verzögerter Insolvenzantrag, § 15a InsO). Sie ist möglich bei weiterer **Kreditinanspruchnahme trotz** einer für den Zeitpunkt der Rückzahlung abzusehenden

Zahlungsunfähigkeit oder (str) bloßer **Überschuldung** der Ges (Überschuldungsbegriff § 19 II InsO, s § 130a Rn 3). Praktisch bedeutsam ist weiter eine Haftung wegen Nichtabführen von Sozialversicherungsbeiträgen, § 266a StGB. Die Eigenhaftung kann auch aus **Verschulden bei Vertragsverhandlungen** des Vertreters wegen mangelnder Aufklärung folgen, jedenfalls wenn der Kreditgeber in laufender Geschäftsbeziehung bei dem Alleingeschäftsführer und MehrheitsGfter anfragt (s § 311 III 2 BGB, Überbl 9 vor § 48), BGH **87**, 27, NJW **88**, 2234, aA Grunewald ZGR **86**, 580. Notwendig ist aber ein **besonderes Verhandlungsvertrauen**, BGH WM **91**, 1548 (iErg abl; s § 311 III 2 BGB, Überbl 9 vor § 48: erste Fallgruppe). Ein **unmittelbares wirtschaftliches Eigeninteresse** des (die Verhandlung maßgeblich beeinflussenden) GmbHGeschäftsführers genügt dagegen für sich allein nicht, aA die frühere Rspr, BGH NJW **88**, 2234, inzwischen aber deutlich eingeschränkt (Überbl 9 vor § 48: zweite Fallgruppe). Nicht genügen jedenfalls bloße Beteiligung des Geschäftsführers an der GmbH (auch EinpersonenGmbH), BGH NJW **86**, 586 und gleichzeitig an der KG, BGH NJW **89**, 292; Sicherheitenbestellung, BGH NJW **93**, 2931. Bei Nichtoffenbarung in gravierenden Fällen greift § **826 BGB**, BGH WM **91**, 1548, Düss WM **93**, 1747. Lit: Steininger 1986, Medicus FS Steindorff **90**, 725, Ebenroth/Kräutter BB **90**, 569 (Anlagevermittlung).

V. Auflösung, Gesellschafterwechsel, Auseinandersetzung

1) Auflösung

A. KG: a) Auflösung der KG: Die GmbH & Co wird beim Tod eines 45 Kdtisten mangels abweichender vertraglicher Bestimmung mit dessen Erben fortgesetzt (§ 177 HGB, vgl § 60 GmbHG). Erbfolge und TV s Petzold GmbHR **77**, 32, Lenzen GmbHR **77**, 56. Auflösung der GmbH steht dem Tod eines phG nach § 131 III Nr 1 nicht gleich (näher § 131 Rn 20), die GmbH behält bis zur Vollbeendigung ihre Alleinvertretungsbefugnis, BGH **75**, 178, **96**, 154, Hbg NJW **87**, 1896, Schlitt NZG **98**, 584, aA K. Schmidt BB **80**, 1497, MüKo/K. Schmidt § 131 Rn 68. Insolvenzgrund ist nicht nur Zahlungsunfähigkeit (§ 17 InsO), sondern mangels einer natürlichen Person als phG auch Überschuldung (§ 19 III InsO, Überschuldungsbegriff § 19 II InsO, s § 130a Rn 3). Insolvenzantragsberechtigung s § 15 III iVm I, II InsO, zur drohenden Zahlungsunfähigkeit Mü ZIP **13**, 1124 (PublikumsGes) m Bespr Wertenbruch DB **13**, 1592 (GesBeschluss), s § 130a Rn 14. Insolvenzantragspflicht für die zahlungsunfähige oder überschuldete KG s §§ 177a, 130a, 130b aF, seit MoMiG § 15a InsO (s vor § 177a); antragspflichtig sind die Geschäftsführer der GmbH, nach Auflösung der KG ihre Liquidatoren; dazu Blumers BB **76**, 1441, Mühlberger GmbHR **77**, 146. Bei Vollbeendigung Sperrjahr entspr § 73 GmbHG, § 272 AktG, Staub/Habersack § 155 Rn 17, K. Schmidt BB **11**, 707. Haftung der Kdtisten in der Insolvenz der GmbH & Co, Aufrechnungsverbot, s § 171 Rn 11. Lit: Uhlenbruck 1977, K. Schmidt GmbHR **02**, 1209 (Insolvenz, Insolvenzabwicklung). Für Auflösung gelten die allg Grundsätze des Personengesellschaftsrechts, die GmbH & Co wird nach der Auflösung nicht mehr durch den Komplementär, sondern grds durch alle Gesellschafter, also auch die Kommanditisten vertreten, Düss ZIP **16**, 1583, s § 157.

b) Ausscheiden der GmbH (§ 131 III 1 Nr 2 HGB): Insolvenz der GmbH 45a (zB bei Überschuldung der KG, wenn daraus wie idR die Überschuldung der persönlich haftenden GmbH folgt) führt zur Auflösung der GmbH und deren Ausscheiden aus der KG (§ 60 I Nr 4 GmbHG, §§ 161 II, 131 III 1 Nr 2 HGB), BGH ZIP **04**, 1047, **08**, 1677. Dies gilt auch bei (vertikaler) Simultaninsolvenz von GmbH und KG, BGH ZIP **14**, 1280, Hamm ZIP **03**, 2264 Röhricht/Haas

§ 131 Rn 29a, Bork/Jacoby ZGR **05**, 650, anders MüKo/K. Schmidt § 131 Rn 76a, K. Schmidt GmbHR **02**, 1213, ZIP **08**, 2337, **10**, 1626, Staub/Schäfer § 131 Rn 95: konsolidierte Abwicklung von KG und GmbH, so nach K. Schmidt auch für horizontale Simultaninsolvenz aller Gfter, bislang sehr str, § 131 Rn 22, zur Insolvenzantragspflicht nach § 15a InsO s Rn 29. Fortsetzungsbeschluss durch Berufung eines neuen phG ist möglich, BGH **8**, 37; ZweipersonenGes s § 131 Rn 19, 35. Ablehnung der Eröffnung des Insolvenzverfahrens mangels Masse (§ 26 InsO) bei der KG löst die KG auf (§ 131 II 1 Nr 1); Abweisung des Antrags bei der GmbH führt nur zu deren Auflösung (§ 60 I Nr 5 GmbHG), nicht zu ihrem Ausscheiden aus der KG (vgl § 131 II Nr 1, III Nr 2) und nicht zur Auflösung der KG, str (§ 131 Rn 15, 20, 22), BGH **75**, 181, Schlitt NZG **98**, 584, hL, aA K. Schmidt BB **80**, 1497, MüKo/K. Schmidt § 131 Rn 74, Grund ua: Ges in Liquidation kann nicht als phG fungieren.

46 B. **GmbH:** Die GmbH wird durch die Auflösung der GmbH & Co iZw nicht aufgelöst, sie nimmt teil an der Auseinandersetzung der KG. Zur Auswahl des Nachtragsliquidators der GmbH s Düss ZIP **15**, 1975, zu berücksichtigen ist der Aufgabenkreis, Geschäftsführung für die KG bedingt Beteiligung auch der Kommanditistin am Verfahren und Berücksichtigung der Interessen der KG. Bei englischer Limited mit in Deutschland belegenem Vermögen nimmt Brdbg ZIP **16**, 1872 bei Löschung im englischen Register das Fortbestehen als Spaltgesellschaft und keine persönliche Haftung an, str, Fortführung als Spaltgesellschaft neben Rest- bzw Liquidationsgesellschaft und Einzelunternehmen im LS erwähnend BGH ZIP **17**, 493.

2) Gesellschafterwechsel

47 A. **KG:** Ausscheiden des phG oder von Kdtisten aus der KG und die Übertragung von Kommanditanteilen richtet sich nach KGRecht (§ 161 Rn 8, § 105 Rn 70), Mü NZG **09**, 25. Ausschließung geschäftsführender Gfter (GmbH, Kdtist) s Tillmann DB **74**, 1705. Selbstkontrahieren bei Anteilsübertragung s Rn 39. Kopplung der Übertragung der Kommandit- und GmbHAnteile s Rn 48. Bei Zustimmungsklausel Verweigerung der Übertragung des KdtAneils nur nach pflichtgemäßem Ermessen, die Klausel kann aber auch wichtigen Grund vorsehen, Brem ZIP **07**, 1502, Mü NZG **09**, 26, Weisner/Lindemann ZIP **08**, 766. Vereinigung aller GesAnteile der KG bei der GmbH hat Rechtsfolgen wie bei Ausschließung aus ZweipersonenGes (§ 140 Rn 25; Firmierung s § 24 Rn 9). Haftung bei Übertragung der EinpersonenGmbH & Co (s Rn 6) s Westerhoff DB **75**, 1973. Anmeldung der Übertragung des Kommanditanteils s § 162 Rn 8. Lit: Göz NZG **04**, 345 (Nachfolgeregelung in KG und GmbH). Eine unentgeltlich zugewandte Unterbeteiligung ist mit Abschluss eines Gesellschaftsvertrags iSv §§ 2301 II, 518 II BGB vollzogen, BGH ZIP **12**, 326.

48 B. **GmbH:** Ausscheiden von Gftern aus der GmbH und Übertragung von GmbHAnteilen richtet sich nach GmbHRecht. Anzulegen und zum Handelsregister einzureichen ist nunmehr eine Gesellschafterliste, die seit dem MoMiG auch einen gutgläubigen Erwerb von Gesellschaftsanteilen ermöglicht, dies auch für GmbH als einzige Komplementärin einer KG. Nach dem Gesetz freie Übertragbarkeit der Anteile in der GmbH kann durch entsprechende Regelung im Gesellschaftsvertrag eingeschränkt und auf einen Gesellschafterwechsel in der KG abgestimmt werden, was insbesondere für die personen- und beteiligungsgleiche GmbH & Co (zur typischen GmbH & Co s Rn 6) relevant ist, aber auch sonst Bedeutung hat. Erwirbt die KG die Anteile an der GmbH, so kann bei personengleicher GmbH & Co die Haftung nach § 172 IV wieder aufleben, wenn die KG den GmbH-Gesellschaftern und Kommanditisten einen überhöhten Kaufpreis zahlt, BGH ZIP **17**, 77.

Die Übertragung des GmbH-Anteils bedarf der notariellen Form, § 15 III GmbHG. Bei Verpflichtung zur Veräußerung der Gesamtbeteiligung gilt die Formvorschrift des § 15 IV GmbHG auch für den KdtAnteil, BGH NJW **86**, 2642, wenn dieser wie rglm der Übertragung des GmbH-Anteils zugrunde liegt, aber § 139 BGB gilt entsprechend. Heilung nach § 15 IV 2 GmbHG erfasst auch KdtAnteil, str. Lit: Binz/Rosenbauer NZG **15**, 1136.

3) Auseinandersetzung (Liquidation)

Einzug rückständiger Kommanditeinlagen ist uU auch noch im Liquidationsstadium möglich, BGH NJW **80**, 1522 (s § 149 Rn 3, § 235 Rn 1). Ist die gelöschte Gesellschaft nicht vermögenslos, bleibt sie parteifähig, Verträge der gelöschten Gesellschaft werden in das Abwicklungsstadium versetzt, OLG Ffm NZG **12**, 233 (LS). Lit: Binz/Sorg § 12 (Insolvenz); K. Schmidt GmbHR **80**, 261.

VI. Mitbestimmung

Für PersonenGes sehen das DrittelbG und das MontanMitbest(Erg)G keine Mitbestimmungspflicht vor, so dass keine zwingende Mitbestimmung ab 500 bzw 1.000 (in Deutschland beschäftigten) Arbeitnehmern eingreift, sie fallen grds auch nicht unter das MitbestG 1976. Hat die Mehrheit der Kdtisten aber die Mehrheit der Anteile oder Stimmen der GmbH inne, wird die Zahl der Arbeitnehmer der GmbH & Co der GmbH zugerechnet (§ 4 MitbestG); die KomplementärGmbH wird dann ab idR 2000 Arbeitnehmern, einerlei ob bei ihr oder der KG, mitbestimmungspflichtig (außer bei eigenem Geschäftsbetrieb der GmbH mit idR mehr als 500 Arbeitnehmern), Zöllner ZGR **77**, 329; U. Schneider ZGR **77**, 342, Kunze ZGR **78**, 321. Ist die KG herrschendes Unternehmen eines Konzerns, gelten die Arbeitnehmer der Konzernunternehmen als solche der GmbH (§ 5 II MitbestG), Schneider ZGR **78**, 344. Versuche, der Mitbestimmung durch Einschaltung einer doppelstöckigen GmbH & Co (s Rn 9) zu entgehen (§ 4 MitbestG), sind rechtlich unbehelflich, zumindest unsicher, str. Die GmbH & Co kann auch Konzern iSv § 5 MitbestG sein, hL, str. Kdtist als herrschendes Unternehmens iSv § 5 MitbestG, Seibt ZIP **11**, 252. Komm: GroßKoAktG/Oetker (MitbestGe) 1999; Ulmer/Habersack/Henssler, 3. Aufl 2013); zur GmbH & Co Zöllner ZGR **77**, 319, Wiesner GmbHR **81**, 36. Vgl **Muster:** Hopt/Weyland/ Hoger 4. Aufl 2013 Form II. D.1.7 (mitbestimmte GmbH); Aufsichtsrat s Rn 31. Lit: Binz/Sorg § 14.

VII. Rechnungslegung und Transparenz

Die 4. EU-Ri (Bilanzrichtlinie) erfasste die GmbH & Co nicht ausdrücklich, aber ihrem Zweck nach (Einl 8 vor § 238), Lutter DB **79**, 1285. Das BiRiLiG 1985 hatte die GmbH & Co trotzdem noch wie eine reine PersonenGes behandelt. Mit der (verspäteten) Umsetzung der Kapitalges & Co-Richtlinie 1990 durch das KapCoRiLiG 2000 unterfällt auch die GmbH & Co den §§ 264 ff für KapitalGes, sofern keine natürliche Person phG ist (§ 264a I, s Einl 8 vor § 238). Die GmbH & Co war zuvor nur ab entspr Größe rechnungslegungspflichtig nach dem Publizitätsgesetz, dieses ist weiter für die unechte GmbH & Co relevant, s Farr GmbHR **96**, 185, Veit DB **96**, 641, Herrmann WPg **01**, 271. Lit: Binz/Sorg § 15, Theile GmbHR **15**, 281 (BilRUG).

Der Betrieb einer GmbH & Co ist insofern aufwändig, als neben dem Jahresabschluss für die KG auch ein Jahresabschluss für die GmbH zu erstellen ist. Für jede Gesellschaft bedarf es auch einer eigenen Buchführung. Die beiden Abschlüsse stehen durchaus in einer inneren Abhängigkeit. Die GmbH hat das

Haftungsrisiko nach § 128 in ihrem Jahresabschluss abzubilden, wenn diesem kein durchsetzbarer Ausgleichsanspruch nach § 110 bzw Aufwendungsersatzanspruch aus dem Gesellschaftsvertrag gegenübersteht. Wirtschaftliche Schwierigkeiten der KG schlagen so auf die Bilanz der GmbH durch und können sogar zu einer Überschuldung und Insolvenzantragspflicht führen, was auch bei der Festlegung der Kapitalausstattung einer GmbH zu beachten ist (s Rn 11, 12).

Aufstellung und Feststellung des Jahresabschlusses der GmbH & Co richtet sich nach KG-Recht, s § 164 Rn 3. Danach ist die Aufstellung des Jahresabschlusses Sache des Komplementärs, also der GmbH, die Feststellung ist Grundlagengeschäft, an dem auch die Kommanditisten teilhaben. Mangels besonderer Regelung sind dabei die Informationsrechte beschränkt, auch wenn explizit im GesVertrag die Vorlage des Jahresabschlusses vor der GesVersammlung vorgesehen wird, muss in der Publikumsges nicht zugleich auch der Prüfbericht übersandt werden, BGH ZIP **15**, 778. Eine explizite Regelung empfiehlt sich auch in der echten (personen- und beteiligungsgleichen) GmbH & Co sowie in der Einheitsgesellschaft, jedenfalls zur Klarstellung.

Transparenz hat mit Blick auf die GmbH & Co verschiedene Facetten, die ein einheitliches Begriffsverständnis verbieten. Traditionell von großer Bedeutung ist die steuerliche Transparenz. Dieser hergebrachte Begriff des Steuerrechts meint, dass durch die Gesellschaft (KG) durchgesehen wird und die Steuer nicht bei dieser, sondern direkt bei den Gesellschaftern, bei der GmbH & Co also im Wesentlichen bei den beschränkt haftenden Kommanditisten anfällt. Die handelsrechtliche Transparenz der Kommanditgesellschaft ist rechtsformtypisch eingeschränkt, aufgrund der Rechnungslegungsvorschriften allerdings zumindest punktuell der Publizität von Kapitalgesellschaften angenähert. Weiter nicht erforderlich ist die Einreichung eines Gesellschaftsvertrags der unternehmenstragenden KG in das Handelsregister, s allg § 106 Rn 2. Einzutragen sind lediglich Namen und Haftsumme der Kommanditisten, s § 162 Rn 2. Aufgrund der Gestaltungsfreiheit im Personengesellschaftsrecht sind Rückschlüsse so nur begrenzt möglich. Seit 2017 Transparenzregister nach Geldwäschegesetz (wirtschaftlich Berechtigter bei Kontrolle von 25 Prozent der Stimmrechte, § 3 GwG).

VIII. Die unterkapitalisierte GmbH & Co, allgemeine Durchgriffshaftung, Haftung aus existenzvernichtendem Eingriff

51a A. **Keine Ausdehnung auf Unterkapitalisierung ohne Gewährung von Gesellschafterdarlehen:** Weder § 172a aF (s dort Rn 1) noch §§ 30, 31 GmbHG erfassten schon vor dem MoMiG die (von vornherein oder ab einem späteren Zeitpunkt) unterkapitalisierte GmbH bzw GmbH & Co, sofern keine Gesellschafterdarlehen gewährt wurden. Der Gesetzgeber der GmbHNovelle 1980 hat sich zu einem eigenen Haftungstatbestand der Unterkapitalisierung nicht entschließen können, vgl Herber GmbH-Rdsch **78**, 28. Gegen den Haftungsdurchgriff bei einer unterkapitalisierten EinpersonenGmbH BGH **68**, 312 (VIII. ZS) m Anm K. Schmidt NJW **77**, 1451; abl Emmerich NJW **77**, 2163, Fleck **LM** § 30 GmbHG Nr 6, Kuhn WM **78**, 598u Sonderbeil 1/**78**, 16, Meyer-Cording JZ **78**, 10. Der II. (gesrechtliche) ZS hat offengelassen, ob dem „in Anbetracht neuerer, auch in der Rspr des II. ZS zu verzeichnender Tendenzen zu einem verstärkten Gläubigerschutz gefolgt werden kann", BGH NJW **77**, 1686, in BGH **69**, 95 nicht abgedruckt; seine restriktiven Äußerungen in BGH **76**, 335 beziehen sich nur auf §§ 30, 31 GmbHG.

51b B. **Allgemeine Haftungstatbestände, insbesondere Durchgriffshaftung:** Demgegenüber greift die Rspr zT auf **§ 826 BGB**, zB BGH NJW **05**, 145 (planmäßige Entziehung von Vermögen für SchwesterGmbH), und auf die **all-**

2. Abschnitt. Kommanditgesellschaft   51c, 51d   Anh § 177a

gemeine Durchgriffshaftung bei sittenwidriger Einschaltung einer vermögenslosen GmbH durch den Gfter zurück. Die allgemeine zivilrechtliche Durchgriffshaftung findet nur in besonderen Ausnahmefällen statt, weil sonst die Rechtsform der juristischen Person und die damit bezweckte Haftungsbeschränkung der Gfter entwertet würde. Bspe: BGH **31**, 271, **54**, 222 (Durchgriff bei e. V.), **68**, 322 (willkürliche, von vornherein nicht praktikable Ausgliederung), **78**, 333 (Rechtsmissbrauch), **95**, 334 (Vermischung von Ges- und Privatvermögen durch undurchsichtige Buchführung oder sonstige Verschleierung), **125**, 366 (Vermögensvermischung, dazu klarstellend **165**, 85), NJW **79**, 2104 (§ 826 BGB bei krass nachteiligem Geschäft der beherrschenden Gfter mit GmbH & Co), **85**, 740 (restriktiv zur Vermögensvermengung), BGH **165**, 85 (§ 128 analog wegen unkontrollierbarer „Vermögensvermischung", aber nicht schon mangels doppelter Buchführung und nur bei Verantwortlichkeit dafür als Allein- oder Mehrheits-Gfter, Verhaltens-, keine Zustandshaftung, Geltendmachung durch den Insolvenzverwalter nach § 93 InsO), NJW-RR **88**, 1181 (§ 826 BGB bei Schädigungsabsicht auch ohne Verschleierung; problematisch), ZIP **08**, 364 (Kolpingwerk, Verein, abl) m Anm Reuter NZG **08**, 650, NJW **08**, 2439 (GAMMA, abl) m Anm Veil 3264u Kleindiek NZG **08**, 686, BSozG NJW **84**, 2117 (Missbrauch durch „Staffette" einer illiquiden GmbH nach der anderen), Karlsr BB **78**, 1332, KG ZIP **08**, 1535. **Nicht:** Beherrschung einer rechtlich selbstständigen Ges und entscheidende Beeinflussung ihrer Geschäftsführung, BGH NJW **79**, 1828, WM **80**, 956, auch nicht bei EinpersonenGes, BGH NJW **81**, 2811; einfache Unterkapitalisierung, hL, BGH stRspr, auch BAG NJW **99**, 740, 2299. Bei Durchgriffshaftung gilt § 129 I entspr, BGH **95**, 330 (Autokran), **165**, 95, (§ 178 III InsO, aber rechtliches Gehör). Lit: Bitter 2000, Mülhens 2006; Rehbinder FS Fischer **79**, 579, Nirk FS Stimpel **85**, 443, Ehricke AcP 199 (**99**) 258, K. Schmidt ZIP **07**, 605 (Verein), Altmeppen ZIP **08**, 1201, Hofmeister ZIP **09**, 161, Steffek JZ **09**, 77.

C. **Haftung aus existenzvernichtendem Eingriff:** Bei Vermögenslosigkeit **51c**
einer abhängigen Ges (GmbH) kam nach früherer konzernrechtlicher Rspr auch Ausfallhaftung des herrschenden Konzernunternehmens entspr §§ 303, 322 II, III AktG in Betracht, BGH **95**, 330 (Autokran), **115**, 187 (Video), zutr einschränkend **122**, 93 (TBB), sehr str; dazu Stodolkowitz ZIP **92**, 1517, K. Schmidt ua ZIP **93**, 549 ff; für AlleinGfter einer GmbH & Co BAG NJW **91**, 2923. Diese Rspr hat der II. ZS 2001 durch das bahnbrechende Urteil zur **Haftung bei existenzvernichtendem Eingriff** zu Recht aufgegeben (bewusster **„Abschied vom qualifizierten faktischen Konzern"**, Altmeppen NJW **02**, 321, krit K. Schmidt § 39 III) und auf eine andere, konzernunabhängige Grundlage gestellt, BGH **149**, 10 (Bremer Vulkan), **150**, 61, **151**, 181 (KBV), ZIP **05**, 117, 250, ZIP **08**, 308. Diese Rspr wurde vorbereitet vom damaligen Senatspräsidenten Röhricht FS 50 Jahre BGH **00** I 83, vgl auch BGHSt NJW **04**, 1331 (Bremer Vulkan), ist aber unter seinem Nachfolger Goette dogmatisch und im Ergebnis völlig verändert worden, BGH NJW **07**, 2689 (Trihotel). Fortbestand **auch nach MoMiG**, Stgt ZIP **09**, 1864.

a) **Allgemeine Durchgriffs(außen)haftung 2001 bis 2006:** Die Rspr und **51d**
die zust Lit betrachteten diesen neuen Haftungstatbestand seit 2001 zunächst als Fall der Durchgriffshaftung neben einer möglichen Haftung aus § 826 BGB, BGH **151**, 183. Entziehen die Gfter unter Außerachtlassung der gebotenen angemessenen Rücksichtnahme auf die Erhaltung der Fähigkeit der Ges zur Bedienung ihrer Verbindlichkeiten in einem ins Gewicht fallenden Ausmaß Kapital, haften sie danach den GesGläubigern persönlich (außerhalb des Insolvenzverfahrens) wegen Rechtsmissbrauchs (Zweckbindung des Haftungsprivilegs des § 13 II GmbHG), soweit nicht der der GmbH durch den Eingriff insgesamt zugefügte Nachteil bereits nach §§ 30, 31 GmbHG ausgeglichen werden kann.

Die Gfter können aber die Existenz der Ges jederzeit in einem geordneten Verfahren (freiwillige Liquidation oder Insolvenzverfahren) beenden.

51e b) Haftung aus § 826 BGB seit 2007: In einem bahnbrechenden Urteil von **2007** hat der Senat an dieser Rspr zwar festgehalten, sie aber zu Recht unter Preisgabe der Durchgriffsaußenhaftung auf die rechtssicherere dogmatische Grundlage der **Haftung aus § 826 BGB** gestellt, BGH NJW **07**, 2689 (Trihotel), **08**, 2437 (GAMMA). Missbräuchliche Schädigung des im Gläubigerinteresses zweckgebundenen Gesellschaftsvermögens ist damit nur noch eine besondere Fallgruppe des § 826 BGB (Entnahmesperre gegen Selbstbedienung der Gfter vor den Gläubigern). Das hat ganz erhebliche, **positive Auswirkungen:** (1) Der Gfter haftet nunmehr nur noch bei (bedingt) vorsätzlicher sittenwidriger Schädigung, also nicht mehr schon bei jedem objektiv vorliegenden existenzvernichtenden Eingriff. Für Erweiterung auf gröbliche Sorgfaltspflichtverletzung (§ 93 V 2, 3 AktG) Altmeppen NJW **07**, 2659. (2) Der Gfter haftet nur für die durch seinen Eingriff verursachten Schäden, während er bisher wegen des Durchgriffs grundsätzlich für alle Forderungen gegen die insolvente Ges haftete. (3) Der Gfter haftet grundsätzlich nur der Ges (Innenhaftung), nicht mehr wie an sich beim Haftungsdurchgriff unmittelbar allen Gläubigern (Außenhaftung), vielmehr wird der Anspruch ohne Wettlauf der Gläubiger allein vom Insolvenzverwalter geltend gemacht (§ 92 InsO). Für §§ 93 V ua AktG analog üL. (4) Die Haftung ist nicht mehr nachrangig gegenüber der Haftung aus §§ 30, 31 GmbHG. (5) Die neue Rspr bestätigt die dogmatisch und wirtschaftlich berechtigte große Zurückhaltung von Rspr und Lehre gegenüber einem Haftungsdurchgriff und leistet dadurch auch einen Beitrag zur GmbHReform, die die GmbH attraktiver machen möchte (MoMiG). (6) In Fällen mit Auslandsbezug gilt für die Anknüpfung des § 826 BGB das allgemeine Deliktsstatut (Rom II-VO seit 11.1.09, für Alt- und Spezialfälle Art 40 EGBGB). Das gilt auch für ScheinauslandsGes, deren GesStatut sich in der EU nach dem Gründungsrecht richtet (Einl 29 vor § 105), aA Greulich/Rau NZG **08**, 568.

51f c) Haftung im Einzelnen: Bei Vorliegen der Voraussetzungen des § 826 BGB kann jeder Gfter haften, auch GfterGfer, schon bisher jedenfalls bei beherrschendem Einfluss, BGH ZIP **05**, 117; auch Gfter, die nicht selbst etwas empfangen, aber durch ihr Einverständnis mit dem Vermögensabzug an dem existenzvernichtenden Eingriff mitgewirkt haben, haften, schon bisher BGH **150,** 61; uU auch faktische Geschäftsführer, offen BGH **150,** 69; fraglich bei SchwesterGmbH, BGH NJW **05**, 146 (aber § 826 BGB, s Rn 51b). Die Haftung greift („erst recht") im Liquidationsstadium (§§ 69 ff, 73 GmbHG), auch ohne die Zusatzkriterien einer Insolvenzverursachung oder -vertiefung, BGH ZIP **09**, 802. Geltendmachung in Insolvenz nur durch Insolvenzverwalter, BGH **164,** 50. Die allgemeine Durchgriffshaftung, etwa wegen Vermögensvermischung (s Rn 51b), galt schon bisher als durch diejenige bei existenzvernichtendem Eingriff nicht überholt, sondern steht neben dieser, BGH **165,** 91. Lit: Matschernus 2007; Henze WM **06**, 1656, Altmeppen NJW **07**, 2657, Paegfen DB **07**, 1907, Wagner FS Canaris **07** II 473 (§ 826 BGB), Weller, Ihrig DStR **07**, 1166, 1170, Weller ZIP **07**, 1681u DStR **07**, 1166, Dauner-Lieb ZGR **08**, 34, Gehrlein WM **08**, 761, Habersack ZGR **08**, 533, Hönn WM **08**, 769, Osterloh-Konrad ZHR 172 **(08)** 274, Veil NJW **08**, 3264, Haas ZIP **09**, 1257, Steffek JZ **09**, 77, Strohn ZHR 173 **(09)** 589, Kurzwelly FS Goette **11,** 277.

51g D. Qualifizierte Unterkapitalisierung: Umstritten ist ein eigener Haftungstatbestand der (qualifizierten) Unterkapitalisierung, üL, s zB Hach/Ulmer Anh § 30, Lutter/Hommelhoff § 13 Rn 9; Blaurock FS Stimpel **85**, 553; iErg Stimpel FS Goederler **87**, 601, aA BGH NJW **08**, 2437 (GAMMA) m Anm Kleindiek NZG **08**, 547, Ehricke AcP 199 **(99)** 275; Annahme einer Pflicht zur angemessenen Kapitalausstattung der Ges (dagegen BGH **76**, 334) ist dafür unnötig. Die

2. Abschnitt. Kommanditgesellschaft Anh § 177a

Rspr zum existenzvernichtenden Eingriff (s Rn 51c) deckt die mit einem Haftungstatbestand der qualifizierten Unterkapitalisierung erfassten Fallgestaltungen nicht ab, zutr BGH NJW **08**, 2437. Dort geht es um den Bestandsschutz der GmbH, der nicht kompensationslos zum Schaden der Gläubiger die Mittel zur Bedienung ihrer Verbindlichkeiten entzogen werden dürfen. Hier geht es um zu geringe Mittelausstattung von vornherein oder später. Beide Ansätze arbeiten aber mit dem Normzweck und dem Verlust des Haftungsprivilegs. Lehnt man dies ab, bleibt nur § 826 BGB, insoweit noch offen BGH NJW **08**, 2437 (iErg zugunsten der Arbeitnehmer wegen Täuschung bejahend), sowie allgemeiner, Haftung als Geschäftsführer, wegen Masseschmälerung, Insolvenzverschleppung (§§ 43 II, III, 64 S 3 GmbHG).

a) Tatbestandsvoraussetzungen: (1) qualifizierte, dh eindeutig unzureichende Kapitalausstattung der Ges (Relation zwischen Eigenkapital und Geschäftsumfang je nach Geschäftsart und Finanzplan) von vornherein oder später und Unmöglichkeit einer Fremdfinanzierung (fehlende Kreditfähigkeit), Hach/Ulmer Anh § 30 Rn 55; entfällt bei Vorhandensein einer natürlichen Person als phG (Rechtsgedanke der §§ 172a S 2 aF, 129A S 2 aF) und soweit eigenkapitalersetzende GfterDarlehen gewährt werden (wie Eigenkapital), vgl BGH **31**, 271; (2) als Folge davon Insolvenz der Ges; nicht bei Insolvenz infolge ungewöhnlicher anderer Ereignisse; (3) Zurechenbarkeit; dafür genügt, dass der Gfter die Unterkapitalisierung mit ihren Folgen für die Gläubiger erkennen kann und muss, vgl BGH **75**, 339; entfällt uU für Gfter mit geringer Beteiligung oder ungenügendem internen Mitspracherecht. Einwendung bei bewusster Risikoübernahme des Dritten, zB Kenntnis, insbesondere Spekulationsabsicht, Hach/Ulmer Rn 65. Diese Tatbestandsvoraussetzungen sind zwar mangels Rspr noch wenig konkret, aber doch schon hinreichend fassbar und praktikabel, str. **51h**

b) Rechtsfolgen: Verlust des Haftungsprivilegs der Gfter bei Insolvenz der Ges (Normzweck), also unbeschränkte, persönliche Ausfallhaftung der Gfter, und zwar Außenhaftung, str. **51i**

E. Eigenhaftung des GmbH-Geschäftsführers s Rn 44. **51j**

B. Publikumsgesellschaft (mit Prospekthaftung)

Schrifttum

a) Kommentare: s Kommentare zum HGB und GmbHG sowie *Ebenroth(/Boujong/Joost/ Strohn)/Henze/Notz* Bd 1 3. Aufl 2014 Anh B nach § 177a. – *Henssler(/Strohn)/Servatius* Anhang Publikumsgesellschaft und GmbH & Co KG, 3. Aufl 2016. – *Oetker/Oetker* § 161 Rdn 122 ff.

b) Handbücher: *Assmann/Schütze/Wagner,* Hdb des Kapitalanlagerechts, 4. Aufl 2015 § 17. – Münch. Hbd des GesR Bd 2 KG, GmbH & Co KG, Publikums-KG, StGes, 4. Aufl 2014, §§ 61–71.

c) Einzeldarstellungen und Sonstiges: *Wagner* 1985. – *Dietrich* 1988. – *Reusch* (stGes) 1989. – *Grundmann,* Treuhandvertrag 1997, S 482 (kupierte PublikumsKG). – *Lüdicke/ Arndt* 6. Aufl 2013. – *Hopt* ZHR 141 (**77**) 404. – *U. Schneider* ZHR 142 (**78**) 228, ZGR **78**, 1. – *Hüffer* JuS **79**, 457. – *Reuter* AG **79**, 321. – *Stimpel* FS Fischer **79**, 771. – *Bälz* ZGR **80**, 1. – *Kraft* ZGR **80**, 399. – *Moll* BB Beil 3/**82**. – *Graf v. Westphalen* DB **83**, 2745. – *Hopt, Kellermann, Krieger, Pleyer* FS Stimpel **85**, 265, 295, 307, 335. – *Crezelius* BB **85**, 209. – *Pleyer/Hegel* ZIP **86**, 1370. – *Nasall* BB **88**, 286. – *Reichert/Winter* BB **88**, 981. – *Westermann* FS Fleck **88**, 423. – *Junker* DStR **93**, 1786. – *Kaligin* NJW **94**, 1456. – *Gehling* BB **11**, 73, *Wagner* NZG **11**, 489. – *Stöber* NZG **11**, 738. – *Wiedemann* NZG **13**, 1041. – *Nobbe, Schneider, Schlitt* Bankrechtstag 2014. – *Schürnbrand* ZGR **14**, 256. – **Muster:** *Loritz/Wagner,* KonzeptionsHdb der steuerorientierten Kapitalanlage Bd 2 1995. – *Reinelt* NJW **09**, 1

Anh § 177a 2. Buch. Handelsgesellschaften und stille Gesellschaft

(Kapitalanlagefonds). **RsprÜbersichten:** *Kellermann* 1980; *Schlarmann* BB **79**, 192, *Kraft* FS Fischer **79**, 321, *Brandes* WM **90**, 1230, **94**, 578, BGHFSWissII/*Hopt* 00, 497, *Nobbe* WM **13**, 193, *Wagner* WM **13**, 1445 und NZG **14**, 408 (geschlossene Fonds), *Neumann* NZG **14**, 730 (Sanierung), Schlick WM **16**, 193, 241. Schrifttum zur Prospekthaftung s Rn 61, 62; zur GmbH & Co s unter A vor Rn 1; zur GbR *Stenzel/Beckmann* BB **11**, 2507; zum Prospektrecht Einl 15 vor **(14)** BörsG.

Übersicht

	Rn
I. Begriff, Sonderrecht	52–55
1) Begriff der Publikumsgesellschaft und KAGB	52
2) Sonder(gesellschafts)recht	53
3) Kapitalmarktrecht, Steuerrecht	54, 55
A. Kapitalmarktrecht	54
B. Steuerrecht	55
C. IPR	55a
II. Errichtung, Beitritt	56–58
1) Errichtung	56
2) Beitritt	57, 58
A. Aufnahmeverträge	57
B. Fehlerhafter Beitritt	58
III. Prospekthaftung und Vertrieb	59–66
1) Prospektpflicht und verschiedene Prospekthaftungstatbestände	59
2) Allgemeine zivilrechtliche und spezialgesetzliche Prospekthaftungen	60, 61
A. Allgemeine zivilrechtliche Prospekthaftung	60
B. Spezialgesetzliche Prospekthaftung	61
3) Rechtsnatur der Prospekthaftung	62
4) Prospekthaftpflichtige	63, 64
A. Prospekthaftpflichtige	63
B. Nicht Prospekthaftpflichtige	64
5) Anspruchsinhalt	65, 66
6) Besondere Rechtspflichten der beteiligten Banken/beim Vertrieb	66a–66f
IV. Gesellschaftsvertrag	67–69
1) Gesellschaftsvertrag, insbesondere Auslegung	67
2) Inhaltskontrolle	68
3) Gesellschaftsvertragsänderung ohne Bestimmtheitsgrundsatz	69
A. Keine Geltung des Bestimmtheitsgrundsatzes	69a
B. Mehrheitsbeschluss als Regel	69b
C. Einzelprobleme	69c
V. Rechtsverhältnisse der Gesellschafter untereinander, Organe, Treuhänder	70–81
1) Rechte und Pflichten der Kommanditisten	70–73
A. Beitragspflicht	70
B. Sonstige Leistungspflichten	71
C. Rechte	72
D. Verfahrensrecht	73
2) Geschäftsführer	74
3) Aufsichtsorgane, Beirat	75
4) Gesellschafterversammlung	76
5) Treuhänder bei Publikumsgesellschaften und Anlagemodellen	77–81
A. Treuhand bei der Publikumsgesellschaft	77
B. Begründung	78
C. Rechtsstellung in der Gesellschaft	79
D. Treuhandverhältnis, Schutz der Treugeber	80
E. Beendigung	81
VI. Rechtsverhältnisse der Gesellschafter zu Dritten	82a, 82b

	Rn
VII. Auflösung, Ausscheiden von Gesellschaftern, Liquidation	83–85
1) Auflösung	83
2) Ausscheiden von Gesellschaftern	84
3) Liquidation	85

I. Begriff, Sonderrecht

1) Begriff der Publikumsgesellschaft und KAGB

Publikumsgesellschaft (PublikumsKG, MassenKG) ist rechtlich eine Per- 52 sonenGes, idR eine GmbH & Co KG (aber auch andere Formen, zB stGes, BGH ZIP **12**, 1869, § 230 Rn 3, auch ImmobilienGbR, Bsp BGH WM **05**, 1698, **06**, 1673, **07**, 62), die zur Kapitalsammlung eine unbestimmte Vielzahl rein kapitalistisch beteiligter Kdtisten als AnlageGfter auf Grund eines fertig vorformulierten GesVertrags aufnehmen soll. Häufig war sie Abschreibungsgesellschaft zur Nutzung steuerlicher (Sonder-)Abschreibungen (s Rn 55). Die Initiatoren oder GründungsGfter (idR die Gfter der GmbH) behalten fast immer die Herrschaft, die Kdtisten sind auf Kontrollrechte beschränkt, die sie häufig nur über einen Beirat oder einen Kdtistenvertreter (unechte Treuhand) ausüben können, Mü WM **08**, 2212. Bei der echten Treuhand ist nur der Treuhänder Kdtist, die Anleger stehen nur zu ihm in rechtlicher Beziehung. Wirtschaftlich handelt es sich danach um eine KapitalGes (KGaA, str) im Kleid einer PersonenGes (KG), Mü WM **91**, 100, s Rn 70. Über bzw. als Publikumsgesellschaften werden Beteiligungen etwa an geschlossenen Immobilienfonds, BGH ZIP **12**, 1231, 1342, 1505, Medienfonds, BGH WM **11**, 110, 640, Schiffen, BGH ZIP **92**, 836 und Windparks, BGH ZIP **11**, 957 vertrieben.

Die Publikumsgesellschaft ist nicht mit der (offenen oder gar börsennotierten) Aktiengesellschaft zu verwechseln, auch nicht mit Treuhand, die über Prospekt vertrieben werden, auch dort aber (Aufklärungspflichten der Banken, dazu BGH WM **11**, 2088) teilweise ähnliche Probleme, auch Prospektpflicht nach VermAnlG (§ 1 II Nr 2) und für Investmentvermögen nunmehr dem KAGB. Bei einer Anlage in Finanzinstrumente kann nach § 32 KWG erlaubnispflichtige Finanzportfolioverwaltung vorliegen, nach BVerwG NZG **11**, 114 sind für einen allein geschäftsführungsbefugten Ges einer Publikums-GbR die übrigen GbR-Ges andere iSv § 1 Ia 2 Nr. 3 KWG.

Für die Zwecke der Kommentierung sowie der praktischen Rechtsanwendung erforderlich ist eine **Abgrenzung der traditionellen Rechtsregeln** der Publikumsgesellschaft **zum** Geltungsbereich des **KAGB**, das im Jahre 2013 in Kraft getreten ist. Nach dem **Kapitalanlagegesetzbuch** (KAGB, dazu unten **Anhang C**) gelten nunmehr **kapitalmarktrechtliche Sonderregeln für Investmentvermögen** (Organismen für gemeinsame Anlagen, OGAW und Alternative Investmentfonds, AIF), § 1 KAGB, dazu unten Rn 88 ff und ein **Sondergesellschaftsrecht für Investmentkommanditgesellschaften**, dazu näher unten Rn 95 ff. Für operativ tätige Unternehmen verbleibt es bei den für Publikumsgesellschaften entwickelten Regeln, die zudem ein Bürger für Altfälle und -gesellschaften sowie ggf für kleinere Investmentfonds relevant bleiben.

Erwartet wird, dass die Bedeutung des bisherigen Rechts der PublikumsGes deutlich zurückgehen wird (so Casper ZHR 179 **(15)** 49). Damit ist aber nicht vor Abwicklung der Altfälle zu rechnen. Zudem werden Immobilien, Medienprojekte, Schiffe und Windparks bereits heute zT als operativ tätige Unternehmen geführt (Rn 86). Dies ist Publikumsgesellschaften auch künftig möglich, so dass die Entwicklung letztlich abzuwarten bleibt.

Anh § 177a 53–55a 2. Buch. Handelsgesellschaften und stille Gesellschaft

2) Sonder(gesellschafts)recht

53 Wegen dieser hybriden Stellung und erheblicher Missstände hat die Rspr, vor allem der II. ZS des BGH, seit 1972 (BGH NJW **73**, 1604) in rascher Folge ein **Sonderrecht** der PublikumsGes herausgebildet. Die Sonderregeln, die oft dem Recht der KapitalGes angenähert sind, beruhen einerseits auf der vom gesetzlichen Leitbild abweichenden, körperschaftlichen Struktur der PublikumsGes, andererseits auf dem öffentlichen Vertrieb der Anteile auf dem Kapitalmarkt an unbestimmte Anleger ähnlich Aktien. Im Übrigen gilt das Recht der GmbH & Co (s Rn 1–51), häufig bleibt jedoch für §§ 161 ff kaum mehr Raum.

Anders als traditionell (§ 119 Rn 37) sonst im OHG- und KG-Recht galt (und wie nun auch dort gilt) der Bestimmtheitsgrundsatz nicht (Rn 69a) und ist der Gesellschaftsvertrag objektiv auszulegen (Rn 67). Die Kernbereichslehre (§ 119 Rn 36) wurde für die Publikumsgesellschaft entwickelt (Rn 69d), ferner die allgemeine Prospekthaftung (Rn 59 ff) und die Aufklärungspflichten über Rückvergütungen und Innenprovisionen (Rn 66d). Eine Verzahnung von Gesellschaftsrecht und Anleger- bzw Verbraucherrecht erfolgt bei der Rückabwicklung eines fehlerhaften Beitritts, Rn 58, Ansprüche auf Schadensersatz wegen vorvertraglichem Aufklärungsverschulden und Rückabwicklung eines widerrufenen Finanzierungsvertrags bestehen nebeneinander, BGH ZIP **16**, 1825. Besonderheit auch, wenn wie bei GbR keine Haftungsbeschränkung entspr der AG (GmbH wegen § 15 GmbHG anders als GbR und KG nicht kapitalmarktfähig); vorgeschlagen wurde Sonderregelung für geschlossene Immobilienfonds-GbR, Grobe WM **11**, 2079, allgemein für eine GbRmbH Beuthien WM **12**, 1.

3) Kapitalmarktrecht, Steuerrecht

54 A. **Kapitalmarktrecht:** Die Probleme des Anlegerschutzes in der PublikumsGes stellen nur einen Teilaspekt der Regelungsprobleme auf dem (grauen) Kapitalmarkt dar. Die Regelung dieser Probleme erfolgt außer durch GesRecht vor allem durch das Kapitalmarktrecht, Hopt ZHR 141 **(77)** 389, s ua VerkProspG idF 1998, 2004 (aufgeh), **(15a)** WpPG, **(15b)** VermAnlG (s Rn 59) und KAGB, **(16)** WpHG und § 264a StGB (Kapitalanlagebetrug), Schutzgesetz iSv § 823 II BGB, BGH **116**, 7. Lit: 51. DJT **76** (GA Hopt), 64. DJT **02** (GA Fleischer, Merkt), GroßKoAktG/Assmann Einl C, Schwark, Kapitalmarktrechtskomm, und umfangreiches Schrifttum bei **(16)** WpHG Einl vor § 1. RsprÜbersicht: BGHFSWissII/Hopt **00**, 497. Für die rechtliche Aufarbeitung fehlgeschlagener Investments in Publikumsgesellschaften zu unterscheiden sind insbesondere drei Phasen der Rechtsentwicklung: für echte Altfälle allein die von der Rechtsprechung entwickelten Regeln, ab 2005 auch das **(15b)** VermAnlG sowie ab Juli 2013 auch das KAGB. Vorläufiger Schlusspunkt der Rechtsentwicklung ist das Kleinanlegerschutzgesetz vom 3.7.2015, BGBl 1114, dazu Buck-Heeb NJW **15**, 2535, Bußalb/Vogel WM **15**, 1733, 1785, Casper ZBB **15**, 265, Wilhelmi/Seitz WM **16**, 101.

55 B. **Steuerrecht:** Die PublikumsGes und vor allem die AbschreibungsGes hängen (hingen) maßgeblich vom Steuerrecht ab. Rechtsform der Personengesellschaft ermöglicht unmittelbare Besteuerung. § 15a EStG beschränkte jedoch 1980 insbesondere für Kommanditisten die Steuerwirksamkeit eines negativen Kapitalkontos (dh die buchmäßig auf einen Mitunternehmer entfallenden, seine Einlage übersteigenden Verluste). Weitere Einschränkungen brachte die Rspr des BFH (GrS, 25.6.84) NJW **85**, 93. Die wirtschaftliche Bedeutung und vor allem die Zahl der Neugründungen sind seither zurückgegangen. Besteuerung der GmbH & Co s Binz/Sorg §§ 16 ff. Lit: Komm zu EStG.

55a C. **IPR:** Die **Prospekt- und sonstige Vertrauenshaftung** im Bereich des Kapitalmarkt- und Börsenrechts ist nicht vertraglich nach Rom I-VO, sondern nach der für die außervertraglichen Schuldverhältnisse geltenden Rom II-VO

2. Abschnitt. Kommanditgesellschaft 56, 57 Anh § 177a

Art 1 I 1 anzuknüpfen, von Hein Beiträge für Hopt **08**, 371 (378), Weber WM **08**, 1584, Junker RIW **10**, 261, Reithmann/Martiny/Mankowski Rz 2530, Freitag Rz 1275, aA gesellschaftsrechtliche (Art I II lit d Rom II-VO) oder wertpapierrechtliche Anknüpfung (Art 1 II lit c Rom II-VO). Anzuknüpfen ist dabei an das Recht des Platzierungsorts (Marktanknüpfung, aber str, ob nun Art 4 I oder besser III Rom II-VO), Grundmann RabelsZ 54 **(90)** 304, Hopt FS Lorenz **91**, 422, Weber WM **08**, 1587, anders mit guten Gründen (nicht Erfolgsort, sondern einheitliche Anknüpfung) von Hein Beiträge für Hopt **08**, 392u ZEuP **09**, 12, Hellgardt/Ringe ZHR 173 **(09)** 833: kapitalmarktrechtlich, und zwar akzessorisch zur Prospektpflicht (Art 4 III Rom II-VO, vgl Art 6 I Prospekt-Ri, Informationspflichten nach Art 23 AIFM-Ri. Für die spezielle börsen(zulassungs)rechtliche Prospekthaftung gilt das Recht der Börse als des relevanten Marktortes, Spindler ZHR 165 **(01)** 352.

II. Errichtung, Beitritt

1) Errichtung

Die **PublikumsGes wurde idR als GmbH & Co** errichtet (s Rn 12 ff), nach dem **KAGB** können geschlossene Investmentvermögen als PersonenGes nach dem gesetzl Regelfall nur in der Rechtsform der **Investmentkommanditgesellschaft** gegründet werden, § 139 KAGB, dazu Rn 95 ff. Aber auch andere Formen (stGes, Kombination von Kdtisten und Stillen, GbR) kommen traditionell vor, bleiben bedeutsam (BGH NZG **14**, 904: KG) und werden praktisch weiter möglich sein. **Nur eingeschränkt gilt das KAGB** nach § 2 V, wenn eine AIF-**Kapitalverwaltungsgesellschaft weniger als 100 Mio Euro** verwaltet, die Kapitalverwaltungsgesellschaft muss einen geschlossenen Publikumsfonds dann nicht als Investmentkommanditgesellschaft gründen. **Keine Anwendung** findet das KAGB **auf operativ tätige Unternehmen** außerhalb des Finanzsektors, § 1 I 1 KAGB, dazu Merkt DB **15**, 2988. Praktisch verwalteten die ganz überwiegende Mehrzahl der Fonds (nicht zwingend der Verwalter) weniger als 100 Mio Euro. Inwieweit die **traditionelle PublikumsGes**, etwa als operativ tätiges Unternehmen, auch für Neuemissionen **bedeutsam bleibt**, wird sich zeigen. Soweit sie als Investmentvermögen (Rn 86) zu qualifizieren ist, finden die kapitalmarktrechtlichen Bestimmungen des KAGB, unten Rn 88, Anwendung. **Muster:** Hopt/Lang 4. Aufl 2013 Form II.C.4. (Vertrag einer geschlossenen PublikumsGmbH & Co KG). Zum geschlossenen Immobilienfonds in der Form der GmbH & Co KG Koma BB **12**, 1423.

2) Beitritt

A. **Aufnahmeverträge:** Sie werden mit Kdtisten idR durch den phG (GmbH) im Namen auch der übrigen Gfter geschlossen (§ 105 Rn 70, § 126 Rn 3–4), BGH WM **76**, 15, **03**, 1818, **11**, 793. Der GesVertrag kann jedoch vorsehen, dass die KG selbst oder ein Treuhänder Aufnahmeverträge im eigenen Namen mit Wirkung für alle Gfter abschließt, BGH NJW **78**, 1000; dann kann die KG auch, sofern der Kdtist seine Beteiligung nicht finanzieren kann, wirksam ihrer Herabsetzung zustimmen, BGH NJW **83**, 1117. Beitrittserklärung unter Vorbehalt s BGH NJW **85**, 1080, unter der aufschiebenden Bedingung der Erfüllung der Mittelfreigabekriterien, KG WM **03**, 1066. Gesellschaftsvertrag kann bei teilweiser Nichtleistung von Einlagen die Herabsetzung der Gesamteinlage vorsehen, BGH ZIP **12**, 2295 (strenge Anforderungen an entsprechende Auslegung). Auslegung der Annahmeerklärung des Beitritts (selbst, für Ges, im Namen der übrigen Gfter) auch mit Blick auf die Vertretungsmacht eines handelnden Komplementärs, BGH ZIP **11**, 957. Eingreifen kann eine Klauselkontrolle beim Erwerb einer Beteiligung (für GesVertrag Ausschluss nach § 310

Anh § 177a 58, 59   2. Buch. Handelsgesellschaften und stille Gesellschaft

IV 1 BGB). Erwerb unter aufschiebender Bedingung des Erreichens einer bestimmten Quote kein Verstoß gegen § 308 Nr 3 BGB, BGH ZIP **11**, 321.

58   B. **Fehlerhafter Beitritt:** Auch bei der PublikumsGes gelten grundsätzlich die Regeln über fehlerhafte Ges und den fehlerhaften Beitritt (§ 105 Rn 75, 92, zur fehlerhaften Übertragung § 105 Rn 94), etwa wegen Verstoßes gegen das RBerG (jetzt RDG, dazu Rn 78a), aber mit Besonderheiten. Bei Haustürgeschäft Widerruf nach §§ 312b, 355, 356 BGB mit der Folge eines fehlerhaften Beitritts, BGH **148,** 201, ZIP **12**, 1506 (zum Vorliegen einer Haustürsituation, auch bei Besuch aus Anlass einer anderen Fondsbeteiligung), ZIP **12**, 1710 (zur Belehrung), WM **11**, 655 (Nachbelehrung), Stgt ZIP **16**, 863 (auch in Liquidation der Ges), Rückgewähr bei nur mittelbarer Beteiligung s Rn 81, ggf vertragliches Widerrufsrecht, BGH ZIP **12**, 1510, NZG **12**, 1111 (Auslegung, zu Form und Frist BGH WM **12**, 1621, 1697) bzw Widerrufsrecht durch objektiv nicht erforderliche nachträgliche Widerrufserklärung, BGH WM **12**, 264 (im Fall verneint), Schäfer ZGR **11**, 352. Zu **Schneeballsystemen** BGH ZIP **13**, 1533, zur Berechnung einer entsprechenden Forderung BGH ZIP **14**, 1084. Sonderregeln nach **Verbraucherrecht** können eingreifen, nach EuGH ZIP **14**, 124 lösen ex nunc nur soweit kein pflichtwidriges Verhalten des Vertragspartners vorliegt, so EuGH ZIP **10**, 772 zu verstehen.

Nach zutreffender Ansicht finden die Grundsätze der fehlerhaften Gesellschaft bei einer fehlerhaften Übertragung keine Anwendung (§ 105 Rn 94, K. Schmidt AcP 186 **(86)** 438, Staub/Schäfer § 105 Rn 364, zur Publikumsgesellschaft schon Staub/Ulmer § 105 Rn 377), jedenfalls grds wird bei PublikumsGes ein derivater Erwerb vorliegen. Arglistige Täuschung des beitretenden Kdtisten durch den phG (GmbH) bzw seiner Organvertreter (Geschäftsführer der GmbH) berechtigt den Getäuschten (auch schon vor HRefG, nunmehr § 105 Rn 93) ohne besondere Grundlage im GesVertrag zur fristlosen **außerordentlichen Kündigung** mit Wirkung des sofortigen Ausscheidens aus der fortbestehenden Ges (also ohne Klage nach § 133), Anfechtung ist als Kündigung zu verstehen, BGH **63**, 338, **148,** 207, **153,** 223, NJW **73**, 1604, **75**, 1700, **76**, 894, WM **76**, 355, NJW **78**, 225, WM **81**, 452. Die Kündigung erfolgt gegenüber der KG, wenn diese selbst die Aufnahmeverträge abschließt (s Rn 57), BGH **63**, 346. Nach Auflösung der Ges ist im Interesse einer zügigen Liquidation keine solche Kündigung mehr möglich, BGH NJW **79**, 765, vgl Kblz WM **78**, 856, vgl Rn 84. Zur Unanwendbarkeit der Grundsätze des finanzierten Abzahlungskaufs (verbundenes Geschäft) schon BGH NJW **81**, 389, s **(7)** Bankgeschäfte Rn G/49. Zum Ganzen Loritz NJW **81**, 36. Die finanzierende Bank muss sich unrichtige Angaben des Anlagevermittlers nicht nach § 280 BGB entgegenhalten lassen, BGH NZG **11**, 193, bei einer Täuschung des Anlegers kommt aber neben einer Anfechtung des Beitritts sowie des Darlehensvertrags auch ein Anspruch aus Verschulden bei Vertragsschluss in Betracht, BGH **167**, 251. Auch ein Rückforderungsdurchgriff nach §§ 813 I 1, 812 I 1 1. Alt BGB, wird durch Grundsätze der fehlerhaften Gesellschaft eingeschränkt, BGH ZIP **11**, 321. Widerruf eines verbundenen Geschäfts kann unzulässige Rechtsausübung darstellen, Kln WM **12**, 1532 (7 Jahre nach beiderseitiger vollständiger Erfüllung).

III. Prospekthaftung und Vertrieb

1) Prospektpflicht und verschiedene Prospekthaftungstatbestände

59   **Prospektpflicht** besteht nach Börsen- und Investmentrecht sowie für jedes erstmalige öffentliche Angebot von Wertpapieren, **(15a) WpPG** 22.6.05 BGBl 1698 (s **(14)** BörsG Einl 15 vor § 1), Lit: Assmann/Schlitt/von Kopp-Colomb 3. Aufl 2017; Berrar/Meyer/Müller/Schnorbus/Singhof/Wolf, Frankfurter

2. Abschnitt. Kommanditgesellschaft **60 Anh § 177a**

Komm z WpPG u zur EU-ProspektVO, 2. Aufl 2017; Holzborn WpPG 2. Aulf 2014; Groß Kapitalmarktrecht 6. Aufl 2016; Just/Voß/Ritz/Zeising, WpPG u EU-ProspektVO, 2009; Unzicker VerkProspG 2010; s auch **(14)** BörsG Einl 15 vor § 1 sowie die Kommentierungen zu **(15a)** WpPG (§§ 21–25) und **(15b)** VermAnlG (§§ 20–22). Dasselbe gilt seit 2004 für **öffentlich angebotene nicht in Wertpapieren verbriefte Anteile**, die eine Beteiligung am Ergebnis eines Unternehmens gewähren, Treuhandvermögensanteile und Anteile an sonstigen geschlossenen Fonds. Einschlägig war zunächst das mWz 1.6.12 aufgeh, aber in (anhängigen) Altfällen noch relevante **VerkProspG** (§ 8f VerkProspG idF AnSVG 2004, Prospektinhalt nach § 8g VerkProspG und **VermVerkProspV** 16.12.04), sodann (1.7.12) das VermAnlG, dazu Wagner NZG **11**, 609 (RegE), Mattil DB **11**, 2533, Beck/Maier WM **12**, 1898, zum Informationsblatt Rinas/Pobortschana BB **12**, 1615, Suchomel NJW **13**, 1126 (Konkurrenz); für **Neu-Emissionen** ab Juli 2013 gilt auch das **Kapitalanlagegesetzbuch (KAGB)**. Beim öffentlichen Vertrieb von sonstigen Kapitalanlagen bestand eine solche ges Prospektpflicht nicht, diese wurde 2015 durch das Kleinanlegerschutzgesetz aber weiter ausgeweitet. Für Verstöße ist eine **Prospekthaftung** vorgesehen (zunächst § 13 VerkProspG bei fehlerhaftem Prospekt, § 13a VerkProspG bei fehlendem Prospekt, sodann § 20 bzw § 21 **(15b)** VermAnlG, nunmehr § 306 KAGB). Für Wertpapierprospekte vgl **(15a)** WpPG §§ 20, 21 (fehlerhafter Prospekt) bzw § 24 (fehlender Prospekt). Damit sind weite Teile des grauen Kapitalmarkts einschließlich der PublikumsGes erfasst und die seit langem kritisierte Lücke (ua Hopt DJT 1976), zu deren Füllung die Rspr die allgemeine zivilrechtliche Prospekthaftung (s Rn 60 ff) entwickelt hat, ist weitgehend geschlossen. Dennoch hat der Gesetzgeber des AnSVG sowie sodann des VermAnlG die allgemeine zivilrechtliche Prospekthaftung unangetastet gelassen, obschon die Harmonisierung der Prospekthaftung insgesamt seit langem gefordert wird (s Rn 61). Bis auf Weiteres gelten deshalb deren Grundsätze und die §§ 20, 21 **(15b)** VermAnlG (§§ 13, 13a VerkProspG) bzw die Vorschriften des Kapitalanlagegesetzbuchs **nebeneinander** weiter (s Rn 62), zumal beide Prospekthaftungen nicht deckungsgleich sind (s Rn 60 ff). §§ 20 VI 2 VermAnlG, 306 V 2 KAGB lassen weiter gehende vertragliche und deliktische Ansprüche unberührt, dazu zählt auch die Haftung aus Verschulden aus Vertragsschluss, auf der die zivilrechtliche Prospekthaftung aufbaut (Rn 60, 63). Eine Subsidiarität der allgemeinen zivilrechtlichen Prospekthaftung bei Deckungsgleichheit wäre sinnvoll und von der Rspr zu entwickeln. Die allgemeine zivilrechtliche und die börsen- und investmentrechtlichen Prospekthaftungen haben dagegen einen unterschiedlichen Anwendungsbereich (s Rn 61). **Prospektprüfung** § 347 Rn 29. Prospekt im Sinne der zivilrechtlichen Prospekthaftung kann ggf. auch ein getrenntes Schriftstück sein, zur Verantwortlichkeit eines ehemaligen Spitzenpolitikers und Lehrstuhlinhabers als Beiratsvorsitzendem, BGH **191**, 310 (Rupert Scholz) m Bespr Klöhn WM **12**, 97, näher Rn 60. Lit: Mülbert/Steup WM **05**, 1633, Manzei WM **06**, 845, Benecke BB **06**, 2597, Mattil/Möslein WM **07**, 819, Voß ZBB **10**, 194 (ProspektRi nF), Schnauder NJW **13**, 3207; Hoffmeyer NZG **16**, 1133.

2) Allgemeine zivilrechtliche und spezialgesetzliche Prospekthaftungen

A. **Allgemeine zivilrechtliche Prospekthaftung:** Auch ohne arglistige **60** Täuschung berechtigt schuldhafte Irreführung den beitretenden Kdtisten zum Schadensersatz nach §§ 280, 311 II, III BGB aus Verschulden bei Vertragsverhandlungen. Vor allem zur Publikumsgesellschaft hat die Rspr hier die allgemeine **zivilrechtliche** Prospekthaftung entwickelt. Sie ist aus Verschulden bei Vertragsverhandlungen und Vertrauenshaftung hergeleitet und richtet sich in Anspruchsinhalt und Rechtsfolgen nach der Haftung für Rat und Auskunft (§ 347 Rn 8 ff, 23 ff). Die Rspr hat die Prospekthaftung zutreffend ausgedehnt auf **Bauherrenmodelle**, BGH **111**, 314, und **Bauträgermodelle**, BGH **145**, 121, was in der

Praxis erhebliche Bedeutung gewonnen hat. Richtigerweise ist sie bei jedem öffentlichen Vertrieb von **Gesellschaftsanteilen, Vermögens- und Fondsanteilen** und anderen **Kapitalanlagen,** die unter Prospektherausgabe vertrieben werden, zu bejahen (soweit keine Sondervorschriften vorliegen, vgl Rn 59, 61), zB bei Vertrieb von Aktien außerhalb der geregelten Aktienmärkte, BGH **123,** 106, stillen Beteiligungen an AG, Celle AG **96,** 372; offen für Geldanlagen im Devisen- und Warentermingeschäft, BGH NJW **95,** 1025; aber iErg kein Unterschied, s § 347 Rn 26. **Nicht:** Franchiseangebote, Mü BB **01,** 1759. Die Prospekthaftung hat sich damit heute, zumal nach Erlass von §§ 8 f, 13, 13a VerkProspG und nunmehr des **(15b)** VermAnlG (Rn 59) vom Recht der Publikumsgesellschaft gelöst; sie gehört **systematisch zur Haftung für unterlassene Aufklärung** (Rn 61f, § 347 Rn 8 ff), auch wenn dieser gegenüber Besonderheiten bestehen (zB zur Verjährung, § 347 Rn 39).

Rechtsprechung und Schrifttum unterscheiden zwischen der Prospekthaftung im engeren und im weiteren Sinne. Bei der Prospekthaftung im engeren Sinne handelt es sich um die Haftung für fehlerhafte oder unvollständige Schriftstücke, BGH **191,** 315 (Rupert Scholz), bei der Prospekthaftung im weiteren Sinne um die Verletzung von Hinweis- und Aufklärungspflichten, diese setzt tatsächlich in Anspruch genommenes und nicht nur typisiertes Vertrauen voraus, BGH ZIP **16,** 28. Eine Prospekthaftung im engeren Sinne kommt nur in Betracht, wenn ein Initiator oder Hintermann nicht selbst Vertragspartner des Anlegers ist oder sonst besonderes Vertrauen in Anspruch nimmt, BGH **159,** 94. Zur Prospekthaftung im weiteren Sinne eines Gründungsgesellschafters zählt der (fehlende) Hinweis im Prospekt auf (zT einschlägige) Vorstrafen, KG NZG **11,** 1159 (LS), allg zur Prospekthaftung im engeren Sinne Falschangaben im Prospekt sowie in zu diesem gehörenden Schriftstücken (Emissionsprospekt, Produktinformation und ggf zusammen zur Werbung eingesetzte Presseartikel), BGH **191,** 319. Der Anleger kann erwarten, dass er ein zutreffendes Bild über das Beteiligungsobjekt erhält, der Prospekt ihn über alle Umstände, die für seine Entschließung von wesentlicher Bedeutung sind oder sein können, sachlich richtig und vollständig unterrichtet, insbesondere über Tatsachen, die den Vertragszweck vereiteln können, BGH **79,** 344. Abzustellen ist auf das Gesamtbild des Prospekts, BGH ZIP **13,** 773 und eine zu fordernde sorgfältige und eingehende Lektüre, BGH ZIP **15,** 433, **17,** 718. Aufzuklären ist über das Risiko des Wiederauflebens der Kommanditistenhaftung, BGH ZIP **16,** 529, dabei muss die Haftungsnorm des § 172 Abs 4 nicht abstrakt erläutert werden. Werden die nicht in das Anlageobjekt fließenden Kosten (Weichkosten) nur in Bezug auf die Gesamtausgabe angegeben, reicht das aus, wenn sich der Anteil am Eigenkapital durch einen einfachen Rechenschritt ermitteln lässt, BGH ZIP **16,** 1480. Ein Prospekt ist auch fehlerhaft, wenn Pflichten eines Mietgaranten nicht so eindeutig festgelegt sind, dass kein Streit entstehen kann, BGH ZIP **13,** 315, hingegen bedarf es keines Hinweises auf die §§ 30, 31 GmbHG, wenn die Unterdeckung des Stammkapitals der Komplementär-GmbH mehr als fernliegend ist, Köln WM **15,** 872, aber wenn nach Anlagekonzept relevant, LG Mü WM **15,** 971, aA Baumann/Wagner WM **15,** 1370. Prospekthaftung greift unabhängig davon ein, ob eine direkte Beteiligung erfolgen soll oder nur Treugeberkommanditisten geworben werden, KG WM **12,** 127, BGH ZIP **13,** 1619. Neben einer spezialgesetzlichen Prospekthaftung weiter Anwendung findet die Prospekthaftung im weiteren Sinne, Staub/Casper § 161 Rn 153.

61 B. **Spezialgesetzliche Prospekthaftung:** Von der allgemeinen zivilrechtlichen Prospekthaftung zu unterscheiden ist die an Bedeutung gewinnende besondere **börsen- und investmentrechtliche Prospekthaftung** (s hierzu auch **(15a)** WpPG und **(15b)** VermAnlG). Diese ist gesetzlich genau geregelt und 1998 novelliert (s **(14)** BörsG §§ 44–47 mit bloßer Umnummerierung durch das

4. FinanzmarktfördG, § 127 InvG und für Prospekte seit 2005 dann zunächst §§ 13, 13a VerkProspG, sodann in §§ 20, 21 VermAnlG, nunmehr auch § 306 KAGB, s Rn 59) und in Voraussetzungen, Anspruchsinhalt und Rechtsfolgen deutlich enger; eine punktuelle Annäherung beider folgt aus den BuM-Urteilen und der Novellierung 1998, s **(14)** BörsG § 44 Rn 2. Änderung 2012, dazu Bußalb/Vogel WM **12**, 1416, Friederichsen/Weisner ZIP **12**, 756. Nach § 267 KAGB bedarf es einer Genehmigung der Anlagebedingungen durch die BaFin (Rn 54). Zu beachten ist auch § 264a StGB (Kapitalanlagebetrug), der Schutzgesetz iSv § 823 II BGB ist, BGH **116**, 7, NJW **00**, 3346, ZIP **15**, 1836. Für Angleichung der allgemeinen zivilrechtlichen und der spezialgesetzlichen Prospekthaftung 64. DJT ZIP **02**, 1782; vom AnsVG 28.10.04 BGBl 2630 und auch vom **(15a)** WpPG (s dort sowie **(14)** BörsG Einl 15 vor § 1) leider (noch) nicht aufgegriffen. Die EU-ProspektRi macht zur Prospekthaftung nur allgemeine Vorgaben, zum VermAnlG Hellgardt ZBB **12**, 73. Zur Haftung für **falsche und unterlassene Kapitalmarktinformationen** s **(16)** WpHG §§ 37b, 37c, ab 2018 §§ 97, 98, und zur Infomatec-Rspr des BGH s **(16)** WpHG Einl 10a, 18, 19 vor § 1. Wenn Publikumsges sich an unkundiges Publikum wendet, gilt der Maßstab fehlender Spezialkenntnisse und Information allein aus Prospekt, BGH NZG **12**, 2147. In Betracht kommt auch eine Haftung aus § 264a StGB iVm § 823 II BGB wegen Kapitalanlagebetrugs, BGH WM **12**, 260. Lit: Fleischer DJTGA 64 **(02)** F 41; Hopt/Voigt, Prospekt- und Kapitalmarktinformationshaftung, 2005u WM **04**, 1801.

3) Rechtsnatur der Prospekthaftung

Ihrem **Rechtscharakter** nach ist die allgemeine Prospekthaftung ein kapitalmarktrechtlicher Unterfall der Vertrauens- und Berufshaftung (§ 347 Rn 22), BGHFSWissII/Hopt **00**, 524. Sie wird durch die gesetzliche Prospekthaftung nach **(14)** BörsG §§ 44, 45, § 127 InvG (§§ 20, 21 VermAnlG, §§ 13, 13a VerkProspG; jeweils außerhalb ihres Anwendungsbereichs, in **(15a)** WpPG 2005 systemwidrig ausgespart) nicht ausgeschlossen, BGH BB **78**, 1033 (aber s Rn 59). Die Rechtsprechung ordnet die Prospekthaftung im weiteren Sinne als Unterfall der Verletzung vorvertraglicher Aufklärungspflichten, ein, auf §§ 280 I, III, 282, 241 II, 311 II BGB abstellend BGH ZIP **13**, 1616, ZIP **17**, 1268, auf §§ 311, 280, 241 BGB und Aufklärungspflicht wegen persönlich in Anspruch genommenen Vertrauens abstellend BGH ZIP **16**, 28, generell auf Verschulden beim Vertragsschluss BGH ZIP **16**, 1479. Lit: Köndgen 1983 = AG **83**, 85, 120; Assmann 1985; Hopt, Verantwortlichkeit der Banken bei Emissionen, 1991; Assmann/Schütze/Assmann, HdbKapitalanlagerecht, 4. Aufl 2015 § 5, BankrechtsHdb/Siol § 45 II; Vortmann, Prospekthaftung und Anlageberatung, 2000; Ellenberger 2001; Hopt FS Lorenz **91**, 413 (IPR), Schwark FS Raisch **95**, 269 (Kapitalerhaltung), Assmann FS Kübler **97**, 317, Hopt FS Drobnig **98**, 525 (3. FinanzmarktfördG). RsprÜbersicht: Wagner ZfBR **91**, 133 (VII. ZS, Baurecht), Wolf NJW **94**, 24, BGHFSWissII/Hopt **00**, 497.

4) Prospekthaftpflichtige

A. **Prospekthaftpflichtige:** Anspruchsgegner ist zunächst der unmittelbar Irreführende, idR der den Aufnahmevertrag abschließende phG (GmbH). Der Kreis der aufgrund Prospekthaftung im engeren oder weiteren Sinne (zur Unterscheidung s Rn 60, BGH ZIP **16**, 27) Haftenden reicht jedoch weit darüber hinaus. Alle das Management bildenden **Initiatoren, Gestalter und Gründer** der Ges haften dem beigetretenen Kdtisten (idR aus Verschulden bei Vertragsverhandlungen) für Vollständigkeit und Richtigkeit der mit ihrem Wissen und Willen in Verkehr gebrachten (Werbe)Prospekte, BGH **71**, 284, **111**, 314u **115**, 213 (Bauherrenmodell), ZIP **12**, 1231 (Gründungsgesellschaft, Prospekthaftung im weiteren Sinne) zB die Geschäftsführer des phG (GmbH); die **hinter der**

Anh § 177a 64   2. Buch. Handelsgesellschaften und stille Gesellschaft

Gesellschaft stehenden Personen, die in der Ges besonderen Einfluss ausüben und Mitverantwortung tragen, auch wenn sie nicht der Geschäftsleitung angehören, BGH 72, 382, **145,** 125 (Bauträgermodell), ZIP **06,** 420 (konzernbeherrschender Gfter); auch wenn sie dem Beitretenden im Einzelfall nicht bekannt werden (typisches Vertrauen), BGH 72, 387, **79,** 342; auch wenn sie zugleich Kdtisten sind, BGH NJW **85,** 380, **87,** 2677, etwa GründungsKdtisten, BGH ZIP **03,** 1651; auch ohne Beteiligung als Gfter je nach Einzelfall bei Schlüsselfunktion, BGH NZG **10,** 1395 „normale" Ges, die zugleich als TreuhandKdtist eine Vergütung erhält, BGH ZIP **13,** 1618. Ferner haften Rechtsanwälte, Wirtschaftsprüfer ua (**Garantenstellung als berufsmäßige Sachkenner** oder auf Grund ihrer besonderen wirtschaftlichen Stellung), wenn sie, ohne Vertreter der Ges zu sein, durch ihr nach außen in Erscheinung tretendes Mitwirken am Prospekt einen konkreten **Vertrauenstatbestand** schaffen, BGH **77,** 172, **111,** 314, WM **92,** 906, NJW **04,** 3420, WM **07,** 1503 (Wirtschaftsprüfer, daneben uU Vertrag mit Schutzwirkung, § 347 Rn 21), **08,** 728, **08,** 1546, ZIP **09,** 1577 (iErg abl), NJW **10,** 1280, Bambg WM **06,** 960 (Wirtschaftsprüfer, Bestätigungsvermerk, Zusatzerklärung). Haftung aus culpa in contrahendo (§ 311 II Nr 2, III BGB) auch ohne Prospekt oder über Prospekt hinaus bei persönlicher Information durch Organvertreter gegenüber Anlageinteressenten, BGH WM **08,** 1545m Anm Mülbert/Leuschner JZ **09,** 158. Im Einzelfall in Betracht kommen kann auch die Haftung eines Beiratsmitglieds, BGH **191,** 315 (Rupert Scholz). § 278 BGB findet Anwendung, BGH ZIP **13,** 1619. Mangels Schaffung eines Vertrauenstatbestands haften **nicht** die nicht im Prospekt, sondern nur in der Produktinformation Aufgeführten oder Zeitungsinterviewgeber, Karlsr WM **10,** 1261; die Bank, die nur die Voraussetzungen für die Anlegergeldfreigabe zu überprüfen hat, BGH NJW **04,** 1376, Grund: keine Übernahme der Gesamtverantwortung (zur Problematik dieser Begründung s Rn 64); der Wirtschaftsprüfer, der nur die Einzahlungen der Anleger und die Mittelverwendung regelmäßig überprüfen und dies bestätigen soll (aber Testatshaftung, § 347 Rn 21), BGH **145,** 196, WM **07,** 924 (s aber Mittelverwendungskontrollvertrag, Rn 64); idR keine Garantenstellung haben auch Treuhänder bzw TreuhandKdtisten, BGH BB **84,** 94, NJW **87,** 1264, **95,** 1025, dessen Geschäftsführer, BGH WM **86,** 583, aber uU weitergehende Haftung, vor allem Aufklärungspflichten, BGH NJW **02,** 1711, WM **07,** 927, ZIP **17,** 717 s Rn 78 (dort auch Treugeber als Anspruchsberechtigter). Kapitalanlagevermittler s BGH **74,** 103, BB **78,** 1031 (Handelsvertreter, Auslandsfondsanteile); **Banken** s Rn 66.

64   B. **Nicht Prospekthaftpflichtige:** Das sind im Rahmen der allgemeinen zivilrechtlichen Prospekthaftung

a) die **KG selbst,** BGH **71,** 286, **93,** 162, ZIP **04,** 1406, krit Klöhn VGR **12,** 159, zum KAGB oben Rn 61, und unten C, Rn 86 ff.

b) die vorhandenen **Kommanditisten (Anlagegesellschafter)** als solche. Die Täuschung durch die GmbH und ihren Geschäftsführer ist nur diesen selbst zuzurechnen, BGH NJW **85,** 380. Grund: der Anlegerschutz bei der PublikumsKG fordert Ausnahmen von § 278 BGB. Diese Ausnahme gilt nicht für den Kdtisten, der selbst täuscht, BGH WM **92,** 482, auch ein wirtschaftlich herrschender Kdtist haftet nach § 278 BGB, BGH NJW **91,** 1608, auch GründungsKdtist, BGH ZIP **03,** 1651 (Aufklärungspflicht als Vertragspartner). Keine Haftung von Altgesellschaftern, die der Gesellschaft nach der Gründung rein kapitalistisch beigetreten sind, BGH ZIP **17,** 1268, aber eines in das Organisationsgefüges eines Fonds eingebundenen Treuhandkommanditisten ab Eintritt (Abschluss des Aufnahmevertrags) mit eigener Einlage auch gegenüber später eintretenden Direktkommanditisten, BGH ZIP **17,** 1516. Der getäuschte Kdtist kann deshalb auch nicht seine Schadensersatzforderung gegen die Einlageforderung der KG aufrechnen, BGH NJW **73,** 1604, **78,** 225, aA Moll BB Beil 3/**82,**

2. Abschnitt. Kommanditgesellschaft 65 Anh § 177a

12; bei Beitritt unter Vorbehalt (zB einer bestimmten Verlustzuweisung) kann Einlageverpflichtung jedoch entfallen, BGH WM **79**, 612.

c) Nicht prospekthaftpflichtig sind ferner die nach außen nicht erwähnten Prospektverfasser, Konzeptionsplaner und Gutachter, BGH WM **86**, 904; **bloße Angestellte,** vgl BGH **88**, 67, **115,** 219; HdlVertreter oder HdlMakler außer bei Inanspruchnahme eines besonderen persönlichen Vertrauens (§ 311 III 2 BGB), BGH WM **71**, 499; GmbHGfter und -Geschäftsführer, wenn keine PublikumsKG, sondern nur ein Warentermingeschäft mit seiner GmbH vorliegt (Grund: kein Durchgriff), BGH NJW **81**, 2810, WM **83**, 554, aber § 826 BGB, BGH WM **86**, 734, NJW-RR **88**, 1002; auch nicht jeder, der mit seiner Zustimmung als Kdtist und Beiratsmitglied im Prospekt genannt ist, BGH **79**, 348.

d) Wirtschaftsprüfer und andere **Sachverständige,** die nicht für den gesamten Prospekt Verantwortung übernommen haben, haften **nur für** die von ihnen verantworteten Prospektaussagen bzw **Teile,** BGH WM **84**, 20, **06**, 425, **07**, 1506, **08**, 728, NJW **10**, 1282 (iErg weiter), Bambg WM **06**, 960, Schwark FS Hadding **04**, 1127, str (s (**14**) BörsG § 44 Rn 3), also Beschränkung durch Stichtagsbezogenheit, Maßstab einer Rechnungslegungsprüfung und konkreter Testatinhalt, Bambg WM **06**, 960. Wirtschaftsprüfer als **Mittelverwendungskontrolleur,** Vertrag zugunsten der Anleger (§ 347 Rn 21), AGB-Kontrolle, BGH NJW **10**, 1277, Pflichtenumfang, BGH NJW **10**, 1279, KG WM **10**, 1221.

e) Personen, die an der Herausgabe oder Gestaltung des Prospekts bloß mitwirken, BGH WM **08**, 727. Keine Prospekthaftung, wenn sie überhaupt keinen Vertrauenstatbestand geschaffen haben (s Rn 63). **Richtigstellung** des irreführenden Prospekts ist bis zum Beitritt des Kdtisten möglich und schließt Haftung aus, BGH **72**, 387.

5) Anspruchsinhalt

Anspruchsinhalt und andere schadensersatzrechtliche Probleme der Prospekthaftung s ausführlich bei § 347 Rn 23 ff; Verschuldens-, keine Garantiehaftung (§ 347 Rn 34). Verjährung idR 3 Jahre, bei bloß typischem Vertrauen im Gegensatz zu persönlichem Vertrauen ein Jahr (seit 4. FinanzmarktFördG, vorher 6 Monate) ab Kenntnis bis höchstens drei Jahre seit Beitritt zur Ges (näher § 347 Rn 39), zur Kenntnis gehört auch ladungsfähige Anschrift des Anspruchgegners BGH ZIP **13**, 219 (auch zur Lektüre des Prospekts durch einen Ehegatten), ggf Klage zur Hemmung erforderlich, Ffm WM **13**, 1857. Verjährung der Haftung nach § 264a StGB iVm § 823 II BGB beginnt bei nachträglicher Unrichtigkeit erst mit Verwendung des unrichtig gewordenen Prospekts, BGH WM **14**, 1474. Verkürzung der Verjährungsfrist in Emissionsprospekt unterliegt der Klauselkontrolle insbes nach § 309 Nr 7b BGB, BGH ZIP **15**, 2414. Abgrenzung von Prospekthaftung und Verschulden bei Vertragsverhandlungen s BGH NJW **84**, 2523. Die Prospekthaftung begründet nur einen Schadensersatz-, keinen Unterlassungsanspruch, BGH WM **80**, 953. Der Anleger muss keine Alternativanlage darlegen, Mü WM **12**, 1427, es erfolgt keine Anrechnung einer Steuerersparnis, wenn der Schadensersatzanspruch seinerseits zu versteuern ist, BGH ZIP **13**, 312, **14**, 468, Ffm NZG **13**, 1230, konkrete Berechnung bei außergewöhnlich hohen Steuervorteilen KG WM **13**, 1605, zur Anrechnung von Steuervorteilen Einsiedler WM **15**, 958, Knops WM **15**, 993. Bei Rückabwicklung über darlehensgebende Bank ggf Steuer, wenn sich Erwerber erzielte Steuervorteile anrechnen lässt, BGH WM **12**, 1790, aber BGH ZIP **14**, 460. Für die Darlegung eines Schadens greift keine Vermutung, dass sich ein Geldbetrag in Höhe zumindest des gesetzlichen Zinssatzes von vier Prozent verzinst, BGH NZG **12**, 832. Bei Anlegern als Streitgenossen greift die Möglichkeit der Bestimmung eines Gerichtsstands, BGH NZG **11**, 710.

66 Nach der Rspr des BGH keine Aufrechnung der Treugeber-Anleger gegen Freistellungsanspruch des Treuhandgesellschafters (betreffend Haftung nach §§ 171, 172) mit Anspruch aus Prospekthaftung, BGH ZIP **11**, 906 (Abtretung an Insolvenzverwalter, KG), BGH ZIP **12**, 1706, auch nicht aus Aufklärungspflichtverletzung, BGH BB **11**, 1807, ZIP **12**, 2246, 2250, krit Klöhn VGR **12**, 143, Bitter/Thelen WuB II E § 128 HGB 1.**12**, Zinger BB **14**, 458, zust Wertenbruch NZG **13**, 285, Stumpf BB **13**, 148, Menkel NZG **14**, 1253. Die Treugeber hatten jeweils die Stellung von Quasi-Gesellschaftern, zudem sah der GesVertrag eine Freistellung bzw persönliche Haftung durch die Treugeber-Anleger vor. Eine Erstreckung auf andere Fallgruppen ohne entsprechende Grundlage im GesVertrag erscheint nicht angezeigt, zur Konstruktion der Pflichtenstellung im Vertragsnetz Markus Roth, Private Altersvorsorge 2009, S 369. Im Einzelfall zu prüfen ist, ob sich Treuhänder, die Gesellschaft bzw Dritte auf die Haftung der Anleger berufen können, für einen Anspruch der Ges spricht, dass diese traditionell keine Prospektverantwortung trifft, oben Rn 64. Zutr eine Ausnahme für Ansprüche der Initiatoren annehmend Staub/Casper § 161 Rn 255, bei Kollusion Zinger BB **14**, 458. Jedenfalls erscheint fraglich, ob die Rechtsprechung nach Inkrafttreten des Kapitalanlagegesetzbuches so noch aufrechterhalten werden kann, zum europarechtlichen Vorrang des Kapitalmarktrechts vor der Kapitalerhaltung Fleischer/Schneider/Thaten NZG **12**, 801. Die Prospektpflicht nach der AIFM-Ri und die einheitliche Regelung der Fonds im KAGB sprechen für eine Angleichung der kapitalmarktrechtlichen Standards, umgekehrt eine Erstreckung der Grundsätze des fehlerhaften Verbands auf die Haftung für falsche Kapitalmarktinformation bei der AG fordernd Schäfer ZIP **12**, 2421.

Ein Güteantrag führt zur Unterbrechung der Verjährung, muss aber Anforderungen an Individualisierung des geltend gemachten prozessualen Anspruchs genügen, BGH ZIP **15**, 2325, **15**, 2483, **16**, 437 und darf nicht aussichtslos sein, etwa weil Antragsgegner im Vorfeld eindeutig mitgeteilt hat, sich auf eine außergerichtliche Einigung nicht einzulassen, BGH ZIP **15**, 2426. Aus (instanz)gerichtlicher Entscheidung muss deutlich werden, ob es sich um eine Prospekthaftung im engeren oder im weiteren Sinne mit ihren verschiedenen Voraussetzungen und Verjährungsfristen handeln soll, BGH ZIP **16**, 27 f.

Prozessual gilt der ausschließliche Gerichtsstand für falsche Kapitalmarktinformation nach § 32b ZPO auch für in Anspruch genommenen Treuhandkommanditisten, KG WM **15**, 1844. Das KapMuG findet auch bei fremdfinanzierter Beteiligung an geschlossenen Immobilienfonds Anwendung, BGH ZIP **15**, 2437, s auch Rn 66 f. Trotz Musterverfahren kann entschieden werden, wenn es auf die Feststellung nicht ankommt, so etwa bei Entscheidungsreife wegen Verjährung, BGH ZIP **16**, 436. Bei Massenverfahren (Göttinger Gruppe) kann einzelne Klage einstweilen zurückgestellt werden und Musterverfahren betrieben, diese müssen aber hinreichend betrieben werden, sonst kommt unangemessene Verfahrensdauer in Betracht, BGH ZIP **15**, 897. Erlittener Nachteil (Herzinfakt) muss auf Verzögerung beruhen, BGH ZIP **15**, 900.

6) Besondere Rechtspflichten der beteiligten Banken/beim Vertrieb

66a Besondere Rechtspflichten treffen die **beteiligten Banken**, s **(7)** Bankgeschäfte Rn A/16–29. Prospekthaftung der Bank bei Finanzierungsgeschäften nur bei Aktivitäten über die Rolle als Kreditgeber hinaus (s **(7)** Bankgeschäfte Rn A/25), BGH **93**, 266, NJW **88**, 1584, Hopt FS Stimpel **85**, 288. Haftung der Bank zB bei Einverständnis mit ihrer Nennung als Referenz für Bauherrenmodell, BGH NJW **92**, 2148, aber nicht allein wegen Nennung nur für (richtige) Angaben zur Zwischenfinanzierung, Mü WM **91**, 447, wegen Nennung als künftige Darlehensgeberin, Hausbank und Treuhandkontostelle, KG WM **03**, 1066. Zur Warn- und Schutzpflicht einer Bank als Hauptgläubigerin der KG gegenüber Kdtisten, die auf ihren Aufruf die KG mit von der Bank finanzierten Darlehen unterstützen, BGH NJW **78**, 2547; der Einwendungsdurchgriff (s **(7)** Bankgeschäfte Rn G/36) soll nach BGH NJW **81**, 389 nicht durchgreifen. Haftung als Berater auch neben Haftung als Prospektverantwortlicher, BGH NZG **12**, 832. Lit: Hopt, Verantwortlichkeit der Banken bei Emissionen, 1991; Graf v. Westphalen BB **94**, 85, Buck-Heeb ZIP **13**, 1401 (Anlageberatung), Winter WM **14**, 1606 (Innenprovision, Rückvergütung).

Der Grundsatz anleger- und objektgerechter Beratung, BGH **123**, 126, gilt auch für die Anlageberatung beim Publikumsfonds, BGH **178**, 152, NZG **11**, 1184. Dies betrifft die eigentliche Anlageberatung, keine Pflicht der darlehensgewährenden Bank, wenn zuvor schon Beitritt zum Fonds, BGH ZIP **11**, 1658, bespr Wagner NZG **11**, 1058. Zugunsten des Anlegers greift die Vermutung aufklärungsgemäßen Verhaltens, BGH WM **12**, 1337, ZIP **14**, 722 (Immobilienfonds). Der geschädigte Anleger muss (lediglich) den inhaltlichen Kernbereich eines Beratungsgesprächs wiedergeben, BGH WM **13**, 69. Str, ob offener Immobilienfonds Anfang 2008 noch als risikolose Anlage beworben werden konnte, so Dresd ZIP **13**, 1211, nach BGH ZIP **14**, 1324, **15**, 1528, Ffm ZIP **13**, 1214, Dresd ZIP **15**, 1115 Aufklärung über mögliche Aussetzung der Anteilsrücknahme nötig, 2001 war die Bezeichnung als risikoarme Anlage vertretbar, Ffm WM **15**, 965. Bei geschlossenem Immobilienfonds Hinweis nötig, dass Verkauf auf Zweitmarkt nur eingeschränkt möglich ist, BGH ZIP **15**, 432; Hinweis, dass derzeit kein Markt vorhanden, ist nicht irreführend, BGH ZIP **15**, 1981, es wird nicht unzutreffend der Eindruck eines absehbaren und vorübergehenden Zeitraums erweckt. Anlageberater muss über § 174 IV aufklären, auch bei Begrenzung der Haftung auf zehn Prozent des Anlagebetrags, BGH ZIP **15**, 79. Bei Vorliegen der subj Voraussetzungen kommt eine Beihilfe der Bank zu einer sittenwidrigen Schädigung des Anlegers in Betracht (BGH ZIP **14**, 65, im Fall verneint).

Der Anlagevermittler ist zur Plausibilitätsprüfung verpflichtet, BGH ZIP **11**, 816, dies mit üblichem kritischen Sachverstand, BGH ZIP **13**, 466. Die Prospektangaben müssen ex ante vertretbar sein, dabei auch Kontrolle der Berechnung, BGH WM **12**, 2375, fehlerhafte Angaben richtig gestellt werden, Hamm WM **13**, 615. Aufklärungspflichten greifen auch bei Unterbeteiligung, BGH WM **11**, 2085. Aufklärungspflicht des Anlageberaters bei ihm bekannten strafrechtlichen Ermittlungsverfahren gegen Fondsverantwortliche, BGH WM **11**, 2353, wesentlichen Kooperationspartner, Ffm BB **14**, 975 (Prospekt), nach OLG Celle nicht des Treuhandkommanditisten über Vorstrafen und negative Berichterstattung, WM **12**, 794, fraglich. Erkennt Bank Unkenntnis eines wesentlichen Umstands, kann sie zur Aufklärung verpflichtet sein, Mü WM **12**, 168. Die Bank haftet nicht, wenn sie ausreichend Zeit zur Lektüre eines Prospekts lässt, der Anleger aber sofort zeichnen will, Ffm NJW-RR **11**, 1549. Fehlende Fungibilität der Anlage und mangelnde Eignung zur Altersvorsorge sind verschiedene Umstände, über die aufzuklären ist, mit der Folge jeweils eigenständigen Beginns der Verjährung, BGH ZIP **15**, 1491.

Die Pflicht zur ungefragten Offenlegung von Rückvergütungen und Innenprovision wurde bei Publikumsgesellschaften entwickelt, BGH WM **04**, 631 (Immobilienfonds, für Aktienfonds dann BGH WM **07**, 490) und ist noch immer insbesondere dort relevant (BGH WM **09**, 405, ZIP **14**, 1117, Medienfonds, BGH ZIP **14**, 381, OLG Bamberg WM **11**, 112 und Ffm ZIP **13**, 1658 Immobilienfonds, OHG, KG), auch Unterscheidung von Innenprovision und Rückvergütung, BGH WM **09**, 2306, Jooß WM **09**, 1260. Rückvergütungen werden aus offen ausgewiesenen Provisionen wie Ausgabeaufschlag, Verwaltungsvergütung oder Vertriebskosten bezahlt, BGH ZIP **14**, 1165, Innenprovisionen aus dem Anlagevermögen, BGH NZG **11**, 1186, 1187, 1189. Wenn Umstand der Innenprovision bekannt Aufklärung nicht ohne Nachfrage, wenn Höhe innerhalb des Prospekts, BGH WM **11**, 527, auf Prospektangaben verweisend BGH ZIP **14**, 381. Bei Kenntnis von allgemeiner Bankpraxis auch

Anh § 177a 66e–67 2. Buch. Handelsgesellschaften u. stille Gesellschaft

Kenntnis für eigenen Fall, Karlsr WM **12**, 2245, bei Rückvergütung Aufklärung entbehrlich, wenn für Anleger allein die Werthaltigkeit der Anlage entscheidend ist, Ffm ZIP **12**, 210 (zur Zeichnung weitere Fondsanteile nach Kenntnis Ffm WM **13**, 1857) ggf Parteivernehmung (Bankmitarb), für Zeichnung trotz Rückvergütung, BGH NZG **13**, 504, wenn Anleger nachfragt und trotz ausdrücklicher Weigerung der Offenlegung zeichnet, BGH ZIP **14**, 1117. Verjährung beginnt mit Kenntnis der Rückvergütung, nach BGH ZIP **13**, 618, Dresd WM **15**, 2282 nicht erforderlich ist Kenntnis auch der Höhe der Rückvergütung. Zu Klagen auf Auskunft und Herausgabe von Rückvergütungen Regenfus WM **15**, 169, 209. Krit ggü rückwirkender Anwendung der Rspr Loritz/Wagner NZG **13**, 367, Loritz NZG **13**, 411. Ab dem 1.8.2014 hat eine beratende Bank aufgrund von Anlageberatungsverträgen über den Empfang versteckter Innenprovisionen von Seiten Dritter unabhängig von deren Höhe aufzuklären, BGH ZIP **14**, 1418, dazu Buck-Heeb WM **14**, 1601. Soweit die Aufklärung über Innenprovisionen im Rahmen von Anlageberatungsverträgen vor dem 1.8.2014 unterblieben ist, handelte die Bank nach dem XI. Senat ohne Verschulden (BGH ZIP **14**, 1418, dazu Hoffmann/Bartlitz ZIP **14**, 1505), bei unterlassener Aufklärung über Rückvergütungen fehlt es seit 1985 an einem unvermeidbaren Rechtsirrtum, BGH ZIP **14**, 1672.

66e Bei freien, nicht bankmäßig gebundenen Anlageberatern keine Aufklärungspflicht, wenn Kunde selbst keine Provision bezahlt, Agio oder Kosten für Eigenkapitalbeschaffung offen ausgewiesen und Vertriebsprovision daraus aufgebracht wird, BGH WM **10**, 885, **11**, 640 (nach BGH auch wenn selbständiges Tochterunternehmen einer Finanzgruppe, BGH WM **12**, 1574, zweifelhaft, daran festhaltend BGH WM **13**, 119, aA Mü WM **13**, 122), anders wenn die Provision 15 Prozent des vom Anleger einzubringenden Kapitals überschreitet, BGH NZG **12**, 80, oder wenn der Kunde für die Anlageberatung eine Vergütung bezahlt hat, Mü WM **11**, 784.

66f Bei Garantiedividende für Kommanditisten kann ein erlaubnispflichtiges Bankgeschäft vorliegen, Schlesw ZIP **12**, 1066. Ein Gründungsgesellschafter haftet ggf nach § 278 BGB für Vertrieb, BGH ZIP **12**, 1289, ebenso ein Treuhandkommanditist, der auch eigene Anteile hält BGH ZIP **13**, 1616 (Aufklärungspflichtverletzungen). Anwendbar sein kann das KapMuG, BGH WM **12**, 2146, ZIP **14**, 2121, 2284, Schmitz/Rudolf NZG **11**, 1202, nicht im Fall BGH WM **11**, 110, diff WM **12**, 115, zur Neufassung des KapMuG von Bernut/Kremer NZG **12**, 890, Söhner ZIP **13**, 7, Sustmann/Schmidt-Bendun NZG **11**, 1207 (RefE). Das BVerfG hat zum rechtlichen Gehör, BVerfG WM **12**, 1329, 1330 und zu Rückvergütungen entschieden, BVerfG WM **12**, 68. Bei gemeinsamer Klage gegen Fondsinitiator kann gebührenrechtlich eine Angelegenheit vorliegen, BGH ZIP **14**, 1144. Anschreiben der Anleger notleidender Fonds durch Anwalt nicht zwingend Verstoß gegen Verbot der Werbung um Praxis (§ 43 BRAO), BGH WM **13**, 2349. Verbraucherzentrale kann gegen unzulässige Werbung nach UKlaG vorgehen, Nürnb ZIP **14**, 1219. Verjährung von Schadensersatzansprüchen verschwiegener Rückvergütung ab Kenntnis, nicht ab Vermutung, Düss ZIP **14**, 2023. Bei rechtskräftiger Abweisung auch keine Klage wegen anderer Prospektfehler, Mü WM **14**, 743, zur Beratung BGH WM **13**, 2216, zu Verjährung und Rechtskrafterstreckung Grüneberg WM **14**, 1109.

IV. Gesellschaftsvertrag

1) Gesellschaftsvertrag, insbesondere Auslegung

67 Der GesVertrag ist **wie** eine **Satzung** nach dem objektiven Erklärungsbefund **auszulegen** (vgl § 105 Rn 59), BGH NJW **79**, 2102, BB **84**, 170, WM **07**, 836,

2383, ZIP **09**, 864, 1008, **11**, 324, 770, **14**, 174, **15**, 1628, Wiedemann DNotZ Sonderheft **77**, 99, Coing ZGR **78**, 674, Grunewald ZGR **95**, 89, krit zur obj Auslegung bei GmbH und AG Schockendorf ZGR **13**, 76. Das gilt auch für Emissionsprospekte, deren Inhalt in die vorformulierten Einzelverträge einbezogen ist, BGH NJW **01**, 1271. Weiter gilt nach der Rspr bei Publikumsgesellschaften eine ähnliche Auslegung und Inhaltskontrolle (Rn 68) wie bei AGB. Zweifel bei der Auslegung gehen entsprechend § 305c BGB zu Lasten des Verwenders. Nicht unmittelbar aus dem Gesetz folgende Rechte und Pflichten müssen sich klar aus dem GesVertrag ergeben, BGH ZIP **13**, 1224, Nürnb ZIP **15**, 273 (Rückzahlung gewinnunabhängiger Auszahlung). Wegen objektiver Auslegung kann GesVertrag auch durch Revisionsgericht ausgelegt werden, BGH ZIP **07**, 812, **15**, 630.

Schiedsklauseln im GesVertrag gelten nur bei Wahrung der **Form** des § 1031 ZPO (Einl 90 vor § 1), BGH NJW **80**, 1049; Rüppell BB **14**, 1091, Zulässigkeit von Schlichtungsklauseln im GesVertrag vor Eröffnung des Rechtswegs s BGH NJW **77**, 2263, zum Schutz der Kdtsten BGH ZIP **17**, 1026 (Schiedsfähigkeit III). Schiedsvereinbarungen der PublikumsGes mit Dritten s § 171 Rn 3. Verpflichtungen der Ges zum Vorteil von GründungsGftern (Bsp Tätigkeitsvergütung) bedürfen der Festlegung im schriftlichen GesVertrag oder im ordnungsgemäß protokollierten GfterBeschluss, BGH BB **76**, 526m Anm Heinze ZGR **79**, 106; das gilt auch, wenn die Anleger nicht unmittelbar an der KG beteiligt sind, sondern nur über einen TreuhänderKdtisten, BGH NJW **78**, 755. Diese Form gilt ihrem Sinn nach nicht auch für Vereinbarungen mit am Kapitalmarkt geworbenen Gftern, BGH NJW **83**, 1118. **Zustimmungspflicht** zur **Vertragsänderung** in besonderen Ausnahmefällen (§ 105 Rn 64), Sanieren oder Ausscheiden, BGH NJW **10**, 65 (Publikums GmbH & Co OHG), Düss ZIP **14**, 2183 und BGH ZIP **15**, 1627 (GbR) Karlsr NZG 17, 260 (Kommanditist, GmbH & Co), näher § 105 Rn 66), vgl Stgt NZG **10**, 702, **13**, 1061, Dorka/Derwald NZG **10**, 694, Stupp DB **10**, 489, Schöne ZIP **15**, 501, Escher-Weingart WM **16**, 1569.

2) Inhaltskontrolle

Der fertig vorformulierte GesVertrag (einschließlich einbezogener Emissionsprospekte, s Rn 67, sowie einer Treuhandabrede, s Rn 77, 80) unterliegt wegen **(5)** § 310 IV 1 BGB zwar nicht der Kontrolle nach **(5)** §§ 305 ff BGB, eine **gerichtliche Inhaltskontrolle** findet aber, da objektive Auslegung (s Rn 67), über § 242 BGB statt. Sie erfolgt jedoch wegen der Unterschiede von Ges- und Austauschverträgen „mit Vorsicht" und uU einem „gewissen Vertrauensschutz" für die Gfter, die nicht mitformulierten, BGH **64**, 241 (s Rn 75), **84**, 15 (s Rn 84), **102, **172 (s Rn 74), **104**, 50, NJW **82**, 2495 (s Rn 74), **01**, 1271, ZIP **09**, 1008, nun formuliert BGH, dass **Gesellschaftsverträge** von Publikumsgesellschaften unabhängig davon, ob Bereichsausnahme des § 23 I AGBG bzw § 310 IV BGB eingreift, einer **ähnlichen Auslegung und Inhaltskontrolle wie AGB unterliegen**, BGH ZIP **01**, 244; **04**, 2097, **12**, 1346, **16**, 520. Rspr folgert daraus in Anlehnung an § 305c II BGB, dass **Zweifel bei der Auslegung zu Lasten des Verwenders** gehen, BGH ZIP **13**, 1224; **16**, 520. Nach dem Abschluss des Gesellschaftsvertrags beitretende Kommanditisten müssen sich darauf verlassen können, nur solche **Leistungen** erbringen zu müssen, die **dem Vertragstext unmissverständlich zu entnehmen** sind, BGH ZIP **16**, 520, zu Nachschüssen und der Rückzahlung gewinnunabhängiger Auszahlungen s § 119 Rn 39 f, Nürnb ZIP **17**, 19, praktische Hinweise von Pöschke/Steenbreker NZG **16**, 841, krit zur Auslegung des BGH Schäfer NZG **16**, 543. Die Inhaltskontrolle erstreckt sich auf die Treuhandabrede, auch wenn die Anleger nur mittelbar beteiligt sind (s Rn 80), BGH **104**, 50. Die Auslegung (s Rn 79) geht jedoch der Inhaltskontrolle vor und macht diese zum Behelf für Notfälle, BGH

Anh § 177a 69a–69c 2. Buch. Handelsgesellschaften u. stille Gesellschaft

NJW **79**, 2102. Die bloße Möglichkeit eines abändernden Mehrheitsbeschlusses (s Rn 69) verdrängt die Inhaltskontrolle noch nicht. Inhaltskontrolle bei Mittelverwendungskontrollvertrag s Rn 64. Lit: Hille 1986 (abl); Schneider ZGR **78**, 1u ZHR 142 **(78)** 228, Reuter AG **79**, 321, Graf v. Westphalen DB **83**, 2745, Heid DB Beil 4/**85**, Westermann FS Stimpel **85**, 69.

3) Gesellschaftsvertragsänderung ohne Bestimmtheitsgrundsatz

69a A. **Keine Geltung des Bestimmtheitsgrundsatzes:** GesVertragsänderung durch Mehrheitsbeschluss ist möglich, wenn der GesVertrag das (auch stillschweigend) vorsieht; auch ohne dass der GesVertrag den Beschlussgegenstand näher bezeichnet (keine Geltung des Bestimmtheitsgrundsatzes, vgl § 119 Rn 37, MüKoBGB/Schäfer § 709 Rn 94, Wertenbruch ZIP **07**, 799, aA K. Schmidt ZGR **08**, 13, weil die PublikumsGes sonst in Krisen blockiert wäre), BGH **71**, 53, dazu Hadding ZGR **79**, 636, Wiedemann JZ **78**, 612, K. Schmidt ZHR 158 **(94)** 205. Das gilt auch für weitgehende Änderungen, zB Gegenstand der Ges oder Geschäftsführung; überstimmte Kdtisten können dann aber ausscheiden, BGH **69**, 165; für Umwandlung, BGH **85**, 358 (für kapitalistische KG); für Verzicht auf Verzinsung von Kapitaleinlagen, BGH NJW **85**, 974.

69b B. **Mehrheitsbeschluss als Regel:** Zulässig ist Bestimmung im GesVertrag, wonach Kapitalerhöhung ohne feste Obergrenze für diese durch einfachen Mehrheitsbeschluss möglich ist, falls die Kdtisten keine Pflicht, sondern nur das Recht zur Teilnahme entspr ihrer bisherigen Beteiligung haben, BGH **66**, 82m krit Anm Wiedemann ZGR **77**, 690; der Schriftformklausel (§ 105 Rn 63) wird in diesem Fall uU schon durch privatschriftliche Beschlussprotokollierung genügt, BGH **66**, 83 (bezüglich Kapitalerhöhung, nicht bezüglich Anteilszeichnung durch Gfter). Mehrheitsentscheidungen sind zum Anlegerschutz **auch ohne Zulassung im Gesellschaftsvertrag** möglich (Inhaltskontrolle, § 242 BGB), Staub/Casper § 161 Rn 197, Stimpel FS Fischer **79**, 779 (jedenfalls konkludente Zulassung), Reuter GmbHR **81**, 131 (entspr § 278 AktG), offen BGH **76**, 165, aA K. Schmidt ZGR **08**, 13, für Dreiviertelmehrheit bei Satzungsänderungen Priester DStR **08**, 1388. GesVertragsklausel über Änderungen des GesVertrag nur mit Zustimmung des phG kann einen solchen Mehrheitsbeschluss grundsätzlich nicht verhindern, Staub/Casper § 161 Rn 197 (außer bei Eingriff in Rechtsstellung des phG), aA bei Eingriffen in das Recht zur gewöhnlichen Geschäftsführung BGH **76**, 165. Für Änderungen des GesVertrags ist wie im Kapital-GesRecht eine **qualifizierte Mehrheit** von drei Vierteln der abgegebenen Stimmen nötig. Dreiviertelmehrheit kann auch eingreifen, wenn zwar im Einzelfall größere Mehrheit, diese Voraussetzungen aber konkret nicht vorliegen, BGH ZIP **13**, 65, 68. Sonderfall der Beseitigung einer nicht praktikablen Einstimmigkeitsklausel, KG ZIP **11**, 659. **Sanieren oder Ausscheiden** s Rn 67, § 105 Rn 66, § 109 Rn 12, auch bei PublikumsGbR, BGH ZIP **15**, 1627, 1822, ohne entspr Regelung im GesVertrag.

69c C. **Einzelprobleme:** Vertragsänderung durch Übung ist denkbar (§ 105 Rn 62). Wirksame Vertragsänderung durch dazu ermächtigten Beirat s BGH NJW **85**, 972, jedenfalls uU Zustimmungspflicht der Gfter (§ 105 Rn 64). Beschlüsse der GfterVersammlung sind trotz Ladungsmängeln wirksam, wenn sie darauf sicher nicht beruhen, BGH BB **84**, 170, WM **87**, 425, 928. Strengere Anforderungen an Zulassung eines Mehrheitsbeschlusses bei Nachschüssen oder sonstiger Gefahr persönlicher Haftung über die Einlage hinaus. Zum Austausch des die Geschäfte führenden Komplementärs gegen dessen Willen, etwa nach einer mehrheitlichen Übernahme von Komplementäranteilen, Neumann ZIP **17**, 1141.

V. Rechtsverhältnisse der Gesellschafter untereinander, Organe, Treuhänder

1) Rechte und Pflichten der Kommanditisten

A. Beitragspflicht: Besonderheiten gelten auch für die Beitrags- und Einlage- 70
pflichten der Kdtisten aus GesVertrag (§ 109 Rn 6). Die Rspr bestimmt sie idR im Wege der Auslegung (s Rn 67), nicht der Inhaltskontrolle (s Rn 68). Der Einlageanspruch besteht nicht, wenn der Beitritt unter **Bedingung** (Vorbehalt oä) der im Prospekt genannten Verlustzuweisung durch das Finanzamt erfolgt ist und die anerkannte Verlustzuweisung prospektwidrig die Einlagenhöhe nicht wesentlich übersteigt, BGH WM 79, 612, 86, 255 (iErg nein), Mü WM 84, 1335. Eine **Nachschussklausel** nur in denselben engen Grenzen wie bei OHG (§ 109 Rn 14), BGH WM 05, 1608, 06, 577, 774, 835, Nentwig WM 11, 2168. Sie gilt iZw nur für solche Nachschüsse, die nicht der Drittgläubigerbefriedigung, sondern der Förderung des GesZwecks dienen, BGH NJW 79, 419. Unzulässig ist Nachschusspflicht auf Verlangen eines NichtGfters (Bank), KG DB 78, 1922, Kaligin DB 81, 1172. Kdtistenhaftung bei Sanierung von SchifffahrtsGes Paul/Richter DB 10, 2153, Rückforderung gewinnunabhängiger Auszahlung nur bei klarer Regelung, ZIP 13, 1244, Rn 67, ZIP 17, 1285. Aus Treuepflicht keine Pflicht zur Zustimmung zu Kapitalerhöhung bei Einstimmigkeitserfordernis, wenn nicht zustimmende Teilhaber eine Verringerung ihres Beteiligungsverhältnisses hinzunehmen haben, BGH ZIP 11, 768 (es verbleibt der Nichtzustimmende in der Ges), anders wenn Ausscheiden bei Nichtteilnahme und zumindest gleichen Leistungspflichten in diesem Fall, BGH ZIP 09, 2289.

Sanierende Kommanditisten, Treugeber oder stille Gesellschafter können bei Zahlungen an Dritte ggf nach § 110, § 426 BGB Rückgriff nehmen, s Rn 79, § 110, 2, 5, Wertenbruch NZG 16, 401. Sanierungswillige Kommanditisten konnten sich wegen § 1 I RBerG nicht einer neu gegründeten GbR zur Durchsetzung von Ansprüchen auch unbestimmt vieler weiterer Kommanditisten gegen sanierungsunwillige Kommanditsten bedienen, BGH ZIP 11, 1202, auch zum RDG Mann, ZIP 11, 2393, BGH WM 13, 1559. Besteht eine Nachschusspflicht etwa aus der Treuepflicht, so können nicht die treupflichtwidrigen Gfter eine neue GbR gründen und die sanierungswilligen Gfter der Alt-GbR auf SchE in Anspruch nehmen, Mü ZIP 13, 165, diese können die Treuepflichtverletzung der Neu-GbR entgegenhalten, BGH ZIP 14, 565m Bespr Servatius NZG 14, 537. Grundsätze „Sanieren oder Ausscheiden" gelten auch für Kommanditisten der Komplementär-KG, Karlsr NZG 17, 261. Kdtist haftet auf Auseinandersetzungsfehlbetrag, begrenzt auf Haftung als Kommanditist, nicht begrenzt auf Pflichteinlage (s § 171 Rn 1), Karlsr NZG 17, 261.

B. Sonstige Leistungspflichten: Im GesVertrag können auch andere als 71
Beitrags- und Einlagepflichten begründet werden (§ 109 Rn 11). Soll im GesVertrag die Pflicht des Kdtisten zur **Bürgschaftsübernahme** für Ges begründet werden, muss der GesVertrag eine derart weitgehende Verpflichtung eindeutig erkennbar machen, BGH NJW 79, 2102. Übernehmen Kdtisten neben Einlageauch **Darlehens**pflichten, sind diese iZw ebenfalls Pflichten aus GesVertrag, str, die Darlehen sind also nicht gesondert kündbar, BGH 70, 61, 93, 161, BB 78, 1134; dann sind aber auch Zahlungen auf das Darlehen auf die Haftsumme nach §§ 171, 172 anzurechnen, BGH NJW 82, 2253. Außerdem verpflichtet der GesVertrag die Kdtisten häufig über ihre Einlage hinaus zu **stillen Beteiligungen;** BGH BB 78, 14, NJW 80, 1523 (§ 230 Rn 3). Haben diese Darlehen und stillen Beteiligungen Eigenkapitalcharakter, entfällt Rückforderung im Insolvenzverfahren (§ 124 Rn 46, § 236 Rn 3, 5), zu beachten sind dazu die Grundsätze

Anh § 177a 72 2. Buch. Handelsgesellschaften und stille Gesellschaft

über **Finanzplankredite** (§ 172a aF Rn 1). Zur **Sittenwidrigkeit** einer Vereinbarung, dass der Kdtist eine Einlage durch Abtretung seines Zwischengewinns aus Beschaffung von Maschinen für das geplante Unternehmen erbringen soll, BGH WM **78**, 88. Globalabtretung aller Einlageforderungen gegen Kdtisten im Rahmen eines unechten Factoring (s **(7)** Bankgeschäfte Rn O/4) kann bei Entstehung übermäßiger Abhängigkeit der Ges sittenwidrig sein, BGH BB **79**, 12 (s **(7)** Bankgeschäfte Rn H/3).

72 C. **Rechte: Informationsrechte** jedes Kdtisten bestehen nach § 166 (und weiteren Rechtsgrundlagen s § 166 Rn 11–13, KG ZIP **11**, 661), BayObLG NJW **86**, 140, auch § 166 III Mü WM **08**, 2211, **09**, 1228. Der Kdtist hat jedenfalls in der GfterVersammlung zwingend ein allgemeines Informationsrecht (§ 166 Rn 11), dessen Reichweite jedenfalls soweit wie §§ 131 ff AktG geht. Die Informationsrechte sind auch ohne persönliches Erscheinen allein durch Sachverständige, bei großer Zahl der Gfter uU sogar nur durch gemeinsamen Kdtistenvertreter ausübbar (§ 166 Rn 7), Celle BB **83**, 1451, offen Mü WM **08**, 2213; entsprechende GesVertragsklausel ist wirksam, BGH NJW **84**, 2471, aber auch ohne solche können die Kdtisten kraft ihrer Treuepflicht zustimmungspflichtig sein. Die Vertreter- oder Beiratsklausel kann zwar auch auf das außerordentliche Informationsrecht (vgl § 166 III) erstreckt werden, Mü WM **08**, 2212, auch dann kann der Kdtist aber dieses zwingende Recht notfalls (wichtiger Grund) individuell wahrnehmen; nicht disponibel ist die Verfahrensvorschrift des § 166 III (§ 166 Rn 18). Zur Feststellung des Jahresabschlusses in der GmbH & Co KG s Rn 51 und § 164 Rn 3.

Ein Recht auf **Mitteilung der Namen und Adressen der MitGfter** ist zwar grundsätzlich zu bejahen (Grund: Quoren- und Mehrheitsbildung, Kdtistenschutz), grundsätzlich auch ohne Einwilligung des jeweiligen MitGfters; die Rspr hält sogar Ausschluss dieses Rechts im GesVertrag für unwirksam, BGH NJW **10**, 439, (PublikumsGbR; AGBKontrolle, s Rn 68), **11**, 921 (PublikumsGmbH & Co KG, Treugeber als InnenGbR, TreuhandKdtistin. Auskunftsanspruch mit BDSG vereinbar, Mü ZIP **15**, 523; Grenze nur §§ 242, 226 BGB), ZIP **13**, 570u ZIP **15**, 319 (PublikumsGmbH & Co KG, Treugeber den Gftern gleichgestellt), explizit gg Kritik am Auskunftsanspruch festhaltend BGH ZIP **13**, 622, 15, 320, Grenze ist nur unzulässige Rechtsausübung und Schikane, abstrakte Missbrauchsgefahr reicht nicht aus; vorsichtiger für Verein, BGH ZIP **10**, 2397, 2399 mAnm Römermann NZG **11**, 56 gegen Hbg NZG **10**, 1342, BGH ZIP **15**, 320. Für PublikumsGes mit anonymen TreugeberKdtisten (s Rn 77) kann der weite Auskunftsanspruch aber jedenfalls dann nicht gelten, wenn sie nicht im GesVertrag einem Gfter gleichgestellt wurden oder auch sonst unter sich keine InnenGbR bilden (Vertragsgestaltung, K. Schmidt NZG **11**, 367; zur GbR/OHG sonst, § 118 Rn 3), insoweit noch offen BGH ZIP **11**, 322m Anm Altmeppen, **13**, 570m Anm Altmeppen; zu BGH zust Staub/Casper § 161 Rn 251, Priester ZIP **11**, 697, krit Altmeppen NZG **10**, 1321, 1321, Holler ZIP **10**, 2429, Sester/Voigt NZG **10**, 378, Markwardt BB **11**, 643, grundsätzlich K. Schmidt NZG **11**, 361, vgl auch Hoeren ZIP **10**, 2436 (Datenschutz); jedenfalls eine Anonymitätsklausel ist hier anzuerkennen, dann aber Pflicht, str, der PublikumsGes zur Ermöglichung der Quoren- und Mehrheitsbildung, zB durch Weiterleitungspflicht bzw Internetforum entspr dem Aktionärsforum (§ 127a AktG, dort allerdings BAnz). Nach Bamb WM **14**, 1174 Rechtsmissbrauch wenn nur Rückgabe der Fondsanteile gewünscht und Anwalt Gelegenheit zur Mandantenakquise nutzen will. Streitwert einer Auskunftsklage richtet sich nach dem wirtschaftlichen Interesse und ist vom Gericht nach freiem Ermessen zu schätzen, BGH stellt auf Wert der Einlage und für Auskunft einen Bruchteil davon ab, BGH ZIP **16**, 70. Weiter Angabepflichten und **Transparenzregister** nach Geldwäschegesetz (wirtschaftlich Berechtigter bei Kontrolle von 25 Prozent der Stimmrechte, §§ 20 Abs 3, 3 GwG, seit 2017).

2. Abschnitt. Kommanditgesellschaft 73, 74 Anh § 177a

Sonderprüfungen sind möglich, § 142 AktG findet keine (entsprechende) Anwendung, Hamm ZIP **13**, 976, grds Entscheidung mit Mehrheit, für Minderheitenschutz Staub/Casper § 161 Rn 206. Sie sind aber nicht an §§ 142 ff AktG analog gebunden, BayObLG NJW **86**, 140, insbes wird ein entspr MinderheitenR abgelehnt, Hamm NZG **13**, 422 (LS). **Entziehung der Geschäftsführung und Vertretungsmacht** geschieht anders als nach §§ 117, 127 nicht durch Gestaltungsklage, sondern durch Beschluss mit einfacher Mehrheit, so ohne weiteres bei Zulässigkeit von Mehrheitsbeschlüssen (s Rn 69), aber auch ohne diese, BGH **102**, 172 (s Rn 74). Die Kdtisten haben ein **Einberufungsrecht** zur GfterVersammlung analog § 50 GmbHG, Reichert/Winter BB **88**, 985, Quorum von mehr als 10% im GesVertr ist rglm unwirksam, Staub/Casper § 161 Rn 195. **Anteilsübertragung** kann von Zustimmung des Komplementärs abhängig gemacht werden, Mü NJW-Sp **09**, 17.

D. **Verfahrensrecht:** Streit über Gesellschaftsvertrag, zB Wirksamkeit von 73 GfterBeschlüssen, ist mangels anderer Vereinbarung auch in der PublikumsGes unter den Gftern auszutragen (§ 109 Rn 38), BGH **85**, 353, WM **83**, 785, NJW **03**, 1729, **06**, 2854, aA Heymann/Emmerich 19; aber eine solche Vereinbarung (also Klage gegen Ges, § 109 Rn 44) kann uU durch ergänzende Vertragsauslegung gefunden werden, BGH NJW **99**, 3113, **03**, 1729, Rstk WM **09**, 255, vgl Stimpel FS Fischer **79**, 781. Auch ist ein diesbezüglicher Mehrheitsbeschluss (s Rn 69) möglich und zu empfehlen, Staub/Casper § 161 Rn 142. Für Klagen von Kdtisten auf Feststellung der Nichtigkeit des Ausschlusses anderer Kdtisten fehlt idR Feststellungsinteresse (§ 256 I ZPO), BGH NJW **06**, 2854.

2) Geschäftsführer

Bestellung, Abberufung: Bestellung eines umfassend zuständigen Fremd- 74 geschäftsführers für Ges (Immobilienfonds, PublikumsGbR; Organ, nicht Arbeitnehmer, § 59 Rn 26)) verstößt nicht gegen RBerG (jetzt: RDG), BGH WM **05**, 1698, **06**, 1673, Schimansky WM **05**, 2209, Altmeppen ZIP **06**, 1, aA Ulmer ZIP **05**, 1343, Habersack BB **05**, 1695, Abgrenzung zu Verstoß gegen RBerG bei Geschäftsbesorgung von Fondsbeitritt, BGH WM **07**, 62. Abberufung des Fremdgeschäftsführers der KG (aber auch des GfterGeschäftsführers) aus wichtigem Grund ist zwingend mit einfacher Mehrheit möglich, BGH **102**, 172 (Treuhänder), NJW **82**, 2495 (vgl Rn 72). Offen ist, ob dies auch für Neubestellung gilt (aber zu bejahen, str), jedenfalls ist Sperrminorität der GründerGfter bei Wahl des den Geschäftsführer kontrollierenden Aufsichtsrats unwirksam, BGH BB **84**, 169. Zur Abberufung des GmbHGeschäftsführers durch die Kdtisten der PublikumsGes Hopt ZGR **79**, 21, Stimpel FS Fischer **79**, 781, Reichert/Martin BB **88**, 981; nur für §§ 117, 127 gegenüber der GmbH Ebenroth/Henze/Notz § 177a Anh A 95.

Geschäftsführung: Die Abgrenzung zwischen gewöhnlichen und außergewöhnlichen Geschäften ist dieselbe wie bei OHG und KG (§ 116 Rn 1–2, § 164 Rn 1–3), Staub/Casper § 161 Rn 205, aA für weite Auslegung der Ungewöhnlichkeit zwecks Anlegerschutz noch Staub/Schilling § 161 Rn 31. Der GesVertrag kann den Geschäftsführer und die GmbH von § 181 BGB befreien, BGH **76**, 163, der Anlegerschutz erfordert keine generelle Unwirksamkeit im Wege der Inhaltskontrolle (s Rn 68), Staub/Casper § 161 Rn 204, aA noch Staub/Schilling Anh § 161 Rn 32; im Einzelfall kann die Berufung des Geschäftsführers darauf aber missbräuchlich sein (§ 242 BGB). Bei Überschreitung seiner Geschäftsführungsbefugnis haben die Kdtisten die Unterlassungsklage (§ 116 Rn 4), jedenfalls in der PublikumsGes, Staub/Schilling Anh § 161 Rn 34, allg Staub/Casper § 161 Rn 205, 164 Rn 16, aA BGH **76**, 160.

Haftung: Der Geschäftsführer der GmbH, ob Kdtist oder Dritter, haftet **gegenüber der KG** (s Rn 28). Leichte Fahrlässigkeit genügt, § 708 BGB ist bei

Anh § 177a 75, 76 2. Buch. Handelsgesellschaften und stille Gesellschaft

der PublikumsGes unanwendbar, BGH **75**, 327. Wettbewerbsverbot des Geschäftsführers, Röhricht WPg **92**, 766. Eigenhaftung des Geschäftsführers **gegenüber Dritten** s Überbl 9 vor § 48. In der Versicherung des GfterGeschäftsführers, der Warenlieferant „bekomme sein Geld" auf jeden Fall, kann selbstständige Garantie (§ 349 Rn 15) liegen, BGH ZIP **01**, 1496. Durchsetzung durch Sondervertreter s Rn 75.

3) Aufsichtsorgane, Beirat

75   In der PublikumsGes ist idR ein Aufsichtsorgan (Aufsichtsrat, Verwaltungsrat, Beirat) vorgesehen, der auch mit Nichtgesftern besetzt werden kann, § 163 Rn 13, str. Ohne Grundlage im GesVertrag lässt sich ein solches aber nicht im Wege der gerichtlichen Inhaltskontrolle (s Rn 68) schaffen, Stimpel FS Fischer **75**, 776. Es ist iZw **Gesellschaftsorgan** (Einzelheiten § 163 Rn 12; Bestellung, Abberufung ebenda, oben Rn 31). Befugnisse und Grenzen wie bei der KG (§ 163 Rn 11, 14), aber ohne Bestimmtheitsgrundsatz (s Rn 69); nach aA weniger enge Grenzen als bei der KG (§ 163 Rn 5). Ermächtigung zu GesVertragsänderung s Rn 57 und § 163 Rn 5. Zum Aufwendungsersatz ohne § 113 AktG s BGH NJW **98**, 1946. Wirtschaftsprüfer, Sachverständige, Mittelverwendungskontrolleure s Rn 64. Beirat als Sondervertreter der Ges (§ 124 Rn 42), BGH ZIP **10**, 2345.

Haftung: Besonderheiten gelten für die PublikumsGes für Verantwortlichkeit und Haftung (der Mitglieder) des Aufsichtsorgans, von der Rspr zwingend in Anlehnung an die der Aufsichtsratsmitglieder bei der AG ausgestaltet. Pflicht zur Überwachung der Geschäftsführung und zur Prüfung des Jahresabschlusses, dagegen nicht jeder einzelnen Geschäftsführungsmaßnahme, BGH **69**, 207, NJW **78**, 425, BB **80**, 546, Düss WM **84**, 1080. Die Prüfung des Jahresabschlusses hat durch unabhängigen Sachverständigen zu erfolgen, BGH WM **77**, 1448, Hüffer ZGR **80**, 330. Haftung uU schon aus Beteiligung an Beirat in dubioser Ges (§ 826 BGB), BGH NJW **85**, 1900; im Übrigen Haftung gegenüber der Ges entspr §§ 116, 93 AktG ohne Milderung nach § 708 BGB, BGH **69**, 207. Keine Haftung bei bindendem GfterBeschluss, außer bei Pflicht gerade zur Verhinderung des Beschlusses, BGH **69**, 207. Am Schaden kann es fehlen, wenn Wiedereinziehung der zu Unrecht an Gfter ausgeschütteten Beträge möglich ist, BGH NJW **78**, 425. Die Beweislast liegt bei den Aufsichtsratsmitgliedern (§ 93 II 2 AktG). Die Verjährung dauert fünf Jahre (§ 93 VI AktG), BGH **64**, 238, **87**, 84. Der Schadensersatzanspruch steht grundsätzlich nur der Ges zu (näher § 163 Rn 15). Haftung eines Bankenvertreters im Aufsichtsorgan trotz Interessenkollision, BGH NJW **80**, 1629 (für AG), Ulmer NJW **80**, 1603; Interessenkonflikte von Bankenvertretern im Aufsichtsrat s Lutter, Werner ZHR 145 **(81)** 224, 252. Lit: Grote 1995; Hüffer ZGR **80**, 320, **81**, 348, Neumann/Böhme DB **07**, 844, Weipert/Oepen ZGR **12**, 585, und § 163 Rn 12.

4) Gesellschafterversammlung

76   Eine Gesellschafterversammlung ist hier satzungsmäßig idR vorgesehen (s Rn 32). Sie kann je nach Ausgestaltung eine der Hauptversammlung der Aktionäre vergleichbare Funktion haben. Einberufung und Abstimmung grds wie im KapitalGesRecht; Enthaltungen zählen nicht mit, BGH NJW **98**, 1946 (st Ges). Stellt der GesVertrag auf die anwesenden Mitglieder ab, so sind dies bei schriftlicher Beschlussfassung die sich daran beteiligenden Gfter, BGH ZIP **11**, 1908. Streitwert bei Klage gg GfterBeschluss nach § 247 AktG entsprechend, Bremen NZG **11**, 312. Nach LG Freib kein Mehrstimmrecht einer an Kapital, Gewinn und Verlust nicht beteiligten Komplementärin, ZIP **14**, 523, anders Karlsr ZIP **14**, 1929. Zu Unrecht in das Handelsregister eingetragener Komplementär hat kein Einberufungsrecht, BGH ZIP **17**, 284, § 121 II 2 AktG ist auf die Publikumsgesellschaft nicht entsprechend anwendbar.

2. Abschnitt. Kommanditgesellschaft · 77–78a · Anh § 177a

5) Treuhänder bei Publikumsgesellschaften und Anlagemodellen

A. Treuhand bei der Publikumsgesellschaft: Zum Treuhänder in der 77 OHG/KG ausführlich § 105 Rn 31–37. In der PublikumsGes ist ein Treuhänder (TreuhandKdtist) mit einer Vielzahl von Treugebern (Anlegern) besonders häufig vorgesehen. Die Gründe liegen je nachdem mehr im Interesse der Ges, der Anleger oder der Initiatoren: notwendige Mediatisierung der vielen Anleger (vgl Vertreterklausel bei der KG, § 163 Rn 10), effektivere Bündelung der Treugeberinteressen, Zurückdrängung oder sogar Entrechtung der Anleger. Auch bei **Anlagemodellen** ist Treuhand beliebt. Lit: Blaurock 1981, Maulbetsch 1984, Grundmann, Treuhänder 1997, S 489 ff; Bälz ZGR **80,** 1, Giesecke DB **84,** 970, Weipert ZHR 157 **(93)** 513, Armbrüster 2001, Tebben VGR **10,** 161 (TreuhandKdtist), Wiedemann ZIP **12,** 1786, ferner § 105 Rn 31.

B. Begründung: Der Treuhänder kann zum Abschluss des Aufnahmevertrags 78 in die KG ermächtigt sein (s Rn 57). Der Treuhänder haftet uU für Verschulden der KG, wenn diese bei Abschluss des Treuhandvertrags im Verantwortungsbereich des Treuhänders tätig wird (§ 278 BGB), dann auch für ohne sein Wissen vorgelegte **Prospekte,** BGH **84,** 141; im Übrigen ist der Treuhänder vor allem **aufklärungspflichtig,** BGH **84,** 144, NJW **02,** 1711, WM **08,** 1205 (regelwidrige Auffälligkeiten, Sondervorteile), 2355, **09,** 593, ZIP **10,** 2459 (uU über Bedenken der BaFin, aber nicht ohne weiteres § 826 BGB, § 347 Rn 18), NZG **10,** 231, Karlsr WM **09,** 2121 (uU über § 172 IV), ZIP **17,** 717 (Eignung zur Altersvorsorge). Prospekthaftung des Treuhänders s Rn 63. **Interessenkonflikte,** vor allem auch solche bei Treuhändern, müssen im Prospekt offengelegt werden (s Rn 79, § 347 Rn 30). Auch nur mittelbar beteiligte Treugeber können eigene Ansprüche aus Prospekthaftung haben, BGH NJW **87,** 2677. Mittelverwendungskontrollpflicht besteht auch für die Zeit vor Abschluss des Treuhandvertrags, BGH ZIP **03,** 1844.

Treuhandvertrag (§ 105 Rn 31) kann **nichtig** sein nach § 134 BGB iVm 78a Art 1 § 1 I **RBerG** (seit 2008 RDG, Lettl WM **08,** 2233, Rehberg BB **11,** 453, nach BTDrucks 16/3655, S 46 Einschränkung der Rspr, nun wenig praktisch) wegen geschäftsmäßiger Besorgung fremder Rechtsangelegenheiten (dazu auch Vertragsschluss, Erlaubnistatbestände liegen idR nicht vor), BGH **145,** 265 (IX ZR), erstmals 2000, mittlerweile stRspr (aller ZS), NJW **01,** 3774 (Beitritt zu geschlossenem Immobilienfonds), **04,** 839, 841, 844 (Bauherren-, Bauträgermodell), ZIP **09,** 311 (stille Ges, Anleihe); Nichtigkeit erfasst **auch Vollmacht zum Beitritt,** stRspr, BGH NJW **03,** 2088, 2091, **04,** 2090, WM **07,** 110, NJW **08,** 3357, auch Prozessvollmacht, BGH **154,** 283, nicht aber separate Vollmacht im formularmäßigen Zeichnungsschein (Frage des § 139 BGB), BGH **167,** 228, WM **07,** 117, falls eine solche wirklich vorliegt, BGH WM **08,** 2362, **09,** 543. Vertrauensschutz gegen Rückwirkung, BGH NJW **07,** 1130. Aber Grundsätze über fehlerhaften Beitritt können anwendbar sein, BGH **153,** 214, ZIP **03,** 165. In Betracht kommen auch **Duldungsvollmacht** (Grenze bei Vollmachtsurkunde, Überbl 5 vor § 48), BGH NJW **02,** 2325 (iErg abl), **§§ 171 I, 172 I BGB** sowie **Rechtsscheinhaftung,** BGH (XI ZS) **161,** 15, NJW **03,** 2091, **04,** 158, 844, 2090, 2378, 2745, **05,** 668, 2987, **08,** 3357, auch BGH (IV ZS) NJW **04,** 62, (V ZS) **05,** 820; das gilt **auch bei verbundenem Geschäft** (s (7) Bankgeschäfte Rn G/9, 36), BGH (XI ZS) **167,** 223, NJW **05,** 666, 1578, 06, 1957 (gegen BGH II ZS **159,** 301, aber II ZS hält daran wohl nicht mehr fest, 1957 li Sp; vgl 32. Aufl), auch wenn Verkäufer Erwerbsmodell initiiert und Treuhänder ausgesucht hat, BGH NJW **08,** 1585 (Crailsheimer Volksbank). Grenze: allgemeine Grundsätze des Vollmachtsmissbrauchs (§ 50 Rn 4), BGH (XI ZS) NJW **05,** 664, 668, nicht ohne weiteres bei Interessenkonflikt des Treuhänders, BGH (XI ZS) **161,** 15, NJW **05,** 668. §§ 171, 172 BGB setzen voraus, dass die Vollmachtsurkunde spätestens bei Abschluss des Vertrags, nicht erst bei Auszahlung des

Anh § 177a 79   2. Buch. Handelsgesellschaften und stille Gesellschaft

Darlehens vorliegt, BGH NJW 08, 3355. Grund war rglm die Verknüpfung mit einer Kreditaufnahme, allein die Wahrnehmung der Gesellschafterrechte als Treuhänder schadet nicht, BGH NZG **12**, 78. Ob bzw wann Verstoß gegen RDG (RBerG) **auch** den **Kreditvertrag** nichtig macht, ist str; die Kreditgewährung ist (als solche) keine Beteiligung der Bank am Verstoß, BGH (XI ZS) **159,** 301 = NJW-RR **03**, 1203, NJW **04**, 2090, Vorliegen eines einheitlichen Geschäfts ist Tatfrage (Parteiwille), BGH NJW **07**, 1131; näher zur Auswirkung des verbundenen Geschäfts auf die Bank s **(7)** Bankgeschäfte Rn G/9. Bei Nichtigkeit nicht schon § 242 BGB, weil der Kreditnehmer auf Bitte der Bank einen eigenen Krediteröffnungsantrag gestellt oder der Ablösung des Kredits zugestimmt hat, BGH NJW **08**, 3357; anders uU wegen Treupflicht der FondsGfter gegenüber FondsGbR, BGH WM **07**, 1648. Prozessuale Unterwerfung und § 242 BGB, BGH NJW **04**, 59, 62, **05**, 2985, Nobbe WM Sonderbeil 1/**07**, 10. Bei Nichtigkeit von Treuhandvertrag und Vollmacht besteht keine Außenhaftung des Treugebers, § 105 Rn 34; auch ist Wissen des Treuhänders dem Treugeber bei Verjährung (§ 199 I Nr 2 BGB) nicht zuzurechnen, BGH NJW **07**, 1584m Anm Witt. Bei Nichtigkeit nach RBerG (RDG) Rückabwicklung über Bereicherungsausgleich, BGH ZIP **08**, 1319 (s auch § 129 Rn 6), Nobbe WM Sonderbeil 1/**07**, 7 und **(7)** Bankgeschäfte G/11, 12. Bei unwirksamer Zahlungsanweisung durch den Geschäftsbesorger (zB Nichteintritt einer Bedingung für Auszahlung) Nichtleistungskondiktion zwischen Bank und Zahlungsempfänger (s Rn C/18), BGH WM **04**, 1230. Zur Bevollmächtigung des Treuhänders als Haustürgeschäft (§ 312 BGB) BGH **144**, 223, NJW **00**, 2270. Lit: Mülbert/Hoger WM **04**, 2281, Hellgardt/Majer WM **04**, 2380, Nobbe WM Sonderbeil 1/**07**, 3, ferner bei **(7)** Bankgeschäfte Rn G/9.

79   C. **Rechtsstellung in der Gesellschaft:** Zur Rechtsstellung in der OHG/KG näher § 105 Rn 33; **keine Haftung der Treugeber nach §§ 128, 171, 172** s § 105 Rn 34, aber analog § 128, wenn bei GbR nach Auslegung des Gesellschaftsvertrags der Treugeber Gesellschafter werden sollte, BGH ZIP **11**, 1657, Schäfer ZHR 177 **(13)** 619, eine einem unmittelbaren Gesellschafter entsprechende Rechtsstellung erlangen, BGH ZIP **15**, 2269, Haftung für Altverbindlichkeiten danach billigend BVerfG ZIP **12**, 2437, bei Zahlungen ggü Ges dann Aufwendungsersatzanspruch nach § 110 und ggü anderen Treugebern Ausgleichsanspruch aus § 426 BGB, BGH ZIP **15**, 2259, s auch § 110 Rn 2, 5. In der PublikumsGes unterliegen GesVertrag (und Treuhandabrede) der **Inhaltskontrolle** (s Rn 68). Jedenfalls bei der PublikumsGes gilt als zentraler Grundsatz die **Unabhängigkeit des Treuhänders von der Geschäftsführung,** BGH 73, 299, Maulbetsch DB **84**, 2232. Verstoß dagegen **(Interessenkonflikte)** ist pflichtwidrig. Offenlegung s Rn 78. **Haftung** des Geschäftsführers der TreuhänderGmbH hat Schutzwirkung (nicht nur für die PublikumsGes, s Rn 28), sondern auch für die Anleger-Treugeber, Düss WM **84**, 1080. Der **Einlageanspruch** der KG gegen den Treuhänder hängt von der Zahlung der Anleger-Treugeber an diesen ab, Mü NJW **84**, 810. Die KG hat im Grundsatz keine unmittelbaren Einlageansprüche gegen die Anleger-Treugeber, Düss ZIP **91**, 1494. Anspruch auf Rückzahlung ungerechtfertigter Ausschüttungen (§§ 171, 172) nur gegen Treuhänder, nicht gegen anlegenden Treugeber, BGH ZIP **11**, 906. Soll der Treugeber aber die Stellung eines unmittelbaren Gesellschafters erhalten und unmittelbar zur Leistung der Einlage verpflichtet sein, kann bei einem in den Treuhandvertrag einbezogenen Gesellschaftsvertrag die Gesellschaft unmittelbar Leistung der Einlage verlangen, BGH ZIP **12**, 2291m Anm Gottschalk NZG **12**, 461. Im GesVertrag vereinbarte Abtretung der Zahlungsansprüche des Treuhänders gegen die Anleger-Treugeber an die Ges ungeachtet der Mittelfreigabevoraussetzungen für die Zahlung der Einlage verletzt § 399 BGB (Zweckbindung), BGH WM **91**, 1502; zulässig ist aber Abtretung des Freistel-

2. Abschnitt. Kommanditgesellschaft 80, 81 Anh § 177a

lungsanspruchs des Treuhänders an die Ges, BGH ZIP **10**, 1295, **11**, 906, Celle WM **09**, 936, Nürnb WM **09**, 942, Mü ZIP **10**, 182 (iErg abl), auch Pfändung, Kln NZG **09**, 543; gegen diesen kann der Anleger-Treugeber entspr §§ 171 I, 172 IV 1 (Verlusttragung durch diesen, s Rn 80) nicht mit einem Schadensersatzanspruch gegen den Treuhänder aufrechnen, BGH ZIP **11**, 906, Ffm ZIP **10**, 673, Stgt ZIP **10**, 1694, aA Karlsr ZIP **09**, 1810. Zur Mittelfreigabe BGH WM **92**, 685, WM **03**, 2382. Auch bei drohendem Vermögensverfall der PublikumsKG ist der Treuhänder idR weder gegenüber der Ges zur Zurückhaltung der Kdtisteneinlagen berechtigt noch gegenüber den Treugebern dazu verpflichtet, BGH NJW **80**, 1162. **Noteinberufung** der GfterVersammlung durch Anleger-Treugeber analog § 50 III GmbHG, BGH **102**, 172 (GbR). Bei **Beschlüssen** kommt es auf den KdtVertrag mit der PublikumsKG an, ob die Kdtisten als materielle oder nur der Treuhänder als formaler Gfter stimmberechtigt sind. Im ersteren Fall kann der Treuhänder nur mit Vollmacht der Kdtisten abstimmen; dazu §§ 134, 135 AktG analog, str, Kblz ZIP **89**, 100, auch zum Stimmrecht von stillen Gesellschaftern und Unterbeteiligten Wertenbruch NZG **17**, 81. **Rückgewähransprüche** gegenüber der PublikumsGes s Rn 81.

Treugeber kann im Innenverhältnis die Stellung eines unmittelbaren Gesellschafters haben, BGH ZIP **11**, 2299, **12**, 2291 (BGH **10**, 50: „als ob") Quasi-Gesellschafter bei Verzahnung, BGH ZIP **11**, 2299, wenn Rechte und Pflichten der Anleger im Gesellschaftsvertrag geregelt sind.

D. **Treuhandverhältnis, Schutz der Treugeber:** Treuhandverhältnis bei 80 OHG/KG s § 105 Rn 35. In der PublikumsGes unterliegen außer dem Ges-Vertrag auch die Treuhandabrede der **Inhaltskontrolle** (s Rn 68). Dabei gilt der Grundsatz, dass aus der nur mittelbaren Beteiligung dem Anleger **keine unnötigen Rechtsnachteile** entstehen dürfen, nämlich soweit sie nicht aus der Zwischenschaltung des Treuhänders unvermeidlich folgen (§ 105 Rn 36), BGH **104**, 50. Das Weisungsrecht darf nicht völlig ausgeschlossen werden. Der Treuhänder kann sich kein Veto bzw. keine Sperrminorität vorbehalten. Der Treuhänder muss auch ohne wichtigen Grund, auch durch Mehrheitsbeschluss abberufbar sein. Auch die nur mittelbare Beteiligung ist gegen einseitige Übernahme- und unberechtigte Abfindungsklauseln (§ 131 Rn 64) geschützt, BGH **104**, 50. Nach Hamm MDR **11**, 1248 Anspruch des Anlegers auf Rückzahlung der Einlage, wenn Treuhänder die Weiterleitung nicht beweisen kann. Verlusttragung idR allein durch die Anleger-Treugeber, dementspr Aufwendungsersatzanspruch des Treuhänders nach §§ 675, 670 BGB und zuvor schon Befreiungsanspruch nach § 257 BGB, BGH ZIP **10**, 1295, 1299. Auch Freistellungsanspruch des Treuhänders, abtretbar (§ 399 BGB steht nicht entgegen, s Rn 79; § 105 Rn 34); Verjährung desselben nach § 199 I Nr 1 BGB, BGH ZIP **10**, 1295m abl Anm Rutschmann NZG **10**, 776, nach aA entspr § 159 I (wie Hauptanspruch, s Rn 79), Nürnb WM **09**, 946, Stgt ZIP **10**, 1694. Grundlagengeschäfte (§ 164 Rn 4) sind zustimmungspflichtig. § 164 S 1 Halbs 2 ist jedenfalls abdingbar (§ 164 Rn 6), nach aA unabdingbar, nach aA gilt er in PublikumsGes überhaupt nicht (wie AG); Zustimmungsvorbehalt aber jederzeit wieder durch Mehrheitsbeschluss (s Rn 69). Lit: Rutschmann DStR **10**, 555 (Außenhaftungsfreistellung), Tebben VGR **10**, 161 (TreuhandKdtist, Freistellung, Schadensersatz). Schadensersatzansprüche gegen Fondsinitiator in Insolvenz keine Insolvenzforderung, § 92 InsO gilt nicht, Nürnb ZIP **11**, 1016.

E. **Beendigung:** Bei fehlerhaftem Beitritt (zB Haustürgeschäft, s Rn 58) Ausscheiden nach den Grundsätzen über die fehlerhafte PublikumsGes (s Rn 58), Rückgewähranspruch gegen die PublikumsGes und deren Gfter (§ 128 Rn 23), BGH **148**, 201 (wirtschaftliche Betrachtungsweise). Abberufung des geschäftsführenden Treuhänders s Rn 74. Auch ein nur mittelbar über einen Treuhänder beteiligter Anleger kann sich aus wichtigem Grund, zB grobe Pflichtverletzung 81

Anh § 177a 82a–83 2. Buch. Handelsgesellschaften u. stille Gesellschaft

des Treuhänders durch Übertragung der Treuhandbeteiligungen an ein Geschäftsführungsmitglied, von seiner „Beteiligung" völlig lösen, BGH **73**, 294m Anm Kraft ZGR **80**, 399. Der ausgeschiedene Anleger-Treugeber muss bis zur Höhe der ihm zurückgezahlten Einlage dem TreuhandKdtisten erstatten, was dieser wegen der wiederaufgelebten Haftung (§ 172 Rn 6) einem GesGläubiger leistet (§ 670 BGB), BGH **76**, 127. Abfindungsklauseln im GesVertrag s Rn 80.

Es reicht aus, dass Kapitalanleger bei schadensrechtlicher Rückabwicklung die Abtretung seiner Rechte anbietet, auch wenn Übertragung von Fondsanteilen von der Zustimmung Dritter abhängig ist, BGH ZIP **12**, 1598. Bindung von Kleinanleger für 31 Jahre ist unzulässige Kündigungsbeschränkung, BGH ZIP **12**, 1599 (§ 723 III BGB, GbR). Allein in der Insolvenz eines geschäftsführenden Gfters liegt aber noch kein wichtiger Grund für eine Kündigung durch den Anleger, BGH ZIP **12**, 2461 (Publikums-GbR).

VI. Rechtsverhältnisse der Gesellschafter zu Dritten

82a Für die Haftung ggü Dritten gelten die allgemeinen Grundsätze. Besonderheiten der PublikumsGes ggü der GmbH & Co (s Rn 1) sind in der Rspr bisher kaum aufgetaucht. Der Kdtist haftet nach § 172; § 172 V ist nicht entspr § 62 I, III AktG einzuschränken, BGH **84**, 386m Anm K. Schmidt NJW **82**, 2501. Nach BGH ZIP **11**, 911, 915, NZG **12**, 703 kann die Haftung quotal beschränkt werden (s auch § 128 Rn 28), Bespr Westermann NZG **11**, 1041. Verweist der Darlehensvertrag auf den Gesellschaftsvertrag, so gilt die dort genannte Quote, auch wenn der tatsächliche Anteil höher ist, BGH ZIP **13**, 266 (nicht alle Gesellschaftsanteile wurden gezeichnet).

82b Anlegern haften in erster Linie die Organe sowie die Prospektverantwortlichen. Als Dritte können den Gesellschaftern insbesondere Treuhänder und Mittelverwendungskontrolleur haften. Treuhänder ist kein Organ, auch nicht Mittelverwendungskontrolleur. Der Vertrag zwischen der PublikumsGes und dem Mittelverwendungskontrolleur ist echter Vertrag zugunsten der (potentiellen) Anleger (§ 328 BGB), Mü ZIP **08**, 278, die SchEAnspr der Gfter können auch in der Insolvenz der AnlageGes nicht vom InsolvVerw als Gesamtschaden nach § 92 InsO geltend gemacht werden, BGH WM **13**, 736. Lit: Koch WM **10**, 1057, dazu auch Rn 64.

VII. Auflösung, Ausscheiden von Gesellschaftern, Liquidation

1) Auflösung

83 Die Auflösungsklage unter Beteiligung aller Gfter (§ 133 Rn 13) wirft bei der PublikumsGes erhebliche Schwierigkeiten auf, Abhilfe durch Mehrheitsbeschluss (s Rn 69, 73); denkbar ist auch § 61 GmbHG analog, MüKo/K. Schmidt § 133 Rn 50, Staub/Casper § 161 Rn 31. In der PublikumsGes ergab sich schon früher eine Fortsetzungsklausel fast immer aus GesVertrag, sonst aus ergänzender Vertragsauslegung, so für den Fall der außerordentlichen Kündigung (s Rn 84), BGH **63**, 346, NJW **73**, 1604, aber auch für andere Fälle; § 131 I idF HRefG hat diese Frage entschärft, die Fortsetzungsklausel behält eine eingeschränkte Bedeutung (§ 131 Rn 79). Massenaustritt (zB 86 von 91 Gftern) führt trotz Fortsetzungsklausel (§ 138 aF) zur Auflösung, Stgt BB **83**, 12m Anm Schneider JZ **83**, 768. Mit Auflösung erlischt Einzelgeschäftsführungs- und vertretungsbefugnis jedenfalls, wenn die Gesellschaft nicht kapitalistisch strukturiert ist, BGH ZIP **11**, 1865 (GbR), für die GmbH verlangt der BGH, dass sich der Wille zum Fortbestehen einer Alleinvertretung aus dem GesVertrag oder einem Gfterbeschluss ergibt, BGH ZIP **09**, 35.

2. Abschnitt. Kommanditgesellschaft   Anh § 177a

2) Ausscheiden von Gesellschaftern

Automatisches Ausscheiden bei Verkauf, wenn nur Eigentümer Kdtisten einer 84 EigentumswohnungsPublikumsGes sein können, BGH NJW **03**, 1729. Ausscheiden durch fristlose Kündigung wegen arglistiger Täuschung s Rn 58. Bei Unerreichbarkeit des GesZwecks kann der Kdtist nur dann fristlos kündigen, wenn die Gfter einen Beschluss auf Zweckänderung (und ggf weitere Umgestaltung) ohne seine Zustimmung treffen (s Rn 69); ohne solchen Beschluss bleibt ihm nur die Auflösungsklage nach § 133 (Gedanke der Risikogemeinschaft), BGH **69**, 160, NJW **78**, 376, **79**, 765. Fristlose Kündigung wegen Pflichtverletzung des Treuhänders s Rn 81. Der Kdtist kann selbst bei angemessener Abfindung nicht einseitig nach freiem Ermessen hinausgekündigt werden (§ 140 Rn 30), BGH **84**, 15, **104**, 50. Buchwertklausel wie bei normaler KG, Rasner NJW **83**, 2910, näher § 131 Rn 64. Für ein unabdingbares Austrittsrecht des Kdtisten (entspr § 39 BGB) Reuter AG **79**, 324, AcP 181 **(81)** 8, allgemeiner nach HRefG, str, § 133 Rn 1, 20. Nach Ffm ZIP **13**, 975 liegt im freihändigen Verkauf des Anteils durch den Fonds beim Ausscheiden grds kein Verstoß gegen § 723 III BGB, wenn nach Vertragsschluss aber nur Erlös eines Bruchteils des Werts aber ergänzende Auslegung des GesVertrags.

3) Liquidation

Wer Liquidator bei der PublikumsGes ist streitig, für KomplementärGmbH, 85 Scholz/K. Schmidt, GmbHG, § 66 Rn 1, 58, für § 265 AktG analog LG Nürnb-Fürth NZG **10**, 1101, für § 275 AktG bzw § 66 GmbHG analog Staub/Casper § 161 Rn 233, jedenfalls bei Mehrheitsklausel Bestellung durch Mehrheitsbeschluss, KG NZG **10**, 1103; im Interesse der PublikumsGfter besser: gerichtlich zu bestellender Abwickler (§ 146 II auf Antrag eines einzelnen Gfters, § 146 Rn 5), Ebenroth/Henze/Notz § 177a Anh A 288, Bestellen eines Dritten mit Mehrheitsbeschluss, BGH NZG **14**, 304 (GbR). Beschluss über Liquidationsbilanz (§ 154 Rn 3), bei Mehrheitsklausel ebenfalls durch Mehrheitsbeschluss, KG NZG **10**, 1103 gegen KG NZG **10**, 223, auch einfache Mehrheit, BGH ZIP **12**, 515, 523 (Liquidationseröffnungsbilanz). In der Liquidation können rückständige Kdtisteneinlagen erst eingezogen werden, wenn die Auseinandersetzungsrechnung einen Passivsaldo zu Lasten des Kdtisten ergibt, BGH **73**, 302, NJW **78**, 424 (§ 149 Rn 3). Einziehung rückständiger stiller Einlagen des Kdtisten-Stillen bei der PublikumsGes s BGH NJW **80**, 1522 (vgl § 235 Rn 1). Keine Aufrechnung des Kdtisten in der GesInsolvenz mit Anspruch, dessen Erfüllung Eigenkapitalrückgewähr war, BGH **93**, 159. Nachtragsliquidator entspr § 273 IV AktG, BGH **155**, 121. In Publikumsgesellschaft sind Ansprüche der Gfter untereinander in Auseinandersetzungsbilanz einzustellen, BGH ZIP **16**, 217 (jedenfalls bei entspr GfterBeschluss), sonst individuelle Geltendmachung (§ 155 Rn 2). Bei einer Auseinandersetzungsbilanz mit Passivsaldo kann sogleich ein höherer Nachschuss beschlossen werden, wenn Insolvenz einzelner Gesellschafter absehbar, BGH ZIP **12**, 515.

C. KAGB und Investmentkommanditgesellschaft

Schrifttum

a) Kommentare und Handbücher: *Baur/Tappen* Investmentgesetze, 3. Aufl Bd 1 und 2, 2014, 2015. – *Dornseifer/Jesch/Klebeck/Tollmann* AIFM-Richtlinie, 2013. – *Moritz/Klebeck/Jesch* Bd 1 2016 f. – *Oetker/Oetker* § 161 Rdn 163 ff. – *Patzner/Döser/Kempf* Investmentrecht 3. Aufl 2017. – *Staub/Casper* § 161 Rdn 257 ff. – *Weitnauer/Boxberger/Anders* (WBA) KAGB 2014. – *Westermann/Stöber* § 54a. –

b) Einzeldarstellungen und Sonstiges: Zur AIFM-Ri *Weiser/Jang* BB **11**, 1219, *Kramer/Recknagel* DB **11**, 2077. – Zum KAGB *Herring/Loff* DB **12**, 2029 (DiskE); *Emde/Dreibus* BKR **13**, 89u Freitag NZG **13**, 329 (RegE); *Voigt/Busse* BKR **13**, 184 (Übergangsvorschriften RegE); *Niewerth/Rybarz* WM **13**, 1154 und *Hartrott/Goller* BB **13**, 1603 (Immobilienfonds); *Loritz/Rickmers* NZG **14**, 1241 (operativ tätige Unternehmen), *Zetzsche* AG **13**, 613, *Wallach* ZGR **14**, 289, *Casper* ZHR 179 **(15)** 44, Eichhorn WM **16**, 110, 145 (offene InvestmentKG).

Übersicht

	Rn
I. Das Kapitalanlagegesetzbuch	86–94
1) Umsetzung der OGAW- und der AIFM-Richtlinie	86, 87
2) Kapitalmarktrecht im KAGB	88–90
3) OGAW und AIF als europäische Rechtsbegriffe	91, 92
4) Begriff des offenen und geschlossenen Fonds	93, 94
II. Offene Investmentkommanditgesellschaften	95–97
1) InvKG als Rechtsform für offene Investmentvermögen	95
2) Anlage in offenen InvKG	96
3) Gesellschaftsrecht offener InvKG	97
III. Geschlossene Investmentkommanditgesellschaften	98–101
1) InvKG als Rechtsform für geschlossene Investmentvermögen	98
2) Anlage in geschlossene InvKG	99, 100
3) Gesellschaftsrecht geschlossener InvKG	101

I. Das Kapitalanlagegesetzbuch

1) Umsetzung der OGAW- und der AIFM-Richtlinie

86 Das **Kapitalanlagegesetzbuch (KAGB)** v 4.7.13, BGBl 1961 und die zugrundeliegende Richtlinie über die Verwaltung Alternativer Investmentfonds (AIFM-Ri) führen zu einer **deutlichen Verbesserung des Anlegerschutzes**. So sieht das KAGB neu Regelungen für offene Investmentkommanditgesellschaften (§§ 124 ff KAGB) sowie für geschlossene inländische Investmentvermögen eine Beschränkung auf die Rechtsform der Investmentkommanditgesellschaft vor (für die vorliegende Kommentierung nicht praktisch ist die Investmentaktiengesellschaft), § 139 KAGB. Das KAGB fügt die Regelungen über Investmentvermögen (Investmentfonds und Alternative Investmentfonds (AIF)) in einem Gesetz zusammen. Nach § 1 I KAGB ist **Investmentvermögen** jeder Organismus für gemeinsame Anlagen, der von einer Anzahl von Anlegern Kapital einsammelt, um es gemäß einer festgelegten Anlagestrategie zum Nutzen dieser Anleger zu investieren und der **kein operativ tätiges Unternehmen** außerhalb des Finanzsektors ist. Letzteres kann zu Abgrenzungsproblemen führen. Nach dem BGH kann es sich bei einem Immobilienfonds um eine (Art der) Unternehmensbeteiligung (bei der das Risiko eines hohen oder vollständigen Kapitalverlusts gering ist) handeln, BGH NZG **14**, 907. Zum Begriff des Investmentvermögens auch das Auslegungsschreiben der BaFin, Loritz/Uffmann WM **13**, 2193.

87 Das KAGB ist zum 22.7.2013 vollständig in Kraft getreten. Übergangsregeln für Verwalter und Vertrieb geschlossener Fonds in § 353. Eine Umwandlung bestehender Publikumsgesellschaften in Investmentkommanditgesellschaften wird nicht vorgesehen, für Verwalter insbesondere auf das Tätigen zusätzlicher Anlagen abgestellt. Vor Inkrafttreten des KAGB waren Investmentfonds im Investmentgesetz (InvG, zuvor Kapitalanlagegesellschaftsgesetz, KAGG) geregelt, Alternative Investmentfonds weitgehend ungeregelt. Mit der **AIFM-Richtlinie** hat die EU auch Alternative Investmentfonds geregelt, nach der Finanzkrise sollten alle

2. Abschnitt. Kommanditgesellschaft 88–91 Anh § 177a

Kapitalmarktgeschäfte reguliert werden. Bei **Alternativen Investmentfonds** wurden als **Regulierungsansatz** die **Manager** (alternative investment fund manager, AIFM) gewählt. **Deutschland** hat aus Anlass der Umsetzung der AIFM-Richtlinie **Investmentfonds und Alternative Investmentfonds in einem Gesetz zusammengefasst**, was der Übersichtlichkeit nicht immer zuträglich ist, auch wegen des notwendigen Rekurses auf Europäisches Recht. Umgesetzt wird durch das KAGB so auch die OGAW-Richtlinie. OGAW sind Organismen für gemeinsame Anlage in Wertpapieren, Art 1 II OGAW-Ri.

2) Kapitalmarktrecht im KAGB

Die **kapitalmarktrechtlichen Bestimmungen** gelten nach § 2 V KAGB **88** überwiegend **auch für kleinere Investmentvermögen** (verwaltete Vermögensgegenstände der AIF-Kapitalverwaltungsgesellschaft nicht mehr als 100 Mio Euro) und damit auch für **andere Gesellschaften als** offene oder geschlossene **Investmentkommanditgesellschaften**. So greifen neben allgemeinen Bestimmungen für alle dem KAGB unterfallenden Investmentvermögen die Pflicht der Kapitalverwaltungsgesellschaft zur **Registrierung** bei der BaFin, § 44 I KAGB, und zur Erstellung, Prüfung und Veröffentlichung von **Jahresabschlüssen** nach § 45 bis 48 KAGB. Weiter gelten die Regeln über **Verwahrstellen**, §§ 80 ff KAGB und wesentliche Vorschriften über die **Vermögensanlage** und **Verkaufsprospekte**. Regelfall des KAGB ist die externe Kapitalverwaltungsgesellschaft (§ 18 KAGB), der Geschäftsbetrieb einer Kapitalverwaltungsgesellschaft bedarf der Erlaubnis der BaFin (§ 20 KAGB).

Die **Anlage** von geschlossenen Publikums-AIF regeln die §§ 261–272 KAGB. **89 Zulässige Vermögensgegenstände** sind nach § 261 KAGB als Sachwerte Immobilien, Schiffe, Luftfahrzeuge, Anlagen erneuerbarer Energie, Schienenfahrzeuge, Elektromobilität, Container, § 261 I Nr. 1, II. Es gilt der Grundsatz der **Risikomischung**, § 262 I KAGB, von dem nach § 262 II KAGB aber bei den meisten Anlagegegenständen abgewichen werden kann, wenn der Anleger einem semiprofessionellen Anleger weitgehend entspricht und etwa bei Investitionen in weniger als drei Sachwerte die **Abweichung kenntlich** gemacht wird. § 262 II 1 Nr 2 verweist auf die Definition des semiprofessionellen Anlegers, verlangt statt der in § 2 IXX Nr. 33 lit aa vorgesehenen Anlage von mindestens 200.000 Euro aber nur einen Anlagebetrag von 20.000 Euro.

Investmentvermögen in Form eines geschlossenen Publikumsfonds bedürfen **90** einer **Genehmigung der Anlagebedingungen** durch die BaFin (§ 267 KAGB), müssen einen Verkaufsprospekt und wesentliche Anlegerinformationen erstellen (§ 268 I KAGB) und unterliegen einer Beschränkung der Kreditaufnahme (§ 263 KAGB). Allgemein greift eine **Prospekthaftung** (§ 306 KAGB), dazu Hanke BKR **14**, 441, sowie ein **Widerrufsrecht** für außerhalb der Geschäftsräume des Verkäufers oder Vermittlers geschlossener Verträge, § 305 KAGB. Die §§ 261 bis 270, 271 I-IV, 272 finden auch Anwendung, wenn vom AIF-Manager weniger als 100 Mio Euro verwaltet werden, § 2 V KAGB.

3) OGAW und AIF als europäische Rechtsbegriffe

Die **OGAW-Richtlinie** gilt nach Art 3 lit a OGAW nicht für Organismen für **91** gemeinsame Anlagen des geschlossenen Typs, ferner nach Art 3 lit b OGAW-Ri für Organismen für gemeinsame Anlagen, die sich Kapital beschaffen, ohne ihre Anteile beim Publikum in der Gemeinschaft oder einem Teil der Gemeinschaft zu vertreiben. Grundsätzlich sind OGAW iSd OGAW-Richtlinie Organismen, deren ausschließlicher Zweck es ist, **beim Publikum beschaffte Gelder** für **gemeinsame Rechnung** nach dem **Grundsatz der Risikostreuung** in Wertpapieren und/oder anderen in Art 50 Absatz 1 genannten liquiden Finanzanlagen zu investieren, und deren **Anteile** auf Verlangen der Anteilinhaber unmittelbar oder mittelbar zu Lasten des Vermögens dieser Organismen **zurückgenommen**

oder ausgezahlt werden. Diesen Rücknahmen oder Auszahlungen gleichgestellt sind Handlungen, mit denen ein OGAW sicherstellen will, dass der Kurs seiner Anteile nicht erheblich von deren Nettoinventarwert abweicht, Art 1 II OGAW-Ri.

92 Nach Art 4 I lit a) AIFM-Ri ist **Alternativer Investmentfonds (AIF)** jeder Organismus für gemeinsame Anlagen einschließlich der Teilfonds, der von einer Anzahl von Anlegern Kapital einsammelt, um es gemäß einer festgelegten Anlagestrategie zum Nutzen dieser Anleger zu investieren und der **keiner Genehmigung nach der OGAW-Ri** bedarf. Dabei spielt es keine Rolle, ob es sich um einen offenen oder um einen geschlossenen Fonds handelt, Art 2 III AIFM-Ri. Das KAGB unterscheidet weiter **Spezial-AIF** und **Publikums-AIF**. Anteile an Spezial-AIF dürfen nur von professionellen und semiprofessionellen Anlegern erworben werden, alle anderen AIF sind Publikumsinvestmentvermögen, § 1 VI KAGB.

4) Begriff des offenen und geschlossenen Fonds

93 Nach § 1 III KAGB sind **Alternative Investmentfonds (AIF)** alle Investmentvermögen, die keine OGAW sind. Bei offenen Investmentvermögen (OGAW) wurde angenommen, dass die Rücknahme jederzeit verlangt werden kann, WBA/Volhard/Jang § 1 KAGB Rn 35. Das KAGB stellte zunächst darauf ab, ob die Anleger oder Aktionäre mindestens einmal pro Jahr das Recht zur Rückgabe gegen Auszahlung ihrer Anteile oder Aktien aus dem AIF haben; Mindesthaltefristen und die Möglichkeit der Aussetzung oder Beschränkung der Rücknahme wurden dabei nicht berücksichtigt. Nunmehr verweist § 1 IV Nr. 2 KAGB auf Art 1 II der Delegierten Verordnung (EU) Nr. 694/2014 der Kommission vom 17.12.2013, ABl L 183/18, dazu Geurts/Schubert WM **14**, 2154. Nach dessen Unterabsatz 1 liegt ein **offener AIF** vor, wenn die **Anteile vor Beginn der Liquidations- oder Auslaufphase** auf Ersuchen eines Anteilseigners direkt oder indirekt aus den Vermögenswerten des AIF und nach den Verfahren und mit der Häufigkeit, die in den Vertragsbedingungen oder der Satzung, dem Prospekt oder den Emissionsunterlagen festgelegt sind, **zurückgekauft oder zurückgenommen werden**.

94 Nach § 1 V KAGB sind **geschlossene Alternative Investmentfonds** alle AIF, die keine offenen AIF sind, es darf also **keine Rücknahme** von Anteilen **vor Beginn der Liquidations- oder Auslaufphase** vorgesehen werden. Aufgrund der weiten Formulierung der delegierten Verordnung kann eine Anpassung der Ausgabebedingungen notwendig werden, zu den Folgen der Neudefinition geschlossener Fonds Geurts/Schubert WM **14**, 2154, § 353 XI KAGB. Insbesondere dürfen **offene InvKG** Anteile **nur** an **professionelle** und **semiprofessionelle Anleger** vertreiben, § 127 I KAGB, unten Rn 96. Für einen offenen Fonds bedarf es keiner Mindestzahl von Rücknahmeterminen, § 125 II 2 KAGB verweist nur auf das Recht der Anleger zur Rückgabe der Anteile. Diese erfolgt bei der offenen InvKG durch Kündigung, § 133 KAGB. Für den **Status als Altgesellschaft** gilt ein modifizierter Begriff des geschlossenen Fonds, nach Art. 1 V der delegierten VO kann eine geschlossene Gesellschaft angenommen werden, wenn eine Rücknahme erst nach fünf Jahren verlangt werden kann.

II. Offene Investmentkommanditgesellschaften

1) InvKG als Rechtsform für offene Investmentvermögen

95 Nach § 91 I KAGB können offene inländische Investmentvermögen nur in Form eines Sondermögens nach §§ 92 ff KAGB, als Investmentaktiengesellschaft nach §§ 108 ff KAGB aufgelegt werden. Durch § 91 II KAGB neu eingeführt wird die **offene Investmentkommanditgesellschaft**, zugelassen für inlän-

dische Investmentvermögen, die keine OGAW sind, wenn nach dem Gesellschaftsvertrag Anteile ausschließlich von professionellen und semiprofessionellen Anlegern erworben werden dürfen. Nach § 124 I KAGB dürfen offene Investmentkommanditgesellschaften **nur in der Rechtsform der Kommanditgesellschaft** betrieben werden, auf die InvKG sind die Bestimmungen des HGB anzuwenden, soweit das KAGB nichts anderes bestimmt. Die Regelungen des KAGB lehnen sich an die Investmentaktiengesellschaft an. Offene Investmentkommanditgesellschaften sollen als Vehikel zur Durchführung betrieblicher Altersvorsorge dienen. International tätigen Unternehmen soll das pension pooling, die gemeinsame Anlage von Altersvorsorgevermögen für in verschiedenen Staaten zugesagte Betriebsrente ermöglicht werden. Die dafür notwendige steuerliche Flankierung ist durch das AIFM-Steuer-Anpassungsgesetz erfolgt. Firmierung als offene Investmentkommnanditgesellschaft oder allgemein verständliche Abkürzung, § 134 KAGB, etwa offene InvKG.

2) Anlage in offenen InvKG

Das KAGB beschränkt den **Anlegerkreis** für offene InvKG auf **professionelle** 96 **und semiprofessionelle Anleger** (§ 127 I1 KAGB). Ein Beitritt von Privatanlegern verstößt aufgrund der Regelungsanordnung der §§ 92 II, 125 II KAGB auch gegen den Gesellschaftsvertrag. Mit der Mindermeinung (Oetker/Oetker § 161 Rn 177) ist dann von einem fehlerhaften Beitritt eines Privatanlegers zu einer offenen Investmentkommanditgesellschaft auszugehen (aA etwa Staub/Casper § 161 Rn 276, zum Aufsichtsrat freilich GroßkommAktG/Hopt/Roth § 100 Rdn. 117: Wahl anfechtbar). Anlagebedingungen zusätzlich zum Gesellschaftsvertrag, § 126 KAGB. Anleger dürfen in der offenen InvKG nur unmittelbar als Kommanditisten beteiligt werden, § 127 I 2 KAGB, dadurch Ausschluss der Beteiligung als Treuhandkommanditist, zur geschlossenen InvKG unten Rn 99. Rückgewähr der Einlage nur mit Zustimmung des Kommanditisten, § 127 II KAGB. Keine Nachschusspflicht, § 127 III 3 KAGB. Wirksamkeit des Eintritts in bestehende InvKG erst mit Eintragung des Kdtsten in HReg, § 127 IV KAGB.

3) Gesellschaftsrecht offener InvKG

Der Gesellschaftsvertrag einer offenen InvKG bedarf nach § 125 I KAGB der 97 Schriftform. Anwendung finden die für Publikumsgesellschaften entwickelten Auslegungsgrundsätze (Oetker/Oetker § 161 Rn 169) sowie eine Inhaltskontrolle (so für alle InvKG Staub/Casper § 161 Rn 141). Der GesVertrag muss Unternehmensgegenstand vorsehen (näher § 125 II KAGB), ferner Ladung zu Gfter-Versammlung unter vollständiger Angabe der Beschlussgegenstände in Textform und Anfertigung eines schriftlichen Protokolls über Ergebnisse, das in Kopie den Anlegern zu übersenden ist, § 125 III KAGB, von der Fortführung der InvKG bei Insolvenz eines Gfters oder Kündigung durch den Privatgläubiger eines Gfters nach § 131 III HGB darf nicht abgewichen werden, § 125 IV KAGB. Nach § 128 KAGB muss die Geschäftsführung aus mindestens zwei Personen bestehen.

III. Geschlossene Investmentkommanditgesellschaften

1) InvKG als Rechtsform für geschlossene Investmentvermögen

Geschlossene inländische Investmentvermögen dürfen nach § 139 KAGB nur 98 als Investmentaktiengesellschaft oder als geschlossene Investmentkommanditgesellschaft aufgelegt werden. Geregelt ist die geschlossene InvKG in den §§ 149 bis 161 KAGB. Als Gesellschaftsform zwingend ist die InvKG nur für geschlossene Publikumsfonds (zum Begriff oben Rn 93f) mit einem Gesamtanlagevermögen von mehr als 100 Mio Euro, § 2 V KAGB. Es kann die AIF-Kapitalverwaltungsgesellschaft nach § 2 V 2 Nr. 3 KAGB aber beschließen, sich dem KAGB voll zu unterwerfen. Nach § 149 I KAGB dürfen geschlossene Investmentkommanditgesellschaften nur in der Rechtsform der Kommanditgesellschaft betrieben werden, auf die InvKG sind die Bestimmungen des HGB anzuwenden, soweit das KAGB nichts anderes bestimmt. Firmierung als geschlossene Investmentkommanditgesellschaft oder allgemein verständliche Abkürzung, § 157 KAGB (oben Rn 94). Bei anderer Rechtsform und Anwendbarkeit des KAGB Anspruch der Anleger in Umwandlung in Investmentkommanditgesellschaft, Casper ZHR 179 **(15)** 53.

2) Anlage in geschlossene InvKG

99 Bei geschlossenen InvKG nach § 152 KAGB keine Beschränkung des Anlegerkreises (zu offenen InvKG oben Rn 96). Anlagebedingungen zusätzlich zum Gesellschaftsvertrag, § 151 KAGB, nur Vorlage an BaFin, § 273 KAGB, ähnlich § 111 KAGB. Die Anleger sind grds unmittelbar als Kommanditisten zu beteiligen, § 152 I 1 KAGB. Bei Publikumsgesellschaften ist auch eine mittelbare Beteiligung über einen Treuhandkommanditisten möglich, § 152 I 2 KAGB, der Anleger hat dann im Innenverhältnis die Stellung eines Kommanditisten, § 151 I 3 KAGB. Abschlussprüfung durch Abschlussprüfer, §§ 159, 136 KAGB, Offenlegung bei Publikums-InvG, § 160 KAGB.

100 Rückgewähr der Einlage nur mit Zustimmung des Kommanditisten, § 152 II 1 KAGB. Vor der Zustimmung ist der Kdtst darauf hinzuweisen, dass er den Gläubigern der Ges unmittelbar haftet, soweit die Einlage durch die Rückgewähr oder Ausschüttung zurückbezahlt wird, bei mittelbarer Beteiligung über einen Treuhandkommanditisten muss auch der Anleger zustimmen, § 152 I 2, 3 KAGB. Keine Nachschusspflicht, § 152 III 3 KAGB, deshalb keine Anwendbarkeit der Grundsätze „Sanieren oder Ausscheiden", Staub/Casper § 161 Rn 192. Wirksamkeit des Eintritts in bestehende InvKG erst mit Eintragung des Kdtsten in HReg, § 152 IV KAGB.

3) Gesellschaftsrecht geschlossener InvKG

101 Der GesVertrag einer geschlossenen InvKG bedarf nach § 150 I KAGB der Schriftform. Es gelten weiter die für Publikumsgesellschaften entwickelten Auslegungsgrundsätze sowie die Inhaltskontrolle, Rn 67, 68. Der GesVertrag muss Unternehmensgegenstand vorsehen, was insbes für Spezial-AIF relevant ist (näher § 150 II KAGB), ferner Ladung zu GfterVersammlung unter vollständiger Angabe der Beschlussgegenstände in Textform und Anfertigung eines schriftlichen Protokolls über Ergebnisse, das in Kopie den Anlegern zu übersenden ist, § 150 III KAGB, von der Fortführung der InvKG bei Insolvenz eines Gfters oder Kündigung durch den Privatgläubiger eines Gfters nach § 131 III HGB darf nicht abgewichen werden, § 150 IV KAGB. Nach § 153 KAGB muss die Geschäftsführung aus mindestens zwei Personen bestehen. Keine Vertretung der geschlossenen InvKG durch externe KapitalverwaltungsGes, Mü ZIP **15**, 2224.

Dritter Abschnitt. Stille Gesellschaft

Schrifttum

a) Lehr- und Handbücher, Kommentare: Außer dem allgemeinen Schrifttum (s Einl vor § 105) *Blaurock,* 8. Aufl 2016. – Münch. Hdb des GesR Bd 2 KG, GmbH & Co KG, Publikums-KG, StGes, 4. Aufl 2014, §§ 72–95. – *MüKo(HGB)/K. Schmidt* Bd 3 3. Aufl 2012. – *Singhof/Seiler/Schlitt* 2004 (mittelbare GesBeteiligungen). – *Wiedemann* II § 10. – *Zacharias/Hebig/Rinnewitz,* Die atypisch stGes, 2. Aufl 2000.

b) Einzeldarstellungen und Sonstiges: *Blaurock,* Unterbeteiligung und Treuhand an GesAnteilen, 1981. – *Friehe,* Die Unterbeteiligung bei Personengesellschaften, 1974. – *Reusch,* Die stGes als PublikumspersonenGes, 1989. – *Schulze zur Wiesche,* GmbH & Still,

3. Abschnitt. Stille Gesellschaft 1, 2 § 230

6. Aufl 2013. – *Thomsen,* Die Unterbeteiligung an einem Personengesellschaftsanteil, 1978. – *Mock* DStR **08**, 1645 (MoMiG); *K. Schmidt,* ZHR 140 **(76)** 475, DB **76**, 1705, KTS **77**, 1, 65, FS Bezzenberger **00**, 401, DB **02**, 829, ZHR 178 **(14)** 10 (InnenKG). – Wiedemann WM **14**, 1985 (PublGes): *Hopt/Lang,* Vertrags- und Formularbuch zum Hdl-, Ges- und Bankrecht, 4. Aufl 2013, Teil II.G (mit 6 Vertragsmustern). **RsprÜbersichten:** *Kuhn* WM **68**, 1114, **75**, 718, *U. Fischer* WM **81**, 638, *Brandes* WM **89**, 1357.

[Begriff und Wesen der stillen Gesellschaft]

230 (1) **Wer sich als stiller Gesellschafter an dem Handelsgewerbe, das ein anderer betreibt, mit einer Vermögenseinlage beteiligt, hat die Einlage so zu leisten, daß sie in das Vermögen des Inhabers des Handelsgeschäfts übergeht.**

(2) **Der Inhaber wird aus den in dem Betriebe geschlossenen Geschäften allein berechtigt und verpflichtet.**

Übersicht

	Rn
1) Begriff der stillen Gesellschaft	1–3
2) Abgrenzung gegenüber anderen Verträgen	4
3) Mögliche Gesellschafter	5–8
4) Gesellschaftsvertrag	9–12
5) Rechte und Pflichten des Inhabers	13–19
6) Rechte und Pflichten des Stillen	20–24
7) Rechtsverhältnis zu Dritten	25–28
8) Umwandlung von stiller und in stille Gesellschaft	29

1) Begriff der stillen Gesellschaft

A. §§ 230–237 (bis 1986 §§ 335–342, durch BiRiLiG ohne inhaltliche Änderung nach vorn versetzt) handeln von der Beteiligung als **stiller Gesellschafter** („Stiller") am HdlGewerbe eines anderen mit einer Vermögenseinlage; auch nur an einem Teil des **Handelsgeschäfts** (selbstständig abgrenzbaren Geschäftszweig), BFH GmbHR **75**, 188. Der Begriff der stGes ist aber nicht auf diese Fälle beschränkt. Er kann stille Beteiligungen an anderen Unternehmen und anders als mit solcher Einlage umfassen, auch dann können §§ 230 ff (unmittelbar oder entspr) anzuwenden sein, zB bei stiller Beteiligung an NichtHdlGewerbe (zB Landwirtschaft) oder freiem Beruf oder bei gesellschaftsmäßiger Beteiligung am Ertrag von HdlGewerbe oder anderen Unternehmen auf anderer Grundlage als einer Vermögenseinlage, str. Vgl Fischer JR **62**, 202, Esch NJW **64**, 902, Schneider FS Möhring **65**, 115. Andere partiarische Verhältnisse und Beteiligung an einzelnen Geschäften (Unterbeteiligung) s Rn 4. Atypische stGes s Rn 3. Steuerrecht s Scheuffele BB **79**, 1026. Relevant war die stGes auch für die Bankenrettung nach der Finanzkrise, zum SoFFin etwa Zimmer/Bueren NZG **11**, 405. 1

B. Die stGes nach § 230 ist **Gesellschaft** (§ 705 BGB), vorausgesetzt wird die Verfolgung eines gemeinsamen Zwecks, BGH ZIP **13**, 21; Unterscheidungen s Rn 3, 4. Sie ist **Innengesellschaft** (Einl 10 vor § 105), darum vom Gesetzgeber **nicht** als **Handelsgesellschaft** betrachtet; das vom Stillen dem Unternehmen zu widmende Vermögen wird nicht gemeinschaftliches GesVermögen iSv § 718 BGB, sondern ist dem Partner zu übertragen, der allein in seinem Namen das HdlGewerbe betreibt und daraus berechtigt und verpflichtet wird (I, II), vgl RG **142**, 21, **166**, 162, BGH **7**, 378. Die stGes als solche ist deshalb kein Unternehmensträger (s Einl 41 vor § 1). Zur Frage, ob es neben der stGes eine InnenGes (an einem HdlGeschäft) geben kann, mit stGes ist, gibt, s Rn 20 (betr Beteiligung mit Diensten). Die stGes ist **Schuldverhältnis**, nicht Rechtserwerbs- und Verpflichtungsgemeinschaft; sie erscheint nicht im HdlReg (muss aber iZw nicht 2

§ 230 3 2. Buch. Handelsgesellschaften und stille Gesellschaft

geheim bleiben); sie bleibt aber trotzdem Ges im Rechtssinne, BGH **127,** 184 (Konsequenz für AGB-Kontrolle s Rn 9), nicht bereits bei zeitlich gestreckter Auszahlung des Auseinandersetzungsguthabens, BGH ZIP **13,** 1761.

3   C. Der Stille nimmt iZw gemäß §§ 231, 232 und dem GesVertrag am Gewinn und Verlust des HdlGeschäfts teil (**typische** stGes). Es können aber auch Gestaltungen mit weitergehenden Rechten des Stillen vereinbart werden (**atypische** stGes, wegen Vertragsfreiheit zu diesem Begriff krit MüKo/K. Schmidt 74). Atypischer stiller Gesellschafter in der Insolvenz wie Gesellschafter, wenn Stellung einem solchen angenähert ist, BGH ZIP **12,** 1871m Bespr Mylich WM **13,** 1010. Bei atypischer stiller Gesellschaft kann erlaubnispflichtiges Betreiben eines Bankgeschäfts vorliegen, LG Göttingen ZIP **12,** 1169, grds verneinend BGH ZIP **13,** 1761.

a) Beteiligung am Gesellschaftsvermögen: Bei dieser Hauptform der atypischen stGes wird im Verhältnis der Parteien (rein schuldrechtlich ohne dingliche Wirkung) das ganze Geschäftsvermögen, auch das vor der Einlage des Stillen vorhanden gewesene, als gemeinsames Vermögen behandelt, so dass der Stille bei der Auseinandersetzung nach Auflösung der stGes so zu stellen ist, als wäre er am ganzen Geschäftsvermögen gesamthänderisch beteiligt gewesen, die Wertänderungen des ganzen Geschäftsvermögens also ihm auch zukommen (vgl § 235 Rn 1), RG **126,** 390, **166,** 160, BGH **7,** 178, 379, **8,** 160. Der gesetzliche Abfindungsanspruch umfasst nicht nur den Buchwert, sondern ist wie das Auseinandersetzungsguthaben bei Ausscheiden aus OHG zu ermitteln (Abschichtungsbilanz, § 131 Rn 50, anders bei stG § 235 Rn 1), BGH WM **95,** 1277, sofern der GesVertrag nicht anderes bestimmt (Abfindungsklauseln s § 131 Rn 58), BGH NJW **01,** 3778. Die (hierbei maßgebenden) „Anteile" des Stillen und des Inhabers müssen nicht nach den objektiven Werten des Altvermögens des Inhabers und der Einlage des Stillen, sondern können anders bestimmt werden, BGH **7,** 179, bei Überschreitung der Grenze zur Schenkung aber (nach BGH **7,** 179, 380, dagegen § 230 Rn 10) nur in der Form gemäß § 518 I BGB. Die schuldrechtliche Vermögensbeteiligung kann zu einer **InnenKG** verstärkt werden, Schlesw ZIP **09,** 422, so idR GmbH & Still, MüKo/K. Schmidt 81, FS Bezzenberger **00,** 405, Groh FS Kruse **01,** 417, K. Schmidt NZG **09,** 361, ZHR **(14)** 10, der Stille hat dann (nur) im Innenverhältnis Rechte und Pflichten wie ein Kdtist, BGH ZIP **10,** 1341m Anm Blaurock NZG **10,** 974, also keine unmittelbare Haftung, auch nicht § 171 II (unten Rn 27), zu BGH ZIP **13,** 2355 sowie zur Abwicklung K. Schmidt ZIP **14,** 1457.

b) Mitwirkungsbefugnisse: Die Mitwirkungsbefugnisse des atypisch Stillen sind trotz Beteiligung am GesVermögen nicht notwendig, Dresd WM **04,** 726 (dann wie Rn 14). Werden sie vorgesehen, können sie von einem bloßen Widerspruchsrecht über Zustimmungsrechte bis hin zur Geschäftsführungsbefugnis reichen, BGH NJW **92,** 2696.

c) Verbindung mit anderen Gesellschaften oder Gesellschaftern: Als atypisch wird die stGes zT auch bezeichnet, wenn der Stille zugleich Kdtist ist (Anh § 177a Rn 71, zu unterscheiden: bloß wie ein Kdtist, s Rn 3) oder wenn mehrere Stille in einem einzigen GesVerhältnis stehen (s Rn 7). Weitere Bspe s MüKo/K. Schmidt 72ff. StGes an GmbH, AG (GmbH & Still, AG & Still) s Rn 5. StGes kommt auch als **PublikumsGes** vor (dazu Anh § 177a Rn 52ff, auch Kombination von Kdtisten und Stillen, BGH BB **78,** 14, NJW **80,** 1523, NJW **98,** 1946, ZIP **13,** 1761; s auch § 235 Rn 1; Lit: Reusch 1989, Schulze zur Wiesche GmbHR **99,** 902, Stenenbach DStR **00,** 1669 (mit Steuern), Bornemann ZHR 166 **(02)** 211 (stPublikumsGes), Staub/Harbarth 109ff. **Muster:** s Rn 9. Bei PublikumsGes kommt eine Haftung des Vertriebs, BGH WM **12,** 24,

3. Abschnitt. Stille Gesellschaft   4, 5   § 230

1482, der Anlageberater oder -vermittler BGH WM **13**, 68 in Betracht, Anh § 177a Rn 66.

2) Abgrenzung gegenüber anderen Verträgen

Von partiarischen Verträgen, bes **partiarischen Darlehen** (Darlehen mit 4 Gewinnbeteiligung) unterscheidet sich die stGes durch die Verfolgung eines gemeinsamen Zwecks anstelle der Wahrnehmung ausschließlich eigener Interessen (zB Kreditaufnahme und -gewährung). Bei dieser Abgrenzung sind Vertragszweck und -inhalt und wirtschaftliche Ziele der Teilnehmer umfassend zu würdigen. Beachtlich sind ua: Bezeichnung (zB auch „Beteiligung"); Gründungs- oder spätere Zusatzfinanzierung, im ersten Fall liegt die Annahme der Ges näher; Fehlen einer Kreditsicherung; lange feste Vertragsdauer; Informations- und Kontrollrechte des Geldgebers wie in § 233; Notwendigkeit seiner Zustimmung zu Änderung des Unternehmensgegenstandes oder Veräußerung, Verpachtung und Einstellung des Unternehmens; Möglichkeit seiner Einflussnahme auf die Geschäftsführung; Maß seiner Teilnahme an der Chance und am Risiko (dazu § 231 II); Beschränkung der Übertragbarkeit; nicht aussagekräftig zB: Erhebung einer Abschluss- und Verwaltungsgebühr. Zu den Abgrenzungskriterien BGH **3**, 81, **127**, 176, BB **67**, 349, WM **88**, 172 (Umsatzmiete), NJW **90**, 573, Ffm WM **82**, 199. Immer für stGes Schön ZGR **93**, 210. Dem **partiarischen Dienstvertrag** ähnlich ist stGes mit Einlage von Diensten (s Rn 20), BGH NJW **92**, 2696, der Unterschied liegt in der Gleichordnung der Gfter. Ein Dienstverpflichteter, zB HdlGehilfe des Geschäftsinhabers, kann daneben (mit anderer Einlage als seinen Dienstvertrags-Diensten) stiller Gfter sein. Beteiligung des A **an einzelnen Geschäften,** die B im eigenen Namen für gemeinsame Rechnung ausführt, zB **a-metà-Geschäft** (ital: Hälfte; Lit: Obermüller FS Werner **84**, 611), ist nicht stGes, sondern GbR (InnenGes, Einl 10 vor § 105, auch GelegenheitsGes), BGH DB **64**, 67, WM **82**, 1403, NJW **90**, 573. Der still Beteiligte kann die Ergebnisse zurückweisen, wenn der geschäftsführende Partner abredewidrig handelt, RG JW **32**, 1667. **Unterbeteiligung** (Beteiligung an Beteiligung) mit Mustern s § 105 Rn 38.

3) Mögliche Gesellschafter

A. Der **Inhaber** muss **Kaufmann** sein, einerlei welcher Art, §§ 1–6, ein 5 EinzelKfm oder eine HdlGes; OHG: RG **142**, 21, BGH LM § 128 Nr 7; KG: BGH DB **71**, 189; AG, Bsp Celle NZG **00**, 85, Kln NZG **00**, 89, aber Schranken aus §§ 293, 294 AktG (Teilgewinnabführungsvertrag), K. Schmidt ZGR **84**, 295; GmbH: „GmbH & Still", idR InnenKG (s Rn 3), MüKo/K. Schmidt 87, Schulze zur Wiesche 1984, Blaurock BB **92**, 1969, Weimar ZIP **93**, 1509, Morshäuser/Dietz-Vellmer NZG **11**, 1135, Limited & Still, Blaurock FS Westermann 08, 821, heute auch eG, str; auch Erbengemeinschaft, die das HdlGewerbe des Erblassers fortführt (s § 1 Rn 37). Zwischen einer Ges iL und einem still an ihr Teilnehmenden ist keine stGes iSv § 230 ff möglich, nur eine ihr ähnliche GbR, weil sie nicht werbend tätig ist, str. Ist der Inhaber eine OHG (KG), so tritt der Stille in das Rechtsverhältnis der stGes nur zu dieser Ges (§ 124), nicht ihren Gftern, nimmt am GesVerhältnis unter diesen nicht teil; daher kann diesen Vertrag für die OHG (KG) der vertretende Gfter (unbeschadet § 116 II, s dort) schließen wie andere Verträge mit Dritten, RG **153**, 373 (gegen ältere Rspr), **170**, 105, BGH DB **62**, 1638, **71**, 189; für Ansprüche des Stillen haften (anders als für Ansprüche eines MitGfters in der OHG § 128 Rn 27) die Gfter der OHG auch persönlich nach § 128, BGH LM § 128 Nr 7. **Nicht möglich** ist stGes iSv §§ 230 ff an stGes; am einzelnen Anteil (der Rechtsstellung) eines Gfters (einer OHG, KG, GmbH), str, vgl § 105 Rn 38 (Unterbeteiligung). Typische (§ 230 Rn 3) stGes eines Nichtapprobierten mit Apotheker ist unzulässig (§ 8 S 2 ApG), so schon früher bei persönlicher und wirtschaftlicher Abhängigkeit des Apothe-

§ 230 6–10   2. Buch. Handelsgesellschaften und stille Gesellschaft

kers durch unangemessene wirtschaftliche Bedingungen, dann § 134 BGB, BGH **75**, 214 (s Rn 11); ebenso bei stGes mit Inkassounternehmen (RBerG), BGH **62**, 238. Verhältnis stGes mit AG/Konzernrecht Schulze-Osterloh ZGR **74**, 427. Lit über die Parteien der stGes s K. Schmidt DB **76**, 1705.

6   B. **Stiller** Gfter kann grds jedermann sein, Kfm oder Nichtkfm (er wird nicht etwa durch die stille Beteiligung Kfm, die stGes ist nicht schon als solche beiderseitiges HdlGeschäft, vgl § 235 Rn 2), jede HdlGes, UBG (§§ 3 ff, 8 UBGG), auch eine GbR, auch Erbengemeinschaft, RG **126**, 390, auch ein Treuhänder (mit oder ohne Wissen des Inhabers), vgl für die OHG § 105 Rn 31. Ggf Umgehung des Verbots von Erfolgshonoraren durch stille Beteiligung eines Anwalts an prozessfinanzierender GmbH, OLG München ZIP **12**, 2400. Stiller Gfter kann in Ges sozialverspfl beschäftigt werden, LSG BaWü, NZG **11**, 745.

7   C. **Mehrere still** an einem HdlGeschäft **Beteiligte** können je für sich in einem GesVerhältnis gemäß § 230 zum Inhaber stehen oder zusammen mit dem Inhaber in einem einzigen GesVerhältnis (**mehrgliedrige** stGes, zT als atypische stGes bezeichnet, s Rn 3) oder unter sich in einer GbR, die ihrerseits (vgl Rn 2) in stGes mit dem Inhaber steht; BGH **125**, 77, **127**, 179, NJW **72**, 338, Blaurock NJW **72**, 1119; oder es tritt für mehrere still Beteiligte (die untereinander eine GbR bilden) einer von ihnen oder ein Dritter als Treuhänder (s Rn 2) ins GesVerhältnis nach § 230 zum Inhaber, während die Unterbeteiligten oder Treugeber ohne unmittelbares Rechtsverhältnis zum Inhaber bleiben.

8   D. **Minderjährige** bedürfen zu stiller Beteiligung der Genehmigung des Familiengerichts nach §§ 1643, 1822 Nr 3 BGB, LG Bielefeld NJW **69**, 753, Hamm BB **74**, 294, außer bei nur einmaliger Kapitaleinlage und Ausschluss von Verlust und vom Geschäftsbetrieb, BGH JZ **57**, 382, Knopp NJW **62**, 2184; nach aA immer, GroßKo/Schilling 35, oder überhaupt nicht, Fischer JR **62**, 202. Dagegen bedarf es der Genehmigung nicht, wenn ein minderjähriger Geschäftsinhaber einen stillen Teilhaber aufnimmt, Fischer JR **62**, 202, aA Knopp NJW **62**, 2184. Unentgeltliche Beteiligung eines Kindes als Stiller, Tiedtke DB **77**, 1064. Vgl für die OHG § 105 Rn 26–27, dort auch zur Haftungsbeschränkung bei Volljährigwerden (§ 1629a BGB).

4) Gesellschaftsvertrag

9   A. Der Vertrag über eine stille Beteiligung ist GesVertrag iSv § 705 BGB; zu den Rechtsfragen s § 105 Rn 47 ff. Auch der GesVertrag der stGes ist idR im ganzen nach § 138 BGB nur nichtig, wenn ihr Zweck gegen die guten Sitten verstößt, nicht bei Übervorteilung des einen durch den andern Gfter, BGH DB **73**, 1739, **76**, 2106. Sittenwidrigkeit einzelner Bestimmungen s Rn 11. Entsprechendes gilt in Bezug auf § 134 BGB (Gesetzwidrigkeit), BGH BB **70**, 1069. S auch Rn 4. Auf den GesVertrag der stGes, auch der typischen, ist wie bei jeder Ges das **AGBRecht nicht** anwendbar, (5) § 310 IV 1 BGB, BGH **127**, 183, üL, aA H. Schmidt ZHR 159 (**95**) 734, Grund: Übergänge zu partiarischem Darlehen (s Rn 4); aber § 242 BGB kann eingreifen. Inhaber (und Bank) schulden bei (finanzierten) stillen Beteiligungen von Arbeitnehmern Aufklärung, BGH **72**, 92, NJW **93**, 2107. Bei PublikumsGes gilt Unklarheitenregel des § 305c II BGB entspr, BGH ZIP **13**, 1244. Änderung des Unternehmensgegenstands (Vertragsänderung) nur mit Zustimmung des Stillen, BGH **127**, 180, **156**, 44. **Muster:** Hopt/Lang 4. Aufl 2013 Form II. G.1, 2 (typische/atypische stGes).

10   B. Der Vertrag ist grundsätzlich **formfrei**, auch stillschweigend möglich, BGH ZIP **14**, 913, BayObLG OLGE **38**, 196, vgl § 105 Rn 54 ff. Soll der Stille ein **Grundstück** einbringen, gilt § 311b I BGB. Unerheblich ist, was für Vermögen im HdlGeschäft liegt, da es Alleineigentum des Inhabers bleibt. Vorkaufsrecht für

3. Abschnitt. Stille Gesellschaft 11 § 230

GmbHAnteil bedingt Form nach § 15 IV GmbHG. Formverstoß erfasst nicht unbedingt die gesamte stGes (§ 139 BGB), BGH DB **76**, 2107, NJW **92**, 2696. Das Versprechen der **Schenkung** einer stillen Beteiligung bedarf der Form des § 518 I BGB. Der Formmangel wird durch die formlose (aber s Rn 8) Begründung der Beteiligung geheilt (Vollzug iSv § 518 II BGB, BFH ZIP **14**, 2131 spricht vom Abschluss des GesVertrags, aA BGH **7**, 179, 380 (weil der Stille als InnenGfter nur schuldrechtliche Ansprüche habe, aber unvereinbar mit der Rspr zur stillen Einlage, s Rn 21), offen BGH **112**, 46 wie hier bei mitgliedschaftlichen Rechten in der InnenGes BGH ZIP **12**, 329. **Freiwillige Sonderzahlung** an den Stillen im Hinblick auf eigene Refinanzierung und Reputation ist keine Schenkung (causa societatis), Schlesw ZIP **11**, 517, aA Hbg ZIP **11**, 430 (HSH Nordbank), Bespr Grunewald NZG **11**, 613, s § 105 Rn 56.

C. Bei **Fehlerhaftigkeit** der stGes (in allen Formen) gelten zutr dieselben 11 Grundsätze wie für OHG und KG (§ 105 Rn 75, 78), BGH **8**, 157 (atypische stGes), **55**, 5 (typische stGes), **62**, 237, NJW **92**, 2696, (ausdrücklich für beide), **93**, 2107 (für alle Formen der stGes), **05**, 1784, WM **05**, 278, 833, 838, 2228, ZIP **13**, 1762, **13**, 2355, Ffm NJW-RR **04**, 36, Celle WM **05**, 737, Mü ZIP **12**, 2344, 2346, NZG **12**, 1302, Hbg ZIP **13**, 1864 und NZG **13**, 1391, Dresd NZG **13**, 1143 (mehrgliedrige atypische), Staub/Zutt 68, Röhricht/Mock 18, Ebenroth/Gehrlein 31, aA einige Instanzgerichte sowie ein Teil der Lehre wegen der Grundlage der Lehre von der fehlerhaften Ges im Organisationsverhältnis (§ 105 Rn 76) mit Unterscheidung zT zwischen typischer und atypischer st Ges, MüKo/K. Schmidt 134, zT nach Bildung einer verbandsrechtlichen Struktur, Oetker/Wedemann 65, zT nach Bildung von Gesamthandsvermögen, Soergel/Hadding/Kießling § 705 Rn 92, zT nach Zwei- oder Mehrgliedrigkeit, Bayer/Riedel NJW **03**, 2567, zutr für Rechtsfolgen Mü ZIP **13**, 416, Röhricht/Mock 23, generell Staub/Harbarth 176, Schäfer ZHR 170 **(06)** 373, zu fehlerhaften Teilgewinnabführungsverträgen nach § 292 I Nr 2 AktG GroßKoAktG/Mülbert § 293 Rn 176 ff. Vergleich mit Gesellschaftsrecht greift zu kurz, auch im Arbeitsrecht ist der fehlerhafte Vertrag anerkannt, § 59 Rn 38. Wie dort muss die fehlerhafte Ges in Vollzug gesetzt worden sein und dürfen der rechtlichen Anerkennung keine gewichtigen Interessen der Allgemeinheit entgegenstehen, Ebenroth/Gehrlein 31, § 105 Rn 75. In Frage kommende Fehler bei Abschluss des GesVertrag (Anlagemodellvertrieb), BGH NJW **05**, 1784. Aber die Grundsätze über die fehlerhafte stGes werden, da zweigliedrig, insoweit eingeschränkt, als Prospekt- und Informationshaftungsansprüche (§§ 311 II, 241 II bzw 823 II, 826 BGB) geltend gemacht werden können (entweder direkt oder erst im Rahmen der Auseinandersetzung), BGH ZIP **04**, 1706m Anm Hey NZG **04**, 1099, WM **05**, 278, 833, 838, NJW **05**, 1784 (Göttinger Gruppe) m Anm Wertenbruch 2823, offen, ob weitergehend für alle stGes, da diese anders als PublikumsGes idR zweigliedrig sind, aber in der Praxis bestehen vielfältige, auch mehrgliedrige Gestaltungen, auch Splittungen zwischen PublikumsKG- und stillen Anteilen (s Rn 3). **Rechtsfolgen:** Bei Nichtigkeits- oder Anfechtungsgrund ist (nach der Rspr jede, nach der Lit nur bestimmte) fehlerhafte stGes nur für die Zukunft vernichtbar, also nur Recht zur Auflösung ex nunc durch Kündigung; nicht wegen Sittenwidrigkeit einzelner Bedingungen (die nach Gesamtheit der Umstände zu beurteilen), wenn Vertrag vorsieht, dass Teilunwirksamkeit ihn nicht ganz entkräftet; BGH WM **73**, 901; wie bei Sittenwidrigkeit von Kernbestimmungen (Einlagenbewertung, Vermögens- und Ertragsanteil), BGH DB **76**, 2107. Ausnahmsweise keine Anwendung der Grundsätze über fehlerhafte stGes (§ 134 BGB), BGH **62**, 234, **75**, 214, NJW **05**, 1785 (s Rn 5, 9). Beansprucht der Gfter Rückzahlung der Einlage (jedenfalls nicht ohne weiteres bei mehrgliedriger stGes, Mü ZIP **13**, 414), steht ihm ein Auseinandersetzungsguthaben gegen die Ges nicht zu, denn er kann nicht gleichzeitig den Vertrag als wirksam

Roth

§ 230 12–17   2. Buch. Handelsgesellschaften und stille Gesellschaft

behandeln, BGH WM **05**, 838/841, daran ist er dann auch gegenüber den Prospekt- oder Vertriebsverantwortlichen gebunden, BGH WM **06**, 438. Nach Schenkung der stillen Beteiligung (s Rn 10) Nichteintritt der gewünschten Steuer-Wirkung, Folgen: Winterberg DB **75**, 1925. Lit: Armbrüster/Joos ZIP **04**, 189, Hey NZG **04**, 1099, Gehrlein WM **05**, 1489 (bei allen Ges Schadensersatz wegen Vertragsmangel ohne Durchsetzungssperre als Mindestanspruch der späteren Auseinandersetzung), Geibel BB **05**, 1009, Schäfer ZHR 170 **(06)** 373, Schubert WM **06**, 1328, Konzen FS Westermann **08**, 1133, Westermann VGR **08**, 145, Blaurock/Gimmler ZGR **14**, 371, K. Schmidt ZIP **14**, 1458 („Innen-KG").

12   D. Streitigkeiten aus dem GesVertrag gehören wie bei OHG, KG, anders als bei GbR und anderen partiarischen Verträgen (vgl Rn 4) mit NichtKflten, vor die **Kammer für Handelssachen** (obwohl die stGes nicht als solche beiderseitiges HdlGeschäft ist), so ausdrücklich § 95 I Nr 4a GVG. Schiedsvereinbarungen s Einl 88 vor § 1.

5) Rechte und Pflichten des Inhabers

13   A. Der **Inhaber** ist dem Stillen zur Führung (ggf vorher zur Errichtung) des HdlGeschäfts **für gemeinsame Rechnung** verpflichtet. Bei der Führung hat er einen großen kfm Handlungsspielraum, auch bezüglich Ausdehnung und Einschränkung des HdlGeschäfts. Wesentliche Veränderungen, Veräußerung und Einstellung bedürfen aber der Zustimmung des Stillen, BGH WM **63**, 1210. Danach unberechtigte Geschäfte braucht der Stille nicht gegen sich gelten zu lassen. Der Inhaber hat die Einlage des Stillen bestimmungsgemäß zu verwenden. Er darf dem Unternehmen nicht bestimmungswidrig Vermögen entziehen. Verletzung gibt Schadensersatzanspruch des Stillen gemäß § 280 BGB auf Wiederzuführung entspr Mittel an das Unternehmen (nicht unmittelbar an den Stillen, anders zB bei Verletzung seines Gewinnanspruchs), BGH NJW **88**, 413, Grunewald ZGR **89**, 434.

14   B. Recht und Pflicht zur **Geschäftsführung** (§§ 709 ff BGB), bestehend im Betrieb des HdlGeschäfts (s Rn 13), hat nach dem Gesetz nur der Inhaber. Dieses Recht ist unentziehbar, § 712 BGB unanwendbar, der Stille kann uU die Ges kündigen, s bei § 234. Der Stille kann aber Geschäftsführungsbefugnis und sogar Vertretungsbefugnis erhalten, MüKo/K. Schmidt 77f, auch sonst kann der Stille nach Vereinbarung am Betrieb des HdlGeschäfts des Inhabers teilnehmen, der Inhaber sich darin in grundsätzlich beliebiger Weise an ihn binden, BGH **8**, 160, Dresd WM **04**, 728, auch durch schlüssiges Verhalten, BGH DB **66**, 187. Atypische stGes s Rn 3.

15   C. Der Inhaber darf iZw nicht ohne die Zustimmung des Stillen wesentliche Grundlagen des Gewerbebetriebs ändern, BGH BB **63**, 1277, ebenso wenig die **Rechtsform** des Unternehmens ändern oder Dritte als **Teilhaber** aufnehmen, wohl auch nicht als stille Gfter, str. Dazu Sudhoff/Sudhoff GmbHR **81**, 235.

16   D. §§ 112, 113 betr **Wettbewerb** gelten in der stGes nicht, anders uU für atypisch stillen Gfter, BGH **89**, 169; aber die Pflicht zum Geschäftsbetrieb zu gemeinsamen Nutzen (s Rn 13) und die **Treuepflicht** (§ 109 Rn 23) verbieten dem Inhaber konkurrierende, das HdlGeschäft (an dem die stille Beteiligung besteht) schädigende Tätigkeit. Grenzen setzt das Kartellrecht, s § 112 Rn 15.

17   E. Der Inhaber schuldet **Sorgfalt** nach §§ 708, 277 BGB (§ 109 Rn 5); ist er GmbH, dann gilt § 43 I GmbHG und für Geschäftsführerhaftung Schutzwirkung zugunsten der Stillen (wie bei GmbH & Co, Anh § 177a Rn 28), BGH NJW **95**, 1353. Er darf von dem Stillen (Anleger als GbR) nicht Einlagen einziehen, die vom Vertragszweck nicht gedeckt sind, Düss NJW-RR **86**, 1294. Er darf das Geschäftsvermögen nicht schmälern und den GesZweck nicht gefährden, BGH

3. Abschnitt. Stille Gesellschaft 18–22 § 230

BB **63**, 1277; private Nutzung des Firmen-Kfz ist aber noch nicht treuwidrig, Hamm BB **78**, 1585. Schadenersatzklage mehrerer Stiller, im konkreten Fall keine actio pro socio, s BGH NJW **95**, 1355.

F. Über Gewinn, Verlust, Entnahmen s bei §§ 231, 232. Der Inhaber hat **18** mangels abweichender Vereinbarung iZw gegenüber dem Stillen kein weiteres Recht auf **Vergütung seiner Arbeit,** vgl für geschäftsführende Gfter der OHG, KG § 110 Rn 19. Er hat Recht auf **Aufwendungsersatz** nach §§ 713, 670 BGB, vgl § 110 Rn 1, bei der atypischen stGes (§ 230 Rn 3) auch auf **Verlustersatz** entspr § 110 (§ 110 Rn 11), BGH ZIP **02**, 394m krit Anm K. Schmidt JuS **03**, 228, vgl MüKo/K. Schmidt 180.

G. Der Inhaber schuldet **Rechenschaft,** ist daher beweispflichtig für Verluste, **19** BGH BB **60**, 15.

6) Rechte und Pflichten des Stillen

A. Der Stille hat eine **Vermögenseinlage** zum HdlGeschäft des Inhabers zu **20** leisten. Die Einlage kann (wie die eines Kdtisten, § 171 Rn 6) in jedem mit einem Geldbetrag schätzbaren Vorteil bestehen, zB: Umwandlung einer Darlehensforderung in stille Beteiligung, BGH **7**, 177, Know-how, BFH GmbHR **75**, 187, eine vermögenswerte Unterlassungspflicht, Kenntnis von Bezugsquellen; auch Geld- oder Warenkredit zu Sonderbedingungen; nicht Warenkredit, der nicht selbstständig bewertbar ist, RG **31**, 74. Die Einlage kann vom Inhaber geschenkt sein (Verrechnung zwischen Schenk- und Einlageforderung), Hengeler ZHR 147 **(83)** 329, aA Herrmann ZHR 147 **(83)** 313: überhaupt keine stGes. Über Erhöhung der Einlage und Nachschüsse s § 707 BGB, § 109 Rn 12, §§ 231, 232 (betr Verluste). Die Vermögenseinlage kann auch in **Diensten** bestehen, § 706 III BGB, RG **142**, 21, BGH BB **66**, 53 (nicht in früheren Diensten, RG LZ **08**, 158, wohl aber in der Forderung auf deren Vergütung). Doch spricht die Rspr im Fall bloßer Dienstleistung, falls ein GesVerhältnis angenommen wird, lieber schlicht von „Innen-„, statt von „stiller" Ges; vgl BGH FamRZ **61**, 212, **67**, 319, 618, **68**, 589 betr Ehegatten, **68**, 194 betr Vater und Sohn. Vermögenseinlagen des Stillen als haftendes Eigenkapital s § 10 IV KWG. Nießbrauch s § 124 Rn 44. Verjährung der Einlageforderung nach § 195 BGB (§ 109 Rn 9), bei GmbH & Still entspr § 19 VI GmbHG, K. Schmidt NZG **09**, 363. **Muster:** Hopt/Lang 4. Aufl 2013 Form II. G.4 (Nießbrauch am GesAnteil).

B. Der Stille hat die Einlage so zu leisten, dass sie **in das Vermögen des** **21** **Inhabers übergeht.** Dh idR: Übereignung vom Stillen an den Inhaber; der Stille behält obligatorische, nicht dingliche Rechte (**Fremdkapital,** nicht Eigenkapital, Ausnahme § 236 Rn 3, 5); das Gesamtverhältnis ist aber anderer Art als ein Darlehen: Die Einlage des Stillen ist wirtschaftlich ein qualifizierter Kredit, rechtlich aber „verantwortliches Kapital"; er hat (vor Auflösung der stGes) keinen bloßen Vermögensanspruch, sondern ein Mitgliedschaftsrecht; RG **168**, 286, BGH **4**, 368, **51**, 353 (Folgen für Vollzug der Schenkung s Rn 10). Str, aA K. Schmidt ZHR 140 **(76)** 475. Möglich auch Einlage eines Miteigentumsanteils (§ 1008 BGB) durch dessen Übertragung vom Stillen (bisher Alleineigentümer) an den Inhaber. Möglich auch Einlage von Benutzungsrechten, an Gegenstand im Eigentum des Stillen (zB Grundstück, Patent), auch an Gegenstand im Gesamthandseigentum von Stillem und Inhaber (nur das Benutzungsrecht, nicht das Miteigentum dieser Art ist dann Geschäftsvermögen). Vgl hierzu § 109 Rn 6. Einschaltung von Treuhändern (§ 105 Rn 31), Hamm GmbHR **79**, 255.

C. Die **Bewertung** des Eingebrachten steht den Parteien frei, doch ist Über- **22** bewertung uU Schenkung (und nach BGH **7**, 179 formgebunden, s Rn 10). Atypische stGes s Rn 3. Auch Dienste (vgl Rn 20) können Einlage sein und mit

§ 230 23–29 2. Buch. Handelsgesellschaften und stille Gesellschaft

bestimmtem Betrag bewertet werden, BGH BB **66**, 53, dazu § 120 Rn 17, § 235 Rn 1.

23 D. Auch den Stillen trifft eine **Treuepflicht** (§ 109 Rn 23), OLG Hamm ZIP **17**, 1125, Kontrollrechte s § 233. Ist der Stille nach Vereinbarung an der Geschäftsführung beteiligt, kann er nichtgeschäftsführenden Gftern der OHG (KG), die Inhaber des HdlGeschäfts sind, auskunftspflichtig sein, RG HRR **33**, 1447.

24 E. Gewinn, Verlust, Entnahmen s §§ 231, 232. Leistung ohne Rechtsgrund bei stGes rglm keine Schenkung, BGH ZIP **13**, 19.

7) Rechtsverhältnis zu Dritten

25 A. Das **Geschäftsvermögen** ist Alleinvermögen des Inhabers, die im Betrieb geschlossenen Geschäfte (II) und alle andern Vorgänge im **Geschäftsbetrieb berechtigen** und **verpflichten** nur den Inhaber. Die stGes wird nicht im **Handelsregister** vermerkt, zur fehlenden Eintragungsfähigkeit von Teilgewinnabführungsverträgen ins HReg KG ZIP **14**, 968, zur fehlenden Eintragbarkeit der GmbH & Still K. Schmidt NZG **14**, 881. In der **Firma**, unter welcher der Inhaber das HdlGeschäft betreibt, darf der Stille nicht genannt, auf das Bestehen der stGes nicht hingewiesen werden (§ 18 II 1, § 19 Rn 16).

26 B. Dem Stillen kann Recht und Pflicht zur **Geschäftsführung** (Entscheidungspflicht und -befugnis) gegeben werden, auch in gleichem Umfang wie Inhaber, BGH BB **61**, 583 (andere InnenGes, Einl 10 vor § 105). **Vertretungsmacht** des Stillen für den Inhaber ist (nur) möglich durch besondere Vollmacht, auch Prokura, auch HdlVollmacht für Inhaber (nicht für die Ges), BGH BB **61**, 583, vgl § 170 Rn 3.

27 C. Der Stille haftet **Geschäftsgläubigern** nicht, auch nicht analog § 171 II bei Kdtistenstellung im Innenverhältnis der atypischen stillen KG (s Rn 3), BGH ZIP **10**, 1341m Anm Berninger DStR **10**, 2359, Schlesw ZIP **09**, 421, Celle WM **09**, 1328, K. Schmidt NZG **09**, 361, vgl für Treugeber BGH WM **08**, 2359, **09**, 593 (§ 105 Rn 34, Anh § 177a Rn 79). Er haftet unmittelbar nur aus besonderer Verpflichtung (zB Bürgschaft), BGH WM **64**, 296, **66**, 1221, ZIP **10**, 1341; Rechtsscheinhaftung, wenn er mit der Gfter einer OHG auftritt, BAG JZ **55**, 582 (Haftung für Gehalt des unter besonderer Mitwirkung des Stillen angestellten Geschäftsführers), BGH BB **64**, 327, s § 5 Rn 9. Die **Einlagepflicht** des Stillen kann von den Geschäftsgläubigern nicht unmittelbar geltend gemacht, nur auf Grund Titels gegen den Inhaber gepfändet und ihnen überwiesen werden; der Stille behält gegenüber dem Gläubiger alle Einwendungen aus dem GesVertrag, zB uU das Recht, aus wichtigem Grunde (§ 723 BGB, s bei § 234) die Ges zu kündigen, so dass die Einlagepflicht entfällt.

28 D. **Gläubiger des Stillen** können in die in § 717 S 2 BGB bezeichneten Ansprüche des Stillen vollstrecken und haben nach Pfändung und Überweisung der Forderung des Stillen auf sein künftiges Auseinandersetzungsguthaben auch das Recht zur Kündigung der Ges entspr § 135 und Befriedigung aus dem so entstehenden Guthaben, § 234 I, s dort.

8) Umwandlung von stiller und in stille Gesellschaft

29 Die Umwandlung einer stGes und in eine stGes ist weder kraft Gesetzes noch kraft Rechtsgeschäfts nach UmwG (numerus clausus des UmwG) vorgesehen. Möglich ist Auflösung und Neugründung (Einl 27 vor § 105). Eine stille Beteiligung kann als Sacheinlage in eine GmbH eingebracht werden, BGH ZIP **15**, 2317. Als Sacheinlage eingebracht werden kann auch die typische stille Gesellschaft im Wege eines Debt-to-Equity Swaps, K. Schmidt NZG **16**, 7 mit Ausführungen auch zur Innen-KG.

3. Abschnitt. Stille Gesellschaft § 232

[Gewinn und Verlust]

231 (1) Ist der Anteil des stillen Gesellschafters am Gewinn und Verluste nicht bestimmt, so gilt ein den Umständen nach angemessener Anteil als bedungen.

(2) Im Gesellschaftsvertrage kann bestimmt werden, daß der stille Gesellschafter nicht am Verluste beteiligt sein soll; seine Beteiligung am Gewinne kann nicht ausgeschlossen werden.

Übersicht

	Rn
1) Beteiligungsmaßstab (I)	1
2) Ausschluss der Beteiligung (II)	2, 3

1) Beteiligungsmaßstab (I)

Die Bildung der **Gewinn- oder Verlustanteile** regelt in erster Linie der **1** **Gesellschaftsvertrag**, hilfsweise gelten „den Umständen nach **angemessene** Anteile", in letzter Linie wohl **gleiche** Anteile, § 722 I BGB. Bei vertraglicher Bestimmung der Gewinn-, nicht der Verlustanteile, sind diese iZw gleich jenen, § 722 II BGB. Sollen die Gewinnanteile sich nach den Einlagen beider Teile richten, so bleibt das ursprüngliche Verhältnis maßgebend, auch wenn die Einlage des Stillen später in anderem Verhältnis zum (Gesamt-)Geschäftsvermögen steht, RG **25**, 46.

2) Ausschluss der Beteiligung (II)

A. Der Vertrag kann die Beteiligung des Stillen am **Gewinn** anders gestalten, **2** auch einschränken, zB durch Ausschluss des Gewinns aus bestimmten Geschäften, Arten von Geschäften, der Geschäfte einer bestimmten Niederlassung, der bei Eingehung der stGes schwebenden Geschäfte, RG JW **39**, 490, auch durch Festsetzung eines Höchstzinses, BGH **156**, 44, eines Höchst- oder Mindestbetrags, sonstige Einschränkung der Gewinnbeteiligung zB durch Vorwegabzüge des Inhabers. Sie kann aber **nicht ganz ausgeschlossen** werden (II Halbs 2). Fester Zins ist nicht Beteiligung am Gewinn iSv § 231, RG **122**, 390; ebenso bloße Umsatzbeteiligung. Eine „stGes" mit Ausschluss der Gewinnbeteiligung ist Darlehen (vgl § 230 Rn 4), BGH **127** 181, oder GbR (anderer Art als die stGes).

B. Die Teilnahme des Stillen am **Verlust** kann im Vertrag anders geregelt, auch **3** ganz **ausgeschlossen** werden (II Halbs 1), so idR bei Garantie eines Mindestgewinns. Wird nur Gewinn ausdrücklich geregelt, schließt das noch nicht Verlustbeteiligung aus, BGH NJW **92**, 2696.

[Gewinn- und Verlustrechnung]

232 (1) Am Schlusse jedes Geschäftsjahrs wird der Gewinn und Verlust berechnet und der auf den stillen Gesellschafter fallende Gewinn ihm ausbezahlt.

(2) ¹Der stille Gesellschafter nimmt an dem Verluste nur bis zum Betrage seiner eingezahlten oder rückständigen Einlage teil. ²Er ist nicht verpflichtet, den bezogenen Gewinn wegen späterer Verluste zurückzuzahlen; jedoch wird, solange seine Einlage durch Verlust vermindert ist, der jährliche Gewinn zur Deckung des Verlustes verwendet.

(3) Der Gewinn, welcher von dem stillen Gesellschafter nicht erhoben wird, vermehrt dessen Einlage nicht, sofern nicht ein anderes vereinbart ist.

§ 232 1–5   2. Buch. Handelsgesellschaften und stille Gesellschaft

Übersicht

	Rn
1) Ermittlung des Gewinns oder Verlusts	1–3
2) Auszahlung des Gewinnanteils (I)	4, 5
3) Begrenzter Verlustanteil (II)	6, 7
4) Nicht abgehobener Gewinn (III)	8

1) Ermittlung des Gewinns oder Verlusts

1 A. Anders als die Gfter der OHG, KG (vgl § 120) ist der Stille nicht am Geschäftsergebnis schlechthin beteiligt. Er ist iZw beteiligt an **Anlagevermögen,** die durch Aufwendung von GesMitteln herbeigeführt sind, RG **120,** 410, BGH **7,** 177, 379, also am Wert von Investitionen mit Berücksichtigung nicht der steuerlich zulässigen, sondern der betriebswirtschaftlich richtigen Abschreibungen (insbesondere nicht hoher steuerlich zulässiger Erstjahresabschreibungen bei Auseinandersetzung einer nur einjährigen Ges), BGH BB **60,** 15. Er ist dagegen iZw nicht beteiligt an anderen Wertänderungen im Anlagevermögen, zB nicht am Verkehrswertzuwachs unbebauter Grundstücke, nicht am Gewinn oder Verlust aus der Veräußerung von Anlagegütern, zB Grundstücken, Maschinen. Er ist beteiligt an Wertänderungen im **Umlaufvermögen;** iZw auch aus vor GesVertrag abgeschlossenen, aber erst nachher verwirklichten Geschäften, str. Diese Beschränkung der Teilnahme des Stillen am Geschäftsergebnis gilt für die Jahresabschlüsse sowie für die Auseinandersetzung nach Auflösung der stGes (§ 235 Rn 1). Anders bei atypischer stGes, s § 230 Rn 3. Gewinnermittlung bei Beteiligung an Geschäftsteil s § 230 Rn 4. Umlegung der Generalunkosten, BFH GmbHR **75,** 188.

2 B. Der Stille kann die Belastung mit dem Ergebnis von **Geschäften** ablehnen, zu denen der Inhaber ihm gegenüber **nicht berechtigt** war, § 230 Rn 13, RG **92,** 293, RG HRR **33,** 465. Umgekehrt ist der Stille nicht beteiligt an Gewinnen, die der Inhaber anders als durch den Betrieb des HdlGewerbes erzielt, RG JW **39,** 490.

3 C. Zur Ermittlung des Gewinns oder Verlusts bedarf es der Buchführung und des regelmäßigen Jahresabschlusses des Inhabers, so nach § 238 für jeden Kfm. Probleme ergeben sich bei Inhabern, die kraft § 5 oder nur RechtsscheinKfm und als solche nicht buchführungspflichtig sind (§ 238 Rn 7), dazu § 233 Rn 3 und zur Wirkung des Rechtsscheins § 5 Rn 14 ff.

2) Auszahlung des Gewinnanteils (I)

4 A. Der **Stille** hat ähnlich dem Kdtisten (§ 169) kein Entnahmerecht unabhängig vom Gewinn (§ 122), sondern kann nur **Auszahlung seines Gewinnanteils** fordern, I, außer soweit er zur Deckung eines ihm früher belasteten Verlusts benötigt wird, II 2 Halbs 2; aus Treuepflicht (§ 109 Rn 23) muss auch er (vgl § 122 I) uU zur Verhütung von Schäden auf die Auszahlung verzichten. Das richtig Ausgezahlte braucht er nicht später zur Deckung von Verlusten zurückzuzahlen, II 2 Halbs 1. Die Auszahlung ist fällig nach Rechnungsabschluss oder sobald dieser im ordnungsmäßigen Geschäftsgang möglich. Zins, wenn der Stille Kfm ist, ab Fälligkeit (§ 353), sonst ab Verzug (§§ 286, 288 BGB); Zinssatz s § 352 HGB, § 288 I 2 BGB (nicht § 288 II BGB, da keine Entgeltforderung).

5 B. Der **Inhaber** kann über die Mittel des (ihm allein gehörenden) HdlGeschäfts grundsätzlich nach Belieben verfügen, dabei iZw auch Beliebiges für sich entnehmen, unbeschadet seiner Pflicht gegenüber dem Stillen, das HdlGeschäft zu gemeinsamem Nutzen ordnungsmäßig zu führen (§ 230 Rn 13).

3. Abschnitt. Stille Gesellschaft § 233

3) Begrenzter Verlustanteil (II)

A. **Keine Nachschusspflicht:** II 1 begrenzt entspr § 167 III den (endgültigen) Verlustanteil des Stillen auf seine Einlage. Auch bei Ende der Ges trifft ihn keine Nachschusspflicht, wenn nichts anderes vereinbart. Bloße Verlustbeteiligungsklausel, die II 1 ausgestaltet, ist zB: „Der Stille nimmt im Verhältnis am Verlust uneingeschränkt teil, jedoch unbeschadet seiner nur auf die Einlage beschränkten Haftung nach außen", Karlsr ZIP **86**, 916. Nachschussklausel dagegen zB, wenn der Inhaber im Innenverhältnis von der Außenhaftung ganz oder teilweise freigestellt wird oder sonst eindeutig Zuzahlungen des Stillen vorgesehen sind. II 1 hindert also nicht die Bildung eines Passivsaldos auf dem Einlagekonto. **6**

B. **Spätere Gewinne:** Ein Passivsaldo des Stillen ist (solange die stGes besteht) durch spätere Gewinne auszugleichen, bevor diese wieder auszahlbar werden **(II 2)**. Bezogene Gewinne kann der Stille behalten. **7**

4) Nicht abgehobener Gewinn (III)

Nicht erhobener Gewinn des Stillen erhöht iZw nicht seine Einlage, § 232 III, ist daher gesondert zu buchen (zB auf Privatkonto, vgl § 120 Rn 20) und berührt nicht die (nach dem GesVertrag) vom Betrag der Einlage abhängigen Rechte und Pflichten des Stillen (zB betr Gewinn- und Verlustanteil). Stehenlassen im Einvernehmen mit dem Inhaber, besonders auf bestimmte längere Zeit, kann zusätzliche Einlage bedeuten. Vgl hierzu § 167 Rn 3, 7 (Kdist). **8**

[Kontrollrecht des stillen Gesellschafters]

233 (1) **Der stille Gesellschafter ist berechtigt, die abschriftliche Mitteilung des Jahresabschlusses zu verlangen und dessen Richtigkeit unter Einsicht der Bücher und Papiere zu prüfen.**

(2) **Die in § 716 des Bürgerlichen Gesetzbuchs dem von der Geschäftsführung ausgeschlossenen Gesellschafter eingeräumten weiteren Rechte stehen dem stillen Gesellschafter nicht zu.**

(3) **Auf Antrag des stillen Gesellschafters kann das Gericht, wenn wichtige Gründe vorliegen, die Mitteilung einer Bilanz und eines Jahresabschlusses oder sonstiger Aufklärungen sowie die Vorlegung der Bücher und Papiere jederzeit anordnen.**

Übersicht

	Rn
1) Das ordentliche Informationsrecht des Stillen (I)	1–5
2) Das außerordentliche Informationsrecht (vgl III)	6
3) Sonstige Informationsrechte (vgl II)	7
4) Verfahren allgemein und nach III	8, 9
5) Die Informationsrechte bei verbundenen Personengesellschaften	10
6) Abweichende Vereinbarungen	11, 12
7) Das Informationsrecht des Unterbeteiligten	13

1) Das ordentliche Informationsrecht des Stillen (I)

A. **Grundsatz und Reichweite:** I, III (nF 1986, Anpassung an § 242 III) entsprechen wörtlich, und II (der statt § 166 HGB § 716 BGB, nennt, weil stGes Abart der GbR ist) entspricht sachlich **§ 166;** auf die Kommentierung dort ist voll zu verweisen. Das Informationsrecht richtet sich **gegen den Inhaber.** Ob der Stille seine Verpflichtungen erfüllt, namentlich seine Einlage geleistet hat, ist für die Rechte nach § 233 nicht wesentlich (§ 118 Rn 1), BayObLG KGJ **53** A **1**

§ 233 2–7　　2. Buch. Handelsgesellschaften und stille Gesellschaft

260. **Grenzen** aus Missbrauchsverbot und Treuepflicht (§ 118 Rn 1). Lit: Schlitt 1996; Kort DStR **97**, 1372.

2　　**Auflösung der Gesellschaft:** § 233 gilt auch in der Liquidation bis zu deren Beendigung (§ 234 Rn 1), dann nicht mehr (wie § 166 Rn 2). § 233 gilt nicht für den ausgeschiedenen Stillen, BGH **50**, 324, DB **69**, 39, BB **76**, 11, aA betr die Zeit vorher Ffm BB **67**, 1182, Heymann/Horn 4. Der ausgeschiedene Stille hat dann betr die Zeit vor seinem Ausscheiden die aus §§ 810 und 242 BGB folgenden Einsichts- und Auskunftsrechte (s Rn 7), BGH **50**, 324, DB **69**, 39, **76**, 41, 2107, Hbg ZIP **04**, 1099 (§ 166 Rn 2). Schwebende Geschäfte s § 235 Rn 5.

3　　B. **Mitteilung des Jahresabschlusses:** Jahresabschluss s § 242 III. I (nF 1986, Anpassung an § 242 III) umfasst auch die Steuerbilanz, nach aA nur wenn der Ermittlung der Gewinnbeteiligung der Stillen auf deren Grundlage erfolgt; auch einen sonstigen Status (vgl § 242 Rn 7), falls vereinbart oder wegen spezieller Gewinn- und Verlustbeteiligung des Stillen erforderlich oder bei einem nicht bilanzierungspflichtigen Inhaber (§ 232 Rn 3); **nicht** Zwischenabschlüsse, Prüfungsberichte, insoweit aber Einsichtsrecht (s Rn 4). Anspruch geht auf Mitteilung, nicht Aufstellung, insoweit aber Informationsrecht, Hbg ZIP **04**, 1099.

4　　C. **Einsichtsrecht:** Der Stille kann die Richtigkeit des Jahresabschlusses unter Einsicht der **Bücher und Papiere des Inhabers** prüfen. Bücher und Papiere des Inhabers s § 166 Rn 4. Das Einsichtsrecht ist **auf die Kontrolle des Rechnungsabschlusses beschränkt** (anders § 118), BGH **25**, 120, BB **84**, 1273. **Zeit, Ort, Art und Weise** der Einsicht entspr der Treuepflicht, keine Herausgabe, Mitnahme, Versendung (§ 118 Rn 4), BGH BB **84**, 1273. **Kosten** s § 118 Rn 5.

5　　D. **Ausübung:** Persönlich oder durch Dritte, ausnahmsweise nur durch Dritte (wie § 166 Rn 5–7). Bei PublikumsGes (mit stillen Beteiligungen) idR Ausübung durch Vertreter oder Beirat (Anh § 177a Rn 72). Die Rechte aus § 233 sind nicht abtretbar. Bei der zulässigen Abtretung des Gewinnanteils (§ 717 S 2 BGB) hat der Zessionar Anspruch gegen die Ges auf Mitteilung von dessen Höhe (§ 109 Rn 20), BGH BB **76**, 11.

2) Das außerordentliche Informationsrecht (vgl III)

6　　Neben dem Informationsrecht nach I besteht ein außerordentliches Informationsrecht, das nach üL aus III folgt, richtiger aber unabhängig von III (dann nur Verfahrensvorschrift) besteht, MüKo/K. Schmidt 13 ff. Das außerordentliche Einsichtsrecht ist anders als I nicht auf die Kontrolle des Rechnungsabschlusses beschränkt. Ausübung persönlich oder durch Dritte s Rn 5. Wichtiger Grund und Umfang s § 166 Rn 9–10. Ein wichtiger Grund liegt jedenfalls dann vor, wenn die Belange des Stillen durch I nicht hinreichend gewahrt sind und Schädigung droht, BGH BB **84**, 1274. Informationserzwingungsverfahren nach Düss ZIP **16**, 117 von Auskunftsklage zu unterscheiden, kann aber nach den allg Voraussetzungen (Information zur Ausübung von Mitwirkungsrechten benötigt) auch zum Erhalt einer Liste aller atypisch stiller Gesellschafter genutzt werden.

3) Sonstige Informationsrechte (vgl II)

7　　Die Rechte des § 716 BGB, zB allgemeines Büchereinsichtsrecht, hat der Kdtist nicht (II), BGH WM **83**, 911. Allgemeines Informationsrecht des Stillen über § 233 hinaus ist str, aber wie beim Kdtisten anzunehmen (§ 166 Rn 11), Hbg ZIP **04**, 1099; auf jeden Fall ist es funktionsgebunden, besteht also nicht zwecks Einwirkung auf die Geschäftsführung, BGH NJW **92**, 1890. Das Auskunftsrecht aus §§ 713, 666 BGB besteht auch bei der zweigliedrigen stGes (§ 166 Rn 12), aA MüKo/K. Schmidt 20, der Unterschied zwischen Individual-

3. Abschnitt. Stille Gesellschaft § 234

und Kollektivrecht löst sich dabei allerdings auf. Einsichts- und Auskunftsrechte aus §§ 810, 242 BGB s § 166 Rn 13.

4) Verfahren allgemein und nach III

A. **Allgemein:** Das ordentliche und das außerordentliche Informationsrecht können durch (Leistungs- und Schadensersatz-)**Klage vor dem Prozessgericht** geltend gemacht werden, BGH BB **84**, 1273. Der Kdtist kann gleichzeitig auch nach III vorgehen (unterschiedliche Voraussetzungen), Celle BB **83**, 1451. Vorläufiger Rechtsschutz ist möglich (§ 166 Rn 14), aA MüKo/K. Schmidt 29 Zum Verfahren allgemein näher § 166 Rn 14. Vollstreckung s § 118 Rn 15.

B. **Sonderverfahren nach III:** Verfahren nach FamFG, näher § 166 Rn 15.

5) Die Informationsrechte bei verbundenen Personengesellschaften

Bücher und Papiere der Ges, nicht nur solche über die inneren Angelegenheiten der Ges, sondern auch über ihre Konzernbeziehungen (§ 105 Rn 100), BGH BB **84**, 1274, näher § 166 Rn 16. Ein eigenes oder abgeleitetes Informationsrecht gegen selbstständige TochterGes hat der Stille nach I nicht, auch nicht gegen den Inhaber auf Ermöglichung solcher unmittelbarer Kontrolle, BGH BB **84**, 1272, 1274. Ausnahmen s § 166 Rn 16. Inhaber als beherrschte Ges s § 166 Rn 17.

6) Abweichende Vereinbarungen

A. **Einschränkung:** I und II sind abdingbar, das außerordentliche Informationsrecht und die Verfahrensnorm des III sind zwingend (näher § 166 Rn 18–20).

B. **Erweiterung:** Erweiterungen von I und II sind ohne weiteres möglich (verbreitet vor allem bei der atpyischen stGes), auch des außerordentlichen Informationsrechts (zB bezüglich des wichtigen Grundes). Das Verfahren nach III ist dagegen nicht disponibel.

7) Das Informationsrecht des Unterbeteiligten

§ 233 (einschließlich der Einschränkung des II) ist entspr (nach aA unmittelbar) anwendbar auf Unterbeteiligung (§ 105 Rn 38), BGH **50**, 323, MüKo/K. Schmidt 33, nach aA weitergehend § 716 BGB, Heymann/Horn 12. § 233 gilt nicht für den ausgeschiedenen Unterbeteiligten (wie für Stillen, s Rn 2), aA BGH **50**, 324. Der Unterbeteiligte hat Anspruch gegen den Hauptbeteiligten auf Information über die Beteiligung an der anderen Ges, soweit deren berechtigte Interessen nicht entgegenstehen, BGH BB **84**, 1272 (stGes), Karlsr BB **84**, 2016 (GmbHG). Ein Recht auf Mitteilung der Bilanzen und sonstiger Unterlagen der HauptGes braucht im Unterbeteiligungsvertrag nicht eigens vorgesehen zu sein, aA BGH **50**, 316, setzt aber Zustimmung (nicht nur Zulassung oder Kenntnis der Unterbeteiligung) durch die HauptGes voraus, BGH **50**, 316. Direkte Informationsrechte gegen die andere Ges hat der Unterbeteiligte nicht (s Rn 10).

[**Kündigung der Gesellschaft; Tod des stillen Gesellschafters**]

234 (1) ¹**Auf die Kündigung der Gesellschaft durch einen der Gesellschafter oder durch einen Gläubiger des stillen Gesellschafters finden die Vorschriften der §§ 132, 134 und 135 entsprechende Anwendung.** ²**Die Vorschriften des § 723 des Bürgerlichen Gesetzbuchs über das Recht, die Gesellschaft aus wichtigen Gründen ohne Einhaltung einer Frist zu kündigen, bleiben unberührt.**

(2) **Durch den Tod des stillen Gesellschafters wird die Gesellschaft nicht aufgelöst.**

Übersicht

	Rn
1) Auflösung und Ende	1
2) Auflösungsgründe (außer Kündigung)	2–7
3) Kündigung	8–10

1) Auflösung und Ende

1 Wie bei OHG, KG (§ 131 Rn 2) bedeutet auch bei der stGes **Auflösung** noch nicht ohne weiteres das **Ende** der Ges, aA noch hL, BGH NJW **82**, 99; das ist jedenfalls für mehrgliedrige stGes unabweisbar, MüKo/K. Schmidt 2, ebenso bei Innen-KG, K. Schmidt NZG **16**, 644, offen BGH ZIP **16**, 525 (grds sofortige Beendigung), tendenziell Ebenroth/Gehrlein 3. Zwar wirkt das GesVerhältnis gegenüber Dritten nach der Auflösung so wenig wie vorher (da sie reine Innen-Ges ist, § 230 Rn 2, auf fehlende Verbindlichkeit ggü Dritten abstellend hL und BGH ZIP **16**, 525: grds sofortige Vollbeendigung), aber bis zur Abwicklung der Geschäfte des Inhabers, an denen der Stille noch Teil hat (§ 235 II, III), besteht das GesVerhältnis (jedenfalls bei mehrgliedrigen stGes) fort, nur mit geändertem Zweck (vgl § 131 Rn 2): nicht mehr zum Betrieb des HdlGewerbes im ganzen zu gemeinsamem Nutzen, sondern nur noch zur Abwicklung der schwebenden Geschäfte zu gemeinsamem Nutzen, str. Anders wenn der GesVertrag die Beteiligung an bei Auflösung der stGes schwebenden Geschäften (§ 235 II, III) ausschließt, dann ist Auflösung der stGes Ende des GesVerhältnisses und bleibt nur die schlichte Forderung auf das Auseinandersetzungsguthaben (§ 235 I). Nimmt man Fortbestehen der stGes an, ist bis zur Vollbeendigung **Fortsetzung** (§ 131 Rn 30) möglich, MüKo/K. Schmidt 3, zur Auseinandersetzung s § 235 Rn 1.

2) Auflösungsgründe (außer Kündigung)

2 A. Die stGes kann gemäß **Vereinbarung** enden durch Ablauf ihrer vereinbarten Dauer, Eintritt vereinbarter auflösender Bedingung, unmittelbar auflösende Vereinbarung. Rückgewähr (einvernehmlich) der (ganzen) Einlage muss nicht notwendig die Ges auflösen (vgl § 237 aF, der Rückgewähr ohne Auflösung als möglich unterstellte), RG HRR **41**, 637.

3 B. Die stGes wird (anders als OHG, KG, s bei § 131) aufgelöst durch **Erreichen** des vereinbarten Zwecks oder **Unmöglichwerden** der Erreichung dieses Zwecks (§ 726 BGB). Unmöglichkeit der Zweckerreichung muss dauernd und offenbar sein, nicht nur vorübergehend, BGH **84**, 381. So zB wenn das HdlGewerbe, auch aus in der Person des Inhabers liegenden Gründen, nicht fortgeführt werden kann; nicht schon, wenn es ohne Gewinnaussicht erscheint, dies kann Grund zur außerordentlichen Kündigung sein (s Rn 9).

4 C. **Tod** des Inhabers löst iZw die stGes auf (§ 727 I BGB, anders für OHG und KG § 131 III 1 Nr 1). Nach § 234 II gilt das nicht beim Tode des Stillen, die Ges wird iZw mit seinen Erben fortgeführt. Ist der Inhaber eine HdlGes (§ 230 Rn 5), steht deren Auflösung iZw nicht dem Tod gleich, doch kann der Stille uU außerordentlich kündigen (s Rn 9), BGH **84**, 380.

5 D. **Eröffnung des Insolvenzverfahrens** (beachte Änderungen von § 19 II InsO zur Überschuldung, s § 130a Rn 3) über das Vermögen des Inhabers löst die stGes (zwingend) auf, BGH **51**, 352, auch nach seinem Tode (wenn dieser nicht schon die Ges auflöst, s Rn 4) bei Nachlassinsolvenz, ebenso Eröffnung des Insolvenzverfahrens über das Vermögen des Stillen (auch des Nachlassinsolvenzverfahrens), so § 728 BGB, RG **122**, 72. Konsequenzen im Insolvenzverfahren über das Vermögens des Inhabers s § 236. Zur Auflösung durch Insolvenz des Stillen K. Schmidt KTS **77**, 5.

3. Abschnitt. Stille Gesellschaft 6–10 § 234

E. Das früher mögliche Vergleichsverfahren gibt es so nicht mehr, an die Stelle 6
der VerglO ist mWv 1.1.99 die InsO getreten (§ 236 Rn 1).

F. **Geschäftsübertragung:** Veräußert der Inhaber das Unternehmen oder 7
stellt es ein, ist das kein Auflösungsgrund; die stGes setzt sich mit dem bisherigen
Inhaber fort (nicht mit dem Übernehmer, § 25 ist nicht einschlägig), ausnahmsweise liegt Zweckvereitelung vor (s Rn 3), idR Recht zur außerordentlichen
Kündigung (s Rn 9). Dem Stillen kann ein Anspruch auf (auch unentgeltliche)
Geschäftsübertragung eingeräumt werden, zB wenn der Stille das Unternehmen
einrichtete und (ohne Gegenleistung) dem Inhaber überließ, BGH **62**, 237 (vgl
bei OHG, KG § 140).

3) Kündigung

A. **Ordentliche Kündigung** einer auf bestimmte Zeit eingegangenen stGes 8
durch den Inhaber oder Stillen ist nicht vor Ablauf dieser Zeit möglich, einer auf
unbestimmte Zeit eingegangenen, auch einer auf Lebenszeit des Inhabers oder
Stillen eingegangenen oder nach Ablauf bestimmter Zeit stillschweigend fortgesetzten, abweichend von § 723 I 1 BGB, mit Sechsmonatsfrist auf das Ende des
Geschäftsjahrs (des Unternehmens des Inhabers) entspr §§ 132, 134 (so **I** 1). Die
ordentliche Kündigung kann bei der auf unbestimmte Zeit oder Lebenszeit
geschlossenen stGes (auch der kapitalistischen) wie bei jeder andern InnenGes
nicht vertraglich ausgeschlossen werden (§ 723 III BGB); das Gegenteil folgt
nicht daraus, dass § 234 I nur für die außerordentliche, nicht die ordentliche
Kündigung auf § 723 BGB verweist, BGH **23**, 12, **50**, 321, NJW **92**, 2696.
Dagegen kann ordentliche Kündigung für gewisse Zeit **ausgeschlossen,** die Ges
also auf diese bestimmte und danach auf weitere unbestimmte (oder Lebens-) Zeit
(mit ordentlicher Kündigung) eingegangen werden, RG JW **36**, 1959; auch
stillschweigend, wenn die Umstände zu dieser Auslegung nötigen. Grenzen vgl
§ 132 Rn 12 ff. Unterstellen die Vertragsschließenden Unkündbarkeit des Lebenszeitvertrags (zB zwecks sicherer Versorgung des Stillen), so fehlt eine Geschäftsgrundlage und ist uU Anpassung des Vertrags (§ 313 BGB) durch solche
Teilung der Vertragszeit geboten, BGH **LM** § 339 Nr 2. **Hinauskündigung**
grundsätzlich auch nicht bei der atypischen stGes, BGH **125,** 74 (s § 140
Rn 23f).

B. **Außerordentliche Kündigung** der stGes durch Inhaber oder Stillen ist 9
möglich nach § 723 I 2, 3, II, III BGB (so ausdrücklich **I** 2). Es bedarf nicht der
Klage entspr § 133. Über wichtige Gründe vgl § 133 Rn 5 ff; aber wie schon
zwischen phG und Kdtisten (OGH **2**, 261), so erträgt erst recht zwischen Inhaber
und Stillem das idR weniger enge persönliche Verhältnis uU Dinge, die zwischen
Gftern der OHG zur Auflösung zwängen. Auflösung des Inhabers (HdlGes) ist
nicht immer wichtiger Grund für den Stillen, BGH **84**, 382. Anders bei auf aktive
Zusammenarbeit gerichteter (atypischer, vgl § 230 Rn 3) stGes, BGH DB **77**,
88. Fristlose Kündigung des atypisch Stillen bei wesentlicher GesVertragsänderung ohne seine Zustimmung, BGH BB **80**, 958, s Anh § 177a Rn 69. Dauernde
Ertragslosigkeit kann Grund zur außerordentlichen Kündigung sein, RG JW **27**,
1350. Umdeutung der außerordentlichen in ordentliche Kündigung ist möglich
(§ 140 BGB), aber nur wenn dies gewollt und dem andern Teil erkennbar ist,
BGH ZIP **98**, 509. Ausschluss oder Beschränkung des außerordentlichen Kündigungsrechts ist nichtig, § 723 III BGB (s oben); Vereinbarung schiedsgerichtlicher
Entscheidung über das Kündigungsrecht ist nicht Beschränkung, vgl § 133 Rn 19
und KG HRR **29**, 743.

C. Kündigung durch einen **Gläubiger des Stillen** (ein Gläubiger des Inhabers 10
hat ohnehin Zugriff auf das ganze Geschäftsvermögen) ist möglich nach fruchtloser Vollstreckung, Pfändung und Überweisung des Auseinandersetzungsgutha-

§ 235

bens mit Sechsmonatsfrist auf das Ende des Geschäftsjahrs (des Unternehmens des Inhabers) entspr § 135 (so **I** 1). Dazu K. Schmidt KTS **77**, 5.

[Auseinandersetzung]

235 (1) **Nach der Auflösung der Gesellschaft hat sich der Inhaber des Handelsgeschäfts mit dem stillen Gesellschafter auseinanderzusetzen und dessen Guthaben in Geld zu berichtigen.**

(2) ¹**Die zur Zeit der Auflösung schwebenden Geschäfte werden von dem Inhaber des Handelsgeschäfts abgewickelt.** ²**Der stille Gesellschafter nimmt teil an dem Gewinn und Verluste, der sich aus diesen Geschäften ergibt.**

(3) **Er kann am Schlusse jedes Geschäftsjahrs Rechenschaft über die inzwischen beendigten Geschäfte, Auszahlung des ihm gebührenden Betrags und Auskunft über den Stand der noch schwebenden Geschäfte verlangen.**

Übersicht

	Rn
1) Auseinandersetzung, Guthaben (I)	1–3
2) Ergebnis schwebender Geschäfte (II, III)	4, 5

1) Auseinandersetzung, Guthaben (I)

1 A. Die **Auseinandersetzung** ist im Falle der typischen stGes anderer Art als bei (Außen-)GbR (vgl Einl 11 vor § 105) und OHG, KG. Sie erfolgt bei diesen „in Ansehung des GesVermögens" (§ 730 I BGB), hier im (schuldrechtlichen) Verhältnis Inhaber-Stiller (§ 235 I). Dort werden grundsätzlich alle Ansprüche aus dem GesVerhältnis zwischen Ges und Gftern und unter Gftern unselbstständige Rechnungsposten (vgl § 145 Rn 6, § 149 Rn 3); hier ist das Endguthaben des Stillen (aus seiner Beteiligung) zu ermitteln, auf dessen Auszahlung er Anspruch hat (§ 235 I); diesem Anspruch können Ansprüche des Inhabers aus dem GesVerhältnis gegenüberstehen; so BGH BB **68**, 268 (Aufrechnung des Stillen; Zurückbehaltung; § 273 BGB, des Inhabers); **aA** BGH BB **61**, 583, WM **72**, 1056, DB **77**, 2040, NJW **92**, 2696, ZIP **15**, 1117, **16**, 525: auch **bei stGes Gesamtabrechnung**; anders soweit (Gesamt- oder Teil-)Anspruch des Stillen ohne weiteres klar (§ 131 Rn 44). Das aus der Auseinandersetzung folgende **Guthaben** des Stillen ist (ggf mit Vorbehalt der Abrechnung über schwebende Geschäfte, II, III, s Rn 4, 5) zu ermitteln idR durch vom Inhaber unverzüglich nach Auflösung auf den Auflösungstag (RG JW **29**, 321) aufzustellenden **Abschluss (Auseinandersetzungsbilanz,** Gewinnermittlungs- nicht Vermögensbilanz), BGH WM **95**, 1277, Mü HRR **39**, 1299. Dieser entspricht dem zur Ermittlung des Guthabens eines aus OHG, KG ausscheidenden Gfters aufzustellenden (§ 131 Rn 50), jedoch bei der typischen stGes nicht für den Stillen (im Gegensatz zu den Gftern der OHG, KG) geltenden beschränkten Teilnahme an den Wertänderungen des Geschäftsvermögens, der typisch Stille ist also **nicht** am **Geschäftswert** des HdlGeschäfts und an den (zulässigerweise gebildeten) **stillen Reserven** beteiligt, BGH **127**, 181 (s auch § 232 Rn 1); anders im Falle der atypischen stGes (§ 230 Rn 3, dort Abschichtungs-, also Vermögensbilanz), doch sind auch andere Vereinbarungen möglich, Mü WM **93**, 2126. Als Einlage geleistete **Dienste** des Stillen sind, soweit bewertet und als Einlage gebucht (vgl § 230 Rn 20, 22, als solche zu vergüten; sonst iZw nicht, § 733 II 3 BGB; anders wenn durch den Gewinnanteil nicht voll abgegolten und noch als greifbarer und messbarer Vermögenswert im Geschäft vorhanden; BGH NJW **66**, 501 (Teppichhandel, Einkaufstätigkeit, Gekauftes noch im Lager: Schätzung des noch vorhandenen Werts der Einkaufstätigkeit). Aber keine entsprechende Anwendung des § 89b (Ausgleichsanspruch für HdlVertreter), BGH BB **78**, 422. Einbezie-

3. Abschnitt. Stille Gesellschaft 2–5 § 235

hung der „atypisch" (§ 230 Rn 3) still an einer **Publikumsgesellschaft** (s Anh § 177a Rn 52, § 230 Rn 3) Beteiligten gleich wie die Kdtisten, BGH BB **78**, 14, ebenso des über einen Treuhänder Beteiligten (§ 105 Rn 92), also Grundsätze über fehlerhaften Eintritt in Gesellschaft (mit Grenzen, s § 230 Rn 11). Bei PublikumsKG mit GesKapital aus Kommanditeinlagen und stillen Beteiligungen der Kdtisten kann § 235 unanwendbar sein, BGH NJW **80**, 1523. Nach Hbg ZIP **15**, 689 führt Liquidationsbeschluss bei mehrgliedriger stiller Ges als InnenKG (dazu § 230 Rn 3) nicht zur Vollbeendigung, sondern zu einem Liquidationsverfahren. Zur Bedeutung von Auseinandersetzungsabsprachen Ffm DB **77**, 1841. Unternehmenspacht mit stiller Ges s Einl 45 vor § 1.

B. Das Guthaben ist stets **in Geld** zu berichtigen, einerlei, was der Stille 2 eingelegt hat. Barliquidation kann nur mit Zustimmung aller still Beteiligten durch Genussscheine ersetzt werden (Kernbereich, § 119 Rn 36), Stgt ZIP **07**, 771. **Zins** nach Vereinbarung, sonst nur bei Verzug oder unter Kflten § 353 (§ 232 Rn 4). Zinssatz s § 232 Rn 4; § 352 (5 %) nur, wenn die stGes auch für den Stillen HdlGeschäft ist, OGH Wien BB **65**, 100 (vgl § 230 Rn 6, 12). Ein **Passivsaldo** verpflichtet den Stillen iZw nicht zur Nachzahlung, sondern wird gegenstandslos (§ 232 Rn 6), der Gesellschaftsvertrag kann aber vorsehen, dass dem Geschäftsherrn die Schuldentilgung durch die Rückzahlung der Gelder ermöglicht wird, die die stillen Gesellschafter nicht als Gewinn, sondern aus dem Vermögen der Gesellschaft erhalten haben, BGH ZIP **16**, 2264. **Fälligkeit** des Guthabens des Stillen idR mit Gesamtabrechnung, BGHZ ZIP **17**, 518, anders soweit schon vorher ein Zahlungsanspruch sicher erscheint, BGH DB **77**, 89 (vgl für OHG, KG § 145 Rn 6). Die Gesamtabrechnung darf nicht ungebührlich hinausgezögert werden, BGH ZIP **17**, 518.

C. Der Stille kann **klagen** auf Zahlung, auf Rechnungslegung, RG JW **26**, 3 1812, auf Rechnungslegung und Zahlung nach § 254 ZPO (Stufenklage), ggf schon vor Abwicklung der schwebenden Geschäfte, an denen er noch beteiligt ist. Kontrollrechte s § 233 Rn 2, auch § 118 Rn 2 (OHG), § 166 Rn 2 (Kdtist). Der Stille, der die Richtigkeit des vom Inhaber zur Auseinandersetzung aufgestellten Abschlusses bestreitet, ist nicht auf (ihm idR unmögliche) Aufstellung einer Gegenrechnung zu verweisen, sondern kann Richtigstellung einzelner Unrichtigkeiten verlangen, BGH BB **60**, 15. Für behaupteten Verlust hat Inhaber die Beweislast auf Grund seiner Rechenschaftspflicht (§ 230 Rn 19). Der künftige Auseinandersetzungsanspruch ist abtretbar. Die Abtretung wirkt auch für den Erben des Stillen, wird jedoch hinfällig, wenn der Stille seine Beteiligung vor Entstehen des Anspruchs auf einen Dritten überträgt, BGH NJW **97**, 3370.

2) Ergebnis schwebender Geschäfte (II, III)

A. II und III entsprechen zwar § 740 BGB (§ 131 Rn 45), sind aber nicht 4 ohne weiteres ebenso überholt wie dieser, Schulze-Osterloh ZGR **86**, 561, str. Nach II und III ist der Stille am Ergebnis schwebender Geschäfte iZw beteiligt (obwohl er am Geschäftswert als solchem idR gerade nicht beteiligt ist, s § 232 Rn 1). Bedeutsam ua bei saisonabhängigem Betrieb (zB Getreidehandel). Abbedingung ist möglich, BGH **127**, 181, zB Beteiligung am Ergebnis bis Stichtag der Auflösung nach gewöhnlicher Gewinn- und Verlustrechnung.

B. Ggf hat der Stille die schwebenden Geschäfte abzuwickeln, es besteht noch 5 ein GesVerhältnis zu beschränktem Zweck (§ 234 Rn 1), mit **Sorgfalts- und Treuepflicht** grundsätzlich wie vorher (vgl § 230 Rn 13, 20). Der Inhaber darf zur Abwicklung der schwebenden auch neue Geschäfte eingehen (vgl § 149 I 1). Über schwebende Geschäfte (II, III) ist gesondert abzurechnen außerhalb der Auseinandersetzungsbilanz auf den Auflösungstag, BGH BB **60**, 15, DB **76**, 2107, ZIP **16**, 525. Der Stille hat die **Kontrollrechte** nach III, daneben, da das GesVerhältnis noch nicht zu Ende ist, wohl auch die nach § 233 (s oben Rn 3),

§ 236 [Insolvenz des Inhabers]

236 (1) Wird über das Vermögen des Inhabers des Handelsgeschäfts das Insolvenzverfahren eröffnet, so kann der stille Gesellschafter wegen der Einlage, soweit sie den Betrag des auf ihn fallenden Anteils am Verlust übersteigt, seine Forderung als Insolvenzgläubiger geltend machen.

(2) Ist die Einlage rückständig, so hat sie der stille Gesellschafter bis zu dem Betrage, welcher zur Deckung seines Anteils am Verlust erforderlich ist, zur Insolvenzmasse einzuzahlen.

Übersicht

	Rn
1) Insolvenz des Inhabers; Forderung des Stillen (I)	1–3
2) Einzahlungspflicht des Stillen (II)	4
3) Rückgewähr von Einlagen und Gesellschafterdarlehen entgegen § 32a III GmbHG aF, § 172a aF § 134 InsO	5
4) Besonderes Insolvenzanfechtungsrecht (§ 136 InsO)	6–8

1) Insolvenz des Inhabers; Forderung des Stillen (I)

1 A. § 236 idF EGInsO 1994. § 236 regelt die Insolvenz des Inhabers ohne wesentliche Änderung durch die InsO (beachte Änderungen von § 19 II InsO zur Überschuldung ab 18.10.08, § 130a Rn 3). Das früher mögliche Vergleichsverfahren (VerglO) ist durch die InsO integriert, die VerglO ist mWv 1.1.99 aufgehoben. Die stGes ist als reine InnenGes nicht insolvenzfähig. Deshalb gelten Sonderregeln für die Insolvenz des Inhabers, während es für die Insolvenz des Stillen bei den allgemeinen Regeln bleibt (Auflösung des stGes nach § 728 BGB, Auseinandersetzung nach § 84 InsO). Die Eröffnung des Insolvenzverfahrens über das Vermögen des Inhabers löst die stGes auf (§ 728 BGB, § 234 Rn 5). (Gemein)Schuldner ist nur der Inhaber, er allein hat die Schuldnerrechte. Auf den Tag der Eröffnung (und Auflösung der stGes) ist ein Abschluss aufzustellen und (unter Berücksichtigung seiner Beteiligung an den bis dahin eingetretenen Verlusten) das Guthaben des Stillen zu ermitteln (§ 235 Rn 1); mit diesem ist der Stille **Insolvenzgläubiger** wie die andern nicht bevorrechtigten Gläubiger. Ein Absonderungsrecht (etwa an dem von ihm Eingelegten) hat er nur, wenn sein Guthaben pfandgesichert, RG Gruch **29**, 996, oder durch eine andere Sicherheit gesichert ist; anders bei Rangrücktritt (§ 39 II InsO), vgl Hamm NJW-RR **94**, 672, oder wenn seine Einlage wie haftendes Eigenkapital zu behandeln ist (s Rn 3). Nur zum Gebrauch überlassene Gegenstände kann er aussondern. I regelt nur Einlagenrückzahlung; Schadensersatz wegen Verlusts der Einlage kann der Stille uneingeschränkt fordern (außer bei Vereinbarung nachrangiger Hafteinlagen, vgl § 10 IV KWG, s Rn 3), BGH **83**, 344. Nach Beendigung des Insolvenzverfahrens gemäß Insolvenzplan können der Inhaber und der Stille gemäß Insolvenzplan die stGes fortsetzen, der Stille kann dann nicht als Insolvenzgläubiger seine Einlage zurückfordern, sondern nimmt an Verlust und eventuellem Sanierungsgewinn teil, vgl auch BGH **51**, 352. Lit: K. Schmidt KTS **77**, 1, 65.

2 B. **Schwebende Geschäfte** nach § 235 II, III hat der Insolvenzverwalter abzuwickeln (vgl §§ 103 ff InsO), ein Gewinnanteil des Stillen hieraus ist ebenfalls Insolvenzforderung.

3 C. Eine stille Einlage ist zwar grundsätzlich Fremdkapital (§ 230 Rn 21), kann aber entgegen § 236 **gesellschaftsrechtlich als** Teil der **Eigenkapital**grundlage des Inhabers (KG) **vereinbart** sein, so wenn die Erbringung der stillen Einlage

3. Abschnitt. Stille Gesellschaft 4–6 § 236

gesellschaftsrechtliche Beitragspflicht eines Kdtisten ist, BGH NJW **81**, 2251, oder wenn Stiller wie Kdtist oder wie GmbHGfter mitbestimmt, BGH **106**, 7, NJW **85**, 1079, WM **06**, 691, aber nicht allgemein für atypische Stille, Stgt NZG **09**, 259, aA Ffm WM **81**, 1371; dann muss die stille Einlage als Haftungsmasse für die Gläubiger voll eingezahlt werden. Auch **schuldrechtlich** kann Behandlung wie Eigenkapital vereinbart sein **(Finanzplanvereinbarung)**. Bei nachrangiger Hafteinlage bzw **Rangrücktritt** kann der Stille die Einlage erst nach Befriedigung der Gläubiger zurückfordern, BGH **83**, 344, **106**, 9, **156**, 44, Hamm ZIP **93**, 1321, Habersack ZGR **00**, 400. Zur KG & Still Weimar DB **87**, 1077. Lit: MüKo/K. Schmidt § 230 Rn 170 f, Schön ZGR **90**, 220.

Bei eigenkapitalähnlichem Charakter soll keine Haftung der Organe wegen verspäteter Insolvenzantragstellung eingreifen, AG Göttingen ZIP **11**, 475. Zutr erfordert der Schutz sonstiger Gläubiger keinen vollständigen Ausschluss deliktischer Ansprüche und ist ein angemessener Schutz der Anleger in PublikumsGes sicherzustellen.

2) Einzahlungspflicht des Stillen (II)

Eine noch geschuldete Einlage hat der Stille in die Insolvenzmasse zu zahlen, 4 aber erst bei Fälligkeit und nur (auch wenn er mit der Einzahlung im Verzug war) bis zu dem Betrag, der zur Deckung seines Anteils am Verlust benötigt wird. Wenn er am Verlust gar nicht beteiligt ist (§ 231 II), hat er nichts mehr einzuzahlen, RG **84**, 436; voll zu leisten sind rückständige Einlagen, denen nach der vertraglichen Vereinbarung Eigenkapitalcharakter zukommt, BGH ZIP **17**, 1367. Noch zu erfüllende Sacheinlageschulden werden nicht Geldschuld, str. Der Stille kann gegen den Einzahlungsanspruch mit seinem Rückzahlungsanspruch aufrechnen, sofern dieser bereits feststeht.

3) Rückgewähr von Einlagen und Gesellschafterdarlehen entgegen § 32a III GmbHG aF, § 172a aF, § 134 InsO

§ 32a GmbHG, § 172a sind durch MoMiG aufgehoben, jetzt insolvenzrecht- 5 liche Regelung, s § 172a aF Rn 1. Das gilt auch für die Darlehen durch den atypisch stGfter, für GmbH & Still str, Mock DStR **08**, 1647. Zum alten Recht vor MoMiG s 34. Aufl. Vgl auch § 136 InsO über die Anfechtung bei einer stGes. Zum Ganzen Henssler/Servatius Rn 16, 18, auch zu § 39 InsO. Für Altfälle können die Vorschriften weiter relevant sein, der stille Ges kann Normadressat des § 32a III GmbHG aF sein, BGH ZIP **13**, 2400. Bei **Schneeballsystemen** kommt eine Insolvenzanfechtung wegen unentgeltlicher Leistung, § 134 InsO, in Betracht, BGH ZIP **13**, 1533, eine solche ablehnend OLG Hamm ZIP **17**, 1125. Die bewusste Erfüllung einer nicht bestehenden Forderung (Gewinn(vor)auszahlung, wenn Einnahme aus Schneeballsystem gewonnen) ist unentgeltlich. Von § 134 InsO ausgenommen sind Handlungen, die mehr als vier Jahre vor dem Antrag auf Eröffnung des Insolvenzverfahrens vorgenommen wurden. Eine Vorabvergütung bei ausbleibenden Gewinnen als unentgeltliche Leistung ansehend Oldb ZIP **17**, 1296.

4) Besonderes Insolvenzanfechtungsrecht (§ 136 InsO)

A. **§ 136 I 1 InsO:** § 136 InsO ersetzt ohne größere sachliche Änderungen 6 § 237 aF HGB. Neben dem allgemeinen Anfechtungsrecht nach §§ 129 ff InsO hat der Insolvenzverwalter nach § 136 InsO ein besonderes Insolvenzanfechtungsrecht, das selbstständig neben die allgemeinen Anfechtungstatbestände (zB §§ 132, 134 InsO) tritt, ohne diese zu verdrängen. Grund für § 136 InsO sind das Insiderwissen des Stillen (vgl § 233) und die typischerweise engen Beziehungen zwischen dem Inhaber und dem Stillen. Anfechtbar ist eine Rechtshandlung, durch die dem Stillen die **Einlage** ganz oder teilweise **zurückgewährt** oder sein **Anteil an dem entstandenen Verlust** ganz oder teilweise **erlassen** wird, wenn

§ 237 1 · · · die **zugrundeliegende Vereinbarung im letzten Jahr vor dem Antrag** auf Eröffnung des Insolvenzverfahrens über das Vermögen des Inhabers oder nach diesem Antrag getroffen worden ist (I 1). Benachteiligungsabsicht ist nicht notwendig, das besondere Verhältnis zwischen Inhaber und Stillem in der stGes rechtfertigt hier rein objektive Anfechtungsvoraussetzungen (RegE). Der Rückgewähr steht hier jede andersartige Beseitigung des Zugriffs anderer Gläubiger (neben Leistung alle Leistungssurrogate, vor allem Aufrechnung), auch (nachträgliche) **Sicherung** des Stillen mit Gegenständen des Geschäftsvermögens, gleich, RG **84**, 436. Keine derartige Vereinbarung liegt vor bei Rückgewähr auf Grund des GesVertrags, RG **84**, 438, auch wenn er erst während des letzten Jahres vor Eröffnung des Insolvenzverfahrens eingegangen wurde; bei Rückgewähr nach Kündigung des GesVertrags durch den Stillen aus wichtigem Grunde, zB wegen Täuschung beim Vertragsschluss (§ 105 Rn 80), BGH **55**, 10, oder nach sonst wirksamer Kündigung, BGH NJW **01**, 1270; bei Erlass einer Einlagepflicht, soweit die Einlage nicht zur Verlustdeckung benötigt wird (§ 236 II). Eigenkapitalersetzende GfterDarlehen des Stillen s Rn 5. Die Anfechtung macht nicht das rückgewährende Rechtsgeschäft nichtig, sondern verpflichtet nur den Empfänger zur Rückgewähr (§ 143 InsO), BGH WM **71**, 183. § 136 InsO setzt als besonderer Fall der Insolvenzanfechtung Aktivlegitimation des Insolvenzverwalters wie zu §§ 129 ff InsO voraus, zB für Ansprüche aus § 826 BGB nur bei Schädigung des Gemeinschuldners oder der zur gemeinsamen Befriedigung dienenden Insolvenzmasse, BGH NJW **86**, 1174.

7 B. § 136 I 2 InsO: Das Insolvenzanfechtungsrecht nach I 1 besteht **auch, wenn** im Zusammenhang mit der Vereinbarung die stGes **aufgelöst** worden ist (I 2). Bsp: Annahme einer nicht zulässigen Kündigung des Stillen durch den Inhaber, welche die Rückzahlungspflicht begründet.

8 C. § 136 II InsO: Die Anfechtung ist ausgeschlossen, wenn ein **Eröffnungsgrund erst nach der Vereinbarung** iSv I **eingetreten** ist (II). Solche Eröffnungsgründe sind Zahlungsunfähigkeit, drohende Zahlungsunfähigkeit, bei juristischen Personen und Ges ohne eine natürliche Person als phG auch Überschuldung (§§ 17–19 InsO, Überschuldungsbegriff § 19 II InsO, s § 130a Rn 3). Der Stille trägt die Beweislast, BGH **83**, 346.

Vereinbarung von Kündigungsrecht schon in GesVertrag, dann auch im Fall der Kündigung zu kritischer Zeit keine Anfechtung, Mü ZIP **16**, 268, so schon noch zu § 237 aF BGH ZIP **01**, 243.

237 *(aufgehoben)*

1 § 237 über das besondere Insolvenzanfechtungsrecht bei der stillen Ges ist aufgehoben durch EGInsO 1994 und ersetzt worden durch § 136 InsO (s § 236 Rn 6).

Drittes Buch. Handelsbücher

Einleitung vor § 238

Schrifttum

1) Kommentare: *Adler/Düring/Schmaltz*, Rechnungslegung und Prüfung der Unternehmen, 6. Aufl von *Forster, Goerdeler* ua, 1994 ff (LBl, zit ADS); *Baetge/Kirsch/Thiele*, Bilanzrecht – Kommentar, 2002 ff (LBl); Beck'scher Bilanz-Kommentar, Handels- und Steuerbilanz, §§ 238 bis 339 HGB, 10. Aufl 2016 (zit BeckBilKo); *Bertram/Brinkmann/Kessler/Müller*, Haufe HGB Bilanz-Kommentar, 7. Aufl 2016; *GemKom/HGB (Ensthaler)*, 8. Aufl 2014; GK/BilR, Bd. 5 (§§ 238 bis 289a) 2014, Bd, 6 (§§ 290 bis 315a) 2011, Bd. 7/1 (§§ 316 bis 330) 2010, Bd. 7/2 (§§ 331 bis § 342e), 2012; *HdlbgKo/HGB (Glanegger ua)* 7. Aufl 2007; *Heymann*, Handelsgesetzbuch, 2. Aufl 1995 ff; *Hoffmann/Lüdenbach*, NWB Kommentar Bilanzierung, 8. Aufl 2017 (zit Ho/Lü); *KöKo(Rechnungslegung)* 2011; *Koller/Kindler/Roth/Morck*, HGB, 8. Aufl 2015; *MüKo(AktG)* Band 5 (§§ 278–328) 4. Aufl 2015; *Merkt/Probst/Fink*, Rechnungslegung nach HGB und IFRS, 2017 (zit Me/Pro/Fi); *MüKo(BilanzR)* Bd 2 HGB (§§ 238–342e) 2013; *MüKo(HGB)* 7. Aufl 2017; *Petersen/Zwirner/Brösel*, Bilanzrecht, 3. Aufl 2016; *L. Schmidt*, EStG, 36. Aufl 2017; *Wiedmann/Böcking/Gros* 3. Aufl 2014; zur AG s **(2)** AktG; zur GmbH s **(2)** GmbHG, besonders *Baumbach/Hueck (Haas)* 21. Aufl 2014; *Michalski/Heidinger/Leible/J. Schmidt (Sigloch/Keller/Meffert)* 3. Aufl 2017.

2) Lehr- u Handbücher: *Baetge/Kirsch/Thiele*, Bilanzen, 14. Aufl 2017; *Baetge/Kirsch/Thiele*, Konzernbilanzen, 11. Aufl 2015; *Baetge/Kirsch/Thiele*, Bilanzanalyse, 4. Aufl 2010; *Bitz/Schneeloch/Wittstock*, Der Jahresabschluss, 6. Aufl 2014; *Budde/Förschle*, Sonderbilanzen, 4. Aufl 2008; *Castan*, Beck'sches Hdb der Rechnungslegung, 52. Aufl 2017 (LBl, zit BeckHdb); *Coenenberg/Haller/Schultze*, Jahresabschluss und Jahresabschlussanalyse, 24. Aufl 2016; *Hofbauer/Kupsch*, Hdb der Rechnungslegung, 2017 (LBl, zit BoHdR); *Knobbe-Keuk*, Bilanz- und Unternehmenssteuerrecht, 9. Aufl 1993; *Küting/Weber*, Hdb der Rechnungslegung, 2016 (LBl, zit Kü/We); *Küting*, Hdb der Konzernrechnungslegung, 2. Aufl 1998 (zit HdbKonzernRL); *Küting/Weber*, Der Konzernabschluss, 14. Aufl 2017; *Moxter*, Bilanzlehre Bd II: Einführung in das neue Bilanzrecht, 3. Aufl 1984; *Moxter*, Grundsätze ordnungsgemäßer Rechnungslegung, 2003; *Scherrer*, Konzernrechnungslegung nach HGB, 3. Aufl 2012; *Scherrer*, Rechnungslegung nach neuem HGB, 3. Aufl 2011; *Tanski*, Jahresabschluss, 4. Aufl 2017; *Weber/Rogler*, Betriebswirtschaftliches Rechnungswesen. Band 1: Bilanz sowie Gewinn- und Verlustrechnung, 5. Aufl 2004; *Weber-Grellet*, Bilanzsteuerrecht, 15. Aufl 2017; *Winnefeld*, Bilanz-Hdb, 5. Aufl 2015; *Wirtschaftsprüfer-Handbuch*, 2 Bde, Bd I 14. Aufl 2012, Bd 2 14. Aufl 2014 (WP-Hdb); *Wöhe/Mock*, Die Handels- und Steuerbilanz, 6. Aufl 2010; *Schulze-Osterloh/Hennrichs/Wüstemann*, Hdb des Jahresabschlusses 2017 (LBl, zit HdJ).

3) Einzeldarstellungen u Sonstiges: *Deimel*, in: *Jannott/Frodermann*, Handbuch der Europäischen Aktiengesellschaft, 2. Aufl 2014 (SE-Rechnungslegung); *Ebner/Stolz/Mönning/Bachem*, E-Bilanz, 2013; *IDW*, Fachgutachten und Stellungnahmen (LBl); *IDW*, IDW Prüfungsstandards (IDW PS) IDW Stellungnahmen zur Rechnungslegung (IDW RS) (LBl); *Leffson*, Die Grundsätze ordnungsmäßiger Buchführung, 7. Aufl. 1987; von *Wysocki/Wohlgemuth/Brösel*, Konzernrechnungslegung, 5. Aufl 2014; *Ballwieser*, Konzern 14, 143 (Gewinnermittlung); *Zwirner*, WPg **15**, 218 (Entwicklungen); *Jessen/Haaker*, DB **13**, 1617 (BilRi 2013); *Merkt*, ZGR **15**, 215 (ISA); Merkt, ZHR **15**, 601 (Abschlußprüfungsreform). **Checklisten/Muster:** *Hopt*, Vertrags- und Formularbuch, 4. Aufl 2013, Teil III. A–K; *Merkt/Probst/Fink*, Rechnungslegung nach HGB und IFRS, 2017 (zit Me/Pro/Fi) Checklisten Anhang Kap 12 E, Konzernanhang Kap 16 D.

4) RsprÜbersichten: *Moxter*, BilanzRspr, 6. Aufl. 2007 (meist BFH); *Buciek* DB **10**, 1029 (Bilanzsteuerrecht); *Koch*, BB **14**, 2603 (bilanzielle Aspekte Umwandlungssteuerrecht); *Schnoor* StuB **09**, 845 (Bilanz- und ESt-Recht); *Veit* BB **09**, 542; **10**, 751; **11**, 811; **12**, 691; **13**, 747; **14**, 939, **15**, 619, **16**, 747, **17**, 682 (Bilanzierung betriebliche Altersversorgung); *Schmittmann* StuB **09**, 543 (Offenlegung und Ordnungsgeld); VW **10**, 1390 (Praxisrelevante Steuerrechtsprechung Versicherungswirtschaft); *Weber-Grellet*, BB **10**, 43, **11**, 43, **12**, 43, **13**, 43, **14**, 42, **15**, 43, **16**, 43, **17**, 43 (BFH-Rspr zum Bilanzsteuerrecht); *Zülch/Hoffmann* DStR **10**, 945 (Enforcement).

Einl v § 238 1   3. Buch. Handelsbücher

Übersicht

                                                                              Rn
I. Die Bilanzrechtsreform 1985 durch das Bilanz-Ri-G
   (BiRiLiG) 1–3
II. Die Entwicklung bis zum BilMoG 2009 4–21
III. Das BilanzrechtsmodernisierungsG (BilMoG) 2009 22–25
IV. Die Entwicklung seit dem BilMoG 26–39
V. Der Inhalt des Dritten Buches 40–99
   1) Überblick 40
   2) Aufbauprinzipien und damit verbundene Sachentscheidungen 41, 42
   3) Definitionen und Größenmerkmale 43–46
   4) Die wichtigsten Sachentscheidungen des Dritten Buches .. 47–57
VI. Bilanzrecht außerhalb des HGB 58
VII. Übergangsrecht (EGHGB) 59–98
   1) Übergangsvorschriften in (1) EGHGB Art 23–28 59–65
   2) Übergangsvorschriften in (1) EGHGB Art 30–31 66–68
   3) Übergangsvorschriften in (1) EGHGB Art 32–33 69
   4) Übergangsvorschriften für die neuen Bundesländer
      (DMBilG) 70
   5) Übergangsvorschriften in (1) EGHGB Art 47 71
   6) Übergangsvorschriften in (1) EGHGB Art 48 72
   7) Übergangsvorschriften in (1) EGHGB Art 49 73
   8) Übergangsvorschriften in (1) EGHGB Art 50 74
   9) Übergangsvorschriften in (1) EGHGB Art 51 75
   10) Übergangsvorschriften in (1) EGHGB Art 54 76
   11) Übergangsvorschriften in (1) EGHGB Art 55 77
   12) Übergangsvorschriften in (1) EGHGB Art 56 78
   13) Übergangsvorschriften in (1) EGHGB Art 57 u 58 79–81
   14) Übergangsvorschriften in (1) EGHGB Art 59 82
   15) Übergangsvorschriften in (1) EGHGB Art 60 83
   16) Übergangsvorschriften in (1) EGHGB Art 61 84
   17) Übergangsvorschriften in (1) EGHGB Art 62 85
   18) Übergangsvorschriften in (1) EGHGB Art 66 86
   19) Übergangsvorschriften in (1) EGHGB Art 67 87
   20) Übergangsvorschriften in (1) EGHGB Art 68 88
   21) Übergangsvorschriften in (1) EGHGB Art 69 89
   22) Übergangsvorschriften in (1) EGHGB Art 70 90
   23) Übergangsvorschriften in (1) EGHGB Art 72 91
   24) Übergangsvorschriften in (1) EGHGB Art 73 92
   25) Übergangsvorschriften in (1) EGHGB Art 74 93
   26) Übergangsvorschriften in (1) EGHGB Art 75 94
   27) Übergangsvorschriften in (1) EGHGB Art 76 95
   28) Übergangsvorschriften in (1) EGHGB Art 77 96
   29) Übergangsvorschriften in (1) EGHGB Art 78 97
   30) Übergangsvorschriften in (1) EGHGB Art 79 98
   31) Übergangsvorschriften in (1) EGHGB Art 80 99
   32) Übergangsvorschriften in (1) EGHGB Art 81 100

I. Die Bilanzrechtsreform 1985 durch das Bilanz-Ri-G (BiRiLiG)

1   **1)** Das heutige deutsche Bilanzrecht ist in seinen wesentlichen Grundentscheidungen unverändert geprägt durch das „G zur Durchführung der Vierten, Siebenten und Achten Ri des Rates der Europäischen Gemeinschaften zur Koordinierung des Gesellschaftsrechts **(BiRiLiG)**" vom 19.12.85 (BGBl I 2355), materiell in Kraft ab 1.1.86, das die **bis dahin einschneidendste Änderung des HGB** seit Herausnahme des Aktienrechts (Streichung von § 20 und Buch II

Einleitung 2–6 **Einl v § 238**

Abschn 3, 4) bei Erlass des AktG **1937** gebracht hat (zur 4., 7. und 8. EG-Ri und zu den Reformzielen des BiRiLiG s 33. Aufl Rn 4–13). Es hat neben kleineren Änderungen des HGB im Ersten und Zweiten Buch (§§ 8a, 9 II, 100 II, 118 I, 166; Aufhebung der §§ 38–47b; Umbenennung der §§ 335–342 in §§ 230–237) ein eigenes **neues Drittes Buch** des HGB mit 102 Paragraphen (Überschriften im Dritten Buch sind amtlich, im Übrigen HGB außerhalb des Dritten Buches außer bei einigen neueren Paragraphen nichtamtlich) geschaffen und gleichzeitig tiefe Einschnitte in zahlreiche andere Gesetze wie AktG, GmbHG, GenG, PublG, WPO und andere (s 34. Aufl Rn 81) vorgenommen. **Lit** Me/Pro/Fi Kap 1 Tz 11 ff, 44 ff.

In der Sache fasste das BiRiLiG das bis dahin höchst rudimentäre Buchführungs- und Bilanzrecht des HGB (§§ 38–47b aF, seither in §§ 238 ff inkorporiert) und wesentliche Teile des früheren Rechnungslegungsrechts für AG (über die Aufstellung des Jahresabschlusses, über die Prüfung des Jahresabschlusses und über die Rechnungslegung im Konzern, s Rn 67–78) in einem eigenen Buch des HGB zusammen. Dieses Dritte Buch bildet eine Art **Grundgesetz des Bilanzrechts** (Grundgesetz für Soll und Haben des Kfm), das die wesentlichen Teile des Rechts der Buchführung, Bilanzierung und Rechnungslegung, Prüfung und Offenlegung enthält und für alle Kflte (1. Abschn), Kapitalges (2. Abschn: AG, KGaA, GmbH) und eingetragene Genossenschaften (3. Abschn) zusammenfassend zugänglich macht. Nur abgestimmt, aber nicht integriert in das HGB hatte das BiRiLiG 1985 im Wesentlichen nur das Bilanzrecht für Großunternehmen, die nicht KapitalGes sind (PublG). 2

Das **HGB** insgesamt erfuhr mit dem BiRiLiG nach einem jahrzehntelangen Aushöhlungsprozess (s Einl Rn 1–3 vor 2. Teil Handelsrechtliche Nebengesetze) eine enorme Aufwertung, die es in seiner Rolle **als das grundlegende privatrechtliche Gesetz für Kaufleute, Handelsges und Unternehmen bestätigt.** 3

II. Die Entwicklung bis zum BilMoG 2009

1) Weiterentwicklung des Rechnungslegungsrechts bis zum BilReG. a) Die Elfte Ri 21.12.89 ABl 30.12.89 L 395/36 (sog **ZweigniederlassungsRi 1989**) trägt der Tatsache Rechnung, dass im Binnenmarkt für grenzüberschreitende Unternehmensaktivitäten immer häufiger **Zweigniederlassungen in anderen EG-Mitgliedstaaten** errichtet werden. Sie erweitert den Kreis der offenlegungspflichtigen Unternehmen (Zweigniederlassungen müssen die am Ort der Hauptniederlassung offenzulegenden Unterlagen auch am Ort der Zweigniederlassung offenlegen; gilt auch für sog Drittstaaten-Ges mit Sitz außerhalb der EU/ des EWR). Umgesetzt wurde sie durch das **Elfte Ri-Umsetzungsgesetz** v 23.7.93 BGBl I 1282. Der Rechtsrahmen für inländische Zweigniederlassungen ausländischer Ges wurde durch die damals eigeführten §§ 325a, 335 S. 1 Nr 7 (heute I 1 Nr. 2) vollständig neu geregelt. **Lit** Me/Pro/Fi Kap 1 Tz 14 ff (Entwicklungslinien). 4

b) Das **BankBiRiLiG 1990** hat in Umsetzung der **Bankbilanz-Ri** 8.12.86 ABlEG 31.12.86 Nr L 372/1 und in enger Verbindung zur Bankrechtsangleichung das Sonderbilanzrecht der **Kreditinstitute** nach EG-rechtlichen Vorgaben ganz neu geregelt (s Rn 17, § 340 Rn 1). 5

c) Die Ausklammerung der **GmbH & Co** aus dem BiRiLiG (anders RegE 1982) war verfehlt, Lutter/Mertens/Ulmer BB **83**, 1737. Die GmbH & Co ist keine bloße PersonenhandelsGes (unrichtig AmtlBegr), sondern sachlich eine GmbH mit ähnlichem Gläubigerschutz (Anh § 177a Rn 5). Die Abschlusspublizität ist Korrelat der Marktteilnahme des Unternehmens und schafft zugleich 6

Merkt 981

einen Ausgleich für die Haftungsbeschränkung, grdl Merkt Unternehmenspublizität 332 ff., ebenso Baums Bericht der Regierungskommission Corporate Governance 2001 Rn 251, so auch LG Osnabrück BB **05**, 2461. Die 4. EG-Ri nannte ursprünglich zwar die Rechtsform der GmbH & Co nicht ausdrücklich, aber erfasste sie ihrem Sinn nach. Die **GmbH & Co-Ri** 8.11.90 ABlEG 16.11.90 Nr L 317/60 bezieht solche PersonenGes (OHG, KG), bei denen die Komplementäre ausschließlich KapitalGes oder KapitalGes & Co iSd 4. EG-Ri sind oder bei Sitz außerhalb EU oder EWR eine vergleichbare Rechtsform haben, ausdrücklich in die 4. und 7. EG-Ri ein, sofern der phG eine AG oder GmbH ist, und damit auch in die 8. EG-Ri; ohne Übergangsmaßnahmen für Abschlussprüfer, Everling ZGR **93**, 153. Die Umsetzung ist vertragswidrig bis 1999 verzögert worden, EuGH **97**, 6843 (Daihatsu); s a EuGH BB **04**, 2413 (Axel Springer AG) mit Anm Schulze-Osterloh BB **04**, 2461, inzwischen §§ 264a–c, 285 S 1 Nr 11a, 15, § 286 III 1, 318 I 2 idF **KapCoRiLiG** 24.2.2000 BGBl 154 (**Übergangsrecht** in (1) EGHGB Art 48). Nach Schätzungen erfasst das KapCoRiLiG rund 100000 „& Co"-Ges bei Prüfungspflicht von mehr als 20000 und bis zu 10000 mittelständischen Bilanzkonzernen, **Übergangsrecht** s Rn 65. **Lit** IDW WPg **99**, 433 (zum Entwurf); Strobel DB **99**, 1025; Wiechmann WPg **99**, 916; Eisolt/Verdenhalven NZG **00**, 130; Theile BB **00**, 555.

7 **d)** Im Gegenzug zu dieser Ausdehnung schaffte die **Mittelstands-Ri** 8.11.90 ABlEG 16.11.90 Nr L 317/57 **Erleichterungen** zugunsten kleiner und mittlerer Unternehmen durch Anhebung der Größenmerkmale und weitere Wahlrechte der Mitgliedstaaten. Umsetzung durch **DMBilGÄndG** 25.7.94 BGBl 1686 (§§ 26 4, 267, 274a, 276, 286, 288, 293, 325, 326, 328). **Betragserhöhungs-Ri** 21.3.94 ABlEG Nr L 82/33.

8 **e)** Das **VersRiLiG 1994** hat in Umsetzung der **VersicherungsbilanzRi** 19.12.91 ABlEG 31.12.91 Nr L 374/7 das Sonderbilanzrecht für die Versicherungsbranche geschaffen (s § 341 Rn 2).

9 **2) Die Bilanzrechtsreform 2004. a)** Im Jahr 2002 legte die Bundesregierung ein „**10-Punkte-Programm zur Stärkung der Unternehmensintegrität und des Anlegerschutzes**" (nebst **Maßnahmenkatalog** v 25.2.03) vor. Damit sollten die Bilanzregeln weiterentwickelt und internationalen Rechnungslegungsgrundsätzen angepasst werden (Punkt 4), die Rolle der Abschlussprüfer gestärkt (Punkt 5) und die Rechtmäßigkeit von Unternehmensabschlüssen durch eine unabhängige Stelle (Enforcement) überwacht werden (Punkt 6). **Lit** Ernst BB **03**, 1487; Freidank/Pottgießer StuB **03**, 886; Meyer DStR **05**, 41.

10 **b)** Mit dem „Gesetz zur Einführung internationaler Rechnungslegungsstandards und zur Sicherung der Qualität der Abschlussprüfung (**Bilanzrechtsreformgesetz – BilReG**)" v 4.12.04 (BGBl. I 3166) wurde das HGB in Umsetzung von Punkt 4 u 5 des 10-Punkte-Programms (s Rn 9) im Bereich des Bilanzrechts und der Abschlussprüfung modernisiert. Im bilanzrechtlichen Teil ging es dabei um die Anpassung des nationalen Rechts an **vier EG-Rechtsakte**:

11 **c)** Die **IAS-VO** betreffend internationale Rechnungslegungsstandards (s Rn 20). Insoweit hob das BilReG § 292a (Befreiung von der Jahresabschluss-Aufstellung nach HGB bei Aufstellung nach international anerkannten Rechnungslegungsgrundsätzen) auf und führte stattdessen § 315a (Konzernabschluss nach internationalen Standards) ein.

12 **d)** Die **Modernisierungs-Ri** v 18.6.03 ABlEU Nr L 178/16 zur Änderung der 4. EGRi (s Rn 4); sie führte die Internationalisierung des europäischen Bilanzrechts weiter und räumte zugleich den Mitgliedstaaten mehr Flexibilität bei der Anpassung ihres nationalen Rechts ein. Dabei wurden die IAS nicht unterschiedslos auf alle bilanzierungspflichtigen Unternehmen erstreckt, sondern es wurden zusätzliche Wahlrechte geschaffen, die an die Unternehmen weiterge-

Einleitung 13–16 **Einl v § 238**

geben wurden. Dadurch wird ein Zwang zu einem umfassenden Paradigmenwechsel in der Handelsbilanzierung vermieden. Das BilReG beschränkte sich dementsprechend darauf, das Bilanzrecht an die zwingenden Vorgaben der Ri anzupassen. Änderungen wurden vorgenommen bei §§ 289, 291 III, 298 III, 315, 322, 325 III a, 328 II 3, 340a I. §§ 295 und 340j wurden aufgehoben.

e) Die Schwellenwert-Ri v 13.5.03 ABlEU Nr L 120/22 zur Änderung der 13 4. EGRi (s Rn 4). Das BilReG passte die Schwellenwerte in § 267 I, II (Größenklassen für kleine, mittelgroße und große Kapitalges) u § 293 I (Schwellenwerte für die Konzernabschlusspflicht) an. Insgesamt wurde eine deutliche, knapp 17% ige Anhebung vorgenommen, AmtlBegr BTDrucks 15/3419, 25.

f) Die Fair-Value-Ri v 27.9.01 ABlEG Nr L 283/28. Diese Ri enthält neben 14 einer großen Zahl von Wahlrechten auch eine beschränkte Zahl von obligatorischen Regelungen zum Anhang und zum Lagebericht. Diese zwingenden Vorgaben wurden mit dem BilReG umgesetzt. Soweit die Ri verlangt, Ansatz und Bewertung von Finanzinstrumenten nach Marktwerten jedenfalls als Unternehmenswahlrecht im Konzernabschluss zuzulassen, trug dem bereits das geltende Recht mit § 292a Rechnung. Das BilReg hob zwar diese Bestimmung auf, führte aber mit dem neuen § 315a III ebenfalls ein Unternehmenswahlrecht für den IAS/IFRS-Konzernabschluss ein. **Lit** Huthmann/Hofele KoR **05**, 181.

g) Im Bereich der **Abschlussprüfung** ging es im BilReG um die Stärkung 15 der Unabhängigkeit des Abschlussprüfers insbesondere durch Neufassung von § 319 und Einfügung von § 319a. Darüber hinaus wurden umfangreiche Änderungen bei der **Lageberichterstattung** vorgenommen. **Lit** AK Bilanzrecht BB **04**, 546; Baetge/Brötzmann, Konzern **04**, 724; Deutscher Anwaltverein NZG **04**, 412; Ernst BB **03**, 1487; Heuser/Theile GmbHR **05**, 201; Hoffmann/Lüdenbach GmbHR **04**, 145; Hüttemann BB **04**, 203; Kirsch/Scheele WPg **04**, 1; Lange ZIP **04**, 981.

h) Das Bilanzkontrollgesetz (BilKoG): Bis 2004 umfasste das deutsche 16 System zur Durchsetzung der Rechnungslegungsvorschriften nur die Prüfung der Jahres- und Konzernabschlüsse durch den Abschlussprüfer und den Aufsichtsrat. Dies wurde besonders vor dem Hintergrund der Bilanzskandale (Comroad, Flowtex ua) zunehmend als unzulänglich angesehen. Abhilfe versprach man sich durch ein von staatlicher Seite beauftragtes Gremium, das neben Abschlussprüfer und Aufsichtsrat regelmäßig die Richtigkeit von Jahresabschlüssen kapitalmarktorientierter Unternehmen prüft. Mit dem „Gesetz zur Kontrolle von Unternehmensabschlüssen (Bilanzkontrollgesetz – BilKoG)" v 15.12.04, BGBl I 3408 wurde in Umsetzung von Punkt 6 des 10-Punkte-Programms (s Rn 9) durch Einfügung eines nach § 342a angefügten sechsten Abschnitts („Prüfstelle für Rechnungslegung" §§ 342b–342e) ein solches Enforcement der Rechnungslegung börsennotierter Unternehmen eingeführt. Geprüft werden dabei die Abschlüsse und Berichte von Unternehmen, deren Wertpapiere iSd **(16b)** WpHG § 2 I 1 an einer inländischen Börse zum Handel im amtlichen oder geregelten Markt zugelassen sind. Enforcement wird dabei definiert als die Überwachung von Unternehmensberichten, dh der externen Rechnungslegung, durch eine außerhalb des Unternehmens stehende unabhängige Stelle, die nicht mit dem gesetzlichen Abschlussprüfer identisch ist. Verstöße werden durch die BaFin geahndet. Die Prüfstelle als privatrechtliches Gremium steht also neben dem Abschlussprüfer. Ziel der gesonderten Prüfung ist, das verloren gegangene Vertrauen der Anleger in den Kapitalmarkt wiederherzustellen, ferner die Stärkung des Kapitalmarktes und der internationalen Wettbewerbsfähigkeit des Finanzplatzes Deutschland (AmtlBegr 18). **Lit** AK Externe Unternehmensrechnung DB **04**, 329; Deutsches Aktieninstitut NZG **04**, 224; Deutscher Anwaltverein NZG **04**,

220; Ernst BB **04**, 936; Großfeld NZG **04**, 393; Hommelhoff/Mattheus BB **04**, 93; Lenz BB **04**, 1951; Zülch StuB **05**, 1; Gelhausen/Hönsch AG **05**, 511.

17   **3) Wichtige Reformmaßnahmen seit 2004. a)** Durch das **„Gesetz über die Offenlegung der Vorstandsvergütungen (VorstOG)"** v 3.8.05, BGBl I 2265 wurde in § 285 S 1 Nr 9a die Pflicht zur Offenlegung von Aktienoptionen und Vorstandsbezügen börsennotierter AG (Einzelbezüge mit Namensnennung, aufgegliedert nach erfolgsabhängigen und -unabhängigen sowie langfristig anreizwirkenden Bestandteilen) erweitert. **Lit** Baums ZHR **05**, 299; Spindler NZG **05**, 689; Lücke NZG **05**, 692; Thüsing ZIP **05**, 1389.

18   **b)** Das „Gesetz über elektronische Handelsregister und Genossenschaftsregister sowie das Unternehmensregister **(EHUG)**" v 10.11.06, BGBl I 2553 hat in Umsetzung der EU-Ri 2003/58/EG v 17.7.03 ABlEG Nr L 221/13 und 2004/109/EG v 15.12.04 ABlEG Nr L 390/38 das **System der Offenlegung von Jahresabschlüssen für Kapitalges** sowohl im organisatorischen Ablauf als auch in der Sanktionierung der Verletzung der Einreichungs- und Veröffentlichungspflichten grundlegend geändert. Gestrichen wurde die Unterscheidung zwischen großen, mittelgroßen und kleinen Kapitalges im Hinblick auf die Form der Offenlegung ihrer Jahresabschlüsse. Weggefallen ist ferner die Einreichungspflicht beim Handelsregister. § 325 I und II bestimmen für alle Kapitalges, dass deren gesetzliche Vertreter den Jahresabschluss und die weiteren in § 325 I 3 nF genannten Dokumente spätestens vor Ablauf des zwölften Monats des dem Abschlussstichtag nachfolgenden Geschäftsjahrs beim Betreiber des elektronischen Bundesanzeigers in elektronischer Form einreichen und unverzüglich nach der Einreichung dort bekannt machen lassen müssen. Dies gilt gem § 264a auch für die dort aufgeführten haftungsbeschränkten Personenges (§ 325 III für Konzernabschlüsse). Die Sanktionen für die Verletzung der Einreichungs- und Veröffentlichungspflichten wurden verschärft (§§ 329, 335). **Lit** Liebscher/Scharff NJW **06**, 3745.

19   **c)** Das **Transparenz-Ri-Umsetzungsgesetz (TUG)** v 5.1.07, BGBl I 10 hat in Umsetzung der EU-TransparenzRi 2004/109/EG v 15.12.04 ABlEG Nr L 390/38 im Bereich des Bilanzrechts insbesondere den **Bilanzeid** in das HGB eingeführt, der neben dem Grundtatbestand in § 264 II für den Jahresabschluss auf den Lagebericht (§ 289 I), den Konzernabschluss (§ 297 II) und den Konzernlagebericht (§ 315 I) erstreckt ist. Abzugeben ist der Bilanzeid auch, sofern nach internationalen Standards bilanziert wird (§§ 315e I, 325 II a). Verstöße sind unter Strafe gestellt (§ 331). Das Vorliegen des Bilanzeids wird in den Umfang der Prüfung der Prüfstelle für Rechnungslegung einbezogen (§ 342b).

20   **d) Fortentwicklung unter internationaler Konkurrenz (IAS/IFRS, US GAAP):** Das Ziel der **Harmonisierung** in der EU, soweit notwendig, wurde trotz der verschiedenen Ri noch **nicht erreicht**. Die Bemühungen darum in der EU und international gingen weiter. In der EU war ursprünglich an eine Ermächtigungs-Ri gedacht, wonach die EU-Komm unter Einschaltung von Ausschüssen ohne EU-Ri unmittelbar Bilanzrechtsvorschriften erlassen könnte. In der Zwischenzeit erwiesen sich jedoch die 4. und 7. EG-Ri unter dem internationalen Einfluss der US GAAP und der IAS/IFRS als stark überholungsbedürftig. Sie müssen flexibler gestaltet werden. Der **Konzernabschluss** hat gegenüber dem Einzelabschluss praktisch **vorrangige Bedeutung** gewonnen. Da es wegen der grundlegenden Unterschiede zwischen den Mitgliedstaaten zu einer einheitlichen europäischen Rechnungslegung auf absehbare Zeit nicht kommen wird, wird auf andere internationale Regelwerke wie IAS/IFRS oder US GAAP zurückgegriffen (vgl § 315e). Die parallele Anwendung der 4. und 7. EG-Ri und IAS/IFRS oder US GAAP wirft erhebliche Probleme auf und es sind aufwändige Überleitungsrechnungen notwendig. Eine Ausklammerung bestimmter (etwa

Einleitung 21, 22 **Einl v § 238**

börsennotierter) Unternehmen aus der 4. und 7. EG-Ri zugunsten von IAS/ IFRS oder US GAAP führt hingegen zu Ungleichheiten innerhalb der EU. Die Durchsetzung der Rechnungslegungsnormen und die Koordinierung sowie Vereinheitlichung auf europäischer Ebene werden immer wichtiger, auch ohne dass es zu einem Europäischen Accounting Standards Board kommt. Überkommene deutsche Rechnungslegungsprinzipien wie Vorsichts-, Maßgeblichkeits- und umgekehrtes Maßgeblichkeitsprinzip (letzteres aufgegeben durch BilMoG, s Rn 25) haben im internationalen Wettbewerb einen schweren Stand. Durch die EG-IAS-VO v 11.9.02 (ABlEG L 243/1) wurde vorgeschrieben, dass **kapitalmarktorientierte Ges** ihre konsolidierten Jahresabschlüsse nach IAS/IFRS erstellen müssen. Darüber hinaus wurden den nationalen Gesetzgebern mit der IAS-VO weitere Optionen eröffnet. Gem Art 5 IAS-VO haben die Mitgliedstaaten ein Wahlrecht in Bezug auf Jahresabschlüsse und hinsichtlich nicht kapitalmarktorientierter Ges. Die Mitgliedstaaten können gestatten oder vorschreiben, dass kapitalmarktorientierte Ges ihre Jahresabschlüsse und nicht kapitalmarktorientierte Ges ihre konsolidierten Abschlüsse und/oder ihre befreienden Einzelabschlüsse nach IAS/IFRS aufstellen, s befürwortend AK Schmalenbach, DB **01**, 160; IDW, WPg **02**, 985; abl AK Bilanzrecht, BB **02**, 2372; Deutsche Bundesbank, Monatsbericht Juni **02**, 41. Zur Rechtswirkung von EG-Ri s Einl 36 vor § 105. Lit Van Hulle ZGR **00**, 537; Ernst BB **01**, 823; krit Busse von Colbe BB **02**, 1530; Ekkenga BB **01**, 2362; Kahle WPg **03**, 262; Kirsch WPg **03**, 275; Zwirner WPg **15**, 218.

e) Für **weitere Änderungsgesetze** bis zum BilMoG 2009 s Einl 15 vor § 1; **21** ua UmwBerG 1994, BegleitG EG-Ri 1997, 3. FinanzmarktförG 1998, StückAG 1998, KapAEG 1998, KonTraG 1998, EuroEG 1998, HRefG 1998, SteuerÄndG 1998, KapCoRiLiG 2000, WPOÄG 2000, AVmG 2001, EuroBilG 2001, VersKapAG 2002, 4. FinanzmarktförG 2002.

III. Das BilanzrechtsmodernisierungsG (BilMoG) 2009

1) Mit dem **BilMoG 2009** (RegE BT-Drucks 16/10067, Beschlussempfeh- **22** lung und Bericht des BT-Rechtsausschusses BT-Drucks 16/12407) wurde das deutsche Bilanzrecht **grundlegend modernisiert**. International tätige Unternehmen müssen zunehmend **internationale Rechnungslegungsstandards** beachten, unabhängig davon, ob sie kapitalmarktorientiert sind. Jedoch ist die Anwendung der IFRS mit erheblichen Kosten und Publizitätspflichten verbunden, die besonders beim Mittelstand vielfach in keinem angemessenen Verhältnis zum Zusatznutzen informationsorientierter Rechnungslegung stehen. Der Gesetzgeber wollte den Unternehmen eine gleichwertige, aber einfachere und kostengünstigere **Alternative zur Rechnungslegung nach IFRS** eröffnen. Besonders kleine und mittelständische Unternehmen sollten wesentlich entlastet werden. Ferner sollten Lehren aus der Finanzkrise gezogen werden. Dabei verfolgte der Gesetzgeber im Einzelnen vier große Ziele: **1.** Die **Deregulierung der Publizitätspflichten** durch die Befreiung kleiner Einzelkaufleute von bestimmten Rechnungslegungspflichten und durch Anhebung der die einzelnen Größenklassen und damit Rechnungslegungspflichten bestimmenden Schwellenwerte; **2.** die **Verbesserung der Aussagekraft des HGB-Abschlusses** durch Annäherung der Abbildungsvorschriften an die IFRS. Dabei ging es vor allem um das Aktivierungswahlrecht bei selbst erstellten immateriellen Vermögensgegenständen des Anlagevermögens, die Bewertung von Finanzinstrumenten zum Marktwert bei Kreditinstituten, die marktnähere Bewertung von Rückstellungen sowie die Abschaffung einer Vielzahl nicht mehr zeitgemäßer Wahlrechte; **3.** Die **Erhöhung der Transparenz des HGB-Konzernabschlusses** durch eine veränderte Konzeption der Aufstellungspflicht und durch eine grundsätzliche

Merkt 985

Verpflichtung zur Konsolidierung sog. Zweckges; **4. die Umsetzung weiterer EU-Vorgaben und die Stärkung der Kontrollmechanismen** für die Einhaltung von Rechnungslegungsvorschriften. Das HGB blieb dabei Grundlage sowohl der Ausschüttungsbemessung als auch der steuerlichen Gewinnermittlung. Die Grundgedanken des Vorsichtsprinzips und des Gläubigerschutzes blieben – wenn auch mit gewissen Einschränkungen – weiter maßgebend. Weder das System der GoB noch die grundsätzliche Möglichkeit zur Erstellung einer Einheitsbilanz sollten aufgegeben werden. Der Grundsatz der umgekehrten Maßgeblichkeit wurde allerdings abgeschafft, die einfache Maßgeblichkeit wurde an vielen Stellen durchbrochen. **Lit** Boecker/Froschammer IRZ **10**, 305; Ernst/Seidler BB **09**, 766; Fink StuB **10**, 734; Kleindiek GmbHR **10**, 1333; Lachnit/Wulf StuB **10**, 687; Lüdenbach/Hoffmann StuB **09**, 287; Melcher/Murer DB **11**, 2329; Oser PiR **09**, 121; Petersen/Zwirner KoR **08**, Beil 1, Beil 3; **09**, Beil 1; StuB **09**, 335; BB **10**, 1651; Richter GmbHR **10**, 505; Wulf StuB **10**, 563; Zwirner NZG **09**, 530; StuB **10**, 493; DB **10**, 1653; KoR **11**, 1; StuB **11**, 643; Ballwieser Konzern **14**, 143; Me/Pro/Fi Kap 1 Tz 22 ff.

23 2) Mit dem BilMoG 2009 wurden zwei EU-Ri umgesetzt: 1. Die Ri 2006/46/EG vom 14.6.06 zur Änderung der Ri 78/660/EWG (4. gesellschaftsrechtliche Ri) über den Jahresabschluss von Ges bestimmter Rechtsformen, 83/349/EWG über den konsolidierten Abschluss, 86/635/EWG über den Jahresabschluss und den konsolidierten Abschluss von Banken und anderen Finanzinstituten und 91/674/EWG über den Jahresabschluss und den konsolidierten Abschluss von Versicherungsunternehmen **(EU-Abänderungs-Ri)** sowie 2. die Ri 2006/43/EG vom 17.5.06 über Abschlussprüfungen von Jahresabschlüssen und konsolidierten Abschlüssen zur Änderung der Ri 78/660/EWG und 83/349/EWG zur Aufhebung der Ri 84/253/EWG **(Abschlussprüfer-Ri)**. Die Umsetzung der Abänderungs-Ri betraf vorrangig das Bilanzrecht und sollte zu einer Stärkung des Vertrauens des Kapitalmarktes in die Richtigkeit und Vollständigkeit der Rechnungslegung durch Aufwertung einzelner Anhangangaben im Bereich der einzelges sowie konsolidierten Rechnungslegung führen. Die Umsetzung der Abschlussprüfer-Ri führte zu Änderungen im Recht der handelsrechtlichen Abschlussprüfung und diente der Harmonisierung der Abschlussprüfung auf europäischer Ebene. Beide Ri wurden „eins zu eins" (kein gold-plating) in deutsches Recht umgesetzt. **Lit** Petersen/Zwirner KoR **08**, Beil 1, Beil 3; **09**, Beil 1.

24 3) Das BilMoG 2009 betraf eine ganze Reihe von unterschiedlichen Regelungsbereichen. Im **Überblick:** Die **Publizitätspflichten** deutscher Unternehmen wurden weiter dereguliert. Der neu eingeführte § 241a ermöglicht kleinen Einzelkflten eine Befreiung von der Buchführungspflicht nach § 238, sofern diese an zwei aufeinander folgenden Abschlussstichtagen nicht mehr als 500 000 EUR Umsatzerlöse und nicht mehr als 50 000 Euro Jahresüberschuss ausweisen. Bei Neugründungen tritt eine Befreiung bereits ein, wenn die Werte am ersten Abschlussstichtag nach der Neugründung nicht überschritten werden. Für PersonenhandelsGes gelten die genannten Kriterien nicht. Die Ergänzung in § 242 IV stellt zudem sicher, dass die Pflicht zur Aufstellung eines Jahresabschlusses nicht für Unternehmen gilt, die unter § 241a fallen. Hingegen werden die **Zwecke des HGB-Abschlusses** (Dokumentation, Rechenschaft, Kapitalerhaltung) durch das BilMoG nicht modifiziert, Baetge/Kirsch/Solmecke WPg **09**, 1211. Zur Auslegung des (Konzern-) Bilanzrechts nach dem BilMoG Hennrichs/Pöschke WPg **09**, 532.

25 Das **Maßgeblichkeitsprinzip** bleibt zwar grundsätzlich erhalten, wird aber **in weiten Teilen durchbrochen**. So besteht zB nach § 248 II ein Aktivierungswahlrecht für selbst erstellte immaterielle Vermögensgegenstände des Anlagevermögens, während § 5 II EStG weiterhin ein Ansatzverbot vorsieht. Das Prinzip

Einleitung 26–28 Einl v § 238

der **umgekehrten Maßgeblichkeit** nach § 5 I 2 EStG aF wurde **aufgehoben,** dh steuerliche Wertansätze entfalten keine Geltung mehr für die handelsrechtl Rechnungslegung. §§ 247 III (steuerliche Sonderposten), 254 (steuerrechtliche Abschreibungen), 273 (Sonderposten mit Rücklageanteil), 279 II (Vornahme steuerrechtlicher Abschreibungen), 280 wurden aufgehoben. **Lit** BMF-Schreiben BB **10**, 820; Richter GmbHR **10**, 505. Zu Einzelheiten der Reform durch das BilMoG 2009 s 36. Aufl Rn 29–62.

IV. Die Entwicklung seit dem BilMoG

1) Das Gesetz zur Umsetzung der Ri 2012/6/EU des Europäischen Parlaments 26 und des Rates vom 14.3.12 zur Änderung der Ri 78/660/EWG des Rates über den Jahresabschluss von Ges bestimmter Rechtsformen hinsichtlich Kleinstbetrieben **(Kleinstkapitalges-BilanzrechtsänderungsG – MicroBilG)** für besonders kleine Kapitalges Entlastungen von den umfangreichen Vorgaben für die Rechnungslegung auf EU-Ebene gebracht und dazu die Optionen der EU-Ri 2012/6/EU vom 14.03.12 zur Änderung der Ri 78/660/EWG über den Jahresabschluss von Ges bestimmter Rechtsformen hinsichtlich Kleinstbetrieben (Micro-Ri; ABl. L 81 vom 21.03.12, S 3) genutzt. **Lit** Fey ua BB **13**, 107; Küting/Eichenlaub DStR **12**, 2615; dies/Strauß, DStR **12**, 1670; Müller/Kreipl DB **13**, 73; Theile DB **13**, 469; Wader/Stäudle WPg **13**, 249; Zwirner BB **12**, 2231; Me/Pro/Fi Kap 1 Tz 27 ff.

2) Durch das **AIFM-UmsetzungsG** v 4.7.13 BGBl I **13** 1981 (**Übergangs-** 27 **recht (1)** EGHGB Art 71 II), mit dem das InvestmentG aufgehoben und durch das KAGB ersetzt wurde, wurden die Konsolidierungsvorschriften in § 290 II sowie die zugehörigen Anhangsangaben der §§ 285 Nr 26u 314 I Nr 18 neu gefasst. Daneben wurden redaktionelle Änderungen des Bilanzrechts vorgenommen. Durch Änderung des § 290 II Nr 4 S 2 wurde das Nichtbestehen eines Mutter-Tochter-Verhältnisses auch auf ausländische Investmentvermögen ausgeweitet, die mit Spezial Sondervermögen iSv § 2 III InvG vergleichbar sind. **Lit** Gaber/Groß/Heil BB **13**, 2667.

3) Mit dem **Gesetz zur Umsetzung der BilRi 2013 (BilRUG 2015** v 7.1.15 28 BGBl. I Nr. 30 v 22.7.15) hat der Gesetzgeber in Umsetzung der neuen **BilRi** 2013/34/EU v 26.6.13 ABl L 182 v 29.6.13 innerhalb kurzer Zeit nach dem BilMoG eine weitere umfangreiche Novellierung des 3. Buches vorgenommen. Ziel der BilRi 2013, die an die Stelle der bisherigen 4. BilRi 1978 und der 7. KonzernbilanzRi 1983 tritt, ist es, die bisher getrennten Regelungen für **Einzel- und Konzernabschlüsse zusammenzuführen** und vollständig zu harmonisieren, die **bürokratische Belastung** kleiner und mittlerer Unternehmen zu **verringern**, die Vergleichbarkeit der Jahres- und Konzernabschlüsse von KapitalGes und bestimmten PersonenhandelsGes in der EU zu erhöhen, die **Wesentlichkeit** (Materiality, Art 6 I Buchst j) und die **wirtschaftliche Betrachtungsweise** (Substance over Form, Art 6 I Buchst h) als verbindliche allgemeine Grundsätze zu implementieren und große Unternehmen und Unternehmen von öffentlichem Interesse in der mineralgewinnenden Industrie und in der Industrie des Holzeinschlags in Primärwäldern **stärkeren Transparenzanforderungen** hinsichtlich ihrer Zahlungen an staatliche Stellen durch jährliche Berichtspflichten (Country-by-Country Reporting, Art 41–48) zu unterwerfen, um Korruption einzudämmen (RegE BilRuG 2015, 1, 50, BR-Drucks 23/15 v 23.1.15). Die BilRi 2013 enthält eine stärkere Systematisierung und legt die **Größenklassen** von Unternehmen fest. Schwellenwerte für kleine Unternehmen können mitgliedstaatlich weiter erhöht werden, solche für große Unternehmen und Konzerne werden nur leicht erhöht. Zudem führt sie den Grundsatz der Maximalharmo-

Merkt 987

Einl v § 238 29–32   3. Buch. Handelsbücher

nisierung bei den Anhangangaben für kleine Unternehmen ein (Art. 16 III), in abgeschwächter Form auch bei der Anzahl der zum Abschluss gehörenden Unterlagen (Art. 4 I Unterabs. 2) und den darin darzustellenden Angaben (Art. 4 V). Ebenso werden allgemeine Grundsätze in einem vor die Klammer gezogenen zentralen Kapitel 2 stärker verankert, etwa der Grundsatz der Wesentlichkeit (Art. 12 Nr. 16; Art. 6 I lit. j und Erwägungsgrund 17) und die wirtschaftliche Betrachtungsweise (Art. 6 I lit. h und Erwägungsgrund 6). **Lit** Luttermann NZG **13**, 1128; Zwirner DStR **14**, 439; Lorson DB **15**, 695; Blöink/Knoll-Biermann Konzern **15**, 65; Zwirner DB **15** Beil 6; Zwirner/Busch Konzern **16**, 113; Weinert/Schwarz/Stein DB **17**, 737 (Referenzgröße Mitarbeiter).

29   Allerdings ergab sich aus dem neuen Grundsatz der Maximalharmonisierung für kleine Unternehmen für das **HGB nur geringer Anpassungsbedarf** (z. B. neue Pflicht zur Darstellung der im Jahresdurchschnitt Beschäftigten bei gleichzeitigem Entfallen einiger bisheriger Pflichtangaben; zahlreiche kleiner Änderungen). Die EU-weit neu eingeführte Überprüfung der Angaben im Lagebericht gibt es im HGB seit langem.

30   Zur Stärkung der **Transparenz im Rohstoffsektor** (definiert in der BilRi 2013 als Gewinnung mineralischer Rohstoffe einschließlich fossiler Energierohstoffe sowie Holzeinschlag in Primärwäldern) werden Unternehmen verpflichtet, jährlich eine gesonderte Darstellung der an staatliche Stellen weltweit geleisteten Zahlungen zu veröffentlichen (ggf. zusammengefasst für vergleichbare Sachverhalte bzw. projektspezifisch, allerdings nur Zahlungen ab 100.000 Euro), wobei im Konzern anstelle der Einzeldarstellungen eine konsolidierte Darstellung des Mutterunternehmens verlangt wird. Durch Regelungen zur Gleichwertigkeit gesetzlicher Berichtspflichten in Drittstaaten will die BilRi europäischen Unternehmen bei Notierung an US-Börsen (dort gesetzliche Berichtspflichten für Unternehmen der mineralgewinnenden Industrie) **doppelte Berichtspflichten ersparen**. Die Gleichwertigkeit ist von der EU-Kommission in gesondertem Verfahren festzustellen.

31   **Sonstige Änderungen im Bilanzrecht** über die Umsetzung der BilRi 2013 hinaus hat das BilRUG 2015 nur sehr begrenzt vorgenommen, so einzelne Präzisierungen und Verbesserungen, um die Anwendung der Vorschriften zu erleichtern und die Vergleichbarkeit zu erhöhen, etwa Harmonisierung der Vorschriften zur Befreiung bestimmter Tochterunternehmen von Rechnungslegungspflichten, wenn sie in Konzernabschlüsse einbezogen sind (Änderungen von § 264 III u IV, § 264b) sowie Vereinfachungen des § 292 sowie Aufhebung der KonzernabschlussbefreiungsVO; **Lit** AK Bilanzrecht NZG **14**, 892; BB **14**, 2731; Blöink/Knoll-Biermann Konzern **15**, 65; Bode DB **15**, 816 (Offenlegung); Fink/Theile DB **15**, 753; Haaker DB **15**, 510 (Ausschüttungssperre nach § 272 V); StuB **15**, 11 (Problembereiche); Keller/Schmidt BB **14**, 2283; Jessen/Haaker DB **13**, 1617; Kleinmanns StuB **14**, 794 (GuV u Zahlungsberichte); Kolb/Roß WPg **14**, 991 (MicroBilG); Kreipl/Müller ZCG **14**, 235; Lange/Müller KoR **14**, 482; Lüdenbach/Freiberg BB **14**, 2219 (RefE); BB **15**, 363 (RegE); Maas WPg **14**, Editorial Heft 18; Müller/Stawinoga BB **14**, 2411 (Schwellenwerterhöhung); Oser/Orth/Witz DB **14**, 1877 (RegE); Reitmeier/Deubert BB **14**, 2795 (Befreiungsmöglichkeiten für Tochterges); Roß BB **14**, Die Erste Seite Heft 37; Scheffler AG **14**, R234; Schulze-Osterloh BB **15**, Die Erste Seite Heft 7; Schütte DB **14**, 2237; Velte/Haaker EWS **14**, 204; Wirtz/Gersbacher StuB **14**, 711 (Definition Umsatzerlöse); Zwirner DStR **14**, 1784 u 1843 u 1889 u **15**, 375; BC **14**, 355 u 363; StuB **14**, 688 u StuB **15**, 123; WPg **15**, 218; Zwirner/Boecker BC **14**, 460.

32   **Nicht** explizit in das BilRUG aufgenommen worden sind der **Wesentlichkeitsgrundsatz** (Art 6 I Buchst j BilRi 2013), weil dieser Grundsatz bereits als GoB anerkant ist (§ 243 I) und in verschiedenen Einzelvorschriften zum Ausdruck kommt; der **Grundsatz der wirtschaftlichen Betrachtung** (Art 6 I

Einleitung 33–35 Einl v § 238

Buchst h BilRi 2013), weil eine wirtschaftliche Betrachtungsweise schon zuvor zum methodischen Grundinstrumentarium des deutschen Bilanzrechts gehörte; die **True-and-Fair-View-Abweichungsfunktion** (Art 4 IV BilRi 2013), weil auch insoweit das bisherige Recht der Anforderung durch die teleologische Auslegung genügt; die **Änderung der Rückstellungsbewertung** (Art 12 XII Unterabs 3 BilRi 2013) (Problem der Zulässigkeit der Abzinsungsregelung in § 253 I 2; Problem des besten Schätzwerts, str, AK Bilanzrecht, BB **14**, 2732; Lüdenbach/Freiberg BB **14**, 2221); die **Ausschüttungssperre bei phasengleicher Dividendenaktivierung** (Art 9 VII Buchst c BilRi 2013); die verbreitet geforderte Abschaffung des **Wahlrechts zur Nichtpassivierung mittelbarer Pensionsverpflichtungen** in Art 28 I EGHGB; **Lit** AK Bilanzrecht BB **14**, 2732.

4) Parallel zur Reform des Bilanzrechts wurde von der EU der **Rechtsrah- 33 men für die Abschlussprüfung** umfassend reformiert. Dazu erließ die EU eine **ÄnderungsRi** 2014/56/EU v 16.4.14 ABl 27.5.14 L 158/196 zur AbschlussprüferRi von 2006 (oben Rn 26) sowie eine neue **AbschlussprüferVO** (EU) Nr 537/2014 v 16.4.14 ABl v 27.5.14 L 158/77, die auf Unternehmen von öffentlichem Interesse beschränkt ist. Zentrale Punkte sind Etablierung einer klaren Rolle des Abschlussprüfers durch höhere Prüfungsqualität, gesteigerte Transparenz und Verantwortlichkeit, strengere Regeln zur Unabhängigkeit (zwingende Rotation nach max 10 Jahren; Verbot bestimmter Nichtprüfungsleistungen, Art 5 VO, Deckelung der Prüferhonorare für Nichtprüfungsleistungen, Art 4 VI VO), Schaffung eines dynamischeren und besser überwachten Abschlussprüfermarktes (Verbot von Big-4 Klauseln, verstärkte Aufsicht durch Einrichtung von Committee of European Auditing Oversight Bodies, CEAOB, Art 30 VO). **Lit** Bayer/Schmidt BB **14**, 1219; Geberth AG **14**, R 127; Klaas WPg **14**, 763; Köhler/Liu WPg **14**, 67 (Prüfungsforschung); Lanfermann BB **14**, 2348; Merkt ZHR **15**, 601; Ruhnke DB **14**, 2483; Scheffler AG **14**, R 304; Simon-Heckroth WPg **14**, 311; Velte DStR **14**, 1688.

5) Der deutsche Gesetzgeber hat diese Reform durch das Abschlussprüfer- 34 aufsichtsreformgesetz **(APAReG)** v 31.3.2016 (BGBl I 518) und das Abschlussprüfungsreformgesetz **(AReG)** v 10.5.2016 (BGBl I 1142). Das AReG bringt eine Reihe von Änderungen vor allem im Dritten Unterabschnitt des Dritten Buchs, §§ 316–324a. Sie betreffen insbesondere die Klarstellung der von der AbschlussprüferVO erfassten Unt in § 317 IIIa, die Pflichtrotation in § 318 Ia, die Erbringung von Nichtprüfungsleistungen in § 319a I, den Prüfungsbericht in § 321, den Bestätigungsvermerk in § 322a, den Prüfungsausschuss in § 324 sowie Ausnahmen für Abschlussprüfung bei Sparkassen und Genossenschaften. **Lit** Merkt ZHR **15**, 601; Blöink/Knoll-Biermann Konzern **15**, 65 (BilRUG 2015); Blöink/Kumm BB **15**, 1067 (AReG); Blöink/Woodtli Konzern **16**, 82; Quick DB **16**, 1205.

6) Mit der **TransparenzRi-ÄnderungsRi** (2013/50/EU) v 22.10.13, ABl 35 6.11.13 L 294/13 wollte der EU-Gesetzgeber ua die Regulierung bilanzrechtlicher **Transparenzanforderungen verbessern**, insbesondere durch die Vereinfachung der Berichtspflichten bestimmter Emittenten, um geregelte Märkte insbesondere für kleine und mittlere Emittenten attraktiver zu machen. Die TransparenzRi-ÄnderungsRi wurde umgesetzt durch das TransparenzRi-ÄnderungsRi-UmsetzungsG v 20.11.15 (**Übergangsrecht** in (1) EGHGB Art 77). Änderungen im HGB betrafen die Anhebung der **Schwellenwerte** in § 292 III 3u § 327a (von 50.000 auf 100.000 Euro), § 335 I 4, § 335 Ia bis Id (Verschärfung der Sanktionen für unterlassene Offenlegung), § 341w I und § 342b II, IIa (Erweiterung der Kompetenz der DPR). **Lit** Reitmeier/Rimmelspacher DB **15** Beil 5, 1, 3.

Merkt

Einl v § 238 36, 37   3. Buch. Handelsbücher

36 **7)** Durch die **Corporate Social Responsibility-Ri (CSR-Ri)** 2014/95/EU v 22.10.14 ABl 15.11.14 L 330/1 wurde die BilRi 2013 um die Anforderung ergänzt, dass bestimmte große Unternehmen im Interesse der **Corporate Social Responsibility** eine nichtfinanzielle Erklärung zu Umwelt-, Sozial- und Arbeitnehmerbelangen, Achtung der Menschenrechte und Bekämpfung von Korruption und Bestechung in den (Konzern-) Lagebericht aufnehmen müssen (Art 19a, 29a nF BilRi 2013). Offenzulegen sind von betroffenen Unternehmen in ihren Rechenschaftsberichten ihre Strategien, Risiken und Ergebnisse in Bezug auf Umwelt-, Sozial- und Arbeitnehmerbelange, Achtung der Menschenrechte, Bekämpfung von Korruption und Bestechung sowie Diversität in den Leitungs- und Kontrollorganen. Diese Regelungen gelten nur für große Unternehmen mit mehr als 500 Mitarbeitern. Dazu zählen börsennotierte Unternehmen, aber auch einige nicht börsennotierte Unternehmen von öffentlichem Interesse wie Banken und Versicherungen, die aufgrund der Art ihrer Tätigkeit, ihrer Größe oder der Zahl ihrer Beschäftigten von den Mitgliedstaaten benannt werden. **Lit** Bayer/Schmidt BB **14**, 1219; Blöink/Knoll-Biermann Konzern **15**, 65 (BilRUG 2015); Eufinger EuZW **15**, 424; Maniora KoR **15**, 153; Müller/Velte DB **15**, 2217; Simon-Heckroth WPg **14**, 311 (Nachhaltigkeitsberichterstattung); Velte NZG **14**, 1046; Voland DB **14**, 2815.

37 **8)** Umgesetzt wurde die CSR-Ri vom deutschen Gesetzgeber durch das **CSR-RUG** vom 11.4.17 BGBl I 802. Das G bringt grundsätzlich eine eins zu eins Umsetzung: Große kapitalmarktorientierte Kapitalges und haftungsbeschränkte Personenges sowie große Kreditinstitute und Versicherungsunternehmen mit mehr als 500 Arbeitnehmern müssen über **wesentliche nichtfinanzielle Belange** berichten; die Berichterstattung umfasst mindestens Angaben zu Umwelt-, Arbeitnehmer- und Sozialbelangen, zur Achtung der Menschenrechte und zur Bekämpfung von Korruption und Bestechung. Erforderlich sind eine Beschreibung des Geschäftsmodells sowie Angaben zu Konzepten und deren Ergebnissen, zu Due-Diligence-Prozessen, zu wesentlichen Risiken mit schwerwiegenden Auswirkungen auf nichtfinanzielle Belange, zu den bedeutsamsten nichtfinanziellen Leistungsindikatoren und gegebenenfalls zu im Jahresabschluss ausgewiesenen Beträgen. Zu berichten sind dabei Angaben, die für das Verständnis der Lage und der Auswirkungen der Kapitalges erforderlich sind. Ferner müssen bestimmte Unternehmen ihre **Erklärung zur Unternehmensführung** durch präzisere Angaben zu den Diversitätskonzepten für Leitungsorgane der Unternehmen ergänzen. Bestehende **Straf- und Bußgeldvorschriften** werden auf Verstöße gegen die Berichtspflichten zu nichtfinanziellen Informationen erweitert. Das G übt zugleich Mitgliedstaatenoptionen aus, um für die Berichterstattung auf besondere Situationen einzugehen und die Belastung für Unternehmen zu reduzieren: Unternehmen in bestimmten, eng begrenzten Ausnahmesituationen dürfen nachteilige Informationen weglassen. Grund: Betriebs- und Geschäftsgeheimnisse der Unternehmen werden durch die Berichtspflicht berührt und es ist eine Interessenabwägung in Ausnahmefällen erforderlich. Das G übt außerdem die Mitgliedstaatenoption aus, Unternehmen das Wahlrecht einzuräumen, die nichtfinanziellen Informationen als nichtfinanzielle Erklärung im Lagebericht oder in einem **gesonderten nichtfinanziellen Bericht** darzustellen. Bei Wahl eines gesonderten nichtfinanziellen Berichts können sie weiter entscheiden, ob sie diesen mit dem Lagebericht oder auf ihrer Internetseite veröffentlichen. Für die gesonderte Veröffentlichung auf der Internetseite ist eine Frist von sechs Monaten ab Bilanzstichtag einzuhalten. **Lit** AK-Bilanzrecht NZG **16**, 1337 (RegE); Boecker/Zwirner SteuK **16**, 426; Haaker StuB **16**, 319 (RefE); Kajüter IRZ **16**, 507; Lanfermann BB **16**, 1131 (CSR und Aufsichtsrat); Nietsch NZG **16**, 1330 (RegE); Nietsch/Munerotto CB **16**, 177 (RefE); Seibt DB **16**, 2707; Sommer RdA **16**, 291 (CSR-Ri und Betriebsverfassung); Stawinoga/Velte

Einleitung 38–40 **Einl v § 238**

DB **16**, 841; Wulf/Niemöller IRZ **16**, 245; Barckow BB **17**, Erste Seite; Blöink/ Halbleib Konzern **17**, 182; Böcking DB **17**, M5; Böcking/Althoff Konzern **17**, 246; Haaker DB **17**, 922; Hachmeister/Burth/Holzmeier IRZ **17**, 215; Haaker DB **17**, 922 (Kritisch zur Integration des CSR-Berichts in den Lagebericht); ders StuB **17**, Heft 6, Seite 1; Hennrichs/Pöschke NZG **17**, 121 (Pflicht des Aufsichtsrats); Hermeling/Meeh-Bunse/Schomaker DStR **17**, 1127; Holzmeier/ Burth/Hachmeister IRZ **17**, 215; Kajüter DB **17**, 617; ders IRZ **17**, 137; ders DB **17**, 617; Lanfermann BB **17**, 747; ders BB **17**, 747 (Prüfung des CSR-Berichts durch Aufsichtsrat); Meeh-Bunse/Hermeling/Schomaker DStR **17**, 215; Richter/Johne/König WPg **17**, 566; Rimmelspacher/Schäfer/Schönberger KoR **17**, 225; Velte StuB **17**, 293; ders KoR **17**, Heft 4 M3; Weller/Meyer PiR **17**, 125.

zur Zeit unbelegt 38

9) Zunehmend Aufmerksamkeit erlangt die **Rechnungslegung der öffent-** 39 **lichen Hand**. Hierzu hat das **International Public Sector Accounting Standards Board (IPSASB)** International Public Sector Accounting Standards **(IPSAS)** formuliert. Nachdem seit einiger Zeit im Zuge der Modernisierung des Haushaltswesens die Reform des Rechnungswesens der Gebietskörperschaften auf kommunaler und Landesebene vorangetrieben wird, bislang aber noch ein sehr uneinheitliches Bild bietet (s aber die Standards staatlicher Doppik iSd §§ 7a, 49a HGrG, abrufbar auf der Homepage des BMF), hat sich die EU-Kommission, ausgelöst durch die Staatsschuldenkrise, für die Einführung europaweit harmonisierter, an der Periodenrechnung orientierter Grundsätze des öffentlichen Rechnungswesens **(European Public Sector Accounting Standards, EPSAS)** ausgesprochen, bei denen die IPSAS einen geeigneten Bezugsrahmen darstellen könnten, Bericht v 6.3.13, COM(2013) 114 final; **Lit** WPg-Sh **12** (Themenheft Rechnungslegung der öffentlichen Hand); Bott/Klier Konzern **14**, 501; Braun/ Müller-Marqués Berger WPg **14**, 200; Conrath-Hargreaves WPg **14**, 1194; Langholz DB **14**, 1156; Lorson/Melcher/Zündorf DStR **14**, 2585 (kommunale Rechnungslegung); Meinen WPg **12**, 305; Müller-Marqués-Berger/Braun WPg **14**, 200 (Konzernrechnungslegungspflicht der öff Hand, IFRS 10, 11, 12 durch IPSAS); Paulitschek/ Müller-Marqués Berger WPg **13**, 713; Wirtz/ Müller-Marqués Berger WPg **12**, 1025; Weyland/Nowak Konzern **16**, 558; Nowak Konzern **17**, 96.

V. Der Inhalt des Dritten Buches

1) Überblick: Drittes Buch. Handelsbücher (§§ 238–342e). 40

1. *Abschn. Vorschriften für alle KflLe (§§ 238–263)*
   1. Unterabschn. Buchführung. Inventar (§§ 238–241a)
   2. Unterabschn. Eröffnungsbilanz. Jahresabschluss (§§ 242–256a) (Allgemeine Vorschriften §§ 242–245; Ansatzvorschriften §§ 246–251; Bewertungsvorschriften §§ 252–256a)
   3. Unterabschn. Aufbewahrung und Vorlage (§§ 257–261)
   4. Unterabschn. Landesrecht (§ 263)
2. *Abschn. Ergänzende Vorschriften für KapitalGes (AG, KGaA und GmbH) sowie bestimmte PersonenGes (§§ 264–335c)*
   1. Unterabschn. Jahresabschluss der KapitalGes und Lagebericht (§§ 264–289f) (Allgemeine Vorschriften §§ 264, 265; Bilanz §§ 266–274a; Gewinn- und Verlustrechnung §§ 275–278; Bewertungsvorschriften §§ 279–283; Anhang §§ 284–288; Lagebericht §§ 289, 289f)
   2. Unterabschn. Konzernabschluss und Konzernlagebericht (§§ 290–315e) (Anwendungsbereich §§ 290–293; Konsolidierungskreis §§ 294–296; Inhalt

Einl v § 238   41   3. Buch. Handelsbücher

und Form des Konzernabschlusses §§ 297–299; Vollkonsolidierung §§ 300–307; Bewertungsvorschriften §§ 308–309; Anteilmäßige Konsolidierung § 310; Assoziierte Unternehmen §§ 311–312; Konzernanhang §§ 313–314; Konzernlagebericht §§ 315–315d; Konzernabschluss nach internationalen Rechnungslegungsstandards § 315e)
   3. Unterabschn. Prüfung (§§ 316–324a)
   4. Unterabschn. Offenlegung (. Prüfung durch den Betreiber des Bundesanzeigers (§§ 325–329)
   5. Unterabschn. Verordnungsermächtigung für Formblätter und andere Vorschriften (§ 330)
   6. Unterabschn. Straf- und Bußgeldvorschriften. Ordnungsgelder (§§ 331–335c) (Straf- und Bußgeldvorschriften §§ 331–334; Ordnungsgelder §§ 335–335a; Gemeinsame Vorschriften für Straf- Bußgeld- und Ordnungsgeldverfahren §§ 335b–335c)

3. *Abschn. Ergänzende Vorschriften für eingetragene Genossenschaften* (§§ 336–339)
4. *Abschn. Ergänzende Vorschriften für Unternehmen bestimmter Geschäftszweige* (§§ 340–341y)
   1. Unterabschn. Ergänzende Vorschriften für Kreditinstitute und Finanzdienstleistungsinstitute (§§ 340–340o) (Anwendungsbereich § 340; Jahresabschluss, Lagebericht, Zwischenabschluss §§ 340a–340d; Bewertungsvorschriften §§ 340e–340g; Währungsumrechnung § 340h; Konzernabschluss, Konzernlagebericht, Konzernzwischenabschluss §§ 340i, 340j; Prüfung § 340k; Offenlegung § 340l; Straf- und Bußgeldvorschriften, Ordnungsgelder §§ 340m–340o)
   2. Unterabschn. Ergänzende Vorschriften für Versicherungsunternehmen und Pensionsfonds (§§ 341–341p) (Anwendungsbereich § 341; Jahresabschluss, Lagebericht § 341a; Bewertungsvorschriften §§ 341b–341d; Versicherungstechnische Rückstellungen §§ 341e–341h; Konzernabschluss, Konzernlagebericht §§ 341i, 341j; Prüfung § 341k; Offenlegung § 341l; Straf- und Bußgeldvorschriften, Ordnungsgelder §§ 341m–341p)
   3. Unterabschnitt. Ergänzende Vorschriften für bestimmte Unternehmen des Rohstoffsektors (§§ 341q–341y) (Anwendungsbereich; Begriffsbestimmungen § 341q–341r; Zahlungsbericht, Konzernzahlungsbericht und Offenlegung §§ 341s–341w; Bußgeldvorschriften, Ordnungsgelder §§ 341x–341y)

5. *Abschn. Privates Rechnungslegungsgremium; Rechnungslegungsbeirat* (§§ 342, 342a)
6. *Abschn. Prüfstelle für Rechnungslegung* (§§ 342b–342e)

41 **2) Aufbauprinzipien und damit verbundene Sachentscheidungen: a) Formal** folgt das Dritte Buch vier Aufbauprinzipien: **vom Einfachen zum Komplizierten** (KflTe §§ 238–263, unabhängige KapitalGes §§ 264–289a samt GmbH & Co §§ 264a–c, Konzern §§ 290–315a); **vom Allgemeinen zum Besonderen** (Vorschriften für alle Kflte einschließlich der KapitalGes §§ 238–263, ergänzende Vorschriften für KapitalGes §§ 264–335b, ergänzende Vorschriften für eG §§ 336–339, ergänzende Vorschriften für Unternehmen bestimmter Geschäftszweige §§ 340–341y); in zeitlicher Reihenfolge **vom Anfang zum Ende** (Buchführung §§ 238–241a, Bilanz und Jahresabschluss §§ 242–256a, Aufbewahrung und Vorlage §§ 257–261; Jahresabschluss §§ 264–289a, Prüfung §§ 316–324a, Offenlegung §§ 325–329) und **materielle Vorschriften** (§§ 238–341y) **vor institutionellen Regelungen** (§§ 342, 342a Privates Rechnungslegungsgremium; Rechnungslegungsbeirat; §§ 342b–342e Prüfstelle für Rechnungslegung). Aus Praktikabilitätsgründen wird davon innerhalb des 2. Abschn vereinzelt abgewichen, zB werden die Gliederungsvorschriften für die Bilanz und die Gewinn- und Verlustrechnung zunächst für die großen KapitalGes gebracht (§§ 266, 275) und dann erst die Erleichterungen dazu für kleine und mittelgroße KapitalGes (§§ 266 I 3, 267, 276).

Einleitung 42–44 **Einl v § 238**

b) Mit dem formalen Aufbau des Dritten Buchs sind indessen wichtige **Sach-** 42
entscheidungen verbunden. Durch die klare Einteilung in einen 1. Abschn,
der für EinzelKflte und PersonenGes abschließend und darüber hinaus für alle
anderen Kflte und gleichgestellte Ges (Einl 8–9 vor § 105) gilt, und einen 2.
Abschn für KapitalGes und GmbH & Co soll ausdrücklich der früheren Tendenz
nach Erlass des AktG 1965 Einhalt geboten werden, die strengen Rechnungs-
legungsvorschriften für KapitalGes auf PersonenGes und EinzelKflte entspre-
chend anzuwenden. Dieses Problem stellt sich in vergleichbarer Weise bei der
zunehmenden Verwendung von IAS/IFRS im Mittelstand. Denn auch die IAS/
IFRS sind ursprünglich für KapitalGes und für große Unternehmen konzipiert
und erfordern von kleineren Unternehmen teilweise unverhältnismäßigen Auf-
wand. Im MicroBilG 2012 ist der Gesetzgeber mit der Einführung einer neuen
Größenkategorie am unteren Ende der Skala noch einen Schritt weiter gegangen
und hat Erleichterungen bzw Befreiungen für sog KleinstkapitalGes (Definition
in § 267a I: max 350 000 Euro Bilanzsumme und 700 000 Euro Umsatz in den
letzten 12 Monaten vor dem Stichtag und 10 Arbeitnehmer im Jahresdurch-
schnitt) in §§ 253 I 5, 264 I, II, 264c, 266 I, 267a, 275 V, 276, 325a II, 326 II,
328, 334, 335 vorgesehen. Im Dritten Buch des HGB sind die Regelvorschriften
im 1. Abschn weniger streng. Zugleich sollen es die Sondervorschriften des 2.
Abschn für KapitalGes schwer haben, sich gegenüber der Regel zu behaupten
(AmtlBegr). Methodisch ist das zwar nicht zwingend, kommt es doch bei einer
Analogie nicht auf ein formales Regel-Ausnahme-Verhältnis an, sondern auf Sinn
und Zweck der Regel bzw der Ausnahme. In der Sache ist aber eine Entschei-
dung des Gesetzgebers, dass eine bestimmte Vorschrift des Dritten Buches nur für
KapitalGes gelten soll, zu respektieren (zB § 264 I 1 Aufstellung des Jahres-
abschlusses samt Anhang und Lagebericht gegenüber § 242). Damit wird jedoch
nicht schlechthin jede Analogie vom 2. Abschn auf den 1. Abschn ausgeschlossen
und erst recht bleibt es bei dem Postulat der einheitlichen Auslegung. Entschei-
dend ist die Teleologie des Gesetzes. So steht die systematische Platzierung des
§ 264 II im Abschnitt für KapitalGes einer Erstreckung auf sonstige Kflte nicht
entgegen. Ähnliches ist aus dem Grundsatz der Bilanzwahrheit auch für EinzelK-
flte und PersonenGes zu folgern. Die Einschränkung stiller Reserven für Kapital-
Ges nach dem Vorbild des AktG hindert nicht, auch für EinzelKflte und Per-
sonenGes die geltenden Grundsätze ordnungsmäßiger Buchführung (GoB) dahin
fortzuentwickeln, dass auch für diese stille Reserven einzuschränken sind (unklar
AmtlBegr A IV 2, 3; s § 243 Rn 2, § 252 Rn 13–17).

3) Definitionen und Größenmerkmale: a) Das Dritte Buch gilt für **alle** 43
Kaufleute (Überschrift des 1. Abschn). Kfm iSv § 238 sind die Kflte des § 1
(auch §§ 4, 5, 6). Auf den im RegE enthaltenen **Begriff des Unternehmens ist
bewusst verzichtet** worden. Der Gesetzgeber des HGB hält sich also aus der
Unternehmensrechtsdiskussion (Einl 31 ff vor § 1) heraus, auch wenn das HGB
in seiner heutigen Fassung im Ansatz um eine rechtsformunabhängigere Rech-
nungslegung (jedenfalls aller KapitalGes) bemüht ist, die sich nach Inhalt und
Umfang im Kern an der **Intensität der Marktteilnahme bzw -beanspru-
chung** orientiert (vgl Merkt Unternehmenspublizität, 2001 S 358 ff). Die sich
unter § 1 stellenden Abgrenzungsschwierigkeiten (Gewinnerzielungsabsicht, freie
Berufe, gesetz- oder sittenwidriger Betrieb) stellen sich auch hier (§ 238 Rn 7).
Rechnungslegung von politischen Parteien IDW ERS HFA 12, WPg **03**, 821,
Vereinen IDW ERS HFA 14, WPg **04**, 1397, Krankenhäusern IDW RS KHFA 1
nF, WPg **04**, 365, öffentlicher Verwaltung oben Rn 39 und IDW ERS ÖFA 1,
WPg **01**, 1405, Gebietskörperschaften des öff Rechts Bott/Klier Konzern **14**,
501.

b) Der 2. Abschn bringt ergänzende Vorschriften für **KapitalGes** und be- 44
stimmte PersonenGes. KapitalGes sind nach der Legaldefinition in der Überschrift

Einl v § 238 45–48   3. Buch. Handelsbücher

AG, KGaA und GmbH. Wie KapitalGes iSv §§ 264–335b werden auch die GmbH & Co und andere KapitalGes & Co behandelt (s Rn 65). Für die **eG** verweist der 3. Abschn (§§ 336–339) im Wesentlichen auf den 2. Abschn. Ähnliches gilt für **bestimmte Großunternehmen** in der Rechtsform einer PersonenHdlGes, eines EinzelKfm ua (§§ 3 I, 5 PublG). Besonderheiten gelten für die Konzernrechnungslegung (2. Unterabschn), s § 290 Rn 1.

45 c) Das Dritte Buch differenziert in seinen Anforderungen je nach Größe der KapitalGes und bildet dazu vier Größenklassen, die **KleinstkapitalGes,** die **kleine,** die **mittelgroße** und die **große KapitalGes:** § 267 umschreibt diese anhand von drei Merkmalen, von denen mindestens zwei vorliegen müssen (ähnliche Gesetzgebungstechnik wie im PublG und MitbestG). Diese Merkmale sind bei der **KleinstkapitalGes:** max 350 000 Euro Bilanzsumme, max 700 000 Euro Umsatz, max 10 Arbeitnehmer (§ 267a I); bei der **kleinen** KapitalGes: max 6 Mio Euro Bilanzsumme, max 12 Mio Euro Umsatzerlöse, max 50 Arbeitnehmer (§ 267 I); bei der **mittelgroßen** KapitalGes: max 20 Mio Euro Bilanzsumme, max 40 Mio Euro Umsatzerlöse, max 250 Arbeitnehmer (§ 267 II); bei der **großen** KapitalGes: Bilanzsumme größer als 20 Mio Euro, Umsatzerlöse höher als 40 Mio Euro, Zahl der Arbeitnehmer mehr als 250 (§ 267 III). Bei Inanspruchnahme eines organisierten Marktes gilt eine KapitalG stets als große (§ 267 III 2). Die jeweiligen **Grenzwerte** sind also: **Bilanzsumme 0,35 Mio, 6 Mio und 20 Mio Euro; Umsatzerlöse 0,7 Mio, 10 Mio und 40 Mio Euro; Zahl der Arbeitnehmer: 10, 50 und 250.** Daneben gibt es die **Befreiung kleiner Einzelkaufleute** von der Pflicht zur Buchführung nach § 238, wenn diese an zwei aufeinander folgenden Abschlussstichtagen nicht mehr als 0,5 Mio Euro Umsatzerlöse und nicht mehr als 0,05 Mio Euro Jahresüberschuss ausweisen, § 241a. Für Personenhandelsges gelten diese Kriterien nicht, s § 241a Rn 2 f.

46 d) Das HGB hält am handelsrechtlichen Begriff des **Vermögensgegenstandes** (zB §§ 240, 246, 248) fest und folgt weder dem steuerrechtlichen noch dem betriebswirtschaftlichen Begriff des Wirtschaftsgutes. Das erscheint zum einen unnötig, weil der BFH Wirtschaftsgut und Vermögensgegenstand gleichgesetzt hat. Zum anderen bildet der Begriff des Vermögensgegenstands im Interesse der Rechtssicherheit eine bedeutsame Orientierung für den steuerrechtlichen Begriff Wirtschaftsgut; steuerrechtliche Ausdehnungstendenz § 246 Rn 6. Das ist deshalb möglich, weil als Wirtschaftsgüter bei der Gewinnermittlung steuerrechtlich nur Vermögensgegenstände nach HGB berücksichtigt werden dürfen (**Maßgeblichkeitsgrundsatz,** § 242 Rn 4).

47 **4) Die wichtigsten Sachentscheidungen des Dritten Buches: a)** Die grundlegenden inhaltlichen Entscheidungen des Dritten Buches werden erst bei den einzelnen Vorschriften angesprochen. Im Überblick können aber die wichtigsten in 10 Gruppen (b–k) zusammengestellt werden (in der Reihenfolge des HGB, nicht nach Wichtigkeit):

48 b) Der 1. Abschn (§§ 238–263) enthält **allgemeine Buchführungs- und Bilanzierungsvorschriften** angereichert durch Bilanzierungs-, Ansatz- und Bewertungsvorschriften. Damit wird die Maßgeblichkeit der Handelsbilanz für die steuerrechtliche Gewinnermittlung verdeutlicht (siehe aber oben Rn 28 zu den Durchbrechungen des **Maßgeblichkeitsgrundsatzes** durch das BilMoG 2009). Zu verfassungsrechtlichen Anforderungen an die gesetzliche Begrenzung der Maßgeblichkeit der HGB-Grundsätze ordnungsgemäßer Buchführung für die steuerliche Gewinnermittlung BVerfG DStRE **09,** 922. **Lit** Küting StuB **09,** 829; Scheffler StuB **10,** 295 u 836; BMF-Schreiben, BB **10,** 820. Hervorzuheben ist: Aktivierungspflicht besteht auch für den derivativen (entgeltlich erworbenen) Firmenwert, der kraft Fiktion als zeitlich begrenzt abnutzbarer Vermögensgegen-

Einleitung 49–53 **Einl v § 238**

stand gilt; zur Abschreibung s § 256 Rn 10. Aktivierungswahlrecht besteht für originäres immaterielles Anlagevermögen (§ 248 II). **Pensionen und ähnliche Verpflichtungen** sind zu passivieren (§ 249 I; § 266 III Passivseite B 1). Lit Richter GmbHR **10**, 505; Ballwieser Konzern **14**, 143.

c) Die meisten Sachentscheidungen finden sich im 2. Abschn über den **Jahres-** **49** **abschluss der KapitalGes** und auch bestimmte PersonenGes (GmbH & Co, s Rn 8). Davon ist vor allem die GmbH betroffen. **Grundsatznorm** ist § 264: Der Jahresabschluss der KapitalGes besteht neben Bilanz und Gewinn- und Verlustrechnung zusätzlich aus einem **Anhang** (§ 264 I 1). Die **Frist** für die Aufstellung des Jahresabschlusses ist grundsätzlich auf **die ersten drei Monate des nachfolgenden Geschäftsjahres** verkürzt (§ 264 I 2). Für kleine KapitalGes (§ 267 I) gilt eine Erleichterung, falls dies einem ordnungsgemäßen Geschäftsgang entspricht, jedoch bis höchstens sechs Monate (§ 264 I 3). Kernstück ist § 264 II, der die **Vermittlung eines den tatsächlichen Verhältnissen entsprechenden Bildes der Vermögens-, Finanz- und Ertragslage** der Kapital-Ges vorschreibt. Die Erwartung, dass damit die bisherige unter dem Gläubigerschutz- und Vorsichtsprinzip stehende Bilanzpraxis der GmbH zugunsten des anglo-amerikanischen „**true and fair view**"-Prinzips aufgegeben würde, wurde jedoch enttäuscht. Inwieweit sich dies durch die mit dem BilMoG 2009 verbundene Öffnung des HGB-Bilanzrechts für internationale Rechnungslegungsgrundsätze ändern wird, bleibt abzuwarten.

d) Für die **Bilanz** aller KapitalGes ist ein **festes Gliederungsschema** vor- **50** geschrieben (§ 266). Für kleine KapitalGes (§ 267 I) genügt eine stark verkürzte Bilanz (§ 266 I 3). Das gilt auch für die kleine AG, was mit der Förderung der Risikokapitalausstattung der deutschen Wirtschaft begründet wird, aber doch eine bedenkliche Verringerung an Publizität bedeutet. **Wertberichtigungen** zu Aktivposten **auf der Passivseite** sind **nicht zulässig**. Auch die Pauschalwertberichtigung zu Forderungen muss auf der Aktivseite erfolgen. Bei jedem gesondert ausgewiesenen Posten ist der Betrag der Forderungen mit einer **Restlaufzeit** von mehr als einem Jahr und der Betrag der Verbindlichkeiten mit einer Restlaufzeit bis zu einem Jahr zu vermerken (§ 268 IV, V).

e) Auch für die **Gewinn- und Verlustrechnung** aller KapitalGes ist ein **51** **festes Gliederungsschema** vorgeschrieben (§ 275). Dabei besteht ein Wahlrecht zwischen dem Gesamtkostenverfahren und dem Umsatzkostenverfahren (§ 275 I 1). Kleine und mittelgroße KapitalGes (§ 267) dürfen einen Teil der Posten zu einem Posten „**Rohergebnis**" zusammenfassen (§ 276). Nach dem Ergebnis der gewöhnlichen Geschäftstätigkeit (§ 275 II Nr 14, III Nr 13) ist ein **außerordentliches Ergebnis** auszuweisen (§ 275 II Nr 15–17, III Nr 14–16), das gegenüber der früheren Bilanzierungspraxis erheblich enger definiert ist (§ 277 IV).

f) Die auf den vorhergehenden Jahresabschluss angewandten **Bewertungs-** **52** **methoden** sollen beibehalten werden **(Stetigkeitsgrundsatz);** davon darf nur in begründeten Ausnahmefällen abgewichen werden (§ 252 I Nr 6 sieht das für alle Kflte vor). Höchstwertgrenzen und Mindestwertgrenzen werden nur vereinzelt vorgeschrieben (zB § 253 V) und gelten rechtsformunabhängig für alle Bilanzierenden. Damit werden die Möglichkeiten zur Bildung stiller Reserven (§ 252 Rn 13–17) erheblich eingeschränkt: außerplanmäßige Abschreibungen auf Anlagevermögen bei nur vorübergehender Wertminderung sind nur für Finanzanlagen zulässig, niedrigere Wertansätze dürfen grds nicht beibehalten werden, wenn ihre Voraussetzungen entfallen sind (Wertaufholungsgebot).

g) Der **Anhang** besteht aus einer Erläuterung der Bilanz und der Gewinn- **53** und Verlustrechnung, die ua Angaben über die Bilanzierungs- und Bewertungsmethoden und die Grundlagen der Währungsumrechnung (§ 284) enthält, sowie aus sonstigen Pflichtangaben in zahlreichen Berichtsgruppen (§ 285 Rn 46 und § 284 Rn 4).

54 **h)** Im **Lagebericht,** der bei der KapitalGes eine zwingende Ergänzung des Jahresabschlusses ist, sind der Geschäftsverlauf und die Lage der KapitalGes so darzustellen, dass ein den tatsächlichen Verhältnissen entsprechendes Bild vermittelt wird (§ 289). Damit wird das true and fair view-Prinzip des § 264 II abgestützt. Der Lagebericht, der ebenso wie der Jahresabschluss prüfungspflichtig ist (s Rn 44), ist deshalb ein wichtiges Instrument externer Unternehmungsanalyse. Eine wichtige Erweiterung der Lageberichterstattung besteht in der Pflicht zum Bericht über wesentliche nichtfinanzielle Aspekte (CSR-Reform 2017).

55 **i)** Im **Konzern** muss das Mutterunternehmen einen Konzernabschluss und einen Konzernlagebericht aufstellen (§ 290). Bei beherrschendem Einfluss (s § 290 Rn 6) des Mutterunternehmens muss es die Aktiva und Passiva sowie die Erträge und Aufwendungen der Tochterunternehmen vollständig in die Weltbilanz einbeziehen ebenso wie bei einem einheitlichen Unternehmen. Gewinne und Verluste, die zwischen den Konzernunternehmen entstehen, bleiben grundsätzlich unberücksichtigt. Von diesen umfangreichen Konzernrechnungslegungsregeln (§§ 290–315) gibt es größenabhängige Befreiungen (§ 293). Unternehmen, die als Wertpapieremittenten an einem organisierten Kapitalmarkt auftreten, sind nach der IAS-VO verpflichtet, ihre Konzernabschlüsse nach IAS/IFRS zu erstellen (Zehnter Titel: Konzernabschluss nach internationalen Rechnungslegungsstandards, § 315e). Auch für die Konzernberichterstattung besteht eine wichtige Erweiterung in der Pflicht zum Bericht über wesentliche nichtfinanzielle Aspekte des Konzerns (CSR-Reform 2017).

56 **j)** Der Jahresabschluss und der Lagebericht von KapitalGes mit Ausnahme der kleinen iSv § 267 I unterliegen der **Prüfung** durch einen Abschlussprüfer (§ 316 I). Dasselbe gilt für den Konzernabschluss und den Konzernlagebericht (§ 316 II).

57 **k)** Der Jahresabschluss der KapitalGes (Bilanz, Gewinn- und Verlustrechnung, Anhang) mit dem Bestätigungsvermerk, der Lagebericht, der Bericht des Aufsichtsrates und die Ergebnisverwendung bedürfen der **Offenlegung und** sind spätestens zwölf Monate nach dem Geschäftsjahr beim Betreiber des elektronischen BAnz in elektronischer Form einzureichen und unverzüglich dort bekannt machen zu lassen (§ 325). Bei großen KapitalGes (§ 267 III) sind sie zunächst im BAnz bekanntzumachen (§ 325 II), wobei wegen des Informationszwecks der offen zu legenden Abschlüsse und Lageberichte an die Stelle des Jahresabschlusses ein Einzelabschluss nach IAS/IFRS treten kann (§ 325 IIa iVm § 315e I). Die Bekanntmachungspflicht trifft auch Konzerne (§ 325 III), allerdings nicht für die Aufstellung des Anteilsbesitzes (§ 325 II 2). Mittelgroße KapitalGes (§ 267 II) brauchen die Bilanz und den Anhang nur in verkürzter Form beim HdlReg einzureichen (§ 327). Im BAnz wird nur die Einreichung zum HdlReg, nicht der Jahresabschluss usw selbst bekannt gemacht. Es genügt also die Einreichung der offen zu legenden Unterlagen beim HdlReg (reine Registerpublizität). Bei kleinen KapitalGes (§ 267 I) verbleibt es ebenfalls bei der reinen Registerpublizität, allerdings mit erheblichen Einschränkungen. Gewinn- und Verlustrechnung und Lagebericht brauchen überhaupt nicht offen gelegt zu werden, die Bilanz und der Anhang nur in stark verkürzter Form (§§ 266 I 3, 288) sowie, falls daraus nicht ersichtlich, die Ergebnisverwendung (§ 326).

VI. Bilanzrecht außerhalb des HGB

58 Das **Bilanzrecht** jedenfalls für den befreienden Einzelabschluss ist heutzutage zwar **weitgehend im Dritten Buch des HGB** enthalten (für den Konzern-

abschluss kapitalmarktorientierter Unternehmen gilt nach § 315e die Pflicht zur Bilanzierung nach IAS/IFRS, näher § 315e). Doch sind **einige** – va rechtform- und branchenspezifische – **Normen nicht eingearbeitet,** sondern ua im AktG, GmbHG, GenG, PublG, in der WPO, im KWG, VAG und in der InsO enthalten. **Lit** Me/Pro/Fi Kap 1 Tz 66.

VII. Übergangsrecht (EGHGB)

1) Übergangsvorschriften in (1) EGHGB Art 23–28: a) Art 11 BiRiLiG 59 hat den 2. Abschn über **Übergangsvorschriften zum BiRiLiG** in (1) EGHGB eingefügt. Das BiRiLiG selbst konnte somit zugleich mit seiner Verkündung entfallen, weil es seiner Konzeption nach nur andere Gesetze änderte. **Übergangsrecht** nach BiRiLiG außerhalb von (1) EGHGB, besonders § 7 GmbHGÄndG mit § 29 GmbHG s 28. Aufl Einl V 2v § 238.

b) (1) EGHGB Art 23 betrifft den **Jahresabschluss** und regelt den Übergang 60 zu den durch das BilRiLiG reformierten Bilanzierungsvorschriften (näher 31. Aufl Rn 53).

c) (1) EGHGB Art 24 betrifft den Übergang zu den durch das BiRiLiG 61 reformierten Vorschriften für die **Bewertung** (näher 31. Aufl Rn 54).

d) (1) EGHGB Art 25 idF des Artikel 2 Abschlussprüfungsreformgesetz 62 (AReG) 2016 und Artikel 5 Abschlussprüferaufsichtsreformgesetz (APAReG) 2016 betrifft die Prüfung des Jahres(Konzern)abschlusses von gemeinnützigen Wohnungsunternehmen. Den früher vorgesehenen Prüfungsverbänden war eine längere Übergangszeit eingeräumt worden, bis die strengen neuen Vorschriften für WirtschaftsprüfungsGes (mehr als die Hälfte der Mitglieder des Vorstands müssen Wirtschaftsprüfer sein) erfüllt werden mussten. Ebenso betrifft die Norm die Qualitätskontrolle und Unbefangenheit des Prüfungsverbands (s § 319 Rn 2 ff und § 319a Rn 2 ff).

e) (1) EGHGB Art 26 I hat sich erledigt, da §§ 131b II, 131f II WPO 63 zwischenzeitlich weggefallen sind. **II** schob die Geltung der verschärften Unvereinbarkeitsregelungen in § 319 II, III HGB partiell (Aufsichtsratstätigkeit) kurzfristig auf.

f) (1) EGHGB Art 27 enthält eine Übergangsregelung für die durch das 64 BiRiLiG zum Regelfall erhobene Kapitalkonsolidierung nach angelsächsischem Vorbild (§ 301 HGB, näher 31. Aufl Rn 57).

g) (1) EGHGB Art 28 regelt den Übergang von Passivierungswahlrechten für 65 Pensionsverpflichtungen und pensionsähnlichen Verpflichtungen, die vor dem 1.1.87 eingegangen worden sind (näher 31. Aufl Rn 58).

2) Übergangsvorschriften in (1) EGHGB Art 30–31: a) Art 30–31 sind 66 durch das BankBiRiLiG 1990 (§ 340 Rn 1) eingefügt worden.

b) Art 30 regelt (entspr Art 23 für das BiRiLiG) die erstmalige Anwendung 67 der Vorschriften des BankBiRiLiG (§§ 340–340o, näher 31. Aufl Rn 60).

c) Art 31 enthält (entspr Art 24 für das BiRiLiG) die notwendigen Über- 68 gangsvorschriften für den Bilanzansatz und die Bewertung (näher 31. Aufl Rn 61).

3) Übergangsvorschriften in (1) EGHGB Art 32–33: Art 32–33 sind 69 durch das **VersRiLiG 1994** (§ 341 Rn 1) eingefügt worden.

4) Übergangsvorschriften für die neuen Bundesländer (DMBilG): 70 S 30. Aufl.

71 **5) Übergangsvorschriften in (1) EGHGB Art 47:** Nach Art 47 gilt § 257 IV idF SteuerÄndG 19.12.98 BGBl 3816 erstmals für Unterlagen, deren Aufbewahrungsfrist idF bis zum 23.12.98 noch nicht abgelaufen ist.

72 **6) Übergangsvorschriften in (1) EGHGB Art 48:** Art 48 enthält die Übergangsvorschriften zum **KapCoRiLiG** 2000 (s Rn 6, Änderungen s Einl 15 vor § 1).

73 **7) Übergangsvorschriften in (1) EGHGB Art 49:** Art 49 enthält die Übergangsvorschriften zur der im **KapCoRiLiG** 2000 enthaltenen Anpassung der Abgrenzungsmerkmale für größenabhängige Befreiungen beim Konzernabschluss (§§ 290–293).

74 **8) Übergangsvorschriften in (1) EGHGB Art 50:** Art 50 enthält die Übergangsvorschriften zu den Änderungen der Vorschriften über die Tätigkeit der Wirtschaftsprüfer in § 319 II 2 Nr 2 und III 3 Nr 7.

75 **9) Übergangsvorschriften in (1) EGHGB Art 51:** Art 51 enthält die Übergangsvorschriften zu § 323 II betr die Erhöhung der gesetzlichen Haftungsobergrenze (§ 323 Rn 9) und § 340k IV 4 betreffend die erleichterte Auswahl von Abschlussprüfern kleinerer Finanzdienstleistungsinstitute sowie zu §§ 325a I 1 S 3–5, 340 I 1, 2 S 3, 4 IV 4 betr ZwNl von KapitalGes mit Sitz im Ausland.

76 **10) Übergangsvorschriften in (1) EGHGB Art 54:** Art. 54 enthält die Übergangsvorschrift zu verschiedenen Vorschriften betr Pflichtangaben im Anhang (§§ 285, 286), Konzernabschluss (§§ 291 ff), Prüfung (§§ 316 ff) und Offenlegung (§ 325).

77 **11) Übergangsvorschriften in (1) EGHGB Art 55:** Art 55 enthält Übergangsvorschriften zum **Wirtschaftsprüferexamens-Reformgesetz,** in denen es um die Anwendung und Berechnung der Verjährungsfristen geht.

78 **12) Übergangsvorschriften in (1) EGHGB Art 56:** Art 56 enthält Übergangsvorschriften zum **BilKoG.** Dessen Bestimmungen sind erstmals anwendbar auf Abschlüsse des am 31.12.04 oder später endenden Geschäftsjahres. Prüfungen iSv § 342b I nicht vor 1.7.05.

79 **13) Übergangsvorschriften in (1) EGHGB Art 57 u 58:** a) Art 57 enthält Übergangsvorschriften zu Art 4 **IAS-VO.** Geltung gem Wahlrecht in Art 9 VO für Geschäftsjahre beginnend nach dem 31.12.06.

80 b) Art 58 enthält Übergangsvorschriften zu den zahlreichen durch das **BilReG** vorgenommenen Änderungen im Bilanzrecht (Zusammenstellung s Einl 15 vor § 1, für die Abschlussprüfung s Einl 1 vor § 316). I betrifft die Schwellenwerte nach § 267 I, II, 293 I. II betrifft die Änderungen auf Grund der Fair-Value-Ri. In III 1 finden sich Übergangsvorschriften ua zu § 321a (Offenlegung des Prüfungsberichts in besonderen Fällen) und § 322 (Bestätigungsvermerk); erstmals für das nach dem 31.12.04 beginnende Geschäftsjahr. Abweichend davon findet § 315e II erstmals auf das nach dem 31.12.06 beginnende Geschäftsjahr und § 318 III idF des BilReG erstmals auf Ersetzungsverfahren Anwendung, die nach dem 31.12.04 beantragt werden. V betrifft die Fälle des Art 57, VI betrifft § 292a aF.

81 c) Art 58 IV fasst die Übergangsregelung für die Abschlussprüfung nach § 319 (Auswahl der Abschlussprüfer und Ausschlussgründe) und § 319a (Ausschlussgründe in besonderen Fällen) zusammen. Grundsätzlich ist gem IV 1 das neue Recht erstmals auf das Geschäftsjahr 2005 bzw die Prüfung des entsprechenden Abschlusses anzuwenden. VI 2 betrifft die letztmalige Anwendung von § 319 aF. IV 3 schiebt die Anforderungen von § 319 I 3 bezüglich der Qualitätskontrolle (außer für Ges mit amtlich notierten Aktien) um ein Jahr hinaus. Nach IV 4 findet § 319a I 1 Nr 1, 4 und S 4 erstmals auf Abschlussprüfungen für das nach

Einleitung 82–88 **Einl v § 238**

dem 31.12.06 beginnende Geschäftsjahr Anwendung. IV 5 betrifft § 319 III Nr 6 aF. IV 6 enthält **Übergangsrecht** zu §§ 319 III 1 Nr 3, 319a 11 Nr 2.

14) Übergangsvorschriften in (1) EGHGB Art 59: Art 59 enthält Über- 82 gangsvorschriften zum VorstOG. Die Änderungen sind erstmals auf Jahres- und Konzernabschlüsse für das nach dem 31.12.05 beginnende Geschäftsjahr anzuwenden.

15) Übergangsvorschriften in (1) EGHGB Art 60: Art 60 enthält die 83 Übergangsvorschriften zum ÜbernahmeRi-Umsetzungsgesetz. Die Änderungen sind erstmals auf Jahres- und Konzernabschlüsse für das nach dem 31.12.05 beginnende Geschäftsjahr anzuwenden.

16) Übergangsvorschriften in (1) EGHGB Art 61: Art 61 enthält die 84 Übergangsvorschriften zum EHUG. Gem V 1 sind die im 3. Buch vorgenommenen Änderungen erstmals auf Jahres- und Konzernabschlüsse für das nach dem 31.12.05 beginnende Geschäftsjahr anzuwenden. Nach V 2 finden die Vorschriften in ihrer alten Fassung letztmalig Anwendung auf Jahres- und Konzernabschlüsse für das vor dem 1.1.06 beginnende Geschäftsjahr.

17) Übergangsvorschriften in (1) EGHGB Art 62: Art 62 enthält die 85 Übergangsvorschriften zum Transparenz-Ri-Umsetzungsgesetz. Die Änderungen sind erstmals auf Jahres- und Konzernabschlüsse sowie Lageberichte und Konzernlageberichte und Halbjahresfinanzberichte sowie Zwischenabschlüsse und Konzernzwischenabschlüsse für das nach dem 31.12.06 beginnende Geschäftsjahr anzuwenden.

18) Übergangsvorschriften in (1) EGHGB Art 66: Übergangsrecht zum 86 BilMoG 2009 in **(1) EGHGB Art 66.** Grds gilt: Erleichterungen (zB §§ 241a, 267 nF) sind anzuwenden für Geschäftsjahre ab 1.1.08 (I). Optionale Anwendung aller Änderungen ab 1.1.09, dann Anhangangabe (III 5). Verpflichtende Anwendung der erweiterten Berichterstattungspflichten ab 1.1.09 (II). Für alle anderen Änderungen Anwendung ab 1.1.2010 ((1) EGHGB Art 66 III 1); zur Anwendung der §§ 246 I 4, 255 II s III 2, 3; Anwendung der Änderungen bei den Konsolidierungspflichten s III 4. Sonstige Änderungen: zum Prüfungsausschuss (§ 324 HGB) s IV; letztmalige Anwendung alter Vorschriften s V; zu Änderungen beim Ordnungsgeldverfahren (§ 335 HGB) s VI. **Lit** Zwirner/Künkele DB **09**, 1081.

19) Übergangsvorschriften in (1) EGHGB Art 67: (1) EGHGB Art 67 87 enthält Erleichterungen hinsichtlich der Befolgung der Übergangsregelungen nach **(1) EGHGB Art 66.** Zuführung zu und Auflösung von Pensionsrückstellungen (I, II) s § 249 Rn 14 ff. III regelt die Auflösung von Instandhaltungs- und Aufwandsrückstellungen. Beibehaltung von Abschreibungen nach altem Recht ist möglich (IV) ebenso Beibehaltung von aktivierten Bilanzierungshilfen nach § 269 aF HGB (V). Aufwendungen und Erträge aus geänderter Bilanzierung latenter Steuern sowie aus Einstellung in Gewinnrücklagen nach I-IV sind mit Gewinnrücklagen zu verrechnen (VI). Keine Beachtung des Stetigkeitsgrundsatzes (§ 253 I Nr 6) bei erstmaliger Anwendung der neuen Regelungen und keine Angabe von Vorjahresvergleichszahlen (VII). **Lit** Zwirner/Künkele DB **09**, 1081.

20) Übergangsvorschriften in (1) EGHGB Art 68: Übergangsregelungen 88 zum Gesetz zur Angemessenheit der Vorstandsvergütung (VorstAG). Die zusätzlichen Angaben zu den Gesamtbezügen der Mitglieder der Geschäftsführungsorgane nach §§ 285 Nr 9, 286 V 1 sowie zu den Grundzügen des Vergütungssystems nach § 289 II Nr 5 und in vergleichbarer Form für den Konzernabschluss gem § 314 I Nr 6, II, § 315 II Nr 4 sind erstmals auf Abschlüsse für das nach dem 31.12.09 beginnende Geschäftsjahr anwendbar.

Einl v § 238 89–94

89   **21) Übergangsvorschriften in (1) EGHGB Art 69:** Angefügt durch das Gesetz zur Umsetzung der geänderten Banken-Ri und der geänderten Kapitaladäquanz-Ri v 19.11.10 BGBl I 1592 mit Wirkung v 25.11.10. Diese Änderungen sind erstmals auf Jahres- und Konzernabschlüsse für nach dem 31.12.10 beginnende Geschäftsjahre anwendbar.

90   **22) Übergangsvorschriften in (1) EGHGB Art 70:** Übergangsbestimmungen zu den Erleichterungen des Kleinstkapitalges-Bilanzrechtsänderungsgesetz (MicroBilG) für Kleinstkapitalges bei der Rechnungslegung nach §§ 264 I, 266, 267a, 275 V, 325a II, 326 II sowie Änderungen der §§ 8b, 9, 253, 264 II, 264c, 276, 328, 334 und 335. Die nF gilt für Jahres- und Konzernabschlüsse, die sich auf einen nach dem 30.12.12 liegenden Abschlussstichtag beziehen. Für Jahres- und Konzernabschlüsse mit früherem Abschlussstichtag bleiben die genannten Vorschriften idF bis 27.12.12 anwendbar. § 264 III und 290 idF des MicroBilG sind erstmals auf Jahres- und Konzernabschlüsse für Geschäftsjahre anzuwenden, die nach dem 31.12.12 beginnen.

91   **23) Übergangsvorschriften in (1) EGHGB Art 72:** Übergangsvorschriften zum AIFM-Umsetzungsgesetz in (1) EGHGB Art 72. Die in § 8b II Nr 8, § 285 Nr 26, § 290 II Nr 4 S 2 und § 314 I Nr 18 jeweils in Bezug genommenen Bestimmungen des InvestG sind die bis 21.7.13 geltenden Fassungen dieser Bestimmungen. § 285 Nr 26, § 290 II Nr 4 S 2, § 314 I Nr 18, § 341b II idF des AIFM-Umsetzungsgesetzes sind erstmals auf Jahres- und Konzernabschlüsse für nach dem 21.7.13 beginnende Geschäftsjahre anzuwenden. Für Jahres- und Konzernabschlüsse für Geschäftsjahre, die vor dem 22.7.13 beginnen, bleiben die Vorschriften idF bis 21.7.13 weiterhin anwendbar.

92   **24) Übergangsvorschriften in (1) EGHGB Art 73:** Übergangsvorschriften zum Gesetz für die gleichberechtigte Teilhabe von Frauen und Männern an Führungspositionen in der Privatwirtschaft und im öffentlichen Dienst in (1) EGHGB Art 73. § 289a II Nr 4, auch in Verbindung mit III, und § 289a IV, auch in Verbindung mit § 336 II 1 sind erstmals anzuwenden auf Lageberichte, die sich auf Geschäftsjahre mit einem nach dem 30.9.15 liegenden Abschlussstichtag beziehen. § 289a II Nr 5, auch in Verbindung mit III ist erstmals anzuwenden auf Lageberichte, die sich auf Geschäftsjahre mit einem nach dem 31.12.15 liegenden Abschlussstichtag beziehen.

93   **25) Übergangsvorschriften in (1) EGHGB Art 74:** Übergangsvorschriften zum Kleinanlegerschutzgesetz in (1) EGHGB Art 74. § 335 I 4 idF des Kleinanlegerschutzgesetzes v 3.7.15 ist erstmals auf Jahres- und Konzernabschlüsse für Geschäftsjahre anzuwenden, die nach dem 31.12.14 beginnen.

94   **26) Übergangsvorschriften in (1) EGHGB Art 75:** Übergangsvorschriften zum BilRUG 2015 u WohnimmobilienkreditRiUmsetzG 2016 in (1) EGHGB Art 75. Grds gilt, dass die durch das BilRUG geänderten Vorschriften erstmals auf Jahres- und Konzernabschlüsse sowie Lage- und Konzernlageberichte für das nach dem 31.12.15 beginnende Geschäftsjahr anzuwenden sind (**I 1**). Letztmalig sind diese Vorschriften sowie § 277 IV u § 278 auf Abschlüsse für ein vor dem 1.1.16 beginnendes Geschäftsjahr anzuwenden (**I 2**). §§ 267, 267a I, 277 I u § 293 dürfen erstmals auf Abschlüsse für das nach dem 31.12.13 beginnende Geschäftsjahr angewendet werden, jedoch nur insgesamt (**II 1**). Wird von dieser Möglichkeit kein Gebrauch gemacht, bleibt es insoweit bei I 1 (**II 2**). § 8b u §§ 341q-341y sind erstmals auf Zahlungsberichte und Konzernzahlungsberichte für ein nach dem 23.7.15 beginnendes Geschäftsjahr anzuwenden (**III**). § 253 III 3 idF BilRUG 2015 ist erstmals auf nach dem 31.12.15 aktivierte immaterielle Vermögensgegenstände des Anlagevermögens anwendbar (**IV 1**), § 253 III 4 erstmals auf Geschäfts- oder Firmenwerte, die aus Erwerbsvorgängen in Geschäftsjahren herrühren, die nach dem 31.12.15 begonnen haben (**IV 2**). Sonderregelungen in **V**. § 253 II, VI idF WohnimmobilienkreditRi-

Einleitung 95–100 **Einl v § 238**

UmsetzG 2016 erstmals auf Jahresabschlüsse für das nach dem 31.12.15 endende Geschäftsjahr anzuwenden (**VI 1**). Für vor dem 1.1.16 endende Geschäftsjahre ist § 253 II aF weiter anzuwenden (**VI 2**). Hinsichtlich § 253 II gelten VI 1, 2 für Konzernabschlüsse entsprechend (**VI 3**). Für Geschäftsjahre, die nach dem 31.12.14 beginnen und vor dem 1.1.16 enden kann § 253 II idF WohnimmobilienkreditriUmsetzG 2016 für den Jahresabschluss angewendet werden (**VII 1**); in diesem Fall gilt § 253 VI entsprechend (**VII 2**). VII 1 gilt für Konzernabschluss entsprechend (**VII 3**). Pflichtangaben für mittelgroße u große Kapital-Ges in **VII 4**.

27) Übergangsvorschriften in (1) EGHGB Art 76:Übergangsvorschriften zum Bürokratieentlastungsgesetz in (1) EGHGB Art 76. § 241a S 1 idF des Bürokratieentlastungsgesetzes v 28.7.15 ist erstmals auf das nach 31.12.15 beginnende Geschäftsjahr anzuwenden. § 241a S 1 idF bis 31.12.15 ist letztmals auf das vor dem 1.1.16 beginnende Geschäftsjahr anzuwenden.

28) Übergangsvorschriften in (1) EGHGB Art 77: Übergangsvorschriften zum TransparenzRi-ÄnderungsRi-Umsetzungsgesetz in (1) EGHGB Art 77. § 342b idF v 26.11.15 findet ab dem 1.1.16 Anwendung.

29) Übergangsvorschriften in (1) EGHGB Art 78: Übergangsvorschriften zum Abschlussprüferaufsichtsreformgesetz in (1) EGHGB Art 78. Für die Anwendung des § 319 I 3 idF ab 17.6.16 gilt eine für den Abschlussprüfer geltende Teilnahmebescheinigung oder Ausnahmegenehmigung nach dem bis 16.6.16 geltenden § 57a I WPO als Nachweis der Eintragung gemäß § 319 I 3 idF ab 17.6.16, solange der Registerauszug über die Eintragung nach § 40 III WPO noch nicht erteilt worden ist.

30) Übergangsvorschriften in (1) EGHGB Art 79: Übergangsvorschriften zum Abschlussprüfungsreformgesetz in (1) EGHGB Art 79. § 319a I, II und III sowie §§ 321 und 322 jeweils idF AReG sind erstmals auf Jahres- und Konzernabschlüsse für das nach dem 16.6.16 beginnende Geschäftsjahr anzuwenden. § 319a I und II sowie die §§ 321 und 322 idF bis 16.6.16 sind letztmals auf Jahres- und Konzernabschlüsse für vor dem 17.6.16 beginnende Geschäftsjahre anzuwenden. § 324 II 2 idF AReG muss so lange nicht angewandt werden, wie alle Mitglieder des Prüfungsausschusses vor dem 17.6.16 bestellt worden sind. Prüfungsmandate können entsprechend § 318 Ia auch verlängert werden, wenn die Wahl des Abschlussprüfers für das zwölfte oder dreizehnte Geschäftsjahr erfolgt, auf das sich die Prüfungstätigkeit des Abschlussprüfers erstreckt, und die Wahl des Abschlussprüfers für das nächste nach dem 16.6.16 beginnende Geschäftsjahr erfolgt. Prüfungsmandate gem § 318 Ia 2 können auch verlängert werden, wenn mehrere Wirtschaftsprüfer oder WirtschaftsprüfungsGes gemeinsam im zwölften oder dreizehnten Geschäftsjahr, auf das sich die Prüfungstätigkeit des Abschlussprüfers erstreckt, zum Abschlussprüfer bestellt werden und die gemeinsame Bestellung für das nächste nach dem 16.6.16 beginnende Geschäftsjahr erfolgt.

31) Übergangsvorschriften in (1) EGHGB Art 80: Übergangsvorschriften zum CSR-RUG in (1) EGHGB Art 80. §§ 264, 285, 289 bis 289f, 291, 292, 294, 314 bis 315e, 317, 320, 325, 331, 334, 335, 336, 340a, 340i, 340n, 341a, 341j, 341n und 342 idF CSR-RUG v 11.4.17 (BGBl I 802) sind erstmals auf Jahres- und Konzernabschlüsse, Lage- und Konzernlageberichte für das nach dem 31.12.16 beginnende Geschäftsjahr anzuwenden. Die genannten Vorschriften idF bis zum 18.4.17 sind letztmals auf Lage- und Konzernlageberichte für das vor dem 1.1.17 beginnende Geschäftsjahr anzuwenden.

32) Übergangsvorschriften in (1) EGHGB Art. 81 als Folgeänderungen der Umsetzung der CSR-Ri durch das CSR-RUG v 11.4.17. §§ 289b IV, 315b IV sind erstmals auf Jahres- und Konzernabschlüsse, Lage- und Konzernlageberichte für das nach dem 31.12.18 beginnende Geschäftsjahr anzuwenden.

Erster Abschnitt. Vorschriften für alle Kaufleute

Erster Unterabschnitt. Buchführung Inventar

Buchführungspflicht

238 (1) ¹Jeder Kaufmann ist verpflichtet, Bücher zu führen und in diesen seine Handelsgeschäfte und die Lage seines Vermögens nach den Grundsätzen ordnungsmäßiger Buchführung ersichtlich zu machen. ²Die Buchführung muß so beschaffen sein, daß sie einem sachverständigen Dritten innerhalb angemessener Zeit einen Überblick über die Geschäftsvorfälle und über die Lage des Unternehmens vermitteln kann. ³Die Geschäftsvorfälle müssen sich in ihrer Entstehung und Abwicklung verfolgen lassen.

(2) Der Kaufmann ist verpflichtet, eine mit der Urschrift übereinstimmende Wiedergabe der abgesandten Handelsbriefe (Kopie, Abdruck, Abschrift oder sonstige Wiedergabe des Wortlauts auf einem Schrift-, Bild- oder anderen Datenträger) zurückzubehalten.

Übersicht

	Rn
1) Begriff, Bedeutung, Beweiswert der Handelsbücher	1–3
A. Begriff	1
B. Bedeutung	2
C. Beweiswert	3
2) Rechtsnatur des Bilanzrechts; Rechtsgrundlagen der Buchführungspflicht	4–7
A. Rechtsnatur des Bilanzrechts	4
B. Handelsrechtliche Buchführungspflicht	5
C. Steuerrechtliche Buchführungspflicht (§§ 140 ff AO)	6
D. Sonstige Buchführungspflichten	7
3) Verpflichtete Personen (I 1)	8–11
A. Kaufmann	8
B. Organe, gesetzliche Vertreter, Amtspersonen	9
C. Zweigniederlassungen	10
D. Hilfspersonen, Buchführung außer Haus	11
4) Art und Weise der Buchführung, GoB (I 1–3)	12–15
A. Grundsätze ordnungsmäßiger Buchführung (GoB, I 1)	12
B. Doppelte Buchführung	13
C. Gegenstand der Buchungen, Realisationsprinzip	14
D. Allgemeine materielle Anforderungen an Buchführung (I 2, 3)	15
5) Briefkopien (II)	16
6) Beginn und Ende der Buchführungspflicht	17, 18
7) Folgen der Verletzung der Buchführungspflicht	19–22
A. Strafrechtliche Sanktionen	19
B. Zivilrechtliche Sanktionen	20
C. Festsetzung von Zwangsgeld	21
D. Steuerrecht	22

1) Begriff, Bedeutung und Beweiswert der Handelsbücher

1 A. **Begriff:** § 238 entspricht § 38 aF. Das HGB setzt den Begriff der HdlBücher voraus. Welche Bücher HdlBücher iSv §§ 238 ff sind und wie sie zu führen sind, ergibt sich aus den GoB (s Rn 12–15). HdlBuch ist auch das Verwahrungsbuch nach **(13)** DepotG § 14; **nicht** das Tagebuch des HdlMaklers nach § 100 (§ 100 II verweist nur auf §§ 239, 257), das Tagebuch des Kursmaklers, das Aktienbuch

1. Abschnitt. Vorschriften für alle Kaufleute 2–6 § 238

nach § 67 AktG. Die entspr Anwendung einzelner Vorschriften des 1. Abschn ist damit nicht ausgeschlossen (ausdrücklich zB § 100 II). Zu den Aufgaben des kfm Rechnungswesens s Moxter FS Goerdeler **87**, 361. HdlBücher iSv HGB haben nichts mit dem HdlBuch nach KWG zu tun (s **(7)** Bankgeschäfte A/4). **Lit** Me/Pro/Fi Kap 2 Tz 1 ff; Moxter DStR **03**, 1586; Schmidbauer DStR **04**, 699; Hennrichs/Pörschke Konzern **09**, 532; Hennrichs StBJb **09/10**, 261; Hennrichs GmbHR **10**, 17 (BilMoG).

B. **Bedeutung:** Die HdlBücher sind **Urkunden gemäß §§ 267 ff StGB**. 2 Fälschung vorhandener, nachträgliche Einfügung unrichtiger oder Beseitigung richtiger Eintragungen ist Urkundenfälschung, wenn ein anderer ein gesetzliches oder vertragliches Recht auf unveränderten Fortbestand der Bücher erlangt hat; der nachträgliche, als ursprünglich getarnte unrichtige Eintrag durch den Buchführer (oder einen Dritten) ist dann nicht straflose schriftliche Lüge, sondern fälscht das Buch als Gesamturkunde, RGSt **69**, 398, KG JW **36**, 1538. Das Vorhandensein auch nur eines HdlBuchs begründet den **Gerichtsstand des Vermögens** (§ 23 ZPO), RG **51**, 165. HdlBücher sind **unpfändbar** (§ 811 I Nr 11 ZPO) und unterliegen nicht dem Vermieterpfandrecht (§§ 562 ff BGB). Sie fallen aber in die **Insolvenzmasse** (§ 36 II Nr 1 InsO). Der Insolvenzverwalter darf sie nunmehr auch ohne Unternehmensveräußerung selbstständig verwerten, gesetzliche Aufbewahrungspflichten (§ 257; § 147 AO 1977 ua) bleiben aber unberührt (s auch Rn 9).

C. **Beweiswert:** Im Erkenntnisverfahren sind HdlB Privaturkunden iSv § 416 3 ZPO. Der Inhalt der HdlBücher ist im Zusammenhang mit dem sonstigen Verhandlungs- und Beweisaufnahmeergebnis frei zu würdigen (§ 286 ZPO, s auch § 257 Rn 4), Hamm NJW **87**, 965. Ordnungsmäßig geführte HdlBücher können eine erhebliche Wahrscheinlichkeit für die Richtigkeit der einzelnen Einträge und das Nichtbestehen auszuweisender, nicht ausgewiesener Vorgänge begründen. Sie liefern aber keinen Beweis des ersten Anscheins (prima-facie-Beweis) derart, dass zur Erschütterung ihrer Glaubwürdigkeit bestimmte widersprechende Tatsachen bewiesen werden müssten, BGH BB **54**, 1044. Für das Steuerrecht s § 158 AO.

2) Rechtsnatur des Bilanzrechts; Rechtsgrundlagen der Buchführungspflicht

A. **Rechtsnatur des Bilanzrechts:** Bilanzrecht ist nach modernem, im Vor- 4 dringen begriffenem Verständnis **zwingendes Privatrecht der Kaufleute**, während früher herrschend war, dass Bilanzrecht zum öffentlichen Recht zählt. Für privatrechtliche Qualifizierung spricht vor allem, dass Bilanzrecht ganz überwiegend dem Interesse unterschiedlicher Gruppen von Privaten (Kfm, Gläubiger, Anleger, Vertragspartner, Arbeitnehmer, Wettbewerber etc.) dient, während der Schutz öffentlicher Interessen im Wesentlichen nur am Rande und indirekt über den Maßgeblichkeitsgrundsatz vermittelt wird. **Lit** Merkt ZGR **17** Heft 4 mit umfassenden Nachweisen.

B. **Handelsrechtliche Buchführungspflicht:** Eine Buchführungspflicht 5 folgt aus dem allgemeinen Handelsrecht und den handelsrechtlichen Nebengesetzen. §§ 238 ff werden durch AktG §§ 150 ff, GmbHG §§ 41 ff, GenG § 33 für AG, KGaA, GmbH und eG und durch das PublG für bestimmte Großunternehmen (s Einl 35v § 238) ergänzt. Besondere handelsrechtliche Buchführungsvorschriften s § 100, **(13)** DepotG § 14, § 67 AktG (s Rn 1) ua. Buchführung in **Euro** ab 1.1.99 zulässig, nach 31.12.2001 vorgeschrieben (Jahresabschluss s § 244 Rn 2), Scheffler NJW **98**, 3174.

C. **Steuerrechtliche Buchführungspflicht (§§ 140 ff AO):** Nach § 140 6 AO ist **die nach anderen Gesetzen bestehende Buchführungspflicht** (also

§ 238 7, 8   3. Buch. Handelsbücher

besonders die handelsrechtliche) **auch für die Besteuerung** zu erfüllen und dadurch offen für **steuerrechtliche Sanktionen** wie Zurückweisung schlecht geführter Bücher als Besteuerungsgrundlage oder Verlust gewisser Steuervorteile.

§ 141 AO verpflichtet **weitergehend** unter bestimmten Bedingungen gewerbliche Unternehmer und Land- und Forstwirte, auch soweit sie der handelsrechtlichen Buchführungspflicht nicht unterliegen, zu Buchführung und Jahresabschlüssen entspr §§ 238, 240–242 I, 243–245 HGB. Zu beachten sind zusätzliche steuerrechtliche **Aufzeichnungspflichten.** § 142 AO verlangt von Land- und Forstwirten neben Inventar und Abschluss ein Anbauverzeichnis, §§ 143, 144 AO von gewerblichen Unternehmern Aufzeichnungen des Warenein- und -ausgangs. § 145 AO formuliert allgemeine Anforderungen an Buchführung und Aufzeichnung gemäß der AO. §§ 146, 147 AO geben Ordnungsvorschriften für Buchführung, Aufzeichnungen und Aufbewahrung von Unterlagen. § 148 AO erlaubt die Bewilligung von Erleichterungen. Weitere Aufzeichnungspflichten folgen zB aus UStG, ADS 62 ff. Insolvenzverwalter s Rn 9.

7 D. **Sonstige Buchführungspflichten:** Eine Buchführungspflicht kann allgemeiner aus Gesetz oder Vertrag folgen, besonders **aus Pflicht zur Verwaltung fremden Vermögens und Rechnungslegung** hierüber, so für Beauftragte, Geschäftsbesorger, geschäftsführende Gfter (vgl §§ 662, 666, 675, 713 BGB), Geschäftsführer ohne Auftrag (vgl §§ 666, 681 BGB), Vormünder, Nachlassverwalter, Testamentsvollstrecker (vgl §§ 1840 ff, 1985, 2215, 2218 BGB). Sie kann auch folgen aus Leistungspflichten, deren Erfüllung Buchführung voraussetzt, zB **aus Gewinn- oder Umsatzbeteiligungspflicht** (zB aus Lizenz-, Darlehens-, Dienstvertrag). Sie kann durch solche und andere Verträge auch **ausdrücklich** begründet werden.

3) Verpflichtete Personen (I 1)

8 A. **Kfm:** Die Buchführungspflicht nach § 238 galt vor Inkrafttreten des BilMoG 2009 für **jeden Kfm** (§§ 1, 2, 3), auch HdlGes (§ 6), eG (§ 17 II GenG), juristische Personen nach § 33, aber für Gebietskörperschaften, mit dem Recht abzuweichen (§ 263). Jetzt sieht § 241a eine Befreiung für EinzelKflte vor, die in zwei aufeinander folgenden Geschäftsjahren nicht mehr als 500 000 Euro Umsatzerlöse und 50 000 Euro Jahresüberschuss aufweisen. SollKflte, die nach § 262 (aufgehoben durch HRefG 1998) auch ohne Eintragung buchführungspflichtig waren, gibt es nicht mehr. Die Buchführungspflicht nach § 238 gilt **nicht** für NichtKflte, zB Kleingewerbetreibende und Freiberufler, auch wenn sie nach § 5 zu Unrecht (noch) im HdlReg als Kfm eingetragen sind, Celle NJW **68**, 2119 (§ 5 Rn 6), aA BeckBilKo 21, oder wenn sie als Kfm aufgetreten sind (§ 5 Rn 16); erst recht nicht, wenn ein Minderjähriger ein HdlGeschäft ohne die erforderliche Genehmigung betreibt (§ 112 BGB, str, § 1 Rn 33), RGSt **45**, 4, Grund: öffentlichrechtliche, strafbewehrte Pflicht (vgl § 5 Rn 6). Der Kfm ist buchführungspflichtig **nur mit** seinem **Betriebsvermögen** und den im Betrieb des Unternehmens begründeten Verbindlichkeiten (vgl § 25 Rn 11), nicht mit dem Privatvermögen oder dem einem anderen Unternehmen gewidmeten Vermögen des EinzelKfms, Gfters einer OHG oder KG, Land- oder Forstwirts (§ 3), der juristischen Person (§ 33); s § 246 Rn 14. Auch hiernach nicht buchführungspflichtige Personen können aber **steuerrechtlich** buchführungspflichtig sein, s Rn 5. Auch im Verhältnis zwischen Ehegatten in Zugewinngem entscheidet für die Zuordnung eines Pkw zum Betriebsvermögen, wer die Aufwendungen tatsächlich trägt, BStBl II **15**, 132. Zuordnung einer Beteiligung an Komplementär-GmbH zum notwendigen Betriebsvermögen scheitert nicht daran, dass Komplementär-GmbH weder zum Besitzunternehmen noch zur Betriebs-Kapitalgesellschaft direkte Geschäftsbeziehungen unterhält, BFH BStBl II **13**, 907. Zur Buchführungspflicht des Mitunternehmers Ley WPg **06**, 904.

1. Abschnitt. Vorschriften für alle Kaufleute — 9–12 § 238

B. **Organe, gesetzliche Vertreter, Amtspersonen:** Bei HdlGes und eG sind 9 die **zuständigen Organmitglieder** für die Erfüllung dieser Pflicht verantwortlich, zB Gesamtvorstand (§ 91 AktG), nicht nur das für Rechnungslegung zuständige Vorstandsmitglied, RGSt **45**, 387: GmbHGeschäftsführer (§ 41 GmbHG), Karls WM **87**, 536 (AG, Jahresabschluss). Liquidatoren; bei OHG und KG jeder phG (§ 245 S 2), auch wenn nicht er selbst, sondern nur die geschäftsführenden Gfter die Bücher führen, hA, ADS 10. Die Arbeitsteilung mehrerer so Verantwortlicher ist zulässig, die nach der **Geschäftsverteilung** nicht zuständigen bleiben aber für sorgfältige Auswahl und Überwachung des zuständigen Organmitglieds verantwortlich (s Rn 11), BGH NJW **86**, 55. Auch nur tatsächliche Geschäftsführer ohne oder ohne wirksame Bestellung sind buchführungspflichtig, aber nicht strafrechtlich verantwortlich (Analogieverbot), im Einzelnen str, Lu/Ho Vor § 35 Rn 12, vgl § 130a Rn 6 zur Insolvenzantragspflicht. Strafrechtlich verantwortlich (s Rn 17) ist der gesetzlich zur Buchführung Verpflichtete, auch das Organmitglied, ein **gesetzlicher Vertreter** eines anderen oder ein mit der Leitung des Betriebs oder der Erfüllung der Buchführungspflichten in eigener Verantwortung Beauftragter (vgl § 14 StGB). Das betrifft ua auch **Testamentsvollstrecker** (§ 1 Rn 40) und **Insolvenzverwalter** (§ 1 Rn 47), einerlei, ob sie selbst Kfm sind, hA, BeckBilKo 42, differenzierend GK BilR/Hüffer 28 ff.

In der Insolvenz ändern sich die handels- und steuerrechtlichen Buchführungspflichten des Schuldners nicht. In Bezug auf die Insolvenzmasse hat sie aber nunmehr der Insolvenzverwalter zu erfüllen, vgl BGH **74**, 316, KG DB **97**, 1708, aber Beginn eines neuen Geschäftsjahrs mit Eröffnung des Insolvenzverfahrens und Bestellung des Abschlussprüfers nach § 318 durch das Registergericht auf Antrag des Insolvenzverwalters (§ 155 InsO).

C. **Zweigniederlassungen:** S § 13 Rn 8. Der Kfm ist für die Buchführung 10 insgesamt, auch der ZwNl verantwortlich (aber s Rn 9). §§ 238 ff gelten auch für inländische ZwNl ausländischer Kflte; beachte aber Sondervorschriften für inländische ZwNl ausländischer Kredit- und Versicherungsunternehmen (§ 53 II Nr 2 KWG, §§ 106 ff VAG)

D. **Hilfspersonen, Buchführung außer Haus:** Die Buchführungspflicht 11 trifft auch den dazu nicht fähigen Kfm (Organmitglied ua). Der Buchführungspflichtige braucht aber die Bücher nicht persönlich zu führen, sondern darf sie Hilfspersonen übertragen oder auch außer Haus geben, und zwar unabhängig von der Größe des geführten Unternehmens (Fernbuchführung, § 239 Rn 4). Entspr für Erstellung des Jahresabschlusses (§ 264 Rn 8). Buchführung im Ausland s § 239 Rn 4. Geschäftsverteilung s Rn 8. Er ist dann zivil- und strafrechtlich nur für sorgfältige Auswahl und Überwachung verantwortlich, BGH GmbHR **53**, 123 LS.

4) Art und Weise der Buchführung, GoB (I 1–3)

A. **Grundsätze ordnungsmäßiger Buchführung (GoB, I 1):** Das HGB hat 12 nur einige Vorschriften über Buchführung (§§ 238 ff) und verweist im Übrigen auf die GoB, so ausdrücklich I 1. Den GoB kommt damit zentrale Bedeutung zu. Sie gelten außer für die eigentliche Buchführung (GoB ieS, I 1), zB Buchführung mit EDV (§ 239 IV 1), auch **für Art und Weise der gesamten Rechnungslegung**, zB für Inventurverfahren (§ 241 I 2, II, III Nr 2), Aufstellung der Bilanz (§ 243 I), Bewertungsverfahren (§ 256 S 1), Aufbewahrung auf Bildträger (§ 257 III 1) und Inhalt der Bilanz (true and fair view, § 264 II 1). Dabei sind **formelle GoB** (Buchführungstechnik, zB doppelte Buchführung, s Rn 12, und Bilanzierungstechnik, s § 243 Rn 1), und **materielle GoB** (zB allgemeine Bilanzierungsgrundsätze, s Rn 15, § 243 Rn 1–9, und besondere Regeln zu Gliederung, Ansatz und Bewertung) zu unterscheiden. Die **Rechtsnatur** der GoB (Gewohnheitsrecht, HdlBrauch, kfm Standesrecht, außerrechtliche Fachnormen ua) ist

Merkt 1005

§ 238 13, 14   3. Buch. Handelsbücher

umstritten; zutreffend sind sie herkömmlich zT Gewohnheitsrecht, zT HdlBrauch. Viel davon ist durch §§ 238 ff nunmehr kodifiziert. Den Inhalt der GoB (**unbestimmter Rechtsbegriff**) ermitteln letztlich die Gerichte (revisionsrichterliche Prüfung), besonders der BFH (wegen des Grundsatzes der Maßgeblichkeit der HdlBilanz für die Steuerbilanz, s § 242 Rn 4–5). Die GoB sind Regeln, nach denen der Kfm zu verfahren hat, um zu einer dem **gesetzlichen Zweck** (für verschiedene Bilanzarten s § 242 Rn 4–7) entspr Buchführung (s I 2, 3) und Bilanz (s § 264 II) zu gelangen, nicht aber Regeln, die tatsächlich eingehalten werden; zwar kann für ihre Ermittlung die tatsächliche Übung der Kflte eine wichtige Erkenntnisquelle sein, aber sie vermag nicht GoB rechtsschöpferisch zu gestalten, BFH BStBl III **67**, 609, GrS BStBl II **69**, 292, hL (**deduktive Methode**, also Herleitung der GoB aus den tragenden Bilanzrechtsgrundsätzen; Gegensatz: induktive Methode, wonach die Anschauung ordentlicher, ehrenwerter Kflte festzustellen ist). Daran ändert sich auch durch das BilMoG 2009 grds nichts. Anhaltspunkte für GoB geben außer Gesetz und Rspr (BGH, BFH, LG nach § 324 ua) zB die Fachgutachten und Stellungnahmen des IDW, die Fachliteratur (insbesondere die gesicherten Erkenntnisse der Betriebswirtschaftslehre), die Standards (DRS) des Deutschen Rechnungslegungs Standards Committee (DRSC) nach § 342 (speziell im Bereich der Konzernrechnungslegung). **Lit** Kirsch StuB **08**, 453; Hennrichs FS K. Schmidt **09**, 581; Moxter WPg **09**, 7; Rammert/Thies WPg **09**, 34; Hennrichs WPg **11**, 861; Glaser/Hachmeister DB **15**, 565 (true and fair view).

13 B. **Doppelte Buchführung:** Notwendig ist heute idR **doppelte** Buchführung (also Bestandskonten mit Gegenbuchung auf Erfolgskonten) oder eine gleichwertige kameralistische bei öffentlichen Körperschaften (aber auch hier zunehmend doppelte Buchführung, sogar zwingend, falls Wirtschaftsbetrieb der öffentlichen Hand in privater Trägerform); die Buchführungsform im Übrigen ist, sofern sie § 239 und GoB entspricht, frei. **Einfache** Buchführung (nur Bestandskonten) genügt nur unter besonderen Verhältnissen, etwa in Kleinbetrieben des Einzelhandels und Handwerks (die aber idR handelsrechtlich nicht buchführungspflichtig sind, § 4), sonst uU in Unternehmen mit ganz wenigen oder völlig gleichartigen Geschäftsvorfällen, hL, GK BilR/Hüffer § 239 Rn 7, aA mit guten Gründen jedenfalls für KapitalGes (§ 264 I 1) einfache Buchführung ungenügend, Baumb/Hueck/Schulze-Osterloh § 41 Rn 25. Bei der doppelten Buchführung werden sämtliche Geschäftsvorfälle (nach Aufstellung des systematisch in Konten aufgelösten Eröffnungsinventars) als „Tauschakte" dargestellt: Die **Konten** (Sach- und Personenkonten; Konten betr Ausschnitte des Vermögens: zB Grundstücke, Maschinen, Waren, Kasse, Forderungen, Verbindlichkeiten; Konten betr Eigenmittel: Kapitalkonto, Gewinn- und Verlustkonto) sind bei doppelter Buchführung so gebildet, dass jeder zu buchende Geschäftsvorfall zu Soll- und Haben-Buchungen (Tauschvorgang) in gleicher Höhe führt. Die Salden werden im Rechnungsabschluss (Bilanz oder GuV) zusammengefasst. Der Saldo des Abschlusses ist Gewinn oder Verlust. Die Gewinn- und Verlustrechnung nach §§ 275 ff setzt idR doppelte Buchführung voraus.

14 C. **Gegenstand der Buchungen, Realisationsprinzip:** Gewohnheitsrechtlich (gegen Wortlaut des I 1) bucht der Kfm **nicht unmittelbar seine Handelsgeschäfte, sondern nur** die **Änderungen der Lage seines Vermögens**, Bsp: nicht schon Kaufabschluss, sondern erst Lieferung der Ware oder Kaufpreiszahlung. Bei Lieferung vor Zahlung: Warenabgang hier, -zugang dort und Entstehung der Preisforderung (die vorher als nicht buchbar behandelt wird) hier, der Preisschuld dort. Bei Zahlung: Geldzugang hier, -abgang dort und Tilgung der Forderung hier, der Schuld dort. Bei Zahlung vor Lieferung (Anzahlung, die wie Darlehen behandelt wird): Geldzugang hier, -abgang dort und entspr Schuld hier, Forderung dort. Bei Lieferung: Warenabgang hier, -zugang

1. Abschnitt. Vorschriften für alle Kaufleute 15–19 § 238

dort und Tilgung der Schuld hier, Forderung dort. Die Buchungen müssen aber den Abschluss, aus dem sie hervorgehen, und den Geschäftspartner angeben. Der buchungsrechtliche Begriff der Änderung der Lage des Vermögens des Kfm entspricht nicht den Vorschriften des BGB über Erwerb, Änderung und Verlust von Rechten, vielmehr gelten hier einfachere, am wirtschaftlichen Effekt orientierte Begriffe von **Zu- und Abgang von Vermögenswerten (Realisationsprinzip,** s § 252 Rn 18–20). Bsp: Sicherungsübereignung von im Betrieb des Kfm bleibenden Waren ist nicht als Abgang der Ware (und beim Gläubiger als Zugang) zu buchen, vielmehr wird bis zur Verwertung der Sicherheit durch den Gläubiger nur die Schuldforderung gebucht.

D. **Allgemeine materielle Anforderungen an Buchführung (I 2, 3):** I 2, 15 3 entsprechen § 145 I 1, 2 AO. **I 2** verlangt, dass die Buchführung einem sachverständigen Dritten (nicht beliebiger Privatmann, aber auch nicht Wirtschaftsprüfer, sondern jemand, der Bilanzen lesen kann) innerhalb angemessener Zeit (hängt vom Fall ab) einen Überblick über die Geschäftsvorfälle und über die Lage des Unternehmens (schlechthin, nicht nur Vermögens-, Finanz- und Ertragslage, AmtlBegr) vermitteln kann. Darin kommt in allgemeinster Form die Ausrichtung auf Nachprüfbarkeit und Kontrolle durch Außenstehende (s Einl 11v § 238) zum Ausdruck. I 2 bedeutet des Näheren, dass die Buchführung richtig und vollständig (§ 239 II), klar und übersichtlich sein muss. Die GoB verlangen nur eine **Einzelaufzeichnung** der Kassenvorgänge im Rahmen des nach Art und Umfang des Geschäfts Zumutbaren, BFH **15**, 1200 mit Anm Heß. **I 3** verlangt, dass die Buchführung zeitlich fortlaufend (§ 239 II) ist, damit die Geschäftsvorfälle in ihrer Entstehung und Entwicklung verfolgt werden können. Diese allgemeinen Grundsätze für die Buchführung schlagen sich in den gleichnamigen Grundsätzen ordnungsmäßiger Bilanzierung nieder und sind dort näher erläutert (s § 243 Rn 1–9). Frist s § 239 Rn 2.

5) Briefkopien (II)

Der Kfm muss Kopie, Abdruck, Abschrift oder sonstige Wiedergabe seiner 16 abgesandten HdlBriefe (Legaldefinition in § 257 II) zurückbehalten und aufbewahren (§ 257 I Nr 3). Seit 1977 ist die Speicherung auf anderen Datenträgern als in Schrift oder Bild zugelassen.

6) Beginn und Ende der Buchführungspflicht

A. Die Buchführungspflicht **beginnt** mit dem ersten buchungspflichtigen Ge- 17 schäftsvorfall nach Aufnahme des HdlGewerbes durch den Kfm (s Rn 7); bei FormKfltn nach Abschluss des GesVertrags (also VorGes) ohne Rücksicht auf Eintragung, hL, und auf Aufnahme der Geschäftstätigkeit. Erster Geschäftsvorfall ist bei FormKfm schon die Entstehung der Einlageforderung, heute allgM, Baumb/Hueck/Schulze-Osterloh § 41 Rn 18.

B. Die Buchführungspflicht **endet** mit der KfmEigenschaft; bei PersonenGes 18 und FormKflten mit Ende der Abwicklung ohne Rücksicht auf Löschung im HdlReg.

7) Folgen der Verletzung der Buchführungspflicht

A. **Strafrechtliche Sanktionen:** Die Verletzung der Buchführungspflicht 19 nach §§ 238 ff ist sanktionsbewehrt (hA, aA Wiedmann 36): Sie kann (abgesehen von steuerrechtlichen ua Sanktionen, s Rn 5) **strafbar** sein, so bei Zahlungseinstellung oder Insolvenz (§§ 283 VI, 283b III StGB) nach §§ 283 ff StGB, sog Insolvenzstraftaten, ua § 283 I Nr 5, 6, 7 (Bankrott), § 283b I Nr 1–3 (Verletzung der Buchführungspflicht). Dazu BGH NJW **79**, 1418; **81**, 2206; Düss NJW **80**, 1292. Strafbarkeit entfällt bei rechtlicher oder tatsächlicher Unmöglichkeit zur Buchführung oder Bilanzierung, BGH NStZ **12**, 511. Unrichtige Darstellung

§ 239

kann nach § 331 HGB strafbar sein, **Ordnungswidrigkeiten** mit Geldbuße s § 334 HGB. Lit Pohl wistra **96**, 14; Wolf/Nagel StuB **06**, 621.

20 B. **Zivilrechtliche Sanktionen:** Die Missachtung der GoB kann in besonderen Fällen zur **Nichtigkeit des Jahresabschlusses** führen (§ 264 Rn 18). Die Verletzung der Buchführungspflicht macht den Vorstand oder Geschäftsführer der Ges **schadensersatzpflichtig** nach § 93 II AktG, § 43 II GmbHG, BGH NJW **74**, 1468, **86**, 55. §§ 238 ff sind **nicht Schutzgesetze nach § 823 II BGB** zugunsten Dritter, RG **73**, 34. Wer sich im Vertrauen auf falsch geführte Bücher an einem HdlGeschäft beteiligt, kann für daraus folgende Verluste nicht einen ausgeschiedenen, früher für die Buchführung Verantwortlichen haftbar machen, BGH BB **64**, 1273, offen BGH **125**, 377 (iErg abl), str. Möglich ist aber Schadensersatzhaftung aus Auskunft, Bescheinigung ua (Vertrag, culpa in contrahendo gemäß § 311 Abs 2 und 3 BGB, § 826 BGB; s § 347 Rn 8–40).

21 C. **Festsetzung von Zwangsgeld:** Ist nach § 335 möglich.

22 D. **Steuerrecht:** Die Verletzung der handelsrechtlichen Buchführungspflicht stellt wegen der Maßgeblichkeit zugleich eine **Verletzung der steuerrechtlichen Buchführungspflicht** dar. Mängel der Buchführung beeinträchtigen steuerrechtliche Beweiskraft der Bücher (Umkehrschluss aus § 158 AO). Folge: Steuerlicher Gewinn kann geschätzt werden (§ 162 II AO), FG München BeckRS **05**, 26018304. Zudem kann die Finanzverwaltung die Buchführungspflicht durch Zwangsgeld erwirken (§ 328 I AO). Vorsätzliche oder leichtfertige Verletzung der Buchführungspflicht ist Ordnungswidrigkeit (Steuergefährdung gemäß § 379 AO, soweit nicht leichtfertige Steuerverkürzung gemäß § 378). Zu verfassungsrechtlichen Anforderungen an gesetzliche Begrenzung der Maßgeblichkeit der HGB-Grundsätze ordnungsgemäßer Buchführung für steuerliche Gewinnermittlung BVerfG DStRE **09**, 922.

Führung der Handelsbücher

239 (1) ¹Bei der Führung der Handelsbücher und bei den sonst erforderlichen Aufzeichnungen hat sich der Kaufmann einer lebenden Sprache zu bedienen. ²Werden Abkürzungen, Ziffern, Buchstaben oder Symbole verwendet, muß im Einzelfall deren Bedeutung eindeutig festliegen.

(2) **Die Eintragungen in Büchern und die sonst erforderlichen Aufzeichnungen müssen vollständig, richtig, zeitgerecht und geordnet vorgenommen werden.**

(3) ¹Eine Eintragung oder eine Aufzeichnung darf nicht in einer Weise verändert werden, daß der ursprüngliche Inhalt nicht mehr feststellbar ist. ²Auch solche Veränderungen dürfen nicht vorgenommen werden, deren Beschaffenheit es ungewiß läßt, ob sie ursprünglich oder erst später gemacht worden sind.

(4) ¹Die Handelsbücher und die sonst erforderlichen Aufzeichnungen können auch in der geordneten Ablage von Belegen bestehen oder auf Datenträgern geführt werden, soweit diese Formen der Buchführung einschließlich des dabei angewandten Verfahrens den Grundsätzen ordnungsmäßiger Buchführung entsprechen. ²Bei der Führung der Handelsbücher und der sonst erforderlichen Aufzeichnungen auf Datenträgern muß insbesondere sichergestellt sein, daß die Daten während der Dauer der Aufbewahrungsfrist verfügbar sind und jederzeit innerhalb angemessener Frist lesbar gemacht werden können. ³Absätze 1 bis 3 gelten sinngemäß.

1. Abschnitt. Vorschriften für alle Kaufleute 1–4 § 239

1) Sprache und Schriftzeichen (I)

Nach **I 1** ist bei der Führung der HdlBücher (s § 238 Rn 1–2) und bei den sonst erforderlichen Aufzeichnungen nur eine lebende Sprache verwendbar. Abw vom Wortlaut des I 1 sind nur solche lebenden Sprachen verwendbar, deren Übertragung ins Deutsche (im Prozess, vgl §§ 258–260, oder sonst wie im Rechtsverkehr) durch erreichbare Dolmetscher praktisch möglich ist (Grund § 238 I 2). Personen mit hinreichenden Deutschkenntnissen haben aus I 1 kein Wahlrecht auf Fremdsprache, str; entscheidend ist dabei, wer die Bücher tatsächlich führt (s § 238 Rn 10). Nur Abkürzungen, Ziffern, Buchstaben und Symbole mit eindeutiger Bedeutung sind zulässig **(I 2)**. Der Jahresabschluss ist demgegenüber in deutscher Sprache aufzustellen (§ 244). **Lit** Me/Pro/Fi Kap 2 Tz 39 ff.

2) Vollständigkeit, Richtigkeit, Zeitgerechtheit und Ordnung (II)

II entspricht § 146 I 1 AO. Er konkretisiert § 238 I 2, 3 (s dort Rn 14). Die Eintragungen müssen **richtig** sein (Buchführungswahrheit, vgl § 243 Rn 5). Konten auf falsche oder erdichtete Namen sind unzulässig (§ 154 I AO); Nummernkonto s **(7)** Bankgeschäfte A/47. **Vollständig** bedeutet lückenlose Erfassung aller Geschäftsvorfälle. Die Eintragungen müssen **zeitgerecht** erfolgen, also nicht sofort oder unverzüglich, auch nicht täglich (außer bare Einnahmen und Ausgaben), sondern in vernünftigen, kurzfristigen Buchungsintervallen. Starre Grenzen sind nicht angebracht, aber doch nicht später als einen Monat, BFH BB **92**, 1964. Entscheidend ist, dass die Buchführungs- und Bilanzierungszwecke (s Einl 8–13v § 238, für KapitalGes § 264 II 1) ohne Weiteres erreicht werden. Kasseneinnahmen und Kassenausgaben sollen täglich festgehalten werden (§ 145 II AO). Zeitliche Grenzen für Inventur und Bilanz s §§ 240 II 3, 243 III. **Geordnet** bedeutet heute nicht mehr fortlaufend gebunden, sondern eine Anordnung, die den zeitlichen Ablauf der Geschäftsvorgänge erkennen lässt (§ 238 I 3) und den Einblick nach § 238 I 2 ermöglicht. Geordnete Buchführung setzt Abstützung jeder Buchung durch einen **Buchungsbeleg** (§ 257 I Nr 4) voraus, BGH BB **54**, 455, hL, aus dem sich die Art des Geschäftsvorfalls, Betrag bzw Menge/Wert und Firma des Ausstellers, bei Eigenbelegen Name des Ausstellenden, ergeben. Die Buchung selbst muss das Datum, die der doppelten Buchführung wegen das Gegenkonto und die Belegnummer oä erkennen lassen. **Lit** IDW ERS FN **01**, 141; BMF WPg **01**, 852; Bravidor/Mehnert StuB **14**, 596 (Bilanzwahrheit u EuGH-Rspr); Dziadkowski IStR **14**, 461 (EuGH in Gimle S. A.); Hennrichs WPg **15**, 315 (EuGH in Gimle S. A.); Müller BC **16**, 466 (Bilanzwahrheit und Pensionsrückstellungen).

3) Änderungen und Berichtigungen (III)

Änderungen sind nur zulässig, wenn sie den ursprünglichen Inhalt und die Tatsache späterer Änderung erkennen lassen. Das gilt auch für Buchführung mit EDV (s Rn 4). Änderung und Berichtigung des Jahresabschlusses s § 245 Rn 3–5. **Lit** Zepf DB **95**, 1039.

4) Buchführung mit EDV (IV)

Buchführung **mit EDV** ist nach IV als zulässig anerkannt, sofern sie den GoB (s § 238 Rn 11) entspricht **(IV 1).** Für fiskalische GuV ist demnächst elektronisch einzureichen, eBilanz. **IV 2** verlangt speziell bei Führung der Bücher und Aufzeichnungen die Sicherstellung jederzeitiger Verfügbarkeit und prompter Lesbarkeit der Daten. I–III gelten sinngemäß **(IV 3),** also unter Berücksichtigung der Besonderheiten der EDV, zB bei III Änderungsprotokolle, Umbuchungslisten ua erforderlich. Nach IV sind statt Aufzeichnung in gebundenen Büchern auch **Loseblattbuchführung, Offene-Posten-Buchhaltung** (Anforderungen EStR R 5.2; ADS 50 ff) und andere Buchführungsformen wie zB **EDV-gestützte Buchführungssysteme** zulässig, ADS 62. Buchführung **außer Haus** ist zulässig,

§ 240 1   3. Buch. Handelsbücher

auch im Ausland (anders für Steuerrecht § 146 II AO). Stellungnahmen IDW RS FAIT 2; BMF-Schreiben 7.11.95 BStBl I **95**, 738 (Grundsätze ordnungsmäßiger DV-gestützter Buchführungssysteme, GoBS). Der Inhalt der Bilanz sowie der GuV ist grundsätzlich von allen steuerpflichtigen Unternehmen nach amtlich vorgeschriebenem Datensatz durch Datenfernübertragung zu übermitteln (**E-Bilanz**), BMF-Schreiben vom 28.9.**11** BStBl I 855. Dafür wurde mit BMF-Schreiben vom 19.1.**10** BStBl I 47 als Übermittlungsformat das XBRL-Format festgelegt. **Lit** Bergan/Martin DStR **10**, 1755; Herzig/Briesemeister/Schäperklaus DB **11**, 2509; Kleemann/Kalina-Kerschbaum DStR **13**, 1099; Kleemann BB **14**, I; Dißars NWB **15**, 405; Goldshteyn/Thelen DStR **15**, 326; Goldshteyn/Jaob WPg **15**, 997; Roser GmbHR **15**, R 33; Burlein/Odenthal BBK **15** Beil 1; Groß/Heinrich/Brand/Möslein GoBD-Leitfaden **15**; Herrfurth StuB **15**, 250.

Inventar

240 (1) **Jeder Kaufmann hat zu Beginn seines Handelsgewerbes seine Grundstücke, seine Forderungen und Schulden, den Betrag seines baren Geldes sowie seine sonstigen Vermögensgegenstände genau zu verzeichnen und dabei den Wert der einzelnen Vermögensgegenstände und Schulden anzugeben.**

(2) [1] Er hat demnächst für den Schluß eines jeden Geschäftsjahrs ein solches Inventar aufzustellen. [2] Die Dauer des Geschäftsjahres darf zwölf Monate nicht überschreiten. [3] Die Aufstellung des Inventars ist innerhalb der einem ordnungsmäßigen Geschäftsgang entsprechenden Zeit zu bewirken.

(3) [1] Vermögensgegenstände des Sachanlagevermögens sowie Roh-, Hilfs- und Betriebsstoffe können, wenn sie regelmäßig ersetzt werden und ihr Gesamtwert für das Unternehmen von nachrangiger Bedeutung ist, mit einer gleichbleibenden Menge und einem gleichbleibenden Wert angesetzt werden, sofern ihr Bestand in seiner Größe, seinem Wert und seiner Zusammensetzung nur geringen Veränderungen unterliegt. [2] Jedoch ist in der Regel alle drei Jahre eine körperliche Bestandsaufnahme durchzuführen.

(4) Gleichartige Vermögensgegenstände des Vorratsvermögens sowie andere gleichartige oder annähernd gleichwertige bewegliche Vermögensgegenstände und Schulden können jeweils zu einer Gruppe zusammengefaßt und mit dem gewogenen Durchschnittswert angesetzt werden.

Übersicht

	Rn
1) Inventarpflicht, Eröffnungsinventar (I)	1–5
2) Jahresinventar, Inventurfrist (II)	6
3) Festbewertung (III)	7
4) Gruppenbewertung (IV)	8

1) Inventarpflicht, Eröffnungsinventar (I)

1   A. Zur Buchführungspflicht (§ 238) gehört die Inventarpflicht. Konsequent gilt die durch BilMoG eingeführte Befreiung des § 241a für „kleine" Kflte auch hier. **Inventar** ist das genaue Verzeichnis aller Vermögensgegenstände und Schulden mit Angabe ihrer Werte (I). **I** spricht vom Anfangs- oder Eröffnungsinventar, das zu Beginn des HdlGewerbes (dh Beginn der Buchführungspflicht, s § 238 Rn 17) aufzustellen und Grundlage der Eröffnungsbilanz (s § 242 Rn 1) ist. **II** regelt das Inventar zum Schluss des Geschäftsjahrs. **Lit** Me/Pro/Fi Kap 2 Tz 50 ff; Quick, Inventur **00**; Quick DStR **00**, 2201; Burghardt/Gliesche/Wolz DB **06**, 2245; Weidenbach-Koschinke BC **07**, 303; AWV-Schrift Nr 03 6072; Eschborn **10**.

1. Abschnitt. Vorschriften für alle Kaufleute   2–6 § 240

B. Die **Inventur** ist die Aufstellung des Inventars. Sie verlangt herkömmlich 2 bei körperlichen Gegenständen (Sachen, Urkunden) eine **körperliche Bestandsaufnahme am Stichtag (Stichtagsinventur);** das ist auch bei noch stichtagsbezogener Bestandsaufnahme (idR 10 Tage vorher oder nachher) erfüllt (sog **ausgeweitete Stichtagsinventur**), hL, ADS 38 entspr Steuerrecht. Es gelten die Grundsätze ordnungsmäßiger Inventur (GoB, s § 238 Rn 11), vor allem Klarheit, Wahrheit, Vollständigkeit (vgl § 243 Rn 4–10) und im Ausgangspunkt Einzelerfassung und -bewertung. **III, IV und § 241** bringen bestimmte **Erleichterungen** von der körperlichen Bestandsaufnahme am Stichtag. Zur körperlichen Bestandsaufnahme im Rahmen von Inventurverfahren IDW-HFA 1/90 WPg **90**, 143.

C. Der handelsrechtliche Begriff **Vermögensgegenstand** ist mit dem steuer- 3 rechtlichen des Wirtschaftsguts identisch (s Einl 37 v § 238). Der Begriff umfasst nach HGB grundsätzlich nur Gegenstände der Aktivseite; passive Vermögensgegenstände werden deshalb idR als Schulden oder Verbindlichkeiten bezeichnet. Nicht Vermögensgegenstand sind der Geschäfts- oder Firmenwert (hA, HdlbgKo/Kirnberger, GK BilR/Kleindiek § 255 Rn 413), der aber als solcher behandelt wird, § 246 I 4, sowie steuerliche Verlustvorträge (IDW-HFA FN **01**, 489). Vermögensgegenstand umfasst auch Nutzungsmöglichkeit als immaterielles Wirtschaftsgut (auch wenn nur schuldrechtlich und nicht dinglich begründet), BFH/NV **06**, 1812.

D. Inventarpflichtig sind grundsätzlich alle Vermögensgegenstände und 4 Schulden (Vollständigkeitsgrundsatz); also nicht Aktivposten, die keine Vermögensgegenstände sind (zB §§ 250, 268 III, 274 I; Geschäfts- oder Firmenwert s § 246 Rn 8), und Passivposten, die keine Schulden sind (zB §§ 249 I 2 Nr 1, 266 III A); **Schulden** sind sowohl Verbindlichkeiten als auch Rückstellungen, BFH BStBl II **98**, 249; vgl entspr zur Bilanzierungspflicht § 246 Rn 1–13. Vermögenszuordnung s § 246 Rn 14–24. Schwebende Geschäfte s § 252 Rn 21; Hoffmann StuB **13**, 677. Nicht entgeltlich erworbene immaterielle Vermögensgegenstände des Anlagevermögens waren bisher nicht bilanzierungsfähig (§ 248 II aF), aber inventarpflichtig, Baumb/Hueck/Schulze-Osterloh § 41 Rn 44, str. Nach Neufassung des § 248 (s § 248 Rn 3) besteht Aktivierungswahlrecht und gilt Inventarpflicht unabhängig von dessen Ausübung erst recht. Abgeschriebene Gegenstände des Anlagevermögens s IDW-NA 2/66 WPg **66**, 328.

E. Die **Bewertungsvorschriften** der §§ 252–256 für den Jahresabschluss 5 (§ 242 III) gelten als zu einengend nicht unmittelbar für das Inventar (AmtlBegr, krit GK BilR/Hüffer 37). Es gilt der Grundsatz der Einzelbewertung, s Rn 7. Das Inventar muss datiert aber nicht unterzeichnet werden (§ 245 gilt nicht).

2) Jahresinventar, Inventurfrist (II)

Zum Schluss eines jeden Geschäftsjahrs (idR identisch mit dem Kalenderjahr) 6 schreibt II eine Schlussinventur vor **(Jahresinventur)**. Das **Geschäftsjahr** darf kürzer als 12 Monate sein (Rumpfgeschäftsjahr), so das Erste, auch später bei Umstellung oder Geschäftsaufgabe, aber nicht regelmäßig, es darf aber nicht länger sein **(II 2)**. **Umstellung** des Geschäftsjahrs aus sachlichem Grund ist zulässig, steuerlich Zustimmung des Finanzamts, bei KapitalGes idR Satzungsänderung (§ 53 GmbHG), nach Stgt WM **93**, 1754 durch Satzung der Geschäftsführung übertragbar, üL, str. Stichtagsprinzip (s § 243 Rn 12). **II 3** schreibt die (Schluss)Inventurfrist nicht selbst vor, sondern verweist auf GoB. Fristen für die Bestandsaufnahme folgen schon aus dem Stichtagsprinzip und nach dem jeweiligen Inventurverfahren; II 3 hat praktische Bedeutung für Bewertung und Fertigstellung des Inventars, BeckBilKo 66. Da die Inventur unerlässliche Grundlage der Bilanz ist, muss so zeitig vorher inventarisiert werden, dass die Frist für

§ 240 7, 8 3. Buch. Handelsbücher

die Bilanzaufstellung (s § 243 Rn 11) sicher eingehalten werden kann. II 3 gilt entspr für die Anfangsinventur (s Rn 1–5).

3) Festbewertung (III)

7   Vermögensgegenstände sind einzeln zu bewerten (Grundsatz der **Einzelbewertung**, I aE). Davon gibt es zwei wichtige Ausnahmen (III, IV; vgl auch § 256: Sammelbewertung wie Lifo ua). Vermögensgegenstände des Sachanlagevermögens (s § 247 I) sowie Roh-, Hilfs- und Betriebsstoffe (§ 266 II B I Nr 1, Teil des Umlaufvermögens, s § 247 I) können nach **III 1** mit gleich bleibender Menge und gleich bleibendem Wert angesetzt werden (**Festbewertung**). Voraussetzung sind regelmäßige Ersetzung, nachrangig bedeutsamer Gesamtwert für das Unternehmen und nur geringe Veränderungen des Bestands in Größe, Wert und Zusammensetzung. Grund dafür ist, dass sich dann Zugänge und Abgänge in etwa entsprechen werden. Nachrangig ist unbestimmter Rechtsbegriff. Er bezieht sich auf jeden einzelnen, getrennt zu prüfenden Festwert, hL, ADS 79, aA BeckBilKo 87, und kann nicht zahlenmäßig fixiert werden, str, offen ADS 80, aA alle in das Festbewertungsverfahren einbezogenen Vermögensgegenstände maximal 5 % der Bilanzsumme (abzüglich des Betrags nach § 268 III), BeckBilKo 87; vielmehr sind die jeweiligen Bilanzrelationen entscheidend, GK BilR/Hüffer 55. Keine Festbewertung für besonders wertvolle Vermögensgegenstände. Zur Kontrolle ist aber nach **III 2** idR alle drei Jahre eine körperliche Bestandsaufnahme nötig. III ist auch auf den Jahresabschluss anwendbar (§ 256 S 2). III ist praktisch vor allem für Sachanlagevermögen, zB Werkzeugbestände, Bahn- und Gleisanlagen. **Übergangsrecht** zu III, IV in **(1)** EGHGB Art 24 I, III (s Einl 67v § 238). **Lit** Harrmann BB **91**, 303.

4) Gruppenbewertung (IV)

8   IV bringt eine weitere Ausnahme zur Einzelbewertung (s Rn 7). Gleichartige Vermögensgegenstände des Vorratsvermögens (§ 266 II B I, Teil des Umlaufvermögens, s § 247 I) sowie andere gleichartige oder annähernd gleichwertige bewegliche Vermögensgegenstände (des Anlage- oder Umlaufvermögens, außer Vorratsvermögen) und Schulden (nF VersRiLiG 1994) können jeweils zu einer Gruppe zusammengefasst werden. Gleichartigkeit bestimmt sich nach Warengattung oder Funktion und setzt zusätzlich annähernde Wertgleichheit voraus. Annähernde Gleichartigkeit gibt Spielraum bis etwa 20 %, setzt aber zusätzlich zB Sortimentsgleichheit oä voraus. Allerdings erfasst Wahl der Gruppenbewertung zwingend alle gleichartigen Güter der Gruppe, BFH **195**, 172, 175. Für diese Vermögensgegenstände und Schulden gilt dann der **gewogene Durchschnittswert**, dh sie werden bewertet nach dem gewogenen (nicht auch sonst wie ermittelten oder bekannten) Mittel der zu Anfang des Geschäftsjahres vorhandenen und während des Geschäftsjahres erworbenen Vermögensgegenstände. Zulässig sind der einfache und der gleitende gewogene Durchschnittswert, Berechnungsbspe s GK BilR/Hüffer 70. Korrekturen nach dem Niederstwertprinzip (s § 253 Rn 3), ADS 136. Diese in IV geregelte Durchschnittsbewertung war schon früher im HdlRecht zulässig, im Steuerrecht war sie sogar die Regel. Sie darf nicht zu offenbar unrichtiger Bewertung führen, zB wenn der Bestand im Geschäftsjahr auf null sinkt (Durchschnittsbewertung dann nur für die später angeschafften Bestände) oder bei sinkenden Preisen im Laufe des Geschäftsjahrs (Niederstwertprinzip), Knobbe-Keuk § 5 III 2d aa. IV ist auch auf den Jahresabschluss anwendbar (§ 256 S 2). Angabe im Anhang § 284 II Nr 4. **Übergangsrecht** s Rn 73.

Inventurvereinfachungsverfahren

241 (1) ¹Bei der Aufstellung des Inventars darf der Bestand der Vermögensgegenstände nach Art, Menge und Wert auch mit Hilfe anerkannter mathematisch-statistischer Methoden auf Grund von Stichproben ermittelt werden. ²Das Verfahren muß den Grundsätzen ordnungsmäßiger Buchführung entsprechen. ³Der Aussagewert des auf diese Weise aufgestellten Inventars muß dem Aussagewert eines auf Grund einer körperlichen Bestandsaufnahme aufgestellten Inventars gleichkommen.

(2) Bei der Aufstellung des Inventars für den Schluß eines Geschäftsjahrs bedarf es einer körperlichen Bestandsaufnahme der Vermögensgegenstände für diesen Zeitpunkt nicht, soweit durch Anwendung eines den Grundsätzen ordnungsmäßiger Buchführung entsprechenden anderen Verfahrens gesichert ist, daß der Bestand der Vermögensgegenstände nach Art, Menge und Wert auch ohne die körperliche Bestandsaufnahme für diesen Zeitpunkt festgestellt werden kann.

(3) In dem Inventar für den Schluß eines Geschäftsjahrs brauchen Vermögensgegenstände nicht verzeichnet zu werden, wenn
1. der Kaufmann ihren Bestand auf Grund einer körperlichen Bestandsaufnahme oder auf Grund eines nach Absatz 2 zulässigen anderen Verfahrens nach Art, Menge und Wert in einem besonderen Inventar verzeichnet hat, das für einen Tag innerhalb der letzten drei Monate vor oder der ersten beiden Monate nach dem Schluß des Geschäftsjahrs aufgestellt ist, und
2. auf Grund des besonderen Inventars durch Anwendung eines den Grundsätzen ordnungsmäßiger Buchführung entsprechenden Fortschreibungs- oder Rückrechnungsverfahrens gesichert ist, daß der am Schluß des Geschäftsjahrs vorhandene Bestand der Vermögensgegenstände für diesen Zeitpunkt ordnungsgemäß bewertet werden kann.

1) Stichprobenverfahren (I)

I 1 erlaubt ein anerkanntes mathematisch-statistisches Stichprobenverfahren. Voraussetzung ist, dass es den GoB (s § 238 Rn 11) entspricht (I 2) und ein Inventar mit dem gleichen Aussagewert wie bei körperlicher Bestandsaufnahme ermöglicht (I 3). Notwendig ist dazu, dass die Stichprobeninventur richtig, vollständig und nachprüfbar erfolgt. Gefordert wird Aussageäquivalenz, nämlich mit Sicherheitsgrad von 95 %, relativer Stichprobenfehler von höchstens 1 % des Werts der Grundgesamtheit, ADS 14. Lit Me/Pro/Fi Kap 2 Tz 70 ff; Jasper DB **04**, 264; Jaspers/Meinor WPg **05**, 1077; Jaspers WPg **10**, 672; AWV Schrift Nr 036072.

2) Permanente Inventur (II)

II erlaubt Inventur durch Fortrechnung des einmal festgestellten Istbestandes auf Grund der Buchungsunterlagen. Der Sollbestand wird für den Istbestand genommen. Das geht nur, wenn das den GoB entsprechende Buchhaltungsverfahren eine solche Fortrechnung nach Art, Menge und Wert auch ohne körperliche Bestandsaufnahme zum Inventurzeitpunkt gestattet, zB nicht bei Materialien mit hoher Schwundquote oder sonst bei unkontrollierbaren Abgängen. II entbindet nicht von der Verpflichtung zur körperlichen Bestandsaufnahme (mindestens einmal jährlich), sondern nur von dieser Art der Aufnahme für den Zeitpunkt der Inventur. Die Anforderungen wie nach Steuerrecht (ua an Lagerbuchführung und jährliche körperliche Bestandsaufnahme) gelten auch nach HdlRecht, sonst stellt die permanente Inventur kein „anderes" Verfahren iSv II dar, hL. Zur körperlichen Bestandsaufnahme bei automatisch gesteuerten Lagersystemen IDW PS 301 Rz 27, WPg **03**, 715. Lit Quick Inventur **00**, 57 ff.

§ 241a 1, 2

3) Vor- oder nachverlagerte Stichtagsinventur (III)

3 III gestattet, die Inventur auch ohne mengenmäßige Bestandsfortschreibung vom Bilanzstichtag wegzuverlagern. Erlaubt ist also wertmäßige Rückrechnung oder Fortschreibung des Bestands ohne ein zu einem einzigen Zeitpunkt erstelltes Gesamtinventar. Voraussetzung sind ein besonders zeitnahes (drei Monate vor, zwei Monate nach Schluss des Geschäftsjahrs) Inventar, das entweder durch körperliche Bestandsaufnahme oder durch permanente Inventur nach II aufgestellt ist (Nr 1) und Eignung des den GoB entsprechenden Buchhaltungsverfahrens für die ordnungsgemäße Bewertung des Bestands für diesen Zeitpunkt (Schluss des Geschäftsjahrs; Nr 2). Grenzen wie nach II, ua bei unkontrollierbaren Abgängen. IDW-HFA 1/**90** WPg **90**, 143.

4) Kombinierte Verfahren

4 Die verschiedenen Inventurvereinfachungsverfahren dürfen auch kombiniert werden, IDW-HFA 1/**90** WPg **90**, 147; ADS § 240 Rn 45, zB bei mehreren getrennten Lagern.

Befreiung von der Pflicht zur Buchführung und Erstellung eines Inventars

241a [1] Einzelkaufleute, die an den Abschlussstichtagen von zwei aufeinander folgenden Geschäftsjahren nicht mehr als jeweils 600 000 Euro Umsatzerlöse und jeweils 60 000 Euro Jahresüberschuss aufweisen, brauchen die §§ 238 bis 241 nicht anzuwenden. [2] Im Fall der Neugründung treten die Rechtsfolgen schon ein, wenn die Werte des Satzes 1 am ersten Abschlussstichtag nach der Neugründung nicht überschritten werden.

1) Befreiungen für Einzelkaufleute

1 § 241a eingefügt durch BilMoG, **Übergangsrecht** in **(1)** EGHGB Art 66, S 1 Beiträge angehoben durch G v 28.7.15 (BGBl I 1400) mWv 1.1.16, sieht Befreiung bestimmter Einzelkfl von der Pflicht zur handelsrechtl Buchführung und zur Aufstellung des Inventars vor; sie brauchen §§ 238 bis 241 nicht anzuwenden (Wahlrecht). Wahlentscheidung zugunsten der Einnahme-Überschussrechnung fällt erst mit Abschlusserstellung, nicht mit Aufstellung der Eröffnungsbilanz oder der Einrichtung der Buchführung BFH DStR **09**, 793. Mit der Ausübung des Wahlrechts einher geht Befreiung von der Pflicht zur Erstellung eines Jahresabschlusses, § 242 IV nF. Befreiung auch bestimmter PersonenhandelsGes war noch im RefE vorgesehen, wurde aber nicht Gesetz. § 241a ist § 141 I AO nachgebildet, aber nicht mit diesem kongruent. Konzeptionell ist er § 267 IV vergleichbar.

2 Voraussetzung für die Befreiung ist kumulativ, dass an den Stichtagen (§ 243 Rn 12) zweier aufeinander folgender Geschäftsjahre der Umsatzerlös nicht mehr als 600 000 Euro und der Jahresüberschuss nicht mehr als 60 000 Euro beträgt.[1] Dabei ist gem. BilRUG 2015 („jeweils" eingefügt) nicht auf die aufgerechneten Beträge zweier aufeinander folgender Geschäftsjahre, sondern auf die letzten 12 Monate vor Abschluss des Geschäftsjahrs abzustellen. Damit wird die zwingende Verknüpfung von Kfmseigenschaft und Buchführungs- und Inventarpflicht im Interesse von Kosteneinsparungen gelockert (krit Schulze-Osterloh DStR **08**, 63, weil es für die Kfmseigenschaft gem § 1 II auch auf das tasächliche Erfordernis doppelter Buchführung ankomme). Die so von diesen Verpflichtungen befreiten Kfl können im nächsten Geschäftsjahr ihre Rechnungslegung auf Einnahmen-Überschuss-Rechnung gem § 4 III EStG beschränken, RegE BilMoG 46; zur Frage, ob ein Übergangsverlust, der beim Wechsel von der Überschussrechnung nach § 4 III EStG zur Gewinnermittlung durch Bestandsvergleich nach §§ 4 I, 5

---

[1] (Beträge angehoben von 500.000 bzw 50.000 Euro durch BürokratieentlastungG 2015, **Übergangsrecht** in **(1)** EGHGB Art. 76).

1. Abschnitt. Vorschriften für alle Kaufleute § 242

I EStG entsteht, auf das Jahr des Übergangs und die beiden Folgejahre zu verteilen ist, BFH BStBl II **13**, 820. Das Erfordernis der Unterschreitung der Schwellenwerte in zwei aufeinander folgenden Geschäftsjahren dient der Eliminierung von Zufallsmomenten und der Kontinuität der Rechnungslegung und soll einen jährlichen Wechsel von handels- zu steuerlicherrechtlicher Rechnungslegung verhindern, RegE BilMoG 46. Zur Feststellung, ob die Schwellenwerte in zwei aufeinander folgenden Geschäftsjahren überschritten wurden, genügt eine überschlägige Ermittlung nach den handelsrechtl Vorschriften und Grundsätzen; die Aufstellung eines Jahresabschlusses nach Maßgabe der §§ 238 bis 241 zur Feststellung des Bestehens einer gesetzl Verpflichtung zur Buchführung und Inventaraufstellung ist nicht erforderlich. Die Vorschrift findet keine rückwirkende Anwendung, das Wahlrecht kann nur für künftige Rechnungslegungsperioden ausgeübt werden (arg S 2 „nach"), str, wie hier Winkeljohann/Lawall, BeckBilKo § 214 Rn 4 ff; aA Müller DStR **15**, 2732.

Für Neugründungen genügt das einmalige Unterschreiten der Werte des S 1 **3** zum ersten Abschlussstichtag, S 2. Zunächst besteht also stets Buchführungs- und Inventarpflicht. Die Rechtsfolgen des S 1 treten aber im Falle von Neugründungen bereits bei einmaliger Unterschreitung der Schwellenwerte zum ersten Abschlussstichtag ein und führen so zur Befreiung in der nächsten Periode. Hierzu ist aber im ersten Geschäftsjahr erforderlich, dass die bis dahin verpflichtende Befolgung der §§ 238 bis 241 keine Überschreitung der Schwellenwerte ergibt; eine überschlägige Rechnung reicht hier nicht aus. Ist das erste Geschäftsjahr ein Rumpfgeschäftsjahr (§ 240 Rn 6) kommt es – wie bei § 267 IV 2 (dort Rn 2) – auf die tatsächlichen Zahlen des verkürzten Jahres an, Hochrechnung auf 12 Monate ist unzulässig. Das gilt, obwohl es sich anders als bei § 267 IV 2 um eine umfassende Befreiung (und nicht nur um eine Erleichterung) handelt, denn nach S 1 führt bereits die erstmalige Überschreitung der Schwellenwerte zum Wegfall der Befreiung. S 2 nennt anders als § 267 IV 2 nicht die Umwandlung neben der Neugründung, sodass in diesem Fall zweimaliges Unterschreiten der Werte erforderlich ist.
Lit Me/Pro/Fi Kap 2 Tz 81 ff; Schulze-Osterloh DStR **08**, 63; Ernst/Seidler ZGR **08**, 631; Kussmaul/Meyering DB **08**, 1445; Kersting BB **08**, 790; Oser/Ross/Wader/Drögemüller WPg **08**, 675; Schulze-Osterloh FS Hüffer **10**, 917.

Zweiter Unterabschnitt. Eröffnungsbilanz. Jahresabschluß

Erster Titel. Allgemeine Vorschriften

Pflicht zur Aufstellung

242 (1) [1]Der Kaufmann hat zu Beginn seines Handelsgewerbes und für den Schluß eines jeden Geschäftsjahrs einen das Verhältnis seines Vermögens und seiner Schulden darstellenden Abschluß (Eröffnungsbilanz, Bilanz) aufzustellen. [2]Auf die Eröffnungsbilanz sind die für den Jahresabschluß geltenden Vorschriften entsprechend anzuwenden, soweit sie sich auf die Bilanz beziehen.

(2) Er hat für den Schluß eines jeden Geschäftsjahrs eine Gegenüberstellung der Aufwendungen und Erträge des Geschäftsjahrs (Gewinn- und Verlustrechnung) aufzustellen.

(3) Die Bilanz und die Gewinn- und Verlustrechnung bilden den Jahresabschluß.

(4) [1]Die Absätze 1 bis 3 sind auf Einzelkaufleute im Sinn des § 241a nicht anzuwenden. [2]Im Fall der Neugründung treten die Rechtsfolgen nach Satz 1 schon ein, wenn die Werte des § 241a Satz 1 am ersten Abschlussstichtag nach der Neugründung nicht überschritten werden.

§ 242 1, 2

Übersicht

	Rn
1) Bilanz (I)	1–3
A. Aufstellung	1
B. Begriff	2
C. Rechtsnatur	3
2) Bilanzarten, insbesondere Handels- und Steuerbilanz	4–8
A. Handels- und Steuerbilanz	4–6
B. Weitere Bilanzarten	7
C. Bilanzierungsfähiges Vermögen und Schulden	8
3) Gewinn- und Verlustrechnung (II)	9
4) Jahresabschluss des Kaufmanns (III)	10–12
A. Begriff und Inhalt	10
B. Prüfung	11
C. Offenlegung	12

1) Bilanz (I), insbesondere Eröffnungsbilanz

1 A. **Aufstellung: I 1** enthält die grds Pflicht jedes Kfm (s § 238 Rn 8–11; Hilfspersonen s § 264 Rn 8) zur Aufstellung der Eröffnungsbilanz und der Jahresabschlussbilanz und regelt ihren Inhalt, soweit alle Kflte betroffen sind. Der durch BilMoG neu hinzugefügte **IV** sieht eine Befreiung für „kleine" Kfm iSd § 241a vor. Für KapitalGes gelten weitergehende Anforderungen nach § 264. Grund und Folgen dieser Trennung zwischen §§ 242 ff und §§ 264 ff s Einl 29–31v § 238 sowie § 243 Rn 2. **Bilanzierungskompetenz** bei der KG, str, s § 164 Rn 3. Der zu Beginn des HdlGewerbes (dh Beginn der Buchführungspflicht, im Einzelnen str, s § 238 Rn 16) aufzustellende Abschluss (**Eröffnungsbilanz**) basiert auf dem Eröffnungsinventar (§ 240 I), der für den Schluss des Geschäftsjahrs aufzustellende Abschluss (Bilanz oder Jahresbilanz) auf dem Schlussinventar (§ 240 II). Nach **I 2** sind auf die Eröffnungsbilanz die für den **Jahresabschluss** (III, s Rn 10) geltenden Vorschriften **entsprechend** anzuwenden, soweit sie sich auf die Bilanz beziehen. Das gilt insbesondere für **Gliederung** und **Bewertung**. Zum **Inhalt** der Eröffnungsbilanz der GmbH, ua Sacheinlagen, Unternehmenseinbringung und Gründungskosten s Lu/Ho §§ 42, 19 und 45, Crezelius DStR **87**, 743. **Aufstellungsfrist** für Eröffnungsbilanz s I 2, §§ 243 III, 264 I 2, Rodewald BB **93**, 1693; Fristverlängerung für kleine KapitalGes nach § 264 I 3 gilt nicht für Eröffnungsbilanz, Grund: nach ordnungsgemäßer Geschäftsgang nach § 243 II; vgl zur Inventurfrist § 240 Rn 6. **Feststellung** (s § 264 Rn 10, zum begrifflichen Unterschied zur Aufstellung GK BilR/Hüffer 16) der Eröffnungsbilanz fällt nicht unter § 46 Nr 1 GmbHG, aber Weisungsrecht der GfterVersammlung im Hinblick auf Jahresabschluss, Lu/Ho § 42 Rn 12. Keine Pflichtprüfung, s § 316 Rn 1. Keine Offenlegung, s § 325 Rn 2. **Zusätzliche Bilanz** auf den **Zeitpunkt der Eintragung** der Ges **im Handelsregister** ist wegen Differenzhaftung (Anh § 177a Rn 16) nach GmbHRecht nötig, BGH **80**, 140. Die Pflicht zur Aufstellung besteht **bis zur Löschung** fort, unabhängig davon, ob die Ges mangels Geschäftsbetriebs noch oder kein Gewerbe mehr betreibt, LG Bonn Beck RS **13**, 07734; OLG Köln GmbHR **16**, 1042. **Muster:** Hopt/Kraft/Link Form III.A.1 (Eröffnungsbilanz), Form III.B.2 (Bilanz einer PersonenHdlGes). **Lit** Me/Pro/Fi Kap 2 Tz 92 ff; Künkele/Zwirner DStR **09**, 917; Schneider PiR **09**, 351; Anzinger/Schleiter DStR **10**, 395; Fischer/Kalina-Kerschbaum DStR **10**, 399; Wehrheim Fross DStR **10**, 1348; zu **IV** Kersting BB **08**, 790; Schulze-Osterloh FS Hüffer **10**, 917; Wüstemann/Backes/Schober BB **17**, 1963 (Prinzip der wirtschaftlichen Vermögenszugehörigkeit).

2 B. **Begriff:** Bilanz (spätlateinisch bilanx, Waage) iSv I ist der für den Schluss eines jeden Geschäftsjahrs das Verhältnis des Vermögens und der Schulden des Kfm darstellende Abschluss (Legaldefinition in I 1). Bilanz ist also ein Abschluss, der auf

1. Abschnitt. Vorschriften für alle Kaufleute 3–5 § 242

der linken oder Aktivseite das Vermögen (Summe aller Aktiva, s Rn 3; untergliedert in Anlage- und Umlaufvermögen, s § 247 I) und auf der rechten oder Passivseite die Schulden (auch Kapital genannt, Summe aller Passiva, s Rn 3; untergliedert in Eigenkapital und Fremdkapital, s § 247 I) aufzeigt und gegenüberstellt. Aus der rechten Seite ist die Mittelherkunft (Eigenkapital, bei KapitalGes vor allem Grundkapital bzw gezeichnetes Kapital; Fremdkapital), aus der linken Seite die Mittelverwendung ersichtlich. Aktiv- und Passivseite der Bilanz sind definitionsgemäß stets gleich groß. Bilanztechnisch wird das durch Ansatz des Bilanzverlustes auf der Aktivseite bzw des Bilanzgewinns auf der Passivseite oder durch Ansatz des Jahresüberschusses/Jahresfehlbetrags auf der Passivseite (§ 266 III A V) und des „nicht durch Eigenkapital gedeckten Fehlbetrags" auf der Aktivseite (§ 268 III) erreicht. Die sog **Bilanzgleichung** lautet: **Aktiva = Passiva** oder Vermögensformen = Vermögensquellen oder Vermögen = Kapital. Die sog **erweiterte Bilanzgleichung** lautet: **Vermögen = Eigenkapital + Fremdkapital.**

C. **Rechtsnatur:** Bilanz ist nach der Rspr ein rechtsgeschäftliches Anerkenntnis iSv §§ 780, 781 BGB unter mehreren sie gemeinsam Feststellenden (vgl § 245 S 2), besser kausaler Feststellungsvertrag (§ 164 Rn 3, § 114 Rn 3), ebenso im Verhältnis zu Interessierten, denen sie mitzuteilen und mitgeteilt ist (Kdtist § 166 I, stiller Gfter § 233 I, vertraglich am Ergebnis Beteiligter). Sie ist formlos mitteilbar (§ 782), BGH **LM** § 128 Nr 7. Nach der Rspr ist sie anfechtbar (§§ 119 ff BGB) mit Wirkung des Wegfalls der Verbindlichkeit derjenigen Punkte, auf welche sich der Willensmangel bezieht, nicht der ganzen Bilanz, BGH **LM** § 128 Nr 7; besser Bindungswirkung entspr § 779 BGB unter den sie gemeinsam Feststellenden (§ 164 Rn 3). Haftung s § 238 Rn 19. 3

2) Bilanzarten, insbesondere Handels- und Steuerbilanz

A. **Handels- und Steuerbilanz:** Je nach dem Zweck der Bilanz sind nach Aufbau und Inhalt ganz unterschiedliche Bilanzen möglich. Die wichtigste Unterscheidung betrifft die HdlBilanz und die Steuerbilanz. Die HdlBilanz ist die des HGB (§§ 242 I 1, 266). Zwecke s Einl 8–13 v § 238. Die Steuerbilanz ist die von der Finanzbehörde als Grundlage der steuerlichen Gewinnermittlung anerkannte Bilanz; das ist idR die HdlBilanz mit gewissen Abweichungen (**Grundsatz der Maßgeblichkeit der Handelsbilanz für die Steuerbilanz,** § 5 I EStG, einengend aber BFH, stRspr), uU eine unabhängig von der HdlBilanz aufgestellte Bilanz; dazu Schildbach BB **89**, 1443. Der Maßgeblichkeitsgrundsatz ist schon heute ganz erheblich durchlöchert, vgl BFH DStRE **10**, 1435 („originär steuerrechtliche Auslegung des § 255" ist auf Dauer international nicht mehr halten, die umgekehrte Maßgeblichkeit (§ 5 I 2 EStG) wurde ebenfalls durch jüngste Rspr in ihrer Wirkung eingeschränkt, BFH DStR **08**, 1870, und durch BilMoG 2009 nunmehr aufgegeben. Zur Frage, ob IFRS künftig für die Steuerbilanz maßgeblich sein können Kahle/Dahlke/Schulz StuW **08**, 266. Zu verfassungsrechtlichen Anforderungen an gesetzliche Begrenzung der Maßgeblichkeit der HGB-Grundsätze ordnungsgemäßer Buchführung für steuerliche Gewinnermittlung BVerfG DStRE **09**, 922. **Lit** Theile/Hartmann DStR **08**, 2031; Künkele/Zwirner DStR **09**, 1277; Anzinger/Schleiter DStR **10**, 395; Fischer/Kalina-Kerschbaum DStR **10**, 399; Wehrtheim/Fross DStR **10**, 1348; Herzig DB **12**, 1343; Wüstemann/Wüstemann BB **12**, 2094 (Zurechnung); Zwirner/Endert/Sepetauz DStR **12**, 2094 (Rückstellungen). 4

Der **Grundsatz der umgekehrten Maßgeblichkeit der Steuerbilanz für die Handelsbilanz,** wenn nämlich die steuerrechtliche Anerkennung zB einer Steuervergünstigung davon abhängt, dass von ihr auch in der HdlBilanz Gebrauch gemacht ist, wurde mit Änderung des § 5 I 2 EStG und der damit im Zusammenhang stehenden Normen des HGB (§§ 247 III, 254, 273, 279 II, 280 II, 281 I 1) durch das BilMoG 2009 aufgegeben. Grund: Die HdlBilanz wurde durch den 5

§ 242 6–9　3. Buch. Handelsbücher

Grundsatz der umgekehrten Maßgeblichkeit verfälscht (s Rn 4), was zT als europarechtswidrig gilt; krit Knobbe-Keuk § 2 III, Schulze-Osterloh ZGR **00**, 603. **Lit** AK HLR Wiss DStR **08**, 1057; Theile/Hartmann DStR **08**, 2031; Anzinger/Schleiter DStR **10**, 305.

6 Die **Divergenzen** beider Bilanzen nach Ob (Ansatz) und Wie (Bewertung) der Bilanzierung sind erheblich; s BayObLG NJW **88**, 917. HdlBilanz und Steuerbilanz können **getrennt** erstellt werden, so bei größeren Unternehmen, **oder** die (alleinige) HdlBilanz berücksichtigt schon die steuerlichen Vorschriften **(Einheitsbilanz);** so bei Satzungsklausel „Bilanzierung muss nach Steuerrecht erfolgen". Einheitsbilanzklausel im GesVertrag ist (nur) als Anpassungsregel (vgl § 245 Rn 3–5) zulässig. Satzung kann nicht HdlBilanz allgemein durch Steuerbilanz ersetzen, BayObLG NJW **88**, 916. Bildung der Einheitsbilanz nur unter Vorbehalt des zwingenden Handelsrechts, sonst Teilnichtigkeit, BGH **132**, 270. Änderung von Jahresabschlüssen zur Anpassung an die Steuerbilanz s § 245 Rn 5. Die Möglichkeit der Einheitsbilanz soll auch nach Inkrafttreten des BilMoG bestehen bleiben, RegE BilMoG 49, aber geringere Bedeutung, da Berücksichtigung steuerrechtlicher Vorschriften häufig handelsrechtliche Aktivirungspflichten entgegenstehen, Zwirner/Mugler DStR **11**, 1191. **Lit** Herzig/Briesemeister DB **09**, 1; Neumayer BB **11**, 2411. **Muster:** Hopt/Kraft/Link Form III.J.1 (steuerliche Sonderbilanz), Form III.J.2 (steuerliche Ergänzungsbilanz).

7 B. **Weitere Bilanzarten:** Es gibt zahlreiche weitere Bilanzarten. Sie unterscheiden sich nach:

a) Zeit: Eröffnungsbilanz und Schlussbilanz (s Rn 1);

b) abgebildete Periode: Jahresbilanz, Halbjahres- o Zwischenbilanz, Quartalsbilanz;

c) Bilanzierungsanlass: Abschlussbilanz (Jahresabschluss), Sonderbilanzen (zB Gründung, Umwandlung, Auseinandersetzung, Sanierung, Insolvenz), zB Vorbelastungsbilanz einer GmbH (Unterbilanzhaftung, Anh § 177a Rn 16), dazu Celle NJW-RR **00**, 1706, Liquidationsbilanzen. **Lit** Winkeljohann/Förschle/Deubert, Sonderbilanzen, 5. Aufl 2016.

d) einbezogene Unternehmen: Einzel-, Konzernbilanz (§ 290);

e) Rechtsgrundlage: Handels- und Steuerbilanz, Bilanzen für Unternehmen verschiedener Rechtsformen (EinzelKfm und PersonenGes, KapitalGes, s Rn 1), branchenspezifische Bilanzen, zB Bankbilanzen (s Einl 2u 14v § 238). **Muster:** Hopt/Kraft/Link Form III.H.1–11 (Bilanzierung bei Strukturveränderungen: ua Verschmelzung, Aufspaltung, Abspaltung, Ausgliederung, Formwechsel, Eintritt in eine PersonenGes, Betriebsaufspaltung, Realteilung von PersonenGes). **Lit** Winkeljohann/Förschle/Deubert, Sonderbilanzen, 5. Aufl 2016; Bilitewski/Roß/Weiser WPg **14**, 13u 73 (Handelsbilanzierung bei Verschmelzung nach IDW RS HFA 42); Meyer BB **13**, 683 (latente Steuern bei Verschmelzung); Heeb WPg **14**, 189 (Handelsbilanzierung bei Spaltung nach IDW RS HFA 43); Pilhofer/Lessel StuB **13**, 475 (Beteiligungsbilanzierung).

8 C. Bilanzierungsfähiges Vermögen und Schulden des Kfm s § 246 Rn 2 ff mit Begriff des Vermögensgegenstands und der Vermögenszuordnung.

3) Gewinn- und Verlustrechnung (II)

9 Gewinn- und Verlustrechnung iSv II ist die für den Schluss eines jeden Geschäftsjahrs aufzustellende Gegenüberstellung der Aufwendungen und Erträge des Geschäftsjahrs (Legaldefinition in II). II stellt die Pflicht zur Aufstellung nicht nur der Bilanz, sondern auch der Gewinn- und Verlustrechnung für jeden Kfm ausdrücklich fest, Hbg AG **06**, 45. Das folgte schon vorher aus den GoB. Ausgenommen sind aber „kleine" Kflte iSd § 241a. §§ 242–256 enthalten keine Gliederungsvorschriften für die Gewinn- und Verlustrechnung des EinzelKfm

1. Abschnitt. Vorschriften für alle Kaufleute § 243

und der PersonenGes. §§ 275–278 gelten nur für KapitalGes. Eine Mindestgliederung verlangen aber die GoB, s § 247 Rn 3. **Lit** Kirsch StuB **06**, 651.

4) Jahresabschluss des Kfm (III)

A. **Begriff und Inhalt:** Der Jahresabschluss des (bilanzierungspflichtigen) EinzelKfm und der PersonenGes besteht nach der Legaldefinition des III aus der **Bilanz (I) und der Gewinn- und Verlustrechnung (II)**. Der Inhalt des Jahresabschlusses wird somit durch die Anforderungen an den Inhalt der Bilanz (zB § 247; Sondervorschriften s § 247 Rn 3) und der Gewinn- und Verlustrechnung (s Rn 9) festgelegt. **Bei KapitalGes** umfasst der Jahresabschluss **zusätzlich** den **Anhang** (§ 264 I 1, praktisch ein anderer erweiterter Begriff des Jahresabschlusses; Lagebericht s § 264 Rn 5), bei kapitalmarktorientierten (§ 264d) auch **Kapitalflussrechnung** und **Eigenkapitalspiegel** (s § 264 Rn 6–7), sofern kein Konzernabschluss zu erstellen ist; Wahlrecht bzgl Segmentberichterstattung. Auch die Anforderungen an den Inhalt sind weitaus strenger (§ 264 II). Es steht aber nichts entgegen, dass EinzelKflte oder PersonenGes freiwillig den strengeren Vorschriften für KapitalGes folgen, also zB einen Anhang als Teil des Jahresabschlusses aufstellen (AmtlBegr, § 243 Rn 2). Berichtigung und Änderung s § 245 Rn 4–5. **Lit** Bitz/Schneeloch/Wittstock, 3. Aufl 2000, Boemle, 4. Aufl 2001, Lehmann/Müller 2002, Int-Veen 3. Aufl 2002, Endriss 5. Aufl 2002, Döring/Buchholz 8. Aufl 2003; Kersting BB **08**, 791; Oser/Roß/Wader/Drögemüller WPg **08**, 675.

10

B. **Prüfung:** Der Jahresabschluss des EinzelKfm und der PersonenGes braucht nicht durch Abschlussprüfer geprüft zu werden, außer wenn sie Kreditinstitute sind (§ 340k), oder dem PublG (s Einl 81v § 238) unterfallen. Das gilt auch für kleine KapitalGes (§ 316 I 1).

11

C. **Offenlegung:** Der Jahresabschluss des EinzelKfm und der PersonenGes braucht nicht zum Betreiber des elektronischen BAnz eingereicht und erst recht nicht im BAnz bekannt gemacht zu werden (Ausnahmen für Kreditinstitute § 340 Buchst l, Versicherungsunternehmen § 341 Buchst l und nach PublG, s Rn 11). Anders für KapitalGes §§ 325–329.

12

Aufstellungsgrundsatz

243 (1) **Der Jahresabschluß ist nach den Grundsätzen ordnungsmäßiger Buchführung aufzustellen.**

(2) **Er muß klar und übersichtlich sein.**

(3) **Der Jahresabschluß ist innerhalb der einem ordnungsmäßigen Geschäftsgang entsprechenden Zeit aufzustellen.**

Übersicht

	Rn
1) Aufstellung nach den Grundsätzen ordnungsmäßiger Buchführung (I), stille Reserven	1–3
A. Aufstellung nach GoB	1
B. Stille Reserven	2
C. Sondervorschriften	3
2) Grundsätze ordnungsmäßiger Bilanzierung (II)	4–10
A. Bilanzklarheit	4
B. Bilanzwahrheit	5
C. Bilanzvollständigkeit	6
D. Bilanzidentität	7
E. Bilanzkontinuität	8
F. Grundsatz der Vorsicht	9
G. Wesentlichkeitsgrundsatz	10

§ 243 1–4   3. Buch. Handelsbücher

                                                                                            Rn
    3) Aufstellungsfrist (III), Stichtagsprinzip 11–13
       A. Aufstellungsfrist 11
       B. Stichtagsprinzip... 12, 13

1) Aufstellung nach den Grundsätzen ordnungsmäßiger Buchführung (I), stille Reserven

1   A. **Aufstellung nach GoB:** Nach I ist der Jahresabschluss (§ 242 III) nach den GoB (näher § 238 Rn 12) aufzustellen. Die GoB beinhalten nicht nur Grundsätze für die Buchführung, sondern auch für die Bilanzierung; diese sind teilweise als eigene Grundsätze ordnungsmäßiger Bilanzierung normiert (II, auch anderwärts). Auch hier sind **formelle GoB** (zB Bilanzklarheit II, Verrechnungsverbot § 246 II 1, formelle Bilanzkontinuität § 265 I) und **materielle GoB** zu unterscheiden (zB Vollständigkeit § 246 I, Bilanzidentität § 252 I Nr 1, Fortführungsprinzip § 252 I Nr 2, Vorsichtsprinzip § 252 I Nr 4). Wo es an speziellen Gliederungs- und Bewertungsvorschriften fehlt, ist auf die allgemeinen GoB zurückzugreifen, zB für den Zeitpunkt der Bilanzierung (Gewinnrealisierung, s § 252 I Nr 4 Halbs 2), insbesondere Bilanzierung bei Eigentumsvorbehalt und Sicherungsübereignung (ebenda), die Bilanzierung schwebender Geschäfte sowie überall dort, wo ein Beurteilungsspielraum besteht, zB wenn die Bewertung eine Schätzung erfordert. Dabei wird zT noch immer besonders auf GoB verwiesen, zB § 256. Dass das zwingende Recht einzuhalten ist, folgt nicht erst aus GoB. Bedeutung von Sondervorschriften für GoB s Rn 3. **Lit** Me/Pro/Fi Kap 4 Tz 67 ff; Fülbier/Gassen DB **07**, 2605; Kirsch StuB **08**, 453; Moxter WPg **09**, 7; Hennrichs/Pöschke in Fink Bilanzpolitik und Bilanzanalyse nach dem neuen Handelsrecht 2010, 47; Almeling DB **11**, 1767; Hennrichs WPg **11**, 861; Hoffmann StuB **13**, 677 (Ende der Schwebe); Glaser/Hachmeister DB **15**, 565 (True and Fair View); Stefan Müller BC **17**, 263 (selbstgeschaffenes immaterielles Anlagevermögen).

2   B. **Stille Reserven:** § 243 verzichtet bewusst auf eine § 264 II entsprechende Vorschrift, dass der Jahresabschluss ein den tatsächlichen Verhältnissen entsprechendes Bild der Vermögens-, Finanz- und Ertragslage zu vermitteln hat (AmtlBegr, aA RegE § 237), was auch durch BilMoG trotz Betonung der Informationsfunktion nicht verändert wurde. Allerdings entfallen die bisher bestehenden Möglichkeiten für EinzelKflte und PersonenGes zur Bildung stiller Reserven (zB § 253 IV aF) und zur Anwendung von Vorschriften des Steuerrechts (zB § 254 aF), s § 242 Rn 4 ff. Die Bildung stiller Reserven nach § 253 IV aF und der Grundsatz der umgekehrten Maßgeblichkeit (§ 5 I 2 EStG aF) wurden mit der starken Betonung des Gläubigerschutzes nach alter Rechtslage gerechtfertigt, mit der angestrebten Anhebung der Informationsfunktion war eine Beibehaltung aber nicht mehr zu vertreten (RegE BilMoG 57 und 59); zu stillen Reserven s a § 252 Rn 13.

3   C. **Sondervorschriften:** Zu § 243 und §§ 242 ff gibt es Sondervorschriften, vor allem für KapitalGes, §§ 264 ff, AktG §§ 150 ff, GmbHG §§ 42, 42a, GenG § 33 ua. Diese Sondervorschriften sind auch für die Auslegung des § 243, der §§ 242 ff und der jeweils anderen Sondervorschriften bedeutsam, sie dürfen aber nach Erlass des BiRiLiG noch weniger als bisher (s Einl 33v § 238) pauschal als GoB (s Rn 1) für alle anderen Bilanzierungspflichtigen übernommen werden (Sperrfunktion des § 243 I), ADS 35, GK BilR/Hüffer 3, 20.

2) Grundsätze ordnungsmäßiger Bilanzierung (II)

4   A. **Bilanzklarheit (II):** Der Jahresabschluss muss nach II klar und übersichtlich sein. Buchführung und Jahresabschluss müssen einem sachverständigen Dritten (§ 238 I 2) verständlich sein. Notwendig sind ua die eindeutige Bezeichnung der einzelnen Bilanzposten, sachgerechte Gliederungen und das Unterlassen von Verrechnungen (Saldierungsverbot, § 246 II, mit Ausnahme für Pensionsverpflichtungen oder vergleichbare langfristig fällige Verpflichtungen). Ausdrückliche Angaben der Bilanzierungs- und Bewertungsmethoden und der Abweichungen von ihnen gehören ebenfalls zum Bilanzklarheitsgrundsatz und wurden durch § 285 nF erheblich erweitert, sind aber gesetzlich nur für KapitalGes vorgeschrieben. Ebenso wenig gibt es für Nicht-KapitalGes ausdrückliche **Gliederungsvorschriften.** Aus II 1 und GoB folgt jedoch, dass auch der Jahresabschluss von EinzelKflten und PersonenGes zumindest in seiner Grundform § 266 entsprechen muss (Knobbe-Keuk § 3 III 2, str, aA BeckBilKo 56: §§ 266, 275f sollten freiwillig eingehalten werden; vgl auch Einl 33v § 238). Abweichungen von der Postenbezeichnung des § 266 sind wegen der Gefahr der Irreführung unzulässig, zB Ausweis von Rücklagen und Rückstellungen als Verbindlichkeiten, anders nur, wenn wegen Besonderheiten des Unternehmens für die Klarheit und Übersichtlichkeit des Abschlusses erforderlich (§ 265 IV). Der Grundsatz der Bilanzklarheit erlaubt bei KapitalGes nicht ohne weiteres Abweichungen von den gesetzlichen Gliederungsvorschriften der §§ 265, 266, 268, 275–277; anders aber zB nach § 265 V bei nicht in das allgemeine Schema passenden Posten oder Besonderheiten des Geschäftszweigs; Formblätter s § 330. **Lit** Schüttler BC **17**, 411 (Begriffe „Verpflichtung" und „Risiko").

B. Bilanzwahrheit: In § 246 I in seiner Ausprägung als Vollständigkeitsgebot verankert. Der Jahresabschluss muss nicht nur formal, sondern auch materiell ordnungsmäßig sein. Es gilt der Grundsatz der Bilanzwahrheit. Bilanzwahrheit bedeutet aber nicht, dass die Bilanz der objektiven Wahrheit (wirkliche Vermögenslage) entspricht, ganz hL. Wahrheit ist vielmehr als Richtigkeit in Bezug auf den Bilanzzweck (s § 242 Rn 4–7), die gesetzlichen Vorschriften und die GoB zu verstehen. Danach darf die Bilanz nichts Falsches enthalten. Vermögensgegenstände und Schulden dürfen nicht fingiert werden. Sie müssen vollständig aufgeführt werden (s Rn 6). Die Bewertung muss den Bewertungsvorschriften (§§ 252 ff) und -grundsätzen entsprechen. Wo diese die Wahl zwischen Bewertungsmethoden, Bewertungsspielräumen und stillen Reserven zulassen, liegt kein Verstoß gegen die Bilanzwahrheit vor. Für KapitalGes gelten weitergehende Anforderungen, die sich aber weniger aus dem true and fair view-Prinzip des § 264 II, als aus konkreten Einzelvorschriften wie zB §§ 253, 284, 285, 289 ergeben. Das Gebot der Bilanzwahrheit gilt auch für die GuV, Hbg AG **06**, 45, 48; Bravidor/Mehnert StuB **14**, 596 (Bilanzwahrheit u EuGH-Rspr); Dziadkowski IStR **14**, 461 (EuGH in Gimle S. A.); Hennrichs WPg **15**, 315 (EuGH in Gimle S. A.).

C. Bilanzvollständigkeit: Der Grundsatz der Bilanzvollständigkeit folgt aus dem Grundsatz der Bilanzwahrheit und ist entsprechend zu verstehen (s Rn 5). Er ist in § 246 I besonders niedergelegt und nennt seit dem BilMoG die wirtschaftliche Betrachtungsweise als Zurechnungskriterium der Vermögensgegenstände, wobei dadurch eine Änderung des bisherigen Rechtszustandes nicht beabsichtigt ist (RegE BilMoG 47).

D. Bilanzidentität: Der Grundsatz der Bilanzidentität ist in § 252 I Nr 1 ausgesprochen. Er entspricht der fortlaufenden Buchführung.

E. Bilanzkontinuität: Die Grundsätze der formellen Bilanzkontinuität (Ausweiskontinuität, s § 252 Rn 25) und der materiellen Bilanzkontinuität (Bewertungsstetigkeit, § 252 Nr 6) dienen der Aussagekraft des Jahresabschlusses durch Vergleichbarkeit über den einen Abschluss hinaus, Löffler/Roß WPg **12**, 363 (Ansatz- u Bewertungsstetigkeit nach IDW RS HFA 38).

F. Grundsatz der Vorsicht: Der Grundsatz der Vorsicht dient vor allem dem Gläubigerschutz, leichte Einschränkungen durch BilMoG zugunsten der Infor-

§ 243 10–13 3. Buch. Handelsbücher

mationsfunktion (zB §§ 246 I 4, 248). Er ist in § 252 I Nr 4 näher geregelt. Ausprägungen des Grundsatzes der Vorsicht sind das **Imparitätsprinzip** (s § 252 Rn 11), das **Realisationsprinzip** (s § 252 Rn 18–23) und das **Niederstwertprinzip** (§ 253 Rn 11, 13).

10 G. Auch der **Wesentlichkeitsgrundsatz** wird zu den GoB gerechnet. Die BilRi 2013 enthält ihn in Art 6 I Buchst j. Entgegen Forderungen aus Wissenschaft und Praxis wurde er aber auch durch das BilRUG 2015 nicht ausdrücklich in das HGB aufgenommen, weil er schon heute als GoB anerkannt und in verschiedenen Einzelvorschriften des HGB differenziert ausgedrückt ist. In § 243 I und der dort normierten Bezugnahme auf die ungeschriebenen GoB kann man eine ausreichende Umsetzung der Vorgaben der BilRi 2013 sehen, krit AK Bilanzrecht, NZG **14**, 892; BB **14**, 2731 (Gefahr, dass Wesentlichkeitsgrundsatz künftig im deutschen Bilanzrecht undifferenziert auch auf Ansatzfragen bezogen wird und unwesentliche Schulden nicht mehr passiviert werden).

3) Aufstellungsfrist (III), Stichtagsprinzip

11 A. **Aufstellungsfrist:** III sieht für EinzelKflte und PersonenGes anders als § 264 I 2, 3 für KapitalGes keine absoluten Aufstellungsfristen vor, sondern verlangt Aufstellung innerhalb der einem ordnungsmäßigen Geschäftsgang entsprechenden Zeit (aA RegE § 39 III 2: 5 Monate). Vgl BVerfG BB **78**, 572: je nach den Verhältnissen des betroffenen Unternehmens. Die Sechsmonatsfrist für kleine KapitalGes (§ 264 I 3) gilt aber grundsätzlich entsprechend auch für EinzelKflte und PersonenGes und darf nur ausnahmsweise geringfügig überschritten werden, Düss NJW **80**, 1292 (zu § 283b I Nr 3b StGB); Satzung einer kleinen KapitalGes ist unwirksam, soweit sie generell Frist von sechs Monaten vorsieht, BayObLG BB **87**, 869; auch BGH BB **55**, 109m Anm Rowedder (Krisen); offen BFH ZIP **84**, 882 (jedenfalls nicht über ein Jahr), aA ADS 41 ff: 6–9 Monate. In Krisensituationen ist zeitnah und ohne schuldhaftes Zögern aufzustellen, zB 2–3 Monate, ADS 44, BeckBilKo 95, sonst drohen Strafen (§ 238 Rn 19). RsprÜbersicht: GK BilR/Hüffer 38. Inventarfrist s § 240 II 3. Fristüberschreitung ist Tatbestandsmerkmal in § 283ff StGB. **Lit** Schoor StBP **99**, 216; Hüttche/Diemer BB **00**, 2035; Eggemann/Petry BB **00**, 1635 (zur beschleunigten Aufstellung – fast close – bes bei an internationalen Kapitalmärkten agierenden Unternehmen).

12 B. **Stichtagsprinzip:** Der Jahresabschluss ist innerhalb der Aufstellungsfrist für einen bestimmten Stichtag aufzustellen. Bilanzstichtag ist der Schluss des Geschäftsjahres (§ 242 I, II). Das Geschäftsjahr darf zwölf Monate nicht überschreiten (§ 240 II 2), aber unterschreiten (sog Rumpfgeschäftsjahr, zB bei Anpassung des Geschäftsjahres an das Kalenderjahr). Dem Geschäftsjahr entspricht steuerrechtlich das Wirtschaftsjahr (§ 4a EStG). Festsetzung und Änderung des Stichtags sind frei; die Umstellung des Wirtschaftsjahres auf einen vom Kalenderjahr abweichenden Zeitpunkt bedarf bei im HdlReg eingetragenen Gewerbetreibenden des Einvernehmens mit dem Finanzamt (§ 4a EStG). Bei Gewerbetreibenden gilt der Gewinn des Wirtschaftsjahres als in dem Kalenderjahr bezogen, in dem das Wirtschaftsjahr endet (§ 4a II Nr 2 EStG). Nach dem Stichtagsprinzip sind tatsächliche Verhältnisse nach dem Stichtag nicht zu berücksichtigen, die bisherige Ausnahme des § 253 III 3 aF (Ausgleich von Wertschwankungen in nächster Zukunft mittels Abschreibung) wurde durch das BilMoG gestrichen, s § 253 Rn 21. Beginn des ersten Wirtschaftsjahres einer GmbH, BFH Konzern **09**, 629.

13 Bei nach dem Stichtag erlangten Kenntnissen des Kfm ist zwischen sog **wertaufhellenden Tatsachen,** die zum Stichtag bereits vorlagen, ohne dass der Kfm das wusste, und wertbeeinflussenden Tatsachen, die erst nach dem Stichtag eingetreten sind, scharf zu unterscheiden. Erstere sind bis zur Aufstellung des Jahresabschlusses zu berücksichtigen (ausdrücklich § 252 I Nr 4 für Risiken und Ver-

1. Abschnitt. Vorschriften für alle Kaufleute § 245

luste); letztere müssen als zum nächsten Geschäftsjahr gehörend außer Betracht bleiben (aber § 252 Rn 11). Bsp: Bekanntwerden einer schon vor dem Stichtag bestehenden Veräußerungsabsicht, Mü WM **94**, 744. Zerstörung einer Maschine vor dem 31.12. und nach dem 31.12., was der Kfm erst nach dem 31.12., aber vor Bilanzaufstellung erfährt. Das gilt entspr für die Bewertung (s § 252 Rn 8–12). Ein zwischen Bilanzstichtag und Bilanzaufstellung getroffener Vergleich betr strittige erfolgsabhängige Vergütung für Beratung ist wertaufhellend, FG BaWü BB **11**, 303. Zieht sich die Bilanzaufstellung wie üblich über einen längeren Zeitraum hin, kommt es auf den Endzeitpunkt an, hA, BeckBilKo § 252 Rn 39. Für wesentliche Risiken und Wertminderungen ist der Berücksichtigungszeitraum entgegen dem Wortlaut auszudehnen, BeckBilKo aaO. **Lit** Gschwendtner DStZ **00**, 648; Küting/Kaiser WPg **00**, 577; Hüttemann FS Priester **07**, 301. Für Berücksichtigung wertaufhellender Tatsachen nur bis zur gesetzlich vorgeschriebenen Frist der Bilanzaufstellung FG Kln DStRE **12**, 265 – unzutreffend.

Sprache. Währungseinheit

244 Der Jahresabschluß ist in deutscher Sprache und in Euro aufzustellen.

Übersicht

	Rn
1) Sprache	1
2) Währungseinheit	2

1) Sprache

Der Jahresabschluss (§ 242 III) ist in **deutscher Sprache** aufzustellen. Diese Klarstellung ist für die zahlreichen ausländischen Kflte wichtig. Für die Buchführung sind dagegen auch andere lebende Sprachen zugelassen (§ 239 I). **Lit** Me/Pro/Fi Kap 4 Tz 67 ff; 1

2) Währungseinheit

§ 244 idF EuroEG 1998 verlangt die Aufstellung des Jahresabschlusses (auch des Konzernabschlusses, § 298) **in Euro.** Die einzelnen Werte sind ggf umzurechnen, zB ausländische Sachwerte und Beteiligungen. Das BilMoG führt mit § 256a erstmals eine Bilanzierungsnorm zur Währungsumrechnung ein und gibt damit der bisherigen Umrechnungspraxis eine gesetzliche Grundlage (s § 256a Rn 1). Die Geldentwertung (schleichende Inflation) bleibt nach dem deutschen Hdl- und Steuerbilanzrecht grundsätzlich unberücksichtigt (**Nominalwertprinzip:** Mark/Euro = Mark/Euro), um nicht zusätzliche Inflationsimpulse zu geben. Allerdings führt das zu Scheingewinnen ohne realen Vermögenszuwachs, deren Ausschüttung die Substanz antasten würde, und zur Außerachtlassung des gestiegenen Wiederbeschaffungswerts von Anlage- und Umlaufgütern. Eine besondere Substanzerhaltungsrücklage ist bisher rechtlich nicht anerkannt, erst recht nicht die sog inflationsbereinigte Bilanz. Das BiRiLiG hat gegen die Möglichkeit der im Ausland verbreiteten Bilanzierung zu Wiederbeschaffungspreisen (Wahlrecht nach Art 33 der 4. EG-Ri, Einl 1–3 v § 238) optiert. Wegen des Nominalwertprinzips hat die Novation von Euro-Darlehen keine Gewinnauswirkungen, Nds.FG EFG **16**, 883. **Übergangsrecht** in (1) EGHGB Art 42–45. 2

Unterzeichnung

245 ¹**Der Jahresabschluß ist vom Kaufmann unter Angabe des Datums zu unterzeichnen.** ²**Sind mehrere persönlich haftende Gesellschafter vorhanden, so haben sie alle zu unterzeichnen.**

Merkt

§ 245 1–5   3. Buch. Handelsbücher

1) Unterzeichnung (Satz 1)

1 Persönliche Unterschrift des Kfm (oder sämtlicher Geschäftsführer der Ges, s Rn 2) mit Datumsangabe ist nur für den Jahresabschluss (Bilanz und Gewinn- und Verlustrechnung, § 242 III; KapitalGes s § 264 I 1) und über § 242 I 2 auch für die Eröffnungsbilanz vorgeschrieben. Inventar s § 240 Rn 1. Zu unterzeichnen ist der festgestellte (verbindliche) Jahresabschluss (der Ges; beim Einzelkfm fallen Feststellung und Unterschrift idR zusammen, s Rn 3), nur ausnahmsweise schon der nicht festgestellte, BGH BB **85**, 567; str für Ges, Baumb/Hueck/Schulze-Osterloh § 41 Rn 55; GK BilR/Hüffer 5. Der Kfm kann sich nicht vertreten lassen. Die Unterzeichnung ist öffentlichrechtliche Pflicht; Ordnungswidrigkeit § 334 I Nr 1a. Sie hat bloße Beweisfunktion. Ihr Fehlen macht den Jahresabschluss nicht unwirksam, Karls WM **87**, 536; Ffm BB **89**, 395. **Lit** Me/Pro/Fi Kap 4 Tz 67 ff; Erle WPg **87**, 637; Küting/Kaiser WPg **00**, 577; Dißner/Müller BC **17**, 420.

2) Gesellschaftermehrheit (Satz 2), mehrere Organmitglieder

2 S 2 beinhaltet eine öffentlichrechtliche Pflicht (Recht zur Mitwirkung an der Feststellung s § 114 Rn 3, § 164 Rn 3). Fehlende Unterschrift eines phG s Rn 1, § 238 Rn 7. Die Bilanz ist (mindestens im Innenverhältnis) gültig, sobald aus den Umständen der Gfterwille erhellt, sie als abschließende kontenmäßige Gegenüberstellung der Aktiva und Passiva der Ges gelten zu lassen, BGH BB **75**, 1606. S 2 gilt entspr für mehrere zuständige Organmitglieder (s § 238 Rn 8) samt ihren Stellvertretern (s zB § 94 AktG, § 44 GmbHG), Karlsr AG **89**, 35.

3) Nichtigkeit, Berichtigung und Änderung des Jahresabschlusses

3 A. **Unverbindlichkeit noch nicht festgestellter oder nichtiger Jahresabschlüsse:** Bevor der Jahresabschluss nicht festgestellt ist (bei EinzelKfm idR mit Unterschrift, bei Ges durch Beschluss der Gfter, bei AG nach §§ 172, 173 AktG), kann er jederzeit frei geändert werden. Das gilt auch für den nichtig aufgestellten oder wirksam angefochtenen Jahresabschluss (vgl §§ 256, 257 AktG), aA für nach §§ 119, 123 BGB angefochtene Bilanz einer PersonenGes BGH WM **60**, 189.

4 B. **Berichtigung:** Der wirksam festgestellte Abschluss ist für das Unternehmen bzw die Ges verbindlich, BGH WM **85**, 569. Berichtigung ist die **Beseitigung eines unrichtigen Bilanzansatzes**, ggf schon der zugrunde liegenden Buchungen, auch einer unzulässigen Gliederung. Sie ist möglich (vgl § 4 II 1 EStG), aber wenn sie in bestehende Rechte Dritter (zB die durch Gewinnverwendungsbeschluss entstandenen Gewinnansprüche) eingreift, nur mit deren Zustimmung, str (s auch Rn 5). Wird nicht berichtigt, ist der Fehler im nächsten Jahresabschluss unter Berücksichtigung der zwischenzeitigen Entwicklung (zB Abschreibungen, die hätten vorgenommen werden müssen) richtig zu stellen. Zum Fehlerbegriff s BFH BStBl II **13**, 217 mit Anm Drüen GmbHR **13**, 505. Bei Berichtigung ist § 239 III zu beachten. **Lit** Hoffmann StuB **13**, 357 (vertretbare vs. richtige Bilanzierung); Hoffmann StuB **13**, 397u 797 (objektiver/subjektiver Fehlerbegriff); Lüdenbach StuB **14**, 380 (objektiver Fehlerbegriff bei Tatfragen); Prinz WPg **13**, 650 (subjektiver Fehlerbegriff); BeckBilKoFriedl/Buchner StuB **14**, 183u 211 (Verfahren der Fehlerkorrektur); Schulze-Osterloh ZHR **15**, 9 (Folgen für die HGB-Bilanz). **Muster:** Hopt/Kraft/LinkForm III.B.7 (Bilanzberichtigung).

5 C. **Änderung:** Änderung ist der **Ersatz eines zulässig gewählten Bilanzansatzes** durch einen anderen (besonders hinsichtlich der Bewertung, §§ 252 ff), ggf schon der zugrunde liegenden Buchungen, auch einer zulässigen Gliederung. Sie ist nur bei wichtigem Grund, zB Fehlerhaftigkeit (zum Fehlerbegriff im Steuerbilanzrecht BFH GmbHR **13**, 547 mit Anm Drüen 505) oder steuerliche

1. Abschnitt. Vorschriften für alle Kaufleute § 246

Gründe, und unter erneuter Aufstellung, Prüfung und Verabschiedung möglich, und nur wenn die Dritten, in deren Rechte eingegriffen würde, zB bei HdlGes die Gfter mit entstandenen Gewinnauszahlungsansprüchen, damit einverstanden sind, Baumb/Hueck/Schulze-Osterloh § 42 Rn 468 (s auch Rn 4). Steuerrechtlich ist Bilanzänderung (nicht bloße Bilanzberichtigung) nur in den Grenzen des § 4 II 2 EStG zulässig (Möglichkeit der Änderung nach Einreichung beim Finanzamt mit dessen Zustimmung (§ 4 II 2 EStG aF) ist durch SteuerentlastungsG und SteuerbereinigungsG 1999 beseitigt worden). Änderung von Jahresabschlüssen und Anpassung der HdlBilanz an die Steuerbilanz, IDW RS HFA 6, Breker/Kuhn WPg **07**, 770. Lit Rätke StuB **08**, 760; Hirschberger StuB **08**, 795; Friedl/Buchner StuB **14**, 183u 211 (Verfahren der Fehlerkorrektur). **Muster:** Hopt/Kraft/LinkForm III.A.7 (Bilanzänderung).

Zweiter Titel. Ansatzvorschriften

Vollständigkeit. Verrechnungsverbot

246 (1) ¹Der Jahresabschluss hat sämtliche Vermögensgegenstände, Schulden, Rechnungsabgrenzungsposten sowie Aufwendungen und Erträge zu enthalten, soweit gesetzlich nichts anderes bestimmt ist. ²Vermögensgegenstände sind in der Bilanz des Eigentümers aufzunehmen; ist ein Vermögensgegenstand nicht dem Eigentümer, sondern einem anderen wirtschaftlich zuzurechnen, hat dieser ihn in seiner Bilanz auszuweisen. ³Schulden sind in die Bilanz des Schuldners aufzunehmen. ⁴Der Unterschiedsbetrag, um den die für die Übernahme eines Unternehmens bewirkte Gegenleistung den Wert der einzelnen Vermögensgegenstände des Unternehmens abzüglich der Schulden im Zeitpunkt der Übernahme übersteigt (entgeltlich erworbener Geschäfts- oder Firmenwert), gilt als zeitlich begrenzt nutzbarer Vermögensgegenstand.

(2) ¹Posten der Aktivseite dürfen nicht mit Posten der Passivseite, Aufwendungen nicht mit Erträgen, Grundstücksrechte nicht mit Grundstückslasten verrechnet werden. ²Vermögensgegenstände, die dem Zugriff aller übrigen Gläubiger entzogen sind und ausschließlich der Erfüllung von Schulden aus Altersversorgungsverpflichtungen oder vergleichbaren langfristig fälligen Verpflichtungen dienen, sind mit diesen Schulden zu verrechnen; entsprechend ist mit den zugehörigen Aufwendungen und Erträgen aus der Abzinsung und aus dem zu verrechnenden Vermögen zu verfahren. ³Übersteigt der beizulegende Zeitwert der Vermögensgegenstände den Betrag der Schulden, ist der übersteigende Betrag unter einem gesonderten Posten zu aktivieren.

(3) ¹Die auf den vorhergehenden Jahresabschluss angewandten Ansatzmethoden sind beizubehalten. ²§ 252 Abs. 2 ist entsprechend anzuwenden.

Überblick

	Rn
1) Grundsatz der Vollständigkeit (I 1)	1
2) Vermögensgegenstände und Schulden (Aktivierbarkeit, Passivierbarkeit)	2–13
A. Ansatz- und Bewertungsvorschriften	2
B. Aktivierbarkeit	3–12
C. Passivierbarkeit	13
3) Persönliche Zuordnung von Vermögensgegenständen (I 2)	14–23
A. Maßgeblichkeit des wirtschaftlichen Eigentums	14
B. Eigentumsvorbehalt, Pfandrecht, Sicherungsübertragung	15
C. Weitere Einzelfälle	16–23

Merkt

§ 246 1

	Rn
4) Sachliche Zuordnung bei Kaufleuten (Betriebsvermögen, Privatvermögen)	24
5) Verrechnungsverbot (II)	25–28
A. Verrechnungs- und Saldierungsverbot	25
B. Gesetzliche Ausnahmen	26–28
6) Ansatzstetigkeit (III)	29

1) Grundsatz der Vollständigkeit (I 1)

1 Der Grundsatz der Vollständigkeit ist eine Ausprägung des Grundsatzes der Bilanzwahrheit (§ 243 Rn 5) bezogen auf die Bilanzansätze. Die Norm ist durch das BilMoG neu gefasst worden. **Übergangsrecht** in (1) EGHGB Art 66 III. Erstmals wird der Grundsatz der wirtschaftlichen Betrachtungsweise gesetzlich verankert und damit der bisherigen Praxis Rechnung getragen. Die Beschränkung dieses Prinzips in I 2 und 3 aF auf Einzelfälle ist aufgehoben. I sieht eine umfassende Aktivierungs- und Passivierungspflicht für den Jahresabschluss, also Bilanz und Gewinn- und Verlustrechnung (§ 242 III), vor. Sämtliche Vermögensgegenstände (s Rn 3–12), Schulden (s Rn 13) und Rechnungsabgrenzungsposten (§ 250) sind in der Bilanz und sämtliche Aufwendungen und Erträge (vgl §§ 275 II, III) in der GuV vollständig aufzuführen, soweit gesetzlich nichts anderes bestimmt ist. Die von einem Kfz-Händler beim Neuwagenverkauf eingegangenen Verpflichtungen sind sich wirtschaftlich und rechtlich selbständige Leistungen, die erst mit der Ausübung bzw. dem Verfall der korrespondierenden Rückverkaufsoption entfallen und erst dann erfolgswirksam auszubuchen sind, FG Mü BB **15**, 2992. Die noch im RegE BilMoG enthaltene Aktivierungspflicht für latente Steuern wurde wieder gestrichen. Gesetzliche Ausnahmen folgen aus Bilanzierungsverboten (zB § 248 II) sowie Aktivierungs- und Passivierungswahlrechten (§ 264 Rn 19), soweit nach dem BilMoG beibehalten (zB §§ 248 II, 250 III). Mittels einer Fiktion wird der entgeltlich erworbene Geschäfts- oder Firmenwert in I 4 zum aktivierungspflichtigen zeitlich begrenzt abnutzbaren Vermögensgegenstand erhoben. Abgeschriebene Werte sind als Erinnerungsposten mit 1 Euro weiterzuführen, RG **131**, 197. Dass umgekehrt Vermögensgegenstände und Schulden nicht fingiert werden dürfen, folgt aus der Bilanzwahrheit (§ 243 Rn 5). Allein die Vermögenslosigkeit des Schuldners führt nicht dazu, dass eine rechtlich bestehende Verpflichtung aus dem Abschluss auszubuchen ist; gleiches gilt, wenn eine Rangrücktrittsvereinbarung die Verpflichtung bestehen läßt, die subordinierten Gesellschafterforderungen aus dem nach Begleichung der vorrangigen Ansprüche verbleibenden sog. freien Vermögen zu tilgen, BFH GmbHR **17**, 197. Beim kostenlosen oder verbilligten Erwerb eines Vermögensgegenstands von ihrem Gesellschafter hat die Ges die Anschaffungskosten und nicht den Zeitwert anzusetzen, um einen nicht realisierten Ertragsausweis zu vermeiden, EuGH v 3.10.13, Rs C-322/12 (Gimle S. A.) mit krit Anm Schulze-Osterloh NZG **14**, 1; sa Bravidor/Mehnert StuB **14**, 596; Dziadkowski IStR **14**, 461; Hennrichs WPg **15**, 315 (EuGH in Gimle S. A.). Lit Me/Pro/Fi Kap 5 Tz 1 ff; Klein DStR **10**, 712 (Getränkepfandgelder); Riehl StuB **10**, 131 (Altersversorgung); Mujanovic StuB **10**, 167u 268 (derivativer Geschäftswert); Kossow StuB **10**, 174 (Rücknahmeverpflichtungen); Hennrichs GmbHR **10**, 17; Weber-Grellet StuB **10**, 354; Lüdenbach StuB **10**, 630; Küting ua KoR **10**, 264 (Planvermögen); Ries WPg **10**, 811 (Arbeitszeitkonten); Scherff/Wielleke StuB **10**, 769 (Stetigkeit); Schülke DStR **10**, 992; Kruschwitz ua WPg **10**, 474 (bilanzielle Schulden und DCF-Theorie); Claßen/Schulz StuB **11**, 3 (Leasing); Thierer DB **11**, 189 (Rückdeckungsversicherungen); Kolb ua StuB **11**, 57 (Pensionsverpflichtungen); Löw/Künzel/Brixner WPg **12**, 40 (Bankenabgabe); Marx/Löffler DB **12**, 1337 (Franchising); Centrum für Bilanzierung Saarbrücken DB **14**, 1 (Firmenwert); Gimpel-Hennig/Ewelt-Knauer WPg **14**, 944 (Firmenwert); Bili-

1. Abschnitt. Vorschriften für alle Kaufleute 2, 3 § 246

tewski/Roß/Weiser WPg **14**, 13u 73 (Handelsbilanzierung bei Verschmelzung nach IDW RS HFA 42); Heeb WPg **14**, 189 (Handelsbilanzierung bei Spaltung nach IDW RS HFA 43); Hoffmann StuB **13**, 677 (Ende der Schwebezeit); Pilhofer/Lessel StuB **13**, 475 (Beteiligungsbilanzierung); Link BB **14**, 554 (Earn-out); Löffler/Roß WPg **12**, 363 (Ansatz- u Bewertungsstetigkeit nach IDW RS HFA 38); Roos DStR **15**, 437 (Vertragsabschluss- u Werbeprämien); Schmidt DStR **14**, 544 (Pharmaindustrie); Bott/Klier Konzern **14**, 501 (Pensionsverpflichtungen bei Gebietskörperschaften, IPSAS u EPSAS); Lorson/Melcher/Zündorf DStR **14**, 2585 (kommunale Rechnungslegung); Lüdenbach/Freiberg BB **14**, 747 (Know-how-Erwerb gegen erfolgsabhängige Vergütung); Rspr-Übersicht: Weber-Grellet BB **14**, 42; Bravidor/Mehnert StuB **14**, 596 (Bilanzwahrheit u EuGH-Rspr); Dziadkowski IStR **14**, 461 (EuGH in Gimle S. A.); Hennrichs WPg **15**, 315 (EuGH in Gimle S. A.); Ott StuB **15**, 43 (GmbH-Gesellschafterdarlehen); Scheffler Konzern **16**, 482, 484 (Unterschiede Ansatz u Bewertung Aktiva); Dutzi/Leuveld/Rausch BB **15**, 2219 (Upstream Merger).

2) Vermögensgegenstände und Schulden (Aktivierbarkeit, Passivierbarkeit)

A. **Ansatz- und Bewertungsvorschriften:** Die **Ansatzvorschriften** (zB 2 §§ 246–251, 266–278) bestimmen, welche Posten in der Bilanz bzw der Gewinn- und Verlustrechnung ausgewiesen werden dürfen (Bilanzierbarkeit, Bilanzfähigkeit) oder müssen (Bilanzpflichtigkeit). Sie regeln also das Ob. Die **Bewertungsvorschriften** (zB §§ 252–256) bestimmen, mit welchem Wert diese Posten angesetzt werden dürfen (Bewertungswahlrecht) oder müssen (gesetzlich vorgeschriebene Bewertung). Sie regeln also das Wie.

B. **Aktivierbarkeit: a)** Aktivierbar ist nach I 1 das Vermögen des Kfm, also 3 jeder **Vermögensgegenstand** (Einl 69v § 238, auch zum steuerrechtlichen Begriff des Wirtschaftsguts), sofern er wirtschaftlich zum Vermögen des Kfm gehört (s Rn 14–24) und kein Aktivierungsverbot besteht. Der Grds der wirtschaftlichen Zurechnung ist nach der Neufassung in I 2 ausdrücklich normiert (s Rn 13). Zum wirtschaftlichen Eigentum beim Sale-and-Buy-Back-Geschäft IDW ERS HFA 13. Ausnahmsweise sind auch Nichtvermögensgegenstände aktivierbar (§ 266 Rn 3). Körperliche Gegenstände (§ 90 BGB) sind wenig problematisch, auch Miteigentumsanteile, selbständige Anlagen und Gebäudeeinbauten (§ 266 Rn 6). Bloße Erwerbschancen sind keine Vermögensgegenstände, deshalb § 248 I Nr 1, Nr 2. Nehmen Teilnehmer eines Mehrwegsystems mit Brunneneinheitsflaschen immer Leergut zurück als sie zuvor als Vollgut ausgegeben hatten, sind weder Anschaffungskosten noch Forderungen gegen Kunden zu aktivieren, in Betracht kommt aber uU Aktivierung eines Nutzungsrechts, BFH DStR **13**, 957 mit Anm Krieger DStR **14**, 1989. Keine Aktivierung von aufschiebend bedingter Forderung, weil sie erst mit Eintritt der Bedingung rechtlich und wirtschaftlich entsteht, anders, wenn die Forderung ausnahmsweise im Einzelfall hinreichend konkretisiert ist, etwa wenn der Bedingungseintritt so gut wie sicher ist, BFH BeckRS **13**, 95745. Sanierungszuschuss aus öff-rechtlichem Vertrag ist im Jahr der Entstehung mit Nennbetrag zu aktivieren (keine Abfindung auf Barwert); Unverzinslichkeit des Zuschusses lässt Teilwert nicht unter den Nennwert sinken, BFH BeckRS **14**, 94044. Rechtskräftiges Urteil, das zuvor bestrittene Forderung zuspricht, kann auf deren Aktivierung wegen Vorsichtsprinzip nicht werterhöhend, sondern nur wertbegründend einwirken, BFH BeckRS **14**, 95796. Unterbeteiligung an Gesellschaftsanteil, die keine atypische Unterbeteiligung ist, ist kein einheitlicher Vermögensgegenstand, sondern Bündel schuldrechtlicher Ansprüche, BFH NJW-RR **08**, 986. Grundlegend Kahle/Günter in: Schmiel/Breithecker, Steuerliche Gewinnermittlung nach dem BilMoG – 2008 S 69. **Lit** Jorde/Wetzel WPg **95**, 444 (Dividenden); Winter BB **96**, 2083 (Finanzderivate); Kuste-

§ 246   4–6   3. Buch. Handelsbücher

rer DStR **96**, 438 (Bauten auf fremdem Boden); Babel Ansatz 1997 (Nutzungsrechte); Mörstedt DStR **97**, 1225 (Gewinn aus KapitalGes); Moxter BB **98**, 259 (Mietereinbauten); Fischer/Vielmeyer BB **01**, 1294 (Kosten für Internetauftritt); Hennrichs DB **08**, 537; Küting/Tesche GmbHR **08**, 953.

4   **b)** Problematischer sind dagegen **immaterielle Güter.** Hier ergeben sich erhebliche Änderungen durch das BilMoG. Das Aktivierungsverbot des § 248 II aF entfällt. Galt hiernach grds ein Aktivierungsverbot für nicht entgeltlich erworbene Vermögensgegenstände des Anlagevermögens, besteht jetzt **Ansatzwahlrecht** (s § 248 Rn 3), sofern es sich um einen Vermögensgegenstand handelt. Einschränkend erlaubt § 255 II 4 bei dessen Ausübung nur den Ansatz der Entwicklungs-, nicht aber der Forschungskosten und verbietet § 248 II 2 die Aktivierung bestimmter selbstgeschaffener immaterieller Güter. **Handelsrechtlich** setzt die Aktivierbarkeit immaterieller Güter voraus:

(1) **Selbstständige Bewertbarkeit:** Diese (auch Einzelbewertbarkeit) wurde ausschließlich bei entgeltlichem Erwerb als gegeben angesehen und wird bei derivativem Erwerb daher auch künftig stets erfüllt sein. Nach Streichung des Bilanzierungsverbots gem § 248 II aF kann es darauf aber nicht mehr allein ankommen. Selbstständige Bewertbarkeit soll sich nach RegE BilMoG 50 bei originären immateriellen Gütern daher nun allein nach der selbstständigen Veräußerlichkeit und Verkehrsfähigkeit richten, jedoch stellt das Gesetz in § 248 II 2 selbst ausdrücklich auch weiterhin auf selbstständige Bewertbarkeit ab, indem dort genannte (zB Marke) und diesen vergleichbare nicht entgeltlich erworbene Güter von der Aktivierbarkeit ausgenommen werden, Hennrichs DB **08**, 537, nämlich solche, denen Herstellungskosten (§ 255 IIa) nicht zweifelsfrei zugerechnet werden können und die damit nicht selbstständig bewertbar sind, RegE BilMoG 50. Selbstständige Bewertbarkeit setzt daher künftig entweder derivativen Erwerb voraus oder, wenn es sich um originäre immaterielle Güter des Anlagevermögens handelt, Möglichkeit der klaren Zuordnung der Herstellungskosten zu diesem Gut (Einzelbewertungsgrundsatz).

5   (2) **Selbstständige Veräußerlichkeit bzw Verkehrsfähigkeit:** Dieses Merkmal war nach hL schon vor dem BilMoG unverzichtbar, denn es sondert entsprechend dem Vorsichtsprinzip (s § 252 Rn 10) nicht einzeln verwertbare Güter aus. Aktivierbar sind allerdings auch Nießbrauch (obwohl nicht übertragbar, § 1059 S 1 BGB), str, aA Ekkenga ZHR 161 **(97)**, 611: Nießbrauch und andere Nutzungsrechte aber wie immaterielles Gut zu behandeln (§ 248 Rn 3), Urheberrecht (trotz § 29 UrhG) und Forderungen, deren Abtretung durch Vereinbarung mit dem Schuldner ausgeschlossen ist (§ 399 BGB). In all diesen Fällen liegt Verkehrsfähigkeit (selbstständige Veräußerlichkeit iwS) vor, weil diese Güter individuell wirtschaftlich nutzbar sind, wenn nicht durch rechtliche Veräußerung, so durch Überlassung zur Nutzung oder anderen Form der wirtschaftlichen Übertragung, zB bei Spielerlaubnis für Berufsfußballspieler, BFH NJW **93**, 222, bestätigt durch BFH DStR **12**, 229. Nach aA liegen insoweit Ausnahmen vor, die das Merkmal nicht in Frage stellen. Schadstoffimmissionsrechte: IDW RS HFA 15, WPg **06**, 574, Hommel/Wolf BB **05**, 1782; WPg **05**, 273. Realisationsprinzip und schwebende Geschäfte s § 252 Rn 18–21, BFH HFR **06**, 353; Hoffmann StuB **13**, 677. Der Ausweis einer Forderung aus einem schwebenden Geschäft ist dann geboten, wenn das Gleichgewicht der Vertragsbeziehungen durch Vorleistungen oder Erfüllungsrückstände eines Vertragspartners gestört ist, BFH GrS BStBl II **97**, 735. Zur Rechtslage nach dem BilMoG Hennrichs DB **08**, 537; Arbeitskreis Bilanzrecht BB **08**, 152; AK Immaterielle Werte im Rechnungswesen der SBG DB **08**, 1813; Hoffmann/Lüdenbach DStR **08**, Beihefter zu Heft 30, 49; Küting/Pfirmann/Ellmann KoR **08**, 689; Hüttche StuB **08**, 163; Schülke DStR **10**, 992.

6   **Steuerrechtlich** sind immaterielle Wirtschaftsgüter des Anlagevermögens zu aktivieren, wenn sie entgeltlich erworben wurden (§ 5 II EStG). Daraus folgert

1. Abschnitt. Vorschriften für alle Kaufleute 7–10 § 246

die hA ein ausdrückliches steuerliches **Aktivierungsgebot,** Weber-Grellet in Schmidt, EStG, § 5 Rn 161. Fehlt Entgeltlichkeit, besteht steuerliches Aktivierungsverbot. Die Streichung des § 248 II aF wirkt sich steuerrechtlich nicht aus, RegE BilMoG 50. Für verdeckt eingelegte immaterielle Wirtschaftsgüter besteht Aktivierungspflicht nach § 6 I Nr 5 EStG, BFH BStBl II **87**, 455.

Einzelfälle: Nicht aktivierbar sind zB Ausgaben für einen einmaligen Werbefeldzug, BFH GrS BStBl II **69**, 292, II **70**, 37; entgeltlich erlangtes Wettbewerbsverbot, sehr str, aA BFH BStBl II **82**, 57, Domain-Name ist Vermögensgegenstand, BFH BB **07**, 769, Kundenstamm und Know-how können einer sein (Kunden- oder Lieferantenliste), BFH DStR **10**, 371; aktivierbar sind Aufwendungen im Zusammenhang mit vereinnahmten Vorauszahlungen für noch nicht realisierte Provisionen, FG Münster BB **12**, 1018. Ersatzteile Roos DB **15**, 813; Hageböke/Hasbach DB **15**, 1307. Kasuistik s BeckBilKo § 247 Rn 383 ff; Baumb/Hueck/Schulze-Osterloh § 42 Rn 77 (krit gegen BFH); Hommel Bilanzierung, **98**, passim; Niemann Immaterielle Wirtschaftsgüter **99**, passim; Lüdenbach BB **14**, 747 (Know-how).

c) Entgeltlich erworbener Geschäfts- oder Firmenwert: (1) **Ansatzpflicht:** I 4 erhebt den entgeltlich erworbenen Geschäfts- oder Firmenwert mittels einer Fiktion zum aktivierungspflichtigen zeitlich begrenzt abnutzbaren Vermögensgegenstand. Eine Änderung des Vermögensgegenstandsbegriffes ist damit RegE BilMoG 48 nicht verbunden, krit Kahle/Günter in: Schmiel/Breithecker, Steuerliche Gewinnermittlung nach dem BilMoG 2008 S 69: Beibehaltung des Aktivierungswahlrechts war mit dem Reformziel besserer Vergleichbarkeit nicht vereinbar. Übergangsvorschriften: **(1)** EGHGB Art 66 III. **Lit** Oser/Ross/Wader/Drögemüller WPg **08**, 675; Hommel/Franke/Rössler Konzern **08**, 157 (Minderheitengoodwill); Kleinmanns StuB **14**, 475.

(2) **Derivativer Geschäftswert:** Geschäftswert ist der Mehrwert eines lebenden (bereits eröffneten) Unternehmens über den Substanzwert der einzelnen Vermögensgegenstände (Wirtschaftsgüter) abzüglich Schulden hinaus, BFH BB **93**, 1914. Für den originären Geschäfts- oder Firmenwert besteht ein Aktivierungsverbot, zB BFH/NV **06**, 822. Er ist, da zu unsicher, schon kein Vermögensgegenstand (trotz § 266 II A I Nr 3), hL, nach aA fällt er jedenfalls unter das Aktivierungsverbot des § 248 I Nr 1 (s auch § 248 Rn 1). Der derivative, also entgeltlich erworbene Geschäfts- oder Firmenwert muss dagegen aktiviert werden. Entgeltlicher Erwerb s § 248 Rn 4; steht Entgeltzahlung unter einer Bedingung darf erst bei Bedingseintritt aktiviert werden, BFH BeckRS **10**, 25016606; BFH DStR **07**, 2050. Angesetzt werden darf nur die Differenz zwischen dem (höheren) Kaufpreis und dem Wert der einzelnen Vermögensgegenstände abzüglich der Schulden im Zeitpunkt der Übernahme, also nicht der Unternehmenswert insgesamt (dazu Einl 34–37 vor § 1). Statt des Verkehrswerts der einzelnen Vermögensgegenstände darf der vom Erwerber fortgeführte Buchwert angesetzt werden. Bei negativem Geschäftswert Ansatz zum Erinnerungswert und Bildung eines passiven Ausgleichspostens für erhaltenes Aufgeld, BFH BStBl II, 656, FG Düss DStR **11**, 112, str. **Lit** Jessen/Weller DStR **05**, 489u 532; Wolf/Kurz StuB **05**, 484 (Überschuldungsbilanz); Lüdenbach StuB **10**, 639; Mujkanovic StuB **10**, 167; StuB **10**, 268; Weber-Grellet StuB **10**, 354; Preißer/Bressler BB **11**, 427 (negativer Geschäftswert).

(3) **Tilgungszeitraum:** Der aktivierungspflichtige Geschäfts- oder Firmenwert ist gem § 253 III planmäßig (oder außerplanmäßig) abzuschreiben. Dabei ist seine individuelle betriebliche Nutzungsdauer zugrunde zu legen, wie sie sich sich zum Aktivierungszeitpunkt darstellt, RegE BilMoG 48. Wird planmäßig über mehr als 5 Jahre abgeschrieben, ist dies im Anhang (§ 285 Nr 13) begründet anzugeben. § 253 V 2 normiert ein Wertaufholungsgebot für den außerplanmäßig abgeschriebenen Geschäfts- oder Firmenwert, da eine später eintretende

§ 246 11–14 3. Buch. Handelsbücher

Wertaufholung selbstgeschaffen und nicht entgeltlich erworben ist. Der nach IFRS geltende Impairment-Only-Approach wird damit nicht übernommen. Steuerrechtlich beträgt die betriebsgewöhnliche Nutzungsdauer des Geschäfts- oder Firmenwerts 15 Jahre (§ 7 I 3 EStG).

11   **d) Forderungen:** Besonderheiten für Forderungen aus Austauschgeschäften s § 252 Rn 19, andere Forderungen, zB Schadensersatzansprüche, s § 252 Rn 20, und Forderungen aus schwebenden Geschäften, s § 252 Rn 21, ferner § 254 Rn 1. Vgl für Schulden Rn 13.

12   **e)** Aktivseite im Übrigen s §§ 247 I, 266 II.

13   C. **Passivierbarkeit:** Passivierbar sind nach I 1 die **Schulden** des Kfm. Sie sind stets in die Bilanz des Schuldners aufzunehmen, I 3, damit ist das Prinzip wirtschaftlicher Zurechnung für sie stark eingeschränkt, RegE BilMoG 47. Schuld ist bilanzrechtlich nicht die rechtlich bestehende Verbindlichkeit, sondern die den Kfm wirtschaftlich belastende, erzwingbare, BFH BB **06**, 1623. Passivierbar ist also eine existente Verbindlichkeit, auch wenn die tatsächliche Inanspruchnahme ungewiss ist, BFH BB **07**, 494, ebenso wie eine rechtlich nicht existente Verbindlichkeit, der sich der Kfm aber nicht entziehen kann; auch eine nicht durchsetzbare, wenn sich der Kfm auf den Termin- oder Differenzeinwand oder die Verjährung (§ 214 BGB) nicht berufen will. Nicht passivierbar ist zB eine bestehende Verbindlichkeit, die der Kfm mit an Sicherheit grenzender Wahrscheinlichkeit nicht erfüllen muss, BFH BB **89**, 664; bloßer Rangrücktritt rechtfertigt diese Annahme nicht, BFH DB **05**, 259, nach BFH DStR **12**, 450 jedoch dann, wenn Rückzahlung nur aus künftigen Gewinnen erfolgen darf, aber zu § 5 IIa EStG; für Handelsbilanz aber zweifelhaft, weil Scheingewinn ausgewiesen wird, wie hier ADS 141, BeckBilKo § 247 Rn 232. Für die Verpflichtung, bei Rückgabe von Leergut die erhaltenen Pfandgelder an die Kunden zurückzuzahlen, ist eine Verbindlichkeit zu passivieren, die uU wegen Schwund zu mindern sein kann, BFH DStR **13**, 957. Nicht passivierbar sind Verpflichtungen des Kfm gegen sich selbst, zB Selbstversicherung. Bei auflösender Bedingung ist Verbindlichkeit zu passivieren; bei aufschiebender Bedingung grundsätzlich erst mit Bedingungseintritt, str, aber uU Rückstellung (s § 249 Rn 2). Ungewisse Verbindlichkeiten und drohende Verluste sind nicht zu passivieren, nur Rückstellung, s § 249 I 1. Hingegen ist ggf zu schätzende Optionsprämie für Rückverkaufsoption zugunsten des Vertragspartners bis zum Verfall als Verbindlichkeit auszuweisen, BFH DStR **11**, 353; unklar, ob erhöhtes Risiko bei drohender Ausübung der Option Verbindlichkeit erhöht oder als Rückstellung anzusetzen ist, Hahne BB **11**, 623. Realisationsprinzip und schwebende Geschäfte s § 252 Rn 18–25. Erhaltene Anzahlungen s § 252 Rn 22. Passivseite im Einzelnen s §§ 247 I, 266 III. Rangrücktritt, Eigenkapital ersetzende GfterDarlehen s § 266 Rn 21; Schüttler BC **17**, 411 (Begriffe „Verpflichtung" und „Risiko").

3) Persönliche Zuordnung von Vermögensgegenständen (I 2)

14   A. **Maßgeblichkeit des wirtschaftlichen Eigentums:** Die **Vermögenszugehörigkeit (Zurechnung)** bestimmt sich nicht einfach nach dem Sachenrecht des BGB (rechtliche Position als Eigentümer ua), sondern nach der wirtschaftlichen Inhaberschaft (sog **wirtschaftliche Zurechnung**). Dies ist in I 2 normiert und entspricht der hL, BFH BStBl II **02**, 741, BFH BB **08**, 2288; BGH **137**, 380 (Tomberger, phasengleiche Aktivierung von Tochtergewinnen bei Mutter); vgl EuGH ZIP **96**, 1168; NJW **96**, 459 (mit Eingrenzungen); BFH NJW **92**, 2047 (Mietkauf); aA Ekkenga ZGR **97**, 262. Vermögensgegenstände sind nun grds in die Bilanz des Eigentümers aufzunehmen, jedoch dann nicht, wenn sie wirtschaftlich einem anderen zuzurechnen sind (zB Sicherungsgut, Rn 5); dann sind sie in dessen Bilanz auszuweisen. Zuzurechnen ist der Vermögensgegenstand dem, der die tatsächliche Herrschaft über ihn so ausübt, dass er den

Eigentümer im Regelfall für die gewöhnliche Nutzungsdauer von der Einwirkung wirtschaftlich ausschließen kann (vgl § 39 II Nr 1 AO, BFH DB **89**, 410; **96**, 1448, aber HdlRecht bestimmt Vermögenszugehörigkeit selbstständig), BeckBilKo 5. Zum wirtschaftlichen Eigentum beim sog. cum/ex-Geschäft BFH DStR **14**, 2012. Zur Bilanzierung eines Erbbaurechts beim Erbbauberechtigten u -verpflichteten Seidler BB **14**, 171. Bloßer Durchgangserwerb für logische Sekunde bewirkt keine Zuordnung für diesen Zeitpunkt, BFH DStR **11**, 730. Die Berechtigung zur Verwertung auf eigene Rechnung ist nicht nötig, str, IDW RS HFA 13 Rz 6 ff; WPg **07**, 69, ADS 19; aA Baumb/Hueck/Schulze-Osterloh § 42 Rn 90, offen BGH NJW **96**, 459. Option zum Aktienerwerb durch beurkundetes Verkaufsangebot genügt nicht für wirtschaftliches Eigentum an Aktien, BFH DStR **08**, 69. Allein das Tragen von Chancen und Risiken soll ausreichen, so wohl BeckBilKo 8, ähnlich BFH DStR **06**, 2163, aber bedenklich, da I 2 Ausnahme ist und idR Chancen und Risiken Abweichung vom Grundsatz der Bilanzierung beim Rechtseigentümer nicht gestatten, ähnlich nunmehr BFH DStR **11**, 353: Zurechnung beim Erwerber trotz Rückverkaufsoption, krit Hoffmann GmbHR **11**, 363. Beginn und Ende dieser Inhaberschaft s § 252 Rn 18–23 **(Realisationsprinzip)**. Buchung s § 238 Rn 14. **Lit** Küting/Tesche GmbHR **08**, 953; Schulze-Osterloh DStR **08**, 63; Ernst/Seidler ZGR **08**, 633; Hoffmann/Lüdenbach DStR **08**, Beihefter zu Heft 30, 49; Hoffmann StuB **09**, 1; Lüdenbach/Hoffmann DB **09**, 861 (nichtiges Sicherungsgeschäft); Henckel/Krenzer StuB **09**, 492; Wüstemann/Backes/Schober BB **17**, 1963 (Prinzip der wirtschaftlichen Vermögenszugehörigkeit).

B. **Eigentumsvorbehalt, Pfandrecht, Sicherungsübertragung:** Vermögensgegenstände, die unter Eigentumsvorbehalt erworben oder an Dritte für eigene oder fremde Verbindlichkeiten verpfändet oder in anderer Weise als Sicherheit übertragen worden sind, sind in die Bilanz des Sicherungsgebers aufzunehmen. Das gilt auch für die Sicherungsübereignung, die Sicherungszession und alle sonst vorkommenden Sicherungsformen unabhängig von den Besitzverhältnissen. Wirtschaftlich handelt es sich um ein Aktivum des Sicherungsgebers, also beim Eigentumsvorbehalt des Käufers und bei der Sicherungsübereignung des Schuldners, schon bisher hL.

C. **Weitere Einzelfälle: a) Grundstücksgeschäfte:** Beim Grundstückskauf ist das Grundstück mit Übergang der Verfügungsgewalt, zB tatsächliche Übernahme, dem Käufer zuzurechnen, auch wenn die Eintragung im Grundbuch noch aussteht. Bauten auf fremdem Grund (fest verbunden) gehören als wesentliche Grundstücksbestandteile dem Grundeigentümer. Bei bloß vorübergehender Errichtung auf Grund obligatorischen oder dinglichen Rechts können Bauten uU wirtschaftliches Eigentum des Errichtenden sein, ADS 408. Bei Erbbaurecht sind Gebäude wesentliche Bestandteile dieses Rechts. Wirtschaftliches Eigentum auch an bergfreien Bodenschätzen bei Übertragung von Bergwerkseigentum, wenn vollständige Hebung beabsichtigt, BFH DStRE **13**, 34.

b) Versendungskauf: Verfügungsgewalt liegt idR beim Absender, anders wenn der Empfänger bereits während des Transports über die Ware verfügen kann, zB mittels Traditionspapiers (§ 363 Rn 6). Das entspricht dem Realisationsprinzip (§ 252 Rn 18 f), Ausbuchung durch den Verkäufer und Einbuchung durch den Käufer müssen aber nicht unbedingt zusammenfallen. **Lit** Baumeister/Knobloch WPg **16**, 556 (käuferseitige Aktivierbarkeit beim Versendungskauf).

c) Kommission: Bei Ein- und Verkaufskommission Aktivum des Kommittenten; bei Wertpapieren praktisch mit Abrechnung der Bank (§ 252 Rn 19), also schon vor Eigentumsübergang zB nach **(13)** DepotG §§ 18 III, 24.

d) Treuhand: Aktivum des Treugebers (vgl § 39 II Nr 1 S 2 AO), auch wenn Treuhänder das Treugut für den Treuhänder erworben hat. Treugeber darf dann

§ 246 20–23   3. Buch. Handelsbücher

statt Treugut den Herausgabeanspruch aktivieren, str. Erfassung als Aktivum auch beim Treuhänder in oder unter der Bilanz (ersterenfalls unter gleichzeitiger Bildung eines Passivpostens über Herausgabepflicht an Treugeber) ist nicht vorgeschrieben, BeckBilKo 12, str, aber zu empfehlen. Treuhandverhältnis liegt nur dann vor, wenn die mit der Eigentümerstellung verbundene Verfügungsmacht des Treuhänders so sehr zugunsten des Treugebers eingeschränkt ist, dass rechtliches Eigentum als leere Hülle erscheint, BFH BeckRS **14**, 95796. Treuhandverhältnis an GmbH Geschäftsanteil kann auch vorliegen, wenn mehrere Treugeber Rechte gegenüber dem Treuhänder nur gemeinschaftlich ausüben können, BFH DStR **14**, 1868. Zur bilanziellen Behandlung stornobehafteter Provisionen eines Versicherungsvertreters OFD Nds DB **14**, 2077. Zur Verrechnung von Altersversorgunsverpflichtungen mittels doppelseitiger Treuhand s Rn 23. Zur Mittelverwendungstreuhand BFHE 232, 93. Besonderheiten bei Kreditinstituten s § 330 Rn 4. **Lit** Mathews BB **87**, 642; Fischer DB Beil 5/**01**, 21 (doppelseitige Treuhand).

20   **e) Pensionsgeschäft:** Zu unterscheiden sind das unechte und das echte Pensionsgeschäft (s § 340b III, II für das Pensionsgeschäft der Kreditinstitute): (1) Beim **unechten** Pensionsgeschäft (bloßes Rückgaberecht) ist das Wertpapier beim Pensionsnehmer als Aktivum zu verbuchen (für Kreditinstitute § 340b V), unstr. (2) Beim **echten** Pensionsgeschäft (Rückgabepflicht zu einem bestimmten oder vom Pensionsgeber zu bestimmenden Zeitpunkt, Konditionen fest vereinbart) rechnet § 340b für Kreditinstitute das wirtschaftliche Eigentum dem Pensionsgeber zu. Das Wertpapier ist danach weiter in der Bilanz des Pensionsgebers auszuweisen; in Höhe des erhaltenen Geldbetrags hat er eine Verbindlichkeit aufzunehmen (Bilanzverlängerung). Der Pensionsnehmer darf nicht das empfangene Wertpapier, sondern muss eine Forderung in Höhe des gezahlten Betrags aktivieren (Aktivtausch), str, nach aA wegen Eigentums auf Zeit Aktivum auch beim Pensionsnehmer. § 340b gilt zwar nur für Kreditinstitute, entspricht aber darüber hinaus richtiger Bilanzierung, str.

21   **f) Wertpapierleihe:** Die Wertpapierleihe (s **(7)** Bankgeschäfte T/1) gilt als Sachdarlehen. Das Wertpapier ist danach als Eigentum des Wertpapierentleihers einzubuchen (idR zum Börsen- oder Marktpreis), dieser passiviert eine entsprechende Rückgabeverpflichtung. Der Wertpapierverleiher bucht das Wertpapier zum Buchwert aus und eine entsprechende Sachdarlehensforderung ein, diese gehört als Surrogat für das Wertpapier zum Anlage- oder zum Umlaufvermögen. Nach aA Bilanzierung wie beim Pensionsgeschäft, Prahl/Naumann WM **92**, 1173.

22   **g) Factoring:** Beim echten wie beim unechten Factoring (s **(7)** Bankgeschäfte O/1–4) Aktivum des Factors; Ausfallrisiko beim unechten Factoring ist bei Bewertung der Forderung des Factorkunden gegen den Factor zu berücksichtigen, nach Zahlung der Forderung Vermerk nach § 251, ADS 322; nach aA Behandlung des unechten Factoring als Darlehen, zutr nur bei stiller Zession. Nach hA gelten Factoring-Grundsätze auch für Securization (asset-backed securities), IDW-RS HFA 8 WPg **04**, 138, ADS 326; aA Häuselmann DStR **98**, 826, 829; Dreyer/Schmidt/Kronat BB **03**, 91, 93; nach BFH DStR **10**, 2455 bleibt es beim Veräußerer, wenn Käufer bei Kaufpreisbemessung einen Risikobehalt vornimmt, der den erwartbaren Forderungausfall deutlich übersteigt.

23   **h) Leasing:** Bilanzierung beim Finanzierungsleasing (s **(7)** Bankgeschäfte P/1–5) ist sehr str. Die Leasingsache ist dem Leasingnehmer zuzurechnen, wenn er der wirtschaftliche Inhaber ist, hL, die Verbindlichkeiten des Leasingnehmers sind voll zu passivieren (§ 253 I 2). Ist der Leasingnehmer nicht der wirtschaftliche Inhaber, ist die Leasingsache dem Leasinggeber zuzurechnen; beim Leasingnehmer erfolgt dann kein Ausweis im Einzelnen, str. Zur Bilanzierung beim Leasinggeber IDW-HFA 1/**89** WPg **89**, 625. Abgrenzung, wann **Leasingnehmer wirt-**

1. Abschnitt. Vorschriften für alle Kaufleute   24, 25   § 246

schaftlicher Inhaber ist, ist sehr str, vgl **(7)** Bankgeschäfte P/3 (wirtschaftliche Einheit). Bsp: zu bejahen, wenn er die Leasingsache nach Ablauf der Grundmietzeit zu Eigentum erhält oder (unentgeltlich oder wesentlich unter Restwert) fordern kann; wenn er die Leasingsache (von vornherein oder mittels Verlängerungsrecht) über die nahezu ganze betriebsgewöhnliche Nutzungsdauer nutzen kann (Grundmietzeit bis zum Schrottwert); wenn Rückgabe wirtschaftlich sinnlos ist (Spezialleasing); wenn derartige Verlängerungs- oder Kaufoption besteht, dass mit Rückgabe nicht zu rechnen ist (Gegenleistung bei Optionsausübung von wesentlich geringerem Wert als Zeitwert der Leasingsache) bzw. Leasinggeber Andienungsrecht hat u aufgrund des festgelegten (hohen) Verkaufspreises Andienung zu erwarten ist, FG Kln BB **11**, 3196. Kasuistik s Baumb/Hueck/Schulze-Osterloh § 42 Rn 94 (BFH); steuerrechtlich (Leasingerlasse) WP-Hdb I E 27. **Lit** Küting/Koch KoR **07**, 533; Hoffmann/Lüdenbach DStR **08**, Beihefter zu Heft 30, 49; Claßen/Schulz StuB **11**, 57; Küting/Tesche WPg **11**, 1103; Mujkanovic/Muggenthaler StuB **11**, 523; Lüdenbach StuB **13**, 264 (Voll- oder Teilamortisation beim Hardwareleasing); StuB **13**, 222 (Mietkauf).

4) Sachliche Zuordnung bei Kaufleuten (Betriebsvermögen, Privatvermögen)

Gegenstand der Bilanz des Kfm sind nur „sein" Vermögen und „seine" Schulden (§ 242 I 1). Sein Vermögen, über das er Rechnung legen muss, ist nur das dem HdlGeschäft gewidmete Vermögen, also das Betriebsvermögen (§ 238 Rn 8, ebenso für Inventar § 240 Rn 1). Nicht dazu gehört das Privatvermögen des Kfm sowie das einem anderen Unternehmen desselben Kfm zugehörige Vermögen. Ebenso sind seine Schulden nur die im Betrieb des HdlGewerbes bzw Unternehmens begründeten Verbindlichkeiten (§ 238 Rn 8). Diese bilanzrechtliche Unterscheidung zwischen Betriebsvermögen und Privatvermögen wird durch § 5 IV nF PublG (entspr § 5 III aF PublG) bestätigt und gilt auch nach §§ 4 I, 5 EStG (steuerliche Gewinnermittlung durch Betriebsvermögensvergleich, Hoffmann DStR **00**, 15). Die Unterscheidung entfällt bei KapitalGes, die kein Privatvermögen haben; bei PersonenGes ist Betriebsvermögen das Gesamthandsvermögen. In der Praxis kann die Zuordnung schwierig sein, nicht beim **notwendigen Betriebsvermögen** (zB Fabrikgebäude, Maschinen, Waren) und beim **notwendigen Privatvermögen** (zB Privatwohnung, Hausrat), aber bei Gütern, die erst durch die Zuordnungsentscheidung des Kfm (Widmung) zu einem dem Betrieb dienenden Vermögen werden **(gewillkürtes Betriebsvermögen)**. Dieses muss in einem gewissen objektiven Zusammenhang mit dem Betrieb stehen und ihn zu fördern bestimmt und geeignet sein. Bei zT betrieblicher, zT privater Nutzung ist bei Grundstücken eine Aufteilung zulässig, nicht aber bei beweglichen Gütern. Ein in das Betriebsvermögen eingebrachtes Gut (**Einlage,** § 4 I 5 EStG) kann idR dem Betrieb auch wieder entzogen werden (**Entnahme,** § 4 I 2 EStG), aber mit der steuerlichen Folge der Gewinnrealisierung. Änderung von Privat- in Betriebsschuld s BFH BStBl II **85**, 621.

5) Verrechnungsverbot (II)

A. Das **Verrechnungs-** oder **Saldierungsverbot** ist eine Ausprägung des Vollständigkeitsgebots (I). II 1 enthält ein Mindestverbot: Posten der Aktivseite dürfen nicht mit Posten der Passivseite verrechnet werden, Aufwendungen nicht mit Erträgen und Grundstücksrechte nicht mit Grundstückslasten. Nicht mehr ausdrücklich erwähnt, aber selbstverständlich ist das Verbot, nicht abgerechnete Leistungen nicht mit Anzahlungen zu verrechnen. Weitergehende Anforderungen gelten in Verbindung mit den Gliederungsvorschriften (§§ 266 ff, 275 ff) für KapitalGes. Ausnahme für Kreditinstitute § 340a II 3. Bei Rückdeckungsversicherung für Pensionsverpflichtung sind Rückdeckungsanspruch und Pensionsverpflichtung unabhängig und unsaldiert zu erfassen, BFH BStBl II **04**, 654.

§ 246 26–28

26 **B. a) Gesetzliche Ausnahmen (II 2):** Nach dem durch das BilMoG neu eingefügten II 2 sind Vermögensgegenstände, die ausschließlich der Erfüllung von Schulden aus eingegangenen Altersversorgungsverpflichtungen oder vergleichbaren langfristig fälligen Verpflichtungen dienen, mit diesen Schulden zu verrechnen (zB Aktiva aus Rückdeckungsversicherungen). Weitere Voraussetzung hierfür ist, dass sie dem Zugriff aller Gläubiger entzogen sind. Das ist der Fall, wenn die Vermögensgegenstände sowohl Gläubigern des Unternehmens als auch solchen eines unabhängigen Rechtsträgers, auf den die Vermögensgegenstände übertragen wurden, in Einzel- und Gesamtvollstreckung entzogen sind, was in jedem Einzelfall gesondert festzustellen ist, RegE BilMoG 48. Es soll aber regelmäßig der Fall sein, wenn § 7e II SGB IV erfüllt ist, BT-Drucks 16/12407. Sicher bei Vorliegen eines Aussonderungsrechts (§ 47 InsO), Absonderungsrecht (§ 49 InsO) kann genügen, wenn wirtschaftl vergleichbarer Schutz gewährleistet ist, IDW RS HFA 30 Rz 24, WPg **10**, 54. Ebenso wie mit Vermögensgegenständen ist mit den Aufwendungen und Erträgen aus der Abzinsung und aus dem verrechneten Vermögen zu verfahren, II 2 Halbs 2. Grund für die Verrechnungspflicht: Dieses Vermögen ist der Haftungsmasse des Unternehmens entzogen und die Schulden stellen keine Belastung für das Unternehmen dar. Ausweis in der Bilanz ist daher unnötig und untunlich. Zwar verbietet Art 7 der Bilanzrichtline grds die Verrechnung, II 2 trägt aber ihrem Zweck Rechnung, ein den tatsächlichen Verhältnissen entsprechendes Bild der Vermögenslage des Unternehmens zu vermitteln. Dadurch zugleich angestrebte Annäherung an IFRS, RegE BilMoG 48.

27 Die der Erfüllung der Schulden dienenden Vermögensgegenstände sind mit dem beizulegenden Zeitwert (§ 255 IV) zu bewerten, § 253 I 4, begrenzt um den Erfüllungsbetrag (§ 253 Rn 2) der jeweiligen Schulden; ausgenommen sind vereinfacht bilanzierende KleinstKapitalGes, § 253 I 6. Für etwaige aus der Zeitwertbewertung resultierende Gewinne sieht § 268 VIII eine Ausschüttungssperre vor; der die Schulden übersteigende Betrag ist als gesonderter Verrechnungsposten zu aktivieren (Ausweis § 266 II E). Anschaffungskosten und beizulegender Zeitwert der Vermögensgegenstände sowie Erfüllungsbetrag der verrechneten Schulden sind im Anhang anzugeben, §§ 285 Nr 25, 314 I Nr 17. **Übergangsrecht** in **(1)** EGHGB Art 66 III, V. **Lit** Ernst/Seidler ZGR **08**, 631; Küting/Kessler/Keßler WPg **08**, 748; Pellens/Sellhorn/Strzyz DB **08**, 2373; Höfer/Hagemann DStR **08**, 1747; Hagemann/Oeking/Wunsch DB **10**, 1021; Küting/Scheren/Keßler KoR **10**, 264; Ries WPg **10**, 811 (Arbeitszeitkonten); Kolb/Neubeck/Bauschus StuB **11**, 572; Rspr-Übersicht: Veit BB **10**, 751 (Altersversorgung); Roß BB **11**, 1835; Zwirner BB **11**, 619 (Altersteilzeitvereinbarungen); Thaut DB **13**, 2693 (Aufstockungsleistungen bei Altersteilzeit); Pagels/Lüder DB **16**, 901 (Saldierung mit Planvermögen).

28 **b) Sonstige Ausnahmen:** II 1 gilt **nicht** bei (mindestens seitens des bilanzierenden Kfm) aufrechenbaren Forderungen und Verbindlichkeiten zwischen denselben Personen (§ 387 BGB), BFH BB **91**, 510; ebenso wenn die Zeitpunkte der Fälligkeit der Forderung und der Erfüllbarkeit der Verbindlichkeit auseinander fallen (und damit Aufrechnung ausscheidet, § 387 BGB aE), aber nur unwesentlich und es bis zur Aufstellung der Bilanz zum Erlöschen kommt (str). In diesen Fällen darf, aber muss nicht verrechnet werden. Keine Ausnahme zu II liegt beim Kontokorrent vor, wenn nur noch der Saldo geschuldet ist (§ 355). Offene Absetzung erhaltener Anzahlungen vom Posten „Vorräte" nach § 268 V 2; auch für Einzelkflte und PersonenGes. Saldierung bei latenten Steuern s § 274 Rn 1. Saldierung in GuV s § 275 II Nr 2. Wichtige Ausnahme von II enthält § 275 II Nr 2 für kleine und mittlere KapitalGes; das ist auf Einzelkflte und PersonenGes auszudehnen. Inwieweit vom Saldierungsverbot bei sog durchlaufenden Posten (Fremdgelder, die vereinnahmt und in gleicher Höhe an Dritte weitergegeben werden) abgesehen werden darf, ist umstr, Roos DB **13**, 2758;

1. Abschnitt. Vorschriften für alle Kaufleute 1, 2 § 247

6) Ansatzstetigkeit (III)

III ergänzt das in § 252 I Nr 6 verankerte Prinzip der Bewertungsstetigkeit um 29 das Gebot der Ansatzstetigkeit zur Verbesserung der Transparenz des Abschlusses, das richtigerweise schon aus § 252 I Nr 6 entnommen (s § 252 Rn 24), ADS 110, str. Bedeutung erlangt es unmittelbar hinsichtlich Ansatz originärer immaterieller Güter des Anlagevermögens, von Disagio (§ 250 III), Aktivierung latenter Steuern (§ 274 I) und Bildung von Pensionsrückstellungen ((1) EGHGB Art 28 I). Diese Wahlrechte können künftig nur noch einheitlich ausgeübt werden. Abweichungen sind wegen des Verweises auf § 252 II aber in begründeten Ausnahmefällen zulässig. **Lit** Küting/Tesche/Tesche StuB **08**, 655; Scherff/Willeke StuB **10**, 769; Löffler/Roß WPg **12**, 363 (Ansatz- u Bewertungsstetigkeit nach IDW RS HFA 38).

Inhalt der Bilanz

§ 247 (1) **In der Bilanz sind das Anlage- und das Umlaufvermögen, das Eigenkapital, die Schulden sowie die Rechnungsabgrenzungsposten gesondert auszuweisen und hinreichend aufzugliedern.**

(2) **Beim Anlagevermögen sind nur die Gegenstände auszuweisen, die bestimmt sind, dauernd dem Geschäftsbetrieb zu dienen.**

Übersicht

	Rn
1) Gesonderter Ausweis, hinreichende Aufgliederung (I)	1–3
2) Anlagevermögen (II)	4–7
3) Sonderposten mit Rücklageanteil (III aF)	8

1) Gesonderter Ausweis, hinreichende Aufgliederung (I)

A. **Gesonderter Ausweis:** Folgende Posten sind in der Bilanz gesondert aus- 1 zuweisen: **Anlagevermögen,** (Definition in II), **Umlaufvermögen** (negativ definiert in II, s Rn 4); **Eigenkapital** (vgl § 266 III A; vgl § 272 für KapitalGes); **Schulden** (§ 246 Rn 13), sowei sie eine wirtschaftliche Belastung darstellen; das entfällt nur, wenn mit an Sicxherheit grenzender Wahrscheinlichkeit davon auszugehen ist, dass die Gläubiger ihre Ansprüche nicht weiter verfolgen oder durchsetzen können, FG Bremen 10.11.**16** – 1 K 42/16 (5) –, juris; **Rechnungsabgrenzungsposten** (§ 250). Alle diese Posten finden sich als mit Großbuchstaben bezeichnete Oberbegriffe in der Bilanz der KapitalGes (§ 266 II, III), mit Ausnahme der Rückstellungen (§ 266 III B). Nach § 249 müssen aber auch der EinzelKfm bzw der PersonenGes bestimmte Rückstellungen bilden. Ausnahme von I für Kreditinstitute § 340a II 2. Ansatz von Eigenkapital bei PersonenGes folgt anderen Regeln als bei der KapitalGes, nämlich §§ 120 ff (§ 120 Rn 3), dabei ist strikt zwischen Kapitalkonto I, II und Privatkonto (Darlehenskonto) zu trennen (§ 120 Rn 18–20), BeckBilKo 155 ff. **Lit** Me/Pro/Fi Kap 5 Tz 355 ff; Theile BB **00**, 555 (GmbH & Co); Wengel DStR **01**, 1316 (Genussrechte); Peter DB **03**, 1341 (Software); Werheim BB **03**, 2508 (Vorführprodukte); Brüggemann/Lühn/Siegel KoR **04**, 340u 389 (hybride Finanzinstrumente nach HGB, IFRS und US-GAAP); Kaiser DB **04**, 1109 (Spielerwerte); Streck/Binnewies DB **04**, 1116 (Treibhausgasemissionen); Janssen BB **05**, 1895 (Verbindlichkeiten mit Rangrücktritt); Röhrig DStR **06**, 489 (PersonenHdlGes); Bingel/Weidenhammer DStR **06**, 675 (PersonenHdlGes); Hoffmann StuB **08**, 286 (Grundbesitz); Haase StuB **09**, 495 (Genussrechte); Kussmaul/Huwer DStR **10**, 2471.

B. **Hinreichende Aufgliederung der Bilanz:** I macht deutlich, dass die in 2 dem gesonderten Ausweis der genannten Posten liegende Gliederung auch bei EinzelKfm und PersonenGes nicht ausreicht („und hinreichend aufzugliedern", I

§ 247 3–5

aE). I ist somit eine Ausweisvorschrift, aber zugleich auch eine (Mindest)Gliederungsvorschrift (aA AmtlBegr). Wie tiefer zu gliedern ist, folgt aus dem Grundsatz der Bilanzklarheit und -übersichtlichkeit (s § 243 Rn 4) und den GoB. Diese beinhalten für EinzelKfm und PersonenGes aber nicht dieselben Anforderungen wie für KapitalGes, § 266. Bilanz der EinzelKflte und PersonenGes muss außer Angaben nach I Mindestgliederung nach § 266 II, III grundsätzlich bis zur Tiefe der römischen Ziffern einhalten (str); für sie gilt also nach GoB dasselbe wie für kleine KapitalGes nach § 266 I 3. **Muster:** Hopt/Kraft/LinkForm III.A.2 (Einfache Bilanz einer PersonenHdlGes).

3 C. **Hinreichende Aufgliederung der Gewinn- und Verlustrechnung:** § 247 bezieht sich nur auf die Bilanz. Eine Mindestgliederung der Gewinn- und Verlustrechnung (§ 242 II) folgt aber aus GoB. Danach sind mindestens auszuweisen das Ergebnis der gewöhnlichen Geschäftstätigkeit des Geschäftsjahrs, das außerordentliche Ergebnis des Geschäftsjahrs, periodenfremde Aufwendungen und Erträge. Die Erträge und die zugehörigen Aufwendungen dürfen saldiert werden (Nettomethode). Zulässig sind Staffel- und Kontoform, Gesamtkostenverfahren und Umsatzkostenverfahren. Strenger für die KapitalGes § 275. **Muster:** Hopt/Kraft/LinkForm III.C.1.-5 (GuV). **Lit** Kirsch StuB **06**, 651.

2) Anlagevermögen (II)

4 A. **Abgrenzung zum Umlaufvermögen:** Nach II können bei der Zuordnung zum Anlage- oder zum Umlaufvermögen ausnahmsweise auch vor oder nach dem Stichtag liegende Tatsachen berücksichtigt werden, allerdings nur, soweit sie die am Stichtag bestehende Funktionsbestimmung lediglich erhellen (wertaufhellende Tatsachen, § 243 Rn 13, § 252 Rn 8). Anlagevermögen bilden die Gegenstände, die bestimmt sind (s Rn 5), dauernd (s Rn 5) dem Geschäftsbetrieb zu dienen (s Rn 7). Umlaufvermögen ist alles Vermögen, was nicht Anlagevermögen iSv II ist (oder zu den Rechnungsabgrenzungsposten gehört, § 250), zB das zum Verbrauch durch Verarbeitung oder Veräußerung bestimmte Vorratsvermögen, str zB für Bilanzierung unfertiger Bauten bei Bauunternehmen, Rogler/Jacob BB **00**, 2407. Schadstoffimmissionsrechte: IDW ERS HFA 15, WPg **05**, 465, IDW RS HFA 15, WPg **06**, 273. Die Abgrenzung ist wichtig zB für die Bilanzierung immaterieller Vermögensgegenstände (§ 248), die Bewertung (§§ 252 ff; § 6 EStG) und im Subventionsrecht. **Lit** Fischer/Vielmeyer BB **01**, 1294 (Kosten für Internetauftritt); Bräsick Konzern **08**, 275 (Gebäude); Kussmaul/Huwer DStR **10**, 2471.

5 B. **Dauernd zu dienen bestimmte Gegenstände:** Entscheidend ist nicht der rein subjektive Wille des Kfm (so aber KöKo/Claussen § 152 Rn 2), sondern die sich objektiv betrieblich niederschlagende Zweckbestimmung zum maßgeblichen Zeitpunkt (s Rn 4), BFH BStBl II **75**, 353, II **77**, 685, ZIP **87**, 861. Dauernd bedeutet nicht immer, sondern für eine bestimmte längere Zeit. Nicht dauernd zu dienen bestimmt sind Vermögensgegenstände, die zur Be- und Verarbeitung sowie zum Umsatz bestimmt sind, zB auch Anteile, die veräußert werden sollen. Einzige Immobilie einer ObjektGes ist trotz mehrjähriger Vermietung Umlaufvermögen, wenn Verkauf von Anfang an geplant war, FG Düsseldorf EFG **06**, 834. Bei Erwerb von Wirtschaftsgütern zum Zweck der Einbindung in bestehenden Geschäftsbetrieb aber Anlagevermögen, auch wenn kurze Zeit später Weiterveräußerung des gesamten Betriebs inkl. der Wirtschaftsgüter mit Weiterführungsabsicht erfolgt, BFH/NV **06**, 163. Umwidmung (Umgliederung) ist möglich, zB bei Aufteilung von Mietwohngrundstück in Eigentumswohnungen und Veräußerung, BFH BStBl II **72**, 578, str ab wann Umwidmung. Gegenstände nach § 266 II A. sind zZw solche des Anlagevermögens, andere Gegenstände sind iZw solche des Umlaufvermögens. Kreditinstitute s § 340e Rn 2; Roos DB **15**, 813 (Ersatzteile); Hageböke/Hasbach DB **15**, 1307 (Ersatzteile).

1. Abschnitt. Vorschriften für alle Kaufleute   1–3   § 248

Objektive Merkmale sind zB Art des Vermögensgegenstands, der Verwendung im Unternehmen, uU auch der Bilanzierung. Halten zB von Wertpapieren über einen längeren Zeitraum genügt allein nicht; auch nicht in der Praxis übliche Bezeichnungen, zB Wertpapiersonderbestand. **6**

C. Dem Geschäftsbetrieb dienend: Nicht nur Sachanlagen wie Maschinen **7** und immaterielle Vermögensgegenstände wie gewerbliche Schutzrechte, sondern auch Finanzanlagen (§ 266 II A) dienen dem Geschäftsbetrieb. Nicht zu veräußernde, sondern nur zu vermietende Gegenstände dienen nicht deshalb schon dem Geschäftsbetrieb, sondern können Umlaufvermögen sein, zB Kopiergeräte, Videokassetten, Leihfilme, str, aA bei langfristiger Bindung an den Betrieb BFH ZIP **87**, 861 (Leasing). Beteiligungen s § 271.

3) Sonderposten mit Rücklageanteil (III aF)

Die Regelung des III aF wurde mit Abschaffung der umgekehrten Maßgeblichkeit (§ 242 Rn 5) ersatzlos gestrichen. Ausweis latenter Steuern vgl § 246 Rn 25. **Übergangsrecht** in **(1)** EGHGB Art 66 V. **8**

Bilanzierungsverbote und -wahlrechte

248
(1) In die Bilanz dürfen nicht als Aktivposten aufgenommen werden
1. Aufwendungen für die Gründung eines Unternehmens,
2. Aufwendungen für die Beschaffung des Eigenkapitals und
3. Aufwendungen für den Abschluss von Versicherungsverträgen.

(2) ¹Selbst geschaffene immaterielle Vermögensgegenstände des Anlagevermögens können als Aktivposten in die Bilanz aufgenommen werden. ²Nicht aufgenommen werden dürfen selbst geschaffene Marken, Drucktitel, Verlagsrechte, Kundenlisten oder vergleichbare immaterielle Vermögensgegenstände des Anlagevermögens.

1) Aufwendungen für Unternehmensgründung und Eigenkapitalbeschaffung (I Nr 1, I Nr 2)

Aufwendungen für die **Unternehmensgründung** (zB Beratungs-, Sacheinla- **1** genbewertungs-, Beurkundungs-, Gründungsprüfungskosten, auch sog Gründerlohn) und die **Beschaffung des Eigenkapitals** (keine erweiternde Auslegung für Fremdkapital zulässig, str) bei Gründung oder Kapitalerhöhung (zB Bankprovisionen, Aktien- und Prospektdruckkosten, GesSteuer; für die AG vgl §§ 182–221 AktG) sind keine Vermögensgegenstände und deshalb nicht aktivierungsfähig. Passivposten bleiben möglich. Aufwendungen für die **Ingangsetzung und Erweiterung des Geschäftsbetriebs** fallen nach Streichung von § 269 ebenfalls unter das Verbot des I Nr 1. Aufwendungen für die Beschaffung von Fremdkapital sind von I Nr 2 nicht betroffen, Aktivierung uU nach §§ 250 III, 255 III 2. **Lit** Me/Pro/Fi Kap 5 Tz 400 ff.

2) Aufwendungen für den Abschluss von Versicherungsverträgen (Nr 3)

Aufwendungen für den Abschluss von Versicherungsverträgen dürfen nicht **2** aktiviert werden (Nr 3 idF VersRiLiG 1994).

3) Immaterielles Anlagevermögen (II)

A. Ansatzwahlrecht (II 1). Mit Neufassung durch das BilMoG (**Über- 3 gangsrecht** in **(1)** EGHGB Art 66 III, VII) wurde das Bilanzierungsverbot für selbstgeschaffene immaterielle Güter des Anlagevermögens (§ 248 II aF) gestrichen, für solche Güter gilt nun **Aktivierungswahlrecht**, sofern es sich um Vermögensgegenstände iSd § 246 I handelt (§ 246 Rn 4). Dies ist von Art 9 der

Merkt   1037

§ 248 4

3. Buch. Handelsbücher

Bilanzrichtline getragen. Grund ist die zunehmende Bedeutung immaterieller Güter im Wirtschaftsleben einer wissensbasierten Gesellschaft und das Bestreben, sie stärker als bisher in den Fokus der Abschlussadressaten zu rücken, die so ihre Außendarstellung verbessern können (RegE BilMoG 49). Das bisherige Aktivierungsverbot war dem Vorsichtsprinzip und Gläubigerschutz geschuldet, da selbstgeschaffenen immateriellen Gütern des Anlagevermögens auf Grund ihrer Unkörperlichkeit, unsicheren künftigen Nutzungsdauer und der oft nicht eindeutig zurechenbaren Herstellungskosten nur schwer ein objektiver Wert zugewiesen werden kann. Um hinreichenden Gläubigerschutz gleichwohl zu gewährleisten, wird gem § 268 VIII eine Ausschüttungssperre an die Aktivierungsmöglichkeit gekoppelt. Sowohl Erstbewertung als auch Folgebewertung erfolgen wie bei anderen Vermögensgegenständen durch Ansatz der Herstellungskosten, §§ 253 I 1, 255 II 2 und 3, IIa, Vertriebs- und Forschungskosten (§ 255 IIa) sind gem § 255 II 4 nicht aktivierbar. Wenn Aktivierung ausgeschlossen ist, sind Herstellungsaufwendungen zu passivieren, BFH DStR **11**, 2186; so auch für Provisionen an Vermittler, wenn der Gegenstand unentgeltlich erworben wurde (hier: ablösefreier Wechsel eines Berufsfussballers) BFH DStR **12**, 229, s auch § 255 Rn 3; bei Aufwendungen für gebundene Erfindungen (Diensterfindungen, Arbeitnehmererfindungen nach § 4 ArbnErfG) besteht unter bestimmten Voraussetzungen ein Aktivierungswahlrecht, OFD NRW BC **17**, 405. Flankiert wird das Wahlrecht durch das Gebot der Ansatzstetigkeit (§ 246 III). Allerdings handelt es sich bei immateriellen Gütern, insbesondere bei Forschungs- und Entwicklungsprojekten, oft um schwerlich vergleichbare singuläre Fälle; damit kann gem §§ 246 III, 252 II eine begründete Ausnahme vom Stetigkeitsgebot vorliegen. Zur Bilanzierung immaterieller Vermögensgegenstände **DRS 24** und dazu Scheffler AG **16**, R 100. **Übergangsrecht: (1)** EGHGB Art 66 III. Lit AK Immaterielle Werte im Rechnungswesen der SBG DB **08**, 1813; Hennrichs DB **08**, 537; Kirsch PiR **09**, 185; Küting/Pfirmann/Ellmann KoR **08**, 689; Beyer/Mackenstedt WPg **08**, 338; Madeja/Roos KoR **08**, 342; Dobler/Kurz KoR **08**, 485; Gabert StuB **10**, 891 (Filmrechte); Hennrichs GmbHR **10**, 17; Mindermann StuB **10**, 658; Schülke DStR **10**, 992; Weber-Grellet StuB **10**, 354; Schüttler/Berthold DStR **11**, 932 (Arzneimittel); Tran KoR **11**, 538 (Empirie); Löffler/Roß WPg **12**, 363 (Ansatz- u Bewertungsstetigkeit nach IDW RS HFA 38); Schmidt DStR **14**, 544 (F&E-Ergebnisse in Pharmaindustrie). Zum Wahlrechts des § 248 I Eierle/Wencki DB **14**, 1029 (Nutzung durch den Mittelstand); Haaker PiR **13**, 160; Schmidt DB **14**, 1273 (Grundfragen); Eierle DB **14**, 1029 (Empirie); Kreide KoR **15**, 148 (Nicht-Aktivierungswahlrecht); Theile GmbHR **15**, 281 (GmbH- u GmbH & Co KG-Abschluss nach BilRUG); Wirth/Weber/Dusemond/P. Küting DB **15**, 1053 (Kapitalkonsolidierung); Dutzi/Leuveld/Rausch BB **15**, 2219 ((Verschmelzungen); Scheffler Konzern **16**, 482, 484; Lüdicke DB **15**, 1070 (Vermarktungskostenzuschuß bei Medienfonds); Rohleder DB **16**, 1645 (Anforderungen von KMU); Quick/Hahn WPg **16**, 1125 (Entwicklungskosten); Gersbacher-Volz/Koch BC **17**, 66 (selbst erstellte Software).

4 B. Ansatzverbote (II 2): Hiernach besteht Ansatzverbot für Marken, Drucktitel, Verlagsrechte, Kundenlisten oder vergleichbare selbstgeschaffenen immaterielle Güter. Ihnen sind Herstellungskosten teilweise nicht zweifelsfrei zuzurechnen, etwa Aufwand für Werbekosten, der sowohl der Marke als auch dem (ansatzpflichtigen, § 246 I 4) selbstgeschaffenen Geschäfts- oder Firmenwert zugerechnet werden kann; II 2 ist Ansatz-, nicht Bewertungsvorschrift, daher ist auch kein Erinnerungsposten zulässig. Vergleichbar sind immaterielle Güter des Anlagevermögens den enumerativ aufgezählten folglich dann, wenn sie nicht entgeltlich erworben sind und Herstellungskosten nicht zweifelsfrei ihnen, sondern etwa auch dem Firmenwert zugerechnet werden können.

1. Abschnitt. Vorschriften für alle Kaufleute § 249

C. **Derivativer Erwerb:** Bei derivativem (früher: entgeltlichem, daran fehlt es etwa bei der Schenkung, s § 255) Erwerb sind alle in II 2 genannten Güter zu aktivieren. Am Erwerb fehlt es nicht schon, weil der Vermögensgegenstand durch Einräumung eines Rechts erst geschaffen wird, BFH NJW **93**, 222; Gabert StuB **10**, 891 (Filmrechte); Mindermann StuB **10**, 658; Schülke DStR **10**, 992; aA BFH BStBl II **83**, 38. **Entgelt** muss nicht Geld sein, zB bei Sacheinlage oder verdeckter Gewinnausschüttung, hL, aber nicht ein nur immaterieller, nach II 2 nicht aktivierbarer Tauschgegenstand, vergl GK BilR/Kleindiek 14, str. Entgelt ist auch der im Gegenzug für eine Nutzungsmöglichkeit gezahlte Baukostenzuschuss, BFH/NV **06**, 1812. Investition ist aber kein Entgelt, wenn sie nach dem Vertragsinhalt nicht Gegenleistung für die Nutzungsüberlassung ist, FG Kln DStRE **06**, 579. Entgelt muss von Dritten gewährt worden sein. Eigene Aufwendungen des Kfm sind kein Entgelt, hL. Dritter ist auch ein Konzernunternehmen (§ 271 II), str, auch bei Beherrschungs- und Gewinnabführungsvertrag (§ 291 AktG; aA Geßler/Hefermehl/Kropff § 153 Rn 48), jedoch darf dann nicht ohne weiteres das Entgelt, sondern nur der Teil, der am Markt bezahlt worden wäre (allgemeines Problem der konzerninternen Verrechnungspreise; vgl auch § 313 AktG), angesetzt werden.

D. **Immaterielles Umlaufvermögen:** Dafür gilt II 2 nach Wortlaut und Sinn 5 nicht; selbstständige Bewertbarkeit ist aber nötig (sonst kein Vermögensgegenstand, s § 246 Rn 4). Software-Unternehmen müssen ihre Programme also aktivieren, auch wenn die Bewertung schwierig sein kann, IDW RS HFA 11 (Bilanzierung von Software beim Anwender) WPg **04**, 817. Aktivierung von Schadstoffimmissionsrechten: IDW ERS HFA 15, WPg **05**, 465, IDW RS HFA 15 WPg **06**, 273. Lit Mujkanovic PiR **13**, 301u 331 (Software als Bilanzierungsobjekt nach HGB und IFRS).

Rückstellungen

249 (1) ¹Rückstellungen sind für ungewisse Verbindlichkeiten und für drohende Verluste aus schwebenden Geschäften zu bilden. ²Ferner sind Rückstellungen zu bilden für
1. im Geschäftsjahr unterlassene Aufwendungen für Instandhaltung, die im folgenden Geschäftsjahr innerhalb von drei Monaten, oder für Abraumbeseitigung, die im folgenden Geschäftsjahr nachgeholt werden,
2. Gewährleistungen, die ohne rechtliche Verpflichtung erbracht werden.

(2) ¹Für andere als die in Absatz 1 bezeichneten Zwecke dürfen Rückstellungen nicht gebildet werden. ²Rückstellungen dürfen nur aufgelöst werden, soweit der Grund hierfür entfallen ist.

Übersicht

	Rn
1) Zweck und Arten von Rückstellungen	1–7
2) Rückstellungen für ungewisse Verbindlichkeiten (I 1 1. Alternative)	8–13
A. Voraussetzungen	8–10
B. Beispiele	11, 12
C. Passivierungspflicht	13
3) Pensionsrückstellungen (zu I 1 1. Alternative)	14–18
A. Neufälle	14, 15
B. Altfälle	16–18
4) Rückstellungen für drohende Verluste (I 1 2. Alternative)	19–26
A. Voraussetzungen	19–22
B. Beispiele	23–25
C. Passivierungspflicht	26

§ 249 1–7

3. Buch. Handelsbücher

Rn

5) Instandhaltungs- und Abraumbeseitigungsrückstellungen (I 2 Nr 1, I 3 aF) 27–33
   A. Voraussetzungen 27, 28
   B. Beispiele 29, 30
   C. Passivierungspflicht bzw -wahlrecht 31–33
6) Rückstellungen für Gewährleistungen ohne rechtliche Verpflichtung (I 2 Nr 2) 34–36
   A. Voraussetzungen 34
   B. Beispiele 35
   C. Passivierungspflicht 36
7) Verbot sonstiger Rückstellungen, Auflösungsverbot 37, 38
   A. Verbot sonstiger Rückstellungen 37
   B. Auflösungsverbot 38

1) Zweck und Arten von Rückstellungen

1 Rückstellungen sind Passivposten mit dem Zweck, Aufwendungen, deren Existenz oder Höhe am Abschlussstichtag noch nicht sicher sind und die erst später zu einer Auszahlung führen, der Periode der Verursachung zuzurechnen. Sie sind aus dem Betriebsvermögen des Unternehmens ausgegliedert und werden dem Fremdkapital zugerechnet, BGH **139**, 175 (für Pensionsrückstellungen: Sondervermögen des Arbeitgebers). Zum Übergang auf das BilMoG bei überdotierten Rückstellungen Zwirner, BB **10**, 2747. **Lit** Me/Pro/Fi Kap 5 Tz 447 ff; Rückstellungsbegriff s GK BilR/Kleindiek 7. Grds besteht Passivierungspflicht (s Rn 8 ff), teils Passivierungswahlrecht (dann keine steuerliche Anerkennung, s Rn 34 ff). § 249 anerkennt **abschließend** vier Fälle von Rückstellungen:

2 a) für **ungewisse Verbindlichkeiten** (I 1 1. Alt, s Rn 8 ff), wozu auch Pensionsrückstellungen gehören (s Rn 14 ff);

3 b) für **drohende Verluste** (I 1 2. Alt, s Rn 19 ff), ein Unterfall von Rückstellungen für ungewisse Verbindlichkeiten;

4 c) für Aufwendungen für im Geschäftsjahr unterlassene **Instandhaltung oder Abraumbeseitigung** (I 2 Nr 1, s Rn 27 ff);

5 d) für **Gewährleistungen ohne rechtliche Verpflichtung** (I 2 Nr 2, s Rn 34 ff), ebenfalls ein Unterfall von Rückstellungen für ungewisse Verbindlichkeiten;

6 e) Aufwandsrückstellungen nach II aF sind seit BilMoG unzulässig, da sie wirtschaftlich den Charakter von Rücklagen haben.

7 Für KapitalGes Ausweis nach § 266 III B 1–3, Steuerabgrenzung (latente Steuern) nach § 274 und Angabe im Anhang § 285 Nr 12; Ausnahmen für kleine KapitalGes §§ 266 I 3, 288, für mittelgroße KapitalGes bei der Offenlegung § 327 Nr 2. Wenn keine Rückstellung zu bilden ist, kann doch Vermerk nach § 251 nötig sein. **Bewertung** von Rückstellungen s § 253 I 2. **Lit** Daub, Rückstellungen 2000 (Vergleich HGB, IAS, US GAAP), IDW RS WPg **00**, 716; Marx/Köhlmann BB **05**, 2007 (Rücknahmeverpflichtung nach ElektroG); Fatouros DB **05**, 117 (ungewisse Verbindlichkeiten); Zülch/Willms DB **05**, 1178 (Entsorgung und Wiederherstellung/Umstellung HGB/IFRS); Kleinmanns StuB **05**, 204 (Unterschiede HGB-IFRS); Berger StuB **05**, 381 (Going Concern); Marx/Köhlmann StuB **05**, 653 und 697 (Entsorgungsverpflichtungen HGB, IFRS); Vater StuB **05**, 1031 (Unternehmensbewertungen HGB, IFRS); Moxter BB **06**, 546; Berndt BB **06**, 1220 (Kenntnis des Geschädigten bei Patentverletzung); Ross/Drögemüller BB **06**, 1044 (Registrierungskosten wegen EU-Chemikalienverordnung); Herzig/Bohn BB **06**, 1551 (Einführungstarifverträge Metall- und Elektroindustrie); Marx/Berg DB **06**, 169 (Dokumentationsverpflichtungen); Binz/Mayer DB **06**, 1599 (FamilienGes); IDW FN-IDW **06**, 273

1. Abschnitt. Vorschriften für alle Kaufleute 8 § 249

(Emissionsberechtigungen), Berger/Kolb StuB **06**, 289 (Personenhandelsgesellschaftsanteile); Wolf StuB **06**, 449 (Risikobegriff); Führich WPg **06**, 1271 und 1349 (Entsorgung von Kernbrennelementen); Weigl/Weber/Costa BB **09**, 1062 (BilMoG); Zülch/Hoffmann StuB **09**, 368 (BilMoG); Christiansen DStR **09**, 2213 (Realisationsprinzip bei Verbindlichkeiten); Döring/Heger DStR **09**, 2064 (Umkehrmaßgeblichkeit); Fink/Kunath DB **10**, 2345 (Bilanzpolitik); Funk/Müller BB **10**, 2163 (Produkthaftungsrückstellung nach HGB u IFRS); Hagemann u. a. DB **10**, 1021 (Pensionsverpflichtungen); Wellisch u. a. BB **10**, 623 (Pensionsfonds); Veit BB **10**, 751 (betriebliche Altersversorgung); Hruby DStR **10**, 127 (Mehrerlösabschöpfung); Wehrheim/Rupp DStR **10**, 821 (Rückstellungen für Innenverpflichtungen); Lühn PiR **10**, 97 (Kundenbindungsprogramme); Haaker/Hoffmann PiR **10**, 21 (Rückstellungsbeträge); Wolz/Oldewurtel StuB **10**, 424 (Pensionsrückstellungen); Lucius/Thurnes BB **10**, 3014 (Altersversorgungsverpflichtungen); Ries WPg **10**, 811 (Arbeitszeitkonten) Bertram u. a. WPg **11**, 811 (Altersversorgungsverpflichtungen); Oser StuB **12**, 571; Weber StuB **13**, 778 (Erfolgsprämien im Fußball). Rspr-Übersicht: Weber-Grellet BB **14**, 42; Euler/Hommel BB **14**, 2475 (neue BFH-Rspr. zum Passivierungszeitpunkt von Rückstellungen); Ziegler/Renner DStR **15**, 1264 (Restrukturierungsrückstellungen); Prinz/Keller DStR **15**, 2224 (Restrukturierungsrückstellungen); Althoff DB **16**, 1893 (freiwillige Abschlußprüfung); Troost BBP **16**, 42 (VW-Abgas-Skandal); Cloer/Vogel IStR **16**, 531 (rechtswidrige steuerliche Beihilfe); Daubner/Eppinger/Frik DB **17**, 257 (Urlaubsrückstellungen); Kraft/Hohage DB **17**, 327 (Kompensationszahlungen für Wettbewerbsverbot im int Konzern).

2) Rückstellungen für ungewisse Verbindlichkeiten (I 1 1. Alternative)

A. **Voraussetzungen: a) Verbindlichkeit** ist eine Schuld gegenüber einem 8 Dritten (sog Außenverpflichtung), keine bloße innerbetriebliche Verpflichtung, hA, BeckBilKo 26, aA Wehrheim/Rupp DStR **10**, 821; auch keine ausschließlich gesvertraglich begründete Pflicht zur Prüfung des Jahresabschlusses, BFH DStR **14**, 1814. Zu den Voraussetzungen der Rückstellungsbildung für ungewisse Verbindlichkeiten BFH BeckRS **13**, 96147; auch tatsächliche Verpflichtung ohne rechtliche Verbindlichkeit (wirtschaftliche Betrachtungsweise), BGH NJW **91**, 1890m Anm Claussen ZGR **92**, 255, vgl I 2 Nr 2, s Rn 34 ff. Doch muss es so sein, dass Bestehen oder Entstehen der Verbindlichkeit und Inanspruchnahme objektiv wahrscheinlich sind, BFH BB **06**, 543, ADS 75; das ist nach BFH dann der Fall, wenn mehr Gründe für als gegen künftige Inanspruchnahme sprechen, BFH **192**, 64, 67f; **197**, 530, 532; BeckRS **13**, 96147; FG Kln EFG **06**, 648 (zur Wahrscheinlichkeit der Inanspruchnahme bei auflösend bedingter Rückzahlungsverpflichtung); vgl Celle BB **83**, 2233, aber mit Vorsichtsprinzip nicht vereinbar. Der Schuldner muss ernsthaft mit der Inanspruchnahme aus der Verbindlichkeit rechnen und die Geltendmachung muss nach den Verhältnissen am Bilanzstichtag wahrscheinlich sein, BFH BeckRS **13**, 96147. Beurteilung erfolgt auf Grundlage objektiver, am Bilanzstichtag vorliegender und spätestens bei Aufstellung der Bilanz erkennbarer Tatsachen aus Sicht eines sorgfältigen und gewissenhaften Kfm und unter Berücksichtigung der betriebsindividuellen und branchenüblichen Erfahrungen, FG Hamburg BB **08**, 2680. Der Ausweis einer Forderung aus einem schwebenden Geschäft ist dann geboten, wenn das Gleichgewicht der Vertragsbeziehungen durch Vorleistungen oder Erfüllungsrückstände eines Vertragspartners gestört ist, BFH GrS BStBl II **97**, 735. Eine Rückstellung wegen Erfüllungsrückstands ist zu bilden, wenn ein Versicherungsvertreter die Abschlussprovisionen nicht nur für die Vermittlung der Versicherung, sondern auch für die weitere Betreuung des Versicherungsvertrags (Nachbetreuung) erhält, BFH BStBl II **12**, 856; DStR **14**, 840; zu Nachbetreuungskosten Hoffmann StuB **14**, 509; zum Erfüllungsrückstand Tiedchen NZG **17**, 1007. Dies setzt voraus, dass der Steuerpflichtige zur Betreuung der Versicherung rechtlich verpflichtet ist, BFH

Merkt 1041

§ 249

BStBl II **12**, 856. Leistungen, die ohne Rechtspflicht erbracht werden sind für die Messung der Rückstellung irrelevant. Eine Rückstellung ist in diesem Falle nicht etwa dann ausgeschlossen, wenn der fragliche Betrag unwesentlich ist, BFH DStR **14**, 1593 (II. Senat), BFH BStBl II **12**, 856 (X. Senat). Bei Versicherungsmaklern kommt als Rechtsgrund für die Rechtspflicht der Maklervertrag in Betracht, BFH DStR **14**, 1593. Wird die Bilanz einige Jahre später erstellt, ist maßgeblich, welche Tatsachen am Bilanzstichtag vorlagen und bis zu dem Zeitpunkt erkennbar waren, zu dem die Bilanz spätestens aufzustellen war, FG Düsseldorf EFG **06**, 25. Auch auf die vom BFH (etwa DStRE **02**, 541) geforderte (vorhandene oder unmittelbar bevorstehende) Kenntnis des Gläubigers kommt es nicht an, ADS 75. Bloß theoretische, wenngleich rechtlich begründbare Verpflichtung genügt nicht. Bei Dauerschuldverhältnissen (vgl § 252 Rn 16) kommt es auf Bestehen eines Erfüllungsrückstandes bzw einer Vorleistung an, BFH BB **93**, 900, ADS 60 (s auch Rn 25). Versicherungsvertreter befindet sich nicht in Erfüllungsrückstand, wenn er dem Versicherungsunternehmen gegenüber weder gesetzlich noch vertraglich verpflichtet ist, die von ihm vermittelten Verträge zu betreuen und abzuwickeln, BFH Beck RS **09**, 25016016. Behördliche Anweisung, dass ab bestimmtem Zeitpunkt ein festgelegter Emissionswert einzuhalten ist, kann idR nicht so verstanden werden, dass die Pflicht zur Einhaltung rechtlich bereits vor Ablauf des Zeitpunkts entsteht, BFH BeckRS **13**, 94958. Öff-rechtliche Verpflichtung zur Ermöglichung der objektiven Nutzbarkeit eines Wirtschaftsguts im Zeitraum nach Ablauf des Bilanzstichtag ist bis dahin abgeschlossenen Rechnungsperiode wirtschaftlich noch nicht verursacht. Ist die Verpflichtung am Stichtag bereits rechtlich entstanden, erübrigt sich Prüfung der wirtschaftlichen Verursachung, weil sie spätestens im Zeitpunkt ihrer Entstehung auch wirtschaftlich verursacht ist, BFH DStR **13**, 2745 (IV. Senat) m Anm Christiansen DStR **14**, 279 m Anschluss an BFH BStBl II **13**, 686 (I. Senat) m Anm Hoffmann. Einer „wirtschaftlichen Entstehung" bedarf es daneben nicht; zur wirtschaftlichen Verursachung Hoffmann, StuB **14**, 41. Rückstellung einer Verbindlichkeit (EU-Kartellbuße) kann ebenso wenig wie der betreffende Betriebsausgabenabzug über die steuerlichen Abzugsverbote und Grenzen hinausgehen, weil beide den gleichen tatbestandlichen Beschränkungen unterliegen, BFH BStBl II **14**, 306. Bildung von Rückstellungen für Nachbetreuung von Versicherungsverträgen scheitert nicht daran, dass Steuerpflichtiger keine Aufzeichnungen über den Umfang der Forderung vorlegen kann, allerdings muss sich die dann vorzunehmende Aufwandsschätzung im unteren Rahmen bewegen, da Steuerpflichtigen insoweit Darlegungs- u Beweislast trifft, BFH DStR **14**, 840. Zu Rückstellungen für öff-rechtliche Verpflichtungen Hoffmann StuB **14**, 81; zu Nachbetreuungskosten Hoffmann StuB **14**, 509. Bilanzierende, die § 274 (Latente Steuern) nicht anwenden, müssen für passive Steuerlatenzen eine Rückstellung gem I 1. Alt bilden, IDW RS HFA 7 Rn 26, str, dazu Pöschke NZG **13**, 646.

9 b) Ungewiss ist die Verbindlichkeit, wenn sie in Grund (Existenz) oder Höhe oder in Bezug auf den Zeitpunkt ihres Entstehens (BFH BB **00**, 1614) nicht feststeht, einerlei ob aus rechtlichen oder tatsächlichen Gründen, BFH **197**, 483, 485 f. Ist die Inanspruchnahme bereits gewiss, ist keine Rückstellung zu bilden, sondern die Verbindlichkeit normal zu passivieren. Wird sie gewiss, ist umzubuchen. Wahrscheinlichkeitsurteil bei Inanspruchnahme auf Grund von Gewährleistungsverpflichtung bemisst sich nach den betriebsindividuellen und branchenüblichen Erfahrungen, FG BaWü **08**, 2680; ohne weitere Nachweise nur Gewährleistungsrückstellung iHv 0,5 % des Umsatzes, FG Bln-Brdbg GmbHR **11**, 670. Zur Frage, unter welchen Voraussetzungen nach Hinweisbeschluss des Gerichts im laufenden Schadensersatzprozess von der Beklagten Rückstellungen für Schadensersatz zu bilden sind, OLG Ffm v 12.11.**13**, 5 U 14/13 juris (Kirch./Deutsche Bank). Ungewissheit bezieht sich sowohl auf den Grund als auch auf die Höhe, BFH/NV **04**, 271; BB **15**, 2992. Voraussetzung ist entweder das Bestehen einer dem Betrag nach ungewissen, dem Grunde nach aber bestehenden Verbindlichkeit oder die hinreichende Wahrscheinlichkeit des künftigen Entstehens einer – ggf zugleich ihrer Höhe nach noch ungewissen – Verbindlichkeit, BFH BStBl II **10**, 614; Nds FG EFG **16**, 650. Dies ist ausnahmsweise anders, wenn mit an Sicherheit grenzender Wahrscheinlichkeit Inanspruchnahme des Schuldners nicht mehr zu erwarten ist, BFH/NV **92**, 741. Verjährte Ansprüche dürfen nicht mehr passiviert werden, wenn sich der Schuldner entschlossen hat, Verjährungseinrede zu erheben, oder wenn dies anzunehmen ist, BFH BStBl II **93**, 543. **Grad der Wahrscheinlichkeit**: Üblicherweise stellt Rspr auf **überwiegende Wahrscheinlichkeit**, bzw **51%-Wahrscheinlichkeit** ab, es müssen **mehr Gründe für als gegen den Eintritt** bestehen, BFH BB **85**, 243; **15**, 1839 mit Anm Weber-Grellet BB **16**, 43, 45; BFH BStBl II **15**, 523; sa FG Sachsen-Anhalt 29.4.**15** – 3 K 907/12 – juris. Auch die Inanspruchnahme aus der Verbindlichkeit muss nach nach den am Bilanzstichtag gegebenen Verhältnissen wahrscheinlich sein, wobei der Steuerpflichtige nicht die pessimistischste Alternative wählen darf, BFH BStBl II **06**, 371. Die Voraussetzungen der „ungewissen Verbindlichkeit" sind im Einzelfall auf Grundlage objektiver, am Bilanzstichtag vorliegender Tatsachen aus Sicht eines sogfältigen und gewissenhaften Kfm zu beurteilen, BFH BStBl II **03**, 121; II **08**, 516; II **11**, 60, FG Münster EFG **17**, 149. **Einzelfälle**: Unzulässig ist Rückstelung für zukünftigen Prozessaufwand für einen am Stichtag noch nicht anhängigen Prozess, BFH/NV **16**, 387. Bei noch nicht bestehenden Verbindlichkeiten ist ein wirtschaftlicher Bezug der möglicherweise entstehenden Verbindlichkeit zum Zeitraum vor dem jeweiligen Bilanzstichtag erforderlich, BFH BStBl II **03**, 121; II **08**, 526; II **10**, 614. Keine Rückstellung für ungewisse Verbindlichkeiten, wenn dafür weder vertragliche Vereinbarungen noch rechtliche Grundlage erkennbar sind, FG München BB **15**, 2994. Keine Pflicht zur Rückstellungsbildung für ungewisse Verbindlichkeit wegen einer gegen den Kfm geführten Klage, wenn nach einem von fachkundiger dritter Seite erstellten Gutachten sein Unterliegen im Prozess am Bilanzstichtag nicht überwiegend wahrscheinlich ist, BFH BB **15**, 1838 mit Anm Henrichs. Keine Rückstellungsbildung für Verbindlichkeit aus öff Recht, wenn Nichterfüllung sanktionslos ist, FG Düss BB **15**, 1712. Verbindlichkeiten aus schwebenden Geschäften dürfen grundsätzlich nicht ausgewiesen werden. Anders, wenn das Gleichgewicht der Vertragsbeziehungen durch Vorleistungen oder Erfüllungsrückstände einer Partei gestört ist; dann Bildung einer Rückstellung, etwa wenn Versicherungsvertreter Abschlußprovision nicht nur für Vermittlung, sondern auch für weitere Betreuung des Vertrages erhält, die er nicht nur freiwillig, sondern in Erfüllung einer Verpflichtung erbringt, BFH BStBl II **14**, 675; BFH/NV **15**, 1676; FG Münster EFG **16**, 1888. Wegen Verpflichtung, eine am Stichtag bestehende Verbindlichkeit später höher zu vezinsen (Darlehen mit steoigenden Zinssätzen), ist grundsätzlich Verbindlichkeit oder Rückstellung wegen wirtschftlichen Erfüllungsrückstands auszuweisen, BFH BStBl II **16**, 930; zum Erfüllungsrückstand Tiedchen NZG **17**, 1007. Ausnahmsweise keine Passivierung, wenn Inanspruchnahme mit an Sicherheit grenzender Wahrscheinlichkeit nicht zu erwarten ist, FG Hmb 26.5.**16** – 6 K 148/14 – juris. Gebildete Rückstellung bei Zivilklage erst nach rechtskräftiger Klageabweisung aufzulösen, BFH BB **02**, 1139 mit Anm Hommel. Rückstellung für Rückforderung eines **öff Zuschusses** ist unzulässig, wenn es an einer Rückzahlungsverpflichtung fehlt, weil der Zuwendungsbescheid nicht widerrufen oder zurückgenommen worden ist und es auch nicht überwiegend wahrscheinlich ist, dass ein Widerruf erfolgt, FG Sachsen-Anhalt 29.4.**15** – 3 K 907/12 – juris. Diese Grundsätze gelten auch für Verbindlichkeiten aus **öff Recht**, soweit die Verpflichtung bereits hinreichend bestimmt, in zeitlicher Nähe zum Bilanzstichtag zu erfüllen sowie sanktionsbewehrt ist, BFH BStBl II **13**, 686; II **14**, 302. Passivierungsgebot für

§ 249 10, 11   3. Buch. Handelsbücher

Verbindlichkeitsrückstellungen gehört zu den **GoB**, BFH BStBl II **69**, 291; II **12**, 122.

10   **c) Bis zum Bilanzstichtag wirtschaftlich verursacht** muss die Verbindlichkeit sein, dh sie muss Vergangenes abgelten, sonst gehört sie nicht mehr in das Berichtsjahr, BGH NJW **91**, 1890. Die wirtschaftlich wesentlichen Tatbestandsmerkmale müssen aber bereits erfüllt sein, BFH BStBl II **85**, 44; BB **92**, 1964; Celle BB **83**, 2233. Ist die Verpflichtung am Stichtag nicht nur der Höhe nach ungewiß, sondern auch dem Grunde nach noch nicht rechtlich entstanden, kann eine Rückstellung nur unter der weiteren Voraussetzung gebildet werden, dass sie wirtschaftlich in den bis zum Bilanzstichtag abgelaufenen Wirtschaftsjahren verursacht verursacht ist. Dies wiederum setzt voraus, dass die wirtschaftlich wesentlichen Tatbestandsmerkmale erfüllt sind und das Entstehen der Verbindlichkeit nur noch von wirtschaftlich unwesentlichen Tatbestandsmerkmalen abhängt, BFH BSBl II **13**, 686; FG Münster BB **15**, 3055. Wirtschaftliche Verursachung ist ein Merkmal, das nur bei künftig entstehender, nicht aber bei dem Grunde nach bereits bestehender Verpflichtung gilt, BFH (I. Senat) **196**, 216, 219f; DStRE **02**, 1180; Christiansen DStR **07**, 127; DStR **09**, 2213; aA BFH (VIII. Senat) BB **03**, 43; BMF DB **03**, 239; IDW-HFA FN **02**, 220, dazu Mayr BB **02**, 2323; Crezelius ZIP **03**, 461; Weber-Grellet BB **03**, 36, 39; Breidert/Moxter WPg **07**, 912; offen lassend BFH (IV. Senat) DStR **08**, 915; s zur wirtschaftlichen Verursachung von Erfüllungsrückstand bei schwebenden Geschäften BFH BB **06**, 1623m krit Anm Wüstemann; Hoffmann StuB **13**, 677; zum Erfüllungsrückstand Tiedchen NZG **17**, 1007. Der Ausweis einer Forderung aus einem schwebenden Geschäfts ist dann geboten, wenn das Gleichgewicht der Vertragsbeziehungen durch Vorleistungen oder Erfüllungsrückstände eines Vertragspartners gestört ist, BFH GrS BStBl II **97**, 735; Rückstellung für Verpflichtung zur Aufbewahrung von Geschäftsunterlagen kann Finanzierungskosten (Zinsen) für die zur Aufbewahrung genutzten Räume bei Poolfinanzierung auch dann enthalten, wenn sie sich durch Kostenschlüsselung verursachungsgerecht zuordnen lassen, BFH SteuK **13**, 187. Übersicht zur BFH-Rspr Rätke StuB **08**, 477; Engel-Ciric/Moxter, BB **12**, 1143; Dziadkowski BB **12**, 2167.

11   **B. Beispiele: Rückstellung zulässig** zB für rückzahlbare Abschlussgebühren, BFH BB **91**, 509, 510 (Bauspardarlehensverzicht); BFH **197**, 530 (Klage gegen Kfm bis zur letztinstanzlichen rechtskräftigen Abweisung); Lohnzahlungen bei Altersteilzeit BFH/NV **06**, 353 (Rückstellung ist ratierlich aufzubauen); für Altlastensanierung nur, wenn am Bilanzstichtag Anhaltspunkt für Inanspruchnahme bestand BFH/NV **06**, 1286, Beherrschungs- und Gewinnübernahmevertrag (Verlustübernahme § 302 AktG); für betriebliche Berufsausbildung (BerBG, s § 59 Rn 12) wegen Pflicht des Arbeitgebers und Kündigungsschutz des Auszubildenden, üL, IDW-HFA FN **82**, 125, Nehm DB **84**, 2477, aA BFH BStBl II **84**, 344; angeschaffte (entgeltlich erworbene) Drohverlustrückstellungen, BFH DStR **10**, 265; Fazilitäten (s (7) Bankgeschäfte G/33) können Kreditzusage oder Gewährleistung sein (so bei Anspruch auch Dritter), IDW-BFA 1/**87** WPg **87**, 301; Gewährleistungen, Garantien, und zwar als **Einzel- oder Pauschalrückstellung**, BFH BStBl II **84**, 264; BB **92**, 1103 (Vertragshändleranspruch), mehrjährige Garantiefrist, BGH BStBl II **83**, 104; kostenlose Nachbetreuung einer verkauften Hörhilfe, BFH BB **02**, 2436; drohende Inanspruchnahme aus Haftungsverhältnissen etwa aus Bürgschaft, Wechselobligo, Garantie ua, s § 251 Rn 2; Gratifikationen, BeckBilKomm 100; Haftpflichtschäden (Kfz), ein für den Fall der Inanspruchnahme entstehender Haftpflichtversicherungsanspruch ist gegenüberzustellen, WP-Hdb I E 128; drohende Haftung nach § 128 oder §§ 171, 172 als Gfter einer PersonenGes, IDW-HFA 3/**76** WPg **76**, 592; Handelsvertreterausgleichsansprüche (§ 89b) vor HVVertragsende, str, ja hL, sogar Rückstellungspflicht, ADS 133, offen BeckBilKomm 100, wohl nur Wahlrecht BGH

1. Abschnitt. Vorschriften für alle Kaufleute 11 § 249

NJW **66**, 2055, nein BFH stRspr BStBl II **83**, 376, jedenfalls nach Klageerhebung, BGH BB **89**, 1518; nicht für zukünftige Gebühren- und Kostenverpflichtungen eines Inkassounternehmens, FG Nürnberg DStRE **06**, 1039, BFH BB **08**, 830. Jahresabschluss- und Prüfungskosten für das abgelaufene Jahr, BFH BStBl II **80**, 298; Kosten der Aufbewahrung von Geschäftsunterlagen bei Aufbewahrungspflicht nach § 257 bzw nach AO, BFH **199**, 561, 563; IDW RH-HFA 1009; Jubiläumszuwendungen, BFH **194**, 76, Döllerer ZGR **88**, 592, str, Rückstellung für Jubiläumsleistung setzt nicht voraus, dass sich Dienstberechtigter rechtsverbindlich, unwiderruflich und vorbehaltlos zu der Leistung verpflichtet hat, BFH DStR **07**, 385; Leasing (s (7) Bankgeschäfte P/3): Erwerbs- oder Behaltensrecht gegen höhere Leasingraten, BFH BB **93**, 1912; öffentlichrechtliche Pflichten, sofern hinreichend konkretisiert und sanktionsbewehrt, FG München EFG **06**, 1528, zB Buchführungsarbeiten für das Vorjahr, BFH BB **92**, 1964, für die Kosten einer zukünftigen Betriebsprüfung bei einem Großbetrieb, BFH DStR **12**, 1790, FG Köln BB **10**, 3079, s auch Peun DStR **14**, 1186 (Rückstellungen für Betriebsprüfungsrisiken); in HdlBilanz aber auch ohne genau fixierten Handlungszeitraum und Sanktionsbewehrung zu erwartende strafrechtliche Anordnung des Verfalls der Gewinne aus einer Straftat, BFH **192**, 64, 66 ff, Recyclingkosten auf Grund öffentlich-rechtlicher Pflichten BFH BB **06**, 1678; harte Patronatserklärung, wenn Inanspruchnahme ernsthaft droht, was nicht der Fall ist, wenn Schwesterunternehmen des konzerngebundenen Schuldnerunternehmens die erforderliche Liquidität bereitstellen und auf Grund gesellschaftsrechtlicher Verbundenheit mit Geltendmachung von Ansprüchen der Schwester gegen die Mutter nicht zu rechnen ist, BFH DB **07**, 429, Pensionen s Rn 14 ff; uU künftige Beiträge an Pensionssicherungsverein, WP-Hdb I E 143, str; Produkthaftpflicht, Herzig/Hötzel BB **91**, 99, dabei auch Pauschalrückstellung, Funk/Müller BB **10**, 2163; aA wohl BFH BStBl II **84**, 265; Prozesskosten für schwebende Prozesse, auch bei unmittelbarem Bevorstehen, aA BFH BStBl II **70**, 802 nur bei Passivprozess, idR nur für das Kostenrisiko; drohende Verwaltungskosten, wenn diese unabwendbar anfallen, sofern sie nicht Herstellungskosten sind BFH DStR **11**, 2186; Rückgewähr empfangener Entgelte wie Rabatte, Warenrückvergütungen, Beitragsrückgewähr durch Versicherungsunternehmen oder Vereine, BFH BB **93**, 1912; Steuererklärungskosten für Betriebssteuern für das abgelaufene Jahr, BFH BStBl II **84**, 302; Schadensersatzanspruch bei drohender Inanspruchnahme, BFH BStBl II **85**, 46, BB **93**, 181; Patent- und Schutzrechtsverletzung, auch wenn noch ungewiss, aber nicht unwahrscheinlich, BFH BStBl II **82**, 748, BeckBilKomm 100 für HdlBilanz, enger § 5 III EStG für Steuerbilanz: erst wenn Anspruch geltend gemacht oder damit zu rechnen ist, krit Moxter BB **82**, 2084, Reaktion auf oder Kenntnis von Verletzung seitens des Patentinhabers ist aber nicht erforderlich, BFH BB **06**, 1217; für Schadensersatz für nicht vollständig zurückgegebenes Leergut nur bei positiver oder unmittelbar bevorstehender Kenntnis des Getränkeherstellers, BFH HFR **06**, 1087; Sozialplan (§§ 111, 112 BetrVG), bereits falls ernsthaft bevorstehend, WP-Hdb I E 149; hat zuständige Behörde von Schadstoffbelastung und dadurch erforderlicher Sanierung erfahren, ist idR ernsthaft mit Inanspruchnahme aus Sanierungspflicht zu rechnen, BFH **204**, 135, 138. Steuerschulden für abgelaufene Geschäftsjahre vor rechtskräftiger Veranlagung samt Zuschreibung nach § 280 aF; gewinnabhängige Tantiemen wie Gratifikationen, zum Zeitpunkt der Aktivierung Hageböke Konzern **14**, 134; Umwelt(alt- und neu)lasten auch ohne Sanierungsverfügung, Crezelius DB **92**, 1359; aA BFH DB **94**, 18; Herzig 1994. **Lit** Bach 1996; Kupsch BB **92**, 2320; Siegel BB **93**, 326, s öffentlichrechtliche Pflichten; Verlustübernahmeerklärung, Celle BB **83**, 2232, s auch Beherrschungsvertrag; bedingt rückzahlbare Zuschüsse, wenn Bedingungseintritt wahrscheinlich ist, zu Rückstellungen nach Inkrafttreten des USchadG Schubert WPg **08**, 505; Oser/Wirtz StuB **17**, 3 (Prozesskosten für noch nicht anhängigen Aktivprozess).

§ 249 12–14 3. Buch. Handelsbücher

12   **Rückstellung unzulässig** zB für Hauptversammlungskosten, BeckBilKomm 100, fraglich; für freiwillige Prüfung des Jahresabschlusses FG Niedesachsen BB **11**, 2415; Verpflichtung zur Entsorgung eigenen Abfalls nach AbfG, wenn sowohl eine entsprechende behördliche Verfügung als auch eine Vereinbarung mit der Behörde fehlt, BFH **193**, 399; für nach dem Stichtag anfallende Recyclingkosten (bei Recyclingunternehmen), wenn zeitnahes Recycling behördlich überprüft wird, BFH BB **04**, 1620; für Provisionsverpflichtungen vor Ausführung des vermittelten Geschäfts, BFH BStBl II **73**, 482, sowie für nachträgliche Provisionszahlungen, wenn sie Gegenleistung für die Einhaltung eines nachvertraglichen Wettbewerbsverbotes darstellen, BFH **195**, 121, 125; für künftige Beiträge zu Garantiefonds (Volksbanken), BFH BB **92**, 243; für Weihnachtsgeld FG Rheinland-Pfalz; für ausgegebene Gutscheine, wenn sie Preisnachlass bei Inanspruchnahme künftiger Leistungen gewähren, BFH DStR **12**, 2166 krit. Hoffmann, DStR **12**, 2171; für Gutscheine zur Verrechnung mit Entgelten aus zukünftigen Einkäufen (führen weder zu Verbindlichkeiten noch zu Rückstellungen im Ausgleichsjahr) BFH BeckRS **13**, 96147; weitere Kasuistik BeckBilKomm 100; WP-Hdb I E 105 ff; für Gelder aus Steuerhinterziehung oder Geldwäsche, wenn Verfall wegen der Gesetze des Landes, in dem die Gelder angelegt sind, unwahrscheinlich, Düss EFG **06**, 25, FG Köln DStR **12**, 265; für hinterzogene Mehrsteuern, wenn Pflichtiger zum Stichtag noch nicht mit Aufdeckung rechnen musste, BFH BB **12**, 2747. Lehmann DB **06**, 1281 (zur Behandlung von Spenden); für **Steuerabgrenzung** s § 274: Rückstellungspflicht für passive latente Steuern besteht unter den Voraussetzungen des **I 1** unabhängig von § 274, Einzelheiten sehr str, näher BeckBilKomm § 274a 7; Müller DStR **11**, 1046; v Kanitz WPg **11**, 895; Kirsch/Hoffmann/Siegel DStR **12**, 1290; Karrenbrock BB **13**, 235; Pollanz DStR **13**, 63; gegen Rückstellungspflicht Hoffmann/Lüdenbach § 274a 3a.

13   C. **Passivierungspflicht:** Für Rückstellungen nach I 1 besteht nach Wortlaut und Sinn kein Wahlrecht, sondern eine Passivierungspflicht (Ausnahme § 254), BGH NJW **91**, 1890, und zwar idR Einzelrückstellung. Ausnahmsweise **Pauschalrückstellung**, BFH BB **89**, 664, die mit der **4.** EG-Ri vereinbar ist, EuGH **03**, 1, zB bei Garantieverpflichtungen, Bieg, Die externe Rechnungslegung der Kreditinstitute und Finanzdienstleistungsinstitute 1999, und Produkthaftpflicht, BeckBilKomm 100, str. Pauschalwertberichtigung s § 253 Rn 26. Die ungewisse Verbindlichkeit ist grundsätzlich in vollem Umfang zu passivieren, noch nicht aktivierungsfähige Ansprüche gegen Dritte mindern nur dann, wenn der Eintritt des einen oder des anderen Sachverhalts unmöglich ist (wechselseitige Kausalität), IDW RS HFA 4 Tz 18, anders bei Drohverlust (nur Saldo, s Rn 19 ff).

3) Pensionsrückstellungen (zu I 1 1. Alternative)

14   A. **Neufälle: a) Allgemein:** Ansprüche der Arbeitnehmer aus betrieblicher Altersversorgung (s § 59 Rn 83–89) sind ungewisse Verbindlichkeiten (abhängig vom Eintritt des Versorgungsfalls). Sie fallen also ohne weiteres unter I 1 1. Alt (AmtlBegr). Es besteht also grds **Passivierungspflicht** (s Rn 8), sie gehen bei Betriebsübergang gem § 613a BGB auf das aufnehmende Unternehmen über und müssen als Verbindlichkeiten ausgewiesen werden, IDW HFA 30 nF, sie sind aber bei Eingreifen des § 246 II 2 mit ausschließlich ihrer Erfüllung dienenden Aktiva zu verrechnen (§ 246 Rn 26). Ein Verzicht auf die Passivierung von **Altzusagen** (Art 28 I 1 EGHGB) ist wegen der Entgeltlichkeit des Rechtsgeschäfts nicht möglich. Erfolgt die Übertragung von Pensionsverpflichtungen im Rahmen eines **Schuldbeitritts mit Erfüllungsübernahme**, hat der Beitretende die Pensionsverpflichtungen zu passivieren, während der ursprünglich Verpflichtete diese ausbuchen kann. Bei einer **reinen Erfüllungsübernahme** bleibt die Passivierung der Pensionsverpflichtung beim ursprünglich verpflichteten Unternehmen unberührt, zusätzlich ist ein Freistellungsanspruch in Höhe des Buch-

1. Abschnitt. Vorschriften für alle Kaufleute   15   § 249

wertes der bilanzierten Verpflichtung zu bilden, IDW HFA 30, Veit BB **17**, 682, 684. Pensionsrückstellungen sind zu bilden für laufende Pensionen und für Pensionsanwartschaften (§ 59 Rn 85), allgM, BGH **139**, 172; BFH **198**, 420, 422; auch bei Bestehen einer selbstständigen Unterstützungseinrichtung, sobald persönliche Haftung des Arbeitgebers auf Nachschüsse (s § 59 Rn 84) droht; auch für künftige Ansprüche aus Vorruhestandsregelungen, IDW-HFA WPg **84**, 331, glA nunmehr IDW RS HFA 30 Rz 8, WPg **10**, 54, BeckBilKomm 154. Rückstellungen zulässig für Verpflichtung zur zukünftigen Pensionszahlung an bei einer AG tätige freigestellte Beamte, FG Rheinland-Pfalz WPg **06**, 393. Zur durch BilMoG neugefassten **Bewertung** s § 253 Rn 4. **Gesonderter Ausweis** nur nach § 266 III B 1 für KapitalGes außer kleine (§ 266 I 3). **Steuerrechtlich** sind Pensionsrückstellungen **nur nach § 6a EStG zulässig.** Voraussetzungen sind ua Bestehen eines Rechtsanspruchs des Arbeitnehmers, Schriftform der Pensionszusage und Vorbehalte zur Kürzung oder zum Widerruf nur für Tatbestände, bei deren Vorliegen nach allgemeinen Rechtsgrundsätzen eine Minderung oder ein Entzug zulässig ist. Nachholung von in Vorjahren unterlassenen Zuführungen zur Pensionsrückstellung ist verboten, § 6 IV 1 EStG, auch bei formwechselnder Umwandlung, Niedersächsisches FG EFG **06**, 717. Vorbehalte für Geschäftsaufgabe oder -übertragung oder Ausscheiden aus PersonenGes können steuerschädlich sein (WP-Hdb I E 178). Keine Rückstellung für künftige Beiträge an Pensionssicherungsverein, BFH BB **92**, 603. Keine Rückstellung für Aktienoptionsprogramm, wenn Option nur ausgeübt werden kann, falls Verkehrswert der Aktien im Ausübungszeitpunkt bestimmten Wert (hier: 10% des Ausübungspreises) übersteigt, BFH BC **17**, 403. Fehlt Wahrscheinlichkeit der Inanspruchnahme, besteht handelsrechtliches Passivierungsverbot, das bereits wg des Maßgeblichkeitsprinzips (§ 5 I EStG) steuerrechtlich zu beachten ist, BFH BB **06**, 1626. Zu verfassungsrechtlichen Anforderungen an gesetzliche Begrenzung der Maßgeblichkeit der HGB-Grundsätze ordnungsgemäßer Buchführung für steuerliche Gewinnermittlung BVerfG DStRE **09**, 922. Besonderheiten auf Grund des Wegfalls der Umkehrmaßgeblichkeit Döring/Heger DStR **09**, 2064. Zu Abfindung und Ablösung von (übergeordneten) Pensionsrückstellungen für Gesellschafter-Geschäftsführer bei Veräußerung der Ges BFH DStRE **10**, 976. Weder Passivierung noch Aktivierung eines Freistellungsanspruchs, wenn Schuldbeitritt und Schuldübernahme im Innenverhältnis, BFH DStR **12**, 1128. Rechtsprechungsübersicht bei Doetsch/Veit BB **09**, 542; Veit BB **10**, 751; BB **11**, 811; BB **12**, 691. **Lit** Hagemann/Oeking/Wunsch DB **10**, 1021 (IDW RS HFA 30); Wellisch/Gellrich/Quiring BB **10**, 623 (Auslagerung von Direktzusagen); Wolz/ Oldewurtel StuB **10**, 424; Ries WPg **10**, 811 (Arbeitsteilzeitkonten); Bertram/ Johannleweling/Ross/Weiser WPg **11**, 57 (IDW RS HFA 30); Thaut DB **11**, 1645; Thurnes/Vavra/Geilenkothen DB **11**, 2785; Thurnes/Vavra/Geilenkothen DB **13**, 2817 (betriebliche Altersversorgung); Hoffjan/Hövelborn BB **17**, 1323 (preisrechtlicher Ansatz); Grundlegend zur Bilanzierung von Pensionsrückstellungen IDW HFA 30 nF.

b) Änderungen durch das BilMoG: Durch § 253 II 2 erfolgte Veränderung **15** der Bewertung von Rückstellungen für Pensionen und Anwartschaften, s § 253 Rn 4. Um die daraus resultierenden Einmaleffekt nicht schon im Jahr der Umstellung voll ergebniswirksam berücksichtigen zu müssen, sieht **(1)** EGHGB Art 67 I 1 ratierte Zuführung zu den Rückstellungen bis 31.12.2024 unter Berücksichtigung des Jahresergebnisses vor, dabei muss allerdings pro Geschäftsjahr mindestens 1/15 des anzusammelnden Betrages zugeführt werden. Das erlaubt Zuführung sofort in vollem Umfang, in gleichmäßig bemessenen Raten bis zum 31.12.2024 oder in gleichmäßig oder ungleichmäßig sebstbemessenem kürzeren Zeitraum; Zuführung des Gesamtbetrages erst am 31.12.2024 ist aber ausgeschlossen. Die so nicht ausgewiesenen Rücklagen sind bei Eingreifen der Voraussetzun-

Merkt

§ 249   16–19   3. Buch. Handelsbücher

gen des **(1)** EGHGB Art 67 II im Anhang aufzuführen. Etwaige aufzulösende Rückstellungen können beibehalten werden (Wahlrecht), sofern die Auflösungsbeträge den Pensionsrückstellungen bis spätestens 31.12.2024 wieder zugeführt werden müssten, **(1)** EGHGB Art 67 I 2, dann aber Angabe im Anhang, ansonsten sind sie unmittelbar in die Gewinnrücklagen einzustellen, **(1)** EGHGB Art 67 I 3. Für die beibehaltenen Posten finden mit Ausnahmen grds die bis zum Inkrafttreten des BilMoG geltenden Vorschriften Anwendung, **(1)** EGHGB Art 67 III. **Lit** Ernst/Seidler ZGR **08**, 631; Pellens/Sellhorn/Strzyz DB **08**, 2373; Kirsch DStR **08**, 1202; Küting/Kessler/Keßler WPg **08**, 749; Zwirner BB **10**, 2747.

16   B. **Altfälle: a) Vor BiRiLiG:** Unter Berufung auf BGH **34**, 324, WM **74**, 392 wurde Passivierungspflicht verneint für die AG nach üL (dann aber Vermerk nach § 159 aF AktG), zT auch für die GmbH. Indessen ist mit Erlass des BetrAVG die Pensionsanwartschaft rechtlich verfestigt (s § 59 Rn 83–89); die Hoffnung auf Deckung durch die laufenden Pensionszahlungen ist keine solide Basis für mangelnde Vorsorge und der Schutz der Unternehmen vor Schwierigkeiten aus Passivierung ist weder berechtigt (Gläubigerschutz) noch iErg wirksam, da ein Passivierungswahlrecht für die Überschuldungsbilanz und für die Insolvenzantragspflicht (§ 92 II AktG, § 64 GmbHG, §§ 130a, 177a HGB) irrelevant wäre (KöKo/Mertens § 92 Anm 17, str) und es sich nur auf die Kapitalerhaltung nach § 30 GmbHG (vgl § 172a) und die Verlustanzeigepflicht nach § 92 I AktG, § 49 III GmbHG auswirken würde (KöKo/Mertens § 92 Anm 3, str). Die besseren Gründe sprachen also schon bisher für eine Passivierungspflicht nach GoB (IDW-HFA WPg **76**, 86, IDW WPg **83**, 20, Knobbe-Keuk § 4 V 5e). Auf jeden Fall durften einmal gebildete Pensionsrückstellungen nicht mehr frei aufgelöst werden, BFH BStBl II **77**, 801, vgl jetzt III 2.

17   **b) Übergangsrecht** (und zT Dauerregelung): Nach **(1)** EGHGB **Art 28** braucht für unmittelbare oder mittelbare (Haftung des Kfm) laufende Pensionen und Pensionsanwartschaften und ähnliche Verpflichtungen (zB Übergangs- und Sterbegelder; nicht die arbeitsmarktpolitisch bedingten Vorruhestandsgelder, Knobbe-Keuk § 4 Vc dd, str), die **vor dem 1.1.1987 erworben** oder vorher begründet, aber nach dem 31.12.1986 erhöht worden sind, keine Rückstellung nach § 249 I 1 gebildet zu werden (S 1), keinesfalls für mittelbare Zusagen und pensionsähnliche Verpflichtungen (S 2), aber **Passivierungswahlrecht,** BGH **139**, 172 (ohne Begründung); Beiträge an Pensionssicherungsverein s Rn 11; doch müssen KapitalGes den Gesamtbetrag im (Konzern) Anhang angeben (II).

18   **Beurteilung:** Mit **(1)** EGHGB Art 28 sollte das angeblich bestehende Passivierungswahlrecht aufrechterhalten werden (AmtlBegr). Der RefE zum BilMoG sah Streichung des I 2 vor, der RegE aber schon wieder nicht mehr. Indessen bestand richtiger Ansicht nach ein solches Wahlrecht schon bisher nicht. Es ist deshalb zu überlegen, **(1)** EGHGB Art 28 einengend dahin auszulegen, dass er keine Festschreibung dahin beinhaltet, dass sich nicht auch für Altfälle im Laufe der Zeit GoB mit dem Inhalt einer Passivierungspflicht auch für Altfälle bilden können. Die Festschreibung eines „Grundsatzes ordnungswidriger Buchführung" (Döllerer BB **82**, 777) durch **(1)** EGHGB Art 28 I 1 und besonders I 2 auf Dauer (so AmtlBegr zu § 249) wäre mit dem Gesetzeszweck unvereinbar, Baumb/Hueck/Schulze-Osterloh § 42 Rn 273. Diese teleologische Auslegung geht der historischen jedenfalls längerfristig vor. Sogar für Verfassungswidrigkeit Birk NJW **84**, 1329; Verstoß gegen EG-Ri, Knobbe-Keuk § 4 V 5 e. Falls keine Rückstellungen gebildet werden, sollten diese Haftungsverhältnisse jedenfalls unter der Bilanz vermerkt werden (aber s § 251 Rn 1–3).

4) Rückstellungen für drohende Verluste (I 1 2. Alternative)

19   A. **Voraussetzungen:** Rückstellungen für drohende Verluste aus schwebenden Geschäften (§ 252 Rn 21) sind ein Unterfall von Rückstellungen für ungewisse Verbindlichkeiten (s Rn 8 ff), hL, aA Groh BB **88**, 27; die dazu entwickelten Grundsätze gelten auch für I 1 2. Alt. Der Ausweis einer Forderung aus einem schwebenden Geschäft ist dann geboten, wenn das Gleichgewicht der Vertragsbeziehungen durch Vorleistungen oder Erfüllungsrückstände eines Vertragspartners gestört ist, BFH GrS BStBl II **97**, 735. Die Passivierungspflicht folgt aus dem Imparitätsprinzip, wonach unrealisierte Verluste schon dann zu berücksichtigen sind, wenn ihr Eintritt droht (§ 252 I Nr 4). Restwertrisiken eines Leasinggeschäfts werden hier besser abgebildet als durch außerplanmäßige Abschreibungen, OLG Düss NZG **10**, 1355. Passivierungspflicht aber auch dann, wenn sich aus gegenseitigem Vertrag zur Vermittlung und Betreuung von Lebensversicherungen ein Erfüllungsrückstand gebildet hat, BFH BB **04**, 2743. Andere Verpflichtungsgründe als gegenseitige Geschäfte (zB Haftung aus Gesetz, Schenkung, Unternehmensvertrag, § 128, Einlagepflicht eines Gfters) begründen keine Rückstellungen für drohende Verluste, aber ggf für ungewisse Verbindlichkeiten. Schwebezustand beginnt mit dem rechtswirksamen Vertragsschluss, aber auch bindendes Angebot des Bilanzierenden genügt, letter of intent je nach Bindung (§ 349 Rn 22). Noch keine Rückstellung bei Gremienvorbehalt im Bereich des Bilanzierenden (noch keine Bindung), aber bei solchem im Bereich des Vertragspartners, IDW RS HFA 4 Tz 6 ff. Beendigung des Schwebezustands s § 252 Rn 21; Hoffmann StuB **13**, 677. Verlustfreie Bewertung von Vermögensgegenständen, zB gekaufte Sache, hat Vorrang vor der Bildung von Drohverlusten, IDW RS HFA 4 Tz 20 ff. **Lit** Jonas DB **86**, 1733; Groh BB **88**, 27; Maulshagen/Maulshagen BB **00**, 243 (Swap-Geschäfte); Christiansen DStR **07**, 869. Steuerrechtlich sind Drohverlustrückstellungen aus schwebenden Geschäften unzulässig, § 5 IV a EStG, s BFH/NV **06**, 167; anders bei einer Forderung aus einem schwebenden Geschäft, für die dann eine Rückstellung zu bilden ist, wenn das Gleichgewicht der Vertragsbeziehungen durch Vorleistungen oder Erfüllungsrückstände eines Vertragspartners gestört ist, BFH GrS BStBl II **97**, 735.

a) Verlust ist der Mehrwert der eingegangenen Verbindlichkeit gegenüber der erworbenen Forderung (Verpflichtungsüberschuss). Er zeigt sich beim Vergleich der vom Kfm zu erbringenden Hauptleistung mit der zu erwartenden Gegenleistung. Es findet also eine **Saldierung** statt unter Einbeziehung faktischer durchsetzbarer wirtschaftlicher Vorteile, nicht aber bloßer Hoffnungen wie Erwartung künftiger Markterträge bei Verkauf unter Einstandskosten zwecks Markterschließung (anders bei ungewisser Verbindlichkeit, s Rn 8), zum Saldierungsbereich IDW RS HFA 4 Tz 25 ff. Berechnungsbeispiele s Rn 15 ff. 20

b) Drohend bedeutet, dass der Verlust nicht nur möglich, sondern einigermaßen wahrscheinlich ist (vgl Rn 21). Allgemeine Risiken wie Geschäftsrisiko oder Exportrisiko (vgl **(7)** Bankgeschäfte N/3 Hermes-Deckung) genügen nicht; anders bei konkreten Länderrisiken. Verpflichtungsüberschuss muss hinreichend wahrscheinlich sein, BFH DStR **05**, 238. Näher zu Zweifelsfragen zur Bilanzierung und Bewertung von Drohverlustrückstellungen IDW RS HFA 4. 21

c) Bis zum Bilanzstichtag wirtschaftlich verursacht s Rn 10. 22

B. **Beispiele:** Bei **Beschaffungsgeschäften** des Kfm errechnet sich ein Verlust, wenn der zulässige Bilanzwert (zB § 253 IV) der ausstehenden Ware am Bilanzstichtag niedriger ist als der geschuldete Kaufpreis (Verpflichtungsüberschuss), BFH BStBl II **88**, 1000, ADS 152, BeckBilKomm 70. Zur Bewertung schwebender Beschaffungsgeschäfte IDW RS HFA 4 Tz 29 ff; Hoffmann StuB **13**, 677. 23

Bei **Absatzgeschäften** des Kfm sind die Selbstkosten mit der Kaufpreisschuld zu vergleichen. Die Kaufpreisschuld ist zum Nennwert anzusetzen. Die Selbstkosten umfassen nicht nur die Herstellungskosten (s § 255 Rn 14–22), sondern 24

§ 249 25–32

auch künftige Lager- und Vertriebskosten; auch zu erwartende Preis- und Lohnerhöhungen, soweit sie der Kfm nicht durch Tagespreisklauseln oä (s aber § 309 Nr 1 BGB) übergewälzt hat, str, Knobbe-Keuk § 4 VII 2, aA BFH BStBl II **83**, 104, II **87**, 848, üL. Diese Kosten umfassen die anteiligen leistungsunabhängigen Fixkosten, zB Abschreibungen auf Maschinen ua, str; für diesen **Vollkostenansatz** üL; nach aA bloße variable Kosten; wegen Vorsichtsprinzip (keine stille Lasten) kein Wahlrecht, IDW RS HFA 4 Tz 35, aA bisher ADS § 253 Rn 254: § 255 II 3 aF analog, der aber mit BilMoG entfallen ist. Vollkostenansatz auch bei insgesamt verlustbringenden Absatzgeschäften mit positivem Deckungsbeitrag zwecks Verbesserung der Kapazitätsauslastung, IDW RS HFA 4 Tz 35; Kosten der Unterbeschäftigung (Leerkosten) sind Aufwand des jeweiligen Geschäftsjahrs, Tz 37. Gewinnaufschlag ist nicht zulässig, BeckBilKomm 78, str. Rückstellungen sind auch bei gezieltem Unter-Selbstkosten-Verkauf zu bilden, str.

25 Bei **Dauerschuldverhältnissen,** zB Miete, Leasing, kommt es nicht auf einen Verlust insgesamt, sondern auf die noch ausstehenden Leistungen (Restwert- statt Gesamtwertbetrachtung), ADS § 253 Rn 257, hL, aA BFH BB **93**, 895, an.

26 C. **Passivierungspflicht:** s Rn 4; Wahlrecht zwischen Voll- und Teilkostenansatz s Rn 24. Saldierung s Rn 20. Grundsätzlich Abzinsung der Drohverlustrückstellung, IDW RS HFA 4 Tz 41.

5) Instandhaltungs- und Abraumbeseitigungsrückstellungen (I 2 Nr 1, I 3 aF)

27 A. **Voraussetzungen: a) Instandhaltungsrückstellungen:** I 3 wurde durch BilMoG aufgehoben, s Rn 26. Rechtslage **vor dem BilMoG (Übergangsrecht (1)** EGHGB Art 66 III, 67): Aufwendungen für Instandhaltung sind, obwohl betrieblich geboten, unterlassen worden, werden aber im folgenden Geschäftsjahr nachgeholt (I 2, 3). Die Instandhaltungsrückstellungen nach I 2, 3 sind anders als die aus I 1 keine solchen mit Schuldcharakter, sondern solche wegen innerbetrieblicher Verpflichtungen (s Rn 4) und deshalb problematisch. Bei (ungewisser, s Rn 9) tatsächlicher (s Rn 9) oder rechtlicher Pflicht zur Instandhaltung geht I 1 vor. Ebenso § 253 II 3, außerplanmäßige Abschreibung, soweit zwingend, sonst Wahlrecht, ADS 194.

28 **b) Abraumbeseitigungsrückstellungen** fallen bei (ungewisser, s Rn 9) tatsächlicher (s Rn 9) oder (öffentlich-, privat)rechtlicher Pflicht an sich schon unter I 1, aber s Rn 27 ff.

29 B. **Beispiele: a)** Instandhaltungsrücklagen zB bei hinausgeschobenen Wartungs- und Reparaturarbeiten am Maschinenpark, Renovierung von Wohnungen.

30 **b)** Abraumbeseitigungsrücklage zB bei Berg(tage)bauunternehmen.

31 C. **Passivierungspflicht bzw -wahlrecht: a)** Für Instandhaltungsaufwendungen ist zu unterscheiden. I 2 Nr 1 sieht Passivierungspflicht nur vor, wenn sie in den ersten drei Monaten des folgenden Geschäftsjahres nachgeholt werden. Sonst bleibt es nach I 3 bei einem Passivierungswahlrecht. Diese Differenzierung ist mit Rücksicht auf BFH BStBl II **84**, 278, stRspr erfolgt, wonach Instandhaltungsaufwendungen bei bloßem Wahlrecht nach HGB steuerrechtlich nicht anerkannt werden (AmtlBegr). Bei Instandhaltung nicht mehr im folgenden Geschäftsjahr gilt I 3 nicht, bereits erfolgte Rückstellung ist aufzulösen, wenn nicht II vorliegt.

32 **b)** Für im folgenden Geschäftsjahr nachgeholte (sonst wie Rn 28, str) Abraumbeseitigungsrückstellungen besteht nach I 2 Passivierungspflicht. Das gilt anders als nach I 1 ohne Rücksicht auf ihr Drohen am Bilanzstichtag.

1. Abschnitt. Vorschriften für alle Kaufleute § 250

c) Für Rückstellungen aus I 2 ist **kein gesonderter Ausweis** nötig, aber bei erheblichem Umfang sind sie im Anhang zu erläutern, § 285 Nr 12. 33

6) Rückstellungen für Gewährleistungen ohne rechtliche Verpflichtung (I 2 Nr 2)

A. **Voraussetzungen:** Es handelt sich um einen Unterfall von Rückstellungen für ungewisse Verbindlichkeiten, GK BilR/Kleindiek 66, hL, Kulanzleistungen fallen entweder schon unter I 1 1. Alt, wenn sie die Vermeidung von Rechtsstreitigkeiten bezwecken, oder unter I 2 Nr 2, wenn sie eindeutig ohne rechtliche Verpflichtung, aber im Hinblick auf die Erhaltung der Geschäftsbeziehung erfolgen. Notwendig ist ein faktischer Leistungszwang. 34

B. **Beispiele:** Reparatur unter Selbstkosten trotz unsachgemäßer Behandlung der Kaufsache durch den Kunden oder klaren Verjährungseintritts. **Nicht:** Kulanzleistung ohne Bezug auf vorangegangenen Vertrag, zB Reparaturen an bei Dritten gekauften Produkten oder sonstige Dienstleistungen unter Selbstkosten zum Gewinnen von Kunden (auf die Zukunft gerichtete Werbemaßnahme), BFH BStBl III **65**, 383. 35

C. **Passivierungspflicht:** So klar I 2. Bei Kulanzleistungen ohne Bezug auf vorangegangenen Vertrag (s Rn 32) scheidet Passivierung überhaupt aus (III 1), also auch kein Passivierungswahlrecht, BeckBilKo 114. Kein gesonderter Ausweis, s Rn 28. 36

7) Verbot sonstiger Rückstellungen, Auflösungsverbot

A. **Verbot sonstiger Rückstellungen:** Nach II 1 sind andere Rückstellungen als nach I unzulässig. 37

B. **Auflösungsverbot:** nach II 2 dürfen Rückstellungen auch bei Passivierungswahlrecht nicht nach freier Wahl wieder aufgelöst werden, sondern nur soweit der Grund hierfür entfallen ist (oder Aufwendung entstanden ist). Ebenso für Pensionsrückstellungen, BGH **139**, 175, auch schon vor dem BiRiLiG, s Rn 14 (unbeschadet der Wahl, ob neu zugeführt werden soll). II 2 gilt auch für Pensionsrückstellungen, soweit ein fortdauerndes Passivierungswahlrecht anerkannt wird, s Rn 15 II 2 räumt kein Beibehaltungswahlrecht ein; denn das würde zu mit dem Gesetzeszweck unvereinbaren stillen Reserven (§ 252 Rn 13 ff) führen. Auflösung führt (Saldierungsverbot) zu sonstigen betrieblichen Erträgen (§ 275 II Nr 4, III Nr 6), bei Steuerrückstellung zu § 275 II Nr 18, III Nr 17. **Übergangsrecht** in **(1)** EGHGB Art 24 III (s Einl 67v § 238). 38

Rechnungsabgrenzungsposten

250 (1) **Als Rechnungsabgrenzungsposten sind auf der Aktivseite Ausgaben vor dem Abschlußstichtag auszuweisen, soweit sie Aufwand für eine bestimmte Zeit nach diesem Tag darstellen.**

(2) **Auf der Passivseite sind als Rechnungsabgrenzungsposten Einnahmen vor dem Abschlußstichtag auszuweisen, soweit sie Ertrag für eine bestimmte Zeit nach diesem Tag darstellen.**

(3) [1] Ist der Erfüllungsbetrag einer Verbindlichkeit höher als der Ausgabebetrag, so darf der Unterschiedsbetrag in den Rechnungsabgrenzungsposten auf der Aktivseite aufgenommen werden. [2] Der Unterschiedsbetrag ist durch planmäßige jährliche Abschreibungen zu tilgen, die auf die gesamte Laufzeit der Verbindlichkeit verteilt werden können.

Merkt 1051

§ 250 1–3 3. Buch. Handelsbücher

Übersicht

	Rn
1) Aktive Rechnungsabgrenzungsposten (I 1)	1–3
A. Voraussetzungen	1
B. Beispiele	2
C. Aktivierungspflicht	3
2) Zölle, Verbrauchssteuern, Umsatzsteuer (I 2 aF)	4
3) Passive Rechnungsabgrenzungsposten (II)	5–7
A. Voraussetzungen	5
B. Beispiele	6
C. Passivierungspflicht	7
4) Disagio oder Damnum (III)	8

1) Aktive Rechnungsabgrenzungsposten (I 1)

1 **A. Voraussetzungen:** Rechnungsabgrenzungsposten auf der Aktivseite ebenso wie auf der Passivseite sind keine Vermögensgegenstände oder Schulden, sondern dienen der periodengerechten Erfolgsermittlung. Aktive Rechnungsabgrenzungsposten sind Ausgaben vor dem Abschlussstichtag, soweit sie Aufwand für eine bestimmte Zeit nachher darstellen (transitorische Posten ieS). **Ausgaben** sind Barausgaben, Buchungen von Verbindlichkeiten, Wechselhingabe. Abschlussstichtag s § 243 Rn 11. Pflicht zur Bildung aktiver Rechnungsabgrenzungsposten bei verbilligter Abgabe von Mobiltelefonen bei gleichzeitigem Abschluss von Mobilverträgen BFH DStR **13**, 1774. **Bestimmte Zeit** bedeutet nicht notwendig kalendermäßige Fixierung, aA hL, ADS 36, BeckBilKo 21, WP-HdB I E 207, 203 (Steuerrecht), sondern bestimmbarer Zeitraum, auch über mehrere Jahre hinweg, Moxter BilanzRspr 77, zT weitergehend BFH, zB BStBl II **95**, 202; bestimmbarer Mindestzeitraum als „bestimmte Zeit", Stobbe FR **95**, 399; Tiedchen BB **97**, 2475; Marx/Löffler DB **15**, 2765. Zu Rechnungsabgrenzungsposten kommt es idR, wenn Leistung und Gegenleistung zeitlich auseinander fallen. **Nicht** unter Rechnungsabgrenzung fallen **transitorische Posten im weiteren Sinne,** zB Forschungs- und Entwicklungskosten, Werbekosten, da sie künftigen Geschäften dienen, auch nicht **antizipative Posten,** bei denen der Zahlungsvorgang erst in dem neuen Geschäftsjahr liegt, diese sind als Verbindlichkeiten (bzw als Forderungen) zu verbuchen. Der Ausweis als Forderung verdrängt die Rechnungsabgrenzung, FG Köln DStRE **06**, 579 (zur Behandlung von Mietereinbauten). **Lit** Me/Pro/Fi Kap 5 Tz 613 ff; Heinhold/Coenenberg DB **05**, 2033 (Werbeaufwand); Egner/Heinz StuB **05**, 748 (Wandel-, Options-, Aktien- und Umtauschanleihen); Gelhausen/Rimmelspacher AG **06**, 729 (Wandel- und Optionsanleihen); Kupsch/Müller DB **06**, 1800 (Garantieversicherungsbeiträge); Pottgießer/Velte StuB **06**, 131 (Handy-Subventionen); Sultana/Willeke StuB **06**, 220 (Mezzanine-Kapital); Hahne StuB **06**, 295 (Options- und Wandelanleihen); Kolbe StuB **09**, 731 (Aufwandszuschüsse); Herzig/Joisten DB **11**, 1014 (Abschlussgebühren für Darlehensverträge); Marx/Löffler, DB **12**, 1337 (Franchising); Hoffmann StuB **13**, 637; Euler/Hommel, BB **14**, 2475 (Anpassungsrückstellung).

2 **B. Beispiele:** Noch im alten Jahr getätigte Vorauszahlungen von Versicherungsprämien, Miete, Beiträgen für das folgende Jahr; Emissionsdisagio (Emissionserlös unter pari), BFH DStR **07**, 573; auch Vorauszahlungen auf Dauermiete von Werbefläche, WP-Hdb I E 208. **Nicht:** Kosten für Werbekampagne im alten Jahr (transitorisch iwS); im alten Jahr nicht mehr bezahlte Prämien und Mietzins für das alte Jahr (antizipativ); allgemeine Anzahlungen bei schwebenden Geschäften (s § 252 Rn 22), dazu Hoffmann StuB **13**, 677.

3 **C. Aktivierungspflicht:** so I 1 zwecks periodengerechter Erfolgsermittlung.

1. Abschnitt. Vorschriften für alle Kaufleute 4–8 § 250

2) Zölle, Verbrauchssteuern, Umsatzsteuer (I 2 aF)

I 2 aF aufgehoben durch BilMoG. Grund: Anpassung an IFRS, wo aufwands- 4
wirksam zu erfassende Vertriebskosten nicht als Rechnungsabgrenzungsposten
zeitweise „geparkt" werden dürfen, s RegE BilMoG 51. I 2 aF erlaubte zwecks
Einheitlichkeit von Handels- und Steuerbilanz Ansatz als aktive Rechnungs-
abgrenzungsposten **(Aktivierungswahlrecht)**. Für ein nach dem 31.12.08 en-
dendes Geschäftsjahr gebildete Rechnungsabgrenzungsposten können beibehal-
ten werden (Wahlrecht), **(1)** EGHGB Art 66 I 1. **Lit** Kirsch DStR **08**, 1202.

3) Passive Rechnungsabgrenzungsposten (II)

A. **Voraussetzungen:** Passive Rechnungsabgrenzungsposten sind Einnahmen 5
vor dem Abschlussstichtag, soweit sie Ertrag für eine bestimmte Zeit nachher
darstellen. Einnahmen sind Bareinnahmen, Buchungen von Forderungen, Ent-
gegennahme eines Wechsels. Im Übrigen gilt (von der anderen Bilanzseite abge-
sehen) dasselbe wie für aktive Rechnungsabgrenzungsposten, s Rn 1. Zum Aus-
weis eines passiven Rechnungsabgrenzungspostens bei Beteiligungserwerb gegen
Zuzahlung s BFH HFR **06**, 865. Zur Bildung eines passiven Rechnungsabgren-
zungspostens bei Unterlassungsverpflichtung BFH BB **17**, 1839. Zum Ausweis
von Vertragsabschluss- und Werbeprämien als Rechnungabgrenzungsposten Roos
DStR **15**, 437. Für die Abgrenzung eines Rückversicherungsvertrags von einem
Darlehensvertrag bei Lebensversicherungen kommt es darauf an, ob hinreichen-
der Risikotransfer vom Erst- auf den Rückversicherer stattfindet (zu bejahen
wenn tatsächliche Möglichkeit eines nachteiligen Verlaufs des Erstversicherungs-
verhältnisses besteht) BFH NZG **14**, 1182. **Lit** Priester DB **16**, 1025.

B. **Beispiele:** Öffentlichrechtlicher Kostenzuschuss für die Stellung eines Aus- 6
bildungsplatzes über zwei aufeinander folgende Ausbildungsverhältnisse, BFH BB
84, 1404; kapitalisiert ausgezahlter Zinszuschuss für Aufnahme eines langjährigen
Kapitalmarktdarlehens BFH DStR **09**, 1629; noch im alten Jahr erhaltene Voraus-
zahlungen, s Rn 2, wohl aA KG ZIP **10**, 1447 (Mietgarantiegebühren). **Nicht:**
Vor dem Bilanzstichtag erfolgte vertragliche Aufhebung eines für bestimmte Zeit
begründeten Schuldverhältnisses gegen Entschädigung, BFH BB **05**, 1160, Ver-
gütung, die der Kreditgeber für seine Bereitschaft zu einer für ihn nachteiligen
Änderung der Konditionen vom Kreditnehmer vereinnahmt hat, BFH DStR **07**,
1519.

C. **Passivierungspflicht:** vgl Rn 3. 7

4) Disagio oder Damnum (III)

Die **Differenz zwischen Erfüllungsbetrag** einer Verbindlichkeit (Nenn- 8
wert) **und** niedrigerem **Ausgabebetrag** heißt Disagio, Abgeld oder bei Hypo-
theken Damnum (vgl **(7)** Bankgeschäfte G/4). Bsp: Der Kfm erhält nur 97%,
muss aber 100% zurückbezahlen. Dem (Auszahlungs-)Disagio steht das (Rück-
zahlungs-)Agio oder Aufgeld gleich, so wenn nominal 97% bezahlt und geschul-
det sind, aber ein Aufgeld von 3% hinzukommt. Disagio ist vorweg gezahlter
Zins. III 1 räumt ein **Aktivierungswahlrecht** (bisher str) ein, krit Schaber/
Amann WPg **14**, 938 (Widerspruch zum Verbot der Bilanzierung schwebender
Geschäfte). Zulässig ist auch Aktivierung nur eines Teilbetrags. Wahlrecht nur im
Ausgabejahr, keine spätere Nachholung, ADS 85. Bei Gebrauch von III 1 ist der
aktivierte Betrag durch planmäßige **Abschreibungen** zu tilgen (III 2). Außer-
planmäßige Abschreibungen zB bei vorzeitiger Rückzahlung, die auch freiwillig
erfolgen kann, planmäßige Abschreibungen sind nur Mindestabschreibungen,
ADS 99, aA Baumb/Hueck/Schulze-Osterloh § 42 Rn 186. Nach § 268 VI bei
KapitalGes wahlweise Angabe im Anhang.

Merkt 1053

§ 251 1–3

Haftungsverhältnisse

251 ¹ Unter der Bilanz sind, sofern sie nicht auf der Passivseite auszuweisen sind, Verbindlichkeiten aus der Begebung und Übertragung von Wechseln, aus Bürgschaften, Wechsel- und Scheckbürgschaften und aus Gewährleistungsverträgen sowie Haftungsverhältnisse aus der Bestellung von Sicherheiten für fremde Verbindlichkeiten zu vermerken; sie dürfen in einem Betrag angegeben werden. ² Haftungsverhältnisse sind auch anzugeben, wenn ihnen gleichwertige Rückgriffsforderungen gegenüberstehen.

1) Vermerkpflicht (Satz 1)

1   A. **Passivierung oder Vermerk:** Für KapitalGes s ergänzend § 268 VII. Haftungsverhältnisse iSd § 251 begründen Eventualverbindlichkeiten, mit deren Aktualisierung gerechnet werden muss. Soweit sie nicht als eigene Schuld (branchenübliche Herstellergarantie für eigene Schuld, s Rn 2) oder als schon aktualisiert auf der Passivseite auszuweisen sind (s § 266 Rn 18), sind sie jedenfalls unter der Bilanz zu vermerken. Sie sind dann erkennbar, ohne sich doch auf die Gewinnermittlung auszuwirken. Bewertung s § 253 Rn 5. Ausnahme von § 251 für Kreditinstitute § 340a II 2. **Lit** Me/Pro/Fi Kap 5 Tz 670 ff; Fey WPg **92**, 1; Ross, Treuhandverhältnisse 1994; Schäfer WM **99**, 162 (Patronatserklärung); Scherff/Willeke StuB **08**, 740; Schüttler BC 17, 411 (Begriffe „Verpflichtung" und „Risiko").

2   B. **Haftungsverhältnisse:** Diese sind abschließend aufgezählt: Obligo aus **Wechseln** als Aussteller (Art 9 WG) oder Indossant (Art 15 WG), auch Gefälligkeitsakzepte, aber gleichzeitige Aktivierung des Ausgleichsanspruchs, ADS 42; **Bürgschaften** (§ 765 BGB, s § 349 Rn 1) s BFH HFR **06**, 865; **Wechsel- und Scheckbürgschaften** (Art 32 WG, Art 27 ScheckG, s § 349 Rn 21); **Gewährleistungsverträgen** zB aus Schuldbeitritt bei Erstattungsanspruch (sonst Passivierung), ADS 65, Garantie (nicht für eigene Leistung wie Herstellergarantie, s § 349 Rn 18, außer bei Branchenüblichkeit, ADS 62, WP-Hdb I E 73), zB Kursgarantie, Mietertragsgarantie, feste Zusage der Belegung eines verkauften Hotels, Platzierungsgarantie, ADS 63, Delkredere (§ 394 I), rechtlich oder wirtschaftlich verbindliche Patronatserklärung (s § 349 Rn 22; IDW RH-HFA 1013), harte Patronatserklärung, wenn Inanspruchnahme ernsthaft droht, wie nicht der Fall ist, wenn Schwesterunternehmens des konzerngebundenen Schuldnerunternehmens die erforderliche Liquidität bereitstellen und auf Grund gesellschaftsrechtlicher Verbundenheit mit Geltendmachung von Ansprüchen der Schwester gegen die Mutter nicht zu rechnen ist, BFH DB **07**, 429, Forderungsabkaufverpflichtung, ADS 72, Konzernverrechnungsklausel, ADS 75, **Haftungsverhältnis aus Bestellung** von Sicherheiten für **fremde** Verbindlichkeiten (auch Privatschuld des Kfm oder Gfter, s § 246 Rn 21, nicht für eigene), zB Grundpfandrecht an Grundstück des Kfm für fremde Schuld, Haftung für Verbindlichkeiten verbundener Unternehmen auf Grund Konzernklausel, ADS 94. Rangrücktritt s § 266 Rn 18. **Nicht: Sonstige Haftungsverhältnisse,** sie sind als zu unbestimmt nicht erwähnt (AmtlBegr), aber bei KapitalGes im Anhang anzugeben, falls für die Beurteilung der Finanzlage von Bedeutung (§ 285 Nr 3, Nr 1b, Nr 9c); wenn KleinstKapitalGes gem § 264 I 5 keinen Anhang aufstellt, hat sie die nach § 285 Nr. 9c erforderlichen Angaben zu Haftungsverhältnissen unter der Bilanz zu machen. Unterlassene Pensionsrückstellungen (Altfälle s § 249 Rn 16) sollen nicht unter S 1 fallen (AmtlBegr, aber s § 249 Rn 7); jedenfalls für die KapitalGes greift § 285 Nr 3a ein (anders AmtlBegr zu § 251). Nicht bezifferbare Risiken fallen unter § 285 Nr 3a. Kreditinstitute s Rn 1.

3   C. **Angabe:** Die Verbindlichkeiten dürfen in einem Betrag angegeben werden (S 1 Halbs 2). Dabei ist der tatsächlich (eventual) geschuldete Betrag zugrunde zu

1. Abschnitt. Vorschriften für alle Kaufleute   **§ 252**

legen (s § 253 Rn 10); bei Wechselobligen die Wechselsumme einschließlich bereits absehbarer Nebenkosten (Art 48, 49 WG), sonst nur Pauschalrückstellung, aA sogar ohne diese ADS 41; bei Bürgschaft grundsätzlich der Betrag der am Bilanzstichtag noch valutierten Hauptverbindlichkeit (§ 767 BGB), ADS 52, BeckBilKo 23, bei Höchstbetragsbürgschaft dagegen Höchstbetrag, nicht der zufällige Valutierungsbetrag, ADS 56, str, bei Teilbürgschaft nur anteiliger Betrag, bei Fremdwährung Umrechnung. Bei Gewährleistung für fremde Leistung idR nur der jeweilige Betrag der Hauptschuld am Bilanzstichtag, bei jederzeit möglicher Erhöhung der Hauptschuld und Gewährleistung des höheren Betrags dieser, str. Fehlanzeige ist unnötig (s § 265 Rn 8).

2) Rückgriffsforderungen (Satz 2)

Der Vermerk nach S 1 ist auch nötig, wenn dem Obligo eine gleichwertige **4** Rückgriffsforderung gegenübersteht (Verrechnungsverbot, § 246 II 2). Die Rückgriffsforderung selbst ist nicht zu aktivieren; anders wenn das Obligo selbst passiviert wird (s Rn 1).

3) Sonstige Angaben unter der Bilanz, insb für KleinstKapitalGes

Pflicht zu weiteren Angaben unter der Bilanz ergibt sich bei Inanspruchnahme **5** der gesetzlichen Erleichterungen für **KleinstKapitalGes** (§ 267a) zur Aufstellung des Jahresabschlusses. § 264 I 5 ermöglicht Verzicht auf den Anhang, wenn bestimmte Informationen stattdessen unter der Bilanz gemacht werden. Das betrifft Angaben zu Haftungsverhältnissen iSv §§ 251, 268 VII, zu Vorschüssen und Krediten an Organmitglieder iSv § 285 Nr. 9 lit c sowie über Transaktionen eigener Aktien iSv § 160 I 1 Nr. 2 AktG. Vermittelt wegen besonderer Umstände der Jahresabschluss abweichend von § 264 II 1 (und entgegen der Vermutung nach § 264 II 5) kein den **tatsächlichen Verhältnissen entsprechendes Bild** der Vermögens-, Finanz und Ertragslage, sind ferner die in diesem Fall nach § 264 II 2 erforderlichen Angaben statt im Anhang unter der Bilanz zu machen. In Betracht kommen Verzerrungen des Bildes aufgrund des Vorliegens alter Pensionszusagen gem **(1)** EGHGB Art 28, RegE 17/11292 S 16; auch wegen verkürzt dargestellter Bilanz (§ 266 I 4) oder GuV (§ 275 V), aber **nur in atypischen Konstellationen,** weil andernfalls die verzichtbaren Gliederungsebenen unter der Bilanz wieder eingeführt werden, str aA, Küting/Eichenlaub DStR **12**, 2615. Insofern sind auch die Wahlpflichtangaben nach § 268 I 2, 58 IIa 2 AktG, 29 IV 2, 42 III GmbHG verzichtbar. Da weder ein freiwillig aufgestellter Anhang noch die Angaben unter der Bilanz von KleinstKapitalGes gem § 326 II zum elektronischen BAnz einzureichen sind, erscheint restriktive Auslegung zum Erhalt des intendierten Vereinfachungseffekts geboten. Lit Küting/Eichenlaub DStR **12**, 2615; Fey/Deubert/Lewe/Roland BB **13**, 107; Müller/Kreipl DB **13**, 73.

Dritter Titel. Bewertungsvorschriften

Allgemeine Bewertungsgrundsätze

252 (1) **Bei der Bewertung der im Jahresabschluß ausgewiesenen Vermögensgegenstände und Schulden gilt insbesondere folgendes:**

1. **Die Wertansätze in der Eröffnungsbilanz des Geschäftsjahrs müssen mit denen der Schlußbilanz des vorhergehenden Geschäftsjahrs übereinstimmen.**
2. **Bei der Bewertung ist von der Fortführung der Unternehmenstätigkeit auszugehen, sofern dem nicht tatsächliche oder rechtliche Gegebenheiten entgegenstehen.**
3. **Die Vermögensgegenstände und Schulden sind zum Abschlußstichtag einzeln zu bewerten.**

§ 252

Nr. 5

4. Es ist vorsichtig zu bewerten, namentlich sind alle vorhersehbaren Risiken und Verluste, die bis zum Abschlußstichtag entstanden sind, zu berücksichtigen, selbst wenn diese erst zwischen dem Abschlußstichtag und dem Tag der Aufstellung des Jahresabschlusses bekanntgeworden sind; Gewinne sind nur zu berücksichtigen, wenn sie am Abschlußstichtag realisiert sind.
5. Aufwendungen und Erträge des Geschäftsjahrs sind unabhängig von den Zeitpunkten der entsprechenden Zahlungen im Jahresabschluß zu berücksichtigen.
6. Die auf den vorhergehenden Jahresabschluss angewandten Bewertungsmethoden sind beizubehalten.

(2) Von den Grundsätzen des Absatzes 1 darf nur in begründeten Ausnahmefällen abgewichen werden.

Übersicht

	Rn
1) Die Bewertung beim Jahresabschluss (I) und anderen Bilanzen	1–5
A. Jahresabschluss	1
B. Steuerbilanz	2
C. Sonstige Bilanzen	3
D. Privatbilanzen	4
E. Grundsätze der Bewertung	5
2) Bilanzidentität (I Nr 1)	6
3) Fortführungs- oder going concern-Prinzip (I Nr 2)	7
4) Einzelbewertung zum Abschlussstichtag (I Nr 3)	8, 9
A. Stichtagsprinzip	8
B. Einzelbewertung	9
5) Grundsatz der Vorsicht, Imparitätsprinzip (I Nr 4); Unterbewertung	10–17
A. Grundsatz der Vorsicht	10
B. Imparitäts- oder Verlustantizipationsprinzip	11
C. Falschbewertung	12
D. Stille Reserven	13, 14
E. Beurteilung der stillen Reserven	15, 16
F. Bildung stiller Reserven nach BilMoG	17
6) Realisationsprinzip (I Nr 4 Halbs 2), schwebende Geschäfte, Anzahlungen, Periodenabgrenzung (I Nr 5)	18–23
A. Realisationsprinzip	18
B. Realisationszeitpunkt	19, 20
C. Schwebende Geschäfte	21
D. Anzahlungen	22
E. Periodenabgrenzung	23
7) Bewertungsstetigkeit (I Nr 6)	24, 25
A. Bilanzkontinuität	24
B. Ausweis Kontinuität	25
8) Weitere Bewertungsgrundsätze	26
9) Abweichen nur in begründeten Ausnahmefällen (II)	27
10) Bewertungswahlrechte	28
11) Rechtsfolgen des Verstoßes gegen Bewertungsgrundsätze	29

1) Die Bewertung beim Jahresabschluss (I) und anderen Bilanzen

1   A. **Jahresabschluss:** Der Wert der in der Bilanz auszuweisenden Vermögensgegenstände und Schulden ist keine feststehende Größe, sondern hängt davon ab, wie der Markt zum Bilanzstichtag ist, ob von der Fortführung oder der Zerschlagung des Unternehmens ausgegangen wird, ob die Gegenstände einzeln oder zusammen betrachtet werden, wie vorsichtig bewertet wird usw. Deswegen gibt es handelsrechtliche Bewertungsvorschriften (**§§ 252–256**; im Konzern **§§ 308–309**). Die Bewertung hängt vom Zweck und damit der Art der jeweili-

1. Abschnitt. Vorschriften für alle Kaufleute   2–6 **§ 252**

gen Bilanz ab (s § 242 Rn 4–7). §§ 252 ff gelten für den normalen Jahresabschluss, also für die HdlBilanz und Gewinn- und Verlustrechnung (§ 242 III), bei dem es um die periodengerechte Aufteilung von Aufwänden und Erträgen auf die einzelnen Rechnungsperioden geht, also um die Ermittlung von Gewinn oder Verlust des einzelnen Geschäftsjahres (Gewinnermittlungs-, Erfolgs- oder dynamische Bilanz). Stichtagsprinzip s Rn 8–9, § 243 Rn 11–12. Überbewertung und Unterbewertung (stille Reserven) s Rn 10–17, § 243 Rn 2. **Übergangsrecht** in (1) EGHGB Art 24 (s Einl 61 v § 238). Lit Me/Pro/Fi Kap 6 Tz 1 ff, Kap 9 Tz 1 ff; Volk DStR **05**, 752 (Unternehmensbewertung); Küting/Tesche DStR **09**, 1491 (Stetigkeit); Hüttche StuB **09**, 409; Christiansen DStR **09**, 2213 (Realisationsprinzip); Rogler KoR **10**, 163 u 225; Scherff/Willeke StuB **10**, 769 (Stetigkeit); Zwirner StuB **10**, 763; Hommel/Berndt BB **10**, 2190 (Realisationsprinzip); Philipps StuB **11**, 203 (Empirie zur Ausübung von Wahlrechten); Glaser/Hachmeister DB **15**, 565 (true and fair view).

B. **Steuerbilanz:** Das Steuerrecht erkennt zwar grundsätzlich die HdlBilanz 2 an (Maßgeblichkeitsgrundsatz, s § 242 Rn 4). Für die Bewertung gilt jedoch der **Bewertungsvorbehalt** nach § 5 VI EStG. Das Steuerrecht verfolgt dabei eigene fiskalische Zwecke und versucht ua die Unterbewertung (zu hohe Abschreibungen) zu verhindern und stille Rücklagen, verdeckte Gewinnausschüttungen ua zu erfassen (§§ 6–7 EStG). Für die Vermögenssteuer, Grundsteuer, Gewerbesteuer, Grunderwerbssteuer und Erbschaftssteuer gilt unabhängig von der HdlBilanz das BewG (§ 17 BewG). **Lit** Richter GmbHR **10**, 505.

C. **Sonstige Bilanzen:** Für sonstige gesetzlich vorgesehene Bilanzen mit 3 anderem Zweck als den Jahresabschluss (s § 242 Rn 7), zB Feststellung des Vermögenswerts am Bilanzstichtag (Wertfeststellungs-, Vermögens-, statische Bilanz) gelten §§ 252 ff grundsätzlich nicht; doch kann etwas anderes bestimmt sein, zB für die Eröffnungsbilanz § 242 I 2 oder die Liquidationseröffnungsbilanz bei der AG § 270 II 2 AktG.

D. **Privatbilanzen:** Für nicht gesetzlich vorgeschriebene, sondern auf Grund 4 Vereinbarung, zB bei Unternehmenskauf (Einl 35, 44 ff vor § 1), oder aus Anlass des Ausscheidens eines Gfters bei Abfindungsklauseln (Abschichtungsbilanz, § 138 Rn 22) erstellte Bilanzen gelten §§ 252 ff nicht, außer bei anderweitiger vertraglicher Vereinbarung. Die Errichtung einer solchen Privatbilanz ist Rechtsgeschäft und in den Grenzen der §§ 138, 826 BGB ua in der Bewertung frei.

E. § 252 enthält (nicht nur, s Rn 18, und nicht vollständig, s Rn 21) die 5 **Grundsätze** für die **Bewertung**. Diesen Grundsätzen entsprechen zT allgemeine Grundsätze für die **Bilanzierung** (s § 243 Rn 4–10), die im Folgenden mitberücksichtigt werden. **Lit** W. Müller FS Goerdeler **87**, 397 (Rangordnung).

2) Bilanzidentität (I Nr 1)

Die Anfangsbilanz des neuen Jahres muss mit der Schlussbilanz des alten über- 6 einstimmen. Das gilt für sämtliche Wertansätze (fortlaufende Buchführung). Dieser Grundsatz der Bilanzidentität (Bilanzzusammenhang) führt dazu, dass höhere oder niedrigere Wertansätze im alten Jahr sich entgegengesetzt im neuen Jahr auswirken (sog **Zweischneidigkeit der Bilanz**). Bsp: Schnellere Abschreibung in den ersten Jahren lässt weniger für die restlichen übrig, der Gewinn in den ersten Jahren ist also niedriger, der in den restlichen entsprechend höher. Damit kommt es jedenfalls über die Jahre hinweg tendenziell zur zutreffenden Erfassung des Gesamtgewinns (vgl § 4 I 1 EStG). Bilanzkontinuität s Rn 19–20. Mitangabe der Vorjahreszahlen bei KapitalGes s § 265 II. **Ausnahmen** sind nach II in begründeten Ausnahmefällen möglich, Bspe: Verwendung des Bilanzergebnisses, Berücksichtigung von Umwandlungen, Übernahme oder Abgabe von Beteiligungen zum Abschlussstichtag, ADS 15 ff. Berichtigung und Änderung des

§ 252 7 3. Buch. Handelsbücher

Jahresabschlusses s § 245 Rn 4–5. **Lit** IDW HFA WPg **92**, 89; Küting/Kaiser WPg **00**, 577; Hommel/Berndt DStR **00**, 1745; Prinz FS Welf Müller **01**, 687; Fischer-Böhnlein/Körner BB **01**, 191 (Insolvenz); IDW FN-IDW **06**, 619 (Änderung von Jahres- und Konzernabschlüssen); IDW RH HFA 1012, dazu Eisolt/Schmidt BB **09**, 654 (Insolvenz).

3) Fortführungs- oder going concern-Prinzip (I Nr 2)

7 Bei der Jahresabschlussbewertung ist grundsätzlich von der Unternehmensfortführung (going concern) auszugehen (Vermutung). Dies gilt selbst bei Zweifeln an der Überlebensfähigkeit so lange, wie nicht Umstände sichtbar werden, die die Fortführung unwahrscheinlich erscheinen lassen oder zweifelsfrei Unmöglichkeit der Fortführung bekannt ist, BGH DB **17**, 418, und sogar bei kritischer Unternehmenslage; zu weit (auch bei drohendem Unternehmenszusammenbruch) Moxter WPg **80**, 345. Nur in begründeten Ausnahmefällen, wenn nämlich die **Fortführungsprognose** aus tatsächlichen oder rechtlichen Gegebenheiten negativ ist, dh wenn es objektiv fehlerhaft wäre, von der Aufrechterhaltung der Unternehmenstätigkeit auszugehen, BGH DB **17**, 418, sind Zerschlagungswerte anzusetzen. Tatächliche oder rechtliche Gegebenheiten müssen sich derart konkretisieren, dass Einstellung der Tätigkeit unvermeidbar oder beabsichtigt ist, BGH aaO. Dies erfordert Prognoseentscheidung, weil darauf abzustellen ist, ob Kfm sein Gewerbe für überschaubaren Zeitraum, regelmäßig jedenfalls das auf den Abschlussstichtag folgende Geschäftsjahr, fortsetzen wird, BGH aaO. Der Kfm hat im Rahmen der Bilanzerstellung zu prüfen, ob solche Gegebenheiten bestehen (enger ADS 25: nur, wenn konkrete Indizien dafür vorliegen). Solche **tatsächlichen Gegebenheiten** sind regelmäßig nicht nur Insolvenzgründe oder Geschäftsaufgabe, sondern auch sonstige zur stillen oder offenen Abwicklung zwingende wirtschaftliche und andere Schwierigkeiten, etwa bei Zahlungsunfähigkeit oder hälftigem Verlust des Kapitals. Darauf, ob die Geschäftsführung entsprechenden Beschluss fasst, kommt es nicht an. Umgekehrt bedingt ein vorliegender Insolvenzgrund nicht zwingend die Abkehr vom Fortführungsprinzip, sondern es entscheidet, ob eine Fortführung auch nach Eröffnung des Insolvenzverfahrens zu erwarten oder damit zu rechnen ist, also das Unternehmen noch vor dem Insolvenzantrag, bereits im Insolvenzverfahren oder bald nach Verfahrenseröffnung stillgelegt werden muß. Daher kann trotz Insolvenzgrund weiter nach Fortführungswerten bilanziert werden, wenn (1) ein glaubhafter Fortführungsinsolvenzplan vorliegt, (2) eine übertragende Sanierung innerhalb des Prognosezeitraums angestrebt und möglich ist oder (3) anzunehmen ist, dass die Unternehmentätigkeit auch nach Insolvenzeröffnung jedenfals innerhalb des Prognosezeitraums fortgeführt wird. Allein die Tatsache, dass ein Unternehmen trotz bestehendem Insolvenzgrund weiter tätig ist, rechtfertigt nicht den weiteren Ansatz von Fortführungswerten, BGH aaO. Entgegenstehende **rechtliche Gegebenheiten** sind Auflösungsgründe, auch wenn sie rechtlich noch nicht vorliegen, aber tatsächlich zu erwarten sind. Auflösung der Ges durch Zeitablauf oder Auflösungsbeschluss allein genügen nicht, wenn die Auflösung nicht tatsächlich zu erwarten ist, ADS 30. I Nr 2 gilt entspr für Nichtfortführung einzelner Betriebsteile oder Werke, ADS 36. Die Prognose muss das Geschäftsjahr nach dem Bilanzstichtag abdecken, hA, Lück DB **01**, 1945. Maßgeblicher Zeitpunkt für die Prognose ist Abschlussstichtag. Bei Zweifeln an der Unternehmensfortführung Angabe im Lagebericht (§ 289 II Nr 2), keine zusätzliche Begründungspflicht von KapitalGes im Anhang (§ 264 Rn 20), sehr str. **Ausnahmen** sind nach II möglich, aber neben Nr 2 Halbs 2 nicht mehr nötig. Steuerberater ist ohne besondere Vereinbarung nicht verpflichtet, von sich aus die für die Fortführungsprognose erheblichen Tatsachen zu ermitteln, BGH DB **17**, 418. **Lit** IDW ERS HFA 17; IDW FN-IDW **06**, 167; Berger StuB **05**, 381; Müller/Weller WPg **08**, 400 (Mezzanine Kapital in der Krise): Lilienbecker/Link/Rabenhorst

BB **09**, 262; Zwirner StuB **10**, 763; Willeke StuB **12**, 858; Baumert ZInsO **17**, 486 (steuerberaterliche Hinweispflicht); Harrison/Solmecke WPg **16**, 1266; Zwirner/Zimny DB **17**, 84.

4) Einzelbewertung zum Abschlussstichtag (I Nr 3)

A. Nr 3 enthält zwei Grundsätze: Bewertung zum Abschlussstichtag und Einzelbewertung, ADS 37. Das **Stichtagsprinzip** (s § 243 Rn 10) gilt auch für die Bewertung. Veränderungen nach dem Bilanzstichtag bis zur Bilanzaufstellung, zB Änderung des Marktpreises von Verkaufsware, dürfen nicht mehr berücksichtigt werden, aber s Rn 14–15. Dagegen können und müssen im Rahmen der GoB bis zum Tag der Aufstellung des Jahresabschlusses gewonnene Erkenntnisse über den Wert am Bilanzstichtag berücksichtigt werden (**wertaufhellende Tatsachen**, § 243 Rn 13), zB wenn Veräußerungsabsicht erst jetzt bekannt wird, Mü WM **94**, 742, wenn die Überschuldung eines Schuldners erst jetzt in Erscheinung tritt und sich auswirkt, aber schon damals einsetzte, oder wenn sich Waren als unverkäuflich herausstellen. Vgl BGH NJW **73**, 511 (zu § 2311 BGB), BFH BB **91**, 1827; für die Abschichtungsbilanz bei der Abfindung s § 138 Rn 22. Als wertaufhellend sind nur Umstände zu berücksichtigen, die zum Bilanzstichtag bereits objektiv vorlagen und nach dem Stichtag, aber vor der Bilanzerstellung lediglich bekannt oder erkennbar wurden. Der zu beurteilende Kenntnisstand zum Zeitpunkt der Bilanzerstellung ist daher auf die am Stichtag objektiv bestehenden Verhältnisse zu beziehen, BFH BStBl II **02**, 688. **Ausnahmen** zB bei § 253 III 3, IV, V; ferner nach II (s Rn 27), zB bei Rückbeziehung von Sanierungsmaßnahmen auf den Abschlussstichtag, ADS 47, vgl Düss WM **86**, 1568 (Werthaltigkeitsgarantie); Heinz/Sand BB **11**, 2795. Zur wertberichtigenden Erfassung des Länderrisikos im Auslandskreditgeschäft durch Rückstellung für unter dem Strich ausgewiesene Eventualverbindlichkeiten bei Tilgung zwischen Stichtag und Bilanzaufstellung EuGH BB **03**, 355. Die Wertberichtigung von Forderungen ist auch dann zulässig, wenn sie nach dem Tag der Bilanzerstellung (teilweise) erfüllt worden sind und der Gläubiger den Schuldner weiterhin beliefert hat, BFH **203**, 319, 320. Ein zwischen Bilanzstichtag und Bilanzaufstellung getroffener Vergleich betr strittige erfolgsabhängige Vergütung für Beratung ist wertaufhellend, FG BaWü BB **11**, 303. Nicht zu berücksichtigen sind hingegen **wertbeeinflussende Tatsachen**, die sich nach dem Stichtag ereignen, aber keinen Rückschluss auf die Verhältnisse am Stichtag erlauben, zB die Ausübung des Wahlrechts zur Wandlung, auch wenn der Mangel schon am Stichtag bekannt war, BFH **191**, 339, 345. **Lit** Hoffmann BB **96**, 1157; Hüttemann FS Priester **07**, 301; Schulze-Osterloh DStR **07**, 1006; Knobbe, BB **12**, 2169; Lüdenbach StuB **14**, 29 (Wertaufhellungszeitraum bei verspätetem Jahresabschluss); Wirth/Weber/Dusemond/P. Küting DB **15**, 1053 (Kapitalkonsolidierung); Hageböke/Hasbach DB **15**, 1307; Ohmen/Seidler BB **15**, 3051.

B. **Einzelbewertung:** Nach I Nr 3 ist jeder Vermögensgegenstand und jeder Schuldposten für sich zu bewerten, also kein Ausgleich von Wertminderung bei einem Vermögensgegenstand mit Wertsteigerung beim anderen. Je nach Art der Nutzung oder Funktion kann aber auch ein zusammengesetztes Gut oder sogar eine Sachgesamtheit zulässige Bewertungseinheit sein, zB Maschinenanlage, ADS § 246 Rn 34 f. Der Grundsatz der Einzelbewertung entspricht bezogen auf die Bewertung dem Verrechnungsverbot (§ 246 II 1). Ansprüche aus Rückdeckungsversicherung für Pensionsverpflichtung sind in Höhe der vom Versicherungsnehmer geleisteten Sparanteile der Prämie zu bilanzieren, BFH BStBl II **04**, 654. **Ausnahmen:** Bei Bildung von Bewertungseinheiten gem § 254 ist I Nr 3 nicht anzuwenden, pauschalierte Abzinsung von Pensionsrückstellungen (§ 253 II 2), zulässig sind auch die Festbewertung (§ 240 III), die Gruppenbewertung (§ 240 IV) und GoB-mäßige Bewertungsvereinfachungsverfahren wie Durchschnitts-

§ 252 10, 11   3. Buch. Handelsbücher

bewertung, fifo, lifo (§ 256); ferner nach II, wenn Einzelbewertung unmöglich oder nur mit unvertretbarem Zeit- oder Kostenaufwand möglich ist, zB bei Garantierückstellungen für Massenprodukte; inwieweit von der Einzelbewertung bei sog durchlaufenden Posten (Fremdgelder, die vereinnahmt und in gleicher Höhe an Dritte weitergegeben werden) abgesehen werden darf, ist umstr, Roos DB **13**, 2758; **pauschale Wertberichtigung** bei größerem Forderungsbestand, s § 253 Rn 23. Lit Rätke StuB **05**, 218; Siegel StuB **05**, 359 (Rückkaufverpflichtung); Wolf StuB **06**, 449 (Risikobegriff); Küting/Eichenlaub BB **11**, 1195.

5) Grundsatz der Vorsicht, Imparitätsprinzip (I Nr 4); Unterbewertung

10   A. **Grundsatz der Vorsicht:** Er dient vor allem dem Gläubigerschutz, BGH NJW **82**, 2825 (BuM). Er gilt nicht nur für die Bewertung (I Nr 4), sondern allgemeiner (s § 243 Rn 9) zB Bilanzierungs- bzw Ansatzverbote, (§ 248), hat aber durch das BilMoG und zunehmender Betonung der Informationsfunktion des Abschlusses gewisse Einschränkungen erfahren, zB Aktivierungspflicht für den derivativen Geschäfts- oder Firmenwert, § 246 I 4, Aktivierungswahlrecht für selbstgeschaffene immaterielle Güter des Anlagevermögens, §§ 248, 255 IIa, Bildung von Bewertungseinheiten, § 254. Er ist auch im Imparitätsprinzip, im Realisationsprinzip (I Nr 4 Halbs 2) und im Niederstwertprinzip (§ 253 III, IV) ausgeprägt. Bsp: Ansatz bestrittener Forderungen idR erst nach Rechtskraft des Urteils bzw Einigung mit dem Schuldner, BFH BB **89**, 1729. Keine Aktivierung von Ansprüchen auf Rückzahlung von Flaschenpfand wegen Mehrrücknahme, soweit solche Ansprüche am Bilanzstichtag noch nicht entstanden sind, BFH DStR **13**, 957. Realisationsprinzip verbietet Aktivierung von Steuererstattungsansprüchen, die am Bilanzstichtag noch bestritten werden, BFH BStBl II **14**, 668. Gewinnrealisierung tritt bei Planungsleistungen eines Ingenieurs nicht erst mit der Abnahme oder Rechnungsstellung ein, sondern bereits mit der Entstehung des Anspruchs auf Abschlagszahlung, BFH DStR **14**, 2010. Allgemein zu **Abschlagszahlungen** Ortmann-Babel DB **15**, 1690; Jörg Müller WPg **16**, 474. Der Grundsatz der Vorsicht ist berechtigt (str); rechtfertigt aber nicht beliebige Unterbewertung und stille Reserven, s Rn 12; daher keine Rückstellung, weil nach allg Erfahrung bei Betriebsprüfung mit Steuernachforderung zu rechnen sei, stRspr BFH **197**, 394, 398; s auch Peun DStR **14**, 1186 (Rückstellungen für Betriebsprüfungsrisiken); Drohverlustrückstellung aber zulässig, wenn Kfz-Händler aus Rückkaufverpflichtung zu Fixpreis im Leasingvertrag Verlust droht, BFH BB **01**, 33. Der Grundsatz der Vorsicht geht den Grundsätzen der Bilanzklarheit, -wahrheit und -vollständigkeit (§ 243 Rn 4–6) nicht vor. Maßgeblicher Zeitpunkt s Rn 11. Bei der Completed-Contract-Methode erfolgt der Gewinnausweis bei einem langfristigen Auftrag entsprechend dem Realisationsprinzip erst bei Lieferung und Abnahme des Gesamtauftrags, Köhler StBp **16**, 93, 94. **Ausnahmen:** II ist hier ohne praktische Bedeutung; Ausnahmen sind idR nicht „begründet" oder entsprechen nicht den GoB. **Lit** Kirsch StuB **05**, 878 (Liquiditätsbeurteilung HGB/IFRS); Fülbier/Gassen DB **07**, 2605; Kirsch StuB **08**, 453; Wielenberg zfBf **09**, 2; Gelhausen/Frey/Rimmelspacher WPg **12**, 1235; Friedl/Buchner StuB **14**, 211 (Änderung des Jahresabschlusses infolge Bilanzierungsfehlers); Deubert/Hoffmann Konzern **14**, 154 (Vermögensauskehrung von Beteiligungsunternehmen); Wirth/Weber/Dusemond/P. Küting DB **15**, 1053 (Kapitalkonsolidierung); Schaflitzl/Crezelius DB **16**, 3; Wollny DStR **16**, 2415; Stefan Müller BC **16**, 466.

11   B. **Imparitäts- oder Verlustantizipationsprinzip:** Nach dem Imparitätsprinzip sind Gewinne und Verluste bei der Bewertung nicht paritätisch, sondern verschieden zu behandeln. Während Gewinne nur zu berücksichtigen sind, wenn sie am Abschlussstichtag realisiert worden sind (I Nr 4 Halbs 2, s Rn 13–15), sind alle vorhersehbaren Risiken und Verluste, die bis zum Abschlussstichtag entstanden, wenn auch nicht realisiert sind, zu berücksichtigen. Noch nicht realisierte Verluste sind also in der Bilanz vorwegzunehmen (Verlustantizipation), phasengleiche Berücksichtigung von Verlusten aus stillen Beteiligungen, BFH BB **12**, 1466. Das Imparitätsprinzip gilt wie das Vorsichtsprinzip nicht nur für die Bewertung, sondern ist zB auch in der Rückstellungsvorschrift des § 249 I 1 ausgeprägt. Eine Verlustantizipation steckt ferner im Niederstwertprinzip (§ 253 III, IV). Dass die Verluste „bis zum Abschlussstichtag entstanden" sein müssen, bezieht sich auf die Periodenzuordnung (Stichtagsprinzip), wie aus der Präzisierung „selbst wenn diese erst zwischen dem Abschlussstichtag und dem Tag der Aufstellung des Jahresabschlusses bekannt geworden sind" hervorgeht. Maßgebender Realisierungszeitpunkt eines nach § 17 IV EStG zu berücksichtigenden Auflösungsverlust ist auch im Fall einer Nachtragsliquidation derjenige, in dem mit einer Auskehrung von Geschäftsvermögen an Gesellschafter und mit einer wesentlichen Änderung der beteiligungsbedingten Aufwendungen nicht mehr zu rechnen ist, BFH BeckRS **14**, 95706. Bsp: Die Umstände, wegen derer eine Forderung des Kfm praktisch nicht mehr zu realisieren ist, müssen noch vor dem Ende des Geschäftsjahres eingetreten sein; aber es genügt, wenn der Kfm davon erst nachher, aber bis zur Aufstellung des Jahresabschlusses erfährt (**wertaufhellende** Tatsachen, s Rn 8, § 243 Rn 13). Nach dem Abschlussstichtag eintretende wertmindernde Umstände (**wertbeeinflussende** Tatsachen) sind nicht mehr wie noch nach § 253 III 3 aF berücksichtigungsfähig. Versagung einer Teilwertabschreibung für Verlustprodukte bei rentabel geführtem Betrieb verstößt nicht gegen Imparitätsprinzip, BFH **189**, 51, 56. **Lit** Eibelshäuser Konzern **06**, 618 (Bilanzierungsgrundsätze); Wolf StuB **06**, 449 (Risikobegriff); Fülbier/Gassen DB **07**, 2605; Kirsch StuB **08**, 453.

C. Falschbewertung: a) Überbewertung von Bilanzposten, also Ansatz von Aktiva zu einem höheren Wert oder von Passiva zu einem niedrigeren Wert als nach Gesetz oder GoB vorgesehen, ist, wie auch I Nr 4 zeigt, klar unzulässig und kann zur Nichtigkeit des Jahresabschlusses (für AG § 256 V Nr 1 AktG, entspr für GmbH) führen. **12**

b) Unterbewertung, also Ansatz von Aktiva zu einem niedrigeren Wert oder von Passiva zu einem höheren Wert als nach Gesetz oder GoB vorgesehen, ist nur scheinbar durch I Nr 4 gerechtfertigt. Keine Unterbewertungen im eigentlichen Sinn sind die Unterschiede zwischen dem wirklichen und dem gesetzlich vorgeschriebenen oder erlaubten Wert (zB Niederstwertprinzip, Ansatz- und Bewertungswahlrechte, s Rn 13–15); die sich daraus ergebenden Reserven sind dementsprechend keine stillen Reserven im eigentlichen Sinn und ohne weiteres auch bei KapitalGes zulässig. Echte Unterbewertungen und damit die Bildung echter stiller Reserven sind bei KapitalGes unzulässig (§ 253 III 4, V rechtsformunabhängig); Rechtsfolge bei Vorsatz ist Nichtigkeit (§ 256 V Nr 2 AktG, entspr für GmbH), sonst Anfechtbarkeit des Jahresabschlusses. Bei EinzelKflten und PersonenGes sind echte Unterbewertungen ebenfalls unzulässig. **Lit** Friedl/Buchner StuB **14**, 211 (Änderung des Jahresabschlusses infolge Bilanzierungsfehlers).

D. Stille Reserven. a) Begriff der stillen Reserven: Stille Reserven im weiteren Sinn bilden die positive Differenz zwischen dem wahren Wert des Unternehmens und dem im Jahresabschluss angesetzten Buchwert. Sie entstehen durch Unterbewertung iwS, dh Ansatz von Aktiva zu einem niedrigeren Wert oder von Passiva zu einem höheren Wert als dem wahren Wert (s Rn 12). Dieser weite Begriff der stillen Reserven ist zB bei der Unternehmensbewertung vor einem Unternehmenskauf (Einl 34–37, 44–47 vor § 1) oder bei der Abfindung ausscheidender Gfter (s § 138 Rn 21) sinnvoll. Beschluss über Bildung stiller Reserven s § 120 Rn 6. Zur Wirksamkeit von Buchwertklauseln (Abfindung ohne Beteiligung an den stillen Reserven) s § 138 Rn 30. **Lit** Siegel ua ZIP **99**, 2077 (Arten, Bildung, aktienrechtliche Transparenz); Binz/Mayer DB **06**, 1599 **13**

§ 252 14–18 3. Buch. Handelsbücher

(Entscheidungskompetenz Familienunternehmen); Seidler BB **14**, 171 (Aufdeckung stiller Reserven durch erbrechtliche Gestaltung).

14 **b)** Bei der Frage, inwieweit die **Bildung stiller Reserven zulässig** ist, geht es um stille Reserven ieS. Stille Reserven iwS, dh Differenzen zwischen dem wahren Wert und dem Buchwert, sind teils unvermeidlich (Schätzungsreserven zB Bandbreite bei Schätzwerten), teils gesetzlich vorgeschrieben (Zwangsreserven, Bspe: Bilanzierungsverbote § 248; Imparitätsprinzip, s Rn 11; Niederstwertprinzip, s § 253 Rn 1, 13, 15), teils gesetzlich erlaubt (spezielle Ermessensreserven, zB Ansatzwahlrechte, s § 264 Rn 23; Bewertungswahlrechte s Rn 28; Wahl von Schätzungsverfahren zB Lifo, s § 256 Rn 2). Problematisch sind vielmehr die stillen Reserven im engeren Sinn (allgemeine Ermessensreserven), dh die zusätzliche Differenz zwischen dem nach Gesetz oder GoB vorgesehenen „normalen" Buchwert und dem durch **freie Unterbewertungsentscheidung des Kfm** weiter verringerten „tatsächlichen" Buchwert.

15 E. **Beurteilung der stillen Reserven: a) Für stille Reserven** wird vorgebracht, sie dienten der Unternehmenssicherung (Pufferfunktion), beschränkten zu weit gehende Entnahmen (Thesaurierungsfunktion) und sorgten für eine größere Stetigkeit des Unternehmens und der ausgewiesenen Jahresgewinne (Ergebnisglättungs- bzw Egalisierungsfunktion), Moxter BB **85**, 1103.

16 **b) Gegen stille Reserven** sprechen aber bessere Gründe, denn sie stellen ein in mehrfacher Sicht gefährliches Instrument zur bilanzpolitischen Ergebnismanipulation dar. Die **Selbstinformation** des Kfm (Einl 10v § 238) wird verfälscht, außer wenn dieser Eigenbilanzen ohne stille Reserven führt und fortschreibt. Der **Gesellschafterschutz** (Einl 11v § 238) wird beeinträchtigt, weil der ausschüttungsfähige Bilanzgewinn künstlich verringert und eine zutreffende Bewertung der Anteile am Markt erschwert wird (Folge: erhöhte Kapitalkosten). Thesaurierung und Wiederauflösung ohne Wissen und Willen der Gfter entmündigt sie zugunsten der Verwaltung der Ges. Stille Reserven berühren aber auch den **Gläubigerschutz**: Verluste werden durch Auflösung stiller Reserven verschleiert (Irreführung durch Egalisierung), unfähige Verwaltungen nicht oder nicht rechtzeitig abgelöst, Vertrauenskrisen und Runs bei Ende der stillen Reserven heraufbeschworen, obwohl die notwendige Thesaurierung durch (offene) Gewinnrücklagen (§ 272 III) möglich ist. Stille Reserven stören schließlich den Markt- und Allokationsmechanismus (**Funktionenschutz**). Aus diesen Gründen bestand schon vor Inkrafttreten des BilMoG ein Verbot zur Anwendung von § 253 IV für KapitalGes (279 I aF). **Lit** Beisse FS Beusch **93**, 77; Kübler ZHR 159 (**95**), 550; Kleindiek ZGR **98**, 466.

17 F. **Bildung stiller Reserven nach BilMoG.** Der Kritik entsprechend wurde die Möglichkeit zur Bildung stiller Reserven durch **BilMoG** ganz erheblich **eingeschränkt**. Weder § 243 noch das Vorsichtsprinzip (Rn 10) ermächtigen zur Bildung stiller Reserven.

6) Realisationsprinzip (I Nr 4 Halbsatz 2), schwebende Geschäfte, Anzahlungen, Periodenabgrenzung (I Nr 5)

18 A. **Realisationsprinzip:** Das Realisations- oder Abgrenzungsprinzip regelt den Ausweis der Aufwendungen und Erträge gemäß dem Zeitpunkt ihrer wirtschaftlichen Verursachung. Es betrifft den Ansatz, aber auch die Bewertung (str). Das Realisationsprinzip ist Ausfluss des Vorsichtsprinzips (s Rn 10) und dient der richtigen Periodenabgrenzung, I Nr 4 Halbs 2: Gewinn bzw Ertrag darf erst ausgewiesen werden, wenn er durch Umsatz (entgeltlich, am Markt) realisiert worden ist, BFH **190**, 349, 354 (keine Aktivierung vor Teilprovisionszahlung für Teilbearbeitungsleistung, die erst im folgenden Gewinnermittlungszeitraum zu erbringen ist); zulässig ist Teilgewinnrealisierung bei Inkassoprovision für einge-

1. Abschnitt. Vorschriften für alle Kaufleute § 252

triebene Teilbeträge, FG Hbg EFG **06**, 401, BFH BB **08**, 830. Bis zur Realisation dürfen Vermögensgegenstände höchstens mit den Anschaffungs- oder Herstellungskosten angesetzt werden, auch wenn ihr Wert gestiegen ist. Ausnahme bei Kreditinstituten für zu Handelszwecken erworbene Finanzinstrumente: Zeitwertbewertung, § 340e III, wonach auch nur realisierbare Gewinne anzusetzen sind. Bei Aktivierung einer Forderung sind noch nicht entstandene Rückgriffsansprüche nur zu berücksichtigen, wenn sie dem Forderungsausfall unmittelbar nachfolgen und unstreitig sind, BFH BB **00**, 718. Bestrittene Forderungen sind erst zu aktivieren, wenn sie rechtskräftig zuerkannt oder vom Schuldner anerkannt sind, BFH BB **06**, 1739. Auch Aufwendungen sind grundsätzlich erst bei Realisierung auszuweisen; bei Risiken und Verlusten geht aber das Imparitätsprinzip vor (s Rn 11). Forderungen und Verbindlichkeiten aus schwebenden Geschäften s Rn 21, Anzahlungen s Rn 22. RsprÜbersicht: Moxter, 6. Aufl 2007 (BFH) § 5.
Lit Gelhausen/Rimmelspacher AG **06**, 729 (Wandel- und Optionsanleihen); Taraschka DStR **06**, 109 (Rangrücktritt); Eibelshäuser Konzern **06**, 618 (Bilanzierungsgrundsätze); Breidert/Moxter WPg **07**, 912; Renningen StuB **07**, 423 (bestrittene Rechtsverhältnisse); Hommel/Berndt BB **10**, 2190 (Historie); Gassen/Kawadias DB **12**, 125 (Erlösrealisierung im Netzbereich); Küting/Lam DStR **12**, 2348; Euler/Hommel BB **14**, 2475 (neue BFH-Rspr. zum Passivierungszeitpunkt von Rückstellungen); Hoffmann StuB **14**, 829 Gewinnrealisierung bei Teilleistungen); Levedag GmbHR **14**, 336 (Gewinnrealisation bei mitunternehmerischen Übertragungsvorgängen).

B. Realisationszeitpunkt: a) Austauschverträge (Umsatzgeschäfte): Ein Gewinn (und damit auch eine Forderung) darf grundsätzlich nur ausgewiesen werden, wenn er durch Umsatz (Veräußerung oder sonstiger Leistungsaustausch) verwirklicht (disponibel) ist, BFH/NV **13**, 1566; FG Mü EFG **16**, 2038. Dies ist weder der Zeitpunkt des Vertragsschlusses (Erfüllung noch nicht gesichert) noch der Fälligkeit noch der Bezahlung (zu früh bei Anzahlung, zu spät bei Stundung) noch der Rechnungsstellung (so vielfach die kfm Praxis, aber da Rechnungsstellung erst nach Bewirkung der Hauptleistung üblich ist, mit Ergebnis wie hier), sondern der Lieferung, also der (vollständigen) **Bewirkung der Hauptleistung** (BFH: „wirtschaftliche Erfüllung") des Sachleistungsverpflichteten (Leistungshandlung plus Übergang der Preisgefahr, nicht erst Annahme außer nach § 644 BGB; ohne Rücksicht auf Eigentumsvorbehalt s § 246 I 2), BFH BStBl II **06**, 0; BFH/NV **10**, 2033; BFH/NV **11**, 1343; FG Nds EFG **16**, 1158. Dann hat der Kfm das Seine getan und kann mit Gegenleistung rechnen, die Kaufpreisforderung also aktivieren. Sein Risiko reduziert sich darauf, dass Empfänger Gewährleistung geltend macht oder zahlungsunfähig wird. Damit ist Schwebezustand aus zugrunde liegendem Geschäft beendet und Gewinn daraus realisiert. Bspe: Beim Barkauf mit Erfüllung. Beim Versendungskauf (§ 246 Rn 17) im Zeitpunkt der Absendung der Ware (§ 447 BGB). Beim (unstreitigen) Annahmeverzug mit Gefahrübergang. Bei Rückgabevorbehalt erst mit Erlöschen des Rückgaberechts, ADS 82, aA auch bei statistisch geringer Rückgabequote, Piltz BB **85**, 1368. Keine Aktivierung der Kaufpreisforderung bei Rücktrittsrecht des Käufers, insbesondere wenn mit seiner Ausübung bei Feststellung des Jahresabschlusses zu rechnen war, vgl Dred BB **06**, 1606. Bei selbständig abrechenbaren Teilleistungen (zB Miete, Pacht, Leasing s **(7)** Bankgeschäfte P/1) mit ihrer Bewirkung. Bei Provisionsanspruch des Handelsvertreters nicht mit Abschluss des vermittelten Geschäfts, sondern erst im Zeitpunkt seiner Ausführung (bei Reisevertrag: Erbringung der Reiseleistungen), weil Anspruch vor Ausführung mit zu hohen Risiken belastet ist, st Rspr BFH/NV **14**, 907, aA Korn/Schiffers, EStG, KStG § 5 Rn 343. Str bei sog Mehrkomponentengeschäften (mehrere gleichzeitig oder zeitnah zu erbringende Leistungen an denselben Empfänger): Für Wahlrecht zwischen Methode des relativen fair value und Residualwertmethode Freiberg

Merkt

§ 252 20, 21

PiR **13**, 326. Bei Abschlussprovisionen, wenn Vermittlungsleistung erfüllt und Vertrag zustande gekommen ist, BFH DStRE **05**, 1371. Bei zu erstellenden Eigentumswohnungen ist Gewinn realisiert, wenn mindestens die Hälfte der Erwerber ausdrücklich oder konkludent (3 Monate rügelose Ingebrauchnahme) das Gemeinschaftseigentum abgenommen hat, BFH HFR **06**, 6. Bei Fremdwährungsverbindlichkeiten: Hat sich Kurs für Steuerpflichtigen günstig entwickelt, muß gleichwohl Wertansatz auf historische Anschaffungskosten beschränkt werden, FG Nds EFG **16**, 883. Bei **langfristiger Fertigung** (über das Geschäftsjahr hinaus), insbesondere bei Großprojekten (Industrieanlagenvertrag s Überbl 23 vor § 373) bleibt es grds bei Gewinnrealisierung im Jahr der Erbringung der Sachleistung, vor BilMoG str, für § 269 aF analog (Bilanzierungshilfe, Wahlrecht) Knobbe-Keuk § 6 I 4, auch Berücksichtigung bei Bewertungswahlrechten nach § 255 II 3, 4, III 2 aF; aber Ausnahme vom Realisationsprinzip nach II zulässig unter der Voraussetzung endgültiger Teilabrechnungen, des Übergangs der Vertragsgegenstände und des Nichtdrohens von Verlusten in den Folgeperioden, BeckBilKo/ § 255 Rn 461, ADS 87, str, aA jede Durchbrechung des Realisationsprinzips ablehnend Baumb/Hueck/Schulze-Osterloh § 42 Rn 104, 327, GK BilR/Kleindiek 31; jedenfalls die noch weiter vorgezogene Teilgewinnrealisierung, in der Praxis auch ohne selbstständige Abrechnung von Teilleistungen, ist als zu riskant abzulehnen (dann aber uU § 264 II 2), sehr str, Knobbe-Keuk § 6 I 4, aA ADS 88 (aber andere einengende Voraussetzungen). Lit Stewing BB **90**, 100. **Vermögenszugehörigkeit von Gütern** (Kaufsache, Leasingsache, Sicherungseigentum etc) s § 246 Rn 14–23. Verbleibt das wirtschaftliche Eigentum an Leasinggegenständen bei Leasingnehmer, kann der dem Leasing zeitlich vorgelagerte Kauf mangels Übertragung des wirtschaftlichen Eigentums weder als gewinnrealisierender Umsatzakt durch den Leasingnehmer noch als Anschaffung durch den Leasinggeber gewertet werden, BFH DB **17**, 281.

20 **b) Andere Forderungen** (zB Ansprüche auf Schadensersatz, Rückgewähr, Dividendenzahlung, Zuschüsse) sind dann zu aktivieren, wenn sie für den Kfm hinreichend sicher und konkretisiert sind; ob und wann die Forderung rechtlich entsteht, ist nicht ausschlaggebend (vgl § 268 IV 2; s § 246 Rn 14–23), BGH **137**, 380 (Tomberger, § 246 Rn 11), str. Bspe: Aktivierung eines streitigen Schadensersatzanspruchs ab Schadensereignis, falls Geschädigter den Anspruch geltend machen will, ADS 84, aA erst mit rechtskräftigem Obsiegen, BFH BStBl II **74**, 91, DB **89**, 1949: künftiger Dividendenanspruch, BGH **65**, 234, **137**, 381 (Konzernmutter), BFH BStBl II **81**, 185, **89**, 717; Ansprüche aus Gewinnbeteiligung an KapitalGes, wenn Gewinnausschüttung beschlossen ist, bei Durchsetzbarkeit durch Konzernmutter schon früher, str, ADS 82; Forderung aus Rückdeckungsversicherung für Pensionsansprüche, BFH HFR **06**, 1087. Steuererstattungsansprüche und weitere BFHRspr s Baumb/Hueck/Schulze-Osterloh § 42 Rn 83; Gewinnanspruch des PersonenHdlGfters erst, wenn er darüber individuell verfügen kann, auch vor Entstehen eines Rechtsanspruchs, idR zum Abschlussstichtag, jedoch nicht vor notwendigem GfterBeschluss, IDW-HFA 1/**91** WPg **91**, 334. Provisionen erst dann, wenn nicht mehr stornobehaftet FG Münster BB **12**, 1018.

21 **C. Schwebende Geschäfte:** Das sind solche gegenseitige Geschäfte, bei denen die Hauptleistung, die Gegenstand des Geschäfts ist, noch nicht bewirkt ist (s auch § 249 Rn 10), BFH GrS DStR **97**, 1442; BeckBilKo § 249 Rn 53; aA ADS § 249 Rn 139, vgl BFH BB **93**, 895, üL: solche, bei denen beide Leistungen noch nicht bewirkt sind (aber Anzahlungen s Rn 22), vermittelnd IDW RS HFA 4 Tz 11; kein schwebendes Geschäft ist einseitiges Leistungsversprechen wie zB Mietgarantie, FG Bln-Brdbg DStRE **11**, 665. Schwebezustand endet erst mit Erfüllung der Sachleistung, weil Geldleistung nur Vorauszahlung ist. Zulässige Teilleistungen beenden Schwebezustand insoweit. Bei **zeitraumbezogenen**

Dauerschuldverhältnissen fehlt Erfüllungszeitpunkt, daher zeitproportionale Gewinnrealisierung, weil die zeitraumbezogene Leistung sich in jedem Augenblick des Vertragszeitraums und unabhängig von gesetzlichen oder vertraglichen Abrechnungszeiträumen für die Gegenleistung realisiert, BFH BStBl II **98**, 505; FG Mü EFG **16**, 2038. Daher bleiben Dauerschuldverhältnisse, zB Miete, auch nach teilweiser Erfüllung schwebend, aber kontinuierlicher Abbau mit Erbringung der Sachleistung. Erwerb eines Erbbaurechts ist schwebendes Geschäft, BFH BStBl II **85**, 617. Erwerb des Eintrittsrechts in ein schwebendes Geschäft ist nicht schon deswegen selbst ein schwebendes Geschäft, BFH NJW **93**, 222. Arbeitsverhältnis/Altersteilzeit: Schwebendes Geschäft endet bei Eintritt des Arbeitnehmers in Freistellungsphase, BFH DB **06**, 535. Schwebende Geschäfte dürfen nicht bilanziert werden, hL, stRspr, BFH, BB **91**, 1623, **93**, 895; denn vor Bewirkung der Hauptleistung besteht keine hinreichende Sicherheit der Erfüllung (Vorsichtsprinzip, s Rn 10), auch sei Kompensation der Rechte und Pflichten aus dem schwebenden Vertrag anzunehmen (Ausgeglichenheitsvermutung), BFH NJW **93**, 222; Ausnahme für der Zeitwertbilanzierung unterliegende Derivate bei Kreditinstituten, § 340e III. Das Verbot hindert nicht den Ausweis einer Verbindlichkeit, die erst nach Beendigung des Schwebezustands zu erfüllen ist (Verpflichtungsüberhang), BFH **198**, 420, 424, s auch BFH/NV **06**, 1918. Für Erfüllungsrückstände (Verpflichtungen, die auf korrespondierenden Vorleistungen des Vertragspartners, BFH **195**, 567, 568f) und drohende Verluste aus schwebenden Geschäften sind dagegen Rückstellungen zu bilden (§ 249 Rn 2, 14) s BFH DB **06**, 535; Angabepflicht im Anhang nach § 285 Nr 3. Mit Bewirkung der Hauptleistung (s Rn 19) endet der Schwebezustand: Der Verkäufer bucht die Ware (zB 4500 Euro) ab und die Kaufpreisforderung (zB 5000 Euro) ein (Gewinnrealisierung, s Rn 19). Financial Futures und Forward Rate Agreements, IDW-BFA 2/**93** WPg **93**, 517. **Lit** Lüdenbach/Hoffmann DStR **06**, 1382 (Nutzungsrechte); Christiansen DStR **07**, 869; Hoffmann StuB **13**, 677 (Ende der Schwebezeit).

D. **Anzahlungen:** Sie sind beim Zahlenden als „geleistete Anzahlungen" zu 22 aktivieren (vgl § 266 II A I 3) und beim Zahlungsempfänger als „erhaltene Anzahlungen" (auf Bestellungen, vgl § 266 III C Nr 3) zu passivieren, also jeweils nur in Höhe des Anzahlungsbetrags. Die Auszahlung wird auf diese Weise erfolgsneutral behandelt. Die Bewirkung der Anzahlung führt also nicht zur Gewinnrealisierung (anders als die der Hauptleistung, zB Kaufsache, s Rn 14). Das folgt schon daraus, dass hier das Geschäft noch schwebt (s Rn 21), nach üL (s Rn 21) ist eben beim einseitig erfüllten Geschäft zwischen Vorleistungen des Geldschuldners und des Sach-(Haupt-)schuldners zu unterscheiden; Knobbe-Keuk § 4 VII 3. Die mit den vereinnahmten Anzahlungen zusammenhängenden Aufwendungen sind als unfertige Leistung gem § 266 II B I 2 zu aktivieren FG Münster BB **12**, 1018. Rechnungsabgrenzungsposten s § 250.

E. **Periodenabgrenzung:** Aufwendungen und Erträge sind unabhängig vom 23 Zahlungszeitpunkt im Geschäftsjahr ihrer wirtschaftlichen Verursachung zu verrechnen. Dieser Grundsatz der Periodenabgrenzung (Nr 5) betrifft Ansatz, nicht Bewertung und steht mit den Grundsätzen nach Nr 4, besonders Imparitäts- und Realisationsgrundsatz, in engstem Zusammenhang. **Ausnahmen** sind grds möglich nach II, bestanden bisher aber schon nach anderen Vorschriften, str, ADS 102, zB Ansatz- und Bewertungswahlrechte (s Rn 28), die aber durch BilMoG überwiegend entfallen sind. Daneben ist II praktisch ohne Bedeutung, Kü/We 130. **Lit** Hoffmann StuB **13**, 637.

7) Bewertungsstetigkeit (I Nr 6)

A. Die Jahresabschlüsse verschiedener Geschäftsjahre sollen miteinander **ver-** 24 **gleichbar** sein. Das erhöht auch die Aussagekraft der einzelnen Bilanz. Dem dient der Grundsatz der Bilanzidentität (I Nr 1) und der Bilanzkontinuität. I Nr 6 schreibt **materielle Bilanzkontinuität** (Bewertungsstetigkeit) vor (bisher str, ob GoB). Die auf den vorhergehenden Jahresabschluss angewandten Bewertungsmethoden, zB Abschreibungen (§§ 253 f) oder Bewertungsvereinfachungsverfahren (§ 256), sollen beibehalten werden. I Nr 6 erstreckt sich auch auf im Geschäftsjahr neu hinzugekommene Vermögensgegenstände und Schulden. Zeitmäßige Grenze gibt es nicht. I Nr 6 erfasst auch die Ausübung von Bewertungswahlrechten, dagegen nicht die Inanspruchnahme steuerrechtlicher Bewertungswahlrechte und Sonderabschreibungen (§ 254 aF), nach aA doch, aber iErg ebenso, da jedes Jahr neue Wahl, ADS 105, Stetigkeitsgebot erfasst aber planmäßige Sonderabschreibungen für bestimmte Gruppen gleichartiger Vermögensgegenstände, IDW-HFA 3/97 sub 2 (Standard ersetzt durch RS HFA 38, der das nicht mehr explizit, aber wohl noch implizit (insbes dort Rz 4) sagt; auch nicht zusätzliche Abschreibungen nach § 253 IV aF, IDW-HFA 3/97. Bisher auch die Ausübung von Ansatzwahlrechten, ADS 110, str, aber Willkürverbot, durch BilMoG nun in § 246 III gesondert geregelt. Vor Geltung des BilMoG war Nr 6 als Soll-Vorschrift ausgestaltet, von der ebenso wie bei Nr 1–5 nur in begründeten **Ausnahme**fällen abgewichen werden durfte (II, s Rn 22), BGH **132**, 273. Die Neufassung als Ist-Vorschrift erfolgte allein aus redaktionellen Gründen. Die Abweichung ist nicht schon deshalb zulässig, weil sie im Anhang angegeben und begründet wird, vielmehr muss sie sachlich gerechtfertigt sein. IDW RS HFA 38 Rz 14 (deutlich großzügiger ADS 113, dagegen GK BilR/Kleindiek 47). Solche Ausnahmen sind zB Änderung von Gesetz, Satzung, Rechtsprechung oder Steuerpraxis; Ergebnisse einer steuerlichen Betriebsprüfung; Einbeziehung in Konzernverbund; GfterBestandsänderung; andere Unternehmenskonzeption etwa bei Wechsel des Managements; Nutzung ansonsten vom Verfall bedrohter steuerlicher Verlustvorträge, Kü/We 126, str; grundlegende andere Einschätzung der Unternehmensentwicklung, ADS 113, aA Baumb/Hueck/Schulze-Osterloh § 42 Rn 334; Einleitung von Sanierungsmaßnahmen; Anpassung des Konzernabschlusses (§ 298 I) an konzerneinheitliche Bilanzierungsrichtlinien oder an international anerkannte Grundsätze, IDW RS HFA 38 Rz 14. **Nicht:** Vermeidung von § 92 I AktG, § 49 III GmbHG. Grund: Warnfunktion, § 284 II Nr 3 genügt nicht, aA ADS 115; allgemeine Verfolgung geänderter Substanzerhaltungsziele, IDW RS HFA 38 Rz 14. Bei Änderungen im Ansatz und in der Bewertung keine Anpassung der Vorjahreszahlen (§ 265 II 1), sondern erforderlichenfalls Angaben nach § 284 II Nr 3, IDW RS HFA 38 Rz 21. **Übergangsrecht** in **(1)** EGHGB Art 24 V 1 (s Einl 67v § 238). **Lit** Hennrichs, Wahlrechte 1999, 305 ff; IDW-HFA 3/97; Küting/Tesche/Tesche StuB **08**, 655; Küting/Tesche DStR **09**, 1491; Scherff/Willeke StuB **10**, 769; zur Stetigkeit bei der Zugangs- und Folgebewertung von Grundstücken Willeke StuB **15**, 104.

25 B. Nach dem Grundsatz der **formellen Bilanzkontinuität (Ausweiskontinuität)**, der zwar für KapitalGes in § 265 I näher ausgeformt ist, aber im Kern auch für EinzelKfm und PersonenGes gilt, darf auch die Darstellungsform, also die einmal gewählte Gliederung der Bilanz und der Gewinn- und Verlustrechnung und die Benennung und Abgrenzung der Bilanzposten, nicht willkürlich geändert werden.

8) Weitere Bewertungsgrundsätze

26 § 252 ist nicht abschließend. Weitere Bewertungsgrundsätze sind zB Anschaffungswertprinzip (§ 253 I 1), Niederstwertprinzip (§ 253 III 3, IV 1, 2), Planmäßigkeit der Abschreibung (§ 253 III 2), ferner Grundsätze der Methodenbestimmtheit (keine Mischwerte aus verschiedenen Methoden heraus), Grundsatz der Willkürfreiheit, Grundsatz der Wesentlichkeit (materiality, für die Adressaten

1. Abschnitt. Vorschriften für alle Kaufleute   27–29   § 252

des Jahresabschlusses Unwesentliches soll wegbleiben können). Reichweite im Einzelnen str, ADS 123 ff.

9) Abweichen nur in begründeten Ausnahmefällen (II)

Die Grundsätze von I gelten nicht starr. Vielmehr darf in begründeten Ausnahmefällen (§ 264 II 1) von ihnen abgewichen werden (II, s jeweils zu Nr 1–6, zB pauschale Wertberichtigung Rn 9). Die Abweichung nach II muss den GoB entsprechen. Bei der KapitalGes (§ 264 Rn 1) muss uU sogar abgewichen werden (true and fair view, § 264 II), s zu zulässiger Bewertungseinheit bei Mobilfunkverträgen Pottgießer/Velte StuB **06**, 131, aber idR genügt Angabe im Anhang (§ 264 Rn 9, 14). Abweichungen von Bilanzierungs- und Bewertungsmethoden sind vo KapitalGes im Anhang zu erläutern (§ 284 II Nr 3). Zur steuerbilanziellen (verlustverursachenden) Teilwertabschreibung auf Beteiligung an BgA nach HGB gem II 2 Halbs 2 BFH BStBl II **15**, 161. **Lit** Wengerofsky DB **15**, 873 (Abweichungen v BilRi 2013). 27

10) Bewertungswahlrechte

Hier ergeben sich mit Geltung des BilMoG erhebliche Änderungen im Interesse besserer Vergleichbarkeit: Auch wenn §§ 252–256 aF und noch erheblich weiter gehend §§ 279–283 aF für KapitalGes die freie Bewertung erheblich einschränkten, blieb Raum für Bilanzpolitik (§ 264 Rn 26, dort auch Bilanzierungswahlrechte) durch Ausübung der Bewertungswahlrechte. Folgende Bewertungswahlrechte entfallen nun: Abschreibungen auf Grund Steuerrechts (§ 254 aF), nach vernünftiger kfm Beurteilung (§ 253 IV aF), solche auf den nahen Zukunftswert (§ 253 III 3 aF), Verkürzung des Abschreibungszeitraums bei Aktivierung eines derivativen Geschäfts- oder Firmenwerts (§ 255 IV 2 aF) und von Aufwendungen für Ingangsetzung und Erweiterung des Geschäftsbetriebs (§§ 269 aF, 282 aF), Verteilung der Abschreibung des Geschäfts- und Firmenwerts auf die Geschäftsjahre der voraussichtlichen Nutzung (§ 255 IV 3 aF). Das Wahlrecht für bestimmte außerplanmäßige Abschreibungen (§§ 253 II 3 aF, 279 I 2 aF) wird für alle Bilanzierenden auf Finanzanlagen beschränkt, § 253 III 4. **Wahlrecht** besteht künftig für pauschale Abzinsung von Pensionverpflichtungen (§ 253 II 2), Einbeziehung von angemessenen Kosten der allgemeinen Verwaltung und sozialen Einrichtungen des Betriebes in die Herstellungskosten (§ 255 II 3) und unverändert Ansatz von Zinsen für Femdkapital (§ 255 III 2). Anwendung von Bewertungsvereinfachungsverfahren (§ 256). **Lit** Hennrichs, Wahlrechte 1999; Göllert DB **08**, 1165; Hüttche StuB **09**, 409; Rogler KoR **10**, 163 und 225; Philipps StuB **11**, 203. 28

11) Rechtsfolgen des Verstoßes gegen Bewertungsgrundsätze

Die in § 252 enthaltenen Grundsätze sind als solche weder straf- noch ordnungswidrigkeitenrechtlich sanktionsbewehrt. Ein Verstoß gegen die gesetzlichen Bewertungsgrundsätze kann bei KapitalGes (AG, KGaA, GmbH) ggf zur **Nichtigkeit** des Jahresabschlusses führen, § 256 V Nr 1, 2 AktG (analog für GmbH). Zwar setzt § 256 V AktG Verletzung der §§ 253–256 iVm §§ 279–283 voraus. Doch wird isolierte Verletzung von § 252 ohne gleichzeitige Verletzung zumindest einer dieser Vorschriften praktisch kaum vorkommen (ggf Nichtigkeit analog § 256 V AktG, s ADS Vor §§ 252–256 Rn 31). § 256 V AktG setzt ferner vorsätzliche unrichtige Widergabe oder Verschleierung voraus. Bei bloßer Fahrlässigkeit (fristgebundene) Anfechtbarkeit des Feststellungsbeschlusses. Keine Anwendung des § 256 V AktG auf typische PersonenGes. Bei prüfungspflichtigen Ges ist Versagung oder Einschränkung des Bestätigungsvermerks (§ 322) möglich. **Straf-** und **ordnungswidrigkeitenrechtliche Konsequenzen:** §§ 331, 334, 335b, § 20 PublG u § 283 StGB. 29

§ 253

Zugangs- und Folgebewertung

253 (1) ¹Vermögensgegenstände sind höchstens mit den Anschaffungs- oder Herstellungskosten, vermindert um die Abschreibungen nach den Absätzen 3 bis 5, anzusetzen. ²Verbindlichkeiten sind zu ihrem Erfüllungsbetrag und Rückstellungen in Höhe des nach vernünftiger kaufmännischer Beurteilung notwendigen Erfüllungsbetrages anzusetzen. ³Soweit sich die Höhe von Altersversorgungsverpflichtungen ausschließlich nach dem beizulegenden Zeitwert von Wertpapieren im Sinn des § 266 Abs. 2 A. III. 5 bestimmt, sind Rückstellungen hierfür zum beizulegenden Zeitwert dieser Wertpapiere anzusetzen, soweit er einen garantierten Mindestbetrag übersteigt. ⁴Nach § 246 Abs. 2 Satz 2 zu verrechnende Vermögensgegenstände sind mit ihrem beizulegenden Zeitwert zu bewerten. ⁵Kleinstkapitalgesellschaften (§ 267a) dürfen eine Bewertung zum beizulegenden Zeitwert nur vornehmen, wenn sie von keiner der in § 264 Absatz 1 Satz 5, § 266 Absatz 1 Satz 4, § 275 Absatz 5 und § 326 Absatz 2 vorgesehenen Erleichterungen Gebrauch machen. ⁶Macht eine Kleinstkapitalgesellschaft von mindestens einer der in Satz 5 genannten Erleichterungen Gebrauch, erfolgt die Bewertung der Vermögensgegenstände nach Satz 1, auch soweit eine Verrechnung nach § 246 Absatz 2 Satz 2 vorgesehen ist.

(2) ¹Rückstellungen mit einer Restlaufzeit von mehr als einem Jahr sind abzuzinsen mit dem ihrer Restlaufzeit entsprechenden durchschnittlichen Marktzinssatz, der sich im Falle von Rückstellungen für Altersversorgungsverpflichtungen aus den vergangenen zehn Geschäftsjahren und im Falle sonstiger Rückstellungen aus den vergangenen sieben Geschäftsjahren ergibt. ²Abweichend von Satz 1 dürfen Rückstellungen für Altersversorgungsverpflichtungen oder vergleichbare langfristig fällige Verpflichtungen pauschal mit dem durchschnittlichen Marktzinssatz abgezinst werden, der sich bei einer angenommenen Restlaufzeit von 15 Jahren ergibt. ³Die Sätze 1 und 2 gelten entsprechend für auf Rentenverpflichtungen beruhende Verbindlichkeiten, für die eine Gegenleistung nicht mehr zu erwarten ist. ⁴Der nach den Sätzen 1 und 2 anzuwendende Abzinsungszinssatz wird von der Deutschen Bundesbank nach Maßgabe einer Rechtsverordnung ermittelt und monatlich bekannt gegeben. ⁵In der Rechtsverordnung nach Satz 4, die nicht der Zustimmung des Bundesrates bedarf, bestimmt das Bundesministerium der Justiz und für Verbraucherschutz im Benehmen mit der Deutschen Bundesbank das Nähere zur Ermittlung der Abzinsungszinssätze, insbesondere die Ermittlungsmethodik und deren Grundlagen, sowie die Form der Bekanntgabe.

(3) ¹Bei Vermögensgegenständen des Anlagevermögens, deren Nutzung zeitlich begrenzt ist, sind die Anschaffungs- oder die Herstellungskosten um planmäßige Abschreibungen zu vermindern. ²Der Plan muss die Anschaffungs- oder Herstellungskosten auf die Geschäftsjahre verteilen, in denen der Vermögensgegenstand voraussichtlich genutzt werden kann. ³Kann in Ausnahmefällen die voraussichtliche Nutzungsdauer eines selbst geschaffenen immateriellen Vermögensgegenstands des Anlagevermögens nicht verlässlich geschätzt werden, sind planmäßige Abschreibungen auf die Herstellungskosten über einen Zeitraum von zehn Jahren vorzunehmen. ⁴Satz 3 findet auf einen entgeltlich erworbenen Geschäfts- oder Firmenwert entsprechende Anwendung. ⁵Ohne Rücksicht darauf, ob ihre Nutzung zeitlich begrenzt ist, sind bei Vermögensgegenständen des Anlagevermögens bei voraussichtlich dauernder Wertminderung außerplanmäßige Abschreibungen vorzunehmen, um diese mit dem niedrigeren Wert anzusetzen, der ihnen am Abschlussstichtag beizulegen ist. ⁶Bei Finanzanlagen können außerplanmäßige Ab-

schreibungen auch bei voraussichtlich nicht dauernder Wertminderung vorgenommen werden.

(4) ¹Bei Vermögensgegenständen des Umlaufvermögens sind Abschreibungen vorzunehmen, um diese mit einem niedrigeren Wert anzusetzen, der sich aus einem Börsen- oder Marktpreis am Abschlussstichtag ergibt. ²Ist ein Börsen- oder Marktpreis nicht festzustellen und übersteigen die Anschaffungs- oder Herstellungskosten den Wert, der den Vermögensgegenständen am Abschlussstichtag beizulegen ist, so ist auf diesen Wert abzuschreiben.

(5) ¹Ein niedrigerer Wertansatz nach Absatz 3 Satz 5 oder 6 und Absatz 4 darf nicht beibehalten werden, wenn die Gründe dafür nicht mehr bestehen. ²Ein niedrigerer Wertansatz eines entgeltlich erworbenen Geschäfts- oder Firmenwertes ist beizubehalten.

(6) ¹Im Falle von Rückstellungen für Altersversorgungsverpflichtungen ist der Unterschiedsbetrag zwischen dem Ansatz der Rückstellungen nach Maßgabe des entsprechenden durchschnittlichen Marktzinssatzes aus den vergangenen zehn Geschäftsjahren und dem Ansatz der Rückstellungen nach Maßgabe des entsprechenden durchschnittlichen Marktzinssatzes aus den vergangenen sieben Geschäftsjahren in jedem Geschäftsjahr zu ermitteln. ²Gewinne dürfen nur ausgeschüttet werden, wenn die nach der Ausschüttung verbleibenden frei verfügbaren Rücklagen zuzüglich eines Gewinnvortrags und abzüglich eines Verlustvortrags mindestens dem Unterschiedsbetrag nach Satz 1 entsprechen. ³Der Unterschiedsbetrag nach Satz 1 ist in jedem Geschäftsjahr im Anhang oder unter der Bilanz darzustellen.

Übersicht

	Rn
1) Wertansatz der Vermögensgegenstände (I 1)	1
2) Wertansatz der Verbindlichkeiten (I 2)	2–6
A. Verbindlichkeiten	2
B. Rückstellungen (I 2, I 3)	3–5
C. Haftungsverhältnisse	6
3) Abzinsung von Rückstellungen und Rentenverpflichtungen (II)	7–9
A. Abzinsung	7
B. Pensionsrückstellungen	8
C. Pensionsverpflichtungen ohne Gegenleistung	9
4) Abschreibungen beim Anlagevermögen (III)	10–17
A. Zweck und Arten der Abschreibungen	10
B. Planmäßige Abschreibungen (III 1, 2)	11–14
C. Außerplanmäßige Abschreibungen	15
D. Sofortige Abschreibungen	16
E. Selbstgeschaffene immaterielle Vermögensgegenstände; entgeltlich erworbener Geschäfts- oder Firmenwert	17
5) Abschreibungen beim Umlaufvermögen (IV)	18–29
A. Strenges Niederstwertprinzip	18
B. Börsen- oder Marktpreis	19
C. Am Abschlussstichtag beizugebender Wert	20
D. Wertschwankungen	21
E. Beispiele	22–29
6) Abschreibungen nach vernünftiger kaufmännischer Beurteilung (IV), stille Reserven	30
7) Wertaufholungsgebot (V)	31, 32
A. Grundsatz	31
B. Ausnahmen	32
8) Ausschüttungssperre	33

§ 253 1

1) Wertansatz der Vermögensgegenstände (I 1)

1   Vermögensgegenstände sind nach I 1 höchstens mit den Anschaffungs- oder Herstellungskosten (§ 255), vermindert um Abschreibungen nach III und IV und uU erhöht um Zuschreibungen anzusetzen. I 1 geht also vom **Anschaffungs-** oder **Kostenwertprinzip** aus und **korrigiert** dieses **durch** das **Niederstwertprinzip**. I 1 setzt damit (**„höchstens"**) nur eine **Wertobergrenze** (keine Überbewertung entspr dem Vorsichtsprinzip, zB bei bestrittener Forderung, s § 252 Rn 11–13), und zwar einheitlich für EinzelKflte und PersonenGes wie für KapitalGes. I 1 ist allerdings nicht als Wahlrecht zugunsten eines beliebigen Wertes unterhalb der Höchstgrenze zu verstehen, allgA. Weder ein höherer Wiederbeschaffungspreis noch ein höherer möglicher Verkaufserlös rechtfertigen höhere Bewertung. Für die zur Veräußerung bestimmten Umlaufgüter bedeutet das, dass nur bereits realisierte (nicht bloß erwartete) Gewinne gebucht werden dürfen (s § 252 Rn 18). Beim kostenlosen oder verbilligten Erwerb eines Vermögensgegenstands von ihrem Gesellschafter hat die Ges die Anschaffungskosten und nicht den Zeitwert anzusetzen, um einen nicht realisierten Ertragsausweis zu vermeiden, EuGH v 3.10.13, Rs C-322/12 (Gimle S. A.) mit krit Anm Schulze-Osterloh NZG **14**, 1; sa Bravidor/Mehnert StuB **14**, 596; Dziadkowski IStR **14**, 461; Hennrichs WPg **15**, 315 (EuGH in Gimle S. A.). Gesetzliche **Wertuntergrenzen** (Unterbewertung s § 252 Rn 12) gelten für alle Bilanzierenden, N normiert rechtsformunabhängiges Wertaufholungsgebot. Niedrigere Wertansätze im Rahmen vernünftiger kfm Beurteilung für EinzelKflte und PersonenGes nach IV aF sind jetzt unzulässig. I 1 gilt für alle Vermögensgegenstände. **Ausnahmen:** Vermögensgegenstände die gem § 246 II 2 mit langfristigen (Altersversorgungs-)Verpflichtungen zu verrechnen sind, I 4; sie sind mit dem beizulegenden **Zeitwert** (§ 255 IV) anzusetzen, aber begegrenzt durch den Erfüllungsbetrag (s Rn 2) der mit ihnen verrechneten Schulden, bei **KleinstKapitalGes** (§ 267a) jedoch nur, wenn diese keinen Gebrauch von der Möglichkeit gemacht haben, ihren Jahresabschluss nicht um einen Anhang zu erweitern, die Bilanz und GuV vereinfacht darzustellen und den Jahresabschluss lediglich beim Betreiber des elektronischen BAnz zu hinterlegen (I 5). Ferner bei Bildung von Bewertungseinheiten, § 254 III, IV trennen zwischen Anlage- und Umlaufvermögen wegen der ganz unterschiedlichen Liquidität dieser Vermögenswerte. Zu Pensionsrückstellungen **IDW RS HFA 30** dazu Zwirner/Lindmayr DB **17**, 743. **Übergangsrecht zu § 253** in **(1)** EGHGB Art 24 (s Einl 61 v § 238), 66 III, 67 IV. Lit Me/Pro/Fi Kap 6 Tz 73 ff; Wüstemann/Koch BB **10**, 1075 (Zinseffekte u Kostensteigerungen bei Rückstellungsbewertung); Husemann WPg **10**, 507 (Komponentenansatz); v Buddenbrock/Rathje BB **10**, 1331 (Pensionsverpflichtungen); Hagemann ua DB **10**, 1021 (Pensionsverpflichtungen); Herzig ua WPg **10**, 561 (Komponentenansatz); Petersen/Zwirner BB **10**, 1651; Hommel ua BB **10**, 557 (Rückstellungsbewertung nach ED/2010/1); Veit BB **10**, 751 (Altersversorgung); Bruckmeier ua DStR **10**, 237 (Abschreibungen auf Kapitalgesellschaftsanteile); Fink/Kunath DB **10**, 2345 (Rückstellungen); Lühn PiR **10**, 97 (Kundenbindungsprogramme); Haaker/Hoffmann PiR **10**, 21 (Rückstellungen); Prinz StuB **10**, 43 (Wertaufholung); Riehl StuB **10**, 131 (Altersversorgung); Thurnes ua DB **10**, 2727 (Altersversorgung); Lucius/Thurnes BB **10**, 3014 (Altersversorgung); Mujkanovic WPg **10**, 294 (Anteile an nachhaltig ertragsschwachen Unternehmen); Ries WPg **10**, 811 (Arbeitszeitkonten); Herzig/Briesemeister WPg **10**, 63; Schlotter BB **11**, 171 (voraussichtlich dauernde Wertminderung bei börsennotierten Wertpapieren); Thierer DB **11**, 189 (Rückdeckungsversicherungen); Bertram ua WPg **11**, 57 (Altersversorgung); Lewe/Hoffmann WPg **11**, 107 (degressive Abschreibung); Keller/Gütlbauer StuB **11**, 11 (Komponentenansatz); Kolb ua StuB **11**, 57 (Pensionsverpflichtungen); Schulze-Osterloh NZG **14**, 1 (kostenloser oder verbilligter Erwerb von Vermögensgegenständen vom Gesellschafter); Roos

1. Abschnitt. Vorschriften für alle Kaufleute 2 § 253

DStR **15**, 437 (Vertragsabschluss- u Werbeprämien); Thaut DB **13**, 2693 (Aufstockungsleistungen bei Altersteilzeit); Thurnes/Vavra/Geilenkothen DB **13**, 2817 (betriebliche Altersversorgung); Weber StuB **13**, 778 (Erfolgsprämien im Fußball); zur Zugangs- und Folgebewertung bei Grundstücken IDW ERS IFA 2u dazu Willeke StuB **15**, 104. Rspr-Übersicht: Weber-Grellet BB **14**, 42; Veit BB **14**, 939 (betriebliche Altersversorgung); Küting/Lauer DB **13**, 1185 (Anschaffungskostenprinzip u seine Durchbrechung); Link BB **14**, 556 (Earn-out); Bielenberg/Schmuhl DB **14**, 1089 (nur noch ergänzende Funktion der §§ 264 ff im Investmentrecht/KAGB); Deubert/Hoffmann Konzern **14**, 154 (Vermögensauskehrung von Beteiligungsunternehmen); Wirth/Weber/Dusemond/P. Küting DB **15**, 1053 (Kapitalkonsolidierung); Hageböke/Hasbach DB **15**, 1307; Knobloch/Baumeister DB **15**, 2769; Scheffler Konzern **16**, 482 (Maßgeblichkeitsprinzip); Schiffers GmbHR **17**, 167 (Organschaft); Gersbacher-Volz/Koch BC **17**, 66; Prinz WPg **16**, 957; Roos DStR **17**, 1282 (Bilanzierung geleisteter Anzahlungen).

2) Wertansatz der Verbindlichkeiten (I 2)

A. **Verbindlichkeiten:** Verbindlichkeiten sind zu ihrem Erfüllungsbetrag anzusetzen. Dadurch wird klargestellt, dass erstens nicht ausschließlich durch Geldfluss entstandene Verbindlichkeiten erfasst sind (Alt 1) und zweitens künftige Preis- und Kostensteigerungen bei der Rückstellungsbewertung zu berücksichtigen sind (Alt 2, s Rn 3). Ansatz zum Erfüllungsbetrag gilt auch für unverzinsliche Schulden (keine Abzinsung, Realisationsprinzip; aber § 250 III; steuerrechtlich sind unverzinsliche Verbindlichkeiten gem § 6 I Nr 3 EStG mit einem Satz von 5,5 % abzuzinsen) und für nicht marktüblich hoch verzinsliche Schulden (kein höherer Rückzahlungsbetrag, aber Rückstellung gem § 249 I 1 Alt 2: Barwert der Zinsdifferenz); für Wechselverbindlichkeiten, obwohl die Wechselsumme auch die Schuldzinsen enthalten kann; grundsätzlich auch für bestrittene Verbindlichkeiten, BGH BB **58**, 95, aber Grenze durch Verlustantizipation (s § 252 Rn 11), ggf nur Rückstellung (s Rn 3). **Disagio** oder **Damnum** s § 250 III (Aktivierungswahlrecht). Verbindlichkeiten iSv 1 2 sind idR Geldschulden; **Sachschulden** sind häufig nicht zu passivieren (schwebendes Geschäft, s § 252 Rn 21), sonst ist im Erfüllungsbetrag wertend festzusetzen. Ungewisse oder **Eventualverbindlichkeiten** s Rückstellungen (Rn 3); **Haftungsverhältnisse** (§ 251) s Rn 6. **Optionen** s Bilanzierung von Optionsgeschäften IDW-BFA 2/**95**; für die Verpflichtung des Stillhalters, den Gegenstand zu kaufen oder zu verkaufen, ist eine Verbindlichkeit in Höhe der Prämie auszuweisen, BFH **201**, 234, 236. Unterverzinsliche Optionsanleihen: Schuldverschreibung zum Rückzahlungsbetrag (zum Nominalbetrag) zu passivieren, BFH/NV **06**, 616. **Fremdwährungsverbindlichkeiten** sind im Zugangszeitpunkt mit dem Devisenkassamittelkurs anzusetzen und zum Bilanzstichtag zum dann jeweils geltenden Divisenkassamittelkurs umzurechnen, § 256a (Fremdwährungsforderungen s Rn 27; Anschaffungskosten s § 255 Rn 1f). Keine Unterscheidung mehr in Brief- und Geldkurs. Zulässig ist unverändert die Kompensation von Devisenkursänderungen bei Deckungsgeschäften (Kurssicherung s **(14)** BörsG Überbl 4 vor § 30); auch sonst zwischen Verbindlichkeiten und Forderungen in derselben Währung, aber nur bei Betragsidentität und Fristenkongruenz (geschlossene Positionen), ADS 107, str. Seit BilMoG kein Beibehaltungswahlrecht, sondern zwingend Zuschreibungsgebot, V. Angabe im Anhang § 284 II Nr 2. Sonderrecht für Kreditinstitute § 340 h. Währungsumrechnung im Jahresabschluss s IDW-HFA WPg **86**, 664; OECD, Foreign Currency Translation, **1986**; GEFIU DB **93**, 745; Schlick DStR **93**, 254. Bei **Zerobonds** ist beim Emittenten der Ausgabebetrag zuzüglich der bis zum jeweiligen Bilanzstichtag aufgelaufenen Zinsen anzusetzen (Nettomethode), die Aktivierung eines Disagios nach § 253 III 1 scheidet aus, IDW-HFA 1/**86** WPg **86**, 248, ADS 86, BeckBilKo90,

§ 253 3, 4

Forderung daraus s Rn 25. Bilanzielle Behandlung des **Bondstripping** IDW RH BFA 1001. **Lit** Gelhausen/Rimmelspacher AG **06**, 729 (Wandel- und Optionsanleihen); Sultana/Willeke StuB **06**, 220 (Mezzanine-Kapital); Hahne StuB **06**, 295 (Wandel- und Optionsanleihen); Flick Konzern **09**, 104 (ABS-Transaktionen bei SPE); Brösel/Mindermann/Zwirner StuB **09**, 647; Lüdenbach/Feiberg BB **12**, 1911; Hoffjan/Hövelborn BB **17**, 1323 (preisrechtlicher Ansatz von Pensionsrückstellungen).

3   B. **Rückstellungen (I 2, I 3): a)** Sie sind nach § 249 vorgeschrieben oder zulässig. Nach I 2 sind sie nur in der Höhe des Betrags anzusetzen, der nach vernünftiger kfm Beurteilung notwendig ist, also nicht einfach mit dem vollen Betrag der Eventualverbindlichkeit, sondern womit am ehesten zu rechnen ist (vernünftiges kfm Ermessen). Auszugehen ist aber vom abgezinsten **Erfüllungsbetrag** (s Rn 2), dh es sind bei der Rückstellungsbewertung unter Einschränkung des Stichtagsprinzips (§ 253 I Nr 3) künftige Preis- u Kostenänderungen zu berücksichtigen. Bei ungewissen Verbindlichkeiten gilt Anschaffungswert als Mindestwert (§ 252 I Nr 4, II), Moxter BB **89**, 945. Bei Ungewissheit des Grundes (Existenz), aber Gewissheit der Höhe (s § 249 Rn 2), ist idR voller Betrag anzusetzen, BGH **149**, 276, 280; BeckBilKo 155; aA KK/Ekkenga 47. Ansatz zum Erfüllungsbetrag verlangt aber zudem Berücksichtigung künftiger Kostensteigerungen. Dies war bisher umstr: dagegen (strenges Stichtagsprinzip) der BFH, etwa BB **93**, 900; richtigerweise wurde danach differenziert, ob sich Kostensteigerung beim Abschlussstichtag bereits objektivierbar abzeichnet, so GK BilR/Kleindiek 25 und wohl auch Schulze-Osterloh BB **03**, 351, 352. Die Neufassung der im internationalen Umfeld als Schwachpunkt deutscher Rechnungslegung gesehenen Norm beseitigt diese Unsicherheit im Interesse besserer Information der Abschlussadressaten über die tatsächlichen wirtschaftlichen Verhältnisse des Unternehmens (RegE BilMoG 52). Die Berücksichtigung der Kostenverhältnisse im Zeitpunkt des tatsächlichen Anfalls der Verbindlichkeiten nach vernünftigem kfm Ermessen erfordert Dokumentation und gleichzeitig regelmäßige Anpassung der biometrischen Daten. Erfahrungswerte, Schätzwerte und Eintrittswahrscheinlichkeit sind zu berücksichtigen, müssen aber objektiv nachvollziehbar sein (z. B. durch mathematisch-statistische Auswertungen), KK/Ekkenga 46. Abzinsung und Rentenverpflichtungen s II. Zur Pensionsrückstellungsbildung im Lichte der Rspr des BAG nur dynamischen Verweisung auf die Regelaltersgrenze in der gesetzlichen Rentenversicherung Mayer/Dietrich, DStR **15**, 136. **Übergangsrecht** in **(1)** EGHGB Art 66. **Lit** Ernst/Seidler ZGR **08**, 631; Küting/Cassel/Metz DB **08**, 2317; Theile/Stahnke DB **08**, 1757; Petersen/Zwirner StuB **08**, 693; Lüdenbach/Hoffmann StuB **09**, 287; Weigl/Weber/Costa BB **09**, 1062 (BilMoG); Zülch/Hoffmann StuB **09**, 369; Fink/Kunath DB **10**, 2345 (Bilanzpolitik); Endert/Sepetauz DStR **11**, 2060 (Aufbewahrung von Geschäftsunterlagen); Kirchmann/Sikora/Blumberg WPg **11**, 953; Oser StuB **12**, 571; Zwirner DB **12**, 1655; Herzig/Liekenbrock DB **13**, 409 (Steuerrückstellungen); Lewe/Peun DStR **14**, 1186 (Rückstellungen für Betriebsprüfungsrisiken); Hoffjan/Hövelborn BB **17**, 1323 (preisrechtlicher Ansatz bei Pensionsrückstellungen).

4   **b)** Für Rückstellungen aufgrund **Altersversorgungsverpflichtungen** oder vergleichbarer langfristig fälliger Verpflichtungen gilt nicht Ansatz nach I 2, sondern **I 3**, wenn sich die Höhe dieser Rückstellungen ausschließlich nach Wertpapieren iSd § 266 II A III 5 richtet, die zum beizulegenden Zeitwert zu bewerten sind (sog wertpapiergebundene Pensionszusagen). Die Rückstellungen sind dann ebenfalls zum beizulegenden Zeitwert dieser Wertpapiere zu bewerten, wenn der Zeitwert den garantieren Mindestbetrag der Verpflichtung übersteigt, I 3. Das erspart insoweit Kosten für Rückstellungsgutachten und trägt damit dem Reformziel des BilMoG Rechnung, kostengünstige Alternative zu IFRS zu sein. Rentenverpflichtungen mit noch laufender Gegenleistung (schwebendes Ge-

schäft), zB Pensionsverpflichtungen bei aktivem Arbeitsverhältnis, sind nicht zum Barwert, sondern idR mit dem Teilwert (§ 6a III EStG, AmtlBegr) anzusetzen, ebenso BeckBilKo § 249 Rn 198: Wahlrecht bzgl Bewertungsmethode (Steuerrechtliche Bewertung ebenda Rn 211), aA BFH BB **03**, 467: idR Barwert, Ausnahme nur, wenn handelsrechtlicher Teilwert niedriger (Beweislast trägt Unternehmen). Rspr-Übersicht: Veit BB **10**, 751, dies BB **11**, 811, dies BB **12**, 691.

Lit IDW RS HFA 30 Rz 71; Thaut DB **11**, 1645; Thurnes/Vavra/Geilenkothen DB **11**, 2785; dies DB **12**, 2883; Geilenkothen/Krönung/Lucius BB **12**, 2103; Zwirner/Lindmayr DB **17**, 743.

I 5, eingefügt duch MicroBilG 2012 (**Übergangsrecht (1)** EGHGB Art 73 I 1), untersagt Kleinstkapitalges bei Inanspruchnahme von mindestens einer (Wortlaut unklar, Kütig/Eichenlaub DStR **12**, 2619) der für sie vorgesehenen Erleichterungen gem §§ 264 I 5, 266 I 4, 275 V, 326 II eine Bewertung zum beizulegenden Zeitwert (Grund: Gläubigerschutz). Sie müssen vielmehr nach I 1 Anschaffungs- oder Herstellungskosten ansetzen, **I 6**. Lit Kußmaul/Huwer/Palm StuB **13**, 479.

C. **Haftungsverhältnisse:** Haftungsverhältnisse (s § 251) sind in voller Höhe anzugeben, auch bei Gesamtschuld, auch wenn Inanspruchnahme nicht droht. Droht diese, dann je nachdem Passivierung einer Verbindlichkeit oder Rückstellung, insoweit dann keine Angabe unter Haftungsverhältnis.

3) Abzinsung von Rückstellungen und Rentenverpflichtungen (II)

A. II (II 1 idF WohnimmobilienkreditRiUmsetzG) regelt die verpflichtende Abzinsung von Rückstellungen aller Art (Ausnahme: § 341e I 3), kritisch Zwirner StuB **16**, 207. Grund: Für Anhebung des Informationsniveaus muss berücksichtigt werden, dass in Rückstellungen gebundene Finanzmittel investiert und gewonnene Erträge realisiert werden können (RegE BilMoG 54). Die Pflicht zur Abzinsung betrifft nach II 1 Rückstellungen mit Restlaufzeit von mehr als einem Jahr; bei kürzerer Restlaufzeit keine verpflichtende Abzinsung. Ergänzung von II 1 durch WohnimmobilienkreditRiUmsetzG (**Übergangsrecht** in (1) EGHGB Art 76 VI u VII) verlangt, dass künftig bei Rückstellungen für Altersversorgungsverpflichtungen ein längerer Betrachtungszeitraum der letzten zehn Geschäftsjahre für die Ermittlung des durchschnittlichen Marktzinssatzes angewendet wird, es im Übrigen aber bei der Betrachtung über sieben Geschäftsjahre bleibt. Ziel ist, die negativen Auswirkungen der Niedrigzinsphase auf die Attraktivität der Direktzusagen von Betriebsrenten spürbar zu vermindern. Zugleich wird sichergestellt, dass Ausdehnung des Betrachtungszeitraums bei Rückstellungen für Altersversorgungsverpflichtungen auch dann gilt, wenn Unternehmen vom Wahlrecht in § 253 II 2 Gebrauch macht (BT-Drucks 18/7584, 149). Zugrunde zu legen ist durchschnittlicher **Marktzins;** damit keine Berücksichtigung des finanziellen Bonitätsrisikos des Unternehmens, da dessen sinkende Bonität zu höheren Abzinsungssätzen und folglich zu erfolgswirksam zu berücksichtigenden Verminderungen des zurückgestellten Betrages führen würde. Der Zinssatz wird von der Deutschen **Bundesbank** ermittelt (II 4) und am Ende jeden Monats auf ihren Internetseiten bekanntgegeben. Der Zinskurve lässt sich der durchschnittliche Marktzins für Restlaufzeiten zwischen einem und 50 Jahren entnehmen; für Restlaufzeiten der Pensionsverpflichtungen ist er zu interpolieren. Sie berücksichtigt die Zinsentwicklung der vergangenen sieben Jahre und ist eine Null-Koupon-Zinskurve, berechnet aus auf Euro lautenden Festzinsswaps. Aus Vereinfachungsgründen gilt dieser Zinssatz auch für Rückstellungen für in fremder Währung zu erfüllende Verbindlichkeiten, sofern dies nicht zu einer Darstellung führt, die nicht den tatsächlichen Verhältnissen entsprechenden Vermögens- und Ertragslage entspricht; dann ist der Abzinsungssatz selbst zu ermitteln oder zu beschaffen (RegE BilMoG 54). Aus Ab- oder Aufzinsung resultierende Erträge

§ 253 8–10

oder Aufwendungen sind in der GuV auszuweisen, § 277 V. Betrieblicher Versorgungsträger darf für Ermittlung des Barwerts künftiger Leistungen aus einer Direktzusage als Diskontierungszinssatz den Abzinsungsfaktor gem II heranziehen, BGH NJW-RR **16**, 964. **Übergangsrecht** s (1) EGHGB Art 66 III, V. **Lit** IDW RS HFA 30; Hagemann/Oecking/Wunsch DB **10**, 1021 (IDW); Lucas/Thurnes BB **10**, 3014; Rhiel StuB **10**, 131 (IDW); Veit BB **10**, 751; Bertram/Johannleweling/Ross/Weiser WPg **11**, 57 (IDW); Kob/Neubeck/Bauschus StuB **11**, 57 (Deckungsvermögen); Kropp/Wirtz DB **11**, 541; Zwirner/Künkele/Liebscher BB **11**, 2155; Hoffmann PiR **13**, 202; Reichenbach/Teckentrup DB 15, 390 (Stichtagszins statt Durchschnittszins bei der Dotierung einer Rentnerges); Scheffler BB **14**, 299 (Rückwirkungen der steuerlichen Rückstellungsbewertung); Knobloch/Baumeister DB **15**, 2769; Stefan Müller BC **16**, 466 (Pensionsrückstellungen); Stefan Müller/Dilßer BB **16**, 2539 (Schätzungen stiller Reserven in Pensionsrückstellungen); Fuhrmann StuB **16**, 1568; Bolik/Selig-Kraft SteuK **16**, 245; Pradl GmbHR-Stpr **16**, 97; ders GStB **15**, 450; ders GStB **16**, 152; Kraft/Hohage, DB **16**, 247 (RegE); Hommel/Rammert/Kiy DB **16**, 1585; Thurnes/Rasch/Geilenkothen DB **16**, 2913; Knobloch/Osinski BFuP **16**, 516 (Erwerb unbedingter Termingeschäfte); Fodor/Borst BB **16**, 2990; Thaut DB **16**, 2185; Oser/Wirtz DB **17**, 261.

8   B. **Pensionsrückstellungen:** II 2 erlaubt (Wahlrecht) abweichend von II 1 und unter Einschränkung des Einzelbewertungsgrundsatzes pauschalierte Abzinsung bei der Bewertung von Rückstellungen für Altersversorgungsverpflichtungen und vergleichbare langfristig fällige Leistungen, und zwar mit dem durchschnittlichen Marktzinssatz, der sich bei einer angenommenen Laufzeit von 15 Jahren ergibt. Diese (für Pensionsrückstellungen geringe) Laufzeit will die demographische Entwicklung (Überzahl älterer Arbeitnehmer) berücksichtigen. Erforderlich für die Ausübung des Wahlrechts ist im Interesse einer den tatsächlichen Verhältnissen entsprechenden Darstellung daher, dass die unternehmensspezifische Altersstruktur der Arbeitnehmer diesem angenommenen Durchschnitt entspricht. Der damit verbundene erhebliche Beurteilungsspielraum wird durch das Stetigkeitsgebot (§ 252 Nr 6) begrenzt. Zu Abfindung und Ablösung von (übergeordneten) Pensionsrückstellungen für Gesellschafter-Geschäftsführer bei Veräußerung der Ges BFH DStRE **10**, 976. Für KapitalGes Angabe im Anhang, § 285 Nr 24. **Lit** Höfer/Hagemann/Neumeier DB **14**, 2661; Blecher WPg **14**, 416 (variable Diskontierungszinssätze). Rspr-Übersicht: Veit BB **10**, 751 (Altersversorgung).

9   C. **Pensionsverpflichtungen ohne Gegenleistung:** II 3 erklärt im gesetzgeberischen Bestreben nach einheitlichen Abzinsungssätzen für Rückstellungen und Rentenverpflichtungen II 1 und 2 für entsprechend anwendbar auf Rentenverpflichtungen, für die eine Gegenleistung nicht mehr zu erwarten ist, also falls Versorgungsfall eintritt (Rentenbarwert), Mitarbeiter ausscheidet (Anwartschaftsbarwert), Gegenleistung bereits erbracht ist (Anwartschafts- bzw Rentenbarwert) oder Rentenverpflichtung ohne Gegenleistung entstanden ist (Anwartschafts- bzw Rentenbarwert) ADS 167; Ansatz zum Erfüllungsbetrag (Rn 2). **Lit** IDW RS HFA 30, ADS 298 ff; Schanz BB **02**, 2655; Küting/Keßler KoR **06**, 192 (Pensionsrückstellungen HGB/IFRS).

4) Abschreibungen beim Anlagevermögen (III)

10   A. **Zweck und Arten der Abschreibung:** Vermögensgegenstände des Anlagevermögens (wegen § 246 I 4 also auch der derivative Geschäfts- oder Firmenwert, s § 246 Rn 9) sind nach I 1 höchstens mit den Anschaffungs- oder Herstellungskosten anzusetzen. Die **Abschreibungen** sind die Beträge, um die diese Ausgangswerte im Jahresabschluss entsprechend der Wertminderung des Vermögensgegenstands vermindert werden (I 1). Zum Zweck der (kalkulatorischen)

1. Abschnitt. Vorschriften für alle Kaufleute 11–13 § 253

Abschreibungen BGH **105**, 180. Nur (direkte) Abschreibungen sind zulässig, **nicht** auch **Wertberichtigungen** (indirekte Abschreibungen), welche die Wertminderung nicht durch Abschreibung auf der Aktivseite, sondern durch einen Gegenposten auf der Passivseite erfassen. Die Regel sind **planmäßige Abschreibungen**, so **bei zeitlich nur begrenzt nutzbaren Vermögensgegenständen (III 1, 2)**. Bei voraussichtlich dauernder Wertminderung sind **außerplanmäßige Abschreibungen auch bei zeitlich unbegrenzt nutzbaren Vermögensgegenständen** erforderlich (**III 3**). III betrifft nur das Anlagevermögen (§ 247 II), Umlaufvermögen s IV. Bewertung von Beteiligungen s § 271 Rn 1–8. **Lit** Me/Pro/Fi Kap 6 Tz 596 ff; Herzig/Briesemeister/Joisten/Vossel WPg **10**, 561 (Komponentenansatz); Huseman WPg **10**, 507 (Komponentenansatz); Zwirner StuB **15**, Beil 2 S 1 (BilRUG); Knobloch/Baumeister DB **15**, 2769; Behrendt-Geisler DB **15**, 8; Kahlenberg WPg **16**, 1151 (Maßgeblichkeit und Anti-BEPS-Ri); Zwirner/Busch/Boecker Konzern **16**, 287, 289 (Aufgaben des Aufsichtsrats); Knobloch/Osinski BFuP **16**, 516 (Erwerb unbedingter Termingeschäfte); Gersbacher-Volz/Koch BC **17**, 66.

B. Planmäßige Abschreibungen (III 1, 2): a) Diese sind nach **III 1** bei (aus 11 wirtschaftlichen oder technischen Gründen) zeitlich nur begrenzt nutzbaren bzw abnutzbarem Anlagevermögen zwingend vorgeschrieben. **Abnutzbar** sind grundsätzlich alle beweglichen und unbeweglichen Gegenstände des Sachanlagevermögens (§ 266 II A II); ausgenommen sind zB Grundstücke (auch diese aber zB bei Ausbeutung), geleistete Anzahlungen und Anlagen im Bau, Antiquitäten, soweit nicht im Gebrauch, BFH BB **86**, 716. Abnutzbar können auch immaterielle Vermögensgegenstände (§ 266 II A I) sein, wenn Ende der Verwertbarkeit absehbar ist; ausgenommen auch hier geleistete Anzahlungen; Geschäfts- oder Firmenwert ist zeitlich begrenzt abnutzbar s § 246 I 4. Nicht absetzbar sind Finanzanlagen (§ 266 II A III). **Lit** Kleinmanns StuB **14**, 475.

b) Notwendig ist nach **III 2** ein **Abschreibungsplan**, der die Anschaffungs- 12 oder Herstellungskosten nach der gewählten Abschreibungsmethode auf die Zeit der voraussichtlichen Nutzungsdauer verteilt (jährliche Abschreibungen). Änderungen s Rn 14. Die je nach Betrieb uU unterschiedliche wirtschaftliche (nicht technische) **Nutzungsdauer** ist vorsichtig (§ 252 I Nr 4) zu schätzen. Die Praxis orientiert sich an den AfA-Tabellen. Beginn mit Lieferung oder Fertigstellung, spätere Inbetriebnahme und Stillstandzeiten bleiben außer Betracht; aber Vereinfachung auf volle Monate und bei beweglichen Anlagegütern auf Halbjahresbeginn ist erlaubt. Abzuschreiben ist auf Null, einen Erinnerungswert von 1 Euro oder einen Restwert (Veräußerungs-, Schrottwert). Für die Abschreibung ist irrelevant, ob der Wert des Vermögensgegenstands in einem bestimmten Jahr mehr oder weniger sinkt oder sogar steigt. Den planmäßigen Abschreibungen des III 1 entsprechen im **Steuerrecht** die **Absetzung für** betriebsgewöhnliche **Abnutzung (AfA,** § 7 I EStG) und für Substanzverringerung (**AfS**, § 7 VI EStG).

c) III 2 schreibt keine bestimmte **Abschreibungsmethode** vor; doch kom- 13 men nur Methoden, die den GoB entsprechen, in Frage. Nach GoB muss die gewählte Abschreibungsmethode zu einer sinnvollen, nicht willkürlichen Verteilung der Anschaffungs- oder Herstellungskosten auf die Nutzungsdauer führen, GK BilR/Kleindiek 39. Das sind vor allem die **Zeitabschreibung** mit ihren Varianten der **linearen** (AfA in gleich bleibenden Jahresbeträgen; Jahresbetrag = Anschaffungs- oder Herstellungskosten geteilt durch Zahl der Jahre der Nutzung), der **geometrisch-degressiven** (Buchwertabschreibung; Abschreibung in ungleichmäßig fallenden Jahresbeträgen, anfangs höher, später entspr niedriger; Jahresbetrag = gleich bleibender Prozentsatz des jeweiligen Restbuchwerts) und der **arithmetisch-degressiven** (oder digitalen; Abschreibung in gleichmäßig fallenden Jahresbeträgen) sowie die **Leistungsabschreibung** (entspr der mit dem abzuschreibenden Vermögensgegenstand produzierbaren Leistung) und **Kom-**

Merkt 1075

§ 253 14, 15 3. Buch. Handelsbücher

binationen aus diesen Methoden. Die progressive Abschreibung (Abschreibung in ansteigenden Jahresbeträgen) ist unzulässig, enge Ausnahmen bei dementsprechendem wirtschaftlichen Entwertungsverlauf, zB erst langsam ansteigender Nutzbarkeit. Nach IDW RH HFA 1016, WPg **09**, 707 ist **komponentenweise** Abschreibung (gedankliche Aufspaltung eines Vermögensgegenstands in seine wesentlichen Komponenten unterschiedlicher Nutzungsdauer) möglich, wenn Komponenten physisch tatsächlich ausgetauscht werden und sie in Relation zum Gesamtgegenstand wesentlich sind. Vor Inkrafttreten des BilMoG wurde vergleichbarer wirtschaftlicher Effekt durch Möglichkeit zur Bildung von Aufwandsrückstellungen (§ 249 II aF) erreicht. **Steuerrechtlich** ist grundsätzlich linear abzuschreiben (§ 7 I EStG), für bewegliche Gegenstände uU auch degressiv und leistungsbedingt (§ 7 II, I 6 EStG). Übergang auf **BilMoG** IDW RH HFA 1015. **Lit** Hageböke/Hasbach Konzern **14**, 493 (AfA-Berechtigung des „Noch-nicht-Eigentümers"); Freiberg PiR **13**, 326.

14 **d) Änderungen:** Die einmal gewählte Abschreibungsmethode kann nicht willkürlich gewechselt werden (Bewertungsstetigkeit, § 252 I Nr 6, s § 252 Rn 24–25; enger § 7 III EStG). Eine zeitweilige Aussetzung ist auf jeden Fall unzulässig. Ausnahmsweise muss sogar gewechselt werden, zB bei zu lang angesetzter Nutzungsdauer (Überbewertung s § 252 Rn 12); uU auch bei zu kurz angesetzter Nutzungsdauer (Unterbewertung), so bei KapitalGes und GmbH & Co nach § 264 II, oder bei sonstiger Verzerrung des Bildes des Unternehmens; Korrektur erfolgt durch neuen Abschreibungsplan für die restliche Nutzungsdauer, also nicht rückwirkend. Auswirkung auf festgestellten Jahresabschluss s § 252 Rn 12.

15 **C. Außerplanmäßige Abschreibungen (III 3):** Diese waren nach II 3 aF bei abnutzbarem und nicht abnutzbarem Anlagevermögen möglich, wenn der Vermögensgegenstand am Abschlussstichtag einen niedrigeren Wert hatte (Bewertungswahlrecht; bei KapitalGes nur für Finanzanlagen, § 279 I 2 aF), und zwingend vorzunehmen bei einer **voraussichtlich dauernden Wertminderung** (II 3 letzter Halbs aF), zB bei Zerstörung der Maschine oder Entwertung der Beteiligung (§ 271). Mit Neufassung durch BilMoG gilt nach III 4 dieses **Wahlrecht nur noch für Finanzanlagen** (s aber für Kreditinstitute § 340e I 3), das generelle Wahlrecht entfällt. Außerplanmäßige Abschreibungen sind damit im Falle anderen Anlagevermögens – weiterhin zwingend – bei voraussichtlich dauernder Wertminderung vorzunehmen, sonst bleibt es – nunmehr zwingend – bei den planmäßigen; letzteres ergibt sich zwar nicht aus III 3 selbst, aber aus der positiv formulierten Beschränkung des Wahlrechts auf Finanzanlagen in III 4. Dauernde Wertminderung liegt bei abnutzbaren Wirtschaftsgütern vor, wenn Wert des Wirtschaftsgutes den planmäßigen Rest des Buchwerts während eines erheblichen Teils der Nutzungsdauer im Unternehmen nicht erreichen wird (hM, s BFH BB **06**, 1737), wobei Wertminderung nur dauernd ist, wenn Teilwert des Wirtschaftsguts zum Bilanzstichtag mindestens für halbe Restnutzungsdauer unter planmäßigem Buchwert liegt (BFH aaO mwN, BFH Konzern **09**, 379u BFH DStR **09**, 1687); für nicht abnutzbare Wirtschaftsgüter str, FG Köln DStRE **06**, 21 (mwN): für börsennotierte Aktien zu bejahen, wenn Teilwert voraussichtlich mind. fünf Jahre unter Buchwert liegt. Zur typisierenden Annahme einer dauernden Wertminderung bei börsennotierten Aktien FG Münster DStR **10**, 2430. Voraussichtlich dauernde Wertminderung als Voraussetzung für Teilwertabschreibung aktiver Wirtschaftsgüter BFH StuB **10**, 110. Unverzinslichkeit eines Sanierungszuschusses und Ratenauszahlung lassen Teilwert nicht unter Nennwert sinken, BFH BeckRS **14**, 94044. Bei Sanierungszuschüssen ist eine Teilwertabschreibung im Jahr des Zuschusses generell zu versagen. Hier gilt die Vermutung, dass der Teilwert im Zeitpunkt der Anschaffung den Anschaffungskosten entspricht, BFH BeckRS **14**, 95911. Eine auf Unverzinslichkeit einer Forderung

1. Abschnitt. Vorschriften für alle Kaufleute   16, 17   § 253

beruhende Teilwertminderung ist keine voraussichtlich dauernde Wertminderung und erlaubt daher keine Teilwertabschreibung, BFH SteuK **13**, 54m Anm Happe. Zur Abgrenzung vorübergehender von dauernder Wertminderung Küting DB **05**, 1121. Für das Anlagevermögen gilt also anders als für das Umlaufvermögen (s Rn 18–29) nur das (seit BilMoG noch weiter) **gemilderte Niederstwertprinzip**. Maßgeblicher Wert ist der im Abschlussstichtag beizulegende Wert. Das ist bei ausnahmsweise zur baldigen Veräußerung vorgesehenem Anlagevermögen der Veräußerungswert, sonst idR der Wiederbeschaffungswert oder, falls ein Markt fehlt (zB Patent, Lizenz, Beteiligung), der Ertragswert, ADS 464. Beteiligung an PersonenHdlGes s IDW-HFA 1/**91**. Angabe bei KapitalGes § 277 III 1. Im **Steuerrecht** entsprechen den außerplanmäßigen Abschreibungen die Absetzung für außergewöhnliche technische oder wirtschaftliche Abnutzung (AfA, § 7 I 7 EStG) und die Teilwertabschreibung (§ 6 I Nr 1, 2 EStG). Lit Schlotter BB **06**, 1738 (dauernde Wertminderung); IDW FN-IDW **06**, 625 (Personenhandelsgesellschaftsanteile); Hoffmann PiR **07**, 176 (Gebäude); StuB **09**, 327 (dauernde Wertminderung); Bruckmeier/Zwirner/Busch DStR **10**, 237 (Gesellschaftsanteile); Graf NZG **11**, 1334; Schmidt BB **11**, 2475; Zwirner/Künkele StuB **12**, 691 (Anteile an PersonenGes); Hageböke/Hasbach Konzern **14**, 493 (AfA-Berechtigung des „Noch-nicht-Eigentümers"); zur Teilwertabschreibung, voraussichtlich dauernde Wertminderung u Wertaufholungsgebot s BMF-Schreiben v 17.1.**14**, IV C 6u dazu Förster DB **14**, 382.

D. **Sofortige Abschreibungen:** Geringwertige bewegliche Vermögensgegen- **16** stände des Anlagevermögens sind zwar bei Erwerb als Zugang auszuweisen, können aber im Jahr des Zugangs voll abgeschrieben werden (Grundsatz der Wirtschaftlichkeit der Rechnung; § 243 II). Die Praxis orientiert sich auch für die HdlBilanz an § 6 II 1 EStG, wonach enge Grenzen gelten (abnutzbare bewegliche Wirtschaftsgüter des Anlagevermögens, die einer selbstständigen Nutzung fähig sind, nicht über 410 Euro, inzwischen 1000 Euro, ebenso BeckBilKo/434u 275 und Böhlmann/Keller DB **07**, 2734. Der Begriff der selbstständigen Nutzbarkeit wird konkret nach der betrieblichen Zweckbestimmung und eng ausgelegt (§ 6 II 2, 3 EStG), zB nicht Kinobestuhlung. Geringwertige Anlagegüter (Anschaffungs- oder Herstellungskosten bis zu 60 Euro netto) sowie kurzlebige Anlagegüter (Nutzungsdauer von 1 bis 2 Jahren) werden nicht als Zugang, sondern sofort als Aufwand behandelt, ADS 412.

E. **Selbstgeschaffene immaterielle Vermögensgegenstände; entgeltlich** **17** **erworbener Geschäfts- oder Firmenwert:** Erweiterung v III durch 3u 4 durch BilRUG 2015 (**Übergangsrecht (1)** EGHGB Art 75 IV) in Umsetzung der BilRi 2013 sieht für die Abschreibung selbstgeschaffener immaterieller Vermögensgegenstände des Anlagevermögens (**III 3**) sowie entgeltlich erworbener Geschäfts- oder Firmenwerte (**III 4**) eine Sonderregelung vor (BegrRegE 70). Höchstzulässiger Abschreibungszeitraum beträgt 10 Jahre, sofern sich verbleibende Nutzungsdauer nicht verlässlich schätzen lässt (sonst diese kürzere Zeitraum). Der Zeitraum ist nach § 285 Nr 13 im Anhang bzw. § 314 I Nr 20 im Konzernanhang zu erläutern. Für Vermögensgegenständen des Anlagevermögens sieht **III 5** vor, dass bei ihnen ohne Rücksicht darauf, ob ihre Nutzung zeitlich begrenzt ist, bei voraussichtlich dauernder Wertminderung außerplanmäßige Abschreibungen vorzunehmen sind, um diese mit dem niedrigeren Wert anzusetzen, der ihnen am Abschlussstichtag beizulegen ist. Nach **III 6** können bei Finanzanlagen (Beteiligungen iSd § 271 I, s dort) außerplanmäßige Abschreibungen auch bei voraussichtlich nicht dauernder Wertminderung vorgenommen werden; zur Folgebewertung s IDW RS HFA 10; Zwirner/Zimny BB **17**, 942. Lit Mujkanovic StuB **14**, 751; Haaker StuB **15**, 11; Oser/Orth/Wirtz DB **15**, 197; Zwirner StuB **15**, 11; ders DStR **15**, 375; Theile GmbHR **15**, 281 (GmbH- u GmbH & Co KG-Abschluss nach BilRUG); Lorson DB **15**, 695.

Merkt   1077

§ 253 18–20

5) Abschreibungen beim Umlaufvermögen (IV)

18 **A. Strenges Niederstwertprinzip:** Vermögensgegenstände des Umlaufvermögens sind nach I 1 höchstens mit den Anschaffungs- oder Herstellungskosten anzusetzen. Für Umlaufvermögen gilt anders als für Anlagevermögen (s Rn 13) das strenge Niederstwertprinzip, dh niedrigere Stichtagswerte als die Anschaffungs- oder Herstellungskosten sind zwingend anzusetzen, auch wenn wieder mit einer Wertsteigerung zu rechnen ist. Es ist also auf einen niedrigeren Börsen- oder Marktpreis (s Rn 19) oder sonstigen Zeitwert (s Rn 20) abzuschreiben. Abschreibungen auf den niedrigeren steuerrechtlich zugelassenen Wert (§ 254 aF) sind seit dem BilMoG unzulässig. **Ausnahmen** vom Niederstwertansatz (aber auch dann kein höherer Ansatz als zu den Anschaffungs- oder Herstellungskosten) gelten, wenn die Verlustantizipation (s § 252 Rn 11) jeder Grundlage entbehrte, zB bei bindender Abnahmeverpflichtung zu einem höheren Preis oder speziell zuzuordnenden Deckungsgeschäften oder Garantien, ADS 538. Zuschreibung s Rn 28. Sonderregeln für Kreditinstitute § 340 e. Ob das Niederstwertprinzip die Bewertung von Verlustprodukten mit einem unter den Anschaffungskosten liegenden Zeit- oder Stichtagswert rechtfertigt, ist str: dafür Groh StuW **76**, 32, 34; abl GrS BFH BStBl **97** II 735; offen BFH **189**, 51, 57. Strenges Niederstwertprinzip auch bei Folgebilanzierung eigener Anteile im Umlaufvermögen zu beachten (Küting/Busch PiR **06**, 213 zur Bilanzierung eigener Anteile nach HGB/US-GAAP/IFRS). **Lit** Häuselmann BB **92**, 312 (Investmentanteile); Kessler DStR **95**, 839 (Vorratsvermögen); Kirsch StuB **05**, 878 (Liquiditätsbeurteilung); Wimmer/Kusterer DStR **06**, 2046 (Kreditrisiko); IDW FN-IDW **06**, 273 (Emissionsberechtigungen); Knobloch/Baumeister DB **15**, 2769; Kahlenberg WPg **16**, 1151 (Maßgeblichkeit und Anti-BEPS-Ri) Knobloch/Osinski BFuP **16**, 516 (Erwerb unbedingter Termingeschäfte).

19 **B. Börsen- oder Marktpreis:** Nach IV 1 ist ein niedrigerer Börsen- oder Marktpreis am Abschlussstichtag anzusetzen. Börsenpreis ist der im amtlichen oder im geregelten Markt festgestellte Preis (s **(14)** BörsG § 24), nicht der sich im Telefonhandel ergebende Preis (s dort Rn 3). Das gilt entsprechend jedenfalls auch für EGBörsen; zutr aber auch für andere ausländische Börsen, ADS 504. Entscheidend ist, an welcher Börse voraussichtlich gekauft oder verkauft würde. Marktpreis ist der Durchschnittspreis der Ware am jeweils relevanten Markt (ieS eines HdlPlatzes mit Preisfeststellung wie in § 373; Markt iwS s IV 2). Relevanter Markt ist je nach Art des zu bewertenden Umlaufvermögens der Absatz- oder der Beschaffungsmarkt (s Rn 25). Anzusetzen ist nicht der Börsen- oder Marktpreis schlechthin, sondern der sich aus diesem ergebende Preis, also abzüglich bzw zuzüglich noch entstehender Aufwendungen (zB am Absatzmarkt Verkaufsspesen, Transportkosten oder am Beschaffungsmarkt Anschaffungsnebenkosten). Due diligence-Kosten sind Anschaffungsnebenkosten des Beteiligungserwerbs, FG Köln BB **11**, 174, offen gelassen von BFH DStR **13**, 581. Auch bei Zufallskursen ist vom Preis am Abschlussstichtag auszugehen, selbst wenn er ungewöhnlich niedrig liegt; liegt er dagegen ungewöhnlich hoch, ist nach dem Vorsichtsprinzip ein niedrigerer Preis (analog III 2) anzusetzen; ADS 512. Bspe s Rn 22–25. Zu Anschaffungsnebenkosten s § 255 Rn 3.

20 **C. Am Abschlussstichtag beizulegender Wert:** Nach IV 2 ist statt eines nicht feststellbaren Börsen- oder Marktpreises der Wert, der den Vermögensgegenständen am Abschlussstichtag beizulegen ist, anzusetzen. Dieser beizulegende Wert richtet sich je nach Art des Vermögensgegenstands nach dem am Beschaffungs- oder am Absatzmarkt zu erzielenden bzw zu bezahlenden Preis (s Rn 19, 25), hM, krit GK BilR/Kleindiek 71. Im Übrigen gilt für IV 2 dasselbe wie für IV 1. Bspe s Rn 22–25; Abgrenzung zum Marktpreis Haaker/Velte DStR **14**, 970.

1. Abschnitt. Vorschriften für alle Kaufleute 21–29 § 253

D. Wertschwankungen: Nach III 3 aF konnte zur Verhinderung von Änderungen aufgrund von Wertschwankungen (künftige Wertminderung) auch ein unter dem Zeitwert am Abschlussstichtag (III 1, 2) liegender Wertansatz zulässig sein (Wahlrecht). Die Norm ist durch BilMoG ersatzlos gestrichen worden, da Abschreibungen willkürlich auf erwartete Verluste vorzunehmen mit dem Ziel, die Vermögens-, Finanz- und Ertragslagen den tatsächlichen Verhältnissen entsprechend darzustellen, nicht vereinbar ist, RegE BilMoG 56. 21

E. Beispiele: Der Niederstwert nach **IV** ist je nach Art des Umlaufvermögens (vgl § 266 II B) weiter zu präzisieren. Dabei sind je nachdem der Absatz- oder der Beschaffungsmarkt oder beide maßgeblich, hL, ADS 488, aA Baumb/Hueck/Schulze-Osterloh § 42 Rn 312: idR Absatzmarkt wegen Imparitätsprinzip, also Nettoerlös (sog verlustfreie Bewertung). 22

Roh-, Hilfs- und Betriebsstoffe (§ 266 II B I 1) sind nach den Preisen am Beschaffungsmarkt zu bewerten, hL, str, auszunehmen sind Überbestände an Roh-, Hilfs- und Betriebsstoffen (Absatzmarkt), ADS 492, WP-Hdb I E 428. 23

Unfertige und fertige Erzeugnisse (§ 266 II B I 2, 3) sind ebenso wie die genannten Überbestände an Rohstoffen zu Absatzmarktpreisen zu bewerten, wenn sie nicht auch am Markt beschafft werden können (sonst Beschaffungsmarkt), doch muss ein niedrigerer Preis am Beschaffungsmarkt angesetzt werden (doppelte Maßgeblichkeit), str, aA Wahlrecht. 24

Bei **Handelswaren** ist ebenfalls vom Absatzmarkt auszugehen, doch muss ein niedrigerer Preis am Beschaffungsmarkt angesetzt werden (doppelte Maßgeblichkeit), hL, ADS 514, WP-Hdb I E 428, str. 25

Forderungen (§ 266 II B II) sind zum Nennwert anzusetzen. Zweifelhafte Forderungen sind nach ihrem wahrscheinlichen Wert anzusetzen, uneinbringliche Forderungen abzuschreiben (Einzelwertberichtigung); entspr bedingte Forderungen. Teilwertabschreibung einer Forderung des Betriebsunternehmens gegen das Besitzunternehmen nur nach Gesamtbetrachtung der Ertragsaussichten beider, BFH DStR **10**, 152. **Pauschalwertberichtigung** von Forderungen ist (neben der Einzelwertberichtigung nur zur Erfassung weiterer Risiken) zulässig und ggf geboten, und zwar auf der Aktivseite (Pauschalrückstellung s § 249 Rn 4) und nur unter Vorsichtsprinzip (Erfahrungszeitraum idR 5 Jahre), BFH BB **89**, 664, ADS 533 (§ 252 Rn 10). Verzinsliche Forderungen sind nicht über Nennbetrag anzusetzen; unverzinsliche oder niedrige verzinsliche sind auf den Barwert abzuzinsen (bei Forderungen mit Restlaufzeit bis zu einem Jahr, nach aA nur bis zu 3 Monaten, Wahlrecht, ADS 532, str); verjährte sind abzuschreiben, außer wenn mit Geltendmachung der Einrede nicht zu rechnen ist. 26

Fremdwährungsforderungen (Fremdwährungsverbindlichkeiten s Rn 2) sind zu dem Devisenkassamittelkurs umzurechnen (s § 256a), der zum Zeitpunkt ihrer Erstverbuchung galt. Nach dem Imparitätsprinzip ist aber ein niedrigerer Kurs am Abschlussstichtag maßgeblich, nach dem Realisationsprinzip dagegen nicht ein höherer, str. Kompensation wie bei Fremdwährungsverbindlichkeiten. Sonderrecht für Kreditinstitute § 340 h. 27

Wertpapiere des Umlaufvermögens (§ 266 II B III) sind, wenn alsbaldige Veräußerung bevorsteht, nach Absatzmarktpreisen unter Abzug der Verkaufsspesen zu bewerten; sonst zum Börsenkurs zuzüglich anteilig abgeschriebener Anschaffungsnebenkosten, BeckBilKo 609, aA Wahlrecht ADS 502. Due diligence-Kosten sind Anschaffungsnebenkosten des Beteiligungserwerbs, FG Köln BB **11**, 174, offen gelassen von BFH DStR **13**, 581; keine voraussichtlich dauernde Wertminderung bei nicht bonitätsbedingten Kursverlusten festverzinslicher Wertpapiere, BFH DStR **11**, 1556. Zu Anschaffungsnebenkosten s § 255 Rn 3. 28

Bei **Zerobonds** sind die jährlich laufenden Zinsen für die Erwerber jeweils zusätzliche Anschaffungskosten, s IDW-HFA 1/86 WPg 86, 248, BeckBilKo § 255 Rn 311, Verbindlichkeit daraus s Rn 2. 29

§ 253 30–33

6) Abschreibungen nach vernünftiger kaufmännischer Beurteilung (IV), stille Reserven

30 IV aF erlaubte vor Inkrafttreten des BilMoG Abschreibungen nach vernünftiger kfm Beurteilung und dadurch Bildung stiller Reserven (s § 252 Rn 13 ff). Die Norm wurde im Interesse besserer Adressateninformation gestrichen. Für Kreditinstitute s § 340 f.

7) Wertaufholungsgebot (V)

31 A. V 1 normiert ein umfassendes (Ausnahme in V 2) rechtsformunabhängiges Wertaufholungsgebot für außerplanmäßige Abschreibungen beim Anlagevermögen (III 3 und 4) und sämtliche Abschreibungen beim Umlaufvermögen (IV), wie es für KapGes schon vor Inkrafttreten des BilMoG bestand (§ 280 aF); für Kreditinstitute s § 340 f. Grund ist die angestrebte Verhinderung von Ergebnisglättungen zur Verringerung des ausschüttungsfähigen Gewinns sowie die Herstellung besserer Vergleichbarkeit der Abschlüsse und Annäherung an IFRS. Niedrigere Wertansätze aufgrund dieser Abschreibungen dürfen nur solange beibehalten werden, als die Gründe für die niedrigeren Wertansätze andauern. Zuzuschreiben ist (höchstens) der Betrag dieser Abschreibungen (nur) im Umfang der Werterhöhung unter Berücksichtigung der Abschreibungen, die inzwischen vorzunehmen gewesen wären. Das Wertaufholungsgebot ist verfassungsgemäß BFH DStR **10**, 1124. Zuzuschreiben ist in dem Geschäftsjahr, in dem sich die Werterhöhung herausstellt (jährlich zu prüfen), nicht auch für frühere Geschäftsjahre, FG München BB **09**, 602. Folge für GuV sind grundsätzlich sonstige betriebliche Erträge (§ 275 II Nr 4, III Nr 6). Die Zuschreibung kann zu Ausschüttungen führen, falls keine Gewinnrücklagen (§ 266 III A III) gebildet werden. Eine besondere Wertaufholungsrücklage ist nicht vorgesehen. **Übergangsrecht** s (1) EGHGB Art. 66 VIII. **Lit** Prinz StuB **10**, 43 (Judikatur), Zwirner DStR **12**, 532; Kahlenberg WPg **16**, 1151 (Maßgeblichkeit und Anti-BEPS-Ri); Knobloch/Osinski BFuP **16**, 516 (Erwerb unbedingter Termingeschäfte).

32 B. Von der Zuschreibungspflicht ist ein niedriger Wertansatz eines entgeltlich erworbenen Geschäfts- oder Firmenwertes (Ansatzpflicht gem § 246 I 4) ausgenommen, es besteht Wertaufholungsverbot (V 2). Denn eine eingetretene Wertaufholung beruht hier nicht auf dem Wegfall der Abschreibungsgründe, sondern auf der Geschäftstätigkeit des erwerbenden Unternehmens, weshalb Zuschreibung verbotene Aktivierung eines selbstgeschaffenen Geschäfts- oder Firmenwertes wäre (RegE BilMoG 57).

8) Ausschüttungssperre (VI)

33 VI neu angefügt durch WohnimmobilienkreditRiUmsetzG (Übergangsregelung in (1) EGHGB Art 76 VI u VII) ordnet eine **Ausschüttungssperre** an, um Rückstellungen für Altersversorgungsverpflichtungen zu schützen. Grund: Infolge der Niedrigzinsphase werden für die Absicherung wesentlich höhere Rückstellungen benötigt werden. Um die damit für Unternehmen verbundenen Nachteile abzumildern, wurde der Betrachtungszeitraum für die Berechnung des Durchschnittszinssatzes von sieben auf zehn Geschäftsjahre ausgedehnt (BTDrucks. 18/7584, 148f). Werden Rückstellungen für Altersversorgungsverpflichtungen gebildet, so ist der Unterschiedsbetrag zwischen dem Ansatz der Rückstellungen nach durchschnittlichem Marktzinssatzes aus den vergangenen zehn Geschäftsjahren und dem Ansatz der Rückstellungen nach Maßgabe nach durchschnittlichem Marktzinssatzes aus den vergangenen sieben Geschäftsjahren in jedem Geschäftsjahr zu ermitteln und es dürfen Gewinne dürfen nur ausgeschüttet werden, wenn die nach der Ausschüttung verbleibenden frei verfügbaren Rücklagen zuzüglich eines Gewinnvortrags und abzüglich eines Verlustvortrags mindestens den ermittelten Unterschiedsbetrag decken (VI 1). Der

1. Abschnitt. Vorschriften für alle Kaufleute   1   § 254

Unterschiedsbetrag ist in jedem Geschäftsjahr im Anhang oder unter der Bilanz darzustellen (VI 2). Da eine korrespondierende Ergänzung des § 301 AktG unterblieben ist (unklar ob bewußt), unterliegen die ausschüttungsgesperrten Beträge **keiner Abführungssperre**, Zwirner BC 16, 372; ders StuB **16**, 207; Freiberg, StuB **16**, 257; Thaut DB **16**, 2185. **Lit** Pradl GStB **15**, 450; ders GmbStpr **16**, 97; ders GStB **16**, 152; Stefan Müller BC **16**, 466 (Pensionsrückstellungen); ders/Dilßer BB **16**, 2539 (Schätzung stiller Reserven in Pensionsrückstellungen); Fuhrmann NWB **16**, 1568; Bolik/Selig-Kraft SteuK **16**, 245; Thurnes/Rasch/Geilenkothen DB **16**, 2913; Fodor/Borst BB **16**, 2987; Oser/Wirtz StuB **17**, 3 (Abzinsung von Pensionsrückstellungen).

Bildung von Bewertungseinheiten

254 [1] **Werden Vermögensgegenstände, Schulden, schwebende Geschäfte oder mit hoher Wahrscheinlichkeit erwartete Transaktionen zum Ausgleich gegenläufiger Wertänderungen oder Zahlungsströme aus dem Eintritt vergleichbarer Risiken mit Finanzinstrumenten zusammengefasst (Bewertungseinheit), sind § 249 Abs. 1, § 252 Abs. 1 Nr. 3 und 4, § 253 Abs. 1 Satz 1 und § 256a in dem Umfang und für den Zeitraum nicht anzuwenden, in dem die gegenläufigen Wertänderungen oder Zahlungsströme sich ausgleichen.** [2] **Als Finanzinstrumente im Sinn des Satzes 1 gelten auch Termingeschäfte über den Erwerb oder die Veräußerung von Waren.**

1) Bewertungseinheiten

A. Die Vorschrift normiert die vorher als GoB anerkannte und steuerrechtlich vorgesehene (§ 5 Ia EStG) Bilanzierung von **Bewertungseinheiten** (auch als kompensatorische Bewertung bezeichnet). Änderung der bisherigen Bilanzierungspraxis (s dazu MüKo/AktG § 252 Rn 30, Kü/We § 252 Rn 70 ff) ist nicht intendiert (RegE BilMoG 57). Die Vorschrift normiert Wahlrecht, str, wie hier BFH BStBl II **16**, 831, IDW RS HFA 35, BeckBilKo 5, Ho/Lü 7b, aA KK-Prinz 1, Glaser/Hachmeister BB **11**, 555. Bewertungseinheiten liegen vor, wenn bei wirtschaftlicher Betrachtung bestimmte Risiken aus einem Grundgeschäft durch den Einsatz von Sicherungsinstrumenten neutralisiert werden. Soweit und solange der Eintritt dieser Risiken ausgeschlossen ist, weil nicht realisierte Gewinne in gleicher Höhe bestehen, erklärt die Norm die §§ 249 I, 252 I Nr 3 und 4, 253 I 1 und 256a für unanwendbar. Damit brauchen für die abgesicherten Risiken keine Rückstellungen gebildet und abgesicherte Wertverluste nicht abgeschrieben zu werden. So erfolgt Verzicht auf die Bilanzierung nicht realisierter Verluste. Bei umgekehrter Entwicklung (Wertsteigerung der abgesicherten Grundposition, Wertverlust des Sicherungsinstruments) kann auch diese Wertsteigerung wegen Unanwendbarkeit von § 252 I Nr 3 und 4 berücksichtigt werden. Sobald und soweit sich die gegenläufigen Wertänderungen der Zahlungsströme nicht mehr ausgleichen, sind aber die allgemeinen Vorschriften anzuwenden. Anhangangabe für KapitalGes § 285 Nr 23. **Übergangsrecht (1)** EGHGB Art. 66 III, V. Rechenbeispiele bei Hoffmann/Lüdenbach 68 ff. Keine rückwirkende Anwendung der Vorschrift auf Zeit vor ihrem Inkrafttreten, BFH BStBl II **16**, 831. **Lit** Me/Pro/Fi Kap 6 Tz 596; Lüdenbach/Freiberg BB **10**, 2683 (IDW RS HFA 35); Driesch/vOertzen IRZ **10**, 345; Kopatschek/Stuffert/Wolfgarten KoR **10**, 272u 328; Hennrichs WPg **10**, 1185 (Auslandsbeteiligungen); Barz/Weigel IRZ **11**, 227; Kümpel/Pollmann DStR **11**, 1580; Rimmelspacher/Fey WPg **11**, 805; Weigel ua WPg **12**, 71, 123 (Kreditinstitute); Zwirner/Boecker BB **12**, 2935; Kleinmanns StuB **14**, 475; Bär/Kalbow/Vesper WPg **14**, 22 (Saldierung von Finanzinstrumenten); Freiberg StuB **14**, 264 (Devisentermingschäfte); Rimmelspacher/Frey WPg **13**, 994 (Beendigung von Bewertungseinheiten); Schwabacher/Mujkanovic StuB **15**, 163 (Beendigung von Bewertungseinheiten); Glaser/

§ 254 2–4

Hachmeister DB **15**, 565 (true and fair view); Knobloch/Osinski BFuP **16**, 516 (Erwerb unbedingter Termingeschäfte).

2 **B. Grundpositionen.** Absicherungsfähig sind Vermögensgegenstände (§ 246 Rn 3), nicht aber der derivative Geschäfts- oder Firmenwert, da § 246 I 4 nur Fiktion, Kü/We 57, und Schulden (§ 246 Rn 13), aber auch grds nicht bilanzierungsfähige schwebende Geschäfte (§ 252 Rn 21) und mit hoher Wahrscheinlichkeit erwartete Transaktionen. Letztere sind ein durch BilMoG eingeführtes Novum im Gesetz. Erwarteten Transaktionen fehlt im Gegensatz zu schwebenden Geschäften noch der Vertragsschluss. Sie sind nur absicherungsfähig, wenn ein Vertragsschluss mit hoher Wahrscheinlichkeit zu erwarten ist (Vorsichts- und Realisationsprinzip sind auf Tatbestandsseite nicht beachtlich). Er muss dafür so gut wie sicher sein, allenfalls noch durch atypische Einflüsse von außerhalb des Einflussbereichs des Bilanzierenden verhindert werden können (RegE BilMoG 58). Bestehende Ausfallrisiken bei Forderungen stehen Einordnung als Grundgeschäft nach hA technisch nicht entgegen, aber Risikoberücksichtigung, Beck-BilKo 14, offen Kü/We 63; aber unklar, wie dieses Risiko berücksichtigt werden soll (Bsp: ausfallgefährdete Forderung, die gegen Währungsrisiken gesichert wird, trägt hinsichtlich Ausfallgefahr anderes Risiko; da beide Risiken (Ausfall/Währung) nicht vergleichbar sind, fehlt Risikozusammenhang, Kü/We: nur partielle Absicherung, dagegen: Ausfallgefahr ist ein nicht abspaltbares Risiko, zudem ist Ausfallgefahr eingepreist, da Forderung entsprechend abzuschreiben ist, Beck-BilKo § 253 Rn 576 ff).

3 **C. Sicherungspositionen.** Zur Absicherung können Finanzinstrumente und Warentermingeschäfte dienen. Der Begriff Finanzinstrumente ist im Hinblick auf § 340e III und nach dem gesetzgeberischen Willen dazu in Anlehnung an die IFRS und unter Rückgriff auf § 2 IV WpHG, § 1 XI KWG zu interpretieren (RefE BilMoG S 105). Umfasst sind zB Wertpapiere, Geldmarktinstrumente, Devisen und Rechnungseinheiten sowie Derivate und nach S 2 Warentermingeschäfte.

2) „Sicherungsbilanzierung"

4 Die Zusammenfassung muss zur Absicherung der Risiken gebildet werden. Das setzt Absicherungsabsicht im Zeitpunkt der Bildung der Bewertungseinheit voraus sowie die Absicht, die Bewertungseinheit bis zur Zweckerreichung beizubehalten. Vorzeitige Beendigung möglich, dann aber Anwendung der allgemeinen Vorschriften ab diesem Zeitpunkt.

Möglich ist Absicherung eines einzelnen Grundgeschäfts durch ein einzelnes Sicherungsinstrument („micro-hedging"), Absicherung mehrerer gleichartiger Grundgeschäfte durch Sicherungsinstrumente („portfolio-hedging") oder Absicherung ganzer Gruppen jeweils gleichartiger Grundpositionen („macro-hedging", Zulässigkeit bisher str, MüKo/AktG § 252 Rn 30); auch nur partielle Absicherung hinsichtlich Umfang oder Zeitraum ist nach Wortlaut zulässig, Kü/We 72. Die Risiken für Grund- und Sicherungspositionen müssen aber vergleichbar sein. Das ist der Fall, wenn beide Positionen demselben Risiko ausgesetzt sind, BT-Drucks 16/12407 S 112, sonst lässt sich die gegenläufige Entwicklung der Zahlungsströme nicht verlässlich messen und nicht verhindern, dass sie sich zufällig ausgleichen. Zulässig ist damit bspw Absicherung einer Verbindlichkeit in US-Dollar durch Divisentermingeschäft (Risiko ist Kursentwicklung des US-Dollar), unzulässig aber Absicherung des Zinsrisikos langristig fälliger Forderungen durch Währungszinsswap.

Ob sich die gegenläufigen Zahlungsströme tatsächlich neutralisieren, ist zu jedem Bilanzstichtag positiv festzustellen. Das Gesetz schreibt hierfür kein Verfahren vor und überlässt die Wahl mithin den Unternehmen. Gelingt keine verlässliche Beurteilung, ist nach den allgemeinen Vorschriften zu bilanzieren.

§ 255

Bewertungsmaßstäbe

255 (1) ¹Anschaffungskosten sind die Aufwendungen, die geleistet werden, um einen Vermögensgegenstand zu erwerben und ihn in einen betriebsbereiten Zustand zu versetzen, soweit sie dem Vermögensgegenstand einzeln zugeordnet werden können. ²Zu den Anschaffungskosten gehören auch die Nebenkosten sowie die nachträglichen Anschaffungskosten. ³Anschaffungspreisminderungen, die dem Vermögensgegenstand einzeln zugeordnet werden können, sind abzusetzen.

(2) ¹Herstellungskosten sind die Aufwendungen, die durch den Verbrauch von Gütern und die Inanspruchnahme von Diensten für die Herstellung eines Vermögensgegenstands, seine Erweiterung oder für eine über seinen ursprünglichen Zustand hinausgehende wesentliche Verbesserung entstehen. ²Dazu gehören die Materialkosten, die Fertigungskosten und die Sonderkosten der Fertigung sowie angemessene Teile der Materialgemeinkosten, der Fertigungsgemeinkosten und des Werteverzehrs des Anlagevermögens, soweit dieser durch die Fertigung veranlasst ist. ³Bei der Berechnung der Herstellungskosten dürfen angemessene Teile der Kosten der allgemeinen Verwaltung sowie angemessene Aufwendungen für soziale Einrichtungen des Betriebs, für freiwillige soziale Leistungen und für die betriebliche Altersversorgung einbezogen werden, soweit diese auf den Zeitraum der Herstellung entfallen. ⁴Forschungs- und Vertriebskosten dürfen nicht einbezogen werden.

(2a) ¹Herstellungskosten eines selbst geschaffenen immateriellen Vermögensgegenstands des Anlagevermögens sind die bei dessen Entwicklung anfallenden Aufwendungen nach Absatz 2. ²Entwicklung ist die Anwendung von Forschungsergebnissen oder von anderem Wissen für die Neuentwicklung von Gütern oder Verfahren oder die Weiterentwicklung von Gütern oder Verfahren mittels wesentlicher Änderungen. ³Forschung ist die eigenständige und planmäßige Suche nach neuen wissenschaftlichen oder technischen Erkenntnissen oder Erfahrungen allgemeiner Art, über deren technische Verwertbarkeit und wirtschaftliche Erfolgsaussichten grundsätzlich keine Aussagen gemacht werden können. ⁴Können Forschung und Entwicklung nicht verlässlich voneinander unterschieden werden, ist eine Aktivierung ausgeschlossen.

(3) ¹Zinsen für Fremdkapital gehören nicht zu den Herstellungskosten. ²Zinsen für Fremdkapital, das zur Finanzierung der Herstellung eines Vermögensgegenstands verwendet wird, dürfen angesetzt werden, soweit sie auf den Zeitraum der Herstellung entfallen; in diesem Falle gelten sie als Herstellungskosten des Vermögensgegenstands.

(4) ¹Der beizulegende Zeitwert entspricht dem Marktpreis. ²Soweit kein aktiver Markt besteht, anhand dessen sich der Marktpreis ermitteln lässt, ist der beizulegende Zeitwert mit Hilfe allgemein anerkannter Bewertungsmethoden zu bestimmen. ³Lässt sich der beizulegende Zeitwert weder nach Satz 1 noch nach Satz 2 ermitteln, sind die Anschaffungs- oder Herstellungskosten gemäß § 253 Abs. 4 fortzuführen. ⁴Der zuletzt nach Satz 1 oder 2 ermittelte beizulegende Zeitwert gilt als Anschaffungs- oder Herstellungskosten im Sinn des Satzes 3.

Übersicht

	Rn
1) Anschaffungskosten (I)	1–13
A. Begriff	1
B. Erwerbs- und Inbetriebnahme Kosten (I 1)	2
C. Zuschläge (I 2)	3

Merkt

§ 255 1

	Rn
D. Abzüge (I 3)	4
E. Andere Erwerbsgeschäfte als Kauf	5–11
F. Grund und Boden und Gebäude	12
G. Konzern	13
2) Herstellungskosten (II)	14–21
A. Begriff	14, 15
B. Einzelkosten (II 1, 2)	16
C. Gemeinkosten (II 2, 3)	17–20
D. Forschungs- und Vertriebskosten (II 4)	21
3) Herstellungskosten selbstgeschaffener immaterieller Güter des Anlagevermögens (IIa)	22
4) Zinsen für Fremdkapital (III)	23, 24
A. Grundsatz	23
B. Ausnahme	24
5) Beizulegender Zeitwert (IV)	25–27
A. Mark to Market (VI 1)	25
B. Mark to Model (IV 2)	26
C. Bewertung zu Anschaffungs- oder Herstellungskosten	27

1) Anschaffungskosten (I)

1 **A. Begriff:** I definiert die Anschaffungskosten (zB § 253 I 1) weitgehend entspr der bisherigen Praxis. Nach I 1 sind Anschaffungskosten die geleisteten Erwerbs- und Inbetriebnahmekosten ohne Gemeinkosten, BFH/NV **06**, 40; hinzukommen die Nebenkosten sowie die nachträglichen Anschaffungskosten (I 2), BFH BStBl II **03**, 574, abzusetzen sind Anschaffungspreisminderungen (I 3). Entscheidend sind wirtschaftliche Gesichtspunkte (Zweckbestimmung der Aufwendung), BFH **197**, 58, 62. Maßgeblich sind die tatsächlichen Anschaffungskosten für jedes einzelne Wirtschaftsgut, auch bei Wertpapieren gleicher Gattung; bei Unklarheit infolge Vermischung gattungsgleicher Sachen muss der Anschaffungspreis geschätzt werden; fehlen Anhaltspunkte für eine Schätzung, ist auf den Anschaffungspreis des vermischten Gesamtbestands abzustellen, der sich aus der Zusammenrechnung der Einzelkosten ergibt, BFH BStBl II **14**, 578. Ob **Betriebsbereitschaft** zu verlangen ist, ist umstr, dagegen BFH 23.6.**15** – III R 26/12 – juris, dafür Weber-Grellet BB **16**, 43, 44. Größere Instandsetzungen und laufende Reparaturkosten sind keine Anschaffungskosten, sondern nachträgliche Herstellungskosten iSv § 6 I Nr 1a S 1 EStG, FG Mü 29.6.**15** – 7 K 605/14 – juris. Zur Abgrenzung von Aufwand und Anschaffungskosten bei Ablösung eines Erbbaurechts BFH HFR **11**, 1204. BFH geht von „originärer steuerrechtlicher Auslegung" des § 255 aus, BFH DStRE **10**, 1435 (Zahlung für Übernahme einer Zufahrt als Anschaffungskosten von Grund und Boden). **Übergangsrecht zu § 255** in (1) EGHGB Art 24, 66 (s Einl 61 v § 238). RsprÜbersicht: Moxter 2. Aufl 1985 (BFH) § 9. **Lit** Me/Pro/Fi Kap 6 Tz 660 ff; Haaker/Hoffmann PiR **10**, 51; Binder WPg **10**, 920 (Marken); Gabert StuB **10**, 891 (Filmrechte), Petersen/Zwirner BB **10**, 1651; Mujkanovic WPg **10**, 294 (Anteile an nachhaltig ertragsschwachen Unternehmen); Kolb u. a. StuB **11**, 57 (Pensionsverpflichtungen); Küting u. a. GmbHR **11**, 1 (Ausschüttungssperren); Bertram u. a. WPg **11**, 57 (Altersversorgung); Lüdenbach/Freiberg DB **13**, 2213 (AK bei Sicherungsgeschäften); Fey/Deubert BB **12**, 1461 (bedingte AK); Mujkanovic PiR **13**, 301 u 331 (Software als Bilanzierungsobjekt nach HGB und IFRS); Hoffmann DB **13**, M 1 (zur Verwendung des Begriffs Anschaffung in Bezug auf Verbindlichkeiten); Lüdenbach/Freiberg BB **14**, 747 (Anschaffungskosten bei Know-how-Erwerb gegen erfolgsabhängige Vergütung); Küting/Lauer DB **13**, 1185 (Anschaffungskostenprinzip u seine Durchbrechung); zu Anschaffungsnebenkosten s § 255 Rn 3; Dutzi/Leuveld/Rausch BB **15**, 2219 (Upstream Merger); Knobloch/Osinski BFuP **16**, 516 (Erwerb unbedingter Termingeschäfte); Gersbacher-Volz/Koch

BC **17**, 66 (selbst erstellte Standardsoftware); Lüdenbach StuB **16**, 471 (Verzugsbedingte Zahlung des Lieferanten in der Bilanz des Bestellers).

B. **Erwerbs- und Inbetriebnahmekosten (I 1)**: Bei entgeltlichem Erwerb sind 2 die Erwerbskosten der Kaufpreis; auch wenn überhöht, dann aber uU §§ 253 III 3, IV 1, 2, Baumb/Hueck/Schulze-Osterloh § 42 Rn 282, Konzernverrechnungspreise s Rn 13; unentgeltliche und andere Verträge s Rn 5 ff. Erwerbskosten (für Spielerlaubnis) sind zB Transferzahlungen für Berufsfußballspieler, BFH NJW **93**, 222. Gesamtkaufpreis ist aufzuteilen, maßgeblich ist vertragliche Vereinbarung, sofern wirtschaftlich vernünftig, sonst Verhältnis der Zeitwerte. Umfasst der Kaufpreis auch das Entgelt für andere Leistungen des Verkäufers, sind entspr Abschläge zu machen. Die im Kaufpreis enthaltene **Umsatzsteuer** ist abzuziehen, soweit Vorsteuerabzug nach UStG möglich ist, IDW-HFA 1/**85** WPg **85**, 257. Doch kann auch entspr § 9b EStG verfahren werden, ADS 20; differenzierend Baumb/Hueck/Schulze-Osterloh § 42 Rn 272. Beim Zuschussgeber eines „Großmutterzuschusses" ist Einzelfallbetrachtung erforderlich um festzustellen, ob Zuschuss als nachträgliche Anschaffungskosten auf Beteiligung qualifiziert werden kann, Roß/Zilch BB **14**, 1579. Vereinbarung der Behandlung des Gesellschafterdarlehens „wie Eigenkapital" führt bei endgültigem Ausfall des Rückforderungsanspruchs zu nachträglichen Anschaffungskosten der Beteiligung, BFH DStR **14**, 1597. Gewährt nicht geschäftsführender 10%iger GmbH-Gesellschafter Darlehen und fällt er mit dem Rückzahlungsanspruch insolvenzbedingt aus, führt dies nicht zu nachträglichen Anschaffungskosten, da er nicht unter das Eigenkapitalersatzrecht fällt, BFH DStR **15**, 2217. Bei gleichzeitigem Erwerb sämtlicher Anteile an einer PersGes sowie ihrer Wirtschaftsgüter nur Anschaffungsvorgang für Wirtschaftsgüter; Anteilserwerb kein eigenständiger Anschaffungsvorgang, s BFH HFR **06**, 176. Ursprünglich angeschaffter Vermögensgegenstand kann durch mehrere andere ersetzt werden, so dass sich ursprüngliche Anschaffungskosten anteilig fortsetzen, BFH **194**, 182. **Anschaffungskosten in Fremdwährung** (Fremdwährungsverbindlichkeiten und -forderungen s § 253 Rn 2, 27): Bei geleisteter Anzahlung und Barzahlung ist tatsächlicher Euro-Betrag maßgeblich, bei Kauf auf Ziel Kurs zum Anschaffungszeitpunkt, Beck-BilKo 55, aA Zeitpunkt der Erstverbuchung wie für die spätere Fremdwährungsverbindlichkeit ADS 63; spätere Wechselkursänderungen sind für Anschaffungskosten irrelevant, hL, anders für die Fremdwährungsverbindlichkeiten und -forderungen. **Betriebsbereitschaftskosten** (Kosten der Versetzung in betriebsbereiten Zustand) betreffen zB Transport, Transportversicherung (aA Nebenkosten, s Rn 3), Montage; auch Umrüstung zur erstmaligen Versetzung in den betriebsbereiten Zustand; anschaffungsnahe Aufwendungen nach erstmaliger Versetzung in den betriebsbereiten Zustand können nachträgliche Anschaffungsbzw nachträgliche Herstellungskosten oder bloßer Erhaltungsaufwand sein, ADS 14 gegen BFH, Abgrenzung von beidem ADS 118. **Gemeinkosten,** also die dem angeschafften Vermögensgegenstand nicht einzeln zuzuordnenden Kosten (I 1 Halbs 2), sind **nicht** zu berücksichtigen, zB Kosten der Einkaufsabteilung. Zur Behandlung „negativer" Anschaffungskosten s BFH HFR **06**, 865, Schiffers WPg **06**, 1279, Preißer/Bressler BB **11**, 427. Verzicht auf Avalprovision stellt keine Anschaffungskosten dar, FG Münster EFG **05**, 1874; Pagel/Tetzlaff StuB **13**, 451 (Wertansatz bei der Anwachsung).

C. **Zuschläge (I 2):** Zu den Anschaffungskosten gehören auch die mit dem 3 Erwerb verbundenen **Nebenkosten,** zB Provisionen (auch Provision für nachträgliche Finanzierungsvermittlung, wenn bereits bei Projektbeginn zu erwarten, FG Köln DStRE **11**, 514), Beurkundungskosten, Grunderwerbsteuer (eingeschränkend aber BFHE 233, 393; BFH DStR **11**, 1169 für Fälle des § 1 Abs. 3 Nr. 1 GrEStG), Zölle, Vermittlungs-, Maklerkosten; Gutachterkosten im Zusammenhang mit Anschaffung von GmbH-Geschäftsanteilen, wenn sie nach Erwerbsentscheidung anfallen, BFH DStR **07**, 1027. Gesondertes Entgelt des Vermögensverwalters für die Auswahl der Gewinnstrategie ist den Anschaffungskosten der Anlage hinzuzurechnen, BFH BB **10**, 882. Due diligence-Kosten sind Anschaffungsnebenkosten des Beteiligungserwerbs, FG Köln BB **11**, 174 offen gelassen BFH DStR **13**, 581, Provisionen für Spielervermittler für den entgeltlichen Erwerb der Spielerlaubnis im Profifußball, BFH DStR **12**, 229, krit Schülke StB **12**, 121. **Nicht** zu den Anschaffungsnebenkosten gehören zB Gemeinkosten; idR Prozesskosten, str; **Finanzierungskosten,** da sie im Zusammenhang mit einer Kreditaufnahme stehen und nicht Wert des angeschafften Vermögensgegenstands erhöhen, zB Bankkredit, Teilzahlungskredit, Verzugszinsen ua. Jedoch gewisser Gestaltungsspielraum, BeckBilKo 501, zB Bauzeitzinsen als Teil des Veräußerungspreises; nicht kalkulatorische Zinsen auf Eigenkapital. Für Herstellungskosten ausdrücklich III 1, aber auch III 2, der aber gerade nicht für Anschaffungskosten gilt, großzügiger ADS 37. Auch **nachträgliche Anschaffungskosten** gehören dazu, zB Kaufpreiserhöhung nach Anpassung (s Einl 13–15 vor § 343) oder Rechtsstreit; auch Aufwendungen, die erst längere Zeit nach dem Erwerb anfallen; auch wenn mit ihnen eine andere als die bisherige Nutzung ermöglicht wird, zB Straßenanlieger- und Erschließungsbeiträge nach Baurecht (Begr E § 260), krit IDW WPg **84**, 134u GK BilR/Kleindiek 11: keine Aufwendungen, soweit nachträgliche Kosten Vermögensgegenstand erweitern bzw über seinen ursprünglichen Zustand hinaus verbessern. Nur kausaler oder zeitlicher Zusammenhang mit Anschaffung nicht ausreichend. Maßgeblich ist Zweckbestimmung der Aufwendung, BFH BB **06**, 548. Beiträge für Zweiterschließung eines Grundstücks sind nachträgliche Anschaffungskosten für Grund und Boden, wenn Wert aufgrund erweiterter Nutzbarkeit steigt, nicht hingegen, soweit Zweiterschließung die vorhandene Erschliessungsanlage nur ersetzt oder verbessert, BFH/NV **16**, 1541. Leistungen, die dem lastenfreien Grundstückserwerb dienen, können nachträgliche Anschaffungskosten darstellen, BFH/NV **16**, 1446. Übernahme von eigenkapitalersetzender Bürgschaft für Ges, an der Anteilseigner nur mittelbar beteiligt ist, führt nicht zu nachträglichen Anschaffungskosten der (unmittelbaren) Beteiligung, BFH DStR **08**, 965. Der durch die voraussichtliche Inanspruchnahme aus Durchgriffshaftung entstehende Aufwand erhöht nicht die Anschaffungskosten für den GmbH-Anteil, BFH **202**, 128, 133; unklar seit MoMiG, da nunmehr bloß nachrangige Verbindlichkeit; steuerrechtliche Lösung bei Bode DStR **09**, 1781 (nicht ohne weiteres auf § 255 übertragbar); entscheidend dürfte sein, ob die Aufwendungen gesellschaftsrechtlich veranlasst waren und Fremdvergleich standhalten, so auch Heuermann DStR **08**, 2089. Gewähr einer Sicherheit für AG durch ihren Aktionär führt nur bei unternehmerischer Beteiligung zur Erhöhung der Anschaffungskosten, BFH DStR **08**, 1424. Gewährung eines krisenbestimmten Darlehens an die AG durch Aktionär, der zu diesem Zeitpunkt an der AG unternehmerisch beteiligt ist, führt zu nachträglichen Anschaffungskosten der Beteiligung, BFH 6.12.**16** – IX R 12/15 - juris. Zu Anschaffungsnebenkosten bei unentgeltlichem Erwerb BFH BStBl II **14**, 878. Zum Verhältnis der Vorschrift zu § 6 I Nr 1a S 1 EStG BFH BStBl II **16**, 996. Lit Hoffmann PiR **13**, 169 (Anschaffungsnebenkosten auf Beteiligungen); ders PiR **13**, 299 (anschaffungsnahe Herstellungskosten); Rspr-Übersicht: Pilhofer/Lessel StuB **13**, 11 (Beteiligungen); Kahle/Hiller DB **14**, 500 (Anschaffungsnebenkosten beim Beteiligungserwerb); Günther GStB **15**, 323; Lüdenbach StuB **16**, 471 (Verzugsbedingte Zahlung des Lieferanten in der Bilanz des Bestellers).

4   D. **Abzüge (I 3):** Abzusetzen sind **Anschaffungspreisminderungen,** zB Rabatte, Skonti, andere Nachlässe; spätere Boni nur, wenn noch Einzelzuordnung (I 3 Halbs 2) möglich ist, zB nicht bei Treueprämie, idR auch nicht bei mengen- oder umsatzabhängigen Boni, str, aA ADS 53. Präzisierung des Wortlauts durch BilRUG 2015 (**Übergangsrecht (1)** EGHGB Art 75 I 1) gem Art. 2

1. Abschnitt. Vorschriften für alle Kaufleute   5, 6   § 255

Nr 6 BilRi 2013, was für mengen- oder umsatzabhängige Boni von Bedeutung sein dürfte, die nur dann anschaffungspreismindern wirken, wenn Minderungen einzelnen Vermögensgegenständen zugeordnet werden können (BegrRegE 70, krit Haaker StuB **15**, 13). Vorschrift gilt nicht nur für Kaufpreisnachlässe, sondern nach ihrem Zweck ganz allgemein für Ermäßigungen der Anschaffungskosten und damit für Rückflüsse von im Zusammenhang mit dem Erwerb geleisteten Aufwendungen, die nicht sofort abziehbar, sondern auf die Nutzungsdauer zu verteilen gewesen wären, BFH BStBl **02** II 796; auch für Provision, für die Erwerber keine besondere Leistung erbringt, BFH DStR **04**, 803, BFH HFR **06**, 438. Gewährter Vorteil mindert aber Anschaffungskosten nur, wenn (so gut wie) ausschließliche Zurechnung zum Anschaffungsvorgang möglich, BFH/NV **06**, 816. kehrt Beteiligungsunternehmen Vermögen an Gesellschafter aus, ist zu prüfen, ob bei wirtschaftlicher Betrachtung eine Kapitalrückzahlung (Minderung von Anschaffungskosten der Beteiligung im Sinne des I 3) zu sehen ist, Deubert/Hoffmann Konzern, **14**, 154. Geldwerter Vorteil aus verbilligtem Erwerb einer Beteiligung, der mit Blick auf spätere Geschäftsführertätigkeit gewährt wird, ist als Arbeitslohn zu berücksichtigen, BFH DStR **14**, 1713. Auf Schadensersatzanspruch eines Anlegers gegen Gründungsgesellschafter eines Immobilienfonds sind Steuervorteile, die sich aus der Berücksichtigung von Werbungskosten ergeben, grundsätzlich nicht schadensmindern anzurechnen, BGHZ 200, 51. Sehr str ist die Behandlung von **Zuwendungen Dritter.** Zuschüsse (steuerpflichtig) und Zulagen (steuerfrei) öffentlicher oder privater Dritter aus Anlass der Anschaffung mindern die Anschaffungskosten nicht, Baumb/Hueck/Schulze-Osterloh § 42 Rn 279 (bei entspr Verhaltenspflicht uU passiver Rechnungsabgrenzungsposten); aA BFH DB **88**, 2436 mit Anm Groh, ADS 56; anders wenn Zuwendung Entgelt- oder Schadensersatzcharakter hat, BFH BStBl **92** II 96; gegen sofortige vollständige Vereinnahmung (Verzerrung des Periodenergebnisses) und für wahlweise Anschaffungskostenminderung oder gesonderten Passivposten (§ 265 V 2), IDW-HFA 1/**84**, WPg **84**, 612. Nach Steuerrecht besteht Wahlrecht zwischen sofortiger erfolgswirksamer Vereinnahmung und Anschaffungskostenminderung, krit ADS 58. Zur Bilanzierung privater Zuschüsse IDW-HFA 2/**96**; je nachdem, ob Eigentum übergeht und Gegenleistungspflicht besteht. Lit Theile GmbHR **15**, 281 (GmbH- u GmbH & Co KG-Abschluss nach BilRUG); Lorson DB **15**, 695; Wirth/Weber/Dusemond/P. Küting DB **15**, 1053 (Kapitalkonsolidierung); Zwirner StuB **15**, Beil 2 S 1.

E. **Andere Erwerbsgeschäfte als Kauf: a)** Beim **Tausch** besteht Wahlrecht 5
zwischen der Fortführung des Buchwerts des hingegebenen Gegenstandes, Gewinnrealisierung bis zum Zeitwert des erworbenen Gegenstandes und Wahl eines Zwischenwertes zur Deckung der Ertragsteuer (sog ergebnisneutrale Behandlung), ADS 92 f; aA nur geschätzter Verkaufspreis des hingegebenen Gegenstands (Gewinnrealisierung), Baumb/Hueck/Schulze-Osterloh § 42 Rn 278. Ansatz von Zwischenwert ist unzulässig (Methodenbestimmtheit), WP-HdB I E 264. Erläuterung im Anhang (§ 284 II Nr 1). Entgegennahme eines Fremdwährungsguthabens als Gegenleistung für Veräußerung von Wertpapieren stellt Tausch beider Wirtschaftsgüter dar, BFH DStR **14**, 582.

b) Bei **Schenkung** besteht Aktivierungswahlrecht, WP-Hdb I E 261, str 6
Ansatz des Zeitwerts des unentgeltlich erworbenen Gegenstands, Grenze § 248 II; zweifelhaft seit BilMoG, da unklar, warum hier Ausnahme vom Vollständigkeitsgebot, ebenso Kü/We 108. Grund: seit BilMoG spielt Unterscheidung entgeltlich/unentgeltlich kaum noch eine Rolle, BeckBilKo 99. Gegen Ansatz zu fiktiven AK spricht Grundsatz ergebnisneutraler Behandlung (s auch Rn 5 für Tausch); Ausnahme aber, wenn gewollte Verbesserung der Kapitalstruktur etc, BeckBilKo aaO 100 und KK/Ekkenga 32; andererseits ist Wertzuwachs im Unternehmen zu verzeichnen, der sich über Folgejahre durch Abschreibung

§ 255 7–13   3. Buch. Handelsbücher

neutralisiert. Bei gemischter Schenkung Aufteilung. Zur teilentgeltlichen Übertragung BFH BStBl II **14**, 629. **Lit** Schulze-Osterloh NZG **14**, 1.

7   c) Beim **Darlehen** sind Anschaffungskosten für die **Forderung** die Geldhingabe, auch bei fehlender oder niedriger Verzinslichkeit Nennbetrag ohne Abzinsung (da Anschaffung; anders laufende Bewertung s § 253 Rn 21), BeckBilKo 257, aA nur Barwert als Anschaffungskosten ADS 81.

8   d) Beim **Factoring** (s (7) Bankgeschäfte O/1) sind die abgetretenen Forderungen beim Factor (Erwerber) zu bilanzieren, aus Praktikabilitätsgründen auch beim unechten Factoring, str, das unterschiedliche Risiko beim echten und beim unechten Factoring ist durch Vermerk nach § 251 bzw bei drohendem Ausfall durch Rückstellung zu berücksichtigen, ADS § 246 Rn 321, str, aA für unechtes Factoring Döllerer ZGR **88**, 589 und WP-Hdb I E 45.

9   e) Beim (Finanzierungs-)**Leasing** (s (7) Bankgeschäfte P/1) richten sich, falls der Leasinggegenstand beim Leasingnehmer anzusetzen ist (§ 246 Rn 23), die Anschaffungskosten nach dem abgezinsten Barwert (ohne Kreditkosten, s Rn 3) des Leasingentgelts; umfasst dieses auch das Entgelt für andere Leistungen des Leasinggebers, zB Reparaturen, sind entspr Abzüge zu machen; IDW-HFA 1/73 WPg **73**, 102, str.

10   f) Bei Erwerb in **Zwangsversteigerung** und Verwertung von Sicherungsgut umfassen die Erwerbskosten auch die ausgefallene, nicht mehr realisierbare Forderung bis zur Höhe des Zeitwerts des Vermögensgegenstands, ADS 76, str.

11   g) **Sonstige:** Sacheinlagen, Kamlah BB **01**, 2103; Baumb/Hueck/Schulze-Osterloh § 42 Rn 281; bei **Umwandlung,** insbesondere Verschmelzung (Upstream-, Downstream Merger) und Spaltung, gelten neben dem Wahlrecht zur Buchwertfortführung nach § 24 UmwG die allgemeinen Vorschriften (§§ 253 I, 255 I), WP-Hdb I E 266, unentschieden ADS 98; Zweifelsfragen bei Formwechsel IDW RS HFA 41, dazu Skoluda/Janitschke WPg **13**, 521; Zweifelsfragen bei Verschmelzung **IDW RS HFA 42**, dazu Bilitewski/Roß/Weiser WPg **14**, 13u 73; Meyer BB **13**, 683 (latente Steuern bei Verschmelzng); Dutzi/Leuveld/Rausch BB **15**, 2219; Zweifelsfrage bei Spaltung IDW RS HFA 43, dazu Heeb WPg **14**, 189; Verschmelzungsmehrwert s § 266 Rn 5.

12   F. **Grund und Boden und Gebäude:** Grundstücke und darauf stehende Gebäude sind als zwei verschiedene Vermögensgegenstände zu behandeln und getrennt zu bewerten. Die Aufteilung eines Gesamtanschaffungspreises erfolgt nach den Wertvorstellungen der Parteien. Das gilt auch bei Bebauung eines erworbenen Grundstücks. Dazu ADS 104. Aufwendungen zur Herstellung eines vermietbaren Zustands sind Anschaffungskosten, BFH **200**, 227, 229. Aufwendungen für den Einbau neuer Gegenstände in vorhandene Installation eines Wohnhauses: Herstellungskosten nur bei deutlicher Erweiterung des Gebrauchswerts, BFH **200**, 231, 233. Kosten der Räumung einer zur Vermietung erworbenen besetzten Freifläche sind Anschaffungskosten, BFH BStBl II **04**, 872. Dingliche Belastung begründet keine Verbindlichkeit, deren Übernahme zu Anschaffungskosten führt, BFH DB **05**, 422. Anschaffungs- und Herstellungskosten bei Grundstücken und Gebäuden Glanegger DB **87**, 2115, 2173; IDW ERS IFA 1 (Austausch einer Gebäudekompnente mit physischer Substanz kein Erhaltungsaufwand, sondern zu aktivieren) m Anm Haaker PiR **13**, 320; IDW ERS IFA 2 mit Anm Willeke StuB **15**, 104.

13   G. **Konzern:** Die Anschaffungskosten sind auch hier grundsätzlich die tatsächlichen, auch überhöhten Ausgaben (s Rn 2), außer wenn sie offensichtlich höher sind als der Zeitwert des Vermögensgegenstands, ADS 71, mit guten Gründen enger Baumb/Hueck/Schulze-Osterloh § 42 Rn 282: nicht bei verdeckter Gewinnausschüttung und Vermögensbewegungen zwischen Konzernunternehmen;

1. Abschnitt. Vorschriften für alle Kaufleute   14, 15   § 255

Eliminierung von Zwischengewinnen und -verlusten erfolgt nach § 304. Auch beim Erwerb von **Beteiligungen** und GesAnteilen sind die Anschaffungskosten die tatsächlichen Ausgaben, BeckBilKo 141.

2) Herstellungskosten (II)

A. **Begriff: II** definiert die Herstellungskosten (zB § 253 I 1) weitgehend entspr **14** der bisherigen Praxis; kleinere Abweichungen s IDW WPg **84**, 134. Für Erstbewertung selbstgeschaffener immaterieller Vermögensgegenstände des Anlagevermögens (s § 248 Rn 3) gilt II a. Nach II 1 sind Herstellungskosten die Aufwendungen aus Verbrauch von Gütern und Inanspruchnahme von Diensten für die Herstellung des Vermögensgegenstands. Herstellung umfasst auch Erweiterung und über den ursprünglichen Zustand hinausgehende wesentliche Verbesserung, etwa wenn in der Mehrzahl der Wohnungsbereiche einer Immobilie der Standard angehoben wird, BFH BB **03**, 572, BFH/NV **06**, 40. Wesentlich ist Verbesserung bei deutlicher, über zeitgemäße Erneuerung hinausgehender Erhöhung des Gebrauchswerts eines Wirtschaftsguts; zu bejahen, wenn bisherige Nutzbarkeit verbessert, aber auch wenn andere Gebrauchs- oder Verwendungsmöglichkeit geschaffen wird, BFH HFR **06**, 978, dabei kann die betriebliche Zielsetzung von Bedeutung sein, BFH DStR **08**, 90. Das Merkmal der Erweiterung tritt im Fall des Einbaus neuer Gegenstände hinter das Merkmal der wesentlichen Verbesserung zurück, BFH BB **03**, 575. II 2 erwähnt als Hauptbeispiele der Herstellungskosten die Materialeinzelkosten, die Fertigungseinzelkosten und die Sonderkosten der Fertigung. Seit BilMoG im Interesse besserer Informationsvermittlung auch anteilig Materialgemeinkosten, Fertigungsgemeinkosten und Wertverzehr des Anlagevermögens, soweit durch Fertigung veranlasst (bisher Wahlrecht). Umfasst werden darüber hinaus auch die Kosten, die in engem sachlichen und zeitlichen Zusammenhang, dh zwangsläufig mit der Herstellung anfallen; Herstellung endet, wenn Wirtschaftsgut bestimmungsgemäß nutzbar ist, BFH **197**, 58, 60. Vertriebskosten dürfen nicht einbezogen werden (II 4). Für Beginn des Herstellungszeitraums genügt noch nicht allein die Beschaffung von Werkstoffen. Technischer Produktionsstillstand unterbricht Herstellung nicht, Herstellungskosten sind zB auch Kosten für Baustellenüberwachung während Winterpause; ebenso können Abbruchkosten Herstellungskosten eines Neubaus sein, wenn der Altbau nicht der Einkünfteerzielung diente oder Abriss Voraussetzung für Errichtung des neuen Wirtschaftsguts ist, stRspr, BFH BStBl **02** II 805, BFH WPg **06**, 622; auch Ablösung dinglicher Nutzungsrechte zählt zu Herstellungskosten, wenn Ablöse in Zusammenhang mit Abbruch des Altgebäudes und Neuerrichtung steht. BFH WPg **06**, 622. Zur Abgrenzung zw nachträglichen Herstellungskosten und Herstellung eines neuen Gebäudes bei Umbau eines Altbaus s BFH HFR **06**, 185. Zur Aktivierung von Herstellungskosten (ua Abgrenzung von Einzel- und Gemeinkosten), IDW RS HFA 31, WPg **10**, 70. RsprÜbersicht: Moxter 6. Aufl 2007 (BFH) § 12. **Lit** Friedrich BB **06**, 1492 (PPP-Projekte in HGB/IFRS), Scheffler/Glaschke StuB **06**, 491 (Baumaßnahmen), Haaker/Hoffmann PiR **10**, 51, Velte/Sepetauz StuB **10**, 523 (BMF-Anschreiben), Willeke StuB **10**, 88, Rade, DStR **11**, 1334; Scheffler Konzern **16**, 482; Rohleder DB **16**, 1645; Wichmann DB **16**, 2493 (Nachträgliche Anschaffung- und Herstellung); Koch/Gersbacher-Volz BC **16**, 459 (Bilanzielle Behandlung von App-Entwicklungen).

<u>Eine über den ursprünglichen Zustand hinausgehende **wesentliche Verbes-** **15** **serung** setzt voraus, dass die Verbesserung den Gegenstand nicht lediglich in Teilen (dann bloßer Erhaltungsaufwand), sondern als Ganzes verändert, nicht also etwa bloß normalerweise anfallende Gebäudeinstandsetzung oder Modernisierung, es sei denn, der Gebrauchswert des Gebäudes erhöht sich dadurch deutlich, BFH BStBl **02** II 756. Entscheidend sind nicht subjektive Vorstellungen, sondern die objektive Auswirkung auf den Nutzwert des Gebäudes, BFH **201**, 256, 258. Werden Gebäudeteile aber unterschiedlich genutzt, kann uU jedes für sich ver-</u>

§ 255 16–19 3. Buch. Handelsbücher

bessert werden mit der Folge nachträglicher Herstellungskosten, BFH DStR **08**, 90. Anschaffungsnahe Aufwendungen sind nur dann Herstellungskosten, wenn sie zu wesentlicher Verbesserung führen, BFH **198**, 74, 77u 85, 88 unter Aufgabe von BFH **86**, 792. Wesentliche Verbesserung eines Wohngebäudes liegt vor, wenn drei von vier wesentlichen Bereichen auf höheren Standard gehoben werden, BFH **201**, 124, 150. Nutzungsänderungsbedingte Stellplatzkosten sind Herstellungskosten, wenn die zur Änderung führende Baumaßnahme Herstellung ist, BFH **202**, 305, 306. Aufwendungen für die Ablösung der Verpflichtung zur Herstellung von Stellplätzen als Herstellungskosten. Vergebliche Planungskosten für Gebäude nur keine Herstellungskosten, wenn geplantes und errichtetes Gebäude völlig verschiedene Bauwerke, BFH/NV **06**, 295. Aufwendungen für Güterverbrauch und Inanspruchnahme von Diensten eines Bauunternehmers sind Herstellungskosten, selbst wenn sie aufgrund von Mangelhaftigkeit beseitigt werden müssen, BFH/NV **06**, 2072. Bei Umbau eines Großraumbüros in mehrere Einzelbüros liegt Erweiterung vor, die zu nachträglichen Herstellungskosten führt, LG Düsseldorf EFG **06**, 571.

16 B. **Einzelkosten (II 1, 2):** Sie gehören zwingend zu den Herstellungskosten. Auch überhöht angefallene Einzelkosten sind in ihrer tatsächlichen Höhe zu aktivieren, BFH BStBl **92** II 806. Einzelkosten sind alle dem Erzeugnis direkt zurechenbaren Aufwendungen, insbesondere (II) **Materialkosten,** zB Roh-, Hilfs- und Betriebsstoffe, Verpackung nur ausnahmsweise, soweit Produkt erst dadurch verkäuflich wird, zB Bier, Wein, dann auch Abfüllkosten; **Fertigungskosten,** zB Lohnkosten samt Sozialabgaben; **Sonderkosten der Fertigung** (Sondereinzelkosten der Fertigung und Entwicklungs-, Versuchs- und Konstruktionskosten), zB Kosten für Spezialwerkzeuge, Modelle, Patent- und Lizenzgebühren für das spezielle Produkt, nicht Kosten für Grundlagenforschung. Dazu gehören auch Zölle und Verbrauchssteuern, zB Bier-, Branntwein-, Mineralöl-, Tabaksteuer, IDW RS HFA 31 Rz 29, WPg **10**, 70, str; sonst sind insoweit Rechnungsabgrenzungsposten zulässig, s § 250 Rn 6.

17 C. **Gemeinkosten (II 2–3):** Gemeinkosten sind solche, die sich nicht dem Vermögensgegenstand einzeln zuordnen lassen, sondern nachträglich über Schlüsselung oder Verteilung einzelnen Objekten zugeordnet werden, BFH DB **94**, 121, BeckBilKo 354. Sie können fix oder variabel sein. Sie sind aber dem Erzeugnis unmittelbar zurechenbar, da sie in Abhängigkeit von der Erzeugnismenge variieren. Seit Inkrafttreten des BilMoG besteht daher Einrechnungspflicht für alle Gemeinkosten.

18 a) **Fertigungsgemeinkosten (II 2):** Als solche einzuberechnen sind angemessene Teile (1) der notwendigen Materialgemeinkosten (zB Kosten der Einkaufsabteilung, Lagerhaltung), (2) der notwendigen Fertigungsgemeinkosten (zB technische Leitung, Fertigungskontrolle, Lohnbüro, allgemeine Energiekosten, allgemeine Instandhaltung der Produktion, Steuer und Versicherung auf Produktionsanlagen) sowie (3) des Wertverzehrs des Anlagevermögens (zB Wertminderung der Fertigungsanlagen), aber nur soweit durch die Fertigung veranlasst, nicht bei Einwirkung von außen, angemessen sind hier nur die planmäßigen Abschreibungen (§ 253 III 1, 2) nicht die außerplanmäßigen (§ 253 III 3). II 2 gilt nur für angemessene Teile der für die Herstellung „notwendigen" Kosten, ADS 160. Unterbeschäftigungskosten **(Leerkosten)** sind bei dauerhafter und offenbarer Kapazitätsunterauslastung zu eliminieren, BeckBilKo 439, nicht bei Normalbeschäftigung mit branchentypischen Schwankungen, IDW RS HFA 31 Rz 21, WPg **10**, 70. Abgrenzung und Kostenbestimmung sind in der Praxis schwierig.

19 b) **Verwaltungsgemeinkosten (II 3):** Für Kosten der allgemeinen Verwaltung (zB Lohnkosten der Verwaltung, Telefon, EDV, Aufsichtsrat, Abschlussprüfung) sowie Aufwendungen für soziale Einrichtungen des Betriebs (Kantine,

1. Abschnitt. Vorschriften für alle Kaufleute   20–23   § 255

Freizeitgestaltung), für freiwillige soziale Leistungen (Jubiläumsgeschenke, Wohnungsbeihilfen) und für betriebliche Altersversorgung besteht Einberechnungswahlrecht, soweit sie auf den Zeitraum der Herstellung entfallen.

c) Zeitraum der Herstellung (II 5): Gemeinkosten, die nicht auf den Zeitraum der Herstellung entfallen, scheiden aus. 20

D. Forschungs- und Vertriebskosten (II 4): Forschungskosten (IIa) und Vertriebskosten (zB Verpackung, aber s Rn 15; Versand; Werbung; Lohnkosten für Versandabteilung) dürfen nicht in die Herstellungskosten einbezogen werden. II 4 gilt für die Sondereinzelkosten des Vertriebs, zB Fracht, Transportversicherung, Provisionen, ADS 211, str. **Lit** Hageböke/Hasbach DB **15**, 1070 (Vermarktungskostenzuschuß bei Medienfonds); Koch/Gersbacher-Volz BC **16**, 459 (Bilanzielle Behandlung von App-Entwicklungen). 21

3) Herstellungskosten selbstgeschaffener immaterieller Güter des Anlagevermögens (IIa)

IIa 1 bestimmt als Herstellungskosten originärer immaterieller Güter des Anlagevermögens die bei der **Entwicklung** anfallenden Aufwendungen; Forschungskosten dürfen hingegen nicht einbezogen werden (II 4). Abgrenzung richtet sich nach IIa 2 und 3: Forschung ist eigenständige und planmäßige Suche nach wissenschaftlichen oder technischen Erkenntnissen, Entwicklung die Anwendung dieser oder anderer Erkenntnisse. Die Abgrenzung muss verlässlich erfolgen, sonst „Aktivierungsverbot", IIa 4 (besser „Einbeziehungsverbot", da IIa keine Aktivierungsvorschrift, BT-Drucks 16/12407 S 112). Entscheidend für die Abgrenzung ist, ob sich Aufwendungen bereits einem bestimmten Vermögensgegenstand zuordnen lassen (s § 246 Rn 4). Nach RegE BilMoG 60 setzt dies voraus, dass mit hoher Wahrscheinlichkeit ein einzeln verwertbarer Vermögensgegenstand zur Entstehung gelangen wird, Herstellungskosten sollen damit schon berücksichtigt werden können, bevor Ansatz des Vermögensgegenstandes möglich ist, Lüdenbach/Hoffmann StuB **09**, 287. Das ist nicht unproblematisch: Nur wenn die Entstehung schon so sicher ist, dass es sich bereits um einen Vermögensgegenstand handelt, liegt ein Bezugsobjekt vor, dem die Kosten zugeordnet werden können, KK/Ekkenga 135; will man darauf verzichten, müsste IIa entweder als Aktivierungsvorschrift gesehen, was Systematik und gesetzgeberischem Willen nicht entspricht, BT-Drucks 16/12407 S 112, oder die Kosten einem nicht aktivierungsfähigen künftigen Gut zugeordnet werden. Dessen Existenz ergibt sich dann nur aus der wegen IIa 4 zu Abschlussprüfungszwecken erforderlichen Dokumentation. Wie die Praxis verfahren wird, bleibt abzuwarten. **Lit** Dörschell/Ihlau/v Lackum WPg **10**, 978; v Eitzen ua KoR **10**, 357 (FuE-Kosten); Haaker/Lüdenbach PiR **10**, 110 (Trennung von FuE-Phasen); Kahle/Haas WPg **10**, 34; Küting/Ellmann DStR **10**, 1300; Küting/Pfirmann/Ellmann DStR **10**, 2206 (öffentliche Zuwendungen); Boecker/Künkele IRZ **10**, 484 (FuE-Kosten); Mindermann StuB **10**, 658; Dörschell ua WPg **10**, 978; Schülke DStR **10**, 992; Schüttler/Berthold DStR **11**, 932 (Arzneimittel); Schmidt DStR **14**, 544 (Pharmaindustrie); DB **14**, 1273 (Grundfragen); Theile GmbHR **15**, 281 (GmbH- u GmbH & Co KG-Abschluss nach BilRUG); Koch/Gersbauer-Volz BC **16**, 459 (Bilanzierung von App-Entwicklungen); Rohleder DB **16**, 1645; Hageböke/Hasbach DB **15**, 1070 (Vermarktungskostenzuschuß bei Medienfonds); Koch/Gersbacher-Volz BC **16**, 459 (Bilanzielle Behandlung von App-Entwicklungen). 22

4) Zinsen für Fremdkapital (III)

A. Grundsatz: Nach III 1 gehören Zinsen für Fremdkapital nicht zu den Herstellungskosten. Das gilt erst recht für kalkulatorische Zinsen auf Eigenkapital. Entsprechendes gilt für die Anschaffungskosten (s Rn 3). 23

§ 255 24–27

24 **B. Ausnahme:** Nach III 2 gilt eine Ausnahme, wenn das Fremdkapital zur Finanzierung der Herstellung des Vermögensgegenstands verwendet wird und die Fremdkapitalzinsen auf den Zeitraum der Herstellung entfallen, so zB bei Objektfinanzierung. Liegt keine Objektfinanzierung vor, ist die Zurechenbarkeit eng auszulegen, IDW RS HFA 31 Rz 24, WPg **10**, 70. Steuerbilanz enger nach ADS 206: nachweisbarer unmittelbarer wirtschaftlicher Zusammenhang mit der Herstellung und Erstreckung der Herstellung. Voraussetzung ist nach Steuerrecht Berücksichtigung in der HdlBilanz. III 2 trägt dem Rechnung. Bei KapitalGes Angabe im Anhang § 284 II Nr 5. **Lit** Jessen/Weller DStR **05**, 532 (Bilanzrechtsmodernisierung); Rohleder DB **16**, 1645.

5) Beizulegender Zeitwert (IV)

25 **A. Mark to Market (VI 1).** IV definiert den in § 253 I 3, 4 bezeichneten beizulegenden Zeitwert, der für die Bewertung bestimmter Altersversorgungsverpflichtungen und nach § 246 II 2 zu verrechnender Vermögensgegenstände gilt; ferner gilt er für Kreditinstitute, die zu Handelszwecken erworbene Finanzinstrumente zum Zeitwert bewerten müssen (§ 340e III). Nach I 1 ist dieser Zeitwert der Marktpreis, wie er auf einem aktiven Markt (I 2) ermittelt wird (Mark-to-Market). Auf aktivem Markt ermittelt ist er, wenn er (1) an Börse, von Brokern, Händlern, Branchengruppen, einem Preisberechnungsservice oder einer Aufsichtsbehörde (2) leicht und regelmäßig erhältlich ist und (3) auf Markttransaktionen (4) zwischen unabhängigen Dritten beruht, RegE BilMoG 61; die Voraussetzungen entsprechen denen in **IAS 39.A71**. Fehlt eines der vier Merkmale, scheidet IV 1 aus. Es kommt auf den notierten Marktpreis an, Paketzu- und Abschläge sind nicht vorzunehmen. RsprÜbersicht: Veit BB **10**, 751 (Altersversorgung). **Lit** IDW RS-HFA 9; IDW-FN **07**, 326; Thiele FS Baetge **08**, 625 (Fair Value); Böcking/Dreisbach/Gros Konzern **08**, 207; Böcking/Torabian BB **08**, 265; Wiechens/Helke DB **08**, 1333; Lorenz/Wiechens IRZ **08**, 505 (IDW-HFA 22); M. Schmidt KoR **08**, 1; Gemeinhardt/Bode StuB **08**, 170; Bertram/Johannleweling/Ross/Weiser WPg **11**, 57; Küting/Lorson/Eichenlaub/Toebe GmbHR **11**, 1; Kolb/Neubeck/Bauschus StuB **11**, 57; Küting StuB **09**, 829; krit Schildbach DStR **10**, 69.

26 **B. Mark to Model (IV 2):** Besteht kein aktiver Markt und lässt sich der Preis nicht Mark to Market ermitteln, ist Berechnung aufgrund anerkannter Bewertungsmethoden (mathematische bzw Schätzmethoden) vorzunehmen. Ein bestimmtes Verfahren ist nach HGB nicht vorgeschrieben. Mark to Model-Bewertung ist aber den IFRS bekannt. Dort nennt IAS 39.A74 beispielhaft Rückgriff auf unlängst aufgetretene Geschäftsvorfälle zwischen sachverständigen, vertragswilligen Geschäftspartnern, Vergleich mit im Wesentlichen identischen anderen Finanzinstrumenten, CDF-Verfahren und Optionspreismodelle als Bewertungsmethoden. Nach IAS 39.A76 sind alle Faktoren zu berücksichtigen, die Marktteilnehmer bei der Festlegung des Preises berücksichtigen würden; die Bewertungsmethode muss mit anerkannten wirtschaftlichen Preisfindungsmethoden konsistent sein. Wegen IV 3 muss sich der Zeitwert verlässlich ermitteln lassen. Die gewählte Methode ist wegen des Stetigkeitsgebots (§ 253 I Nr 6) grds beizubehalten.

27 **C. Bewertung zu Anschaffungs- oder Herstellungskosten (IV 3, 4):** I 3 regelt den Fall, dass sich der beizulegende Zeitwert weder nach I 1 noch I 2 verlässlich ermitteln lässt. Anzusetzen sind dann die fortgeschriebenen (§ 253 IV) Anschaffungs- oder Herstellungskosten. Deren Höhe richtet sich nach dem zuletzt verlässlich ermittelten beizulegenden Zeitwert. **Lit** Haaker/Velte DStR **14**, 970 (Abgrenzung beizulegender Zeitwert vom Marktpreis); Wichmann DB **16**, 2493 (Nachträgliche Anschaffung- und Herstellung).

1. Abschnitt. Vorschriften für alle Kaufleute — 1–3 § 256

Bewertungsvereinfachungsverfahren

256 ¹Soweit es den Grundsätzen ordnungsmäßiger Buchführung entspricht, kann für den Wertansatz gleichartiger Vermögensgegenstände des Vorratsvermögens unterstellt werden, daß die zuerst oder daß die zuletzt angeschafften oder hergestellten Vermögensgegenstände zuerst verbraucht oder veräußert worden sind. ² § 240 Abs. 3 und 4 ist auch auf den Jahresabschluß anwendbar.

1) Verbrauchsfolgeverfahren (Satz 1)

A. § 256 (zur gesetzgeberischen Zielsetzung grdl BFH **192**, 502, 507 ff) enthält 1 drei Ausnahmen vom Grundsatz der Einzelbewertung (§ 252 I Nr 3), der vor allem bei Preisschwankungen der Anschaffungs- oder Herstellungskosten im Geschäftsjahr zu einem unnützen Arbeitsaufwand führen kann. S 1 erlaubt bestimmte Verbrauchsfolgeverfahren, S 2 die Fest- und die Gruppenbewertung. Nach Satz 1 kann im Rahmen der GoB für den Wertansatz gleichartiger Vermögensgegenstände des Vorratsvermögens (§ 266 II B I, Teil des Umlaufvermögens, s § 247 I; Gleichartigkeit s § 240 Rn 8; nicht auch Wertpapiere, krit WPK/IDW WPg **85**, 540) eine bestimmte Verbrauchs- oder Veräußerungsfolge unterstellt werden. In der HdlBilanz sind Fifo und Lifo (s Rn 2) nach S 1 zulässig, das Gesetz sieht aber keine anderen als die ausdrücklich genannten Verbrauchs- oder Veräußerungsfolgen vor. Für Konzerne gibt es Kifo (Konzern in – first out) und Kilo. In der Steuerbilanz sind all diese Fiktionen grundsätzlich unzulässig, auflockernd für Lifo bei Glaubhaftmachung zB nach Art der Lagerung, ADS 76. Handelsrechtlich kommt es nicht auf die tatsächliche Handhabung an, es bedarf also keiner Glaubhaftmachung, aber die Verbrauchsfolge darf nicht für Betrieb dieser Art tatsächlich undenkbar sein (seltene Ausnahme, zB Saisonbetriebe). Zur Vorratsbewertung BeckBilKo § 253 Rn 521 ff. Angabe im Anhang § 284 II Nr 4. **Übergangsrecht** in (1) EGHGB Art 24 (s Einl 61 v § 238). Lit Me/Pro/Fi Kap 6 Tz 756 ff; Kessler/Suchan DStR **03**, 345 (Lifo), Jessen/Weller DStR **05**, 532 (Bilanzrechtsmodernisierung); Köhler StBp **16**, 249 (Lifo).

B. Fifo- und Lifo-Verfahren: Beim **Fifo**-Verfahren (first in – first out) wird 2 unterstellt, dass die zuerst angeschafften oder hergestellten Vermögensgegenstände zuerst veräußert oder verbraucht werden. Beim **Lifo**-Verfahren (last in – first out) wird dies für die zuletzt angeschafften oder hergestellten Vermögensgegenstände unterstellt. Lifo setzen kumulativ voraus: Vorliegen gleichartiger Wirtschaftsgüter des Vorratsvermögens und Entsprechung dieses Bewertungsverfahrens mit den GoB, BFH BStBl II **01**, 636, zur Kritik Hoffmann StuB **14**, 749. Fifo (Lifo) führt bei steigenden (fallenden) Preisen zur Höherbewertung und damit zu Scheingewinnen, bei fallenden (steigenden) Preisen zu niedrigerer Bewertung und damit zu stillen Reserven iwS, BerechnungsBspe Bitz/Schneeloch/Wittstock, 3. Aufl 2000, 203 f; für Lifo Küting/Weber/Mayer-Wegelin 44 ff. Grenze bei Überbewertung nach Niederstwertprinzip § 253 III. **Lit** Loitz/Winnacker DB **00**, 2229; Moxter DB **01**, 157 (Lifo); Mayer-Wegelin DB **01**, 554 (Lifo); Adrian WPg **15**, 167 (Lifo und BMF-Entwurfsschreiben v 22.10.14); Hoffmann StuB **14**, 749 (Lifo); Burkhardt/Müller/Bucherer BBK **15**, 1142 (Vorratsvermögen nach Lifo mit Bsp); Köhler StBp **16**, 249 (Lifo).

2) Festbewertung und Gruppenbewertung (Satz 2)

S 2 stellt klar, dass die beim Inventar erlaubten Verfahren der Festbewertung 3 (§ 240 III) und der Gruppenbewertung (§ 240 IV) auch für den Jahresabschluss zulässig sind.

Merkt

§ 257   3. Buch. Handelsbücher

Währungsumrechnung

256a ¹Auf fremde Währung lautende Vermögensgegenstände und Verbindlichkeiten sind zum Devisenkassamittelkurs am Abschlussstichtag umzurechnen. ²Bei einer Restlaufzeit von einem Jahr oder weniger sind § 253 Abs. 1 Satz 1 und § 252 Abs. 1 Nr. 4 Halbsatz 2 nicht anzuwenden.

1) Umrechnung der Vermögensgegenstände und Verbindlichkeiten

1   Die Norm (eingefügt durch BilMoG, **Übergangsrecht (1)** EGHGB Art 66 III, V) regelt die bilanzielle Behandlung von Fremdwährungsforderungen und -verbindlichkeiten zum Abschlussstichtag (Sonderrecht für Kreditinstitute s § 340h). Zur Aufstellung des Jahresabschlusses in Euro s § 244 Rn 2. **Fremdwährungsverbindlichkeiten** (§ 253 Rn 2) waren vor der durch die Euro-Einführung bedingten Währungsumstellung zu dem Ankaufskurs (Briefkurs) umzurechnen, der zum Zeitpunkt der Erstverbuchung (nach aA Entstehung) galt. Erhaltene Anzahlungen wurden demgegenüber mit dem Geldkurs (Angebotskurs) umgerechnet. Durch die Währungsumstellung war dann der Briefkurs der Kurs für die Nachfrage in Euro, während der Geldkurs der Angebotskurs von Euro war. **Fremdwährungsforderungen** (s § 253 Rn 27) waren zum Geldkurs umzurechnen, str, unter Berücksichtigung Imparitäts- und Realisationsprinzip. **Lit** Me/Pro/Fi Kap 6 Tz 791 ff; Kirsch PiR **08**, 16; Küting/Mojadadr DB **08**, 1869; Hommel/Laas DB **08**, 1666; Kessler/Veldkamp KoR **09**, 245; Zwirner/Künkele StuB **09**, 517u 722 (latente Steuern); Schüttler/Stolz/Jahr DStR **10**, 768; Küting/Pfirmann/Mojadadr StuB **10**, 411 (Fremdwährungsgeschäfte); Zwirner/Künkele/Froschhammer BB **11**, 1323; Roß WPg **12**, 18; Hiller StuB **16**, 476; Dathe/Schilde BB **16**, 2859; Neufang/Schäfer StuB **16**, 128.

2   Seit **BilMoG** schreibt S 1 nunmehr Umrechnung zum **Devisenkassamittelkurs,** also dem arithmetischen Mittelwert aus Brief- und Geldkurs, am Abschlussstichtag sowohl für Fremdwährungsforderungen als auch -verbindlichkeiten vor. Unterscheidung bei An- und Verkauf in Brief- und Geldkurs entfällt damit. S 2 stellt klar, dass ein höherer Ansatz als zu Anschaffungskosten nicht in Frage kommt (Imparitäts- und Realisationsprinzip), außer bei Restlaufzeit von weniger als einem Jahr. Dem Wortlaut nach betrifft die Norm die Folgebewertung. Aus dem Zusammenhang mit dem Anschaffungskostenprinzip ergibt sich aber, dass auch die Erstbewertung zum Devisenkassamittelkurs zu erfolgen hat. Währungsumrechnung im Jahresabschluss bisher s IDW-HFA WPg **86**, 664; OECD, Foreign Currency Translation 1986; GEFIU DB **93**, 745; Schlick DStR **93**, 254.

Dritter Unterabschnitt. Aufbewahrung und Vorlage

Aufbewahrung von Unterlagen. Aufbewahrungsfristen

257 (1) Jeder Kaufmann ist verpflichtet, die folgenden Unterlagen geordnet aufzubewahren:

1. Handelsbücher, Inventare, Eröffnungsbilanzen, Jahresabschlüsse, Einzelabschlüsse nach § 325 Abs. 2a, Lageberichte, Konzernabschlüsse, Konzernlageberichte sowie die zu ihrem Verständnis erforderlichen Arbeitsanweisungen und sonstigen Organisationsunterlagen,
2. die empfangenen Handelsbriefe,
3. Wiedergaben der abgesandten Handelsbriefe,
4. Belege für Buchungen in den von ihm nach § 238 Abs. 1 zu führenden Büchern (Buchungsbelege).

(2) Handelsbriefe sind nur Schriftstücke, die ein Handelsgeschäft betreffen.

1. Abschnitt. Vorschriften für alle Kaufleute　　　　　　　1–3　§ 257

(3) ¹Mit Ausnahme der Eröffnungsbilanzen und Abschlüsse können die in Absatz 1 aufgeführten Unterlagen auch als Wiedergabe auf einem Bildträger oder auf anderen Datenträgern aufbewahrt werden, wenn dies den Grundsätzen ordnungsmäßiger Buchführung entspricht und sichergestellt ist, daß die Wiedergabe oder die Daten
1. mit den empfangenen Handelsbriefen und den Buchungsbelegen bildlich und mit den anderen Unterlagen inhaltlich übereinstimmen, wenn sie lesbar gemacht werden,
2. während der Dauer der Aufbewahrungsfrist verfügbar sind und jederzeit innerhalb angemessener Frist lesbar gemacht werden können.
²Sind Unterlagen auf Grund des § 239 Abs. 4 Satz 1 auf Datenträgern hergestellt worden, können statt des Datenträgers die Daten auch ausgedruckt aufbewahrt werden; die ausgedruckten Unterlagen können auch nach Satz 1 aufbewahrt werden.

(4) Die in Absatz 1 Nr. 1 und 4 aufgeführten Unterlagen sind zehn Jahre, die sonstigen in Absatz 1 aufgeführten Unterlagen sechs Jahre aufzubewahren.

(5) Die Aufbewahrungsfrist beginnt mit dem Schluß des Kalenderjahrs, in dem die letzte Eintragung in das Handelsbuch gemacht, das Inventar aufgestellt, die Eröffnungsbilanz oder der Jahresabschluß festgestellt, der Einzelabschluss nach § 325 Abs. 2a oder der Konzernabschluß aufgestellt, der Handelsbrief empfangen oder abgesandt worden oder der Buchungsbeleg entstanden ist.

1) Aufzubewahrende Unterlagen (I, II)

I sagt, was geordnet (vgl § 239 Rn 2) aufzubewahren ist, und gibt dabei einen **1**
Überblick über die verschiedenen kfm Unterlagen, zB HdlBücher, HdlBriefe, Buchungsbelege. **II** definiert HdlBriefe: nur Schriftstücke, die ein HdlGeschäft betreffen, also zB Offerte und Annahme, Mängelrüge ua bezüglich eines HdlGeschäfts iSv §§ 343, 344. Zum Begriff Geschäftsbrief s §§ 37a, 125a. Aufgelöste HdlBücher s § 157 II, III HGB, §§ 273 II, III AktG, § 74 GmbHG, § 93 GenG. Aufbewahrung beim HdlReg s § 8a II, Einreichung von Jahres- und Konzernabschlüssen samt Unterlagen zum HdlReg auch auf Bild- oder Datenträgern s §§ 8a I, 12. **Lit** Me/Pro/Fi Kap 2 Tz 112 ff; Zepf WPg **99**, 569; Schuppenhauer WPg **00**, 121; Widmann WPg **02**, 166; Bernütz/Weinreich WPg **02**, 403; Ross/Drögenmüller WPg **03**, 219 (Rückstellung aufgrund Aufbewahrungsfristen).

2) Aufbewahrungsform (III)

III erlaubt für alle aufzubewahrenden Unterlagen mit Ausnahme der Eröff- **2**
nungsbilanzen und Abschlüsse (weitergehend § 8a I) verschiedene Weisen der Aufbewahrung, auch als Wiedergabe auf einem Bild- oder anderen Datenträger, soweit dies den GoB (§ 238 Rn 12) entspricht und Übereinstimmung mit dem Original, jederzeitige Verfügbarkeit und prompte Lesbarkeit sichergestellt sind. GoB bei Einsatz von Informationstechnologie allg IDW RS FAIT 1; Aufbewahrungspflichten beim Einsatz von elektronischen Archivierungsverfahren IDW RW FAIT 3.

3) Aufbewahrungsfrist (IV, V)

IV nF SteuerÄndG 19.12.1998 BGBl 3816, **V** regeln die Aufbewahrungsfrist: **3**
zehn Jahre für HdlBücher, Inventare, Bilanzen, Lageberichte nebst Organisationsunterlagen (Verweis auf I Nr 1) und seit 1998 auch für Buchungsbelege (Verweis auf I Nr 4, Übergangsvorschrift **(1)** EGBGB Art 47; im Übrigen sechs Jahre. Steuerrecht: grundsätzlich zehn bzw sechs Jahre, § 147 III AO, aber ohne Verkürzung der hdlrechtlichen Aufbewahrungsfristen und zT mit Sondervorschriften

Merkt　1095

§ 259 1   3. Buch. Handelsbücher

ua betreffs Ablaufhemmung, ADS 68. Liste der Aufbewahrungsfristen für einzelne Unterlagen bei BeckBilKo 27. Die Aufbewahrungsfrist kann Auskunftsansprüche begrenzen, Hamm NZG **06**, 620, und als Richtwert für Verwirkung von Ansprüchen aus Bankgeschäften herangezogen werden, München WM **06**, 523.

4) Beweiswert

4   Auf Vorlegungsantrag (§ 421 ZPO) betr Urkunde, die der Gegner nach § 257 aufzubewahren verpflichtet ist, und Erklärung des Gegners, er besitze sie nicht mehr, kann das Gericht auch ohne förmliches Beweisverfahren den behaupteten möglichen Inhalt als bewiesen ansehen, Düss MDR **73**, 592, vgl § 444 ZPO. Umgekehrt kann sich bei Vernichtung nach Ablauf der Aufbewahrungsfrist die Beweislast umkehren, BGH WM **72**, 281 (zu **(13)** DepotG § 2), Bambg WM **95**, 918; offen gelassen Bambg WM **06**, 907; aber Sparbuch s **(7)** Bankgeschäfte B/3. Allgemeiner für HdlBücher s § 238 Rn 3. Gerichtsvollzieher darf Unterlagen, für die Aufbewahrungspflicht nach § 257 besteht, nicht nach § 885 IV 2 ZPO vernichten, LG Koblenz MDR **06**, 473.

Vorlegung im Rechtsstreit

258 (1) **Im Laufe eines Rechtsstreits kann das Gericht auf Antrag oder von Amts wegen die Vorlegung der Handelsbücher einer Partei anordnen.**

(2) **Die Vorschriften der Zivilprozeßordnung über die Verpflichtung des Prozeßgegners zur Vorlegung von Urkunden bleiben unberührt.**

1) Anordnung der Vorlegung (I)

1   I erlaubt über §§ 422, 423 ZPO hinaus dem Gericht, zur Klärung erheblicher streitiger Tatsachen die Vorlegung der HdlBücher (nicht HdlBriefe usw, § 257 I) einer kfm Partei anzuordnen, auch von Amts wegen und nicht nur in HdlSachen. Anordnung auch nach Fristablauf (§ 257 IV). § 258 gilt analog im aktienrechtlichen Spruchstellenverfahren, BayObLG ZIP **93**, 675. **Lit** Me/Pro/Fi Kap 2 Tz 112 ff.

2) Sonstige Vorlegungspflichten (II)

2   §§ 422, 423 ZPO verpflichten Prozessparteien zur Vorlegung von Urkunden, auch von HdlBüchern, HdlBriefen und anderen kfm Unterlagen (§ 257 I). § 422 ZPO setzt aber eine Vorlegungspflicht nach bürgerlichem Recht voraus, § 423 ZPO erfasst nur die in den Händen des Gegners befindlichen Urkunden, auf die er im Prozess zur Beweisführung Bezug genommen hat. Bürgerlichrechtliche Pflichten zur Herausgabe oder Vorlegung (vgl § 422 ZPO) begründen ua §§ 809, 810 BGB. Zum Verfahren Ffm WM **80**, 1246. Bei Leugnen des Besitzes oder Nichtvorlegung: §§ 426 f ZPO. Vorlegungspflicht für Steuerzwecke § 97 AO.

Auszug bei Vorlegung im Rechtsstreit

259 [1] **Werden in einem Rechtsstreit Handelsbücher vorgelegt, so ist von ihrem Inhalt, soweit er den Streitpunkt betrifft, unter Zuziehung der Parteien Einsicht zu nehmen und geeignetenfalls ein Auszug zu fertigen.** [2] **Der übrige Inhalt der Bücher ist dem Gericht insoweit offenzulegen, als es zur Prüfung ihrer ordnungsmäßigen Führung notwendig ist.**

1) Umfang des Einsichtsrechts

1   § 259 regelt das Verfahren bei Vorlegung von HdlBüchern im Rechtsstreit. Nur die **auf den Streitpunkt bezüglichen** Stellen, die vom Beweisführer bzw im Fall der Beiziehung vAw (vgl § 258) vom Gericht bezeichnet werden, sind

1. Abschnitt. Vorschriften für alle Kaufleute § 263

unter Zuziehung der Parteien einzusehen; nur insoweit ist geeignetenfalls auch ein Auszug zu fertigen (S 1). Der übrige Inhalt ist nur, soweit zur Prüfung ihrer ordnungsmäßigen Führung notwendig (keine Ausforschung durch den Gegner), und nur dem Gericht ohne Zuziehung der Parteien offen zu legen (S 2). Das Gericht kann mit der Einsicht auch einen Sachverständigen betrauen, dieser muss ebenso wie das Gericht die Parteien zuziehen, RG JW **27**, 2416. Vorlegung vor dem Prozessgericht oder dem kommissarischen Richter s § 355, 434 ZPO. **Lit** Me/Pro/Fi Kap 2 Tz 112 ff.

Vorlegung bei Auseinandersetzungen

260 Bei Vermögensauseinandersetzungen, insbesondere in Erbschafts-, Gütergemeinschafts- und Gesellschaftsteilungssachen, kann das Gericht die Vorlegung der Handelsbücher zur Kenntnisnahme von ihrem ganzen Inhalt anordnen.

1) Befasstes Gericht

In den in § 260 bezeichneten Sachen kann jedes befasste Gericht nach seinem 1 Ermessen die Vorlegung von HdlBüchern zwecks Kenntnisnahme von ihrem **ganzen Inhalt** (anders § 259) anordnen. **Lit** Me/Pro/Fi Kap 2 Tz 112 ff.

Vorlegung von Unterlagen auf Bild- oder Datenträgern

261 Wer aufzubewahrende Unterlagen nur in der Form einer Wiedergabe auf einem Bildträger oder auf anderen Datenträgern vorlegen kann, ist verpflichtet, auf seine Kosten diejenigen Hilfsmittel zur Verfügung zu stellen, die erforderlich sind, um die Unterlagen lesbar zu machen; soweit erforderlich, hat er die Unterlagen auf seine Kosten auszudrucken oder ohne Hilfsmittel lesbare Reproduktionen beizubringen.

1) Analog für ZPO, BGB und StPO

Vgl §§ 238 II, 257 III. § 261 gilt entspr auch bei Urkundenvorlegung nach 1 §§ 422, 423 ZPO oder § 810 BGB oder Urkundenherausgabe nach Beschlagnahme (§ 95 StPO); G über Entschädigung von Zeugen und Sachverständigen ist nicht anwendbar, Brem NJW **76**, 685 (Bankkontounterlagen). **Lit** Me/Pro/Fi Kap 2 Tz 112 ff.

Vierter Unterabschnitt. Landesrecht

262 *(aufgehoben)*

1) § 262 über Buchführungspflicht der SollKflte aufgehoben durch HRefG 1998 (§ 238 Rn 8).

Vorbehalt landesrechtlicher Vorschriften

263 Unberührt bleiben bei Unternehmen ohne eigene Rechtspersönlichkeit einer Gemeinde, eines Gemeindeverbands oder eines Zweckverbands landesrechtliche Vorschriften, die von den Vorschriften dieses Abschnitts abweichen.

Merkt 1097

§ 264

1) Geltung auch für die öffentliche Hand

1   Aus § 263 folgt, dass wie schon nach bisheriger Rspr auch die öffentliche Hand bei Betätigung wie Kfm dem 1. Abschn unterliegt. Diese Gleichstellung mit anderen Kflten im Bereich der Rechnungslegung ist aus Wettbewerbsgründen unerlässlich. Änderungen folgen daraus für die Praxis jedoch kaum, insbesondere keine Publizitäts- und Prüfungspflichten (2. Abschn). Lit Me/Pro/Fi Kap 2 Tz 135 ff.

2) Ausnahmen

2   Abweichungen vom 1. Abschn sind nach § 263 nur noch auf Grund bestehenden Landesrechts für Unternehmen ohne eigene Rechtspersönlichkeit einer Gemeinde, eines Gemeindeverbands oder eines Zweckverbands, also insbesondere für gemeindliche Eigenbetriebe, zulässig, zB kameralistische Rechnungsabschlüsse. Für KapitalGes in öffentlicher Hand, auch 100%ige, gilt dagegen nicht nur der 1., sondern auch der 2. Abschn (§§ 264 ff).

Zweiter Abschnitt. Ergänzende Vorschriften für Kapitalgesellschaften (Aktiengesellschaften, Kommanditgesellschaften auf Aktien und Gesellschaften mit beschränkter Haftung) sowie bestimmte Personenhandelsgesellschaften

Erster Unterabschnitt. Jahresabschluß der Kapitalgesellschaft und Lagebericht

Erster Titel. Allgemeine Vorschriften

Pflicht zur Aufstellung; Befreiung

264 (1) ¹Die gesetzlichen Vertreter einer Kapitalgesellschaft haben den Jahresabschluß (§ 242) um einen Anhang zu erweitern, der mit der Bilanz und der Gewinn- und Verlustrechnung eine Einheit bildet, sowie einen Lagebericht aufzustellen. ²Die gesetzlichen Vertreter einer kapitalmarktorientierten Kapitalgesellschaft, die nicht zur Aufstellung eines Konzernabschlusses verpflichtet ist, haben den Jahresabschluss um eine Kapitalflussrechnung und einen Eigenkapitalspiegel zu erweitern, die mit der Bilanz, Gewinn- und Verlustrechnung und dem Anhang eine Einheit bilden; sie können den Jahresabschluss um eine Segmentberichterstattung erweitern. ³Der Jahresabschluß und der Lagebericht sind von den gesetzlichen Vertretern in den ersten drei Monaten des Geschäftsjahrs für das vergangene Geschäftsjahr aufzustellen. ⁴Kleine Kapitalgesellschaften (§ 267 Abs. 1) brauchen den Lagebericht nicht aufzustellen; sie dürfen den Jahresabschluß auch später aufstellen, wenn dies einem ordnungsgemäßen Geschäftsgang entspricht, jedoch innerhalb der ersten sechs Monate des Geschäftsjahres. ⁵Kleinstkapitalgesellschaften (§ 267a) brauchen den Jahresabschluss nicht um einen Anhang zu erweitern, wenn sie

1. die in § 268 Absatz 7 genannten Angaben,
2. die in § 285 Nummer 9 Buchstabe c genannten Angaben und
3. im Falle einer Aktiengesellschaft die in § 160 Absatz 3 Satz 2 des Aktiengesetzes genannten Angaben

unter der Bilanz angeben.

2. Abschnitt. Ergänzende Vorschriften für Kapitalgesellschaften § 264

(1a) ¹In dem Jahresabschluss sind die Firma, der Sitz, das Registergericht und die Nummer, unter der die Gesellschaft in das Handelsregister eingetragen ist, anzugeben. ²Befindet sich die Gesellschaft in Liquidation oder Abwicklung, ist auch diese Tatsache anzugeben.

(2) ¹Der Jahresabschluß der Kapitalgesellschaft hat unter Beachtung der Grundsätze ordnungsmäßiger Buchführung ein den tatsächlichen Verhältnissen entsprechendes Bild der Vermögens-, Finanz- und Ertragslage der Kapitalgesellschaft zu vermitteln. ²Führen besondere Umstände dazu, daß der Jahresabschluß ein den tatsächlichen Verhältnissen entsprechendes Bild im Sinne des Satzes 1 nicht vermittelt, so sind im Anhang zusätzliche Angaben zu machen. ³Die gesetzlichen Vertreter einer Kapitalgesellschaft, die Inlandsemittent im Sinne des § 2 Absatz 14 des Wertpapierhandelsgesetzes und keine Kapitalgesellschaft im Sinne des § 327a ist, haben bei der Unterzeichnung schriftlich zu versichern, dass nach bestem Wissen der Jahresabschluss ein den tatsächlichen Verhältnissen entsprechendes Bild im Sinne des Satzes 1 vermittelt oder der Anhang Angaben nach Satz 2 enthält. ⁴Macht eine Kleinstkapitalgesellschaft von der Erleichterung nach Absatz 1 Satz 5 Gebrauch, sind nach Satz 2 erforderliche zusätzliche Angaben unter der Bilanz zu machen. ⁵Es wird vermutet, dass ein unter Berücksichtigung der Erleichterungen für Kleinstkapitalgesellschaften aufgestellter Jahresabschluss den Erfordernissen des Satzes 1 entspricht.

(3) ¹Eine Kapitalgesellschaft, die als Tochterunternehmen in den Konzernabschluss eines Mutterunternehmens mit Sitz in einem Mitgliedstaat der Europäischen Union oder einem anderen Vertragsstaat des Abkommens über den Europäischen Wirtschaftsraum einbezogen ist, braucht die Vorschriften dieses Unterabschnitts und des Dritten und Vierten Unterabschnitts dieses Abschnitts nicht anzuwenden, wenn alle folgenden Voraussetzungen erfüllt sind:

1. alle Gesellschafter des Tochterunternehmens haben der Befreiung für das jeweilige Geschäftsjahr zugestimmt;
2. das Mutterunternehmen hat sich bereit erklärt, für die von dem Tochterunternehmen bis zum Abschlussstichtag eingegangenen Verpflichtungen im folgenden Geschäftsjahr einzustehen;
3. der Konzernabschluss und der Konzernlagebericht des Mutterunternehmens sind nach den Rechtsvorschriften des Staates, in dem das Mutterunternehmen seinen Sitz hat, und im Einklang mit folgenden Richtlinien aufgestellt und geprüft worden:
   a) Richtlinie 2013/34/EU des Europäischen Parlaments und des Rates vom 26. Juni 2013 über den Jahresabschluss, den konsolidierten Abschluss und damit verbundene Berichte von Unternehmen bestimmter Rechtsformen und zur Änderung der Richtlinie 2006/43/EG des Europäischen Parlaments und des Rates und zur Aufhebung der Richtlinien 78/660/EWG und 83/349/EWG des Rates (ABl. L 182 vom 29.6.2013, S. 19), die zuletzt durch die Richtlinie 2014/102/EU (ABl. L 334 vom 22.11.2014, S. 86) geändert worden ist,
   b) Richtlinie 2006/43/EG des Europäischen Parlaments und des Rates vom 17. Mai 2006 über Abschlussprüfungen von Jahresabschlüssen und konsolidierten Abschlüssen, zur Änderung der Richtlinien 78/660/EWG und 83/349/EWG des Rates und zur Aufhebung der Richtlinie 84/253/EWG des Rates (ABl. L 157 vom 9.6.2006, S. 87), die durch die Richtlinie 2013/34/EU (ABl. L 182 vom 29.6.2013, S. 19) geändert worden ist;
4. die Befreiung des Tochterunternehmens ist im Anhang des Konzernabschlusses des Mutterunternehmens angegeben und

§ 264 1   3. Buch. Handelsbücher

5. für das Tochterunternehmen sind nach § 325 Absatz 1 bis 1b offengelegt worden:
   a) der Beschluss nach Nummer 1,
   b) die Erklärung nach Nummer 2,
   c) der Konzernabschluss,
   d) der Konzernlagebericht und
   e) der Bestätigungsvermerk zum Konzernabschluss und Konzernlagebericht des Mutterunternehmens nach Nummer 3.

²Hat bereits das Mutterunternehmen einzelne oder alle der in Satz 1 Nummer 5 bezeichneten Unterlagen offengelegt, braucht das Tochterunternehmen die betreffenden Unterlagen nicht erneut offenzulegen, wenn sie im Bundesanzeiger unter dem Tochterunternehmen auffindbar sind; § 326 Absatz 2 ist auf diese Offenlegung nicht anzuwenden. ³Satz 2 gilt nur dann, wenn das Mutterunternehmen die betreffende Unterlage in deutscher oder in englischer Sprache offengelegt hat oder das Tochterunternehmen zusätzlich eine beglaubigte Übersetzung dieser Unterlage in deutscher Sprache nach § 325 Absatz 1 bis 1b offenlegt.

(4) Absatz 3 ist nicht anzuwenden, wenn eine Kapitalgesellschaft das Tochterunternehmen eines Mutterunternehmens ist, das einen Konzernabschluss nach den Vorschriften des Publizitätsgesetzes aufgestellt hat, und wenn in diesem Konzernabschluss von dem Wahlrecht des § 13 Absatz 3 Satz 1 des Publizitätsgesetzes Gebrauch gemacht worden ist; § 314 Absatz 3 bleibt unberührt.

Übersicht

	Rn
1) Anwendungsbereich und Gliederung des 2. Abschnitts	1, 2
A. Anwendungsbereich	1
B. Gliederung	2
2) Jahresabschluss und Lagebericht (I)	3–10
A. Begriffe	3–7
B. Aufstellung	8
C. Aufstellungsfrist	9
D. Feststellung	10
3) Identifikation (Ia)	11
4) Vermittlung eines den tatsächlichen Verhältnissen entsprechenden Bildes der Vermögens-, Finanz- und Ertragslage (II 1)	12–22
A. Generalklausel	12
B. Vermögens-, Finanz- und Ertragslage	13–16
C. Den tatsächlichen Verhältnissen entsprechendes Bild	17–21
D. Rechtsfolgen	22
5) Angabepflicht bei besonderen Umständen (II 2, 4, 5)	23–26
A. Grundsatz	23
B. Anwendungsfälle	24–26
6) Bilanzpolitik (Bilanzierungs- und Bewertungswahlrechte)	27
7) Bilanzeid (II 3)	28
8) KleinstKapitalGes (II 4)	29
9) Erleichterungen für Tochterunternehmen konzernabschlusspflichtiger Mutterunternehmen (III)	30
10) Erleichterungen für Tochterunternehmen von nach dem PublG konzernabschlusspflichtiger Mutterunternehmen (IV)	31

1) Anwendungsbereich und Gliederung des 2. Abschnitts

1   A. **Anwendungsbereich:** Der 2. Abschn (§§ 264–335b), der den 1. Abschn ergänzt, gilt für KapitalGes und bestimmte PersonenGes. **KapitalGes** sind laut

1100   *Merkt*

2. Abschnitt. Ergänzende Vorschriften für Kapitalgesellschaften 2–8 § 264

Überschrift AG, KGaA und GmbH. Der 2. Abschn gilt **auch für** KapitalGes & Co, insbesondere **GmbH & Co** (Einl 41 f, 44 f v § 238), s § 264a. Erstreckung auf Kreditinstitute § 340a, auf Versicherungsunternehmen § 341a. Mittelbare Geltung kraft Verweisung für eG und bestimmte Großunternehmen s Einl 35v § 238. Zusätzliche rechtsformspezifische Vorschriften gibt es außerhalb des HGB, zB im AktG, GmbHG ua. Zur Rechnungslegung und Prüfung Spenden sammelnder Organisationen IDW RS HFA 21. Zum ganzen 2. Abschn ist die Vorlagepflicht an den EuGH zu beachten (Art 267 AEUV, Einl 7v § 238). Zeitlich: Die Offenlegungspflicht besteht **bis zur Löschung** fort, unabhängig davon, ob die Ges mangels Geschäftsbetriebs noch oder kein Gewerbe mehr betreibt, LG Bonn Beck RS **13**, 07734; Kln GmbHR **16**, 1042. **Lit** Me/Pro/Fi Kap 3 Tz 7 ff; Kap 4 Tz 1 ff, 67 ff; Kap 7 Tz 281 ff; Kap 11 Tz 1; Marten/Zürn BB **04**, 1615 (Prüfungsbefreiungen); Hüttche StuB **09**, 409; Gewehr/Harrison WPg **10**, 1053; Buchheim DB **10**, 1133; Rogler KoR **10**, 163u 225; Philipps StuB **11**, 203; Langemann/Wilking BB **17**, 501 (Entgelttransparenz).

B. **Gliederung:** s Einl 40 v § 238. 2

2) Jahresabschluss und Lagebericht (I)

A. **Begriffe: a)** Der **Jahresabschluss** besteht nach der auch für KapitalGes 3 gültigen Legaldefinition des § 242 III aus Bilanz und Gewinn- und Verlustrechnung.

b) Der **Anhang** (§§ 284–288), der den Jahresabschluss erläutert und bestimm- 4 te Pflichtangaben enthält, bildet nach I 1 mit diesem eine Einheit. Mit dieser Formulierung wird einerseits die Legaldefinition des § 242 III durchgehalten, andererseits der Sache nach für KapitalGes der Anhang als Teil des Jahresabschlusses gekennzeichnet. Wenn im 3. Buch vom Jahresabschluss der KapitalGes die Rede ist, bedeutet das also außer Bilanz und Gewinn- und Verlustrechnung auch den Anhang, so zB in I 2 für die Aufstellungsfrist. **Lit** Farr AG **00**, 1 ff (Checklisten).

c) Der **Lagebericht** (§ 289), der zusätzliche Informationen zu Geschäftsver- 5 lauf und Lage der KapitalGes enthält, ist nicht Teil des Jahresabschlusses (samt Anhang). Ist im 3. Buch und anderen Gesetzen, zB §§ 256 f AktG, nur von Jahresabschluss die Rede, ist damit der Lagebericht grundsätzlich nicht automatisch mit angesprochen.

d) Die **Kapitalflussrechnung** ist im HGB nicht legaldefiniert. Nach IAS 7 6 dient sie der Darstellung der historischen Bewegungen der Zahlungsmittel und Zahlungsmitteläquivalente eines Unternehmens. Dazu werden die Zahlungsströme einer Periode nach betrieblichen Tätigkeiten sowie Investitions- und Finanzierungstätigkeiten eingeteilt, s auch DRS 2.

e) Der **Eigenkapitalspiegel** (oder Eigenkapitalveränderungsrechnung) stellt 7 die Veränderung des Eigenkapitals einer Periode dar und zeigt ihre Ursachen. Keine inhaltliche Konkretisierung des Rechenwerkes im HGB, aber in DRS 7 und IAS 1.96 ff.

B. **Aufstellung:** I 1, 2 erweitert für KapitalGes § 242. Die gesetzlichen Ver- 8 treter der KapitalGes (idR Vorstand der AG, phG der KGaA, Geschäftsführer der GmbH; GmbH & Co s § 264a II) haben den Jahresabschluss um einen Anhang zu erweitern und müssen außerdem einen Lagebericht aufstellen (I 1). Deren Inhalt ergibt sich aus § 284 ff und § 289. Kein **Anhang** für KleinstKapitalGes (§ 267a), wenn die in I 5 genannten Angaben unter der Bilanz ausgewiesen werden; das sind Angaben zu Haftungsverhältnissen iSv §§ 251, 268 VII, Vorschüssen und Krediten an Organmitglieder iSv § 285 Nr. 9 lit c sowie über Transaktionen eigener Aktien iSv § 160 I 1 Nr 2 AktG, ferner die ggf nach II 2 erforderlichen Angaben (Rn 23 ff). Kein **Lagebericht** nach **I 4** bei kleinen

Merkt 1101

§ 264 9–11 3. Buch. Handelsbücher

KapitalGes (§ 267 I), außer wenn satzungsrechtlich vorgeschrieben (dann auch, wenn KapitalGes ursprünglich nicht klein war, BGH DStR **08**, 629). Ist die KapitalGes kapitalmarktorientiert (§ 264d) und nicht zur Aufstellung eines Konzernabschlusses verpflichtet (§ 290), verlangt **I 2** zudem Aufstellung einer Kapitalflussrechnung und eines Eigenkapitalspiegels, die mit Bilanz, GuV und Anhang eine Einheit bilden, um insoweit einen Gleichlauf aller kapitalmarktorientierten KapitalGes und Annäherung an IFRS zu erreichen, Küting/Pfitzer/Weber S 516 ff; für Konzernabschlusspflichtige gilt die erweiterte Aufstellungspflicht schon gem § 315e und IFRS. Eine nach IFRS verbindliche Erweiterung auch um eine Segmentberichterstattung (s dazu DRS 3; zu IFRS 8 (Geschäftssegmente) s Me/Pro/Fi Kap 11 Tz 106; Kap 13 Tz 211) ist aus Kostengründen ins Belieben gestellt (RegE BilMoG 63). Die Aufstellung ist Teil der Geschäftsführung (grundsätzlich einstimmig). Die Pflicht trifft alle Organmitglieder, Karls WM **87**, 536, Geschäftsverteilung s § 238 Rn 9, Einschaltung von Hilfspersonen, auch von Wirtschaftsprüfern, ist zulässig (vgl § 238 Rn 11); aber Entscheidung über die Vorlage bleibt Sache aller gesetzlichen Vertreter, Lu/Ho § 42 Rn 12. Grundsätze für die Erstellung von Jahresabschlüssen durch Wirtschaftsprüfer IDW S 7, Scherf/Willeke StuB **09**, 12, Gewehr/Harrison WPg **10**, 1053. Weisungsrecht der Gfter je nach GesForm, so zB bei GmbH (vgl § 46 Nr 1 GmbHG), Lu/Ho § 42 Rn 12. Vorlage an den Abschlussprüfer s § 320 I 1; Rückwirkende Eintragung einer Geschäftsjahresänderung nach Ablauf des schon angemeldeten Rumpfgeschäftsjahrs durch Insolvenzverwalter unzulässig, Ffm NZG **14**, 866. Feststellung s Rn 10; Offenlegung s §§ 325 ff. **Lit** Almeling DB **11**, 1761; Zwirner/Petersen/König KoR **12**, 26; StuB **12**, 503 (Sonderrechnungen); Meyer BB **14**, 1131 (EU-rechtliche Zweifelsfragen).

9   C. **Aufstellungsfrist:** Diese beträgt für KapitalGes nach **I 3** höchstens die ersten drei Monate des neuen Geschäftsjahres. **I 4** nF mildert dies für kleine KapitalGes (§ 267 I), also auch für kleine AG, gilt aber nicht für Kreditinstitute (§ 340a I). Die Sechsmonatsfrist des I 3 Halbs 2 ist für diese aber nicht die zulässige Regel, sondern die äußerste Grenze. Eine generell sechs Monate vorsehende Satzungsbestimmung ist unwirksam, BayObLG WM **87**, 502. Liquidator tritt in die laufende Frist ein, BayObLG BB **90**, 600. I 3 verlangt Aufstellung innerhalb der einem ordnungsgemäßen Geschäftsgang entsprechenden Zeit; diese kann nach GoB unter sechs Monaten liegen. EinzelKfte und PersonenGes s § 243 Rn 11. Stichtagsprinzip s § 243 Rn 12. Schadensersatzpflicht s § 238 Rn 20. Ordnungsgeld nach § 335 **I 5** eingefügt durch MicroBilG 2012 (**Übergangsrecht (1)** EGHGB Art 73 I 1). Danach müssen KleinstKapGes im Einklang mit Art 36 I lit b BilRi 2013 unter bestimmten Umständen den Jahresabschluss nicht um einen Anhang erweitern, insbesondere, sofern unter der Bilanz Angaben zu eigenen Aktien zu machen sind. Durch BilRUG 2015 (**Übergangsrecht (1)** EGHGB Art 75 I 1) wurden diese Voraussetzungen auf AGs beschränkt und es wurde die Erfassung von KGaAs zum Zweck der weiteren Entlastung kleinster KapGes gestrichen, BegrRegE 71. **Lit** Kolb/Roß WPG **14**, 991 (Zweifelsfragen zum MicroBilG); Fink/Theile DB **15**, 753.

10   D. **Feststellung:** Aufstellung und Feststellung sind streng zu unterscheiden. Erst mit wirksamer Feststellung wird der Jahresabschluss verbindlich (§ 245 Rn 4). Zuständigkeit für Feststellung je nach GesForm zB AktG §§ 172, 173, § 46 Nr 1 GmbHG.

3) Identifikation (Ia)

11   **Ia** eingefügt durch BilRUG 2015 (**Übergangsrecht (1)** EGHGB Art 75 I 1) setzt Art 5 BilRi 2013 um und verlangt im Jahresabschluss Angaben zur Identifikation der KapitalGes (Firma, Sitz, Register), zB in der Überschrift des Abschlusses, auf gesondertem Deckblatt oder an anderer herausgehobener Stelle, BegrRege 71. **Lit** Theile GmbHR **15**, 281 (GmbH- u GmbH & Co KG-Abschluss nach BilRUG); Wulf DStZ **15**, 825; Zwirner AR **16**, 2 (BilRUG).

4) Vermittlung eines den tatsächlichen Verhältnissen entsprechenden Bildes der Vermögens-, Finanz- und Ertragslage (II 1)

A. **Generalklausel:** II 1 enthält das auf britisches Recht zurückgehende, dort als overriding principle ausgestaltete **true and fair view**-Prinzip als Generalklausel für den Jahresabschluss der KapitalGes (Einblicksgebot). Für EinzelKflte und PersonenGes gilt dieses Prinzip nicht, doch können im Einzelfall gleiche Anforderungen aus dem Grundsatz der Bilanzwahrheit folgen (s § 243 Rn 5). Der Jahresabschluss muss unter Beachtung (nicht nur im Rahmen) der GoB ein den tatsächlichen Verhältnissen entsprechendes Bild der Vermögens-, Finanz- und Ertragslage der KapitalGes (nicht nur einen möglichst sicheren Einblick in die Vermögens- und Ertragslage der Ges) vermitteln. Sonst sind zusätzliche Angaben im Anhang nötig (II 2). Das Gebot des II 1 richtet sich aber nur an den Jahresabschluss insgesamt (Bilanz, GuV und Anhang als Einheit, I 1), nicht an jeden Teil, hL, das starre Zahlenwerk der Bilanz und GuV wird idR durch den flexibleren Anhang in das richtige Licht gestellt (s Rn 14), ADS 47, 62, dann aber 93 ff, vgl auch § 252 Rn 22. Aber die Versuche der üL, II herunterzuspielen, sind seit EuGH ZIP **96**, 1168, aber **97**, 1374 (Tomberger), nicht mehr haltbar, vielmehr zentrale Vorschrift mit unmittelbarer bilanzrechtlicher Bedeutung, Klinke ZGR **98**, 231, str. Die verbreitete Abkoppelungsthese (II nur für Anhang relevant; Moxter, Beisse) ist damit unvereinbar, Kleindiek ZGR **98**, 475. **Lit** Wolf DStR **05**, 438 (BilReG); Hüttche StuB **09**, 409; Roger KoR **10**, 163 und 225; Philipps StuB **11**, 203; Küting/Eichenlaub DStR **12**, 2615 (MicroBilG); Fey/Deubert/Lewe/Roland BB **13**, 107 (MicroBilG); Müller/Kreipl DB **13**, 73 (MicroBilG); Bravidor/Mehnert StuB **14**, 596 (Bilanzwahrheit u EuGH-Rspr); Dziadkowski IStR **14**, 461 (EuGH in Gimle S. A.); Hennrichs WPg **15**, 315 (EuGH in Gimle S. A.); Glaser/Hachmeister DB **15**, 565 (true and fair view für Nicht-KapitalGes aus EU-Sicht).

B. **Vermögens-, Finanz- und Ertragslage:** Nach II 1 sind drei Lagen, soweit möglich, einzeln als Teillagen (aber Interdependenz) und ohne festes Rangverhältnis (hM, ADS 60) zu bestimmen.

a) Die **Vermögenslage** ist das Verhältnis des Vermögens des Kfm und seiner Schulden (§ 242 I 1), nach aA enger auf Aktivseite bezogen. Ihre Darstellung ergibt sich aus der Gegenüberstellung in der Bilanz und den dazu gehörenden Angaben im Anhang. II 1 fordert, dass (nur) die bilanzielle Vermögenslage den tatsächlichen Verhältnissen entsprechend abgebildet ist, also nach Aufbau, Fristigkeit und Relationen von Vermögen und Kapital, so wie nach den Bilanzierungsregeln im Gesetz und GuV vorgeschrieben. Die darin liegenden bilanziellen Grenzen der Aussage (zB Bilanzierungsverbot für den originären Geschäfts- oder Firmenwert § 246 I 4, für bestimmtes nicht entgeltlich erworbenes immaterielles Anlagevermögen § 248 II, Stichtagsprinzip, Anschaffungswerte ohne Berücksichtigung der Inflation, überhaupt Ableitung des Jahresabschlusses aus der Buchführung ua) stellt II 1 nicht in Frage.

b) Die **Finanzlage** betrifft die Finanzierung und vor allem die künftige Liquidität der Ges. Ihre Darstellung ergibt sich vor allem aus der Bilanz, aber auch aus der GuV mit den jeweils dazugehörenden Angaben im Anhang. Die bilanzielle Finanzlage resultiert ua aus Höhe, Fälligkeit und Relation von Forderungen (und flüssigen Mitteln) und Verbindlichkeiten (§ 268 IV 1, V 1, § 285 Nr 1a, 2) und aus den in der Bilanz nicht zum Ausdruck kommenden sonstigen Verpflichtungen (§ 285 Nr 3a); Erleichterungen für kleine Ges § 288. Eine umfassendere Darstellung der wirtschaftlichen Lage, zB eine (vergangenheitsbezogene) Kapitalflussrechnung oder ein (zukunftsbezogener) Finanzplan, ist wünschenswert (§ 284

§ 264 16–22　　　　　　　　　　　　　　　　　　3. Buch. Handelsbücher

Rn 8) und wird auch schrittweise verwirklicht (Kapitalflussrechnung, s I 2 und § 297 I 2), aber von II 1 nicht umfassend vorgeschrieben. Dazu IDW-SABI 3/**86** WPg **86**, 670.

16　c) Die **Ertragslage** (Erfolgslage) betrifft Höhe und Zustandekommen des Erfolgs (Jahresüberschuss bzw -fehlbetrag der abgelaufenen Rechnungsperiode und ihre Komponenten Aufwand und Ertrag samt Struktur und Veränderungen). Ihre Darstellung ergibt sich vor allem aus der GuV und den dazu gehörenden Angaben im Anhang.

17　C. **Den tatsächlichen Verhältnissen entsprechendes Bild:** II 1 geht davon aus, dass das den tatsächlichen Verhältnissen entsprechende Bild sich grundsätzlich **schon aus dem Jahresabschluss** ergibt, wenn er gemäß den Einzelvorschriften der §§ 238 ff und anderen Rechtsnormen sowie den GoB („unter Beachtung der GoB", noch einmal klargestellt in II 1) aufgestellt ist. Das zeigt auch II 2 (Korrektur bei „besonderen Umständen"). II 1 erlaubt es also nicht, den Inhalt und Umfang des Jahresabschlusses abweichend von den gesetzlichen Vorschriften zu bestimmen oder ganz allgemein zusätzliche Anforderungen für alle oder bestimmte Unternehmen zu begründen (Begr E § 237).

18　a) II 1 ist danach in erster Linie eine **Auslegungshilfe,** wenn die Einzelnormen auslegungsbedürftig und lückenhaft sind (Begr E § 237). Das gilt vor allem für den Anhang als Korrektiv des Zahlenwerks von Bilanz und GuV (s Rn 12). Aber II 1 ist nicht nur dem Anhang zugewiesen (Abkoppelungsthese, str), s Rn 12.

19　b) Bei **Schätzungen,** zB § 253 I 2, III 2, ist Maßstab die vernünftige kfm Beurteilung. Diese muss sich im Rahmen des jeweiligen Normzwecks halten, zB Vorsichtsprinzip bei Rückstellungen; sie darf den danach eventuell bestehenden Beurteilungsspielraum aber voll ausnutzen (kein Verstoß gegen II 1). II 1 kann aber eingreifen, zB wenn bei schlechtem Ertrag günstiger geschätzt wird als zuvor bei gutem, ADS 106.

20　c) Ebenso dürfen **Ansatz- und Bewertungswahlrechte** grundsätzlich voll ausgeschöpft werden, ohne dass II 1 eingreift, sehr str, ADS 107, denn der Anhang informiert über die angewandten Bilanzierungs- und Bewertungsmethoden (§ 284 II Nr 1). In Ausnahmefällen reicht aber § 284 II Nr 1 nicht aus, dann kann II 1 eingreifen, vgl BeckBilKo 30, 34 (missbräuchliche Ausnutzung). Nach aA ist zwischen echten Wahlrechten und bloß in Frage kommenden unterschiedlichen Vorgehensweisen zu unterscheiden, von letzteren darf stets nur gemäß II 1 Gebrauch gemacht werden, Kü/We 36.

21　d) **Sonderposten eigener Art,** zB §§ 274 I 2, 255 IV aF, 269 aF, und die Passivierungs- und Abschreibungsrechte aus Steuergründen (**umgekehrte Maßgeblichkeit,** s § 242 Rn 5) können uneingeschränkt in Anspruch genommen werden, ganz hL (sind aber durch BilMoG (BT-Drucks 16/10067, 47) weitgehend **abgeschafft**). Denn sie sind nicht nur klar auszuweisen, sondern auch im Anhang zu erläutern. Das gilt auch für das Passivierungswahlrecht bei Altfällen von Pensionen (s § 249 Rn 6–8, 14 ff).

22　D. **Rechtsfolgen:** Vermittelt der Jahresabschluss bei besonderen Umständen nicht schon nach Einzelvorschriften und GoB das nach II 1 geforderte Bild, dann greift II 2 mit Pflicht zu Angaben im Anhang ein (s Rn 23–25). Verstoß gegen I 1, 3 führt zu Einschränkung des Testats nach § 322 IV. Der festgestellte Jahresabschluss kann nach § 256 I Nr 1 AktG (entspr für GmbH) nichtig sein, aber nur, wenn die Bilanz, die Gewinn- und Verlustrechnung oder der Anhang selbst Gläubigerschutzbestimmungen verletzen, insbesondere bei Aufbau- und Gliederungsfehlern und bei fehlerhaften Ansätzen oder Bewertungen; § 256 I 1 Nr 1 AktG wird aber insoweit durch § 256 IV, V AktG eingeschränkt, BGH **124**, 117;

1104　　　　　　　　　　　　　　　　　　　　　　　　　　*Merkt*

2. Abschnitt. Ergänzende Vorschriften für Kapitalgesellschaften 23–27   § 264

137, 384 (Tomberger, § 246 Rn 14); **142**, 384; auch ADS 138: jedenfalls nur in Extremfällen.

5) Angabepflicht bei besonderen Umständen (II 2, 4, 5)

A. **Grundsatz:** II 2 verlangt **zusätzliche Angaben im Anhang,** also über 23 die Pflichtangaben hinaus, wenn auf Grund **besonderer Umstände** der Jahresabschluss trotz Anwendung der gesetzlichen Vorschriften und GoB (s Rn 17–21) hinter der Aussagekraft eines Jahresabschlusses dieses Unternehmens unter normalen Umständen iSv II 1 zurückbleibt (Begr E § 237). II 2 schließt an II 1 an. Greift schon dieser nicht ein, ist erst recht II 2 nicht einschlägig. II 2 betrifft also nicht die immanenten buchführungsmäßigen und bilanziellen Grenzen des Jahresabschlusses (s Rn 12–21). Diskrepanzen zwischen dem wirklichen und dem zulässigen Buchwert zB auf Grund des Niederstwertprinzips oder der Bewertungswahlrechte (s § 252 Rn 28) lösen die Angabepflicht nach II 2 nicht aus. Dagegen genügt unrichtiges Bild schon hinsichtlich einer der drei „Lagen" (s Rn 13–16). II 4, 5 idF MicroBilG 2013 (**Übergangsrecht (1)** EGHGB Art 70) erlauben **KleinstKapitalGes** (§ 267a) die erforderlichen Angaben unter der Bilanz zu machen, weil für sie der Anhang fakultativ ist (Rn 8). Gem II 5 wird aber widerleglich vermutet, dass der unter Einhaltung der Vereinfachungsmöglichkeiten aufgestellte Jahresabschluss den Erfordernissen des II 1 entspricht. Angabepflicht nach II 4, 5 daher nur in Ausnahmefällen (s § 251 Rn 5).

B. **Anwendungsfälle: a) Korrektur eines zu günstigen Bildes:** zB unge- 24 wöhnliche, rein bilanzpolitische Maßnahmen, uU Sale-and-lease-back-Verfahren, ADS 117; Verbergen von Entwicklungstendenzen, ADS 99; Irreführung durch Nominalwertprinzip bei erheblicher Geldwertveränderung, GK BilR/Hüttemann Rn 54; Betriebe in Hochinflationsländern mit entspr Scheingewinnen; Wegfall von bilanziell nicht auszuweisenden Vorteilen, die wesentliche Grundlage der Ertragslage sind, etwa wichtiges selbst geschaffenes Patent oder Gefährdung der Rohstoffzulieferung infolge Ausfalls eines nicht ersetzbaren Lieferanten, ADS 120; wesentliche Tätigkeit in politisch gefährdeten Ländern; Teilliquidation von Filialen, Werken oder Betriebsabteilungen, die nach Fortführungswerten bilanzieren. **Nicht:** Zweifel an Fortsetzung der Unternehmenstätigkeit, ohne dass Voraussetzungen des § 252 I Nr 2 entfallen sind, sehr str, Baumb/Hueck/Schulze-Osterloh § 42 Rn 33, 245 (aber § 289 II Nr 2), aA BeckBilKo § 252 Rn 15; idR nicht bei unüblicher Ausübung von Ansatzwahlrechten (s Rn 20), sehr str, aA Baumb/Hueck/Schulze-Osterloh § 42 Rn 33; Schulze-Osterloh ZHR 150 **(86)** 564; aber uU irreführende heimliche Auflösung (s auch § 252 Rn 13 ff); Zweifel über wesentliche Bilanzierungsfragen, zB bei schwankender Rspr oder neuen Bilanzierungsproblemen, aA BeckBilKo 53.

b) Korrektur eines zu ungünstigen Bildes: zB langfristige Fertigung in 25 erheblichem Umfang, etwa im Anlagen- und Schiffsbau, hL, ADS 122, § 252 Rn 19; uU bei zu ungünstiger kumulierter Anwendung des Vorsichts-, Imparitäts- und Realisationsprinzips (§ 252 Rn 10–11, 18 ff), Moxter FS Goerdeler **87**, 373; Irreführung durch Nominalwertprinzip bei erheblicher Geldwertveränderung, WP-Hdb I F 841; bei Angaben über nicht bilanzierungsfähige Risiken nach § 285 Nr 3a uU auch Angabe nicht bilanzierungsfähiger positiver Erwartungen.

c) Gesellschaftsrechtliche Sonderfälle: nur ausnahmsweise bei verdeckten 26 Gewinnausschüttungen oder verdeckten Einlagen; im Vertragskonzern und im faktischen Konzern, ADS 127.

6) Bilanzpolitik (Bilanzierungs- und Bewertungswahlrechte)

II steht einer Bilanzpolitik durch Ausnutzung aller zulässigen Bilanzierungs- 27 und Bewertungswahlrechte, soweit nach BilMoG überhaupt noch vorhanden, nicht entgegen. **Bilanzierungswahlrechte** (Ansatzwahlrechte) sind Aktivie-

Merkt 1105

§ **264** 28–30   3. Buch. Handelsbücher

rungswahlrechte (zB Disagio § 250 III; Bilanzierungshilfe nach § 274 I) oder Passivierungswahlrechte (zB das nach BGH angeblich bestehende bei Pensionszusagen für Altfälle, s § 249 Rn 6–8, 14 ff). **Bewertungswahlrechte** s § 252 Rn 28. **Darstellungs- und Gliederungswahlrechte** s § 265 Rn 9. Grenzen der Wirksamkeit bilanzpolitisch motivierter Rechtsgeschäfte, Kropff ZGR **93**, 41. Lit Küting DB **08**, 1330; Göllert DB **08**, 1167.

7) Bilanzeid (II 3)

28   Nach II 3 idF TUG 2007 (**Übergangsrecht** in **(1)** EGHGB Art 62) sind die gesetzlichen Vertreter börsennotierter KapitalGes verpflichtet, die Einhaltung der für den Jahresabschluss geltenden Bestimmungen gem II 1u 2 bei Unterzeichnung des Jahresabschlusses schriftlich zu bestätigen. Entsprechende Erklärungspflichten gelten gem § 289 I 5, § 297 II 4, § 315 I 6 für Lagebericht, Konzernabschluss und Konzernlagebericht, auch dann, wenn das Unternehmen oder Mutterunternehmen nach internationalen Standards bilanziert, §§ 315e I, 325 II a. Die nach US-amerikanischem Vorbild (s Sec. 302 Sarbanes-Oxley Act 2002) geschaffene Regelung setzt Art 4 II c der EU-TransparenzRi 2004/109/EG v 15.12.2004 ABlEG Nr L 390/38 v 31.12.04 um. Betroffen sind nur KapitalGes, die Inlandsemittenten iSv (**16b**) § 2 XIV WpHG sind. Ausgenommen sind nur KapitalGes iSv § 327a (emittieren keine Aktien, sondern nur hoch gestückelte Schuldtitel). Gem II 3 muss der Bilanzeid von den gesetzlichen Vertretern des Emittenten (Vorstand der AG, § 94 AktG) geleistet werden. Auf den einschränkenden Zusatz „nach bestem Wissen" (Art 4 II Buchst c EU-TransparenzRi) könnte verzichtet werden, da Strafbarkeit wegen falschen Bilanzeids nach § 331 ohnehin wissentliche Begehung voraussetzt. Beschränkung auf vorhandenes Wissen genügt nicht. Vorstand muss sich grundsätzlich um möglichst vollständiges Wissen bemühen, Begr Finanzausschuss BT-Drucks 16/3444, 80. Versicherung muss bei Unterzeichnung des Jahresabschlusses schriftlich (s § 126 I BGB) abgegeben werden. Das meint den festgestellten Abschluss, nicht den bloß aufgestellten, str, aA DAV-Handelsrechtsausschuss NZG **06**, 655. Wegen höchstpersönlicher Natur des Bilanzeids ist Stellvertretung unzulässig. Nicht richtige Abgabe des Bilanzeids steht unter Strafe, § 331 Nr 3a, s dort. Zivilrechtliche Haftung nicht aus Garantie, aber aus § 823 II BGB iVm II 3 bzw § 331 Nr 3a sowie aus § 826 BGB (Vorsatznachweis!). Lit Heldt/Ziemann NZG **06**, 652 (Strafrecht).

8) KleinstKapitalGes (II 4)

29   Nach **II 4** Vermutung, dass der Jahresabschluss unter Nutzung der Erleichterungen für KleinstKapitalGes (§ 267a, s dort) den Anforderungen nach II 1 genügt. Erleichterungen für KleinstKapitalGes ergeben sich bei der Gliederung der Bilanz (§ 266 I 4), der Darstellung der GuV (§ 275 V), der Pflicht, den Jahresabschluss um einen Anhang zu erweitern (§ 264 I 5) sowie den Offenlegungspflichten (§ 326 II). Lit Kolb/Roß WPG **14**, 991 (Zweifelsfragen zum MicroBilG).

9) Erleichterungen für Tochterunternehmen konzernabschlusspflichtiger Mutterunternehmen (III)

30   § 264 enthält neben der Pflicht zur Aufstellung auch **Befreiungsvorschriften** in III und IV (daher klarstellende Ergänzung „Befreiung" in der Überschrift von § 264 durch BilRUG 2015 (**Übergangsrecht (1)** EGHGB Art 75 I 1). **III** idF MicroBilG 2013 (**Übergangsrecht (1)** EGHGB Art 70), Neufassung durch BilRUG 2015 (**Übergangsrecht (1)** EGHGB Art 75 I 1) zur Bereinigung von Redaktionsversehen, sprachlicher Verbesserung und Beseitigung von Zweifelsfragen, enthält Erleichterungen für TochterKapitalGes eines nach § 290 oder entsprechenden Regelungen eines EU/EWR Mitgliedstaates (für nicht-inländische Mütter geöffnet durch MicroBilG 2013 aufgrund EuGH v 6.2.14, C 528/12

(Mömax / Bundesamt für Justiz) DStR **14**, 436; zuvor BVerfG NZG **13**, 464) konzernabschlusspflichtigen Mutterunternehmens, dem Wortlaut nach zudem für TochterKapitalGes von Konzernmüttern, die freiwillig einen Konzernabschluss aufstellen, bspw in der Rechtsform einer PersonenGes, oder die als Einzelkfm betriebene Mutterunternehmen sind; krit deshalb Theile DB **13**, 469, weil deren Bilanzrecht nicht zwingend europäisch harmonisiert ist, insofern besteht eine Sonderregelung mit § 264b I Nr 2 nur für Ges iSv § 264a I. Diese TochterKapitalGes brauchen die Vorschriften über Inhalt, Prüfung und Offenlegung des Jahresabschlusses (2. Abschn Unterabschn 1, 3, 4) unter den in III genannten fünf Voraussetzungen (präzisiert durch BilRUG 2015 (**Übergangsrecht (1)** EGHGB Art 75 I 1) nicht anzuwenden: Ertens müssen alle Gfter der Tochter der Befreiung für das jeweilige Geschäftsjahr (str, ob auch im Voraus für weitere Geschäftsjahre) zugestimmt (auch formlos, nicht notwendig durch Beschluss, nicht erst nachträglich nach Feststellung) und dies nach § 325 offen gelegt haben (**III 1 Nr 1**); zweitens muss sich die Mutter bereit erklärt haben, für die von der Tochter eingegangenen Verpflichtungen aus dem jeweiligen Geschäftsjahr einzustehen (**III 1 Nr 2**), dh, Vertragspartner u Kreditgeber der Tochter sind so zu stellen, dass es für ihre Forderungen im Wesentlichen auf die Vermögensverhältnisse der Mutter ankommt, was zumindest bedeutet, dass die Mutter etwaige Verluste der Tochter (Jahresfehlbeträge) wie nach § 302 AktG ausgleicht u darüber hinaus Engpässe in der Liquidität der Tochter ausgleicht, auch wenn die Tochter einen Jahresüberschuss ausgewiesen hat. Unmittelbarer Schuldbeitritt mit Außenwirkung ist hingegen nicht erforderlich, anders noch RefE. Die Verpflichtung der Mutter kann durch Nachschusspflicht oder (harte) Patronatserklärung gegenüber der Tochter begründet werden, BegrRegE 72. Die Befreiung setzt im mehrstufigen Konzern voraus, dass die Mutter gegenüber der Enkelin zur Verlustübernahme verpflichtet ist, und zwar auch dann, wenn die Mutter eine offenlegungspflichtige PersonenhandelsGes ist, LG Bonn DStR **13**, 2352; Renner/Theile KoR **15**, 215. Drittens müssen der Konzernabschluss u -lagebericht der Mutter nach deren Sitzrecht und in Einklang mit der BilRi 2013 (idF Ri 2014/95/EU) und der AbschlussprüferRi 2006 aufgestellt und geprüft werden (**III 1 Nr 3a) u b)**). Soweit die Mutter diese Unterlagen bereits offenlegt hat, muss die Tochter die Unterlagen nicht mehr offen legen, wenn sie im BAnz unter der Tochter auffindbar ist (**III 2**), allerdings nur, wenn die Mutter die Unterlagen in deutscher oder englischer Sprache offengelegt hat oder die Tochter zusätzlich eine beglaubigte deutsche Übersetzung offenlegt (**III 3**), Einzelheiten bei Bode DB **15**, 816. Die Tochter bleibt auf jeden Fall buchführungspflichtig und muss einen Jahresabschluss aufstellen (§§ 238–263). III gilt auch im mehrstufigen Konzern bei Unternehmensverträgen zwischen allen Stufen, hM, BeckBilKo 135; GK BilR/Hüttemann 65. Analog anwendbar auch auf Konzernabschlüsse nach §§ 291, 315a, Schindler/Rabenhorst BB **98**, 1893; Dörner/Wirth DB **98**, 1527. Ausdehnung von III auf PublG s Rn 25. Keine uneingeschränkte Anwendung auf **Kreditinstitute** und Versicherungsunternehmen (§§ 340a II 4, 341a II 4). Befreiung nach **III** setzt im mehrstufigen Konzern voraus, dass Mutter gegenüber der Enkelin zur Verlustübernahme verpflichtet ist, auch dann, wenn die Mutter eine offenlegungspflichtige PersonenhandelsGes ist, LG Bonn DStR **13**, 2352. Prüfungshinweis IDW FN **00**, 52. Lit Buchheim DB **10**, 1133; Scholz BB **12**, 107; Theile DB **13**, 469; Bode DB **15**, 816; Fink/Theile DB **15**, 753; Hoffmann StuB **13**, 397 (fehlerhafte Organbilanz); Kolb/Roß WPG **14**, 991 (Zweifelsfragen zum MicroBilG); Kolb/Weimert WPg **13**, 983; Prinz StuB **13**, 265 (Bilanzrecht der Organschaft); Roß BB **14**, 2795; Renner/Theile KoR **15**, 213 (Verpflichtungsübernahme nach § 264 III 1 Nr 2); Theile GmbHR **15**, 281 (GmbH- u GmbH & Co KG-Abschluss nach BilRUG); Lorson DB **15**, 695; Deubert DB **15**, Beil Heft 36, 41; Oser/Orth/Wirtz DB **15**, 1729; Reitmeier/Rimmelspacher DB **15**, Beil Heft 26, 1; Zwirner StuB **15**, Beil 2, 1 (BilRUG); Theile BBK **15**, 702; Zwirner

§ 264a 1   3. Buch. Handelsbücher

BC **16**, 264; Zwirner/Busch BC **16**, 509 (BilRUG); Zwirner/Busch/Boecker Konzern **16**, 287; Hargarten/Rabenhorst/Schieler WPg **16**, 1340 (Veräußerung Teilkonzern); Hargarten/Seidler BB **16**, 2795; Zwirner AR **16**, 2 (BilRUG); Oser WPg **17**, 691 (Befreiungsvoraussetzungen für TochterKapGes); Schüttler BC **17**, 411; Zwirner WPg **17**, 184 (BilRUG, Audit-Check).

10) Erleichterungen für Tochterunternehmen von nach dem PublG konzernabschlusspflichtiger Mutterunternehmen (IV)

31   IV idF KapCoRiLiG 2000, geändert duch BilRUG 2015 (**Übergangsrecht (1)** EGHGB Art 75 I 1). III gilt auch für TochterKapitalGes einer nach § 11 PublG konzernabschlusspflichtigen Mutter, soweit im Konzernabschluss von dem Wahlrecht nach § 13 III 1 PublG nicht Gebrauch gemacht worden ist. Seit dem MicroBilG 2013 stellt IV damit Verschärfung für Mutterunternehmen iSd § 11 PublG gegenüber solchen Konzernmüttern dar, die freiwillig einen Konzernabschluss aufstellen (s Rn 31). Entspr für Tochterunternehmen, die keine Kapital-Ges sind (§ 5 VI PublG), Giese/Rabenhorst/Schindler BB **01**, 511. Änderung durch BilRUG 2015 (**Übergangsrecht (1)** EGHGB Art 75 I 1) stellt klar, dass Befreiung von bestimmten Vorgaben der Rechnungslegung auch dann gilt, wenn Mutter Konzernabschluss freiwillig aufstellt. Stellt Mutter Konzernabschluss nach PublG auf und weicht dabei gem § 13 III 1 PublG von der Pflicht zur Darstellung der Organbezüge ab, ist Tochter nicht nach III befreit. Unberührt bleibt § 314 III, RegBegr BilRUG 73. **Lit** Blöink/Knoll-Biermann Konzern **15**, 65 (BilRUG 2015); Lüdenbach/Freiberg BB **14**, 2219 (BilRUG 2015); Oser/Orth/Wirtz DB **15**, 197 (BilRUG 2015); Oser/Schosser/Klipfel DB **14**, 1390 (Anwendung von § 264 IV auf TochterGes).

Anwendung auf bestimmte offene Handelsgesellschaften und Kommanditgesellschaften

264a (1) Die Vorschriften des Ersten bis Fünften Unterabschnitts des Zweiten Abschnitts sind auch anzuwenden auf offene Handelsgesellschaften und Kommanditgesellschaften, bei denen nicht wenigstens ein persönlich haftender Gesellschafter

1. eine natürliche Person oder
2. eine offene Handelsgesellschaft, Kommanditgesellschaft oder andere Personengesellschaft mit einer natürlichen Person als persönlich haftendem Gesellschafter

ist oder sich die Verbindung von Gesellschaften in dieser Art fortsetzt.

(2) In den Vorschriften dieses Abschnitts gelten als gesetzliche Vertreter einer offenen Handelsgesellschaft und Kommanditgesellschaft nach Absatz 1 die Mitglieder des vertretungsberechtigten Organs der vertretungsberechtigten Gesellschaften.

1) Anwendbarkeit auf bestimmte OHG und KG, insbesondere GmbH & Co (I)

1   §§ 264a–c idF KapCoRiLiG 2000 setzen die GmbH & Co-Richtlinie (Einl 6 v § 238) um und stellen bestimmte OHG und KG, insbesondere **GmbH & Co**, den KapitalGes nach §§ 264 ff gleich. § 264a I geht im Anwendungsbereich über diese EG-Ri (Einl 6 v § 238) hinaus, die NichtKapitalGes & Co von vornherein nicht erfasst. Die Vorschriften des 1.–5. Unterabschn des 2. Abschn (§§ 264–330; 6. Unterabschn §§ 331–335b s § 335a) sind auch auf OHG und KG anwendbar, bei denen nicht wenigstens ein phG entweder eine natürliche Person (I Nr 1) oder eine OHG, KG oder andere PersonenGes (zB PartG) mit einer natürlichen Person als phG (Nr 2) ist oder sich die Verbindung von Ges in dieser Art fortsetzt.

2. Abschnitt. Ergänzende Vorschriften für Kapitalgesellschaften § 264b

In diesen Fällen kommt es zur Abschlusspublizität nach §§ 264 ff als notwendigem Ausgleich für die Haftungsbeschränkung (RegE). I erfasst somit mangels Haftung einer natürlichen Person systemgerecht KapitalGes & Co ebenso wie **NichtKapitalGes & Co,** zB Stiftung & Co oder eG & Co (vgl Anh § 177a Rn 11), und behandelt sie wie eine KapitalGes. Fällt Haftungsprivileg durch späteren Eintritt von phG weg, entfällt Offenlegungspflicht auch rückwirkend, LG Osnabrück BB 05, 2461. Zur möglichen **Konzernabschlusspflicht** der KomplementärGes s § 290 Rn 7. Lit Me/Pro/Fi Kap 3 Tz 91 ff; Vater KoR 05, 130 (GmbH & Co); Scheunemann DB 06, 797 (Schlussbilanz Verschmelzung); Präsidium der Bundessteuerberaterkammer DStR 06, 668; Bingel/Weidenhammer DStR 06, 675 (Eigenkapitalausweis); Scholz DB 12, 107; zur Nutzung des Wahlrechts aus § 248 II 1 (Aktivierung von Entwicklungskosten) durch Unt iSv § 264a I Mittelstand Eierle/Wencki DB 14, 1029; Schütte DB 14, 2237 (indirekte Abschreibungen); Wirtz/Gersbacher StuB 14, 711 (Umsatzerlöse); Henkel/ Rimmelspacher DB 15, Beil Heft 36, 37 (BilRUG).

I Nr 1u 2 ordnet Anwendung der §§ 264–330 auf OHG und KG an, wenn   2
kein persönlich haftender Gfter eine natürliche Person oder eine PersonenGes mit einer natürlichen Person ist. Für die Nachfrist zur Erfüllung der Offenlegungspflicht aus § 325 kommt es nur darauf an, ob im Zeitraum zwischen Zustellung der Androhungsverfügung und Ablauf der Nachfrist eine natürliche Person phG war, LG Bonn NZG 10, 36; LG Osnabrück GmbHR 05, 1618 m Anm Schmidt. Die Fälle des § 176 (persönliche Kommanditistenhaftung aus Geschäftsbeginn vor Eintragung) begründen nicht das Vorhandensein eines persönlich haftenden Gesellschafters iSv I, LG Bonn DStR 13, 1847. **I Nr 2** bezieht auch **mehrstöckige** Ges ein, aber wegen der EG-Ri weitergehend als § 19 II (vgl § 19 Rn 25). I ist streng nach dem Wortlaut auszulegen (RegE), Grund: EG-Ri. Nach I Nr 2 sowie dem letzten Halbs („oder sich die Verbindung von Gesellschaften in dieser Art fortsetzt", vgl § 130a IV) ist zwar eine PersonenGes, bei der im Rahmen eines mehrstufigen GesVerhältnisses eine natürliche Person phG ist, von §§ 264 ff befreit. Das gilt aber nur, solange nicht auf einer GesEbene ausschließlich NichtPersonenGes phG sind. So wird zB eine OHG, deren Gfter aus einer GmbH und einer KG, deren einziger phG eine KGaA ist, bestehen, auch dann erfasst, wenn der phG der KGaA eine natürliche Person ist (RegE).

2) Gesetzliche Vertreter (II)

II stellt klar, dass iSd 2. Abschn (s Rn 1), zB in § 264 I 1, als gesetzliche   3
Vertreter der OHG und KG nach I die Mitglieder des vertretungsberechtigten Organs der vertretungsberechtigten Ges gelten, also bei der GmbH & Co die Geschäftsführer der GmbH. Das gilt bei mehrstöckigen Ges entspr auf den zwei oder mehr Ebenen unter der GmbH & Co bzw PersonenGes iSv I.

Befreiung der offenen Handelsgesellschaften und Kommanditgesellschaften im Sinne des § 264a von der Anwendung der Vorschriften dieses Abschnitts

264b
Eine **Personenhandelsgesellschaft** im Sinne des § 264a Absatz 1 ist von der Verpflichtung befreit, einen Jahresabschluss und einen Lagebericht nach den Vorschriften dieses Abschnitts aufzustellen, prüfen zu lassen und offenzulegen, wenn alle folgenden Voraussetzungen erfüllt sind:

1. die betreffende Gesellschaft ist einbezogen in den Konzernabschluss und in den Konzernlagebericht
    a) eines persönlich haftenden Gesellschafters der betreffenden Gesellschaft oder
    b) eines Mutterunternehmens mit Sitz in einem Mitgliedstaat der Europäischen Union oder einem anderen Vertragsstaat des Abkommens über

§ 264c

den Europäischen Wirtschaftsraum, wenn in diesen Konzernabschluss eine größere Gesamtheit von Unternehmen einbezogen ist;
2. die in § 264 Absatz 3 Satz 1 Nummer 3 genannte Voraussetzung ist erfüllt;
3. die Befreiung der Personenhandelsgesellschaft ist im Anhang des Konzernabschlusses angegeben und
4. für die Personenhandelsgesellschaft sind der Konzernabschluss, der Konzernlagebericht und der Bestätigungsvermerk nach § 325 Absatz 1 bis 1b offengelegt worden; § 264 Absatz 3 Satz 2 und 3 ist entsprechend anzuwenden.

1) Erleichterungen für PersonenGes

1   § 264b idF EHUG 2006, sprachlich vereinfacht und an Art 38 II BilRi 2013 angepasst durch BilRUG 2015 (**Übergangsrecht (1)** EGHGB Art 75 I 1), entspricht systematisch § 264 III, verzichtet aber auf § 264 III Nr 1–2 und modifiziert § 264 III Nr 3–5 durch § 264b Nr 2–4. § 264b befreit die PersonenGes iSv § 264a I unter bestimmten Voraussetzungen von der Pflicht, den Jahresabschluss und Lagebericht wie eine KapitalGes nach §§ 264 ff aufzustellen, prüfen zu lassen und offenzulegen. Die beiden Voraussetzungen, die gem BilRUG 2015 (**Übergangsrecht (1)** EGHGB Art 75 I 1) ausdrücklich kumulativ erfüllt sein müssen, sind: Die betreffende Ges ist einbezogen in den Konzernabschluss und in den Konzernlagebericht eines phG (**Nr 1a**) oder einer Mutter mit Sitz in EU oder EWR, wenn in diesen Konzernabschluss eine größere Gesamtheit von Unt (mindestens 3, BegrRegE BilRUG 73) einbezogen ist (**Nr 1b**)), und die in § 264 III 1 Nr 3 bis 5 genannten Voraussetzungen erfüllt sind, wobei § 264 III 2 und 3 entsprechend anzuwenden ist (**Nr 2**). Der Konzernabschluss ist für die Tochter im BAnz offenzulegen (Nr. 2 iVm § 264 III S. 1 Nr 5). Erleichterungen von § 264 III 2u 3 gelten auch für PersonenhandelsGes (BegrRegE BilRUG 73). Die Befreiung von der Prüfungs- und Offenlegungspflicht gilt auch bei freiwilliger Aufstellung eines Jahresabschlusses. Die Befreiung nach § 264b lässt die Pflicht, wie alle Kflte einen Abschluss nach §§ 238–263 aufzustellen, unberührt. **Lit** Me/Pro/Fi Kap 3 Tz 107 ff; Kaya KoR **10**, 578; Scholz BB **12**, 107; Bode DB **15**, 816; Blöink/Knoll-Biermann Konzern **15**, 65 (BilRUG 2015); Lüdenbach/Freiberg BB **14**, 2219 (BilRUG 2015); Kolb/Weimert WPg **13**, 983; Meyer BB **14**, 1131; Oser/Orth/Wirtz DB **15**, 197 (BilRUG 2015); Prinz StuB **13**, 265 (Bilanzrecht der Organschaft); Reitmeier/Deubert BB **14**, 2795 (Befreiung für Tochterunt); Theile GmbHR **15**, 281 (GmbH- u GmbH & Co KG-Abschluss nach BilRUG); Deubert DB **15**, Beil Heft 36, 41; Zwirner/Petersen WPg **15**, 811; Zwirner StuB **15**, Beil Heft 7, 1; de la Paix/Plankensteiner IRZ **15**, 331; Zwirner DB **15**, Beil 6 Heft 48, 1; Oser/Orth/Wirtz DB **15**, 1729; Theile BBK **15**, 702; Zwirner/Busch BC **16**, 509 (BilRUG); Zwirner/Busch/Boecker Konzern **16**, 287; Zwirner AR **16**, 2 (BilRUG); ders WPg **17**, 184 (Audit-Check); Schüttler BC **17**, 411.

Besondere Bestimmungen für offene Handelsgesellschaften und Kommanditgesellschaften im Sinne des § 264a

264c (1) ¹Ausleihungen, Forderungen und Verbindlichkeiten gegenüber Gesellschaftern sind in der Regel als solche jeweils gesondert auszuweisen oder im Anhang anzugeben. ²Werden sie unter anderen Posten ausgewiesen, so muss diese Eigenschaft vermerkt werden.

(2) ¹§ 266 Abs. 3 Buchstabe A ist mit der Maßgabe anzuwenden, dass als Eigenkapital die folgenden Posten gesondert auszuweisen sind:

I. Kapitalanteile
II. Rücklagen

2. Abschnitt. Ergänzende Vorschriften für Kapitalgesellschaften § 264c

III. Gewinnvortrag/Verlustvortrag
IV. Jahresüberschuss/Jahresfehlbetrag.

²Anstelle des Postens „Gezeichnetes Kapital" sind die Kapitalanteile der persönlich haftenden Gesellschafter auszuweisen; sie dürfen auch zusammengefasst ausgewiesen werden. ³Der auf den Kapitalanteil eines persönlich haftenden Gesellschafters für das Geschäftsjahr entfallende Verlust ist von dem Kapitalanteil abzuschreiben. ⁴Soweit der Verlust den Kapitalanteil übersteigt, ist er auf der Aktivseite unter der Bezeichnung „Einzahlungsverpflichtungen persönlich haftender Gesellschafter" unter den Forderungen gesondert auszuweisen, soweit eine Zahlungsverpflichtung besteht. ⁵Besteht keine Zahlungsverpflichtung, so ist der Betrag als „Nicht durch Vermögenseinlagen gedeckter Verlustanteil persönlich haftender Gesellschafter" zu bezeichnen und gemäß § 268 Abs. 3 auszuweisen. ⁶Die Sätze 2 bis 5 sind auf die Einlagen von Kommanditisten entsprechend anzuwenden, wobei diese insgesamt gesondert gegenüber den Kapitalanteilen der persönlich haftenden Gesellschafter auszuweisen sind. ⁷Eine Forderung darf jedoch nur ausgewiesen werden, soweit eine Einzahlungsverpflichtung besteht; dasselbe gilt, wenn ein Kommanditist Gewinnanteile entnimmt, während sein Kapitalanteil durch Verlust unter den Betrag der geleisteten Einlage herabgemindert ist, oder soweit durch die Entnahme der Kapitalanteil unter den bezeichneten Betrag herabgemindert wird. ⁸Als Rücklagen sind nur solche Beträge auszuweisen, die auf Grund einer gesellschaftsrechtlichen Vereinbarung gebildet worden sind. ⁹Im Anhang ist der Betrag der im Handelsregister gemäß § 172 Abs. 1 eingetragenen Einlagen anzugeben, soweit diese nicht geleistet sind.

(3) ¹Das sonstige Vermögen der Gesellschafter (Privatvermögen) darf nicht in die Bilanz und die auf das Privatvermögen entfallenden Aufwendungen und Erträge dürfen nicht in die Gewinn- und Verlustrechnung aufgenommen werden. ²In der Gewinn- und Verlustrechnung darf jedoch nach dem Posten „Jahresüberschuss/Jahresfehlbetrag" ein dem Steuersatz der Komplementärgesellschaft entsprechender Steueraufwand der Gesellschafter offen abgesetzt oder hinzugerechnet werden.

(4) ¹Anteile an Komplementärgesellschaften sind in der Bilanz auf der Aktivseite unter den Posten A. III. 1 oder A. III. 3 auszuweisen. ²§ 272 Abs. 4 ist mit der Maßgabe anzuwenden, dass für diese Anteile in Höhe des aktivierten Betrags nach dem Posten „Eigenkapital" ein Sonderposten unter der Bezeichnung „Ausgleichsposten für aktivierte eigene Anteile" zu bilden ist.

(5) ¹Macht die Gesellschaft von einem Wahlrecht nach § 266 Absatz 1 Satz 3 oder Satz 4 Gebrauch, richtet sich die Gliederung der verkürzten Bilanz nach der Ausübung dieses Wahlrechts. ²Die Ermittlung der Bilanzposten nach den vorstehenden Absätzen bleibt unberührt.

Übersicht

	Rn
1) Ausleihungen, Forderungen und Verbindlichkeiten gegenüber Gesellschaftern (I)	1
2) Eigenkapital (II)	2
3) Privatvermögen der Gesellschafter (III)	3
4) Anteile an Komplementärgesellschaften (IV)	4
5) Modifizierte Erleichterungen des § 266 I 3, 4	5

1) Ausleihungen, Forderungen und Verbindlichkeiten gegenüber Gesellschaftern (I)

§ 264c idF MicroBilG 2013 fasst die besonderen Bestimmungen, die für die PersonenGes iSv § 264a wegen ihrer Struktur als PersonenGes notwendig sind,

§ 264c 2

zwecks besserer Übersicht in einer Vorschrift zusammen. **I** entspricht GmbHG § 42 III. Ausleihungen, Forderungen und Verbindlichkeiten gegenüber Gftern sind idR als solche jeweils gesondert auszuweisen oder im Anhang anzugeben (**I 1**). Bei Ausweis unter einem anderen Posten ist diese Eigenschaft zu vermerken (**I 2**). Grund (RegE): Solche Rechtsbeziehungen zwischen PersonenGes und Gfter (zB Zinsen für GfterDarlehen, feste und gewinnabhängige Tätigkeitsvergütungen, Miete oder Pacht für überlassene Grundstücke) können gesellschafts- oder schuldrechtlich vereinbart sein. Im ersteren Fall sind sie bei der Ergebnisverteilung zu berücksichtigen, im letzteren Fall als Aufwendungen oder Erträge in der GuV. Je nach Vertragsgestaltung ergeben sich also unterschiedliche Auswirkungen auf die Darstellung des Ergebnisses bzw die Vermögens-, Finanz- und Ertragslage des Unternehmens. GfterStellung muss zum Bilanzstichtag vorliegen; bei GmbH genügt mangels Anmeldung nach § 16 GmbHG auch anderweitige Kenntniserlangung der Ges, str. Ausleihungen sind längerfristige Darlehen ohne Rücksicht auf Restlaufzeit. Forderungen sind die übrigen Geld- oder in Geld bewertbaren Ansprüche der Ges gegen den Gfter, entspr Verbindlichkeiten der Ges gegen Gfter. Gesonderter Ausweis in Bilanz und Angabe im Anhang (**I 1**) sind gleichwertige Alternativen mit Vorrang gegenüber Vermerk bei anderen Posten (**I 2**), üL, aA Lu/Ho § 42 Rn 29; Vorrang von Ausweis in Bilanz. Angaben im Anhang über I 1 hinaus über Art der Vertragsgestaltung sind nicht notwendig. **Lit** Me/Pro/Fi Kap 3 Tz 124 ff; Theile BB **00**, 555 (Ausweisfragen); Ott StuB **15**, 43 (Gesellschafterdarlehen); Kolb/Roß WPg **14**, 991 (Zweifelsfragen nach MicroBilG); Kolb/Neubeck StuB **15**, 97 (DRS 20); Riepolt DStR **14**, 113 (DavonVermerke nach MicroBilG) sowie die Angaben bei § 264a Rn 1.

2) Eigenkapital (II)

2 Die Gliederung der Bilanz für den Posten A Eigenkapital (§ 266 III A.I–V. mit § 272) ist auf KapitalGes abgestellt. II überträgt das auf die PersonenGes. Als Eigenkapital sind bei ihr auszuweisen: I. Kapitalanteile, II. Rücklagen, III. Gewinnvortrag/Verlustvortrag, IV. Jahresüberschuss/Jahresfehlbetrag (**II 1**). Soweit im Jahresabschluss nach Gesetz (zB I 3, §§ 120, 167) oder GesVertrag Teile des Jahresüberschusses/Jahresfehlbetrags den GfterKonten zu- oder abzuschreiben sind, ist § 268 I anwendbar (RegE). II 2–5 sind § 286 II AktG (phG der KGaA) nachgebildet. Statt des Postens „Gezeichnetes Kapital" (§ 266 Rn 16) sind die Kapitalanteile der phG (§ 120 Rn 12) auszuweisen, zulässigerweise auch zusammengefasst (**II 2**); unter Kapitalanteile sind nach RegE unabhängig von ihrer Benennung (vgl § 120 Rn 12) nur solche auszuweisen, die gesellschaftsrechtlich vereinbart wurden und Eigenkapitalcharakter haben, dh Mittel, die dem Unternehmen dauerhaft zur Verfügung stehen, mit künftigen Verlusten des Unternehmens zu verrechnen sind und im Insolvenzfall zumindest hinter die Forderungen der GesGläubiger zurücktreten. Die Kapitalanteile aller phG (bzw aller Kdtisten, II 6) können jeweils zusammengefasst werden. Der auf den Kapitalanteil eines phG für das Geschäftsjahr entfallende Verlust (§ 120 Rn 22, § 121 Rn 9) ist von dem Kapitalanteil abzuschreiben (**II 3**). Soweit der Verlust den Kapitalanteil übersteigt und (ausnahmsweise) eine Zahlungspflicht des Gfters besteht, ist er auf der Aktivseite als „Einzahlungsverpflichtungen von phG" unter den Forderungen gesondert auszuweisen (**II 4**). Mangels Zahlungspflicht des Gfters (§ 120 Rn 22) ist der Betrag als „Nicht durch Vermögenseinlagen gedeckter Verlustanteil von phG" gemäß § 268 III (nicht durch Eigenkapital gedeckter Fehlbetrag, § 268 Rn 3) auszuweisen (**II 5**). II 2–5 gelten entspr auch für Einlagen von Kdtisten: diese sind insgesamt gesondert gegenüber den Kapitalanteilen der phG (also getrennt, ebenfalls insgesamt) auszuweisen (**II 6**), ein gesonderter Ausweis des jeweiligen Gewinn- und Verlustanteils ist nicht erforderlich; Forderungen dürfen nur bei entspr Einzahlungspflicht (gesellschaftsrechtlich vereinbarte Pflichteinlage, nicht Hafteinlage nach § 172 I) ausgewiesen werden (**II 7**). Als Rücklagen (vgl

2. Abschnitt. Ergänzende Vorschriften für Kapitalgesellschaften § 264d

bei KapitalGes § 272 II–IV) sind nur die Beträge auszuweisen, die auf Grund einer gesellschaftsrechtlichen Vereinbarung gebildet worden sind (**II 8**). Der Betrag der im HdlReg nach § 172 I eingetragenen Einlagen (Haftsumme, § 172 Rn 1) ist im Anhang anzugeben, soweit diese nicht geleistet sind (**II 9**).

3) Privatvermögen der Gesellschafter (III)

Das sonstige Vermögen der Gfter (Privatvermögen) darf nicht in die Bilanz und darauf entfallende Aufwendungen und Erträge dürfen nicht in die GuV aufgenommen werden (**III 1**). Persönliche Steuern der Gfter dürfen also nicht als Steueraufwand der Ges erfasst werden. Jedoch Wahlrecht auf Fortführung der GuV nach der Position „Jahresüberschuss/Jahresfehlbetrag", dort darf ein dem Steuersatz der KomplementärGes entsprechender Steueraufwand der Gfter offen abgesetzt oder hinzugerechnet werden (**III 2**). Das dient der Vergleichbarkeit des Abschlusses der PersonenGes mit dem einer KapitalGes, bei der der auf den Gewinn entfallende Körperschaftsteueranteil schon ertragsmindernd berücksichtigt ist (RegE).

4) Anteile an KomplementärGes (IV)

Anteile an KomplementärGes (idR KapitalGes) sind in der Bilanz auf der Aktivseite unter A.III.1 (Anteile an verbundenen Unternehmen) oder A.III.3 (Beteiligungen) auszuweisen (**IV 1**). Als Rücklage für Anteile iSv § 272 IV (§ 272 Rn 11) ist nach dem Posten „Eigenkapital" ein entspr Sonderposten „Ausgleichsposten für aktivierte eigene Anteile" zu bilden (**IV 2**). Dieser passivische Sonderposten tritt an die Stelle einer für PersonenHdlGes ungewöhnlichen ausschüttungsgesperrten Rücklage. Damit werden zB bei wechselseitigen Beteiligungen der GmbH & Co KG, wenn die GmbH außer dem KGAnteil keine eigenen Vermögenswerte hat, scheinbare Kapitalvermehrungen verhindert. **PersonenGes** iSv § 264a können eine Bilanzierungshilfe nach § 274 I 2 nur in Anspruch nehmen, wenn ein Sonderposten in Höhe der aktivierten Bilanzierungshilfen angesetzt ist, § 266 II D. Ausweis erfolgt gesondert in GuV (§ 274 II 3). **Lit Zeyer** BB 08, 1442.

5) Modifizierte Erleichterungen des § 266 I 3, 4

V idF MicroBilG 2013 (**Übergangsrecht (1)** EGHGB Art. 70) verlangt von Ges iSv § 264a I, die von Befreiungen für kleine KapitalGes (§ 267) und KleinstKapitalGes (§ 267a) bei der Gliederung ihrer Bilanz Gebrauch machen wollen, Berücksichtigung der besonderen Bestimmungen der I–IV. Die Gliederungstiefe muss gleichwohl nur § 266 I 3 (kleine KapitalGes) oder 4 (KleinstKapitalGes) entsprechen.

Kapitalmarktorientierte Kapitalgesellschaft

§ 264d Eine Kapitalgesellschaft ist kapitalmarktorientiert, wenn sie einen organisierten Markt im Sinn des § 2 Absatz 11 des Wertpapierhandelsgesetzes durch von ihr ausgegebene Wertpapiere im Sinn des § 2 Absatz 1 des Wertpapierhandelsgesetzes in Anspruch nimmt oder die Zulassung solcher Wertpapiere zum Handel an einem organisierten Markt beantragt hat.

1) Kapitalmarktorientierte KapitalGes

Die Norm legt fest, wann eine KapitalGes kapitalmarktorientiert ist; der Tatbestand entspricht § 267 III 2 aF. Das sind KapitalGes, die mit von ihnen ausgegebenen Wertpapieren einen organisierten Markt in Anspruch nehmen (entspr nach § 315e, aber dort auch Ausgabe durch Tochterunternehmen). Ges iS der Norm sind nicht nur börsennotierte AG nach § 3 II AktG oder weiter KapitalGes mit börsennotierten Wertpapieren, sondern alle Ges, die einen organisierten

§ 265

Markt (s **(16b)** WpHG § 2 XI) durch von ihnen ausgegebene Wertpapiere (s **(16b)** WpHG § 2 I) in Anspruch nehmen oder Zulassung beantragt haben. **Organisierter Markt** ist der regulierte Markt (FRUG), dagegen nicht der Freiverkehr (s **(14)** BörsG §§ 32 ff, 48 Rn 1). Börsennotierung oder Inanspruchnahme eines sonstigen organisierten Marktes in einem anderen Mitgliedstaat der EG bzw des EWR und außerhalb stehen gleich. Vgl für Konzernabschluss § 293 Rn 5. **Lit** Me/Pro/Fi Kap 3 Tz 159 ff; Zwirner PiR **10**, 93; Theile StuB **13**, 411 (Prüfung der Größenkriterien).

Allgemeine Grundsätze für die Gliederung

265 (1) [1] Die Form der Darstellung, insbesondere die Gliederung der aufeinanderfolgenden Bilanzen und Gewinn- und Verlustrechnungen, ist beizubehalten, soweit nicht in Ausnahmefällen wegen besonderer Umstände Abweichungen erforderlich sind. [2] Die Abweichungen sind im Anhang anzugeben und zu begründen.

(2) [1] In der Bilanz sowie in der Gewinn- und Verlustrechnung ist zu jedem Posten der entsprechende Betrag des vorhergehenden Geschäftsjahrs anzugeben. [2] Sind die Beträge nicht vergleichbar, so ist dies im Anhang anzugeben und zu erläutern. [3] Wird der Vorjahresbetrag angepaßt, so ist auch dies im Anhang anzugeben und zu erläutern.

(3) Fällt ein Vermögensgegenstand oder eine Schuld unter mehrere Posten der Bilanz, so ist die Mitzugehörigkeit zu anderen Posten bei dem Posten, unter dem der Ausweis erfolgt ist, zu vermerken oder im Anhang anzugeben, wenn dies zur Aufstellung eines klaren und übersichtlichen Jahresabschlusses erforderlich ist.

(4) [1] Sind mehrere Geschäftszweige vorhanden und bedingt dies die Gliederung des Jahresabschlusses nach verschiedenen Gliederungsvorschriften, so ist der Jahresabschluß nach der für einen Geschäftszweig vorgeschriebenen Gliederung aufzustellen und nach der für die anderen Geschäftszweige vorgeschriebenen Gliederung zu ergänzen. [2] Die Ergänzung ist im Anhang anzugeben und zu begründen.

(5) [1] Eine weitere Untergliederung der Posten ist zulässig; dabei ist jedoch die vorgeschriebene Gliederung zu beachten. [2] Neue Posten und Zwischensummen dürfen hinzugefügt werden, wenn ihr Inhalt nicht von einem vorgeschriebenen Posten gedeckt wird.

(6) Gliederung und Bezeichnung der mit arabischen Zahlen versehenen Posten der Bilanz und der Gewinn- und Verlustrechnung sind zu ändern, wenn dies wegen Besonderheiten der Kapitalgesellschaft zur Aufstellung eines klaren und übersichtlichen Jahresabschlusses erforderlich ist.

(7) Die mit arabischen Zahlen versehenen Posten der Bilanz und der Gewinn- und Verlustrechnung können, wenn nicht besondere Formblätter vorgeschrieben sind, zusammengefaßt ausgewiesen werden, wenn

1. sie einen Betrag enthalten, der für die Vermittlung eines den tatsächlichen Verhältnissen entsprechenden Bildes im Sinne des § 264 Abs. 2 nicht erheblich ist,
oder
2. dadurch die Klarheit der Darstellung vergrößert wird; in diesem Falle müssen die zusammengefaßten Posten jedoch im Anhang gesondert ausgewiesen werden.

(8) Ein Posten der Bilanz oder der Gewinn- und Verlustrechnung, der keinen Betrag ausweist, braucht nicht aufgeführt zu werden, es sei denn, daß

2. Abschnitt. Ergänzende Vorschriften für Kapitalgesellschaften 1–4 § 265

im vorhergehenden Geschäftsjahr unter diesem Posten ein Betrag ausgewiesen wurde.

Übersicht

	Rn
1) Ausweiskontinuität (I)	1
2) Mitangabe der Vorjahreszahlen (II)	2
3) Vermerk der Mitzugehörigkeit (III)	3
4) Gliederung bei mehreren Geschäftszweigen (IV)	4
5) Weitere Untergliederung, neue Posten (V)	5
6) Anpassung an Besonderheiten (VI)	6
7) Zusammenfassung von Posten (VII)	7
8) Weglassen von Leerposten (VIII)	8
9) Darstellungs- und Gliederungswahlrechte	9
10) Rechtsfolgen von Verletzungen	10

1) Ausweiskontinuität (I)

I normiert für KapitalGes den Grundsatz der **formellen Bilanzkontinuität** 1
oder Darstellungs- bzw Gliederungsstetigkeit (s § 252 Rn 24 auch zur materiellen Kontinuität). Die Darstellungsform (zB Gliederung des Jahresabschlusses, Benennung und Abgrenzung der Bilanzposten) ist, sofern überhaupt Wahlrecht besteht, beizubehalten. I gilt auch für Anhang, str, nicht aber für Lagebericht, ADS 14, str. Abweichungen sind nur in Ausnahmefällen und falls wegen besonderer Umstände (zB Produktionsänderungen) erforderlich, zugelassen (**I 1**). Abweichungen sind im Anhang anzugeben und zu begründen (**I 2**, vgl § 284 II Nr 3, 4). Vgl auch VIII. **Übergangsrecht** in (1) EGHGB Art 48 IV, 67 VIII (s Einl 72, 87 v § 238). **IFRS** s IAS 1.45. **Lit** Me/Pro/Fi Kap 10 Tz 1 ff; Küting/Dürr DStR **05**, 938 (Genussrechte); IDW FN-IDW **06**, 273 (Emissionsberechtigungen).

2) Mitangabe der Vorjahreszahlen (II)

In der Bilanz und Gewinn- und Verlustrechnung sind zu jedem Posten die 2
entsprechenden Vorjahreszahlen anzugeben (**II 1**). Das erhöht über Bilanzidentität und Bilanzkontinuität (s § 252 Rn 6, 24–29) hinaus die Vergleichbarkeit der Jahresabschlüsse verschiedener Geschäftsjahre. II 1 gilt im Fall des VII Nr 2 auch für Anhang, str. Auf- und Abrundungen sind nicht ausgeschlossen. Die Mitangabe ist auch erlaubt, wenn die Zahlen nicht vergleichbar sind, und die Vorjahreszahlen dürfen angepasst werden. In beiden Fällen aber Offenlegungspflicht (**II 2, 3**). Keine Änderung der Vorjahreszahlen bei Änderungen gemäß § 252 I Nr 6 (dort Rn 24). **Übergangsrecht** in (1) EGHGB Art 42 II (Umstellung auf Euro). **Lit** IDW RS HFA 39; WPg **12**, 90.

3) Vermerk der Mitzugehörigkeit (III)

Bei Zugehörigkeit zu verschiedenen Bilanzposten ist dort auszuweisen, wozu 3
die Zugehörigkeit enger ist; bei gleich enger Zugehörigkeit besteht ein Wahlrecht. Die Mitzugehörigkeit ist aber nach III 1 zu vermerken, falls die Bilanzklarheit (§ 243 II) dies erfordert; auf jeden Fall nach § 42 III 2. Halbs nF GmbHG. Ausweis eigener Anteile (bisher III 2) s § 272 Ia 1. III gilt auch für Forderungen und Verbindlichkeiten gegenüber verbundenen Unternehmen. III gilt nicht für GuV, ADS 41, aA bei erheblicher Auswirkung BeckBilKo 9. GmbHG § 42 III geht vor.

4) Gliederung bei mehreren Geschäftszweigen (IV)

Unterfällt die KapitalGes bei Betätigung in mehreren Geschäftszweigen verschiedenen Gliederungsvorschriften (zB für Kreditinstitute oder Versicherungsunternehmen), dann ist die Gliederung zugrunde zu legen, die den tatsächlichen 4

§ 265   5–8
3. Buch. Handelsbücher

Verhältnissen am ehesten entspricht (§ 264 II; also idR kein Wahlrecht), und nach der anderen zu ergänzen (**IV 1**). Die Art der Ergänzung ist zu wählen, die der Bilanzklarheit (§ 243 II) am besten dient. Angabe- und Begründungspflicht s **IV 2**.

5) Weitere Untergliederung, neue Posten (V)

5   Die nach §§ 266, 275 (und anderweitig, ADS 54, 63) vorgeschriebene Gliederung darf in den Grenzen der Bilanzklarheit (§ 243 II) erweitert, aber nicht sonst abgeändert werden. Zulässig sind also weitere Untergliederungen, neue Posten und Zwischensummen (letzteres eingefügt durch BilRUG 2015) jedoch nur, wenn ihr Inhalt nicht von einem vorgeschriebenen Posten gedeckt wird (**V 2**). Wird er nur teilweise gedeckt und ein neuer Posten eingesetzt, gilt III. Formen der Untergliederung sind Aufteilung eines Postens (zB zu § 266 II A.II.1 bebaute und unbebaute Grundstücke), Ausgliederung aus Sammelposten mit Vor- bzw Hauptspalte oder Davon-Vermerk, Bsp ADS 56. Untergliederung unwesentlicher Posten ist unzulässig, str. Untergliederung von mit Großbuchstaben oder römischen Zahlen versehenen Bilanzpostengruppen ist grundsätzlich unzulässig, nicht aber entspr Hinzufügen neuer Posten, ADS 60, 65, str. Ausnahmsweise kann sich V 2 zur Pflicht verdichten, zB bei als Eigenkapital zu qualifizierendem Genussscheinkapital; dazu Angabe im Anhang. **Lit** Zwirner StuB **15**, Beil 2 Heft 21, 1 (Zwischensummen in Bilanz und GuV); Farwick BC **16**, 562; Kleinmanns BB **16**, 2543 (Genußrechte).

6) Anpassung an Besonderheiten (VI)

6   Gliederung und Bezeichnung (Benennung und Abgrenzung) der mit arabischen Zahlen (nur diese) versehenen Posten in den auf Industrie- und Handelsunternehmen zugeschnittenen §§ 266, 275 sind, falls die Bilanzklarheit (§ 243 II) dies erfordert, den branchenspezifischen Besonderheiten der KapitalGes anzupassen (kein Wahlrecht), um so eine unternehmensspezifischere Aussage im Jahresabschluss zu ermöglichen. VI ist praktisch wichtig zB für Energieversorgungs-, Mineralöl-, Bau-, Leasing-, Holding- und Dienstleistungsunternehmen. Außerhalb des VI gibt es Änderungswahlrechte, zB Kurzbezeichnungen, kommentierende Zusätze, engere Bezeichnungen (Mutter bzw Tochter statt verbundene Unternehmen), aber nicht beliebig abweichende Begriffe; ADS 78. Ausnahme für Kreditinstitute § 340a II 1.

7) Zusammenfassung von Posten (VII)

7   VII erlaubt die Zusammenfassung von mit arabischen Zahlen versehenen Posten in §§ 266, 275 (außer wenn besondere Formblätter vorgeschrieben sind, s § 330), falls die Zusammenfassung entweder die Aussagekraft iSv § 264 II (true and fair view) nicht berührt (Nr 1: „nicht erheblich") oder die Bilanzklarheit (§ 243 II) vergrößert (Nr 2, dann aber gesonderter Ausweis der zusammengefassten Posten im Anhang). Praktisch wichtig ist Nr 2. Dabei handelt es sich nur um eine Verlagerung von Abgaben innerhalb des Jahresabschlusses (von Bilanz und GuV in Anhang). Deshalb erscheint die Verkürzung auf die für kleine KapitalGes erlaubte Form (§ 266 I 3) allgemeiner zulässig, ADS 93, str; entspr bei GuV. Für Angaben im Anhang gelten aber I, II 1. VII enthält ein Wahlrecht (Ermessen), das aber in seltenen Fällen (Ermessensmissbrauch) zur Zusammenfassungspflicht zusammenschrumpfen kann (wohl aA Begr E § 238). Ausnahme für Kreditinstitute § 340a II 1.

8) Weglassen von Leerposten (VIII)

8   Nach VIII dürfen Leerposten (Nullbetrag, nicht schon geringfügiger Betrag) erst im zweiten Jahr weggelassen werden. VIII entspricht insoweit II. Ver-

2. Abschnitt. Ergänzende Vorschriften für Kapitalgesellschaften § 266

merke, zB nach § 251, fallen nicht unter VIII, können also sofort weggelassen werden.

9) Darstellungs- und Gliederungswahlrechte

Außer nach I–VIII zB nach §§ 266 I 3, 268 V 2, 275 II, III, sowie in vielen Fällen Möglichkeit der Angabe im Anhang statt des Ausweises in Bilanz oder GuV.

10) Rechtsfolgen von Verletzungen

Ordnungswidrigkeit § 334 I Nr 1 c. Bei wesentlichen Verstößen kann Jahresabschluss nach § 256 IV AktG (entspr für GmbH) nichtig sein.

Zweiter Titel. Bilanz

Gliederung der Bilanz

266 (1) [1]Die Bilanz ist in Kontoform aufzustellen. [2]Dabei haben mittelgroße und große Kapitalgesellschaften (§ 267 Absatz 2 und 3) auf der Aktivseite die in Absatz 2 und auf der Passivseite die in Absatz 3 bezeichneten Posten gesondert und in der vorgeschriebenen Reihenfolge auszuweisen. [3]Kleine Kapitalgesellschaften (§ 267 Abs. 1) brauchen nur eine verkürzte Bilanz aufzustellen, in die nur die in den Absätzen 2 und 3 mit Buchstaben und römischen Zahlen bezeichneten Posten gesondert und in der vorgeschriebenen Reihenfolge aufgenommen werden. [4]Kleinstkapitalgesellschaften (§ 267a) brauchen nur eine verkürzte Bilanz aufzustellen, in die nur die in den Absätzen 2 und 3 mit Buchstaben bezeichneten Posten gesondert und in der vorgeschriebenen Reihenfolge aufgenommen werden.

(2) **Aktivseite**

A. **Anlagevermögen:**
   I. **Immaterielle Vermögensgegenstände:**
      1. Selbst geschaffene gewerbliche Schutzrechte und ähnliche Rechte und Werte;
      2. entgeltlich erworbene Konzessionen, gewerbliche Schutzrechte und ähnliche Rechte und Werte sowie Lizenzen an solchen Rechten und Werten;
      3. Geschäfts- oder Firmenwert;
      4. geleistete Anzahlungen;
   II. **Sachanlagen:**
      1. Grundstücke, grundstücksgleiche Rechte und Bauten einschließlich der Bauten auf fremden Grundstücken;
      2. technische Anlagen und Maschinen;
      3. andere Anlagen, Betriebs- und Geschäftsausstattung;
      4. geleistete Anzahlungen und Anlagen im Bau;
   III. **Finanzanlagen:**
      1. Anteile an verbundenen Unternehmen;
      2. Ausleihungen an verbundene Unternehmen;
      3. Beteiligungen;
      4. Ausleihungen an Unternehmen, mit denen ein Beteiligungsverhältnis besteht;
      5. Wertpapiere des Anlagevermögens;
      6. sonstige Ausleihungen.
B. **Umlaufvermögen:**
   I. **Vorräte:**
      1. Roh-, Hilfs- und Betriebsstoffe;
      2. unfertige Erzeugnisse, unfertige Leistungen;

§ 266

    3. fertige Erzeugnisse und Waren;
    4. geleistete Anzahlungen;
  II. Forderungen und sonstige Vermögensgegenstände:
    1. Forderungen aus Lieferungen und Leistungen;
    2. Forderungen gegen verbundene Unternehmen;
    3. Forderungen gegen Unternehmen, mit denen ein Beteiligungsverhältnis besteht;
    4. sonstige Vermögensgegenstände;
  III. Wertpapiere:
    1. Anteile an verbundenen Unternehmen;
    2. sonstige Wertpapiere;
  IV. Kassenbestand, Bundesbankguthaben, Guthaben bei Kreditinstituten und Schecks.
C. Rechnungsabgrenzungsposten.
D. Aktive latente Steuern.
E. Aktiver Unterschiedsbetrag aus der Vermögensverrechnung.

(3) **Passivseite**

A. Eigenkapital:
  I. Gezeichnetes Kapital;
  II. Kapitalrücklage;
  III. Gewinnrücklagen:
    1. gesetzliche Rücklage;
    2. Rücklage für Anteile an einem herrschenden oder mehrheitlich beteiligten Unternehmen;
    3. satzungsmäßige Rücklagen;
    4. andere Gewinnrücklagen;
  IV. Gewinnvortrag/Verlustvortrag;
  V. Jahresüberschuß/Jahresfehlbetrag.
B. Rückstellungen:
  1. Rückstellungen für Pensionen und ähnliche Verpflichtungen;
  2. Steuerrückstellungen;
  3. sonstige Rückstellungen.
C. Verbindlichkeiten:
  1. Anleihen,
    davon konvertibel;
  2. Verbindlichkeiten gegenüber Kreditinstituten;
  3. erhaltene Anzahlungen auf Bestellungen;
  4. Verbindlichkeiten aus Lieferungen und Leistungen;
  5. Verbindlichkeiten aus der Annahme gezogener Wechsel und der Ausstellung eigener Wechsel;
  6. Verbindlichkeiten gegenüber verbundenen Unternehmen;
  7. Verbindlichkeiten gegenüber Unternehmen, mit denen ein Beteiligungsverhältnis besteht;
  8. sonstige Verbindlichkeiten,
    davon aus Steuern,
    davon im Rahmen der sozialen Sicherheit.
D. Rechnungsabgrenzungsposten.
E. Passive latente Steuern.

Übersicht

	Rn
1) Kontoform, Erleichterungen (I)	1, 2
A. Kontoform	1
B. Erleichterungen	2

2. Abschnitt. Ergänzende Vorschriften für Kapitalgesellschaften 1, 2 § 266

	Rn
2) Aktivseite (II): Überblick	3, 4
A. Gliederungsschema	3
B. Zusätzliche Aktivposten	4
3) Immaterielle Vermögensgegenstände (Aktivseite A I)	5
4) Sachanlagen (Aktivseite A II)	6
5) Finanzanlagen (Aktivseite A III)	7
6) Vorräte (Aktivseite B I)	8
7) Forderungen und sonstige Vermögensgegenstände (Aktivseite B II)	9
8) Wertpapiere (Aktivseite B III)	10
9) Kassenbestand, Bankguthaben, Schecks (Aktivseite B IV)	11
10) Aktive latente Steuern (Aktivseite D)	12
11) Unterschiedsbetrag aus Vermögensverrechnung (Aktivseite E)	13
12) Passivseite (III): Überblick	14, 15
A. Gliederungsschema	14
B. Zusätzliche Passivposten	15
13) Eigenkapital (Passivseite A)	16
14) Rückstellungen (Passivseite B)	17
15) Verbindlichkeiten (Passivseite C)	18–22
16) Rechnungsabgrenzungsposten (Passivseite D)	23
17) Passive latente Steuern (Passivseite E)	24

1) Kontoform, Erleichterungen (I)

A. § 266 enthält die **Gliederung der Bilanz** der KapitalGes; Ausnahme für 1 Kreditinstitute § 340a II 2. **Kontoform:** I 1 schreibt die Kontoform vor (also Trennung in Aktiv- und Passivseite); die im Ausland gebräuchliche Staffelform (4. EG-Ri Art 10) hat I 1 nicht zugelassen. § 266 enthält das Gliederungsschema für die Bilanz. Es ist für große und mittelgroße KapitalGes (§ 267 II, III) nach Sonderung und Reihenfolge der in II und III angegebenen Posten verbindlich (**I 2**); für kleine KapitalGes gelten dagegen Erleichterungen (s Rn 2). Auch für große und mittelgroße KapitalGes gelten aber **einzelne** Abweichungswahlrechte und sogar -pflichten (§ 265), zB zusätzliche Posten § 265 V; Postenbezeichnung s § 265 VI. **Muster:** Hopt/Kraft/Link Form III.A.3 und 4 (Kurz- und Langfassung einer Bilanz); Küting/Pfitzer/Weber S 48. Lit Me/Pro/Fi Kap 10 Tz 48 ff; Steiner/Gross StuB **05**, 531; Littkemann/Schulte/Schaarschmidt StuB **05**, 660 (Fußballspielerwerte); Kirsch StuB **05**, 880 (Liquiditätsbeurteilung/Bilanzkennzahlen); Küting/Busch PiR **06**, 213 (eigene Anteile); Sultana/Willeke StuB **06**, 220 (Mezzanine-Kapital); Berger/Kolb StuB **06**, 289 (PersonenGesAnteile); AK Immaterielle Werte im Rechnungswesen der SBG DB **08**, 1813; Küting/Reuter StuB **08**, 495 (eigene Anteile); dies StuB **08**, 535 (Eigenkapitalausweis); Wertheim/Rupp DStR **08**, 1977 (Gewinnrücklagen); Loitz DB **08**, 1389 (latente Steuern); Kussmaul/Huwer DStR **10**, 2471.

B. **Erleichterungen:** I 3, 4 sehen Erleichterungen von dem Gliederungsschema nur für kleine KapitalGes (§ 267 I) und KleinstKapitalGes (§ 267a) vor, also 2 einschließlich AG. Die verkürzte Bilanz der kleinen KapitalGes reicht nur bis zur Tiefe der römischen Ziffern, die der KleinstKapitalGes bis zur Tiefe der mit Buchstaben bezeichneten Posten. Für EinzelKflte und PersonenGes folgt eine entsprechende Mindestgliederung aus GoB (§ 247 Rn 2). Erleichterungen (auch für die mittelgroße KapitalGes) bei der Offenlegung s § 327 I 3 lässt weitergehende gesetzliche Auskunftsrechte der Gfter unberührt (§ 131 I 3 AktG; bei GmbH § 51a I GmbHG iVm GesVertrag). **Lit** Farr GmbHR **96**, 92. **Muster:** Hopt/Kraft/Link Form III. BA.5 (Bilanz einer kleinen Ges); Kolb/Roß WPG **14**, 991 (Zweifelsfragen zum MicroBilG).

Merkt 1119

§ 266 3–6 3. Buch. Handelsbücher

2) Aktivseite (II): Überblick

3   **A.** II enthält das Gliederungsschema für die Aktivseite. Gesondert und in dieser Reihenfolge sind aufzunehmen: A. **Anlagevermögen** (Begriff s § 247 Rn 4), B. **Umlaufvermögen** (Begriff s § 247 Rn 4), C. **Rechnungsabgrenzungsposten** (s § 250). Das Anlagevermögen ist unterzugliedern in immaterielle Vermögensgegenstände, Sachanlagen und Finanzanlagen (s Rn 5–7), das Umlaufvermögen in Vorräte, Forderungen und sonstige Vermögensgegenstände, Wertpapiere und Schecks ua (s Rn 8–11). Voraussetzung der Aufnahme in die Aktivseite der Bilanz ist, dass ein Aktivposten gegeben ist. Dies ist **abgesehen von Ausnahmen** (zB Rechnungsabgrenzungsposten § 250 I, III; bestimmte Bilanzierungshilfen zB §§ 255 IV 1 aF, 269 aF, 274 I, s auch Rn 4; nicht durch Eigenkapital gedeckter Fehlbetrag § 268 II) ein **Vermögensgegenstand** (§ 246 Rn 3), der dem Vermögen des Kfm zuzurechnen ist (§ 246 Rn 14). Zeitpunkt der Zurechnung (Realisationsprinzip) s § 252 Rn 19–23. Schwebende Geschäfte s § 252 Rn 21.

4   **B. Zusätzliche Aktivposten** über II hinaus: zB §§ 268 III, VI, 272 I 3 1. Halbs, 272 I 3 3. Halbs, 274 I 2, GmbHG § 42 II 2, III.

3) Immaterielle Vermögensgegenstände (Aktivseite A I)

5   A umfasst nur das **Anlagevermögen** (§ 247 II, dort Rn 4–7). Auf der Aktivseite unter A I Nr 1–4 werden die immateriellen Vermögensgegenstände des Anlagevermögens ausgewiesen, soweit sie aktivierbar sind (§ 246 Rn 3–7, § 248 Rn 3). **Nr 1:** Selbstgeschaffene gewerbliche Schutzrechte und ähnliche Rechte und Waren, sofern nicht Verbot nach § 248 II. **Nr 2:** Entgeltlich erworbene Konzessionen (öffentlichrechtliche Erlaubnis zur Ausübung einer bestimmten wirtschaftlichen Tätigkeit, zB nach § 2 GastG, KWG, s **(7)** Bankgeschäfte A/ 4–5); gewerbliche Schutzrechte, zB Patent, Marken, Urheber-, Verlagsrecht; ähnliche Rechte, zB Nutzungs-, Vertriebsrechte, Zuteilungsquoten, Wettbewerbsverbote, ADS 28; ähnliche Werte, zB ungeschützte Erfindungen, Herstellungsverfahren, Know-how (Einl 34 vor § 1), Kundenkarteien (vgl § 86 Rn 17, § 86a Rn 5); Lizenzen (Nutzungsrecht) an solchen Rechten und Werten: bei Einmalbetrag für mehrere Jahre der Lizenz. Software soll im Gegensatz zu Hardware immateriell sein, BFH BStBl II **87**, 278, str. **Nr 3:** Geschäfts- oder Firmenwert, s § 246 I 4. Verschmelzungsmehrwert ist nach UmwG (§ 255 Rn 11) nicht mehr vorgesehen, ggf unmittelbar § 246 I 4; nach § 24 UmwG Wahlrecht zwischen Buchwert- und Neubewertungsmethode; bei Buchwertmethode ist Verschmelzungsmehrwert in Kapitalrücklagen einzustellen.

Nr 4: Geleistete Anzahlungen, s § 252 Rn 22, BeckBilKo 64.

4) Sachanlagen (Aktivseite A II)

6   **Nr 1:** Die Grundstücke ua sind in einem Posten zusammengefasst. Grundstücke, auch Wohnungseigentum; grundstücksgleiche Rechte, zB Erbbaurecht; Bauten einschließlich der Bauten auf fremden Grundstücken, letztere ohne weiteres bei Eigentum des Bauenden (§ 95 I 1 BGB), aber auch bei bloßem Wegnahmerecht (§ 539 II BGB), Hamm BB **93**, 1332, aber nicht bei bloßem Verwendungsersatzanspruch. Zur Bewertung von Grundstücken s IDW ERS IFA 2u dazu Willeke StuB **15**, 104. **Nr 2:** technische Anlagen und Maschinen; auch wenn fest eingebaut bzw im Grundstück verankert; auch bei Sicherungsübereignung, s § 246 Rn 15. **Nr 3:** andere Anlagen als technische (Nr 2), Betriebs- und Geschäftsausstattung, zB Büroausstattung, Transportmittel, aber nicht Privatwagen (s § 247 Rn 4–7); nicht Vorräte, zB Betriebsstoffe, s Umlaufvermögen B I Nr 1. Geringwertige Güter (nicht über 150 Euro, BeckBilKo § 253 Rn 275) können wegbleiben. **Nr 4:** Geleistete Anzahlungen auf Sachanlagen, s § 252 Rn 22; Anlagen im Bau (beim wirtschaftlichen Inhaber; Forderungen aus solchen Anlagen s § 252 Rn 19).

2. Abschnitt. Ergänzende Vorschriften für Kapitalgesellschaften 7–10 § 266

5) Finanzanlagen (Aktivseite A III)

Nr 1: Anteile (zB Aktien, GmbHAnteile, auch unverbriefte Kapitalanteile) an 7
verbundenen Unternehmen iSv § 271 II. **Nr 2:** Ausleihungen an verbundene
Unternehmen iSv § 271 II (s dort Rn 9), auch nur indirekt verbundene. Liegt
sowohl § 271 II als auch I vor, ist Nr 1 lex specialis zu Nr 3. **Nr 2:** Ausleihungen
sind auf längere Zeit angelegte Darlehen, keine Mindestlaufzeit, aber idR nicht
unter 1 Jahr, sonst keine Daueranlageabsicht, ADS 76; also Finanz- und Kapital-
forderungen, idR nicht Forderungen aus Lieferungen und Leistungen, ADS 77.
Entscheidend ist die ursprüngliche, nicht die Restlaufzeit, str. **Nr 3:** Beteiligun-
gen iSv § 271 I (s dort Rn 2), soweit nicht Anteile an verbundenen Unterneh-
men (s Nr 1). **Nr 4:** Ausleihungen an Unternehmen mit Beteiligungsverhältnis, s
Nr 3; Nr 4 erfasst beide Seiten: das die Beteiligung haltende Unternehmen und
das, an dem die Beteiligung gehalten wird, hL. Zu Eigenkapital ersetzenden
Darlehen s Rn 21. **Nr 5:** Wertpapiere des Anlagevermögens, also Wertpapiere
(Aktien, Obligationen, Investmentanteile, Mischformen) die nicht unter Nr 1–4
fallen; Wertpapiere des Umlaufvermögens nach B III s Rn 10. **Nr 6:** Sonstige
Ausleihungen, s Nr 2. Hierher gehören alle Finanzanlagen, die nicht unter
Nr 1–5 fallen, zB auch unverbriefte Geschäftsanteile, die nicht Beteiligungen iSv
Nr 3 sind, auch Namenspapiere, falls nicht unter Nr 5 (str) gebucht; auch
Genussrechte, wenn nicht oder als Namenspapier verbrieft, IDW-HFA 1/94
WPg **94**, 422. **Lit** Pilhofer/Lessel StuB **13**, 11 (Beteiligungen); Ott StuB **15**, 43
(Gesellschafterdarlehen).

6) Vorräte (Aktivseite B I)

B umfasst nur das **Umlaufvermögen** (§ 247 Rn 4). Zum Umlaufvermögen 8
gehören vor allem die Vorräte. **Nr 1:** Roh-, Hilfs- und Betriebsstoffe (s § 255
Rn 16), zu unterscheiden von Betriebs- und Geschäftsausstattung, die zum An-
lagevermögen gehört, s Rn 6 Nr 3. **Nr 2:** unfertige Erzeugnisse und Leistungen,
halbfertige Bauten bei Bauunternehmen, BMF BB **00**, 145. Zum Realisations-
zeitpunkt der Forderung für Teilleistungen s § 252 Rn 18–19. **Nr 3:** fertige
Erzeugnisse und Waren, dh es fehlen nur noch die Versandarbeiten. **Nr 4:** geleis-
tete Anzahlungen auf Vorräte, s § 252 Rn 22.

7) Forderungen und sonstige Vermögensgegenstände (Aktivseite B II)

Zum Umlaufvermögen gehören auch bestimmte Forderungen und sonstige 9
Vermögensgegenstände, soweit nicht anderswo auszuweisen, zB Bankguthaben
(B IV). **Nr 1:** Forderungen aus Lieferungen und Leistungen stammen aus Um-
satzgeschäften, die bereits von einer Seite erfüllt sind (Bewirkung der Haupt-
leistung, s § 252 Rn 19), vorher handelt es sich um nicht bilanzierbare schweben-
de Geschäfte (s § 252 Rn 21). Unter Nr 1 gehören auch Warenwechsel, ADS
126, str. Factoring s § 246 Rn 22. Bei Forderungen mit Restlaufzeit von mehr als
einem Jahr Vermerk (§ 268 IV 1). Forderungen nach Nr 2 und 3 sind zu Nr 1 zu
vermerken (§ 265 III 1). **Nr 2:** Forderungen gegen verbundene Unternehmen
iSv § 271 II (s dort Nr 9). Liegt sowohl § 271 II als auch I vor, ist Nr 2 lex
specialis zu Nr 3, ADS 132. **Nr 3:** Forderungen gegen Unternehmen im Betei-
ligungsverhältnis iSv § 271 I (s dort Nr 2). **Nr 4:** Sonstige Vermögensgegen-
stände, zB Schadensersatzforderungen, GesAnteile, soweit nicht Beteiligung nach
A III 3; Realisationszeitpunkt s § 252 Rn 19. Bausparguthaben gehören wegen
Langfristigkeit hierher, nicht unter B IV. Eingeforderte Nachschüsse bei GmbH
s § 42 II nF GmbHG. Ausleihungen und Forderungen gegenüber GmbHGftern
s § 42 III nF GmbHG.

8) Wertpapiere (Aktivseite B III)

Hierher gehören nur die Wertpapiere des Umlaufvermögens, solche des An- 10
lagevermögens gehören zu den Finanzanlagen nach A III (s Rn 3, 7). **Nr 1:**

§ 266 11–16   3. Buch. Handelsbücher

Anteile an verbundenen Unternehmen iSv § 271 II, Aktien, auch GmbHAnteile, ADS 138, str. Eigene Anteile s § 272 Ia, Ib. **Nr 2:** Sonstige Wertpapiere, zB Finanzwechsel, Bundesschatzwechsel, Certificates of Deposit ua; Warenwechsel sind nicht gesondert, sondern in Form der zugrunde liegenden Forderungen auszuweisen (s Rn 9 Nr 1).

9) Kassenbestand, Bankguthaben, Schecks (Aktivseite B IV)

11 Ausweis in einem Posten. Bankguthaben s (7) Bankgeschäfte B/1, C/1. Zu den Bankguthaben gehören auch die bei der Postbank (Postgiroguthaben bis KapCoRiLiG 2000 eigens erwähnt). Bausparguthaben gehören unter B II Nr 4, s Rn 9.

10) Aktive latente Steuern (Aktivseite D)

12 Werden latente Steuern aktiviert (Wahlrecht, § 274 I 2), sind sie hier auszuweisen.

11) Unterschiedsbetrag aus Vermögensverrechnung (Aktivseite E)

13 Bei der nach § 246 II 2, 3 vorzunehmenden Verrechnung von Schulden aus Altersversorgungsverpflichtungen mit Vermögensgegenständen, die allein der Erfüllung dieser Schulden dienen, kann sich ein aktiver Unterschiedsbetrag ergeben, der hier als Verrechnungsposten auszuweisen ist. Ausschüttungssperre gem § 268 VIII 3.

12) Passivseite (III): Überblick

14 A. III enthält das Gliederungsschema für die Passivseite. Gesondert und in dieser Reihenfolge sind aufzunehmen: A. Eigenkapital (s Rn 16), B. Rückstellungen (s Rn 17), C. Verbindlichkeiten (s Rn 18 ff), D. Rechnungsabgrenzungsposten (s Rn 23). Voraussetzung der Aufnahme in die Passivseite der Bilanz ist, dass ein Passivposten gegeben ist, was bei Verbindlichkeiten zweifelhaft sein kann (Passivierbarkeit, Zurechnung zu den Schulden des Kfm, s § 246 Rn 13, 24). Zeitpunkt der Zurechnung (Realisationsprinzip) s § 252 Rn 19–20. Schwebende Geschäfte s § 252 Rn 21.

15 B. **Zusätzliche Passivposten** über III hinaus: zB §§ 268 I 2, 272 I 2, 272 Ia, Ib, § 274 I 1, GmbHG §§ 29 IV, 42 II 3.

13) Eigenkapital (Passivseite A)

16 Sämtliche Eigenkapitalposten unter Einbeziehung des Jahresgewinns oder -verlusts sowie von Gewinn- und Verlustvorträgen sind in einer Gruppe auszuweisen. Die Eigenkapitalverhältnisse des Unternehmens werden dadurch klarer dargestellt. **A I:** Gezeichnetes Kapital ist das Stamm- bzw Grundkapital, s § 272 I 1. Ausstehende Einlagen s § 272 I 3. Bei **atypischer stiller Beteiligung** (§ 230 Rn 3) ist angesichts der (schuldrechtlichen) Beteiligung am gesamten Geschäftsvermögen samt stiller Reserven Ausweis als Eigenkapital geboten (Sonderposten „Kapital des stillen Gesellschafters" nach dem gezeichneten Kapital), GK BilR/Hüttemann § 271 6, ADS 189, enger ADS § 246 Rn 91, aA Verbindlichkeit BeckBilKo 192. Typische stGes s Rn 18. **A II:** Kapitalrücklage, s § 272 II. **A III:** Gewinnrücklagen, s § 272 III; Rücklage für eigene Anteile, s § 272 IV, die eigenen Anteile selbst sind auf der Aktivseite als Umlaufvermögen (B III 1) auszuweisen. **A IV:** Gewinnvortrag, Verlustvortrag aus dem Vorjahr; vgl § 174 II Nr 4 AktG zum Gewinnvortrag. Ausweis in der Bilanz. **A V:** Jahresüberschuss, Jahresfehlbetrag (vgl § 158 nF AktG, s § 275 Rn 21 f). Änderung bei Einbeziehung der Ergebnisverwendung § 268 I. Entgeltlich begebene **Genussrechte** sind trotz Rückzahlbarkeit je nach Ausgestaltung (ua Nachrangabrede, Teilnahme am Verlust bis zur vollen Höhe, Vergütung nur aus Bilanzgewinn, also erfolgsabhängig, längerfristige Kapitalüberlassung, kein fester Mindestzeitraum, ADS 195, zT

2. Abschnitt. Ergänzende Vorschriften für Kapitalgesellschaften 17–19 § 266

wird 5-jährige Laufzeit mit mindestens 2-jähriger Kündigungsfrist verlangt, Küting/Kessler BB **94**, 2112) funktional Eigenkapital und in einem Eigenkapitalsonderposten nach den Gewinnrücklagen (aA nach gezeichnetem Kapital, aA als letzter Posten des Eigenkapitals) zu passivieren, anders nach Kündigung bzw 2 Jahre vor Fälligkeit (vgl § 10 V KWG), Lutter DB **93**, 2441; Jasper WiB **94**, 102; nach aA genereller als Verbindlichkeiten, Groh BB **95**, 559. Zur Behandlung von Genussrechten im Jahresabschluss von Kapitalgesellschaften IDW-HFA 1/**94**, 419 mit WPg **98**, 891; bei der Emittentin je nach Sachverhalt als Fremdkapital zu passivieren, unmittelbar in das Eigenkapital einzustellen oder erfolgswirksam zu vereinnahmen. Lit Küting/Dürr DStR **05**, 938 (Genussrechte HGB/IFRS/Basel II); Decker/Weitz BB **15**, 556 (Gewinnvortrag bei GmbH & Co KG); Küting/Grau DB **14**, 729 (nicht eigenkapitalgedeckter Fehlbetrag). Eigenkapitalersetzende Darlehen s Rn 21. **GmbH & Co** s § 264c Rn 2.

14) Rückstellungen (Passivseite B)

Rückstellungen s § 249. **Nr 1**: Rückstellungen für Pensionen und ähnliche **17** Verpflichtungen, s § 249 Rn 14 f, aber nur für Neufälle; Altfälle und Übergangsregelung s § 249 Rn 16–18, sehr str. **Nr 2**: Steuerrückstellungen (§ 249 I 1, s § 249 Rn 8 ff); davon gesondert auszuweisende Steuerabgrenzung s § 274; zurückzustellen sind die Beträge, die bis zum Ablauf des Geschäftsjahres als Steuerschuld entstanden sind, was sich nach Steuerrecht beurteilt. **Nr 3**: sonstige Rückstellungen, s abschließend (§ 249 II 1) § 249 Rn 37. Weitere Untergliederung s § 265 V. Angabe im Anhang s § 285 Nr 12.

15) Verbindlichkeiten (Passivseite C)

Verbindlichkeiten sind unter Passivseite C nur auszuweisen, wenn sie passi- **18** vierbar, also wirtschaftlich real sind (§ 246 Rn 13, nicht soweit Rückstellung) und wenn sie zu den Schulden des Kfm gehören, also nicht Schulden Dritter und nicht Privatschulden sind (§ 246 Rn 14–24); schwebende Geschäfte s § 252 Rn 21. Aufwendungen eines Reisebüros, die im wirtschaftlichen Zusammenhang mit am Stichtag noch nicht realisierten Provisionserlösen stehen, sind weder unter dem Gesichtspunkt eines schwebenden Geschäfts noch als unfertige Leistungen zu aktivieren, Nds FG EFG **16**, 1158. Erlassene Verbindlichkeiten sind auszubuchen. Verbindlichkeiten, die nur **aus künftigen Gewinnen zu tilgen** sind, belasten die KapitalGes jetzt nicht und sind deshalb nicht zu passivieren, BFH DStR **12**, 450 siehe § 246 Rn 13, so vor allem bei Sanierung, zB je nach Ausgestaltung beim **Besserungsschein** (als Erlass mit bedingtem Wiederaufleben der Naturalobligation), BFH BStBl II **86**, 70; ADS § 246 Rn 148, anders bei bloßer Stundung. Werden nicht nur künftige Gewinne, sondern auch das sonstige Vermögen belastet, zB je nach Ausgestaltung bei **Rangrücktritt** (als pactum de non petendo), ist die Verbindlichkeit im Jahresabschluss (nicht im Überschuldungsstatus, BGH NJW **87**, 1698; Düss BB **96**, 1428; § 130a Rn 4) zu passivieren, BFH BB **93**, 1177; ADS § 246 Rn 128, 140; BeckBilKo § 247 Rn 232, Groh BB **93**, 1882; zT aA Schulze-Osterloh WPg **96**, 100 (Ausbuchung) und gem § 5 IIa EStG. **Nachrangige** Vermögensgegenstände und Schulden bei Kreditinstituten s § 330 Rn 2 f. Verbindlichkeiten gegenüber GmbHGftern s § 42 III nF GmbHG. **Stille Beteiligung** ist idR Verbindlichkeit (typische stGes, s § 230 Rn 3), anders bei atypischer stGes, s Rn 16. **Genussrechte** s Rn 16.

Eine rechtlich entstandene Verbindlichkeit muss passiviert werden, entweder **19** als Verbindlichkeit (wenn Höhe gewiss ist) oder als Rückstellung (wenn Höhe ungewiss ist). Dies gilt auch dann, wenn die Verbindlichkeit wirtschaftlich durch Ereignisse verursacht wird, die in einem späteren Zeitpunkt eintreten. Fallen rechtliche Entstehung und wirtschaftliche Verursachung zeitlich auseinander, entscheidet bilanzrechtlich der frühere Zeitpunkt, BFH BStBl II **70**, 104. Rechtlich entstanden ist die Verbindlichkeit, sobald alle Voraussetzungen erfüllt sind, von

§ 267

denen Gesetz, Satzung oder Vertrag die Entstehung abhängig machen, BFH BStBl II **92**, 177. Wirtschaftliche Verursachung liegt vor, wenn ungeachtet der rechtlichen Gleichwertigkeit aller Tatbestandsmerkmale die wesentlichen Merkmale des Tatbestands bereits erfüllt sind, sodass das Entstehen nur noch von wirtschaftlich unwesentlichen Merkmalen abhängt, BFH BStBl II **14**, 302. **Lit** Euler/Hommel BB **14**, 2477.

20 Nicht endgültig geklärt ist, was die **rechtliche Entstehung einer Verbindlichkeit** ausmacht, dh welcher Zeitpunkt für die Passivierung maßgeblich ist. Das gilt insbesondere, wenn das Gesetz oder die Behörde dem Unternehmen eine Verpflichtung auferlegt, die erst nach dem Bilanzstichtag zu erfüllen ist. Umstritten ist, ob die rechtliche Entstehung den Fristablauf bedingt. Zunächst entschied der I. Senat des BFH, dass der in der Verfügung vorgegebene Termin lediglich den bilanzsteuerlich nicht entscheidenden Zeitpunkt der Fälligkeit der Verpflichtung bestimme. Daher war die Verpflichtung trotz einer am Stichtag noch laufenden Übergangsfrist rechtlich entstanden und zu passivieren, BFH BStBl II **03**, 121. Anders I. BFH-Senat 2013: Verwaltungsakt bindet das Unternehmen lediglich nach außen, bilanzrechtlich entscheidet innere Wirksamkeit, dh der Zeitpunkt, zu dem die in der Regelung enthaltene materielle Rechtsfolge ausgelöst wird, damit der Zeitpunkt des Fristablaufs, BFH BStBl II **13**, 686, ebenso IV. BFH-Senat, BFH BStBl II **14**, 302. **Lit** Euler/Hommel BB **14**, 2475.

21 Für **Gesellschafterdarlehen** gelten keine Besonderheiten, weil das auf Analogie zu §§ 30, 31 GmbHG basierende Eigenkapitalersatzrecht inzwischen zugunsten einer Nachrang- und Anfechtungslösung im Insolvenzverfahren (§§ 39 I Nr 5, 135 InsO) ersetzt wurde. **Lit** Ott StuB **15**, 43.

22 **C 1**: Anleihen, davon konvertibel, letzteres betrifft Fremdwährungsanleihen. **C 2**: Verbindlichkeiten gegenüber Kreditinstituten, auch ausländischen; auch Bausparkassen, anders zu Aktivseite B IV, s Rn 9 Nr 4. **C 3**: Erhaltene Anzahlungen auf Bestellungen (s § 252 Rn 22); für die Umsatzsteuer darf Rechnungsabgrenzungsposten gebildet werden, s § 250 I 2 Nr 2. **C 4**: Verbindlichkeiten aus Lieferungen und Leistungen, vgl Aktivseite B II Nr 1. **C 5**: Verbindlichkeiten aus der Annahme gezogener Wechsel (Art 28 WG) und der Ausstellung eigener Wechsel (Solawechsel, Aussteller verspricht selbst Zahlung); Haftung als Aussteller, Indossant, Wechselbürge fallen als Eventualverbindlichkeiten idR nur unter § 251 (Bilanzvermerk). **C 6**: Verbindlichkeiten gegenüber verbundenen Unternehmen iSv § 271 II, vgl Aktivseite A III Nr 2, B II Nr 2. **C 7**: Verbindlichkeiten gegenüber Unternehmen mit Beteiligungsverhältnis iSv § 271 I, vgl Aktivseite A III Nr 4, B II Nr 3. **C 8**: Sonstige Verbindlichkeiten, davon aus Steuern, davon im Rahmen der sozialen Sicherheit; vgl Aktivseite A III Nr 6, B II Nr 4.

16) Rechnungsabgrenzungsposten

23 Sie können aktivisch (Aktivseite C) oder passivisch (Passivseite D) sein; s § 250.

17) Passive latente Steuern

24 Nach § 274 I 1 Passivierungspflicht passiver latenter Steuern, hier Ausweis der entsprechenden Beträge.

Umschreibung der Größenklassen

267 (1) **Kleine Kapitalgesellschaften sind solche, die mindestens zwei der drei nachstehenden Merkmale nicht überschreiten:**
1. **6 000 000 Euro Bilanzsumme.**
2. **12 000 000 Euro Umsatzerlöse in den zwölf Monaten vor dem Abschlußstichtag.**
3. **Im Jahresdurchschnitt fünfzig Arbeitnehmer.**

2. Abschnitt. Ergänzende Vorschriften für Kapitalgesellschaften § 267

(2) Mittelgroße Kapitalgesellschaften sind solche, die mindestens zwei der drei in Absatz 1 bezeichneten Merkmale überschreiten und jeweils mindestens zwei der drei nachstehenden Merkmale nicht überschreiten:
1. 20 000 000 Euro Bilanzsumme.
2. 40 000 000 Euro Umsatzerlöse in den zwölf Monaten vor dem Abschlußstichtag.
3. Im Jahresdurchschnitt zweihundertfünfzig Arbeitnehmer.

(3) ¹Große Kapitalgesellschaften sind solche, die mindestens zwei der drei in Absatz 2 bezeichneten Merkmale überschreiten. ²Eine Kapitalgesellschaft im Sinn des § 264d gilt stets als große.

(4) ¹Die Rechtsfolgen der Merkmale nach den Absätzen 1 bis 3 Satz 1 treten nur ein, wenn sie an den Abschlußstichtagen von zwei aufeinanderfolgenden Geschäftsjahren über- oder unterschritten werden. ²Im Falle der Umwandlung oder Neugründung treten die Rechtsfolgen schon ein, wenn die Voraussetzungen des Absatzes 1, 2 oder 3 am ersten Abschlußstichtag nach der Umwandlung oder Neugründung vorliegen. ³Satz 2 findet im Falle des Formwechsels keine Anwendung, sofern der formwechselnde Rechtsträger eine Kapitalgesellschaft oder eine Personenhandelsgesellschaft im Sinne des § 264a Absatz 1 ist.

(4a) ¹Die Bilanzsumme setzt sich aus den Posten zusammen, die in den Buchstaben A bis E des § 266 Absatz 2 aufgeführt sind. ²Ein auf der Aktivseite ausgewiesener Fehlbetrag (§ 268 Absatz 3) wird nicht in die Bilanzsumme einbezogen.

(5) Als durchschnittliche Zahl der Arbeitnehmer gilt der vierte Teil der Summe aus den Zahlen der jeweils am 31. März, 30. Juni, 30. September und 31. Dezember beschäftigten Arbeitnehmer einschließlich der im Ausland beschäftigten Arbeitnehmer, jedoch ohne die zu ihrer Berufsausbildung Beschäftigten.

(6) Informations- und Auskunftsrechte der Arbeitnehmervertretungen nach anderen Gesetzen bleiben unberührt.

Übersicht

	Rn
1) Kleine Kapitalgesellschaften (I)	1–3
A. Unterscheidung nach Größenklassen	1
B. Berechnung	2
C. Erleichterungen	3
2) Mittelgroße Kapitalgesellschaften (II)	4–6
A. Mittlere Größenklasse	4
B. Berechnung	5
C. Erleichterungen	6
3) Große Kapitalgesellschaften (III)	7–9
A. Große Größenklasse	7
B. Berechnung	8
C. Börsennotierung	9
4) Mindestdauer (IV)	10
5) Begriff „Bilanzsumme" (IVa)	11
6) Berechnung der durchschnittlichen Arbeitnehmerzahl (V)	12
7) Informations- und Auskunftsrechte nach anderen Gesetzen (VI)	13

1) Kleine KapitalGes (I)

A. **Unterscheidung nach Größenklassen:** Das Dritte Buch differenziert in seinen Anforderungen entspr der 4 EG-Ri (s 38. Aufl Einl 4v § 238; deren Größenklassen sind alle fünf Jahre zu prüfen und ggf anzupassen, Art 53 II) je

§ 267 2–4   3. Buch. Handelsbücher

nach Größe der KapitalGes. KleinstKapitalGes s § 267a; Einzelkfl s § 241a. § 267 enthält dazu die Umschreibung der Größenklassen. Die Größen entsprechen den durch die EG-Ri 17.6.99 ABlEG Nr L 162/65 v 26.6.99 erhöhten Beträgen (KapCoRiLiG 2000, Einl 6v § 238), die durch das Euro-BilG 2001 (**Übergangsrecht** in **(1)** Art 51) von DM auf Euro umgestellt, durch Rundung geglättet, durch das BilReG 2004 (**Übergangsrecht** in **(1)** Art 58 I) erneut um weitere 20 %, durch BilMoG (**Übergangsrecht** in **(1)** Art 66 V) und schließlich durch das BilRUG 2015 (**Übergangsrecht** in **(1)** EGHGB Art 75 I 1) in Umsetzung der BilRi 2013 erhöht wurden. § 267 umschreibt die Größenklassen anhand von drei Merkmalen, von denen mindestens zwei vorliegen müssen (ähnliche Gesetzgebungstechnik wie im PublG und MitbG). Diese sind bei der **kleinen** KapitalGes: **Bilanzsumme nicht größer als 6 Mio Euro, Umsatzerlöse nicht höher als 12 Mio Euro, Zahl der Arbeitnehmer nicht mehr als 50**. Sonderregeln für kleine UnternehmensbeteiligungsGes § 8 I UBGG. § 267 gilt nicht für Kreditinstitute (§ 340a II 1), sie sind größenunabhängig rechnungslegungspflichtig. **Übergangsrecht** in **(1)** EGHGB Art 48. **Lit** Me/Pro/Fi Kap 3 Tz 170 ff; Joswig DB **07**, 763; Theile StuB **13**, 411 (Prüfung der Größenkriterien); Blöink/Knoll-Biermann Konzern **15**, 65 (BilRUG 2015); Lüdenbach/Freiberg BB **14**, 2219 (BilRUG 2015); Oser/Orth/Wirtz DB **15**, 197 (BilRUG 2015); Müller/Stawinoga BB **14**, 2411 (Rückwirkung der Schwellenewerterhöhung); Röser/Roland/Rimmelspacher DB **15**, Beil Heft 36, 4 (Schwellenwertanhebung); Wengerofsky/Scharf StuB **15**, 651; Zwirner StuB **15**, Beil 2, 1; Nemet/Zilch WPg **16**, 843 (Zweifelsfragen Größenklassifizierung); Muraz WPg **16**, 1023 (Schwellenwertanhebung); Zwirner/Busch/Boecker Konzern **16**, 287 (Schwellenwertanhebung); Zwirner AR **16**, 2 (Schwellenwertanhebung); ders BC **16**, 264 (Erstanwendung Schwellenwertänderung); Zwirner WPg **17**, 184 (Audit-Check).

2 B. **Berechnung:** Die Bilanzsumme ist die Summe der Aktivseite der Bilanz (§ 267 II) nach Abzug eines auf der Aktivseite eventuell ausgewiesenen, nicht durch Eigenkapital gedeckten Fehlbetrags (§ 268 III), so Nr 1. Die Umsatzerlöse (Nr 2) sind ohnehin in der Gewinn- und Verlustrechnung anzugeben (§ 275 II Nr 1, III Nr 1). Maßgeblich sind nach Nr 2 die Umsatzerlöse in den letzten 12 Monaten vor dem Abschlussstichtag (nicht unbedingt identisch mit dem normalen Geschäftsjahr oder dem Kalenderjahr, zB bei Rumpfgeschäftsjahr). Die Zahl der Arbeitnehmer nach Nr 3 ist nach dem Jahresdurchschnitt zu rechnen (vgl Angabe im Anhang § 285 Nr 7), dazu V. Die Arbeitnehmereigenschaft folgt aus dem Arbeitsrecht (vgl § 59 Rn 23–31b, der Begriff des Handlungsgehilfen ist enger). Die gesetzlichen Vertreter der KapitalGes, also die Mitglieder der Geschäftsführung mit Organstellung, sind nicht mitzuzählen. Teilzeitbeschäftigte sind voll zu zählen. **Lit** Farr GmbHR **96**, 185; Veit DB **96**, 641.

3 C. **Erleichterungen:** Für kleine KapitalGes (zur kleinen AG BGH DStR **08**, 629), gelten viele Erleichterungen: zB längere Frist zur Aufstellung des Jahresabschlusses, § 264 I 3; stark verkürzte Bilanzgliederung, § 266 I 3; verkürzte Gewinn- und Verlustrechnung beginnend mit dem Rohergebnis, § 276; viel weniger Angaben im Anhang, § 288 I; keine Prüfung durch Abschlussprüfer, § 316 I 1; stark reduzierte Offenlegung, § 326 I, also nur stark verkürzt Bilanz und Anhang, überhaupt nicht Gewinn- und Verlustrechnung und Bestätigungsvermerk, dagegen vollständig Ergebnisverwendung (Vorschlag und Beschluss); Kreditinstitute s Rn 1.

2) Mittelgroße KapitalGes (II)

4 A. **Mittlere Größenklasse:** Bei den mittelgroßen KapitalGes sind die drei Merkmale, von denen mindestens zwei vorliegen müssen: Bilanzsumme nicht größer als 20 Mio Euro, Umsatzerlöse nicht höher als 40 Mio Euro, Zahl der Arbeitnehmer nicht mehr als 250. Aus dieser Abgrenzung gegenüber großer

KapitalGes und der aus I folgenden gegenüber kleinen KapitalGes ergeben sich als jeweilige **Grenzwerte: Bilanzsumme 4,84 Mio–19,25 Mio Euro, Umsatzerlöse 9,68 Mio–38,5 Mio Euro, Zahl der Arbeitnehmer: 50–250.**

B. Berechnung: s Rn 2. 5

C. Erleichterungen: Für mittelgroße KapitalGes gelten Erleichterungen: bei 6 Gewinn- und Verlustrechnung (beginnend mit Rohergebnis), § 276; weniger Angaben im Anhang, § 288 II; verkürzte Offenlegung, § 327, nämlich verkürzt Bilanz, Gewinn- und Verlustrechnung und Anhang; Kreditinstitute s Rn 1.

3) Große KapitalGes (III)

A. Große Größenklasse: Bei den großen KapitalGes sind die drei Merkmale, 7 von denen mindestens zwei vorliegen müssen: **Bilanzsumme größer als 19,25 Mio Euro, Umsatzerlöse höher als 38,5 Mio Euro, Zahl der Arbeitnehmer mehr als 250.**

B. Berechnung: s Rn 1–2. 8

C. Börsennotierung: III 2 idF BilMoG 2009. Kapitalmarktoriente Kapital- 9 Ges iSv § 264d, die mit von ihnen ausgegebenen Wertpapieren einen organisierten Markt in Anspruch nehmen, **gelten** nach **III 2** (entspr nach § 315e, aber dort auch Ausgabe durch Tochterunternehmen) wegen der Schutzbedürftigkeit des als Anlegerschaft angesprochenen breiten Publikums und des Funktionenschutzes von Kapitalmarkt und Wirtschaft **stets als große**, auch wenn sie nach den Größenmerkmalen mittelgroße oder kleine wären. Damit entfallen für sie die Erleichterungen bei der Aufstellung und Offenlegung und die Befreiung von der Pflichtprüfung. Vgl für Konzernabschluss § 293 Rn 5.

4) Mindestdauer (IV)

Zufallsausschläge in einem Jahr sollen nicht maßgeblich sein. Die Merkmale 10 nach I–III müssen an den Abschlussstichtagen von zwei aufeinander folgenden Geschäftsjahren erfüllt sein (**IV 1**). Das gilt nicht bei Umwandlung (Einl 23v § 105) und Neugründung wie auch bei erstmaligem Unterfallen unter das Gesetz (zB PersonenGes iSv § 264a I), weil die Veränderung dabei kein Zufallsausschlag ist (**IV 2**); maßgeblich ist in diesen Fällen das Über- oder Unterschreiten am ersten Stichtag nach Neugründung oder Umwandlung; davon macht **IV 3**, eingefügt durch BilRUG 2015 (**Übergangsrecht (1)** EGHGB Art 75 I 1), für Formwechsel eine Ausnahme, so dass insoweit wieder die allgemeine Regelung (Kontinuität über zwei aufeinander folgende Geschäftsjahre) gilt (RegBegr 75). Bsp zu IV 1: Sind die Merkmale nach I jeweils zum Stichtag erfüllt: a) 2007 und Vorjahre ja, 2008 nein, dann ist die KapitalGes 2008 iSv I eine kleine; b) 2007 und Vorjahre nein, 2008 ja, dann ist die KapitalGes 2008 iSv I keine kleine; c) 2007 und Vorjahre ja, 2008 nein, 2009 nein, dann ist die KapitalGes iSv I eine kleine 2008, aber nicht mehr 2009; d) 2007 und Vorjahre nein, 2008 ja, 2009 ja, dann ist die KapitalGes iSv I keine kleine 2008, jedoch 2009. Zur Bilanzierung bei Umwandlung s auch § 255 Rn 11. **Lit** Blöink/Knoll-Biermann Konzern **15**, 65 (BilRUG 2015); Lüdenbach/Freiberg BB **14**, 2219 (BilRUG 2015); Oser/Orth/Wirtz DB **15**, 197 (BilRUG 2015).

5) Begriff „Bilanzsumme" (IVa)

IVa, eingefügt durch BilRUG 2015 (**Übergangsrecht (1)** EGHGB Art 75 I 11 1), dient für alle Unternehmenskategorien der Klarstellung des Begriffs „Bilanzsumme" iSv Art 3 IX BilRi 2013. Nach § 274 angesetzte aktive latente Steuern sind in die Berechnung der Bilanzsumme einzubeziehen. Ein auf der Aktivseite nach § 268 III ausgewiesener Fehlbetrag wird hingegen in Bilanzsumme nicht einbezogen. **Lit** Blöink/Knoll-Biermann Konzern **15**, 65 (BilRUG 2015); Lüdenbach/Freiberg BB **14**, 2219 (BilRUG 2015); Oser/Orth/Wirtz DB **15**, 197 (BilRUG 2015).

6) Berechnung der durchschnittlichen Arbeitnehmerzahl (V)

12 Bei der Berechnung des Durchschnitts sind die im Ausland beschäftigten Arbeitnehmer mitzuzählen, nicht aber die zu ihrer Berufsausbildung Beschäftigten (BerBG, vgl bei § 82a). Als Durchschnittszahl gilt ein Viertel der addierten Vierteljahresstichtagszahlen.

7) Informations- und Auskunftsrechte nach anderen Gesetzen (VI)

13 Informations- und Auskunftsrechte nach anderen Gesetzen, zB Recht der Arbeitnehmer auf Erläuterung des Jahresabschlusses nach § 108 V BetrVG, bleiben unberührt.

Kleinstkapitalgesellschaften

267a (1) ¹Kleinstkapitalgesellschaften sind kleine Kapitalgesellschaften, die mindestens zwei der drei nachstehenden Merkmale nicht überschreiten:

1. **350 000 Euro Bilanzsumme;**
2. **700 000 Euro Umsatzerlöse in den zwölf Monaten vor dem Abschlussstichtag;**
3. **im Jahresdurchschnitt zehn Arbeitnehmer.**

²§ 267 Absatz 4 bis 6 gilt entsprechend.

(2) **Die in diesem Gesetz für kleine Kapitalgesellschaften (§ 267 Absatz 1) vorgesehenen besonderen Regelungen gelten für Kleinstkapitalgesellschaften entsprechend, soweit nichts anderes geregelt ist.**

(3) Keine Kleinstkapitalgesellschaften sind:

1. **Investmentgesellschaften im Sinne des § 1 Absatz 11 des Kapitalanlagegesetzbuchs,**
2. **Unternehmensbeteiligungsgesellschaften im Sinne des § 1a Absatz 1 des Gesetzes über Unternehmensbeteiligungsgesellschaften oder**
3. **Unternehmen, deren einziger Zweck darin besteht, Beteiligungen an anderen Unternehmen zu erwerben sowie die Verwaltung und Verwertung dieser Beteiligungen wahrzunehmen, ohne dass sie unmittelbar oder mittelbar in die Verwaltung dieser Unternehmen eingreifen, wobei die Ausübung der ihnen als Aktionär oder Gesellschafter zustehenden Rechte außer Betracht bleibt.**

1) Größenmerkmale

1 Die durch das MicroBilG 2013 (**Übergangsrecht (1)** EGHGB Art 70) eingeführte Vorschrift setzt Vorgaben der MicroRiLi (2012/6/EU) um und führt die Größenklasse KleinstKapitalGes ins HGB ein. KleinstKapitalGes sind kleine KapitalGes iSv § 267 I (vgl II), die zusätzlich zwei der drei Voraussetzungen des I 1 erfüllen. Diese sind: **Bilanzsumme** (Begriff § 267 IVa) darf **350 000 Euro** nach Abzug eines nicht durch Eigenkapital gedeckten Fehlbetrages iSv § 268 III nicht übersteigen (Nr 1); aktive latente Steuern können außer Betracht bleiben. **Umsatzerlöse** der letzten 12 Monate vor dem Abschlussstichtag dürfen **700 000** nicht übersteigen (Nr 2); die Ges darf im Jahresdurchschnitt nicht mehr als **zehn Arbeitnehmer** beschäftigt haben (Nr 3); für Berechnung gilt § 267 V entsprechend. Maßgeblicher Zeitpunkt und erforderliche Dauer des Vorliegens der Merkmale nach I 1 richtet sich gem I 3 nach § 267 IV. KapitalGes gem § 264d gelten stets als große (I 3 iVm § 267 III 2) und erfüllen damit nie die Voraus-

2. Abschnitt. Ergänzende Vorschriften für Kapitalgesellschaften § 268

setzungen des I 1. HoldingGes haben mitunter keine Umsatzerlöse und keine Mitarbeiter und sind damit per Definition KleinstKapitalGes; dann aber Konzernabschlusspflicht. Sonderregeln für Kreditinstitute (§ 340a), Versicherungsunternehmen (§ 341a), KapitalanlageGes (§ 19d InvG) und Unternehmensbeteiligungs Ges (§ 8 UBGG). **Lit** Me/Pro/Fi Kap 3 Tz 213 ff; Theile GmbHR **12**, 1112; Küting/Eichenlaub DStR **12**, 2615; Zwirner BB **12**, 2231; Fey/Deubert/Lewe/Roland BB **13**, 107; Müller/Kreipl DB **13**, 73; Müller/Stawinoga BB **14**, 2411 (Rückwirkung der Schwellenewerterhöhung); Henckel/Rimmelspacher DB **15**, Beil Heft 36, 37 (BilRUG); Oser/Orth/Wirtz DB **15**, 1729 (BilRUG); Zwirner StuB **15**, Beil 2, 1 (BilRUG).

2) Erleichterungen

Erleichterungen für KleinstKapitalGes ergeben sich bei der Gliederung der Bilanz (§ 266 I 4), der Darstellung der GuV (§ 275 V), der Pflicht, den Jahresabschluss um einen Anhang zu erweitern (§ 264 I 5) sowie den Offenlegungspflichten (§ 326 II). Als zugleich kleine KapitalGes gilt für sie die längere Frist zur Aufstellung des Jahresabschlusses nach § 264 I 4 2. Hs und die Befreiung von der Prüfungspflicht gem. § 316 I 1. **III**, angefügt durch BilRUG 2015 (**Übergangsrecht (1)** EGHGB Art 75 I 1), stellt klar, dass mögliche Erleichterungen für KleinstKapitalGes bei der Bilanzierung und Offenlegung bei InvestmentGes (**III Nr 1**) und BeteiligungsGes, die gem Art 36 VII unter die BilRi 2013 fallen, nicht gelten (**III Nr 2**). Zugleich wird gem Art 2 Nr 15 iVm Art 36 VII BilRi der Kreis der erfassten BeteiligungsGes um Ges erweitert, deren einziger Zweck ist, Beteiligungen (Begriff in § 271 I) an anderen Unt zu erwerben sowie die Verwaltung und Verwertung dieser Beteiligungen wahrzunehmen, ohne dass sie mittel- oder unmittelbar in die Verwaltung dieser Unternehmen eingreifen, wobei Eingriffsrechte die nach Gesetz oder Vertrag als Gfter zustehen, außer Betracht bleiben (**III Nr 3**). Typischer Anwendungsfall: Holding-KapitalGes, sofern sie nicht schon die Voraussetzungen nach § 267a III Nr 2 erfüllt; nicht hingegen, wenn sie bspw nach GesVertrag die Gführung für das andere Unt ausübt (dann wird sie gem § 267a I KleinstKapitalGes sein), RegBegr 75 f. **Lit** Blöink/Knoll-Biermann Konzern **15**, 65 (BilRUG 2015); Lüdenbach/Freiberg BB **14**, 2219 (BilRUG 2015); Oser/Orth/Wirtz DB **15**, 197 (BilRUG 2015).

Vorschriften zu einzelnen Posten der Bilanz. Bilanzvermerke

268 (1) ¹Die Bilanz darf auch unter Berücksichtigung der vollständigen oder teilweisen Verwendung des Jahresergebnisses aufgestellt werden. ²Wird die Bilanz unter Berücksichtigung der teilweisen Verwendung des Jahresergebnisses aufgestellt, so tritt an die Stelle der Posten „Jahresüberschuß/Jahresfehlbetrag" und „Gewinnvortrag/Verlustvortrag" der Posten „Bilanzgewinn/Bilanzverlust"; ein vorhandener Gewinn- oder Verlustvortrag ist in den Posten „Bilanzgewinn/Bilanzverlust" einzubeziehen und in der Bilanz gesondert anzugeben. ³Die Angabe kann auch im Anhang gemacht werden.

(2) *[aufgehoben]*

(3) Ist das Eigenkapital durch Verluste aufgebraucht und ergibt sich ein Überschuß der Passivposten über die Aktivposten, so ist dieser Betrag am Schluß der Bilanz auf der Aktivseite gesondert unter der Bezeichnung „Nicht durch Eigenkapital gedeckter Fehlbetrag" auszuweisen.

(4) ¹Der Betrag der Forderungen mit einer Restlaufzeit von mehr als einem Jahr ist bei jedem gesondert ausgewiesenen Posten zu vermerken. ²Werden unter dem Posten „sonstige Vermögensgegenstände" Beträge für Vermögensgegenstände ausgewiesen, die erst nach dem Abschlußstichtag rechtlich ent-

stehen, so müssen Beträge, die einen größeren Umfang haben, im Anhang erläutert werden.

(5) ¹Der Betrag der Verbindlichkeiten mit einer Restlaufzeit bis zu einem Jahr und der Betrag der Verbindlichkeiten mit einer Restlaufzeit von mehr als einem Jahr sind bei jedem gesondert ausgewiesenen Posten zu vermerken. ²Erhaltene Anzahlungen auf Bestellungen sind, soweit Anzahlungen auf Vorräte nicht von dem Posten „Vorräte" offen abgesetzt werden, unter den Verbindlichkeiten gesondert auszuweisen. ³Sind unter dem Posten „Verbindlichkeiten" Beträge für Verbindlichkeiten ausgewiesen, die erst nach dem Abschlußstichtag rechtlich entstehen, so müssen Beträge, die einen größeren Umfang haben, im Anhang erläutert werden.

(6) Ein nach § 250 Abs. 3 in den Rechnungsabgrenzungsposten auf der Aktivseite aufgenommener Unterschiedsbetrag ist in der Bilanz gesondert auszuweisen oder im Anhang anzugeben.

(7) Für die in § 251 bezeichneten Haftungsverhältnisse sind

1. die Angaben zu nicht auf der Passivseite auszuweisenden Verbindlichkeiten und Haftungsverhältnissen im Anhang zu machen,
2. dabei die Haftungsverhältnisse jeweils gesondert unter Angabe der gewährten Pfandrechte und sonstigen Sicherheiten anzugeben und
3. dabei Verpflichtungen betreffend die Altersversorgung und Verpflichtungen gegenüber verbundenen oder assoziierten Unternehmen jeweils gesondert zu vermerken.

(8) ¹Werden selbst geschaffene immaterielle Vermögensgegenstände des Anlagevermögens in der Bilanz ausgewiesen, so dürfen Gewinne nur ausgeschüttet werden, wenn die nach der Ausschüttung verbleibenden frei verfügbaren Rücklagen zuzüglich eines Gewinnvortrags und abzüglich eines Verlustvortrags mindestens den insgesamt angesetzten Beträgen abzüglich der hierfür gebildeten passiven latenten Steuern entsprechen. ²Werden aktive latente Steuern in der Bilanz ausgewiesen, ist Satz 1 auf den Betrag anzuwenden, um den die aktiven latenten Steuern die passiven latenten Steuern übersteigen. ³Bei Vermögensgegenständen im Sinn des § 246 Abs. 2 Satz 2 ist Satz 1 auf den Betrag abzüglich der hierfür gebildeten passiven latenten Steuern anzuwenden, der die Anschaffungskosten übersteigt.

Übersicht

	Rn
1) Bilanzgewinn, Bilanzverlust (I)	1
2) Anlagenspiegel oder Anlagengitter (II aF)	2
3) Nicht durch Eigenkapital gedeckter Fehlbetrag (III)	3
4) Bestimmte Forderungen und Vermögensgegenstände (IV)	4
5) Bestimmte Verbindlichkeiten und Anzahlungen (V)	5
6) Disagio oder Damnum (VI)	6
7) Haftungsverhältnisse (VII)	7
8) Bilanzvermerke	8
9) Ausschüttungssperre (VIII)	9, 10
A. Ausschüttungssperre	9
B. Ermittlung der gesperrten Beträge	10

1) Bilanzgewinn, Bilanzverlust (I)

1 Nach dem Gliederungsschema des § 266 III A wird die Bilanz vor bzw ohne Berücksichtigung der Verwendung des Jahresergebnisses aufgestellt. Unter Passivseite A V wird nur der Jahresüberschuss bzw Jahresfehlbetrag ausgewiesen. I 1 gestattet, die Gliederung der Bilanz an die KapitalGes freistehende Art des Ausweises der **Ergebnisverwendung** (s auch § 275 Rn 22) anzupassen. Das ist sinnvoll, wenn der Jahresabschluss nach teilweiser oder vollständiger Ergebnisver-

2. Abschnitt. Ergänzende Vorschriften für Kapitalgesellschaften 2–5 § 268

wendung aufgestellt wird, wie bei AG wegen § 58 AktG üblich. Der Posten Jahresüberschuss bzw Jahresfehlbetrag wird nach I 2 bei teilweiser Ergebnisverwendung durch den Posten Bilanzgewinn bzw Bilanzverlust (unter Einbeziehung von Gewinn- oder Verlustvortrag und seiner gesonderten Angabe) ersetzt; bei vollständiger Ergebnisverwendung kann er ersatzlos entfallen. Im Regelfall besteht Pflicht zum Ausweis in der Bilanz; KapitalGes haben aber die Wahl, Angaben stattdessen im Anhang zu machen, RegBegr BilRUG, 76. Mit einer Klage gegen die Feststellung des Abschlusses einer GmbH & Co KG kann nicht geltend gemacht werden, das tatsächlich angefallene, in die GuV eingestellte Aufwandspositionen sachlich ungerechtfertigt seien, BGH DStR **07**, 494. **Muster:** Hopt/Kraft/Link Form III.C.4 (Vorschlag für die Verwendung des Ergebnisses einer GmbH). **Lit** Me/Pro/Fi Kap 10 Tz 180 ff; Kirsch StuB **05**, 878 (Bilanzkennzahlen HGB/IFRS); Ellerbusch ua DStR **09**, 2443 (latente Steuern im Organkreis); Lanfermann/Röhricht DStR **09**, 1216 (außerbilanzielle Ausschüttungssperren); Zülch/Hoffmann DB **10**, 909; Haaker DStR **10**, 663 (Solvenztest); Kropff FS Hüffer **10**, 539; Lüdenbach StuB **10**, 588; Petersen ua KoR **10**, 334; Kaya/Borgwardt StuB **10**, 727; Küting ua GmbHR **11**, 1; Wulf DStZ **15**, 825 (BilRUG); Zwirner StuB **15**, Beil 2, 1 (BilRUG); Bünning BB **15**, 2795 (unterjährige Beendigung von Gewinnabführungsverträgen); Moser/Siegel WPg **17**, 503 (Berücksichtigung der Ergebnisverwendung in GmbH-Bilanz).

2) Anlagenspiegel oder Anlagengitter (II aF)

Da nach Art 17 I Buchst a) BilRi Angaben über Anschaffungs- u Herstellungskosten zwingend im Anhang darzustellen sind, muss für mittelgroße und große KapitalGes sichergestellt werden, dass die Angaben im Anhang gemacht werden, weshalb II aF durch das BilRUG 2015 (**Übergangsrecht (1)** EGHGB Art 75 I 1) ersatzlos gestrichen wurde (RegBegr 76). Vorgaben sind seither in § 284 III konzentriert. **Lit** Schütte DB **14**, 2237 (indirekte Abschreibungen); Theile GmbHR **15**, 281 (GmbH- u GmbH & Co KG-Abschluss nach BilRUG); Zwirner StuB **15**, Beil 2, 1 (BilRUG).

3) Nicht durch Eigenkapital gedeckter Fehlbetrag (III)

Eigenkapital ist nach § 266 III A Nr 1–5 zu gliedern. Nur dort, also auf der Passivseite, sind auch ein Verlustvortrag und ein Jahresfehlbetrag auszuweisen. Davon macht III eine enge Ausnahme. Nur im Fall eines das gesamte Eigenkapital übersteigenden Fehlbetrags ist dieser auf der Aktivseite am Schluss auszuweisen. Sonst entstünde auf der Passivseite ein Minusbetrag. Der Posten „Nicht durch Eigenkapital gedeckter Fehlbetrag" ist kein Vermögensgegenstand, sondern zeigt nur die buchmäßige Überschuldung des Unternehmens an. **Lit** Küting/Grau DB **14**, 729; Zwirner StuB **15**, Beil 2, 1 (BilRUG).

4) Bestimmte Forderungen und Vermögensgegenstände (IV)

IV 1 bringt eine Vermerkpflicht für jeden Posten der Aktivseite B II Nr 1–3 bei Restlaufzeit von über einem Jahr. Ausnahme für Kreditinstitute § 340a II 1. IV 2 betrifft die sog antizipativen Rechnungsabgrenzungsposten, die nicht unter § 250 fallen (dort zugelassen nur die sog transitiven ieS). Werden sie nach GoB unter sonstige Vermögensgegenstände (Aktivseite B II Nr 4) ausgewiesen, sind größere Erträge, die erst nach dem Abschlussstichtag rechtlich entstehen, im Anhang zu erläutern. IV 2 gilt nicht für kleine KapitalGes (§ 274a). **Lit** Riepolt DStR **14**, 113 (Davon-Vermerke nach MicroBilG).

5) Bestimmte Verbindlichkeiten und Anzahlungen (V)

V 1 bringt eine Vermerkpflicht für jeden Posten der Passivseite C bei Restlaufzeit bis zu einem Jahr und mit Restlaufzeit von mehr als einem Jahr, letzteres eingefügt durch BilRUG 2015 (**Übergangsrecht (1)** EGHGB Art 75 I 1).

§ 268   6–9

Beachte für kleine KapitalGes auch das Wahlrecht in § 266 I 3. Gesondert auszuweisen ist der Gesamtposten nach § 266 III C. KapitalGes können diese Vorgaben auch dadurch erfüllen, dass sie einen Verbindlichkeitenspiegel iSv § 266 III C mit mindestens den dort genannten Posten und den Vorjahreszahlen nach § 265 II erstellen (RegBegr BilRUG 77). Vorgabe für Anhang in § 285 Nr 1 Buchst a bleibt unberührt. Der Gesamtbetrag der Verbindlichkeiten mit Restlaufzeit von über fünf Jahren und der dinglich gesicherten Verbindlichkeiten ist im Anhang anzugeben (§ 285 Nr 1a). Ausnahme für Kreditinstitute § 340a II 1. Das Gliederungswahlrecht des **V 2** erlaubt, erhaltene Anzahlungen auf aktivierte Vorräte von diesen (Aktivseite B I) offen abzusetzen. Im Übrigen sind erhaltene Anzahlungen auf Bestellungen unter Verbindlichkeiten gesondert auszuweisen (Passivseite C Nr 3). Ausnahme für Kreditinstitute § 340a II 1. **V 3** entspricht für die Passivseite IV 2. Er betrifft Aufwendungen größeren Umfangs vor dem Abschlussstichtag, die erst nach diesem Tag rechtlich entstehen, aber Aufwand des Geschäftsjahrs darstellen. V 3 gilt nicht für kleine KapitalGes (§ 274a). **Lit** Riepolt DStR **14**, 113 (Davon-Vermerke nach MicroBilG); Wulf DStZ **15**, 825 (BilRUG); Zwirner StuB **15**, Beil 2, 1 (BilRUG).

6) Disagio oder Damnum (VI)

6 Nach **VI** ist das Disagio, falls es nach § 250 III als aktiver Rechnungsabgrenzungsposten aufgenommen wird, entweder in der Bilanz gesondert auszuweisen oder im Anhang anzugeben. VI gilt nicht für kleine KapitalGes (§ 274a).

7) Haftungsverhältnisse (VII)

7 **VII** ergänzt für KapitalGes § 251. Haftungsverhältnisse sind danach gesondert im Anhang anzugeben, und zwar mit Angaben zu nicht auf der Passivseite auszuweisenden Vebindlichkeiten oder Haftungsverhältnissen (**VII Nr 1**), wobei Haftungsverhältnisse jeweils gesondert mit den gewährten Pfandrechten und sonstigen Sicherheiten anzugeben sind (**VII Nr 2**) und Verpflichtungen betreffend Altersversorgung gegenüber verbundenen oder assoziierten Unternehmen jeweils gesondert zu vermerken sind (**VII Nr 3**), RegBegr BilRUG 77. Haftungsverhältnisse gegenüber verbundenen Unternehmen (§ 271 II) sind gesondert anzugeben. Ausnahme für Kreditinstitute § 340a II 2. **Lit** Wulf DStZ **15**, 825 (BilRUG); Zwirner StuB **15**, Beil 2, 1 (BilRUG); Schüttler BC **17**, 411.

8) Bilanzvermerke

8 Bei einzelnen Bilanzposten s zB §§ 253 I 5, 265 III 1, 268 I 2, II 3, IV 1, V 1, 285 S 1 Nr 2, GmbHG 42 III. Angaben unter der Bilanz s VII.

9) Ausschüttungssperre (VIII)

9 A. **VIII**, eingefügt durch BilMoG, normiert eine Ausschüttungssperre für Gewinne, die aus der Aktivierung selbstgeschaffener immaterieller Güter des Anlagevermögens (§§ 246, 248), latenter Steuern (§ 274) oder der aus der Bewertung von Planvermögen iS des § 246 II 2 zum Zeitwert resultieren und trägt so dem Gläubigerschutz Rechnung; § 301 S 1 AktG verbietet die Abführung der so gesperrten Beträge, hingegen muss § 302 AktG nicht um gesperrte Beträge erhöht werden, Küting/Laorsen/Eichenlaub/Toebe, GmbHR **11**, 1. VIII gilt nur für KapitalGes, da Einzelkfm und Gfter von PersonenGes ohnehin unbeschränkt haften, der Kommanditist jedenfalls bei Auschüttung des gesperrten Betrages, § 172 IV 3 nF (für analoge Anwendung auf PersonenGes iSv § 264a aber Wehrheim/Rupp DB **09**, 356). Angabe des gesperrten Gesamtbetrages im Anhang (§ 285 Nr 28). **Lit** Funnemann/Kerssenbrock BB **08**, 2674; Wehrheim/Rupp DB **09**, 356; Lüdenbach/Hoffmann StuB **09**, 287; Lanfermann/Röhricht DStR **09**, 1216; Haaker DStR **10**, 663; Kropff FS Hüffer **10**, 539; Petersen/Zwirner/Froschhammer KoR **10**, 334; Zülch/Hoffmann DB **10**, 909; Küting/Lorson/

2. Abschnitt. Ergänzende Vorschriften für Kapitalgesellschaften 1 § 270

Eichlaube/Toebe GmbHR **11**, 1; Melcher/Murer DB **11**, 2329 (latente Steuern); Ruberg NZG **11**, 1048; Zwirner StuB **11**, 643; Althoff DStR **12**, 868 (latente Steuern); v der Laage WM **12**, 1322; Schwarzmann StuB **13**, 704 (Ausgliederung mit Buchwertfortführung); Bünning BB **15**, 2795 (unterjährige Beendigung von Gewinnabführungsverträgen); Lüdicke DB **15**, 1070 (Vermarktungskostenzuschuß bei Medienfonds); Theile GmbHR **15**, 281 (GmbH- u GmbH & Co KG-Abschluss nach BilRUG).

B. Ermittlung der gesperrten Beträge: Höhe der ausschüttungsgesperrten 10 Beträge richtet sich nach Ansatz der jeweiligen Vermögensgegenstände und latenten Steuern. Bei originären immateriellen Gütern des Anlagevermögens ergibt sich als Rechnung aus **S 1**: Fragliche Bilanzposition abzüglich dafür gebildeter latenter Steuern ergibt Saldo A. Alle frei verfügbaren Rücklagen zuzüglich eines Gewinnvortrages und abzüglich eines Verlustvortrages ergibt Saldo B. Wenn B größer A ergibt der ermittelte positive Überschuss den ausschüttungsfähigen Betrag. Die Formulierung „insgesamt angesetzen Beträge" ist zwar insoweit unklar, als so Bezug zur Bilanzposition selbstgeschaffenes immaterielles Anlagevermögen fehlt; eine andere Auslegung würde aber nicht zu dem gesetzgeberischen Ziel (BT-Drucks 16/12407 S 113) führen, eine Ausschüttungssperre in Höhe der aktivierten Vermögensgegenstände zu schaffen. Rechnung bei latenten Steuern, **S 2**: Ergibt Abzug der Position passive latente Steuern von Position aktive latente Steuern positiven Saldo, ist dies der Saldo A iSv S 1. Ob Saldo A um latete Steuern für originäre Immaterialgüter erhöht werden muss, ist str, BeckBilKo 143. Bei Erträgen aus Verrechnung iSv § 246 II 2, **S 3**: Hier ist Parallelrechnung erforderlich, in der nicht verrechnet, sondern entsprechend dem Einzelbewertungsgrundsatz der Unterschiedsbetrag zwischen der Bewertung der Vermögensgegenstände zum beizulegenden Zeitwert und zu Anschaffungswerten ermittelt wird. Dieser Betrag abzüglich hierfür gebildeter passiver latenter Steuern ergibt Saldo A iSv S 1.

269 *(aufgehoben)*

1) § 269 (Aufw für Ingangsetzg und Erweiterg des GeschBetr) ersatzlos aufgehoben durch BilMoG 2009, s Einl 22v § 238; **Übergangsrecht** in **(1)** EGHGB Art 66 V, 67 V 1.

Bildung bestimmter Posten

270 (1) **Einstellungen in die Kapitalrücklage und deren Auflösung sind bereits bei der Aufstellung der Bilanz vorzunehmen.**

(2) **Wird die Bilanz unter Berücksichtigung der vollständigen oder teilweisen Verwendung des Jahresergebnisses aufgestellt, so sind Entnahmen aus Gewinnrücklagen sowie Einstellungen in Gewinnrücklagen, die nach Gesetz, Gesellschaftsvertrag oder Satzung vorzunehmen sind oder auf Grund solcher Vorschriften beschlossen worden sind, bereits bei der Aufstellung der Bilanz zu berücksichtigen.**

1) Bildung der Kapitalrücklage (I)

Veränderungen der Kapitalrücklage (§ 272 II) sind nach **I** bereits bei der 1 Aufstellung (nicht erst Feststellung, s § 245 Rn 3–5) der Bilanz vorzunehmen. Zuständig ist grundsätzlich, wer den Jahresabschluss aufzustellen hat (§ 264 I 1). Auflösung ist grundsätzlich Sache der GfterVersammlung der GmbH, Baumb/

§ 271 1

Hueck/Schulze-Osterloh § 41 Rn 51. **I 2 aF** aufgeh durch BilMoG. **Lit** Me/Pro/Fi Kap 10 Tz 241 ff; Dieterlein/Haun BB **99**, 2020; Freidank StB **00**, 44, 84, 128.

2) Bildung der Gewinnrücklagen (II)

2 Wird die Bilanz unter Berücksichtigung der Verwendung des Jahresergebnisses aufgestellt (Wahlrecht nach § 268 I), sind die Entnahmen aus Gewinnrücklagen (§ 272 III) sowie bestimmte Einlagen (auf Grund von Gesetz, zB § 150 II AktG oder GesVertrag, zB §§ 150 II Nr 1, 58 I, II AktG) bereits bei der Aufstellung der Bilanz zu berücksichtigen. Zuständigkeit nach GesRecht, grundsätzlich Gfter-Versammlung der GmbH, da Ergebnisverwendung, Baumb/Hueck/Schulze-Osterloh § 41 Rn 54.

Beteiligungen. Verbundene Unternehmen

271 (1) ¹**Beteiligungen sind Anteile an anderen Unternehmen, die bestimmt sind, dem eigenen Geschäftsbetrieb durch Herstellung einer dauernden Verbindung zu jenen Unternehmen zu dienen.** ²Dabei ist es unerheblich, ob die Anteile in Wertpapieren verbrieft sind oder nicht. ³Eine Beteiligung wird vermutet, wenn die Anteile an einem Unternehmen insgesamt den fünften Teil des Nennkapitals dieses Unternehmens oder, falls ein Nennkapital nicht vorhanden ist, den fünften Teil der Summe aller Kapitalanteile an diesem Unternehmen überschreiten. ⁴Auf die Berechnung ist § 16 Abs. 2 und 4 des Aktiengesetzes entsprechend anzuwenden. ⁵Die Mitgliedschaft in einer eingetragenen Genossenschaft gilt nicht als Beteiligung im Sinne dieses Buches.

(2) **Verbundene Unternehmen im Sinne dieses Buches sind solche Unternehmen, die als Mutter- oder Tochterunternehmen (§ 290) in den Konzernabschluß eines Mutterunternehmens nach den Vorschriften über die Vollkonsolidierung einzubeziehen sind, das als oberstes Mutterunternehmen den am weitestgehenden Konzernabschluß nach dem Zweiten Unterabschnitt aufzustellen hat, auch wenn die Aufstellung unterbleibt, oder das einen befreienden Konzernabschluß nach den §§ 291 oder 292 aufstellt oder aufstellen könnte; Tochterunternehmen, die nach § 296 nicht einbezogen werden, sind ebenfalls verbundene Unternehmen.**

Übersicht

	Rn
1) Beteiligungen (I)	1–8
A. Begriff der Beteiligung (I 1)	1
B. Verbriefung der Anteile (I 2)	5
C. Beteiligungsvermutung (I 3)	6
D. Berechnung der Anteile (I 4)	7
E. Genossenschaftsanteile (I 5)	8
2) Verbundene Unternehmen (II)	9, 10

1) Beteiligungen (I)

1 A. Der **Begriff der Beteiligung** kommt ua vor in §§ 266 II A. III. Nr 3, 4, B II Nr 3, III C Nr 7, 275 II Nr 9, III Nr 8, 311, 312, 327 Nr 1 A III 3, 4 B II 3, C 7, Beteiligungen gehören zum Anlagevermögen (Finanzanlagen), Abschreibungen §§ 253 III; Anlagenspiegel § 268 II. **I 1 definiert** Beteiligung für die Jahresabschlüsse aller KapitalGes, GmbH & Co s § 264c IV. I 1 kann über die KapitalGes hinaus auch für EinzelKfte und PersonenGes Bedeutung haben (AmtlBegr). Der Anteilsbesitz muss der Herstellung einer dauernden Verbindung zu dem anderen Unternehmen zu dienen bestimmt sein. **Lit** Me/Pro/Fi Kap 10

2. Abschnitt. Ergänzende Vorschriften für Kapitalgesellschaften 2–5 § 271

Tz 255 ff; IDW HFA 1/93 WPg **93**, 441 (joint ventures); 1/**94** WPg **94**, 419 (Genussrechte); IDW RS HFA 10 (Beteiligungen und sonstige Unternehmensanteile); Kupke/Nestler BB **03**, 2671 (Unternehmensbeteiligungen); Müller NZG **04**, 1037 (Unternehmensverbund); Naumann/Naumann WPg-Sonderheft **04**, 130 (Beteiligungen); IDW FN-IDW **06**, 625; Berger/Kolb StuB **06**, 289 (PersonenGesAnteile); Großfeld/Stöver/Tönnes NZG **06**, 521 (Unternehmensbewertung); Pilhofer/Lessel StuB **13**, 11 (Rechtsprechung); Müller/Wobbe StuB **14**, 83 (assoziierte Unternehmen); Zwirner/Zimny BB **17**, 942 (Beteiligungsbewertung).

a) Voraussetzung ist ein **Anteil** an KapitalGes (zB AG, GmbH) oder PersonenGes (zB KG) oder einem anderen Unternehmen (zB GbR, juristische Person des öffentlichen Rechts, Einl 33v § 1; nicht nur buchführungspflichtige Unternehmen, ADS 11, BeckBilKo 11, str, anders für II, s Rn 9); auch stille Beteiligung (§ 230), falls der Stille im Innenverhältnis Mitverwaltungsrecht hat, Verlustbeteiligung genügt allein nicht, str, auch nicht jede atypische stille Ges (s § 230 Rn 3), ADS 7. Ein GesVerhältnis muss vorliegen, partiarisches Darlehen mit Einwirkungsrechten genügt nicht; auch personelle und wirtschaftliche Einflussmöglichkeiten auf das Unternehmen reichen allein nicht aus. Eine Mindesthöhe der Beteiligung ist nicht erforderlich, in Sonderfällen können zwischen 5 und 10% ausreichen. Bewertung von Beteiligungen an KapitalGes Schulze-Osterloh FS Kropff **97**, 605. Auch Mitgliedschaft ohne Kapitalbeteiligung, ADS 8. Zu eG s Rn 8. Bilanzierung von Anteilen an PersonenHdlGes IDW RS HFA 18 WPg **06**, 1302. Bilanzierung von Joint Ventures IDW-HFA 1/93 WPg **93**, 441 Scheffler Konzern **11**, 406. Zum Ausweis bei nach GWB schwebend unwirksamem Beteiligungserwerb BGH BB **79**, 388.

b) Herstellung einer dauernden Verbindung zu dem anderen Unternehmen bedeutet zunächst Daueranlageabsicht wie bei Anlagevermögen (§ 247 Rn 5f). Diese reicht aber nicht aus, I geht über § 247 II hinaus (sonst unnötig), str, aA BFH BB **89**, 1676 (für Kreditinstitute, GewSt); HdJ/Bieg 15. Die Absicht unternehmerischer Einflussnahme ist allerdings nicht nötig, Gegenschluss aus § 311 I 1, hL, ADS 18, str. Notwendig und ausreichend ist vielmehr Absicht, die über bloßen Anteilsbesitz aus Anlage- und Renditegründen hinausgeht, ADS 18, GK BilR/Hüttemann 8. Indizien können danach sein, uU auch je für sich, zB personelle Verflechtungen, Zusammenarbeit bei Produktion, Forschung und Entwicklung, Personalwesen, Vertrieb ua, vertragliche und faktische Mitsprachemöglichkeiten, längerfristige Lieferungs- oder Leistungsverträge, gegenseitige Auftragsvergabepraxis, Koordination im Wettbewerb ua, all dies auch konzernweit, im Einzelnen str, weitere Bspe ADS 19.

c) Der Anteil muss **bestimmt sein**, dem eigenen Geschäftsbetrieb durch Herstellung einer solchen dauernden Verbindung **zu dienen**. Diese Bestimmung ist eine unternehmerische Entscheidung. Insofern ist Beteiligungsabsicht notwendig, hL, str, nach aA rein objektive Abgrenzung, offen BGH **101**, 13; BB **79**, 388. Ob diese Absicht vorliegt, ist allerdings nicht aus verbalen Erklärungen des Kfm, sondern in erster Linie aus den objektiven Umständen zu entnehmen, BGH **101**, 14, s Rn 3. Dauer der Inhaberschaft und Vertretung im Aufsichtsrat genügen allein nicht, aber zusammen mit weiteren Merkmalen, zB Branchenverwandtschaft, BGH **101**, 13, Bewertungseinheit besteht nur so lange, wie einzelne Aktien der Herstellung einer dauernden Verbindung am Unternehmen dienen. Bei Widmung einzelner Aktien für andere Zwecke endet Bewertungseinheit, FG Köln HFR **06**, 19.

B. Verbriefung der Anteile: I 2 stellt klar, dass auch unverbriefte Anteile unter den Begriff der Beteiligungen fallen, zB GmbHAnteil.

§ 271 6–10

6 **C. Beteiligungsvermutung:** I 3 begründet eine Vermutung für Beteiligung bei über 20% Anteil am Nennkapital einer KapitalGes. Die Vermutung ist widerleglich (im Zweifel), aber idR nicht durch bloße verbale Erklärungen, es fehle an einer Beteiligungsabsicht uä (formaler § 37 III GWB: Bankenklausel mit Jahresfrist). Vermutung kann widerlegt werden, wenn trotz der Kapitalbeteiligung keine dauernde Verbindung angestrebt wird, RegBegr BilRUG 78. Branchenfremdheit besagt darüber nichts, BGH **101**, 14. Für PersonenGes gilt I 1 ohne Vermutung, Anteile an ihnen sind aber nicht automatisch Beteiligungen, zB nicht ohne weiteres bei PublikumsGes (Anh § 177a Rn 52), ADS 23.

7 **D. Berechnung der Anteile:** I 4 verweist für die Berechnung nach I 3 auf § 16 II, IV AktG; über § 16 IV AktG werden auch indirekte Beteiligungen, zB „Enkel"unternehmen, erfasst.

8 **E. Genossenschaftsanteile:** I 5 verhindert, dass bei Kreditinstituten in der Form der eG normale Kredite als Forderungen und Verbindlichkeiten gegenüber verbundenen Unternehmen ausgewiesen werden müssen (§ 290 I).

2) Verbundene Unternehmen (II)

9 Der **Begriff der verbundenen Unternehmen** kommt ua vor in §§ 266 II A III Nr 1, 2, B II Nr 1, B III Nr 1, C Nr 6, 268 VII, 275 II Nr 9–11, 13, III Nr 8–10, 12, 327 Nr 1 A III 1, 2, B II 2, B III 1, C 6. Soweit mit einem verbundenen Unternehmen zugleich ein Beteiligungsverhältnis besteht, geht I als lex specialis gegenüber II vor, ADS 32. II bringt eine auf die Rechnungslegung (Drittes Buch des HGB) beschränkte, **von § 15 AktG abweichende und unabhängige Definition** der verbundenen Unternehmen (so genügen für II nicht Unternehmensvertrag ohne Beherrschung und wechselseitige Beteiligung, anders als §§ 15, 19 AktG). Die Definition des § 15 AktG gilt auch für das übrige Konzernrecht. Die Aufstellung eines Konzernabschlusses erlaubt also nicht den Schluss, dass zB Abhängigkeit (§ 17 AktG) vorliegt (Begr EK § 236). Unternehmen iSv II sind hier anders als in I (s Rn 2) nur buchführungspflichtige, also nicht Privatpersonen uä, Baumb/Hueck/Schulze-Osterloh § 42 Rn 115, aA ADS 37, 10. II definiert die verbundenen Unternehmen von der vorgeschriebenen Einbeziehung von Mutter- und Tochterunternehmen in einen Konzernabschluss her, aber ohne dass es auf die tatsächliche Aufstellung des Konzernabschlusses oder Einbeziehung ankommt, insoweit kommt es auf §§ 290, 291, 292, 296 an, Baumb/Hueck/Schulze-Osterloh § 42 Rn 116, GK BilR/Hüttemann 24, inzwischen hA, krit BeckBilKo 35, abw ADS 57 (richtlinienkonforme einschränkende Auslegung des II: auf Aufstellungs- bzw Einbeziehungspflicht kommt es nicht an). Verbundene Unternehmen nach II sind also Mutter- oder Tochterunternehmen nach § 290 I, II, die in den Konzernabschluss eines Mutterunternehmens einzubeziehen sind, nach §§ 290 ff (Vollkonsolidierung) aufzustellen ist oder nach §§ 291, 292 befreien würde. Tochterunternehmen, die nach § 296 nicht einbezogen wurden, sind dennoch verbundene Unternehmen, ADS 42. Gleichordnungskonzerne s § 290 Rn 7. Ob § 291 III vorliegt, ist irrelevant, str. Auch größenabhängige Befreiung nach § 293 ist irrelevant, str. – Formulierung „am weitestgehenden" in II ist sprachl zweifelh, wohl Redaktionsversehen.

10 **Nicht** verbundene Unternehmen sind zB TochterGes einer MutterGes, die nicht KapitalGes im Inland ist und keine eigenen Tochterunternehmen hat; sog Schwesterunternehmen (s § 290 Rn 7), Baumb/Hueck/Schulze-Osterloh § 42 Rn 116, 121, str, aA ADS 47 ff; Unternehmen nach § 310, ADS 41, außer wenn die Voraussetzungen der Vollkonsolidierung vorliegen (§ 310 Rn 1); assoziierte Unternehmen nach § 311.

2. Abschnitt. Ergänzende Vorschriften für Kapitalgesellschaften § 272

Eigenkapital

272 (1) ¹Gezeichnetes Kapital ist mit dem Nennbetrag anzusetzen. ²Die nicht eingeforderten ausstehenden Einlagen auf das gezeichnete Kapital sind von dem Posten „Gezeichnetes Kapital" offen abzusetzen; der verbleibende Betrag ist als Posten „Eingefordertes Kapital" in der Hauptspalte der Passivseite auszuweisen; der eingeforderte, aber noch nicht eingezahlte Betrag ist unter den Forderungen gesondert auszuweisen und entsprechend zu bezeichnen.

(1a) ¹Der Nennbetrag oder, falls ein solcher nicht vorhanden ist, der rechnerische Wert von erworbenen eigenen Anteilen ist in der Vorspalte offen von dem Posten „Gezeichnetes Kapital" abzusetzen. ²Der Unterschiedsbetrag zwischen dem Nennbetrag oder dem rechnerischen Wert und den Anschaffungskosten der eigenen Anteile ist mit den frei verfügbaren Rücklagen zu verrechnen. ³Aufwendungen, die Anschaffungsnebenkosten sind, sind Aufwand des Geschäftsjahrs.

(1b) ¹Nach der Veräußerung der eigenen Anteile entfällt der Ausweis nach Absatz 1a Satz 1. ²Ein den Nennbetrag oder den rechnerischen Wert übersteigender Differenzbetrag aus dem Veräußerungserlös ist bis zur Höhe des mit den frei verfügbaren Rücklagen verrechneten Betrages in die jeweiligen Rücklagen einzustellen. ³Ein darüber hinausgehender Differenzbetrag ist in die Kapitalrücklage gemäß Absatz 2 Nr. 1 einzustellen. ⁴Die Nebenkosten der Veräußerung sind Aufwand des Geschäftsjahrs.

(2) Als Kapitalrücklage sind auszuweisen

1. der Betrag, der bei der Ausgabe von Anteilen einschließlich von Bezugsanteilen über den Nennbetrag oder, falls ein Nennbetrag nicht vorhanden ist, über den rechnerischen Wert hinaus erzielt wird;
2. der Betrag, der bei der Ausgabe von Schuldverschreibungen für Wandlungsrechte und Optionsrechte zum Erwerb von Anteilen erzielt wird;
3. der Betrag von Zuzahlungen, die Gesellschafter gegen Gewährung eines Vorzugs für ihre Anteile leisten;
4. der Betrag von anderen Zuzahlungen, die Gesellschafter in das Eigenkapital leisten.

(3) ¹Als Gewinnrücklagen dürfen nur Beträge ausgewiesen werden, die im Geschäftsjahr oder in einem früheren Geschäftsjahr aus dem Ergebnis gebildet worden sind. ²Dazu gehören aus dem Ergebnis zu bildende gesetzliche oder auf Gesellschaftsvertrag oder Satzung beruhende Rücklagen und andere Gewinnrücklagen.

(4) ¹Für Anteile an einem herrschenden oder mit Mehrheit beteiligten Unternehmen ist eine Rücklage zu bilden. ²In die Rücklage ist ein Betrag einzustellen, der dem auf der Aktivseite der Bilanz für die Anteile an dem herrschenden oder mit Mehrheit beteiligten Unternehmen angesetzten Betrag entspricht. ³Die Rücklage, die bereits bei der Aufstellung der Bilanz zu bilden ist, darf aus vorhandenen frei verfügbaren Rücklagen gebildet werden. ⁴Die Rücklage ist aufzulösen, soweit die Anteile an dem herrschenden oder mit Mehrheit beteiligten Unternehmen veräußert, ausgegeben oder eingezogen werden oder auf der Aktivseite ein niedrigerer Betrag angesetzt wird.

(5) ¹Übersteigt der auf eine Beteiligung entfallende Teil des Jahresüberschusses in der Gewinn- und Verlustrechnung die Beträge, die als Dividende oder Gewinnanteil eingegangen sind oder auf deren Zahlung die Kapitalgesellschaft einen Anspruch hat, ist der Unterschiedsbetrag in eine Rücklage einzustellen, die nicht ausgeschüttet werden darf. ²Die Rücklage ist aufzulö-

Merkt

§ 272 1–4

sen, soweit die Kapitalgesellschaft die Beträge vereinnahmt oder einen Anspruch auf ihre Zahlung erwirbt.

Übersicht

	Rn
1) Gezeichnetes Kapital (I–Ib)	1–5
A. Definition und Ansatz	1
B. Nicht eingeforderte anstehende Einlagen (I 3 Halbs 1)	2
C. Eingeforderte, aber nicht einbezahlte Einlagen (I 3 Halbs 2)	3
D. Eigene Anteile: Rückerwerb (Ia), Wiederveräußerung (Ib)	4, 5
2) Kapitalrücklage (II)	6–9
A. Aufgabe bei Ausgabe von Anteilen/Bezugsanteilen (Nr 1)	6
B. Erzielter Betrag bei Ausgabe von Wandlungs-/Optionsrechten (Nr 2)	7
C. Zuzahlungen von Gesellschaften (Nr 3)	8
D. Sonstige Zuzahlungen (Nr 4)	9
3) Gewinnrücklagen (III)	10
4) Rücklage für Anteile an herrschendem oder mit Mehrheit beteiligtem Unternehmen (IV)	11
5) Beteiligungen (V)	12
6) Rechtsfolgen eines Verstoßes gegen § 272	13

1) Gezeichnetes Kapital (I–Ib)

1   A. **Definition und Ansatz:** § 272 idF BilMoG 2009, I 1 und 2 (aufgeh) idF AktienRNovelle 2016, regelt das Eigenkapital (§ 266 Passivseite A I–V). Gezeichnetes Kapital (Passivseite A I) ist das Haft(ungsfonds)kapital der KapitalGes **(I 1)**, gleichbedeutend bisher Grundkapital oder Stammkapital. Die neuere Bezeichnung soll im Interesse der Lesbarkeit des Jahresabschlusses auch für Ausländer verdeutlichen, dass es um gezeichnetes, nicht notwendig eingezahltes Kapital geht. Nach I 1, ehem I 2 (§ 283 aF) ist es zum Nennbetrag anzusetzen. **GmbH & Co** s § 264c Rn 2, 4. Lit Me/Pro/Fi Kap 7 Tz 1 ff; IDW HFA 2/97 WPg 97, 235 (Verschmelzungen); Baetge/Brüggemann DB **05**, 2145 (Genussrechte); Bock DStR **05**, 1067 (mezzanine Nachrangdarlehen); Göbel/Kormaier PiR **06**, 65 (Aktienrückkauf); Sultana/Willeke StuB **06**, 220 (Mezzanine-Kapital); Küting/Reuter BB **08**, 658 (eigene Anteile); dies StuB **08**, 535 (Ausweis), Lüdenbach/Hoffmann StuB **09**, 287; Rodewald/Pohl GmbHR **09**, 32 (eigene Anteile GmbH); Kirsch PiR **09**, 185; Brockmeier/Zwirner/Künkele DStR **10**, 1640; Breuninger/Müller GmbHR **11**, 10; Bruckmeier ua DStR **10**, 1640; Kühnberger BB **11**, 1387; Haisch/Renner DB **12**, 135 (Basel III); Ott StuB **15**, 43 (Gesellschafterdarlehen); Roß/Zilch BB **14**, 1579 („Großmutterzuschuss").

2   B. **Nicht eingeforderte ausstehende Einlagen:** Nach **I 3 Halbs 1** (zT alternativ dazu I 3 Halbs 3) steht auf der Passivseite: „Gezeichnetes Kapital (zB 100)", davon offen abgesetzt „Nicht eingeforderte Einlagen (zB 40)". Seit BilMoG kein Ausweis mehr auf der Aktivseite (bisher vor dem Anlagevermögen: „Ausstehende Einlagen (zB 40); davon eingefordert (zB 10)"). Der verbleibende Betrag (zB 60) ist in der Hauptspalte der Passivseite als Posten „Eingefordertes Kapital" auszuweisen.

3   C. **Eingeforderte, aber nicht einbezahlte Einlagen:** Eingeforderte, aber nicht einbezahlte Einlagen stehen nach I 3 Halbs 2 auf der Aktivseite unter den Forderungen. Sie sind dort auch entsprechend zu bezeichnen.

4   D. **Eigene Anteile: a) Rückerwerb eigener Anteile (Ia):** Mit BilMoG wurden die rechtsformabhängige Differenzierung sowie die Differenzierung nach

2. Abschnitt. Ergänzende Vorschriften für Kapitalgesellschaften 5–7 § 272

Erwerbstatbeständen des I 4–6 aF aufgegeben. Ia 1 regelt nun, wie bei Rückerwerb eigener Anteile zu verfahren ist.

(1) Abweichend vom bisherigen Recht sieht Ia keine rechtsformabhängige Differenzierung nach eigenen Aktien und eigenen Anteilen mehr vor. Sonderregelungen für AG (I 4–6 aF) entfallen damit. Grund hierfür ist der einheitliche Charakter des Rückerwerbs eigener Anteile und Aktien als Auskehrung frei verfügbarer Rücklagen, RegE BilMoG 65. Die Abschaffung der Differenzierung nach Erwerbtatbeständen bei der AG aus demselben Grund.

(2) Eigene Anteile sind auf der **Passivseite** als Korrekturposten zum Eigenkapital auszuweisen (zur steuerlichen Behandlung BMF-Schreiben v 27.11.13, GmbHR **14**, 108). Dazu wird der Nennbetrag oder, falls nicht vorhanden, der rechnerische Wert der Anteile offen vom Eigenkapital abgesetzt dargestellt. Der Unterschiedsbetrag zwischen dem (rechnerischen) Nennwert und den Anschaffungskosten (der Sache nach ist das Kapitalrückzahlung) ist mit den frei verfügbaren Rücklagen zu verrechnen. Verwendung des Begriffes frei verfügbare Rücklagen anstelle „anderer Gewinnrücklagen iSd § 266 III A. III.4" wird vorgenommen, weil bspw auch Kapitalrücklagen berücksichtigt werden können sollen, RegE BilMoG 66. Aufwendungen, die Anschaffungsnebenkosten (§ 255 I 2) sind, zB Provisionen, sind dagegen wie bisher Aufwand des Geschäftsjahres und nicht mit frei verfügbaren Rücklagen zu verrechnen. Due diligence-Kosten sind Anschaffungsnebenkosten des Beteiligungserwerbs, FG Kln BB **11**, 174, offen gelassen von BFH DStR **13**, 581. **Lit** Müller/Reinke DStR **14**, 711 (eigene Anteile); Schiffers GmbHR **14**, 79 (eigene Anteile).

b) Wiederveräußerung (Ib): Ib regelt Ausweis bei Wiederveräußerung eigener Anteile. Nach Ib 1 ist der Ausweis nach Ia 1 bei Wiederveräußerung rückgängig zu machen. Entsprechend dem Verständnis des Erwerbs eigener Anteile als Kapitalrückzahlung ist Wiederveräußerung Kapitalerhöhung, RegE BilMoG 66. Das gezeichnete Kapital ist daher nach Wiederveräußerung um den Nennbetrag oder (falls nicht vorhanden) den rechnerischen Wert zu erhöhen, der Vorspaltenausweis insoweit bzw ganz aufzulösen. Ein Differenzbetrag zum Veräußerungserlös ist nach Ib 2 bis zur Höhe des mit den frei verfügbaren Rücklagen bei Erwerb verrechneten Betrages (also des Kaufpreises) in die Rücklagen einzustellen. Bei höherem Differenzbetrag ist der Rest in die Kapitalrücklage gem II Nr 1 einzustellen, Ib 3. Nebenkosten der Veräußerung sind bei der Verrechnung nicht zu berücksichtigen, sondern sind Aufwand des Geschäftsjahres, Ib 4. Zu Anschaffungsnebenkosten s § 255 Rn 3.

2) Kapitalrücklage (II)

A. Zu den Kapitalrücklagen gehören alle Einlagen, die nicht gezeichnetes Kapital oder Einlagen und Kapitalanteile von phG sind. Das sind nach **Nr 1**: das Aufgeld bei der Ausgabe von Anteilen sowie von Bezugsanteilen, Ausgabekosten sind nicht abziehbar (für GmbH bisher str). **Lit** Schmitt/Hülsmann BB **00**, 1563 (Verschmelzungsgewinn); Hennrichs FS Hoffmann-Becking **13**, 511. Zur Zuordnung von Anschaffungskosten bei Aufgeld im Rahmen einer Kapitalerhöhung BFH Konzern **10**, 77; Deubert/Lewe/Roland BB **17**, 554 (Gesamtanschaffungskosten bei Umwandlungen); Johannemann/Herr BB **15**, 2158 (Rückkauf eigener Aktien).

B. Nach **Nr 2**: der bei Ausgabe von Wandlungs- und Optionsrechten zum Erwerb von Aktien (s § 221 AktG, nicht bei nur unverbrieftem Optionsrecht, BFH DStR **10**, 2453) erzielte Betrag, zB die Differenz zwischen höherem Ausgabe- und niedrigerem Rückzahlungsbetrag der Schuldverschreibung, aber auch die in der Einräumung eines unter dem Kapitalmarktzins liegenden Zinssatzes bestehende Gegenleistung (AmtlBegr), sog Aufgeld, bleibt auch bei Nichtausübung der Option in der Kapitalrücklage. Kein Ausweis bei Aktienoptionen an

§ 272 8–11

Mitarbeiter, weil künftige Dienstleistung nicht einlagefähig, BFHE 231, 57. Kein Gewinn, relevant ist nur der bei Ausgabe erzielte Betrag. GuV wird nicht berührt, BFH/NV 06, 616; BFH HFR 06, 245; OFD München/Nürnberg BB 00, 2628; auch bei Zwischenschaltung von TochterGes. **Lit** Gelhausen/Rimmelspacher AG 06, 729; Egner/Heinz StuB 05, 748; Hahne StuB 06, 295; Kobe StuB 11, 727 (unverbriefte Aktienoptionen); Oser WPg 14, 555 (Entnahmen aus GmbH).

8 C. Nach **Nr 3**: Zuzahlungen von Gftern gegen Gewährung eines Vorzugs für ihre Anteile.

9 D. Nach **Nr 4**: sonstige Zuzahlungen der Gfter in das Eigenkapital. Die Zuzahlungen nach Nr 4 müssen gewollt (freiwillig) sein und ohne Gegenleistung der Ges erfolgen BFH DStR **10**, 2453; verdeckte Einlagen und verlorene Zuschüsse sind nicht ohne weiteres erfasst (AmtlBegr). Zur Zuordnung von Anschaffungskosten bei Aufgeld im Rahmen einer Kapitalerhöhung BFH Konzern **10**, 77. Die Zuzahlungen nach Nr 4 sind nicht in die gesetzliche Rücklage nach AktG § 150 einbezogen. Zusatzangaben bei AG: Einstellungen und Entnahmen minus Kapitalrücklage, AktG § 152 II. Eingeforderte Nachschüsse bei GmbH s § 42 II nF GmbHG. GfterDarlehen s § 266 Rn 21. Einstellung in Kapitalrücklagen ist zwingend, bei Verstoß ist Jahresabschluss der KapitalGes nichtig, entspr § 256 I Nr 4 AktG. Beim kostenlosen oder verbilligten Erwerb eines Vermögensgegenstands von ihrem Gesellschafter hat die Ges die Anschaffungskosten und nicht den Zeitwert anzusetzen, um einen nicht realisierten Ertragsausweis zu vermeiden, EuGH v 3.10.13, Rs C-322/12 (Gimle S. A.) mit krit Anm Schulze-Osterloh NZG **14**, 1; sa Bravidor/Mehnert StuB **14**, 596; Dziadkowski IStR **14**, 461; Hennrichs WPg **15**, 315 (EuGH in Gimle S. A.). Beim Zuschussempfänger eines „Großmutterzuschusses" wird Zuschuss regelmäßig zu Erhöhung der Kapitalrücklage führen. Dass Zuschussgeber nicht unmittelbar Gesellschafter des Empfängers ist, steht nicht entgegen; Ansatz: Grs vorsichtig geschätzter Zeitwert, Roß/Zilch BB **14**, 1579. Zuständigkeit s § 270 Rn 1. **Lit** Theile StuB **13**, 411 (Prüfung der Größenkriterien); Ekkenga Ubg **09**, 761 (Sanierungsgewinne bei Kapitalumschichtung); Theile StuB **13**, 411 (Prüfung der Größenkriterien); Oser WPg **14**, 555 (Entnahmen aus GmbH); Zwirner StuB **15**, Beil 2, 1 (BilRUG); Bünning/Stoll BB **16**, 555 (Kapitalrücklagen bei Gewinnabführungsvertrag); Schnorbus/Plassmann ZIP **16**, 693 (schuldrechtlicher Agio); Müller BB **16**, 491 (Qualifizierter Rangrücktritt).

3) Gewinnrücklagen (III)

10 Gewinnrücklagen sind die aus dem Geschäftsergebnis gebildeten Rücklagen (**III 1**). Der Ausdruck verdeutlicht dies besser als der bisherige „offene Rücklagen". Davon zu unterscheiden sind Kapitalrücklagen (II). Gewinnrücklagen sind nach III 2, § 266 III A.III: die gesetzliche Rücklage (s AktG § 150; bei GmbH nicht geregelt); Rücklage für eigene Anteile (IV); satzungsmäßige Rücklagen (Rücklagen, die nach der Satzung gebildet werden müssen, AktG § 58 I, auch § 29 I GmbHG); andere Gewinnrücklagen (Rücklagen, die freiwillig ohne Grundlage in Gesetz oder Satzung oder mit bloßer Satzungsermächtigung gebildet werden; dazu AktG § 58 II, IIa, § 29 IV GmbHG). Zusatzangaben bei AG s AktG § 152 III. Zuständigkeit s § 270 Rn 2. **Lit** Oser WPg **14**, 555 (Entnahmen aus GmbH).

4) Rücklage für Anteile an herrschendem oder mit Mehrheit beteiligtem Unternehmen (IV)

11 Der neue **IV** verlangt Bildung einer Rücklage für Anteile an einem anderen Unternehmen, das an dem erwerbenden Unternehmen (TochterGes) selbst mehrheitlich beteiligt ist oder es sogar beherrscht (§§ 16, 17 AktG). Grund: Diese Anteile waren eigenen Anteilen bisher gleichgestellt, daher war Rücklage nach IV aF erforderlich. Anders als eigene Anteile (s Ia) sind diese Anteile, soweit sie

2. Abschnitt. Ergänzende Vorschriften für Kapitalgesellschaften § 274

wirtschaftlich nicht der MutterGes zuzurechnen sind, als Vermögensgegenstände des erwerbenden zu aktivieren; Ausweis s § 266 II B. III.1 oder 3; Ausweis im Anlagevermögen (§ 266 II A. III.3) nur, wenn hinreichende Anhaltspunkte dafür bestehen, dass ein mögliches Recht (§ 71d AktG) des herrschenden bzw mehrheitlich beteiligten Unternehmens, jederzeit die Übertrag verlangen zu können, nicht ausgeübt wird. Die bei Aufstellung der Bilanz (IV 3) zu bildende Rücklage muss den aktivierten Beträgen entsprechen (IV 2). Sie kann entweder aus dem Jahresergebnis oder aus frei verfügbaren Rücklagen gebildet werden (IV 3). Auflösung entsprechend der Veränderung auf Aktivseite durch Veräußerung, Ausgabe, Einziehung oder niedrigerem Ansatz (zB nach Abschreibung, § 253 IV). Verstoß gegen IV ist Nichtigkeitsgrund (§ 256 I Nr 4 AktG, entspr für GmbH). **GmbH & Co** s § 264c IV, s dort Rn 4.

5) Beteiligungen (V)

V angefügt durch BilRUG 2015 (**Übergangsrecht (1)** EGHGB Art 75 I 1) 12 setzt Art 9 VII Buchst c BilRi 2013 um. Der Ausweis des auf die Beteiligung entfallenden Teils des Ergebnisses unter einem gesonderten Posten mit entsprechender Bezeichnung in der GuV gem Vierter (Bilanz-)RiLi von 1978 ist nach Art 27 VI BilRi 2013 nur noch für den Konzernabschluss vorgesehen (so schon § 312 IV 2). Ferner folgt aus Art 9 VII Buchst b und c BilRi 2013 der Grundsatz, dass phasengleiche Gewinnausschüttung bei der Beteiligung und dem beteiligten Unt (insbesondere im Mutter-Tochter-Verhältnis) möglich ist. Von dieser Option der Beschränkung des Ausweises der Erträge auf bereits gezahlte oder als Forderung entstandene Dividenden u Gewinnanteile macht das HGB auch weiterhin keinen Gebrauch. Daher ist der Unterschiedsbetrag, um den der Gewinnanteil aus der Beteiligung die schon eingegangenen Zahlungen und entstandenen Forderungen auf Gewinnausschüttungen übersteigt, in eine Rücklage einzustellen und eine Ausschüttung unzulässig, RegBegr 78; krit Haaker DB **15**, 510; Theile GmbHR **15**, 281 (GmbH- u GmbH & Co KG-Abschluss nach BilRUG); Hermesmeier/Heinz DB **15**, Beil Heft 36, 20 (BilRUG); Oser/Orth/Wirtz DB **15**, 1729 (BilRUG); Reitmeier/Rimmelspacher DB **15**, Beil Heft 36, 1 (BilRUG); Zwirner BC **16**, 264 (Erstanwendung BilRUG); Zwirner/Busch/Boecker Konzern **16**, 287 (Aufgaben des Aufsichtsrats); Oser WPg **17**, 691 (Befreiungsvoraussetzungen für TochterKapGes).

6) Rechtsfolgen eines Verstoßes gegen § 272

Der Verstoß gegen § 272 stellt eine Ordnungswidrigkeit nach § 334 I Nr 1c 13 dar. Es kann auch Vergehen nach § 331 I Nr 1 vorliegen, sofern die Verhältnisse der Ges unzutreffend oder verschleiert wiedergegeben werden. Im Fall der unzutreffenden Angabe des gezeichneten Kapitals ist der Jahresabschluss der AG idR nach § 256 I Nr 1 oder 4 AktG nichtig (für GmbH grds analog).

273 *(aufgehoben)*

1) § 273 aufgehoben durch BilMoG 2009 in Folge der Streichung des § 247 III, s Einl 25v § 238 (**Übergangsrecht** in (1) EGHGB Art 66 V, Art 67 III, IV).

Latente Steuern

274 (1) ¹Bestehen zwischen den handelsrechtlichen Wertansätzen von Vermögensgegenständen, Schulden und Rechnungsabgrenzungsposten und ihren steuerlichen Wertansätzen Differenzen, die sich in späteren Geschäftsjahren voraussichtlich abbauen, so ist eine sich daraus insgesamt

§ 274 1

ergebende Steuerbelastung als passive latente Steuern (§ 266 Abs. 3 E.) in der Bilanz anzusetzen. ²Eine sich daraus insgesamt ergebende Steuerentlastung kann als aktive latente Steuern (§ 266 Abs. 2 D.) in der Bilanz angesetzt werden. ³Die sich ergebende Steuerbe- und die sich ergebende Steuerentlastung können auch unverrechnet angesetzt werden. ⁴Steuerliche Verlustvorträge sind bei der Berechnung aktiver latenter Steuern in Höhe der innerhalb der nächsten fünf Jahre zu erwartenden Verlustverrechnung zu berücksichtigen.

(2) ¹Die Beträge der sich ergebenden Steuerbe- und -entlastung sind mit den unternehmensindividuellen Steuersätzen im Zeitpunkt des Abbaus der Differenzen zu bewerten und nicht abzuzinsen. ²Die ausgewiesenen Posten sind aufzulösen, sobald die Steuerbe- oder -entlastung eintritt oder mit ihr nicht mehr zu rechnen ist. ³Der Aufwand oder Ertrag aus der Veränderung bilanzierter latenter Steuern ist in der Gewinn- und Verlustrechnung gesondert unter dem Posten „Steuern vom Einkommen und vom Ertrag" auszuweisen.

1) Passive Steuerabgrenzung (I 1)

1   A. Nach I 1 ist im Falle künftiger Steuerbelastung bei Periodenverschiebung Ansatz passiver latenter Steuern als **Sonderposten** (§ 266 III E) erforderlich. Voraussetzung für I 1 ist, dass in dem Geschäftsjahr und früheren Geschäftsjahren der Wertansatz der Vermögensgegenstände, Schulden und Rechnungsabgrenzungsposten niedriger ist als der Ansatz in der HdlBilanz und dass sich diese Differenz später voraussichtlich ausgleicht. Demnach sind alle **Bilanzierungs- und Bewertungsdifferenzen** zwischen Handels- u Steuerbilanz in die Ermittlung latenter Steuern einzubeziehen (**temporary concept**; anders bisher das **timing concept**, nach dem Vergleich von Steuer- und HdlBilanzgewinn maßgeblich war). So ermittelte aktive und passive latente Steuern sind zu saldieren („insgesamt"), RegE BilMoG 67, bisher str, aber unsaldierter Ausweis möglich, I 3. Verbleiben nach Saldierung passive latente Steuern, sind diese unter dem Sonderposten auszuweisen. Dass eine Rückstellung nach § 249 I 1 zu bilden ist (Rückstellung für Steuerabgrenzung, **Passivierungspflicht**), sagt I 1 nicht mehr und ist auch nach dem gesetzgeberischen Willen (RegE BilMoG 67) nicht intendiert; vielmehr sollen passive latente Steuern ein Sonderposten eigener Art sein und nur als solcher ausgewiesen werden. Nicht unter I 1 fallen zeitlich unbegrenzte Unterschiede zwischen Handels- und Steuerbilanz (zB steuerfreie Zinsen, Sanierungszinsen), weil es hier an einem späteren Ausgleich fehlt. **Ausnahme** für kleine KapitalGes (§ 274a Nr. 5). Bilanzierende, die § 274 nicht anwenden, müssen für passive Steuerlatenzen eine Rückstellung gem I 1 1. Alt bilden, IDW RS HFA 7 Rn 26, str, dazu Pöschke NZG **13**, 646. Lit Me/Pro/Fi Kap 8 Tz 1 ff; Loitz DB **09**, 913; Herzig/Bohn/Götsch DStR **09**, 2615 (Zinsvorträge); Kirsch DStR **09**, 1972; Petersen/Zwirner StuB **09**, 416; Krain StuB **09**, 486; Ellerbusch ua DStR **09**, 2443; Zimmer DStR **10**, 826; Bolik/Linzbach DStR **10**, 1587; Lüdenbach/Freiberg BB **10**, 1971 (DRS 18); Loitz DB **10**, 2177 (DRS 18); Meyer/Ruberg DStR **10**, 1538 (Planungsrechnungen); Petersen/Zwirner StuB **10**, 216; Kastrup/Middendorf BB **10**, 815 (latente Steuern); Ortmann-Bable/Bolik BB **10**, 2099 (steuerrechtliche Wahlrechtsausübung); Wolz DB **10**, 2652; Zwirner StuB **10**, 3; Kühnberger StuB **11**, 931; Melcher/Murer DB **11**, 2329 (Steuerumlageverträge); Meyer BB **11**, 2539 (Sanierung); Müller/Kreipl DB **11**, 1701 (kleine KapitalGes); Kirsch/Hoffmann/Siegel DStR **12**, 1290; Völker/Feldgen BB **12**, 1333 (PersonenGes); Karrenbrock BB **13**, 235; Theile StuB **13**, 411; Pagel/Tetzlaff StuB **13**, 451 (Anwachsung); Meyer BB **13**, 683 (latente Steuern bei Verschmelzung, IDW RS HFA 42); Pilhofer/Suermann/Müller StuB **13**, 799 (Organkreis nach HGB); Pöschke NZG **13**, 646 (Rückstellungen); Spengel/Evers/Meier DB **15**, 7 (Empirie); Köstler/Dietrich WPg **15**, 81 (steuerliche Gewinnermittlung und latente Steuern); Lüdenbach StuB **16**, 867

2. Abschnitt. Ergänzende Vorschriften für Kapitalgesellschaften § 274a

(Steuerlatenz bei Immobilien); Bolik/Burek DStR **16**, 1624 (außerbilanzieller Merkposten nach § 4f EStG); Atilgan NWB **16**, 936 (latente Steuern).

B. **Beispiele:** Ansatz originärer immaterieller Anlagegüter nach HGB, aber nicht nach § 5 II EStG; Diskrepanz aus der Fifo-Methode und der steuerrechtlich vorgeschriebenen Durchschnittsbewertung (s § 256 Rn 2–3); steuerrechtlich zulässige Rücklagen (zB § 6b III EStG), die nach Aufgabe der Umkehrmaßgeblichkeit nicht in die HdlBilanz gehören. Weitere echte und vermeintliche Bspe s BeckBilKo 21.

2) Aktive Steuerabgrenzung (I 2)

A. **Aktivischer Abgrenzungsposten:** I 2 erlaubt die aktivische Steuerabgrenzung in Form einer Bilanzierungshilfe (**Aktivierungswahlrecht**). Voraussetzung ist, dass die Berechnung nach I 1 (s Rn 1) nach den Saldierungen einen höheren Ansatz in der Steuerbilanz ergibt. Nach I 4 sind Verlustvorträge in der Höhe der innerhalb der nächsten fünf Jahre zu erwartenden Verlustverrechnung zu berücksichtigen, dabei aber Beachtung des Vorsichtsprinzips (§ 252 I Nr 4). Ausweis unter Sonderposten (§ 266 II D.). **Lit** Jödicke/Jödicke KoR **11**, 153; Karrenbrock BB **11**, 683.

B. **Beispiele:** Disagio (Aktivierungswahlrecht nach § 250 III, steuerlich Aktivierungspflicht und Abschreibung während der Laufzeit, s § 250 Rn 8); Bewertungsvereinfachungsverfahren nach § 256, wenn sie im Einzelfall zu rascherer Abschreibung führen als die steuerrechtliche Durchschnittsbewertung; Pensionsrückstellungen (nach § 249 großzügiger als in der Steuerbilanz, s § 249 Rn 14 ff), weitere Bspe BeckBilKo 31 ff, Ho/Lü 14 ff.

3) Bewertung, Ausweis, Auflösung des Sonderpostens

A. **Unverrechneter Ansatz (I 3).** Nach I 3 können latente Steuern im Interesse besserer Adressateninformation auch unverrechnet angesetzt werden.

B. **Bewertung (II 1).** Nach II 1 sind die sich aus der Steuerbe- und -entlastung ergebenden Beträge mit dem unternehmensindividuellen Steuersatz zu bewerten, der zum Zeitpunkt der Umkehrung vorraussichtlich gelten wird; ist dieser (noch) nicht hinreichend bekannt, ist der zum Stichtag geltende individuelle Steuersatz zu nehmen (RegE BilMoG 68). Die Beträge sind wegen ihres Charakters als Sonderposten eigener Art nicht abzuzinsen, II 1 Halbs 2 stellt dies im Hinblick auf die Ähnlichkeit passiver latenter Steuern mit Rückstellungen klar. Bei Veränderung des Ansatzes entstehender Aufwand und Ertrag ist in der GuV unter dem Posten „Steuern vom Einkommen und vom Ertrag" (§ 275 II Nr 18, III Nr 17) gesondert auszuweisen, II 3. **Lit** Theile GmbHR **15**, 281 (GmbH- u GmbH & Co KG-Abschluss nach BilRUG).

C. **Gewinnausschüttungssperre:** Ausschüttungssperre in § 268 VIII, s dort Rn 9.

D. **Auflösung:** Der Sonderposten ist aufzulösen, sobald die latente Steuerbe- oder entlastung eintritt oder mit ihr nicht mehr zu rechnen ist. Denn § 274 dient der Periodenabgrenzung, erlaubt aber keine Bildung stiller Reserven oder Lasten. **Lit** Oser/Kropp BB **16**, 875 (Auflösung latenter Steuern der OrganGes).

Größenabhängige Erleichterungen

274a Kleine Kapitalgesellschaften sind von der Anwendung der folgenden Vorschriften befreit:

1. § 268 Abs. 4 Satz 2 über die Pflicht zur Erläuterung bestimmter Forderungen im Anhang,

§ 275

2. § 268 Abs. 5 Satz 3 über die Erläuterung bestimmter Verbindlichkeiten im Anhang,
3. § 268 Abs. 6 über den Rechnungsabgrenzungsposten nach § 250 Abs. 3,
4. § 274 über die Abgrenzung latenter Steuern.

1) § 274a eingefügt durch G 25.7.94 (Einl 15v § 238), geändert durch BilRUG 2015 (**Übergangsrecht (1)** EGHGB Art 75 I 1); Nr 4 geändert durch BilMoG und durch ARUG. Kleine KapitalGes s § 267 I. **Lit** Me/Pro/Fi Kap 3 Tz 225.

Dritter Titel. Gewinn- und Verlustrechnung

Gliederung

275 (1) ¹Die Gewinn- und Verlustrechnung ist in Staffelform nach dem Gesamtkostenverfahren oder dem Umsatzkostenverfahren aufzustellen. ²Dabei sind die in Absatz 2 oder 3 bezeichneten Posten in der angegebenen Reihenfolge gesondert auszuweisen.

(2) Bei Anwendung des Gesamtkostenverfahrens sind auszuweisen:

1. Umsatzerlöse
2. Erhöhung oder Verminderung des Bestands an fertigen und unfertigen Erzeugnissen
3. andere aktivierte Eigenleistungen
4. sonstige betriebliche Erträge
5. Materialaufwand:
    a) Aufwendungen für Roh-, Hilfs- und Betriebsstoffe und für bezogene Waren
    b) Aufwendungen für bezogene Leistungen
6. Personalaufwand:
    a) Löhne und Gehälter
    b) soziale Abgaben und Aufwendungen für Altersversorgung und für Unterstützung,

davon für Altersversorgung

7. Abschreibungen:
    a) auf immaterielle Vermögensgegenstände des Anlagevermögens und Sachanlagen
    b) auf Vermögensgegenstände des Umlaufvermögens, soweit diese die in der Kapitalgesellschaft üblichen Abschreibungen überschreiten
8. sonstige betriebliche Aufwendungen
9. Erträge aus Beteiligungen,

davon aus verbundenen Unternehmen

10. Erträge aus anderen Wertpapieren und Ausleihungen des Finanzanlagevermögens,

davon aus verbundenen Unternehmen

11. sonstige Zinsen und ähnliche Erträge,

davon aus verbundenen Unternehmen

12. Abschreibungen auf Finanzanlagen und auf Wertpapiere des Umlaufvermögens
13. Zinsen und ähnliche Aufwendungen,

davon an verbundene Unternehmen

14. Steuern vom Einkommen und vom Ertrag

2. Abschnitt. Ergänzende Vorschriften für Kapitalgesellschaften § 275

15. Ergebnis nach Steuern
16. sonstige Steuern
17. Jahresüberschuss/Jahresfehlbetrag.

(3) Bei Anwendung des Umsatzkostenverfahrens sind auszuweisen:

1. Umsatzerlöse
2. Herstellungskosten der zur Erzielung der Umsatzerlöse erbrachten Leistungen
3. Bruttoergebnis vom Umsatz
4. Vertriebskosten
5. allgemeine Verwaltungskosten
6. sonstige betriebliche Erträge
7. sonstige betriebliche Aufwendungen
8. Erträge aus Beteiligungen,

davon aus verbundenen Unternehmen

9. Erträge aus anderen Wertpapieren und Ausleihungen des Finanzanlagevermögens,

davon aus verbundenen Unternehmen

10. sonstige Zinsen und ähnliche Erträge,

davon aus verbundenen Unternehmen

11. Abschreibungen auf Finanzanlagen und auf Wertpapiere des Umlaufvermögens
12. Zinsen und ähnliche Aufwendungen,

davon an verbundene Unternehmen

13. Steuern vom Einkommen und vom Ertrag
14. Ergebnis nach Steuern
15. sonstige Steuern
16. Jahresüberschuss/Jahresfehlbetrag.

(4) Veränderungen der Kapital- und Gewinnrücklagen dürfen in der Gewinn- und Verlustrechnung erst nach dem Posten „Jahresüberschuß/Jahresfehlbetrag" ausgewiesen werden.

(5) Kleinstkapitalgesellschaften (§ 267a) können anstelle der Staffelungen nach den Absätzen 2 und 3 die Gewinn- und Verlustrechnung wie folgt darstellen:

1. Umsatzerlöse,
2. sonstige Erträge,
3. Materialaufwand,
4. Personalaufwand,
5. Abschreibungen,
6. sonstige Aufwendungen,
7. Steuern,
8. Jahresüberschuss/Jahresfehlbetrag.

Übersicht

	Rn
1) Staffelform, Verfahrenswahlrecht (I)	1–3
A. Staffelform	1
B. Verfahrenswahlrecht	2
C. Mindestgliederung (I 2)	3
2) Erfolgsquellen und Zwischensummen in II und III	4
3) Einzelne Posten beim Gesamtkostenverfahren (II)	5–23
A. Umsatzerlöse (Nr 1)	5

Merkt 1145

§ 275   1, 2   3. Buch. Handelsbücher

	Rn
B. Bestandsveränderungen (Nr 2)	6
C. Andere aktivierte Eigenleistungen (Nr 3)	7
D. Sonstige betriebliche Erträge (Nr 4)	8
E. Materialaufwand (Nr 5)	9
F. Personalaufwand (Nr 6)	10
G. Abschreibungen (Nr 7)	11
H. Sonstige betriebliche Aufwendungen (Nr 8)	12
I. Erträge aus Beteiligungen (Nr 9)	13
J. Erträge aus anderen Wertpapieren und Ausleihungen des Finanzanlagevermögens (Nr 10)	14
K. Sonstige Zinsen und ähnliche Erträge (Nr 11)	15
L. Abschreibungen auf Finanzanlagen und auf Wertpapiere des Umlaufvermögens (Nr 12)	16
M. Zinsen und ähnliche Aufwendungen (Nr 13)	17
N. Steuern vom Einkommen und vom Ertrag (Nr 14)	18
O. Ergebnis nach Steuern (Nr 15)	19
P. Sonstige Steuern (Nr 16)	20
Q. Jahresüberschuss-/fehlbetrag (Nr 17)	21
R. Ergebnisverwendung bei der AG	22
S. Zusatzposten	23
4) Einzelne Posten beim Umsatzkostenverfahren (III)	24–30
A. Abweichungen von II	24
B. Herstellungskosten (Nr 2)	25
C. Bruttoergebnis vom Umsatz (Nr 3)	26
D. Vertriebskosten (Nr 4)	27
E. Allgemeine Verwaltungskosten (Nr 5)	28
F. Sonstige betriebliche Erträge (Nr 6)	29
G. Sonstige betriebliche Aufwendungen (Nr 7)	30
5) Rücklagenveränderungen (IV)	31
6) Erleichterungen für KleinstKapitalGes (V)	32
7) Rechtsfolgen eines Verstoßes gegen § 275	33

1) Staffelform, Verfahrenswahlrecht (I)

1   A. § 275 bringt die Gliederung der Gewinn- und Verlustrechnung von KapitalGes; Ausnahme von § 275 für Kreditinstitute § 340a II 2. **Staffelform**: § 275 sieht Verfahrenswahlrecht (auch Umsatzkostenverfahren) und verkürztes Gliederungsschema vor. Zulässig ist nur die Staffelform, nicht die Kontoform. **Lit** Me/Pro/Fi Kap 10 Tz 283 ff; Küting/Reuter/Zwirner StuB **06**, 85 (Erfolgsrechnung: Gesamtkosten-/Umsatzkostenverfahren); Berger/Kolb StuB **06**, 289 (Anteile an PersonenGes); Kirsch StuB **06**, 651; ders StuB **06**, 857 (GuV HGB/IFRS); Theile GmbHR **15**, 281 (GmbH- u GmbH & Co KG-Abschluss nach BilRUG); Zwirner StuB **15**, Beil 2, 1 (BilRUG).

2   B. **Verfahrenswahlrecht:** Zulässig sind das Gesamtkostenverfahren (Produktionskostenverfahren, II) und das international gebräuchlichere Umsatzkostenverfahren (III), damit sich Unternehmen ohne zweite Gewinn- und Verlustrechnung international vergleichbarer darstellen können. Das **Gesamtkostenverfahren** stellt den Umsatzerlösen (II Nr 1) die Gesamtkosten der Betriebsleistung der Periode gegenüber, muss dann allerdings die Bestandsveränderungen an Halb- und Fertigfabrikaten sowie andere aktivierte Eigenleistungen (II Nr 2, 3) bei der Ermittlung des Betriebsergebnisses eigens berücksichtigen. Dies muss das **Umsatzkostenverfahren** nicht, denn es stellt den Umsatzerlösen (III Nr 1) die Selbstkosten der abgesetzten Betriebsleistung (Umsatzkosten; III Nr 2, auch III Nr 4, 5) gegenüber. Der beim Gesamtkostenverfahren erscheinende Material- und Personalaufwand (II Nr 5, 6) erscheint beim Umsatzkostenverfahren nur im Anhang (§ 285 Nr 8). Das Gesamtkostenverfahren arbeitet mit den Primärkosten, die direkt aus dem Rechnungswesen ersichtlich sind. Das Umsatzkostenverfahren gliedert demgegenüber nach Funktionsbereichen bzw Produktgruppen. Jahres-

2. Abschnitt. Ergänzende Vorschriften für Kapitalgesellschaften   3–8   § 275

ergebnis nach § 275u nicht steuerliches Jahresergebnis ist bei BgA ohne Rechtspersönlichkeit maßgebend für Gewinnermittlung nach § 20 EStG 2002, BFH BStBl II **15**, 161. **Muster:** Hopt/Kraft/Link Form III.B.1, 2 (GuV – Gesamtkostenverfahren, Lang- und Kurzfassung), Form III.B.3, 4 (GuV Umsatzkostenverfahren, Lang- und Kurzfassung).

C. **Mindestgliederung:** Nach **I 2** sind die Posten und die Reihenfolge von II oder III zwingend. Zusätzliche Posten und weitere Untergliederungen sind dagegen fakultativ (§ 265 V). 3

2) Erfolgsquellen und Zwischensummen in II und III

II u **III** infolge Streichung der Angaben zu außerordentlichen Erträgen und außerordentlichen Aufwendungen angepasst – zT umnummeriert – durch BilRUG 2015 (**Übergangsrecht (1)** EGHGB Art 75 I 1), krit Haaker StuB **15**, 11; außerordentliche Posten dürfen gem Art 13 I BilRi 2013 nicht in der GuV ausgewiesen werden; ebenso ist eine weitere Untergliederung oder neue Posten gem Art 9 II BilRi 2013 zum Ausweis außerordentlicher Erträge oder Aufwendungen unzulässig; Erträge oder Aufwendungen von außergewöhnlicher Größenordnung oder Bedeutung sind nach Art 16 I Buchst b BilRi 2013 im Anhang auszuweisen. Für Kreditinstitute und VersicherungsUnt bleibt aufgrund besonderer EU-Vorgaben der Ausweis außerordentlicher Posten in der GuV zulässig. In der GuV sind in Staffelform gesondert auszuweisen das **Betriebsergebnis** (II Nr 1–8; III Nr 1–7) und das **Finanzergebnis** (II Nr 9–13; III Nr 8–12), ferner die **Steuern** vom Einkommen und vom Ertrag (II Nr 14; III Nr 13), das **Ergebnis nach Steuern** (II Nr 15; III Nr 14) und die **sonstigen Steuern** (II Nr 16; III Nr 15), schließlich der **Jahresüberschuss/Jahresfehlbetrag** (II Nr 17; III Nr 16). Nicht mehr besonders ausgewiesen, aber ohne weiteres zu errechnen sind (beim Gesamtkostenverfahren) die Gesamtleistung (bestehend aus II Nr 1–3) und der Rohertrag/Rohaufwand (bestehend aus Gesamtleistung abzüglich Materialaufwand, also II Nr 1–3 minus II Nr 5). Das Rohergebnis nach § 276, das kleine und mittelgroße KapitalGes zusammenfassen dürfen, umfasst beim Gesamtkostenverfahren zusätzlich II Nr 4. Beim Umsatzkostenverfahren besteht es aus III Nr 1–3 und 6. **Lit** Oser WPg **14**, 555 (Entnahmen aus GmbH); Kleinmanns StuB **14**, 794 (BilRUG-Änderungen); Deubert/Hoffmann Konzern **14**, 154 (Vermögensauskehrung von Beteiligungsunternehmen); Lorson DB **15**, 695. 4

3) Einzelne Posten beim Gesamtkostenverfahren (II)

A. **Umsatzerlöse (Nr 1):** s § 277 I. Ausweis netto ohne Umsatzsteuer, IDW-HFA 1/85 WPg **85**, 257. 5

B. **Bestandsveränderungen (Nr 2):** s § 277 II. 6

C. **Andere aktivierte Eigenleistungen (Nr 3):** Nr 3 ist auf der Ertragsseite notwendig, weil die Aufwendungen für diese aktivierten Eigenleistungen in Nr 5, 6 als Material- und Personalaufwand mit enthalten sind. Nr 3 betrifft nur aktivierte Eigenleistungen (Aktivierungsverbote s § 248). Nr 3 hat gegenüber Nr 2 Auffangfunktion. Bspe: Bestandsveränderungen selbst erzeugter Roh-, Hilfs- und Betriebsstoffe, soweit diese nicht fertige oder unfertige Erzeugnisse (s Nr 2) sind; Leistungen in das eigene Anlagevermögen, zB Reparaturen, Eigenbau von Anlagen; in den aktivierten Eigenleistungen enthaltene Aufwendungen für bezogene Materialien und bezogene Leistungen, aber Zulieferungen Dritter nur wenn nicht erheblich, Eigenleistung muss für Nr 3 überwiegen BeckBilKo 81 (Bruttomethode, bei Überwiegen von Fremdleistungen und Fremdlieferungen Nettomethode). 7

D. **Sonstige betriebliche Erträge (Nr 4):** Nr 4 ist ein Sammelposten für alle Erträge aus der gewöhnlichen Geschäftstätigkeit, die nicht unter Nr 1–3, 9–11 8

Merkt   1147

fallen. Auch periodenfremde Erträge können dazu gehören (s § 277 Rn 4). Unter Nr 4 fallen zB: Erträge aus Abgängen und Zuschreibungen im Anlagevermögen, str ob auch aus Abgängen und Zuschreibungen im Finanzanlagevermögen (denn Abschreibungen darauf fallen unter Nr 12; das spräche für Nr 9–11); Erträge aus der Herabsetzung der Pauschalwertberichtigung zu Forderungen; Erträge aus der Auflösung von Rückstellungen (s § 249 Rn 38); sonstige (betriebliche) Erträge. Zu außergewöhnlichen Erträgen nach § 277 IV aF s § 277 Rn 4.

9   E. **Materialaufwand (Nr 5): Nr 5a:** Aufwendungen für Roh-, Hilfs- und Betriebsstoffe und für bezogene Waren errechnen sich aus: Anfangsbestand + Zugänge − Endbestand. Die Bestände sind mit dem Bilanzwert anzusetzen (s §§ 252–256), also unter Berücksichtigung der üblichen Abschreibungen (bei der KapitalGes unübliche s Nr 7). **Nr 5b:** Aufwendungen für bezogene Leistungen (Fremdleistungen) müssen Materialaufwand sein, zB Fremdleistungen im Rahmen der Produktion; nicht: solche für Verwaltung und Vertrieb (unter Nr 8), Fremdreparaturen, da nicht notwendig absatzbezogen (unter Nr 8, str), Lizenzgebühren.

10 F. **Personalaufwand (Nr 6):** Besonderheit ggü Umsatzkostenverfahren, vgl III. Ausgabe von Aktienoptionen im Rahmen eines Aktienoptionsplans führt im Zeitpunkt der Einräumung der Bezugsrechte nicht zu gewinnwirksamem Personalaufwand BFH DStR **10**, 2453.

11 G. **Abschreibungen (Nr 7):** In **Nr 7a** sind Abschreibungen auf Teile des Anlagevermögens (immaterielle Vermögensgegenstände und Sachanlagen, § 266 II A.I., II.) geregelt. Abschreibungen auf Finanzanlagen (§ 266 II A.III.) fallen unter Nr 12. Die Beträge nach Nr 7a und § 268 II 3 (Anlagenspiegel) entsprechen sich. **Nr 7b** betrifft nur einen Teil des Umlaufvermögens (Vermögensgegenstände; Abschreibungen auf Wertpapiere fallen unter Nr 12) und nur einen Teil der Abschreibungen auf das Umlaufvermögen (nur die über die in der KapitalGes üblichen Abschreibungen hinausgehenden Abschreibungen; andere fallen unter Nr 2, s § 277 II, Nr 5 oder Nr 8). Nach **§ 277 III 1** sind außerplanmäßige Abschreibungen beim Anlagevermögen (§ 253 III 3 und 4) jeweils gesondert auszuweisen oder im Anhang anzugeben.

12 H. **Sonstige betriebliche Aufwendungen (Nr 8):** Nr 5 ist ein Sammelposten für alle Aufwendungen der gewöhnlichen Geschäftstätigkeit, die nicht unter Nr 5–7, 12, 13 fallen. Vgl entspr sonstige betriebliche Erträge (Nr 4). Unter Nr 8 fallen zB: Verluste aus dem Abgang von Umlaufvermögen außer Vorräten, aus dem Abgang von Anlagevermögen. Abschreibungen s Rn 11. Zu außergewöhnlichen Aufwendungen nach § 277 IV aF s § 277 Rn 4.

13 I. **Erträge aus Beteiligungen (Nr 9):** Mit Nr 9 beginnen die Posten des Finanzergebnisses (s Rn 4). Begriff der Beteiligung s § 271 I. Erträge aus verbundenen Unternehmen (§ 271 II) sind gesondert zu vermerken. Erträge aus Gewinngemeinschaft, Gewinnabführungs- oder Teilgewinnabführungsvertrag sind nicht als Erträge aus Beteiligungen, sondern gesondert auszuweisen (§ 277 III 2). Erträge sind zB Dividenden, Gewinnanteile, Ausschüttungen, Entnahmen bei PersonenGes; auch Anrechnungsbetrag auf Körperschaftssteuer nach EStG; nicht tatsächliche Vorteile in der Form günstigerer Verrechnungspreise als am Markt (kaum fassbar), str, ADS 147. Zum Zeitpunkt der Aktivierung des Beteiligungsertrags aus AG, GmbH, PersonenGes BeckBilKo 177. Saldierung von Erträgen und Verlusten aus verschiedenen Beteiligungen ist unzulässig, letztere fallen unter Nr 12. Die Erträge sind brutto auszuweisen ohne Absetzung einbehaltener Kapitalertragsteuer, diese unter Nr 18, ADS 146.

14 J. **Erträge aus anderen Wertpapieren und Ausleihungen des Finanzanlagevermögens (Nr 10):** Hierher gehören die Erträge des Finanzanlagever-

2. Abschnitt. Ergänzende Vorschriften für Kapitalgesellschaften 15–25 § 275

mögens (§ 266 II A.III.), soweit es nicht Beteiligungen betrifft (dann Nr 9). Erträge aus verbundenen Unternehmen (§ 271 II) sind gesondert zu vermerken. Unter Nr 10 fallen auch Erträge aus periodischer Aufzinsung abgezinster langfristiger Ausleihungen, ADS 155, str; s auch Rn 13.

K. **Sonstige Zinsen und ähnliche Erträge (Nr 11):** Hierher gehören alle Zinsen, die nicht unter Nr 9, 10 fallen. Saldierung von Zinserträgen und -aufwendungen ist unzulässig, letztere fallen unter Nr 13. Ähnliche Erträge sind zB Agio, Disagio, Kreditprovisionen. Erträge aus verbundenen Unternehmen (§ 271 II) sind gesondert zu vermerken. 15

L. **Abschreibungen auf Finanzanlagen und auf Wertpapiere des Umlaufvermögens (Nr 12):** Finanzanlagen s § 266 II A.III., einschließlich Beteiligungen (ohne Trennung wie auf der Ertragsseite, Nr 9, 10). Außerplanmäßige Abschreibungen nach § 253 III 3 und 4 sind jeweils gesondert auszuweisen oder im Anhang anzugeben (§ 277 III 1). Zuschreibungen s Rn 8. 16

M. **Zinsen und ähnliche Aufwendungen (Nr 13):** Aufwendungen an verbundene Unternehmen (§ 271 II) sind gesondert zu vermerken. 17

N. **Steuern vom Einkommen und vom Ertrag (Nr 14):** Unter Nr 14 fallen Körperschaftsteuer, Kapitalertragsteuer, Gewerbeertragsteuer. Die Beträge sind auszuweisen, welche die KapitalGes als Steuerschuldner zu entrichten hat. Berechnung erfolgt nach BilRUG unabhängig von der Ergebnisverhandlung (§ 278 aufgehoben, s dort Rn 1). Die Körperschaftsteuer ist brutto auszuweisen, ADS 192. Zusatzangabe im Anhang s § 285 S 1 S 1 Nr 6. Steuerabgrenzung s § 274. 18

O. **Ergebnis nach Steuern (Nr 15):** Ergibt sich aus dem Gewinn nach Abzug der Ertragssteuern (Rn 18). 19

P. **Sonstige Steuern (Nr 16):** Unter Nr 16 fallen zB Grundsteuer, Gewerbekapitalsteuer, Erbschaftssteuer, Schenkungssteuer. 20

Q. **Jahresüberschuss/Jahresfehlbetrag (Nr 17):** Der Jahresüberschuss ist der im Geschäftsjahr neu erzielte Gewinn vor Ergebnisverwendung (s Rn 19). Nr 17 entspricht § 266 III A.V. 21

R. **Ergebnisverwendung bei der AG:** Bei der AG ist die Gewinn- und Verlustrechnung nach Nr 17 um fünf weitere Posten zu ergänzen, die die Ergebnisverwendung (s auch § 268 Rn 1) darstellen und zum Bilanzgewinn/Bilanzverlust führen, s AktG § 158. Ferner IV (s Rn 31). **Muster:** Hopt/Kraft/Link Form III.C.4 (Vorschlag für die Verwendung des Ergebnisses einer GmbH). 22

S. **Zusatzposten:** Zwingend s § 277 III 2. Freiwillig s Rn 3. **GmbH & Co** s § 264c III, dort Rn 3. 23

4) Einzelne Posten beim Umsatzkostenverfahren (III)

A. **Abweichungen von II:** Die Posten II Nr 1, 4, 8–17 finden sich hier als III Nr 1, 6, 7–16. Unterschiede ergeben sich also nur bei der Ermittlung des Betriebsergebnisses (s Rn 4). Statt II Nr 2, 3 finden sich III Nr 2–5. Die Posten II Nr 5–7 fehlen ganz (aber statt II Nr 5, 6 Ausweis im Anhang nach § 285 Nr 8); ihr Inhalt geht im Wesentlichen in III Nr 2, 4, 5 ein. Zu beachten ist allerdings, dass je nach Auslegung von III Nr 2–5, insbesondere der Herstellungskosten nach III Nr 2, trotz formaler Postenentsprechung zwischen II und III inhaltliche Unterschiede bestehen können, s Rn 25. Überblick über Umsatzkostenverfahren s Rn 2, 4. Probleme des Umsatzkostenverfahrens GK BilR 9, BeckBilKo 34; HdR 17. 24

B. **Herstellungskosten (Nr 2):** Die Herstellungskosten der zur Erzielung der Umsatzerlöse (Nr 1) erbrachten Leistungen (s Rn 2) sind für Bilanz und Gewinn- und Verlustrechnung gleich (§ 255 II). Aktivierungsfähige Steuern, zB Ver- 25

Merkt 1149

§ 276

3. Buch. Handelsbücher

brauchssteuern, gehören danach zu den Herstellungskosten (s § 255 Rn 14 f), also nicht unter Nr 15 (sonstige Steuern, vgl aber Rn 20).

26 C. **Bruttoergebnis vom Umsatz (Nr 3):** Es ist die Zwischensumme aus Nr 1 und 2 und informiert über das Kosten-Leistungsverhältnis des Unternehmens. Genauere Informationen ergibt eine fakultative (s Rn 3) weitere Aufgliederung zu Nr 1 und 2 nach Produktgruppen, Auslands- und Inlandsabsatz, Absatzmärkten (s Rn 2).

27 D. **Vertriebskosten (Nr 4):** s § 255 Rn 21. Sondereinzelkosten des Vertriebs fallen unter Herstellungskosten (Nr 2), str, s § 255 Rn 21. Nr 4 erfasst die Vertriebskosten allgemein, auch soweit nicht den Umsatzerlösen nach Nr 1 zugeordnet.

28 E. **Allgemeine Verwaltungskosten (Nr 5):** s § 255 Rn 19. Unter Nr 5 fallen nur die nicht nach § 255 II 2 als Herstellungskosten angesetzten Verwaltungskostenteile; auch ohne Zuordnung zu den Umsatzerlösen (s Rn 30).

29 F. **Sonstige betriebliche Erträge (Nr 6):** Nr 6 ist ein Sammelposten für alle betrieblichen Erträge, die nicht unter Nr 1, 8–10 fallen. Nr 6 entspricht II Nr 4 (s Rn 8), die dazu ausgewiesenen Beträge decken sich aber wegen der Unterschiede der jeweils vorausgehenden Posten nicht.

30 G. **Sonstige betriebliche Aufwendungen (Nr 7):** Nr 7 ist ein Sammelposten für alle betrieblichen Aufwendungen, die nicht unter Nr 2, 4, 5, 11, 12 fallen. Nr 7 entspricht II Nr 8 (s Rn 12) ohne Gleichheit der Beträge (s Rn 32).

5) Rücklagenveränderungen (IV)

31 Veränderungen der Kapital- und Gewinnrücklagen (§ 266 III A.II., III., § 272 II, III) dürfen erst nach dem Jahresüberschuss/Jahresfehlbetrag (II Nr 17, III Nr 16) ausgewiesen werden. Sie müssen es bei der AG nach AktG § 158 (s Rn 22).

6) Erleichterungen für KleinstKapitalGes (V)

32 KleinstKapitalGes (§ 267a) dürfen vereinfachte GuV-Staffelung in der von V vorgesehenen Form wählen. Insbesondere können die Erträge zu dem Posten „sonstige Erträge" zusammengefasst werden; bei daraus resultierender erheblich verzerrter Darstellung der Ertragslage uU aufgegliederte Angabe unter der Bilanz erforderlich (§ 264 Rn 21). Kumulation dieser Vereinfachung mit § 276 scheidet aus. Lit Kolb/Roß WPG **14**, 991 (Zweifelsfragen zum MicroBilG).

7) Rechtsfolgen eines Verstoßes gegen § 275

33 Unzutreffende Wiedergabe bzw Verschleierung im Jahresabschluss und damit auch in der GuV ist von § 331 Nr 1 unter Strafe gestellt. Außerdem sieht § 334 I Nr 1c die Ahndung als Ordnungswidrigkeit vor. Ferner führt der Verstoß gegen die Gliederungsvorschrift des § 275 bei der AG gemäß § 256 IV AktG (bei der GmbH: in analoger Anwendung) zur Nichtigkeit des Jahresabschlusses, sofern Klarheit und Übersichtlichkeit wesentlich beeinträchtigt werden. Mit einer Klage gegen die Feststellung des Abschlusses einer GmbH & Co KG kann nicht geltend gemacht werden, dass tatsächlich angefallene, in die GuV eingestellte Aufwandspositionen sachlich ungerechtfertigt seien, BGH DStR **07**, 494.

Größenabhängige Erleichterungen

§ 276

[1] Kleine und mittelgroße Kapitalgesellschaften (§ 267 Abs. 1, 2) dürfen die Posten § 275 Abs. 2 Nr. 1 bis 5 oder Abs. 3 Nr. 1 bis 3 und 6 zu einem Posten unter der Bezeichnung „Rohergebnis" zusammenfassen.

2. Abschnitt. Ergänzende Vorschriften für Kapitalgesellschaften § 277

²Die Erleichterungen nach Satz 1 gelten nicht für Kleinstkapitalgesellschaften (§ 267a), die von der Regelung des § 275 Absatz 5 Gebrauch machen.

Satz 1 mildert § 275 für kleine und mittelgroße KapitalGes (§ 267 I, II). Diese brauchen insbesondere ihre Umsatzerlöse nicht auszuweisen, sondern nur einen Sammelposten „Rohergebnis" (bestehend aus den Posten § 275 II Nr 1–5 oder III Nr 1–3, 6). Der Betrag dieses Postens ist je nach Wahl des Gesamtkostenverfahrens oder Umsatzkostenverfahrens unterschiedlich. Die Bezeichnung „Rohergebnis" ist deshalb ohne Angabe des gewählten Verfahrens ohne Aussagekraft, wenn nicht irreführend. § 276 betrifft die interne, den Gftern vorzulegende Gewinn- und Verlustrechnung; größenabhängige Erleichterungen bei der Offenlegung nach außen s §§ 326, 327. Ausnahme für Kreditinstitute § 340a II 1. **Satz 2 aF** aufgehoben durch BilRUG 2015 (**Übergangsrecht (1)** EGHGB Art 75 I 1). **Satz 2 nF (Satz 3 aF)** verbietet kumulative Anwendung mit § 275 V. **Lit** Me/Pro/Fi Kap 10 Tz 293 ff.

Vorschriften zu einzelnen Posten der Gewinn- und Verlustrechnung

277 (1) Als Umsatzerlöse sind die Erlöse aus dem Verkauf und der Vermietung oder Verpachtung von Produkten sowie aus der Erbringung von Dienstleistungen der Kapitalgesellschaft nach Abzug von Erlösschmälerungen und der Umsatzsteuer sowie sonstiger direkt mit dem Umsatz verbundener Steuern auszuweisen.

(2) Als Bestandsveränderungen sind sowohl Änderungen der Menge als auch solche des Wertes zu berücksichtigen; Abschreibungen jedoch nur, soweit diese die in der Kapitalgesellschaft sonst üblichen Abschreibungen nicht überschreiten.

(3) ¹Außerplanmäßige Abschreibungen nach § 253 Absatz 3 Satz 5 und 6 sind jeweils gesondert auszuweisen oder im Anhang anzugeben. ²Erträge und Aufwendungen aus Verlustübernahme und auf Grund einer Gewinngemeinschaft, eines Gewinnabführungs- oder eines Teilgewinnabführungsvertrags erhaltene oder abgeführte Gewinne sind jeweils gesondert unter entsprechender Bezeichnung auszuweisen.

(4) *[aufgehoben]*

(5) ¹Erträge aus der Abzinsung sind in der Gewinn- und Verlustrechnung gesondert unter dem Posten „Sonstige Zinsen und ähnliche Erträge" und Aufwendungen gesondert unter dem Posten „Zinsen und ähnliche Aufwendungen" auszuweisen. ²Erträge aus der Währungsumrechnung sind in der Gewinn- und Verlustrechnung gesondert unter dem Posten „Sonstige betriebliche Erträge" und Aufwendungen aus der Währungsumrechnung gesondert unter dem Posten „Sonstige betriebliche Aufwendungen" auszuweisen.

1) Umsatzerlöse (I)

Umsatzerlöse iSv § 275 II Nr 1, III Nr 1 sind die Erlöse aus dem Verkauf und der Vermietung oder Verpachtung von Produkten (sowohl Waren als auch Dienstleistungen, RegBegr BilRUG 2015, 79) sowie aus der Erbringung von Dienstleistungen der KapitalGes nach Abzug der Erlösschmälerungen und der Umsatzsteuer sowie sonstiger direkt mit dem Umsatz verbundener Steuern. Im Unterschied zum früheren Recht und gem Art 2 Nr 5 BilRi 2013 generiert auch der Verkauf von Produkten oder die Erbringung von Dienstleistungen außerhalb der gewöhnlichen Geschäftstätigkeit Umsatzerlöse und keine sonstigen betrieblichen Erträge, s BilRUG 2015 (**Übergangsrecht (1)** EGHGB Art 75 I 1). Erlösschmälerungen sind zB Preisnachlässe und zurückgewährte Entgelte, entsprechende Rückstellungen, ADS 30, oder Bonusleistungen (zB Miles & More-

Merkt

§ 277 2–5   3. Buch. Handelsbücher

Leistungen), Küting/Pilhofer BB **02**, 2058. Abzug der Umsatzsteuer schon bisher nach hL; entspr Abzug der Umsatzsteuer bei Anschaffungskosten (§ 255 Rn 2). Aufgliederung der Umsatzerlöse im Anhang s § 285 Nr 4. Ausnahme von I, II, III 1 für Kreditinstitute s § 340a II 1. – Formulierung „sowie aus *von*" in I ist wohl Redaktionsversehen. **Lit** Me/Pro/Fi Kap 9 Tz 1, Kap 10 Tz 330 ff; Ross/Philippsen DB **10**, 1252; Roos, DStR **15**, 437 (Vertragsabschluss- u Werbeprämien); krit Haaker StuB **15**, 11; Wirtz/Gersbacher StuB **14**, 711 (Definition Umsatzerlöse); Kleinmanns StuB **14**, 794 (BilRUG-Änderungen); Theile GmbHR **15**, 281 (GmbH- u GmbH & Co KG-Abschluss nach BilRUG); Lorson DB **15**, 695; Oser/Orth/Wirtz DB **15**, 1729 (BilRUG); Peun/Rimmelspacher DB **15**, Beil Heft 36, 12 (BilRUG); Zwirner StuB **15**, Beil 2, 1 (BilRUG); Zwirner/Busch/Boecker DB **15**, Beil Heft 36, 4 (Größenklassen nach BilRUG); Röser/Roland/Rimmelspacher WuW **16**, 523 (Umsatzbegriff und Fusionskontrolle); Hargarten/Schieler BB **17**, 299 (konzerninterne Dienstleistungen); Oser WPg **17**, 691 (Befreiungsvoraussetzungen für TochterKapGes); Zwirner WPg **17**, 184 (BilRUG).

2) Bestandsveränderungen (II)

2   II betrifft nur das Gesamtkostenverfahren (§ 275 I, II). Bestandsveränderungen (Erhöhung oder Verminderung des Bestands an fertigen und unfertigen Erzeugnissen, § 275 II Nr 2) umfassen Mengen- und Wertänderungen sowie die in der KapitalGes sonst üblichen Abschreibungen. Unübliche Abschreibungen fallen unter § 275 II Nr 7 b. Kreditinstitute s Rn 1.

3) Besondere Abschreibungen, Ergebnisübernahme aus Unternehmensverträgen (III)

3   III betrifft: außerplanmäßige Abschreibungen beim Anlagevermögen (§ 253 III 5 und 6); Erträge und Aufwendungen aus Verlustübernahme (zB §§ 302, 324 II AktG); auf Grund von Gewinngemeinschaft oder -abführungsvertrags erhaltene oder abgeführte Gewinne (s §§ 291, 292 AktG). Nach III 1 sind die Abschreibungen jeweils gesondert auszuweisen oder im Anhang anzugeben. Kreditinstitute s Rn 1. Nach III 2 ist gesonderter Ausweis nötig (s § 275 Rn 13).

4) Außerordentliche Erträge/Aufwendungen (IV)

4   IV aufgehoben durch BilRUG 2015 (**Übergangsrecht (1)** EGHGB Art 75 I 1) wegen Erweiterung der Definition der Umsatzerlöse in **I**. Die in **IV 2 aF** enthaltene Erläuterungspflicht für außerordentliche Aufwendungen und Erträge entfällt und wird durch eine Erläuterungspflicht zu Erträgen und Aufwendungen von außergewöhnlicher Größenordnung oder Bedeutung ersetzt. Die Erläuterungspflicht gem **IV 3 aF** zu periodenfremden Aufwendungen ist durch reine Anhangangabe nach § 285 Nr 32 ersetzt. **Lit** Theile GmbHR **15**, 281 (GmbH- u GmbH & Co KG-Abschluss nach BilRUG).

5) Erträge/Aufwendungen aus Abzinsung und Währungsumrechnung (V)

5   V (eingefügt durch BilMoG (**Übergangsrecht** in **(1)** EGHGB Art 66 III)) dient der besseren Adressateninformation: Auszuweisen sind hier Erträge und Aufwendungen aus der Abzinsung von Rückstellungen (§ 253 II) unter gesondertem Posten „Sonstige Zinsen und ähnliche Erträge/Aufwendungen"; unklar, ob auch Effekte aus Aufzinsung zu berücksichtigen sind, dafür BeckBilKo 26, ausführlich Ross/Philippsen DB **10**, 1252, Petersen/Zwirner, BilMoG, Erläuterungen zu § 277 (abrufbar über Beck-Online), aA aber wohl Lüdenbach/Hoffmann, NWB-Kommentar, § 277 Rn 60; aus dem Sinn der Neuregelung folgt, Effekte aus der geänderten Rückstellungsbewertung gesondert auszuweisen und damit auch Aufzinsung zu erfassen (s aber RegE: Pflicht zum gesonderten

2. Abschnitt. Ergänzende Vorschriften für Kapitalgesellschaften § 284

Ausweis „der Erträge und Aufwendungen aus der Abzinsung", aber bloße Empfehlung zur Bildung eines Rückstellungsspiegels, „der auch die Effekte aus der Ab- und Aufzinsung gesondert darstellt", RegE BilMoG BT-Drucks 16/10067).

Erträge und Aufwendungen aus Währungsumrechnung (§ 256a) unter dem Posten „Sonstige betriebliche Erträge/Aufwendungen". **Lit** Ross/Philippsen DB **10**, 1252; Zwirner/Künkele/Froschhammer BB **11**, 1323.

278 *(aufgehoben)*

Aufgehoben durch BilRUG 2015 (**Übergangsrecht (1)** EGHGB Art 75 I 2), weil die Vorschrift seit dem Steuersenkungsgesetz vom 23.10.01 BGBl I 1433 nur noch für Altfälle Bedeutung hatte, für die inzwischen ebenfalls ausschüttungsunabhängige Auszahlungsregelungen gelten. **1**

Vierter Titel. *(aufgehoben)*

279-283 *(aufgehoben)*

1) §§ 279–283 aufgehoben durch BilMoG 2009. Zu §§ 279 I, 280 s Einl v § 238 Rn 35, zu §§ 279 II, 281 s Einl v § 238 Rn 28 (**Übergangsrecht** in **(1)** EGHGB Art 66 V, Art 67 IV). § 282 mit Aufhebung des § 269 obsolet. § 283 inhaltsgleich in § 272 I 2 nF übernommen.

Fünfter Titel. Anhang

Erläuterung der Bilanz und der Gewinn- und Verlustrechnung

284

(1) ¹In den Anhang sind diejenigen Angaben aufzunehmen, die zu den einzelnen Posten der Bilanz oder der Gewinn- und Verlustrechnung vorgeschrieben sind; sie sind in der Reihenfolge der einzelnen Posten der Bilanz und der Gewinn- und Verlustrechnung darzustellen. ²Im Anhang sind auch die Angaben zu machen, die in Ausübung eines Wahlrechts nicht in die Bilanz oder in die Gewinn- und Verlustrechnung aufgenommen wurden.

(2) Im Anhang müssen

1. die auf die Posten der Bilanz und der Gewinn- und Verlustrechnung angewandten Bilanzierungs- und Bewertungsmethoden angegeben werden;
2. Abweichungen von Bilanzierungs- und Bewertungsmethoden angegeben und begründet werden; deren Einfluß auf die Vermögens-, Finanz- und Ertragslage ist gesondert darzustellen;
3. bei Anwendung einer Bewertungsmethode nach § 240 Abs. 4, § 256 Satz 1 die Unterschiedsbeträge pauschal für die jeweilige Gruppe ausgewiesen werden, wenn die Bewertung im Vergleich zu einer Bewertung auf der Grundlage des letzten vor dem Abschlußstichtag bekannten Börsenkurses oder Marktpreises einen erheblichen Unterschied aufweist;
4. Angaben über die Einbeziehung von Zinsen für Fremdkapital in die Herstellungskosten gemacht werden.

§ 284 1, 2 3. Buch. Handelsbücher

(3) ¹Im Anhang ist die Entwicklung der einzelnen Posten des Anlagevermögens in einer gesonderten Aufgliederung darzustellen. ²Dabei sind, ausgehend von den gesamten Anschaffungs- und Herstellungskosten, die Zugänge, Abgänge, Umbuchungen und Zuschreibungen des Geschäftsjahrs sowie die Abschreibungen gesondert aufzuführen. ³Zu den Abschreibungen sind gesondert folgende Angaben zu machen:

1. die Abschreibungen in ihrer gesamten Höhe zu Beginn und Ende des Geschäftsjahrs,
2. die im Laufe des Geschäftsjahrs vorgenommenen Abschreibungen und
3. Änderungen in den Abschreibungen in ihrer gesamten Höhe im Zusammenhang mit Zu- und Abgängen sowie Umbuchungen im Laufe des Geschäftsjahrs.

⁴Sind in die Herstellungskosten Zinsen für Fremdkapital einbezogen worden, ist für jeden Posten des Anlagevermögens anzugeben, welcher Betrag an Zinsen im Geschäftsjahr aktiviert worden ist.

Übersicht

	Rn
1) Rechtsnatur und Funktion des Anhangs	1, 2
A. Rechtsnatur	1
B. Funktion	2
2) Pflichtangaben und Wahlpflichtangaben im Anhang (I 1)	3–7
A. Nach HGB	3, 4
B. Nach (1) EGHGB	5
C. Nach AktG	6
D. Nach GmbHG	7
3) Freiwillige Angaben	8
4) Gliederung und Darstellung	9, 10
A. Gliederung	9
B. Darstellung	10
5) Bilanzierungs- und Bewertungsmethoden (II Nr 1)	11
6) Abweichungen von Bilanzierungs- und Bewertungsmethoden (II Nr 3)	12
7) Unterschiedsbeträge bei Bewertungsmethoden nach §§ 240 IV, 256 S 1 (II Nr 4)	13
8) Einbeziehung von Fremdkapitalzinsen in Herstellungskosten (II Nr 5)	14
9) Einzeldarstellung zu Posten des Anlagevermögens (III)	15

1) Rechtsnatur und Funktion des Anhangs

1 A. **Rechtsnatur:** Der Anhang ist Teil des Jahresabschlusses der KapitalGes neben Bilanz und Gewinn- und Verlustrechnung (§ 264 I 1). Insofern ist er mit dem Geschäftsbericht nach § 160 aF AktG nicht zu vergleichen, obwohl er inhaltlich in weitem Umfang an dessen Stelle tritt.

2 B. **Funktion:** Der Anhang dient der Erläuterung der Bilanz und der Gewinn- und Verlustrechnung. Die Vermittlung eines den tatsächlichen Verhältnissen entsprechenden Bildes der Vermögens-, Finanz- und Ertragslage der KapitalGes (§ 264 II 1) wird erst vollends durch die Angaben im Anhang möglich. Zu unterscheiden sind: Pflichtangaben im Anhang (in jedem Anhang, s Rn 3–7), Wahlpflichtangaben im Anhang oder sonst im Jahresabschluss (s Rn 3–7), freiwillige Angaben (s Rn 8). Die Pflicht- und Wahlpflichtangaben gehen insgesamt weit über den Erläuterungsbericht nach § 160 II, III, V a F AktG hinaus. Größenabhängige Erleichterungen s § 288. **Lit** Me/Pro/Fi Kap 12 Tz 1 ff; Farr GmbHR **00**, 543 und 605 (GmbH & Co); Scheffler DStR **00**, 529; Bitter/Grasshoff DB **00**, 833; Kusterer ua DStR **00**, 606; Zimmer/Eckhold NJW **00**, 1361; IDW FN-IDW **06**, 273 (Emissionsberechtigungen); Kirsch StuB **08**, 878 (BilMoG); v Keiz/Gloth

2. Abschnitt. Ergänzende Vorschriften für Kapitalgesellschaften 3, 4 § 284

DB **13**, 129; Wulf DStZ **15**, 825 (BilRUG); Zwirner StuB **15**, Beil 2, 1 (BilRUG); Zwirner AR **16**, 2 (BilRUG); Zwirner WPg **17**, 184 (BilRUG Audit-Check).

2) Pflichtangaben und Wahlpflichtangaben im Anhang (I 1, 2)

A. Der Anhang hat die Angaben zu enthalten, die zu einzelnen Posten der Bilanz 3 oder der GuV vorgeschrieben sind, wobei neben den Angaben nach HGB und EGHGB auch solche nach AktG und GmbHG erfast sind. Gem Art 15 der BilRi 2013 sind die Angaben in der Reihenfolge der Bilanz und der GuV zu machen, BilRUG 2015 (**Übergangsrecht (1)** EGHGB Art 75 I 1); zur Reform durch das BilRUG Fink/Theile DB **15**, 753. **Angaben nach HGB: a)** § 264 II 2 (zusätzliche Angaben zwecks true and fair view); § 265 I 2 (Abweichungen von Ausweiskontinuität, **Übergangsrecht (1)** EGHGB Art 48 IV, 67 VIII); § 265 II 2 (mangelnde Vergleichbarkeit der Vorjahreszahlen); § 265 II 3 (Anpassung der Vorjahreszahlen); § 265 III 1 (Mitzugehörigkeit zu anderem Bilanzposten; **oder** in Bilanz); § 265 IV 2 (Gliederungsergänzung bei mehreren Geschäftszweigen); § 265 VII Nr 2 (Postenzusammenfassung); § 268 I 2 (Gewinn- oder Verlustvortrag bei Bilanzaufstellung unter teilweiser Ergebnisverwendung; **oder** in Bilanz); § 268 II 1 (Anlagenspiegel; **oder** in Bilanz); § 268 II 3 (Abschreibungen des Geschäftsjahrs auf die Posten des Anlagenspiegels; **oder** in Bilanz); § 268 IV 2 (größere antizipative Rechnungsabgrenzungsposten unter „sonstige Vermögensgegenstände"); § 268 V 3 (größere antizipative Rechnungsabgrenzungsposten unter „Verbindlichkeiten"); § 268 VI (aktiviertes Disagio; **oder** in Bilanz); § 268 VII (Haftungsverhältnisse; **oder** unter Bilanz); § 274 II 2 (Beträge aus der sich ergebenden küftigen Steuerbe- und entlastung), § 277 III 1 (außerplanmäßige Abschreibungen beim Anlagevermögen; **oder** in Gewinn- und Verlustrechnung); § 277 IV 2 (außerordentliche Erträge, außerordentliche Aufwendungen); § 277 IV 3 (periodenfremde Erträge und Aufwendungen, soweit nicht von untergeordneter Bedeutung).

b) Hinzu kommen die **Angaben nach II Nr 1–4** (Nr 2 aF aufgehoben durch 4 BilRUG 2015, aus Nr 3–5 aF wurden Nr 2–4 nF), **§ 285 Nr 1–34** sowie **§ 286**: § 284 II Nr 1 (Bilanzierungs- und Bewertungsmethoden); § 284 II Nr 2 (Abweichungen von Bilanzierungs- und Bewertungsmethoden, Angabe ihres Einflusses auf Vermögens-, Finanz- und Ertragslage, dazu IDW-SABI 2/**87** WPg **88**, 48); § 284 II Nr 3 (pauschale Unterschiedsbeträge bei bestimmten Bewertungsvereinfachungen); § 284 II Nr 4 (Einbeziehung von Fremdkapitalzinsen in Herstellungskosten). § 285 Nr 1a (Gesamtbetrag der Verbindlichkeiten mit Restlaufzeit über 5 Jahren); § 285 Nr 1b (Gesamtbetrag der besicherten Verbindlichkeiten, Art und Form der Sicherheiten); § 285 Nr 2 (Aufgliederung der Angaben zu § 285 Nr 1 für jeden Posten der Verbindlichkeiten; **oder** in Bilanz); § 285 Nr 3 (Art, Zweck, Risiken, Vorteile nicht in der Bilanz enthaltener Geschäfte, soweit für die Beurteilung der Finanzlage von Bedeutung); § 285 Nr 3a (Gesamtbetrag der nicht ausgewiesenen oder vermerkten sonstigen finanziellen Verpflichtungen, falls für Beurteilung der Finanzlage von Bedeutung; gesonderte Verpflichtungen gegenüber verbundenen Unternehmen); § 285 Nr 4 (Aufgliederung der Umsatzerlöse nach Tätigkeitsbereichen sowie nach geographisch bestimmten Märkten); § 285 Nr 6 (Aufteilung der Einkommens- und Ertragssteuerbelastung); § 285 Nr 7 (Zahl der Arbeitnehmer); § 285 Nr 8a, b (Material- und Personalaufwand bei Umsatzkostenverfahren); § 285 Nr 9a, b (Gesamtbezüge tätiger und früherer Organmitglieder jeweils für jede Personengruppe); § 285 Nr 9c (Vorschüsse und Kredite an Organmitgliedergruppen sowie Haftungsverhältnisse zu ihren Gunsten); § 285 Nr 10 (Angaben zu Organmitgliedern); § 285 Nr 11u 11a (Angaben zu Anteilsbesitz ab 20% bzw Stellung als unbeschr haftender Gfter, **oder** in Beteiligungsliste nach § 287); § 285 Nr 12 (in Bilanz nicht ausgewiesene, nicht unerhebliche sonstige Rückstellungen); § 285 Nr 13 (Gründe für mehr als fünfjährige Nutzungsdauer des Geschäfts- oder Firmenwerts nach § 246 I 4); § 285

§ 284 5–8

Nr 14 (Angaben zu Mutterunternehmen); § 286 III 3 (Anwendung der Schutzklausel bei Angaben zu Anteilsbesitz nach § 285 Nr 11); § 285 Nr 15 (s dort Rn 18); § 285 Nr 16 (Entsprechenserklärung zum Corporate Governance Codex); § 285 Nr 17 (Abschlussprüferhonorar, soweit nicht im Konzernabschluss angegeben); § 285 Nr 18 (Buchwert und Zeitwert der Finanzinstrumente bei nach § 253 III 4 unterlassener Abschreibung, Gründe für das Unterlassen); § 285 Nr 19 (nicht zum beizulegenden Zeitwert bewertete derivative Finanzinstrume); § 285 Nr 20 (zur Wertermittlung verwendete Methode und Kategorie der Finanzinstrumente mit fehlendem Marktpreis); § 285 Nr 21 (Geschäfte mit nahe stehenden Unternehmen und Personen, zumindest wenn Bedingungen nicht marktüblich); § 285 Nr 22 (Forschungs- und Entwicklungskosten); § 285 Nr 23 (Zuordnung von Sicherheiten und Risiken bei Bewertungseinheiten, soweit nicht im Lagebericht erfolgt); § 285 Nr 24 (Annahmen und Berechnungsverfahren bei Pensionsrückstellungen); § 285 Nr 25 (Werte gem § 246 II 2 verrechneter Vermögensgegenstände und Schulden und die verrechneten Aufwendungen und Erträge); § 285 Nr 26 (stille Reserven in Investmentvermögen, an denen Beteiligung besteht); § 285 Nr 27 (ungewisse Verbindlichkeiten, Haftungsverhältnisse nach § 251); § 285 Nr 28 (gem § 268 VIII ausschüttungsgesperrte Erträge), § 285 Nr 29, 30 (latente Steuern), § 285 Nr 31 (außergewöhnliche Erträge und Aufwendungen), § 285 Nr 32 (Periodenfremde Erträge und Aufwendungen), § 285 Nr 33 (Vorgänge von besonderer Bedeutung), § 285 Nr 34 (Vorschlag oder Beschluss über Ergebnisverwendung).

5   B. **Nach (1) EGHGB:** Art 24 III (Übernahme der Buchwerte als ursprüngliche Anschaffungs- oder Herstellungskosten im Anlagenspiegel; s Einl 61v § 238); Art 28 II (Betrag nicht passivierter Pensionsverpflichtungen; s Einl 65v § 238). Vgl auch Art 48 IV, 67 VIII (s Rn 3 u 4: § 265 I 2 und § 284 II Nr 3).

6   C. **Nach AktG:** § 58 II a 2 AktG (andere Gewinnrücklagen aus Einstellung des Eigenkapitalanteils von Wertaufholungen und steuerlichen Passivposten; **oder** in Bilanz); § 152 II AktG (Veränderungen der Kapitalrücklage; **oder** in Bilanz); § 152 III AktG (Veränderungen der Gewinnrücklage; **oder** in Bilanz); § 158 I 2 (Ergänzung der Gewinn- und Verlustrechnungsposten bei AG; **oder** in Gewinn- und Verlustrechnung); § 160 I Nr 1 AktG (Vorratsaktien); § 160 I Nr 2 AktG (eigene Aktien); § 160 I Nr 3 AktG (Aktiengattungen); § 160 I Nr 4 AktG (genehmigtes Kapital); § 160 I Nr 5 AktG (Wandelschuldverschreibungen und vergleichbare Wertpapiere); § 160 I Nr 6 AktG (Genussrechte, Besserungsschein und ähnliche Rechte); § 160 I Nr 7 AktG (wechselseitige Beteiligungen); § 160 I Nr 8 AktG (nach § 20 AktG mitgeteilte Beteiligungen); § 240 S 3 AktG (Verwendung der aus Kapitalherabsetzung und aus Auflösung offener Rücklagen gewonnenen Beträge); § 261 I 3, 4 AktG (Sonderprüfung wegen unzulässiger Unterbewertung).

7   D. **Nach GmbHG:** § 29 IV 2 GmbHG (andere Gewinnrücklagen aus Einstellung des Eigenkapitalanteils von Wertaufholungen und steuerlichen Passivposten; **oder** in Bilanz); § 42 III GmbHG (Ausleihungen, Forderungen und Verbindlichkeiten gegenüber Gftern; **oder** in Bilanz.

3) Freiwillige Angaben

8   I regelt nur den Mindestinhalt des Anhangs (Pflichtangaben und Wahlpflichtangaben, s Rn 3–7). Die KapitalGes darf, soweit nicht irreführend (§ 264 II 1), weitere freiwillige Angaben machen, entweder im Anhang oder im Lagebericht, zB Angaben über die Arbeitnehmerschaft u Arbeitsbedingungen, Berichterstattung über die Behandlung derivativer Finanzinstrumente, Kapitalflussrechnung (DRS 2) und Finanzplan (§ 264 Rn 14, aber s § 297 I 2 für Konzernanhang börsennotierter Mutterunternehmen), Segmentbericht (DRS 3), Eigenkapitalveränderungsrechnung (DRS 7), Substanzerhaltungsrechnung u Kapitalerhaltungs-

2. Abschnitt. Ergänzende Vorschriften für Kapitalgesellschaften   9–15   § 284

rechnung. EinzelKflte und PersonenGes dürfen einen Anhang ohne bestimmte Mindestangaben machen (anders E § 270); er ist aber nicht Teil des Jahresabschlusses (§ 242 III) und darf nicht irreführen. Kapitalflussrechnung als Ergänzung des Jahres- und Konzernabschlusses DRS 2.

4) Gliederung und Darstellung

A. **Gliederung:** Eine bestimmte Gliederung ist nicht vorgeschrieben. Die 9 gewählte Gliederung muss aber den §§ 243 II, 264 II, 265 entsprechen. Gliederungsvorschlag Me/Pro/Fi Kap 12 Tz 10 und 167, Kap 16 Tz 151; Hopt/Kraft/Link Form III.C.1 (Anhang).

B. **Darstellung:** Auch die Darstellung ist frei, sofern sie klar und übersichtlich 10 ist (§ 243 II) und nicht irreführt (§ 264 II). Das gilt auch für graphische Darstellungen und Bilder. **Muster:** Me/Pro/Fi Kap 12 Tz 10 und 167, Kap 16 Tz 151; Hopt/Kraft/Link Form III.C.1 (Anhang).

5) Bilanzierungs- und Bewertungsmethoden (II Nr 1)

II Nr 1 betrifft auch die Bilanzierungsmethoden und lässt Bezugnahme auf 11 Erläuterung früherer Geschäftsjahre nicht mehr zu. Anzugeben sind die auf Bilanz und Gewinn- und Verlustrechnung angewandten Bilanzierungsmethoden (zB Ausübung von Ansatzwahlrechten wie § 248 II) und Bewertungsmethoden (zB Abschreibungsmethoden, § 253 II 2, III 4; Methode der angesetzten Anschaffungs- und Herstellungskosten, § 255; Bewertungsvereinfachungsverfahren, § 256). Lit Fink/Theile DB **15**, 754 (Änderungen durch BilRUG 2015); Zwirner/Boecker BC **16**, 363 (BilRUG).

6) Abweichungen von Bilanzierungs- und Bewertungsmethoden (II Nr 2)

II Nr 2 ergänzt ua § 252 I Nr 6, II. Dazu IDW ERS HFA 38, WPg **10**, 88. 12 Abweichung zB bei Übergang von Einzel- zu Gruppenbewertung nach § 240 IV. Zum Einfluss auf die Vermögens-, Finanz- und Ertragslage sind idR zahlenmäßige Angaben nötig, anders nur bei geringer Bedeutung, ADS 106, aA Beck-BilKo 143, 170. **Übergangsrecht (1)** EGHGB Art 48 IV, 67 VIII, s Einl 72, 87v § 238. Lit Zwirner/Boecker BC **16**, 363 (BilRUG).

7) Unterschiedsbeträge bei Bewertungsmethoden nach §§ 240 IV, 256 S 1 (II Nr 3)

Anzugeben sind bei Anwendung der Bewertungsvereinfachungen nach §§ 240 13 IV, 256 S 1 (Gruppenbewertung, fiktive Verbrauchs- oder Veräußerungsfolge wie Fifo, Lifo) die Unterschiedsbeträge zur Stichtagspreisbewertung pauschal für die jeweilige Gruppe. Kleine KapitalGes s § 288. Ausnahme für Kreditinstitute § 340a II 1.

8) Einbeziehung von Fremdkapitalzinsen in Herstellungskosten (II Nr 4)

II Nr 4 ergänzt § 255 III 2.   14

9) Einzeldarstellung zu Posten des Anlagevermögens (III)

III angefügt durch BilRUG 2015 (**Übergangsrecht (1)** EGHGB Art 75 I 1) 15 als Folgeänderung zur Aufhebung von § 268 II. Einzeldarstellung zu den Posten des Anlagevermögens ist zwingend als Anhangangabe ausgestaltet, die Möglichkeit des Ausweises in der Bilanz entfällt. Aus systematischen Gründen wird § 268 II aF in § 284 III verschoben, RegBegr 80. Verlangt wird Darstellung der Entwicklung der einzelnen Posten in gesonderter Aufgliederung, dh ein Bruttoanlagenspiegel, der statt vom Buchwert zu Beginn des Geschäftsjahrs von den gesamten (historischen) Anschaffungs- und Herstellungskosten, nach Zu-, Abgängen, Umbuchungen, Zuschreibungen des Geschäftsjahrs sowie Abschreibungen ausgeht (direkte Bruttomethode, **III 1u 2**). Dabei ist die Entwicklung der einzelnen Posten des

Merkt   1157

§ 285

Anlagevermögens darzustellen (Anlagenspiegel oder Anlagengitter). Der Anlagenspiegel ist zwingend im Anhang darzustellen. Die Abschreibungen des Geschäftsjahrs sind im Anhang auszuweisen. Einbeziehung in den Anlagenspiegel führt zu **Neun-Spalten-Schema:** Zu gliedern ist zB: Anschaffungs- oder Herstellungskosten (kumuliert)/(+) (mengenmäßige) Zugänge/(–) mengenmäßige Abgänge/(+/–) Umbuchungen/(+) Zuschreibungen/(–) Gesamte Abschreibungen/(–) Abschreibungen des Geschäftsjahres (I 3)/Buchwert (31.12. Geschäftsjahr)/Buchwert (31.12. Vorjahr, § 265 II). Zugänge, Abgänge und Umbuchungen sind nur für das Geschäftsjahr (nicht kumuliert) und mit den (historischen) Anschaffungs- oder Herstellungskosten auszuweisen, ADS 59. Zuschreibungen (Wertaufholungen nach früheren Abschreibungen, s zB § 253 V) sind (nur) für das Geschäftsjahr auszuweisen. Diese Zuschreibungen des Jahres werden erst im folgenden Jahr mit den kumulierten Abschreibungen saldiert. Nachaktivierungen in der Form der Zuschreibung (str) werden dagegen zu Beginn des folgenden Jahres in den Anschaffungs- und Herstellungskosten umgebucht, ADS 62. Bei geringwertigen Vermögensgegenständen kann nach GoB sofortiger Abgang unterstellt werden (AmtlBegr) (sofortige Abschreibung s § 253 Rn 14). III gilt nicht für kleine KapitalGes (§ 274a). Bei Abschreibungen sind die Abschreibungen in ihrer gesamten Höhe zu Beginn und Ende des Geschäftsjahrs anzugeben (**III 3 Nr 1**), ferner die im Laufe des Geschäftsjahrs vorgenommenen Abschreibungen (**III 3 Nr 2**) sowie Änderungen in den Abschreibungen in ihrer gesamten Höhe im Zusammenhang mit Zu- und Abgängen sowie Umbuchungen im Laufe des Geschäftsjahrs (**III 3 Nr 3**). Bei Einbeziehung der Zinsen für Fremdkapital in die Herstellungskosten muss gem Art 17 I Buchst a vi BilRi 2013 für jeden Posten des Anlagevermögens der im Geschäftsjahr aktivierte Betrag an Zinsen angegeben werden (**III 4**). **Lit** Rimmelspacher/Meyer DB **15**, Beil Heft 36, 23 (BilRUG).

Sonderregelung für Kreditinstitute § 340a II 2. Die **Übergangsvorschrift** des **(1)** EGHGB Art 24 III (s Einl 61v § 238) gestattet eine indirekte Bruttomethode derart, dass beim ersten Mal unter engen Voraussetzungen statt historischer Wertansätze die bisherigen Buchwerte zulässig sind. **Muster:** Hopt/Kraft/Link Form III.A.6 (Anlagenspiegel).

Sonstige Pflichtangaben

285 Ferner sind im Anhang anzugeben:
1. zu den in der Bilanz ausgewiesenen Verbindlichkeiten
   a) der Gesamtbetrag der Verbindlichkeiten mit einer Restlaufzeit von mehr als fünf Jahren,
   b) der Gesamtbetrag der Verbindlichkeiten, die durch Pfandrechte oder ähnliche Rechte gesichert sind, unter Angabe von Art und Form der Sicherheiten;
2. die Aufgliederung der in Nummer 1 verlangten Angaben für jeden Posten der Verbindlichkeiten nach dem vorgeschriebenen Gliederungsschema;
3. Art und Zweck sowie Risiken, Vorteile und finanzielle Auswirkungen von nicht in der Bilanz enthaltenen Geschäften, soweit die Risiken und Vorteile wesentlich sind und die Offenlegung für die Beurteilung der Finanzlage des Unternehmens erforderlich ist;
3a. der Gesamtbetrag der sonstigen finanziellen Verpflichtungen, die nicht in der Bilanz enthalten sind und die nicht nach § 268 Absatz 7 oder Nummer 3 anzugeben sind, sofern diese Angabe für die Beurteilung der Finanzlage von Bedeutung ist; davon sind Verpflichtungen betreffend die Altersversorgung und Verpflichtungen gegenüber verbundenen oder assoziierten Unternehmen jeweils gesondert anzugeben;

2. Abschnitt. Ergänzende Vorschriften für Kapitalgesellschaften § 285

4. die Aufgliederung der Umsatzerlöse nach Tätigkeitsbereichen sowie nach geografisch bestimmten Märkten, soweit sich unter Berücksichtigung der Organisation des Verkaufs, der Vermietung oder Verpachtung von Produkten und der Erbringung von Dienstleistungen der Kapitalgesellschaft die Tätigkeitsbereiche und geografisch bestimmten Märkte untereinander erheblich unterscheiden;
5. *[aufgehoben]*
6. *[aufgehoben]*
7. die durchschnittliche Zahl der während des Geschäftsjahrs beschäftigten Arbeitnehmer getrennt nach Gruppen;
8. bei Anwendung des Umsatzkostenverfahrens (§ 275 Abs. 3)
   a) der Materialaufwand des Geschäftsjahrs, gegliedert nach § 275 Abs. 2 Nr. 5,
   b) der Personalaufwand des Geschäftsjahrs, gegliedert nach § 275 Abs. 2 Nr. 6;
9. für die Mitglieder des Geschäftsführungsorgans, eines Aufsichtsrats, eines Beirats oder einer ähnlichen Einrichtung jeweils für jede Personengruppe
   a) die für die Tätigkeit im Geschäftsjahr gewährten Gesamtbezüge (Gehälter, Gewinnbeteiligungen, Bezugsrechte und sonstige aktienbasierte Vergütungen, Aufwandsentschädigungen, Versicherungsentgelte, Provisionen und Nebenleistungen jeder Art). In die Gesamtbezüge sind auch Bezüge einzurechnen, die nicht ausgezahlt, sondern in Ansprüche anderer Art umgewandelt oder zur Erhöhung anderer Ansprüche verwendet werden. Außer den Bezügen für das Geschäftsjahr sind die weiteren Bezüge anzugeben, die im Geschäftsjahr gewährt, bisher aber in keinem Jahresabschluss angegeben worden sind. Bezugsrechte und sonstige aktienbasierte Vergütungen sind mit ihrer Anzahl und dem beizulegenden Zeitwert zum Zeitpunkt ihrer Gewährung anzugeben; spätere Wertveränderungen, die auf einer Änderung der Ausübungsbedingungen beruhen, sind zu berücksichtigen. Bei einer börsennotierten Aktiengesellschaft sind zusätzlich unter Namensnennung die Bezüge jedes einzelnen Vorstandsmitglieds, aufgeteilt nach erfolgsunabhängigen und erfolgsbezogenen Komponenten sowie Komponenten mit langfristiger Anreizwirkung, gesondert anzugeben. Dies gilt auch für:
      aa) Leistungen, die dem Vorstandsmitglied für den Fall einer vorzeitigen Beendigung seiner Tätigkeit zugesagt worden sind;
      bb) Leistungen, die dem Vorstandsmitglied für den Fall der regulären Beendigung seiner Tätigkeit zugesagt worden sind, mit ihrem Barwert, sowie den von der Gesellschaft während des Geschäftsjahrs hierfür aufgewandten oder zurückgestellten Betrag;
      cc) während des Geschäftsjahrs vereinbarte Änderungen dieser Zusagen;
      dd) Leistungen, die einem früheren Vorstandsmitglied, das seine Tätigkeit im Laufe des Geschäftsjahrs beendet hat, in diesem Zusammenhang zugesagt und im Laufe des Geschäftsjahrs gewährt worden sind.
      Leistungen, die dem einzelnen Vorstandsmitglied von einem Dritten im Hinblick auf seine Tätigkeit als Vorstandsmitglied zugesagt oder im Geschäftsjahr gewährt worden sind, sind ebenfalls anzugeben. Enthält der Jahresabschluss weitergehende Angaben zu bestimmten Bezügen, sind auch diese zusätzlich einzeln anzugeben;
   b) die Gesamtbezüge (Abfindungen, Ruhegehälter, Hinterbliebenenbezüge und Leistungen verwandter Art) der früheren Mitglieder der

§ 285

3. Buch. Handelsbücher

bezeichneten Organe und ihrer Hinterbliebenen. Buchstabe a Satz 2 und 3 ist entsprechend anzuwenden. Ferner ist der Betrag der für diese Personengruppe gebildeten Rückstellungen für laufende Pensionen und Anwartschaften auf Pensionen und der Betrag der für diese Verpflichtungen nicht gebildeten Rückstellungen anzugeben;

c) die gewährten Vorschüsse und Kredite unter Angabe der Zinssätze, der wesentlichen Bedingungen und der gegebenenfalls im Geschäftsjahr zurückgezahlten oder erlassenen Beträge sowie die zugunsten dieser Personen eingegangenen Haftungsverhältnisse;

10. alle Mitglieder des Geschäftsführungsorgans und eines Aufsichtsrats, auch wenn sie im Geschäftsjahr oder später ausgeschieden sind, mit dem Familiennamen und mindestens einem ausgeschriebenen Vornamen, einschließlich des ausgeübten Berufs und bei börsennotierten Gesellschaften auch der Mitgliedschaft in Aufsichtsräten und anderen Kontrollgremien im Sinne des § 125 Abs. 1 Satz 5 des Aktiengesetzes. Der Vorsitzende eines Aufsichtsrats, seine Stellvertreter und ein etwaiger Vorsitzender des Geschäftsführungsorgans sind als solche zu bezeichnen;

11. Name und Sitz anderer Unternehmen, die Höhe des Anteils am Kapital, das Eigenkapital und das Ergebnis des letzten Geschäftsjahrs dieser Unternehmen, für das ein Jahresabschluss vorliegt, soweit es sich um Beteiligungen im Sinne des § 271 Absatz 1 handelt oder ein solcher Anteil von einer Person für Rechnung der Kapitalgesellschaft gehalten wird;

11a. Name, Sitz und Rechtsform der Unternehmen, deren unbeschränkt haftender Gesellschafter die Kapitalgesellschaft ist;

11b. von börsennotierten Kapitalgesellschaften sind alle Beteiligungen an großen Kapitalgesellschaften anzugeben, die 5 Prozent der Stimmrechte überschreiten;

12. Rückstellungen, die in der Bilanz unter dem Posten „sonstige Rückstellungen" nicht gesondert ausgewiesen werden, sind zu erläutern, wenn sie einen nicht unerheblichen Umfang haben;

13. jeweils eine Erläuterung des Zeitraums, über den ein entgeltlich erworbener Geschäfts- oder Firmenwert abgeschrieben wird;

14. Name und Sitz des Mutterunternehmens der Kapitalgesellschaft, das den Konzernabschluss für den größten Kreis von Unternehmen aufstellt, sowie der Ort, wo der von diesem Mutterunternehmen aufgestellte Konzernabschluss erhältlich ist;

14a. Name und Sitz des Mutterunternehmens der Kapitalgesellschaft, das den Konzernabschluss für den kleinsten Kreis von Unternehmen aufstellt, sowie der Ort, wo der von diesem Mutterunternehmen aufgestellte Konzernabschluss erhältlich ist;

15. soweit es sich um den Anhang des Jahresabschlusses einer Personenhandelsgesellschaft im Sinne des § 264a Abs. 1 handelt, Name und Sitz der Gesellschaften, die persönlich haftende Gesellschafter sind, sowie deren gezeichnetes Kapital;

15a. das Bestehen von Genussscheinen, Genussrechten, Wandelschuldverschreibungen, Optionsscheinen, Optionen, Besserungsscheinen oder vergleichbaren Wertpapieren oder Rechten, unter Angabe der Anzahl und der Rechte, die sie verbriefen;

16. dass die nach § 161 des Aktiengesetzes vorgeschriebene Erklärung abgegeben und wo sie öffentlich zugänglich gemacht worden ist;

17. das von dem Abschlussprüfer für das Geschäftsjahr berechnete Gesamthonorar, aufgeschlüsselt in das Honorar für
    a) die Abschlussprüfungsleistungen,

2. Abschnitt. Ergänzende Vorschriften für Kapitalgesellschaften § 285

b) andere Bestätigungsleistungen,
c) Steuerberatungsleistungen,
d) sonstige Leistungen,

soweit die Angaben nicht in einem das Unternehmen einbeziehenden Konzernabschluss enthalten sind;

18. für zu den Finanzanlagen (§ 266 Abs. 2 A. III.) gehörende Finanzinstrumente, die über ihrem beizulegenden Zeitwert ausgewiesen werden, da eine außerplanmäßige Abschreibung nach § 253 Absatz 3 Satz 6 unterblieben ist,
    a) der Buchwert und der beizulegende Zeitwert der einzelnen Vermögensgegenstände oder angemessener Gruppierungen sowie
    b) die Gründe für das Unterlassen der Abschreibung einschließlich der Anhaltspunkte, die darauf hindeuten, dass die Wertminderung voraussichtlich nicht von Dauer ist;
19. für jede Kategorie nicht zum beizulegenden Zeitwert bilanzierter derivativer Finanzinstrumente
    a) deren Art und Umfang,
    b) deren beizulegender Zeitwert, soweit er sich nach § 255 Abs. 4 verlässlich ermitteln lässt, unter Angabe der angewandten Bewertungsmethode,
    c) deren Buchwert und der Bilanzposten, in welchem der Buchwert, soweit vorhanden, erfasst ist, sowie
    d) die Gründe dafür, warum der beizulegende Zeitwert nicht bestimmt werden kann;
20. für mit dem beizulegenden Zeitwert bewertete Finanzinstrumente
    a) die grundlegenden Annahmen, die der Bestimmung des beizulegenden Zeitwertes mit Hilfe allgemein anerkannter Bewertungsmethoden zugrunde gelegt wurden, sowie
    b) Umfang und Art jeder Kategorie derivativer Finanzinstrumente einschließlich der wesentlichen Bedingungen, welche die Höhe, den Zeitpunkt und die Sicherheit künftiger Zahlungsströme beeinflussen können;
21. zumindest die nicht zu marktüblichen Bedingungen zustande gekommenen Geschäfte, soweit sie wesentlich sind, mit nahe stehenden Unternehmen und Personen, einschließlich Angaben zur Art der Beziehung, zum Wert der Geschäfte sowie weiterer Angaben, die für die Beurteilung der Finanzlage notwendig sind; ausgenommen sind Geschäfte mit und zwischen mittel- oder unmittelbar in 100-prozentigem Anteilsbesitz stehenden in einen Konzernabschluss einbezogenen Unternehmen; Angaben über Geschäfte können nach Geschäftsarten zusammengefasst werden, sofern die getrennte Angabe für die Beurteilung der Auswirkungen auf die Finanzlage nicht notwendig ist;
22. im Fall der Aktivierung nach § 248 Abs. 2 der Gesamtbetrag der Forschungs- und Entwicklungskosten des Geschäftsjahrs sowie der davon auf die selbst geschaffenen immateriellen Vermögensgegenstände des Anlagevermögens entfallende Betrag;
23. bei Anwendung des § 254,
    a) mit welchem Betrag jeweils Vermögensgegenstände, Schulden, schwebende Geschäfte und mit hoher Wahrscheinlichkeit erwartete Transaktionen zur Absicherung welcher Risiken in welche Arten von Bewertungseinheiten einbezogen sind sowie die Höhe der mit Bewertungseinheiten abgesicherten Risiken,
    b) für die jeweils abgesicherten Risiken, warum, in welchem Umfang und für welchen Zeitraum sich die gegenläufigen Wertänderungen

§ 285

oder Zahlungsströme künftig voraussichtlich ausgleichen einschließlich der Methode der Ermittlung,
   c) eine Erläuterung der mit hoher Wahrscheinlichkeit erwarteten Transaktionen, die in Bewertungseinheiten einbezogen wurden,
   soweit die Angaben nicht im Lagebericht gemacht werden;
24. zu den Rückstellungen für Pensionen und ähnliche Verpflichtungen das angewandte versicherungsmathematische Berechnungsverfahren sowie die grundlegenden Annahmen der Berechnung, wie Zinssatz, erwartete Lohn- und Gehaltssteigerungen und zugrunde gelegte Sterbetafeln;
25. im Fall der Verrechnung von Vermögensgegenständen und Schulden nach § 246 Abs. 2 Satz 2 die Anschaffungskosten und der beizulegende Zeitwert der verrechneten Vermögensgegenstände, der Erfüllungsbetrag der verrechneten Schulden sowie die verrechneten Aufwendungen und Erträge; Nummer 20 Buchstabe a ist entsprechend anzuwenden;
26. zu Anteilen an Sondervermögen im Sinn des § 1 Absatz 10 des Kapitalanlagegesetzbuchs oder Anlageaktien an Investmentaktiengesellschaften mit veränderlichem Kapital im Sinn der §§ 108 bis 123 des Kapitalanlagegesetzbuchs oder vergleichbaren EU-Investmentvermögen oder vergleichbaren ausländischen Investmentvermögen von mehr als dem zehnten Teil, aufgegliedert nach Anlagezielen, deren Wert im Sinn der §§ 168, 278 des Kapitalanlagegesetzbuchs oder des § 36 des Investmentgesetzes in der bis zum 21. Juli 2013 geltenden Fassung oder vergleichbarer ausländischer Vorschriften über die Ermittlung des Marktwertes, die Differenz zum Buchwert und die für das Geschäftsjahr erfolgte Ausschüttung sowie Beschränkungen in der Möglichkeit der täglichen Rückgabe; darüber hinaus die Gründe dafür, dass eine Abschreibung gemäß § 253 Absatz 3 Satz 6 unterblieben ist, einschließlich der Anhaltspunkte, die darauf hindeuten, dass die Wertminderung voraussichtlich nicht von Dauer ist; Nummer 18 ist insoweit nicht anzuwenden;
27. für nach § 268 Abs. 7 im Anhang ausgewiesene Verbindlichkeiten und Haftungsverhältnisse die Gründe der Einschätzung des Risikos der Inanspruchnahme;
28. der Gesamtbetrag der Beträge im Sinn des § 268 Abs. 8, aufgegliedert in Beträge aus der Aktivierung selbst geschaffener immaterieller Vermögensgegenstände des Anlagevermögens, Beträge aus der Aktivierung latenter Steuern und aus der Aktivierung von Vermögensgegenständen zum beizulegenden Zeitwert;
29. auf welchen Differenzen oder steuerlichen Verlustvorträgen die latenten Steuern beruhen und mit welchen Steuersätzen die Bewertung erfolgt ist;
30. wenn latente Steuerschulden in der Bilanz angesetzt werden, die latenten Steuersalden am Ende des Geschäftsjahrs und die im Laufe des Geschäftsjahrs erfolgten Änderungen dieser Salden;
31. jeweils der Betrag und die Art der einzelnen Erträge und Aufwendungen von außergewöhnlicher Größenordnung oder außergewöhnlicher Bedeutung, soweit die Beträge nicht von untergeordneter Bedeutung sind;
32. eine Erläuterung der einzelnen Erträge und Aufwendungen hinsichtlich ihres Betrags und ihrer Art, die einem anderen Geschäftsjahr zuzurechnen sind, soweit die Beträge nicht von untergeordneter Bedeutung sind;
33. Vorgänge von besonderer Bedeutung, die nach dem Schluss des Geschäftsjahrs eingetreten und weder in der Gewinn- und Verlustrechnung noch in der Bilanz berücksichtigt sind, unter Angabe ihrer Art und ihrer finanziellen Auswirkungen;
34. der Vorschlag für die Verwendung des Ergebnisses oder der Beschluss über seine Verwendung.

2. Abschnitt. Ergänzende Vorschriften für Kapitalgesellschaften 1–3 § 285

Übersicht

	Rn
1) Verbindlichkeiten mit Restlaufzeit von über fünf Jahren, Sicherheiten (Nr 1)	1
2) Aufgliederung der Angaben zu Nr 1 (Nr 2)	2
3) Sonstige finanzielle Verpflichtungen (Nr 3)	3
4) Aufgliederung der Umsatzerlöse (Nr 4)	5
5) Ergebnisbeeinflussung durch steuerrechtliche Bewertung (Nr 5 aF)	6
6) Aufteilung der Einkommen- und Ertragsteuerbelastung (Nr 6 aF)	7
7) Zahl der Arbeitnehmer (Nr 7)	8
8) Material- und Personalaufwand bei Umsatzkostenverfahren (Nr 8)	9
9) Gesamtbezüge der Organmitglieder, Organkredite (Nr 9)	10
10) Angaben zu Organmitgliedern (Nr 10)	11
11) Angaben zu Anteilsbesitz (Nr 11)	12
12) Angaben zu Unternehmen, deren unbeschränkt haftender Gesellschafter die KapitalGes ist (Nr 11a)	13
13) Beteiligungen an großen KapitalGes (Nr 11b)	14
14) Rückstellungen (Nr 12)	15
15) Angabe des Abschreibungszeitraums (Nr 13)	16
16) Angaben zu Mutterunternehmen (Nr 14 und 14a)	17
17) Angaben bei GmbH & Co ua (Nr 15)	18
18) Fremdgehaltene/eigene Aktien und Bezugsrechte (15a)	19
19) Entsprechenserklärung (Nr 16)	20
20) Angaben zum Abschlussprüferhonorar bei großen Ges (Nr 17)	21
21) Finanzinstrumente (Nr 18–Nr 20)	22
22) Nahestehende Unternehmen und Personen (Nr 21)	23
23) Forschungs- und Entwicklungskosten (Nr 22)	24
24) Bewertungseinheiten (Nr 23)	25
25) Pensionsrückstellungen und ähnliche Verpflichtungen (Nr 24)	26
26) Verrechnung (Nr 25)	27
27) Anteile und Anlageaktien (Nr 26)	28
28) Ausweis unter der Bilanz (Nr 27)	29
29) Gesamtbetrag der Beträge (Nr 28)	30
30) Latente Steuern (Nr 29)	31
31) Ab-/Aufbau latenter Steuer (Nr 30)	32
32) Erträge/Aufwendungen von außerordentlicher Größe/Bedeutung (Nr 31)	33
33) Periodenfremde Aufwendungen/Erträge (Nr 32)	34
34) Wesentliche Ereignisse nach dem Bilanzstichtag (Nr 33)	35
35) Ergebnisverwendung (Nr 34)	36

1) Verbindlichkeiten mit Restlaufzeit von über fünf Jahren, Sicherheiten (Nr 1)

1 Nr 1a) erfordert Angaben des Gesamtbetrags langfristiger Verbindlichkeiten (maßgebend Restlaufzeit), **1 Nr 1b)** Gesamtbetrag der besicherten Verbindlichkeiten sowie Art und Form der Sicherheiten. Ausnahme für Kreditinstitute § 340a II 2. Lit Me/Pro/Fi Kap 12 Tz 23 ff. 1

2) Aufgliederung der Angaben zu Nr 1 (Nr 2)

S Rn 1. Angabe im Anhang oder in Bilanz. Kleine KapitalGes s § 288 I. Ausnahme für Kreditinstitute § 340a II 2. 2

3) Sonstige finanzielle Verpflichtungen (Nr 3)

Nr 3 idF BilMoG 2009 (**Übergangsrecht** in **(1)** EGHGB Art 66 II), NF durch BilRUG 2015 (**Übergangsrecht** in **(1)** EGHGB Art 75 I 1) nach Art 17 I Buchst p BilRi 2013, erfordert Angabe von Art und Zweck sowie Risiken, Vorteilen und finanziellen Auswirkungen von nicht in der Bilanz erscheinenden 3

§ 285 4–6

3. Buch. Handelsbücher

Geschäfte, soweit sie wesentlich sind und die Offenlegung für die Beurteilung der Finanzlage notwendig ist; lex specialis zu Nr 3a). Erfasst sind damit Transaktionen, die von vornherein keinen dauerhaften Eingang in die Bilanz finden oder den dauerhaften Abgang von Vermögensgegenständen und Schulden nach sich ziehen; das können schwebende Geschäfte (§ 252 Rn 21) sein, heißt aber Angabepflicht derselben nur, wenn dauerhaft schwebend (RegE BilMoG 69). Bspe für Nr 3: Geschäfte in Zusammenhang mit Gründung von Zweckges, Forderungsverbriefungen, Leasing- oder Pensionsgeschäfte. **Lit** Fink/Theile DB **15**, 754; Wulf DStZ **15**, 835 (BilRUG); Knobloch/Baumeister DB **15**, 2769; Müller/Ziegler BC **17**, 28; Schüttler BC **17**, 411.

4 Nach **Nr 3a**, NF durch BilRUG 2015 (**Übergangsrecht** in (1) EGHGB Art 75 I 1) nach Art 16 I Buchst a, Art 17 I Buchst d BilRi 2013, ist der Gesamtbetrag der sonstigen nicht in der Bilanz erscheinenden (also weder als Verbindlichkeit noch als Rückstellung passivierten), auch nicht als Haftungsverhältnisse (§ 268 Abs VII) und nicht nach Nr 3 angegebenen finanziellen Verpflichtungen anzugeben; gesondert anzugeben sind Verpflichtungen betreffend Altersversorgung sowie gegenüber verbundenen/assoziierten Unternehmen (§ 271 II); anders, wenn Angabe für die Beurteilung der Finanzlage ohne Bedeutung ist. Bspe: Mehrjährige Verpflichtungen aus Miet- oder Leasingverträgen (s **(7)** Bankgeschäfte P/1), aus begonnenen Investitionsvorhaben, künftigen Großreparaturen und aus notwendig werdenden Umweltschutzmaßnahmen; aus Beteiligung als phG an PersonenHdlGes, IDW RS HFA 18, WPg **06**, 1302, als sonstigen Dauerschuldverhältnissen, also vor allem Verpflichtungen aus schwebenden Geschäften (§ 252 Rn 21) und künftige Ausgaben, für die eine Rückstellung nicht zulässig oder nicht gewählt ist. Nicht passivierte Pensionsverpflichtungen fallen nicht unter Nr 3, sondern (1) EGHGB Art 28 II. Kleine und mittlere KapitalGes s § 288 I, II. **Lit** Pollanz DStR **09**, 1824 (Rückstellungsspiegel); Poullie WPg **10**, 1058 (Geschäfte mit nahe stehenden Unternehmen und Personen der öffentlichen Hand); Wollmert ua StuB **10**, 123 (Anhangangaben zu WP-Honoraren und marktüblichen Geschäften); Philipps DB **11**, 125; Heeb WPg **14**, 189; Blöink/Knoll-Biermann Konzern **15**, 65 (BilRUG 2015); Lüdenbach/Freiberg BB **14**, 2219 (BilRUG 2015); Oser/Orth/Wirtz DB **15**, 197 (BilRUG 2015); Fink/Theile DB **15**, 754; Wulf DStZ **15**, 835 (BilRUG); Knobloch/Baumeister DB **15**, 2769; Müller/Ziegler BC **17**, 28; Schüttler BC **17**, 411.

4) Aufgliederung der Umsatzerlöse (Nr 4)

5 Nr 4, NF durch BilRUG 2015 (**Übergangsrecht** in (1) EGHGB Art 75 I 1) nach Art 18 I Buchst a, Art 2 Nr 5 BilRi 2013, verlangt Aufgliederung der Umsatzerlöse nach Tätigkeitsbereichen und geographisch bestimmten Märkten, wenn sie sich unter Berücksichtigung der Organisation des Verkaufs, der Vermietung oder Verpachtung von Produkten und der Erbringung von Dienstleistungen der KapitalGes die Tätigkeitsbereiche und Märkte untereinander erheblich unterscheiden. Das ist anhand der für die KapitalGes typischen Erzeugnis- und Dienstleistungsgruppen unter Berücksichtigung ihrer Verkaufsorganisation zu beurteilen. Geographisch bestimmte Märkte können Ländergruppen, einzelne Länder und Binnenregionen bis zu einzelnen Gemeinden sein. Nr 4 gilt nur für große KapitalGes (§ 288 II), und auch diese können sich noch auf die Schutzklausel (§ 286 II) berufen. Ausnahme für Kreditinstitute § 340a II 2. **Lit** Blöink/Knoll-Biermann Konzern **15**, 65 (BilRUG 2015); Lüdenbach/Freiberg BB **14**, 2219 (BilRUG 2015); Oser/Orth/Wirtz DB **15**, 197 (BilRUG 2015); Fink/Theile DB **15**, 754; Kleinmanns StuB **14**, 794; Wulf DStZ **15**, 835 (BilRUG).

5) Ergebnisbeeinflussung durch steuerrechtliche Bewertung (Nr 5 aF)

6 Nr 5 aufgehoben durch BilMoG (**Übergangsrecht** in (1) EGHGB Art 66 V).

2. Abschnitt. Ergänzende Vorschriften für Kapitalgesellschaften 7–10 § 285

6) Aufteilung der Einkommen- und Ertragsteuerbelastung (Nr 6 aF)

Nr 6 aufgehoben durch BilRUG 2015 (**Übergangsrecht** in (1) EGHGB Art 75 I 1) nach Art 16 I Buchst f BilRi 2013.

7) Zahl der Arbeitnehmer (Nr 7)

Berechnung auch für Nr 7 nach § 267 V. Kleine KapitalGes s § 288 I.

8) Material- und Personalaufwand bei Umsatzkostenverfahren (Nr 8)

Die Posten Materialaufwand und Personalaufwand erscheinen in der Gewinn- und Verlustrechnung nur bei Entscheidung für das Gesamtkostenverfahren (§ 275 II Nr 5, 6). Bei Wahl des Umsatzkostenverfahrens (§ 275 I, III) sind dieselben Informationen im Anhang zu geben. Kleine KapitalGes brauchen den Materialaufwand nicht anzugeben (§ 288 I; Grund § 276). Ausnahme für Kreditinstitute § 340a II 1.

9) Gesamtbezüge der Organmitglieder, Organkredite (Nr 9)

Nr 9, NF durch BilRUG 2015 (**Übergangsrecht** in (1) EGHGB Art 75 I 1) nach Art 16 I Buchst e BilRi 2013, betrifft die Mitglieder des Geschäftsführungsorgans (Vorstand der AG, Geschäftsführer der GmbH), eines Aufsichtsrats, eines Beirats der KapitalGes oder einer ähnlichen Einrichtung und verlangt aggregierte Angaben jeweils für jede Personengruppe (nicht Einzelangaben zu jedem Mitglied). Nach **Nr 9a** idF VorstAG 2009 sind die Gesamtbezüge (Legaldefinition mit Einrechnungsvorschrift nach Nr 9a S 2, Zusatzangabe nach Nr 9a S 3) der tätigen Organmitglieder (hinzugefügt „sonstige aktienbasierte Vergütungen" durch TransPuG 2002, **Übergangsrecht** in (1) EGHGB Art 54) anzugeben. Durch das Gesetz über die Offenlegung der Vorstandsvergütungen (VorstOG) vom 3.8.05 (**Übergangsrecht** in (1) EGHGB Art 59) wurde in Nr 9a die Pflicht zur Offenlegung von Aktienoptionen (beizulegenden Zeitwert mit späteren Änderungen) und Vorstandsbezügen börsennotierter AG (Einzelbezüge mit Namensnennung, aufgegliedert nach erfolgsabhängigen und -unabhängigen sowie langfristig Anreizwirkung entfaltenden Bestandteilen) erweitert. Seit VorstAG 2009 (**Übergangsrecht** in (1) EGHGB Art 68) detaillierte Angaben über (zugesagte) Leistungen sowohl für den Fall regulärer als nun auch vorzeitiger Beendigung der Tätigkeit sowie Pflicht zur Angabe bei Änderung solcher Zusagen. Nr 9a gilt auch, wenn Vorstand der Ges nur aus einer Person besteht, Ffm AG **13**, 50. Einzelheiten DRS 17. **Lit** Spindler NZG **05**, 689; Lücke NZG **05**, 692; Thüsing ZIP **05**, 1389; Büchel/Semjonow WPg **08**, 1143 (DRS 17); Mujkanovic WPg **11**, 995 (DRS 17). Nach **Nr 9b** sind die Gesamtbezüge der früheren Organmitglieder (mit Zusatzangabe nach Nr 9b S 3 über die Beträge der für sie gebildeten und der nicht gebildeten Pensionsrückstellungen, s § 249 Rn 14–18) anzugeben. Die von verbundenen Unternehmen erhaltenen Bezüge brauchen nur im Konzernabschluss angegeben zu werden. Befreiung von Nr 9a, b nach § 286 IV, wenn sich sonst die Bezüge eines einzelnen Organmitglieds feststellen lassen. Entsprechende Anwendung der mit dem VorstOG eingeführten weiteren Offenlegungspflichten bei börsennotierten AG nur für Abfindungen und verwandte Leistungen. **Nr 9c** verlangt detaillierte Angaben zu den Organkrediten iwS (vgl §§ 89, 115 AktG; anders § 43a GmbHG), wobei neben den Angaben zu zurückgezahlten Beträgen seit BilRUG 2015 (**Übergangsrecht** in (1) EGHGB Art 75 I 1) in Umsetzung von Art 16 I Buchst e BilRi 2013 auch Angaben zu erlassenen Beträgen verlangt werden. Haftungsverhältnisse sind alle die KapitalGes jetzt, später oder bedingt belastenden Drittverbindlichkeiten zugunsten eines Organmitglieds (vgl §§ 251, 285 Nr 3a). Kleine KapitalGes brauchen nur Angaben nach Nr 9c zu machen (§ 288). Ausnahme von Nr 9c für Kreditinstitute § 340a II 2. **Lit** Blöink/Knoll-Biermann Konzern **15**, 65 (BilRUG 2015);

Lüdenbach/Freiberg BB **14**, 2219 (BilRUG 2015); Oser/Orth/Wirtz DB **15**, 197 (BilRUG 2015); Wulf DStZ **15**, 835 (BilRUG).

10) Angaben zu Organmitgliedern (Nr 10)

11 Nr 10 S 1 idF KonTraG 1998: Namensangaben nach 1 samt der tatsächlich ausgeübten hauptberuflichen Tätigkeit und bei börsennotierten Ges (§ 3 II AktG, s Rn 12, vgl § 267 Rn 9) auch Aufsichtsrats- und andere Kontrollgremienmandate iSv § 125 I 3 AktG; Funktionsangaben nach S 2.

11) Angaben zu Anteilsbesitz (Nr 11)

12 Nr 11 idF KonTraG 1998, NF durch BilRUG 2015 (**Übergangsrecht** in (1) EGHGB Art 75 I 1) in Umsetzung von Art 17 I Buchst g 1. Unterabs BilRi 2013, verlangt Angaben zum Anteilsbesitz. Anteil an jedem anderen Unternehmen ist erfasst, Rechtsform und Sitz im In- oder Ausland sind unerheblich. Nicht erfasst sind idR GbR (aber ErwerbsGes) und stGes (vgl § 271 Rn 2), str. Anteilsbesitz ist auch solcher über Strohmänner, Treuhänder ua (für Rechnung der KapitalGes) sowie indirekter Anteilsbesitz (Nr 11 2. Halbs iVm § 16 IV AktG). Berechnung entspr § 16 II, IV AktG. Anzugeben sind außer der Höhe des Anteilsbesitzes Name, Sitz, Eigenkapital und Ergebnis des letzten Geschäftsjahrs des anderen Unternehmens. Von börsennotierten KapitalGes (§ 3 II AktG, auch geregelter Markt, nicht Freiverkehr, vgl § 267 Rn 9) sind zusätzlich alle Beteiligungen an großen KapitalGes (§ 267 III) mit über 5 % der Stimmrechte anzugeben (Nr 11 letzter Halbs); ebenso für Kreditinstitute § 340a IV Nr 2. Erleichterungen s § 286 III. Wechselseitige Beteiligung bei AG ist nach § 160 I Nr 7 AktG anzugeben. **Muster:** Hopt/Kraft/Link Form III.C.2 (Beteiligungsliste, Aufstellung des Anteilsbesitzes). **Lit** Blöink/Knoll-Biermann Konzern **15**, 65 (BilRUG 2015); Lüdenbach/Freiberg BB **14**, 2219 (BilRUG 2015); Oser/Orth/Wirtz DB **15**, 197 (BilRUG 2015); Fink/Theile DB **15**, 754; Wulf DStZ **15**, 835 (BilRUG).

12) Angaben zu Unternehmen, deren unbeschränkt haftender Gesellschafter die KapitalGes ist (Nr 11a)

13 Nr 11a idF KapCoRiLiG 2000: Name, Sitz (§ 106 Rn 8) und Rechtsform der Unternehmen, deren unbeschränkt haftender Gfter die KapitalGes ist, zB GmbH & Co und andere KapitalGes & Co (enger als § 264a I, s dort Rn 1). Erleichterungen s § 286 III. IDW ERS HFA 7 WPg **01**, 1393.

13) Beteiligungen an großen KapitalGes (Nr 11b)

14 **Nr 11b**, eingefügt durch BilRUG 2015 (**Übergangsrecht** in (1) EGHGB Art 75 I 1) zur Verbesserung der Lesbarkeit von Nr 11, indem die bisher in Nr 11 enthaltene Angabepflicht ausgegliedert und in eine neue Nr 11b überführt wird. Sie tritt für börsennotierte KapitalGes neben die für mittelgroße und große KapitalGes geltenden Vorgaben aus Nr 11, RegBegr 82. **Lit** Blöink/Knoll-Biermann Konzern **15**, 65 (BilRUG 2015); Lüdenbach/Freiberg BB **14**, 2219 (BilRUG 2015); Oser/Orth/Wirtz DB **15**, 197 (BilRUG 2015); Wulf DStZ **15**, 835 (BilRUG).

14) Rückstellungen (Nr 12)

15 In der Bilanz unter den sonstigen Rückstellungen (§ 266 III B. Nr 3) nicht gesondert ausgewiesene, nicht unerhebliche Rückstellungen sind zu erläutern. Auch bei Rückstellungen, für deren Entstehen im wirtschaftlichen Sinn der laufende Betrieb ursächlich ist (Ansammlungsrückstellungen), ist das Stichtagsprinzip zu beachten. Wird eine vertragliche Beseitigungspflicht durch Vertragsänderung über das ursprüngliche Vertragsende hinaus fortgesetzt, ist der verlängerte Nutzungszeitraum auch dem Rückstellungsausweis zu Grunde zu legen,

BFH DStR **14**, 1961. Zur Erstellung eines Rückstellungsspiegels Pollarz DStR **09**, 1824. Kleine KapitalGes s § 288 I. Ausnahme für Kreditinstitute § 340a II 1. **Lit** Zeyer DB **11**, 1466; Marx DB **12**, 563 (Ansammlungsrückstellungen); Blöink/Knoll-Biermann Konzern **15**, 65 (BilRUG 2015); Lüdenbach/Freiberg BB **14**, 2219 (BilRUG 2015); Oser/Orth/Wirtz DB **15**, 197 (BilRUG 2015).

15) Angabe des Abschreibungszeitraums (Nr 13)

Nr 13, NF durch BilMoG (**Übergangsrecht** in (1) EGHGB Art 66 III) sowie durch BilRUG 2015 (**Übergangsrecht** in (1) EGHGB Art 75 I 1) in Umsetzung von Art 12 IX Unterabs 2 S 3 BilRi 2013, verlangt jeweils eine Erläuterung des Zeitraums, über den ein entgeltlich erworbener Geschäfts- oder Firmenwert abgeschrieben wird. Ein maximaler Abschreibungszeitraum ist nicht festgelegt. **Lit** Blöink/Knoll-Biermann Konzern **15**, 65 (BilRUG 2015); Lüdenbach/Freiberg BB **14**, 2219 (BilRUG 2015); Oser/Orth/Wirtz DB **15**, 197 (BilRUG 2015); Theile GmbHR **15**, 281 (GmbH- u GmbH & Co KG-Abschluss nach BilRUG); Wulf DStZ **15**, 835 (BilRUG).

16) Angaben zu Mutterunternehmen (Nr 14 und 14a)

Nr 14, NF, und **Nr 14a**, eingefügt durch durch BilRUG 2015 (**Übergangsrecht** in (1) EGHGB Art 75 I 1) beruhen auf der Ausübung des Mitgliedstaatenwahlrechts gem Art 16 II iVm 17 I Buchst m S 3 BilRi 2013. Danach dürfen die Mitgliedstaaten von kleinen Ges Angaben zur Ges, die den Konzernabschluss für den kleinsten Kreis von Unt aufstellt, verlangen, nicht aber zur Ges, die den Abschluss für den größten Kreis von Unt aufstellt. Für kleine KapitalGes entfällt diese in Nr 14 verbleibende Angabepflicht, indem § 288 I entsprechend ergänzt wird. Von einer nach EU-Recht möglichen Befreiung kleiner Unt von Angaben zur Ges, die den Konzernabschluss für den kleinsten Kreis von Unt aufstellt, sieht das HGB zur bürokratischen Entlastung ab, RegBegr 82. **Lit** Blöink/Knoll-Biermann Konzern **15**, 65 (BilRUG 2015); Lüdenbach/Freiberg BB **14**, 2219 (BilRUG 2015); Oser/Orth/Wirtz DB **15**, 197 (BilRUG 2015); Fink/Theile DB **15**, 754; Wulf DStZ **15**, 835 (BilRUG).

17) Angaben bei GmbH & Co ua (Nr 15)

Nr 15 idF KapCoRiLiG 2000: bei PersonenGes iSv § 264a I (weiter als Nr 11a: GmbH & Co, Stiftung & Co ua, s Rn 13, § 264 Rn 1f) sind im Anhang ihres Jahresabschlusses anzugeben: Name und Sitz der KomplementärGes sowie deren gezeichnetes Kapital. Nr 15 erfasst alle KomplementärGes, nicht nur KapitalGes, zB PersonenGes, Stiftung ua, auch wenn sie kein gezeichnetes Kapital haben, dann kommt § 264a II 2 analog in Betracht.

18) Fremdgehaltene/eigene Aktien und Bezugsrechte (15a)

Nr 15a, eingefügt durch BilRUG 2015 (**Übergangsrecht** in (1) EGHGB Art 75 I 1) in Umsetzung von Art 17 Buchst i und j BilRi 2013, stellt klar, dass AGs und KGaAs nach § 160 AktG zusätzliche Anhangangaben zu Bestand und Bestandsveränderungen insbesondere an fremdgehaltenen und eigenen Aktien und Bezugsrechten zu machen haben. Nr 15a gilt nicht für andere Rechtsformen insbesondere GmbH oder PersonenhandelsGes. Hingegen können andere KapitalGes wie AGs Genussrechte oder ähnliche Rechte auf Gewinnbezug einräumen, deren Angabe Art 17 I Buchst BilRi ebenfalls verlangt. Daher reicht eine Regelung im AktG nicht aus und es bedarf einer Vorschrift im HGB. **Lit** Blöink/Knoll-Biermann Konzern **15**, 65 (BilRUG 2015); Lüdenbach/Freiberg BB **14**, 2219 (BilRUG 2015); Oser/Orth/Wirtz DB **15**, 197 (BilRUG 2015); Wulf DStZ **15**, 835 (BilRUG).

§ 285 20–23　　　　　　　　　　　　　　　　　　　　3. Buch. Handelsbücher

19) Entsprechenserklärung (Nr 16)

20　Nr 16 angefügt durch TransPuG 2002, geändert durch BilMoG (**Übergangsrecht** in (**1**) EGHGB Art 54, 66 II): Ergänzt AktG § 161 zur Abgabe der sog Entsprechenserklärung zum Corporate Governance Kodex und wo diese öffentlich zugänglich ist; Inhalt der Erklärung wird allerdings nicht zum Gegenstand des Anhangs und ist auch nicht Gegenstand der Prüfung, BTDrucks 14/8769, S 25. Ausnahme für kleine und mittlere KapitalGes § 288 I, II.

20) Angaben zum Abschlussprüferhonorar bei großen Ges (Nr 17)

21　Nr 17 angefügt durch BilREG 2004, geändert durch BilMoG (**Übergangsrecht** in (**1**) EGHGB Art 58 II, 66 II): Gibt erforderliche Information zur Abschlussprüfervergütung; anzugeben sind Vergütung und weitere Vergütungsbestandteile (AmtlBegr BTDrucks 15/3419, S 29); s auch die korrespondierenden Regelungen zur Vereinbarkeit bestimmter Beratungsdienste mit der Abschlussprüfung in §§ 319 III 1 Nr 3, 319a I 1 Nr 2, 3u dazu § 319 Rn 19 ff, § 319a Rn 3 ff u 6. **Lit** Bischof WPg **06**, 705; Petersen/Zwirner WPg **08**, 279; Wollmert/Oser/Graupe StuB **10**, 123; Kling WPg **11**, 209; Zwirner/Boecker DB **17**, 1223 (IDW RS HFA 36 nF).

21) Finanzinstrumente (Nr 18–Nr 20)

22　Nr 18, NF durch BilRUG 2015 (**Übergangsrecht** in (**1**) EGHGB Art 75 I 1), Nr 19, angefügt durch BilReG 2004, geändert, Nr 20, eingefügt durch BilMoG (**Übergangsrecht** in (**1**) EGHGB Art 58 II, 66 II), auf alle zum beizulegenden Zeitwert bewerteten Finanzinstrumente erweitert durch CSR-RUG v 11.4.17 (**Übergangsrecht** in (**1**) EGHGB Art 80); übernehmen Vorgaben der Modernisierungs-Ri (Einl 12v § 238) und der Fair-Value-Richtlinie (Einl 14v § 238). Angabepflicht gilt auch für Kreditinstitute und Finanzdienstleistungsinstitute, s § 340a I, sowie für Versicherungsunternehmen und Pensionsfonds, s § 341a I. **Nr 18** stellt auf das Wahlrecht ab, bei Finanzanlagen eine außerplanmäßige Abschreibung auf Grund einer voraussichtlich vorübergehenden Wertminderung vorzunehmen oder zu unterlassen. **Nr 19** ergänzt für nicht zum beizulegenden Zeitwert bewertete Finanzinstrumente Pflicht zur Angabe der angewandten Bewertungsmethode, wodurch die anzugebenden Zahlen für Bilanzleser an Wert gewinnen, aber Ausnahme für kleine KapitalGes § 288 I. **Nr 20** verpflichtet für zum Zeitwert bilanzierte Finanzinstrumente zur Angabe der Bewertungsmethoden, die im Falle eines fehlenden Marktpreises der Berechnung nach § 255 IV 2 zugrunde gelegt wurden und zur Kategorisierung der Finanzinstrumente auf Grund der ihnen zugrunde liegenden Basiswerte oder abgesicherten Risiken; ferner Angabe, welchen Risiken die jeweilige Kategorie ausgesetzt sind. **Lit** Bischof/Hettich WPg **12**, 689.

22) Nahestehende Unternehmen und Personen (Nr 21)

23　Nr 20 eingefügt durch BilMoG (**Übergangsrecht** in (**1**) EGHGB Art 66 II); verlangt Angabe aller wesentlichen Geschäfte mit nahe stehenden Unternehmen oder Personen, soweit diese nicht zu marktüblichen Bedingungen zustande gekommen sind und ermöglicht Angabe, wenn Marktüblichkeit vorliegt. Der Begriff Geschäft ist weit zu verstehen und erfasst alle Transaktionen, die sich auf die Finanzlage auswirken können. Marktüblichkeit liegt vor, wenn das Geschäft in jeder Hinsicht auch mit einem unabhängigen Dritten möglich wäre; sie muss im Zeitpunkt des Zustandekommens des Geschäfts vorliegen, BeckBilKo 375. Nahe stehend ist iSv IAS 24 zu verstehen (RegE BilMoG 72), Aufzählung in IAS 24.9. Ausnahme für kleine und mittlere KapitalGes § 288 I, II. **Lit** Küting/Gattung WPg **05**, 1061 und 1105 (IAS 24); Niehus DB **08**, 2493; Poullie WPg **10**, 1058; Busack/Scharr IRZ **11**, 395.

2. Abschnitt. Ergänzende Vorschriften für Kapitalgesellschaften 24–29 § 285

23) Forschungs- und Entwicklungskosten (Nr 22)

Nr 22 eingefügt durch BilMoG (**Übergangsrecht** in **(1)** EGHGB Art 66 III); Angabepflicht aller Forschungs- und Entwicklungskosten (s § 255 IIa) des Geschäftsjahrs; Unterteilung in solche, die auf selbstgeschaffene immaterielle Vermögensgegenstände des Anlagevermögens entfallen und sonstige, jeweils differenziert nach Forschungs- und Entwicklungskosten. Ausnahme für kleine KapitalGes § 288 I; **Lit** Schmidt DStR **14**, 544 (F&E-Ergebnisse in Pharmaindustrie).

24) Bewertungseinheiten (Nr 23)

Nr 23 eingefügt durch BilMoG, geändert durch ARUG (**Übergangsrecht** in **(1)** EGHGB Art 66 III); Angabe der Höhe der Beträge von Grund- und Sicherungspositionen sowie der Risiken; Angabe, welche Risiken durch welche Sicherungsinstrumente abgesichert werden, Art des Hedging; Stellungnahme zur Effektivität der Absicherung (Eintrittswahrscheinlichkeit des Risikos); für Dritte nachvollziehbare Erläuterung der Eintrittswahrscheinlichkeit des Vertragsschlusses bei antizipierten Bewertungseinheiten; keine Angabe, wenn schon im Lagebericht gem § 289 II Nr 2a.

25) Pensionsrückstellungen und ähnliche Verpflichtungen (Nr 24)

Nr 24 eingefügt durch BilMoG (**Übergangsrecht** in **(1)** EGHGB Art 66 III); lex specialis zu § 284 II Nr 4.

26) Verrechnung (Nr 25)

Nr 25 eingefügt durch BilMoG (**Übergangsrecht** in **(1)** EGHGB Art 66 III), betrifft Ausnahme vom Verrechnungsverbot gem § 246 II 2; Angabe der Anschaffungskosten und des beizulegenden Zeitwerts der Vermögensgegenstände; insoweit entsprechende Anwendung von Nr 20; Angabe des Erfüllungsbetrages der mit ihnen zu verrechnenden Schulden sowie der verrechneten Aufwendungen und Erträge.

27) Anteile und Anlageaktien (Nr 26)

Nr 26 idF AIFM-UmsG (**Übergangsrecht** in **(1)** EGHGB Art 71); Angabe von stillen Reserven und Lasten, die in solchen Sondervermögen gem § 1 X KAGB oder Anlageaktien an InvestmentGes mit veränderlichem Kapital gem §§ 108 ff KAGB bzw vergleichbaren ausländischen oder EU-Investmentvermögen enthalten sind, an denen 10 % der Anteile oder Anlageaktien gehalten werden. Hierfür Gegenüberstellung der bilanziellen Buchwerte und des Werts der Anteile oder Anlageaktien nach §§ 168, 278 KAGB (zur Fortgeltung des § 36 InvG s § 245 KAGB und **(1)** EGHGB Art 71 I) oder vergleichbaren ausländischen Vorschriften zur Ermittlung des Marktwertes; Aufgliederung nach Anlagezielen. Ferner Angabe der im Geschäftsjahr erfolgten Ausschüttung; über eine mögliche Beschränkung der täglichen Rückgabe; Gründe, warum eine außerplanmäßige Abschreibung nach § 253 III 4 unterblieben ist und weshalb diese Wertminderung voraussichtlich nicht von Dauer ist.

28) Ausweis unter der Bilanz (Nr 27)

Nr 27 eingefügt durch BilMoG (**Übergangsrecht** in **(1)** EGHGB Art 66 III); geändert durch TransparenzRiLi-ÄnderungsRiLi-UmsetzungsG (**Übergangsrecht** in **(1)** EGHGB Art 77); erfordert Angabe zu Haftungsverhältnissen und (Eventual-)Verbindlichkeiten, die nach § 251 unter der Bilanz als Gesamtsumme ausgewiesen werden. Erforderlich ist Abschätzung und Angabe des Risikos der Inanspruchnahme und der stützenden Gründe, warum kein Ausweis als Passivposten erfolgt. **Lit** Schüttler BC **17**, 411.

§ 285 30–34　　　　　　　　　　　　　　　　　　　　　　　　3. Buch. Handelsbücher

29) Gesamtbetrag der Beträge (Nr 28)

30　Nr 28 eingefügt durch BilMoG (**Übergangsrecht** in (1) EGHGB Art 66 III); ergänzt § 268 VIII durch Angabe aller hiernach ausschüttungsgesperrten Beträge.

30) Latente Steuern (Nr 29)

31　Angabe (**Übergangsrecht** in (1) EGHGB Art 66 III) der Differenzen zwischen HdlBilanz und Steuerbilanz sowie der steuerlichen Verlustvorträge die zur Bildung latenter Steuern führen; werden (passive) latente Steuern nicht ausgewiesen: Angabe, auf Grund welcher Differenzen Ausweis unterbleibt. Befreiung für kleine und mittelgroße Ges gem § 288 I, II. **Lit** Petersen WPg **11**, 255; Prystawik/Schauf DB **11**, 313; Müller/Panzer/Reinke StuB **12**, 937.

31) Ab-/Aufbau latenter Steuern (Nr 30)

32　**Nr 30**, eingefügt durch BilRUG 2015 (**Übergangsrecht** in (1) EGHGB Art 75 I 1) in Umsetzung von Art 17 I Buchst f BilRi 2013, erweitert die Angabepflicht nach Nr 29 um quantitative Angaben zu latenten Steuersalden und ihren Bewegungen im Geschäftsjahr, insbesondere zum Ab- und Aufbau latenter Steuern. Nr 30 ist gem der BilRi 2013 auf angesetzte latente Steuern beschränkt. Kleine KapitalGes sind von der Erläuterungspflicht nach Nr 29 und 30 befreit, auch dann, wenn sie freiwillig § 274 anwenden. Mittelgroße KapitalGes sind von Nr 29 befreit, müssen aber Nr 30 anwenden, RegBegr 83. **Lit** Lüdenbach/Freiberg BB **14**, 2219 (BilRUG 2015); Blöink/Knoll-Biermann Konzern **15**, 65 (BilRUG 2015); Oser/Orth/Wirtz DB **15**, 197 (BilRUG 2015); Kleinmanns StuB **14**, 794; Theile GmbHR **15**, 281 (GmbH- u GmbH & Co KG-Abschluss nach BilRUG); Wulf DStZ **15**, 835 (BilRUG); Zwirner/Boecker BC **16**, 363 (BilRUG).

32) Erträge/Aufwendungen von außerordentlicher Größe/Bedeutung (Nr 31)

33　**Nr 31**, eingefügt durch BilRUG 2015 (**Übergangsrecht** in (1) EGHGB Art 75 I 1), flankiert die Umsetzung von Art 16 I Buchst f BilRi 2013 in § 275 und § 277 (Aufgabe der Unterscheidung zwischen gewöhnlicher und außerordentlicher Geschäftstätigkeit), indem er als Ort für die Angabe von Erträgen und Aufwendungen von außerordentlicher Größenordnung oder Bedeutung allein den Anhang vorschreibt. Diese Pflicht erfasst auch kleine KapitalGes. Die betreffenden Posten sind einzeln darzustellen. Ein Gesamtbetrag in der GuV dürfte anders als früher nicht mehr genügen, BegrRegE 83. Die außergewöhnliche Größenordnung richtet sich nach den das Unt ansonsten prägenden Größenordnungen, kann aber auch Erträge aus gewöhnlicher Geschäftstätigkeit erfassen. Die außerordentliche Bedeutung orientiert sich an das Unt prägende Vorgänge. Dazu kann die von der Praxis entwickelte Abgrenzung nach der gewöhnlichen Geschäftstätigkeit als Indiz herangezogen werden, zumal § 277 IV aF in der Praxis häufig teleologisch reduziert worden sein dürfte, BegrRegE 84. **Lit** Lüdenbach/Freiberg BB **14**, 2219 (BilRUG 2015); Blöink/Knoll-Biermann Konzern **15**, 65 (BilRUG 2015); Oser/Orth/Wirtz DB **15**, 197 (BilRUG 2015); Fink/Theile DB **15**, 754; Theile GmbHR **15**, 281 (GmbH- u GmbH & Co KG-Abschluss nach BilRUG); Wulf DStZ **15**, 835 (BilRUG).

33) Periodenfremde Aufwendungen/Erträge (Nr 32)

34　**Nr 32**, eingefügt durch BilRUG 2015 (**Übergangsrecht** in (1) EGHGB Art 75 I 1), übernimmt § 277 IV 3 aF inhaltlich unverändert. Kleine KapitalGes sind von der Angabe befreit, s § 288 I. **Lit** Lüdenbach/Freiberg BB **14**, 2219 (BilRUG 2015); Blöink/Knoll-Biermann Konzern **15**, 65 (BilRUG 2015); Oser/Orth/Wirtz DB **15**, 197 (BilRUG 2015); Fink/Theile DB **15**, 754; Wulf DStZ **15**, 835 (BilRUG).

34) Wesentliche Ereignisse nach dem Bilanzstichtag (Nr 33)

Nr 33, eingefügt durch BilRUG 2015 (**Übergangsrecht** in (1) EGHGB Art 75 I 1) in Umsetzung von Art 17 I Buchst q BilRi 2013, ver,langt Angaben zu wesentlichen Ereignissen nach dem Bilanzstichtag, die weder in der Bilanz noch in der GuV berücksichtigt sind, unter Darstellung ihrer Art und ihrer finanziellen Auswirkungen (vergleichbare Angabepflicht in § 289 II Nr 1 aF aufgehoben). Allerdings müssen Vorgänge von besonderer Bedeutung, die in der Bilanz oder der GuV schon berücksichtigt sind, nicht erneut im Anhang dargestellt werden. **Lit** Lüdenbach/Freiberg BB **14**, 2219 (BilRUG 2015); Blöink/Knoll-Biermann Konzern **15**, 65 (BilRUG 2015); Oser/Orth/Wirtz DB **15**, 197 (BilRUG 2015); Fink/Theile DB **15**, 754; Wulf DStZ **15**, 835 (BilRUG).

35) Ergebnisverwendung (Nr 34)

Nr 34, eingefügt durch BilRUG 2015 (**Übergangsrecht** in (1) EGHGB Art 75 I 1) in Umsetzung von Art 17 I Buchst o BilRi 2013, verlangt Aufnahme des Vorschlags für die Verwendung des Ergebnisses oder des Beschlusses über seine Verwendung in den Anhang (Offenlegungspflicht folgt bereits aus § 325 I). Da die Angaben schon zu einem Zeitpunkt zu machen sind, zu dem die Verfahren zur Prüfung, Billigung oder Feststellung noch nicht eingeleitet werden können, dürfte im Anhang idR nur ein Vorschlag für die Ergebnisverwendung darstellbar sein, RegBegr 84. Nr 34 beschränkt sich inhaltlich auf die Ergebnisverwendung, wobei darzustellen sein dürfte, wie das gesamte Ergebnis verwendet wird. Wird eine Gewinnausschüttung vorgeschlagen, dürfte die Angabe genügen, welcher Teil des Gewinns ausgeschüttet werden soll. Angaben zu den Bezugsberechtigten sind wohl nicht verlangt (Datenschutz). Bezüge einzelner natürlicher Personen aus ihrer GesStellung müssen nicht offengelegt werden. Sind KapitalGes bezugsberechtigt, lassen sich aus ihren Jahresabschlüssen Angaben zu Erträgen aus den Beteiligungen ableiten. Für kleine KapitalGes darf gem Art 16 III und Art 4 II BilRi 2013 eine entsprechende Anhangangabe oder eine bilanzrechtliche Pflicht zur Vorlage des Beschlusses oder des Vorschlags nicht vorgesehen werden. Unberührt davon bleiben steuer- und gesellschaftsrechtliche Vorgaben, da es auch für kleine KapitalGes von Bedeutung ist, wie das Ergebnis verwendet wird. **Lit** Lüdenbach/Freiberg BB **14**, 2219 (BilRUG 2015); Blöink/Knoll-Biermann Konzern **15**, 65 (BilRUG 2015); Oser/Orth/Wirtz DB **15**, 197 (BilRUG 2015); Fink/Theile DB **15**, 754; Wulf DStZ **15**, 835 (BilRUG).

Unterlassen von Angaben

§ 286 (1) Die Berichterstattung hat insoweit zu unterbleiben, als es für das Wohl der Bundesrepublik Deutschland oder eines ihrer Länder erforderlich ist.

(2) Die Aufgliederung der Umsatzerlöse nach § 285 Nr. 4 kann unterbleiben, soweit die Aufgliederung nach vernünftiger kaufmännischer Beurteilung geeignet ist, der Kapitalgesellschaft einen erheblichen Nachteil zuzufügen; die Anwendung der Ausnahmeregelung ist im Anhang anzugeben.

(3) [1] Die Angaben nach § 285 Nr. 11 und 11b können unterbleiben, soweit sie
1. für die Darstellung der Vermögens-, Finanz- und Ertragslage der Kapitalgesellschaft nach § 264 Abs. 2 von untergeordneter Bedeutung sind oder
2. nach vernünftiger kaufmännischer Beurteilung geeignet sind, der Kapitalgesellschaft oder dem anderen Unternehmen einen erheblichen Nachteil zuzufügen.

[2] Die Angabe des Eigenkapitals und des Jahresergebnisses kann unterbleiben, wenn das Unternehmen, über das zu berichten ist, seinen Jahresabschluß nicht

§ 286 1–3

offenzulegen hat und die berichtende Kapitalgesellschaft keinen beherrschenden Einfluss auf das betreffende Unternehmen ausüben kann. ³Satz 1 Nr. 2 ist nicht anzuwenden, wenn die Kapitalgesellschaft oder eines ihrer Tochterunternehmen (§ 290 Abs. 1 und 2) am Abschlussstichtag kapitalmarktorientiert im Sinn des § 264d ist. ⁴Im Übrigen ist die Anwendung der Ausnahmeregelung nach Satz 1 Nr. 2 im Anhang anzugeben.

(4) Bei Gesellschaften, die keine börsennotierten Aktiengesellschaften sind, können die in § 285 Nr. 9 Buchstabe a und b verlangten Angaben über die Gesamtbezüge der dort bezeichneten Personen unterbleiben, wenn sich anhand dieser Angaben die Bezüge eines Mitglieds dieser Organe feststellen lassen.

(5) ¹Die in § 285 Nr. 9 Buchstabe a Satz 5 bis 8 verlangten Angaben unterbleiben, wenn die Hauptversammlung dies beschlossen hat. ²Ein Beschluss, der höchstens für fünf Jahre gefasst werden kann, bedarf einer Mehrheit, die mindestens drei Viertel des bei der Beschlussfassung vertretenen Grundkapitals umfasst. ³§ 136 Abs. 1 des Aktiengesetzes gilt für einen Aktionär, dessen Bezüge als Vorstandsmitglied von der Beschlussfassung betroffen sind, entsprechend.

1) Schutzklausel im Staatsinteresse (I)

1 I entspricht wie § 160 II AktG dem strafrechtlichen Staatsschutz (§§ 93, 97 StGB), erlaubt also den zuständigen Organen der KapitalGes nicht Bestimmung des öffentlichen Interesses darüber hinaus nach eigenem Ermessen. Liegt I vor, darf auch nicht das Gebrauchmachen von I offenbart werden. **Lit** Me/Pro/Fi Kap 12 Tz 151 ff.

2) Schutzklausel im Unternehmensinteresse zu § 285 Nr 4 (II)

2 II, NF durch BilRUG 2015 (**Übergangsrecht** in (1) EGHGB Art 75 I 1) in Umsetzung von Art 18 II 1 BilRi 2013, dispensiert von der Aufgliederung der Umsatzerlöse nach § 285 Nr 4, wenn durch die Angabe der KapitalGes objektiv (nach vernünftiger kfm Beurteilung) ein erheblicher Nachteil droht. Eine akute Gefahr ist nicht nötig („geeignet" zur Nachteilszufügung), aber sie muss ernsthaft sein. Über die Anwendung der Ausnahme ist gem Art 18 II 2 BilRi 2013 zu berichten. Keine Ausnahmemöglichkeit mehr für den Fall, dass einem Unt, von dem die KapitalGes mindestens den fünften Teil der Anteile besitzt, ein Nachteil droht. **Lit** Zwirner/Boecker BC **16**, 363 (BilRUG 2015).

3) Schutzklausel im Unternehmensinteresse zu § 285 Nr 11, 11a (III)

3 III 1, angepasst an die Änderung von § 285 Nr 11 (Aufteilung in Nr 11 und 11b) durch BilRUG 2015 (**Übergangsrecht** in (1) EGHGB Art 75 I 1) zum Teil in Umsetzung von Art 17 I Buchst g Unterabs 1 BilRi 2013, dispensiert von den Angaben über Beteiligungsbesitz nach § 285 Nr 11 und Nr 11b, wenn sie für § 264 II von untergeordneter Bedeutung sind (III 1 Nr 1) oder der KapitalGes objektiv ein erheblicher Nachteil droht (III 1 Nr 2, s Rn 2). Kleine KapitalGes nach § 288 I sind von diesen Angaben befreit. **III 2** dispensiert von der Angabe des Eigenkapitals und des Jahresergebnisses nach § 285 Nr 11, wenn die berichtende KapitalGes keinen beherrschenden Einfluss auf das betreffende Unternehmen ausüben kann und dieses Unternehmen seine Bilanz nicht offenlegen muss. **III 3 u 4** idF TransPuG 2002 (**Übergangsrecht** in (1) EGHGB Art 54) beschränken Schutzklausel des **III 1 Nr 2** auf Unternehmen, die nicht kapitalmarktorientiert (§ 264d) sind. **Lit** Hoffmann BB **86**, 1050; Wulf DStZ **15**, 825 (BilRUG 2015). **Muster:** Hopt/Kraft/Link Form III.C.3 (Unterlassung von Angaben).

2. Abschnitt. Ergänzende Vorschriften für Kapitalgesellschaften § 288

4) Schutzklausel zu § 285 Nr. 9a, b (IV, V)

IV dispensiert von der Angabe der Gesamtbezüge nach § 285 Nr. 9a, b (nach dem VorstOG, s § 285 Rn 10, nur für nicht börsennotierte AG), wenn sich sonst die Bezüge eines einzelnen Organmitglieds feststellen lassen. Nach BMJ Schreiben v 6.3.95 FN **95**, 145 soll Angabe immer dann unterbleiben können, wenn die Größenordnung eines Mitglieds geschätzt werden kann, aA ADS 56a. Durch das VorstOG von 2005 (**Übergangsrecht** in **(1)** EGHGB Art 59) wurde ein neuer **V** angefügt, der die Erweiterung der Offenlegung in § 285 Nr 9a S 5 bis 8 zur Disposition der Hauptversammlung (3/4 des vertretenen Grundkapitals, für max 5 Jahre) stellt. **Lit** Lücke NZG **05**, 692; Spindler NZG **05**, 689; Thüsing ZIP **05**, 1389.

287 *(aufgehoben)*

1) § 287 aufgehoben durch BilMoG 2009 (**Übergangsrecht** in **(1)** EGHGB Art 66 V).

Größenabhängige Erleichterungen

288

(1) Kleine Kapitalgesellschaften (§ 267 Absatz 1) brauchen nicht

1. die Angaben nach § 264c Absatz 2 Satz 9, § 265 Absatz 4 Satz 2, § 284 Absatz 2 Nummer 3, Absatz 3, § 285 Nummer 2, 3, 4, 8, 9 Buchstabe a und b, Nummer 10 bis 12, 14, 15, 15a, 17 bis 19, 21, 22, 24, 26 bis 30, 32 bis 34 zu machen;
2. eine Trennung nach Gruppen bei der Angabe nach § 285 Nummer 7 vorzunehmen;
3. bei der Angabe nach § 285 Nummer 14a den Ort anzugeben, wo der vom Mutterunternehmen aufgestellte Konzernabschluss erhältlich ist.

(2) ¹Mittelgroße Kapitalgesellschaften (§ 267 Absatz 2) brauchen die Angabe nach § 285 Nummer 4, 29 und 32 nicht zu machen. ²Wenn sie die Angabe nach § 285 Nummer 17 nicht machen, sind sie verpflichtet, diese der Wirtschaftsprüferkammer auf deren schriftliche Anforderung zu übermitteln. ³Sie brauchen die Angaben nach § 285 Nummer 21 nur zu machen, sofern die Geschäfte direkt oder indirekt mit einem Gesellschafter, Unternehmen, an denen die Gesellschaft selbst eine Beteiligung hält, oder Mitgliedern des Geschäftsführungs-, Aufsichts- oder Verwaltungsorgans abgeschlossen wurden.

1) § 288, NF durch BilRUG 2015 (**Übergangsrecht** in **(1)** EGHGB Art 75 I 1) in Umsetzung von Art 16 III BilRi 2013, vor allem um kleine KapitalGes von weiteren Pflichtangaben im Anhang zu befreien (zu Einzelheiten s RegBegr 86f). **I** bringt Erleichterungen für kleine KapitalGes (§ 267 I) bei den Angaben nach § 264c, 265, 284, 285 (**Nr 1**), eine Befreiung von der Trennung nach Gruppen bei § 285 Nr 7 (**Nr 2**) und bei der Angabe nach § 285 Nr 14a (**Nr 3**); **II** für mittelgroße Ges (§ 267 II) bezüglich der Angaben im Anhang gem § 285. Erleichterungen bezüglich Bilanz, Gewinn- und Verlustrechnung und Offenlegung s §§ 266 I 3, 276, 326, 327. Ausnahme für Kreditinstitute § 340a II 1. **Lit** Me/Pro/Fi Kap 12 Tz 163ff; Zwirner/Boecker BC **16**, 576 (BilRUG 2015); IRZ **17**, 8 (Abschlussprüferhonorar).

Merkt

Sechster Titel. Lagebericht

Inhalt des Lageberichts

289 (1) ¹Im Lagebericht sind der Geschäftsverlauf einschließlich des Geschäftsergebnisses und die Lage der Kapitalgesellschaft so darzustellen, dass ein den tatsächlichen Verhältnissen entsprechendes Bild vermittelt wird. ²Er hat eine ausgewogene und umfassende, dem Umfang und der Komplexität der Geschäftstätigkeit entsprechende Analyse des Geschäftsverlaufs und der Lage der Gesellschaft zu enthalten. ³In die Analyse sind die für die Geschäftstätigkeit bedeutsamsten finanziellen Leistungsindikatoren einzubeziehen und unter Bezugnahme auf die im Jahresabschluss ausgewiesenen Beträge und Angaben zu erläutern. ⁴Ferner ist im Lagebericht die voraussichtliche Entwicklung mit ihren wesentlichen Chancen und Risiken zu beurteilen und zu erläutern; zugrunde liegende Annahmen sind anzugeben. ⁵Die Mitglieder des vertretungsberechtigten Organs einer Kapitalgesellschaft im Sinne des § 264 Abs. 2 Satz 3 haben zu versichern, dass nach bestem Wissen im Lagebericht der Geschäftsverlauf einschließlich des Geschäftsergebnisses und die Lage der Kapitalgesellschaft so dargestellt sind, dass ein den tatsächlichen Verhältnissen entsprechendes Bild vermittelt wird, und dass die wesentlichen Chancen und Risiken im Sinne des Satzes 4 beschrieben sind.

(2) ¹Im Lagebericht ist auch einzugehen auf:
1. a) die Risikomanagementziele und -methoden der Gesellschaft einschließlich ihrer Methoden zur Absicherung aller wichtigen Arten von Transaktionen, die im Rahmen der Bilanzierung von Sicherungsgeschäften erfasst werden, sowie
   b) die Preisänderungs-, Ausfall- und Liquiditätsrisiken sowie die Risiken aus Zahlungsstromschwankungen, denen die Gesellschaft ausgesetzt ist, jeweils in Bezug auf die Verwendung von Finanzinstrumenten durch die Gesellschaft und sofern dies für die Beurteilung der Lage oder der voraussichtlichen Entwicklung von Belang ist;
2. den Bereich Forschung und Entwicklung sowie
3. bestehende Zweigniederlassungen der Gesellschaft.
4. *[aufgehoben]*

²Sind im Anhang Angaben nach § 160 Absatz 1 Nummer 2 des Aktiengesetzes zu machen, ist im Lagebericht darauf zu verweisen.

(3) Bei einer großen Kapitalgesellschaft (§ 267 Abs. 3) gilt Absatz 1 Satz 3 entsprechend für nichtfinanzielle Leistungsindikatoren, wie Informationen über Umwelt- und Arbeitnehmerbelange, soweit sie für das Verständnis des Geschäftsverlaufs oder der Lage von Bedeutung sind.

(4) Kapitalgesellschaften im Sinn des § 264d haben im Lagebericht die wesentlichen Merkmale des internen Kontroll- und des Risikomanagementsystems im Hinblick auf den Rechnungslegungsprozess zu beschreiben.

Übersicht

	Rn
1) Bericht über Geschäftsverlauf einschließlich Geschäftsergebnis und Lage (I)	1
2) Nachtragsbericht, Entwicklungsprognose, Forschung und Entwicklung (II)	2
3) Nichtfinanzielle Leistungsindikatoren bei großen Kapital-Ges (III)	3
4) Internes Kontroll- und Risikomanagementsystem (IV)	4

2. Abschnitt. Ergänzende Vorschriften für Kapitalgesellschaften 1 § 289

1) Bericht über Geschäftsverlauf einschließlich Geschäftsergebnis und Lage (I)

§ 289 NF durch BilReG 2004 gem Vorgaben der Modernisierungs-Ri, Einl 1 12v § 238, sodann NF durch BilRUG 2015 (**Übergangsrecht** in (1) EGHGB Art 75 I 1) und anschließend durch CSR-RUG v 11.4.17 (**Übergangsrecht** in (1) EGHGB Art 80). Der Lagebericht ist nicht Teil des Jahresabschlusses (s § 264 Rn 5). Die Aufstellungspflicht folgt aus § 264 I. Der Lagebericht hat dem Erfordernis einer gewissenhaften und getreuen Rechenschaft zu entsprechen; daraus folgen die Grundsätze der Lageberichterstattung, nämlich Vollständigkeit, Richtigkeit, Klarheit und Übersichtlichkeit, ADS 38. Kleine KapitalGes (§ 267 I) brauchen den Lagebericht nicht aufzustellen (§ 264 I 3), zur kleinen AG BGH DStR **08**, 629. Die Schutzklausel des § 286 I gilt analog für den Lagebericht, ADS 54. Für die Fälle von § 286 II, III gilt das nicht, Kü/We 29, aber § 131 III AktG analog, MK/Lange 47, wohl auch insoweit aA ADS 54, Küting/Hütten AG **97**, 255. Auf jeden Fall darf durch den Lagebericht kein falsches Bild erweckt werden (vgl zur Prospektherausgabe § 347 Rn 32). Das wäre auch bei völligem Verschweigen eines Risikos der Fall. **I 1** verlangt zusätzliche Informationen zum Jahresabschluss, mindestens über Geschäftsverlauf einschließlich des Geschäftsergebnisses und Lage der KapitalGes (idR Aufgliederung in Wirtschaftsbericht und Sozialbericht, ferner Berichtsteile nach II), IDW RH HFA 1007, WPg **05**, 1234. **I 2** gibt zusätzliche Orientierung zum Umfang der erwarteten Erläuterungen, die nach Größe und Charakter der Ges unterschiedlich detailliert sein können. **I 3** verlangt eine Analyse zu den hauptsächlichen finanziellen Leistungsmerkmalen (Ergebnisentwicklung u -komponenten, Liquidität u Kapitalausstattung) sowie Hinweise zum Abschluss, soweit dies dem Verständnis dient. Daraus folgt, dass eine Verdopplung von Angaben in Abschluss und Lagebericht vermeidbar ist, wenn eine eindeutige Bezugnahme des Lageberichts auf den Abschluss genügt. Der Abschluss dient primär der Darstellung, der Lagebericht mehr der Analyse und Kommentierung; näher IDW RH HFA 1007, WPg **05**, 1234. Nach **I 4** ist auf die Risiken und zusätzlich auf die Chancen der künftigen Entwicklung sowie auf wesentliche Ziele und Strategien der Ges einzugehen. Dieser Prognosebericht ist auch bei komplizierter wirtschaftlicher Gesamtsituation (Finanzkrise) unverzichtbar, Ffm NZG **10**, 63. Ziele und Strategien sind in ihren wesentlichen Elementen entsprechend dem international üblichen Verständnis einer Geschäftsentwicklungs- und -lageanalyse darzustellen. Ferner sind wesentliche Prämissen, die den zukunftsbezogenen Aussagen zugrunde liegen, transparent zu machen, AmtlBegr BilReG BTDrucks 15/3419, S 30. Zentral sind dabei bestandsgefährdende Risiken (going concern), aber auch über sonstige Risiken mit wesentlichem Einfluss auf die Vermögens-, Finanz- und Ertragslage ist zu berichten. Nicht nur Risiken aus den betrieblichen Funktionsbereichen, sondern auch aus externen Umweltfaktoren (auch Politik, Recht und Gesellschaft) sind einzubeziehen. Zu berichten ist nicht nur über vorhersehbare Risiken (bereits § 252 I Nr 4), sondern auch weiter entfernte, aber nicht rein theoretische, Küting/Hütten AG **97**, 252. Maßgeblich ist ein überschaubarer Zeitraum, idR 2 Jahre. Einzelheiten DRS 5. Durch **I 5** – eingefügt durch TUG 2007 (**Übergangsrecht** in (1) EGHGB Art 62) – wird der Bilanzeid gem § 264 II auf den Lagebericht erstreckt. Danach werden die Mitglieder des vertretungsberechtigten Organs einer KapitalGes, die nach § 264 II 3 Inlandsemittentin iSv **(16b)** WpHG § 2 XIV ist, verpflichtet, die Einhaltung der für den Lagebericht geltenden Vorgaben in I 1u 4 zu versichern. **Muster:** Hopt/Kraft/Link Form III.D.1 (Lagebericht zum Jahresabschluss einer GmbH), IDW RS HFA 1 Anlage. Über I und II hinausgehende freiwillige Informationen sind üblich und erwünscht (zB Kapitalflussrechnung, Segmentberichterstattung, Sozialbilanz, s § 284 Rn 8). **Lit** Me/Pro/Fi Kap 13 Tz 1 ff; Kaya StuB **10**, 483 (Aussagekraft

Merkt 1175

§ 289 2, 3   3. Buch. Handelsbücher

des Lageberichts bei KMU); Kiefner NZG **10**, 692 (ARUG); Zülch/Hoffmann StuB **10**, 83 (fehlender Prognosebericht als Bilanzierungsfehler); Baetge/Hippel/Sommerhoff BB **11**, 365 (Prognosebericht); Melcher/Murer DB **11**, 430 (Vergleich HGB/IFRS); Zülch/Höltken DB **13**, 2457 (DRS 20 Anwendungsleitfaden); Simon-Heckroth WPg **14**, 311 (Nachhaltigkeitsberichterstattung); Barth/Thormann DB **15**, 993 (Enforcement Lageberichterstattung); Pollmann/Seubert DStR **15**, 959 (DRS 20); Boecker/Zwirner SteuK **16**, 426 (RegE CSR-RUG); Hinze WPg **16**, 1168 (CSR-Ri u DRS 20); Scheffler AG **16**, R318 (RegE CSR-RUG); Seibt DB **16**, 2707 (RegE CSR-RUG); Boecker/Zwirner BB **17**, 2155 (CSR-RUG); Langemann/Wilking BB **17**, 501 (RegE EntgelttransparenzG); Mock ZIP **17**, 1195 (CSR-RUG); Müller/Scheid BB **17**, 1835 (DRS 20); Schüttler BC **17**, 411.

2) Nachtragsbericht, Entwicklungsprognose, Forschung und Entwicklung (II)

2   **II** (nF durch BilReG 2004) ist durch die Neufassung des BilRUG 2015 (**Übergangsrecht** in **(1)** EGHGB Art 75 I 1) von einer bloßen Sollvorschrift in eine Berichtspflicht umgewandelt worden. II Nr 1 aF durch BilRUG 2015 ersatzlos gestrichen, da die BilRi 2013 nicht mehr erlaubt, dass mittelgroße KapitalGes von einzelnen Anforderungen des § 285 Nr 3 entlastet werden; infolgedessen II Nr 2 bis 5 aF zu II S 1 Nr 1 bis 4 nF umnummeriert. Die im Rahmen des Berichts über Risikomanagementziele und -methoden (**II S 1 Nr 1a und b**) zu erläuternden Methoden der Absicherung in Bezug auf die Verwendung von Finanzinstrumenten sind insbesondere sog Hedge-Geschäfte (Angabe von Systematik, Art und Kategorien). Einzugehen ist auch auf den für Prognose der zukünftigen Entwicklung wichtigen Bereich der FuE (**II S 1 Nr 2**). Auch bestehende ZwNl sind erfasst (**II S 1 Nr 3** nF G 22.7.1993 BGBl 1282, § 13 Rn 2), auch ausländische. **II 2** eingefügt durch BilRUG 2015 zur Klarstellung hinsichtlich der Verweisung auf Anhangangaben. Spezialgesetzliche Angabepflichten im Lagebericht s IDW RS HFA 1 Tz 50. Die Sonderregelung für börsennotierte AG in **II S 1 Nr 4 aF** wurde durch das CSR-RUG v 11.4.17 (Übergangsregelung in **(1)** EGHGB Art. 80) in einen neuen § 289a II verschoben (s dort). Lit Schmidt DStR **14**, 544 (Pharmaindustrie); Lüdenbach/Freiberg BB **14**, 2219 (BilRUG 2015); Pauli/Albrecht BB **14**, 1195 (Ausstrahlung von DRS 20 auf Lagebericht nach § 289); Fink/Theile DB **15**, 754; Oser/Orth/Wirtz DB **15**, 197 (BilRUG 2015); Blöink/Knoll-Biermann Konzern **15**, 65 (BilRUG 2015); Schäfer/Rimmelspacher DB **15**, 57 (BilRUG 2015); Zwirner StuB **15**, Beil 2, 1 (BilRUG 2015); ders AR **16**, 2 (Aufgaben des Aufsichtsrats); Zwirner/Boecker BC **16**, 363 (BilRUG 2015).

3) Nichtfinanzielle Leistungsindikatoren bei großen KapitalGes (III)

3   **III** (angefügt durch BilReG 2004) bringt hinsichtlich der im Lagebericht verlangten Analyse nichtfinanzieller Leistungsindikatoren eine größenabhängige Differenzierung, die von der BilRi vorgegeben ist: Nur große KapitalGes müssen über die genannten ökologischen und sozialen Belange berichten. Die Aufzählung ist nicht abschließend und zwingt auch nicht zu entsprechender Schwerpunktsetzung; weitere mögliche Berichtsgegenstände: Entwicklung des Kundenstamms, Humankapital, Forschung und Entwicklung, durch Sponsoring oder karitative Zuwendungen geförderte gesellschaftliche Reputation, AmtlBegr 31. Zu Umweltbelangen s Empfehlung der Kommission vom 30.5.2001 zur Berücksichtigung von Umweltaspekten in Jahresabschluss und Lagebericht von Unternehmen, ABlEG Nr L 156, S 33. **Lit** Palmes, Lagebericht 2008; Hinze WPg **16**, 1168 (CSR-Ri u DRS 20); Seibt DB **16**, 2707 (RegE CSR-RUG).

2. Abschnitt. Ergänzende Vorschriften für Kapitalgesellschaften § 289a

4) Internes Kontroll- und Risikomanagementsystem (IV)

Kapitalmarktorientierte KapitalGes (§ 264d) haben nach IV (eingefügt durch 4 BilMoG, **Übergangsrecht** in **(1)** EGHGB Art 66 III, durch CSR-RUG v 11.4.17 (**Übergangsrecht** in **(1)** EGHGB Art 80) in IV umnummeriert, IV aF nunmehr § 289a I) über die wesentlichen Merkmale ihres internen Kontroll- und Risikomanagementsystems, soweit es die Rechnungslegung betrifft, zu berichten. Das bedeutet Darstellung der Strukturen und Prozesse des bestehenden Systems, weder aber Pflicht zur Einrichtung eines solchen noch Vorgaben zur inhaltlichen Ausgestaltung; aber wegen steigender Haftungsrisiken und steigenden Rechtfertigungsdrucks einen faktischen Befolgungszwang, Wohlmannstetter ZGR **10**, 472, 476; aA weiter die hM, etwa Kort ZGR **10**, 440 mwN.

Besteht kein solches System, ist dies anzugeben. Die Darstellung muss dem Abschlussadressaten ein Bild von der Effektivität des Systems vermitteln können, aber keine subjektive Einschätzung desselben enthalten, Küting/Pfitzer/Weber 585. Zu Anforderungen an die Prüfung (§ 317) des Risikomanagements s IDW PS 525, IDW PS 340; ferner IDW HFA 1005. **Lit** Melcher/Mattheus DB **08**, Beil Heft 7, 52; Strieder BB **09**, 1002; Gödel DB **10**, 431; Kajüter/Bachert/Blaesing/Kleinmanns DB **10**, 457; Kaya StuB **10**, 483; Kort ZGR **10**, 440; Wohlmannstetter ZGR **10**, 472; Pauli/Albrecht BB **14**, 1195 (DRS 20).

Ergänzende Vorgaben für bestimmte Aktiengesellschaften und Kommanditgesellschaften auf Aktien

289a

(1) [1]**Aktiengesellschaften und Kommanditgesellschaften auf Aktien, die einen organisierten Markt im Sinne des § 2 Absatz 7 des Wertpapiererwerbs- und Übernahmegesetzes durch von ihnen ausgegebene stimmberechtigte Aktien in Anspruch nehmen, haben im Lagebericht außerdem anzugeben:**

1. **die Zusammensetzung des gezeichneten Kapitals unter gesondertem Ausweis der mit jeder Gattung verbundenen Rechte und Pflichten und des Anteils am Gesellschaftskapital;**
2. **Beschränkungen, die Stimmrechte oder die Übertragung von Aktien betreffen, auch wenn sie sich aus Vereinbarungen zwischen Gesellschaftern ergeben können, soweit sie dem Vorstand der Gesellschaft bekannt sind;**
3. **direkte oder indirekte Beteiligungen am Kapital, die 10 Prozent der Stimmrechte überschreiten;**
4. **die Inhaber von Aktien mit Sonderrechten, die Kontrollbefugnisse verleihen, und eine Beschreibung dieser Sonderrechte;**
5. **die Art der Stimmrechtskontrolle, wenn Arbeitnehmer am Kapital beteiligt sind und ihre Kontrollrechte nicht unmittelbar ausüben;**
6. **die gesetzlichen Vorschriften und Bestimmungen der Satzung über die Ernennung und Abberufung der Mitglieder des Vorstands und über die Änderung der Satzung;**
7. **die Befugnisse des Vorstands insbesondere hinsichtlich der Möglichkeit, Aktien auszugeben oder zurückzukaufen;**
8. **wesentliche Vereinbarungen der Gesellschaft, die unter der Bedingung eines Kontrollwechsels infolge eines Übernahmeangebots stehen, und die hieraus folgenden Wirkungen;**
9. **Entschädigungsvereinbarungen der Gesellschaft, die für den Fall eines Übernahmeangebots mit den Mitgliedern des Vorstands oder mit Arbeitnehmern getroffen sind.**

[2]Die Angaben nach Satz 1 Nummer 1, 3 und 9 können unterbleiben, soweit sie im Anhang zu machen sind. [3]Sind Angaben nach Satz 1 im Anhang zu

§ 289a 1

machen, ist im Lagebericht darauf zu verweisen. [4] Die Angaben nach Satz 1 Nummer 8 können unterbleiben, soweit sie geeignet sind, der Gesellschaft einen erheblichen Nachteil zuzufügen; die Angabepflicht nach anderen gesetzlichen Vorschriften bleibt unberührt.

(2) [1] Eine börsennotierte Aktiengesellschaft hat im Lagebericht auch auf die Grundzüge des Vergütungssystems der Gesellschaft für die in § 285 Nummer 9 genannten Gesamtbezüge einzugehen. [2] Werden dabei auch Angaben entsprechend § 285 Nummer 9 Buchstabe a Satz 5 bis 8 gemacht, können diese im Anhang unterbleiben.

1) Ergänzende Angabepflichten für AG u KGaA, die einem organisierten Markt angehören (I)

1 **I** (eingeführt als § 289 IV aF durch ÜbernahmeRi-UmsetzungsG 2006, **Übergangsrecht (1)** EGHGB Art 60, ausgegliedert und redaktionell überarbeitet als neuer § 289a I durch CSR-RUG v 11.4.17, **Übergangsrecht (1)** EGHGB Art 80; bisheriger § 289a aF mit der Erklärung zur Unternehmensführung wurde in § 289f nF verschoben) verpflichtet **AG und KGaA**, die einen **organisierten Markt** iSd § 2 VII WpÜG durch von ihnen ausgegebene stimmberechtigte Aktien in Anspruch nehmen, zu zusätzlichen **CSR-Angaben im Lagebericht**. Grund: Potentielle Bieter sollen ein möglichst umfassendes Bild von der Ges, ihrer Struktur und über etwaige Übernahmehindernisse erhalten, RegBegr BT-Drucks 16/1003, 24. I gilt nicht für Unternehmen, die nur durch Schuldverschreibungen oder Genussscheine den organisierten Markt in Anspruch nehmen. Zusätzlich sind anzugeben: die Zusammensetzung des gezeichneten Kapitals; bei verschiedenen Aktiengattungen für jede Gattung die damit verbundenen Rechte und Pflichten und der Anteil am Gesellschaftskapital anzugeben (**I 1 Nr 1**); Beschränkungen, die Stimmrechte oder die Übertragung von Aktien betreffen, auch wenn sie sich aus Vereinbarungen zwischen Gesellschaftern ergeben, können, soweit sie dem Vorstand der Ges bekannt sind (**I 1 Nr. 2**); direkte oder indirekte Beteiligungen am Kapital, die 10 Prozent der Stimmrechte überschreiten (**I 1 Nr 3**); die Inhaber von Sonderrechtsaktien, die Kontrollbefugnisse verleihen (mit Beschreibung der Sonderrechte) (**I 1 Nr 4**); die Art der Stimmrechtskontrolle, wenn Arbeitnehmer am Kapital beteiligt sind und ihre Kontrollrechte nicht unmittelbar ausüben (**I 1 Nr 5**); die Regelungen im Gesetz und in der Satzung über die Ernennung und Abberufung der Vorstandsmitglieder und über Satzungsänderungen (**I 1 Nr 6**); die Befugnisse des Vorstands insbesondere hinsichtlich der Möglichkeit, Aktien auszugeben oder zurückzukaufen (**I 1 Nr 7**); wesentliche Vereinbarungen der Ges für den Fall eines übernahmebedingten Kontrollwechsels und die daraus folgenden Wirkungen (Angabe kann unterbleiben, soweit sie der Ges einen erheblichen Nachteil zufügen kann); Angabepflicht nach anderen gesetzlichen Vorschriften bleibt unberührt (**I 1 Nr 8**); Entschädigungsvereinbarungen der Ges mit den Mitgliedern des Vorstands oder Arbeitnehmern für den Fall eines Übernahmeangebots (**I 1 Nr 9**). Angabe nach Nr 1, Nr 3 und Nr 9 kann bei Pflicht zur Angabe im Anhang unterbleiben, dann aber Verweis auf Anhangangabe erforderlich (**II 2 u 3**); Angabepflicht nach anderen Vorschrift bleibt unberührt (I 4). Lit Me/Pro/Fi Kap 13 Tz 144 ff; Baetge/Brüggemann/Haenelt BB **07**, 1887; Schmidt/Wilbrand KoR **07**, 417; Rabenhorst WPg **08**, 139; Büchel/Semjonow WPg **08**, 1143 (DRS 15a); **CSR-Umsetzung** AK-Bilanzrecht NZG **16**, 1337 (RegE); Boecker/Zwirner SteuK **16**, 426; Haaker StuB **16**, 319 (RefE); Kajüter IRZ **16**, 507; Lanfermann BB **16**, 1131 (CSR und Aufsichtsrat); Nietsch NZG **16**, 1330 (RegE); Nietsch/Munerotto CB **16**, 177 (RefE); Seibt DB **16**, 2707; Sommer RdA **16**, 291 (CSR-Ri und Betriebsverfassung); Stawinoga/Velte DB **16**, 841; Wulf/Niemöller IRZ **16**, 245; Barckow BB **17**, Erste Seite; Blöink/

2. Abschnitt. Ergänzende Vorschriften für Kapitalgesellschaften § **289b**

Halbleib Konzern **17**, 182; Böcking DB **17**, M5; Böcking/Althoff Konzern **17**, 246; Haaker DB **17**, 922; Hachmeister/Burth/Holzmeier IRZ **17**, 215; Haaker DB **17**, 922 (Kritisch zur Integration des CSR-Berichts in den Lagebericht); ders StuB **17**, Heft 6, Seite 1; Hennrichs/Pöschke NZG **17**, 121 (Pflicht des Aufsichtsrats); Hermeling/Meeh-Bunse/Schomaker DStR **17**, 1127; Holzmeier/Burth/Hachmeister IRZ **17**, 215; Kajüter DB **17**, 617; ders IRZ **17**, 137; ders DB **17**, 617; Lanfermann BB **17**, 747; ders BB **17**, 747 (Prüfung des CSR-Berichts durch Aufsichtsrat); Meeh-Bunse/Hermeling/Schomaker DStR **17**, 215; Richter/Johne/König WPg **17**, 566; Rimmelspacher/Schäfer/Schönberger KoR **17**, 225; Velte StuB **17**, 293; ders KoR **17**, Heft 4 M3; Weller/Meyer PiR **17**, 125.

2) Ergänzende Angabepflichten für börsennotierte AG (II)

II (eingefügt durch CSR-RUG v 11.4.17 (**Übergangsrecht** in (**1**) EGHGB 2 Art 80, vorher § 289 II 4) verlangt für **börsennotierte AG** im Lagebericht zusätzlich, auf die Grundzüge des Vergütungssystems für die Gesamtbezüge iSv § 285 Nr 9 einzugehen. Soweit dabei auch Angaben gem § 285 Nr 9 Buchst a S 5–8 gemacht werden, müssen sie nicht auch im Anhang gemacht werden.

Pflicht zur nichtfinanziellen Erklärung; Befreiungen

289b (1) ¹Eine Kapitalgesellschaft hat ihren Lagebericht um eine nichtfinanzielle Erklärung zu erweitern, wenn sie die folgenden Merkmale erfüllt:

1. die Kapitalgesellschaft erfüllt die Voraussetzungen des § 267 Absatz 3 Satz 1,
2. die Kapitalgesellschaft ist kapitalmarktorientiert im Sinne des § 264d und
3. die Kapitalgesellschaft hat im Jahresdurchschnitt mehr als 500 Arbeitnehmer beschäftigt.

²§ 267 Absatz 4 bis 5 ist entsprechend anzuwenden. ³Wenn die nichtfinanzielle Erklärung einen besonderen Abschnitt des Lageberichts bildet, darf die Kapitalgesellschaft auf die an anderer Stelle im Lagebericht enthaltenen nichtfinanziellen Angaben verweisen.

(2) ¹Eine Kapitalgesellschaft im Sinne des Absatzes 1 ist unbeschadet anderer Befreiungsvorschriften von der Pflicht zur Erweiterung des Lageberichts um eine nichtfinanzielle Erklärung befreit, wenn

1. die Kapitalgesellschaft in den Konzernlagebericht eines Mutterunternehmens einbezogen ist und
2. der Konzernlagebericht nach Nummer 1 nach Maßgabe des nationalen Rechts eines Mitgliedstaats der Europäischen Union oder eines anderen Vertragsstaats des Abkommens über den Europäischen Wirtschaftsraum im Einklang mit der Richtlinie 2013/34/EU aufgestellt wird und eine nichtfinanzielle Konzernerklärung enthält.

²Satz 1 gilt entsprechend, wenn das Mutterunternehmen im Sinne von Satz 1 einen gesonderten nichtfinanziellen Konzernbericht nach § 315b Absatz 3 oder nach Maßgabe des nationalen Rechts eines Mitgliedstaats der Europäischen Union oder eines anderen Vertragsstaats des Abkommens über den Europäischen Wirtschaftsraum im Einklang mit der Richtlinie 2013/34/EU erstellt und öffentlich zugänglich macht. ³Ist eine Kapitalgesellschaft nach Satz 1 oder 2 von der Pflicht zur Erstellung einer nichtfinanziellen Erklärung befreit, hat sie dies in ihrem Lagebericht mit einer Erläuterung anzugeben, welches Mutterunternehmen den Konzernlagebericht oder den gesonderten nichtfinanziellen Konzernbericht öffentlich zugänglich macht und wo der

§ 289b 1, 2   3. Buch. Handelsbücher

Bericht in deutscher oder englischer Sprache offengelegt oder veröffentlicht ist.

(3) ¹ Eine Kapitalgesellschaft im Sinne des Absatzes 1 ist auch dann von der Pflicht zur Erweiterung des Lageberichts um eine nichtfinanzielle Erklärung befreit, wenn die Kapitalgesellschaft für dasselbe Geschäftsjahr einen gesonderten nichtfinanziellen Bericht außerhalb des Lageberichts erstellt und folgende Voraussetzungen erfüllt sind:
1. der gesonderte nichtfinanzielle Bericht erfüllt zumindest die inhaltlichen Vorgaben nach § 289c und
2. die Kapitalgesellschaft macht den gesonderten nichtfinanziellen Bericht öffentlich zugänglich durch
    a) Offenlegung zusammen mit dem Lagebericht nach § 325 oder
    b) Veröffentlichung auf der Internetseite der Kapitalgesellschaft spätestens vier Monate nach dem Abschlussstichtag und mindestens für zehn Jahre, sofern der Lagebericht auf diese Veröffentlichung unter Angabe der Internetseite Bezug nimmt.

² Absatz 1 Satz 3 und die §§ 289d und 289e sind auf den gesonderten nichtfinanziellen Bericht entsprechend anzuwenden.

1) Vorbemerkung

1 Die mit dem CSR-RUG v 11.4.17 (**Übergangsrecht** in (1) EGHGB Art 80) neu eingeführten §§ 289b–289e setzen Art 19a der BilanzRi 2013/34/EU in der Fassung der CSR-Ri 2014/95/EU um und führt eine **nichtfinanzielle Erklärung** ein, die Bestandteil des Lageberichts bestimmter großer Unternehmen ist. Grundnorm ist § 289b, § 289c soll die Regelungen der Richtlinie über den Inhalt der Erklärung umsetzen, § 289d regelt die Nutzung von Rahmenwerken für die Berichterstattung und § 289e enthält das Wahlrecht, bestimmte nachteilige Informationen ausnahmsweise wegzulassen. **Lit** Blöink/Halbleib Konzern **17**, 182; Boecker/Zwirner BB **17**, 2155 (CSR-RUG); Mock ZIP **17**, 1195 (CSR-RUG); Müller/Scheid BB **17**, 1835 (DRS 20) sowie § 289 Rn 1.

2) Pflicht zur nichtfinanziellen Erklärung (I)

2 I regelt, welche Unternehmen eine **nichtfinanzielle Erklärung** erstellen müssen, und übernimmt dazu 1:1 den Anwendungsbereich der BilanzRi (s Rn 1). Berichtpflichtig sind KapitalGes und (haftungsbeschränkte) PersonenhandelsGes iSv § 264a, die die „Voraussetzungen des § 267 III 1, IV u V erfüllen, dh „**groß**" sind, wenn sie mehr als 500 Arbeitnehmer beschäftigen und zugleich kapitalmarktorientiert iSv § 264d sind. Größenkriterien nach § 267 III 1 müssen tatsächlich erfüllt sein; Fiktion nach § 267 III 2, nach der eine kapitalmarktorientierte KapitalGes iSv § 264d automatisch als „groß" gilt, ist insoweit nicht anwendbar. Das Erfordernis der Kapitalmarktorientierung entspricht Art 2 I Buchst a der BilanzRi. Für Kreditinstitute und VersicherungsUnt s Spezialvorschriften in §§ 340a und 341a. Für SE gelten §§ 289b–289e gem Art 61 SE-VO (EG) Nr 2157/2001 v 8.10.01 entsprechend.

Mit der Schwelle von 500 Arbeitnehmern folgt I ebenfalls der Ri. Für den Schwellenwert gilt § 267 IV u V entsprechend; idR sind zwei aufeinanderfolgende Abschlussstichtage zu betrachten, bei Neugründungen und Umwandlungen ist nur ein Abschlussstichtag maßgeblich. Keine Ausweitung der Regelungen auch auf kleinere Unternehmen mit bis zu 500 Arbeitnehmern, um Belastungen für Mittelstand zu begrenzen, RegBegr 44. Abstufung von Berichtsanforderungen nach Unternehmensgröße und nach Erwartungen der Rechnungslegungsadressaten rechtfertigt, bei anderen als den nach § 289b I erfassten Unternehmen ganz auf eine nichtfinanzielle Erklärung zu verzichten. IÜ haben alle großen KapitalGes iSv § 267 III nichtfinanzielle Belange in ihren Lageberichten zu berück-

2. Abschnitt. Ergänzende Vorschriften für Kapitalgesellschaften 3, 4 **§ 289b**

sichtigen, § 289 III. Zur Vermeidung von Mehrfachberichten kann in der nichtfinanziellen Erklärung oder in dem gesonderten nichtfinanziellen Bericht auf nichtfinanzielle Angaben im Lagebericht verwiesen werden, § 289b I 3. In jedem Fall müssen die inhaltlichen Vorgaben der §§ 289c-289e beachtet werden, RegBegr 44. **Lit** Blöink/Halbleib Konzern **17**, 182; Boecker/Zwirner BB **17**, 2155 (CSR-RUG); Mock ZIP **17**, 1195 (CSR-RUG); Müller/Scheid BB **17**, 1835 (DRS 20) sowie § 289 Rn 1.

3) Befreiungstatbestände (II)

II setzt Art 19a Abs 3 der BilanzRi in der Fassung der CSR-Ri um und enthält **3 Befreiungstatbestände** bezüglich der Pflicht zur Erstellung einer nichtfinanziellen Erklärung. TochterGes muss allerdings in den Konzernlagebericht einer MutterGes mit Sitz in EU- oder EWR-Mitgliedstaat einbezogen sein und dieser Konzernlagebericht muss eine nichtfinanzielle Erklärung enthalten, die den Vorgaben des auf die MutterGes anwendbaren nationalen Rechts im Einklang mit den genannten Ri entspricht. Hat MutterGes stattdessen einen gesonderten nichtfinanziellen **Konzernbericht** erstellt und veröffentlicht, genügt Einbeziehung der TochterGes in diesen Bericht. Nach allgemeinen handelsbilanzrechtlichen Grundsätzen (§ 290) ist maßgeblich, ob MutterGes auf TochterGes beherrschenden Einfluss ausüben kann. Im **mehrfach gestuften Konzern** kann es für den Nutzer der nichtfinanziellen Informationen schwierig sein, schnell den Konzernlagebericht oder den gesonderten nichtfinanziellen Konzernbericht zu ermitteln, der Informationen über die TochterGes enthält. Daher soll die KapitalGes, die eigentlich eine nichtfinanzielle Erklärung erstellen müsste, in ihrem Lagebericht darauf Bezug nehmen und angeben, welche MutterGes den Bericht erstellt und bei welchem Register bzw auf welcher Internetseite dieser Bericht in Deutsch oder Englisch offengelegt oder veröffentlicht wird. IdR wird der Konzernlagebericht schon gem § 264 III 1 Nr 5 S 2u 3 für die befreite TochterGes beim BAnz offenzulegen oder dort in Deutsch oder Englisch unter der TochterGes auffindbar sein. Andernfalls hat TochterGes, die Befreiung nach II Anspruch nehmen will, dafür zu sorgen, dass eine deutsche oder englische Übersetzung der nichtfinanziellen Konzernerklärung oder des gesonderten nichtfinanziellen Konzernberichts öffentlich verfügbar ist. Befreiung nach II kommt nur dann zur Anwendung, wenn das Tochterunternehmen nach I zur Erstellung einer nichtfinanziellen Erklärung verpflichtet ist. Diese Pflicht besteht nicht, wenn das Tochterunternehmen nach den seit langem geltenden allgemeinen bilanzrechtlichen **Befreiungsregelungen** des § 264 III von der Aufstellung eines Lageberichts absieht. Es fehlt dann bereits an einem Lagebericht der TochterGes, der um eine nichtfinanzielle Erklärung erweitert werden könnte. Befreiung nach II wird durch die Befreiung nach § 264 III aber nicht entbehrlich. Vielmehr sind Fälle denkbar, in denen ein Tochterunternehmen zwar einen eigenen Lagebericht aufzustellen hat, weil die Voraussetzungen nach § 264 III nicht erfüllt sind, dabei aber von der Pflicht zur Erstellung einer nichtfinanziellen Erklärung gemäß II befreit ist. § 289b II sieht nämlich abweichende und weniger strenge Voraussetzungen für die Befreiung von der Berichtspflicht vor, RegBegr 44 f. **Lit** Blöink/Halbleib Konzern **17**, 182 sowie § 289 Rn 1.

4) Gesonderter nichtfinanzieller Bericht (III)

Durch **III** übt der Gesetzgeber die Mitgliedstaatenoption aus Art 19a IV der **4** BilanzRi idF der CSR-Ri aus. Eine KapitalGes kann ihre aus I folgende Pflicht zur Erstellung einer nichtfinanziellen Erklärung im Lagebericht auch dadurch erfüllen, dass sie einen **gesonderten nichtfinanziellen Bericht** veröffentlicht. Die §§ 289c-289e gelten für den gesonderten nichtfinanziellen Bericht entsprechend. Der gesonderte nichtfinanzielle Bericht muss die **gleichen Inhalte** aufweisen, die für die nichtfinanzielle Erklärung nach § 289c vorgeschrieben sind, er

Merkt 1181

§ 289b 5

kann aber auch – wie die nichtfinanzielle Erklärung – weitere Angaben enthalten. Zudem muss der gesonderte nichtfinanzielle Bericht zusammen mit dem Lagebericht nach § 325 im BAnz offengelegt oder auf der Internetseite der KapitalGes veröffentlicht werden. Macht die KapitalGes von der Veröffentlichung im Internet Gebrauch, hat sie aber gemäß III 1 Nr 2 Buchst b die in der Richtlinie vorgegebene **Frist von sechs Monaten** ab dem Abschlussstichtag einzuhalten und den Bericht mindestens für eine Dauer von zehn Jahren auf der Internetseite verfügbar zu halten. Zusätzlich ist bei der Veröffentlichung im Internet in den Lagebericht ein Bezug auf diese Veröffentlichung aufzunehmen. Dabei ist die Internet-Adresse anzugeben, unter der die Veröffentlichung erfolgt. In jedem Fall muss die Veröffentlichung im Internet für eine **gewisse Dauer** erfolgen. Daher wird in Anlehnung an die Vorgaben für das Vorhalten zB von Jahresfinanzberichten im Unternehmensregister in § 24 der WpAIV eine Frist von 10 Jahren für die Verfügbarkeit vorgeschrieben. Eine KapitalGes kann demnach die nichtfinanziellen Angaben in **drei verschiedenen Varianten** der Öffentlichkeit zugänglich machen: Sie kann in den nach **§ 325 I 1 Nr 1** offenzulegenden Lagebericht eine nichtfinanzielle Erklärung aufnehmen, sie kann einen gesonderten nichtfinanziellen Bericht erstellen und zeitgleich mit dem Lagebericht nach § 325 im BAnz offenlegen, **III 1 Nr 2a** oder sie kann einen gesonderten nichtfinanziellen Bericht erstellen und auf ihrer Internetseite veröffentlichen, wenn sie im Lagebericht darauf Bezug nimmt, **III 1 Nr 2b**. Erfüllt die KapitalGes die in III für den gesonderten nichtfinanziellen Bericht vorgesehenen Anforderungen nicht, zB weil sie den gesonderten Bericht erst nach mehr als 6 Monaten veröffentlicht, hat sie die Befreiung nach III nicht wirksam ausgeübt. Dann bleibt sie nach I verpflichtet, eine nichtfinanzielle Erklärung in den Lagebericht aufzunehmen. Fehlt diese Erklärung, kann dies ein OWi-Verfahren nach § 334 auslösen, RegBegr 45 f. **Lit** Blöink/Halbleib Konzern **17**, 182; Boecker/Zwirner BB **17**, 2155 (CSR-RUG); Mock ZIP **17**, 1195 (CSR-RUG); Müller/Scheid BB **17**, 1835 (DRS 20) sowie § 289 Rn 1.

5) Veröffentlichungspflicht (III 2)

5   **IV**, neu durch CSR-RUG v 11.4.17 (**Übergangsrecht** in **(1)** EGHGB Art 80) setzt Art 19a V BilanzRi idF der CSR-Ri um und sieht vor, dass die nichtfinanzielle Erklärung und der gesonderte nichtfinanzielle Bericht **nur eingeschränkt in die Abschlussprüfung** einzubeziehen sind. Diese Vorgabe wird in § 317 II 4 umgesetzt (s dort). Wird aber auf Veranlassung des Unternehmens zusätzlich eine externe inhaltliche Überprüfung der nichtfinanziellen Erklärung beziehungsweise des gesonderten nichtfinanziellen Berichts vorgenommen, ist eine Aussage darüber wichtig für die Nutzer des Berichts. Eine externe inhaltliche Überprüfung, insbesondere durch den Abschlussprüfer, kann das Vertrauen in die nichtfinanziellen Informationen erhöhen. Daher muss nach Überzeugung des Gesetzgebers in diesem Fall das Prüfungsurteil mit der nichtfinanziellen Erklärung oder dem gesonderten nichtfinanziellen Bericht **gemeinsam öffentlich zugänglich** gemacht werden. In dem Prüfungsurteil sind auch solche Informationen anzugeben, die eine Einschätzung der Überprüfungsleistung ermöglichen (zum Beispiel Prüfungsmethoden, Prüfungsumfang, Prüfungsmaßnahmen und der Überprüfung zugrundeliegende Regeln und Standards). Entscheidet sich das Unternehmen gegen eine solche Überprüfung, muss es das nicht gesondert bekanntgeben, RegBegr 46. **Lit** Blöink/Halbleib Konzern **17**, 182; Boecker/Zwirner BB **17**, 2155 (CSR-RUG); Mock ZIP **17**, 1195 (CSR-RUG); Müller/Scheid BB **17**, 1835 (DRS 20) sowie § 289 Rn 1.

2. Abschnitt. Ergänzende Vorschriften für Kapitalgesellschaften § 289c

Inhalt der nichtfinanziellen Erklärung

289c (1) In der nichtfinanziellen Erklärung im Sinne des § 289b ist das Geschäftsmodell der Kapitalgesellschaft kurz zu beschreiben.

(2) Die nichtfinanzielle Erklärung bezieht sich darüber hinaus zumindest auf folgende Aspekte:

1. Umweltbelange, wobei sich die Angaben beispielsweise auf Treibhausgasemissionen, den Wasserverbrauch, die Luftverschmutzung, die Nutzung von erneuerbaren und nicht erneuerbaren Energien oder den Schutz der biologischen Vielfalt beziehen können,
2. Arbeitnehmerbelange, wobei sich die Angaben beispielsweise auf die Maßnahmen, die zur Gewährleistung der Geschlechtergleichstellung ergriffen wurden, die Arbeitsbedingungen, die Umsetzung der grundlegenden Übereinkommen der Internationalen Arbeitsorganisation, die Achtung der Rechte der Arbeitnehmerinnen und Arbeitnehmer, informiert und konsultiert zu werden, den sozialen Dialog, die Achtung der Rechte der Gewerkschaften, den Gesundheitsschutz oder die Sicherheit am Arbeitsplatz beziehen können,
3. Sozialbelange, wobei sich die Angaben beispielsweise auf den Dialog auf kommunaler oder regionaler Ebene oder auf die zur Sicherstellung des Schutzes und der Entwicklung lokaler Gemeinschaften ergriffenen Maßnahmen beziehen können,
4. die Achtung der Menschenrechte, wobei sich die Angaben beispielsweise auf die Vermeidung von Menschenrechtsverletzungen beziehen können, und
5. die Bekämpfung von Korruption und Bestechung, wobei sich die Angaben beispielsweise auf die bestehenden Instrumente zur Bekämpfung von Korruption und Bestechung beziehen können.

(3) Zu den in Absatz 2 genannten Aspekten sind in der nichtfinanziellen Erklärung jeweils diejenigen Angaben zu machen, die für das Verständnis des Geschäftsverlaufs, des Geschäftsergebnisses, der Lage der Kapitalgesellschaft sowie der Auswirkungen ihrer Tätigkeit auf die in Absatz 2 genannten Aspekte erforderlich sind, einschließlich

1. einer Beschreibung der von der Kapitalgesellschaft verfolgten Konzepte, einschließlich der von der Kapitalgesellschaft angewandten Due-Diligence-Prozesse,
2. der Ergebnisse der Konzepte nach Nummer 1,
3. der wesentlichen Risiken, die mit der eigenen Geschäftstätigkeit der Kapitalgesellschaft verknüpft sind und die sehr wahrscheinlich schwerwiegende negative Auswirkungen auf die in Absatz 2 genannten Aspekte haben oder haben werden, sowie die Handhabung dieser Risiken durch die Kapitalgesellschaft,
4. der wesentlichen Risiken, die mit den Geschäftsbeziehungen der Kapitalgesellschaft, ihren Produkten und Dienstleistungen verknüpft sind und die sehr wahrscheinlich schwerwiegende negative Auswirkungen auf die in Absatz 2 genannten Aspekte haben oder haben werden, soweit die Angaben von Bedeutung sind und die Berichterstattung über diese Risiken verhältnismäßig ist, sowie die Handhabung dieser Risiken durch die Kapitalgesellschaft,
5. der bedeutsamsten nichtfinanziellen Leistungsindikatoren, die für die Geschäftstätigkeit der Kapitalgesellschaft von Bedeutung sind,
6. soweit es für das Verständnis erforderlich ist, Hinweisen auf im Jahresabschluss ausgewiesene Beträge und zusätzliche Erläuterungen dazu.

Merkt 1183

§ 289c 1

(4) **Wenn die Kapitalgesellschaft in Bezug auf einen oder mehrere der in Absatz 2 genannten Aspekte kein Konzept verfolgt, hat sie dies anstelle der auf den jeweiligen Aspekt bezogenen Angaben nach Absatz 3 Nummer 1 und 2 in der nichtfinanziellen Erklärung klar und begründet zu erläutern.**

Übersicht

	Rn
1) Vorbemerkung	1
2) Beschreibung des Geschäftsmodells (I)	2
3) Reichweite der Berichterstattung (II)	3–8
A. Überblick	3
B. Umweltbelange (II Nr 1)	4
C. Arbeitnehmerbelange (II Nr 2)	5
D. Sozialbelange (II Nr 3)	6
E. Achtung der Menschenrechte (II Nr 4)	7
F. Bekämpfung von Korruption und Bestechung (II Nr 5)	8
4) Konkrete Fragen (III)	9–15
A. Verfolgte Konzepte (III Nr 1)	10
B. Ergebnisse der Konzepte (III Nr 2)	11
C. Wesentliche Risiken (III Nr 3)	12
D. Wesentliche Risiken aus Produkten, Dienstleistungen und Geschäftsbeziehungen (III Nr 4)	13
E. Bedeutsame nichtfinanzielle Leistungsindikatoren (III Nr 5)	14
F. Hinweise auf im Jahresabschluss ausgewiesene Beträge (III Nr 6)	15
5) „Comply or Explain" (IV)	16

1) Vorbemerkung

1 Die Vorschrift, neu eingeführt durch das CSR-RUG v 11.4.17 (**Übergangsrecht** in **(1)** EGHGB Art. 80) enthält **Vorgaben für den Inhalt der nichtfinanziellen Erklärung.** Sie soll die Vergleichbarkeit von nichtfinanziellen Angaben der Unternehmen verbessern, ohne die Grundsätze der bisherigen Finanzberichterstattung zu verlassen. Zur Orientierung über den Gegenstand einer solchen Berichterstattung können nach Art 19a I Unterabs 5 BilanzRi idF der CSR-Ri **Rahmenwerke** genutzt werden. Nationale, internationale und europäische Rahmenwerke (zB Leitsätze der OECD für multinationale Unternehmen, GRI G4, der Deutsche Nachhaltigkeitskodex, das Umweltmanagement- und betriebsprüfungssystem EMAS, der UN Global Compact, die VN Leitprinzipien für Wirtschaft und Menschenrechte, die ISO 26000 der Internationalen Organisation für Normung, die Dreigliedrige Grundsatzerklärung über multinationale Unternehmen und Sozialpolitik der Internationalen Arbeitsorganisation) können Rahmen darstellen, an denen sich KapitalGes bei der Berichterstattung orientieren können. Da manche Rahmenwerke allerdings nur Teilaspekte abdecken, müssen die KapitalGes sicherstellen, dass sie in der Berichterstattung **alle gesetzlich geforderten Berichtselemente** abdecken. KapitalGes können die nichtfinanzielle Erklärung auch ohne Bezugnahme auf ein Rahmenwerk erstellen, § 289d. § 289c sieht zT zwingende Vorgaben und zT beispielhafte Aufzählungen vor. Die Mindestvorgaben dienen dazu, die Vergleichbarkeit der Berichterstattung zu verbessern, ohne die notwendige Flexibilität der Regelungen im Hinblick auf unterschiedliche Geschäftsmodelle, Märkte und Länder sowie auf bereits von Unternehmen bei der Berichterstattung genutzte Rahmenwerke zu reduzieren, RegBegr 46. **Lit** Blöink/Halbleib Konzern **17**, 182 sowie § 289 Rn 1.

2. Abschnitt. Ergänzende Vorschriften für Kapitalgesellschaften 2–5 § 289c

2) Beschreibung des Geschäftsmodells (I)

I setzt Art 19a I der BilanzRi idF der CSR-Ri um. Eine kurze **Beschreibung des Geschäftsmodells** wird in der Praxis schon heute regelmäßig im Lagebericht vorgenommen und von I auf die nichtfinanzielle Erklärung ausgeweitet. Da das Geschäftsmodell gegenüber nichtfinanziellen Aspekten eigenständig ist, bietet sich eine herausgehobene Regelung an, RegBegr 47. **Lit** Blöink/Halbleib Konzern **17**, 182 sowie § 289 Rn 1. 2

3) Reichweite der Berichterstattung (II)

A. Durch **II** wird Art 19a I Unterabs 1 der BilanzRi idF der CSR-Ri im Hinblick auf die **Reichweite der Berichterstattung** umgesetzt. Die Reihenfolge der vorgesehenen nichtfinanziellen Aspekte orientiert sich an der Ri, ist aber nicht iS der Festlegung einer Priorität zu verstehen, dh die Unternehmen haben insoweit die Wahl. Wenn eine Information mehrere Aspekte berührt, spricht idR nichts dagegen, die Angaben zusammenhängend darzustellen und an anderer Stelle in der nichtfinanziellen Erklärung darauf zu verweisen. Insgesamt muss die nichtfinanzielle Erklärung die Aspekte aber vollständig abdecken und in einer übersichtlich strukturierten Weise darstellen. Um Wiederholungen zu vermeiden, kann in der nichtfinanziellen Erklärung zudem auf entsprechende Angaben verwiesen werden, die an anderer Stelle im Lagebericht (einschließlich der Erklärung zur Unternehmensführung) enthalten sind. II soll prinzipienorientierte, aber gegenüber dem Richtlinientext konkretisierte Regelungen aufnehmen (s Erwägungsgründe der CSR-Ri). Die Regelung sieht also **keine abschließende Checkliste** vor, die das berichtspflichtige Unternehmen nur ausfüllen muss. Grund: Gesetzgeber meint, mit Checklisten würde das mittelbare Ziel verfehlt, Unternehmen über den Weg der Berichterstattung stärker dazu zu bewegen, ihre gesellschaftliche und ökologische Verantwortung zu erkennen und wahrzunehmen, RegBegr 47. Daher benennt II **beispielhaft konkrete Themen** innerhalb der einzelnen nichtfinanziellen Aspekte, mit denen sich das berichtspflichtige Unternehmen auseinandersetzen sollte, und gibt durch die Betonung dieser Themen eine Orientierung, was unter den genannten Berichtsfeldern aus der Perspektive der Allgemeinheit wesentlich sein könnte. Die konkretisierenden Beispiele sind dabei nicht als zwingende Mindestinhalte der Berichterstattung zu verstehen. Die KapitalGes hat in jedem Fall die in III-IV geregelten Vorgaben zu beachten und sollte daher stets bestimmen, was für ihr Geschäftsmodell wesentlich ist. III stellt dabei darauf ab, dass es auf das konkrete Unternehmen ankommt und auch in der nichtfinanziellen Berichterstattung der Wesentlichkeits- und Verhältnismäßigkeitsgrundsatz gelten soll. Nrn 1–5 enthalten zu den einzelnen nichtfinanziellen Aspekte eine an den Erwägungsgründen der CSR-Ri angelehnte weitere Konkretisierung. **Lit** Blöink/Halbleib Konzern **17**, 182 sowie § 289 Rn 1. 3

B. **Umweltbelange II Nr 1**: In Betracht kommt unter anderem eine Berichterstattung über die **Treibhausgasemissionen** oder den **Wasserverbrauch** einer KapitalGes, über die durch die KapitalGes verursachte **Luftverschmutzung**, über die Nutzung von erneuerbaren und nicht erneuerbaren Energien, über den Schutz der biologischen Vielfalt oder über Einzelheiten der aktuellen und vorhersehbaren Auswirkungen der Geschäftstätigkeit auf die Umwelt. Das schließt weitere Angaben, etwa zu Auswirkungen der Geschäftstätigkeit der KapitalGes auf die Gesundheit und die Umweltsicherheit oder auf Bodenbelastungen, nicht aus, RegBegr 47. **Lit** Blöink/Halbleib Konzern **17**, 182 sowie § 289 Rn 1. 4

C. **Arbeitnehmerbelange II Nr 2**: Etwa Einhaltung von Rechtsvorschriften und anerkannten Standards oder getroffene Maßnahmen, die Arbeitnehmerrechte und Arbeitnehmerinteressen betreffen, zB Angaben zu Maßnahmen zur Gewährleistung der **Geschlechtergleichstellung**, zu Arbeitsbedingungen, zur Umset- 5

§ 289c 6–9   3. Buch. Handelsbücher

zung der grundlegenden Übereinkommen der Internationalen Arbeitsorganisation (ILO Kernarbeitsnormen), zur Achtung der Rechte der Arbeitnehmerinnen und Arbeitnehmer, informiert und konsultiert zu werden, zur Mitbestimmung, zum sozialen Dialog, zur Achtung der Rechte der Gewerkschaften, zum Gesundheitsschutz oder zur Sicherheit am Arbeitsplatz, RegBegr 48. Allerdings paßt die Vorschrift hinsichtlich der **Mitbestimmung** für deutsche Unt nur sehr eingeschränkt, denn bei Unternehmen, die der gesetzlichen (betrieblichen oder unternehmerischen) Mitbestimmung unterliegen, kommt eine CSR-Berichterstattung über gesetzliche Pflichten nicht in Betracht, da es insoweit schlicht um die Erfüllung gesetzlicher Pflichten und nicht um die Wahrnehmung „gesellschaftliche und ökologische Verantwortung" geht. **Lit** Blöink/Halbleib Konzern **17**, 182 sowie § 289 Rn 1.

6   D. **Sozialbelange II Nr 3**: Etwa Angaben zum Dialog auf regionaler und kommunaler Ebene, etwa mit lokalen Gemeinschaften wie Kommunen, oder zu den zur Sicherstellung des Schutzes und der Entwicklung dieser Gemeinschaften ergriffenen Maßnahmen, RegBegr 48. **Lit** Blöink/Halbleib Konzern **17**, 182 sowie § 289 Rn 1.

7   E. **Achtung der Menschenrechte II Nr 4**: ZB Angaben zur Vermeidung von Menschenrechtsverletzungen, RegBegr 48. Ungeklärt ist insoweit allerdings aus **verfasungsrechtlicher Sicht**, inwieweit KapitalGes als Privatrechtssubjekte überhaupt Adressaten von Grund- bzw. Menschenrechten sind. **Lit** Blöink/Halbleib Konzern **17**, 182 sowie § 289 Rn 1.

8   F. **Bekämpfung von Korruption und Bestechung II Nr 5**: Etwa Berichterstattung über bestehende Instrumente zur Bekämpfung von Korruption und Bestechung, dazu gehören Maßnahmen und Prozesse der KapitalGes zur Vermeidung und Aufdeckung von Korruption und Bestechung. **Lit** Blöink/Halbleib Konzern **17**, 182 sowie § 289 Rn 1.

4) Konkrete Fragen (III)

9   III regelt in Umsetzung von Art 19a I Unterabs 1 Buchst b-e der BilanzRi idF der CSR-Ri, welche **konkreten Fragen** zu den einzelnen nichtfinanziellen Aspekten in der nichtfinanziellen Erklärung anzusprechen sind. Angaben sind nicht nur pauschal, sondern konkret **für jeden in II genannten nichtfinanziellen Aspekt einzeln** zu machen. Reihenfolge der Angaben ist nicht zwingend. So kann sinnvoll sein, in der Berichterstattung mit der Darstellung der ermittelten wesentlichen Risiken zu beginnen, RegBeg 48. Kreis der Angaben ist auf diejenigen beschränkt, die für das Verständnis des Geschäftsverlaufs, der Lage und Entwicklung sowie der Auswirkungen auf die nichtfinanziellen Belange erforderlich sind. **Begriff „erforderlich"** wurde wörtlich aus der CSR-Ri übernommen. Zwar weicht dieser Wortlaut von § 289 III („von Bedeutung") ab; aber schon in der Begründung zum BilReG ist im Hinblick auf § 289 III klargestellt worden, dass damit ebenfalls die Erforderlichkeit für das Verständnis gemeint ist (BT-Drucks 15/3419, S 31). Die Wesentlichkeitsformel des § 289 III wird in § 289c III aber insoweit modifiziert, als die Angabe zugleich („sowie") auch für das Verständnis der Auswirkungen der Geschäftstätigkeit auf nichtfinanzielle Belange erforderlich sein muss. Es reicht damit nicht aus, dass die nichtfinanzielle Information nur für das Verständnis von Lage und Entwicklung der KapitalGes, nicht aber auch für die Auswirkungen ihrer Geschäftstätigkeit erforderlich ist. Solche Angaben müssen schon heute im Lagebericht nach § 289 III im Zusammenhang mit nichtfinanziellen Leistungsindikatoren berichtet werden, RegBegr 48. IsdR werden beide Voraussetzungen gleichermaßen erfüllt sein. So dürften ressourcenwirksame Entwicklungen nicht nur Umwelt oder Arbeitnehmer, sondern zugleich auch die künftige Entwicklung der KapitalGes betreffen. Andauernde schwere Menschenrechtsverletzungen, die durch die Geschäftstätigkeit der

KapitalGes gefördert werden, dürften das Risiko eines gravierenden Imageverlusts und von Absatzeinbrüchen beinhalten, die Auswirkungen auf das Geschäftsmodell haben können. Zur besseren Orientierung kann sich die KapitalGes bei der Berichterstattung auf anerkannte Rahmenwerke zur Berichterstattung stützen, § 289d. Lit Blöink/Halbleib Konzern **17**, 182 sowie § 289 Rn 1.

A. **Verfolgte Konzepte III Nr 1:** Etwa Ausführungen dazu, welche **Ziele** sich die KapitalGes in Bezug auf einen **nichtfinanziellen Aspekt** setzt, welche Maßnahmen sie dazu in welchem Zeitraum treffen will, wie die Unternehmensführung in diese Maßnahmen eingebunden ist und welche Prozesse, etwa auch zur Beteiligung von Arbeitnehmerinnen und Arbeitnehmern und anderen Interessenträgern, sie durchführen will (zur Mitbestimmung siehe zuvor Rn 5). Die Regelung stellt zudem entsprechend der ausdrücklichen Vorgabe der Richtlinie klar, dass die Berichterstattung über die Konzepte auch die von der KapitalGes angewandten Due-Diligence-Prozesse umfasst, RegBegr 49. Lit Blöink/Halbleib Konzern **17**, 182 sowie § 289 Rn 1.

B. **Ergebnisse der Konzepte III Nr 2**: Etwa feststellbare **Auswirkungen der Anwendung der Konzepte**. Hat ein Konzept noch nicht zu feststellbaren Auswirkungen geführt, ist auch das als Ergebnis zu berichten. Eine nähere Erläuterung dieser Ergebnisse ist nicht vorgeschrieben, dürfte aber häufig von Interesse für die Nutzer der Informationen und damit sinnvoll sein. Es ist daher mit der Regelung vereinbar, wenn eine KapitalGes zusätzliche Erläuterungen zu den Ergebnissen aufnimmt, RegBegr 50. **Lit** Blöink/Halbleib Konzern **17**, 182 sowie § 289 Rn 1.

C. **Wesentliche Risiken III Nr 3:** Zu berichten sind Risiken, die sich aus der Geschäftstätigkeit der KapitalGes für die in II genannten nichtfinanziellen Aspekte ergeben. Das umfasst nicht nur solche Risiken, die die KapitalGes selbst (bewusst) setzt, sondern iSv III Nr 4 auch Risiken, die sich **aus den eigenen Produkten oder Dienstleistungen** der KapitalGes ergeben. Darüber hinaus sind nach III Nr 4 auch Risiken zu berichten, die mit den eigenen Geschäftsbeziehungen der KapitalGes zu anderen Unternehmen – auch außerhalb der eigenen Konzernstruktur – verknüpft sind, etwa den Geschäftsbeziehungen mit Lieferanten. Im Hinblick auf diese Aspekte, insbesondere nichtfinanzielle Risiken in der **Lieferkette und der Kette von Subunternehmern**, ist III Nr 4 die Spezialregelung zu III Nr 3. Andererseits wird der Risikobegriff begrenzt: Zu berichten sind nur wesentliche Risiken, also solche, die sehr wahrscheinlich schwerwiegende negative Auswirkungen auf die nichtfinanziellen Aspekte haben werden oder bereits zu solchen Auswirkungen geführt haben. Die Schwere der Auswirkungen soll nach ihrem Ausmaß und ihrer Intensität beurteilt werden. Insbesondere im Hinblick auf Risiken aus Geschäftsbeziehungen werden zudem in III Nr 4 entsprechend der CSR-Ri die Relevanz und die Verhältnismäßigkeit der Berichterstattung zu einer weiteren ausdrücklichen Voraussetzung der Berichtspflicht erhoben, RegBegr 50. **Lit** Blöink/Halbleib Konzern **17**, 182 sowie § 289 Rn 1.

D. **Wesentliche Risiken, die mit den Produkten, Dienstleistungen und Geschäftsbeziehungen der KapitalGes verknüpft sind III Nr 4**: Insbesondere wesentliche Angaben über die **Lieferkette und die Kette von Subunternehmern**. Die Ausgliederung dieser Definition aus III Nr 3 in eine eigene Nummer soll die Lesbarkeit verbessern. Die grundsätzlichen Darlegungen, etwa zur Wesentlichkeit und zum Risikobegriff, gelten daher entsprechend. Für die Allgemeinheit ist es nach Überzeugung des Gesetzgebers wichtig, zu erfahren, ob die berichtende KapitalGes aufgrund ihres Geschäftsmodells eine Lieferkette eingerichtet hat und bis zu welcher Tiefe der Lieferkette inhaltliche Angaben gemacht werden. Nach Erwägungsgrund 8 der CSR-Ri soll die Berichterstattung über die Lieferkette ausdrücklich **nicht zu übermäßigem Verwaltungsauf-**

§ 289c 14–16   3. Buch. Handelsbücher

wand für kleine und mittelgroße Unternehmen in der Lieferkette oder der Kette von Subunternehmern der berichtspflichtigen KapitalGes führen. Berichtspflichtige Unternehmen sollten daher ihre Berichterstattungspflicht nicht pauschal an kleine und mittlere Unternehmen weitergeben, sondern insbesondere anhand einer Risiko- und Wesentlichkeitseinschätzung entscheiden, welche Informationen von den Unternehmen verlangt werden. Dabei sollten die berichtspflichtigen Unternehmen auch prüfen, ob die Berichterstattung über die Lieferkette im Hinblick auf die Anforderungen an kleine und mittlere Unternehmen verhältnismäßig ist, RegBegr 51. **Lit** Blöink/Halbleib Konzern **17**, 182 sowie § 289 Rn 1.

14   E. **Bedeutsamste nichtfinanzielle Leistungsindikatoren III Nr 5:** Diese Regelung geht über die Regelung in § 289 III hinaus, da die Leistungsindikatoren nicht mehr nur im Rahmen der Analyse des Geschäftsverlaufs und der Geschäftsentwicklung zu berücksichtigen, sondern selbstständig darzustellen sind. Welche Leistungsindikatoren zu berichten sind, hängt vom **Geschäftsmodell** der KapitalGes ab. Zur Nutzung von Rahmenwerken s § 289c. Unternehmen sollten dabei auch die weiteren Prozesse auf europäischer Ebene beobachten, da die Europäische Kommission nach Art 2 der CSR-Ri unverbindliche Leitlinien zur Methode der Berichterstattung unter anderem zu sog **nichtfinanziellen Leistungsindikatoren** (Non-Financial Performance Indicators, NFPI) entwickeln soll. Beispiele für nichtfinanzielle Leistungsindikatoren sind nach DRS 20.107 im Hinblick auf Umweltbelange etwa **Emissionswerte** und **Energieverbrauch**, RegBegr 51; Böcking/Althoff Konzern **17**, 246. **Lit** Blöink/Halbleib Konzern **17**, 182 sowie § 289 Rn 1.

15   F. **Hinweise auf im Jahresabschluss ausgewiesene Beträge III Nr 6:** In Umsetzung von Art 19a I Unterabs 3 der BilanzRi idF der CSR-Ri verlangt III Nr 6 Hinweise auf im Jahresabschluss ausgewiesene Beträge und zusätzliche Erläuterungen, RegBegr 52. Allerdings gilt das nur, soweit solche Hinweise für das Verständnis des Geschäftsverlaufs, des Geschäftsergebnisses und der Lage der Ges sowie der Auswirkungen ihrer Tätigkeit auf die in II genannten Aspekte erforderlich sind. **Lit** Blöink/Halbleib Konzern **17**, 182 sowie § 289 Rn 1.

5) „Comply or Explain" (IV)

16   IV setzt Artikel 19a I Unterabs 2 der BilanzRi idF der CSR-Ri um und führt den Ansatz **„Comply or Explain"** auch in der nichtfinanziellen Erklärung ein, s bereits § 161 AktG. Unternehmen können sich dort für oder gegen bestimmte Empfehlungen entscheiden, müssen aber erklären, warum sie sich gegen eine bestimmte Empfehlung entscheiden. Im Rahmen § 289c wird der Ansatz auf die Frage begrenzt, ob sich die KapitalGes dafür entscheidet, ein Konzept zum Umgang mit einem nichtfinanziellen Aspekt zu entwickeln. Hat sie ein Konzept, muss sie das Konzept und seine Ergebnisse nach III Nr 1u 2 darstellen. Hat sie kein Konzept, muss sie das unter Angabe von Gründen erläutern, § 289c IV. Damit ist als Mindestinhalt der nichtfinanziellen Erklärung zu jedem der in II Nr 1–5 genannten Aspekte eine Erläuterung im Hinblick auf vorhandene (oder gegebenenfalls nicht vorhandene) Konzepte erforderlich. Hat die KapitalGes keine Due-Diligence-Prozesse eingerichtet, ist eine Erläuterung nicht erforderlich, da sich IV – entsprechend der Ri – nur auf das **vollständige Fehlen eines Konzepts** und nicht auch auf das **Fehlen von Teilen** eines Konzepts beziehen kann. Ist die KapitalGes zu dem Schluss gelangt, in Bezug auf einen oder mehrere von II Nr 1–5 genannte nichtfinanzielle Aspekte sei kein Konzept erforderlich, muss sie das hingegen unter Angabe von Gründen erläutern. Auf die **Risikoberichterstattung** wirkt sich IV nicht aus. Wesentliche Risiken sind dann zu berichten, wenn die KapitalGes kein Konzept zum Umgang mit einem oder mehreren nichtfinanziellen Aspekten hat. Hat die KapitalGes für einen nicht-

2. Abschnitt. Ergänzende Vorschriften für Kapitalgesellschaften § 289e

finanziellen Aspekt kein wesentliches Risiko ermittelt, muss sie das nicht erläutern, vielmehr reicht die Berichterstattung über die wesentlichen Risiken aus. Oft wird aber im Rahmen der Darstellung der Gründe, aus denen die KapitalGes in einem Bereich kein Konzept verfolgt, auch darauf einzugehen sein, ob mit der Geschäftstätigkeit der KapitalGes wesentliche Risiken verbunden sind oder nicht, RegBegr 52. Lit Blöink/Halbleib Konzern **17**, 182 sowie § 289 Rn 1.

Nutzung von Rahmenwerken

289d [1] **Die Kapitalgesellschaft kann für die Erstellung der nichtfinanziellen Erklärung nationale, europäische oder internationale Rahmenwerke nutzen.** [2] **In der Erklärung ist anzugeben, ob die Kapitalgesellschaft für die Erstellung der nichtfinanziellen Erklärung ein Rahmenwerk genutzt hat und, wenn dies der Fall ist, welches Rahmenwerk genutzt wurde, sowie andernfalls, warum kein Rahmenwerk genutzt wurde.**

Die Vorschrift, neu eingeführt durch das CSR-RUG v 11.4.17 (Übergangsregelung in (1) EGHGB Art 80) setzt Art 19a I Unterabs 5 der BilanzRi idF der CSR-Ri um. **Nationale, internationale und europäische Rahmenwerke** (etwa die Leitsätze der OECD für multinationale Unternehmen, die GRI G4, der Deutsche Nachhaltigkeitskodex, das Umweltmanagement- und -betriebsprüfungssystem EMAS, der UN Global Compact, die VN Leitprinzipien für Wirtschaft und Menschenrechte, die ISO 26000 der Internationalen Organisation für Normung, die Dreigliedrige Grundsatzerklärung über multinationale Unternehmen und Sozialpolitik der Internationalen Arbeitsorganisation) können Rahmen darstellen, an denen sich die KapitalGes bei der Berichterstattung orientieren kann. KapitalGes müssen dabei aber sicherstellen, dass sie in der Berichterstattung **alle vom Gesetz geforderten Berichtselemente** abdecken. KapitalGes sind nicht dazu verpflichtet, ein (bestimmtes) Rahmenwerk zu nutzen. Verwenden sie ein Rahmenwerk, ist das in der Erklärung anzugeben. Dem Gedanken, ein bestimmtes Rahmenwerk für die Berichterstattung vorzugeben, um die Vergleichbarkeit zu verbessern, steht der Wortlaut des CSR-Ri entgegen, der den Mitgliedstaaten aufgibt, den Unternehmen die **Wahlfreiheit** zu überlassen. Zudem ist die verbindliche Entscheidung für ein bestimmtes Rahmenwerk gegenwärtig noch nicht möglich, da das von der CSR-Ri umfasste Spektrum nichtfinanzieller Aspekte nur von einigen der bestehenden Rahmenwerke abgedeckt wird, andere Rahmenwerke aber spezifischere Angaben und für wesentliche Zielgruppen genauere Informationen erlauben. Um dennoch die Vergleichbarkeit der Berichterstattung zu verbessern, sieht § 289c II Konkretisierungen hinsichtlich der erfassten Belange vor, RegBegr 52. Die in der rechtspolitischen Diskussion der CSR-Umsetzung geforderte nationale verbindliche Vorgabe eines bestimmten Rahmenwerks begegnet verfassungsrechtlichen Bedenken (grds. Unzulässigkeit der sog. dynamischen Verweisung). **Lit** Kumm/Woodtli Konzern **16**, 218 (RefE); Nietsch NZG **16**, 1330 (RegE); Scheffler AG **16**, R318 (RegE); Stawinoga/Velte DB **16**, 841 (RefE u DNK); Blöink/Halbleib Konzern **17**, 182; Lanfermann BB **17**, 747 sowie § 289 Rn 1.

Weglassen nachteiliger Angaben

289e (1) **Die Kapitalgesellschaft muss in die nichtfinanzielle Erklärung ausnahmsweise keine Angaben zu künftigen Entwicklungen oder Belangen, über die Verhandlungen geführt werden, aufnehmen, wenn**

Merkt 1189

§ 289f

1. die Angaben nach vernünftiger kaufmännischer Beurteilung der Mitglieder des vertretungsberechtigten Organs der Kapitalgesellschaft geeignet sind, der Kapitalgesellschaft einen erheblichen Nachteil zuzufügen, und
2. das Weglassen der Angaben ein den tatsächlichen Verhältnissen entsprechendes und ausgewogenes Verständnis des Geschäftsverlaufs, des Geschäftsergebnisses, der Lage der Kapitalgesellschaft und der Auswirkungen ihrer Tätigkeit nicht verhindert.

(2) Macht eine Kapitalgesellschaft von Absatz 1 Gebrauch und entfallen die Gründe für die Nichtaufnahme der Angaben nach der Veröffentlichung der nichtfinanziellen Erklärung, sind die Angaben in die darauf folgende nichtfinanzielle Erklärung aufzunehmen.

1 Die Vorschrift, neu eingeführt durch das CSR-RUG v 11.4.17 (**Übergangsregelung** in (1) EGHGB Art 80) setzt Art 19a I Unterabs 4 der BilanzRi idF der CSR-Ri um. Sie gestattet Unternehmen den Verzicht auf bestimmte nachteilige Informationen. Sie wird in I als **Unternehmenswahlrecht** ausgestaltet, überlässt es also der KapitalGes, auch **überobligatorisch zu berichten**. Die Zuständigkeit für die Entscheidung richtet sich gem der CSR-Ri nach den nationalen Rechtsvorschriften. **Zuständig** ist damit das vertretungsberechtigte Organ der KapitalGes, also der Vorstand beziehungsweise die Geschäftsführung. **I Nr 1** sieht durch die CSR-Ri bedingte Begrenzungen des Wahlrechts vor. Ein Weglassen von Angaben ist nur möglich, wenn die Berichterstattung der KapitalGes einen erheblichen Nachteil zufügen würde (s Wortlaut v § 286 II), etwa dann, wenn eine Information zwar wesentlich im Sinne von § 289c III für das Verständnis des Geschäftsverlaufs, des Geschäftsergebnisses, der Lage der KapitalGes sowie der Auswirkungen ihrer Tätigkeit ist und damit grundsätzlich berichtet werden müsste, dabei die Information aber nicht so bedeutsam ist, dass ihr Weglassen ein ausgewogenes Gesamtverständnis vollständig ausschließen, **I Nr 2**. Etwaige anderweitig bestehende Informationspflichten außerhalb der nichtfinanziellen Erklärung bleiben unberührt, RegBegr 53. **Lit** Boecker/Zwirner SteuK **16**, 426 (RegE); Kajüter IRZ **16**, 507 (RegE); Kumm/Woodtli Konzern **16**, 218 (RefE); Scheffler AG **16**, R318 (RefE); Blöink/Halbleib Konzern **17**, 182 sowie § 289 Rn 1.

2 Macht eine KapitalGes von I Gebrauch und **entfallen die Gründe** für die Nichtaufnahme der Angaben zu einem späteren Zeitpunkt, sieht **II** vor, dass die KapitalGes die Angaben in der nächsten zu erstellenden nichtfinanziellen Erklärung aufnehmen muss. Diese Regelung soll sicherstellen, dass eine KapitalGes nicht willkürlich von der Berichterstattung über bestimmte Informationen absieht. Gleichzeitig soll es den Nutzern der Informationen ermöglicht werden, die Angaben im Nachhinein nachzuvollziehen, RegBegr 53. **Lit** Boecker/Zwirner SteuK **16**, 426 (RegE); Kajüter IRZ **16**, 507 (RegE); Kumm/Woodtli Konzern **16**, 218 (RefE); Scheffler AG **16**, R318 (RefE); Blöink/Halbleib Konzern **17**, 182 sowie § 289 Rn 1.

Erklärung zur Unternehmensführung

§ 289f (1) [1] Börsennotierte Aktiengesellschaften sowie Aktiengesellschaften, die ausschließlich andere Wertpapiere als Aktien zum Handel an einem organisierten Markt im Sinn des § 2 Abs. 5 des Wertpapierhandelsgesetzes ausgegeben haben und deren ausgegebene Aktien auf eigene Veranlassung über ein multilaterales Handelssystem im Sinn des § 2 Abs. 3 Satz 1 Nr. 8 des Wertpapierhandelsgesetzes gehandelt werden, haben eine Erklärung zur Unternehmensführung in ihren Lagebericht aufzunehmen, die dort einen gesonderten Abschnitt bildet. [2] Sie kann auch auf der Internetseite der Gesellschaft öffentlich zugänglich gemacht werden. ³ In diesem Fall ist in den Lagebericht eine Bezugnahme aufzunehmen, welche die Angabe der Internetseite enthält.

(2) In die Erklärung zur Unternehmensführung sind aufzunehmen
1. die Erklärung gemäß § 161 des Aktiengesetzes;
2. relevante Angaben zu Unternehmensführungspraktiken, die über die gesetzlichen Anforderungen hinaus angewandt werden, nebst Hinweis, wo sie öffentlich zugänglich sind;
3. eine Beschreibung der Arbeitsweise von Vorstand und Aufsichtsrat sowie der Zusammensetzung und Arbeitsweise von deren Ausschüssen; sind die Informationen auf der Internetseite der Gesellschaft öffentlich zugänglich, kann darauf verwiesen werden;
4. bei börsennotierten Aktiengesellschaften die Festlegungen nach § 76 Absatz 4 und § 111 Absatz 5 des Aktiengesetzes und die Angabe, ob die festgelegten Zielgrößen während des Bezugszeitraums erreicht worden sind, und wenn nicht, Angaben zu den Gründen;
5. die Angabe, ob die Gesellschaft bei der Besetzung des Aufsichtsrats mit Frauen und Männern jeweils Mindestanteile im Bezugszeitraum eingehalten hat, und wenn nicht, Angaben zu den Gründen, sofern es sich um folgende Gesellschaften handelt:
   a) börsennotierte Aktiengesellschaften, die auf Grund von § 96 Absatz 2 und 3 des Aktiengesetzes Mindestanteile einzuhalten haben oder
   b) börsennotierte Europäische Gesellschaften (SE), die auf Grund von § 17 Absatz 2 oder § 24 Absatz 3 des SE-Ausführungsgesetzes Mindestanteile einzuhalten haben;
6. bei Aktiengesellschaften im Sinne des Absatzes 1, die nach § 267 Absatz 3 Satz 1 und Absatz 4 bis 5 große Kapitalgesellschaften sind, eine Beschreibung des Diversitätskonzepts, das im Hinblick auf die Zusammensetzung des vertretungsberechtigten Organs und des Aufsichtsrats in Bezug auf Aspekte wie beispielsweise Alter, Geschlecht, Bildungs- oder Berufshintergrund verfolgt wird, sowie der Ziele dieses Diversitätskonzept, der Art und Weise seiner Umsetzung und der im Geschäftsjahr erreichten Ergebnisse.

(3) Auf börsennotierte Kommanditgesellschaften auf Aktien sind die Absätze 1 und 2 entsprechend anzuwenden.

(4) ¹ Andere Unternehmen, deren Vertretungsorgan und Aufsichtsrat nach § 36 oder § 52 des Gesetzes betreffend die Gesellschaften mit beschränkter Haftung oder nach § 76 Absatz 4 des Aktiengesetzes, auch in Verbindung mit § 34 Satz 2 und § 35 Absatz 3 Satz 1 des Versicherungsaufsichtsgesetzes, oder nach § 111 Absatz 5 des Aktiengesetzes, auch in Verbindung mit § 35 Absatz 3 Satz 1 des Versicherungsaufsichtsgesetzes, verpflichtet sind, Zielgrößen für den Frauenanteil und Fristen für deren Erreichung festzulegen, haben in ihrem Lagebericht als gesonderten Abschnitt eine Erklärung zur Unternehmensführung mit den Festlegungen und Angaben nach Absatz 2 Nummer 4 aufzunehmen; Absatz 1 Satz 2 und 3 gilt entsprechend. ² Gesellschaften, die nicht zur Offenlegung eines Lageberichts verpflichtet sind, haben eine Erklärung mit den Festlegungen und Angaben nach Absatz 2 Nummer 4 zu erstellen und gemäß Absatz 1 Satz 2 zu veröffentlichen. ³ Sie können diese Pflicht auch durch Offenlegung eines unter Berücksichtigung von Satz 1 erstellten Lageberichts erfüllen.

(5) Wenn eine Gesellschaft nach Absatz 2 Nummer 6, auch in Verbindung mit Absatz 3, kein Diversitätskonzept verfolgt, hat sie dies in der Erklärung zur Unternehmensführung zu erläutern.

§ 289f 1, 2   3. Buch. Handelsbücher

Übersicht

	Rn
1) Vorbemerkung	1
2) Erklärungspflichtige Unternehmen (I)	2
2) Erklärungsinhalt (II)	3–8
A. Entsprechenserklärung (II Nr 1)	3
B. Unternehmensführungspraktiken (II Nr 2)	4
C. Arbeitsweise (II Nr 3)	5
D. Zielgröße für den Frauenanteil (II Nr 4)	6
E. Fixe Geschlechterquote im Aufsichtsrat (II Nr 5)	7
F. Diversitätskonzept (II Nr 6)	8
3) Börsennotierte KGaA (III)	9
4) Andere Unternehmen mit Erklärungspflicht (IV)	10
5) Erläuterung bei fehlendem Diversitätskonzept (V)	11

1) Vorbemerkung

1   Die früher in § 289a aF enthaltenen Vorgaben über die Erklärung zur Unternehmensführung wurden durch das CSR-RUG v 11.4.17 (**Übergangsrecht** in **(1)** EGHBG Art 80) in § 289f nF verschoben und zugleich ergänzt. Ab dem 3.1.2018 müssten die Verweise in I 1 auf **(16b)** § 2 V u III 1 Nr 8 WpHG auf § 2 XI u VIII 1 Nr 8 WpHG lauten. Diese notwendige Anpassung hat der Gesetzgeber des 2. FiMaNoG v 23.7.17 zwar gesehen, sie aber fälschlicherweise für § 289a angeordnet (vgl Art 24 VI 2. FiMaNoG). **Lit** Blöink/Halbleib Konzern **17**, 182 sowie § 289 Rn 1.

2) Erklärungspflichtige Unternehmen (I)

2   **Erklärung zur Unternehmensführung** (Corporate Governance Erklärung) mit § 289a aF eingefügt durch BilMoG (**Übergangsrecht** in **(1)** EGHGB Art 66 III); **Erklärungspflichtig** iSv I 1 sind alle börsennotierten AG; ferner solche AG, die ausschließlich andere Wertpapiere als Aktien zum Handel (im Inland, in EWR-Staaten oder in Vertragstaaten des Abkommens über den EWR) an einem **organisierten Markt** (**(16b)** § 2 XI WpHG) ausgegeben haben und deren Aktien mit Wissen der Ges lediglich im Freiverkehr über ein multilaterales Handelssystem (**(16b)** § 2 VIII 1 Nr 8 WpHG) gehandelt werden; erfolgt Handel nicht auf Veranlassung der Ges folgert das Gesetz daraus Nichtwissen und sieht von der Erklärungspflicht ab (RegE BilMoG 77). Die Erklärung ist entweder in den Lagebericht aufzunehmen oder auf ihrer **Internetseite** (dann aber mit Hinweis darauf im **Lagebericht**, I 3) zu veröffentlichen. Keine Befreiung, wenn AG als **Tochterunternehmen** in den Abschluss einer anderen AG einbezogen wird, BeckBilKo 8. **Erklärendes Organ**: Vorstand und Aufsichtsrat geben eine gemeinsame Erklärung ab, wobei jedes Organ sich nur zu den in seine Zuständigkeit fallenden Gegenständen äußert, BeckBilKo 12. **Turnus der Erklärung**: Jährlich (da im Lagebericht). Keine unterjährige Aktualisierungspflicht. **Lit** Ernst/Seidler ZGR **08**, 672; Paetzmann ZCG **09**, 64; Melcher/Mattheus DB **09** Beil 5, 77; Böcking/Eibelshäuser Konzern **09**, 563; Strieder BB **09**, 1002; Bachmann ZIP **10**, 1517; Böcking/Eibelshäuser/Arlt Konzern **10**, 614; Reichenbach/Liebing/Kehr DB **10**, 2005; Kort ZGR **10**, 440 (Risikomanagement nach BilMoG); Wohlmannstetter ZGR **11**, 472 (Risikomanagement nach BilMoG); Velte KoR **11**, 121; Kruchen ZIP 12, 66 (dauerhafte Abrufbarkeit von Internetadressen); **CSR-Umsetzung** Boecker/Zwirner SteuK **16**, 426 (RegE); Kajüter IRZ **16**, 507 (RegE); Kumm/Woodtli Konzern **16**, 218 (RefE); Lanfermann BB **16**, 1131 (RefE); Scheffler AG **16**, R318 (RefE); Wulf/Niemöller IRZ **16**, 245 (RefE); Blöink/Halbleib Konzern **17**, 182; Richter/Johne/König WPg **17**, 566.

2. Abschnitt. Ergänzende Vorschriften für Kapitalgesellschaften 3–8 § 289f

2) Erklärungsinhalt (II)

A. **Entsprechenserklärung (II Nr 1):** Nach II Nr 1 Erklärung iSv § 161 3 **AktG**, dass nämlich den Empfehlungen des Deutschen Corporate Governance-Kodex ensprochen wurde oder in welchen Punkten und weshalb hiervon abgewichen wurde. Lit Blöink/Halbleib Konzern **17**, 182 sowie § 289 Rn 1.

B. **Unternehmensführungspraktiken (II Nr 2).** II Nr 2 verlangt Angabe zu 4 solchen Unternehmensführungspraktiken, die über die gesetzl Anforderungen hinausgehen. Das gilt aber nur, **soweit sie eine Relevanz für das gesamte Unternehmen** haben. Das sind zB in der Unternehmenswelt gültige ethische Standards, Arbeits- und Sozialstandards (RegE BilMoG 78) oder Verschärfungen bei der Besetzung des Aufsichtsrates und seiner Ausschüsse hinsichtlich der Unabhängigkeit der Mitglieder, Melcher/Mattheus DB **08**, Beil 7, 54, nicht aber etwa alle internen organisatorischen Regelungen und Vorschriften des Unternehmens. Lit Blöink/Halbleib Konzern **17**, 182 sowie § 289 Rn 1.

C. **Arbeitsweise (II Nr 3):** Bericht über die **Arbeitsweise von Aufsichtsrat** 5 **und Vorstand und die Zusammensetzung ihrer Ausschüsse** nach II Nr 3; Besetzung von Aufsichtsrat und Vorstand bereits nach § 285 Nr 10. Das sind zB Informationen in § 171 II 2 AktG, denen in § 285 Nr 10 vergleichbare Angaben und solche, die sich aus den Empfehlungen der Kommision zu den Aufgaben von Aufsichtsratsmitgliedern und Ausschüssen (ABlEG Nr L 52 v 25.2.05 S 51) ergeben. Statt Angabe Verweis auf Internetseite möglich, wenn die Informationen dort öffentlich zugänglich. Lit Blöink/Halbleib Konzern **17**, 182 sowie § 289 Rn 1.

D. **Zielgröße für den Frauenanteil (II Nr 4):** Eingeführt durch Gleichber- 6 TeilhabeG v 24.4.15 (**Übergangsrecht** in (1) EGHGB Art 73). Börsennotierte AG, deren Aufsichtsrat und Vorstand verpflichtet sind, **Zielgrößen zur Erhöhung des Frauenanteils in den Führungsebenen** und Fristen zu deren Erreichung nach § 111 V AktG bzw § 76 IV AktG festzulegen, haben diese Festlegungen in die Erklärung zur Unternehmensführung aufzunehmen und darüber zu berichten, ob die Zielgrößen erreicht wurden bzw auf welchen Gründen die Nichterreichung beruht, RegBegr 164. Lit Blöink/Halbleib Konzern **17**, 182 sowie § 289 Rn 1.

E. **Fixe Geschlechterquote im Aufsichtsrat (II Nr 5):** Eingeführt durch 7 GleichberTeilhabeG v 24.4.15 (**Übergangsrecht** in (1) EGHGB Art 73). Vorschrift erweitert Angaben für börsennotierte AG, die der paritätischen Mitbestimmung unterliegen und deshalb nach § 96 II o III AktG verpflichtet sind, eine **feste Mindestquote im Aufsichtsrat** einzuhalten. Erfasst werden ferner börsennotierte SE, die nach § 17 II o § 24 III SE-AusführungsG bei der Besetzung des Aufsichtsorgans oder des Verwaltungsrats mit Frauen und Männern jeweils Mindestanteile einzuhalten haben (Art 61 SE-VO). Berichtspflicht umfasst Angabe, ob die Mindestquote eingehalten wurde beziehungsweise die Angabe der Gründe für das Zurückbleiben hinter der Mindestquote. Quote gilt nur dann als eingehalten, wenn die gesetzlichen Vorgaben für die Mindestbesetzungen beider Bänke im Aufsichtsrat objektiv gewahrt sind. Empfehlenswert ist Angabe, wie viele Mitglieder jeden Geschlechts in dem Aufsichtsrat auf jeder Bank vertreten sind, RegBegr 165. Lit Blöink/Halbleib Konzern **17**, 182 sowie § 289 Rn 1.

F. **Diversitätskonzept (II Nr 6):** Eingeführt durch CSR-RUG v 11.4.17 8 (**Übergangsrecht** in (1) EGHGB Art 80). Vorschrift setzt Art 20 I Buchst g BilanzRi idF der CSR-Ri um, wonach große kapitalmarktorientierte Unternehmen in ihrer Erklärung zur Unternehmensführung auch **Angaben zum Diversitätskonzept** bei der Besetzung von Aufsichts-, Verwaltungs- und Leitungsorganen zu machen haben. Diversität wird beispielhaft durch einige in der Ri genannten Kriterien erläutert, etwa **Geschlecht**. Soweit die Erklärung zur Un-

§ 289f 9–11

ternehmensführung nach II Nr 2 bereits Angaben zum Diversitätskonzept enthält, kann auf diese Angaben verwiesen werden. Der Anwendungsbereich wird im Einklang mit den Vorgaben der Ri wie schon bisher für die Angaben zur Zusammensetzung und Arbeitsweise von Vorstand und Aufsichtsrat auf AG iSd I (insbesondere auf börsennotierte AG) beschränkt. Gem III ist die Regelung auf große börsennotierte KGaA entsprechend anzuwenden. Dasselbe gilt nach Art 61 SE-VO für große börsennotierte SE. Anders als bei der nichtfinanziellen Erklärung wird entsprechend der Ri keine Schwelle von 500 Arbeitnehmern vorgegeben. Der Anwendungsbereich von II Nr 6 unterscheidet sich zudem in folgenden Punkten von dem Anwendungsbereich der nichtfinanziellen Erklärung nach § 289b I: Erstens erfasst II Nr 6 nicht alle KapitalGes, sondern nur die Rechtsformen der AG, der KGaA und der SE (nicht: GmbH). Zweitens verpflichtet II Nr 6 nicht alle kapitalmarktorientierten KapitalGes im Sinne von § 264d, sondern nur börsennotierte Ges sowie bestimmte, in I näher bezeichnete kapitalmarktorientierte Ges, RegBegr 54. **Lit** Boecker/Zwirner SteuK **16**, 426 (RegE); Kajüter IRZ **16**, 507 (RegE); Kumm/Woodtli Konzern **16**, 218 (RefE); Lanfermann BB **16**, 1131 (RefE); Scheffler AG **16**, R318 (RefE); Wulf/Niemöller IRZ **16**, 245 (RefE); Blöink/Halbleib Konzern **17**, 182; Richter/Johne/König WPg **17**, 566.

3) Börsennotierte KGaA (III)

9 Eingeführt durch GleichberTeilhabeG v 24.4.15 (**Übergangsrecht** in **(1)** EGHGB Art 73). Vorschrift dient Klarstellung, dass I u II insgesamt auch auf **börsennotierte KGaA** entsprechend Anwendung finden. **Lit** Blöink/Halbleib Konzern **17**, 182 sowie § 289 Rn 1.

4) Andere Unternehmen mit Erklärungspflicht (IV)

10 Eingeführt durch GleichberTeilhabeG v 24.4.15 (**Übergangsrecht** in **(1)** EGHGB Art 73). Vorschrift erweitert den Adressatenkreis der Norm über börsennotierte AG und KGaA hinaus auf alle weiteren **Unternehmen, deren Organe nach gesetzlichen Vorgaben verpflichtet sind, Zielgrößen und Fristen für die Erhöhung des Frauenanteils festzulegen**. Für sie gelten aber nur die Berichtspflichten nach II Nr 4, nicht die übrigen Nr des II. Unternehmen haben die Erklärung zur Unternehmensführung in den Lagebericht nach § 289 aufzunehmen. Lagebericht müssen mittelgroße und große KapitalGes sowie – über § 336 HGB – auch eingetragene Genossenschaften aufstellen. Einen Lagebericht müssen auch kleine börsennotierte Ges aufstellen (gelten nach §§ 264a u 267 III 2 stets als große KapitalGes). Für Kreditinstitute und Versicherungsunternehmen ergibt sich Pflicht zur Aufstellung eines Lageberichts ohne Rücksicht auf die Größenklasse oder Rechtsform aus § 340a bzw § 341a. Unternehmen, die keinen Lagebericht zu erstellen haben, aber den Verpflichtungen zur Festlegung von Zielgrößen und Fristen zur Erhöhung des Frauenanteils unterfallen, haben eine eigenständige Erklärung zur Unternehmensführung zu erstellen und auf ihrer Internetseite zu veröffentlichen. Falls solche Unternehmen freiwillig einen Lagebericht mit Angaben der Erklärung der Unternehmensführung aufstellen, ist er ebenfalls entsprechend zu veröffentlichen. Erfasst werden damit auch kleine, nicht börsennotierte Ges iSd § 267 I, RegBegr 164. **Lit** Blöink/Halbleib Konzern **17**, 182 sowie § 289 Rn 1.

5) Erläuterung bei fehlendem Diversitätskonzept (V)

11 Eingeführt durch CSR-RUG v 11.4.17 (**Übergangsrecht** in **(1)** EGHGB Art 80). Vorschrift führt in Umsetzung v Art 20 I Buchst g 2 der BilanzRi idF der CSR-Ri den Ansatz **„Comply or Explain"** auch in Bezug auf das Diversitätskonzept ein, RegBegr 54. **Lit** Boecker/Zwirner SteuK **16**, 426 (RegE); Kajüter IRZ **16**, 507 (RegE); Kumm/Woodtli Konzern **16**, 218 (RefE); Lanfermann BB **16**, 1131 (RefE); Scheffler AG **16**, R318 (RefE); Wulf/Niemöller IRZ **16**, 245 (RefE); Blöink/Halbleib Konzern **17**, 182; Richter/Johne/König WPg **17**, 566.

Zweiter Unterabschnitt. Konzernabschluß und Konzernlagebericht

Erster Titel. Anwendungsbereich

Pflicht zur Aufstellung

290 (1) ¹Die gesetzlichen Vertreter einer Kapitalgesellschaft (Mutterunternehmen) mit Sitz im Inland haben in den ersten fünf Monaten des Konzerngeschäftsjahrs für das vergangene Konzerngeschäftsjahr einen Konzernabschluss und einen Konzernlagebericht aufzustellen, wenn diese auf ein anderes Unternehmen (Tochterunternehmen) unmittel- oder mittelbar einen beherrschenden Einfluss ausüben kann. ²Ist das Mutterunternehmen eine Kapitalgesellschaft im Sinn des § 325 Abs. 4 Satz 1, sind der Konzernabschluss sowie der Konzernlagebericht in den ersten vier Monaten des Konzerngeschäftsjahrs für das vergangene Konzerngeschäftsjahr aufzustellen.

(2) Beherrschender Einfluss eines Mutterunternehmens besteht stets, wenn

1. ihm bei einem anderen Unternehmen die Mehrheit der Stimmrechte der Gesellschafter zusteht;
2. ihm bei einem anderen Unternehmen das Recht zusteht, die Mehrheit der Mitglieder des die Finanz- und Geschäftspolitik bestimmenden Verwaltungs-, Leitungs- oder Aufsichtsorgans zu bestellen oder abzuberufen, und es gleichzeitig Gesellschafter ist;
3. ihm das Recht zusteht, die Finanz- und Geschäftspolitik auf Grund eines mit einem anderen Unternehmen geschlossenen Beherrschungsvertrages oder auf Grund einer Bestimmung in der Satzung des anderen Unternehmens zu bestimmen oder
4. es bei wirtschaftlicher Betrachtung die Mehrheit der Risiken und Chancen eines Unternehmens trägt, das zur Erreichung eines eng begrenzten und genau definierten Ziels des Mutterunternehmens dient (Zweckgesellschaft). Neben Unternehmen können Zweckgesellschaften auch sonstige juristische Personen des Privatrechts oder unselbständige Sondervermögen des Privatrechts sein, ausgenommen Spezial-Sondervermögen im Sinn des § 2 Absatz 3 des Investmentgesetzes oder vergleichbare ausländische Investmentvermögen oder als Sondervermögen aufgelegte offene inländische Spezial-AIF mit festen Anlagebedingungen im Sinn des § 284 des Kapitalanlagegesetzbuchs oder vergleichbare EU-Investmentvermögen oder ausländische Investmentvermögen, die den als Sondervermögen aufgelegten offenen inländischen Spezial-AIF mit festen Anlagebedingungen im Sinn des § 284 des Kapitalanlagegesetzbuchs vergleichbar sind.

(3) ¹Als Rechte, die einem Mutterunternehmen nach Absatz 2 zustehen, gelten auch die einem anderen Tochterunternehmen zustehenden Rechte und die den für Rechnung des Mutterunternehmens oder von Tochterunternehmen handelnden Personen zustehenden Rechte. ²Den einem Mutterunternehmen an einem anderen Unternehmen zustehenden Rechten werden die Rechte hinzugerechnet, über die es selbst oder eines seiner Tochterunternehmen auf Grund einer Vereinbarung mit anderen Gesellschaftern dieses Unternehmens verfügen kann. ³Abzuziehen sind Rechte, die

§ 290 1

1. mit Anteilen verbunden sind, die von dem Mutterunternehmen oder von dessen Tochterunternehmen für Rechnung einer anderen Person gehalten werden, oder
2. mit Anteilen verbunden sind, die als Sicherheit gehalten werden, sofern diese Rechte nach Weisung des Sicherungsgebers oder, wenn ein Kreditinstitut die Anteile als Sicherheit für ein Darlehen hält, im Interesse des Sicherungsgebers ausgeübt werden.

(4) ¹Welcher Teil der Stimmrechte einem Unternehmen zusteht, bestimmt sich für die Berechnung der Mehrheit nach Absatz 2 Nr. 1 nach dem Verhältnis der Zahl der Stimmrechte, die es aus den ihm gehörenden Anteilen ausüben kann, zur Gesamtzahl aller Stimmrechte. ²Von der Gesamtzahl aller Stimmrechte sind die Stimmrechte aus eigenen Anteilen abzuziehen, die dem Tochterunternehmen selbst, einem seiner Tochterunternehmen oder einer anderen Person für Rechnung dieser Unternehmen gehören.

(5) Ein Mutterunternehmen ist von der Pflicht, einen Konzernabschluss und einen Konzernlagebericht aufzustellen befreit, wenn es nur Tochterunternehmen hat, die gemäß § 296 nicht in den Konzernabschluss einbezogen werden brauchen.

Übersicht

	Rn
1) Anwendungsbereich, Gliederung, Geltung, Reform des 2. Unterabschnitts	1–6
A. Anwendungsbereich	1
B. Gliederung	2
C. Übergangsrecht	3
D. Reform	4–6
2) Aufstellungspflicht (I)	7, 8
A. Voraussetzungen	7
B. Folgen	8
3) Unwiderleglich vermutet beherrschender Einfluss (II)	9–13
4) Indirekte Kontrollrechtsstellungen (III)	14
5) Berechnung der Stimmrechtsmehrheit (IV)	15
6) Verzicht auf Einbeziehung (V)	16

1) Anwendungsbereich, Gliederung, Geltung, Reform des 2. Unterabschnitts

1 A. **Anwendungsbereich:** Der 2. Unterabschn (§§ 290–315e) über die Konzernrechnungslegung ist Teil des 2. Abschn und gilt wie dieser **nur für Kapital-Ges** (AG, KGaA, GmbH) und für KapitalGes & Co, insbesondere GmbH & Co (§ 264 Rn 1). Die bei einer KapitalGes zu konsolidierenden Unternehmen können jedoch auch andere Rechtsformen haben. Für die **eG** verweist der 3. Abschn auf den 2. Abschn ohne den 2. Unterabschn (§§ 336–339). §§ 11–15 PublG enthalten eigene Konzernrechnungslegungsvorschriften für **bestimmte Großunternehmen** in der Rechtsform einer PersonenHdlGes, eines EinzelKfm ua (§§ 3 I, 5 PublG), die aber zu Art und Weise der Konzernrechnungslegung weithin auf den 2. Unterabschn verweisen. Sondervorschriften für **Kreditinstitute und Finanzdienstleistungsinstitute** und für **Versicherungsunternehmen**, die unter den 2. Unterabschn fallen, enthalten §§ 340i, j und §§ 341i, j. Der 2. Unterabschn betrifft nur Konzernabschluss und Konzernlagebericht (entspr dem 1. Unterabschn für KapitalGes); die 3.–6. Unterabschn über Prüfung, Offenlegung ua enthalten speziellere Vorschriften auch für die Konzernrechnungslegung. **§§ 290–293** regeln speziell den Anwendungsbereich (Regel 9 290, Befreiungen §§ 291–293). Lit Me/Pro/Fi Kap 14–16; Gaber/Groß/Heil BB **13**, 2667 (AIFM-UmsetzungsG); Kühnberger/Thurmann Konzern **13**, 540 (Konsol-

2. Abschnitt. Ergänzende Vorschriften für Kapitalgesellschaften 2–7 § 290

dierungskreis u Investmentges); Hencke/Rimmelspacher/Schäfer Konzern **14**, 386 (DRS 20); Kajüter/Hannen/Huth DB **14**, 2841 (DRS 20); Kohl/Meyer NZG **14**, 1361 (Vergleich § 290 mit IFRS 10); Marbler/Oser DStR **14**, 2474 (Konzernrechnungslegungspflicht der GmbH & Co KG); Müller-Marqués-Berger/Braun WPg **14**, 200 (Konzernrechnungslegungspflich der öff Hand, IFRS 10, 11, 12 durch IPSAS); Pollmann DStR **14**, 1732 (Behandlung nicht einbezogener Töchter im Konzernabschluss); Philipps DB **15**, 445 (DRS 20); Theile GmbHR **15**; 281 (GmbH- u GmbH & Co KG-Abschluss nach BilRUG); Ehsen/Rühl/Althoff WPg **16**, 497 (Vergleich Beherrschung iSv § 290 und DRS 19 mit IFRS 10 hinsichtlich potenzieller Stimmrechte); Hayn DB **16**, Heft 46, M5.

B. **Gliederung:** s Einl 40v § 238. 2

C. **Übergangsrecht:** Zwingend **erstmals für das nach dem 31.12.89 be-** 3 **ginnende Geschäftsjahr**, **(1)** EGHGB Art 23 II 1; erleichterte freiwillige Umstellung schon vorher, **(1)** EGHGB Art 23 II 2, 3 (Einl 59, 60v § 238). **Lit** Budde/Steuber BB **00**, 971 (Auswirkungen der Konzernrechnungslegung).

D. **Reform: a) TransPuG 2002** (sog **kleine Reform der Konzernrech-** 4 **nungslegung**) (**Übergangsrecht** in **(1)** EGHGB Art 54) hat im Rahmen der 7. EG-Ri zahlreiche Vorschriften der Konzernrechnungslegung entsprechend den Gesetzesvorschlägen des DRSC 8.10.01 geändert, darunter die Regelungen über den Anwendungsbereich (§ 291), den Inhalt (§§ 297, 299), die Kapitalkonsolidierung (§ 301), die Zwischengewinneliminierung (§ 304), die einheitliche Bewertung (§ 308), den Konzernanhang (§§ 313, 314), die Prüfung (§§ 316, 317, 321) und die Offenlegung (§ 325). Nicht übernommen wurden die Vorschläge des DRSC zur Änderung der Aufstellungspflicht (§ 290) und zur Aufhebung der Einbeziehungsrechte bei erheblicher Beschränkung der Rechte des Mutterunternehmens und bei einem Anteilsbesitz zum Zweck der Weiterveräußerung (§ 296 I). **Lit** Ihrig/Wagner BB **02**, 789; Busse von Colbe BB **02**, 1583.

b) BilMoG 2009 brachte auch im Konzernabschluss erhebliche Neuerungen. 5 Abschaffung des Beteiligungskriteriums für die Einbeziehungspflicht und Wechsel vom Konzept der einheitlichen Leitung zum Control-Konzept (§ 290 I 1), Einbeziehung von ZweckGes in den Konsolidierungskreis (§ 290 II Nr 4), Abschaffung von Wahlrechten, zB zwingende Anwendung der Neubewertungsmethode bei der Vollkonsolidierung (§ 301 I 2) und der Buchwertmethode beim Wertansatz der Beteiligung an assoziierten Unternehmen (§ 312 I). Ferner Anpassungen auf Grund der Änderungen im Einzelabschluss, bspw bei § 306 zur Steuerabgrenzung, Einführung des § 308a zur Währungsumrechnung und Erweiterung der Anhangangaben (§ 314). **Lit** Oser PiR **09**, 121; Petersen/Zwirner StuB **09**, 335.

c) BilRUG 2015 (**Übergangsrecht** in **(1)** EGHGB Art 75 I 1) hat in Umset- 6 zung der BilRi 2013 zahlreiche vor allem durch die BilRi 2013 veranlasste Detailänderungen mit sich gebracht, insbesondere bei § 291 (befreiende Wirkung von EU/EWR-Konzernabschlüssen), § 292 (befreiende Wirkung von Konzernabschlüssen aus Drittstaaten), § 293 (größenabhängige Befreiungen), § 313 (Erläuterung der Konzernbilanz und der Konzern-GuV, Angaben zum Beteiligungsbesitz) u § 314 (sonstige Pflichtangaben), **Lit** Blöink/Knoll-Biermann Konzern **15**, 65 (BilRUG 2015); Lüdenbach/Freiberg BB **14**, 2219 (BilRUG 2015); Oser/Orth/Wirtz DB **15**, 197 (BilRUG 2015).

2) Aufstellungspflicht (I)

A. **Voraussetzungen:** I 1 stellt seit BilMoG darauf ab, ob die Tochter unter 7 unmittelbar oder mittelbar beherrschendem Einfluss der Mutter steht, gleichgültig auf welcher Beteiligungsstufe (sog Stufen- oder Tannenbaumprinzip); ob der beherrschende Einfluss auch ausgeübt wird, ist unerheblich (BTDrucks 16/12407 S 117). Das Konzept der einheitlichen Leitung und das Beteiligungskriterium wurden zugunsten der Annäherung an die IFRS (IAS 27, SIC 12) aufgegeben. Von einem beherrschenden Einfluss ist daher auszugehen, wenn ein Unternehmen die Möglichkeit hat, die Geld- und Finanzpolitik eines anderen Unternehmens dauerhaft zu bestimmen, DRS 19 Rz 11, BeckBilKo 25. Nicht ausreichend ist die nur kurzfristige und zufällige Möglichkeit zur Einflussausübung; sie muss zukunftsgerichtet feststellbar sein, DRS 19 Rz 12. Indiz für beherrschenden Einfluss kann Möglichkeit zur Nutzziehung eines Unternehmens aus der Tätigkeit eines anderen sein, DRS 19 Rz 15. Ob Rechte und Partizipationsmöglichkeiten Dritter beherrschenden Einfluss hindern, ist im Einzelfall anhand der Reichweite der jeweiligen Drittpositionen zu bestimmen. Zu berücksichtigen sind Art und Zahl davon betroffener Geschäfte und deren Relation zur gesamten Geschäftstätigkeit des Unternehmens, DRS 19 Rz 14. Auch die Komplementär-KapitalGes einer KapitalGes & Co kann unter I fallen. Bei der typischen GmbH & Co KG übt die GmbH, die alleinige uneingeschränkte Geschäftsführungs- und Vertretungsmacht hat, regelmäßig beherrschenden Einfluss aus, maßgebend ist aber gesvertragliche Ausgestaltung, MüKoBilR/Senger/Hoehne 22; ggf bzw häufig Befreiung gem §§ 293, 296. Die bereits dem Control-Konzept folgenden Tatbestände des II aF wurden erweitert und konkretisieren nun I 1. Das Mutterunternehmen muss Sitz im Inland haben, die Tochterunternehmen können auch Sitz im Ausland haben. I greift nicht bei beherrschendem Einfluss einer inländischen NichtKapitalGes oder eines ausländischen Mutterunternehmens über mehrere unverbundene inländische Tochterunternehmen; dann auch kein befreiender Konzernabschluss nach § 291. Die Frist für die Aufstellung beträgt weiterhin grundsätzlich 6 Monate. Durch das EHUG 2006 wurde die Frist für Mutterunternehmen in der Form einer KapitalGes im Sinn des § 325 IV 1 auf 4 Monate verkürzt, wodurch die Frist an die Offenlegungsfrist gem § 325 IV 1 angeglichen wurde. **Lit** Kühnberger/Thurmann Konzern **13**, 540 (Konsoldierungskreis u InvestmentGes); Kohl/Meyer NZG **14**, 1361 (Vergleich Beherrschung iSv § 290 mit IFRS 10); Ehsen/Rühl/Althoff WPg **16**, 497 (Vergleich Beherrschung iSv § 290 und DRS 19 mit IFRS 10 hinsichtlich potenzieller Stimmrechte).

8 B. **Folgen:** Liegen die Voraussetzungen vor, haben die gesetzlichen Vertreter des Mutterunternehmens innerhalb der ersten **fünf Monate** des neuen Konzerngeschäftsjahrs einen **Konzernabschluss** (§ 297 I) **und** einen **Konzernlagebericht** (§ 315) aufzustellen.

3) Unwiderleglich vermutet beherrschender Einfluss (II)

9 II knüpft an bestimmte Kontrollelemente (wie auch schon vor dem BilMoG, GroßKoHGB/Kindler Rn 34 ff) an. Beherrschender Einfluss liegt stets, aber nicht ausschließlich, bei Eingreifen der Nr 1–4 vor.

10 **Nr 1:** Stimmrechtsmehrheit (nicht Anteilsmehrheit, nicht Präsenzmehrheit) in den wesentlichen (nicht erforderlich: in allen) Entscheidungsbereichen, Groß-KoHGB/Kindler Rn 37. Bei **Entherrschungsvertrag** kann Vorliegen einer Stimmrechtsmehrheit verneint werden, str, wie hier ADS § 17 AktG Rn 116, Kln WM **93**, 647, jedenfalls aber § 296 I Nr 1, aA GroßKoHGB/Kindler Rn 40. Berechnung s **V**.

11 **Nr 2:** Recht zur Bestellung oder Abberufung der Mehrheit des Verwaltungs- oder Leitungs- oder Aufsichtsorgans, aber nur bei gleichzeitiger GfterStellung (unabhängig von Kapitalanteil). Mehrheit des Aufsichtsrats bezieht sich auf die Gesamtzahl der Mitglieder, nicht nur die der Anteilseignerseite.

12 **Nr 3:** Recht auf Ausübung eines beherrschenden Einflusses kraft Beherrschungsvertrag (§§ 18 I 2, 291 I 1, 308 ff AktG) oder Satzungsbestimmung (einer KapitalGes, nicht nur AG, sondern zB auch GmbH, vgl BGH WM **88**, 1819).

2. Abschnitt. Ergänzende Vorschriften für Kapitalgesellschaften § 291

Tochterunternehmen ist zB auch selbstständige Arbeitsgemeinschaft. Zu II IDW-SABI 1/88 WPg **88**, 341. **Muster:** Hopt/Herfs/Scholz Form II.I.1 (Beherrschungs- und Ergebnisabführungsvertrag).

Nr 4: Einbeziehung von ZweckGes seit BilMoG; das sind Unternehmen (auch sonstige juristische Personen oder unselbstständige Sondervermögen des Privatrechts, Nr 2 S 2) die der Erreichung eines begrenzten, genau definierten Ziels der Mutter dienen, deren **Chancen und Risiken** bei wirtschaftlicher Betrachtung aber (absolut mehrheitlich) die Mutter selbst trägt; bei ungleicher Chancen- und Risikenverteilung ist auf die Verteilung der Risiken abzustellen. Qualifizierung kann durch Rückgriff auf SIC 12 erfolgen. Ziele der Mutter iSv Nr 4 können Leasinggeschäfte, ausgelagerte Forschungs- und Entwicklungstätigkeiten oder Verbriefungsgeschäfte sein, BTDrucks 16/12407 S 117. Risiken sind nach Grund oder Höhe unsichere negative, Chancen nach Grund oder Höhe unsichere postive Auswirkungen auf die Vermögens-, Finanz- und Ertragslage des Konzerns, die sich aus der Geschäftstätigkeit der oder Beziehung zur ZweckGes ergeben, DRS 19 Rz 51 ff. Möglichkeit eines Reputationsschadens oder -gewinns idR nicht ausreichend, DRS 19 Rz 53. Beurteilung der Risiko- und Chancenverteilung hat anhand **qualitativer Gesamtbetrachtung** zu erfolgen; auch nicht quantifizierbare Risiken/Chancen sind zu würdigen; sie sind zu gewichten, nicht bloß abzuzählen DRS 19 Rz 57. **Lit** Kümpel/Piel DStR **09**, 1222; Mujkanovic StuB **09**, 374; Schruff Konzern **09**, 511; Gelhausen/Deubert/Klöckner DB **10**, 2005; Zwirner/Busch IRZ **11**, 7; Glender/Blecher KoR **11**, 467; Hoffmann DB **11**, 1401; Kühnberger/Thurmann Konzern **13**, 540 (Konsolidierungskreis u InvestmentGes). 13

4) Indirekte Kontrollrechtsstellungen (III)

III mit Klarstellungen im Wortlaut durch BilRUG 2015 ergänzt II zT entspr § 16 IV AktG. Rechte (iSv II) eines anderen Tochterunternehmens (unabhängig von Nichteinbeziehung nach § 296; vgl § 271 Rn 9f) oder der für Rechnung des Mutter- oder des Tochterunternehmens handelnden Personen gelten als Rechte des Mutterunternehmens (**III 1**). Das gilt auch für Rechte, über die die Mutter selbst oder eines ihrer Tochterunternehmen kraft Vereinbarung mit anderen Gftern dieses Unternehmens verfügen kann (**III 2**). Erfasst sind damit die Stimmrechtsüberlassung in Satzungsbestimmungen, Stimmbindungsverträgen (§ 119 Rn 17) ua. So wie nach III 1, 2 zuzurechnen ist, sind nach **III 3** abzurechnen die vom Mutterunternehmen oder dessen Tochterunternehmen für Dritte gehaltenen Anteile (**Nr 1**) und die als Sicherheit eingehaltenen, aber für den Sicherungsgeber ausgeübten Anteilsrechte (**Nr 2**). III gilt nur für II; I erfasst indirekte Beteiligungen über den beherrschenden Einfluss. **Lit** Wirth/Weber/Dusemond/Küting DB **15**, 1053 (Kapitalkonsolidierung). 14

5) Berechnung der Stimmrechtsmehrheit (IV)

IV ergänzt II Nr 1 zT entspr § 16 III AktG. 15

6) Verzicht auf Einbeziehung (V)

Keine Aufstellung von Konzernabschluss und -lagebericht erforderlich, wenn alle Töchter nach § 296 nicht einbezogen werden brauchen. Das gilt für kapitalmarktorientierte auch für die Aufstellungspflicht nach IFRS. 16

Befreiende Wirkung von EU/EWR-Konzernabschlüssen

291 (1) [1]Ein Mutterunternehmen, das zugleich Tochterunternehmen eines Mutterunternehmens mit Sitz in einem Mitgliedstaat der Europäischen Union oder in einem anderen Vertragsstaat des Abkommens über den Europäischen Wirtschaftsraum ist, braucht einen Konzernabschluß und

§ 291

einen Konzernlagebericht nicht aufzustellen, wenn ein den Anforderungen des Absatzes 2 entsprechender Konzernabschluß und Konzernlagebericht seines Mutterunternehmens einschließlich des Bestätigungsvermerks oder des Vermerks über dessen Versagung nach den für den entfallenden Konzernabschluß und Konzernlagebericht maßgeblichen Vorschriften in deutscher Sprache offengelegt wird. ²Ein befreiender Konzernabschluß und ein befreiender Konzernlagebericht können von jedem Unternehmen unabhängig von seiner Rechtsform und Größe aufgestellt werden, wenn das Unternehmen als Kapitalgesellschaft mit Sitz in einem Mitgliedstaat der Europäischen Union oder in einem anderen Vertragsstaat des Abkommens über den Europäischen Wirtschaftsraum zur Aufstellung eines Konzernabschlusses unter Einbeziehung des zu befreienden Mutterunternehmens und seiner Tochterunternehmen verpflichtet wäre.

(2) ¹Der Konzernabschluß und Konzernlagebericht eines Mutterunternehmens mit Sitz in einem Mitgliedstaat der Europäischen Union oder in einem anderen Vertragsstaat des Abkommens über den Europäischen Wirtschaftsraum haben befreiende Wirkung, wenn

1. das zu befreiende Mutterunternehmen und seine Tochterunternehmen in den befreienden Konzernabschluß unbeschadet des § 296 einbezogen worden sind,
2. der befreiende Konzernabschluss nach dem auf das Mutterunternehmen anwendbaren Recht im Einklang mit der Richtlinie 2013/34/EU oder im Einklang mit den in § 315e Absatz 1 bezeichneten internationalen Rechnungslegungsstandards aufgestellt und im Einklang mit der Richtlinie 2006/43/EG geprüft worden ist,
3. der befreiende Konzernlagebericht nach dem auf das Mutterunternehmen anwendbaren Recht im Einklang mit der Richtlinie 2013/34/EU aufgestellt und im Einklang mit der Richtlinie 2006/43/EG geprüft worden ist,
4. der Anhang des Jahresabschlusses des zu befreienden Unternehmens folgende Angaben enthält:
   a) Name und Sitz des Mutterunternehmens, das den befreienden Konzernabschluß und Konzernlagebericht aufstellt,
   b) einen Hinweis auf die Befreiung von der Verpflichtung, einen Konzernabschluß und einen Konzernlagebericht aufzustellen, und
   c) eine Erläuterung der im befreienden Konzernabschluß vom deutschen Recht abweichend angewandten Bilanzierungs-, Bewertungs- und Konsolidierungsmethoden.

²Satz 1 gilt für Kreditinstitute und Versicherungsunternehmen entsprechend; unbeschadet der übrigen Voraussetzungen in Satz 1 hat die Aufstellung des befreienden Konzernabschlusses und des befreienden Konzernlageberichts bei Kreditinstituten im Einklang mit der Richtlinie 86/635/EWG des Rates vom 8. Dezember 1986 über den Jahresabschluß und den konsolidierten Abschluß von Banken und anderen Finanzinstituten (ABl. EG Nr. L 372 S. 1) und bei Versicherungsunternehmen im Einklang mit der Richtlinie 91/674/EWG des Rates vom 19. Dezember 1991 über den Jahresabschluß und den konsolidierten Jahresabschluß von Versicherungsunternehmen (ABl. EG Nr. L 374 S. 7) in ihren jeweils geltenden Fassungen zu erfolgen.

(3) Die Befreiung nach Absatz 1 kann trotz Vorliegens der Voraussetzungen nach Absatz 2 von einem Mutterunternehmen nicht in Anspruch genommen werden, wenn

1. das zu befreiende Mutterunternehmen einen organisierten Markt im Sinn des § 2 Abs. 5 des Wertpapierhandelsgesetzes durch von ihm ausgegebene

Wertpapiere im Sinn des § 2 Absatz 1 des Wertpapierhandelsgesetzes in Anspruch nimmt,

2. Gesellschafter, denen bei Aktiengesellschaften und Kommanditgesellschaften auf Aktien mindestens 10 vom Hundert und bei Gesellschaften mit beschränkter Haftung mindestens 20 vom Hundert der Anteile an dem zu befreienden Mutterunternehmen gehören, spätestens sechs Monate vor dem Ablauf des Konzerngeschäftsjahrs die Aufstellung eines Konzernabschlusses und eines Konzernlageberichts beantragt haben.

1) Offenlegung eines befreienden EU/EWR-Konzernabschlusses in Deutsch (I)

§ 291 idF KapAEG 1998. **I 1** befreit jedes MutterUnt iSv § 290 (KapitalGes mit Sitz im Inland und mit TochterUnt, str), das zugleich TochterUnt eines anderen MutterUnt mit **Sitz in** der BRD oder einem anderen **EU/EWR-Mitgliedstaat** ist (Erweiterung auf EWR-Staaten durch EWRG 1993, in Kraft seit 1.1.94 BGBl 1993 I, 2436), von der eigenen Aufstellung eines Konzernabschlusses und Konzernlageberichts (Tannenbaum-Prinzip). Voraussetzung ist, dass das andere MutterUnt einen **befreienden** Konzernabschluss (s Rn 3–6) und Konzernlagebericht einschließlich Bestätigungs- bzw Versagungsvermerk **in deutscher Sprache** offen legt. Diese Befreiungsmöglichkeit ist bei mehrstufigen Konzernen zur Vermeidung einer Vielzahl von Stufenabschlüssen (Stufenprinzip, s § 290 Rn 7–13) unerlässlich. Den befreienden Konzernabschluss kann nicht nur die Konzernspitze (mit Wirkung auch für EnkelUnt) aufstellen, sondern jedes TochterUnt, das seinerseits MutterUnt anderer TochterUnt ist, mit Wirkung für diese (befreiender Teilkonzernabschluss). I 1 verlangt keine Währungsumrechnung, Beglaubigung der Übersetzung und sonstige Anpassung, doch ist Offenlegung nach den für den entfallenden Konzernabschluss maßgeblichen Vorschriften nötig, also nach deutschem Recht (§§ 325 ff). **Lit** Me/Pro/Fi Kap 14 Tz 75 ff; Hargarten/Rabenhorst/Schieler WPg **16**, 1340 (Veräußerung eines Teilkonzerns).

Nach **I 2** kann ein befreiender Konzernabschluss rechtsform- und größenunabhängig (auch freiwillig) aufgestellt werden, wenn das Unternehmen als KapitalGes geführt werden könnte und dann konzernrechnungslegungspflichtig wäre; Privatpersonen, Bund, Länder und Gemeinden scheiden damit als MutterUnt aus (AmtlBegr).

2) Anforderungen an den befreienden Konzernabschluss (II)

II 1, geändert durch BilRUG 2015 (**Übergangsrecht** in (1) EGHGB Art 75 I 1), stellt drei Anforderungen. **II 1 Nr 1:** Der befreiende Konzernabschluss muss sich (außer unter den Voraussetzungen der § 296) auf das zu befreiende MutterUnt und dessen TochterUnt erstrecken.

II 1 Nr 2 (NF durch BilRUG 2015 (**Übergangsrecht** in (1) EGHGB Art 75 I 1) und zur Klarstellung auf Nr 2 und neue Nr 3 aufgeteilt): Befreiender **Konzernabschluss** muss im Einklang mit der BilRi 2013 (Einl v § 238 Rn 28) in der Form des jeweils für das aufstellende MutterUnt maßgeblichen Rechts, also je nachdem deutsches oder anderes EU/EWR-Mitgliedstaatsrecht, oder im Einklang mit den in § 315e I bezeichneten internationalen Rechnungslegungsstandards aufgestellt und in Einklang mit der AbschlussprüferRi 2006 geprüft sein. Das (ausländische) Recht bestimmt auch über den Kreis der einzubeziehenden TochterUnt. Wegen des eindeutigen Wortlauts von II 1 Nr 2 hat ein vom ausländischen MutterUnt aus Praktikabilitätsgründen (zB nach Heimatrecht keine Pflicht zur Konzernrechnungslegung, Tätigkeitsschwerpunkt bes in Deutschland) unmittelbar nach HGB erstellter Konzernabschluss keine befreiende Wirkung, GK BilR/Kindler Rn 33, str. **Lit** Lüdenbach/Freiberg BB **14**, 2219 (BilRUG 2015); Blöink/Knoll-Biermann Konzern **15**, 65 (BilRUG 2015); Deubert/Lewe

§ 292

3. Buch. Handelsbücher

DB **15**, 49 (BilRUG 2015); Oser/Orth/Wirtz DB **15**, 197 (BilRUG 2015); Zwirner StuB **15**, Beil 2/2015, 1 (BilRUG 2015); ders AR **16**, 2 (Aufgaben des Aufsichtsrats).

5 Befreiender **Konzernlagebericht (II 1 Nr 3 neu**, klarstellend eingefügt durch BilRUG 2015) muss nach dem auf das MutterUnt anwendbaren Recht und in Einklang mit der BilRi 2013 aufgestellt und gem AbschlußprüfungsRi 2006 geprüft sein. Grund: IFRS enthalten keine Vorgaben für den Konzernlagebericht, RegBegr 88. **Lit** Lüdenbach/Freiberg BB **14**, 2219 (BilRUG 2015); Blöink/Knoll-Biermann Konzern **15**, 65 (BilRUG 2015); Oser/Orth/Wirtz DB **15**, 197 (BilRUG 2015).

6 **II 1 Nr 4a)–c):** Angaben über Name und Sitz des aufstellenden MutterUnt und Hinweis auf Befreiung sowie Erläuterung der vom deutschen Recht abweichend angewandten Bilanzierungs-, Bewertungs- und Konsolidierungsmethoden zwecks angemessener Unterrichtung des deutschen Bilanzlesers.

7 **II 2** bringt Klarstellungen für Kreditinstitute und Versicherungsunt.

3) Ausnahmen zum Schutz von Minderheitsgesellschaftern (III)

8 **III Nr 1**, eingefügt durch TransPuG 2002 (**Übergangsrecht** in **(1)** EGHGB Art 54), nF durch das BilReG zur Anpassung an Vorgabe der Modernisierungs-Ri, Einl 12 v § 238 (**Übergangsrecht** in **(1)** EGHGB Art 58), BilMoG (**Übergangsrecht** in **(1)** EGHGB Art 66) und BilRUG 2015 (**Übergangsrecht** in **(1)** EGHGB Art 75 I 1) schließt die Befreiung für Ges aus, deren Wertpapiere (§ 2 I WpHG) an einem geregelten Markt iSd WertpapierdienstleistungsRi (§ 2 XI WpHG, gleitende Verweisung, AmtlBegr BilReG 2004 BTDrucks 15/3419, 31) in der EU oder im EWR zugelassen sind. **Lit** Weiler/Gaube in Hirte, TransPuG 2003, 98.

9 Nach **III Nr 2** entfällt die Befreiung bei rechtzeitigem Antrag einer Minderheit (10 % bei AG, KGaA, 20 % bei GmbH) der Gfter des zu befreienden MutterUnt.

Befreiende Wirkung von Konzernabschlüssen aus Drittstaaten

292 (1) Ein Mutterunternehmen, das zugleich Tochterunternehmen eines Mutterunternehmens mit Sitz in einem Staat, der nicht Mitglied der Europäischen Union und auch nicht Vertragsstaat des Abkommens über den Europäischen Wirtschaftsraum ist, braucht einen Konzernabschluss und einen Konzernlagebericht nicht aufzustellen, wenn dieses andere Mutterunternehmen einen dem § 291 Absatz 2 Nummer 1 entsprechenden Konzernabschluss (befreiender Konzernabschluss) und Konzernlagebericht (befreiender Konzernlagebericht) aufstellt sowie außerdem alle folgenden Voraussetzungen erfüllt sind:

1. der befreiende Konzernabschluss wird wie folgt aufgestellt:
   a) nach Maßgabe des Rechts eines Mitgliedstaats der Europäischen Union oder eines anderen Vertragsstaats des Abkommens über den Europäischen Wirtschaftsraum im Einklang mit der Richtlinie 2013/34/EU,
   b) im Einklang mit den in § 315e Absatz 1 bezeichneten internationalen Rechnungslegungsstandards,
   c) derart, dass er einem nach den in Buchstabe a bezeichneten Vorgaben erstellten Konzernabschluss gleichwertig ist, oder
   d) derart, dass er internationalen Rechnungslegungsstandards entspricht, die gemäß der Verordnung (EG) Nr. 1569/2007 der Kommission vom 21. Dezember 2007 über die Einrichtung eines Mechanismus zur Festlegung der Gleichwertigkeit der von Drittstaatemittenten angewandten Rechnungslegungsgrundsätze gemäß den Richtlinien 2003/71/EG und 2004/109/EG des Europäischen Parlaments und des Rates (ABl. L 340

2. Abschnitt. Ergänzende Vorschriften für Kapitalgesellschaften § 292

vom 22.12.2007, S. 66), die durch die Delegierte Verordnung (EU) Nr. 310/2012 (ABl. L 103 vom 13.4.2012, S. 11) geändert worden ist, in ihrer jeweils geltenden Fassung festgelegt wurden;

2. der befreiende Konzernlagebericht wird nach Maßgabe der in Nummer 1 Buchstabe a genannten Vorgaben aufgestellt oder ist einem nach diesen Vorgaben aufgestellten Konzernlagebericht gleichwertig;
3. der befreiende Konzernabschluss ist von einem oder mehreren Abschlussprüfern oder einer oder mehreren Prüfungsgesellschaften geprüft worden, die auf Grund der einzelstaatlichen Rechtsvorschriften, denen das Unternehmen unterliegt, das diesen Abschluss aufgestellt hat, zur Prüfung von Jahresabschlüssen zugelassen sind;
4. der befreiende Konzernabschluss, der befreiende Konzernlagebericht und der Bestätigungsvermerk sind nach den für den entfallenden Konzernabschluss und Konzernlagebericht maßgeblichen Vorschriften in deutscher Sprache offengelegt worden.

(2) ¹Die befreiende Wirkung tritt nur ein, wenn im Anhang des Jahresabschlusses des zu befreienden Unternehmens die in § 291 Absatz 2 Satz 1 Nummer 4 genannten Angaben gemacht werden und zusätzlich angegeben wird, nach welchen der in Absatz 1 Nummer 1 genannten Vorgaben sowie gegebenenfalls nach dem Recht welchen Staates der befreiende Konzernabschluss und der befreiende Konzernlagebericht aufgestellt worden sind. ²Im Übrigen ist § 291 Absatz 2 Satz 2 und Absatz 3 entsprechend anzuwenden.

(3) ¹Ist ein nach Absatz 1 zugelassener Konzernabschluß nicht von einem in Übereinstimmung mit den Vorschriften der Richtlinie 2006/43/EG zugelassenen Abschlußprüfer geprüft worden, so kommt ihm befreiende Wirkung nur zu, wenn der Abschlußprüfer eine den Anforderungen dieser Richtlinie gleichwertige Befähigung hat und der Konzernabschluß in einer den Anforderungen des Dritten Unterabschnitts entsprechenden Weise geprüft worden ist. ²Nicht in Übereinstimmung mit den Vorschriften der Richtlinie 2006/43/EG zugelassene Abschlussprüfer von Unternehmen mit Sitz in einem Drittstaat im Sinn des § 3 Abs. 1 Satz 1 der Wirtschaftsprüferordnung, deren Wertpapiere im Sinn des § 2 Absatz 1 des Wertpapierhandelsgesetzes an einer inländischen Börse zum Handel am regulierten Markt zugelassen sind, haben nur dann eine den Anforderungen der Richtlinie gleichwertige Befähigung, wenn sie bei der Wirtschaftsprüferkammer gemäß § 134 Abs. 1 der Wirtschaftsprüferordnung eingetragen sind oder die Gleichwertigkeit gemäß § 134 Abs. 4 der Wirtschaftsprüferordnung anerkannt ist. ³Satz 2 ist nicht anzuwenden, soweit ausschließlich Schuldtitel im Sinne des § 2 Absatz 1 Nummer 3 des Wertpapierhandelsgesetzes

1. mit einer Mindeststückelung zu je 100 000 Euro oder einem entsprechenden Betrag anderer Währung an einer inländischen Behörde zum Handel am regulierten Markt zugelassen sind oder
2. mit einer Mindeststückelung zu je 50 000 Euro oder einem entsprechenden Betrag anderer Währung an einer inländischen Börse zum Handel am regulierten Markt zugelassen sind und diese Schuldtitel vor dem 31. Dezember 2010 begeben worden sind.

⁴Im Falle des Satzes 2 ist mit dem Bestätigungsvermerk nach Absatz 1 Nummer 4 auch eine Bescheinigung der Wirtschaftsprüferkammer gemäß § 134 Absatz 2a der Wirtschaftsprüferordnung über die Eintragung des Abschlussprüfers oder eine Bestätigung der Wirtschaftsprüferkammer gemäß § 134 Absatz 4 Satz 8 der Wirtschaftsprüferordnung über die Befreiung von der Eintragungsverpflichtung offenzulegen.

Merkt

§ 292 1–6

1) Befreiung für bestimmte Konzernges mit Mutterges außerhalb der EU (I)

1 § 292 beruht auf der in Art 11 der Ri 83/349/EWG von 1983 vorgesehenen Option für die Mitgliedstaaten, MutterUnt, die gleichzeitig TochterUnt eines übergeordneten MutterUnt mit Sitz in einem Drittstaat sind, unter bestimmten Voraussetzungen von der Pflicht zur Aufstellung, Prüfung und Offenlegung eines Konzernabschlusses und –lageberichts zu befreien. Ergänzende Bestimmungen zu § 292 waren in der KonzernabschlussbefreiungsVO vorgesehen. In Art 23 VIII BilRi 2013 wurde klargestellt, dass der übergeordnete Konzernabschluss nicht nur nach der BilRi oder gleichwertigen Vorgaben, sondern auch nach den von der EU gem der IAS-VO angenommenen IFRS aufgestellt worden sein kann, um befreiend zu wirken. Art 23 VIII Unterabs 2 iVm Art 23 IV Buchst c BilRi 2013 sieht ferner vor, dass der Bestätigungsvermerk offengelegt werden muss und ein Versagungsvermerk für die Befreiungswirkung nicht mehr ausreicht. Anstelle einer komplizierten Änderung, sowohl des § 292 als auch der KonzernabschlussbefreiungsVO, hat das BilRUG 2015 (Übergangsrecht in (1) EGHGB Art 75 I 1) die KonzernabschlussbefreiungsVO aufgehoben und ihren verbliebenen Regelungsgehalt in § 292 aufgenommen. Subjektive Voraussetzung der Befreiung ist gem I zunächst, dass es sich bei dem zu befreienden Unternehmen um ein MutterUnt handelt, das zugleich TochterUnt eines anderen MutterUnt mit Sitz außerehalb von EU/EWR ist, wenn dieses andere MutterUnt einen § 291 II Nr 1 entsprechenden befreienden Konzernabschluss und – lagebericht aufstellt. Ergänzende Voraussetzungen enthält – unter Übernahme der früheren Regelungen in der KonzernabschlussbefreiungsVO – I Nr 1–4u II. **Lit** Me/Pro/Fi Kap 14 Tz 95 ff; Lüdenbach/Freiberg BB **14**, 2219 (BilRUG 2015); Blöink/Knoll-Biermann Konzern **15**, 65 (BilRUG 2015); Deubert/Lewe BB **15**, 49 (BilRUG 2015); Oser/Orth/Wirtz DB **15**, 197 (BilRUG 2015); Zwirner StuB **15**, Beil 2, 1 (BilRUG 2015); Deubert/Lewe BB **16**, 1260 (Gleichwertigkeit Swiss GAAP FER).

2) Voraussetzungen der Befreiung (I Nr 1–4)

2 Neben den subjektiven Voraussetzungen nach I 1 müssen für die Befreiungswirkung kumulativ die weiteren Voraussetzungen nach **I Nr 1–4** erfüllt sein. **Lit** Blöink/Knoll-Biermann Konzern **15**, 65 (BilRUG 2015); Theile GmbHR **15**, 281 (GmbH- u GmbH & Co KG-Abschluss nach BilRUG):

3 Der **befreiende Konzernabschluss (I Nr 1)** muss in Einklang mit dem Recht eines EU/EWR-Mitgliedstaats und der BilRi 2013 (**I Nr 1a**) sowie den in § 315e I bezeichneten IFRS aufgestellt sein (**I Nr 1b**), und zwar derart, dass er einem nach den in I Nr 1a erstellten Abschluss gleichwertig ist (**I Nr 1c**) oder derart, dass er den von der EU-Kommission nach der VO (EG) Nr 1569/2007 festgelegten internationalen Rechnungslegungsstandards in ihrer jeweils geltende Fassung (dynamische Verweisung) entspricht (**I Nr 1d**). **Lit** Deubert/Lewe BB **16**, 1260 (Gleichwertigkeit Swiss GAAP FER).

4 Der **befreiende Lagebericht** wird nach Maßgabe der in I Nr 1a genannten Vorgaben aufgestellt oder ist einem nach diesen Vorgaben aufgestellten Lagebericht gleichwertig (**I Nr 2**).

5 Der **befreiende Konzernabschluss und -lagebericht** sind einer Abschlussprüfung durch einen oder mehrere nach dem maßgeblichen einzelstaatlichen Recht (dem das Unternehmen unterliegt, das den Abschluss aufgestellt hat) zugelassene Prüfer oder Prüfungsgesellschaften unterzogen worden (**I Nr. 3**).

6 Der **befreiende Konzernabschluss und -lagebericht** sowie der Bestätigungsvermerk sind nach den für den entfallenden Konzernabschluss und -lagebericht maßgeblichen Vorschriften in deutscher Sprache offengelegt worden (**I Nr 4**).

2. Abschnitt. Ergänzende Vorschriften für Kapitalgesellschaften § 293

3) Ergänzende Voraussetzungen (II nF)

Ergänzend verlangt **II** (eingefügt durch BilRUG 2015) für den Eintritt der Befreiungswirkung nach I, dass im Anhang des Abschlusses des zu befreienden Unt die in § 291 II 1 Nr 4 genannten Angaben (Name und Sitz des MutterUnt, Hinweis auf Befreiung von der Aufstellungspflicht, Erläuterung zu Abweichungen vom deutschen Recht) gemacht werden und zusätzlich angegeben wird, nach welchen in I Nr 1 genannten Vorgaben sowie ggf nach welchem nationalen Recht der befreiende Konzernabschluss und –lagebericht aufgestellt worden ist, wobei § 291 II 2u III entsprechend gelten. **Lit** Lüdenbach/Freiberg BB **14**, 2219 (BilRUG 2015); Blöink/Knoll-Biermann Konzern **15**, 65 (BilRUG 2015); Oser/Orth/Wirtz DB **15**, 197 (BilRUG 2015); Deubert/Lewe BB **15**, 49 (BilRUG 2015); Zwirner StuB **15**, Beilage 2/2015, 1 (BilRUG 2015). 7

4) Ausnahmen (III nF)

Ist der nach I zugelassene Konzernabschluss nicht von einem nach Maßgabe der AbschlussprüfungsRi 2006 zugelassenen Prüfer geprüft worden, erlangt er Befreiungswirkung gem **III nF** (II aF) ausnahmsweise dann, wenn der Prüfer eine den Anforderungen der Ri gleichwertige Befähigung hat und der Abschluss gem den Anforderung der §§ 316–324a geprüft worden ist (**III 1 nF**). Für nicht gem AbschlußprüfungsRi 2006 zugelassene Prüfer von Unternehmen mit Sitz in Drittstaaten (§ 3 I 1 WPO), die an einer Inlandsbörse im regulierten Markt gehandelt werden, gelten besondere Anforderungen (Eintragung bei WP-Kammer oder Anerkennung der Gleichwertigkeit, **III 2 nF** mit Ausnahme in **III 3 nF**; Anhebung Beträge von 50 000 Euro auf 100 000 Euro durch TransparenzRi-ÄnderungsRi-Umsetzungsgesetz v 20.11.2015 (BGBl I 2029), jetzt idF APAReG (zeitliche und betragsmäßige Differenzierung). **Lit** Lüdenbach/Freiberg BB **14**, 2219 (BilRUG 2015); Blöink/Knoll-Biermann Konzern **15**, 65 (BilRUG 2015); Oser/Orth/Wirtz DB **15**, 197 (BilRUG 2015); Zwirner StuB **15**, Beilage 2/2015, 1 (BilRUG 2015). 8

5) Ermächtigung und Verfahren der KonzernabschlussbefreiungsVO (III aF u IV aF)

III aF u **IV aF** ersatzlos gestrichen durch BilRUG 2015 (**Übergangsrecht** in **(1)** EGHGB Art 75 I 1).

292a *(aufgehoben)*

Größenabhängige Befreiungen

293 (1) ¹Ein Mutterunternehmen ist von der Pflicht, einen Konzernabschluß und einen Konzernlagebericht aufzustellen, befreit, wenn
1. am Abschlußstichtag seines Jahresabschlusses und am vorhergehenden Abschlußstichtag mindestens zwei der drei nachstehenden Merkmale zutreffen:
    a) Die Bilanzsummen in den Bilanzen des Mutterunternehmens und der Tochterunternehmen, die in den Konzernabschluß einzubeziehen wären, übersteigen insgesamt nicht 24 000 000 Euro.
    b) Die Umsatzerlöse des Mutterunternehmens und der Tochterunternehmen, die in den Konzernabschluß einzubeziehen wären, übersteigen in den zwölf Monaten vor dem Abschlußstichtag insgesamt nicht 48 000 000 Euro.

§ 293

c) Das Mutterunternehmen und die Tochterunternehmen, die in den Konzernabschluß einzubeziehen wären, haben in den zwölf Monaten vor dem Abschlußstichtag im Jahresdurchschnitt nicht mehr als 250 Arbeitnehmer beschäftigt;

oder

2. am Abschlußstichtag eines von ihm aufzustellenden Konzernabschlusses und am vorhergehenden Abschlußstichtag mindestens zwei der drei nachstehenden Merkmale zutreffen:

a) Die Bilanzsumme übersteigt nicht 20 000 000 Euro.

b) Die Umsatzerlöse in den zwölf Monaten vor dem Abschlußstichtag übersteigen nicht 40 000 000 Euro.

c) Das Mutterunternehmen und die in den Konzernabschluß einbezogenen Tochterunternehmen haben in den zwölf Monaten vor dem Abschlußstichtag im Jahresdurchschnitt nicht mehr als 250 Arbeitnehmer beschäftigt.

[2] Auf die Ermittlung der durchschnittlichen Zahl der Arbeitnehmer ist § 267 Abs. 5 anzuwenden.

(2) Auf die Ermittlung der Bilanzsumme ist § 267 Absatz 4a entsprechend anzuwenden.

(3) *[aufgehoben]*

(4) [1] Außer in den Fällen des Absatzes 1 ist ein Mutterunternehmen von der Pflicht zur Aufstellung des Konzernabschlusses und des Konzernlageberichts befreit, wenn die Voraussetzungen des Absatzes 1 nur am Abschlußstichtag oder nur am vorhergehenden Abschlußstichtag erfüllt sind und das Mutterunternehmen am vorhergehenden Abschlußstichtag von der Pflicht zur Aufstellung des Konzernabschlusses und des Konzernlageberichts befreit war. [2] § 267 Abs. 4 Satz 2 und 3 ist entsprechend anzuwenden.

(5) Die Absätze 1 und 4 sind nicht anzuwenden, wenn das Mutterunternehmen oder ein in dessen Konzernabschluss einbezogenes Tochterunternehmen am Abschlussstichtag kapitalmarktorientiert im Sinn des § 264d ist oder es den Vorschriften des Ersten oder Zweiten Unterabschnitts des Vierten Abschnitts unterworfen ist.

1) Größenabhängige Befreiung nach der Brutto- oder Nettomethode (I)

§ 293 sieht (ähnlich wie § 267 für die Jahresrechnungslegung) eine größenabhängige Befreiung von der Konzernrechnungslegung nach §§ 290 ff vor. Die Größenbestimmung erfolgt wahlweise nach der **Bruttomethode** (Nr 1) oder der **Nettomethode** (Nr 2). Bei der Bruttomethode richten sich die Größen nach den summierten Einzelabschlüssen, bei der Nettomethode nach dem (konsolidierten) Konzernabschluss. Vorteil der Bruttomethode: man braucht nicht erst einen Konzernabschluss aufzustellen um festzustellen, ob ein solcher überhaupt nötig ist; Nachteil: die Größenmerkmale der Bilanzsumme und des Umsatzerlöses sind jeweils rund 20 % höher. I idF KapCoRiLiG 2000 (Einl 15v § 238) und EuroBilG 2001 (**Übergangsrecht** in (1) EGHGB Art 51) umschreibt die Höchstgrößen für die Befreiung anhand von drei Merkmalen (Euro-Beträge durch das BilReG 2004 **Übergangsrecht** in (1) EGHGB Art 58 I), BilMoG 2009 **Übergangsrecht** in (1) EGHGB Art 66 I) und BilRUG (**Übergangsrecht** in (1) EGHGB Art 75 II 1) erhöht), von denen mindestens zwei vorliegen müssen. Diese sind bei der Bruttomethode (Nettomethode): **Bilanzsumme(n)** (ohne Abzug eines etwaigen Fehlbetrags auf der Aktivseite, s Anpassung an § 267 IVa, RegBegr BilRUG 89) **24 (20) Mio Euro, Umsatzerlöse 48 (40) Mio Euro, Zahl der Arbeitnehmer 250** (Berechnung nach § 267 V). Diese Voraussetzungen müssen für zwei aufeinander folgende Abschlussstichtage

2. Abschnitt. Ergänzende Vorschriften für Kapitalgesellschaften § 294

vorliegen, damit die Befreiung eintritt (genauer I, IV, s Rn 4). Folge der durch EG-Ri gebotenen, starken Herabsetzung der Grenzwerte ist eine **erheblich** größere Zahl konzernabschlusspflichtiger Unternehmen. Besonders wichtig deshalb das **Übergangsrecht** in **(1)** EGHGB Art 49. **Lit** Me/Pro/Fi Kap 14 Tz 113 ff; Theile GmbHR **15**, 281 (GmbH- u GmbH & Co KG-Abschluss nach BilRUG); Deubert/Lewe DB **15**, 49 (BilRUG 2015); Röser/Roland/Rimmelspacher DB **15**, 4 (BilRUG 2015); Theile GmbHR **15**, 281 (GmbH- u GmbH & Co KG-Abschluss nach BilRUG); Zwirner StuB **15**, Beilage 2/2015, 1 (BilRUG 2015).

2) Maßgeblichkeit auch für Konzernabschlüsse (II nF)

II **nF**, eingefügt durch BilRUG 2015 (**Übergangsrecht** in **(1)** EGHGB 2
Art 75 II) zur Klarstellung, dass die Definition der Bilanzsumme in § 267 IVa für die Konzernrechnungslegung entsprechend gilt. **Lit** Blöink/Knoll-Biermann Konzern **15**, 65 (BilRUG 2015); Lüdenbach/Freiberg BB **14**, 2219 (BilRUG 2015); Oser/Orth/Wirtz DB **15**, 197 (BilRUG 2015); Kleinmanns StuB **14**, 896 (CSR Berichterstattung); Müller/Stawinoga BB **15**, 241 (Rückwirkung BilRUG-Änderungen); Röser/Roland/Rimmelspacher DB **15**, 4 (BilRUG 2015); Theile BBK **15**, 702 (BilRUG 2015); Zwirner StuB **15**, Beilage 2/2015, 1 (BilRUG 2015); ders AR **16**, 2 (Aufgaben des Aufsichtsrats).

3) Sonderregeln für Versicherungsunternehmen (III aF)

III aF aufgehoben durch VersRiLiG 1994 (§ 341 Rn 1). 3

4) Befreiung auch bei nur einmaliger Größenüberschreitung (IV)

IV 1 besagt (missverständlich), dass die Größenmerkmale nach I an zwei auf- 4
einander folgenden Abschlussstichtagen überschritten sein müssen, damit die Befreiung entfällt (einmaliges Überschreiten schadet nicht). Das gilt nach I, IV aber auch umgekehrt (einmaliges Unterschreiten nützt nichts). IV 2 idF BilRUG 2015 erklärt § 267 IV 2 u 3 (s dort Rn 10) für entsprechend anwendbar, also bei Umwandlung oder Neugründung schon einmaliges Über- oder Unterschreiten der Schwellenwerte nach I für ausreichend. Ausgenommen hiervon sind durch den neu eingefügten Verweis auf § 267 IV 3 Kapital- und PersonenGes iSd § 264a I. **Lit** Deubert/Lewe DB **15**, 49 (BilRUG 2015); Röser/Roland/Rimmelspacher DB **15**, 4 (BilRUG 2015); Zwirner StuB **15**, Beilage 2/2015, 1 (BilRUG 2015).

5) Keine Befreiung bei Börsennotierung (V)

V idF BilMoG 2009. Eine größenabhängige Befreiung scheidet aus, wenn 5
am Abschlussstichtag des MutterUnt oder ein in den Konzernabschluss (tatsächlich) einbezogenes (nicht nur einzubeziehendes) TochterUnt kapitalmarktorientiert iSv § 264d (s dort Rn 1) oder §§ 340–340o oder §§ 341–341p unterworfen ist. **Lit** Deubert/Lewe DB **15**, 49 (BilRUG 2015); Röser/Roland/Rimmelspacher DB **15**, 4 (BilRUG 2015); Zwirner StuB **15**, Beilage 2/2015, 1 (BilRUG 2015).

Zweiter Titel. Konsolidierungskreis

Einzubeziehende Unternehmen. Vorlage- und Auskunftspflichten

294 (1) In den Konzernabschluß sind das Mutterunternehmen und alle Tochterunternehmen ohne Rücksicht auf den Sitz und die Rechtsform der Tochterunternehmen einzubeziehen, sofern die Einbeziehung nicht nach § 296 unterbleibt.

§ 294 1–3

(2) Hat sich die Zusammensetzung der in den Konzernabschluß einbezogenen Unternehmen im Laufe des Geschäftsjahrs wesentlich geändert, so sind in den Konzernabschluß Angaben aufzunehmen, die es ermöglichen, die aufeinanderfolgenden Konzernabschlüsse sinnvoll zu vergleichen.

(3) [1] Die Tochterunternehmen haben dem Mutterunternehmen ihre Jahresabschlüsse, Einzelabschlüsse nach § 325 Abs. 2a, Lageberichte, gesonderten nichtfinanziellen Berichte, Konzernabschlüsse, Konzernlageberichte, gesonderten nichtfinanziellen Konzernberichte und, wenn eine Abschlussprüfung stattgefunden hat, die Prüfungsberichte sowie, wenn ein Zwischenabschluß aufzustellen ist, einen auf den Stichtag des Konzernabschlusses aufgestellten Abschluß unverzüglich einzureichen. [2] Das Mutterunternehmen kann von jedem Tochterunternehmen alle Aufklärungen und Nachweise verlangen, welche die Aufstellung des Konzernabschlusses, des Konzernlageberichts und des gesonderten nichtfinanziellen Konzernberichts erfordert.

1) Weltabschluss (I)

1   §§ 294–296 stecken den **Konsolidierungskreis** der in den Konzernabschluss einzubeziehenden Unternehmen ab. § 294 enthält die Regel, § 296 ein Einbeziehungswahlrecht. § 294 I verlangt Einbeziehung des MutterUnt (mit Sitz im Inland, § 290 I, II) und aller, auch der ausländischen TochterUnt (Begriff s § 290 Rn 7–13) ohne Rücksicht auf den Sitz und – eingefügt durch BilRUG 2015 (**Übergangsrecht** in **(1)** EGHGB Art 75 II) – die Rechtsform und unbeschadet § 296 (Vollständigkeitsgebot, Weltabschluss). Einzubeziehen sind auch alle mittelbaren TochterUnt (EnkelUnt); umgekehrt gilt ein Verbot der freiwilligen Vollkonsolidierung von Nicht-TochterUnt, ADS 9. Zurechnung nach § 290 I, II oder III. Zur Aufstellungspflicht für einen Konzernabschluss und zur Abgrenzung des Konsolidierungskreises IDW-SABI 1/**88**. **Übergangsrecht** in **(1)** EGHGB Art 23 II 3 (s EinI 60 v § 238). Lit Me/Pro/Fi Kap 14 136 ff; Selchert/Bauckmann BB **03**, 1325; Müller, Stefan/Wobbe StuB **14**, 83 (assoziierte Unt).

2) Vergleichbarkeit aufeinander folgender Konzernabschlüsse (II)

2   Bei **wesentlicher Veränderung des Konsolidierungskreises** sind zwecks sinnvoller Vergleichbarkeit der aufeinander folgenden Konzernabschlüsse (Bilanzkontinuität, s § 243 Rn 8; auch §§ 297 III 2–5, 313 I Nr 3) in den Konzernabschluss (§ 297 I, also idR Konzernanhang) entsprechende Angaben aufzunehmen **(II 1)**. II 2 aF, der erlaubte, statt die Änderungen und ihre Auswirkungen zu erläutern, die entsprechenden Vorjahreszahlen anzupassen (vgl §§ 298 I, 265 II), wurde durch BilMoG (**Übergangsrecht** in **(1)** Art 66 V) im Interesse besserer Abschlussvergleichbarkeit aufgehoben. Änderung liegt vor, wenn sich Zusammensetzung der in den Konzernabschluss einbezogenen vollkonsolidierten Töchter durch Zu- oder Abgang geändert hat, IDW-HFA 3/**95**.

3) Einreichungs- und Auskunftspflichten der Tochterunternehmen (III)

3   III hat mit dem Wechsel zum Control-Konzept (§ 290 Rn 7) durch das BilMoG erheblich an Bedeutung gewonnen. Die umfassende Auskunftspflicht ausländischer TochterUnt nach III 2 kann zu **Kollisionen** mit entgegenstehendem Auslandsrecht (Abwehrgesetze ua) aber auch mit anderweitigen Geheimhaltungspflichten des TochterUnt nach deutschem Recht führen. Dann ist Interessenabwägung bei grundsätzlicher Vorrangigkeit des Rechnungslegungsinteresses geboten. **Lit** Möhrle Konzern **06**, 487 (Erstattung für Buchführungskosten).

295 *(aufgehoben)*

Verzicht auf die Einbeziehung

296
(1) Ein Tochterunternehmen braucht in den Konzernabschluß nicht einbezogen zu werden, wenn

1. erhebliche und andauernde Beschränkungen die Ausübung der Rechte des Mutterunternehmens in bezug auf das Vermögen oder die Geschäftsführung dieses Unternehmens nachhaltig beeinträchtigen,
2. die für die Aufstellung des Konzernabschlusses erforderlichen Angaben nicht ohne unverhältnismäßig hohe Kosten oder unangemessene Verzögerungen zu erhalten sind oder
3. die Anteile des Tochterunternehmens ausschließlich zum Zwecke ihrer Weiterveräußerung gehalten werden.

(2) ¹Ein Tochterunternehmen braucht in den Konzernabschluß nicht einbezogen zu werden, wenn es für die Verpflichtung, ein den tatsächlichen Verhältnissen entsprechendes Bild der Vermögens-, Finanz- und Ertragslage des Konzerns zu vermitteln, von untergeordneter Bedeutung ist. ²Entsprechen mehrere Tochterunternehmen der Voraussetzung des Satzes 1, so sind diese Unternehmen in den Konzernabschluß einzubeziehen, wenn sie zusammen nicht von untergeordneter Bedeutung sind.

(3) Die Anwendung der Absätze 1 und 2 ist im Konzernanhang zu begründen.

1) Einbeziehungswahlrecht in engen Ausnahmefällen (I)

I begründet in drei engen und abschließenden Ausnahmefällen zur Einbeziehungspflicht nach § 294 I ein Einbeziehungswahlrecht. Dieses sollte schon nach Einführung des § 290 II aF, also bei Konzernabschlusspflicht trotz fehlender einheitlicher Leitung, Milderung schaffen (AmtlBegr); es bleibt auch nach dem Wechsel zum Control-Konzept durch BilMoG erhalten. Voraussetzungen der Wahlrechte sind zu jedem Stichtag erneut zu prüfen. I steht ebenso wie II unter dem Vorbehalt von § 297 II (true and fair view-Prinzip; Amtl Begr). **Lit** Me/Pro/Fi Kap 14 Tz 161 ff; Theile StuB **10**, 211 (Übergang auf BilMoG im Konzernabschluss); Kühnberger/Thurmann Konzern **13**, 540 (Konsolidierungskreis u Investmentges); Kohl/Meyer, NZG **14**, 1361 (Vergleich § 290 u IFRS 10); Marbler/Oser DStR **14**, 2474 (Konzernrechnungslegung GmbH & Co KG); Pollmann DStR **14**, 1732 (HGB u IFRS). 1

Nr 1 gibt ein Wahlrecht (allerdings praktisch nur für § 290 II, da dort beherrschender Einfluss vermutet wird) wenn das MutterUnt infolge erheblicher und andauernder Beschränkungen in der Ausübung seiner Rechte bezüglich Vermögen oder Geschäftsführung des TochterUnt nachhaltig beeinträchtigt ist. Bspe: Insolvenz des TochterUnt, Unterstellung unter andauernde staatliche Treuhänderschaft ua; aber nicht schon bei üblichen Einschränkungen und Beeinträchtigungen der Einflussnahme auf ausländische TochterUnt, zB betr Transferierbarkeit und der Konvertierbarkeit, sondern erst wenn das MutterUnt andauernd nicht mehr imstande ist, nachhaltig über Fortbestand und Entwicklung des TochterUnt zu entscheiden, seine Konzerngeschäftspolitik durchzusetzen oder die Rechte nach § 290 II auszuüben, IDW-SABI 1/88 WPg **88**, 342; Maßstab: zukunftsorientierte Sichtweise, str, wie hier GK BilR/Kindler 8. 2

Nr 2 soll den Grundsatz der Wesentlichkeit konkretisieren (Begr EK § 280). Nr 2 ist deshalb einschränkend auszulegen (teleologische Reduktion). Entgegen dem Wortlaut genügen unverhältnismäßige Kosten oder unangemessene (letztere 3

§ 297

Einschränkung eingefügt durch BilRUG 2015) Verzögerungen allein nicht. Vielmehr ist zusätzlich erforderlich, dass die Nichteinbeziehung im Lichte des true and fair view-Prinzips (§ 297 II 2) unwesentlich ist und dass die Erschwernisse nicht dem Mutterunt selbst zuzurechnen sind. Mängel im konzerninternen Informationssystem tragen also das Wahlrecht keinesfalls. So verstanden hat Nr 2 neben II kaum eine eigenständige Bedeutung.

4 **Nr 3** ist ebenfalls eng auszulegen. Die Absicht, Anteile ausschließlich zwecks Weiterveräußerung zu halten, ist in erster Linie objektiven Umständen zu entnehmen (vgl § 271 Rn 4), zB bei Emissionskonsortien, bei Paketübernahme durch ein Kreditinstitut zwecks Platzierung. Sanierungsbeteiligungen von Kreditinstituten s § 340j. Vgl auch schon § 290 III 3.

2) Einbeziehungswahlrecht bei untergeordneter Bedeutung (II)

5 TochterUnt, die (kumuliert, II 2) für das den tatsächlichen Verhältnissen entsprechende Bild des Konzerns (§ 297 II 2) von untergeordneter Bedeutung sind, brauchen nicht einbezogen zu werden (Grundsatz der Wesentlichkeit, vgl § 303 Rn 2). Ob II vorliegt, bestimmt sich nicht formalistisch nur aus einzelnen Verhältniszahlen. **Lit** GK BilR/Kindler 17 ff; Hoffmann StuB **14**, 397 (fehlerhafte Organbilanzen).

3) Begründungspflicht (III)

6 III verlangt Begründung der Anwendung von I oder II im Konzernanhang. Begründung kann für einander entsprechende Töchter zusammenfassend erfolgen, BeckBilKo 42, str.

Dritter Titel. Inhalt und Form des Konzernabschlusses

Inhalt

297 (1) ¹Der Konzernabschluss besteht aus der Konzernbilanz, der Konzern-Gewinn- und Verlustrechnung, dem Konzernanhang, der Kapitalflussrechnung und dem Eigenkapitalspiegel. ²Er kann um eine Segmentberichterstattung erweitert werden.

(1a) ¹Im Konzernabschluss sind die Firma, der Sitz, das Registergericht und die Nummer, unter der das Mutterunternehmen in das Handelsregister eingetragen ist, anzugeben. ²Befindet sich das Mutterunternehmen in Liquidation oder Abwicklung, ist auch diese Tatsache anzugeben.

(2) ¹Der Konzernabschluß ist klar und übersichtlich aufzustellen. ²Er hat unter Beachtung der Grundsätze ordnungsmäßiger Buchführung ein den tatsächlichen Verhältnissen entsprechendes Bild der Vermögens-, Finanz- und Ertragslage des Konzerns zu vermitteln. ³Führen besondere Umstände dazu, daß der Konzernabschluß ein den tatsächlichen Verhältnissen entsprechendes Bild im Sinne des Satzes 2 nicht vermittelt, so sind im Konzernanhang zusätzliche Angaben zu machen. ⁴Die gesetzlichen Vertreter eines Mutterunternehmens, das Inlandsemittent im Sinne des § 2 Absatz 14 des Wertpapierhandelsgesetzes und keine Kapitalgesellschaft im Sinne des § 327a ist, haben bei der Unterzeichnung schriftlich zu versichern, dass nach bestem Wissen der Konzernabschluss ein den tatsächlichen Verhältnissen entsprechendes Bild im Sinne des Satzes 2 vermittelt oder der Konzernanhang Angaben nach Satz 3 enthält.

(3) ¹Im Konzernabschluß ist die Vermögens-, Finanz- und Ertragslage der einbezogenen Unternehmen so darzustellen, als ob diese Unternehmen insgesamt ein einziges Unternehmen wären. ²Die auf den vorhergehenden Konzernabschluß angewandten Konsolidierungsmethoden sind beizubehalten. ³Abweichungen von Satz 2 sind in Ausnahmefällen zulässig. ⁴Sie sind im

2. Abschnitt. Ergänzende Vorschriften für Kapitalgesellschaften 1–3 § 297

Konzernanhang anzugeben und zu begründen. ⁵Ihr Einfluß auf die Vermögens-, Finanz- und Ertragslage des Konzerns ist anzugeben.

1) Begriff des Konzernabschlusses (I), Funktion

A. **Begriff:** §§ 297–299 regeln **Inhalt und Form** des Konzernabschlusses. 1
§ 297 I 1 (zT entspr § 329 I 1) nF durch BilReG 2004 (Einl 10 v § 328, **Übergangsecht** in **(1)** EGHGB Art 58 III) definiert den Konzernabschluss sowie §§ 242 III, 264 I 1 den Jahresabschluss von KapitalGes und KapitalGes & Co (§ 290 Rn 1). Der **Konzernabschluss** besteht aus **Konzernbilanz, Konzern-Gewinn- und Verlustrechnung**, dem **Konzernanhang** (§ 313), der **Kapitalflussrechnung** und dem **Eigenkapitalspiegel**. Soweit das MutterUnt als Wertpapieremittentin am geregelten Markt auftritt, folgt die Erweiterung des Konzernabschlusses um Kapitalflussrechnung, Segmentberichterstattung und Eigenkapitalspiegel aus IAS 1.10 (d), IAS 1111 (Kapitalflussrechnung), IFRS 8 (Geschäftssegmente) und IAS 1.8 (c), IAS 1106-110 (Eigenkapitalspiegel). Nach **I 2** bildet die Segmentberichterstattung, die häufig besonders sensitive Informationen enthält, einen lediglich optionalen Bestandteil des Konzernabschlusses. Die Pflicht zur Segmentberichterstattung nach IAS/IFRS dort, wo die Standards nach der IAS-VO oder nach § 315e anzuwenden sind, bleibt unberührt. Das HGB enthält für Kapitalflussrechnung, Eigenkapitalspiegel und Segmentbericht erst seit dem BilMoG Regelungen in § 266 I (dort Rn 16 f), aber ohne inhaltliche Konkretisierung. S aber DRS Nr. 2 und 3 (in Anlehnung an IAS 7, s Me/Pro/Fi Kap 11 Tz 47 ff u IFRS 8, s Me/Pro/Fi Kap 11 Tz 106 ff u Kap 13 Tz 211 ff) für die Kapitalflussrechnung und den Segmentbericht. **Lit** Me/Pro/Fi Kap 11 Tz 1 ff u 79 ff; Kap 14 Tz 205 ff; Kapitalflussrechnung als Ergänzung des Jahres- und Konzernabschlusses IDW-HFA 1/**95** WPg **95**, 210; Weißenberger/Behrendt BB **06**, 931 (latente Steuern); IDW WPg **06**, 799 (Stellungnahme/TUG); Hütche/Int-Veen IRZ **08**, 347 (Kapitalflussrechnung); Freiberg PiR **13**, 64 (Anforderungen Segmentbericht inhaltlich u zeitlich); Freiberg PiR **13**, 64 (Anforderungen Segmentbericht inhaltlich u zeitlich); Eiselt/Müller BB **13**, 2155 (Kapitalflussrechnung, E-DRS 28); dies BB **14**, 1067 (DRS 21); Scheffler AG **16**, R100 (DRS 22 und 24). **Muster:** Hopt/Kraft/Link Form III.G.1 (Konzernbilanz); Form III.G.2 (Konzern-GuV), Form III.G.3 (Konzernanhang).

B. **Funktion:** Der Konzernabschlusses dient ganz primär der Informations- 2
vermittlung (Vermittlung eines den tatsächlichen Verhältnissen entsprechenden Bildes der Vermögens-, Finanz- u Ertragslage der größeren Wirtschaftseinheit Konzern), BeckBilKo 1; im Unterschied zum Einzelabschluss dient der Konzernabschluss indes nicht der Ausschüttungsbemessung oder -sperre oder der Zuordnung von Gläubigeransprüchen (bleiben stets gegen einzelne konzernzugehörige Unternehmen gerichtet). Informationsfunktion wird durch Vorlage an Gesellschafter und Aufsichtsrat erfüllt (s **(2)** § 42a IV, I GmbHG, **(2a)** § 337 AktG). Konzernabschluss hat keine unmittelbare Bedeutung für steuerliche Zwecke, insoweit nur Jahresabschluss maßgeblich (§ 5 EStG). Konzernabschluss kann Hinweise für Bedingungen konzerninterner Lieferungen u Leistungen geben, GK BilR/Kraft 9 f.

2) Angaben zur Identifikation (Ia)

Ia, eingefügt durch BilRUG 2015 (**Übergangsrecht** in **(1)** EGHGB Art 75 3
II) in Umsetzung von Art 24 I iVm Art 5 BilRi 2013, schreibt vor, dass der Konzernabschluss die Firma, den Sitz und Angaben zum Register zur Identifizierung des MutterUnt enthalten muss. **Lit** Lüdenbach/Freiberg BB **14**, 2219 (BilRUG 2015); Blöink/Knoll-Biermann Konzern **15**, 65 (BilRUG 2015); Oser/Orth/Wirtz DB **15**, 197 (BilRUG 2015); Theile GmbHR **15**, 281 (GmbH- u GmbH & Co KG-Abschluss nach BilRUG).

§ 298 1

3) Vermittlung eines den tatsächlichen Verhältnissen entsprechenden Bildes, Bilanzklarheit (II)

4 II 1 verlangt Bilanzklarheit auch für den Konzernabschluss (wie § 243 II). **II 2, 3** wiederholen die Generalklausel des § 264 II (true and fair view-Prinzip), s § 264 Rn 12 ff; aber Grundsatz der Wesentlichkeit (s § 303 Rn 2), WPK/IDW WPg **85**, 544 (auch für Einzelabschluss zu § 264 II). II 2 tritt subsidiär hinter GoB zurück, hA, BeckBilKo 186. Durch **II 4** – eingefügt durch TUG 2007 (**Übergangsrecht** in (1) EGHGB Art 62) – wird der Bilanzeid gem § 264 II auf den Konzernabschluss erstreckt. Danach werden die gesetzlichen Vertreter einer MutterGes, die nach § 264 II 3 Inlandsemittentin iSv (**16b**) **WpHG** § 2 XIV ist, verpflichtet, die Einhaltung der für den Konzernabschluss geltenden Vorgaben in II 2 u 3 zu versichern.

4) Vermittlung eines Bildes wie von einem einzigen Unternehmen, Konsolidierungsstetigkeit (III)

5 III 1 präzisiert II 2. Die Konzernunternehmen sind im Konzernabschluss so darzustellen, dass das Bild eines rechtlich einheitlichen Unternehmens entsteht (Einheitstheorie, krit BeckBilKo 190: Fiktion der wirtschaftlichen statt rechtlichen Einheit genügt). Das ist nur mit bestimmten Einschränkungen möglich und nötig: zB Einbeziehungswahlrecht (§ 296), Stichtagsunterschiede (§ 299), Wahlrechte in § 304, anteilsmäßige Konsolidierung nach § 310 ua. III 2–5 regeln die Stetigkeit der angewandten Konsolidierungsmethoden (Teil der Bilanzkontinuität, s § 243 Rn 8; ähnlich Bewertungsstetigkeit, § 252 I Nr 6, II); s auch § 313 I Nr 3. **Lit** Müller, Stefan/Wobbe StuB **14**, 83 (assoziierte Unt); Pilhofer/Herr/Dömling DB **17**, 857 (bilanzanalytische Behandlung von Minderheitsanteilen).

Anzuwendende Vorschriften. Erleichterungen

298 (1) Auf den Konzernabschluß sind, soweit seine Eigenart keine Abweichung bedingt oder in den folgenden Vorschriften nichts anderes bestimmt ist, die §§ 244 bis 256a, 264c, 265, 266, 268 Absatz 1 bis 7, die §§ 270, 271, 272 Absatz 1 bis 4, die §§ 274, 275 und 277 über den Jahresabschluß und die für die Rechtsform und den Geschäftszweig der in den Konzernabschluß einbezogenen Unternehmen mit Sitz im Geltungsbereich dieses Gesetzes geltenden Vorschriften, soweit sie für große Kapitalgesellschaften gelten, entsprechend anzuwenden.

(2) ¹Der Konzernanhang und der Anhang des Jahresabschlusses des Mutterunternehmens dürfen zusammengefaßt werden. ²In diesem Falle müssen der Konzernabschluß und der Jahresabschluß des Mutterunternehmens gemeinsam offengelegt werden. ³Aus dem zusammengefassten Anhang muss hervorgehen, welche Angaben sich auf den Konzern und welche Angaben sich nur auf das Mutterunternehmen beziehen.

1) Anzuwendende Vorschriften (I)

1 Nach I gelten für den Konzernabschluss grundsätzlich die Vorschriften für den Jahresabschluss von großen KapitalGes mit den entsprechenden Sonderregeln für Rechtsform und Geschäftszweig, insoweit kann hier verwiesen werden. Die Vorschriften über den Anhang sind in der Aufzählung des I ausgespart, insoweit gelten speziell §§ 313, 314. Der Verweis auf § 268 VIII wurde durch das BilRUG 2015 (**Übergangsrecht** in (1) EGHGB Art 75 II) gestrichen, weil der Konzernabschluss nicht als Grundlage der Ausschüttungsbemessung dient. Zugleich wurde § 264c ergänzt, um klarzustellen, dass die für Personenhandelsges bestehenden Besonderheiten auch im Konzernabschluss anzuwenden sind, sofern das Mutter-

2. Abschnitt. Ergänzende Vorschriften für Kapitalgesellschaften 1, 2 § 299

Unt eine PersonenhandelsGes iSd § 264a ist. **Lit** Me/Pro/Fi Kap 14 Tz 257 ff; Henckel/Rimmelspacher/Schäfer Konzern **14**, 386 (erstmalige Anwendung DRS 20); Kleinmanns StuB **14**, 475; Lüdenbach/Freiberg BB **14**, 2219 (BilRUG 2015); Blöink/Knoll-Biermann Konzern **15**, 65 (BilRUG 2015); Deubert/Lewe DB **15**, 49 (BilRUG 2015); Oser/Orth/Wirtz DB **15**, 197 (BilRUG 2015); Theile GmbHR **15**, 281 (GmbH- u GmbH & Co KG-Abschluss nach BilRUG); Wirth/Weber/Dusemond/P. Küting DB **15**, 1053 (Kapitalkonsolidierung); Zwirner/Busch/Boecker Konzern **16**, 287 (Aufgaben des Aufsichtsrats).

2) Erleichterungen (II nF)

II nF entspricht III aF, der an die Stelle des durch BilRUG 2015 (**Übergangsrecht** in (1) EGHGB Art 75 II) ersatzlos gestrichenen II aF getreten ist (s RegBegr 90) und erlaubt die Zusammenfassung des Konzernanhangs und des Anhangs des Jahresabschlusses des MutterUnt samt Prüfungsberichten und Bestätigungsvermerken. Doch sind dann Konzernabschluss und Jahresabschluss gemeinsam offen zu legen. §§ 243 II, 297 II 1 gelten auch hier. Vgl auch § 315 III. **Lit** Deubert/Lewe DB **15**, 49 (BilRUG 2015); Theile GmbHR **15**, 281 (GmbH- u GmbH & Co KG-Abschluss nach BilRUG); Zwirner/Busch/Boecker Konzern **16**, 287 (Aufgaben des Aufsichtsrats). 2

Stichtag für die Aufstellung

§ 299 (1) **Der Konzernabschluss ist auf den Stichtag des Jahresabschlusses des Mutterunternehmens aufzustellen.**

(2) ¹**Die Jahresabschlüsse der in den Konzernabschluß einbezogenen Unternehmen sollen auf den Stichtag des Konzernabschlusses aufgestellt werden.** ²**Liegt der Abschlußstichtag eines Unternehmens um mehr als drei Monate vor dem Stichtag des Konzernabschlusses, so ist dieses Unternehmen auf Grund eines auf den Stichtag und den Zeitraum des Konzernabschlusses aufgestellten Zwischenabschlusses in den Konzernabschluß einzubeziehen.**

(3) **Wird bei abweichenden Abschlußstichtagen ein Unternehmen nicht auf der Grundlage eines auf den Stichtag und den Zeitraum des Konzernabschlusses aufgestellten Zwischenabschlusses in den Konzernabschluß einbezogen, so sind Vorgänge von besonderer Bedeutung für die Vermögens-, Finanz- und Ertragslage eines in den Konzernabschluß einbezogenen Unternehmens, die zwischen dem Abschlußstichtag dieses Unternehmens und dem Abschlußstichtag des Konzernabschlusses eingetreten sind, in der Konzernbilanz und der Konzern-Gewinn- und Verlustrechnung zu berücksichtigen oder im Konzernanhang anzugeben.**

1) Stichtagswahlrecht für den Konzernabschluss (I)

Nach **I** idF TransPuG 2002 (**Übergangsrecht** in (1) EGHGB Art 54) kommt 1 es für den Abschlussstichtag des Konzernabschlusses nur noch auf den Stichtag des MutterUnt an. Damit entfällt auch die Notwendigkeit der Begründung und Erläuterung von Abweichungen im Konzernanhang. **Lit** Me/Pro/Fi Kap 14 Tz 296 ff.

2) Zwischenabschlüsse (II)

II fordert zwar einheitliche Stichtage für die Jahresabschlüsse aller in den 2 Konzernabschluss einbezogenen Unternehmen (II 1). Obligatorisch ist aber ein Zwischenabschluss (ein auf den Stichtag und den Zeitraum des Konzernabschlusses aufgestellter zusätzlicher Abschluss) nur, wenn der Abschlussstichtag des Unternehmens mehr als drei Monate vor dem Stichtag des Konzernabschlusses liegt (II 2). Die darin liegende Beeinträchtigung der Aussagefähigkeit des Konzernabschlusses soll durch Angaben nach III und uU Ergänzungen des Bestätigungs-

§ 300 1 3. Buch. Handelsbücher

vermerks nach § 322 II (Hinweis auf Unsicherheiten infolge Fehlens des Zwischenabschlusses, AmtlBegr) aufgefangen werden. Für den Zwischenabschluss gelten im Übrigen dieselben Regeln wie für den Jahresabschluss.

3) Angaben bei Nichtaufstellung von Zwischenabschlüssen (III)

3 Liegen die Abschlussstichtage nur bis zu drei Monate auseinander und sieht deshalb das MutterUnt von der Aufstellung eines Zwischenabschlusses nach II 2 zulässigerweise ab, sind die zwischen den Abschlussstichtagen eingetretenen Vorgänge von besonderer Bedeutung im Konzernabschluss zu berücksichtigen. Es genügt Angabe im Konzernanhang.

Vierter Titel. Vollkonsolidierung

Konsolidierungsgrundsätze. Vollständigkeitsgebot

300 (1) ¹In dem Konzernabschluß ist der Jahresabschluß des Mutterunternehmens mit den Jahresabschlüssen der Tochterunternehmen zusammenzufassen. ²An die Stelle der dem Mutterunternehmen gehörenden Anteile an den einbezogenen Tochterunternehmen treten die Vermögensgegenstände, Schulden, Rechnungsabgrenzungsposten und Sonderposten der Tochterunternehmen, soweit sie nach dem Recht des Mutterunternehmens bilanzierungsfähig sind und die Eigenart des Konzernabschlusses keine Abweichungen bedingt oder in den folgenden Vorschriften nichts anderes bestimmt ist.

(2) ¹Die Vermögensgegenstände, Schulden und Rechnungsabgrenzungsposten sowie die Erträge und Aufwendungen der in den Konzernabschluß einbezogenen Unternehmen sind unabhängig von ihrer Berücksichtigung in den Jahresabschlüssen dieser Unternehmen vollständig aufzunehmen, soweit nach dem Recht des Mutterunternehmens nicht ein Bilanzierungsverbot oder ein Bilanzierungswahlrecht besteht. ²Nach dem Recht des Mutterunternehmens zulässige Bilanzierungswahlrechte dürfen im Konzernabschluß unabhängig von ihrer Ausübung in den Jahresabschlüssen der in den Konzernabschluß einbezogenen Unternehmen ausgeübt werden. ³Ansätze, die auf der Anwendung von für Kreditinstitute oder Versicherungsunternehmen wegen der Besonderheiten des Geschäftszweigs geltenden Vorschriften beruhen, dürfen beibehalten werden; auf die Anwendung dieser Ausnahme ist im Konzernanhang hinzuweisen.

1) Grundsatz der Vollkonsolidierung (I)

1 §§ 300–307 legen das **Konsolidierungsverfahren** im Einzelnen fest. Das Ziel, den Konzern so darzustellen, als ob die einbezogenen Unternehmen ein einziges Unternehmen wären (§ 297 III 1), wird am besten mit **Vollkonsolidierung** erreicht. Die **anteilsmäßige Konsolidierung oder Quotenkonsolidierung** ist nur bei Gemeinschaftsunternehmen vorgesehen (§ 310), die **Equity-Konsolidierung** nur bei assoziierten Unternehmen (§§ 311, 312). § 300 **I** 1 enthält das Gebot der Konsolidierung der verschiedenen Jahresabschlüsse. Nach **I** 2 ist für die Konsolidierung die Beteiligung des MutterUnt bilanziell durch die Vermögensgegenstände, Schulden und anderen Bilanzposten der TochterUnt zu ersetzen. Entscheidung, ob Bilanzposten angesetzt werden muss oder darf, richtet sich nach dem Recht des MutterUnt (I 2 letzter Halbs, s Rn 2–4). **Lit** Me/Pro/Fi Kap 14 Tz 314 ff; Petersen/Zwirner/Busch DB **11**, 1707 (Wahlrechte); Wirth/Weber/Dusemond/P. Küting DB **15**, 1053 (Kapitalkonsolidierung); Pilhofer/Herr/Dömling DB **17**, 857 (bilanzanalytische Behandlung von Minderheitsanteilen).

1214 *Merkt*

2. Abschnitt. Ergänzende Vorschriften für Kapitalgesellschaften § 301

2) Neuaufstellung nach dem Recht des Mutterunternehmens (II)

II stellt wie schon I aE klar, dass bei der Vollkonsolidierung nach I nicht einfach die Ansätze und Werte aus den einzelnen Jahresabschlüssen übernommen werden dürfen oder sogar müssen. Vielmehr geht es um eine **Neuaufstellung** des Konzernabschlusses nach dem Recht des MutterUnt (Grundsatz der **Unabhängigkeit** der Konzernbilanzierung). Die einzelnen Jahresabschlüsse sind also entsprechend anzupassen und zu vereinheitlichen (Grundsatz der **Einheitlichkeit** der Bilanzierung). Damit ergeben sich im Einzelfall zT erhebliche Unterschiede, die teils zwingend (zB Bilanzierungsunfähigkeit nach I 2, Vollständigkeitsgebot nach II 1), teils fakultativ sind (zB eigene Bewertungswahlrechte des MutterUnt, II 2, die im Konzernabschluss anders als im Jahresabschluss der einbezogenen Unternehmen ausgeübt werden dürfen). Weitere Unterschiede folgen aus der Art und Weise der Vollkonsolidierung im Einzelnen (§§ 301 ff). 2

II 1 enthält ein **Vollständigkeitsgebot** für Vermögensgegenstände, Schulden und Rechnungsabgrenzungsposten (nicht Bilanzierungshilfen und Sonderposten) sowie Erträge und Aufwendungen. Der Ansatz von Sonderposten mit Rücklageanteil im Konzernabschluss ist seit Inkrafttreten des TransPuG 2002 (**Übergangsrecht** in (1) EGHGB Art 54) durch Änderung des § 298 I nicht mehr zulässig. Die Vollständigkeit beurteilt sich nach dem Recht des Mutterunt, ebenso Bilanzierungsverbote und Bilanzierungswahlrechte. Die Bilanzposten sind grundsätzlich mit ihrem Gesamtbetrag aufzunehmen (nicht nur anteilsmäßig, s Rn 1). 3

II 2 erlaubt, **Bilanzierungswahlrechte** unabhängig (dh uU abweichend) von ihrer Ausübung in den einzubeziehenden Jahresabschlüssen (der TochterUnt, aber auch des MutterUnt selbst) **neu auszuüben;** dabei ist § 297 III 1 (Darstellung als rechtliche Einheit) zu beachten (AmtlBegr). Bspe: Ansatzwahlrecht nach § 248 II bei originären immateriellen Gütern des Anlagevermögens, obschon das MutterUnt dieses Wahlrecht im eigenen Jahresabschluss bereits in eine Richtung betätigt hat. Bewertungswahlrechte s § 308 I 2. 4

II 3 idF VersRiLiG 1994 räumt Beibehaltungswahlrecht ein für Ansätze auf Grund von Sondervorschriften für Kreditinstitute oder Versicherungsunternehmen. Dann aber Hinweis im Konzernanhang. 5

Kapitalkonsolidierung

301 (1) ¹Der Wertansatz der dem Mutterunternehmen gehörenden Anteile an einem in den Konzernabschluß einbezogenen Tochterunternehmen wird mit dem auf diese Anteile entfallenden Betrag des Eigenkapitals des Tochterunternehmens verrechnet. ²Das Eigenkapital ist mit dem Betrag anzusetzen, der dem Zeitwert der in den Konzernabschluss aufzunehmenden Vermögensgegenstände, Schulden, Rechnungsabgrenzungsposten und Sonderposten entspricht, der diesen an dem für die Verrechnung nach Absatz 2 maßgeblichen Zeitpunkt beizulegen ist. ³Rückstellungen sind nach § 253 Abs. 1 Satz 2 und 3, Abs. 2 und latente Steuern nach § 274 Abs. 2 zu bewerten.

(2) ¹Die Verrechnung nach Absatz 1 ist auf Grundlage der Wertansätze zu dem Zeitpunkt durchzuführen, zu dem das Unternehmen Tochterunternehmen geworden ist. ²Können die Wertansätze zu diesem Zeitpunkt nicht endgültig ermittelt werden, sind sie innerhalb der darauf folgenden zwölf Monate anzupassen. ³Stellt ein Mutterunternehmen erstmalig einen Konzernabschluss auf, sind die Wertansätze zum Zeitpunkt der Einbeziehung des Tochterunternehmens in den Konzernabschluss zugrunde zu legen, soweit das Tochterunternehmen nicht in dem Jahr Tochterunternehmen geworden ist, für das der Konzernabschluss aufgestellt wird. ⁴Das Gleiche gilt für die erstmalige Einbeziehung eines Tochterunternehmens, auf die bisher gemäß

§ 301 1 · 3. Buch. Handelsbücher

§ 296 verzichtet wurde. ⁵In Ausnahmefällen dürfen die Wertansätze nach Satz 1 auch in den Fällen der Sätze 3 und 4 zugrunde gelegt werden; dies ist im Konzernanhang anzugeben und zu begründen.

(3) ¹Ein nach der Verrechnung verbleibender Unterschiedsbetrag ist in der Konzernbilanz, wenn er auf der Aktivseite entsteht, als Geschäfts- oder Firmenwert und, wenn er auf der Passivseite entsteht, unter dem Posten „Unterschiedsbetrag aus der Kapitalkonsolidierung" nach dem Eigenkapital auszuweisen. ²Der Posten und wesentliche Änderungen gegenüber dem Vorjahr sind im Konzernanhang zu erläutern.

(4) Anteile an dem Mutterunternehmen, die einem in den Konzernabschluss einbezogenen Tochterunternehmen gehören, sind in der Konzernbilanz als eigene Anteile des Mutterunternehmens mit ihrem Nennwert oder, falls ein solcher nicht vorhanden ist, mit ihrem rechnerischen Wert, in der Vorspalte offen von dem Posten „Gezeichnetes Kapital" abzusetzen.

Übersicht

	Rn
1) Überblick	1
2) Erfolgswirksame Erstkonsolidierung (I)	2–4
A. Erstkonsolidierung	2
B. Eigenkapital	3
C. Rückstellungsbewertung	4
3) Bewertung zur Anteilswert- oder Neubewertungsmethode (I 2)	5, 6
A. Anteilswertansatz	5
B. Rechenbeispiele	6
4) Zeitpunkt der Wertansätze (II)	7
5) Unterschiedsbetrag (III)	8
6) Anteile an dem Mutterunternehmen, Rückbeteiligungen (IV)	9
7) Folgekonsolidierung	10

1) Überblick

1 § 301 betrifft die Kapitalkonsolidierung (Konsolidierung der Anteile des MutterUnt an einem TochterUnt). Dabei geht es um Kapitalkonsolidierung im Rahmen der Vollkonsolidierung (im Unterschied zur Quoten- und zur Equity-Konsolidierung (s § 300 Rn 1). **§ 301 schreibt zwingend die erfolgswirksame Erstkonsolidierung (angelsächsische Methode** im Gegensatz zur pooling of interests-Methode). Bei § 301 erfolgt die Verrechnung des Beteiligungswerts mit dem anteiligen Eigenkapital des TochterUnt **nicht jährlich** (deutsche Methode), **sondern nur einmal,** also wie wenn der Beteiligungserwerb eine Fusion zwischen Mutter- und TochterUnt darstellte. Dies kommt dem Ziel des § 297 III 1 (Darstellung des Konzerns als rechtliche Einheit) am nächsten. Die aktiven oder passiven Aufrechnungsdifferenzen (Unterschiedsbeträge, III), zu denen es bei dieser einmaligen Verrechnung kommt **(erfolgswirksame Erstkonsolidierung),** zwingen auch in den Folgejahren zu Fortschreibungen. Deswegen sind Erstkonsolidierung und **Folgekonsolidierungen** zu unterscheiden. Bei der erfolgswirksamen Erstkonsolidierung ist seit BilMoG allein die Neubewertungsmethode zulässig. Zur angelsächsischen Methode Küting/Zündorf BB **85,** 1166; zu den Methoden nach § 301 ADS 38, WP-Hdb I M 339. **Übergangsrecht** in **(1)** EGHGB Art 27, 66 (s Einl 64, 86 v § 238). **Lit** Me/Pro/Fi Kap 14 Tz 334 ff; Küting DStR **08,** 1396; Theile/Stahnke StuB **08,** 578; Ernst/Seidler ZGR **08,** 631; dies BB **09,** 766; Lüdenbach/Hoffmann StuB **09,** 287; Petersen/Zwirner StuB **09,** 335; Oser Konzern **09,** 521 (Kapitalkonsolidierung nach BilMoG); Klaholz/Stibi KoR **09,** 297 (sukzessiver Anteilserwerb besonders bei KMU vor

1216 *Merkt*

2. Abschnitt. Ergänzende Vorschriften für Kapitalgesellschaften 2–7 § 301

und nach BilMoG); Theile StuB **10**, 211 (Übergang auf BilMoG im Konzernabschluss); Pawelzik DB **10**, 2569 (Interessenzusammenschlüsse nach BilMoG und IFRS); Küting/Seel DB **11**, 1005; Oser/Kirsch/Ewelt-Knauer WPg **11**, 761 (DRS 19); Senger/Ewelt-Knauer/Hoehne WPg **12**, 83 (Auf- und Abstockung von Anteilen an Töchtern); Stibi WPg **12**, 755 (Auf- und Abstockung von Anteilen an Töchtern); Wirth/Weber/Dusemond/P. Küting DB **15**, 1053 (Kapitalkonsolidierung); Deubert/Lewe DB **15**, 49 (BilRUG 2015); Oser/Orth/Wirtz DB **15**, 1729 (BilRUG 2015); Theile BBK **15**, 702 (BilRUG 2015); Zwirner StuB **15**, Beilage 2/2015, 1 (BilRUG 2015); Busch/Zwirner DB **16**, 1772 (DRS 23); Kirsch IRZ **16**, 461 (Kapitalkonsolidierung mit nichtbeherrschenden Anteilen nach DRS 23); Kirsch/Engelke/Faber WPg **16**, 603 (Folgebewertung nach DRS 23 bei Geschäft- oder Firmenwertaufteilung); Pöller BC **16**, 451 (Passiver Unterschiedsbetrag nach BilRUG und DRS 23); Scheffler AG **16**, R84 (DRS 23); Zwirner AR **16**, 2 (Aufgaben des Aufsichtsrats).

2) Erfolgswirksame Erstkonsolidierung (I)

A. Nach **I 1** ist bei der erstmaligen Kapitalkonsolidierung der Wertansatz der 2 dem MutterUnt gehörenden gesellschaftsrechtlichen **Anteile** (nicht schuldrechtliche Titel wie Wandelschuldverschreibungen, Genussrechte, Optionsanleihen uä) an dem TochterUnt **mit** dem entsprechenden Betrag des **Eigenkapitals** des TochterUnt **zu verrechnen**. Der Aktivposten Anteilsbesitz wird also gegen den Passivposten Eigenkapital gesetzt, und nur der Unterschiedsbetrag geht in die Konzernbilanz ein. Erfasst werden **alle Anteile** des MutterUnt **an dem TochterUnt**; auch die indirekten (s § 290 Rn 14), die im Jahresabschluss des MutterUnt nicht ausgewiesenen; nicht die direkten und indirekten eigenen Anteile an dem MutterUnt (IV). **Lit** BeckBilKo 10 ff; Kirsch IRZ **16**, 461 (Kapitalkonsolidierung mit nichtbeherrschenden Anteilen nach DRS 23); Pöller BC **16**, 451 (Passiver Unterschiedsbetrag nach BilRUG und DRS 23); Scheffler AG **16**, R84 (DRS 23).

B. **Eigenkapital** des TochterUnt s §§ 266 III A I–V, 272. **I 2** regelt, dass dieses 3 Eigenkapital nach der Neubewertungsmethode (s Rn 8–9) zu bewerten ist; nicht mehr zulässig ist Bewertung anhand der Buchwertmethode.

C. **Rückstellungsbewertung** richtet sich nicht nach I 1, sondern nach § 253 4 I 2, 3 (**I 3**), s dort Rn 3; ansonsten wären sie mit dem zum Marktzins abgezinsten Erfüllungsbetrag anzusetzen, was bei der Konsolidierung zu Anpassungsschwierigkeiten führen würde. Für **latente Steuern** verweist I 3 daher auch auf § 274 II (keine Abzinsung).

3) Bewertung zur Anteilswert- oder Neubewertungsmethode (I 2)

A. **Anteilswertansatz:** Nach **I 2** ist das Eigenkapital des TochterUnt mit dem 5 Betrag anzusetzen, der dem beizulegenden Zeitwert aller in den Konzernabschluss aufzunehmenden Aktiva und Passiva des TochterUnt entspricht. Der Zeitwert ist der Wert nach § 255 IV an dem nach II gewählten Stichtag. Das Wahlrecht des I 2 aF zwischen Neubewertungs- und Buchwertmethode (s 36. Aufl Rn 5) wurde durch BilMoG aufgehoben. Grund: nach der Buchwertmethode keine Aufdeckung aller stiller Reserven und Lasten, sie widerspricht daher dem Reformziel besserer Adressateninformation. Nach der Neubewertungsmethode können nun auch Mindertheitsgesellschafter der TochterUnt besser an der Informationsfunktion des Konzernabschlusses partizipieren (RegE BilMoG 80).

B. **Rechenbeispiele:** Küting/Zündorf BB **85**, 1166. 6

4) Zeitpunkt der Wertansätze (II)

II 1 normiert für die Bestimmung des Zeitpunkts der nach I zu verrechnenden 7 Wertansätze den **Beginn der Mutter-Tochter-Beziehung** (§ 290 I, II). Das

§ 301 8–10　　　　　　　　　　　　　　　　　　　　3. Buch. Handelsbücher

Wahlrecht, auch den Zeitpunkt der erstmaligen Einbeziehung des TochterUnt oder den des Anteilserwerbs zu nehmen, wurde durch BilMoG aufgehoben, da eine Beteiligung keine zwingende Voraussetzung mehr für die Einbeziehung ist (s § 290 Rn 6). Können zum Beginn der Mutter-Tochterbeziehung die Wertansätze noch nicht endgültig ermittelt werden, sieht **II 2** nun eine **Erleichterung** dergestalt vor, dass sie auch noch während der folgenden 12 Monate (erfolgsneutral) angepasst werden können. Ist in einem Geschäftsjahr erstmals ein Konzernabschluss aufzustellen, kommt es auf die Wertansätze zum Zeitpunkt der Einbeziehung an, und zwar auch dann, wenn der Erwerb der Anteile an der Tochter oder der Eigenschaft TochterUnt schon länger zurück liegt, bevor erstmals ein Konzernabschluss aufgestellt wird, **II 3**, (vereinfacht durch BilRUG 2015). (**Übergangsrecht** in (**1**) EGHGB Art 75 II) unter Nichtausübung des Mitgliedstaatenwahlrechts in Art 24 III Buchst b BilRi 2013 zur Vereinfachung der erstmaligen Konsolidierung, RegBegr 90f (kein Rückgriff auf ursprüngliche Buchwerte). Entsprechendes gilt auch dann, wenn das TochterUnt erstmals einbeziehungspflichtig wird, weil bisher die Befreiung nach § 296 griff (II 4). **Lit** Lüdenbach/Freiberg BB **14**, 2219 (BilRUG 2015); Blöink/Knoll-Biermann Konzern **15**, 65 (BilRUG 2015); Deubert/Lewe DB **15**, 49 (BilRUG 2015); Oser/Orth/Wirtz DB **15**, 1729 (BilRUG 2015); Theile BBK **15**, 702 (BilRUG 2015); ders GmbHR **15**, 281 (GmbH- u GmbH & Co KG-Abschluss nach BilRUG); Wirth/Weber/Dusemond/P. Küting DB **15**, 1053 (Kapitalkonsolidierung); Zwirner StuB **15**, Beilage 2/2015, 1 (BilRUG 2015); ders AR **16**, 2 (Aufgaben des Aufsichtsrats).

5) Unterschiedsbetrag (III)

8　**III** betrifft mögliche Unterschiedsbeträge aus der Verrechnung nach I 1. Unterschiedsbeträge aus Einbeziehung mehrerer TochterUnt werden zu einem einheitlichen Unterschiedsbetrag zusammengefasst. Ist der Unterschiedsbetrag aktivisch, ist er als Geschäfts- oder Firmenwert auszuweisen. Ist er passivisch, ist er als Unterschiedsbetrag aus der Kapitalkonsolidierung auszuweisen (**III 1**). Erläuterung im Konzernanhang nach **III 2**. Abschreibung bzw Auflösung des Unterschiedsbetrags richtet sich gem § 309 nach § 253. Die Möglichkeit der Saldierung von aktivischen und passivischen Unterschiedsbeträgen (Ausweiswahlrecht, III 3 aF) wurde mit BilMoG aufgehoben. Die Beträge selbst sind getrennt fortzuschreiben (unterschiedlich erfolgswirksame Auflösungen). Behandlung des Unterschiedsbetrags aus der Kapitalkonsolidierung. **Lit** Oser Konzern **09**, 521; Preissler/Bressler BB **11**, 427; Welling/Lewang DB **11**, 2737; Kleinmanns StuB **14**, 475; Kirsch IRZ **16**, 461 (Kapitalkonsolidierung mit nichtbeherrschenden Anteilen nach DRS 23); Pöller BC **16**, 451 (Passiver Unterschiedsbetrag nach BilRUG und DRS 23).

6) Anteile an dem Mutterunternehmen, Rückbeteiligungen (IV)

9　IV idF BilMoG 2009 regelt die Bilanzierung von Anteilen am MutterUnt. Eigene Anteile des MutterUnt, und zwar nach IV auch Rückbeteiligungen, sind gem § 272 Ia mit ihrem Nennwert oder – falls nicht vorhanden – mit ihrem rechnerischen Wert in der Vorspalte offen vom gezeichneten Kapital (§ 272 Rn 1) abzusetzen. Die Tochter selbst hat Rückbeteiligungen im Einzelabschluss zwar zu aktivieren und eine entsprechende Rücklage zu bilden (§ 272 Rn 10), im Konzernabschluss werden Rückbeteiligungen jedoch, weil wirtschaftlich der Mutter zuzurechnen (§ 297 III 1), wie eigene Anteile der Mutter behandelt. Vgl § 314 I Nr 7 (Konzernanhang).

7) Folgekonsolidierung

10　§ 301 spricht unmittelbar nur von der Erstkonsolidierung. Die Kapitalkonsolidierung nach I bleibt aber nicht ohne Auswirkung auf die Folgejahre. Insbesonde-

2. Abschnitt. Ergänzende Vorschriften für Kapitalgesellschaften § 304

re sind bei der Beilegung des Zeitwerts nach der Anteilswertmethode, wenn es sich um abnutzbare Vermögensgegenstände handelt, in den Folgejahren zusätzliche Abschreibungen notwendig (Grundsatz der **Erfolgswirksamkeit** der Folgekonsolidierung). Abschreibung des nach III auszuweisenden Geschäfts- oder Firmenwerts in den Folgejahren s § 309 I; Auflösung des passivischen Unterschiedsbetrags s § 309 II. Anteilige Fremdzurechnung der Abschreibungen s § 307 Rn 2.
Lit Kirsch/Engelke/Faber WPg 16, 603 (Folgebewertung nach DRS 23 bei Geschäfts- oder Firmenwertaufteilung); Pöller BC **16**, 451 (Passiver Unterschiedsbetrag nach BilRUG und DRS 23); Scheffler AG 16, R84 (DRS 23).

302 *(aufgehoben)*

1) § 302 ersatzlos aufgehoben durch BilMoG 2009 (**Übergangsrecht** in (1)   1
Rn 1 EGHGB Art 66 V), s Einl v § 238 Rn 86.

Schuldenkonsolidierung

303 (1) **Ausleihungen und andere Forderungen, Rückstellungen und Verbindlichkeiten zwischen den in den Konzernabschluß einbezogenen Unternehmen sowie entsprechende Rechnungsabgrenzungsposten sind wegzulassen.**

(2) **Absatz 1 braucht nicht angewendet zu werden, wenn die wegzulassenden Beträge für die Vermittlung eines den tatsächlichen Verhältnissen entsprechenden Bildes der Vermögens-, Finanz- und Ertragslage des Konzerns nur von untergeordneter Bedeutung sind.**

1) Schuldenkonsolidierung durch Weglassung (I)

Alle Forderungen und Verbindlichkeiten (samt der anderen genannten Posten)   1
sind wegzulassen, wenn sie auf konzerninternen Beziehungen beruhen, denn sie würden sich bei einem einzigen Unternehmen (§ 297 III 1) aufheben. Problematisch sind die Fälle, in denen sich konzerninterne Forderung und Verbindlichkeit nicht völlig decken (Aufrechnungsdifferenzen), BeckBilKo 50 ff (für ergebniswirksame Behandlung im Entstehungsjahr, hA); die Verrechnung solcher Restbeträge ist aber möglich; umstritten ist, wie sich Aufrechnungsdifferenzen im Folgejahr auswirken, vgl MK/Haller 50 und GK BilR/Kraft 43. I gilt nicht für sich entsprechende Forderungen und Verbindlichkeiten verschiedener Konzernunt gegenüber Dritten, str, nach zutreffender Ansicht ist gem § 297 III 1 wie bei einem einzigen Unternehmen zu verfahren, also Verrechnungsverbot (§ 246 II) mit engen Ausnahmen zB bei aufrechenbarem Gegenüberstehen (§ 246 Rn 25–28). **Übergangsrecht** in (1) EGHGB Art 27 IV, s Einl 64 v § 238. **Lit** Me/Pro/Fi Kap 14 Tz 457 ff; Pollmann BC **16**, 271 (Aufrechnungsdifferenzen).

2) Wahlrecht bei untergeordneter Bedeutung (II)

Beträge, die (kumuliert) für das den tatsächlichen Verhältnissen entsprechende   2
Bild des Konzerns (§ 297 II 2) von untergeordneter Bedeutung sind, brauchen nicht eliminiert zu werden. Vgl § 296 II sowie §§ 304 II, 305 II, 308 II 3, 311 II, 313 II Nr 4 S 2 (Grundsatz der Wesentlichkeit).

Behandlung der Zwischenergebnisse

304 (1) **In den Konzernabschluß zu übernehmende Vermögensgegenstände, die ganz oder teilweise auf Lieferungen oder Leistungen zwischen in den Konzernabschluß einbezogenen Unternehmen beruhen, sind in**

§ 305

der Konzernbilanz mit einem Betrag anzusetzen, zu dem sie in der auf den Stichtag des Konzernabschlusses aufgestellten Jahresbilanz dieses Unternehmens angesetzt werden könnten, wenn die in den Konzernabschluß einbezogenen Unternehmen auch rechtlich ein einziges Unternehmen bilden würden.

(2) Absatz 1 braucht nicht angewendet zu werden, wenn die Behandlung der Zwischenergebnisse nach Absatz 1 für die Vermittlung eines den tatsächlichen Verhältnissen entsprechenden Bildes der Vermögens-, Finanz- und Ertragslage des Konzerns nur von untergeordneter Bedeutung ist.

1) Eliminierung von Zwischengewinnen und -verlusten (I)

1   § 304 regelt die Eliminierung von Zwischenergebnissen, anders als bisher auch von Zwischenverlusten. Bei **konzerninternen Lieferungen und Leistungen** kommt es zu Bilanzwertunterschieden bei den beiden Vertragspartnern, zB niedrigere Herstellungskosten beim Veräußerer, höherer Kaufpreis und damit Anschaffungskosten beim Erwerber. Solche Gewinne (Verluste) kämen innerhalb eines einzigen Unternehmens (zB zwischen dessen verschiedenen Betrieben) nicht zum Ansatz und müssen deshalb eliminiert werden (§§ 297 III 1, 304 I aE). Die Pflicht zur Herausrechnung von Zwischenergebnissen umfasst Gegenstände des Umlauf- und des Anlagevermögens, nicht hingegen Schuldposten. **I** bewirkt die Eliminierung durch Festsetzung von Wertober- und -untergrenzen für die in den Konzernabschluss zu übernehmenden Vermögensgegenstände. In der Konzernbilanz sind sie zum Stichtag nach den für das Mutterunternehmen geltenden Bewertungsregeln neu zu bewerten, so als bestünde ein einziges Unternehmen. Das Mutterunternehmen hat dabei im Rahmen von Bilanzierungswahlrechten die Möglichkeit, die Werte nach oben oder nach unten zu setzen (konzerninterne Herstellungskosten, § 255 II; §§ 252–256 (ohne § 254)), und dadurch den Umfang der Eliminierung zu beeinflussen. Aus der Behandlung wie ein einziges Unternehmen folgt, dass zB Verpackungs- und Transportkosten (obwohl beim Veräußerer nicht ansetzbare Vertriebskosten, s § 255 Rn 21) ansetzbar sind, Lizenzgebühren für konzerninterne Schutzrechte dagegen nicht, BeckBilKo 15. Konzerninterne Gemeinkosten sind, soweit nicht für bestimmte (zB Fertigungsgemeinkosten) Einrechnungspflicht nach § 255 II 2 besteht, nicht ansetzbar. Das gilt auch für Kosten allein infolge der rechtlichen Selbstständigkeit der Konzernunternehmen, zB Gebühren und Steuern bei Grundstücks- und Wertpapiergeschäften. Technik der Zwischenergebniseliminierung ADS 55. Währungsumrechnung s WP-Hdb I M 265. Die Erleichterung für die Zwischenerfolgseliminierung nach II aF wurde durch das TransPuG 2002 ersatzlos gestrichen (**Übergangsrecht** in **(1)** EGHGB Art 54), weil sie mit der Zielsetzung des Konzernabschlusses unvereinbar und international unbekannt ist, BTDrucks 14/8769 S 26. **Übergangsrecht** in **(1)** EGHGB Art 27 IV, s Einl 87v § 238. **Lit** Me/Pro/Fi Kap 14 Tz 478 ff; Theile GmbHR **15**, 281 (GmbH- u GmbH & Co KG-Abschluss nach BilRUG); Wirth/Weber/Dusemond/P. Küting DB **15**, 1053 (Kapitalkonsolidierung).

2) Wahlrecht bei untergeordneter Bedeutung (II)

2   S § 303 Rn 2.

Aufwands- und Ertragskonsolidierung

305 (1) In der Konzern-Gewinn- und Verlustrechnung sind

1. bei den Umsatzerlösen die Erlöse aus Lieferungen und Leistungen zwischen den in den Konzernabschluß einbezogenen Unternehmen mit den auf sie entfallenden Aufwendungen zu verrechnen, soweit sie nicht als Erhöhung des Bestands an fertigen und unfertigen Erzeugnissen oder als andere aktivierte Eigenleistungen auszuweisen sind,

2. Abschnitt. Ergänzende Vorschriften für Kapitalgesellschaften § 306

2. andere Erträge aus Lieferungen und Leistungen zwischen den in den Konzernabschluß einbezogenen Unternehmen mit den auf sie entfallenden Aufwendungen zu verrechnen, soweit sie nicht als andere aktivierte Eigenleistungen auszuweisen sind.

(2) Aufwendungen und Erträge brauchen nach Absatz 1 nicht weggelassen zu werden, wenn die wegzulassenden Beträge für die Vermittlung eines den tatsächlichen Verhältnissen entsprechenden Bildes der Vermögens-, Finanz- und Ertragslage des Konzerns nur von untergeordneter Bedeutung sind.

1) Eliminierung von Zwischenaufwendungen und -erträgen (I)

§ 305 regelt (wie § 304 für die Konzernbilanz) die Behandlung konzerninterner Lieferungen und Leistungen für die Konzern-Gewinn- und Verlustrechnung. Zwischenaufwendungen und -erträge (Begriffe entspr § 304) sind bei den Umsatzerlösen und anderen Erträgen (§ 275 II, III) zu verrechnen, soweit keine Bestandserhöhung an fertigen und unfertigen Erzeugnissen oder andere aktivierte Eigenleistungen vorliegen. Eine nur teilkonsolidierte oder nur in vereinfachter Form aufgestellte Konzern-Gewinn- und Verlustrechnung ist unzulässig. Die Verrechnung der Erträge erfolgt mit den auf sie entfallenden Aufwendungen (idR des Empfängers, in Sonderfällen des Leistenden). Zur vollkonsolidierten Konzern-Gewinn- und Verlustrechnung ADS 6 ff, zu den erfolgsneutral zu verrechnenden Posten BeckBilKo 11. **Lit** Me/Pro/Fi Kap 14 Tz 500 ff.

2) Wahlrecht bei untergeordneter Bedeutung (II)
S § 303 Rn 2.

Latente Steuern

306 [1] Führen Maßnahmen, die nach den Vorschriften dieses Titels durchgeführt worden sind, zu Differenzen zwischen den handelsrechtlichen Wertansätzen der Vermögensgegenstände, Schulden oder Rechnungsabgrenzungsposten und deren steuerlichen Wertansätzen und bauen sich diese Differenzen in späteren Geschäftsjahren voraussichtlich wieder ab, so ist eine sich insgesamt ergebende Steuerbelastung als passive latente Steuern und eine sich insgesamt ergebende Steuerentlastung als aktive latente Steuern in der Konzernbilanz anzusetzen. [2] Die sich ergebende Steuerbe- und die sich ergebende Steuerentlastung können auch unverrechnet angesetzt werden. [3] Differenzen aus dem erstmaligen Ansatz eines nach § 301 Abs. 3 verbleibenden Unterschiedsbetrages bleiben unberücksichtigt. [4] Das Gleiche gilt für Differenzen, die sich zwischen dem steuerlichen Wertansatz einer Beteiligung an einem Tochterunternehmen, assoziierten Unternehmen oder einem Gemeinschaftsunternehmen im Sinn des § 310 Abs. 1 und dem handelsrechtlichen Wertansatz des im Konzernabschluss angesetzten Nettovermögens ergeben. [5] § 274 Abs. 2 ist entsprechend anzuwenden. [6] Die Posten dürfen mit den Posten nach § 274 zusammengefasst werden.

1) Handelsbilanzielle Steuerabgrenzung

A. § 306 ergänzt § 274 für den Konzernabschluss. § 274 iVm § 298 I betrifft die **latenten Steuern** aus den dem Konzernabschluss zugrunde liegenden Jahresabschlüssen einschließlich ihrer Anpassung nach § 308. § 306 betrifft die nur infolge der Einbeziehung in den Konzernabschluss entstehenden latenten Steuern, zB bei erfolgswirksamen Konsolidierungsmaßnahmen (s § 301 Rn 2–4). Seit BilMoG gilt auch hier das temporary concept. Aktivische Unterschiedsbeträge (künftige Steuerentlastung) zwischen den Wertansätzen nach Handels- und Steuerbilanz zwingen (anders § 274 I, Wahlrecht) zur Bildung eines aktivischen Bilanzpostens (§ 266 II D), passive (künftige Steuerbelastung) zur Bildung eines

Merkt 1221

§ 307 1
3. Buch. Handelsbücher

passiven (§ 266 III E). Voraussetzung ist, dass sich die Differenzen in späteren Geschäftsjahren voraussichtlich ausgleichen. Unverrechneter Ansatz möglich aber nicht zwingend, S 2 (s § 274 Rn 5). Vgl auch § 274 Rn 1–7. Unterschiedsbeträge als Folge von § 301 III bleiben unberücksichtigt, ebenso solche wegen verschiedenem Ansatz nach Handels- und Steuerbilanz aus der Beteiligung an assoziierten, Tochter- oder GemeinschaftsUnt, S 3. Entsprechende Anwendung von § 274 II (s dort Rn 6). Zusammenfassung mit dem Posten nach § 274 möglich. **Lit** Me/Pro/Fi Kap 8 Tz 43 ff; Ellerbusch/Schlüter/Hofherr DStR **09**, 2443 (Abgrenzung latenter Steuern im Organkreis); Loitz DB **10**, 2177 (DRS 18); Wolz DB **10**, 2625 (latente Steuern im Konzernabschluss); Theile GmbHR **15**, 281 (GmbH- u GmbH & Co KG-Abschluss nach BilRUG); Wirth/Weber/Dusemond/P. Küting DB **15**, 1053 (Kapitalkonsolidierung); Bolik/Burek DStR **17**, 1624 (Hebung stiller Lasten nach §§ 4 f u 5 VII EStG).

2   B. Anders als das HGB unterscheidet **DRS 10** (Latente Steuern im Konzernabschluss) nicht zwischen der Steuerabgrenzung im Jahres- und im Konzernabschluss, sondern folgt **einstufigem Ansatz**: Vergleich Wertansätze der Vermögensgegenstände bzw Schuldposten im Konzernabschluss mit denen in den Steuerbilanzen der einbezogenen Unternehmen. Das führt zu umfassender Steuerabgrenzung, jedoch sind nach DRS 10.4 im Grundsatz nur ergebniswirksam entstandene Zeitdifferenzen einzubeziehen, deren Auflösung voraussichtlich zu Steuerbe- oder -entlastung führt. Dies entspricht dem **timing concept** (§§ 274 aF, 306 aF). Hingegen folgen die bilanzorientierten Ansatz des DRS, die Ausnahmeregel des DRS 10.16 (ergebnisneutrale entstandene Zeitdifferenzen werden in die Steuerabgrenzung einbezogen) und die Berücksichtigung quasi-permanenter Differenzen nach DRS 10.5 dem international üblichen und nun auch vom HGB übernommenen **temporary concept**, näher **Lit** Me/Pro/Fi Kap 8 Tz 1 ff; BeckBilKo 4; DRS 10 ersetzt durch DRS 18, dazu Loitz DB **10**, 2177.

Anteile anderer Gesellschafter

307 (1) In der Konzernbilanz ist für nicht dem Mutterunternehmen gehörende Anteile an in den Konzernabschluß einbezogenen Tochterunternehmen ein Ausgleichsposten für die Anteile der anderen Gesellschafter in Höhe ihres Anteils am Eigenkapital unter dem Posten „nicht beherrschende Anteile" innerhalb des Eigenkapitals gesondert auszuweisen.

(2) In der Konzern-Gewinn- und Verlustrechnung ist der im Jahresergebnis enthaltene, anderen Gesellschaftern zustehende Gewinn und der auf sie entfallende Verlust nach dem Posten „Jahresüberschuß/Jahresfehlbetrag" unter dem Posten „nicht beherrschende Anteile" gesondert auszuweisen.

1) Anteile anderer Gesellschafter am Kapital (I)

1   Hält das Mutterunt weniger als 100% der Anteile des in den Konzernabschluss einbezogenen (s § 296) TochterUnt, muss dies in der Konzernbilanz zum Ausdruck kommen. I schreibt deshalb insoweit die **Bildung eines Ausgleichspostens** unter dem Posten „nicht beherrschende Anteile" (eingefügt durch BilRU 2015, **Übergangsrecht** in **(1)** EGHGB Art 73 II) für die Anteile der anderen Gfter in Höhe ihres Anteils am Eigenkapital vor **(I)**. Indirekte Anteile des MutterUnt stehen direkten gleich (s § 290 Rn 14). Im mehrstufigen Konzern erfolgt die Konsolidierung durch Ketten- oder Simultankonsolidierung. Dabei sind Anschaffungskosten, die eine obere Tochter für Vermögensgegenstände, Geschäfts- oder Firmenwert und Schulden einer unteren Tochter (Enkelin) aufwendet (Anschaffungskosten der Beteiligung) für deren Bewertung im Konzern maßgebend (BeckBilKo 37, str). **Lit** Me/Pro/Fi Kap 14 Tz 59 ff; Müller/Kreipl KoR **10**, 280 (indirekte Anteile im mehrstufigen Konzern); Scholz BB **14**, 1003

2. Abschnitt. Ergänzende Vorschriften für Kapitalgesellschaften § 308

(Minderheitsbeteiligung bei Ergebnisabführungsvertrag); Busch/Zwirner DB **15**, 1772 (DRS 23); Theile GmbHR **15**, 281 (GmbH- u GmbH & Co KG-Abschluss nach BilRUG); Kirsch IRZ **16**, 461 (Kapitalkonsolidierung mit nichtbeherrschenden Anteilen nach DRS 23); Pöller BC **16**, 451 (Passiver Unterschiedsbetrag nach BilRUG und DRS 23); Pilhofer/Herr/Dömling DB **17**, 857 (bilanzanalytische Behandlung von Minderheitsanteilen).

2) Anteiliger Gewinn oder Verlust anderer Gesellschafter (II)

II korrigiert die Konzern-Gewinn- und Verlustrechnung. Der im Jahresergebnis enthaltene anteilige Gewinn oder Verlust anderer Gfter ist nach dem Posten „Jahresüberschuss/Jahresfehlbetrag" (§ 275 II Nr 20, III Nr 19) gesondert auszuweisen. Bei der Aufdeckung stiller Reserven, auch soweit sie auf andere Gfter entfallen, nach der Anteilswert- oder Neubewertungsmethode (s § 301 Rn 5) sind Abschreibungen in den Folgejahren den anderen Gftern anteilig zuzurechnen (Folgekonsolidierung, s § 301 Rn 10).

Fünfter Titel. Bewertungsvorschriften

Einheitliche Bewertung

308 (1) ¹Die in den Konzernabschluß nach § 300 Abs. 2 übernommenen Vermögensgegenstände und Schulden der in den Konzernabschluß einbezogenen Unternehmen sind nach den auf den Jahresabschluß des Mutterunternehmens anwendbaren Bewertungsmethoden einheitlich zu bewerten. ²Nach dem Recht des Mutterunternehmens zulässige Bewertungswahlrechte können im Konzernabschluß unabhängig von ihrer Ausübung in den Jahresabschlüssen der in den Konzernabschluß einbezogenen Unternehmen ausgeübt werden. ³Abweichungen von den auf den Jahresabschluß des Mutterunternehmens angewandten Bewertungsmethoden sind im Konzernanhang anzugeben und zu begründen.

(2) ¹Sind in den Konzernabschluß aufzunehmende Vermögensgegenstände oder Schulden des Mutterunternehmens oder der Tochterunternehmen in den Jahresabschlüssen dieser Unternehmen nach Methoden bewertet worden, die sich von denen unterscheiden, die auf den Konzernabschluß anzuwenden sind oder die von den gesetzlichen Vertretern des Mutterunternehmens in Ausübung von Bewertungswahlrechten auf den Konzernabschluß angewendet werden, so sind die abweichend bewerteten Vermögensgegenstände oder Schulden nach den auf den Konzernabschluß angewandten Bewertungsmethoden neu zu bewerten und mit den neuen Wertansätzen in den Konzernabschluß zu übernehmen. ²Wertansätze, die auf der Anwendung von für Kreditinstitute oder Versicherungsunternehmen wegen der Besonderheiten des Geschäftszweigs geltenden Vorschriften beruhen, dürfen beibehalten werden; auf die Anwendung dieser Ausnahme ist im Konzernanhang hinzuweisen. ³Eine einheitliche Bewertung nach Satz 1 braucht nicht vorgenommen zu werden, wenn ihre Auswirkungen für die Vermittlung eines den tatsächlichen Verhältnissen entsprechenden Bildes der Vermögens-, Finanz- und Ertragslage des Konzerns nur von untergeordneter Bedeutung sind. ⁴Darüber hinaus sind Abweichungen in Ausnahmefällen zulässig; sie sind im Konzernanhang anzugeben und zu begründen.

1) Einheitliche Bewertung durch das Mutterunternehmen (I)

A. **Einheitliche Bewertung:** Vollkonsolidierung nach § 300 bedeutet Neuaufstellung des Konzernabschlusses nach dem Recht des MutterUnt (s § 300 Rn 2–5). Dementsprechend sind nach **I 1** die nach 300 II übernommenen Vermögensgegenstände und Schulden der in den Konzernabschluss einbezogenen

Merkt 1223

§ 308 2–7

Unternehmen (TochterUnt u MutterUnt) einheitlich nach dem Recht des MutterUnt zu bewerten (Einheitstheorie). I 1 erlaubt also sämtliche für den Jahresabschluss des MutterUnt zulässigen Bewertungsmethoden auch für den Konzernabschluss, also nach §§ 252–256. Damit soll der Aufwand für die Neubewertung nach II möglichst gering gehalten werden (Begr E I § 289). Dies entspricht auch der Darstellung des Konzerns wie eines einzigen Unternehmens (§ 297 III 1). **Übergangsrecht** in (1) EGHGB Art 23 II 3, 27 IV, s Einl 60, 64 v § 238. **Lit** Me/Pro/Fi Kap 14 Tz 545 ff; IDW RS HFA 6, WPg **00**, 613; Hütteke/Diemer BB **00**, 2035; Budde/Steuber BB **00**, 971; Pawelzik/Theile DB **00**, 2385; Schurbohm/Streckenbach WPg **02**, 845; Niehus DB **02**, 53; Solfrian/Siebrasse StuB **04**, 111 (Umkehrmaßgeblichkeit im Konzern); Drewes DB **12**, 241 (Bewertungseinheiten).

2   B. **Bewertungswahlrechte:** Sie brauchen nur dann nicht einheitlich ausgeübt zu werden, wenn sie auch im Jahresabschluss eines einzigen Unternehmens unterschiedlich ausgeübt werden können (Begr EK § 289), zB unterschiedlicher Wertansatz bei gleichartigen Produkten verschiedener Tochterunt. Die Bewertungswahlrechte entstehen neu, unabhängig von ihrer Ausübung in den einzelnen Jahresabschlüssen (auch des MutterUnt), **I 2**. Die Neuausübung ist idR nur zum Zweck der Einheitlichkeit der Bewertung zulässig. Dies und die Neubewertung nach II können zu erheblichen Unterschieden zwischen Konzernabschluss und den zugrunde liegenden Jahresabschlüssen führen mit Konsequenzen für die Folgejahre (vgl § 301 Rn 10). Dann wird eine spezielle Konzernbuchführung notwendig.

3   C. **Angabepflicht:** Abweichungen von den Bewertungsmethoden im Konzernabschluss gegenüber denen im Jahresabschluss des MutterUnt (nicht der TochterUnt) sind nach I 1 erlaubt (kein Verstoß gegen die Bewertungsstetigkeit, §§ 252 I Nr 6, 297 II 2), aber nach **I 3** im Konzernanhang anzugeben und zu begründen; pauschale Begründungen (zB „auf Grund von Sonderfällen") sind unzureichend, BeckBilKo 17, str).

2) Neubewertung in den zugrunde liegenden Jahresabschlüssen (II)

4   A. **Neubewertung:** II stellt die einheitliche Bewertung nach I sicher. Je nach den für das MutterUnt geltenden Bewertungsvorschriften besteht Neubewertungspflicht oder Neubewertungswahlrecht. Diese Neubewertung erstreckt sich auf alle in den Konzernabschluss aufzunehmenden Vermögensgegenstände und Schulden sowohl des MutterUnt als auch der TochterUnt. Die Neubewertung ist in den einzelnen Jahresabschlüssen, also nicht sofort im Konzernabschluss, vorzunehmen und von dort erst in den Konzernabschluss zu übertragen **(II 1)**.

5   B. **Besondere Geschäftszweige:** II 2 begründet ein Beibehaltungswahlrecht für die nach Sondervorschriften des Geschäftszweigs gebildeten Wertansätze bei Kreditinstituten und Versicherungsunternehmen (s §§ 340e–g und vor Einführung der §§ 341 ff noch § 56 I VAG aF), zB stille Reserven, versicherungstechnische Rückstellungen. Aber Hinweis im Konzernanhang, II 2 2 Halbs.

6   C. **Beibehaltungswahlrecht bei untergeordneter Bedeutung:** Zu II 3 vgl § 303 Rn 2.

7   D. **Unbestimmte Ausnahmen:** II 4 erlaubt darüber hinaus Abweichungen in nicht näher konkretisierten Ausnahmefällen, aber unter Angabe- und Begründungspflicht. Gesetzgeberische Vorstellungen dazu bestanden offenbar nicht (Übernahme aus EG-Ri). In Betracht kommen Unmöglichkeit oder wirtschaftliche Unzumutbarkeit der Neubewertung oder unverhältnismäßige Verzögerung durch die Neubewertung, BeckBilKo 32. II 4 ist dem Zweck der Konzernrechnungslegung eng auszulegen. II 4 kommt zB in Frage, wenn bei einem neu erworbenen TochterUnt die Bewertungsanpassung zu einer unverhältnismäßigen

2. Abschnitt. Ergänzende Vorschriften für Kapitalgesellschaften 1, 2 § 308a

Verzögerung und damit zur Nichteinbeziehung (§ 296 I Nr 2) führen würde, ADS 50.

3) Ausschluss der Umkehrmaßgeblichkeit im Konzernabschluss

Die nach III aF zulässige Übernahme der zu übernehmenden Gegenstände oder 8 Schulden im Jahresabschluss eines in den Konzernabschluss einbezogenen Unternehmens mit einem nur nach Steuerrecht (vor BilMoG dort noch) zulässigen Bilanzwert wurde für den Konzernabschluss schon durch das TransPuG 2002 ersatzlos gestrichen (**Übergangsrecht** in (1) EGHGB Art 54). Dadurch soll die international unübliche Beeinträchtigung der Aussagekraft der Handelsbilanz durch steuerliche Bewertungsregeln vermindert werden, BTDrucks 14/8769 S 26.

Umrechnung von auf fremde Währung lautenden Abschlüssen

308a [1] **Die Aktiv- und Passivposten einer auf fremde Währung lautenden Bilanz sind, mit Ausnahme des Eigenkapitals, das zum historischen Kurs in Euro umzurechnen ist, zum Devisenkassamittelkurs am Abschlussstichtag in Euro umzurechnen.** [2] **Die Posten der Gewinn- und Verlustrechnung sind zum Durchschnittskurs in Euro umzurechnen.** [3] **Eine sich ergebende Umrechnungsdifferenz ist innerhalb des Konzerneigenkapitals nach den Rücklagen unter dem Posten „Eigenkapitaldifferenz aus Währungsumrechnung" auszuweisen.** [4] **Bei teilweisem oder vollständigem Ausscheiden des Tochterunternehmens ist der Posten in entsprechender Höhe erfolgswirksam aufzulösen.**

1) Umrechnung nach Stichtagsmethode:

§ 308a wurde eingefügt durch BilMoG (**Übergangsrecht** in (1) EGHGB 1 Art 66 III) und ergänzt § 256a nF um Regelungen zur Währungsumrechnung im Konzernabschluss. Vorher waren keine gesetzl Regelungen vorhanden, aber **DRS 14**. Umrechnung in Euro aller auf fremde Währung lautender Aktiva und Passiva erfolgt am Bilanzstichtag zum Divisenkassamittelkurs (§ 256a Rn 2) mit Ausnahme des Eigenkapitals, das zum historischen Kurs umzurechnen ist (S 1). Dieses Verfahren entspricht der Stichtagsmethode; sie geht davon aus, dass das ausländische TochterUnt bei wirtschaftlicher Betrachtung von der Mutter unabhängig und selbstständig tätig wird, Baetge/Kirsch/Theile Konzernbilanzen 184. Das Gegenmodell, nämlich wenn die Tochter als Betriebsstätte der Mutter einzustufen wäre, verlangt schon Buchung in Euro (Zeitbezugsmethode). Ob das eine oder das andere der Fall ist, soll sich gemäß der Konzeption der funktionalen Währung danach richten, ob Mutter und Tochter ihre Geschäfte in derselben Währung abwickeln. Jedoch führt die Zeitbezugsmethode zu praktischen Schwierigkeiten und einigen Ungenauigkeiten, vgl Baetge/Kirsch/Theile Konzernbilanzen 186 ff, weshalb der Gesetzgeber mit § 308a nun grds die Stichtagsmethode vorschreibt, RegE BilMoG 84. Keine Anwendung der Norm auf Abschlüsse aus Hochinflationsländern, RegE BilMoG 84. **Lit** Me/Pro/Fi Kap 14 Tz 571 ff; Küting/Mojadadr DB **08**, 1869; Ernst/Seidler BB **09**, 766; Lüdenbach/Hoffmann StuB **09**, 287; Deubert DStR **09**, 340; Roos DStR **14**, 1508 (Umrechnung bei at equity bilanzierten Auslandsbeteiligungen); Pöller BC **17**, 178 (Währungsumrechnung nach DRS 23).

2) GuV-Posten nach Durchschnittskurs:

Umrechnung der Posten aus GuV erfolgt nach S 2 nicht wie beim Eigenkapital 2 zum (systematisch richtigen) historischen Kurs, sondern aus Vereinfachungsgründen zum Durchschnittskurs. Eine sich aus der Umrechnung ergebende Eigenkapitaldifferenz ist innerhalb des Konzerneigenkapitals nach den Rücklagen unter gesondert bezeichnetem Posten auszuweisen, S 3, dieser Posten bei teilweisem oder vollständigem Ausscheiden der Tochter erfolgswirksam aufzulösen, S 4.

Merkt

§ 310

Behandlung des Unterschiedsbetrags

309 (1) Die Abschreibung eines nach § 301 Abs. 3 auszuweisenden Geschäfts- oder Firmenwertes bestimmt sich nach den Vorschriften des Ersten Abschnitts.

(2) Ein nach § 301 Absatz 3 auf der Passivseite auszuweisender Unterschiedsbetrag kann ergebniswirksam aufgelöst werden, soweit ein solches Vorgehen den Grundsätzen der §§ 297 und 298 in Verbindung mit den Vorschriften des Ersten Abschnitts entspricht.

1) Abschreibung (I)

1 Ein bei der ertragswirksamen Erstkonsolidierung nach § 301 I entstehender **aktivischer Unterschiedsbetrag** ist nach § 301 III als Geschäfts- oder Firmenwert auszuweisen (s § 301 Rn 8). Dieser gilt gem § 246 I 4 als begrenzt abnutzbarer Vermögensgegenstand und ist folglich planmäßig oder außerplanmäßig abzuschreiben (§ 246 Rn 10). I stellt klar, dass sich dies auch für den den Fall des § 301 III nach den Vorschriften des ersten Abschnitts, also §§ 246 I 4, 253 richtet (s dort Rn 8 ff, 26). Wertaufholungsverbot nach § 253 V 2; Angabe im Anhang bei Abschreibung über mehr als fünf Jahre (§ 314 I Nr 20). Lit Me/Pro/Fi Kap 14 Tz 592 ff; Küting DB **11**, 2821; Kleinmanns StuB **14**, 475; Zwirner StuB **15**, Beilage 2/2015, 1 (BilRUG 2015); Kirsch IRZ **16**, 461 (Kapitalkonsolidierung mit nichtbeherrschenden Anteilen nach DRS 23); Kirsch/Engelke/Faber WPg **16**, 603 (Folgebewertung nach DRS 23 bei Geschäfts- oder Firmenwertaufteilung); Scheffler AG **16**, R84.

2) Auflösung (II)

2 II regelt die Übertragung eines negativen Unterschiedsbetrags aus der Kapitalkonsolidierung (in der Regel eines Geschäfts- oder Firmenwertes) auf die KonzernGuV nach § 301 I, III. Anders als nach früherem Recht (s 36. Aufl. Rn 2) ist die Übertragung immer dann möglich und sinnvoll, wenn die ergebniswirksame Vereinnahmung den allgemeinen Bewertungsgrundsätzen und -methoden entspricht. Die Änderung durch das BilRUG 2015 (**Übergangsrecht in (1) EGHGB Art 75 II**) beruht auf der insoweit geänderten Fassung der BilRi 2013 (Art 24 III Buchst f), RegBegr 91. Lit Lüdenbach/Freiberg BB **14**, 2219 (BilRUG 2015); Blöink/Knoll-Biermann Konzern **15**, 65 (BilRUG 2015); Deubert/Lewe DB **15**, 49 (BilRUG 2015); krit Haaker StuB **15**, 11; Oser/Orth/Wirtz DB **15**, 197 (BilRUG 2015); Theile GmbHR **15**, 281 (GmbH- u GmbH & Co KG-Abschluss nach BilRUG); ders BBK **15**, 702 (BilRUG 2015); Zwirner StuB **15**, Beilage 2/2015, 1 (BilRUG 2015); Kirsch IRZ **16**, 461 (Kapitalkonsolidierung mit nichtbeherrschenden Anteilen nach DRS 23); Pöller BC **16**, 451 (Passiver Unterschiedsbetrag nach BilRUG und DRS 23); Scheffler AG **16**, R84; Zwirner AR **16**, 2 (Aufgaben des Aufsichtsrats).

Sechster Titel. Anteilmäßige Konsolidierung

Anteilmäßige Konsolidierung

310 (1) Führt ein in einen Konzernabschluß einbezogenes Mutter- oder Tochterunternehmen ein anderes Unternehmen gemeinsam mit einem oder mehreren nicht in den Konzernabschluß einbezogenen Unternehmen, so darf das andere Unternehmen in den Konzernabschluß entsprechend den Anteilen am Kapital einbezogen werden, die dem Mutterunternehmen gehören.

2. Abschnitt. Ergänzende Vorschriften für Kapitalgesellschaften §311

(2) **Auf die anteilmäßige Konsolidierung sind die §§ 297 bis 301, §§ 303 bis 306, 308, 308a, 309 entsprechend anzuwenden.**

1) Voraussetzungen der Quotenkonsolidierung (I)

Die **anteilsmäßige oder Quotenkonsolidierung** (6. Titel, § 310) bedeutet 1 im Gegensatz zur Vollkonsolidierung Einbeziehung der Aktiva und Passiva des TochterUnt in den Konzernabschluss nur quotal, also nur entsprechend dem Anteil des MutterUnt. Dieses Konsolidierungsverfahren führt zu Verzerrungen und ist deshalb nach § 300 grundsätzlich wie schon bisher **unzulässig.** § 310 macht eine **Ausnahme für GemeinschaftsUnt**, also ein Unternehmen, das von zwei oder mehreren Gftern idR zu gleichen Anteilen (Berechnung § 271 I 4 HGB, § 16 IV AktG) und mit gleichen Rechten geführt wird. Das GemeinschaftsUnt kann auf der Ebene des MutterUnt oder eines TochterUnt (jeweils nur KapitalGes) bestehen. Das GemeinschaftsUnt selbst ist nicht TochterUnt seiner Gfter (Begr EK § 291). Begriff des GemeinschaftsUnt s GK BilR/Kraft 12. Einer der Gfter des Gemeinschaftsunt muss ein nicht in den Konzernabschluss einbezogenes Unternehmen sein. Das Quotenkonsolidierungsverfahren ist eine Alternative zur Equity-Konsolidierung (§§ 311, 312), nicht zur Vollkonsolidierung (AmtlBegr). Liegen die **Voraussetzungen der Vollkonsolidierung** vor, folgt, dass das **Wahlrecht des § 310 entfällt**, ADS 6, WP-Hdb I M 73, nach aA kann das GemeinschaftsUnt § 290 gar nicht erfüllen, BeckBilKo 5, str. Beherrschender Einfluss iSv § 290 I (s § 290 Rn 9–13) kann aber auch durch zwei oder mehrere MutterUnt bei einem GemeinschaftsUnt gegeben sein. BGH **74**, 367; **80**, 73, GK BilR/Kindler § 290 Rn 73. Konsequent fallen diese Fälle nicht unter § 310. Vielmehr verbleiben nur solche GemeinschaftsUnt, bei denen zB mangels einigermaßen beständig gleichgerichteten Interessenlagen der Gfter eine einheitliche Leitung zu verneinen ist; aA AmtlBegr: Vollkonsolidierung bei ge 50%igen Gemeinschaftsunt führe durch die aufgeblähte Bilanzsumme und Umsatzerlöse irre. Liegen die Voraussetzungen der Equity-Konsolidierung (§§ 311, 312) und nicht der Vollkonsolidierung vor, kann statt ihrer die Quotenkonsolidierung gewählt werden. **Lit** Me/Pro/Fi Kap 15 Tz 1 ff; Küting DB **11**, 2821; Pollmann DStR **14**, 1732 (nicht einbezogene Töchter im Konzernabschluss).

2) Durchführung der Quotenkonsolidierung (II)

Die Durchführung richtet sich nach §§ 297–301, 303–306, 308, 308a (BilMoG 2 2009), 309. Nur bezieht sich die Konsolidierung (des Kapitals, der Schulden, der Zwischenergebnisse, der Aufwände und Erträge) allein auf die Quote. Technik der Quotenkonsolidierung ADS 27. Angaben über anteilsmäßig einbezogene Unternehmen im Konzernanhang nach §§ 313, 314. **Lit** Roos DStR **14**, 1508 (Währungsumrechnung bei at equity bilanzierten Auslandsbeteiligungen).

Siebenter Titel. Assoziierte Unternehmen

Definition. Befreiung

311 (1) ¹Wird von einem in den Konzernabschluß einbezogenen Unternehmen ein maßgeblicher Einfluß auf die Geschäfts- und Finanzpolitik eines nicht einbezogenen Unternehmens, an dem das Unternehmen nach § 271 Abs. 1 beteiligt ist, ausgeübt (assoziiertes Unternehmen), so ist diese Beteiligung in der Konzernbilanz unter einem besonderen Posten mit entsprechender Bezeichnung auszuweisen. ²Ein maßgeblicher Einfluß wird vermutet, wenn ein Unternehmen bei einem anderen Unternehmen mindestens den fünften Teil der Stimmrechte der Gesellschafter innehat.

(2) **Auf eine Beteiligung an einem assoziierten Unternehmen brauchen Absatz 1 und § 312 nicht angewendet zu werden, wenn die Beteiligung für die**

§ 311 1–4   3. Buch. Handelsbücher

Vermittlung eines den tatsächlichen Verhältnissen entsprechenden Bildes der Vermögens-, Finanz- und Ertragslage des Konzerns von untergeordneter Bedeutung ist.

1) Ausweis als assoziiertes Unternehmen (I)

1   A. **Definition:** I 1 enthält eine Legaldefinition des assoziierten Unternehmens, sa Müller, Stefan/Wobbe StuB **14**, 83. Erforderlich sind danach:

   a) **Ausübung eines maßgeblichen Einflusses** durch ein in den Konzernabschluss einbezogenes Unternehmen (KapitalGes) auf die Geschäfts- und Finanzpolitik eines anderen Unternehmens (auch NichtKapitalGes);

   b) **Beteiligung** des Einfluss nehmenden Unternehmens an dem anderen iSv § 271 I;

   c) **Nichteinbeziehung** des beeinflussten Unternehmens in den Konzernabschluss mittels **Vollkonsolidierung** (§ 300) **oder Quotenkonsolidierung** (§ 310). Das letztere Merkmal spiegelt das Rangverhältnis der Konsolidierungsverfahren nach §§ 300, 310, 311 (s § 300 Rn 1) wider; § 311 ist ihnen gegenüber ein **Auffangtatbestand**. Damit ist zugleich klargestellt, dass die **maßgebliche Einflussnahme** ein Minus zum beherrschenden Einfluss (s § 290 Rn 9–13) ist. Nach I 1 muss der Einfluss maßgeblich sein, also auf gewisse Dauer angelegt und ein solcher von einer gewissen Bedeutung, so wie ihn idR eine mindestens 20%ige Beteiligung (vgl Vermutung nach I 2) gibt. Eine gesellschaftsrechtliche Vermittlung des Einflusses wie beim beherrschenden Einfluss (s § 290 Rn 9–13) ist nicht nötig; wirtschaftlicher Einfluss (finanzielle oder personelle Verflechtung, maßgebliche Kreditbeziehung, technologische Abhängigkeit ua) ist ausreichend. Eine Sperrminorität genügt nicht. Einflussnahme nur gelegentlich reicht nicht aus. Der maßgebliche Einfluss muss sich nach I 1 **auf die Geschäfts- und Finanzpolitik** des anderen Unternehmens beziehen. Das ist nicht kumulativ gemeint (DRS 8.3 „Geschäfts- oder Finanzpolitik"). Einfluss auf die Finanzpolitik kann uU ausreichen, wenn letztere besonders bedeutsam und/oder der Einfluss besonders ausgeprägt ist, ADS 22, str, aA GK/Marsch-Barner 6. Umgekehrt ist nicht Einfluss auf alle wesentlichen Geschäftsbereiche nötig. Der Einfluss muss **ausgeübt** werden. Bloße Möglichkeit der Einflussnahme genügt nicht. Indirekter maßgeblicher Einfluss s § 312 Rn 9. **Lit** Me/Pro/Fi Kap 16 Tz 1 ff; Pollmann DStR **14**, 1732 (nicht einbezogene Töchter im Konzernabschluss); Beyer/Hachmeister WPg **15**, 27 (proportionale Kapitalerhöhung bei assoziierten Unternehmen); Fröhlich IRZ **17**, 22 (Anteilsbewertung bei wechselseitigen Beteiligungen).

2   B. **Ausweis:** Die Beteiligung nach I 1 ist in der Konzernbilanz unter dem Posten „Beteiligungen an assoziierten Unternehmen" auszuweisen und entsprechend zu bezeichnen. **Übergangsrecht** in (1) EGHGB Art 23 II 3, 27 III, s Einl 60, 64 v § 238.

3   C. **Vermutung:** Bei einem Stimmrechtsanteil von mindestens 20 % wird nach I 2 der maßgebliche Einfluss (widerleglich) vermutet. Diese Vermutung wird durch den Nachweis widerlegt, dass ein maßgeblicher Einfluss tatsächlich nicht ausgeübt wird, aber idR nicht durch bloße verbale Erklärungen (vgl § 271 Rn 4). Zur Widerlegung genügt aber auch schon, dass die für die Anwendung der Equity-Methode erforderlichen Angaben nicht erhältlich sind (Bspe für Informationshindernisse bei BeckBilKo 18) oder die Rechte aus der Beteiligung nicht geltend gemacht werden können (Begr EK § 292: Ratsprotokollvermerk).

2) Wahlrecht bei untergeordneter Bedeutung (II)

4   Vgl § 303 Rn 2. **Lit** Müller, Stefan/Wobbe StuB **14**, 83; Pollmann DStR **14**, 1732 (nicht einbezogene Töchter im Konzernabschluss).

2. Abschnitt. Ergänzende Vorschriften für Kapitalgesellschaften § 312

Wertansatz der Beteiligung und Behandlung des Unterschiedsbetrags

312 (1) ¹Eine Beteiligung an einem assoziierten Unternehmen ist in der Konzernbilanz mit dem Buchwert anzusetzen. ²Der Unterschiedsbetrag zwischen dem Buchwert und dem anteiligen Eigenkapital des assoziierten Unternehmens sowie ein darin enthaltener Geschäfts- oder Firmenwert oder passiver Unterschiedsbetrag sind im Konzernanhang anzugeben.

(2) ¹Der Unterschiedsbetrag nach Absatz 1 Satz 2 ist den Wertansätzen der Vermögensgegenstände, Schulden, Rechnungsabgrenzungsposten und Sonderposten des assoziierten Unternehmens insoweit zuzuordnen, als deren beizulegender Zeitwert höher oder niedriger ist als ihr Buchwert. ²Der nach Satz 1 zugeordnete Unterschiedsbetrag ist entsprechend der Behandlung der Wertansätze dieser Vermögensgegenstände, Schulden, Rechnungsabgrenzungsposten und Sonderposten im Jahresabschluss des assoziierten Unternehmens im Konzernabschluss fortzuführen, abzuschreiben oder aufzulösen. ³Auf einen nach Zuordnung nach Satz 1 verbleibenden Geschäfts- oder Firmenwert oder passiven Unterschiedsbetrag ist § 309 entsprechend anzuwenden. ⁴§ 301 Abs. 1 Satz 3 ist entsprechend anzuwenden.

(3) ¹Der Wertansatz der Beteiligung und der Unterschiedsbetrag sind auf der Grundlage der Wertansätze zu dem Zeitpunkt zu ermitteln, zu dem das Unternehmen assoziiertes Unternehmen geworden ist. ²Können die Wertansätze zu diesem Zeitpunkt nicht endgültig ermittelt werden, sind sie innerhalb der darauf folgenden zwölf Monate anzupassen. ³§ 301 Absatz 2 Satz 3 bis 5 gilt entsprechend.

(4) ¹Der nach Absatz 1 ermittelte Wertansatz einer Beteiligung ist in den Folgejahren um den Betrag der Eigenkapitalveränderungen, die den dem Mutterunternehmen gehörenden Anteilen am Kapital des assoziierten Unternehmens entsprechen, zu erhöhen oder zu vermindern; auf die Beteiligung entfallende Gewinnausschüttungen sind abzusetzen. ²In der Konzern-Gewinn- und Verlustrechnung ist das auf assoziierte Beteiligungen entfallende Ergebnis unter einem gesonderten Posten auszuweisen.

(5) ¹Wendet das assoziierte Unternehmen in seinem Jahresabschluß vom Konzernabschluß abweichende Bewertungsmethoden an, so können abweichend bewertete Vermögensgegenstände oder Schulden für die Zwecke der Absätze 1 bis 4 nach den auf den Konzernabschluß angewandten Bewertungsmethoden bewertet werden. ²Wird die Bewertung nicht angepaßt, so ist dies im Konzernanhang anzugeben. ³Die §§ 304 und 306 sind entsprechend anzuwenden, soweit die für die Beurteilung maßgeblichen Sachverhalte bekannt oder zugänglich sind.

(6) ¹Es ist jeweils der letzte Jahresabschluß des assoziierten Unternehmens zugrunde zu legen. ²Stellt das assoziierte Unternehmen einen Konzernabschluß auf, so ist von diesem und nicht vom Jahresabschluß des assoziierten Unternehmens auszugehen.

Übersicht

	Rn
1) Equity- oder Eigenkapitalmethode (I)	1
2) Buchwertmethode (I 1)	2, 3
A. Buchwertansatz	2
B. Unterschiedsbetrag	3
3) Unterschiedsbetrag (II)	4
4) Zeitpunkt der Wertansätze (III)	5
5) Fortschreibung des Wertansatzes der Beteiligung (IV)	6

Merkt

§ 312 1–4　　　　　　　　　　　　　　　　3. Buch. Handelsbücher

	Rn
6) Neubewertungswahlrecht zwecks einheitlicher Bewertung (V 1, 2)	7
7) Eliminierung von Zwischenergebnissen und -verlusten (V 3, 4 nF)	8
8) Letzter Jahresabschluss, Konzernabschluss des assoziierten Unternehmens (VI)	9

1) Equity- oder Eigenkapitalmethode (I)

1 § 312 regelt die Equity- oder Eigenkapitalmethode trotz der Parallelen zur Kapitalkonsolidierung nach der Methode der Vollkonsolidierung (§ 301) selbstständig ohne Verweisung auf diese. Die Equity-Methode ist eine vereinfachte, angelsächsische Konsolidierungsform, die die Konsolidierung auf die Beteiligung (und zT auf die Eliminierung von Zwischenergebnissen, V 3) beschränkt. Dabei wird beim ersten Mal der Wertansatz der Beteiligung (idR Anschaffungskosten) in der Bilanz des MutterUnt mit dem anteiligen Eigenkapital des assoziierten Unternehmens verglichen und danach der Wertansatz in der Konzernbilanz gebildet. Seit BilMoG (**Übergangsrecht** in (1) EGHGB Art 66 V) allein zulässig ist die Buchwertmethode. In den Folgejahren werden Veränderungen des Eigenkapitals des assoziierten Unternehmens jeweils im Konzernabschluss dem Wertansatz der Beteiligung erfolgswirksam zu- oder abgeschrieben; Dividenden werden abgesetzt (IV). Die Equity-Methode versucht also den Wert der Beteiligung und seine jährlichen Veränderungen zu zeigen und die Beteiligungserträge periodengerecht auszuweisen. **Lit** Me/Pro/Fi Kap 16 Tz 41 ff; Ernst/Seidler BB **09**, 766; Lüdenbach/Hoffmann StuB **09**, 287; Oser PiR **09**, 121; Petersen/Zwirner StuB **09**, 335; Melcher/Murer DB **10**, 1597 (Auswirkungen des BilMoG auf die Equity-Methode); Küting DB **11**, 2821; Küting/Seel DB **11**, 1005; Kahle/Hiller DB **14**, 500 (Anschaffungsnebenkosten beim Beteiligungserwerb); Roos DStR **14**, 1508 (at equity bilanzierte Auslandsbeteiligung); Stefan/Wobbe StuB **14**, 83 (assoziierte Unternehmen); Beyer/Hachmeister WPg **15**, 27 (proportionale Kapitalerhöhung bei assoziierten Unternehmen); Deubert/Lewe DB **15**, 49 (BilRUG 2015); Zwirner StuB **15**, Beilage 2/2015, 1 (BilRUG 2015); ders AR **16**, 2 (Aufgaben des Aufsichtsrats); Zwirner/Busch/Boecker Konzern **16**, 287 (Aufgaben des Aufsichtsrats).

2) Buchwertmethode (I 1)

2　A. **Buchwertansatz:** Nach I 1 ist die Beteiligung in der Konzernbilanz mit dem Buchwert, also idR Anschaffungskosten, anzusetzen. I 1 gestattet also die Beibehaltung des Buchwerts aus der Bilanz des MutterUnt (anders § 301: angepasste Buchwerte aus der Bilanz des TochterUnt, s § 301 Rn 5). Die Möglichkeit der Wahl auch der Kapitalanteilsmethode wurde durch BilMoG aufgehoben. Die Entscheidung zugunsten der Buchwertmethode wird damit begründet, sie sei die in Deutschland praktisch anerkannte, RegE BilMoG 85. Nach IFRS ist allerdings allein die Kapitalanteilsmethode vorgesehen.

3　B. **Unterschiedsbetrag:** Nach I 2 ist der Unterschiedsbetrag zwischen dem Buchwert nach I 1 und dem anteiligen Eigenkapital des assoziierten Unternehmens sowie ein darin enthaltener Geschäfts- oder Firmenwert gesondert kenntlich zu machen (Angabe im Konzernanhang) und wie bei Vollkonsolidierung auf anteilige stille Reserven und Geschäfts- oder Firmenwert aufzuteilen, II 1.

3) Unterschiedsbetrag (II)

4　Nach II 1 ist der Unterschiedsbetrag nach I 2 den Wertansätzen von Vermögensgegenständen und Schulden des assoziierten Unternehmens zuzuordnen. Zu diesem Zweck sind die Gründe für den Unterschiedsbetrag (stille Reserven ua) zu ermitteln. Liegen diese bei verschiedenen Posten, so ist der Unterschieds-

2. Abschnitt. Ergänzende Vorschriften für Kapitalgesellschaften 5–7 § 312

betrag auf diese entsprechend zu verteilen. Nach **II 2** ist der nach II 1 zugeordnete Betrag in den **Folgejahren** im Konzernabschluss entsprechend zu behandeln wie die zugehörigen Wertansätze im Jahresabschluss des assoziierten Unternehmens. Er ist also parallel dazu fortzuführen, abzuschreiben oder aufzulösen. Nach **II 3** ist ein Unterschiedsbetrag, der nach Zuordnung nach II 1 verbleibt, entsprechend § 309 zu behandeln also Abschreibung, Auflösung nach den Vorschriften des ersten Abschnitts, nach II 4, der auf § 301 I 3 verweist, unter Berücksichtigung der besonderen Regeln für Rückstellungen (§ 253 I 2, 3) und latenten Steuern (§ 274 II). **Lit** Roos DStR **14**, 1508 (Währungsumrechnung bei at equity bilanzierten Auslandsbeteiligungen).

4) Zeitpunkt der Wertansätze (III)

III 1 sieht für die Bestimmung des Werts der Beteiligung den Zeitpunkt vor, zu dem das Unternehmen ein assoziiertes geworden ist. Lässt er sich noch nicht ermitteln, ist er innerhalb der nächsten 12 Monate anzupassen (**III 2**). Das entspricht § 301 II nF (s dort Rn 7). Um Schwierigkeiten zu vermeiden, die für assoziierte Unternehmen im Fall der schon früher bestehender Beteiligung bei der erstmaligen Aufstellung des Konzernabschlusses aus der zwingenden Anwendung der Wertansätze zum Zeitpunkt der Entstehung der Assoziierung resultieren können, hat das BilRUG 2015 (**Übergangsrecht** in (**1**) EGHGB Art 75 II) in Einklang mit Art 27 II Unterabsatz 1 BilRi 2013 für diese Fälle die Erleichterungen des § 301 II 3 u 4 für entsprechend anwendbar erklärt (**III 3**). **Lit** Lüdenbach/Freiberg BB **14**, 2219 (BilRUG 2015); Müller, Stefan/Wobbe StuB **14**, 83 (assoziierte Unternehmen, BilRUG); Roos DStR **14**, 1508 (At Equity bilanzierte Auslandsbeteiligung); Blöink/Knoll-Biermann Konzern **15**, 65 (BilRUG 2015); Deubert/Lewe DB **15**, 49 (BilRUG 2015); Oser/Orth/Wirtz DB **15**, 197 (BilRUG 2015); Theile GmbHR **15**, 281 (GmbH- u GmbH & Co KG-Abschluss nach BilRUG); ders BBK **15**, 702 (BilRUG 2015); Zwirner StuB **15**, Beilage 2/2015, 1 (BilRUG 2015); Zwirner AR **16**, 2 (Aufgaben des Aufsichtsrats); Zwirner/Busch/Boecker Konzern **16**, 287 (Aufgaben des Aufsichtsrats).

5) Fortschreibung des Wertansatzes der Beteiligung (IV)

Der im ersten Jahr nach I ermittelte Wertansatz der Beteiligung ist in den **Folgejahren** in der Konzernbilanz jeweils entsprechend den Veränderungen des Eigenkapitals des assoziierten Unternehmens fortzuschreiben, also erfolgswirksam zu erhöhen oder zu vermindern. Dividenden sind abzusetzen (**IV 1**). Diese Fortschreibung ist auch im Konzernanlagenspiegel (§§ 313 IV, 284 III nF) vorzunehmen; zu den Zuordnungsproblemen dabei DTG S 203. Nach **IV 2** ist das anteilige Jahresergebnis des assoziierten Unternehmens in der Konzern-Gewinn- und Verlustrechnung gesondert auszuweisen. Saldierung von anteiligen Jahresüberschüssen und Jahresfehlbeträgen verschiedener assoziierter Unternehmen setzt Aufgliederung dieser Beträge im Konzernanhang voraus. **Lit** Me/Pro/Fi Kap 16 Tz 69 ff; Roos DStR **14**, 1508 (At Equity bilanzierte Auslandsbeteiligung); Beyer/Hachmeister WPg **15**, 27 (proportionale Kapitalerhöhung bei assoziierten Unternehmen).

6) Neubewertungswahlrecht zwecks einheitlicher Bewertung (V 1, 2)

V zielt auf einheitliche Bewertungsmethoden im Jahresabschluss des assoziierten Unternehmens und im Konzernabschluss. Abweichend bewertete Vermögensgegenstände oder Schulden des assoziierten Unternehmens können für die Zwecke von I–IV nach den Methoden des Konzernabschlusses bewertet werden (Wahlrecht, **V 1**; anders § 308). Wird Nichtanpassung gewährt, ist dies im Konzernanhang anzugeben (**V 2**).

§ 313

7) Eliminierung von Zwischenergebnissen und -verlusten (V 3, 4 nF)

8 V 3 verweist auf § 304. Danach ist die Eliminierung von Zwischenergebnissen zwischen dem Mutterunt und dem assoziierten Unternehmen zwingend, außer bei Wahlrecht nach § 304 II, III. V 3 macht eine weitere Ausnahme, soweit die für die Beurteilung maßgeblichen Sachverhalte nicht bekannt oder nicht zugänglich sind. V 3 betrifft die Lieferungs- und Leistungsbeziehungen zwischen dem MutterUnt und dem assoziierten Unternehmen, auch die unter mehreren in die Konzernbilanz einbezogenen assoziierten Unternehmen (str); nicht solche mit anderen vollkonsolidierten Unternehmen. Durch das BilRUG 2015 (**Übergangsrecht** in **(1)** EGHGB Art 75 II) und in Umsetzung von Art 27 VII, Art 24 VII Buchst c der BilRi 2015 wurde das Wahlrecht, die Zwischenergebnisse anteilig entsprechend dem dem MutterUnt gehörenden Anteil am Kapital des assoziierten Unternehmen wegzulassen (V 4 aF), ersatzlos gestrichen. Da durch das BilRUG die Konzeption des Ansatzes latenter Steuern in der Konzernbilanz nicht geändert wurde und die Praxis § 306 auf assoziierte Unternehmen anwendet, schreibt das Gesetz ergänzend zu § 304 auch die entsprechende Anwendung von § 306 vor (**V 4 nF**). **Lit** Lüdenbach/Freiberg BB **14**, 2219 (BilRUG 2015); Müller/Wobbe StuB **14**, 83 (assoziierte Unternehmen, BilRUG 2015); Beyer/Hachmeister WPg **15**, 27 (proportionale Kapitalerhöhung bei assoziierten Unternehmen); Blöink/Knoll-Biermann Konzern **15**, 65 (BilRUG 2015); Deubert/Lewe DB **15**, 49 (BilRUG 2015); Oser/Orth/Wirtz DB **15**, 197 (BilRUG 2015); Theile GmbHR **15**, 281 (GmbH- u GmbH & Co KG-Abschluss nach BilRUG); ders BBK **15**, 702 (BilRUG 2015); Zwirner DStR **15**, 375 (BilRUG); ders StuB **15**, Beilage 2, 1 (BilRUG 2015); ders AR **16**, 2 (Aufgaben des Aufsichtsrats); Zwirner/Busch/Boecker Konzern **16**, 287 (Aufgaben des Aufsichtsrats).

8) Letzter Jahresabschluss, Konzernabschluss des assoziierten Unternehmens (VI)

9 Nach **VI 1** ist (abw von § 299) jeweils der letzte Jahresabschluss des assoziierten Unternehmens zugrunde zu legen. Nach **VI 2** ist ggf vom Konzernabschluss des assoziierten Unternehmens auszugehen (indirekter maßgeblicher Einfluss). **Lit** Lüdenbach StuB **14**, 341 (Minderheitsbeteiligung bei assoziierten Unternehmen).

Achter Titel. Konzernanhang

Erläuterung der Konzernbilanz und der Konzern-Gewinn- und Verlustrechnung. Angaben zum Beteiligungsbesitz

313 (1) [1] In den Konzernanhang sind diejenigen Angaben aufzunehmen, die zu einzelnen Posten der Konzernbilanz oder der Konzern-Gewinn- und Verlustrechnung vorgeschrieben sind; diese Angaben sind in der Reihenfolge der einzelnen Posten der Konzernbilanz und der Konzern-Gewinn- und Verlustrechnung darzustellen. [2] Im Konzernanhang sind auch die Angaben zu machen, die in Ausübung eines Wahlrechts nicht in die Konzernbilanz oder in die Konzern-Gewinn- und Verlustrechnung aufgenommen wurden. [3] Im Konzernanhang müssen

1. die auf die Posten der Konzernbilanz und der Konzern-Gewinn- und Verlustrechnung angewandten Bilanzierungs- und Bewertungsmethoden angegeben werden;
2. Abweichungen von Bilanzierungs-, Bewertungs- und Konsolidierungsmethoden angegeben und begründet werden; deren Einfluß auf die Vermögens-, Finanz- und Ertragslage des Konzerns ist gesondert darzustellen.

(2) Im Konzernanhang sind außerdem anzugeben:

2. Abschnitt. Ergänzende Vorschriften für Kapitalgesellschaften § 313

1. ¹Name und Sitz der in den Konzernabschluß einbezogenen Unternehmen, der Anteil am Kapital der Tochterunternehmen, der dem Mutterunternehmen und den in den Konzernabschluß einbezogenen Tochterunternehmen gehört oder von einer für Rechnung dieser Unternehmen handelnden Person gehalten wird, sowie der zur Einbeziehung in den Konzernabschluß verpflichtende Sachverhalt, sofern die Einbeziehung nicht auf einer der Kapitalbeteiligung entsprechenden Mehrheit der Stimmrechte beruht. ²Diese Angaben sind auch für Tochterunternehmen zu machen, die nach § 296 nicht einbezogen worden sind;
2. ¹Name und Sitz der assoziierten Unternehmen, der Anteil am Kapital der assoziierten Unternehmen, der dem Mutterunternehmen und den in den Konzernabschluß einbezogenen Tochterunternehmen gehört oder von einer für Rechnung dieser Unternehmen handelnden Person gehalten wird. ²Die Anwendung des § 311 Abs. 2 ist jeweils anzugeben und zu begründen;
3. Name und Sitz der Unternehmen, die nach § 310 nur anteilmäßig in den Konzernabschluß einbezogen worden sind, der Tatbestand, aus dem sich die Anwendung dieser Vorschrift ergibt, sowie der Anteil am Kapital dieser Unternehmen, der dem Mutterunternehmen und den in den Konzernabschluß einbezogenen Tochterunternehmen gehört oder von einer für Rechnung dieser Unternehmen handelnden Person gehalten wird;
4. Name und Sitz anderer Unternehmen, die Höhe des Anteils am Kapital, das Eigenkapital und das Ergebnis des letzten Geschäftsjahrs dieser Unternehmen, für das ein Jahresabschluss vorliegt, soweit es sich um Beteiligungen im Sinne des § 271 Absatz 1 handelt oder ein solcher Anteil von einer Person für Rechnung des Mutterunternehmens oder eines anderen in den Konzernabschluss einbezogenen Unternehmens gehalten wird;
5. alle nicht nach den Nummern 1 bis 4 aufzuführenden Beteiligungen an großen Kapitalgesellschaften, wenn sie von Hundert der Stimmrechte überschreiten, wenn sie von einem börsennotierten Mutterunternehmen, börsennotierten Tochterunternehmen oder von einer für Rechnung eines dieser Unternehmen handelnden Person gehalten werden;
6. Name, Sitz und Rechtsform der Unternehmen, deren unbeschränkt haftender Gesellschafter das Mutterunternehmen oder ein anderes in den Konzernabschluss einbezogenes Unternehmen ist;
7. Name und Sitz des Unternehmens, das den Konzernabschluss für den größten Kreis von Unternehmen aufstellt, dem das Mutterunternehmen als Tochterunternehmen angehört, und im Falle der Offenlegung des von diesem anderen Mutterunternehmen aufgestellten Konzernabschlusses der Ort, wo dieser erhältlich ist;
8. Name und Sitz des Unternehmens, das den Konzernabschluss für den kleinsten Kreis von Unternehmen aufstellt, dem das Mutterunternehmen als Tochterunternehmen angehört, und im Falle der Offenlegung des von diesem anderen Mutterunternehmen aufgestellten Konzernabschlusses der Ort, wo dieser erhältlich ist.

(3) ¹Die in Absatz 2 verlangten Angaben brauchen insoweit nicht gemacht zu werden, als nach vernünftiger kaufmännischer Beurteilung damit gerechnet werden muß, daß durch die Angaben dem Mutterunternehmen, einem Tochterunternehmen oder einem anderen in Absatz 2 bezeichneten Unternehmen erhebliche Nachteile entstehen können. ²Die Anwendung der Ausnahmeregelung ist im Konzernanhang anzugeben. ³Satz 1 gilt nicht, wenn ein Mutterunternehmen oder eines seiner Tochterunternehmen kapitalmarktorientiert im Sinn des § 264d ist. ⁴Die Angaben nach Absatz 2 Nummer 4 und 5 brauchen nicht gemacht zu werden, wenn sie für die Vermittlung eines den tatsächlichen Verhältnissen entsprechenden Bilds der Vermögens-, Fi-

Merkt

§ 313 1–3

nanz- und Ertragslage des Konzerns von untergeordneter Bedeutung sind. [5] Die Pflicht zur Angabe von Eigenkapital und Ergebnis nach Absatz 2 Nummer 4 braucht auch dann nicht erfüllt zu werden, wenn das in Anteilsbesitz stehende Unternehmen seinen Jahresabschluss nicht offenlegt.

(4) § 284 Absatz 2 Nummer 4 und Absatz 3 ist entsprechend anzuwenden.

Übersicht

	Rn
1) Rechtsnatur und Funktion des Konzernanhangs	1, 2
A. Rechtsnatur	1
B. Funktion	2
2) Pflichtangaben und Wahlpflichtangaben im Anhang (I 1)	3–6
A. Nach HGB	3–5
B. Nach (1) EGHGB, (2a) AktG, (2b) GmbHG	6
3) Freiwillige Angaben	7
4) Gliederung und Darstellung	8
5) Bilanzierungs- und Bewertungsmethoden (I 2 Nr 1)	9
6) Abweichungen von Bilanzierungs- und Bewertungsmethoden (I 2 Nr 2)	10
7) Name, Sitz, Kapitalanteil an anderen Unternehmen (II)	11
8) Schutzklausel im Unternehmensinteresse zu II (III)	12
9) Entsprechende Anwendung von § 284 II Nr 4 u III (IV)	13

1) Rechtsnatur und Funktion des Konzernanhangs

1   **A. Rechtsnatur:** Der Konzernanhang ist Teil des Konzernabschlusses des MutterUnt neben Konzernbilanz und Konzern-Gewinn- und Verlustrechnung (§ 297 I). Insofern ist er mit dem Konzerngeschäftsbericht nach § 334 aF AktG nicht zu vergleichen. Auch inhaltlich geht er zT erheblich weiter.

2   **B. Funktion:** Der Anhang dient der Erläuterung der Konzernbilanz und der Konzern-Gewinn- und Verlustrechnung. Die Vermittlung eines den tatsächlichen Verhältnissen entsprechenden Bildes der Vermögens-, Finanz- und Ertragslage des Konzerns (§ 297 II 2) wird erst vollends durch die Angaben im Anhang möglich. Unterscheidung von Pflicht-, Wahlpflicht- und freiwilligen Angaben s § 284 Rn 3 ff. Größenabhängige Erleichterungen gibt es nicht (abw § 288). **Muster:** Hopt/Kraft/Link Form III.G.3 (Konzernanhang), Farr, Checklisten für die Aufstellung und Prüfung des Konzernanhangs 2002. **Lit** Me/Pro/Fi Kap 16 Tz 151 ff; IDW-HFA-E WPg **98**, 549 (Währungsumrechnung im Konzernabschluss); IDW ERS BFA 1; WPg **00**, 721 (Kreditderivate); IDW ERS BFA 1; WPg **00**, 721 (Kreditderivate); Pawelzik/Theile DStR **00**, 2145 (GmbH & Co); Scharpf DB **00**, 629 (Finanzinstrumente); Strobel DB **00**, 53 (KapCoRiLiG); Wollmert/Oser DB **00**, 729 (§ 315e aF, jetzt § 315e); Zander DB **00**, 985 (Derivate nach US GAAP); Fink/Theile DB **15**, 754 (BilRUG); Rimmelspacher/Meyer DB **15**, 23 (BilRUG 2015); Zwirner StuB **15**, Beilage 2/2015, 1 (BilRUG 2015); ders AR **16**, 2 (Aufgaben des Aufsichtsrats).

2) Pflichtangaben und Wahlpflichtangaben im Anhang (I 1)

3   **A. § 313 nF durch das BilRUG 2015 (Übergangsrecht in (1) EGHGB Art 73 II)** in Umsetzung von Art 28 BilRi 2013, der stärker als das frühere Recht die entsprechende Anwendung der Vorschriften über den Anhang im Einzelabschluss auf den Konzernanhang im Konzernabschluss verlangt. **Nach HGB: a)** alle Angaben wie im Anhang, und zwar in der Reihenfolge der Konzernbilanz oder der Konzern-GuV, eingefügt durch BilRUG 2015 (**I 1 2. HS nF, Übergangsrecht** in (1) EGHGB Art 75 II), **soweit § 298 I** für den Konzernabschluss **auf Jahresabschlussrecht** (§§ 244–247 I, II, §§ 248–253, 255, 256, 265, 266, 268–272, 274, 275, 277–279 I) **verweist**, das Angabepflichten enthält (s § 284 Rn 3). **Lit** Lüdenbach/Freiberg BB **14**, 2219 (BilRUG 2015); Blöink/Knoll-

2. Abschnitt. Ergänzende Vorschriften für Kapitalgesellschaften 4–12 § 313

Biermann Konzern **15**, 65 (BilRUG 2015); Oser/Orth/Wirtz DB **15**, 197 (BilRUG 2015); Fink/Theile DB **15**, 754; Rimmelspacher/Meyer DB **15**, 23 (BilRUG 2015); Zwirner StuB **15**, Beilage 2/2015, 1 (BilRUG 2015); ders AR **16**, 2 (Aufgaben des Aufsichtsrats).

b) §§ 296 III; 297 II 3, III 4, 5; 299 I 2. Halbs; 300 II 3 2. Halbs; 304 II 2; 308 **4** I 3, II 2 2. Halbs, 4 2. Halbs, III 2; 312 I 2, V 2, 3; 328 IV.

c) Hinzu kommen die **Angaben nach § 313** I 3 Nr 1 u2, II Nr 1–8, III 2 **5** und **§ 314** I Nr 1–26, II u III.

B. Nach (1) EGHGB, AktG, GmbHG: vgl § 284 Rn 5–7. **6**

3) Freiwillige Angaben
S § 284 Rn 8. **7**

4) Gliederung und Darstellung
S § 284 Rn 9–10. **8**

5) Bilanzierungs- und Bewertungsmethoden (I 2 Nr 1)
I 2 Nr 1 entspricht § 284 II Nr 1 (s § 284 Rn 11). **9**

6) Abweichungen von Bilanzierungs- und Bewertungsmethoden (I 2 Nr 2)
I 2 Nr 2 entspricht § 284 II Nr 3 (s § 284 Rn 12). **10**

7) Name, Sitz, Kapitalanteil an anderen Unternehmen (II)

II Nr 1 betrifft die in den Konzernabschluss einbezogenen Unternehmen **11** (§ 294), aber auch die nach § 296 nicht einbezogenen TochterUnt. Vgl beim Einzelabschluss § 285 Nr 11, 14. **Nr 2** betrifft die assoziierten Unternehmen (§ 311 I). Die Nichteinbeziehung nach § 311 II ist jeweils anzugeben und zu begründen (Nr 2 S 2). **Nr 3** betrifft die Gemeinschaftsunternehmen (§ 310). **Nr 4–8:** nF (Nr 4) bzw eingefügt (Nr 5–8) durch BilRUG 2015 (**Übergangsrecht** in **(1)** EGHGB Art 73 II) im Zuge der stärkeren Angleichung der EU-Vorgaben für den Konzernanhang an diejenigen für den Anhang zum Einzelabschluss. Anzugeben sind: Bei Beteiligungen iSv § 271 I Name und Sitz der Unternehmen, an denen die Beteiligung besteht, die Höhe des Anteils am Kapital, das Eigenkapital und das Ergebnis des letzten Geschäftsjahrs, für das ein Jahresabschluss vorliegt (**Nr 4**; die in Nr 4 aF auch geregelten Befreiungstatbestände wurden in den bestehenden Befreiungskatalog in § 313 III aufgenommen); die nach Nr 4 aF bestehenden Vorgaben für Fälle mit börsennotierten Mutter- und TochterUnt (**Nr 5**); Name, Sitz und Rechtsform der Unternehmen, deren unbeschränkt haftender Gesellschafter das MutterUnt oder ein in den Konzernabschluss einbezogenes Unternehmen ist (**Nr 6**); Name und Sitz des Unternehmens, das den Konzernabschluss für den größten (**Nr 7**) und den kleinsten Kreis (**Nr 8**) von Unternehmen aufstellt, dem das MutterUnt als TochterUnt angehört, und im Fall der Offenlegung des Konzernabschlusses dieses andere MutterUnt der Ort, wo dieser erhältlich ist. **Lit** Lüdenbach/Freiberg BB **14**, 2219 (BilRUG 2015); Blöink/Knoll-Biermann Konzern **15**, 65 (BilRUG 2015); Fink/Theile DB **15**, 754 (BilRUG 2015); Oser/Orth/Wirtz DB **15**, 197 (BilRUG 2015); Rimmelspacher/Meyer DB **15**, 23 (BilRUG 2015); Zwirner StuB **15**, Beilage 2/2015, 1 (BilRUG 2015); ders AR **16**, 2 (Aufgaben des Aufsichtsrats).

8) Schutzklausel im Unternehmensinteresse zu II (III)

Für alle Angaben nach II (s Rn 11) gilt gemäß **III 1** eine Schutzklausel im **12** Unternehmensinteresse (vgl zT abw § 286 II, III; auch § 314 II). Der Gebrauch der Schutzklausel ist nach **III 2** im Anhang anzugeben. Allerdings ist diese Schutzklausel durch Einfügung von **III 3** durch das TransPuG 2002 (**Übergangs-**

§ 314 3. Buch. Handelsbücher

recht in (1) Art 54) in Übereinstimmung mit international anerkannten Grundsätzen allen kapitalmarktorientierten Unternehmen iSv § 264d verwehrt. Gem III 4, angefügt durch BilRUG 2015 (**Übergangsrecht** in (1) EGHGB Art 75 II) Befreiung von den Angaben nach II Nr 4 u 5, wenn sie für die Vermittlung eines den tatsächlichen Verhältnissen entsprechenden Bildes der Vermögens-, Finanz- u Ertragslage des Konzerns von untergeordneter Bedeutung sind. Weitere Befreiung von der Pflicht zur Angabe von Eigenkapital und Ergebnis gem III 5, ebenfalls neu durch BilRUG 2015, wenn das in Anteilsbesitz stehende Unternehmen seinen Einzelabschluss nicht offenlegt. Lit Lüdenbach/Freiberg BB **14**, 2219 (BilRUG 2015); Blöink/Knoll-Biermann Konzern **15**, 65 (BilRUG 2015); Fink/Theile DB **15**, 754 (BilRUG 2015); Oser/Orth/Wirtz DB **15**, 197 (BilRUG 2015); Rimmelspacher/Meyer DB **15**, 23 (BilRUG 2015); Zwirner StuB **15**, Beilage 2/2015, 1 (BilRUG 2015); ders AR **16**, 2 (Aufgaben des Aufsichtsrats).

9) Entsprechende Anwendung von § 284 II Nr 4 u III (IV)

13   **IV**, angefügt durch BilRUG 2015 (**Übergangsrecht** in (1) EGHGB Art 73 II), trägt Art 28 I iVm 17 I Buchst a sowie 28 I iVm Art 12 VIII BilRi 2013 Rechnung. § 284 II Nr 4 u III macht für den Anhang des Einzelabschlusses detaillierte Vorgaben, die auf den Anhang erstreckt werden, wobei den wesentlichen Bedingungen Rechnung zu tragen ist, die sich aus den Besonderheiten des Konzernabschlusses ergeben, s Art 28 I BilRi 2013, RegBegr 93. Lit Lüdenbach/Freiberg BB **14**, 2219 (BilRUG 2015); Blöink/Knoll-Biermann Konzern **15**, 65 (BilRUG 2015); Oser/Orth/Wirtz DB **15**, 197 (BilRUG 2015); Fink/Theile DB **15**, 754 (BilRUG 2015).

Sonstige Pflichtangaben

314 (1) Im Konzernanhang sind ferner anzugeben:

1. der Gesamtbetrag der in der Konzernbilanz ausgewiesenen Verbindlichkeiten mit einer Restlaufzeit von mehr als fünf Jahren sowie der Gesamtbetrag der in der Konzernbilanz ausgewiesenen Verbindlichkeiten, die von in den Konzernabschluß einbezogenen Unternehmen durch Pfandrechte oder ähnliche Rechte gesichert sind, unter Angabe von Art und Form der Sicherheiten;
2. Art und Zweck sowie Risiken, Vorteile und finanzielle Auswirkungen von nicht in der Konzernbilanz enthaltenen Geschäften des Mutterunternehmens und der in den Konzernabschluss einbezogenen Tochterunternehmen, soweit die Risiken und Vorteile wesentlich sind und die Offenlegung für die Beurteilung der Finanzlage des Konzerns erforderlich ist;
2a. der Gesamtbetrag der sonstigen finanziellen Verpflichtungen, die nicht in der Konzernbilanz enthalten sind und die nicht nach § 298 Absatz 1 in Verbindung mit § 268 Absatz 7 oder nach Nummer 2 anzugeben sind, sofern diese Angabe für die Beurteilung der Finanzlage des Konzerns von Bedeutung ist; davon sind Verpflichtungen betreffend die Altersversorgung sowie Verpflichtungen gegenüber Tochterunternehmen, die nicht in den Konzernabschluss einbezogen werden, oder gegenüber assoziierten Unternehmen jeweils gesondert anzugeben;
3. die Aufgliederung der Umsatzerlöse des Konzerns nach Tätigkeitsbereichen sowie nach geografisch bestimmten Märkten, soweit sich unter Berücksichtigung der Organisation des Verkaufs, der Vermietung oder Verpachtung von Produkten und der Erbringung von Dienstleistungen des Konzerns die Tätigkeitsbereiche und geografisch bestimmten Märkte untereinander erheblich unterscheiden;

2. Abschnitt. Ergänzende Vorschriften für Kapitalgesellschaften § 314

4. die durchschnittliche Zahl der Arbeitnehmer der in den Konzernabschluss einbezogenen Unternehmen während des Geschäftsjahrs, getrennt nach Gruppen und gesondert für die nach § 310 nur anteilmäßig konsolidierten Unternehmen, sowie, falls er nicht gesondert in der Konzern-Gewinn- und Verlustrechnung ausgewiesen ist, der in dem Geschäftsjahr entstandene gesamte Personalaufwand, aufgeschlüsselt nach Löhnen und Gehältern, Kosten der sozialen Sicherheit und Kosten der Altersversorgung;
5. *[aufgehoben]*
6. für die Mitglieder des Geschäftsführungsorgans, eines Aufsichtsrats, eines Beirats oder einer ähnlichen Einrichtung des Mutterunternehmens, jeweils für jede Personengruppe:
    a) die für die Wahrnehmung ihrer Aufgaben im Mutterunternehmen und den Tochterunternehmen im Geschäftsjahr gewährten Gesamtbezüge (Gehälter, Gewinnbeteiligungen, Bezugsrechte und sonstige aktienbasierte Vergütungen, Aufwandsentschädigungen, Versicherungsentgelte, Provisionen und Nebenleistungen jeder Art). In die Gesamtbezüge sind auch Bezüge einzurechnen, die nicht ausgezahlt, sondern in Ansprüche anderer Art umgewandelt oder zur Erhöhung anderer Ansprüche verwendet werden. Außer den Bezügen für das Geschäftsjahr sind die weiteren Bezüge anzugeben, die im Geschäftsjahr gewährt, bisher aber in keinem Konzernabschluss angegeben worden sind. Bezugsrechte und sonstige aktienbasierte Vergütungen sind mit ihrer Anzahl und dem beizulegenden Zeitwert zum Zeitpunkt ihrer Gewährung anzugeben; spätere Wertveränderungen, die auf einer Änderung der Ausübungsbedingungen beruhen, sind zu berücksichtigen. Ist das Mutterunternehmen eine börsennotierte Aktiengesellschaft, sind zusätzlich unter Namensnennung die Bezüge jedes einzelnen Vorstandsmitglieds, aufgeteilt nach erfolgsunabhängigen und erfolgsbezogenen Komponenten sowie Komponenten mit langfristiger Anreizwirkung, gesondert anzugeben. Dies gilt auch für:
        aa) Leistungen, die dem Vorstandsmitglied für den Fall einer vorzeitigen Beendigung seiner Tätigkeit zugesagt worden sind;
        bb) Leistungen, die dem Vorstandsmitglied für den Fall der regulären Beendigung seiner Tätigkeit zugesagt worden sind, mit ihrem Barwert, sowie den von der Gesellschaft während des Geschäftsjahrs hierfür aufgewandten oder zurückgestellten Betrag;
        cc) während des Geschäftsjahrs vereinbarte Änderungen dieser Zusagen;
        dd) Leistungen, die einem früheren Vorstandsmitglied, das seine Tätigkeit im Laufe des Geschäftsjahrs beendet hat, in diesem Zusammenhang zugesagt und im Laufe des Geschäftsjahrs gewährt worden sind.
    Leistungen, die dem einzelnen Vorstandsmitglied von einem Dritten im Hinblick auf seine Tätigkeit als Vorstandsmitglied zugesagt oder im Geschäftsjahr gewährt worden sind, sind ebenfalls anzugeben. Enthält der Konzernabschluss weitergehende Angaben zu bestimmten Bezügen, sind auch diese zusätzlich einzeln anzugeben;
    b) die für die Wahrnehmung ihrer Aufgaben im Mutterunternehmen und den Tochterunternehmen gewährten Gesamtbezüge (Abfindungen, Ruhegehälter, Hinterbliebenenbezüge und Leistungen verwandter Art) der früheren Mitglieder der bezeichneten Organe und ihrer Hinterbliebenen; Buchstabe a Satz 2 und 3 ist entsprechend anzuwenden. Ferner ist der Betrag der für diese Personengruppe gebildeten Rückstellungen für laufende Pensionen und Anwartschaften auf Pensionen und der

Merkt

Betrag der für diese Verpflichtungen nicht gebildeten Rückstellungen anzugeben;

  c) die vom Mutterunternehmen und den Tochterunternehmen gewährten Vorschüsse und Kredite unter Angabe der gegebenenfalls im Geschäftsjahr zurückgezahlten oder erlassenen Beträge sowie die zugunsten dieser Personen eingegangenen Haftungsverhältnisse;

7. der Bestand an Anteilen an dem Mutterunternehmen, die das Mutterunternehmen oder ein Tochterunternehmen oder ein anderer für Rechnung eines in den Konzernabschluß einbezogenen Unternehmens erworben oder als Pfand genommen hat; dabei sind die Zahl und der Nennbetrag oder rechnerische Wert dieser Anteile sowie deren Anteil am Kapital anzugeben;

7a. die Zahl der Aktien jeder Gattung der während des Geschäftsjahrs im Rahmen des genehmigten Kapitals gezeichneten Aktien des Mutterunternehmens, wobei zu Nennbetragsaktien der Nennbetrag und zu Stückaktien der rechnerische Wert für jede von ihnen anzugeben ist;

7b. das Bestehen von Genussscheinen, Wandelschuldverschreibungen, Optionsscheinen, Optionen oder vergleichbaren Wertpapieren oder Rechten, aus denen das Mutterunternehmen verpflichtet ist, unter Angabe der Anzahl und der Rechte, die sie verbriefen;

8. für jedes in den Konzernabschluss einbezogene börsennotierte Unternehmen, dass die nach § 161 des Aktiengesetzes vorgeschriebene Erklärung abgegeben und wo sie öffentlich zugänglich gemacht worden ist;

9. das von dem Abschlussprüfer des Konzernabschlusses für das Geschäftsjahr berechnete Gesamthonorar, aufgeschlüsselt in das Honorar für
   a) die Abschlussprüfungsleistungen,
   b) andere Bestätigungsleistungen,
   c) Steuerberatungsleistungen,
   d) sonstige Leistungen;

10. für zu den Finanzanlagen (§ 266 Abs. 2 A. III.) gehörende Finanzinstrumente, die in der Konzernbilanz über ihrem beizulegenden Zeitwert ausgewiesen werden, da eine außerplanmäßige Abschreibung gemäß § 253 Absatz 3 Satz 6 unterblieben ist,
    a) der Buchwert und der beizulegende Zeitwert der einzelnen Vermögensgegenstände oder angemessener Gruppierungen sowie
    b) die Gründe für das Unterlassen der Abschreibung einschließlich der Anhaltspunkte, die darauf hindeuten, dass die Wertminderung voraussichtlich nicht von Dauer ist;

11. für jede Kategorie nicht zum beizulegenden Zeitwert bilanzierter derivativer Finanzinstrumente
    a) deren Art und Umfang,
    b) deren beizulegender Zeitwert, soweit er sich nach § 255 Abs. 4 verlässlich ermitteln lässt, unter Angabe der angewandten Bewertungsmethode,
    c) deren Buchwert und der Bilanzposten, in welchem der Buchwert, soweit vorhanden, erfasst ist, sowie
    d) die Gründe dafür, warum der beizulegende Zeitwert nicht bestimmt werden kann;

12. für mit dem beizulegenden Zeitwert bewertete Finanzinstrumente
    a) die grundlegenden Annahmen, die der Bestimmung des beizulegenden Zeitwertes mit Hilfe allgemein anerkannter Bewertungsmethoden zugrunde gelegt wurden, sowie
    b) Umfang und Art jeder Kategorie derivativer Finanzinstrumente einschließlich der wesentlichen Bedingungen, welche die Höhe, den Zeit-

2. Abschnitt. Ergänzende Vorschriften für Kapitalgesellschaften § 314

punkt und die Sicherheit künftiger Zahlungsströme beeinflussen können;
13. zumindest die nicht zu marktüblichen Bedingungen zustande gekommenen Geschäfte des Mutterunternehmens und seiner Tochterunternehmen, soweit sie wesentlich sind, mit nahe stehenden Unternehmen und Personen, einschließlich Angaben zur Art der Beziehung, zum Wert der Geschäfte sowie weiterer Angaben, die für die Beurteilung der Finanzlage des Konzerns notwendig sind; ausgenommen sind Geschäfte zwischen in einen Konzernabschluss einbezogenen nahestehenden Unternehmen, wenn diese Geschäfte bei der Konsolidierung weggelassen werden; Angaben über Geschäfte können nach Geschäftsarten zusammengefasst werden, sofern die getrennte Angabe für die Beurteilung der Auswirkungen auf die Finanzlage des Konzerns nicht notwendig ist;
14. im Fall der Aktivierung nach § 248 Abs. 2 der Gesamtbetrag der Forschungs- und Entwicklungskosten des Geschäftsjahres der in den Konzernabschluss einbezogenen Unternehmen sowie der davon auf die selbst geschaffenen immateriellen Vermögensgegenstände des Anlagevermögens entfallende Betrag;
15. bei Anwendung des § 254 im Konzernabschluss,
    a) mit welchem Betrag jeweils Vermögensgegenstände, Schulden, schwebende Geschäfte und mit hoher Wahrscheinlichkeit erwartete Transaktionen zur Absicherung welcher Risiken in welche Arten von Bewertungseinheiten einbezogen sind sowie die Höhe der mit Bewertungseinheiten abgesicherten Risiken;
    b) für die jeweils abgesicherten Risiken, warum, in welchem Umfang und für welchen Zeitraum sich die gegenläufigen Wertänderungen oder Zahlungsströme künftig voraussichtlich ausgleichen einschließlich der Methode der Ermittlung;
    c) eine Erläuterung der mit hoher Wahrscheinlichkeit erwarteten Transaktionen, die in Bewertungseinheiten einbezogen wurden,
    soweit die Angaben nicht im Konzernlagebericht gemacht werden;
16. zu den in der Konzernbilanz ausgewiesenen Rückstellungen für Pensionen und ähnliche Verpflichtungen das angewandte versicherungsmathematische Berechnungsverfahren sowie die grundlegenden Annahmen der Berechnung, wie Zinssatz, erwartete Lohn- und Gehaltssteigerungen und zugrunde gelegte Sterbetafeln;
17. im Fall der Verrechnung von in der Konzernbilanz ausgewiesenen Vermögensgegenständen und Schulden nach § 246 Abs. 2 Satz 2 die Anschaffungskosten und der beizulegende Zeitwert der verrechneten Vermögensgegenstände, der Erfüllungsbetrag der verrechneten Schulden sowie die verrechneten Aufwendungen und Erträge; Nummer 12 Buchstabe a ist entsprechend anzuwenden;
18. zu den in der Konzernbilanz ausgewiesenen Anteilen an Sondervermögen im Sinn des § 1 Absatz 10 des Kapitalanlagegesetzbuchs oder Anlageaktien an Investmentaktiengesellschaften mit veränderlichem Kapital im Sinn der §§ 108 bis 123 des Kapitalanlagegesetzbuchs oder vergleichbaren EU-Investmentvermögen oder vergleichbaren ausländischen Investmentvermögen von mehr als dem zehnten Teil, aufgegliedert nach Anlagezielen, deren Wert im Sinn der §§ 168, 278 des Kapitalanlagegesetzbuchs oder des § 36 des Investmentgesetzes in der bis zum 21. Juli 2013 geltenden Fassung oder vergleichbarer ausländischer Vorschriften über die Ermittlung des Marktwertes, die Differenz zum Buchwert und die für das Geschäftsjahr erfolgte Ausschüttung sowie Beschränkungen in der Möglichkeit der täglichen Rückgabe; darüber hinaus die Gründe dafür, dass eine Abschreibung

§ 314

gemäß § 253 Absatz 3 Satz 6 unterblieben ist, einschließlich der Anhaltspunkte, die darauf hindeuten, dass die Wertminderung voraussichtlich nicht von Dauer ist; Nummer 10 ist insoweit nicht anzuwenden;
19. für nach § 268 Abs. 7 im Konzernanhang ausgewiesene Verbindlichkeiten und Haftungsverhältnisse die Gründe der Einschätzung des Risikos der Inanspruchnahme;
20. jeweils eine Erläuterung des Zeitraums, über den ein entgeltlich erworbener Geschäfts- oder Firmenwert abgeschrieben wird;
21. auf welchen Differenzen oder steuerlichen Verlustvorträgen die latenten Steuern beruhen und mit welchen Steuersätzen die Bewertung erfolgt ist;
22. wenn latente Steuerschulden in der Konzernbilanz angesetzt werden, die latenten Steuersalden am Ende des Geschäftsjahrs und die im Laufe des Geschäftsjahrs erfolgten Änderungen dieser Salden;
23. jeweils den Betrag und die Art der einzelnen Erträge und Aufwendungen von außergewöhnlicher Größenordnung oder außergewöhnlicher Bedeutung, soweit die Beträge nicht von untergeordneter Bedeutung sind;
24. eine Erläuterung der einzelnen Erträge und Aufwendungen hinsichtlich ihres Betrages und ihrer Art, die einem anderen Konzerngeschäftsjahr zuzurechnen sind, soweit die Beträge für die Beurteilung der Vermögens-, Finanz- und Ertragslage des Konzerns nicht von untergeordneter Bedeutung sind;
25. Vorgänge von besonderer Bedeutung, die nach dem Schluss des Konzerngeschäftsjahrs eingetreten und weder in der Konzern-Gewinn- und Verlustrechnung noch in der Konzernbilanz berücksichtigt sind, unter Angabe ihrer Art und ihrer finanziellen Auswirkungen;
26. der Vorschlag für die Verwendung des Ergebnisses des Mutterunternehmens oder gegebenenfalls der Beschluss über die Verwendung des Ergebnisses des Mutterunternehmens.

(2) Mutterunternehmen, die den Konzernabschluss um eine Segmentberichterstattung erweitern (§ 297 Abs. 1 Satz 2), sind von der Angabepflicht gemäß Absatz 1 Nr. 3 befreit.

(3) ¹Für die Angabepflicht gemäß Absatz 1 Nr. 6 Buchstabe a Satz 5 bis 8 gilt § 286 Abs. 5 entsprechend. ²Für die Angabepflicht gemäß Absatz 1 Nummer 6 Buchstabe a und b gilt § 286 Absatz 4 entsprechend.

Übersicht

	Rn
1) Allgemeines	1
2) Verbindlichkeiten über noch fünf Jahre, Sicherheiten (I Nr 1)	3
3) Sonstige finanzielle Verpflichtungen (I Nr 2, Nr 2a)	4
4) Aufgliederung der Umsatzerlöse (I Nr 3)	5
5) Zahl der Arbeitnehmer, Personalaufwand (I Nr 4)	6
6) Ergebnisbeeinflussung durch steuerrechtliche Bewertung (I Nr 5)	7
7) Gesamtbezüge der Organmitglieder, Organkredite (I Nr 6)	8
8) Anteile an dem Mutterunternehmen (I Nr 7)	9
9) Aktien, Genussrechte etc. (I Nr 7a u 7b)	10
10) Entsprechenserklärung (I Nr 8)	11
11) Angaben zum Abschlussprüferhonorar bei großen Gesellschaften (I Nr 9a–d)	12
12) Finanzinstrumente (I Nr 10a und b, I Nr 11a–d, I Nr 12a–d)	13
13) Geschäfte mit nahe stehenden Personen (I Nr 13)	14
14) Forschungs- und Entwicklungskosten (I Nr 14)	15
15) Bewertungseinheiten (I Nr 15)	16
16) Pensionsrückstellungen (I Nr 16)	17
17) Verrechnete Vermögensgegenstände und Schulden (I Nr 17)	18

2. Abschnitt. Ergänzende Vorschriften für Kapitalgesellschaften 1–5 § 314

	Rn
18) Anteile und Anlageaktien (I Nr 18)	19
19) Ausweis unter der Bilanz (I Nr 19)	20
20) Abschreibung Geschäfts- oder Firmenwert (I Nr 20)	21
21) Latente Steuern (I Nr 21 u Nr 22)	22
22) Außerordentliche Gewinne u Erträge (I Nr 23)	23
23) Außerordentliche Gewinne u Erträge (I Nr 24)	24
24) Außerordentliche Gewinne u Erträge (I Nr 25)	25
25) Vorschlag für die Ergebnisverwendung (I Nr 26)	26
26) Schutzklausel im Unternehmensinteresse zu I Nr 3 (II, III)	27

1) Allgemeines

Gem § 314 sind weitere Pflichtangaben im Konzernanhang zu machen, die **1** Posten der Konzernbilanz oder der Konzern-GuV erläutern. Die bereits zuvor umfangreichen Angabepflichten wurden durch das BilMoG 2009 (**Übergangsrecht** in (1) EGHGB Art 66 II) erweitert und ergänzt. Die weiteren Angaben sind zum Teil in Zahlenform, zum Teil in Textform zu machen. Eine bestimmte Reihenfolge gibt das Gesetz für den Anhang nicht vor. Allerdings sind die Einzelangaben gesondert darzustellen.

§ 314 bildet § 285 für den Konzernanhang **nach**, daher Neufassung des § 314 **2** spiegelbildlich zur Neufassung des § 285 durch das BilRUG 2015 (**Übergangsrecht** in (1) EGHGB Art 75 II), allerdings mit **Ausnahmen** (keine Aufgliederung des Gesamtbetrags der Verbindlichkeiten mit Restlaufzeit von mehr als fünf Jahren und der gesicherten Verbindlichkeiten, keine Angaben zu Ertragsteuerspaltung, zu Materialaufwand bei Umsatzkostenverfahren, keine Angaben zu Mitgliedern des Geschäftsführungsorgans und des Aufsichtsrats, keine Zusatzangaben zu persönlich haftenden Kapitalges, keine Angaben zu nicht gesondert ausgewiesenen sonstigen Rückstellungen, keine Angabe zu Name und Sitz des MutterUnt, keine Zusatzangaben für Kapitalges & Co sowie keine Angabe des Gesamtbetrags der ausschüttungsgesperrten Beträge). **Lit** Me/Pro/Fi Kap 16 Tz 151 ff; Poullie WPg **10**, 1058 (Geschäfte mit nahe stehenden Unternehmen und Personen und mit Unternehmen der öffentlichen Hand); Wollmert u a StuB **10**, 123 (Angaben zu Abschlussprüferhonoraren und zu marktüblichen Geschäften); Philipps DB **10**, 125 (außerbilanzielle Geschäfte); Hencke/Rimmelspacher/Schäfer Konzern **14**, 386 (DRS 20); Rimmelspacher/Meyer DB **15**, 23 (BilRUG 2015); Zwirner StuB **15**, Beilage 2/2015, 1 (BilRUG 2015); Lenz DB **16**, 2555 (Berichtspflicht über Honorare); Zwirner AR **16**, 2 (Aufgaben des Aufsichtsrats); Zwirner/Boecker IRZ **17**, 8 (Berichtspflicht über Honorare und Marktkonzentration).

2) Verbindlichkeiten über noch fünf Jahre, Sicherheiten (I Nr 1)

I Nr 1 entspricht § 285 Nr 1. **3**

3) Sonstige finanzielle Verpflichtungen (I Nr 2, Nr 2a)

I Nr 2, Nr 2a geändert durch BilMoG 2009 (**Übergangsrecht** in (1) **4** EGHGB Art 66 II), neugefasst durch BilRUG 2015 (**Übergangsrecht** in (1) EGHGB Art 75 II), entsprechen § 285 Nr 3, Nr 3a. Nr 2: Angabe zu bestimmten Geschäften, die nicht in der Bilanz erscheinen; gesondert anzugeben sind nach Nr 2a Verpflichtungen gegenüber nicht in den Konzernabschluss einbezogenen Tochterunt (I Nr 2 2. HS, folgt aber schon aus §§ 298 I, 268 VII 2. HS). **Lit** Rimmelspacher/Meyer DB **15**, 23 (BilRUG 2015); Zwirner StuB **15**, Beilage 2/2015, 1 (BilRUG 2015).

4) Aufgliederung der Umsatzerlöse (I Nr 3)

I Nr 3, neugefasst durch BilRUG 2015 (**Übergangsrecht** in (1) EGHGB **5** Art 75 II), entspricht § 285 S 1 Nr 4. **Lit** Kleinmanns StuB **14**, 896 (CSR

§ 314 6–11 3. Buch. Handelsbücher

Berichterstattung); Rimmelspacher/Meyer DB **15**, 23 (BilRUG 2015); Zwirner StuB **15**, Beilage 2/2015, 1 (BilRUG 2015).

5) Zahl der Arbeitnehmer, Personalaufwand (I Nr 4)

6   **I Nr 4**, neugefasst durch BilRUG 2015 (**Übergangsrecht** in (**1**) EGHGB Art 75 II), entspricht § 285 S 1 Nr 7, 8b. Gesonderte Angabe der Durchschnittszahl der Arbeitnehmer von Gemeinschaftsunt nach § 310 (I Nr 4 2. HS). **Lit** Rimmelspacher/Meyer DB **15**, 23 (BilRUG 2015); Zwirner StuB **15**, Beilage 2/2015, 1 (BilRUG 2015).

6) Ergebnisbeeinflussung durch steuerrechtliche Bewertung (I Nr 5)

7   **I Nr 5**, aufgehoben durch TransPuG 2002 als Folge der Änderung von § 298 I und der Aufhebung von § 308 III (**Übergangsrecht** in (**1**) EGHGB Art 54).

7) Gesamtbezüge der Organmitglieder, Organkredite (I Nr 6)

8   **I Nr 6** (a S 1 idF KapCoRiLiG 2000, klarstellend: auch Bezugsrechte), entspricht § 285 Nr 9. Mit dem Gesetz über die Offenlegung der Vorstandsvergütungen (VorstOG) vom 3.8.05 (**Übergangsrecht** in (**1**) EGHGB Art. 59) wird – wie auch bei § 285 Nr 9a und b, s § 285 Rn 10 – in **Nr 6a** u **b** die Pflicht zur Offenlegung von Aktienoptionen (beizulegender Zeitwert mit späteren Änderungen) und Vorstandsbezügen börsennotierter AG (Einzelbezüge mit Namensnennung, aufgegliedert nach erfolgsabhängigen und -unabhängigen sowie langfristig als Anreiz wirkenden Bestandteilen) erweitert. **Nr 6c** geändert durch BilRUG 2015 (**Übergangsrecht** in (**1**) EGHGB Art 75 II), so dass bei der Angabe von Vorschüssen und Krediten nur die gewährten Beträge, nicht die Zinsen und die wesentlichen Bedingungen anzugeben sind (s Art 28 I Buchst c BilRi 2013). Nr 6 gilt auch, wenn das Organ nur aus einem Mitglied besteht, Ffm AG **13**, 50. **Lit** Lücke NZG **05**, 692; Spindler NZG **05**, 689; Thüsing ZIP **05**, 1389; Sultana/Willeke StuB **05**, 158; Thüsing ZIP **05**, 1389; Lüdenbach/Freiberg BB **14**, 2219 (BilRUG 2015); Blöink/Knoll-Biermann Konzern **15**, 65 (BilRUG 2015); Fink/Theile DB **15**, 754 (BilRUG 2015); Oser/Orth/Wirtz DB **15**, 197 (BilRUG 2015); Rimmelspacher/Meyer DB **15**, 23 (BilRUG 2015); Zwirner StuB **15**, Beilage 2/2015, 1 (BilRUG 2015)

8) Anteile an dem Mutterunternehmen (I Nr 7)

9   Vgl § 301 Rn 9.

9) Aktien, Genussrechte etc. (I Nr. 7a u 7b)

10   **I Nr 7a** u **7b**, eingefügt durch BilRUG 2015 (**Übergangsrecht** in (**1**) EGHGB Art 75 II) in Umsetzung von Art 28 I iVm Art 17 I Buchstaben i u j BilRi 2013, um eine gem § 160 AktG für den Einzelabschluss von AG und KGaA entsprechende Regelung für den Konzernabschluss zu schaffen. Nr 7a mit Pflicht zur Angabe der Zahl der Aktien je Gattung gilt für AG und KGaA, Nr 7b mit Pflicht zur Angabe von Genussrechten und vergleichbaren Rechten gilt auch für andere GesFormen. **Lit** Lüdenbach/Freiberg BB **14**, 2219 (BilRUG 2015); Blöink/Knoll-Biermann Konzern **15**, 65 (BilRUG 2015); Fink/Theile DB **15**, 754 (BilRUG 2015); Oser/Orth/Wirtz DB **15**, 197 (BilRUG 2015); Rimmelspacher/Meyer DB **15**, 23 (BilRUG 2015); Zwirner StuB **15**, Beilage 2/2015, 1 (BilRUG 2015).

10) Entsprechenserklärung (I Nr 8)

11   **I Nr 8** eingefügt durch TransPuG 2002, geändert durch BilMoG 2009 (**Übergangsrecht** in (**1**) EGHGB Art 66 II); AktG § 161 und § 285 Nr 16.

2. Abschnitt. Ergänzende Vorschriften für Kapitalgesellschaften 12–20 § 314

11) Angaben zum Abschlussprüferhonorar bei großen Gesellschaften (I Nr 9a–d)

I Nr 9a–d, eingefügt durch BilReG 2004 (Einl 10 v § 238; **Übergangsrecht** in (1) EGHGB Art 58 III), geändert durch BilMoG 2009 (**Übergangsrecht** in (1) EGHGB Art 66 II); entspricht der korrespondierenden Regelung für den Lagebericht beim EinzelUnt, s § 285 Rn 21. **Lit** Lenz DB **16**, 2555 (Berichtspflicht über Honorare); Zwirner/Boecker IRZ **17**, 8 (Berichtspflicht über Honorare und Marktkonzentration); Zwirner/Boecker DB **17**, 1223 (IDW RS HFA 36 nF).

12) Finanzinstrumente (I Nr 10a und b, I Nr 11a–d, I Nr 12a–d)

I Nr 10a u b, 11a–d, 12a–d idF BilMoG 2009 (**Übergangsrecht** in (1) EGHGB Art 66 III), Nr 10 geändert durch BilRUG 2015 (**Übergangsrecht** in (1) EGHGB Art 75 II), Nr 12 geändert durch CSR-RUG v 11.4.17 (**Übergangsrecht** in (1) EGHGB Art 80) entsprechen den korrespondierenden Regelungen für den Anhang beim EinzelUnt, s § 285 Rn 22. **Lit** Rimmelspacher/Meyer DB **15**, 23 (BilRUG 2015); Zwirner StuB **15**, Beilage 2/2015, 1 (BilRUG 2015).

13) Geschäfte mit nahe stehenden Personen (I Nr 13)

I Nr 13, eingefügt durch BilMoG (**Übergangsrecht** in (1) EGHGB Art 66 III), geändert durch BilRUG 2015 (**Übergangsrecht** in (1) EGHGB Art 75 II), entspricht § 285 Nr 21 (s dort Rn 23). **Lit** Theile GmbHR **15**, 281 (GmbH- u GmbH & Co KG-Abschluss nach BilRUG); Rimmelspacher/Meyer DB **15**, 23 (BilRUG 2015); Zwirner StuB **15**, Beilage 2/2015, 1 (BilRUG 2015).

14) Forschungs- und Entwicklungskosten (I Nr 14)

I Nr 14, korrespondiert mit der Aufhebung des Aktivierungsverbots nach § 248 II aF durch BilMoG (**Übergangsrecht** in (1) EGHGB Art 66 III) und entspricht § 285 Nr 22 (s dort Rn 24).

15) Bewertungseinheiten (I Nr 15)

I Nr 15, eingefügt durch BilMoG, geändert durch ARUG (**Übergangsrecht** in (1) EGHGB Art 66 III), entspricht § 285 Nr 23 und verlangt Angaben bei Anwendung des § 254 (s § 285 Rn 25).

16) Pensionsrückstellungen (I Nr 16)

I Nr 16, eingefügt durch BilMoG (**Übergangsrecht** in (1) EGHGB Art 66 III), entspricht § 285 Nr 24.

17) Verrechnete Vermögensgegenstände und Schulden (I Nr 17)

I Nr 17, eingefügt durch BilMoG (**Übergangsrecht** in (1) EGHGB Art 66 III), verlangt Angabe hinsichtlich zu verrechnender Vermögensgegenstände und Schulden, s § 285 Rn 27.

18) Anteile und Anlageaktien (I Nr 18)

I Nr 18, eingefügt durch BilMoG (**Übergangsrecht** in (1) EGHGB Art 66 III), entspricht § 285 Nr 26.

19) Ausweis unter der Bilanz (I Nr 19)

I Nr 19, eingefügt durch BilMoG (**Übergangsrecht** in (1) EGHGB Art 66 III), geändert durch BilRUG 2015 (**Übergangsrecht** in (1) EGHGB Art 75 II), entspricht § 285 Nr 27.

§ 314 21–25 3. Buch. Handelsbücher

20) Abschreibung Geschäfts- oder Firmenwert (I Nr 20)

21 I Nr 20, eingefügt durch BilMoG (**Übergangsrecht** in **(1)** EGHGB Art 66 III), geändert durch BilRUG 2015 (**Übergangsrecht** in **(1)** EGHGB Art 75 II) spiegelbildlich zur Änderung von § 285 Nr 13, entspricht § 285 Nr 13. **Lit** Rimmelspacher/Meyer DB **15**, 23 (BilRUG 2015); Theile GmbHR **15**, 281 (GmbH- u GmbH & Co KG-Abschluss nach BilRUG).

21) Latente Steuern (I Nr 21 u Nr 22)

22 I Nr 21, eingefügt durch BilMoG (**Übergangsrecht** in **(1)** EGHGB Art 66 III), entspricht § 285 Nr 29. I Nr 22, eingefügt durch BilRUG 2015 (**Übergangsrecht** in **(1)** EGHGB Art 75 II), ergänzt die Erläuterungspflicht zu latenten Steuern in Umsetzung von Art 28 I iVm Art 17 I Buchst f u Art 24 XIII BilRi 2013 um qualitative Angaben zu latenten Steuersalden am Geschäftsjahresende und zu ihren Bewegungen im Geschäftsjahr, insbesondere zu ihrem Auf- u Abbau, allerdings nur hinsichtlich der in der Konzernbilanz angesetzten latenten Steuerschulden, RegBegr 94. Für Steuerabgrenzung bleibt es bei § 306. **Lit** Lüdenbach/Freiberg BB **14**, 2219 (BilRUG 2015); Blöink/Knoll-Biermann Konzern **15**, 65 (BilRUG 2015); Fink/Theile DB **15**, 754 (BilRUG 2015); Oser/Orth/Wirtz DB **15**, 197 (BilRUG 2015); Rimmelspacher/Meyer DB **15**, 23 (BilRUG 2015); Zwirner StuB **15**, Beilage 2/2015, 1 (BilRUG 2015).

22) Außerordentliche Gewinne u Erträge (I Nr 23)

23 I Nr 23, eingefügt durch BilRUG 2015 (**Übergangsrecht** in **(1)** EGHGB Art 75 II), beruht auf Art 28 I iVm 16 I Buchst f BilRi 2013 und führt dazu, dass außerordentliche Aufwendungen und Erträge künftig nicht mehr in der Konzern-GuV auszuweisen sind. Außerordentliche Posten sind nicht als solche, sondern nur Posten von außerordentlicher Größenordnung oder Bedeutung einzeln und mit Erläuterung anzugeben, was spiegelbildlich § 285 Nr 31 entspricht. **Lit** Theile GmbHR **15**, 281 (GmbH- u GmbH & Co KG-Abschluss nach BilRUG); Rimmelspacher/Meyer DB **15**, 23 (BilRUG 2015); Zwirner StuB **15**, Beilage 2/2015, 1 (BilRUG 2015).

23) Außerordentliche Gewinne u Erträge (I Nr 24)

24 I Nr 24, eingefügt durch BilRUG 2015 (**Übergangsrecht** in **(1)** EGHGB Art 75 II), entspricht inhaltlich der in § 298 I iVm § 277 IV 3 aF enthaltenen Vorgabe, im Konzernanhang periodenfremde Erträge und Aufwendungen darzustellen und zu erläutern, und wurde parallel zur Aufhebung von § 277 IV in Nr 24 überführt. **Lit** Kleinmanns StuB **14**, 896 (CSR Berichterstattung); Lüdenbach/Freiberg BB **14**, 2219 (BilRUG 2015); Blöink/Knoll-Biermann Konzern **15**, 65 (BilRUG 2015); Fink/Theile DB **15**, 754 (BilRUG 2015); Oser/Orth/Wirtz DB **15**, 197 (BilRUG 2015); Rimmelspacher/Meyer DB **15**, 23 (BilRUG 2015); Zwirner StuB **15**, Beilage 2/2015, 1 (BilRUG 2015)

24) Außerordentliche Gewinne u Erträge (I Nr 25)

25 I Nr 25, eingefügt durch BilRUG 2015 (**Übergangsrecht** in **(1)** EGHGB Art 75 II), beruht auf Art 28 I iVm Art 17 I BilRi 2013 und verlangt, dass Angaben zu wesentlichen Ereignissen nach dem Abschlussstichtag des Konzernabschlusses nicht mehr im Konzernlagebericht, sondern im Konzernanhang dargestellt werden, allerdings beschränkt auf Vorgänge, die nicht schon in der Konzernbilanz oder in der Konzern-GuV berücksichtigt sind. **Lit** Lüdenbach/Freiberg BB **14**, 2219 (BilRUG 2015); Blöink/Knoll-Biermann Konzern **15**, 65 (BilRUG 2015); Fink/Theile DB **15**, 754 (BilRUG 2015); Oser/Orth/Wirtz DB **15**, 197 (BilRUG 2015); Rimmelspacher/Meyer DB **15**, 23 (BilRUG 2015); Zwirner StuB **15**, Beilage 2/2015, 1 (BilRUG 2015).

2. Abschnitt. Ergänzende Vorschriften für Kapitalgesellschaften § 315

25) Vorschlag für die Ergebnisverwendung (I Nr 26)

I Nr 26, eingefügt durch BilRUG 2015 (**Übergangsrecht** in (1) EGHGB Art 75 II), beruht auf Art 28 I iVm Art 17 I Buchst o BilRi 2013 und sieht vor, dass im Konzernanhang auch der Vorschlag für die Ergebnisverwendung des MutterUnt sowie in besonderen Fällen der Verwendungsbeschluss darzustellen sind, was spiegelbildlich § 285 Nr 34 entspricht. **Lit** Lüdenbach/Freiberg BB **14**, 2219 (BilRUG 2015); Fink/Theile DB **15**, 754 (BilRUG 2015); Blöink/Knoll-Biermann Konzern **15**, 65 (BilRUG 2015); Oser/Orth/Wirtz DB **15**, 197 (BilRUG 2015); Rimmelspacher/Meyer DB **15**, 23 (BilRUG 2015); Zwirner StuB **15**, Beilage 2/2015, 1 (BilRUG 2015).

26) Schutzklausel im Unternehmensinteresse zu I Nr 3 (II, III)

II entspricht § 286 II; vgl auch § 313 III. Aber Angabe der Anwendung der Ausnahme im Konzernanhang nach **III** (entspricht II 2 aF, geändert durch BilRUG 2015 (**Übergangsrecht** in (1) EGHGB Art 75 II) unter Ausübung des Mitgliedstaatenwahlrechts in Art 28 I iVm Art 17 I Buchst d Unterabsatz 2 BilRi 2013, wobei Verweis auf § 286 IV den Schutz personenbezogener Daten einzelner Mitglieder der Organe des MutterUnt in deren Konzernanhang dient, sofern sich anhand der Angaben der finanzielle Status eines Mitglieds feststellen ließe. **Lit** Lüdenbach/Freiberg BB **14**, 2219 (BilRUG 2015); Blöink/Knoll-Biermann Konzern **15**, 65 (BilRUG 2015); Oser/Orth/Wirtz DB **15**, 197 (BilRUG 2015); Fink/Theile DB **15**, 754 (BilRUG 2015); Rimmelspacher/Meyer DB **15**, 23 (BilRUG 2015).

Neunter Titel. Konzernlagebericht

Inhalt des Konzernlageberichts

315 (1) ¹Im Konzernlagebericht sind der Geschäftsverlauf einschließlich des Geschäftsergebnisses und die Lage des Konzerns so darzustellen, dass ein den tatsächlichen Verhältnissen entsprechendes Bild vermittelt wird. ²Er hat eine ausgewogene und umfassende, dem Umfang und der Komplexität der Geschäftstätigkeit entsprechende Analyse des Geschäftsverlaufs und der Lage des Konzerns zu enthalten. ³In die Analyse sind die für die Geschäftstätigkeit bedeutsamsten finanziellen Leistungsindikatoren einzubeziehen und unter Bezugnahme auf die im Konzernabschluss ausgewiesenen Beträge und Angaben zu erläutern. ⁴Ferner ist im Konzernlagebericht die voraussichtliche Entwicklung mit ihren wesentlichen Chancen und Risiken zu beurteilen und zu erläutern; zugrunde liegende Annahmen sind anzugeben. ⁵Die Mitglieder des vertretungsberechtigten Organs eines Mutterunternehmens im Sinne des § 297 Abs. 2 Satz 4 haben zu versichern, dass nach bestem Wissen im Konzernlagebericht der Geschäftsverlauf einschließlich des Geschäftsergebnisses und die Lage des Konzerns so dargestellt sind, dass ein den tatsächlichen Verhältnissen entsprechendes Bild vermittelt wird, und dass die wesentlichen Chancen und Risiken im Sinne des Satzes 4 beschrieben sind.

(2) Im Konzernlagebericht ist auch einzugehen auf:
1. a) die Risikomanagementziele und -methoden des Konzerns einschließlich seiner Methoden zur Absicherung aller wichtigen Arten von Transaktionen, die im Rahmen der Bilanzierung von Sicherungsgeschäften erfasst werden, sowie
b) die Preisänderungs-, Ausfall- und Liquiditätsrisiken sowie die Risiken aus Zahlungsstromschwankungen, denen der Konzern ausgesetzt ist,
jeweils in Bezug auf die Verwendung von Finanzinstrumenten durch den Konzern und sofern dies für die Beurteilung der Lage oder der voraussichtlichen Entwicklung von Belang ist;

§ 315 1, 2 3. Buch. Handelsbücher

2. den Bereich Forschung und Entwicklung des Konzerns und
3. für das Verständnis der Lage des Konzerns wesentliche Zweigniederlassungen der insgesamt in den Konzernabschluss einbezogenen Unternehmen.

²Ist das Mutterunternehmen eine Aktiengesellschaft, hat es im Konzernlagebericht auf die nach § 160 Absatz 1 Nummer 2 des Aktiengesetzes im Anhang zu machende Angaben zu verweisen.

(3) Absatz 1 Satz 3 gilt entsprechend für nichtfinanzielle Leistungsindikatoren, wie Informationen über Umwelt- und Arbeitnehmerbelange, soweit sie für das Verständnis des Geschäftsverlaufs oder der Lage des Konzerns von Bedeutung sind.

(4) Ist das Mutterunternehmen oder ein in den Konzernabschluss einbezogenes Tochterunternehmen kapitalmarktorientiert im Sinne des § 264d, ist im Konzernlagebericht auch auf die wesentlichen Merkmale des internen Kontroll- und Risikomanagementsystems im Hinblick auf den Konzernrechnungslegungsprozess einzugehen.

1 **1)** Die Vorschrift, die sich als Dauerbaustelle der Bilanzgesetzgebung erweist (Änderungen etwa durch BilReG, VorstOG, ÜbernahmeRi-UmsetzungsG, TUG, BilMoG), wurde 2017 erneut grundlegend überarbeitet, umgegliedert und zum Teil inhaltlich geändert durch CSR-RUG v 11.4.17 (**Übergangsrecht** in **(1)** EGHGB Art 80). Grund: Vereinfachung und Angleichung des Konzernlageberichts an die Änderungen durch die CSR-Ri-Umsetzung im Bereich des Lageberichts (§§ 289 ff), RegBegr 54. Der zuvor auf eine Vorschrift beschränkte neunte Titel wurde in mehrere Vorschriften gegliedert.
Lit Me/Pro/Fi Kap 13 Tz 175 ff; Gödel DB **10**, 431 (Prognoseberichterstattung); Kiefner NZG **10**, 692 (ARUG); Weber KoR **10**, 631 u **11**, 49 (Risikoberichterstattung von Kreditinstituten); Withus DB **10**, 68; Melcher/Murer DB **11**, 430; Behncke/Hoffmann/Wulf BB **12**, 3063 (DRS 20); Gros/Koch/Wallek Konzern **12**, 111 (E-DRS 27); Zülch/Hölken DB **13**, 2457 (DRS 20 Anwendungsleitfaden); Hencke/Rimmelspacher/Schäfer Konzern **14**, 386 (DRS 20); Kleinmanns, StuB **14**, 898 (CSR-Bericht); Lüdenbach/Freiberg BB **14**, 2219 (BilRUG 2015); Pauli/Albrecht BB **14**, 1195 (DRS 20); Simon-Heckroth WPg **14**, 311 (Nachhaltigkeitsberichterstattung, DRS 20); Barth/Thormann DB **15**, 993 (Enforcement Lageberichterstattung); Blöink/Knoll-Biermann Konzern **15**, 65 (BilRUG 2015); Kolb/Neubeck StuB **15**, 97 (DRS 20); Lorson DB **15**, 695; Oser/Orth/Wirtz DB **15**, 197 (BilRUG 2015); Pollmann/Seubert DStR **15**, 959 (DRS 20); Schäfer/Rimmelspacher DB **15**, 57 (BilRUG 2015); Theile GmbHR **15**, 281 (GmbH- u GmbH & Co KG-Abschluss nach BilRUG); Zwirner StuB **15**, Beilage 2/2015, 1 (BilRUG 2015); Hinze WPg **16**, 1168 (CSR-Ri, DRS 20); Scheffler AG **16**, R318 (RegE CSR-UmsetzungsG); Velte BB **16**, Nr 42 Die erste Seite (RegE CSR-UmsetzungsG); Wulf/Niemöller IRZ **16**, 245 (RefE CSR-UmsetzungsG); Zwirner AR **16**, 2 (Aufgaben des Aufsichtsrats). **Muster** (zum frühere Recht) Hopt/Kraft/Link Form III.G.4 (Konzernlagebericht), sa DRS 20 zur Konzernlageberichterstattung.

2 **2) Inhalt des Konzernlageberichts (I). I** enthält – im Anschluß an § 290, der die Konzernlageberichtersattung vorschreibt – die **allgemeinen inhaltlichen Anforderungen** an die Berichterstattung. Verlangt wird eine Darstellung des Geschäftsverlaufs einschließlich des Geschäftsergebnisses und der Lage des Konzerns unter Beachtung eines den tatsächlichen Verhältnissen entsprechenden Bildes der Vermögens-, Finanz- und Ertragslage, **I 1**. Ziel ist eine ausgewogene und umfassende, dem Umfang und der Komplexität der Geschäftstätigkeit entsprechende **Analyse des Geschäftsverlaufs und der Lage des Konzerns, I 2**.

2. Abschnitt. Ergänzende Vorschriften für Kapitalgesellschaften § 315a

Einzubeziehen sind die für die Geschäftstätigkeit bedeutsamsten finanziellen Leistungsindikatoren. Dabei ist auf in dem Konzernabschluss ausgewiesenen Beträge und Angaben erläutert Bezug zu nehmen, **I 3**. Darüber hinaus sind die voraussichtliche Entwicklung mit ihren wesentlichen Chancen und Risiken zu beurteilen und zu erläutern, wobei zugrunde liegende Annahmen anzugeben sind, **I 4**. von den Mitgliedern des vertretungsberechtigten Organs des MutterUnt iSv § 297 II 4 wird verlangt, zu versichern, dass nach bestem Wissen im Konzernlagebericht der Geschäftsverlauf einschließlich des Geschäftsergebnisses und die Lage des Konzerns so dargestellt sind, dass ein den tatsächlichen Verhältnissen entsprechendes Bild vermittelt wird, und dass die wesentlichen Chancen und Risiken iSv I 4 beschrieben sind, **I 5** (neugefaßt durch CSR-RUG v 11.4.17 (**Übergangsrecht** in (**1**) EGHGB Art 80). Lit Blöink/Halbleib Konzern **17**, 182 sowie § 289 Rn 1.

3) Weitere Angaben (II). II idF CSR-RUG führt **ergänzende Angaben** auf, die der Konzernlagebericht enthalten muß, nämlich **II Nr 1a** die Risikomanagementziele und -methoden des Konzerns einschließlich seiner Methoden zur Absicherung aller wichtigen Arten von Transaktionen, die im Rahmen der Bilanzierung von Sicherungsgeschäften erfasst werden, sowie **II Nr 1b**) die Preisänderungs-, Ausfall- und Liquiditätsrisiken sowie die Risiken aus Zahlungsstromschwankungen, denen der Konzern ausgesetzt ist, und zwar jeweils in Bezug auf die Verwendung von Finanzinstrumenten durch den Konzern und soweit dies für die Beurteilung der Lage oder der voraussichtlichen Entwicklung von Belang ist, sodann **II Nr 2** Angaben zum Bereich der Forschung und Entwicklung des Konzerns und schließlich **II Nr 3** Angaben zu für das Verständnis der Lage des Konzerns wesentlichen Zweigniederlassungen der insgesamt in den Konzernabschluss einbezogenen Unternehmen. Eine AG als MutterGes hat – in Umsetzung von Art 29 I iVm Art 19 II Buchst c) BilanzRi – zusätzlich auf die nach § 160 I Nr 2 AktG im Anhang zu machenden Angaben zu verweisen, II 2. Lit Blöink/Halbleib Konzern **17**, 182 sowie § 289 Rn 1.

4) Nichtfinanzielle Leistungsindikatoren (III). III, geändert durch CSR-RUG übernimmt unverändert I 4 aF (**Übergangrecht** in (**1**) EGHGB) Art 80) und erstreckt I 3 auf nichtfinanzielle Leistungsindikatoren, wie Informationen über Umwelt-, und Arbeitnehmerbelange, soweit sie für das Verständnis des Geschäftsverlaufs oder der Konzernlage von Bedeutung sind. Lit Blöink/Halbleib Konzern **17**, 182 sowie § 289 Rn 3.

5) Kapitalmarktorientierte Unternehmen (IV). In **IV**, neu eingeführt durch CSR-RUG v 11.4.17 (**Übergangsrecht** in (**1**) EGHGB Art 80), wird für kapitalmarktorientierte MutterUnt bzw. in den Konzernabschluss einbezogene kapitalmarktorientierte TochterUnt iSd § 264d zusätzlich verlangt, im Konzernlagebericht auf die wesentlichen Merkmale des internen Kontroll und Risikomanagementsystems im Hinblick auf den Konzern Rechnungslegungsprozess einzugehen. Lit Blöink/Halbleib Konzern **17**, 182 sowie § 289 Rn 1.

6) Zusammenfassung von Konzernanhang und Lagebericht (V). V (bis zur CSR-Reform 2017 III) stellt klar, dass § 298 II über die Zusammenfassung von Konzernanhang und Anhang entsprechend anzuwenden ist. Lit Blöink/Halbleib Konzern **17**, 182 sowie § 289 Rn 1.

Ergänzende Vorschriften für bestimmte Aktiengesellschaften und Kommanditgesellschaften auf Aktien

315a

(1) [1]**Mutterunternehmen (§ 290), die einen organisierten Markt im Sinne des § 2 Absatz 7 des Wertpapiererwerbs- und Übernahmegesetzes durch von ihnen ausgegebene stimmberechtigte Aktien in Anspruch nehmen, haben im Konzernlagebericht außerdem anzugeben:**

§ 315a 1, 2

1. die Zusammensetzung des gezeichneten Kapitals unter gesondertem Ausweis der mit jeder Gattung verbundenen Rechte und Pflichten und des Anteils am Gesellschaftskapital;
2. Beschränkungen, die Stimmrechte oder die Übertragung von Aktien betreffen, auch wenn sie sich aus Vereinbarungen zwischen Gesellschaftern ergeben können, soweit die Beschränkungen dem Vorstand der Gesellschaft bekannt sind;
3. direkte oder indirekte Beteiligungen am Kapital, die 10 Prozent der Stimmrechte überschreiten;
4. die Inhaber von Aktien mit Sonderrechten, die Kontrollbefugnisse verleihen, und eine Beschreibung dieser Sonderrechte;
5. die Art der Stimmrechtskontrolle, wenn Arbeitnehmer am Kapital beteiligt sind und ihre Kontrollrechte nicht unmittelbar ausüben;
6. die gesetzlichen Vorschriften und Bestimmungen der Satzung über die Ernennung und Abberufung der Mitglieder des Vorstands und über die Änderung der Satzung;
7. die Befugnisse des Vorstands insbesondere hinsichtlich der Möglichkeit, Aktien auszugeben oder zurückzukaufen;
8. wesentliche Vereinbarungen des Mutterunternehmens, die unter der Bedingung eines Kontrollwechsels infolge eines Übernahmeangebots stehen, und die hieraus folgenden Wirkungen;
9. Entschädigungsvereinbarungen des Mutterunternehmens, die für den Fall eines Übernahmeangebots mit den Mitgliedern des Vorstands oder mit Arbeitnehmern getroffen sind.

²Die Angaben nach Satz 1 Nummer 1, 3 und 9 können unterbleiben, soweit sie im Konzernanhang zu machen sind. ³Sind Angaben nach Satz 1 im Konzernanhang zu machen, ist im Konzernlagebericht darauf zu verweisen. ⁴Die Angaben nach Satz 1 Nummer 8 können unterbleiben, soweit sie geeignet sind, dem Mutterunternehmen einen erheblichen Nachteil zuzufügen; die Angabepflicht nach anderen gesetzlichen Vorschriften bleibt unberührt.

(2) ¹Ist das Mutterunternehmen eine börsennotierte Aktiengesellschaft, ist im Konzernlagebericht auch auf die Grundzüge des Vergütungssystems für die in § 314 Absatz 1 Nummer 6 genannten Gesamtbezüge einzugehen. ²Werden dabei auch Angaben entsprechend § 314 Absatz 1 Nummer 6 Buchstabe a Satz 5 bis 8 gemacht, können diese im Konzernanhang unterbleiben.

1 1) Die Vorschrift ist zwar neu eingeführt durch CSR-RUG (**Überleitungsrecht** in (1) EGHGB) Art 80), enthält aber nahezu unverändert die zuvor in § 315 IV aF enthaltenen **zusätzlichen Vorgaben für MutterUnt**, die einen organisierten Markt iSd § 2 VII WpÜG durch von ihne ausgegebnene Aktien in Anspruch nehmen. **Lit** Scheffler AG **16**, R318 (RegE CSR-RUG); Blöink/Halbleib Konzern **17**, 182.

2 2) I 1 listet als **ergänzende Berichtsgegenstände** auf: **I 1 Nr 1** die Zusammensetzung des gezeichneten Kapitals unter gesondertem Ausweis der mit jeder Gattung verbundenen Rechte und Pflichten und des Anteils am Gesellschaftskapital; **I 1 Nr 2** Beschränkungen, die Stimmrechte oder die Übertragung von Aktien betreffend, auch wenn sie sich aus Vereinbarungen zwischen Gesellschaftern ergeben können, soweit die Beschränkungen dem Vorstand der Gesellschaft bekannt sind; **I 1 Nr 3** direkte oder indirekte Beteiligungen am Kapital, die 10 Prozent der Stimmrechte überschreiten; **I 1 Nr 4** die Inhaber von Aktien mit Sonderrechten, die Kontrollbefugnisse verleihen, und eine Beschreibung dieser Sonderrechte; **I 1 Nr 5** die Art der Stimmrechtskontrolle, wenn Arbeit-

2. Abschnitt. Ergänzende Vorschriften für Kapitalgesellschaften § 315b

nehmer am Kapital beteiligt sind und ihre Kontrollrechte nicht unmittelbar ausüben; **I 1 Nr 6** die gesetzlichen Vorschriften und Bestimmungen der Satzung über die Ernennung und Abberufung der Mitglieder des Vorstands und über die Änderung der Satzung; **I 1 Nr 7** die Befugnisse des Vorstands insbesondere hinsichtlich der Möglichkeit, Aktien auszugeben oder zurückzukaufen; **I 1 Nr 8** wesentliche Vereinbarungen des MutterUnt, die unter der Bedingung eines Kontrollwechsels infolge eines Übernahmeangebots stehen, und die hieraus folgenden Wirkungen; **I 1 Nr 9** Entschädigungsvereinbarungen des MutterUnt, die für den Fall eines Übernahmeangebots mit den Mitgliedern des Vorstands oder mit Arbeitnehmern getroffen sind. Nach **I 2** können die Angaben gem I 1 Nr 1, 3 u 9 unterbleiben, soweit sie im Konzernanhang zu machen sind. Soweit Angaben nach I 1 im Konzernanhang zu machen ist, ist gem **I 3** im Konzernlagebericht darauf zu verweisen. Und gem **I 4** können Angaben nach I 1 Nr 8 unterbleiben, soweit sie geeignet sind, dem MutterUnt einen erheblichen Nachteil zuzufügen; die Angabepflicht nach anderen gesetzlichen Vorschriften bleibt unberührt. **Lit** Blöink/Halbleib Konzern **17**, 182.

3) Nach **II 1** (bis zur CSR-Reform § 315 II Nr 4 aF) ist dann, wenn das MutterUnt eine börsennotierte Aktiengesellschaft ist, im Konzernlagebericht auch auf die **Grundzüge des Vergütungssystems** für die in § 314 I Nr 6 genannten Gesamtbezüge einzugehen. Werden dabei auch Angaben entsprechend § 314 I Nr 6 Buchst a) 5 bis 8 gemacht, können diese im Konzernanhang unterbleiben, **II 2**. **Lit** Scheffler AG **16**, R318 (RegE CSR-RUG); Blöink/Halbleib Konzern **17**, 182.

Pflicht zur nichtfinanziellen Konzernerklärung; Befreiungen

315b (1) ¹Eine Kapitalgesellschaft, die Mutterunternehmen (§ 290) ist, hat ihren Konzernlagebericht um eine nichtfinanzielle Konzernerklärung zu erweitern, wenn die folgenden Merkmale erfüllt sind:

1. die Kapitalgesellschaft ist kapitalmarktorientiert im Sinne des § 264d,
2. für die in den Konzernabschluss einzubeziehenden Unternehmen gilt:
    a) sie erfüllen die in § 293 Absatz 1 Satz 1 Nummer 1 oder 2 geregelten Voraussetzungen für eine größenabhängige Befreiung nicht und
    b) bei ihnen sind insgesamt im Jahresdurchschnitt mehr als 500 Arbeitnehmer beschäftigt.

²§ 267 Absatz 4 bis 5 sowie § 298 Absatz 2 sind entsprechend anzuwenden. ³Wenn die nichtfinanzielle Konzernerklärung einen besonderen Abschnitt des Konzernlageberichts bildet, darf die Kapitalgesellschaft auf die an anderer Stelle im Konzernlagebericht enthaltenen nichtfinanziellen Angaben verweisen.

(2) ¹Ein Mutterunternehmen im Sinne des Absatzes 1 ist unbeschadet anderer Befreiungsvorschriften von der Pflicht zur Erweiterung des Konzernlageberichts um eine nichtfinanzielle Konzernerklärung befreit, wenn

1. das Mutterunternehmen zugleich ein Tochterunternehmen ist, das in den Konzernlagebericht eines anderen Mutterunternehmens einbezogen ist, und
2. der Konzernlagebericht nach Nummer 1 nach Maßgabe des nationalen Rechts eines Mitgliedstaats der Europäischen Union oder eines anderen Vertragsstaats des Abkommens über den Europäischen Wirtschaftsraum im Einklang mit der Richtlinie 2013/34/EU aufgestellt wird und eine nichtfinanzielle Konzernerklärung enthält.

²Satz 1 gilt entsprechend, wenn das andere Mutterunternehmen im Sinne des Satzes 1 einen gesonderten nichtfinanziellen Konzernbericht nach Absatz 3

Merkt

§ 315b 1, 2

oder nach Maßgabe des nationalen Rechts eines Mitgliedstaats der Europäischen Union oder eines anderen Vertragsstaats des Abkommens über den Europäischen Wirtschaftsraum im Einklang mit der Richtlinie 2013/34/ EU erstellt und öffentlich zugänglich macht. [3] Ist ein Mutterunternehmen nach Satz 1 oder 2 von der Pflicht zur Erstellung einer nichtfinanziellen Konzernerklärung befreit, hat es dies in seinem Konzernlagebericht mit der Erläuterung anzugeben, welches andere Mutterunternehmen den Konzernlagebericht oder den gesonderten nichtfinanziellen Konzernbericht öffentlich zugänglich macht und wo der Bericht in deutscher oder englischer Sprache offengelegt oder veröffentlicht ist.

(3) [1] Ein Mutterunternehmen im Sinne des Absatzes 1 ist auch dann von der Pflicht zur Erweiterung des Konzernlageberichts um eine nichtfinanzielle Konzernerklärung befreit, wenn das Mutterunternehmen für dasselbe Geschäftsjahr einen gesonderten nichtfinanziellen Konzernbericht außerhalb des Konzernlageberichts erstellt und folgende Voraussetzungen erfüllt:

1. der gesonderte nichtfinanzielle Konzernbericht erfüllt zumindest die inhaltlichen Vorgaben nach § 315c in Verbindung mit § 289c und
2. das Mutterunternehmen macht den gesonderten nichtfinanziellen Konzernbericht öffentlich zugänglich durch
   a) Offenlegung zusammen mit dem Konzernlagebericht nach § 325 oder
   b) Veröffentlichung auf der Internetseite des Mutterunternehmens spätestens vier Monate nach dem Abschlussstichtag und mindestens für zehn Jahre, sofern der Konzernlagebericht auf diese Veröffentlichung unter Angabe der Internetseite Bezug nimmt.

[2] Absatz 1 Satz 3, die §§ 289d und 289e sowie § 298 Absatz 2 sind auf den gesonderten nichtfinanziellen Konzernbericht entsprechend anzuwenden.

1 **1)** Die Vorschrift wurde durch das CSR-RUG v 11.4.17 (**Übergangsrecht** in **(1)** EGHGB Art 80, 81) neu eingeführt und setzt Art 29a BilanzRi idF der CSR-Ri betreffend den Anwendungsbereich der Pflicht zu einer **nichtfinanziellen Erklärung auf Konzernebene** um. Dabei folgt § 315b weitgehend der Struktur des § 289b und weicht nur ab, wo die Ri oder der Bezug zur Konzernebene es erfordert. Die Vorgaben für die nichtfinanzielle Konzernerklärung und den gesonderten nichtfinanziellen Konzernbericht richten sich nach deutschem Recht, auch wenn ein Teil der einbezogenen TochterUnt den Sitz im Ausland hat. **Lit** Kajüter IRZ **16**, 507 (RegE CSR-RUG); ders DB **17**, 617; Kumm/Woodtli Konzern **16**, 218 (RefE CSR-Ri-UmsetzungsG); Lanfermann BB **16**, 1131 (RefE CSR-RUG); Nietsch NZG **16**, 1330 (RegE CSR-RUG); Scheffler AG **16**, R318 (RegE CSR-RUG); Blöink/Halbleib Konzern **17**, 182; Böcking DB **17**, M5; Lanfermann BB **17**, 747 (CSR und Aufsichtsrat); Haaker DB **17**, 922 (krit zur Integration der CSR-Erklärung in den (Konzern-)Lagebericht); Hennrichs/Pöschke NZG **17**, 121 (CSR und Aufsichtsrat); Holzmeier/Burth/Hachmeister IRZ **17**, 215; Rimmelspacher/ Schäfer/Schönberger KoR **17**, 225; Müller/Scheid BB **17**, 1835; Mock ZIP **17**, 1195.

2 **2)** Nach I berichtspflichtig sind **MutterUnt**, die **selbst kapitalmarktorientierte** KapitalGes iSd § 264d sind, **I 1 Nr 1**. Die weiteren Voraussetzungen für die Berichtspflicht sind auf Konzernebene zu bestimmen: Zum einen müssen die Umsatzerlöse oder die Bilanzsumme bei einer Konzernbetrachtung die in § 293 I geregelten Schwellenwerte überschreiten, **I 1 Nr 2a)**. Berichtspflicht nach I besteht also nur dann, wenn im Konzern bei Addition der Werte des MutterUnt sowie der einzubeziehenden TochterUnt mindestens zwei der drei Größenkriterien nach § 293 I 1 Nr 1 (Brutto-Methode) oder bei konsolidierter Betrachtung

2. Abschnitt. Ergänzende Vorschriften für Kapitalgesellschaften § 315c

mindestens zwei der drei Größenkriterien nach § 293 Absatz I 1 Nr 2 (Netto-Methode) überschritten sind. Welche Methoden anzuwenden ist, richtet sich nach der Ausübung des Wahlrechts durch das MutterUnt. Zum anderen müssen die in den Konzernabschluss einzubeziehenden Unternehmen einschließlich des Mutterunt insgesamt im Jahresdurchschnitt mehr als 500 Arbeitnehmer beschäftigen (**I 1 Nr 2b**). Für die Schwellenwerte gilt § 267 IV-V entsprechend. Berichtspflicht nach I besteht nicht, wenn die Voraussetzungen der §§ 291, 292 vorliegen. Dann ist das MutterUnt von der Pflicht zur Aufstellung eines Konzernlageberichtes befreit, sodass – wie im Rahmen von § 289b I im Hinblick auf die Befreiungsregelung in § 264 III – bereits die Tatbestandsvoraussetzungen des I nicht erfüllt sein. Entsprechend V (bis zur CSR-Reform § 315 III aF) für den Lagebericht stellt **I 2** klar, dass auch für die nichtfinanzielle Konzernerklärung (und in Verbindung mit § 315b III für den gesonderten nichtfinanziellen Bericht) eine Zusammenfassung analog § 298 II. Dies dient der Vermeidung von Doppelangaben, Verweisen und Wiederholungen. Das MutterUnt darf damit unter den in § 298 II geregelten Voraussetzungen die eigene nichtfinanzielle Erklärung mit der nichtfinanziellen Konzernerklärung zusammenfassen. Insbesondere muss in entsprechender Anwendung des § 298 II 3 aus der zusammengefassten Erklärung hervorgehen, welche Angaben sich auf den Konzern und welche sich auf das MutterUnt beziehen. Auch in der nichtfinanziellen Konzernerklärung oder in dem gesonderten nichtfinanziellen Konzernbericht kann zur Vermeidung von Doppelungen auf nichtfinanzielle Angaben im Konzernlagebericht verwiesen werden, **I 3**. Lit Blöink/Halbleib Konzern **17**, 182 sowie Rn 1.

3) Nach **II** ist – in Umsetzung von Art 29a III BilanzRi idF der CSR-Ri – ein **3** MutterUnt **von der Berichtspflicht befreit**, wenn es zugleich TochterUnt eines anderen MutterUnt ist und das befreite MutterUnt und seine TochterUnt in die nichtfinanzielle Erklärung dieses anderen MutterUnt einbezogen sind. Weitere Voraussetzung ist, dass die nichtfinanzielle Erklärung des anderen MutterUnt den Anforderungen des auf das andere MutterUnt anwendbaren nationalen Rechts im Einklang mit der Ri entspricht. Ohne nichtfinanzielle Erklärung auf oberster Konzernebene ergibt sich daher keine Befreiung nach II. Zugleich stellt **II 2** klar, dass die befreiende Wirkung auch einem von dem anderen MutterUnt erstellten gesonderten nichtfinanziellen Konzernbericht zukommt, wenn die gleichen inhaltlichen Anforderungen erfüllt werden. Dabei geht der Gesetzgeber davon aus, dass häufig zugleich die Voraussetzungen des § 291 erfüllt sein werden, der auf Art III u IV der BilanzRi. II geht aber über § 291 hinaus, indem er auf dessen engeren Voraussetzungen (zB das Einverständnis der Aktionäre zur Befreiung) verzichtet. Wie auch § 289b II 3 dient II 3 dazu, den Nutzern das Auffinden des Konzernlageberichtes zu erleichtern, der die Informationen über das befreite TochterUnt enthält. **Lit** Blöink/Halbleib Konzern **17**, 182 sowie Rn 1.

4) Mit **III** wird die Option aus Art 29a IV BilanzRi idF der CSR-Ri ausgeübt, **4** einen **gesonderten nichtfinanziellen Konzernbericht** zuzulassen. Die Regelung ist spiegelbildlich zu § 289b III (siehe dort). III 2 (zunächst als IV vorgesehen) über die **Veröffentlichung eines Prüfurteils über eine freiwillige Überprüfung** der nichtfinanziellen Erklärung oder des gesonderten Berichts entspricht § 289b III 2. **Lit** Blöink/Halbleib Konzern **17**, 182 sowie Rn 1.

Inhalt der nichtfinanziellen Konzernerklärung

315c (1) Auf den Inhalt der nichtfinanziellen Konzernerklärung ist § 289c entsprechend anzuwenden.

(2) § 289c Absatz 3 gilt mit der Maßgabe, dass diejenigen Angaben zu machen sind, die für das Verständnis des Geschäftsverlaufs, des Geschäfts-

§ 315e

ergebnisses, der Lage des Konzerns sowie der Auswirkungen seiner Tätigkeit auf die in § 289c Absatz 2 genannten Aspekte erforderlich sind.

(3) Die §§ 289d und 289e sind entsprechend anzuwenden.

1 Die Vorschrift – neu eingeführt durch das CSR-RUG v 11.4.17 (**Übergangsrecht** in (1) EGHGB Art 80) – enthält die Vorgaben für den **Inhalt der nichtfinanziellen Konzernerklärung**. Dabei kann im Wesentlichen auf die spiegelbildlichen Vorgaben für die nichtfinanzielle Erklärung in den §§ 289c-289e verwiesen werden. Allerdings stellt § 315c II klar, dass die Bestimmung der Wesentlichkeit von nichtfinanziellen Informationen im Rahmen der nichtfinanziellen Konzernerklärung mit Blick auf die Lage und Entwicklung des Konzerns insgesamt zu erfolgen hat. **Lit** Kajüter IRZ **16**, 507 (RegE CSR-Ri-UmsetzungsG); ders DB **17**, 617; Lanfermann BB **16**, 1131 (RefE CSR-Ri-UmsetzungsG); ders BB **17**, 747 (CSR und Aufsichtsrat); Nietsch NZG **16**, 1330 (RegE CSR-Ri-UmsetzungsG); Blöink/Halbleib Konzern **17**, 182; Holzmeier/Burth/Hachmeister IRZ **17**, 215; Rimmelspacher/Schäfer/Schönberger KoR **17**, 225; Müller/Scheid BB **17**, 1835.

Konzernerklärung zur Unternehmensführung

315d [1] Ein Mutterunternehmen, das eine Gesellschaft im Sinne des § 289f Absatz 1 oder Absatz 3 ist, hat für den Konzern eine Erklärung zur Unternehmensführung zu erstellen und als gesonderten Abschnitt in den Konzernlagebericht aufzunehmen. [2] § 289f ist entsprechend anzuwenden.

1 Die Vorschrift wurde durch das CSR-RUG v 11.4.17 (**Übergangsrecht** in (1) EGHGB Art 80) neu eingeführt, enthält aber in der Sache den durch das BilRUG eingeführten § 315 V aF. Durch die Ausgliederung soll deutlicher werden, dass die **Konzernerklärung zur Unternehmensführung auch außerhalb des Konzernlageberichts** stehen kann, und um auch insoweit eine systematische Annäherung an die spiegelbildliche Regelung für die Erklärung zur Unternehmensführung zu erreichen. Gleichzeitig wird klargestellt, dass wie schon vom BilRUG beabsichtigt die Vorschrift auch für Kommanditgesellschaften auf Aktien als Mutterunt gilt. Art 29 u 20 I Buchst g BilanzRi idF der CSR-Ri erfordern die Ergänzung der Vorgaben für die schon heute verpflichtende Konzernerklärung zur Unternehmensführung um die Angabepflicht zum Diversitätskonzept, die durch die Bezugnahme auf § 289f sichergestellt wird. Die Inhalte der Konzernerklärung zur Unternehmensführung ergeben sich damit auch weiterhin aus § 161 AktG in Verbindung mit den Empfehlungen des Deutschen Corporate-Governance-Kodex und den übrigen Vorgaben des § 289f. **Lit** Blöink/Halbleib Konzern **17**, 182; Hennrichs/Pöschke NZG **17**, 121 (CSR und Aufsichtsrat); Kajüter DB **17**, 617; Rimmelspacher/Schäfer/Schönberger KoR **17**, 225; Müller/Scheid BB **17**, 1835 sowie § 315b Rn 1.

Zehnter Titel. Konzernabschluss nach internationalen Rechnungslegungsstandards

[Konzernabschluss nach internationalen Rechnungslegungsstandards]

315e (1) Ist ein Mutterunternehmen, das nach den Vorschriften des Ersten Titels einen Konzernabschluss aufzustellen hat, nach Artikel 4 der Verordnung (EG) Nr. 1606/2002 des Europäischen Parlaments und des Rates vom 19. Juli 2002 in der jeweils geltenden Fassung verpflichtet, die

2. Abschnitt. Ergänzende Vorschriften für Kapitalgesellschaften 1 § 315e

nach den Artikeln 2, 3 und 6 der genannten Verordnung übernommenen internationalen Rechnungslegungsstandards anzuwenden, so sind von den Vorschriften des Zweiten bis Achten Titels nur § 294 Abs. 3, § 297 Absatz 1a, 2 Satz 4, § 298 Abs. 1, dieser jedoch nur in Verbindung mit den §§ 244 und 245, ferner § 313 Abs. 2 und 3, § 314 Abs. 1 Nr. 4, 6, 8 und 9, Absatz 3 sowie die Bestimmungen des Neunten Titels und die Vorschriften außerhalb dieses Unterabschnitts, die den Konzernabschluss oder den Konzernlagebericht betreffen, entsprechend anzuwenden.

(2) Mutterunternehmen, die nicht unter Absatz 1 fallen, haben ihren Konzernabschluss nach den dort genannten internationalen Rechnungslegungsstandards und Vorschriften aufzustellen, wenn für sie bis zum jeweiligen Bilanzstichtag die Zulassung eines Wertpapiers im Sinne des § 2 Absatz 1 des Wertpapierhandelsgesetzes zum Handel an einem organisierten Markt im Sinne des § 2 Absatz 11 des Wertpapierhandelsgesetzes im Inland beantragt worden ist.

(3) [1] Mutterunternehmen, die nicht unter Absatz 1 oder 2 fallen, dürfen ihren Konzernabschluss nach den in Absatz 1 genannten internationalen Rechnungslegungsstandards und Vorschriften aufstellen. [2] Ein Unternehmen, das von diesem Wahlrecht Gebrauch macht, hat die in Absatz 1 genannten Standards und Vorschriften vollständig zu befolgen.

Übersicht

	Rn
1) Grundlagen	1–4
A. Überblick	1
B. Vorgängerregelung des § 292a aF	2
C. Anwendungsbereich	3, 4
2) Pflichtinhalt nach der IAS-VO (I)	5–7
A. Auf Mutterunternehmen anzuwendende IAS/IFRS	5
B. Ergänzende Berichtsgegenstände (I 1)	6
C. Anwendung der HGB-Vorschriften in von den IAS nicht abgedeckten Bereichen	7
3) Über die IAS-VO hinausgehende Anforderungen (II)	8, 9
4) Nicht von der IAS-VO erfasste Mutterunternehmen (III)	10
5) Erstmalige Anwendung der IAS/IFRS	11

1) Grundlagen

A. § 315a, eingefügt als § 315a aF durch das BilReG 2004 (**Übergangsrecht** 1 in **(1)** EGHGB Art 58 III), redaktionell leicht geändert durch BilRUG 2015 (**Übergangsrecht** in **(1)** EGHGB Art 75 II), umnummeriert durch das CSR-RUG (**Übergangsrecht** in **(1)** EGHGB (Art 80), bildet den neuen 10. Titel des Unterabschnitts über die Konzernrechnungslegung und ergänzt die IAS-VO von 2002 (Einl 11, 21, 99 v § 238); er bildet mit dieser zusammen den Rechtsrahmen der Konzernrechnungslegung nach internationalen Standards. Lit ADS Rechnungslegung nach Internationalen Standards (Loseblatt); Baetge ua, Rechnungslegung nach IFRS Kommentar (Loseblatt); Lüdenbach/Hoffmann, IFRS Kommentar, 12. Aufl 2014; Me/Pro/Fi Kap 3 Tz 232 ff; Ballwieser, IFRS-Rechnungslegung, 3. Aufl 2013; Beck'sches IFRS-Handbuch, 4. Aufl 2013; Brösel/Zwirner, IFRS-Rechnungslegung, 2. Aufl 2009; Buchholz, Internationale Rechnungslegung, 11. Aufl 2014; Hayn/Graf Waldersee, IFRS und HGB im Vergleich, 8. Aufl 2014; IDW, International Financial Reporting Standards, 8. Aufl 2014; Pellens ua, Internationale Rechungslegung, 9. Aufl 2014; Ruhnke, Rechnungslegung nach IFRS und HGB, 3. Aufl 2012; Wagenhofer, Internationale Rechnungslegungsstandards, 6. Aufl 2009; Küting/Gattung/Keßler DStR **06**, 529 und 579 (Konzernrechnungslegungspflichten); Krietenstein KoR **06**, 267

§ 315e 2–5
3. Buch. Handelsbücher

(Konzernrechnungslegungspflicht IAS/IFRS); Küting/Zwirner StuB **06**, 1 (Entwicklung der Rechnungslegung); Krawitz/Hartmann WPg **06**, 1262 (Lage- u Konzernlagebericht IAS/IFRS); Hencke/Rimmelspacher/Schäfer Konzern **14**, 386 (DRS 20); Lanfermann BB **14**, 235 (Maystadt-Bericht); Lüdenbach StuB **14**, 698 (Rückkehr vom IFRS- zum HGB-Konzernabschluss); Blöink/Halbleib Konzern **17**, 182; Müller/Scheid BB **17**, 1835 sowie § 315b Rn 1.

2 **B. Vorgängerregelung des § 292a aF:** Bereits nach der Vorgängerregelung, dem § 292a aF, die als Übergangsregelung bis zum 31.12.2004 befristet galt (Art 5 KapAEG, Einl 21 v § 238), durften Mutterunt, die als Wertpapieremittenten an einem geregelten Markt auftraten oder die Zulassung einer entsprechenden Emission beantragt haben, ihren Konzernabschluss unter bestimmten Voraussetzungen, insbesondere unter Beachtung der 7. Ri (Einl 19f v § 238) nach international anerkannten Grundsätzen (IAS/IFRS, US-GAAP) aufstellen. Gleiches gilt, wenn ein konzernzugehöriges Unternehmen als Emittentin tätig wird. Mit der IAS-VO wurden die IAS/IFRS für Konzernabschlüsse kapitalmarktorientierter Unternehmen in der EU vom 1.1.2005 an verbindlich. Im Unterschied zu § 292a kommt nach § 315e nur noch die Anwendung der IAS/IFRS in Betracht. Die alternative Anwendung der **US-GAAP** ist **nicht mehr vorgesehen**.

3 **C. Anwendungsbereich: a)** Der Anwendungsbereich der IAS-VO ist enger als der des aufgehobenen § 292a. Er beschränkt sich nach Art 4 der IAS-VO auf die Fälle, in denen die **Konzernmutter als Wertpapieremittentin** auftritt. Weder ein Auftreten einer Konzerntochter als Emittentin noch ein von der Mutter gestellter Antrag auf Börsenzulassung lösen nach der IAS-VO eine Pflicht zur Rechnungslegung nach internationalen Standards aus. Art 5 Buchst. B der IAS-VO eröffnet den Mitgliedstaaten jedoch die Option, die IAS-Anwendung auch für die Konzernabschlüsse sonstiger Unternehmen zuzulassen oder vorzuschreiben. Von dieser Option macht das HGB mit § 315e III 1 Gebrauch. Da die internationalen Standards ein dem HGB-Lagebericht vergleichbares zwingendes Berichtsinstrument nicht kennen, ist der Konzernlagebericht nach § 315e grundsätzlich unter Anwendung von § 315 aufzustellen, Ffm 9.8.**16** – WpÜG 1/16 – juris.

4 **b)** Von der Umstellung auf IAS/IFRS ab 1.1.2005 sind zunächst alle deutschen Unternehmen mit Kapitalmarktorientierung betroffen, die zur Aufstellung eines Konzernabschlusses verpflichtet und deren **Aktien zum Handel zugelassen** sind: am amtlichen Markt, am geregelten Markt (Frankfurter Wertpapierbörse und Regionalbörsen), an der Terminbörse EUREX sowie am Start Up Market (Hamburg). Nicht erfasst werden Unternehmen, deren Titel im lediglich privatrechtlich organisierten Freiverkehr gehandelt werden, ebenso wenig Unternehmen, die lediglich Schuldtitel (zB Anleihen, Genussscheine, Pfandbriefe) an den oben genannten Börsen handeln oder nach US-GAAP bilanzieren (nebst Notierung an der New York Stock Exchange oder NASDAQ): Umstellung auf IAS/IFRS erst ab 1.1.2007 Pflicht. Der in I durch TUG 2007 (**Übergangsrecht** in **(1)** EGHGB Art 62) eingefügte Verweis auf § 297 II 4 stellt klar, dass von der Pflicht zur Abgabe des Bilanzeids gem §§ 297 II 4, 264 II auch die gesetzlichen Vertreter eines MutterUnt erfasst werden, das den Konzernabschluss nach den internationalen Standards aufzustellen hat.

2) Pflichtinhalt nach der IAS-VO (I)

5 **A. Auf MutterUnt anzuwendende IAS/IFRS: I** betrifft die Unternehmen, die nach §§ 290–293 konsolidierungspflichtig sind und dabei gem IAS-VO ihren Abschluss nach internationalen Standards aufzustellen haben. Nach Art 4 IAS-VO, der ohne weitere Umsetzung unmittelbar gilt, sind dies alle konsolidierungspflichtigen Unternehmen, deren Wertpapiere an einem geregelten Markt zugelassen sind. Welches MutterUnt einen Konzernabschluss zu erstellen hat, richtet sich

2. Abschnitt. Ergänzende Vorschriften für Kapitalgesellschaften 6, 7 § 315e

nach §§ 290–293. Anzuwenden sind nur solche Standards der IAS/IFRS, die durch die EU im Wege des Komitologieverfahrens (Endorsement) förmlich übernommen worden sind. Neben den Standards bleiben bestimmte Vorschriften des HGB anwendbar.

B. I 1 listet als **ergänzende Berichtsgegenstände** auf: **I 1 Nr 1** die Zusammensetzung des gezeichneten Kapitals unter gesondertem Ausweis der mit jeder Gattung verbundenen Rechte und Pflichten und des Anteils am Gesellschaftskapital; **I 1 Nr 2** Beschränkungen, die Stimmrechte oder die Übertragung von Aktien betreffen, auch wenn sie sich aus Vereinbarungen zwischen Gesellschaftern ergeben können, soweit die Beschränkungen dem Vorstand der Gesellschaft bekannt sind; **I 1 Nr 3** direkte oder indirekte Beteiligungen am Kapital, die 10 Prozent der Stimmrechte überschreiten; **I 1 Nr 4** die Inhaber von Aktien mit Sonderrechten, die Kontrollbefugnisse verleihen, und eine Beschreibung dieser Sonderrechte; **I 1 Nr 5** die Art der Stimmrechtskontrolle, wenn Arbeitnehmer am Kapital beteiligt sind und ihre Kontrollrechte nicht unmittelbar ausüben; **I 1 Nr 6** die gesetzlichen Vorschriften und Bestimmungen der Satzung über die Ernennung und Abberufung der Mitglieder des Vorstands und über die Änderung der Satzung; **I 1 Nr 7** die Befugnisse des Vorstands insbesondere hinsichtlich der Möglichkeit, Aktien auszugeben oder zurückzukaufen; **I 1 Nr 8** wesentliche Vereinbarungen des MutterUnt, die unter der Bedingung eines Kontrollwechsels infolge eines Übernahmeangebots stehen, und die hieraus folgenden Wirkungen; **I 1 Nr 9** Entschädigungsvereinbarungen des MutterUnt, die für den Fall eines Übernahmeangebots mit den Mitgliedern des Vorstands oder mit Arbeitnehmern getroffen sind. Nach **I 2** können die Angaben gem I 1 Nr 1, 3u 9 unterbleiben, soweit sie im Konzernanhang zu machen sind. Soweit Angaben nach I 1 im Konzernanhang zu machen ist, ist gem **I 3** im Konzernlagebericht darauf zu verweisen. Und gem **I 4** können Angaben nach I 1 Nr 8 unterbleiben, soweit sie geeignet sind, dem MutterUnt einen erheblichen Nachteil zuzufügen; die Angabepflicht nach anderen gesetzlichen Vorschriften bleibt unberührt. **Lit** Blöink/Halbleib Konzern **17**, 182 sowie § 315b Rn 1.

C. Anwendung der HGB-Vorschriften in von den IAS nicht abgedeckten Bereichen: Die internationalen Standards bilden grundsätzlich ein in sich geschlossenes und abgeschlossenes Regelwerk, das die Transparenzanforderungen umfassend beschreibt. Die Zulassung zusätzlicher oder abweichender mitgliedstaatlicher Transparenzanforderungen widerspräche dem Ziel, für Abschlüsse kapitalmarktorientierter Unternehmen im Binnenmarkt ein Höchstmaß an Vergleichbarkeit herzustellen. Dies gilt nicht für von den internationalen Standards nicht abgedeckte Bereiche. Dies betrifft gem der von Rat und Kommission anlässlich der Verabschiedung der Modernisierungs-Ri (Einl 12 v § 238) abgegebenen Gemeinsamen Erklärung im Wesentlichen: 1) Vorschriften darüber, welche Unternehmen konzernabschlusspflichtig sind, 2) bestimmte Angaben im Anhang zum Konzernabschluss, 3) den Konzernlagebericht, 4) die Prüfung des Konzernabschlusses und des Konzernlageberichts, 5) die Offenlegung des Konzernabschlusses, des Konzernlageberichts und ergänzender Unterlagen. Demgemäß bestimmt I für IAS-pflichtige MutterUnt, dass neben den IAS anwendbar bleiben: § 294 III (Mitwirkungspflichten der TochterUnt bei der Konzernrechnungslegung), § 298 I (soweit auf die §§ 244, 245 betreffend Sprache, Währung und Unterzeichnung verwiesen wird), § 313 II und III (erforderliche Angaben im Konzernanhang oder in einer Aufstellung des Anteilsbesitzes; § 313 III ist zwar für kapitalmarktorientierte Unternehmen nicht anwendbar, kann aber für freiwillig nach IAS bilanzierende Unternehmen bedeutsam sein), § 314 I Nr 4 und 6 (Angaben zur Beschäftigtenzahl, zum Personalaufwand, zu den Bezügen der Organmitglieder und zu den diesen gewährten Vorschüssen und Krediten), § 314 I Nr 8 (Compliance-Erklärung gem AktG § 161), § 314 I Nr 9 (Vergütung der Abschlussprüfer) sowie § 315 (Konzernlagebericht) und die außerhalb des 2. Unterabschnitts (§§ 290–315a) den Konzernabschluss oder den Konzernlagebericht betreffenden Vorschriften (insbesondere zu Prüfung und Offenlegung).

3) Über die IAS-VO hinausgehende Anforderungen (II)

8   II schreibt – über den Anwendungsbereich der IAS-VO hinausgehend – die Anwendung der von der EU übernommenen internationalen Standards und der in I genannten ergänzenden Vorschriften des HGB für Fälle vor, in denen bis zum Bilanzstichtag die Zulassung eines Wertpapiers zum Handel am inländischen amtlichen oder geregelten Markt beantragt worden ist. Vorbilder: § 267 III 2, § 292a I 2 (aufgehoben), § 293 V, § 297 I 2, die ebenfalls die Qualifikation als kapitalmarktorientiert zeitlich vorverlagern. Allerdings stellt § 315e II lediglich auf einen Zulassungsantrag der Konzernmutter ab; der Antrag eines TochterUnt löst keine IAS-Pflicht aus.

9   Nach **II 1** (bis zur CSR-Reform § 315 II Nr 4 aF) ist dann, wenn das MutterUnt eine börsennotierte Aktiengesellschaft ist, im Konzernlagebericht auch auf die Grundzüge des Vergütungssystems für die in § 314 I Nr 6 genannten Gesamtbezüge einzugehen. Werden dabei auch Angaben entsprechend § 314 I Nr 6 Buchst a) 5 bis 8 gemacht, können diese im Konzernanhang unterbleiben, **II 2**. Lit Blöink/Halbleib Konzern **17**, 182 sowie § 315b Rn 1.

4) Nicht von der IAS-VO erfasste Mutterunternehmen (III)

10   **III 1** gibt dem nicht kapitalmarktorientierten (nicht bereits von der IAS-VO oder von II erfassten) MutterUnt in Ausübung der Mitgliedstaatenwahlrechte gem Art 5b IAS-VO die Möglichkeit, seinen Konzernabschluss freiwillig nach den internationalen Standards aufzustellen. Dies trifft auch für Unternehmen zu, die während der zweijährigen Übergangsfrist gem **(1)** EGHGB Art 51 I die Standards noch nicht anwenden müssen. **III 2** stellt klar, dass die ins EU-Recht übernommenen Standards sowie die in I genannten ergänzenden Vorschriften des HGB vollständig zu befolgen sind, sofern von dem Wahlrecht Gebrauch gemacht wird. Der Konzernabschluss kann also auch bei freiwilliger Anwendung der IAS nicht bloß teilweise nach den Standards oder einem Teil der in das EU-Recht übernommenen Standards aufgestellt werden (s auch IAS 1.15).

5) Erstmalige Anwendung der IAS/IFRS

11   Der Übergang vom HGB-Abschluss zum IAS/IFRS-Abschluss richtet sich nach IFRS 1 (s Einl 58 ff v § 238), der allgemein die erstmalige Anwendung der Standards regelt. Lit Lüdenbach StuB **14**, 698 (Rückkehr vom IFRS- zum HGB-Konzernabschluss).

Dritter Unterabschnitt. Prüfung

Einleitung vor § 316

Schrifttum

S allgemein Einl vor § 238, dort auch Komm zu §§ 316 ff, ua; IDW Prüfungsstandards, Stellungnahmen zur Rechnungslegung, Bd. I (IDW PS, IDW PH), Bd. II, III (LBl) (60. Aktualisierung; Feb. 2017); **Kommentare:** ADS 6. Aufl Teil Bd 7 2000, ErgBd 2001; Beck-BilKo 11. Aufl 2017; GK(HGB, Ensthaler)/*Marsch-Barner* 8. Aufl 2015; KöKoRechnungslegungsrecht 2011; Me/Pro/Fi 2017 Kap 17; MüKo/*Ebke* Bd 4 3. Aufl 2013; Staub/Habersack/Schürnbrand 5. Aufl 2008 ff, Bd 7 I (§§ 316–330) 2010; **Monografien:** Speziell zur Abschlussprüfung IDW, 50 Jahre Wirtschaftsprüferberuf, 1981; Marten/Quick/Ruhnke 5. Aufl 2015; Niemann 4. Aufl 2011; Förschle/Peemöller, Wirtschaftsprüfung und interne Revision, 2004; Koziol/W. Doralt Wien 2004; W. Doralt, Haftung der Abschlussprüfer,

Wien 2005; Schattka, Europäisierung der Abschlussprüferhaftung, 2012; Meixner/Schröder, WPHaftung, 2013; Wirtschaftsprüfer-Handbuch, 15. Aufl 2015 (WP-Hdb); **Aufsätze:** *Pfitzer/Oser/Orth* DB **04**, 2593 (BilReG); *Ring* WPg **05**, 197 (BilReG Unabhängigkeit); *Scheffler* WPg **05**, 477 (Corporate Governance); *Habersack* in Bayer/Habersack, Aktienrecht im Wandel **07**, 681 (Geschichte); *Merkt* FS Priester **07**, 467 (öffentliche Unternehmen); *Erchinger/Melcher* DB Beil 5/**09**, 91 (Prüfung nach BilMoG); *Mattheus* in Hommelhoff/Hopt/v Werder, Handbuch Corporate Governance 2. Aufl 2009, 563 ff; *Ebke* FS Hopt **10**, 559 (Insolvenz); *Hommelhoff* FS Hoffmann-Becking **13**, 547 (Aufsichtsratsentscheid über prüfungsfremde Leistungen); *Scheffler* AG 13–14/**14**, R 196, 20/**14**, R 304 (Reform 2014); *Backhaus/Kirsch/Kraft* IDW-FN Beiheft 2/**15** (Berufsstand 2025); *AKBR* BB **15**, 555 und *Hommelhoff/Lanfermann* FS Haarmann **15**, 73 (mehrjährige Bestellperiode); *Hopt, Hennrichs, Böcking/Gros, W. Doralt* ZGR **15**, 186 ff; *Blöink* BB **15**, 1067; *Velte* WPg **15**, 482, *DAV-Handelsrechtsausschuss* NZG **15**, 752; *Lanfermann/Maul* BB **15**, 1003; IDW Positionspapiere v 16.4.14 und 25.6.15 (abrufbar auf der IDW-Homepage); *Merkt* ZHR 179 **(15)** 601 (Reform 2014); *Merkt* ZGR **15**, 215 (ISA). **Muster:** Hopt/Kraft/Link Teil III. A–K, speziell III. E.1–6 Bestätigungsvermerk.

Übersicht

	Rn
1) Die §§ 316–324a über die Prüfung und ihre Reformen	1–3
2) Die §§ 316–324a im europäischen und internationalen Umfeld	4–12
A. Europäische Vorgaben, insbesondere die Abschlussprüferreform 2014	4–10
B. Abschlussprüfung, Corporate Governance und internationales Umfeld	11, 12

1) Die §§ 316–324a über die Prüfung und ihre Reformen

Der 3. Unterabschn über die Prüfung des Jahres- und des Konzernabschlusses **1** einschließlich des Lage- und des Konzernlageberichtes von (nicht kleinen, § 267 I) Kapitalgesellschaften geht wie das ganze Dritte Buch auf das BiRiLiG v 19.12.85 BGBl 2355 zurück, nachdem vorher nur eine rudimentäre Regelung im AktG 1965 vorhanden war. Seither sind zahlreiche weitere wichtige Reformen ergangen (HGB Gesamtübersicht Einl 15 vor § 1), vor allem durch das **KonTraG** 27.4.98 BGBl 786 (§§ 315, 317, 318, 319, 321, 322, 323); **KapCoRiLiG** 24.2.00 BGBl 154 (§§ 318, 319); **WPOÄG** 19.12.00 BGBl 1769 (§§ 319 II 2, III Nr 7, 323 I 1 Hs 2); **EuroBilG** 10.12.01 BGBl 3414 (§§ 313 II Nr 4 S 2, 319 II 2, 323 II 1, 2); **4. FinanzmarktfördG** 21.6.02 BGBl 2010 (§§ 317 IV, 319 III Nr 6, 323 II 2); **TransPuG** 19.7.02 BGBl 2681 (§§ 316 II 2, 317 IV, 321 I 3, II); **WPRefG** 1.12.03 BGBl 2446 (§ 323 V; sog 5. WPO-Novelle), **BilKoG** 15.12.04 BGBl 3408; **APAG** 27.12.04 BGBl 3846; **APAReG** 31.3.16 BGBl I 518 und **AReG** 10.5.16 BGBl I 1142; näher **(2c)** WPO Einl 19 vor § 1.

Einschneidende Änderungen hat vor allem durch Stärkung der Unabhängigkeit **2** der Abschlussprüfer hat das **BilReG** 4.12.04 BGBl 3166 gebracht (§§ 317 II 1, 2, 318 III, 319, 319a, 321 II 3, III 2, 321a, 322, 324a). §§ 319, 319a orientieren sich an der Unabhängigkeitsempfehlung der EU-Kommission und bereits am Vorschlag der 8. EU-Ri (s Rn 4) und haben die US-amerikanische Gesetzgebung im Blick (RegE). Ziel ist die Wiederherstellung des Vertrauens in das Funktionieren der Kapitalmärkte und die Unabhängigkeit der Abschlussprüfer. Das BilReG beschränkt sich auf ein Selbstprüfungsverbot und schließt anders als der Sarbanes-Oxley Act (s Rn 12) die Erbringung von Rechtsberatungs- und Expertenleistungen ohne Verbindung mit der Prüfertätigkeit nicht aus. Ob es dabei bleibt, hängt von Anwendungsverhalten des Berufsstands und der geprüften Unternehmen ab (RegE). Der Abschlussprüferunabhängigkeit gebietet auch § 285 Nr 17 nF für Unternehmen, die einen organisierten Markt iSv **(16)** WpHG § 2 XI in Anspruch nehmen. Vorgeschrieben sind danach weitere Anhangsangaben über die Honorare des Abschlussprüfers für die Abschlussprüfung sowie sonstige Bestätigungs- oder Bewertungs-, Steuerberatungs- und andere Leistungen. **Lit** Peemöller/Oehler BB **04**, 1158; Gabriel/Ernst Konzern **04**, 102.

3 Weitere einschneidende Änderungen auch zu den Prüfungsvorschriften der §§ 316 ff hat – in Umsetzung der AbschlussprüferRi 2006 (s Rn 4) und mit zusätzlichen Prüfungs- und Unabhängigkeitsanforderungen – das **BilMoG** 25.5.09 BGBl I 1102 gebracht (317 II 2, III 2, 3, V, VI, 318 III 1, VIII, 319a I 1, Nr 4, S 4, II 2, 319b, 320 IV, 321 IVa, 324). Sie betreffen ua die Nichterstreckung der Prüfung auf die Erklärung zur Unternehmensführung nach § 289a nF, die Verwertung der Arbeit eines anderen Prüfers, die Anwendung internationaler Prüfungsstandards und die Zulässigkeit weiterer Prüfungsanforderungen (alles § 317), die Benachrichtigung der WPK bei Kündigung oder Widerruf des Prüfungsauftrags (§ 318 VIII), die Verpflichtung zur internen Rotation und die netzwerkweite Prüferunabhängigkeit (§§ 319a, 319b), ein Informationsrecht des neuen gegen den alten Abschlussprüfer (§ 320 IV), die Bestätigung seiner Unabhängigkeit durch den Abschlussprüfer (§ 321 IV a) und die ersatzlose Abschaffung des bisherigen § 324 über Meinungsverschiedenheiten zwischen einem Prüfer und dem zu prüfenden Unternehmen. Besonders hervorzuheben ist § 324 nF in Umsetzung der AbschlussprüferRi, wonach kapitalmarktorientierte KapitalGes iSv § 264d (neu BilMoG), die keinen Aufsichts- oder Verwaltungsrat haben, der die Voraussetzungen des § 100 V AktG (neu BilMoG) erfüllen muss, einen **Prüfungsausschuss** einzurichten haben, der sich insbesondere mit den in § 107 III 2 AktG (neu BilMoG) beschriebenen Aufgaben befasst (Ausnahmen § 324 I 2; weitreichende nähere Anforderungen in § 324 II). **Übergangsrecht** in **(1)** EGHGB Art 66, 67. Stichtag (für §§ 317 ff): grundsätzlich das nach dem 31.12.08 beginnende Geschäftsjahr (Art 66 II); verschiedene Ausnahmen: § 319a I Hs 1 (31.12.09, Art 66 III), §§ 318 III, 319a I Hs 1 (1.1.10, Art 66 V) und § 324 (1.1.10, Art 66 IV Hs 1, beachte auch Hs 2). **Lit** Erchinger/Melcher DB **08**, 56 (RefE); Eibelshäuser/Stein Konzern **08**, 486 (RefE); Petersen/Zwirner WPg **08**, 967 (RegE); Erchinger/Melcher DB Beil 5/**09**, 91 (BilMoG); Kuhn/Stibi WPg **09**, 1157 (IDW PS nach BilMoG); Nowak BB **10**, 2423; zum Prüfungsausschuss s § 324.

2) Die §§ 316–324a im europäischen und internationalen Umfeld

4 A. **Europäische Vorgaben, insbesondere die Abschlussprüferreform 2014:** Wesentliche Vorgaben kommen aus dem europäischen Recht. Der erste Schritt war die **AbschlussprüferRi** v 10.4.84 (8. EU-Ri, vgl Einl 36 vor § 105), ABlEG 126/20 12.5.84, **ÄnderungsRi und AbschlussprüferVO 2014** s Rn 7 ff. Nach ihrem **Grünbuch** über Rolle, Stellung und Haftung des Abschlussprüfers in der EU ABl C 321/1 28.10.96 hat die EU-Kommission 1998 eine **Mitteilung** über **Die Abschlussprüfung in der EU: künftiges Vorgehen** veröffentlicht, ABlEG C 143/12 8.5.98. Inzwischen liegen vor: **Empfehlung** der Kommission über **Mindestanforderungen an Qualitätssicherungssysteme für die Abschlussprüfung in der EU**, ABlEG L 91/91 31.3.01; **Empfehlung** der Kommission 16.5.02 zur **Unabhängigkeit des Abschlussprüfers in der EU – Grundprinzipien**, ABlEG L 191/22 19.7.02; **Mitteilung** der Kommission 21.5.03 ABlEU C 236/2 **zur Stärkung der Abschlussprüfung in der EU**. **Lit** Lanfermann/Maul DB **06**, 1505 (Audit Committees); DAV NZG **11**, 16; Böcking ua WPg **11**, 1159.

5 **Ri über Abschlussprüfungen von Jahresabschlüssen** und konsolidierten Abschlüssen, zur Änderung der Ri 78/660/EWG und 83/349/EWG des Rates und zur Aufhebung der Ri 84/253/EWG des Rates, 17.5.06 ABlEG L 157/87. Diese sog **AbschlussprüfungsRi 2006** (ÄnderungsRi 2014 s Rn 7) hat die 8. EU-Ri aufgehoben und die Abschlussprüfung umfassend geregelt, nämlich: Zulassung, kontinuierliche Fortbildung und gegenseitige Anerkennung (Kap II),

Registrierung (Kap III), Berufsgrundsätze, Unabhängigkeit, Unparteilichkeit, Verschwiegenheit und Berufsgeheimnis (Kap IV; Art 22: „unabhängig und nicht in das Treffen von dessen Entscheidungen eingebunden"; „(k)eine finanzielle oder geschäftliche Beziehung, (k)ein Beschäftigungsverhältnis oder eine sonstige Verbindung", „wozu auch die Erbringung zusätzlicher Leistungen ... zählt", die ihre Unabhängigkeit gefährden könnte), Prüfungsstandards und Bestätigungsvermerk (Kap V), Qualitätssicherung (Kap VI), Untersuchungen und Sanktionen (Kap VII), Öffentliche Aufsicht und gegenseitige Anerkennung der mitgliedstaatlichen Regelungen (Kap VIII), Bestellung und Abberufung (Kap IX), Besondere Bestimmungen für die Abschlussprüfung bei Unternehmen von öffentlichem Interesse (Kap. X; breite Definition dieser Unternehmen in Art 2 Nr 13; Art 42: interne Rotation des Prüfers nach höchstens 7 Jahren, Abkühlungsphase (cooling off) von 2 Jahren; außerdem obligatorischer Prüfungsausschuss nach Art 41 bei Unternehmen von öffentlichem Interesse), Internationale Aspekte (Kap XI). Die Kommission prüft ferner den Bedarf für ein generelles Verbot prüfungsfremder Leistungen für Mandanten. Umsetzung durch **BilMoG** (s Rn 3) und die **7. WPO-Novelle** s Einl 9 **(2a)** WPO. Lit Lanfermann DB **05**, 2645; Klein/Klaas WPg **06**, 885 (Entwicklung); Naumann/Feld WPg **06**, 873 (Umsetzung); Petersen/Zwirner WPg **08**, 967 (Abschlussprüfung BilMoG).

Empfehlung der Kommission **zur Beschränkung der zivilrechtlichen Haftung** von Abschlussprüfern und PrüfungsGes, 5.6.08 ABlEU L 162/39, mit drei Methoden zur Wahl: finanzieller Höchstbetrag, Beschränkung der Haftung auf den tatsächlichen Beitrag zum Schaden, oder Haftungsbeschränkungsvereinbarung, letztere allerdings unter gerichtlicher Kontrolle, Billigung der Aktionäre und Veröffentlichung im Anhang des Abschlusses. Lit Schattka GPR **08**, 193; Fölsing ZCG **08**, 282.

Empfehlung der Kommission **zur externen Qualitätssicherung** bei Abschlussprüfern und PrüfungsGes, die Unternehmen von öffentlichem Interesse prüfen, 6.5.08 ABlEU L 120/20.

Grünbuch, Weiteres Vorgehen im Bereich der Abschlussprüfung: Lehren aus der Krise, 13.10.10, KOM(2010) 561 endg. Die Kommission hat die Abschlussprüfung darin in 8 Themenkreisen mit 38 Fragen umfassend auf den Prüfstand gestellt: Informationen an die Interessengruppen und die ISA, Governance und Unabhängigkeit, Beaufsichtigung, Marktkonzentration, Schaffung eines Europäischen Markts, KMU, KMP und die internationale Zusammenarbeit bei der Aufsicht. Die Reaktion auf die zT extremen Vorstellungen (staatliche Mandatsvergabe und Honorarfestsetzung) war deutlich, zB AK Bilanzrecht Hochschullehrer Rechtswiss NZG **12**, 147, DAV HdlRechtsausschuss NZG **11**, 16. Lit Eisenhardt/Wader DStR **10**, 2532; IDW IDW-FN **11**, 13; MPI-Arbeitsgruppe ZIP **11**, 459; Niemann DStR **10**, 2368; Ergebnisse NZG **11**, 224; Wild/Scheithauer WPg **12**, 186 (Konzentration); Böcking/Gros/Wallek/Worret WPg **11**, 1159 (Kritik an der Konsultationsauswertung).

Reformvorschläge der Kommission von 2011: Vorschläge für eine Reform der Abschlussprüfungs-Ri und eine AbschlussprüfungsVO 30.11.11 KOM (2011) 778, 779. Die Vorschläge für **Änderungen der Ri** betrafen ua: erweiterter Begriff der Abschlussprüfung, Pass für PrüfungsGes und Abschlussprüfer, internationale Prüfungsstandards, Erleichterungen für KMU. Der Vorschlag einer **AbschlussprüferVO** enthielt strengere Anforderungen an die Abschlussprüfung bei Unternehmen von öffentlichem Interesse: zur Unabhängigkeit und Vermeidung von Interessenkonflikten (Verbot bzw. Untersagung bestimmter prüfungsfremder Leistungen, Höchstgrenze von 10% des Prüfungshonorars von dem Unternehmen für prüfungsverwandte Leistungen für das Unternehmen, Bestätigung der Unabhängigkeit durch den Prüfungsausschuss, Anforderungen an die interne Organisation, Karenzzeit bei Einstellung von früheren Abschlussprüfern oder Mitarbeitern von zwei Jahren); Durchführung der Abschlussprüfung; erhöhte

Transparenz und externe Rotation (Erstbestellung für mindestens zwei Jahre, Wiederbestellung nur bis zu insgesamt sechs Jahren, ausnahmsweise Verlängerung auf acht Jahre; bei Befassung von zwei Abschlussprüfern neun Jahren, ausnahmsweise zwölf Jahre; dann Karenzzeit von vier Jahren, Übergabebericht an den neuen), zudem Einschaltung auch der ESMA und ihre Ermächtigung zu Leitlinien. Besonders strittig waren die Inkompatibilitäten (Verbot der Simultanberatung und Gebot reiner PrüfungsGes mit Prüfungseinnahmen von mehr als 1,5 Mrd. Euro) und die externe Rotation.

7   **Verabschiedete EU-Reform 2014:** Die Reform der **AbschlussprüfungsRi** (AbschlussprüfungsänderungsRi 16.4.2014 ABlEU L 158/196 ff) beinhaltet unter anderem einen weiteren Begriff der Abschlussprüfung, einen europäischen Pass, das Bestehen auf einer „kritischen Grundhaltung", Vorgaben zur internen Organisation und Arbeitsorganisation, Prüfung und Bestätigungsvermerk gemäß den internationalen Prüfungsstandards und Erleichterungen für kleine und mittlere Unternehmen, sofern diese nicht Unternehmen von öffentlichem Interesse sind. Die eigentlichen Probleme liegen jedoch in der **AbschlussprüfungsVO** 16.4.2014 ABlEU L 158/77, ber ABlEU L 170/66. Hier wurden die Anforderungen an die Abschlussprüfung bei Unternehmen von öffentlichem Interesse (public interest companies, PIE: kapitalmarktorientierte Unternehmen, Kreditisntitute, Versicherungen) ganz erheblich verschärft, so zur **externen Rotation** (Prüferwechsel grundsätzlich nach 10 Jahren; § 318 Rn 5, 6), **interne Rotation** (verantwortlicher Prüfungspartner: nach sieben Jahren für mindestens drei Jahre; beteiligtes Führungspersonal: angemessenes graduelles Rotationssystem), schärfere Bestimmungen über **Unabhängigkeit** und **Vermeidung von Interessenkonflikten** und erhöhte Anforderugnen an die **Durchführung der Abschlussprüfung** (Organisation, Ressourcen, Qualitätssicherung, kritische Grundhaltung, Bestätigungsvermerk, zusätzlicher Bericht an den Prüfungsausschuss, erhöhte Transparenz, Meldungen an die Behörde, Empfehlung des Prüfungsausschusses zur Bestellung der Abschlussprüfer ua). Vor allem aber sind sie mit dem Übergang auf die Rechtsform der **europäischen VO unmittelbar unionsrechtlich geregelt.** Das ist eine in den letzten Jahren besonders im Bank- und Kapitalmarktrecht aufgekommene Praxis, zu der vorhergesagt wird, dass künftig „ein Großteil des Kapitalmarktrechts" als VO erlassen werden wird. Diese Praxis sorgt zwar für größere Rechtseinheitlichkeit, aber um den Preis, dass sie den Mitgliedstaaten die Möglichkeit systemkonformer Umsetzung in das nationale Recht entzieht und die unvermeidlichen Auslegungsprobleme direkt auf die europäische Ebene hinaufschiebt. Der Rechtsausschuss des Europäischen Parlaments hatte deswegen in seinem Bericht von 15. April 2013 vorgesehen, dass ein Teil der Artikel aus der VO in die Ri überführt werden sollte. Die nunmehr zustande gekommene Abschlussprüferreform war bis zuletzt strittig und wird dementsprechend, was ihre Sinnhaftigkeit und ihre Auswirkungen auf die Praxis angeht, diametral unterschiedlich bewertet. Für Deutschland sind durch die externe Rotation rund 1.600 Unternehmen betroffen, da über 800 nichtkapitalmarktorientierte Banken und Versicherungen ebenfalls erfasst sind, in der EU mehr als 30.000. Für Deutschland, wo im Zeitpunkt der Reform 24 der DAX 30-Unternehmen seit mehr als 20 Jahren denselben Prüfer hatten, kam es auf die Umsetzung der Ri und die Ausübung des Mitgliedstaatenwahlrechts durch den Gesetzgeber an, wobei das deutsche berufsständische System, was die Aufsicht angeht, nicht unverändert beibehalten werden konnte. Die Umsetzung erfolgte durch das **AReG** und das **APAReG**, dazu näher unten. **Lit** (Stellungnahmen zum RegE) IDW, WPK, Merkt ZHR 179 **(15)** 601. **Übersichten:** vor der Reform 2014 s 36. Aufl; nach der Reform Scheffler AG 13–14/**14**, R 196, 20/**14**, R 304; Köhler/Gehring BB **15**, 235; Hopt ZGR **15**, 186; Merkt ZHR 179 **(15)** 601 (AReG); **allgemeiner** IDW, WPg Sh 1 **12**, (ua zu Beratungsverbot, externe Rotation, Honorare, einheitliche Prüfungsnormen); Böcking/Gros/Worret Jb für

Controlling und Rechnungswesen **13**, 449; Knauer/Gold/Pott WPg **13**, 125 (Rotation, rvgl und empirisch); Erfkamp/Janke WPg **13**, 264 (empirisch); Köhler/Liu WPg **14**, 985 (Nichtprüfungsleistungen); Wolz/Tilmann/Widmann KoR **15**, 622 (Untersuchung der Zielerreichung); Bürkle VersR **16**, 1145; Weber/Velte/Stock WPg **16**, 660 (Auswirkungen der Pflichtrotation auf Prüfungsmarkt).

Ob es auf Dauer bei der bloß allgemeinen Vorgabe des Art 30 II nF 2014 der Ri („wirksame, verhältnismäßige und abschreckende Sanktionen" für Abschlussprüfer, die sich nicht an die Ri halten) bleibt, ist offen. Eine Studie über zivilrechtliche Haftungssysteme für die EU-Kommission von 2001 betont die nationalen Unterschiede, eine weitere Studie hat London Economics im Auftrag der EU Kommission 2005 vorgelegt, Klaas WPg **06**, 1489; MüKo/Ebke § 323 Rn 253. Die Konsequenz ist, dass die EU-Kommission vor der Harmonisierung der Abschlussprüferhaftung zurückscheut und die **Abschlussprüferreform 2014** stattdessen die verwaltungsrechtlichen Untersuchungen und Sanktionen ganz erheblich ausgebaut hat (AbschlussprüferRi Art 30 ff idF 2014, Überbl 7 vor § 316). Lit Senniger, Harmonisierung der Abschlussprüferhaftung, 2011; Schattka, Europäisierung der Abschlussprüferhaftung, 2012; MüKo/Ebke § 323 Rn 235 ff; Niehus WPK-Mitt **02**, 182 (Unabhängigkeitsempfehlung); S. Schmidt BB **03**, 779 (Unabhängigkeit); van Hulle/Lanfermann BB **03**, 1323 (Mitteilung 2003, Maßnahmenkatalog); Lanfermann/Maul DB **06**, 1505 (Audit Committees); Merkt ZHR 179 **(15)** 601 (AReG); Hopt ZGR **15**, 186 (Kernbereichsharmonisierung); Doralt ZGR **15**, 266 (Haftung, rvgl).

Der **deutsche Gesetzgeber** hat die EU-Reform durch das **Abschlussprüfungsreformgesetz (AReG)** v 10.5.2016 zum 17.9.16 umgesetzt (RiLi) bzw. ausgeführt (VO); **Übergangsrecht** zu AReG **(1)** EGHGB Art. 79, zu APAReG **(1)** EGHGB Art. 78. Der RefE v 27.3.15 und der RegE v 16.12.15 strebten im Wesentlichen eine 1:1-Umsetzung an (RefE 1). Die Änderungen betreffen insbesondere die Klarstellung der von der VO erfassten Unternehmen in § 317 IIIa, die sog Pflichtrotation in § 318 Ia, die Erbringung von Nichtprüfungsleistungen in § 319a I, den Prüfungsbericht in § 321, den Prüfungsausschuss in § 324, Straf- bzw. Bußgeldsanktionen für die Verletzung von Pflichten bei der Abschlussprüfung in §§ 333a, 334 IIa, 335c, 340m, 340n, 341m, 341n sowie Ausnahmen für Abschlussprüfungen bei Sparkassen und Genossenschaften (AReG RefE 1). **Lit** Hopt ZGR **15**, 186; Blöink BB **15**, 1067; Velte WPg **15**, 482; DAV-Handelsrechtsausschuss NZG **15**, 752; Lanfermann/Maul BB **15**, 1003; IDW Positionspapiere v 16.4.14 und 25.6.15 (abrufbar auf der IDW-Homepage); Merkt ZHR 179 **(15)** 601 (Reform 2014/2016); Schmidt DB **16**, 1945 (Umsetzung).

Parallel dazu ist die Aufsicht über die Abschlussprüfer reformiert worden durch das **Gesetz zur Umsetzung und Ausführung der aufsichts- und berufsrechtlichen Regelungen der EU-Abschlussprüfungsreform (APAReG)**. Die Aufsicht wurde insgesamt neu strukturiert und gestärkt; gleichzeitig wurden Regelungen des Berufsrechts (WPO) unter weitestmöglichem Erhalt der beruflichen Selbstverwaltung angepasst. Ziel: Stärkung des Vertrauens der Anleger in die Ordnungsgemäßheit und Zuverlässigkeit der Unternehmensabschlüsse; Erhöhung der Wirksamkeit und Transparenz der Aufsicht. Führung der Aufsicht zukünftig durch berufsstandsunabhängige und selbständige Abschlussprüferaufsichtsstelle beim Bundesamt für Wirtschaft und Ausfuhrkontrolle (BAFA). Durch weitestmögliche gesetzliche Übernahme des Personals der bisherigen Abschlussprüferaufsichtskommission (APAK) soll Kontinuität gewahrt werden. Ein Teil der Aufgaben wurde auf die Selbstverwaltung der Wirtschaftsprüfer in der WP-Kammer übertragen. Nunmehr gelten strenge Vorgaben für Qualitätssicherungssystem, Unabhängigkeitsanforderungen an Abschlussprüfer und Dokumentationspflichten. Erleichterungen gibt es für kleinere und mittelgroße Prüferpraxen, für vereidigte Buchprüfer wurde Möglichkeit zur verkürzten Prüfung zum Wirtschaftsprüfer wiedereingeführt. Sanktionen können nunmehr auch gegen Prü-

Einl v § 316 11, 12   3. Buch. Handelsbücher

fungsGes verhängt werden und bereits Berufspflichtverstöße, die bei einer Qualitätskontrolle festgestellt werden, können zu berufsaufsichtlichen Verfahren und Sanktionen führen. Schwerpunkt der Reform liegt in **(2a)** WPO, im HGB betroffen §§ 292 III 3; 319 I 3; 340k; 340l II 3; 342b VIII 2 (s jeweils dort). **Lit** Lücke/Stöbener/Giesler BB **15**, 1578; Farr WPg **16**, 762 (Änderung WPO und Berufssatzung WP/vBP).

11   B. **Abschlussprüfung, Corporate Governance und internationales Umfeld:** Die Reform 2014/16 (s Rn 7 ff) und die nicht realisierten Reformvorschläge der Kommission, dazu Hopt ZGR **15**, 186, sind nicht nur komplementär zur Anwendung internationaler Rechnungslegungsstandards ab 2005 IAS-VO 19.7.02 ABlEG L 243/1 11.9.02 zu sehen, sondern stehen auch im Zusammenhang des Aktionsplans: Europäisches Gesellschaftsrecht und Corporate Governance 12.12.12, COM(2012) 740/2 (Einl 36 v § 105), dazu Hopt ZGR **13**, 165. Die Abschlussprüfung ist für die **Corporate Governance** zentral, wie auch der **Deutsche Corporate Governance Kodex** (Abschn 7 Rechnungslegung und Abschlussprüfung) zeigt (AktG § 161 nF mit wesentlichen Änderungen durch BilMoG sowie 2012, dazu GroßKoAktG/Leyens 2012), der laufend überprüft und fortentwickelt wird (vgl auch § 319 Rn 10, 13); zur dort vorgesehenen Unabhängigkeitserklärung § 319 Rn 13, zur Prüfung der Entsprechenserklärung § 317 Rn 7. Die Abschlussprüfung steht zwischen interner und externer Corporate Governance, Hopt in IDW, Kapitalmarktorientierte Unternehmensüberwachung 2001, 27; Mattheus in Hommelhoff ua, Hdb Corporate Governance, 2. Aufl 2009, 563. Zum pre-approval durch den Prüfungsausschuss § 318 Rn 1; zur hoch strittigen Frage der Trennung von Prüfung und Beratung § 319 Rn 5, § 319a Rn 3; zur internen oder externen Rotation § 319a Rn 7, 10. **Lit** Orth, Abschlussprüfung und Corporate Governance, 2000; Lutter, Wirtschaftsprüfer als Element der Corporate Governance, 2001; IDW, Wirtschaftsprüfung und Corporate Governance, 2002; Baetge/Lutter, Abschlussprüfung und Corporate Governance, 2003; FS Lück 2003; Hommelhoff/Hopt/von Werder, Hdb Corporate Governance, 2. Aufl 2009; Müller, Der Prüfungsbericht als Instrument der Corporate Governance, 2013; Ringleb/Kremer/Lutter/von Werder, Deutscher Corporate Governance Kodex, Ziff 5.3.2 Prüfungsausschuss, Ziff 7 Rechnungslegung und Abschlussprüfung; S. Schmidt BB **03**, 779 (Unabhängigkeit EU/SEC); Leyens JZ **07**, 1061 (Grundsatzfragen); Hopt ZGR **13**, 165 (2. Aktionsplan der Kommission 2012); Merkt ZHR 179 **(15)** 601.

12   Abschlussprüfung und Corporate Governance in Deutschland und Europa sind durch die Erfahrungen mit **Enron** und dem US-amerikanischen **Sarbanes-Oxley Act** 30.7.02 nebst Folgeregelungen (SEC, NYSE) beeinflusst, aber nicht geprägt worden, vgl Ring WPg **05**, 198 (s Rn 2): Letzterer geht weit in den Unabhängigkeitsanforderungen und der (noch bloß internen) Trennung von Prüfung und Beratung (Liste in Sec. 201). Vgl auch APAG und PCAOB, **(2c)** WPO Einl 9 vor § 1. Zur Einrichtung von **Prüfungsausschüssen** (s Rn 6) nach dem Vorbild der audit committees Scheffler ZGR **03**, 236; Altmeppen, Schäfer ZGR **04**, 390, 416; Pohle/v Werder DB **05**, 237 (best practice) u §§ 107 III 2, IV, 124 III 3, 171 I 2 AktG, 324 HGB (s dort) idF BilMoG, Habersack AG **08**, 98. Auch künftig ist damit zu rechnen, dass die Abschlussprüfung durch die europäische und internationale Corporate Governance-Bewegung maßgeblich beeinflusst wird. Die Arbeit an ihrer Verbesserung ist eine dauerhafte, internationale und interdisziplinäre Aufgabe. **Lit** Heese/Peemüller BB **07**, 1378 (Zusammenarbeit mit interner Revision); Velte AG **09**, 102 (Zusammenarbeit mit Aufsichtsrat, empirisch); IDW IDW-FN **12**, 339 (Aufsichtsrat und Abschlussprüfer); Scheffler AG 20/**14**, R 304 (Prüfungsausschss); Hopt ZGR **15**, 186 (Reform 2014, Harmonisierung, Internationalisierung); Merkt ZHR 179 **(15)** 601.

2. Abschnitt. Ergänzende Vorschriften für Kapitalgesellschaften § 316

Pflicht zur Prüfung

316 (1) ¹Der Jahresabschluß und der Lagebericht von Kapitalgesellschaften, die nicht kleine im Sinne des § 267 Abs. 1 sind, sind durch einen Abschlußprüfer zu prüfen. ²Hat keine Prüfung stattgefunden, so kann der Jahresabschluß nicht festgestellt werden.

(2) ¹Der Konzernabschluß und der Konzernlagebericht von Kapitalgesellschaften sind durch einen Abschlußprüfer zu prüfen. ²Hat keine Prüfung stattgefunden, so kann der Konzernabschluss nicht gebilligt werden.

(3) ¹Werden der Jahresabschluß, der Konzernabschluß, der Lagebericht oder der Konzernlagebericht nach Vorlage des Prüfungsberichts geändert, so hat der Abschlußprüfer diese Unterlagen erneut zu prüfen, soweit es die Änderung erfordert. ²Über das Ergebnis der Prüfung ist zu berichten; der Bestätigungsvermerk ist entsprechend zu ergänzen.

Übersicht

	Rn
1) Prüfung des Jahresabschlusses und des Lageberichts (I)	1
2) Prüfung im Konzern (II)	3
3) Nachtragsprüfung (III)	4
4) Freiwillige Prüfung	5

1) Prüfung des Jahresabschlusses und des Lageberichts (I)

A. **Jahresabschlussprüfung (I 1):** Der Dritte Unterabschnitt (§§ 316–324) entspricht im Großen und Ganzen §§ 162–169 aF AktG, Pflichtprüfung seit 1931. Seit BiRiLiG 1985 zT wesentliche Änderungen, ua durch KonTraG, KapCoRiLiG, 3. WPOÄndG, 4. FinanzmarktfördG, TransPuG und BilReG (s Einl 15 v § 1), insbesondere betr Corporate Governance, Unabhängigkeit und Bestätigungsvermerk. Weitere Änderungen brachten im Juni 2016 in Umsetzung der EU-**Abschlussprüferreform 2014** das **AReG** (**Übergangsrecht** in (1) EGHGB Art 79) und das **APAReG** (Einl 7 ff, 9, **Übergangsrecht** in (1) EGHGB Art 78). Die Pflichtprüfung hat Kontroll-, Informations- und Beglaubigungsfunktion, MüKo/Ebke 24. **Prüfungspflichtig** sind rechtsform- und größenabhängig **nur die mittelgroßen und großen KapitalGes** (§ 267 II, III), also neben solchen AG und KGaA anders als bisher auch solche GmbH, jedoch nicht mehr kleine AG. Befreiung bei überschaubaren GesVerhältnissen nach § 71 III GmbHG, § 270 III AktG, auch im Insolvenzverfahren, entspr für GmbH & Co, Mü ZIP **08**, 219. Ausnahme uU gemäß § 264 III (neu KapAEG 1998) für TochterGes, § 264, s dort Rn 29. Auch prüfungspflichtig sind durch Einführung von § 264a (KapCoRiLiG 2000) alle **OHG** und **KG**, die nicht kleine Ges iSv § 267 I sind und bei denen nicht wenigstens ein phG eine natürliche Person bzw eine PersonenGes mit einer natürlichen Person als phG ist. Branchenabhängig prüfungspflichtig sind ohne Rücksicht auf Rechtsform oder Größe alle **Kredit- und Finanzdienstleistungsinstitute** (§ 340k IV) und alle **Versicherungsunternehmen** und **Pensionsfonds** (§ 341k). Weitere prüfungspflichtige Unternehmenstypen: Publizitätspflichtige Ges s BeckBilKo 3 ff. Emittenten nach **(16)** WpHG für den Jahresfinanzbericht und Konzernabschluss (soweit nicht schon prüfungspflichtig); für die Halbjahres- und Quartalsfinanzberichte nur fakultative prüferische Durchsicht (s **(16)** WpHG §§ 114 I, 117 Nr 1; §§ 115 V 1, 116 III 3). Prüfung auf Verlangen der mit Mehrheit beteiligten Gebietskörperschaft (**§ 53 HGrG**) ist nach hL trotz „Kann"-Bestimmung Pflichtprüfung, aA Kersting ZIP **14**, 2420. Für Ges in **Liquidation** besteht Prüfungspflicht fort. Prüfung auch bei Unternehmen in **Insolvenz**, Ebke FS Hopt **10**, 571. Befreiung uU nach § 270 III 3 AktG, § 71 III GmbHG. **Übergangsrecht** in (1) EGHGB Art 23 III (s Einl

§ 316 2–4

60 v § 238). **I 1** sieht **Prüfung des** aufgestellten **Jahresabschlusses** (§ 264 I 1) **und des Lageberichts** (§ 289) vor, auch für Rumpfgeschäftsjahre, **nicht** aber der Eröffnungsbilanz (§ 242 Rn 1). Änderungen s Rn 3. Zu prüfen ist durch einen (oder mehrere) Abschlussprüfer (§§ 318, 139). Gemeinschaftsprüfungen (Joint Audit) s § 317 Rn 6. Zu beachtende Zeiträume folgen aus §§ 264 I, 290 I, 320, AktG § 171. An die Annahme einer vertraglichen Einbeziehung eines Dritten in den Schutzbereich des Prüfvertrages sind sowohl bei Pflicht Prüfung als auch bei freiwilliger Prüfung strenge Anforderungen zu stellen, Kln 29.10.**15** – I-7 U 30/15 – juris. **Lit** Me/Pro/Fi Kap 17 Tz 1 ff; Martin Schmidt DB **16**, 1945 (AReG); Farr WPg **16**, 762 (Vier-Augen-Prinzip).

2 B. **Rechtsfolgen (I 2):** I 2 macht die Prüfung zur Voraussetzung für die Feststellung des Jahresabschlusses (§§ 172, 173 AktG, § 42a GmbHG), verweigerter Bestätigungsvermerk steht nicht entgegen. Ohne Prüfung (mindestens Prüfungshandlungen, wenngleich unvollständig, Prüfungsbericht und Erteilung oder Versagung des Bestätigungsvermerks durch den Abschlussprüfer) oder bei Nichteinhaltung der Mindestanforderungen an diese ist der festgestellte, prüfungspflichtige Jahresabschluss **nichtig** (§ 256 I Nr 2 AktG, analog für GmbH, hL, Geßler FS Goerdeler **87**, 136, auch für KapitalGes & Co iSv § 264a, für nach PublG prüfungspflichtige Ges § 10 I Nr 1 PublG), Stgt DB **09**, 1521, allgM. Zur Nachtragsprüfung s Rn 4. Zur Prüfung unter Verstoß gegen § 319 I, **(1)** EGHGB Art 25s § 319 Rn 3, 30. Folgeabschlüsse sind aber nicht ohne weiteres nichtig, Hense WPg **93**, 716. Mangelnde Unterschrift s § 322 Rn 18. Nichtiger Jahresabschluss kann nicht offengelegt werden. Bei nichtigen Jahresabschlüssen besteht grundsätzlich Pflicht zur Rückwärtsänderung, bei fehlerhaften, aber nicht nichtigen kann in laufender Rechnung korrigiert werden, IDW RS HFA 6 WPg **06**, nF (6.9.06) WPg **06**, 1298.

2) Prüfung im Konzern (II)

3 Zu prüfen sind gemäß **II 1** der Konzernabschluss (§ 297 I, auch der aufgestellte befreiende nach § 292a) und der Konzernlagebericht (§ 315). Prüfungspflicht nach II 1 und I 1 sind voneinander unabhängig. Prüfungspflicht nach II 1 besteht für MutterUnt in der Rechtsform der GmbH, AG, KGaA, KapGes & Co, Kredit- und FinanzdienstleistungsInstitute, VersicherungsUnt und Pensionsfonds sowie deren HoldingGes jeder Rechtsform und Größe, publizitätspflichtige Unternehmen. Größenabhängige Befreiungen s schon § 293. **II 2** idF TransPuG 2002 (**Übergangsrecht** in **(1)** EGHGB Art. 54) macht die Prüfung zur Voraussetzung für die förmliche Billigung des Konzernabschlusses (§ 171 II 5, 4 nF AktG); das entspricht I 2 (s Rn 1). Unklar, ob sich aus Billigung oder ihrer Versagung andere Rechtsfolgen ergeben als aus Feststellung nach I 2, Busse v Colbe BB **02**, 1586, offen auch MüKo/Ebke 15.

3) Nachtragsprüfung (III)

4 Maßgeblicher Zeitpunkt ist der Abschluss der Prüfung durch Vorlage des Prüfungsberichts. Änderungen des Jahresabschlusses und Lageberichts während der Prüfung sind möglich, der Abschlussprüfer wird sie ggf sogar anregen. Änderungen der nach I, II zu prüfenden Unterlagen **nach Vorlage des Prüfungsberichts**, zB auch Umarbeitung des geprüften Jahresabschlusses in einen solchen nach Gewinnverwendung (§ 268 I), machen dagegen eine erneute Prüfung (Nachtragsprüfung) notwendig, soweit es die Änderung erfordert **(III 1)**, uU auch schon zwischen Beendigung und Vorlage, ADS 66 str. Änderung iSv III ist weit zu verstehen, also Änderung ieS und Berichtigung (§ 245 Rn 3–5) und auch bloß geringfügige Änderung, str. Als Änderungen iSv III 1 kommen in Betracht: Textliche Änderungen (mit Ausnahme der Korrektur von Rechtschreib- und Zeichensetzungsfehlern); Änderungen im Zahlenwerk; wertaufhellende Ereignisse, die Änderung des Zahlenwerks erforderlich machen, Düss NZG **02**, 342;

2. Abschnitt. Ergänzende Vorschriften für Kapitalgesellschaften § 317

Änderungen des Gewinnverwendungsvorschlags. Zulässigkeit der Änderung s § 245 Rn 5. Erneute Prüfung, soweit es die Änderung erfordert, beschränkt den Abschlussprüfer nicht darauf, wenn er bei der ersten Prüfung zu beanstandende Punkte übersehen hat, Hamm GI **99**, 248. Ohne Nachtragsprüfung ist der festgestellte, nachtragsprüfungspflichtige Jahresabschluss nichtig, s Rn 2. Die Nachtragsprüfung kann nur durch den bestellten Abschlussprüfer durchgeführt werden, IDW PS 400 Tz 105. Sonderregelung bei Änderung durch Hauptversammlung AktG § 173 III; analog für GmbH, str. Berichtspflicht s **III 2 Halbsatz 1**. Der zuvor erteilte Bestätigungsvermerk ist nicht ohne weiteres unwirksam, sondern ist entsprechend zu ergänzen (**III 2 Halbsatz 2**). Einzelheiten IDW PS 450 Tz 144 ff, IDW PS 400 Tz 105 ff.

4) Freiwillige Prüfung

Freiwillige (Begriff missverständlich, präziser: ohne gesetzliche Verpflichtung 5 erfolgende, s § 317 II 2 2. Fall) Abschlussprüfung mit Bestätigungsvermerk für kleine KapitalGes und von § 264a nicht erfassten PersonenGes sowie Einzelkaufleuten gem Satzung oder nach Vereinbarung, zB auf Grund von Kreditvertrag oder bei Unternehmensübernahmen, ist möglich, BGH ZIP **91**, 1427. Keine gerichtliche Ersetzung wie nach § 318 III, allgM. Bestätigungsvermerk ist aber nur zulässig bei Prüfung, die nach Art und Umfang der Pflichtprüfung entspricht, MüKo/Ebke 12, sonst nur Bescheinigung, Düss WM **95**, 1841; Mü BB **96**, 1824; GK/Marsch-Barner § 316 Rn 9, str, also auch Ausschlussgründe des § 319, Hamm NZG **09**, 1078, auf jeden Fall muss der Jahresabschluss trotz der für kleine Ges geltenden Erleichterungen den Anforderungen des § 264 II 1 entsprechen. Sonst darf er nur eine Bescheinigung ausstellen. Die Grundsätze ordnungsmäßiger Berichterstattung bei Abschlussprüfungen IDW PS 450 gelten auch für freiwillige Prüfungen, die diesen Prüfungen nach Art und Umfang entsprechen (Tz 3 iVm IDW PS 200 Tz 5), dann (so Tz 20) auch Bestätigungsvermerk nach den Grundsätzen IDW PS 400; mangels Entsprechung nur Bescheinigung (§ 322 Rn 1), Düss WM **95**, 1840; Mü BB **96**, 1824. Freiwillige Prüfung von Kapitalanlageangeboten s § 347 Rn 29. Freiwillige Prüfung bei Börsengang (comfort letters), IDW PS 910; Ebke/Siegel WM Sonderbeil 2/**01**, 3; Meyer WM **03**, 1745; Ha/Mü/Schl/Kunold § 34, s auch **(15a)** WpPG § 20. Freiwillige Prüfung von Patronatserklärungen (§ 349 Rn 22), IDW RH HFA 1013. **Prüferische Durchsicht** von Abschlüssen, IDW PS 900, Schindler WPg **02**, 1121. **Lit** Braun BB **89**, 803.

Gegenstand und Umfang der Prüfung

317 (1) [1] In die Prüfung des Jahresabschlusses ist die Buchführung einzubeziehen. [2] Die Prüfung des Jahresabschlusses und des Konzernabschlusses hat sich darauf zu erstrecken, ob die gesetzlichen Vorschriften und sie ergänzende Bestimmungen des Gesellschaftsvertrags oder der Satzung beachtet worden sind. [3] Die Prüfung ist so anzulegen, daß Unrichtigkeiten und Verstöße gegen die in Satz 2 aufgeführten Bestimmungen, die sich auf die Darstellung des sich nach § 264 Abs. 2 ergebenden Bildes der Vermögens-, Finanz- und Ertragslage des Unternehmens wesentlich auswirken, bei gewissenhafter Berufsausübung erkannt werden.

(2) [1] Der Lagebericht und der Konzernlagebericht sind darauf zu prüfen, ob der Lagebericht mit dem Jahresabschluß, gegebenenfalls auch mit dem Einzelabschluss nach § 325 Abs. 2a, und der Konzernlagebericht mit dem Konzernabschluß sowie mit den bei der Prüfung gewonnenen Erkenntnissen des Abschlußprüfers in Einklang stehen und ob der Lagebericht insgesamt ein zutreffendes Bild von der Lage des Unternehmens und der Konzernlage-

§ 317

bericht insgesamt ein zutreffendes Bild von der Lage des Konzerns vermittelt. ²Dabei ist auch zu prüfen, ob die Chancen und Risiken der künftigen Entwicklung zutreffend dargestellt sind. ³Die Prüfung des Lageberichts und des Konzernlageberichts hat sich auch darauf zu erstrecken, ob die gesetzlichen Vorschriften zur Aufstellung des Lage- oder Konzernlageberichts beachtet worden sind. ⁴Im Hinblick auf die Vorgaben nach den §§ 289b bis 289e und den §§ 315b und 315c ist nur zu prüfen, ob die nichtfinanzielle Erklärung oder der gesonderte nichtfinanzielle Bericht, die nichtfinanzielle Konzernerklärung oder der gesonderte nichtfinanzielle Konzernbericht vorgelegt wurde. ⁵Im Fall des § 289b Absatz 3 Satz 1 Nummer 2 Buchstabe b ist vier Monate nach dem Abschlussstichtag eine ergänzende Prüfung durch denselben Abschlussprüfer durchzuführen, ob der gesonderte nichtfinanzielle Bericht oder der gesonderte nichtfinanzielle Konzernbericht nicht innerhalb von vier Monaten nach dem Abschlussstichtag vorgelegt worden ist. ⁶Die Prüfung der Angaben nach § 289f Absatz 2 und 5 sowie § 315d ist darauf zu beschränken, ob die Angaben gemacht wurden.

(3) ¹Der Abschlußprüfer des Konzernabschlusses hat auch die im Konzernabschluß zusammengefaßten Jahresabschlüsse, insbesondere die konsolidierungsbedingten Anpassungen, in entsprechender Anwendung des Absatzes 1 zu prüfen. ²Sind diese Jahresabschlüsse von einem anderen Abschlussprüfer geprüft worden, hat der Konzernabschlussprüfer dessen Arbeit zu überprüfen und dies zu dokumentieren.

(3a) Auf die Abschlussprüfung bei Unternehmen, die kapitalmarktorientiert im Sinne des § 264d sind, sind die Vorschriften dieses Unterabschnitts nur insoweit anzuwenden, als nicht die Verordnung (EU) Nr. 537/2014 des Europäischen Parlaments und des Rates vom 16. April 2014 über spezifische Anforderungen an die Abschlussprüfung bei Unternehmen von öffentlichem Interesse und zur Aufhebung des Beschlusses 2005/909/EG der Kommission (ABl. L 158 vom 27.5.2014, S. 77, L 170 vom 11.6.2014, S. 66) anzuwenden ist.

(4) Bei einer börsennotierten Aktiengesellschaft ist außerdem im Rahmen der Prüfung zu beurteilen, ob der Vorstand die ihm nach § 91 Abs. 2 des Aktiengesetzes obliegenden Maßnahmen in einer geeigneten Form getroffen hat und ob das danach einzurichtende Überwachungssystem seine Aufgaben erfüllen kann.

(4a) Soweit nichts anderes bestimmt ist, hat die Prüfung sich nicht darauf zu erstrecken, ob der Fortbestand des geprüften Unternehmens oder die Wirksamkeit und Wirtschaftlichkeit der Geschäftsführung zugesichert werden kann.

(5) Bei der Durchführung einer Prüfung hat der Abschlussprüfer die internationalen Prüfungsstandards anzuwenden, die von der Europäischen Kommission in dem Verfahren nach Artikel 26 Absatz 3 der Richtlinie 2006/43/EG des Europäischen Parlaments und des Rates vom 17. Mai 2006 über Abschlussprüfungen von Jahresabschlüssen und konsolidierten Abschlüssen, zur Änderung der Richtlinien 78/660/EWG und 83/349/EWG des Rates und zur Aufhebung der Richtlinie 84/253/EWG des Rates (ABl. EU Nr. L 157 S. 87), die zuletzt durch die Richtlinie 2014/56/EU (ABl. L 158 vom 27.5.2014, S. 196) geändert worden ist, angenommen worden sind.

(6) Das Bundesministerium der Justiz und für Verbraucherschutz wird ermächtigt, im Einvernehmen mit dem Bundesministerium für Wirtschaft und Energie durch Rechtsverordnung, die nicht der Zustimmung des Bundesrates bedarf, zusätzlich zu den bei der Durchführung der Abschlussprüfung nach Absatz 5 anzuwendenden internationalen Prüfungsstandards weitere Abschlussprüfungsanforderungen vorzuschreiben, wenn dies durch den Umfang

2. Abschnitt. Ergänzende Vorschriften für Kapitalgesellschaften § 317

der Abschlussprüfung bedingt ist und den in den Absätzen 1 bis 4 genannten Prüfungszielen dient.

Übersicht

	Rn
1) Gegenstand und Umfang der Prüfung des Jahresabschlusses und des Konzernabschlusses (I)	1–6
A. Grundlagen	1
B. Gegenstand der Prüfung (I 1)	2
C. Prüfungsziele (I 2, 3)	3–5
D. Person des Prüfers	6
2) Prüfung des Lageberichts und des Konzernlageberichts (II)	7
3) Erstreckung der Prüfung des Konzernabschlusses auf einbezogene Jahresabschlüsse (III)	8–10
4) Hinweis auf EU-AbschlussprüfungsVO 2014 (IIIa)	11
5) Prüfung des Überwachungssystems bei der börsennotierten AG (IV)	12, 13
6) Umfang der Abschlussprüfung (IVa)	14
7) Anwendung der internationalen Prüfungsstandards, ISA (V)	15
8) Ermächtigung zu RechtsVO (VI)	16

1) Gegenstand und Umfang der Prüfung des Jahresabschlusses und des Konzernabschlusses (I)

A. Grundlagen: § 317 idF KonTraG 1998, II 1, 2 idF BilReG 2004, II 3, III **1** 2 idF BilMoG, **III** 3 aufgehoben, V, VI neu BilMoG, **Übergangsrecht (1)** EGHGB Art 66 II. Änderungen resultieren aus der **europäischen Abschlussprüferreform 2014** und ihrer Umsetzung in das deutsche Recht durch das AReG (AbschlussprüferRi Art 26, 27 ua idF 2014, Überbl 7 ff vor § 316) sowie durch das CSR-Ri UmsetzungsG v 11.4.17 (**Übergangsrecht** in **(1)** EGHGB Art 80). § 317 umschreibt den gesetzlichen Prüfungsumfang neu und erweitert ihn. Grund: stärkere Problemorientierung der Prüfung, bessere Beurteilungsmöglichkeit für den Aufsichtsrat (RegE). Nach dem KonTraG ist der Abschlussprüfer, ohne Organ der KapitalGes zu sein (§ 318 Rn 2), Partner des Aufsichtsrats; die Prüfung ist Teil der Unternehmenskontrolle (corporate governance), Hommelhoff BB **98**, 2568; Mattheus ZGR **99**, 682; IDW Symposion WPg-Sh **01**; Scheffler WPg **02**, 1289. Dazu viele IDW Prüfungsstandards **(IDW PS)** und Standards **(IDW S)**, neuester Stand s IDW Prüfungsstandards: Grundsätze ordnungsmäßiger Berichterstattung IDW PS 450 Stand 1.3.12, und Grundsätze für die Erstellung von Jahresabschlüssen IDW S 7 Stand 27.11.09, Farr/Niemann DStR **10**, 1095, Erteilung von Bestätigungsvermerken IDW PS 400 Stand 28.11.14. Ferner Prüfungsdurchführung IDW PS 200, Rechnungslegungs- und Prüfungsgrundsätze für die Abschlussprüfung, IDW PS 201 (Stand 5.3.15), zusätzliche Informationen des Unternehmens zusammen mit dem Jahresabschluss IDW PS 202, Ereignisse nach dem Stichtag IDW PS 203 nF 2009, Aufdeckung von Unregelmäßigkeiten IDW PS 210, Kenntnisse über das zu prüfende Unternehmen IDW PS 230, Prüfungsplanung IDW PS 240, Wesentlichkeit IDW PS 250 nF 2012, Feststellung und Beurteilung von Fehlerrisiken und Reaktionen des Abschlussprüfers auf die beurteilten Fehlerrisiken IDW PS 261 nF 2012 Stand 2013, F & A IDW-FN **14**, 645, Fortführung der Unternehmenstätigkeit IDW PS 270, Prüfungsnachweise IDW PS 300 Stand 2013, Prüfungsnachweise im Rahmen der Abschlussprüfung, IDW EPS 300 nF, Bestätigungen Dritter IDW EPS 302 nF 2014, IDW-FN **14**, 505, Erklärungen der gesetzlichen Vertreter (Vollständigkeitserklärung ua) IDW PS 303 nF 2009, Konzernabschlussprüfungen IDW PS 320 nF 2012, Interne Revision und Prüfung IDW PS 321, Verwertung der Arbeit von Sachverständigen IDW PS 322 nF 2013, Risikofrüherkennungs-

§ 317 2, 3

3. Buch. Handelsbücher

systeme nach § 317 IV IDW PS 340, Auswirkungen des DCGK auf die Abschlussprüfung IDW PS 345 Stand 31.8.15 IDW-FN **15**, 539, Herkendell/Rieger WPg **13**, 202, Arbeitspapiere des Prüfers IDW PS 460 nF; Beurteilung des Risikomanagements von Kreditinstituten IDW PS 525 Stand 2010, Beurteilung eingetretener oder drohender Zahlungsunfähigkeit bei Unternehmen, IDW PS 800, Prüferische Durchsicht von Abschlüssen, IDW PS 900 (§ 316 Rn 5), Compliance Management Systeme IDW PS 980 Stand 2011, Eibelshäuser/Schmidt WPg **11**, 939; Wolf DStR **11**, 997; Merkt DB **14**, 2271, 2331; Grundsätze zur Durchführung von **Unternehmensbewertungen S 1** 2008, s Einl 36 v § 1; Sanierungskonzepte IDW S 6 Stand 2012, WP-Hdb **14** II L, Groß WPg **10**, 119; ders **09**, 231 (ES); Becker/Martin/Müller/Wobbe DStR **12**, 981 (ES); Fairness Opinions IDW S 8 Stand 2011, IDW-FN **11**, 151, WP-Hdb **14** II E 417 ff, Franken/Schulte 2014, Cannivé/Suerbaum AG **11**, 317, auch Einl 36 v § 1; (Sanierungs-)Bescheinigung nach § 270b InsO IDW S 9, Steffan/Solmecke ZIP **14**, 2271; Vorliegen von Insolvenzeröffnungsgründen IDW S 11 IDW-FN **15**, 202; Rechnungslegung bei PersonenHdlGes IDW RS HFA 7 Stand 6.2.12; Prüfungshinweis Besonderheiten bei KMU IDW PH 9100.1, Farr/Niemann DStR **07**, 822, Gutachterliche Stellungnahme eines WP über die Umsetzung des § 87 AktG i. d. F. des VorstAG IDW Praxishinweis 1/2010 IDW-FN **10**, 463, Matischiok/Splinter WPg **11**, 773; Kreditinstitute und WPDienstleistungsunternehmen s Rn 10. Zu den internationalen Prüfungsstandards **International Standards of Auditing (ISA)** s Rn 15. Zu den GoA Niemann DStR **03**, 1454. Zusammenstellung auch bei MüKo/Ebke 22 ff. Die **aktuellen Fassungen** finden sich in der Sammlung IDW Prüfungsstandards, IDW Stellungnahmen zur Rechnungslegung (LBl, 3 Bde). **Lit** Me/Pro/Fi Kap 17 Tz 18 ff.

2 B. **Gegenstand der Prüfung (I 1):** Zu prüfen sind der Jahresabschluss und der Lagebericht sowie der Konzernabschluss samt einbezogener Jahresabschlüsse und der Konzernlagebericht (näher zum Gegenstand der Prüfung § 316 Rn 1f und § 317 Rn 4, 7 ff). Nach **I 1** ist die Buchführung (§§ 238–241, einschließlich Nebenbuchführung) und das Inventar (§ 240), letzteres str, mitzuprüfen, Kostenrechnung nur, soweit Grundlage für Ermittlung der Herstellungskosten. Anhangsprüfung s Farr AG **00**, 1. Zu prüfen ist auf Einhaltung der Vorschriften aus Gesetz (vor allem 3. Buch) und GesVertrag bzw Satzung (**I 2**). Die Prüfung erstreckt sich danach grundsätzlich auf die Einhaltung aller für die Rechnungslegung der Ges geltenden Regeln einschließlich der GoB. Die Prüfung erstreckt sich auch auf das interne Kontrollsystem (zu unterscheiden von IV, s Rn 12), ADS 16, und die Fortführungsprognose (going concern, s Rn 5), also ob diese realistisch ist, GK/Marsch-Barner 5; Lilienbecker/Link/Rabenhorst BB **09**, 262. Mit heranzuziehen sind die Unternehmensplanungsunterlagen (§ 321 Rn 1).

3 C. **Prüfungsziele (I 2, 3):** Die Prüfung ist so anzulegen, dass Unrichtigkeiten und Verstöße gegen Gesetz und GesVertrag bzw Satzung (**I 2**), die sich auf die Darstellung des Bildes nach § 264 II (Vermögens-, Finanz- und Ertragslage, § 264 Rn 12 ff) wesentlich auswirken, bei gewissenhafter Berufsausübung erkannt werden (**I 3 nF**, im Hinblick auf die sog Erwartungslücke), BGH WM **06**, 426, auch Düss ZIP **97**, 788m Anm Heni, aber iErg problematisch (trotz Testatverweigerung des Vorgängers keine Unterschlagungsprüfung). Zu diesem **Grundsatz der Wesentlichkeit** (international: principle of audit materiality) MüKo/Ebke 67. Besonders zu beachten ist dabei § 264 II 2 und entspr für Konzern § 297 II 2; zu § 264 II 1 s § 264 Rn 12. Unrichtigkeiten und Verstöße umfassen solche durch Tun und durch Unterlassen, vorsätzliche und fahrlässige, mit und ohne Folge rechtswidriger Vermögensschädigung. Das Risiko, dass solche Unrichtigkeiten und Verstöße vorliegen und nicht ohne weiteres erkannt werden, ist bei der Prüfungsplanung einzukalkulieren, bei Anhaltspunkten höherer Risiken ist diesen nachzugehen, GK/Marsch-Barner 8 f. Die Vermeidung und Aufdeckung von

2. Abschnitt. Ergänzende Vorschriften für Kapitalgesellschaften 4–6 § 317

Unrichtigkeiten und Verstößen ist Sache der gesetzlichen Vertreter des Unternehmens, die Abschlussprüfung ist auf hinreichende (nicht absolute) Sicherheit auszurichten und ist keine Garantie, keine Unterschlagungsprüfung (s Rn 5), näher IDW PS 200 Tz 24 ff, IDW PS 210 Tz 8 ff, 18.

Zielsetzung der Abschlussprüfung kann **keine lückenlose Prüfung sein**. 4 Prüfung in **Stichproben** der weitaus meisten Prüffelder ist üblich und zulässig, Düss BB **96**, 2615, MüKo/Ebke 45, allgM. Prüfung mit wechselnden Prüfungsschwerpunkten ist jedenfalls bei einem angemessenen mehrjährigen Prüfungsplan in Ordnung, MüKo/Ebke 47. Bei Anzeichen für Unrichtigkeiten und Verstöße durch die gesetzlichen Vertreter oder Mitarbeiter der Ges besteht eine erweiterte Prüfungspflicht, es sind ergänzende Prüfungshandlungen vorzunehmen und die Prüfungsnachweise im Hinblick auf den Verdacht gezielt zu würdigen, IDW PS 210 Tz 44 ff. Zur Beurteilung des Risikos von **fraud** Schruff WPg **05**, 207; Berndt/Jeiker BB **07**, 2615. Werden Verstöße oder Fehler aufgedeckt, Ausdehnung der Prüfungshandlung, soweit noch keine abschließende Beurteilung möglich. Die Einholung einer **Vollständigkeitserklärung** der KapitalGes über Buchführung und Jahresabschluss ist üblich, aber kein Ersatz für Prüfungshandlungen, BGH NJW **10**, 1811; Düss BB **96**, 2614; Verantwortlichkeit des Abschlussprüfers (§ 323) bleibt unberührt. Die Gesellschaft ist zur Abgabe nicht verpflichtet (§ 320 Rn 2). Bei unzutreffender Vollständigkeitserklärung kann der Bestätigungsvermerk widerrufen werden (§ 322 Rn 9). Zur Vollständigkeitserklärung IDW PS 303 nF Tz 23 ff.

Keine umfassende Rechts- und Wirtschaftlichkeitsprüfung: Die Prüfung 5 erstreckt sich **nicht** auf die Einhaltung aller steuerrechtlicher Vorschriften, anders soweit sich aus ihrer Nichtbeachtung Risiken ergeben, denen Rechnung zu tragen ist, zB § 274, GK/Marsch-Barner 4; aller sonstigen rechtlichen Verhältnisse, str, anders soweit Lagebericht betroffen ist oder soweit sich Risiken für das Unternehmen ergeben; auf die allgemeine Geschäftsführung, anders soweit sich aus Verstößen (zB Einlagenrückgewähr, verdeckte Gewinnausschüttung, Unterschlagung) zu bilanzierende Ansprüche der KapitalGes ergeben; außer bei AG nach IV (s Rn 9) auf die Einhaltung der Pflichten bei Verlust, Überschuldung (Überschuldungsbegriff § 19 II InsO, s § 130a Rn 3) oder Zahlungsunfähigkeit (§ 92 AktG, § 64 GmbHG), anders soweit nicht mehr von Fortführung (going concern, § 252 I Nr 2) auszugehen ist, was zu prüfen ist (s Rn 2); auf die wirtschaftliche Lage der Ges (bloße Rechnungslegungsprüfung) BGH **16**, 23; WM **06**, 426; Karlsr WM **85**, 942. Aber erweiterte Berichts- und Redepflicht § 321 I 4, II. Praktisch wichtig ist die Prüfung des internen Kontrollsystems, vor allem bei Einsatz von EDV, IDW PS 261 nF 2012, interne Revision und Abschlussprüfung, IDW PS 321. Ziele und Gegenstand der Abschlussprüfung, IDW PS 200 Tz 8 ff, Art und Umfang der Prüfungshandlungen IDW PS 200 Tz 18 ff. Risikoorientiertes Prüfungsvorgehen im Detail BeckBilKo 100 ff.

D. **Person des Prüfers:** Der Abschlussprüfer darf **Hilfspersonen** heranziehen, 6 prüft aber in eigener Verantwortung. Er darf sich nicht einfach auf Prüfungsergebnisse und Untersuchungen **Dritter** verlassen, darf sie aber verwerten. Prüfungsergebnisse anderer, auch ausländischer Abschlussprüfer darf er übernehmen, falls keine Anhaltspunkte für ihre Unrichtigkeit vorliegen, Düss ZIP **97**, 789, und bei Ausländern die Berufsqualifikation und Unabhängigkeit der deutschen vergleichbar ist (vgl Rn 9). Prüfung durch zwei oder mehrere bestellte Abschlussprüfer **(Gemeinschaftsprüfung, Joint Audit)** ist möglich, dann großzügigere externe Rotation (AbschlussprüferVO Art 17 IV lit b für Unternehmen von öff Interesse, Einl 4b vor § 316, § 319a Rn 7, 11), ein uneingeschränkter Bestätigungsvermerk nur durch einen von ihnen reicht aber nicht aus, MüKo/Ebke § 318 Rn 17, IDW IDW-FN **11**, 17, str. Parallele, unabhängig voneinander erfolgende Abschlussprüfungen sind gesetzlich nicht zulässig, Staub/Habersack/Schürnbrand § 318

§ 317   7

Rn 19, str. Durchführung von Gemeinschaftsprüfungen (Joint Audit) IDW PS 208 Stand 2010. Interne Revision und Prüfung IDW PS 321, Verwertung der Arbeit von Sachverständigen IDW EPS 322 Stand 2012, Jobst/Kapoor WM **13**, 686, Bestätigungen Dritter bei Kredit- und Finanzdienstleistungsinstituten IDW PH 9302.1, bei Versicherungsunternehmen IDW PH 9302.2, Ratings, Schaub/Schaub ZIP **13**, 662; Externe Bestätigungen s Rabenhorst WPg **02**, 16.

2) Prüfung des Lageberichts und des Konzernlageberichts (II)

7   Der (Konzern)Lagebericht ist auf Einklang mit dem Jahres(Konzern)abschluss, gegebenenfalls auch mit dem Einzelabschluss nach § 325 IIa (so II idF BilReG), sowie den bei der Prüfung gewonnenen Erkenntnissen des Abschlussprüfers zu prüfen (**II 1 Halbsatz 1 nF**). Zu den Erkenntnissen gehören auch solche aus früheren Prüfungen, Verwertung sonstiger Kenntnisse s § 321 Rn 6. Er ist weiter zu prüfen darauf, ob er insgesamt, also nicht nur die sonstigen Angaben in ihm (§§ 289 II, 315 II), ein zutreffendes Bild von der Lage des Unternehmens (Konzern) vermittelt (**II 1 Halbsatz 2 nF**). Insbesondere ist zu prüfen, ob die **Chancen und Risiken** der zukünftigen Entwicklung, auf die der Lagebericht besonders eingehen muss (§ 289 I 5, § 315 I 5 idF BilReG), zutreffend dargestellt sind (**II 2 idF BilReG**). Dabei gilt der Grundsatz, dass für die Darstellung der Lage des Unternehmens die Geschäftsführung allein verantwortlich ist (prognostische Elemente, pflichtgemäßes Ermessen). Der Prüfer kann nur die Richtigkeit und Vollständigkeit dieser Darstellung prüfen, also ob alle verfügbaren Informationen verwandt wurden, die grundlegenden Annahmen realistisch und in sich widerspruchsfrei sind und Prognoseverfahren richtig gehandhabt wurden (**Plausibilitätsprüfung**, RegE), MüKo/Ebke 75, s auch § 321 Rn 1. Allerdings darf sich der Prüfer nicht darauf beschränken, passiv die Lagebeurteilung der Geschäftsführung zu billigen, sondern er hat eigene Plausibilitätsbeurteilung abzugeben, Hommelhoff BB **98**, 2570, ähnlich IDW PS 350 über Prüfung des Lageberichts. Bericht auch über eingeleitete und auch erst beabsichtigte Maßnahmen der Geschäftsführung gegen ungünstige künftige Entwicklungen, GK/Marsch-Barner 13. Saldierung der Chancen und Risiken ist ausgeschlossen, zu berichten ist über Risiken auch, wenn die Chancen überwiegen, das Informationsinteresse hat „fast ausnahmslos" Vorrang, Küting/Hütten AG **97**, 255, auch Baetge/Schulze DB **98**, 943, für Einzelfallabwägung MüKo/Ebke 78 (Zielkonflikt). Die Erklärung zum Corporate Governance Kodex (AktG § 161, Überbl 6 vor § 316) erfolgt im Lage- bzw Konzernlagebericht (§§ 285 Nr 16, 314 I Nr 8 AktG), zu den Pflichten des Abschlussprüfers und zu seiner Unabhängigkeitserklärung nach Ziff 7.2.1 DCGK IDW PS 345 Stand 6.12.13 IDW-FN **14**, 122.

II 3 idF BilRUG bestimmt aufgrund Europarechts, dass die Prüfung des Lageberichts und des Konzernlageberichts sich auch darauf zu erstrecken hat, ob die gesetzlichen Vorschriften zur Aufstellung des Lage- oder Konzernlageberichts beachtet worden sind. Entsprechend ist § 322 geändert, damit die Änderungen auch im Bestätigungsvermerk des Abschlussprüfers berücksichtigt werden. Der nach II 3 erweiterte Prüfungsumfang bezieht sich auf die in § 289 und § 315 I-IV (nicht § 315 V, dazu sogleich II 4) genannten Angaben. II 3 nF führt jedoch nicht zu sachlichen Änderungen des Prüfungsumfangs, denn der Prüfungsbericht musste die Gesetzmäßigkeit schon bisher feststellen (§ 321 II 1), was eine entsprechende Prüfung voraussetzt.

II 4–6 idF nF durch CSR-Ri-UmsetuungsG v 11.4.17 (Übergangsrecht in (1) EGHGB Art 80) ersetzt II 4 aF idF des BilMoG und BilRUG und setzt Art 19a V, 20 III, 29a V BilanzRi idF der CSR-RiLi um zum Zweck der Ergänzung der schon heute bestehenden Regelungen zur Erklärung zur Unternehmensführung. Geprüft wird nach **II 4**, ob die nichtfinanzielle Erklärung bzw Konzernerklärung oder der gesonderte nichtfinanzielle Bericht bzw Konzernbericht vorgelegt wurde.

2. Abschnitt. Ergänzende Vorschriften für Kapitalgesellschaften 8–10 § 317

Um praktische Probleme im Hinblick auf einen gem § 289b III 1 Nr 2b) erst zu einem späteren Zeitpunkt veröffentlichten gesonderten nichtfinanziellen Berichts oder Konzernberichts zu vermeiden, ist gem **II 5** in derartigen Fällen eine ergänzende Prüfung – und für den Fall, dass der Bericht nicht innerhalb von sechs Monaten nach dem Abschlussstichtag vorgelegt wird, entsprechend § 316 III 2 die Ergänzung des Bestätigungsvermerks – vorgesehen. Hinsichtlich der Wirksamkeit des ursprünglichen Bestätigungsvermerks gelten dieselben Grundsätze wie nach § 316 III, so dass der ursprüngliche Bestätigungsvermerk im Falle der Nachtragsprüfung grundsätzlich wirksam bleibt. Eine weitergehende Prüfung der Vorgaben der §§ 289b–289e sowie der §§ 315b u 315c unterbleibt. Darüber hinaus prüft der Abschlussprüfer wie schon heute vorgegeben, ob die in § 289f II u § 315d geforderten Angaben gemacht wurden, **II 6**. **Lit** Kajüter IRZ **16**, 507; Kumm/Woodtli Konzern **16**, 218; Lanfermann BB **16**, 1131 (Prüfungspflicht des Aufsichtsrates); Nietsch NZG **16**, 1330 (Umfang der Prüfung); Seibt DB **16**, 2707 (Prüfungsumfang); Blöink/Halbleib Konzern **17**, 182; Haaker DB **17**, 922; Heinrichs/Pöschke NZG **17**, 121; Kajüter DB **17**, 617; Lanfermann BB **17**, 747; Rimmelspacher/Schäfer/Schönberger KoR **17**, 225.

3) Erstreckung der Prüfung des Konzernabschlusses auf einbezogene Jahresabschlüsse (III)

Der Gegenstand der Prüfung folgt aus § 316 I, II, nämlich Jahres(Konzern-)abschluss und (Konzern-)Lagebericht. Das wird erweitert auf die im Konzernabschluss zusammengefassten Jahresabschlüsse, insbesondere die konsolidierungsbedingten Anpassungen (**III 1** nF). Zu den konsolidierten Anpassungen gehören auch Änderungen in der HdlBilanz II auf Grund Einheitlichkeit von Bilanzansatz und Bewertung im Konzernabschluss (Begr RegE), ferner Prüfung der HdlBilanz II. Vollprüfung der einbezogenen Jahresabschlüsse iSv 1 1, insoweit aber aus Konzernsicht. **8**

Sind diese Jahresabschlüsse von einem anderen Abschlussprüfer geprüft worden, so hat der Konzernabschlussprüfer dessen Arbeit zu überprüfen und dies zu dokumentieren (**III 2** idF BilMoG). Die zuvor geltende Einschränkung, dass geprüfte Jahresabschlüsse nur dann erneut geprüft werden müssen, wenn der Bestätigungsvermerk versagt oder eingeschränkt worden ist, str, oder wenn Anhaltspunkte für die Unrichtigkeit des Testats vorliegen, ist weggefallen (III 2 aF, ebenso die Einschränkung bezüglich ausländischer Prüfungen bei in den Konzernabschluss einbezogenen Tochterunternehmen mit Sitz im Ausland, III 3a F). Vielmehr ist nunmehr der Konzernabschlussprüfer bei der Abschlussprüfung der konsolidierten Abschlüsse eines Konzerns für seinen Bestätigungsvermerk zu den konsolidierten Abschlüssen voll verantwortlich (AbschlussprüferRi, Überbl vor § 316). Das entspricht weitestgehend schon der heutigen Praxis (Begr RegE). Zweck des III 2 nF ist allein bessere Qualität der Konzernabschlussprüfung, die Abschlussprüfung von Mutter- und TochterUnt durch verschiedene Abschlussprüfer bleibt weiterhin zulässig (ausdrücklich Begr RegE). **9**

Was III 2 konkret verlangt bzw in welchem Ausmaß und mit welcher Gewichtung der Konzernabschlussprüfer auf die Prüfung eines anderen externen Prüfers zurückgreifen kann, hängt von den Umständen ab, insbesondere von der fachlichen Kompetenz und beruflichen Qualifikation dieses Prüfers, daneben auch von der Bedeutung der von diesem geprüften Teileinheit für das Gesamturteil des Konzernabschlussprüfers (RegE). Letzteres kann allein der Konzernabschlussprüfer beurteilen. Ersteres, also die fachliche Kompetenz und die berufliche Qualifikation, kann der Konzernabschlussprüfer jedenfalls bei Prüfern aus EU/EWR-Staaten und der Schweiz annehmen (RegE). Bei Prüfern aus Drittstaaten gilt das bei Eintragung nach § 134 I WPO oder Feststellung der Gleichwertigkeit nach § 134 IV WPO, aber auch dann nur, soweit die fachliche Kompetenz und die berufliche Qualifikation „im Einzelfall offensichtlich vorliegen" (RegE). Sonst **10**

§ 317 11–13   3. Buch. Handelsbücher

muss der Konzernabschlussprüfer diese beiden Voraussetzungen nach Maßgabe der an ihn gestellten Anforderungen im Hinblick auf Unabhängigkeit, Gewissenhaftigkeit, Unparteilichkeit, Unbefangenheit und Eigenverantwortlichkeit beurteilen (RegE). Die Praxis hat dazu schon Erfahrungen entwickelt (s Rn 9), die weiter verfeinert werden müssen. Auch nach dem, was der RegE ausführt, bleibt es bei dem in III 2 festgestellten Grundsatz, dass der Konzernabschlussprüfer die Arbeit des anderen externen Prüfers „überprüfen und dies dokumentieren" muss. **Lit** Petersen/Zwirner WPg **08**, 968; Erchinger/Melcher DB Beil 5/**09**, 92.

4) Hinweis auf EU-AbschlußprüfungsVO 2014 (IIIa)

11 Mit dem AReG (Überbl 9 v § 316, **Übergangsrecht** in (1) EGHGB Art 79) wurde **IIIa** eingefügt, der auf die EU-AbschlussprüfungsVO 2014 hinweist. Außerhalb des Anwendungsbereichs der VO gelten die Vorschriften des HGB zur Abschlussprüfung (§§ 316–324a) auch für die Prüfung von Unternehmen, die kapitalmarktorientiert iSv § 264d, Kreditinstitute iSv § 1 IIId 1 KWG (mit Ausnahme der Institute iSv § 2 I Nr 1u 2 KWG) oder Versicherungsunternehmen iSv § 341 sind. **Lit** Kelm/Schmitz-Herkendell DB **16**, 2365 (IDW-Positionspapier); Petersen/Zwirner/Boecker DStR **16**, 984.

5) Prüfung des Überwachungssystems bei der börsennotierten AG (IV)

12 Der Vorstand der AG hat nach **§ 91 II AktG** geeignete Maßnahmen zu treffen, insbesondere ein Überwachungssystem einzurichten, damit Risiken und Fehlentwicklungen, die den Fortbestand der AG gefährden, frühzeitig erkannt werden **(Frühwarnsystem)**. Fehlt Dokumentation, ist Entlastung des Vorstands anfechtbar, BGH ZIP **09**, 460. Zur ordnungsgemäßen Dokumentation (Handakten, Arbeitspapiere) MüKo/Ebke 84 ff. Konkretisierung von § 91 II für Aktienbanken anhand § 25a KWG, LG Bln AG **02**, 683; Hüffer NZG **07**, 49, nach aA für alle AG. **IV** idF TransPuG 2002 (**Übergangsrecht** in (1) EGHGB Art. 54) erstreckt die Prüfung auf das Frühwarnsystem börsennotierter AG (entspr § 321 IV; vorher zu eng nur bei amtlicher Notierung, vgl § 321 Rn 12). **Börsennotierte AG** sind AG, deren Aktien zu einem Markt zugelassen sind, der von staatlich anerkannten Stellen geregelt und überwacht wird, regelmäßig stattfindet und für das Publikum mittelbar oder unmittelbar zugänglich ist (§ 3 II AktG). Bei solchen AGs muss der Prüfer im Rahmen der Prüfung beurteilen, ob der Vorstand diese Maßnahmen in einer geeigneten Form getroffen hat und ob das Überwachungssystem seine Aufgaben erfüllen kann. IV gilt nicht für AG mit nur im Freiverkehr gehandelten Aktien (s **(14)** BörsG § 48) und erst recht nicht für GmbH (aber s Rn 1), dann auch nicht § 321 IV, aber stattdessen § 321 I 3 (§ 321 Rn 10). Allerdings erwartet der Gesetzgeber, dass § 91 II AktG Ausstrahlungswirkung auf Ges anderer Rechtsformen entfaltet, BTDrucks 13/9712, IDW PS 340 Tz 1.

13 Die Prüfung erstreckt sich nicht auf die unternehmerische Zweckmäßigkeit (§ 321 Rn 1), das ist Sache des Aufsichtsrats (§ 111 AktG), GK/Marsch-Barner 20, str. Die Risikofelder, die zu bestandsgefährdenden Entwicklungen führen können, erstrecken sich auf das gesamte Unternehmen und sämtliche betrieblichen Prozesse und Funktionsbereiche einschließlich aller Hierarchiestufen und Stabsfunktionen, IDW PS 340 Tz 7. Dazu gehört auf jeden Fall die Prüfung der internen Revision (Heranziehung der Revisionsberichte unerlässlich), IDW PS 321, aber je nachdem auch andere Bereiche wie Controlling ua, also das interne Kontrollsystem, IDW PS 261 nF Stand 2012, GK/Marsch-Barner 21; Withus WPg **09**, 858. Die Prüfung nach IV ist eine **Systemprüfung, nicht** eine **Geschäftsführungsprüfung**, IDW PS 340 Rz 19 S 2, auch Düss BB **96**, 2614; Karls WM **85**, 942, str. Sie ist umfassender als die Prüfung des internen Kontrollsystems im Rahmen der Jahresabschlussprüfung. Der Abschlussprüfer muss sich dabei auch ein Bild des Risikobewusstseins der Unternehmensleitung und der Mitarbeiter verschaffen, IDW PS 340 Tz 22. Die Prüfung ist eine **Eignungs-**

2. Abschnitt. Ergänzende Vorschriften für Kapitalgesellschaften 14, 15 § 317

prüfung und eine **Funktionsprüfung** (Wortlaut des IV). Eignung setzt ua voraus, dass klare Verwertungszuweisungen für Informationsweitergabe und Risikobeurteilung bestehen und, dass noch rechtzeitig Gegenmaßnahmen getroffen werden können. Bei der Funktionsprüfung werden idR typische Risiken (zB Fremdwährung, Produkthaftung, Bonität) untersucht, GK/Marsch-Barner 23. Bei Konzernen ist das Überwachungssystem konzernweit zu prüfen (RegE); unbeschadet der Prüfung des Überwachungssystems bei den einzelnen KonzernmitgliedGes. Prüfung nach IV bei Konzernen s IDW PS 340 Tz 34 ff. Das Ergebnis der Beurteilung ist in einem besonderen Teil des Prüfungsberichts darzustellen einschließlich notwendiger Systemverbesserungsmaßnahmen (§ 321 IV 1, 2). Weitergehende Prüfung bei Kreditinstituten (§§ 28 ff KWG, **(16)** WpHG § 89 III 2) und allgemeiner bei WPDienstleistungsunternehmen (s **(16)** WpHG § 89), IDW PS 521, für Ausdehnung auf Nichtkreditinstitute GK/Marsch-Barner 25, Beurteilung des Risikomanagements von Kreditinstituten, IDW PS 525, Prüfung bei Kreditinstituten und Versicherungsunternehmen, WP-Hdb **12** I J, K. **Lit** IDW PS 340, PS, PS 261 nF 2012; Marten ua, Wirtschaftsprüfung 2001; Giese WPg **98**, 451; Lück DB **98**, 1925; Vogler DB **98**, 2377 (praktische Ausgestaltung); Mattheus ZGR **99**, 702; Scharpf in Dörner/Menold/Pfitzer, Reform des Aktienrechts 1999, S 177; Eggemann/Konradt BB **00**, 503; Jacob WPg **01**, 237 (ISA); Ruhnke DB **02**, 437; Hauschka DB **06**, 1143; Hommelhoff/Mattheus BB **07**, 2787 (RefE BilMoG); Huth BB **07**, 2167.

6) Umfang der Abschlussprüfung (IVa)

Mit dem AReG (Überbl 9 v § 316, Übergangsregelung in (1) EGHGB Art 79) **14** wurde IVa eingefügt, der in Umsetzung von Art 25a der EU-AbschlussprüferRi 2014 den Umfang der Abschlussprüfung klarstellt. Vorschrift soll Verantwortungsbreiche des Prüfers und der Geschäftsführung abgrenzen. Prüfer soll mit dem Bestätigungsvermerk weder den Fortbestand des geprüften Unternehmens noch die Effizienz oder Wirksamkeit zusichern, mit der die Geschäfte des Unternehmens bisher geführt wurden oder zukünftig geführt werden (Begr RefE 23).

7) Anwendung der internationalen Prüfungsstandards, ISA (V)

V idF BilMoG, redaktionelle Änderungen durch AReG (Überbl 9 v § 316, **15** Übergangsregelung in **(1)** EGHGB Art 79). Bei der Durchführung einer Prüfung hat der Abschlussprüfer die internationalen Prüfungsstandards, die von der Europäischen Kommission angenommen worden sind (Komitologieverfahren, AbschlussprüferVO Art 9, AbschlussprüferRi Art 26 idF 2014, Überbl 7 v § 316), anzuwenden. Internationale Prüfungsstandards iSd AbschlussprüferRi sind die International Standards of Auditing (ISA) und damit zusammenhängende Stellungnahmen und Standards, die vom IFAC über das IAASB herausgegeben wurden, soweit sie für die Abschlussprüfung relevant sind. Solange und soweit solche internationalen Prüfungsstandards nicht angenommen worden sind, bleibt es bei den nationalen Prüfungsstandards. Das IDW unterstützt die verpflichtende Anwendung der ISA für alle Abschlussprüfungen in der EU, aber Verbesserungsvorschläge, IDW-FN **11**, 11. Die Anwendung der ISA ist rein inhaltlich für Deutschland kein Problem, da im Wesentlichen konform mit den deutschen Standards. **Lit** IDW-Textausgabe (engl/dtsch); Schmidt WPg **05**, 873 (ISA 550 Related Party Transactions); Ferlings/Poll/Schneiß WPg **07**, 101; Giese/Kunellis BB **08**, 378; Erchinger/Melcher WPg **08**, 959; dies DB Beil 5/09; Köhler/Böhm WPg **09**, 997; Merkt FS Wymeersch **09**, 244; Heininger WPg **10**, 15; Plath WPg **12**, 175; Lang/Skirk WPg **13**, 1186 (ISA 600 Konzernabschlussprüfung); Naumann/Feld WPg **13**, 641; Kunellis WPg **13**, 791 (Wesentlichkeit); Kußmann/Pannenbäcker WPg **13**, 1040; Schindler/Haußen WPg **14**, 977 (ISA 315 und ISA 330); Merkt ZGR **15**, 215 (ISA Anwendungsprobleme); Köhler ZGR **15**, 204 (IAASB); dies WPg **15**, 109.

§ 318

8) Ermächtigung zu RechtsVO (VI)

16 VI idF BilMoG, redaktionelle Änderungen durch AReG (Überbl 9 vor § 316, Übergangsregelung in **(1)** EGHGB Art 79), enthält eine Ermächtigung an das BMJV, zusätzlich zu den internationalen Prüfungsstandards nach V weitere Abschlussprüferanforderungen oder die Nichtanwendung von Teilen der internationalen Prüfungsstandards vorzuschreiben (letzteres nach Art. 26 EU-AbschlussprüferRi 2014 nicht länger möglich, Begr AReG RefE 23), wenn dies durch den Umfang der Abschlussprüfung bedingt ist und den in I bis IV genannten Prüfungszielen dient. VI betrifft nur Abschlussprüferanforderungen, nicht Abschlussprüferverfahren, diese und die Prüfungsmethodik entwickelt der Berufsstand selbst (RegE). **Lit** Erchinger/Melcher DB Beil 5/09, 92.

Bestellung und Abberufung des Abschlußprüfers

318 (1) ¹Der Abschlußprüfer des Jahresabschlusses wird von den Gesellschaftern gewählt; den Abschlußprüfer des Konzernabschlusses wählen die Gesellschafter des Mutterunternehmens. ²Bei Gesellschaften mit beschränkter Haftung und bei offenen Handelsgesellschaften und Kommanditgesellschaften im Sinne des § 264a Abs. 1 kann der Gesellschaftsvertrag etwas anderes bestimmen. ³Der Abschlußprüfer soll jeweils vor Ablauf des Geschäftsjahrs gewählt werden, auf das sich seine Prüfungstätigkeit erstreckt. ⁴Die gesetzlichen Vertreter, bei Zuständigkeit des Aufsichtsrats dieser, haben unverzüglich nach der Wahl den Prüfungsauftrag zu erteilen. ⁵Der Prüfungsauftrag kann nur widerrufen werden, wenn nach Absatz 3 ein anderer Prüfer bestellt worden ist.

(1a) ¹Die Höchstlaufzeit des Prüfungsmandats nach Artikel 17 Absatz 1 Unterabsatz 2 der Verordnung (EU) Nr. 537/2014 verlängert sich auf 20 Jahre, wenn der Wahl für das elfte Geschäftsjahr in Folge, auf das sich die Prüfungstätigkeit des Abschlussprüfers erstreckt, ein in Einklang mit Artikel 16 Absatz 2 bis 5 der Verordnung (EU) Nr. 537/2014 durchgeführtes Auswahl- und Vorschlagsverfahren vorausgeht. ²Werden ab dem in Satz 1 genannten elften Geschäftsjahr mehrere Wirtschaftsprüfer oder Wirtschaftsprüfungsgesellschaften gemeinsam zum Abschlussprüfer bestellt, verlängert sich die Höchstlaufzeit des Prüfungsmandats gemäß Artikel 17 Absatz 1 Unterabsatz 2 der Verordnung (EU) Nr. 537/2014 auf 24 Jahre.

(1b) Eine Vereinbarung, die die Wahlmöglichkeiten nach Absatz 1 auf bestimmte Kategorien oder Listen von Prüfern oder Prüfungsgesellschaften beschränkt, ist nichtig.

(2) ¹Als Abschlußprüfer des Konzernabschlusses gilt, wenn kein anderer Prüfer bestellt wird, der Prüfer als bestellt, der für die Prüfung des in den Konzernabschluß einbezogenen Jahresabschlusses des Mutterunternehmens bestellt worden ist. ²Erfolgt die Einbeziehung auf Grund eines Zwischenabschlusses, so gilt, wenn kein anderer Prüfer bestellt wird, der Prüfer als bestellt, der für die Prüfung des letzten vor dem Konzernabschlußstichtag aufgestellten Jahresabschlusses des Mutterunternehmens bestellt worden ist.

(3) ¹Auf Antrag der gesetzlichen Vertreter, des Aufsichtsrats oder von Gesellschaftern, deren Anteile bei Antragstellung zusammen den zwanzigsten Teil der Stimmrechte oder des Grundkapitals oder einen Börsenwert von 500 000 Euro erreichen, hat das Gericht nach Anhörung der Beteiligten und des gewählten Prüfers einen anderen Abschlussprüfer zu bestellen, wenn

1. dies aus einem in der Person des gewählten Prüfers liegenden Grund geboten erscheint, insbesondere, wenn ein Ausschlussgrund nach § 319 Absatz 2 bis 5 oder nach den §§ 319a und 319b besteht oder ein Verstoß

2. Abschnitt. Ergänzende Vorschriften für Kapitalgesellschaften § 318

gegen Artikel 5 Absatz 4 Unterabsatz 1 oder Absatz 5 Unterabsatz 2 Satz 2 der Verordnung (EU) Nr. 537/2014 vorliegt, oder
2. die Vorschriften zur Bestellung des Prüfers nach Artikel 16 der Verordnung (EU) Nr. 537/2014 oder die Vorschriften zur Laufzeit des Prüfungsmandats nach Artikel 17 der Verordnung (EU) Nr. 527/2014 nicht eingehalten worden sind.

²Der Antrag ist binnen zwei Wochen nach dem Tag der Wahl des Abschlussprüfers zu stellen; Aktionäre können den Antrag nur stellen, wenn sie gegen die Wahl des Abschlussprüfers bei der Beschlussfassung Widerspruch erklärt haben. ³Wird ein Befangenheitsgrund erst nach der Wahl bekannt oder tritt ein Befangenheitsgrund erst nach der Wahl ein, ist der Antrag binnen zwei Wochen nach dem Tag zu stellen, an dem der Antragsberechtigte Kenntnis von den befangenheitsbegründenden Umständen erlangt hat oder ohne grobe Fahrlässigkeit hätte erlangen müssen. ⁴Stellen Aktionäre den Antrag, so haben sie glaubhaft zu machen, dass sie seit mindestens drei Monaten vor dem Tag der Wahl des Abschlussprüfers Inhaber der Aktien sind. ⁵Zur Glaubhaftmachung genügt die eidesstattliche Versicherung vor einem Notar. ⁶Unterliegt die Gesellschaft einer staatlichen Aufsicht, so kann auch die Aufsichtsbehörde den Antrag stellen. ⁷Der Antrag kann nach Erteilung des Bestätigungsvermerks, im Fall einer Nachtragsprüfung nach § 316 Abs. 3 nach Ergänzung des Bestätigungsvermerks nicht mehr gestellt werden. ⁸Gegen die Entscheidung ist die Beschwerde zulässig.

(4) ¹Ist der Abschlußprüfer bis zum Ablauf des Geschäftsjahrs nicht gewählt worden, so hat das Gericht auf Antrag des gesetzlichen Vertreter, des Aufsichtsrats oder eines Gesellschafters den Abschlußprüfer zu bestellen. ²Gleiches gilt, wenn ein gewählter Abschlußprüfer die Annahme des Prüfungsauftrags abgelehnt hat, weggefallen ist oder am rechtzeitigen Abschluß der Prüfung verhindert ist und ein anderer Abschlußprüfer nicht gewählt worden ist. ³Die gesetzlichen Vertreter sind verpflichtet, den Antrag zu stellen. ⁴Gegen die Entscheidung des Gerichts findet die Beschwerde statt; die Bestellung des Abschlußprüfers ist unanfechtbar.

(5) ¹Der vom Gericht bestellte Abschlußprüfer hat Anspruch auf Ersatz angemessener barer Auslagen und auf Vergütung für seine Tätigkeit. ²Die Auslagen und die Vergütung setzt das Gericht fest. ³Gegen die Entscheidung findet die Beschwerde statt; die Rechtsbeschwerde ist ausgeschlossen. ⁴Aus der rechtskräftigen Entscheidung findet die Zwangsvollstreckung nach der Zivilprozeßordnung statt.

(6) ¹Ein von dem Abschlußprüfer angenommener Prüfungsauftrag kann von dem Abschlußprüfer nur aus wichtigem Grund gekündigt werden. ²Als wichtiger Grund ist es nicht anzusehen, wenn Meinungsverschiedenheiten über den Inhalt des Bestätigungsvermerks, seine Einschränkung oder Versagung bestehen. ³Die Kündigung ist schriftlich zu begründen. ⁴Der Abschlußprüfer hat über das Ergebnis seiner bisherigen Prüfung zu berichten; § 321 ist entsprechend anzuwenden.

(7) ¹Kündigt der Abschlußprüfer den Prüfungsauftrag nach Absatz 6, so haben die gesetzlichen Vertreter die Kündigung dem Aufsichtsrat, der nächsten Hauptversammlung oder bei Gesellschaften mit beschränkter Haftung den Gesellschaftern mitzuteilen. ²Den Bericht des bisherigen Abschlußprüfers haben die gesetzlichen Vertreter unverzüglich dem Aufsichtsrat vorzulegen. ³Jedes Aufsichtsratsmitglied hat das Recht, von dem Bericht Kenntnis zu nehmen. ⁴Der Bericht ist auch jedem Aufsichtsratsmitglied oder, soweit der Aufsichtsrat dies beschlossen hat, den Mitgliedern eines Ausschusses auszuhändigen. ⁵Ist der Prüfungsauftrag vom Aufsichtsrat erteilt worden, oblie-

§ 318 1

gen die Pflichten der gesetzlichen Vertreter dem Aufsichtsrat einschließlich der Unterrichtung der gesetzlichen Vertreter.

(8) **Die Wirtschaftsprüferkammer ist unverzüglich und schriftlich begründet durch den Abschlussprüfer und die gesetzlichen Vertreter der geprüften Gesellschaft von der Kündigung oder dem Widerruf des Prüfungsauftrages zu unterrichten.**

Übersicht

	Rn
1) Wahl des Abschlussprüfers (I)	1–4
2) Pflichtrotation (Ia)	5–6
3) Verbot von Vertragsklauseln zur Beeinflussung der Prüferwahl (Ib)	7
4) Konzernabschlussprüfer (II)	8
5) Gerichtliche Ersetzung des Abschlussprüfers (III)	9–15
A. Voraussetzungen des III	9–11
B. Verfahren nach III	12–15
6) Gerichtliche Bestellung des Abschlussprüfers (IV)	16
7) Rechtsstellung des gerichtlich bestellten Abschlussprüfers (V)	17
8) Kündigung durch den Abschlussprüfer (VI), einvernehmliche Vertragsaufhebung	18
9) Bericht des kündigenden Abschlussprüfers (VII)	19
10) Unterrichtung der Wirtschaftsprüferkammer (VIII)	20

1) Wahl des Abschlussprüfers (I)

1 § 318 III 1, VIII idF BilMoG, **Übergangsrecht (1)** EGHGB Art 66 II, V. Nach **I 1 wählen die Gfter** (Gfter der MutterUnt, § 290 I; der GfterGeschäftsführer kann mitstimmen, ADS 118) den Abschlussprüfer des Jahres(Konzern)abschlusses, in der AG **auf Vorschlag allein** des **Aufsichtsrats** (§ 124 III 1 AktG); das ist außer bei der GmbH, OHG und KG iSv § 264a (Satzungsautonomie) zwingend **(I 2)**; bei AG verstößt gemeinsamer oder auch nur gleich lautender Vorschlag von Aufsichtsrat und Vorstand gegen § 124 III 1 AktG (Verhinderung der Beeinflussung bei der Auswahl der Prüfer durch Vorstand), darauf ergehender Beschluss der Hauptversammlung ist anfechtbar, BGH **153**, 32 (Hypo-Vereinsbank, HVB). Vorherige Zustimmung (pre-approval) des Prüfungsausschusses des Aufsichtsrats ist international üblich und entspricht guter Corporate Governance (Überbl 6 vor § 316). Wahl zwingend jeweils nur für ein Jahr, aber Wiederwahl ist zulässig, Naumbg OLGR **05**, 275, und allgemein üblich (Rotation s § 319a Rn 7), längere Bestellperiode wäre sinnvoll, AKBR BB **15**, 555; Hommelhoff/Lanfermann FS Haarmann **15**, 73. Bei GmbH (nur durch **Satzung**) können einzelne Gfter (auch MehrheitsGfter), GfterAusschuss, Aufsichtsrat, Beirat oder Dritter zuständig sein, Staub/Habersack/Schürnbrand 7, ADS 118, aA, wenn der MehrheitsGfter zugleich GmbH-Geschäftsführer ist, Lu/Ho Anh § 42 Rn 16, ADS 118. Sondervorschriften in § 30 I AktG (erstes Voll- oder Rumpfgeschäftsjahr), § 6 III PublG, § 28 KWG, § 58 VAG. Zusätzliche persönliche Anforderungen an den Abschlussprüfer durch Satzung sind auch über I 2 hinaus analog § 100 IV AktG (für Aufsichtsratsmitglieder) zulässig. Doch muss eine echte Wahl möglich bleiben. Der Aufsichtsrat prüft vor Unterbreitung des Wahlvorschlags die Auswahlvoraussetzungen (§ 319 I) und Eignung des vorgesehenen Prüfers und insbesondere auch seine Unabhängigkeit (§§ 319 II, III, 319a) und holt bei Befolgung des Deutschen Corporate Governance Kodex eine Unabhängigkeitserklärung ein (§ 319 Rn 13). **I 3** ist eine Sollvorschrift zum Zeitpunkt der Wahl; s dazu IV. **I 4** idF KonTraG 1998 betrifft die **Erteilung des Prüfungsauftrags.** Diese war bis zum KonTraG Vollzug der Wahl ohne eigene Entscheidungsbefugnis des zuständigen Organs, in der AG hat aber der Aufsichts-

2. Abschnitt. Ergänzende Vorschriften für Kapitalgesellschaften 2–4 § 318

rat, dessen Partner der Abschlussprüfer ist (§ 111 II 3 AktG), nach I 4 eine gewisse Gestaltungsmöglichkeit, zB Festlegung besonderer Prüfungsschwerpunkte oder zusätzlicher Prüfungsgegenstände und kann dadurch seine Überwachungstätigkeit intensivieren, also den Prüfungsauftrag erweitern, nicht aber einschränken, Staub/Habersack/Schürnbrand 26, ADS 173. Er kann die Erteilung auch auf den Prüfungsausschuss delegieren (§ 107 III 3 AktG), üL, GK/Marsch-Barner 3, str. Der Wirtschaftsprüfer kann frei und ohne Begründung (anders nach LG Kln DB **92**, 265 bei Ablehnung wegen Bestehens von Hinderungsgründen, str) ablehnen (aber unverzüglich, sonst Schadensersatz, **(2c)** § 51 WPO, § 663 S 1 BGB). Bestellung von mehr als einem Abschlussprüfer **(Gemeinschaftsprüfung, Joint Audit)** ist möglich, liegt aber nicht schon vor, wenn ein namentlich benannter und gewählter Abschlussprüfer einer Sozietät angehört; zur Gemeinschaftsprüfung s § 317 Rn 6. Der Prüfungsauftrag umfasst auch eine Nachtragsprüfung (§ 316 III, dort Rn 4), BGH WM **91**, 1952. Lit Me/Pro/Fi Kap 17 Tz 48 ff; IDW PS 220, PS 450 Tz 21 ff; Bormann BB **02**, 190; Deckenbrock BB **02**, 2453 (Interessenkonflikte); Ebke FS Immenga **04**, 517; Kompenhans/Buhleier/Splinter WPg **13**, 59 (Festlegung der Prüfungsschwerpunkte).

Erst mit Annahme wird der Wirtschaftsprüfer zum **Abschlussprüfer** der KapitalGes. Der Abschlussprüfer ist **nicht Organ** der KapitalGes, BayObLG WM **87**, 1365; Düss NZG **06**, 759, MüKo/Ebke § 316 Rn 33; Ebke in Hopt/Wymeersch, Capital Markets and Company Law 2003, 182 (rvgl); aA BGH **16**, 25; WM **80**, 527, auch keine bloße Hilfsperson des Aufsichtsrats (aber Zusammenarbeit mit ihm, Einl 7 v § 316), MüKo/Ebke 34, sondern außenstehende Kontrollinstanz mit öff Funktion, str (vgl § 317 Rn 1), auch Hellgardt, Kapitalmarktdeliktsrecht, S 304: gatekeeper-Funktion, vgl für die USA: public watch dog, MüKo/Ebke 37 f). Konsequent ist es dann, zwischen dem **schuldrechtlichen Prüfungsvertrag** (s Rn 3) und der **korporationsrechtlichen Bestellung** zu unterscheiden, letztere wird von der Unwirksamkeit des ersteren nicht unmittelbar berührt, was ua Folgen für die Verantwortlichkeit hat (§ 323 Rn 1), zutr Staub/Habersack/Schürnbrand 1. 2

Der dem Prüfungsauftrag zugrunde liegende (str, Baumb/Hueck/Schultze-Osterloh 85) **Prüfungsvertrag** zwischen Abschlussprüfer und KapitalGes ist Geschäftsbesorgungsvertrag mit **Werkvertrags**charakter (§§ 675, 631 BGB), also Werkvertragsgewährleistung, BGH NJW **00**, 1107; Staub/Habersack/Schürnbrand 26, str (aA Dienstvertrag, aber wegen gesetzlicher Typisierung kaum relevant), der uU vorausgegangene Beratervertrag ein Dienstvertrag (§§ 675, 611 BGB); überlagert jeweils von den Allgemeinen Auftragsbedingungen (s **(2b)** AGB-WP nF 1.1.02 mit Nr 9 Haftungsbegrenzung gemäß **(2a)** § 54a I WPO, Fassung 21.8.02), die ihrerseits der **AGB-Inhaltskontrolle** nach **(5)** §§ 307 ff BGB unterliegen, Brandner ZIP **84**, 1186, JZ **85**, 757; Hopt FS Pleyer **86**, 367; Ho/Li/Pf/Hau/Stoffels Ahn § 310 R 1 ff; Graf v Westphalen/Schäfer 2; näher **(2b)** AGB-WP Einl 2 vor Nr 1; s auch § 323 Rn 11. Anspruch auf Erteilung des Bestätigungsvermerks, wenn keine Einwendungen zu erheben sind (§ 322 Rn 7). Zur Einbeziehung Dritter in den Schutzbereich des Prüfungsvertrags § 323 Rn 8. Vertrag mit Wirtschaftsprüfer über interne Revision ist Dienstvertrag (§§ 675, 631, 627 I BGB), BGH NJW **11**, 3575. 3

Der (erteilte und angenommene) Prüfungsauftrag (die Bestellung, Staub/Habersack/Schürnbrand 34) kann nach **I 5** von der KapitalGes nur nach gerichtlicher Bestellung eines anderen Prüfers nach III (und ggf IV) **widerrufen** werden, Grund: Verhinderung einer Abschlussprüferlosigkeit, LG Mü I AG **00**, 235 (Hypo-Vereinsbank, HVB), sowie Stärkung der Unabhängigkeit des Prüfers. Widerruf ist Sonderfall der Kündigung aus wichtigem Grund, Düss ZIP **96**, 1041. Wichtiger Grund ist insbesondere ein Ausschlussgrund nach §§ 319 II-5, 319a und 319b (s III). Kündigung durch den Abschlussprüfer nur bei wichtigem 4

Merkt 1277

§ 318 5–8 3. Buch. Handelsbücher

Grund, s VI, ebenso einvernehmliche Vertragsaufhebung, s Rn 18. Bei nur satzungsmäßigen Prüfungen gilt I 5 (und VI) nicht; doch kann Widerruf ohne berechtigten Grund treuwidriges GfterVerhalten sein, BGH WM **91**, 1951.

2) Pflichtrotation (Ia)

5 § 318 wurde infolge der nunmehr aufgrund von Art 17 EU-AbschlussprüfungsVO 2014 für Unternehmen von öff Interesse verpflichtenden externen Rotation durch das AReG um **Ia** ergänzt (**Übergangsrecht** in (1) EGHGB Art 79). Die mit Art 17 IV VO eröffneten Möglichkeiten zur Ausdehnung der Rotationsfristen sollen für kapitalmarktorientierte Unternehmen, die keine Kreditinstitute oder Versicherungen sind, vollumfänglich genutzt werden. Solche Unternehmen können danach maximale Mandatsdauer individuell verlängern, indem sie entweder eine Ausschreibung gem Art. 16 II-VO machen oder mehrere Prüfer für gemeinsame Prüfung (Joint Audit) bestellen. Grund für Ausnutzung der Fristausdehnung: externe Rotation birgt Gefahr des Informationsverlusts mit negativen Folgen für die Prüfungsqualität (Begr RegE 45). Wegen der besonderen Bedeutung von Kreditinstituten und Versicherungen für den Kapitalmarkt wurden für sie Sonderregeln geschaffen (§§ 340k I 1, 341k I 2); **Lit** Merkt ZHR 179 **(15)** 601 (Reform 2014/16); Bode BB **16**, 1707 (Auswahlverfahren); Bürkle VersR **16**, 1145; Kelm/Schmitz-Herkendell DB **16**, 2365 (IDW-Positionspapier); Petersen/Zwirner/Boecker DStR **16**, 984; Quick DB **16**, 1205; Velte DStR **16**, 1944 (externe Rotation); Velte/Stawinoga StuB **16**, 297.

6 Nach Ia 1 verlängert sich die in Art 17 I UAbs 1 VO vorgegebene 10-jährige Höchstlaufzeit für ein Mandat um weitere 20 Jahre, wenn der Wahl für das achte Geschäftsjahr in Folge, auf das sich die Prüfertätigkeit erstreckt, ein gem. Art 16 II-V VO durchgeführtes Auswahlverfahren vorausgeht. Vorgaben der VO zur Prüferbestellung müssen dabei nur für das elfte Jahr erfüllt sein. Nach **Ia 2** verlängert sich die Höchstlaufzeit auf 24 Jahre, wenn spätestens ab dem elften Geschäftsjahr in Folge, auf das sich die Prüfertätigkeit bezieht, ein Joint Audit vorliegt. Keine Bedeutung hat insoweit, ob schon früher Joint Audits stattgefunden haben. Entscheidend ist nur, ob ab dem elften Jahr ununterbrochen ein Joint Audit stattfand. Anderenfalls ist der Prüfer zu wechseln. Dadurch soll Anreiz für Joint Audits gesetzt und es soll kleineren WP-Ges der Marktzutritt erleichtert werden, RegE 46. Anders als nach I 1 muss bei der Bestellung nach I 2 nicht den Verfahrensanforderungen des Art 16 VO entsprochen werden.

3) Verbot von Vertragsklauseln zur Beeinflussung der Prüferwahl (Ib)

7 Der mit dem AReG eingefügte **Ib** (**Übergangsrecht** in (1) EGHGB Art 79) setzt Art 37 III EU-AbschlussprüfungsRi 2014 um. Die an Unternehmen v öff Interesse gerichtete inhaltsgleiche Vorschrift in Art 16 VI VO gilt bereits unmittelbar. Die Regelung verbietet Vertragsklauseln, die ein Dritter mit dem geprüften Unternehmen vereinbart, um die Auswahl des Prüfers zu beeinflussen. Erfasst wird der Prüfer des Einzel- (§ 318 I 1 Hs 1) ebenso wie des Konzernabschlusses (§ 318 I 1 Hs 2). Eine Ausnahme vom Gleichlauf des Ib mit der VO für Unternehmen v öff Interesse bildet die Mitteilungspflicht gegenüber der Aufsicht nach Art 16 VI UAbs 2 VO. Allerdings steht es sonstigen Unternehmen frei, sich an die Aufsichtsbehörde zu wenden (AReG Begr RegE 46). **Lit** Petersen/Zwirner/Boecker DStR **16**, 984.

4) Konzernabschlussprüfer (II)

8 Auch die Wahl des Konzernabschlussprüfers erfolgt nach I 1 (s Hs 2). Unterbleibt diese, greift II (entspr § 336 I 2, 3 aF AktG) ein. Der Jahresabschlussprüfer des MutterUnt wird auch ihr Konzernabschlussprüfer.

5) Gerichtliche Ersetzung des Abschlussprüfers (III)

A. Voraussetzungen des III: III idF BilMoG 2009. Die gerichtliche Ersetzung beseitigt die rechtliche Stellung als Abschlussprüfer, davon zu unterscheiden ist Widerruf des Prüfungsauftrags (s Rn 4). Sie ist nur zulässig bei gesetzlich vorgeschriebenen Prüfungen (freiwillige Prüfung s § 316 Rn 5) und wenn sie aus einem **in der Person des gewählten Abschlussprüfers liegenden Grund** geboten ist. Bsp: fehlende Qualifikation, aber nicht schon ohne weiteres fehlerhafte Vornahme früherer Prüfungen, jedenfalls nicht bei Selbstaufdeckung, im Einzelfall anders bei Vertuschungsgefahr, MüKo/Ebke 58, str; anhängiger oder drohender Rechtsstreit zwischen dem Abschlussprüfer und der Ges, aber nicht schon bloße Meinungsverschiedenheit über die Prüfung betreffende Fragen; frühere gutachterliche Tätigkeit mit Auswirkung auf den Jahres- oder Konzernabschluss, Hbg BB **92**, 1533; Überlastung und ungenügende Ausstattung nur, wenn nicht behebbar, MüKo/Ebke 62; schwerer Vertrauensbruch; **insbesondere aber ein Ausschlussgrund nach §§ 319 II–V, 319a** (letzteres idF BilReG) **und 319b** (dies idF BilMoG, Erstreckung auf einem Netzwerk angehörige Abschlussprüfer. **Übergangsrecht: (1)** EGHGB Art 66 V). Bspe schon vor BilReG: wenn der Abschlussprüfer eines verschmolzenen Unternehmens zuvor ein Verschmelzungswertgutachten erstellt hat, aus dessen mangelhafter Erstellung erheblicher Berichtigungsbedarf resultiert, BGH **153**, 32 (Hypo-Vereinsbank, HVB). Dafür können im Einzelfall auch schon Mandate der KapGes an die AbschlussprüferGes zur laufenden steuerlichen und wirtschaftsrechtlichen Beratung oder an deren Vorstand in seiner Eigenschaft als Rechtsanwalt genügen, üL im Gesellschaftsrecht, aA BayObLG WM **87**, 1361, ADS 367, auch wenn sie nicht die Intensität von § 319a I Nr 2 erreichen (III 1 „insbesondere"), aA wohl Baumb/Hueck/ Schulze-Osterloh 118, §§ 319 III, 319a sperren nicht, Besorgnis der Befangenheit (§ 319 II) kann trotzdem vorliegen.

Mit den durch das AReG vorgenommenen (Überbl 9 vor § 316, Übergangsregelung in (1) EGHGB Art 79) Änderungen in III werden die nach Art 38 III der EU-AbschlussprüfungsRi 2014 geltenden **Vorgaben zum Antrag auf Abberufung des Prüfers** umgesetzt. Diese Vorgaben gelten nur für Unternehmen v öff Interesse. Der Anwendungsbereich von III bleibt jedoch unberührt. Die bestehende Rechtslage bleibt nach Art 1 Nr 31 der EU-AbschlussprüfungsRi 2014 aufrechterhalten (Grundsatz der Mindestharmonisierung). Verändert werden allerdings die Voraussetzungen für einen von Gesellschafterseite gestellten Antrag. Für einen zulässigen Antrag soll zukünftig erforderlich sein, dass die Anteile der antragstellenden Gesellschafter zusammen 5 % des Grundkapitals erreichen. Dabei werden Anteile an Stimmrechten den Anteilen am Grundkapital gleichgesetzt. Beibehalten wird die Alternative des Erreichens eines Börsenwertes von 500 000 €. Insofern wird von der Möglichkeit Gebrauch gemacht, den Gftern weitergehende Antragsrecht einzuräumen.

Nach Art 38 III der EU-AbschlussprüfungsRi 2014 ist Anteilseignern, die mindestens 5 % der Stimmrechte oder des Grundkapitals halten, das Recht einzuräumen, vor einem nationalen Gericht die Abberufung des Prüfers zu beantragen, falls triftige Gründe vorliegen. Eine EU-rechtliche Konkretisierung der triftigen Gründe fehlt. Diese Lücke schließt III 1, indem er bestimmt, dass nur ein in der Person des gewählten Prüfers liegender Grund zur gerichtlichen Bestellung eines anderen Prüfers führen kann. Als Beispiele werden die Ausschlussgründe nach § 319 II-V sowie §§ 319a, 319b genannt. Näheres zur Antragstellung regeln III 2 Hs 2 und 4 sowie 5. Lit Petersen/Zwirner/Boecker DStR **16**, 984; Schürnbrand AG **16**, 70 (Rechtsfolgen bei Verstoß gegen Art 16).

B. Verfahren nach III: Das Ersetzungsverfahren war bereits vor dem BilReG unabhängig von einer Anfechtungsklage gegen den Wahlbeschluss der Hauptversammlung (§§ 243 ff AktG), BGH **153**, 32 (Hypo-Vereinsbank, HVB), str, aA

§ 318 13–16

MüKo/Ebke (1. Aufl) 54. Ab 1.1.05 (**Übergangsrecht:** § 17 EGAktG idF BilReG) ist es **nicht mehr** möglich, **Anfechtungs- und Nichtigkeitsklagen** auf Gründe zu stützen, die ein Verfahren nach § 318 III HGB rechtfertigen (§§ 243 III Nr 2, 249 I 1 AktG idF BilReG, auch nach Änderung des § 249 I 1 AktG durch UMAG, mangelnde Verweisung ist Redaktionsversehen, MüKo/Ebke 52, hL), Mü WM **09**, 265. Das ist eine im Interesse des Rechtsverkehrs und aller Beteiligten begrüßenswerte, rechtssicherere Konzentration auf ein einziges Verfahren.

13 Das Gericht (AG, s § 23a GVG idF FGG-RR, **(3)** FamFG §§ 374 ff, Richter § 17 Nr 2a RPflG) wird **nur auf Antrag** tätig, Verfahren nach FamFG, Auswahlermessen des Gerichts ohne Bindung an die Anträge der Parteien. **Antragsberechtigung** wie nach III 1, kein Antragsrecht des Abschlussprüfers selbst, allgM; auch der Aufsichtsbehörde nach III 6 (unabhängig davon Rechte nach § 28 KWG, § 58 VAG). Antragsrecht **von Aktionären** s III 1, 2, 3, 4; der Schwellenwert ist auf 5% des Grundkapitals oder 500 000 Euro Börsenwert herabgesetzt (III 1 idF BilReG, vgl § 122 AktG; zum Börsenwert s §§ 5, 6 WpÜG-AngebotsVO); mehrere Aktionäre können sich zur Erreichung des Schwellenwerts zusammenschließen (RegE). Bei Legitimationsübertragung (§ 129 III AktG) ist nur der Legitimationsaktionär (§ 185 BGB) antragsberechtigt, BayObLG WM **87**, 1363. In der **Insolvenz** Neubestellung durch das Gericht auf Antrag des Insolvenzverwalters, vor der Eröffnung des Verfahrens bereits Bestellter bleibt im Amt (§ 155 III 1, 2 InsO). Abberufung durch den Insolvenzverwalter nicht nach § 155 InsO (klarer Wortlaut), aber nach § 318 III, Klerx ZIP **03**, 944; offen Ffm ZIP **04**, 286, für § 115 InsO, soweit nicht § 155 III 2 InsO vorliegt, Dresd ZIP **09**, 2458, für mindestens subsidiäre Zuständigkeit des Insolvenzverwalters auch bei dem vor Insolvenz bestellten Prüfer entspr III samt Frist Ebke FS Hopt **10**, 579, vgl auch Staub/Habersack/Schürnbrand 49; Kaiser/Berbuer ZIP **17**, 161.

14 **Antragsfrist:** zwei Wochen nach der Wahl (III 2), **Ausschlussfrist** bei Bekanntwerden oder Eintritt von **Befangenheitsgrund erst nach der Wahl** (möglich nach §§ 319 III, 319a): zwei Wochen nach Kenntnis und grob fahrlässiger Unkenntnis von den befangenheitsbegründenden Umständen (III 3 nF BilReG). Materiell **verfahrensbeteiligt** sind der gewählte und bereits beauftragte Prüfer, der Antragsteller und die Ges, dagegen nicht Aufsichtsrat und Gfter, wenn sie nicht Antragsteller sind, BayObLG WM **87**, 1361. Rechtsmittel: Beschwerde (III 8). Nach Erteilung des Bestätigungsvermerks Erledigung in der Hauptsache, § 146 AktG gilt nicht analog, BayObLG AG **03**, 94, dw.

15 **Spätere Wahl** lässt den Antrag unbegründet werden; sie ist unwirksam, wenn der gerichtliche **Ersetzungsbeschluss** bereits ergangen ist. Nach der Wahl erfolgender Ersetzungsbeschluss ist mangels Zuständigkeit nichtig, Baumb/Hueck/Schulze-Osterloh 93, str. Der gerichtliche Ersetzungsbeschluss gestaltet die Rechtslage **ex nunc** (anders früher Anfechtungsklage). Die Wahl des Abschlussprüfers und seine bis zum Ersetzungsbeschluss vorgenommenen Prüfungshandlungen bleiben deshalb grundsätzlich wirksam. Nach Erteilung des Bestätigungsvermerks bzw seiner Ergänzung (§ 316 III) kann deshalb ein Antrag auf Ersetzung nicht mehr gestellt werden (III 7 idF BilReG), ebenso schon Düss ZIP **96**, 1040. **Übergangsrecht** in **(1)** EGHGB Art 58 III 3. **Lit** Gelhausen/Kuss NZG **02**, 292; Marx ZGR **02**, 292; ders DB **03**, 431; Lutter JZ **03**, 566; Ebke FS Röhricht **05**, 833 (HVB).

6) Gerichtliche Bestellung des Abschlussprüfers (IV)

16 IV sieht gerichtliche Bestellung auf Antrag vor, wenn anders als nach III bis zum Ablauf des Geschäftsjahrs kein wirksam bestellter Abschlussprüfer da ist: zB wegen nicht rechtzeitiger Wahl entgegen I 3 (IV 1); Nichtannahme des Prüfungsauftrags nach I 4, Wegfall (durch Kündigung VI, Tod ua, nicht durch Umwand-

lung und Gesamtrechtsnachfolge, LG Mü AG **12**, 386) oder Verhinderung am rechtzeitigen Prüfungsabschluss (Zeitmangel, Krankheit ua) und nicht rechtzeitige Ersatzwahl (IV 2); auch nichtige Wahl, Ffm ZIP **04**, 1114, Grund: sonst Nichtigkeit des festgestellten Jahresabschlusses (§ 256 I Nr 3 AktG), Heilung erst nach § 256 VI AktG. IV gilt entspr bei laufender Anfechtungsklage gegen den Prüfer, dann ist auf Antrag Bestellung eines zusätzlichen Prüfers möglich (unabhängige, doppelte Prüfung), Lutter FS Semler **93**, 835, bei nicht in der Person des Prüfers liegenden Gründen auch nochmalige Bestellung desselben Prüfers, von Falkenhausen/Kocher ZIP **05**, 602. IV gilt nicht für Prüfer nur kraft Satzung, BGH WM **91**, 1951. Gericht und Verfahren s Rn 9. Antragspflicht der gesetzlichen Vertreter (IV 3), Antragsrecht (anders als nach III) auch eines einzelnen Aktionärs (IV 1). Rechtsmittel der Beschwerde nur gegen Ablehnung der Bestellung (IV 4), aber Rechtsbeschwerde zulässig, wenn Beschwerdegericht die registergerichtliche Bestellung des Abschlussprüfers aufgehoben hat, Kln NJW-RR **00**, 844. Bestellung ist dagegen unanfechtbar (IV 3 Halbs 2), Düss WM **98**, 2021. Während des schwebenden Verfahrens kann vorsorglich ein anderer Abschlussprüfer bestellt werden, AG Wolfsburg AG **92**, 205; zust GK/Marsch-Barner 11; zweifelnd MüKo/Ebke 77; Henrichs WPg **17**, 482 (analoge Anwendung bei anhängiger Anfechtungsklage).

7) Rechtsstellung des gerichtlich bestellten Abschlussprüfers (V)

Die gerichtliche Bestellung bedarf der Annahme des Prüfers (vgl I 4), die der Gesellschaft, nicht dem Gericht gegenüber zu erklären ist, str. Der Prüfer hat dann mangels anderer Vergütungsvereinbarung mit der KapitalGes Vergütungsanspruch nach V 1 und rasche Durchsetzungsmöglichkeit nach V 3. **17**

8) Kündigung durch den Abschlussprüfer (VI), einvernehmliche Vertragsaufhebung

A. Kündigung durch den Abschlussprüfer: Dieser kann **nur aus wichtigem Grund kündigen** (VI 1), zB nachträgliches Eintreten von Ausschlussgründen nach § 319 II–IV, in äußersten Fällen schwerwiegende persönliche Differenzen zwischen Abschlussprüfer und GesOrganen, etwa bei Täuschung(sversuch) oder kriminellen Machenschaften, MüKo/Ebke 86, str. Dagegen genügen nicht schon Meinungsverschiedenheiten über den Bestätigungsvermerk (VI 2); auch nicht Verletzung von Auskunftspflichten (§ 320 II), MüKo/Ebke 86, str, dann vielmehr Nichterteilungsvermerk (§ 322 V 1, 1 Nr 4) oder je nach Schwere sogar Einschränkung oder Versagung des Bestätigungsvermerks. Der Abschlussprüfer muss die Kündigung schriftlich begründen und über das Ergebnis seiner bisherigen Prüfung berichten (VI 3, 4). Damit wird die Stellung des Abschlussprüfers gegenüber der KapitalGes gestärkt und verhindert, dass Probleme bei der KapitalGes einfach durch einverständliche Kündigung unterdrückt werden oder dass der Prüfer unter Umgehung einer gerichtlichen Entscheidung zum Schutz seines Rufes einfach von sich aus kündigt, RegE. Die Bezugnahme auf § 321 in VI 4 Halbs 2 bedeutet, dass der Bericht in Prüfungsberichtsform erstattet werden muss (wie in § 320 IV Hs 2). Zur Berichterstattung bei Kündigung von Prüfungsaufträgen IDW PS 450 Tz 150 ff. **18**

B. Einvernehmliche Vertragsaufhebung: Diese ist ebenfalls nur unter den Voraussetzungen des VI zulässig, sonst könnte VI leicht umgangen werden, MüKo/Ebke 36; Staub/Habersack/Schürnbrand 34; str. Widerruf durch die Ges s Rn 4.

9) Bericht des kündigenden Abschlussprüfers (VII)

VII ergänzt VI durch Mitteilungs- und Vorlagepflichten an Aufsichtsrat und Gfter. VII 4, 5 idF KonTraG 1998. Mitzuteilen ist nur die Kündigung als solche, nicht die Begr, str. Der Bericht ist, wenn der Aufsichtsrat nichts anderes beschlos- **19**

§ 319

3. Buch. Handelsbücher

sen hat, jedem Aufsichtsratsmitglied auszuhändigen; der Aufsichtsrat kann die Aushändigung aber auf Mitglieder eines Ausschusses beschränken (VII 4). VII trägt der Verantwortung des einzelnen Aufsichtsratsmitglieds nach § 111 AktG Rechnung.

10) Unterrichtung der Wirtschaftsprüferkammer (VIII)

20 VIII nF BilMoG soll verhindern, dass das geprüfte Unternehmen und der Abschlussprüfer sich während der Laufzeit des Prüfungsvertrags von der öff Aufsichtsinstanz, also der für die Berufsaufsicht zuständigen WPK, unbemerkt trennen. Eine solche, in der Praxis sehr seltene Trennung liegt bei Meinungsverschiedenheiten der beiden nahe und ist deshalb nur sehr eingeschränkt zulässig, nämlich durch Widerruf (I 5, III, s Rn 4, 6) und durch Kündigung aus wichtigem Grund, wozu solche Meinungsverschiedenheiten gerade nicht gehören (VI 1, 2, s Rn 18). Die WPK ist unverzüglich (ohne schuldhaftes Zögern, § 121 I 1 BGB) und schriftlich begründet durch den Abschlussprüfer und die gesetzlichen Vertreter der geprüften Ges von der Kündigung oder dem Widerruf des Prüfungsauftrags zu unterrichten, jeweils eigene Schreiben sind aber nicht notwendig, auch übereinstimmender, von beiden unterzeichneter Text genügt, MüKo/Ebke 95. Die Begründung muss insbesondere die für die Trennung maßgebenden Gründe angeben und im Übrigen so konkret sein, dass die WPK hinreichend prüfen kann. Zur Unterrichtung sind beide Parteien verpflichtet, damit die WPK die Zulässigkeit der Trennung in Würdigung beider Standpunkte prüfen kann.
Lit Petersen/Zwirner WPg **08**, 971.

Auswahl der Abschlussprüfer und Ausschlussgründe

319 (1) ¹Abschlussprüfer können Wirtschaftsprüfer und Wirtschaftsprüfungsgesellschaften sein. ²Abschlussprüfer von Jahresabschlüssen und Lageberichten mittelgroßer Gesellschaften mit beschränkter Haftung (§ 267 Abs. 2) oder von mittelgroßen Personenhandelsgesellschaften im Sinne des § 264a Abs. 1 können auch vereidigte Buchprüfer und Buchprüfungsgesellschaften sein. ³Die Abschlussprüfer nach den Sätzen 1 und 2 müssen über einen Auszug aus dem Berufsregister verfügen, aus dem sich ergibt, dass die Eintragung nach § 38 Nummer 1 Buchstabe h oder Nummer 2 Buchstabe f der Wirtschaftsprüferordnung vorgenommen worden ist; Abschlussprüfer, die erstmalig eine gesetzlich vorgeschriebene Abschlussprüfung nach § 316 des Handelsgesetzbuchs durchführen, müssen spätestens sechs Wochen nach Annahme eines Prüfungsauftrages über den Auszug aus dem Berufsregister verfügen. ⁴Die Abschlussprüfer sind während einer laufenden Abschlussprüfung verpflichtet, eine Löschung der Eintragung unverzüglich gegenüber der Gesellschaft anzuzeigen.

(2) Ein Wirtschaftsprüfer oder vereidigter Buchprüfer ist als Abschlussprüfer ausgeschlossen, wenn während des Geschäftsjahres, für dessen Schluss der zu prüfende Jahresabschluss aufgestellt wird, oder während der Abschlussprüfung Gründe, insbesondere Beziehungen geschäftlicher, finanzieller oder persönlicher Art, vorliegen, nach denen die Besorgnis der Befangenheit besteht.

(3) ¹Ein Wirtschaftsprüfer oder vereidigter Buchprüfer ist insbesondere von der Abschlussprüfung ausgeschlossen, wenn er oder eine Person, mit der er seinen Beruf gemeinsam ausübt,

1. Anteile oder andere nicht nur unwesentliche finanzielle Interessen an der zu prüfenden Kapitalgesellschaft oder eine Beteiligung an einem Unternehmen besitzt, das mit der zu prüfenden Kapitalgesellschaft verbunden ist oder von dieser mehr als zwanzig vom Hundert der Anteile besitzt;

2. Abschnitt. Ergänzende Vorschriften für Kapitalgesellschaften § 319

2. gesetzlicher Vertreter, Mitglied des Aufsichtsrats oder Arbeitnehmer der zu prüfenden Kapitalgesellschaft oder eines Unternehmens ist, das mit der zu prüfenden Kapitalgesellschaft verbunden ist oder von dieser mehr als zwanzig vom Hundert der Anteile besitzt;
3. über die Prüfungstätigkeit hinaus bei der zu prüfenden oder für die zu prüfende Kapitalgesellschaft in dem zu prüfenden Geschäftsjahr oder bis zur Erteilung des Bestätigungsvermerks
   a) bei der Führung der Bücher oder der Aufstellung des zu prüfenden Jahresabschlusses mitgewirkt hat,
   b) bei der Durchführung der internen Revision in verantwortlicher Position mitgewirkt hat,
   c) Unternehmensleitungs- oder Finanzdienstleistungen erbracht hat oder
   d) eigenständige versicherungsmathematische oder Bewertungsleistungen erbracht hat, die sich auf den zu prüfenden Jahresabschluss nicht nur unwesentlich auswirken,
   sofern diese Tätigkeiten nicht von untergeordneter Bedeutung sind; dies gilt auch, wenn eine dieser Tätigkeiten von einem Unternehmen für die zu prüfende Kapitalgesellschaft ausgeübt wird, bei dem der Wirtschaftsprüfer oder vereidigte Buchprüfer gesetzlicher Vertreter, Arbeitnehmer, Mitglied des Aufsichtsrats oder Gesellschafter, der mehr als zwanzig vom Hundert der den Gesellschaftern zustehenden Stimmrechte besitzt, ist;
4. bei der Prüfung eine Person beschäftigt, die nach den Nummern 1 bis 3 nicht Abschlussprüfer sein darf;
5. in den letzten fünf Jahren jeweils mehr als dreißig vom Hundert der Gesamteinnahmen aus seiner beruflichen Tätigkeit von der zu prüfenden Kapitalgesellschaft und von Unternehmen, an denen die zu prüfende Kapitalgesellschaft mehr als zwanzig vom Hundert der Anteile besitzt, bezogen hat und dies auch im laufenden Geschäftsjahr zu erwarten ist; zur Vermeidung von Härtefällen kann die Wirtschaftsprüferkammer befristete Ausnahmegenehmigungen erteilen.

[2] Dies gilt auch, wenn der Ehegatte oder der Lebenspartner einen Ausschlussgrund nach Satz 1 Nr. 1, 2 oder 3 erfüllt.

(4) [1] Wirtschaftsprüfungsgesellschaften und Buchprüfungsgesellschaften sind von der Abschlussprüfung ausgeschlossen, wenn sie selbst, einer ihrer gesetzlichen Vertreter, ein Gesellschafter, der mehr als zwanzig vom Hundert der den Gesellschaftern zustehenden Stimmrechte besitzt, ein verbundenes Unternehmen, ein bei der Prüfung in verantwortlicher Position beschäftigter Gesellschafter oder eine andere von ihr beschäftigte Person, die das Ergebnis der Prüfung beeinflussen kann, nach Absatz 2 oder Absatz 3 ausgeschlossen sind. [2] Satz 1 gilt auch, wenn ein Mitglied des Aufsichtsrats nach Absatz 3 Satz 1 Nr. 2 ausgeschlossen ist oder wenn mehrere Gesellschafter, die zusammen mehr als zwanzig vom Hundert der den Gesellschaftern zustehenden Stimmrechte besitzen, jeweils einzeln oder zusammen nach Absatz 2 oder Absatz 3 ausgeschlossen sind.

(5) Absatz 1 Satz 3 sowie die Absätze 2 bis 4 sind auf den Abschlussprüfer des Konzernabschlusses entsprechend anzuwenden.

Übersicht

	Rn
1) Allgemeine Abschlussprüferfähigkeit, Auswahlvoraussetzungen (I)	1–3
A. Allgemeine Abschlussprüferfähigkeit (I 1, 2)	1
B. Qualitätskontrolle (I 3)	2
C. Rechtsfolgen bei Verstoß gegen I	3

Merkt

§ 319 1, 2   3. Buch. Handelsbücher

Rn

   2) Ausschluss von Wirtschaftsprüfern und vereidigten Buchprüfern bei Gründen für Besorgnis der Befangenheit (II, Generalklausel) 4–13
     A. Unabhängigkeit der Abschlussprüfer 4
     B. Keine generelle Trennung von Prüfung und Beratung.. 5
     C. II im Verhältnis zu III, §§ 319a, 318 III 6
     D. Mögliche Gründe für Besorgnis der Befangenheit 7
     E. Offenlegung 12
     F. Unabhängigkeitserklärung 13
   3) Ausschlussgründe für Wirtschaftsprüfer und vereidigte Buchprüfer (III) 14–26
     A. Konkretisierung der Generalklausel des II (III) 14
     B. Direkte oder indirekte Beteiligung (III 1 Nr 1) 17
     C. Personelle Verflechtung (III 1 Nr 2) 18
     D. Selbstprüfung (III 1 Nr 3) 19
     E. Zwischenschaltung von Arbeitnehmern (III 1 Nr 4) ... 24
     F. Finanzielle Abhängigkeit (III 1 Nr 5) 25
     G. Enge familiäre Beziehung (III 2) 26
   4) Ausschlussgründe für Wirtschafts(Buch-)prüfungsGes (IV) 27–28
   5) Auswahl und Ausschlussgründe für Konzernabschlussprüfer (V) 29
   6) Rechtsfolgen bei Verstößen 30–32
     A. Nichtigkeit des Wahlbeschlusses und des Jahresabschlusses 30
     B. Nur Ersetzungsverfahren bei Verstoß gegen Unabhängigkeitsvorschriften 31
     C. Prüfungsvertrag, Schadensersatzpflicht 32

1) Allgemeine Abschlussprüferfähigkeit, Auswahlvoraussetzungen (I)

1   A. **Allgemeine Abschlussprüferfähigkeit (I 1, 2):** § 319 idF BilReG 2004 mit wesentlichen Verschärfungen sowie mit Ergänzung durch AReG (Überbl 9 vor § 316, **Übergangsrecht** in (1) EGHGB Art 79). Wirtschaftsprüfer und WirtschaftsprüfungsGes (s **(2a)** § 1 WPO) haben uneingeschränkte Abschlussprüferfähigkeit (**I 1**), vereidigte Buchprüfer und BuchprüfungsGes (§ 128 WPO) nur eine auf Einzelabschlüsse (keine Konzernabschlüsse) mittelgroßer (§ 267 II) GmbH (nicht allgemein mittelgroßer KapitalGes, zB AG) und mittelgroßer PersonenHdlGes iSv § 264a I beschränkte Abschlussprüferfähigkeit (**I 2** idF KapCoRiLiG 2000).

2   B. **Qualitätskontrolle (I 3):** Weitere Auswahlvoraussetzung neben I 1, 2 ist grundsätzlich der wirksame Nachweis der Qualitätskontrolle nach **(2a)** WPO § 57a (**I 3**). Im Zuge der Reform durch das APAReG (Überbl 10 vor § 316, **Übergangsrecht** in (1) EGHGB Art 78) wurde das Erfordernis der Teilnahmebescheinigung in I 3 Halbs 1 ersetzt durch **I 3 Hs 1 nF** mit dem Erfordernis eines Auszugs aus dem Berufsregister, aus dem sich ergibt, dass die Eintragung für den Wirtschaftsprüfer (§ 38 Nr 1 lit h **(2a)** WPO) bzw. die WirtschaftsprüfungsGes (§ 38 Nr 2 lit f **(2a)** WPO) vorgenommen worden ist. Darüber hinaus besteht nunmehr nach **I 3 Hs 2 nF** eine Verpflichtung, während einer laufenden Abschlussprüfung eine Löschung der Eintragung unverzüglich gegenüber der Ges anzuzeigen.; IDW PS 140. Wird die Teilnahmebescheinigung widerrufen, bleibt der Honoraranspruch für bereits durchgeführte Prüfungsleistungen erhalten. Befristete Ausnahmegenehmigung nach I 3 Hs 2 etwa, wenn erstmals gesetzliche Abschlussprüfung durchgeführt wird oder bei Existenzgründern, um Marktzutritt durch Qualitätskontrolle nicht zu erschweren (RegE zu II 2 Nr 2 idF WPOAG). **Übergangsrecht** in **(1)** EGHGB Art 58 IV 3. **Lit** Me/Pro/Fi Kap 17 Tz 84 ff; Pfitzer WPg **06**, 186; Lücke/Stöbener/Giesler BB **15**, 1578 (APAReG); Bruckner/Schmidt WPg **17**, 58 (Überarbeitung IDW PS 140).

1284   *Merkt*

2. Abschnitt. Ergänzende Vorschriften für Kapitalgesellschaften 3–6 § 319

C. **Rechtsfolgen bei Verstoß gegen I:** Verstoß gegen I (auch gegen I 3, 3
früher anders, s Rn 2) führt zur **Nichtigkeit** des festgestellten Jahresabschlusses
(§ 256 I Nr 3 AktG idF BilReG, s Rn 29); Heilung nach sechs Monaten (§ 256
VI 1b AktG, entspr für GmbH), aber Schadensersatz für erneute Prüfung der
Bilanzwerte, auch bei Verstoß gegen I 3, BGH ZIP **13**, 1577 m Anm Schmid BB
13, 2032. **Lit** Hülsmann DStR **05**, 166; Ring WPg **05**, 197.

2) Ausschluss von Wirtschaftsprüfern und vereidigten Buchprüfern bei Gründen für Besorgnis der Befangenheit (II, Generalklausel)

A. **Unabhängigkeit der Abschlussprüfer:** Die Abschlussprüfung macht nur 4
dann Sinn, wenn der Abschlussprüfer unabhängig ist. Sonst sind Kontrolle und
gute Corporate Governance (Überbl 11 v § 316) nicht nur nicht gewährleistet,
sondern sogar beeinträchtigt, weil das Testat dann unberechtigt Vertrauen erweckt, Düss WM **96**, 1779. Die Unabhängigkeit der Abschlussprüfer ist seit
langem ein hoch kontroverses Thema. Im Kern geht es um die Unvereinbarkeit
von Unternehmensberatung und -prüfung (sog Inhabilität) und die Gefahr der
Beeinträchtigung der Qualität der Corporate Governance durch Interessenkonflikte bei der Abschlussprüfung, deutlich geworden durch die Enronkrise in den
USA und die Rechtssetzungsreaktionen in der EU und den USA darauf (Einl 12
v § 316). Die Unabhängigkeit der Wirtschaftsprüfer ist ua in III, § 319a und iwS
in **(2a)** WPO §§ 43 ff, insbesondere § 49, BGH **159**, 242, näher geregelt. Hinzu
kommt Standesrecht. II–V, § 319a betreffen nur die Bestellung von Abschlussprüfern, nicht Bestellung des Abschlussprüfers im **Spruchstellenverfahren**, zum
Verschmelzungs- und zum Vertragsprüfer, Düss WM **06**, 2137. **Lit** Marx 2002;
Gelter 2004 (ökonomisch); Röhricht WPg-Sh **01**, 80; Nonnenmacher Konzern
03, 476; Volhard/Weber FS Ulmer **03**, 865; Ring WPg **05**, 197; Ebke/Paal ZGR
05, 894; Gelhausen/Heinz WPg **05**, 693; Frings WPg **06**, 821.

B. **Keine generelle Trennung von Prüfung und Beratung:** Der deutsche 5
Gesetzgeber hat anders als bestimmte ausländische (vgl Einl 9 v § 316) bewusst
auf eine obligatorische Trennung von Prüfung und Beratung verzichtet. Beratung
des Auftraggebers in wirtschaftlichen, rechtlichen und steuerlichen Angelegenheiten und spätere Abschlussprüfung durch denselben Wirtschaftsprüfer sind danach (trotz der Maßgeblichkeit der engen Verbindung von Handels- und Steuerbilanz, s § 242 Rn 4) grundsätzlich vereinbar, hL (Ausnahmen nach § 319a I 1
Nr 2 für Unternehmen von öff Interesse, § 319a Rn 3). Allgemein zum Ausschluss von der Abschlussprüfung führen **nur** die in III 1 Nr 3a–d genannten
Tätigkeiten, und auch diese nur, wenn sie nicht nur von untergeordneter Bedeutung sind. Spezieller für Unternehmen von öff Interesse sieht **§ 319a I Nr 2**
einen besonderen Ausschlussgrund vor, der auch Rechts- und Steuerberatungsleistungen erfasst, aber ebenfalls nur unter bestimmten Voraussetzungen. **Im
Einzelfall** ist es allerdings möglich, dass eine nicht unter III 1 Nr 3a–d, § 319a I
Nr 2 fallende Tätigkeit für die zu prüfende KapitalGes **nach II** eine Beziehung
geschäftlicher oder finanzieller Art darstellt, die Grund für die Besorgnis der
Befangenheit abgibt. Der Gesetzgeber hat damit das Problem erkannt und moderat gelöst. **Reform:** Rechtspolitisch lässt sich das auf Dauer nicht durchhalten,
die Diskussion weist deutlich in Richtung auf eine klarere Trennung, s 64. DJT
2002 Abteilung Wirtschaftsrecht, Beschluss 1.14. Weitgehender Vorschlag der
EU-Kommission 2011, s Einl 6 v § 316 und **Abschlussprüferreform 2014**
(AbschlussprüferVO für Unternehmen von öff Interesse, Art 5 Verbot der Erbringung von Nichtprüfungsleistungen, Einl 7 v § 316. Zur Begrenzung von gleichzeitigen Beratungsleistungen Henrichs ZGR **15**, 261.

C. **II im Verhältnis zu III, §§ 319a, 318 III:** Der Abschlussprüfer muss 6
unabhängig sein (s Rn 4). III (iVm IV, V) und § 319a enthalten deshalb allgemeine und besondere Ausschlussgründe, die erheblich strenger sind als II, III aF

Merkt 1285

§ 319 7–9
3. Buch. Handelsbücher

(idF WPOÄG 2000). **Zuerst** müssen immer **III** bzw für Unternehmen von öff Interesse auch § 319a geprüft werden. III und § 319a enthalten absolute Ausschlussgründe, BayObLG **87**, 297 (zu II, III aF). Soweit III, § 319a nicht eingreifen, kann in den dort geregelten Sachverhalten **dann** immer noch die Besorgnis der Befangenheit nach **II** vorliegen, aA ADS 50 (zu § 319 aF). Der Rückgriff auf II wird also nicht gesperrt. **II** ist vielmehr die **Generalklausel**, wie auch in III klar zum Ausdruck kommt („insbesondere", s Rn 14; sog Kombinationsmodell II, III, § 319a), MüKo/Ebke 3. Ein Ausschluss nach II ist gegeben, wenn objektive **Gründe** vorliegen, nach denen die **Besorgnis der Befangenheit** besteht. Eine Aufzählung, welche Gründe das über III, § 319a hinaus sein können, ist schwierig (s Rn 7 ff). Wenn darüber unterschiedliche Meinungen bestehen, müssen alle diese Befangenheitsgründe (II, III, § 319a), um rechtswirkam zu werden, nötigenfalls im gerichtlichen **Ersetzungsverfahren nach § 318 III** auf Antrag verschiedenster Antragsteller (§ 318 Rn 8) geklärt und festgestellt werden. Ersetzung nach § 318 III ist aber nicht nur bei Vorliegen eines Ausschlussgrundes nach II, III (iVm IV, V), § 319a möglich, sondern auch aus einem anderen in der Person des Abschlussprüfers liegenden Grund (auch in § 318 III 1 aE: „insbesondere"). Unberührt bleiben die Verfahren nach § 318 IV und § 334 II (Ordnungswidrigkeit).

7 D. **Mögliche Gründe für Besorgnis der Befangenheit:** Ein Ausschluss nach II ist gegeben, wenn im maßgeblichen Zeitraum (dazu Rn 8) objektive **Gründe** vorliegen, nach denen die **Besorgnis der Befangenheit** besteht. Die Besorgnis der Befangenheit allein reicht also nicht aus, sondern es müssen Gründe dafür vorliegen. Der Maßstab ist also grundsätzlich ein objektiver, nämlich die Sicht eines vernünftigen und verständigen Dritten; ob der Abschlussprüfer tatsächlich befangen ist oder sich für befangen hält (innere Unabhängigkeit), ist für II nicht maßgeblich (RegE). II gibt selbst **Beispiele** für solche Gründe, nämlich **Beziehungen geschäftlicher, finanzieller oder persönlicher Art**. Doch können auch andere Beziehungen und Gründe relevant werden, wie II selbst (auch hier: „insbesondere") klarstellt. Die Gründe können auch von einem Partner des Abschlussprüfers herrühren, auch die Sozietätsklausel des III 1 vor Nr 1 (s Rn 16) sperrt nicht II. Die Beurteilung erfordert eine **Abwägung im Einzelfall** unter Berücksichtigung der zur Reduzierung erkannter Risiken getroffenen Maßnahmen (also keine Vermutung, schon gar nicht unwiderlegliche Vermutung wie in III, § 319a). Beziehungen zu nahe stehenden Personen im Rahmen der Abschlussprüfung, IDW PS 255 Stand 2010.

8 Die EU-AbschlußprüfungsRi 2014 verlangt in Art. 22 Abs. 1 Unterabs. 2 Unabhängigkeit des Prüfers zumindesr sowohl für den Zeitraum, auf den sich die zu prüfenden Abschlüsse beziehen, als auch für die Dauer der Prüfung. Diese **Regelung zum letztmöglichen Zeitpunkt**, zu dem die Besorgnis der Befangenheit zum Ausschluss des Abschlussprüfers führen kann, wurde im AReG durch Ergänzung des **II** umgesetzt (Überbl 9 vor § 316, **Übergangsrecht** in (1) EGHGB Art 79). Sie steht in Einklang mit III 2 u 7, wonach auch ein nach der Wahl des Abschlussprüfers eingetretener Befangenheitsgrund zu einer Ersetzung des Abschlussprüfers führen kann, wogegen ein Antrag auf einer Ersetzung nach Erteilung des Bestätigungsvermerks (im Falle einer Nachtragsprüfung nach III nach Ergänzung des Bestätigungsvermerks) nicht mehr gestellt werden kann, AReG Begr RegE 48. **Lit** Petersen/Zwirner/Boecker DStR **16**, 984.

9 **EU-Empfehlung:** Besondere Umstände, die Gründe für Besorgnis der Befangenheit abgeben können, sind nach der EU-Empfehlung 2002 (dort unter B.1–9 „**Besondere Umstände**" mit ausführlichen Erläuterungen; Einl 5 v § 316): 1. finanzielle Beteiligungen, 2. Geschäftliche Beziehungen (ua unübliche Beziehungen, Einschüchterung), 3. Beschäftigung beim Mandanten (ua Wechsel eines Mitglieds des Prüfungsteams zum Prüfungsmandanten; bei Innehabung

2. Abschnitt. Ergänzende Vorschriften für Kapitalgesellschaften 10, 11 § 319

einer Schlüsselfunktion in der PrüfungsGes und dann beim Mandanten zweijährige cooling off-Periode, B.3.4), 4. Übernahme einer Führungs- oder Kontrollfunktion beim Mandanten, 5. Aufnahme einer Tätigkeit bei einer PrüfungsGes, 6. Verwandtschaftliche und sonstige persönliche Beziehungen, 7. Nichtprüfungsleistungen (Erstellung von Buchungsunterlagen und Jahresabschlüssen, Entwicklung und Umsetzung von Finanzinformationssystemen, Bewertungsleistungen, Beteiligung an der Innenrevision des Mandanten, Auftreten für den Mandanten bei der Beilegung von Rechtsstreitigkeiten, Einstellung von Führungskräften), 8. Honorare für Prüfungs- und Nichtprüfungleistungen, 9. Rechtsstreitigkeiten, 10. Über einen langen Zeitraum tätige leitende Mitarbeiter. Für den Fall der Nichtprüfungsleistungen kommen Sicherungs- oder **Schutzmaßnahmen** (safergards) in Betracht: getrennte Verantwortlichkeiten und Kenntnisse bei der Durchführung spezieller Nichtprüfungsaufträge (Chinese walls), routinemäßige Unter richtung des Unabhängigkeitsbeauftragten in der PrüfungsGes, Nachschau der Pflichtprüfung durch unbeteiligten Prüfungspartner (interne Review, s Rn 23), externe Nachschau durch einen anderen Abschlussprüfer oder Beratung durch die Aufsichtsbehörde (B.7.1).

Für Besorgnis der Befangenheit sprechende Umstände: Besorgnis der 10 Befangenheit kann insbesondere in fünf Fällen bestehen (RegE zu II, eigenständig, aber unter Berücksichtigung von EU-Recht, s Rn 7), so wenn der Abschlussprüfer 1. ein **wirtschaftliches oder sonstiges Eigeninteresse von nicht nur untergeordneter Bedeutung am Ergebnis der Prüfung** hat, 2. im Rahmen der Prüfung Darstellungen im Abschluss zu beurteilen hat, an deren Gestaltung er mitgewirkt hat **(Überprüfung eigener Leistungen)**, 3. als **Interessenvertreter** für oder gegen die zu prüfende KapitalGes tätig ist, 4. **nahe Beziehungen zur Unternehmensleitung** unterhält, die ein übermäßiges Vertrauen begründen, oder 5. **besonderen Einflussnahmen durch die zu prüfende Gesellschaften** unterliegt, die seine Objektivität beeinträchtigen. Auch die Einschüchterung des Prüfers durch den Mandanten stellt einen solchen Umstand dar (RegE, EU-Empfehlung s Rn 9). Auch nichtübliche geschäftliche Beziehung des Abschlusspüfers zu der zu prüfenden Ges oder einem ihrer gesetzlichen Vertreter, zB Bezug von Gütern oder Dienstleistungen nicht zu üblichen Bedingungen (at arm's length) oder in ungewöhnlichem Ausmaß, fallen darunter (RegE, auch EU-Empfehlung s Rn 9). Auch der Wechsel eines Partners oder sonstigen an der Prüfung beteiligten, leitenden Mitarbeiters einer WirtschaftsprüfungsGes in leitende Stellung bei dem zu prüfenden Unternehmen kommt in Frage (RegE, strenger EU-Empfehlung s Rn 9, deshalb in RegE Anregung, für Deutschen Corporate Governance Kodex, Überbl 11 v § 316). Auch die gerichtliche Vertretung der zu prüfenden KapitalGes während des Geschäftsjahrs oder bis zur Erteilung des Bestätigungsvermerks (Rechtsausschuss, nach RegE § 319a III 1 Nr 4 sogar Ausschlussgrund, auch EU-Empfehlung s Rn 8; noch weiter Bundesrat: gesamte rechtliche Interessenvertretung, zB auch gegenüber Finanzverwaltung), dies trotz der anwaltlichen Berufsanforderungen. Neben diesen fünf Fällen sind weitere denkbar („insbesondere"). **Fehlleistungen** des Abschlussprüfers können Befangenheitsgrund sein, BGH **153**, 42 (Hypo-Vereinsbank, HVB); Knorr FS Röhricht **05**, 935, doch kommt es auf die Wahrscheinlichkeit des Bestehens von Schadensersatzansprüchen an, BGH ZIP **09**, 469 (iErg abl).

Die Besorgnis der Befangenheit eventuell ausräumende, interne 11 **Schutzmaßnahmen:** Bei der Abwägung im Einzelfall sind die vom Abschlussprüfer bzw der WirtschaftsprüfungsGes getroffenen internen Maßnahmen zur Reduzierung erkannter Risiken und zur Wahrung der Objektivität zu berücksichtigen (zurückhaltend RegE: „mag unter Umständen im Einzelfall ausgeräumt werden können"). Beispiele gibt die EU-Empfehlung (s Rn 9). Solche Umstände sind aber nur unter II relevant, nicht unter III, § 319a (unwiderlegliche Vermutungen, s Rn 14, § 319a Rn 1).

Merkt 1287

§ 319 12–16

12 **E. Offenlegung:** Der Abschlussprüfer selbst ist verpflichtet, das Vorliegen eines Ausschlussgrundes nach III, § 319a **von sich aus** offenzulegen, LG Kln DB **92**, 265 (zu II, III aF), GK/Marsch-Barner 5. Er hat auch später während der Prüfung auftretende mögliche Ausschluss- oder Befangenheitsgründe unverzüglich offenzulegen (Pflicht als Abschlussprüfer, auch aus Prüfungsvertrag, § 318 Rn 2, 3). Darüberhinaus ist er nach den BerufsRi der WPK auch verpflichtet, im Einzelfall zu prüfen, ob er wegen seiner beratenden Tätigkeit von der Prüfung wegen Besorgnis der Befangenheit ausgeschlossen ist (AmtlBegr KonTraG).

13 **F. Unabhängigkeitserklärung:** Bei deutschen börsennotierten AG holt der Aufsichtsrat bzw der Prüfungsausschuss vor Unterbreitung des Wahlvorschlags eine Unabhängigkeitserklärung des vorgesehenen Prüfers ein (Ziffer 7.2.1 Deutscher Corporate Governance Kodex, AktG § 161; Einl 11 v § 316). Sie betrifft die beruflichen, finanziellen und sonstigen Beziehungen zwischen dem Prüfer und seinen Organen und Prüfungsleitern einerseits und dem zu prüfenden Unternehmen und seinen Organmitgliedern andererseits, die Zweifel an seiner Unabhängigkeit begründen können. Sie erstreckt sich auch darauf, in welchem Umfang im vorausgegangenen Geschäftsjahr andere Leistungen für das Unternehmen, insbesondere auf dem Beratungssektor, erbracht wurden bzw für das folgende Jahr vertraglich vereinbart sind. Der Aufsichtsrat vereinbart mit dem Abschlussprüfer, dass dieser auch während der Prüfung auftretende mögliche Ausschluss- oder Befangenheitsgründe unverzüglich mitteilt, was die ohnehin bestehende Offenlegungspflicht (s Rn 12) bestätigt und konkretisiert. IDW PS 345 Stand 2013 mit Anhang 2 Formulierung der Unabhängigkeitserklärung. **Lit** Probst/Szondy WPg **17**, 176 (Überarbeitung IDW PS 345).

3) Ausschlussgründe für Wirtschaftsprüfer und vereidigte Buchprüfer (III)

14 **A. Konkretisierung der Generalklausel des II (III):** III konkretisiert die Generalklausel des II über Befangenheitsgründe, die einen Ausschlussgrund für Wirtschaftsprüfer und vereidigte Buchprüfer darstellen, durch mehrere **unwiderlegliche gesetzliche Vermutungen** (RegE unter Bezug auf EURecht, Einl 4 v § 316; ebenso § 319a Rn 1; auch **absolute Ausschlussgründe** genannt). **III 1** nennt **fünf Fallkonstellationen:** III 1 Nr 1 direkte oder indirekte Beteiligung, Nr 2 personelle Verflechtung, Nr 3 selbstständige Beratungstätigkeit, Nr 4 Beschäftigung einer unter Nr 1–3 fallenden Person bei der Prüfung und wesentliche Honorarbezüge von der zu prüfenden KapitalGes und von Unternehmen, an denen diese wesentlich beteiligt ist. **III 2** dehnt dies für die Fälle der III 1 Nr 1–3 auf **Ehegatten** und Lebenspartner aus. III iVm IV ist strenger als II, III aF. In diesen fünf Fallkonstellationen ist der Ausschluss auch nicht durch Schutzmaßnahmen beseitigbar, MüKo/Ebke 45.

15 Wichtig ist, dass der **Rückgriff auf II nicht ausgeschlossen ist („insbesondere")**. III (bzw für Unternehmen von öff Interesse auch § 319a) enthält zwar einen abschließenden Katalog der absoluten Ausschlussgründe für die Abschlussprüfertätigkeit, Kln WM **96**, 482, aber eben nur für diese, nicht auch für Befangenheitsgründe nach II, GK/Marsch-Barner 6. Wenn ein Fall von III 1, 2 nicht mehr erfasst wird, zB weil die dort angegebenen Schwellenwerte nicht erreicht werden, etwa nicht mehr als 20 % Anteilsbesitz unter III 1 Nr 1 oder nicht mehr als 30 % der Gesamthonorarbezüge iSv III 1 Nr 5, sperrt das nicht die Generalklausel des II, wenn im Einzelfall trotzdem ein Grund vorliegt, nach dem die Besorgnis der Befangenheit besteht.

16 Nach III 1 ist auch schädlich, wenn der Ausschlussgrund nicht bei dem Abschlussprüfer selbst vorliegt, sondern nur bei einer Person, mit der er seinen Beruf gemeinsam ausübt (**Sozietätsklausel, III 1 vor Nr 1**, vgl **(2a)** WPO

2. Abschnitt. Ergänzende Vorschriften für Kapitalgesellschaften 17–19 § 319

§ 44b). Diese Sozietätsklausel betrifft, da vorab stehend, alle fünf Ausschlussgründe nach III.

B. Direkte oder indirekte Beteiligung (III 1 Nr 1): III 1 Nr 1 nennt als 17 Ausschlussgrund: Anteile oder andere nicht nur unwesentliche finanzielle Interessen an der zu prüfenden KapitalGes oder eine Beteiligung (§ 271 I) an einem Unternehmen (auch Gfter einer PersonenGes, Rechtsausschuss), das mit der KapitalGes verbunden ist (nach üL § 271 II, aber s Rn 4 ff, 27) oder von dieser mehr als 20% der Anteile besitzt. Die 20%-Schranke gilt nur für die genannten Unternehmen. Anteilsbesitz ist jede, auch kleinste, direkte Beteiligung („unwesentlich" bezieht sich nur auf finanzielle Interessen, klarstellend Rechtsausschuss); Anteile auch bei bloß treuhänderischer Inhaberschaft. Zu den finanziellen Interessen gehören zB Schuldverschreibungen, Schuldscheine, Optionen sowie alle sonstigen Wertpapiere und Finanzinstrumente (RegE, vgl § 1 XI 1 KWG bei **(7)** Bankgeschäfte Rn A/4). Mittelbarer Besitz etwa über Investmentfonds ist zwar kein Anteilsbesitz an der KapitalGes, ADS 71, kann aber ein nicht nur unwesentliches finanzielles Interesse darstellen. Nicht unter III 1 Nr 1 fallen laufende Vergütungsansprüche, laufende Verzinsung von Bankguthaben (Rechtsausschuss), kapitalersetzende Darlehen.

C. Personelle Verflechtung (III 1 Nr 2): III 1 Nr 2 betrifft die direkte 18 personelle Verflechtung auf Organebene bzw als Arbeitnehmer. Erfasst sind **gesetzliche Vertreter, Aufsichtsratsmitglieder** oder **Arbeitnehmer** der zu prüfenden KapitalGes sowie eines Unternehmens, das mit der KapitalGes verbunden ist (nach üL § 271 II, BGH **159**, 234 (X ZS), richtiger s Rn 26, wie Rn 16) oder von dieser mehr als 20% der Anteile besitzt (letzteres wie Nr 1). III 1 Nr 2 übernimmt nur zur Sprachvereinfachung nicht jede Einzelkonstellation von II Nr 2, 3 aF, es greift aber uU II ein (RegE, vgl Rn 26). Analogie zu III 1 Nr 2 scheidet jedenfalls mangels Übertragung von Kompetenzen (Teilnahme an executive meetings) aus, BGH WM **04**, 1494. Beendete Verflechtung etwa aus den letzten drei Jahren schadet unter III 1 Nr 2 nicht (anders II 1 Nr 2 aF, BGH **153**, 38), kann aber unter II relevant werden.

D. Selbstprüfung (III 1 Nr 3): III 1 Nr 3 erfasst die Mitwirkung bei der 19 Erstellung der zu prüfenden Unterlagen über die Prüfungstätigkeit hinaus (Mitwirkungs- oder Selbstprüfungsverbot), Extremfall: Erstellung durch den Wirtschaftsprüfer selbst (§ 264 Rn 8), dazu ausführlich MüKo/Ebke 54 ff. III 1 Nr 3 benennt folgende Tätigkeiten über die Prüfungstätigkeit hinaus, die die Besorgnis der Befangenheit begründen können, nämlich

a) Mitwirkung bei der **Führung der Bücher oder der Aufstellung des zu prüfenden Jahresabschlusses** (III 1 Nr 3a entspr 319 II 1 Nr 5 aF), s Rn 25;

b) Mitwirkung bei der **Durchführung der internen Revision** in verantwortlicher Position, Grund: diese betrifft idR auch die Wirksamkeit des internen Kontrollsystems; nur in verantwortlicher Position, Überprüfung des internen Kontrollsystems auf Schwachstellen fällt nicht (ohne weiteres) darunter, Ring WPg **05**, 199;

c) Erbringung von **Unternehmensleitungs- oder Finanzdienstleistungen**, Grund: dann besonders enge Verbindung mit dem Mandanten, häufig auch nach außen; oder

d) Eigenständige versicherungsmathematische oder Bewertungleistungen, die sich auf den zu prüfenden Jahresabschluss nicht unwesentlich auswirken. Bewertungsleistungen iSv lit d sind nur solche, bei denen die Bewertungsleistung eigenständig erbracht und die für die Bewertung erforderlichen Annahmen vom Bewertenden selbst festgelegt werden (RegE). Weitergehende Regelungen nach anderen Gesetzen bleiben unberührt, zB Ausschluss nach KWG schon bei jeder

Merkt

§ 319 20–24   3. Buch. Handelsbücher

Mitwirkung des Abschlussprüfers bei der Innenrevision. **Übergangsrecht** in **(1)** EGHGB Art 58 IV 6.

20 **Mitwirkung bei der Aufstellung des zu prüfenden Jahresabschlusses** (einschließlich des Lageberichts, hL, str) ist nicht schon Einwirkung (zB Änderungsverlangen) im Rahmen der Prüfungstätigkeit, um ein Testat erteilen zu können, oder Korrektur einzelner Fehler im Vorgriff auf spätere Prüfung, BGH NJW **92**, 2021. Mitwirkung an der Aufstellung des zu prüfenden Jahresabschlusses kommt aber in Betracht bei Mitwirkung auf der Grundlage eines nicht prüffähigen Jahresabschlusses, Brdbg BB **01**, 1949 LS. Erstellung eines **Verschmelzungswertgutachtens** und Ermittlung der Verschmelzungswertrelation ist keine Mitwirkung iSv III 1 Nr 3 lit a, hindert also nicht die nachfolgende Abschlussprüfung bei der aus der Verschmelzung hervorgegangenen Gesellschaft, BGH **153**, 38 (Hypo-Vereinsbank, HVB, zu § 319 II 1 Nr 1 aF), aber s § 319a I 1 Nr 2 (§ 319a Rn 5); ebenso Prüfung parallel zur Erstellung des Berichts durch den Hauptaktionär beim Squeeze-out (§ 327c II 1, 2 AktG), Stgt AG **04**, 105. III I Nr 3 erfasst auch nicht schon allgemeine Beratung außerhalb der Buchführung und des Jahresabschlusses (Grenzziehung ist schwierig), BGH NJW **92**, 2021; in diesem Rahmen sind dann auch konkrete, alternativlose Entscheidungsvorschläge unschädlich, BGH **135**, 265 (Allweiler), str.

21 Beratungsleistungen können aber je nach Art und Umfang im Einzelfall eine **unzulässige Mitwirkung** darstellen, so wenn sie über die Darstellung von Alternativen im Sinne einer Entscheidungshilfe hinausgehen, besonders wenn die **funktionale Entscheidungskompetenz nicht mehr beim Beratenen** verbleibt, BGH **118**, 142, **135**, 260 (Allweiler, gegen Karls WM **96**, 481), **153**, 40 (Hypo-Vereinsbank, HVB), **159**, 240; Ffm ZIP **04**, 1114; Hamm NZG **09**, 1078; ADS 119 ff, str, für die strengere Distanzlehre Hommelhoff ZGR **97**, 550. Diese Rspr ist zwar in § 319a I 1 Nr 2 aufgegriffen worden, dort aber nur für Unternehmen von öff Interesse und mit zT anderen Abgrenzungen (§ 319a Rn 4); der von ihr entwickelte Grundsatz der funktionalen Entscheidungskompetenz als Maßstab für unerlaubte Selbstprüfung ist damit aber nicht für alle anderen Unternehmen gesperrt, sondern auch unter dem neuen III 1 Nr 3 nF (entspr § 319 II 1 Nr 5 aF) weiterhin relevant. Bspe: wenn der Wirtschaftsprüfer zu prüfende Bilanzposten im Vorjahr wie ein Abschlussaufsteller maßgeblich mitgestaltet hat, Kln BB **92**, 2108; auch bei einer von ihm ganz oder teilweise aufgestellten Einheitsbilanz (§ 242 Rn 6), Hommelhoff ZGR **97**, 561, offen BGH **135**, 266, aber nicht schon bei steuerlicher Beratung der Ges, BGH **135**, 265 (Allweiler); Staub/Habersack/Schürnbrand 55; MüKo/Ebke § 319a Rn 15; GK/Marsch-Barner 12, aA wegen enger Verbindung zwischen Hdl- und Steuerbilanz, Baumb/Hueck/Schulze-Osterloh 104, sehr str. **Lit** Ebke/Paal ZGR **05**, 894; Henssler ZHR 171 **(07)** 10.

22 Für alle vier Untergruppen setzt III 1 Nr 3 voraus, dass diese Tätigkeiten **nicht nur** von **untergeordneter Bedeutung** sind **(III 1 Nr 3 vorletzter Teilsatz)**.

23 Der Ausschluss gilt nicht nur für den Fall, dass der Abschlussprüfer diese Tätigkeiten selbst erbringt. Erfasst sind auch Tätigkeiten, die von einem Unternehmen für die zu prüfende KapitalGes erbracht werden, bei dem der Abschlussprüfer mehr als 20 % der Stimmrechte besitzt oder gesetzlicher Vertreter, Aufsichtsratsmitglied oder Arbeitnehmer ist **(mittelbare Verflechtung, III 1 Nr 3 letzter Teilsatz)**. Die 20 %-Schwelle ist an § 271 I 3 orientiert (RegE, parallel IV 2). Zu beachten ist, dass sie enger ist als die entsprechenden Tatbestände der III 1 Nr 1, 2 und 3. So kommt es zB hier auf die Stimmrechte, in III 1 Nr 1 auf die Anteile an. Auch die Unternehmenszurechnungstatbestände decken sich nicht völlig.

24 E. **Zwischenschaltung von Arbeitnehmern (III 1 Nr 4):** III 1 Nr 4 enthält als Ausschlussgrund die **Beschäftigung einer Person** bei der Prüfung, für die ein **Ausschlussgrund nach Nr 1–3** bestehen würde. Damit sollen Umgehungen

2. Abschnitt. Ergänzende Vorschriften für Kapitalgesellschaften 25–27 § 319

von Nr 1–3 über Arbeitnehmer erfasst werden, die bei der Prüfung eingesetzt werden (zur internen Rotation s § 319a Rn 7). Bei der Prüfung beschäftigt sind nicht nur Mitglieder des Prüfungsteams, sondern auch andere im Zusammenhang mit der Prüfung eingesetzte Personen, zB Prüfungspartner, im Rahmen einer internen Review (RegE, EU-Empfehlung s Rn 9).

F. Finanzielle Abhängigkeit (III 1 Nr 5): III 1 Nr 5 (entspr I Nr 8 aF) regelt 25 den Fall, dass der Abschlussprüfer einen wesentlichen Teil seiner Einkünfte aus Mandatsverhältnissen mit demselben Auftraggeber bezieht und ihn deshalb eine Beendigung des Auftragsverhältnisses finanziell stark treffen würde. Einkünfte umfassen nicht nur solche aus Prüfung und aus Beratung (so I Nr 8 aF), sondern allgemein aus der beruflichen Tätigkeit des Abschlussprüfers. Mandate von verbundenen und anderen (mehr als 20% Anteilsbesitz, vgl Nr 3, 4) Unternehmen stehen dem gleich. Der wesentliche Teil ist im Hinblick auf den internationalen Standard auf jeweils mehr als 30% (vorher: die Hälfte) der Gesamteinnahmen in den letzten fünf Geschäftsjahren (des Prüfers, nicht der Ges, str) festgesetzt. Einnahmen sind die Umsatzerlöse, nicht Rechnungserteilung oder Zahlungseingänge, Grund: keine Manipulation, Baumb/Hueck/Schulze-Osterloh 109, str. Ausnahmegenehmigungen in Härtefällen, zB bei Berufsanfängern und Prüfern am Ende ihres Berufslebens mit nur noch wenigen Mandaten, sind befristet möglich (Nr 5 letzter Hs).

G. Enge familiäre Beziehung (III 2): III 2 dehnt die Ausschlussgründe von 26 III 1 Nr 1–3 auf die Fälle aus, in denen diese zwar nicht in der Person des Wirtschaftsprüfers oder vereidigten Buchprüfers selbst, aber bei seinem **Ehegatten oder Lebenspartner** (nur wenn eingetragen erfüllt sind. Die Ehe oder Lebenspartnerschaft muss noch bestehen (anders Bundesrat), wenn sie besteht, hindert das, auch bei längerem Getrenntleben, MüKo/Ebke 71. Andere Verwandte und Veschwägerte in gerade Linie sind nicht erfasst (anders Bundesrat). Erfasst werden sollen mit III 2 nur Fälle von wesentlichen Beteiligungen, leitenden Arbeitnehmerpositionen oder selbstständigen Beratungstätigkeiten solcher naher Familienangehörigen für die geprüfte Ges (RegE). Im Gegenschluss ist es zB kein Ausschlussgrund, wenn der Ehegatte oder Lebenspartner selbst Einkünfte gemäß III 1 Nr 5 bezogen hat. Auch solche Fälle können aber problematisch sein (vgl EU-Empfehlung 2002 unter B.6 Ziffer 1d iVm B.2, s Rn 9) und die Besorgnis der Befangenheit begründen. III 2 sperrt also nicht die Generalklausel des II. III 2 erfasst nur die Fälle von Ehegatten oder Lebenspartnern des Abschlussprüfers nach III 1, nicht auch die Person, mit der der Abschlussprüfer seinen Beruf gemeinsam ausübt (Sozietätsklausel, s Rn 16, Wortlaut aber nicht eindeutig), strenger Staub/Habersack/Schürnbrand 37. Weiterreichende Ausschlussgründe nach Standesrecht, etwa zB auch wenn ein naher Verwandter des Prüfers in dem zu prüfenden Unternehmen Leitungs- oder Aufsichtsfunktionen innehat, haben nur standesrechtliche Folgen.

4) Ausschlussgründe für Wirtschafts(Buch-)prüfungsGes (IV)

IV entspricht im Wesentlichen II und III für Wirtschaftsprüfungs- und Buch- 27 prüfungsGes (s Rn 4–26). IV ist gegenüber III aF sprachlich vereinfacht, soll aber in der Sache weitgehend zu gleichen Ergebnissen führen (RegE, sonst uU II, vgl Rn 17). Die Ausschlussgründe nach II und III gelten nicht nur für die Ges selbst, sondern auch, wenn ein Ausschlussgrund, bei III in einer ihrer gesetzlichen Vertreter, bei Gfter mit mehr als 20% der Stimmrechte (nicht Anteile), ein verbundenes Unternehmen, ein bei der Prüfung in veranwortlicher Position beschäftiger Gfter oder eine andere von der Gesellschaft beschäftigte Person, die das Ergebnis der Prüfung beeinflussen kann, ausgeschlossen sind **(IV 1)**. Begriff der verbundenen Unternehmen bestimmt sich nach üL hier wie in III 1 Nr 2, 3 (s Rn 18, 19) nach § 271 II, BGH **159**, 234; ADS 97, 176; krit MüKo/Ebke 51; aA GroßKoAktG/Röhricht § 33 Rn 31; Baumb/Hueck/Schulze-Osterloh 110: nach § 15 AktG, also einschließlich Gebietskörperschaften, zB BRD (vgl BGH **69**, 334, VEBA) und wechselseitig beteiligten Unternehmen nach § 19 AktG, auch MutterGes im Ausland, W. Müller NZG **04**, 1037.

28 Satz 1 gilt auch, wenn ein Aufsichtsratsmitglied der Gesellschaft nach III 1 Nr 2 ausgeschlossen ist oder wenn mehrere Gfter, die zusammen mehr als 20 % der Stimmrechte besitzen, jeweils einzeln oder zusammen nach II oder III ausgeschlossen sind (**IV 2**, vgl III 1 Nr 3 letzter Teilsatz, s Rn 23). IV 2 soll Umgehung durch verschachtelte Eigentümerkonstruktionen vorbeugen (Rechtsausschuss mit Beispiel). Abgrenzung ist problematisch.

5) Auswahl und Ausschlussgründe für Konzernabschlussprüfer (V)

29 Die Auswahlvoraussetzung des I 3 (Qualitätskontrollbescheinigung) und die Ausschlussgründe von II–IV für Abschlussprüfer gelten für Konzernabschlussprüfer (§ 316 II) entsprechend (V wie IV aF).

6) Rechtsfolgen bei Verstößen

30 A. **Nichtigkeit des Wahlbeschlusses und des Jahresabschlusses:** Die Wahl oder Bestellung einer Person oder Ges zum Prüfer, die nach I (auch I 3, s Rn 3) oder **(1)** EGHGB Art 25 nicht Abschlussprüfer sind oder aus anderen Gründen als einem Verstoß gegen II, III, IV, § 319a I nicht zum Abschlussprüfer bestellt sind, ist nichtig und macht auch den festgestellten Jahresabschluss nichtig (für AG und KGaA: § 256 I Nr 3 AktG idF BilReG, für GmbH entspr). Daraus folgt zugleich umgekehrt, dass ein **Verstoß gegen die Unabhängigkeitsvorschriften** der II, III, IV, § 319a I den festgestellten Jahresabschluss **nicht nichtig** macht. Dies ist zu begrüßen, weil solche Verstöße für das Unternehmen und den Rechtsverkehr nicht ohne weiteres erkennbar sind, BGH **118**, 146, **135**, 262 (zu II Nr 5 aF). Entscheidend ist der Zeitpunkt der Bestellung, eine rückwirkende Heilung gibt es nicht. Die Nichtigkeit muss innerhalb von sechs Monaten nach Bekanntmachung des Jahresabschlusses geltend gemacht werden, sonst tritt Heilung ein (§ 256 VI AktG).

31 B. **Nur Ersetzungsverfahren bei Verstoß gegen Unabhängigkeitsvorschriften:** Mit Wirkung ab 1.1.05 (§ 318 Rn 7) sind **Anfechtungs- und Nichtigkeitsklagen gegen den Beschluss** der Hauptversammlung **zur Wahl des Abschlussprüfers ausgeschlossen**, soweit sie auf (Befangenheits-)Gründe gestützt werden, die ein gerichtliches Ersetzungsverfahren nach § 318 I rechtfertigen (§§ 243 II, 249 I 1 AktG idF BilReG, s § 318 Rn 12), zur aF offen BGH **135**, 262. Das gilt insbesondere für Ausschlussgründe nach §§ 319 II–IV, 319a I (§ 318 III 1 aE). Sie können nur im Ersetzungsverfahren nach § 318 II geltend gemacht werden, und auch dann nicht mehr, wenn der Bestätigungsvermerk bzw seine Ergänzung bereits erteilt ist (§ 318 III 7, s § 318 Rn 15). Anfechtungs- und Nichtigkeitsklage bleiben für andere Fälle, zB bei Fehlern der Bekanntmachung des Tagesordnungspunktes „Wahl des Abschlussprüfers" in der Einberufung (RegE zu § 243 III AktG).

32 C. **Prüfungsvertrag, Schadensersatzpflicht:** Ausschlussgründe nach I, aber auch die Befangenheitsgründe nach II–IV, § 319a (gesetzliche Verbote iSv § 134 BGB) machen den **Prüfungsvertrag** nichtig (RegE), BGH **118**, 142, ZIP **10**, 434 (freiwillige Prüfung, anders bei vorangehendem Vertragsschluss, dann Unmöglichkeit); Ring WPg **05**, 200; Bormann DStR **10**, 1386, 1430; vgl auch **(2a)** WPO Einl 4 v § 1. Ein Vergütungsanspruch besteht ebenso wenig wie ein Anspruch aus GoA oder Kondiktion (§ 817 S 2 BGB), BGH **118**, 142; Kln BB **92**, 2108. Bei nachträglich eintretender Befangenheit soll nach einer Ansicht der Prüfungsvertrag ex nunc nichtig werden, nach einer anderen nur Ersetzungsverfahren (§ 318 III) und Kündigung aus wichtigem Grund (§ 318 VI), Gelhausen/

2. Abschnitt. Ergänzende Vorschriften für Kapitalgesellschaften § 319a

Heinz WPg **05**, 702, Honoraranspruch für bereits geleistete Arbeit bleibt erhalten, BGH ZIP **10**, 435, nach aA § 812 BGB. Den Wirtschaftsprüfer trifft neben den Folgen aus § 334 II uU eine **Schadensersatzpflicht** aus § 823 II BGB iVm §§ 319, 319a bzw aus § 311a BGB. Bei Vorliegen von Ausschlussgründen nach II–V ist der Beschluss der Hauptversammlung zur Wahl des Abschlussprüfers bis zu einem gerichtlichen Ersetzungsbeschluss (§ 318 Rn 15) wirksam. Das wird man auch für den Prüfungsvertrag annehmen müssen, anders zu II, III aF BGH **118**, 142. Unberührt bleiben die allgemeinen zivilrechtlichen Rechtsbehelfe wie insbesondere Schadensersatz, wenn der Abschlussprüfer den Ausschlussgrund nicht offengelegt hat (s Rn 12). Hinzu treten berufsrechtliche und berufsgerichtliche Folgen nach **(2a)** WPO §§ 67 ff.

Besondere Ausschlussgründe bei Unternehmen von öffentlichem Interesse

319a (1) ¹Ein Wirtschaftsprüfer ist über die in § 319 Abs. 2 und 3 genannten Gründe hinaus auch dann von der Abschlussprüfung eines Unternehmens, das kapitalmarktorientiert im Sinn des § 264d, das CRR-Kreditinstitut im Sinne des § 1 Absatz 3d Satz 1 des Kreditwesengesetzes, mit Ausnahme der in § 2 Absatz 1 Nummer 1 und 2 des Kreditwesengesetzes genannten Institute, oder das Versicherungsunternehmen im Sinne des Artikels 2 Absatz 1 der Richtlinie 91/674/EWG ist, ausgeschlossen, wenn er

1. *[aufgehoben]*
2. in dem Geschäftsjahr, für dessen Schluss der zu prüfende Jahresabschluss aufzustellen ist, über die Prüfungstätigkeit hinaus Steuerberatungsleistungen im Sinne des Artikels 5 Absatz 1 Unterabsatz 2 Buchstabe a Ziffer i und iv bis vii der Verordnung (EU) Nr. 537/2014 erbracht hat, die sich einzeln oder zusammen auf den zu prüfenden Jahresabschluss unmittelbar und nicht nur unwesentlich auswirken; eine nicht nur unwesentliche Auswirkung liegt insbesondere dann vor, wenn die Erbringung der Steuerberatungsleistungen im zu prüfenden Geschäftsjahr den für steuerliche Zwecke zu ermittelnden Gewinn im Inland erheblich gekürzt hat oder ein erheblicher Teil des Gewinns ins Ausland verlagert worden ist, ohne dass eine über die steuerliche Vorteilserlangung hinausgehende wirtschaftliche Notwendigkeit für das Unternehmen besteht, oder
3. in dem zu prüfenden Geschäftsjahr oder bis zur Erteilung des Bestätigungsvermerks über die Prüfungstätigkeit hinaus bei der zu prüfenden oder für die zu prüfende Kapitalgesellschaft Bewertungsleistungen im Sinne des Artikels 5 Absatz 1 Unterabsatz 2 Buchstabe f der Verordnung (EU) Nr. 537/2014 erbracht hat, die sich einzeln oder zusammen auf den zu prüfenden Jahresabschluss unmittelbar und nicht nur unwesentlich auswirken.

²§ 319 Abs. 3 Satz 1 Nr. 3 letzter Teilsatz, Satz 2 und Abs. 4 gilt für die in Satz 1 genannten Ausschlussgründe entsprechend. ³Satz 1 Nummer 2 und 3 gilt auch, wenn Personen, mit denen der Wirtschaftsprüfer seinen Beruf gemeinsam ausübt, die dort genannten Ausschlussgründe erfüllen; erbringt der Wirtschaftsprüfer Steuerberatungsleistungen im Sinne des Artikels 5 Absatz 1 Unterabsatz 2 Buchstabe a Ziffer i und iv bis vii der Verordnung (EU) Nr. 537/2014 oder Bewertungsleistungen im Sinne des Artikels 5 Absatz 1 Unterabsatz 2 Buchstabe f der Verordnung (EU) Nr. 537/2014, so hat er deren Auswirkungen auf den zu prüfenden Jahresabschluss im Prüfungsbericht darzustellen und zu erläutern. ⁴Verantwortlicher Prüfungspartner ist, wer den Bestätigungsvermerk nach § 322 unterzeichnet oder als Wirtschaftsprüfer von

§ 319a 1

einer Wirtschaftsprüfungsgesellschaft als für die Durchführung einer Abschlussprüfung vorrangig verantwortlich bestimmt worden ist.

(1a) Auf Antrag des Abschlussprüfers kann die Abschlussprüferaufsichtsstelle beim Bundesamt für Wirtschaft und Ausfuhrkontrolle diesen von den Anforderungen des Artikels 4 Absatz 2 Unterabsatz 1 der Verordnung (EU) Nr. 537/2014 ausnahmsweise für höchstens ein Geschäftsjahr ausnehmen, allerdings nur bis zu 140 Prozent des Durchschnitts der in Artikel 4 Absatz 2 Unterabsatz 1 der Verordnung (EU) Nr. 537/2014 genannten Honorare.

(2) ¹Absatz 1 ist auf den Abschlussprüfer des Konzernabschlusses entsprechend anzuwenden. ²Als verantwortlicher Prüfungspartner gilt auf Konzernebene auch, wer als Wirtschaftsprüfer auf der Ebene bedeutender Tochterunternehmen als für die Durchführung von deren Abschlussprüfung vorrangig verantwortlich bestimmt worden ist.

(3) ¹Der Prüfungsausschuss des Unternehmens muss der Erbringung von Steuerberatungsleistungen im Sinne des Artikels 5 Absatz 1 Unterabsatz 2 Buchstabe a Ziffer i und iv bis vii der Verordnung (EU) Nr. 537/2014 durch den Abschlussprüfer vorher zustimmen. ²Falls das Unternehmen keinen Prüfungsausschuss eingerichtet hat, muss die Zustimmung durch seinen Aufsichts- oder Verwaltungsrat erfolgen.

Übersicht

	Rn
1) Inhalt und Zweck von § 319a	1
2) Die besonderen Ausschlussgründe im Einzelnen (I 1)	2–7
A. Finanzielle Abhängigkeit (I 1 Nr 1)	2
B. Rechts- oder Steuerberatungsleistungen (I 1 Nr 2)	3
C. Mitwirkung an Rechnungslegungsinformationssystemen (I 1 Nr 3 aF/nF)	6
D. Prüfungsverantwortlichkeit in sieben oder mehr Fällen (I 1 Nr 4)	7
3) Mittelbare Verflechtung, enge familiäre Beziehung, WirtschaftsprüfungsGes (I 2)	8
4) Sozietätsklausel (I 3)	9
5) Bestätigungsvermerke bei WirtschaftsprüfungsGes (I 4, 5)	10
6) Befreiung auf Antrag (Ia)	11
7) Die besonderen Ausschlussgründe für Konzernabschlussprüfer (II 1, 2)	12
8) Genehmigung durch Prüfungsausschuss (III)	13
9) Rechtsfolgen bei Verstößen	14

1) Inhalt und Zweck von § 319a

1 § 319a neu BilReG 2004, I 1 Hs 1, 1 Nr 4, Satz 4, 5, II 2 idF BilMoG, **Übergangsrecht (1)** EGHGB Art 66 II, III, V. § 319a bringt besondere gesetzliche Ausschlussgründe für Unternehmen von öffentlichem Interesse (offizielle Überschrift). Ganz erhebliche Änderungen brachte in Umsetzung der **EU-Abschlussprüferreform 2014** (AbschlussprüferVO für Unternehmen von öff Interesse, externe Rotation, Überbl 7 ff v § 316) das AReG (Überbl 9 v § 316, Übergangsregelung in **(1)** EGHGB Art 79). § 319a enthält **unwiderlegliche gesetzliche Vermutungen** (wie § 319 III, § 319 Rn 14). Welche **Unternehmen von öff Interesse** sind, definiert I 1 vor Nr 1 abschließend dahin, dass das Unternehmen **kapitalmarktorientiert iSv § 264d** (neu BilMoG) ist. Letzteres ist der Fall, wenn eine KapitalGes einen organisierten Markt iSv **(16b)** WpHG § 2 XI durch von ihr ausgegebene Wertpapiere iSv **(16b)** WpHG § 2 I 1 in Anspruch nimmt (weiter als § 319 III Nr 6 aF: amtlicher Markt) oder die Zu-

1294   Merkt

2. Abschnitt. Ergänzende Vorschriften für Kapitalgesellschaften 2, 3 § 319a

lassung solcher Wertpapiere zum Handel an einem organisierten Markt beantragt hat (letzteres bedeutet eine praktisch wenig bedeutende Ausdehnung des Anwendungsbereichs von § 319 durch das BilMoG). Erfasst sind danach nur Kapitalmarktunternehmen (nur große KapitalGes iSv § 267 III 2 Alt 1; I gilt somit nicht für Buchprüfer, § 319 I 2), nicht auch andere öff wichtige Unternehmen wie Kreditinstitute, Finanzdienstleistungsinstitute, Versicherungsunternehmen und Pensionsfonds ab einer bestimmten Größe (etwa über 150 Mio Euro Bilanzsumme), obschon sie in großem Umfang mit Kundengeldern arbeiten (Rechtsausschuss, anders RegE und EU-Empfehlung 2002 Präambel Nr 1 und 8. EU-Ri). Organisierter Markt ist danach der regulierte Markt iSv **(14)** BörsG § 32, auch der ehemalige Neue Markt, nicht aber der Freiverkehr nach **(14)** BörsG § 48 nF. I 1 besagt klarstellend, dass für die Unternehmen iSv I **auch uneingeschränkt die allgemeinen Ausschlussgründe** von § 319 II und III gelten („über" diese „hinaus"), insbesondere die **Besorgnis der Befangenheit** (§ 319 Rn 7 ff). Die strengeren Regeln für diese Unternehmen haben ihren Grund im Kapitalanlegerschutz und dem öff Interesse an Corporate Governance und Vertrauen in die Börsen (Einl 11 v § 316). Lit Me/Pro/Fi Kap 17 Tz 113 ff; Hülsmann DStR **05**, 166; Ring WPg **05**, 197; Seidler/Bischof/Pföhler WPg **14**, 236 (Anwendungsprobleme); Merkt ZHR 179 **(15)** 601. Durch das AReG (Überbl 9 vor § 316, Übergangsregelung in **(1)** EGHGB Art 79) wurde I grundlegend geändert: In Umsetzung des Art 39 I iVm Art 2 Nr 13 lit b und c der EU-AbschlussprüfungsRi 2014 fallen nunmehr zusätzlich zu den kapitalmarktorientierten Unternehmen auch CRR-Kreditinstitute iSd § 1 IIId 1 KWG (mit Ausnahme der in § 2 I Nr 1u 2 KWG genannten Institute) und Versicherungsunt iSd § 341 in den persönlichen Anwendungsbereich.

2) Die besonderen Ausschlussgründe im Einzelnen (I 1)

A. **Finanzielle Abhängigkeit (I 1 Nr 1):** I 1 Nr 1 (wesentlich strenger als 2 § 319 II Nr 8 aF) betrifft die Fälle, in denen der Abschlussprüfer in der zu prüfenden KapitalGes einen Hauptauftragnehmer hat, was ihn von diesem finanziell abhängig machen oder als abhängig erscheinen lassen könnte. Schwellenwert (sog **Umsatzabhängigkeitsgrenze**) ist mehr als 15% (internationale Diskussion strenger, zT nur 5%, Rechtsausschuss empfiehlt Beobachtung) der Gesamteinnahmen des Abschlussprüfers aus seiner beruflichen Tätigkeit von dieser Gesellschaft oder von Unternehmen, an denen diese mehr als 20% der Anteile besitzt. Relevanter Zeitraum sind die letzten fünf Jahre und das laufende Geschäftsjahr insoweit, als zu erwarten ist, dass der Schwellenwert wiederum überschritten wird. **Übergangsrecht** in **(1)** EGHGB Art 58 IV 4. Durch das AReG wurde I 1 Nr 1 aufgehoben (Einl 9 v § 316, **Übergangsrecht** in **(1)** EGHGB Art 79), um Art 4 III der EU-AbschlussprüfungsVO Rechnung zu tragen. Dadurch kommt es nunmehr bei einem Überschreiten der für Nichtprüfungsleistungen zusätzlichen Gesamthonorare bei der Abschlussprüfung von Unternehmen von öff Interesse nicht länger zu einem Ausschluss von der Abschlussprüfung, sondern es treten EU-rechtlich vorgegebenen Rechtsfolgen ein, die sich nur auf Nichtprüfungsleistungen beziehen. Darin liegt ein wesentlicher Unterschied zu § 319 III 1 Nr 5, dessen weitergehende Rechtsfolge unberührt bleibt, Begr RegE 48 f.

B. **Rechts- oder Steuerberatungsleistungen (I 1 Nr 2):** I 1 Nr 2, der für 3 den Berufsstand besonders bedeutsam ist, bringt keine generelle Trennung von Prüfung und Beratung, wie zT gefordert (§ 319 Rn 5). III Nr 2 hält aber, die bisherige Rspr zT aufnehmend (§ 319 Rn 20) Rechts- oder Steuerberatungsleistungen unter besonderen Voraussetzungen bezüglich Ausmaß und Auswirkung für befangenheitsbegründend, Grund: Selbstprüfungsverbot (vgl § 319 Rn 19), denn eine objektive Prüfung, ob die eigenen, bilanzrelevanten Gestal-

Merkt 1295

§ 319a 4, 5   3. Buch. Handelsbücher

tungsvorschläge im Abschluss tatsächlich zutreffend sind, mit der möglichen Konsequenz des Eingestehens eigener, unzureichender Beratung ist dann kaum zu erwarten. Das gilt für Rechts- oder Steuerberatungsleistungen, die über das Aufzeigen von Gestaltungsalternativen hinausgehen **(Ausmaß)** und (kumulativ) die sich auf die Darstellung der Vermögens-, Finanz- und Ertragslage in dem zu prüfenden Jahresabschluss unmittelbar und nicht nur unwesentlich auswirken **(Auswirkung)**. Das **Ausmaßkriterium** ist nur erfüllt, wenn der Abschlussprüfer selbst gestaltend tätig wird oder konkrete Vorschläge macht, zB Auslagerung von Risiken auf ZweckGes, falls diese nicht konsolidiert zu werden brauchen (RegE) oder Entwicklung eines Steuersparkonzepts, aber auch andere Fälle, Baumb/ Hueck/Schulze-Osterloh 114. Das Ausmaßkriterium ist nicht erfüllt, wenn der Abschlussprüfer nur auf die Rechts- oder Steuerrechtslage hinweist, die ein Handeln des Mandanten nahe legt oder zur Wahrung von Vorteilen sogar erfordert (RegE), zB auf bestimmte Frist für Steuervorteil. Bei der Rechts- oder Steuerberatungsleistung nach I 1 Nr 2 liege idR eine eigene, entgeltliche, von der prüfungsnahen Beratung abgrenzbare Dienstleistung vor (so RegE: „über die Prüfungstätigkeit hinaus", „-leistungen"); das kann, aber muss nicht so sein und ist deshalb für I 1 Nr 2 nicht entscheidend. Das **Auswirkungskriterium** setzt eine unmittelbare und nicht unwesentliche Auswirkung voraus. Eine unmittelbare Auswirkung liegt vor, wenn die Darstellung der Vermögens-, Finanz- und Ertragslage sich zwangsläufig aus dem Ergebnis der Beratung ergibt, zB wenn bei deren Durchführung konkrete und bestimmbare, von der Beratung erfasste Auswirkungen zu erwarten sind (RegE). Das gilt auch dann, wenn der Bilanzaufsteller frei entscheiden kann, ob er der Gestaltungsempfehlung folgt oder nicht (s Rn 4). Zeitlich erfasst ist nur das zu prüfende Geschäftsjahr. IdR nicht schädlich sind: Beratung zu abgeschlossenen Sachverhalten und zu nicht vom WP selbst entwickelten Steuermodellen, steuerrechtliche due diligence, Mandantenvertretung bei Betriebsprüfung und Prozessen, Petersen/Zwirner WPg **09**, 772. **Übergangsrecht** in **(1)** EGHGB Art 58 IV 6. Im Zuge der Reform durch das AReG (Einl 9 v § 316, Übergangsregelung in **(1)** EGHGB Art 79) wurde I 1 Nr 2 an die Vorgaben von Art 5 I Unterabs 2 lit a Nr i sowie iv bis vii iVm III lit a der EU-AbschlussprüfungsVO angepasst. Der Begriff der Wesentlichkeit wird iSd Erwägungsgrunds 9 der EU-Abschlussprüfungs-VO und des dortigen Bezugs zur „aggressiven Steuerplanung" erläutert. Maßgeblich ist nunmehr, ob die Auswirkungen wegen ihrer Größenordnung oder sonst für den Abschlussleser erheblich sind, etwa wenn der steuerliche Gewinn erheblich gekürzt oder in erheblichem Umfang einer Betriebsstätte oder einem verbundenen Unternehmen in einem steuerlichen Gebiet außerhalb des Geltungsbereichs des EStG oder des KStG zugerechnet wird und dort ein genereller oder präferentieller Unternehmenssteuersatz von weniger als 15% gilt, ohne dass eine über den bloßen Steuervorteil hinausgehende wirtschaftliche Notwendigkeit für das Unternehmen besteht, Begr RegE 49. **Lit** Bürkle VersR **16**, 1145; Petersen/Zwirner/Boecker DStR **16**, 984; Velte DStR **16**, 1944.

4   I 1 Nr 2 ist zwar von der Rspr des **BGH zur funktionalen Entscheidungskompetenz**, die nicht auf den Berater übergehen darf (sonst Mitwirkung an dem zu prüfenden Jahresabschluss iSv § 319 II 1 Nr 5 aF), beeinflusst, dies aber nicht in dem Sinne, dass diese nunmehr nur noch im Rahmen von I 1 Nr 2 relevant würde; vielmehr kann auf diese Rspr weiterhin im Rahmen von § 319 III 1 Nr 3 lit a zurückgegriffen werden, Grund: anderer Anwendungsbereich, andere Abgrenzungen (§ 319 Rn 20).

5   Die Erstellung eines **Verschmelzungswertgutachtens** und Ermittlung der Verschmelzungswertrelation ist zwar keine Mitwirkung nach § 319 III 1 Nr 3 lit a (§ 319 Rn 19), beinhaltet aber nach Ausmaß und Auswirkung Rechts- und Steuerberatungsleistungen iSv I 1 Nr 2, die die nachfolgende Abschlussprüfung bei der aus der Verschmelzung hervorgegangenen Ges hindern, wenn sie in dem

2. Abschnitt. Ergänzende Vorschriften für Kapitalgesellschaften **6, 7** **§ 319a**

zu prüfenden Geschäftsjahr erbracht werden (falls zuvor erbracht, s Rn 4), GK/ Marsch-Barner 4.

C. Mitwirkung an Rechnungslegungsinformationssystemen (I 1 Nr 3 **6** **aF/nF):** I 1 Nr 3 (vgl EU-Empfehlung, § 319 Rn 9) betraf die Mitwirkung an der Entwicklung, Einrichtung und Einführung von Rechnungslegungsinformationssystemen, sofern diese Tätigkeit über die Prüfungstätigkeit hinausging und nicht nur von untergeordneter Bedeutung war. Zeitlich erfasst sind nur Leistungen in dem zu prüfenden Geschäftsjahr. Diese Regelung in I 1 Nr 3 aF wurde im Zuge der Reform durch das AReG (Überbl 9 vor § 316, **Übergangsrecht** in **(1)** EGHGB Art 79) gestrichen, weil sie nunmehr ersetzt wird durch Art 5 I Unterabs 2 lit a Ziff i sowie iv-vii iVm III lit a der EU-AbschlussprüfungsVO, der dem Abschlussprüfer die Gestaltung und Umsetzung interner Kontroll- oder Risikomanagementverfahren, die bei der Erstellung bzw. Kontrolle von Finanzinformationen oder Finanztechnologiesystemen zum Einsatz kommen, verbietet. An die Stelle des bisherigen I 1 Nr 3 ist I 1 Nr 3 **nF** getreten, mit dem das Mitgliedstaatenwahlrecht aus Art 5 III lit a der VO bezüglich Bewertungsleistungen ausgeübt wird. **Lit** Bürkle VersR **16**, 1145; Petersen/Zwirner/Boecker DStR **16**, 984; Quick DB **16**, 1205.

D. Prüfungsverantwortlichkeit in sieben oder mehr Fällen (I 1 Nr 4): I **7** 1 Nr 4 (strenger als § 319 III Nr 6 aF, aber weniger streng als RegE: 5 Zeichnungen, keine Unterbrechung, vgl 8. EU-Ri, Einl 4 v § 316) nunmehr idF BilMoG schließt den Abschlussprüfer aus, wenn er für die Abschlussprüfung verantwortlich war, also nicht nur, wenn er einen Bestätigungsvermerk nach § 322 über die Prüfung des Jahresabschlusses des Unternehmens gezeichnet hat (so aF), und dies bereits in sieben oder mehr Fällen (sog **interne Rotation,** s auch § 319 Rn 24), ausführlich MüKo/Ebke 24 ff. Entscheidend ist also die Zeichnungs- oder die Durchführungsverantwortung, ohne eine der beiden greift I Nr 4 nicht ein, Staub/Habersack/Schürnbrand 26. Der bisher unterzeichnende WP darf dann nicht mehr prüferisch tätig sein, auch nicht im Prüfungsteam, BeckBilKo 35; aA Petersen/Zwirner WPg **09**, 774, aber er darf zu einzelnen Fragen Auskünfte erteilen. Relevanter Zeitraum (Rotationsfrist) ist ein doppelter: sieben Jahre (Rechtsausschuss; genauer: 7 Zeichnungen, auch wenn diese in einem Zeitraum von mehr als 7 Jahren erfolgt sind) sowie zwei (statt drei wie nach aF noch und nach RegE) Jahre seit der letzten Beteiligung des Abschlussprüfers an der Prüfung des Jahresabschlusses (sog Abkühlungsphase, I 1 Nr 4 Hs 2 idF BilMoG, vgl Einl 5 v § 316, § 319 Rn 5: **cooling off-Periode, time out-Periode**). I 1 Nr 4 sieht damit nur einen personellen Prüferwechsel vor, aber **keine** zwingende **externe Rotation** der WirtschaftsprüfungsGes selbst (**aber Abschlussprüferreform 2014**, AbschlussprüferVO Art 16 ff, jedoch mit langjährigen Übergangsfristen, Einl 8 v § 316), weil wegen der Einarbeitungszeit für die neue Prüfungs-Ges Qualitätsverluste der Prüfung in den ersten Jahren nach dem Wechsel zu befürchten sind (so RegE WPOÄG 2000). I 4 stellt das für Wirtschaftsprüfungs-Ges ausdrücklich klar (s Rn 10). Beginn der Abkühlungsphase str, Beendigung der erforderlichen Prüfungshandlungen, Staub/Habersack/Schürnbrand 27, oder zutr strenger Erledigung der Berichtspflicht (§ 316 III 2), MüKo/Ebke 32. **Übergangsrecht** in **(1)** EGHGB Art 58 IV 4, 5, zu BilMoG Art 66 II. Im Zuge der Reform durch das AReG (Einl 9 v § 316, Übergangsregelung in **(1)** EGHGB Art 79) wurde I 1 Nr 4 aufgehoben, um Art 17 Abs 7 Unterabs 1 der EU-AbschlussprüfungsVO Rechnung zu tragen. **Lit** Habersack NZG **07**, 207; Merkt FS Priester **07**, 467 (extern, öff Unternehmen); P. Doralt FS Brogyányi Wien **08**, 409; ders in Allmendinger/Steffek, Corporate Governance nach der Krise 2011, 179 (extern); Erchinger/Melcher DB Beil 5/**09**, 93 (BilMoG); Petersen/Zwirner WPg **09**, 769 (§ 319a); Sipple/Glemser WPg **12**, 875 (rvgl); Knauer/Gold/Pott WPg **13**, 125 (Rotation, rvgl).

§ 319a 8–12   3. Buch. Handelsbücher

3) Mittelbare Verflechtung, enge familiäre Beziehung, WirtschaftsprüfungsGes (I 2)

8   Die besonderen Ausschlussgründe nach I 1 Nr 1–4 sollen auch gelten, wenn der Abschlussprüfer nicht unmittelbar betroffen ist. Erfasst werden deshalb auch die mittelbare Verflechtung (I 2 iVm **§ 319 III 1 Nr 3 letzter Teilsatz**, § 319 Rn 23), enge familiäre Beziehung (Ehegatten oder Lebenspartner, I 2 iVm **§ 319 III 2**, § 319 Rn 26) sowie WirtschaftsprüfungsGes (I 2 iVm **§ 319 IV**, s dort Rn 27).

4) Sozietätsklausel (I 3)

9   Nach I 3 ist auch schädlich, wenn einer der besonderen Ausschlussgründe des I 1 Nr 1–3 (nicht auch Nr 4) nicht bei dem Abschlussprüfer selbst vorliegt, sondern nur bei einer Person, mit der er seinen Beruf gemeinsam ausübt (Sozietätsklausel, I 3 iVm **§ 319 III 1 vor Nr 1**, § 319 Rn 16). In I 3 heißt es zwar anders als in § 319 III 1 vor Nr 1 „Personen", nicht „eine Person", doch genügt auch hier das Vorliegen des Ausschlussgrundes bei nur einem Partner.

5) Bestätigungsvermerke bei WirtschaftsprüfungsGes (I 4, 5)

10   I 4, 5 idF BilMoG. I 4 aufgehoben im Zuge des AReG (Einl 9 v § 316, **Übergangsrecht** in **(1)** EGHGB Art 79), da wegen EU-Regelung zur externen Rotation in der EU-AbschlussprüfungsVO entbehrlich, stellte für WirtschaftsprüfungsGes klar, dass diese nur den Abschlussprüfer, der als verantwortlicher Prüfungspartner nach I Nr 4 (seinen Bestätigungsvermerke, zwei Jahre, s Rn 7) ausgeschlossen ist, „bei der Abschlussprüfung des Unternehmens" nicht beschäftigen durfte. Die WirtschaftsprüfungsGes selbst war also nicht ausgeschlossen und konnte ohne weiteres andere Sozietätsangehörige einsetzen (**keine externe Rotation, aber Abschlussprüferreform 2014**, s Rn 7). I 5 enthält eine Legaldefinition von **verantwortlicher Prüfungspartner,** nämlich wer den Bestätigungsvermerk nach § 322 unterzeichnet oder als Wirtschaftsprüfer von einer WirtschaftsprüfungsGes als für die Durchführung einer Abschlussprüfung vorrangig verantwortlich bestimmt worden ist, was sich idR aus den Arbeitspapieren zu der jeweiligen Abschlussprüfung ergibt. Das können dieselbe natürliche Person (so idR in der Praxis) oder verschiedene Personen sein. Partner iSv 5 ist nicht technisch als Gfter zu verstehen, auch andere WP (nur solche) wie Prokuristen sind erfasst. **Übergangsrecht** in **(1)** EGHGB Art 66 II. **Lit** Erchinger/Melcher DB Beil 5/**09**, 93.

6) Befreiung auf Antrag (Ia)

11   Der mit dem AReG (Einl 9 v § 316, **Übergangsrecht** in **(1)** EGHGB Art 79) eingefügte neue Ia dient der vollumfänglichen Ausübung des Mitgliedstaatenwahlrechts aus Art 4 II Unterabs 3 der EU-AbschlussprüfungsVO, soweit dies erforderlich ist, um in Ausnahmefällen die Erbringung von Nichtprüfungsleistungen in angemessenem Umfang zu ermöglichen. Danach kann Prüferaufsicht den Prüfer auf dessen Antrag gestatten, abweichend von Art. 4 II Unterabs 1VO ausnahmsweise in einem Geschäftsjahr Nichtprüfungsleistungen für bis zu 140 % des Durchschnitts der in Art 4 II Unterabs 1 VO genannten Honorare zu erbringen. Begrenzung auf ein Jahr wegen Ausnahmecharakter der Regelung, Begr RegE 49 f. **Lit** Lenz DB **16**, 2555; Quick DB **16**, 1205.

7) Die besonderen Ausschlussgründe für Konzernabschlussprüfer (II 1, 2)

12   Die besonderen Ausschlussgründe des I für Abschlussprüfer gelten für Konzernabschlussprüfer (§ 316 II) entsprechend (II 1, vgl § 319 Rn 29). II 2 idF BilMoG erweitert den Begriff des verantwortlichen Prüfungspartners für Konzernabschlussprüfer auf solche Wirtschaftsprüfer, die als Wirtschaftsprüfer auf der Ebene bedeutender (kapitalmarktorientierter, s Rn 1) TochterUnt als für die

2. Abschnitt. Erg. Vorschriften für Kapitalgesellschaften 13, 14 § 319a

Durchführung von deren Abschlussprüfung vorrangig verantwortlich bestimmt worden sind (also auch solche, die den Bestätigungsvermerk nicht unterzeichnen). Damit wird die interne Rotation (s Rn 7, 10) auf Wirtschaftsprüfer der mit der Konzernabschlussprüfung beauftragten WirtschaftsprüfungsGes ausgedehnt, die mit der Abschlussprüfung des Jahresabschlusses bedeutender Tochterunternehmen befasst sind. Wie schon nach I 4, 5 (s Rn 10) ist die WirtschaftsprüfungsGes selbst also nicht ausgeschlossen und kann ohne weiteres andere Sozietätsangehörige einsetzen bzw den ausgeschlossenen Wirtschaftsprüfer (vorbehaltlich anderer Ausschlussgründe) bei anderen konzernangehörigen Tochterunt einsetzen (**keine externe Rotation**, s Rn 7). Vorrangige Bestimmung s Rn 10. Bedeutende TochterUnt sind solche, deren Einbeziehung in den Konzernabschluss sich erheblich auf die Vermögens-, Finanz- und Ertragslage des Konzerns auswirkt, was in jedem Fall gesondert zu beurteilen ist (RegE). Der RegE enthält dazu eine ganze Reihe weiterer Konkretisierungsüberlegungen: Erforderlich ist, dass die Einbeziehung des zu beurteilenden TochterUnt sowohl die Vermögens- als auch die Finanz- und Ertragslage des Konzerns (vor Konsolidierung, Erchinger/Melcher DB Beil 5/**09**, 93) erheblich beeinflusst (so idR bei mehr als 20% des Konzernvermögens oder mehr als 20% des Konzernumsatzes), was zu jedem Bilanzstichtag neu zu prüfen ist. Bei Aufsteigen zu einem bedeutenden Unternehmen beginnt die Rotationspflicht erst, wenn der Wirtschaftsprüfer dieses Unternehmen „in seiner bedeutenden Phase" sieben Jahre in Folge geprüft hat, bei Absinken und erneutem Aufsteigen beginnt die Frist zu dem späteren Zeitpunkt neu zu laufen (RegE). Wenn sowohl Mutter als auch Tochter kapitalmarktorientiert sind (s Rn 1), greifen I und II nebeneinander, bei Package-Prüfung (der Mutter) greift mangels eigener Abschlussprüfung der Tochter nur I ein, so auch bei Prüfung mehrerer nicht bedeutender Töchter, die nur insgesamt bedeutend sind. **Lit** Petersen/Zwirner WPg **08**, 969; Erchinger/Melcher DB Beil 5/**09**, 93.

8) Genehmigung durch Prüfungsausschuss (III)

Die mit dem AReG (Einl 9 v § 316, **Übergangsrecht** in (1) EGHGB Art 79) in einem neuen III eingeführte Anforderung, dass der Prüfungsausschuss bzw. der Aufsichtsrat die Erbringung der **Steuerberatungsleistung „vorher genehmigen"** muss (terminologisch unsauber, richtig wäre: „der Steuerberatungsleistung vorher zustimmen muss", vgl §§ 183, 184 BGB), dient Stärkung der Rolle des Prüfungsausschusses bzw. Aufsichtsrats, Begr RegE 50. **Lit** Kelm/Schmitz-Herkendell DB **16**, 2365 (IDW-Positionspapier); Lanfermann BB **16**, 1834; Petersen/Zwirner/Boecker DStR **16**, 984; Bode BB **17**, 491 (Territoriale Reichweite des Zustimmungsvorbehalts).

9) Rechtsfolgen bei Verstößen

Bei Verstößen gegen § 319a gilt grundsätzlich dasselbe wie bei Verstößen gegen § 319 II–V (§ 319 Rn 29–31). Der unter Verstoß gegen § 319a festgestellte Jahresabschluss ist **nicht nichtig** (§ 256 I Nr 3 AktG idF BilReG, für GmbH entspr). Anfechtungs- und Nichtigkeitsklagen gegen den Wahlbeschluss sind ausgeschlossen, soweit sie auf § 319a gestützt werden, hierfür gibt es nur das Ersetzungsverfahren nach § 318 III (§§ 243 II, 249 I 1 AktG idF BilReG, s § 318 Rn 9). Nichtigkeit des Prüfungsvertrags und Schadensersatzpflicht des Abschlussprüfers s § 319 Rn 32. Die Frage stellt sich nunmehr auch im Kontext der **AbschlussprüferVO** (Einl 4b v § 316), denn **Art 17 III** besagt, dass weder der Abschlussprüfer noch die PrüfungsGes noch ggf Netzwerkmitglieder (§ 319b) nach Ablauf der Höchstzeit innerhalb des folgenden Vierjahreszeitraums „die Abschlussprüfung bei demselben Unternehmen von öff Interesse durchführen". Zur Vorlagepflicht beim EuGH s Einl 28 vor § 1.

§ 319b 1, 2   3. Buch. Handelsbücher

Netzwerk

319b (1) ¹Ein Abschlussprüfer ist von der Abschlussprüfung ausgeschlossen, wenn ein Mitglied seines Netzwerks einen Ausschlussgrund nach § 319 Abs. 2, 3 Satz 1 Nr. 1, 2 oder Nr. 4, Abs. 3 Satz 2 oder Abs. 4 erfüllt, es sei denn, dass das Netzwerkmitglied auf das Ergebnis der Abschlussprüfung keinen Einfluss nehmen kann. ²Er ist ausgeschlossen, wenn ein Mitglied seines Netzwerks einen Ausschlussgrund nach § 319 Abs. 3 Satz 1 Nr. 3 oder § 319a Abs. 1 Satz 1 Nr. 2 oder 3 erfüllt. ³Ein Netzwerk liegt vor, wenn Personen bei ihrer Berufsausübung zur Verfolgung gemeinsamer wirtschaftlicher Interessen für eine gewisse Dauer zusammenwirken.

(2) Absatz 1 ist auf den Abschlussprüfer des Konzernabschlusses entsprechend anzuwenden.

Übersicht

	Rn
1) Unabhängigkeit und Netzwerkabhängigkeiten	1
2) Ausschluss bei Zugehörigkeit zu einem Netzwerk (I 1 Halbsatz 1)	2
3) Entlastungsmöglichkeit (I 1 Halbsatz 2)	3
4) Ausschluss der Entlastung (I 2)	4
5) Legaldefinition von Netzwerk in I 3 und in Art 2 Nr 7 der AbschlussprüfungsRi	5
6) Die einzelnen Tatbestandsmerkmale der Netzwerkdefinition in I 3 im Lichte von Art 2 Nr 7 der AbschlussprüfungsRi	6–9
7) Ausschluss auch des Abschlussprüfers des Konzernabschlusses (II)	10

1) Unabhängigkeit und Netzwerkabhängigkeiten

1 § 319b (neu BilMoG) dehnt die Unabhängigkeitsvorschriften in Umsetzung von Art 22 II der AbschlussprüferRi (Überbl 4 vor § 316) auf Netzwerkabhängigkeiten aus. Nach der Ri ist ein Ausschluss vorgesehen, wenn zwischen dem Abschlussprüfer oder ihrem PrüfungsGes oder einem Netzwerk und dem geprüften Unternehmen unmittelbar oder mittelbar eine finanzielle oder geschäftliche Beziehung, ein Beschäftigungsverhältnis oder eine sonstige Verbindung besteht, aus der ein objektiver, verständiger und informierter Dritter schließen würde, dass ihre Unabhängigkeit gefährdet ist; eine sonstige Verbindung besteht auch bei Erbringung zusätzlicher Leistungen, die keine Prüfungsleistungen sind (Art 22 II 1). § 319b geht über die bereits bestehenden, weitgehenden, auch Sozietäten erfassenden Unabhängigkeitserfordernisse (§§ 319, 319a HGB, **(2c)** WPO § 43 sowie §§ 2, 20 ff BS WP/vBP) hinaus, ist dabei aber im Interesse der mittelständischen Abschlussprüfer für Netzwerke weniger streng als für die Unabhängigkeitserfordernisse im Übrigen (RegE; s Rn 2, 3, 4). **Übergangsrecht: (1)** EGHGB Art 66 II. **Lit** Me/Pro/Fi Kap 17 Tz 138 ff; Petersen/Zwirner WPg **08**, 970; Petersen/Zwirner/Boecker WPg **10**, 464.

2) Ausschluss bei Zugehörigkeit zu einem Netzwerk (I 1 Halbsatz 1)

2 Ein Abschlussprüfer ist von der Abschlussprüfung ausgeschlossen, wenn ein Mitglied seines Netzwerks einen Ausschlussgrund nach § 319 II, III 1 Nr 1, 2 oder 4, III 2 oder IV erfüllt (I 1 Halbsatz 1) vorbehaltlich einer Entlastungsmöglichkeit (s Rn 3). Finanzielle Abhängigkeit nach § 319 III 1 Nr 5 führt nicht zum Ausschluss nach I 1 Halbs 1, der RegE gibt dafür Praktikabilitätsgründe an (Schwierigkeiten bei der Ermittlung der 30 %-Umsatzgrenze).

2. Abschnitt. Ergänzende Vorschriften für Kapitalgesellschaften 3–6 § 319b

3) Entlastungsmöglichkeit (I 1 Halbsatz 2)

Von dem Ausschluss nach I 1 Halbs 1 ist eine Entlastungsmöglichkeit vorgesehen, wenn das Netzwerkmitglied auf das Ergebnis der Abschlussprüfung keinen Einfluss nehmen kann (I 1 Halbsatz 2, vgl § 340k II 3). Diese Entlastungsmöglichkeit ist nur für Netzwerkabhängigkeiten vorgesehen, sodass im konkreten Fall die Unabhängigkeit des Abschlussprüfers selbst zu verneinen, die als Netzwerkmitglied dagegen zu bejahen sein kann. Das Vorliegen der Entlastungsmöglichkeit ist vom Abschlussprüfer darzulegen („es sei denn"). 3

4) Ausschluss der Entlastung (I 2)

Die Entlastung ist ausgeschlossen, wenn das Netzwerkmitglied einen Ausschlussgrund nach § 319 III 1 Nr 3 oder § 319a I 1 Nr 2 oder 3 erfüllt (I 2). Diese Ausschlussgründe betreffen die Selbstprüfung (§ 319 Rn 19) und bei Unternehmen von öff Interesse das Erbringen von Rechts- oder Steuerberatungsleistungen und die Mitwirkung an Rechnungslegungsinformationssystemen (§ 319a Rn 3, 6). Diese sind besonders gravierend, da sie sich unmittelbar und ohne weiteres Zutun des Netzwerkmitglieds auf den Jahres- bzw Konzernabschluss auswirken. I 2 sieht deshalb eine unwiderlegliche Vermutung der Befangenheit vor. § 319a I 1 Nr 1 wird in I 2 aus Praktikabilitätsgründen nicht berücksichtigt (wie betr III 1 Nr 5, so RegE, s Rn 2). 4

5) Legaldefinition von Netzwerk in I 3 und in Art 2 Nr 7 der AbschlussprüfungsRi

Ein Netzwerk liegt nach der **Legaldefinition in I 3** vor, wenn Personen bei ihrer Berufsausübung zur Verfolgung gemeinsamer wirtschaftlicher Interessen für eine gewisse Dauer zusammenwirken. Dies **weicht von der Legaldefinition der AbschlussprüfungsRi ab**. Art 2 Nr 7 lautet: „Netzwerk" ist die breitere Struktur, – die auf Kooperation ausgerichtet ist und der ein Abschlussprüfer oder eine PrüfungsGes angehört und – die eindeutig auf Gewinn- und Kostenteilung abzielt oder durch gemeinsames Eigentum, gemeinsame Kontrolle oder gemeinsame Geschäftsführung, gemeinsame Qualitätssicherungsmaßnahmen und -verfahren, eine gemeinsame Geschäftsstrategie, die Verwendung einer gemeinsamen Marke oder durch einen wesentlichen Teil gemeinsamer fachlicher Ressourcen miteinander verbunden ist." Laut RegE soll I 3 mit seiner allgemeinen Formulierung all das abdecken. Das ist nicht unproblematisch. I 3 ist nur mit der Ri vereinbar, wenn sich die Auslegung von I 3 exakt an den in Art 2 Nr 7 enthaltenden Kriterien ausrichtet. Praktisch kommt der Rechtsanwender also ohne den Wortlaut von Art 2 Nr 7 nicht aus, sodass eine wörtliche Übernahme in den deutschen Gesetzestext zwar weniger elegant, aber bei weitem sicherer gewesen wäre. Jede selbstständige Auslegung von I 3 kann danach vor den EuGH zur Prüfung der Vereinbarkeit mit Art 2 Nr 7 gebracht werden (Einl 28 vor § 1, § 84 Rn 3). Einzelheiten bei MüKo/Ebke 3 ff, selbst für eine Gesamtschau, 14. 5

6) Die einzelnen Tatbestandsmerkmale der Netzwerkdefinition in I 3 im Lichte von Art 2 Nr 7 der AbschlussprüfungsRi

Zusammenwirken für eine gewisse Dauer: „Breitere Struktur" und „auf Kooperation ausgerichtet" soll in dem Merkmal von I 3 „für eine gewisse Dauer zusammenwirken" abgebildet werden, Kooperation beinhalte eine bestimmte Dauer. Für ein Zusammenwirken kommt es nicht auf die rechtliche Ausgestaltung des Netzwerks an, jede Art des Zusammenwirkens genügt, es muss aber intendiert sein (RegE). Das Zusammenwirken muss von einer gewissen Dauer sein, ein einmaliges oder nur gelegentliches Zusammenwirken genügt nicht (RegE). Gemeinsame Aktivitäten (Prüfungen, Gutachten, Fortbildungsveranstaltungen ua) begründen für sich allein kein Netzwerk (RegE). 6

Merkt 1301

§ 320

7 **In Verfolgung gemeinsamer wirtschaftlicher Interessen:** Gemeinsame wirtschaftliche Interessen liegen vor, wenn die Netzwerkmitglieder mit ihrem Zusammenwirken eines der in Art 2 Nr 7 der AbschlussprüferRi genannten Kriterien (s Rn 5) verfolgen (so ausdrücklich RegE). Das ist bei einem eindeutigen Abzielen auf Gewinn- und Kostenteilung ohne weiteres der Fall, aA MüKo/Ebke 21. Der RegE formuliert dazu allerdings, weil zu unscharf, potentiell richtlinienwidrig: („Bei einer Gewinn- und Kostenteilung ist regelmäßig von der Verfolgung gemeinsamer wirtschaftlicher Interessen auszugehen": aber „eindeutig"? „regelmäßig"? richtiger: Gewinn- oder Kostenteilung). Die Verfolgung gemeinsamer wirtschaftlicher Interessen ist auch und nur anzunehmen, wenn die breitere Struktur „durch gemeinsames Eigentum, gemeinsame Kontrolle oder gemeinsame Geschäftsführung, gemeinsame Qualitätssicherungsmaßnahmen und -verfahren, eine gemeinsame Geschäftsstrategie, die Verwendung einer gemeinsamen Marke oder durch einen wesentlichen Teil gemeinsamer fachlicher Ressourcen miteinander verbunden ist". Auch das ist zT enger, zT weiter als die Begründung im RegE.

8 **Zusammenwirken von Personen bei ihrer Berufsausübung:** Personen sind sowohl natürliche als auch juristische Personen sowie teilrechtsfähige Personenvereinigungen. Diese müssen bei ihrer Berufsausübung zusammenwirken, also zB nicht nur durch ihre auch dauerhafte Mitgliedschaft in Berufsverbänden, etwa die Mitgliedschaft genossenschaftlicher Prüfungsverbände in einem Spitzenverband (RegE).

9 **Verwendung des Begriffs Netzwerk, network oder ähnlicher Begriffe:** Auch wenn die Voraussetzungen von § 319a nicht vorliegen, kann ein Ausschluss sich daraus ergeben, dass der Begriff „Netzwerk" „network" oder ähnliche Begriffe im Verkehr von Wirtschaftsprüfern bzw WirtschaftsprüfungsGes verwandt werden. Das führt dann zwar nicht zu einer (analogen) Anwendung von § 319a, aber kann im Verkehr die Besorgnis der Befangenheit nach der Generalklausel des § 319 II begründen (§ 319 Rn 4). Dabei kommt es aber auf die konkreten Umstände an (Abwägung im Einzelfall, § 319 Rn 7).

7) Ausschluss auch des Abschlussprüfers des Konzernabschlusses (II)

10 Der Ausschluss nach I gilt entsprechend auch für den Abschlussprüfer des Konzernabschlusses (§ 316 II).

Vorlagepflicht. Auskunftsrecht

320 (1) ¹Die gesetzlichen Vertreter der Kapitalgesellschaft haben dem Abschlußprüfer den Jahresabschluß, den Lagebericht und den gesonderten nichtfinanziellen Bericht unverzüglich nach der Aufstellung vorzulegen. ²Sie haben ihm zu gestatten, die Bücher und Schriften der Kapitalgesellschaft sowie die Vermögensgegenstände und Schulden, namentlich die Kasse und die Bestände an Wertpapieren und Waren, zu prüfen.

(2) ¹Der Abschlußprüfer kann von den gesetzlichen Vertretern alle Aufklärungen und Nachweise verlangen, die für eine sorgfältige Prüfung notwendig sind. ²Soweit es die Vorbereitung der Abschlußprüfung erfordert, hat der Abschlußprüfer die Rechte nach Absatz 1 Satz 2 und nach Satz 1 auch schon vor Aufstellung des Jahresabschlusses. ³Soweit es für eine sorgfältige Prüfung notwendig ist, hat der Abschlußprüfer die Rechte nach den Sätzen 1 und 2 auch gegenüber Mutter- und Tochterunternehmen.

(3) ¹Die gesetzlichen Vertreter einer Kapitalgesellschaft, die einen Konzernabschluß aufzustellen hat, haben dem Abschlußprüfer des Konzernabschlusses den Konzernabschluß, den Konzernlagebericht, den gesonderten nichtfinanziellen Konzernbericht, die Jahresabschlüsse, Lageberichte, die gesonderten

2. Abschnitt. Ergänzende Vorschriften für Kapitalgesellschaften 1, 2 § 320

nichtfinanziellen Berichte und, wenn eine Prüfung stattgefunden hat, die Prüfungsberichte des Mutterunternehmens und der Tochterunternehmen vorzulegen. ²Der Abschlußprüfer hat die Rechte nach Absatz 1 Satz 2 und nach Absatz 2 bei dem Mutterunternehmen und den Tochterunternehmen, die Rechte nach Absatz 2 auch gegenüber den Abschlußprüfern des Mutterunternehmens und der Tochterunternehmen.

(4) Der bisherige Abschlussprüfer hat dem neuen Abschlussprüfer auf schriftliche Anfrage über das Ergebnis der bisherigen Prüfung zu berichten; § 321 ist entsprechend anzuwenden.

(5) ¹Ist die Kapitalgesellschaft als Tochterunternehmen in den Konzernabschluss eines Mutterunternehmens einbezogen, das seinen Sitz nicht in einem Mitgliedstaat der Europäischen Union oder einem anderen Vertragsstaat des Abkommens über den Europäischen Wirtschaftsraum hat, kann der Prüfer nach Absatz 2 zur Verfügung gestellte Unterlagen an den Abschlussprüfer des Konzernabschlusses weitergeben, soweit diese für die Prüfung des Konzernabschlusses des Mutterunternehmens erforderlich sind. ²Für die Übermittlung personenbezogener Daten gelten § 4b Absatz 2 bis 6 und § 4c des Bundesdatenschutzgesetzes entsprechend.

Übersicht

	Rn
1) Vorlagepflicht (I)	1
2) Auskunftsrecht (II)	2
3) Konzernabschluss (III)	3
4) Bericht an den neuen Abschlussprüfer (IV)	4
5) Weitergabe von Unterlagen an Konzernprüfer in Drittland	5

1) Vorlagepflicht (I)

Eigentliche **Vorlagepflicht** folgt aus I 1 (ergänzt um gesonderten nichtfinanziellen Bericht durch CSR-Reform 2017, **Übergangsrecht** in (1) EGHGB Art 80), Pflicht zur **Gestattung der Einsichtnahme** an Ort und Stelle aus **I 2**. Das Prüfungsrecht nach I 2 umfasst Bücher (gesamte Buchhaltung einschließlich Planungs- und Investitionsrechnung), Schriften (§ 257 I Nr 2–4 einschließlich Vorstands- und Aufsichtsratsprotokollen und ggf Personalunterlagen), Vermögensgegenstände (dh hier alle Posten der Aktivseite, hL) und Schulden (dh hier alle Posten der Passivseite); ferner die Unterlagen zu den Angaben im Anhang und Lagebericht; Bsp s ADS 18. Lit Me/Pro/Fi Kap 17 Tz 151 ff.

2) Auskunftsrecht (II)

Der Abschlussprüfer hat über I hinaus Recht auf Mithilfe der gesetzlichen Vertreter (aller, nicht einzelner Mitglieder; nicht sonstige Mitarbeiter der Ges). Soweit zur Erreichung des Prüfungszwecks nötig (Grenze), müssen diese, auch schon vor Aufstellung des Jahresabschlusses (zB für vorgelagerte Zwischenprüfungen), alle Aufklärungen und Nachweise liefern (II 1, 2). Diese Rechte hat der Abschlussprüfer auch gegen Mutter- und Tochterunternehmen (§ 290), so II 3, auch gegenüber Unternehmen mit Sitz im Ausland, MüKo/Ebke 18, ggf Auswirkung auf Prüfungsbericht und Bestätigungsvermerk; er hat aber nicht das Recht eigener örtlicher Einsichtnahme wie nach I 2 gegenüber den Konzernunternehmen, Staub/Habersack/Schürnbrand 16. Unter II fallen insbesondere Vorlage von Saldenbestätigungen der Geschäftspartner der Ges, IDW PS 300 Tz 33 (Prüfungsnachweise), dagegen nicht Abgabe einer Vollständigkeitserklärung (§ 317 Rn 4), MüKo/Ebke 16, Baumb/Hueck/Schulze-Osterloh 123, bisher hL, str, aA Staub/Habersack/Schürnbrand 12, auf deren Verweigerung ist dann allerdings im Prüfungsbericht hinzuweisen, die Auftragsbedingungen der WP sehen jedoch auf Verlangen des Abschlussprüfers einen solchen Anspruch

§ 321

vor. Einklagbarer Anspruch des Abschlussprüfers gegen die Ges besteht nicht, MüKo/Ebke 24, aA Staub/Habersack/Schürnbrand 32, aber keine Pflicht des Abschlussprüfers dazu. Durchsetzung durch Zwangsgeld § 335 idF KapCoRiLiG 2000 (s dort Rn 2) auf Antrag, auch des Abschlussprüfers, str, auch § 321 I 3 und ggf § 322 IV. Unrichtige Angaben sind strafbar, § 331 Nr 4. Näher IDW PS 200, PS 201, PS 303 nF 2009.

3) Konzernabschluss (III)

3   III (ergänzt um gesonderten nichtfinanziellen Konzernbericht und die gesonderten nichtfinanziellen Berichte durch CSR-Reform 2017, **Übergangsrecht** in **(1) EGHGB Art 80**) gibt die Rechte des I, II auch dem Konzernabschlussprüfer gegen alle (nicht nur die in den Konzernabschluss einbezogenen, AmtlBegr) Mutter- und Tochterunternehmen, also auch Recht auf eigene örtliche Einsichtnahme nach I 2 (III 2, weiter als II), auch gegenüber den Abschlussprüfern dieser Unternehmen.

4) Bericht an den neuen Abschlussprüfer (IV)

4   IV idF BilMoG. Der bisherige Abschlussprüfer hat dem neuen Abschlussprüfer auf schriftliche Anfrage über das Ergebnis der bisherigen Prüfung zu berichten; § 321 ist entsprechend anzuwenden. IV begründet sowohl ein Recht des neuen als auch eine Pflicht des alten Abschlussprüfers. IV geht damit über die bisherigen §§ 318 VI 4, 320 I 2 hinaus, die aber weiterhin unabhängig von IV anwendbar bleiben. IV erfasst jeden Abschlussprüferwechsel, also den vorzeitigen ebenso wie den regulären, hL. Der alte Abschlussprüfer braucht nicht unaufgefordert zu berichten, vielmehr muss erst der neue schriftlich anfragen. Die Anfrage ist unverzüglich (ohne schuldhaftes Zögern, § 121 I 1 BGB) zu beantworten (RegE). Das steht zwar nicht in IV, ergibt sich aber aus allgemeinen Grundsätzen. Haftung bei Pflichtverletzung nach § 323 I 2 (§ 323 Rn 6). Die Bezugnahme auf § 321 in IV Halbs 2 bedeutet, dass der Bericht in Prüfungsberichtsform erstattet werden muss (wie in § 318 VI 4 Halbs 2). Der Bericht an den neuen Abschlussprüfer nach IV und an die Organe der Ges nach § 318 VI 4 wird sich also idR decken können. Geschuldet ist nur ein Bericht, nicht etwa die Gestattung der Einsichtnahme oder gar die Herausgabe der Arbeitspapiere des bisherigen Abschlussprüfers (RegE). Das allgemeine Recht auf Auskunftsverweigerung bei Gefahr der Selbstbelastung soll nach dem RegE unberührt bleiben. **Übergangsrecht: (1) EGHGB Art 66 II. Lit** Petersen/Zwirner WPg **08**, 971; Erchinger/Melcher DB Beil 5/**09**, 94.

5) Weitergabe von Unterlagen an Konzernprüfer in Drittland

5   Die mit dem AReG (Überbl 9 vor § 316, **Übergangsrecht** in **(1) EGHGB Art 79**) in einem neuen **V** geregelte Zulassung der **Übermittlung von Prüfungsunterlagen** durch den Abschlussprüfer der Tochterges an den Prüfer der in einem Drittland ansässigen Mutterges setzt Art 23 V Unterabs 1 und 3 VO um und enthält nur eine Befugnis (Ermessen), keine Pflicht. Unterliegen die Unterlagen im Ursprungsland einer Geheimhaltungspflicht und würden sie im Drittland dem Zugriff von Behörden unterfallen, muss der Prüfer berücksichtigen, ob die Unterlagen bei der Behörde im Drittland hinreichender Geheimhaltung unterliegen, vgl. §§ 57 IX 2, 66c VI WPO, Begr RegE 50. **Lit** Petersen/Zwirner/Boecker DStR **16**, 984.

Prüfungsbericht

321 (1) ¹**Der Abschlußprüfer hat über Art und Umfang sowie über das Ergebnis der Prüfung zu berichten; auf den Bericht sind die Sätze 2 und 3 sowie die Absätze 2 bis 4a anzuwenden.** ²Der Bericht ist schriftlich und

2. Abschnitt. Ergänzende Vorschriften für Kapitalgesellschaften § 321

mit der gebotenen Klarheit abzufassen; in ihm ist vorweg zu der Beurteilung der Lage des Unternehmens oder Konzerns durch die gesetzlichen Vertreter Stellung zu nehmen, wobei insbesondere auf die Beurteilung des Fortbestandes und der künftigen Entwicklung des Unternehmens unter Berücksichtigung des Lageberichts und bei der Prüfung des Konzernabschlusses von Mutterunternehmen auch des Konzerns unter Berücksichtigung des Konzernlageberichts einzugehen ist, soweit die geprüften Unterlagen und der Lagebericht oder der Konzernlagebericht eine solche Beurteilung erlauben.
³ Außerdem hat der Abschlussprüfer über bei Durchführung der Prüfung festgestellte Unrichtigkeiten oder Verstöße gegen gesetzliche Vorschriften sowie Tatsachen zu berichten, die den Bestand des geprüften Unternehmens oder des Konzerns gefährden oder seine Entwicklung wesentlich beeinträchtigen können oder die schwerwiegende Verstöße der gesetzlichen Vertreter oder von Arbeitnehmern gegen Gesetz, Gesellschaftsvertrag oder die Satzung erkennen lassen.

(2) ¹Im Hauptteil des Prüfungsberichts ist festzustellen, ob die Buchführung und die weiteren geprüften Unterlagen, der Jahresabschluss, der Lagebericht, der Konzernabschluss und der Konzernlagebericht den gesetzlichen Vorschriften und den ergänzenden Bestimmungen des Gesellschaftsvertrags oder der Satzung entsprechen. ²In diesem Rahmen ist auch über Beanstandungen zu berichten, die nicht zur Einschränkung oder Versagung des Bestätigungsvermerks geführt haben, soweit dies für die Überwachung der Geschäftsführung und des geprüften Unternehmens von Bedeutung ist. ³Es ist auch darauf einzugehen, ob der Abschluss insgesamt unter Beachtung der Grundsätze ordnungsmäßiger Buchführung oder sonstiger maßgeblicher Rechnungslegungsgrundsätze ein den tatsächlichen Verhältnissen entsprechendes Bild der Vermögens-, Finanz- und Ertragslage der Kapitalgesellschaft oder des Konzerns vermittelt. ⁴Dazu ist auch auf wesentliche Bewertungsgrundlagen sowie darauf einzugehen, welchen Einfluss Änderungen in den Bewertungsgrundlagen einschließlich der Ausübung von Bilanzierungs- und Bewertungswahlrechten und der Ausnutzung von Ermessensspielräumen sowie sachverhaltsgestaltende Maßnahmen insgesamt auf die Darstellung der Vermögens-, Finanz- und Ertragslage haben. ⁵Hierzu sind die Posten des Jahres- und des Konzernabschlusses aufzugliedern und ausreichend zu erläutern, soweit diese Angaben nicht im Anhang enthalten sind. ⁶Es ist darzustellen, ob die gesetzlichen Vertreter die verlangten Aufklärungen und Nachweise erbracht haben.

(3) ¹In einem besonderen Abschnitt des Prüfungsberichts sind Gegenstand, Art und Umfang der Prüfung zu erläutern. ²Dabei ist auch auf die angewandten Rechnungslegungs- und Prüfungsgrundsätze einzugehen.

(4) ¹Ist im Rahmen der Prüfung eine Beurteilung nach § 317 Abs. 4 abgegeben worden, so ist deren Ergebnis in einem besonderen Teil des Prüfungsberichts darzustellen. ²Es ist darauf einzugehen, ob Maßnahmen erforderlich sind, um das interne Überwachungssystem zu verbessern.

(4a) Der Abschlussprüfer hat im Prüfungsbericht seine Unabhängigkeit zu bestätigen.

(5) ¹Der Abschlußprüfer hat den Bericht unter Angabe des Datums zu unterzeichnen und den gesetzlichen Vertretern vorzulegen; § 322 Absatz 7 Satz 3 und 4 gilt entsprechend. ²Hat der Aufsichtsrat den Auftrag erteilt, so ist der Bericht ihm und gleichzeitig einem eingerichteten Prüfungsausschuss vorzulegen. ³Im Fall des Satzes 2 ist der Bericht unverzüglich nach Vorlage dem Geschäftsführungsorgan mit Gelegenheit zur Stellungnahme zuzuleiten.

Merkt

§ 321   1   3. Buch. Handelsbücher

Übersicht

	Rn
1) Berichtspflicht (I 1, 2)	1
2) Rede- und Warnpflicht (I 3)	2–7
A. Rede- und Warnpflicht	2
B. Unrichtigkeiten oder Verstöße gegen gesetzliche Vorschriften	3
C. Tatsachen	4
D. Bei Durchführung der Prüfung	6
E. Einzelheiten der Rede- und Warnpflicht	7
3) Hauptteil des Prüfungsberichts (II)	8
4) Eigener Berichtsabschnitt über Gegenstand, Art und Umfang der Prüfung (III)	9
5) Eigener Berichtsteil über Prüfung des Überwachungssystems bei der börsennotierten AG (IV)	10
6) Bestätigung der Unabhängigkeit (IVa)	11
7) Unterzeichnung und Vorlage (V)	12

1) Berichtspflicht (I 1, 2)

1 § 321 nF KonTraG 1998, IVa neu BilMoG, Änderungen II u V durch AReG (Überbl 9 vor § 316, **Übergangsrecht** in (1) EGHGB Art 79). Zusätzlicher Bericht an den Prüfungsausschuss und ggf die Aufsichtsbehörde bei Unternehmen des öff Interesses infolge der **europäischen Abschlussprüferreform 2014** (AbschlussprüfungsVO Art 11, 12, Überbl 7 ff vor § 316). § 321 wendet sich gegen eine verbreitete Praxis von wenig aussagekräftigen, bloß erläuternden und nur für Sachkundige verständlichen Prüfungsberichten und zählt damit zum großen Kreis der vielfältigen gesetzgeberischen Bemühungen um eine Verbesserung der Unternehmensführung und -kontrolle. **I 1** (bei vorheriger Kündigung § 318 VI 4) verlangt schriftlichen Bericht über Art und Umfang und über das Ergebnis der bisherigen Prüfung. Das **Klarheitsgebot** ist in I 1 ausdrücklich angesprochen, gemeint ist damit Verständlichkeit auch für (trotz §§ 171, 116 AktG?) nicht sachverständige Aufsichtsratsmitglieder (RegE), dies, obwohl § 321 auch für GmbH ohne Aufsichtsrat gilt. Es gelten die Grundsätze der Wahrheit, Vollständigkeit, Klarheit (§ 323 Rn 1), IDW PS 450 Tz 8 ff. Verständlichkeit des Prüfungsberichts aus sich heraus ohne weitere Dokumente und für den jeweiligen Adressaten des Prüfungsberichts, aber Grundverständnis ist vorauszusetzen. Verbleibende Fragen sind in der Bilanzsitzung zu klären (vgl § 171 I 2 AktG, § 42a III GmbHG). Mit der Reform durch das AReG (Überbl 9 vor § 316, **Übergangsrecht** in (1) EGHGB Art 79) wurden die Wörter „schriftlich und über das gebotenen Klarheit" aus I 1 in I 2 verschoben und in I 1 durch Verweis auf I 2u 3 sowie II–IVa ersetzt. Nunmehr wird nach Art des geprüften Unternehmens unterschieden: Unternehmen v öff Interesse unterliegen Art 11 II UAbs 1 der EU-AbschlussprüfungsVO, für andere Unt gelten I 2u 3 sowie II–IVa. Während Bestätigungsvermerk einheitlich bleibt, gibt es beim Prüfungsbericht keinen vollständigen Gleichlauf, Begr RegE 50. Der Prüfungsbericht muss vorweg (**Vorweg-Berichterstattung**, Eingangsteil des Berichts) zur Beurteilung der Lage des Unternehmens oder Konzerns durch die gesetzlichen Vertreter Stellung nehmen; dabei ist besonders auf die Beurteilung des Fortbestandes und der künftigen Entwicklung des Unternehmens einzugehen, soweit das die geprüften Unterlagen und der (Konzern-)Lagebericht erlauben (**I 2**). Welche Unterlagen zu prüfen sind und dann geprüft werden, ergibt sich aus § 317 (dort Rn 2 ff); die Unterlagen der Unternehmensplanung gehören dazu, GK/Marsch-Barner 8. Der Prüfer kann und soll also nur die eigene Beurteilung des Vorstands (§ 289 I Halbs 2) überprüfen, bewerten und uU in Frage stellen, nicht stattdessen eine eigene Prognose abgeben (§ 317 Rn 4, 7), Düss WM **06**, 2138. Einzelheiten in Grundsätze ordnungsmäßiger Berichterstattung bei Abschlussprüfungen IDW PS 450, PS 470

1306   Merkt

2. Abschnitt. Ergänzende Vorschriften für Kapitalgesellschaften 2–4 § 321

(mündliche Berichterstattung an den Aufsichtsrat), PS 900 (Grundsätze der prüferischen Abschlussdurchsicht), PS 521 (Finanzdienstleister), PS 522 (Adressenausfallrisiken und Kreditgeschäft von Kreditinstituten). Der Prüfungsbericht ist für die Ges (s Rn 11), nicht für die Öffentlichkeit bestimmt (anders Bestätigungsvermerk § 325, s § 322 Rn 1–4). Kein Anspruch auf Herausgabe von eigenen Notizen und internen **Arbeitspapieren** des WP nach I 1, aber von Handakten nach **(2c)** WPO § 51b, aber WPK, Gutman BB **10**, 171, für Steuerberater BGH NJW **88**, 2607. Zusätzliche Berichtspflichten s ua § 29 KWG, § 57 VAG, auch für Wirtschaftsbetriebe der öff Hand (§ 53 HGrG, § 316 Rn 1), s WP-Hdb **12** I L. **Management Letter** des Abschlussprüfers nach Abschluss der Prüfung an die Unternehmensleitung ist üblich und zulässig (kein Teil des Prüfungsberichts), befreit aber nicht von Berichts- und ggf Warnpflicht (s Rn 7), IDW PS 450 Tz 17, Hommelhoff BB **98**, 2630, MüKo/Ebke 27, **Muster:** Hopt/Kraft/Link 4. Aufl 2013 Form III. E.6 (Management Letter). **Lit** Me/Pro/Fi Kap 17 Tz 178 ff.; Lange DStR **01**, 227; Lück BB **01**, 404; Pfitzer ua DB **02**, 164; Gross/Möller WPg **04**, 317; Ratzinger-Sakel WPg **16**, 1217 (Änderungen durch AReG/APAReG).

2) Rede- und Warnpflicht (I 3)

A. **Rede- und Warnpflicht:** I 3 idF TransPuG 2002 (**Übergangsrecht** in **(1)** 2 EGHGB Art. 54) beinhaltet eine besondere, über den eigentlichen Prüfungsauftrag hinausgehende **Rede- und Warnpflicht** des Abschlussprüfers, sie wird durch § 322 II 3 ergänzt. Nach I 3 hat der Prüfer über bei Durchführung der Prüfung (s Rn 6) festgestellte Unrichtigkeiten oder Verstöße gegen gesetzliche Vorschriften (s Rn 3) sowie Tatsachen zu berichten, die für das geprüfte Unternehmen oder den Konzern bestandsgefährdend sind oder seine Entwicklung wesentlich beeinträchtigen können (s Rn 4) oder die schwerwiegende Verstöße gegen Gesetz, GesVertrag oder Satzung erkennen lassen (s Rn 5). Nach I 3 muss der Prüfer positiv über entsprechende Feststellungen berichten (**Positiverklärung**), nicht ob er festgestellt hat (Negativerklärung nach aF), eine Einschränkung des Prüfungsinhalts ist damit aber nicht verbunden, RegE. Berichtspflicht nicht erst über Tatsachen, die solche Verstöße „darstellen", sondern bereits Tatsachen, die solche Verstöße „erkennen lassen". Wenn keine solche Tatsachen festgestellt worden sind, ist Negativerklärung im Prüfungsbericht nicht erforderlich, aber zulässig, aA Staub/Habersack/Schürnbrand 25. Rede- und warnpflichtig ist der Prüfer nicht auf Grund einer Organstellung (aA BGH **16**, 25, s § 318 Rn 2), sondern als außenstehende Kontrollinstanz mit Schutzzielen über die KapitalGes hinaus (Einl 14–17 vor § 283). I 3 ist Teil eines gesetzlichen Frühwarnsystems, str. I 3 in der Insolvenz str, abl Ebke FS Hopt **10**, 586, da Insolvenz bereits eingetreten, nach aA Hinweis auf Masseunzulänglichkeit. **Lit** Lück BB **01**, 404; Hellwig in Lutter, Wirtschaftsprüfer als Element der Corporate Governance, 2001, S 67; Rabenhorst DStR **03**, 436; Ebke FS Hopt **10**, 584; Zwirner/Zimny DStR **15**, 2510 (Auswirkungen des Energieaudits).

B. **Unrichtigkeiten oder Verstöße gegen gesetzliche Vorschriften** iSv I 3 3 Halbs 1 sind Widersprüche zu den Rechnungslegungsgrundsätzen iSv § 317 I 2, zu Begriff und Behandlung von Unregelmäßigkeiten IDW PS 210 Tz 7, IDW PS 450 Tz 42 ff, Bantleon/Bühner DStR **07**, 1978. Dazu gehören auch die GoB. Schwerwiegende Verstöße iSv I 3 Halbs 2 s Rn 5.

C. **Tatsachen** iSv I 3 Halbs 2 sind: 4

a) solche, die den Bestand des geprüften (nicht auch eines verbundenen außer bei entspr Rückwirkung) **Unternehmens** oder des Konzerns **gefährden**, zB drohende Insolvenzreife, **oder seine Entwicklung wesentlich beeinträchtigen können**; also nicht erst bei eingetretener Beeinträchtigung oder konkreter Gefährdung, sondern bereits wenn diese ernsthaft die Folge sein können, IDW

§ 321 5–7   3. Buch. Handelsbücher

PS 450 Tz 35 ff. Bspe: erhebliche Verluste (nicht erst solche nach § 92 I AktG), Verlust von Großkunden, Abzug von Bankkrediten (soweit symptomatisch, nicht schon von jedem Großkredit, enger GK/Marsch-Barner 11; wenn keine Aussicht auf neue Kredite besteht). Drohen einschneidender Prozesse, Gefährdung wichtiger Schutzrechte und Lizenzen, drohender Verlust von Märkten, Unterlassung notwendiger Investitionen, Forschung und Entwicklung; auch drohende Abhängigkeit von einem anderen Unternehmen, aA Staub/Habersack/Schürnbrand 28, üL: die Mitteilungspflicht nach § 20 AktG reiche aus, aber diese greift erst ab 25 %, Mitteilungspflicht nach **(16)** WpHG § 33 bezieht sich nur auf börsennotierte Ges; wegen der Vertrauensschäden uU auch verbotene Insidergeschäfte (s **(16)** WpHG §§ 25 ff u MAR) und andere schwerwiegende Verstöße anderer Unternehmensangehöriger und Gfter als nach b). Zur Beurteilung der Fortführung der Unternehmenstätigkeit IDW PS 270. **Lit** Gross/Amen WPg **02**, 225; dies 433, **03**, 67 (Fortbestehensprognose); Drukarczyk/Schüler WPg **03**, 56.

5   **b)** solche, die **schwerwiegende Verstöße der gesetzlichen Vertreter oder von Arbeitnehmern gegen Gesetz, Gesellschaftsvertrag oder Satzung** darstellen. Schwerwiegende Verstöße gegen Gesetz iSv I 3 Halbs 2 sind nicht Verstöße gegen Buchführungs- und Bilanzierungsvorschriften (bereits I 3 Halbs 1), sondern solche gegen andere Rechtsvorschriften, zB Hdl-, Ges-, Arbeits-, Steuer- und Sozialversicherungsrecht; Bspe: Verstoß gegen §§ 92, 93 I 2, III AktG, §§ 30, 33, 43a, 49 III GmbHG, ungenehmigte verdeckte Gewinnausschüttung, Insidergeschäfte für eigene Rechnung und für die Ges, unerlaubte Eigengeschäfte, Schmiergeldannahme, Unterschlagung, Düss ZIP **97**, 787, sonstige Verstöße außerhalb des Prüfungsumfangs (§ 317), zB gegen Steuerrecht, UWG, GWB, Verstöße gegen Aufstellungs- und Publizitätspflichten im Zusammenhang mit Konzern- bzw. Vorjahresabschlüssen, IDW PS 450 Tz 50. Verstöße gegen Ges-Vertrag oder Satzung sind vor allem etwa Nichtbeachtung von Zustimmungsvorbehalten, auch solchen, die nur in der Geschäftsordnung enthalten sind, GK/Marsch-Barner 10, str. Nicht notwendig ist, dass der Verstoß bedeutende Nachteile für die Ges hat, zB schwerwiegende Steuerhinterziehung. Keine eigenständige Ermittlungspflicht, doch darf sich der Prüfer solchen Erkenntnissen auch nicht verschließen, Düss ZIP **97**, 787.

6   D. **Bei Durchführung der Prüfung:** I 3 spricht von Feststellung „bei Durchführung der Prüfung"; damit ist nur gemeint, dass die Prüfung problemorientiert anzulegen ist (vgl § 317), aber nicht gezielt auf diese Tatsachen durchgeführt werden muss (anders bei hinreichendem Verdacht). Die Prüfung ist **keine** gezielte betriebliche **Unterschlagungsprüfung** (s Rn 3). Verwertet werden sollen nur solche Erkenntnisse, die sich bei der gesetzlich vorgeschriebenen Prüfung ergeben (RegE KonTraG S 28). Diese Einschränkung ist missverständlich. Richtig ist nur, dass der Prüfer sich im Rahmen seiner Prüfungsaufgabe halten muss, also nicht zB auf eigene Faust eine Sonderprüfung veranstalten darf, insoweit also nur Recht und uU Pflicht, eine solche bei Vorstand und Aufsichtsrat anzuregen. Nach Sinn und Zweck der Prüfung als Hilfestellung für den Aufsichtsrat (§ 317 Rn 1) fallen aber auch solche Erkenntnisse, die der Prüfer außerhalb der Wahrnehmung seiner Aufgaben als Prüfer, also bei beruflicher Tätigkeit für Dritte oder privat, festgestellt hat, unter die Rede- und Warnpflicht, ADS 70, auch für rein private Kenntnisse, aA allgemeiner für Kenntnisse aus Berufstätigkeit für Dritte, WP-Hdb **12** I Q Rn 141, str; diese zurückzuhalten ist pflichtwidrig. Selbstverständlich darf der Prüfer dabei, die gesetzliche Verschwiegenheitspflicht gegenüber Dritten nicht verletzen, eine allgemein gehaltene Warnung wird dies aber idR nicht tun. Auch Tatsachen nach dem Bilanzstichtag fallen unter Rede- und Warnpflicht, ADS 71.

7   E. **Einzelheiten der Rede- und Warnpflicht:** Der Abschlussprüfer muss (gerade) auch dann nach I 3 reden bzw darstellen, wenn die Unrichtigkeiten oder

2. Abschnitt. Ergänzende Vorschriften für Kapitalgesellschaften 8 § 321

Verstöße sowie Tatsachen den GesOrganen **bekannt** sind, hL. Die Warnung nach I 3 muss als solche (also nicht nach I 4) gekennzeichnet sein, str. Sie muss **klar und deutlich** sein, falsche Schonung ist mit I 3 nicht vereinbar, BGH **16**, 26. In Einzelfällen kann besonderer Bericht **(Teilbericht)** vorweg, ggf unmittelbar an Aufsichtsratsvorsitzenden oder GmbHGfter, nötig sein, dessen Ergebnis dann in den Prüfungsbericht aufzunehmen ist (Grundsatz der Berichtseinheit), IDW PS 450 Tz 41, 17, Hommelhoff BB **98**, 2629. In den Fällen von I 3 hat der Abschlussprüfer von VersUnternehmen die Aufsichtsbehörde (BaFin) unverzüglich zu unterrichten (§ 341k III). Vorschläge, den Bericht gesondert vom Prüfungsbericht zu erstatten und nur dem Aufsichtsrat, nicht auch sonstigen Adressaten wie Finanzamt, BaFin (soweit nicht besonders vorgeschrieben) oder Banken zugänglich zu machen, hat das TransPuG zu Recht nicht aufgenommen, RegE. Warnung nach I 3 nur innerhalb der Ges, außerhalb s § 323 Rn 2–4.

3) Hauptteil des Prüfungsberichts (II)

II idF TransPuG 2002 (**Übergangsrecht** in (1) EGHGB Art. 54), II 3 idF 8 BilReG 2004. Im **Hauptteil** des Prüfungsberichts ist festzustellen (nicht: darzustellen, Unwesentliches ist damit verzichtbar, RegE), ob die Prüfungsgegenstände den gesetzlichen Vorschriften und den ergänzenden Bestimmungen des GesVertrags bzw der Satzung entsprechen (§ 317 I 2) **(II 1)**. Als Prüfungsgegenstände werden genannt: die Buchführung und die weiteren geprüften Unterlagen, Jahresabschluss, Lagebericht, Konzernabschluss und Konzernlagebericht. Im Rahmen von II 1 ist auch über Beanstandungen zu berichten, die nicht zur Einschränkung oder Versagung des Bestätigungsvermerks geführt haben, soweit dies für die Überwachung der Geschäftsführung und des geprüften Unternehmens von Bedeutung ist **(II 2)**. Der Bericht soll so problemorientierter (vgl § 322 II 1) werden. Der Bericht muss auch darauf eingehen, ob der Abschluss insgesamt unter Beachtung der GoB oder sonstiger maßgeblicher Rechnungslegungsgrundsätze (s §§ 315e, 325 IIa) das nach § 264 II 1 geforderte Bild (**Einblicksgebot**, **true and fair view**, § 317 I 3, dort Rn 1) der KapitalGes oder des Konzerns vermittelt **(II 3** wie II 2 aF). Dazu ist auch auf wesentliche Bewertungsgrundlagen, zum Begriff Rabenhorst DStR **03**, 438, sowie darauf einzugehen, welchen Einfluss Änderungen in den Bewertungsgrundlagen einschließlich der Ausübung von Bilanzierungs- und Bewertungswahlrechten und der Ausnutzung von Ermessensspielräumen sowie sachverhaltsgestaltenden Maßnahmen insgesamt auf die Darstellung der Vermögens-, Finanz- und Ertragslage haben **(II 4)**. Der Abschlussprüfer muss wesentliche, vor allem bei schlechter wirtschaftlicher Entwicklung vorgenommene Abschreibungen oder auch deren Unterlassen erläutern, wobei auch die Angemessenheit der vom Vorstand zugrunde gelegten Ertragsaussichten zu berücksichtigen sind, RegE. Er muss darstellen, wenn Rückstellungen in größerem Umfang aufgelöst worden sind und dies auf einer geänderten Beurteilung der Wahrscheinlichkeit der Inanspruchnahme beruht, RegE. Darzustellende sachverhaltsgestaltende Maßnahmen können zB sale-and-lease-back-Geschäfte (s **(7)** Bankgeschäfte Rn P/1) sein (RegE), Einsatz von special purpose entities, Tauschumsätze (Barter-Geschäfte), konzerninterne Transaktionen und solche mit nahe stehenden Personen, Rabenhorst DStR **03**, 439 mit weiteren Bsp. Die Posten des Jahres(Konzern)abschlusses sind aufzugliedern und ausreichend zu erläutern, soweit diese Angaben nicht im Anhang enthalten sind **(II 5** ohne die Einschränkung in II 3 aF, insoweit jetzt II 4). Darzustellen ist auch, ob die gesetzlichen Vertreter die verlangten Aufklärungen und Nachweise (vgl § 320 II; auch Vollständigkeitserklärung (§ 317 Rn 4), wohl auch GK/Marsch-Barner 16, obwohl kein Anspruch darauf besteht, aA Staub/Habersack/Schürnbrand 49, § 320 Rn 2) erbracht haben **(II 6)**. Für die **Konzernabschlussprüfung** gelten die allgemeinen Grundsätze, Besonderheiten s IDW PS 450 Tz 125 ff. Lit Lück

Merkt

§ 321   9–12   3. Buch. Handelsbücher

BB **01**, 404; Rabenhorst DStR **03**, 436; Hoffmann/Lüdenbach DB **03**, 781 (critical accounting policies).

4) Eigener Berichtsabschnitt über Gegenstand, Art und Umfang der Prüfung (III)

9 Gegenstand, Art und Umfang der Prüfung müssen in einem besonderen Abschnitt des Prüfungsberichts erläutert werden **(III 1)**, bloßer Überblick genügt nicht. Einzugehen ist auch auf die angewandten Rechnungslegungs- und Prüfungsgrundsätze **(III 2** idF BilReG 2004 entspr § 322 I 2 idF BilReG). Dies soll die Beurteilung der vom Prüfer geleisteten Arbeit erleichtern. Näher IDW PS 450 Tz 51 ff. Ob der Prüfer über die Einholung einer Vollständigkeitserklärung (§ 317 Rn 4) berichtet, steht in seinem Ermessen.

5) Eigener Berichtsteil über Prüfung des Überwachungssystems bei der börsennotierten AG (IV)

10 Bei börsennotierten AG (Begriff s § 317 Rn 9) muss der Prüfungsbericht einen besonderen Berichtsteil über das Ergebnis der **Prüfung des Überwachungssystems** in der Ges (§ 91 II AktG) enthalten **(IV 1** im Anschluss an § 317 IV, näher dort Rn 12). Der Prüfungsbericht muss dazu Stellung nehmen, ob das interne Überwachungssystem seine Aufgabe erfüllt oder verbessert werden muss und welche Maßnahmen dazu notwendig sind **(IV 2)**. Das ist als zentral wichtige Hilfe für den Aufsichtsrat bei der Erkennung möglicher Fehlerquellen und Schwachstellen gedacht (§ 317 Rn 1). Sind Verbesserungen notwendig, müssen die Schwachstellen beschrieben werden, eigene konkrete Verbesserungsvorschläge sind aber nicht Sache des Abschlussprüfers, IDW PS 450 Tz 106. Fehlt ein Überwachungssystem völlig, ist dies als wesentlicher Verstoß gegen § 91 II AktG in den Bericht aufzunehmen, GK/Marsch-Barner 18, strenger Hommelhoff BB **98**, 2625 (Sofort- sowie Nachbericht). Bei nicht börsennotierten AG gilt IV nicht, aber entspr Berichtspflicht über Verstöße gegen § 91 II AktG nach I 3, ggf auch bei GmbH (Ausstrahlungswirkung), IDW PS 450 Tz 107. **Lit** IDW PS 340, IDW PS 450; Huth BB **07**, 2167.

6) Bestätigung der Unabhängigkeit (IVa)

11 IVa neu BilMoG. Der Abschlussprüfer (jeder, nicht nur bei Unternehmen von öff Interesse, wie von der AbschlussprüferRi gefordert) hat im Prüfungsbericht seine Unabhängigkeit zu bestätigen. IVa bezweckt, dass der Abschlussprüfer während der gesamten Dauer der Abschlussprüfung seine Unabhängigkeit sicherstellt und dies auch überwacht. Das ist nicht überzogen und, obschon eine ex post-Bestätigung, sinnvoll, offen MüKo/Ebke 83. IVa lässt offen, wie und an welcher Stelle des Prüfungsberichts die Bestätigung erfolgen soll. Die Erklärung kann, aber braucht nicht in einem besonderen Abschnitt des Prüfungsberichts stehen (anders noch RegE). IVa wird durch **(2c)** WPO § 51b IV 2 (neu BilMoG) mit Dokumentationspflichten der Wirtschaftsprüfer zu ihrer Unabhängigkeit ergänzt. Zur Einholung einer Unabhängigkeitserklärung des vorgesehenen Prüfers durch den Aufsichtsrat bzw. den Prüfungsausschuss nach dem Deutschen Corporate Governance Kodex Ziffer 7.2.1 s § 319 Rn 12. **Übergangsrecht (1)** EGHGB Art 66 II. **Lit** Petersen/Zwirner WPg **08**, 972; Erchinger/Melcher DB Beil 5/**09**, 94.

7) Unterzeichnung und Vorlage (V)

12 Vorlage des unterzeichneten, gesiegelten (§ 322 Rn 18) sowie datierten (Ergänzung durch AReG, Überbl 9 vor § 316, **Übergangsrecht** in **(1)** EGHGB Art 79) Berichts an die gesetzlichen Vertreter **(V 1)**, an alle, auf Verlangen an jeden einzelnen gesetzlichen Vertreter, str. V gilt nicht nur für Unternehmen von öff Interesse. Mit dieser Vorlage ist die Prüfung abgeschlossen; das ist der ent-

2. Abschnitt. Ergänzende Vorschriften für Kapitalgesellschaften § 321a

scheidende Zeitpunkt für Änderungen (§ 316 Rn 3, § 322 Rn 6–9). Die gesetzlichen Vertreter haben den Bericht weiter vorzulegen an Aufsichtsrat (AktG § 170 I) und Gfter (GmbHG § 42a I 2). Durch AReG (Überbl 9 vor § 316, **Übergangsrecht** in **(1)** EGHGB Art 79) wurde die Pflicht zur Vorlage des Prüfungsberichts auch an den Prüfungsausschuss eingeführt, sofern er eingerichtet ist. Damit soll Informationsgefälle zulasten des Aufsichtsrats vermieden werden, Begr RegE 51. Ferner wurde durch AReG in Ausübung des Mitgliedstaatenwahlrechts aus Art 11 I Unterabs 2 S 2 EU-AbschlussprüfungsVO die in **V 2** aF enthaltene Pflicht abgeschafft, Vorstand Gelegenheit zur Stellungnahme zum endgültigen Bericht zu geben. Vorlage an den Aufsichtsratsvorsitzenden, der den Bericht an die Aufsichtsratsmitglieder weiterreicht (AktG § 170 III 1, 2), genügt idR, anders wenn dies nicht gewährleistet ist. Der Aufsichtsrat kann aber beschließen, dass Aushändigung nur an die Mitglieder eines Ausschusses zu erfolgen hat (AktG § 170 III 2 Halbs 2). **V 3** (neu durch AReG) stellt klar, dass alle Geschäftsführungsorgane unverzüglich nach Vorlage des Prüfungsberichts Gelegenheit haben, zu diesem Bericht Stellung zu nehmen. Erweiterung des Kreises der Anspruchsberechtigten um die Geschäftsführung mitbestimmter GmbH. Neuregelung soll bislang bestehende Unsicherheit beenden, ob sich Recht der gesetzlichen Vertreter zur Stellungnahme auf endgültige Fassung oder Entwurfsfassung des Berichts bezieht. Zukünftig ist Gegenstand der Stellungnahme der finale (unterzeichnete) Bericht. Für möglicherweise zirkuliertes Vorab-Exemplar sollen laut Begr RefE 28 allgemeine Grundsätze gelten: Offenlegung eines Entwurfs des Berichts gegenüber dem Geschäftsführungsorgan auch bei Erteilung des Prüfungsauftrags durch den Aufsichtsrat zulässig, solange Vorlage im noch nicht abgeschlossenen Prüfungsverfahren erfolgt. Änderung der Praxis, gesetzlichen Vertreter vorab vollständigen Entwurf des Prüfungsberichts zuzuleiten, ist mit Neuregelung nicht beabsichtigt. Fortlaufende Kommunikation zwischen Abschlussprüfer und Prüfungsausschuss ist grundsätzlich zu begrüßen, RegE 51, ebenso Erwägungsgrund 14 der EU-AbschlussprüfungsVO. Zu AktG § 170 III 2 Bormann/Gucht BB **03**, 1887. Keine Offenlegungspflicht wie für Jahresabschlüsse (§ 325), BGH WM **15**, 763 Rn 14. Lit Petersen/Zwirner/Boecker DStR **16**, 984; Velte/Stawinoga StuB **16**, 297.

Offenlegung des Prüfungsberichts in besonderen Fällen

321a (1) [1] Wird über das Vermögen der Gesellschaft ein Insolvenzverfahren eröffnet oder wird der Antrag auf Eröffnung des Insolvenzverfahrens mangels Masse abgewiesen, so hat ein Gläubiger oder Gesellschafter die Wahl, selbst oder durch einen von ihm zu bestimmenden Wirtschaftsprüfer oder im Falle des § 319 Abs. 1 Satz 2 durch einen vereidigten Buchprüfer Einsicht in die Prüfungsberichte des Abschlussprüfers über die aufgrund gesetzlicher Vorschriften durchzuführende Prüfung des Jahresabschlusses der letzten drei Geschäftsjahre zu nehmen, soweit sich diese auf die nach § 321 geforderte Berichterstattung beziehen. [2] Der Anspruch richtet sich gegen denjenigen, der die Prüfungsberichte in seinem Besitz hat.

(2) [1] Bei einer Aktiengesellschaft oder einer Kommanditgesellschaft auf Aktien stehen den Gesellschaftern die Rechte nach Absatz 1 Satz 1 nur zu, wenn ihre Anteile bei Geltendmachung des Anspruchs zusammen den einhundertsten Teil des Grundkapitals oder einen Börsenwert von 100 000 Euro erreichen.
[2] Dem Abschlussprüfer ist die Erläuterung des Prüfungsberichts gegenüber den in Absatz 1 Satz 1 aufgeführten Personen gestattet.

(3) [1] Der Insolvenzverwalter oder ein gesetzlicher Vertreter des Schuldners kann einer Offenlegung von Geheimnissen, namentlich Betriebs- oder Geschäftsgeheimnissen, widersprechen, wenn die Offenlegung geeignet ist, der

§ 321a 1, 2

Gesellschaft einen erheblichen Nachteil zuzufügen. [2] § 323 Abs. 1 und 3 bleibt im Übrigen unberührt. [3] Unbeschadet des Satzes 1 sind die Berechtigten nach Absatz 1 Satz 1 zur Verschwiegenheit über den Inhalt der von ihnen eingesehenen Unterlagen nach Absatz 1 Satz 1 verpflichtet.

(4) Die Absätze 1 bis 3 gelten entsprechend, wenn der Schuldner zur Aufstellung eines Konzernabschlusses und Konzernlageberichts verpflichtet ist.

Übersicht

	Rn
1) Einsichtnahme bei Insolvenz (I)	1
2) Schwelle bei Aktionären, Erläuterungsrecht (II)	2
3) Widerspruch gegen Offenlegung (III)	3
4) Konzernabschluss und Konzernlagebericht (IV)	4

1) Einsichtnahme bei Insolvenz (I)

1 § 321a nF BilReG 2004 erlaubt die Offenlegung des Prüfungsberichts in besonderen Fällen ungeachtet der gesetzlichen Verschwiegenheitspflicht des Abschlussprüfers (§ 323 I 1). Bei Unternehmensschieflagen ua kommt es im Nachhinein leicht zu sonst kaum zu entkräftigenden Vermutungen oder Vorwürfen wegen mangelhafter Prüfung oder Berichterstattung, etwa wie der Abschlussprüfer zum Lagebericht der gesetzlichen Vertreter der Ges (insbesondere Fortbestand und künftige Entwicklung des Unternehmens, § 321 I 2) Stellung genommen hat oder ob er seiner Rede- und Warnpflicht (§ 321 I 3) nachgekommen ist. § 321a schützt das Vertrauen in die Abschlussprüfung durch zusätzliche Publizität gerade in kritischen Fällen und stärkt insbesondere § 321 I 2, 3. Der einzelne Abschlussprüfer ist mitgeschützt (arg e II 2). Offenlegung nach **I 1** kommt nur für Ges, die der Pflichtprüfung unterliegen (§ 316 Rn 1), in Betracht und setzt Eröffnung des Insolvenzverfahrens (§§ 27, 30 InsO) oder Abweisung der Verfahrenseröffnung mangels Masse (§ 26 InsO, auch § 207 InsO) voraus. Einsichtsberechtigt sind sowohl Gläubiger als auch Gfter, die typischerweise ein Interesse an den Ursachen der Insolvenz haben, das jedoch nicht besonders nachgewiesen werden muss. Diese Personen (nicht sonstige, die Prüfungsberichte in Händen halten, zB Bank, Finanzamt, ehemalige Organmitglieder, str) können selbst oder durch einen Wirtschaftsprüfer oder eine WirtschaftsprüfungsGes (nach § 319 I 2 auch vereidigte Buchprüfer bzw BuchprüfungsGes) ihrer Wahl Einsicht in die Prüfungsberichte (nebst Anlagen) des Abschlussprüfers der letzten drei Jahre nehmen, nicht Hand- und Belegexemplare des Prüfers, Arbeitspapiere, Managementletter. Das gilt aber nur bei gesetzlicher Prüfung des Jahresabschlusses (nicht nur freiwilliger, § 316 Rn 5) und nur für die nach § 321 geforderten Berichtsteile (nicht branchen- und rechtsformspezifische Berichtsteile wie zB nach § 29 IV KWG iVm PrüfungsberichtsVO). Einsichtnahme am Sitz des Anspruchsgegners und auf Kosten des Anspruchstellers. Anspruchsgegner ist, wer die Prüfungsberichte in seinem Besitz hat **(I 2)**, bei Insolvenz idR der Insolvenzverwalter (Geschäftsbücher des Schuldners, § 36 II Nr 1 InsO), später andere Personen. **Lit** Me/Pro/Fi Kap 18 Tz 104 ff; Forster/Gelhausen/Möller WPg **07**, 191; Ebke FS Hopt **10**, 58; ders FS Wellensiek **11**, 429.

2) Schwelle bei Aktionären, Erläuterungsrecht (II)

2 Um den Aufwand für die Ges in Grenzen zu halten, ist für die Gfter nach I 1 ein Schwellenwert von 1 % des Grundkapitals oder Börsenwert von 100 000 Euro festgesetzt (**II 1**, vgl §§ 142 II, 148 AktG idF UMAG 2005). Mehrere Gfter können sich zusammenschließen, um die Schwelle zu erreichen (RegE), die Schwelle kann auch erst während des Insolvenzverfahrens und auch gezielt erreicht werden (e contrario § 142 II 2 AktG für die Sonderprüfung). Aber auch wenn dieser Schwellenwert nicht erreicht wird, ist der Abschlussprüfer, ohne dass

2. Abschnitt. Ergänzende Vorschriften für Kapitalgesellschaften § 322

§ 323 I 1 entgegensteht, gegenüber allen Anspruchsberechtigten nach I 1 zur Erläuterung des Prüfungsberichts berechtigt (**II 2**). Das Erläuterungsrecht wird wegen der Verschwiegenheitspflicht eng ausgelegt, also zwar auch im Falle des II gegenüber allen Anspruchsberechtigten aus I 1, aber nur soweit das Einsichtsrecht geltend gemacht wird und nur hinsichtlich der Berichtsteile, die von der Einsicht betroffen sind, Staub/Habersack/Schürnbrand 17, str. Das Erläuterungsrecht besteht zwar im Interesse des Abschlussprüfers, das stellt ihn aber bei Fehlinformation nicht von Haftung nach anderen Vorschriften frei, aA Forster/Gelhausen/Möller WPg **07**, 199.

3) Widerspruch gegen Offenlegung (III)

III enthält eine Schutzklausel zur Wahrung von Betriebs- oder Geschäftsgeheimnissen. Der Insolvenzverwalter oder ein gesetzlicher Vertreter des Schuldners kann der Offenlegung nach I widersprechen, wenn die Offenlegung geeignet ist, der Ges einen erheblichen Nachteil zuzufügen (**III 1**, vgl § 131 III 1 Nr 1 AktG, der weitergehend auch verbundene Unternehmen schützt). Die Verschwiegenheitspflicht des Abschlussprüfers nach § 323 I, III bleibt im Übrigen unberührt (**III 2**). Die Einsichtsberechtigten nach I 1 trifft eine Verschwiegenheitspflicht (**III 3**).

4) Konzernabschluss und Konzernlagebericht (IV)

I–III gelten entspr für Konzernabschluss und Konzernlagebericht (§ 316 II). **4**

Bestätigungsvermerk

322 (1) [1]Der Abschlussprüfer hat das Ergebnis der Prüfung schriftlich in einem Bestätigungsvermerk zum Jahresabschluss oder zum Konzernabschluss zusammenzufassen. [2]Der Bestätigungsvermerk hat Gegenstand, Art und Umfang der Prüfung zu beschreiben und dabei die angewandten Rechnungslegungs- und Prüfungsgrundsätze anzugeben; er hat ferner eine Beurteilung des Prüfungsergebnisses zu enthalten. [3]In einem einleitenden Abschnitt haben zumindest die Beschreibung des Gegenstands der Prüfung und die Angabe zu den angewandten Rechnungslegungsgrundsätzen zu erfolgen.

(1a) Bei der Erstellung des Bestätigungsvermerks hat der Abschlussprüfer die internationalen Prüfungsstandards anzuwenden, die von der Europäischen Kommission in dem Verfahren nach Artikel 26 Absatz 3 der Richtlinie 2006/43/EG angenommen worden sind.

(2) [1]Die Beurteilung des Prüfungsergebnisses muss zweifelsfrei ergeben, ob
1. ein uneingeschränkter Bestätigungsvermerk erteilt,
2. ein eingeschränkter Bestätigungsvermerk erteilt,
3. der Bestätigungsvermerk aufgrund von Einwendungen versagt oder
4. der Bestätigungsvermerk deshalb versagt wird, weil der Abschlussprüfer nicht in der Lage ist, ein Prüfungsurteil abzugeben.

[2]Die Beurteilung des Prüfungsergebnisses soll allgemein verständlich und problemorientiert unter Berücksichtigung des Umstandes erfolgen, dass die gesetzlichen Vertreter den Abschluss zu verantworten haben. [3]Auf Risiken, die den Fortbestand des Unternehmens oder eines Konzernunternehmens gefährden, ist gesondert einzugehen. [4]Auf Risiken, die den Fortbestand eines Tochterunternehmens gefährden, braucht im Bestätigungsvermerk zum Konzernabschluss des Mutterunternehmens nicht eingegangen zu werden, wenn das Tochterunternehmen für die Vermittlung eines den tatsächlichen Verhältnissen entsprechenden Bildes der Vermögens-, Finanz- und Ertragslage des Konzerns nur von untergeordneter Bedeutung ist.

§ 322

(3) ¹In einem uneingeschränkten Bestätigungsvermerk (Absatz 2 Satz 1 Nr. 1) hat der Abschlussprüfer zu erklären, dass die von ihm nach § 317 durchgeführte Prüfung zu keinen Einwendungen geführt hat und dass der von den gesetzlichen Vertretern der Gesellschaft aufgestellte Jahres- oder Konzernabschluss aufgrund der bei der Prüfung gewonnenen Erkenntnisse des Abschlussprüfers nach seiner Beurteilung den gesetzlichen Vorschriften entspricht und unter Beachtung der Grundsätze ordnungsmäßiger Buchführung oder sonstiger maßgeblicher Rechnungslegungsgrundsätze ein den tatsächlichen Verhältnissen entsprechendes Bild der Vermögens-, Finanz- und Ertragslage des Unternehmens oder des Konzerns vermittelt. ²Der Abschlussprüfer kann zusätzlich einen Hinweis auf Umstände aufnehmen, auf die er in besonderer Weise aufmerksam macht, ohne den Bestätigungsvermerk einzuschränken.

(4) ¹Sind Einwendungen zu erheben, so hat der Abschlussprüfer seine Erklärung nach Absatz 3 Satz 1 einzuschränken (Absatz 2 Satz 1 Nr. 2) oder zu versagen (Absatz 2 Satz 1 Nr. 3). ²Die Versagung ist in den Vermerk, der nicht mehr als Bestätigungsvermerk zu bezeichnen ist, aufzunehmen. ³Die Einschränkung oder Versagung ist zu begründen; Absatz 3 Satz 2 findet Anwendung. ⁴Ein eingeschränkter Bestätigungsvermerk darf nur erteilt werden, wenn der geprüfte Abschluss unter Beachtung der vom Abschlussprüfer vorgenommenen, in ihrer Tragweite erkennbaren Einschränkung ein den tatsächlichen Verhältnissen im Wesentlichen entsprechendes Bild der Vermögens-, Finanz- und Ertragslage vermittelt.

(5) ¹Der Bestätigungsvermerk ist auch dann zu versagen, wenn der Abschlussprüfer nach Ausschöpfung aller angemessenen Möglichkeiten zur Klärung des Sachverhalts nicht in der Lage ist, ein Prüfungsurteil abzugeben (Absatz 2 Satz 1 Nr. 4). ²Absatz 4 Satz 2 und 3 gilt entsprechend.

(6) ¹Die Beurteilung des Prüfungsergebnisses hat sich auch darauf zu erstrecken, ob der Lagebericht oder der Konzernlagebericht nach dem Urteil des Abschlussprüfers mit dem Jahresabschluss und gegebenenfalls mit dem Einzelabschluss nach § 325 Abs. 2a oder mit dem Konzernabschluss in Einklang steht, die gesetzlichen Vorschriften zur Aufstellung des Lage- oder Konzernlageberichts beachtet worden sind und der Lage- oder Konzernlagebericht insgesamt ein zutreffendes Bild von der Lage des Unternehmens oder des Konzerns vermittelt. ²Dabei ist auch darauf einzugehen, ob die Chancen und Risiken der zukünftigen Entwicklung zutreffend dargestellt sind.

(6a) ¹Wurden mehrere Prüfer oder Prüfungsgesellschaften gemeinsam zum Abschlussprüfer bestellt, soll die Beurteilung des Prüfungsergebnisses einheitlich erfolgen. ²Ist eine einheitliche Beurteilung ausnahmsweise nicht möglich, sind die Gründe hierfür darzulegen; die Beurteilung ist jeweils in einem gesonderten Absatz vorzunehmen. ³Die Sätze 1 und 2 gelten im Fall der gemeinsamen Bestellung von
1. Wirtschaftsprüfern oder Wirtschaftsprüfungsgesellschaften,
2. vereidigten Buchprüfern oder Buchprüfungsgesellschaften sowie
3. Prüfern oder Prüfungsgesellschaften nach den Nummern 1 und 2.

(7) ¹Der Abschlussprüfer hat den Bestätigungsvermerk oder den Vermerk über seine Versagung unter Angabe des Ortes der Niederlassung des Abschlussprüfers und des Tages der Unterzeichnung zu unterzeichnen; im Fall des Absatzes 6a hat die Unterzeichnung durch alle bestellten Personen zu erfolgen. ²Der Bestätigungsvermerk oder der Vermerk über seine Versagung ist auch in den Prüfungsbericht aufzunehmen. ³Ist der Abschlussprüfer eine Wirtschaftsprüfungsgesellschaft, so hat die Unterzeichnung zumindest durch den Wirtschaftsprüfer zu erfolgen, welcher die Abschlussprüfung für die

2. Abschnitt. Ergänzende Vorschriften für Kapitalgesellschaften § 322

Prüfungsgesellschaft durchgeführt hat. ⁴Satz 3 ist auf Buchprüfungsgesellschaften entsprechend anzuwenden.

Übersicht

	Rn
1) Bestätigungsvermerk zum Jahres- bzw Konzernabschluss (I)	1–2
A. Bestätigungsvermerk (I 1)	1
B. Reichweite des Bestätigungsvermerks (I 2, 3)	2
2) Beachtlichkeit EU-seitig übernommener ISA (Ia)	3
3) Fassung und Aussage sowie Darstellung der Beurteilung des Prüfungsergebnisses; bestandsgefährdende Risiken (II)	4–6
A. Vier Arten der Beurteilung des Prüfungsergebnisses (II 1)	4
B. Allgemeinverständlichkeit und Problemorientiertheit (II 2)	5
C. Bestandsgefährdende Risiken (II 3, 4)	6
4) Uneingeschränkter Bestätigungsvermerk (III)	7, 8
A. Uneingeschränkter Bestätigungsvermerk (III 1)	7
B. Ergänzungen (III 2)	8
5) Einschränkung und Versagung (IV), Widerruf	9–13
A. Negatives Prüfungsergebnis, Versagung (IV)	9
B. Bezeichnung, Begründung (IV 2, 3)	10
C. Eingeschränkter Bestätigungsvermerk (IV 4)	11
D. Widerruf	13
6) Versagung bei Unmöglichkeit der Abgabe eines Prüfungsurteils (V)	14
7) Beurteilung des Lageberichts, Risiken der künftigen Entwicklung (VI)	15, 16
A. Beurteilung des Lageberichts (VI 1)	15
B. Risiken der künftigen Entwicklung (VI 2)	16
8) Gemeinsame Bestellung zum Abschlussprüfer (Joint Audit) (VIa)	17
9) Unterzeichnung, Aufnahme in den Prüfungsbericht (VII)	18

1) Bestätigungsvermerk zum Jahres- bzw Konzernabschluss (I)

A. **Bestätigungsvermerk (I 1):** § 322 idF KonTraG 1998, BilReG 2004 und **1** BilRUG 2015. Änderungen aufgrund der **Abschlussprüferreform 2014** (AbschlussprüferRi Art 28 idF 2014, AbschlussprüfungsVO Art 10 für Unternehmen von öff Interesse, Überbl 7 ff vor § 316) brachte das AReG (Überbl 9 vor § 316, **Übergangsrecht** in (1) EGHGB Art 79). Die Neuregelungen für den Bestätigungsvermerk für Unternehmen von öff Interesse in Art 10 VO führen zu einer Spaltung bei den Vorgaben. Einheitlichkeit des Bestätigungsvermerks zwar vorzugswürdig und Ausdehnung der Grundsätze für Unternehmen von öff Interesse auf andere Unternehmen gut begründbar (und nach VO möglich), doch sollen sich neue Grundsätze erst praktisch bewähren, Begr RegE 54. Der Bestätigungsvermerk ist Gesamturteil auf Grund der Prüfung, das gegenüber Ges, Gftern sowie mit Wirkung nach außen abgegeben wird. Er ist **keine unmittelbare Beurteilung der wirtschaftlichen Lage und der Geschäftsführung des geprüften Unternehmens als solche**, IDW PS 400 Tz 8 und auch kein „Gütesiegel", MüKo/Ebke 17, s auch § 317 Rn 5. Rein rechtlich ist seine Bedeutung begrenzt (§ 316 I 2 fordert nur Prüfung, nicht Erteilung des uneingeschränkten Bestätigungsvermerks), tatsächlich ist sie groß. I setzt an die Stelle der früher vorgeschriebenen sog Formeltestats (Abweichungen von der einheitlichen Kernfassung nur als Ergänzungen oder Einschränkungen) eine Testatform (s Rn 3), die der durch Gesetz und GoB eingegrenzten Aussagekraft des Bestätigungsvermerks Rechnung trägt und das **Ergebnis der Prüfung** des Jahresabschlusses oder Konzernabschlusses (§ 242 III) schriftlich (und zwar eigenhändig und auf dem in Papierform vorliegenden Jahres- oder Konzernabschluss oder einem Dokument,

§ 322 2, 3
3. Buch. Handelsbücher

das fest damit verbunden ist; Schriftlichkeiterfordernis eingeführt durch AReG (Überbl 9 vor § 316, **Übergangsrecht** in **(1)** EGHGB Art 79) in Umsetzung von Art 28 II Unterabs 1 EU-AbschlussprüfungsRi 2014; formale Ergänzung der schon bisher an Vermerke gestellte Anforderungen, AReG Begr RegE 52) **zusammenfasst (I 1)**. Der Sache nach ist das ein wesentlich auch an IAS/IFRS orientierter **Bestätigungsbericht** mit einem **Gesamturteil**. Diese Anforderung geht über Art 28 I 1 EU-AbschlussprüfungsRi 2014 (dort verlangt bloß Darlegung der Ergebnisse der Abschlussprüfung) – zulässigerweise – hinaus, AReG Begr RegE 52. Der uneingeschränkte Bestätigungsvermerk ist zu erteilen (Rechtsanspruch s Rn 7), wenn nach dem abschließenden Ergebnis der Prüfung keine (wesentlichen, s Rn 7) Einwendungen zu erheben sind (II 1 Nr 1, III, s Rn 7), bei Einwendungen kann ein Bestätigungsvermerk als eingeschränkter erteilt oder ganz versagt werden, ebenso, wenn der Abschlussprüfer nicht in der Lage ist, ein Prüfungsurteil abzugeben (II 1 Nr 2–4, s Rn 9, 14). Einzelheiten in Grundsätze für die ordnungsmäßige Erteilung von Bestätigungsvermerken bei Abschlussprüfungen IDW PS 400. Der Bestätigungsvermerk ist anders als der Prüfungsbericht (§ 321) auch für die Öffentlichkeit bestimmt, BayObLG WM **87**, 1363; s § 325, Einl 14 vor § 238, Straftatbestand § 332. Für Prüfung mit einem abweichenden Prüfungsgegenstand oder einem geringeren Umfang darf kein Bestätigungsvermerk, sondern nur **Bescheinigung** erteilt werden, IDW PS 400 Tz 5; freiwillige Prüfungen s § 316 Rn 4. **Muster:** IDW PS 400 Anhang (14 Muster); Hopt/Kraft/Link 4. Aufl 2013 Form III. E.1–4 (Bestätigungsvermerk bei Pflichtprüfung einer KapitalGes, eingeschränkter Bestätigungsvermerk, Versagung des Bestätigungsvermerks, Bestätigungsvermerk bei nicht prüfungspflichtigen Unternehmen), Form III. E.5 (bei § 9 PublG). Lit Me/Pro/Fi Kap 17 Tz 221 ff; Köhler WPg **15**, 109; Petersen/Zwirner/Boecker DStR **16**, 984 (AReG); Ratzinger-Sakel WPg **16**, 1217 (Änderungen durch AReG/APAReG); AKEU BB **17**, 107; Henselmann/Seebeck WPg **17**, 237(empirische Analyse); Skirk WPg **17**, 57 (IDW Prüfungsstandards); Zwirner WPg **17**, 184 (Änderung durch BiLRUG).

2 B. **Reichweite des Bestätigungsvermerks (I 2, 3):** Der Bestätigungsvermerk muss **Gegenstand, Art und Umfang der Prüfung** beschreiben, das sind die **Kernelemente** des Bestätigungsvermerks. Er muss dabei auch die angewandten Rechnungslegungs- und Prüfungsgrundsätze angeben (I 2 Halbs 1 idF BilReG). Er muss außerdem eine **Beurteilung des Prüfungsergebnisses** enthalten (I 2 Halbs 2). Diese Vorgaben werde nun auch EU-rechtlich verlangt, s Art 28 II it a EU-AbschlussprüfungsRi 2014. Ein einleitender Abschnitt muss außerdem mindestens die Beschreibung des Gegenstands der Prüfung und die Angabe zu den angewandten Rechnungslegungsgrundsätzen enthalten (I 3 aufgrund BilRUG, schon bisher ganz überwiegende Praxis). Textvorschlag für den einleitenden Abschnitt: IDW PS 400 Tz 27.

2) Beachtlichkeit EU-seitig übernommener ISA (Ia)

3 Im Zuge der Reform durch das AReG (Überbl 9 vor § 316, Übergangsregelung in **(1)** EGHGB Art 79) und in Umsetzung des Art 28 I 2 der EU-AbschlussprüfungsRi 2014 wurde **Ia** eingefügt, der Abschlussprüfer verpflichtet, die **internationalen Prüfungsstandards** (International Standards on Auditing, ISA) anzuwenden, die von der EU-Kommission im Wege des Endorsements (Verfahren nach Art 26 III der EU-AbschlussprüfungsRi 2006, Ri 2006/43/EG) angenommen wurden. Dabei bleibt abzuwarten, ob und ggf in welchem Umfang die EU-Kommission von der Ermächtigung zur Annahme internationaler Prüfungsstandards Gebrauch machen wird, RegE 52. Lit Merkt, FS Wymeersch, **09**, 244; Köhler/Böhm WPg **09**, 997; Plath, WPg **12**, 175; Naumann/Feld WPg **13**,

2. Abschnitt. Ergänzende Vorschriften für Kapitalgesellschaften 4–6 § 322

641; Kunellis WPg **13**, 791; Merkt ZGR **15**, 215; Petersen/Zwirner/Boecker DStR **16**, 984 (AReG).

3) Fassung und Aussage sowie Darstellung der Beurteilung des Prüfungsergebnisses; bestandsgefährdende Risiken (II)

A. Vier Arten der Beurteilung des Prüfungsergebnisses (II 1): II 1 stellt 4 klar und erfordert, dass die Beurteilung des Prüfungsergebnisses nur in einer von vier Arten tenoriert werden kann (Schlussvermerk) und die jeweilige Art zweifelsfrei erkennen lassen muss, nämlich ob

1. ein uneingeschränkter Bestätigungsvermerk erteilt wird,
2. ein eingeschränkter Bestätigungsvermerk erteilt wird,
3. der Bestätigungsvermerk auf Grund von Einwendungen versagt wird oder
4. der Bestätigungsvermerk deshalb versagt wird, weil der Abschlussprüfer nicht in der Lage ist, ein Prüfungsurteil abzugeben.

II 1 sagt selbst nichts darüber aus, wann welche der vier Arten der Beurteilung des Prüfungsergebnisses die richtige ist. Das ergibt sich für den uneingeschränkten Bestätigungsvermerk aus II, für den eingeschränkten aus III 1, 3, für die Versagung auf Grund von Einwendungen aus IV 1 und für die Versagung wegen Unmöglichkeit der Abgabe eines Prüfungsurteils (disclaimer) aus V.

B. Allgemeinverständlichkeit und Problemorientiertheit (II 2): Die Be- 5 urteilung des Prüfungsergebnisses (I 2 Halbs 2) soll allgemeinverständlich und problemorientiert sein und dem Umstand Rechnung tragen, dass die gesetzlichen Vertreter den Abschluss zu verantworten haben (II 2). Das entspricht den an die Berichtspflicht insgesamt gestellten Anforderungen (§ 321 Rn 1) und auch EU-rechtlichen Vorgaben (siehe Erwägungsgrund 11 der EU-AbschlussprüfungsRi 2014), ist aber nur als Sollvorschrift formuliert. Ergänzungen (III 2) s Rn 8.

C. Bestandsgefährdende Risiken (II 3, 4): Der Bestätigungsvermerk muss 6 auf bestandsgefährdende Risiken des Unternehmens oder Konzernunternehmens (§ 321 I 3 1. Alt) **gesondert** eingehen **(II 3).** II 3 ist im Gegensatz zu II 2 eine Mussvorschrift. Hat die Ges zulässigerweise keinen Lagebericht aufgestellt, ist der Abschlussprüfer nicht verpflichtet, auf bestehende bestandsgefährdende Risiken hinzuweisen, IDW PS 400 Tz 79, aber Auswirkungen auf den Bericht IDW PS 450 Tz 34. Kritik in der Literatur wegen self-fulfilling prophecy, MüKo/Ebke 50. Haftungsrisiko für den Abschlussprüfer, Hommelhoff BB **98**, 2630. **II 4** (entspr 296 II) stellt für Risiken, die den Fortbestand eines Tochterunternehmens gefährden, darauf ab, welche Bedeutung das Tochterunternehmen für den Konzernabschluss des Mutterunternehmens hat, je nachdem ist ein gesonderter Hinweis im Konzernabschluss der MutterGes notwendig oder (bei nur untergeordneter Bedeutung) verzichtbar. Entscheidend ist auf jeden Fall, dass der Konzernabschluss ein den tatsächlichen Verhältnissen entsprechendes Bild der Vermögens-, Finanz- und Ertragslage (§ 264 II 1) vermittelt. Gedanke, dass auf Risiken, die den Fortbestand eines Tochterunternehmens von untergeordneter Bedeutung gefährden, im Bestätigungsvermerk zum Konzernabschluss nicht einzugehen ist, spiegelt Art. 28 II Unterabs 1 lit f iVm V 1 EU- AbschlussprüfungsRi wider, wonach der Bestätigungsvermerk zum Konzernabschluss den Anforderungen an den Bestätigungsvermerk zum Jahresabschluss zu genügen hat und darin nur auf wesentliche Unsicherheiten in Verbindung mit Ereignissen oder Gegebenheiten, die erhebliche Zweifel an der Fähigkeit des Unternehmens zur Fortführung der Unternehmenstätigkeit aufwerfen können, einzugehen ist, im Falle eines Konzerns damit also auch nur die für das Mutterunternehmen bestandsgefährdenden Risiken, AReG Begr RegE 53. **Lit** Seidler BB **17**, 1131.

§ 322 7–9

4) Uneingeschränkter Bestätigungsvermerk (III)

7 **A. Uneingeschränkter Bestätigungsvermerk (III 1): a) Grundsatz:** III 1 nF BilReG (entspr I 3 aF) regelt Inhalt und Formulierung des uneingeschränkten Bestätigungsvermerks nach **II 1 Nr 1** des Näheren. Sind vom Abschlussprüfer keine Einwendungen zu erheben (sonst IV, s Rn 9), ist der Bestätigungsvermerk (uneingeschränkter Bestätigungsvermerk) in der gesetzlich umschriebenen Kernfassung zu erteilen. Unter diesen Voraussetzungen hat die KapitalGes einen Anspruch auf Erteilung aus dem Prüfungsvertrag (§ 318 Rn 3), KG WPg **01**, 618.

b) Kernfassung: Die Erklärung muss zwei Aussagen enthalten: 1) dass nach der von ihm nach § 317 durchgeführten Prüfung **keine Einwendungen** zu erheben waren und 2) dass der Abschluss auf Grund der bei der Prüfung gewonnenen Erkenntnisse des Abschlussprüfers nach seiner Beurteilung **den gesetzlichen Vorschriften entspricht und** unter Beachtung der GoB oder sonstiger maßgeblicher Rechnungslegungsgrundsätze (§§ 315e, 325 II a) **ein den tatsächlichen Verhältnissen entsprechendes Bild der Vermögens-, Finanz- und Ertragslage** des Unternehmens bzw Konzerns vermittelt. Beide Teile der zweiten Aussage sind unverzichtbar. Die Aussage, dass die gesetzlichen Anforderungen erfüllt sind, beinhaltet zB bei einem IAS-Abschluss, dass die in EURecht übernommenen IFRS vollständig angewendet und die ggf ergänzend anwendbaren Vorschriften nach HGB berücksichtigt worden sind (RegE). Unverzichtbar ist also die Aussage, ob der Jahresabschluss ein den tatsächlichen Verhältnissen entsprechendes Bild vermittelt (Einblicksgebot, true and fair view, § 317 I 3, § 321 II 3, § 264 II 1); ist das nicht der Fall und fehlen auch die Angaben nach § 264 II 2, ist grundsätzlich nach IV zu verfahren, also einzuschränken oder zu versagen (anders bei freiwilligen Prüfungen bei NichtkapitalGes, da dann § 264 II nicht gilt, s § 243 Rn 2, 5; dann nur abgeänderter Vermerk nach I 2).

c) Grundbestandteile im Einzelnen: Die Grundbestandteile des Bestätigungsvermerks im Einzelnen sind: Überschrift, einleitender Abschnitt, beschreibender Abschnitt (I 2 Halbs 1), Beurteilung des Prüfungsergebnisses durch den Abschlussprüfer (I 2 Halbs 2), ggf Hinweis zur Beurteilung des Prüfungsergebnisses, ggf Hinweis auf Bestandsgefährdungen (II 3), näher IDW PS 400 Tz 17 ff. Über Prüfung des Überwachungssystems nach § 91 II AktG ist nicht im Bestätigungsvermerk, sondern in einem besonderen Berichtsteil (§ 321 IV) zu berichten. **Muster:** Hopt/Kraft/Link 4. Aufl 2013 Form III. E.1–5 (Bestätigungsvermerk); IDW PS 400 Tz 42 ff, 46 mit Anhängen 1 ff (uneingeschränkter Vermerk), Tz 50–64 (eingeschränkter Vermerk) mit Anhängen 8 ff, Tz 65 ff und Anhänge 13, 14 (Versagungsvermerk); WPg **05**, 1382.

8 **B. Ergänzungen (III 2):** Der Abschlussprüfer kann zusätzlich zu dem uneingeschränkten Bestätigungsvermerk Hinweise auf Umstände aufnehmen, auf die er in besonderer Weise aufmerksam macht, ohne den Bestätigungsvermerk einzuschränken (III 2 nF BilReG). Solche Ergänzungen können ausnahmsweise sinnvoll oder sogar notwendig sein, IDW PS 400 Tz 33, 70 ff, BeckBilKo 36 f, zB Beachtung von Bestimmungen in GesVertrag oder Satzung, bei Ausstehen von HVBeschluss bzw Eintragung in das HdlReg (Sanierung) oder fehlender Prüfung oder Feststellung eines Vorjahresbeschlusses, Ergänzung bei **Nachtragsprüfung** s § 316 III 2.

5) Einschränkung und Versagung (IV), Widerruf

9 **A. Negatives Prüfungsergebnis, Versagung (IV):** IV regelt den Fall, dass der Abschlussprüfer zu einem **negativen Prüfungsergebnis** kommt. Sind (nicht nur geringfügige, unwesentliche) Einwendungen zu erheben, was sich nach

2. Abschnitt. Ergänzende Vorschriften für Kapitalgesellschaften 10–12 § 322

Umfang und Gegenstand der Pflichtprüfung (§ 317) beurteilt, ist nach **IV 1** die Erklärung nach III 1 je nach Art und Schwere der Einwendungen entweder einzuschränken (eingeschränkter Bestätigungsvermerk, II 1 Nr 2) oder ganz zu versagen (Versagungsvermerk, II 1 Nr 3). Nur diese beiden Möglichkeiten gibt es bei einem negativen Prüfungsergebnis. Ein bloßer Nichterteilungsvermerk, wie international verbreitet, ist unzulässig, GK/Marsch-Barner 11. Ein aufschiebend bedingter Bestätigungsvermerk ist zulässig, aber noch nicht erteilt (der entsprechende Jahresabschluss ist also noch nicht geprüft) oder als eingeschränkter Bestätigungsvermerk zu erteilen, IDW PS 400 Tz 98 ff; denkbar ist auch bloße Ankündigung des Bestätigungsvermerks, IDW PS 400 Tz 104, 14. Maßgebender Zeitpunkt ist Beendigung der Prüfung (vgl § 321 Rn 12). Bspe für (un)wesentliche Einwendungen s ADS 220. Ihr Vorliegen ist Rechtsfrage, str, aA pflichtgemäßes Ermessen, differenzierend ADS 224f, die Entscheidung zwischen bloßer Einschränkung und Versagung dagegen Frage des pflichtgemäßen Ermessens, Baumb/Hueck/Schulze-Osterloh 153f, 163; in diesem Umfang hat die Ges einen (vor dem Prozessgericht) einklagbaren Anspruch auf Erteilung des Bestätigungsvermerks. Bloß **einzuschränken** ist bei einem negativen Prüfungsergebnis nur unter besonderen, in IV 4 (s Rn 11) näher präzisierten Voraussetzungen möglich, sonst ist zu versagen. Zu **versagen** ist insbesondere, wenn Positivbefund zu wesentlichen Teilen der Rechnungslegung nicht mehr möglich ist, so bei Fehlen des Anhangs (Nichtigkeitsgrund), aber idR auch bei Fehlen des Lageberichts, Baumb/Hueck/Schulze-Osterloh 155, str, und bei nicht behebbaren Mängeln in der Nachprüfbarkeit des Jahresabschlusses (mangelhafte Buchführung) oder bei Verletzung wesentlicher Vorlage- und Auskunftspflichten; IDW PS 400 Tz 65. Zur Formulierungen für Einschränkung (dieses Wort ist unverzichtbar) und Versagung s Rn 6.

B. **Bezeichnung, Begründung (IV 2, 3):** IV 2, 3 sorgen dafür, dass die 10 Dinge deutlich beim Namen genannt werden. Der Versagungsvermerk ist als solcher (also nicht mehr als Bestätigungsvermerk) zu bezeichnen, der eingeschränkte Bestätigungsvermerk muss das Wort „Einschränkung" enthalten, IDW PS 400 Tz 19, 59. Beides, Einschränkung oder Versagung, ist zu begründen.
Muster: Hopt/Kraft/Link Form III. E.2 (Eingeschränkter Bestätigungsvermerk) und Rn 3.

C. **Eingeschränkter Bestätigungsvermerk (IV 4):** Ein eingeschränkter 11 Bestätigungsvermerk darf nur unter besonderen Voraussetzungen erteilt werden (**IV 4** nF BilReG). Unverzichtbar ist nämlich, dass der geprüfte Abschluss unter Beachtung der vom Abschlussprüfer vorgenommenen Einschränkung ein den tatsächlichen Verhältnissen im Wesentlichen entsprechendes Bild der Vermögens-, Finanz- und Ertragslage (§ 264 II 1) vermittelt; dabei muss die Einschränkung in ihrer Tragweite erkennbar sein. Vermittelt der Abschluss dieses Bild nicht oder kann die Einschränkung in ihrer Tragweite nicht erkennbar gemacht werden, so ist der Bestätigungsvermerk ganz zu versagen (je nachdem II 1 Nr 3 oder Nr 4).

Einzuschränken ist zB bei wesentlichen Beanstandungen gegen abgrenzbare 12 Teile der Rechnungslegung, bei Prüfungshemmnissen bezüglich wesentlicher abgrenzbarer Teile, bei Nichtvermittlung (oder Nichtbeurteilbarkeit) des Einblicks nach § 264 II 1, IDW PS 400 Tz 50 ff. Vorjahresmängel führen im Folgejahr nur dann zu Einschränkung, wenn die Mängel fortbestehen oder die Durchführung der Korrektur zu beanstanden ist oder der Abschlussprüfer dies nicht beurteilen kann, IDW PS 400 Tz 52. Unter den Voraussetzungen von IV 4 kommt eine bloße Einschränkung auch in Frage, wenn der Abschlussprüfer einzelne abgrenzbare Teile der Rechnungslegung nach Ausschöpfung aller angemessenen Möglichkeiten zur Klärung des Sachverhalts nicht mit hinreichender Sicherheit beurteilen kann (andernfalls Versagung nach V).

Merkt 1319

§ 322 13–17   3. Buch. Handelsbücher

13 D. **Widerruf:** Der Widerruf des Bestätigungsvermerks gegenüber dem Auftraggeber ist möglich, wenn der Abschlussprüfer Fehlen der Voraussetzungen für die Erteilung erkennt und die Ges den Abschluss nicht ändern und entsprechend informieren will, IDW PS 400 Tz 111 ff, zB bei unrichtiger Vollständigkeitserklärung (§ 317 Rn 4), auch bei eigenem Fehler des Abschlussprüfers, KG WPg **01**, 619; nicht schon bei bloßen Zweifeln an der Richtigkeit des Testats, Baumb/Hueck/Schulze-Osterloh 164, str. Nicht nur Recht, sondern grundsätzlich Pflicht zum Widerruf, str, KG WPg **01**, 617, IDW PS 400 Tz 111, Grund: Gewährleistungsfunktion, aA Ermessen, GK/Marsch-Barner 15; denkbare Ausnahmen, IDW PS 400 Tz 112, str, ADS Rn 366 f. Bei Fehlerfeststellung durch die DPR bzw die BaFin je nachdem Widerruf oder bloße Fehlerkorrektur, IDW PH 9400.11. Widerruf schriftlich und mit Begründung (IV 3; § 321 V entspr), KG WPg **01**, 617. Adressat ist der Aufsichtsrat (s § 111 II 3 AktG). Ggf ist dann eingeschränkter Bestätigungsvermerk nach II 1 Nr 2, IV 4 zu erteilen; vgl IDW PS 400 Tz 113. **Lit** Hirsch WPg **01**, 606.

6) Versagung bei Unmöglichkeit der Abgabe eines Prüfungsurteils (V)

14 Der Bestätigungsvermerk ist nicht nur bei einem negativen Prüfungsurteil (IV) zu versagen, sondern nach **V 1** nF BilReG auch dann, wenn der Abschlussprüfer nicht in der Lage ist, ein Prüfungsurteil abzugeben (**Nichterteilungsvermerk, disclaimer** nach II 1 Nr 4). Denkbar bei Verletzung der Auskunftspflichten bezüglich wesentlicher Sachverhalte nach § 320, MüKo/Ebke 44. Das setzt allerdings voraus, dass er vorher alle angemessenen Möglichkeiten zur Klärung des Sachverhalts ausgeschöpft hat. Alle angemessenen Möglichkeiten heißt alle rechtlich zulässigen und wirtschaftlich vertretbaren Möglichkeiten (RegE). Eine Versagung nach V kommt nur in Frage, wenn eine Einschränkung des Prüfungsurteils, also ein eingeschränkter Bestätigungsvermerk (II 1 Nr 2) nicht ausreicht; ob das der Fall ist, ist nach IV 4 zu beurteilen. **V 2** nF BilReG stellt klar, dass auch diese Versagung in den Schlussvermerk aufzunehmen (IV 2) und zu begründen ist (IV 3).

7) Beurteilung des Lageberichts, Risiken der künftigen Entwicklung (VI)

15 A. **Beurteilung des Lageberichts (VI 1):** VI idF BilReG (wie III aF) stellt Anforderungen an die Beurteilung des (Konzern-)Lageberichts (§ 317 II). Die Beurteilung des Prüfungsergebnisses hat sich auch darauf zu erstrecken, ob der (Konzern-)Lagebericht nach der Beurteilung des Abschlussprüfers mit dem Jahresabschluss und ggf mit dem Einzelabschluss nach § 325 IIa oder mit dem Konzernabschluss in Einklang steht, die gesetzlichen Vorschriften zur Aufstellung des Lage- oder Konzernlageberichts beachtet worden sind und der Lage- oder Konzernlagebericht (dieser Halbs durch BilRUG eingefügt) insgesamt ein zutreffendes Bild von der Lage vermittelt (VI 1). Erweckt der Lagebericht oder Konzernlagebericht keine zutreffende Vorstellung, ist nach IV zu verfahren, denn dann sind Einwendungen zu erheben. Eine Aussage nach VI unterbleibt, wenn ein Lage- bzw Konzernlagebericht zulässigerweise nicht erstellt wurde, IDW PS 400 Tz 43.

16 B. **Risiken der künftigen Entwicklung (VI 2):** Der Bestätigungsvermerk muss auch darauf eingehen, ob die Chancen und Risiken der künftigen Entwicklung (§ 321 I 3 2. Alt) zutreffend dargestellt sind (VI 2). Ein gesondertes Eingehen wie auf bestandsgefährdende Risiken ist aber nicht notwendig.

8) Gemeinsame Bestellung zum Abschlussprüfer (Joint Audit) (VIa)

17 Im Zuge der Reform durch das AReG (Überblick 9 vor § 316, Übergangsregelung in **(1)** EGHGB Art 79) wurde **VIa** eingefügt, mit dem in Umsetzung von Art 28 III der EU-AbschlussprüfungsRi 2014 eine **gemeinsame Bestellung zum Abschlussprüfer (Joint Audit)** gesetzlich verankert wird. Im Falle

2. Abschnitt. Ergänzende Vorschriften für Kapitalgesellschaften § 323

einer gemeinsamen Bestellung soll die Beurteilung des Prüfungsergebnisses einheitlich erfolgen, und zwar jeweils in einem gesonderten Absatz (**VIa 1**). Falls eine einheitliche Beurteilung ausnahmsweise nicht möglich ist, ist dies zu begründen (**VIa 2**). Diese Anforderungen gelten für Wirtschaftsprüfer und WirtschaftsprüfungsGes (**VIa 3 Nr. 1**), für vereidigte Buchprüfer oder BuchprüfungsGes (**VIa Nr 2**) und für Prüfer oder Ges nach den Nr 1u 2 (**VIa 3 Nr 3**). Die Prüfer stellen in allen drei Fällen und auch im Fall einer Kombination aus Zugehörigen mehrerer dieser Gruppen den einzigen Abschlussprüfer iSd gesetzlichen Vorschriften dar. Nicht von den gesetzlichen Regelungen erfasst sind andere (rechtlich zulässige) Fallkonstellationen mit mehreren Prüfern wie etwa die freiwillige Bestellung eines weiteren Prüfers als so genannter „Ersatzprüfer". In solchen Fällen bleibt es bei den allgemeinen Vorschriften. Es besteht **keine Pflicht zum Joint Audit**, dh es steht den Unternehmen auch zukünftig frei, einen oder mehrere Prüfer zu bestellen, AReG Begr RegE 53. Lit Petersen/Zwirner/Boecker DStR **16**, 984 (AReG).

9) Unterzeichnung, Aufnahme in den Prüfungsbericht (VII)

Der Bestätigungs- (bzw. Versagungs-) vermerk, der unabhängig vom Prüfungsbericht und zeitgleich mit diesem unter Angabe von Ort und Tag vom Prüfer unterzeichnet zu erteilen ist (**VII 1**), ist auf dem Jahresabschluss anzubringen oder mit ihm und ggf dem Lagebericht fest zu verbinden. Durch das AReG wurde VII 1 im Umsetzung von Art 28 III EU-AbschlussprüfungsRi 2014 um den neuen Halbs 2 ergänzt, der für den Fall des Joint Audit (VIa) die Unterzeichnung durch alle beteiligten Personen vorschreibt, AReG Begr RegE 53. Aufnahme in den Prüfungsbericht (§ 321) und Unterzeichnung (§ 126 BGB) (**VII 2**), sonst nichtig. Die Vorgaben zur Unterzeichnung werden bereits durch (**2c**) WPO § 32 und durch § 27a I iVm § 24a II Satzung der WP-Kammer ergänzt. In Umsetzung von Art 28 II UAbs 1 lit g EU-AbschlussprüfungsRi 2014 wurde im Zuge der Reform durch AReG (Überblick 9 vor § 316, **Übergangsrecht** in (**1**) EGHGB Art 79) klargestellt, dass die erforderliche Ortsangabe den Ort der Niederlassung meint, was derzeit üblicher Praxis entspricht. Bei gemeinsamer Abschlussprüfung sind gegebenenfalls unterschiedliche Niederlassungsorte und Unterzeichnungsdaten anzugeben. Berufssiegel, (**2c**) WPO § 48, ohne Nichtigkeitsfolge, Stgt DB **09**, 1521); s sodann § 321 V, Offenlegung § 325 I 2. Der Bestätigungsvermerk ist auch dann wirksam, wenn er nur in den Prüfungsbericht aufgenommen und nicht in einem eigenen Dokument enthalten ist, Unterzeichnung des Prüfungsberichts genügt dann, Stgt DB **09**, 1526. Datierung auf den Tag, an dem die Prüfung materiell abgeschlossen ist, eine zeitnahe Vollständigkeitserklärung vorliegt (s Rn 11), IDW PS 400 Tz 81; bei späterer Auslieferung muss der Abschlussprüfer klären, ob Aussage so stehen bleiben kann, danach nicht mehr, Tz 82, 104. Werden dem Abschlussprüfer **nach Auslieferung Tatsachen bekannt**, die schon damals bestanden und zu Einschränkung oder Versagung geführt hätten, muss er die Ges veranlassen, den Abschluss zu ändern, Tz 104, dann Nachtragsprüfung (§ 316 III). Durch BilRUG wurden in VII 3 und 4 neue Klarstellungen vorgenommen, die auf Art 35 der BilanzRi 2013/34/EU gründen. Danach ist im Fall der Prüfung durch eine WP-Ges zumindest durch den Prüfer zu unterzeichnen, der die Prüfung für die WP-Ges durchgeführt hat (**VII 3**). Entsprechendes gilt nunmehr auch für BuchprüfungsGes (**VII 4**).

Verantwortlichkeit des Abschlußprüfers

323 (1) ¹**Der Abschlußprüfer, seine Gehilfen und die bei der Prüfung mitwirkenden gesetzlichen Vertreter einer Prüfungsgesellschaft sind zur gewissenhaften und unparteiischen Prüfung und zur Verschwiegenheit verpflichtet; § 57b der Wirtschaftsprüferordnung bleibt unberührt.** ²Sie dür-

Merkt 1321

§ 323 1

fen nicht unbefugt Geschäfts- und Betriebsgeheimnisse verwerten, die sie bei ihrer Tätigkeit erfahren haben. ³ Wer vorsätzlich oder fahrlässig seine Pflichten verletzt, ist der Kapitalgesellschaft und, wenn ein verbundenes Unternehmen geschädigt worden ist, auch diesem zum Ersatz des daraus entstehenden Schadens verpflichtet. ⁴ Mehrere Personen haften als Gesamtschuldner.

(2) ¹ Die Ersatzpflicht von Personen, die fahrlässig gehandelt haben, beschränkt sich auf eine Million Euro für eine Prüfung. ² Bei Prüfung einer Aktiengesellschaft, deren Aktien zum Handel im regulierten Markt zugelassen sind, beschränkt sich die Ersatzpflicht von Personen, die fahrlässig gehandelt haben, abweichend von Satz 1 auf vier Millionen Euro für eine Prüfung. ³ Dies gilt auch, wenn an der Prüfung mehrere Personen beteiligt gewesen oder mehrere zum Ersatz verpflichtende Handlungen begangen worden sind, und ohne Rücksicht darauf, ob andere Beteiligte vorsätzlich gehandelt haben.

(3) Die Verpflichtung zur Verschwiegenheit besteht, wenn eine Prüfungsgesellschaft Abschlußprüfer ist, auch gegenüber dem Aufsichtsrat und den Mitgliedern des Aufsichtsrats der Prüfungsgesellschaft.

(4) Die Ersatzpflicht nach diesen Vorschriften kann durch Vertrag weder ausgeschlossen noch beschränkt werden.

Übersicht

	Rn
1) Verhaltenspflichten (I)	1–6
A. Pflicht zur gewissenhaften und unparteiischen Prüfung (I 1 Fall 1)	1
B. Verschwiegenheitspflicht (I 1 Fall 2)	2
C. Verwertungsverbot (I 2)	5
D. Sonstige Verhaltenspflichten des Wirtschaftsprüfers	6
2) Haftung auf Schadensersatz (I 3, 4)	7, 8
A. Haftung gegenüber der Ges	7
B. Dritthaftung	8
3) Gesetzliche Haftungsobergrenze (II)	9
4) Schweigepflicht innerhalb der PrüfungsGes (III)	10
5) Keine Freizeichnung (IV), Berufshaftpflichtversicherung	11
6) Verjährung	12

1) Verhaltenspflichten (I)

1 **A. Pflicht zur gewissenhaften und unparteiischen Prüfung (I 1 Fall 1):** § 323 nF 2003 (s Rn 12), 2007 (s Rn 9) regelt Pflichten und Haftung des Abschlussprüfers (nur Pflichtprüfung, s Rn 6, § 316 Rn 1). Diese folgen aus seiner Funktion und korporationsrechtlichen Stellung als Prüfer (§ 318 Rn 2), werden also von der Unwirksamkeit des Prüfungsvertrags nicht unmittelbar berührt, Staub/Habersack/Schürnbrand 7, iErg auch Hellgardt, Kapitalmarktdeliktsrecht, S 304 (gatekeeper, deliktisch), str. Der Abschlussprüfer, seine (prüfungsspezifischen, andere wie zB Büroangestellte nicht, str, aber § 278 BGB. s Rn 7) Gehilfen (auch anderer Berufe, Art der Tätigkeit spielt keine Rolle, str) und die bei der Prüfung (auch nur durch Aufsicht oder sonst, weit auszulegen) mitwirkenden gesetzlichen Vertreter einer PrüfungsGes haben auf Grund ihrer Rechtsstellung (s § 318 Rn 1–4) zwingend die Pflicht, gewissenhaft (vgl §§ 317, 320–322) und unparteiisch (über § 319 II hinaus, s § 319 Rn 13–28 und § 318 Rn 6) zu prüfen (**I; (2c)** WPO § 43 I). Bilanzierung unter Beachtung der höchstrichterlichen Rspr, insbesondere des BFH. Diese Pflicht beschränkt sich nicht auf die Prüfung ieS, sondern umfasst die Berufspflichten des Abschlussprüfers insgesamt (vgl. „seine Pflichten"), MüKo/Ebke 24, hL. Im Einzelnen nicht nur bei der Berichtspflicht (§ 321 Rn 1) Pflichten zur Wahrheit, Vollständigkeit, Klarheit, uU Berichtigung, Hopt WPg **86**, 503 (FS Pleyer **86**, 364),

2. Abschnitt. Ergänzende Vorschriften für Kapitalgesellschaften 2 **§ 323**

näher § 347 Rn 24–28. Grundsätze ordnungsmäßiger Beurteilung von Verkaufsprospekten über öff angebotene Vermögensanlagen, IDW S 4 Stand 18.5.06 WPg **06**, 919, s § 347 Rn 29. Der Abschlussprüfer muss sich Kenntnisse über die Geschäftstätigkeit sowie das wirtschaftliche und rechtliche Umfeld des zu prüfenden Unternehmens verschaffen, IDW PS 230. Allgemeine Berufspflichten und Eigenverantwortlichkeit s **(4c)** WPO §§ 43, 44. Die Konkretisierungen der Verhaltenspflichten durch die Standesorganisationen (WPK, IDW ua, MüKo/Ebke 27 ff) sind nicht unmittelbar (haftungs)rechtlich verbindlich (nur: persuasive), MüKo/Ebke 32, aber wirken praktisch, vor allem im Rechtsstreit, oft (nicht automatisch) als Mindestanforderungen, ADS 21, nur scheinbar aA BeckBilKo 12, Beachtung wird idR entlasten, Nichtbeachtung wird überzeugend begründet werden müssen. Haftung I 3, Strafnorm § 332. § 323 gilt auch für die **prüferische Durchsicht** nach **(16)** WpHG §§ 115 V 7, 116 III 3, **Lit** Me/Pro/Fi Kap 20 Tz 14 ff; Gehringer 2002; Wenzel NWB **17**, 190.

B. Verschwiegenheitspflicht (I 1 Fall 2): Die genannten Personen unterliegen zeitlich unbegrenzt der beruflichen Verschwiegenheitspflicht, namentlich soweit ihnen Betriebs- oder Geschäftsgeheimnisse bei der Prüfung bekannt geworden sind (**I 1**, dazu Straftatbestand § 333 I, III; **(2c)** WPO § 57b ist lex specialis, I 1 Halbs 2 nF 2000). Daneben können Art. 7 ff, insbesondere 14 MAR eingreifen, von Falkenhausen/Widder BB **04**, 165 (zu § 14 WpHG aF). Die Praxis der Abschlussprüfung bei Unternehmen, die dem US-amerikanischen Kapitalmarktrecht unterliegen, ist durch Maßnahmen des US-Gesetzgebers zur Bewältigung der Bilanzierungskrise nach Enron (Sarbanes-Oxley-Act) vor die schwierige Frage gestellt worden, ob die Verschwiegenheitspflicht gegenüber dem uU sehr weitreichenden Auskunftsverlangen der ausländischen Aufsichtsbehörde geltend gemacht werden kann. Diese Frage ist noch weitgehend ungeklärt, H. Buxbaum IPRax **03**, 78, Schwarz/Holand ZIP **02**, 1661; Kersting ZIP **03**, 233. Geschützt sind Geheimnisse und vertrauliche Angaben, die nach dem Willen der Ges Dritten nicht weitergegeben werden sollen, ADS 31. Auch noch nicht allgemein bekannte Tatsachen können Geheimnis sein, auch nach einer (nicht von der Ges ausgehenden) Presseveröffentlichung. Es entscheidet die gesetzlichen Vertreter. Zeugnisverweigerungsrecht nach § 383 I Nr 6 ZPO (§ 53 I Nr 3 StPO, § 102 I Nr 3b AO ua), BGH WM **83**, 653. Der Verschwiegenheitspflicht entspricht eine Zeugnisverweigerungspflicht. Die Verschwiegenheitspflicht besteht auch gegenüber einzelnen Aufsichtsratsmitgliedern (vgl e contrario § 318 VII 3, 4; nicht gegenüber den gesetzlichen Vertretern der Ges und dem Aufsichtsrat insgesamt, vgl § 321 V, §§ 170 III 2, 171 I 2 AktG), der Hauptversammlung (aber Auskunftsrecht im Rahmen von § 42a III GmbHG) und einzelnen Aktionären (vgl § 176 II 2 AktG, auch § 42a III GmbHG), dem Aufsichtsrat der eigenen PrüfungsGes (III, nicht deren Vorstand), sofern die gesetzlichen Vertreter nicht von der Verschwiegenheitspflicht entbunden haben (§ 53 II 1 StPO; nur soweit für die Ges disponibel, Staub/Habersack/Schürnbrand 21; Peters/Klingberg ZWH **12**, 11). In der Insolvenz ist der Insolvenzverwalter für die Entbindung zuständig, Oldbg ZIP **04**, 1968, auch betr den Prüfer einer juristischen Person im Strafverfahren gegen deren Geschäftsführer, Nürnb ZIP **10**, 386, Priehe ZIP **11**, 312, str. Stillschweigendes Einverständnis zu peer review, ADS 52. Bei erheblichen eigenen schutzwürdigen Interessen des Abschlussprüfers (Interessenabwägung mit Interessen der Ges) kann Schweigen unzumutbar sein (§§ 34, 193 StGB), ADS 60; KöKo/Claussen/Korth 9; MüKoHGB/Ebke 57; Staub/Habersack/Schürnbrand 26, zB Einklagung von Honorarforderungen, Regressprozesse und sonstige Verfahren gegen den Abschlussprüfer, in aller Regel nicht schon bei Pressekampagnen, ADS 36. Offenlegungsansprüche in der Insolvenz s § 321a. **Lit** Mock DB **03**, 1996 (Verschwiegenheitspflicht und Interessenkonflikte); Quick BB **04**, 1490 (auch zu § 333).

Merkt 1323

§ 323 3–7 3. Buch. Handelsbücher

3 In engen Grenzen besteht auch ein **Recht** zum Reden kraft Nothilfe, also über § 321 II (nur intern) und § 322 (auch extern, s § 325) hinaus, zB bei groß angelegten, sonst nicht mehr zu verhindernden Kurs- und anderen Betrügereien.

4 Wegen der öff Funktion des Abschlussprüfers (s § 318 Rn 2) kann dieses Recht ausnahmsweise zur **Pflicht** werden. Besondere Rede- und Anzeigepflichten des Prüfers bestehen bei besonderen Gefahren und schwerwiegenden Verstößen (vgl § 321 I 3), zB nach § 29 III KWG (unverzüglich an BAKred und DBBk), § 341k III (unverzüglich an Aufsichtsbehörde), allgemein nach § 138 StGB.

5 C. **Verwertungsverbot (I 2):** Nach I 2 dürfen die unter I 1 fallenden Personen Geschäfts- und Betriebsgeheimnisse, die sie bei ihrer Tätigkeit (nicht privat) erfahren haben, nicht unbefugt für sich oder andere verwerten. Eigennütziges Handeln ist nicht erforderlich. Die gesetzlichen Vertreter können den Abschlussprüfer zwar von der Schweigepflicht entbinden (s Rn 2), ihm nicht aber eigennützige Verwertung zB von Insiderinformationen an der Börse gestatten, str. § 323 I 2 ist (unabhängig von Art. 8 II, III; 14 MAR) ein klares gesetzliches **Verbot der Ausnutzung von Insiderinformationen** (§ 347 Rn 31), zust MüKo/Ebke 66, ADS 72, GK/Marsch-Barner 3, daneben kann Verstoß gegen Insiderrecht nach Art. 7 ff, 14 MAR vorliegen, Staub/Habersack/Schürnbrand 28. Geschäfts- und Betriebsgeheimnis ist zwar nicht jedes Geheimnis der KapitalGes (Grund § 333 I), aber doch weit zu verstehen, BeckBilKo 51. I 2 verbietet nicht nur Transaktionen zum eigenen Vorteil, sondern auch solche zum Vorteil Dritter (sog Tippen); auch darin liegt ein Verwerten, wenn die Weitergabe nicht völlig uneigennützig erfolgt (dann aber Verstoß gegen I 1). Rechtsfolgen des Verstoßes sind § 333 I 2 (Straftat, aber nur Antragsdelikt), Haftung auf Schadensersatz nach I 3 und Gewinnabführung nach § 667 (wie für Schmiergelder). Ein Verstoß gegen I 2 (gesetzestechnisch Grundlage für § 333 I 2) ist häufig zugleich ein Geheimnisbruch nach I 1, immer aber auch eine Berufspflichtverletzung gegenüber dem Unternehmen nach I 1 (ebenso wie bei Vorstands- und Aufsichtsratsmitgliedern nach §§ 93 I 1, 116 AktG).

6 D. **Sonstige Verhaltenspflichten des Wirtschaftsprüfers:** § 323 betrifft nur den Pflichtprüfer mit allen (aA: nur die in I genannten) Verhaltenspflichten bei der Pflichtprüfung nach §§ 316 ff. Verhaltenspflichten im Vorfeld der Pflichtprüfung s Rn 8; Verhaltenspflichten der Wirtschaftsprüfer nicht als Pflichtprüfer, sondern bei Prospektprüfung, Beratungstätigkeit und treuhänderischer Vermögensverwaltung s Hopt WPg **86**, 498, sowie § 347 Rn 8–40. Verhaltenspflichtverletzungen außerhalb der Pflichtprüfung unterliegen deshalb den Grenzen des § 323 nicht, Canaris ZHR 163 **(99)** 206 (234), M. Weber NZG **99**, 12, str. Rechte und Pflichten der Wirtschaftsprüfer sind auch in **(4c)** WpO §§ 43–56 geregelt.

2) Haftung auf Schadensersatz (I 3, 4)

7 A. **Haftung gegenüber der Ges:** Jeder Verhaltenspflichtverstoß des Abschlussprüfers führt zu Schadensersatzhaftung nach I 3, nicht nur solcher bei der Prüfung ieS, sondern irgendeiner im Zusammenhang mit der Prüfung (s Rn 1–6), auch soweit in I 1, 2 nicht ausdrücklich genannt, aA enger BeckBilKo 101, auch pflichtwidrige Verzögerung oder Verweigerung des Bestätigungsvermerks (§ 322 Rn 3). Außerhalb der Prüfung übernommene, vertragliche Pflicht s Rn 6. Die Haftung nach **I 3** besteht **nur gegenüber** der **Ges** und, wenn ein verbundenes Unternehmen (nach üL § 271 II, richtiger wie in § 319 Rn 17, 26) geschädigt worden ist, auch diesem gegenüber, anderen gegenüber nicht, hL. Es genügt leichte Fahrlässigkeit. Der Abschlussprüfer haftet gesamtschuldnerisch **(I 4)** für jeden aus der Pflichtverletzung entstehenden Schaden der Ges (§ 347 Rn 35), auch Folgeschäden. **Mitverschulden** der gesetzlichen Vertreter ist strenger als sonst (§ 347 Rn 36) nur in engen Ausnahmefällen anzuerkennen (Grund:

2. Abschnitt. Ergänzende Vorschriften für Kapitalgesellschaften 8 § 323

nicht nur Eigenverantwortlichkeit der Unternehmensorgane, sondern auch Kontrollaufgabe des Abschlussprüfers), BGH NJW **10**, 1812, Hopt WPg **86**, 461, zB bei vorsätzlicher Irreführung des Prüfers, auch dann entfällt die Ersatzpflicht aber nicht wie sonst ohne weiteres gänzlich, vielmehr Gesamtschau, auch der Verursachungsbeiträge des Geschäftsführers vor der Prüfung, BGH NJW **10**, 1812 (iErg Mitverschulden von 2/3), auch BGH WM **12**, 959. Mitverschulden auch bei einfacher Fahrlässigkeit (Aufstellung des Jahresabschlusses durch Steuerberater, verspäteter Insolvenzantrag), BGH ZIP **13**, 1332. Bei vorsätzlicher Bilanzfälschung durch den Geschäftsführer soll Haftung des Abschlussprüfers ganz zurücktreten, außer bei grober Fahrlässigkeit, Saarbr DB **13**, 2324, Kln DStR **14**, 1895 (40% WP). Die Kontrollaufgabe auch zugunsten Dritter und der rechtsvergleichende Befund sprechen aber gegenüber dem Abschlussprüfer eher dafür, den Mitverschuldenseinwand umgekehrt zurückzudrängen, ja sogar grundsätzlich überhaupt auszuschließen, öOGH AG **02**, 573; Heck AcP 140 (**35**) 164; Bärenz BB **03**, 1784; Koziol/W. Doralt FS Doralt **04**, 337; W. Doralt ZGR **15**, 280; Schulze-Osterloh FS Canaris **07** II 379: nur bei § 320 II; Staub/Habersack/Schürnbrand 37. Haftung der PrüfungsGes für gesetzliche Vertreter und verfassungsmäßig berufene Vertreter nach § 31 BGB, ihr Vorsatz wird der Ges zugerechnet. **Haftung für** (auch nicht prüfungsspezifische, aber vgl Rn 1) **Gehilfen nach § 278 BGB** zusammen mit dem Prüfungsvertrag (§ 318 Rn 1–4), §§ 31, 831 BGB. Auch vorsätzliches Handeln des Gehilfen wird dem Abschlussprüfer nicht zugerechnet Staub/Habersack/Schürnbrand 49, str. **Beweislast** nach allgemeinen Grundsätzen (§ 280 I 2 BGB, näher § 347 Rn 37), der Prüfer muss bei pflichtwidrigem Handeln beweisen, dass ihn und seine Gehilfen kein Verschulden trifft, Staub/Habersack/Schürnbrand 42, auch Anscheinsbeweis, Staub/Habersack/Schürnbrand 41, str. Das gilt auch für die Frage, ob der Prüfer vorsätzlich gehandelt hat, Staub/Habersack/Schürnbrand 42, str. Der angestellte Prüfungsgehilfe ist vor einer Ausgleichspflicht uU durch arbeitsrechtliche Grundsätze geschützt, BAG NZA **94**, 1082.

B. **Dritthaftung:** Im KonTraG bewusst nicht geregelt (Rechtsausschuss gegen BRat). Grundsätzlich sind an die Annahme der Dritthaftung sowohl bei **Pflichtprüfung** als auch bei **freiwilliger Prüfung strenge Maßstäbe** zu stellen, BGH ZIP **06**, 854 und 954, ZIP **09**, 1166; BGH BeckRS **08**, 24194. Haftung grundsätzlich nur gegenüber der Gesellschaft, wenn ein verbundenes Unternehmen geschädigt worden ist, auch diesem gegenüber, nicht jedoch den Anteilseignern und sonstigen Gläubigern der Gesellschaft. Schutzpflicht gegenüber Dritten kann zwar vertraglich begründet werden, doch steht gesetzgeberischer Wille, Haftungsrisiko angemessen zu begrenzen, der Einbeziehung einer unbekannten Vielzahl von Gläubigern, Gesellschaftern oder Anteilserwerbern in den Schutzbereich des Prüfungsauftrags entgegen. Dass Prüfer bereit ist, ein so weitgehendes Risiko zu übernehmen, kann regelmäßig nicht angenommen werden. Anders, wenn beide Vertragsseite übereinstimmend davon ausgehen, dass Prüfung auch im Drittinteresse durchgeführt werden und dem Dritten als Entscheidungsgrundlage dienen soll, BGH ZIP **98**, 826. Bestätigt Prüfer, dass eine freiwillige Prüfung nach § 317 erfolgt, rechtfertigt dies Annahme, dass Dritter billigerweise keinen weitergehenden Schutz als bei Pflichtprüfung erwarten darf, Kln 29.10.**15** – I-7 U 30/15 – juris. Auch nachträglicher Auftrag zur Erstellung einer **Kurzfassung des Prüfberichts** zur Unterrichtung der Gesellschafter führt nicht zu drittschützender Wirkung des ursprünglichen Auftrags, wenn Prüfbericht bereits bei Beauftragung der Kurzfassung erstellt und an Auftraggeber abgeliefert und Auftrag damit erfüllt war, Kln aaO. Aus Auftrag zur Erstellung einer Kurzfassung des Prüfberichts selbst kann sich zwar drittschützende Wirkung zugunsten der Gesellschafter ergeben, wenn Bericht der Unterrichtung der Gesellschafter dient, jedoch fehlt es an Pflichtverletzung, wenn im

§ 323   8   3. Buch. Handelsbücher

Kurzbericht zutreffend Ergebnisse der Langfassung wiedergegeben werden, Kln aaO. Für Annahme einer stillschweigenden vertraglichen Einbeziehung eines Dritten in den Schutzbereich des Prüfvertrages muss dem Prüfer erkennbar sein, dass von ihm im Drittinteresse eine besondere Leistung erwartet wird, die über die Erbringung der gesetzlich vorgeschriebenen Pflichtprüfung hinausgeht, BGH NJW **12**, 3165; Düss DStR **15**, 1774. Wird Prüfer gesondert beauftragt, eine kreditgebende Bank des geprüften Unternehmens vorab über die Ergebnisse der Prüfung zu informieren, so wird dadurch kein weiterer Vertrag mit Schutzwirkung zugunsten der finanzierenden Bank oder gesonderten Sorgfaltsanforderungen für den Abschlussprüfer geschlossen, Düss aaO. Prüfer haftet nach § 826 BGB für fehlerhafte Testate oder sonstige bei der Prüfung abgegebenen Erklärungen, wenn er leichtfertiges oder gewissenloses Verhalten zeigt, etwa, wenn er Testat nachlässige Ermittlungen oder Angaben „ins Blau hinein" zugrunde legt, wenn er durch unzutreffende Angaben Anschein erweckt, er habe Grundlagen seiner Expertise geprüft oder durch fehlerhafte Äußerungen ohne Rücksicht auf Dritte eigenen Vorteil sucht, Düss aaO. Prüfer muss mindestens mit bedingtem Vorsatz handeln, der aber durch Art und Weise des Sittenverstoßes bewiesen werden kann, Düss aaO. § 323 I ist kein Schutzgesetz iSv § 823 II BGB, Karls WM **85**, 944, LG Hamb WM **99**, 143, hL, auch nicht **(2c)** § 43 I 1 WPO, aber §§ 332, 333 (Vorsatz), BGH BB **61**, 652 (zu § 302 Nr 1 aF AktG) und § 264a StGB (Kapitalanlagebetrug), BGH WM **13**, 1016 Rn 37. § 403 AktG, § 314 UmwG sind Schutzgesetze zugunsten der Aktionäre und Gläubiger der Ges. I 3 lässt andere Haftungsgrundlagen unberührt, zB Prüfungsvertrag, Zweibr VersR **14**, 257 (Rechenschaftsbericht einer politischen Partei), § 823 II, 826 BGB, dazu BGH ZIP **13**, 417 (pflichtwidriger Bestätigungsvermerk, Schaden), NJW **14**, 383 (irreführende Verkaufsargumente für geprüftes Unternehmen), Karls WM **85**, 940, Dresd WM **14**, 598 (gewissenlos unzureichende Prüfung); Bspe für § 826 BGB BeckBilKo 184. Eine Vertrauens- und Berufshaftung (§ 347 Rn 22) gegenüber irgendwelchen auf das Testat vertrauenden Dritten wird durch § 323 ausgeschlossen, hL, aA Hamm BB **96**, 2297, ebenso Vertrag mit Schutzwirkung zugunsten Dritter (§ 347 Rn 21), aber nur innerhalb des Geltungsbereichs von § 323, also beschränkt auf Pflichtprüfung, anders bei gesetzlich nicht vorgeschriebenen Prüfungen, zB von Gewinnprognosen, BGH NJW **14**, 2345 Rn 21 mAnm Ebke ZGR **15**, 325 (s auch Rn 9). **Dritthaftung außerhalb der Pflichtprüfung** (zu dieser s Rn 7) sowie bei Leistung über diese hinaus, Kln ZIP **12**, 1084, aber auch im Vorfeld derselben, zB Ankündigung eines unrichtigen Testats als Entscheidungshilfe für Dritte, oder unter Einbeziehung Dritter in den Schutzbereich des Prüfvertrags über die Pflichtprüfung nach §§ 316 ff durch die Parteien (Vertrag mit Schutzwirkung zugunsten Dritter) bleibt **unberührt**, BGH **138**, 259, NJW **12**, 3167, aber keine Schutzwirkung des Prüfungsvertrags mit Bestätigungsvermerk im Verkaufsprospekt für Börsengang einer AG, Pflichtanwesenheit des Prüfers in diesbezüglicher Aufsichtsratssitzung (§ 171 I 2 AktG) trägt konkludente Erweiterung nicht, BGH **167**, 155 m Anm Lettl NJW **06**, 2817, arg e I 3 und Reformgeschichte; diese strengen Anforderungen, BGH WM **09**, 1133, gelten dann auch für die Annahme eines Auskunftsvertrags des Abschlussprüfers mit einem Anlagevermittler, BGH NJW **09**, 512. **Zur Dritthaftung des Wirtschaftsprüfers** allgemeiner BGH NJW **12**, 3165 bei GmbH-Insolvenzreifeprüfung auch zugunsten der GmbHGfter, **näher § 347 Rn 21**, jedenfalls **keine Sperrwirkung** Staub/Habersack/Schürnbrand 52 ff, enger MüKo/Ebke 85 ff. **Dritthaftung im IPR** MüKo/Ebke 171 ff. Lit MüKo/Ebke vor § 323; WP-Hdb I A 661 ff; Gelter WPg **05**, 486 (ökonomische Analyse); Heukamp ZHR 169 **(05)** 471 (kapitalmarktrechtlich); Barta NZG **06**, 855; W. Doralt SZW **06**, 168 (Haftungsbegrenzung); Ebke FS Westermann **08**, 873 (EU); Hommelhoff FS Hellwig **10**, 457; Seibt/Wollenschläger DB **11**, 1378; Hopt WM **13**, 101 (Kapitalmarktinformationshaftung); Zehetner ÖZW **13**, 78 (Dritthaftung); Wagner in Callies, Transnationales Recht, **14**, 307 (Dritthaftung mit Haftungsbegrenzung); W. Doralt ZGR **15**, 266 (Mitverschulden, Dritthaftung, Haftungsbegrenzung); Ebke ZGR **15**, 325.

3) Gesetzliche Haftungsobergrenze (II)

II 1, 2 idF KonTraG 1998 und EuroBilG 2001, II 2 idF (nur redaktionell) 4. **9** FinanzmarktfördG 2002, FinanzmarktRiUmsetzG 2007. Die Ersatzpflicht ist auf einen **Höchstbetrag** von einer Mio Euro (RegE KonTraG vier Mio DM) für eine Pflichtprüfung seitens aller **fahrlässig** handelnden Personen insgesamt beschränkt (II 1). Diese Höchstbeträge sind zu niedrig und nicht im Interesse des Berufsstands, denn II hat die strenge, unbegrenzte Wirtschaftsprüferhaftung außerhalb von § 323 (§ 347 Rn 21) mitverursacht. II 2 erhöht diese Haftungsgrenze bei Prüfung einer AG, deren Aktien zum Handel im regulierten Markt zugelassen sind (s **(14)** BörsG §§ 32 ff nF, also weiter als, aF s 32. Aufl). Für vorsätzlich handelnde Erfüllungs- bzw Verrichtungsgehilfen haftet der Abschlussprüfer über II hinaus nur bei eigenem, mindestens bedingtem Vorsatz bezüglich der Pflichtverletzung, Staub/Habersack/Schürnbrand 4, hL. Dagegen Zurechnung auch von Organvorsatz (§ 31 BGB) an WirtschaftsprüfungsGes. II 2 erhöht die Haftungsobergrenze wegen der besonderen Belange des Kapitalanlegerschutzes (RegE) auf vier Mio Euro. Die Beschränkung nach II 1, 2 gilt ohne Rücksicht darauf, ob mehrere Pflichtverstöße vorliegen oder andere Beteiligte vorsätzlich gehandelt haben (II 3); diese letzteren haften unbeschränkt. Mitverschulden mindert nur den Ersatzanspruch, nicht die Haftungsobergrenze. Auch II nF ist nicht analogiefähig. II erstreckt sich also zwar auf die Vertrags- und eventuelle deliktische Haftung gegenüber dem zu prüfenden Unternehmen; nach BGH **138**, 266 auch auf abgeleitete Drittansprüche, was allerdings für Vertrauens- und Berufshaftung (§ 347 Rn 22) nicht zutrifft, aber, soweit es um Pflichtprüfungen geht, anzuerkennen ist; nicht aber auf Ansprüche aus Vertrag über zusätzliche und andere Leistungen als Pflichtprüfungen sowie Drittansprüche aus §§ 823 II, 826 BGB, zutr Staub/Habersack/Schürnbrand 61, und überhaupt nicht auf die Haftung für andere Tätigkeiten als Pflichtprüfung (s Rn 6), str, GK/Marsch-Barner 7. Berufshaftpflichtversicherung über nur den Höchstbetrag nach II ist wegen der Möglichkeit, aus verschiedenen Pflichtprüfungen zu haften, unzureichend. **Übergangsrecht** zu II idF EuroBilG in **(1)** EGHGB Art. 51. **Lit** W. Doralt ZGR **15**, 266 (Haftungsbegrenzung, rvgl).

4) Schweigepflicht innerhalb der PrüfungsGes (III)

III stellt zu I 1 (s Rn 2) klar, dass das Berufsgeheimnis auch gegenüber Auf- **10** sichtsrat(smitgliedern) der PrüfungsGes selbst gilt.

5) Keine Freizeichnung (IV), Berufshaftpflichtversicherung

§ 323 ist zwingend. Freizeichnung von § 323 ist wirkungslos. IV gilt aber nur **11** für die Haftung aus § 323, nicht auch aus anderen Tätigkeiten als Pflichtprüfung (s Rn 7), dort aber AGB-Inhaltskontrolle nach **(5)** §§ 305 ff BGB (§ 318 Rn 3). Berufshaftpflichtversicherung ist durch **(2c)** WPO § 54 vorgeschrieben. Zur Berufshaftpflichtversicherung WP-Hdb I A 243, MüKo/Ebke 9.

6) Verjährung

V aF mit fünfjähriger Sonderverjährung (ab Anspruchsentstehung) ist durch **12** WPRefG v 1.12.03 BGBl 2446 aufgehoben, Übergangsvorschrift **(1)** EGHGB Art 55. Gleichzeitig ist die parallele Sonderverjährungsvorschrift des **(2c)** WPO § 51a aufgehoben worden, Übergangsvorschrift s **(1)** EGHGB Art 55 Rn 1. Es gilt nunmehr die dreijährige Regelverjährung (§ 195 BGB). Verjährungsbeginn § 199 I Nr 1 und 2 BGB (Einl 16 vor § 343). Höchstfrist in Kombination von

§ 324

3. Buch. Handelsbücher

10- und 30-Jahresfrist (Entstehung des Anspruchs bzw schadensstiftende Handlung), maßgeblich ist die früher endende Frist (§ 199 III). Entstehung des Anspruchs iSv § 199 I Nr 1, III 1 Nr 1 BGB idR mit Ablieferung des Prüfungsberichts, bloße Gefahr reicht dafür nicht aus. Haftet der Abschlussprüfer für Ausweis eines nicht bestehenden Gewinns in der Bilanz der AG, ist für die Verjährung nicht schon die Ablieferung des Prüfungsberichts, sondern erst der Gewinnverwendungsbeschluss der Hauptversammlung maßgeblich, BGH **124**, 27.

Prüfungsausschuss

324 (1) ¹Unternehmen, die kapitalmarktorientiert im Sinne des § 264d sind, die keinen Aufsichts- oder Verwaltungsrat haben, der die Voraussetzungen des § 100 Abs. 5 des Aktiengesetzes erfüllen muss, sind verpflichtet, einen Prüfungsausschuss im Sinn des Absatzes 2 einzurichten, der sich insbesondere mit den in § 107 Abs. 3 Satz 2 und 3 des Aktiengesetzes beschriebenen Aufgaben befasst. ²Dies gilt nicht für

1. Kapitalgesellschaften im Sinn des Satzes 1, deren ausschließlicher Zweck in der Ausgabe von Wertpapieren im Sinn des § 2 Absatz 1 des Wertpapierhandelsgesetzes besteht, die durch Vermögensgegenstände besichert sind; im Anhang ist darzulegen, weshalb ein Prüfungsausschuss nicht eingerichtet wird;
2. Kreditinstitute im Sinn des § 340 Abs. 1, die einen organisierten Markt im Sinn des § 2 Absatz 11 des Wertpapierhandelsgesetzes nur durch die Ausgabe von Schuldtiteln im Sinn des § 2 Absatz 1 Nummer 3 Buchstabe a des Wertpapierhandelsgesetzes in Anspruch nehmen, soweit deren Nominalwert 100 Millionen Euro nicht übersteigt und keine Verpflichtung zur Veröffentlichung eines Prospekts nach dem Wertpapierprospektgesetz besteht;
3. Investmentvermögen im Sinne des § 1 Absatz 1 des Kapitalanlagegesetzbuchs.

(2) ¹Die Mitglieder des Prüfungsausschusses sind von den Gesellschaftern zu wählen. ²Die Mitglieder müssen in ihrer Gesamtheit mit dem Sektor, in dem das Unternehmen tätig ist, vertraut sein; die Mehrheit der Mitglieder, darunter der Vorsitzende, muss unabhängig sein und mindestens ein Mitglied muss über Sachverstand auf den Gebieten Rechnungslegung oder Abschlussprüfung verfügen. ³Der Vorsitzende des Prüfungsausschusses darf nicht mit der Geschäftsführung betraut sein. ⁴§ 107 Absatz 3 Satz 5, § 124 Abs. 3 Satz 2 und § 171 Abs. 1 Satz 2 und 3 des Aktiengesetzes sind entsprechend anzuwenden.

(3) ¹Die Abschlussprüferaufsichtsstelle beim Bundesamt für Wirtschaft und Ausfuhrkontrolle kann zur Erfüllung ihrer Aufgaben gemäß Artikel 27 Absatz 1 Litabe c der Verordnung (EU) Nr. 537/2014 von einem Unternehmen, das kapitalmarktorientiert im Sinne des § 264d, das CRR-Kreditinstitut im Sinne des § 1 Absatz 3d Satz 1 des Kreditwesengesetzes, mit Ausnahme der in § 2 Absatz 1 Nummer 1 und 2 des Kreditwesengesetzes genannten Institute, oder das Versicherungsunternehmen im Sinne des Artikels 2 Absatz 1 der Richtlinie 91/674/EWG ist, eine Darstellung und Erläuterung der Ergebnisse sowie der Durchführung der Tätigkeit seines Prüfungsausschusses verlangen. ²Die Abschlussprüferaufsichtsstelle soll zunächst auf Informationen aus öffentlich zugänglichen Quellen zurückgreifen. ³Satz 1 findet keine Anwendung, wenn das Unternehmen eine Genossenschaft, eine Sparkasse oder ein sonstiges landesrechtliches öffentlich-rechtliches Kreditinstitut ist.

2. Abschnitt. Ergänzende Vorschriften für Kapitalgesellschaften   1, 2   § 324

Übersicht

	Rn
1) Hintergrund von § 324	1
2) KapitalGes, die einen Prüfungsausschuss nach II einrichten müssen (I 1)	2, 3
3) Ausnahmen von der Pflicht, einen Prüfungsausschuss einzurichten (I 2 Nrn 1, 2 und 3)	4
4) Aufgaben des Prüfungsausschusses nach I 1 letzter Halbs ...	5
5) Wahl des Prüfungsausschusses und Anforderungen an diesen (II)	6–10
6) Überwachung durch die Aufsichtsbehörde (III nF)	11

1) Hintergrund von § 324

§ 324 neu durch BilMoG; Änderungen durch **Abschlussprüferreform 2014** 1 (Art 39 EU-AbschlussprüfungsRi 2014, Überbl 7f vor § 316)) und insbesondere durch AReG (Überbl 9 vor § 316, **Übergangsrecht** in (1) EGHGB Art 79) für Unternehmen von öff Interesse. § 324 regelt den **Prüfungsausschuss**, dessen Einrichtung die AbschlussprüferRi (Überbl 4 vor § 316) in Art 41 I 1 für Unternehmen von öff Interesse (Art 2 Nr 13) verlangt hat. Der Sache nach ist § 324 eine gesellschaftsrechtliche Vorschrift, die Ges der verschiedensten Art betrifft und deshalb hier platziert worden ist. Die primäre Umsetzung von Art 2 Nr 13 ist aber in Art 100 V, 107 III 2, IV, 124 III 2, 171 I 2, 3 ua AktG (neu BilMoG) erfolgt. § 324 hat danach nur Auffangfunktion und einen nur beschränkten Anwendungsbereich, Habersack AG **08**, 101, und ist nur zusammen mit diesen Normen verständlich (vgl insoweit die aktienrechtlichen Kommentare). Der Standort der Regelung ist deshalb problematisch, Begründung aber bei Ernst/Seidler ZGR **08**, 668. Schon bisher haben alle DAX-Ges einen Prüfungsausschuss, die Gesamtquote zur diesbezüglichen Ziff 5.3.2 des Deutschen Corporate Governance Kodex (Überbl 6 vor § 316) lag 2015 bei 100%, von Werder/Bartz DB **14**, 910. Die Reform durch AReG (Überbl 9 vor § 316, **Übergangsrecht** in (1) EGHGB Art 79) dient der Umsetzung von Art 1 EU-AbschlussprüfungsRi 2014, der Kapitel X der EU-AbschlussprüfungsRi 2006 durch einen neuen Art 39 zum Prüfungsausschuss ersetzt hat. **Übergangsrecht:** (1) EGHGB Art 66 IV. **Lit** Me/Pro/Fi Kap 17 Tz 272 ff; Staub/Habersack/Schürnbrand § 324; AKEIÜ DB **07**, 2129; Hommelhoff/Mattheus BB **07**, 2790; Eibelshäuser/Stein Konzern **08**, 486 (Zusammenarbeit); Erchinger/Melcher DB **08**, 56 (RefE); Habersack AG **08**, 98 (RefE); Erchinger/Melcher DB Beil 5/**09**, 95; Lanfermann/Röhricht BB **09**, 887 (BilMoG); Nonnenmacher/Pohle/v Werder DB **07**, 2410; dies **09**, 1447; Merkt ZHR 179 (**15**) 601 (EU-Abschlussprüfungsreform). Allgemeiner zum Prüfungsausschuss GroßKoAktG/Hopt/Roth § 107 Rn 309 ff; MüKoAktG/Habersack § 107 Rn 109f; Habersack AG **08**, 98; Velte StuB **09**, 342; Hönsch Konzern **09**, 553; Gernoth NZG **10**, 292; Vetter ZGR **10**, 751; Wind/Klie DStR **10**, 1339; Meyer/Mattheus DB **16**, 695; Nonnenmacher/Wemmer/v. Werder DB **16**, 2826 (Leitfaden für Prüfungsausschüsse); Schilha ZIP **16**, 1316; AKEIÜ DB **17**, 47 (Auswirkungen der Reform).

2) KapitalGes, die einen Prüfungsausschuss nach II einrichten müssen (I 1)

Mittlere und kleinere Unternehmen können die Prüfungsaufgaben auch durch 2 den Aufsichts- oder Verwaltungsrat selbst ohne eigenen Prüfungsausschuss erfüllen (Mitgliedstaatenwahlrecht nach Art 41 I Unterabsatz 2 der AbschlussprüferRi). § 324 trägt dem Rechnung, indem er nur KapitalGes iSv § 264d erfasst, die keinen Aufsichts- oder Verwaltungsrat haben, der die Voraussetzungen des § 100 V AktG erfüllen muss. Der Prüfungsausschuss nach § 324 wird deshalb auch als **„alleinstehender"** Prüfungsausschuss bezeichnet (RegE, auch: „isolierter").

§ 324 3, 4

Er ist ein **eigenständiges Organ der Ges**, Habersack AG 08, 100. Damit sind drei Voraussetzungen für die Pflicht, einen Prüfungsausschuss nach II einzurichten, gegeben. Zunächst muss es sich um **kapitalmarktorientierte KapitalGes nach § 264d** (neu BilMoG, dort Legaldefinition) handeln. Das setzt voraus, dass die KapitalGes einen organisierten Markt iSv (16) § 2 XI WpHG durch von ihr ausgegebene Wertpapiere iSv (16) WpHG § 2 I 1 in Anspruch nimmt bzw die Zulassung beantragt hat. Mit der Beschränkung auf kapitalmarktorientierte KapitalGes erfasst I 1 die „Unternehmen von öffentlichem Interesse" iSd AbschlussprüferRi (s Rn 1; vgl Verweisung dort auf die FinanzmarktRi, die in (16) § 2 XI WpHG umgesetzt ist). Nicht kapitalmarktorientierte Kreditinstitute und Versicherungsunternehmen fielen bisher nicht unter § 324 (Mitgliedstaatenwahlrecht nach Art 39 der AbschlussprüferRi). Allerdings genügte dies nicht mehr den europäischen Anforderungen, denn Art 39 I Unterabs 1 S 1 iVm Art 2 Nr 13 der EU-AbschlussprüfungsRi 2014 verlangt grundsätzlich, dass jedes Unternehmen von öff Interesse unabhängig von seiner Rechtsform einen Prüfungsausschuss hat. Dementsprechend wurde im Zuge der Reform durch AReG (Überbl 9 vor § 316, **Übergangsrecht** in **(1)** EGHGB Art 79) der bislang in **I 1** aF auf KapitalGes beschränkte persönliche Anwendungsbereich auf kapitalmarktorientierte Unternehmen iSd § 264d (s dort) erweitert. Nicht-kapitalmarktorientierte Unternehmen von öff Interesse (Kreditinstitute und Versicherungen ohne Kapitalmarktbezug) können somit nicht länger auf nationaler Ebene von der Pflicht zur Einrichtung eines Prüfungsausschusses ausgenommen werden (§§ 340k V 1, 341k VI 1), RegE 54.

3 Nur solche KapitalGes sind erfasst, die **keinen Aufsichts- oder Verwaltungsrat haben, der die Voraussetzungen des § 100 V AktG erfüllen muss**. Einen solchen Aufsichts- oder Verwaltungsrat müssen die AG, die KGaA, die dualistisch verfasste SE, die mitbestimmte GmbH und die als GmbH verfasste KAG haben. Entsprechendes gilt für die Genossenschaft, die Europäische Genossenschaft und die monistisch verfasste SE. All diese Ges fallen nicht unter § 324 mit der Folge, dass sie einen alleinstehenden Prüfungsausschuss nach § 324 weder einrichten müssen noch einrichten können (Grund ua mitbestimmter Aufsichtsrat), sondern nach §§ 100 V, 107 III, IV AktG bzw Parallelvorschriften (zB § 36 IV, 38 Ia GenG, aber auch § 53 III GenG, alle neu BilMoG) zu beurteilen sind, also kein Wahlrecht der Ges, Habersack AG 08, 102. Für die Auffangvorschrift des § 324 bleiben damit vor allem die mitbestimmungsfreie kapitalmarktorientierte GmbH (näher § 52 I 1 GmbHG, neu BilMoG), also sofern die Satzung von § 100 V AktG und § 107 IV AktG abweichende vertragliche Vereinbarungen vorsieht oder es völlig an einem Aufsichtsorgan wie Beirat oder einem ähnlichen Organ, das die Aufgaben eines Prüfungsausschusses wahrnehmen kann, mangelt (RegE). Erfasst werden auch OHG und KG iSv § 264a (GmbH & Co ua) sowie kapitalmarktorientierte Kreditinstitute in der Rechtsform einer PersonenHdlGes und Versicherungsunternehmen in der Rechtsform des VVaG (§§ 340k V, 341k IV, neu BilMoG), RegE, ferner bestimmte Gen (§ 53 III GenG, neu BilMoG). **Lit** Bürkle VersR **16**, 1145; Petersen/Zwirner/Boecker DStR **16**, 984 (Reform durch AReG); Zwirner/Busch/Boecker Konzern **16**, 287.

3) Ausnahmen von der Pflicht, einen Prüfungsausschuss einzurichten (I 2 Nrn 1, 2 und 3)

4 Die in I 2 Nr 1 und 2 aufgeführten KapitalGes und Kreditinstitute iSv § 340 I sind von der Pflicht, einen Prüfungsausschuss nach I, II einzurichten ausgenommen (Mitgliedstaatenwahlrecht nach Art 41 VI lit c und d der AbschlussprüferRi; zu Art 41 VI lit a und b näher RegE). Bei ersteren handelt es sich typischerweise um KapitalGes, die asset backed securities emittieren, bei letzteren setzen der Gesamtnominalwert der umlaufenden Schuldtitel und das Erfordernis, dass kein Prospekt nach dem WpPG ausgegeben werden muss, enge Grenzen. Mit dem

2. Abschnitt. Ergänzende Vorschriften für Kapitalgesellschaften 5–7 § 324

AReG (Überbl 9 vor § 316, **Übergangsrecht** in **(1)** EGHGB Art 79) und in Umsetzung von Art 39 III lit b EU-AbschlussprüfungsRi 2014 wurde eine **Nr 3** neu eingefügt, die auch Investmentvermögen iSv § 1 I KAGB von der Pflicht ausnimmt (sie wären wegen Erweiterung des persönlichen Anwendungsbereichs von § 324 auf „Unternehmen" grundsätzlich erfasst, Begr RegE AReG 55).

4) Aufgaben des Prüfungsausschusses nach I 1 letzter Halbs

Die Aufgaben des Prüfungsausschusses nach § 324 sind nicht näher umschrie- 5 ben. Der Prüfungsausschuss muss sich aber „insbesondere" mit den in § 107 III 2 AktG (neu BilMoG; Art 41 II–IV der AbschlussprüferRi) beschriebenen Aufgaben befassen (I 1 letzter Halbs). Das sind die Überwachung des Rechnungslegungsprozesses, die Wirksamkeit des internen Kontrollsystems, des Risikomanagementsystems und des internen Revisionssystems sowie der Abschlussprüfung, hier insbesondere der Unabhängigkeit des Abschlussprüfers und der vom Abschlussprüfer zusätzlich erbrachten Leistungen. Zu §§ 124 III 2 nF, 171 I 2, 3 nF AktG s Rn 10. Das Gesetz geht davon aus, dass sich der Prüfungsausschuss nicht mit diesen Aufgaben begnügt, sondern, soweit angezeigt, weitere Prüfungsaufgaben erfüllt („insbesondere"). Zu den Aufgaben des Prüfungsausschusses nach § 107 III 2 AktG Habersack AG **08**, 99, Eibelshäuser/Stein Konzern **08**, 489, Lanfermann/Röhricht BB **09**, 889; Meyer/Mattheus DB **16**, 695 und die aktienrechtlichen Kommentare.

5) Wahl des Prüfungsausschusses und Anforderungen an diesen (II)

Einrichtung und Organisation des Prüfungsausschusses sind in II nur sehr spar- 6 sam geregelt. Die AbschlussprüferRi gibt dazu nur wenig vor (Art 41 I Unterabsatz 1). Die Mitglieder des Prüfungsausschusses sind unmittelbar **von den Gesellschaftern** mit einfacher Mehrheit **zu wählen (II 1)**. Ein Aufsichts- oder Verwaltungsrat, der den Prüfungsausschuss und seine Mitglieder aus seiner Mitte bestellen könnte (vgl § 107 III AktG), gibt es, wie I 1 Halbsatz 1 voraussetzt, gerade nicht. Die Gfter können nur wählen, nicht die Aufgaben des Prüfungsausschusses selbst übernehmen. Lit Meyer/Mattheus DB **16**, 695 (Mehrstufigkeit des Auswahlverfahrens).

Mindestens ein Mitglied des Prüfungsausschusses muss die Voraussetzungen des 7 § 105 V AktG (neu BilMoG, vgl § 107 IV AktG) erfüllen, muss also unabhängig sein und (kumulativ bei demselben Mitglied, ebenso Habersack AG **08**, 105) über Sachverstand auf dem Gebiet der Rechnungslegung oder Abschlussprüfung verfügen **(II 2)**. In Umsetzung von Art 39 I Unterabs 4 EU-AbschlussprüfungsRi 2014 wurde mit dem AReG (Überbl 9 vor § 316, **Übergangsrecht** in **(1)** EGHGB Art 79) in Erweiterung der bisherigen Regelung das Erfordernis der Unabhängigkeit auf die Mehrheit der Mitglieder des Prüfungsausschusses, zu denen zumindest auch der Vorsitzende zählen muss, erstreckt, AReG Begr RegE 55. Weder die AbschlussprüferRi noch § 105 V noch § 324 II 2 definieren **Unabhängigkeit**, zutr krit Habersack AG **08**, 105; Gruber NZG **08**, 12. An dieser fehlt es ohne weiteres bei Zugehörigkeit zur Geschäftsführung. Mangelnde Unabhängigkeit kann aber auch insbesondere bei unmittelbaren oder mittelbaren geschäftlichen, finanziellen oder persönlichen Beziehungen zur Geschäftsführung vorliegen. Der RegE zu § 105 V AktG erwähnt dazu den Deutschen Corporate Governance Kodex (Überbl 6 vor § 316) sowie die Empfehlung der EUKommission 15.2.2005 ABlEU L 52/51 Ziff 13 und Anh II, Hopt ZIP **05**, 468 (vgl Einl 36 vor § 105). Danach ist die cooling off-Periode von fünf bzw drei Jahren relevant und vor allem Ziff. 1 lit d des Anhangs II der Empfehlung, wonach der Vertreter eines Anteilseigners mit Kontrollbeteiligung normalerweise nicht unabhängig ist, Staub/Habersack/Schürnbrand 18: „pausibel"; auch Ziff 5.4.2 DCGK: Interessenkonflikt wegen Beziehung zu einem kontrollierenden Aktionär, vgl auch Ziff 5.4.1 UA 2, 4 und 5. DCGK. Der Kriterienkatalog in Anh II ist aber nicht letztentscheidend, vielmehr beurteilt nach der Empfehlung der Aufsichtsrat, ob Unabhängigkeit vorliegt oder nicht. Die Konkretisierung zu II 2 wird zu § 105 V AktG erfolgen (vgl Kommentare dazu, Staake ZIP **10**, 1013).

8 Das gilt auch für das **Erfordernis des Sachverstands auf dem Gebiet der Rechnungslegung oder der Abschlussprüfung** (financial literacy). II 2 ist damit enger („oder") als die Anforderungen des Deutschen Corporate Governance Kodex an den Vorsitzenden des Prüfungsausschusses (nach Ziff 5.3.2 „besondere Kenntnisse und Erfahrungen in der Anwendung von Rechnungslegungsgrundsätzen und internen Kontrollverfahren", Kremer in Ringleb/Kremer/Lutter/von Werder, Deutscher Corporate Governance Kodex zu 5.3.2), Mü ZIP **10**, 1082. II 2 erwähnt weder besondere Erfahrungen noch interne Kontrollverfahren. Nach dem RegE ist jedoch vorausgesetzt, dass zumindest ein Mitglied des Aufsichtsrats (nicht notwendigerweise der Vorsitzende) beruflich mit Rechnungslegung und/oder (insoweit zutr krit Habersack AG **08**, 103; Erchinger/Melcher DB Beil 5/**09**, 97) Abschlussprüfung befasst ist oder war, was nicht nur bei Steuer- und Wirtschaftsberatern bzw Personen mit einer speziellen beruflichen Ausbildung der Fall sein könne, sondern auch bei Finanzvorständen, fachkundigen Angestellten aus den Bereichen Rechnungswesen und Controlling, Analysten und langjährigen Mitgliedern in Prüfungsausschüssen oder Betriebsräten, die sich diese Fähigkeit im Zuge ihrer Tätigkeit durch Weiterbildung angeeignet haben, Mü ZIP **10**, 1082. **Lit** Kropff FS K. Schmidt **09**, 1023 (Finanzexperte in der GesVerfassung).

9 Der **Vorsitzende** des Prüfungsausschusses darf **nicht mit der Geschäftsführung betraut** sein **(II 3)**, mindestens dieser, die Besetzung mit weiteren nicht der Geschäftsleitung angehörenden Mitgliedern kann angezeigt sein, nicht aber mit Mitgliedern der Geschäftsleitung selbst (Inkompatibilität, richtlinienkonforme Auslegung), Hommelhoff/Mattheus BB **07**, 2790, KöKoRechn/Burg/W. Müller 55. Notwendige Unabhängigkeit und Sachverstand, Staub/Habersack/Schürnbrand 17. Die notwendigen Einzelheiten zu der Wahl, der Amtsperiode, den Rechten und Pflichten des Prüfungsausschusses und der Beendigung der Mitgliedschaft sind entweder in der Satzung bzw dem GesVertrag zu regeln oder durch Rückgriff auf die entsprechenden Regelungen im AktG zu ermitteln, RegE, Habersack AG **08**, 100.

10 § 124 III 2 und § 171 I 2, 3 AktG sind entsprechend anzuwenden **(II 4)**. Letzteres betrifft die Teilnahme- und Berichtspflicht des Abschlussprüfers bei den Verhandlungen des Prüfungsausschusses über den Jahresabschluss oder Konzernabschluss sowie bestimmte Informationen zur Unabhängigkeit und zu Leistungen über die Abschlussprüferleistungen hinaus. Im Zuge der Reform durch AReG (Überbl 9 vor § 316, **Übergangsrecht** in **(1)** EGHGB Art 79) wurde II 4 in Umsetzung von Art 39 VI lit a EU-AbschlussprüfungsRi 2014 um eine Verweisung auf § 107 III 4 AktG ergänzt. Diese Vorschrift findet zwar nur auf Unternehmen Anwendung, die keinen Aufsichts oder Verwaltungsrat haben, der die Voraussetzungen des § 100 V AktG erfüllen muss. Sofern jedoch ein (nicht entsprechend den aktienrechtlichen Vorgaben besetzter) Aufsichts- oder Verwaltungsrat eingerichtet ist, ist auch dieser über die Arbeit des Prüfungsausschusses zu unterrichten. Hat ein Unternehmen demgegenüber keinen Aufsichts- oder Verwaltungsrat, geht die Verweisung ins Leere, AReG Begr RegE 56.

6) Überwachung durch die Aufsichtsbehörde (III nF)

11 Im Zuge der Reform durch das AReG (Überbl 9 vor § 316, **Übergangsrecht** in **(1)** EGHGB Art 79) wurde § 324 um III neu erweitert. Damit wurde die erforderliche Grundlage für die Überwachungstätigkeit der Abschlussprüferaufsicht geschaffen. Zur Bewertung der Tätigkeit Ergebnisse der Prüfungsausschüsse der Unternehmen von öff Interesse im Rahmen der Überwachung der Entwicklung auf dem Markt der Abschlussprüfer bedarf die Aufsicht einer Darstellung

2. Abschnitt. Ergänzende Vorschriften für Kapitalgesellschaften § 325

und Erläuterung über die vom Prüfungsausschuss vorgenommenen Arbeiten und ihrer Resultate. III enthält die zur Beschaffung solcher Informationen erforderliche Ermächtigungsgrundlage, AReG Begr RegE 56. **Lit** Petersen/Zwirner/Boecker DStR **16**, 984 (AReG); Zwirner/Busch/Boecker Konzern **16**, 287.

Anwendung auf den Einzelabschluss nach § 325 Abs. 2a

324a (1) ¹Die Bestimmungen dieses Unterabschnitts, die sich auf den Jahresabschluss beziehen, sind auf einen Einzelabschluss nach § 325 Abs. 2a entsprechend anzuwenden. ²An Stelle des § 316 Abs. 1 Satz 2 gilt § 316 Abs. 2 Satz 2 entsprechend.

(2) ¹Als Abschlussprüfer des Einzelabschlusses nach § 325 Abs. 2a gilt der für die Prüfung des Jahresabschlusses bestellte Prüfer als bestellt. ²Der Prüfungsbericht zum Einzelabschluss nach § 325 Abs. 2a kann mit dem Prüfungsbericht zum Jahresabschluss zusammengefasst werden.

1) Anwendung der §§ 316 ff auch auf den Einzelabschluss nach § 325 IIa (I)

§ 324a nF BilReG wegen § 325 II a nF BilReG. Die Prüfungsvorschriften der §§ 316 ff sind auch auf einen IAS-Einzelabschluss anzuwenden, der nach § 325 IIa freiwillig offen gelegt wird (**I 1**). Nach **I 2** genügt für einen IAS-Abschluss die Billigung durch den Aufsichtsrat wie beim Konzernabschluss (§ 316 II 2), Grund: wie dieser dient der IAS-Einzelabschluss nur Informationszwecken, nicht der Kapitalerhaltung und Ausschüttungsbemessung, er braucht also ebenso wenig wie dieser von der Hauptversammlung festgestellt zu werden (§ 316 I 2). **Lit** Me/Pro/Fi Kap 17 Tz 296 ff. 1

2) Gleicher Prüfer und Zusammenfassung der Prüfungsberichte (II)

Der für die Prüfung des Jahresabschlusses bestellte Prüfer gilt für den Fall eines Einzelabschlusses nach § 325 IIa von Gesetzes wegen auch als Abschlussprüfer für einen solchen IAS-Abschluss (**II 1**). Damit soll die einheitliche Prüfung beider Abschlüsse gewährleistet werden, was schon im Hinblick auf den einheitlichen Lagebericht (§ 325 II a 4) sinnvoll ist (RegE). Beide Prüfungsberichte nach § 321 können zusammengefasst werden (**II 2**). 2

Vierter Unterabschnitt. Offenlegung. Prüfung durch den Betreiber des Bundesanzeigers

Offenlegung

325 (1) ¹Die Mitglieder des vertretungsberechtigten Organs von Kapitalgesellschaften haben für die Gesellschaft folgende Unterlagen in deutscher Sprache offenzulegen:

1. den festgestellten oder gebilligten Jahresabschluss, den Lagebericht und den Bestätigungsvermerk oder den Vermerk über dessen Versagung sowie
2. den Bericht des Aufsichtsrats und die nach § 161 des Aktiengesetzes vorgeschriebene Erklärung.

²Die Unterlagen sind elektronisch beim Betreiber des Bundesanzeigers in einer Form einzureichen, die ihre Bekanntmachung ermöglicht.

(1a) ¹Die Unterlagen nach Absatz 1 Satz 1 sind spätestens ein Jahr nach dem Abschlussstichtag des Geschäftsjahrs einzureichen, auf das sie sich beziehen. ²Liegen die Unterlagen nach Absatz 1 Satz 1 Nummer 2 nicht innerhalb der Frist vor, sind sie unverzüglich nach ihrem Vorliegen nach Absatz 1 offenzulegen.

§ 325

(1b) ¹Wird der Jahresabschluss oder der Lagebericht geändert, so ist auch die Änderung nach Absatz 1 Satz 1 offenzulegen. ²Ist im Jahresabschluss nur der Vorschlag für die Ergebnisverwendung enthalten, ist der Beschluss über die Ergebnisverwendung nach seinem Vorliegen nach Absatz 1 Satz 1 offenzulegen.

(2) Die Mitglieder des vertretungsberechtigten Organs der Kapitalgesellschaft haben für diese die in Absatz 1 bezeichneten Unterlagen jeweils unverzüglich nach der Einreichung im Bundesanzeiger bekannt machen zu lassen.

(2a) ¹Bei der Offenlegung nach Absatz 2 kann an die Stelle des Jahresabschlusses ein Einzelabschluss treten, der nach den in § 315e Abs. 1 bezeichneten internationalen Rechnungslegungsstandards aufgestellt worden ist. ²Ein Unternehmen, das von diesem Wahlrecht Gebrauch macht, hat die dort genannten Standards vollständig zu befolgen. ³Auf einen solchen Abschluss sind § 243 Abs. 2, die §§ 244, 245, 257, § 264 Absatz 1a, 2 Satz 3, § 285 Nr. 7, 8 Litabe b, Nr. 9 bis 11a, 14 bis 17, § 286 Abs. 1, 3 und 5 anzuwenden. ⁴Die Verpflichtung, einen Lagebericht offenzulegen, bleibt unberührt; der Lagebericht nach § 289 muss in dem erforderlichen Umfang auch auf den Einzelabschluss nach Satz 1 Bezug nehmen. ⁵Die übrigen Vorschriften des Zweiten Unterabschnitts des Ersten Abschnitts und des Ersten Unterabschnitts des Zweiten Abschnitts gelten insoweit nicht. ⁶Kann wegen der Anwendung des § 286 Abs. 1 auf den Anhang die in Satz 2 genannte Voraussetzung nicht eingehalten werden, entfällt das Wahlrecht nach Satz 1.

(2b) Die befreiende Wirkung der Offenlegung des Einzelabschlusses nach Absatz 2a tritt ein, wenn

1. statt des vom Abschlussprüfer zum Jahresabschluss erteilten Bestätigungsvermerks oder des Vermerks über dessen Versagung der entsprechende Vermerk zum Abschluss nach Absatz 2a in die Offenlegung nach Absatz 2 einbezogen wird,
2. der Vorschlag für die Verwendung des Ergebnisses und gegebenenfalls der Beschluss über seine Verwendung unter Angabe des Jahresüberschusses oder Jahresfehlbetrags in die Offenlegung nach Absatz 2 einbezogen werden und
3. der Jahresabschluss mit dem Bestätigungsvermerk oder dem Vermerk über dessen Versagung nach Absatz 1 und 1a Satz 1 offen gelegt wird.

(3) Die Absätze 1 bis 2 und 4 Satz 1 gelten entsprechend für die Mitglieder des vertretungsberechtigten Organs einer Kapitalgesellschaft, die einen Konzernabschluss und einen Konzernlagebericht aufzustellen haben.

(3a) Wird der Konzernabschluss zusammen mit dem Jahresabschluss des Mutterunternehmens oder mit einem von diesem aufgestellten Einzelabschluss nach Absatz 2a bekannt gemacht, können die Vermerke des Abschlussprüfers nach § 322 zu beiden Abschlüssen zusammengefasst werden; in diesem Fall können auch die jeweiligen Prüfungsberichte zusammengefasst werden.

(4) ¹Bei einer Kapitalgesellschaft im Sinn des § 264d, die keine Kapitalgesellschaft im Sinn des § 327a ist, beträgt die Frist nach Absatz 1 Satz 1 längstens vier Monate. ²Für die Wahrung der Fristen nach Satz 1 und Absatz 1a Satz 1 ist der Zeitpunkt der Einreichung der Unterlagen maßgebend.

(5) Auf Gesetz, Gesellschaftsvertrag oder Satzung beruhende Pflichten der Gesellschaft, den Jahresabschluss, den Einzelabschluss nach Absatz 2a, den Lagebericht, den Konzernabschluss oder den Konzernlagebericht in anderer Weise bekannt zu machen, einzureichen oder Personen zugänglich zu machen, bleiben unberührt.

2. Abschnitt. Ergänzende Vorschriften für Kapitalgesellschaften 1 **§ 325**

(6) **Die §§ 11 und 12 Abs. 2 gelten für die beim Betreiber des Bundesanzeigers einzureichenden Unterlagen entsprechend; § 325a Abs. 1 Satz 3 und § 340l Absatz 2 Satz 6 bleiben unberührt.**

Übersicht

	Rn
1) Funktionen der Offenlegung; Anwendungsbereich der §§ 325 ff	1
2) Verfassungsmäßigkeit der Publizitätspflicht auch für kleine KapitalGes; Umsetzung der EG-Richtlinien	2
3) Gegenstand, Art, Frist der Offenlegung (I–Ib)	3, 4
A. Legaldefinition der Offenlegung	3
B. Gegenstand	4
4) Bekanntmachung im BAnz (II)	5
5) Einzelabschluss nach IAS/IFRS (II a)	6, 7
A. Unternehmenswahlrecht	6
B. Pflicht zum Einzelabschluss nach HGB	7
6) Befreiende Wirkung der Offenlegung des Einzelabschlusses nach IAS/IFRS (II b)	8
7) Konzernabschluss (III)	9
8) Verbundene Berichterstattung über Jahres- und Konzernrechnungslegung (IIIa)	10
9) Kapitalmarktorientierte Ges (IV)	11
10) Sonstige Offenlegungspflichten (V)	12
11) Elektronische Registerführung (VI)	13
12) Rechtsfolgen bei unterlassener Offenlegung	14

1) Funktionen der Offenlegung; Anwendungsbereich der §§ 325 ff

Funktion der Offenlegung ist zum einen der **Funktionsschutz** des Marktes 1 und zum anderen der **Individualschutz** der Marktteilnehmer. Offenlegung bzw. **Publizität** bildet damit das **Korrelat der Marktteilnahme**, grdl Merkt, Unternehmenspublizität 332 ff, ihm folgend Baums (Hrsg), Bericht der Regierungskommission Corporate Governance 2001 Rn 251, s auch LG Bonn 31.8.16 – 1 O 205/16 – juris. § 325 konstituiert als zentrale Grundnorm eine Offenlegungspflicht für alle Typen von KapitalGes; sie besteht auch noch in der Insolvenz, LG Bonn NZI **08**, 503. Seit dem BiRiLiG 1985 gilt für sie eine allein nach den Größenklassen der §§ 267, 267a abgestufte Publizitätspflicht. Differenzierungskriterium ist also die typischerweise von der Unternehmensgröße abhängige Intensität der Beanspruchung der Märkte, va des (Eigen- und Fremd-)Kapitalmarktes. In den **Anwendungsbereich** einbezogen wurden durch das KapCoRiLiG 2000 (Einfügung des § 264a) endlich auch die OHG und die KG, soweit nicht wenigstens ein phG eine natürliche Person ist oder – im Falle mehrstufiger GesVerhältnisse – wiederum eine OHG oder KG oder andere PersonenGes mit einer natürlichen Person als phG, denn dann ist § 264a I 1 Nr 1 nicht mehr erfüllt, weshalb § 325 ff keine Anwendung mehr finden. Befreiung von Offenlegungspflicht (§ 264 III s dort Rn 2) setzt im mehrstufigen Konzern voraus, dass die Mutter gegenüber der Enkelin zur Verlustübernahme verpflichtet ist, und zwar auch dann, wenn die Mutter eine offenlegungspflichtige Personenhandelsges ist, LG Bonn DStR **13**, 2352. Nicht anwendbar sind §§ 325 ff außerdem, wenn ein befreiender Konzernabschluss gem § 264 III u § 264b aufgestellt wird, wodurch TochterGes unter bestimmten Voraussetzungen von der Aufstellung und Offenlegung eines eigenen Jahresabschlusses befreit sind (dann aber gem §§ 285 Nr 11, 313 II Nr 4 Pflicht der MutterGes zur Aufnahme von Angaben über TochterGes in den Einzel- oder Konzernabschluss, sofern MutterGes oder eine für sie handelnde Person mindestens 20 % der Anteile an der TochterGes hält). Andererseits sollen auch **EU-AuslandsGes** (zB englische Limited) **mit Verwaltungssitz im Inland** den §§ 325 ff unterliegen (Schluss a minore ad maius aus

Merkt 1335

§ 325a: Inlandsbezug bei bei AuslandsGes mit Verwaltungssitz in Deutschland noch größer als bei bloßer inländischer Zweigniederlassung). §§ 325 ff sind Marktverhaltensregelungen iSd § 3a UWG, LG Bonn 31.8.16 – 1 O 205/16 – juris. **Lit** Me/Pro/Fi Kap 18 Tz 1 ff; Ebert/Levedag GmbHR **03**, 1337; Kindler NJW **03**, 1073; Liebscher/Scharff NJW **06**, 3745; Eidenmüller/Rehberg ZVglRWiss 105 **(06)** 427; Leuering ZRP **06**, 201; Wachter GmbHR **03**, 1254; ders GmbHR **06**, 793; Westhoff GmbHR **07**, 474; ders in Hirte/Bücker § 18 Rn 62 ff; Schmittmann StuB **09**, 543 (Rspr-Übersicht); Henselmann/Kaya WPg **09**, 497 (Empirie zum Offenlegungszeitpunkt nach EHUG); Buchheim DB **10**, 1133 (Kapitalges & Co); Bräuer NZG **11**, 53 (Kleinstunternehmen); Eierle/Eich/Klug KoR **11**, 243 (Empirie); Schülke NZG **13**, 1375; Keitz/Gloth DB **14**, 76 (Empirie).

2) Verfassungsmäßigkeit der Publizitätspflicht auch für kleine KapitalGes; Umsetzung der EG-Richtlinien

2   Gegen die gesetzliche Verpflichtung einer Kapitalgesellschaft zur Offenlegung ihres Jahresabschlusses bestehen keine verfassungsrechtlichen Bedenken, auch dann nicht, wenn in einem bestimmten Marktsegment die Erfüllung der Offenlegungspflicht besondere Belastungen für die betroffene Gesellschaft verursacht, Köln GmbHR **15**, 1086. Die Publizitätspflicht nach § 325 (nF durch EHUG 2006, s Einl 29 vor § 238, **Übergangsrecht** in **(1)** EGHGB Art 61 V) verletzt im Fall von KapitalGes auch unterhalb der Schwelle der Größenmerkmale von § 1 PublG weder den Grundsatz der Gleichbehandlung (gegenüber Kfm, PersonenhdlGes), Art 3 GG noch die Berufsfreiheit, Art 12 GG, hA, Baumb/Hueck/Schulze-Osterloh § 41 Rn 128, aA Friauf GmbHR **91**, 397. Vielmehr ist die Publizität durch das Gebot des Gläubigerschutzes (bzw Markt- und Marktteilnehmerschutzes) gerechtfertigt, Kln GmbHR **91**, 423; BayObLG BB **95**, 353. Zur Frage der Prüfung der EG-rechtlichen Publizität am Maßstab des deutschen Verfassungsrechts kritisch de Weerth BB **98**, 366. Auch an der Vereinbarkeit der gesetzlichen Offenlegungspflicht für KapitalGes & Co und des Jedermann-Einsichtsrechts mit dem Gemeinschaftsrecht (freie Berufsausübung, freie Meinungsäußerung, Gleichbehandlung) bestehen keine ernst zu nehmenden Zweifel, EuGH BB **04**, 2413 (Axel Springer AG) mit Anm Schulze-Osterloh BB **04**, 2461 unter Berufung auf EuGH **97**, 6843 (Daihatsu); sie verstößt auch nicht gegen das Persönlichkeitsrecht der Gesellschafter, LG Kln BB **09**, 211 mit krit Anmerkung Grashoff, str aA, Starck DStR **08**, 2035. Keine gemeinschaftsrechtliche Staatshaftung der Bundesrepublik Deutschland wegen Anlegerverlust bei zwischenzeitlich insolventer GmbH aus unzureichender Umsetzung der EG-Richtlinien, BGH NJW **06**, 690.

3) Gegenstand, Art, Frist der Offenlegung (I – Ib)

3   A. **Legaldefinition der Offenlegung:** Einreichung zum elektronischen BAnz sowie Bekanntmachung im elektronischen BAnz; **zu unterscheiden von Veröffentlichung** und **Vervielfältigung** (§ 328). **I** NF und **Ia** sowie **Ib** eingefügt durch BilRUG 2015 (**Übergangsrecht** in **(1)** EGHGB Art 75 II), regeln die Einreichung, **II** bestimmt die Bekanntmachung. **Erleichterungen für kleine und mittlere** KapitalGes s §§ **326, 327**. Durchsetzung durch Zwangsgeld § 335 idF MicroBilG (**Übergangsrecht** in **(1)** EGHGB Art 70). Rspr Überblick bei Schmidtmann StuB **09**, 543. **Lit** Vater KoR **05**, 130 (GmbH & Co); Liebscher/Scharff NJW **06**, 3745; Giedinghagen NZG **07**, 933; Paefgen ZiP **08**, 1653; Kräußlein DStR **09**, 869; Henselmann/Kaya WPg **09**, 479 (Empirie zur Frist); Buchheim DB **10**, 1133; Gödel DB **10**, 431 (Lagebericht).

4   B. **Gegenstand:** **I**, NF durch BilRUG 2015 (**Übergangsrecht** in **(1)** EGHGB Art 75 II) sieht als **Gegenstand** der Offenlegung (in deutscher Sprache, auch bei ausländischen Ges, Offenlegung in anderen Sprachen s VI iVm §§ 11u

2. Abschnitt. Ergänzende Vorschriften für Kapitalgesellschaften 5, 6 § 325

12) vor: Jahresabschluss und Lagebericht samt Bestätigungsvermerk (oder Versagungsvermerk) (**I 1 Nr 1**), Bericht des (außer bei KapCoGes auch nur fakultativen, BeckBilKo 6) Aufsichtsrats sowie Entsprechenserklärung gem § 161 AktG (**I 1 Nr 2**); unterbleibt Bildung des Aufsichtsrats pflichtwidrig, kann Nichtvorlage eines Aufsichtsratsberichts nicht mit Ordnungsgeld gem § 335 sanktioniert werden, BVerfG DStR **14**, 540. Nicht dazu gehört Eröffnungsbilanz (s § 242 Rn 1). Pflicht zur Offenlegung besteht auch bei dadurch bedingter Selbstbelastung des Geschäftsführers, LG Bonn DStR **14**, 156. Keine Fristwahrung durch rechtzeitige Einreichung des ungeprüften Jahresabschlusses nebst ungeprüftem Lagebericht und verspätete Nachreichung des Bestätigungsvermerks; möglich bleibt aber die Einreichung sonstiger offenzulegender Unterlagen nach Fristablauf, RegBegr 97. Rückwirkende Eintragung der Geschäftsjahresänderung nach Ablauf des schon angemeldeten Rumpfgeschäftsjahrs durch Insolvenzverwalter unzulässig, Ffm NZG **14**, 866. **I 1** bestimmt die **Zuständigkeit**: Die Pflicht trifft die Mitglieder des vertretungsberechtigten Organs, redaktionelle Anpassung durch CSR-RUG (**Übergangsrecht** in (1) EGHGB Art 80). **I 2** bestimmt als **Art und Ort der Offenlegung** ausschließlich Einreichung dieser Unterlagen beim Betreiber des elektronischen Bundesanzeigers, also **zentrale Publizität beim elektronischen BAnz**. Eine Befreiung setzt im mehrstufigen Konzern voraus, dass die Mutter gegenüber der Enkelin zur Verlustübernahme verpflichtet ist, und zwar auch dann, wenn die Mutter eine offenlegungspflichtige Personenhandelsges ist, LG Bonn DStR **13**, 2352. Zentrale Einreichung und Speicherung erlaubt einheitliche Handhabung der Darstellung für den Online-Abruf, der Vollständigkeits- und Fristenkontrolle (§ 329) und eine Reform der Sanktionspraxis (s § 334), Begr RegE BT-Drucks 16/960, S 48. **Ia 1** (entspricht I 2 aF, NF durch BilRUG 2015 (**Übergangsrecht** in (1) EGHGB Art 75 II) bestimmt als **Frist** der Einreichung unverzüglich (§ 121 I 1 BGB) nach Vorlage des Jahresabschlusses an die Gfter (nicht erst nach Feststellung des Jahresabschlusses, str), spätestens aber (in Übereinstimmung mit Art 30 I BilRi 2013) vor Ablauf des zwölften Monats des neuen Geschäftsjahrs (Entlastung des Betreibers des elektronischen Bundesanzeigers). Bei Fristversäumnis sind die Unterlagen unverzüglich nach ihrem Vorliegen offenzulegen (**Ia 2**, Rechtsfolgen s Rn 14). **Ib**, eingefügt durch BilRUG 2015, erstreckt die Regelungen für die Einreichung im Jahresabschluss und Lagebericht auf deren Änderung (**Ib 1**). Enthält der Abschluss nur den Vorschlag für die Ergebnisverwendung, ist der Beschluss über die Ergebnisverwendung nach seinem Vorliegen gem I 1 offenzulegen (**Ib 2**). Lit Blöink/Knoll-Biermann Konzern **15**, 65 (BilRUG 2015); Zwirner StuB **15**, Beilage 2, 1; Zwirner/Busch/Boecker Konzern **16**, 287; Zwirner Aufsichtsrat **16**, 2.

4) Bekanntmachung im BAnz (II)

II 1 setzt Art 3 IV der EU-PublizitätsRi um und verschärft die **Art** der 5 Offenlegung nach I für KapitalGes dahin, dass ihre gesetzlichen Vertreter die Unterlagen nach I jeweils unverzüglich nach der Einreichung **im elektronischen BAnz bekannt** machen zu lassen haben. Befreiungsmöglichkeit für KleinstKapitalGes (§ 267a) nach § 326 II.

5) Einzelabschluss nach IAS/IFRS (II a)

A. **Unternehmenswahlrecht: IIa**, eingefügt durch BilReG 2004 (s Einl 21 6 vor § 238, **Übergangsrecht** in (1) EGHGB Art 58 III), redaktionell geändert durch BilRUG 2015 (**Übergangsrecht** in (1) EGHGB Art 75 II), begründet für große KapitalGes iSd § 267 III ein Unternehmenswahlrecht, für die **IAS/IFRS-Anwendung** in einem nur Informationszwecken dienenden, vom Jahresabschluss zu unterscheidenden Einzelabschluss zu optieren. Für die gesellschaftsrechtliche Kapitalerhaltung und Ausschüttungsbemessung, die Besteuerung und die staatliche Beaufsichtigung bestimmter Branchen (insbesondere Kredit- und Versiche-

§ 325 7   3. Buch. Handelsbücher

rungsbranche) wird weiterhin ein HGB-Abschluss verlangt. Daher setzt das HGB bei den Vorschriften über die Publizität der Rechnungslegung an. Stellt das Unternehmen einen Einzelabschluss nach den in das EU-Recht übernommenen und von IIa 1 iVm § 315e I in Bezug genommenen IAS/IFRS auf, so kann es diesen IAS/IFRS-Abschluss nach II im Bundesanzeiger bekannt machen und ist dann von der Pflicht zur Bekanntmachung eines HGB-Abschlusses befreit. Bedeutsam ist das etwa für Unternehmen, die an die Börse gehen wollen oder die sich ausländischen Geschäftspartnern oder Kreditinstituten gegenüber mit einem internationalen Abschluss präsentieren wollen. Der in IIa 3 durch TUG 2007 (**Übergangsrecht** in **(1)** EGHGB Art 62) eingefügte Verweis auf § 264 II stellt klar, dass die gesetzlichen Vertreter einer KapitalGes den Bilanzeid gem § 264 II 3 auch dann abzugeben haben, wenn ein informatorischer Einzelabschluss nach den internationalen Standards aufgestellt und offen gelegt wird. **Lit** Fey/Deubert KoR **06**, 92; Krawitz/Hartmann WPg **06**, 1262.

7   B. **Pflicht zum Einzelabschluss nach HGB:** Der Jahresabschluss behält seine Bedeutung in **gesellschaftsrechtlichen, steuerrechtlichen und aufsichtsrechtlichen Zusammenhängen** und ist daher wie bisher nach HGB aufzustellen, durch einen Abschlussprüfer zu prüfen und nach IIa durch Einreichung beim elektronischen Bundesanzeiger offen zu legen, IIb Nr 3. Die Pflicht zur physischen Einreichung beim HReg entfällt. Der im HGB verwendete Begriff des Jahresabschlusses bleibt für den HGB-Einzelabschluss reserviert, während der IAS/IFRS-Abschluss als Einzelabschluss nach internationalen Rechnungslegungsstandards (Einzelabschluss nach § 325 II a) bezeichnet wird. **IIa 2** stellt klar, dass die in das EU-Recht übernommenen Standards vollständig zu befolgen sind (keine gemischte HGB-IAS-Bilanzierung). Nach **IIa 3** bleiben einige Vorschriften des HGB neben den internationalen Standards anwendbar. **IIa 3–5** dienen – ähnlich wie § 315e für die Konzernrechnungslegung – der Klarstellung, welche Vorschriften des 2. Unterabschnitts des 3. Buches des HGB auf den Einzelabschluss nach internationalen Standards sowie auf den Lagebericht in diesen Fällen Anwendung finden: § 285 Nr 7, 8 und 8a (Angaben zur Beschäftigtenzahl und zum Personal- und Materialaufwand), § 285 Nr 9 (Angaben zu den Organmitgliedern, zu deren Bezügen und zu den diesen gewährten Vorschüssen und Krediten), § 285 Nr 11 und Nr 11a (Angaben über Unternehmen, an denen das bilanzierende Unternehmen zu 20 % oder mehr beteiligt ist), § 285 Nr 14 (Angaben zu einem Konzern, dem das bilanzierende Unternehmen angehört), § 286 III, V (Einschränkung der Angabepflichten zum Anteilsbesitz und zur Beteiligung als persönlich haftender Gesellschafter sowie zu Bezügen der Organmitglieder, wenn HV Einschränkung beschlossen hat), § 289 (Lagebericht). Aus dem 2. Unterabschnitt des 1. Abschnitts erklärt 3 einige Bestimmungen für auf den IAS/IFRS-Abschluss anwendbar, die unabhängig von den maßgeblichen Rechnungslegungsgrundsätzen Geltung beanspruchen: § 243 II (Grundsatz der Klarheit und Übersichtlichkeit), § 244 (Sprache und Währung), § 245 (Unterzeichnung), § 257 (Aufbewahrung). Die weiteren in 3 genannten Vorschriften dienen entweder dem öffentlichen Interesse (§ 286 I) oder der Vervollständigung der Angaben, die für den Abschlussnutzer relevant sind; § 285 Nr 10 (namentliche Aufstellung der Organmitglieder), § 285 Nr 15 (Angaben zu den persönlich haftenden Gesellschaftern bei Unternehmen, die § 264a unterfallen), § 285 Nr 16 (Angaben zur compliance-Erklärung nach AktG § 161), § 285 Nr 17 (Angaben zur Vergütung des Abschlussprüfers). Nach **IIa 4** id nF durch die CSR-Reform 2017 (**Übergangsregelung** in **(1)** EGHGB Art 80) dient der Klarstellung, dass auch bei einer befreienden Offenlegung eines nach den internationalen Rechnungslegungsstandards (IFRS) aufgestellten Einzelabschlusses der Lagebericht offenzulegen ist. Die Entscheidung des Unternehmens für die IFRS führt nicht dazu, dass es keinen Lagebericht aufstellen muss. Auch die Verpflich-

2. Abschnitt. Ergänzende Vorschriften für Kapitalgesellschaften 8–11 § 325

tung, in den Lagebericht eine nichtfinanzielle Erklärung aufzunehmen, bleibt davon unberührt. Nach **IIa 6** ist die befreiende Offenlegung eines IAS/IFRS-Abschlusses nicht möglich, wenn das durch § 286 I geschützte öffentliche Interesse einer nach IAS/IFRS erforderlichen Berichterstattung entgegensteht.

6) Befreiende Wirkung der Offenlegung des Einzelabschlusses nach IAS/IFRS (IIb)

II b macht die befreiende Wirkung des IAS/IFRS-Abschlusses von folgenden formalen Voraussetzungen abhängig: **Nr 1** stellt klar, dass bei Anwendung des II a der Bestätigungsvermerk des Prüfers zu dem IAS/IFRS-Einzelabschluss an Stelle des Bestätigungsvermerks zum Jahresabschluss bekannt zu machen ist. Den in **Nr 2** verlangten Angaben über das handelsrechtliche Jahresergebnis und dessen Verwendung kommt im Hinblick auf die zu erwartende Ausschüttung erhebliche Bedeutung für die Einschätzung der Situation des Unternehmens zu, weshalb sie in die volle BAnz-Publizität einbezogen sind. Nach **Nr 3** sind der Jahresabschluss und der dazugehörige Bestätigungsvermerk, die abweichend von II nicht im BAnz bekannt gemacht zu werden brauchen, stattdessen nach I Ia 1 durch Einreichung beim Handelsregister und Bekanntmachung eines Hinweises auf diese im BAnz offen zu legen. Das Registergericht muss bei der Prüfung der ordnungsgemäßen Bekanntmachung nach § 329 I nur die in II b genannten formalen Voraussetzungen prüfen, nicht jedoch, ob der Einzelabschluss nach den in II a genannten Standards und Vorschriften zutreffend aufgestellt worden ist. Das ist Aufgabe des Wirtschaftsprüfers. **Lit** Schmid DB **17**, 377; Zwirner WPg **17**, 184.

7) Konzernabschluss (III)

III, redaktionell geändert durch BilRUG 2015 (**Übergangsrecht** in (1) EGHGB Art 75 II) und CSR Reform 2017 (**Übergangsrecht** in (1) EGHGB Art 80), erklärt **I, II** und **IV 1** für entsprechend anwendbar auf den Konzernabschluss. Da der Konzernabschluss jedoch nicht festzustellen ist und auch nicht über Gewinnverwendung zu beschließen ist, erübrigt sich die Einreichung und Bekanntmachung entsprechender Unterlagen. **Gegenstand** der Offenlegung sind demnach nur Konzernabschluss (bestehend aus Konzernbilanz, Konzern-GuV und Konzernanhang) und Konzernlagebericht samt Bestätigungs- bzw Versagungsvermerk ohne Beteiligungsliste (§ 313 IV). **Art** der Offenlegung ist ohne Rücksicht auf die Unternehmensgröße die nach II, also volle Bekanntmachung im elektronischen BAnz. **Frist** wie in I. **III 2** und **3 aF** aufgehoben durch EHUG 2006.

8) Verbundene Berichterstattung über Jahres- und Konzernrechnungslegung (III a)

III a, geändert durch EHUG 2006 (s Einl 29 vor § 238, **Übergangsrecht** in (1) EGHGB Art 61 V), sieht Offenlegungserleichterungen bei verbundener Berichterstattung über die Jahres- und Konzernrechnungslegung vor und erlaubt die Offenlegung eines zusammengefassten Bestätigungsvermerks zum Einzel- und Konzernabschluss, wenn diese gleichzeitig bekannt gemacht werden. Macht das Mutterunternehmen von dieser Option Gebrauch, so können nach **Halbs 2** – außerhalb des Kreises der offen zu legenden Unterlagen – auch die jeweiligen Prüfungsberichte zusammengefasst werden.

9) Kapitalmarktorientierte Ges (IV)

IV idF EHUG 2006 (**Übergangsrecht** in (1) EGHGB Art 61 V), enthält eine Fristverkürzung für Kapitalmarktunternehmen (§ 264d), die sich auf I 2 bezieht. Wegen der in Art 4 I EU-TransparenzRi vorgesehenen 4-Monats-Frist für die Veröffentlichung der Jahresfinanzberichte erscheint es ausreichend, wenn für die

§ 325a 3. Buch. Handelsbücher

Offenlegung der Jahresabschlüsse von kapitalmarktorientierten Unternehmen ebenfalls eine 4-Monats-Frist vorgesehen wird. Dies vermeidet unnötige Belastung der Unternehmen durch unterschiedliche Fristen, Begr RegE BT-Drucks 16/960, S 48. Betroffen sind nur Unternehmen, die einen EU- oder EWR-Kapitalmarkt nutzen. Nutzung von Drittland-Kapitalmärkten verkürzt die Frist nicht. IV 2 nF enthält den Wortlaut von IV aF mit redaktionellen Folgeänderungen.

10) Sonstige Offenlegungspflichten (V)

12   V geändert durch BilReG 2004; sonstige gesetzliche und gesellschaftsvertragliche Offenlegungspflichten bleiben unberührt.

11) Elektronische Registerführung (VI)

13   VI, redaktionell geändert durch BilRUG 2015 (**Übergangsrecht** in **(1)** EGHGB Art 75 II), enthält Folgeänderungen mit Blick auf die elektronische Registerführung. Die gem § 245 bzw § 322 VII zu unterzeichnenden Unterlagen können als elektronische Aufzeichnungen eingereicht werden.

12) Rechtsfolgen bei unterlassener Offenlegung

14   Unterlassen der Offenlegung ist weder Grund zur Anfechtung des Jahresabschlusses noch Nichtigkeitsgrund, ADS 146. Jedoch stellt der Verstoß gegen Form oder Inhalt der Pflicht nach § 325 eine Ordnungswidrigkeit gemäß § 334 I Nr 5 dar mit der Folge eines Bußgeldverfahrens in der Zuständigkeit des Bundesamtes für Justiz, § 334 IV. Täter kann der zur Offenlegung verpflichtete gesetzliche Vertreter, nicht indes ein Mitglied des Aufsichtsrats sein. Subjektiv ist Vorsatz erforderlich (§ 10 OWiG). Für die Nachfrist zur Erfüllung der Offenlegungspflicht aus § 325 kommt es im Fall der §§ 264 I, 264a I Nr 1 nur darauf an, ob im Zeitraum zwischen Zustellung der Androhungsverfügung und Ablauf der Nachfrist eine natürliche Person persönlich haftender Gesellschafter war, LG Bonn NZG **10**, 36; LG Osnabrück GmbHR **05**, 1618 m Anm Schmidt. Die Fälle des § 176 (persönliche Kommanditistenhaftung aus Geschäftsbeginn vor Eintragung) begründen nicht das Vorhandensein eines persönlich haftenden Gesellschafters iSv § 264 I, weshalb keine Befreiung von der Offenlegungspflicht gem § 264a I Nr 1 greift, LG Bonn DStR **13**, 1847. Das Verschulden ihres Steuerberaters ist der offenlegunspflichtigen Ges nicht zuzurechnen, LG Bonn v 6.6.**13**, 31 T 59/13. Den Mitgliedern des Vertretungsorgans droht bei pflichtwidrigem Unterlassen ein deliktischer Schadensersatzanspruch seitens der Gläubiger, die Gesellschafter haften gemäß § 830 BGB uU als Mittäter oder Beteiligte, Lu/Ho Anh § 42a Rn 46. Sondervorschriften für Kreditinstitute (§ 340l) und Versicherungsunternehmen (§ 341o). **Lit** Schülke NZG **13**, 1375.

Zweigniederlassungen von Kapitalgesellschaften mit Sitz im Ausland

325a (1) ¹Bei inländischen Zweigniederlassungen von Kapitalgesellschaften mit Sitz in einem anderen Mitgliedstaat der Europäischen Union oder Vertragsstaat des Abkommens über den Europäischen Wirtschaftsraum haben die in § 13e Abs. 2 Satz 4 Nr. 3 genannten Personen oder, wenn solche nicht angemeldet sind, die gesetzlichen Vertreter der Gesellschaft für diese die Unterlagen der Rechnungslegung der Hauptniederlassung, die nach dem für die Hauptniederlassung maßgeblichen Recht erstellt, geprüft und offengelegt oder hinterlegt worden sind, nach den §§ 325, 328, 329 Abs. 1 und 4 offenzulegen. ²Die Unterlagen sind in deutscher Sprache einzureichen. ³Soweit dies nicht die Amtssprache am Sitz der Hauptniederlassung ist, können die Unterlagen der Hauptniederlassung auch

2. Abschnitt. Ergänzende Vorschriften für Kapitalgesellschaften 1–3 § 325a

1. in englischer Sprache oder
2. in einer von dem Register der Hauptniederlassung beglaubigten Abschrift oder,
3. wenn eine dem Register vergleichbare Einrichtung nicht vorhanden oder diese nicht zur Beglaubigung befugt ist, in einer von einem Wirtschaftsprüfer bescheinigten Abschrift, verbunden mit der Erklärung, dass entweder eine dem Register vergleichbare Einrichtung nicht vorhanden oder diese nicht zur Beglaubigung befugt ist,

eingereicht werden; von der Beglaubigung des Registers ist eine beglaubigte Übersetzung in deutscher Sprache einzureichen.

(2) Diese Vorschrift gilt nicht für Zweigniederlassungen, die von Kreditinstituten im Sinne des § 340 oder von Versicherungsunternehmen im Sinne des § 341 errichtet werden.

(3) ¹Bei der Anwendung von Absatz 1 ist für die Einstufung einer Kapitalgesellschaft als Kleinstkapitalgesellschaft (§ 267a) und für die Geltung von Erleichterungen bei der Rechnungslegung das Recht des anderen Mitgliedstaates der Europäischen Union oder das Recht des Vertragsstaates des Abkommens über den Europäischen Wirtschaftsraum maßgeblich. ²Darf eine Kleinstkapitalgesellschaft nach dem für sie maßgeblichen Recht die Offenlegungspflicht durch die Hinterlegung der Bilanz erfüllen, darf sie die Offenlegung nach Absatz 1 ebenfalls durch Hinterlegung bewirken. ³§ 326 Absatz 2 gilt entsprechend.

1) Zweigniederlassungen von KapitalGes mit Sitz im Ausland (I)

§ 325a idF MicroBilG 2013 (**Übergangsrecht** in (1) EGHGB Art 70) schließt **1** an §§ 13d–13f und speziell § 13e an und verlangt bei inländischen ZwNl von KapitalGes mit Sitz in einem EU-Mitgliedstaat oder EWR-Vertragsstaat (Begriffe s § 13d Rn 1–3) Offenlegung bzw Hinterlegung (§ 326 II) der Unterlagen der Rechnungslegung der HauptNl, die nach dem für die HauptNl maßgeblichen Recht erstellt, geprüft und offen gelegt worden sind **(I 1)**. Hauptniederlassung ist bei I 1 immer – auch bei ScheinauslandsGes – im Gründungsstaat, LG Bonn BeckRS **13**, 17332. Sitz iSv I 1 ist der Satzungs-, nicht der Verwaltungssitz, Eidenmüller/Rehberg ZVglRWiss **06**, 427. Die Unterlagen sind nach **I 2, 3** grundsätzlich in deutscher Sprache einzureichen. Ist dies nicht die Amtssprache am Sitz der Hauptniederlassung, können die Unterlagen in englischer Sprache, **I 4 Nr 1**, oder in einer vom Register der Hauptniederlassung beglaubigten Abschrift, dh in der Amtssprache am Sitz der Hauptniederlassung, **I 4 Nr 2**, oder, wenn eine dem Register vergleichbare Einrichtung nicht vorhanden oder diese nicht zur Beglaubigung befugt ist, in einer von einem Wirtschaftsprüfer bescheinigten Abschrift, **I 4 Nr 3**, eingereicht werden. Nr 3 dient der Erleichterung der Prüfungsaufgabe des Betreibers des elektronischen Handelsregisters, Begr RegE BT-Drucks 16/960, S 49. **I 5** aufgehoben durch EHUG 2006 als Folgeänderung zur Neuregelung in § 325. Lit Me/Pro/Fi Kap 18 Tz 26 ff; Liebscher/Scharff NJW **06**, 3745.

2) Zweigniederlassungen bestimmter Branchen (II)

Für ZwNl von Kreditinstituten iSv § 340 oder Versicherungsunternehmen iSv **2** § 341 gilt nicht § 325a (so II), sondern Sonderrecht. Offenlegung bei Kreditinstituten s § 340 l.

3) Niederlassungen von KleinstKapitalGes (III)

KleinstKapitalGes (§ 267a) brauchen die Unterlagen nach § 325 I nicht im **3** elektronischen BAnz bekanntmachen zu lassen, sondern können sie bei dessen Betreiber lediglich hinterlegen (§ 326 II). Das gilt nach **I** auch für die Offenle-

Merkt 1341

§ 326 1, 2 3. Buch. Handelsbücher

gungspflicht von ZwNl. **III** bestimmt für die Einstufung als KleinstKapitalGes das **Recht der Hauptniederlassung** in einem EU/EWR-Mitgliedstaat zum maßgeblichen Recht. Konnte sie die Rechnungslegungsunterlagen demnach an ihrem Hauptsitz durch Hinterlegung veröffentlichen, gilt das auch für die deutsche ZwNl, falls nicht, müssen sie von der ZwNl im BAnz gem § 325 II bekannt gemacht werden lassen. Klarstellend erklärt I 1 das Recht des anderen Staates auch im Hinblick auf Erleichterungen bei der Rechnungslegung für maßgeblich (Klarstellung zu materiellen Erleichterungen in der Vorschrift zur Offenlegung ist allerdings systematisch verfehlt). **Lit** Küting/Eichenlaub DStR **12**, 2615; Zwirner BB **12**, 2231.

Größenabhängige Erleichterungen für kleine Kapitalgesellschaften und Kleinstkapitalgesellschaften bei der Offenlegung

326 (1) ¹Auf kleine Kapitalgesellschaften (§ 267 Abs. 1) ist § 325 Abs. 1 mit der Maßgabe anzuwenden, daß die gesetzlichen Vertreter nur die Bilanz und den Anhang einzureichen haben. ²Der Anhang braucht die die Gewinn- und Verlustrechnung betreffenden Angaben nicht zu enthalten.

(2) ¹Die gesetzlichen Vertreter von Kleinstkapitalgesellschaften (§ 267a) können ihre sich aus § 325 Absatz 1 bis 2 ergebenden Pflichte n auch dadurch erfüllen, dass sie die Bilanz in elektronischer Form zur dauerhaften Hinterlegung beim Betreiber des Bundesanzeigers einreichen und einen Hinterlegungsauftrag erteilen. ² § 325 Absatz 1 Satz 2, Absatz 1a und 1b ist entsprechend anzuwenden. ³Kleinstkapitalgesellschaften dürfen von dem in Satz 1 geregelten Recht nur Gebrauch machen, wenn sie gegenüber dem Betreiber des Bundesanzeigers mitteilen, dass sie zwei der drei in § 267a Absatz 1 genannten Merkmale für die nach § 267 Absatz 4 maßgeblichen Abschlussstichtage nicht überschreiten.

1   **1) I** idF KapCoRiLiG 2000. Für kleine KapitalGes (§ 267 I) gelten folgende Erleichterungen bei der Offenlegung gegenüber § 325. Zum **Gegenstand:** Nur Bilanz und Anhang; also nicht Gewinn- und Verlustrechnung, Lagebericht und Bericht des Aufsichtsrats. Bestätigungsvermerk entfällt mangels Prüfungspflichtigkeit der kleinen KapitalGes (§ 316 I 1). Zum **Umfang:** Die Angaben im Anhang, die die Gewinn- und Verlustrechnung betreffen, können wegbleiben. Bilanz und Anhang dürfen bereits in verkürzter Form aufgestellt werden (§§ 266 I 3, 288 S 1). Zur **Frist:** 12 Monate (§ 325 I 1). Für die **Art** der Offenlegung verbleibt es beim Grundtatbestand des § 325 I, II: Einreichung der Unterlagen im bezeichneten Umfang und Bekanntmachung im elektronischen BAnz. Bei einer Kleinstkapitalgesellschaft, die nicht von ihrem Recht auf Hinterlegung nach § 326 Gebrauch gemacht hat, sondern alle ihre Jahresabschlussunterlagen veröffentlicht hat, scheidet eine direkte Anwendung der Sonderregelungen in § 335 IV 2 Nr 1 aus. Eine analoge Anwendung ist nicht zulässig, da es an der erforderlichen planwidrigen Regelungslücke fehlt, Kln DStR **16**, 1875. **Lit** Me/Pro/Fi Kap 18 Tz 36 ff; Sattler/Meeh DStR **07**, 1595 und 1643.

2   **2) II** idF MicroBilG 2013 (**Übergangsrecht (1)** EGHGB Art 70): Die gesetzlichen Vertreter von KleinstKapitalGes (§ 267a) können ihrer Offenlegungspflicht nach § 325 I dadurch genügen, dass nur die Bilanz beim Betreiber des elektronischen BAnz hinterlegt wird. **Gegenstand:** Einzureichen ist nur die Bilanz. Unklar ist, ob dazu auch die Angaben unter der Bilanz (s § 251 Rn 5) gehören, die sonst Teil des offenlegungspflichtigen Jahresabschlusses sind. Informationswert der Bilanz spricht dafür, Haller/Groß, DB **12**, 2110, Wortlaut dagegen. Aus der Tatsache, dass die Angaben stattdessen auch im Anhang gemacht werden könnten, der seinerseits für KleinstKapitalGes nicht offenlegungspflichtig ist, folgt, dass

2. Abschnitt. Ergänzende Vorschriften für Kapitalgesellschaften 1 § 327

auch die Angaben unter der Bilanz als dessen Substitut nicht veröffentlich werden müssen, iE so auch Küting/Eichenlaub DStR **12**, 2615. **Frist:** Es gilt die Frist des § 325 Ia. **Art:** Elektronische Form zur dauerhaften Hinterlegung; bestimmtes Dateiformat ist bewusst nicht vorgegeben, ggf wandelt der Betreiber des BAnz entsprechend um. Es ist ein Hinterlegungsauftrag zu erteilen. **Lit** Bräuer NZG **11**, 53; Haller/Groß DB **12**, 2110; Küting/Eichenlaub DStR **12**, 2615; Müller/Kreipl DB **13**, 73; Kolb/Roß WPG **14**, 991 (Zweifelsfragen zum MicroBilG); Zwirner StuB **15**, Beilage 2, 1.

Größenabhängige Erleichterungen für mittelgroße Kapitalgesellschaften bei der Offenlegung

327 Auf mittelgroße Kapitalgesellschaften (§ 267 Abs. 2) ist § 325 Abs. 1 mit der Maßgabe anzuwenden, daß die gesetzlichen Vertreter
1. die Bilanz nur in der für kleine Kapitalgesellschaften nach § 266 Abs. 1 Satz 3 vorgeschriebenen Form beim Betreiber des Bundesanzeigers einreichen müssen. In der Bilanz oder im Anhang sind jedoch die folgenden Posten des § 266 Abs. 2 und 3 zusätzlich gesondert anzugeben:

Auf der Aktivseite
A I 1   Selbst geschaffene gewerbliche Schutzrechte und ähnliche Rechte und Werte;
A I 2   Geschäfts- oder Firmenwert;
A II 1 Grundstücke, grundstücksgleiche Rechte und Bauten einschließlich der Bauten auf fremden Grundstücken;
A II 2 technische Anlagen und Maschinen;
A II 3 andere Anlagen, Betriebs- und Geschäftsausstattung;
A II 4 geleistete Anzahlungen und Anlagen im Bau;
A III 1 Anteile an verbundenen Unternehmen;
A III 2 Ausleihungen an verbundene Unternehmen;
A III 3 Beteiligungen;
A III 4 Ausleihungen an Unternehmen, mit denen ein Beteiligungsverhältnis besteht;
B II 2 Forderungen gegen verbundene Unternehmen;
B II 3 Forderungen gegen Unternehmen, mit denen ein Beteiligungsverhältnis besteht;
B III 1 Anteile an verbundenen Unternehmen.

Auf der Passivseite
C 1   Anleihen,
      davon konvertibel;
C 2   Verbindlichkeiten gegenüber Kreditinstituten;
C 6   Verbindlichkeiten gegenüber verbundenen Unternehmen;
C 7   Verbindlichkeiten gegenüber Unternehmen, mit denen ein Beteiligungsverhältnis besteht;

2. den Anhang ohne die Angaben nach § 285 Nr. 2 und 8 Buchstabe a, Nr. 12 beim Betreiber des Bundesanzeigers einreichen dürfen.

1) Verkürzter Umfang der Bilanz (Nr 1)

Für mittelgroße KapitalGes (§ 237 II) bringt § 327 Erleichterungen beim 1 **Umfang** der Offenlegung gegenüber § 325. Sie brauchen die Bilanz nicht im vollen Umfang, wie nach § 266 I 2 aufgestellt, sondern nur in der verkürzten Form wie für kleine KapitalGes (§ 266 I 3) offen zu legen (also nur bis zur Tiefe der römischen Ziffern, s § 266 Rn 2), S 1. Nach S 2 sind dann aber einige der dadurch weggefallenen Posten der Aktiv- und Passivseite in Bilanz oder Anhang

§ 328

gesondert anzugeben. **Lit** Me/Pro/Fi Kap 18 Tz 47 ff; Bräuer NZG **11**, 53 (Kleinstunternehmen).

2) Verkürzter Umfang des Anhangs (Nr 2)

2   Wegbleiben dürfen die Angaben nach §§ 285 Nr 2, 8a, 12, s dort.

3) Prüfung und Feststellung auch der verkürzten Form

3   Klarzustellen ist, dass der Jahresabschluss bei Inanspruchnahme der Erleichterungen des § 327 auch in der verkürzten Form geprüft und festgestellt werden muss, auch wenn daneben ein unverkürzter Jahresabschluss für interne Zwecke aufgestellt, geprüft und festgestellt ist (AmtlBegr).

Erleichterung für bestimmte kapitalmarktorientierte Kapitalgesellschaften

327a   § 325 Abs. 4 Satz 1 ist auf eine Kapitalgesellschaft nicht anzuwenden, wenn sie ausschließlich zum Handel an einem organisierten Markt zugelassene Schuldtitel im Sinn des § 2 Absatz 1 Nummer 3 des Wertpapierhandelsgesetzes mit einer Mindeststückelung von 100 000 Euro oder dem am Ausgabetag entsprechenden Gegenwert einer anderen Währung begibt.

1   **1)** § 327a eingefügt durch EHUG 2006 (**Übergangsrecht** in **(1)** EGHGB Art 61 V) auf Anregung des Rechtsausschusses; Vorschr befreit bestimmte KapitalGes, die keine Aktien, sondern nur zum Handel an einem organisierten Markt zugelassene Schuldtitel (Schuldverschreibungen oder andere übertragbare Forderungen in verbriefter Form mit Ausnahme von Wertpapieren, die den Aktien gleichgestellt sind, mit einer Mindeststückelung von 50 000 Euro (Anhebung des Betrags auf 100 000 Euro durch TransparenzRi-ÄnderungsRi-Umsetzungsgesetz vom 20.11.15 (**Übergangsrecht** in **(1)** EGHGB Art 77)) oder dem entsprechenden Wert einer anderen Währung) ausgeben, von der durch § 325 IV 1 auf vier Monate verkürzten Offenlegungsfrist für börsennotierte KapitalGes.

Form und Inhalt der Unterlagen bei der Offenlegung, Veröffentlichung und Vervielfältigung

328   (1) ¹Bei der Offenlegung des Jahresabschlusses, des Einzelabschlusses nach § 325 Absatz 2a, des Konzernabschlusses oder des Lage- oder Konzernlageberichts sind diese Abschlüsse und Lageberichte so wiederzugeben, dass sie den für ihre Aufstellung maßgeblichen Vorschriften entsprechen, soweit nicht Erleichterungen nach den §§ 326 und 327 in Anspruch genommen werden oder eine Rechtsverordnung des Bundesministeriums der Justiz und für Verbraucherschutz nach Absatz 4 hiervon Abweichungen ermöglicht. ²Sie haben in diesem Rahmen vollständig und richtig zu sein. ³Die Sätze 1 und 2 gelten auch für die teilweise Offenlegung sowie für die Veröffentlichung oder Vervielfältigung in anderer Form auf Grund des Gesellschaftsvertrages oder der Satzung.

(1a) ¹Das Datum der Feststellung oder der Billigung der in Absatz 1 Satz 1 bezeichneten Abschlüsse ist anzugeben. ²Wurde der Abschluss auf Grund gesetzlicher Vorschriften durch einen Abschlussprüfer geprüft, so ist jeweils der vollständige Wortlaut des Bestätigungsvermerks oder des Vermerks über dessen Versagung wiederzugeben; wird der Jahresabschluss wegen der Inanspruchnahme von Erleichterungen nur teilweise offengelegt und bezieht sich der Bestätigungsvermerk auf den vollständigen Jahresabschluss, ist hierauf hinzuweisen. ³Bei der Offenlegung von Jahresabschluss, Einzelabschluss nach § 325 Absatz 2a oder Konzernabschluss ist gegebenenfalls darauf hin-

2. Abschnitt. Ergänzende Vorschriften für Kapitalgesellschaften 1 § 328

zuweisen, dass die Offenlegung nicht gleichzeitig mit allen anderen nach § 325 offenzulegenden Unterlagen erfolgt.

(2) [1] Werden Abschlüsse in Veröffentlichungen und Vervielfältigungen, die nicht durch Gesetz, Gesellschaftsvertrag oder Satzung vorgeschrieben sind, nicht in der nach Absatz 1 vorgeschriebenen Form wiedergegeben, so ist jeweils in einer Überschrift darauf hinzuweisen, daß es sich nicht um eine der gesetzlichen Form entsprechende Veröffentlichung handelt. [2] Ein Bestätigungsvermerk darf nicht beigefügt werden. [3] Ist jedoch auf Grund gesetzlicher Vorschriften eine Prüfung durch einen Abschlußprüfer erfolgt, so ist anzugeben, zu welcher der in § 322 Abs. 2 Satz 1 genannten zusammenfassenden Beurteilungen des Prüfungsergebnisses der Abschlussprüfer in Bezug auf den in gesetzlicher Form erstellten Abschluss gelangt ist und ob der Bestätigungsvermerk einen Hinweis nach § 322 Abs. 3 Satz 2 enthält. [4] Ferner ist anzugeben, ob die Unterlagen bei dem Betreiber des Bundesanzeigers eingereicht worden sind.

(3) [1] Absatz 1 ist auf den Lagebericht, den Konzernlagebericht, den Vorschlag für die Verwendung des Ergebnisses und den Beschluß über seine Verwendung entsprechend anzuwenden. [2] Werden die in Satz 1 bezeichneten Unterlagen nicht gleichzeitig mit dem Jahresabschluß oder dem Konzernabschluß offengelegt, so ist bei ihrer nachträglichen Offenlegung jeweils anzugeben, auf welchen Abschluß sie sich beziehen und wo dieser offengelegt worden ist; dies gilt auch für die nachträgliche Offenlegung des Bestätigungsvermerks oder des Vermerks über seine Versagung.

(4) **Die Rechtsverordnung nach § 330 Abs. 1 Satz 1, 4 und 5 kann dem Betreiber des Bundesanzeigers Abweichungen von der Kontoform nach § 266 Abs. 1 Satz 1 gestatten.**

(5) **Für die Hinterlegung der Bilanz einer Kleinstkapitalgesellschaft (§ 326 Absatz 2) gilt Absatz 1 entsprechend.**

1) I aF zur Sicherstellung der Einhaltung der Offenlegungsfrist nach § 325 Ia 1 neu gefasst und zur besseren Lesbarkeit aufgeteilt in I und Ia nF durch BilRUG 2015 (**Übergangsrecht** in (1) EGHGB Art 75 II) sowie II regeln Form und Inhalt der Unterlagen bei der Offenlegung (s § 325 Rn 1) oder der Veröffentlichung oder Vervielfältigung in anderer Form nach GesVertrag, um jede Irreführung zu verhindern. **I** betrifft die allgemeinen Anforderungen an die offenzulegenden Unterlagen, **Ia** die mit der Feststellung und Billigung der Unterlagen verbundenen speziellen Fragen. Da der ordnungsgemäß festgestellte oder gebilligte Jahres- oder Konzernabschluss innerhalb der Jahresfrist offenzulegen ist, kann es eine fristwahrende Offenlegung vor Festellung oder Billigung nicht geben, RegBegr 99. Zulassung von Abweichungen durch RechtsVO des BMJ, eingefügt durch EHUG 2006 (**Übergangsrecht** in (1) EGHGB Art 61 V), soll adäquate Darstellung der Bilanz auf Bildschirmen ermöglichen (Staffel- oder sonstige Form statt Kontenform), Begr RegE BT-Drucks 16/960, S 49. Gem **V** idF MircoBilG 2013 gilt I für die Hinterlegung der Bilanz von KleinstKapitalGes nach §§ 325, 326 II entsprechend. **II** regelt die freiwilligen (nicht durch Gesetz oder GesVertrag vorgeschriebenen) Bekanntmachungen; diese brauchen nicht I, Ia und III zu entsprechen, aber Hinweis. **III** erstreckt I auf die anderen offen zu legenden Unterlagen, vor allem den Lagebericht. **IV** neu eingefügt durch EHUG 2006. Ordnungswidrigkeit § 334 I Nr 5. **Muster:** Hopt/Kraft/Link Form III.F.1 (Einreichung der offen zu legenden Unterlagen), Form III.G.2 (Bekanntmachung im BAnz). **Lit** Me/Pro/Fi Kap 18 Tz 67 ff; Farr GmbHR **96**, 185 (kleine GmbH); **99**, 1080 (kleine GmbH); Heni DStR **99**, 912 (GmbH & Co); Wiechmann WPg **99**, 916 (GmbH & Co); Blöink/Knoll-Biermann Konzern **15**, 65 (BilRUG 2015).

Merkt 1345

§ 329

Prüfungs- und Unterrichtungspflicht des Betreibers des Bundesanzeigers

329 (1) ¹Der Betreiber des Bundesanzeigers prüft, ob die einzureichenden Unterlagen fristgemäß und vollzählig eingereicht worden sind. ²Der Betreiber des Unternehmensregisters stellt dem Betreiber des Bundesanzeigers die nach § 8b Abs. 3 Satz 2 von den Landesjustizverwaltungen übermittelten Daten zur Verfügung, soweit dies für die Erfüllung der Aufgaben nach Satz 1 erforderlich ist. ³Die Daten dürfen vom Betreiber des Bundesanzeigers nur für die in Satz 1 genannten Zwecke verwendet werden.

(2) ¹Gibt die Prüfung Anlass zu der Annahme, dass von der Größe der Kapitalgesellschaft abhängige Erleichterungen oder die Erleichterung nach § 327a nicht hätten in Anspruch genommen werden dürfen, kann der Betreiber des Bundesanzeigers von der Kapitalgesellschaft eine innerhalb einer angemessenen Frist die Mitteilung der Umsatzerlöse (§ 277 Abs. 1) und der durchschnittlichen Zahl der Arbeitnehmer (§ 267 Abs. 5) oder Angaben zur Eigenschaft als Kapitalgesellschaft im Sinn des § 327a verlangen. ²Unterlässt die Kapitalgesellschaft die fristgemäße Mitteilung, gelten die Erleichterungen als zu Unrecht in Anspruch genommen.

(3) In den Fällen des § 325a Abs. 1 Satz 3 und des § 340l Absatz 2 Satz 6 kann im Einzelfall die Vorlage einer Übersetzung in die deutsche Sprache verlangt werden.

(4) Ergibt die Prüfung nach Absatz 1 Satz 1, dass die offen zu legenden Unterlagen nicht oder unvollständig eingereicht wurden, wird die jeweils für die Durchführung von Ordnungsgeldverfahren nach den §§ 335, 340o und 341o zuständige Verwaltungsbehörde unterrichtet.

1 1) § 329 nF EHUG 2006 (**Übergangsrecht** in (1) EGHGB Art 61 V) ist dem § 329 aF nachgebildet und verlagert die Prüfung entsprechend § 325 nF vom Registergericht auf den Betreiber des elektronischen BAnz. Geprüft wird nunmehr neben der Vollständigkeit auch die Fristmäßigkeit der Einreichung der Unterlagen als Voraussetzung für die Meldung der Nichtbefolgung der Offenlegungspflichten bei der überwachenden Behörde (Bundesamt für Justiz bzw bei Kredit- und Finanzdienstleistungsinstituten gem §§ 340n IV, 341n IV BaFin) und die anschließende Einleitung des Bußgeldverfahrens. Gem **I 1** prüft der Betreiber des elektronischen BAnz nur, ob es sich überhaupt um die einzureichenden Unterlagen (s § 328 Rn 1) handelt und ob sie vollzählig sind. Auf offensichtliche Nichtigkeit (zB Fehlen der Abschlussprüfung, § 317 Rn 1; auch § 319 Rn 1) braucht der Betreiber des elektronischen BAnz nicht zu prüfen, bei Fehlen der gesetzlichen Abschlussprüfung sind aber die Unterlagen nicht vollständig (§ 322). Auch eine inhaltliche Prüfung und eine Prüfung der Einhaltung von § 328 finden nicht statt. Gem **I 2** stellt der Betreiber des Unternehmensregisters dem Betreiber des elektronischen Bundesanzeigers die nach § 8b III 2 von den Landesjustizverwaltungen übermittelten Daten zur Verfügung, soweit dies für die Erfüllung der Aufgaben nach **I 1** erforderlich ist. Nach **I 3** dürfen die Daten vom Betreiber des elektronischen Bundesanzeigers nur für die in **I 1** genannten Zwecke verwendet werden. **II** regelt das Verfahren bei Zweifeln des elektronischen Bundesanzeigers an der Berechtigung der Inanspruchnahme größenabhängiger Erleichterungen oder der Erleichterung für bestimmte kapitalmarktorientierte Kapital-Ges (§ 327a nF, zweigniederlassungsbezogene Mitteilung (§ 325a I 1). Keine analoge Anwendung, wenn Erleichterung irrtümlich und versehentlich nicht in Anspruch genommen worden ist, dh wenn sich Ges versehentlich „größer" gemacht hat als sie ist, LG Bonn NZG **16**, 1155. **II 1** betrifft nur die Vollzähligkeit der Unterlagen (Verweis auf I), nicht inhaltliche Erleichterungen (§ 266 I 3, 276, 288, 327), Baumb/Hueck/Schulze-Osterloh § 41 Rn 144. Die Angaben

2. Abschnitt. Ergänzende Vorschriften für Kapitalgesellschaften § 330

nach II werden nicht zu den nach § 9 einsehbaren HdlRegUnterlagen genommen (Begr E § 284). **Weitere Prüfungen**, etwa der inhaltlichen Richtigkeit dieser Angaben, finden **nicht** statt. Durchsetzung durch Ordnungsgeldverfahren, § 335; Fiktion nach **II 2**, aber Wirkung begrenzt, insbesondere führt II 2 nicht zu Prüfungspflicht, Baumb/Hueck/Schulze-Osterloh § 41 Rn 144. Auch bei Publizitätsverweigerung keine Amtslöschung (insbes nach **(3)** § 141a FGG, nur vermögenslose KapitalGes); zu den Sanktionen Jansen DStR **00**, 596. Nach **III** (eingefügt durch EuroBilG 2001) kann im Einzelfall über § 325a I 4 hinaus Übersetzung in deutscher Sprache verlangt werden, insbesondere falls es für die Prüfung geboten ist. **IV** ist Teil des durch das EHUG 2006 neu geregelten Sanktionssystems bei unzureichender oder fehlender Offenlegung: Ergibt die Prüfung nach I 1, dass die offen zu legenden Unterlagen nicht oder unvollständig eingereicht wurden, wird die jeweils für die Durchführung von Ordnungsgeldverfahren nach den §§ 335, 340o und 341o zuständige Verwaltungsbehörde unterrichtet. **Lit** Me/Pro/Fi Kap 18 Tz 80 ff.

Fünfter Unterabschnitt. Verordnungsermächtigung für Formblätter und andere Vorschriften

[Verordnungsermächtigung für Formblätter und andere Vorschriften]

330 (1) ¹Das Bundesministerium der Justiz und für Verbraucherschutz wird ermächtigt, im Einvernehmen mit dem Bundesministerium der Finanzen und dem Bundesministerium für Wirtschaft und Energie durch Rechtsverordnung, die nicht der Zustimmung des Bundesrates bedarf, für Kapitalgesellschaften Formblätter vorzuschreiben oder andere Vorschriften für die Gliederung des Jahresabschlusses oder des Konzernabschlusses oder den Inhalt des Anhangs, des Konzernanhangs, des Lageberichts oder des Konzernlageberichts zu erlassen, wenn der Geschäftszweig eine von den §§ 266, 275 abweichende Gliederung des Jahresabschlusses oder des Konzernabschlusses oder von den Vorschriften des Ersten Abschnitts und des Ersten und Zweiten Unterabschnitts des Zweiten Abschnitts abweichende Regelungen erfordert. ²Die sich aus den abweichenden Vorschriften ergebenden Anforderungen an die in Satz 1 bezeichneten Unterlagen sollen den Anforderungen gleichwertig sein, die sich für große Kapitalgesellschaften (§ 267 Abs. 3) aus den Vorschriften des Ersten Abschnitts und des Ersten und Zweiten Unterabschnitts des Zweiten Abschnitts sowie den für den Geschäftszweig geltenden Vorschriften ergeben. ³Über das geltende Recht hinausgehende Anforderungen dürfen nur gestellt werden, soweit sie auf Rechtsakten des Rates der Europäischen Union beruhen. ⁴Die Rechtsverordnung nach Satz 1 kann auch Abweichungen von der Kontoform nach § 266 Abs. 1 Satz 1 gestatten. ⁵Satz 4 gilt auch in den Fällen, in denen eine von den §§ 266 und 275 abweichende Gliederung nicht erfordert.

(2) ¹Absatz 1 ist auf Kreditinstitute im Sinne des § 1 Abs. 1 des Gesetzes über das Kreditwesen, soweit sie nach dessen § 2 Abs. 1, 4 oder 5 von der Anwendung nicht ausgenommen sind, und auf Finanzdienstleistungsinstitute im Sinne des § 1 Abs. 1a des Gesetzes über das Kreditwesen, soweit sie nach dessen § 2 Abs. 6 oder 10 von der Anwendung nicht ausgenommen sind, sowie auf Institute im Sinne des § 1 Absatz 2a des Zahlungsdiensteaufsichtsgesetzes, nach Maßgabe der Sätze 3 und 4 ungeachtet ihrer Rechtsform anzuwenden. ²Satz 1 ist auch auf Zweigstellen von Unternehmen mit Sitz in einem Staat anzuwenden, der nicht Mitglied der Europäischen Gemeinschaft und auch nicht Vertragsstaat des Abkommens über den Europäischen Wirtschaftsraum ist, sofern die Zweigstelle nach § 53 Abs. 1 des Gesetzes über das

Merkt 1347

§ 330 1

Kreditwesen als Kreditinstitut oder als Finanzinstitut gilt. ³Die Rechtsverordnung bedarf nicht der Zustimmung des Bundesrates; sie ist im Einvernehmen mit dem Bundesministerium der Finanzen und im Benehmen mit der Deutschen Bundesbank zu erlassen. ⁴In die Rechtsverordnung nach Satz 1 können auch nähere Bestimmungen über die Aufstellung des Jahresabschlusses und des Konzernabschlusses im Rahmen der vorgeschriebenen Formblätter für die Gliederung des Jahresabschlusses und des Konzernabschlusses sowie des Zwischenabschlusses gemäß § 340a Abs. 3 und des Konzernzwischenabschlusses gemäß § 340i Abs. 4 aufgenommen werden, soweit dies zur Erfüllung der Aufgaben der Bundesanstalt für Finanzdienstleistungsaufsicht oder der Deutschen Bundesbank erforderlich ist, insbesondere um einheitliche Unterlagen zur Beurteilung der von den Kreditinstituten und Finanzdienstleistungsinstituten durchgeführten Bankgeschäfte und erbrachten Finanzdienstleistungen zu erhalten.

(3) ¹Absatz 1 ist auf Versicherungsunternehmen nach Maßgabe der Sätze 3 und 4 ungeachtet ihrer Rechtsform anzuwenden. ²Satz 1 ist auch auf Niederlassungen im Geltungsbereich dieses Gesetzes von Versicherungsunternehmen mit Sitz in einem anderen Staat anzuwenden, wenn sie zum Betrieb des Direktversicherungsgeschäfts der Erlaubnis durch die deutsche Versicherungsaufsichtsbehörde bedürfen. ³Die Rechtsverordnung bedarf der Zustimmung des Bundesrates und ist im Einvernehmen mit dem Bundesministerium der Finanzen zu erlassen. ⁴In die Rechtsverordnung nach Satz 1 können auch nähere Bestimmungen über die Aufstellung des Jahresabschlusses und des Konzernabschlusses im Rahmen der vorgeschriebenen Formblätter für die Gliederung des Jahresabschlusses und des Konzernabschlusses sowie Vorschriften über den Ansatz und die Bewertung von versicherungstechnischen Rückstellungen, insbesondere die Näherungsverfahren, aufgenommen werden. ⁵Die Zustimmung des Bundesrates ist nicht erforderlich, soweit die Verordnung ausschließlich dem Zweck dient, Abweichungen nach Absatz 1 Satz 4 und 5 zu gestatten.

(4) ¹In der Rechtsverordnung nach Absatz 1 in Verbindung mit Absatz 3 kann bestimmt werden, daß Versicherungsunternehmen, auf die die Richtlinie 91/674/EWG nach deren Artikel 2 in Verbindung mit den Artikeln 4, 7 und 9 Nummer 1 und 2 sowie Artikel 10 Nummer 1 der Richtlinie 2009/138/EG des Europäischen Parlaments und des Rates vom 25. November 2009 betreffend die Aufnahme und Ausübung der Versicherungs- und der Rückversicherungstätigkeit (Solvabilität II) (ABl. L 335 vom 17.12.2009, S. 1) nicht anzuwenden ist, von den Regelungen des Zweiten Unterabschnitts des Vierten Abschnitts ganz oder teilweise befreit werden, soweit dies erforderlich ist, um eine im Verhältnis zur Größe der Versicherungsunternehmen unangemessene Belastung zu vermeiden; Absatz 1 Satz 2 ist insoweit nicht anzuwenden. ²In der Rechtsverordnung dürfen diesen Versicherungsunternehmen auch für die Gliederung des Jahresabschlusses und des Konzernabschlusses, für die Erstellung von Anhang und Lagebericht und Konzernanhang und Konzernlagebericht sowie für die Offenlegung ihrer Größe angemessene Vereinfachungen gewährt werden.

(5) **Die Absätze 3 und 4 sind auf Pensionsfonds (§ 236 Absatz 1 des Versicherungsaufsichtsgesetzes) entsprechend anzuwenden.**

1) KapitalGes (I)

1 § 330 I enthält Verordnungsermächtigung für geschäftszweigbezogene Formblätter und für andere Vorschriften allgemein für KapitalGes. Betroffen sind herkömmlich vor allem Kreditinstitute, Finanzinstitute und Versicherungsunternehmen. Rechtsverordnungen gibt es ua über die Rechnungslegung der

2. Abschnitt. Ergänzende Vorschriften für Kapitalgesellschaften § 331

Kreditinstitute und Finanzdienstleistungsinstitute (RechKredV, s Rn 3) und von Versicherungsunternehmen (RechVersV, s Rn 4), über die Gliederung des Jahresabschlusses von Verkehrsunternehmen sowie weitere VO betr Wohnungsunternehmen, Krankenhaus-Buchführung, Pflegeeinrichtungen. **Lit** Me/Pro/Fi Kap 18 Tz 92 ff.

2) Kreditinstitute und Finanzdienstleistungsinstitute (II)

II gibt für Kreditinstitute und Finanzdienstleistungsinstitute eine einheitliche Rechtsgrundlage. II 1 erstreckt I rechtsformunabhängig auf Kreditinstitute und Finanzdienstleistungsinstitute nach KWG (§ 340 Rn 3) sowie Zahlungsinstitute nach ZAG (ZDUmsG 2009). II 2 erstreckt I auf Zweigstellen von Unternehmen aus Drittstaaten (außerhalb EG und EWR), die nach § 53 I KWG für die Zwecke der Bankenaufsicht als Kreditinstitute oder Finanzinstitute gelten. Aufgrund von II erging die RechKredV (s Rn 3).

3) Verordnung über die Rechnungslegung der Kreditinstitute und Finanzdienstleistungsinstitute (RechKredV)

Für Kreditinstitute und Finanzdienstleistungsinstitute gilt die VO über die Rechnungslegung der Kreditinstitute und Finanzdienstleistungsinstitute **(RechKredV)** idF 11.12.98 (BGBl I 3658) s § 340 Rn 5 ff. Erläuterung in WP-Hdb 06 I J 23 ff, 292 ff. Für **Banken** ist am 17.12.98 (BGBl I 3690) die PrüfungsberichtsVO (PrüfbV) auf der Grundlage von § 29 IV KWG ergangen. Für **Wertpapierdienstleistungsunternehmen** ist am 6.1.99 (BGBl I 4) die VO über die Prüfung von Wertpapier-Dienstleistungsunternehmen auf der Grundlage von § 89 WpHG ergangen.

4) Versicherungsunternehmen (III, IV)

III, IV neu VersRiLiG 1994 (§ 341 Rn 1); IV 1 idF AReG. Dazu VO über die Rechnungslegung von Versicherungsunternehmen **(RechVersV)** 8.11.94 (BGBl I 3378) s § 341 Rn 3. Erläuterung in WP-Hdb 06 I K 63 ff.

5) Pensionsfonds (V)

V neu eingefügt durch AVmG 2001. Bislang wurde von der Ermächtigung noch kein Gebrauch gemacht.

Sechster Unterabschnitt.

Erster Titel. Straf- und Bußgeldvorschriften

Unrichtige Darstellung

331 Mit Freiheitsstrafe bis zu drei Jahren oder mit Geldstrafe wird bestraft, wer

1. als Mitglied des vertretungsberechtigten Organs oder des Aufsichtsrats einer Kapitalgesellschaft die Verhältnisse der Kapitalgesellschaft in der Eröffnungsbilanz, im Jahresabschluß, im Lagebericht einschließlich der nichtfinanziellen Erklärung, im gesonderten nichtfinanziellen Bericht oder im Zwischenabschluß nach § 340a Abs. 3 unrichtig wiedergibt oder verschleiert,

1a. als Mitglied des vertretungsberechtigten Organs einer Kapitalgesellschaft zum Zwecke der Befreiung nach § 325 Abs. 2a Satz 1, Abs. 2b einen Einzelabschluss nach den in § 315e Abs. 1 genannten internationalen Rechnungslegungsstandards, in dem die Verhältnisse der Kapitalgesellschaft unrichtig wiedergegeben oder verschleiert worden sind, vorsätzlich oder leichtfertig offen legt,

Merkt

§ 332 1

3. Buch. Handelsbücher

2. als Mitglied des vertretungsberechtigten Organs oder des Aufsichtsrats einer Kapitalgesellschaft die Verhältnisse des Konzerns im Konzernabschluß, im Konzernlagebericht einschließlich der nichtfinanziellen Konzernerklärung, im gesonderten nichtfinanziellen Konzernbericht oder im Konzernzwischenabschluß nach § 340i Abs. 4 unrichtig wiedergibt oder verschleiert,
3. als Mitglied des vertretungsberechtigten Organs einer Kapitalgesellschaft zum Zwecke der Befreiung nach § 291 Abs. 1 und 2 oder nach § 292 einen Konzernabschluß oder Konzernlagebericht, in dem die Verhältnisse des Konzerns unrichtig wiedergegeben oder verschleiert worden sind, vorsätzlich oder leichtfertig offenlegt,
3a. entgegen § 264 Abs. 2 Satz 3, § 289 Abs. 1 Satz 5, § 297 Abs. 2 Satz 4 oder § 315 Absatz 1 Satz 5 eine Versicherung nicht richtig abgibt,
4. als Mitglied des vertretungsberechtigten Organs einer Kapitalgesellschaft oder als Mitglied des vertretungsberechtigten Organs oder als vertretungsberechtigter Gesellschafter eines ihrer Tochterunternehmen (§ 290 Abs. 1, 2) in Aufklärungen oder Nachweisen, die nach § 320 einem Abschlußprüfer der Kapitalgesellschaft, eines verbundenen Unternehmens oder des Konzerns zu geben sind, unrichtige Angaben macht oder die Verhältnisse der Kapitalgesellschaft, eines Tochterunternehmens oder des Konzerns unrichtig wiedergibt oder verschleiert.

1   1) §§ 331–333, nF durch BilReG 2004 (Einl 21v § 238, **Übergangsregelung** in (1) EGHGB Art 58 III), nF durch CSR-RUG v 11.4.17 (**Übergangsrecht** in (1) EGHGB Art 80) enthalten Straftatbestände, § 334 Ordnungswidrigkeitstatbestände und § 335 die Möglichkeit, Ordnungsgeld festzusetzen. § 331 Nr 1, 2 idF KWGÄndG 1992, Nr 3 idF KapAEG 1998, Nr 3a eingefügt durch TUG 2007 (**Übergangsrecht** in (1) EGHGB Art 62). § 331 ist Schutzgesetz iSv § 823 II BGB, LG Bonn AG **01**, 486. Quartalsberichte geben die Verhältnisse der Ges iSv § 331 Nr 1 wieder, wenn sie ein Gesamtbild über die wirtschaftliche Lage der Ges ermöglichen und den Eindruck der Vollständigkeit erwecken (BGH AG **05**, 162 – EM.TV). Lit Me/Pro/Fi Kap 21 TZ 9 ff; Eisolt StuB **10**, 533; Boeker/Zwirner SteuK **16**, 426; Kajüter IRZ **16**, 507 (CSR-RL); Nietsch NZG **16**, 1330; Holzmeier/Burth/Hachmeister IRZ **17**, 215.

Verletzung der Berichtspflicht

332 (1) Mit Freiheitsstrafe bis zu drei Jahren oder mit Geldstrafe wird bestraft, wer als Abschlußprüfer oder Gehilfe eines Abschlußprüfers über das Ergebnis der Prüfung eines Jahresabschlusses, eines Einzelabschlusses nach § 325 Abs. 2a, eines Lageberichts, eines Konzernabschlusses, eines Konzernlageberichts einer Kapitalgesellschaft oder eines Zwischenabschlusses nach § 340a Abs. 3 oder eines Konzernzwischenabschlusses gemäß § 340i Abs. 4 unrichtig berichtet, im Prüfungsbericht (§ 321) erhebliche Umstände verschweigt oder einen inhaltlich unrichtigen Bestätigungsvermerk (§ 322) erteilt.

(2) Handelt der Täter gegen Entgelt oder in der Absicht, sich oder einen anderen zu bereichern oder einen anderen zu schädigen, so ist die Strafe Freiheitsstrafe bis zu fünf Jahren oder Geldstrafe.

1   1) I idF BilReG 2004. Verletzung der Berichtspflicht s § 323 Rn 1. Notwendig ist Erheblichkeit (nicht nur bei I 2. Alternative: Umstände). § 332 setzt Vorsatz voraus. § 332 ist lex specialis zu § 403 AktG. § 332 ist Schutzgesetz iSv § 823 II BGB, Karlsr WM **85**, 944, s § 323 Rn 8. Lit Me/Pro/Fi Kap 21 Tz 90 ff; Hoffmann/Knierim BB **02**, 2275.

2. Abschnitt. Ergänzende Vorschriften für Kapitalgesellschaften § 334

Verletzung der Geheimhaltungspflicht

333 (1) Mit Freiheitsstrafe bis zu einem Jahr oder mit Geldstrafe wird bestraft, wer ein Geheimnis der Kapitalgesellschaft, eines Tochterunternehmens (§ 290 Abs. 1, 2), eines gemeinsam geführten Unternehmens (§ 310) oder eines assoziierten Unternehmens (§ 311), namentlich ein Betriebs- oder Geschäftsgeheimnis, das ihm in seiner Eigenschaft als Abschlußprüfer oder Gehilfe eines Abschlußprüfers bei Prüfung des Jahresabschlusses, eines Einzelabschlusses nach § 325 Abs. 2a oder des Konzernabschlusses bekannt geworden ist, oder wer ein Geschäfts- oder Betriebsgeheimnis oder eine Erkenntnis über das Unternehmen, das ihm als Beschäftigter bei einer Prüfstelle im Sinne von § 342b Abs. 1 bei der Prüftätigkeit bekannt geworden ist, unbefugt offenbart.

(2) ¹Handelt der Täter gegen Entgelt oder in der Absicht, sich oder einen anderen zu bereichern oder einen anderen zu schädigen, so ist die Strafe Freiheitsstrafe bis zu zwei Jahren oder Geldstrafe. ²Ebenso wird bestraft, wer ein Geheimnis der in Absatz 1 bezeichneten Art, namentlich ein Betriebs- oder Geschäftsgeheimnis, das ihm unter den Voraussetzungen des Absatzes 1 bekannt geworden ist, unbefugt verwertet.

(3) Die Tat wird nur auf Antrag der Kapitalgesellschaft verfolgt.

1) S § 323 Rn 2–8. § 333 (I nF durch BilKoG 2004) ist Vorsatzstraftat und **1** Antragsdelikt; lex specialis zu § 404 AktG. **Lit** Me/Pro/Fi Kap 21 Tz 117 ff; Mock DB **03**, 1996; Quick BB **04**, 699.

Verletzung der Pflichten bei Abschlussprüfungen

333a Mit Freiheitsstrafe bis zu einem Jahr oder mit Geldstrafe wird bestraft, wer als Mitglied eines nach § 324 Absatz 1 Satz 1 eingerichteten Prüfungsausschusses

1. eine in § 334 Absatz 2a bezeichnete Handlung begeht und dafür einen Vermögensvorteil erhält oder sich versprechen lässt oder
2. eine in § 334 Absatz 2a bezeichnete Handlung beharrlich wiederholt.

1) Vorschrift neu durch AReG (Inkrafttreten am 17.6.16, Überbl 9 vor § 316). **1** Strafsanktionen für **besonders schwere Verstöße** gegen prüfungsbezogene Pflichten der Mitglieder des Prüfungsausschusses (Verstoß gegen Gewährung oder Versprechen eines Vermögensvorteils oder beharrliche Wiederholung). Flankierend OWi-Tatbestand in § 334 IIa für einfache Pflichtverletzungen. Strafrahmen: Freiheitsstrafe bis zu einem Jahr oder Geldstrafe; ergänzend nach § 70 StGB Berufsverbot bis zu fünf Jahre, Begr RegE 57 f. **Lit** Me/Pro/Fi Kap 21 Tz 152 ff; Velte/Stawinoga StuB **16**, 297.

Bußgeldvorschriften

334 (1) Ordnungswidrig handelt, wer als Mitglied des vertretungsberechtigten Organs oder des Aufsichtsrats einer Kapitalgesellschaft

1. bei der Aufstellung oder Feststellung des Jahresabschlusses einer Vorschrift
   a) des § 243 Abs. 1 oder 2, der §§ 244, 245, 246, 247, 248, 249 Abs. 1 Satz 1 oder Abs. 2, des § 250 Abs. 1 oder 2, des § 251 oder des § 264 Absatz 1a oder Absatz 2 über Form oder Inhalt,
   b) des § 253 Absatz 1 Satz 1, 2, 3, 4, 5 oder Satz 6, Abs. 2 Satz 1, auch in Verbindung mit Satz 2, Absatz 3 Satz 1, 2, 3, 4 oder Satz 5, Abs. 4 oder 5, des § 254 oder des § 256a über die Bewertung,

Merkt 1351

§ 334

c) des § 265 Abs. 2, 3, 4 oder 6, der §§ 266, 268 Absatz 3, 4, 5, 6 oder Absatz 7, der §§ 272, 274, 275 oder des § 277 über die Gliederung oder

d) des § 284 oder des § 285 über die in der Bilanz, unter der Bilanz oder im Anhang zu machenden Angaben,

2. bei der Aufstellung des Konzernabschlusses einer Vorschrift
   a) des § 294 Abs. 1 über den Konsolidierungskreis,
   b) des § 297 Absatz 1a, 2 oder 3 oder des § 298 Abs. 1 in Verbindung mit den §§ 244, 245, 246, 247, 248, 249 Abs. 1 Satz 1 oder Abs. 2, dem § 250 Abs. 1 oder dem § 251 über Inhalt oder Form,
   c) des § 300 über die Konsolidierungsgrundsätze oder das Vollständigkeitsgebot,
   d) des § 308 Abs. 1 Satz 1 in Verbindung mit den in Nummer 1 Buchstabe b bezeichneten Vorschriften, des § 308 Abs. 2 oder des § 308a über die Bewertung,
   e) des § 311 Abs. 1 Satz 1 in Verbindung mit § 312 über die Behandlung assoziierter Unternehmen oder
   f) des § 308 Abs. 1 Satz 3, des § 313 oder des § 314 über die im Konzernanhang zu machenden Angaben,

3. bei der Aufstellung des Lageberichts oder der Erstellung eines gesonderten nichtfinanziellen Berichts einer Vorschrift der §§ 289 bis 289b Absatz 1, §§ 289c, 289d, 289e Absatz 2, auch in Verbindung mit § 289b Absatz 2 oder 3, oder des § 289f über den Inhalt des Lageberichts oder des gesonderten nichtfinanziellen Berichts,

4. bei der Aufstellung des Konzernlageberichts oder der Erstellung eines gesonderten nichtfinanziellen Konzernberichts einer Vorschrift der §§ 315 bis 315b Absatz 1, des § 315c, auch in Verbindung mit § 315b Absatz 2 oder 3, oder des § 315d über den Inhalt des Konzernlageberichts oder des gesonderten nichtfinanziellen Konzernberichts,

5. bei der Offenlegung, Hinterlegung, Veröffentlichung oder Vervielfältigung einer Vorschrift des § 328 über Form oder Inhalt oder

6. einer auf Grund des § 330 Abs. 1 Satz 1 erlassenen Rechtsverordnung, soweit sie für einen bestimmten Tatbestand auf diese Bußgeldvorschrift verweist,

zuwiderhandelt.

(2) Ordnungswidrig handelt, wer zu einem Jahresabschluss, zu einem Einzelabschluss nach § 325 Abs. 2a oder zu einem Konzernabschluss, der aufgrund gesetzlicher Vorschriften zu prüfen ist, einen Vermerk nach § 322 Abs. 1 erteilt, obwohl nach § 319 Abs. 2, 3, 5, § 319a Abs. 1 Satz 1, Abs. 2, § 319b Abs. 1 Satz 1 oder 2 er oder nach § 319 Abs. 4, auch in Verbindung mit § 319a Abs. 1 Satz 2, oder § 319b Abs. 1 die Wirtschaftsprüfungsgesellschaft oder die Buchprüfungsgesellschaft, für die er tätig wird, nicht Abschlussprüfer sein darf.

(2a) Ordnungswidrig handelt, wer als Mitglied eines nach § 324 Absatz 1 Satz 1 eingerichteten Prüfungsausschusses

1. die Unabhängigkeit des Abschlussprüfers oder der Prüfungsgesellschaft nicht nach Maßgabe des Artikels 4 Absatz 3 Unterabsatz 2, des Artikels 5 Absatz 4 Unterabsatz 1 Satz 1 oder des Artikels 6 Absatz 2 der Verordnung (EU) Nr. 537/2014 des Europäischen Parlaments und des Rates vom 16. April 2014 über spezifische Anforderungen an die Abschlussprüfung bei Unternehmen von öffentlichem Interesse und zur Aufhebung des Beschlusses 2005/909/EG der Kommission (ABl. L 158 vom 27.5.2014, S. 77, L 170 vom 11.6.2014, S. 66) überwacht,

2. Abschnitt. Ergänzende Vorschriften für Kapitalgesellschaften $\quad$ 1 $\quad$ § 334

2. eine Empfehlung für die Bestellung eines Abschlussprüfers oder einer Prüfungsgesellschaft vorlegt, die den Anforderungen nach Artikel 16 Absatz 2 Unterabsatz 2 oder 3 der Verordnung (EU) Nr. 537/2014 nicht entspricht oder der ein Auswahlverfahren nach Artikel 16 Absatz 3 Unterabsatz 1 der Verordnung (EU) Nr. 537/2014 nicht vorangegangen ist, oder
3. den Gesellschaftern einen Vorschlag für die Bestellung eines Abschlussprüfers oder einer Prüfungsgesellschaft vorlegt, der den Anforderungen nach Artikel 16 Absatz 5 Unterabsatz 1 der Verordnung (EU) Nr. 537/2014 nicht entspricht.

(3) Die Ordnungswidrigkeit kann mit einer Geldbuße bis zu fünfzigtausend Euro geahndet werden. ²Ist die Kapitalgesellschaft kapitalmarktorientiert im Sinne des § 264d, beträgt die Geldbuße in den Fällen des Absatzes 1 höchstens den höheren der folgenden Beträge:
1. zwei Millionen Euro oder
2. das Zweifache des aus der Ordnungswidrigkeit gezogenen wirtschaftlichen Vorteils, wobei der wirtschaftliche Vorteil erzielte Gewinne und vermiedene Verluste umfasst und geschätzt werden kann.

(3a) Wird gegen eine kapitalmarktorientierte Kapitalgesellschaft im Sinne des § 264d in den Fällen des Absatzes 1 eine Geldbuße nach § 30 des Gesetzes über Ordnungswidrigkeiten verhängt, beträgt diese Geldbuße höchstens den höchsten der folgenden Beträge:
1. zehn Millionen Euro,
2. 5 Prozent des jährlichen Gesamtumsatzes, den die Kapitalgesellschaft in dem der Behördenentscheidung vorausgegangenen Geschäftsjahr erzielt hat oder
3. das Zweifache des aus der Ordnungswidrigkeit gezogenen wirtschaftlichen Vorteils, wobei der wirtschaftliche Vorteil erzielte Gewinne und vermiedene Verluste umfasst und geschätzt werden kann.

(3b) Gesamtumsatz im Sinne des Absatzes 3a Nummer 2 ist der Betrag der Umsatzerlöse nach § 277 Absatz 1 oder der Betrag der Nettoumsatzerlöse nach Maßgabe des auf das Unternehmen anwendbaren nationalen Rechts im Einklang mit Artikel 2 Nummer 5 der Richtlinie 2013/34/EU. Handelt es sich bei der Kapitalgesellschaft um ein Mutterunternehmen oder ein Tochterunternehmen im Sinne des § 290, ist anstelle des Gesamtumsatzes der Kapitalgesellschaft der Gesamtumsatz im Konzernabschluss des Mutterunternehmens maßgeblich, der für den größten Kreis von Unternehmen aufgestellt wird. Wird der Konzernabschluss für den größten Kreis von Unternehmen nicht nach den in Satz 1 genannten Vorschriften aufgestellt, ist der Gesamtumsatz nach Maßgabe der den Umsatzerlösen vergleichbaren Posten des Konzernabschlusses zu ermitteln. Ist ein Jahres- oder Konzernabschluss für das maßgebliche Geschäftsjahr nicht verfügbar, ist der Jahres- oder Konzernabschluss für das unmittelbar vorausgehende Geschäftsjahr maßgeblich; ist auch dieser nicht verfügbar, kann der Gesamtumsatz geschätzt werden.

(4) Verwaltungsbehörde im Sinn des § 36 Abs. 1 Nr. 1 des Gesetzes über Ordnungswidrigkeiten ist in den Fällen der Absätze 1 und 2a das Bundesamt für Justiz, in den Fällen des Absatzes 2 die Abschlussprüferaufsichtsstelle beim Bundesamt für Wirtschaft und Ausfuhrkontrolle.

(5) Die Absätze 1 bis 4 sind auf Kreditinstitute im Sinn des § 340 und auf Versicherungsunternehmen im Sinn des § 341 Abs. 1 nicht anzuwenden.

1) Vorsatztat, Näheres s OWiG. Redaktionelle Anpassungen durch BilMoG 2009. I Nr 1, Nr 5 idF MicroBilG 2013 (**Übergangsrecht** in (1) EGHGB Art 70), Änderungen bzw. Ergänzungen in I Nr 3, 4, III, IIIb idF des CSR-RUG

§ 335

v 11.4.17 (**Übergangsrecht** in **(1)** EGHGB Art 80), Ergänzung in **IIa neu** durch AReG (in Kraft am 17.6.16): OWi-Tatbestände für einfache Verletzung prüfungsbezogener Pflichten von Mitgliedern des Prüfungsausschusses (paralleler Straftatbestand für schwere Pflichtverletzung geplant in § 333a). Keine gemeinschaftsrechtliche Staatshaftung der Bundesrepublik Deutschland wegen Anlegerverlust bei zwischenzeitlich insolventer GmbH aus unzureichender Umsetzung der EG-Richtlinien, BGH NJW **06**, 690. **Lit** Me/Pro/Fi Kap 21 Tz 159 ff; Kumm/Woodtli Konzern **16**, 218; Lanfermann/Maul BB **16**, 363; Nietsch NZG **16**, 1330; Quick DB **16**, 1205; Seibt DB **16**, 2707; Holzmeier/Burth/Hachmeister IRZ **17**, 215.

Zweiter Titel. Ordnungsgelder

Festsetzung von Ordnungsgeld[1]

335 (1) ¹Gegen die Mitglieder des vertretungsberechtigten Organs einer Kapitalgesellschaft, die

1. § 325 über die Pflicht zur Offenlegung des Jahresabschlusses, des Lageberichts, des Konzernabschlusses, des Konzernlageberichts und anderer Unterlagen der Rechnungslegung oder
2. § 325a über die Pflicht zur Offenlegung der Rechnungslegungsunterlagen der Hauptniederlassung

nicht befolgen, ist wegen des pflichtwidrigen Unterlassens der rechtzeitigen Offenlegung vom Bundesamt für Justiz (Bundesamt) ein Ordnungsgeldverfahren nach den Absätzen 2 bis 6 durchzuführen; im Fall der Nummer 2 treten die in § 13e Abs. 2 Satz 5 Nummer 3 genannten Personen, sobald sie angemeldet sind, an die Stelle der Mitglieder des vertretungsberechtigten Organs der Kapitalgesellschaft. ²Das Ordnungsgeldverfahren kann auch gegen die Kapitalgesellschaft durchgeführt werden, für die die Mitglieder des vertretungsberechtigten Organs die in Satz 1 Nr. 1 und 2 genannten Pflichten zu erfüllen haben. ³Dem Verfahren steht nicht entgegen, dass eine der Offenlegung vorausgehende Pflicht, insbesondere die Aufstellung des Jahres- oder Konzernabschlusses oder die der unverzüglichen Erteilung des Prüfauftrags, noch nicht erfüllt ist. ⁴Das Ordnungsgeld beträgt mindestens zweitausendfünfhundert und höchstens fünfundzwanzigtausend Euro. ⁵Eingenommene Ordnungsgelder fließen dem Bundesamt zu.

(1a) ¹Ist die Kapitalgesellschaft kapitalmarktorientiert im Sinne des § 264d, beträgt das Ordnungsgeld höchstens den höheren der folgenden Beträge:

1. zehn Millionen Euro,
2. 5 Prozent des jährlichen Gesamtumsatzes, den die Kapitalgesellschaften in der Behördenentscheidung vorausgegangenen Geschäftsjahr erzielt hat, oder
3. das Zweifache des aus der unterlassenen Offenlegung gezogenen wirtschaftlichen Vorteils; der wirtschaftliche Vorteil umfasst erzielte Gewinne und vermiedene Verluste und kann geschätzt werden.

²Wird das Ordnungsgeld einem Mitglied des gesetzlichen Vertretungsorgans der Kapitalgesellschaft angedroht, beträgt das Ordnungsgeld abweichend von Satz 1 höchstens den höheren der folgenden Beträge:

1. zwei Millionen Euro oder
2. das Zweifache des aus der unterlassenen Offenlegung gezogenen Vorteils; der wirtschaftliche Vorteil umfasst erzielte Gewinne und vermiedene Verluste und kann geschätzt werden.

---

[1] Der Zusatz „; Verordnungsermächtigungen" gilt mWv 1.1.2018.

2. Abschnitt. Ergänzende Vorschriften für Kapitalgesellschaften § 335

(1b) [1] Gesamtumsatz im Sinne des Absatzes 1a Satz 1 Nummer 2 ist

1. im Falle von Kreditinstituten, Zahlungsinstituten und Finanzdienstleistungsinstituten im Sinne des § 340 der sich aus dem auf das Institut anwendbaren nationalen Recht im Einklang mit Artikel 27 Nummer 1, 3, 4, 6 und 7 oder Artikel 28 Nummer B1, B2, B3, B4 und B7 der Richtlinie 86/635/EWG des Rates vom 8. Dezember 1986 über den Jahresabschluss und den konsolidierten Abschluss von Banken und anderen Finanzinstituten (ABl. L 372 vom 31.12.1986, S. 1) ergebende Gesamtbetrag, abzüglich der Umsatzsteuer und sonstiger direkt auf diese Erträge erhobener Steuern,
2. im Falle von Versicherungsunternehmen der sich aus dem auf das Versicherungsunternehmen anwendbaren nationalen Recht im Einklang mit Artikel 63 der Richtlinie 91/674/EWG des Rates vom 19. Dezember 1991 über den Jahresabschluss und den konsolidierten Abschluss von Versicherungsunternehmen (ABl. L 374 vom 31.12.1991, S. 7) ergebende Gesamtbetrag, abzüglich der Umsatzsteuer und sonstiger direkt auf diese Erträge erhobener Steuern,
3. im Übrigen der Betrag der Umsatzerlöse nach § 277 Absatz 1 oder der Nettoumsatzerlöse nach Maßgabe des auf das Unternehmen anwendbaren nationalen Rechts im Einklang mit Artikel 2 Nummer 5 der Richtlinie 2013/34/EU.

[2] Handelt es sich bei der Kapitalgesellschaft um ein Mutterunternehmen oder um ein Tochterunternehmen im Sinne von § 290, ist anstelle des Gesamtumsatzes der Kapitalgesellschaft der Gesamtumsatz im Konzernabschluss des Mutterunternehmens maßgeblich, der für den größten Kreis von Unternehmen aufgestellt wird. [3] Wird der Konzernabschluss für den größten Kreis von Unternehmen nicht nach den in Satz 1 genannten Vorschriften aufgestellt, ist der Gesamtumsatz nach Maßgabe der den in Satz 1 Nummer 1 bis 3 vergleichbaren Posten des Konzernabschlusses zu ermitteln. [4] Ist ein Jahresabschluss oder Konzernabschluss für das maßgebliche Geschäftsjahr nicht verfügbar, ist der Jahres- oder Konzernabschluss für das unmittelbar vorausgehende Geschäftsjahr maßgeblich; ist auch dieser nicht verfügbar, kann der Gesamtumsatz geschätzt werden.

(1c) Soweit dem Bundesamt Ermessen bei der Höhe eines Ordnungsgeldes zusteht, hat es auch frühere Verstöße der betroffenen Person zu berücksichtigen.

(1d) [1] Das Bundesamt unterrichtet die Bundesanstalt für Finanzdienstleistungsaufsicht unverzüglich über jedes Ordnungsgeld, das gemäß Absatz 1 gegen eine Kapitalgesellschaft im Sinne des § 264d oder gegen ein Mitglied ihrer Vertretungsorgane festgesetzt wird. [2] Wird gegen eine solche Ordnungsgeldfestsetzung Beschwerde eingelegt, unterrichtet das Bundesamt die Bundesanstalt für Finanzdienstleistungsaufsicht über diesen Umstand sowie über den Ausgang des Beschwerdeverfahrens.

(2) [1] Auf das Verfahren sind die §§ 15 bis 19, § 40 Abs. 1, § 388 Abs. 1, § 389 Abs. 3, § 390 Abs. 2 bis 6 des Gesetzes über das Verfahren in Familiensachen und in den Angelegenheiten der freiwilligen Gerichtsbarkeit sowie im Übrigen § 11 Nr. 1 und 2, § 12 Abs. 1 Nr. 1 bis 3, Abs. 2 und 3, §§ 14, 15, 20 Abs. 1 und 3, § 21 Abs. 1, §§ 23 und 26 des Verwaltungsverfahrensgesetzes nach Maßgabe der nachfolgenden Absätze entsprechend anzuwenden. [2] Das Ordnungsgeldverfahren ist ein Justizverwaltungsverfahren. [3] Zur Vertretung der Beteiligten sind auch Wirtschaftsprüfer und vereidigte Buchprüfer, Steuerberater, Steuerbevollmächtigte, Personen und Vereinigungen im Sinn des § 3 Nr. 4 des Steuerberatungsgesetzes sowie Gesellschaften im Sinn des § 3

Merkt 1355

§ 335

Nr. 2 und 3 des Steuerberatungsgesetzes, die durch Personen im Sinn des § 3 Nr. 1 des Steuerberatungsgesetzes handeln, befugt.

(2a)[2] [1]Für eine elektronische Aktenführung und Kommunikation sind § 110a Abs. 1, § 110b Abs. 1 Satz 1, Abs. 2 bis 4, § 110c Abs. 1 sowie § 110d des Gesetzes über Ordnungswidrigkeiten entsprechend anzuwenden. [2]§ 110a Abs. 2 Satz 1 und 3 sowie § 110b Abs. 1 Satz 2 und 4 des Gesetzes über Ordnungswidrigkeiten sind mit der Maßgabe entsprechend anzuwenden, dass das Bundesministerium der Justiz und für Verbraucherschutz die Rechtsverordnung ohne Zustimmung des Bundesrates erlassen kann; es kann die Ermächtigung durch Rechtsverordnung auf das Bundesamt für Justiz und für Verbraucherschutz übertragen.

(2a)[3] Die Akten einschließlich der Verfahrensakten in der Zwangsvollstreckung werden elektronisch geführt. Auf die elektronische Aktenführung und die elektronische Kommunikation ist § 110c des Gesetzes über Ordnungswidrigkeiten entsprechend anzuwenden, jedoch dessen Satz 1

1. nicht in Verbindung mit dessen Satz 2 und § 32b der Strafprozessordnung auf
    a) die Androhung eines Ordnungsgeldes nach Absatz 3 Satz 1,
    b) die Kostenentscheidung nach Absatz 3 Satz 2 und
    c) den Erlass von Zwischenverfügungen;
2. nicht in Verbindung mit den §§ 32d und 32e Absatz 3 Satz 1 und 2 der Strafprozessordnung auf das Verfahren insgesamt sowie
3. einschließlich dessen Sätze 2 und 3 nicht auf die Beitreibung nach dem Justizbeitreibungsgesetz.

Satz 2 gilt entsprechend auch für Verfügungen im Sinne der Absätze 3 und 4, die automatisiert erlassen werden können.

(3) [1]Den in Absatz 1 Satz 1 und 2 bezeichneten Beteiligten ist unter Androhung eines Ordnungsgeldes in bestimmter Höhe aufzugeben, innerhalb einer Frist von sechs Wochen vom Zugang der Androhung an ihrer gesetzlichen Verpflichtung nachzukommen oder die Unterlassung mittels Einspruchs gegen die Verfügung zu rechtfertigen. [2]Mit der Androhung des Ordnungsgeldes sind den Beteiligten zugleich die Kosten des Verfahrens aufzuerlegen. [3]Der Einspruch kann auf Einwendungen gegen die Entscheidung über die Kosten beschränkt werden. [4]Der Einspruch gegen die Androhung des Ordnungsgeldes und gegen die Entscheidung über die Kosten hat keine aufschiebende Wirkung. [5]Führt der Einspruch zu einer Einstellung des Verfahrens, ist zugleich auch die Kostenentscheidung nach Satz 2 aufzuheben.

(4) [1]Wenn die Beteiligten nicht spätestens sechs Wochen nach dem Zugang der Androhung der gesetzlichen Pflicht entsprochen oder die Unterlassung mittels Einspruchs gerechtfertigt haben, ist das Ordnungsgeld festzusetzen und zugleich die frühere Verfügung unter Androhung eines erneuten Ordnungsgeldes zu wiederholen. [2]Haben die Beteiligten die gesetzliche Pflicht erst nach Ablauf der Sechswochenfrist erfüllt, hat das Bundesamt das Ordnungsgeld wie folgt herabzusetzen:

1. auf einen Betrag von 500 Euro, wenn die Beteiligten von dem Recht einer Kleinstkapitalgesellschaft nach § 326 Absatz 2 Gebrauch gemacht haben;
2. auf einen Betrag von 1 000 Euro, wenn es sich um eine kleine Kapitalgesellschaft im Sinne des § 267 Absatz 1 handelt;
3. auf einen Betrag von 2 500 Euro, wenn ein höheres Ordnungsgeld angedroht worden ist und die Voraussetzungen der Nummern 1 und 2 nicht vorliegen, oder

---

[2] Bis zum 31.12.2017 geltende Fassung.
[3] Ab dem 1.1.2018 geltende Fassung.

2. Abschnitt. Ergänzende Vorschriften für Kapitalgesellschaften § 335

4. jeweils auf einen geringeren Betrag, wenn die Beteiligten die Sechswochenfrist nur geringfügig überschritten haben.

³Bei der Herabsetzung sind nur Umstände zu berücksichtigen, die vor der Entscheidung des Bundesamtes eingetreten sind.

(5) ¹Waren die Beteiligten unverschuldet gehindert, in der Sechswochenfrist nach Absatz 4 Einspruch einzulegen oder ihrer gesetzlichen Verpflichtung nachzukommen, hat ihnen das Bundesamt auf Antrag Wiedereinsetzung in den vorigen Stand zu gewähren. ²Das Verschulden eines Vertreters ist der vertretenen Person zuzurechnen. ³Ein Fehlen des Verschuldens wird vermutet, wenn eine Rechtsbehelfsbelehrung unterblieben ist oder fehlerhaft ist. ⁴Der Antrag auf Wiedereinsetzung ist binnen zwei Wochen nach Wegfall des Hindernisses schriftlich beim Bundesamt zu stellen. ⁵Die Tatsachen zur Begründung des Antrags sind bei der Antragstellung oder im Verfahren über den Antrag glaubhaft zu machen. ⁶Die versäumte Handlung ist spätestens sechs Wochen nach Wegfall des Hindernisses nachzuholen. ⁷Ist innerhalb eines Jahres seit dem Ablauf der Sechswochenfrist nach Absatz 4 weder Wiedereinsetzung beantragt noch die versäumte Handlung nachgeholt worden, kann Wiedereinsetzung nicht mehr gewährt werden. ⁸Die Wiedereinsetzung ist nicht anfechtbar. ⁹Haben die Beteiligten Wiedereinsetzung nicht beantragt oder ist die Ablehnung des Wiedereinsetzungsantrags bestandskräftig geworden, können sich die Beteiligten mit der Beschwerde nicht mehr darauf berufen, dass sie unverschuldet gehindert waren, in der Sechswochenfrist Einspruch einzulegen oder ihrer gesetzlichen Verpflichtung nachzukommen.

(6) ¹Liegen dem Bundesamt in einem Verfahren nach den Absätzen 1 bis 5 keine Anhaltspunkte über die Einstufung einer Gesellschaft im Sinne des § 267 Absatz 1 bis 3 oder des § 267a vor, kann es den in Absatz 1 Satz 1 und 2 bezeichneten Beteiligten aufgeben, die Bilanzsumme nach Abzug eines auf der Aktivseite ausgewiesenen Fehlbetrags (§ 268 Absatz 3), die Umsatzerlöse (§ 277 Absatz 1) und die durchschnittliche Zahl der Arbeitnehmer (§ 267 Absatz 5) für das betreffende Geschäftsjahr und für diejenigen Geschäftsjahre, die für die Einstufung erforderlich sind, anzugeben. ²Unterbleiben die Angaben nach Satz 1, so wird für das weitere Verfahren vermutet, dass die Erleichterungen der §§ 326 und 327 nicht in Anspruch genommen werden können. ³Die Sätze 1 und 2 gelten für den Konzernabschluss und den Konzernlagebericht entsprechend mit der Maßgabe, dass an die Stelle der §§ 267, 326 und 327 der § 293 tritt.

(7) ¹Das Bundesministerium der Justiz und für Verbraucherschutz kann zur näheren Ausgestaltung der elektronischen Aktenführung und elektronischen Kommunikation nach Absatz 2a in der ab dem 1. Januar 2018 geltenden Fassung durch Rechtsverordnung, die nicht der Zustimmung des Bundesrates bedarf,

1. die Weiterführung von Akten in Papierform gestatten, die bereits vor Einführung der elektronischen Aktenführung in Papierform angelegt wurden,
2. die organisatorischen und dem Stand der Technik entsprechenden technischen Rahmenbedingungen für die elektronische Aktenführung einschließlich der einzuhaltenden Anforderungen des Datenschutzes, der Datensicherheit und der Barrierefreiheit festlegen,
3. die Standards für die Übermittlung elektronischer Akten zwischen dem Bundesamt und einer anderen Behörde oder einem Gericht näher bestimmen,
4. die Standards für die Einsicht in elektronische Akten vorgeben,

Merkt

§ 335

5. elektronische Formulare einführen und
   a) bestimmen, dass die in den Formularen enthaltenen Angaben ganz oder teilweise in strukturierter maschinenlesbarer Form zu übermitteln sind,
   b) eine Kommunikationsplattform vorgeben, auf der die Formulare im Internet zur Nutzung bereitzustellen sind, und
   c) bestimmen, dass eine Identifikation des Formularverwenders abweichend von Absatz 2a in Verbindung mit § 110c des Gesetzes über Ordnungswidrigkeiten und § 32a Absatz 3 der Strafprozessordnung durch Nutzung des elektronischen Identitätsnachweises nach § 18 des Personalausweisgesetzes oder § 78 Absatz 5 des Aufenthaltsgesetzes erfolgen kann,
6. Formanforderungen und weitere Einzelheiten für den automatisierten Erlass von Entscheidungen festlegen,
7. die Einreichung elektronischer Dokumente, abweichend von Absatz 2a in Verbindung mit § 110c des Gesetzes über Ordnungswidrigkeiten und § 32a der Strafprozessordnung, erst zum 1. Januar des Jahres 2019 oder 2020 zulassen und
8. die Weiterführung der Akten in der bisherigen elektronischen Form bis zu einem bestimmten Zeitpunkt vor dem 1. Januar 2026 gestatten.

²Das Bundesministerium der Justiz und für Verbraucherschutz kann die Ermächtigungen des Satzes 1 durch Rechtsverordnung ohne Zustimmung des Bundesrates auf das Bundesamt für Justiz übertragen.

1) Anwendungsbereich

§ 335 wurde als zentrale Vorschrift zur Sanktionierung der Offenlegungspflicht des § 325 im Zuge der **Reform durch das EHUG 2006** (**Übergangsrecht** in (1) EGHGB Art 61 V) grundlegend **verschärft**. Der Gesetzgeber reagierte damit auf zweierlei: Erstens waren in § 335 aF die **EG-Vorgaben** Ri 21.12.89 ABlEG Nr L 395/36 unzureichend umgesetzt, EuGH NJW **98**, 129 (Daihatsu) m Anm Schulze-Osterloh ZIP **97**, 2157, Leible ZHR 162 (**98**), 594, Schön JZ **98**, 194, Crezelius ZGR **99**, 252, Hirte NJW **99**, 36 und EuGH ZIP **98**, 1716 m Anm Schulze-Osterloh (Schlussanträge Cosmas ZIP **97**, 1330), da das an Anträge bestimmter Personen bzw Gruppierungen gebundene Zwangsgeldverfahren iSv § 335 aF nicht mit der EG-Ri konform war. Zu den Voraussetzungen, unter denen die fehlerhafte Umsetzung der Ri einen Schadensersatzanspruch begründet LG Berlin DB **02**, 258. Zweitens wurden §§ 325 ff von den zur Offenlegung verpflichteten Ges größtenteils ignoriert. Schätzungen zufolge erfüllten vor 2007 nur etwa 5 % aller von §§ 325 ff erfassten Ges ihre Offenlegungspflicht, Liebscher/Scharff NJW **06**, 3745, 3750. Bei dauerhafter Zuwiderhandlung gegen die Offenlegungspflicht von Kapitalgesellschaften ist auch die Verhängung von im Betrag hohen Folgeordnungsgelder zulässig, auch wenn sich mit zeitlichem Abstand zum Geschäftsjahr das Interesse an der Offenlegung für Marktteilmehmer verringert, weil insoweit dem Ordnungsgeld auch ein Sanktions- und Beugecharakter zukommt, Kln GmbHR **15**, 1086. Durch G vom 10.12.07 (BGBl I S 2833) wurde **II a** eingefügt, Rechtsgrundlage zur Durchführung der elektr Aktenführung der Behörde. Die durch das **BilMoG 2009** (**Übergangsrecht** in (1) EGHGB Art 66 VI) mit V 2 und 3 aF geschaffene Verordnungsermächtigung für zuständige Landesbehörden zur Übertragung der gerichtlichen Zuständigkeit bei Überlastung an andere LG sowie Zuständigkeitsregeln für sofortige Beschwerde nach V 11 aF wurden durch **G v 4.10.13** (**Übergangsrecht** in (1) EGHGB Art 70 III) in § 335a neu gefasst. Verfassungsrechtlich unbedenklich, dass § 335 Festsetzung eines Ordnungsgeldes an Versäumnis der Offenlegungsfrist gem § 325 I 2 und der Nachfrist gem § 335 III 1 anknüpft (dh Ordnungsgeld auch dann, wenn Offenlegung verspätet, aber Ordnungsgeld noch nicht festgesetzt)

2. Abschnitt. Ergänzende Vorschriften für Kapitalgesellschaften 2, 3 § 335

BVerfG NZG 09, 515. Keine gemeinschaftsrechtliche Staatshaftung der Bundesrepublik Deutschland wegen Anlegerverlust bei zwischenzeitlich insolventer GmbH aus unzureichender Umsetzung der EG-Richtlinien, BGH NJW 06, 690. Va aF (jetzt § 335a IV) entsprach II a. Rspr-Übersicht: Schmittmann StuB 09, 543. **I** geändert und **Ia-Id** eingefügt durch TransparenzRi-ÄnderungsRi-Umsetzungsgesetz vom 20.11.15 (**Übergangsrecht** in (1) Art. 77), **I 1, Ia 1 Nr 2, Ib 2** geändert durch CSR-RUG v 11.4.17 (**Übergangsrecht** in (1) EGHGB Art 80). **Ia** erweitert den Ordnungsgeldrahmen für die Sanktionierung der versäumten Offenlegung durch kapitalmarktorientierte Kapitalges. Statt des allgemeinen Höchstbetrags von 25.000 Euro gilt nun der höhere Wert aus 10 Millionen Euro, 5 % des jährlichen Gesamtumsatzes und dem zweifachen Wert des wirtschaftlichen Vorteils aus der versäumten Offenlegung. Bei natürlichen Personen gilt als Obergrenze der höhere Wert aus 2 Mio Euro und dem zweifachen Wert des wirtschaftlichen Vorteils. **Ib** enthält die Definition des bei KapitalGes zu berücksichtigenden Gesamtumsatzes. **Ic** stellt klar, dass insbesondere auch frühere Verstöße der betroffenen Person zu berücksichtigen sind. **Id** sieht Unterrichtung der BaFin über nach Ia festgesetzte Ordnungsgelder vor zur Vorbereitung der Bekanntmachung dieser Maßnahmen bzw etwaiger Änderungen infolge von Rechtsbehelfen durch die BaFin gem § 124 WpHG. **IIa** neugefasst mWv 1.1.18, **VII** angefügt mWv 13.7.17 durch Art 10 G v 5.7.17 (BGBl I 2208) im Zuge der Einführung elektronischer Akten in der Justiz. **Lit** Me/Pro/Fi Kap 21 Tz 206 ff; Blöink/Halbleib Konzern **17**, 182.

2) Funktion

Die Androhung und Festsetzung von Ordnungsgeld dient der **Erzwingung** 2 **der Offenlegung** gem § 325 von Jahresabschluss, Konzernabschluss, Lagebericht, Konzernlagebericht und anderen Unterlagen (**I 1 Nr 1**) sowie gem § 325a der Rechnungslegungsunterlagen der Hauptniederlassung (**I 1 Nr 2**). Sie ist verfassungsmäßig, BVerfG NJW 09, 2588. Inanspruchnahme der Erleichterungen iSv §§ 326, 327 iVm 267 I bis III für KleinstkapitalGes, kleine u mittelgroße Ges s **VI 2**. Ein aufgestellter, aber nichtiger Abschluss rechtfertigt keine Zwangmaßnahme, BayObLG NJW-RR **00**, 1350 (zu § 335 aF; offen, ob auch bei Feststellung der Nichtigkeit gemäß § 256 VII AktG). **Lit** Me/Pro/Fi Kap 21 Tz 206 ff; Grashoff DB **06**, 513; Liebscher/Scharff NJW **06**, 3745; Wolff/Nagel StuB **06**, 621; Stollenwerk/Krieg GmbHR **08**, 575; Wenzel BB **08**, 769; Schlauß BB **08**, 939; Petersen/Busch/Froschhammer WPg **13**, 905.

3) Verfahren

Nach dem neuen **Ordnungsgeldverfahren** des § 335 (Justizverwaltungsver- 3 fahren, **II 2**) hat der Betreiber des elektronischen BAnz **von Amts wegen** nach § 329 I 1 zu prüfen, ob die einzureichenden Unterlagen fristgemäß und vollständig eingereicht worden sind. Ergibt die Prüfung, dass die einzureichenden Unterlagen nicht oder nicht vollständig eingereicht wurden, muss dies gem § 329 IV an das Bundesamt für Justiz (bei Kredit- und Finanzdienstleistungsinstituten gem §§ 340n IV, 341n IV an die BaFin) gemeldet werden. Die Behörde droht gem **I 1 u II** den Mitgliedern des vertretungsberechtigten Organs der Ges (**I 1**) oder der Ges selbst (**I 2**) ein Ordnungsgeld zwischen 2500 und 25 000 Euro (**I 4**) an und erlegt diesen zugleich die Verfahrenskosten auf (**III 1u 2**). Nicht entgegen steht, dass eine der Offenlegung vorausgehende Pflicht, insbesondere die Pflicht zur Aufstellung des Abschlusses, nicht erfüllt ist, **I 3**. Einspruch gegen die Androhung und die Kostenentscheidung hat keine aufschiebende Wirkung (**III 6**). Wird die gesetzliche Pflicht nicht innerhalb von sechs Wochen nach Zugang der Androhung erfüllt oder mittels Einspruchs gerechtfertigt, wird das Ordnungsgeld festgesetzt; zugleich wird die frühere Verfügung unter Androhung eines erneuten Ordnungsgeldes wiederholt; die Frist ist auch gewahrt, wenn die eingereichten

Merkt 1359

§ 335a

Unterlagen lediglich nicht bearbeitbar sind, LG Bonn NZG **08**, 517. Wird die Sechswochenfrist zwar **überschritten**, der Offenlegungspflicht aber vor der Festsetzung des Ordnungsgeldes (**IV 3**) entsprochen, setzt Bundesamt das Ordnungsgeld gem **IV 2 Nr 1–4** herab. Dies beträgt dann für **KleinstKapitalGes** (§ 267a) 500 Euro, sofern die Erleichterung nach § 326 II in Anspruch genommen wurde, dem Betreiber des BAnz also Hinterlegungsauftrag (§ 326 Rn 2) erteilt wurde (**Nr 1**). Bei KleinstKapitalGes ist Nr 1 auch dann anzuwenden, wenn Ges nicht von der Möglichkeit gem § 326 II Gebrauch gemacht hat, LG Bonn 20.10.**16** – 36 T 294/16 – juris. Für andere **kleine Ges** (§ 267 I) wird das Ordnungsgeld auf 1000 Euro herabgesetzt (**Nr 2**). Bei einer KleinstKapitalGes, die nicht von ihrem Recht auf Hinterlegung nach Nr 2 Gebrauch gemacht, scheidet direkte Anwendung aus; Analogie ist unzulässig, da keine planwidrige Regelungslücke, Kln DStR **16**, 1875. Grundsätzlich kann die später tatsächlich noch erfolgte Offenlegung nichts an der Berechtigung der Festsetzung eines Ordnungsgeldes, das sowohl Beuge- als auch Sanktionsfunktion hat, ändern, Kln 28.12.**15** – 28 Wx 28/15 –, juris. Für andere Ges wird das Ordnungsgeld auf 2500 Euro herabgesetzt, sofern das zuvor festgesetzte Ordnungsgeld über diesem Wert lag (**Nr 3**). Wurde die Frist nur um wenige Tage (BT-Drucks 17/13221, 9) überschritten, wird der Betrag zusätzlich verringert (**Nr 4**). Da das Bundesamt für Justiz im Verfahren nach **IV 3** an einer Berücksichtigung von nach seiner Entscheidung eintretenden Umständen gehindert ist, gilt dies entsprechend für das im (Rechts-) Beschwerdeverfahren später befasste Gericht, Kln 28.12.**15** – 28 Wx 28/15 – juris. Mit „vor der Entscheidung" iSv IV 3 kann ersichtlich nur die „interne" Entscheidung des Bundesamtes als letzter Willensbildungsakt gemeint sein, Kln aaO. Bei unverschuldetem Überschreiten der Sechswochenfrist für Offenlegung oder Einspruch nach **IV 1** ist binnen eines Jahres auf Antrag **Wiedereinsetzung in den vorigen Stand** vorgesehen, **V 1**. Dies erscheint zB möglich infolge von Krankheit oder Tod des Alleingeschäftsführers, Verlust der Rechnungs- und Buchführungsunterlagen infolge von Naturereignissen oder falls sie sich (unberechtigt) im Besitz Dritter befinden, BT-Drucks 17/13221 S 7. Für Herabsetzung des Ordnungsgeldes aus Billigkeitsgründen ist nach Neuregelung der IV kein Raum mehr, Kln GmbHR **16**, 885. Gesetzgeber hat in § 335, 335a bewußt zwischen **Wiedereinsetzungs-** und **Beschwerdeverfahren** getrennt und **Verschuldensfragen** in das Wiedereinsetzungsverfahren ausgelagert. Daher ist es iZw aus verfassungsrechtlichen Gründen geboten, Beschwerde entsprechend §§ 133, 157 BGB als konkludenten Wiedereinsetzungsantrag zu behandeln, wenn und soweit Verschuldensfragen aufgeworfen sind, Kln GmbHR **16**, 1042. Fehlendes Verschulden wird bei fehlerhafter oder unterbliebener Rechtsbehelfsbelehrung vermutet, **V 2**. Es gelten gem **II 1** die Vorschriften des FamFG (§§ 15–19, 40 I, 388 I, 389 III, 390 II–VI) und des VwVfG (§§ 11 Nr 1u2, 12 I Nr 1 bis 3, II u III, 14, 15, 20 I u III, 21 I, 23 und 26). Zur Vertretung der Beteiligten in dem Verfahren sind auch Wirtschaftsprüfer, vereidigte Buchprüfer, Steuerberater u Steuerbevollmächtigte befugt, **II 3**. Rechtsmittel: § 335a, hier ist erstmaliger Vorbringen wegen Bestandskraft der Androhung keine Überprüfung mehr der Offenlegungspflicht selbst, LG Bonn BB **08**, 2120. Rspr Übersicht bei Stollenwerk/Kurpat BB **09**, 150, Schmidtmann StuB **09**, 543. **Lit** Gehm StuB **16**, 388 (Verfahren).

Beschwerde gegen die Festsetzung von Ordnungsgeld; Rechtsbeschwerde; Verordnungsermächtigung

335a

(1) **Gegen die Entscheidung, durch die das Ordnungsgeld festgesetzt oder der Einspruch oder der Antrag auf Wiedereinsetzung in den vorigen Stand verworfen wird, sowie gegen die Entscheidung nach § 335 Absatz 3 Satz 5 findet die Beschwerde nach den Vorschriften des Ge-**

2. Abschnitt. Ergänzende Vorschriften für Kapitalgesellschaften § 335a

setzes über das Verfahren in Familiensachen und in den Angelegenheiten der freiwilligen Gerichtsbarkeit statt, soweit sich aus den nachstehenden Absätzen nichts anderes ergibt.

(2) ¹Die Beschwerde ist binnen einer Frist von zwei Wochen einzulegen; über sie entscheidet das für den Sitz des Bundesamtes zuständige Landgericht. ²Zur Vermeidung von erheblichen Verfahrensrückständen oder zum Ausgleich einer übermäßigen Geschäftsbelastung wird die Landesregierung des Landes, in dem das Bundesamt seinen Sitz unterhält, ermächtigt, durch Rechtsverordnung die Entscheidung über die Rechtsmittel nach Satz 1 einem anderen Landgericht oder weiteren Landgerichten zu übertragen. ³Die Landesregierung kann diese Ermächtigung auf die Landesjustizverwaltung übertragen. ⁴Ist bei dem Landgericht eine Kammer für Handelssachen gebildet, so tritt diese Kammer an die Stelle der Zivilkammer. ⁵Entscheidet über die Beschwerde die Zivilkammer, so sind die §§ 348 und 348a der Zivilprozessordnung entsprechend anzuwenden; über eine bei der Kammer für Handelssachen anhängige Beschwerde entscheidet der Vorsitzende. ⁶Das Landgericht kann nach billigem Ermessen bestimmen, dass den Beteiligten die außergerichtlichen Kosten, die zur zweckentsprechenden Rechtsverfolgung notwendig waren, ganz oder teilweise aus der Staatskasse zu erstatten sind. ⁷Satz 6 gilt entsprechend, wenn das Bundesamt der Beschwerde abhilft. ⁸§ 91 Absatz 1 Satz 2 und die §§ 103 bis 107 der Zivilprozessordnung gelten entsprechend. ⁹§ 335 Absatz 2 Satz 3 ist anzuwenden.

(3) ¹Gegen die Beschwerdeentscheidung ist die Rechtsbeschwerde statthaft, wenn das Landgericht sie zugelassen hat. ²Für die Rechtsbeschwerde gelten die Vorschriften des Gesetzes über das Verfahren in Familiensachen und in den Angelegenheiten der freiwilligen Gerichtsbarkeit entsprechend, soweit sich aus diesem Absatz nichts anderes ergibt. ³Über die Rechtsbeschwerde entscheidet das für den Sitz des Landgerichts zuständige Oberlandesgericht. ⁴Die Rechtsbeschwerde steht auch dem Bundesamt zu. ⁵Vor dem Oberlandesgericht müssen sich die Beteiligten durch einen Rechtsanwalt vertreten lassen; dies gilt nicht für das Bundesamt. ⁶Absatz 2 Satz 6 und 8 gilt entsprechend.

(4)¹ *¹Für die elektronische Aktenführung des Gerichts und die Kommunikation mit dem Gericht nach den Absätzen 1 bis 3 sind § 110a Absatz 1, § 110b Absatz 1 Satz 1, Absatz 2 bis 4, § 110c Absatz 1 sowie § 110d des Gesetzes über Ordnungswidrigkeiten entsprechend anzuwenden. ²§ 110a Absatz 2 Satz 1 und 3 sowie § 110b Absatz 1 Satz 2 und 4 des Gesetzes über Ordnungswidrigkeiten sind mit der Maßgabe anzuwenden, dass die Landesregierung des Landes, in dem das Bundesamt seinen Sitz unterhält, die Rechtsverordnung erlassen und die Ermächtigung durch Rechtsverordnung auf die Landesjustizverwaltung übertragen kann.*

(4)² Auf die elektronische Aktenführung des Gerichts und die Kommunikation mit dem Gericht nach den Absätzen 1 bis 3 sind die folgenden Vorschriften entsprechend anzuwenden:

1. § 110a Absatz 1 Satz 1 und § 110c des Gesetzes über Ordnungswidrigkeiten sowie
2. § 110a Absatz 1 Satz 2 und 3, Absatz 2 Satz 1 und § 134 Satz 1 des Gesetzes über Ordnungswidrigkeiten mit der Maßgabe, dass die Landesregierung des Landes, in dem das Bundesamt seinen Sitz hat, die Rechtsverordnung erlässt und die Ermächtigungen durch Rechtsverordnung auf die Landesjustizverwaltung übertragen kann.

---

¹ Bis zum 31.12.2017 geltende Fassung.
² Ab dem 1.1.2018 geltende Fassung.

§ 335c 1

1) Vorschrift eingefügt durch G v 4.10.2013, Übergangsrecht in (1) EGHGB Art 70 III, bestimmt Rechtsmittel gegen die Festsetzung von Ordnungsgeld gem § 335 IV, die Entscheidung über den Antrag auf Wiedereinsetzung in den vorigen Stand gem § 335 V und die Aufhebung der Kostenentscheidung gem § 335 III 5. Statthaft ist nach I **Beschwerde** entsprechend §§ 58 ff FamFG, die innerhalb von zwei Wochen einzulegen ist, II 1; zuständig ist das **LG Bonn**. Gegen die Beschwerdeentscheidung ist die **Rechtsbeschwerde** (§§ 70 ff FamFG) zum OLG (Köln) statthaft, wenn das LG sie zugelassen hat (vgl § 70 II FamFG); sie muss für die offenlegungspflichtige Ges durch Rechtsanwalt eingelegt werden. Die Beschwerde steht auch dem Bundesamt zu. Dadurch soll eine einheitliche Gerichtspraxis gewährleistet werden (BT-Drucks 17/13221, 10). Gesetzgeber hat in §§ 335, 335a bewußt zwischen **Wiedereinsetzungs-** und **Beschwerdeverfahren getrennt** und **Verschuldensfragen** in das Wiedereinsetzungsverfahren ausgelagert. Daher ist es iZw aus verfassungsrechtlichen Gründen geboten, Beschwerde entsprechend §§ 133, 157 BGB als konkludenten Wiedereinsetzungsantrag zu behandeln, wenn und soweit Verschuldensfragen aufgeworfen sind, Kln GmbHR **16**, 1042. **IV** neugefasst mWv 1.1.18 durch Art 10 G v 5.7.17 (BGBl I 2208). **Lit** Me/Pro/Fi Kap 21 Tz 206 ff.

Dritter Titel. Gemeinsame Vorschriften für Straf-, Bußgeld- und Ordnungsgeldverfahren

Anwendung der Straf- und Bußgeld- sowie der Ordnungsgeldvorschriften auf bestimmte offene Handelsgesellschaften und Kommanditgesellschaften

335b

¹Die Strafvorschriften der §§ 331 bis 333a, die Bußgeldvorschrift des § 334 sowie die Ordnungsgeldvorschrift des § 335 gelten auch für offene Handelsgesellschaften und Kommanditgesellschaften im Sinn des § 264a Abs. 1. ²Das Verfahren nach § 335 ist in diesem Fall gegen die persönlich haftenden Gesellschafter oder gegen die Mitglieder der vertretungsberechtigten Organe der persönlich haftenden Gesellschafter zu richten. ³Es kann auch gegen die offene Handelsgesellschaft oder gegen die Kommanditgesellschaft gerichtet werden. ⁴§ 335a ist entsprechend anzuwenden.

1) § 335b idF 2013 (**Übergangsrecht** in (1) EGHGB Art 70 III), S 1 idF AReG, bezieht die OHG und KG iSv § 264a I in den Anwendungsbereich der §§ 331, 333, 334 und 335, seit AReG mWv 17.6.16 auch § 333a ein, was zur genauen Bezeichnung der Adressaten der Straf-, Buß-, Zwangs- und Ordnungsgeldvorschriften notwendig ist. **Lit** Me/Pro/Fi Kap 21 Tz 228 ff.

Mitteilungen an die Abschlussprüferaufsichtsstelle

335c

(1) Das Bundesamt für Justiz übermittelt der Abschlussprüferaufsichtsstelle beim Bundesamt für Wirtschaft und Ausfuhrkontrolle alle Bußgeldentscheidungen nach § 334 Absatz 2a.

(2) ¹In Strafverfahren, die eine Straftat nach § 333a zum Gegenstand haben, übermittelt die Staatsanwaltschaft im Falle der Erhebung der öffentlichen Klage der Abschlussprüferaufsichtsstelle die das Verfahren abschließende Entscheidung. ²Ist gegen die Entscheidung ein Rechtsmittel eingelegt worden, ist die Entscheidung unter Hinweis auf das eingelegte Rechtsmittel zu übermitteln.

1) Vorschrift neu durch AReG (Inkrafttreten am 17.6.16, Überbl 9 vor § 316) setzt Art 30 I, 30a I lit b, 30c und 30f AbschlussprüfungsRi 2014 im Hinblick auf

3. Abschnitt. Ergänzende Vorschriften für eG § 337

prüfungsbezogene Pflichten der Mitglieder des nach § 324 I 1 gebildeten Prüfungsausschusses um. Zentrale Veröffentlichung der verhängten rechtskräftigen Sanktionen durch APAS beim BAFA (die bereits die von ihr getroffenen berufsaufsichtsrechtlichen Maßnahmen nach § 69 **(2c)** WPO idF APAReG – voraussichtlich in Kraft ab 17.6.16 – vornehmen wird) zur Erleichterung der Informationsbeschaffung (Bündelung, einheitliche Informationsplattform), Begr RegE AReG 59. Lit Me/Pro/Fi Kap 21 Tz 230 ff.

Dritter Abschnitt. Ergänzende Vorschriften für eingetragene Genossenschaften

Pflicht zur Aufstellung von Jahresabschluß und Lagebericht

336 (1) [1]Der Vorstand einer Genossenschaft hat den Jahresabschluß (§ 242) um einen Anhang zu erweitern, der mit der Bilanz und der Gewinn- und Verlustrechnung eine Einheit bildet, sowie einen Lagebericht aufzustellen. [2]Der Jahresabschluß und der Lagebericht sind in den ersten fünf Monaten des Geschäftsjahrs für das vergangene Geschäftsjahr aufzustellen.

(2) [1]Auf den Jahresabschluss und den Lagebericht sind, soweit in diesem Abschnitt nichts anderes bestimmt ist, die folgenden Vorschriften entsprechend anzuwenden:

1. § 264 Absatz 1 Satz 4 erster Halbsatz und Absatz 1a, 2,
2. die §§ 265 bis 289e, mit Ausnahme von § 277 Absatz 3 Satz 1 und § 285 Nummer 17,
3. § 289f Absatz 4 nach Maßgabe des § 9 Absatz 3 und 4 des Genossenschaftsgesetzes.

[2]Sonstige Vorschriften, die durch den Geschäftszweig bedingt sind, bleiben unberührt. [3]Genossenschaften, die die Merkmale für Kleinstkapitalgesellschaften nach § 267a Absatz 1 erfüllen (Kleinstgenossenschaften), dürfen auch die Erleichterungen für Kleinstkapitalgesellschaften nach näherer Maßgabe des § 337 Absatz 4 und § 338 Absatz 4 anwenden.

(3) § 330 Abs. 1 über den Erlaß von Rechtsverordnungen ist entsprechend anzuwenden.

1) Für die eG gelten Abschn 1 und ergänzend Abschn 3 mit §§ 336–339. Diese **1** machen einen Teil der Vorschriften des Abschn 2 (KapitalGes) auf die eG anwendbar und tragen im Übrigen den Besonderheiten der eG Rechnung. **I** entspricht § 264 I für KapitalGes, verlängert aber die Aufstellungsfrist. **II** (1 idF BilReG 2004) verweist auf den Abschn 2 (auch Wahlrecht nach § 264 I 4 Halbs 1, nicht auch Verlängerung nach Halbs 2), nimmt aber bestimmte Angabepflichten aus; Erleichterungen für KleinstKapitalGes (§ 267a) sind ausgeschlossen. **III** nF BankBiRiLiG 1990 (§ 340 Rn 1). **Lit** Henckel/Rimmelspacher DB **15**, 37 (Kleinstgenossenschaften); Zwirner StuB **15**, Beilage 2, 1 (Genossenschaften).

Vorschriften zur Bilanz

337 (1) [1]An Stelle des gezeichneten Kapitals ist der Betrag der Geschäftsguthaben der Mitglieder auszuweisen. [2]Dabei ist der Betrag der Geschäftsguthaben der mit Ablauf des Geschäftsjahrs ausgeschiedenen Mitglieder gesondert anzugeben. [3]Werden rückständige fällige Einzahlungen auf Geschäftsanteile in der Bilanz als Geschäftsguthaben ausgewiesen, so ist der entsprechende Betrag auf der Aktivseite unter der Bezeichnung „Rückständi-

§ 338

ge fällige Einzahlungen auf Geschäftsanteile" einzustellen. ⁴ Werden rückständige fällige Einzahlungen nicht als Geschäftsguthaben ausgewiesen, so ist der Betrag bei dem Posten „Geschäftsguthaben" zu vermerken. ⁵ In beiden Fällen ist der Betrag mit dem Nennwert anzusetzen. ⁶ Ein in der Satzung bestimmtes Mindestkapital ist gesondert anzugeben.

(2) An Stelle der Gewinnrücklagen sind die Ergebnisrücklagen auszuweisen und wie folgt aufzugliedern:
1. Gesetzliche Rücklage;
2. andere Ergebnisrücklagen; die Ergebnisrücklage nach § 73 Abs. 3 des Genossenschaftsgesetzes und die Beträge, die aus dieser Ergebnisrücklage an ausgeschiedene Mitglieder auszuzahlen sind, müssen vermerkt werden.

(3) Bei den Ergebnisrücklagen sind in der Bilanz oder im Anhang gesondert aufzuführen:
1. Die Beträge, welche die Generalversammlung aus dem Bilanzgewinn des Vorjahrs eingestellt hat;
2. die Beträge, die aus dem Jahresüberschuß des Geschäftsjahrs eingestellt werden;
3. die Beträge, die für das Geschäftsjahr entnommen werden.

(4) Kleinstgenossenschaften, die von der Erleichterung für Kleinstkapitalgesellschaften nach § 266 Absatz 1 Satz 4 Gebrauch machen, haben den Betrag der Geschäftsguthaben der Mitglieder sowie die gesetzliche Rücklage in der Bilanz im Passivposten A Eigenkapital wie folgt auszuweisen:
Davon:
Geschäftsguthaben der Mitglieder
gesetzliche Rücklage.

1 1) § 337 enthält Sondervorschriften für die Bilanz der eG zu §§ 266 III Posten A I, III, 272 I, III. **I** idF G zur Einf der Eur Genossenschaft u zur Änderung des Genossenschaftsrechts 2006 betrifft das gezeichnete Kapital (bei eG Geschäftsguthaben der Genossen). **II** über die Gewinnrücklagen (bei eG Ergebnisrücklagen) § 33d I B II GenG. **III** idF KapCoRiLiG 2000 verlangt Darstellung der Entwicklung der Ergebnisrücklagen in der Bilanz oder im Anhang wie bei AG nach AktG § 152 II. **Lit** Henckel/Rimmelspacher DB **15**, 37 (Kleinstgenossenschaften).

Vorschriften zum Anhang

338 (1) ¹ Im Anhang sind auch Angaben zu machen über die Zahl der im Laufe des Geschäftsjahrs eingetretenen oder ausgeschiedenen sowie die Zahl der am Schluß des Geschäftsjahrs der Genossenschaft angehörenden Mitglieder. ² Ferner sind der Gesamtbetrag, um welchen in diesem Jahr die Geschäftsguthaben sowie die Haftsummen der Mitglieder sich vermehrt oder vermindert haben, und der Betrag der Haftsummen anzugeben, für welche am Jahresschluß alle Mitglieder zusammen aufzukommen haben.

(2) Im Anhang sind ferner anzugeben:
1. Name und Anschrift des zuständigen Prüfungsverbands, dem die Genossenschaft angehört;
2. alle Mitglieder des Vorstands und des Aufsichtsrats, auch wenn sie im Geschäftsjahr oder später ausgeschieden sind, mit dem Familiennamen und mindestens einem ausgeschriebenen Vornamen; ein etwaiger Vorsitzender des Aufsichtsrats ist als solcher zu bezeichnen.

3. Abschnitt. Ergänzende Vorschriften für eG § 339

(3) ¹An Stelle der in § 285 Nr. 9 vorgeschriebenen Angaben über die an Mitglieder von Organen geleisteten Bezüge, Vorschüsse und Kredite sind lediglich die Forderungen anzugeben, die der Genossenschaft gegen Mitglieder des Vorstands oder Aufsichtsrats zustehen. ²Die Beträge dieser Forderungen können für jedes Organ in einer Summe zusammengefaßt werden.

(4) Kleinstgenossenschaften brauchen den Jahresabschluss nicht um einen Anhang zu erweitern, wenn sie unter der Bilanz angeben:
1. die in den §§ 251 und 268 Absatz 7 genannten Angaben und
2. die in den Absätzen 1, 2 Nummer 1 und Absatz 3 genannten Angaben.

1) § 338 (III 1 idF BilReG 2004) enthält Sondervorschriften für den Anhang der eG zu §§ 284–288.

Offenlegung

339 (1) ¹Der Vorstand hat unverzüglich nach der Generalversammlung über den Jahresabschluß, jedoch spätestens vor Ablauf des zwölften Monats des dem Abschlussstichtag nachfolgenden Geschäftsjahrs, den festgestellten Jahresabschluß, den Lagebericht und den Bericht des Aufsichtsrats beim Betreiber des Bundesanzeigers elektronisch einzureichen. ²Ist die Erteilung eines Bestätigungsvermerks nach § 58 Abs. 2 des Genossenschaftsgesetzes oder nach Artikel 10 Absatz 1 der Verordnung (EU) Nr. 537/2014 vorgeschrieben, so ist dieser mit dem Jahresabschluß einzureichen; hat der Prüfungsverband die Bestätigung des Jahresabschlusses versagt, so muß dies auf dem eingereichten Jahresabschluß vermerkt und der Vermerk vom Prüfungsverband unterschrieben sein. ³Ist die Prüfung des Jahresabschlusses im Zeitpunkt der Einreichung der Unterlagen nach Satz 1 nicht abgeschlossen, so ist der Bestätigungsvermerk oder der Vermerk über seine Versagung unverzüglich nach Abschluß der Prüfung einzureichen. ⁴Wird der Jahresabschluß oder der Lagebericht nach der Einreichung geändert, so ist auch die geänderte Fassung einzureichen.

(2) ¹§ 325 Absatz 1 Satz 2, Absatz 2, 2a und 6 sowie die §§ 326 bis 329 sind entsprechend anzuwenden. ²Hat eine Kleinstgenossenschaft von der Erleichterung für Kleinstkapitalgesellschaften nach § 326 Absatz 2 Gebrauch gemacht, gilt § 9 Absatz 6 Satz 3 entsprechend.

(3) ¹Die §§ 335 und 335a finden mit den Maßgaben entsprechende Anwendung, dass sich das Ordnungsgeldverfahren gegen die Mitglieder des Vorstands der Genossenschaft richtet und nur auf Antrag des Prüfungsverbandes, dem die Genossenschaft angehört, oder eines Mitglieds, Gläubigers oder Arbeitnehmers der Genossenschaft durchzuführen ist. ²Das Ordnungsgeldverfahren kann auch gegen die Genossenschaft durchgeführt werden, für die die Mitglieder des Vorstands die in Absatz 1 genannten Pflichten zu erfüllen haben.

1) § 339 idF EHUG 2006 (**Übergangsrecht** in (1) EGHGB Art 61 V), I 2 idF AReG, enthält Sondervorschriften für die Offenlegung der eG zu §§ 325–329. Der eG kommen vor allem auch die größenabhängigen Erleichterungen zugute. Durch das EHUG 2006 wurde die Vorschrift auf den Betreiber des elektronischen BAnz umgestellt, da auch das Genossenschaftsregister von der Aufgabe der Registerführung entlastet werden soll. **III** angefügt durch G zur Erleichterung unternehmerischer Initiativen aus bürgerschaftlichem Engagement und zum Bürokratieabbau bei Genossenschaften v 17.7.17, BGBl I 2434 (**Übergangsrecht** in (1) EGHGB Art 82) enthält einen Verweis auf die §§ 335 und

Merkt

§ 340

335a und stellt damit klar, dass auch ein Ordnungsgeldverfahren gegen de Mitglieder des Vorstands der Genossenschaft möglich ist, wenn die Offenlegungspflicht nicht erfüllt wird, BT-Drucks 18/11506, 32.

Vierter Abschnitt. Ergänzende Vorschriften für Unternehmen bestimmter Geschäftszweige

Erster Unterabschnitt. Ergänzende Vorschriften für Kreditinstitute und Finanzdienstleistungsinstitute

Erster Titel. Anwendungsbereich

[Anwendungsbereich]

340 (1) [1]Dieser Unterabschnitt ist auf Kreditinstitute im Sinne des § 1 Abs. 1 des Gesetzes über das Kreditwesen anzuwenden, soweit sie nach dessen § 2 Abs. 1, 4 oder 5 von der Anwendung nicht ausgenommen sind, sowie auf CRR-Kreditinstitute im Sinne des § 1 Absatz 3d Satz 1 des Kreditwesengesetzes, soweit sie nicht nach § 2 Absatz 1 Nummer 1 und 2 des Kreditwesengesetzes von der Anwendung ausgenommen sind, und auf Zweigniederlassungen von Unternehmen mit Sitz in einem Staat, der nicht Mitglied der Europäischen Gemeinschaft und auch nicht Vertragsstaat des Abkommens über den Europäischen Wirtschaftsraum ist, sofern die Zweigniederlassung nach § 53 Abs. 1 des Gesetzes über das Kreditwesen als Kreditinstitut gilt. [2]§ 340l Abs. 2 und 3 ist außerdem auf Zweigniederlassungen im Sinne des § 53b Abs. 1 Satz 1 und Abs. 7 des Gesetzes über das Kreditwesen, auch in Verbindung mit einer Rechtsverordnung nach § 53c Nr. 1 dieses Gesetzes, anzuwenden, sofern diese Zweigniederlassungen Bankgeschäfte im Sinne des § 1 Abs. 1 Satz 2 Nr. 1 bis 5 und 7 bis 12 dieses Gesetzes betreiben. [3]Zusätzliche Anforderungen auf Grund von Vorschriften, die wegen der Rechtsform oder für Zweigniederlassungen bestehen, bleiben unberührt.

(2) Dieser Unterabschnitt ist auf Unternehmen der in § 2 Abs. 1 Nr. 4 und 5 des Gesetzes über das Kreditwesen bezeichneten Art insoweit ergänzend anzuwenden, als sie Bankgeschäfte betreiben, die nicht zu den ihnen eigentümlichen Geschäften gehören.

(3) Dieser Unterabschnitt ist auf Wohnungsunternehmen mit Spareinrichtung nicht anzuwenden.

(4) [1]Dieser Unterabschnitt ist auch auf Finanzdienstleistungsinstitute im Sinne des § 1 Abs. 1a des Gesetzes über das Kreditwesen anzuwenden, soweit sie nicht nach dessen § 2 Abs. 6 oder 10 von der Anwendung ausgenommen sind, sowie auf Zweigniederlassungen von Unternehmen mit Sitz in einem anderen Staat, der nicht Mitglied der Europäischen Gemeinschaft und auch nicht Vertragsstaat des Abkommens über den Europäischen Wirtschaftsraum ist, sofern die Zweigniederlassung nach § 53 Abs. 1 des Gesetzes über das Kreditwesen als Finanzdienstleistungsinstitut gilt. [2]§ 340c Abs. 1 ist nicht anzuwenden auf Finanzdienstleistungsinstitute und Kreditinstitute, soweit letztere Skontroführer im Sinne des § 27 Abs. 1 Satz 1 des Börsengesetzes und nicht CRR-Kreditinstitute im Sinne des § 1 Abs. 3d Satz 1 des Gesetzes über das Kreditwesen sind. [3]Zusätzliche Anforderungen auf Grund von Vorschriften, die wegen der Rechtsform oder für Zweigniederlassungen bestehen, bleiben unberührt.

4. Abschnitt. Ergänzende Vorschriften für best. Geschäftszweige 1–3 § 340

(5) ¹Dieser Unterabschnitt ist auch auf Institute im Sinne des § 1 Absatz 2a des Zahlungsdiensteaufsichtsgesetzes anzuwenden. ²Zusätzliche Anforderungen auf Grund von Vorschriften, die wegen der Rechtsform oder für Zweigniederlassungen bestehen, bleiben unberührt.

1) Das Bankbilanzrichtlinie-Gesetz (BankBiRiLiG) und der Vierte Abschnitt (§§ 340 ff)

Der 4. Abschn enthält ergänzende Vorschriften für Unternehmen bestimmter 1 Geschäftszweige (Kreditinstitute und Finanzdienstleistungsinstitute sowie Versicherungsunternehmen und Pensionsfonds). Der 1. Unterabschn (§§ 340–340o) enthält ergänzende Vorschriften für Kreditinstitute und Finanzdienstleistungsinstitute unabhängig von ihrer Rechtsform. Er ist eingefügt durch das **Bankbilanzrichtliniegesetz** 30.11.90 BGBl I 2570, in Kraft 1.1.91. Nach der Konzeption des BankBiRiLiG findet sich das gesamte Rechnungslegungsrecht für Kreditinstitute und Finanzdienstleistungsinstitute im Dritten Buch des HGB und dem dazu gehörenden VORecht. Im KWG bleiben nur noch Rechnungslegungsvorschriften, die in unmittelbarem Zusammenhang mit der Bankenaufsicht stehen. Die frühere sehr unübersichtliche Rechtslage (§§ 25a–29 KWG aF, PublG, Landesrecht für Sparkassen und andere öffentlichrechtliche Kreditinstitute) wurde damit wesentlich verbessert. Das BankBiRiLiG wird ergänzt durch die VO über die Rechnungslegung der Kreditinstitute und Finanzdienstleistungsinstitute (RechKredV, s Rn 5). **Übergangsrecht** in (1) EGHGB Art 30, 31 (dazu Einl 73, 74v § 238). Lit Birck, Die Bankbilanz; Gaber, Bankbilanz nach HGB; Scharpf/Schaber, Handbuch Bankbilanz.

2) Die EG-Bankbilanz- und die Bankzweigniederlassungs-Richtlinien

Das BankBiRiLiG hat die **EG-Bankbilanz-Richtlinie** 8.12.86 AB1EG 2 31.12.86 Nr L 372/1, ber AB1EG 23.11.88 Nr L 316/51, und die **Bankzweigniederlassungs-Richtlinie** 13.2.89 AB1EG 16.2.89 Nr L 44/40 umgesetzt. Die letztere setzte an die Stelle der früheren eigenständigen Rechnungslegungsvorschriften für ausländische ZwNl die Offenlegung der von der HauptNl aufzustellenden Rechnungsunterlagen durch die ZwNl. Die grundlegende EG-Bankbilanz-Ri erstreckte die 4. und 7. EG-Ri (Einl 4–6 vor § 238) auf Kreditinstitute, aber rechtsformunabhängig (mit Ausnahme der EinzelKflte), ohne Größenunterscheidung und rechtsformbezogene Erleichterungen und mit Abweichungen für branchenspezifische Besonderheiten. Folge ist vor allem eine wesentlich erweiterte und veränderte Konzernrechnungslegung. Soweit die EG-Bankbilanz-Ri stille Reserven für Kreditinstitute erlaubt, ua Art 37 II (s § 340f), war sie in der EG sehr umstritten und soll nach Art 48 auf Vorschlag der Kommission 1998 überprüft werden.

3) Anwendungsbereich des 1. Unterabschnitts (§ 340)

A. Der 1. Titel mit § 340 steckt den **Anwendungsbereich des Sonder-** 3 **bilanzrechts für Kreditinstitute und Finanzdienstleistungsinstitute** ab. **I 1 (idF AReG), IV 1** erfassen die Kreditinstitute und Finanzdienstleistungsinstitute iSv § 1 I, 1a I KWG (s **(7)** Bankgeschäfte A/4; Ausnahmen § 2 I, IV, V, VI, X KWG, insbesondere DBBk und Kreditanstalt für Wiederaufbau) sowie die entsprechend tätigen Zweigstellen von Unternehmen aus Drittstaaten (außerhalb EG und EWR), die nach § 53 I KWG für die Zwecke der Bankenaufsicht als Kreditinstitute oder Finanzdienstleistungsinstitute gelten (Gesetz und Kommentierung sprechen pars pro toto von Kreditinstituten, dazu ist immer § 340 IV mitzulesen). Damit wird das Bilanzrecht der in- und ausländischen Kreditinstitute und Finanzdienstleistungsinstitute übersichtlich in §§ 340 ff konzentriert und einheitlich für alle diese Institute rechtsform- und größenunabhängig (aber § 340 lit l II–IV für Offenlegung) geregelt. I 1 erfasst mWv 17.6.16 (AReG) auch CRR-Kredit-

§ 340 4–8

institute iSd § 1 IIId KWG, soweit nicht nach § 2 I Nr 1 und 2 KWG von der Anwendung ausgenommen. Erfasst sind jedoch nicht Unternehmen, die, ohne sonst Kreditinstitut oder Finanzdienstleistungsinstitut zu sein, Factoring oder Leasing betreiben (s **(7)** Bankgeschäfte O/1, P/1). Weiterer Begriff des Kreditinstituts (Bankholdingunternehmen) in § 340i III nur für Konzernrechnungslegung. Zweigstellen von Einlagenkreditinstituten und Wertpapierhandelsunternehmen mit Sitz in der EG oder dem EWR iSv § 53b I 1, VII KWG fallen unter die Aufsicht dort; §§ 340 ff sind deshalb mit Ausnahme von § 340l II–IV (Offenlegung) nicht anzuwenden **(I 2)**.

4 B. **II** erfasst privat- und öffentlichrechtliche Versicherungsunternehmen und Unternehmen des Pfandleihgewerbes (§ 2 I Nr 4, 5 KWG), soweit sie über die ihnen eigentümlichen Geschäfte hinaus Bankgeschäfte betreiben. **III** nimmt Wohnungsunternehmen mit Spareinrichtung aus. **IV 2** idF CRD-IV-UmsetzungsG nimmt Finanzdienstleistungsinstitute und Skontroführer (s **(14)** BörsG §§ 27 ff) von § 340c aus, soweit sie nicht CRR-Kreditinstitute (§ 1 IIId 1 KWG) sind. **V** (eingef mit UmsG zur 2. E-GeldRiLi 2011) bezieht Zahlungsinstitute gemäß ZAG ein. Offenlegung nach § 340l nur bei Finanzdienstleistungsinstituten (und Instituten iSv § 1 II a ZAG, V 2) in der Form von KapitalGes (schon bisher § 325).

4) Verordnung über die Rechnungslegung der Kreditinstitute und Finanzdienstleistungsinstitute (RechKredV 1998)

5 A. Für Kreditinstitute und Finanzdienstleistungsinstitute gilt (statt der alten FormblattVO 14.9.87 BGBl 2169) auf Grund von § 330 die VO über die Rechnungslegung der Kreditinstitute und Finanzdienstleistungsinstitute **(RechKredV)** 10.2.92 BGBl 203, nF 11.12.98 BGBl I 3658. Die RechKredV regelt ihren Anwendungsbereich wie nach § 340 I 1 unter Ausschluss von Wohnungsunternehmen mit Spareinrichtung. Es folgen gemeinsame Vorschriften für Bilanz und GuV, Vorschriften zu den einzelnen Posten der Bilanz (Formblatt 1) und der GuV (Formblatt 2 Kontoform, überwiegend üblich; Formblatt 3 Staffelform) sowie Vorschriften zum Anhang und zur Konzernrechnungslegung. **Lit** Bieg Bankenbilanzierung 2010.

6 B. Wichtig ist ua die Ansatzvorschrift des RechKredV § 6 über **Treuhandgeschäfte** (Vermögensgegenstände und Schulden, die ein Institut im eigenen Namen, aber für fremde Rechnung hält; Vollrechtstreuhand). Der Gesamtbestand ist unter den Posten „Treuhandvermögen" und „Treuhandverbindlichkeiten" in der Bilanz des Instituts auszuweisen und im Anhang aufzugliedern. Für Nichtinstitute ist das nicht zulässig (Ausweis nur in der Bilanz des Treugebers), s § 246 Rn 19.

7 C. Besonders geregelt sind auch die **nachrangigen Vermögensgegenstände und Schulden** (RechKredV § 4). Sie liegen vor, wenn sie als Forderungen oder Verbindlichkeiten im Fall der Liquidation oder der Insolvenz erst nach den Forderungen der anderen Gläubiger erfüllt werden dürfen (§ 4 I). Nachrangige Vermögensgegenstände sind auf der Aktivseite der Bilanz gesondert auszuweisen oder im Anhang anzugeben (§ 4 II). Für Nichtinstitute s § 266 Rn 16.

8 D. **Eventualverbindlichkeiten** (RechKredV § 26) sowie bestimmte andere Verbindlichkeiten, nämlich Rücknahmepflichten aus unechten Pensionsgeschäften, Platzierungs- und Übernahmeverpflichtungen (zB aus Nils oder Rufst, **(7)** Bankgeschäfte G/33) und **unwiderrufliche Kreditzusagen** (alle unwiderruflichen Verpflichtungen, die Anlass zu einem Kreditrisiko geben können, RechKredV § 27 II) sind in zwei eigene Posten unter dem Strich der Bilanz (Formblatt 1) aufzunehmen. **Termingeschäfte,** Swaps und Optionen brauchen dagegen nur in eine Aufstellung im Anhang aufgenommen zu werden (näher § 36).

4. Abschnitt. Ergänzende Vorschriften für best. Geschäftszweige § 340a

Zweiter Titel. Jahresabschluß, Lagebericht, Zwischenabschluß

Anzuwendende Vorschriften

340a (1) ¹Kreditinstitute, auch wenn sie nicht in der Rechtsform einer Kapitalgesellschaft betrieben werden, haben auf ihren Jahresabschluß die für große Kapitalgesellschaften geltenden Vorschriften des Ersten Unterabschnitts des Zweiten Abschnitts anzuwenden, soweit in den Vorschriften dieses Unterabschnitts nichts anderes bestimmt ist. ²Kreditinstitute haben außerdem einen Lagebericht nach den für große Kapitalgesellschaften geltenden Bestimmungen aufzustellen.

(1a) ¹Ein Kreditinstitut hat seinen Lagebericht um eine nichtfinanzielle Erklärung zu erweitern, wenn es in entsprechender Anwendung des § 267 Absatz 3 Satz 1 und Absatz 4 bis 5 als groß gilt und im Jahresdurchschnitt mehr als 500 Arbeitnehmer beschäftigt. ²Wenn die nichtfinanzielle Erklärung einen besonderen Abschnitt des Lageberichts bildet, darf das Kreditinstitut auf die an anderer Stelle im Lagebericht enthaltenen nichtfinanziellen Angaben verweisen. ³§ 289b Absatz 2 bis 4 und die §§ 289c bis 289e sind entsprechend anzuwenden.

(1b) Ein Kreditinstitut, das nach Absatz 1 in Verbindung mit § 289f Absatz 1 eine Erklärung zur Unternehmensführung zu erstellen hat, hat darin Angaben nach § 289f Absatz 2 Nummer 6 aufzunehmen, wenn es in entsprechender Anwendung des § 267 Absatz 3 Satz 1 und Absatz 4 bis 5 als groß gilt.

(2) ¹§ 265 Abs. 6 und 7, §§ 267, 268 Abs. 4 Satz 1, Abs. 5 Satz 1 und 2, §§ 276, 277 Abs. 1, 2, 3 Satz 1, § 284 Absatz 2 Nummer 3, § 285 Nr. 8 und 12, § 288 sind nicht anzuwenden. ²An Stelle von § 247 Abs. 1, §§ 251, 266, 268 Absatz 7, §§ 275, 284 Absatz 3, § 285 Nummer 1, 2, 4, 9 Litabe c und Nummer 27 sind die durch Rechtsverordnung erlassenen Formblätter und anderen Vorschriften anzuwenden. ³§ 246 Abs. 2 ist nicht anzuwenden, soweit abweichende Vorschriften bestehen. ⁴§ 264 Abs. 3 und § 264b sind mit der Maßgabe anzuwenden, daß das Kreditinstitut unter den genannten Voraussetzungen die Vorschriften des Vierten Unterabschnitts des Zweiten Abschnitts nicht anzuwenden braucht. ⁵§ 285 Nummer 31 ist nicht anzuwenden; unter den Posten „außerordentliche Erträge" und „außerordentliche Aufwendungen" sind Erträge und Aufwendungen auszuweisen, die außerhalb der gewöhnlichen Geschäftstätigkeit anfallen. ⁶Im Anhang sind diese Posten hinsichtlich ihres Betrags und ihrer Art zu erläutern, soweit die ausgewiesenen Beträge für die Beurteilung der Ertragslage nicht von untergeordneter Bedeutung sind.

(3) ¹Sofern Kreditinstitute einer prüferischen Durchsicht zu unterziehende Zwischenabschlüsse zur Ermittlung von Zwischenergebnissen im Sinne des Artikels 26 Absatz 2 der Verordnung (EU) Nr. 575/2013 des Europäischen Parlaments und des Rates vom 26. Juni 2013 über Aufsichtsanforderungen an Kreditinstitute und Wertpapierfirmen und zur Änderung der Verordnung (EU) Nr. 646/2012 (ABl. L 176 vom 27.6.2013, S. 1) aufstellen, sind auf diese die für den Jahresabschluss geltenden Rechnungslegungsgrundsätze anzuwenden. ²Die Vorschriften über die Bestellung des Abschlussprüfers sind auf die prüferische Durchsicht entsprechend anzuwenden. ³Die prüferische Durchsicht ist so anzulegen, dass bei gewissenhafter Berufsausübung ausgeschlossen werden kann, dass der Zwischenabschluss in wesentlichen Belangen den anzuwendenden Rechnungslegungsgrundsätzen widerspricht. ⁴Der Abschlussprüfer hat das Ergebnis der prüferischen Durchsicht in einer Bescheinigung zusammenzufassen. ⁵§ 320 und § 323 gelten entsprechend.

§ 340a 1–3

(4) Zusätzlich haben Kreditinstitute im Anhang zum Jahresabschluß anzugeben:
1. alle Mandate in gesetzlich zu bildenden Aufsichtsgremien von großen Kapitalgesellschaften (§ 267 Abs. 3), die von gesetzlichen Vertretern oder anderen Mitarbeitern wahrgenommen werden;
2. alle Beteiligungen an großen Kapitalgesellschaften, die fünf vom Hundert der Stimmrechte überschreiten.

1) Rechtsformunabhängige Rechnungslegungspflicht (I)

1 Der 2. Titel (Überschrift idF KWGÄndG 1992) mit §§ 340a–340d betrifft das **Sonderrecht der Kreditinstitute für Jahresabschluss, Lagebericht und Zwischenabschluss**. Hinzu kommt die RechKredV (§ 340 Rn 5). Nach **I** Halbs 1 sind die Kreditinstitute grundsätzlich rechtsformunabhängig rechnungslegungspflichtig wie große KapitalGes (§§ 264–289; §§ 238–263 gelten schon wegen KfmEigenschaft). Aktienrechtliche Auskunftspflicht der Bank s BGH **101**, 1 m Anm Niehus ZIP **87**, 1245.

2) Große Kreditinstitute (Ia)

2 **Ia**, neu eingefügt durch CSR-Ri-UmsetzungG v 11.4.17 (**Übergangsrecht** in **(1)** EGHGB Art 80) setzt Art 19a I, Art 2 II lit b der BilanzRi idF der CSR-Ri um, die verlangen, dass auch bestimmte **große Kreditinstitute in der Rechtsform einer Kapitalgesellschaft** eine nichtfinanzielle Erklärung zu erstellen haben. Zugleich ordnet die Bankbilanz-Ri 86/635/EWG v 8.12.86 an, dass auch Kreditinstitute anderer Rechtsformen die für Kapitalgesellschaften geltenden Rechnungslegungsvorgaben anzuwenden haben, soweit die Ri keine Sonderregelungen enthält. Ziel dieser Regelungen ist es, für Kreditinstitute **keinen Wettbewerb über die Rechtsform** zu ermöglichen. Daher sollten grundsätzlich alle Kreditinstitute den gleichen bilanzrechtlichen Vorgaben unterliegen, wenn sie der von der CSR-Ri definierten Größenklasse angehören. Ia verpflichtet Kreditinstitute, die **mehr als 500 Arbeitnehmer** beschäftigen und die zugleich mindestens eines der für große Kapitalgesellschaften geltenden Größenkriterien (analog § 267 III 1) überschreiten (**Bilanzsumme über 20 Mio Euro** oder **Umsatzerlöse über 40 Mio Euro**), eine nichtfinanzielle Erklärung zu erstellen. Definition „Arbeitnehmerzahl" und „Bilanzsumme" s § 267 IVa, V. Darüber hinaus sieht Ia vor, dass § 267 IV entsprechend anzuwenden ist, der im Regelfall eine Betrachtung von zwei aufeinanderfolgenden Geschäftsjahren vorsieht, wenn das Kreditinstitut nicht neu gegründet oder aus einer Umwandlung entstanden ist. Kreditinstitute dieser Größenklasse müssen eine nichtfinanzielle Erklärung in ihren Lagebericht aufnehmen. Dabei gelten die Befreiungstatbestände des § 289b II, III, die Regelung des § 289b IV sowie die inhaltlichen Vorgaben der §§ 289c–289e entsprechende. **Lit** Blöink/Halbleib Konzern **17**, 182; Rimmelspacher/Schäfer/Schönberger KoR **17**, 225.

3) Börsennotierte Kreditinstitute (Ib)

3 **Ib**, neu eingefügt durch CSR-Ri-UmsetzungG v 11.4.17 (**Übergangsrecht** in **(1)** EGHGB Art 80) setzt Art 20 I Lit g der BilanzRi idF der CSR-Ri um und verlangt, dass Kreditinstitute unter bestimmten Voraussetzungen in ihre Erklärung zur Unternehmensführung Angaben zu ihrem **Diversitätskonzept** aufzunehmen haben. Im Einklang mit der CSR-Ri ist diese Vorgabe für Kreditinstitute auf bestimmte, insbesondere **börsennotierte AG und KGaA** begrenzt (Rechtsgrundverweisung auf § 289f) und es wird zugleich klargestellt, dass kleine und mittelgroße Kreditinstitute – wie im Rahmen von § 289f II Nr 6 – ausgenommen sind. Anders als bei Ia kommt der Arbeitnehmerzahl keine zentrale Bedeutung zu, vielmehr sind die Größenkriterien des § 267grundsätzlich an-

4. Abschnitt. Ergänzende Vorschriften für best. Geschäftszweige § 340b

zuwenden. Lit Blöink/Halbleib Konzern **17**, 182; Rimmelspacher/Schäfer/ Schönberger KoR **17**, 225.

4) Ausnahmen (II)

II idF des BilReG 2004 macht gegenüber §§ 264–289 für Kreditinstitute eine Reihe von Ausnahmen (s dort). II gilt auch für Kreditinstitute, die KapitalGes sind. II 1 führt die nichtanwendbaren Vorschriften auf, II 2 diejenigen, für welche die RechKredV (§ 340 Rn 5) vorgeht. Die Befreiungen des § 264 III und § 264b für Tochterunternehmen konzernabschlusspflichtiger Mutterunternehmen beschränken sich für Kreditinstitute auf die Offenlegung des Jahresabschlusses (II 4, §§ 325–329).

5) Zwischenabschlüsse (III)

III idF CRD-IV-UmsetzungsG trägt Art 26 II VO 575/2013, AB1EU L 176/1 Rechnung, wonach Kreditinstitute Zwischengewinne für die Bemessung der Eigenmittel dem Kernkapital zurechnen können, wenn die entsprechende behördliche Erlaubnis vorliegt. Sie wird erteilt, wenn vorhersehbare Abgaben und Dividenden von den Zwischengewinnen abgezogen wurden und diese auf Grund von Zwischenabschlüssen ermittelt sind, die den Anforderungen an den Jahresabschluss entsprechen und durch den Abschlussprüfer geprüft sind. Diese Zwischenabschlüsse sind anders als die nach § 299 II nicht obligatorisch. Konzernzwischenabschlüsse s § 340i IV.

6) Bankenbeteiligungen (IV)

IV idF KonTraG 1998 macht Bankenbeteiligungen transparenter. Kreditinstitute, auch Nichtaktienbanken, haben aus Gläubigerschutzgründen im Anhang alle Mandate ihrer gesetzlichen Vertreter und anderer Mitarbeiter in großen KapitalGes (§ 267 III) anzugeben (IV Nr 1). Erfasst sind nur Mandate in gesetzlich zu bildenden Aufsichtsgremien, also nicht in freiwilligen Aufsichtsräten und anderen Gremien, wie Beiräten. Außerdem sind alle Beteiligungen an großen KapitalGes, auch an nicht börsennotierten, über 5 % der Stimmrechte anzugeben (IV Nr 2, vgl § 285 Nr 11). Das geht über die Mitteilungspflichten nach **(16)** WpHG § 33 hinaus. **Übergangsrecht** in **(1)** EGHGB Art 46 I.

Pensionsgeschäfte

340b (1) **Pensionsgeschäfte sind Verträge, durch die ein Kreditinstitut oder der Kunde eines Kreditinstituts (Pensionsgeber) ihm gehörende Vermögensgegenstände einem anderen Kreditinstitut oder einem seiner Kunden (Pensionsnehmer) gegen Zahlung eines Betrags überträgt und in denen gleichzeitig vereinbart wird, daß die Vermögensgegenstände später gegen Entrichtung des empfangenen oder eines im voraus vereinbarten anderen Betrags an den Pensionsgeber zurückübertragen werden müssen oder können.**

(2) **Übernimmt der Pensionsnehmer die Verpflichtung, die Vermögensgegenstände zu einem bestimmten oder vom Pensionsgeber zu bestimmenden Zeitpunkt zurückzuübertragen, so handelt es sich um ein echtes Pensionsgeschäft.**

(3) **Ist der Pensionsnehmer lediglich berechtigt, die Vermögensgegenstände zu einem vorher bestimmten oder von ihm noch zu bestimmenden Zeitpunkt zurückzuübertragen, so handelt es sich um ein unechtes Pensionsgeschäft.**

(4) ¹**Im Falle von echten Pensionsgeschäften sind die übertragenen Vermögensgegenstände in der Bilanz des Pensionsgebers weiterhin auszuweisen.** ²**Der Pensionsgeber hat in Höhe des für die Übertragung erhaltenen Betrags**

§ 340b 1–4

eine Verbindlichkeit gegenüber dem Pensionsnehmer auszuweisen. ³ Ist für die Rückübertragung ein höherer oder ein niedrigerer Betrag vereinbart, so ist der Unterschiedsbetrag über die Laufzeit des Pensionsgeschäfts zu verteilen. ⁴ Außerdem hat der Pensionsgeber den Buchwert der in Pension gegebenen Vermögensgegenstände im Anhang anzugeben. ⁵ Der Pensionsnehmer darf die ihm in Pension gegebenen Vermögensgegenstände nicht in seiner Bilanz ausweisen; er hat in Höhe des für die Übertragung gezahlten Betrags eine Forderung an den Pensionsgeber in seiner Bilanz auszuweisen. ⁶ Ist für die Rückübertragung ein höherer oder ein niedrigerer Betrag vereinbart, so ist der Unterschiedsbetrag über die Laufzeit des Pensionsgeschäfts zu verteilen.

(5) ¹ Im Falle von unechten Pensionsgeschäften sind die Vermögensgegenstände nicht in der Bilanz des Pensionsgebers, sondern in der Bilanz des Pensionsnehmers auszuweisen. ² Der Pensionsgeber hat unter der Bilanz den für den Fall der Rückübertragung vereinbarten Betrag anzugeben.

(6) Devisentermingeschäfte, Finanztermingeschäfte und ähnliche Geschäfte sowie die Ausgabe eigener Schuldverschreibungen auf abgekürzte Zeit gelten nicht als Pensionsgeschäfte im Sinne dieser Vorschrift.

1) Begriff des Pensionsgeschäfts (I)

1 I enthält für das Bilanzrecht eine EG-rechtlich vorgegebene Definition des Pensionsgeschäfts von Kreditinstituten und ihren Kunden (allgemeiner s **(7)** Bankgeschäfte J/5). Das Pensionsgeschäft ist die Vollrechtsübertragung von Vermögensgegenständen, zB Wechsel oder Wertpapiere, für einen begrenzten Zeitraum. Dabei definiert I auch den **Pensionsgeber** (übertragende Partei) und den **Pensionsnehmer** (empfangende Partei). Das Pensionsgeschäft nach I ist entweder ein echtes (II) oder ein unechtes (III). Zwischenformen wie bisher sind nicht mehr zulässig. Pensionsgeschäft unter Privaten s § 246 Rn 20. Abgrenzung des Pensionsgeschäfts (Ausgestaltung als Kauf und Stück- oder Gattungsrückkauf) zur **Wertpapierleihe** (Darlehen) s **(7)** Bankgeschäfte T/1, T/2; Vermögenszugehörigkeit bei der Wertpapierleihe s § 246 Rn 21. § 340b gilt, obwohl nur im Unterabschnitt für Kreditinstitute und Finanzdienstleistungsinstitute kodifiziert, allgemein als GoB, IdW WPg **89**, 378. **Lit** Bieg/Waschbüsch/Käufer ZBB **08**, 63; Sandleben/Wittmann IRZ **15**, 139 (Bilanzierung).

2) Echtes Pensionsgeschäft (II)

2 Das echte Pensionsgeschäft ist durch die **Rückübertragungspflicht** des Pensionsnehmers gekennzeichnet. Der Zeitpunkt kann von vornherein bestimmt sein oder erst vom Pensionsgeber bestimmt werden.

3) Unechtes Pensionsgeschäft (III)

3 Beim unechten Pensionsgeschäft hat der Pensionsnehmer **nur** ein **Rückübertragungsrecht**, aber keine Rückübertragungspflicht. Zeitpunkt wie Rn 2.

4) Vermögenszugehörigkeit beim echten Pensionsgeschäft (IV)

4 Beim echten Pensionsgeschäft bleiben die übertragenen Vermögensgegenstände wirtschaftlich Eigentum des Pensionsgebers (§ 246 Rn 14); sie sind wirtschaftlich wie eine Sicherheit des Pensionsgebers für ein vom Pensionsnehmer gewährtes Darlehen anzusehen. Sie sind deshalb weiterhin in der Bilanz des Pensionsgebers auszuweisen (IV 1). Dieser muss in Höhe des für die Übertragung erhaltenen Betrags eine Verbindlichkeit gegenüber dem Pensionsnehmer ausweisen (IV 2). Die Differenz zwischen dem Hingabe- und dem Rückübertragungsbetrag ist über die Laufzeit des Pensionsgeschäfts zu verteilen (IV 3); es besteht keine Verpflichtung, einen höheren Rückzahlungsbetrag gleich in voller Höhe zu passivieren (Ausnahme vom Imparitätsgrundsatz des § 252 I Nr 4). Angabe des

4. Abschnitt. Ergänzende Vorschriften für best. Geschäftszweige   § 340c

Buchwerts im Anhang beim Pensionsgeber (IV 4). Spiegelbildlich stellt sich die Zurechnung beim Pensionsnehmer dar. Er darf die Vermögensgegenstände nicht in seiner Bilanz ausweisen, sondern muss in Höhe des für die Übertragung gezahlten Betrags eine Forderung an den Pensionsgeber ausweisen (IV 5). Ebenso Verteilung des Differenzbetrags über die Laufzeit des Pensionsgeschäfts (IV 6).

5) Vermögenszugehörigkeit beim unechten Pensionsgeschäft (V)

Beim unechten Pensionsgeschäft werden die übertragenen Vermögensgegenstände wirtschaftlich Eigentum des Pensionsnehmers (§ 246 Rn 11). Sie sind deshalb nicht mehr in der Bilanz des Pensionsgebers, sondern des Pensionsnehmers auszuweisen (V 1). Der Pensionsgeber muss unter der Bilanz den für den (mangels Rückgabepflicht unsicheren) Fall der Rückübertragung vereinbarten Betrag (Eventualverbindlichkeit) angeben (V 2).

6) Ausnahmen (VI)

Nicht Pensionsgeschäfte iSv § 340b sind **Devisen- und Finanztermingeschäfte** (s **(16)** WpHG § 2 III Nr 1) und ähnliche Geschäfte sowie Ausgabe eigener Schuldverschreibungen auf abgekürzte Zeit. VI ist nur klarstellend.

Vorschriften zur Gewinn- und Verlustrechnung und zum Anhang

§ 340c (1) ¹Als Ertrag oder Aufwand des Handelsbestands ist der Unterschiedsbetrag aller Erträge und Aufwendungen aus Geschäften mit Finanzinstrumenten des Handelsbestands und dem Handel mit Edelmetallen sowie der zugehörigen Erträge aus Zuschreibungen und Aufwendungen aus Abschreibungen auszuweisen. ²In die Verrechnung sind außerdem die Aufwendungen für die Bildung von Rückstellungen für drohende Verluste aus den in Satz 1 bezeichneten Geschäften und die Erträge aus der Auflösung dieser Rückstellungen einzubeziehen.

(2) ¹Die Aufwendungen aus Abschreibungen auf Beteiligungen, Anteile an verbundenen Unternehmen und wie Anlagevermögen behandelte Wertpapiere dürfen mit den Erträgen aus Zuschreibungen zu solchen Vermögensgegenständen verrechnet und in einem Aufwand- oder Ertragsposten ausgewiesen werden. ²In die Verrechnung nach Satz 1 dürfen auch die Aufwendungen und Erträge aus Geschäften mit solchen Vermögensgegenständen einbezogen werden.

(3) Kreditinstitute, die dem haftenden Eigenkapital nicht realisierte Reserven nach § 10 Abs. 2b Satz 1 Nr. 6 oder 7 des Gesetzes über das Kreditwesen in der bis zum 31. Dezember 2013 geltenden Fassung zurechnen, haben den Betrag, mit dem diese Reserven dem haftenden Eigenkapital zugerechnet werden, im Anhang zur Bilanz und zur Gewinn- und Verlustrechnung anzugeben.

1) Verrechnung bei Eigenhandelsgeschäften (Finanzgeschäften, I)

§ 340c verfolgt das Ziel einer transparenten Erfolgslage in der GuV von Kreditinstituten, krit Böcking ua WPg **95**, 466, Homölle ua WPg **97**, 626. Er enthält Sondervorschriften zur GuV (I, II) und zum Anhang (III). § 340c ist für die stille Bildung und Auflösung der für allgemeine Bankrisiken gebildeten Vorsorgereserve zentral (Bewertung s §§ 340e–340g; allgemein zu stillen Reserven § 252 Rn 13–17). Die Gliederungsschemata sind in der RechKredV geregelt (§ 340 Rn 5, Konto- oder Staffelform). Nach **I** sind die Eigenhandelsgeschäfte der Kreditinstitute in der Erfolgsrechnung gesondert, aber verrechnet zu erfassen (Durchbrechung des Saldierungsverbots, § 246 II, s dort Rn 26). I besagt, welche Erträge und Aufwendungen in den Posten (Netto)Ertrag oder (Netto)Aufwand aus Finanzgeschäften (Nr 7 der GuV Staffelform, RechKredV Formblatt 3)

§ 340e

eingestellt und damit **verrechnet** werden dürfen (Ausweis nur des Unterschiedsbetrags). Verrechnet werden Erträge und Aufwendungen aus Geschäften mit Finanzinstrumenten des HdlBestands (s § 340e Rn 6f) und Edelmetallen sowie aus Zu- und Abschreibungen bei diesen Vermögensgegenständen (I 1). Hierin einbezogen werden die Beträge für Rückstellungen für drohende Verluste (§ 249 I 1) aus den in I 1 bezeichneten Geschäften bzw aus der Auflösung dieser Rückstellungen (I 2). Unter Abschreibungen sind auch nicht endgültige zu verstehen, also Einzel- und Pauschalwertberichtigungen (RegE, keine Wertberichtigungen als Passivposten in der Bilanz, § 253 Rn 8). Die Zinsen aus Finanzinstrumenten des HdlBestands werden nicht in diesem Posten, sondern als Zinserträge ausgewiesen.

2) Verrechnung bei Finanzanlagen (II)

2   II 1 erlaubt (Wahlrecht) die Verrechnung bei Finanzanlagen, nämlich bei Abschreibungen (und Wertberichtigungen, s Rn 1) auf Beteiligungen (§ 271 I), Anteile an verbundenen Unternehmen (§ 271 II) und wie Anlagevermögen behandelte Wertpapiere (§ 340e I), sowie bei Zuschreibungen dazu und den Ausweis in einem Aufwand- oder Ertragposten (Nr 15, 16 der GuV Staffelform, RechKredV Formblatt 3). Aufwendungen und Erträge aus Geschäften damit dürfen mitverrechnet werden (II 2).

3) Nicht realisierte Reserven (III)

3   III idF CRD-IV-Umsetzungsgesetz trägt noch dem zum 1.1.2014 außer Kraft getretenen § 10 II b 1 Nr 6 oder 7 KWG Rechnung, der nicht realisierte Reserven in bestimmtem Umfang als Bestandteil des Ergänzungs(eigen)kapitals anerkennt. Höhe und Zusammensetzung des haftenden Eigenkapitals müssen aus dem Jahresabschluss ersichtlich sein; der Betrag ist deshalb im Anhang anzugeben.

Fristengliederung

340d [1] Die Forderungen und Verbindlichkeiten sind im Anhang nach der Fristigkeit zu gliedern. [2] Für die Gliederung nach der Fristigkeit ist die Restlaufzeit am Bilanzstichtag maßgebend.

1   **1)** § 340d enthält Sonderrecht für die **Fristengliederung**. Die Forderungen und Verbindlichkeiten sind im Anhang nach Fristigkeit zu gliedern (S 1). Dabei ist die Restlaufzeit am Bilanzstichtag maßgebend (S 2, Grund: Beurteilung der Liquiditätslage), statt wie früher die vereinbarte Laufzeit oder Kündigungsfrist (Ursprungslaufzeit, aber weiterhin für die monetäre Analyse der DBBK anzugeben). Einzelheiten in § 9 RechKredV (§ 340 Rn 5).

Dritter Titel. Bewertungsvorschriften

Bewertung von Vermögensgegenständen

340e (1) [1] Kreditinstitute haben Beteiligungen einschließlich der Anteile an verbundenen Unternehmen, Konzessionen, gewerbliche Schutzrechte und ähnliche Rechte und Werte sowie Lizenzen an solchen Rechten und Werten, Grundstücke, grundstücksgleiche Rechte und Bauten einschließlich der Bauten auf fremden Grundstücken, technische Anlagen und Maschinen, andere Anlagen, Betriebs- und Geschäftsausstattung sowie Anlagen im Bau nach den für das Anlagevermögen geltenden Vorschriften zu bewerten, es sei denn, daß sie nicht dazu bestimmt sind, dauernd dem Geschäftsbetrieb zu dienen; in diesem Falle sind sie nach Satz 2 zu bewerten. [2] Andere Vermögensgegenstände, insbesondere Forderungen und Wertpapie-

4. Abschnitt. Ergänzende Vorschriften für best. Geschäftszweige § 340e

re, sind nach den für das Umlaufvermögen geltenden Vorschriften zu bewerten, es sei denn, daß sie dazu bestimmt werden, dauernd dem Geschäftsbetrieb zu dienen; in diesem Falle sind sie nach Satz 1 zu bewerten. [3] § 253 Absatz 3 Satz 6 ist nur auf Beteiligungen und Anteile an verbundenen Unternehmen im Sinn des Satzes 1 sowie Wertpapiere und Forderungen im Sinn des Satzes 2, die dauernd dem Geschäftsbetrieb zu dienen bestimmt sind, anzuwenden.

(2) [1] Abweichend von § 253 Abs. 1 Satz 1 dürfen Hypothekendarlehen und andere Forderungen mit ihrem Nennbetrag angesetzt werden, soweit der Unterschiedsbetrag zwischen dem Nennbetrag und dem Auszahlungsbetrag oder den Anschaffungskosten Zinscharakter hat. [2] Ist der Nennbetrag höher als der Auszahlungsbetrag oder die Anschaffungskosten, so ist der Unterschiedsbetrag in den Rechnungsabgrenzungsposten auf der Passivseite aufzunehmen; er ist planmäßig aufzulösen und in seiner jeweiligen Höhe in der Bilanz oder im Anhang gesondert anzugeben. [3] Ist der Nennbetrag niedriger als der Auszahlungsbetrag oder die Anschaffungskosten, so darf der Unterschiedsbetrag in den Rechnungsabgrenzungsposten auf der Aktivseite aufgenommen werden; er ist planmäßig aufzulösen und in seiner jeweiligen Höhe in der Bilanz oder im Anhang gesondert anzugeben.

(3) [1] Finanzinstrumente des Handelsbestands sind zum beizulegenden Zeitwert abzüglich eines Risikoabschlags zu bewerten. [2] Eine Umgliederung in den Handelsbestand ist ausgeschlossen. [3] Das Gleiche gilt für eine Umgliederung aus dem Handelsbestand, es sei denn, außergewöhnliche Umstände, insbesondere schwerwiegende Beeinträchtigungen der Handelbarkeit der Finanzinstrumente, führen zu einer Aufgabe der Handelsabsicht durch das Kreditinstitut. [4] Finanzinstrumente des Handelsbestands können nachträglich in eine Bewertungseinheit einbezogen werden; sie sind bei Beendigung der Bewertungseinheit wieder in den Handelsbestand umzugliedern.

(4) [1] In der Bilanz ist dem Sonderposten „Fonds für allgemeine Bankrisiken" nach § 340g in jedem Geschäftsjahr ein Betrag, der mindestens 10 vom Hundert der Nettoerträge des Handelsbestands entspricht, zuzuführen und dort gesondert auszuweisen. [2] Dieser Posten darf nur aufgelöst werden

1. zum Ausgleich von Nettoaufwendungen des Handelsbestands sowie
2. zum Ausgleich eines Jahresfehlbetrags, soweit er nicht durch einen Gewinnvortrag aus dem Vorjahr gedeckt ist,
3. zum Ausgleich eines Verlustvortrags aus dem Vorjahr, soweit er nicht durch einen Jahresüberschuss gedeckt ist, oder
4. soweit er 50 vom Hundert des Durchschnitts der letzten fünf jährlichen Nettoerträge des Handelsbestands übersteigt.

[3] Auflösungen, die nach Satz 2 erfolgen, sind im Anhang anzugeben und zu erläutern.

1) Bewertung wie Anlage- oder wie Umlaufvermögen (I)

A. Der 3. Titel mit §§ 340e–340g räumt den Kreditinstituten bei der **Bewertung** einen deutlich größeren Spielraum als anderen Unternehmen ein. Es geht um die sog stillen Reserven der Kreditinstitute, die in Deutschland Tradition haben, in der EG dagegen auf Ablehnung stoßen und jetzt nur noch eingeschränkt und bis auf weiteres zulässig sind (§ 340 Rn 2). § 340e enthält Sonderrecht für Kreditinstitute hinsichtlich der Bewertung von Vermögensgegenständen. I geht davon aus, dass bei Kreditinstituten die Unterscheidung zwischen Anlage- und Umlaufvermögen anders als bei Industrie- und HdlUnternehmen kaum Bedeutung hat (RegE; aber Wertpapierbestand der Kreditinstitute). In der Bankpraxis sind Wertpapiere für die Zuordnung der Aufwendungen und Erträge in

Merkt 1375

§ 340e 2–7   3. Buch. Handelsbücher

drei Gruppen aufzuteilen: HdlBestand (s Rn 3), Beteiligungen und Wertpapiere, die der Vermögensanlage dienen und deshalb wie Anlagevermögen zu behandeln sind (s Rn 2) und Liquiditätsreserve (s Rn 4, § 340f). Zur bilanziellen Behandlung der in ihrer Vielfalt und Komplexität rasch zunehmenden derivativen Finanzinstrumente (Bilanzierung nach GoB kann unrichtig iSd § 264 II sein) MüKo/Böcking/Benecke 61 ff. **Lit** Wimmer/Kusterer DStR **06**, 2046.

2   B. I 1 bestimmt deshalb, dass Beteiligungen einschließlich der Anteile an verbundenen Unternehmen (§ 271 I, II) und bestimmte andere Vermögensgegenstände nach § 266 II A (Anlagevermögen) nach den Vorschriften für Anlagevermögen (§ 253 III, gemildertes Niederstwertprinzip) zu bewerten sind **(wie Anlagevermögen)**, außer wenn sie nicht dazu bestimmt sind, dauernd dem Geschäftsbetrieb zu dienen. Die Zweckbestimmung von Beteiligungen und Wertpapieren, dauernd dem Geschäftsbetrieb zu dienen (§ 247 Rn 5–7; § 271 Rn 4), setzt eine aktenkundig zu machende Entscheidung der zuständigen Stelle voraus; in der Praxis übliche Bezeichnungen (zB Sonderbestand, gesperrter Bestand, Sekretariatsbestand) erlauben keine unwiderlegbaren Schlüsse auf Anlagevermögen (RegE). Andernfalls ist nach I 2 zu bewerten.

3   C. I 2 bestimmt für andere Vermögensgegenstände als nach I 1, insbesondere Forderungen und Wertpapiere des HdlBestands (§ 340f Rn 1), dass sie nach den Vorschriften für das Umlaufvermögen (§ 253 IV, strenges Niederstwertprinzip) zu bewerten sind **(wie Umlaufvermögen)**.

4   Wertpapiere, die weder wie Anlagevermögen behandelt werden noch HdlBestand sind, sondern **Liquiditätsreserve** (Wertpapiere, die der Risikovorsorge dienen), dürfen aber nach § 340f niedriger als nach § 253 IV bewertet werden.

5   D. I 3 schränkt das bei Finanzanlagen bestehende Bewertungswahlrecht des § 253 III 4 für Kreditinstitute rechtsformunabhängig auf Beteiligungen und Anteile an verbundenen Unternehmen (§ 271) ein.

2) Hypothekendarlehen und andere Forderungen (II)

6   II 1 durchbricht das Anschaffungswertprinzip des § 253 I 1, der auch für Wertpapiere gilt, für **Hypothekendarlehen** und andere Forderungen, soweit der Unterschiedsbetrag zwischen Nennbetrag und Auszahlungsbetrag/Anschaffungskosten Zinscharakter hat. Diese dürfen (Wahlrecht) mit ihrem Nenn- bzw Rückzahlungsbetrag angesetzt werden (brutto statt netto, **Nominalwertbilanzierung**). Korrelat dazu ist die bilanzielle Behandlung des Unterschiedsbetrags (II 2), nämlich Aufnahme in den Rechnungsabgrenzungsposten auf der Aktiv- bzw Passivseite (§ 250), planmäßige Auflösung, Angabe in Bilanz oder Anhang. II 1 soll nur Buchforderungen, die das Kreditinstitut begründet hat, nicht auch nachträglich erworbene Forderungen erfassen (RegE), aA GK/Schröer 9.

3) Finanzinstrumente (I 3):

7   A. Zu Handelszwecken erworbene Finanzinstrumente sind mit dem beizulegenden **Zeitwert** anzusetzen. Die Neufassung des III 1 durch das BilMoG führt damit die Zeitwertbewertung ins HGB ein. Das entspricht für Finanzinstrumente üblicher Praxis. Zeitwert ist Marktpreis, § 255 IV 1. Änderungen des Zeitwerts sind erfolgswirksam in der GuV zu erfassen. Mit der Neufassung einher geht Ausdehnung des Realisationsprinzips (§ 252 Rn 18) und Einschränkung des Anschaffungskostenprinzips sowie des Grundsatzes der Nichtbilanzierung schwebender Geschäfte (§ 252 Rn 21). IV verlangt zwecks eines „Risikopuffers" Zuführung von 10% des aus dem Ansatz von Finanzinstrumenten zum Zeitwert resultierenden Nettoertrages eines Geschäftsjahrs zum Sonderposten „Fonds für allgemeine Risiken" nach § 340g I und dort gesonderten Ausweis („Davon-Vermerk"). Auflösung nur zum Ausgleich von Nettoaufwendungen des HdlBestandes oder soweit der gesonderte Posten die Hälfte der Erträge, wie sie im Durch-

4. Abschnitt. Ergänzende Vorschriften für best. Geschäftszweige **§ 340f**

schnitt der letzten fünf Jahre erzielt wurden, übersteigt. **Übergangsrecht** in (1) EGHGB Art. 66 III. **Lit** Böcking/Dreisbach/Gros Konzern **08**, 207; Böcking/ Torabian BB **08**, 265; Wiechens/Helke DB **08**, 1333; Lorenz/Wiechens IRZ **08**, 505; M. Schmidt KoR **08**, 1; Gemeinhardt/Bode StuB **08**, 170; Scharpf/Schaber DB **08**, 2552; Ernst/Seidler BB **09**, 766; Mujkanovic StuB **09**, 329.

B. I 3 enthält keine Legaldefinition des Begriffs **Finanzinstrumente**. Nach 8 dem gesetzgeberischen Willen ist er in Anlehnung an die IFRS (IAS 32, IAS 39), und unter Rückgriff auf § 2 IV WpHG, § 1 XI KWG zu interpretieren (RefE BilMoG S 105). Umfasst sind zB Wertpapiere, Geldmarktinstrumente, Devisen und Rechnungseinheiten. Auch Derivate, im RegE definiert als schwebendes Vertragsverhältnis, dessen Wert auf Änderungen des Wertes eines Basisobjektes reagiert, bei dem Anschaffungskosten nicht oder nur in sehr geringem Umfang anfallen und das erst in Zukunft erfüllt wird, zB Optionen, Futures, Swaps, Forwards, Warenkontakte (RegE BilMoG 53). Zur Klassifizierung als Derivat ist Einzelfallprüfung anhand des wirtschaftlichen Gehalts vorzunehmen.

C. Zu **Handelszwecken** müssen die Finanzinstrumente (oder Portfolios sol- 9 cher) erworben sein. Erwerb meint jede rechtsgeschäftliche Transaktion, nicht bloß aktivierende Finanzinstrumente (zB Handelspassiva des Emittenten). Handelszweck liegt vor bei Absicht, aus kurzfristigen Preisschwankungen Gewinne zu erzielen und setzt voraus, dass die Finanzinstrumente auf aktivem Markt (§ 255 IV 1) gehandelt werden (s IDW RS-HFA 9); für Rückgriff auf § 1a I 1 KWG (Handelsabsicht) zur Begriffsbestimmung Küting/Pfitzer/Weber 217. Zeitpunkt des erstmaligen Bilanzansatzes ist maßgebend. **Umgliederung aus** dem HdlBestand (§ 340f Rn 1) ausgeschlossen (III 2), **Umgliederung in** den HdlBestand in Ausnahmefällen möglich (III 3), nämlich wenn fehlende Handelbarkeit schließlich zur Aufgabe der HdlsAbsicht führt, dann Zugangsbewertung mit fortgeschriebenen Anschaffungs- oder Herstellungskosten; dann aber **Anhangangabe** mit Begründung nach § 35 I Nr 6b RechKredV. Nachträgliche Einbeziehung in Bewertungseinheiten möglich, III 4, s § 254 Rn 1–3. **Lit** BMF-Schreiben DB **15**, 1810 (steuerrechtlicher Aspekt der Umgliederung) hierzu Anmerkung von Mihm DB **15**, 1969.

Vorsorge für allgemeine Bankrisiken

340f (1) ¹Kreditinstitute dürfen Forderungen an Kreditinstitute und Kunden, Schuldverschreibungen und andere festverzinsliche Wertpapiere sowie Aktien und andere nicht festverzinsliche Wertpapiere, die weder wie Anlagevermögen behandelt werden noch Teil des Handelsbestands sind, mit einem niedrigeren als dem nach § 253 Abs. 1 Satz 1, Abs. 4 vorgeschriebenen oder zugelassenen Wert ansetzen, soweit dies nach vernünftiger kaufmännischer Beurteilung zur Sicherung gegen die besonderen Risiken des Geschäftszweigs der Kreditinstitute notwendig ist. ²Der Betrag der auf diese Weise gebildeten Vorsorgereserven darf vier vom Hundert des Gesamtbetrags der in Satz 1 bezeichneten Vermögensgegenstände, der sich bei deren Bewertung nach § 253 Abs. 1 Satz 1, Abs. 4 ergibt, nicht übersteigen. ³Ein niedrigerer Wertansatz darf beibehalten werden.

(2) *[aufgehoben]*

(3) Aufwendungen und Erträge aus der Anwendung von Absatz 1 und aus Geschäften mit in Absatz 1 bezeichneten Wertpapieren und Aufwendungen aus Abschreibungen sowie Erträge aus Zuschreibungen zu diesen Wertpapieren dürfen mit den Aufwendungen aus Abschreibungen auf Forderungen, Zuführungen zu Rückstellungen für Eventualverbindlichkeiten und für Kreditrisiken sowie mit den Erträgen aus Zuschreibungen zu Forderungen oder

§ 340f 1–5

aus deren Eingang nach teilweiser oder vollständiger Abschreibung und aus Auflösungen von Rückstellungen für Eventualverbindlichkeiten und für Kreditrisiken verrechnet und in der Gewinn- und Verlustrechnung in einem Aufwand- oder Ertragsposten ausgewiesen werden.

(4) Angaben über die Bildung und Auflösung von Vorsorgereserven nach Absatz 1 sowie über vorgenommene Verrechnungen nach Absatz 3 brauchen im Jahresabschluß, Lagebericht, Konzernabschluß und Konzernlagebericht nicht gemacht zu werden.

1) Bewertung mit einem niedrigeren Wert, Obergrenze für solche Vorsorgereserven (I)

1 A. § 340f (früher § 26a KWG aF) gibt den Kreditinstituten ein in der EG sehr umstrittenes (§ 340 Rn 2) und eindeutig gegen den internationalen Trend zu Publizität und Transparenz laufendes Wahlrecht für die Bildung von stillen Reserven (statt eines offen auszuweisenden Passivpostens wie im Ausland) als Vorsorge für allgemeine Bankrisiken, krit MüKo/Böcking/Nowak Vor §§ 340 f, g Rn 1 ff. Nach I dürfen Kreditinstitute bestimmte Forderungen und Wertpapiere, die weder wie Anlagevermögen behandelt werden (§ 340e Rn 2) noch Teil des HdlBestandes sind (also Liquiditätsreserve, § 340e Rn 4), **mit einem niedrigeren Wert** als dem nach § 253 I 1, IV vorgeschriebenen oder zugelassenen Wert ansetzen. Voraussetzung ist, dass dies nach vernünftiger kfm Beurteilung (anders Art 37 II a EG-Bankbilanz-Ri: „aus Gründen der Vorsicht") zur Sicherung gegen die besonderen Risiken des Geschäftszweigs der Kreditinstitute notwendig ist. HdlBestand ist ein vom Kreditinstitut zu bestimmender Bestand an Wertpapieren, den es für den Betrieb seines Wertpapierhandels vorhält. Zur Sonderbehandlung der Kreditinstitute s BGH **86**, 12. § 340f ist enger als § 253 IV aF: Zulässig sind stille Reserven nur bei Forderungen und Wertpapieren des Umlaufvermögens, nicht beim sonstigen Umlaufvermögen und beim Anlagevermögen, und nur, soweit zur Sicherung gegen die besonderen Bankgeschäftsrisiken notwendig. Seit BilMoG 2009 sind solche Abschreibungen aber nur noch für Kreditinstitute zulässig, s § 253 Rn 27. **Lit** Wimmer/Kusterer DStR **06**, 2046.

2 B. I 2 setzt als **Obergrenze** für derartige Vorsorgereserven **4 %** des sich bei Bewertung nach § 253 I 1, IV ergebenden Betrags an (anders § 340g Rn 2).

2) Beibehaltung eines niedrigeren Wertansatzes (I 3)

3 I 3 erlaubt abweichend vom Wertaufholungsgebot des § 253 V die Beibehaltung eines niedrigeren Wertansatzes nach I 1, 2.

3) Überkreuzkompensation (III)

4 III erlaubt mit Einschränkungen gegenüber früher die traditionelle Überkreuzkompensation der Kreditinstitute und Ausweis in einem Aufwand- oder Ertragsposten in der GuV (Nr 13, 14 der GuV Staffelform, RechKredV Formblatt 3). Erträge und Aufwendungen aus Geschäften mit Wertpapieren, die dem HdlBestand zuzurechnen sind (s Rn 1), sind nicht hier, sondern im Posten Ertrag bzw Aufwand aus Finanzgeschäften der GuV zu verrechnen (§ 340c Rn 1).

4) Keine Angabepflicht (IV)

5 Über die Bildung oder Auflösung von Vorsorgereserven nach I 1, 2 sowie Verrechnungen nach III brauchen **keine Angaben** gemacht zu werden **(IV)**, also auch im Anhang insoweit keine Angaben über die Bilanzierungs- und Bewertungsmethoden (§ 284 II Nr 1).

4. Abschnitt. Ergänzende Vorschriften für best. Geschäftszweige **§ 340i**

Sonderposten für allgemeine Bankrisiken

340g (1) Kreditinstitute dürfen auf der Passivseite ihrer Bilanz zur Sicherung gegen allgemeine Bankrisiken einen Sonderposten „Fonds für allgemeine Bankrisiken" bilden, soweit dies nach vernünftiger kaufmännischer Beurteilung wegen der besonderen Risiken des Geschäftszweigs der Kreditinstitute notwendig ist.

(2) Die Zuführungen zum Sonderposten oder die Erträge aus der Auflösung des Sonderpostens sind in der Gewinn- und Verlustrechnung gesondert auszuweisen.

1) Sonderposten „Fonds für allgemeine Bankrisiken" (I)

Nach I darf auf der Passivseite der Bilanz ein **Sonderposten mit der einheitlichen Bezeichnung „Fonds für allgemeine Bankrisiken"** gebildet werden. Er dient ausschließlich der Sicherung gegen allgemeine Bankrisiken und ist nur zulässig, soweit dies nach vernünftiger kfm Beurteilung (anders Art 37 II a EG-Bankbilanz-Ri: „aus Gründen der Vorsicht") wegen der besonderen Risiken des Geschäftszweigs der Kreditinstitute notwendig oder nach § 340e IV bestimmt ist. Die Einstellung von Beträgen in den Sonderposten ist nicht Teil der Beschlussfassung über die Ergebnisverwendung; § 58 AktG, § 29 GmbHG sind also nicht anzuwenden (RegE). Der Fonds für allgemeine Bankrisiken hat Eigenkapitalcharakter, hL. **Lit** Wimmer/Kusterer DStR **06**, 2046; Schmidberger, BKR **17**, 309; Mülbert/Sajnovits WM **17**, 1725. 1

2) Gesonderter Ausweis von Zuführungen oder Erträgen (II)

Ein wesentlicher Unterschied zu § 340f (dort stille Reserven, s Rn 1) folgt aus **II**, wonach die Zuführungen zu dem Sonderposten oder die Erträge aus seiner Auflösung in der GuV gesondert auszuweisen sind (offene Risikoreserven). Auf der anderen Seite gilt bei § 340g nicht die Obergrenze von 4 %, wie für stille Reserven nach § 340f. 2

Vierter Titel. Währungsumrechnung

Währungsumrechnung

340h § 256a gilt mit der Maßgabe, dass Erträge, die sich aus der Währungsumrechnung ergeben, in der Gewinn- und Verlustrechnung zu berücksichtigen sind, soweit die Vermögensgegenstände, Schulden oder Termingeschäfte durch Vermögensgegenstände, Schulden oder andere Termingeschäfte in derselben Währung besonders gedeckt sind.

1) Umrechnungskurse (I)

§ 340h idF BilMoG 2009 erklärt § 256a grds für entsprechend anwendbar, lässt abweichend aber Berücksichtigung von Erträgen aus der Währungsumrechnung zu, soweit besondere Deckung in derselben Währung vorliegt. Besondere Deckung entspricht Bewertungseinheit nach § 254, s dort Rn 1. 4. **Übergangsrecht (1)** EGHGB Art 66 III. **Lit** Scharpf IRZ **11**, 13. 1

Fünfter Titel. Konzernabschluß, Konzernlagebericht, Konzernzwischenabschluß

Pflicht zur Aufstellung

340i (1) [1]Kreditinstitute, auch wenn sie nicht in der Rechtsform einer Kapitalgesellschaft betrieben werden, haben unabhängig von ihrer

Merkt 1379

§ 340i

Größe einen Konzernabschluß und einen Konzernlagebericht nach den Vorschriften des Zweiten Unterabschnitts des Zweiten Abschnitts über den Konzernabschluß und Konzernlagebericht aufzustellen, soweit in den Vorschriften dieses Unterabschnitts nichts anderes bestimmt ist. [2] Zusätzliche Anforderungen auf Grund von Vorschriften, die wegen der Rechtsform bestehen, bleiben unberührt.

(2) [1] Auf den Konzernabschluß sind, soweit seine Eigenart keine Abweichung bedingt, die §§ 340a bis 340g über den Jahresabschluß und die für die Rechtsform und den Geschäftszweig der in den Konzernabschluß einbezogenen Unternehmen mit Sitz im Geltungsbereich dieses Gesetzes geltenden Vorschriften entsprechend anzuwenden, soweit sie für große Kapitalgesellschaften gelten. [2] Die §§ 293, 298 Absatz 1, § 314 Abs. 1 Nr. 1, 3, 6 Buchstabe c und Nummer 23 sind nicht anzuwenden. [3] In den Fällen des § 315e Abs. 1 finden von den in Absatz 1 genannten Vorschriften nur die §§ 290 bis 292, 315e Anwendung; die Sätze 1 und 2 dieses Absatzes sowie § 340j sind nicht anzuwenden. [4] Soweit § 315e Absatz 1 auf § 314 Absatz 1 Nummer 6 Buchstabe c verweist, tritt an dessen Stelle § 34 Absatz 2 Nummer 2 in Verbindung mit § 37 der Kreditinstituts-Rechnungslegungsverordnung in der Fassung der Bekanntmachung vom 11. Dezember 1998 (BGBl. I S. 3658), die zuletzt durch Artikel 8 Absatz 13 des Gesetzes vom 17. Juli 2015 (BGBl. I S. 1245) geändert worden ist, in der jeweils geltenden Fassung. [5] Im Übrigen findet die Kreditinstituts-Rechnungslegungsverordnung in den Fällen des § 315e Absatz 1 keine Anwendung.

(3) Als Kreditinstitute im Sinne dieses Titels gelten auch Mutterunternehmen, deren einziger Zweck darin besteht, Beteiligungen an Tochterunternehmen zu erwerben sowie die Verwaltung und Verwertung dieser Beteiligungen wahrzunehmen, sofern diese Tochterunternehmen ausschließlich oder überwiegend Kreditinstitute sind.

(4) [1] Sofern Kreditinstitute einer prüferischen Durchsicht zu unterziehende Konzernzwischenabschlüsse zur Ermittlung von Konzernzwischenergebnissen im Sinne des Artikels 26 Absatz 2 in Verbindung mit Artikel 11 der Verordnung (EU) Nr. 575/2013 aufstellen, sind auf diese die für den Konzernabschluss geltenden Rechnungslegungsgrundsätze anzuwenden. [2] Die Vorschriften über die Bestellung des Abschlussprüfers sind auf die prüferische Durchsicht entsprechend anzuwenden. [3] Die prüferische Durchsicht ist so anzulegen, dass bei gewissenhafter Berufsausübung ausgeschlossen werden kann, dass der Zwischenabschluss in wesentlichen Belangen den anzuwendenden Rechnungslegungsgrundsätzen widerspricht. [4] Der Abschlussprüfer hat das Ergebnis der prüferischen Durchsicht in einer Bescheinigung zusammenzufassen. [5] § 320 und § 323 gelten entsprechend.

(5) [1] Ein Kreditinstitut, das ein Mutterunternehmen (§ 290) ist, hat den Konzernlagebericht um eine nichtfinanzielle Konzernerklärung zu erweitern, wenn auf die in den Konzernabschluss einzubeziehenden Unternehmen die folgenden Merkmale zutreffen:

1. sie erfüllen die in § 293 Absatz 1 Satz 1 Nummer 1 oder 2 geregelten Voraussetzungen für eine größenabhängige Befreiung nicht und
2. bei ihnen sind insgesamt im Jahresdurchschnitt mehr als 500 Arbeitnehmer beschäftigt.

[2] § 267 Absatz 4 bis 5, § 298 Absatz 2, § 315b Absatz 2 bis 4 und § 315c sind entsprechend anzuwenden. [3] Wenn die nichtfinanzielle Konzernerklärung einen besonderen Abschnitt des Konzernlageberichts bildet, darf das Kreditinstitut auf die an anderer Stelle im Konzernlagebericht enthaltenen nichtfinanziellen Angaben verweisen.

4. Abschnitt. Ergänzende Vorschriften für best. Geschäftszweige 1–5 **§ 340i**

(6) **Ein Kreditinstitut, das nach Absatz 1 in Verbindung mit § 315d eine Konzernerklärung zur Unternehmensführung zu erstellen hat, hat darin Angaben nach § 315d in Verbindung mit § 289f Absatz 2 Nummer 6 aufzunehmen, wenn es in entsprechender Anwendung des § 267 Absatz 3 Satz 1 und Absatz 4 bis 5 als groß gilt.**

1) Pflicht zur Aufstellung (I)

Der 5. Titel (Überschrift idF KWGÄndG 1992) mit §§ 340i–340j betrifft die Besonderheiten der **Konzernrechnungslegung** der Kreditinstitute. § 340i I 1 verlangt von Kreditinstituten rechtsform- und größenunabhängig die Aufstellung eines Konzernabschlusses und eines Konzernlageberichts nach §§ 290–315.

2) Anzuwendende Vorschriften (II)

II 1 verweist für den Konzernabschluss entsprechend auf §§ 340a–340g über den Jahresabschluss und weitere Vorschriften. Davon nimmt **II** 2 einzelne Vorschriften aus. Klarstellung in **II** 3 (eingefügt zusammen mit **II** 4 durch BilReG 2004, **Übergangsrecht** in (1) EGHGB Art. 58 III, geändert durch CSR-RUG v 11.4.17, **Übergangsrecht** in (1) EGHGB Art 80), dass § 315e auch für Kreditinstitute gilt. **II** 5, redaktionell geändert durch CSR-RUG v 11.4.17, **Übergangsrecht** in (1) EGHGB Art 80) schließt für IAS/IFRS-Konzernabschlüsse die Anwendung der RechKredV im Übrigen aus.

3) Bankholdingunternehmen (III)

III erweitert den Begriff des Kreditinstituts für §§ 340i–340j. Konzernrechnungslegungspflichtig sind danach auch Bankholdingunternehmen, die selbst keine Kreditinstitute iSv § 340 I 1 sind, wenn ihr einziger Zweck im Erwerb von Beteiligungen an Tochterunternehmen oder der Verwaltung und Verwertung dieser Beteiligungen besteht. Die nachgeordneten Unternehmen brauchen nur überwiegend Kreditinstitute zu sein.

4) Konzernzwischenabschlüsse (IV)

IV gilt für die fakultativen Konzernzwischenabschlüsse nach Art 26 II iVm Art 11 VO 575/2013 und entspricht § 340a III, s dort.

5) Nichtfinanzielle Konzernerklärung (V)

V, neu durch CSR-RUG v 11.4.17 (**Übergangsrecht** in (1) EGHGB Art 80), schafft spiegelbildlich zur Rechnungslegung auf Unternehmensebene (§ 340a) eine Ergänzung der Regelungen für die Konzernrechnungslegung der Kreditinstitute. Art 29a BilanzRi idF der CSR-Ri ist auch auf Kreditinstitute anzuwenden, so dass eine **nichtfinanzielle Konzernerklärung** zu erstellen ist. Berichtspflichtig sind **Mutterunternehmen, die selbst Kreditunternehmen** sind. Die weiteren Voraussetzungen für die Berichtspflicht sind auf Konzernebene zu bestimmen: Zum einen müssen die Umsatzerlöse oder die Bilanzsumme bei einer Konzernbetrachtung die in § 293 I geregelten Schwellenwerte überschreiten, **V 1 Nr 1**. Eine Berichtspflicht nach V iVm § 315b besteht also nur dann, wenn im Konzern mindestens zwei der drei Größenkriterien nach § 293 I 1 Nr 1 oder mindestens zwei der drei Größenkriterien nach § 293 I 1 Nr 2 überschritten sind. Welche Methode zur Anwendung kommt, richtet sich nach der Ausübung des Wahlrechts durch das Mutterunternehmen. Zum anderen müssen die in den Konzernabschluss einzubeziehenden Unternehmen insgesamt im Jahresdurchschnitt mehr als 500 Arbeitnehmer beschäftigen, **V 1 Nr 2**. Für weitere Regelungen verweist dass Gesetz auf §§ 315b und 315c. **Lit** Blöink/Halbleib Konzern **17**, 182.

Merkt

§ 340k

6) Angaben zum Diversitätskonzept (VI)

6 **VI**, neu durch CSR-RUG v 11.4.17 (**Übergangsrecht** in (**1**) EGHGB Art 80) sieht in Umsetzung von Art 29 I iVm Art 20 I lit g BilanzRi idF der CSR-Ri und iVm der Bankbilanzrichtlinie 86/635/EWG vor, dass bestimmte Kreditinstitute, insbesondere **börsennotierte AG und KGaA** (Rechtsgrundverweisung auf § 315d iVm § 289f II Nr 6) als Mutterunternehmen in die Konzernerklärung zur Unternehmensführung **Angaben zum Diversitätskonzept** aufzunehmen haben. Im Einklang mit der CSR-Ri wird auch für Kreditinstitute geregelt, dass kleine und mittelgroße Kreditinstitute ausgenommen sind. Die Größenkriterien des § 267 gelten entsprechend. **Lit** Blöink/Halbleib Konzern **17**, 182.

Einzubeziehende Unternehmen

340j Bezieht ein Kreditinstitut ein Tochterunternehmen, das Kreditinstitut ist, nach § 296 Abs. 1 Nr. 3 in seinen Konzernabschluß nicht ein und ist der vorübergehende Besitz von Aktien oder Anteilen dieses Unternehmens auf eine finanzielle Stützungsaktion zur Sanierung oder Rettung des genannten Unternehmens zurückzuführen, so hat es den Jahresabschluß dieses Unternehmens seinem Konzernabschluß beizufügen und im Konzernanhang zusätzliche Angaben über die Art und die Bedingungen der finanziellen Stützungsaktion zu machen.

1) Finanzielle Stützungsaktion für ein Tochterkreditinstitut (I)

1 § 340j idF des BilReG 2004 (**Übergangsrecht** in (**1**) EGHGB Art 58 III) verlangt von einem Kreditinstitut, das ein Tochterkreditinstitut nach § 296 I Nr 3 nicht in den Konzernabschluss einbezieht, wenn der vorübergehende Aktien- oder Anteilsbesitz auf eine finanzielle Stützungsaktion zurückzuführen ist, dennoch die Beifügung des Jahresabschlusses der Tochter sowie zusätzliche Angaben im Konzernanhang.

Sechster Titel. Prüfung

[Prüfung]

340k (1) [1]Kreditinstitute haben unabhängig von ihrer Größe ihren Jahresabschluß und Lagebericht sowie ihren Konzernabschluß und Konzernlagebericht unbeschadet der Vorschriften der §§ 28 und 29 des Gesetzes über das Kreditwesen nach den Vorschriften des Dritten Unterabschnitts des Zweiten Abschnitts über die Prüfung prüfen zu lassen; § 318 Absatz 1a und § 319 Absatz 1 Satz 2 sind nicht anzuwenden. [2]Die Prüfung ist spätestens vor Ablauf des fünften Monats des dem Abschlußstichtag nachfolgenden Geschäftsjahrs vorzunehmen. [3]Der Jahresabschluß ist nach der Prüfung unverzüglich festzustellen. [4]Auf CRR-Kreditinstitute im Sinne des § 1 Absatz 3d Satz 1 des Kreditwesengesetzes, mit Ausnahme der in § 2 Absatz 1 Nummer 1 und 2 des Kreditwesengesetzes genannten Institute, sind die Vorschriften des Dritten Unterabschnitts des Zweiten Abschnitts nur insoweit anzuwenden, als nicht die Verordnung (EU) Nr. 537/2014 anzuwenden ist.

(2) [1]Ist das Kreditinstitut eine Genossenschaft oder ein rechtsfähiger wirtschaftlicher Verein, so ist die Prüfung abweichend von § 319 Abs. 1 Satz 1 von dem Prüfungsverband durchzuführen, dem das Kreditinstitut als Mitglied angehört, sofern mehr als die Hälfte der geschäftsführenden Mitglieder des Vorstands dieses Prüfungsverbands Wirtschaftsprüfer sind. [2]Hat der Prüfungsverband nur zwei Vorstandsmitglieder, so muß einer von ihnen Wirt-

4. Abschnitt. Ergänzende Vorschriften für best. Geschäftszweige § 340k

schaftsprüfer sein. [3] § 319 Abs. 2 und 3 sowie § 319a Abs. 1 sind auf die gesetzlichen Vertreter des Prüfungsverbandes und auf alle vom Prüfungsverband beschäftigten Personen, die das Ergebnis der Prüfung beeinflussen können, entsprechend anzuwenden; § 319 Abs. 3 Satz 1 Nr. 2 ist auf Mitglieder des Aufsichtsorgans des Prüfungsverbandes nicht anzuwenden, sofern sichergestellt ist, dass der Abschlussprüfer die Prüfung unabhängig von den Weisungen durch das Aufsichtsorgan durchführen kann. [4] § 319 Absatz 1 Satz 3 und 4 gilt entsprechend mit der Maßgabe, dass der Prüfungsverband über einen Auszug hinsichtlich seiner Eintragung nach § 40a der Wirtschaftsprüferordnung verfügen muss, bei erstmaliger Durchführung einer Prüfung nach Absatz 1 Satz 1 spätestens sechs Wochen nach deren Beginn. [5] Ist das Mutterunternehmen eine Genossenschaft, so ist der Prüfungsverband, dem die Genossenschaft angehört, unter den Voraussetzungen der Sätze 1 bis 4 auch Abschlußprüfer des Konzernabschlusses und des Konzernlageberichts.

(2a) [1] Bei der Prüfung des Jahresabschlusses der in Absatz 2 bezeichneten Kreditinstitute durch einen Prüfungsverband darf der gesetzlich vorgeschriebene Bestätigungsvermerk nur von Wirtschaftsprüfern unterzeichnet werden. [2] Die im Prüfungsverband tätigen Wirtschaftsprüfer haben ihre Prüfungstätigkeit unabhängig, gewissenhaft, verschwiegen und eigenverantwortlich auszuüben. [3] Sie haben sich insbesondere bei der Erstattung von Prüfungsberichten unparteiisch zu verhalten. [4] Weisungen dürfen ihnen hinsichtlich ihrer Prüfungstätigkeit von Personen, die nicht Wirtschaftsprüfer sind, nicht erteilt werden. [5] Die Zahl der im Verband tätigen Wirtschaftsprüfer muss so bemessen sein, dass die den Bestätigungsvermerk unterschreibenden Wirtschaftsprüfer die Prüfung verantwortlich durchführen können.

(3) [1] Ist das Kreditinstitut eine Sparkasse, so dürfen die nach Absatz 1 vorgeschriebenen Prüfungen abweichend von § 319 Abs. 1 Satz 1 von der Prüfungsstelle eines Sparkassen- und Giroverbands durchgeführt werden. [2] Die Prüfung darf von der Prüfungsstelle jedoch nur durchgeführt werden, wenn der Leiter der Prüfungsstelle die Voraussetzungen des § 319 Abs. 1 Satz 1 und 2 erfüllt; § 319 Abs. 2, 3 und 5, § 319a Absatz 1 und 2 sowie Artikel 5 Absatz 1, 4 Unterabsatz 1 und Absatz 5 der Verordnung (EU) Nr. 537/2014 sind auf alle vom Sparkassen- und Giroverband beschäftigten Personen, die das Ergebnis der Prüfung beeinflussen können, entsprechend anzuwenden. [3] Auf die Prüfungsstellen findet Artikel 5 der Verordnung (EU) Nr. 537/2014 keine Anwendung. [4] Außerdem muß sichergestellt sein, daß der Abschlußprüfer die Prüfung unabhängig von den Weisungen der Organe des Sparkassen- und Giroverbands durchführen kann. [5] Soweit das Landesrecht nichts anderes vorsieht, findet § 319 Absatz 1 Satz 3 und 4 mit der Maßgabe Anwendung, dass die Prüfungsstelle über einen Auszug hinsichtlich ihrer Eintragung nach § 40a der Wirtschaftsprüferordnung verfügen muss, bei erstmaliger Durchführung einer Prüfung nach Absatz 1 Satz 1 spätestens sechs Wochen nach deren Beginn.

(4) [1] Ist das Kreditinstitut eine Sparkasse, finden Artikel 4 Absatz 3 Unterabsatz 2 sowie die Artikel 16, 17 und 19 der Verordnung (EU) Nr. 537/2014 keine Anwendung. [2] Artikel 4 Absatz 3 Unterabsatz 1 sowie Artikel 10 Absatz 2 Litabe g der Verordnung (EU) Nr. 537/2014 finden auf alle vom Sparkassen- und Giroverband beschäftigten Personen, die das Ergebnis der Prüfung beeinflussen können, entsprechende Anwendung. [3] Auf die Prüfungsstellen finden Artikel 4 Absatz 2 und 3 Unterabsatz 1 sowie Artikel 10 Absatz 2 Litabe g der Verordnung (EU) Nr. 537/2014 keine Anwendung.

(5) [1] CRR-Kreditinstitute im Sinne des § 1 Absatz 3d Satz 1 des Kreditwesengesetzes, mit Ausnahme der in § 2 Absatz 1 Nummer 1 und 2 des Kreditwesengesetzes genannten Institute, haben, auch wenn sie nicht kapitalmarkt-

§ 340l

orientiert im Sinne des § 264d sind, § 324 Absatz 1 und 2 anzuwenden, wenn sie keinen Aufsichts- oder Verwaltungsrat haben, der die Voraussetzungen des § 100 Absatz 5 des Aktiengesetzes erfüllen muss. ²Dies gilt für Sparkassen im Sinn des Absatzes 3 sowie sonstige landesrechtliche öffentlich-rechtliche Kreditinstitute nur, soweit das Landesrecht nichts anderes vorsieht.

1 1) Der 6. Titel mit § 340k (wesentliche Änderungen durch APAReG und AReG, beide in Kraft ab 17.6.16) betrifft die Prüfung von Kreditinstituten. **I** sieht die Prüfungspflicht rechtsform- und größenunabhängig und unbeschadet der Prüfung nach §§ 28–29 KWG (Prüfung in besonderen Fällen; VO über den Inhalt der Prüfungsberichte zu den Jahresabschlüssen und Zwischenabschlüssen der Kreditinstitute, PrüfbV, v 17.12.98 BGBl 3690) grundsätzlich nach den Vorschriften der §§ 316–324 vor. **I 2 neu** AReG stellt klar, dass CRR-Kreditinstitute iSd § 1 IIId 1 KWG nur erfasst sind, soweit nicht VO (EU) 537/2014 anzuwenden. **II** (1 idF KapCoRiLiG 2000, 3 idF BilReG 2004, 4 neu durch APAReG) betrifft Genossenschaftsbanken und Kreditinstitute als rechtsfähige wirtschaftliche Vereine (§ 22 BGB), IIa idF BilMoG 2009 stellt klar, dass Kreditinstitute iSv II nur von Wirtschaftsprüfern verantwortlich geprüft werden dürfen (s **(1)** EGHGB Art 25 II). **III** (2 idF BilReG 2004, 4 idF APAReG) betrifft Sparkassen; ihnen bleibt nach II und III unter bestimmten Voraussetzungen die Prüfung durch den Prüfungsverband bzw die Prüfungsstelle eines Sparkassen- und Giroverbands erhalten. III 5, ehem (idF BilReG 2004, **Übergangsrecht** in **(1)** EGHGB Art 58 III) trägt der Einf der Qualitätskontrolle gemäß **(2c)** WPO § 57a Rechnung, s § 319 Rn 12, und verlangt, dass die Prüfungsstelle an der Qualitätskontrolle nach **(2c)** WPO § 57h teilgenommen hat. **IV** idF UmsG zur 2. E-GeldRiLi 2011 enthält eine Ausnahme für Finanzdienstleistungs- u Institute iSv § 1 II a ZAG mit einer bestimmten Obergrenze der Bilanzsumme. **V** (idF BilMoG 2009, **Übergangsrecht** in **(1)** EGHGB Art 66 II) ordnet für bestimmte Kreditinstitute Einrichtung eines Prüfungsausschusses nach § 324 an (S 1) und enthält diesbzgl Öffnungsklausel für Sparkassen und sonstige landesrechtl Kreditinstitute. **Lit** Quick DB **16**, 1205 (AReG); Schmidt DB **16**, 1945.

Siebenter Titel. Offenlegung

[Offenlegung]

340l

(1) ¹Kreditinstitute haben den Jahresabschluß und den Lagebericht sowie den Konzernabschluß und den Konzernlagebericht und die anderen in § 325 bezeichneten Unterlagen nach § 325 Abs. 2 bis 5, §§ 328, 329 Abs. 1 und 4 offenzulegen. ²Kreditinstitute, die nicht Zweigniederlassungen sind, haben die in Satz 1 bezeichneten Unterlagen außerdem in jedem anderen Mitgliedstaat der Europäischen Gemeinschaft und in jedem anderen Vertragsstaat des Abkommens über den Europäischen Wirtschaftsraum offenzulegen, in dem sie eine Zweigniederlassung errichtet haben. ³Die Offenlegung nach Satz 2 richtet sich nach dem Recht des jeweiligen Mitgliedstaats oder Vertragsstaats.

(2) ¹Zweigniederlassungen im Geltungsbereich dieses Gesetzes von Unternehmen mit Sitz in einem anderen Staat haben die in Absatz 1 Satz 1 bezeichneten Unterlagen ihrer Hauptniederlassung, die nach deren Recht aufgestellt und geprüft worden sind, nach § 325 Abs. 2 bis 5, §§ 328, 329 Abs. 1, 3 und 4 offenzulegen. ²Unternehmen mit Sitz in einem Drittstaat im Sinn des § 3 Abs. 1 Satz 1 der Wirtschaftsprüferordnung, deren Wertpapiere im Sinn des § 2 Absatz 1 des Wertpapierhandelsgesetzes an einer inländischen Börse zum Handel am regulierten Markt zugelassen sind, haben zudem eine Bescheinigung der Wirtschaftsprüferkammer gemäß § 134 Abs. 2a der Wirt-

4. Abschnitt. Ergänzende Vorschriften für best. Geschäftszweige § 3401

schaftsprüferordnung über die Eintragung des Abschlussprüfers oder eine Bestätigung der Wirtschaftsprüferkammer gemäß § 134 Abs. 4 Satz 8 der Wirtschaftsprüferordnung über die Befreiung von der Eintragungsverpflichtung offenzulegen. ³Satz 2 ist nicht anzuwenden, soweit ausschließlich Schuldtitel im Sinne des § 2 Absatz 1 Nummer 3 des Wertpapierhandelsgesetzes

1. mit einer Mindeststückelung zu je 100 000 Euro oder einem entsprechenden Betrag anderer Währung an einer inländischen Behörde zum Handel am regulierten Markt zugelassen sind oder
2. mit einer Mindeststückelung zu je 50 000 Euro oder einem entsprechenden Betrag anderer Währung an einer inländischen Börse zum Handel am regulierten Markt zugelassen sind und diese Schuldtitel vor dem 31. Dezember 2010 begeben worden sind.

⁴Zweigniederlassungen im Geltungsbereich dieses Gesetzes von Unternehmen mit Sitz in einem Staat, der nicht Mitglied der Europäischen Gemeinschaft und auch nicht Vertragsstaat des Abkommens über den Europäischen Wirtschaftsraum ist, brauchen auf ihre eigene Geschäftstätigkeit bezogene gesonderte Rechnungslegungsunterlagen nach Absatz 1 Satz 1 nicht offenzulegen, sofern die nach den Sätzen 1 und 2 offenzulegenden Unterlagen nach einem an die Richtlinie 86/635/EWG angepaßten Recht aufgestellt und geprüft worden oder den nach einem dieser Rechte aufgestellten Unterlagen gleichwertig sind. ⁵Die Unterlagen sind in deutscher Sprache einzureichen. ⁶Soweit nicht die Amtssprache am Sitz der Hauptniederlassung ist, können die Unterlagen der Hauptniederlassung auch

1. in englischer Sprache oder
2. in einer von dem Register der Hauptniederlassung beglaubigten Abschrift oder,
3. wenn eine dem Register vergleichbare Einrichtung nicht vorhanden oder diese nicht zur Beglaubigung befugt ist, in einer von einem Wirtschaftsprüfer bescheinigten Abschrift, verbunden mit der Erklärung, dass entweder eine dem Register vergleichbare Einrichtung nicht vorhanden oder diese nicht zur Beglaubigung befugt ist,

eingereicht werden; von der Beglaubigung des Registers ist eine beglaubigte Übersetzung in deutscher Sprache einzureichen.

(3) § 339 ist auf Kreditinstitute, die Genossenschaften sind, nicht anzuwenden.

(4) Macht ein Kreditinstitut von dem Wahlrecht nach § 325 Absatz 2a Satz 1 Gebrauch, sind § 325 Absatz 2a Satz 3 und 5 mit folgenden Maßgaben anzuwenden:

1. Die in § 325 Abs. 2a Satz 3 genannten Vorschriften des Ersten Unterabschnitts des Zweiten Abschnitts des Dritten Buchs sind auch auf Kreditinstitute anzuwenden, die nicht in der Rechtsform einer Kapitalgesellschaft betrieben werden.
2. § 285 Nummer 8 Buchstabe b findet keine Anwendung; der Personalaufwand des Geschäftsjahres ist jedoch im Anhang zum Einzelabschluss nach § 325 Absatz 2a gemäß der Gliederung nach Formblatt 3 im Posten Allgemeine Verwaltungsaufwendungen Unterposten Buchstabe a Personalaufwand der Kreditinstituts-Rechnungslegungsverordnung in der Fassung der Bekanntmachung vom 11. Dezember 1998 (BGBl. I S. 3658) in der jeweils geltenden Fassung anzugeben, sofern diese Angaben nicht gesondert in der Gewinn- und Verlustrechnung erscheinen.
3. An Stelle des § 285 Nr. 9 Buchstabe c gilt § 34 Abs. 2 Nr. 2 der Kreditinstituts-Rechnungslegungsverordnung in der Fassung der Bekannt-

Merkt

§ 340m

machung vom 11. Dezember 1998 (BGBl. I S. 3658) in der jeweils geltenden Fassung.
4. Für den Anhang gilt zusätzlich die Vorschrift des § 340a Abs. 4.
5. Im Übrigen finden die Bestimmungen des Zweiten bis Vierten Titels dieses Unterabschnitts sowie der Kreditinstituts-Rechnungslegungsverordnung keine Anwendung.

1 1) Der 7. Titel mit § 340l betrifft die Offenlegung. Erweiterung auf EWR-Staaten durch EWRG 1993, in Kraft 1.1.94 BGBl 1993 I, 2436. **I 1** erstreckt die Offenlegungspflicht, die nur für KapitalGes gilt, rechtsformunabhängig auf Kreditinstitute (aber keine Totalverweisung auf §§ 325–329). **I 2, 3** (eingefügt durch BilMoG 2009, **Übergangsrecht** in (1) EGHGB Art 66 II) dienen der Durchsetzung der Eintragungspflicht für Abschlussprüfer gem § 134 WPO, die Bestätigungsvermerk für Abschlüsse bestimmter Unternehmen aus Drittländern erteilen. **I 4, 5** betreffen Kreditinstitute mit Zweigstellen innerhalb EG/EWR, sie müssen auch am Ort der Zweigstelle offen legen (§ 340 Rn 3). **II** betrifft deutsche Zweigstellen von Unternehmen mit Sitz in einem anderen Staat und differenziert dabei zwischen EG/EWRStaaten und Drittstaaten (§ 340 Rn 3). **II** 3 und 4 idF KapCoRiLiG 2000u EuroBilG 2001 (**Übergangsrecht** in (1) EGHGB Art 51) u EHUG 2006 (**Übergangsrecht** in (1) EGHGB Art 61 V), **II 3** idF APAReG, verlangen grundsätzlich deutsche Sprache; nur wenn dies nicht Amtssprache am Sitz der Hauptniederlassung ist, darf auch in englischer Sprache oder in einer vom Register der Hauptniederlassung beglaubigten Abschrift eingereicht werden oder wenn eine dem Register vergleichbare Einrichtung nicht vorhanden oder diese nicht zur Beglaubigung befugt ist, in einer von einem Wirtschaftsprüfer bescheinigten Abschrift, verbunden mit der Erklärung, dass entweder eine dem Register vergleichbare Einrichtung nicht vorhanden oder diese nicht zur Beglaubigung befugt ist (vgl § 325a I 3, 4). **III** gilt für Genossenschaftsbanken. **IV** idF BilReG 2004 (**Übergangsrecht** in (1) EGHGB Art 58 Rn III) tritt an Stelle des **IV aF** und regelt Besonderheiten beim IAS/IFRS-Einzelabschluss von Kreditinstituten: **IV Nr 1** entspricht § 340a I, der für den IAS/IFRS-Einzelabschluss nicht gilt. **IV Nr 2** trägt dem Umstand Rechnung, dass im Kontext der Erfolgsrechnung der Kreditinstitute nicht von einem Umsatzkostenverfahren gesprochen wird. **IV Nr 3** berücksichtigt, dass der durch § 285 Nr 9c umgesetzte Art 43 I Nr 33 Bankbilanz-Ri durch Art 40 VII Bankbilanz-Ri modifiziert wird. **IV Nr 4** beinhaltet ein zusätzliches, für die Beurteilung des IAS/IFRS-Abschlusses relevantes Transparenzerfordernis (Beteiligungsbesitz des Kreditinstituts sowie die Mitwirkung des Personals im Aufsichtsgremium anderer Kreditinstitute). **IV Nr 5** stellt sicher, dass die internationalen Standards nicht durch andere als die nach § 325 II a, § 340l I 1, IV Nr 1–4 anwendbaren nationalen Bestimmungen überlagert werden. **Ausnahmen:** § 340 II, V 2. **Lit** Meyding-Metzger/Weigel DB **15**, 61 (Neuregelungen durch BilRUG).

Achter Titel. Straf- und Bußgeldvorschriften, Ordnungsgelder

Strafvorschriften

340m (1) ¹Die Strafvorschriften der §§ 331 bis 333 sind auch auf nicht in der Rechtsform einer Kapitalgesellschaft betriebene Kreditinstitute, auf Finanzdienstleistungsinstitute im Sinne des § 340 Absatz 4 sowie auf Institute im Sinne des § 340 Absatz 5 anzuwenden. ²§ 331 ist darüber hinaus auch anzuwenden auf die Verletzung von Pflichten durch

4. Abschnitt. Ergänzende Vorschriften für best. Geschäftszweige **§ 340n**

1. den Geschäftsleiter (§ 1 Absatz 2 Satz 1 des Kreditwesengesetzes) eines nicht in der Rechtsform der Kapitalgesellschaft betriebenen Kreditinstituts oder Finanzdienstleistungsinstituts im Sinne des § 340 Absatz 4 Satz 1,
2. den Geschäftsleiter (§ 1 Absatz 8 Satz 1 und 2 des Zahlungsdiensteaufsichtsgesetzes) eines nicht in der Rechtsform der Kapitalgesellschaft betriebenen Instituts im Sinne des § 340 Absatz 5,
3. den Inhaber eines in der Rechtsform des Einzelkaufmanns betriebenen Kreditinstituts oder Finanzdienstleistungsinstituts im Sinne des § 340 Absatz 4 Satz 1 und
4. den Geschäftsleiter im Sinne des § 53 Absatz 2 Nummer 1 des Kreditwesengesetzes.

(2) Mit Freiheitsstrafe bis zu einem Jahr oder mit Geldstrafe wird bestraft, wer als Mitglied eines nach § 340k Absatz 5 Satz 1 in Verbindung mit § 324 Absatz 1 Satz 1 eingerichteten Prüfungsausschusses eines dort genannten CRR-Kreditinstituts

1. eine in § 340n Absatz 2a bezeichnete Handlung begeht und dafür einen Vermögensvorteil erhält oder sich versprechen lässt oder
2. eine in § 340n Absatz 2a bezeichnete Handlung beharrlich wiederholt.

(3) § 335c Absatz 2 gilt in den Fällen des Absatzes 2 entsprechend.

1) Der 8. Titel mit §§ 340m–340o bezweckt, §§ 331–335b, die nur für 1 KapitalGes gelten, rechtsformunabhängig auch auf Kreditinstitute sowie auf Finanzdienstleistungsinstitute iSv § 340 IV 1 (§ 340 Rn 3) zu erstrecken. § 340m (II und III neu durch AReG, in Kraft 17.6.16) dehnt die Strafvorschriften der §§ 331–333 auch auf nicht als KapitalGes betriebene Kreditinstitute sowie Institute iSv § 1 II a ZAG (I 1) und § 331 auch auf Geschäftsleiter (§§ 1 II 1, 53 II Nr 1 KWG, § 1 VIII 1 und 2 ZAG) und Inhaber von Privatbanken (als EinzelKfm betriebenes Kreditinstitut) aus (I 2). II neu (AReG) erfasst Mitglieder der Prüfungsausschüsse von CRR-Kreditinstituten.

Bußgeldvorschriften

340n (1) Ordnungswidrig handelt, wer als Geschäftsleiter im Sinne des § 1 Abs. 2 Satz 1 oder des § 53 Abs. 2 Nr. 1 des Kreditwesengesetzes oder als Inhaber eines in der Rechtsform des Einzelkaufmanns betriebenen Kreditinstituts oder Finanzdienstleistungsinstituts im Sinne des § 340 Abs. 4 Satz 1 oder als Geschäftsleiter im Sinne des § 1 Absatz 8 Satz 1 und 2 des Zahlungsdiensteaufsichtsgesetzes eines Instituts im Sinne des § 340 Absatz 5 oder als Mitglied des Aufsichtsrats eines der vorgenannten Unternehmen

1. bei der Aufstellung oder Feststellung des Jahresabschlusses oder bei der Aufstellung des Zwischenabschlusses gemäß § 340a Abs. 3 einer Vorschrift
   a) des § 243 Abs. 1 oder 2, der §§ 244, 245, 246 Abs. 1 oder 2, dieser in Verbindung mit § 340a Abs. 2 Satz 3, des § 246 Abs. 3 Satz 1, des § 247 Abs. 2 oder 3, der §§ 248, 249 Abs. 1 Satz 1 oder 2, des § 250 Abs. 1 oder Abs. 2, des § 264 Absatz 1a oder Absatz 2, des § 340b Abs. 4 oder 5 oder des § 340c Abs. 1 über Form oder Inhalt,
   b) des § 253 Abs. 1 Satz 1, 2, 3 oder 4, Abs. 2 Satz 1, auch in Verbindung mit Satz 2, Absatz 3 Satz 1, 2, 3 oder 4 oder Satz 5, Abs. 4 oder 5, der §§ 254, 256a, 340e Abs. 1 Satz 1 oder 2, Abs. 3 Satz 1, 2, 3 oder 4 Halbsatz 2, Abs. 4 Satz 1 oder 2, des § 340f Abs. 1 Satz 2 oder des § 340g Abs. 2 über die Bewertung,
   c) des § 265 Abs. 2, 3 oder 4 oder § 268 Abs. 3 oder 6, der §§ 272, 274 oder des § 277 Abs. 3 Satz 2 über die Gliederung,

§ 340n

3. Buch. Handelsbücher

    d) des § 284 Absatz 1, 2 Nummer 1, 2 oder Nummer 4, Absatz 3 oder des § 285 Nummer 3, 3a, 7, 9 Buchstabe a oder Buchstabe b, Nummer 10 bis 11b, 13 bis 15a, 16 bis 26, 28 bis 33 oder Nummer 34 über die im Anhang zu machenden Angaben,

2. bei der Aufstellung des Konzernabschlusses oder des Konzernzwischenabschlusses gemäß § 340i Abs. 4 einer Vorschrift
    a) des § 294 Abs. 1 über den Konsolidierungskreis,
    b) des § 297 Absatz 1a, 2 oder Absatz 3 oder des § 340i Abs. 2 Satz 1 in Verbindung mit einer der in Nummer 1 Buchstabe a bezeichneten Vorschriften über Form oder Inhalt,
    c) des § 300 über die Konsolidierungsgrundsätze oder das Vollständigkeitsgebot,
    d) des § 308 Abs. 1 Satz 1 in Verbindung mit den in Nummer 1 Buchstabe b bezeichneten Vorschriften, des § 308 Abs. 2 oder des § 308a über die Bewertung,
    e) des § 311 Abs. 1 Satz 1 in Verbindung mit § 312 über die Behandlung assoziierter Unternehmen oder
    f) des § 308 Abs. 1 Satz 3, des § 313 oder des § 314 über die im Konzernanhang zu machenden Angaben,

3. bei der Aufstellung des Lageberichts oder der Erstellung eines gesonderten nichtfinanziellen Berichts einer Vorschrift der §§ 289, 289a, 340a Absatz 1a, auch in Verbindung mit § 289b Absatz 2 oder 3 oder mit den §§ 289c, 289d oder § 289e Absatz 2, oder des § 340a Absatz 1b in Verbindung mit § 289f über den Inhalt des Lageberichts oder des gesonderten nichtfinanziellen Berichts,

4. bei der Aufstellung des Konzernlageberichts oder der Erstellung eines gesonderten nichtfinanziellen Konzernberichts einer Vorschrift der §§ 315, 315a, 340i Absatz 5, auch in Verbindung mit § 315b Absatz 2 oder 3 oder § 315c, oder des § 340i Absatz 6 in Verbindung mit § 315d über den Inhalt des Konzernlageberichts oder des gesonderten nichtfinanziellen Konzernberichts,

5. bei der Offenlegung, Veröffentlichung oder Vervielfältigung einer Vorschrift des § 328 über Form oder Inhalt oder

6. einer auf Grund des § 330 Abs. 2 in Verbindung mit Abs. 1 Satz 1 erlassenen Rechtsverordnung, soweit sie für einen bestimmten Tatbestand auf diese Bußgeldvorschrift verweist,

zuwiderhandelt.

(2) Ordnungswidrig handelt, wer zu einem Jahresabschluss, zu einem Einzelabschluss nach § 325 Abs. 2a oder zu einem Konzernabschluss, der aufgrund gesetzlicher Vorschriften zu prüfen ist, einen Vermerk nach § 322 Abs. 1 erteilt, obwohl nach § 319 Abs. 2, 3, 5, § 319a Abs. 1 Satz 1, Abs. 2, § 319b Abs. 1 er, nach § 319 Abs. 4, auch in Verbindung mit § 319a Abs. 1 Satz 2, oder § 319b Abs. 1 die Wirtschaftsprüfungsgesellschaft oder nach § 340k Abs. 2 oder Abs. 3 der Prüfungsverband oder die Prüfungsstelle, für die oder für den er tätig wird, nicht Abschlussprüfer sein darf.

(2a) Ordnungswidrig handelt, wer

1. als Mitglied eines nach § 340k Absatz 5 Satz 1 in Verbindung mit § 324 Absatz 1 Satz 1 eingerichteten Prüfungsausschusses eines CRR-Kreditinstituts im Sinne des § 1 Absatz 3d Satz 1 des Kreditwesengesetzes, mit Ausnahme der in § 2 Absatz 1 Nummer 1 und 2 des Kreditwesengesetzes genannten Institute, das keine Sparkasse ist,
    a) die Unabhängigkeit des Abschlussprüfers oder der Prüfungsgesellschaft nicht nach Maßgabe des Artikels 4 Absatz 3 Unterabsatz 2, des Arti-

1388   Merkt

4. Abschnitt. Ergänzende Vorschriften für best. Geschäftszweige § 340n

kels 5 Absatz 4 Unterabsatz 1 Satz 1 oder des Artikels 6 Absatz 2 der Verordnung (EU) Nr. 537/2014 des Europäischen Parlaments und des Rates vom 16. April 2014 über spezifische Anforderungen an die Abschlussprüfung bei Unternehmen von öffentlichem Interesse und zur Aufhebung des Beschlusses 2005/909/EG der Kommission (ABl. L 158 vom 27.5.2014, S. 77, L 170 vom 11.6.2014, S. 66) überwacht,

b) eine Empfehlung für die Bestellung eines Abschlussprüfers oder einer Prüfungsgesellschaft vorlegt, die den Anforderungen nach Artikel 16 Absatz 2 Unterabsatz 2 oder 3 der Verordnung (EU) Nr. 537/2014 nicht entspricht oder aber ein Auswahlverfahren nach Artikel 16 Absatz 3 Unterabsatz 1 der Verordnung (EU) Nr. 537/2014 nicht vorangegangen ist, oder

c) den Gesellschaftern oder der sonst für die Bestellung des Abschlussprüfers zuständigen Stelle einen Vorschlag für die Bestellung eines Abschlussprüfers oder einer Prüfungsgesellschaft vorlegt, der den Anforderungen nach Artikel 16 Absatz 5 Unterabsatz 1 der Verordnung (EU) Nr. 537/2014 nicht entspricht, oder

2. als Mitglied eines nach § 340k Absatz 5 in Verbindung mit § 324 Absatz 1 Satz 1 eingerichteten Prüfungsausschusses eines CRR-Kreditinstituts im Sinne des § 1 Absatz 3d Satz 1 des Kreditwesengesetzes, mit Ausnahme der in § 2 Absatz 1 Nummer 1 und 2 des Kreditwesengesetzes genannten Institute, das eine Sparkasse ist, die Unabhängigkeit der in § 340k Absatz 3 Satz 2 zweiter Halbsatz genannten Personen nicht nach Maßgabe des Artikels 5 Absatz 4 Unterabsatz 1 Satz 1 der Verordnung (EU) Nr. 537/2014 in Verbindung mit § 340k Absatz 3 Satz 2 oder nach Maßgabe des Artikels 6 Absatz 2 der Verordnung (EU) Nr. 537/2014 überwacht.

(3) Die Ordnungswidrigkeit kann mit einer Geldbuße bis zu fünfzigtausend Euro geahndet werden. [2]Ist das Kreditinstitut kapitalmarktorientiert im Sinne des § 264d, beträgt die Geldbuße in den Fällen des Absatzes 1 höchstens den höheren der folgenden Beträge:

1. zwei Millionen Euro oder
2. das Zweifache des aus der Ordnungswidrigkeit gezogenen wirtschaftlichen Vorteils, wobei der wirtschaftliche Vorteil erzielte Gewinne und vermiedene Verluste umfasst und geschätzt werden kann.

(3a) Wird gegen ein Kreditinstitut, das kapitalmarktorientiert im Sinne des § 264d ist, in den Fällen des Absatzes 1 eine Geldbuße nach § 30 des Gesetzes der Ordnungswidrigkeiten verhängt, beträgt die Geldbuße höchstens den höchsten der folgenden Beträge:

1. zehn Millionen Euro,
2. 5 Prozent des jährlichen Gesamtumsatzes, den das Kreditinstitut in der Behördenentscheidung vorausgegangenen Geschäftsjahr erzielt hat oder
3. das Zweifache des aus der Ordnungswidrigkeit gezogenen wirtschaftlichen Vorteils, wobei der wirtschaftliche Vorteil erzielte Gewinne und vermiedene Verluste umfasst und auch geschätzt werden kann.

(3b) [1]Als Gesamtumsatz ist anstelle des Betrags der Umsatzerlöse der sich aus dem auf das Kreditinstitut anwendbaren nationalen Recht im Einklang mit Artikel 27 Nummer 1, 3, 4, 6 und 7 oder Artikel 28 Buchstabe B Nummer 1, 2, 3, 4 und 7 der Richtlinie 86/635/EWG des Rates vom 8. Dezember 1986 über den Jahresabschluss und den konsolidierten Abschluss von Banken und anderen Finanzinstituten (ABl. L 372 vom 31.12.1986, S. 1; L 316 vom 23.11.1988, S. 51), die zuletzt durch die Richtlinie 2006/46/EG (ABl. L 224 vom 16.8.2006, S. 1) geändert worden ist, ergebende Gesamtbetrag, abzüglich der Umsatzsteuer und sonstiger direkt auf diese Erträge erhobener Steuern,

Merkt

§ 340o

maßgeblich. ²Handelt es sich bei dem Kreditinstitut um ein Mutterunternehmen oder ein Tochterunternehmen im Sinne des § 290, ist anstelle des Gesamtumsatzes des Kreditinstituts der jeweilige Gesamtbetrag im Konzernabschluss des Mutterunternehmens maßgeblich, der für den größten Kreis von Unternehmen aufgestellt wird. ³Wird der Konzernabschluss für den größten Kreis von Unternehmen nicht nach den in Satz 1 genannten Vorschriften aufgestellt, ist der Gesamtumsatz nach Maßgabe der Posten des Konzernabschlusses zu ermitteln, die mit den von Satz 1 erfassten Posten vergleichbar sind. ⁴Ist ein Jahres- oder Konzernabschluss für das maßgebliche Geschäftsjahr nicht verfügbar, ist der Jahres- oder Konzernabschluss für das unmittelbar vorausgehende Geschäftsjahr maßgeblich; ist auch dieser nicht verfügbar, kann der Gesamtumsatz geschätzt werden.

(4) Verwaltungsbehörde im Sinn des § 36 Abs. 1 Nr. 1 des Gesetzes über Ordnungswidrigkeiten ist in den Fällen der Absätze 1 und 2a die Bundesanstalt für Finanzdienstleistungsaufsicht, in den Fällen des Absatzes 2 die Abschlussprüferaufsichtsstelle beim Bundesamt für Wirtschaft und Ausfuhrkontrolle.

(5) Die Bundesanstalt für Finanzdienstleistungsaufsicht übermittelt der Abschlussprüferaufsichtsstelle beim Bundesamt für Wirtschaft und Ausfuhrkontrolle alle Bußgeldentscheidungen nach Absatz 2a.

1   1) § 340n enthält Ordnungswidrigkeitentatbestände für Geschäftsleiter, Inhaber von Privatbanken und Aufsichtsratsmitglieder (**I**, s § 340m Rn 1) und für Prüfer (**II**). **I Nr 1** idF BilMoG 2009; **I 2** idF KWGÄndG 1992; **I Nr 3, 4** geändert durch CSR-RUG, erfassen seither auch Verstöße der Mitglieder des vertretungsberechtigten Organs oder Geschäftsleiter von Kreditinstituten und deren Zweigniederlassungen in Bezug auf die Erstellung der nichtfinanziellen Erklärung oder eines gesonderten nichtfinanziellen Berichts sowie auf die entsprechende Berichterstattung auf Konzernebene; **II** idF BilMoG 2009; **IIa** und **V** neu und weitere Änderungen durch AReG. Bußgeldrahmen in **III-IIIb**, neu durch CSR-RUG. Vorsatztat, Näheres s OWiG; **IV** eingefügt durch EHUG 2006, geändert durch AReG, begründet bei Kreditinstituten die Zuständigkeit der BaFin anstelle des BAFA, dem jedoch die Fälle des **II** zugewiesen sind. **Lit** Blöink/Halbleib Konzern **17**, 182; Holzmeier/Burth/Hachmeister IRZ **17**, 215.

Festsetzung von Ordnungsgeld

340o ¹Personen, die

1. als Geschäftsleiter im Sinne des § 1 Absatz 2 Satz 1 des Kreditwesengesetzes eines Kreditinstituts oder Finanzdienstleistungsinstituts im Sinne des § 340 Absatz 4 Satz 1 oder als Geschäftsleiter im Sinne des § 1 Absatz 8 Satz 1 und 2 des Zahlungsdiensteaufsichtsgesetzes eines Instituts im Sinne des § 340 Absatz 5 oder als Inhaber eines in der Rechtsform des Einzelkaufmanns betriebenen Kreditinstituts oder Finanzdienstleistungsinstituts im Sinne des § 340 Absatz 4 Satz 1, den § 340l Absatz 1 Satz 1 in Verbindung mit § 325 Absatz 2 bis 5, die §§ 328, 329 Absatz 1 über die Pflicht zur Offenlegung des Jahresabschlusses, des Lageberichts, des Konzernabschlusses, des Konzernlageberichts und anderer Unterlagen der Rechnungslegung oder
2. als Geschäftsleiter von Zweigniederlassungen im Sinn des § 53 Abs. 1 des Kreditwesengesetzes § 340l Abs. 1 oder Abs. 2 über die Offenlegung der Rechnungslegungsunterlagen

nicht befolgen, sind hierzu vom Bundesamt für Justiz durch Festsetzung von Ordnungsgeld anzuhalten. ²Die §§ 335 bis 335b sind entsprechend anzuwenden.

1) § 340o idF 2013 (**Übergangsrecht** in (1) EGHGB Art 70 III) regelt die Festsetzung von Ordnungsgeld; dabei gelten §§ 335–335b idF 2013.

Zweiter Unterabschnitt. Ergänzende Vorschriften für Versicherungsunternehmen und Pensionsfonds

Erster Titel. Anwendungsbereich

[Anwendungsbereich]

341 (1) ¹Dieser Unterabschnitt ist, soweit nichts anderes bestimmt ist, auf Unternehmen, die den Betrieb von Versicherungsgeschäften zum Gegenstand haben und nicht Träger der Sozialversicherung sind (Versicherungsunternehmen), anzuwenden. ²Dies gilt nicht für solche Versicherungsunternehmen, die auf Grund von Gesetz, Tarifvertrag oder Satzung ausschließlich für ihre Mitglieder oder die durch Gesetz oder Satzung begünstigten Personen Leistungen erbringen oder als nicht rechtsfähige Einrichtungen ihre Aufwendungen im Umlageverfahren decken, es sei denn, sie sind Aktiengesellschaften, Versicherungsvereine auf Gegenseitigkeit oder rechtsfähige kommunale Schadenversicherungsunternehmen.

(2) ¹Versicherungsunternehmen im Sinne des Absatzes 1 sind auch Niederlassungen im Geltungsbereich dieses Gesetzes von Versicherungsunternehmen mit Sitz in einem anderen Staat, wenn sie zum Betrieb des Direktversicherungsgeschäfts der Erlaubnis durch die deutsche Versicherungsaufsichtsbehörde bedürfen. ²Niederlassungen von Versicherungsunternehmen mit Sitz in einem Mitgliedstaat der Europäischen Union oder einem anderen Vertragsstaat des Abkommens über den Europäischen Wirtschaftsraum, die keiner Erlaubnis zum Betrieb des Direktversicherungsgeschäfts durch die deutsche Versicherungsaufsichtsbehörde bedürfen, haben die ergänzenden Vorschriften über den Ansatz und die Bewertung von Vermögensgegenständen und Schulden des Ersten bis Vierten Titels dieses Unterabschnitts und der Versicherungsunternehmens-Rechnungslegungsverordnung in ihrer jeweils geltenden Fassung anzuwenden.

(3) Zusätzliche Anforderungen auf Grund von Vorschriften, die wegen der Rechtsform oder für Niederlassungen bestehen, bleiben unberührt.

(4) ¹Die Vorschriften des Ersten bis Siebenten Titels dieses Unterabschnitts sind mit Ausnahme von Absatz 1 Satz 2 auf Pensionsfonds (§ 236 Absatz 1 des Versicherungsaufsichtsgesetzes) entsprechend anzuwenden. ²§ 341d ist mit der Maßgabe anzuwenden, dass Kapitalanlagen für Rechnung und Risiko von Arbeitnehmern und Arbeitgebern mit dem Zeitwert unter Berücksichtigung des Grundsatzes der Vorsicht zu bewerten sind; §§ 341b, 341c sind insoweit nicht anzuwenden.

1) Das Versicherungsbilanzrichtlinie-Gesetz 1994 (VersRiLiG)

Der 2. Unterabschn (§§ 341–341o) enthält ergänzende Vorschriften für Versicherungsunternehmen unabhängig von ihrer Rechtsform. Er wurde eingefügt durch das **VersicherungsbilanzrichtlinieG** 24.6.1994 BGBl I 1377, in Kraft ab 1.7.1994. Nach der Konzeption des VersRiLiG (entspr wie BankBiRiLiG, § 340 Rn 1) findet sich das gesamte Rechnungslegungsrecht für Versicherungsunternehmen im Dritten Buch des HGB und dem dazu gehörenden VORecht (§ 330

§ 341a

IV nF). **Übergangsrecht** in **(1)** EGHGB Art 31, 33 (dazu Einl 74, 75v § 238). II 2 eingefügt durch JahressteuerG 2010, BGBl I 1768, in Kraft ab 14.12.10.

2) Die EG-Versicherungsbilanz-Richtlinie

2 Das VersRiLiG hat die **EG-Versicherungsbilanz-Richtlinie** 19.12.91 ABl-EG 31.12.91 Nr L 374/7 umgesetzt.

3) Verordnung über die Rechnungslegung der Versicherungsunternehmen (RechVersV)

3 Für Versicherungsunternehmen gilt auf Grund von § 330 die VO über die Rechnungslegung von Versicherungsunternehmen **(RechVersV)** 8.11.1994 BGBl 3378, idF 9.6.98 BGBl 1249.

Zweiter Titel. Jahresabschluß, Lagebericht

Anzuwendende Vorschriften

341a (1) ¹Versicherungsunternehmen haben einen Jahresabschluß und einen Lagebericht nach den für große Kapitalgesellschaften geltenden Vorschriften des Ersten Unterabschnitts des Zweiten Abschnitts in den ersten vier Monaten des Geschäftsjahres für das vergangene Geschäftsjahr aufzustellen und dem Abschlußprüfer zur Durchführung der Prüfung vorzulegen; die Frist des § 264 Abs. 1 Satz 3 gilt nicht. ²Ist das Versicherungsunternehmen eine Kapitalgesellschaft im Sinn des § 325 Abs. 4 Satz 1 und nicht zugleich im Sinn des § 327a, beträgt die Frist nach Satz 1 vier Monate.

(1a) ¹Ein Versicherungsunternehmen hat seinen Lagebericht um eine nichtfinanzielle Erklärung zu erweitern, wenn es in entsprechender Anwendung des § 267 Absatz 3 Satz 1 und Absatz 4 bis 5 als groß gilt und im Jahresdurchschnitt mehr als 500 Arbeitnehmer beschäftigt. ²Wenn die nichtfinanzielle Erklärung einen besonderen Abschnitt des Lageberichts bildet, darf das Versicherungsunternehmen auf die an anderer Stelle im Lagebericht enthaltenen nichtfinanziellen Angaben verweisen. ³ § 289b Absatz 2 bis 4 und die §§ 289c bis 289e sind entsprechend anzuwenden.

(1b) Ein Versicherungsunternehmen, das nach Absatz 1 in Verbindung mit § 289f Absatz 1 eine Erklärung zur Unternehmensführung zu erstellen hat, hat darin Angaben nach § 289f Absatz 2 Nummer 6 aufzunehmen, wenn es in entsprechender Anwendung des § 267 Absatz 3 Satz 1 und Absatz 4 bis 5 als groß gilt.

(2) ¹ § 265 Abs. 6, §§ 267, 268 Abs. 4 Satz 1, Abs. 5 Satz 1 und 2, §§ 276, 277 Abs. 1 und 2, § 285 Nr. 8 Litabe a und § 288 sind nicht anzuwenden. ²Anstelle von § 247 Abs. 1, §§ 251, 265 Abs. 7, §§ 266, 268 Absatz 7, §§ 275, 284 Absatz 3, § 285 Nummer 4 und 8 Litabe b sowie § 286 Abs. 2 sind die durch Rechtsverordnung erlassenen Formblätter und anderen Vorschriften anzuwenden. ³ § 246 Abs. 2 ist nicht anzuwenden, soweit abweichende Vorschriften bestehen. ⁴ § 264 Abs. 3 und § 264b sind mit der Maßgabe anzuwenden, daß das Versicherungsunternehmen unter den genannten Voraussetzungen die Vorschriften des Vierten Unterabschnitts des Zweiten Abschnitts nicht anzuwenden braucht. ⁵ § 285 Nr. 3a gilt mit der Maßgabe, daß die Angaben für solche finanzielle Verpflichtungen nicht zu machen sind, die im Rahmen des Versicherungsgeschäfts entstehen. ⁶ § 285 Nummer 31 ist nicht anzuwenden; unter den Posten „außerordentliche Erträge" und „außerordentliche Aufwendungen" sind Erträge und Aufwendungen auszuweisen, die außerhalb der gewöhnlichen Geschäftstätigkeit anfallen. ⁷Im Anhang sind diese Posten hinsichtlich ihres Betrags und ihrer Art zu erläutern, soweit die ausgewiesenen

Beträge für die Beurteilung der Ertragslage nicht von untergeordneter Bedeutung sind.

(3) Auf Krankenversicherungsunternehmen, die das Krankenversicherungsgeschäft ausschließlich oder überwiegend nach Art der Lebensversicherung betreiben, sind die für die Rechnungslegung der Lebensversicherungsunternehmen geltenden Vorschriften entsprechend anzuwenden.

(4) Auf Versicherungsunternehmen, die nicht Aktiengesellschaften, Kommanditgesellschaften auf Aktien oder kleinere Vereine sind, sind § 152 Abs. 2 und 3 sowie die §§ 170 bis 176 des Aktiengesetzes entsprechend anzuwenden.

(5) ¹Bei Versicherungsunternehmen, die ausschließlich die Rückversicherung betreiben oder deren Beiträge aus in Rückdeckung übernommenen Versicherungen die übrigen Beiträge übersteigen, verlängert sich die in Absatz 1 Satz 1 erster Halbsatz genannte Frist von vier Monaten auf zehn Monate, sofern das Geschäftsjahr mit dem Kalenderjahr übereinstimmt; die Hauptversammlung oder die Versammlung der obersten Vertretung, die den Jahresabschluß entgegennimmt oder festzustellen hat, muß abweichend von § 175 Abs. 1 Satz 2 des Aktiengesetzes spätestens 14 Monate nach dem Ende des vergangenen Geschäftsjahres stattfinden. ²Die Frist von vier Monaten nach Absatz 1 Satz 2 verlängert sich in den Fällen des Satzes 1 nicht.

1) Ia, Ib eingeführt durch CSR-Ri-UmsetzungG v. 11.4.17 (**Übergangsrecht** in (1) EGHGB Art 80). Lit Boeker/Zwirner SteuK **16**, 426; Seibt DB **16**, 2707; Blöink/Halbleib Konzern **17**, 182; Rimmelspacher/Schäfer/Schönberger KoR **17**, 225.

Dritter Titel. Bewertungsvorschriften

Bewertung von Vermögensgegenständen

341b (1) ¹Versicherungsunternehmen haben immaterielle Vermögensgegenstände, soweit sie entgeltlich erworben wurden, Grundstücke, grundstücksgleiche Rechte und Bauten einschließlich der Bauten auf fremden Grundstücken, technische Anlagen und Maschinen, andere Anlagen, Betriebs- und Geschäftsausstattung, Anlagen im Bau und Vorräte nach den für das Anlagevermögen geltenden Vorschriften zu bewerten. ²Satz 1 ist vorbehaltlich Absatz 2 und § 341c auch auf Kapitalanlagen anzuwenden, soweit es sich hierbei um Beteiligungen, Anteile an verbundenen Unternehmen, Ausleihungen an verbundene Unternehmen oder an Unternehmen, mit denen ein Beteiligungsverhältnis besteht, Namensschuldverschreibungen, Hypothekendarlehen und andere Forderungen und Rechte, sonstige Ausleihungen und Depotforderungen aus dem in Rückdeckung übernommenen Versicherungsgeschäft handelt. ³ § 253 Absatz 3 Satz 6 ist nur auf die in Satz 2 bezeichneten Vermögensgegenstände anzuwenden.

(2) Auf Kapitalanlagen, soweit es sich hierbei um Aktien einschließlich der eigenen Anteile, Anteile oder Aktien an Investmentvermögen sowie sonstige festverzinsliche und nicht festverzinsliche Wertpapiere handelt, sind die für das Umlaufvermögen geltenden § 253 Abs. 1 Satz 1, Abs. 4 und 5, § 256 anzuwenden, es sei denn, dass sie dazu bestimmt werden, dauernd dem Geschäftsbetrieb zu dienen; in diesem Fall sind sie nach den für das Anlagevermögen geltenden Vorschriften zu bewerten.

(3) § 256 Satz 2 in Verbindung mit § 240 Abs. 3 über die Bewertung zum Festwert ist auf Grundstücke, Bauten und im Bau befindliche Anlagen nicht anzuwenden.

§ 341e

(4) Verträge, die von Pensionsfonds bei Lebensversicherungsunternehmen zur Deckung von Verpflichtungen gegenüber Versorgungsberechtigten eingegangen werden, sind mit dem Zeitwert unter Berücksichtigung des Grundsatzes der Vorsicht zu bewerten; die Absätze 1 bis 3 sind insoweit nicht anzuwenden.

1) IV eingef durch BilMoG 2009.

Namensschuldverschreibungen, Hypothekendarlehen und andere Forderungen

341c (1) Abweichend von § 253 Abs. 1 Satz 1 dürfen Namensschuldverschreibungen mit ihrem Nennbetrag angesetzt werden.

(2) [1] Ist der Nennbetrag höher als die Anschaffungskosten, so ist der Unterschiedsbetrag in den Rechnungsabgrenzungsposten auf der Passivseite aufzunehmen, planmäßig aufzulösen und in seiner jeweiligen Höhe in der Bilanz oder im Anhang gesondert anzugeben. [2] Ist der Nennbetrag niedriger als die Anschaffungskosten, darf der Unterschiedsbetrag in den Rechnungsabgrenzungsposten auf der Aktivseite aufgenommen werden; er ist planmäßig aufzulösen und in seiner jeweiligen Höhe in der Bilanz oder im Anhang gesondert anzugeben.

(3) Bei Hypothekendarlehen und anderen Forderungen dürfen die Anschaffungskosten zuzüglich oder abzüglich der kumulierten Amortisation einer Differenz zwischen den Anschaffungskosten und dem Rückzahlungsbetrag unter Anwendung der Effektivzinsmethode angesetzt werden.

Anlagestock der fondsgebundenen Lebensversicherung

341d Kapitalanlagen für Rechnung und Risiko von Inhabern von Lebensversicherungsverträgen, bei denen das Anlagerisiko vom Versicherungsnehmer getragen wird, sind mit dem Zeitwert unter Berücksichtigung des Grundsatzes der Vorsicht zu bewerten; die §§ 341b, 341c sind nicht anzuwenden.

Vierter Titel. Versicherungstechnische Rückstellungen

Allgemeine Bilanzierungsgrundsätze

341e (1) [1] Versicherungsunternehmen haben versicherungstechnische Rückstellungen auch insoweit zu bilden, wie dies nach vernünftiger kaufmännischer Beurteilung notwendig ist, um die dauernde Erfüllbarkeit der Verpflichtungen aus den Versicherungsverträgen sicherzustellen. [2] Dabei sind mit Ausnahme der Vorschriften der §§ 74 bis 87 des Versicherungsaufsichtsgesetzes die im Interesse der Versicherten erlassenen aufsichtsrechtlichen Vorschriften über die bei der Berechnung der Rückstellungen zu verwendenden Rechnungsgrundlagen einschließlich des dafür anzusetzenden Rechnungszinsfußes und über die Zuweisung bestimmter Kapitalerträge zu den Rückstellungen zu berücksichtigen. [3] Die Rückstellungen sind nach den Wertverhältnissen am Abschlussstichtag zu bewerten und nicht nach § 253 Abs. 2 abzuzinsen.

(2) Versicherungstechnische Rückstellungen sind außer in den Fällen der §§ 341f bis 341h insbesondere zu bilden

1. für den Teil der Beiträge, der Ertrag für eine bestimmte Zeit nach dem Abschlußstichtag darstellt (Beitragsüberträge);

2. für erfolgsabhängige und erfolgsunabhängige Beitragsrückerstattungen, soweit die ausschließliche Verwendung der Rückstellung zu diesem Zweck durch Gesetz, Satzung, geschäftsplanmäßige Erklärung oder vertragliche Vereinbarung gesichert ist (Rückstellung für Beitragsrückerstattung);
3. für Verluste, mit denen nach dem Abschlußstichtag aus bis zum Ende des Geschäftsjahres geschlossenen Verträgen zu rechnen ist (Rückstellung für drohende Verluste aus dem Versicherungsgeschäft).

(3) Soweit eine Bewertung nach § 252 Abs. 1 Nr. 3 oder § 240 Abs. 4 nicht möglich ist oder der damit verbundene Aufwand unverhältnismäßig wäre, können die Rückstellungen auf Grund von Näherungsverfahren geschätzt werden, wenn anzunehmen ist, daß diese zu annähernd gleichen Ergebnissen wie Einzelberechnungen führen.

Deckungsrückstellung

§ 341f (1) ¹Deckungsrückstellungen sind für die Verpflichtungen aus dem Lebensversicherungs- und dem nach Art der Lebensversicherung betriebenen Versicherungsgeschäft in Höhe ihres versicherungsmathematisch errechneten Wertes einschließlich bereits zugeteilter Überschußanteile mit Ausnahme der verzinslich angesammelten Überschußanteile und nach Abzug des versicherungsmathematisch ermittelten Barwerts der künftigen Beiträge zu bilden (prospektive Methode). ²Ist eine Ermittlung des Wertes der künftigen Verpflichtungen und der künftigen Beiträge nicht möglich, hat die Berechnung auf Grund der aufgezinsten Einnahmen und Ausgaben der vorangegangenen Geschäftsjahre zu erfolgen (retrospektive Methode).

(2) Bei der Bildung der Deckungsrückstellung sind auch gegenüber den Versicherten eingegangene Zinssatzverpflichtungen zu berücksichtigen, sofern die derzeitigen oder zu erwartenden Erträge der Vermögenswerte des Unternehmens für die Deckung dieser Verpflichtungen nicht ausreichen.

(3) ¹In der Krankenversicherung, die nach Art der Lebensversicherung betrieben wird, ist als Deckungsrückstellung eine Alterungsrückstellung zu bilden; hierunter fallen auch der Rückstellung bereits zugeführte Beträge aus der Rückstellung für Beitragsrückerstattung sowie Zuschreibungen, die dem Aufbau einer Anwartschaft auf Beitragsermäßigung im Alter dienen. ²Bei der Berechnung sind die für die Berechnung der Prämien geltenden aufsichtsrechtlichen Bestimmungen zu berücksichtigen.

Rückstellung für noch nicht abgewickelte Versicherungsfälle

§ 341g (1) ¹Rückstellungen für noch nicht abgewickelte Versicherungsfälle sind für die Verpflichtungen aus den bis zum Ende des Geschäftsjahres eingetretenen, aber noch nicht abgewickelten Versicherungsfällen zu bilden. ²Hierbei sind die gesamten Schadenregulierungsaufwendungen zu berücksichtigen.

(2) ¹Für bis zum Abschlußstichtag eingetretene, aber bis zur inventurmäßigen Erfassung noch nicht gemeldete Versicherungsfälle ist die Rückstellung pauschal zu bewerten. ²Dabei sind die bisherigen Erfahrungen in bezug auf die Anzahl der nach dem Abschlußstichtag gemeldeten Versicherungsfälle und die Höhe der damit verbundenen Aufwendungen zu berücksichtigen.

(3) ¹Bei Krankenversicherungsunternehmen ist die Rückstellung anhand eines statistischen Näherungsverfahrens zu ermitteln. ²Dabei ist von den in

den ersten Monaten des nach dem Abschlußstichtag folgenden Geschäftsjahres erfolgten Zahlungen für die bis zum Abschlußstichtag eingetretenen Versicherungsfälle auszugehen.

(4) Bei Mitversicherungen muß die Rückstellung der Höhe nach anteilig zumindest derjenigen entsprechen, die der führende Versicherer nach den Vorschriften oder der Übung in dem Land bilden muß, von dem aus er tätig wird.

(5) Sind die Versicherungsleistungen auf Grund rechtskräftigen Urteils, Vergleichs oder Anerkenntnisses in Form einer Rente zu erbringen, so müssen die Rückstellungsbeträge nach anerkannten versicherungsmathematischen Methoden berechnet werden.

Schwankungsrückstellung und ähnliche Rückstellungen

341h (1) Schwankungsrückstellungen sind zum Ausgleich der Schwankungen im Schadenverlauf künftiger Jahre zu bilden, wenn insbesondere
1. nach den Erfahrungen in dem betreffenden Versicherungszweig mit erheblichen Schwankungen der jährlichen Aufwendungen für Versicherungsfälle zu rechnen ist,
2. die Schwankungen nicht jeweils durch Beiträge ausgeglichen werden und
3. die Schwankungen nicht durch Rückversicherungen gedeckt sind.

(2) Für Risiken gleicher Art, bei denen der Ausgleich von Leistung und Gegenleistung wegen des hohen Schadenrisikos im Einzelfall nach versicherungsmathematischen Grundsätzen nicht im Geschäftsjahr, sondern nur in einem am Abschlußstichtag nicht bestimmbaren Zeitraum gefunden werden kann, ist eine Rückstellung zu bilden und in der Bilanz als „ähnliche Rückstellung" unter den Schwankungsrückstellungen auszuweisen.

Fünfter Titel. Konzernabschluß, Konzernlagebericht

Aufstellung, Fristen

341i (1) [1] Versicherungsunternehmen, auch wenn sie nicht in der Rechtsform einer Kapitalgesellschaft betrieben werden, haben unabhängig von ihrer Größe einen Konzernabschluß und einen Konzernlagebericht aufzustellen. [2] Zusätzliche Anforderungen auf Grund von Vorschriften, die wegen der Rechtsform bestehen, bleiben unberührt.

(2) Als Versicherungsunternehmen im Sinne dieses Titels gelten auch Mutterunternehmen, deren einziger oder hauptsächlicher Zweck darin besteht, Beteiligungen an Tochterunternehmen zu erwerben, diese Beteiligungen zu verwalten und rentabel zu machen, sofern diese Tochterunternehmen ausschließlich oder überwiegend Versicherungsunternehmen sind.

(3) [1] Die gesetzlichen Vertreter eines Mutterunternehmens haben den Konzernabschluß und den Konzernlagebericht abweichend von § 290 Abs. 1 innerhalb von zwei Monaten nach Ablauf der Aufstellungsfrist für den zuletzt aufzustellenden und in den Konzernabschluß einzubeziehenden Abschluß, spätestens jedoch innerhalb von zwölf Monaten nach dem Stichtag des Konzernabschlusses, für das vergangene Konzerngeschäftsjahr aufzustellen und dem Abschlußprüfer des Konzernabschlusses vorzulegen; ist das Mutterunternehmen eine Kapitalgesellschaft im Sinn des § 325 Abs. 4 Satz 1 und nicht zugleich im Sinn des § 327a, tritt an die Stelle der Frist von längstens zwölf eine Frist von längstens vier Monaten. [2] § 299 Abs. 2 Satz 2 ist mit der Maßgabe

4. Abschnitt. Ergänzende Vorschriften für best. Geschäftszweige § 341j

anzuwenden, daß der Stichtag des Jahresabschlusses eines Unternehmens nicht länger als sechs Monate vor dem Stichtag des Konzernabschlusses liegen darf.

(4) Der Konzernabschluß und der Konzernlagebericht sind abweichend von § 175 Abs. 1 Satz 1 des Aktiengesetzes spätestens der nächsten nach Ablauf der Aufstellungsfrist für den Konzernabschluß und Konzernlagebericht einzuberufenden Hauptversammlung, die einen Jahresabschluß des Mutterunternehmens entgegennimmt oder festzustellen hat, vorzulegen.

Anzuwendende Vorschriften

341j (1) [1] Auf den Konzernabschluß und den Konzernlagebericht sind die Vorschriften des Zweiten Unterabschnitts des Zweiten Abschnitts über den Konzernabschluß und den Konzernlagebericht und, soweit die Eigenart des Konzernabschlusses keine Abweichungen bedingt, die §§ 341a bis 341h über den Jahresabschluß sowie die für die Rechtsform und den Geschäftszweig der in den Konzernabschluß einbezogenen Unternehmen mit Sitz im Geltungsbereich dieses Gesetzes geltenden Vorschriften entsprechend anzuwenden, soweit sie für große Kapitalgesellschaften gelten. [2] Die §§ 293, 298 Absatz 1 sowie § 314 Absatz 1 Nummer 3 und 23 sind nicht anzuwenden. [3] § 314 Abs. 1 Nr. 2a gilt mit der Maßgabe, daß die Angaben für solche finanzielle Verpflichtungen nicht zu machen sind, die im Rahmen des Versicherungsgeschäfts entstehen. [4] In den Fällen des § 315e Abs. 1 finden abweichend von Satz 1 nur die §§ 290 bis 292, 315e Anwendung; die Sätze 2 und 3 dieses Absatzes und Absatz 2, § 341i Abs. 3 Satz 2 sowie die Bestimmungen der Versicherungsunternehmens-Rechnungslegungsverordnung vom 8. November 1994 (BGBl. I S. 3378) und der Pensionsfonds-Rechnungslegungsverordnung vom 25. Februar 2003 (BGBl. I S. 246) in ihren jeweils geltenden Fassungen sind nicht anzuwenden.

(2) § 304 Abs. 1 braucht nicht angewendet zu werden, wenn die Lieferungen oder Leistungen zu üblichen Marktbedingungen vorgenommen worden sind und Rechtsansprüche der Versicherungsnehmer begründet haben.

(3) Auf Versicherungsunternehmen, die nicht Aktiengesellschaften, Kommanditgesellschaften auf Aktien oder kleinere Vereine sind, ist § 170 Abs. 1 und 3 des Aktiengesetzes entsprechend anzuwenden.

(4) [1] Ein Versicherungsunternehmen, das ein Mutterunternehmen (§ 290) ist, hat den Konzernlagebericht um eine nichtfinanzielle Konzernlageerklärung zu erweitern, wenn auf die in den Konzernabschluss einzubeziehenden Unternehmen die folgenden Merkmale zutreffen:
1. sie erfüllen die in § 293 Absatz 1 Satz 1 Nummer 1 oder 2 geregelten Voraussetzungen für eine größenabhängige Befreiung nicht und
2. bei ihnen sind insgesamt im Jahresdurchschnitt mehr als 500 Arbeitnehmer beschäftigt.

[2] § 267 Absatz 4 bis 5, § 298 Absatz 2, § 315b Absatz 2 bis 4 und § 315c sind entsprechend anzuwenden. [3] Wenn die nichtfinanzielle Erklärung einen besonderen Abschnitt des Konzernlageberichts bildet, darf das Versicherungsunternehmen auf die an anderer Stelle im Konzernlagebericht enthaltenen nichtfinanziellen Angaben verweisen.

(5) Ein Versicherungsunternehmen, das nach Absatz 1 in Verbindung mit § 315d eine Konzernerklärung zur Unternehmensführung zu erstellen hat, hat darin Angaben nach § 315d in Verbindung mit § 289f Absatz 2 Nummer 6 aufzunehmen, wenn es in entsprechender Anwendung des § 267 Absatz 3 Satz 1 und Absatz 4 bis 5 als groß gilt.

Merkt

§ 341l

1 1) I 4 redaktionell geändert, **IV, V** neu angefügt durch CSR-Ri-UmsetzungG v 11.4.17 (**Übergangsrecht** in (1) EGHGB Art 80). **Lit** Blöink/Halbleib Konzern **17**, 182.

Sechster Titel. Prüfung

[Prüfung]

341k (1) ¹Versicherungsunternehmen haben unabhängig von ihrer Größe ihren Jahresabschluß und Lagebericht sowie ihren Konzernabschluß und Konzernlagebericht nach den Vorschriften des Dritten Unterabschnitts des Zweiten Abschnitts prüfen zu lassen. ²§ 318 Absatz 1a und § 319 Absatz 1 Satz 2 sind nicht anzuwenden. ³Hat keine Prüfung stattgefunden, so kann der Jahresabschluß nicht festgestellt werden. ⁴Auf Versicherungsunternehmen im Sinne des Artikels 2 Absatz 1 der Richtlinie 91/674/EWG sind die Vorschriften des Dritten Unterabschnitts des Zweiten Abschnitts nur insoweit anzuwenden, als nicht die Verordnung (EU) Nr. 537/2014 anzuwenden ist.

(2) ¹§ 318 Abs. 1 Satz 1 ist mit der Maßgabe anzuwenden, daß der Abschlußprüfer des Jahresabschlusses und des Konzernabschlusses vom Aufsichtsrat bestimmt wird. ²§ 318 Abs. 1 Satz 3 und 4 gilt entsprechend.

(3) In den Fällen des § 321 Abs. 1 Satz 3 hat der Abschlußprüfer die Aufsichtsbehörde unverzüglich zu unterrichten.

(4) ¹Versicherungsunternehmen im Sinne des Artikels 2 Absatz 1 der Richtlinie 91/674/EWG haben, auch wenn sie nicht kapitalmarktorientiert im Sinne des § 264d sind, § 324 Absatz 1 und 2 anzuwenden, wenn sie keinen Aufsichts- oder Verwaltungsrat haben, der die Voraussetzungen des § 100 Absatz 5 des Aktiengesetzes erfüllen muss. ²Dies gilt für landesrechtliche öffentlich-rechtliche Versicherungsunternehmen nur, soweit das Landesrecht nichts anderes vorsieht.

1 1) I 2 (geändert), I 3 (neu), IV 1 (geändert) idF AReG, in Kraft ab 17.6.16. **Lit** Bürkle VersR **16**, 1145; Zander WPg **17**, 133 (Prüf-V).

Siebenter Titel. Offenlegung

[Offenlegung]

341l (1) ¹Versicherungsunternehmen haben den Jahresabschluß und den Konzernabschluß sowie den Lagebericht und den Konzernlagebericht und die anderen in § 325 bezeichneten Unterlagen nach § 325 Abs. 2 bis 5, §§ 328, 329 Abs. 1 und 4 offenzulegen. ²Von den in § 341a Abs. 5 genannten Versicherungsunternehmen ist § 325 Abs. 1 mit der Maßgabe anzuwenden, dass die Frist für die Einreichung der Unterlagen beim Betreiber des Bundesanzeigers 15 Monate, im Fall des § 325 Abs. 4 Satz 1 vier Monate beträgt; § 327a ist anzuwenden.

(2) Die gesetzlichen Vertreter eines Mutterunternehmens haben abweichend von § 325 Abs. 3 unverzüglich nach der Hauptversammlung oder der dieser entsprechenden Versammlung der obersten Vertretung, welcher der Konzernabschluß und der Konzernlagebericht vorzulegen sind, jedoch spätestens vor Ablauf des dieser Versammlung folgenden Monats den Konzernabschluß mit dem Bestätigungsvermerk oder dem Vermerk über dessen Versagung und den Konzernlagebericht mit Ausnahme der Aufstellung des Anteilsbesitzes beim Betreiber des Bundesanzeigers elektronisch einzureichen.

4. Abschnitt. Ergänzende Vorschriften für best. Geschäftszweige § 341n

(3) Soweit Absatz 1 Satz 1 auf § 325 Abs. 2a Satz 3 und 5 verweist, gelten die folgenden Maßgaben und ergänzenden Bestimmungen:
1. Die in § 325 Abs. 2a Satz 3 genannten Vorschriften des Ersten Unterabschnitts des Zweiten Abschnitts des Dritten Buchs sind auch auf Versicherungsunternehmen anzuwenden, die nicht in der Rechtsform einer Kapitalgesellschaft betrieben werden.
2. An Stelle des § 285 Nr. 8 Buchstabe b gilt die Vorschrift des § 51 Abs. 5 in Verbindung mit Muster 2 der Versicherungsunternehmens-Rechnungslegungsverordnung vom 8. November 1994 (BGBl. I S. 3378) in der jeweils geltenden Fassung.
3. § 341a Abs. 4 ist anzuwenden, soweit er auf die Bestimmungen der §§ 170, 171 und 175 des Aktiengesetzes über den Einzelabschluss nach § 325 Abs. 2a dieses Gesetzes verweist.
4. Im Übrigen finden die Bestimmungen des Zweiten bis Vierten Titels dieses Unterabschnitts sowie der Versicherungsunternehmens-Rechnungslegungsverordnung keine Anwendung.

Achter Titel. Straf- und Bußgeldvorschriften, Ordnungsgelder

Strafvorschriften

341m (1) ¹Die Strafvorschriften der §§ 331 bis 333 sind auch auf nicht in der Rechtsform einer Kapitalgesellschaft betriebene Versicherungsunternehmen und Pensionsfonds anzuwenden. ²§ 331 ist darüber hinaus auch anzuwenden auf die Verletzung von Pflichten durch den Hauptbevollmächtigten (§ 68 Absatz 2 des Versicherungsaufsichtsgesetzes).

(2) Mit Freiheitsstrafe bis zu einem Jahr oder mit Geldstrafe wird bestraft, wer als Mitglied eines nach § 341k Absatz 4 Satz 1 in Verbindung mit § 324 Absatz 1 Satz 1 eingerichteten Prüfungsausschusses
1. eine in § 341n Absatz 2a bezeichnete Handlung begeht und dafür einen Vermögensvorteil erhält oder sich versprechen lässt oder
2. eine in § 341n Absatz 2a bezeichnete Handlung beharrlich wiederholt.

(3) § 335c Absatz 2 gilt in den Fällen des Absatzes 2 entsprechend.

1) II und III neu mWv 17.6.16 durch AReG. Lit Bürkle VerS **16**, 1145. 1

Bußgeldvorschriften

341n (1) Ordnungswidrig handelt, wer als Mitglied des vertretungsberechtigten Organs oder des Aufsichtsrats eines Versicherungsunternehmens oder eines Pensionsfonds oder als Hauptbevollmächtigter (§ 68 Absatz 2 des Versicherungsaufsichtsgesetzes)
1. bei der Aufstellung oder Feststellung des Jahresabschlusses einer Vorschrift
   a) des § 243 Abs. 1 oder 2, der §§ 244, 245, 246 Abs. 1 oder 2, dieser in Verbindung mit § 341a Abs. 2 Satz 3, des § 246 Abs. 3 Satz 1, des § 247 Abs. 3, der §§ 248, 249 Abs. 1 Satz 1 oder Abs. 2, des § 250 Abs. 1 oder Abs. 2, des § 264 Absatz 1a oder Absatz 2, des § 341e Abs. 1 oder 2 oder der §§ 341 f, 341g oder 341h über Form oder Inhalt,
   b) des § 253 Abs. 1 Satz 1, 2, 3 oder Satz 4, Abs. 2 Satz 1, auch in Verbindung mit Satz 2, Absatz 3 Satz 1, 2, 3, 4 oder Satz 5, Abs. 4, 5, der §§ 254, 256a, 341b Abs. 1 Satz 1 oder des § 341d über die Bewertung,

§ 341n

　c) des § 265 Abs. 2, 3 oder 4, des § 268 Abs. 3 oder 6, der §§ 272, 274 oder des § 277 Abs. 3 Satz 2 über die Gliederung,
　d) der §§ 284, 285 Nr. 1, 2 oder Nr. 3, auch in Verbindung mit § 341a Abs. 2 Satz 5, oder des § 285 Nummer 3a, 7, 9 bis 14a, 15a, 16 bis 33 oder Nummer 34 über die im Anhang zu machenden Angaben,
2. bei der Aufstellung des Konzernabschlusses einer Vorschrift
　a) des § 294 Abs. 1 über den Konsolidierungskreis,
　b) des § 297 Absatz 1a, 2 oder Absatz 3 oder des § 341j Abs. 1 Satz 1 in Verbindung mit einer der in Nummer 1 Buchstabe a bezeichneten Vorschriften über Form oder Inhalt,
　c) des § 300 über die Konsolidierungsgrundsätze oder das Vollständigkeitsgebot,
　d) des § 308 Abs. 1 Satz 1 in Verbindung mit den in Nummer 1 Buchstabe b bezeichneten Vorschriften, des § 308 Abs. 2 oder des § 308a über die Bewertung,
　e) des § 311 Abs. 1 Satz 1 in Verbindung mit § 312 über die Behandlung assoziierter Unternehmen oder
　f) des § 308 Abs. 1 Satz 3, des § 313 oder des § 314 in Verbindung mit § 341j Abs. 1 Satz 2 oder 3 über die im Konzernanhang zu machenden Angaben,
3. bei der Aufstellung des Lageberichts oder der Erstellung eines gesonderten nichtfinanziellen Berichts einer Vorschrift der §§ 289, 289a, 341a Absatz 1a auch in Verbindung mit § 289b Absatz 2 oder 3 oder mit den §§ 289c, 289d oder § 289e Absatz 2, oder des § 341a Absatz 1b in Verbindung mit § 289f über den Inhalt des Lageberichts oder des gesonderten nichtfinanziellen Berichts,
4. bei der Aufstellung des Konzernlageberichts oder der Erstellung eines gesonderten nichtfinanziellen Konzernberichts einer Vorschrift der §§ 315, 315a, 341j Absatz 4, auch in Verbindung mit § 315b Absatz 2 oder 3 oder § 315c, oder des § 341j Absatz 5 in Verbindung mit § 315d über den Inhalt des Konzernlageberichts oder des gesonderten nichtfinanziellen Konzernberichts,
5. bei der Offenlegung, Veröffentlichung oder Vervielfältigung einer Vorschrift des § 328 über Form oder Inhalt oder
6. einer auf Grund des § 330 Abs. 3 und 4 in Verbindung mit Abs. 1 Satz 1 erlassenen Rechtsverordnung, soweit sie für einen bestimmten Tatbestand auf diese Bußgeldvorschrift verweist,

zuwiderhandelt.

(2) Ordnungswidrig handelt, wer zu einem Jahresabschluss, zu einem Einzelabschluss nach § 325 Abs. 2a oder zu einem Konzernabschluss, der aufgrund gesetzlicher Vorschriften zu prüfen ist, einen Vermerk nach § 322 Abs. 1 erteilt, obwohl nach § 319 Abs. 2, 3, 5, § 319a Abs. 1 Satz 1, Abs. 2, § 319b Abs. 1 er oder nach § 319 Abs. 4, auch in Verbindung mit § 319a Abs. 1 Satz 2, oder § 319b Abs. 1 die Wirtschaftsprüfungsgesellschaft, für die er tätig wird, nicht Abschlussprüfer sein darf.

(2a) Ordnungswidrig handelt, wer als Mitglied eines nach § 341k Absatz 4 Satz 1 in Verbindung mit § 324 Absatz 1 Satz 1 eingerichteten Prüfungsausschusses

1. die Unabhängigkeit des Abschlussprüfers oder der Prüfungsgesellschaft nicht nach Maßgabe des Artikels 4 Absatz 3 Unterabsatz 2, des Artikels 5 Absatz 4 Unterabsatz 1 Satz 1 oder des Artikels 6 Absatz 2 der Verordnung (EU) Nr. 537/2014 des Europäischen Parlaments und des Rates vom 16. April 2014 über spezifische Anforderungen an die Abschlussprüfung bei

4. Abschnitt. Ergänzende Vorschriften für best. Geschäftszweige § 341n

Unternehmen von öffentlichem Interesse und zur Aufhebung des Beschlusses 2005/909/EG der Kommission (ABl. L 158 vom 27.5.2014, S. 77, L 170 vom 11.6.2014, S. 66) überwacht oder

2. eine Empfehlung für die Bestellung eines Abschlussprüfers oder einer Prüfungsgesellschaft vorlegt, die nicht auf ein Verlangen der Aufsichtsbehörde nach § 36 Absatz 1 Satz 2 des Versicherungsaufsichtsgesetzes beruht und
   a) die den Anforderungen nach Artikel 16 Absatz 2 Unterabsatz 2 oder 3 der Verordnung (EU) Nr. 537/2014 nicht entspricht oder
   b) der ein Auswahlverfahren nach Artikel 16 Absatz 3 Unterabsatz 1 der Verordnung (EU) Nr. 537/2014 nicht vorangegangen ist.

(3) [1]Die Ordnungswidrigkeit kann mit einer Geldbuße bis zu fünfzigtausend Euro geahndet werden. [2]Ist das Versicherungsunternehmen kapitalmarktorientiert im Sinne des § 264d, beträgt die Geldbuße in den Fällen des Absatzes 1 höchstens den höheren der folgenden Beträge:

1. zwei Millionen Euro oder
2. das Zweifache des aus der Ordnungswidrigkeit gezogenen wirtschaftlichen Vorteils, wobei der wirtschaftliche Vorteil erzielte Gewinne und vermiedene Verluste umfasst und geschätzt werden kann.

(3a) Wird gegen ein Versicherungsunternehmen, das kapitalmarktorientiert im Sinne des § 264d ist, in den Fällen des Absatzes 1 eine Geldbuße nach § 30 des Gesetzes über Ordnungswidrigkeiten verhängt, beträgt diese Geldbuße höchstens den höchsten der folgenden Beträge:

1. zehn Millionen Euro,
2. 5 Prozent des jährlichen Gesamtumsatzes, den das Versicherungsunternehmen im der Behördenentscheidung vorausgegangenen Geschäftsjahr erzielt hat oder
3. das Zweifache des aus der Ordnungswidrigkeit gezogenen wirtschaftlichen Vorteils, wobei der wirtschaftliche Vorteil erzielte Gewinne und vermiedene Verluste umfasst und geschätzt werden kann.

(3b)[1]Als Gesamtumsatz ist anstelle des Betrags der Umsatzerlöse der sich aus dem auf das Versicherungsunternehmen anwendbaren nationalen Recht im Einklang mit Artikel 63 der Richtlinie 91/674/EWG des Rates vom 19. Dezember 1991 über den Jahresabschluss und den konsolidierten Abschluss von Versicherungsunternehmen (ABl. L 374 vom 31.12.1991, S. 7), die zuletzt durch die Richtlinie 2006/46/EG (ABl. L 224 vom 16.8.2006, S. 1) geändert worden ist, ergebende Gesamtbetrag, abzüglich der Umsatzsteuer und sonstiger direkt auf diese Erträge erhobener Steuern, maßgeblich. [2]Handelt es sich bei dem Versicherungsunternehmen um ein Mutterunternehmen oder ein Tochterunternehmen im Sinne des § 290, ist anstelle des Gesamtumsatzes des Versicherungsunternehmens der jeweilige Gesamtbetrag im Konzernabschluss des Mutterunternehmens maßgeblich, der für den größten Kreis von Unternehmen aufgestellt wird. [3]Wird der Konzernabschluss für den größten Kreis von Unternehmen nicht nach der in Satz 1 genannten Vorschrift aufgestellt, ist der Gesamtumsatz nach Maßgabe der Posten des Konzernabschlusses zu ermitteln, die mit den von Satz 1 erfassten Posten vergleichbar sind. [4]Ist ein Jahres- oder Konzernabschluss für das maßgebliche Geschäftsjahr nicht verfügbar, ist der Jahres- oder Konzernabschluss für das unmittelbar vorausgehende Geschäftsjahr maßgeblich; ist auch dieser nicht verfügbar, kann der Gesamtumsatz geschätzt werden.

(4) [1]Verwaltungsbehörde im Sinne des § 36 Abs. 1 Nr. 1 des Gesetzes über Ordnungswidrigkeiten ist in den Fällen der Absätze 1 und 2a die Bundesanstalt für Finanzdienstleistungsaufsicht für die ihrer Aufsicht unterliegenden Versicherungsunternehmen und Pensionsfonds. [2]Unterliegt ein Versiche-

§ 341q

rungsunternehmen und Pensionsfonds der Aufsicht einer Landesbehörde, so ist diese in den Fällen der Absätze 1 und 2a zuständig. ³In den Fällen des Absatzes 2 ist die Abschlussprüferaufsichtsstelle beim Bundesamt für Wirtschaft und Ausfuhrkontrolle zuständig.

(5) Die nach Absatz 4 Satz 1 oder 2 zuständige Verwaltungsbehörde übermittelt der Abschlussprüferaufsichtsstelle beim Bundesamt für Wirtschaft und Ausfuhrkontrolle alle Bußgeldentscheidungen nach Absatz 2a.

1 1) I, II idF BilMoG 2009. I Nr 3, 4 geändert durch CSR-Ri-Umsetzung 2017 (**Übergangsrecht** in (1) EGHGB Art 80). IIa neu durch AReG 2016. III-IIIb geändert bzw neu idF CSR-Ri-Umsetzung 2017 (**Übergangsrecht** in (1) EGHGB Art 80). IV idF EHUG 2006 (**Übergangsrecht** in (1) EGHGB Art 61 V) und AReG 2016 (**IV** 3 neu). V neu durch AReG 2016. Änderungen durch AReG 2016. Lit Bürkle VerS **16**, 1145 (AReG); Blöink/Halbleib Konzern **17**, 182; Holzmeier/Burth/Hachmeister IRZ **17**, 215.

Festsetzung von Ordnungsgeld

341o ¹Personen, die

1. als Mitglieder des vertretungsberechtigten Organs eines Versicherungsunternehmens oder eines Pensionsfonds § 341l in Verbindung mit § 325 über die Pflicht zur Offenlegung des Jahresabschlusses, des Lageberichts, des Konzernabschlusses, des Konzernlageberichts und anderer Unterlagen der Rechnungslegung oder
2. als Hauptbevollmächtigter (§ 68 Absatz 2 des Versicherungsaufsichtsgesetzes) § 341l Abs. 1 über die Offenlegung der Rechnungslegungsunterlagen

nicht befolgen, sind hierzu vom Bundesamt für Justiz durch Festsetzung von Ordnungsgeld anzuhalten. ²Die §§ 335 bis 335b sind entsprechend anzuwenden.

1 1) § 341o idF 2013 (**Übergangsrecht** in (1) EGHGB Art 70 III) regelt die Festsetzung von Ordnungsgeld; dabei gelten §§ 335 bis 335b idF 2013 (s dort).

Anwendung der Straf- und Bußgeld- sowie der Ordnungsgeldvorschriften auf Pensionsfonds

341p Die Strafvorschriften des § 341m Absatz 1, die Bußgeldvorschrift des § 341n Absatz 1 und 2 sowie die Ordnungsgeldvorschrift des § 341o gelten auch für Pensionsfonds im Sinn des § 341 Abs. 4 Satz 1.

1 1) § 314p (jetzt idF AReG 2016) war erstmalig anzuwenden auf Jahres- und Konzernabschlüsse für das nach dem 31.12.01 beginnende Geschäftsjahr.

Dritter Unterabschnitt. Ergänzende Vorschriften für bestimmte Unternehmen des Rohstoffsektors

Erster Titel. Anwendungsbereich; Begriffsbestimmungen

Anwendungsbereich

341q ¹Dieser Unterabschnitt gilt für Kapitalgesellschaften mit Sitz im Inland, die in der mineralgewinnenden Industrie tätig sind oder

4. Abschnitt. Ergänzende Vorschriften für best. Geschäftszweige § 341r

Holzeinschlag in Primärwäldern betreiben, wenn auf sie nach den Vorschriften des Dritten Buchs die für große Kapitalgesellschaften geltenden Vorschriften des Zweiten Abschnitts anzuwenden sind. ²Satz 1 gilt entsprechend für Personenhandelsgesellschaften im Sinne des § 264a Absatz 1.

1) Der durch das BilRUG 2015 (**Übergangsrecht** in (**1**) EGHGB Art 75 II) **1** neu eingefügte Dritte Unterabschnitt des Vierten Abschnitts des Dritten Buchs des HGB dient der Umsetzung von Kapitel 10 der BilRi 2013 über die Transparenz von bestimmten Unternehmen des Rohstoffsektors über ihre Zahlungen an staatliche Stellen (County-by-Country Reporting) und gliedert sich in drei Titel (Anwendungsbereich u Begriffsbestimmung; Zahlungsbericht, Konzernzahlungsbericht u Offenlegung; Bußgeldvorschriften, Ordnungsgelder). Neu eingeführte Terminologie (Zahlungsbericht, Konzernzahlungsbericht) grenzt von anderen Bestandteilen der Rechnungslegung ab und verdeutlicht, dass es auf tatsächliche Bewirkung der Zahlung ankommt (Zahlungsfluss), RegBegr 103. Lit Blöink/Knoll-Biermann Konzern **15**, 65 (BilRUG 2015); Kleinmanns StuB **14**, 794; Oser/Wirtz DB **15**, 1729; Zwirner StuB **15**, Beilage 2, 1; DB Dossier Ausgabe 15/**17** „Country-by-Country Reporting"; IDW Praxishinweis 1/17 DB **17**, 1404.

2) Nach § 341q unterfallen dem Dritten Unterabschnitt: Gem **1** alle großen **2** Kapitalges iSd § 267 III 1 sowie Kreditinstitute, Finanzdienstleistungsinstitute, Versicherungsunt und Pensionsfonds, die gem § 340a I und § 341a I die für große Kapitalges geltenden Vorschriften anzuwenden haben (branchenspezifische Sondervorschriften u Ausnahmen sind für Einstufung unbeachtlich), dh es werden nur Kapitalges und Personenhandelsges iSv § 264a erfasst. Kreditinstitute und Versicherungsunt anderer Rechtsform sind keine Kapitalges iSd § 341q. **2** enthält für große Personenhandelsges iSv § 264a I eine ausdrückliche Rechtsgrundverweisung für den Dritten Unterabschnitt. Ob ein Unt in der mineralgewinnenden Industrie tätig ist oder Holzeinschlag betreibt, bestimmt sich nach § 341r Nr 1u 2; Blöink/Knoll-Biermann Konzern **15**, 65 (BilRUG 2015).

Begriffsbestimmungen

341r Im Sinne dieses Unterabschnitts sind

1. **Tätigkeiten in der mineralgewinnenden Industrie:** Tätigkeiten auf dem Gebiet der Exploration, Prospektion, Entdeckung, Weiterentwicklung und Gewinnung von Mineralien, Erdöl-, Erdgasvorkommen oder anderen Stoffen in den Wirtschaftszweigen, die in Anhang I Abschnitt B Abteilung 05 bis 08 der Verordnung (EG) Nr. 1893/2006 des Europäischen Parlaments und des Rates vom 20. Dezember 2006 zur Aufstellung der statistischen Systematik der Wirtschaftszweige NACE Revision 2 und zur Änderung der Verordnung (EWG) Nr. 3037/90 des Rates sowie einiger Verordnungen der EG über bestimmte Bereiche der Statistik (ABl. L 393 vom 30.12.2006, S. 1) aufgeführt sind;
2. **Kapitalgesellschaften, die Holzeinschlag in Primärwäldern betreiben:** Kapitalgesellschaften, die auf den in Anhang I Abschnitt A Abteilung 02 Gruppe 02.2 der Verordnung (EG) Nr. 1893/2006 aufgeführten Gebieten in natürlich regenerierten Wäldern mit einheimischen Arten, in denen es keine deutlich sichtbaren Anzeichen für menschliche Eingriffe gibt und die ökologischen Prozesse nicht wesentlich gestört sind, tätig sind;
3. **Zahlungen:** als Geldleistung oder Sachleistung entrichtete Beträge im Zusammenhang mit Tätigkeiten in der mineralgewinnenden Industrie oder

§ 341r 1

dem Betrieb des Holzeinschlags in Primärwäldern, wenn sie auf einem der nachfolgend bezeichneten Gründe beruhen:
  a) Produktionszahlungsansprüche,
  b) Steuern, die auf die Erträge, die Produktion oder die Gewinne von Kapitalgesellschaften erhoben werden; ausgenommen sind Verbrauchsteuern, Umsatzsteuern, Mehrwertsteuern sowie Lohnsteuern der in Kapitalgesellschaften beschäftigten Arbeitnehmer und vergleichbare Steuern,
  c) Nutzungsentgelte,
  d) Dividenden und andere Gewinnausschüttungen aus Gesellschaftsanteilen,
  e) Unterzeichnungs-, Entdeckungs- und Produktionsboni,
  f) Lizenz-, Miet- und Zugangsgebühren sowie sonstige Gegenleistungen für Lizenzen oder Konzessionen sowie
  g) Zahlungen für die Verbesserung der Infrastruktur;
4. staatliche Stellen: nationale, regionale oder lokale Behörden eines Mitgliedstaats der Europäischen Union, eines anderen Vertragsstaats des Abkommens über den Europäischen Wirtschaftsraum oder eines Drittstaats einschließlich der von einer Behörde kontrollierten Abteilungen oder Agenturen sowie Unternehmen, auf die eine dieser Behörden im Sinne von § 290 beherrschenden Einfluss ausüben kann;
5. Projekte: die Zusammenfassung operativer Tätigkeiten, die die Grundlage für Zahlungsverpflichtungen gegenüber einer staatlichen Stelle bilden und sich richten nach
  a) einem Vertrag, einer Lizenz, einem Mietvertrag, einer Konzession oder einer ähnlichen rechtlichen Vereinbarung oder
  b) einer Gesamtheit von operativ und geografisch verbundenen Verträgen, Lizenzen, Mietverträgen oder Konzessionen oder damit verbundenen Vereinbarungen mit einer staatlichen Stelle, die im Wesentlichen ähnliche Bedingungen vorsehen;
6. Zahlungsberichte: Berichte über Zahlungen von Kapitalgesellschaften an staatliche Stellen im Zusammenhang mit ihrer Tätigkeit in der mineralgewinnenden Industrie oder mit dem Betrieb des Holzeinschlags in Primärwäldern;
7. Konzernzahlungsberichte: Zahlungsberichte von Mutterunternehmen über Zahlungen aller einbezogenen Unternehmen an staatliche Stellen auf konsolidierter Ebene, die in Zusammenhang mit ihrer Tätigkeit in der mineralgewinnenden Industrie oder mit dem Betrieb des Holzeinschlags in Primärwäldern stehen;
8. Berichtszeitraum: das Geschäftsjahr der Kapitalgesellschaft oder des Mutterunternehmens, das den Zahlungsbericht oder Konzernzahlungsbericht zu erstellen hat.

1 1) § 341r, eingefügt durch BilRUG 2015 (**Übergangsrecht** in (**1**) EGHGB Art 75 II) enthält die für den Dritten Unterabschnitt erforderlichen Begriffsbestimmungen für das Country-by-Country Reporting und orientiert sich an Art 41 BilRi 2013. **Nr 1** u **Nr 2** entsprechen wörtlich Art 41 Nr 1u 2 BilRi 2013, ergänzt um die Definition von Primärwald nach Erwägungsgrund 44 BilRi 2013. **Nr 3–5** setzen Art 41 Nr 3–5 BilRi 2013 um. **Nr 6** und **Nr 7** enthalten Definitionen der Begriffe Zahlungsbericht und Konzernzahlungsbericht. **Nr 8** legt fest, dass der Berichtszeitraum das Geschäftsjahr ist. **Lit** Blöink/Knoll/Biermann Konzern **15**, 65 (BilRUG 2015); Kleinmanns StuB **14**, 794; Oser/Wirtz DB **15**, 1729; DB Dossier Ausgabe 15/**17** „Country-by-Country Reporting".

4. Abschnitt. Ergänzende Vorschriften für best. Geschäftszweige § 341t

Zweiter Titel. Zahlungsbericht, Konzernzahlungsbericht und Offenlegung

Pflicht zur Erstellung des Zahlungsberichts; Befreiungen

341s (1) Kapitalgesellschaften im Sinne des § 341q haben jährlich einen Zahlungsbericht zu erstellen.

(2) ¹Ist die Kapitalgesellschaft in den von ihr oder einem anderen Unternehmen mit Sitz in einem Mitgliedstaat der Europäischen Union oder einem anderen Vertragsstaat des Abkommens über den Europäischen Wirtschaftsraum erstellten Konzernzahlungsbericht einbezogen, braucht sie keinen Zahlungsbericht zu erstellen. ²In diesem Fall hat die Kapitalgesellschaft im Anhang des Jahresabschlusses anzugeben, bei welchem Unternehmen sie in den Konzernzahlungsbericht einbezogen ist und wo dieser erhältlich ist.

(3) ¹Hat die Kapitalgesellschaft einen Bericht im Einklang mit den Rechtsvorschriften eines Drittstaats, dessen Berichtspflichten die Europäische Kommission im Verfahren nach Artikel 47 der Richtlinie 2013/34/EU als gleichwertig bewertet hat, erstellt und diesen Bericht nach § 341w offengelegt, braucht sie den Zahlungsbericht nicht zu erstellen. ²Auf die Offenlegung dieses Berichts ist § 325a Absatz 1 Satz 3 entsprechend anzuwenden.

1) § 341s, eingefügt durch BilRUG 2015 (**Übergangsrecht** in (1) EGHGB 1 Art 75 II) ist die Grundsatznorm für die Pflicht zur Erstellung von Country-by-Country-Zahlungsberichten und setzt Art 42 I BilRi 2013 um. Nach **I** sind die Berichte von Kapitalges iSv § 341q jährlich zu erstellen. **II** u **III** enthalten Befreiungen in Übereinstimmung mit Art 42 I u Art 46 I BilRi 2013. **Lit** Blöink/Knoll-Biermann Konzern **15**, 65 (BilRUG 2015); Kleinmanns StuB **14**, 794; DB Dossier Ausgabe 15/17 „Country-by-Country Reporting".

Inhalt des Zahlungsberichts

341t (1) ¹In dem Zahlungsbericht hat die Kapitalgesellschaft anzugeben, welche Zahlungen sie im Berichtszeitraum an staatliche Stellen im Zusammenhang mit ihrer Geschäftstätigkeit in der mineralgewinnenden Industrie oder mit dem Betrieb des Holzeinschlags in Primärwäldern geleistet hat. ²Andere Zahlungen dürfen in den Zahlungsbericht nicht einbezogen werden. ³Hat eine zur Erstellung eines Zahlungsberichts verpflichtete Kapitalgesellschaft in einem Berichtszeitraum an keine staatliche Stelle berichtspflichtige Zahlungen geleistet, hat sie im Zahlungsbericht für den betreffenden Berichtszeitraum nur anzugeben, dass eine Geschäftstätigkeit in der mineralgewinnenden Industrie ausgeübt oder Holzeinschlag in Primärwäldern betrieben wurde, ohne dass Zahlungen geleistet wurden.

(2) Die Kapitalgesellschaft hat nur über staatliche Stellen zu berichten, an die sie Zahlungen unmittelbar erbracht hat; das gilt auch dann, wenn eine staatliche Stelle die Zahlung für mehrere verschiedene staatliche Stellen einzieht.

(3) Ist eine staatliche Stelle stimmberechtigter Gesellschafter oder Aktionär der Kapitalgesellschaft, so müssen gezahlte Dividenden oder Gewinnanteile nur berücksichtigt werden, wenn sie

1. nicht unter denselben Bedingungen wie an andere Gesellschafter oder Aktionäre mit vergleichbaren Anteilen oder Aktien gleicher Gattung gezahlt wurden oder
2. anstelle von Produktionsrechten oder Nutzungsentgelten gezahlt wurden.

§ 341u

(4) ¹Die Kapitalgesellschaft braucht Zahlungen unabhängig davon, ob sie als eine Einmalzahlung oder als eine Reihe verbundener Zahlungen geleistet werden, nicht in dem Zahlungsbericht zu berücksichtigen, wenn sie im Berichtszeitraum 100 000 Euro unterschreiten. ²Im Falle einer bestehenden Vereinbarung über regelmäßige Zahlungen ist der Gesamtbetrag der verbundenen regelmäßigen Zahlungen oder Raten im Berichtszeitraum zu betrachten. ³Eine staatliche Stelle, an die im Berichtszeitraum insgesamt weniger als 100 000 Euro gezahlt worden sind, braucht im Zahlungsbericht nicht berücksichtigt zu werden.

(5) ¹Werden Zahlungen als Sachleistungen getätigt, werden sie ihrem Wert und gegebenenfalls ihrem Umfang nach berücksichtigt. ²Im Zahlungsbericht ist gegebenenfalls zu erläutern, wie der Wert festgelegt worden ist.

(6) ¹Bei der Angabe von Zahlungen wird auf den Inhalt der betreffenden Zahlung oder Tätigkeit und nicht auf deren Form Bezug genommen. ²Zahlungen und Tätigkeiten dürfen nicht künstlich mit dem Ziel aufgeteilt oder zusammengefasst werden, die Anwendung dieses Unterabschnitts zu umgehen.

1 1) § 341t, eingefügt durch BilRUG 2015 (**Übergangsrecht** in (1) EGHGB Art 75 II) regelt in Umsetzung von Art 43 I, III u IV sowie Erwägungsgrund 48 BilRi 2013 den Inhalt des Country-by-Country-Zahlungsberichts. Erfasst sind nach **I** nur Zahlungen von mindestens 100 000 Euro (**IV**, entscheidend ist Summe gleichartiger und miteinander verbundener Zahlungen) an staatliche Stellen in Zusammenhang mit einer Tätigkeit in der mineralgewinnenden Industrie oder dem Betrieb des Holzeinschlags in Primärwäldern. Allerdings ist ein Bericht zu erstellen, wenn im Berichtszeitraum keine Zahlungen geleistet wurden. **II** stellt klar, dass es nur um Zahlungsabflüsse geht. **III** nimmt Dividendenzahlungen an staatliche Gesellschafter unter bestimmten Voraussetzungen aus. **V** (zu Art 41 Nr 5u Art 43 III BilRi 2013) legt fest, welche Angaben bei Zahlungen in Form von Sachleistungen zu machen sind. **VI** verlangt Berücksichtigung des wirtschaftlichen Gehalts der Zahlungsvereinbarung und verbietet Umgehungen. Lit Blöink/Knoll-Biermann Konzern **15**, 65 (BilRUG 2015); Kleinmanns StuB **14**, 794; Oser/Wirtz DB **15**, 1729; DB Dossier Ausgabe 15/17 „Country-by-Country Reporting".

Gliederung des Zahlungsberichts

341u (1) ¹Der Zahlungsbericht ist nach Staaten zu gliedern. ²Für jeden Staat hat die Kapitalgesellschaft diejenigen staatlichen Stellen zu bezeichnen, an die sie innerhalb des Berichtszeitraums Zahlungen geleistet hat. ³Die Bezeichnung der staatlichen Stelle muss eine eindeutige Zuordnung ermöglichen. ⁴Dazu genügt es in der Regel, die amtliche Bezeichnung der staatlichen Stelle zu verwenden und zusätzlich anzugeben, an welchem Ort und in welcher Region des Staates die Stelle ansässig ist. ⁵Die Kapitalgesellschaft braucht die Zahlungen nicht danach aufzugliedern, auf welche Rohstoffe sie sich beziehen.

(2) Zu jeder staatlichen Stelle hat die Kapitalgesellschaft folgende Angaben zu machen:

1. den Gesamtbetrag aller an diese staatliche Stelle geleisteten Zahlungen und
2. die Gesamtbeträge getrennt nach den in § 341r Nummer 3 Buchstabe a bis g benannten Zahlungsgründen; zur Bezeichnung der Zahlungsgründe genügt die Angabe des nach § 341r Nummer 3 maßgeblichen Buchstabens.

4. Abschnitt. Ergänzende Vorschriften für best. Geschäftszweige § 341v

(3) Wenn Zahlungen an eine staatliche Stelle für mehr als ein Projekt geleistet wurden, sind für jedes Projekt ergänzend folgende Angaben zu machen:
1. eine eindeutige Bezeichnung des Projekts,
2. den Gesamtbetrag aller in Bezug auf das Projekt an diese staatliche Stelle geleisteten Zahlungen und
3. die Gesamtbeträge getrennt nach den in § 341r Nummer 3 Buchstabe a bis g benannten Zahlungsgründen, die an diese staatliche Stelle in Bezug auf das Projekt geleistet wurden; zur Bezeichnung der Zahlungsgründe genügt die Angabe des nach § 341r Nummer 3 maßgeblichen Buchstabens.

(4) Angaben nach Absatz 3 sind nicht erforderlich für Zahlungen zur Erfüllung von Verpflichtungen, die der Kapitalgesellschaft ohne Zuordnung zu einem bestimmten Projekt auferlegt werden.

1) § 341u, eingefügt durch BilRUG 2015 (**Übergangsrecht** in (1) EGHGB Art 75 II) in Umsetzung von Art 43 II BilRi 2013 bildet das Kernstück der Pflicht zum sog. Country-by-Country Reporting und regelt die nach Staaten unterteilte Gliederung des Zahlungsberichts. Lit Blöink/Knoll-Biermann Konzern **15**, 65 (BilRUG 2015); Kleinmanns StuB **14**, 794; DB Dossier Ausgabe 15/17 „Country-by-Country Reporting".

Konzernzahlungsbericht; Befreiung

341v (1) ¹Kapitalgesellschaften im Sinne des § 341q, die Mutterunternehmen (§ 290) sind, haben jährlich einen Konzernzahlungsbericht zu erstellen. ²Mutterunternehmen sind auch dann in der mineralgewinnenden Industrie tätig oder betreiben Holzeinschlag in Primärwäldern, wenn diese Voraussetzungen nur auf eines ihrer Tochterunternehmen zutreffen.

(2) Ein Mutterunternehmen ist nicht zur Erstellung eines Konzernzahlungsberichts verpflichtet, wenn es zugleich ein Tochterunternehmen eines anderen Mutterunternehmens mit Sitz in einem Mitgliedstaat der Europäischen Union oder in einem anderen Vertragsstaat des Abkommens über den Europäischen Wirtschaftsraum ist.

(3) In den Konzernzahlungsbericht sind das Mutterunternehmen und alle Tochterunternehmen unabhängig von deren Sitz einzubeziehen; die auf den Konzernabschluss angewandten Vorschriften sind entsprechend anzuwenden, soweit in den nachstehenden Absätzen nichts anderes bestimmt ist.

(4) ¹Unternehmen, die nicht in der mineralgewinnenden Industrie tätig sind und keinen Holzeinschlag in Primärwäldern betreiben, sind nicht nach Absatz 3 einzubeziehen. ²Ein Unternehmen braucht nicht in den Konzernzahlungsbericht einbezogen zu werden, wenn es
1. nach § 296 Absatz 1 Nummer 1 oder 3 nicht in den Konzernabschluss einbezogen wurde,
2. nach § 296 Absatz 1 Nummer 2 nicht in den Konzernabschluss einbezogen wurde und die für die Erstellung des Konzernzahlungsberichts erforderlichen Angaben ebenfalls nur mit unverhältnismäßig hohen Kosten oder ungebührlichen Verzögerungen zu erhalten sind.

(5) ¹Auf den Konzernzahlungsbericht sind die §§ 341s bis 341u entsprechend anzuwenden. ²Im Konzernzahlungsbericht sind konsolidierte Angaben über alle Zahlungen an staatliche Stellen zu machen, die von den einbezogenen Unternehmen im Zusammenhang mit ihrer Tätigkeit in der mineralgewinnenden Industrie oder mit dem Holzeinschlag in Primärwäldern geleistet

§ 341x

3. Buch. Handelsbücher

worden sind. ³ Das Mutterunternehmen braucht die Zahlungen nicht danach aufzugliedern, auf welche Rohstoffe sie sich beziehen.

1 **1)** § 341v, eingefügt durch BilRUG 2015 (**Übergangsrecht** in **(1)** EGHGB Art 73 II) in Umsetzung von Art 44 BilRi 2013 regelt spiegelbildlich zum Bericht des Einzelunternehmens die Country-by-Country-Berichterstattung auf konsolidierter Ebene. **Lit** Blöink/Knoll-Biermann Konzern **15**, 65 (BilRUG 2015); DB Dossier Ausgabe 15/**17** „Country-by-Country Reporting".

Offenlegung

341w (1) ¹Die gesetzlichen Vertreter von Kapitalgesellschaften haben für diese den Zahlungsbericht spätestens ein Jahr nach dem Abschlussstichtag elektronisch in deutscher Sprache beim Betreiber des Bundesanzeigers einzureichen und unverzüglich nach Einreichung im Bundesanzeiger bekannt machen zu lassen. ²Im Falle einer Kapitalgesellschaft im Sinne des § 264d beträgt die Frist abweichend von Satz 1 sechs Monate nach dem Abschlussstichtag; § 327a gilt entsprechend.

(2) Absatz 1 gilt entsprechend für die gesetzlichen Vertreter von Mutterunternehmen, die einen Konzernzahlungsbericht zu erstellen haben.

(3) § 325 Absatz 1 Satz 2 und Absatz 6 sowie die §§ 328 und 329 Absatz 1, 3 und 4 gelten entsprechend.

1 **1)** § 341w, eingefügt durch BilRUG 2015 (**Übergangsrecht** in **(1)** EGHGB Art 75 II) in Umsetzung von Art 45 BilRi 2013, Änderung (eigene 6-Monats-Frist für KapitalGes iSd § 264d) durch **TransparenzRi-ÄnderungsRi-UmsetzungsG** v 20.11.15 (**Übergangsrecht** in **(1)** EGBGB Art. 77), regelt die Einzelheiten der Pflicht zur Offenlegung des Country-by-Country-Zahlungsberichts. **Lit** Blöink/Knoll-Biermann Konzern **15**, 65 (BilRUG 2015); Kleinmanns StuB **14**, 794; Oser/Wirtz DB **15**, 1729; DB Dossier Ausgabe 15/**17** „Country-by-Country Reporting".

Dritter Titel. Bußgeldvorschriften, Ordnungsgelder

Bußgeldvorschriften

341x (1) Ordnungswidrig handelt, wer als Mitglied des vertretungsberechtigten Organs oder des Aufsichtsrats einer Kapitalgesellschaft

1. bei der Erstellung eines Zahlungsberichts einer Vorschrift des § 341t Absatz 1, 2, 3, 5 oder Absatz 6 oder des § 341u Absatz 1, 2 oder Absatz 3 über den Inhalt oder die Gliederung des Zahlungsberichts zuwiderhandelt oder
2. bei der Erstellung eines Konzernzahlungsberichts einer Vorschrift des § 341v Absatz 4 Satz 1 in Verbindung mit § 341t Absatz 1, 2, 3, 5 oder Absatz 6 oder mit § 341u Absatz 1, 2 oder Absatz 3 über den Inhalt oder die Gliederung des Konzernzahlungsberichts zuwiderhandelt.

(2) Die Ordnungswidrigkeit kann mit einer Geldbuße bis fünfzigtausend Euro geahndet werden.

(3) Verwaltungsbehörde im Sinne des § 36 Absatz 1 Nummer 1 des Gesetzes über Ordnungswidrigkeiten ist in den Fällen des Absatzes 1 das Bundesamt für Justiz.

5. Abschnitt. Privates Rechnungslegungsgremium; -beirat § 342

(4) **Die Bestimmungen der Absätze 1 bis 3 gelten auch für die Mitglieder der gesetzlichen Vertretungsorgane von Personenhandelsgesellschaften im Sinne des § 341q Satz 2.**

1) § 341x, eingefügt durch BilRUG 2015 (**Übergangsrecht** in (1) EGHGB   1
Art 75 II) sieht in Anlehnung an § 334 die Einstufung bestimmter Verstöße gegen die Vorgaben des Dritten Unterabschnitts als OWi und deren Ahndung vor. **Lit** Blöink/Knoll-Biermann Konzern **15**, 65 (BilRUG 2015).

Ordnungsgeldvorschriften

341y (1) [1]Gegen die Mitglieder des vertretungsberechtigten Organs einer Kapitalgesellschaft im Sinne des § 341q oder eines Mutterunternehmens im Sinne des § 341v, die § 341w hinsichtlich der Pflicht zur Offenlegung des Zahlungsberichts oder Konzernzahlungsberichts nicht befolgen, hat das Bundesamt für Justiz in entsprechender Anwendung der §§ 335 bis 335b ein Ordnungsgeldverfahren durchzuführen. [2]Das Verfahren kann auch gegen die Kapitalgesellschaft gerichtet werden.

(2) [1]Das Bundesamt für Justiz kann eine Kapitalgesellschaft zur Erklärung auffordern, ob sie im Sinne des § 341q in der mineralgewinnenden Industrie tätig ist oder Holzeinschlag in Primärwäldern betreibt, und eine angemessene Frist setzen. [2]Die Aufforderung ist zu begründen. [3]Gibt die Kapitalgesellschaft innerhalb der Frist keine Erklärung ab, wird für die Einleitung des Verfahrens nach Absatz 1 vermutet, dass die Gesellschaft in den Anwendungsbereich des § 341q fällt. [4]Die Sätze 1 bis 3 sind entsprechend anzuwenden, wenn das Bundesamt für Justiz Anlass für die Annahme hat, dass eine Kapitalgesellschaft ein Mutterunternehmen im Sinne des § 341v Absatz 1 ist.

(3) **Die vorstehenden Absätze gelten entsprechend für Personenhandelsgesellschaften im Sinne des § 341q Satz 2.**

1) § 341y, eingefügt durch BilRUG 2015 (**Übergangsrecht** in (1) EGHGB   1
Art 75 II) ergänzt § 341y und sanktioniert Verletzungen der Offenlegungspflicht iSd § 341w mit einem Ordnungsgeld. Vorgesehen ist ferner in **II**, dass das Bundesamt für Justiz Unternehmen bei Anhaltspunkten von Rechtsverstößen zu einer Erklärung über deren Tätigkeit in der mineralgewinnenden Industrie oder im Holzeinschlag in Primärwäldern auffordern kann. **Lit** Blöink/Knoll-Biermann Konzern **15**, 65 (BilRUG 2015).

Fünfter Abschnitt. Privates Rechnungslegungsgremium; Rechnungslegungsbeirat

Privates Rechnungslegungsgremium

342 (1) [1]Das Bundesministerium der Justiz und für Verbraucherschutz kann eine privatrechtlich organisierte Einrichtung durch Vertrag anerkennen und ihr folgende Aufgaben übertragen:
1. Entwicklung von Empfehlungen zur Anwendung der Grundsätze über die Konzernrechnungslegung,
2. Beratung des Bundesministeriums der Justiz und für Verbraucherschutz bei Gesetzgebungsvorhaben zu Rechnungslegungsvorschriften,
3. Vertretung der Bundesrepublik Deutschland in internationalen Standardisierungsgremien und

§ 342 1–4

4. Erarbeitung von Interpretationen der internationalen Rechnungslegungsstandards im Sinn des § 315e Absatz 1.

²Es darf jedoch nur eine solche Einrichtung anerkannt werden, die aufgrund ihrer Satzung gewährleistet, daß die Empfehlungen und Interpretationen unabhängig und ausschließlich von Rechnungslegern in einem Verfahren entwickelt und beschlossen werden, das die fachlich interessierte Öffentlichkeit einbezieht. ³Soweit Unternehmen oder Organisationen von Rechnungslegern Mitglied einer solchen Einrichtung sind, dürfen die Mitgliedschaftsrechte nur von Rechnungslegern ausgeübt werden.

(2) **Die Beachtung der die Konzernrechnungslegung betreffenden Grundsätze ordnungsmäßiger Buchführung wird vermutet, soweit vom Bundesministerium der Justiz und für Verbraucherschutz bekanntgemachte Empfehlungen einer nach Absatz 1 Satz 1 anerkannten Einrichtung beachtet worden sind.**

1 **1)** Abschn 5 §§ 342, 342a idF KonTraG 1998 regeln nach internationalem Vorbild ein privates Rechnungslegungsgremium und hilfsweise einen Rechnungslegungsbeirat beim BMJ als Standard Setter. Letzterer ist nur für den Fall vorgesehen, dass es zu keiner Anerkennung eines privaten Rechnungslegungsgremiums kommt; er hat dann dieselben Aufgaben wie ersteres. Das private Rechnungslegungsgremium ist dem International Accounting Standards Committee (IASC) nachempfunden, in den USA auch Financial Accounting Standards Board (FASB). Es wird vom BMJ durch Vertrag (Vorbild: der zwischen dem BMWi und dem Deutschen Institut für Normung (DIN) e. V. 1975 geschlossene Vertrag) anerkannt und erhält die nach **I 1 Nr 1–4** vorgesehenen Aufgaben (vgl auch § 292 Rn 2). **Lit** Me/Pro/Fi Kap 16 Tz 112 ff.

2 Die Entwicklung von Rechnungslegungsempfehlungen (Deutsche Rechnungslegungsstandards, **DRS**) ist nach **I 1 Nr 1** hinsichtlich HGB bewusst auf die Konzernrechnungslegung beschränkt, was jedenfalls auf Dauer international nicht ausreicht. Daher erfolgte durch BilMoG 2009 mit **I Nr 4** Erweiterung der Kompetenz auf Interpretationen zu den IFRS. Gleichem Zweck folgt **I Nr 3**, der die Vertretung deutscher Rechnungslegungsinteressen in internationalen Gremien als Aufgabe des DRSC vorsieht. Ansonsten kann das Gremium außer der Beratung nach **I Nr 2** Stellungnahmen gegenüber anderen abgeben (Rechtsausschuss), dann allerdings ohne Wirkung nach II. I 2, 3 enthalten Mindestanforderungen an das Gremium.

3 Nach § 342 ist das **DRSC – Deutsches Rechnungslegungs-Standards Committee eV,** Berlin (GASC – German Accounting Standards Committee) durch Standardisierungsvertrag 3.9.98 vom BMJ anerkannt worden. Nach Beendigung dieses Vertrages 2010 und einigen Neustrukturierungen wurde am 2.12.2011 ein neuer Standardisierungsvertrag mit unbestimmter Laufzeit abgeschlossen. Zur Urheberrechtsschutzfähigkeit der DRS Kln NJW-RR **01**, 1199. **Lit** Budde/Steuber DStR **99**, 1181; Ebke ZIP **99**, 1193; IDW PS 450 WPg **99**, 601; Böckem/Schurbohm-Ebnet BB **03**, 1001 (Pensionsverpflichtungen); Paal, Rechnungslegung und DRSC, **01**; Kirsch StuB **03**, 1116 (PersonenGes); Langecker/Mühlberger StuB **03**, 170 (DRS 12); Zimmermann/Schilling DB **03**, 949 (betriebliche Altersversorgung); Gebhard/Heilmann Konzern **04**, 109 (DRS 4); Köhler/Marten/Schlereth DB **06**, 2301 (Einschätzung des DSR); Pellens/Crasselt/Kemper DB **09**, 241; Zwirner StuB **10**, 627 (zur fortbestehenden Notwendigkeit eines unabhängigen Rechnungslegungsgremiums nach der Vertragskündigung des DRSC).

4 **2)** Werden die vom Rechnungslegungsgremium entwickelten Empfehlungen (**I 1 Nr 1**) und Interpretationen (**I 1 Nr 4**) vom BMJ bekannt gemacht, haben sie die **Vermutung der Richtigkeit** für sich; wurden sie beachtet, wird vermutet,

5. Abschnitt. Privates Rechnungslegungsgremium; -beirat   1   § 342a

dass die die Konzernrechnungslegung betreffenden GoB beachtet sind (**II**). Die Standards erlangen also mit offizieller Bekanntmachung zwar nicht Gesetzeskraft, aber die Qualität von GoB für Konzernunternehmen, jedenfalls soweit sie Gesetzeslücken ausfüllen oder gesetzliche Vorschriften auslegen (zB befreiender Konzernabschluss nach § 315e, Kapitalflussrechnung, Segmentberichterstattung, Risikoberichterstattung), nicht, hingegen, soweit sie gesetzliche Wahlrechte einschränken (zB Wahlrechte im Bereich der Konsolidierung, Grund: keine Kompetenz des DRSC zur Außerkraftsetzung von Gesetzen, s IDW PS 450, WPg **99**, 601 Tz 113) und auch nicht, soweit sie über das Gesetz hinausgehen (zB Zwischenberichte), Wiedmann 8–10. Aus den DSR können sich HdlBräuche iSv § 346 entwickeln, die allerdings §§ 290 ff nicht widersprechen dürfen (§ 346 Rn 10). Die Wirkung der Vermutung nach II ist str, krit Hommelhoff/Schwab BFuP **98**, 42, wohl nur Beweiserleichterung und Gegenbeweis zulässig. II schließt nicht aus, dass das Gremium Empfehlungen selbst bekanntmacht, dann aber ohne Wirkung nach II. Lit Weber KoR **10**, 631 und **11**, 49 (Risikoberichterstattung von Kreditinstituten); zur Ausstrahlung von DRS 20 auf den Lagebericht des Einzelunternehmens Müller/Scheid BB **17**, 1835.

Rechnungslegungsbeirat

342a (1) Beim Bundesministerium der Justiz und für Verbraucherschutz wird vorbehaltlich Absatz 9 ein Rechnungslegungsbeirat mit den Aufgaben nach § 342 Abs. 1 Satz 1 gebildet.

(2) Der Rechnungslegungsbeirat setzt sich zusammen aus
1. einem Vertreter des Bundesministeriums der Justiz und für Verbraucherschutz als Vorsitzendem sowie je einem Vertreter des Bundesministeriums der Finanzen und des Bundesministeriums für Wirtschaft und Energie,
2. vier Vertretern von Unternehmen,
3. vier Vertretern der wirtschaftsprüfenden Berufe,
4. zwei Vertretern der Hochschulen.

(3) [1] Die Mitglieder des Rechnungslegungsbeirats werden durch das Bundesministerium der Justiz und für Verbraucherschutz berufen. [2] Als Mitglieder sollen nur Rechnungsleger berufen werden.

(4) [1] Die Mitglieder des Rechnungslegungsbeirats sind unabhängig und nicht weisungsgebunden. [2] Ihre Tätigkeit im Beirat ist ehrenamtlich.

(5) Das Bundesministerium der Justiz und für Verbraucherschutz kann eine Geschäftsordnung für den Beirat erlassen.

(6) Der Beirat kann für bestimmte Sachgebiete Fachausschüsse und Arbeitskreise einsetzen.

(7) [1] Der Beirat, seine Fachausschüsse und Arbeitskreise sind beschlußfähig, wenn mindestens zwei Drittel der Mitglieder anwesend sind. [2] Bei Abstimmungen entscheidet die Stimmenmehrheit, bei Stimmengleichheit die Stimme des Vorsitzenden.

(8) Für die Empfehlungen des Rechnungslegungsbeirats gilt § 342 Abs. 2 entsprechend.

(9) Die Bildung eines Rechnungslegungsbeirats nach Absatz 1 unterbleibt, soweit das Bundesministerium der Justiz und für Verbraucherschutz eine Einrichtung nach § 342 Abs. 1 anerkennt.

---

1) § 342a nF KonTraG 1998 (Beiratsmodell) ist subsidiär zu § 342 (Anerkennungsmodell), s dort Rn 1. Der Rechnungslegungsbeirat hat dieselben Aufgaben wie das private Rechnungslegungsgremium. **Lit** Me/Pro/Fi Kap 16 Tz 149 ff.   **1**

Sechster Abschnitt. Prüfstelle für Rechnungslegung

Prüfstelle für Rechnungslegung

342b (1) ¹Das Bundesministerium der Justiz und für Verbraucherschutz kann im Einvernehmen mit dem Bundesministerium der Finanzen eine privatrechtlich organisierte Einrichtung zur Prüfung von Verstößen gegen Rechnungslegungsvorschriften durch Vertrag anerkennen (Prüfstelle) und ihr die in den folgenden Absätzen festgelegten Aufgaben übertragen. ²Es darf nur eine solche Einrichtung anerkannt werden, die aufgrund ihrer Satzung, ihrer personellen Zusammensetzung und der von ihr vorgelegten Verfahrensordnung gewährleistet, dass die Prüfung unabhängig, sachverständig, vertraulich und unter Einhaltung eines festgelegten Verfahrensablaufs erfolgt. ³Änderungen der Satzung und der Verfahrensordnung sind vom Bundesministerium der Justiz und für Verbraucherschutz im Einvernehmen mit dem Bundesministerium der Finanzen zu genehmigen. ⁴Die Prüfstelle kann sich bei der Durchführung ihrer Aufgaben anderer Personen bedienen. ⁵Das Bundesministerium der Justiz und für Verbraucherschutz macht die Anerkennung einer Prüfstelle sowie eine Beendigung der Anerkennung im amtlichen Teil des Bundesanzeigers bekannt.

(2) ¹Die Prüfstelle prüft, ob der zuletzt festgestellte Jahresabschluss und der zugehörige Lagebericht oder der zuletzt gebilligte Konzernabschluss und der zugehörige Konzernlagebericht, der zuletzt veröffentlichte verkürzte Abschluss und der zugehörige Zwischenlagebericht sowie zuletzt veröffentlichte Zahlungsberichte oder Konzernzahlungsberichte, jeweils einschließlich der zugrunde liegenden Buchführung, eines Unternehmens im Sinne des Satzes 2 den gesetzlichen Vorschriften einschließlich der Grundsätze ordnungsmäßiger Buchführung oder den sonstigen durch Gesetz zugelassenen Rechnungslegungsstandards entspricht. ²Geprüft werden die Abschlüsse und Berichte von Unternehmen, die als Emittenten von zugelassenen Wertpapieren im Sinne des § 2 Absatz 1 des Wertpapierhandelsgesetzes die Bundesrepublik Deutschland als Herkunftsstaat haben; unberücksichtigt bleiben hierbei Anteile und Aktien an offenen Investmentvermögen im Sinne des § 1 Absatz 4 des Kapitalanlagegesetzbuchs. ³Die Prüfstelle prüft,
1. soweit konkrete Anhaltspunkte für einen Verstoß gegen Rechnungslegungsvorschriften vorliegen,
2. auf Verlangen der Bundesanstalt für Finanzdienstleistungsaufsicht oder
3. ohne besonderen Anlass (stichprobenartige Prüfung).

⁴Im Fall des Satzes 3 Nr. 1 unterbleibt die Prüfung, wenn offensichtlich kein öffentliches Interesse an der Prüfung besteht; Satz 3 Nr. 3 ist auf die Prüfung des verkürzten Abschlusses und des zugehörigen Zwischenlageberichts sowie des Zahlungsberichts und des Konzernzahlungsberichts nicht anzuwenden. ⁵Die stichprobenartige Prüfung erfolgt nach den von der Prüfstelle im Einvernehmen mit dem Bundesministerium der Justiz und für Verbraucherschutz und dem Bundesministerium der Finanzen festgelegten Grundsätzen. ⁶Das Bundesministerium der Finanzen kann die Ermächtigung zur Erteilung seines Einvernehmens auf die Bundesanstalt für Finanzdienstleistungsaufsicht übertragen. ⁷Die Prüfung kann trotz Wegfalls der Zulassung der Wertpapiere zum Handel im organisierten Markt fortgesetzt werden, insbesondere dann, wenn Gegenstand der Prüfung ein Fehler ist, an dessen Bekanntmachung ein öffentliches Interesse besteht.

6. Abschnitt. Prüfstelle für Rechnungslegung § 342b

(2a) ¹Prüfungsgegenstand nach Absatz 2 können auch die Abschlüsse und Berichte sein, die das Geschäftsjahr zum Gegenstand haben, das dem Geschäftsjahr vorausgeht, auf das Absatz 2 Satz 1 Bezug nimmt. ²Eine stichprobenartige Prüfung ist hierbei nicht zulässig.

(3) ¹Eine Prüfung des Jahresabschlusses und des zugehörigen Lageberichts durch die Prüfstelle findet nicht statt, solange eine Klage auf Nichtigkeit gemäß § 256 Abs. 7 des Aktiengesetzes anhängig ist. ²Wenn nach § 142 Abs. 1 oder Abs. 2 oder § 258 Abs. 1 des Aktiengesetzes ein Sonderprüfer bestellt worden ist, findet eine Prüfung ebenfalls nicht statt, soweit der Gegenstand der Sonderprüfung, der Prüfungsbericht oder eine gerichtliche Entscheidung über die abschließenden Feststellungen der Sonderprüfer nach § 260 des Aktiengesetzes reichen.

(4) ¹Wenn das Unternehmen bei einer Prüfung durch die Prüfstelle mitwirkt, sind die gesetzlichen Vertreter des Unternehmens und die sonstigen Personen, derer sich die gesetzlichen Vertreter bei der Mitwirkung bedienen, verpflichtet, richtige und vollständige Auskünfte zu erteilen und richtige und vollständige Unterlagen vorzulegen. ²Die Auskunft und die Vorlage von Unterlagen kann verweigert werden, soweit diese den Verpflichteten oder einen seiner in § 52 Abs. 1 der Strafprozessordnung bezeichneten Angehörigen der Gefahr strafgerichtlicher Verfolgung oder eines Verfahrens nach dem Gesetz über Ordnungswidrigkeiten aussetzen würde. ³Der Verpflichtete ist über sein Recht zur Verweigerung zu belehren.

(5) ¹Die Prüfstelle teilt dem Unternehmen das Ergebnis der Prüfung mit. ²Ergibt die Prüfung, dass die Rechnungslegung fehlerhaft ist, so hat sie ihre Entscheidung zu begründen und dem Unternehmen unter Bestimmung einer angemessenen Frist Gelegenheit zur Äußerung zu geben, ob es mit dem Ergebnis der Prüfstelle einverstanden ist.

(6) ¹Die Prüfstelle berichtet der Bundesanstalt für Finanzdienstleistungsaufsicht über:

1. die Absicht, eine Prüfung einzuleiten,
2. die Weigerung des betroffenen Unternehmens, an einer Prüfung mitzuwirken,
3. das Ergebnis der Prüfung und gegebenenfalls darüber, ob sich das Unternehmen mit dem Prüfungsergebnis einverstanden erklärt hat.

²Ein Rechtsbehelf dagegen ist nicht statthaft.

(7) Die Prüfstelle und ihre Beschäftigten sind zur gewissenhaften und unparteiischen Prüfung verpflichtet; sie haften für durch die Prüfungstätigkeit verursachte Schäden nur bei Vorsatz.

(8) ¹Die Prüfstelle zeigt Tatsachen, die den Verdacht einer Straftat im Zusammenhang mit der Rechnungslegung eines Unternehmens begründen, der für die Verfolgung zuständigen Behörde an. ²Tatsachen, die auf das Vorliegen einer Berufspflichtverletzung durch den Abschlussprüfer schließen lassen, übermittelt sie der Abschlussprüferaufsichtsstelle beim Bundesamt für Wirtschaft und Ausfuhrkontrolle.

(9) Die Prüfstelle stellt der Europäischen Wertpapier- und Marktaufsichtsbehörde gemäß Artikel 35 der Verordnung (EU) Nr. 1095/2010 des Europäischen Parlaments und des Rates vom 24. November 2010 zur Errichtung einer Europäischen Aufsichtsbehörde (Europäische Wertpapier- und Marktaufsichtsbehörde), zur Änderung des Beschlusses Nr. 716/2009/EG und zur Aufhebung des Beschlusses 2009/77/EG der Kommission (ABl. L 331 vom 15.12.2010, S. 84; L 115 vom 27.4.2012, S. 35), die zuletzt durch die Richtlinie 2014/51/EU (ABl. L 153 vom 22.5.2014, S. 1) geändert worden ist, auf Ver-

Merkt

§ 342b 1–3 3. Buch. Handelsbücher

langen unverzüglich alle für die Erfüllung ihrer Aufgaben erforderlichen Informationen zur Verfügung.

Übersicht

	Rn
1) Zielsetzung der Einrichtung einer Prüfstelle	1, 2
2) Zweistufiges Prüfungsverfahren	3–6
A. Erste Stufe	3
B. Zweite Stufe	4
C. Kooperation des Unternehmens	5
D. Weigerung des Unternehmens	6
3) Anzeigepflichten	7
4) Ermächtigung; Mindestbedingungen für die Anerkennung der Prüfstelle (I)	8, 9
A. Gesetzliche Vorgaben	8
B. Verein Deutsche Prüfstelle für Rechnungslegung DPR e. V.	9
5) Aufgaben der Prüfstelle (II)	10–15
6) Verhältnis Enforcement zu Nichtigkeitsklage und Sonderprüfung nach AktG (III)	16
7) Pflicht zu richtiger und vollständiger Auskunft (IV)	17
8) Ergebnis der Prüfung (V)	18
9) Tätigwerden der BaFin auf der zweiten Stufe (VI)	19
10) Unparteiische und gewissenhafte Prüfung (VII)	20
11) Verdacht der Straftat oder Berufspflichtverletzung (VIII)	21
12) Zusammenarbeit mit der ESMA (IX)	22

1) Zielsetzung der Einrichtung einer Prüfstelle

1 Das durch zahlreiche Unternehmensskandale im In- und Ausland erschütterte Vertrauen in die Richtigkeit wichtiger Kapitalmarktinformation einzelner Unternehmen sowie in Integrität und Stabilität der Finanzmärkte soll durch die Einrichtung eines eigenen Verfahrens zur Durchsetzung der Rechnungslegung wiederhergestellt und gestärkt werden. Die Voraussetzungen dafür sind mit dem BilKoG 2004 (Einl 27 vor § 238, **Übergangsrecht** in **(1)** EGHGB Art 56 I) durch Einfügung eines neuen Sechsten Abschnitts in das Dritte Buch des HGB (§§ 342b–e) geschaffen worden. **Lit** Me/Pro/Fi Kap 19 Tz 99 ff; Gelhausen/Hönsch AG 05, 511; Bräutigam/Heyer AG 06, 188; Scheffler AG 06, R 88; Gahlen/Schäfer BB 06, 1619; Gros DStR 06, 246; Scheffler IRZ 06, 13; Böcking/Stein Konzern 07, 43; Assmann WPg 06, 241; Scheffler Konzern 07, 589; Boxberger DStR 07, 1362; Müller AG 08, 438; Krumm/Müller IRZ 09, 77; Hennrichs DStR 09, 1446; Müller/Reinke IRZ 10, 473 (Präventivfunktion); Zülch/Hoffmann StuB 10, 83; Müller AG 10, 483; Zülch/Hoffmann DStR 10, 945; Müller/Reinke IRZ 10, 473 (Präventivfunktion); Rspr Übersicht: Krause BB 11, 299 (Rechtschutz); Paul WPg 11, 11; Zülch/Hoffmann DStR 10, 94; Ernst Konzern 12, 107; Mock NZG 12, 1332; Schmidt BB 16, 3051; Bischof/Link/Staß DB 17, 77.

2 Das sog **Enforcement**, die Prüfung der Einhaltung des HGB und der internationalen Standards, wird nach dem BilKoG durch ein zweistufiges System geregelt, das in Europa vorhandene Systeme kombiniert. Einem privatrechtlichen Gremium (Prüfstelle) wird wie in Großbritannien von der Bundesregierung die Aufgabe übertragen, die Rechnungslegung kapitalmarktorientierter Unternehmen zu prüfen.

2) Zweistufiges Prüfungsverfahren

3 A. **Erste Stufe:** Zunächst prüft die Prüfstelle bei Vorliegen bestimmter Anhaltspunkte, nach Aufforderung durch die BaFin oder im Wege von Stichproben die Bilanzen von Unternehmen, deren Wertpapiere an einer inländischen Börse zum Handel im amtlichen oder geregelten Markt zugelassen sind. Gegenstand der

Prüfung sind die zuletzt festgestellten Jahresabschlüsse samt Lagebericht oder die zuletzt gebilligten Konzernabschlüsse und die zugehörigen Konzernlageberichte sowie die verkürzten Abschlüsse und Zwischenlageberichte, also alle einer gesetzlichen Prüfungspflicht unterliegenden Unternehmensberichte.

B. **Zweite Stufe:** Die Prüfstelle wird tätig, sobald ihr Anhaltspunkte für einen Verstoß gegen Rechnungslegungsvorschriften vorliegen oder die BaFin sie zur Prüfung auffordert, ferner im Wege stichprobenartiger Prüfung. Die private Prüfstelle kann nur in Kooperation mit dem betroffenen Unternehmen prüfen. Verweigert ein Unternehmen der Prüfstelle den Zutritt, gewährt es keine Akteneinsicht oder behindert es auf sonstige Weise, so berichtet die Prüfstelle darüber der **BaFin**, die dann auf der **zweiten Stufe** gem (16) WpHG §§ 106 ff die Prüfung und gegebenenfalls der Veröffentlichung von Rechnungslegungsfehlern mit hoheitlichen Mitteln durchsetzen kann. Die BaFin kann sich bei ihrer Prüfung auch der Prüfstelle, externer Wirtschaftsprüfer oder Sachverständiger bedienen.

C. **Kooperation des Unternehmens:** Kooperiert das zu überprüfende Unternehmen mit der Prüfstelle, dann führt diese die Prüfung der Abschlüsse oder Unterlagen durch. Sobald das Ergebnis der Prüfung feststeht, teilt die Prüfstelle das Ergebnis sowohl dem Unternehmen als auch der BaFin mit. Wurden Fehler festgestellt, erhält das Unternehmen Gelegenheit zur Äußerung, ob es mit dem Ergebnis einverstanden ist. In diesem Fall ordnet die BaFin die Veröffentlichung des Fehlers an.

D. **Weigerung des Unternehmens:** Weigert sich das Unternehmen, mit der Prüfstelle zusammenzuarbeiten, oder ist es mit dem Prüfungsergebnis nicht einverstanden oder bestehen erhebliche Zweifel an der Richtigkeit des Prüfungsergebnisses, so ordnet die BaFin eine erneute Prüfung an. Ergibt die erneute Prüfung, dass die Rechnungslegung fehlerhaft ist, verpflichtet die BaFin das Unternehmen, die festgestellten Fehler zu veröffentlichen. Gegen die Verfügungen der BaFin kann das Unternehmen zunächst Widerspruch und sodann Beschwerde beim OLG Frankfurt a. M. einlegen.

3) Anzeigepflichten

Die BaFin hat Tatsachen, die den Verdacht einer Straftat im Zusammenhang mit der Bilanzierung begründen, bei der für die Verfolgung zuständigen Behörde anzuzeigen, sowie Tatsachen, die auf eine Berufspflichtverletzung hindeuten, an die Wirtschaftsprüferkammer und solche Tatsachen, die auf die Verletzung börsenrechtlicher Vorschriften hindeuten, an die zuständige Börsenaufsichtsbehörde zu übermitteln. Entsprechende Anzeigepflichten treffen auch die Prüfstelle.

4) Ermächtigung; Mindestbedingungen für die Anerkennung der Prüfstelle (I)

A. **Gesetzliche Vorgaben: I 1** ermächtigt das BMJ im Einvernehmen mit dem BMF eine private Einrichtung zur Prüfung von Verstößen gegen Rechnungslegungsvorschriften durch Vertrag anzuerkennen (Vorbild: § 342 I 1) und ihr die Aufgabe zu übertragen, die Rechnungslegung kapitalmarktorientierter Unternehmen zu prüfen. **I 2** stellt Mindestbedingungen für die Anerkennung als Prüfstelle auf. Institutionell muss eine unabhängige, sachverständige, vertrauliche und verfahrensregelkonforme Prüfung gewährleistet sein. Änderungen von Satzung und Verfahrensordnung bedürfen der Genehmigung des BMJ im Einvernehmen mit dem BMF. Nach **I 4** kann sich die Prüfstelle zur Durchführung ihrer Prüfung anderer Personen (zB Wirtschaftsprüfer, Sachverständiger) bedienen.

B. **Verein Deutsche Prüfstelle für Rechnungslegung DPR e. V.:** Der Verein wurde am 14.5.04 von 15 Berufs- und Interessenvertretungen aus dem Bereich der Rechnungslegung im Benehmen mit dem BMJ gegründet (Satzung

§ 342b 10–12 3. Buch. Handelsbücher

der DPR v 29.4.04, im Internet unter www.frep.info). Gegenwärtig gehören dem Verein 17 Mitglieder (Industrieverbände, berufsständische Interessenvertretungen) an. Am 30.5.05 wurde die Deutsche Prüfstelle für Rechnungslegung DPR e. V. (englische Bezeichnung: Financial Reporting Enforcement Panel, FREP) als Prüfstelle iSv von I anerkannt. Zwecke des Vereins sind die Trägerschaft einer weisungsunabhängigen Prüfstelle zur Prüfung von Verstößen gegen Rechnungslegungsvorschriften, wie in §§ 342b–e vorgesehen ist, und die fachliche Zusammenarbeit der Prüfstelle mit nationalen Enforcement-Einrichtungen im Ausland und entsprechenden internationalen Organisationen. Der Verein hat als eigenes Organ den Nominierungsausschuss gebildet, der die Mitglieder der Prüfstelle nominiert. Die Prüfstelle besteht gegenwärtig aus 15 Mitgliedern (Präsident: Eberhard Scheffler) und hat ihre Prüftätigkeit entsprechend der gesetzlichen Vorgabe in **(1)** EGHGB Art 56 I 2 am 1.7.05 aufgenommen. Die Prüfstelle hat sich am 15.8.06 eine Verfahrensordnung gegeben (im Internet unter www.frep.info). Gegliedert ist die Prüfstelle in 15 Kammern, die aus dem Präsidium sowie je einem weiteren Mitgliede der Prüfstelle („fallverantwortlicher Prüfer") besetzt sind. Zusätzlich wird je Fall ein Berichtskritiker bestellt. **Lit** Jahresbericht des Vorstands der DRP (im Internet unter www.frep.info) mit statistischen Angaben.

5) Aufgaben der Prüfstelle (II)

10 II legt fest, welche Aufgabe der Prüfstelle durch die Anerkennung übertragen wird. Nach II 1 ist **Gegenstand der Prüfung** der – bezogen auf den Zeitpunkt des Prüfungsbeginns – zuletzt festgestellte Jahresabschluss und der zugehörige Lagebericht (mit Erklärung zur Unternehmensführung gem § 289a) oder der zuletzt gebilligte Konzernabschluss und der zugehörige Konzernlagebericht sowie – eingefügt durch TUG 2007 (**Übergangsrecht** in **(1)** EGHGB Art 62) in Umsetzung von Art 24 IV lit h EU-TransparenzRi – der zuletzt veröffentliche verkürzte Abschluss und der dazugehörige Zwischenlagebericht und – ergänzt durch TransparenzRi-ÄnderungsRi-UmsetzungsG v 20.11.15 (**Übergangsrecht in (1)** EGBGB Art 77) – zuletzt veröffentlichte Zahlungsberichte oder Konzernzahlungsberichte. Grund der zeitlichen Beschränkung ist das Interesse des Unternehmens an Rechtssicherheit. Dem Interesse des Schutzes potentieller Anleger soll dennoch ausreichend Rechnung getragen werden (BilKoG AmtlBegr 25).

11 I 1 definiert ferner den **Prüfungsmaßstab** (gesetzliche Vorschriften einschließlich GoB und sonst zugelassene Standards, dh die von der EU übernommenen IAS/IFRS). Unternehmen mit ausländischem Sitz sind nach den für sie maßgeblichen Vorschriften zu prüfen. Für Konzernabschluss und -lagebericht gilt der auch sonst im Rahmen der Abschlussprüfung anzuwendende Maßstab (s § 317 II). Beim Enforcement unterbleibt aber die Prüfung eines Überwachungssystems nach § 317 IV. Entscheidend bei der Prüfung der Fehlerhaftigkeit ist, ob die durch Konzern– bzw Jahresabschluss und (Konzern–)Lagebericht vermittelten Informationen verfälscht oder verkürzt dargestellt werden, Scheffler BB **06**, 27; Böcking/Stein Konzern **07**, 43, 52. Dabei kommt es darauf an, ob der Fehler **wesentlich** oder unwesentlich ist, Ffm AG **09**, 328. Schon ein einzelner Verstoß kann uU genügen. Ein unwesentlicher Fehler, der vorsätzlich begangen wird, wird in der Regel ein wesentlicher Fehler sein, vgl IAS 8.41. Die Weigerung eines Unternehmens, die individuellen Vorstandsgehälter offen zu legen, dürfte als wesentlicher Fehler einzustufen sein, Böcking/Stein Konzern **07**, 43, 52. Vollständiger Verzicht auf Prognosebericht als wesentlicher Fehler wird auch durch Unsicherheiten aus der Finanz- und Wirtschaftskrise nicht gerechtfertigt, Ffm NZG **10**, 63.

12 **Typische Verstöße** sind: im Bereich **Bilanz/GuV** Fehler bei der Kaufpreiskalkulation im Rahmen von M&A-Transaktionen, Fehler bei Ansatz und Bewertung von Forderungen und aktiven latenten Steuern und Verlustvorträgen; im

Bereich **Anhang** und EK-Spiegel fehlende Angaben zu Unternehmenszusammenschlüssen, zum Prüferhonorar und zu nahe stehenden Personen; im Bereich Kapitalflussrechnung und **Lagebericht** fehlerhafte Zusammensetzung des Finanzmittelfonds, fehlerhafte Zuordnung von Zahlungsströmen, unvollständige Risikoberichterstattung, fehlende Angaben zu Risikomanagementzielen und -methoden, unzutreffende Darstellung der künftigen Entwicklung, Verzicht auf einen Prognosebericht Ffm BB **10**, 111.

Nach **II 2** sind Adressaten der Prüfung in- und ausländische Unternehmen, die 13 als Emittenten von zugelassenen Wertpapieren iSv § 2 I WpHG die BR Deutschland als Herkunftsstaat haben, wobei Anteile und Aktien an offenen Investmentvermögen iSv § 1 IV KAGB unberücksichtigt bleiben (ergänzt durch TransparenzRi-ÄnderungsRi-UmsetzungsG (**Übergangsrecht** in (1) EGHGB Art 77).

II 3 sieht zur Gewährleistung eines effektiven Enforcements eine Kombination 14 aus Anlass- (**Nr 1, Nr 2**) und Stichprobenprüfung (**Nr 3**) vor. Die anlassbezogene Prüfung gem II 3 Nr 1 unterbleibt, wenn daran offensichtlich kein öffentliches Interesse besteht, **II 4 Halbs 1**; erwartbarer Einfluss der Darstellung auf den Börsenkurs ist Indiz, Ffm NZG **07**, 795. Öffentliches Interesse ist aber nicht positiv zu begründende Voraussetzung für anlassbezogene Prüfung, GK/Hommelhoff 41. Durch das TUG 2007 (**Übergangsrecht** in (1) EGHGB Art 62) wurde das Enforcement der Prüfstelle auf den Halbjahresfinanzbericht ausgedehnt; dann aber keine Stichprobenprüfung, **II 4 Halbs 2**. Die Stichprobenprüfung erfolgt nach den von der Prüfstelle im Einvernehmen mit BMJ und BMF festgelegten Grundsätzen. Der Umfang sollte sich an statistischer Relevanz orientieren, ferner soll eine Schichtung der Unternehmen in verschiedene Gruppen (zB Umsatzgröße, Zugehörigkeit zu einer DAX-Gruppe) berücksichtigt werden. Außerdem soll ein branchenbezogener Ansatz gewählt werden, AmtlBegr 27. Dazu hat die Prüfstelle „Grundsätze für die stichprobenartige Prüfung gem § 342b II 3 Nr 3" veröffentlicht (im Internet unter www.frep.info). Vorgesehen ist gegenwärtig, dass DAX-Unternehmen etwa alle 4 und sonstige Unternehmen etwa alle 8 bis 10 Jahre stichprobenartig geprüft werden. Stichproben werden elektronisch bestimmt. Bisherige Prüfungsschwerpunkte s BeckBilKo 90. Lit DB **10**, 2265; Mayer-Wegelin BB **10**, 2811; Withus KoR **10**, 237; Zülch/Hoffmann DStR **10**, 945.

IIa eingefügt durch TransparenzRi-ÄnderungsRi-UmsetzungsG v 20.11.15 15 (**Übergangsrecht** in (1) EGHGB Art 77) erweitert die sachliche Prüfungskompetenz der Prüfstelle in zeitlicher Sicht auf Abschlüsse und Berichte aus dem Geschäftsjahr, das dem zuletzt festgestellten vorausgeht, allerdings ohne die Befugnis zur Stichprobenprüfung, dh insoweit nur Anlaßprüfung oder auf Verlangen der BaFin.

6) Verhältnis Enforcement zu Nichtigkeitsklage und Sonderprüfung nach AktG (III)

Nach **III** lässt das Enforcement die Nichtigkeitsklage nach § 256 VII AktG 16 bzw die Sonderprüfung nach §§ 142 ff AktG und die Sonderprüfung wegen unzulässiger Unterbewertung nach §§ 258 ff AktG unangetastet und tritt dahinter zurück, um die Gefahr divergierender Entscheidungen auszuschließen; Nachprüfung des Konzernabschlusses ist davon nicht betroffen, weil Nichtigkeitsklage und Sonderprüfung sich nicht gegen ihn richten. Von der Anhängigkeit einer Nichtigkeitsklage oder einer Sonderprüfung erfährt die Prüfstelle durch die BaFin (§ 108 III WpHG).

7) Pflicht zu richtiger und vollständiger Auskunft (IV)

Kooperiert das Unternehmen auf der ersten Stufe des Verfahrens mit der Prüf- 17 stelle, sind die gesetzlichen Vertreter des Unternehmens und sonstige Personen,

§ 342b 18–21 3. Buch. Handelsbücher

derer sich die gesetzlichen Vertreter bei ihrer Mitwirkung bedienen (zB Abschlussprüfer), gem **IV** der Prüfstelle gegenüber verpflichtet, richtige und vollständige Auskünfte bzw Unterlagen zu erteilen bzw vorzulegen. Es besteht ein Aussageverweigerungsrecht nach § 52 I StPO, worüber die Prüfstelle zu belehren hat.

8) Ergebnis der Prüfung (V)

18 Nach **V 1** teilt die Prüfstelle dem Unternehmen das Ergebnis der Prüfung mit. Es besteht aber keine gesetzliche Mitteilungspflicht gegenüber einem Hinweisgeber, der die Anhaltspunkte iSv § 343b II 3 Nr 1 geliefert hat. Stellt die Prüfstelle einen Fehler fest, ist die BaFin nach § 109 II WpHG ohnehin regelmäßig zur Bekanntmachung des Fehlers verpflichtet. Nach **V 2** ist die Entscheidung der BaFin zu begründen und es ist dem Unternehmen Gelegenheit zur Äußerung zu geben.

9) Tätigwerden der BaFin auf der zweiten Stufe (VI)

19 Das Tätigwerden der BaFin auf der zweiten Stufe gem **(16)** WpHG §§ 106 ff setzt die Kenntnis bestimmter Verfahrensschritte über die Prüfung auf der ersten Stufe voraus. **VI** verpflichtet die Prüfstelle daher zur Übermittlung solcher Informationen. Rechtsmittel gegen die Informationsübermittlung bestehen nicht; erst gegen die hoheitlichen Maßnahmen der BaFin sind Beschwerde (§ 113 WpHG) und Widerspruch (§ 112 WpHG) statthaft. Anordnung der sofortigen Vollziehbarkeit durch die Behörde lässt sich regelmäßig mit dem Gesetzeszweck zutreffender Informationsvermittlung rechtfertigen, Ffm NZG **10**, 1433.

10) Unparteiische und gewissenhafte Prüfung (VII)

20 **VII Halbs 1** macht klar, dass die Mitglieder der Prüfstelle (dh die Personen, die die Enforcement-Prüfung unmittelbar ausführen) zur gewissenhaften und unparteiischen Prüfung verpflichtet sind. **VII Halbs 2** bestimmt, dass sowohl die Prüfstelle als auch ihre Mitglieder für durch Prüfungstätigkeit verursachte Schäden nur bei Vorsatz haften (Grund: Sicherung der Funktionsfähigkeit der Prüfstelle und der Attraktivität der Mitarbeit). Da die Prüfstelle nicht hoheitlich handelt und zwischen Prüfstelle und zu prüfendem Unternehmen im Zusammenhang der Prüfung auch keine vertragliche Beziehung entsteht, ist allenfalls an eine Delikthaftung zu denken. Abgesehen von § 826 BGB kommt eine Haftung nach deliktsrechtlichen Grundsätzen kaum in Betracht. Eine Haftung der Prüfstelle oder ihrer Mitglieder gegenüber Dritten (zB Anlegern) nach § 823 II BGB iVm II oder VIII soll ausgeschlossen sein (AmtlBegr 30), da die Vorschriften über die Prüfung keinen Schutz von Individualinteressen Dritter bezwecken. Wegen des für die Veröffentlichung des Prüfungsergebnisses erforderlichen Einverständnisses des geprüften Unternehmens ist im Haftungsfall Mitverschulden zu prüfen. **Lit** Favoccia/Stoll NZG **10**, 125; Hein, DB **10**, 2265; Hennrichs, DStR **09**, 1446; Krause, BB **11**, 299; Mayer-Wegelin, BB **10**, 2811; Müller, AG **10**, 483; Müller-Reinke, IRZ **10**, 473; Paul, WPg **11**, 11; Withus, KoR **10**, 237; Zülch/Hoffmann, DStR **10**, 945; dies, StuB **10**, 83.

11) Verdacht der Straftat oder Berufspflichtverletzung (VIII)

21 Bei Verdacht auf eine Straftat bzw Berufspflichtverletzung im Zusammenhang mit der Bilanzierung sind Prüfstelle und BaFin nach **VIII** zur Anzeige bei der Strafverfolgungsbehörde (VIII 1) bzw zur Mitteilung an die Abschlussprüferaufsichtsstelle beim BAFA (VIII 2 idF APAReG 31.3.2016, gleichlautende Änderung durch AReG 10.5.2016 wohl Versehen) verpflichtet, das insoweit nun anstelle der Wirtschaftsprüferkammer (VIII 2 aF) zuständig ist.

6. Abschnitt. Prüfstelle für Rechnungslegung § 342c

12) Zusammenarbeit mit der ESMA (IX)

IX, neu angefügt auf Initiative des BT-Rechtsausschusses durch das 2. FiMa-NoG v 23.6.17 (BGBl I 1693, Inkrafttreten am 1.7.18, Art 26 2. FiMaMoG), stellt klar, dass die Prüfstelle der Europäischen Wertpapier- und Marktaufsichtsbehörde (**ESMA**) die für die Ausführung ihrer Aufgaben benötigten **Auskünfte und Unterlagen** (wie etwa Prüfungsakten) zeitnah zur Verfügung stellen muss.

Verschwiegenheitspflicht

342c (1) ¹Die bei der Prüfstelle Beschäftigten sind verpflichtet, über die Geschäfts- und Betriebsgeheimnisse des Unternehmens und die bei ihrer Prüftätigkeit bekannt gewordenen Erkenntnisse über das Unternehmen Verschwiegenheit zu bewahren. ²Dies gilt nicht im Fall von gesetzlich begründeten Mitteilungspflichten. ³Die bei der Prüfstelle Beschäftigten dürfen nicht unbefugt Geschäfts- und Betriebsgeheimnisse verwerten, die sie bei ihrer Tätigkeit erfahren haben. ⁴Wer vorsätzlich oder fahrlässig diese Pflichten verletzt, ist dem geprüften Unternehmen und, wenn ein verbundenes Unternehmen geschädigt worden ist, auch diesem zum Ersatz des daraus entstehenden Schadens verpflichtet. ⁵Mehrere Personen haften als Gesamtschuldner.

(2) ¹Die Ersatzpflicht von Personen, die fahrlässig gehandelt haben, beschränkt sich für eine Prüfung und die damit im Zusammenhang stehenden Pflichtverletzungen auf den in § 323 Abs. 2 Satz 2 genannten Betrag. ²Dies gilt nicht, wenn an der Prüfung mehrere Personen beteiligt gewesen oder mehrere zum Ersatz verpflichtete Handlungen begangen worden sind, und ohne Rücksicht darauf, ob andere Beteiligte vorsätzlich gehandelt haben. ³Sind im Fall des Satzes 1 durch eine zum Schadensersatz verpflichtende Handlung mehrere Unternehmen geschädigt worden, beschränkt sich die Ersatzpflicht insgesamt auf das Zweifache der Höchstgrenze des Satzes 1. ⁴Übersteigen in diesem Fall mehrere nach Absatz 1 Satz 4 zu leistende Entschädigungen das Zweifache der Höchstgrenze des Satzes 1, so verringern sich die einzelnen Entschädigungen in dem Verhältnis, in dem ihr Gesamtbetrag zum Zweifachen der Höchstgrenze des Satzes 1 steht.

(3) ¹Die §§ 93 und 97 der Abgabenordnung gelten nicht für die in Absatz 1 Satz 1 bezeichneten Personen, soweit sie zur Durchführung des § 342b tätig werden. ²Sie finden Anwendung, soweit die Finanzbehörden die Kenntnisse für die Durchführung eines Verfahrens wegen einer Steuerstraftat sowie eines damit zusammenhängenden Besteuerungsverfahrens benötigen, an deren Verfolgung ein zwingendes öffentliches Interesse besteht, und nicht Tatsachen betroffen sind, die von einer ausländischen Stelle mitgeteilt worden sind, die mit der Prüfung von Rechnungslegungsverstößen betraut ist.

1) I 1 beschreibt die Verschwiegenheitspflicht der bei der Prüfstelle Beschäftigten. Die Regelung ist § 323 I nachgebildet. **I 2** nimmt die Fälle der gesetzlichen Mitteilungspflicht (zB § 342b VI und VIII oder bei Aussagepflichten nach StPO) davon aus. Fehlerveröffentlichung zum Enforcement-Verfahren nur, wenn Prüfung Verstöße gegen Vorschriften ergibt, die für sich oder zusammen wesentlich sind, Ffm AG 09, 328. Nach **II** gilt die Verschwiegenheitspflicht auch gegenüber den Finanzbehörden (nicht aber bei Aussagepflicht wegen Steuerstraftat). Nach **III** dürfen die gem I zur Durchführung eines Strafverfahrens mitgeteilten Daten auch für ein damit zusammenhängendes Besteuerungsverfahren verwendet werden. **Lit** Me/Pro/Fi Kap 19 Tz 131 ff; Gros DStR **06**, 246; Bräutigam/Heyer AG **06**, 188.

Merkt

§ 342e 1

Finanzierung der Prüfstelle

342d ¹Die Prüfstelle hat über die zur Finanzierung der Erfüllung ihrer Aufgaben erforderlichen Mittel einen Wirtschaftsplan für das Folgejahr im Einvernehmen mit der Bundesanstalt für Finanzdienstleistungsaufsicht aufzustellen. ²Der Wirtschaftsplan ist dem Bundesministerium der Justiz und für Verbraucherschutz und dem Bundesministerium der Finanzen zur Genehmigung vorzulegen. ³Die Bundesanstalt für Finanzdienstleistungsaufsicht schießt der Prüfstelle die dieser nach dem Wirtschaftsplan voraussichtlich entstehenden Kosten aus der gemäß § 17d Absatz 1 Satz 4 des Finanzdienstleistungsaufsichtsgesetzes eingezogenen Umlagevorauszahlung vor, wobei etwaige Fehlbeträge und nicht eingegangene Beträge nach dem Verhältnis von Wirtschaftsplan zu dem betreffenden Teil des Haushaltsplanes der Bundesanstalt für Finanzdienstleistungsaufsicht anteilig zu berücksichtigen sind. ⁴Nach Ende des Haushaltsjahres hat die Prüfstelle ihren Jahresabschluss aufzustellen. ⁵Die Entlastung erteilt das zuständige Organ der Prüfstelle mit Zustimmung des Bundesministeriums der Justiz und für Verbraucherschutz und des Bundesministeriums der Finanzen.

1 **1)** Die Prüfstelle wird über eine Abgabe der dem Enforcement unterliegenden Unternehmen finanziert, die von der BaFin nach §§ 17a–d FinDAG erhoben wird. § 342d ergänzt diese Bestimmungen. Lit Me/Pro/Fi Kap 19 Tz 140 ff; Gros DStR **06**, 246.

Bußgeldvorschriften

342e (1) Ordnungswidrig handelt, wer vorsätzlich oder fahrlässig entgegen § 342b Abs. 4 Satz 1 der Prüfstelle eine Auskunft nicht richtig oder nicht vollständig erteilt oder eine Unterlage nicht richtig oder nicht vollständig vorlegt.

(2) **Die Ordnungswidrigkeit kann mit einer Geldbuße bis zu fünfzigtausend Euro geahndet werden.**

(3) **Verwaltungsbehörde im Sinne des § 36 Abs. 1 Nr. 1 des Gesetzes über Ordnungswidrigkeiten ist bei Ordnungswidrigkeiten nach Absatz 1 die Bundesanstalt für Finanzdienstleistungsaufsicht.**

1 **1)** Die Norm dient der Durchsetzung der Pflicht des Unternehmens, die Prüfstelle richtig und vollständig zu unterrichten, wenn es mit der Prüfstelle kooperiert. Nach **I** wird vorsätzliches und fahrlässiges Handeln geahndet. In **II** ist ein Bußgeldrahmen bis zu 50 000 € vorgesehen (entspricht dem Rahmen bei Verstößen gegen § 120 XII Nr 1 iVm § 107 V WpHG). Nach **III** ist Verwaltungsbehörde für die Durchführung des OWi-Verfahrens die BaFin. Lit Me/Pro/Fi Kap 19 Tz 145 ff; Kap 21 Tz 232 ff; Gros DStR **06**, 246.

Viertes Buch. Handelsgeschäfte

Einleitung vor § 343

Schrifttum

a) Kommentare: *Ebenroth(/Boujong/Joost/Strohn)/(Bearbeiter)* 3. Aufl Bd 1 2014, Bd 2 2015. – *G(emeinschafts)K(ommentar)(HGB)(Ensthaler)/Bearbeiter* 8. Aufl 2015. – *Häublein/Hoffmann-Theinert* 2017, auch dieselben, BeckOK HGB. – *Heidel/Schall/(Bearbeiter)* 2. Aufl 2015. – *HdlbgKo/(Glanegger ua)* 7. Aufl 2007. – *Heymann/(Bearbeiter)* 2. Aufl 1995 ff, Bd 4 2005. – *Koller(/Kindler/Roth/Morck)/(Bearbeiter)* 8. Aufl 2015. – *MüKo(HGB)/(Bearbeiter)* 3. Aufl 2010 ff Bd 1 2010, Bd 5 2013, Bd 6 (Bankvertragsrecht) 2014, Bd 7 (Transportrecht) 2014, 4. Aufl Bd 1 (§§ 1–104a) 2016, Bd 5 (§§ 343–406, CISG) 2017. – *Oetker/(Bearbeiter)* 5. Aufl 2017. – *Röhricht/(Graf v Westphalen/(Haas)/(Bearbeiter)* 4. Aufl 2014. – *Saenger/Aderhold/Lenkaitis/Speckmann/(Bearbeiter)* PraxisHdb Hdl- u GesR, 2. Aufl 2011. – *Schlegelb(erger)/(Bearbeiter)* 5. Aufl 1973 ff. – *Staub(GroßKoHGB)/(Bearbeiter)*, 4. Aufl 1983 ff, *Staub/Koller* §§ 373–376, 383–406, 5. Aufl 2013 ff, *Staub/Grundmann* Bd 10/2 2015 3. Teil Zahlungsgeschäft, *Staub/Renner* Bd 10/2 2015 4. Teil Kreditgeschäft. – *Wachter/(Bearbeiter),* Praxis des Hdl- u. GesR, 3. Aufl 2015.

b) Lehr- und Studienbücher: *Bayer/Lieder* 2015 (Rep). – *Bitter/Schumacher* 2. Aufl 2015. – *Brox/Henssler* 22. Aufl 2016 (Grundriss). – *Bülow/Artz* 7. Aufl 2015. – *Canaris* 24. Aufl 2006. – *Fezer* 6. Aufl 2013. – *Fischinger* 2015. – *Fleischer/Wedemann* 9. Aufl 2015 (PdW). – *Hadding/Hennrichs* 3. Aufl 2003 (HGB-Klausur). – *Hübner* 5. Aufl 2004. – *Jung* 11. Aufl 2016 (Lernbuch). – *Kindler* 8. Aufl 2016 (Grundkurs Hdl/GesRecht). – *Klunzinger* 14. Aufl 2011. – *Lettl* 3. Aufl 2015, Fälle 3. Aufl 2016. – *Maties/Wank* 4. Aufl 2016. – *Oetker* 7. Aufl 2015. – *G. H. Roth/Weller* 8. Aufl 2013. – *K. Schmidt* 6. Aufl 2014 (zit §). – *Steinbeck* 3. Aufl 2014. – *Teichmann* 3. Aufl 2013. – *Timm/Schöne* I 9. Aufl 2014, II 8. Aufl 2014. – *Weller/Prütting* 9. Aufl 2016. – *Wörlen/Kokemoor* 12. Aufl 2015.

c) Einzeldarstellungen und Sonstiges: *Canaris,* Vertrauenshaftung, 1971. – *Pfeiffer,* Hdb der HdlGeschäfte, 1999. – *Schaefer,* HRefG, 1999. – *R. Schmitt* 2003 (HRefG). – *Unidroit,* Grundregeln der internationalen Handelsverträge/Principles of International Commercial Contracts, 2010. – *Gildeggen/Willburger* 4. Aufl 2012 (internationale HdlGeschäfte). – *Leuschner,* Vertragsabschlusspraxis deutscher Unternehmen 2016 (empirisch).

Muster: *Hopt/Voigt/Emde/Graf v. Westphalen/Fabritius,* Vertrags- und Formularbuch zum Hdl-, Ges- und Bankrecht, 4. Aufl 2013, Teil I.A–M (mit 56 Vertragsmustern und Formularen).

RsprÜbersichten: *Straatmann/Ulmer* (Schiedsspruchsammlung) Bd 1 1975, Bd 2 1982; *Straatmann/Ulmer/Timmermann* Bd 3 1984, Bd 4 1988; *HK Hbg* Bd 5 1994, Bd 6 1998, keine weiteren Bde.

Transportrecht s Überbl vor § 407 sowie Einl zu **(17)** CMR und **(18)** ADSp.

Übersicht

	Rn
1) Handelsgeschäfte und anwendbares Recht	1, 2
A. Handelsgeschäfte und Handelsgewerbe	1
B. Voraussetzung für die Anwendbarkeit von Handelsrecht	2
2) Geschäftsverbindung	3
3) Geschäfte ohne Rechtsbindungswillen	4, 5
A. Geschäfte ohne Rechtsbindungswillen	4
B. Gefälligkeitsverhältnisse	5
4) Abschlussfreiheit, Kontrahierungszwang	6, 7
A. Abschlussfreiheit	6
B. Kontrahierungszwang	7

Einl v § 343 1–3 4. Buch. Handelsgeschäfte

	Rn
5) Formfreiheit, Schriftformklausel	8–10
A. Formfreiheit, Formvorschriften	8
B. Schriftformklausel	9
C. Fremdsprachen	10
6) Inhaltsfreiheit, Auslegung, Treu und Glauben	11–15
A. Inhaltsfreiheit	11
B. Auslegung	12
C. Treu und Glauben, Neuverhandlungspflicht, Störung der Geschäftsgrundlage, gerichtliche Anpassung	13
7) Verjährung	16
8) Internationaler Verkehr	17

1) Handelsgeschäfte und anwendbares Recht

1 **A. Handelsgeschäfte und Handelsgewerbe:** Die **Handelsgeschäfte** iSv Buch IV sind im Gegensatz zum HdlGeschäft (oder kurz Geschäft) iSv §§ 21 ff nicht das Unternehmen des Kfm (Einl 31–41 vor § 1), sondern die Einzelnen von ihm vorgenommenen (Rechts-)Geschäfte (mit näherer Abgrenzung durch §§ 343–345). Das HGB kennt im Gegensatz zum Code de Commerce und ADHGB keine „absoluten" HdlGeschäfte, die nach ihrer Art dem HdlRecht unterliegen, gleich von wem vorgenommen. Der Begriff HdlGeschäft iSv Buch IV wird in § 343 vielmehr von den Begriffen **Kaufmann** und **Handelsgewerbe** (§§ 1 ff; subjektives System, s Einl 1 vor § 1) abgeleitet und hat neben diesen keine große Funktion, manche Vorschriften gehen unmittelbar auf diese zurück (§§ 348, 354, 355–357, 362, 363–365, 366, 367). Reform K. Schmidt FS Horn 06, 557.

2 **B. Voraussetzung für die Anwendbarkeit von Handelsrecht:** Ob ein Geschäft HdlGeschäft ist, ist von Bedeutung für die Anwendbarkeit von **Handelsrecht** ua nach §§ 349, 350, 352, 353, 358, 368, 369–372 HGB, § 95 GVG. Ferner setzt die Anwendung der besonderen Vorschriften in Buch IV Abschn 2–7 voraus, dass das Geschäft mindestens für eine Seite (§ 345), uU für beide Seiten (zB §§ 377, 379) HdlGeschäft ist. HdlGeschäfte unterliegen, soweit das HGB nicht abweicht, dem **allgemeinen bürgerlichen Recht** (Einl 2–3 vor § 1).

2) Geschäftsverbindung

3 Die **(laufende) Geschäftsverbindung** ist der nicht nur auf ein Einmalgeschäft angelegte rechtsgeschäftliche (offen BGH WM **88**, 1135) Kontakt zwischen zwei Kflten oder Unternehmensträgern (s Einl 71 vor § 1), der den einzelnen Verträgen ihre rechtliche Selbstständigkeit belässt, BGH **87**, 32. Sie ist weder ein bloß tatsächliches Verhältnis noch ein Vertragsverhältnis (Vorvertrag, s § 105 Rn 58; **Rahmenvertrag**, zB Rahmenliefervertrag, Budde/Geks ZVertriebsR **12**, 37, Bankvertrag, str, s **(7)** Bankgeschäfte Rn A/6, Leasingrahmenvertrag s Rn P/4), sondern ein gesetzliches Schuldverhältnis ohne primäre Leistungspflicht, das als „geschäftlicher Kontakt" iSv § 311 II Nr 3 BGB verstanden werden kann (nach der Gesetzesbegründung zum SMG, BT-Drucks 14/6040 S 163 sollte aber auch mit § 311 II Nr 3 nur eine bisherige Fallgruppe der culpa in contrahendo kodifiziert werden, gedacht war offenbar an Gefälligkeitsverhältnisse und Bankauskünfte, vgl MüKoBGB/Emmerich § 311 Rn 35f, 49). Dieses Verhältnis trägt besondere Schutzpflichten der Parteien nach § 241 II BGB gegeneinander und kann Grundlage einer Vertrauenshaftung sein; Canaris, Bankvertragsrecht 14, Hopt, Kapitalanlegerschutz 404. Gesetzliche Anwendungsfälle im HdlRecht sind §§ 355, 362; s ferner Schweigen im HdlVerkehr (§ 346 Rn 30–31), Auskunftshaftung (§ 347 Rn 16–18, **(7)** Bankgeschäfte Rn A/14–29), stillschweigende Einbeziehung von AGB (s **(5)** § 305 II BGB), Überlagerung von § 15 II durch Hinweispflicht bei Rechts- und Registereintragsänderungen (s § 15 Rn 15), Anscheinsvollmacht (s Überbl 6 vor § 48), Abgrenzung vom Gefälligkeitsbereich (s Rn 5), Bestimmung des Vertragsinhalts durch Geschäftsverbindungsbrauch der jeweiligen Partei. Die Geschäftsverbindung setzt keine bestimmte Mindestdauer voraus, schon das erste Geschäft in stillschweigender Erwartung weiterer genügt; kürzere Unterbrechungen schaden nicht; BGH WM **64**, 610, **67**, 1078. Die Geschäftsverbindung wird rechtsgeschäftlich (entspr §§ 164 ff BGB) begründet. Die besondere Bedeutung der Geschäftsverbindung liegt in ihrer **pflichtenbegründenden Funktion** (vgl § 241 II BGB), unabhängig von der Rechtsnatur und Wirksamkeit der in ihrem Rahmen geschlossenen Einzelverträge. Bsp: Pflichten schon vor Abschluss und nach Erfüllung des Einzelvertrags, Schutz auch des Geschäftsunfähigen; Interessenwahrungspflicht zB aus Bankvertrag, die dem Typ Kaufvertrag (Effekten-Propergeschäft) fremd wäre (str, s **(7)** Bankgeschäfte Rn A/19). Schutzpflichtverletzung führt wie bei Ansprüchen nach §§ 280, 311 II Nr 1 und 2, 241 II BGB aus Verschulden bei Vertragsverhandlungen idR zum negativen Interesse, ausnahmsweise zum positiven. Ein Vertrauenselement wird dabei nicht mehr ohne Weiteres vorausgesetzt, BGH **190**, 94 (Rücksichtspflicht im Vergabeverfahren). Die Vertrauenshaftung kann einseitig ausgeschlossen werden, Gerhardt JZ **70**, 537. Zur Beendigung der Geschäftsverbindung vgl **(8)** AGB-Banken Nr 18, 19; allgemeiner zur Auflösung eines Dauerschuldverhältnisses § 314 BGB. **Lit** Philipowski **1963**; Müller-Graff 1974u JZ **76**, 153.

3) Geschäfte ohne Rechtsbindungswillen

A. **Geschäfte ohne Rechtsbindungswillen** sind gentlemen's agreements, 4 Absichtserklärungen, je nachdem Patronatserklärungen (§ 349 Rn 22), letter of intent (§ 349 Rn 22), memorandum of understanding, instruction to proceed, s Hertel BB **83**, 1824. Nomination letter, Spehl/Schilling BB **13**, 202. Abbruch der Vertragsverhandlungen nach letter of intent, Mü ZIP **13**, 23. Dennoch kann ihnen je nach Einzelfall rechtliche Bedeutung insbesondere auf Grund Vertrauenshaftung, ausnahmsweise auch Vertrag, zukommen. **Lit** Willoweit **1969**, Canaris, Vertrauenshaftung **1971**, s § 347 Rn 22. Solche Geschäfte („Frühstückskartelle", aufeinander abgestimmtes Verhalten; nicht schon bloßes bewusstes Parallelverhalten, str) können vor allem auch kartellrechtlich relevant werden, zB § 1 GWB, s Einl 77 vor § 1. **Lit** § 349 Rn 22. **Muster:** Hopt/Fabritius 4. Aufl **2013** Form I. K.5 (Letter of Intent).

B. **Gefälligkeitsverhältnisse** (Zusagen, Gestattungen) sind keine rechts- 5 geschäftlichen, sondern außerrechtliche Verhältnisse. Ein Anspruch auf Erfüllung besteht nicht, doch kann Haftung außer nach §§ 823 ff BGB im Einzelfall auch als Vertrauenshaftung, vor allem nach §§ 280, 311 II Nr 3 BGB, gegeben sein, BGH **21**, 107 (Stellung eines unzuverlässigen LKWFahrers, keine Haftungsmilderung). Gefälligkeitsverträge sind dagegen rechtlich bindende, wenngleich aus Gefälligkeit eingegangene Verträge, zB §§ 516, 598, 662, 690 BGB. Zusage einer Kulanzregelung ist idR rechtlich verbindlich, wenn sie zur Vermeidung eines Rechtsstreits getroffen wird, Mü NJW **11**, 1369, auch Kln DB **75**, 2271. Im HdlRecht spielen die echten Gefälligkeitsverhältnisse nur eine geringe Rolle, idR liegt Geschäftsverbindung vor (s Rn 3).

4) Abschlussfreiheit, Kontrahierungszwang

A. **Abschlussfreiheit:** Der Kfm ist wie jeder Verbraucher grundsätzlich frei, 6 ob, mit wem und mit welchem Inhalt er Verträge schließen will (**Privatautonomie:** Abschluss- und Inhaltsfreiheit, vgl Rn 11). Bsp: Der Einzelhändler kann einzelne Käufer nach Belieben abweisen, Hamm BB **64**, 940, Celle WuW/E OLG 1306. Der Abbruch der Vertragsverhandlungen ist zulässig, auch bei Kenntnis, dass der andere Teil in Erwartung des Vertragsschlusses bereits Aufwendungen gemacht hat, BGH NJW **75**, 43, WM **77**, 620; doch kann die schuldhafte Erweckung des Vertrauens auf sicheren Abschluss als Verschulden bei Vertragsverhandlungen nach §§ 280, 311 II BGB zum Schadensersatz (negatives Interesse) verpflichten, BGH **71**, 395.

7   B. **Kontrahierungszwang:** Ausnahmsweise gilt Abschluss- bzw Kontrahierungszwang. Bspe:

a) besondere gesetzliche Abschlusspflichten, zB § 5 II PflVG sowie vereinzelt noch im Transportrecht;

b) das kartellrechtliche Diskriminierungsverbot (§ 20 GWB) für marktbeherrschende Unternehmen, Kartelle und Preisbinder und für sonstige Unternehmen, von denen Anbieter oder Nachfrager ohne zumutbare Ausweichmöglichkeit abhängig sind; zB BGH **49**, 98, NJW **76**, 801 (Rossignol), BB **79**, 797 (Nordmende), **80**, 1117 (Modellbauartikel II); vgl Einl 77 vor § 1;

c) § 826 BGB bei rechtlicher oder tatsächlicher Monopolstellung, RG **133**, 391, aber heute nur noch, soweit nicht wie meist § 20 GWB eingreift.

d) Etwas anderes ist die Abschlusspflicht auf Grund eines zuvor frei geschlossenen **Rahmenvertrags,** zB Bankvertrag (str, s Rn 3 und **(7)** Bankgeschäfte Rn A/6, dort auch zum umstrittenen Recht auf ein Girokonto). Zur Gegenseitigkeit der wechselseitigen Pflichten aus den Einzelverträgen BGH WM **07**, 303. **Lit** Busche **1999**; Bydlinski AcP 180 **(80)** 1u JZ **80**, 378, Kilian AcP 180 **(80)** 47.

5) Formfreiheit, Schriftformklausel

8   A. **Formfreiheit, Formvorschriften:** HdlGeschäfte sind wie andere bürgerlichrechtliche Rechtsgeschäfte grundsätzlich **formfrei.** Die besonderen **Formvorschriften** des BGB und anderer Gesetze gelten auch für sie; Ausnahme § 350, vgl auch § 1031 (V) nF ZPO (Einl 89 vor § 1). Besonders bedeutsam sind zB § 311b I BGB (Grundstücke), s § 93 Rn 17, § 105 Rn 55. Ebenso gelten idR andere, die Form der Rechtsgeschäfte betreffende Grundsätze. Doch ist der kaufmännische strenger als der allgemeine Geschäftsverkehr. Der **(Firmen-) Stempel** zu einer Unterschrift des Gfters weist denjenigen, der die Unterschrift geleistet hat, als unterschriftsberechtigt für die Ges aus, BGH NZG **13**, 383 (zu § 550 BGB).

9   B. **Schriftformklausel:** Eine **Schriftformklausel** (nach der vom Vertrag abweichende mündliche Absprachen, uU nur solche von Vertretern, unwirksam sein oder von schriftlicher Bestätigung abhängen sollen) ist in Individualverträgen grundsätzlich wirksam (§ 127 BGB), kann aber, einerlei ob deklaratorisch oder konstitutiv, formlos und sogar konkludent abbedungen werden, BGH **66**, 380. Individualvertragliche **qualifizierte Schriftformklausel** (Schriftform auch für Aufhebung der Schriftform) ist unter Kflten zulässig, offen ob auch sonst, BGH **66**, 378. Als **AGB** hängt ihre Wirksamkeit von der Ausgestaltung und dem Anwendungsbereich der konkreten Klausel ab, BGH **145**, 206. AGB-Schriftformklauseln, die für Vertragsänderungen konstitutiv die Beachtung der Schriftform verlangen, sind unwirksam (s **(5)** BGB § 305b und 307), hL. Schriftformklausel darf nicht Eindruck erwecken, nur mündliche, insbesondere nach Vertragsschluss getroffene Abreden seien allgemein unwirksam, BGH **145**, 206. Nachträgliche mündliche Individualabrede hat auf jeden Fall Vorrang auch vor wirksamer Schriftformklausel, **(5)** 305b BGB (Einl 9 vor § 343), auch vor doppelter Schriftformklausel, BGH NJW **17**, 1017, auch in Formularverträgen über langfristige Geschäftsraummietverhältnisse, BGH **164**, 133, auch unter Kflten, BGH NJW-RR **95**, 179; auch stillschweigend, uU auch wenn an die Schriftformklausel gar nicht gedacht worden ist. **Vollständigkeitsklauseln** sind grundsätzlich unbedenklich, BGH **79**, 287, **93**, 60, NJW **00**, 207, Grund: bloße Wiederholung der Vermutung der Vollständigkeit des schriftlichen Vertrags. Beinhalten sie jedoch eine unwiderlegliche Vermutung, sind sie unwirksam. **Bestätigungsklauseln,** die die Verbindlichkeit eines mündlichen Abschlusses von einer schriftlichen Bestätigung abhängig machen, sind unwirksam, BGH NJW **82**, 1389, **83**, 1853. Bestätigungsklauseln, die die Verbindlichkeit von Zusagen von Vertretern oder Hilfspersonen von einer schriftlichen Bestätigung des Vertragspartners (Verwender der AGB) oder eines besonders qualifizierten Vertreters abhängig machen, sind dagegen grundsätzlich wirksam. Schriftformklauseln in AGB vgl **(5)** §§ 305b, 307, 309 Nr 13 BGB, dazu Komm zu BGB, Ul/Br/He/ H. Schmidt (41) Schriftformklauseln Rn 1 ff. **Lit** Bloching/Ortolf NJW **09**, 3393 (BGH, BAG), BB **11**, 2571.

C. **Fremdsprachen** s Reinhardt RIW **77**, 16. Betr AGB s **(5)** § 305 II BGB, 10 AGB im internationalen Geschäftsverkehr und Sprachenproblem, Besonderheiten gelten aber für Unternehmer als Kunden, s Ul/Br/He/H. Schmidt Anh zu § 305 BGB Rn 1, 13, 16, zu restriktiv ebenda (44) Softwareverträge Rn 30 ff.

6) Inhaltsfreiheit, Auslegung, Treu und Glauben

A. **Inhaltsfreiheit:** Die Privatautonomie des Kfm umfasst die Inhaltsfreiheit (s 11 Rn 6). Diese stößt jedoch rascher als die Abschlussfreiheit an rechtliche Grenzen. Auch HdlGeschäfte sind bei Verstoß gegen ein **gesetzliches Verbot** oder gegen die **guten Sitten** nichtig (§§ 134, 138 BGB). Bsp: Wert der Leistung doppelt so hoch wie Wert der Gegenleistung, BGH **146**, 302, NJW **14**, 1652 (bei Grundstückskauf +/- 90 %); Darlehen zu überhöhten Zinsen, s **(7)** Bankgeschäfte Rn G/6–10. Kflte (und andere Unternehmer; s auch § 1 Rn 5) sind aber idR weniger schutzwürdig als Verbraucher, s Einl 4 vor § 1. Grobes Missverhältnis reicht bei Internetauktion (eBay) aber nicht aus, BGH NJW **12**, 2723, WM **15**, 402.

B. **Auslegung:** Die Auslegung bestimmt sich auch bei HdlGeschäften nach 12 §§ 133, 157 BGB. Der Kfm ist aber rascher und unbedingter „im Wort" als Verbraucher. Vor allem gelten für die Auslegung die HdlBräuche (§ 346 Rn 1–11). Auslegung von AGB s **(5)** § 305c II BGB. Auslegung von GesVerträgen s § 105 Rn 59, Anh § 177a Rn 67.

C. **Treu und Glauben, Neuverhandlungspflicht, Störung der Geschäfts-** 13 **grundlage, gerichtliche Anpassung:** Treu und Glauben beherrschen den HdlVerkehr ebenso wie den allgemeinen Rechtsverkehr. § 242 BGB gilt auch für HdlGeschäfte. Nachsorgende Vertragspflichten, Binder AcP 211 **(11)** 587. Verhandlungspflichten bei Störung der Geschäftsgrundlage (§ 313 BGB), Lüttringhaus AcP 213 **(13)** 266.

Im HdlVerkehr spielt der Vertrauensschutz eine noch größere Rolle als sonst, s 14 Einl 7 vor § 1, § 5 Rn 8, 17 f, § 15 m Anm. Aus Treu und Glauben kann sich eine **Neuverhandlungspflicht** ergeben, in internationalen Verträgen häufig besonders vereinbart; Nelle **1994**, Horn AcP 181 **(81)** 256; vgl IntHK, Einheitliche Regeln über Vertragshilfe (Anpassung von Verträgen), **1978** (IntHK-Publikation Nr 326, Sprache engl, frz). Zu Neuverhandlungs- und Anpassungsklauseln s R. Schwarze **2001**, Steindorff BB **83**, 1127, Horn NJW **85**, 1118, Berger RIW **00**, 1, Lüttringhaus AcP 213 **(13)** 266, Thole WM **13**, 1005, JZ **14**, 443 (krit). Neuverhandlungsklauseln in Zulieferverträgen s Überbl 32 ff vor § 373.

Die Rspr ist mit **gerichtlicher Anpassung** nach § 313 BGB wegen **Störung** 15 **der Geschäftsgrundlage** (mangels vertraglicher Anpassungsklausel) **sehr zurückhaltend**; Opfergrenze ist bei Kostenanstieg um 150 % zu ziehen, also Kaufkraftschwund des Entgelts um mehr als 60 %, BGH 90, 229, 94, 260, 119, 220 (Erbbauzins); großzügiger bei vertraglicher Anpassungsklausel, BGH WM 92, 1321 (Erbbauzins, mehr als 20 %). Anpassungspflichten bei Vertragsdurchführungshindernissen, zB Versagung behördlicher Genehmigung, BGH **67**, 36, **87**, 165; Härteklauseln (hardship clauses) im internationalen Verkehr, Böckstiegel RIW **84**, 1. Keine Anpassung bei Gesetzesänderungen mit angemessenen Überleitungsregeln, BGH NJW **08**, 2428. Etwas anderes ist die vertraglich vereinbarte

Einl v § 343 16, 17   4. Buch. Handelsgeschäfte

Anpassung auf Grund einer Indexierungsklausel (Überbl 4 vor § 373). Wird die Mitwirkung verweigert, kann auf Zustimmung zur Anpassung oder unmittelbar auf Leistung geklagt werden, BGH **191**, 139. Zu Mitwirkungspflichten bei § 313 BGB BGH **191**, 139; zu Verhandlungspflichten bei § 313 BGB Lüttringhaus AcP 213 **(13)** 266, sehr str (s auch Rn 14). Zu **Preisanpassungsklauseln** s § 346 Rn 40 Preisvorbehalt. **Lit** Kuntz WM **09**, 1257 (Finanzkrise).

7) Verjährung

16   Es gelten auch für den HdlVerkehr grundsätzlich die **§§ 194 ff BGB**. Die **regelmäßige Verjährungsfrist** wurde durch das SMG von 30 auf **3 Jahre** verkürzt (§ 195 BGB), abweichend geregelt sind weiterhin insbesondere die Mängelansprüche (§§ 438, 634a BGB). Die regelmäßige Verjährungsfrist beginnt mit dem Schluss des Jahres, in dem der Anspruch entstanden ist und der Gläubiger von den anspruchsbegründenden Umständen und der Person des Schuldners Kenntnis erlangt hat oder ohne grobe Fahrlässigkeit hätte erlangen müssen (§ 199 I BGB, bei Anlageberatung s § 347 Rn 39); kenntnisunabhängig gelten Höchstfristen von 10, bei Personenschäden von 30 Jahren (§ 199 II–IV BGB). **Sonderverjährungsfristen** (für die § 199 BGB nicht gilt, s § 200 BGB) **im HGB** enthalten: §§ 61 II, 113 III, 439, 463, 475a. Das **Verjährungsanpassungsgesetz** 9.12.04 BGBl 3214 hat dazu einzelne Änderungen gebracht sowie zahlreiche Sonderverjährungen außerhalb des BGB zugunsten der Regelverjährung aufgehoben; dagegen blieb es bei der börsen-, kapitalmarkt- und investmentrechtlichen Sonderverjährung und der fünfjährigen Nachhaftungsbegrenzung (§§ 26 I, 28 III, 159, 160 HGB). Anders als zu (16) WpHG § 37a aF hatte das SchVG 2009 noch entgegen der Anregung des BRats an der börsen- und investmentrechtlichen Sonderverjährung festgehalten, Grund: dort Beweiserleichterungen für den Anspruchsteller (BReg), doch ist diese Sonderverjährung im **(15b)** VermAnlG 2011 §§ 20–22 und im geänderten **(15a)** WpPG §§ 21–25 nicht mehr enthalten, krit DAI NZG **10**, 780. Konsequenzen für die Verjährung allgemeiner Prospekthaftungsansprüche s § 347 Rn 39. Die früher für das HdlRecht so beachtenden Sonderregeln über die zwei- bzw vierjährige Verjährung der Entgeltforderungen von Kflten ua nach **§ 196 I, II aF BGB** (dazu 30. Aufl Einl 17f vor § 343) sind ersatzlos **entfallen**. Nach Art 229 § 6 III, IV EGBGB sind sie nur noch in Übergangsfällen für den Günstigkeitsvergleich mit der Verjährungsfrist des neuen Rechts heranzuziehen. War die Verjährung bereits vor dem 1.1.2002 (Inkrafttreten des SMG) nach altem Recht eingetreten, bleibt es dabei. Übergangsrecht zum Verjährungsanpassungsgesetz Art 229 § 12 EGBGB, Thiessen NJW **05**, 2120. **Lit** Mansel NJW **02**, 89, Mansel/Budzikiewicz NJW **05**, 321.

8) Internationaler Verkehr

17   Für HdlGeschäfte im internationalen Verkehr gilt die **Rom I-VO** seit 17.12.09 statt Art 27–37 EGBGB (Einl 24 vor § 1). Bestätigungsschreiben im internationalen Verkehr s § 346 Rn 29. Schweigen im internationalen Hdl- und Berufsverkehr s § 346 Rn 38, § 362 Rn 8. Rat, Auskunft und Aufklärung s § 347 Rn 41. Bürgschaft s § 349 Rn 23. Internationaler Kauf s Überbl 45 ff vor § 373. Internationales Abladegeschäft s Überbl 50 vor § 373. Kommission s § 383 Rn 30. **Lit** Komm zu Rom I-VO, abgedruckt und komm auch bei Palandt/Thorn, Anh zu EGBGB 26, EGBGB; Reithmann/Martiny/Martiny Rz 1.49.

Erster Abschnitt. Allgemeine Vorschriften

[Begriff der Handelsgeschäfte]

343 (1) Handelsgeschäfte sind alle Geschäfte eines Kaufmanns, die zum Betriebe seines Handelsgewerbes gehören.

(2) *(aufgehoben)*

Übersicht

	Rn
1) Geschäfte eines Kaufmanns (Halbsatz 1)	1, 2
A. Geschäfte	1
B. Geschäfte eines Kaufmanns	2
2) Zum Betrieb des Handelsgewerbes gehörend (Halbsatz 2; II aF)	3, 4
A. Zum Betrieb des Handelsgewerbe gehörend	3
B. II aF	4

1) Geschäfte eines Kaufmanns (Halbsatz 1)

A. **Geschäfte:** HdlGeschäfte iSv § 343 setzen zunächst überhaupt „Geschäfte" **1** voraus. Geschäfte sind **Rechtsgeschäfte** und rechtsgeschäftsähnliche Handlungen und Unterlassungen, zB Mahnung nach § 286 I 1 BGB, Leistung und ihre Annahme, Schweigen im HdlVerkehr, Geschäftsführung ohne Auftrag (§ 677 BGB); auch Geschäfte ohne Gewinnerzielungsabsicht und unerlaubte Geschäfte, Oetker/Pamp 4; **nicht** zB Vermischung und Verarbeitung (§§ 946 ff BGB), Oetker/Pamp 7, aA Ebenroth/Joost 15, Rö/Wagner 3; unerlaubte Handlungen, Ansprüche aus §§ 823 ff BGB; §§ 3 ff UWG, aA Ebenroth/Joost 18; Halten, Fahren, Fahrenlassen von Kfz; Ansprüche aus Zusammenstoß der Kfz zweier Kflte auf Betriebsfahrt trägt also nicht Zins nach § 353 und gehört nicht nach § 95 Nr 1 GVG vor die KfH (Einl 83 vor § 1).

B. **Geschäfte eines Kaufmanns:** HdlGeschäfte sind Geschäfte eines Kauf- **2** manns, auch Kfm kraft Eintragung nach § 5. Nicht HdlGeschäfte sind Geschäfte eines NichtKfm, nach aA jedes Unternehmensträgers (§ 1 Rn 10). Doch können einzelne Vorschriften über HdlGeschäfte entspr auf NichtKflte anzuwenden sein, im Einzelnen str (Auflistung § 1 Rn 10). Im Fall der Rechtsscheinhaftung muss auch der NichtKfm seine Geschäfte als HdlGeschäfte behandeln lassen (§ 5 Rn 9–17). Die KfmEigenschaft muss vor Abgabe der Willenserklärung erworben sein (Schutzzweck), Canaris § 20 II Rn 4, für § 130 II BGB analog, Rö/Wagner 14, aA Oetker/Pamp 14.

2) Zum Betrieb des Handelsgewerbes gehörend (Halbsatz 2; II aF)

A. **Zum Betrieb des Handelsgewerbes gehörend:** HdlGeschäfte sind die **3** zum Betrieb des HdlGewerbes des Kfms gehörenden Geschäfte, dh alle, die dem Interesse des HdlGewerbes, der Erhaltung seiner Substanz und Erzielung von Gewinn dienen sollen, BGH NJW 60, 1853; entfernter, lockerer Zusammenhang genügt, BGH 63, 35, NJW 97, 1779; also auch bei Anschaffung eines Gegenstandes sowohl für den Geschäfts- als auch den Privatbereich. Auch **Hilfs- und Nebengeschäfte,** zB betr Personal, Einrichtung und Ausstattung des Betriebs, Bau von Gebäuden, BGH 63, 35, Finanzierung, Geldanlage (s RG JW 04, 496: Wertpapierkäufe), Rechtsschutz, Beteiligung an anderen Unternehmen, Aufnahme von Teilhabern usw. Auch nach Art des Betriebs **ungewöhnliche** Geschäfte, RG **87**, 331 (Bauunternehmer nahm Wertpapiere ins Depot), RG HRR **32**,

§ 344 1, 2   4. Buch. Handelsgeschäfte

1645, RG **130,** 235 (Geschäft für eigene statt fremde Rechnung); auch freigiebige Akte, BGH WM **76,** 424. Auch **vorbereitende** Geschäfte sind HdlGeschäfte, RG JW **08,** 148 (Bierlieferungsvertrag für zu errichtendes Hotel), RG JW **08,** 206 (Ladenmiete), RG HRR **31,** 528, OGH **1,** 62 (Erwerb eines HdlGeschäfts), RG Recht **32,** 409. Auch **abwickelnde** Geschäfte, auch die Veräußerung des Unternehmens im ganzen, RG **72,** 436. Vgl die Rspr zum (verwandten, nicht gleichen) Begriff der im Betrieb eines HdlGeschäfts begründeten Verbindlichkeiten in §§ 25, 28. Die **Merkmale** für Hdl- oder Privatgeschäft sind objektiv zu verstehen, die Meinung der Beteiligten entscheidet nicht, kann aber mit ins Gewicht fallen, RG **33,** 110 (Gefälligkeitsgeschäfte). **Nicht:** Abschluss eines OHGVertrags (§ 105 Rn 49); reine Privatgeschäfte des Kfm.

4   B. **II aF:** § 343 II aF, aufgehoben durch HRefG 1998 als Folge der Abschaffung des Katalogs der Grundhandelsgeschäfte (§ 1 II aF), war irreführend. Alle branchenfremden, aber im Betrieb des HdlGewerbes vorgenommenen Geschäfte sind HdlGeschäfte.

[Vermutung für das Handelsgeschäft]

344 (1) **Die von einem Kaufmanne vorgenommenen Rechtsgeschäfte gelten im Zweifel als zum Betriebe seines Handelsgewerbes gehörig.**

(2) **Die von einem Kaufmanne gezeichneten Schuldscheine gelten als im Betriebe seines Handelsgewerbes gezeichnet, sofern nicht aus der Urkunde sich das Gegenteil ergibt.**

Übersicht

	Rn
1) Vom Kaufmann vorgenommene Geschäfte (I)	1–3
A. Im Zweifel zum Betrieb des Handelsgewerbes gehörig	1
B. Alle Geschäfte	2
C. Widerlegbare Vermutung	3
2) Vom Kaufmann gezeichnete Schuldscheine (II)	4

1) Vom Kaufmann vorgenommene Geschäfte (I)

1   A. **Im Zweifel zum Betrieb des Handelsgewerbes gehörig:** Die Rechtsgeschäfte des Kfm gelten im Zweifel als zum Betrieb seines Handelsgewerbes gehörig (I). Die Vermutung gilt, wenn Handeln im HdlGewerbe oder privates Handeln als Verbraucher (zB für den Haushalt des Kfm) in Frage steht; nicht im Verhältnis von HdlGewerbe und nicht-kfm gewerblichem Betrieb, zB für den Kfm, der zugleich Landwirt ist, RG JW **32,** 50; nicht im Verhältnis von eigenem Betrieb des Handelnden zum Betrieb einer Ges, deren Geschäfte er auch führt, RG JW **32,** 50. § 344 ist gegenstandslos für **Handelsgesellschaften** (aller Art), alle ihre Geschäfte sind im Betrieb ihres HdlGewerbes vorgenommen, BGH NJW **60,** 1852; beim Gfter-Kfm (Gfter der OHG, phG der KG vgl § 105 Rn 19) kommt es auf Vornahme für die Ges oder für ihn persönlich an, was nach § 164 I 2, II BGB zu beurteilen ist, BGH NJW **60,** 1852. Umstritten ist die analoge Anwendung des § 344 im Rahmen der §§ 13, 14 BGB, ob also Rechtsgeschäfte eines Unternehmers im Zweifel dem Unternehmensbereich zuzuordnen sind, so zB Pal/Heinrichs § 13 Rn 3, § 14 Rn 2, aA Pfeiffer NJW **99,** 173 wegen europarechtlicher Bedenken, dagegen Wackerbarth AcP 200 **(00)** 61.

2   B. **Alle Geschäfte:** I spricht nur von „Rechtsgeschäften". Gleiches muss aber für alle Geschäfte iSv § 343 I gelten. Aber I darf der Anwendung von Verbraucherschutzrecht nicht erschweren, MüKo/K. Schmidt 17, Oetker/Pamp 7, Einzelheiten str, noch weitergehend Oetker/Koch Vor §§ 373–381 Rn 10, s auch Einl v § 373 Rn 8, 10.

1. Abschnitt. Allgemeine Vorschriften 1 § 345

C. **Widerlegbare Vermutung:** Die Regel des I gilt nur im Zweifel, die 3 Vermutung ist also widerlegbar. Der **Gegenbeweis** muss die Zugehörigkeit des Geschäfts zum Gewerbebetrieb des Kfms widerlegen. Nicht entscheidend ist Abschluss unter bürgerlichem Namen statt Firma, RG **59**, 213. Die Widerlegung zum Nachteil des Geschäftspartners setzt voraus, dass dieser den privaten Charakter des Geschäfts kannte oder kennen musste, BGH WM **76**, 424, Kln MDR **72**, 865, MüKo/K. Schmidt 9, aA Weyer WM **05**, 500 (jeweiliger Normzweck, Betriebszugehörigkeit).

2) Vom Kaufmann gezeichnete Schuldscheine (II)

Der Begriff **Schuldschein** (§§ 371, 952 I BGB) umfasst jede vom Schuldner 4 zum Zwecke des Beweises für das Bestehen einer Schuld unterzeichnete Urkunde, einerlei ob die Schuld begründet oder bestätigt wird, zB Bürgschaftsurkunde, BGH NJW **97**, 1779; Wechsel, die in § 363 genannten Papiere, Schlussscheine, andere schriftliche Vertragsbestätigung, RG **120**, 89; auch eine Mehrheit von Urkunden, RG **131**, 6. Die **von einem Kaufmann gezeichneten** Schuldscheine gelten als im Betrieb seines HdlGewerbes gezeichnet, nicht nur iZw wie nach I, sondern soweit sich nicht aus der Urkunde das Gegenteil ergibt. Ergibt sich das nicht, steht die Betriebszugehörigkeit unwiderlegbar fest; ob kraft Fiktion, so Hamm ZIP **82**, 50, oder verstärkter (nicht nur „im Zweifel" wie in I) Vermutung ist belanglos. Zeichnung soll Schriftform (§ 126 BGB) voraussetzen, Faksimile soll nicht genügen, BGH NJW **70**, 1080, Oetker/Pamp 17, aA MüKo/K. Schmidt 12. Der **Gegenbeweis** ist aus dem Inhalt der Urkunde zu führen, aus Angaben der Urkunde über den Schuldgrund, uU aus dem Inhalt der Schulderklärung, uU aus anderen Angaben der Urkunde. Bei Darlehensschuldschein auf Geschäftspapier wird uU die Vermutung nicht entkräftet durch privaten Zweck des Darlehens, Zeichnung mit bürgerlichem Namen, Mitzeichnung der Ehefrau, Sicherungsübereignung privaten Vermögens, Nürnb BB **61**, 1178. Ist in der Urkunde selbst ein Schuldgrund außerhalb des Geschäfts angegeben, kann noch dargetan werden (aber ohne Vermutung), dass der Kfm die Verbindlichkeit aus das Geschäft nahm, RG **56**, 197. II greift nie ein, wenn der andere Teil von der Nichtzugehörigkeit zum Betrieb des HdlGewerbes positiv weiß (vgl § 5 Rn 14), BGH NJW **97**, 1780, Kennenmüssen genügt nicht; jedenfalls Arglisteinrede (§ 242 BGB), RG **56**, 198, hL.

[Einseitige Handelsgeschäfte]

345 Auf ein Rechtsgeschäft, das für einen der beiden Teile ein Handelsgeschäft ist, kommen die Vorschriften über Handelsgeschäfte für beide Teile gleichmäßig zur Anwendung, soweit nicht aus diesen Vorschriften sich ein anderes ergibt.

1) Einseitiges Handelsgeschäft:

Nach § 345 gelten, wo nichts anderes gesagt ist, die Vorschriften über HdlGe- 1 schäfte auch dann, wenn das Geschäft nur für einen der beiden Beteiligten HdlGeschäft ist (einseitiges Handelsgeschäft), wenn also der andere nicht Kfm ist oder wenn er zwar Kfm ist, das Geschäft aber nicht zum Betrieb seines HdlGewerbes gehört. **Anwendbar** sind in diesen Fällen namentlich §§ 352 II (Zinshöhe), §§ 355–357 (Kontokorrent), §§ 358–361 (Zeit und Art der Leistung), §§ 363–365 (Indossierung gewisser Papiere), §§ 366, 367 (Schutz des guten Glaubens), ferner die Vorschriften über HdlKauf (ausgenommen §§ 377, 379), Kommissions-, Speditions-, Lager-, Frachtgeschäft, Eisenbahnbeförderung. **Unanwendbar** bzw nur für die kfm Vertragspartei anwendbar sind insbesondere §§ 346–352 I, 353, 354, 368–372, 377, 379, 391. Verbraucherrecht geht ggf vor, Koller/Roth 3 mit Bsp, im übrigen rechtspolitisch akzeptabel, Oetker/Pamp 1,

Hopt 1429

§ 346

str noch weitergehend Oetker/Koch Vor §§ 373–381 Rn 10, s auch Einl v § 373 Rn 8, 10.

2) Beiderseitiges Handelsgeschäft:

2 Nicht nur ein einseitiges, sondern ein beiderseitiges HdlGeschäft wird ua in §§ 346, 353, 369, 377, 379, 391 vorausgesetzt. Dafür ist notwendig, dass beide Teile Kflte sind und das Geschäft für beide Teile ein HdlGeschäft iSv §§ 343, 344 ist.

[Handelsbräuche]

346 Unter Kaufleuten ist in Ansehung der Bedeutung und Wirkung von Handlungen und Unterlassungen auf die im Handelsverkehre geltenden Gewohnheiten und Gebräuche Rücksicht zu nehmen.

Übersicht

	Rn
1) Begriff, Geltung	1–11
A. Begriff	1
B. Geltung unter (Nicht)Kaufleuten	3
C. Beschränkte Geltung	7
D. Geltung ohne Kenntnis	8
E. Verhältnis zu Rechtsnormen	10
F. Missbrauch	11
2) Herausbildung, Feststellung, Beispiele	12–15
A. Herausbildung	12
B. Feststellung	13
C. Beispiele	15
3) Kaufmännisches und berufliches Bestätigungsschreiben	16–29
A. Auftragsbestätigung, Bestätigungsschreiben	16
B. Persönliche Reichweite	18
C. Sachliche Voraussetzungen	20
a) Vorverhandlungen	20
b) Unmittelbar nachfolgendes Bestätigungsschreiben	21
c) Schweigen des Empfängers	25
D. Schutzgrenzen, Anfechtbarkeit	26
E. Internationaler Verkehr	29
4) Schweigen im Handels- und Berufsverkehr	30–38
A. Schweigen im Rechtsverkehr	30
B. Zurechnung, Anfechtbarkeit	33
C. Schweigen auf Auftragsbestätigung	34
D. Schweigen auf Rechnung	35
E. Schweigen auf Vertragsangebot	36
F. Schweigen auf Rechnungsabschluss	37
G. Internationaler Verkehr	38
5) Handelsklauseln	39, 40
A. Handelsbedingungen und Handelsklauseln	39
B. Liste einzelner Handelsklauseln	40

1) Begriff, Geltung

1 A. **Begriff:** Die „im Handelsverkehre geltenden Gewohnheiten und Gebräuche" (**Handelsbräuche**) sind die Verkehrssitte des Handels (vgl §§ 157, 242 BGB, Einl 12–15 vor § 343). Notwendig ist verpflichtende Regel, die auf einer gleichmäßigen, einheitlichen und freiwilligen Übung der beteiligten Kreise für vergleichbare Geschäftsvorfälle über einen angemessenen Zeitraum hinweg beruht und der eine einheitliche Auffassung der Beteiligten zugrundeliegt, BGH NJW **94**, 659, **01**, 2465, WM **84**, 1002. § 346 gilt sowohl (§§ 133, 157 BGB ergänzend) für die **Auslegung** von Willenserklärungen (und die Würdigung

1. Abschnitt. Allgemeine Vorschriften 2–7 § 346

eines Verhaltens als Willenserklärung) als auch (nachgiebiges Recht idR verdrängend, vgl Rn 9) für **Rechtsfolgen** von Willenserklärungen und anderen Handlungen und Unterlassungen (nicht nur im Schuldrechtsbereich), BGH BB **73**, 636.

Nicht HdlBrauch sind, weil ohne verpflichtende Regel, zB **Handelsübung** 2 (dh was sich nach allgemeiner Auffassung der Verkehrskreise im Rahmen vernünftiger kfm Gepflogenheit hält, also ohne selbst eingebürgerte Missbräuche, BGH NJW **87**, 1887); **AGB,** die die eine Vertragspartei der anderen stellt und die bei wirksamer Unterwerfung als Vertragsbedingungen gelten; so auch Vereinbarung über bestimmte Anwendung von HdlBrauch, dieser wird dadurch vertraglich fixiert und zu AGB; s **(5)** § 305 II BGB. Abgrenzung zu Berufsgewohnheiten und -anschauungen (die zur Anwendung von § 3 UWG bedeutsam sein können) s BGH NJW **69**, 1293. Lit: Sonnenberger 1969; Lißner 1999; Selke 2001; Pflug ZHR 135 **(71)** 12, Basedow ZHR 150 **(86)** 469, Hellwege AcP 214 **(14)** 853 (HdlBrauch und Verkehrssitte als Vertragsinhalt, Geltung nur kraft normativer Auslegung).

B. **Geltung unter (Nicht)Kaufleuten:** HdlBräuche gelten nach § 346 **unter** 3 **Kaufleuten,** und zwar für ihr HdlGewerbe (nicht privat), also für ihre (beiderseitigen) HdlGeschäfte und für andere Vorgänge ihres Gewerbebetriebs (auf beiden Seiten). Kfm ist jeder Kfm nach §§ 1–6, auch der Kfm nach § 5.

Unter Nichtkaufleuten und im Verkehr mit ihnen gelten sie, 4

a) wenn ein gleicher Brauch (**Verkehrssitte,** vgl Rn 1) auch in diesem Verkehr besteht, Kblz NJW-RR **88**, 1306 (Tegernseer Gebräuche). Das ist aber besonders festzustellen. Dabei ist vorsichtig zu verfahren; es ist unstatthaft, NichtKflte an ihnen unbekannte HdlBräuche zu binden, wenn das Erwachsen eines solchen Brauchs in eine allgemeine Verkehrssitte nicht einwandfrei feststeht;

b) wenn im Vertrag zwischen Kfm und NichtKfm oder zwischen NichtKflten 5 **Unterwerfung** unter einen HdlBrauch ausgesprochen oder anzunehmen ist, zB zwischen Filmvermittler (Kfm) und (nicht eingetragenem) Filmproduzenten (NichtKfm) bei branchenüblichem Abschluss, besonders wenn der Produzent seit Jahren in der Branche tätig ist und ihre Gewohnheiten kennt, BGH NJW **52**, 257;

c) UU zugunsten des NichtKfms gegen Kfm zur Milderung von (diesem 6 besser bekanntem) Spezialrecht, BGH BB **70**, 151 (Verjährung der Frachtnachforderung unter § 84 GüKG aF).

C. **Beschränkte Geltung:** HdlBräuche **gelten** meist nicht allgemein wie 7 HdlGesetze, sondern **beschränkt,** zB auf einzelne Geschäftszweige, Gruppen in einem Geschäftszweig (BGH **LM** § 346 (F) Nr 1 betr größeren Kunsthandel), Gebiete, Orte, Börsen („Platzusancen"). Vgl BGH NJW **77**, 386: Brauch (betr Rücktritt von Reservierung) zwischen Hotels und Reisebüros? Hotels und andern Kunden? Der spezielle HdlBrauch geht vor. Örtlicher HdlBrauch gilt gegenüber nicht am Platz ansässigen Kflten nur, wenn besondere Gründe für die Annahme der Unterwerfung sprechen, BGH NJW **83**, 1268, Hbg RIW **82**, 283. Für Vertragsleistungen gelten die HdlBräuche am Erfüllungsort: so im Inland, bei ausländischem HdlBrauch, der dem inländischen entspricht, und bei internationalen HdlBräuchen; sonst nur wenn sich Kfm auf ausländischen Brauch eingelassen hat, BGH WM **84**, 1003. Der HdlBrauch am Ort des Maklers gilt idR auch für eine auswärtige Partei, RG **97**, 218, mindestens wenn diese widerspruchslos Schlussscheine mit entspr Hinweis annimmt, OGH **4**, 248: Schlussscheine mit der Klausel „Hamburger freundschaftliche Arbitrage und Schiedsgericht" (s Rn 40 „Arbitrage") unterwerfen nur Hamburger Usance, allerdings wohl nur bezüglich Arbitrage- und Schiedsgerichtsfragen. Für die Wirkung einer Handlung (Unterlassung) gilt idR der Brauch am Ort der Handlung (Unterlas-

§ 346 8–12   4. Buch. Handelsgeschäfte

sung, zB Nichtaufnahme und Bezahlung von Dokumenten am Käufersitz), uU aber der am Ort des Schwerpunkts (iSv IPR) des Geschäfts, zB des HauptHdlPlatzes der Branche, wo auch das Geschäft geschlossen und wohin die Ware lief, Feststellung des HauptHdlPlatzes ähnlich der des HdlBrauchs (vgl Rn 13); BGH BB **73**, 636, **76**, 480.

8 D. **Geltung ohne Kenntnis:** HdlBräuche gelten normativ, also auch ohne Kenntnis oder Unterwerfungswillen der Parteien (anders HdlÜbung, s Rn 2), Ffm WM **86**, 839, also auch, wenn beide Parteien sie nicht kennen, aA Hellwege AcP 214 **(14)** 86. Der Brauch gilt auch gegen Kfm, der erstmals einschlägig tätig wird, BGH BB **73**, 635, Ffm AWD **77**, 236. Wer sich einem Brauch nicht unterwerfen will, muss seiner Geltung vor oder bei Vertragsschluss ausdrücklich widersprechen, Bestreiten des Bestehens des Brauchs genügt dazu idR nicht, BGH MDR **52**, 155, NJW **66**, 502. Doch ist auch eine vom HdlBrauch abweichende, vertragliche Einigung möglich, auch konkludent zB bei bestimmtem Vertragszweck, BGH WM **84**, 1002, Mü WM **96**, 2337. Über HdlÜbung, die nicht normativ gilt, muss sich der Kfm bei Anhaltspunkten uU erkundigen, vgl SchiedsG Dt Kaffee-Verbd, HK Hbg BD 5 D 1c Nr 16. Erkennt der eine Teil, dass der andere den HdlBrauch nicht kennt, gilt § 242 BGB, nach aA culpa in contrahendo oder Geltung des Gewollten ohne HdlBrauch (§ 133 BGB), Koller/Roth 11.

9 **Irrtumsanfechtung wegen Unkenntnis** ist nicht möglich, str; vgl Canaris, Vertrauenshaftung 227, Flume II § 21, 9c; s auch Rn 32, 39.

10 E. **Verhältnis zu Rechtsnormen:** HdlBräuche gelten nicht gegenüber **zwingendem Recht,** zB nicht soweit durch sie eine verbotene Kartellabrede praktiziert wird, BGH **62**, 82 (IATA-Übung betr Provisionsverzicht von Reisebüros im Zulassungsverfahren). Sie gehen **nachgiebigem Recht** idR vor, BGH **LM** § 675 BGB Nr 3 (vgl § 384 Rn 14), NJW **66**, 502, BB **73**, 636. HdlBräuche gelten kraft gesetzlicher Verweisung und fallen deshalb selbst **nicht unter (5)** §§ 305 ff BGB, BGH BB **86**, 1395 (Tegernseer Gebräuche, s Rn 15), Ul/Br/He/Ulmer/Habersack § 305 BGB Rn 181; aber AGB sind nur ausnahmsweise HdlBrauch, zB Tegernseer Gebräuche, aber nicht **(8)** AGB-Banken, **(18)** ADSp. HdlBräuche können aber gegen **§ 242 BGB** verstoßen (s Rn 11), K. Schmidt § 1 III Rn 62, aA Canaris § 22 Rn 37: Auslegung. Verstöße gegen das Transparenzgebot (AGB) entsprechen nicht den Gebräuchen im HdlVerkehr, BGH NJW **12**, 54. HdlBräuche und AGB, Drettmann FS v Westphalen **10**, 73.

11 F. **Missbrauch:** Ein Missbrauch des Handels (§ 242 BGB, s Rn 10), zB ein gegen Treu und Glauben verstoßender HdlBrauch, ist unbeachtlich, Mü BB **55**, 748 (behaupteter Ausschluss jeder Untersuchungsobliegenheit nach § 377 beim Südfrüchteimport). Das gilt aber nicht schon bei einem mit der Sicherheit des Verkehrs unverträglichen Brauch, aA RG **114**, 14. Eine Inhaltskontrolle entspr **(5)** § 307 BGB findet nicht statt.

2) Herausbildung, Feststellung, Beispiele

12 A. **Herausbildung:** Zur Herausbildung eines HdlBrauchs braucht es einen gewissen **Zeitraum,** die **Zustimmung** der Beteiligten und die **tatsächliche Übung,** RG **110**, 48, BGH NJW **52**, 257. Nach Art des Gegenstands kann die Zahl der festzustellenden Anwendungsfälle sehr verschieden sein, Hbg MDR **63**, 849, BGH NJW **66**, 502 (Schiffsverkäufe). RG **118**, 140 verneinte mit Recht die Bildung eines auf wertbeständige Zahlung gerichteten HdlBrauchs in den unruhigsten Zeiten der Geldentwertung. Einzelne AGBKlauseln können zu HdlBrauch werden, aber nur wenn sie auch ohne besondere Vereinbarung oder Empfehlung freiwillig befolgt würden, BGH BB **80**, 1552. Einseitige Übung von Importeuren ohne Anerkennung durch die ausländischen Lieferer ist kein HdlBrauch, Mü BB **55**, 748 (betr Untersuchungspflichten beim Südfrüchteim-

1. Abschnitt. Allgemeine Vorschriften 13–15 § 346

port). Ein HdlBrauch erlischt nicht dadurch, dass einschlägige Geschäfte eine Zeit lang wegen besonderer Umstände nicht geschlossen werden, wohl aber wenn diese Geschäfte dann in ganz anderer Weise wieder aufgenommen werden, BGH NJW **52**, 257 betr Filmvermittlung. Nachweis einer Verkehrsauffassung, zB betr Mehrwertsteuer-Erstattungspflicht, ist noch nicht Beweis entspr (wirklich geübten) HdlBrauchs.

B. **Feststellung:** Wer sich auf einen HdlBrauch beruft, muss sein Bestehen 13 und seinen Inhalt **behaupten** und bei Bestreiten **beweisen**, BGH NJW **55**, 866, DB **62**, 197 (ausländischer Brauch), BB **72**, 1117 (Auslegung typischer Klausel). Dass die meisten Beteiligten eine Frage ausdrücklich regeln, schließt die Annahme eines HdlBrauchs nicht aus, BGH NJW **94**, 659. Den **Kammern für Handelssachen** (§ 114 GVG, s Einl 84 vor § 1) ist ausdrücklich die Feststellung von HdlBräuchen auf Grund eigener Sachkunde und Wissenschaft zugestanden, dem OLG, auch den Zivilkammern des LG (wenn solche Frage vor sie kommt) ist sie nicht verboten wie allgemein die Feststellung gerichtsbekannter Tatsachen (§ 291 ZPO). Erforderlich ist aber ausreichende Sachkunde des Gerichts im Geschäftszweig, sonst wird Zuziehung von Sachverständigen nötig, BGH NJW **91**, 1292. **Ein Gutachten** der **Industrie- und Handelskammer** ist idR erforderlich und ausreichend; das Gericht hat es auf Schlüssigkeit seiner Begründung zu prüfen; BGH NJW **66**, 502. Zu enge Fragestellung des Gerichts, zu weite Umfrage der Kammer: BGH NJW **77**, 386 (Rücktritt von Zimmerreservierung durch Reisebüro). Die Kammer muss klar sagen, ob und auf Grund welcher Unterlagen sie einen HdlBrauch feststellt oder ob sie nur eine Rechtsansicht äußert (etwa beruhend auf häufig angewandten AGB), BGH MDR **64**, 48. UU bedarf es der Anhörung des Sachbearbeiters der Kammer über die Grundlagen ihres Gutachtens (§ 411 III ZPO), BGH BB **76**, 480. Die IHK und andere Stellen (zB Wirtschaftsverbände) zeichnen HdlBräuche auf und erteilen Auskünfte und Gutachten über ihr Bestehen, vgl ausführlich **Merkblatt** für die Feststellung von „HdlBräuchen" durch IHK, herausgegeben vom DIHT: I Einführung, II Wesen des Handelsbrauchs, III Feststellungsverfahren (ua: idR Befragung kompetenter Unternehmen, nicht Verbände; dazu Hbg MDR **63**, 849), IV Kammergutachten. Lit: Wagner NJW **69**, 1282, Scholl DB **70**, 35 (Demoskopie), Oestmann JZ **03**, 285.

Bestehen, Inhalt, Geltungsbereich eines HdlBrauchs sind Tatfrage, daher in der 14 **Revision** nicht nachprüfbar, BGH MDR **52**, 155, NJW **66**, 502, **LM** § 346 (F) Nr 1, WM **73**, 363 (anders HdlKlauseln s Rn 39–40 und AGB mit Geltung über einen OLGBezirk hinaus), aA Oestmann JZ **03**, 285 (Normen iSv § 293 ZPO). Anders Begriff des HdlBrauchs (vgl Rn 1–12), Verfahren seiner Feststellung (vgl Rn 13), BGH NJW **77**, 386.

C. **Beispiele** finden sich vor allem bei den nationalen und internationalen 15 HdlKlauseln (Rn 31). Ferner zB betr Leistungszeit § 359 I. Ohne entspr Vereinbarung und ohne Vorbenachrichtigung ist Nachnahmesendung nicht zulässig, IHK Mü BB **50**, 225. Die **Trade Terms** (s **(6)** Incoterms Einl 4) sind zT HdlBrauch, anders grundsätzlich die **Incoterms** (AGB, ebenda Einl 14). Hotelreservierungsvertrag ist bis 3 Wochen vor Ankunft kostenfrei stornierbar, Ffm WM **86**, 838. Auch die **Börsenusancen** sind zT HdlBrauch, str (s **(14)** BörsG § 16 Rn 4). Im WeinHdl ist für Lieferung und Zahlung mangels anw Vereinbarung der Wohnsitz des Verkäufers Erfüllungsort, LG Landau NJW **52**, 789. Im BuchHdl ist Vereinbarung des Gerichtsstands durch einseitige Fakturenklausel HdlBrauch, Fbg NJW **52**, 1416. Im HolzHdl gelten die **„Tegernseer Gebräuche"** (Neufassung 1985) als HdlBrauch, BGH BB **86**, 1395, Mü MDR **15**, 1310, LG Kln BB **88**, 1139, von Renthe gen. Fink BB **82**, 80; sie gelten auch unter NichtKfltn als Verkehrssitte, Kblz BB **88**, 1138. Im Schmuckhandel liegt Risiko des zufälligen Verlusts der Ware beim Weiterveräußerer-Kommissionär, Karlsr BB

Hopt 1433

§ 346 16, 17   4. Buch. Handelsgeschäfte

82, 704. In der Versicherungsbranche gelten die **ADS** als HdlBrauch, Ul/Br/He/ Ulmer/Habersack § 305 BGB Rn 181, str. HdlBrauch ist, Sonderverpackung bei Versand gesondert zu berechnen, Kln DB **63**, 860. Bedeutung der kfm **Rechnung** (Faktura), ua nach HdlBrauch, s Dauses DB **72**, 2145. HdlBrauch rechtfertigt uU Beeinträchtigung fremden **Eigentums**, BGH **LM** § 1004 BGB Nr 27 (Verwendung fremder Flaschen durch Getränkehersteller). HdlBrauch kann die **Form** von Rechtsgeschäften regeln, s Einl 8 vor § 343. Bei branchentypischen Geschäften auch stillschweigende Schiedsvereinbarung (§ 1027 II aF ZPO) kraft HdlBrauch, BGH NJW **93**, 1798m Anm Berger DZWir **93**, 465, aber jetzt § 1031 nF ZPO.

3) Kaufmännisches und berufliches Bestätigungsschreiben

16   A. **Auftragsbestätigung, Bestätigungsschreiben:** Beide sind im kfm Verkehr im Zusammenhang mit Vertragsabschlüssen üblich. Rechtlich sind beide **streng zu unterscheiden;** die Bezeichnung im HdlVerkehr ist unmaßgeblich und oft unrichtig, BGH **112**, 211.

    a) Die **Auftragsbestätigung** schließt Vorverhandlungen, die noch nicht zum Vertragsschluss geführt haben, ab. Mit der Auftragsbestätigung nimmt der Kfm ein ihm gemachtes Angebot („Auftrag") an und macht dadurch idR den Vertrag perfekt. Weicht die Auftragsbestätigung vom Angebot ab, gilt dies als Ablehnung und neuer Antrag (§ 150 II BGB s Rn 34). Dieser neue Antrag bedarf der Annahme, **Schweigen** darauf **genügt** grundsätzlich **nicht** (s Rn 34). Annahme eines Angebots (des A durch B) mit **Abweichungen** (zB modifizierte **Auftragsbestätigung**) ist Ablehnung mit neuem Angebot (§ 150 II BGB); dieses führt zum Abschluss idR nur durch Annahme A, die B zugeht. Der Zugang darf fehlen in den Fällen § 151 S 1 BGB. Telegraphische Annahme mit Zusatz „Brief folgt" ist iZw noch keine bindende Annahme, Hamm DB **83**, 2619.

17   **b)** Das **Bestätigungsschreiben** hält demgegenüber nach Vorverhandlungen, die (tatsächlich oder zumindest in der Sicht des Bestätigenden) zum Vertragsschluss geführt haben, den bereits (formlos) zustandegekommenen Vertrag gegenüber dem anderen Teil schriftlich fest. Das Bestätigungsschreiben ist also idR bloße Beweisurkunde. Im Interesse des **Verkehrsschutzes** (anders Canaris § 23 Rn 9: Vertrauensschutz) muss aber weitergehend der Empfänger, der das Bestätigungsschreiben widerspruchslos hinnimmt, dessen Inhalt als richtig gegen sich gelten lassen. **Schweigen** auf das Bestätigungsschreiben gilt also **als Zustimmung** (s Rn 31): Der vorher nicht perfekte Abschluss wird es dadurch, der mit einem anderen Inhalt bekommt den des Schreibens; hL, stRspr, BGH **7**, 187, **11**, 3, **18**, 216, **25**, 149, **40**, 42, **54**, 239; aA Bydlinski FS Flume I 335 (für Österreich). Das beruht nicht auf Schweigen als Willenserklärung (s Rn 32) oder als Folge einer Pflicht- oder Obliegenheitsverletzung, sondern gilt ursprünglich auf Grund HdlBrauchs, BGH **40**, 45, und ist inzwischen Gewohnheitsrecht zum Schutz des Hdl- und Berufsverkehrs, str. Das wirksame Bestätigungsschreiben hat die **Vermutung der Vollständigkeit** für sich; das schließt nicht Nachweis (gleich durch welche Partei) aus, dass die Parteien zusätzliche (dem Bestätigungsschreiben nicht widersprechende) Abreden getroffen haben, BGH **67**, 381, NJW **64**, 589, WM **86**, 168, s Rn 26–28. Bei nachträglicher **Verweisung auf AGB** im Bestätigungsschreiben (selbst, nicht nur Beilage der AGB) können diese Vertragsbestandteil werden; auch wenn sie nicht Gegenstand der Vertragsverhandlungen waren, BGH NJW **78**, 2244, **82**, 1751, und nicht beigefügt sind, BGH **7**, 190, **18**, 216, Coester DB **82**, 1551, krit Lindacher WM **81**, 707 für konstitutive Bestätigungsschreiben. Das Erfordernis des Einverständnisses nach **(5)** § 305 II BGB (aber § 310 I 1 gegenüber Unternehmer iSv § 14 BGB) hindert die Einbeziehung nicht; Grenze Rn 27. Auch **(5)** § 305b BGB hindert Bestätigungsschreiben mit erstmaligem Hinweis auf AGB nicht, aA Batsch NJW **80**, 1731,

1. Abschnitt. Allgemeine Vorschriften 18–21 § 346

differenzierend Coester DB **82**, 1551. Lit: zum Bestätigungsschreiben Diederichsen JuS **66**, 129, Walchshöfer BB **75**, 719, Hopt AcP 183 **(83)** 691, von Dücker BB **96**, 3, Thamm/Dezer DB **97**, 213, Deckert JuS **98**, 121, K. Schmidt FS Honsell **02**, 99, Kröll/Hennecke RabelsZ 67 **(03)** 448 (CISG), Kollrus BB **14**, 779.

B. Persönliche Reichweite: Diese Regeln über das Bestätigungsschreiben **18** galten ursprünglich als HdlBrauch nur unter Kflten, heute gelten sie als zum Gewohnheitsrecht erstarkte Verkehrsitte auch unter anderen Berufstätigen.

a) Der **Empfänger** des Bestätigungsschreibens kann auch ein NichtKfm sein, der ähnlich einem Kfm am Geschäftsleben teilnimmt und von dem erwartet werden kann, dass er nach kfm Sitte verfährt, also dem Bestätigungsschreiben wenn nötig widerspricht; zB Grundstücksmakler, BGH **40**, 43; Architekt, BGH WM **73**, 1376; Rechtsanwalt, Bambg BB **73**, 1372; Insolvenzverwalter, BGH NJW **87**, 1940; GmbHGeschäftsführer bei persönlicher Bürgschaft für GesSchuld, Hbg ZIP **04**, 1211 LS; nicht Legationsrat, BGH WM **81**, 335. Das bedeutet eine Teilnahme am Geschäfts- oder Berufsverkehr in größerem, aber nicht unbedingt (voll)kfm Umfang, BGH NJW **11**, 1965, minderkfm Umfang (§ 4 aF) kann aber im Einzelfall nicht ausreichen, vgl BGH **11**, 3 (nicht eingetragener Schrotthändler), BB **67**, 186 (Sägerei), andererseits Ffm MDR **66**, 512 (kleiner Färber); Gemeinden und Behörden im fiskalischen Tätigkeitsbereich, BGH NJW **11**, 1966; öffentliche Unternehmen s BGH NJW **64**, 1223. Weiter muss das bestätigte Geschäft zu den kaufmännischen bzw Berufsgeschäften des Bestätigungsempfängers gehören (§ 344 I gilt nicht entspr); Erwerb von GrundstücksGesAnteilen durch Gastwirt genügt nicht, Stgt 29. 12. **82** 4 U 138/82. Wenn es dazu gehört, kann es aber auch ein für den Empfänger unübliches Geschäft sein, BGH WM **69**, 993, **75**, 325. Bloße Vertretung durch einen Rechtsanwalt genügt nicht, BGH Hamm NJW **75**, 1358, **74**, 462, vielmehr kommt es auf die Parteien an, vgl BGH BB **76**, 664. Zur Ausdehnung auf den nichtkfm Berufsverkehr s Hopt AcP 183 **(83)** 691, Deckert JuS **98**, 121.

b) Der **Absender** des Bestätigungsschreibens könnte, da durch die Rechts- **19** folge nur begünstigt, an sich auch bloßer Verbraucher sein, aber der Empfänger muss bei Absendung durch einen Verbraucher nicht mit dieser Rechtsfolge rechnen, BGH NJW **75**, 1359, deshalb für den Absender gleiche Anforderungen wie für den Empfänger (s Rn 18, vgl § 362 Rn 3), Oetker/Pamp 53. Vgl BGH **40**, 44, WM **62**, 301 (Vorstandsmitglied gegenüber seiner AG), WM **73**, 1376.

C. Sachliche Voraussetzungen: a) Vorverhandlungen: Dem Schreiben **20** muss eine hinreichend konkretisierte ernsthafte Verhandlung (in der Sicht des Bestätigenden ein Abschluss) vorausgegangen sein, wofür der Bestätigende beweispflichtig ist, BGH DB **70**, 1777, NJW **74**, 991, **75**, 1358, **90**, 386, Düss DB **82**, 592. Voraussetzung ist eine mündliche, telefonische, telegraphische ua, aber nicht briefliche Vorverhandlung (so dass der Vertragsinhalt im Bestätigungsschreiben erstmals schriftlich niedergelegt erscheint). Der Grundsatz ist aber uU auch anwendbar, wenn ein Teil schon schrieb, jedenfalls wenn jetzt der andere (der vorher nur telefonierte) brieflich bestätigt, BGH **54**, 240, krit Lieb JZ **71**, 135. S auch BGH DB **70**, 1777. Er gilt **nicht** bei Schriftformklausel iSv § 127 BGB (s Einl 9 vor § 343), oder wenn Empfänger der Bestätigung den Vertragsschluss von seiner schriftlichen Annahme abhängig gemacht hat, BGH NJW **70**, 2104; auch wenn der Bestätigende zugleich erklärt, er nehme an, der andere habe diesen Vorbehalt fallen lassen, oder eben BGH BB **95**, 1324. Mit Klausel „Verkäufers Kontrakt folgt" in der Schlussnote behält sich der Verkäufer eigene Bestätigung vor, SchiedsG Waren-Verein Hbg Börse, Hbg VI D 1b Nr 42.

b) Unmittelbar nachfolgendes Bestätigungsschreiben: Das Schreiben **21** braucht die Verhandlungen nicht ausdrücklich zu erwähnen, BGH **54**, 239, aber

§ 346   22–25   4. Buch. Handelsgeschäfte

es muss der Verhandlung **zeitlich** unmittelbar folgen, es kommt für die Frist auf den Fall an (Verstreichen weniger Tage muss nicht schaden), BGH WM **75**, 325. Nicht entscheidend ist die Bezeichnung des Schreibens (zB „Auftragsbestätigung", vgl Rn 16), BGH **54**, 241, BB **71**, 1479, NJW **74**, 992, WM **79**, 19 (laut späterem Schreiben: „Vorabbestellung"), NJW **87**, 1941 (auch ohne das Wort „Bestätigung"). Das Schreiben muss aber **erkennbar** bestimmt sein, einen erfolgten Abschluss und seinen Inhalt verbindlich festzulegen, BGH BB **61**, 271, **63**, 918, **67**, 978; das ist uU der Fall auch bei weitgehender Bezugnahme auf ein Schreiben des Empfängers, BGH **54**, 241, oder Verwendung von Kurzformeln, deren genaue Bedeutung durch zumutbare Rückfrage aufklärbar, BGH BB **71**, 1479; Verhandlungsprotokoll über bereits geschlossenen Vertrag, auch bei Entsendung eines Vertreters ohne Vertretungsmacht, BGH NJW **11**, 1966; nicht genügt bloße Bezugnahme auf die Verhandlung ohne Äußerung des Festlegungswillens. Zweifel gehen zu Lasten des Absenders, Karls BB **11**, 770. Hat der Bestätigende um **Gegenbestätigung** gebeten, so ist uU ohne diese die Bestätigung unwirksam, das Schweigen des Partners nicht Zustimmung, maßgebend ist der Parteiwille im Einzelfall, BGH NJW **64**, 1270, WM **07**, 305; ebenso wenn Zusatzabrede nicht bestätigt, sondern vorgeschlagen wird, BGH NJW **72**, 820.

22   Bei sich **kreuzenden,** inhaltlich verschiedenen Bestätigungsschreiben, tritt die Rechtswirkung nicht ein, Widerspruch ist nicht erforderlich, BGH BB **61**, 954; anders wenn die Abweichung nur eine ohnehin zu erwartende Vertragsergänzung betrifft, BGH NJW **66**, 1070. Für sich kreuzende Bestätigungsschreiben mit Bezugnahme auf **unterschiedliche AGB** gelten die allgemeinen Regeln für sich widersprechende AGB unter **(5)** § 305 II BGB, Ul/Br/He/Ulmer/Habersack § 305 BGB Rn 183, aA wohl BGH NJW **82**, 1751. Bei sich widersprechenden AGB ist maßgeblich idR nicht die zeitlich letzte Verweisung (§ 150 II BGB) und die Vertragsdurchführung durch die andere Partei als stillschweigende Annahme (Theorie des letzten Worts), vielmehr werden die AGB beider nur, soweit sie miteinander vereinbar sind, Vertragsbestandteil. Trotz des im Übrigen vorliegenden Dissenses (§§ 154, 155 BGB) ist iZw anzunehmen, dass beide Parteien auch ohne diese AGBTeile am Vertrag festhalten wollen (Widerlegung des § 154 I 1 BGB), statt der sich widersprechenden AGB gilt dann nach **(5)** § 306 II BGB Gesetzesrecht, hL, BGH **61**, 288, NJW **85**, 1839. Auch eine in das Bestätigungsschreiben aufgenommene Klausel kann AGB sein, aA Hbg RIW **81**, 262.

23   Das Schreiben muss **zugehen** (§ 130 BGB), BGH **20**, 149 (auch bei Unterschlagung durch Empfangsvertreter), **70**, 232 (Beweislast beim Absender); ggf jemandem mit (passiver) Vertretungsmacht (vgl ua § 164 III BGB, § 125 II 2 HGB, § 35 II 2 GmbHG, § 78 II 2 AktG), dazu RG JW **27**, 1675.

24   Nicht wesentlich ist, ob für Empfänger ein **Vertreter** verhandelte; auch wenn dieser, dem Bestätigenden unbekannt (Hbg MDR **64**, 502), ohne Vollmacht war (vorausgesetzt das Schreiben nimmt wirksamen Abschluss an, ist nicht Aufforderung zur Genehmigung iSv § 177 II BGB); BGH **7**, 187, **20**, 149, NJW **64**, 1951, **75**, 1358, **90**, 386, **07**, 987; auch wenn ein Unbefugter unter dem Namen des Empfängers auftrat, Celle MDR **67**, 1016 (Sohn des Inhabers).

25   **c) Schweigen des Empfängers:** Zur Entkräftung des Schreibens muss **rechtzeitiger Widerspruch**, dh ohne schuldhaftes Zögern (unverzüglich, § 121 I 1 BGB, aber Risiko des Kfm zB bei Organisationsmängeln), erfolgen; BGH **11**, 3, **18**, 216, NJW **62**, 104, 246. Nach Kln BB **71**, 286 entspr § 147 BGB bis zum Zeitpunkt, in dem eine Antwort unter regelmäßigen Umständen zu erwarten. Widerspruch mehr als eine Woche nach Empfang der Bestätigung wohl meist zu spät, BGH NJW **62**, 246, BB **66**, 425, **69**, 933; bei einfachem Abschluss im Warengroßhandel uU nach drei Tagen zu spät, RG **105**, 390, BGH NJW **62**, 246; keine Erleichterung für Insolvenzverwalter, BGH NJW **87**, 1940. Einzelfall beachtlich (weitgehend Tatrichterermessen), zB dass Widersprechender noch nie

1. Abschnitt. Allgemeine Vorschriften   26–29 § 346

gleiche Ware kaufte, daher Zeit brauchte zur Erlangung verlässlicher Marktauskunft, BGH NJW **62**, 246. Widerspruch ist idR der Gegenpartei zu erklären, nicht dem Makler (§ 94 Rn 3), im Einzelfall kann aber auch Erklärung gegenüber dem Makler (der die falsch bestätigte Verhandlung mitführte) kann genügen, BGH BB **67**, 186, WM **83**, 684 (§ 94 Rn 3). Der Beweis des Zugangs des Schreibens, erforderlichenfalls auch des Zeitpunkts des Zugangs, obliegt dem Bestätigenden, BGH **70**, 232, der des rechtzeitigen Widerspruchs dem Empfänger, RG **114**, 282, BGH NJW **62**, 104. Bindung an ein im Widerspruch liegendes neues Angebot s Ffm BB **82**, 1510. In dem Widerspruchsschreiben kann uU **gegenläufiges Bestätigungsschreiben** liegen, auf das dann die Gegenpartei ihrerseits reagieren muss, weil sonst ihr Schweigen als Zustimmung gilt (s Rn 17), Hbg BB **55**, 847.

D. **Schutzgrenzen, Anfechtbarkeit: a)** Bei **bewusst unrichtiger** oder entstellender **"Bestätigung"** bleibt das Schweigen ohne Rechtswirkung, BGH BB **55**, 941, **67**, 978, MDR **67**, 918, DB **69**, 125, **70**, 1778; 26

b) Ebenso, praktisch wichtiger, wenn die Bestätigung sich (auch ohne Unredlichkeit oder Kenntnis) vom wirklichen Verhandlungsergebnis **so weit entfernt, dass der Bestätigende verständigerweise nicht mit dem Einverständnis des anderen rechnen kann**, BGH **7**, 190, **11**, 4, **40**, 44, **54**, 242, **61**, 286, **93**, 343, **101**, 365, BB **71**, 1480, WM **73**, 1376, NJW **74**, 992, **82**, 1751, WM **84**, 641, NJW **87**, 1942, **94**, 1288: oder wenn sie eine neue Bedingung einführt, mit der Empfänger nicht zu rechnen braucht, BGH **54**, 242, NJW **66**, 1070 oder die nach dem Geschäftsgegenstand unzumutbar ist, BGH BB **68**, 398; oder wenn die Bestätigung mit Zusatzforderungen verbunden ist, BGH BB **72**, 418 (zur Frage der Einigung über diese durch Nichtablehnung s Rn 34). Für solchen (Ausnahme-)Tatbestand ist Empfänger beweispflichtig, BGH NJW **74**, 991. Verhandelte für den Bestätigenden ein Vertreter, kommt es idR auf dessen Verhalten an, gleich ob er selbst oder der Vertretene bestätigte (vgl § 166 I BGB); anders, wenn dieser (vom Vertreter falsch unterrichtet) gutgläubig und andererseits Empfänger bei der Verhandlung den Schein der Einigung wie bestätigt schuf (zB durch Zeichnung eines so verstehbaren Schriftstücks), BGH **11**, 4, **40**, 48. Das Bestätigungsschreiben wirkt (ohne Widerspruch) auch, soweit es **zusätzliche Bedingungen** einführt, sofern solche zumutbar sind und von der Art, dass Empfänger mit ihnen rechnen muss, Bspe: Einführung üblicher Verbandlieferbedingungen (mit Haftungsausschlussklausel), BGH **54**, 242, einer im Geschäftszweig gebräuchlichen Schiedsvereinbarung, BGH DB **70**, 1777 („Garnschlussbriefe" aus Wien), Hbg RIW **81**, 263 (Selbstlieferungsvorbehalt). Bei **Verweisung auf AGB** gilt das auch für im Geschäftszweig gebräuchliche AGB (s Rn 17); anders wegen **(5)** § 305 II BGB bei AGB mit erheblichen Abweichungen vom dispositiven Recht, sowie nach **(5)** § 305c I BGB bei einzelnen überraschenden AGB; Ul/Br/He/Ulmer/Schäfer § 305c BGB Rn 56. 27

c) Zur Frage der **Anfechtung** durch Empfänger, der sich verschwieg, s Rn 33. Auf die Wirkung des Bestätigungsschreibens können sich beide Parteien berufen, also kein Wahlrecht. 28

E. **Internationaler Verkehr:** Ob Schweigen rechtsgeschäftliche Wirkung hat, bestimmt sich, obschon seit der Rom I-VO grundsätzlich das Vertragsstatut anwendbar ist, wie bisher kraft Sonderanknüpfung nach dem gewöhnlichem Aufenthaltsort des Schweigenden (Art 31 II aF EGBGB, Art 10 II Rom I-VO), BGH **135**, 137, Hbg NJW **80**, 1232, Ffm WM **83**, 129, Kln NJW **88**, 2182, Karls RIW **94**, 1047, Kln NJW-RR **97**, 182, str, aA nach einzelfallorientierter Kumulierung der Rechtsordnungen, also auch Vertragsstatut, zugunsten des Schweigenden, Reithmann/Martiny/Martiny Rz 3.21. Bei Verkehrsgeschäften im Lande des Gegners des Schweigenden gilt jedenfalls das Vertragsstatut, Grund: 29

§ 346 30–32
4. Buch. Handelsgeschäfte

dann kann der Schweigende nicht damit rechnen, dass sein Verhalten nach seinem Heimatrecht beurteilt wird, Reithmann/Martiny/Martiny Rz 3.27 f. So kann es auch bei entsprechender bisheriger Geschäftspraxis zwischen den Parteien liegen. Auch nach internationalem HdlBrauch gilt Schweigen auf das kfm Bestätigungsschreiben als Zustimmung, Kln NJW **88**, 2182, SchiedsG Dt Kaffee-Verbd, HK Hbg Bd 6 C 4 Nr 19. Zum Bestätigungsschreiben s Rn 38. Das Bestätigungsschreiben muss in der Verhandlungssprache bei Kaufabschluss abgefasst sein, sonst hat es nicht die Wirkung nach Rn 16–17; Hbg NJW **80**, 1232, Ffm DB **81**, 1612m Anm Reinhart IPRax **82**, 226; für das Sprachrisiko gilt also grundsätzlich das Vertragsstatut, vgl Stgt RIW **89**, 56, Reithmann/Martiny/Martiny Rz 3.37, nach aA Sonderanknüpfung wie für das Schweigen, vgl für AGB **(5)** § 305 II BGB, **(8)** AGB-Banken Nr 1 Rn 5, **(18)** ADSp Einl 2 vor § 1. Das Bestätigungsschreiben wirkt im Anwendungsbereich des UN-Kaufrechts (CISG) nur, soweit ein entsprechender HdlBrauch feststellbar ist (Überbl 49 vor § 373). Lit: Reithmann/Martiny/Martiny Rz 3.18; Ul/Bra/He/H. Schmidt Anh § 305 BGB Rn 18; Ebenroth ZVglRWiss **78**, 161, Sandrock RIW **86**, 849, Schwenzer IPRax **88**, 86, Esser ZfRVgl **88**, 167.

4) Schweigen im Handels- und Berufsverkehr

30 A. **Schweigen im Rechtsverkehr: Im bürgerlichen Recht** ist Schweigen idR überhaupt keine Willenserklärung, also **weder Annahme noch Ablehnung**, Flume II § 5, 2 b. Schweigen ist aber ein Element der Auslegung nach §§ 133, 157 BGB und kann ausnahmsweise auch eine Willenserklärung darstellen, Staub/Canaris Anh § 362 Rn 3. Auch besteht uU eine Widerspruchspflicht nach § 242 BGB, deren Verletzung allerdings nicht zur Erfüllung, sondern nur zum Schadensersatz verpflichtet. Auch besteht in bestimmten Fällen eine Anzeigepflicht bei Nichtannahme, ihre Verletzung verpflichtet ebenfalls nur zum Ersatz des negativen Interesses (§ 663 BGB).

31 **Im Handelsrecht** und im Berufsverkehr gelten strengere Anforderungen. Schweigen des Kfm auf Geschäftsbesorgungsantrag gilt nach § 362 als Annahme (s dort). § 362 ist enthält einen allgemeinen Rechtsgedanken für das Schweigen im HdlVerkehr, Staub/Canaris Anh § 362 Rn 21: verallgemeinerungsfähig.

32 In vielen anderen Fällen ist Schweigen nach **Handelsbrauch** bedeutsam. Qui tacet consentire videtur (wer schweigt gilt für zustimmend) gilt im HdlVerkehr, der mehr Zusammenspiel fordert, öfter als in anderem Rechtsverkehr, aber auch im HdlVerkehr noch nur ganz ausnahmsweise, BGH **61**, 285, NJW **81**, 44. Schweigen soll nach der Rspr uU als **Zustimmung** gelten, wo nach der Lage des Einzelfalls entspr Übung ordentlicher Kflte bei Ablehnung ausdrücklicher Widerspruch zu erwarten ist, BGH **1**, 355 (nach Staub/Canaris Anh § 362 Rn 16: Leitentscheidung), **7**, 189, **11**, 3, **18**, 216, NJW **95**, 1281, Düss DB **82**, 592, enger Flume AcP 161 **(62)** 52, dagegen Fischer ZHR 125 **(63)** 209; diese Formel ist aber gefährlich weit, nötig ist vorsichtige Fallgruppenbildung. Die ständige Geschäftsverbindung (Einl 3 vor § 343) verlangt zB eher eine klärende Äußerung als die einmalige, OGH **3**, 237, BGH **1**, 355. Akte des einen Teils, die gerade der Klarstellung der Rechtslage dienen, verlangen in besonderem Maße die prompte Stellungnahme, Düss DB **82**, 593, zB **kaufmännisches Bestätigungsschreiben** (s Rn 25), **Schlussnoten des Handelsmaklers** (§ 94 Rn 2), feststellende Mitteilungen, Abrechnungen (dazu Rn 37). Unbeachtlich sind Mitteilungen in **unüblicher Form**, zB mündlich durch Familienmitglieder oder Hauspersonal, auf Drucksachen, Geschäftsbriefen usw durch kleine, leicht übersehbare Vermerke (oder am Rand, auf der Ecke, auf der Rückseite), auf Katalogen usw über Fragen, die nicht hineingehören (unten Rn 36). Lit: Sonnenberger 1970, Staub/Canaris Anh § 362; Canaris FS Wilburg **75**, 77.

1. Abschnitt. Allgemeine Vorschriften 33–36 § 346

B. Zurechnung, Anfechtbarkeit: Will in solchem Fall der Schweigende 33
Zustimmung ausdrücken, ist es echte Willenserklärung; will er es nicht, wird ihm
ohne Willenserklärung der objektive Erklärungswert seines Verhaltens nach
§ 242 BGB **zugerechnet.** Zur Anfechtung gelten dieselben Grundsätze wie zu
§ 362 (dort Rn 6). Daher **keine Anfechtung** wegen Irrtums über die Bedeutung des Schweigens, zB darüber, dass das widerspruchslos hingenommene Bestätigungsschreiben (Rn 16–29) für den Vertragsinhalt maßgebend wird, BGH **11**, 5, **20**, 154, NJW **69**, 1711, auch nicht wegen irriger Annahme der Übereinstimmung solchen Schreibens mit der Verhandlung, BGH NJW **72**, 45; das gilt selbst bei Unkenntnis des Zugangs des Bestätigungsschreibens (s Rn 23), Verschulden ist nicht unerlässlich, aA Flume II § 36, 7, der Kfm trägt sein unternehmerisches Organisationsrisiko (§ 362 Rn 5). Dagegen ist Anfechtung möglich analog § 119 BGB bei Irrtum in der (vorausgegangenen) Verhandlung oder über den Inhalt der Bestätigung, str, dahingestellt von BGH NJW **69**, 1711, **72**, 45. Das Schweigen muss schlüssig sein, in eine Erklärung bestimmten Inhalts übersetzt werden können, RG **97**, 195 (GegenBsp: Schweigen auf eine Frage). Prinzipielle Zweifel: Bickel NJW **72**, 607. Lit: Mues 2004 (Irrtumsanfechtung im Hdlverkehr).

C. Schweigen auf Auftragsbestätigung (s Rn 16) ist idR **nicht** Annahme; 34
die Situation ist anders als beim kfm Bestätigungsschreiben (s Rn 17), das einen
schon erfolgten Abschluss festhalten soll, BGH NJW **88**, 2106, **95**, 1672. **Ausnahmen** gelten (abgesehen vom einfachen Eigentumsvorbehalt, da Eigentumsübergang einseitig ausgeschlossen werden kann, BGH **104**, 137) bei ganz besonderen Umständen, zB wenn Auftragsbestätigung zugleich Einzelheiten aus mündlicher Vorverhandlung festhält (insofern ähnlich kfm Bestätigung), BGH **18**, 216, **61**, 285, BB **73**, 2135, **74**, 1136, DB **77**, 1311, WM **86**, 527 (Schwesterfirmen mit ähnlicher Firma im selben Markt), NJW **95**, 1672, NJW-RR **00**, 1155. Abweichung muss in Annahmeerklärung des B klar zum Ausdruck kommen, sonst kommt Vertrag mit Inhalt des Angebots des A zustande, BGH WM **83**, 313. Annahme ist uU widerspruchslose Entgegennahme gekaufter Ware, besonders wenn der Verkäufer deutlich machte, er liefere nicht anders als zu seinen Bedingungen, BGH **61**, 287, DB **77**, 1311; beiderseitige Bezugnahme auf widersprechende AGB s **(5)** § 305 II BGB und oben Rn 22. Wer auf Preisliste, Katalog und dergl bestellt, genehmigt deren Inhalt, soweit er in eine Preisliste, einen Katalog usw hineingehört; zB Angaben über Preis, Beschaffenheit der Ware, Versendungsart, Zahlungsweise (zB Nachnahme); nicht aber die dort abgedruckten AGB des Anbieters, s **(5)** § 305 II BGB.

D. Schweigen auf Rechnung (Faktura) ohne Vertragsgrundlage ist iZw 35
nicht Annahme eines darin enthaltenen Vertragsangebots, BGH BB **59**, 827, Kln NJW-RR **97**, 182. Schweigen auf außerhalb des Rechnungszwecks liegende **Vermerke** in der Rechnung ist idR nicht Zustimmung zur Vertragsänderung, BGH BB **59**, 827, NJW **97**, 1578. **Ausnahmen** zB wenn die Rechnung Teil eines Bestätigungsschreibens ist (s Rn 16–29); wenn bei dauernder Geschäftsverbindung frühere Abreden wiederholt sind, Kln NJW-RR **97**, 182; bei handelsüblichen Vermerken, etwa über die Verpackung; wenn die Rechnung dem Besteller Vergünstigungen, etwa Preisnachlass, gewährt, weil da die Zustimmung des Empfängers ohne Weiteres anzunehmen ist, RG **95**, 120. Durch widerspruchslose Entgegennahme und Bezahlung einer Vielzahl von Rechnungen während längerer Zeit (hier zwei Jahre) verliert Empfänger das Recht zur Beanstandung der Rechnungen; auch bei Zahlung mit Vorbehalt der Rechnungsprüfung, wenn er nicht in angemessener (kürzerer) Zeit prüft und reklamiert, Düss DB **73**, 1064.

E. Schweigen auf Vertragsangebot ist idR auch im kfm Verkehr **nicht** 36
Zustimmung, auch nicht unter Anwesenden. **Ausnahmen,** wenn Treu und

Hopt 1439

§ 346 37–39
4. Buch. Handelsgeschäfte

Glauben oder die Verkehrssitte Widerspruch verlangen; zB bei alter Geschäftsverbindung, RG **84**, 325, vor allem, wenn schon früher Verträge durch Schweigen zustandegekommen sind; nach Vorverhandlungen bei abschlussreifem, inhaltlich festgelegtem Vertrag, BGH BB **55**, 1068; wenn A anträgt, nun B verspätet annimmt (§ 150 I BGB), A schweigt und kein besonderer Anlass für ihn zu neuer anderer Entschließung, BGH NJW **51**, 313; wenn A Ware „freibleibend" (ohne Bindung an sein Angebot) anbietet und auf eine dem Angebot genau entspr Bestellung des B schweigt, RG **102,** 229; wenn es um die Auflösung oder Änderung eines zwischen den Parteien bestehenden Vertrags geht und der Anbietende für den Gegner erkennbar ein Interesse an baldiger Antwort hat, BGH **1**, 355; wenn es um die Abwicklung eines bestehenden Schuldverhältnisses geht, eine vernünftige Abwicklung vorgeschlagen wird und der Auftragsempfänger auf Frage, ob er widerspreche, weiter schweigt, BGH BB **62**, 1056; idR nicht gegenüber dem Angebot einer dem Empfänger des Angebots nachteiligen Änderung eines bestehenden Vertrags, BGH **LM** § 346 (D) Nr 7, 7 b. IdR hat, auch unter Kaufleuten (bei Lieferung an Verbraucher gilt § 241a BGB), nicht angenommen, wer **unbestellt** zugesandte **Ware** nicht zurücksendet oder ablehnt (zur Mehrlieferung s § 377 Rn 19). Auch Einlösung einer unbestellten Nachnahmesendung ist noch nicht Annahme, IHK Mü BB **50**, 225. Anders zB, wo im laufenden Geschäftsverkehr zugesandt, wenn unbestellte Ware bereits früher abgenommen, uU auch wo unbestellte der bestellten Ware beigefügt, RG LZ **19**, 966, wenn durch wiederholte Sendung der Irrtum des anderen Teils klar wurde, BGH **LM** § 157 BGB (Gb) Nr 4.

37   F. **Schweigen auf Rechnungsabschluss** ist **nicht Anerkennung;** gleich ob im Kontokorrent, auch nicht stillschweigend, anders nur unter besonderen Umständen, BGH WM **73**, 1014 (iErg nein).

38   G. **Internationaler Verkehr:** Die Grundsätze für das Bestätigungsschreiben gelten auch für das Schweigen nach § 362 (s dort Rn 8) und allgemeiner im Hdl- und Berufsverkehr, also Sonderanknüpfung nach dem Ort des gewöhnlichen Aufenthalts des Schweigenden (Art 10 II Rom I-VO, s Rn 29); BGH **57**, 77, **135**, 137, NJW **76**, 2075, Hbg NJW **80**, 1232, Ffm WM **83**, 129, Kln NJW **88**, 2182, Mü IPRax **91**, 49, Karls RIW **94**, 1047. Das gilt auch hier nicht bei Verkehrsgeschäften im Lande des Gegners der Schweigenden oder wenn der Schweigende, etwa angesichts einer bisherigen Geschäftspraxis mit dem Erklärenden, nicht darauf vertrauen kann, dass sein Verhalten nach seinem Heimatrecht beurteilt wird, Reithmann/Martiny/Martiny Rz 3.34f (s Rn 29). Die Wirkung im Anwendungsbereich des UN-Kaufrechts (CISG) ist eingeschränkt (Überbl 49 vor § 373). Lit: Reithmann/Martiny/Martiny Rz 3.31; Ul/Bra/He/H. Schmidt Anh § 305 BGB Rn 18; von Hoffmann RabelsZ 36 (**72**) 510, Schwenzer IPRax **88**, 86.

5) Handelsklauseln

39   A. **Handelsbedingungen und Handelsklauseln:** Der Handelsverkehr läuft vielfach nach standardisierten Bedingungen und Klauseln ab. Manchmal sind das ganze Klauselwerke, zB allgemeine Verkaufs-, Lieferungs-, Einkaufs- oder Beschaffungsbedingungen. Manchmal werden auch nur einzelne Handelsklauseln vereinbart. Klauselwerke und die einzelnen Handelsklauseln sind AGB, die den Anforderungen und der Inhaltskontrolle nach **(5)** §§ 305–310 BGB unterliegen. **Muster:** Hopt/Graf v Westphalen 4. Aufl 2013 Form I.J.1 (Allgemeine Verkaufsbedingungen), Form I.J.2 (Allgemeine Lieferbedingungen), Form I.J.3 (Allgemeine Einkaufsbedingungen), Form I.J.4 (Patentlizenzvertrag), Form I.J.5 (Allgemeine Beschaffungsbedingungen für Industrie-Anlagen und Anlagenteile), Form I.J.6 (Vertrag über Planung und Errichtung einer Industrieanlage), Form I.J.7 (Qualitätssicherungsvereinbarung).

1. Abschnitt. Allgemeine Vorschriften   40 § 346

Der lange Sprüche scheuende HdlVerkehr verwendet gern **Abkürzungen**. Bsp hier und vor allem auch bei **(6) Incoterms** und beim **internationalen Abladegeschäft** (Überbl 50 vor § 373). **Auslegung** iZw nach HdlBrauch; uU verschieden nach Ort, Branche, Beteiligten; aber grundsätzlich keine ergänzende Auslegung; revisibel (unbeschadet der Pflicht zur Beweisaufnahme über einschlägigen HdlBrauch, vgl Rn 13–14); BGH **14**, 61, WM **56**, 230, **66**, 219, **73**, 363, BB **70**, 984, **72**, 1117. Wo ein (ohne Unterwerfung im Einzelfall wirkender) HdlBrauch fehlt, können AGB (s **(5)** § 305 II BGB) die Bedeutung solcher Klauseln klären, Bsp: **(6) Incoterms**. Doch sind ua **(5)** § 307 BGB und (außer gegenüber Unternehmern, **(5)** § 310 I 1 iVm § 14 BGB) die Klauselverbote der **(5)** §§ 308, 309 BGB zu beachten (s dort). Irrtum des Erklärenden über die Bedeutung der Formel kann Anfechtung begründen (§ 119 I BGB), so auch bei Irrtum beider Teile, BGH BB **61**, 844 (nicht Nichtigkeit), Stgt BB **66**, 675 (vgl „Netto ab Werk"), anders aber bei verkehrsüblichen (durch HdlBrauch typisierten) Klauseln, RG **42**, 146 (cif), Hbg AWD **66**, 120 (Hbg frdsch Arbitr), s Rn 10, 32. Dazu Liesecke WM Sonderbeil 3/78, 6. **Schiedsgerichtspraxis** s St/Ul, St/Ul/Ti, HK Rbg.

B. Liste einzelner Handelsklauseln: Abholklausel: s Ab Werk.   40
Ab Kai: s Geliefert ab Kai.
Ab Lager: Die Kosten der Verpackung trägt beim Versendungskauf der Käufer, Abweichungen nach Vereinbarung, Incoterms und HdlBrauch (näher § 380 Rn 6).
Ab Schiff: s Geliefert ab Schiff.
Ab Station: LG Oldbg RIW **76**, 454: Pflicht zur Übernahme und Prüfung der Ware am angegebenen Stationsort. S dazu auch **(17)** CMR Art 8 Abs 1 b.
Ab Werk (benannter Ort): EXW; s **(6) Incoterms** Nr 1. Typische Abholklausel. „Netto ab Werk": Berechnung der Frachtkosten von dem den Artikel herstellenden Werk des Verkäufers, auch wenn Käufer an ein anderes (näheres) Werk dachte, andererseits auch wenn Verkäufer im Einzelfall bei einem Dritten (noch ferner) herstellen ließ und dessen Werk meinte, Stgt BB **66**, 675. „Ab Werk" (oder „Anlieferung unfrei") belässt Versendungskosten beim Käufer (vgl § 448 I BGB), gibt diesem kein Recht auf Selbstabholung, Kln MDR **73**, 590.
Akkreditiv: Käufer muss durch Akkreditiv zahlen. Dazu **(7)** Bankgeschäfte Rn K/1, **(11)** ERA 600 zum Dokumentenakkreditiv.
Ankunftsklausel: Alle D-Klauseln der **(6) Incoterms** (Incoterms® 2010: DAT, DAP, DDP, s dort; Incoterms 2000: DAF, DES, DEQ, DDU, DDP, s 34. Aufl) sind Ankunftsklauseln (Fern- oder Ankunftsvertrag). Auch Klausel „(glückliche) Ankunft vorbehalten".
Arbitrage: „Hamburger (freundschaftliche) Arbitrage" mit oder ohne „und Schiedsgericht" verweist auf § 20 der Platzusance für den hamburgischen Warenhandel und ist nicht nur Schiedsgutachterklausel oder auf Qualitätsfragen beschränkte Schiedsvereinbarung (vgl Einl 88–95 vor § 1), sondern Schiedsvereinbarung für alle Streitigkeiten, OGH **4**, 249, auch ohne die in diesem Falle noch zugefügten Worte „und Schiedsgericht", BGH BB **60**, 679, ermächtigt das Schiedsgericht auch zur Entscheidung über seine eigene Zuständigkeit und ist unabhängig von der Gültigkeit des Vertrags im Übrigen, BGH BB **52**, 529. Die „Qualitätsarbitrage" wird idR als Schiedsgutachten (von Arbitratoren) abgesondert (nicht nur bei „HdlKammer-Arbitrage" nach § 20 VII aaO), bei dessen Nichtbefolgung folgt Schiedsgerichtsverfahren (durch Arbiter). Benennung der Schiedsgutachter und Schiedsrichter nach § 20 II aaO, idR im Einklang mit § 1035 ZPO, nicht nur wenn auch Schiedsgutachter zur „Qualitätsarbitrage" bezüglich, BGH BB **60**, 679. Wirksam ist auch die Zuweisung der Entscheidung über Schiedsrichterablehnung (§ 1037 ZPO) an die HdlKammer Hbg, § 20 III 3 aaO, Hbg MDR **50**, 560. Übersicht der in Hbg und Brem gebräuchlichen

§ 346 40
4. Buch. Handelsgeschäfte

Klauseln und der ihnen entspr Verfahren, BB **51**, 709. „Berliner Arbitrage" s KG JW **24**, 1182.

arrival: s Ankunftsklausel.

Baisseklausel: Käufer darf zurücktreten, wenn er von anderer Seite billiger beziehen kann (mindestens bei Dauervertrag); muss darlegen, dass fremdes Angebot ernst und Erfüllung versprechend, Hbg HRR **32**, 2284.

Baldmöglichst: s „so schnell wie möglich".

Bar: s „Zahlung".

Besichtigung („wie besichtigt", „wie besehen" usw): Ausschluss der Haftung (§§ 437ff BGB) wegen Mängeln, die bei (idR gemeinsamer) Besichtigung erkannt wurden (so schon § 442 I 1 BGB) oder ohne leichte Fahrlässigkeit (§ 442 I 2 BGB: ohne grobe Fahrlässigkeit) erkennbar waren, nicht wegen arglistig verschwiegener oder solcher Mängel, deren Fehlen garantiert war (vgl §§ 276 I 1, 442 I 2, 444 BGB, zu diesem § 349 Rn 15); dabei trägt iZw der Verkäufer die Beweislast für die Kenntnis oder fahrlässige Unkenntnis des Käufers, Ffm DB **80**, 779. Trotz der eine Besichtigung vor Zahlung ausschließenden Akkreditivabrede darf Käufer vor Zahlung besichtigen, wenn das Vorleistungsverlangen missbräuchlich ist, so uU eine zweite Teillieferung nach Mangelhaftigkeit der Ersten, BGH AWD **63**, 213 mit Hinweis auf § 13 III Bedingungen des Waren-Vereins Hbger Börse (bei besonderen Umständen, die das Zahlungsverlangen arglistig erscheinen lassen).

Besserung (Stundung „auf Besserung", „Besserungsschein", meist noch näher formuliert) verpflichtet Schuldner zur Zahlung, wenn und soweit er ohne Gefährdung seiner wirtschaftlichen Existenz zahlen kann, RG **94**, 290; Gläubiger hat das zu beweisen, nach Verstreichen einer Zeit, in der Besserung zu erwarten war, Schuldner das Gegenteil. Die eingetretene Fälligkeit entfällt nicht, wenn die Lage des Schuldners sich wieder verschlechtert, Hbg HRR **32**, 2. Betriebseinstellung des Schuldners lässt Stundung „auf Besserung" erlöschen, Mü SeuffA 68 Nr 96.

CAD: cash against documents; s Kasse gegen Dokumente.

Cash against documents: s Kasse gegen Dokumente.

C & F: s CFR.

CFR: Cost and Freight/Kosten und Fracht (benannter Bestimmungshafen); s **(6)** Incoterms Nr 10.

CIF: Cost, Insurance, Freight/Kosten, Versicherung, Fracht (benannter Bestimmungshafen); s **(6)** Incoterms Nr 11. Beim cif-Abladegeschäft (Überbl 50 vor § 373) hat Verkäufer nicht die Ware selbst, sondern kontraktmäßige Dokumente anzubieten, Käufer diese „aufzunehmen" und den Kaufpreis zu zahlen, BGH **LM** § 373 Nr 3. Dabei gilt nicht Dokumentenstrenge wie beim Akkreditivgeschäft (s **(7)** Bankgeschäfte Rn K/1), Dokumente mit vom Vertrag abweichender und nicht sachlich gleichbedeutender Bezeichnung der Ware darf aber Käufer abweisen, BGH **LM** § 373 Nr 3.

CIP: Carriage and Insurance Paid To/Frachtfrei versichert (benannter Bestimmungsort); s **(6)** Incoterms Nr 4.

Circa (Toleranz): Zulässig ist eine, nach HdlBrauch oder Geschäftsumständen im Einzelfall zu bemessende Abweichung von der geschuldeten Menge nach oben oder unten. Circa neben Mengenangabe mit Spielraum (ca 25–30 Tonnen) gestattet idR, nicht notwendig, gewisse (nach Branche verschiedene) Unter- und Überschreitung der Mindest- und Höchstmenge. Die Klausel ist in verschiedenen Zusammenhängen uU enger oder weiter auszulegen, BGH MDR **64**, 48 (Abladegeschäft, s Überbl 50 vor § 373). IdR wird Abweichung bis zu 5% angenommen, zT auch bis 10%, s **(11)** ERA 600 Art 30, uU zB bei Fristtoleranzen auch mehr. Die Toleranzrechte können durch grobe Abweichung ganz verwirkt werden, BGH **LM** § 157 BGB (Ge) Nr 2. Nach RG JW **17**, 971 haftet bei Circa-Liefervertrag der nicht lieferende Verkäufer nur wegen der Mindestmenge, der vertragsuntreue Käufer wegen der Höchstmenge, aA Düss NJW **91**, 679; entspr

1. Abschnitt. Allgemeine Vorschriften 40 § 346

für die abstrakte Schadensberechnung Mü NJW-RR **94**, 886. Das ist dann richtig, wenn der Verkäufer im Circa-Raum ganz frei, nicht wenn er an objektive Maßstäbe (zB noch zu klärende Größe einer „Partie", Abrufe von Dritten) gebunden sein sollte. Es kommt also auf die Auslegung der Circa-Klausel an, MüKo/K. Schmidt 75b, aA stets volle Vertragsmenge ohne Toleranz, Wo/Li/Pf/H. Schmidt Handelsklauseln H 79. Circa-Klausel bei vertraglicher Mengenabgabe gilt nicht für Rückhandeln der Ware (Differenzanspruch) und für Schadensersatz statt der Leistung. Lit: Thamm DB **82**, 417.

COD: cash on delivery, **nicht** etwa cash on documents, BGH NJW **85**, 550; s Nachnahme.

Container: s FCL.

CPT: Carriage Paid To/Frachtfrei (benannter Bestimmungsort); s **(6)** Incoterms Nr 3.

D/A: documents against acceptance; s Dokumente gegen Akzept.

DAF: Delivered at Frontier/Geliefert Grenze (benannter Ort); s **(6)** Incoterms DAT Nr 5 Rn 2; s 34. Aufl **(6)** Incoterms Nr 9. Nach den Incoterms® 2010 ist diese Klausel in den beiden neuen Klauseln DAT und DAP aufgegangen, s **(6)** Incoterms Nr 5 und 6.

DAP: Delivered at Place/Geliefert benannter Ort, neu in Incoterms® 2010; s **(6)** Incoterms Nr 6.

DAT: Delivered at Terminal/Geliefert Terminal, neu in Incoterms® 2010; s **(6)** Incoterms Nr 5.

D/C: documents against cash; s Kasse gegen Dokumente.

DDP: Delivered Duty Paid/Geliefert verzollt (benannter Bestimmungsort); s **(6)** Incoterms Nr 7.

DDU: Delivered Duty Unpaid/Geliefert unverzollt (benannter Bestimmungsort); s **(6)** Incoterms DDP Nr 7 Rn 2; s 34. Aufl **(6)** Incoterms Nr 12. Nach den Incoterms® 2010 ist diese Klausel in den beiden neuen Klauseln DAT und DAP aufgegangen, s **(6)** Incoterms Nr 5 und 6.

DEQ: Delivered at Quay/Geliefert ab Kai (verzollt) (benannter Bestimmungshafen); s **(6)** Incoterms DAT Nr 5 Rn 4; s 34. Aufl **(6)** Incoterms Nr 11. Nach den Incoterms® 2010 ist diese Klausel in den beiden neuen Klauseln DAT und DAP aufgegangen, s **(6)** Incoterms Nr 5 und 6.

DES: Delivered Ex Ship/Geliefert ab Schiff (benannter Bestimmungshafen); s **(6)** Incoterms DAT Nr 5 Rn 3; s 34. Aufl **(6)** Incoterms Nr 10. Nach den Incoterms® 2010 ist diese Klausel in den beiden neuen Klauseln DAT und DAP aufgegangen, s **(6)** Incoterms Nr 5 und 6.

Dokumente gegen Akzept (d, documents against acceptance): Vereinbarung der (Kaufpreis-)Finanzierung durch Wechselrembours im Außenhandel, der Verkäufer erhält Akzept bzw Diskonterlös gegen Verladedokumente, s **(7)** Bankgeschäfte Rn G/26, K/25, M/5.

Dokumente gegen unwiderruflichen Zahlungsauftrag: ähnlich wie „Dokumente gegen Akzept", aber ohne dieselbe Sicherheit für den Verkäufer, außer bei eigenem Anspruch des Verkäufers gegen Bank (Vertrag zugunsten Dritter). Lit: Graf von Bernstorff NJW **85**, 14.

D/P: documents against payment; s Kasse gegen Dokumente.

Eskalationsklausel: gestufter Sanktionseintritt, hauptsächlich im internationalen Wirtschaftsverkehr, Kröll ZVerglRWiss **15**, 568.

eta (expected oder estimated time of arrival), mit Datum, „Erwartungsklausel": „unechtes Abladegeschäft", dh Erfüllungs- und Leistungsort des Verkäufers ist der Bestimmungshafen (nicht der „Abladeort", Überbl 50 vor § 373); nicht ohne Weiteres Fixgeschäft; Celle MDR **73**, 412, vgl Hbg MDR **75**, 845 (cif), vgl § 376 Rn 8. S auch **(6)** Incoterms DAT Nr 5 Rn 5.

ex ship: s DES.

EXW: Ex Works/Ab Werk (benannter Ort); s **(6)** Incoterms Nr 1.

§ 346   40

4. Buch. Handelsgeschäfte

FAS: Free Alongside Ship/Frei Längsseite Schiff (benannter Verschiffungshafen); s **(6)** Incoterms Nr 8.

FCA: Free Carrier/Frei Frachtführer (benannter Ort); s **(6)** Incoterms Nr 2.

FCL: full container load, Gegensatz LCL (less than container load). FCL/FCL bedeutet Sendung im versiegelten Container von der Tür des Abladers bis vor die Tür des Empfängers (ein Ablader, ein Empfänger). LCL/LCL bedeutet Anlieferung Containerfrachtstation (nur für Seetransport im Container) und Auslieferung in Containerfrachtstation des Bestimmungshafens an die Empfänger (mehrere Ablader, mehrere Empfänger). FCL/LCL: ein Ablader, mehrere Empfänger; LCL/FCL: mehrere Ablader, ein Empfänger. Untersuchungspflicht bei FCL/FCL erst ab Eintreffen des Containers am Lager zur Verfügung des Käufers, SchiedsG WV Hbg Börse, St/Ul/Ti **(84)** E 6b Nr 79. S auch **(6)** Incoterms FCA Nr 2 Rn 1.

Festpreisklausel: Vereinbarung der Risikoübernahme hinsichtlich zukünftiger Preisschwankungen, BGH NJW **13**, 2746; s auch Wirtschaftsklauseln. Festpreisgeschäft s § 383 Nr 8, **(8)** AGB-WPGeschäfte Rn 5.

Fix: Fixklauseln und andere Leistungszeitklauseln s zum Fixgeschäft § 376 Rn 8.

FOB: Free on Board/Frei an Bord (benannter Verschiffungshafen); s **(6)** Incoterms Nr 9.

FOB Flughafen (benannter Abgangsflughafen): früher (28. Aufl) **(6)** Incoterms Nr 11; s **(6)** Incoterms FCA Nr 2 Rn 1, 2.

FOC: free of charge, ohne Transportkosten, im Übrigen kein fest definierter Inhalt, Stgt IHR **12**, 236. S auch „frei".

Force majeure: Force majeure oder höhere Gewalt liegt vor, wenn die Störung auf Ereignissen beruht, die auch durch äußerste, nach Lage der Sache billigerweise zu erwartende Sorgfalt nicht verhindert werden konnte. Bspe: St/Ul/Ti **(88)** E 4d Nr 24 ff. ICC Force Majeure Clause 2003/ICC Hardship Clause 2003 (IntHK-Publikation Nr 650, Sprache englisch). S auch Hardship clause, Härteklausel.

FOR/FOT: Free on Rail/Free on Truck/frei (franko) Waggon (benannter Abgangsort); s **(6)** Incoterms Nr 2 Rn 2; vgl früher (28. Aufl) **(6)** Incoterms Nr 2.

Frachtfrei (benannter Bestimmungsort): CPT; s **(6)** Incoterms Nr 3. „Unfrei": Hinweis darauf, dass Abbedingung des § 448 I BGB nicht erfolgt, Kln BB **73**, 496. Transportrecht s § 421 Rn 3.

Frachtfrei versichert (benannter Bestimmungsort): CIP; s **(6)** Incoterms Nr 4.

Frachtparität, Frachtbasis Versand-(Empfangs-)Station X: Wählt Verkäufer (Käufer) eine andere Versand-(Empfangs-)Station als X, gehen Mehr- oder Minderkosten zu Lasten oder zugunsten des Verkäufers (Käufers). So jedenfalls im Holzhandel, § 8 Gebräuche betr Grubenholz, § 10 Nr 7 Tegernseer Gebräuche.

FIO: Free in and out; s **(6)** Incoterms DAT Nr 5 Rn 3.

FIOST: Free in and out stowed and trimmed, s **(6)** Incoterms DAT Nr 5 Rn 3.

Frei (frachtfrei, franko) mit Angabe des Bestimmungsorts hat im HdlVerkehr keinen eindeutigen Inhalt. Die Klausel beziehst sich jedenfalls auf die Transportkosten (Spesenklausel), kann aber auch Gefahrtragung des Verkäufers bis zu dem genannten Ort bedeuten; BGH NJW **84**, 567. Transportrecht s § 421 Rn 3. S auch FOC.

Frei an Bord (benannter Verschiffungshafen): FOB; s **(6)** Incoterms Nr 9.

Freibleibend, ohne Obligo kann **bedeuten: a) Keine Bindung an den Antrag** (auch „unverbindlich"): (1) **Kein eigenes Angebot:** Häufig ist das freibleibende Angebot gar kein Antrag iSv § 145 BGB, sondern nur Aufforderung zur Angebotsabgabe durch den Gegner, RG **102**, 229, dessen Angebot muss dann aber unverzüglich abgelehnt werden, sonst gilt es als durch Schweigen angenommen, RG **105,** 12, JW **22,** 23. (2) **Bis zur Annahme widerrufliches Angebot:** Das freibleibende Angebot kann aber auch bereits Antrag, aber mit Widerrufsvorbehalt (Ausschluss der Gebundenheit, § 145 BGB) sein, BGH NJW **84,** 1887. **b) Keine Bindung an** den Vertrag. Dabei kann sich die Freizeichnung beziehen: (1) auf die **Lieferverpflichtung.** Hier hat sie, wenn nur auf Unmöglichkeit und Unzumutbarkeit bezogen, idR keinen Sinn, weil die Lieferverpflichtung ohne Weiteres durch Unmöglichkeit oder Unzumutbarkeit nach Treu und Glauben (§ 275 I, II, III BGB) ausgeschlossen ist. Oft wird darum mehr gemeint sein, nämlich Befreiung für den Fall, dass der Lieferer des Verpflichteten nicht liefert, vgl RG HRR **30,** 1040, oder dass der Verpflichtete alles getan hat, was man erwarten durfte, Hbg HRR **28,** 1215, oder dass bei nicht voraussehbarem Unvermögen zu rechtzeitiger Lieferung keine Rechte aus verspäteter Lieferung herzuleiten sind, RG **132,** 307 („Lieferungsmöglichkeit vorbehalten"; sah Verkäufer sein Unvermögen voraus: Einwand der Arglist, Rechtsgedanke des § 444 BGB, zu diesem § 349 Rn 15). (2) auf die **Lieferzeit.** Dann muss sie der Verkäufer nach billigem Ermessen bestimmen, § 315 BGB, RG **105,** 371. (3) auf den **Preis.** S unten bei „Preisvorbehalt". (4) auf die **Menge.** Dann ist der Verpflichtete frei, wenn er nicht liefern kann. Grenzen wie bei (2); s unten bei „Vorrat". Schranken ua nach **(5) AGB-Recht** § 10 Nr 3 § 308 Nr 3 BGB s bei Klausel „Liefermöglichkeit". (5) § 309 Nr 1 BGB verbietet nicht, Preise oder Nebenkosten offenzulassen.

Frei Frachtführer (benannter Ort): FCA; s **(6)** Incoterms Nr 2.

Freigabe: Freigabeklauseln bei Sicherungsübereignung und Globalzession **(7)** Bankgeschäfte Rn H/4; bei Übersicherung **(8)** AGB-Banken Nr 16 Rn 2.

Freight prepaid (im Konnossement) ist keine Quittung für die Fracht (die uU noch nicht bezahlt ist), sondern soll nur Empfänger vor Frachtforderung und Pfandrecht des Verfrachters schützen, BGH WM **87,** 1198.

Frei Haus ist kraft HdlBrauch Kosten- und Gefahrtragungsklausel, SchiedsG HK Hbg **(77)** St/Ul II F 3 Nr 3, aA SchiedsG WV Hbg Börse St/Ul II **(74)** J 2 Nr 15m abl Anm Timmermann. Verkäufer übernimmt nur Kosten von Fracht und Versicherung, nicht auch später anfallende Zölle und Abgaben wie Einfuhr-USt, anders nur bei „frei (franco) verzollt", str, offen BGH **114,** 251.

Frei im Container gestaut: vgl „frei Frachtführer"; zur Untersuchungspflicht BGH DB **81,** 1816, s § 377 Rn 8, 24.

Frei Längsseite Schiff (benannter Verschiffungshafen): FAS; s **(6)** Incoterms Nr 8.

Geliefert ab Kai (verzollt) (benannter Bestimmungshafen): DEQ; s **(6)** Incoterms DAT Nr 5 Rn 4; s 34. Aufl **(6)** Incoterms Nr 11. Unter Berücksichtigung der Trade Terms s Haage BB **56,** 195.

Geliefert ab Schiff (benannter Bestimmungshafen): DES; s **(6)** Incoterms DAT Nr 5 Rn 3; 34. Aufl **(6)** Incoterms Nr 10.

Geliefert Grenze (benannter Ort): DAF; **(6)** Incoterms DAT Nr 5 Rn 2; s 34. Aufl **(6)** Incoterms Nr 9. |

Geliefert unverzollt (benannter Bestimmungsort): DDU; **(6)** Incoterms DDP Nr 7 Rn 2; s 34. Aufl **(6)** Incoterms Nr 12.

Geliefert verzollt (benannter Bestimmungsort): DDP; s **(6)** Incoterms Nr 7.

Getreue Hände: s zu getreuen Händen.

Glückliche Ankunft vorbehalten: s Ankunftsklausel.

Hardship clause: s Force majeure, Härteklausel; ICC Force Majeure Clause 2003/ICC Hardship Clause 2003 (IntHK-Publikation Nr 650, Sprache englisch).

Härteklausel: s Force majeure, Hardship clause; Böckstiegel RIW **84,** 1; Neuverhandlungspflicht s Einl 14 vor § 343.

Höhere Gewalt: s Force majeure, Hardship clause, Härteklausel.

§ 346   40

Kasse, Kasse gegen Dokumente: auch D/C, D/P; besonders mit Fälligkeitsangabe (sofort, 30 Tage nach) u Klausel Zug-um-Zug-Papier-Übergabe (Kasse gegen Faktura, gegen Dokumente): echte Fälligkeitsregelung, begründet beiderseitige Vorleistungspflicht: des Verkäufers betr Dokumentenvorlage, des Käufers betr Zahlung ohne Erhalt und Untersuchung der Ware, BGH **41**, 221, **134**, 46, NJW **88**, 2609; ferner idR Barzahlungsabrede, dh Ausschluss sonst zulässiger Zurückbehaltung oder Aufrechnung, auch bei vertragswidriger Beschaffenheit der Ware, BGH **14**, 61, **23**, 131, **94**, 76, **134**, 46, NJW **85**, 550, **87**, 2435; Grenze: Rechtsmissbrauch, aber nicht schon bei Verdacht auf minderwertige Ware, sondern nur bei liquide beweisbarer Mängelhaftung. Die Klausel gibt aber keinen Vertrauensschutz über § 407 I BGB hinaus (kein Legitimationspapier), BGH **134**, 39. Gegenüber dem Schadensersatzanspruch des Verkäufers aus § 281 BGB kann sich der Käufer jedoch auf Rücktrittsrecht berufen, BGH NJW **87**, 2435. Die Klausel begründet (anders als bei Nachnahme) keine Geldeinziehungsbefugnis des abliefernden Frachtführers oder Spediteurs, Ffm TranspR **85**, 140. Sie gilt auch für Zessionar des Verkäufers (finanzierende Bank), grundsätzlich auch, wenn Verkäufer insolvent ist, Käufer also mit Gegenanspruch ausfällt, BGH **14**, 61, idR auch, wenn die Ware ohne Verladepapiere ausgehändigt wurde, BGH **23**, 136. S auch Überbl 50 vor § 373 zum Abladegeschäft, **(6)** Incoterms, **(7)** Bankgeschäfte Rn G/6, K/25, M/5. Über Ausschluss des Rechts zur Besichtigung und Untersuchung der Ware vor Zahlung § 377 Rn 22. Verzicht auf Untersuchung liegt in Empfang der Dokumente „zu getreuen Händen". Der Käufer kann die Dokumente nicht mehr zurückweisen, wenn auch ohne sein Wissen und Wollen sein Nachkäufer die Ware „angefasst" hat, SchiedsG Dtsch Kaffee-Verband, St/Ul/Ti **(84)** E 4a Nr 32. – „Kasse gegen Duplikatfrachtbrief": in Übergabe des Doppels liegt Abtretung des Anspruchs auf Herausgabe, § 931 BGB, RG **102**, 97. – „Kasse gegen Lieferschein" (im Sinn der Anweisung an den Besitzer zur Lieferung an Käufer): Verkäufer erfüllt erst mit Auslieferung durch den Besitzer; Zahlung aber gegen Aushändigung des Scheins, die aber iZw nicht den Anspruch auf Herausgabe abtritt, RG **103**, 153. – „Kasse nach Lieferung", „Kasse nach Empfang" berechtigt den Verkäufer nicht zur Zurückhaltung der Ware bis Eingang. – S auch „Netto" Kasse. **(5)** § 309 Nr 2 BGB gilt für Kfte auch über **(5)** § 307 BGB, Ausschluss der §§ 320, 273 BGB ist unter Kflten idR wirksam, BGH **115**, 327, Ffm NJW-RR **88**, 1458; aA Graf von Westphalen NJW **02**, 20 (infolge des SMG Lieferung einer mangelhaften Sache jetzt Nichterfüllung), dagegen MüKoBGB/Wurmnest § 309 Nr 2 Rn 21: auch „Kasse gegen Dokumente". Grenze bei eigenen groben Verstößen des Verwenders; Grenze auch bei unstreitigen oder rechtskräftig festgestellten Forderungen, BGH **115**, 327, was in der Klausel besonders aufgeführt werden müsse, zutr krit Ul/Br/He/Schäfer § 309 Nr 2 BGB Rn 21. **(5)** § 309 Nr 3 BGB gilt zwar über **(5)** § 307 BGB auch für den kfm (unternehmerischen, **(5)** § 310 I 2 iVm § 14 BGB) Verkehr, BGH **91**, 384, **92**, 316, steht aber den idR einen Aufrechnungsausschluss beinhaltenden HdlKlauseln wie „Kasse gegen Rechnung", „Kasse gegen Dokumente" nicht entgegen; Grenze auch hier bei unstreitigen oder rechtskräftig festgestellten Forderungen, was nach BGH **91**, 375, **92**, 312 besonders gesagt werden muss, zutr krit Ul/Br/He/Hensen/Schäfer § 309 Nr 2 BGB Rn 21. – **Vorkasse:** AGB über Vertragsschluss durch Vorkasse ist unwirksam, Ffm BB **12**, 2592.

Kosten und Fracht (benannter Bestimmungshafen): CFR; s **(6)** Incoterms Nr 10.

Kosten, Versicherung, Fracht (benannter Bestimmungshafen): CIF; s **(6)** Incoterms Nr 11.

Lager: „ab Lager" bedeutet idR nicht, dass der Kaufvertrag sich auf eine bestimmte eingelagerte Partie beschränkt, sondern bestimmt nur den Erfüllungsort, SchiedsG WV Hbg Börse **(72)** St/Ul I E 4b Nr 12.

LCL: s FCL.

1. Abschnitt. Allgemeine Vorschriften 40 § 346

Liefermöglichkeit: Klausel „Lieferung vorbehalten" uä (nicht völlig gleich „Selbstbelieferung vorbehalten", s dort) bietet Rücktrittsvorbehalt, aber keinen Freibrief auszusteigen. Sie soll den Verkäufer im Wesentlichen nur vor der Haftung wegen Übernahme eines Beschaffungsrisikos (§ 276 I 1 BGB) insbesondere bei Gattungsware schützen, BGH **124**, 358. Sie befreit von Lieferpflicht nur nach erfolgloser zumutbarer Anstrengung zur Beschaffung der Ware, auch verteuert, OGH **1**, 179, BGH **49**, 392, WM **58**, 1136, **68**, 400 und setzt (idR) Abschluss eines kongruenten Deckungsgeschäfts mit einem Vorlieferanten voraus, RG **97**, 328, BGH **124**, 359. Bei nur teilweiser Liefermöglichkeit Pflicht zur Lieferung pro rata. Reicht verfügbarer Warenbestand nicht für alle Käufer aus, muss Verkäufer grundsätzlich der Reihe der Bestellungen nach liefern, RG **103**, 116, Mü WM **85**, 362; s auch „Selbstbelieferung", „Vorrat". **(5)** § 308 Nr 3 BGB gilt nicht schlechthin über **(5)** § 307 BGB auch für Kflte (Unternehmer), BGH **92**, 399. Unter Kflten ist eher eine sachliche Rechtfertigung des Rücktritts anzunehmen (handelsübliche Lieferung, Vorbehalte). Auch kann eine handelsübliche, unbestimmtere Fassung ausreichen; Vorbehalte ohne oder ohne genügend bestimmten Grund sind aber auch unter Kflten nicht wirksam, str. Zulässig sind danach unter Kflten für den Privatrechtsverkehr umstrittene Klauseln wie uneingeschränkte Selbstbelieferungsklausel, BGH **49**, 388, **92**, 399; „freibleibend", „Lieferung vorbehalten", Mü WM **85**, 363; „solange Vorrat reicht"; Arbeitskampfklauseln ua. Grenze: wenn Verwender die Nichtbelieferung zu vertreten oder sich nicht genügend um anderweitige Beschaffung bemüht hat. Lit: zu **(5)** § 308 Nr 3 BGB Salger WM **85**, 625.

Lieferzeit: Zulieferung „Ende Nov./Anfang Dez." in Lohnfertigungsvertrag bedeutet Lieferung spätestens am dritten Werktag des Dezember; der Zusatz „ungefähr" verlängert diese Frist um zwei Werktage, SchiedsG HK Hbg **(77)** St/Ul II F Nr 3. „Mitte Mai eintreffend" ist verbindlich, „Mitte Mai erwartet" ist rein informatorisch. Pflicht des Käufers zur rechtzeitigen Destination bei Geschäft „frei Haus Bundesrepublik", SchiedsG WV Hbg Börse **(74)** St/Ul II E 1e Nr 9.

MAC: material adverse change. Bedingung des Ausbleibens bestimmter wesentlicher Verschlechterungen, besonders im M&A-Geschäft (Einl 44 vor § 1) und bei Übernahmeangeboten, häufiger Streitpunkt in Schiedsverfahren. Zur MAC-Klausel Hopt FS K. Schmidt **09**, 681.

Nachnahme: „Zusendung per Nachnahme", „cash on delivery" (C. O. D.), „pay on delivery" (P. O. D.) uä begründen eine Vorleistungspflicht ohne Untersuchungs- und Einwendungsmöglichkeit; aus der Barzahlungspflicht folgt Aufrechnungsausschluss, BGH **139**, 193, NJW **85**, 550, 98, Lebuhn IPRax **86**, 19. S auch § 422 Rn 1. **(5)** § 309 Nr 2, 3 BGB stehen der Klausel im unternehmerischen Verkehr nicht entgegen, aber nach Rspr muss Aufrechnung mit unstreitigen oder rechtskräftig festgestellten Forderungen besonders ausgenommen sein (s bei „Kasse gegen Dokumente").

Netto (rein netto), oft mit „Kasse" (s dort): Ohne Zahlungsskonto, § 358 Rn 2.

Ohne Obligo: vgl „Freibleibend". Bankauskunft s **(8)** AGB-Banken Nr 2 II–IV und **(7)** Bankgeschäfte Rn A/14.

Option: mehrdeutig. Gewollt ist entweder ein Gestaltungsrecht, durch einseitige Erklärung einen aufschiebend bedingten Vertrag zustande zu bringen, oder ein langfristig bindendes Vertragsangebot, BGH **97**, 152; praktischer Unterschied: etwaiger Formzwang erfasst nicht Gestaltungserklärung, aber die Vertragsannahme. Lit: Henrich 1965; Casper 2005.

Order: „Oder an Ihre Order" kann je nach Lage des Falls die rechtliche Orderklausel darstellen oder die einfache Wiederholung der selbstverständlichen Abtretungsmöglichkeit; bei Kflten ist nicht vorauszusetzen, dass sie derartige überflüssige Ausdrücke vermeiden, RG **119**, 122.

§ 346   40

P. O. D.: pay on delivery; s Nachnahme.

Preisvorbehalt, „Preis freibleibend", Preisanpassungsklauseln uä: wenn im Vertrag (nicht nur im Angebot) gebraucht: Kauf für beide Teile bindend, aber Preis soll nach Marktpreis zur Lieferzeit bestimmt werden. Auch möglich (zB in AGB, auf die Bezug genommen ist) neben Nennung eines bestimmten Preises („Richtpreis"). Die Vereinbarung ist idR so zu verstehen, dass Verkäufer den Preis bis zur Lieferung nach billigem Ermessen so erhöhen darf, dass er mit dem Marktpreis zur Lieferzeit übereinstimmt, BGH **1**, 354 mit RG **103**, 415, **104**, 307; OGH **4**, 168; der Richtpreis bildet die untere Grenze, muss also bei Sinken des Marktpreises nicht gesenkt werden, OGH **4**, 176. Ausnahmsweise kann der Preisvorbehalt auch so zu verstehen sein, dass Lieferer bei Erhöhung des Marktpreises den ursprünglichen Vertrag fallen lassen und ein neues Angebot machen darf, das Käufer annehmen oder ablehnen kann, BGH **1**, 354. Ein als „Festpreis" bezeichneter Preis schließt den Vorbehalt aus. Fordert Verkäufer kurz vor der Lieferung auf Grund des Preisvorbehalts eine bestimmte Erhöhung des ursprünglich vereinbarten Preises, erbietet er sich zB zur Lieferung gegen bestimmten erhöhten Preis, so soll damit das Recht zur Preiserhöhung „erschöpft" sein und später nicht nochmals Erhöhung verlangt werden können, RG **104**, 171, OGH **4**, 174; es kommt wohl darauf an, aus welchen Gründen sich die Lieferung dann abermals verzögert hat. – Schranken bei AGB, EuGH EuZW **13**, 461 (Gaspreis), nach **(5)** § 307 I BGB und Spezialvorschriften, zB BGH NJW **13**, 3647 (Gaspreisänderungsklausel, dazu Büdenbender NJW **13**, 3601 (gravierend), BGH NJW **16**, 936 (AGB wirksam), Besonderheiten im kfm Geschäftsverkehr, BGH NJW **14**, 2708 Rn 41, **15**, 2566, **17**, 325 (Sonderkündigungsrecht kompensiert nicht), **(5)** § 309 Nr 1 BGB, der aber wegen der starren Viermonatsfrist für den HdlVerkehr nicht über **(5)** § 307 BGB gilt, BGH **92**, 206 (aber **93**, 35), **93**, 260, hL. Für Zulässigkeit einer Preiserhöhungsklausel uU eine besondere Konkretisierung sprechen zB gleichgerichtete Interessen der Vertragsparteien am Absatz an Endverbraucher, erhebliche Vorleistungen des Verwenders bei langfristigem Bezugsvertrag, Preisüberwälzungsmöglichkeit, Unsicherheit der Entwicklung in der Branche (Mineralölmarkt), BGH **93**, 257. Zulässig ist auch einseitige (nicht nur beiderseitige) Preisanpassung, str, anders bei Markt- und Börsenpreisen, Wolf ZIP **87**, 351. Kostensteigerungen können idR zulässig übergewälzt werden. Einräumung eines völlig freien Preiserhöhungsrechts ist aber auch unter Kflten (Unternehmern) unwirksam; auch wenn Ausübung dieses Rechts an billiges Ermessen (§ 315 I BGB) gebunden wird, BGH **93**, 35 (Vertragshändler). Preisänderungsklausel darf auch nicht ohne Weiteres zu nachträglichen Gewinnerhöhungen benutzt werden, Wolf ZIP **87**, 347, sehr str. Lit: Hilber BB **11**, 2691, Büdenbender/Gromm BB **11**, 2883 (Fernwärmelieferung, BGHRspr), Kühne NJW **15**, 2546, Büdenbender NJW **17**, 299.

Qualitätszertifikat: Ist „final gemäß Qualitätszertifikat" verkauft, so ist das Qualitätszertifikat als Schiedsgutachten für beide Parteien verbindlich außer bei offenbarer Unrichtigkeit, SchiedsG Hbg frdsch Arbitr **(65)** St/Ul I E 6b Nr 11m Anm Timmermann; s Einl 93–95 vor § 1.

Selbstbelieferung: Klausel „richtige und rechtzeitige Selbstbelieferung vorbehalten" oä (nicht völlig gleich „Liefermöglichkeit vorbehalten", s dort) befreit Verkäufer von Lieferpflicht, wenn er ein kongruentes Deckungsgeschäft abgeschlossen hat und aus diesem ohne sein Verschulden (nicht nur in Fällen höherer Gewalt) nicht beliefert wird; sie gilt auch für Gattungskäufe (nicht etwa muss Käufer zuerst zumutbare andere Deckungsmöglichkeit erschöpfen); BGH **49**, 391, **92**, 399, **124**, 358, BB **68**, 398. Kongruenz des Deckungsgeschäfts ist objektiv nach den Verträgen zu bestimmen, BGH **92**, 402, WM **92**, 356 (gleicher Fall), NJW **95**, 1959, Mü BB **91**, 648, aber bei leichtfertiger Auswahl eines unzuverlässigen Deckungsgeschäftspartners keine Berufung auf Ausbleiben der Selbstbelieferung (§ 242 BGB), BGH **92**, 402. Erntevorbehalt ist qualifizierter

1. Abschnitt. Allgemeine Vorschriften 40 § 346

Selbstbelieferungsvorbehalt, SchiedsG WV, HK Hbg Bd 6 J 4 Nr 46. Verkäufer braucht nicht erst Deckungsgeschäftspartner zu verklagen. Bei teilweiser Nichtbelieferung muss Verkäufer pro rata liefern; reicht Warenbestand nicht für alle Käufer, idR Pflicht zur Belieferung der Reihe nach (s oben „Liefermöglichkeit"). Die Klausel berechtigt Verkäufer nicht zu mangelhafter oder vom Vertrag abweichender Lieferung, Hbg MDR **64**, 601 (Übersee-Import-Abladegeschäft, Weiterverkauf im Inland). Verkäufer muss Käufer prompt die eigene Nichtbelieferung anzeigen, Celle BB **74**, 201; Rüge des Käufers muss er unverzüglich an den Vorverkäufer weitergeben. Der frei werdende Verkäufer muss dem Käufer den Deckungsvertrag vorlegen und die Rechte aus diesem abtreten, BGH DB **73**, 911, Hbg BB **55**, 942; doch können diese Pflichten aus Wettbewerbsgründen entfallen (§ 242 BGB), Celle BB **74**, 201. Fraglich ist auch, ob ggf Mitverschulden des Käufers anzunehmen ist (§ 254 BGB), wenn er Ware, die er nur unter Selbstlieferungsvorbehalt an der Hand hatte, ohne solchen weiterverkaufte, Celle BB **74**, 201. Unter dem Stichwort „Lieferzeit" beschränkt uU sich die Klausel auf Freizeichnung von den Folgen verspäteter Lieferung, BGH **24**, 42. Schranken ua nach **(5)** § 308 Nr 3 BGB s bei Klausel „Liefermöglichkeit".

Skonto: Bei vorzeitiger oder pünktlicher Zahlung kann der Käufer einen vereinbarten Abzug machen (echtes Skonto bzw Zahlungsskonto; ohne solchen Zahlungszeitbezug unechtes Skonto bzw Warenskonto). Rechtzeitige Zahlung bei Skonto, BGH NJW **98**, 1302, Stgt NJW **12**, 2360, aber s **(7)** Bankgeschäfte Rn C/108. Auslegung der Skontoklausel im Lichte der Vertragsverhandlungen, widersprüchliches Verhalten, OLG Ffm NJW **16**, 647. Lit: Beater AcP 191 **(91)** 346.

(Lieferung) **so schnell wie möglich** bedeutet entweder angemessene kurze Lieferfrist ohne Stundung, so schnell wie im ordentlichen Geschäftsverkehr tunlich, RG HRR **29**, 1934, oder Lieferungszeit im Belieben (nach billigem Ermessen, § 315 BGB) des Lieferers, Mü BB **54**, 116.

Spannungsklausel: bezogen auf Wertmesser, nicht auf Preis (s Preisvorbehalt), im unternehmerischen Verkehr zulässig (§§ 307, 310 I BGB, Gaspreis), BGH NJW **14**, 3508, anders idR gegenüber Verbrauchern, BGH NJW **10**, 2789 Rz 30, 36, **10**, 2793, **14**, 2708, WM **15**, 299.

Tel quel, telle quelle (namentlich bei Waren, die unterwegs sind; uU „laut Muster t. q."): gestattet Lieferung der geringsten Qualität der ausbedungenen (durch das Muster bestimmten) Gattung, schließt Haftung für (durch besondere Abrede neben der Klausel) garantierte Beschaffenheit nicht aus, RG JW **38**, 2411, BGH NJW **54**, 385.

Toleranz: s circa.

Unfrei (zB „Anlieferung unfrei"): auf Kosten des Bestellers, vgl zu „Ab Werk".

Verkauft wie beabsichtigt: s Besichtigung.

Vorbehalt: „Erntevorbehalt" s SchiedsG Hbg frdsch Arbitr St/Ul II **(77)** E 4b Nr 17, SchiedsG WV Hbg Börse St/Ul II **(77)** J 4 Nr 30, 33; „Wettervorbehalt" s SchiedsG Hbg frdsch Arbitr St/Ul I **(71)** E 4b Nr 9. S auch „Liefermöglichkeit", „Preisvorbehalt", „Selbstbelieferung".

Vorkasse: s Kasse.

Vorrat: „Solange Vorrat reicht"; geht Vorrat aus, braucht sich Verkäufer nicht uU teurer neu einzudecken, sondern wird frei. Bei nur noch teilweisem Ausreichen Recht zur Lieferung pro rata. Kein Freibrief zu beliebiger Verteilung unter Bestellern, sondern Versprechen zu angemessener Behandlung der Bestellungen, idR der Reihe nach, vgl RG **103**, 116, Mü WM **85**, 363. Schranken ua nach **(5)** § 308 Nr 3 BGB s bei Klausel „Liefermöglichkeit".

Wash-out: Solche Vereinbarung bedeutet idR, dass der Verkäufer dem nicht belieferten Käufer den Schaden ersetzt, der durch Steigen des Marktpreises seit Abschluss des Kaufvertrags entstanden ist, SchiedsG WV, HK Hbg Bd 6 E 5b

§ 347

Nr 98. Das kann durch Deckungsgeschäft zur Schadensermittlung und Rückkauf des Verkäufers geschehen, SchiedsG WV, HK Hbg Bd 5 E 5b Nr 82.

Wirtschaftsklausel: auch Wirtschaftlichkeitsklausel, regelt Vertragsanpassung bei grundlegender Veränderung der Verhältnisse, geht gegenüber § 313 BGB (Störung der Geschäftsgrundlage) vor, also keine Anpassung, wenn danach ein Risiko in die Sphäre einer Partei fällt, BGH WM **78**, 1389, NJW **13**, 2746; Baur FS Steindorff **90**, 509, Büdenbender FS Baur **02**, 415. S auch Festpreisklausel.

Zahlung „bar" hat im Geschäftsleben keine feste Bedeutung, KG JW **33**, 1468; häufig ist damit nur sofortige Zahlung (ohne Kreditierung) gemeint, Zahlung durch Überweisung ist damit nicht ausgeschlossen, vgl **(7)** Bankgeschäfte Rn C/106; Zahlung „nach Belieben", „Zahlung nach Bequemlichkeit", „wenn sich die Verhältnisse bessern": gewährt Stundung, es ist eine angemessene Zeit zu warten. Klage auf künftige Leistung (§ 259 ZPO), wenn Schuldner bestreitet, RG **90**, 180.

Zu getreuen Händen, bei Andienung von Dokumenten durch Inkassobank oder Verkäufer, ist einseitiger Vorbehalt, berechtigt den Treuhandempfänger nicht seinerseits zur Weitergabe zu getreuen Händen, vielmehr muss er die Dokumente mangels voller Leistung des Gegenwerts in der bestimmten Frist zurückgeben, kein Zurückbehaltungsrecht, auch nicht bei Vermögensverfall; Hbg ZIP **83**, 153, Nielsen ZIP **83**, 535.

Zoll- und steuerfrei „auf Zollerlaubnisschein" (in Heizöllieferungvertrag): keine Grundlage für Preisaufschlag zur Deckung später eingeführter Mineralölsteuer, BGH **LM** § 346 (Ed) Nr 6. Vgl auch DDP; s **(6)** Incoterms Nr 7.

Zwischenverkauf vorbehalten: Bindung des Verkäufers, soweit er nicht vor Annahme des Vertragsantrags anderweit verkauft, Hbg BB **60**, 383.

[Sorgfaltspflicht]

347 (1) Wer aus einem Geschäfte, das auf seiner Seite ein Handelsgeschäft ist, einem anderen zur Sorgfalt verpflichtet ist, hat für die Sorgfalt eines ordentlichen Kaufmanns einzustehen.

(2) Unberührt bleiben die Vorschriften des Bürgerlichen Gesetzbuchs, nach welchen der Schuldner in bestimmten Fällen nur grobe Fahrlässigkeit zu vertreten oder nur für diejenige Sorgfalt einzustehen hat, welche er in eigenen Angelegenheiten anzuwenden pflegt.

Übersicht

	Rn
1) Sorgfalt eines ordentlichen Kaufmanns (I)	1–4
A. Maßstab	1
B. Reichweite	2
2) Haftungsbeschränkung (II)	5–7
A. Durch Gesetz	5
B. Durch Vertrag	6
C. Freizeichnung im kaufmännischen (unternehmerischen) Verkehr	7
3) Rat, Auskunft, Aufklärung, Zeugnis, Prospekt: Haftungsgründe, Dritthaftung	8–22
A. Haftungsgründe	8
B. Haftung aus Vertrag	13
C. Haftung aus Gesetz	16
D. Dritthaftung	19
E. Vertrauens- und Berufshaftung	22
4) Rat, Auskunft, Aufklärung, Zeugnis, Prospekt: Verhaltenspflichten, Haftungsfolgen	23–40
A. Eigenverantwortung und Aufklärungspflichtigkeit	23

1. Abschnitt. Allgemeine Vorschriften 1–4 § 347

	Rn
B. Verhaltenspflichten im Einzelnen	24
C. Einfache Fahrlässigkeit	34
D. Kausal herbeigeführter Schaden	35
E. Mitverschulden	36
F. Beweislast	37
G. Freizeichnung	38
H. Verjährung	39
J. Gerichtsstand	40
5) Internationaler Verkehr	41

1) Sorgfalt eines ordentlichen Kaufmanns (I)

A. **Maßstab:** § 347 ergänzt § 276 II BGB (im Verkehr erforderliche Sorgfalt) **1** und regelt wie dieser **nur** den **Sorgfaltsmaßstab,** nicht Voraussetzungen und Inhalt der Verantwortlichkeit des Kfm, § 347 ist also selbst **keine Anspruchsgrundlage.** Es gibt nach § 347 eine besondere **Sorgfalt des ordentlichen Kaufmanns,** eines Idealtyps, den das HGB nicht näher beschreibt, so wenig das BGB den gewöhnlichen ordentlichen Rechtsgenossen beschreibt, den es als Teilnehmer des Verkehrs iSv § 276 II BGB voraussetzt. Jedenfalls ist die von jenem verlangte Sorgfalt vielfach größer als die von diesem verlangte. Der für die Sorgfaltsforderung maßgebende Idealtyp wird durch die **Art des Geschäfts** spezialisiert, vgl RG **64,** 257, gefordert ist zB ordentliche Sorgfalt eines Frachtführers (so ausdrücklich § 429, ebenso §§ 497, 511, 653 für Reeder, Schiffer), Groß- oder Einzelhändlers der Sparte X, Bankiers, Fabrikanten, Verlegers usw. Grundsätzlich obliegt **großen** und **kleinen** Kflten desselben Geschäftszweigs dieselbe Sorgfalt, uU sind Unterschiede möglich, so RG **105,** 389 betr Briefverkehr. Bspe: über Sorgfalt bei Behandlung der Korrespondenz, RG JW **27,** 1708, bei Aufbewahrung von Stempeln, RG JW **27,** 262, **34,** 3196, bei Prüfung von Unterschriften auf Schecks, Nürnb BB **58,** 323, Einrichtung eines Kontos für kfm Angestellten als für einen Kfm, RG **166,** 102. Personenidentitätsprüfung durch Kfm **(Händler),** der auf Grund Vertrags Darlehensanträge für Bank (zwecks Kunden-Kauf-Finanzierung) entgegennimmt, Düss WM **72,** 816. Spezialisierte Sorgfaltsanforde rungen des kfm Verkehrs können zu spezialisierten HdlBräuchen führen (§ 346 Rn 6).

B. **Reichweite: a)** § 347 gilt auch **außerhalb vollendeter Vertragsverhält-** **2** **nisse,** zB für Haftung aus Verschulden bei Vertragsverhandlungen, RG **107,** 362, zB zwischen Importeur und kaufbereitem Händler, wenn eine Bewirtschaftungsbehörde dem Importeur bewirtschaftete Waren zum Verkauf an den Händler zugewiesen hat, BGH NJW **51,** 437, auch in den Fällen der §§ 122 II, 179 III 1 BGB (fahrlässiges Vertrauen auf Vertragswirksamkeit bzw Vollmacht), auch für andere außervertragliche Verantwortlichkeit im Geschäftsverkehr, wohl auch (anders als die Rechtsscheinwirkungen, mindestens die gesetzlich festgelegten, §§ 5, 15) für Beziehungen öffentlichen Rechts und strafrechtlicher Haftung aus Rat, Empfehlung, Auskunft s Rn 8 ff. Verschulden bei Vertragsverhandlungen durch Verschweigen vom dem anderen Teil erkennbar wichtigen Umständen: RG **151,** 366, BGH BB **55,** 1008, **56,** 938. UU sogar Pflicht zur Aufklärung gegenüber dem branchenunkundigen, eine Ware zu billig anbietenden Verkäufer, RG HRR **30,** 37, Gruch **54,** 994.

b) § 347 gilt für die Haftung des Kfms aus eigenem Handeln und aus dem **3** Handeln seiner **gesetzlichen Vertreter** oder **Erfüllungsgehilfen** (§ 278 BGB) oder (ggf, vgl §§ 428, 462) seiner **Leute** oder **Bediensteten.**

c) § 347 gilt nicht nur für EinzelKflte, sondern auch für die **Geschäftsführer** **4** **von Handelsgesellschaften** (OHG, KG, AG, KGaA, GmbH) und anderer am HdlVerkehr teilnehmender juristischer Personen und Vereinigungen (eG, unter §§ 33–35 fallende juristische Personen). Inhaltlich übereinstimmend verlangen

§ 347 5–7   4. Buch. Handelsgeschäfte

§§ 84 I 1, 99 AktG von Vorstands-, Aufsichtsratsmitglied der AG, KGaA „Sorgfalt eines ordentlichen und gewissenhaften Geschäftsleiters", § 43 GmbHG von Geschäftsführern der GmbH „Sorgfalt eines ordentlichen Geschäftsmannes".

2) Haftungsbeschränkung (II)

5 A. **Durch Gesetz:** Eine Haftungsbeschränkung tritt im HdlRecht entsprechend dem bürgerlichen Recht ein

a) auf **grobe Fahrlässigkeit**, dh besonders starkes Verabsäumen der im Verkehr gebotenen Sorgfalt, zB beim Annahmeverzug des Gläubigers, § 300 BGB, §§ 373, 375 HGB; bei unentgeltlichen Leistungen, §§ 521, 599, 968 BGB; bei Geschäftsführung ohne Auftrag zur Abwendung drohender Gefahr, § 680 BGB.

b) auf die **Sorgfalt wie in eigenen Dingen (§ 277 BGB)** bei unentgeltlicher Verwahrung, § 690 BGB, die im HdlVerkehr selten vorkommt; bei Gfter für Erfüllung der ihm nach GesVertrag obliegenden Pflichten, § 708 BGB, s § 109 Rn 5. Unerlaubte Handlung schließt diese Haftungsbeschränkung aus.

6 B. **Durch Vertrag:** Vertraglicher Ausschluss der Haftung aus Pflichtverletzung **(Freizeichnung)** ist nach § 276 III BGB unmöglich für Haftung des Schuldners selbst (anders für gesetzliche Vertreter und Erfüllungsgehilfen, § 278 S 2 BGB) aus Vorsatz; ansonsten im Einzelvertrag möglich im Rahmen des § 138 BGB. Auch Haftungsfreizeichnung zugunsten Dritter ist möglich, Blaurock ZHR 146 **(82)** 238. Über Freizeichnung in AGB s **(5)** §§ 307, 309 Nr 7, 8 BGB. Nachgiebig ist idR auch die gesetzliche Regelung der **Beweislast** für Haftung, daher abweichende Individualvereinbarung idR wirksam. Über AGB s **(5)** §§ 307, 309 Nr 12 BGB.

7 C. **Freizeichnung im kaufmännischen (unternehmerischen,** §§ 310 I iVm 14 BGB) **Verkehr: (5)** § 309 Nr 7 BGB (kein Haftungsausschluss bei Verletzung von Leben, Körper, Gesundheit und bei grobem Verschulden auch von bloßen Erfüllungsgehilfen) gilt nicht schlechthin über **(5)** § 307 BGB auch unter Kflten (Unternehmern), sondern hat dort aber indizielle Bedeutung, BGH **103**, 328 (X ZS), Einzelheiten sehr str, Ul/Br/He/Christensen § 309 Nr 7 BGB Rn 43 ff. Richtigerweise ist entsprechend den Umständen und Besonderheiten des jeweiligen HdlGeschäfts zu **differenzieren:**

a) **Unwirksam** sind jedenfalls Ausschluss und Beschränkung der Haftung aus **eigener grober Fahrlässigkeit** und solcher von **leitenden** Angestellten (entspr Repräsentanten gemäß Versicherungsrecht, vgl BGH **11**, 123) bei Vertragserfüllung, BGH **20**, 164, **38**, 185, **54**, 243, **70**, 365, **89**, 366, **95**, 183, insbesondere bei schweren Organisationsmängeln, BGH NJW **73**, 2155 (ADSp), **74**, 901 (Garage). Die Haftung bleibt also nach Grund und Höhe unberührt.

b) **Unwirksam** ist die Freizeichnung auch **bei** der Verletzung **vertragswesentlicher Pflichten**, und zwar bei **eigener leichter Fahrlässigkeit** des Kfm oder seiner **leitenden** Angestellten sowie bei **grober Fahrlässigkeit nicht leitender** Erfüllungsgehilfen, BGH **89**, 366 (Kaltlagerung), NJW **85**, 914 (Tankscheck), 3018 (Textilveredelung), **93**, 335 (Baustoffberatung), NJW **07**, 1474, Ffm ZIP **84**, 976 (Wirtschaftsauskunftei), Ul/Br/He/Christensen § 309 Nr 7 BGB Rn 45. Der Verwender (zB Spediteur oder Lagerhalter) kann den Kunden hier auch nicht auf den Abschluss einer Versicherung verweisen, BGH **20**, 167, **33**, 220, **38**, 186, **89**, 369, NJW **78**, 1918, WM **80**, 288.

c) **Wirksam** können aber hier (in allen Fällen zu oben b, str; nach aA nur bei leichter Fahrlässigkeit nicht leitender Erfüllungsgehilfen) unter Kflten **Haftungsbegrenzungen** (der Höhe noch, ausnahmsweise uU auch Haftungsausschluss) sein, str, dazu Ul/Br/He/Christensen § 309 Nr 7 BGB Rn 46: vertragstypische Vorhersehbarkeit als entscheidendes Kriterium. Besonderheiten der Branche,

1. Abschnitt. Allgemeine Vorschriften 8–10 § 347

eigener Gewahrsam des Kunden bzw Möglichkeit zumutbarer eigener Schutzmaßnahmen und Versicherbarkeit des Risikos spielen eine wesentliche Rolle, BGH **103**, 329. Das gilt auch bei handelsüblichen branchentypischen Freizeichnungen zB nach ADSp (s **(18)** ADSp Einl 5 vor § 1). Bsp: vertragsuntypische und daher vom Verwender kaum vorhersehbare Schäden, Höchstsummen, BGH NJW **93**, 335; Ausschluss des entgangenen Gewinns; s BGH **77**, 133 (15facher Reinigungspreis bei Angebot angemessener Versicherung), offen BGH NJW **85**, 3018; Art und Weise der Geltendmachung; Haftungsausschluss für grobe Fahrlässigkeit einfacher Erfüllungsgehilfen im Werftwerkvertrag, BGH **103**, 316. Freizeichnung in Luftfahrt, BGH **86**, 297, Binnenschifffahrt s König Z f Binnenschifffahrt und Wasserstraßen **78**, 352.

3) Rat, Auskunft, Aufklärung, Zeugnis, Prospekt: Haftungsgründe, Dritthaftung

Schrifttum

Assmann/Schütze/Edelmann, Hdb des Kapitalanlagerechts, 4. Aufl 2015, § 3. – BankrechtsHdb/*Hannöver* 4. Aufl 2011, § 110. – *MüKo(HGB)/Nobbe/Zahrte* 3. Aufl Bd 6 2014 Bankvertragsrecht (Anlageberatung). – *Hopt* FS Gernhuber **93**, 169. – *Mülbert* WM **07**, 1149 (Zertifikate). – *Veil* WM **07**, 1821 (nach MiFID). – *Möllers* WM **08**, 93 (Vermögensverwaltung), – *Reinelt* NJW **09**, 1 (Kapitalanlagefonds) – *Fleischer* FS Hopt **10**, 2753, ZIP **11**, 201 (fairness opinion). – *Nasall* NJW **11**, 2323 (freier Anlageberater). – *Stackmann* NJW **11**, 2616 (Finanzberater). – *Loff/Hahne* WM **12**, 1512 (Beratungsmodelle unter MiFID II). – *Veil* WM **12**, 1607 und *Grundmann* WM **12**, 1745 (Anlageberatung unter MiFID II). – *Clouth* ZHR 177 **(13)** 212. – *Hopt* WM **13**, 101 (Kapitalmarktinformationshaftung). – *Buck-Heeb* ZHR 177 **(13)** 310u ZIP **13**, 1401 (Kritik am Beratungsvertrag). – *Brencke* WM **14**, 1749 (Risikopräsentation bei Anlageberatung). – *Kayser* ZIP **14**, 597 (Beraterhaftung bezüglich Insolvenzreife). – *Döpfner* WPg **16**, 884 (comfort letter). – *Balzer* ZBB **16**, 226 (MiFID II). – *Hoffmeyer* NZG **16**, 1133 (Prospekthaftung). **RsprÜbersicht:** *Zoller* 3. Aufl 2016 (Haftung bei Kapitalanlagen); *Grüneberg,* Bankenhaftung bei Kapitalanlagen, 2017; *Zugehör* WM Sonderbeil 3/**06**, 1/10 (Rechtsanwalt- und Steuerberaterhaftung); *Schlick* WM **15**, 261, 309 (III ZS Kapitalanlagerecht), *Müller-Christmann* BrV **12**, 1, *Zugehör* WM **13**, 1965 (Steuerberater), *Gehrlein* DB **14**, 226, 281, **16**, 339, 434 (Steuerberater), *Fischer* WM Beil 1/**14** (Rechtsanwälte, Steuerberater), *Wiechers/Henning* WM Sonderbei 4/**15** (Anlageberatung), *Buck-Heeb* NZG **16**, 1125 (Kapitalmarktinformation, OLGRspr), *Herrmann* WM **17**, 1137.

Zur **Prospekthaftung** s Anh § 177a Rn 59 ff. – Zur Haftung nach **Wertpapierhandelsgesetz (WpHG)** s **(16)** WpHG, dort besonders öffentlichrechtliche Verhaltens-, Organisations- und Transparenzpflichten **(16)** WpHG §§ 63 ff. – Zum **Vermögensanlagegesetz** s **(15b)** VermAnlG §§ 20–22.

A. **Haftungsgründe:** Auch für den Kfm gilt grundsätzlich **§ 675 II BGB**. 8
Wer einem anderen einen Rat oder eine Empfehlung erteilt, ist, unbeschadet der sich aus einem Vertragsverhältnis, einer unerlaubten Handlung oder einer sonstigen gesetzlichen Bestimmung ergebenden Verantwortlichkeit, zum Ersatz des aus der Befolgung des Rates oder der Empfehlung entstehenden Schadens nicht verpflichtet. Doch spielt § 675 II BGB heute praktisch keine Rolle mehr.

Die **Rechtsprechung** hat die Voraussetzungen der Haftung für **Rat** weiter 9 präzisiert, stellt die **Auskunft** (Tatsachenmitteilung) dem Rat gleich, RG **148**, 293, BGH BB **63**, 1076, und macht keinen wesentlichen Unterschied mehr zwischen positiv erteiltem unrichtigen Rat und unrichtiger oder überhaupt mangelnder **Aufklärung**. Sie nimmt nämlich Aufklärungs-, Auskunfts- und Beratungspflichten **pragmatisch** je nach den Umständen an und stützt diese dann (vielfach miteinander austauschbar) auf (Auskunfts-)Vertrag (s Rn 13), Geschäftsverbindung, Verschulden bei Vertragsverhandlungen oder unerlaubte Handlung (s Rn 17–18).

Die neuere **Lehre** und der Sache nach auch die neuere Rspr vor allem zur 10 Prospekthaftung sehen den Haftungsgrund in einer **Vertrauens- und Berufs-**

§ 347 11–14　　　　　　　　　　　　　　　　　　　　4. Buch. Handelsgeschäfte

haftung (s Rn 22), was Konsequenzen für die Einbeziehung Dritter in den Schutzbereich der Auskunft und Beratung (dazu **(7)** Bankgeschäfte Rn A/30–35) hat.

11　**Inhalt und Umfang der Haftung** bestimmen sich heute weitgehend **unabhängig davon, welche Haftungsgrundlage** der Haftung gewählt wird (s Rn 23–40).

12　Entsprechend Haftung aus Erteilung einer erkennbar wichtigen **Bescheinigung** an X auf Veranlassung des Y, BGH BB **67**, 1450, aus **Gutachten** und **Testat**. Haftung gegenüber Dritten aus grob unrichtigem (Dienstleistungs-) **Zeugnis** mangels Warnung, BGH **74**, 281. Neuerdings auch **Prospekt**haftung bei PublikumsGes, s Anh § 177a Rn 60. Auskunft und Rat durch **Banken** s **(7)** Bankgeschäfte Rn A/14–29, **(8)** AGB-Banken Nr 2, 3.

13　B. **Haftung aus Vertrag**: Grundlage der Haftung für Schaden aus Rat, Empfehlung, Auskunft kann ein Vertrag sein, dessen Haupt- oder Nebenpflicht auf eine einmalige oder dauernde Rat- oder Auskunftserteilung geht:

a) Ein **Auskunftsvertrag** (s auch Rn 14; in der Sache oft fiktiv, s Rn 22) auf die (konkrete, einmalige) Erteilung des Rats oder der Auskunft kann **auch konkludent** (stillschweigend) zustandekommen, besonders wenn (1) der Befragte zur Auskunft durch (tatsächliche oder vorgegebene) Sachkunde besonders geeignet ist, (2) die Auskunft für den Frager, dem Befragten erkennbar, von wesentlicher Bedeutung ist, zB als Grundlage beabsichtigter Vermögensdisposition, erst recht wenn noch (3) der Auskunftgeber selbst wirtschaftlich interessiert ist; das Fehlen sonstiger vertraglicher Beziehungen und der Berechnung einer Gebühr schließt einen derartigen haftungsbegründeten Auskunftsvertrag nicht aus; entscheidend sind aber die Gesamtumstände; stRspr, BGH **7**, 374, **74**, 106, **100**, 118 (Anlagevermittler), **158**, 116, NJW **70**, 1737, **79**, 1596, **86**, 181, WM **86**, 517 („bankgeprüfte" Investition), NJW **89**, 1029 (nicht schon aus Herstellergebrauchsanweisung), **89**, 2884 (Kreditablösung, iErg abl), **92**, 2080 (iErg abl), 3167 (unter Aktienzeichnern), **02**, 2641 (Anlagevermittler), WM **92**, 1246 (ausnahmsweise auch zwischen (Baustoff)Hersteller und Endabnehmer), **93**, 1238, **00**, 426, **05**, 1219 (Anlagevermittler), **09**, 400 (nur technische Funktionen beim Anlagebetrieb, iErg abl). Auskunftsvertrag unmittelbar **mit Dritten** s Rn 19. **Beispiele:** zwischen Bank und Kunde/Nichtkunde, der zB nach Kreditwürdigkeit eines Kunden fragt oder Kenntnisse und Verbindungen der Bank für seine Anlageentscheidung in Anspruch nehmen will, BGH **100**, 117, WM **58**, 1080, NJW **70**, 1737, **72**, 1200; für zwei Banken BGH NJW **90**, 513; für Rechtsanwalt, Notar, Wirtschaftstreuhänder BGH **7**, 375, NJW **72**, 680, auch wenn Anlagevermittler zugleich als selbstständiger „Repräsentant" einer Bank auftritt, BGH NJW **07**, 1362, 3701; für telefonische Auskunft eines Steuerberaters, BGH NJW **09**, 1141. Geltung von **(8)** AGB-Banken (vgl dort Nr 1, 2) bei solchem (Nur-)Auskunftsvertrag mit Nicht-Bankier-Anfrager (Nichtkunde) idR nur bei besonderer Bezugnahme, mit Bankier-Anfrager (auch als Vertreter eines Dritten) ohne sie, BGH WM **70**, 632, **72**, 1201. Unerheblich ist, ob der die Auskunft Erteilende von der Bank ausdrücklich zu Auskünften ermächtigt ist; es genügt, dass er mit ihrem Wissen Tätigkeiten ausübt, die die Auskunftserteilung umfassen, BGH WM **73**, 635. Die Erklärung, die Auskunft sei „unverbindlich", hindert idR nicht Annahme des Auskunftsvertrags, bedeutet nur Freizeichnung von Haftung, soweit zulässig, BGH WM **70**, 1022, **73**, 636. Lit: Musielak WM **99**, 1593, Dörr WM **10**, 533 (Fondsbeteiligungsvermittler), Schnauder JZ **07**, 1009, **13**, 120 (Auskunfts- und Beratungsvertrag).

14　**b)** Bei der eigentlichen **Beratung** (bei Banken auch ohne Vergütung, Celle WM **08**, 1270) ist die Rat- oder Auskunftserteilung Hauptpflicht aus einem **Beratungsvertrag** (häufig, aber nicht notwendig Dauerschuldverhältnis), zB Anlage- oder Finanzierungsberatungsvertrag, BGH stRspr **123**, 128, **156**, 371,

1. Abschnitt. Allgemeine Vorschriften 15, 16 § 347

WM **11**, 2261, 2268 (Lehman-Zertifikate, s Rn 30c), WM **14**, 1621, NJW **15**, 2248 Rn 23, Lang WM Sonderbeil 9/**88**, 18, Raeschke-Kessler WM **93**, 1830, Weller ZBB **11**, 191 (Anlageberatungsvertrag), Buck-Heeb WM **12**, 625 (Anlageberatungsvertrag) oder Steuerberatervertrag. Je nach Abrede Einmal- oder Dauerberatung, einfacher Beratungsvertrag beinhaltet keine fortdauernden Überwachungspflichten, BGH NJW **06**, 2041, Dauerberatungsvertrag muss ausdrücklich geschlossen werden, BGH NJW **15**, 2248 Rn 24. Denkbar sind auch andere Verträge, in denen die Beratung eine Hauptpflicht unter mehreren ist, zB Werbeberatung durch Werbeagentur, BGH **61**, 120 (Haftung wegen Nichtunterrichtung über rechtliche Schranken der Werbung, bei Schaden Beweislast der Agentur dafür, dass Partner bei solcher Warnung nicht anders gehandelt hätte). Auch selbstständiger Beratungsvertrag neben anderem Vertrag ist möglich, BGH **140**, 111 (Steuersparimmobilienkauf), **156,** 371 (Immobilienrentierlichkeitsberechnung), NJW **03**, 1811, **04**, 1868 (Empfehlung von Bauherrnmodell durch kreditgebende Bank), **05**, 820, 983; bei Kauf aber nur, wenn die Beratung deutlich über bloße Beratung über sachgemäße Anwendung der Ware hinausgeht, BGH NJW **99**, 3192, **04**, 2301, WM **08**, 1590 (fehlerhaftes Berechnungsbeispiel bei Anlageimmobilie). Ein Vermittler kann bei Beratung über Immobilienkauf zugleich im eigenen und fremden (des Verkäufers) Namen handeln, BGH NJW **13**, 1873 (Doppelfunktion wie Makler). Konkludente Außenvollmacht zum Abschluss eines Beratungsvertrags, BGH WM **15**, 528. Umfang der Beratung bei Wirtschaftsprüfer (Verschmelzung), BGH WM **12**, 954. Abonnement eines (privaten) **Börsendienstes** mit Anlageempfehlungen ist **gemischter Vertrag** (Kauf und entgeltliche Beratung); Haftung des Herausgebers bei fahrlässiger Empfehlung, BGH **70**, 360; Köndgen JZ **78**, 389, Hopt FS Fischer **79**, 237, aA Schröder NJW **80**, 2279. **Mittelverwendungskontrollvertrag,** BGB NJW **13**, 1434. **Vermögensverwaltungsvertrag** s (7) Bankgeschäfte Rn U/1. Lit: von Hertzberg 1987.

c) Die Erteilung von Rat oder Auskunft kann auch **Nebenpflicht aus Kauf** 15 **oder einem anderen Vertrag** sein. Bsp: Ertragsfähigkeit bei Grundstückskauf, BGH NJW **13**, 1807, Auskunft bei Wertpapierkauf, RG **126**, 52; Rat betr Stundung bei Inkassoauftrag an Bank, BGH **13**, 200; Auskunft über Steuersituation bei Herausstellen von Steuervorteilen des Geschäfts, Haftung nach § 278 BGB auch für besonders fachkundigen Verhandlungsgehilfen, BGH **114**, 268; Immobilienverkauf (Finanzierung, Wiederverkäuflichkeit), BGH WM **05**, 69. In diesen Fällen uU nach § 249 BGB Anspruch des falsch Beratenen auf Freistellung von Pflichten aus dem Hauptgeschäft, Ergebnis ähnlich Anfechtung dieses wegen Täuschung (§ 123 BGB), aber Fahrlässigkeit ausreichend, kurze Frist (§ 124 BGB) unanwendbar, BGH NJW **62**, 496, **68**, 986, **74**, 852; Larenz FS Ballerstedt **75**, 397.

C. **Haftung aus Gesetz:** Haftungsgrundlage kann außer aus Spezialgesetzen, 16 zB Art 35a EU-RatingVO, LG Düss WM **17**, 816 (s auch Rn 21), auch

a) die **Geschäftsverbindung** (Einl 3 vor § 343) sein. Aus dem durch diese begründeten Vertrauensverhältnis folgt die Nebenpflicht, richtig und vollständig Auskunft zu geben (zB zwischen Bank und Kunden, zwischen zwei Banken), RG **126**, 52, BGH **13**, 200, **49**, 168, **LM** § 157 BGB (Ga) Nr 3, WM **56**, 1056, BB **69**, 382. Das gilt bereits für das erste Geschäft bei Beginn der Geschäftsverbindung, BGH WM **76**, 630; die Geschäftsverbindung, die man als „geschäftlichen Kontakt" iSv § 311 II Nr 3 BGB verstehen kann, erweist sich dabei als rechtliche Sonderverbindung der gleichen Art wie die eigentlichen Fälle des Verschuldens bei Vertragsverhandlungen (§§ 280, 311 II Nr 1 und 2, 241 II BGB, Kodifizierung der culpa in contrahendo durch das SMG). Die Geschäftsverbindung ist ein gesetzliches Schuldverhältnis, das vertragsähnlich begründet wird und für das § 278 BGB gilt, also zB Haftung der Bank für Fahrlässigkeit jedes

§ 347 17, 18   4. Buch. Handelsgeschäfte

Angestellten, zB BGH **49**, 170; Haftung unter Heizölfirmen A, B in 10-jähriger Verbindung mit über die Warengeschäfts-Abwicklung hinausgehender Hilfeleistung (zB: Aushelfen mit Waren, gegenseitiger Kundenschutz, gelegentlich Gespräch über Bonität von Kunden), wenn A der B einen Kunden zuführt und als gut bezeichnet, den sie selbst wegen seiner Schulden nicht mehr beliefert, BGH BB **69**, 382. Auskunftsanspruch, soweit notwendig und zumutbar, allgemeiner bei **gesetzlichen Schuldverhältnissen**, BGH **81**, 24, **95**, 287, **126**, 113, **152**, 316, NJW **07**, 1806.

17   b) Während die Rspr vor allem für Rat und Auskünfte von Banken (ua aus historischen Gründen) die Geschäftsverbindung als Haftungsgrundlage bevorzugt, greift sie neuerdings häufiger auf Verschulden bei Vertragsverhandlungen (**§§ 280, 311 II Nr 1 und 2, 241 II BGB**) zurück, zB für die **Eigenhaftung des Vertreters** (§ 311 III 1, 2 BGB), s Überbl 9 vor § 48, des Kapitalanlagevermittlers, BGH **74**, 108, des Vermittlers von Warentermingeschäften (auch wenn nicht Kommission, sondern Kauf), BGH **80**, 80, des GmbHGeschäftsführers, BGH **87**, 32; aber keine eigene Haftung unselbstständig auftretender Hilfspersonen, Brem WM **90**, 1703; s auch **Prospekthaftung** bei PublikumsGes Anh § 177a Rn 60. Sieht man die Geschäftsverbindung als „ähnlichen geschäftlichen Kontakt" iSv § 311 II Nr 3 BGB an (s Rn 16), verliert die Abgrenzung zu den unmittelbar auf Vertragsverhandlungen bzw die Vertragsanbahnung bezogenen Fallgruppen (§ 311 II Nr 1, 2 BGB) wegen der grundsätzlich identischen Rechtsfolgen (Verweisung auf § 241 II BGB) an Bedeutung; eine Abstufung der Schutzpflichten nach der Intensität des geschäftlichen Kontakts bleibt aber möglich.

18   c) Haftung aus **unerlaubter Handlung** (für Bank s (7) Bankgeschäfte Rn A/35): **§ 823 II BGB** iVm Schutzgesetz, zB § 264a StGB (Kapitalanlagebetrug), BGH **116**, 7, NZG **13**, 436, **14**, 1470, ZIP **15**, 1835; in der Rspr **zunehmend wichtiger § 826 BGB:** vorsätzliche (auch bedingt) sittenwidrige Schädigung (auch wer sich der Kenntnis bewusst verschließt, Schluss von sittenwidrigem, bedenken- und gewissenlosem Verhalten auf Schädigungsvorsatz), BGH **129**, 175, WM **08**, 1256, WM **10**, 749, 1593, 2459, ZIP **15**, 2169 (Schwindelunternehmen); zu weite Ausdehnung aber fiktiv und wegen Verlusts des Haftpflichtversicherungsschutzes nach §§ 152 aF, 103 nF VVG problematisch, strenger Maßstab, Brschw ZIP **16**, 414 Rn 51 (unterlassene Ad-hoc-Mitteilung, Porsche). Abgrenzung bedingter Vorsatz/Fahrlässigkeit, BGH WM **12**, 60. Bsp: Vorstand beeinflusst vorsätzlich (auch Eventualdolus) unlauter des Sekundärmarktpublikum durch wiederholte grob unrichtige ad-hoc-Mitteilung, BGH **160**, 134, 149, NJW **04**, 2668 (**Infomatec**), **05**, 2450 (**EM.TV**), näher (16) WpHG Einl vor § 1. Bank rät A, gefährlichen Kredit an B zu gewähren, um eigene Forderung gegen B zu stärken, BGH **13**, 202; BGH NJW **92**, 3167 (unter Aktienzeichnern); grob anstößiges, gewerbsmäßiges Ausnutzen des eigenen Wissens- und Erfahrungsvorsprungs unter Zuschieben des ganzen Verlustrisikos an andere (zB bei Warentermin- oder Aktienoptionen), BGH NJW **82**, 2816, **91**, 1107; Vermittlung von in der Gesamtinvestition für den Anleger chancenlosen Geschäften ausschließlich zum eigenen Vorteil, BGH WM **10**, 751, 1593, 2217, Wiechers WM **11**, 151, vgl auch (7) Bankgeschäfte Rn A/29 (Swapgeschäfte). Der wissentlich falschen Auskunft steht gewissenlos leichtfertige gleich (ins Blaue hinein), BGH **159**, 12, NJW **86**, 181, **91**, 3282 (iErg abl), Ffm WM **89**, 1618 (Bilanztestat). Voraussetzung der Haftung: Handlung des Kaufmanns selbst, gesetzlichen Vertreters, „verfassungsmäßig berufenen" Vertreters (§ 31 BGB, dazu § 124 Rn 26), zB phG einer Bank, BGH WM **74**, 153, Bank-, Auskunftei-Filialleiters oder gleichzustellenden leitenden Angestellten, BGH **13**, 203, **49**, 21; für andere Hilfspersonen nach § 831 BGB, also Entlastungsmöglichkeit außer bei Organisationsmangel, vgl § 124 Rn 28. Sittenwidrigkeit und Schädigungsvorsatz bei

1. Abschnitt. Allgemeine Vorschriften 19, 20 § 347

§ 826 BGB sind nicht durch Wissenszurechnung begründbar, BGH NJW **17**, 250. Auch der gesetzliche Vertreter, zB GmbHGeschäftsführer, kann selbst haften, ua wegen eigenen Unterlassens (Garantenpflicht), BGH ZIP **14**, 2506 (iErg abl), nach § 826 BGB, BGH **124**, 162, NJW **02**, 2777, oder wegen Beihilfe dazu (§§ 830, 840 BGB), BGH WM **05**, 28. Beihilfe ausländischer Broker, BGH WM **10**, 749, 1593, 2214, **11**, 543, 548, 645, 649 (Schiedsklausel), 735, 1028, Wiechers WM **11**, 151, Lorenz/Wittinghofer NZG **10**, 1096, Thole ZBB **11**, 399 (EuGVVO, s Einl 87v § 1), Schäfer FS Hoffmann-Becking **13**, 1008 (Vorsatz bei Rückvergütung), Oechsler AcP 214 (**14**) 542 (Teilnehmerhaftung).

D. Dritthaftung: Praktisch wichtig, aber dogmatisch noch unsicher ist die **19** Erstreckung des Schutzes gegen unrichtigen Rat und Auskunft auf Dritte, die darauf vertrauen und Schaden erleiden. Der Deliktsrechtsschutz gilt als zu eng (kein allgemeiner Vermögensschutz, § 831 BGB, Beweislast). Die Rspr scheut sich bisher, offen direkte Beziehungen zwischen Auskunftsgeber und Drittem aus gesetzlicher Sonderverbindung (s Rn 22) anzunehmen, sondern arbeitet (iErg häufig ähnlich) mit Vertragskonstruktionen, dazu RsprÜbersicht Zugehör NJW **00**, 1601:

a) Ein **Auskunftsvertrag** kann auch unmittelbar **mit Dritten** zustande kommen (s Rn 13), in aller Regel aber mangels eigener Gewährübernahme nicht gegenüber offenem Adressatenkreis. Bsp: bei Teilnahme eines sachverständigen Dritten an Vertragsverhandlung als neutrale Person oder auf Verlangen der Gegenpartei, bei Übernahme eigener Verantwortung wie Nachprüfungen der Aussagen der eigenen Partei, BGH NJW **92**, 2082, Düss WM **17**, 532 (iErg abl, s Einl vor § 48 Rn 9; bei Vorlage einer Bankbescheinigung an Dritten, BGH NJW **99**, 211 LS (s auch Rn 21). Bei für Bankkunden eingeholter **Bank-zu-Bank-Auskunft** kommt es zwar auf den jeweiligen Erklärungswert der Auskunft an (Auftrag, Wortlaut der Auskunft ua, §§ 133, 157 BGB), Lang WM **88**, 1007; idR ist aber Vertrag zwischen den beteiligten Banken gewollt, BGH WM **91**, 1629, aber BGH WM **74**, 685. Doch bleibt dann immer noch Vertrag mit Drittschutzwirkung möglich (s Rn 21). Bei Auskunftsvertrag „im Kundeninteresse" zwischen den Banken kann der Schutz auf Kunden beschränkt sein (also ohne Eigengeschäfte der die Auskunft einholenden Bank), BGH WM **91**, 1629, Breinersdorfer WM **92**, 1557. **Nicht:** bei Gebrauchsanweisung des Herstellers für Endabnehmer, BGH ZIP **89**, 317 (nach § 434 I 3, II 2 BGB können Äußerungen und Montageanleitung des Herstellers über die Art der Sachmängelhaftung des Verkäufers Bedeutung erlangen, s Überbl 2, 36 vor § 373); „Auskunft an den, den es angeht", BGH NJW **79**, 1595 (am Kapitalmarkt verbreitete Bankauskunft), NJW **83**, 276 (Versicherungsbestätigung); mit unselbstständig auftretenden Hilfspersonen (nur § 278 BGB), zB bei Weitergabe von Umsatz- und Gewinnzahlen durch Steuerberater als verlängerter Arm des Unternehmensverkäufers, BGH NJW **86**, 180, besonders wenn auch die Gegenpartei Berater bezieht, BGH NJW **92**, 2081; Wirtschaftsprüfertestat, BGH NJW **73**, 322, Saarbr BB **78**, 1434 (aber Rn 21).

b) Eigenhaftung des Vertreters (§ 311 III 1, 2 BGB, Einl vor § 48 Rn 9) **20** und **Prospekthaftung** führen der Sache nach ebenfalls zu einer Dritthaftung (s Rn 17, 22), erstere zB bei Zuziehung einer Vertrauensperson zu Verhandlungen, letztere zB hinsichtlich berufsmäßiger Garanten (s Anh § 177a Rn 63). Für fehlerhafte Anlageberatung namens einer Ges haftet der Berater also idR nicht persönlich, BGH NJW **90**, 389 (GmbHGeschäftsführer), Kblz WM **03**, 186, anders zB bei persönlicher Information durch Organvertreter einer kapitalsuchenden Ges gegenüber Anlageinteressenten, BGH WM **08**, 1545m Anm Mülbert/Leuschner JZ **09**, 158, weitergehend Kersting JR **09**, 221. Gerichtliche Sachverständige haften den Verfahrensbeteiligten nur bei grober Fahrlässigkeit und gerichtlicher Entscheidung (**§ 839a BGB**), auch Zwangsversteigerungsverfahren,

§ 347 21   4. Buch. Handelsgeschäfte

nicht aber bei Vergleich, BGH **166**, 313, § 826 BGB bleibt unberührt, Thole 2004, Kilian VersR **03**, 683, Spickhoff FS Heldrich **05**, 419.

21   **c)** Da direkte Vertragsbeziehungen mit Dritten häufig fiktiv sind, zieht die Rspr **abgeleitete Beziehungen vertraglicher Art** vor. Eine **Drittschadensliquidation,** die vereinzelt für möglich gehalten wird, zB für Bank-zu-Bank-Auskunft bei mittelbarer Stellvertretung, BGH NJW **72**, 1201, ist jedoch **nicht** möglich. Grund: Risikohäufung (zB Bank und Bankkunde), nicht bloße Risikoverlagerung. Möglich ist **aber** ein **Vertrag mit Schutzwirkung für Dritte,** und zwar grundsätzlich (nicht immer) trotz Gegenläufigkeit der Interessen des Auftraggebers und des Dritten, heute hL, stRspr (§ 328 BGB analog, **vorvertraglicher Drittschutz nach § 311 III 1 BGB**). Dabei ist aber nicht ein abgeleiteter, sondern ein **eigener Anspruch des Dritten** anzunehmen (deshalb richtiger Rn 22, dafür spricht jetzt auch § 311 III 2 BGB, mit dem der Gesetzgeber des SMG der Rechtsprechung gerade eine Alternative zur Annahme eines Auskunftsvertrages aufzeigen wollte, BT-Drucks 14/6040 S 163, MüKoBGB/ Emmerich § 311 Rn 185). **Beispiele:** zusammenfassend BGH ZIP **16**, 1586 (Fall Mappus, Anwalt, iErg abl); Beratung von Bankkunden für Dritten (falls nicht schon § 164 BGB), Mü WM **10**, 1798; Vermögensübersicht eines **Wirtschaftsprüfers** im Auftrag des Kreditnehmers für Bank, BGH WM **86**, 711; zur Vorlage bei Kreditgeber, BGH NJW **87**, 1758, WM **89**, 375, **93**, 897, NJW **12**, 3167, WM **13**, 689, Düss WM **09**, 2375 (RsprÜbersicht, iErg abl); Prüfung von für Anleger bestimmten Prospektangaben (s Rn 29), BGH NJW **04**, 3420, **14**, 2345 (neben Prospekthaftung, Anh § 177a Rn 63), insoweit keine Sperrwirkung von § 323 BGB, BGH NJW **14**, 2345 Rn 21m Anm Ebke ZGR **15**, 325 (= § 323 Rn 8); von Steuerberater erstellter Jahresabschluss zur Vorlage an Kreditinstitut, BGH NJW **97**, 1235; Prüftestat über Kontenkontrolle bei Kapitalanlagemodell, BGH **145**, 187; Ankündigung eines unrichtigen Pflichttestats gegenüber Dritten als Entscheidungsgrundlage für Anteilserwerb (keine Sperrwirkung von § 323, s dort Rn 8), BGH **138**, 257; Insolvenzreifeprüfung bei GmbH auch zugunsten der GmbHGfter und des Geschäftsführers, BGH NJW **12**, 3167, ZIP **16**, 1588 Rn 23, aber keine Schutzwirkung des Abschluss(pflicht)prüfungsvertrags (§ 323 Rn 8), des Prüfungsvertrags nach § 44 I 2 KWG, BGH WM **09**, 1128, krit Binder WM **10**, 145 (s (7) Bankgeschäfte Rn A/5), des Prüfungsvertrags mit Bestätigungsvermerk im Verkaufsprospekt für Börsengang einer AG, BGH **167**, 155 (III ZS, näher § 323 Rn 8), also strenge Voraussetzungen für Drittschutzwirkung (gilt auch für Annahme eines Auskunftsvertrags des Abschlussprüfers gegenüber Anlagevermittler), BGH WM **07**, 1503, 1507, DB **07**, 2703, NJW **09**, 512, Stgt WM **09**, 2382, Kln ZIP **12**, 1084 (s auch unten zu Wirtschaftsprüfertestaten und Rn 38), dann auch nicht bei freiwilliger Jahresabschlussprüfung, BGH **167**, 163, WM **06**, 423; Mittelverwendungskontrolleurvertrag bei Kapitalanlagemodell, BGH NJW **10**, 1279, KG WM **10**, 1221, Stgt DB **11**, 1919, Dörr WM **10**, 540, aA für Vertrauenshaftung Koch WM **10**, 1057 (Anh § 177a Rn 64); Grundstückswertgutachten zur Vorlage bei Kreditgeber oder Erwerber, BGH **127**, 378, **159**, 1, NJW **82**, 2431u WM **85**, 450 („dänischer Konsul"), NJW **84**, 355, **98**, 1059; Rechtsanwalts- und Steuerberaterexposé bei GfterBeitritt, Kblz WM **12**, 316; Bausachstandsbericht der Bauherrnarchitekten an Veräußerer (zugunsten der Erwerber), wenn als Grundlage für Ratenauszahlung der Bank, BGH NJW **09**, 217; Schutz der Gfter bei Gutachten des Steuerberaters einer OHG, BGH NJW **88**, 556, BB **93**, 244, des Geschäftsführers bei Umsatzsteuermandat der GmbH, BGH NZG **11**, 1384, aber differenzierend Schlesw NZG **12**, 307, Kln NZG **12**, 504; eines Wirtschaftsprüfers oder Rechtsanwalts für KapitalGes, BGH NJW **83**, 1054, **00**, 725, Düss ZIP **85**, 1394; Arzt als Versicherungsgutachter, BGH NJW **02**, 3625; Baufortschrittsanzeige eines Architekten als Kreditgrundlage, Hamm WM **87**, 851; BGH NJW **91**, 352 (iErg

abl); auch nicht öffentlichrechtlich bestellter Bodensachverständiger, BGH NJW **01**, 516 (Vertrag mit Schutzwirkung für Dritte, dann auch ohne Vertrauenstatbestand); nicht Sonderprüfer nach KWG, BGH NJW **01**, 3117m krit Anm Kannowski/Zumbansen 3102, da nur intern für BaFin bestimmt. Keine drittschützende Pflicht des Steuerberaters auch bei Dauermandat zum Hinweis auf Insolvenzgefahr, BGH ZIP **13**, 829, aA Zugehör WM **13**, 1965; auch nicht des Anwalts gegenüber dem Vertreter seines Mandaten, BGH ZIP **16**, 1586. Drittschutzwirkung ist auch bei **Bankauskunft** möglich, auch bei Bank-zu-Bank-Auskunft (s Rn 19), aber nur, wenn die Auskunft ersichtlich im Interesse des Dritten bzw Bankkunden eingeholt wird (nach heutiger Bankpraxis klarzustellen, s **(7)** Bankgeschäfte Rn A/15), BGH **133**, 36, WM **90**, 1991). Ein besonderes Interesse des Auskunftsempfängers am Schutz des Dritten (**Fürsorgepflicht,** für Wohl und Wehe verantwortlich) ist **nicht nötig,** BGH NJW **84**, 356. Der Sachverständige muss nur die Bestimmung der Auskunft für die Dritten kennen, nicht auch ihre Zahl und Namen; vielmehr genügt, dass die zu schützende Personengruppe objektiv abgrenzbar ist; eine Drittschutzpflicht darf aber den Sachverständigen nicht mit unzumutbaren Risiken belasten, BGH **138**, 262. Entscheidend ist die konkrete **Gewährübernahme,** die nur bei Teilnahme am rechtsgeschäftlichen Verkehr, nicht bei privaten Äußerungen vorliegt. Leitgedanke: keine Ausweitung des Haftungsrisikos, wenn nicht mehr kalkulierbar, BGH **159**, 9. In **Grundstückserwerbsfällen** droht eine solche **Schadenshäufung** nicht, wenn allein der erste Erwerber in der Kette geschützt wird; auch nicht in Anleihefällen bei namentlich nicht bekannter Vielzahl privater Kreditgeber oder Kapitalanleger, wenn der Gutachter mit Vorlage an sie rechnen musste, BGH **159**, 1 (X ZS), NJW **04**, 3703 LS, Grund: Eingrenzung durch Grundpfandrechtssicherung. In **Kreditfällen** beschränkt sich der Schutz auf die konkret anstehenden Kreditgeber, auch mehrere, auch die Kreditbürgen, BGH NJW **98**, 1059; beliebige künftige sind nicht geschützt (s aber zuvor zur Schadenshäufung). Bei **Wirtschaftsprüfertestaten** sind nicht beliebige Dritte am Kapitalmarkt geschützt (näher schon oben), außer wenn sie mit dem Testat zum Beitritt geworben werden (Prospekthaftung, s Anh § 177a Rn 60, 63, 64). Einwände aus dem Vertrag selbst, zB arglistige Herbeiführung des Gutachtens durch den Verkäufer, treffen den Dritten entgegen § 334 BGB nicht (stillschweigende Abbedingung), BGH **127**, 378, NJW **98**, 1059, str, iErg zutr, aber richtiger s Rn 22). Diese Grundsätze gelten auch für die **third party legal opinion,** Maier-Reimer NJW **14**, 2613. **Mittelverwendungskontrollvertrag** (§ 335 BGB), BGH NJW **13**, 1434, WM **13**, 1016. **Nicht Ratingvertrag** zwischen Ratingagentur und Emittent, Anlegerkreis zu unbestimmt, LG Düss WM **17**, 816. **Mitverschulden** des Vertragspartners muss sich der Dritte bei dieser Rechtsfigur zurechnen lassen, BGH **127**, 384, NJW **98**, 1059, **12**, 3139, richtiger nur eigenes Mitverschulden, s Rn 22 und ausführlich Rn 36. Abredewidrige oder sonst missbräuchliche Verwendung der Auskunft bzw des Testats beseitigt die Haftung grundsätzlich nicht, Canaris ZHR 163 **(99)** 206 (239), aber Einschränkung der Gewährübernahme und **Freizeichnung** bei Dritthaftung ist möglich und dringend anzuraten (s Rn 38). Grundsätze für die Erstellung von **Fairness Opinions, IDW S 8,** WP-Hdb **14** II E 417 ff (s Rn 29, § 317 Rn 1, Einl 47 vor § 1); IDW PS 910 und comfort letters, Döpfner WPg **16**, 884.

Lit: Kersting 2007; Esser/Lobe/Röder 2008 (Fairmess Opinion); Schulze JuS **83**, 81, Hopt FS Pleyer **86**, 350u NJW **87**, 1745 (Wirtschaftsprüfer), Lang WM **88**, 1001u WPg **89**, 57 Ebenroth/Daum WM Sonderbeil 5/**92** (Rating), Canaris JZ **95**, 441 (Gegenläufigkeit der Interessen), **98**, 603, Canaris, Schneider, Bosch ZHR 163 **(99)** 206, 246, 274, Canaris FS Schimansky **99**, 43 (Finanzierungsbestätigung), Zugehör WM Sonderbeil 4/**00**, 32, Möllers ZIP **01**, 909 (Wirtschaftsprüfer; Schiessl ZGR **03**, 850 (fairness opinion), Finn NJW **04**, 3752, Koch WM **05**, 1208 (third party legal opinion), Krämer in Marsch-Barner/

§ 347 22, 23   4. Buch. Handelsgeschäfte

Schäfer, Hdb börsennotierte AG 2005, § 9, Lobe/Essler/Röder WPg **07**, 468 (fairness opinion, Praxis), Zugehör NJW **08**, 1105 (krit zu Uneinheitlichkeit der Senate), WM Sonderbeil 1/**10**, Fleischer FS Hopt **10**, 2753, ZIP **11**, 201 (fairness opinion, s auch IDW S 8, § 317 Rn 1), Decher FS Winter **11**, 99 (fairness opinion), Seibt CFL **11**, 237 (fairness/inadequacy opinions), Seibt/Wollenschläger DB **11**, 1378 (Dritthaftung, Abschlussprüfer), Fischer DB **12**, 1489, VersR **13**, 535 (Dritthaftung), Maier-Reimer NJW **14**, 2613 (third party legal opinion), Schultheiß BKR **15**, 133 (Dritthaftung, KAGB); s auch bei Rn 22 und § 323 Rn 8.

22   E. **Vertrauens- und Berufshaftung:** Dogmatisch wird die Haftung zunehmend der Vertrauenshaftung, Canaris ZHR 163 **(99)** 206 (220, dritte Spur zwischen Vertrags- und Deliktshaftung, Dritthaftung aus culpa in contrahendo, seit SMG § 311 III 2 BGB, s § 5 Rn 13, Einl 3 vor § 343), MüKoBGB/Emmerich § 311 Rn 128, 157, und, soweit Rat und Auskunft beruflich erteilt werden, der Sachwalter- und Berufshaftung (Kriterium: **selbstständiges berufliches Auftreten am Markt**) zugeordnet, was gegenüber culpa in contrahendo keinen Gegensatz, sondern eine Konkretisierung des Inhalts des gesetzlichen Schuldverhältnisses (§ 241 II BGB) darstellt. Das erleichtert zugleich eine sachgerechte Einbeziehung der **geschädigten Dritten** (Kriterium: **berufliche Gewährübernahme**) in den Schutzbereich der Aufklärungs-, Auskunfts- und Beratungspflichten statt fiktiver Auskunftsverträge, Vertrag mit Schutzwirkung zugunsten Dritter oder Drittschadensliquidation (s Rn 19–21) und erklärt, warum ihre Ansprüche selbstständig (nicht von dem Hauptvertrag abhängig, s Rn 21) sind. Die Haftungsgründe (Vertrag, Geschäftsverbindung, Delikt, s Rn 13–18) verlieren dabei zugunsten des Haftungsstandards (s Rn 23–40) an Bedeutung. Aus der Rspr: BGH **70**, 360 (Börsendienst), **74**, 103 (Kapitalanlagevermittler), **74**, 281 (Zeugnis, eingeschränkte Fahrlässigkeitshaftung iVm § 278 BGB aus rechtlicher Sonderverbindung außerhalb Delikt und Vertrag), **145**, 187 (Wirtschaftsprüfer), NJW **79**, 1595u **83**, 276 (Auskunft an offenen Adressatenkreis), **96**, 2928 („Berufshaftung" für Rechtsanwälte, Sachverständige, Steuerberater, Wirtschaftsprüfer). RsprÜbersicht: Zugehör NJW **00**, 1601 (berufliche Dritthaftung von Anwälten, Steuerberater, Wirtschaftsprüfern, Notaren), Gehrlein DStR **12**, 377, 432 (IX ZS Steuerberater). Lit: s schon Rn 21; Assmann, Prospekthaftung, 1985 (kapitalmarktbezogene Verkehrspflichten); Hirte, Berufshaftung, 1996, Karampatzos 2005, Büttner 2006, Kersting 2007, Sprenger 2008 (international); Lorenz FS Larenz **73**, 575 (Kreditauskunft); Hopt, Kapitalanlegerschutz (Banken), 1975u FS Fischer **79**, 237 (Anlageberater), AcP 183 **(83)** 705 (Berufshaftung), FS Pleyer **86**, 350 (Wirtschaftsprüfer), FS Gernhuber **93**, 169; Mertens AcP 178 **(78)** 227 (Fortentwicklung des § 823 BGB), Lammel AcP 179 **(79)** 337 (allgemeine berufliche Auskunftshaftung aus Gesetz), Hohloch NJW **79**, 2369 (Vertrauenshaftung), Grunewald JZ **82**, 627 (Fachleutehaftung), Lang WM **88**, 1006 (berufliches Handeln am Markt), Damm JZ **91**, 373 (Expertenhaftung), Lang WM Sonderbeil 4/**00** (Steuerberater), Ganter WM Sonderbeil 6/**01** (Rechtsanwälte), Lang AcP 201 **(01)** 451, Hopt/Voigt WM **04**, 1801, Graefe DStR **10**, 669. Ebenso **(13)** DepotG § 31. Bankenhaftung s **(7)** Bankgeschäfte Rn A/29 und vor U/1.

4) Rat, Auskunft, Aufklärung, Zeugnis, Prospekt: Verhaltenspflichten, Haftungsfolgen

23   A. **Eigenverantwortung und Aufklärungspflichtigkeit: a)** Im Geschäftsverkehr muss sich **grundsätzlich jeder selbst** vergewissern, ob ein Vertrag für ihn von Vorteil ist, BGH **158**, 119 (aber s Rn 30); keine Aufklärungspflicht (zu unterscheiden von positiver Falschinformation) hat also zB Verkäufer (auch bei Finanzierungsberatung) über Wirtschaftlichkeit des Erwerbs und Angemessenheit

1. Abschnitt. Allgemeine Vorschriften 23a § 347

des Kaufpreises, BGH NJW 05, 983, 08, 507, auch bei erheblicher Differenz zwischen Preis und Wert, BGHSt WM 15, 2295; über die eigene Gewinnmarge der Bank (s Rn 25); der Vermieter von Gewerberaum über Konkurrenzschutzklausel mit Dritten, BGH NJW 82, 376; der einen Rabatt einräumende Händler über Senkung des Herstellerlistenpreises nach Vertragsverhandlungen, aber vor Unterzeichnung, BGH NJW 83, 2493; der Kfz-Käufer über Wiederverkaufsabsicht (Vertriebsbindung), BGH 117, 280; der Gläubiger bei Bürgschaftsabschluss, s (7) Bankgeschäfte Rn A/25; der Bankkunde über allgemeine Einkommens- und Lebensrisiken, s (7) Bankgeschäfte Rn G/8; der Leasinggeber über Inhalt und Folgen des Leasing, s (7) Bankgeschäfte Rn P/5 ff; der Bieter hinsichtlich der Kalkulation, BGH 139, 188 (mit Grenzen). Beim Unternehmens- und Unternehmensanteilskauf soll Verkäufer eine gesteigerte Aufklärungspflicht haben, BGH NJW 01, 2163, iErg richtig (drohende Zahlungsunfähigkeit), aber LS in dieser Allgemeinheit nicht unproblematisch, Käufer muss sich in erster Linie selbst kümmern (eigene Fragen, due diligence, Einl 46 vor § 1, Überbl 3 vor § 373), BGH NJW 02, 1042 (iErg abl), anders bei Mitteilung unrichtiger Unternehmenskennzahlen, Mü ZIP 06, 1911 LS. Insbesondere besteht grundsätzlich keine Aufklärungs- und Warnpflicht über einen auf bestimmte Aufgaben beschränkten Auftrag hinaus, BGH 128, 358 (Steuerberater, aber s sogleich b). **Eigenverantwortung** übernimmt auch ein Kunde, der sich gegenüber der Bank **als erfahren** wendet und nicht aufklärungsbedürftig geriert, BGH 142, 355, Celle ZIP 17, 229 (iErg abl) oder den die Bank als solchen kennt, BGH ZIP 15, 572 Rn 21m zust Anm Herresthal, oder der mit einem **Discount-Broker,** der sich ohne individuelle Aufklärung nur an gut informierte und erfahrene Anleger wendet, abschließt, BGH 142, 345, ZIP 13, 870m Anm Bracht ZBB 13, 252, 13, 2451, Düss ZIP 14, 2434, Karls WM 16, 600 (**Direktbank,** execution-only, s (7) Bankgeschäfte Rn A/29, (16) WpHG Einl vor § 1), Buck-Heeb ZIP 13, 1405u KSzW 15, 131. Zum Hinweis auf mögliche Strafbarkeit, Karls ZIP 17, 366 (iErg abl). Keine Aufklärungspflicht über das allgemeine Emittentenrisiko (s Rn 30), wenn der konkrete Anleger das generelle Gegenparteirisiko bei Zertifikaten zB aus seinem bisherigen Anlageverhalten kennt oder er sich insoweit als erfahren geriert, BGH NJW 13, 1223. Nicht aufklärungsbedürftige Kunden brauchen nicht vor sich selbst geschützt zu werden, BGH 147, 349; die Bank darf auch objektiv unvernünftige Aufträge hinreichend informierter Kunden ausführen, BGH 147, 349. Dieser Grundsatz der Eigenverantwortung ist jedoch heute vielfach durchbrochen.

b) Bestand und Intensität der Pflichten hängen insbesondere von der **beruflichen Sachkunde des einen** und der **Aufklärungsbedürftigkeit des anderen** ab, BGH NJW 82, 2816 (Ausnutzung des eigenen Wissens- und Erfahrungsvorsprungs auf Kosten unerfahrener, auf Fairness angewiesener anderer), BGH 72, 92 (stille Beteiligungen von Arbeitnehmern an Arbeitgeberfirma), NJW 81, 1440 (Kfm, mittelständischer Unternehmer), WM 86, 1047 (Organmitglied), 87, 103 (auch ehemaliger Rechtsanwalt und Notar, aber nach Aufklärung nicht erneut für Folgegeschäft), 88, 41 (nicht aufklärungsbedürftige Bank), NJW 91, 1106 (VersVertreter), WM 92, 432 (Mitarbeiter des Vertreibers), BGH 117, 135 (erfahrener Anleger in Optionen), ZIP 03, 2242 (auch Wirtschaftsprüfer), NJW 04, 3628 (auch Rechtsanwalt und Notar bei Börsentermingeschäften), WM 11, 682m Anm Wiechers (VorsRi XI ZS) WM 12, 478 (Zinsswap, DiplVolkswirtin). Warnpflicht eines bei Unternehmenskauf zugezogenen Steuerberaters, BGH WM 84, 465, Kblz WM 10, 453 (Bilanzbuchhalter), auch außerhalb des beschränkten Mandatsgegenstands bei offenkundiger, dem Mandanten nicht bekannter Gefahr, BGH WM 17, 383 Rn 44 (Steuerberater, Insolvenzgefahr trotz richtiger Bilanz), anders noch BGH WM 13, 802 Rn 19; ganz ausnahmsweise auch außerhalb seines Auftrags, Voraussetzungen: Fehlentscheidung des Mandan-

§ 347 23b, 23c

ten für durchschnittlichen Berater auf den ersten Blick ersichtlich und positive Kenntnis der Sach- und Rechtslage seitens des Beraters persönlich, BGH **128,** 358; uU sogar Warnung vor wirtschaftlicher Fehlentscheidung, BGH WM **87,** 662. Vom **Anlageberater** kann der Aufklärungsbedürftige nach der Rspr **mehr** erwarten **als** vom normalen **Anlagevermittler,** BGH NJW **82,** 1096, WM **93,** 1238, zur **schwierigen Abgrenzung** Schlick WM **11,** 154 (s auch Rn 30, 36). **Viele andere Berufe** wie Treuhänder (Anh § 177a Rn 77 ff), Rechtsanwälte, Steuerberater oder Ärzte haben ebenfalls weit reichende Aufklärungs- und Beratungspflichten, diese gehören zum jeweiligen Berufsrecht und werden im Folgenden nicht nachgewiesen. Die Aufklärung muss der Aufklärungsbedürftigkeit entsprechen. Eine Bank (nicht ohne Weiteres auch ein Berater im erweiterten Familienkreis, BGH WM **07,** 1020) muss daher bei der Anlageberatung den ggf zu erfragenden Wissensstand des Kunden über Anlagegeschäfte der vorgesehenen Art und dessen Risikobereitschaft berücksichtigen **(anlegergerechte Beratung),** und das danach empfohlene Anlageobjekt muss dem Rechnung tragen **(objektgerechte Beratung),** BGH **123,** 126 **(Bond),** Heinsius ZBB **94,** 52, Koller FS Huber **06,** 840, Veil WM **07,** 1821, Ellenberger FS Nobbe **09,** 523, Die Bond-Rspr ist auch nach MiFiD relevant, BGH NJW **12,** 71 („eindeutig"), 2875, Veil WM **12,** 1610, hL, aA Mülbert WM **07,** 1156, ZHR 172 **(08)** 183, Grundmann WM **12,** 1752, vgl auch Harnos ZEuP **15,** 546; Vorlage an den EuGH ist unausweichlich, Grundmann WM **12,** 1755, Herresthal WM **12,** 2261u ZBB **12,** 89 (s auch Rn 30). Rspr seit Bond Lang/Balzer FS Nobbe **09,** 639, Schwintowski FS Hopt **10,** 2507.

23b   Keine **anlegergerechte Beratung** gegenüber einer Stiftung ist die Empfehlung einer risikoreichen Fondsbeteiligung, trotz Beratungsgesprächs mit dem Stiftungsvorstand, der Wirtschaftsprüfer und Steuerberater ist, Ffm ZIP **15,** 600, Stgt ZIP **15,** 821. Bei der Anlageberatung muss zwecks anlegergerechter Beratung die Bank die **Risikobereitschaft des Anlegers erfragen,** außer wenn diese ihr aus der Geschäftsbeziehung oder dem bisherigen Anlageverhalten des Anlegers bekannt ist, BGH WM **11,** 682 **(Zinsswaps,** DBk, s Rn 26). Bei einem von einem Vermögensberater betreuten Kunden mit Vorwissen braucht die Bank bei der Anlageberatung nicht dessen Wissensstand zu erfragen, BGH NJW **96,** 1744; auch nicht, wenn der Kunde mit deutlichen Vorstellungen von dem gewünschten Anlagegeschäft an die Bank herantritt, BGH ZIP **15,** 572 Rn 19 (Cross-Currency-Swap, Fremdwährungs-, Kursschwankungsrisiko); dagegen darf die Bank einen unerfahrenen Kunden nicht zur Aktienspekulation auf Kredit verleiten, BGH NJW **97,** 1361, und idR keine Risikoanlagen zur Altersversorgung empfehlen, Jena ZIP **05,** 1913. Bei Unternehmensbeteiligung an Hotelbetrieb Hinweis auf Totalverlustrisiko, nicht unbedingt bei geschlossenem Immobilienfonds, Karls NZG **15,** 635 LS. Auch Anleger mit hoher Kenntnis sind über ihnen bislang unbekannte Anlageformen zu unterrichten, BGH WM **08,** 725. Sorgfältige und eingehende Lektüre des Prospekts seitens der Anleger kann vorausgesetzt werden, BGH WM **08,** 726. Durchschnittsleser des Emissionsprospekts, KG WM **05,** 1748. Im Falle der Vertretung des Anlegers kommt es nicht auf seine Kenntnisse und Erfahrungen in Wertpapiergeschäften, sondern auf die seines Vertreters als Entscheidungsträger an, BGH **147,** 353.

23c   Zur **objektgerechten Beratung** gehören die **speziellen Risiken der konkreten Anlageempfehlung** (zB aus der Unternehmenssphäre, besondere Technik und Kosten des Geschäfts) ebenso wie die allgemeinen (zB Konjunktur, Börsen- und außerbörslicher Handel, Kurs-, Zins-, Währungsrisiko), speziell für Zinsswaps Wiechers WM **12,** 479 (s Rn 26). Entscheidend ist eine sorgfältige, tatsachengestützte, vertretbare **Prognose,** die dann auch optimistisch sein kann, BGH WM **09,** 2303, **12,** 1294, für Prognoseerläuterung Klöhn WM **10,** 289, Mietprognosen, Mü WM **10,** 1834, Projektentwicklungsprognose, Naumbg WM **15,** 613. Das Risiko des Nichteintretens einer dem entsprechenden Prog-

1. Abschnitt. Allgemeine Vorschriften 24, 25 § 347

nose trägt dann der Anleger, BGH WM **12**, 1295. Erklärung der Anlagestrategien „Wachstum" und „Chance" mit Renten als „konservativ" und Aktien als „spekulativ" ist zu pauschal, Stgt ZIP **14**, 213. Die Bank kann ihrer Aufklärungspflicht **auch durch die rechtzeitige Übergabe eines Verkaufsprospekts** erfüllen, BGH WM **12**, 1337 Rn 20, **15**, 1055 Rn 27, Ffm WM **17**, 770. Die Pflicht muss **betrieblich und finanziell tragbar** sein, vgl BGH **70**, 363 (Börsendienst, Überprüfung von Grundbesitz der emp fohlenen AG), Ffm WM **17**, 770 (zumutbarer Prüfungsaufwand), LG Lüb NJW **82**, 1108 (keine Kuponkontrollpflicht des Pfandbriefschuldners). Die einzelnen Verhaltenspflichten sind ihrer Natur nach nicht abschließend festgelegt und werden heute von der Rspr rasch weiterentwickelt, s Rn 24 ff. Sie gehen aber grundsätzlich nicht soweit, dass die Bank bei einem ihr angetragenen Geschäft, dessen Risiko sie nicht abschließend beurteilen kann, den Geschäftsabschluss verweigern müsste; sie muss dann aber auf ihre fehlende Sachkunde hinweisen, BGH NJW **98**, 2675; Informationslücken s Rn 25.

B. Verhaltenspflichten im Einzelnen: RsprÜbersicht: Lang/Balzer FS 24 Nobbe **09**, 639.

a) Pflicht zur **Wahrheit,** zB BGH **74**, 110, NJW **84**, 866 (Sicherung durch Anderkonto), WM **85**, 381 (Kreditauskunft, Bilanzvorlage), WM **06**, 2301 (Bezeichnung als „sichere" Anlage trotz Risikoprofil „gewinnorientiert" und „risikobewusst"), NJW **10**, 2506 (angebliche Erfahrungswerte der Vergangenheit), WM **10**, 972 (Anschlussförderung werde „gewährt", obwohl nur zu erwarten); Prospektprognose braucht nicht einzutreten, aber muss kfm vertretbar gewesen sein, BGH NJW **08**, 3059, 3060, **10**, 2506; Karlsr WM **10**, 1264 („Garantiefonds"); auch richtiges Rechtsanwaltskurzgutachten über Ges in unrichtigem Prospekt kann irreführen, BGH **77**, 177; auch schönende Erläuterung eines richtigen Prospekts, BGH WM **07**, 1606, 1608; Umhängung im Konzern von Mutter auf Tochter als normaler Verkauf, BGH NJW **15**, 236 Rn 20 (Telekom). Maßgeblich ist nicht eine isolierte Formulierung, sondern das dem Anleger vermittelte Gesamtbild, BGH NJW **82**, 2826 (BuM), WM **13**, 734 (Prospekt); für Anlageentscheidung ist die Bonität der Emittentin, nicht ihre unrichtige Bezeichnung als US-Bank wesentlich, BGH WM **13**, 836. Täuschung durch Unterlassen bei vorausgegangenem gefährlichem Tun (Ingerenz), BGHSt ZIP **17**, 1164 (Betrug zulasten von Fondanlegern).

b) Pflicht zur **Vollständigkeit,** also Mitteilung aller entscheidungserheblichen 25 Umstände, BGH **116**, 12, **145**, 198, WM **08**, 726, dazu gehören zunächst **alle gesetzlich vorgeschriebenen Angaben**, so bei Prospekten der Prospektinhalt: beim öffentlichen Angebot von Wertpapieren oder bei der Zulassung von Wertpapieren zum Handel an einem organisierten Markt nach **(15a) WpPG** 22.6.05 BGBl 1698 (dort seit 2012 auch Prospekthaftung in **(15a)** WpPG §§ 21–25 statt in **(14)** BörsG §§ 44–47 aF) und sonst bei öffentlichem Angebot von Vermögensanlagen im Inland nach **(15b)** VermAnlG 6.12.11 BGBl 2481 (dort seit 2012 auch Prospekthaftung in **(15b)** VermAnlG §§ 20–22 statt in VerkProspG 1998, aufgehoben, s auch zum Kapitalanlagegesetzbuch **(7)** Bankgeschäfte Rn Q/1, U/3), dazu Klöhn DB **12**, 1854, Friedrichsen/Weisner ZIP **12**, 756; sodann auch ohne solche Gesetzesvorgaben **nach der Rechtsprechung** zB besondere **Risiken** einer Anlage wie Fehlen eines hinreichend breiten Sekundärmarktes mit realistischer Preisbildung (penny stocks), BGH NJW **91**, 1108, auch bei Immobilien-KG, BGH BB **07**, 465, sogar erschwerte Handelbarkeit nicht börsennotierter Aktien, Oldbg NJW-RR **03**, 179; Bilanzverluste, BGH NJW **73**, 456; ständig zunehmende, den Anfragezweck gefährdende Kreditüberziehung, BGH WM **74**, 686; erhebliche dingliche Belastungen, falls Grundbesitz erwähnt wird, BGH NJW **79**, 1596; Umfang von Abnahmezusagen, BGH NJW **83**, 1731; unbegrenzte Verlustübernahmezusage der AnlageGes, Stgt WM **05**, 2382; Wieder-

§ 347 25
4. Buch. Handelsgeschäfte

aufleben der Kommanditistenhaftung (§ 172 IV), BGH ZIP **15**, 79, WM **16**, 504 (iErg abl); Fehlen einer ordnungsgemäßen Buchhaltung, BGH BB **84**, 653; Zweifel an Seriosität des vermittelten Optionspartners, BGH WM **84**, 767; einschlägige Vorstrafen des Vermögensverwalters bei Anlagegesellschaft, jedenfalls soweit sie die Zuverlässigkeit erschüttern, BGH ZIP **13**, 1616; Ermittlungsverfahren gegen Fondsverantwortliche, BGH WM **11**, 2353; schlechtes Rating der Anleihe (s Rn 26); Zurückfließen wesentlicher Teile des vom Anleger aufgebrachten Kapitals an den Initiator statt Verfügbarkeit für die beworbene Investition, BGH NJW **00**, 3346; Änderung der Marktverhältnisse vor Prospektherausgabe so, dass mangels zeitgerechter Projektumsetzung Investitionsmittel für Funktionsträger eingesetzt wer den, BGH NJW **00**, 3346 (Kabelfernsehen). Umfangreiche Rspr zu **Prospektangaben**, die der Anleger aber sorgfältig durchlesen muss, BGH WM **16**, 504 Rn 22. Im Prospekt kann die Angabe von Bewertungsansatz und angewandten Bewertungsmethoden für maßgeblichen Grundstücksbesitz in der Bilanz notwendig sein, aber Grundstücksbewertung ist im Rahmen zulässiger Toleranz nicht fehlerhaft, BGH WM **15**, 236 (Telekom), ZIP **17**, 318 (Telekom, Clusterbewertung); bei Immobilienanlageprospekt unmissverständliche Angaben über Wohnflächen und deren Berechnung, BGH **145**, 121; konkreter, behördlich festgestellter Altlastenverdacht, KG WM **15**, 2365 (aber ohne Wissenszurechnung, BGH NJW **17**, 250, **(7)** Bankgeschäfte Rn A/16); bei offenem Immobilienfonds Möglichkeit der zeitweiligen Aussetzung der Anteilsrücknahme, BGH NJW **14**, 2945m Anm Sieg/Wendt BKR **14**, 485, Düss WM **16**, 1387; bei Prospekt über geschlossenen Immobilienfonds deren besondere Risiken, etwa kein funktionierender Zweitmarkt (Fungibilität), BGH WM **15**, 128, ZIP **15**, 1981; widersprüchlicher Prospekt eines geschlossenen Immobilienfonds, Mü NZG **16**, 1423; Schiffspool, Hbg NZG **17**, 464 LS; Risiken der nachhaltigen Einnahmenerzielung, BGH NJW **04**, 2228, auch sonstige „**weiche Kosten**", die die Rentabilität mindern, BGH ZIP **09**, 1057, NZG **10**, 232, WM **16**, 1487; unrealistische Rentabilitätsprognose (Mieteinnahmen, Unterhaltungskosten, Wiederverkauf), BGH **156**, 378, NJW **05**, 983, ZIP **17**, 181 (Eigentumswohnung als Kapitalanlage); Sicherheitsabschlag bei Winderträgen, BGH WM **08**, 1116; bei Prospektangabe über eine Absicherung nähere Darlegung und uU Angabe der Gegenleistung, Mü WM **08**, 872 (Medienfonds); bei Kapitalanlagemodell Bestehen eines Verlustübernahmevertrags, BGH WM **08**, 391; bei Mietpoolvertrag nicht Verlustrisiken, BGH NJW **08**, 3059, 3060, aber Beteiligung am Leerstandsrisiko aller, BGH NJW **07**, 1874 und fehlende Einkalkulierung des Mietausfallrisikos, BGH NJW **08**, 649; bei Wohnungskauf Zinssubventionierung, falls nicht über die gesamte Laufzeit, BGH WM **08**, 506; bei Filmfonds steuerliche Anerkennungsfähigkeit, Lizenzgebühren, BGH WM **15**, 2238; bei Wirtschaftsprüfertestat über Kontenkontrolle prospektwidrige Beschränkung des Kontrollauftrags auf einzelne Stufen des Kapitalanlagegeldflusses, Warnpflicht bei Unregelmäßigkeiten, BGH **145**, 187; besondere Risiken wegen Marktenge, BGH NJW **02**, 1868; Auslegungsrisiken in uneindeutigem Prospekt, BGH WM **13**, 258; Aufklärung bei Treuhandkonto (s **(10)** AGB-Anderkonten Einl 1), Karls WM **13**, 643; Bestehen von relevanten **Informationslücken** (s auch Rn 27), BGH NJW **82**, 1096, WM **85**, 1530, WM **93**, 1238, Kblz WM **03**, 189, Stgt WM **07**, 593; Unterlassen mindestens einer Plausibilitätsprüfung der Unterlagen über in das Beratungsprogramm der Bank aufgenommene Anlagen, BGH **100**, 117, **123**, 126, WM **00**, 426 (s Rn 27), bankübliche Überprüfung aber auch bei Bankempfehlung ohne solche Aufnahme; keine bloße Plausibilitätsprüfung bei Beratungsvertrag (s Rn 14, anders Rn 13), insbesondere bei ins eigene Anlageprogramm der Bank aufgenommenen Objekten (s Rn 27), BGH NJW **08**, 3700. Pflicht zum Hinweis auch auf bedeutsame **Gesetzesänderungen**, BGH NJW **12**, 380, und andere **rechtliche Tatsachen**, Hbg WM **86**, 1431 (Steuerabsetzung), ernsthafte steuerliche Projektunsicherheit, BGH ZIP **03**, 1651, WM **14**,

1. Abschnitt. Allgemeine Vorschriften § 347

2075, ernsthafte bankrechtliche Bedenken gegen Anlageform, BGH WM **13**, 1742, ernsthafte Auseinandersetzungen mit Aufsichtsbehörde, vgl BGH ZIP **10**, 2459 (Anh § 177a Rn 78), Stgt WM **05**, 2382, zur Rspr Information anhand der amtlichen Sammlungen und „einschlägigen Fachzeitschriften", je nach Einzelfall sogar Spezialzeitschriften, BGH NJW **15**, 770 Rn 12, Pflichten bei **absehbarer Änderung der höchstrichterlichen Rechtsprechung**, BGH NJW **15**, 770 (Steuerberater, iErg abl), Nachforschung dazu s Rn 27. **Kein Verstoß** bei mangelnder Aufklärung über Zusammensetzung des Kaufpreises, etwa bei Fehlvorstellungen über die Werthaltigkeit einer Immobilie, BGH **158**, 119, WM **03**, 62, 1688, **10**, 1455; bei **Nichtoffenlegung der eigenen Gewinnmarge**, BGH NJW **13**, 3575 Rn 23, zB keine bei korrektem Prospekt im Übrigen, BGH WM **09**, 2306, bei Vertrieb eines eigenen Finanzprodukts bzw im Festpreisgeschäft, Düss WM **09**, 1410, Celle WM **09**, 2171, ZIP **10**, 876, Hbg WM **10**, 1029, Karlsr ZIP **10**, 2442, Spindler WM **09**, 1821, Habersack WM **10**, 1245, Lang/Bausch WM **10**, 2101 (**aber** bei Hinzutreten schwerwiegender besonderer Umstände, zB **Interessenkonflikte**, s Rspr zu Provision als Kaufkommittentin bei beiden Seiten, **Innenprovisionen** und **Rückvergütungen**, vgl Rn 30 ff, und zu **Schrottimmobilien**, **(7)** Bankgeschäfte Rn A/25, G/9 b–d, Wiechers WM **11**, 150); idR Nichtweitergabe kritischer Presse stimmen in Branchendiensten, Stgt WM **06**, 1100; bloße Übergabe des Emissionsprospekts, in dem die Risiken dargestellt sind, ohne weitere Erläuterungen, anders bei Verharmlosung der Risiken, Stgt WM **06**, 1100. Lehman-Zertifikate s Rn 30c, **(7)** Bankgeschäfte Rn A/29. Für die Richtigkeit und Vollständigkeit kommt es nicht nur auf die (im Prospekt wiedergegebenen) Einzeltatsachen, sondern auch auf das erweckte **Gesamtbild** an, BGH NJW **82**, 2824, WM **08**, 726. Nicht unbedingt gesonderter Ausweis der Höhe der Eigenkapitalvermittlungsprovisionen im Emissionsprospekt, BGH ZIP **14**, 381. Zu den Pflichten einer Emissionsbank bei Prognosen s **(15a)** WpPG § 21 Rn 4; außerbörslich LG Ffm NJW **92**, 1460.

c) Pflicht zur **Klarheit**, äußerlich (zB in der drucktechnischen Präsentation) und innerlich in der gedanklichen Ordnung, zB unmißverständliche Benachrichtigung über Verfall von Rechten aus Optionsscheinen (s **(8)** AGB-WPGeschäfte Nr 15 Rn 1), BGH **151**, 5, Klarheit über die „weichen Kosten" des Anlageprojekts, BGH NJW **04**, 2229, NJW **06**, 2042, WM **08**, 1205. Das gilt im Vergleich zum normalen Effektengeschäft der Banken gesteigert bei der gewerblichen Vermittlung von Finanztermingeschäften, BGH NJW **98**, 2675, und bei Betreuungsvertrag, BGH WM **04**, 1132. Zur Klarheit gehören zB Erläuterung des Rating (s Rn 25); Darlegung der Höhe eines Aufschlags auf die Optionsprämie und dass dieser die Chance, in die Gewinnzone zu kommen, verschlechtert, BGH **124**, 155; auf jeden Fall Offenlegung ungewöhnlich hoher Aufschläge auf Optionsprämie, BGH **80**, 80, NJW **91**, 1106 (Aktienoption) oder höherer Provisionen als üblich, BGH NJW **92**, 1879 (Warentermindirektgeschäft), **93**, 257 (Stillhalteroption); BGH WM **07**, 1503, 1507 (Erlösausfallversicherung); BGH WM **12**, 1577, 1579, 1582 (anteilsgebundene Lebensversicherung wie Anlagegeschäft); Offenlegung, dass die ausgewiesenen Baukosten erhöht wurden, um Mietausfallgarantie zu ermöglichen (geschlossener Immobilienfonds), BGH NJW **95**, 130m Anm Gehrlein 110. Optionsunerfahrene Kunden sind klar darauf hinzuweisen, dass Aufschläge auf die Börsenoptionsprämie das Chancen-Risiko-Verhältnis aus dem Gleichgewicht bringen, BGH **124**, 151, NJW **02**, 2777. Geschäfts- und kundengerechte, klare Aufklärung vor allem bei hochkomplexen Produkten wie **Zinssatzswapgeschäften**, keine Verharmlosung eines nach oben unbegrenzten Risikos, BGH WM **11**, 682 (CMS Spread Ladder Swap, DBk, „Zinswette"; schwerer Interessenkonflikt s Rn 30) m Anm Wiechers (VorsRi XI ZS) WM **12**, 477, krit Nobbe BKR **11**, 303, Lehmann JZ **11**, 749, Köndgen BKR **11**, 283u JZ **12**, 260, Koch BKR **12**, 485 (information overload), Grigoleit

§ 347 27

BrV **12**, 25 (überzogen), Schäfer BrV **12**, 65, Lehmann NJW **16**, 2913, zust Klöhn ZIP **11**, 762, Spindler NJW **11**, 1920, Brenncke ZBB **14**, 366; BGH ZIP **15**, 572 (Cross-Currency-Swap) m zust Anm Herrestal, NJW **15**, 2248 Rn 39 (Swapgeschäft mit Gemeinde; Konnexität) mAnm Lehmann ZBB **15**, 282, **16**, 2949, vgl auch Stgt WM **12**, 890, Mü WM **12**, 1716 (Cross Currency Swaps), **13**, 369 („gewöhnliche" Währungsswaps, schon Bond-Rspr, s Rn 23), Stgt WM **12**, 1829 (Swap zur Absicherung), Mü WM **16**, 414 (Currency-Related Swap), Hamm WM **17**, 575, Kropf ZIP **13**, 401, Findeisen WM **16**, 444, Becker/Follner ZIP **16,** 2400; über öffentlichrechtliche Restriktionen ist nicht aufzuklären, Bambg WM **09**, 1082. Bei Waren- und Devisentermingeschäften muss die Aufklärung grundsätzlich **schriftlich** erfolgen, BGH **105**, 108, **124**, 151, NJW **95**, 322 (iErg abl), WM **06**, 84 (gilt auch für Kreditinstitute), str; das gilt auch für andere neue Finanzprodukte, Raeschke-Kessler WM **93**, 1836, aA Drygala WM **92**, 1213, ZHR 159 **(95)** 729, nicht aber für normale bankmäßige Effektengeschäfte, BGH NJW **98**, 2675, Assmann FS Kübler **97**, 350, und Geschäfte mit Aktienanleihen, BGH **150,** 164; aber Kreditinstitute, Anwälte und Steuerberater haben (anders als Ärzte) keine allgemeine Dokumentationspflicht (s Rn 37). Die Warnwirkung darf nicht durch die Gestaltung der Broschüre (besonders erste Seite, Blickfang), relativiert werden, BGH NJW **94**, 998. Verbraucher auf Aktienoptionsgeschäfte hinzuweisen, ist nicht ohne Weiteres pflichtwidrig, vgl BGH **107**, 192 für nicht börsentermin geschäftsfähige (s **(14)** BörsG § 53 aF) Kunden. Aufklärungspflicht bei Warenterminoptionsgeschäft auch gegenüber einem Kfm und mittelständischen Unternehmer, BGH NJW **81**, 1440, WM **84**, 960. Auch § 826 BGB kann vorliegen (s Rn 18). Lit: zu Warenterminoptionen Bundschuh WM **85**, 249, vgl Ellenberger WM Sonderbeil 2/**99.**

27 **d) Pflicht zu zeitnahen Nachforschungen und Überprüfungen,** BGH **70**, 362, **74**, 111, **123**, 126 (Bond), WM **88**, 1685, NJW **90**, 2464, Karls WM **92**, 1101, Kblz WM **03**, 189, uU auch im Ausland, BGH **123**, 129 (DM-Auslandsanleihe), WM **10**, 1934 (Anlage mit Auslandsbezug, aber iErg abl). So muss ein Kapitalanlagevermittler das Anlagekonzept, über das er Auskunft erteilt, auf wirtschaftliche Plausibilität überprüfen, BGH WM **00**, 426, **07**, 873, **11**, 505, **Plausibilitätskontrolle** auf Seriosität und Bonität, Schlick WM **11**, 155, Reichweite, Eiben/Boesenberg NJW **13**, 1398, dabei kann von einem spezialisierten Anlagevermittler mehr Wissen verlangt werden, BGH WM **09**, 739 (Windkraftanlagen); bei Auskunft über Sicherheit der Kapitalanlage darf er nicht ungeprüft auf die Angaben des Kapitalsuchenden verweisen, jedenfalls muss er diesen Umstand ungefragt offenlegen (s Rn 25), BGH WM **03**, 2064. Zumal wenn eine Bank das Anlageobjekt in ihr Anlageprogramm aufnimmt, hat sie sich über dessen Güte zu informieren und es einer eigenen Prüfung zu unterziehen, auch bei Auslandsanleihen, BGH **123**, 126. Die Börsenzulassung (keine Bonitätsprüfung) und Jahresabschlüsse (mit anderer Zielsetzung und idR nicht zeitnah) und erst recht Angaben des Emittenten ersetzen diese Prüfung nicht. Auf jeden Fall ist die **Wirtschaftspresse** (Börsen-Zeitung, frühere FTD, Handelsblatt, FAZ, BGH NJW **08**, 3702, ZIP **09**, 1332, WM **09**, 2362) auszuwerten, aber nicht die gesamte Wirtschaftspresse, sondern nur geeignete Auswahl und nicht sämtliche Brancheninformationsdienste, je nach Inhalt des Berichts anders bei Kenntnis, gehäufte Warnungen in der Fachpresse, und dies zeitnah (spätestens innerhalb von drei Tagen), BGH NJW **08**, 3702, WM **10**, 1933, ZIP **09**, 1332, NJW **12**, 381, Zetzsche WM **09**, 1020, Schlick WM **11**, 155 (jedenfalls Handelsblatt). Nachforschungspflichten bei **absehbarer Änderung der höchstrichterlichen Rechtsprechung,** BGH NJW **15**, 770 (Steuerberater, iErg abl, auch oben Rn 25). Auszuwerten sind auch die anerkannten Ratings (zB Standard & Poors, Moody's). Die Nachforschungspflicht darf **aber nicht überspannt** werden, sondern muss sich im Rahmen des Zumutbaren halten, BGH NJW **90**, 506

1. Abschnitt. Allgemeine Vorschriften 28, 29 § 347

(Anlagevermittler, s Rn 23), zB keine Pflicht zur Einsicht in die Jahresberichte des BFH, da keine amtliche Sammlung und keine Fachzeitschrift (oben Rn 25), BGH NJW **15**, 770 15 (Steuerberater), bei steuerrechtlich sachverständig entwickelter Anlageform keine Pflicht zur vorherigen Abstimmung mit der zuständigen Finanzverwaltung, BGH NJW **93**, 199, keine eigene Nachfrage bei der BaFin, BGH WM **10**, 1933, ohne Anlass keine Erkundigung über nur gutachterlich zu klärende Rechtsfragen, BGH NJW **12**, 380 (s Rn 25). **Übernahme von geprüften Bilanzen und Testaten** ist idR ohne Weiteres möglich; aber nur, wenn hinreichend zeitnah und nicht ohne eigene Plausibilitätsprüfung, BGH **100**, 123; auch nicht, wenn berechtigte Zweifel nahe liegen, so schon bei Ausnutzung aller gerade noch legalen Möglichkeiten der Bilanzkosmetik, BGH NJW **82**, 2825. Übernahme **von Notarauskunft** zB zu Formfragen ist nicht pflichtwidrig, BGH NJW **92**, 3296 (aber s Rn 34). Inwieweit sonstige Angaben Dritter überprüft werden müssen, hängt davon ab, wieweit das schutzwürdige Vertrauen des Auskunftsempfängers reicht, BGH **110**, 80. Eine Erkundigungspflicht trifft die Bank nicht nur über das Anlageobjekt, sondern auch über **Informationsstand, Anlageziel** (sichere oder mehr spekulative Geldanlage) und ggf die diesbezüglichen **Verhältnisse des Kunden**, BGH **123**, 126. **Organisationspflichten** ua zu geeigneter Schulung, Organisation und Einrichtung eines internen Informationssystems, Heinsius ZBB **94**, 55.

e) Maßgeblicher Zeitpunkt für Pflichterfüllung bzw -verletzung ist grundsätzlich der der **Erteilung** von Rat, Auskunft, Aufklärung bzw der Prospektvorlage, BGH NJW **12**, 68, 2874 (Lehman-Zertikate, s Rn 30c), NJW **06**, 2041m krit Anm Puszkajler/Weber ZIP **07**, 401, Düss WM **03**, 1263. Das Risiko, dass trotz ex ante richtigen Rats die Anlageentscheidung sich im Nachhinein als falsch erweist, trägt der Anleger, BGH NJW **12**, 68, 2874. Nachträglich eingetretene, wesentliche Änderungen bis dahin machen **Nachtrag** erforderlich, bei Verkaufsprospekten während der ganzen Dauer des öffentlichen Angebots (§ 16 WpPG, § 11 VermAnlG,), BGH **71**, 291, **123**, 110/115, **139**, 232, NJW **02**, 1712, WM **04**, 379, Mü AG **05**, 168, 169, 171, Maas/Voß BB **08**, 2302. Auch nach diesem Zeitpunkt kann **Pflicht zur Berichtigung** (schuldlos) unrichtiger Angaben bestehen; in engen Grenzen (grobe bzw die Aussage im Kern berührende Unrichtigkeit, drohender schwerer Schaden, Leichtigkeit der Warnung) sogar Pflicht zur Berichtigung ursprünglich richtiger, später unrichtig gewordener Mitteilungen, BGH **61**, 179 (Scheckauskunft), BB **84**, 94 (Bauherrenmodelltreuhänder), Mü WM **80**, 505 (Kreditauskunft) und sogar gegenüber Dritten, BGH **74**, 281 (Zeugnis, Warnung wohl nur bei Bewusstwerden der Unrichtigkeit); vgl auch BGH **70**, 337 („nachvertragliche" Vertrauenshaftung). **Prospektaktualisierungspflichten** s § 16 WpPG, **(15a)** WpPG § 21 Rn 3. Keine Aktualisierungspflicht des Abschlussprüfers bei bloßem Bestätigungsvermerk, auch bei freiwilliger Prüfung, BGH WM **06**, 423, aber uU fortwirkendes Vertrauen der Anleger auch bei überholtem Stichtag mit tatsächlicher Vermutung (s Rn 37), BGH WM **13**, 689. Fortdauernde Überwachungspflichten nur bei entsprechender Abrede (s Rn 14). Berichtigung und Schaden s Rn 35. Lit: Binder, Nachwirkende Vertragspflichten?, AcP 211 **(11)** 588.

f) Eine Rechtspflicht zur Veranlassung einer **Prospektprüfung** durch Wirtschaftsprüfer besteht nicht; wird aber mit Prospektprüfung geworben, sind die Grundsätze ordnungsmäßiger Beurteilung von Verkaufsprospekten über öffentlich angebotene Vermögensanlagen zu beachten, IDW S 4 (§ 323 Rn 1), dazu Küting DStR **06**, 1007; Düss ZIP **82**, 852, Grotherr DB **88**, 741, Wagner BFuP **00**, 594; auch Grundsätze für die Erstellung von **Fairness Opinions, IDW S 8**, WP-Hdb **14** II E 417 ff (s Rn 21, § 317 Rn 1, Einl 47 vor § 1). Haftung des **Wirtschaftsprüfers bei Prospektprüfung** s Rn 21 und BGH **145**, 187, NJW **04**, 3420, Hopt FS Pleyer **86**, 350, Ebke/Scheel WM **91**, 389. Durchführung der Prospektprüfung durch Treuhänder statt durch unabhängigen Wirtschaftsprüfer ist bedenklich. Zur Haftung des Wirtschaftsprüfers aus Testaten s § 323.

30 **g) Interessenkonflikte:** Der Grundsatz der Priorität des Empfängerinteresses ist heute allgemein anerkannt, Heinsius ZBB **94,** 50. Interessenkollision entlastet nicht, vgl BGH NJW **80,** 1630 (Aufsichtsratsmitglied zweier Gesellschaften). Zumindest ist **Offenlegung** notwendig, außer bei Offenkundigkeit wie bei einem reinen Gewinnerzielungsinteresse (s Rn 25), sehr wohl dagegen bei hinzutretenden besonderen Umständen, zB bewusst zu Lasten des Anlegers gestaltete Risikostruktur, BGH WM **11,** 682 (CMS Spread Ladder Swap) m Anm Wiechers (VorsRi XI ZS) WM **12,** 479 (**Zinssatzswap,** einstrukturierter anfänglicher negativer Marktwert und sofortige Weitergabe des Risikos durch Hedgegeschäft, s Rn 26), Hamm WM **17,** 575; Provision der Bank als Kaufskommissionärin von Kunden und Emittentin des Wertpapiers, BGH NJW **13,** 3574; Auch geplante **Kurspflegemaßnahmen** sind offenzulegen, jedenfalls soweit mit privaten Vorteilen verbunden oder sonst ungewöhnlich, BGH **123,** 110. „**Vorlaufen**" (Frontrunning, Scalping) von Anlageberatern (Privatkäufe vor objektiv guten Kauftipps und Verkauf nach Kursanstieg) Hopt FS Fischer **79,** 248, BGHSt **48,** 373 = NJW **04,** 302, (**16**) WpHG Einl vor § 1. Aufklärung über wesentliche kapitalmäßige und personelle **Verflechtung**en zwischen den verschiedenen Projektpartnern, zB KomplementärGmbH, Generalunternehmer, Hauptmieter und vor allem Treuhänder (und ihren jeweiligen Geschäftsführern und beherrschenden Gftern), BGH **79,** 337, NJW **80,** 1162, **87,** 1817, WM **10,** 1540, 1642, ZIP **10,** 1132; Sondervorteile für GründungsGfter, BGH NJW **95,** 130; häufige Mandatsbeziehungen der Anwaltssozietät zum Gegner, BGH NJW **08,** 1307m krit Anm Henssler/Deckenbrock 1275, Grunewald JZ **08,** 691. Sonstige **schwerwiegende Interessenkonflikte,** etwa Verlagerung des eigenen notleidenden Kreditengagements auf den Erwerber, auch ohne drohende Insolvenz und in der Gruppe, BGH WM **11,** 876. Je nachdem sogar Pflicht zu Hinweis auf eigene Kreditunwürdigkeit, BGH NJW **83,** 677; Pflicht zu Hinweis auf eigene unentschuldigte Verfehlungen (sog **Sekundärhaftung** mit eigener Verjährung, s Rn 39), so außer für Architekten für Anwälte und Steuerberater gegenüber Mandanten, BGH **83,** 23, **94,** 380, **114,** 150, **129,** 392, NJW **08,** 2041, Bruns NJW **03,** 1498, nicht für Abschlussprüfer, BGH NJW **10,** 1808m Anm Pöschke DStR **10,** 775, seit Verjährungsanpassungskoste 2004 (Einl 16 vor § 343, § 347 Rn 39) ist aber Grund für die verjährungsrechtliche Sekundärhaftung weggefallen, Mansel NJW **05,** 325, str, offen BGH NJW **10,** 1810, aber BGH ZIP **15,** 1684 Rn 85 ff, bei Anlageberatung s Rn 39. Sondervorteile für Gründungsgesellschafter sind im Emissionsprospekt eines geschlossenen Immobilienfonds offenzulegen, BGH NJW-RR **03,** 1054. **Provisionen** für Wirtschaftsprüfer und Steuerberater (uU Untreue, uU § 138 BGB, KG WM **08,** 1445) sind offenzulegen, BGH **78,** 268, und wegen der Gefährdung des Auftraggebers diesem herauszugeben (§ 667 BGB), BGH NJW **91,** 1224; auch bei Zahlung an Ges, an der der Steuerberater maßgeblich beteiligt ist, BGH **95,** 81; auch bei Provisionsbeteiligung des Vermögensverwalters des Kunden durch die Bank, BGH **146,** 235; ebenso Provisionen an Berater, Sachwalter, zukünftige Baubetreuer, BGH **114,** 87, auch pauschale Kick-backs, BGH WM **89,** 1047, **90,** 462; Schmiergeldzahlung an Verhandlungsvertreter, wenn der Geschäftsherr selbst abschließt, BGH NJW **01,** 1065.

30a Bei **Kapitalanlageberatung** gibt es eine umfangreiche Rspr zu den **Rückvergütungen** (dh Vertriebsprovisionen, die aus den offen ausgewiesenen Ausgabeaufschlägen oder Verwaltungskosten bezahlt werden, Folge: Interessenkonflikt und Fehlvorstellung über Neutralität der Beratung), BGH WM **09,** 2306, **10,** 1694, ZIP **14,** 1165, NJW **14,** 2947 Rn 17, und **Innenprovisionen** (Vertriebsprovisionen, die, nicht ausgewiesen, aus dem Anlagevermögen gezahlt werden, Folge: größenabhängig Gefahr von Fehlvorstellungen über die Werthaltig-

1. Abschnitt. Allgemeine Vorschriften 30b § 347

keit der Anlage; aber nunmehr ebenfalls Interessenkonflikt, BGH NJW **14**, 2947), Wiechers WM **11**, 153. Zur Sinnhaftigkeit dieser Unterscheidung BGH WM **11**, 925 = NJW **11**, 3227, Wiechers WM **11**, 154 und **12**, 482 unter Zurückweisung der Kritik von Nobbe BKR **11**, 302. Beides wurde bisher (näher 36. Aufl) von der Rspr unterschiedlich behandelt: Volle Aufklärung der Banken bei Rückvergütungen (kick-backs), erst ab 15 % von der Gegenleistung des Anlegers bei Innenprovisionen, da als Geschäftsgewinn angesehen. **Neue Rechtslage:** Ab **Stichtag 1.8.14** nimmt der BGHZ **201**, 310 (**Grundsatzurteil**) = NJW **14**, 2947, m Anm Hoffmann/Bartlitz ZIP **14**, 1505 („Zeitenwende") im Anschluss an öffentlichrechtliche Transparenzvorschriften ein allgemeines, nahezu **flächendeckendes privatrechtliches Transparenzprinzip** an, wonach der Anleger **mangels abweichender Vereinbarungen** nicht mit Zuwendungen Dritter an die **beratende Ban**k rechnen muss. Der Anleger darf danach zwar nicht erwarten, dass alle öffentlichrechtlichen Pflichten der Bank auch Vertragsinhalt werden, wohl aber die tragenden Grundprinzipien des Aufsichtsrechts (§§ 133, 157 BGB), BGH NJW **14**, 2947 Rn 37, aA dezidiert noch BGH WM **13**, 1983 Rn 15 ff, Wiechers WM **14**, 146. Diese Begründung ist rechtsunsicher und lädt geradezu zu weiteren Klagen ein, auch wenn es bei der ablehnenden Rspr zur Schutzgesetzeigenschaft von entsprechenden Vorschriften des **(16)** WpHG bleibt. Für die nicht bankgebundenen **freien Anlageberater und -vermittler** hat der BGH XI ZS das nicht ausgesprochen, sondern die geltende 15 %-Rspr (s unten) erwähnt, BGH NJW **14**, 2947 Rn 30; der III ZS führt seine Rspr fort, BGH NJW **16**, 3024 stRspr: auch bei Vermittlung einer Kapitalanlage in Form einer Eigentumswohnung und unabhängig von Prospekt, Grund: (Beratungs-)Vertrag im Gegensatz zum Verkäufer (Kaufvertrag ohne entspr Nebenpflicht). Für Beibehaltung der bisherigen Rspr gibt es Gründe (s unten bei Rückvergütungen und Innenprovisionen), aber die neue Argumentation (allgemeines Prinzip, Vertragsauslegung) spricht für Ausdehnung. Nicht sicher ist auch, ob die bisherige Ausnahme für steuersparende Bauherrenmodelle bestehen bleibt. Zu dieser RsprÄnderung: krit Buck-Heeb, Winter WM **14**, 1601, 1606, Heun-Rehn/Lang/Ruf NJW **14**, 2909, Hoffmann/Bartlitz ZIP **14**, 1505. Zurechnung von Vermittlerhandeln, BGH WM **17**, 846. Auskunft und Herausgabe von Rückvergütungen, Regenfus WM **15**, 169, 209.

Rückvergütungen, alte Rechtslage bis 31.7.14: Die Kapitalanlageberatung 30b
darf die Bank sich zwar auf hauseigene (wohl iSv Konzern) Produkte beschränken, muss aber verdeckte Rückvergütungen (Kick-backs, Definition: BGH WM **11**, 925 Rn 25, Wiechers WM **12**, 481) aus den Ausgabeaufschlägen und jährlichen Verwaltungsgebühren (versteckte Innenprovisionen kommen dagegen aus dem Anlagevermögen, BGH NJW **12**, 2876) offenlegen, BGH NJW **07**, 1876, ZIP **09**, 455, **09**, 1264, **10**, 2339u WM **10**, 1694 (XI ZS; kein Rechtsirrtum, s Rn 34), **11**, 925, 1506, 1804, NJW **12**, 2428, verfassungsgemäß, BVerfG NJW **12**, 443; dazu Brocker BKR **07**, 365, Koller ZBB **07**, 197, Elixmann BB **07**, 904, Nikolaus/d'Oleire WM **07**, 2129, Lang/Balzer ZIP **09**, 456, Assmann ZIP **09**, 2125, Casper ZIP **09**, 2409, Habersack WM **10**, 1245, Grund: Gefährdungssituation für den Kunden betr unbeeinflusste Beratung; auch bei Medienfonds, BGH NJW **09**, 1416m Anm Dieckmann/Langen, **nicht bei** nicht bankmäßig gebundenen, **freien Anlageberatern** (s auch Rn 23, 36), Grund: keine kostenlose Dienstleistung, BGH WM **10**, 885 (III ZS) m Anm Brocker/Klebeck ZIP **10**, 1369, ZIP **11**, 607, NJW **12**, 2952, krit Düss ZIP **10**, 1583, Ffm ZIP **10**, 2039. Unerheblich ist, ob die Zahlung des Anlegers über die Bank oder direkt an die Anlagegesellschaft erfolgt, BGH NJW **12**, 2429, Stgt WM **11**, 360, **12**, 1719. Die Aufklärung kann auch bereits im Prospekt erfolgen, in dem die beratende Bank in der Höhe korrekt als Empfängerin der Vertriebsprovision ausdrücklich genannt ist, doch muss dieser rechtzeitig, nicht erst bei der Zeichnung übergeben werden, BGH NJW **11**, 3231, **12**, 2429. Authentisch zur Rspr über Rückver-

§ 347   30c–30e   4. Buch. Handelsgeschäfte

gütungen Wiechers (VorsRi XI ZS) WM **12**, 481. RsprBericht Jordans BKR **11**, 456. Gegen Vereinbarkeit dieser Rspr mit Europarecht Herresthal WM **12**, 2261u ZBB **12**, 89 (s auch Rn 23).

30c   Nach wie vor gilt, dass beim normalem **Eigengeschäft** aber **keine Aufklärung über Eigengeschäftscharakter und Gewinnmarge** und, falls über Möglichkeit des Totalverlusts (allgemeines Emittentenrisiko, dazu BGH NJW **13**, 1223, s Rn 23) aufgeklärt wurde, auch nicht über fehlende Einlagensicherung stattfinden muss, BGH WM **11**, 2261 für Basketzertifikate, sowie die **Piloturteile** zu **Lehman Brothers**: BGH WM **11**, 2261, 2268 = NJW **12**, 66m Anm Wiechers (VorsRi XI ZS), WM **12**, 483, 1520 (s auch **(8)** AGB-WP Rn 1 Rn 5, Eigengeschäfte) für Indexzertifikate, zust BVerfG NJW **13**, 2957, BGH WM **13**, 1983, NJW **15**, 398 (Sonderkündigungsrecht), 2251 Rn 37, Klöhn ZIP **11**, 2244, Bausch NJW **12**, 354, Schäfer WM **12**, 199, Mann WM **13**, 727, aA zT Buck-Heeb WM **12**, 633, Herresthal ZBB **12**, 101, differenzierend W.-H. Roth ZBB **12**, 429; Prüfpflichten von Zertifikate-Emittenten Möllers/Puhle JZ **12**, 592. Eine Ausnahme gilt wegen des schwerwiegenden Interessenkonflikts bei reinen Zinswetten, also allen Swapgeschäften, BGH NJW **11**, 1949, **15**, 2248 Rn 38 f. Gewinninteresse ist aber nicht schon aus Konzernverbund zwischen der beratenden Bank und der Fondsgesellschaft erkennbar, also Offenlegung von Provisionen, Ffm ZIP **13**, 1658.

30d   **Innenprovisionen, alte Rechtslage bis 31.7.14:** Aufklärungspflicht des Geschäftsbesorgers bei prospektgestütztem Kapitalanlagevertrieb **ab 15 % (von der Gegenleistung des Anlegers)** BGH **158**, 121, NJW **05**, 3208, **06**, 668, WM **07**, 873, **08**, 1208, **09**, 597 (III ZS), str; diese Eingrenzung gilt aber nur bei Anlagevermittlungs- und Auskunftsvertrag, nicht bei Beratungsvertrag einer Bank, BGH NJW **09**, 1416 (XI ZS), Ffm WM **10**, 1313, **nicht bei** einem **freien Anlageberater**, BGH WM **10**, 885 (III ZS), ZIP **11**, 607, WM **11**, 927, 1507, Schlick WM **11**, 158 (sonst praktisch Offenlegung der gesamten Einkommenssituation), jedenfalls freier Anlageberater mit jährlicher Vergütung, Stgt WM **10**, 1170 (1174), aA wenn bereits für die Anlageberatung eine Vergütung bezahlt wurde, Mü WM **11**, 784. Banktochter, an die die Beratung ausgesourct ist, ist kein freier Anlageberater und bleibt aufklärungspflichtig, Mü NJW **11**, 2814, ZIP **11**, 2139, WM **13**, 122, aA BGH NJW **12**, 2952, WM **13**, 119 (III ZS, für 100%ige Sparkassentochter), dann aber RückvergütungsRspr durch einfache Umorganisation leerlaufend. Die **Abgrenzung zwischen Anlagevermittler** (geringere Anforderungen) **und Anlageberater** (höhere Anforderungen) ist in der Praxis **schwierig**, Schlick WM **11**, 154, krit Stgt ZIP **10**, 1389, **11**, 219 (s auch Rn 23, 36). Bei mündlicher Beratung keine Aufklärung über externe Entgelte, auch nicht von über 15 %, BGH NJW **05**, 822, Grund: Leistungspaket; zu Aufklärungspflichten und Interessenkonflikten bei Projekt- und Immobilienfinanzierung **(7)** Bankgeschäfte Rn A/25. Die **Rechtsprechung** ist **uneinheitlich**, Rücknahme auf für den Anleger nicht erkennbare Eigeninteressen der Bank wäre sinnvoll, so Stgt ZIP **10**, 1388 (nicht erkennbares, besonderes Interesse, schmiergeldähnlich), vgl BGH WM **09**, 2306 (XI ZS, „hinter seinem Rücken"), dann keine Aufklärungspflicht bei Konzernverbund, Beschränkung auf hauseigene Produkte und unentgeltlicher Beratung, Habersack WM **10**, 1245.

30e   **Ausnahmen:** Die Aufklärungsgrundsätze bei Anlageberatung sind nicht auf Finanzierungsberatung übertragbar, Provision der Bank als **Versicherungsvermittlerin** ist offensichtlich, BGH NJW **14**, 3360, ebenso bei Renten- und Lebensversicherung, Karls WM **17**, 772. Bei steuersparenden **Bauherren-, Bauträger- und Erwerbermodellen** muss das finanzierende Kreditinstitut (anders als ein Anlagevermittler) dagegen grundsätzlich nicht über versteckte Innenprovisionen aufklären, BGH NJW **03**, 424, **04**, 2378, **10**, 1453, ZIP **11**, 369 (XI ZS), allgemeiner bei Immobilien, BGH NJW **03**, 1811 (V ZS), Grund: in Kaufpreis einkalkulierter Teil der Vertriebskosten, aA Gallandi WM **00**, 279, auch

1. Abschnitt. Allgemeine Vorschriften 30f–34 § 347

nicht ab 15%, BGH NJW **04**, 2378, Grund: nicht Sache der finanzierenden Bank, anders bei sittenwidriger Übervorteilung (näher **(7)** Bankgeschäfte Rn A/ 25).

Herausgabepflicht (§ 667 BGB) bei Provisionen an Steuerberater (auch über 30f Strohmann), BGH WM **87**, 781, bei Schmiergeldern an Vorstand, BGH NJW **01**, 2476; für den Kommissionär s § 384 Rn 9.

Behaltensklauseln: Herausgabepflicht entfällt bei zulässigen Behaltensklauseln (§ 384 Rn 9), BGH NJW **14**, 924, Ffm ZIP **12**, 2337, Mülbert WM **09**, 481, nicht ohne Weiteres schon wegen Offenlegung (hängt aber vom Verbotsinhalt ab), aA Hadding ZIP **08**, 529, zur Behaltensklausel Hadding FS Nobbe **09**, 565.

Lit: Taupitz 1989 (Offenbarung eigenen Fehlverhaltens); Kumpan, Der Interessenkonflikt im Deutschen Privatrecht, 2014; Hopt FS Heinsius **91**, 289, ZGR **04**, 1 (Interessenkonflikte) u FS Doralt **04**, 213 (Prävention, Sanktionen), Mülbert WM **07**, 1149 (FRUG, Zertifikate), Ellenberger, Schäfer, Sethe FS Nobbe **09**, 523, 725, 769, Herresthal ZBB **09**, 348 (europarechtswidrig), **10**, 305, Habersack WM **10**, 1245 (Rückvergütungen), Koch BKR **10**, 177 (Rückvergütungen), Buck-Heeb BKR **10**, 309 (Rückvergütungen), Fullenkamp NJW **11**, 421, Koller ZBB **11**, 361 (uneigennützige Beratung), Nobbe BKR **11**, 302, Wiechers (VorsRi XI ZS) WM **12**, 477, **13**, 343, Grundmann WM **12**, 1748 (Interessenkonflikte), Wiechers/Henning WM Sonderbei 4/**15**, 10.

h) Insiderinformationen: Zu unterscheiden sind (1) **Eigengeschäfte und** 31 **Tipps von Insidern:** Hier besteht unter miteinander verhandelnden Vertragspartnern bei WPGeschäften Aufklärungspflicht, an der Börse str, s früher **(16)** WpHG § 12 ff., jetzt **(16a)** MAR Art 7 ff, Organmitglieder und Wirtschaftsprüfer verletzen durch Insidergeschäfte ihre Pflichten gegenüber der Ges (§ 323 Rn 5); ebenso Anleger bei Warentermingeschäftssammeldepot (keine GbR, nur parallele Verträge mit Treuhänder) gegenüber den Mitanlegern, Drittschadensliquidation des Treuhänders (auch bei Unwirksamkeit der Verträge), BGH WM **87**, 581.

(2) **Prospektherausgabe** (s Anh § 177a Rn 59, 60 ff, § 3 WpPG und § 6 32 VermAnlG, jeweils mit Prospekthaftung **(15a)** WpPG §§ 21–25, **(15b)** VermAnlG §§ 20–22): Hier muss das Gesamtbild objektiv richtig sein, BGH NJW **82**, 2826 (BuM), WM **13**, 734; das zwingt zur Berücksichtigung (nicht Benennung) von Insiderinformationen, andernfalls muss Mitwirkung an Prospektherausgabe abgelehnt werden.

(3) **Anlageberatung:** Berücksichtigung von Insiderinformationen str, s Heinsius ZHR 145 **(81)** 193 (nein), Kübler ZHR 145 **(81)** 209 (uU ja). 33

C. **Einfache Fahrlässigkeit** ist notwendig (nach aA Garantiehaftung für Tatsachenangaben, Köndgen AG **83**, 97), aber auch genügend, hL u Rspr, zB BGH **79**, 345. Ausnahmsweise enger BGH **70**, 362 (Börsendienst); unklar BGH **74**, 281 (Zeugnis); bei nicht überzogenen Anforderungen an Pflicht (oben Rn 24) und berufs- und situationsgebundener Sorgfalt besteht aber kein praktischer Unterschied zu hier. **Rechtsirrtum** (dann kein Vorsatz) entschuldigt nur, wenn unvermeidbar, dazu strenge Maßstäbe (sorgfältige Prüfung; soweit erforderlich Einholung von Rechtsrat, s auch Rn 27), BGH NJW **10**, 2339, bei **Rückvergütungen** jedenfalls für die Zeit nach 1984 nicht unvermeidbar, BGH NJW **14**, 2951, zuvor schon (ab 1990), BGH NJW **10**, 2339, WM **10**, 1694, **11**, 1507, Stgt WM **09**, 976, dazu Wiechers WM **11**, 153, Buck-Heeb BKR **11**, 441 (Informationspflichten und -organisation), Schäfer WM **12**, 1022 (Vorsatz); bei **Innenprovisionen** gilt für die RsprÄnderung verschuldensausschließend der Stichtag 1.8.14, BGH NJW **14**, 2947 (s Rn 30). Zurechnung nach **§ 278 BGB**, auch Verhalten und Erklärungen rechtlich selbstständiger Vermittler und von diesen eingesetzter Untervermittler, BGH WM **12**, 1582 (Strukturvertrieb von Versicherungen), entspr für eingeschaltete Makler, Karls WM **12**, 2095. 34

§ 347

35 D. Kausal herbeigeführter Schaden: Ersetzt wird der durch unrichtigen Rat **kausal** herbeigeführte Schaden, BGH WM **87**, 960 (heimliche Provision), BGH BB **93**, 244 (uU auch freiwilliges Vermögensopfer in Abfindungsvereinbarung), mindestens anlageüblicher Zinsverlust, BGH ZIP **92**, 324, WM **07**, 1503 (Anforderung des Filmfondsprospekts), **08**, 390 (nicht ausgehändigter Prospekt, aber als alleinige Beratungsgrundlage), **11**, 879 (trotz auf Einzelpunkt beschränkter Nichtaufklärung, wenn Gesamtrentabilität betroffen), **13**, 1310 (konkrete Kausalität der Kapitalmarktinformation). Es wird idR vermutet, dass der Empfänger bei richtigem Rat das Geschäft nicht getätigt hätte, **Kausalitätsvermutung** s Rn 37. Bei **rechtzeitiger Berichtigung** (s Rn 28) kann es an der Kausalität fehlen, BGH WM **08**, 1547. Widersprüchliches Verhalten des Kunden (Festhalten an günstig verlaufenden Geschäften, nicht wenn ungünstig) kann Indiz gegen haftungsbegründende Kausalität sein, BGH WM **12**, 1670 Rn 29, NJW **15**, 2248 Rn 81. Zu ersetzen ist idR nur **Vertrauensschaden**, BGH **16**, 214, BB **84**, 94 (Bauherrenmodell), ZIP **03**, 806 (Steuerberater), dies ohne Anspruch auf Vertragsanpassung, BGH NJW **06**, 3139; nur (ganz) ausnahmsweise Ersatz des Erfüllungsinteresses, BGH NJW **01**, 2875, **06**, 3139, auch ein zugesagter steuerlicher Abschreibungsgewinn bestimmter Höhe, BGH BB **75**, 1180 (Kauf sämtlicher KGAnteile, Garantieübernahme iSv § 276 I 1 BGB), NJW **81**, 864 (Bauherrenmodell), aber WM **88**, 48; Garantie bejahend Kln ZIP **88**, 1407, Köndgen AG **83**, 97. Steuernachteile können durch Vermögensvorteile einer vom Geschädigten beherrschten GmbH kompensiert werden, wenn beide Vermögen eine wirtschaftliche Einheit bilden, Kln DStR **14**, 277. Führt Rat zu ungünstiger (Gerichts)Entscheidung, ist für den Schaden die Rechtslage zu diesem Zeitpunkt maßgeblich (trotz späterer RsprÄnderung), BGH NJW **01**, 146. Bei Vertrag, zB Erwerb einer Kapitalanlage, hat der Geschädigte die **Wahl zwischen Rückgängigmachung und Festhalten am Vertrag nebst Ersatz des zusätzlichen Schadens** (das für den Erwerb zu viel Aufgewandte bzw Kaufpreisanpassung), BGH **69**, 58 (Unternehmenskauf, s Einl 47 vor § 1), **111**, 82, **114**, 94, **115**, 213 (Bauherrenmodell), WM **91**, 695 (Verflechtung, s Rn 30), NJW **99**, 2032, **04**, 1870, ZIP **09**, 870, **17**, 1, und zwar nach der stRspr, üL einerlei, ob sich der Vertragspartner auf niedrigere Gegenleistung eingelassen hätte, aA BGH NJW **98**, 2900 (XII ZS), St. Lorenz NJW **99**, 1001 (iErg Kontrahierungszwang); als schadensersatzrechtliche Besonderheit zu § 249 BGB bei Irreführung (Beweisprobleme) akzeptabel. Besteht der Schaden im Abschluss eines Immobilienkaufvertrags mit einem Dritten, kann gezahlter **Kaufpreisbetrag** Zug um Zug **gegen Immobilienübereignung** verlangt werden (Vorteilsausgleichung, ohne besonderen Antrag bzw Einrede des Schuldners), BGH ZIP **09**, 870 (III ZS), bei mittelbarer Fondsbeteiligung **gegen Abtretung** der Rechte aus der Beteiligung bzw dem Treuhandbetrag (auch wenn dazu die Zustimmung Dritter nötig ist, Risiko des Schuldners), BGH NJW **10**, 1777, **12**, 2951, **16**, 3455. Der Haftungsumfang der nicht vorvertraglichen, Vertrags- und Vertrauenshaftung durch den **Schutzzweck der verletzten Pflicht** begrenzt, BGH **116**, 209, NJW **90**, 2057, Ffm WM **92**, 572, das Garantieinteresse ist dann Obergrenze, praktisch wichtig für Fehler bei Kapitalanlagen, BGH NJW **03**, 2529, und Steuerberatung, BGH ZIP **03**, 806. Ist Aufklärung nur über einen bestimmten Einzelpunkt geschuldet (Bank bei Mietpool), kann nicht das volle Anlagerisiko übergewälzt werden (also kein Rücktritt, sondern nur Mehrkosten oder Mindereinnahmen wegen Mietpoolbeteiligung), BGH WM **07**, 878, **08**, 1394. Keine Begrenzung aber, wenn umfassende Beratung geschuldet ist, BGH NJW **92**, 2148; dann auch Ersatz für Schäden aus Untreue des Initiators, BGH NJW **92**, 2561. Bei unterlassener Plausibilitätsprüfung (s Rn 25, 27) Haftung wegen des Schutzzwecks nur, wenn eine solche Anlass zu Beanstandung gegeben hätte, BGH WM **17**, 800. Bei der Prospekthaftung ist Schutzzweck nicht nur Schutz vor bestimmten Risiken, sondern informierte Selbstbestimmung des An-

1. Abschnitt. Allgemeine Vorschriften 36 § 347

legers; dass statt der bestimmten Risiken andere eingetreten sind, entlastet deshalb nicht, entscheidend ist Ursächlichkeit im Zeitpunkt der Vermögensdisposition (s Rn 37), BGH **123,** 111, NJW **95,** 1026. Der Schaden umfasst den **entgangenen Gewinn** (§ 252 BGB, § 287 ZPO), BGH NJW **12,** 2433, Ffm ZIP **13,** 1953, bei Rückgängigmachung zB Anlagezinsentgang, BGH NJW **92,** 1223; Schadensberechnung bei Schneeballsystem (Phoenix), BGH ZIP **14,** 1084, vgl auch BGH NJW **11,** 677. Der Schaden umfasst auch die auf Schadensersatz zu entrichtende Steuer, BGH WM **87,** 1336; nicht aber anderweitig entgangene Steuervorteile (§ 252 BGB), jedenfalls nicht mangels ganz konkreten Vorbringens, BGH NJW **04,** 1870. Schadensberechnung bei Beratung von Gesellschaft und Gesellschaftern, BGH NZG **17,** 177. **Vorteilsausgleichung** findet statt (ohne Pauschalierung), BGH NJW **09,** 3572 Rn 19, **17,** 61 Rn 18, Düss WM **03,** 1263, Karls WM **14,** 313; aber nicht mit Vorteilen Angehöriger (außer bei Einbezug in den Beratungsvertrag), BGH WM **15,** 790; keine Vorteilsausgleichung bei jeweils zu anderen Zeitpunkten geschlossenen Swapgeschäften, BGH NJW **15,** 2248 Rn 84 ff, **16,** 2949 Rn 39 ff (aber uU bei Ablösung von anderem Vertrag); auch nicht bei tagsgleichen Empfehlungen zweier geschlossener Kapitalbeteiligungen, Celle NZG **16,** 1424 LS. Grundsätzlich **keine** Anrechnung von **Steuervorteilen** infolge Schädigung, wenn die Schadensersatzleistung ihrerseits versteuert werden muss, BGH **74,** 116, NJW **06,** 499, 08, 650, **10,** 1080, 2506, WM **10,** 1641 (III ZS), NJW **13,** 1875, WM **14,** 449, 460, 1667, Grund: damit abschließende Klärung, nicht erschwerte Anspruchsdurchsetzung, Unsicherheiten trotz § 287 ZPO, Risiko, ob Schädiger überhaupt zahlt, Schlick WM **11,** 160; **anders,** wenn die Steuervorteile **außergewöhnlich** sind BGH NJW **84,** 2524, **08,** 650, **10,** 1080, **11,** 740, KG WM **13,** 1177, 1601, dann konkrete Schadensberechnung durch Kläger, sekundäre Darlegungslast beim Geschädigten, BGH NJW **10,** 2508, WM **10,** 1641; Tarifermäßigung oder allgemeine Steuersatzsenkung genügen nicht, BGH WM **10,** 1641 (III ZS), Schlick WM **11,** 159, Grund: ohne inneren Bezug zur Schädigung, solche Fälle also eher theoretisch; für Anrechnung bei NichtGfter BGH NJW **90,** 571 (Prospekthaftung), Einzelfallprüfung, BGH NJW **06,** 499 (III ZS), 2042 (II ZS). Vorteilsausgleichung mit Steuervorteilen des Darlehensnehmers auch bei umfassender Haustürgeschäftsrückabwicklung, BGH WM **07,** 1173 (XI ZS). Zur Steuervorteilsanrechnung Knops WM **15,** 993, Wiechers/Henning WM Sonderbei 4/**15,** 19, Meyer BKR **16,** 309. **Gemeinsamer Schaden** (§ 432 BGB), BGH ZIP **15,** 1932. Der Schaden besteht **trotz anderweitiger Ansprüche** des Geschädigten gegen Dritte (§ 255 BGB), BGH NJW **82,** 1806, Ausnahme bei Rückforderungsansprüchen gegen Gfter, BGH NJW **78,** 426. Lit: Assmann FS Lange **92,** 345 (Kapitalanleger); zu Kausalität und Schaden (Infomatec, Comroad) auch **(16)** WpHG Einl vor § 1.

E. **Mitverschulden:** Mitverschulden kann – wie auch sonst – zu berücksichtigen sein (§ 254 BGB), auch bei Verletzung von Aufklärungspflichten (s **(7)** Bankgeschäfte Rn A/22–29), zB Nichtanmeldung im Insolvenzverfahren (Lehman-Zertifikate, s Rn 30c), BGH NJW **15,** 398, Zeichnung ohne jede Unterlage zum Anlageobjekt auf Zuruf eines persönlich unbekannten Anlagevermittlers, Karls WM **15,** 1193. Für die Annahme eines solchen Mitverschuldens ist jedoch insoweit idR ein strenger Maßstab anzulegen, als man einem Rat grundsätzlich vertrauen darf und Aufklärung typischerweise von jemandem geschuldet wird, der es beruflich oder fachlich besser weiß. Aber Mitverschulden ist auch bei Benachrichtigungspflicht möglich, wenn Kunde sich in blindem Vertrauen nicht kümmert, BGH **151,** 13. Besonders enge Grenzen bei Mitverschulden unter § 323 (Abschlussprüfer, dort Rn 7). Außerdem ergeben sich **Unterschiede** je nach dem einzelnen Anleger, zB einfacher Sparer, versierter Privatanleger, Firmenkunde, institutioneller Anleger. Gegenüber einem bloßen **Anlagevermittler** trägt der Anleger mehr Eigenverantwortung als gegenüber einem Anlagebera-

§ 347   37
4. Buch. Handelsgeschäfte

ter, dann Rückfrage- und uU Nachforschungsobliegenheiten des Anlegers, BGH NJW **82,** 1095, KG ZIP **06,** 1497, Hoegen FS Stimpel **85,** 260, krit Assmann NJW **82,** 1083 (schwierige Abgrenzung, s auch Rn 23, 30). Gegenüber einem Anlageberater Mitverschulden nur unter besonderen Umständen, da der Kunde diesem vertrauen darf, Ausnahme bei eigener Sachkunde des Geschädigten oder wenn dieser zusätzliche Informationen von dritter Seite hat, BGH WM **10,** 690, ZIP **15,** 934. Mitverschulden zB bei eigener (wirklicher) Kenntnis des Kunden, auch bei für den Kunden offensichtlichen Irrtümern; bei auch für Unkundige auffällig hohen Renditeversprechen, BGH WM **00,** 429; weitere Fälle Bambg WM **09,** 1086. Ausnahmsweise steht dem Anspruch sogar § 242 BGB entgegen, so wenn der Anleger damit rechnen musste, dass sein Vertreter (Kreditvermittler) sein Wissen der Bank vorenthalten wird, BGH NJW **13,** 2015, vgl auch BGH WM **11,** 2088 Rn 24 (§ 242 BGB auf Seiten der Bank). **Nicht** Mitverschulden zB bei eigener Fahrlässigkeit gegenüber § 826 BGB mit direktem Vorsatz, BGH WM **17,** 280, gegenüber vorsätzlich unrichtiger Kreditauskunft, BGH NJW **84,** 921, auch nicht bei besonderem Leichtsinn, BGH ZIP **15,** 934 Rn 14, aber auch BGH NJW **02,** 1643; idR auch nicht, wenn der Empfänger ohne eigene Nachprüfung dem Rat vertraut, BGH **74,** 112, NJW **09,** 1143, Karls WM **92,** 1101 (sehr weitgehend), Hamm WM **93,** 241, Celle WM **10,** 499, also auch wenn Unrichtigkeit aus allgemein zugänglichen Quellen ersichtlich war; auch Warnungen Dritter schaden grundsätzlich nicht, wenn der Kunde dem Rat vertraut, BGH NJW **91,** 1108 (XI ZS), aber WM **93,** 1238 (III ZS), NJW **02,** 2642 (fundierte Warnungen Dritter); s auch Rn 39 zur groben Fahrlässigkeit (bei Verjährung). Mitverschulden bei **Dritthaftung** s Rn 21. Mitverschulden durch Halten der Anlage, Mü WM **13,** 612 (iErg abl). Lit: Rothenhöfer WM **03,** 2032, Fischer DB **10,** 2600 (Steuerberater).

37 F. **Beweislast:** nach **allgemeinen Grundsätzen,** so BGH **126,** 225 (IX ZS, Anwalt), **166,** 60 (XI ZS, Anlageberatung), WM **08,** 112 (XI ZS, Vermögensverwaltung), 1590 (V ZS, Anlageberatung), **11,** 1507 (zum Rechtsirrtum, s auch Rn 34), stRspr: der Anspruchsteller muss also Verletzung der Aufklärungs- oder Beratungspflicht beweisen, der andere Teil die behauptete Fehlberatung substantiiert bestreiten und darlegen, wie im Einzelnen aufgeklärt bzw beraten worden sein soll; der Anspruchsteller muss dann Nichtzutreffen der Gegendarstellung beweisen. Die Rspr der verschiedenen Senate differiert: Relevanz von Organisations- bzw Gefahrenbereichen, BGH **99,** 108; der Berater muss beweisen, dass er beraten hat, BGH **83,** 267, entspr für § 666 BGB BGH NJW **93,** 1704 (III ZS); der Kläger muss zwar nicht das Beratungsgespräch, aber dessen Inhalt beweisen (analog § 363 BGB), BGH NJW **86,** 2570 (IV a ZS); er muss beweisen, dass er keinen Risikohinweise enthaltenden Prospekt erhalten hat, BGH WM **06,** 1288 (III ZS). Anscheinsbeweis zugunsten des Geschädigten, BGH NJW **12,** 3170. Auf jeden Fall hat der Berater eine strenge Substantiierungslast, zB betr Schulung der Verkäufer und Anweisung zur Aufklärung, BGH **105,** 115. Kreditinstitute, Anwälte und Steuerberater haben (anders als Ärzte) **keine allgemeine zivilrechtliche Dokumentationspflicht** über Tatsache und (auch nur stichwortartig) Inhalt der Beratung, jedoch öffentlichrechtliche Pflicht von WPDienstleistungsunternehmen zur **Anfertigung eines schriftlichen Protokolls über jede Anlageberatung bei einem Privatkunden** sowie Anspruch auf Aushändigung des Protokolls, § 83 WpHG F. Schäfer FS Hopt **10,** 2427. Das Protokoll führt hinsichtlich der Vollständigkeit der Aufklärung nur zu Beweislasterleichterung, nicht zur Beweislastumkehr, Grundmann WM **12,** 1754, vgl aber Celle NZG **16,** 1107 LS, 1350 LS. Die Vortragslast des Anlegers darf nicht überspannt werden, BGH WM **13,** 68.

Der Berater bzw Aufklärungspflichtige muss beweisen, dass ihn und seine Erfüllungsgehilfen **kein Verschulden** trifft (§ 280 I 2 BGB), BGH NJW **72,**

1. Abschnitt. Allgemeine Vorschriften 38 § 347

1201 (Kreditauskunft, Aufgabe früherer Rspr), **83,** 1731 (Anlagerat), **10,** 2339, für Fahrlässigkeit und Vorsatz gleichermaßen, BGH ZIP **09,** 1265 (XI ZS), str, anders bei Arglist nach § 123 BGB. Die Bank trägt danach die Darlegungs- und Beweislast für fehlenden Vorsatz bei Verschweigen von Rückvergütungen, BGH ZIP **09,** 1264, Koller ZBB **07,** 201, Nobbe ZBB **09,** 104; zur Wissenszurechnung dabei **(8)** Bankgeschäfte A/16.

Ferner gilt die Vermutung, dass eine unrichtige Aufklärung bzw ein Prospektfehler für die Anlageentscheidung **ursächlich** geworden ist, BGH NJW **00,** 3347, **02,** 1712, WM **06,** 668, NJW **09,** 1143, **10,** 2507, WM **10,** 1539, Bambg WM **06,** 960 (iErg abl) einerlei ob gerade dieser Prospektfehler zum Scheitern des Projekts geführt hat, aber mangels Prospektvorlage Widerlegung der Vermutung, BGH NJW **10,** 1079; auch die **Vermutung aufklärungsrichtigen Verhaltens,** also dass bei pflichtgemäßer Aufklärung der Schaden nicht eingetreten wäre, stRspr, BGH **61,** 118, **94,** 356 (Sachwalter), **123,** 114 (Prospekt, s auch Rn 35), NJW **79,** 1597 (Kreditauskunft), **83,** 1053 (Steuerberatung), **92,** 2560 (Anlagemodell), NJW **94,** 512, **95,** 1026, ZIP **09,** 864, **09,** 1264 (grundsätzlich bei allen Kapitalanlagen, auch bei unterlassener Aufklärung über Rückvergütungen), NJW **10,** 1079, 2507, 3294, WM **11,** 687 (Swap, DBk), NJW **12,** 2427, WM **12,** 1351 (auch bei Beratung von Rechtsanwälten), **13,** 689 (auch Wirtschaftsprüfertestat mit überholtem Stichtag), Ausnahme allenfalls bei hochspekulativen Geschäften, BGH **160,** 66, NJW **10,** 2507, WM **10,** 974, **12,** 1295; differenzierend Häuser WM **89,** 841. Das ist eine **echte Beweislastumkehr,** BGH **124,** 159 (XI ZS), NJW **12,** 2429, **13,** 3574 Rn 38, stRspr, BVerfG NJW **12,** 443, offen BGH WM **14,** 661 Rn 11 (II ZS), aA BGH **123,** 311 (IX ZS), daran für Rechts- und Steuerberaterhaftung festhaltend BGH NJW **14,** 2795, **15,** 3447 (IX ZS), Lang WM **00,** 467, Piekenbrock WM **12,** 439: bloßer Anscheinsbeweis; die frühere Rechtsprechung, dass die Vermutung nur gilt, wenn es für den anderen Teil vernünftigerweise **nur eine Reaktionsmöglichkeit** gab, BGH **123,** 314, **124,** 161, **160,** 64, NJW **94,** 2541 (Scheckbestätigung), WM **06,** 927 (Anwaltsrat), NJW **11,** 3227 (Rückvergütung), Kln DStR **14,** 1277, hat der XI ZS ausdrücklich **aufgegeben,** BGH NJW **12,** 2427 (dazu Wiechers WM **13,** 343) m zust Anm Schwab 3274, ZIP **16,** 2371, Heusel ZBB **12,** 461, Grund: besonderer Schutzzweck der Aufklärung, Entscheidungsfreiheit, Beweislastprobleme, Canaris FS Hadding **04,** 23, Möllers BrV **12,** 81, Bausch/Kohlmann BKW **12,** 410, aA BGH NJW **15,** 3447 (IX ZS) für Rechts- und Steuerberaterhaftung, Medicus FS Picker **10,** 627. Zu den relevanten Indizien für fehlende Kausalität BGH NJW **12,** 2432. Aufklärungsmangel und Vermutung können auch Folgegeschäfte erfassen, die nach gehöriger Aufklärung geschlossen werden, BGH NJW **93,** 2434. Keine Vermutung gilt für den Kausalzusammenhang im Übrigen, BGH NJW **88,** 200 (entgangener Vertragsschluss mit Dritten). Lit: Bruske 1994 (Bankrecht); H. Roth ZHR 154 **(90)** 513 (Bankrecht), Lang WM **00,** 450, Canaris FS Hadding **04,** 3, Diekmann WM **11,** 1153, Piekenbrock WM **12,** 429 (Kausalitätsbeweis), Wiechers WM **13,** 343, Bassler WM **13,** 544, H. Roth JZ **15,** 1081, Freitag ZBB **16,** 1.

G. **Freizeichnung:** Grenze grobe Fahrlässigkeit, **(5)** § 309 Nr 7b BGB; ausnahmsweise, zB bei vertragswesentlichen Pflichten, auch keine Freizeichnung für leichte Fahrlässigkeit, s oben Rn 7. Keine Freizeichnung auch für leichte Fahrlässigkeit bezüglich der aus einem gesetzlichen Schuldverhältnis (hier: Geschäftsverbindung) nach § 241 II BGB resultierenden Aufklärungs- und Warnpflichten, BGH WM **76,** 474, BB **78,** 1187, NJW **91,** 694 (Bausparzuteilungsprognose), sowie der Prospekthaftung, BGH NJW **02,** 1712, Grund: widerspricht der Aufgabe des Prospekts, die potentiellen Anleger verlässlich, umfassend und wahrheitsgemäß aufzuklären. Dahinter steht der Grundsatz, dass die Freizeichnung für **besondere Berufspflichten bei Vertrauensverhältnis** (aber nicht generell, 38

§ 347 38a, 39   4. Buch. Handelsgeschäfte

sondern je nach Beruf, Pflicht und Umständen; vgl Rn 22) nach **(5)** § 307 BGB unwirksam sein kann, Ul/Br/He/Fuchs § 307 BGB Rn 275, 244 ff. Keine Freizeichnung bei Garantieübernahme iSv § 276 I 1 BGB (zB bestimmter Mindestgewinn, Abschreibungsmöglichkeit), § 444 BGB (§ 349 Rn 15). Freizeichnung ist im gleichen Umfang auch bei Haftung aus Verschulden bei Vertragsverhandlungen und Vertrauenshaftung möglich (Einschränkung oder Beseitigung des Vertrauenstatbestands), aber nicht schon ohne Weiteres durch Freizeichnungsklausel im Prospekt. Haftungsbeschränkung der Wirtschaftsprüfer s **(2d)** AGB-WP Nr 9, Einl 3, zum Vorbehalt der schriftlichen Zustimmung zur Weitergabe **(2d)** AGB-WP Nr 7, Einl 4. Allgemein gegen jede Freizeichnung auch für leichte Fahrlässigkeit bei unrichtigem Rat Köndgen JZ **78**, 393, bei Verkehrspflichten auf Information Assmann, Prospekthaftung, 1985, S 371, Raeschke-Kessler WM **93**, 1838 (Hauptpflichten aus Beratungsvertrag).

Keine unzulässige Freizeichnung ist die geschäftliche Beschränkung auf gut informierte und erfahrene Anleger und Informationsbroschüren ohne individuelle Hinweise (Discount-Broker), s Rn 23. Ebenso ist bei der Vertrauenshaftung die Einschränkung oder Beseitigung des Vertrauenstatbestandes möglich.

38a   Freizeichnung ist auch bei **Dritthaftung** (s Rn 21) in den genannten Grenzen möglich. Bei Vertrag mit Schutzwirkung für Dritte ist sie mit Wirkung gegenüber dem Dritten möglich (Konsequenz der Ableitung aus dem Hauptvertrag). Bei selbstständiger Vertrauens- und Berufshaftung (s Rn 21–22) muss sie unmittelbar zwischen dem Vertrauenden und dem Haftenden erfolgen. Entscheidend ist die privatautonome **Gestaltung** des Vertrauenstatbestands bzw der Gewährübernahme (Gutachten, Expertise ua), zum einen was die inhaltlichen Aussagen angeht (Grundlagen und Umfang der Prüfung, Kennzeichnung übernommener Angaben und Wertansätze, Verwendungszweck, Adressatenkreis, Grenzen der Weitergabe an Dritte), M. Weber NZG **99**, 10 (Fixierung des Leistungsprogramms), H. Schneider ZHR 163 **(99)** 246 (266, Klausel in legal opinion), Koch WM **05**, 1208 (Vertrauenswerbung nur mit Bedingung), zum anderen auch durch eine darin enthaltene Freizeichnungsklausel. Diese letztere unterliegt den allgemeinen Schranken (§ 138 BGB, Inhaltskontrolle nach **(5)** §§ 307, 309 Nr 7 BGB), erstere Einschränkung dagegen nicht, Canaris ZHR 163 **(99)** 206 (230).

39   H. **Verjährung:** Der Auskunftsanspruch nach § 666 BGB verjährt nicht vor Ende des Auftragsverhältnisses, BGH **192**, 1, im Übrigen in 3 Jahren ab Geltendmachung (entspr §§ 604 V, 695 S 2, 696 S 3 BGB), hL. Ansprüche nach §§ 280, 311 II BGB aus Verschulden bei Vertragsverhandlungen sowie deliktische Ansprüche verjähren gemäß § 195 BGB in 3 Jahren, Fristbeginn und Höchstfristen gemäß § 199 BGB (Einl 16 vor § 343) separat für mehrere Beratungsfehler, BGH NJW **08**, 506 (V ZS), WM **11**, 874, **12**, 1589, NJW **15**, 2956; grobe Fahrlässigkeit iSv § 199 I Nr 2 BGB nicht schon mangels Kontrolle der Auskunft oder Lektüre des Prospekts, dies gegen bisherige OLGPraxis (Pflichtlektüre für Anleger), BGH NJW **10**, 3292m Anm Einsele JZ **11**, 100, WM **10**, 1690, Schlick WM **11**, 161, Langen NZG **11**, 94, Grund: primär Vertrauen in Anlagerat (ebenso bei Mitverschulden, s Rn 36), ebenso BGH NZG **11**, 68, nicht schon mangels Durchlesen des Zeichnungsscheins, BGH WM **17**, 799, keine Erkundigungspflicht des Anlegers nach Rückvergütung, BGH NZG **16**, 1150; vgl aber Celle NZG **16**, 1107 LS, 1350 LS (Beratungsprotokoll). Ausnahmsweise kann Rechtsunkenntnis des Gläubigers den Beginn hinausschieben: bei unsicherer und zweifelhafter Rechtslage, die selbst ein rechtskundiger Dritter nicht zuverlässig einschätzen kann, BGH WM **08**, 1078, NJW **14**, 3713 Rn 35, krit Herresthal FS Canaris II **17**, 898. Kürzere Verjährung für vertragliche Ansprüche (etwa nach §§ 438, 634a BGB) gilt bei enger Verknüpfung auch für Ansprüche nach §§ 280, 311 II BGB, BGH **88**, 130 (zu

1. Abschnitt. Allgemeine Vorschriften 40 § 347

§ 477 aF BGB; ob Rspr nach SMG daran festhält oder richtiger dreijährige Regelverjährung annimmt, bleibt abzuwarten, MüKoBGB/Emmerich § 311 Rn 214). Selbstständige Verjährung jedenfalls bei Beratung durch mit dem Verkäufer nicht identischen Hersteller, BGH **148,** 194. Beginn auch ohne Kenntnis der genauen Schadenshöhe, BGH ZIP **13,** 615 (Rückvergütung, s Rn. 30). Die Regelverjährung (§ 195 BGB) gilt auch für **Prospekthaftungsansprüche** gegen Personen, die unter Inanspruchnahme persönlichen Vertrauens (§ 311 III 2 BGB, aber nicht abschließend, vgl „insbesondere", gegen § 311 III BGB Assmann AG **04,** 444) oder aus eigenen wirtschaftlichen Interessen verhandelt haben, BGH **83,** 222, NJW **84,** 2524 (einfacher Anlageberater, anders Steuerberater), **85,** 381. Gegenüber anderen Garanten, die dem Geschädigten erst nach Vertragsschluss bekannt geworden sind, galt herkömmlich Verjährung von einem Jahr (seit 4. FinanzmarktFördG; vorher 6 Monate, so noch bisherige Rspr) ab Kenntnis von der Unrichtigkeit des Prospekts, höchstens aber von 3 Jahren seit Beitritt zur Ges (entsprechend inzwischen aufgehobenen börsen- und kapitalmarktrechtlichen Vorschriften, Einl 16 vor § 343), BGH **83,** 222, WM **08,** 726, NJW **10,** 1077; dabei blieb es auch nach dem SMG, Assmann AG **04,** 444, Assmann/Wagner NJW **05,** 3169, Grund: 4. FinanzmarktFördG als lex specialis et posterior, Spekulationsgefahr, str; nach Aufhebung der Sonderverjährungsfristen (Einl 16v § 343) dürfte diese Rspr überholt sein. Diese kurze Verjährung galt auch bei gesellschaftsrechtlicher Beteiligung an (geschlossenem) Immobilienfonds, BGH NJW **01,** 1203, **02,** 1711; aber nicht bei Bauherrnmodell, BGH **111,** 314, **115,** 213, NJW **01,** 1204, und Bauträgermodell, BGH **145,** 132, NJW **04,** 288. Mangelnde Lektüre des Prospekts ist nicht ohne Weiteres grob fahrlässig iSv § 199 I Nr 2 BGB, BGH NJW **11,** 3573. Kontrolle von Verjährungsklauseln in Emissionsprospekten und GesVerträgen, BGH WM **12,** 1296, 1298; Zusatz, „soweit nicht zwingende Vorschriften (…) entgegenstehen", hilft nicht, da unverständlich und umgehend, BGH WM **15,** 2359. **Sonderverjährung** nach **(16)** WpHG aufgehoben, Druckenbrodt NJW **15,** 3749, Piekenbrock NJW **16,** 1350. Ansprüche gegen **Anwälte** und **Steuerberater** aus deren Berufstätigkeit (nicht als TreuhandKdtist, BGH NJW **06,** 2410, anders noch BGH **120,** 157) verjähren in 3 Jahren (§ 195 BGB; § 51b BRAO, § 68 StBerG aufgehoben durch VerjährungsanpassungsG 2004, Einl 16 vor § 343), **Sekundärhaftung** s Rn 30; ebenso Ansprüche gegen **Wirtschaftsprüfer** (seit 2004 § 195 BGB; § 323 VaF HGB, § 51a WPO aufgehoben, s dort Rn 12), noch zur aF BGH NJW **04,** 3420. Verkürzung auf 1 Jahr bei Treuhänder verstößt gegen **(5)** § 307 BGB, BGH **97,** 25, auch sonst strenge AGB-Kontrolle trotz § 202 BGB, vgl aber Ffm NJW **12,** 2975. Lit: Nobbe ZBB **09,** 93 (Verjährung im Bank- und Kapitalmarktrecht), Stackmann NJW **12,** 2913 (Bankgewerbe). **Rechtsprechungsänderungen:** Bei solchen, die zu Rückzahlungsansprüchen der Kunden führen können, ist die Rspr zu deren Gunsten sehr großzügig, vgl für die Änderung zu laufzeitabhängigen Bearbeitungsgebühren **(7)** Bankgeschäfte Rn G/4. Darauf müssen sich Banken auch bei Auskunft, Beratung und Offenlegung einstellen. Lit: Nobbe WM **16,** 289, 337. **RsprÜbersicht:** Wiechers/Henning WM Sonderbei 4/**15,** 22, Grüneberg BKR **15,** 485, Harnos ZBB **15,** 176, Schlick WM **16,** 241.

J. Gerichtsstand: §§ 22, 32 ZPO, BGH **76,** 231, WM **80,** 825; praktisch **40** wichtiger, ausschließlicher Gerichtsstand bei fehlerhaften öffentlichen Kapitalmarktinformationen, § 32b I ZPO, einerlei ob mit oder ohne Prospekt, BGH NJW **16,** 1178, Korth/Kroymann/Suilmann NJW **16,** 1130. § 32b I 1 Nr 1, 2 ZPO bei fehlerhafter Anlageberatung; bei Nr 2 (nicht auch Nr 1) nur, wenn Emittent so mitverklagt sind, sonst nur außervertragliche Anspruchsgrundlagen, BGH WM **13,** 1643, **17,** 231, Hamm NJW-RR **13,** 1451, Mü NZG **13,** 995, Hamm NZG **15,** 957 LS, KG WM **15,** 1844, Thole AG **13,** 913, vgl Cuypers WM **07,** 1446. Vorrang vor § 14 UWG, Götz ZIP **16,** 351.

§ 348

5) Internationaler Verkehr

41 Ein Auskunftsvertrag unterliegt mangels Rechtswahl dem Recht des die Auskunft Erteilenden (Art 4 Rom I-VO); ein Auskunftsanspruch folgt dem Recht des Hauptanspruchs, Reithmann/Martiny/Martiny Rz 3.145. Die Beziehungen zwischen Bank und Kunden unterliegen idR dem Recht am Sitz der kontoführenden Bank. Das folgt bei deutschen Banken kraft Rechtswahl nach **(8)** AGB-Banken Nr 6 I (s dort Rn 1). Zum IPR bei Bankgeschäften **(7)** Bankgeschäfte Rn A/60. Vertragliche Aufklärungs- und Beratungspflichten folgen dem Vertragsstatut (Art 3, 4 Rom I-VO). Ansprüche aus Verschulden bei Vertragsverhandlungen werden ebenfalls dem Statut des angebahnten Vertrages unterstellt (Art 12 Rom II-VO mit Erwägungsgrund 30, s **(7)** Bankgeschäfte Rn A/60), Reithmann/Martiny/Martiny Rz 4.39, 4.46, so schon früher üL, vgl BGH NJW **87**, 1141, Ffm IPRax **86**, 377, differenzierend Scheffler IPRax **95**, 21, str, aA Dörner JR **87**, 203: Art 31 II EGBGB analog, aA (vgl Rn 22, Abhängigmachen von der jeweiligen dogmatischen Einordnung ist unbefriedigend) deliktische Anknüpfung, Mü WM **83**, 1094, Canaris 2. FS Larenz **83**, 109, Mankowski RIW **94**, 424, Scheffler IPRax **95**, 20, vgl EuGH NJW **02**, 3159 (Haftung wegen Abbruch von Vertragsverhandlung deliktisch, zu EuGVÜ). Die Sachwalterhaftung eines vertragsfremden Dritten unterliegt dem Deliktsstatut, Ffm IPRax **86**, 378, Kreuzer IPRax **88**, 20, aA Recht seines gewöhnlichen Aufenthalts, Dörner JR **87**, 202. Deliktische Ansprüche, zB aus § 826 BGB, richten sich nach dem Deliktsstatut (Tatort, also Handlungs- sowie Erfolgsort). Lit: Reithmann/Martiny/Martiny Rz 4.46; Vortmann WM **93**, 581.

[Vertragsstrafe]

348 Eine Vertragsstrafe, die von einem Kaufmann im Betriebe seines Handelsgewerbes versprochen ist, kann nicht auf Grund der Vorschriften des § 343 des Bürgerlichen Gesetzbuchs herabgesetzt werden.

Übersicht

	Rn
1) Vertragsstrafe nach §§ 339–343 BGB	1–4
A. Vertragsstrafe	1
B. Unwirksames Vertragsstrafeversprechen	2
C. Verwirkung der Vertragsstrafe (§ 339 BGB)	3
D. Herabsetzung der Vertragsstrafe (§ 343 BGB)	4
2) Vertragsstrafe im unternehmerischen und kaufmännischen Verkehr	5–7
A. AGBKontrolle von Vertragsstrafen im unternehmerischen Verkehr (§§ 309 Nr 6, 310 I 1 BGB)	5
B. Keine Herabsetzung der Vertragsstrafe im kaufmännischen Verkehr (§ 348)	6
3) Ähnliche Rechtsfiguren	8–11
A. Draufgabe	8
B. Reugeld	9
C. Verfallklausel (kassatorische Klausel)	10
D. Pauschalierter Schadensersatz	11

1) Vertragsstrafe nach §§ 339–343 BGB

1 **A. Vertragsstrafe:** Die Vertragsstrafe soll in erster Linie von Verletzung vertraglicher Pflichten abschrecken (Druckmittel) und in zweiter Linie im Fall der Verletzung dem Gläubiger die Schadloshaltung ohne Einzelnachweis eröffnen (Kompensationsfunktion), BGH **85**, 313, **105**, 27, **153**, 324. Strafversprechen ohne Schadenspauschalierungsfunktion ist keine Vertragsstrafe, sondern Garantie, s § 349 Rn 19. Vertragsstrafe in AGB s **(5)** § 309 Nr 6 BGB, für Unternehmer s

1. Abschnitt. Allgemeine Vorschriften   2–5   § 348

Rn 5. Die Folgen vertraglicher Strafversprechen regeln (weitgehend nachgiebig) §§ 339–345 BGB. Sie unterscheiden: (1) Strafe für Nichterfüllung, zu fordern statt der Erfüllung, § 340 BGB; (2) Strafe für nicht gehörige Erfüllung, zu fordern neben der Erfüllung, § 341; bei Annahme der Erfüllung ist Vorbehalt der Strafe nötig, § 341 III BGB, BGH **73**, 243, auch bei vorheriger Aufrechnung mit Vertragsstrafeanspruch, BGH **85**, 240. Bei Unterlassungspflichten hängt, ob (1) oder (2) gegeben ist, davon ab, ob die Strafe das Interesse an der gesamten Unterlassung oder nur das Interesse am Unterbleiben der einzelnen Zuwiderhandlungen decken soll, RG **70**, 439, stRspr. Fortsetzungszusammenhang bei Vertragsstrafeversprechen, BGH **121**, 13. Lit: Lindacher 1972; Bötticher ZfA **70**, 1, Komm zu §§ 336 ff BGB.

B. **Unwirksames Vertragsstrafeversprechen:** Das Strafgedinge kann sittenwidrig sein (zB als Knebelung oder Ausnutzung einer Notlage), daher nichtig, § 138 BGB. Die Strafforderung aus wirksamer Vereinbarung kann im Einzelfall gegen Treu und Glauben (§ 242 BGB) verstoßen, zB bei Geringfügigkeit der Pflichtverletzung oder ihrer Folgen, RG JW **23**, 825, **152,** 260, Celle BB **63**, 116, Karlsr BB **67**, 1181. Das Strafversprechen ist unwirksam, wenn die Voraussetzungen der Verwirkung der Strafe nicht hinreichend bestimmt oder durch Auslegung (§§ 133, 157 BGB) bestimmbar sind, BGH WM **75**, 470. Die Festsetzung der Vertragsstrafe kann den Parteien oder Dritten (§ 317 I BGB), aber nicht von vornherein dem Gericht überlassen werden, BGH BB **78**, 12, **81**, 302. 2

C. **Verwirkung der Vertragsstrafe (§ 339 BGB):** Die Vertragsstrafe verfällt iZw nur bei Zuwiderhandlung, die Schuldner **zu vertreten** hat, anderes kann (im Rahmen der §§ 138, 242 BGB) vereinbart werden; vgl § 339 S 1 iVm § 285 BGB; BGH **82**, 402, NJW **72**, 1893. Das gilt auch bei Unterlassungsschuld, BGH WM **72**, 1277. Vgl auch Rn 10–11. 3

D. **Herabsetzung der Vertragsstrafe (§ 343 BGB):** Eine verwirkte unverhältnismäßig hohe Strafe kann, unabdingbar, durch Urteil auf Antrag des Strafschuldners (nicht von Amts wegen) angemessen herabgesetzt werden (§ 343 BGB), BGH NJW **84**, 921 (iErg nein für DM 50000 für jeden Vertreterabwerbungsversuch). § 343 BGB beschränkt nicht die AGBKontrolle, BGH **85**, 314. 4

BGB 343 [Herabsetzung der Strafe]

(1) Ist eine verwirkte Strafe unverhältnismäßig hoch, so kann sie auf Antrag des Schuldners durch Urteil auf den angemessenen Betrag herabgesetzt werden. Bei der Beurteilung der Angemessenheit ist jedes berechtigte Interesse des Gläubigers, nicht bloß das Vermögensinteresse, in Betracht zu ziehen. Nach der Entrichtung der Strafe ist die Herabsetzung ausgeschlossen.

§ 343 BGB wird **durch § 348** im kfm Verkehr **verdrängt** (s Rn 6).

2) Vertragsstrafe im unternehmerischen und kaufmännischen Verkehr

A. **AGBKontrolle von Vertragsstrafen im unternehmerischen Verkehr (§§ 309 Nr 6, 310 I 1 BGB):** Vertragsstrafen sind im unternehmerischen (früher: kfm) Verkehr ein wesentliches Mittel, den Schuldner von der Verletzung vertraglicher Pflichten abzuschrecken und (in zweiter Linie) dem Gläubiger die Schadloshaltung zu erleichtern; zumal für Unterlassungspflichten bieten häufig nur Vertragsstrafen wirksamen Schutz. Das starre Verbot von **(5)** § 309 Nr 6 BGB gilt deshalb nicht über **(5)** § 307 BGB für Unternehmer (s **(5)** § 310 I 1 iVm § 14 BGB), BGH NJW **81**, 1509, **85**, 56, Ul/Br/He/Fuchs § 309 Nr 6 BGB Rn 35, hL. Aber Vertragsstrafe in VertragshändlerAGB mit Einheitsbetrag für jegliche Vertragsverletzung des Händlers, ohne nach Art, Gewicht und Dauer des Verstoßes zu differenzieren, ist unwirksam, wenn nicht der Betrag auch angesichts des typischerweise geringsten Verstoßes angemessen ist, BGH NJW **97**, 3233; Besonderheiten bei wettbewerbs- oder schutzrechtlich veranlasstem 5

§ 348 6, 7   4. Buch. Handelsgeschäfte

Vertragsstrafeversprechen, BGH NJW **14**, 2180. Ein Vertragsstrafeversprechen verstößt nicht gegen (5) § 307 BGB, wenn die Strafe ihrer Höhe nach in einem angemessenen Verhältnis zum Gewicht des Verstoßes und zu dessen Folgen für den
Vertragspartner steht, so wenn die Höhe der Vertragsstrafe durch den Umfang der zu sichernden geschuldeten Leistung nach oben begrenzt wird, BGH **141**, 397, NJW **98**, 2600. Aber Verbot der Kumulation von Schadensersatz und Vertragsstrafe gilt auch unter Unternehmern, BGH NJW **85**, 56, Ul/Br/He/Fuchs § 309 Nr 5 BGB Rn 16a, 35 (für Ausnahmen), Nr 6 Rn 39, 30; Anrechnung aber nur, soweit Interessenidentität besteht, BGH NJW **08**, 2849. Vorfälligkeitsklausel auch für unverschuldeten Zahlungsrückstand ist auch im unternehmerischen Verkehr unwirksam, BGH **96**, 182; nur ausnahmsweise, so bei gewichtigen Umständen, ist auch verschuldensunabhängige Vertragsstrafe in AGB wirksam, BGH **72**, 178, **141**, 397. Strafgelder für die Beteiligung an wettbewerbsbeschränkenden Preisabsprachen s BGH **105**, 24 und mit anderer Begründung BGH **131**, 356, vgl krit Ul/Br/He/Fuchs § 309 Nr 6 BGB Rn 38. Überhöhte Vertragsstrafen (zB täglich 1%, keine Herabsetzung wegen § 348) verstoßen gegen § 307 BGB, BGH **95**, 310, **153**, 311 (über 5% der Bauauftragssumme), krit v Gehlen NJW **03**, 2961; bei Zwischenfristen nicht Gesamtauftragssumme, BGH NJW **13**, 1362. Vertragsstrafe in Prozentsatz der Auftragssumme muss auch unter Unternehmern eine zeitliche Beschränkung, BGH **85**, 313, und eine Obergrenze enthalten, BGH WM **88**, 170, **89**, 449. Vorbehalt der Strafe (§ 341 III BGB) ist auch unter Unternehmern nicht völlig abdingbar, str; aber formularmäßige Ausübung genügt, BGH NJW **87**, 380.

6 **B. Keine Herabsetzung der Vertragsstrafe im kaufmännischen Verkehr (§ 348):** § 348 ist eine Sondervorschrift zu § 343 BGB (s Rn 4). Sie hat wegen der weitreichenden AGBKontrolle auch im unternehmerischen Verkehr **kaum mehr Bedeutung**, s Rn 5 und BGH NJW **97**, 3233.

a) § 348 gilt für die **Kaufleute** nach §§ 1–3, 5, auch für RechtsscheinKfm (§ 5 Rn 9–16), str, offen BGH **5**, 135 (wer Rechte oder Ansehen des Kfm beansprucht, muss seine Pflichten tragen). § 348 betrifft nur Individualvereinbarung, steht AGBKontrolle nicht entgegen, BGH **85**, 315, s Rn 5. Maßgebender Zeitpunkt ist Abgabe des Versprechens, nicht Verwirkung, BGH **3**, 193. Grundsätzlich gleich bleibt, ob der Berechtigte Kfm ist. UU ist entspr § 348 auch dem NichtKfm die Herabsetzung nach § 343 BGB zu versagen, BGH **5**, 136: gegenseitige Vertragsstrafevereinbarung zwischen GmbHGftern (NichtKflten) und EinzelKfm betr Geschäfte der GmbH.

b) Das Versprechen muss ferner im Betrieb des HdlGewerbes erfolgen, also **Handelsgeschäft** sein. Die Vermutung des § 344 gilt auch für Strafversprechen, RG HRR **32**, 1645.

7 **c)** § 348 schließt nur Herabsetzung nach § 343 BGB aus; unberührt bleiben **Unwirksamkeit** nach § 138 BGB (s Rn 2); nach § 242 BGB, aber nur bis zu dessen Eingreifensgrenze, BGH NJW **09**, 1882; Verstoß gegen (5) §§ 307, 309 Nr 6 BGB s Rn 5. Ebensowenig hindert § 348 Anspruch auf Herabsetzung (uU auch Rücktrittsrecht) nach § 313 BGB wegen Störung der **Geschäftsgrundlage,** zB nach Aufklärung erheblicher (beiderseitiger, für die Höhevereinbarung ursächlicher) Überbewertung des Vertragsgegenstandes, BGH NJW **54**, 998 (Vertrag über ein Ausbeutungsrecht), Karlsr BB **67**, 1181. Ebenso uU, wenn der Verstoß infolge Änderung der Situation (zwar nicht ganz unwesentlich, vgl Rn 2, aber) von geringerem Gewicht erscheint, als die Parteien (mindestens) voraussetzten, Karlsr BB **67**, 1181 (vertragswidrige Kündigung durch Werbeleiter, HdlVertreter, nach Wegfall der Werbeorganisation).

1. Abschnitt. Allgemeine Vorschriften § 349

3) Ähnliche Rechtsfiguren

A. Draufgabe (§§ 336–338 BGB) ist Zeichen des Vertragsschlusses (§ 336 I 8 BGB), sie ist bei Aufhebung des Vertrags idR zurückzugeben (§§ 337 II, 338 S 1 BGB), uU auch bei Vertragserfüllung (§ 337 I BGB) und bei Leistung von Schadensersatz wegen Nichterfüllung (§ 338 S 2 BGB, seit SMG: Schadensersatz statt der Leistung, §§ 280 III, 281 ff BGB). Ihre Rückgabe ist nicht Strafe, sondern hindert nur ungerechtfertigte Bereicherung.

B. Reugeld ist Zahlung, durch die sich ein Vertragsteil von einer Vertrags- 9 pflicht befreien darf. Sie ist keine Strafe für Pflichtverstoß und wird nicht geschuldet. Auslegungsfrage ist, ob der Vertrag x DM Strafe für Verletzung einer Vertragspflicht (zB Unterlassungspflicht) festsetzt oder das abweichende Verhalten erlaubt, falls Schuldner x DM Reugeld zahlt. Vgl für Maklerallemauftrag § 93 Rn 66. Draufgabe (s Rn 8) gilt iZw nicht als Reugeld (§ 336 II BGB).

C. Verfallklausel (kassatorische Klausel) ist der Vertragsstrafe eng verwandt, 10 sie sieht Rechtsverlust des Schuldners bei Pflichtverletzung vor; sie ist iZw nur bei Verschulden anwendbar, RG **145,** 31, und kann vom Richter bei Teilbarkeit des verwirkten Rechts entspr § 343 BGB (also nicht für Kflte, § 348) abgeschwächt werden; bei Verlustigerklärung der gesamten Vertragsrechte ist sie als Rücktrittsvorbehalt für den anderen Teil, nicht als automatischer Wegfall des Vertrags auszulegen, § 354 BGB. Einschränkungen durch **(5)** §§ 307, 308 Nr 7 BGB.

D. Pauschalierter Schadensersatz (bei Vertragsverstoß) ist der Vertragsstrafe 11 ähnlich. Er ist nicht herabsetzbar nach § 343 BGB. Schadenspauschalierung ist nur anzunehmen, wenn wirklich Ersatz von Schäden, nicht in erster Linie Druck auf Vertragserfüllung bezweckt ist (s Rn 1), zB bei bestimmten Leistungspflichten aus Kaufverträgen. Zur Abgrenzung BGH **49,** 89, NJW **92,** 2625. AGB s **(5)** §§ 307, 309 Nr 5 BGB.

[Keine Einrede der Vorausklage]

349 ¹Dem Bürgen steht, wenn die Bürgschaft für ihn ein Handelsgeschäft ist, die Einrede der Vorausklage nicht zu. ²Das gleiche gilt unter der bezeichneten Voraussetzung für denjenigen, welcher aus einem Kreditauftrag als Bürge haftet.

Schrifttum

Komm zu §§ 765 ff BGB. **RsprÜbersichten** (Bürgschaft): *Merz* WM **77,** 1270, **80,** 230, **82,** 174, **84,** 1141, **88,** 241; *Rehbein* FS Werner **84,** 697; *Tiedtke* ZIP **86,** 69, **90,** 413, **95,** 521, **01,** 1015, NJW **03,** 1359, **05,** 2498; *P. Bydlinski* WM **92,** 1301; *Pape* NJW **95,** 1006, **96,** 887, **97,** 980; *Kreft* WM Sonderbeil 5/**97,** *G. Fischer* WM **98,** 1705, 1749, **01,** 1049, 1093, *Graf von Westphalen* NJW **03,** 1982, *Wassermann* Bankrechtstag **04,** 85, *Grüneberg* WM Sonderbeil 2/**10,** 3/**15.**

Übersicht

	Rn
1) Übersicht	1
2) Bürgschaft und Kreditauftrag nach BGB	2–11
A. Begriff der Bürgschaft	2
B. Arten der Bürgschaft	3
C. Kreditauftrag	11
3) Wegfall der Einrede der Vorausklage	12
4) Verwandte Rechtsfiguren	13–22
A. Mithaftung als Vertragsteil	13
B. Schuld(mit)übernahme	14

§ 349 1–3   4. Buch. Handelsgeschäfte

	Rn
C. Garantien und garantieähnliche Formen	15
D. Wechselbürgschaft (Aval)	21
E. Patronatserklärungen	22
5) Internationaler Verkehr	23

1) Übersicht

1   **§ 349 beseitigt** für die HdlBürgschaft des Kfm die **Einrede der Vorausklage** (§§ 771–773 BGB); S 2 stellt klar, dass dies auch für den aus Kreditauftrag (nach § 778 BGB) wie ein Bürge haftenden Kfm gilt; § 350 macht die HdlBürgschaft des Kfm **formfrei**. Weitere Besonderheiten für die HdlBürgschaft kennt das HGB nicht. Es gelten auch für sie §§ 765–777 BGB, beim Kfm mit Ausnahme von §§ 766, 771 BGB.

2) Bürgschaft und Kreditauftrag nach BGB

2   A. **Begriff der Bürgschaft.** Bürgschaft ist ein Vertrag, durch den der Bürge gegenüber dem Gläubiger eines Dritten das Einstehen für die Verbindlichkeit des Dritten (Hauptschuld) übernimmt, § 765 BGB. Das **Schriftformerfordernis** (§ 766 S 1 BGB) gilt für alle wesentlichen Teile einer Bürgschaftserklärung. Sie muss den Willen erkennen lassen, für eine fremde Schuld einzustehen, und die Bezeichnung von Gläubiger, Hauptschuldner und verbürgter Hauptforderung enthalten; möglich bleibt Auslegung einer unklaren oder mehrdeutigen Formulierung unter Rückgriff auf Anhaltspunkte in der Urkunde, BGH NJW **95**, 959, **00**, 1569. Nicht durch Auslegung zu beseitigende Unklarheiten gehen zu Lasten des Gläubigers, BGH **76**, 187, NJW **95**, 959. Eine formbedürftige Bürgschaft kann nicht durch Leistung einer Blankounterschrift und mündliche Ermächtigung eines anderen, die Urkunde zu ergänzen, wirksam erteilt werden (aber Schutz gutgläubiger Dritter analog § 172 II BGB), BGH **132**, 119, NJW **00**, 1179. Die Bürgschaft ist in Bestand und Umfang von der Hauptforderung gegen den Dritten abhängig (**Akzessorietät**, §§ 767, 768 BGB). Hauptforderung und Bürgschaftsforderung können nicht unterschiedliche Inhaber haben (Gläubigeridentität); isolierte Abtretung der Hauptforderung lässt Bürgschaft erlöschen, isolierte Abtretung der Bürgschaftsforderung ist unwirksam, BGH **115**, 177. Vertragserfüllungsbürgschaft ist auch bei unwirksamem Verzicht auf § 768 BGB wirksam, BGH NJW **09**, 1664. Akzessorietät bei Prozessbürgschaft, BGH **163**, 59. Verhandlungen zwischen Hauptschuldner und Gläubiger hemmen auch Verjährung gegenüber dem Bürgen, BGH ZIP **09**, 1608. Der Bürgschaftsvertrag kann zwischen dem Bürgen und einem Dritten zugunsten des Gläubigers der Hauptforderung geschlossen werden (§ 328 BGB), BGH NJW **01**, 3327. Die Beendigung einer zahlungsunfähigen HdlGes führt nicht zum Erlöschen der für eine ihrer Verbindlichkeiten gegebenen Bürgschaft, vielmehr verselbstständigt sich die Bürgschaftsforderung und wird abtretbar; BGH **82**, 323. Bürgschaft für KG gilt weiter, wenn nur ein Gfter verbleibt und Schulden der KG ihm zuwachsen, erfasst aber nicht neue von ihm nunmehr als EinzelKfm begründete Schulden, BGH NJW **93**, 1917. Warnpflicht gegenüber dem Bürgen s **(7)** Bankgeschäfte Rn A/25. Devisensperre s **(7)** Bankgeschäfte Rn N/2. Freigabe und Rückgabe von Sicherheiten, BGH NJW **15**, 1952.

B. **Arten der Bürgschaft** sind insbesondere:

3   a) die **selbstschuldnerische;** bei ihr entfällt die Einrede der Vorausklage, § 773 I Nr 1 BGB; auch der selbstschuldnerische Bürge kann sich auf Verjährung der Hauptschuld berufen, wenn auch diese erst nach Erhebung der Bürgschaftsklage eintritt, BGH **76**, 222. Die Bürgschaftsforderung wird grundsätzlich ohne Mahnung zusammen mit der Hauptschud fällig, BGH **175**, 161, ZIP **11**, 559.

1. Abschnitt. Allgemeine Vorschriften 4 § 349

b) Kreditbürgschaft für einen dem Schuldner, namentlich von einer Bank, zu gewährenden Kredit (Begriff s **(7)** Bankgeschäfte Rn G/1). Auslegung einer Prozessbürgschaft, BGH **158**, 286. AGB über Erstreckung der Bürgschaft auf alle, auch künftige Ansprüche aus der Bankverbindung ist unwirksam (Verbot der Fremddisposition, arg e § 767 I 3 BGB, **(5)** § 307 BGB) BGH **130**, 19 (IX ZS, Aufgabe von BGH NJW **85**, 848 ua), üL, grundsätzlich auch gegenüber Kflten (außer Banken und Versicherungen), BGH NJW **98**, 3708; auch AGB über Erstreckung auf alle bestehenden Ansprüche ohne nähere Bezeichnung der verbürgten Forderungen, BGH **143**, 95, selbst bei Höchstbetragsbürgschaft (anders gruppentypisch bei Bürgschaft von Geschäftsführern oder Gftern für ihre Ges), BGH **143**, 100; Teilbarkeit der Klausel ohne Gesamtnichtigkeit, BGH **137**, 153; Rückwirkung der Rspr, BGH **132**, 6, 119; Unwirksamkeit der Haftungserstreckung auf Zinsen, Provisionen, Kosten über vereinbarten Höchstbetrag hinaus, BGH **151**, 374. AGB ist zugleich überraschend iSv **(5)** § 305c I BGB, wenn die Bürgschaft über den Anlass des Sicherungsvertrags hinausgeht (sog AnlassRspr), zB bei Tilgungsdarlehen, BGH **126**, 174, über das Limit eines Kontokorrentkredits hinaus (für Kdtisten, nicht für Geschäftsführer oder MehrheitsGfter der Hauptschuldnerin), BGH **130**, 19, 30, **142**, 216. Verstoß gegen das Transparenzgebot (**(5)** § 307 I 2 BGB) bei Erstreckung der Bürgschaft auf alle bestehenden Ansprüche gegen den Hauptschuldner, wenn diese nicht näher bezeichnet werden, BGH **143**, 95. Kinder-, Ehegatten- bzw Verwandtenbürgschaft und -mitverpflichtung s **(7)** Bankgeschäfte Rn G/8, G/10, G/10a–c. Eine einseitige, wenngleich für den Gläubiger erkennbare Erwartung des Bürgen über die Weiterentwicklung des Kreditverhältnisses ist nicht Geschäftsgrundlage der Bürgschaft, BGH NJW **83**, 1850. Wird das Darlehen nachträglich verlängert oder sonst modifiziert, wird der ursprüngliche Darlehensvertrag iZw nicht ersetzt, Grund: Schuldumschaffung ist wegen der damit verbundenen Aufgabe von Sicherheiten (auch Bürgschaft) iZw nicht gewollt, BGH NJW **99**, 3708, **00**, 2580. Bei (iZw anzunehmender) bloßer Vertragsänderung erlischt die Bürgschaft nicht, aber Schutz des Bürgen nach § 767 I 3 BGB; Bürgschaft bleibt also unberührt, soweit sich die Lage des Bürgen nicht verschlechtert, RG **126**, 289, anders zB bei Änderung der Tilgungsbedingungen, BGH NJW **80**, 2412, **00**, 2580: zu Prolongationskredit BGH **142**, 220. Die Kreditbürgschaft sichert auch den Gesamtrechtsnachfolger des Kreditgebers, der das Kreditverhältnis fortsetzt (Vereinigung zweier Sparkassen), BGH **77**, 167; nicht aber ohne Weiteres den rechtsgeschäftlichen Nachfolger (Grund: §§ 401, 766 BGB), BGH **26**, 142. Avalkreditvertrag (s **(7)** Bankgeschäfte Rn G/27) zwischen Hauptschuldner und Bank ist idR kein Bürgschaftsvertrag zugunsten des Gläubigers (§ 328 BGB), BGH WM **84**, 786. Formularmäßiges Hinausschieben des Forderungsübergangs (§ 774 BGB) bis zur Befriedigung aller Ansprüche der Bank gegen Hauptschuldner ist wirksam, wenn Bürgschaft auch diese sichert, Bürgenzahlungen sind solange nur Sicherheitsleistung, BGH **92**, 374, NJW **01**, 2330. Unwirksam ist formularmäßiger Verzicht des Kreditbürgen gegenüber Bank auf die Einrede der Aufrechenbarkeit (§ 770 II BGB) bei unbestrittener oder rechtskräftig festgestellter Gegenforderung, BGH **153**, 293, anders noch BGH **95**, 350, entsprechend wohl für Einrede der Anfechtbarkeit (§ 770 I BGB); für Einrede der Aufrechenbarkeit genügt es, wenn nur der Gläubiger (nicht mehr der Hauptschuldner) aufrechnen kann, BGH **153**, 301. Einwand der (bereits erfolgten) Aufrechnung bleibt immer möglich, BGH NJW **02**, 2867. Unwirksam sind Klauseln über Beseitigung der Akzessorietät, zB Haftung trotz erfolgter Anfechtung des Hauptschuldners, BGH **95**, 350, über generellen Ausschluss der Einreden aus § 768 BGB, BGH **147**, 99, WM **09**, 643, NJW **09**, 3422, über generellen Verzicht auf die Rechte aus § 776 BGB, BGH **144**, 52, NJW **00**, 2580, **02**, 295, zu § 776 BGB BGH NJW **13**, 2508, G. Müller WM **14**, 869, Derleder NJW **15**, 817. Bürgschaft für Kontokorrentschuld s § 356 Rn 3. Kreditbürgschaft sichert nicht Forderungen, die die Bank nach Eröffnung

§ 349 5, 6 4. Buch. Handelsgeschäfte

des Insolvenzverfahrens über das Vermögen des Schuldners von Dritten erwirbt, BGH NJW **79**, 2040; kann aber (etwa bei fehlender Risikoerhöhung oder bei Eigeninteresse des Bürgen) auch ohne ausdrückliche Vereinbarung den Bereicherungsanspruch bei Nichtigkeit der Darlehensschuld (s **(7)** Bankgeschäfte Rn G/11) umfassen, Auslegungsfrage, BGH NJW **80**, 1157, **87**, 2077, **92**, 1235, **01**, 1860: anders idR bei reiner Gefälligkeitsbürgschaft, Hamm NJW **87**, 2521. AGBVerpflichtung des Bürgen zur Leistung von Sicherheiten ist unwirksam (Personalsicherheit, s **(7)** Bankgeschäfte Rn H/1), BGH **92**, 295. Klausel über Fälligkeit der Bürgschaft erst nach Zahlungsaufforderung der Bank ist wirksam, BGH NJW **13**, 1803m Anm Peters NJW **13**, 2942. Eine auf unbestimmte Zeit eingegangene Bürgschaft ist kündbar, nach Ablauf eines gewissen Zeitraums oder gemäß § 314 BGB aus (besonders) wichtigem Grund, aber idR nur unter angemessener Frist, BGH NJW **85**, 3008, zB wenn Gfter-Bürge aus Ges ausscheidet, BGH NJW **86**, 252. Störung der Geschäftsgrundlage (§ 313 BGB) nur in seltenen Ausnahmefällen BGH NJW **87**, 1629. Zulässige Verjährungsverlängerung, BGH ZIP **15**, 1332. MaBV-Bürgschaft s § 93 Rn 3. Lit: über AGBKontrolle bei Bürgschaft Förster WM **10**, 1677, Ul/Br/He/Fuchs (15) Bürgschaftsverträge Rn 1 ff; Wo/Li/Pf/H. Schmidt Bürgschaft B 351 ff.

5 **c) Zeitbürgschaft:** Gewollt ist entweder Endtermin (§ 163 BGB) für Inanspruchnahme des Bürgen (Zeitbürgschaft, § 777 BGB), BGH **76**, 81, **91**, 349, oder unbefristete Bürgschaft für alle bis zum Endtermin entstehenden Forderungen, zB zeitlich begrenzte Kontokorrentkreditbürgschaft, BGH NJW **88**, 908, Hamm NJW **90**, 54. Auslegung als Zeitbürgschaft, Ffm NJW **12**, 2736, gegen Zeitbürgschaft, Brdbg NJW **14**, 3793. Zeitbürgschaft mit fixem Endtermin unter Abbedingung des § 777 BGB s BGH **99**, 288, NJW **82**, 172. Bei Kontokorrentkredit bedeutet Befristung idR gegenständliche Begrenzung, BGH NJW **04**, 2233. Zeitbürgschaft und Insolvenzanfechtung, ZIP **15**, 1217. Lit: Brändel FS Werner **84**, 41.

6 **d) Bürgschaft auf erstes Anfordern:** Klausel „Zahlung auf erstes Anfordern" ist zwar Indiz für Garantie, jedenfalls im Außenhandel (s Rn 15–20 sowie **(7)** Bankgeschäfte Rn L/8), aber auch bei Bürgschaft möglich, BGH **74**, 244, **95**, 387, NJW **97**, 1435, WM **07**, 1609, st Rspr, aA Weth AcP **89 (89)** 303, auch zugunsten Dritter (§ 328 BGB), BGH NJW **03**, 2231. Sie kommt vor allem bei der Konzernfinanzierung (Einstehen für Töchter) und im Bankgeschäft (nicht im Inlandsgeschäft mit Verbrauchern) vor. Sicherungsabrede in AGB über Stellung einer Bürgschaft auf erstes Anfordern ist nach **(5)** § 307 BGB auch gegenüber Unternehmern unwirksam, BGH **150**, 299 (aber für Altfälle uU Vertragsergänzung dahin, dass einfache Bürgschaft geschuldet ist, BGH NJW **02**, 3098 für Vertragserfüllungsbürgschaft bei Bauvertrag, anders BGH **147**, 99, NJW **02**, 895 für Gewährleistungsbürgschaft). Individualabrede über Bürgschaft auf erstes Anfordern ist dagegen wirksam, BGH NJW **98**, 2280; aber Risikoaufklärung des nicht hinreichend vertrauten Vertragspartners, sonst Haftung nur aus einfacher Bürgschaft, BGH **143**, 381, NJW **98**, 2280; ebenso, wenn beiden Parteien die notwendige Rechtskenntnis fehlt. Die Hauptforderung braucht bei Inanspruchnahme des Bürgen nicht schlüssig dargelegt zu werden, BGH NJW **94**, 380. Einwendungen aus dem Hauptschuldverhältnis können (außer bei Missbrauch) erst in einem (idR nicht im Urkundenverfahren zu führenden, BGH **148**, 283) Rückforderungsprozess (§ 812 BGB,, BGH WM **89**, 709, 1496, für Vertragsanspruch, Hadding/Welter WM **15**, 1545, Beweislastverteilung str) geltend gemacht werden, BGH **140**, 49 (überhaupt nicht bei Garantie auf erstes Anfordern, **(7)** Bankgeschäfte Rn L/15), WM **07**, 1609, zB auch aus Urkunde nicht ersichtlicher, bestrittener Einwand zeitlicher Begrenzung, BGH NJW **85**, 1694, nicht schon im Nachverfahren des Urkundenprozesses, BGH ZIP **93**, 1851. Urkundenbeweis durch Aktenbeiziehung bleibt möglich, BGH NJW **98**, 2280. **Miss-**

1484 *Hopt*

1. Abschnitt. Allgemeine Vorschriften   7–11   § 349

brauchseinwand im Erstprozess ist nur ganz ausnahmsweise möglich, nämlich wenn offensichtlich (dh offen auf der Hand liegend oder zumindest liquide beweisbar) ist, dass der materielle Bürgschaftsfall nicht eingetreten oder die Bürgschaft ohne Rechtsgrund im Verhältnis zwischen Gläubiger und Hauptschuldner begeben worden ist (etwa: Sicherungsabrede ist unwirksam oder verlangt nur einfache Bürgschaft) BGH **147,** 102, NJW **96,** 717, **97,** 255, **02,** 1493, s **(7)** Bankgeschäfte Rn L/13. Dem Gläubiger obliegt schon im Erstprozess der Nachweis, dass die Bürgschaft nach den vorliegenden Urkunden und den unstreitigen Umständen den geltend gemachten Anspruch sichert; scheitert er mit diesen Beweismitteln, kann Klage aus einfacher Bürgschaft begründet sein, BGH NJW **99,** 2361. Das Recht, Zahlung auf erstes Anfordern zu verlangen, entfällt bei masseloser Insolvenz des Bürgschaftsgläubigers, Grund: kein weiteres Wirtschaften des Gläubigers zu erwarten, BGH **151,** 236 (aber Aufrechterhaltung als einfache Bürgschaft). **Rückforderung** des Bürgen vom Gläubiger trotz Fehlens der Voraussetzungen für erstes Anfordern nur nach normalem, materiellen Bürgschaftsrecht, ebenso des Hauptschuldners auf Grund der Sicherungsabrede, grundsätzlich auf Rückzahlung an den Bürgen, nach Erstattung auf Zahlung an sich selbst, BGH **152,** 246, **153,** 311, **154,** 378. Lit: Arnold 2008; Kopp 2008; Graf von Westphalen ZIP **04,** 1433 (AGBKontrolle), Karst NJW **04,** 2059, Nielsen BKR **04,** 491, H. Schmidt RIW **04,** 336 (grenzüberschreitend), G. Fischer WM **05,** 529 (Schutz vor Missbrauch), Oepen NJW **09,** 1110, Kopp WM **10,** 640 (gegen liquide Beweisbarkeit).

     e) **Ausfallbürgschaft** (Schadlosbürgschaft), BGH NJW **89,** 1855, **92,** 2629,   **7**
02, 2869, **12,** 1946, Mü WM **07,** 1786: Der Bürge haftet subsidiär, und zwar nur für den endgültigen Vollstreckungsverlust des Gläubigers. Hier muss der Gläubiger jede Zwangsvollstreckung versuchen; zur Klagebegründung gehört Darlegung des Ausfalls trotz sorgsamer Vollstreckung. Die Ausfallbürgschaft kann sich vertraglich auf die Bürgschaft mit einer bestimmten Sicherheit beschränken. Eine Bürgschaft kann auch in erster Linie eine derartige Ausfallbürgschaft sein, im Übrigen eine gewöhnliche oder gar selbstschuldnerische. Ausgleichsanspruch des Ausfallbürgen gegen den Regelbürgen, BGH NJW **12,** 1946. Kreditversicherung s Rn 18.

     f) **Rückbürgschaft:** Sie soll den Bürgen für den Fall sichern, dass er Gläubiger   **8**
des Hauptschuldners wird, also einstehen muss, BGH **73,** 94, **95,** 379, zum Umfang Ffm WM **12,** 544. Sie ist eine gewöhnliche bedingte Bürgschaft. Die Hauptschuld des Schuldners an den Gläubiger berührt den Rückbürgen nicht; ebenso wenig die Person des Gläubigers. Dem Rückbürgen steht die Einrede der Vorausklage gegen den Hauptschuldner zu, RG Recht **15** Beil 308.

     g) **Nachbürgschaft,** dh eine für den Bürgen geleistete Bürgschaft. Sie ver-   **9**
langt einen Vertrag zwischen Gläubiger und Nachbürgen; sie hängt vom Bestand der Hauptschuld ab; außerdem natürlich vom Bestand der Vorbürgschaft. Der Nachbürge hat auch die Einreden des Vorbürgen. Leistet der Nachbürge, so gehen entspr § 774 I BGB die Rechte des Gläubigers auf ihn über, nicht nur gegen den Hauptschuldner (so RG **83,** 343), sondern auch gegen den Vorbürgen (BGH **73,** 97).

     h) **Mitbürgschaft** mehrerer, §§ 769, 774 II, 426 BGB, BGH **83,** 206, **85,**   **10**
185, NJW **84,** 482, **87,** 374, **00,** 1034, Ffm ZIP **15,** 920 (Ausgleich).

     C. **Kreditauftrag** ist der Auftrag (§ 662 BGB), einem Dritten im eigenen   **11**
Namen und auf eigene Rechnung ein Darlehen oder eine Finanzierungshilfe zu gewähren, § 778 BGB. Für Abgrenzung von Kreditbürgschaft (Schriftform, außer nach § 350) ist vertraglich ein eigenes Interesse des Auftraggebers an der Kreditgewährung nötig, BGH **56,** 890; dann formlos gültig. Nach der Kreditgewährung haftet der Auftraggeber für die Verbindlichkeit des Dritten wie ein

§ 349 12–15
4. Buch. Handelsgeschäfte

Bürge (§ 778 BGB); Einrede der Vorausklage (außer nach § 349); BGH WM **84**, 423.

3) Wegfall der Einrede der Vorausklage

12 § 349 gilt nur für den Kfm; der Kfm als solcher haftet stets selbstschuldnerisch. Begriff des HdlGeschäfts s § 343; die Vermutung des § 344 gilt. Maßgebender Zeitpunkt ist die Übernahme der Bürgschaft, beim Kreditauftrag die Erteilung des Auftrags. Die schon begründete Einrede der Vorausklage geht nicht durch späteren Erwerb der KfmEigenschaft verloren; Verlust der KfmEigenschaft gibt die Einrede nicht. § 349 gilt auch für den Kfm kraft Eintragung (§ 5) und den RechtsscheinKfm (§ 5 Rn 9–17), Hbg JW **27**, 1109, str. § 349 ist nachgiebig, die selbstschuldnerische Haftung lässt sich abbedingen. Beweislast für die Eigenschaft als Kfm s § 1 Rn 25.

4) Verwandte Rechtsfiguren

13 A. Bei der **Mithaftung als Vertragsteil** besteht eine eigene Hauptschuld, so etwa wenn Eheleute zusammen kaufen. Zur Mitbestellerklausel in AGB s **(5)** §§ 307, 309 Nr 11 BGB, Ul/Br/He/Habersack § 309 Nr 11 BGB, auch unter Unternehmern, ebenda Rn 15; Ehegatten- bzw Verwandtenmithaftungsklauseln bei Kreditverträgen **(7)** Bankgeschäfte Rn G/8, G/10, G/10a–c. Zur zulässigen Delkrederehaftung § 86b.

14 B. Die **Schuld(mit)übernahme** kommt in zwei Formen vor:

a) befreiende Schuldübernahme, sie allein regelt das BGB in §§ 414 ff BGB; bei ihr tritt der Schuldübernehmer an die Stelle des Schuldners;

b) zusätzliche **(kumulative)** Schuldübernahme oder Schuldbeitritt; bei ihr tritt der Übernehmer neben den Schuldner als zweiter Schuldner. In beiden Fällen wird der Übernehmer formfrei Hauptschuldner, nicht Bürge. Schuldbeitritt ist nur bei unmittelbar eigenem wirtschaftlichen Interesse anzunehmen, sonst liegt iZw Bürgschaft vor, BGH WM **80**, 1286 (Schuldbeitritt des geschäftsführenden Gfter der insolvenzreifen GmbH). Umdeutung nichtigen Schuldbeitritts in selbstschuldnerische Bürgschaft (§ 140 BGB), BGH NJW **08**, 1070.

15 C. **Garantien und garantieähnliche Formen:**

a) Garantie nach § 443 BGB: Im Zusammenhang mit einem Kaufvertrag stehende Garantien sind in § 443 BGB idF VerbrRechteRiUmsetzG 20.9.13 geregelt, dazu Picht NJW **14**, 2609. § 443 I enthält eine Definition der diesbezüglichen Garantie des Verkäufers, des Herstellers (so ausdrücklich nF) oder eines sonstigen Dritten, nämlich Garantie für Beschaffenheit oder andere die Mängelfreiheit betreffende Anforderungen, die in der Erklärung oder einschlägigen Werbung beschrieben sind. Eine Definition der Haltbarkeitsgarantie findet sich in § 443 II. Die Garantie aus § 443 wurde früher auch im Gegensatz zur nicht mit einem Kauf im Zusammenhang stehenden, selbständigen Garantie (s Rn 16) auch als **unselbstständige** (dh die gesetzliche Mängelhaftung ergänzende) **Garantie** bezeichnet. § 443 nF BGB ist als „Garantie" (nicht mehr: Beschaffenheits- und Haltbarkeitsgarantie) überschrieben, weil die Richtlinie von „gewerblicher Garantie" spricht. Der Begriff Garantie wird auch in §§ 276 I 1, 442 I 2, 444 (Haftungsausschluss s Rn 20) und 445 verwendet, identische Begriffswahl ist möglich (RegE). Vgl auch § 639 BGB.

(1) Eine **Beschaffenheitsgarantie (§ 443 I Alt 1 BGB),** zumindest wie Eigenschaftszusicherung nach altem Recht, BGH NJW **07**, 1346, erweitert die gesetzliche Haftung für Sachmängel (§ 433 I 2 BGB) im Zeitpunkt des Gefahrübergangs, indem zusätzliche Ansprüche eingeräumt werden. Abgrenzung zur Beschaffenheitsangabe s BGH NJW **07**, 1346m Anm Gutzeit. Bei abweichender Beschaffenheit der Kaufsache (des Werks) trifft ihn dann, „soweit" die Garantie

1. Abschnitt. Allgemeine Vorschriften   16   § 349

reicht (klarstellend §§ 444, 639 BGB, wichtig für Unternehmenskauf, Einl 46b vor § 1) eine verschuldensunabhängige Einstandspflicht (insbesondere Erstattung des Kaufpreises, Austausch oder Nachbesserung der Ware sowie Erbringen von Dienstleistungen im Zusammenhang mit der Ware; auch Leistung von Schadensersatz). (2) Eine **Garantie für andere als die Mängelfreiheit betreffende Anforderungen** (§ 443 I Alt 2 BGB) bezieht sich auf den Eintritt oder Nichteintritt von außerhalb der Eigenschaft der Sache liegenden Umständen, zB Übernahme einer Garantie für zukünftige Umstände, etwa bei Grundstückskauf zukünftiger Erlass eines Bebauungsplan (RegE). (3) Eine **Haltbarkeitsgarantie** (§ 443 II BGB) bezieht sich darauf, dass die Sache für eine bestimmte Dauer eine bestimmte Beschaffenheit behält. Sie sichert den Käufer gegen Sachmängel, die innerhalb dieser Frist auftreten, unabhängig davon, ob der Mangel schon bei Gefahrübergang vorhanden war.

Beschaffenheits-, Anforderungs- und Haltbarkeitsgarantien lassen die gesetzlichen Rechte des Käufers unberührt (§ 443 I aE: „unbeschadet der gesetzlichen Ansprüche"). Positiv ist der **Garantieinhalt** dagegen gesetzlich **nicht festgelegt,** sondern **frei vereinbar** und ggf durch Auslegung der Erklärung zu ermitteln (besonders wichtig für Unternehmenskauf, Einl 46 ff vor § 1). Der Garantiegeber (Verkäufer, Hersteller oder Dritter, etwa Importeur oder Großhändler) kann (in der Garantieerklärung oder einer einschlägigen Werbung, die vor oder bei Abschluss des Kaufvertrags verfügbar war, § 443 I BGB) also den Umfang der Garantie (zB erfasste Teile und Beschaffenheitsmerkmale, Beginn und Dauer der Garantiefrist) und die Rechtsfolgen (zB nur Ersatzlieferung oder Nachlieferung, Haftungshöchstbetrag) bestimmen, BGH NJW **07**, 1346. Garantiefrist und Verjährung s § 377 Rn 60. Zulässig sind zB Garantiehöchstgrenzen, zB caps bei M&A (Einl 44 vor § 1), und Freigrenzen, zB de minimis-Klauseln, S. Lorenz NJW **05**, 1895. § 443 II BGB regelt eine wichtige, mit der Haltbarkeitsgarantie verbundene Beweislastfrage mit der Vermutung, dass ein während ihrer Geltungsdauer auftretender Sachmangel die Rechte aus der Garantie auslöst. Sonderbestimmungen gelten für Garantien beim Verbrauchsgüterkauf (§ 477 BGB, s Rn 20), BGH NJW **11**, 2653.

b) Selbständiger Garantievertrag: Nicht gesetzlich geregelt, aber nach **16** § 311 I BGB ohne Weiteres und formlos möglich ist ein nicht im Zusammenhang mit einem Kauf stehender, selbstständiger Garantievertrag, durch den sich jemand verpflichtet, für den Eintritt eines bestimmten Erfolges einzustehen oder die Gefahr eines künftigen Schadens zu übernehmen, BGH NJW **85**, 2941, **99**, 1543, Ffm NJW **07**, 1467 (Verhandlungserfolg, abl). Eine solche Garantie begründet einen eigenständigen Anspruch ohne Rücksicht auf das Bestehen einer Hauptverbindlichkeit, BGH **165,** 24, WM **82**, 632, NJW **99**, 1542. Der Garant schuldet nicht Erfüllung wie bei Bürgschaft, sondern nur Schadloshaltung, wenn der Erfolg nicht eintritt (fehlende Akzessorietät). Abgrenzung erfolgt durch Auslegung. Die gebrauchten Worte sind nicht unbedingt entscheidend, doch ist dabei Grad der Geschäftsgewandtheit wichtig. Eigeninteresse am Erfolg spricht für Garantie, doch hilft dieses Kriterium im HdlVerkehr wenig, zB bei „Bankgarantie", BGH WM **82**, 1324. Wegen § 766 BGB (Form; aber § 350) und strengerer Verpflichtung ist iZw nur Bürgschaft anzunehmen (statt Garantie, Schuldbeitritt), BGH WM **75**, 348, **85**, 1417. Je nach vertraglicher Bestimmung des Garantiefalls kann eine gewisse Abhängigkeit des Garantieanspruchs von der gesicherten Forderung bestehen, zB keine Doppelzahlung, BGH **165,** 24. Das Garantieverhältnis (Gegensatz: Ansprüche daraus) unterliegt nicht der Verjährung (Dauerschuldverhältnis), BGH WM **08**, 2066 (40 Jahre). Managementgarantie (M&A), Seibt/Wunsch ZIP **08**, 1093. Naturalherstellung bei Garantie, Bilanzgarantie beim Unternehmenskauf s Einl 46d v § 1.

§ 349 17–20

17 c) Im Handelsverkehr vorkommende Garantien und garantieähnliche Formen:

Herstellergarantie, Drittgarantie: Der Regelfall einer Garantie im Zusammenhang mit einem Kauf ist die Verkäufergarantie, die dann Teil des Kaufvertrags ist (§ 443 BGB, auch unselbstständige Garantie genannt, s Rn 15), Abschluss BGH ZIP **13**, 1480. Neben oder statt der Garantie des Verkäufers kommt auch eine Herstellergarantie vor, die inzwischen auch ausdrücklich in § 443 BGB angesprochen und geregelt ist (s Rn 15). Sie ist möglich als Vertrag zwischen Hersteller und Großhändler zugunsten Dritter (Endabnehmer, insbesondere Verbraucher), BGH **75**, 75, in der Praxis auch als **Garantiekarte,** Bader NJW **76**, 209; aber auch unmittelbar zwischen Hersteller und Endabnehmer, so zB wenn der Verkäufer als Vertreter oder Bote des Herstellers Garantiekarte aushändigt (§ 151 S 1 BGB), BGH **78**, 369, **93**, 46, **104**, 82, zweifelnd BGH ZIP **13**, 1481. Auch am Vertrieb der Sache beteiligte oder interessierte Dritte (so ausdrücklich § 443 BGB, RegE), zB Importeur, KonzernGes oder Versicherer (s auch Rn 18), können Garantiegeber sein. Werbung als solche ist zwar außer bei klarer Bindungszusage (§§ 133, 157 BGB, vgl Zweibr NJW-RR **11**, 1074) kein Garantieversprechen, BGH NJW **11**, 2653, aus ihr können sich aber die Garantiebedingungen ergeben (§ 443 I BGB: „einschlägige Werbung, die vor oder bei Abschluss des Kaufvertrags verfügbar war"). Herstellergarantie ist ihrem Inhalt nach häufig Haltbarkeitsgarantie (Definition in § 443 II BGB, s Rn 15). Soweit eine Haltbarkeitsgarantie übernommen worden ist, wird vermutet, dass ein während ihrer Geltungsdauer auftretender Sachmangel die Rechte aus der Garantie begründet (§ 443 II BGB). Bei Beschränkung auf Reparatur nur bei „Vertragsunternehmen" haftet der Hersteller selbst, aber er kann sich dafür seiner Vertragsunternehmen bedienen, BGH **78**, 369. Mängelrechte aus § 437 BGB bleiben unberührt (§ 443 I BGB „unbeschadet der gesetzlichen Ansprüche"). Herstellergarantie als Beschaffenheitsmerkmal iSv § 434 I BGB, BGH NJW **16**, 2874. Garantiefrist und Verjährung s § 377 Rn 60. Lit: Hammen NJW **03**, 2588.

18 Bilanzgarantie: beim Unternehmenskauf Ffm WM **16**, 1691 mAnm Wächter BB **16**, 711 ua (s Einl 46a vor § 1).

Delkrederehaftung: HdlVertreter s § 86b; Kommissionär s § 394; jeweils str, ob Bürgschaft (üL) oder Garantie. Garantie ist die Zusage des Vermittlers eines Warentermingeschäfts, für Verluste gerade zu stehen, Hamm WM **91**, 521.

Kreditversicherung: Versicherungsvertrag, der den Versicherungsnehmer gegen Ausfall mit einer Forderung (zB Zahlungsunfähigkeit) sichert. Zu unterscheiden von Ausfallgarantie und Ausfallbürgschaft (s Rn 7).

19 Bankgarantie: s **(7)** Bankgeschäfte Rn L/1. Sie entspricht weitgehend dem Akkreditiv, s **(7)** Bankgeschäfte Rn K/1. **Standby letter of credit** s **(7)** Bankgeschäfte Rn K/1, **(11)** ERA Einl 1 vor Art 1.

Ferner **(Bankkunden- bzw Giro-)Karte** s **(7)** Bankgeschäfte Rn F/1, **Geldkarte** s **(7)** Bankgeschäfte Rn F/13, **Kreditkarte** s **(7)** Bankgeschäfte Rn F/32; frühere **ec-Karte** s 30. Aufl **(7)** Bankgeschäfte Rn F/1.

Keine Garantie, sondern nur freiwillige Prüfung bei Börsengang **(comfort letters),** IDW PS 910, Ebke/Siegel WM Sonderbeil 2/**01** (BRD/US), Meyer WM **03**, 1745, Ha/Mü/Schl/Kunold § 34, s auch § 316 Rn 5 und **(15a)** WpPG § 20. Freiwillige Prüfung von **Patronatserklärungen,** IDW RH HFA 1013.

20 d) Unwirksame Garantieklauseln: s **(5)** §§ 307, 309 Nr 8b BGB, Ul/Br/He/Christensen (20) Garantie Rn 1 ff, Tonner NJW **84**, 1730, Bydlinski JZ **08**, 309, Aberling ZGS **10**, 66. Freizeichnung des Verkäufers von Garantie (§ 443 BGB) ist beim Verbrauchsgüterkauf (§§ 474 ff BGB) generell unwirksam (§ 475 I 1 BGB, Sonderbestimmungen für Garantien § 477 BGB), zudem ggf Vorrang einer Individualabrede (s **(5)** § 305b BGB). Der Garantiegeber kann aber seine Einstandspflicht inhaltlich frei festlegen, also insbesondere summenmäßig auch

1. Abschnitt. Allgemeine Vorschriften 21, 22 § 349

beschränken, § 444 BGB steht insoweit nicht entgegen (§ 444 Halbs 2: „soweit"). Freiwillige Herstellergarantien sind nach **(5)** § 307 BGB unwirksam, soweit der Käufer sie als Beschränkung der Mängelhaftung des Verkäufers verstehen kann, BGH **104**, 82; vgl Leitbild des § 443 BGB: Rechte aus der Garantie „unbeschadet der gesetzlichen Ansprüche"; beim Verbrauchsgüterkauf auch individualvertraglich unabdingbar (§§ 475 I 1, 477 I 2 Nr 1, III BGB); Garantie bleibt im Übrigen wirksam (§ 477 III BGB). Nicht „ausdrücklich" iSv **(5)** § 309 Nr 8b bb BGB ist Hinweis am Ende der Garantiebedingungen des Verkäufers, die gesetzlichen Mängelansprüche „werden nicht berührt", BGH **79**, 117. Klauseln zur Absicherung vergangenen Verhaltens sind mangels Druckfunktion keine Vertragsstrafen, sondern Garantie: Strafklausel in Höhe von 3% der Angebotssumme bei Teilnahme an Submissionskartell ist nach **(5)** § 307 BGB unwirksame, weil schadensunabhängige und uU zu Bereicherung des Verwenders führende Garantie, BGH **105**, 24: Schadenspauschalierung in derselben Höhe ist dagegen wirksam, wenn Nachweis eines geringeren Schadens nicht abgeschnitten wird, BGH **131**, 356 (zum Schaden BGH NJW **92**, 921, zu § 263 StGB).

D. Die **Wechselbürgschaft (Aval)** ist die durch Mitübernahme einer Wechselschuld „als Bürge" übernommene Verpflichtung, Art 30–32 WG; entspr die **Scheckbürgschaft,** Art 25 ff ScheckG. Beide „Bürgschaften" begründen eine selbständige abstrakte Wechsel- oder Scheckhaftung; §§ 765 ff BGB gelten nicht. Eine durch Indossament übernommene Bürgschaft ist dagegen eine solche nach BGB. 21

E. **Patronatserklärungen** sind je nach Ausgestaltung nur wirtschaftlich (s Einl 5 vor § 343) oder auch rechtlich verbindliche Erklärungen idR einer MutterGes, für Verbindlichkeiten ihrer TochterGes einzustehen, sei es intern gegenüber der Tochter (Verlustdeckungszusage, Verlustübernahmeerklärung) oder extern gegenüber einem Gläubiger der Tochter (ohne Anspruch der Tochter), sei es als eigene Erfüllungs- oder nur indirekt als Ausstattungs- oder nur subsidiär als Ausfallzusage, BGH WM **11**, 1085. **Harte** (Ausstattungs-)Patronatserklärung ist rechtsverbindlich und einklagbar und führt bei Insolvenz zur Haftung des Patrons neben, nicht nur nach dem Schuldner (§ 43 InsO), BGH **117**, 127. Bsp für harte Patronatserklärung BGH WM **17**, 326 (Insolvenzanfechtung), Düss WM **11**, 601, dafür spricht, dass die Verpflichtung als „Sicherheit" übernommen wird. Harte Finanzierungszusage geht auf Sorge für Zahlungsfähigkeit, nicht ohne Weiteres auch Zahlungswilligkeit, Düss WM **89**, 1642. Die Ausstattungszusage des Patrons ist idR nicht als Pflicht zur Direktausstattung aufzufassen, vielmehr Wahl des Patrons, wie ausgestattet wird. Rechtlich handelt es sich um einen Vertrag sui generis. Die übliche Revocatoria-Klausel besagt, dass dem Begünstigten die empfangenen Zahlungen „unter allen Umständen" endgültig verbleiben, also Absicherung auch gegen Insolvenzanfechtung, Wittig WM **03**, 1985. Kündigung jedenfalls bei entsprechender Vereinbarung, BGH NJW **10**, 3442m Anm Blum, WM **17**, 326 Rn 9, Raeschke-Kessler/Christoppheit NZG **10**, 1331, 1361, Böcker DZWiR **11**, 93, Heeg BB **11**, 1160, Tetzlaff WM **11**, 1016. Bspe für harte Patronatserklärungen BGH NJW **10**, 144, 3443, BAG ZIP **11**, 195, Stgt WM **85**, 455, Düss NJW-RR **89**, 1116, Mü ZIP **04**, 2102, LG Mü I WM **98**, 1285 (aber § 138 BGB, **(5)** § 307 BGB; Mü WM **99**, 686). „**Weiche**" Patronatserklärung ohne rechtlich durchsetzbare Zusage folgt nicht schon aus Nichtbilanzierung nach § 251 und schließt Vertrauenshaftung bzw Ansprüche nach §§ 280, 311 II BGB aus Verschulden bei Vertragsverhandlungen nicht aus, mißverständlich Karls WM **92**, 2088. Bsp für weiche Patronatserklärung Ffm ZIP **07**, 2316 (Zusicherung einer bestimmten Geschäftspolitik). Muster s Gerth AG **84**, 95. Volle Einstandshaftung bei Patronatserklärungen und **Interzessionsversprechen,** zB Wechsel- und Scheckeinlösungszusagen, ist nur im kfm und beruflichen Verkehr, nicht seitens eines Verbrauchers anzuerkennen, Hopt AcP 183 **(83)** 701. 22

§ 350   1

Finanzierungsbestätigungen können bloße Auskunft, Brdbg WM **03**, 1465, oder eigenes abstraktes Schuldversprechen sein; Lauer WM **85**, 705; vgl Scheck (einlösungs)bestätigung **(7)** Bankgeschäfte Rn E/8. Verlustdeckungszusage des Gfter gegenüber Ges, BGH ZIP **06**, 1199m Anm Wolf 1885. **Letter of Intent** s Einl 44 vor § 1. Lit: Fried 1998, Heussen 2002, Koch 2005 (Patronatserklärung), La Corte 2006, BankrechtsHdb/Merkel § 98; Fleischer WM **99**, 666, ZHR 163 **(99)** 461 (konzernrechtliche Vertrauenshaftung), Wolf IPRax **00**, 477 (IPR), Rosenberg/Kruse BB **03**, 641, Wittig WM **03**, 1981, Bergjan ZIP **04**, 395, Rummel FS Doralt **04**, 493. **Gewinnzusagen:** begründen einseitig Anspruch des Verbrauchers auf den Preis gegen den Unternehmer (§§ 661a, 14 I BGB), BGH **153**, 82, **165**, 172 (international), NJW **04**, 1652, 3555, nicht gegen dessen Organvertreter, BGH NJW **04**, 3039, Lit: Koch 2005; Kiethe ZIP **05**, 646, S. Lorenz NJW **06**, 472, Meller-Hannich NJW **06**, 2516, Saenger/Merkelbach WM **07**, 2309 (weiche Patronatserklärung), Haußer/Heeg ZIP **10**, 1427 (Überschuldung), Raeschke-Kessler/Christopeit NZG **10**, 1361 (harte Patronatserklärung), Maier-Reimer/Etzbach NJW **11**, 1110, Spehl/Schilling BB **13**, 202 (nomination letter, Zulieferverhältnis), Fischer FS Lwowski **14**, 177 (harte Patronatserklärung und Insolvenz). **Muster:** Hopt/Kraft/Link 4. Aufl 2013 Form III.K.1–4 (weiche und harte Patronatserklärung, Rangrücktrittserklärung, Besserungsvereinbarung), Wittig WM **03**, 1987.

5) Internationaler Verkehr

23   Das auf die Bürgschaft anwendbare Recht **(Bürgschaftsstatut)** kann gewählt werden (freie Rechtswahl, Art 3 Rom I-VO), ausdrücklich oder auch stillschweigend, BGH NJW **77**, 1011. Ohne solche Wahl gilt das Recht des Orts der charakteristischen Leistung, also der gewerblichen Niederlassung des Bürgen (Geschäftssitz, Art 4 I, II Rom I-VO), BGH **121**, 228, Ffm RIW **95**, 1033, Saarbr WM **98**, 2465, Reithmann/Martiny/Martiny Rz 6.475; aA Erfüllungsort des Bürgen. Unmaßgeblich ist das Recht der Hauptschuld, hL. Nach der Gesamtheit der Umstände kann Bürgschaft aber engere Verbindung mit einem anderen Staat aufweisen (Art IV 3 Rom I-VO), so bei besonders engem Zusammenhang der Bürgschaft mit anderen Geschäften, zB mit einem GesVertrag, Reithmann/Martiny/Martiny Rz 6.476. Das Gesagte gilt auch für die Garantie **(Garantiestatut),** BGH RIW **95**, 1027, Ffm WM **84**, 1021, Saarbr ZIP **01**, 1318. Anwendbar ist also das Recht der gewerblichen Niederlassung des Garanten, BGH NJW **96**, 2569, bei der Bankgarantie der Bank, Ffm WM **84**, 1021, bei der Rückgarantie (s **(7)** Bankgeschäfte Rn L/36) der diese abgebenden (Erst)Bank, Kln RIW **92**, 145. Dasselbe gilt für die **Patronatserklärung,** also Recht der gewerblichen Niederlassung der diese abgebenden MutterGes. Lit: Reithmann/Martiny/Martiny Rz 6.472, 6.489, 6.511 (Bürgschafs-, Garantie-, Patronatserklärungsstatut).

[Formfreiheit]

350 Auf eine Bürgschaft, ein Schuldversprechen oder ein Schuldanerkenntnis finden, sofern die Bürgschaft auf der Seite des Bürgen, das Versprechen oder das Anerkenntnis auf der Seite des Schuldners ein Handelsgeschäft ist, die Formvorschriften des § 766 Satz 1 und 2, des § 780 und des § 781 Satz 1 und 2 des Bürgerlichen Gesetzbuchs keine Anwendung.

1) Übersicht

1   A. **Grundsätzlich** sind Rechtsgeschäfte **formfrei**; das gilt für bürgerliches Recht und HdlRecht gleichermaßen. Wo das bürgerliche Recht eine Form vorschreibt, gilt sie auch für das HdlRecht, soweit nicht § 350 eine Ausnahme enthält.

1. Abschnitt. Allgemeine Vorschriften 2–4 § 350

B. Formbedürftigkeit nach BGB liegt, abgesehen von den in § 350 er- 2
wähnten Geschäften, namentlich in folgenden Fällen vor:

a) Notarielle Beurkundung für die vertragliche Verpflichtung zur **Übereignung oder** zum **Erwerb eines Grundstücks** (§ 311b I BGB). Auflassung und Eintragung im Grundbuch heilen. Die Erklärungen des Veräußerers und des Erwerbers bedürfen der Beurkundung; auch ein Vorvertrag, BGH **82,** 404; auch Treuhandvertrag bei Bauherrenmodell (einheitliches Rechtsgeschäft), BGH **101,** 397. Formfrei ist Vollmacht, soweit nicht bereits rechtliche oder tatsächliche Bindung hinsichtlich Veräußerung oder Erwerb eintritt, wie immer bei unwiderruflicher Vollmacht, BGH **LM** § 167 BGB Nr 18. Auftrag zum Grundstückserwerb ist idR formbedürftig, zwar nicht wegen der Herausgabepflicht des Beauftragten nach § 667 BGB (die auf Gesetz, nicht Vertrag beruht, BGH **127,** 170), aber wegen der Erwerbspflicht für den Beauftragten (und uU auch für den Auftraggeber), BGH **127, 175.** Aufhebung des Vertrags ist formfrei vor Vollzug oder Entstehung eines Anwartschaftsrechts.

Weitere Fälle: 3

b) Notarielle Beurkundung für die vertragliche Verpflichtung zur vollen oder bruchteilsweisen **Übertragung des gegenwärtigen Vermögens** (§ 311b III BGB), zB anwendbar beim Liquidationsvertrag, dh der Vermögensübertragung zur Abwendung der Insolvenz.

c) Notarielle Beurkundung für ein **Schenkungsversprechen** (§ 518 BGB). Erfüllung heilt. Schulderlass ist formlos, weil er bereits Erfüllung ist. Annahme formlos.

d) Schriftlichkeit für **Mietverträge** über Wohnraum, andere Räume und Grundstücke auf mehr als ein Jahr (§§ 550, 578 BGB). Ohne schriftlichen Abschluss gilt der Vertrag als auf unbestimmte Zeit geschlossen. § 550 BGB gilt (über §§ 581 II, 578 BGB) auch für den Pachtvertrag; für den Landpachtvertrag gilt § 585a BGB.

e) Schriftlichkeit für Versprechen einer **Leibrente** (§ 761 BGB);

f) Schriftliche Abtretungserklärung (oder Eintragung der Abtretung im Grundbuch) und Übergabe des Hypothekenbriefs für Abtretung einer **Hypothekenforderung** oder Übertragung einer **Grundschuld** (§§ 1154, 1155, 1192 BGB);

g) Schriftform für die Erklärung der Übertragung einer **Anweisung** (§ 792 BGB, s § 363 Rn 3).

2) Die Fälle des § 350 nach BGB

A. Der Schriftform (§ 126 BGB, elektronische Form nach § 126a BGB ist für 4 Bürgschaft, Schuldversprechen und Schuldanerkenntnis ausgeschlossen, §§ 766 S 2, 780 S 2, 781 S 2; Textform nach § 126b BGB ist weniger als Schriftform) bedürfen nach BGB:

a) Bürgschaftserklärung (§ 766 BGB);

b) Schuldversprechen (§ 780 BGB). Es ist ein abstrakter (vom Schuldgrund losgelöster, allein auf den im Versprechen zum Ausdruck gekommenen Leistungswillen abstellender) Vertrag, der eine beliebige Leistung verspricht, BGH NJW **08,** 1589, Auslegung einer Finanzierungsbestätigung, Brdbg WM **07,** 1878;

c) Schuldanerkenntnis (§ 781 BGB). Es ist ein abstrakter Vertrag, durch den jemand das Bestehen eines beliebigen Schuldverhältnisses anerkennt. Also geht das Schuldverhältnis beim Schuldanerkenntnis dem Vertrag voraus, beim Schuldversprechen entsteht es gleichzeitig, dies ohne praktischen Unterschied. Die Formvorschriften der §§ 780, 781 BGB dienen der Rechtssicherheit durch Schaffung klarer Beweisverhältnisse, nicht dem Übereilungsschutz, Schuldbeitritt

§ 350 5–7   4. Buch. Handelsgeschäfte

zu konstitutivem Schuldanerkenntnis ist deshalb nicht nach § 781 BGB formgebunden, BGH **121,** 1. Einschränkungen für AGB s **(5)** §§ 307, 309 Nr 13 BGB (str). Kausales Schuldanerkenntnis s Rn 6.

5   B. Werden Schuldversprechen oder Schuldanerkenntnis auf Grund einer **Abrechnung** oder durch **Vergleich** erteilt, so bedürfen sie nie der Schriftform, § 782 BGB. Vergleich s § 779 BGB. Abrechnung setzt im Gegensatz zum Vergleich kein gegenseitiges Nachgeben voraus, sondern im Gegenteil eine unstreitige klare Sach- und Rechtslage. Auch sie ist ein Vertrag, RG **95,** 20, und hat, wie das Schuldanerkenntnis, dessen Grundlage sie bildet, den Zweck, die Rechtsbeziehungen zu vereinfachen: das Ergebnis der Abrechnung wird als richtig anerkannt. Ein Schuldanerkenntnis liegt dann vor, wenn Leistung auf Grund dieser Abrechnung unabhängig vom Schuldgrund versprochen ist (also die vertraglich als richtig bezeichnete Abrechnung ist noch nicht allein ein Schuldanerkenntnis oder Schuldversprechen). Anerkenntnis mit ausdrücklichen Worten unnötig, RG **71,** 103. Über Abrechnung vom Kontokorrent s §§ 355–357.

6   C. Unterscheide folgende ähnliche, nicht gleiche Rechtsfiguren: **Geständnis,** Erklärung über Tatsachen, im Prozess bindend (§§ 288, 289 ZPO), sonst ein Beweismittel schaffend; **Bestätigung** eines (eigenen) nichtigen oder anfechtbaren Rechtsgeschäfts (§§ 141, 144 BGB); **Zustimmung** (vorherige: **Einwilligung,** nachträgliche: **Genehmigung**) Dritter zu Rechtsgeschäften anderer (§§ 182 ff BGB). Bsp: Vertragsschluss durch falsus procurator (§ 177 BGB); tatsächliches **Anerkenntnis** eines Anspruchs (§ 212 I Nr 1 BGB, Neubeginn der Verjährung); schlichter, nicht abstrakter, sondern kausaler, nicht unter § 781 BGB fallender **Anerkenntnis-** oder **Feststellungsvertrag,** nur bekannte Einwendungen gegen einen Anspruch aus räumend, später dem Schuldner bekannt werdende Einwendungen ohne Weiteres (ohne Rückforderung des Anerkenntnisses nach § 812 II BGB) nicht hindernd, formfrei, liegt nicht schon in bloßer Ablösung eines Darlehens, BGH NJW **08,** 3425; abstrakter vertraglicher **Erlass** einer Schuld und abstraktes vertragliches **Anerkenntnis des Nichtbestehens** der Schuld, negatives Schuldanerkenntnis (§ 397 BGB), beide formfrei, ggf nach §§ 812 ff BGB kondizierbar; schlichte, nicht abstrakte vertragliche **Feststellung des Nichtbestehens** der Schuld, nur bekannte mögliche Anspruchsgründe ausräumend, später bekannt werdende ohne Weiteres (ohne Rückforderung der Feststellung nach §§ 812 ff BGB) nicht entkräftend, formfrei, vom vorerwähnten Fall unterschieden durch Fehlen der voluntas eventualis, den Anspruch, falls er etwa doch bestehe, zu beseitigen.

3) Bedeutung des § 350

7   § 350 idF FormVAnpG 2001 (bloße Verweisungsänderung) dient der Erleichterung des kfm HdlVerkehrs und dessen Bedürfnis nach einfacher und schneller Abwicklung, BGH **121,** 5. Die Schriftform entfällt, die elektronische Form ist zulässig (s Rn 4), wo die Übernahme der Bürgschaft, das Versprechen oder das Anerkenntnis auf Seiten des Schuldners ein **Handelsgeschäft** (§§ 343, 344) ist; möglich mündlich oder zB in elektronischer Form oder Textform (s Rn 4). § 350 gilt für Kflte, auch für RechtsscheinKfm (§ 5 Rn 9–17), Hbg JW **27,** 1109, str; nicht für phG str (§ 105 Rn 21, 49), nicht für GmbHGfter, auch nicht wenn er geschäftsführender Allein- oder MehrheitsGfter ist, BGH **121,** 228, **132,** 122, **165,** 43, aA für Analogie Canaris § 24 Rn 13, aA für alle geschäftsführenden Gfter K. Schmidt § 18 II Rn 40. Bei Bürgschaft bleibt es gleich, ob die Hauptschuld aus HdlGeschäft stammt. § 350 gilt auch für die Bürgschaftserklärung einer Bank zum Zwecke der Abwendung der Zwangsvollstreckung gegen den Hauptschuldner, unbeschadet der prozessualen Voraussetzungen, um die Einstellung der Zwangsvollstreckung auf Grund der Bürgschaft zu erreichen, vgl § 775 Nr 3 ZPO (Vorlegung einer öffentlichen Urkunde, aus der sich die Sicherung des

1. Abschnitt. Allgemeine Vorschriften 1–3 § 352

Gläubigers ergibt), BGH NJW **67**, 823m Anm Wittmann BB **67**, 265. Bei Schuldversprechen und -anerkenntnis bleibt die Form für das zugrunde liegende Geschäft nötig, s Rn 2. **Maßgebender Zeitpunkt** ist der der Willenserklärung des Schuldners, also bei Bürgschaft der Übernahme. Formlose Bestätigung nach Erlangung der Eigenschaft als Kfm macht wirksam; Verlust der Eigenschaft ändert nichts. § 350 ist unanwendbar auf Schuldanerkenntnis des Gfters der OHG außerhalb des GesBetriebs, BGH BB **68**, 1053, im Einzelnen str (§ 105 Rn 22). § 350 gilt nicht für Aufsichtsrat einer AG, der eine Bürgschaft für die Ges übernimmt, RG **126**, 122. Beweislast s § 348 Rn 6. Gewillkürte Form ist unter § 350 zulässig, hat aber idR nur Klarstellungs- und nicht Warnfunktion (also ohne Anforderungen wie nach § 766 BGB), BGH NJW **93**, 724.

351 *(aufgehoben)*

1) § 351 über MinderKflte ist durch HRefG 1998 als Folge der Abschaffung von § 4 aufgehoben worden. 1

[Gesetzlicher Zinssatz]

352 (1) ¹Die Höhe der gesetzlichen Zinsen, mit Ausnahme der Verzugszinsen, ist bei beiderseitigen Handelsgeschäften fünf vom Hundert für das Jahr. ²Das gleiche gilt, wenn für eine Schuld aus einem solchen Handelsgeschäfte Zinsen ohne Bestimmung des Zinsfußes versprochen sind.

(2) Ist in diesem Gesetzbuche die Verpflichtung zur Zahlung von Zinsen ohne Bestimmung der Höhe ausgesprochen, so sind darunter Zinsen zu fünf vom Hundert für das Jahr zu verstehen.

1) Gesetzlicher Zins

A. I 1 idF G 30.3.2000 BGBl 330. Nach § 246 **BGB** ist der gesetzliche Zinssatz 4%, sofern nichts anderes bestimmt ist. Das **HGB** erhöht den Zinssatz für beiderseitige HdlGeschäfte (§ 343) auf 5%, **I**, ebenso **II** für die im HGB angeordneten Zinspflichten, auch wo es sich nicht um beiderseitige HdlGeschäfte handelt (§§ 110 II, 111, 354, 355; die Zinspflicht nach § 353 fällt unter I 1 wie II). Bereicherungsansprüche fallen nicht darunter, BGH NJW **83**, 1423, str. Für KfmEigenschaft ist der Zeitpunkt der Begründung der Schuld maßgebend. Der zu Unrecht eingetragene Gewerbetreibende (§ 5) fällt mit Forderungen und Schulden (wenn der andere Teil Kfm ist) unter I, der als Kfm auftretende NichtKfm (§ 5 Rn 9–17) nur mit seinen Schulden. Verzugszinsen (s Rn 5) fallen nicht unter I 1 (anders aF). Wechsel- und Scheckzinsen betragen bei reinen Inlandspapieren 2% über dem (wechselnden) Basiszinssatz nach § 247 BGB (der den Diskontsatz der DBBk wegen des Übergangs der Währungskompetenz auf die Europäische Zentralbank abgelöst hat), aber mindestens 6% (Art 48 I Nr 2, 49 Nr 2 WG, Art 45 Nr 2, 46 Nr 2 ScheckG; zu unterscheiden davon sind Art 5 WG, Art 7 ScheckG). Über den Zinsbegriff (im Vergleich zu anderen neuerlich gängigen, ähnlich gebrauchten Vergütungsformen) Canaris NJW **78**, 1891. 1

B. Nach **Handelsbrauch** (§ 346) kann (ohne besondere Abrede) ein abweichender Satz geschuldet werden, wohl selten. 2

2) Vereinbarter Zins

A. Weder BGB noch HGB begrenzen die Möglichkeit der Vereinbarung des Zinssatzes, außer durch § 138 I BGB (Verstoß gegen gute Sitten), § 138 II BGB 3

§ 353

(Wucher), § 242 BGB (uU Störung der Geschäftsgrundlage, § 313 BGB). Es kommt hierfür auf alle Umstände an. Deutliche Grenzen setzt die umfangreiche Rspr überhöhten Zinsen beim Kreditgeschäft der Banken, s **(7)** Bankgeschäfte Rn G/10.

4 B. **§§ 489 I, 490 II BGB** geben bei Vereinbarung eines Darlehens mit festem Zinssatz unter bestimmten Voraussetzungen ein Kündigungsrecht. Zu § 247 aF BGB idF bis 1986 als Vorläufernorm des § 489 BGB s **(7)** Bankgeschäfte Rn G/17. Lit: Hopt/Mülbert § 609a; Häuser/Welter NJW **87**, 17.

3) Verzugszins

5 A. Nach **§ 288 I BGB** ist eine Geldschuld seit der Neufassung 2000 (s Rn 1, nur sprachlich geändert durch SMG, Überleitungsvorschrift Art 229 § 1 I 3 EGBGB) während des Verzugs mit 5 Prozentpunkten über dem Basiszinssatz nach § 247 BGB zu verzinsen. Bei Rechtsgeschäften, an denen ein Verbraucher iSv § 13 BGB nicht beteiligt ist, beträgt der Zinssatz für Entgeltforderungen (also nicht für jeden auf Zahlung gerichteten Anspruch, zB nicht für Schadensersatz-, Aufwendungsersatz- und Bereicherungsansprüche) 9 Prozentpunkte über dem Basiszinssatz (**§ 288 II BGB** idF Zahlungsverzugs G 2014). § 289 BGB steht nicht entgegen, Freitag ZIP **15**, 1805. Das betrifft vor allem beiderseitige Handels- und Unternehmensgeschäfte, ist also materiell Handelsrecht. Die Geltendmachung höherer Zinsen aus einem anderen Rechtsgrund oder eines weiteren Schadens bleibt jeweils möglich (§ 288 III, IV BGB); seit 2014 Entgeltpauschale von 40 Euro (§ 288 V BGB), Dornis ZIP **14**, 2427. Bei grundpfandrechtlich gesicherten Verbraucherdarlehen beträgt der Verzugszinssatz 2,5 Prozentpunkte über dem Basiszinssatz (§ 503 II BGB idF Zahlungsverzugs G 2014). Unwirksamkeit nach § 288 Abs 6 BGB (auch individualvertraglich, neu 2014). S auch zur Leistungszeit § 358 Rn 1. Übersichten: Oelsner EuZW **11**, 940 (ZahlungsverzugsRi 2011); Verse ZIP **14**, 1809, Haspl BB **14,** 771 (ZahlungsverzugsG); Freitag ZIP **15**, 1805.

Wer mit einer Geldschuld in einem beiderseitigen HdlGeschäft im Verzug ist, schuldet höheren **Bankzins** nur, wenn der Gläubiger ihn als Kreditzins wirklich aufwandte oder als Anlagezins verlor, Beweislast beim Gläubiger, BGH NJW **91**, 1406. Der Gläubiger muss den Kredit aber nicht gerade wegen der ausstehenden Zahlung aufgenommen haben, BGH NJW **84**, 371; beim Kaufmann besteht zudem die tatsächliche Vermutung, dass er eingehende Zahlungen zur Rückführung des Kredits verwendet hätte, BGH NJW-RR **91**, 793; Zinsbescheinigung s Doms NJW **99**, 2649. Zu Beweiserleichterungen für entgangene Anlagezinsen, wenn es sich um einen größeren Geldbetrag handelt, der nach der Lebenserfahrung gewinnbringend angelegt wird, BGH **80**, 279, NJW **92**, 1223, Ffm ZIP **98**, 1715 (Umlaufrendite festverzinslicher Wertpapiere); wegen der Höhe der gesetzlichen Verzugszinsen heute idR wirtschaftlich uninteressant. Ausführlich zum Verlust von Anlagezinsen und Beweisproblemen Ebenroth/Kindler 40 ff.

6 B. Auch die Höhe von Verzugszinsen kann für den Verzugsfall **vereinbart** werden. **Grenzen** setzen §§ 497 I, 506 BGB (Verbraucherdarlehen ua); für AGB **(5)** §§ 307, 308 Nr 1a und b (neu 2014), 309 Nr 5, 6 BGB, s Ul/Br/He/Fuchs (16) Darlehensverträge Rn 21 ff. **Überhöhte Verzugszinsen** bei Bankkrediten s **(7)** Bankgeschäfte Rn G/4.

[Fälligkeitszinsen]

353 [1] Kaufleute untereinander sind berechtigt, für ihre Forderungen aus beiderseitigen Handelsgeschäften vom Tage der Fälligkeit an Zinsen zu fordern. [2] Zinsen von Zinsen können auf Grund dieser Vorschrift nicht gefordert werden.

1. Abschnitt. Allgemeine Vorschriften § 354

1) Zinspflicht (Satz 1)

A. **Voraussetzungen:** § 353 findet nur Anwendung, wenn vorliegt: 1

a) auf beiden Seiten ein Kfm (§§ 1 ff), auch Kfm nach § 5. Allein und dauernd maßgebender Zeitpunkt ist der der Entstehung der Forderung, spätere Erwerb oder Verlust der KfmEigenschaft sind belanglos, vgl RG **60**, 78;

b) eine **Geldforderung,** weil nur bei solcher Zinsen entstehen. Die Währung bleibt gleich, ebenso die Rechtsnatur. Der Zins entfällt aber, wenn Gläubiger ausländisches Geld gegen inländisches zu bekommen und vorher das inländische zinsbringend angelegt hatte, Hbg OLGE **44**, 245;

c) dass die Forderung ihren Rechtsgrund in einem beliebigen beiderseitigen **Handelsgeschäft** hat (§§ 343, 344), was einen einseitigen Vertrag sehr wohl zulässt, nicht aber ein einseitiges Rechtsgeschäft (also genügt kfm Schuldschein);

d) Fälligkeit der Forderung; der Gläubiger muss also Zahlung verlangen können. Darf Schuldner aber Erfüllung bis Vorleistung oder Zug-um-Zug-Leistung verweigern, so tritt keine Fälligkeit ein, auch ohne dass Schuldner die Einrede erhebt, RG **126**, 285, hM. Dagegen bleibt ein Zurückbehaltungsrecht aus § 273 BGB für die Fälligkeit gleich (s aber §§ 298, 301 BGB), weil es die Leistungspflicht an sich unberührt lässt. Stundung schiebt idR nur die Begleichung hinaus, nicht die Fälligkeit, RG **116**, 376. Staatliches Transferverbot (zB früher in Deutschland für Zahlungen an ausländische Gläubiger) hindert nicht Fälligkeit iSv § 353, BGH NJW **64**, 100; vgl BGH **27**, 335. Bei Holschulden ist der Gläubiger im Annahmeverzug, wenn er das Geld nicht bei Fälligkeit abholt; dann keine Verzinsung. Lit: Kindler 1996.

B. Die Zinspflicht beginnt mangels anderer Abrede bei **Fälligkeit** der Verbindlichkeit. Sie entfällt bei Verzug des Gläubigers, § 301 BGB. Der Zinsanspruch wird nicht schon durch vorbehaltlose Annahme des Kapitals ohne Zinsen verwirkt. Zinssatz § 352 II. 2

2) Keine Zinseszinsen (Satz 2)

Wie das BGB (ausgesprochen in § 289 BGB für den Fall des Verzugs mit Zinszahlung, sonst aus § 248 BGB als minus folgend) gibt auch § 353 nicht kraft Gesetzes **Zinseszinsen**. Für die Vereinbarung von Zinseszins gilt auch im HdlVerkehr § 248 BGB: Verbot der Vereinbarung „im Voraus" mit Ausnahmen für Sparkassen, Kreditanstalten, Inhaber von Bankgeschäften. Für Kontokorrent s § 355 I. 3

[Provision; Lagergeld; Zinsen]

354

(1) **Wer in Ausübung seines Handelsgewerbes einem anderen Geschäfte besorgt oder Dienste leistet, kann dafür auch ohne Verabredung Provision und, wenn es sich um Aufbewahrung handelt, Lagergeld nach den an dem Orte üblichen Sätzen fordern.**

(2) **Für Darlehen, Vorschüsse, Auslagen und andere Verwendungen kann er vom Tage der Leistung an Zinsen berechnen.**

1) Übersicht

Nach §§ 612 I, 632 I, 653 I, 689 **BGB** gilt im Dienst-, Werk-, Makler-, Verwahrungsvertrag eine Vergütung als stillschweigend vereinbart, wenn die Leistung den Umständen nach nur gegen eine Vergütung zu erwarten ist. **§ 354,** ausgehend davon, dass Kflte noch weniger als andere Personen umsonst für andere tätig werden und dass dies allgemein bekannt ist (RG **122**, 232, JW **38**, 1175), erweitert diese Regelung zugunsten der Kflte auf jede Geschäftsbesorgung oder Dienstleistung für andere in ihrem Gewerbe. Aus § 354 kann die Ergänzung einer 1

§ 354 2–5
4. Buch. Handelsgeschäfte

Provisionsvereinbarung folgen für im Vertrag nicht berücksichtigte Dienste, zB für Vermittlung eines Bezugsvertrags durch HdlVertreter (§ 87 Rn 4). § 354 kann den Maßstab liefern für Schadensersatz nach §§ 280, 311 II BGB aus Verschulden bei Vertragsverhandlungen, zB für Partei, die in Erwartung des Vertrags Dienste ohne besondere Vergütung leistete, LG Kreuznach BB **61**, 699 (KfzHändler A vermittelte für X Altwagenverkauf, X kaufte Neuwagen bei KfzHändler B: Schadensersatzprovision an A). Lit: Heße NJW **02**, 1835. Darlehen iSv **II** wie §§ 488 BGB, auch Vereinbarungsdarlehen (Umschaffung einer bestehenden Schuld, § 311 I BGB), Oetker/Pamp 23, str. Vorschüsse iSv II sind nur solche kreditähnlichen Charakters, nicht zB Gehaltsvorschüsse, Oetker/Pamp 24, aA Ebenroth/Kindler 38.

2) Voraussetzungen des Anspruchs

2 A. § 354 gilt für **Kaufleute,** auch fälschlich ins HdlReg eingetragene andere Gewerbetreibende (§ 5), nicht für RechtsscheinKflte (aber § 5 Rn 9–17, uU Vertragsauslegung). Erforderlich ist KfmEigenschaft zZ der Leistung. Unerheblich ist, ob der andere Teil (der die Vergütung leisten soll) Kfm ist oder nicht, BGH NJW **07**, 1201. Der Kfm muss **in Ausübung seines Handelsgewerbes** handeln. Dies muss dem anderen Teil erkennbar sein, Weyer WM **05**, 501.

3 B. Der Leistende muss gegenüber dem anderen zur Leistung **berechtigt** sein, idR auf Grund Vertrags; ist zB ein Maklervertrag nicht zustandegekommen (vgl § 93 Rn 3) oder fehlen die Voraussetzungen des Lohnanspruchs nach diesem, kann Lohn nicht nach § 354 verlangt werden, BGH NJW **82**, 1523, Kblz NJW **85**, 2722. Der Leistende kann **ausnahmsweise ohne Vertrag** zur Leistung berechtigt sein, zB Bank nach §§ 683, 679 BGB, str; der Anspruch auf Provision, Lagergeld, Zins besteht dann neben dem Anspruch auf Ersatz von Aufwendungen (§ 683 BGB); auch als Reisebüro bei Flugpassagenvermittlung für IATA-Mitglieder-Linien, wenn die IATA zu der Vermittlung aufforderte, BGH **62**, 80; auch bei Annahme der Dienste eines Kfm, wenn dieser zwar keine ,,befugterweise" für den Interessenten tätig wird, also ein das Tätigwerden rechtfertigendes Verhältnis besteht, und klar ist, dass dieser nur gegen Provision tätig werden will, BGH **163**, 338 (iErg abl), WM **93**, 1261, NJW **17**, 1388 mAnm Mann, so namentlich im Vertriebs-, Bau- und Lagerrecht, zB wenn HV Produkte außerhalb seiner Produktbeschränkung vermittelt, Mü VersR **00**, 360; auch der Zivilmakler, wenn er Kfm ist (§ 93 Rn 1, aber auch § 93 Rn 38), Heße NJW **02**, 1835; keinesfalls, wenn der Leistende seine Dienste jemandem gegen seinen Willen aufdrängt, BGH WM **63**, 165. **Nicht** unter § 354 fällt eigenmächtige Einlagerung von Sachen durch A in Räumen des B, doch kann A auf Kosten des B ungerechtfertigt bereichert sein (§ 812 BGB). Der Makler hat keinen Anspruch aus § 354, wenn dem Interessenten nicht erkennbar ist, dass die Maklerdienste gerade für ihn geleistet werden, BGH **95**, 398 oder wenn Makler auf Grund eines Vertrags mit einem Dritten (zB Verkäufer) erkennbar in dessen Interesse handelt, sofern nicht erlaubte Doppeltätigkeit (s § 93 Rn 32–33) vorliegt, BGH BB **81**, 756; s § 93 Rn 38.

4 C. § 354 ist **abdingbar**, gilt daher nicht, wenn eine andere Vereinbarung über die Vergütung wirksam getroffen ist, zB ein Maklervertrag mit bestimmten Voraussetzungen für Lohnanspruch, BGH NJW **82**, 1523; wenn der Geschäftsherr sich ausdrücklich die Prüfung eines Provisionsanspruchs vorbehält, LG Hbg MDR **62**, 312. § 354 gilt auch nicht, soweit **Handelsbrauch** (Verkehrssitte) unentgeltliche Leistung fordert, vgl RG **92**, 16, zB für einfache vorbereitende Arbeiten (zB Kostenvoranschlag), erfolglose Vermittlungsversuche; anders bei rechtswidrigem ,,Handelsbrauch", BGH **62**, 82 (vgl § 346 Rn 8).

5 D. § 354 gilt, wenn der Kfm ,,einem anderen **Geschäfte besorgt** oder **Dienste leistet**", nach HdlBrauch uU auch bei anderen Leistungen, weite Auslegung,

1. Abschnitt. Allgemeine Vorschriften — 6–8 § 354

BGH NJW **17**, 1388, zB Überlassung von Sachen zum Gebrauch, LG Brschw BB **49**, 217 (Kesselwagen). Er muss erkennbar **im Interesse des anderen** (auch wenn zugleich im eigenen) handeln; Handeln im eigenen Interesse (wenn auch unter Rücksichtnahme auf das fremde) genügt nicht, BGH NJW **84**, 436, NJW **17**, 1388 Rn 15. Bspe: Beschaffung von Kapital, RG **122**, 232; Bürgschaft oder Gefälligkeitsakzept, vgl RG LZ **09**, 311; Vermittlung von Flugpassagen, BGH **62**, 79; berechtigter Selbsthilfeverkauf des Verkäufers (§ 373 II–IV); Notverkauf des Käufers (§ 379 II); Lagerung der Ware durch Pfandgläubiger, auch bei vertraglichem Pfandrecht, Oetker/Pamp 10, str; Pfandverkauf durch Pfandgläubiger; nicht Verwertung durch Eigentumsvorbehaltsverkäufer, BGH NJW **84**, 436. **Aufbewahrung** (in § 354 I besonders erwähnt), auch durch Verkäufer bei Annahmeverzug des Käufers (§ 373 I, hier gäbe § 304 BGB nur Ersatz von Mehraufwendungen), BGH NJW **96**, 1464, oder durch Käufer, der (mit Recht) die übersandte Ware beanstandet (§ 379 I), wohl auch durch Gläubiger auf Grund (vertraglichen oder gesetzlichen) Pfand- oder Zurückbehaltungsrechts. Gebrauchtwagenverkauf zur Erlösverwendung bei Neuwagen-Kauf, dieser scheitert; Verkaufsprovision; LG Hamm MDR **78**, 674. **Nicht** unter § 354 fallen Nebenleistungen, die im **Kaufpreis** bzw Entgelt für die Hauptleistung mit **abgegolten** sind, zB (uU) Zusendung der Kaufsache durch den Verkäufer, Verwahrung durch den Kommissionär; ebenso idR Mängelrügeabwehr durch HdlVertreter, anders uU bei außergewöhnlicher Belastung hierdurch, dann uU hierfür Sondervergütung aus § 354 (neben der Provision aus § 87), BGH BB **62**, 1345.

3) Art und Höhe der Vergütung

A. § 354 I, II gewähren Anspruch auf: **Provision** (vgl §§ 86b, 87 ff betr 6 HdlVertreter, 99 betr HdlMakler, 394, 396, 403, 406 betr Kommissionäre, 409, 412, 413, 415 betr Spediteur, Art 48 Nr 4, 49 Nr 4 WG, Art 45 Nr 4, 46 Nr 4 ScheckG); bei Aufbewahrung **Lagergeld,** nach dem Wortlaut neben der Provision, dies jedoch wohl nur wo ortsüblich für Lagerung neben Lagergeld Provision berechnet wird, Aufbewahrung muss nicht Hauptpflicht sein oder im Mittelpunkt des HdlGewerbes stehen, Bsp: bei Annahmeverzug des Käufers, BGH NJW **07**, 1201; für (bei der Geschäftsbesorgung, Dienstleistung gewährte, geleistete) Darlehen, Vorschüsse, Auslagen, andere Verwendungen **Zins** vom Tage der Leistung; zB auf vom HdlVertreter dem Unternehmer rückzahlbare Provisionen, Vorschüsse, BGH MDR **63**, 299. Für Verschaffung „mittelbaren Bankkredits" (Darlehensaufnahme im eigenen Namen, also Selbsthaftung, und Weiterleihung) gebührt dem Makler Provision nach I neben Zins nach II, BGH NJW **64**, 2343.

B. Provision, Lagergeld bestimmen sich nach **Ortsbrauch,** also objektiv fest- 7 stellbar ohne Ermessen, BGH NJW **07**, 1202. HdlVertreterprovision s § 87 b. Feststellung von HdlBräuchen s § 346 Rn 13. Hilfsweise gilt, was **angemessen** ist, zB bei Lager nach Schwierigkeit der Aufbewahrung, Raumbedarf, Notwendigkeit der Behandlung des Guts, Versicherungsbedarf, RG JW **15**, 658, Stgt BB **58**, 573. Der **Zinsfuß** § 352 II. Nach § 675a I 1 BGB hat, wer zur Besorgung von Geschäften öffentlich bestellt ist oder sich dazu öffentlich erboten hat (dh derselbe Personenkreis wie in § 663 S 1 BGB, s § 362 Rn 2), für Standardgeschäfte grundsätzlich unentgeltlich über Entgelte und Auslagen der Geschäftsbesorgung zu informieren.

C. **Verjährung:** Provision (I) und Zinsen (II): 3 Jahre, §§ 195, 199 BGB. 8 Lagergeld (I): vgl § 475a.

§ 354a 1

[Wirksamkeit der Abtretung einer Geldforderung]

354a (1) [1] Ist die Abtretung einer Geldforderung durch Vereinbarung mit dem Schuldner gemäß § 399 des Bürgerlichen Gesetzbuchs ausgeschlossen und ist das Rechtsgeschäft, das diese Forderung begründet hat, für beide Teile ein Handelsgeschäft, oder ist der Schuldner eine juristische Person des öffentlichen Rechts oder ein öffentlich-rechtliches Sondervermögen, so ist die Abtretung gleichwohl wirksam. [2] Der Schuldner kann jedoch mit befreiender Wirkung an den bisherigen Gläubiger leisten. [3] Abweichende Vereinbarungen sind unwirksam.

(2) Absatz 1 ist nicht auf eine Forderung aus einem Darlehensvertrag anzuwenden, deren Gläubiger ein Kreditinstitut im Sinne des Kreditwesengesetzes ist.

1) Wirksamkeit der Abtretung einer Geldforderung (I 1):

1 § 354a neu DMBilGÄndG 25.7.94 BGBl 1682, II nF RisikobegrenzG 12.8.08 BGBl 1666, bringt zwecks erleichterter Finanzierung für kleinere und mittlere Unternehmen (abtretbare Geldforderungen als Kreditsicherheit für Banken oder Factoringunternehmen) eine **Ausnahme vom Abtretungsverbot nach § 399 Fall 2 BGB**. Nach § 399 Fall 2 BGB kann nämlich entgegen § 137 S 1 BGB Unabtretbarkeit der Forderung (auch durch AGB, BGH WM **06**, 2142, str, näher zu AGB-rechtlichen Schranken Ul/Br/He/H. Schmidt (1) Abtretungsausschluss Rn 1 ff, Wo/Li/Pf/Dammann Abtretungsverbote Rn A 28 ff) mit Wirkung gegenüber jedermann vereinbart werden, BGH **40**, 160, **102**, 301, **112**, 390. § 354a hat große praktische Bedeutung, da bisher die meisten großen einkaufenden Unternehmen ein solches Verbot mit ihren Lieferanten vereinbart haben. Das Abtretungsverbot für Geldforderungen (nicht für Sachforderungen, BGH **171**, 69) durch Vereinbarung mit dem Schuldner hat bei beiderseitigen HdlGeschäften (§ 345; zu beachten §§ 383 II, 407 III 2, 453 II 2, 467 III 2; Kfm, auch nach § 5, nicht bloßer RechtsscheinKfm, § 5 Rn 9, aber zugunsten dessen Gläubiger, Oetker/Maultzsch 3) keine Wirkung (I 1). Abtretungsverbot iSv I 1 ist auch ein eingeschränktes, Bspe: Vereinbarung von Zustimmungserfordernis, BGH WM **05**, 429, Kln WM **98**, 860; schriftliche Anzeige der Abtretung durch alten und neuen Gläubiger, BGH 22. 1. **04** VII ZR 170/03 BeckRS **04**, 02524, Celle OLGR **04**, 219, aA Schlesw BB **01**, 61; Formvorschriften; Verbote von Verpfändung und Nießbrauch (§§ 1069 I, 1274 I 1 BGB); **nicht**: Legalzession und Einstellung in Kontokorrent, BGH NJW **02**, 2866. Dasselbe gilt, wenn der Schuldner eine öffentlichrechtliche juristische Person bzw Sondervermögen ist (I 1 Alt 2), beiderseitiges HdlGeschäft ist auch hier Voraussetzung, str. Die unterschiedliche Behandlung des kfm und des nichtkfm Unternehmens ist jedoch nicht zu rechtfertigen, deshalb für § 354a analog bei Kleingewerbetreibende und Freiberufler, nicht aber bei Arbeitnehmer, Canaris § 26 Rn 35f, aA nur bei beiderseitigem HdlGeschäft, BGH WM **06**, 2142m krit Anm Piekenbrock NJW **07**, 1247 (auch GbR unter KfmGftern), Oetker/Maultzsch 5, Seggewisse NJW **08**, 3256. S auch § 22d IV KWG (Refinanzierungsregister), Fleckner WM **07**, 2279.

Die Forderungsabtretung ist danach **wirksam**, und zwar absolut, nicht nur relativ. Folge zB Drittwiderspruchsklage (§ 771 ZPO), Aussonderungsrecht des neuen Gläubigers in der Insolvenz, Pfändung durch dessen Gläubiger (keine Doppelpfändung notwendig). Die abgetretene Forderung stellt damit eine vollwertige Kreditsicherheit dar. Sonstige Wirksamkeitsvoraussetzungen, Bsp Überweisung auf falsches Konto, Kln WM **06**, 1144, bzw für die Globalzession, s (7) Bankgeschäfte Rn H/4, H/5, bleiben unberührt. § 354a ist auch auf vor dem 30.7.94 vereinbarte Abtretungsverbote anzuwenden, wenn die Geldforderung erst nachher entsteht, Kln DB **97**, 2169, aA Schlesw BB **01**, 63, offen BGH NJW

1. Abschnitt. Allgemeine Vorschriften § 355

01, 1724. Lit: Wagner WM **94**, 2093, NJW **95**, 180, WM Sonderbeil 1/**96**, Henseler BB **95**, 5, von Olshausen ZIP **95**, 1950 (Insolvenz), Baukelmann FS Brandner **96**, 185, Derleder BB **99**, 1561, Saar ZIP **99**, 988, K. Schmidt NJW **99**, 400, FS Schimansky **99**, 503, Bruns WM **00**, 505, Hager GedS Helm **01**, 697, Thomale WM **07**, 1916, Maultzsch FS Baums **17**, 787.

2) Leistung an den bisherigen Gläubiger (I 2):

Der Schuldner kann jedoch mit befreiender Wirkung **an den bisherigen** 2 **Gläubiger** leisten (I 2, **Wahlrecht**), ähnlich wie § 406 BGB, BGH WM **03**, 2340, bisheriger Gläubiger ist zwar nicht mehr Rechtsinhaber, aber behält Empfangszuständigkeit, BGH NJW **09**, 438, str. Mehraufwand durch die Abtretung soll dem Schuldner erspart bleiben. Auf Kenntnis des Schuldners von der Abtretung kommt es nicht an (anders § 407 BGB). Leisten heißt erfüllen, also auch Erfüllungssurrogate, zB Aufrechnung, BGH WM **03**, 2340, **05**, 429, dagegen nicht Vergleich, Erlass ua, BGH NJW **09**, 438, WM **09**, 367, K. Schmidt FS Schimansky **99**, 511, Seggewisse NJW **08**, 3256, aA Canaris § 26 Rn 27, Wagner WM **10**, 202, Oetker/Maultzsch 19, Grund: Wortlaut (leisten), nur Empfangszuständigkeit, also dann Schutz nur nach § 407 I BGB, sonst auch Entwertung der Forderung als Kreditsicherungsmittel. Der Schuldner kann mit einer Forderung gegen den bisherigen Gläubiger auch aufrechnen, wenn er diese in Kenntnis der Abtretung erwirbt oder wenn sie nach Kenntnis des Schuldners und später als die abgetretene Forderung fällig wird (§ 406 BGB ist hier unanwendbar), BGH WM **05**, 429. Die Aufrechnung kann auch gegenüber dem neuen Gläubiger erklärt werden (gleicher Schutzzweck), BGH WM **05**, 429, zweifelnd und Erklärung gegenüber beiden empfehlend MüKo/K. Schmidt 20. Klage des Zessionars gegen Schuldner nur auf Leistung an sich oder an den Zedenten, bei Leistung an letzteren Anspruch des Zessionars gegen ihn aus § 816 II BGB. Grenzen des Wahlrechts aus § 242 BGB, Canaris § 26 Rn 25.

3) Keine abweichenden Vereinbarungen (I 3):

I 1 und I 2 sind, da im öffentlichen Interesse liegend (s Rn 1), **zwingend** (S 3). 3 Vereinbarung des Schuldners mit dem Zessionar nach Abtretung, gezahlt werde an letzteren, ist jedoch zulässig, BGH NJW **09**, 438, WM **09**, 369, Grund: Schuldner kann später auf den Schutz nach I 2 verzichten, str.

4) Keine Anwendung von I auf Kreditinstitute als Gläubiger aus Darlehensvertrag (II):

II nF RisikobegrenzG 12.8.08 BGBl 1666 schränkt den Anwendungsbereich 4 von I ein. Dieser ist nicht auf eine Forderung aus einem Darlehensvertrag anzuwenden, deren Gläubiger ein Kreditinstitut iSd KWG ist. II ermöglicht es Kflten, entgegen I wirksam ein Abtretungsverbot zu vereinbaren, wenn es sich bei der Forderung um eine Darlehensforderung eines Kreditinstituts handelt.

[Laufende Rechnung, Kontokorrent]

355 (1) Steht jemand mit einem Kaufmanne derart in Geschäftsverbindung, daß die aus der Verbindung entspringenden beiderseitigen Ansprüche und Leistungen nebst Zinsen in Rechnung gestellt und in regelmäßigen Zeitabschnitten durch Verrechnung und Feststellung des für den einen oder anderen Teil sich ergebenden Überschusses ausgeglichen werden (laufende Rechnung, Kontokorrent), so kann derjenige, welchem bei dem Rechnungsabschluß ein Überschuß gebührt, von dem Tage des Abschlusses an Zinsen von dem Überschusse verlangen, auch soweit in der Rechnung Zinsen enthalten sind.

§ 355 1–5   4. Buch. Handelsgeschäfte

(2) Der Rechnungsabschluß geschieht jährlich einmal, sofern nicht ein anderes bestimmt ist.

(3) Die laufende Rechnung kann im Zweifel auch während der Dauer einer Rechnungsperiode jederzeit mit der Wirkung gekündigt werden, daß derjenige, welchem nach der Rechnung ein Überschuß gebührt, dessen Zahlung beanspruchen kann.

Übersicht

	Rn
1) Allgemeines	1
2) Voraussetzungen des Kontokorrents	2–6
3) Wirkung des Kontokorrents	7–12
4) Umfang des Kontokorrents	13–15
5) Zinsen und Provisionen	16–20
6) Verfügungen über den Saldo	21, 22
7) Ende des Kontokorrents (III)	23, 24

1) Allgemeines

1 Das Kontokorrent (laufende Rechnung) reduziert eine Mehrzahl wechselseitiger Ansprüche auf eine einzige Schuld bzw Forderung (idR auf Geld, aber auch auf andere vertretbare Sachen, str, s Rn 13) der einen Seite an die andere (vereinfachende Gesamtabrechnung), BGH WM **91**, 495. **Hauptfall** ist heute das **Bankkontokorrent** (s Rn 3–4). I versucht eine Definition. I, II, III, §§ 356, 357 regeln Einzelfragen (Verzinsung, Dauer der Periode, Kündigung, Sicherungen, Saldopfändung). Lit: Staub/Canaris 2001; Staub/Grundmann, Bankkontokorrent, 2/122 ff; Herz Diss Tüb 1974 (va Zwangsvollstreckung, Insolvenzverfahren); Scherner FS Bärmann **75**, 171; RsprÜbersicht: Pikart WM **60**, 1314, **70**, 866.

2) Voraussetzungen des Kontokorrents

2 A. **Zwei** Parteien; möglich und zT entspr zu behandeln ist unmittelbare Verrechnung unter mehr als zwei Parteien (selten, uU vermieden durch Schaffung einer Zentrale, mit der jede Partei gesondert zweiseitig verrechnet).

3 B. Eine Partei ist **Kaufmann** (auch RechtsscheinKfm, § 5 Rn 9–17). Aber das **uneigentliche Kontokorrent** unter zwei nichtkfm Unternehmen (s § 1 Rn 2, Einl 71 vor § 1) und sogar unter Verbrauchern steht rechtlich gleich, zB Saldozins (Rn 17), RG **95**, 19 (wegen Novation nach § 781 BGB), Anerkenntnisform (§ 782 BGB), §§ 356, 357, Staub/Canaris 29, 30; str nur betr Zinseszinsverbot (§ 248 BGB, s Rn 18).

4 C. Es besteht eine **Geschäftsverbindung** (s Einl 3 vor § 343) auf Grund eines einzigen Dauerrechtsverhältnisses (zB Girovertrag oder Kreditverbindung, s **(7)** Bankgeschäfte Rn G/1 ff, 34 ff; GesVerhältnis) oder mit ständig neuem Geschäftsschluss (Bsp: verladendes Unternehmen und regelmäßig beauftragter Spediteur); mit der Möglichkeit (nicht Sicherheit) einer größeren Zahl von den Schuldstand ändernden Vorgängen. „Beiderseitig" bedeutet nicht, dass Ansprüche und Leistungen tatsächlich auf beiden Seiten entstehen müssen, was bei vielen Bankkonten nicht der Fall ist, üL, aA Reifner, NJW **92**, 340, vgl aber Rn 3, 18. Zum Girokonto als Kontokorrentkonto s **(7)** Bankgeschäfte Rn C/26.

5 D. Die **Kontokorrentabrede** enthält eine Vereinbarung über Inrechnungstellung, Verrechnung, Saldofeststellung nach I. Vereinbarung ist formfrei, auch stillschweigend (zB durch wiederholte Übersendung und Anerkennung eines Saldos), BGH WM **86**, 1357, **91**, 1630; nicht genügt, dass tatsächlich von Zeit zu Zeit die beiderseitigen Ansprüche verrechnet werden (durch Einzel-Aufrechnungsverträge), Kln MDR **63**, 138, Ffm WM **75**, 812. Verzinslichkeit von Einzelansprüchen

1. Abschnitt. Allgemeine Vorschriften   6–9 § 355

oder Saldo ist nicht Voraussetzung. Die Kontokorrentabrede berührt weder Bestand noch Rechtsnatur der kontokorrentgebundenen Forderungen und Leistungen, BGH WM **17**, 446 Rn 15.

E. Vereinbart sind **Kontokorrentperioden,** dh „regelmäßige Zeitabschnitte" zur Saldierung der aufgenommenen Posten, RG **115**, 396, **123**, 386, BGH **LM** § 413 Nr 1. Sie dauern nach II je 1 Jahr, sind meist nach Vereinbarung kürzer (bei Banken idR 1/2 Kalenderjahr). Denkbar ist aber auch eine einzige „Periode". 6

3) Wirkung des Kontokorrents

A. **Während der Periode** werden die unter die Kontokorrentabrede fallenden Ansprüche beider Teile gebunden (keine Verfügungen mehr, zB Abtretung, Verpfändung, Pfändung, auch Erfüllung) und von der Geltendmachung ausgeschlossen („gelähmt"), BGH WM **17**, 446 Rn 15; eine Stundung ist damit nicht verbunden (Fälligkeitszinsen), kann aber vereinbart sein (s Rn 21). Im Verhältnis zu Dritten bedeutet das, dass einzelne Ansprüche nicht abgetreten oder verpfändet sind. Trotz Lähmung ist die Klage aus Einzelanspruch nicht wirkungslos, seine Bindung im Kontokorrent muss durch **Einrede** geltend gemacht werden, BGH MDR **70**, 303. Bei **Abschluss der Periode** werden die Einzelansprüche unter Anrechnung der in der Periode erbrachten Leistungen **durch den Saldoanspruch ersetzt** („noviert"), und zwar durch abstrakten Schuldanerkenntnisvertrag, der in der Saldomitteilung der einen und dem Saldoanerkenntnis der anderen Seite enthalten ist, so stRspr, RG **125**, 416, BGH **26**, 150, **50**, 279, **58**, 260, **73**, 263, **80**, 176, **141**, 120 (dahingestellt), BFHGrS BB **90**, 2080. Das ist wegen § 356 (s dort Rn 1) und des auch von der Rspr, RG **162**, 251, **164**, 215, BGH NJW **70**, 560, **bei berechtigtem wirtschaftlichen Interesse** in Anlehnung an § 356 (s § 356 Rn 1) eröffneten **Rückgriffs auf bereits saldierte Einzelansprüche** wenig überzeugend. Die Lehre ist zwar mit der Lähmung der Einzelansprüche durch Kontokorrentbindung („bloße Rechnungsposten"), BGH **162**, 351, einverstanden, lehnt aber die Novationstheorie zutreffend ab, Hefermehl FS Lehmann **56**, 547, Blaurock NJW **71**, 2206: Einzelansprüche bestehen (undurchsetzbar) neben dem Saldoanspruch bis zu dessen Tilgung fort, Canaris DB **72**, 421, 469, FS Hämmerle **72**, 55: Verrechnung nach §§ 366, 367, 396 BGB, abstrakter neben kausalem Saldoanspruch. Der Rechnungsabschluss muss nicht als solcher bezeichnet, aber als solcher für den Kontoinhaber erkennbar sein, BGH NJW **12**, 306. 7

B. Möglich ist **automatische** Saldierung bei Ablauf der Rechnungsperiode (ohne Saldovertrag, vgl Rn 7), auf Grund einer im Voraus in der Kontokorrentabrede getroffenen Verrechnungsvereinbarung, BGH **74**, 255, **107**, 197, der antizipierte Verrechnungsvertrag wird dann durch das Saldoanerkenntnis lediglich bestätigt, einschränkend BGH **93**, 314m krit Anm Canaris ZIP **85**, 592, str. Möglich ist auch **Staffelkontokorrent,** dh sofortige Verrechnung bei jedem kontokorrentpflichtigen Vorgang (Lieferung, Leistung, Darlehen, ersatzpflichtige Auslage usw); dieser schafft oder tilgt nicht einen besonderen Anspruch, sondern ändert immer nur den Saldoanspruch, Einzelansprüche gibt es nicht. §§ 355 ff finden auf den Staffelkontokorrent analoge Anwendung, MüKo/Langenbucher 26, Oetker/Maultzsch 49, str, anders ältere Rspr. Ähnlich für Wertpapiereinkaufskommission **(13)** DepotG § 19 IV. S auch RG **123**, 386. 8

C. Das **Bankkontokorrent** (mit täglicher Saldomitteilung, idR ohne Provision, Kosten, Zinsen) ist nach BGH **50**, 280, WM **72**, 284 idR nicht Staffelkontokorrent (vgl Rn 8). Schuldumschaffende Saldierung (vgl Rn 7) erfolgt nur am Rechnungsperiodenende („Rechnungsabschluss", **Periodenkontokorrent**); BGH **50**, 280, üL, aA Hager JR **98**, 421. **Tageskontoauszüge** mit Tagessaldo dienen als reiner Postensaldo nur tatsächlichen Zwecken (Überblick, 9

§ 355 4. Buch. Handelsgeschäfte

Zinsberechnung, Verhütung von Überauszahlung); Schweigen darauf ist keine rechtsgeschäftliche Genehmigung, zB einer Überweisung zu Lasten des Kontos ohne Auftrag oder einer Belastung im früheren Einzugsermächtigungsverfahren (s 36. Aufl **(7)** Bankgeschäfte Rn D/23), sondern die rein tatsächliche Erklärung, dass der Kunde gegen die Buchung nichts einzuwenden hat, BGH **73**, 207 (so Nr 10 AGB-Spark), **95**, 108. Rückgängigmachung nach § 812 BGB wie beim Saldoanerkenntnis ist also nicht nötig. Auch keine Beweislastumkehr (Verstoß gegen **(5)** §§ 307, 309 Nr 12 BGB), jedoch Schadensersatzpflicht des Kunden aus Verletzung des Girovertrags (§ 280 BGB) bei fährlässig mangelhafter Kontrolle der Kontoauszüge, BGH **73**, 211, **95**, 108, Hamm WM **86**, 704.

Diese Kontokorrentfrage berührt nicht die (vom Giro- oder Kreditvertrag bestimmte) Höhe des jeweils für den Kunden verfügbaren Betrags, BGH **50**, 282. Möglich ist Verpflichtung des Kunden zum **Ausgleich eines** Debet-(Tages-)**Saldos** (maW zu entspr Leistung in das Kontokorrent) schon **vor Periodenschluss** und ohne Kontokorrentkündigung, BGH MDR **70**, 303, WM **72**, 287; so idR für Überziehungskredit, BGH **73**, 207. Herauslösung von Forderungen aus Kontokorrent s Rn 14. Kontokorrentkredit s **(7)** Bankgeschäfte Rn G/20. Ersatzaussonderung des auf Kontokorrentkonto gelangten Erlöses aus der Veräußerung massefremder Gegenstände, BGH **141**, 116 gegen BGH **58**, 257. Haftung von Sicherheiten (Obergrenze der niedrigste Zwischensaldo) s § 356 Rn 1–2, **Pfändung** s § 357. Ausgeschiedener Gfter s § 128 Rn 30. Lit: Staub/Grundmann 2/122 ff, Schaudwet 1967 (Bankenkontokorrent und AGB).

10 D. Nach jedem Periodenschluss, beim Staffelkontokorrent (s Rn 8) nach jeder Buchung, ist der Saldo entweder vom einen Teil mitzuteilen und vom anderen anzuerkennen (so zwischen Bank und Bankkunden) oder (wenn beide Seiten buchen) gegenseitig mitzuteilen und anzuerkennen. Mitteilung des Rechnungsauszugs mit dem Saldo (ebenso Klage auf den Saldo) enthält Antrag auf Vertragsschluss über **Anerkennung des Saldos** (§§ 780 ff BGB), vgl Rn 7. Jeder Teil erkennt dadurch zugleich die aufgenommenen Habenposten des anderen an, BGH WM **67**, 1163, **75**, 557, ebenso Vollständigkeit der Buchungen zu seinen Gunsten. Diese Wirkung ist nicht mit einer rechtsgeschäftlichen Genehmigung zu verwechseln, unbegründete Belastungsbuchungen werden durch das Saldoanerkenntnis nicht ohne Weiteres genehmigt (anders uU kraft AGB), BGH **144**, 355. Sind einzelne Posten zu Unrecht aufgenommen, macht das nicht entspr § 139 BGB die Saldierung (ganz oder zT) ungültig; das Saldoanerkenntnis steht insoweit auch nicht unter einer stillschweigenden auflösenden Bedingung der Gesamtverrechnung, so aber RG; auch findet keine verhältnismäßige Gesamtaufrechnung statt, offen BGH **93**, 313. Vielmehr werden die verbindlichen Posten unabhängig von den unverbindlichen verrechnet; Begründung und zT Ergebnis sehr str, für §§ 366, 396 BGB analog hL, Staub/Canaris 155, MüKo/Langenbucher 82, oben Rn 7, für ergänzende Vertragsauslegung Schlegelb/Hefermehl 91; für Unverbindlichkeit des Saldoanerkenntnisses und der Verrechnung als Teil davon BGH **93**, 313. Im Bankkontokorrent kommt insoweit nicht Storno wegen Buchungsfehlers ((8) AGB-Banken Nr 8 nF) in Betracht; BGH WM **72**, 285. Das unrichtige Anerkenntnis kann als rechtlich grundlos widerrufen werden, § 812 I BGB, BGH WM **75**, 557 (mit Beweislast des Benachteiligten für die Unrichtigkeit), falls nicht § 814 BGB entgegensteht (Kenntnis der Unrichtigkeit, nicht genügt fahrlässige, auch grobfahrlässige Unkenntnis), BGH WM **72**, 285. § 814 BGB steht nur bei Kenntnis der Unrichtigkeit im Zeitpunkt der Mitteilung (Saldoklagerhebung) entgegen (Weiterverfolgung der zu niedrigen Saldoklage nach Aufklärung des Irrtums ist keine neues Anerkenntnis, hindert nicht Geltendmachung des Mehrbetrags aus § 812 II BGB); BGH BB **67**, 1398, BGH **51**, 348. Auf Mitteilung kann verzichtet werden, der Verzichtende anerkennt so im Voraus, RG JW **35**, 2356. Verweigerung der Anerkennung wegen Unrichtigkeit des

1. Abschnitt. Allgemeine Vorschriften   11–14   § 355

mitgeteilten Saldos ist zulässig, auch wenn der Verweigernde Tagesmitteilungen, die schon den Fehler enthielten, unbeanstandet ließ; Anfechtung des Anerkenntnisses ist möglich, nicht wegen irriger Annahme, die Abrechnung geprüft zu haben, wenn der Anerkennende die mitgeteilte Höhe der Schuld ungefähr kannte, RG JW **35**, 2356. Das Anerkenntnis hindert nicht die Ausscheidung eines durch unerlaubte Handlung in das Kontokorrent gelangten Postens, RG **125**, 416. Stillschweigende Anerkennung s § 346 Rn 37. Bei Saldoklage ohne Saldoanerkenntnis sind alle strittigen kontokorrentpflichtigen Vorgänge, ohne Änderung der Beweislast, zu prüfen zur Klärung des Ob und Wieviel des Überschusses, BGH **49**, 26, **93**, 314. Beweislast bei Bürgschaft für Kontokorrentschuld s BGH ZIP **88**, 224, krit Reinicke/Tiedtke 545.

E. Der **Saldoanspruch** wird bei fortbestehendem Kontokorrent, wenn nicht   **11** bezahlt (s Rn 22), „vorgetragen" und am nächsten Stichtag mit den neuen Posten saldiert. Er hat eigenen Erfüllungsort (§ 269 BGB) und verjährt nach Ende des Kontokorrents in 3 Jahren (§§ 195, 199 BGB), BGH **51**, 349, WM **73**, 1015. Saldoausgleich vor Periodenschluss s Rn 9. Zu §§ 270 IV, 269 I BGB s **(7)** Bankgeschäfte Rn C/108.

F. Die **Verjährung** einer in das Kontokorrent einzustellenden Forderung ist   **12** (entspr § 205 BGB, vgl Rn 7) gehemmt bis zum Ende der bei ihrer Entstehung laufenden Rechnungsperiode, dann verjährt die Forderung nach den für sie geltenden Vorschriften. Das gilt einerlei, ob sie vertragsgemäß in das Kontokorrent eingestellt ist oder nicht. Ist sie eingestellt, wird sie durch Saldoanerkennung (vgl Rn 10) erledigt; bei Nichtanerkennung muss Gläubiger das Recht auf Anerkennung oder (nach Kontokorrentende) Zahlung innerhalb der Verjährungsfrist für die Einzelnen streitigen Forderungen geltend machen; BGH **49**, 26, **51**, 349, WM **70**, 548, **73**, 1015, **76**, 506. Ist der Saldo ohne eine einzustellende Forderung anerkannt, muss Gläubiger in der für sie geltenden Verjährungsfrist das Anerkenntnis zurückfordern (§ 812 II BGB, vgl Rn 10) und die Forderung (zur Einstellung oder Zahlung) geltend machen, BGH **51**, 348. Verjährung des (anerkannten) Saldoanspruchs s Rn 11.

4) Umfang des Kontokorrents

A. In das Kontokorrent einstellbar **(kontokorrentfähig)** sind nur buchungs-   **13** fähige Vorgänge. Auch klaglose, aber erfüllbare Ansprüche (vgl **(14)** BörsG §§ 50 ff aF); unter der auflösenden Bedingung der Erfüllungsweigerung durch Schuldner; mit Möglichkeit der Vereinbarung ihrer bevorzugten Verrechnung (Erfüllung), RG **144**, 312; dazu Canaris DB **72**, 469. Auch vorausabgetretene Ansprüche (Kontokorrentabrede geht Vorausabtretung vor), BGH NJW **09**, 2677, aber nicht insolvenzfest (s Rn 23); auch andere als Geldansprüche, sofern nicht Geldkontokorrent vereinbart ist (s Rn 1), zB Palettenkontokorrent, MüKo/Lan genbucher 34. **Nicht** nach herkömmlicher Ansicht zukünftige oder bedingte Ansprüche, aber es kommt auf den Parteiwillen an, zutr Rö/Wagner 22, 26, MüKo/Langenbucher 43, allgemeiner Oetker/Maultzsch 33; Ansprüche in anderer als der Kontokorrentwährung (wenn vereinbart, mit Gegenwert in dieser); Leistungen Dritter mit abw Weisung, BGH BB **74**, 670 (Bankkontokorrent, andere Bank überweist Betrag als Darlehen für den Kunden); Verzugszinsen beim Verbraucherdarlehensvertrag, unpfändbare Forderungen, Einlageforderungen bei Kapitalgesellschaften und Genossenschaften, MüKo/Langenbucher 35–37a.

B. **Kontokorrentgebunden** sind die aus der Geschäftsverbindung folgenden   **14** gegenseitigen Ansprüche und Leistungen, iZw alle diese, BGH WM **91**, 495; zB auch ein der Bank nicht gebührender Mehrerlös aus Verwertung von Sicherheiten des Kunden, BGH NJW **82**, 1151, Rstk WM **03**, 627; auch pfändungsfreies Arbeitseinkommen, das der Kunde auf das Konto überweisen lässt, BGH **162**, 349m krit Anm Scholz 2432, Grund: keine Zwangslage nach ZPO. Zu Unrecht

§ 355 15–18   4. Buch. Handelsgeschäfte

nicht gebuchte Posten werden doch von der Abrede erfasst, Wirkung s Rn 7; zu Unrecht gebuchte sind nicht zu verrechnen, BGH BB **59**, 59. §§ 366, 367 BGB (Anrechnung der Leistung auf mehrere Forderungen, Vorrang von Kosten, Zinsen) sind im Kontokorrentverhältnis unanwendbar, BGH **77**, 261, Hamm NJW **78**, 1166. Die Parteien können aber die vorrangige Tilgung bestimmter, in das Kontokorrent eingestellter Forderungen vereinbaren (ungewöhnlich, deshalb nur bei klarer Sonderabrede), BGH WM **91**, 495. Die Parteien können Forderungen aus Kontokorrent **herausnehmen,** auch durch stillschweigende Abrede, zB zwecks Umwandlung in Vereinbarungsdarlehen, BGH WM **72**, 287; Rückforderung nach Zurückbelastung eines Schecks (s **(8)** AGB-Banken Nr 9) und idR andere wertpapierrechtliche Regressansprüche, MüKo/Langenbucher 48.

15   C. **Mehrere Kontokorrente** unter denselben Parteien sind ohne Weiteres möglich. Jedes von mehreren Kontokorrentkonten ist ein selbstständiges Kontokorrent, zB auch bei zweckgebundenem, auf eigenem Konto geführtem Zusatzkredit über den Kreditrahmen hinaus, BGH WM **82**, 329. Konsequenz: Saldierung und Saldoanspruch nur im jeweiligen Kontokorrent, Folgen für § 366 BGB. Parteiwille im Einzelfall kann ergeben, dass nur der Gesamtsaldo der mehreren Konten geltend gemacht werden darf, zB bei gleichem Kredit- und Debetzins und Aufteilung auf mehrere Konten nur zur besseren Übersicht oder aus anderen, das Verhältnis der Parteien nicht berührenden Gründen, BGH **LM** § 355 Nr 3, WM **72**, 286. Lit: Liesecke WM **75**, 301.

5) Zinsen und Provisionen

16   A. **Zinsen** dürfen (s Rn 14–15) berechnet werden: **aus Einzelposten,** die nach Vereinbarung oder Gesetz (vor den §§ 353, 354 II) Zins tragen (zB Vorschuss des Verlegers an den Autor, § 354 II), soweit und solange der Saldo den zinspflichtigen Einzelposten deckt (zB bis dem Verlegervorschuss ein gleicher Honoraranspruch des Autors gegenübersteht). Aber unterschiedliche Verzinsung von Einzelposten widerspricht dem Vereinfachungszweck, ist deshalb iZw nicht beabsichtigt. Zinsvereinbarung für einen Einzelposten (abw von der im Übrigen zwischen den Parteien geltenden Zinsregelung) kann Herausnahme des Postens aus dem Konkokorrent anzeigen, MüKo/Langenbucher 49.

17   B. **Zinsen vom jeweiligen Saldo** (der beim Nichtstaffelkontokorrent, vgl Rn 8, jeweils zu berechnen ist): unter zwei Kflten nach § 353, sonst nach Vereinbarung. Der Zinsanspruch vom (wechselnden) jeweiligen Saldo aus der Periode wird an deren Schluss berechnet, gebucht, mitsaldiert.

18   C. **Zinsen vom Periodenschlusssaldo (Ausnahme vom Zinseszinsverbot, I):** Zinsanspruch also auch, soweit der Saldo schon (vgl Rn 16–17) Zins enthält (entgegen § 248 I BGB), Hamm WM **83**, 222; soweit reicht dann auch Kontokorrentbürgschaft, BGH **77**, 262, str. Diese Ausnahme vom Zinseszinsverbot des § 248 I BGB soll nicht für das uneigentliche Kontokorrent unter NichtKflten gelten, hL, Staub/Canaris 31, Oetker/Maultzsch 15, aA ausdehnend auf Kontokorrent unter Unternehmensträgern und NichtKflten, K. Schmidt § 21 II Rn 10, MüKo/Langenbucher 13, vgl auch K. Schmidt FS Claussen **97**, 483, auch unter NichtKflten Neuner ZHR 157 **(93)** 251 mit dem Hinweis, dass das Kontokorrent auch für diese Vorteile habe, denen gegenüber die Ausnahme von § 248 I BGB gering wiege. Entscheidend ist demgegenüber, dass §§ 355–357 im Übrigen auch unter NichtKflten Anwendung finden (s Rn 3) und dass für Verbraucherdarlehensverträge seit SMG § 497 II BGB gilt. Im Übrigen besteht ein hochentwickelter Schutz gegen überhöhte Zinsen durch die Rspr (s **(7)** Bankgeschäfte Rn G/10). I erlaubt die Vereinbarung von Zinseszinsen im Voraus, ordnet aber einen Zinsanspruch nicht an, das hängt von der Verzinslichkeit der im Saldo enthaltenen Forderungen ab. Verzinslichkeit ist kein Bestandteil des Kontokor-

1. Abschnitt. Allgemeine Vorschriften   19–23   § 355

rentbegriffs, Staub/Canaris 46, Verzinsungsvereinbarung liegt aber beim Kontokorrentverhältnis idR vor.

D. **Zinssatz:** Unter zwei Kflten für gesetzlichen und vereinbarten Zins (vgl **19** Rn 16–18) § 352. Sonst nach Vereinbarung, die uU auf Gleichstellung mit dem kfm Zins gerichtet. Möglich verschiedener Satz für Einzelposten oder Saldo, zB bei Banken. Bei wechselndem Debet-, Kreditsaldo in der Periode: Zinssaldo, zu berechnen, buchen, mitsaldieren (vgl Rn 17).

E. **Provisionen** sind zu berechnen nach § 354 oder besonderer Vereinbarung. **20** Sie sind im Bankverkehr für die Bank üblich (vgl **(8)** AGB-Banken Nr 12) und werden idR bei Periodenschluss berechnet, gebucht und mitsaldiert.

6) Verfügungen über den Saldo

A. Wann der Saldogläubiger **Auszahlung** verlangen kann, richtet sich nach **21** Vereinbarung. Im Bankkontokorrent kann iZw der Kunde seinen Kreditsaldo jederzeit abheben, die Bank einen Debetsaldo jederzeit einfordern, anders beim Kontokorrentkredit der Bank (der eben darin besteht, dass die Bank den Kunden im Debet sein lässt). In anderen Fällen (s Rn 7) kann Auszahlung iZw nur beim Periodenschluss verlangt werden; „quartalsweise Abrechnung" bedeutet idR Saldoauszahlung nur am Quartalsende. Kommen in das Kontokorrent ausschließlich oder überwiegend Verpflichtungen nur vom einen an den anderen Teil (Bsp: Unternehmer, HdlVertreter, Verlagsmitarbeiter), kann, auch stillschweigend, diesem gestattet sein, „Vorschüsse" bestimmten (oder angemessenen) Umfangs „abzuheben". Wird das Kontokorrent während einer Periode gekündigt (was nach III iZw jederzeit möglich ist), so wird der Überschuss sogleich fällig (III); dazu Rn 23–27. Herauslösung eines Postens s Rn 9. Darlegungspflicht bei Klage auf Saldo s BGH NJW **83**, 2879.

B. Auch die Möglichkeit der **Abtretung** (zB Sicherungsabtretung) oder **Ver-** **22** **pfändung** des Saldoanspruchs richtet sich nach Vereinbarung, mangels solcher nach der Art des Rechtsverhältnisses. Im Bankkontokorrent gibt es keine Abtretung des Kreditsaldos des Kunden, nur Überweisung des Saldobetrags, str. Bei anderen Kontokorrenten ist Abtretung wie Einziehung iZw nur des Saldos bei Periodenschluss zulässig (Abtretung auch im Voraus). Die Abtretung gleicht den Saldo aus wie die Einziehung. Vorausabtretung s Rn 13, 23. Aus der Pfändbarkeit des jeweiligen Saldos (§ 357) folgt nicht seine Abtretbarkeit. **Pfändung** s § 357.

7) Ende des Kontokorrents (III)

A. Das Kontokorrent **endet** mit der Geschäftsverbindung (s Rn 4, Konto- **23** korrentkredit s **(7)** Bankgeschäfte Rn G/20), BGH **74**, 135, nicht ohne Weiteres mit Ablauf der für den Kontokorrentkredit vereinbarten Frist oder mit dessen Fälligstellung, BGH WM **03**, 141, aber jederzeit nach Vereinbarung, auch stillschweigend, auch vor völliger Rückzahlung des Kontokorrentkredits, BGH WM **87**, 897. Entscheidend ist der Parteiwille, BGH WM **03**, 1418. Kündigung ist iZw jederzeit möglich, auch während einer Periode (III), auch bei Fortdauer der Geschäftsverbindung mit oder ohne weiterlaufenden Dauervertrag (dann fällt die laufende Verrechnung fort, alle Einzelansprüche sind gesondert zu begleichen oder durch besondere Erklärung aufzurechnen). Rückzahlungsanspruch nach Kündigung während der Rechnungsperiode s Rn 9. Das Kontokorrent endet mit der Insolvenz einer Partei (§§ 116 S 1, 115 S 1 InsO), BGH **70**, 93, **74**, 253, **157**, 356, NJW **09**, 2678, auch wenn der Insolvenzverwalter Kontokorrentkonto fortführt, BGH NJW **91**, 1286, vgl § 116 InsO (aber auch § 116 Satz 3 InsO über Fortbestehen von Überweisungsverträgen sowie Zahlungs- und Übertragungsverträgen mit Wirkung für die Masse, **(7)** Bankgeschäfte Rn A/58); durch Schließung des Betriebs der kontenführenden Bank von hoher Hand, BGH NJW **56**, 17. Insolvenzanfechtung von Kontokorrentverrechnun-

§ 356 1, 2 4. Buch. Handelsgeschäfte

gen, BGH **150**, 122, NJW **07**, 1069, **09**, 2307, **13**, 3031; trotz Vorausabtretung keine Insolvenzfestigkeit der kontokorrentgebundenen Forderungen und des kausalen Schlusssaldos BGH NJW **09**, 2677 (Aufgabe von BGH **70**, 86). Das Kontokorrent endet **nicht** durch Fälligwerden des im Kontokorrent abgewickelten Kredits; durch Abhebung des Saldos; bei Fehlen von Kontenbewegungen über mehrere Jahre, BGH BB **84**, 566; iZw auch durch Pfändung (s § 357). Auskunft und Rechnungslegung s **(7)** Bankgeschäfte Rn C/42, D/39. Nach Kontokorrentende fallen vom Schlusssaldo nur Verzugs-, keine Zinseszinsen mehr an, BGH NJW **91**, 1286.

24   B. Endet das Kontokorrent mit einer Saldoanerkennung, so besteht nur die **Saldoforderung**, s Rn 10. Endet es während der Dauer einer Rechnungsperiode (zB durch Kündigung, III) oder bei Ablauf einer Periode, ohne dass ein Saldo anerkannt wird, so bestehen neben der Saldoforderung aus der letzten Anerkennung noch die danach in das Kontokorrent aufgenommenen (noch nicht anerkannt saldierten) **Einzelansprüche.** Der Gläubiger des (sofort fälligen) Überschusses (III) eines ohne Rechnungsabschluss und Saldoanerkenntnis beendeten Kontokorrents hat die Aktivposten zu begründen, der Gegner die Passivposten, BGH **105**, 265, NJW **92**, 2908; doch hat der Anspruchsteller nach III so vorzutragen, dass das Gericht die eingeklagte Saldoforderung überprüfen kann, BGH NJW **91**, 2908, **14**, 1141 Rn 31. Einwendungen und Einreden gegen diese Einzelposten sind nicht beschränkt; betr Verjährung s Rn 11–12.

[Sicherheiten]

356 (1) **Wird eine Forderung, die durch Pfand, Bürgschaft oder in anderer Weise gesichert ist, in die laufende Rechnung aufgenommen, so wird der Gläubiger durch die Anerkennung des Rechnungsabschlusses nicht gehindert, aus der Sicherheit insoweit Befriedigung zu suchen, als sein Guthaben aus der laufenden Rechnung und die Forderung sich decken.**

(2) **Haftet ein Dritter für eine in die laufende Rechnung aufgenommene Forderung als Gesamtschuldner, so findet auf die Geltendmachung der Forderung gegen ihn die Vorschrift des Absatzes 1 entsprechende Anwendung.**

1) Sicherheiten für Einzelforderungen

1   A. Die für die Einzelansprüche bestellten **Sicherheiten** bleiben in Kraft. Mangels Novation ist das selbstverständlich, bei Novation wie nach der Rspr (s § 355 Rn 7) folgt dies regelwidrig aus § 356. So zB Bürgschaft (für Einzelanspruch, zu unterscheiden von Kontokorrentbürgschaft für künftige Salden, s Rn 3), Hypotheken, Pfandrechte, Zurückbehaltungsrechte, RG **162**, 251, besondere Pfandrechte wie Früchtepfandrecht, BGH **29**, 283; uU eine Aufrechnungsmöglichkeit, Hbg MDR **54**, 486, BGH BB **55**, 715; Eigentumsvorbehalt, Sicherungseigentum, Rechte aus Sicherungszessionen, Vormerkungen im Grundbuch; nach II auch die Mithaftung von Gesamtschuldnern. Auch die Gfter (§ 128) und ehemaligen Gfter (§ 128 Rn 28) haften weiter.

2   B. Die Sicherheit (auch Gfter-Haftung, s Rn 1) **gilt nunmehr** (in der ursprünglichen Höhe) **für den Saldo,** ebenso für spätere (nicht höhere) Rechnungsabschlusssalden. Änderungen in der Periode zählen nicht. **Obergrenze** ist der **niedrigste Zwischensaldo,** Wiederanstieg des verminderten Saldos ist unerheblich, BGH **26**, 150, **50**, 283, WM **91**, 495, Rö/Wagner 9, Koller/Koller 2 f, sehr str, aA mit beachtlichen Gründen MüKo/Langenbucher 12, Oetker/ Maultzsch 16; s auch § 128 Rn 30. Das gilt auch, wenn eine Sicherheit gekündigt wird (s **(7)** Bankgeschäfte Rn H/6), BGH NJW **03**, 62. § 356 gilt ua bei Sicherung eines Anspruchs in Unkenntnis seiner Erfassung durch ein Konto-

1. Abschnitt. Allgemeine Vorschriften 1–4 § 357

korrent, RG **136**, 181; bei Einbeziehung einer gesicherten älteren Forderung in ein jüngeres Kontokorrent. Der Gläubiger kann uU haftende Werte zuerst für ungesicherte, dann für die gesicherte Saldoforderung in Anspruch nehmen, BGH **29**, 283. Einstellung einer Forderung in ein Kontokorrent gegen Vereinbarung Gläubiger-Bürge wirkt nicht gegen diesen; er haftet nur für die, aus dem Kontokorrent dazu wiederauszusondernde verbürgte Forderung soweit ungedeckt, BGH BB **61**, 117.

2) Sicherheiten für den Saldo

Bedeutender als Sicherung von Einzelansprüchen ist Sicherung des **Saldoanspruchs**, durch Vertrag (Bsp: Bankkontokorrentkredit, Bierlieferung) oder Gesetz (vgl §§ 397, 440, 464, 475b: Pfandrechte). Zahlungen Dritter (Bürge, Mitschuldner usw) werden dem Schuldner im Kontokorrent gutgebracht; die beglichene Saldoforderung geht auf den Dritten über (vgl zB §§ 426 II, 774 BGB). Kontokorrent(saldo-)bürgschaft s BGH **77**, 256, NJW **96**, 719. 3

[Pfändung des Saldos]

357 [1] Hat der Gläubiger eines Beteiligten die Pfändung und Überweisung des Anspruchs auf dasjenige erwirkt, was seinem Schuldner als Überschuß aus der laufenden Rechnung zukommt, so können dem Gläubiger gegenüber Schuldposten, die nach der Pfändung durch neue Geschäfte entstehen, nicht in Rechnung gestellt werden. [2] Geschäfte, die auf Grund eines schon vor der Pfändung bestehenden Rechtes oder einer schon vor diesem Zeitpunkte bestehenden Verpflichtung des Drittschuldners vorgenommen werden, gelten nicht als neue Geschäfte im Sinne dieser Vorschrift.

1) Keine Pfändung der Einzelforderungen im Kontokorrent

Pfändung von in das Kontokorrent fallenden Einzelansprüchen ist nicht möglich, BGH **80**, 175, s § 355 Rn 7–8; Girotagesguthaben s Rn 8. Umdeutung in Saldopfändung scheitert idR, weil Identität der gepfändeten Forderung aus dem Pfändungsbeschluss erkennbar sein muss, BGH NJW **82**, 1151. 1

2) Pfändung des gegenwärtigen Saldos (§ 357)

A. § 357 Satz 1 meint den (beim Nichtstaffelkontokorrent, vgl § 355 Rn 7–8, ad hoc zu berechnenden) Saldo im Zeitpunkt der Pfändung (**Zustellungssaldo**), also nicht den Saldo (unter Ausschluss neuer Schuldposten) zZ des nächsten Periodenschlusses, BGH **80**, 176, **192**, 317, hL. Besteht kein Aktivsaldo des Pfändungsschuldners, ist die Pfändung gegenstandslos und unwirksam, str. Wirkung auf künftigen Periodenschluss-Aktivsaldo, s Rn 5–7. **Kontopfändungsschutz** nach ZPO; Pfändungsschutzkonto (P-Konto, KontopfändSchG 7.7.09 BGBl 1707), s **(7)** Bankgeschäfte Rn A/46. 2

B. Pfändung und Überweisung **lösen** iZw das Kontokorrent **nicht auf,** sondern führen nur buchungstechnisch und nur zwischen Pfändungsgläubiger und Bank zum vorläufigen Kontoabschluss, BGH **80**, 176, aA Gröger BB **84**, 28, differenzierend Zwicker DB **84**, 1713, geben Pfändungsgläubiger kein eigenes Kündigungsrecht, kein Recht zur Ausübung des Kündigungsrechts seines Schuldners (s § 355 Rn 23), RG **140**, 222 (str; nach aA § 725 BGB, § 135 HGB analog), Einziehungsrecht also nur gemäß dessen Auszahlungsrecht (§ 355 Rn 21–24). 3

C. **Beschlagwirkung:** § 829 I ZPO, Pfändung einer Geldforderung; § 835 ZPO, Überweisung einer Geldforderung. Beschlagwirkung auch für die Nebenrechte (wie bei Abtretung, §§ 412, 401 BGB), BGH WM **03**, 1891 (Auskunfts- und Rechnungslegungsanspruch aus Bankvertrag). Auslegung des Pfändungs- 4

§ 357 5–8   4. Buch. Handelsgeschäfte

und Überweisungsbeschlusses bei mehreren Girokonten nach § 133 BGB, LG Oldbg WM **82**, 679. Zeitpunkt: Zustellung an Kontokorrentpartner, § 829 III ZPO. Demgemäß wirken jüngere Sollposten nicht gegen Pfändungsgläubiger, § 357 S 1. **Ausnahme bei älterem Recht** (Pflicht) des Kontokorrentpartners, **§ 357 Satz 2**, der gepfändete Saldo ist insofern „vorbelastet" (Drittschuldnerschutz). Bsp: Stornierung älterer Scheckgutschrift auf Grund Eingangsvorbehalts nach Nichteingang, Banküberweisung auf Grund älteren Auftrags, im Dauerliefervertrag Ausführung früher vereinbarter Lieferung von Kontokorrentpartner an Pfändungsschuldner. Nicht unter S 2 fallen Zahlungen des Drittschuldners an den Pfändungsschuldner selbst, mit denen nur ein schuldrechtlicher Anspruch dieses Schuldners getilgt werden soll (§ 829 I ZPO), BGH NJW **97**, 2322. Maßgeblicher Zeitpunkt ist „Grundlegung" des Rechts. Bsp: Einlösepflicht bei vormaligen ec-schecks (s 30. Aufl **(7)** Bankgeschäfte Rn F/1) war schon mit Karten- und Formularaushändigung an Scheckaussteller angelegt, BGH **93**, 71, anders nach Wegfall der ec-Garantie (s **(7)** Bankgeschäfte Rn F/2) beim jetzigen Point-of-sale-Verfahren, BGH NJW **03**, 1257. Nicht Bestellung des Pfandrechts nach **(8)** AGB-Banken Nr 14 II für künftige Ansprüche, BGH NJW **97**, 2322. Jüngere Habenposten s Rn 5–7. Zur Erstreckung auf die Herausgabe von Kontoauszügen, BGH NJW **12**, 1081, 1223.

3) Pfändung künftiger Salden, Pfändung des Anspruchs auf Gutschrift

5   A. § 357 regelt nicht die Pfändung künftiger Kontokorrentsalden, BGH **80**, 178. Die **künftige Saldoforderung** ist aber wie andere künftige Forderungen nach §§ 829 ff ZPO pfändbar (idR wird diese Pfändung mit der des nicht ausreichenden gegenwärtigen Saldos verbunden, sog Doppelpfändung), wenn die Erwartung ihrer Entstehung ausreichend rechtlich fundiert ist, insbesondere beim Kontokorrent im Dauerrechtsverhältnis (zB des HdlVertreters zum Unternehmer, des Gfters zur Ges, des Dauerlieferers zum Dauerabnehmer). So auch beim Bankkontokorrent (vgl § 355 Rn 9). Schuldner ist frei zur Einrichtung eines anderen Kontos und Veranlassung seiner Schuldner zur Zahlung auf dieses. Zu den verschiedenen **Pfändungsmöglichkeiten beim Girokonto** s Hopt/Mülbert 111. **Pfändungsschutzkonto** s **(7)** Bankgeschäfte Rn A/46. Lit: Schläger NJW **74**, 1095, Forgach, Herz DB **74**, 809, 1851, Terpitz WM **79**, 570, Gröger BB **84**, 25 (Mehrfachpfändungen).

6   B. Die Pfändung künftiger Forderungen erstreckt sich beim Bankkontokorrent nicht nur auf den nächsten Aktivsaldo, sondern auch **alle künftigen Aktivsalden** (Tages- oder Zwischensalden) bis zur Befriedigung des Gläubigers, BGH **80**, 178, **192**, 317, Oldbg WM **79**, 591. Dem Bestimmtheitserfordernis ist bei hinreichender Bezeichnung des bestehenden Kontokorrentverhältnisses auch hinsichtlich der späteren Periodensalden genügt, BGH **80**, 181. Die Pfändung der künftigen Aktivsalden lässt die künftigen Tagesguthaben unberührt (aber s Rn 8–10), BGH **84**, 378.

7   C. Die **Pfändung des Anspruchs auf Gutschrift** (§§ 675 I, 667 BGB, s **(7)** Bankgeschäfte Rn C/90) hindert nur den Kunden an anderweitiger Verfügung; der gutzuschreibende Betrag gelangt also auf das Konto; sie begründet aber keinen Auszahlungsanspruch an Pfändungspfandgläubiger (bloße Hilfspfändung), BGH **93**, 323.

4) Pfändung künftiger Girotagesguthaben und der Kreditlinie

8   A. Pfändbar sind auch **künftige Einzelforderungen (Girotagesguthaben)** des Schuldners (Kontoinhabers) aus dem Girovertrag, soweit sie zwischen zwei Rechnungsabschlüssen entstehen und dem Schuldner verfügbar sind; weder § 613 S 2 BGB noch Kontokorrentabrede (s Rn 1) stehen entgegen; BGH **84**, 329, 373, str. Aber dazu ist eindeutig formulierter Pfändungs- und Überweisungs-

1. Abschnitt. Allgemeine Vorschriften   1   § 358

beschluss nötig, BGH **80**, 180. Die Pfändung bewirkt keine Kontensperre, BGH NJW **04**, 369, aber (abhängig von der Höhe des gepfändeten Betrags) dass kein künftiger Aktivsaldo (s Rn 6) mehr entsteht. Das zeitlich frühere Pfandrecht der Bank nach **(8)** AGB-Banken Nr 14 geht vor, BGH **93**, 326. Zur Auskunftspflicht der Bank (§ 840 ZPO) BGH **86**, 23. Der unselbstständige, nach §§ 412, 401 BGB auf den Gläubiger übergehende Nebenanspruch auf Auskunftserteilung wird von der Pfändung des Hauptanspruchs mit erfasst, BGH **165**, 60; der allgemeine girovertragliche Auskunftsanspruch des Schuldners auf Rechnungslegung sowie auf Kontoauszüge ist nicht mit erfasst und auch gar nicht pfändbar (§ 613 S 2 BGB, § 851 ZPO), BGH **165**, 53, Grund: diese Informationen stehen dem Gläubiger nicht zu und die Bank könnte sonst keinen Kontokorrentabschluss nach § 355 mehr herbeiführen. Lit: Werner/Machunsky BB **82**, 1581, BankrechtsHdb/Lwowski/Bitter § 33 (Kontenpfändung).

B. Die Pfändung künftiger Girotagesguthaben läuft ins Leere, wenn das **Konto** **9** **debitorisch** bleibt. Die Pfändung des Anspruchs auf Gutschrift ist möglich, BGH WM **73**, 893, doch gewinnt der Gläubiger dadurch keinen Auszahlungsanspruch; die Pfändung ist also nutzlos, soweit die Gutschrift nur ein Debet vermindert. Die Pfändung des Anspruchs auf Durchführung von Überweisungen ist möglich, BGH **84**, 329, **93**, 315, aA Häuser WM **90**, 129; aber ein solcher Anspruch besteht idR nicht bei debitorischen Konto.

C. Die Möglichkeit der Pfändung in offene **Kreditlinien** ist str. Keinesfalls **10** Pfändung bei bloßer Duldung der Kontoüberziehung (mangels Anspruchs, s **(7)** Bankgeschäfte Rn G/14), BGH **93**, 325. Soweit wie idR bei gewerblichen und bei vielen privaten Krediten eine Zweckbindung besteht, ist auch keine Pfändung außerhalb dieses Zweckes möglich, BGH WM **78**, 553, **00**, 265, so erst recht bei einem treuhänderisch gebundenen Sanierungskredit, BGH **147**, 201. Die Auszahlungsansprüche des Bankkunden gegen das Kreditinstitut aus einem vereinbarten **Dispositionskredit** („offene Kreditlinie") sind dagegen, wenn und soweit der Kunde den Kredit in Anspruch nimmt (einseitiges, nicht pfändbares Gestaltungsrecht, zB durch Abhebung, Überweisung oder Zustimmung zu Lastschriften), grundsätzlich pfändbar, BGH **147**, 193, **157**, 355, **192**, 318, ZIP **11**, 1324, WM **04**, 671, Saarbr WM **06**, 2212, Felke WM **02**, 1632, aA Bitter WM **04**, 1109, keine Zweckbindung bei Überlassung des Kapitals zur freien Verfügung, keine einseitige Zweckbindung durch den Vollstreckungsschuldner. Die Entscheidung über die Kreditaufnahme (Abrufrecht) ist angesichts der damit verbundenen Rückzahlungspflicht des Schuldners höchstpersönlich und nicht pfändbar, Hopt/Mülbert 281, Häuser ZIP **83**, 900, Peckert ZIP **87**, 1232, Wagner JZ **85**, 718, ZIP **85**, 854, WM **98**, 1659, in diese Richtung auch BGH **147**, 195, aA Grunsky ZZP 95 **(82)** 271. Die Pfändung des Anspruchs auf Durchführung von Überweisungen an Dritte geht mangels Deckungsgrundlage ins Leere, BGH **93**, 315.

[Zeit der Leistung]

358   Bei Handelsgeschäften kann die Leistung nur während der gewöhnlichen Geschäftszeit bewirkt und gefordert werden.

1) Leistungszeit nach BGB

A. Das HGB ändert nichts an der Regelung der **Leistungszeit** und ihrer **1** Bedeutung in § 271 BGB und an § 271a BGB (Vereinbarungen über Zahlungs-, Überprüfungs- oder Abnahmefristen, neu ZahlungsverzugsG 2014, s auch § 352 Rn 5), dazu Verse ZIP **14**, 1809; nachträgliche Stundung soll nicht erfasst sein, RegE, wegen Richtlinie aber str, Verse ZIP **14**, 1811. Ebenso gelten auch im HdlVerkehr § 604 BGB (Rückgabe der geliehenen Sache), § 488 II, III BGB

§ 359 1, 2

(Fälligkeit von Darlehenszinsen und -kapital), §§ 608, 609 BGB (Fälligkeit von Rückerstattung und Entgelt beim Sachdarlehen), § 641 BGB (Fälligkeit des Werklohns), § 721 BGB (Gewinnverteilung unter Gftern, für OHG, KG §§ 120, 121, 167, 169 HGB). Abweichungen von § 271 I BGB können aus anderer „Bestimmung" (durch besondere Vorschrift, s oben, oder Abrede) folgen oder aus den (nach Treu und Glauben gewerteten) Umständen, auch aus HdlBrauch (§ 346), zB aus Anwendung von Klauseln wie „freibleibend", „so schnell wie möglich" (§ 346 Rn 40). § 271 II BGB ist nur Auslegungsvorschrift. Das Recht des Schuldners, vor Fälligkeit zu leisten, entfällt ua, wenn Gläubiger am Aufschub der Leistung bis zur Fälligkeit berechtigtes Interesse hat.

2 B. Ist keine Zeit vertraglich bestimmt, so ist notfalls der Parteiwille durch **Auslegung** zu ermitteln (s § 346 Rn 1). **Stundung** bei Vertragsschluss (s Rn 1) muss der Verkäufer widerlegen, spätere der Käufer beweisen, RG **68**, 305. Über gewisse **Klauseln:** auf „Besserung", „prompt", „freibleibend", „so schnell als möglich" s § 346 Rn 40. Unerhebliche **Überschreitung** der Erfüllungszeit rechtfertigt idR keine schwerwiegenden Folgen (anders natürlich bei Fixgeschäften uä). Die Verfallklausel (kassatorische Klausel: bei nicht rechtzeitiger Zahlung einer Rate wird das Kapital fällig) ist so zu verstehen, dass Verschulden Voraussetzung ist (strengere Haftung nach § 276 I 1 BGB bleibt aber unberührt), hM. Bei Zahlung vor Fälligkeit, auch einer unverzinslichen Geldschuld, darf Schuldner iZw keinen Abzug (**Skonto**) machen, § 272 BGB.

2) Leistung nur während der gewöhnlichen Geschäftszeit

3 Schon aus § 242 BGB folgt, dass der Schuldner nur zur üblichen Zeit leisten darf. Diese übliche Zeit ist bei Kflten eben die Geschäftszeit, bei Banken zB die Zeit, in der die Schalter geöffnet sind. § 358 ist anwendbar, auch wenn der Leistende NichtKfm ist, sofern auf Seiten des Leistungsempfängers ein HdlGeschäft vorliegt. Die Art der Leistung bleibt gleich. Für Willenserklärungen gilt § 358 nicht. Es entscheidet die gewöhnliche Geschäftszeit im betr HdlZweig und am Leistungsort. Auch die **Nacht** kann gewöhnliche Geschäftszeit sein, ebenso ein **Sonn- oder Feiertag**. Leistung außerhalb der Geschäftszeit kann der Gläubiger zurückweisen, kommt also damit nicht in Annahmeverzug; anders wo die Zurückweisung gegen Treu und Glauben verstieße, RG **92**, 211. Nimmt er die Leistung an, so ist erfüllt. Die Aufforderung zur Leistung ist an die Geschäftszeit nicht gebunden. Der Samstag erhielt durch G 10.8.1965 BGBl 753 eigenes Recht, er ist nicht Sonn- und Feiertagen gleichgestellt, Spiegel BB **65**, 1001.

[Vereinbarte Zeit der Leistung; „acht Tage"]

§ 359
(1) Ist als Zeit der Leistung das Frühjahr oder der Herbst oder ein in ähnlicher Weise bestimmter Zeitpunkt vereinbart, so entscheidet im Zweifel der Handelsbrauch des Ortes der Leistung.

(2) Ist eine Frist von acht Tagen vereinbart, so sind hierunter im Zweifel volle acht Tage zu verstehen.

1) Frühjahr, Herbst uä (I)

1 I gibt eine Regel über räumliche Konflikte: die Bedeutung unbestimmter Zeitangaben richtet sich iZw nach dem **Handelsbrauch** (soweit er erheblich ist, § 346 Rn 1–2) **des Leistungsorts,** nicht zB des (etwa abw) Schuldner- oder Gläubigersitzes.

2) „Acht Tage" (II)

2 Über Fristrechnung s §§ 187 ff BGB. **„Acht Tage"** sollen iZw (oft wird aus Brauch oder Vertragsumständen anderes hervorgehoben) entgegen beliebter Aus-

1. Abschnitt. Allgemeine Vorschriften 1–3 § 360

drucksweise wirklich 8 Tage, nicht 1 Woche (7 Tage) bedeuten. Soll diese Frist von der Vereinbarung oder von einem Ereignis x an laufen, so zählt der Tag der Vereinbarung oder des Ereignisses x nicht mit, § 187 I BGB. Fristablauf s § 193 BGB.

[Gattungsschuld]

360 Wird eine nur der Gattung nach bestimmte Ware geschuldet, so ist Handelsgut mittlerer Art und Güte zu leisten.

1) Gattungsschuld nach BGB

A. Die **Gattungsschuld** (§ 243 BGB) steht im Gegensatz zur **Stückschuld** 1 **(Speziesschuld).** Während bei dieser ein bestimmtes (konkretes) Einzelstück (das immer ein solches war oder aus einer Gattung ausgesondert wurde) zu leisten ist, ist die Gattungsschuld nur allgemein (abstrakt), nach Art und Zahl, bestimmt. **Beschränkte Gattungsschuld** heißt die Verpflichtung, aus einem bestimmten Vorrat eine bestimmte Menge zu liefern, zB: Quantität x Melasse eigener Erzeugung des Schuldners, RG **93**, 143, Zahl y Masten von bestimmtem Lagerplatz, RG **108**, 420, x Tonnen Öl aus der Ladung des Schiffes Z, BGH WM **73**, 363 (Pflicht zur Lieferung der ganzen Ladung ist Speziesschuld, Hbg SeuffA **65**, 160). Bei unverschuldetem Untergang der beschränkten Gattung wird der Schuldner von Primär- und Sekundärleistungspflichten frei, RG **108**, 420, bis dahin steht er im Rahmen des übernommenen Risikos für seine Lieferfähigkeit ein (§ 276 I 1 BGB, entscheidend Übernahme des Beschaffungsrisikos, nicht wie vor SMG Gattungsschuld), es sei denn, er muss nach Treu und Glauben die nicht voll ausreichende Masse auf mehrere Gläubiger verteilen. Bei beschränkter Gattungsschuld folgt aus § 243 BGB, § 360 HGB zweierlei: (1) zu liefern ist Mittelgut der (beschränkten) Gattung, (2) das Gelieferte muss HdlGut mittlerer Art und Güte sein, zB ungetrübtes Öl; wurde die Ölladung des Schiffes Z (vgl oben) trüb, hat Verkäufer wenn möglich (zumutbar) die Trübung zu beseitigen; BGH WM **73**, 363.

B. **Konzentration** (Konkretisierung) der Gattungsschuld, § 243 II BGB, 2 nennt man die Bestimmung der zu leistenden Einzelstücke, durch welche die Gattungsschuld zur Stückschuld wird. Sie geschieht nicht schon mit der Ausscheidung durch den Schuldner (er kann nicht einseitig die Gattungsschuld in eine Stückschuld verwandeln), sondern erst, wenn er das zur Leistung seinerseits Erforderliche getan, dh bei Bringschulden am Wohnort des Gläubigers, bei Holschulden, wenn er eine den gesetzlichen und vertraglichen Erfordernissen genügende Sache angeboten hat, RG **69**, 408. Bei Schickschuld genügt Absendung (Übergabe an die Transportperson). Der Gläubiger kann nunmehr diesen Gegenstand verlangen, der Schuldner nur durch Leistung dieses die Schuld erfüllen. Vertragswidriges Verhalten des Gläubigers kann den Schuldner nach Treu und Glauben von Lieferung der bestimmten Ware befreien; so namentlich bei Annahmeverzug. Lit: Huber FS Ballerstedt **75**, 327, van Venrooy WM **81**, 890.

2) Gattungsschuld nach § 360

A. § 360 spricht statt von der Gattungsschuld schlechthin (§ 243 BGB) von 3 der Gattungs**waren**schuld (ganz entspr gilt für andere Gattungsschulden, s Rn 1) und verlangt statt „Sachen mittlerer Art und Güte", **„Handelsgut mittlerer Art und Güte",** was sowohl eine Erhöhung wie eine Minderung der verlangten Qualität bedeuten kann (der Hdl hat uU für schlechte Qualitäten Verwendung, die der Privatverkehr nicht brauchen kann). Er gilt auch bei einseitigem HdlGeschäft, § 345, aber vernünftigerweise nicht, wenn der NichtKfm Schuldner ist, denn vom NichtKfm kann auch ein Kfm kein „HdlGut" fordern. HdlGut mitt-

§ 361 1–3 4. Buch. Handelsgeschäfte

lerer Art und Güte ist Ware, wie sie im HdlVerkehr am Erfüllungsort **üblich** ist. Vor allem ist also immer HdlGut zu liefern; selbst wo sich der Käufer schlechteste Beschaffenheit gefallen lassen muss, RG JW **38**, 2411, also nicht Ware, die zwingenden gesetzlichen Vorschriften nicht genügt. Im Übrigen kann je nach Sachlage eine an sich gute Ware nicht genügen, eine mangelhafte genügen. „Mittlere Art und Güte" bedeutet Durchschnittsware. Es bestimmt zunächst der Schuldner; der Gläubiger kann, wenn nicht entspr geliefert, die Rechte aus § 437 BGB geltend machen.

4 B. Die Verpflichtung, **Ware geringerer Art und Güte** anzunehmen, kann aus Vertrag (auch stillschweigender Vereinbarung), aus Treu und Glauben folgen oder gar aus dem Gesetz, wo es etwa eine fremde Beimengung vorschreibt, wie bei Treibstoff. Übliche derartige Klauseln sind „tel quel" und die Besichtigungsklausel; s § 346 Rn 40. Beweispflichtig ist der Verkäufer, nach Annahme der Ware der Käufer, § 363 BGB.

[Maß, Gewicht, Währung, Zeitrechnung und Entfernungen]

361 Maß, Gewicht, Währung, Zeitrechnung und Entfernungen, die an dem Orte gelten, wo der Vertrag erfüllt werden soll, sind im Zweifel als die vertragsmäßigen zu betrachten.

1) Übersicht

1 A. § 361 gibt eine Regel zur **Auslegung** von in Verträgen gebrauchten Worten, die an verschiedenen Orten verschiedene Bedeutung haben. **Maße** (dh Längen-, Flächen- und Raummaße) und **Gewichte** sind in Deutschland durch G über Einheiten im Messwesen idF 22.2.85 BGBl 408 vereinheitlicht (vgl a EinhV 13.12.85 BGBl 2272); aber international sind Verwechslungen möglich, dann gilt bei Anwendbarkeit deutschen Rechts § 361. Für **Zeitrechnung** und **Entfernungen** (die eigentlich unter Längenmaße fallen) gilt ähnliches (Zeitrechnung s § 359 II). § 361 hilft nicht gegen Zweideutigkeit eines Worts an ein und demselben Orte, zB **Temperaturgrade**, hier kommt es auf die Sprachübung des Handels an: x Grad (zB Leistung einer Kühlanlage) sind in der BRD regelmäßig x Grad Celsius, nicht Réaumur. § 361 ist auch anzuwenden, wenn der Vertrag gar nichts über die **Währung** einer Geldschuld sagt; dann gilt iZw die Währung des Erfüllungsorts (und nicht nur bei vertraglichen, sondern bei allen Geldschulden); die Höhe der Schuld ist dann eine zweite Frage.

2 B. **Erfüllungsort** (§ 269 BGB) ist für Maß und Gewicht der Lieferungsort, für die Währung der Erfüllungsort der Zahlungsschuld. Demnach ist iZw in Euro zu zahlen, wenn die Ware in ein Land außerhalb der Euro-Zone zu liefern, aber Zahlung innerhalb dieser zu leisten ist, vgl RG **106**, 100. Wer in einer anderen Währung als Euro entstandene Schäden oder Aufwendungen zu ersetzen hat, schuldet idR diese andere Währung, bei Zahlbarkeit im Inland iZw auch zahlbar in Euro nach dem Kurs zurzeit der Zahlung (§ 244 BGB), s Rn 3; uU, zB wenn der Geschädigte (Inländer) nachweislich den Verlust aus seinem Euro-Vermögen ausgeglichen hat, geht der Anspruch von vornherein auf Euro, nämlich auf den so mittelbar in Euro eingebüßten Betrag; § 361 ist hier nicht wesentlich; vgl aber RG **120**, 81 (Aufwendung), OGH **2**, 387 (Kollisionsschaden). Zu §§ 270 IV, 269 I BGB s **(7)** Bankgeschäfte Rn C/108.

2) Währung

3 Eine Geldschuld ist **in einer anderen Währung als Euro ausgedrückt** (§ 244 BGB), wenn der Vertragsinhalt die Geldleistung in dieser Währung bezeichnet, RG **109**, 62. Ist eine Fremdwährungs(=Valuta)schuld im (Währungs-)Inland (dh seit der Euro-Einführung: im Euro-Raum, Grothe ZBB **02**, 9) zu

1. Abschnitt. Allgemeine Vorschriften 1, 2 § 362

zahlen, so muss das in Valuta geschehen nur bei ausdrücklicher Vereinbarung (üblicher „effektiv"), nicht schon bei Bezeichnung der Schuld in Valuta oder einseitigem Verlangen des Gläubigers. Mündliche Vereinbarung ist gültig; aus Unterlassung schriftlicher Niederlegung der Effektivklausel zu schriftlichem Vertrag kann folgen, dass bei Unwirksamkeit der Klausel deshalb nicht (nach § 139 BGB) der ganze Vertrag unwirksam sein soll, RG JW **26**, 2838. Der Schuldner kann mangels Effektivklausel wählen, ob er in Valuta oder Euro zahlen will (facultas alternativa des Schuldners). Ferner ist Devisenrecht zu beachten, vgl **(7)** Bankgeschäfte Rn N/1. Zahlungszeit ist die Zeit der wirklichen Zahlung, RG **101**, 312. Kurswert ist der Börsendevisenkurs (Briefkurs), und zwar derjenige, zu dem die Devisen tatsächlich erhältlich ist. § 244 BGB gilt grundsätzlich auch bei Unmöglichkeit oder Ungewissheit der Möglichkeit des Umtauschs (Konvertierung) von Euro in die andere Währung, vgl RG **111**, 317, doch ist dem Gläubiger in diesem Falle nach Treu und Glauben das Recht auf (dem Schuldner zumutbare) Schulderfüllung in anderer Form zu geben, zB auf Zahlung einer dritten (dem Schuldner erhältlichen) ausländischen Währung oder Stehenlassen der Schuld bis zum Eintritt der Konvertibilität. Die **Geldsortenschuld** (§ 245 BGB) ist praktisch ausgestorben. Vgl über Sortenklausel zur Wertsicherung RG **151**, 36 (kein Recht zur Erfüllung in RM). § 245 BGB ist (idR) nicht anwendbar auf die Vereinbarung der Zahlung in bestimmten Arten von Buchgeld („Sperrmark", „Askimark", „Reiselire" usw). Ist solches nicht erhältlich, so fällt iZw der ganze Vertrag weg (§ 139 BGB). Lit: Komm zu §§ 244, 245 BGB.

Umstellung in den meisten EU-Mitgliedstaaten auf **Euro** zum 1.1.99, Übergangsphase (DM als Euro-Untereinheit) bis 31.12.01 Euro alleiniges gesetzliches Zahlungsmittel seit 1.1.02, Umrechnungskurs 1,95583 DM = 1 Euro, wegen bloßer Währungsumstellung (nicht -reform) Vertragskontinuität (nur Änderung der Zahlen und Bezeichnungen, nicht der Werte), s EGEuroVOen 3.5.98 EuZW **98**, 402, 31.12.98 EuZW **99**, 99 und deutsche Euro-EGe (Anpassung der Gesetzgebung an die neue Währung, ggf Glättung von Schwellenwerten), dazu Rehbein WM **98**, 997, Dierdorf NJW **98**, 3145, Schorkopf NJW **01**, 3734, Wagner NJW **01**, 3743. 4

[Schweigen des Kaufmanns auf Anträge]

362 (1) ¹**Geht einem Kaufmanne, dessen Gewerbebetrieb die Besorgung von Geschäften für andere mit sich bringt, ein Antrag über die Besorgung solcher Geschäfte von jemand zu, mit dem er in Geschäftsverbindung steht, so ist er verpflichtet, unverzüglich zu antworten; sein Schweigen gilt als Annahme des Antrags.** ²**Das gleiche gilt, wenn einem Kaufmann ein Antrag über die Besorgung von Geschäften von jemand zugeht, dem gegenüber er sich zur Besorgung solcher Geschäfte erboten hat.**

(2) **Auch wenn der Kaufmann den Antrag ablehnt, hat er die mitgesendeten Waren auf Kosten des Antragstellers, soweit er für diese Kosten gedeckt ist und soweit es ohne Nachteil für ihn geschehen kann, einstweilen vor Schaden zu bewahren.**

1) Vertragsabschluss im Privatverkehr; § 663 BGB

A. Verträge kommen idR zustande durch **Antrag** und **Annahme**, §§ 145, 146 BGB; die Annahme ist idR dem Antragenden zu erklären; anders wenn dieser hierauf verzichtete oder diese Erklärung nicht üblich ist, § 151 BGB; auch muss dann aber eine (nur eben nicht empfangsbedürftige) Annahme erfolgen, dh der Annahmewille betätigt sein. Sonst fehlt es am Vertrag. 1

B. § 663 BGB ändert daran nichts, sondern verpflichtet als gesetzlich geregelter Fall von §§ 311 II, 241 II BGB nur zum **Schadensersatz** nach § 280 BGB. 2

§ 362 3–5
4. Buch. Handelsgeschäfte

§ 663 gilt, wenn jemand zur Besorgung gewisser Geschäfte öffentlich bestellt ist oder sich öffentlich erboten hat (S 1) und wenn sich jemand dem Auftraggeber gegenüber zur Besorgung gewisser Geschäfte erboten hat (S 2). § 663 (bei Auftrag, iVm § 675 I BGB auch bei Dienst- und Werkverträgen, die eine Geschäftsbesorgung zum Gegenstand haben) verpflichtet den Antragsempfänger, der nicht unverzüglich (dh schuldhaft s § 121 I 1 BGB) die Ablehnung mitteilt, zum Ersatz des Vertrauensschadens (negatives Interesse), RG **104,** 267. Geschäftsbesorgung ist jede wirtschaftliche Tätigkeit für andere, auch eine rein tatsächliche, die kein dauerndes Dienstverhältnis begründet, vgl RG **97,** 65, nicht also HdlVertretung (§§ 83 ff). Öffentliche Bestellung zur Besorgung gewisser Geschäfte s RG **50,** 392 (zu § 407 ZPO). Öffentliches Erbieten s RG **104,** 267 (Spediteur).

2) Vertragsschluss im Handels- und Berufsverkehr; § 362 HGB

3 A. Unter den Voraussetzungen des § 362 kommt es anders als nach § 663 BGB (s Rn 2) nicht nur zu einer Schadensersatzhaftung, sondern zu einer Vertragshaftung. Regelungsgrund des § 362 ist der Schutz des **Handels- und Berufsverkehrs,** ähnlich Oetker/Maultzsch 7. In diesem Sinne kann auch von einem Fall der Vertrauenshaftung gesprochen werden, Staub/Canaris 4. § 362 trifft nach **I 1** Kflte (§§ 1–5; uU so auftretende NichtKflte, s § 5 Rn 9–17; entspr Anwendung auf „kaufmannsähnliche", dh selbstständig beruflich am Markt tätige NichtKflte (Staub/Canaris 8, Koller/Roth 5, aA Oetker/Maultzsch 10, Ebenroth/Eckert 9), deren Gewerbebetrieb die **Besorgung von Geschäften für andere** mit sich bringt; Geschäfte für einen andern besorgt, wer (außerhalb eines dauernden Dienstverhältnisses) eine an sich dem anderen zukommende Tätigkeit, rechtsgeschäftlicher oder tatsächlicher Art, diesen abnimmt, RG **97,** 65, BGH **46,** 47; s § 1 II Nr 2, 4–9; auch idR Bank- und Börsengeschäfte, s **(7)** Bankgeschäfte Rn A/4, **(14)** BörsG; nicht zB Kaufgeschäfte uä, wenn ihm die Besorgung „solcher Geschäfte" angetragen wird, zB nicht bei Umzugstransportauftrag an einen Möbelhändler, Wertpapierkaufauftrag an Fabrikanten (Gewerbe- und Berufseinschlägigkeit); unerheblich ist, ob Kfm der Sparte x (zB Spediteur) gerade Geschäfte der Art des angetragenen regelmäßig ausführt, aber s Rn 5. Weitere Voraussetzungen: Der Antrag muss hinreichend bestimmt sein, und er muss von jemand kommen, mit dem der Kfm in **Geschäftsverbindung** steht, dh in geschäftlicher Beziehung, die (objektiv) auf gewisse Dauer angelegt ist (Einl 3 vor § 343), BGH WM **88,** 1134. Lit: Hopt AcP 183 **(83)** 686.

4 B. § 362 gilt nach **I 2** ferner für jeden Kfm (§§ 1–5, s auch § 5 Rn 9–17), wenn ihm ein Antrag (gleich ob im Rahmen dessen, was er regelmäßig betreibt) zugeht von jemand, dem er sich **zur Besorgung solcher Geschäfte** (wie nun angetragen) **erboten** hat. Öffentliches Erbieten genügt nicht zur Anwendung des § 362 (aber für § 663 BGB, s Rn 2), aber Erbieten an viele, zB durch Rundsendung einer Werbedrucksache (an x Adressen je in besonderem Stück).

3) Folge versäumter Ablehnung

5 A. Mangels unverzüglicher (§ 121 I 1 BGB, Verschulden ist aber nicht unerlässlich, der Kfm trägt sein unternehmerisches Organisationsrisiko, auch bei Unkenntnis des Antrags, Staub/Canaris 18, aA Oetker/Maultzsch 26: Verschuldensprinzip) Antwort **gilt** der Antrag **als angenommen,** das Vertragsverhältnis kommt zustande, **I 1, 2.** Darauf kann sich auch der Schweigende berufen, str; nach aA Wahlrecht des anderen Teils. Nur Schweigen schadet, nicht Antwort, die die Vertragsverhandlungen in der Schwebe hält (dann aber uU Vertrauenshaftung wegen Abhaltung von anderweitiger Vorsorge), BGH NJW **84,** 866; auch nicht unklare Antwort, die nicht deutlich macht, ob angenommen oder abgelehnt wird (zB: „Antrag zur Kenntnis genommen", anders etwa „Antrag notiert"). Rechtzeitige Absendung der Ablehnung dürfte genügen, so dass das Zugangsrisiko den Antragenden trifft. Ist einmal abgelehnt, entfällt bei neuem Antrag unter nicht

1. Abschnitt. Allgemeine Vorschriften § 363

wesentlich geänderten Umständen die Ablehnungspflicht, dh Anwendbarkeit von § 362, auch § 663 BGB. **Verkehrschutzgrenzen** sind subjektiv die Bösgläubigkeit des Antragenden (nur Kenntnis, aA Staub/Canaris 26); objektiv darf der Antrag keinen solchen Inhalt haben, dass im Verkehr verständigerweise nicht mit der Annahme zu rechnen ist, zB bei im Verkehr bekannten Spezialisierungen, Hopt AcP 183 **(83)** 689, Staub/Canaris 27, aA Oetker/Maultzsch 34 f.

B. **Anfechtung** durch Antragsempfänger ist möglich nach §§ 119–124 BGB, 6 jedoch nicht aus dem Grunde (§ 119 I BGB), dass er durch sein Schweigen nicht habe annehmen wollen, denn darauf kommt es nach § 362 gerade nicht an, Staub/Canaris 22; nach aA scheidet Anfechtung im Verkehrsinteresse („unverzüglich") bei Sorgfaltspflichtverstoß überhaupt aus; vgl § 346 Rn 32, 39. **Geschäftsfähigkeit**, ggf **Vertretungsmacht** dessen, dem der Antrag für den Kfm zugeht, sind Voraussetzung des Zustandekommens des Vertrags auch im Falle des § 362.

4) Fürsorgepflicht für Waren (II)

In den beiden Fällen des § 362 (s Rn 3–4) muss auch der ablehnende Kfm 7 mitgesandte Waren auf Kosten des Antragstellers (dh Antragenden) einstweilen vor Schaden bewahren, wenn er für die Kosten irgendwie gedeckt ist, und sei es nur durch die Ware selbst (Zurückbehaltungsrecht nach § 273 I BGB, ggf § 369), und es ohne Nachteil für ihn geschehen kann, er dadurch keinen Schaden leidet. Der Kfm kann die Ware auch bei einem anderen lagern; er muss sie geeignetenfalls versichern. Für Verwahrung fällt Lagergeld u Provision an, § 354. „Mitgesandt": die Waren müssen (wenn auch gesondert gesandt) zum Auftrag in Beziehung stehen. „Einstweilen": bis der Absender normalerweise selbst Vorsorge treffen kann. Verstoß macht ersatzpflichtig (§§ 280, 311 II BGB).

5) Internationaler Verkehr

Zum Schweigen im internationalen Hdl- und Berufsverkehr s § 346 Rn 38; 8 zum Bestätigungsschreiben § 346 Rn 29.

[Kaufmännische Orderpapiere]

363 (1) ¹**Anweisungen, die auf einen Kaufmann über die Leistung von Geld, Wertpapieren oder anderen vertretbaren Sachen ausgestellt sind, ohne daß darin die Leistung von einer Gegenleistung abhängig gemacht ist, können durch Indossament übertragen werden, wenn sie an Order lauten.** ²**Dasselbe gilt von Verpflichtungsscheinen, die von einem Kaufmann über Gegenstände der bezeichneten Art an Order ausgestellt sind, ohne daß darin die Leistung von einer Gegenleistung abhängig gemacht ist.**

(2) **Ferner können Konnossemente der Verfrachter, Ladescheine der Frachtführer, Lagerscheine sowie Transportversicherungspolicen durch Indossament übertragen werden, wenn sie an Order lauten.**

1) Orderpapier, Orderklausel

A. **Orderpapiere** sind Wertpapiere, die dem Inhaber die Möglichkeit geben, 1 die verbrieften Rechte in besonderer Form (Indossament, s § 364) mit besonderen Wirkungen (nämlich erhöhter Sicherung des Erwerbers, s §§ 364, 365) zu übertragen. Diese Möglichkeit gilt ohne Weiteres für Wechsel, Scheck, Namensaktie, Art 11 I WG, Art 14 I ScheckG, § 68 AktG (gesetzliche, „geborene" Orderpapiere). Nach § 363 I, II können bestimmte Papiere privatautonom zu Orderpapieren gemacht werden, und zwar durch **Orderklausel** im Papier, nach der die dem Papier gemäß geschuldete Leistung ggf demjenigen zu erbringen ist, den der (bestimmt bezeichnete, RG **14**, 102, **78**, 151) Erstberechtigte, ein Dritter

§ 363 2–4
4. Buch. Handelsgeschäfte

oder der Aussteller selbst (Papier „an eigene Order", RGJW **30**, 1376) durch das Indossament bezeichnen wird (gewillkürte, „gekorene" Orderpapiere), so die in I, II genannten Papiere. Bei Wechsel und Scheck, nicht Aktien, kann man durch eine negative Orderklausel die Übertragbarkeit ausschließen (Art 11 WG, Art 5 ScheckG: „nicht an Order"). Schecks kann man auch auf den Inhaber stellen (zB Zusatz „oder Überbringer"), Art 5 ScheckG.

2 B. Anweisungen auf einen Kfm, Verpflichtungsscheine eines Kfms, die nicht § 363 I entsprechen (Leistungsgegenstand, Gegenleistung, Betriebszugehörigkeit, vgl Rn 3–4) oder nicht an Order gestellt sind, unterliegen dem **BGB** (va §§ 398 ff, 783 ff). Einige orderpapierähnliche Wirkungen können vereinbart werden, RG **108**, 441 („Bezugschein", Einwendungsverzicht entspr § 364 II). Eine Leistung „an Order stellen" heißt uU nur: das Recht auf sie übertragbar machen, vgl RG **119**, 122. Ist ein Schein auf einen bestimmten Gläubiger allein ausgestellt, so kann dieser ihn nicht durch Offenlassen des Namens des neuen Gläubigers im Übertragungsvermerk zum Orderpapier machen, RG **117**, 146. Nicht unter §§ 363 ff fallen Namensschuldverschreibungen des Kapitalmarkts, Koller WM **81**, 474, aA Kümpel WM Sonderbeil 1/**81**; auch nicht das Spediteur-„Forwarders Receipt" (FCR, Empfangsbescheinigung); durch dessen Übergabe erfolgt keine Übereignung (§ 931 BGB), jedenfalls wenn gleichzeitig über die Ware ein Verfrachter-Order-Konnossement ausgestellt ist, BGH **68**, 18. Zu den von § 363 nicht erfassten Papieren mit Orderklausel Staub/Canaris 77 mit vorsichtiger Analogie.

2) Kaufmännische Anweisungen und Verpflichtungsscheine (I)

3 A. Kfm **Anweisung (I 1)** ist Anweisung iSv §§ 783 ff BGB, die auf einen Kfm (s §§ 1–5) ausgestellt ist; nicht RechtsscheinKfm (§ 5 Rn 9–17), Grund: Schutzfunktion der Beschränkung auf Kflte, str. Der Angewiesene muss Kfm zurzeit der Begebung sein. Der Anweisende (Aussteller) und der Dritte brauchen nicht Kflte zu sein. Die Anweisung braucht nicht HdlGeschäft iSv §§ 343 ff zu sein. Die Leistung darf nicht in der Anweisungsurkunde (aber vertraglich außerhalb) von einer Gegenleistung abhängig gemacht sein. Davon zu unterscheiden sind Akkreditiv, Kreditbrief und ähnliche Formen, die § 783 BGB nicht entsprechen und nur Anweisung iwS sind, s **(7)** Bankgeschäfte Rn K/1. Die Anweisung kann vom Angewiesenen durch Vermerk auf der Anweisung angenommen werden, er wird dadurch dem Anweisungsempfänger zur Leistung gemäß der Anweisung verpflichtet, § 784 BGB. Nach RG **136**, 210, BGH WM **55**, 1324 genügt dazu nicht (entspr Art 25 I 3 WG) die bloße Namensschrift (auf der Vorderseite), str. Bei mangels Angabe von Ausstellungsort und -tag **nichtigem Wechsel** ist **Umdeutung** in eine kfm Anweisung möglich (§ 140 BGB), wenn er den Erfordernissen einer solchen genügt, insbesondere der Empfänger angegeben, zB an eigene Order des Ausstellers gestellt ist (vgl Art 3 I WG); dies ist auch zulässig bei der kfm Anweisung; der Umdeutung steht nicht etwa die Ungebräuchlichkeit der kfm Anweisung entgegen; die Annah me des nichtigen Wechsels ist umdeutbar in Annahme der Anweisung (§ 784 BGB), mindestens die ausdrückliche („angenommen", vgl oben); Bambg NJW **67**, 913. Vgl ähnlich RG HRR **29**, 2073 (fehlerhafter eigener Wechsel: kfm Verpflichtungsschein), anders RG LZ **15**, 441, JW **30**, 1376, **35**, 1778.

4 B. Kfm **Verpflichtungsschein (I 2):** KfmBegriff, Betriebszugehörigkeit (§ 343 I) vgl Rn 3; § 344 gilt hier unmittelbar. Der Verpflichtungsgrund darf, muss nicht angegeben sein, RG **44**, 230. Bsp: Orderschuldverschreibungen; für Reisecheck str, Oetker/Maultzsch 14, vgl **(7)** Bankgeschäfte Rn E/9; über entsprechende Anwendung des § 793 II 2 BGB (Inhaberschuldverschreibung, faksimilierte Unterschrift) RG **74**, 340. Umdeutung (Wechsel) vgl Rn 3.

1. Abschnitt. Allgemeine Vorschriften 1, 2 § 364

3) Wertpapier des Fracht- und Lagerrechts (II)

Orderpapier bei Orderklausel sind nach II auch Konnossemente (der Seeschiff- 5
fahrt), §§ 513 ff; Ladescheine der Frachtführer, §§ 443 ff HGB, § 72 BinnSchG;
Lagerscheine (Bindung an staatliche Ermächtigung durch TRG beseitigt),
§§ 475c ff; Bodmereibriefe, §§ 628 ff; Beförderungsversicherungsscheine (Transportversicherungspolicen) der See- oder Binnenbeförderung, § 784 HGB, § 3 nF
VVG. Die Ausdehnung über die klassischen Warendokumente (Konnossement,
Ladeschein, Orderlagerschein) hinaus auf die Dokumente des modernen Transports wird von der üL bisher noch abgelehnt, Ebenroth/Hakenberg 16, überzeugender ist eine vorsichtige Analogie, sofern diese Papiere als Orderpapiere
ausgestaltet werden, zB Multimodal Transport Bill of Lading, CT-Document,
nicht aber Forwarder's Certificate of Receipt, Oetker/Maultzsch 26.

4) Traditionspapiere (§§ 448, 475g, 650)

S Staub/Canaris Rn 95 ff, MüKo/Langenbucher 59 ff, Oetker/Maultzsch 15 ff, 6
und unten bei § 448.

[Indossament]

§ 364

(1) **Durch das Indossament gehen alle Rechte aus dem indossierten Papier auf den Indossatar über.**

(2) **Dem legitimierten Besitzer der Urkunde kann der Schuldner nur solche Einwendungen entgegensetzen, welche die Gültigkeit seiner Erklärung in der Urkunde betreffen oder sich aus dem Inhalte der Urkunde ergeben oder ihm unmittelbar gegen den Besitzer zustehen.**

(3) **Der Schuldner ist nur gegen Aushändigung der quittierten Urkunde zur Leistung verpflichtet.**

1) Übertragung der kaufmännischen Orderpapiere (I)

A. Übertragung durch **Indossament** lässt die verbrieften Rechte übergehen 1
(I); vgl Art 14 I WG. Zur Wirksamkeit des Indossaments gehören der **Begebungsvertrag** zwischen Indossant und Indossatar und die **Übergabe des Papiers;** auch Besitzkonstitut (§ 930 BGB), das aber noch nicht die Geltendmachung der Rechte möglich macht. Gegen den durch Indossament legitimierten Inhaber muss ggf der in Anspruch genommene Schuldner das Fehlen rechtswirksamer Begebung vom Vorinhaber an den Inhaber beweisen, RG **35,** 76. Im Falle 3 des Art 14 II WG werden die verbrieften Rechte wie bei einem Inhaberpapier durch bloße Begebung übertragen. Auch der Anspruch aus dem Konnossement gegen den Reeder auf Schadensersatz wegen Verlusts oder Beschädigung der verschifften Ware wird übertragen, BGH **25,** 257. Nicht ohne Weiteres, aber bei entspr (auch stillschweigender) Vereinbarung: für die Ansprüche aus dem Papier bestellte Sicherheiten, RG **41,** 172. Auch ein **Treuhandindossament** überträgt die vollen Rechte, lässt nur im Innenverhältnis den
Indossatar gegenüber dem Indossant gebunden, Schuldner kann daraus gegen ihn keine Einwendungen herleiten, RG **134,** 291. Möglich ist **Ermächtigungsindossament** nur zur Legitimation des Empfängers ohne (beim Traditionspapier, s §§ 448, 475g, 650) Rechtsübergang. Das offene **Vollmachts-,** Prokura-, Inkasso-, Pfand- oder sonstwie inhaltlich beschränkte **Indossament** berechtigt Indossatar nur zu entspr beschränkter Geltendmachung oder Weitergabe des Papiers mit derselben Beschränkung, vgl Art 18, 19 WG, RG **41,** 116.

B. Statt Indossaments ist schlichte **Abtretung** der verbrieften Rechte möglich, 2
RG **119,** 217; auch diese nur mit Übergabe des Papiers, die verbrieften Rechte sollen nicht vom Papierbesitz getrennt werden. Die Abtretung wirkt nur nach §§ 398 ff BGB (stärker bei Verzicht auf Einwendungen entspr II, s Rn 3–7).

§ 364 3–8
4. Buch. Handelsgeschäfte

Abtretung der Rechte aus dem Grundgeschäft neben Indossament schwächt dessen Wirkungen nicht, RG **166**, 312, BGH NJW **53**, 219.

2) Einwendungsausschluss (II)

3 A. Zugunsten des legitimierten Inhabers (§ 365 Rn 2) beschränkt **II** (entspr § 796 BGB, vgl Art 17 WG, Art 22 ScheckG) bei Übertragung durch Indossament die **Einwendungen,** die dem Schuldner nach § 404 BGB zuständen, s Rn 4–6. „Legitimierter Besitzer" des Papiers ist auch der erste Nehmer (der es noch nicht weitergab), gegen ihn bestehen alle Einwendungen aus dem Grundgeschäft, zB des nicht erfüllten gegenseitigen Vertrags (§ 320 BGB), des Empfangs des Papiers ohne rechtlichen Grund (§ 812 I, II BGB).

4 B. Unter den „Einwendungen, welche die **Gültigkeit der Erklärung in der Urkunde** betreffen", maW gegen das Entstehen der Verpflichtung aus dem Papier, unterscheidet die hM, ohne klare Grundlage, aber aus dem Verkehrsbedürfnis mit Recht:

a) gegen jeden Inhaber, auch einen gutgläubigen, kann eingewendet werden: mangelnde Geschäftsfähigkeit, absoluter Zwang bei Ausstellung und Begebung (nicht nur bei einem der beiden Akte, RG **87**, 367); Fälschung, Verfälschung, inhaltliche Gesetz- oder Sittenwidrigkeit, Formfehler (nicht des Grundgeschäfts, RG **51**, 114), unzulässige Bedingung, Befristung;

b) andere Mängel der Ausstellung oder Begebung können gutgläubigen Inhabern nicht entgegengehalten werden, zB Drohung, Täuschung, Irrtum, Schein, Sittenwidrigkeit der Ausstellung oder Begebung des Papiers (nicht seines Inhalts), RG **112**, 202. Fälschung und Verfälschung von Wertpapieren s Koller WM **81**, 210.

5 C. „Einwendungen, die sich aus dem **Inhalt der Urkunde** ergeben" (und nicht auch die Gültigkeit der Erklärung in der Urkunde betreffen, s Rn 4), sind zB Stundung, Verjährung (soweit aus der Urkunde ersichtlich), bei Transportversicherungspolicen solche aus dem Versicherungsverhältnis (soweit aus der Urkunde ersichtlich), Schiedsvereinbarung, uU als bloßer Bezugnahme auf den der Ausstellung zugrundeliegenden Vertrag, BGH **29**, 120: Bezugnahme in Seekonnossement auf Schiedsklausel des Chartervertrags (§ 1031 IV ZPO).

6 D. Einwendungen, die dem Schuldner „**unmittelbar gegen den Besitzer** zustehen", sind solche aus Vereinbarungen mit diesem (zB Stundung, Erlass), aus Erfüllung an ihn, Aufrechnung gegen ihn, missbräuchliche Rechtsausübung durch ihn, jedoch nicht schon Missbrauch eines Gefälligkeitsindossaments, weil Einwand aus fremdem Recht, RG **117**, 76.

7 E. Das Indossament gibt im Fall der in § 363 genannten Papiere **kein Rückgriffsrecht** des Indossatars, dem der Schuldner nicht leistet, gegen Vorinhaber u Aussteller des Papiers entspr Art 43 ff

WG, unbeschadet etwaiger Rückgriffsrechte aus den Rechtsverhältnissen der Beteiligten außerhalb des Papiers, RG **44**, 159, Dresden LZ **29**, 506.

3) Aushändigung der Urkunde (III)

8 Der papiergemäß leistende Schuldner kann **Aushändigung** der Urkunde und **Quittung** auf der Urkunde selbst verlangen, III, bei Teilleistung nur Teilquittung auf der Urkunde, Art 39 II WG ist nicht entsprechend anwendbar: der Gläubiger braucht keine Teilzahlung anzunehmen. Aushändigung Zug um Zug gegen Leistung; der Schuldner kann bis zur Aushändigung zurückhalten. Klage auf Leistung gegen Aushändigung. Urteil ergeht auf Leistung gegen Aushändigung; ein ohne diese Klausel ergangenes Urteil ist so auszulegen. Die Schuld ist Holschuld; es ist iZw am Ausstellungsort zu leisten, § 269 BGB.

1. Abschnitt. Allgemeine Vorschriften 1, 2 § 365

[Anwendung des Wechselrechts; Aufgebotsverfahren]

365 (1) In betreff der Form des Indossaments, in betreff der Legitimation des Besitzers und der Prüfung der Legitimation sowie in betreff der Verpflichtung des Besitzers zur Herausgabe, finden die Vorschriften der Artikel 11 bis 13, 36, 74 der Wechselordnung entsprechende Anwendung.

(2) ¹Ist die Urkunde vernichtet oder abhanden gekommen, so unterliegt sie der Kraftloserklärung im Wege des Aufgebotsverfahrens. ²Ist das Aufgebotsverfahren eingeleitet, so kann der Berechtigte, wenn er bis zur Kraftloserklärung Sicherheit bestellt, Leistung nach Maßgabe der Urkunde von dem Schuldner verlangen.

1) Form und Inhalt des Indossaments

Nach I gilt (seit Inkrafttreten des WG 1.4.33, vgl Art 3 I G 21.6.33 RGBl I 409) für die Form des Indossaments entsprechend: **1**

WG 13 [Form; Blankoindossament]

(1) Das Indossament muß auf den Wechsel oder auf ein mit dem Wechsel verbundenes Blatt (Anhang) gesetzt werden. Es muß von dem Indossanten unterschrieben werden.

(2) Das Indossament braucht den Indossatar nicht zu bezeichnen und kann selbst in der bloßen Unterschrift des Indossanten bestehen (Blankoindossament). In diesem letzteren Falle muß das Indossament, um gültig zu sein, auf die Rückseite des Wechsels oder auf den Anhang gesetzt werden.

WG 14 [Transportfunktion]

(1) Das Indossament überträgt alle Rechte aus dem Wechsel.

(2) Ist es ein Blankoindossament, so kann der Inhaber
1. das Indossament mit seinem Namen oder mit dem Namen eines anderen ausfüllen;
2. den Wechsel durch ein Blankoindossament oder an eine bestimmte Person weiter indossieren;
3. den Wechsel weitergeben, ohne das Blankoindossament auszufüllen und ohne ihn zu indossieren.

Das **Vollindossament** (Art 13 I WG) lautet extra „für mich an X" „für mich an die Order des X". Dieser Text kann gestempelt sein, ebenso aus der Unterschrift im Falle einer Firma mit Sachangabe und Namen die Sachangabe, RG **47**, 165. Ein Vollindossament kann **Blankoindossament** (Art 13 II WG) durch Streichen des Namens des Indossatars werden, vor Beginn, wenn Indossant streicht, nachher, wenn mit seiner Zustimmung gestrichen ist, RG **41**, 412. Das Indossament muss unbedingt sein, Bedingungen gelten als nicht geschrieben; Teilindossamente sind nichtig; Indossament an Inhaber gilt als Blankoindossament; Art 12 I, II, III WG. In Deutschland unterschriebenes Indossament nach deutschem Recht genügt auch zwischenstaatlich, Art 92 WG, § 11 EGBGB.

2) Legitimationswirkung (I, Art 16 I WG)

Nach I gilt für die Legitimation des Inhabers zur Geltendmachung der Rechte **2** aus dem Papier entsprechend:

WG 16 [Wechselvermutung]

(1) Wer den Wechsel in Händen hat, gilt als rechtmäßiger Inhaber, sofern er sein Recht durch eine ununterbrochene Reihe von Indossamenten nachweist, und zwar auch dann, wenn das letzte ein Blankoindossament ist. Ausgestrichene Indossamente gelten hierbei als nicht geschrieben. Folgt auf ein Blankoindossament ein weiteres Indossament, so wird angenommen, daß der Aussteller dieses Indossaments den Wechsel durch das Blankoindossament erworben hat.

Hopt 1519

§ 366

4. Buch. Handelsgeschäfte

3) Gutgläubiger Eigentumserwerb (I, Art 16 II WG)

3   Für die Verpflichtung des legitimierten (Rn 2) Inhabers des Papiers zur Herausgabe an einen besser Berechtigten gilt nach I entspr:

WG 16 [Wechselvermutung]

(2) Ist der Wechsel einem früheren Inhaber irgendwie abhanden gekommen, so ist der neue Inhaber, der sein Recht nach den Vorschriften des vorstehenden Absatzes nachweist, zur Herausgabe des Wechsels nur verpflichtet, wenn er ihn in bösem Glauben erworben hat oder ihm beim Erwerb eine grobe Fahrlässigkeit zur Last fällt.

Art 16 II WG schützt (abw von § 935 I BGB und entspr § 935 II BGB betr Inhaberpapiere und Geld) den gutgläubigen (nicht grob fahrlässigen) Nehmer des Papiers, auch wenn es einem früheren Inhaber „irgendwie" abhanden kam. Art 16 II WG schützt Erwerber (entspr §§ 932 ff, 935 II BGB für Geld und Inhaberpapiere) nicht gegen Mängel des Begebungsvertrags, durch den er das Papier erwarb (s § 364 Rn 1), str, nach § 364 II nicht gegen gewisse Mängel der Ausstellung und Erstbegebung (s § 364 Rn 4). Der nach Art 16 II WG geschützte Nehmer des Papiers ist auch nicht nach §§ 812 ff BGB herausgabepflichtig, außer bei unentgeltlichem Erwerb, § 816 I 2 BGB.

4) Befreiende Leistung an den Nichtberechtigten (I, Art 40 III WG)

4   Für die Prüfung der Legitimation des Inhabers durch den Schuldner gilt nach I entsprechend:

WG 40 [Zahlung vor und bei Verfall]

(3) Wer bei Verfall zahlt, wird von seiner Verbindlichkeit befreit, wenn ihm nicht Arglist oder grobe Fahrlässigkeit zur Last fällt. Er ist verpflichtet, die Ordnungsmäßigkeit der Reihe der Indossamente, aber nicht die Unterschriften der Indossanten zu prüfen.

Dagegen befreit Leistung an den nicht ausgewiesenen Gläubiger nur, wenn dieser wirklich Gläubiger ist. Der Schuldner muss darum vor Leistung den förmlichen Ausweis prüfen. Der erste Indossatar muss durch Indossament des im Orderpapier bezeichneten Berechtigten ausgewiesen sein. Es kommt nur auf den äußeren Zusammenhang der Indossamente an (der Augenschein genügt, RG **55**, 48). Der Vorzeiger gilt iZw als letzter Indossatar. Ist die Reihe der Indossamente unterbrochen, so fehlt der Ausweis für die späteren.

5) Aufgebot (II)

5   Zu II s §§ 433 ff FamFG. Vgl Art 90 WG, Art 59 ScheckG, für Namensaktien § 72 AktG. Antragsberechtigt ist, wer aus dem Papier berechtigt ist, bei Blankoindossament der letzte Inhaber. Aufgebotsfrist mindestens 6 Monate. Keine Zahlungssperre. Nach Einleitung des Verfahrens kann der Berechtigte gegen Sicherheit Befriedigung verlangen (vgl Art 90 WG). Nach Abschluss des Verfahrens kann Gläubiger Zahlung gegen Aushändigung des Ausschlussurteils fordern. Mit Ausschlussurteil fällt die förmliche Berechtigung endgültig dem Erwirkenden zu, RG **168**, 6. Es wirkt, auch wenn es ein Nichtantragsberechtigter erlangt hat, und immer mit voller Rechtskraftwirkung, RG **168**, 14.

[Gutgläubiger Erwerb von beweglichen Sachen]

366 (1) Veräußert oder verpfändet ein Kaufmann im Betriebe seines Handelsgewerbes eine ihm nicht gehörige bewegliche Sache, so finden die Vorschriften des Bürgerlichen Gesetzbuchs zugunsten derjenigen, welche Rechte von einem Nichtberechtigten herleiten, auch dann Anwendung, wenn der gute Glaube des Erwerbers die Befugnis des Veräußerers oder Verpfänders, über die Sache für den Eigentümer zu verfügen, betrifft.

1. Abschnitt. Allgemeine Vorschriften 1–4 § 366

(2) Ist die Sache mit dem Rechte eines Dritten belastet, so finden die Vorschriften des Bürgerlichen Gesetzbuchs zugunsten derjenigen, welche Rechte von einem Nichtberechtigen herleiten, auch dann Anwendung, wenn der gute Glaube die Befugnis des Veräußerers oder Verpfänders, ohne Vorbehalt des Rechtes über die Sache zu verfügen, betrifft.

(3) ¹Das gesetzliche Pfandrecht des Kommissionärs, des Frachtführers oder Verfrachters, des Spediteurs und des Lagerhalters steht hinsichtlich des Schutzes des guten Glaubens einem gemäß Absatz 1 durch Vertrag erworbenen Pfandrecht gleich. ²Satz 1 gilt jedoch nicht für das gesetzliche Pfandrecht an Gut, das nicht Gegenstand des Vertrages ist, aus dem die durch das Pfandrecht zu sichernde Forderung herrührt.

1) Überblick

A. Wer gutgläubig eine bewegliche Sache von dem, den er für den Eigentümer 1 hält, zu Eigentum erwirbt oder als Pfand nimmt, den schützt das **BGB**, falls sich herausstellt, dass der Veräußerer nicht Eigentümer war (§§ 932–934, 1207 BGB, anders idR wenn die Sache dem Eigentümer abhanden gekommen war: §§ 935, 1207 BGB). Ebenso schützt es den gutgläubigen Erwerber oder Pfandnehmer gegen unbekannte Rechte Dritter an der Sache (§§ 936, 1208 BGB).

B. Das **BGB** schützt den nicht, der weiß, dass der Veräußerer oder Ver- 2 pfänder **nicht Eigentümer** ist, ihn jedoch **für befugt hält,** die einem Dritten gehörende Sache zu veräußern oder zu verpfänden (oder das Recht des Dritten, zB Nießbrauch kennt, aber den Veräußerer oder Verpfänder für befugt hält, über die Sache zu verfügen, ohne den Dritten das Recht vorzubehalten). Diesen Schutz des **guten Glaubens an die Verfügungsmacht des Verfügenden** gewährt unter gewissen Voraussetzungen § 366 HGB. Bsp: guter Glaube an Verfügungsmacht des KfzHändlers bei Kauf eines Vorführwagens auch ohne Vorlegung des KfzBriefs, Hamm NJW **64**, 2257. § 932 BGB und § 366 können nebeneinander zur Anwendung kommen; jedoch gilt allein § 932 BGB, wenn nur streitig ist, ob Veräußerer, der unter Eigentumsvorbehalt gekauft hatte, bezahlt hatte, und kein Eigentumsvorbehalt mit Weiterveräußerungsrecht in Frage steht, BGH **LM** § 366 Nr 4. Beruft sich Erwerber auf guten Glauben an Eigentum (§ 932 BGB) und an Verfügungsbefugnis (§ 366) des Veräußerers, kann Tatrichter Bösgläubigkeit bezüglich Eigentum unterstellen, wenn er Bösgläubigkeit bezüglich Verfügungsbefugnis nicht für bewiesen hält (darum Rechtserwerb nach § 366 bejaht), BGH NJW **59**, 1080, **75**, 736.

C. Auch durch § 366 **nicht geschützt** ist irriger guter Glaube an Geschäfts- 3 fähigkeit des Verfügenden, an Ordnungsmäßigkeit des Verfügungsgeschäfts (abgesehen vom Mangel im Recht des Verfügenden), bei Veräußerung der Sache als Pfand an Wahrung der Mindesterfordernisse ordnungsmäßigen Pfandverkaufs (§ 1244 BGB), bei Versteigerung auf Anordnung der Vollstreckungsbehörde, BGH **119**, 75. Verhältnis § 366 zu § 1365 BGB Boehmer, Rittner FamRZ **59**, 4, 84, **61**, 193.

2) Veräußerung oder Verpfändung (I, II)

A. I, II gilt bei Veräußerung (Verpfändung) durch einen **Kaufmann** (§§ 1–5, 4 105 II) im Betrieb eines HdlGewerbes (§ 343 Rn 3, dazu § 344). Auch durch einen Kommissionär, der bloßer Kleingewerbetreibender ist, str (§ 383 Rn 2). Auch kleingewerblicher Warenhändler, Staub/Canaris 10, Koller/Roth 2, aA Oetker/Maultzsch 10. § 366 gilt nicht beim Erwerb vom RechtsscheinKfm (§ 5 Rn 9–17), Düss DB **99**, 89, Ebenroth/Lettl 4, Röhricht/Wagner 3, aA Staub/Canaris 12, dahingestellt BGH NJW **99**, 426. Irriger guter Glaube des Erwerbers (Pfandnehmers) an KfmEigenschaft und Betriebszugehörigkeit des Geschäfts wird nicht geschützt, RG LZ **29**, 778.

§ 366 5–8   4. Buch. Handelsgeschäfte

5   B. Gleich ist, aus welchem **Grund** Erwerber (Pfandnehmer) den Veräußerer (Verpfänder) für verfügungsberechtigt hält: kraft Gesetzes (Bsp: Notverkauf nach §§ 373, 389, 419 III 3, Verkauf durch Pfandgläubiger), sei es kraft Vertrags (zB als Verkaufskommissionär oder Abschlussvertreter), sei es kraft Zustimmung ad hoc (§ 185 BGB). Gleich ist, ob Verkäufer (Verpfänder) **in eigenem Namen** (zB als Verkaufskommissionär) oder **fremdem** (zB als Abschlussvertreter) handelt, üL, aA kein Schutz des guten Glaubens an Vertretungsmacht, Staub/Canaris 37, Reinicke AcP 189 **(89)** 79, im zweiten Fall wird idR das Grundgeschäft (Verkauf, Beleihung) wegen Mangels der Vertretungsmacht unwirksam sein (§ 177 BGB), uU schuldet dann der durch § 366 geschützte Erwerber (Pfandnehmer) doch Herausgabe oder Wertersatz nach §§ 812 ff BGB, jedoch nur gegen Erstattung seiner Aufwendung wie Kaufpreis oder Darlehen (Mittelmeinung), aA für Behaltendürfen im Falle des § 179 I BGB K. Schmidt JuS **87**, 936.

6   C. Voraussetzungen des **guten Glaubens:** § 932 BGB. Kenntnis und **grobfahrlässige** Unkenntnis stehen gleich (§ 932 II BGB). Begriff der groben Fahrlässigkeit: grundlegend BGH **10**, 14. Der Begriff ist revisibel; was im Einzelfall „grob" ist, ist (nicht revisible) Tatfrage, BGH **10**, 16. Bösgläubig handelt auch der Erwerber, der den Mangel des Verfügungsrechts dessen kennt, von dem der Veräußerer seine Rechte herleitet, RG JW **31**, 3081. Wer vom Händler im Rahmen seines Geschäftsbetriebs eine Ware kauft, kann idR sein Verfügungsrecht (oder Eigentum) annehmen, BGH NJW **59**, 1080, **75**, 736; strenger bei Veräußerungen außerhalb des gewöhnlichen oder ordnungsgemäßen Geschäftsbetriebs des Veräußerers, BGH NJW **99**, 425. Erkundigungspflicht nach Eigentumsvorbehalt des Vormanns des Veräußerers besteht bei Kauf und Übernahme zur Sicherungseigentum nur, wenn konkrete Anhaltspunkte für Nichteigentum sprechen, BGH WM **68**, 540, **73**, 38, **75**, 362; solche Anhaltspunkte brauchen nicht in persönlichen Verhältnissen des Vormanns liegen, allgemeine Liquiditätsschwierigkeiten der Branche genügen aber nicht, BGH **86**, 312. Bösgläubig ist ein gewerblicher Käufer, der Waren zum Verarbeiten erwirbt, in seinen AGB die Abtretung des Kaufpreisanspruchs ausgeschlossen hat und dadurch (wegen § 354a seltener) eventuellen verlängerten Eigentumsvorbehalt vereitelt, BGH **77**, 278, NJW **99**, 425m Anm K. Schmidt 400, vgl BGH WM **03**, 2420; allgemeine Klausel in Käufer-AGB, dass der Verkäufer Freiheit der Ware von Eigentumsvorbehalt garantiert, genügt nicht, vielmehr besteht konkrete Erkundigungspflicht, BGH **77**, 279. Keine Erkundigungspflicht nach Sicherungsübereignung durch Verkäufer, BGH **86**, 311, DB **70**, 248. Der Käufer **gebrauchter Kfz** muss sich KfzBrief vorlegen lassen, BGH **68**, 325, NJW **06**, 2489; nennt dieser Dritten als Eigentümer, muss Käufer uU (zB bei Kauf vom Händler auf der Straße) noch beim Dritten rückfragen, BGH NJW **75**, 736. Nachforschungspflicht bei ungewöhnlichen Verkaufsumständen, BGH NJW **91**, 1415, Schlesw NJW **07**, 3007. Vorlage des KfzBriefs ist nicht erforderlich bei Kauf oder Sicherungsnahme eines fabrikneuen Kfz vom autorisierten Händler, BGH **10**, 74, LM § 366 Nr 10, NJW **05**, 1365 (Ausnahme davon) oder eines Vorführwagens, s Rn 2; bei Kfz-Reparaturannahme, BGH **68**, 323, NJW **81**, 227, anders bei erheblichen Zahlungsschwierigkeiten des Bestellers, BGH **87**, 278. Erwerb aus Verkauf zu Schleuderpreisen ist idR bösgläubig, Hbg MDR **70**, 506 (Pelzwaren). Beweislast für bösen Glauben des Erwerbers trägt, wer seinen guten Glauben bestreitet (Wortlaut § 932 I 1 BGB).

7   D. Bei aufschiebend bedingter Übereignung (zB beim üblichen Eigentumsvorbehalt) muss der gute Glaube **zurzeit der Einigung und Übergabe** bestehen, BGH **10**, 69.

3) Begründung gesetzlicher Pfandrechte (III)

8   A. III nF SHRG 2013. Das Pfandrecht des Kommissionärs (§§ 397, 404), Frachtführers (§ 440), Verfrachters (§ 495), Spediteurs (§ 464) und Lagerhalters

1. Abschnitt. Allgemeine Vorschriften   9–11   § 366

(§ 475b) **entsteht** kraft Gesetzes, wenn der Vertrag mit ihm geschlossen und ihm zu dessen Ausführung das Gut übergeben ist. Das gilt bei Vertragsschluss und Übergabe durch den Eigentümer des Guts oder (das unterstellt III) durch einen Dritten mit Zustimmung des Eigentümers (während das Werkunternehmerpfandrecht nach § 647 BGB nur an Sachen „des Bestellers" entsteht, daher die Werkbestellung, zB ein Reparaturauftrag, durch Dritte mit Zustimmung des Eigentümers nicht gleichsteht, BGH **34**, 125, LG Bln WM **73**, 157, str, s Benöhr ZHR 135 **(71)** 144).

B. III Satz 1 (seit 2013 ausdrücklich auch für den Verfrachter, bisher in § 623   9 III) klärt sodann, dass diese Pfandrechte ebenso wie vertraglich begründete **kraft guten Glaubens** entstehen können. Für die gesetzlichen Pfandrechte des BGB (§§ 647, 1207, 1257 BGB) ist das streitig, bejahend die üL, K. Schmidt NJW **14**, 1, Wilhelm DB **14**, 406, Canaris § 27 Rn 37, sympathisierend Schilken FS W.-H. Roth **15**, 511, dagegen nach BGH **34**, 154, **87**, 280, **100**, 101, Röhricht/Wagner 27, zu verneinen, auch für das des Werkunternehmers (§ 647 BGB), obwohl dieses wie die gesetzlichen Pfandrechte des HGB Übergabe-, nicht Einbringungspfandrecht (so das des Vermieters, Verpächters, Gastwirts) ist, aber insoweit zulässige AGB-Praxis mit Vertragspfandrecht, Ul/Br/He/H. Schmidt (43) Sicherungsklauseln Rn 24, Wo/Li/Pf/Dammann Pfandklauseln P 6. Der Schuldner braucht nicht Kfm zu sein. Es genügt guter Glaube an die Befugnis des Schuldners gegenüber dem Eigentümer, den Tatbestand herzustellen, dem das gesetzliche Pfandrecht entfließt. Etwa bestehende andere gesetzliche Pfandrechte treten zurück. Ein Pfändungspfandrecht ist kein gesetzliches Pfandrecht.

C. III Satz 2: Die nF 2013 entspricht im Wesentlichen § 366 III Halbs 2 aF,   10 erfasst jedoch anders als dieser alle in Satz 1 geregelten gesetzlichen Pfandrechte, also auch das des Kommissionärs (§ 397, bisher nur Analogie, so 35. Aufl) und des Verfrachters (§ 495), ohne Änderung im Übrigen. Gutgläubiger Erwerb der gesetzlichen Pfandrechte des HGB ist nur soweit möglich, wie diese
Pfandrechte reichen. Diese bestehen grundsätzlich nur für konnexe Forderungen des Pfandgläubigers, so zu **(18)** ADSp Nr 50 aF BGH **17**, 3, **86**, 304, NJW **63**, 2222. Die gesetzlichen Pfandrechte des Frachtführers, Spediteurs und Lagerhalters (s Rn 8) erstrecken sich seit dem TRG 1998 ausdrücklich und eindeutig auch auf **inkonnexe Forderungen** zwischen denselben Parteien, krit nur für Korrektur Staub/Canaris 104: Verstoß gegen Art 14 GG, mindestens aber teleologische Reduktion auf Neuforderungen, also nicht für inkonnexe Forderungen, die bei Pfandrechtserwerb bereits bestanden. III Satz 2 ermöglicht den gutgläubigen Erwerb aller in Satz 1 geregelten gesetzlichen Pfandrechte auch an Gut, das nicht Gegenstand des Vertrags ist, aus dem die durch das Pfandrecht zu sichernde Forderung herrührt (Definition von „inkonnex", vgl auch § 273 I BGB), aber doch nur beschränkt soweit, als der gute Glaube des Erwerbers das Eigentum des Vertragspartners betrifft. Guter Glaube an die bloße Verfügungsmacht des Kommittenten, des Absenders oder Befrachters, des Versenders oder des Einlagerers reicht also für den Erwerb des gesetzlichen Pfandrechts zur Sicherung auch von inkonnexen Forderungen nicht aus. Das würde den Eigentümer unzumutbar belasten, RegE TRG, vgl BGH **17**, 5, **86**, 306; entsprechende AGB (ADSp) wären sittenwidrig.

AGB: Die Erstreckung anderer gesetzlicher Pfandrechte auf inkonnexe Forde-   11 rungen ist durch die Wertung des III Satz 2 nicht ohne Weiteres gedeckt. Für das Pfandrecht der Banken ist anerkannt, dass das Pfandrecht sämtliche Ansprüche der Bank gegen den Kunden sichert (s **(8)** AGB-Banken Nr 14 Rn 8). Die Ausdehnung des Werkunternehmerpfandrechts auf inkonnexe Forderungen verstößt demgegenüber gegen **(5)** §§ 305 ff BGB oder schon § 138 BGB, Staub/Canaris 110.

§ 367 1–4   4. Buch. Handelsgeschäfte

[Gutgläubiger Erwerb gewisser Wertpapiere]

367 (1) ¹Wird ein Inhaberpapier, das dem Eigentümer gestohlen worden, verlorengegangen oder sonst abhanden gekommen ist, an einen Kaufmann, der Bankier- oder Geldwechslergeschäfte betreibt, veräußert oder verpfändet, so gilt dessen guter Glaube als ausgeschlossen, wenn zur Zeit der Veräußerung oder Verpfändung der Verlust des Papiers im Bundesanzeiger bekanntgemacht und seit dem Ablauf des Jahres, in dem die Veröffentlichung erfolgt ist, nicht mehr als ein Jahr verstrichen war. ²Für Veröffentlichungen vor dem 1. Januar 2007 tritt an die Stelle des Bundesanzeigers der Bundesanzeiger in Papierform. ³Inhaberpapieren stehen an Order lautende Anleiheschuldverschreibungen sowie Namensaktien und Zwischenscheine gleich, falls sie mit einem Blankoindossament versehen sind.

(2) Der gute Glaube des Erwerbers wird durch die Veröffentlichung nach Absatz 1 nicht ausgeschlossen, wenn der Erwerber die Veröffentlichung infolge besonderer Umstände nicht kannte und seine Unkenntnis nicht auf grober Fahrlässigkeit beruht.

(3) Auf Zins-, Renten- und Gewinnanteilscheine, die nicht später als in dem nächsten auf die Veräußerung oder Verpfändung folgenden Einlösungstermin fällig werden, auf unverzinsliche Inhaberpapiere, die auf Sicht zahlbar sind, und auf Banknoten sind diese Vorschriften nicht anzuwenden.

1) Übersicht

1   A. § 367 I 3 idF 2. G 23.11.07 BGBl 2614, I 1, 2 mWv 1.4.12 idF G 22.12.11. § 367 gibt gesetzliche Regeln über Gut- oder Bösgläubigkeit (vgl §§ 932, 935 II BGB) für gewisse Fälle der Wertpapierveräußerung oder -verpfändung (in denen der Gesetzgeber eine schwierige Frage nicht ganz der freien Beurteilung nach der Lage des Einzelfalls überlassen wollte), und zwar zu Lasten erwerbender oder pfandnehmender (beleihender) Bankiers; sie **gelten als bösgläubig,** wenn der Verlust des Papiers in gewisser Weise und vor nicht zu langer Zeit veröffentlicht war, I 1, mit der Möglichkeit der **Entlastung** nach II durch Beweis der nicht grobfahrlässigen Nichtkenntnis der Veröffentlichung infolge besonderer Umstände (zB verspäteten Empfangs des BAnz, s Rn 5). Über das Aufgebot von Wertpapieren zur Kraftloserklärung s §§ 946 ff ZPO, besonders §§ 1003 ff ZPO.

2   B. § 367 gilt für **Inhaberpapiere** (I 1), inländische und ausländische (Bsp Investmentzertifikate, LG Essen WM **77**, 433); nicht für Banknoten, auf Sicht zahlbare unverzinsliche Inhaberpapiere und demnächst fällige Zins-, Renten- und Gewinnanteile (III). Es wird dem Verkehr nicht zugemutet, auch bei jedem Angebot fälliger oder demnächst fälliger Coupons zu prüfen, ob ein Aufruf vorliegt. Erneuerungsscheine (Talons) gehören nicht hierher, sondern sind Ausweispapiere. § 367 gilt ferner für **blanko indossierte** (daher ähnlich Inhaberpapieren zu übertragende, s § 363 Rn 3–4) **Orderpapiere** gewisser Arten (die in großer Zahl umlaufen).

3   C. Das Papier muss dem Eigentümer **abhanden gekommen** sein; das ist hier weiter als in § 935 BGB zu verstehen, umfasst vor allem auch unterschlagene Papiere, hM.

4   D. § 367 gilt bei Veräußerung, Verpfändung an einen Kfm, der **Bankier- oder Geldwechslergeschäfte** betreibt, wohl auch, wenn das HdlGewerbe des Kfm in erster Linie auf andere Geschäfte gerichtet ist, er also nicht unter § 1 II Nr 4 aFiel, aber doch regelmäßig auch Bankgeschäfte betreibt; wohl nur bei Erwerb oder Pfandnahme im HdlGeschäft (§§ 343, 344), nicht zB als Vermächtnis, str. Gleich ist, wer veräußert, verpfändet.

1. Abschnitt. Allgemeine Vorschriften §368

2) Bekanntmachung

Die § 367 entspr **Bekanntmachung** erfolgt auf Veranlassung einer **Behörde** (Gericht, Polizei usw) oder dem aus der Urkunde **Verpflichteten** oder noch anderer Stellen. Die Bekanntmachung muss das Papier hinreichend kennzeichnen. Es darf höchstens ein Jahr seit Ablauf des Jahres der Bekanntmachung verstrichen sein; der Bankier muss allein den laufenden und den letzten Jahrgang verfolgen. Bekanntmachung im BAnz, vgl § 10 Rn 2. Andere Veröffentlichungen oder nicht öffentliche Warnungen wirken nicht nach § 367, können aber nach § 932 II BGB den guten Glauben des Erwerbers (Pfandnehmers) hindern. Hierzu **(8)** Sonderbedingungen für WPGeschäfte Nr 16.

3) Lieferbarkeit, Bereinigung

Wegen der Häufigkeit des Abhandenkommens von Wertpapieren im Krieg und nach dem Krieg ergingen verschiedene Bereinigungsgesetze, s 24. Aufl.

[Pfandverkauf]

§ 368 (1) Bei dem Verkauf eines Pfandes tritt, wenn die Verpfändung auf der Seite des Pfandgläubigers und des Verpfänders ein Handelsgeschäft ist, an die Stelle der in § 1234 des Bürgerlichen Gesetzbuchs bestimmten Frist von einem Monat eine solche von einer Woche.

(2) Diese Vorschrift ist auf das gesetzliche Pfandrecht des Kommissionärs, des Frachtführers oder Verfrachters, des Spediteurs und des Lagerhalters entsprechend anzuwenden, auf das Pfandrecht des Frachtführers, Verfrachters und Spediteurs auch dann, wenn nur auf ihrer Seite der Vertrag ein Handelsgeschäft ist.

1) Wartefrist nach Verkaufsandrohung

A. 368 II idF SHRG 2013 (seit 2013 ausdrücklich auch für den Verfrachter, bisher in § 623 III, systematisch richtige Reihung). Ist die Verpfändung (I) oder (so II) das ein gesetzliches Pfandrecht begründende (§§ 397, 404, 475b) Kommissions- oder Lagergeschäft ein zweiseitiges HdlGeschäft oder das ein gesetzliches Pfandrecht begründende (§§ 440, 495, 464) Fracht-, Seefracht- oder Speditionsgeschäft (II) auf der Seite des Frachtführers, Verfrachters oder Spediteurs ein (auch bloß einseitiges) HdlGeschäft (§§ 343, 344, 345), so wird die einmonatige **Wartefrist** nach der Verkaufsandrohung (§ 1234 BGB) auf eine Woche gekürzt. Gleich bleibt, ob die Hauptschuld aus einem HdlGeschäft entspringt. Sind Verpfänder und Eigentümer verschieden, so kommt es für die Anwendbarkeit des § 368 auf den Eigentümer nicht an. Fristverletzung macht den Pfandgläubiger ersatzpflichtig und bleibt für den Erwerber gleich, § 1243 II BGB. Die Vorschrift ist nachgiebig, § 1245 BGB. Abweichung kann gegen **(5)** § 307 BGB verstoßen, so für Verwertung bei Sicherungsabtretung ohne Androhung und Wartefrist nach § 1234 BGB, § 368 HGB, BGH NJW **92**, 2626 (s **(8)** AGB-Banken Nr 17 Rn 1).

B. **Androhung** des Verkaufs durch Kommissionär, Frachtführer oder Verfrachter, Spediteur oder Lagerhalter an den Eigentümer; nach §§ 1248, 1257 BGB mangels anderer Kenntnis an Kommittent, Absender oder Befrachter, Versender oder Einlagerer als Eigentümer; an diesen wohl auch, wenn der Androhende weiß, dass der andere nicht Eigentümer ist (§§ 1248, 1257 BGB also nicht Platz greifen), aber den Eigentümer nicht kennt; durch Frachtführer an Empfänger, notfalls an Absender, § 440 IV.

§ 369   1   4. Buch. Handelsgeschäfte

2) Sonstige Voraussetzungen für den Pfandverkauf

3   A. **Unrechtmäßig** ist ein Pfandverkauf bei Verstoß gegen folgende Erfordernisse: Pfandreife, § 1228 II BGB; Befriedigungsbedürfnis, § 1230 BGB; öffentliche Versteigerung, § 1235 BGB; Bekanntmachung, § 1237 S 1 BGB; Gold- und Silberwert bei Gold- und Silbersachen, § 1240 BGB; Wirksamkeit des Pfandrechts. Bei Verstoß kein Eigentumserwerb vorbehaltlich des § 1244 BGB, s § 1243 BGB.

4   B. **Ordnungswidrig** ist ein Pfandverkauf bei Verletzung einer sonstigen Vorschrift, namentlich bei unterbliebener Androhung oder Verletzung der Wartefrist, § 1234 BGB. Folge: Ersatzpflicht, § 1243 BGB.

[Kaufmännisches Zurückbehaltungsrecht]

369   (1) [1]Ein Kaufmann hat wegen der fälligen Forderungen, welche ihm gegen einen anderen Kaufmann aus den zwischen ihnen geschlossenen beiderseitigen Handelsgeschäften zustehen, ein Zurückbehaltungsrecht an den beweglichen Sachen und Wertpapieren des Schuldners, welche mit dessen Willen auf Grund von Handelsgeschäften in seinen Besitz gelangt sind, sofern er sie noch im Besitze hat, insbesondere mittels Konnossements, Ladescheins oder Lagerscheins darüber verfügen kann. [2]Das Zurückbehaltungsrecht ist auch dann begründet, wenn das Eigentum an dem Gegenstande von dem Schuldner auf den Gläubiger übergegangen oder von einem Dritten für den Schuldner auf den Gläubiger übertragen, aber auf den Schuldner rückzuübertragen ist.

(2) Einem Dritten gegenüber besteht das Zurückbehaltungsrecht insoweit, als dem Dritten die Einwendungen gegen den Anspruch des Schuldners auf Herausgabe des Gegenstandes entgegengesetzt werden können.

(3) Das Zurückbehaltungsrecht ist ausgeschlossen, wenn die Zurückbehaltung des Gegenstandes der von dem Schuldner vor oder bei der Übergabe erteilten Anweisung oder der von dem Gläubiger übernommenen Verpflichtung, in einer bestimmten Weise mit dem Gegenstande zu verfahren, widerstreitet.

(4) [1]Der Schuldner kann die Ausübung des Zurückbehaltungsrechts durch Sicherheitsleistung abwenden. [2]Die Sicherheitsleistung durch Bürgen ist ausgeschlossen.

Übersicht

	Rn
1) Allgemeines	1, 2
2) Fällige Forderung zwischen Kaufleuten (I)	3–6
3) Zurückzuhaltende Gegenstände (I)	7–11
4) Wirkung des Rechts gegen Dritte (II)	12
5) Ausschluss des Zurückbehaltungsrechts (III)	13
6) Abwendung der Zurückhaltung (IV)	14

1) Allgemeines

1   A. Auch unter Kflten gelten **§ 320 BGB** (Einrede des nicht erfüllten Vertrags) und **§ 273 BGB** (Zurückbehaltungsrecht), auch bei geringfügigen Mängeln, Grenze nur § 242 BGB, BGH NJW **17**, 1100m Anm Ostendorf.

§ 369 gewährt Kflten außerdem für gewisse Fälle der Pflicht zur Herausgabe eines Gegenstands (s Rn 7–11) ein Zurückbehaltungsrecht unter erweiterten Voraussetzungen in Bezug auf den Zusammenhang von Anspruch und Gegenanspruch. **§§ 371, 372** (nicht in allen Fällen des § 369 anwendbar, s Rn 4, 7)

1. Abschnitt. Allgemeine Vorschriften 2–6 § 369

fügen zum (nur ein Provisorium schaffenden) Recht, etwas zurückzuhalten, das Recht, sich aus dem Zurückbehaltenen für die eigene Forderung zu befriedigen. Ein Zurückbehaltungsrecht kann man auch **vertraglich** einräumen, RG **118,** 252, auch ein Recht auf Befriedigung nach § 371, nicht das Absonderungsrecht nach § 51 Nr 3 InsO. Kreditinstitute s **(8)** AGB-Banken Nr 14 Rn 1.

B. Für das Zurückbehaltungsrecht des **BGB** und **HGB** gilt: Es ist nicht von 2 Amts wegen zu beachten, sondern nur auf Einrede, die zur Verurteilung Zug um Zug führt, § 274 I BGB; auf Grund solcher Verurteilung des Zurückhaltenden kann der andere Teil seinen Anspruch ohne Bewirkung seiner Leistung in der Zwangsvollstreckung verfolgen, wenn der Verurteilte im Annahmeverzug ist, § 274 II BGB, zB wenn er zwar das ihm Geschuldete annehmen, aber den Anspruch des anderen nicht erfüllen will, § 298 BGB. Ein Gläubiger, der Gegenstände zurückhält (§§ 273 I, II BGB, 369 ff HGB), darf bei Verweisung auf die Zwangsvollstreckung in die zurückbehaltenen Gegenstände nicht in das übrige Schuldnervermögen vollstrecken (§ 777 ZPO). Ein vor Eröffnung des Insolvenzverfahrens erworbenes Zurückbehaltungsrecht an Gegenständen nach §§ 369 ff HGB gewährt in der Insolvenz ein Recht auf abgesonderte Befriedigung aus diesen, ebenso ein solches Recht wegen Verwendungen auf den Gegenstand (§ 273 II BGB) in Höhe des noch vorhandenen, durch sie verursachten Vorteils, § 51 Nr 3, 2 InsO. Das Zurückbehaltungsrecht erlischt durch Befriedigung des Gläubigers, durch Besitzverlust, auch unfreiwilligen, vgl RG **109,** 105 (es lebt bei unfreiwilligem Besitzverlust durch Wiedererlangung des Besitzes rückwirkend wieder auf, vgl anders zum Besitzpfandrecht, § 397 Rn 8), durch Sicherheitsleistung, § 273 III BGB, § 369 IV HGB, s Rn 14.

2) Fällige Forderung zwischen Kaufleuten (I)

A. Das kfm Zurückbehaltungsrecht (§ 369) besteht **nur unter Kaufleuten,** 3 also für Forderungen eines Kfm (§§ 1–4, auch 5) gegen einen Kfm (§§ 1–5), auch gegen den als Kfm Auftretenden (Rechtsscheinhaftung, s § 5 Rn 9–17, jedoch dann ohne das Dritte beeinträchtigende Absonderungsrecht im Insolvenzverfahren, str, s Rn 2) aus zwischen ihnen geschlossenen **beiderseitigen Handelsgeschäften.** Beide Teile müssen Kfm sein (1) bei Entstehung der Forderung, sonst fehlt das beiderseitige HdlGeschäft (s Rn 6), und (2) bei Entstehung des Zurückbehaltungsrechts, nicht notwendig bei dessen Geltendmachung, das einmal entstandene Recht bleibt bestehen, auch wenn ein Teil die Kfm-Eigenschaft verliert (oder beide).

B. Das Zurückbehaltungsrecht besteht für **Forderungen,** wohl nicht nur 4 Geldforderungen oder die in solche übergehen können (aber nur wegen solcher kommt Befriedigung nach §§ 371, 372 in Betracht), sondern auch andere (vermögensrechtliche) Schuldforderungen, auch dingliche Ansprüche, zB auf Herausgabe von Eigentum (§ 985 BGB), str. Die Forderung braucht sich nicht auf den zurückbehaltenen Gegenstand zu beziehen (nicht konnex zu sein, vgl dagegen § 273 BGB, Text bei Rn 1); Ausnahme: **(13)** DepotG §§ 4 I, 30 für vom Zentralbankier für den Provinzbankier angeschaffte Wertpapiere.

C. Die Forderung, wegen der zurückbehalten werden soll, muss idR **fällig** 5 sein (I 1), fällig zZ der Geltendmachung des Zurückbehaltungsrechts, RG **106,** 249, nicht notwendig bei Erlangung des Besitzes an den zurückbehaltenen Gegenständen. Für eine unklagbare oder einredebehaftete, zB verjährte Forderung entsteht kein Zurückbehaltungsrecht, das vor Entstehen der Einrede, zB vor Verjährung begründete bleibt bestehen (wie beim gesetzlichen Pfandrecht). Schuldnerverzug unnötig, RG JW **28,** 1579.

D. Die Forderung muss hervorgehen aus einem **beiderseitigen Handels-** 6 **geschäft** (§§ 343, 344), geschlossen **zwischen** dem **Zurückhaltenden** und

§ 369 7–9

dem **Schuldner** der Forderung, auch Bereicherungsanspruch, jedenfalls bei Leistungskondiktion wie bei Überzahlung, BGH NJW **85**, 2418. Kein Zurückbehaltungsrecht kann zugunsten eines Dritten, zB Abtretungsempfängers, oder gegen einen Dritten, etwa den dritten Eigentümer verpfändeter Sachen, entstehen, RG HRR **28**, 1220. Gesamtnachfolge auf einer der Seiten ändert nichts; der Gläubiger kann vor und nach ihrem Eintritt in Besitz genommene Sachen zurückbehalten. Bei Übergang des Unternehmens nach § 25 muss der Erwerber die Zurückbehaltung wegen Forderungen dulden, die gegen den Veräußerer bestanden. Als Ausnahme entsteht bei Inhaber- und Orderpapieren ein Zurückbehaltungsrecht zugunsten jedes Gläubigers aus dem Papier gegen jeden Schuldner aus dem Papier, wenn der Erwerb des Papiers und die Eingehung der Verpflichtung ein HdlGeschäft sind, RG **9**, 45. Ist das Zurückbehaltungsrecht entstanden, so ist es zusammen mit der Forderung abtretbar, geht aber nicht ohne Weiteres mit ihr über; § 1250 BGB ist nicht entspr anwendbar, hM. Das Zurückbehaltungsrecht allein ist nicht übertragbar.

3) Zurückzuhaltende Gegenstände (I)

7   A. Zurückgehalten werden dürfen nach I 1 **bewegliche Sachen** und **Wertpapiere**. Nicht ein angenommener Wechsel in der Hand des Annehmers, RG JW **28**, 232; nicht Rechte, namentlich Forderungen, Beweisurkunden, Ausweispapiere (Sparbücher, Hypothekenbriefe), RG **149**, 94, GesAnteilscheine, KfzBriefe, Ffm NJW **69**, 1720. Ein vertragliches Zurückbehaltungsrecht lässt sich an ihnen bestellen, es wirkt nicht gegen Dritte, zB im Insolvenzverfahren über das Vermögen des Schuldners, RG **91**, 157. An unpfändbaren Sachen ist das Zurückbehaltungsrecht möglich; die Ausübung kann aber als missbräuchliche Rechtsausübung unzulässig sein. Einem gesetzlichen Veräußerungsverbot unterliegende Sachen können nach § 369 zurückgehalten werden (vgl Zurückhaltung für Nicht-Geldforderungen, s Rn 4); soweit das Verbot nur bestimmte Personen schützt oder sonst bedingt wirkt, ist das Verwertungsrecht entspr eingeschränkt; vgl §§ 134–136 BGB. Unanwendbarkeit des § 369 auf Grundpfandbriefe, BGH BB **73**, 307. Unzulässig nach § 242 BGB ist wohl das Vorenthalten von Gegenständen ohne Verkehrswert, die der Schuldner aber braucht, Karlsr BB **72**, 1163 (Gussmodelle).

8   B. Die Sachen (Wertpapiere) müssen (im Zeitpunkt der Erfüllung der übrigen Voraussetzungen des Zurückbehaltungsrechts) im **Eigentum** (auch Miteigentum nach Bruchteilen) **des Schuldners** stehen, I 1 (Zurückhaltung eigener Sachen: § 369 I 2, s Rn 10). Wegen Forderung gegen einen Gfter können Sachen der OHG, KG nicht zurückgehalten werden; wegen Forderung gegen eine OHG, KG Sachen eines Gfters (phG oder Kdtist) dann, wenn er persönlich haftet (phG: §§ 128, 161 II, Kdtist: §§ 171–176) und Gläubiger ihn auch persönlich in Anspruch nimmt, str. Kein gutgläubiger Erwerb des Zurückbehaltungsrechts an fremden Sachen entspr §§ 932 ff BGB, RG **69**, 16 (Spediteur, BGH **17**, 2). Hat der Dritte aber arglistig die Sache für eine Sache des Schuldners ausgegeben, so steht ihm die Einrede der Arglist entgegen. Ebenso, wenn der Vertragsteil, für dessen Rechnung abgeschlossen ist, dem Zurückbehaltenden zur Erfüllung seiner Verpflichtung geliefert hat, RG **152**, 121.

9   C. Die Sachen müssen mit Willen des Schuldners auf Grund von HdlGeschäften in den **Besitz des Gläubigers** gelangt sein. Mittelbarer Besitz genügt, wenn ein Dritter, nicht der Schuldner selbst unmittelbar besitzt. Mitbesitz genügt in der qualifizierten Form des § 1206 BGB (betr Pfandrecht): die Sache muss unter Mitverschluss des Gläubigers sein; nicht genügt, dass Schuldner zwar rechtlich nicht allein über die Sache verfügen, wohl aber sie tatsächlich allein an sich nehmen kann, BGH BB **63**, 576 (wegen Rechtsähnlichkeit des kfm Zurückbehaltungsrechts mit dem Pfandrecht), Fall: Arbeitsgemeinschaft der Bauunter-

nehmer A–B, Gerät des A am Bauplatz (auf Grund Mietvertrags oder Überlassung zur Benutzung als Beitrag, § 706 BGB), Besitz der GbR A–B, aber Zugriffsmöglichkeit für A allein. Besitzdienerschaft genügt nicht. Der Besitz muss **mit Willen des Schuldners erlangt** sein; es genügt, dass Schuldner nachträglich zustimmt (genehmigt). Der Wille muss nicht ausdrücklich erklärt werden, aber irgendwie hervorgetreten sein. Anfechtbarkeit schadet nicht; erfolgreiche Anfechtung vernichtet rückwirkend. Der Wille des Schuldners fehlt zB, wenn er nicht voll geschäftsfähig ist und gesetzlicher Vertreter nicht zustimmte oder wenn sich der Gläubiger den Besitz ohne die bedungene Gegenleistung verschafft hat, RG **46**, 202. Hat sich der Kfm mit erlaubter Eigenmacht in den Besitz gesetzt, muss er, um die Sache zu seiner Sicherung verwenden zu können, Arrest beantragen, § 230 II BGB; bei Verzögerung oder Ablehnung des Antrags muss er die Sache herausgeben, § 230 IV BGB, ein Zurückbehaltungsrecht hat er nicht, str. Widerruf des Willens nach Erwerb des Zurückbehaltungsrechts ist bedeutungslos. Der Besitz muss **auf Grund eines Handelsgeschäfts** erlangt sein, RG **26**, 58; es genügt, dass der Besitzerwerb HdlGeschäft ist, ebenso, dass man zunächst privat besitzt und dann auf Grund HdlGeschäfts; ein beiderseitiges HdlGeschäft ist unnötig. Auch hdlgeschäftliche (§§ 343, 344) Entgegennahme als Angebot zugesandter Ware genügt, ROHG **7**, 213, Hbg DB **63**, 1214, Ffm BB **76**, 333. Der Besitzüberlassungswille des Gegners muss noch bestehen im Zeitpunkt der Entstehung der Forderung des Zurückhaltenden, Hbg DB **63**, 124.

D. **I 2** erlaubt, **eigene, dem Schuldner zu übertragende** Sachen (Wertpapiere) zurückzuhalten, wenn der Zurückhaltende sie vom Schuldner (oder für diesen von einem Dritten) zu Eigentum bekam, zB eine vom Schuldner erworbene Sache nach Anfechtung (falls sie nicht, wie regelmäßig bei § 123 BGB, auch das dingliche Geschäft beseitigt, dann Fall I 1), Rücktritt, Rückkauf; Sicherungseigentum nach Deckung der so gesicherten Forderung (falls Eigentum nicht dadurch schon an Schuldner zurückfiel, dann Fall I 1). S 2 ist ausdehnend auszulegen: Der Kfm darf immer zurückbehalten, wo er Besitz an eigenen Sachen mit Willen des Schuldners durch HdlGeschäft erlangt hat, Göppert ZHR **95**, (30) 55, str, so zB der Einkaufskommissionär an für den Kommittenten eingekauften Waren.

E. Das Zurückbehaltungsrecht besteht, solange der Gläubiger die Sachen (Wertpapiere) im **Besitz** hat, insbesondere mittels eines Traditionspapiers, nämlich Konnossements (§ 524), Ladescheins (§ 448), Lagerscheins (§ 475g) „über sie verfügen" kann; Voraussetzungen und Bedeutung dieses Verfügenkönnens s zum Ladeschein (§ 448).

4) Wirkung des Rechts gegen Dritte (II)

Das Zurückbehaltungsrecht nach §§ 369–372 besteht an Sachen (Wertpapieren) des Schuldners, uU des Gläubigers selbst, grundsätzlich nicht Dritter (§ 369 I 1, 2, s Rn 8, 10). Es bleibt aber nach **II** wirksam gegen einen Dritten, der **nachträglich** das **Eigentum** an der Sache durch Abtretung des Herausgabeanspruchs erworben hat, § 986 II BGB, entspr gegenüber Dritten, die nachträglich einen **Nießbrauch** oder ein **Pfandrecht** auf diese Weise erworben haben, §§ 1032, 1205 II, 1206 BGB. Nachträglich ist der Erwerb, wenn das Zurückbehaltungsrecht bereits begründet war, als er stattfand, wenn also damals die dieses Recht begründenden Tatsachen schon vorlagen. Späteren Pfändungspfandrechten geht das Zurückbehaltungsrecht vor (§ 804 II ZPO, § 51 Nr 3 InsO). Es gibt gegenüber der Pfändung, die der Zurückbehaltungsberechtigte nach § 809 ZPO verhindern kann, die Erinnerung aus § 766 ZPO und die Widerspruchsklage des § 771 ZPO. Späteren gesetzlichen Pfand- und Zurückbehaltungsrechten gegenüber ist der Berechtigte machtlos. Er kann zB weder das gesetzliche Pfandrecht des Spediteurs an der Ware abwehren, noch einem Kon-

§ 370 1   4. Buch. Handelsgeschäfte

nossement, Ladeschein, Lagerschein entgegentreten, RG **8**, 81. Das Zurückbehaltungsrecht gibt im Insolvenzverfahren über das Vermögen des Schuldners ein Absonderungsrecht (§ 51 Nr 3 InsO). Anfechtung der Besitzübertragung nach InsO und AnfG. Nach Eröffnung des Insolvenzverfahrens lässt sich kein Recht, auch kein Zurückbehaltungsrecht, mehr mit Wirkung gegen die Insolvenzgläubiger begründen (§ 91 InsO).

5) Ausschluss des Zurückbehaltungsrechts (III)

13   Das Zurückbehaltungsrecht entfällt nach III, wo der Gläubiger in bestimmter Weise mit dem Gegenstand verfahren muss, und zwar laut vor oder bei Übergabe erteilter **Weisung** des Schuldners, oder kraft einer irgendwann vom Gläubiger übernommenen **Verpflichtung**, die grundsätzlich auch stillschweigend sein kann, aber nicht schon in Besitzerlangung laut entspr Rechtsverhältnis liegt, RG JW **00**, 756. Bsp: Gläubiger hat sich verpflichtet, die Sache zur Verfügung des Schuldners zu halten, RG **12**, 91; wer auf Probe gekauft hat, darf nur wegen Forderungen zurückbehalten, die gerade mit diesem Kauf zusammenhängen, etwa wegen Vorschussleistung oder Lagergeld; wer als Spediteur oder Frachtführer an Dritte zu versenden hat, darf nicht wegen Forderungen an den Absender zurückbehalten; Spediteur und Frachtführer dürfen nicht Transportmittelleergut zurückbehalten, Grund: treuhänderischer Empfang mit Pflicht zur alsbaldigen Rückgabe in Transportkreislauf, Ffm TranspR **86**, 354; die Bank als Zeichnungsstelle darf den Zeichnern auszuliefernde Anleihestücke nicht wegen Forderungen gegen die vermittelnde Bank zurückhalten, RG **146**, 59, jetzt (13) DepotG § 30. Kein Ausschluss zB, wenn der Gläubiger die Ware wegen Mängeln zur Verfügung stellt, RG **98**, 69; wenn die Ware zur Verwahrung übergeben ist, Denkschrift 579; bei Waren, die zur Bearbeitung oder Ausbesserung übergeben sind; wenn die Weisung des Schuldners usw die selbstverständliche Verpflichtung zur Herausgabe ausspricht. Überhaupt kann eine Weisung des Schuldners nur in Betracht kommen, wo Treu und Glauben ihre vorzugsweise Beachtung verlangen; die selbstverständliche Verpflichtung, die Sache herauszugeben oder zurückzugeben, genügt nicht.

6) Abwendung der Zurückhaltung (IV)

14   IV entspricht wörtlich dem § 273 III BGB (nur nennt das BGB den, der Herausgabe verlangen kann, Gläubiger, HGB nennt so den Gläubiger der gesicherten Forderung). Der Schuldner kann die Ausübung des Zurückbehaltungsrechts jederzeit durch Sicherheitsleistung nach §§ 232 ff BGB abwenden, jedoch nicht (vgl § 232 II BGB) durch Bürgschaft. Sicherheit nötig in Höhe der zu sichernden Forderung; ist der Wert der zurückbehaltenen Sachen geringer, so entscheidet er, str, vgl RG **137**, 355. Erbietet sich der Schuldner zur Sicherheitsleistung, so wendet das die Zurückhaltung noch nicht ab, doch kann das Urteil die Herausgabepflicht vom Nachweis der Sicherheitsleistung abhängig machen, RG **137**, 355. Der Schuldner darf auch die Sache gegen Zahlung ihres Werts auslösen. An der hinterlegten Sicherheit erwirbt der Gläubiger ein Pfandrecht, § 233 BGB.

370 *(aufgehoben)*

1   § 370 betr ein kfm Notzurückbehaltungsrecht über § 369 hinaus wegen nicht fälliger Forderungen (funktional ähnlich der Aufrechnung) wurde wegen Unvereinbarkeit mit den Grundsätzen der InsO (keine Erweiterung der Rechte eines Gläubigers durch die Eröffnung des Insolvenzverfahrens, auch keine Aufrechnung mehr wie nach § 54 aF KO) durch EGInsO 1994 ersatzlos aufgehoben.

1. Abschnitt. Allgemeine Vorschriften 1–3 § 371

[Befriedigungsrecht]

371 (1) ¹Der Gläubiger ist kraft des Zurückbehaltungsrechts befugt, sich aus dem zurückbehaltenen Gegenstande für seine Forderung zu befriedigen. ²Steht einem Dritten ein Recht an dem Gegenstande zu, gegen welches das Zurückbehaltungsrecht nach § 369 Abs. 2 geltend gemacht werden kann, so hat der Gläubiger in Ansehung der Befriedigung aus dem Gegenstande den Vorrang.

(2) ¹Die Befriedigung erfolgt nach den für das Pfandrecht geltenden Vorschriften des Bürgerlichen Gesetzbuchs. ²An die Stelle der in § 1234 des Bürgerlichen Gesetzbuchs bestimmten Frist von einem Monate tritt eine solche von einer Woche.

(3) ¹Sofern die Befriedigung nicht im Wege der Zwangsvollstreckung stattfindet, ist sie erst zulässig, nachdem der Gläubiger einen vollstreckbaren Titel für sein Recht auf Befriedigung gegen den Eigentümer oder, wenn der Gegenstand ihm selbst gehört, gegen den Schuldner erlangt hat; in dem letzteren Falle finden die den Eigentümer betreffenden Vorschriften des Bürgerlichen Gesetzbuchs über die Befriedigung auf den Schuldner entsprechende Anwendung. ²In Ermangelung des vollstreckbaren Titels ist der Verkauf des Gegenstandes nicht rechtmäßig.

(4) Die Klage auf Gestattung der Befriedigung kann bei dem Gericht, in dessen Bezirke der Gläubiger seinen allgemeinen Gerichtsstand oder den Gerichtsstand der Niederlassung hat, erhoben werden.

1) Befriedigungsrecht (I)

Das Befriedigungsrecht des Gläubigers nach I macht das kfm Zurückbehaltungsrecht **dem Pfandrecht ähnlich**, ohne es dinglich zu gestalten (vgl § 369 Rn 12), BGH NJW **11**, 2963. **Voraussetzung** ist **Befriedigungsreife**, nämlich Fälligkeit der gesicherten Forderung und Vorliegen **einer Geldforderung** (vgl § 1228 BGB, § 369 Rn 4). Wirkt das Zurückbehaltungsrecht gegen Dritte (§ 369 II), so gibt es ein Recht auf vorzugsweise Befriedigung. Der Gläubiger braucht die Sache nicht einem Dritten zum Verkauf herauszugeben (§ 1232 BGB). Befriedigt er sich, so hat er den Überschuss dem dritten Berechtigten herauszugeben. Ebenso darf der Dritte den Gläubiger befriedigen; er erwirbt damit die Forderung ohne Zurückbehaltungsrecht (§§ 1249, 268 BGB). **1**

2) Vollstreckungsbefriedigung (III 1 Halbsatz 1)

Dem Gläubiger stehen **zwei Wege** offen, die in II besonders geregelte **Verkaufsbefriedigung** (s Rn 3–6), bei der sich der Gläubiger zunächst einen vollstreckbaren Titel verschaffen muss (III), **und** die **Vollstreckungsbefriedigung** nach den Pfandrechtsregeln (II iVm §§ 1228 I, 1233 I BGB), BGH NJW **11**, 2963. Letztere ist selbstverständlich zulässig (vgl klarstellend III 1 Halbs 1). Bei ihr erwirkt der Gläubiger einen Titel mit der gewöhnlichen Zahlungsklage; dann kann er aus diesem Titel vollstrecken, auch die zurückbehaltene Sache pfänden und verkaufen lassen. **2**

3) Verkaufsbefriedigung (II–IV)

A. Die **Durchführung** der Verkaufsbefriedigung nach **II** erfolgt nach **Pfandrechtsvorschriften** (II 1) mit Fristkürzung (vgl für Pfandverkauf § 368) und erschwert durch das Erfordernis eines vollstreckbaren Titels (III, s Rn 4). Verkauf in öffentlicher Versteigerung, bei Börsen- oder Marktpreis auch freihändiger Verkauf, § 1235 BGB; nach öffentlicher Bekanntmachung, § 1237 BGB. Vorherige Androhung mit einer Woche Frist, II, § 1234 BGB (an Eigentümer, bei III, IV an Schuldner). Benachrichtigung des Eigentümers (oder Schuldners), III, vom Ver- **3**

§ 371 4–6

kauf und seinem Ergebnis, §§ 1237, 1241 BGB. Ist eine andere Art der Verwertung den Beteiligten vorteilhafter, so kann jede Partei sie verlangen; im Streitfall entscheidet das Gericht des Orts, wo sich die Sache befindet, § 1246 BGB. Einer vorherigen Zwangsvollstreckung bedarf es nicht. Der Gläubiger darf aber statt der Pfandverwertung die Zwangsvollstreckung wählen; sie setzt einen anderen Titel voraus, s Rn 2. Die Parteien können vereinbaren, dass der Gläubiger ohne Titel verwerten darf. Sie können eine von §§ 1234–1240 BGB abweichende Art des Pfandverkaufs vereinbaren (§ 1245 BGB), uU Zustimmungspflicht des Insolvenzverwalters (§ 1246 BGB), BGH NJW **11**, 2964. Wertpapiere darf der Gläubiger öffentlich versteigern lassen, freihändig verkaufen oder einziehen, je nach Sachlage, §§ 1282, 1294, 1295 BGB; ist keine dieser Arten der Befriedigung möglich, § 1277 BGB, wie bei Namensaktien ohne Börsenpreis, so bleibt nur Befriedigung durch Zwangsvollstreckung, Denkschrift 214. Der den Anspruch überschießende Erlös tritt an Stelle der Sache, § 1247 BGB; der Gläubiger kann ihn wegen anderer Forderungen zurückbehalten.

4 B. Die Notwendigkeit eines **vollstreckbaren Titels** nach III 1 für die Verkaufsbefriedigung ist gegenüber den Pfandrechtsvorschriften eine (wegen der erleichterten Voraussetzungen des kfm Zurückbehaltungsrechts gerechtfertigte) Erschwerung. Der Gläubiger klagt auf Gestattung der Befriedigung aus dem zurückbehaltenen Gegenstand gemäß II; erlangt er hier einen Titel, so kann er entweder die Sache wie eine ihm verpfändete Sache verkaufen (Rn 3) oder sie ohne Pfändung wie eine gepfändete Sache verkaufen lassen, § 1233 II BGB und ZPO. Zwangsvollstreckung in den Gegenstand ist auf Grund dieses Titels (anders bei Vollstreckungsbefriedigung s Rn 2) unmöglich. Die Klage gemäß III ist Gestaltungsklage. Sie bedarf des Nachweises einer Forderung, die das Zurückbehaltungsrecht begründet, nicht der Bezifferung dieser Forderung, Hbg MDR **58**, 343, **60**, 315. Richtiger Beklagter ist der Eigentümer; gehört der Gegenstand dem Gläubiger selbst, § 369 I 2, der Schuldner; bei Forderung gegen OHG wird diese, nicht (nach § 128) die Gfter (einerlei, ob Sache im Eigentum der OHG oder im Eigentum des Gläubigers mit Herausgabepflicht an OHG), LG Hbg NJW **52**, 826. Die Klage ist auch geeignetenfalls im Urkundenprozess zu erheben, str; auch Mahnverfahren zulässig (in diesen Verfahren aber Bezifferung der Forderung nötig). Zulässig ist Verbindung der Klage nach § 371 III (im Gerichtsstand des IV) mit Klage zur Ermittlung der Höhe der Forderung, zB auf Buchauszug (§ 87c II) nach § 254 ZPO (Stufenklage), Hbg MDR **58**, 343. Bei Anerkennung des Schuldners, der keinen Anlass zur Klage gab, trägt Gläubiger die Kosten, § 93 ZPO, zB wenn Schuldner der Verwertung des Gegenstands zustimmte. Das Urteil muss die Gegenstände, für die es Befriedigung erlaubt, bezeichnen. Es braucht nur vorläufig vollstreckbar zu sein; bei nachträglicher Aufhebung Ersatzpflicht des Gläubigers nach § 717 ZPO.

5 C. **Zuständig** ist nach IV das Gericht des allgemeinen Gerichtsstands oder der Niederlassung des Gläubigers (also abw von der Regel der Gerichtsstand des Klägers). Die Regelzuständigkeiten bleiben daneben, Ebenroth/Lettl 11. Ob Vereinbarung eines anderen Orts als Gerichtsstand (zB des Sitzes des Schuldners) den Gerichtsstand des § 371 IV ausschließt, ist Tatfrage, ohne Vermutung für oder gegen, Hbg MDR **60**, 315.

6 D. **Unrichtige Veräußerung** ist in gewissen Fällen rechtmäßig, verpflichtet nur Gläubiger bei Verschulden zu Schadensersatz. In anderen Fällen ist sie nicht rechtmäßig, aber zugunsten eines gutgläubigen Erwerbers wirksam; so auch bei Fehlen des vollstreckbaren Titels für das Befriedigungsrecht, III 2 (wenn nicht noch andere, den Schutz Gutgläubiger nach § 1244 BGB ausschließende Fehler begangen sind). Gewisse Fehler hindern auch die Wirkung zugunsten gutgläubiger Erwerber. So §§ 1243 I, II, 1244 BGB anwendbar nach § 371 II 1, vgl § 368 Rn 2.

[Eigentumsfiktion und Rechtskraftwirkung bei Befriedigungsrecht]

372 (1) In Ansehung der Befriedigung aus dem zurückbehaltenen Gegenstande gilt zugunsten des Gläubigers der Schuldner, sofern er bei dem Besitzerwerbe des Gläubigers der Eigentümer des Gegenstandes war, auch weiter als Eigentümer, sofern nicht der Gläubiger weiß, daß der Schuldner nicht mehr Eigentümer ist.

(2) Erwirbt ein Dritter nach dem Besitzerwerbe des Gläubigers von dem Schuldner das Eigentum, so muß er ein rechtskräftiges Urteil, das in einem zwischen dem Gläubiger und dem Schuldner wegen Gestattung der Befriedigung geführten Rechtsstreit ergangen ist, gegen sich gelten lassen, sofern nicht der Gläubiger bei dem Eintritte der Rechtshängigkeit gewußt hat, daß der Schuldner nicht mehr Eigentümer war.

1) Wechsel im Eigentum (vom Schuldner zu Drittem), nach dem Besitzerwerb des Gläubigers, hindert nicht die rechtsgültige Befriedigung, solange Gläubiger von ihr nicht weiß (Wissenmüssen ist unerheblich); das nach § 371 III gegen den Schuldner erwirkte rechtskräftige Urteil wirkt auch gegen den neuen Eigentümer; so auch, wenn das Eigentum (nach dem Besitzerwerb des Gläubigers) schon vor der Klage, nicht erst während des Prozesses überging. Gläubiger kann das gegen den Schuldner erwirkte Urteil auf den neuen Eigentümer umschreiben lassen (§ 727 ZPO); wenn das nicht erreichbar: gegen den neuen Eigentümer klagen, entweder auf Vollstreckungsklausel nach § 731 ZPO oder unmittelbar aus § 371 III.

Zweiter Abschnitt. Handelskauf

Einleitung vor § 373

Schrifttum

Außer dem allgemeinen Schrifttum (s Einl vor § 1, Einl v § 343) zum HdlKauf *Ebenroth (/Boujong/Joost/Strohn)/Müller* Bd 2, 3. Aufl 2015. – *MüKo/Grunewald* Bd 5 3. Aufl 2013. – *Staub/Koller* §§ 373–376 5. Aufl 2013. – *Emmerich* JuS **97**, 98. – *U. Huber* ZHR 161 (**97**) 160. – Zum Kaufrecht s Komm zu §§ 433ff BGB idF SMG, Schrifttum dort. – Zum Finanzierungsdarlehen s (7) Bankgeschäfte Rn G/34. – **Muster:** *Hopt/Graf von Westphalen/Fabritius*, Vertrags- und Formularbuch zum Hdl-, Ges- und Bankrecht, 4. Aufl 2013, Teil I J–K (mit 31 Vertragsmustern und Formularen zum Hdl- und Unternehmenskauf). **RsprÜbersichten** zum Kaufrecht: *Hiddemann* WM Sonderbeil 5/**82**, *Paulusch* WM Sonderbeil 10/**86**, 9/**91**, 1/**95**, Sonderbeil 2/**98**, *Hübsch* WM Sonderbeil 1/**06**.

Übersicht

	Rn
1) Kauf	1–7
A. Begriff, Rechtsnatur, Abschluss	1
B. Pflichten des Verkäufers	3
C. Pflichten des Käufers, insbesondere Kaufpreiszahlung	4
D. Handelsklauseln	7
2) Handelskauf und andere Arten des Kaufs	8–16
A. Bürgerlichrechtlicher Kauf (§§ 433ff BGB) und Handelskauf	8
B. Verbrauchsgüterkauf (§§ 474ff BGB)	10
C. Barkauf und Kreditkauf	11
D. Sachkauf und Rechtskauf	12
E. Vorkauf, Kauf auf Probe, Wiederkauf	13

Einl v § 373 1, 2   4. Buch. Handelsgeschäfte

	Rn
3) Abgrenzung zu anderen Verträgen	17–21
A. Tausch	17
B. Werk- und Werklieferungsvertrag	18
C. Pacht, Leasing, Lizenzvertrag	19
D. Darlehensverträge	20
E. Kommission	21
4) Praxistypen des Kaufs und/oder Handelskaufs	22–29
A. Einteilungen	22
B. Industrieanlagenvertrag	23
C. Konditionsgeschäft	24
D. Kauf unter Liefervorbehalt	25
E. Finanzierter Kauf	26
F. Weiterverkauf, Streckengeschäft, Durchhandeln	27
G. Kauf auf Abruf	28
H. Zulieferverträge, Vertriebsverträge	29
5) Zuliefervertrag	30–34
A. Begriff, Rechtsnatur, Abschluss	30
B. Keine Anwendung von Handelsvertreterrecht	31
C. Pflichten des Zulieferers	32
D. Pflichten des Abnehmers	33
E. Vertragsende	34
6) Vertrags- oder Eigenhändlervertrag	35–42
A. Begriff, Rechtsnatur, Abschluss	35
B. Entsprechende Anwendung von Handelsvertreterrecht	37
C. Pflichten des Vertragshändlers	38
D. Pflichten des Herstellers	39
E. Vertragsende	40
7) Franchising	43, 44
8) Internationaler Verkehr	45–51
A. Anwendbares Recht (IPR)	45
B. Internationales Einheitsrecht, UN-Kaufrecht (CISG)	46
C. Gemeinsames Europäisches Kaufrecht (GEK, CESL)	50
D. Internationales Abladegeschäft	51

1) Kauf

1   A. **Begriff, Rechtsnatur, Abschluss:** Kauf ist Umsatz von Sachen oder Rechten gegen Geld. Der Kauf ist ein gegenseitiger Vertrag, der in §§ 433 ff BGB geregelt ist. Auch Geschäfts- und Betriebsgeheimnisse, die Kundschaft und andere geschäftliche Werte wie Goodwill eines Geschäfts (Einl 34 vor § 1), aber auch das Unternehmen als solches (Unternehmenskauf, Einl 44 vor § 1) können Gegenstand eines Kaufs sein, vgl RG **82**, 159.

2   **Abschluss** des Kaufvertrags nach §§ 145 ff BGB; bei Internetauktion, BGH **149**, 129. Abschluss ist formlos (Ausnahmen ua §§ 311b I, III, IV, V, 2371 BGB, § 15 GmbHG). Ausfüllung eines Auftragsformulars (zB durch Vertreter des Lieferers) ist oft nach HdlBrauch nur beweissichernde Aufzeichnung nach mündlichem Abschluss, also für die Verbindlichkeit des Abschlusses nicht erforderlich, IHK Eßlingen BB **51**, 234. Der Verkaufsantrag (die Offerte) braucht sich nicht an eine bestimmte Person zu richten (zB Warenautomaten). Dagegen gelten an die Allgemeinheit gerichtete Angebote idR nur als Aufforderung zu einem Vertragsantrag, so idR bloße Werbung (anders wenn garantiemäßiges Einstehenwollen deutlich wird, zu weit Ffm EuZW **10**, 77; Werbung kann aber nach §§ 434 I 3, 443 BGB die geschuldete Beschaffenheit der Kaufsache und den Inhalt einer Garantie prägen, s § 377 Rn 13) oder Warenauslage. Der Vertrag kommt idR mit Einigung über Ware und Preis zustande. Ausnahmsweise ist eine behördliche Genehmigung notwendig, so uU bei Liegenschaften nach Grundstücksverkehrsrecht oder Ausfuhrbestimmungen. **Muster:** Hopt/Graf v Westphalen 4. Aufl 2013 Form I. J.1–3, 5 (Allgemeine Verkaufs-, Lieferungs-, Einkaufs- und Beschaffungsbedingungen).

Einleitung 3, 4 **Einl v § 373**

B. **Pflichten des Verkäufers: a) Hauptpflichten:** Der Verkäufer ist ver- 3
pflichtet, dem Käufer die Sache zu **übergeben** und das **Eigentum an der Sache
zu verschaffen** (§ 433 I 1 BGB). Zur Erfüllungspflicht des Verkäufers gehört
auch die **Mangelfreiheit** der Sache (§ 433 I 2 BGB idF SMG). Sachmängel
(§ 434 BGB) und Rechtsmängel (§ 435 BGB) sind hinsichtlich ihrer Rechts-
folgen gleichgestellt und bewirken Nichterfüllung; der Käufer hat Anspruch auf
Nacherfüllung, also Mängelbeseitigung (Nachbesserung) oder Lieferung einer
mangelfreien Sache (Nachlieferung; §§ 437 Nr 1, 439 BGB), BGH NJW **12,**
1073, **13,** 220m Anm Lorenz 207, richtlinienkonforme Auslegung nach EuGH,
Einzelheiten str, insbesondere beim Stückkauf (Lieferung eines Identitätsaliud), je
nach Parteiwillen bejahend BGH NJW **06,** 2839, Bitter ZIP **07,** 1881, Canaris,
Picker FS Westermann **08,** 137, 583, S. Lorenz NJW **09,** 1633. Nacherfüllungs-
verlangen ist nur tauglich, wenn der Käufer die Kaufsache am Erfüllungsort zur
Untersuchung bereitstellt, BGH NJW **10,** 1448, **13,** 1074, ZIP **15,** 2132. Frist-
setzung zur Nacherfüllung, BGH WM **17,** 251, bei Aufforderung zum Austausch
der Ware, BGH NJW **15,** 2564. Unzumutbarkeit (§ 480 Satz 1 Alt 3 BGB),
BGH WM **17,** 251 Rn 38. Unrichtige Katalogangaben über KfzKraftstoffver-
brauch als Fehler, Mü NJW-RR **05,** 494. Teilweiser Gewährleistungsausschluss
bei Besichtigungsklausel, BGH NJW **16,** 2495. Übersicht: S. Lorenz NJW **05,**
1889.

b) Nebenpflichten: Nebenpflichten des Verkäufers ergeben sich unmittelbar
aus dem Verkauf, ohne dass es ihrer ausdrücklichen Vereinbarung bedarf. Sie
stehen nicht im Gegenseitigkeitsverhältnis (§ 320 BGB). Bei ihrer Verletzung
kann der Käufer Schadensersatz wegen Pflichtverletzung verlangen (§ 280 BGB);
er kann daneben weiter auf Erfüllung bestehen. Typische Nebenpflichten sind
Aufklärung, Auskunft und Beratung (aber ohne an der primären Eigenverant-
wortlichkeit des Käufers (eigene Fragen, due diligence) etwas zu ändern, § 347
Rn 23), Mitwirkung zur Verwendung der Sache, Ausstellung einer Rechnung (s
Rn 4).

C. **Pflichten des Käufers, insbesondere Kaufpreiszahlung: a) Kauf-** 4
preiszahlung: Die Zahlung des vereinbarten Kaufpreises für die gekaufte Sache
ist Gegenleistung für die Übertragung des Kaufgegenstands, sie ist Hauptpflicht
des Käufers (§ 433 II BGB). Der **Kaufpreis** kann grundsätzlich frei vereinbart
werden. Das führt über Angebot und Nachfrage zum Börsen- und Marktpreis, s
§§ 253 III, 373, 400 I. Preiskalkulation und culpa in contrahendo s Basedow
NJW **82,** 1030. Preisauszeichnung ua nach PaPkG 1998s **(7)** Bankgeschäfte Rn
G/45. **Grenzen** für den Kaufpreis setzen ua § 138 BGB; das Wettbewerbs- und
Kartellrecht (UWG, GWB, Einl 71–80 vor § 1), zB § 19 IV GWB; in Aus-
nahmefällen das Preisrecht, ua PreisG 10.4.1948 WiGBl 27, ergänzt durch Ge-
neralverbot der Preisüberhöhung für Gegenstände lebenswichtigen Bedarfs, § 4
WiStG idF 3.6.75 BGBl 1313; dazu BGHSt DB **63,** 372. **Indexierungsverbot
und -klauseln** nach PaPkG mit PreisklauselVO (PrKV) 23.9.98, BGBl 3043;
dazu Schmidt-Räntsch NJW **98,** 3166, Vogler NJW **99,** 1236; Ausnahme für
Finanzdienstleistungen s **(7)** Bankgeschäfte Rn G/4. **Preisangaben** s **(7)** Bank-
geschäfte Rn G/5. Der vereinbarte Kaufpreis bezeichnet, falls nicht anders ge-
regelt (§§ 133, 157 BGB, Nettopreis), vollständig den Umfang der Käuferzah-
lungsschuld, gilt also ua einschließlich **Mehrwertsteuer,** diese ist ein rechtlich
unselbstständiger Teil des zu zahlenden Preises (Bruttopreis), BGH **58,** 295, **60,**
203, **103,** 287, **115,** 50. Der Käufer hat diese nicht außerdem dem Verkäufer zu
erstatten; er kann diese aber auch nicht vom Kaufpreis abziehen, wenn Verkäufer
nicht der MWSt unterfällt, auch nicht bei Klarstellung „einschließlich MWSt",
auch nicht wenn der Verkäufer in seiner offengelegten Kalkulation keine MWSt
angesetzt hat, BGH NJW **01,** 2464. Dieser zivilrechtliche Entgeltbegriff ist unbe-
rührt von dem Nettoentgeltbegriff des UStG. Abw HdlBrauch ist trotz DIHT-

Umfrage von 1973 nicht feststellbar (vgl § 346 Rn 12), BGH NJW **01**, 2464. Sondervorschriften für Rechtsanwälte, Steuerberater und Architekten: MWSt zusätzlich zum Honorar. Der Käufer hat Anspruch auf Ausstellung einer Rechnung gemäß § 14 I UStG; bei Streit über UStGPflicht s BGH **103**, 284; bei vollständigem Auswechseln der Gfter der OHG, KG (§ 105 Rn 69) nicht gegen einen Ausgeschiedenen allein, BGH WM **75**, 77. Vgl betr Makler § 93 Rn 55.

5   **b) Abnahmepflicht:** Neben der Kaufpreiszahlung ist der Käufer zur Abnahme der gekauften Sache verpflichtet. **Abnahme** meint den Realakt, durch den der Käufer oder eine andere Person für ihn (§ 854 BGB) den Besitz übernimmt. Die Abnahmepflicht steht nur ausnahmsweise im Gegenseitigkeitsverhältnis, wenn dies (auch stillschweigend) vertraglich vereinbart wurde.

6   **c) Nebenpflichten:** Die Nebenpflichten des Käufers stehen nicht im Gegenseitigkeitsverhältnis. Bei ihrer Verletzung kommen §§ 280 ff BGB zur Anwendung. Zum **Abruf** der Sache ist der Käufer nur verpflichtet, wenn dies ausdrücklich oder stillschweigend vereinbart wurde (Kauf auf Abruf, s Rn 28); beim Bestimmungskauf ist die **Bestimmung** der Form ua der Kaufsache Hauptpflicht (§ 375 Rn 1). Eine gesetzliche **Aufbewahrungspflicht** nach Rüge folgt beim Handelskauf aus § 379; mindestens Obhutspflicht bei Eigentumsvorbehalt (§ 449 BGB); Aufbewahrungspflicht kann sich auch aus § 242 BGB ergeben (§ 379 Rn 1). **Aufklärungspflichten** bestehen bei ausdrücklicher Vereinbarung, nur ausnahmsweise aus den Umständen des Einzelfalls, BGH **117**, 280 (§ 347 Rn 23). Weitere Nebenpflichten des Käufers sind: **Kaufpreisverzinsung** nur bei Vereinbarung oder Verzug (§ 288 BGB), beim HdlKauf § 353; **Tragung der Kosten der Abnahme und Versendung** (§ 448 I BGB); **Tragung der Beurkundungskosten** beim Grundstückskauf (§ 448 II BGB).

7   **D. Handelsklauseln:** Beim HdlKauf werden häufig standardisierte Vertragsbedingungen und Klauseln verwendet. Zu den vielen verschiedenen Handelsklauseln der Praxis s § 346 Rn 39–40.

2) Handelskauf und andere Arten des Kaufs

8   **A. Bürgerlichrechtlicher Kauf (§§ 433 ff BGB) und Handelskauf: Handelskauf** (Überschrift Abschn 2, §§ 373–381) ist Kauf von **Waren** (so §§ 373, 374, 376–380; dagegen sprechen §§ 375, 381 II von **beweglichen Sachen,** indessen sind Waren handelbare bewegliche Sachen, vgl § 1 II Nr 1 aF) oder **Wertpapieren** (§ 381 I), der HdlGeschäft (§§ 343, 344) ist. §§ 373 ff sind auch anwendbar, wenn es sich nur um ein einseitiges HdlGeschäft handelt (nur §§ 377, 379 verlangen zweiseitiges), das kann im Einzelfall zu Härten führen und ist rechtspolitisch verfehlt, K. Schmidt § 29 I Rn 2 (aber oben § 1 Rn 10, 53 für Kleingewerbetreibende), ist aber de lege lata grundsätzlich hinzunehmen, nur ausnahmsweise Korrektur über § 242 BGB, str (vgl § 373 Rn 2). Der Begriff Ware umfasst auch den Stückkauf, str. Bewegliche Sache ist zB auch Standardsoftware, BGH **102**, 144, **109**, 101, **143**, 309, NJW **07**, 2394, str. Kauf und Verkauf anderer Gegenstände (zB Grundstücke; Rechte, soweit nicht in Wertpapieren verbrieft; Unternehmen als Sachgesamtheit, s Rn 1) ist nach Maßgabe von §§ 343, 344 HdlGeschäft, nicht HdlKauf, fällt also nicht unter §§ 373 ff; deren entspr Anwendung kommt in Betracht, soweit ihre Bestimmungen mehr von der KfmEigenschaft der Beteiligten als von der Art des Kaufgegenstands ausgehen. Zur Einschränkung von § 344 bei Verbraucherschutzrecht s Rn 10, § 344 Rn 2.

9   Das HGB enthält zum HdlKauf (und **Tausch** und **Werklieferungsvertrag,** sofern sie HdlGeschäfte sind, s Rn 17, 18) nur wenige Vorschriften, namentlich zugunsten des Verkäufers, die meisten Vorschriften des ADHGB über den HdlKauf sind ins BGB aufgenommen. Das erklärt die Bruchstückhaftigkeit der §§ 373 ff. Die Regelungen zum **bürgerlichrechtlichen Kauf** (§§ 433 ff BGB)

Einleitung 10–14 **Einl v § 373**

gelten auch für den ein- und zweiseitigen Handelskauf, soweit §§ 373–381 nicht abweichende Sonderregelungen treffen. Jedoch ergibt der HdlVerkehr Besonderheiten bei Anwendung des BGB-Kaufrechts. HdlKlauseln s Rn 7.

B. **Verbrauchsgüterkauf (§§ 474 ff BGB):** Die §§ 474–479 BGB haben zum 1.1.2002 Anforderungen der VerbrGüKRi und der VerbrRechteRi umgesetzt, soweit diese nicht schon im allgemeinen Kaufrecht und im Leistungsstörungsrecht des Allgemeinen Schuldrechts erfüllt sind. Für Kaufverträge (§§ 433–453 BGB) zwischen einem Verbraucher (§ 13 BGB) und einem Unternehmer (§ 14 BGB) über eine bewegliche Sache (§ 90 BGB) oder ein Tier (§ 90a BGB) treffen die §§ 474 ff BGB einige den Verbraucher begünstigende Sonderregelungen: Einschränkung der Zulässigkeit von der gesetzlichen Regelung abweichenden Vereinbarungen hinsichtlich Erfüllung, Gewährleistung und Verjährung (§ 475 BGB); gesetzliche Vermutung, dass ein Sachmangel, der sich innerhalb der sechs Monate seit Gefahrübergang zeigt, bereits bei Gefahrübergang bestand (§ 476 BGB), richtlinienkonforme erweiterte Auslegung, BGH NJW **17**, 1093m Anm Koch 1068; Sonderbestimmungen für Garantien (§ 477 BGB). Verbrauchergüterkauf von Gebrauchtwagenhändler (Umgehung nach § 475 I 2 BGB) oder Eigenhaftung desselben (Einl 9 vor § 48), BGH **170**, 16, NJW **05**, 1039. Bei **gemischter Zwecksetzung (dual use)**, also Kauf eines Kfm für sein HdlGewerbe und zugleich privat, setzt sich Verbrauchsgüterkaufrecht durch, auch gegen § 344 (oben Rn 8); dafür reicht nach manchem das bloße Überwiegen des privaten Zwecks aus, nach der Rspr des EuGH unsicher, Oetker/Koch Vor §§ 373–381 Rn 11, s auch § 377 Rn 3. **§ 478 BGB** erlaubt **Rückgriff** des Unternehmers gegen seinen Lieferanten wegen vom Käufer/Verbraucher geltend gemachter Gewährleistungsansprüche (§ 437 BGB) ohne eine sonst erforderliche Fristsetzung, § 377 bleibt aber unberührt (§ 478 VI BGB, s § 377 Rn 48). Unsicherheiten bestehen zum „gleichwertigen Ausgleich" (§ 478 IV BGB). Zum Unternehmerrückgriff Peraki 2008; Matthes NJW **02**, 2505, Matusche-Beckmann BB **02**, 2561, Böhle WM **04**, 1616, Nietsch AcP 210 **(10)** 722. Übersicht: S. Lorenz NJW **05**, 1893.

C. **Barkauf und Kreditkauf: Barkauf** liegt vor bei Vorauszahlung des Kaufpreises oder Zahlung des Kaufpreises Zug um Zug gegen Lieferung. Bei vertraglich vereinbarter Zahlung des Kaufpreises nach Übergabe oder Übereignung handelt es sich hingegen um einen **Kreditkauf,** zB bei Zahlungsaufschub oder Teilzahlungsgeschäft. Für Kreditkäufe zwischen Unternehmer (§ 14 BGB) und Verbraucher (§ 13 BGB) s §§ 499–504 BGB.

D. **Sachkauf und Rechtskauf: Sachkauf** (§§ 433–452 BGB) betrifft körperliche Gegenstände in jedem Aggregatzustand, auch künftige, noch nicht entstandene Sachen, Sachgesamtheiten wie Warenlager, **Rechtskauf** und Kauf sonstiger Gegenstände (zB Wasser, Gas, Strom, Unternehmen, Immaterialgüter, Wertpapiere) ist in § 453 BGB geregelt. Auf ihn finden die Regeln über den Sachkauf entsprechende Anwendung, soweit sie nicht Körperlichkeit voraussetzen (zB §§ 447, 448).

E. **Vorkauf, Kauf auf Probe, Wiederkauf:** Das **Vorkaufsrecht** ist ein Gestaltungsrecht, dessen Ausübung es dem Vorkaufsberechtigen ermöglicht, einen Kaufvertrag zwischen sich und dem Vorkaufsverpflichteten zustande zu bringen, wenn letzterer den Gegenstand an einen Dritten verkauft. Der Inhalt des zweiten Vertrags richtet sich nach den Vereinbarungen zwischen dem Vorkaufsverpflichteten und dem Dritten. Das Vorkaufsrecht ist in §§ 463–473 BGB (schuldrechtliches Vorkaufsrecht) und §§ 1094 ff BGB (dingliches Vorkaufsrecht) geregelt.

Kauf auf Probe (Kauf auf Besichtigung), geregelt in §§ 454 f BGB, zB im Versandhandel, Bambg NJW **87**, 1644, ist Kaufvertrag unter der (iZw) aufschie-

Einl v § 373 15–18

benden (bzw auflösenden) Bedingung (§ 158 BGB), dass der Käufer den gekauften Gegenstand billigt (bzw missbilligt). (Miss-)Billigung ist gesonderte Willenserklärung des Käufers und steht in dessen Belieben. Frist s § 455 BGB. Ähnlich Konditionsgeschäft, s Rn 24. **Kauf nach Probe** (Muster) ist demgegenüber unbedingter Kauf mit Zusicherung der Eigenschaften der Probe, BGH NJW **88**, 1020, also idR Beschaffenheitsgarantie (§§ 443, 444 BGB, zu diesem § 349 Rn 15), bei Fehlen jedenfalls Sachmangel nach § 434 I 1 oder 2 BGB; § 494 aF BGB deshalb durch SMG ersatzlos aufgehoben. Kauf mit Vereinbarung von „Ausfallmustern", BGH WM **81**, 848, Karlsr BB **71**, 1385, vgl auch BGH NJW **86**, 3137; Kauf „auf Feldprobe", Mü NJW **68**, 109, Schlesw NJW-RR **00**, 1656.

15 **Wiederkauf** ist geregelt in §§ 456–462 BGB. Die Parteien eines Kaufvertrags können (bei Abschluss oder nachträglich) ein Rückkaufrecht des Verkäufers vereinbaren (Wiederkaufvereinbarung, Vorbehalt des Wiederkaufs). Der Wiederkauf kommt durch Erklärung des Verkäufers/Wiederkäufers zustande. Die Erklärung ist Ausübung eines Gestaltungsrechts, BGH NJW **00**, 1332; nach aA ist der Wiederkauf durch die Erklärung des Verkäufers/Wiederkäufers aufschiebend bedingt (§ 158 BGB), BGH **29**, 107. Das Wiederkaufrecht entsteht bereits mit der Wiederkaufabrede, BGH **38**, 369, und ist übertragbar. Davon zu unterscheiden ist ein **Wiederverkaufsrecht** des Käufers, das es diesem erlaubt, den Verkäufer des gekauften Gegenstandes zu dessen Rückkauf zu verpflichten, BGH NJW **84**, 2568, **02**, 506; ist dieses Wiederverkaufsrecht kein Gestaltungsrecht (bloße Wiederkaufsverpflichtung), findet § 456 I BGB keine entsprechende Anwendung, BGH **140**, 218.

16 **Kauf mit Umtauschrecht:** Der Käufer kauft unbedingt, jedoch mit dem Recht, anstelle des zunächst bestimmten einen anderen Kaufgegenstand zu bestimmen (Frist, Gattung, Preisklasse wie vereinbart).

3) Abgrenzung zu anderen Verträgen

Die Abgrenzung des Kaufs von anderen Rechtsgeschäften ist nicht immer leicht.

17 A. **Tausch** (§ 480 BGB) ist Umsatz von Sachen und Rechten gegen Sachen und Rechte. Wesentlich ist Fehlen eines Kaufpreises in Geld (§ 433 II BGB), eine Nebenleistung in Geld schadet allerdings nicht, RG **88**, 364. Auf den Tausch findet Kaufrecht Anwendung, auf den HdlTausch also HdlKaufrecht (s Rn 8).

18 B. **Werk- und Werklieferungsvertrag:** Der **Werkvertrag** (§ 631 BGB) verpflichtet den Unternehmer (Hersteller) zur Herstellung eines bestimmten Sache (des versprochenen Werks), dh zur Herbeiführung eines bestimmten (Arbeits-)Erfolgs, nicht zur Lieferung von Sachen oder Rechten. **Werklieferungsvertrag** (§ 651 BGB) ist Vertrag, der die Lieferung herzustellender oder zu erzeugender beweglicher Sachen zum Gegenstand hat. Auf einen solchen Vertrag finden die Vorschriften über den Kauf Anwendung; wenn er HdlGeschäft ist, also HdlKaufrecht (s Rn 8). Von reinen Kaufvertrag unterscheidet sich der Vertrag nach § 651 BGB durch die werkvertragstypische Pflicht zur Herstellung der zu liefernden beweglichen Sache, zur Abgrenzung BGH WM **14**, 1502. Auf Unterscheidungen hinsichtlich Herkunft des Materials und (Un-)Vertretbarkeit der herzustellenden Sache kommt es nach dem SMG für die Einordnung als Kaufvertrag nicht mehr an (s für das HdlRecht § 381 II), auch nicht, ob für Einbau in Bauwerke bestimmt, BGH NJW **09**, 2877 (Konsequenz für § 377s § 381 Rn 4); Abgrenzung kann aber noch nach § 651 S 3 BGB relevant werden. Keine Haftung nach § 278 BGB für Hersteller und Vorlieferant (wie beim Kaufvertrag, § 651 S 1 BGB, anders Werkvertrag), BGH WM **14**, 1502. Die Werkverträge von **Hauptunternehmer** und **Nachunternehmer** sind rechtlich unabhängig voneinander, Mängelbeseitigungs- und Leistungsverweigerungsrecht des ersteren sind also

grundsätzlich unabhängig von der Inanspruchnahme durch den Besteller, jedoch anders für Schadensersatzansprüche (§ 242 BGB), BGH ZIP **13**, 1824.

C. **Pacht, Leasing, Lizenzvertrag:** Miete und **Pacht** (§§ 535, 581 BGB) sind auf entgeltliche Gebrauchsüberlassung gerichtet, nicht auf Verschaffung des Eigentums. Zum **Leasingvertrag** s **(7)** Bankgeschäfte Rn P/1. Der **Lizenzvertrag** geht auf Überlassung von Nutzungen an einem Recht (gewerbliche Schutzrechte, zB Patent), nicht auf Übertragung des Rechts selbst; näher Röhricht/Brandi-Dohrn Lizenzverträge; Groß 2015. Zum **Patentlizenzvertrag** Röhricht/Brandi-Dohrn Lizenzverträge Rn 121 ff, **Muster:** Hopt/Graf von Westphalen 4. Aufl 2013 Form I.J.4. **Know-how-Vertrag:** Ähnlich wie Lizenzvertrag, aber über nicht schutzrechtsfähiges Know-how. Die Überlassung von Know-how gegen Entgelt ist idR Pacht, Hamm NJW-RR **93**, 1270. Lit: Groß, Lizenzvertrag, 11. Aufl 2015.

D. **Darlehensverträge:** Sowohl Gelddarlehen („Darlehen", §§ 488–498 BGB; §§ 491 ff BGB regeln das Verbraucherdarlehen) als auch Sachdarlehen (§§ 607–609 BGB) sind Verpflichtungsgeschäfte, auf Grund deren der Darlehensgeber dem Darlehensnehmer einen Geldbetrag/vertretbare Sachen zur Verfügung zu stellen und der Darlehensnehmer dafür Zins/Darlehensentgelt zu zahlen und bei Fälligkeit das Darlehen zurückzuerstatten hat. Auch das Darlehen ist gegenseitiger Vertrag, hL und durch §§ 488 I, 607 I nF BGB klargestellt (frühere Vorstellung: Realvertrag). Das **Darlehen** kann sich, zB bei der Wechseldiskontierung, dem Kauf nähern, s **(7)** Bankgeschäfte Rn J/2.

E. **Kommission:** Zur Abgrenzung des Kaufs von der Kommission s § 383 Rn 7. Vertragshändler s Rn 35. „Durchhandeln" eingelagerter Ware s Rn 27.

4) Praxistypen des Kaufs und/oder Handelskaufs

A. **Einteilungen:** Abgesehen von den verschiedenen, idR gesetzlich geregelten Arten des Kaufs (s Rn 8 ff) finden sich zahlreiche weitere Einteilungen und Praxistypen je nach Parteien, Kaufgegenstand, Bedingungen, Finanzierung, Art und Frist der Lieferung, Handelsstufen (Zulieferung, Vertrieb) ua:

a) Parteien: Unter Kflten, unter Unternehmern, mit Verbrauchern (Verbrauchsgüterkauf s Rn 10).

b) Kaufgegenstand, zB **Unternehmenskauf,** s Einl 44–47 vor § 1; dort auch **Muster:** Hopt/Fabritius 4. Aufl 2013 Form I.K.1–24; Industrieanlagenvertrag, s Rn 23.

c) Vertragsbedingungen und echte Bedingungen, zB Konditionsgeschäft, s Rn 24, Kauf unter Liefervorbehalt, s Rn 25.

d) Finanzierung durch Dritte (finanzierter Kauf), s Rn 26.

e) Art und Weise der Lieferung, zB in Teilmengen, die je einzeln zu bezahlen sind, so beim Sukzessivlieferungskauf oder Dauerkauf; Art der Auslieferung und Eigentumsverschaffung, zB Streckengeschäft oder Durchhandeln, s Rn 27).

f) Lieferfrist, zB Kauf auf Abruf, s Rn 28.

g) Handelsstufe (s Rn 29), also Zuliefervertrag (s Rn 30) und Vertriebsverträge, sofern die Ware nicht über Handelsvertreter, sondern Vertragshändler abgesetzt wird (s Rn 35). Über einige der vorgenannten Praxistypen werden im Folgenden Kurzinformationen als Einstiegshilfe gegeben.

B. **Industrieanlagenvertrag** ist ein Vertrag eigener Art, auf den je nach Gegenstand und Ausgestaltung Kaufvertragsrecht (wenn erst herzustellen oder zu erzeugen, über § 651 S 1 BGB, s Rn 18, dann §§ 373 ff, 381 II) oder Werkvertragsrecht Anwendung finden, **Muster:** Hopt/Graf von Westphalen 4. Aufl 2013 Form I.J.5–7.

Einl v § 373 24–29   4. Buch. Handelsgeschäfte

24 C. **Konditionsgeschäft:** Als Konditionsgeschäft (Kauf „auf Kondition"; auch „in Kommission", dazu § 383 Rn 7) bezeichnet man einen bedingten Kauf mit möglicher Rückgabe, Staub/Koller § 383 Rn 76, MüKo/Häuser § 406 Rn 34. Typisch im Großhandel mit manchen Waren (zB Sortimentsbuchhandel, Teppiche, Textilien). Die Bedingung kann eine auflösende sein, insbesondere bei Rückgaberecht bis zu einem bestimmten Termin, Karlsruhe BB **72**, 552, BGH NJW **75**, 776, oder eine aufschiebende, zB Bedingung der Weiterveräußerung durch den Käufer, BGH NJW **75**, 776. Aufschiebende Bedingung auch bei Rückgaberecht nach freiem Belieben ohne bestimmte Frist, ähnlich Kauf auf Probe (s Rn 13), BGH NJW **75**, 777; s auch Karlsr BB **71**, 1123, **72**, 552. Gefahrtragung bei aufschiebender Bedingung des Weiterverkaufs s BGH NJW **75**, 776 (vgl § 390 Rn 1). Keine Anwendung von § 396 II, wenn die Ware an einen Dritten verkauft wurde, MüKo/Häuser § 406 Rn 35, aA Hbg DB **60**, 1389, aber auch nicht allgemeiner §§ 384, 388 ff, Ebenroth/Füller 9, aA MüKo/Häuser § 406 Rn 35.

25 D. **Kauf unter Liefervorbehalt:** Kauf kann unter Vorbehalt der Liefermöglichkeit, insbesondere der Selbstbelieferung, geschlossen werden. Es handelt sich entweder um auflösende Bedingung (§ 158 II BGB) oder Rücktrittsvorbehalt (§ 346 BGB); s zu entsprechenden Handelsklauseln § 346 Rn 40 „Liefermöglichkeit" und „Selbstbelieferung vorbehalten".

26 E. **Finanzierter Kauf:** Eine besonders wichtige Rolle in der Praxis spielt der finanzierte Kauf, bei dem der Käufer zur Finanzierung des Kaufpreises einen häufig durch den Verkäufer vermittelten Darlehensvertrag abschließt, zB **Kauf unter Verbraucherkredit** und **Finanzierungsdarlehen**. Zum Verbraucherdarlehensvertrag s §§ 491 ff BGB, zu verbundenen Verträgen s §§ 358 f BGB, Bankgeschäfte G/35. Zum Finanzierungsdarlehen s Bankgeschäfte G/34 ff.

27 F. **Weiterverkauf, Streckengeschäft, Durchhandeln:** Weiterverkauf ieS liegt vor, wenn der Zweitkäufer vor Lieferung des Kaufgegenstandes mit dem Erstverkäufer oder Erstkäufer vereinbart, dass er den Kaufvertrag mit dem Erstverkäufer übernimmt (§§ 414 ff BGB). **Streckengeschäft** oder **Durchhandeln** (Zwischenhandel) betrifft die Art der Auslieferung und Eigentumsverschaffung (mit Schwierigkeiten bei § 377, s dort Rn 9): Der Käufer verkauft eine noch nicht gelieferte, uU auch noch nicht konkretisierte Ware (§ 243 II BGB) weiter bis an den Letztkäufer, möglicherweise über mehrere Zwischenkäufer und Zwischenverkäufer; Kaufvertragspflichten bestehen nur zwischen den jeweiligen Parteien. Ähnliche Formen beim Leasing, BGH **110**, 139. Das Eigentum wandert, auch wenn die Auslieferung unmittelbar an den Endabnehmer erfolgt, rechtlich idR über die Kette (Geheißerwerb), BGH NJW **82**, 2371, **86**, 1166, also Zwischenerwerb der Vorgänger; andere Gestaltung bleibt aber möglich. Lit: Padeck Jura **87**, 454, Ostendorf/Kluth IHR **07**, 104, W.-H. Roth FS Canaris II 365, Lange JZ **08**, 661.

28 G. **Kauf auf Abruf** ist Kauf, bei dem der Käufer den Zeitpunkt der Lieferung innerhalb der Abrufsfrist bestimmt, aber doch die gesamte vereinbarte Stückzahl abnehmen muss, Ffm DB **81**, 471, und der Verkäufer vor Ablauf der Abrufsfrist erst nach Abruf, nach Fristablauf nur auf Ankündigung liefern darf. Beim Kauf auf Abruf bestimmt der Käufer den Zeitpunkt der Lieferung, beim **Bestimmungskauf** (§ 375) bestimmte Verhältnisse der Kaufsache.

29 H. **Zulieferverträge, Vertriebsverträge:** Kaufverträge zwischen dem Hersteller und den Vertragspartnern auf der vor- und nachgelagerten HdlStufe sind wirtschaftlich (feste Zusammenarbeit, zT Integration, Abhängigkeit) und rechtlich (Dauerschuldverhältnis, Rahmenverträge, Kartellrechtsprobleme) besonders gelagert, letztere zum Schutz der abhängigen Vertragshändler schon seit langem und in gewisser Nähe zum Handelsvertreter (s Rn 35, 37), erstere erst seit

kürzerem und ohne diese Nähe (s Rn 30, 31). Neben dem Vertrieb über selbstständige Vertragshändler hat sich das Franchising durchgesetzt (s Rn 43). Rahmenlieferverträge, Budde/Geks ZVertriebsR 12, 37.

5) Zuliefervertrag

A. Begriff, Rechtsnatur, Abschluss: Während sich auf der Vertriebsseite 30 über die einzelnen Kaufverträge hinaus seit langem Rahmenverträge mit teilweise weit ausdifferenzierten Rechts- und Schutzregeln entwickelt haben (Vertragshändlervertrag s Rn 35, Handelsvertretervertrag s § 84), ist das Zuliefererrecht lange ein Recht der einzelnen Verträge, namentlich des Werkvertrags- und Kaufrechts, geblieben. Das hat sich geändert. Längerfristige Lieferungsverträge sind entweder Ratenlieferungs- oder Dauerlieferungsverträge. Der **Zuliefervertrag** ist typischerweise Dauerlieferungsvertrag (Dauerschuldverhältnis, vgl § 314 BGB), auf das die §§ 320 ff BGB Anwendung finden. Er beinhaltet wegen der Dauerbeziehung besondere **Treuepflichten** (Kooperationspflichten) mit Konsequenzen für die Fülle von Vertragsbedingungen in der Praxis. Anhaltspunkte für die Qualifikation des Zuliefervertrages als **einheitlicher Dauerlieferungsvertrag** (und nicht als zweistufiges Vertragsgefüge bestehend aus Rahmenvertrag und Ausführungsverträgen) sind hinreichende Bestimmtheit oder Bestimmbarkeit der Leistungsinhalte. Dann wird im Vorfeld keine verbindliche Absprache getroffen, sondern lediglich ein **nomination letter** erteilt, der weder Vorvertrag noch Rahmenvertrag, sondern bloße Absichtserklärung ist (vgl letter of intent, Einl 4 vor § 343, § 349 Rn 22). Im Einzelfall kann dem Liefervertrag allerdings eine verbindliche Vereinbarung über die Schaffung organisatorischer Einrichtungen vorausgehen; dann handelt es sich um einen echten, selbstständigen Rahmenvertrag, der dem Dauerlieferungsvertrag vorgeschaltet ist. Der Zuliefervertrag ist ein **Austauschvertrag,** der nach dem Inhalt der Hauptpflicht des Zulieferers einen **Dauerwerklieferungsvertrag** darstellt. Da er die Lieferung herzustellender oder zu erzeugender beweglicher Sachen zum Gegenstand hat, unterliegt er seit dem SMG über § 651 S 1 BGB voll dem **Kaufrecht** (s Rn 18). Internationaler Zuliefervertrag, anwendbares Recht (IPR) s Rn 45. Einschränkung der Rügeobliegenheit nach § 377 durch Qualtitätssicherungsabreden (§ 377 Rn 59). Lit: Saxinger 1993, Lange 1998, Wellenhofer-Klein 1999 (mit Kautelarpraxis).

B. Keine Anwendung von Handelsvertreterrecht: Zulieferer werden, ob- 31 schon vielfach wirtschaftlich vom Abnehmer abhängig, nicht wie HdlVertreter geschützt. Insbesondere haben sie keinen Ausgleichsanspruch analog § 89b. Der Zulieferer wirbt keine Kundenstamm, der dem Abnehmer nach Vertragsbeendigung noch Vorteile bringen könnte. § 89b ist eine auf die Absatzmittlung zugeschnittene Vorschrift, die sich nicht auf die Beschaffungsseite übertragen lässt, hL. Investitionsschutz s Rn 34.

C. Pflichten des Zulieferers: Der Zulieferer ist verpflichtet, die vereinbarten 32 Zulieferteile zu liefern und zu übereignen. Dabei sind die Spezifikationen des Abnehmers zu beachten und die vorgeschriebenen **Qualitätssicherungsmaßnahmen** vorzunehmen. Der Zulieferer hat die vereinbarten Lieferzeiten einzuhalten. Bei **just in time-Verträgen** ist er verpflichtet, die zeitgenaue Belieferung sicherzustellen (Fixgeschäft, § 376 Rn 7); hierzu sind Vorsorgemaßnahmen zu treffen. Bei sich abzeichnenden Lieferverzögerungen ist der Abnehmer unverzüglich zu unterrichten. Schließlich trifft den Zulieferer die Pflicht zur Warenausgangskontrolle und deren Dokumentation. Die Langfristigkeit von Zulieferverträgen bringt Probleme der Vertragsanpassung im Zeitablauf mit sich. Aus diesem Grund spielen **Anpassungs- und Änderungsklauseln** eine wichtige Rolle in Zulieferverträgen. Soweit es sich wie meist um AGB handelt, unterliegen sie der **Inhaltskontrolle** nach § 307 I, II BGB. Sie dürfen keine Partei unangemessen benachteiligen; die Angemessenheit des Preis-Leistungs-Verhältnisses ist indes der Kontrolle entzogen (§ 307 III BGB). Problematisch kann der Grad der erforderli chen Konkretisierung der Anpassungsklauseln sein. Anpassungsklauseln, die die Leistungspflicht des Zulieferers modifizieren, sind **Leistungsanpassungs- und Spezifikationsänderungsklauseln**. Die Änderungen müssen möglich, erforderlich und zumutbar sein, die Klauseln müssen eine angemessene Ankündigungs- und Umsetzungsfrist vorsehen. **Wettbewerbsverbote**, Bernhard NJW **13**, 2785. Zu Neuverhandlungsklauseln s Rn 33. Zu Gestaltung und Zulässigkeit der Klauseln in Zulieferverträgen umfassend Wellenhofer-Klein 1999; Röhricht/Graf von Westphalen 4. Aufl 2014 Qualitätssicherung.

33   D. **Pflichten des Abnehmers:** Der Abnehmer ist verpflichtet, die Zulieferteile im vereinbarten Rhythmus abzurufen, abzunehmen und zu bezahlen. Er hat die gewünschten Zulieferteile fehlerfrei zu spezifizieren und soweit erforderlich bei ihrer Konstruktion mitzuwirken. Der Abnehmer muss Schnittstellenvorgaben machen, auf Risiken hinweisen, Gesprächspartner zur Verfügung stellen und Kontrollen durchführen. Anpassungsklauseln, die die Gegenleistungspflicht des Abnehmers modifizieren, sind typisch und vielfältig: **Marktpreisklauseln** gestatten es dem Abnehmer, die ausgehandelten Preise abzusenken, wenn dies eine rückläufige Preisentwicklung auf dem Produktmarkt des Abnehmers erforderlich macht. **Preisfallklauseln** sehen eine periodische Herabsetzung der Preise um bestimmte Prozentsätze vor; der Abnehmer partizipiert so an vom Zulieferer realisierten Einsparungen. **Preisanpassungklauseln nach Wertanalyse** geben dem Abnehmer Preisänderungsrechte auf der Grundlage gemeinsamer Wertanalysen der Zulieferteile. Durch **Kostenelementklauseln** kann sich der Abnehmer eine Beteiligung an Kostensenkungen auf der Beschaffungsseite des Zulieferers sichern. **Meistbegünstigungsklauseln** sollen sicherstellen, dass Konkurrenten des Abnehmers keine günstigeren Einkaufsbedingungen bei dem Zulieferer erhalten als der Abnehmer selbst. **Klauseln über die Geltungsdauer von Preisvereinbarungen** sind bedeutsam für den Fall einer Preisneuverhandlung; soll die Lieferung nicht unterbrochen werden, so muss geregelt sein, welcher Preis in der Übergangsperiode gelten soll. Von einseitigen Änderungsklauseln sind **Neuverhandlungsklauseln** zu unterscheiden, die vorsehen, bei Eintritt bestimmter Umstände Leistung und/oder Gegenleistung gemeinsam neu auszuhandeln (Einl 14 vor § 343). Lit zu Klauselpraxis s Rn 32.

34   E. **Vertragsende:** Die Beendigung des Zulieferervertrags kann auf verschiedene Weise erfolgen. Der Vertrag kann von vornherein auf bestimmte Zeit geschlossen sein. Ist er unbefristetes **Dauerschuldverhältnis**, so kann der Vertrag ordentlich oder außerordentlich, dh **aus wichtigem Grund gekündigt** werden (§ 314 BGB). Bei der Beendigung des Zulieferervertrags ist problematisch, dass der Zulieferer idR spezifische Investitionen getätigt hat, die ganz oder teilweise verloren sind, wenn der Vertrag nicht fortgesetzt wird. Dem Interesse des Zulieferers am **Investitionsschutz** steht die grundsätzliche Vertrags(beendigungs)freiheit des Abnehmers gegenüber. Befristungen von Zulieferverträgen auf Zeiträume, die unterhalb der Amortisationszeit der Investitionen des Zulieferers liegen, sind grundsätzlich nicht zu beanstanden. Es bestehen idR auch keine Ausgleichsansprüche des Zulieferers bei Vertragsbeendigung, § 89b ist nicht analog anwendbar (s Rn 31). Investitionsschutz des Zulieferers kann sich unter engen Voraussetzungen aus § 242 BGB ergeben. Aus dem Treuepflichtverhältnis ist der Abnehmer verpflichtet, faire Verhandlungen mit dem Zulieferer über die Vertragsverlängerung zu führen. Verletzt er diese Pflicht oder hat er keine objektiv nachvollziehbaren Gründe für den Wechsel zu einem anderen Zulieferer, so kann der alte Zulieferer Ersatz seines Vertrauensschadens verlangen, wenn er abnehmerspezifische, noch nicht abgeschriebene Aufwendungen vorgenommen hat, die notwendig waren und bei Vertragsbeendigung wertlos werden. Die Rspr zum

Vertragshändlervertrag, die statt eines Investitionsschutzanspruchs **Mindestvertragslaufzeiten** bis zu zwei Jahren annimmt (s Rn 40, 42), ist auf den Zuliefervertrag nur in Ausnahmefällen wie just in time-Verträgen übertragbar. Der Abnehmer muss seine Zulieferbeziehungen einheitlich gestalten können, die Praxis von Einjahresverträgen ist deshalb auch AGBrechtlich nicht zu beanstanden. In der Praxis wird auch versucht, außerordentliche Kündigungsrechte in speziellen **Kündigungsklauseln** zu konkretisieren: bei Pflichtverletzungen, bei (wesentlichen) Vermögensverschlechterungen des Zulieferers, bei Veräußerung des Zulieferunternehmens sowie in Anpassungsklauseln für den Fall, dass der Zulieferer das Anpassungsziel verfehlt. Ferner finden sich verschiedene Arten von **Investitionsschutzklauseln.** Lit: Wellenhofer-Klein 1999 §§ 14, 16.

6) Vertrags- oder Eigenhändlervertrag

A. Begriff, Rechtsnatur, Abschluss: Der Vertragshändlervertrag (Eigenhändler, auch Zwischenhändler, Großhändler) ist ein auf gewisse Dauer geschlossener **Rahmenvertrag,** der den einen Teil (**Vertrags- oder Eigenhändler,** Konzessionär) in die Verkaufsorganisation des Herstellers eingliedert und ihn verpflichtet, Waren des anderen (Hersteller, Lieferant) im eigenen Namen und auf eigene Rechnung zu vertreiben, stRsp, BGH **29**, 87, **34**, 285, **54**, 340, **74**, 140, Düss RIW **96**, 959. Der Rahmenvertrag kann auch durch Kettenverträge zustandekommen, BGH BB **02**, 2520. Der Warenbezug des Vertragshändlers und seine Vertriebspflicht hängen zusammen, die **einzelnen Kaufverträge zwischen Hersteller und Vertragshändler** sind, obwohl vom Vertragshändlervertrag weitgehend vorgegeben, **rechtlich selbstständig**, BGH **74**, 140, Düss RIW **96**, 959. Die Rechte des Vertragshändlers bei Mängeln der Sache (§§ 437 ff BGB) und sein Rückgriffsanspruch gegen den Hersteller beim Verbrauchsgüterkauf (§ 478 BGB, s Überbl 10 vor § 373) bestimmen sich nach den einzelnen Kaufverträgen. Aus dem Vertragshändlervertrag hingegen folgen dessen Charakter als Dauerschuldverhältnis entsprechende, besondere, beiderseitige Verhaltens- und Rücksichtspflichten (s Rn 38, 39). AGBKontrolle s § 348 Rn 5. Der Vertragshändler ist im Gegensatz zum Handelsvertreter rechtlich selbstständig mit vollem unternehmerischen Risiko, aber meist wirtschaftlich abhängig, deshalb analoge Anwendung von Handelsvertreterrecht (s Rn 37), ausnahmsweise ist er sogar Arbeitnehmer (§ 84 II, Abgrenzung § 84 Rn 35). Internationaler Vertragshändlervertrag, anwendbares Recht (IPR) s Rn 45. Lit: Ulmer 1969, Giesler 2005 (VertriebsrechtHdb), Küstner/Thume Bd 3 4. Aufl 2015 II S 189 ff, Schultze/Wauschkuhn/Spenner/Dau/Kübler 5. Aufl 2016, Martinek/Semler/Flohr 4. Aufl 2016 (VertriebsrechtsHdb) §§ 25–28, Röhricht/Graf von Westphalen 4. Aufl 2014 Vertragshändlerverträge; Martinek ZHR 161 **(97)** 67 (Vertriebsrecht); Killias in Kronke ua, Hdb des Int Wirtschaftsrecht 2005; Emde RIW **16**, 104 (internationale vertriebsrechtliche Schiedsverfahren); ferner § 84 Rn 10. **Muster:** Hopt/Emde 4. Aufl 2013 Form I.G.3 (Vertragshändlervertrag). **RsprÜbersichten:** BGHFSWissII/Martinek **00**, 101; s vor § 84.

Zwischen Hersteller und Endabnehmer bestehen idR **keine unmittelbaren Vertragsbeziehungen;** anders bei Herstellergarantien (§ 349 Rn 17). Vertragshändler zweiter Vertriebsstufe sind Händler in ähnlichem Vertrag mit einem Vertragshändler (erster Vertriebsstufe, Haupthändler), BGH BB **72**, 772. Das Verhalten des Herstellers (und ggf seiner VertriebsGes und von Großhändlern) und die Rechtsbeziehungen unter diesen und zum Händler sind uU bei Wertung des Verhaltens des Händlers gegenüber dem Endabnehmer mit zu berücksichtigen, zB wenn Hersteller den Händlern als seiner Organisation die Verwendung bestimmter AGB bei ihren Verkäufen vorschreibt und in diesen auf Verhalten des „Verkäufers" abgestellt wird (zB in Bezug auf die Bedeutung einer Lieferverzögerung für dem Kauf nachfolgende Preiserhöhung), BGH WM **72**, 84. Zu öffentlichen Äußerungen des Herstellers, die die geschuldete Beschaffenheit der Kaufsache prägen, s § 434 I 3 BGB. Der **Zwischenhändler** (B, zwischen A und C), auch von Gattungsware, der sie nicht auf Lager nimmt (C holt sie von A, Streckengeschäft s Rn 27), braucht sie idR, vor allem bei Massenartikeln, nicht zu untersuchen, jedenfalls weniger strenge Anforderungen, er wird nicht durch Mängel der Ware aus § 280 BGB (früher positive Vertragsverletzung) haftbar, idR auch nicht für A aus § 278 BGB, uU aber aus Zusicherung mangelfreier Lieferung durch A, BGH NJW **68**, 2238, WM **71**, 1122, BB **10**, 663; anders uU bei enger organisatorischer Verbundenheit mit dem Hersteller, BGH NJW **81**, 2251 (zu § 823 BGB). Das gilt auch für den **Großhändler;** für Angaben in der Gebrauchsanweisung des Herstellers haftet er nur, wenn er sie sich besonders zu eigen macht, BGH BB **81**, 579. Zur mangelhaften Montageanleitung s § 434 II 2 BGB; str, ob auf Gebrauchsanweisung anwendbar. „Durchhandeln" eingelagerter Ware s Rn 27.

37 B. **Entsprechende Anwendung von Handelsvertreterrecht:** Auf den Vertragshändlervertrag ist uU HVRecht entspr anwendbar, praktisch wichtig vor allem der **Ausgleichsanspruch** analog § 89b (§ 84 Rn 11). **Gleichbehandlung** nach § 6 III AGG (§ 86 Rn 10).

38 C. **Pflichten des Vertragshändlers:** Der Vertragshändler ist ebenso wie der Hersteller zu Treue und Rücksichtnahme verpflichtet (s Rn 39). Er hat Waren des Herstellers im eigenen Namen und auf eigene Rechnung zu vertreiben. Es kann eine **Mindestabnahmepflicht** in angemessenen Grenzen und ein Ausschluss des Bezugs von Dritten vereinbart werden. Kartellrechtliche Schranken folgen aus EURecht und deutschem Recht. Zulässigkeitsschranken unter **europäischem Kartellrecht** folgen aus Art 101, 102 AEUV (Art 81, 82 aF EG), dazu EUGruppenfreistellungsVO 2010 mit Leitlinien, KfzGVO 2010 mit Leitlinien (näher § 86 Rn 38); EuGH NJW **86**, 1415 (Pronuptia). Schranken unter **deutschem Kartellrecht** (Einl 77–78 vor § 1) folgen ua aus §§ 14 und 16 aF, 19, 20 GWB; BGH **140**, 342 (Preisbindung), s Immenga/Mestmäcker. Nur echte HV-Agentur- oder Partner-Systeme sind (unter §§ 14u 16 aF GWB) zulässig, BGH **97**, 317 (Telefunken), Abgrenzung str, Oehler BB **87**, 765, Köhler ZHR 151 (**87**) 224, Ebenroth/Parche BB Beil 10/**88**, s § 86 Rn 23. Lit: §§ 84 Rn 10, 86 Rn 38.

39 D. **Pflichten des Herstellers:** Der Vertragshändlervertrag verpflichtet Händler (und Hersteller) zu **Treue und Rücksicht,** BGH **93**, 39 (Opel), **124,** 354 (Daihatsu), WM **93**, 1464, Düss ZVertriebsR **13**, 224 (Direktbelieferung), aber abhängig von der Ausgestaltung des Vertrags (vgl § 86a Rn 13 ff). Der Hersteller ist iZw frei zur **Ablehnung** von Bestellungen des Händlers aus vertretbaren Gründen, ohne Willkür, BGH **93**, 38, NJW **58**, 1139, BB **72**, 193. Insbesondere kann er sich anteilige Aufteilung der verfügbaren Produktion bei Lieferengpässen vorbehalten, BGH **124**, 358 (s Liefermöglichkeit § 346 Rn 40), anders bei bereits angenommenen Bestellungen. Aus Mindestabnahmepflicht des Händlers (mit Ausschluss des Bezugs von Dritten) folgt wohl idR Lieferpflicht des Herstellers jedenfalls für die Mindestmenge; anders etwa bei Lieferschwierigkeit infolge Produktionseinstellung; gegenseitige Rücksichtnahme (§ 242 BGB), BGH BB **72**, 193. Formularmäßige Zustimmungs- und Kündigungsrechte bei **personellen Veränderungen im Händlerunternehmen** ohne Rücksicht auf unternehmerische Freiheit des Händlers sind unwirksam, BGH **93**, 39; bei Tod des Händlers ohne Nachfolgeregelungsmöglichkeit, BGH **93**, 58; Zustimmungsvorbehalt für Vertragsübertragung ist dagegen wirksam, BGH **93**, 56. **Änderungsvorbehalte des Herstellers** sind durch die Treupflicht und **(5)** § 307 I, II BGB (vgl §§ 308 Nr 4, 309 Nr 1 BGB) beschränkt; BGH **89**, 206, **93**, 47, **124,** 361, Graf von Westphalen NJW **82**, 2465. Der Hersteller hat aber ein Recht auf **freie Modellpolitik** (Dispositionsrecht); er ist **nicht** zur **Vorausinformation** der Händler innerhalb bestimmter Frist verpflichtet, BGH **93**, 51. Er kann grundsätzlich auch

Einleitung 40 **Einl v § 373**

weitere Vertragshändler im Gebiet des Händlers einsetzen, BGH **93,** 54, und dort eigene **Direktgeschäfte** machen, BGH WM **87,** 542; dies gilt nicht bei vertraglichem **Alleinvertriebsrecht** bzw Gebietsschutz (aber kartellrechtliche Grenzen, s Rn 38), BGH **54,** 342, und je nach Intensität der Eingliederung des Vertragshändlers in die Vertriebsorganisation auch ohne Alleinvertriebsrecht, BGH **124,** 355 (Daihatsu, vgl § 86a Rn 17), **164,** 15 (Ausgleichsklauselkontrolle), Düss ZVertriebsR **13,** 224m Anm Gräfe; Grenzen für einseitige Verkleinerung des Vertragsgebiets s BGH **89,** 206, WM **88,** 1347. Bei begründetem Verdacht von Verstößen, auch durch Einschaltung von KonzernGes, Auskunftsanspruch des Vertragshändlers (§ 242 BGB), BGH WM **03,** 255, Düss ZVertriebsR **13,** 225. Lit: Gutbrod EuZW **91,** 235 (AGB), Hopt ZIP **96,** 1533, 1809 (Wettbewerbsfreiheit, Direkt- und Parallelvertrieb). **AGB-Kontrolle** bei Vertragshändlerverträgen nach **(5)** § 307 BGB, s Rn 38–42, § 86 Rn 8 (zu HV), Emde MDR **07,** 994; Originalersatzteilverwendung, Änderung des Händlereinkaufspreises, Berechnung des Aufwendungsersatzes, BGH **164,** 11, Brem MDR **07,** 994, krit Kappus NJW **06,** 15, Kleinmann/Siegert BB **06,** 785. Komm zu § 307 BGB, Ul/Br/He/Ulmer/Schäfer (57) Vertragshändlerverträge Rn 1 ff, Wo/Li/Pf/Dammann Vertragshändlervertrag V 311 ff. RsprÜbersicht: Rothermel/Dahmen IHR **17,** 49 (unwirksame Klauseln).

E. **Vertragsende:** Der Vertrag kann von vornherein auf bestimmte Zeit geschlossen sein. Ist er unbefristetes **Dauerschuldverhältnis,** so kann der Vertrag ordentlich oder außerordentlich, d. h. **aus wichtigem Grund gekündigt** werden (§ 89a entspr, § 84 Rn 11; nach aA § 314 BGB mit §§ 314 II, III BGB über Abnahme und angemessene Kündigungsfrist). **Mindestvertragslaufzeiten,** auch als Ankündigungs- oder **Umstellungsfrist,** aus Gründen des Investitionsschutzes nicht unter einem Jahr, BGH BB **95,** 1657 (KfzVertragshändler, KartellRspr unter Hinweis auf Art 5 II Nr 2 EG-VO 123/85 Gruppenfreistellung Kfz), Kln NJW-RR **95,** 1140. Nach Anhebung auf Zweijahresfrist in EG-VO 1475/95 (einen Rspr und Lit unter **(5)** § 307 BGB zT nach, Ul/Br/He/Ulmer/Schäfer (57) Vertragshändlerverträge Rn 33, Röhricht/Graf von Westphalen Vertragshändlervertrag Rn 28, Emde BB **00,** 65, VersR **01,** 159; zT auch unabhängig davon Hbg WuW/E OLG **(85)** 3804, von BGH NJW **87,** 3200 nicht beanstandet; zT wird sogar Zweijahresfrist als unangemessen angesehen, Creutzig EuZW **95,** 727, zum Ganzen Creutzig 2001. Die EG-VO 1400/2002 (KfzGVO) Gruppenfreistellung Kfz v 31.7.02 ABlEG L 203/30 Art 3 V gewährte Freistellung nur a) bei Laufzeit von mindestens fünf Jahren mit Ankündigung der Nichtverlängerung mindestens sechs Monate im Voraus oder b) bei unbefristetem Vertrag und Kündigungsfrist von mindestens zwei Jahren außer in zwei Fällen (dann 1 Jahr), nämlich bei Pflicht des Lieferanten zu angemessener Entschädigung bei Vertragsende oder bei Umstrukturierung des Vertriebsnetzes. Die neue **GVO Nr 461/2010** (KfzGVO) v 27.5.10, ABlEU Nr L 129/52, 28.5.10 enthält diese vertragsrechtlichen Vorgaben ua zu Kündigungsfristen (Händlerschutz, mit Modellwirkung für AGB-Kontrolle) jedoch **nicht mehr** (§ 86 Rn 38), diese Argumentationshilfe entfällt also künftig. **Längerfristige Bindung** zwecks Amortisation von hohen Entwicklungs- und Vorhalteaufwendungen des Tankstelleninhabers ist zulässig, aber Inhaltskontrolle von Verlängerungsoptionsklausel (mehr als 10 Jahre war unzulässig), BGH **143,** 116. Kündigungsrecht schon bei jeder Streitigkeit ist unwirksam, BGH **93,** 57, Teilkündigung ist unzulässig, wenn damit Anspruch aus § 89b (s Rn 37) erschwert wird, **142,** 365; auch Kln BB **01,** 1759. Bei (erheblicher) Vertragsverletzung des Herstellers hat Händler Recht zu fristloser Kündigung und auf Schadensersatz, BGH **54,** 342, NJW **82,** 2432, s § 89a Rn 33–40; Klausel mit Freizeichnung auf grobe Fahrlässigkeit außer bei „Kardinalpflichtverletzung" ist intransparent, BGH **164,** 35. Zur Wiederherstellung muss Hersteller uU unverkaufte, jetzt nicht (unzumutbar

Einl v § 373 41, 42   4. Buch. Handelsgeschäfte

schwer) verwertbare Ware unter Streichung der Kaufpreisforderung zurücknehmen, BGH **54**, 342, zum Rückgaberecht s Rn 41. Bei Vertragsende hat Händler Ausgleichsanspruch entspr **§ 89b** (s Rn 37, § 84 Rn 12). Kündigungsklauseln, Mesch ZVertriebsR **15**, 8. Vertragshändlerverträge in der Insolvenz, Wagner/Wexler-Uhlich BB **11**, 519.

41 **Konsignationslagerabrede, Rückgaberecht:** Der Hersteller richtet häufig **Warenlager** direkt beim Händler ein. Die Vertragspflichten regelt ein selbstständiger Konsignationslagervertrag oder sie sind Teil des Vertriebsvertrags; wesentlich ist der verlängerte und erweiterte Eigentumsvorbehalt; eine Konsignationskommission (§ 383 Rn 4) liegt idR nicht vor. Bei Vertragsende **nicht abgesetzte Ware** muss der Hersteller bei Abrede (Rückverkaufsrecht des HV) zurücknehmen (entspr Rücktrittsregeln), BGH NJW **72**, 1191, auch bei anschließendem Werkstattvertrag, BGH WM **07**, 2078, **08**, 2077 (ohne Rücksicht auf Amortisationsmöglichkeit des HV); ohne Abrede nicht ohne Weiteres (nach §§ 667 ff BGB oder Kommissions- oder Treuhandgrundsätzen), Ffm WM **86**, 141. Rücknahmepflicht kann aber auch aus Sinn und Zweck der Depotabrede (nachwirkende Treuepflicht) oder aus einer zum Vertragsende führenden Vertragsverletzung des Herstellers (§ 249 BGB; mit Konsequenzen für AGB-Kontrolle) folgen, BGH **54**, 342, **124**, 368, **128**, 70, WM **07**, 2080, Mü BB **93**, 1753. Die Pflicht entfällt idR, wenn der Händler selbst einen wichtigen Grund für die Kündigung des Herstellers gegeben hat, BGH **54**, 346, Mü BB **98**, 1332, aA Finger NJW **71**, 556, oder Dispositionsfehler begangen hat, BGH **124**, 370, nicht schon ohne wichtigen Grund, auch bei überwiegendem und idR selbst bei Alleinverschulden des Händlers (Grund: auch dann noch Treuepflicht, s Rn 39), Emde Vor § 84 Rn 414, offen BGH **128**, 67, str. Sie erfasst nur das Waren- und Ersatzteillager, nicht das Spezialwerkzeug des Eigenhändlers, Ffm BB **82**, 209. Rücknahme nur bei Originalverpackung ist zulässige Klausel, BGH **124**, 370, aber zweifelhaft, aA Emde Vor § 84 Rn 414, dann aber zumindest Mitwirkungspflicht des Herstellers bei Bestandsaufnahme auf Verlangen des Händlers, Kln NJW-RR **97**, 101; zulässig auch angemessene Abzugspauschale, zB 10%, BGH WM **88**, 1349. Ohne solche Klausel genügt neuwertiger, unbenutzter Zustand; vgl Düss BeckRS **07**, 07179. Viele andere Einschränkungen (zB Rücknahme nur bei völliger Schuldlosigkeit des Händlers am Vertragsende, nur innerhalb von 3 Jahren seit Lieferung, nur bei vollständiger Geltendmachung innerhalb von 3 Monaten, unter Abzug von 25%) sind dagegen nach **(5)** §§ 305 ff unwirksam, BGH **128**, 67, zB formularmäßiges Rückkaufrecht des Herstellers zum Vertragsende zum Händlereinkaufspreis ohne Entschädigung, BGH NJW **00**, 1191, anders wenn noch keine Weiterverkäufe eingeleitet sind. Lit: Schriefers BB **92**, 2158; Rücknahme nur von beim Hersteller bezogener Originalware, BGH **164**, 30, Grund: Ausschluss von Querbezug von anderen Vertragshändlern; Rücknahme nur von fabrikneuen, innerhalb der Letzten 12 Monate vor Vertragsende bezogenen Kfz ist zulässige AGB, Ffm HVR **(06)** 1153; Rückkaufsrecht auch für bereits verkauften Lagerbestand, BGH **164**, 33. Beweislast für Rückgaberecht hat der Händler, BGH WM **07**, 2083.

42 Ein allgemeiner **Investitionsersatzanspruch** des Vertragshändlers besteht nicht, BGH NJW **87**, 3200, Mü NJW-RR **95**, 1137 (§ 20 I GWB), vgl zu **(5)** § 307 BGB Ul/Br/He/Ulmer/Schäfer (57) Vertragshändlerverträge Rn 32, aA Hansen 2006 (fremdveranlasste, spezifische, nicht amortisierte Investitionen, §§ 280, 252 BGB), Foth BB **87**, 1270, Ebenroth/Strittmatter BB **93**, 1530, Creutzig NJW **02**, 3430 (Schadensersatz wegen Kündigung zur Unzeit vor Amortisation), Ensthaler NJW **03**, 3106, Ensthaler ua DB **03**, 257, für Einzelfälle nach § 242 BGB Röhricht/Graf von Westphalen Vertragshändlervertrag Rn 133; aber uU Kündigungsschranken, s Rn 40, auch Schadensersatz nach § 89a II analog (§ 84 Rn 11). Lit: Wauschkuhn/Teichmann RIW **09**, 614 (rvgl).

Einleitung 43, 44 **Einl v § 373**

7) Franchising

A. **Begriff, Rechtsnatur:** Franchising bezeichnet einen Vertragstypus, bei 43 dem ein Unternehmer (Franchisegeber) einem, meist jedoch mehreren anderen (Franchisenehmern) ein Bündel von Dienstleistungen und Rechten (etwa Geschäftsplan, Know-how und Beratung zu Vertriebsmethoden, Werbematerial, Recht zur Nutzung von Marken und Warenzeichen, beim Vertriebsfranchising Handelsware zum Weiterverkauf, uU auch Geschäftsräume) überlässt und sie so befähigt und berechtigt, bestimmte Waren und/oder Dienstleistungen zu vertreiben, BAG BB **79**, 325, BGH NJW **85**, 1895m Anm Böhner 2811. Der Franchisenehmer schuldet dafür ein Entgelt (Franchisegebühr) sowie bestimmte Verhaltenspflichten, die Einheitlichkeit und Zusammenhalt des Gesamtsystems von Vertragshändlerverträgen gewährleisten sollen. Franchisevertrag ist ein gemischter, Elemente von Rechtspacht, Kaufvertrag, Geschäftsbesorgung und uU Miete integrierender Rahmenvertrag sowie Dauerschuldverhältnis (§ 314 BGB). Lit: Martinek 1987, Martinek/Semler/Flohr 4. Aufl 2016 (VertriebsrechtsHdb) §§ 29–32, Ekkenga (Inhaltskontrolle) 1990, Bräutigam 1994 (Außenhaftung), Giesler/Nauschütt 3. Aufl 2016, Metzlaff 2003, Pfeifer 2005 (AGBKontrolle), Schacherreiter 2006, Flohr 4. Aufl 2010, Ul/Br/He/H. Schmidt (19) Franchise-Verträge Rn 1 ff, Röhricht/Graf von Westphalen/Giesler 4. Aufl 2014 Franchising, Emde Vor § 84 Rn 423 ff, Küstner/Thume Bd 3 4. Aufl 2015 IV S 417 ff.; Flohr GS Skaupy **03**, 49, Giesler ZIP **02**, 420 (SMG), Teubner ZHR 168 **(04)** 78, Giesler in Kronke ua, Hdb des Int Wirtschaftsrecht 2005 (international). RsprÜbersicht: Haager NJW **99**, 2081, **02**, 1463, **05**, 3394, Flohr BB **06**, 389. **Muster:** Hopt/Emde 4. Aufl 2013 Form I. G.4 (Franchise-Vertrag); ICC Model International Franchising Contract (IntHK-Publikation Nr 557).

B. **Einzelne Rechtsfragen:** Wenn der Franchisenehmer wie häufig vom 44 Franchisegeber eng geführt wird (zT Subordinationsfranchising genannt, aber Übergänge fließend), steht er dem HV näher als dem Vertragshändler, in besonderen Fällen fehlt ihm überhaupt die Selbstständigkeit und er ist Arbeitnehmer (§ 84 Rn 36), BGH **140**, 11 (Eismann), BAG NJW **97**, 2973 (Eismann), WM **00**, 638 (iErg abl), Flohr WiB **97**, 281. Jedenfalls kann auf den Franchisenehmer **Handelsvertreterrecht analog** anwendbar sein (für den Vertragshändler § 84 Rn 11), zB Kündigung analog § **89**, BGH BB **02**, 2036 (Kettenvertrag). Bei Vertragsende kommt ähnlich wie beim Vertragshändler (§ 84 Rn 12) Ausgleichsanspruch analog § 89b in Betracht, Bodewig BB **97**, 637, Emde BB **08**, 2763, üL, offen BGH NJW **97**, 3311 (Benetton), NJW **15**, 945 Rn 17, jedenfalls abl für anonymes Massengeschäft BGH NJW **15**, 945, dazu Latzel ZVertriebsR **15**, 90. Gegenüber Dritten handelt der Franchisenehmer für sein eigenes Unternehmen (Einl 8v § 48), die üblichen Hinweise auf das Franchising begründen keinen anderen Rechtsschein, BGH NJW **08**, 1214m Anm Witt.. Außerordentliche Kündigung (§ **314 BGB**), BGH **133**, 320, NJW **99**, 1178, Ffm 13.11.**09** HVR 1294 (Verdacht einer schweren Straftat), Düss ZVertriebsR **12**, 183, Mü ZVertriebsR **15**, 110m Anm Flohr. Unwirksame **AGB**, BGH **165**, 12 (Garantieübernahme der Gfter), ZIP **03**, 2030, krit Billing WM **07**, 245. Grenzen des dynamischen Verweises auf die jeweilige Franchisehandbuchfassung, Kroll ZVertriebsR **16**, 284. Zulässige Laufzeitregeln, Ffm ZVertriebsR **15**, 161 mAnm Billing/Röschenkemper ZVertriebsR **15**, 139. Zu Reservierungsgebühr, Ffm ZVertriebsR **16**, 313 mAnm Güntzel. § 505 I Nr 3 BGB (§ 2 Nr 3 aF VerbrKrG) ist anwendbar, der bezugspflichtige Franchisenehmer hat insoweit Widerrufsrecht, BGH **97**, 351, **128**, 156; § 90a bei Pflicht zur Telefonnummerübergabe nach Vertragsende abl Kln HVR **(04)** 1158. Verschulden bei Vertragsverhandlungen mangels **Aufklärung**, Erdmann GedS Skaupy **03**, 49, noch nicht bei bloßer Reservierungsvereinbarung nach Ffm ZVertriebsR **16**, 313m zutr krit Anm Güntzel, aber zB über Rentabilität, Mü NJW **94**, 667, Hbg ZVertriebsR

Einl v § 373 45

15, 107m Anm Flohr (unrealistische Umsatzzahlen), aber nur in Ausnahmefällen ohne Marktrisikoverschiebung, Brdbg HVR **(05)** 1142, Dresd ZVertriebsR **16,** 320 (Umsatzzahlen ohne Kennzeichnung als Schätzung), Flohr ZVertriebsR **14,** 55, keine Prospekthaftung (Anh § 177 Rn 60), Mü BB **01,** 1759. Zu Aufklärungspflichten über Einkaufsvorteile und Weitergabe durch Franchisegeber (nur bei besonderem Verpflichtungsgrund), BGH ZIP **03,** 2030 (Apollo), WM **06,** 923, Düss BB **07,** 738m Anm Flohr, Düss ZVertriebsR **12,** 52, Hamm ZVertriebsR **12,** 177, Giesler ZIP **04,** 744, Haager NJW **04,** 1220, Flohr BB **07,** 6, Giesler/Güntzel NJW **07,** 3099, Emde BB **08,** 2759, Böhner BB **11,** 2248, Flohr ZVertriebsR **13,** 71. Auch Information über den wirtschaftlichen Erfolg anderer Franchisenehmer, Ffm ZVertriebsR **12,** 51 LS. Auskunft über Verwendung von Werbekostenbeiträgen, Düss ZVertriebsR **12,** 51 LS. Aber Franchisegeber ist kein Existenzgründungsberater, Schlesw MDR **08,** 790. Nichtigkeit, AGBKontrolle, Naumbg BeckRS **07,** 03091, Oldbg BeckRS **07,** 16857. Der Franchisegeber hat eine Rücksichtnahmepflicht (s Rn 39), BGH **136,** 299 (Benetton), Ende NJW **99,** 326; jedenfalls keine existenzbedrohende Konkurrenz durch den Franchisegeber, Düss ZVertriebsR **12,** 174m Anm Flohr. Keine Pflicht des Franchisegebers zur Herausgabe aller seiner Einkaufsvorteile an den Franchisenehmer, Düss IHR **12,** 253, differenzierend Emde Vor § 84 Rn 461, sehr str. Auskunft zur Vorbereitung von Schadensersatzansprüchen, BGH BB **14,** 719m Anm Ayad. Zu den dem Franchisenehmer auferlegten **Wettbewerbsverboten,** entspr § 90a, Hamm 28.4.**09** HVR 1298, sind ähnliche Zulässigkeitsschranken wie bei Vertragshändlern zu beachten (s Rn 38); Konkurrenzschutz über vertragliche Vereinbarungen hinaus nur ganz ausnahmsweise, Düss ZVertriebsR **16,** 44. Zu kartellrechtlichen Zulässigkeitsschranken nach europäischem Recht BGH NJW **99,** 2671 (Preisbindung durch Franchisegeber), Fritzemeyer BB **02,** 1658, Schulz GedS Skaupy **03,** 333, nach deutschem Recht BGH **140,** 342 (Preisbindung durch Franchisegeber), ZIP **04,** 773, NJW **09,** 1753 (Bezugsbindung, fehlende Weitergabe von Einkaufsvorteilen nicht unbillig) m Anm Flohr BB **09,** 2159, Blaurock FS Werner **84,** 23, Neumann RIW **85,** 612. Übersicht: Bernhard NJW **13,** 2785 (Wettbewerbsverbote); Giesler/Güntzel ZIP **13,** 1264 (Haftung und Schutz Dritter).

8) Internationaler Verkehr

45   A. **Anwendbares Recht (IPR):** Für **internationale Käufe** bestimmt sich das anwendbare Recht, soweit kein internationales Einheitsrecht eingreift (s Rn 46, insbesondere UN-Kaufrecht), nach allgemeinem IPR. Mangels ausdrücklicher oder stillschweigender Rechtswahl (Art 3 Rom I-VO) gilt das Recht der gewerblichen Niederlassung des Verkäufers (Art 4 I lit a Rom I-VO). Das gilt gleichermaßen für Waren und Wertpapiere. Besondere Umstände s Art 4 III Rom I-VO. Für Verbraucherverträge gelten Sonderregelungen (Art 6 Rom I-VO). Für Börsenkauf und Auktionskauf gilt das am Börsenplatz bzw Auktionsort geltende Recht. Mängelrüge s § 377 Rn 61. Lit: Reithmann/Martiny/Martiny Rz 6.106. Für **Vertragshändlervertrag** gilt mangels ausdrücklicher oder stillschweigender Rechtswahl (Art 3 Rom I-VO) das Recht der gewerblichen Niederlassung des Vertragshändlers (Art 4 I lit b, 19 Rom I-VO), Düss RIW **96,** 958, Reithmann/Martiny/Häuslschmid Rz 6.1569, 6.1595, keine Analogie zu HVRecht (§ 92c Rn 2, 11), aA Recht der gewerblichen Niederlassung des Lieferanten oder des Tätigkeitsgebiets des Vertragshändlers. Das Auswirkungsprinzip gilt auf jeden Fall für kartellrechtliche Schranken (§ 130 II GWB, Art 101 AEUV, Art 81 aF EG). Die Einzelnen, auf Grund des Rahmenvertrags geschlossenen Verträge unterliegen dem dafür maßgeblichen Vertragsstatut, zB Kauf, Düss RIW **96,** 959, aA einheitliche Anknüpfung von Rahmen- und Ausführungsverträgen. Lit: Unidroit, Grundregeln der internationalen Handelsverträge/Principles of International Commercial Contracts (PICC), 2010, Vogenauer, Commentary (on PICC) 2d ed 2015; ICC Model International Sale Contract (ICC-

Publikation Nr 738, englisch); Reithmann/Martiny/Häuslschmid Rz 6.1412 (Vertriebsvertrag); Ebenroth RIW **84**, 169; Müller-Feldhammer RIW **94**, 926 (Vertragshändler, BRD/Schweiz), Kindler FS Sonnenberger **04**, 433 (anders Frankreich), Vogenauer ZEuP **13**, 7 (PIIC).

B. Internationales Einheitsrecht, UN-Kaufrecht (CISG): Für interna- 46 tionale Käufe (nicht nur HdlKäufe, auch Werklieferungsverträge) gilt zT auf Grund internationaler Vereinbarung in einer Anzahl von Staaten, unter ihnen die BRD, gleiches Recht, das vom allgemeinen deutschen Kaufrecht abweicht. Außerhalb der Reichweite des Einheitsrechts gilt das nach IPR anzuwendende nationale Recht (s Rn 45). Die Einheitlichen Gesetze über den internationalen Kauf beweglicher Sachen (EKG) und über den Abschluss solcher Kaufverträge (EKAG) 17.7.1973 BGBl 856, 868 (Haager Kaufrecht) sind mit Ablauf des 31.12.90 außer Kraft getreten, BGBl 2894, 2895. Kommissionsvorschlag für ein VO zum **Gemeinsamen Europäischen Kaufrecht,** offiziös Staudenmayer NJW **11**, 3491.

a) UN-Kaufrecht: Für den internationalen Warenkauf gilt heute weithin das einheitliche (Wiener) UN-Kaufrecht (UNÜbkIntKaufrecht), auch (englisch) CIS- oder CISG-Kaufrecht genannt (Wiener UNCITRAL-Übk 11.4.1980, BGBl 89 II 586, 588, ber 90 II 1699). Es ist für die BRD am 1.1.1991 in Kraft getreten (Bek 23.10.1990 BGBl II 1477). Es ist von wichtigen weiteren Staaten (ua Frankreich, Benelux, Italien, Spanien, Österreich, Schweiz, Skandinavische Staaten, USA, Kanada, Japan, ehem UdSSR, VR China, Australien) unterzeichnet. Die Vorschriften des CISG sind **unmittelbar anwendbar** ohne zusätzliches Einheitsgesetz (wie früher beim Haager Kaufrecht), mit Vorrang vor deutschem IPR (vgl Art 3 II EGBGB) und ohne dass es von den Parteien gewählt worden wäre (Abbedingung s Rn 48). Verbindlich ist der Originalwortlaut in 6 gleichberechtigten Sprachen, darunter engl, frz; die dem CISG beigegebene deutsche Übersetzung ist eine unverbindliche Anwendungshilfe. Lit: Staud/Magnus 2013, Schlechtriem/Schwenzer Komm 6. Aufl 2013, 4. Aufl 2016 (engl), Schlechtriem/Schroeter IntUN-Kaufrecht 6. Aufl 2016, Honsell 2. Aufl 2010, MüKo (HGB)/Benicke/Ferrari/Mankowski Bd 5 3. Aufl 2013, Magnus ZEuP **10**, 881, **13**, 111, **15**, 159, **17**, 140, Piltz 2. Aufl 2008 und NJW **12**, 3061 (Vorteile gegenüber BGB), **13**, 2567, **15**, 2548, **17**, 2449; Symposium RabelsZ 71 (**07**) 7. **RsprÜbersicht:** UNCITRAL-Datenbank, www.unictral.org, CISG-online, cisg.pace; Hübsch WM Sonderbeil 1/**06**, 30 (BGH), Magnus ZEuP **15**, 159, **17**, 140.

b) Anwendungsbereich: (1) **Örtlich:** Internationale Kaufverträge sind sol- 47 che, deren Parteien ihre Niederlassung oder ihren gewöhnlichen Aufenthalt in verschiedenen Staaten haben. Das CISG ist anwendbar (Teil I), wenn die Parteien ihre Niederlassung (nicht nur Vertriebshändler oder Handelsvertreter) in verschiedenen Vertragsstaaten haben oder wenn das IPR der lex fori zur Anwendung des Rechts eines Vertragsstaats führt (Art 1 I). Mehrere Niederlassungen s Art 10a; auch Zweigniederlassung. (2) **Sachlich:** Geregelt sind nur internationale Kaufverträge (einschließlich Werklieferungsvertrag) über Waren (auch Software auf Datenträgern), die nicht für den persönlichen Gebrauch bestimmt sind. Verbrauchergeschäfte sind also ausgeschlossen; nicht erfasst ist auch der Kauf von Wertpapieren oder Zahlungsmitteln (Art 2, 3), Vertragshändlerverträge. (3) **Zeitlich:** für die BRD seit 1.1.91, vgl Art 100.

c) Abdingbarkeit: Vertraglicher Ausschluss (nicht bloß einseitiger Wider- 48 spruch) ist möglich (Art 6), auch nachträglich und im Rechtsstreit, Kblz ZVertriebsR **16**, 381; auch stillschweigend, aber anders als bei EKG nur bei hinreichend deutlichem Parteiwillen. Ob dieser vorliegt, ist autonom nach dem CISG zu entscheiden, BGH **74**, 197 (zum EKG). Ob die Parteien von der Existenz des

CISG wussten oder daran gedacht haben, spielt keine Rolle, BGH **74**, 197. Die Frage, ob stillschweigend ausgeschlossen ist, ist unter den Parteien häufig umstritten, klare Vertragsregelung ist deshalb sehr zu empfehlen. Wahl des Rechts eines Nichtvertragsstaats bedeutet idR Abbedingung des CISG insgesamt, hL. Wahl des Rechts eines Vertragsstaat bedeutet dagegen idR noch nicht Abbedingung, da von der Verweisung auf das nationale Recht auch das CISG als dessen Bestandteil erfasst wird. Bloßer Verweis auf deutsches oder ausländisches Recht genügt also nicht, BGH **96**, 322, NJW **97**, 3310, **99**, 1259, WM **14**, 1871 Rn 11, Ffm RIW **01**, 383, Hbg IHR **01**, 109, Kln IHR **13**, 155, **15**, 60, aber Mü IHR **14**, 68 (ausdrücklich und unmissverständlich „Deutsches Recht"); auch nicht, wenn die Parteien sich erst nachträglich im Prozess auf deutsches Recht einigen oder im Prozess ihre Rechtsdiskussion auf der Grundlage des BGB führen, Kln RIW **92**, 1021. Verhandeln auf der Basis des BGB/HGB bedeutet noch kein Abbedingen, Rstk IHR **03**, 17, Hamm NJW-RR **10**, 708. Ausdrückliche Bezugnahme auf das interne nationale Kaufrecht, zB „Es gilt das BGB/HGB", schließt aber das CISG aus. Die Aufnahme von Gerichtsstandsvereinbarungen und Schiedsklauseln schließt das CISG idR aus, wenn sie zum Recht eines Nichtvertragsstaats führen, str, sonst jedenfalls kein konkludenter Ausschluss, Staud/Magnus Art 6 Rn 36 f. Die Vereinbarung von **(6)** Incoterms und anderen internationalen Klauseln bedeutet keine Abbedingung des CISG insgesamt. Die Vereinbarung von AGB, die vom CISG abweichen, führt nur dann zum Ausschluss des CISG insgesamt, wenn diese sich ohne das unvereinheitlichte nationale Recht, zB BGB/HGB, nicht anwenden lassen, str.

49 **d) Inhalt:** Inhaltlich geregelt ist der internationale Warenkauf von seinem Abschluss über die Durchführung bis zu den Rechtsfolgen der mangelhaften Vertragserfüllung einschließlich der Ausschlussfristen für Mängelrügen. Die Gültigkeit des Vertrags (zB Irrtumsanfechtung) und der Eigentumsübergang sind **nicht** geregelt (Art 4), ebenso wenig Verjährung, Abtretung, Aufrechnung, Stellvertretung. Personenschäden werden nicht erfasst (Art 5). Teil II regelt den **Vertragsschluss.** Die Grundsätze zum kfm Bestätigungsschreiben (§ 346 Rn 16) gelten nur, soweit ein entsprechender HdlBrauch feststellbar ist (Art 9), Kröll/Hennecke RabelsZ 67 **(03)** 448 (CISG). Einbeziehung von **AGB** richtet sich nach Art 14, 18, Möglichkeit zumutbarer Kenntnisnahme durch Übersendung oder anderweitige Zugänglichmachung BGH **149**, 113, Celle NJW-RR **10**, 136, Jena/Thür BB **11**, 468, Naumbg IHR **13**, 158, str, offen Stgt IHR **16**, 236, nach aA genügt bloßer Hinweis, Schmidt-Kessel NJW **02**, 3445f; ob Internetpräsenz der AGB ausreicht, ist streitig. Behandlung widersprechender AGB ist umstritten, für Restgültigkeitstheorie statt Theorie des letzten Worts BGH NJW **02**, 1651, zust Staud/Magnus Art 9 Rn 24, für Gegenangebot Kln IHR **06**, 147. Gerichtsstandsklauseln im Anwendungsbereich des CISG, (vgl Art 19 III, 81 I 2) beurteilen sich nach dem dafür maßgeblichen Recht des Forumstaates (Art 4 Satz 2), BGH NJW **15**, 2584. Teil III enthält das **materielle Kaufrecht** (zB Rechte und Pflichten der Parteien und Gefahrtragung). Es entspricht weitgehend dem deutschen Kaufrecht, Ausnahmen ua: grundsätzlich kein bindendes, sondern (bis zur Absendung der Annahmeerklärung) widerrufliches Angebot (Art 16 I, Ausnahmen II); Annahme unter unwesentlicher Änderung (Art 19 II, III); verspätet zugegangene Annahmeerklärung (Art 21). Schweigen oder Untätigkeit allein sind keine Annahme des Angebots (Art 18 I 2; anders nach deutschem Recht zum kfm Bestätigungsschreiben § 346 Rn 16, aber Berücksichtigung nur als HdlBrauch, Schlechtriem/Schwenzer/Schlechtriem Vor Art 14–24 Rn 4, Einzelheiten str). Rückkauf wie Kauf, BGH WM **14**, 1871. Wesentliche Vertragsverletzung (Art 25) ist autonom gegenüber ähnlichen nationalen Rechtsbegriffen auszulegen, Rspr bei Ferrari IHR **05**, 1; strenge Anforderungen, Rückabwicklung nur ultima ratio, BGH ZIP **15**, 176. Eignung der Kaufsache zum gewöhnlichen Gebrauch (Art. 35 II lit a), BGH ZIP **12**, 2349m Anm R. Roth IHR **13**, 13 und Omlor/Beckhaus IHR **13**, 237. Der Käufer muss die Ware in so kurzer Frist untersuchen oder untersuchen lassen, wie es die Umstände erlauben (Art 38), und muss eine Vertragswidrigkeit innerhalb angemessener Frist rügen (Art 39), was zu vielen Streitfragen führt, Düss IHR **16**, 141 mAnm Piltz, Lit: Jansen 2001, Günther FS Buxbaum **00**, 235, Kramer FS Koppensteiner **01**, 617, Gildeggen/Willburger IHR **16**, 1, Koch IHR **16**, 45. Rechte des Käufers bei Pflichtverletzung s Art 45 ff, des Verkäufers Art 61 ff. Aufrechnung, BGH ZIP **15**, 176m Anm Förster NJW **15**, 830, str. Das SMG hat auch für die Mängelhaftung des Kaufrechts des BGB das Modell des CISG übernommen, aber nicht im Detail, zB nicht hinsichtlich der allgemeinen Rügepflicht (§ 377 Rn 3); zur Ähnlichkeit von VerbrGüKRi und CISG Grundmann AcP 202 **(02)** 40. Vorbehalte (Art 92 ff) sind von der BRD nicht gemacht worden, aber von anderen Vertragsstaaten.

C. Gemeinsames Europäisches Kaufrecht (GEK, CESL): Der Vorschlag 50 der Kommission für eine Verordnung über ein optionales Gemeinsames Europäisches Kaufrecht, 11.10.11 (GEK oder CESL, Common European Sales Law), KOM(2011) 635 endg, hätte als unionsweite, (nur) für grenzübergreifende Kaufverträge frei wählbare Vertragsrechtsordnung („28. Rechtsordnung") gegolten, doch ist er zugunsten zweier Digitalisierungsrechtsprojekte ad acta gelegt worden, Magnus ZEuP **17**, 142. Das GEK sollte sachlich auf den Kauf beweglicher Sachen, die Bereitstellung digitaler Inhalte und Vertragsabreden über verbundene Dienstleistungen und personell auf Käufer zwischen Verbrauchern sowie KMU (weniger als 250 Beschäftigte, Umsatz und Jahresbilanzobergrenzen) unter Unternehmen beschränkt sein. Erstreckung auch auf Binnensachverhalte kraft Mitgliedstaatsoption. Die Wahl des GEK sollte zugleich die Abwahl des UN-Kaufrechts (s Rn 45, 48) sein. Wissenschaft und Praxis standen dem GEK überwiegend reserviert gegenüber (BB **11**, 2946, EuZW **12**, 522): viele unbestimmte Rechtsbegriffe und Generalklauseln, viel zwingendes Recht, kein besserer Schutzstandard für Verbraucher als nach deutschem Recht. Übersichten: Schmidt-Kessel 2012, Mansel WM **12**, 1253, 1309, Sonderheft AcP 212 **(12)** 467, darin Grundmann 502, Eidenmüller/Jansen/Kieninger/Wagner/Zimmermann JZ 12, 269, Hellwege IHR **12**, 221 (Vergleich mit UNKaufrecht), Riesenhuber, Roth EWS **12**, 7, 12.

D. Internationales Abladegeschäft: Eine einheitliche Rechtsentwicklung 51 durch HdlBrauch erfolgte vor allem im internationalen Abladegeschäft. Abladegeschäft ist Kauf über Ware, die von einem Verschiffungshafen nach einem Bestimmungshafen zu verfrachten ist, mit Abladeklausel, die die Verladungszeit präzisiert. Lieferung erfolgt durch (Übernahme- bzw Bord-)Konossement (Nachweis über Verladung), der Kauf bleibt aber trotzdem Warenkauf. Erfüllungsort ist der Verschiffungshafen (nicht der Bestimmungshafen wie beim unechten Abladegeschäft). Sammlung internationaler (Import-)Standardkontrakte: HdlKammer Hbg (Export-Kontrakte, ua: Verband Deutscher Maschinen- und Anlagebau eV, VDMA, s § 346 Rn 39). Besichtigungsrecht des Importeurs vor Zahlung s § 377 Rn 22. Rechte des Käufers bei fehlerhafter Lieferung s Haage BB **55**, 944. Das Abladegeschäft ist idR Fixgeschäft, str (§ 376 Rn 8). „Direktes Abladegeschäft" s SchiedsG CaffeeHdlVerein St/Ul II **(74)** J 5a Nr 52; „indirektes Abladegeschäft" SchiedsG CaffeeHdlVerein St/Ul II **(75)** J 5a Nr 64; allgemein **(6)** Incoterms. Zum Ketten- oder Stringgeschäft s SchiedsG CaffeeHdlVerein St/Ul II **(74)** J 5a Nr 46, 47 (s Rn 27). **Zu einzelnen Klauseln:** In Fristbestimmungen bedeuten idR **„Abladung"**, „Verladung" fristgemäße Übergabe der Ware (in Übersee) an die Reederei zur Verschiffung (also gerade nicht: von Bord bringen im Bestimmungshafen, das ist das „Löschen"), **„Verschiffung"** Anbordgelangen der Ware, „Segelung" Auslaufen des Frachtschiffs mit der Ware; „circa" kann für „Verschiffung" (erst recht „Segelung") enger auszulegen sein als für „Abladung"; im

§ 374
4. Buch. Handelsgeschäfte

circa-Rahmen muss ggf Käufer das Akkreditiv verlängern, BGH MDR **64**, 48. Klausel "Verschiffung per Dampfer X, ca Y-Tag auslaufend" bedeutet Festlegung des Bestimmungshafens und Interesse des Abladers an Verschiffung durch bestimmte Reederei, wahrscheinlich "erweitertes fob-Geschäft" mit Pflicht des Verkäufers, für Verschiffung der Ware zu sorgen, der "Segelungs"-Klausel nahe, BGH MDR **64**, 48. Nach Erstattung der Verladeanzeige, auch uüV (unter üblichem Vorbehalt), darf der Verkäufer nur noch Ware aus dem darin bezeichneten Schiff oder Substitut-Schiff liefern; Andienung aus anderem Schiff kann der Käufer zurückweisen, SchiedsG Hbg frdsch Arbitr St/Ul II **(57)** E 1a Nr 7; Klausel "uüV", beachtlicher Irrtum, SchiedsG WV Hbg Börse St/Ul II **(74)** E 1a Nr 9. "Prompte Abladung" s SchiedsG Hbg frdsch Arbitr St/Ul II **(58)** E 2a Nr 5. European Contract for Coffee (E. C. C.) idF 1980s St/Ul/Ti **(84)**. Lit: Haage 4. Aufl 1958; Mankowski, Seerechtliche Vertragsverhältnisse im IPR 1995; Fadi Al-Deb'i 2008; Ostendorf 2010 (International Sales Terms); Reithmann/Martiny/Mankowski Rz 6.1978 (Seefrachtverträge); Liesecke WM Beil 3/**78**, 23; Magnus/Lüsing IHR **07**, 7.

[Annahmeverzug des Käufers]

373 (1) Ist der Käufer mit der Annahme der Ware im Verzuge, so kann der Verkäufer die Ware auf Gefahr und Kosten des Käufers in einem öffentlichen Lagerhaus oder sonst in sicherer Weise hinterlegen.

(2) ¹Er ist ferner befugt, nach vorgängiger Androhung die Ware öffentlich versteigern zu lassen; er kann, wenn die Ware einen Börsen- oder Marktpreis hat, nach vorgängiger Androhung den Verkauf auch aus freier Hand durch einen zu solchen Verkäufen öffentlich ermächtigten Handelsmakler oder durch eine zur öffentlichen Versteigerung befugte Person zum laufenden Preise bewirken. ²Ist die Ware dem Verderb ausgesetzt und Gefahr im Verzuge, so bedarf es der vorgängigen Androhung nicht; dasselbe gilt, wenn die Androhung aus anderen Gründen untunlich ist.

(3) Der Selbsthilfeverkauf erfolgt für Rechnung des säumigen Käufers.

(4) Der Verkäufer und der Käufer können bei der öffentlichen Versteigerung mitbieten.

(5) ¹Im Falle der öffentlichen Versteigerung hat der Verkäufer den Käufer von der Zeit und dem Orte der Versteigerung vorher zu benachrichtigen; von dem vollzogenen Verkaufe hat er bei jeder Art des Verkaufs dem Käufer unverzüglich Nachricht zu geben. ²Im Falle der Unterlassung ist er zum Schadensersatze verpflichtet. ³Die Benachrichtigungen dürfen unterbleiben, wenn sie untunlich sind.

[Vorschriften des BGB über Annahmeverzug]

374 Durch die Vorschriften des § 373 werden die Befugnisse nicht berührt, welche dem Verkäufer nach dem Bürgerlichen Gesetzbuche zustehen, wenn der Käufer im Verzuge der Annahme ist.

Übersicht

	Rn
1) Inhalt und Anwendungsbereich der §§ 373, 374	1, 2
A. Inhalt	1
B. Anwendungsbereich	2
2) Annahmeverzug	3–7
A. Voraussetzungen des Annahmeverzugs (§§ 293ff BGB)	3

2. Abschnitt. Handelskauf   1–3 § 374

	Rn
B. Rechtsfolgen des Annahmeverzugs	4
C. Verhältnis zum Schuldnerverzug	7
3) Hinterlegungsrecht des Verkäufers (§ 373 I)	8–10
A. Art und Weise der Hinterlegung	8
B. Rechtswirkungen der Hinterlegung	10
4) Recht des Verkäufers zum Selbsthilfeverkauf (§ 373 II–V)	11–29
A. Arten des Selbsthilfeverkaufs (Öffentliche Versteigerung, freihändiger Verkauf, II 1, IV)	11
B. Androhung (II 1, 2)	13
C. Benachrichtigung (V)	18
D. Durchführung (Gegenstand, Bedingungen, Ort, Zeit)	19
E. Rechtswirkungen des Selbsthilfeverkaufs (III)	23
5) Abweichende Vereinbarungen	30

1) Inhalt und Anwendungsbereich der §§ 373, 374

A. Inhalt: § 373 bewirkt lediglich eine Erweiterung der Rechte des Verkäufers bei Annahmeverzug des Käufers nach BGB (§§ 293 ff BGB, Gläubigerverzug). § 373 beinhaltet also eine Kumulation der Rechte aus BGB und HGB. Dem Verkäufer werden zusätzliche Rechte zur **Hinterlegung (I)** und zum **Selbsthilfeverkauf (II–V)** eingeräumt. § 374 bestimmt, dass die **Rechte** des Verkäufers **wegen Annahmeverzugs aus BGB unberührt bleiben,** der Verkäufer kann also sowohl die Rechte aus BGB als auch die aus HGB geltend machen. Erst recht bleiben die Rechte des Verkäufers bei **Schuldnerverzug** des Käufers mit seiner Abnahmepflicht (§ 433 II BGB) aus §§ 286 ff BGB **unberührt.**

B. Anwendungsbereich: §§ 373, 374 sind (wie §§ 373 ff insgesamt mit Ausnahme der §§ 377, 379) auch bei einseitigen Handelsgeschäften anwendbar (§ 345), also auch, wenn nur der Verkäufer Kfm ist (Überbl 8 vor § 373); krit K. Schmidt § 29 II Rn 12: beim einseitigen HdlKauf kann allein auf § 373 gestützte Hinterlegung gegen § 242 BGB verstoßen, str. AGB s Rn 29.

2) Annahmeverzug

A. Voraussetzungen des Annahmeverzugs (§§ 293 ff BGB): Die Voraussetzungen des Annahmeverzugs des Käufers bestimmen sich ausschließlich nach §§ 293 ff BGB, die mit Ausnahme einer geringfügigen Änderung des § 296 S 2 BGB (Entbehrlichkeit des Angebots) durch das SMG nicht geändert worden sind. Grundsätzlich bedarf es eines tatsächlichen Angebots (§ 294 BGB): Die Leistung muss so, wie sie geschuldet wird, dh am rechten Ort und zur rechten Zeit (§§ 269–271 BGB) und in der rechten Weise angeboten werden. Ausnahmsweise genügt ein wörtliches Angebot (§ 295 BGB) oder ist ein Angebot entbehrlich (§ 296 BGB). Auf Verschulden des Käufers kommt es für den Annahmeverzug nicht an. Ist die Ware nicht vertragsgemäß, kommt der Käufer also nicht in Annahmeverzug, ebenso wenig bei unzulässigem Teilangebot, Staub/Koller 4, oder bei Zuviellieferung, wenn die vertragsgemäße Menge nicht mühelos ausgeschieden werden kann und der Verkäufer nur diese anbietet. Bei „Kasse"-Geschäften (§ 346 Rn 40) kommt Käufer in Annahmeverzug, wenn er nicht gegen Lieferung der Ware Zug um Zug den Kaufpreis zu zahlen bereit ist (§ 298 BGB), RG **109**, 326. Ist der Zeitpunkt der Leistung nicht genau bestimmt (zB Lieferzeitraum oder Recht zur vorzeitigen Lieferung), muss der Verkäufer die Lieferung rechtzeitig ankündigen, vgl Hbg LZ **12**, 784. Nach Treu und Glauben muss der Verkäufer dem Käufer vorherige Prüfung der Ware erlauben. Darum braucht der Käufer keine Nachnahmesendung anzunehmen, außer er hat Nachnahme vereinbart. Der Annahmeverzug hört auf, sobald der Käufer das ihm Obliegende tut.

§ 374 4–7   4. Buch. Handelsgeschäfte

4   B. **Rechtsfolgen des Annahmeverzugs: a) Rechte aus § 373 und aus BGB nach Wahl (§ 374):** § 374 stellt klar, dass § 373 dem Verkäufer bei Annahmeverzug des Käufers nur zwei zusätzliche Rechte gibt (s Rn 6). Die allgemeinen Rechtsfolgen des Annahmeverzugs nach BGB bleiben unberührt. Der Verkäufer hat also auch die Befugnisse nach BGB (s Rn 5).

5   b) **Rechtsfolgen des Annahmeverzugs nach BGB:** Diese sind: (1) **Haftungsmilderung:** Der Verkäufer hat während des Annahmeverzugs des Käufers nur Vorsatz und grobe Fahrlässigkeit zu vertreten (§ 300 I BGB); hinsichtlich § 373 I im Einzelnen str (s Rn 8). Der Käufer trägt also die Gefahr des Untergangs der Kaufsache infolge leichter Fahrlässigkeit des Verkäufers. (2) **Gefahrübergang:** Bei Gattungsware geht nach Festlegung auf bestimmte Stücke und Angebot, RG **57**, 403, die Gefahr auf den Käufer über (§ 300 II BGB), die Gefahr des Untergangs der ganzen Gattung (zB bei beschränkter Gattungsschuld, § 360 Rn 1) trägt er schon vorher, vgl RG **103**, 15. (3) **Anspruch auf Gegenleistung:** Der Verkäufer behält bei einem von ihm nicht zu vertretenden (s oben, § 300 I BGB) Unmöglichwerden den Anspruch auf die Gegenleistung (§ 326 II 1 Alt 2 BGB), muss sich aber die durch den Wegfall seiner eigenen Leistungspflicht entstehenden Vorteile anrechnen lassen (§ 326 II 2 BGB). (4) **Weitere Rechtsfolgen:** Eingeschränkte Pflicht zur Herausgabe von **Nutzungen** (§ 302 BGB); Anspruch auf Ersatz der **Mehraufwendungen** für das erfolglose Angebot und die Erhaltung der Kaufsache (§ 304 BGB, auch ohne Hinterlegung, s sogleich und Rn 8), im Rahmen der möglichen Maßnahmen eines verständigen Kfm (vgl §§ 677 ff BGB), RG **45**, 302; Recht zur **Hinterlegung nach § 372 S 1 BGB** bei einer öffentlichen Hinterlegungsstelle (Hinterlegungsstelle des Leistungsorts, § 374 I BGB; nur Geld, Wertpapiere, Urkunden und Kostbarkeiten; Rücknahme möglich, außer wenn ausgeschlossen, dann schuldbefreiende Wirkung, §§ 376 II, 378 BGB); Recht zur **öffentlichen Versteigerung** nach § 383 BGB, falls die Sache nicht hinterlegungsfähig ist, dann Hinterlegung des Erlöses.

6   c) **Rechtsfolgen des Annahmeverzugs nach HGB:** Liegen die Voraussetzungen des Annahmeverzugs nach BGB vor (s Rn 3), so hat der Verkäufer zusätzlich zu den Rechten nach BGB (s Rn 5) ein Recht zur Hinterlegung (I, s Rn 8) und zum Selbsthilfeverkauf (II–V, s Rn 11).

7   C. **Verhältnis zum Schuldnerverzug:** Annahmeverzug/Gläubigerverzug ist das Gegenstück zum Schuldnerverzug (§§ 286 ff BGB), unterscheidet sich aber von diesem in Voraussetzungen und Rechtsfolgen beträchtlich; ausnahmsweise können beide vorliegen. § 293 ff BGB gehen davon aus, dass der Gläubiger zur Annahme der Leistung nur berechtigt, aber nicht verpflichtet ist, BGH BB **88**, 1418. Gläubigerverzug ist bloße Verletzung einer Obliegenheit, keiner Rechtspflicht. Er setzt im Unterschied zum Schuldnerverzug (§ 286 IV BGB) kein Vertretenmüssen voraus und hat anders als dieser (§§ 280 II, 286, 288 IV BGB) keine Schadensersatzpflicht zur Folge. Ausnahmsweise kann die Nichtannahme der Leistung zugleich Gläubiger- und Schuldnerverzug begründen, so wenn die Annahme als Rechtspflicht geschuldet wird. Beim Spezifikationskauf (§ 375 HGB) gerät der Käufer schon durch Unterlassen der Bestimmung (außer in Annahmeverzug) auch in Schuldnerverzug (§ 375 Rn 6). Beim normalen Kauf die Nichtabnahme der vertragsgemäßen, insbesondere mangelfreien, und gehörig angebotenen Ware Verletzung der **Abnahmepflicht** des Käufers (§ 433 II BGB). Der Käufer kommt dadurch bei Verschulden in **Schuldnerverzug** (§ 286 BGB) und wird dem Verkäufer haftbar für Schaden aus der Verzögerung der Abnahme (§§ 286, 280 I, II BGB). Das Recht auf Schadensersatz statt der Leistung (bis zum SMG: wegen Nichterfüllung) in §§ 281 ff BGB und das Rücktrittrecht in § 323 BGB sind seit dem SMG vom Vorliegen der Verzugsvoraussetzungen unabhängig.

2. Abschnitt. Handelskauf 8–11 § 374

3) Hinterlegungsrecht des Verkäufers (§ 373 I)

A. **Art und Weise der Hinterlegung:** Der Verkäufer darf (keine Rechts- 8
pflicht) bei Annahmeverzug des Käufers die Ware auf dessen Gefahr und Kosten
hinterlegen, in einem öffentlichen Lagerhaus oder sonst in sicherer Weise (**I**).
Hinterlegungsfähig sind Waren, dh bewegliche Sachen (§ 1 II Nr 1 aF). Gemäß
§ 381 erstreckt sich das Hinterlegungsrecht auch auf Wertpapiere (I) und vom
Verkäufer herzustellende oder zu erzeugende Sachen (II). **Hinterlegungsstelle:**
„Öffentliches Lagerhaus" ist eine öffentlich betriebene (auch private, nicht etwa
nur öffentlich-rechtliche) Einlagerungsstelle, also ein Lagerhalter iSd § 467, wenn
er sein Geschäft öffentlich betreibt. Was sonst sicher im Sinne von I Alt 2 ist, ist
Tatfrage, Hinterlegung bei einem privaten Dritten ist nicht ausgeschlossen. Hinterlegung
bei einer staatlichen Hinterlegungsstelle (Amtsgericht, s Rn 5) genügt
auf jeden Fall. „Hinterlegung" auf Notaranderkonto s (10) AGB-Anderkonten
Einl 6. Die Hinterlegung nach I braucht nicht am Leistungsort zu erfolgen, § 374
I BGB (s Rn 5) gilt hier nicht, Grund: betrifft nur staatliche Hinterlegungsstellen.
Die Hinterlegungsstelle ist nicht Erfüllungsgehilfe des Verkäufers (§ 278 BGB;
vgl § 379 Rn 7). Bei **Auswahl** der Hinterlegungsstelle haftet der Verkäufer für
Vorsatz und jede Fahrlässigkeit; Maßstab ist die Sorgfalt eines ordentlichen Kfm
gemäß § 347 ohne Haftungsmilderung nach § 300 I BGB (s Rn 5), RG JW **21**,
394, BGH § 651 BGB Nr 3, Saarbr NJW-RR **02**, 528, Grund: § 300 I BGB
betrifft nur Vorsorge für den Leistungsgegenstand, differenzierend Oetker/Koch
67, aA Staub/Koller 30, Ebenroth/Müller 23, MüKo/Grunewald 5, 17: wie bei
eigener Verwahrung (s Rn 9). Der Verkäufer muss dem Käufer die Hinterlegung
unverzüglich (ohne schuldhaftes Zögern, § 121 I 1 BGB) anzeigen (§ 374 II
BGB).

Der Verkäufer kann, statt nach I zu hinterlegen, die Ware **in eigener Ver-** 9
wahrung behalten oder anderweitig verwahren, RG **45**, 302, BGH NJW **96**,
1464, I begründet nur ein Recht, keine Pflicht. I findet dann aber keine, auch
nicht entsprechende Anwendung. Der Verkäufer haftet dann nur für Vorsatz und
grobe Fahrlässigkeit und hat Anspruch auf Aufwendungsersatz (§§ 300 I, 304
BGB, s Rn 5, 8); Anspruch auf übliche Lagerkosten s § 354 Rn 5.

B. **Rechtswirkungen der Hinterlegung:** I betrifft nur die Gefahr- und 10
Kostentragung, Vertretungsmacht des Verkäufers für den Käufer bei der Hinterlegung
begründet er nicht. Der Käufer trägt die mit einer sorgfältigen Hinterlegung
verbundene Preisgefahr bei Beschädigung oder Untergang der Sache (s Rn 5)
und muss dem Verkäufer die Kosten der Hinterlegung ersetzen (Umfang: § 670
BGB). Der Verkäufer muss die Ware nach HdlBrauch oder wie Kfm sonst versichern;
der Käufer trägt dann auch die Versicherungsgebühren. Der Käufer trägt
zudem die Beförderungsgefahr (§ 447 BGB). Die Hinterlegung nach I hat anders
als nach § 378 BGB keine Erfüllungswirkung, hL, Grund: Hinterlegung auch in
sonst sicherer Weise möglich, Rücknahme durch I nicht ausgeschlossen. Die
Rücknahme kann aber nach § 376 II BGB ausgeschlossen sein. Ob Befreiung
von der Verbindlichkeit eintritt, bestimmt sich allein nach § 378 BGB oder
Parteiabrede, BGH NJW **93**, 55.

4) Recht des Verkäufers zum Selbsthilfeverkauf (§ 373 II–V)

A. **Arten des Selbsthilfeverkaufs (Öffentliche Versteigerung, freihändi-** 11
ger Verkauf, II 1, IV): a) Öffentliche Versteigerung: Der Verkäufer darf bei
Annahmeverzug des Käufers die Ware (abw von § 383 I BGB auch, wenn sie
hinterlegungsfähig wäre) und Wertpapiere (§ 381 I) **gemäß II** verkaufen lassen;
die Ware ist idR **öffentlich zu versteigern.** Der Verkäufer hat die **Formalitäten
des § 383 BGB** mit der Sorgfalt eines ordentlichen Kaufmanns (§ 347) einzuhalten,
andernfalls handelt es sich um einen nicht ordnungsgemäßen Selbsthilfeverkauf
(s Rn 26); zu § 300 I BGB, str (s Rn 8). Als Versteigerer kommen

§ 374 12–15   4. Buch. Handelsgeschäfte

außer Gerichtsvollziehern in Frage zB Notare (BNotO), öffentlich bestellte Versteigerer (GewO), es entscheidet das Landesrecht. HdlMakler sind als solche nicht befugt. Bekanntmachung nach § 383 III 2 BGB. Die Versteigerung ist nur dann öffentlich, wenn jedermann Zutritt hat. **Verkäufer und Käufer** dürfen **mitbieten (IV).** Gesetzlich ausgeschlossene Bieter s §§ 450–451 BGB. Vorgängige Androhung s Rn 13; sie kann mit Benachrichtigung (s Rn 18) verbunden werden.

12   b) **Freihändiger Verkauf:** Wenn die Ware einen **Börsen- oder Marktpreis** hat (vgl § 253 IV 1), dh wenn sich aus einer größeren Zahl von Verkäufen der betreffenden Ware zur fraglichen Zeit am Verkaufsort (Börse, Markt) ein Durchschnittspreis ermitteln lässt, RG **34,** 121, **47,** 113, BGH NJW **79,** 759 (§ 253 Rn 14; nicht bloßer Listenpreis des Verkäufers, BGH **90,** 72), darf der Verkäufer sie „aus freier Hand" zum „laufenden Preis" verkaufen lassen (II Halbs 2; entspr § 385 BGB). Zum Schutz des Käufers ist der freihändige Verkauf aber nur durch einen zu solchen Verkäufen öffentlich ermächtigten HdlMakler oder eine zur öffentlichen Versteigerung befugte Person zulässig; also nicht durch jeden HdlMakler iSv § 93. Der amtlich bestellte Kursmakler, der den Verkauf nach II auch außerhalb der Börse tätigen konnte, ist durch das 4. FinanzmarktfördG abgeschafft. **Laufender Preis** ist der Preis, der sich an der Börse bzw dem Markt für die betreffende Ware an einem bestimmten Tag und Ort bildet, Staub/Koller 42, also mangels Abschlüssen nicht bloße Geldnotiz, RG **34,** 121; Verkauf unter dem laufenden Preis s Rn 20. Vorgängige Androhung s Rn 13.

13   B. **Androhung (II 1, 2):** Verkäufer muss den Selbsthilfeverkauf dem Käufer grundsätzlich vorher androhen, einerlei ob öffentlich versteigert oder freihändig verkauft werden soll. Der Käufer soll durch die Androhung, dh Ankündigung, Gelegenheit erhalten, sich vor Schäden zu bewahren. Androhung ist Wirksamkeitsvoraussetzung, Fehlen s Rn 26.

14   a) **Inhalt:** Die Androhung muss erkennen lassen, dass der Verkäufer gerade die Vertragsware im Wege des Selbsthilfeverkaufs veräußern will, Mitteilung, dass „Waren gleicher Art verkauft werden sollen", genügt nicht, RG LZ **13,** 675 Nr 3. Welche Art des Selbsthilfeverkaufs er wählen wird, braucht er nicht zu sagen, Staub/Koller 34, Oetker/Koch 78, aA MüKo/Grunewald 21. Eine unbestimmt gehaltene Androhung ist aber als Androhung der öffentlichen Versteigerung auszulegen, RG **109,** 136, Grund: diese ist die Regel, der freihändige Verkauf muss nach II besonders angekündigt werden, Staub/Koller 34, str. Droht der Verkäufer eine bestimmte Art an, ist er daran bis auf Widerruf gebunden; hat er zB öffentlichen Verkauf angedroht, so darf er nicht ohne neue Androhung freihändig verkaufen, RG **109,** 135. Androhung „nach HdlRecht zu verfahren" genügt nicht, RG JW **25,** 946, da I auch Hinterlegung zulässt. Androhung verpflichtet nicht zum Verkauf, RG LZ **08,** 224. Der Verkäufer kann seine Wahl auch ändern, zB auch nach Androhung des Selbsthilfeverkaufs noch Abnahme und Zahlung verlangen. Die Auslegungsfrage, ob der Verkäufer nur Selbsthilfeverkauf androht (so iZw) oder Erfüllungsablehnung nach § 326 aF BGB, Hbg OLGE **33,** 225, str, spielt nach dem SMG (§§ 280, 281, 323 BGB ohne Ablehnungsandrohung) keine Rolle mehr.

15   b) **Form:** Die Androhung ist **formfrei,** auch mündlich oder fernmündlich. Sie ist eine einseitige, empfangsbedürftige Erklärung, aber keine Willenserklärung, sondern eine rechtsgeschäftsähnliche Handlung, Oetker/Koch 45, str; die Vorschriften über die Willenserklärung finden jedenfalls entsprechende Anwendung, aA Hbg LZ **10,** 568 Nr 2: Absenden genügt. Eingeschriebener Brief (mit Rückschein) ist zu empfehlen, weil der Verkäufer den rechtzeitigen Zugang der Androhung beim Käufer beweisen muss.

2. Abschnitt. Handelskauf 16–20 § 374

c) Zeitpunkt: Die Androhung muss **rechtzeitig** erfolgen, um dem Käufer 16 schadensverhütende Maßnahmen zu ermöglichen. Frühester Zeitpunkt ist das Angebot, mit der die Androhung verbunden werden kann, insoweit also vor Eintritt des Annahmeverzuges, KG OLGE **16**, 124. Angebot und Androhung können verbunden werden.

d) Entbehrlichkeit (II 2): Die Androhung darf unterbleiben, wenn die Ware 17 dem Verderb ausgesetzt und (zusätzlich) Gefahr im Verzug ist oder wenn die Androhung aus anderen Gründen untunlich ist. Verderb ist Zerstörung der Brauchbarkeit, zB bei Lebensmitteln, auch Präjudizierung bei Wechsel; wesentliche (nicht nur gänzliche) Wertminderung steht gleich, str. Untunlich ist die Androhung zB, wenn die Anschrift des Käufers unbekannt ist; auch wenn ein Preissturz droht, dagegen nicht schon bei rückläufiger Konjunktur, vgl Staub/ Koller 36.

C. Benachrichtigung (V): Der Verkäufer hat den Käufer **von Zeit und Ort** 18 **einer öffentlichen Versteigerung vorher zu benachrichtigen** und den erfolgten Verkauf, auch den freihändigen, unverzüglich mitzuteilen **(V 1)**. Keine Wirksamkeitsvoraussetzung. Unterlassung macht nur schadensersatzpflichtig **(V 2)**. Die Benachrichtigungen dürfen unterbleiben, wenn sie untunlich (s Rn 17) sind **(V 3)**. Schadensersatzpflicht s Rn 27.

D. Durchführung (Gegenstand, Bedingungen, Ort, Zeit): Zu den Un- 19 terschieden je nach öffentlicher Versteigerung oder freihändigem Verkauf s Rn 11, 12.

a) Gegenstand: Gegenstand des Selbsthilfeverkaufs ist die **Vertragsware**, mit deren Annahme sich der Käufer in Verzug befindet. Beim **Gattungskauf** genügt Ware in vertraglicher Beschaffenheit, sofern nicht der Käufer ein Interesse an gerade der etwa schon ausgesonderten Ware hat, vgl RG **91**, 112. Entscheidend ist, dass der Verkäufer jederzeit über die Ware verfügen kann; sie muss sich daher in seinem Besitz befinden oder zumindest vom Lieferanten für den Verkäufer jederzeit verfügbar (auch wenn aus dem mindestens durch Angabe des Lagerortes individualisierten Vorrat noch nicht ausgeschieden) vorgehalten werden, RG JW **13**, 47. Beim Sukzessivlieferungskauf beschränkt sich der Selbsthilfeverkauf auf die der rückständigen Rate entsprechende Teillieferung, RG JW **04**, 90. Braucht der Käufer Teillieferungen nicht anzunehmen, so darf Verkäufer nicht nur einen Teil der Ware verkaufen. Ist der Käufer mit mehreren Raten rückständig, darf der Verkäufer einheitlich oder getrennt entsprechende Teillieferungen verkaufen. Ist ein Traditionspapier (§§ 448, 475g, 650, s Anm zu § 448) über die Ware ausgestellt, kann die Ware in Gestalt des Papiers zum Verkauf gebracht werden, Staub/Koller 48, Oetker/Koch 74, aA MüKo/Grunewald 27; bezüglich des Orts dieses Verkaufs ist die Ware dort zu versteigern, wo sie auszuliefern ist, auch wenn das Papier anderswo ist und erst dorthin gesandt werden muss, RG JW **01**, 654, Staub/Koller 52. Nicht der Anspruch des Verkäufers gegen einen Dritten auf Lieferung der Ware ist zu verkaufen, sondern die Ware selbst, RG **11**, 113.

b) Bedingungen: Das Gesetz enthält keine Regelung über die Bedingungen, 20 zu denen der Selbsthilfeverkauf erfolgen muss. Da er für Rechnung des Käufers erfolgt, sind dessen Interessen soweit wie möglich zu berücksichtigen. Ausgangspunkt sind grundsätzlich die Bedingungen des geschlossenen Kaufvertrags, str, vgl RG **19**, 201. Der Verkauf hat zu möglichst günstigen **Bedingungen** zu erfolgen; demgemäß sind alle Abweichungen von dem mit dem Käufer Vereinbarten zulässig, die das Ergebnis verbessern oder wenigstens nicht nachteilig beeinflussen, vgl RG JW **04**, 561, bei Gewährleistungsausschlüssen ist Vorsicht geboten, RG **19**, 201. Bei Waren mit einem Börsenpreis wird vermutet, dass sie zum **laufenden Preis** (s Rn 12) verkauft wurden; der Käufer trägt Beweislast für das Gegenteil. Ist der Marktpreis erzielt, so ist der Selbsthilfeverkauf immer wirksam, RG

§ 374 21, 22　　　　　　　　　　　　　　　　4. Buch. Handelsgeschäfte

SeuffA **76**, 54. Andernfalls muss der Verkäufer beweisen, dass Käufer durch die Abweichung nicht geschädigt ist, so namentlich bei dem (für den Käufer günstigen) Ausschluss der Mängelhaftung, RG JW **04**, 561. Strittig ist, welche Folgen es hat, wenn beim freihändigen Verkauf der laufende Preis nicht erreicht wird. Für Unwirksamkeit gegenüber dem Käufer ROHGE **8**, 102, für Gültigkeit mangels Verschulden des Verkäufers, der dann aber Differenz zum laufenden Preis zahlen müsse, ROHGE **10**, 367; für Unwirksamkeit bei grobem Verschulden des Verkäufers, Staub/Koller 44. Die Durchführung des Verkaufs ist jedoch Sache der Verkaufsperson, deren Verschulden macht den Verkauf nicht unwirksam und ist dem Verkäufer nicht nach § 278 BGB zuzurechnen (vgl zur Hinterlegung Rn 8). Der Verkäufer haftet auf die Differenz nur bei eigenem (Auswahl)Verschulden, aber Abtretung seiner Ersatzansprüche gegen die Verkaufsperson; sogar für Direktanspruch des Käufers gegen die Verkaufsperson (§ 328 BGB analog) Ebenroth/Müller 42.

21　　**c) Ort:** § 373 enthält dazu keine Vorschrift (anders § 383 I 1 BGB: Leistungsort, s auch Rn 8 zur Hinterlegung). Der Verkäufer braucht den Selbsthilfeverkauf also nicht am Leistungsort zu tätigen, sondern kann den Ort selbst wählen. Er darf dabei aber nicht willkürlich verfahren, sondern muss wie ein Beauftragter (s Rn 23) die Interessen des Käufers wahren, RG **110**, 270. Er darf dem Käufer keine unnötigen Kosten verursachen. Danach hat er idR an dem Ort zu verkaufen, wo die Ware sich bei Annahmeverweigerung befindet, zB noch am Ort der Niederlassung des Verkäufers (§ 269 II BGB); wenn sie schon versandt ist, am Bestimmungsort, RG **110**, 269. Bei vorweggenommener Annahmeverweigerung kann der Verkäufer die Ware am Absendeort, RG **50**, 211, verkaufen oder wo sie sich sonst befindet, Dresd OLGE **13**, 28. Nach RG JW **01**, 756 ist Verkauf auch dann am Bestimmungsort zulässig, wenn Käufer schon vor Absendung die Annahme ablehnte, falls nach dem Kaufvertrag Verkäufer die Versendungskosten trägt, da der Käufer dann nicht benachteiligt werde; das überzeugt aber wegen § 326 II 2 BGB nicht (Anrechnung der Vorteile), die bei Selbsthilfeverkauf am Absendeort ersparbaren Versendungskosten sind also dem Käufer gutzubringen. Ist die Ware unterwegs, so muss sie Verkäufer geeignetenfalls, um Kosten zu sparen, anhalten und unterwegs verkaufen. Der Verkäufer muss die Ware aber nicht, um Kosten zu sparen, an einen anderen, vertraglich nicht vorgesehenen Ort verbringen. Verkauf am ungeeigneten Ort macht den Verkauf nicht unwirksam. Folge ist nur, dass dem Käufer das am richtigen Ort zu erzielende, bessere Ergebnis gutzubringen ist. Die Beweislast dafür, dass am richtigen Ort kein besseres Ergebnis erzielt worden wäre, trägt der Verkäufer, RG **110**, 270.

22　　**d) Zeit:** Verkäufer darf verkaufen, **solange** der **Annahmeverzug** dauert (I Halbs 1). Er darf frühestens am Tage der Fälligkeit verkaufen; auch wenn der Käufer schon zuvor die Annahme verweigert hat, da die Verweigerung diesen nicht bindet. Einen spätesten **Zeitpunkt** für den Selbsthilfeverkauf gibt es grundsätzlich nicht; da Käufer den Annahmeverzug jederzeit beenden kann, braucht der Verkäufer insoweit nur die eigenen Belange zu beachten, RG **41**, 64, **66**, 192 (vgl demgegenüber Rn 23), Grenze: Arglist, aA schon grobe Fahrlässigkeit, RG **36**, 89 (vgl § 379 Rn 12). Verwirkung kommt praktisch nicht in Betracht, Rechtsmissbrauch ist wie immer möglich, aber bleibt theoretisch. Die Annahme eines stillschweigenden Verzichts des Verkäufers auf die Rechte aus dem Kaufvertrag wäre Fiktion. Da der Käufer sich, was die Zeit angeht, selbst schützen kann, trifft den Verkäufer auch keine Pflicht zur Wahl eines für den Käufer möglichst günstigen Zeitpunkts, zutr Staub/Koller 53, aA Oetker/Koch 86. Wählt er indessen vorsätzlich einen besonders ungünstigen Zeitpunkt, etwa wenn der zu erzielende Preis besonders niedrig ist, kann er sich dem Käufer schadensersatzpflichtig machen. Grobe Fahrlässigkeit steht idR nicht gleich, anders wenn Verkäufer den Selbsthilfeverkauf leicht verderblicher Ware angekündigt und den-

2. Abschnitt. Handelskauf 23–28 § 374

noch grob fahrlässig nicht rechtzeitig vorgenommen hat, RG **36**, 90. Selbsthilfeverkauf ist auch noch nach Erlangung eines Urteils auf Abnahme oder nach Hinterlegung nach I zulässig. Bei Gattungskauf kann der Verkäufer einen unwirksamen Selbsthilfeverkauf wiederholen, wenn der Käufer kein Interesse an bestimmter Ware hat, RG **32**, 63. Beim Fixgeschäft nach § 376 ist der Verkauf idR sofort vorzunehmen, weil ein späterer Verkauf den Inhalt des Geschäfts ändert.

E. Rechtswirkungen des Selbsthilfeverkaufs (III): a) Ordnungsmäßiger 23
Selbsthilfeverkauf: Der Selbsthilfeverkauf erfolgt **für Rechnung des Käufers.**
Es gilt insoweit **Auftragsrecht:** Der Verkäufer hat die Rechte und Pflichten eines Beauftragten, ua betr Auskunft, Rechenschaft, Herausgabe und Aufwendungsersatz (§§ 666, 667, 670 BGB). Das gilt auch, wenn der Verkäufer zulässigerweise abweichend von II die Kaufsache im eigenen Betrieb verwertet (s Rn 28).

Erfüllungswirkung: Durch Abschluss des ordnungsmäßigen Selbsthilfeverkaufs 24
erlischt die Lieferschuld des Verkäufers gegenüber dem Käufer ohne Weiteres, die Kaufpreisforderung des Verkäufers idR durch Aufrechnung gegen den Anspruch des Käufers auf Herausgabe des Erlöses aus dem Selbsthilfeverkauf (§§ 667, 389 BGB), RG **110**, 129. Soweit der Erlös, abzüglich der Kosten und der aus § 354 geschuldeten Provision (diese ist str, aA Staub/Koller 55), die Schuld des Käufers nicht deckt, bleibt sie bestehen, RG **110**, 130. Einen etwaigen Mehrerlös muss der Verkäufer dem Käufer herausgeben. Der rechtmäßige Selbsthilfeverkauf erlaubt dem Käufer nicht den Rücktritt vom Kaufvertrag nach §§ 326 V, 323 BGB, der Verkäufer behält Anspruch auf den Kaufpreis mit Abzug des durch den Selbsthilfeverkauf Erlösten (§ 326 I BGB), BGH MDR **58**, 93.

Ist der Käufer zugleich in **Zahlungsverzug,** kann der Verkäufer den Selbst- 25
hilfeverkauf als **Deckungsverkauf** (für den aber § 373 II, IV, V nicht gelten; s auch § 376 Rn 12, 14) behandeln und nach erfolgter bzw bei entbehrlicher Fristsetzung (§ 281 II BGB) unmittelbar wegen eines Mindererlöses und zusätzlicher Kosten Schadensersatz gemäß §§ 280, 281 BGB verlangen, RG **109**, 136 (zu § 326 aF BGB). Der Käufer kann dann auch den Mehrerlös behalten, vor allem dann, wenn er ohnehin an den neuen Abnehmer hätte liefern können, vgl BGH **126**, 134, **126**, 309. Sobald der Verkäufer statt der Leistung Schadensersatz aus §§ 280, 281 BGB verlangt hat, kann er dann nicht mehr Erfüllung fordern (§ 281 IV BGB), dh keinen Selbsthilfeverkauf mehr vornehmen.

b) Nicht ordnungsmäßiger Selbsthilfeverkauf: Der nicht rechtmäßige 26
Selbsthilfeverkauf wirkt nicht für Rechnung des Käufers. Es tritt **keine Erfüllungswirkung** ein; der Käufer behält seinen Anspruch auf Lieferung, solange diese dem Verkäufer noch möglich ist (idR nicht bei Speziessache), andernfalls greifen §§ 280, 283 BGB ein, BGH **LM** § 373 Nr 3 (zu § 325 aF BGB). Beweislast für Ordnungsmäßigkeit liegt beim Verkäufer.

Nicht jeder Verstoß gegen II–V macht den Selbsthilfeverkauf zum nicht recht- 27
mäßigen mit der Folge, dass keine Erfüllungswirkung eintritt, Oetker/Koch 92 ff mit Unterscheidung zwischen Schutzvorschriften und bloßen Ordnungsregeln; je nachdem schuldet der Verkäufer vielmehr **nur Schadensersatz,** so zB bei Unterlassen der Benachrichtigung des Käufers von Zeit und Ort der Versteigerung (V 1, 2, s Rn 18) und vom vollzogenen Selbsthilfeverkauf (V 1 Halbs 2, 2). Der Verkäufer haftet für Vorsatz und jede Fahrlässigkeit, zu § 300 I BGB s Rn 11). Der Schaden muss durch die Verletzung verursacht sein, so wenn die Anzeige an den Käufer zu einem besseren Ergebnis der Versteigerung geführt hätte, zB weil der Käufer mehr Interessenten zur Teilnahme veranlasst hätte, oder wenn Käufer mangels Kenntnis vom Verkauf zu seinem Nachteil anders disponiert hat.

Ein von § 373 II nicht gedeckter Verkauf, zB freihändiger Verkauf einer Ware 28
ohne Börsen- oder Marktpreis und ohne Zuziehung eines Maklers oder Versteigerers, kann als **berechtigte Geschäftsführung ohne Auftrag** (§§ 677, 683

BGB) gerechtfertigt sein, RG **66**, 197; es treten dann dieselben Rechtsfolgen ein wie bei einem ordnungsgemäßen Verkauf nach § 373 II, Canaris § 29 Rn 12. Dies setzt voraus, dass der Wille des Verkäufers deutlich wird, auch im Interesse des Käufers zu handeln, zB durch Sendung einer Aufstellung über den Selbsthilfeverkauf an den Käufer; er braucht seinem Abnehmer nicht zu erklären, dass er für Rechnung des ersten Käufers handele, BGH MDR **58**, 93. Den Verkäufer trifft die Beweislast dafür, dass er den Verkauf so durchführte, wie das Interesse des Geschäftsherrn mit Rücksicht auf dessen wirklichen oder mutmaßlichen Willen es erforderte (§ 677 BGB). Auch dann sind nicht §§ 326 V, 323 BGB, sondern § 326 II BGB anwendbar (s Rn 24).

29 Entsprechendes gilt für eine durch § 373 II nicht gedeckte **Verwertung** des Kaufgegenstands durch den Verkäufer **im eigenen Betrieb,** RG HRR **33**, 1176 (Grubenholz), BGH MDR **58**, 93. Obschon nicht unter § 373 fallend, wird man vorherige Benachrichtigung entspr II, V verlangen, sonst Schadensersatzpflicht.

5) Abweichende Vereinbarungen

30 §§ 373, 374 sind wie §§ 373 ff insgesamt abdingbar (s Rn 1). AGB unterliegen den **(5)** §§ 305 ff BGB. Eine Klausel, die dem Verkäufer Selbsthilfeverkauf nach freiem Ermessen erlaubt, ist unwirksam, Staub/Koller 63.

[Bestimmungskauf]

375 (1) **Ist bei dem Kaufe einer beweglichen Sache dem Käufer die nähere Bestimmung über Form, Maß oder ähnliche Verhältnisse vorbehalten, so ist der Käufer verpflichtet, die vorbehaltene Bestimmung zu treffen.**

(2) **¹Ist der Käufer mit der Erfüllung dieser Verpflichtung in Verzug, so kann der Verkäufer die Bestimmung statt des Käufers vornehmen oder gemäß den §§ 280, 281 des Bürgerlichen Gesetzbuchs Schadensersatz statt der Leistung verlangen oder gemäß § 323 des Bürgerlichen Gesetzbuchs vom Vertrag zurücktreten. ²Im ersteren Falle hat der Verkäufer die von ihm getroffene Bestimmung dem Käufer mitzuteilen und ihm zugleich eine angemessene Frist zur Vornahme einer anderweitigen Bestimmung zu setzen. ³Wird eine solche innerhalb der Frist von dem Käufer nicht vorgenommen, so ist die von dem Verkäufer getroffene Bestimmung maßgebend.**

Übersicht

	Rn
1) Inhalt und Anwendungsbereich	1–4
A. Inhalt	1
B. Bestimmungskauf, Abgrenzung zur Wahlschuld	2
2) Voraussetzungen für die Rechte aus § 375	5, 6
A. Bestimmungspflicht des Käufers (I)	5
B. Schuldnerverzug des Käufers mit der Bestimmung (II 1 Halbsatz 1)	6
3) Rechte des Verkäufers	7–13
A. Selbstbestimmung (Selbstspezifikation, II 1 Alt 1)	7
B. Rechte aus BGB auf Schadensersatz oder Rücktritt (II Alt 2, 3)	9
C. Rechte aus Annahmeverzug	13
4) Abweichende Vereinbarungen	14

1) Inhalt und Anwendungsbereich

1 A. **Inhalt:** § 375 II 1 idF SMG (ohne sachliche Änderung) regelt den **Bestimmungskauf** (Spezifikationskauf). Beim diesem ist der Kaufgegenstand noch nicht mit allen Merkmalen bestimmt, weitere Merkmale sollen vom Käufer erst

2. Abschnitt. Handelskauf 2–5 § 375

später bestimmt werden. Diese **Bestimmung (Spezifikation)** ist im Ausgangspunkt in §§ 315 ff BGB geregelt. § 375 enthält **zusätzliche**, zT abweichende (s Rn 5, 7) Regeln für den **Handelskauf**. Der HdlKauf setzt voraus, dass der Kauf wenigstens auf einer Seite HdlGeschäft (§§ 343, 344) ist (§ 345), § 375 gilt also anders als zB § 377 auch für einseitige HdlGeschäfte. Den Käufer, dem die nähere Bestimmung über Form, Maß oder ähnliche Verhältnisse des Kaufgegenstands vorbehalten ist, trifft eine rechtliche **Pflicht zur Bestimmung (I)**. Bei Verzug des Käufers mit der Bestimmung hat der **Verkäufer verschiedene Rechte (II)**: Er kann unter bestimmten Voraussetzungen die Bestimmung selbst anstelle des Käufers treffen (Selbstspezifikation, s Rn 7) oder Schadensersatz statt der Leistung verlangen (§§ 280, 281 BGB) oder vom Vertrag zurücktreten (§ 323 BGB). § 375 bezweckt im Interesse des Verkäufers Klarheit über Leistungsgegenstand und zügige Erfüllung, str.

B. **Bestimmungskauf, Abgrenzung zur Wahlschuld: a) Bestimmungs-** 2 **kauf** liegt vor, wenn der Käufer zwischen verschiedenen Arten von Gegenständen **innerhalb einer Warengattung** (unterschieden nach Form, Maß oder ähnlichen Verhältnissen, zB Quantität, Farben, auch Qualität) wählen soll, zB Wahl zwischen verschiedenen Sorten, Stärken und Qualitäten von Garnen, RG Recht **05**, 475 Nr 1889, zwischen verschiedenen Ausführungen eines Maschinentyps (Gasheizkessel), BGH WM **76**, 124. **Nicht**: Bestimmung der Ausgestaltung des Kaufvertrags im Übrigen (Leistungsmodalitäten) wie zB Abwicklung und Leistungszeit (§ 315 BGB), BGH WM **83**, 1106; Wahl zwischen zwei ganz verschiedenen Warensorten, BGH BB **60**, 264 (s Rn 3), Grund: „ähnliche Verhältnisse" steht im Zusammenhang mit „Form" und „Maß", hL, Oetker/Koch 12, differenzierend Staub/Koller 10. Abgrenzung zwischen Bestimmungskauf und Wahlschuld (s Rn 3) im Einzelfall nach der Verkehrsanschauung.

b) Wahlschuld: Davon ist die Wahlschuld bzw der **Wahlkauf** abzugrenzen, 3 für die § 262 BGB gilt. Hier kann der Käufer **zwischen verschiedenen** Gegenständen oder **Warengattungen** wählen, RG HRR **34**, Nr 1302, BGH BB **60**, 264, WM **76**, 124, dies ohne Pflicht zur Wahl, also keine Klage auf Vornahme der Wahl, str, Oetker/Koch 13; Wahl zwischen verschiedenen Typen von Maschinen, RG Recht **28**, 136 Nr 523, zwischen verschiedenen Arten von Öl (Warengattungen), BGH LM § 262 BGB Nr 3, zwischen verschiedenen Währungen, RG **168**, 247. Abgrenzung von ähnlichen Verhältnissen iSv I 1 und Wahlschuld ist aber str, vgl Staub/Koller 9. Für entspr Anwendung des § 375 in einzelnen Fällen der Wahlschuld Staub/Koller 10.

c) Sonstige Vereinbarungen: Ebenfalls nicht unter § 375 fallen Vereinbarung, 4 dass der Käufer aus einer Gattung die zu liefernden Stücke wählen kann (**Gattungsschuld**, die nicht vom Schuldner, sondern vom Gläubiger konkretisiert werden soll, vgl § 243 BGB, § 360 Rn 1–2); besondere Vereinbarungen über die Art der Durchführung des Kaufs wie die Leistungszeit, zB Kauf auf Abruf (Überbl 28 vor § 373), offen BGH BB **71**, 1387.

2) Voraussetzungen für die Rechte aus § 375

A. **Bestimmungspflicht des Käufers (I):** Aus dem Kaufvertrag (HdlKauf s 5 Rn 1) über eine bewegliche Sache oder ein Wertpapier (§ 381 I), gleich ob Stück- oder Gattungskauf, muss sich ergeben, dass der Käufer zur Bestimmung iSv § 375 nicht nur berechtigt, sondern verpflichtet ist (vgl II 1). Die Bestimmung ist einseitige empfangsbedürftige Willenserklärung. Sie ist **formfrei** möglich. Teilweise Spezifikation ist nicht ausreichend. Der Käufer (nicht ein Dritter, auch nicht der Verkäufer unter II, s Rn 7) bestimmt iZw **nach freiem Ermessen**, Staub/Koller 7, I ist kein Fall von § 315 I BGB (zu II s Rn 7). Der Käufer braucht also bei der Bestimmung iZw nicht auf die Lieferfähigkeit des Verkäufers Rücksicht zu nehmen. Klage auf Bestimmung ist in aller Regel mangels Rechtsschutzbedürfnisses unzulässig, denn der Verkäufer kann den Käufer in Verzug setzen und dann die Bestimmung selbst treffen, Dresd OLGE **4**, 224, Jena LZ **14**, 967.

6 **B. Schuldnerverzug des Käufers mit der Bestimmung (II 1 Halbsatz 1):** Der Käufer muss mit seiner Bestimmungspflicht in Schuldnerverzug (§ 286 BGB) kommen, dh er muss die **fällige** (§ 271 BGB) Bestimmung **schuldhaft** (§ 286 IV BGB) nicht vornehmen. Verzug iSv II 1 ist Schuldnerverzug (Rechtspflicht zur Bestimmung), zugleich wird dann aber auch Annahmeverzug des Käufers vorliegen. Das ist keine Voraussetzung für die Rechte des Verkäufers nach II, begründet aber zusätzliche Rechte (s Rn 11). Nach aA soll nach der Schuldrechtsreform 2002 Verzug iSv II 1 nicht Schuldner-, sondern bereits Annahmeverzug sein, Canaris FS Konzen **06**, 45, Grund: sonst Wertungswiderspruch zu § 264 II BGB (dort Annahmeverzug, hL). Auf jeden Fall muss Schuldnerverzug Voraussetzung für die Selbstspezifikation des Verkäufers sein, Staub/Koller 18. Verzögerung wegen notwendiger Wertermittlung kann vom Schuldner nicht zu vertreten sein, vgl BGH **80**, 277, anders Verzögerung wegen verspäteter Mitteilung von Kundenwünschen (Risikobereich des Käufers). Mangelnde Lieferungsbereitschaft des Verkäufers selbst schließt Bestimmungsverzug des Käufers nicht aus, Ebenroth/Müller 29, aber der Verkäufer hat dann idR keinen Schaden, denn der Käufer hätte nach § 323 BGB vom Vertrag zurücktreten können (Einwand des rechtmäßigen Alternativverhaltens), und der Rücktritt des Verkäufers wäre uU rechtsmissbräuchlich (s Rn 9, 10), Staub/Koller 19, str.

3) Rechte des Verkäufers

7 **A. Selbstbestimmung (Selbstspezifikation, II 1 Alt 1): a) Recht zur Selbstbestimmung:** Der Verkäufer kann bei Verzug des Käufers mit der Bestimmung die Bestimmung selbst (nicht als Vertreter des Käufers) vornehmen **(II 1 Alt 1),** iZw nach billigem Ermessen (§ 315 I BGB, s Rn 1, anders als der Käufer, s Rn 5), Ebenroth/Müller 32, Koller/Roth 4, wohl auch BGH NJW **83**, 2935, aA nach freiem Ermessen Staub/Koller 25; dass der Verkäufer anstelle des Käufers bestimmt, bedeutet nicht zwingend, dass er wie dieser nach freiem Ermessen bestimmen können muss. Diese Selbstbestimmung erfolgt jedoch mit Vorbehalt abweichender Bestimmung durch den Käufer. Der Verkäufer muss dem Käufer zu diesem Zweck die von ihm getroffene Bestimmung mitteilen und ihm zugleich eine angemessene Frist setzen **(II 2)**, beides sind formlose, empfangsbedürftige Willenserklärungen. Es genügt nicht, dass Verkäufer dem Käufer nur die Bestimmung androht, RG JW **03**, 185. Selbstspezifikation und Fristsetzung müssen im Interesse des Käufers grundsätzlich miteinander verbunden werden, aA immer, Staub/Koller 27, Koller/Roth 4. Mitteilung und Fristsetzung auch dann, wenn sich der Käufer ernsthaft und endgültig geweigert hat, die Bestimmung zu treffen, so die hL, Staub/Koller 29, zwar Rechtsgedanke der §§ 286 II Nr 3, 323 II Nr 1 BGB, aber bei § 373 II 2 verdient der Käufer eine zweite Chance, weil sich der Vertragsinhalt durch die vom Verkäufer vorgenommene Bestimmung ändert und § 315 BGB nur eine Billigkeitskontrolle vorsieht; ist die Weigerung des Käufers aber wirklich das letzte Wort, dann macht Fristsetzung keinen Sinn mehr, Ebenroth/Müller 40. Ist die vom Verkäufer gesetzte Frist zu kurz, tritt an ihre Stelle idR eine angemessene, BGH NJW **85**, 2640 (zu § 326 aF BGB), die Selbstspezifikation wird dadurch also nicht unwirksam. Bis zum Fristablauf kann der Käufer nach freiem Ermessen (s Rn 5) eine eigene, ihm besser entsprechende Bestimmung treffen, vgl BGH NJW **83**, 2935. Mit Fristablauf erlischt das Recht des Käufers, zu bestimmen und so seinen Verzug zu beseitigen. Die wirksame Selbstbestimmung wird maßgeblich **(II 3)**.

8 **b) Rechtsfolgen der Selbstbestimmung:** Die wirksame Selbstbestimmung bindet beide Vertragsteile. Der Verkäufer kann keine andere Wahl mehr ausüben, es sei denn die Selbstbestimmung war wirkungslos. Mit der wirksamen Selbstbestimmung wird der Bestimmungskauf ein **normaler Kauf**, Ko/Ro/Mo/Roth 4. Der Verkäufer verliert durch die wirksame Selbstbestimmung die in Alt 2 und 3 genannten Rechte auf Schadensersatz statt der Leistung oder Rücktritt (s Rn 9, 10); unberührt bleibt der Anspruch auf Ersatz eines Verzögerungsschadens gemäß §§ 280 I, II, 286 BGB (s Rn 11). Der Käufer muss die Ware entsprechend der Selbstbestimmung annehmen und abnehmen. Tut er das nicht, gerät er erneut in Annahme- und Abnahmeverzug, nunmehr bezüglich der durch den Verkäufer bestimmten Ware. Das hat dann zur Folge, dass dem Verkäufer erneut die Rechte aus §§ 280, 281 BGB auf Schadensersatz statt der Leistung oder § 323 BGB (Rücktritt wegen nicht oder nicht vertragsgemäß erbrachter Leistung) zustehen und er auch die Rechte aus § 373 wegen Annahmeverzugs des Käufers hat (s Rn 13).

B. **Rechte aus BGB auf Schadensersatz oder Rücktritt (II 1 Alt 2, 3):** 9
a) Schadensersatz statt Leistung (§§ 280, 281 BGB): Bei Verzug des Käufers mit der Bestimmung kann der Verkäufer statt der Selbstbestimmung (s Rn 7) nach erfolglosem Ablauf einer angemessenen Frist Schadensersatz statt der Leistung gemäß §§ 280, 281 BGB verlangen (II 1 Alt 2, Rechtsgrundverweisung). Einer Ablehnungsandrohung neben der Fristsetzung bedarf es nicht (anders § 326 aF BGB). §§ 280, 281 BGB setzen voraus, dass der Käufer die Bestimmungspflicht schuldhaft verletzt hat (§ 280 I 2 BGB, sonst fehlt es schon am Schuldnerverzug, s Rn 6) und dass der Verkäufer erfolglos eine angemessene Frist zur Bestimmung gesetzt hat (§§ 280 III, 281 I 1 BGB); Fristsetzung entbehrlich, wenn Käufer die Bestimmung ernsthaft und endgültig verweigert oder besondere Umstände eine sofortige Geltendmachung von Schadensersatz rechtfertigen (§ 281 II BGB). Auch nach Fristablauf kann der Verkäufer weiter Leistung, also Spezifikation verlangen; er hat ein Wahlrecht zwischen Leistung und Schadensersatz statt der Leistung. Der Anspruch auf Leistung ist ausgeschlossen, sobald der Gläubiger statt der Leistung Schadensersatz verlangt (§ 281 IV BGB). Für die Berechnung des Schadens gelten die allgemeinen Grundsätze, RG **91**, 33; soweit der Kaufpreis von der ausgebliebenen Bestimmung abhing, ist vom Verkäufer eine Bestimmung hypothetisch zu treffen (s Rn 7). Mangelnde Selbstspezifikation ist nicht Mitverschulden des Verkäufers.

b) Rücktritt vom Vertrag (§ 323 BGB): Bei Verzug des Käufers mit der 10 Bestimmung hat der Verkäufer auch das Recht, nach erfolglosem Ablauf einer angemessenen Frist gemäß § 323 I BGB vom Vertrag zurückzutreten (II 1 Alt 3, Rechtsgrundverweisung). Einer Ablehnungsandrohung neben der Fristsetzung bedarf es nicht (anders § 326 aF BGB). Ausnahmsweise ist die Fristsetzung entbehrlich (§ 323 II BGB). Rücktritt nach § 323 BGB ist auch möglich, wenn der Schuldner die Pflichtverletzung nicht zu vertreten hat. II 1 setzt zwar Verzug des Käufers mit der Bestimmung voraus, so dass über die Verzugsvoraussetzungen doch ein Vertretenmüssen (§ 286 IV BGB) erforderlich zu sein scheint, das stammt jedoch noch aus dem früheren Verweis auf § 326 aF BGB und wäre heute widersprüchlich (Redaktionsversehen), MüKo/Grunewald 25, Canaris § 29 Rn 20, Canaris FS Konzen **06**, 45, str. Nach erfolglosem Fristablauf hat der Verkäufer also die Wahl zwischen Leistung (Spezifikation), Schadensersatz statt der Leistung (§§ 280, 281 BGB) und Rücktritt vom Vertrag (§ 323 BGB). Rücktritt schließt den Schadensersatz nicht aus (§ 325 BGB, anders vor SMG); vor dem Hintergrund dieser Neuregelung ist „oder" in II 1 Alt 2, 3 nicht ausschließend zu verstehen.

c) Anderer Verzug als mit der Bestimmung: Ist Käufer zugleich im **Ver-** 11 **zug mit der Kaufpreiszahlung,** hat Verkäufer auch aus diesem Grunde die Rechte aus §§ 280, 281 BGB (Schadensersatz statt der Leistung) und § 323 BGB (Rücktritt wegen nicht oder nicht vertragsgemäß erbrachter Leistung), ferner

§ 376

Anspruch auf Zins und weiteren Schadensersatz wegen des Verzugs (§§ 286, 288, 280 I, II BGB). Die Ersatzpflicht nach §§ 280 I, II, 286 BGB kann auch aus **Verzug** des Käufers **mit der Abnahme** (§ 433 II BGB) folgen.

12 d) **Sukzessivlieferungsvertrag:** Bei Verzug des Käufers mit der Bestimmung einer Rate kann der Verkäufer seine Rechte entweder beschränkt auf die eine fällige Rate geltend machen oder, wenn ein wichtiger Grund anzuerkennen ist, nach § 314 BGB kündigen, Ebenroth/Müller 55, iErg auch, RG **58**, 420, BGH WM **76**, 125.

13 C. **Rechte aus Annahmeverzug:** Fordert der Verkäufer den mit der Bestimmung säumigen Käufer zur Bestimmung auf oder war für die Bestimmung eine Zeit nach dem Kalender (mit oder ohne Kündigung) bestimmt, so kommt Käufer auch in **Annahmeverzug** (§ 293 BGB), soweit der Verkäufer lieferbereit ist, RGZ **43**, 103. Der Verkäufer hat dann auch die hieraus folgenden Rechte (§ 373 Rn 5, 6), insbesondere Haftungsmilderung und Ersatz von Mehraufwendungen, und, wenn er die noch fehlende Bestimmung selbst trifft (II, s Rn 7), auch das Recht zur Hinterlegung und zum Selbsthilfeverkauf.

4) Abweichende Vereinbarungen

14 § 375 ist abdingbar, es bleibt insoweit bei den Vorschriften des BGB (§§ 315 ff BGB, Leistungsstörungsrecht). AGB unterliegen den **(5)** §§ 305 ff BGB. § 315 BGB ist dispositiv, kann aber durch AGB nicht abgeändert werden, **(5)** § 307 II Nr 1. Leistungsbestimmungsrechte können nur in den Grenzen von **(5)** §§ 308 Nr 4, 307 BGB vereinbart werden.

[Fixhandelskauf]

376 (1) ¹Ist bedungen, daß die Leistung des einen Teiles genau zu einer festbestimmten Zeit oder innerhalb einer festbestimmten Frist bewirkt werden soll, so kann der andere Teil, wenn die Leistung nicht zu der bestimmten Zeit oder nicht innerhalb der bestimmten Frist erfolgt, von dem Vertrage zurücktreten oder, falls der Schuldner im Verzug ist, statt der Erfüllung Schadensersatz wegen Nichterfüllung verlangen. ²Erfüllung kann er nur beanspruchen, wenn er sofort nach dem Ablaufe der Zeit oder der Frist dem Gegner anzeigt, daß er auf Erfüllung bestehe.

(2) Wird Schadensersatz wegen Nichterfüllung verlangt und hat die Ware einen Börsen- oder Marktpreis, so kann der Unterschied des Kaufpreises und des Börsen- oder Marktpreises zur Zeit und am Orte der geschuldeten Leistung gefordert werden.

(3) ¹Das Ergebnis eines anderweit vorgenommenen Verkaufs oder Kaufes kann, falls die Ware einen Börsen- oder Marktpreis hat, dem Ersatzanspruche nur zugrunde gelegt werden, wenn der Verkauf oder Kauf sofort nach dem Ablaufe der bedungenen Leistungszeit oder Leistungsfrist bewirkt ist. ²Der Verkauf oder Kauf muß, wenn er nicht in öffentlicher Versteigerung geschieht, durch einen zu solchen Verkäufen oder Käufen öffentlich ermächtigten Handelsmakler oder eine zur öffentlichen Versteigerung befugte Person zum laufenden Preise erfolgen.

(4) ¹Auf den Verkauf mittels öffentlicher Versteigerung findet die Vorschrift des § 373 Abs. 4 Anwendung. ²Von dem Verkauf oder Kaufe hat der Gläubiger den Schuldner unverzüglich zu benachrichtigen; im Falle der Unterlassung ist er zum Schadensersatze verpflichtet.

2. Abschnitt. Handelskauf   1–4   § 376

Übersicht

	Rn
1) Inhalt, Anwendungsbereich	1–5
A. Relatives und absolutes Fixgeschäft	1
B. Anwendungsbereich des § 323 II Nr 2 BGB	3
C. Anwendungsbereich des § 376 HGB	4
2) Voraussetzungen des Fixhandelskaufs (I 1 Halbsatz 1)	6–8
A. Feste Leistungszeit	6
B. Stehen und Fallen des Geschäfts mit der Einhaltung	7
C. Fixklauseln und andere Leistungszeitklauseln	8
3) Rechtsfolgen	9–14
A. Erfüllungsanspruch nur bei sofortiger Anzeige (I 2)	9
B. Rücktritt (I 1 Halbsatz 2 Alt 1)	10
C. Schadensersatz wegen Nichterfüllung (I 1 Halbsatz 2 Alt 2)	11
D. Konkrete und abstrakte Schadensberechnung (II–IV)	12
4) Abweichende Vereinbarungen	15

1) Inhalt, Anwendungsbereich

A. Relatives und absolutes Fixgeschäft: a) Relatives Fixgeschäft: Es wird 1 auch als eigentliches Fixgeschäft im Gegensatz zum absoluten oder uneigentlichen Fixgeschäft (s Rn 2) bezeichnet. Es liegt vor, wenn das Geschäft nach der vertraglichen Abrede der Parteien (unter Berücksichtigung der Umstände) mit der Einhaltung der genau festgelegten Leistungszeit **„stehen und fallen"** soll, unabhängig davon, ob der Schuldner dies zu vertreten hat oder nicht, BGH **110**, 96 (s Rn 7). Der Gläubiger soll bei nicht zeitgerechter Lieferung ohne Weiteres vom Vertrag Abstand nehmen können. Allerdings bleibt Erfüllung nach Zeit-/Fristablauf grundsätzlich möglich. Das relative Fixgeschäft kann ein **einfaches** (bürgerlichrechtliches) Fixgeschäft sein (§ 323 II Nr 2 BGB, s Rn 3) oder ein **handelsrechtliches Fixgeschäft** (Fixhandelskauf nach § 376, s Rn 4). Sonderregelung neben § 376 in § 104 InsO; **(14)** BörsG §§ 50 ff aF sind durch das 4. FinanzmarktfördG aufgehoben (s Rn 5). Zum relativen Fixgeschäft (§ 323 II Nr 2 BGB nF 2014) R. Schmitt VuR **14**, 90.

b) Absolutes (uneigentliches) Fixgeschäft: Es ist weder im BGB noch im 2 HGB geregelt. Die Einhaltung der Leistungszeit ist hier für den Gläubiger derart wesentlich, dass eine verspätete Leistung keine Erfüllung mehr darstellen kann, BGH NJW **01**, 2878, zB unausführbar gewordene Reise, BGH **60**, 16, Bestellung von Einladungen für einen bestimmten Veranstaltungstermin, Düss NJW-RR **02**, 633; dagegen idR **nicht** Flugbeförderung, Flugverspätung ist auch kein Mangel der Beförderung, BGH NJW **09**, 2743, aber Sonderfall, BGH NJW **79**, 495; just in time-Verträge (Überbl 32 vor § 373), da Interesse an den Zulieferteilen nicht wegfällt, Oetker/Koch 15, s Rn 7. Mit Ablauf der Lieferfrist bzw der Leistungszeit wird die Erfüllung dauerhaft unmöglich (§§ 275, 283, 326 I BGB). Einer Fristsetzung zur Leistung (§§ 281 I 1, 323 I BGB) bedarf es nicht; sie wäre sinnlos, da die Leistung nicht nachholbar ist.

B. Anwendungsbereich des § 323 II Nr 2 BGB: § 323 II Nr 2 BGB (vor 3 SMG § 361 aF BGB) regelt das einfache relative Fixgeschäft (s Rn 1). Die Vorschrift beinhaltet keine im Zweifel geltende Auslegungsregel wie § 361 aF BGB, sondern gewährt dem Gläubiger bei Terminüberschreitung ein gesetzliches Rücktrittsrecht. § 323 II Nr 2 BGB wird beim Fixhandelskauf durch § 376 verdrängt (näher Rn 4). Lit: Schwarze AcP 207 **(07)** 437.

C. Anwendungsbereich des § 376 HGB: § 376 regelt ebenso wie § 323 II 4 Nr 2 BGB nur das relative Fixgeschäft (s Rn 1). § 376 ist nicht mehr wie früher lex specialis zu § 323 II Nr 2 BGB, sondern die Parteien können zwischen beidem wählen, auch mit Mischformen, Canaris § 29 Rn 35, FS Konzen **06**, 49,

Hopt   1565

§ 376 5–7   4. Buch. Handelsgeschäfte

aA für lex specialis, üL Staub/Koller 6, zT auch Oetker/Koch 29. § 376 ist nur beim **Handelskauf** (Überbl 8 vor § 373) anwendbar, einerlei ob zweiseitiges oder nur einseitiges HdlGeschäft (§§ 343–345), Canaris § 29 Rn 38, aA Herresthal ZIP **06**, 883, das heißt, dass § 376 **auch gegenüber Verbrauchern** iSv § 13 BGB **anwendbar** ist, Oetker/Koch 3. § 376 gilt für Käufer und Verkäufer, dh Pflichten des Verkäufers und des Käufers können gleichermaßen als fix vereinbart werden. § 376 für den **Fixhandelskauf** dient der **raschen, klaren Abwicklung** des Vertrags bei Nichteinhaltung der Leistungszeit bzw Leistungsfrist und unterscheidet sich von § 323 II Nr 2 BGB (einfaches, bürgerlichrechtliches Fixgeschäft) ua dadurch, dass das Fortbestehen des Erfüllungsanspruchs eine sofortige Anzeige des Gläubigers voraussetzt (I 2, s Rn 9) und der Anspruch des Gläubigers auf Schadensersatz statt der Leistung bei Waren mit Börsen- oder Marktpreis bestimmten Regeln unterliegt (II–IV, s Rn 12).

5   Ein Unterfall des FixHdlKaufs sind idR die **Termingeschäfte** (s **(16)** WpHG § 2 III Nr 1.

2) Voraussetzungen des Fixhandelskaufs (I 1 Halbsatz 1)

6   **A. Feste Leistungszeit:** Notwendige, aber nicht hinreichende Bedingung für das Vorliegen eines FixHdlKauf ist die Festlegung einer festbestimmten, **genauen Leistungszeit oder Leistungsfrist** im Vertrag, BGH **110**, 96, NJW **01**, 2878. Der Termin muss kalendermäßig fest bestimmbar sein, das Datum selbst braucht nicht aufgeführt zu werden, auch schadet nicht, wenn der Gläubiger Leistung schon vorher verlangen kann oder der Schuldner schon vorher erfüllen darf. Die zeitliche Festlegung kann sich nicht nur auf den Liefertermin des Verkäufers, sondern auch auf die Spezifikationspflicht des Käufers nach § 375 beziehen. Es genügt, wenn die Lieferfrist erst ab einem künftigen Ereignis laufen soll, KG OLGE **19**, 398, zB auf Abruf durch den Käufer (Überbl 28 vor § 373).

7   **B. Stehen und Fallen des Geschäfts mit der Einhaltung:** § 376 setzt Einigkeit der Vertragsteile darüber voraus, dass die Leistungszeit (vgl I) wesentlich sein, dh der ganze Vertrag **mit Fristeinhaltung „stehen oder fallen" soll**, BGH **110**, 96, WM **84**, 641, **89**, 1181, NJW **01**, 2878, Mü IHR **14**, 68, Karls IHR **16**, 149 (iErg abl). Ist ein dahingehender Parteiwille nicht klar und eindeutig feststellbar, macht auch die nachdrücklichste Vereinbarung pünktlicher Fristeinhaltung mit genauester Terminangabe („bis ...") das Geschäft nicht zum Fixgeschäft. Ein Fixgeschäft liegt **nicht schon** vor, **wenn** die Partei ein **starkes Interesse an rechtzeitiger Erfüllung** hat; wenn die Ware starken Preisschwankungen unterliegt, Hbg RIW **81**, 264, s auch Celle MDR **73**, 412; bei Kauf eines Mähdreschers vor Getreideernte, Hamm, NJW-RR **95**, 350; wenn vorher keine Nachfrist gewährt ist; wenn eine bestimmte Erfüllungszeit als erwartet bezeichnet ist, vgl § 346 Rn 40 (bei „eta"). Jeder Zweifel wirkt sich gegen Annahme eines Fixgeschäfts aus, BGH **110**, 96, WM **84**, 641, **89**, 1181. Maßgebend ist der HdlBrauch am Ort des Schwerpunkts der Lieferpflicht, Hbg MDR **75**, 845. Unterbliebener Rücktritt und mehrfach vereinbarte Fristverlängerung in früheren Fällen sprechen nicht ohne Weiteres gegen Fixgeschäft, BGH BB **83**, 1814. Höherer Preis für streng fristgebundene Erfüllung spricht iZw für Fixgeschäft, BGH BB **83**, 1814. Fixgeschäfte sind idR Vereinbarung befristeter Akkreditivstellung (s **(7)** Bankgeschäfte Rn K/25); das Devisentermingeschäft, RG **108**, 158; idR das Aktienoptionsgeschäft, Börsen- bzw Finanztermingeschäfte, BGH **92**, 321, **110**, 321 (s Rn 5); Flugbeförderungsvertrag, BGH NJW **79**, 495, Düss NJW-RR **97**, 930, Ffm NJW-RR **97**, 1136; just in time-Verträge (Überbl 32 vor § 373), K. Schmidt § 29 II Rn 29, aber s auch Rn 2, str; nach HdlBrauch uU das überseeische Abladegeschäft, RG **88**, 73, BGH NJW **91**, 1293 (Überbl 50 vor § 373); nicht notwendig, BGH NJW **59**, 933,

2. Abschnitt. Handelskauf 8, 9 § 376

aber idR bei Vereinbarung fester Abladetermine iVm fob- oder cif-Klausel, **(6)** Incoterms FOB Nr 9 Rn 6 und CIF Nr 11 Rn 6, Hbg OLGR **97**, 149, Ebenroth/Müller 28 ff, MüKo/Benicke CISG Art 25 Rn 19, Schlechtriem/ Schwenzer CISG 6. Aufl 2013 Art 25 Rn 20, aA nur mit Umständen, die für Fixkauf sprechen, Magnus/Lüsing IHR **07**, 9, Ostendorf IHR **09**, 100, s auch Rn 8. Das Geschäft kann seinen Fixcharakter durch wiederholte einvernehmliche Verlängerung der Abladezeit verlieren, SchiedsG WV Hbg Börse, **(84)** St/ Ul/Ti E 4a Nr 27; doch führt nicht jede nachträgliche Lieferverlängerung zum Verlust des Fixcharakters. Akkreditivstellung „spätestens in einer Woche" ist fix, auch bei mehrfacher Verlängerung. Beweispflichtig für Fixgeschäft ist, wer es behauptet.

C. Fixklauseln und andere Leistungszeitklauseln: Bestimmten Klauseln 8 („Fixklauseln") und Formeln kann eine **Indizwirkung** hinsichtlich des Vorliegens eines relativen Fixgeschäfts, dh des Stehens und Fallens des Geschäfts mit Einhaltung der Leistungszeit oder Lieferfrist, zukommen; entscheidend sind aber Vereinbarung, Vertragszweck und HdlBrauch. Nachweis, dass trotz Fixklausel kein Fixgeschäft vereinbart war, bleibt möglich, BGH BB **83**, 1814. **Fixklauseln** können sein: „fix", BGH BB **83**, 1814, „präzis", „genau". Abschluss an der Börse unnötig; „im August 1912" im Zuckerterminhandel, RG **101**, 362; „Nüsse zu Weihnachten", Kassel OLGE **43**, 38; „Lieferung zwischen 20. bis 31. 5. ohne Nachfrist eintreffend cif B.", BGH NJW **59**, 933. Abladeklauseln, dh Vermerk von Ort und Zeit der Verladung der Ware durch Absender, zB bei fob, c & f und cif (s **(6)** Incoterms) beim internationalen Abladegeschäft (Überbl 50 vor § 373), sind nach HdlBrauch idR entspr Fixgeschäft zu behandeln, BGH MDR **55**, 344, Karlsr VersR **75**, 1043, Hbg RIW **81**, 264, Hbg OLGR **97**, 149, Schlegelb/ Hefermehl 6, fob- und cif-Klausel für sich allein reichen dafür nicht, BGH NJW **59**, 933, s auch Rn 7. **Keine Fixklauseln** sind idR: wichtiger, fester Liefertermin, zB für Hard- und Software, Düss NJW-RR **96**, 40; „ohne Nachfrist", BGH MDR **55**, 343, NJW **59**, 933; „binnen kürzester Frist"; „bei offener Schifffahrt"; „täglich"; „sofort", Hbg DB **54**, 613; „umgehend"; „prompt", „spätestens", aber anders uU in Verbindung mit bestimmter Leistungszeit, BGH BB **83**, 1814, Mü DB **75**, 1789, problematisch Kln OLGR **00**, 374 (Geschäftsjubiläum), zutr R. Schmidt VuR **14**, 94; „spätestens bis Ende des Monats"; „per Oktober bis November", RG **36**, 84; „bis Ultimo"; „von Woche zu Woche"; „Liefertermin Ernte", Hamm NJW-RR **95**, 350; fob- und cif-Klausel für sich allein, BGH, NJW **59**, 933, nicht bei „eta"-Klausel (§ 346 Rn 40). Ungenügend ist, dass die Ware Modeartikel ist oder mit starken Preisschwankungen gerechnet werden muss. **AGB:** Fixklausel in AGB s Rn 15.

3) Rechtsfolgen

A. Erfüllungsanspruch nur bei sofortiger Anzeige (I 2): Hält der Schuld- 9 ner die Leistungszeit bzw Leistungsfrist nicht ein, kann der Gläubiger Erfüllung nur noch dann beanspruchen, wenn er sofort nach dem Ablauf der Zeit oder Frist dem Gegner anzeigt, dass er auf Erfüllung bestehe. Anzeige ist einseitige, empfangsbedürftige, formlose Willenserklärung. Sie kann auch konkludent erfolgen, zB mit Nachfristsetzung, BGH NJW-RR **98**, 1490. Sofort ist mehr als unverzüglich (§ 121 BGB), nämlich ohne jede Verzögerung und nicht mehr nachholbar, BGH WM **82**, 1386, auf Verschulden des Gläubigers an der Verzögerung kommt es nicht an. Der Gläubiger trägt die Versendungsgefahr. Verzögerung geht zu seinen Lasten, BGH LM Nr 4. Anzeige nach Ablauf der Zeit oder Frist, auch schon vorher, Staub/Koller 27, MüKo/Grunewald 27, wenn für Klarstellung ausreichend. Anzeige kann entbehrlich sein, wenn eindeutig ist, dass der Gläubiger auf Vertragserfüllung besteht, Staub/Koller 27, enger Oetker/Koch 25. Die Erklärung nach I 2 beseitigt die Rechte nach I 1 (Rücktritt, Schadensersatz statt der Leistung, s Rn 10, 11) und macht das Geschäft zum gewöhnlichen Kauf; die Verzugsfolgen richten sich fortan allein nach BGB, BGH LM Nr 4, MüKo/Grunewald 29, krit Herresthal ZIP **06,** 885, europarechtlich R. Schmitt VuR **14,** 99. Irrtum darüber ist unbeachtlicher Rechtsfolgenirrtum, SchiedsG WV Hbg Börse, **(84)** St/Ul/Ti E 4a Nr 31. Das Geschäft kann vertraglich (nicht einseitig) durch Bestimmung einer neuen Fixzeit erneut zum Fixgeschäft gemacht werden. Fristverlängerung ist nicht ohne Weiteres als neues Fixgeschäft auszulegen, BGH WM **89,** 1181.

10 B. **Rücktritt (I 1 Halbsatz 2 Alt 1):** Bei Nichteinhaltung der Fixzeit kann der Gläubiger von dem Vertrag zurücktreten, dies auch **ohne Verzug,** Verschulden des Schuldners (§ 286 IV BGB) ist also nicht Voraussetzung, RG **108,** 159, BAG NJW **67,** 414. Das ergibt sich nach dem Fixgeschäft schon aus § 323 BGB, ist also keine Besonderheit des § 376 mehr. Rücktritt ist schon **vor Fälligkeit** möglich, wenn die künftige Nichteinhaltung der Fixzeit offensichtlich ist (§ 323 IV BGB), zB wenn der Schuldner vor Fälligkeit die Erfüllung des Anspruchs ernsthaft und endgültig verweigert. **Rücktritt** erfolgt durch einseitige, empfangsbedürftige, nicht formgebundene Willenserklärung. Nach deren Wirksamwerden (§ 130 BGB) ist der Rücktritt unwiderruflich; Rücktritt statt der Leistung wird dadurch nicht ausgeschlossen (§ 325 BGB, s Rn 11). Der Säumige kann das Rücktrittsrecht nicht durch verspätetes Angebot (vor dem Rücktritt des anderen) ausräumen, RG **108,** 160. Das Rücktrittsrecht entfällt, wenn die „fix" geschuldete Leistung von einer Vorleistung des Gläubigers abhing und dieser sie schuldhaft nicht erbrachte, BGH DB **65,** 138. Rücktritt wegen einer geringfügigen, für den Nichtsäumigen belanglosen Fristversäumnis wäre Rechtsmissbrauch (§ 242 BGB, vgl § 323 V 2 BGB), RG **117,** 356, Ebenroth/Müller 36, vgl RG JW **27,** 2797. Das Rücktrittsrecht ist nach dem Gesetz an **keine Frist** gebunden, Canaris § 29 Rn 41, Ebenroth/Müller 40, nach aA (bei Begrenzung durch § 242 BGB) nur sofort, RG **30,** 62, bzw alsbald, RG Recht **30,** 365 Nr 1245, offen BGH NJW **91,** 1294, nach anderer aA unverzüglich; Fristsetzung für Rücktritt nach § 350 BGB nur beim vertraglichen Rücktrittsrecht, aber problematisch, Kaiser JZ **01,** 1069, anders noch § 355 aF BGB, Analogie zu § 350 ist jedoch erwägenswert, so Staub/Koller 32, MüKo/Grunewald 17 f. Hat der Schuldner nur eine **Teilleistung** bewirkt, kann der Gläubiger vom ganzen Vertrag nur zurücktreten, wenn er an der Teilleistung kein Interesse hat (§ 323 V 1 BGB).

11 C. **Schadensersatz wegen Nichterfüllung (I 1 Halbsatz 2 Alt 2):** Bei Nichteinhaltung der Fixzeit kann der Gläubiger auch statt der Erfüllung Schadensersatz wegen Nichterfüllung verlangen, aber nur dann, wenn der Schuldner im **Verzug** ist (also Verschulden, § 286 IV BGB), Oetker/Koch 38, 47, Staub/Koller 18. Anpassung der Vorschrift durch das SMG wurde versäumt. Schadensersatz wegen Nichterfüllung ist als **Schadensersatz statt der Leistung** iSv §§ 280, 281 BGB zu lesen; Fristsetzung wie grundsätzlich dort (beim einfachen Fixgeschäft hilft uU § 281 II Halbs 2 BGB, str, nach aA Umkehrschluss aus § 323 II Nr 2 BGB) ist aber hier unter I 1 gerade nicht notwendig. Der Wortlaut „oder" entspricht noch der Rechtslage vor dem SMG, wonach bei Rücktritt Schadensersatz wegen Nichterfüllung ausgeschlossen war (§§ 326 I 2, 325 I 1 aF BGB). I 1 Halbs enthielt und enthält jedoch insoweit eine eigenständige Regelung der Rechtsbehelfe gegenüber dem BGB. „Oder" ist also im Licht von § 325 nF BGB nicht als alternativ, sondern als „und" zu verstehen, vgl Canaris FS Konzen **06,** 44. Möglich sind also auch in § 376 **Schadensersatz und Rücktritt.**

12 D. **Konkrete und abstrakte Schadensberechnung (II–IV): a) Konkrete Schadensberechnung** ist wie auch sonst möglich. Der Gläubiger kann (nicht: muss) den Schaden konkret berechnen, zB auf Grund eines anderweit (tatsächlich) vorgenommenen **Deckungskauf**s oder -verkaufs; nachteilige Deckungsgeschäfte, Haberzettl NJW **07**, 1328, Mehrkosten des Deckungskaufs sind kein Verzögerungsschaden, BGH NJW **13**, 2959, aA Nietsch NJW **14**, 2385, Benicke/Hellwig ZIP **15**, 1106. Wenn die Ware einen Börsen- oder Marktpreis hat (s Rn 13), gelten aber die Schranken der III 1, 2 und IV. Der Kauf oder Verkauf muss sofort nach Ablauf der Fixzeit **(III 1)** in öffentlicher Versteigerung oder durch einen öffentlich ermächtigten HdlMakler oder Versteigerer zum laufenden Preis erfolgen **(III 2)**. **Sofort** iSv III 1 heißt so rasch wie nach Brauch und Umständen möglich, ohne dass es auf schuldhaftes Zögern (§ 121 I 1 BGB) ankommt. III 2 entspricht § 373 II 1 für den Selbsthilfeverkauf bei Annahmeverzug des Käufers; öffentliche Versteigerung, Versteigerer, laufender Preis s § 373 Rn 11, 12, 20. **IV 1** verweist wegen Mitbietens von Verkäufer und Käufer auf § 373 IV. **IV 2** entspricht § 373 V, aber ohne § 373 V 3 (keine Nachricht bei Untunlichkeit), bei Unterlassung Schadensersatz (§ 373 Rn 27).

b) Abstrakte Schadensberechnung (II): Der Gläubiger kann den Schaden auch abstrakt berechnen, und zwar, wenn die Ware einen **Börsen- oder Marktpreis** hat (vgl § 253 IV 1, §§ 373/374 Rn 12), aus dem Unterschied von Kaufpreis und Börsen- oder Marktpreis zurzeit und am Ort der geschuldeten Leistung, dh wann und wo die Ware zu liefern war. II erlaubt dies für Waren mit Börsen- oder Marktpreis, **ohne** dass der Schuldner den **Gegenbeweis** antreten kann, dass der Gläubiger diese Differenz auf Grund besonderer Umstände nicht erzielt hätte (auch abstrakt-normative Schadensberechnung genannt). Für vorsichtige Analogie zu II (mit III) Müller WM **13**, 1. Eine Pflicht zu rechtzeitigem Deckungskauf, wenn sich der Vertragsbruch abzeichnet, besteht unter III nicht, Staub/Koller 44, anders unter § 252 S 2 BGB (s Rn 14).

Wenn die Ware keinen Börsen- oder Marktpreis hat, ist II unanwendbar, es bleibt dann bei den allgemeinen Grundsätzen der **abstrakten Schadensberechnung nach BGB.** Danach ist abstrakte Schadensberechnung gemäß **§ 252 S 2 BGB** für entgangenen Gewinn zulässig, also tatsächliche Vermutung, dass der Gläubiger nach dem gewöhnlichen Lauf der Dinge die Differenz als typischen Durchschnittsgewinn gemacht hätte. Der Kfm kann daher als abstrakt berechneten Schaden die Differenz zwischen Markteinkaufspreis (Selbstkosten) und Vertragspreis fordern, BGH **29**, 399, **62**, 105, NJW **88**, 2236, WM **98**, 931, NJW-RR **01**, 985, **06**, 243. § 252 S 2 BGB führt nur zu einer Beweiserleichterung, **Gegenbeweis** bleibt **zulässig**. Ein anderer Ansatz der abstrakten Schadensberechnung geht von einem **hypothetischen Deckungskauf/verkauf** aus; dann genügt für die schlüssige Schadensdarlegung KfmEigenschaft und Existenz eines Markt(einkaufs/verkaufs)preises. Auch bei diesem Ansatz geht es nur um eine Beweiserleichterung, also mit der Möglichkeit eines Gegenbeweises, BGH WM **98**, 931, 939 ff. Unter § 252 S 2 BGB kann bei Unterlassen eines Deckungskaufs (erst nach Ablauf des Termins bzw der Frist) Mitverschulden anzunehmen sein, BGH ZIP **97**, 647, Staub/Koller 44 (s aber auch Rn 13). Lit: Huber FS K. Schmidt **09**, 725, Müller WM **13**, 1.

4) Abweichende Vereinbarungen

§ 376 ist abdingbar, es bleibt dann insoweit bei den Vorschriften des BGB (§ 323 II Nr 2 BGB, Leistungsstörungsrecht). AGB unterliegen den **(5)** §§ 305 ff BGB. Fixklausel in Einkaufsbedingungen kann überraschend sein, **(5)** § 305c BGB, zB „Die vereinbarten Lieferfristen und Liefertermine gelten fix", BGH **110**, 88, dies mit dem auch bei beiderseitigen HdlGeschäften, anders bei erkennbarem besonderen Interesse und Branchenüblichkeit, MüKo/Grunewald 14. Fixklausel für sämtliche Lieferfristen in Einkaufsbedingungen verstößt auch gegen **(5)** §§ 307, 309 Nr 4 BGB (Nachfristsetzung), BGH **110**, 97; anders, wo Fixgeschäfte typischer Vertragszweck oder branchenüblich sind und „fix" in unmittelbarem Textzusammenhang mit Leistungsfristabrede verwandt wird, offen BGH **110**, 98,

§ 377 1   4. Buch. Handelsgeschäfte

aA Staub/Koller 22. Inhaltskontrolle von Fixklauseln in Zuliefer- und just in time-Verträgen Wellenhofer-Klein S 205 ff (Überbl 32 ff vor § 373).

[Untersuchungs- und Rügepflicht]

377 (1) **Ist der Kauf für beide Teile ein Handelsgeschäft, so hat der Käufer die Ware unverzüglich nach der Ablieferung durch den Verkäufer, soweit dies nach ordnungsmäßigem Geschäftsgange tunlich ist, zu untersuchen und, wenn sich ein Mangel zeigt, dem Verkäufer unverzüglich Anzeige zu machen.**

(2) Unterläßt der Käufer die Anzeige, so gilt die Ware als genehmigt, es sei denn, daß es sich um einen Mangel handelt, der bei der Untersuchung nicht erkennbar war.

(3) **Zeigt sich später ein solcher Mangel, so muß die Anzeige unverzüglich nach der Entdeckung gemacht werden; anderenfalls gilt die Ware auch in Ansehung dieses Mangels als genehmigt.**

(4) **Zur Erhaltung der Rechte des Käufers genügt die rechtzeitige Absendung der Anzeige.**

(5) **Hat der Verkäufer den Mangel arglistig verschwiegen, so kann er sich auf diese Vorschriften nicht berufen.**

Übersicht

	Rn
1) Inhalt und Anwendungsbereich	1–4
A. Inhalt	1
B. Anwendungsbereich	2
2) Voraussetzungen der Rügeobliegenheit (I)	5–19
A. Ablieferung der gekauften Ware	5
B. Mangel	12
3) Untersuchung der Ware (I)	20–31
A. Untersuchungsobliegenheit	20
B. Zeit und Ort der Untersuchung	23
C. Art und Umfang der Untersuchung	25
4) Anzeige des Mangels (Rüge, I, III, IV)	32–43
A. Rechtsnatur der Rüge	32
B. Absender und Adressat der Rüge	33
C. Rechtzeitigkeit der Rüge (I, III, IV)	35
D. Inhalt der Rüge	42
E. Form der Rüge	43
5) Rechtsfolgen	44–54
A. Rechtsfolgen bei unverzüglicher Rüge	44
B. Rechtsfolge bei versäumter Rüge (II, III)	45
C. Arglistiges Verschweigen des Mangels (V)	51
6) Beweislast	55
7) Abweichende Vereinbarungen	56–60
A. Handelsbrauch	56
B. Freie Individualvereinbarung	57
C. AGB	58
8) Internationaler Verkehr	61

1) Inhalt und Anwendungsbereich

1   A. **Inhalt:** § 377, vom ZahlungsverzugsG 2014 (§ 352 Rn 5, § 358 Rn 1) läßt die allgemeinen kaufrechtlichen Mängelansprüche (§ 437 BGB) inhaltlich unberührt und regelt nur den Fall, dass beim beiderseitigen HdlKauf der Käufer nicht unverzüglich rügt. § 377 schützt den Verkäufer vor Inanspruchnahme und Beweisschwierigkeiten noch nach längerer Zeit wegen dann nur schwer feststell-

2. Abschnitt. Handelskauf §377

barer Mängel und fördert so auch im Interesse des Käufers (sachgerechte Risikoverteilung zwischen beiden) die Einfachheit und Schnelligkeit im Handelsverkehr (Einl 5 vor § 1), BGH **66**, 213, **110**, 138, WM **98**, 938 (entspr zur Funktion der Rüge Rn 32). **§ 378**, der den Anwendungsbereich des § 377 auf Falschlieferungen und Mengenfehler ausdehnte, soweit die gelieferte Ware nicht so offensichtlich von der Bestellung abwich, dass der Verkäufer ihre Genehmigung als ausgeschlossen betrachten musste, wurde durch das SMG **aufgehoben**. Das **SMG** hat **mittelbar** auch **Auswirkungen auf** § **377**, denn es hat das allgemeine und kaufrechtliche Leistungsstörungsrecht grundlegend reformiert (s Rn 12 ff), und ohne Rügeobliegenheit käme dem Käufer eine zweijährige Verjährungsfrist (§ 438 I Nr 3 BGB, früher 6 Monate) zugute, die Rügeobliegenheit ist also heute noch einschneidender. Andererseits sind die Konsequenzen des Streits, ob die schuldhafte Verletzung von Nebenpflichten unter § 377 fällt (s Rn 49), wegen der kürzeren allgemeinen Verjährungsfrist (§ 195 BGB, früher 30 Jahre), geringer. § 377 ist auf die Bedürfnisse des Großhandels in Rohstoffen und Landesprodukten zugeschnitten, für den Handel in Industrieprodukten wirft er de lege lata nur zT lösbare Schwierigkeiten auf, überzeugender sind Art 38, 39 CISG: sofortige Untersuchungs- und angemessene Rügefrist für alle (Überbl 49 vor § 373), U. Huber ZHR 161 **(97)** 184, G. Müller ZIP **02**, 1185. Lit: Menhofer 1994, Jansen 2001 (auch CISG); Koppensteiner BB **71**, 547, Hönn BB **78**, 685, Marburger JuS **83**, 1, Mössle NJW **88**, 1190, Schwark JZ **90**, 374, Michalski DB **97**, 81, G. Müller ZIP **97**, 661, 02, 1178, Thamm/Möffert NJW **04**, 2710, Oetker FS Canaris **07** II 313, G. Müller WM **11**, 1249; rechtsvergleichend und ökonomisch Lehmann WM **80**, 1162.

B. **Anwendungsbereich: a) Handelskauf:** § 377 gilt für den HdlKauf, es 2 muss sich also um ein HdlGeschäft (§§ 343, 344) über Waren oder Wertpapiere (§ **381 I**) handeln (Überbl 8 vor § 373). Das Geschäft muss ein Kauf- oder ein kaufähnlicher Vertrag sein. Bspe: **Gattungs- oder Stückkauf** (§ 360 Rn 1), auch von Hardware mit nicht speziell für den Käufer hergestellter Software, BGH **110**, 130, NJW **93**, 461, also Standardsoftware, auch Spezialsoftware mit Serienanfertigung, Ebenroth/Müller 5; **Vertrag über noch herzustellende oder zu erzeugende bewegliche Sache (§ 381 II**, früher Werklieferungsvertrag; nicht auch Werkvertrag, s unten), BGH WM **92**, 916, NJW **93**, 2436, CR **02**, 93, Brdbg NJW **12**, 2124m Anm Meier; **Tausch** (§ 480 BGB); Kauf nach Probe (§ 494 aF BGB, Überbl 14 vor § 373), BGH WM **77**, 821, Kln BB **88**, 20; **Kauf auf Probe** (§ 454 BGB, Überbl 14 vor § 373) nach Billigung des Gegenstands, wenn sich danach ein Fehler zeigt, vgl RG **137**, 298; finanziertes Abzahlungsgeschäft (s **(7)** Bankgeschäfte Rn G/34); Streckengeschäft und sonstige Direktlieferung an Dritten (auch NichtKfm), s Rn 9; nicht nur entgeltliche Umsatzgeschäfte, sondern zB auch Sachdarlehen, BGH NJW **85**, 2418; entspr bei Einkaufskommission (§ 391), Verkaufskommission mit Preisgarantie (§ 384 Rn 6). **Nicht: Unternehmenskauf** (Einl 44 vor § 1), einerlei ob als asset deal oder als share deal (für letzteren § 481 Rn 1), die kurze Rügefrist passt überhaupt nicht, üL, Ebenroth/Müller 2, Schröcker ZGR **05**, 95, differenzierend Wunderlich WM **02**, 988, aA Hiddemann ZGR **82**, 442, MüKo/Grunewald Vor § 373 Rn 4, krit auch Oetker/Koch Vor §§ 373–381 Rn 36; **Immobilien**, aA Dreier ZfIR **04**, 416, Grund: SMG; **Leasing** (s **(7)** Bankgeschäfte Rn P/1), also zwischen Leasinggeber und -nehmer, BGH **110**, 130, Zweibr MDR **14**, 1383, MüKo/Grunewald 15 (aber sehr wohl zwischen Leasinggeber und Hersteller, dabei Einschaltung des Leasingnehmers s Rn 34), aA Ebenroth/Müller 18, sehr str; **selbstständiger Garantievertrag** (§ 349 Rn 15–20), BGH WM **77**, 366, s Rn 49, 60; **reiner Werkvertrag**, Analogie nur unter ganz besonderen Voraussetzungen, BGH **1**, 240, WM **92**, 916, NJW **93**, 2436, CR **02**, 93, BVerfG ZIP **95**, 1852, aber in der Praxis nach AGB; **Einlage** einer mangelhaften Sache in Ges

§ 377 3–5   4. Buch. Handelsgeschäfte

(§ 105 Rn 93), da kein Umsatzgeschäft, K. Schmidt § 29 III Rn 42. Rügepflicht in solchen Fällen s Rn 4. Bei Zusammentreffen von HdlKauf und Verbrauchsgüterkauf teleologische Reduktion des § 377, Hoffmann BB **05**, 2090.

3   **b) Beiderseitiges Handelsgeschäft:** § 377 setzt voraus, dass es sich im Zeitpunkt des Kaufabschlusses (nicht mehr später, hL, aA Graf von Westphalen BB **90**, 3: Ablieferung) um ein beiderseitiges HdlGeschäft handelt. § 377 trifft auch den Erben eines Kfm. Durchlieferung s Rn 9. Anwendbar auch zulasten des **Rechtsscheinkaufmanns** als Käufer (Voraussetzungen s § 5 Rn 9–17), nicht zu seinen Gunsten als Verkäufer (§ 5 Rn 15). **Nicht** unter § 377 fallen **Kleingewerbetreibende** ohne Eintragung iSv § 2; anders die früheren Minderkaufleute iSv § 4 I aF; das ist wenig sachgerecht; für Ausdehnung auf selbstständig beruflich am Markt auftretende NichtKflte Hopt AcP 183 (**83**) 690, Deckert JuS **98**, 121, ausdrücklich auch nach HRefG auf Unternehmen, K. Schmidt § 29 III Rn 43, aA Canaris § 29 Rn 47 (aber anders zu § 366, dort Rn 4), Ebenroth/Müller 9, str. Rechtspolitisch überzeugender als § 377 ist einheitliche Rüge jedes Käufers innerhalb „angemessener Frist" (s Rn 1), doch ist dem das SMG nicht gefolgt, stattdessen Verjährung in zwei Jahren nach § 438 BGB. § 377 greift auch bei teils betrieblicher, teils privater Nutzung ein, außer wenn erstere unbedeutend ist, Ebenroth/Müller 16. § 377 kann auch bei teils gewerblicher, teils privater Nutzung (dual use) eingreifen, Verbrauchereigenschaft geht außer bei überwiegend gewerblicher Nutzung vor, Koller/Roth 4, nach aA greift § 377 ein, außer wenn die gewerbliche Nutzung unbedeutend ist (Professionalität des Käufers), Canaris § 29 Rn 48, Ebenroth/Müller 16, s auch Einl v § 373 Rn 10. **Beweislast** für KfmEigenschaft des Käufers s Rn 55, § 1 Rn 25.

4   In **anderen Fällen** als § 377 kann sich aus **§ 242 BGB** oder in ganz engen Grenzen schon durch Analogie, Ebenroth/Müller 7, ergeben, dass in angemessener Zeit zu untersuchen und rügen ist, sonst Verlust der Rechte wegen Fehlers der Lieferung, insbesondere zu Lasten eines beteiligten Kfm, RG **104**, 96, BGH NJW **92**, 914 (§ 254 BGB, iErg abl), Stgt MDR **58**, 774, vgl § 390 Rn 3. Für Annäherung von § 377 und § 241 II BGB Peters JZ **06**, 230. Vgl auch Brdbg NJW **12**, 2124 (ARGE), dagegen zutr Ebenroth/Müller 11.

2) Voraussetzungen der Rügeobliegenheit (I)

5   A. **Ablieferung der gekauften Ware: a) Begriff: Ablieferung** nach I bezeichnet den Zeitpunkt, ab dem den Käufer die Untersuchungs- und Rügelast trifft, BGH **143**, 310, und die Rügefrist zu laufen beginnt. Ablieferung ist erfolgt, wenn die Sache dem Empfänger oder dem von ihm Beauftragten (Spediteur, Frachtführer, hL, aA MüKo/Grunewald 23) in der Art zugänglich gemacht (in seinen Machtbereich, Gewahrsam gebracht) wird, dass er sie auf ihre Beschaffenheit prüfen kann, BGH **60**, 6, **93**, 345, NJW **61**, 730, **86**, 317, **143**, 311 (Standard-Software), Kln NJW-RR **99**, 566. Begriff wie in § 438 II BGB (§ 477 aF, Verjährung der Mängelansprüche), BGH **93**, 345, NJW **95**, 3383. Übergabe von Traditionspapieren ohne die Ware ist keine Ablieferung, aber Annahme der Ware ohne Traditionspapiere, str, Oetker/Koch 8. Entscheidend ist also **tatsächliche Verfügungs- und damit Untersuchungsmöglichkeit des Käufers** an Stelle des Verkäufers; daran fehlt es, wenn der Käufer die Abnahme verweigert (s Rn 6). Ob die Untersuchung schwierig und langwierig ist, spielt für Ablieferung keine Rolle (aber für Untersuchung und Rüge, s Rn 25), BGH **143**, 311. Die Ablieferung muss objektiv erkennbar, **äußerlich sichtbar** sein, anders bei deutlicher Parteivereinbarung (wenn die Sache noch beim Verkäufer liegt), BGH **93**, 346. Ablieferung ist eine einseitige Tathandlung des Verkäufers (Realakt), keine Willenserklärung. Begriff in I deckt sich weder mit Abnahme iSv § 433 II BGB noch mit Gefahrübergang iSv §§ 446, 447 BGB, BGH **60**, 6, noch mit Ablieferung iSv § 425 (Haftung des Frachtführers); allerdings fallen Übergabe (§ 446 BGB) und Ablieferung iSv § 377 häufig zusammen, Ebenroth/Müller 21.

b) Zeit, Ort, Art und Weise der Ablieferung: Die Ablieferung muss zur 6 vereinbarten Zeit und am vereinbarten Ort erfolgen, BGH NJW 61, 730, Kln NJW-RR 99, 565. Genehmigung von Änderungen/Abweichungen (auch stillschweigend) ist allerdings möglich, bloßer Vorbehalt des Käufers bei der Ablieferung genügt nicht, Ebenroth/Müller 24, str. Ablieferung von Importware uU schon vor Verzollung, uU an der deutschen Grenze bei Empfang durch Spediteur des deutschen Adressaten, offen BGH LM Nr 4. Ist direkt an einen Dritten zu liefern, kommt es auf Zugänglichmachung für den Dritten an, BGH NJW 78, 2394, zur Rüge beim Streckengeschäft s Rn 9; Ablieferungsort iSv I beim Käufer soll sich nicht schon bei bloß zulässiger Direktauslieferung ändern, BGH WM 93, 1850, zweifelnd Ebenroth/Müller 26; anders aber jedenfalls bei nachträglicher Weisung zur Direktauslieferung, Ebenroth/Müller 25, MüKo/Grunewald 21. Bei Lieferung einer Maschine in Teilen ohne Montagepflicht des Lieferers idR schon nach Übergabe der Teile am Bestimmungsort, bei Montagepflicht des Lieferers nach deren Vollendung, BGH NJW 61, 730, Graue AcP 163 (63) 406. Beim Kaufvertrag setzt Ablieferung idR **vollständige Lieferung** der Ware voraus, BGH NJW 93, 2436, 00, 1416, zB mit Bedienungsanleitung, bei Computeranlage auch Lieferung der Hard- und Softwarehandbücher, falls zur Hauptleistungspflicht des Verkäufers gehörend, BGH NJW 93, 461, aA MüKo/Grunewald 28; beim Werklieferungsvertrag entspr Übergabe des vollendeten Werks, BGH NJW 93, 2436, Film: „Ablieferung" durch Vorführung und Aushändigung des Streifens, vgl § 381 Rn 6. Auch bei schwer erkennbaren Mängeln (Standardsoftware) kein hinausgeschobener Ablieferungszeitpunkt, aber bei **Nachbesserungen** im Machtbereich des Käufers hat dieser nach Beendigung der Nachbesserungsarbeiten erneut zu untersuchen und zu rügen, erst recht bei **Nacherfüllung** (§ 439 I BGB, wie eigenständige Lieferung; s auch Einl 3 vor § 373), s Rn 42, 46. Erfüllungsort bei Nachlieferung, BGH NJW 11, 2278m Anm Staudinger/Artz 3121, Ringe NJW 12, 3393, krit Brors NJW 13, 3329 (VerbrGüKRi). **Nicht** abgeliefert: bei Verweigerung der Annahme, wenn es der Verkäufer dabei belässt, RG 5, 32; bei bloßem Annahmeverzug ohne tatsächliche Ablieferung, BGH NJW 95, 3381; bei Lieferung von Computersystem ohne Handbuch, BGH NJW 93, 461, 2436; ohne geschuldete Dokumentation mit Konstruktionsunterlagen, BGH WM 93, 1850; bei noch beim Verkäufer gelagerten Gegenständen, anders nur bei klarer Parteiabrede über Wechsel der Verfügungsmacht, BGH 93, 346.

c) Besondere Fallgestaltungen: Holschuld: Wenn der Käufer wie idR die 7 Ware in der Niederlassung des Verkäufers abzuholen hat, erfolgt auch bei Abholtermin Ablieferung nicht schon mit Bereitstellung, sondern erst mit tatsächlicher Übergabe, BGH NJW 95, 3381, str, Grund: erst dann kann er untersuchen und rügen; anders, wenn die Ware bei einem Dritten, zB Lagerhalter, abzuholen ist und es nur noch am Käufer liegt, sich einseitig Besitz zu verschaffen, BGH NJW 88, 2609, 95, 3382, aA Tiedtke JZ 96, 552, gegen Differenzierung auch Ebenroth/Müller 31. Ebenso bei Lieferklauseln „ab Station", „ab Lager", „ab Werk", „frei verladen" „frei LKW" (Abgangsort), „frei Grenze" ua (§ 346 Rn 40); Ablieferung erfolgt, wenn der vom Käufer beauftragte Transportunternehmer die Ware tatsächlich übernimmt, im Werk („ab Werk"), BGH NJW 86, 317, am LKW, an der Grenze. Container s Rn 8.

Versendungskauf: Beim Versendungskauf liegt Ablieferung spätestens vor, 8 wenn die Kaufsache vom Spediteur oder Frachtführer des Verkäufers an den Käufer oder den vom Käufer dem Verkäufer als empfangsberechtigt angegebenen Dritten ausgeliefert wird. Hat der Käufer die versandte Sache am Bestimmungsort abzuholen, ist abgeliefert, wenn sie am Bestimmungsort eingetroffen ist und dort

§ 377 9–12   4. Buch. Handelsgeschäfte

dem Käufer in vertragsgemäßer Weise zur Abholung zur Verfügung steht, BGH NJW **88**, 2609, **95**, 3382, Grund: dann hat sich der Verkäufer der Sache entäußert, und es liegt allein am Käufer, sich in ihren Besitz zu setzen. Das gilt auch bei **Vorleistungspflicht** des Käufers; wenn die Transportperson des Verkäufers die Auslieferung an den Käufer vertragsgemäß von der Zahlung des Kaufpreises und der Frachtkosten abhängig macht, liegt Ablieferung vor, wenn die Ware derart dem Käufer angeboten wird, BGH NJW **88**, 2609, **95**, 3382, Ebenroth/Müller 37, aA Tiedtke NJW **88**, 2580. Bei Versendung im **Container,** zB „frei im Container gestaut", findet Ablieferung nach festem HdlBrauch erst mit Eintreffen im Lager statt, BGH DB **81**, 1816, Ebenroth/Müller 39.

9   **Streckengeschäft:** Beim Streckengeschäft (Durchhandeln, Zwischenhandel Überbl 27 vor § 373) ist zu unterscheiden. Hat der Verkäufer die Ware unmittelbar an den Abnehmer des Käufers zu liefern, liegt Ablieferung vor, wenn die Ware dem Abnehmer durch die Transportperson des Verkäufers vertragsgemäß zur Verfügung gestellt wird, dieser kann dann statt des Käufers untersuchen und rügen, BGH NJW **78**, 2394 (s Rn 23). Versendet der Käufer dagegen die Sache seinerseits umgehend an den Letztverkäufer weiter, liegt Ablieferung mit Übernahme durch den Käufer, nicht erst durch den Abnehmer vor, Ebenroth/Müller 40. Das gilt erst recht beim normalen Weiterverkauf, also wenn kein Streckengeschäft vorliegt. Ob der Abnehmer des Käufers selbst Kfm und rügepflichtig ist oder nur Verbraucher, spielt im Verhältnis Verkäufer/Käufer keine Rolle, BGH **110**, 138, Kln MDR **15**, 959 (vgl § 478 VI BGB). Mängelrüge bei Streckengeschäft grundsätzlich entlang der Kaufvertragsverhältnisse, BGH **110**, 130, Karlsr BB **16**, 2065, Hersteller nicht Empfangsvertreter des Zwischenhändlers, Anzeige vom Käufer, nicht vom Bauherrn, Karlsr BB **16**, 2065. Zur unverzüglichen Untersuchung und Rüge beim Streckengeschäft s Rn 23, 34, 37. Zum Streckengeschäft ausführlich Ebenroth/Müller 102 ff.

10   **Incoterms:** Vorrangig sind besondere, auch stillschweigende Abreden der Parteien über die Ablieferung, wie häufig getroffen, BGH **60**, 7, sowie HdlBrauch (s Rn 56). Beim **fob-Geschäft,** bei dem der Käufer frei an Bord zu liefern hat (s (6) Incoterms Nr 9), findet Ablieferung grundsätzlich mit der Übergabe an den Verfrachter, also Übernahme an Bord statt, BGH **60**, 7, DB **81**, 1817; bei besonderen Umständen ausnahmsweise erst im Bestimmungshafen, zB wenn Lieferung in verstärkter seemännischer Verpackung vereinbart und deshalb erst dort zu untersuchen ist, RG **102**, 91, BGH **60**, 5, DB **81**, 1817, oder wenn die Ziehung von Stichproben nach Lieferung an Bord untunlich oder zweckwidrig ist, Hbg HRR **28**, 1218 (Überseeholzhandel). Beim **cif-Geschäft** (s (6) Incoterms Nr 11) findet Ablieferung dagegen idR erst im Bestimmungshafen statt, BGH BB **53**, 186. Ablieferung bei Versendung im Container und bei anderen Lieferklauseln s Rn 8.

11   **Bringschuld:** Ablieferung erfolgt mit Übergabe an den Käufer. Lehnt der Käufer die Annahme vertragswidrig ab, ist Ablieferung anzunehmen, obwohl sich die Ware noch beim Verkäufer oder dessen Frachtführer befindet, aA Tiedtke JZ **96**, 551, Grund: die Ware ist dem Käufer so angeboten, dass Inbesitznahme allein von ihm abhängt. Vorleistungspflicht wie Rn 8. Bei Klauseln „frei Haus", „geliefert frei Käufers Lager" kann die Auslegung zwar ergeben, dass der Verkäufer nur die Transportgefahr trägt, die Ablieferung aber wie beim Versendungskauf mit Übergabe an die Transportperson des Käufers erfolgt (s Rn 8), str, wenn der Transportperson, die den Käufer nicht antrifft, die Ware aber wieder mit, ist im Regelfall die Ablieferung iSv § 377 noch nicht erfolgt, Ebenroth/Müller 41, aA Oetker/Koch 13.

12   **B. Mangel: a) Mangelbegriff:** Mangel der Ware iSv I ist nach bisher allgmM Sachmangel, nicht Rechtsmangel, Denkschrift S 228, 30. Aufl. Diese Einschränkung ist seit dem **SMG,** das **Sach- und Rechtsmängel gleichgestellt** hat

2. Abschnitt. Handelskauf 13–15 § 377

(§§ 434, 435, 437 BGB), nicht mehr gerechtfertigt (keinesfalls für Wertpapierkauf, § 381 Rn 4), Canaris § 29 Rn 52, FS Konzen **06**, 53, str, aA G. Müller WM **11**, 1260 (keine Zeit für Rechtsrat), Ebenroth/Müller 62. Gründe: Wortlaut von I, Gleichbehandlung nach BGB, Sinn der Rügeobliegenheit (s Rn 1), Schwierigkeiten bei Wertpapierkauf (§ 381 Rn 3) und bei Unternehmenskauf (Einl 46 vor § 1; aber § 377 ist unanwendbar, s Rn 2), kein Gegeneinwand mangelnder Praktikabilität (zB Einsicht in Begleitpapiere), der historische Wille des Gesetzgebers zu § 377 tritt demgegenüber zurück, mit dem für das Ausmaß der Untersuchungs- und Rügepflicht auf die Grundsätze zum gutgläubigen Erwerb (§ 366 HGB, §§ 932 ff BGB) zurückgegriffen werden kann (Zeitpunkt für diesen ist Übergabe, hier Ablieferung). Maßgeblich für die Rügeobliegenheit des § 377 ist danach nicht nur der Sachmangelbegriff, sondern allgemeiner der **Mangelbegriff des BGB**. Dieser wurde durch das SMG neu geregelt. Mangelfreiheit der Sache ist danach vertragliche Erfüllungspflicht. Der Verkäufer hat dem Käufer die Sache frei von Sach- und Rechtsmängeln zu verschaffen (§ 433 I BGB, Hauptleistungspflicht), sonst handelt er vertragswidrig, und es ist nicht erfüllt. Anders als bei Nichterfüllung der Pflicht zu Übergabe und Eigentumsverschaffung (§ 433 I 1 BGB) eröffnet ein Sachmangel bei Gefahrübergang (§§ 446, 447 BGB) nicht unmittelbar die Rechte aus §§ 280, 281, 284, 323 BGB, sondern die Rechtsfolgen der §§ 437–442 (Sonderregelung für den Kauf). Lit: Westermann NJW **02**, 241, S. Lorenz NJW **05**, 1890.

Arten von Sachmängeln: § 433 BGB erwähnt verschiedene Arten von **13** Sachmängeln: (1) fehlende vereinbarte Beschaffenheit der Sache (subjektiv, § 434 I 1 BGB), subsidiär (2) fehlende Eignung zu der nach dem Vertrag vorausgesetzten Verwendung (objektiv, § 434 I 2 Nr 1 BGB), (3) fehlende Eignung zur gewöhnlichen Verwendung (objektiv, § 434 I S 2 Nr 2 mit S 3 BGB über öffentliche Äußerungen des Verkäufers, des Herstellers oder seines Gehilfen, insbesondere bei der Werbung, Westermann NJW **02**, 245, zur Werbung Einl 2 vor § 373), (4) unsachgemäße Montage (§ 434 II 1 BGB), (5) mangelhafte Montageanleitung (§ 434 II 2 BGB), (6) Lieferung einer anderen Sache (§ 434 III Alt 1 BGB, s Rn 16) und (7) Mindermenge (§ 434 III Alt 2 BGB, s Rn 17).

Verhältnis zum Recht vor dem SMG: Beschaffenheit der Sache ist der **14** zentrale Begriff für den Sachmangel. Der Begriff der Beschaffenheit entspricht im wesentlichem dem Eigenschaftsbegriff vor dem SMG. Die vereinbarte Beschaffenheit (§ 434 I 1 BGB iVm § 276 I 1 BGB: Übernahme einer Garantie oder eines Beschaffungsrisikos) entspricht weitgehend der zugesicherten Eigenschaft des § 459 II aF BGB, zB bei Kauf nach Probe oder Ausfallmuster (s Rn 2, Überbl 14 vor § 373). Fehlende Eignung zur vorausgesetzten und zur gewöhnlichen Verwendung (§ 434 I 2 Nr 1u 2) entsprechen weitgehend dem Fehler nach § 459 I aF BGB. Falsch- und Minderlieferung, die vor dem SMG nur für den HdlKauf geregelt waren (§ 378 aF, s dort), sind Sachmängel nach BGB. Mehrmenge bzw Zuviellieferung ist in § 434 BGB nicht geregelt (s Rn 18).

Verletzung von Nebenpflichten: § 377 erfasst alle Ansprüche wegen **15** Schlechterfüllung oder Verletzung von mit dem Mangel zusammenhängenden Nebenpflichten **(Gewährleistungsansprüche im weiteren Sinne)**, s Rn 48. Wenn von der Verpackung die Haltbarkeit der Ware, ihr Wert oder die Weiterverkaufsmöglichkeit abhängt oder wenn die Originalverpackung die Ware kennzeichnet, ist fehlende oder mangelhafte Verpackung Sachmangel, BGH **66**, 212, **87**, 91; sonst nicht. **Keine Sachmängel** sind dagegen die Verletzung von **Nebenpflichten**, die **nicht** unmittelbar **mit dem Mangel zusammenhängen** und die kaufrechtliche Gewährleistung nicht betreffen, zB Verpackungspflicht, s Rn 49, sehr str; anderweitige Verletzungen der Lieferpflicht wie Verspätung oder Lieferung am falschen Ort. Diese sind vertragswidrig, aber nicht Sachmangel und müssen deshalb nicht nach § 377 gerügt werden.

§ 377 16–18   4. Buch. Handelsgeschäfte

16 **b) Falschlieferung (§ 434 III Alt 1 BGB, § 378 aF):** Die Falschlieferung (Lieferung eines aliud) ist eigentlich kein Mangel der Sache, aber diesem gesetzlich gleichgestellt; aber für Stückkauf str, für teleologische Reduktion des § 434 III BGB auf Gattungsschulden Lettl JuS **02**, 871, aber gegen Vorstellung des Gesetzgebers. Voraussetzung ist, dass der Verkäufer die Leistung als Erfüllung seiner Vertragspflicht erbringt, RegE 216, und dies dem Käufer erkennbar ist, das trifft zB bei einem erkennbar von der Post vertauschten Paket nicht zu (offensichtliche Verwechslung) oder klar neues Vertragsangebot, Müller WM **11**, 1260. Wie sehr das aliud von der vereinbarten Ware abweicht, ob die Falschlieferung also genehmigungsfähig ist oder nicht, spielt keine Rolle, aber str für Extremabweichungen, Musielak NJW **03**, 92; dies gilt dann auch für den HdlKauf (anders § 378 aF). Dementsprechend muss dann auch nach § 377 auf jeden Fall gerügt werden, auch wenn es sich offensichtlich um eine völlig andere Ware handelt; aber auch wenn es um eine unerhebliche Abweichung geht, denn dann ist zwar Rücktritt ausgeschlossen (§ 323 V 2 BGB), nicht aber die anderen Rechte nach § 437 BGB (zur Minderung s § 441 I 1 BGB). Falschlieferung ist beim Stückschuld andere Identität als die der gekauften Sache. Beim Gattungskauf kommt es auf Zugehörigkeit zur Gattung nach Gattungsmerkmalen an (§ 243 BGB); maßgeblich Parteivereinbarung. Ob Falschlieferung vorliegt, beurteilt sich nach dem ausdrücklich vereinbarten oder dem Verkäufer wenigstens bekannten Vertragszweck und den danach erforderlichen Merkmalen der zu liefernden Ware, BGH NJW **86**, 659, **94**, 2230, **97**, 1915 (PC-Kauf). Die schwierige, unter § 378 aF notwendige Unterscheidung zwischen Minder- und Mehrlieferungen, die nur Schlechtlieferung sind, und solchen, die sogar Falschlieferung sind, BGH NJW **68**, 640, **96**, 1827, **97**, 1914, zB Lieferung von Einheiten wie Blechen oder Brettern mit falschen Maßen, näher 30. Aufl, spielt unter § 434 BGB keine Rolle. Lit: Hadding FS Kollhosser **04**, 175, Altmeppen/Reichard FS U. Huber **06**, 73, Oetker FS Canaris **07** II 314, G. Müller WM **11**, 1249.

17 **c) Minderlieferung:** Die Lieferung einer geringeren als der vereinbarten Menge (Zuweniglieferung, Mankolieferung) ist Sachmangel nach § 434 III Alt 2 BGB. Ob eine Mindermenge vorliegt, beurteilt sich idR nach Stückzahl, Maß und Gewicht, BGH NJW **96**, 1827 (fehlende Schnürsenkel). Bei jeder solchen Minderlieferung, auch einer ganz geringen, ist nach § 377 zu rügen. § 323 V 2 BGB betrifft nur die Teilleistung (Erschwerung bzw Ausschluss des Rücktrittsrechts) und lässt § 377 unberührt. Rügt der Käufer die Minderlieferung nicht, gilt die Lieferung als genehmigt (II, s Rn 45), er kann das Fehlende nicht nachfordern und muss die volle, vertraglich vereinbarte Menge bezahlen, BGH **91**, 300.

18 Minderlieferung iSv § 434 III BGB liegt aber wie bei der Falschlieferung (s Rn 16) nur vor, wenn die Lieferung vom Verkäufer als vollständige Erfüllung des Vertrags ausgeführt, RegE 216, und dem Käufer erkennbar ist, zB bei Ausweis auf dem Lieferschein. Sonst liegt eine **bewusste Teilleistung** vor, die der Käufer nach § 266 BGB zurückweisen kann mit den Folgen von § 323 BGB (Rücktritt) bzw §§ 280, 281, 286 (Schadensersatz statt der Leistung bzw Verzugsschaden). Nimmt der Käufer die vom Verkäufer als solche ausgeführte Teilleistung an, kann er Erfüllung hinsichtlich des fehlenden Teils verlangen; doch kann stillschweigende Vertragsänderung auf den bereits gelieferten Teil und einen entsprechend reduzierten Preis vorliegen, offen BGH **91**, 301. Dogmatische Abgrenzung zwischen Teilleistung mit den Rechtsfolgen der §§ 281 I 2, 323 V 1 BGB und Minderlieferung mit den Rechtsfolgen der §§ 281 I 3, 323 V 2 BGB ist str. Jedenfalls für Kauf- und Werkvertragsrecht gilt Gleichstellung von Minderlieferung mit Sachmangel (§§ 434 III Alt 2, 633 II 3 Alt 2 BGB). Liegt ein Fall des § 434 III Alt 2 BGB vor, muss auch § 377 gelten, denn der Gesetzgeber wollte § 378 aF durch § 434 III Alt 2 BGB ersetzen. Lehnt man § 434 III Alt 2

BGB bei bewusster Teilleistung ab, entfällt (wenn § 377 nur auf Sachmängel bezogen wird, s Rn 12, 49), die Rügeobliegenheit bezüglich der Tatsache der bloßen Teilleistung, bei Annahme der Teilleistung aber uU nicht im Übrigen (s Rn 30).

d) Mehrlieferung: Mehrlieferung (Zuviellieferung) ist in § 434 BGB bewusst nicht geregelt, sondern nach allgemeinem Schuldrecht zu behandeln, aA Canaris § 29 Rn 56, MüKo/Grunewald 57, ist, weil kein Sachmangel vorliegt, unanwendbar, es ist nicht zu rügen. Der Verkäufer kann Kaufpreis nur für die vertraglich vereinbarte Menge verlangen, nicht für die Mehrmenge, auch nicht, wenn der Käufer Mehrmenge behält, ohne den Verkäufer darauf aufmerksam zu machen; die Mehrmenge ist umgekehrt nach § 812 BGB zurückzugeben. Anders nur, wenn ein Kaufvertrag über die Mehrmenge geschlossen wird (Angebot und Annahme einer Vertragserweiterung), § 241a BGB (unbestellte Leistungen) findet unter Unternehmern keine Anwendung. Vertragserweiterung aber nicht schon bei Nichtbeanstandung, wäre fiktiv; im Einzelfall kommen jedoch stillschweigendes Angebot des Verkäufers unter Verzicht auf Zugang der Annahmeerklärung (§ 151 BGB) und Annahme durch den Käufer durch Ingebrauchnahme der Ware in Betracht, vgl Hamm BB **78**, 1748, Oldbg NJW-RR **96**, 1528.

Lit zu Mehr- und Minderlieferung vor SMG: von Caemmerer FS M. Wolff **52**, 3, Mailänder ZHR 126 **(64)** 92, Peters AcP 164 **(64)** 340, Koppensteiner BB **71**, 547, Werner BB **84**, 221, Altmeppen/Reichard FS Huber **06**, 313, Oetker FS Canaris **07** II 313.

3) Untersuchung der Ware (I)

A. Untersuchungsobliegenheit: a) Verhältnis von Untersuchung und Rüge: Nach II wahrt nur die (unverzügliche) Anzeige (Rüge) dem Käufer seine Rechte wegen des Mangels. Auch eine Rüge ohne vorangegangene Untersuchung, also aus anders erlangter Kenntnis oder auf bloßen Verdacht reicht aus, RG **99**, 249, **138**, 336, Kblz NJW-RR **04**, 1553, selbst wenn Mängelrüge ins „Blaue hinein", Ebenroth/Müller 56. Wenn I von der Untersuchung spricht, ist damit nur der Normalfall gemeint, dass der Käufer den Mangel erst durch Untersuchung feststellen kann. Deshalb sieht I eine Obliegenheit zur unverzüglichen Untersuchung vor. Ist der Mangel durch Untersuchung erkennbar, bestimmt I zugleich für die Rüge nach II den Zeitpunkt, zu dem spätestens gerügt werden muss (s Rn 32, 35). Ist die Untersuchung unmöglich oder untunlich oder erst später möglich, wirkt sich das auf die Rügeobliegenheit aus, maßgeblich ist dann spätestens die Entdeckung des Mangels, vgl zB BGH **LM** Nr 1. Die Untersuchung ist ein rein tatsächlicher Vorgang (anders Rüge, s Rn 32). Sie beinhaltet keine Genehmigung, auch bei einem für sie notwendigen Gebrauch oder Verbrauch der Ware (zB Stichprobe, s Rn 26), RG **68**, 370; ebenso wenig ist die Unterlassung der Untersuchung eine solche Genehmigung, RG **106**, 360.

b) Untersuchungsobliegenheit: Die Rüge liegt im eigenen Interesse des Käufers, der seine Rechte wahren will. Läßt er die Zeit dafür verstreichen, ist das für ihn nachteilig, aber doch seine Sache. Untersuchung und Rüge sind deshalb keine Rechtspflicht (oft missverständlicher Sprachgebrauch), sondern bloße Obliegenheit, iErg auch Oetker/Koch 34. Der Verkäufer hat also keinen Anspruch auf unverzügliche Untersuchung und Rüge.

c) Untersuchungsrecht: Das Recht zur Untersuchung hat der Käufer selbstverständlich nach Empfang der Ware. Aber auch der schon auf Angebot der Ware zahlungspflichtige Käufer darf idR **vor Zahlung** die angebotene Ware auf Fehler prüfen. Das gilt idR auch beim Überseeabladegeschäft (Überbl 50 vor § 373) nach Ankunft der Ware im Bestimmungshafen. Anderes kann vereinbart oder HdlBrauch sein, vgl BGH WM **63**, 844. Das Prüfungsrecht vor Zahlung gilt idR

§ 377   23   4. Buch. Handelsgeschäfte

(Möglichkeit der Gewährung des Rechts, Hbg MDR **70**, 335) nicht bei Vereinbarung **"Kasse gegen Dokumente"** (§ 346 Rn 40), auch wenn die Ware schon am Ablieferungsort ist, BGH **41**, 220 gegen RG JW **32**, 586 mit internationalem Brauch und Schiedsgerichtspraxis in Hbg, Brem (Grimm AWD **62**, 53); erst recht nicht bei Vereinbarung „K. g. D. bei Ankunft des Dampfers in X", BGH **41**, 221. Verweigerung der Untersuchung durch den Verkäufer kann ausnahmsweise **Rechtsmissbrauch** sein, aber nur bei schwerwiegenden Gründen; nicht schon zB weil ähnliche Importe (anderer Lieferer) Mängel hatten, BGB **41**, 222, oder weil eine vorangegangene Teillieferung mangelhaft war, BGH MDR **63**, 1004.

23   B. **Zeit und Ort der Untersuchung: a) Unverzügliche Untersuchung (I)**: Maßgeblicher Zeitpunkt ist grundsätzlich die Ablieferung (s Rn 6, außer bei abw Parteiabrede oder HdlBrauch, BGH NJW **86**, 317); Rspr dort, auch zu besonderen Fallgestaltungen wie beim Versendungskauf (s Rn 8) und Streckengeschäft (s Rn 9) betrifft häufig auch Untersuchung hier. Der Käufer kann schon vor Ablieferung ein Recht zur Untersuchung haben (s Rn 22); nimmt er dieses nicht wahr, schadet ihm das aber nicht. Nach Ablieferung muss er aber, um seine Rechte nicht nach II zu verlieren, unverzüglich (ohne schuldhaftes Zögern, § 121 BGB) untersuchen, nach aA alsbald ohne Verschulden (s Rn 35). Das ist im Interesse der Schnelligkeit des HdlVerkehrs streng auszulegen. Schon geringe, bei ordnungsmäßigem Geschäftsgang vermeidbare Lässigkeit macht die Rüge verspätet, RG **106**, 360. Der Maßstab ist **objektiv**, Unterschiede je nach Branche, Groß- oder Kleinbetrieb, Hbg BB **53**, 98; die besonderen Verhältnisse des Käufers sind dagegen unerheblich, zB die Anstellung unzulänglichen Personals oder gewillkürte Ruhetage (anders gesetzliche Feiertage), RG HRR **31**, 769, zeitliche Überlastung, str. Art der Ware ist wichtig, BGH **132**, 179; Maschinen, Wein, Zigarren zB erfordern längere, leicht verderbliche Ware wie Lebensmittel, zB Orangen, sehr kurze Untersuchungszeit, Mü BB **55**, 748. ZT wird als ungefährer **Richtwert** eine Woche angegeben, RG **47**, 21, Heymann/Emmerich/Hoffmann 53, aber begrenzt durch den Umfang der gebotenen Untersuchung, Ko/Ro/Mo/Roth 17, 3–4 Tage, Karlsr OLGR **98**, 25 (CISG), 2 Wochen bei kompliziertem technischen Gerät, Oldbg DB **01**, 1088 (CISG), nicht mehr 4 Wochen, Jena OLGR **99**, 4 (CISG), neuere Rspr ist großzügiger, Saarbr OLGR **01**, 239 (CISG), eher ein Monat, Stgt RIW **95**, 943 (CISG, vgl BGH RIW **95**, 597), bei zeitaufwändi gen Untersuchungen länger, fünf Wochen Mü NJW-RR **99**, 331, sogar zwei Monate Düss NJW-RR **99**, 1714 LS (Ventilatoren für zu errichtendes Rückkühlwerk), sieben Wochen, BGH DB **00**, 569 (Totalschaden von Produktionsmaschine, CISG), vgl Ebenroth/Müller 134 ff; für Art 38, 39 CISG Gesamtfrist für Untersuchung und Mängelanzeige idR etwa 14 Tage, Staud/Magnus Art 39 CISG Rn 49 (Daumenregel); aber jede solche Faustregel ist gefährlich, es kommt auf den **Einzelfall** an. Ob, wann, wie und an wen der Käufer die Ware **weiterverkauft**, ist seine Sache und berührt seine Untersuchungs- und Rügeobliegenheit grundsätzlich nicht, auch wenn der Abnehmer bezüglich der Abnahme Erfüllungsgehilfe des Käufers ist (§ 278 BGB) und auch wenn der Abnehmer Verbraucher und selbst nicht rügepflichtig ist, BGH **110**, 138. Beim **Streckengeschäft** (s Rn 9) liegt Ablieferung erst beim Abnehmer vor; erst ab dann ist unverzüglich zu untersuchen und rügen, und zwar durch den Käufer oder für den Käufer durch den Abnehmer. Dabei ist es Sache des Käufers, dafür zu sorgen, dass sein Abnehmer die Ware so untersucht, dass der Käufer noch rechtzeitig rügen kann (s Rn 37), Karls NZG **09**, 395. „Unverzüglich" ist Rechtsbegriff, die für die Beurteilung relevanten Umstände sind im Prozess zu substantiieren, Kln MDR **73**, 679. Unverzügliche Rüge s Rn 35. Fristvereinbarungen s Rn 57 ff. Lit: W.-H. Roth FS Canaris **07** II 365 (Rüge bei Verkaufsketten).

2. Abschnitt. Handelskauf 24–26 § 377

b) Ort der Untersuchung: Zu untersuchen ist, weil unverzüglich nach 24 Ablieferung (I), idR am **Ort,** wo abgeliefert wird (s Rn 6, außer bei abw Parteiabrede oder HdlBrauch, BGH NJW **86,** 317). Das wird ua im Überseegeschäft relevant (Ablieferung unter Incoterms, s Rn 10). Bei Lieferung nach Übersee „fob" (s **(6)** Incoterms Nr 9) mit „seemäßiger Verpackung" ist erst am Bestimmungsort in Übersee zu untersuchen, RG **102,** 91, BGH BB **53,** 186; anders je nach den Umständen, wenn die Untersuchung schon im Abladehafen möglich und (nach Wert und Kosten) zumutbar ist, BGH **60,** 7, DB **81,** 1817. Ähnlich bei „ab Station"-Geschäft (§ 346 Rn 40), bei Klausel „frei im Container gestaut", BGH DB **81,** 1816 (Ablieferung bei Holschuld s Rn 7, Container s Rn 8). Versendungskauf s Rn 8; Streckengeschäft s Rn 9. Lit: Stötter DB **76,** 949 (Ort und Zeit der Untersuchung durch Importeur).

C. Art und Umfang der Untersuchung: a) Untersuchung, soweit tun- 25 **lich (I):** Eine Untersuchung hat zu erfolgen, soweit sie „nach ordnungsmäßigem Geschäftsgang tunlich" (I) ist, dh sie muss auf Grund der Umstände des konkreten Falls dem Käufer zumutbar sein. Was tunlich ist, bestimmt sich **objektiv** unter Berücksichtigung von Branche, Groß- und Kleinbetrieb (s Rn 23), Fachhandel oder nicht, RG **59,** 75, BGH NJW **76,** 626; nicht nach den subjektiven Fähigkeiten des Käufers, sondern nach objektiver Sachlage, BGH WM **70,** 1402, NJW **16,** 2645 Rn 20. Die Anforderungen an eine ordnungsgemäße Untersuchung dürfen im Rahmen der notwendigen **Interessenabwägung** zwischen Verkäufer und Käufer nicht überspannt werden, doch entbinden Schwierigkeiten der Entdeckung eines Mangels nicht von der Untersuchungspflicht, BGH NJW **77,** 1150 (Serienproduktion), **16,** 2645 Rn 22, Karlsr BB **16,** 2067. Zu beachtende Umstände des Einzelfalls sind insbesondere Kosten, technischer, organisatorischer und Zeitaufwand, BGH NJW **16,** 2645 Rn 22, Kblz MDR **15,** 108, Mü MDR **15,** 1310, Kblz **16,** 1097 (nicht mehr Kosten von 15 % des Warenwerts); Beschädigung oder Zerstörung der Sache (Stichproben s Rn 26); Erfordernis eigener technischer Kenntnisse, BGH NJW **16,** 2645 Rn 22, Kblz MDR **15,** 108, oder der Zuziehung von Sachverständigen (s Rn 28); frühere Fehlerhaftigkeit und Fehlerwahrscheinlichkeit, BGH NJW **16,** 2645 Rn 23,: Gefährlichkeit der Untersuchung; hohe Mangelfolgeschäden bei bestimmungsmäßiger Weiterverarbeitung, BGH NJW **76,** 625, insbesondere für Leib und Leben, Düss NJW-RR **97,** 1346. Maßgeblich sind Verkehrsanschauung in der Branche und HdlBrauch (Grenze: missbräuchliche Nachlässigkeit), BGH WM **70,** 1402, NJW **76,** 625, NJW **77,** 1150, **16,** 2645 Rn 20, Oldbg NJW **98,** 388. Auch HdlBrauch kann aber nicht von jeder Untersuchung befreien, BGHRep **03,** 285.

b) Art und Weise, Umfang und Stichproben: Die Tunlichkeit entscheidet 26 über Art und Weise der Untersuchung, zB ob chemische Untersuchung geboten ist, BGH BB **59,** 393, **70,** 1416, ob Konserven zu erhitzen sind, BGH BB **77,** 1019 (Pilze, verneint), BGHZ **60,** 5 (Öl, bejaht), Innenbeschichtung bei Dosen, Kblz MDR **15,** 108. Bei gefärbten Stoffen ist Wasch- und Kochtest erforderlich, Düss MDR **72,** 330, Abreiben, Bambg DB **74,** 913, Reiben mit feuchtem Lappen, BGH NJW **76,** 625. Läßt sich die Beschaffenheit der Ware nur durch ihre Verarbeitung erkennen, so ist Probeverarbeitung geboten, Kln BB **88,** 20. Bei **Lebensmitteln** genügt idR einfache Untersuchung nach Aussehen, Geruch und Geschmack, BGH NJW **91,** 2633; ergeben sich dabei Auffälligkeiten, ist genauer zu untersuchen. Teilverbrauch ist zumutbar, wenn Verderb nur so feststellbar ist, Oldbg NJW **98,** 388 (Auftauen tiefgefrorenen Fleisches). Untersuchung von Trockenfrüchten nicht ohne Lupe, SchiedsG WV Hbg Börse, **(84)** St/Ul/Ti E 6b Nr 82. **Maschinen** sind in Gang zu setzen, uU längere Probeläufe und Beobachtungszeit, RG Warn **09,** 143, BGH NJW **77,** 1151; der Nichtfachmann darf länger und weniger gründlich prüfen als ein Maschinenhändler,

§ 377   27–30   4. Buch. Handelsgeschäfte

RG **59**, 75; nicht erforderlich ist alsbaldiger Serienproduktionsbeginn mit der Maschine, BGH NJW **77**, 1150. Ist eine Untersuchung, die innere Materialfehler an Maschinenteilen zutage fördern würde, überhaupt unmöglich, ist Käufer dafür beweispflichtig, OGH **3**, 54 (Spannungsriss in einer Pleuelstange). Saaten vor der Ernte zu beobachten, ist idR nicht erforderlich, Königsberg HRR **42**, 765; erst recht ist idR ein Anbauversuch (vor der normalen Aussaat) nicht geboten, RG **103**, 81. Untersuchung entfällt auch nicht bei Qualitäts- und **Markenwaren**, aber bei eingeführten Markenwaren kann äußerliche Prüfung genügen, aA Oetker/Koch 45, anders bei bekannt schlampiger Verarbeitung, zB von Modetextilien (s auch Rn 27).

27   Bei Lieferung einer größeren Warenmenge genügen aussagekräftige **Stichproben**, diese sind aber auch notwendig, RG **68**, 369, **106**, 362, BGH NJW **77**, 1151, Mü BB **55**, 748, Kblz MDR **16**, 1097 (aber Kostengrenze, s Rn 25). Stichproben möglichst an verschiedenen Stellen des Transportmittels, RG **106**, 362 (Konservendosen), Mü BB **55**, 748 (Obst- und Gemüsehandel, nicht nur in der Nähe der Waggontür). Aussagekräftig bedeutet repräsentativ bzw sinnvoll auf die Gesamtmenge verteilt, Kln NJW-RR **99**, 565. Wird die Ware verbraucht oder beschädigt, genügen wenige Stichproben, sonst sind mehr notwendig, RG **57**, 11, BGH BB **77**, 1019 (genügend 5 von 2400 Pilzkonservendosen, wenn alle 5 fehlerhaft sind), Ffm NJW-RR **86**, 838 (Blusen falscher Größe), Kln NJW-RR **99**, 565 (ungenügend 20 von 20 000 PCDisketten), SchiedsG WV Hbg Börse, (**84**) St/Ul/Ti E 6b Nr 82 (völlig ungenügend 3 von 172 000 Packungen). Sind Stichproben nicht möglich, weil die gesamte Ware unverkäuflich würde, ist idR stillschweigende Abrede über Hinausschieben der Untersuchungsobliegenheit bis zur Ingebrauchnahme durch den Letztabnehmer anzunehmen, RG Recht **23**, Nr 684, aA Steck NJW **02**, 3203: Entfallen. Bei originalverpackten **Markenwaren** (s Rn 26) sind uU überhaupt keine Stichproben notwendig, anders bei Anhaltspunkten für Mängel, K. Schmidt § 29 III Rn 76. **Probeverarbeitung** s Rn 26.

28   c) **Heranziehung von Sachverständigen:** Die Untersuchungsobliegenheit erstreckt sich auch auf seltene oder schwierig feststellbare Mängel, RG **68**, 368, Naumbg OLGR **01**, 417. Soweit dem Käufer hierzu die erforderliche Sachkunde fehlt, muss er nötigenfalls einen Sachkundigen heranziehen, BGH NJW **75**, 2011, Karlsr BB **16**, 2067, Staub/Brüggemann 87. Entscheidend sind die Umstände des Einzelfalls, insbesondere die Natur der Ware und die Branchenüblichkeit. Maßstab ist auch hier die Sorgfalt eines ordentlichen Kfm (§ 347). Eine gebotene Untersuchung darf nicht an mangelndem Sachverstand des Käufers scheitern, dann ist eben ein Sachverständiger heranzuziehen, RG **59**, 45, **64**, 162.

29   d) **Besondere Fallgestaltungen:** Beim **Sukzessivlieferungsvertrag** ist idR jede Einzellieferung zu untersuchen, auch wenn sie denselben Mangel aufweisen, BGH **101**, 339, erst recht bei den verschiedenen, wiederholten Lieferungen im Rahmen einer auch langjährigen Geschäftsbeziehung (lauter separate Geschäfte, § 343 Rn 3), aber s Rn 49, 52 betreff Aufklärungspflichten des Verkäufers. Versäumt der Käufer bei einer einzelnen Lieferung die Rüge, gilt der Mangel hinsichtlich der konkreten Lieferung als genehmigt; hinsichtlich späterer Lieferungen bleibt Rüge möglich.

30   **Teilleistung** kann der Käufer zurückweisen (§ 266 BGB, s Rn 18). Nimmt er sie an, ist zu untersuchen und zu rügen, wenn die Teilleistung für sich allein verwendbar ist; ist nur die Gesamtmenge verwendbar, zB einzelne Teile einer Maschine, kann der Käufer die Lieferung der Gesamtmenge abwarten, RG **43**, 64, **138**, 338. Sieht man in der bewussten (vertragswidrigen) Teilleistung keinen Sachmangel (s Rn 18), aber auch sonst, soll erst bei Leistung der letzten Teilmenge zu untersuchen und zu rügen sein, so beachtlich Ebenroth/Müller 70, 229, Grund: vertragswidrig teilleistender Verkäufer verdient den Schutz des § 377 erst ab vollständiger Erfüllung.

2. Abschnitt. Handelskauf 31–34 § 377

Eine vorangegangene zufrieden stellende **Probelieferung** befreit nicht von 31 der Pflicht zur Untersuchung der Hauptlieferung, Kln BB **55**, 942, BGH LM Nr 23 (zu unterscheiden von Kauf auf Probe, Überbl 14 vor § 373). **Ausfallmuster** (Ausfallproben; Kauf nach Probe s Überbl 14 vor § 373) vertreten jedoch bei entsprechender Vereinbarung die ganze Ware; werden sie nicht untersucht und gerügt, kann die ganze Ware wegen solcher Mängel, die schon an der Ausfallprobe feststellbar waren, nicht mehr beanstandet werden, RG **63**, 221, Düss NJW-RR **05**, 832, wohl aber wegen anderer Mängel.

4) Anzeige des Mangels (Rüge, I, III, IV)

A. **Rechtsnatur der Rüge:** Die Anzeige des Mangels der Ware (Rüge) ist 32 Obliegenheit (Rügelast, wie für die Untersuchung, s Rn 21) des Käufers zur Erhaltung seiner Ansprüche wegen des Mangels, insbesondere (str, nach aA nur, s Rn 49) aus §§ 437 ff. Die Rüge ist keine Willenserklärung, sondern eine Wissenserklärung des Käufers und rechtsgeschäftsähnliche Handlung, auf die die Regeln über Willenserklärungen entsprechend anwendbar sind. Die Rüge setzt (mindestens beschränkte) Geschäftsfähigkeit des Käufers voraus (§ 107 BGB, lediglich rechtlich vorteilhaft), rügen muss andernfalls der gesetzliche Vertreter. Sie ist empfangsbedürftig (§ 130 BGB), BGH **101**, 52. Anfechtung wegen fehlerhafter, unvollständiger oder gar unterlassener Rüge ist str, Michalski DB **97**, 84, jedenfalls nur innerhalb der Rügefrist, bis dahin besser Nachholung, Beckmann/Glose BB **89**, 857, später ausgeschlossen (s Rn 45). Die Rügeobliegenheit dient dem Interesse des HdlVerkehrs an rascher und endgültiger Abwicklung von Rechtsgeschäften und zugleich einer sachgerechten Risikoverteilung zwischen Käufer und Verkäufer, BGH **66**, 213 (vgl Rn 1). Der Verkäufer soll möglichst rasch den Beanstandungen des Käufers nachgehen, Beweise sicherstellen und Rechtsstreit vermeiden können und gegen Nachschieben anderer Beanstandungen geschützt werden, BGH NJW **86**, 3137, WM **98**, 938 (Konsequenzen für den Inhalt der Rüge s Rn 42). Entscheidend für die Erhaltung der Ansprüche ist allein die Rüge, nicht die Untersuchung, aber die Untersuchungsobliegenheit setzt den maßgeblichen Zeitpunkt für die Rüge (s Rn 20).

B. **Absender und Adressat der Rüge:** Rügen muss grundsätzlich der Käufer 33 gegenüber dem Verkäufer. Vertretung des Käufers bei der Rüge und des Verkäufers bei deren Entgegennahme wie (keine Willenserklärung, s Rn 32) nach §§ 164 ff, 177 BGB (einseitiges Rechtsgeschäft: §§ 174, 180 BGB). Als empfangszuständig für die Rüge kommen ua in Betracht HdlBevollmächtigter (§ 54), Reisender (§ 55 IV), BGH **93**, 348; Handelsvertreter (§ 91 II); Empfangsboten, MüKo/Grunewald 71, Oetker/Koch 82. **Nicht** ermächtigt sind zB Makler, Kommittent, KG LZ **19**, 613, Frachtführer des Verkäufers, Fahrer des Lieferers, Kln BB **54**, 613, Monteur des Verkäufers, aA MüKo/Grunewald 71, der mit dem Verkäufer nicht identische Absender. Gibt ein Unberechtigter (dann als Erklärungsbote des Käufers) die Rüge weiter, so kann sie rechtzeitig eintreffen.

Streckengeschäft: Beim Streckengeschäft (s Rn 9, Rechtzeitigkeit der Rüge 34 s Rn 37) kann, wenn der Verkäufer unmittelbar an den Zweitkäufer zu liefern hat oder mit Untersuchung durch diesen statt durch den Käufer einverstanden ist, entweder der Zweitkäufer direkt oder auf seinen (unverzüglichen) Hinweis der Käufer (unverzüglich) beim Verkäufer rügen, BGH **96**, 14, BGH **110**, 139. Dasselbe gilt nach der Rspr bei sonstiger Direktlieferung an einen (auch nichtkaufmännischen) Dritten (Leasingnehmer), der die Rechte für den Käufer (Leasinggeber) ausüben soll (§ 278 BGB), BGH **110**, 130, Zweibr MDR **14**, 1383 (Weiterverleasung), str (s Rn 2), vgl Knops JuS **94**, 108, aA mit guten Gründen Canaris AcP 190 (**90**) 428, Ebenroth/Müller 18; Vereinbarung empfehlenswert. AGB über Abwälzung der Rüge durch Leasinggeber auf (nichtkaufmännischen) Leasingnehmer ist aber unwirksam (s Rn 59). Lit: Pádek Jura **87**, 454.

§ 377 35–37   4. Buch. Handelsgeschäfte

35   C. **Rechtzeitigkeit der Rüge (I, III, IV): a) Offen zu Tage liegende und andere offene Mängel:** Wenn sich ein Mangel zeigt (I), muss der Käufer ihn dem Verkäufer **unverzüglich** (ohne schuldhaftes Zögern, § 121 BGB, § 347) anzeigen, RG **106**, 360, BGH **93**, 348 (s Rn 23), aA K. Schmidt § 29 III Rn 75: alsbald, auch ohne Verschulden, aber ohne großen Unterschied: strenge Anforderungen, Organisationsverschulden und Risikosphäre des Käufers. Das **Eilgebot** („unverzüglich") **gilt zweimal:** für die Untersuchung (s Rn 23) und für die Rüge (diese ist entscheidend, s Rn 20), vgl RG **106**, 361. Der Mangel kann sich verschieden zeigen: er kann entweder offen, dh ganz ohne Untersuchung, ersichtlich sein (offen zu Tage liegende Mängel), oder bei ordnungsgemäßer Untersuchung (s Rn 25) erkennbar sein (sonstige offene Mängel). Beide Fälle werden von I grundsätzlich gleich behandelt und den verdeckten Mängeln gegenüber gestellt (s Rn 38). Ohne Untersuchung erkennbare Mängel sind unverzüglich zu rügen, RG **73**, 168. Ein solcher Mangel „zeigt sich" also und ist unverzüglich zu rügen, wenn er dem Käufer erkennbar ist. Hinsichtlich der nur mit Untersuchung erkennbaren Mängeln ist unverzüglich zu untersuchen und dann unverzüglich zu rügen. Das Merkmal der Unverzüglichkeit der Rüge richtet sich also danach, ob eine Untersuchung notwendig ist (Zeit, Ort, Art und Umfang, s Rn 23 ff) und, wenn ja, welcher Zeitaufwand für eine unverzügliche Untersuchung erforderlich ist; ob eine Untersuchung tatsächlich vorgenommen wird, spielt für die Rechtzeitigkeit der Rüge keine Rolle, RG **106**, 360, **138**, 336, BGH LM Nr 1, 18 (op Rn 20, 38). Längere Untersuchung als erforderlich ist Risiko des Käufers, RG **106**, 361. Zeitlicher **Richtwert** für erforderliche Untersuchung ist problematisch, s Rn 23; für entdeckten Mangel gilt er jedenfalls nicht, BGH **93**, 348, hier vielmehr nach der Rspr Rügefrist von 1 bis 2 Tagen, Kblz NJW-RR **04**, 1553, Brdbg MDR **13**, 534, im Obst- und Gemüsehandel sogar Stundenfrist, Ebenroth/Müller 154. Statt Brief kann dann Rüge per Telefon, Fax oder e-mail notwendig werden. Wochenende wird idR nicht mitgerechnet, vgl BGH **132**, 179, Brdbg MDR **13**, 534. Fristvereinbarungen s Rn 57 ff.

36   Verdacht eines Mangels verpflichtet zur Untersuchung, ob er besteht, RG DR **39**, 1795, noch nicht zur Rüge, RG **104**, 384, Karlsr BB **16**, 2068. Unklarheit der Ursachen des Mangels rechtfertigt nicht Aufschub der Rüge, RG **106**, 360; tritt aber ein Mangel erst einige Zeit nach Lieferung hervor, darf Käufer vor Rüge untersuchen, ob er schon bei Lieferung bestand. Zeigt sich ein Mangel, ist er zu rügen, auch wenn man Aufdeckung weiterer Mängel erwarten kann, RG **62**, 256; doch kann vor Rüge eines während einer Untersuchung aufgedeckten Mangels das Gesamtergebnis der Untersuchung abgewartet werden. Rüge mehr als zwei Wochen nach Entdeckung ist verspätet, BGH **93**, 348. Rüge am zweiten Tag nach der Lieferung kann bei schnell verderbender Ware zu spät sein, Mü BB **57**, 663 (Tomaten). Nach Verzögerung durch die Weihnachtszeit sind Untersuchung und Rüge zu beschleunigen, BGH MDR **64**, 412. Unverzüglich zu rügen ist auch, wenn der Verkäufer den Mangel schon aus anderer Quelle kennt; hat der Verkäufer aber dem Käufer Mängelbeseitigung (zB Zusatzausrüstung) der bereits auf Probe beim Käufer befindlichen Sache zugesagt, bedarf es keiner Rüge mehr, BGH WM **90**, 2000 (vgl Rn 46). Bei Nachbesserung (s Rn 42, 46) beginnt die Frist, wenn der Nachbesserungsversuch beendet und fehlgeschlagen ist, Düss NJW-RR **96**, 304.

37   **b) Besondere Fallgestaltungen: Sukzessivlieferungsvertrag** s Rn 29. **Teilleistung** s Rn 30; jede Teilleistung ist zu rügen, BGH NJW **83**, 1496 (für mangelhafte Nachlieferung). **Streckengeschäft:** Beim Streckengeschäft (Ablieferung s Rn 9, Untersuchung s Rn 23, Rügeberechtigter s Rn 34) kommt es darauf an, ob der Käufer nach dem Vertrag die Untersuchung seinem Abnehmer überlassen (s Rn 9, 23), reichen die rechtzeitige Mängelanzeige durch diesen an den Käufer

2. Abschnitt. Handelskauf 38–40 § 377

und unverzügliche Weitergabe durch denselben an den Verkäufer aus, RG **96**, 15, **102**, 91, BGH BB **54**, 954; offen BGH BB **78**, 1490. Beim vom Verkäufer akzeptierten Streckengeschäft ist die Rechtzeitigkeit der Rüge also derart zu bemessen, dass Zeit für den Abnehmer zur Nachricht an den Käufer und für diesen zur Rüge gegenüber dem Verkäufer bleibt, Ebenroth/Müller 156 nach §§ 133, 157 BGB. Das kann aber nicht ohne Weiteres auch beim direkten Weiterverkauf ohne Umladung der Ware gelten, Ebenroth/Müller 157, 108. Wenn die Abnehmer aber zu spät oder gar nicht rügen, geht das zulasten des Käufers (§ 278 BGB), BGH **110**, 139, aber s auch Rn 34. Zur Rügelast des **Zwischenhändlers** Nürnb BB **10**, 663 (Einl 36v § 373), zur Rügelast bei Käuferkette, Durchlieferung und Leasing K. Schmidt § 29 Rn 95. Für teleologische Erweiterung des § 377 beim Streckengeschäft (§ 377 Rn 37), wenn der Kfm wie bei Vertrieb über Filiale gestellt werden soll, Canaris § 29 V Rn 62, 65; jedenfalls Vertragsgestaltung Lange JZ **08**, 661.

c) Verdeckte Mängel (II Halbsatz 2, III): Verdeckte Mängel sind, so der **38 Begriff,** solche, die bei der Untersuchung nicht erkennbar waren (II letzter Halbs). Untersuchung ist die nach Ablieferung oder, wenn ein entsprechender Verdacht erst später auftritt, die dann erforderliche Untersuchung, RG **99**, 250. Dabei steht sich gleich, ob eine den Anforderungen des I entsprechende Untersuchung tatsächlich erfolgt ist und der Mangel nicht entdeckt wurde oder ob eine solche Untersuchung unterlassen wurde, aber auch dann, wenn sie stattgefunden hätte, nicht zur Entdeckung des Mangels geführt hätte, Mü MDR **15**, 1310 (s Rn 32, 35). Bspe: Mängel einer Maschine, die sich erst bei Aufnahme der Serienproduktion zeigen, BGH NJW **77**, 1150; Mängel, die erst durch Reklamation von Kunden des Käufers zu erkennen sind, BGH **132**, 179 (aber s Rn 49), NJW **86**, 3137; kein verdeckter Mangel sind erhebliche Maßabweichungen, Brdbg NJW **12**, 2124; bei 30 % fehlerhafte Platten, Mü MDR **15**, 1310.

Behandlung: Verdeckte Mängel können sinnvollerweise erst gerügt werden, **39** wenn sie sich später zeigen (also positive Kenntnis, RG **99**, 249, Brdbg MDR **13**, 534, Rüge auf Verdacht, s Rn 20, wird nicht gefordert), und müssen das dann aber auch unverzüglich (s Rn 35), sonst gelten sie als genehmigt (III), RG DR **39**, 1795, BGH **132**, 179. Bei verdeckten, vorher nicht erkennbaren Mängeln beginnt die Rügefrist also nicht wie sonst mit Ablieferung, sondern, auch wenn die normale Untersuchungs- und Rügefrist für die Ware (für offene Mängel) abgelaufen ist (s Rn 23), erst mit ihrer Entdeckung. Bloßer Verdacht braucht nicht mitgeteilt zu werden, Stgt NJW-RR **10**, 933, aber ihm muss, soweit zumutbar, nachgegangen werden, MüKo/Grunewald 79; Differenzierungen, wenn der Fehler erst bei einem oder mehreren Abnehmern auftaucht, MüKo/Grunewald 80. Während normalerweise für die Rechtzeitigkeit der Rüge der für die Untersuchung notwendige Zeitaufwand einbezogen wird (s Rn 35), kommt es bei den verdeckten Mängeln nach der Entdeckung darauf nicht an. Was unverzüglich ist, bestimmt sich allein danach, wie rasch nach den Umständen die Rüge abzusenden ist, idR umgehend (s Rn 35 aE), ohne die Abgrenzungsschwierigkeiten wie bei der unverzüglichen Untersuchung (s Rn 23). Ergibt sich aus der Entdeckung eines verdeckten Mangels ein Verdacht auf weitere Mängel, so hat der Käufer die Ware unverzüglich erneut zu untersuchen und festgestellte Mängel zu rügen, RG **99**, 249.

d) Rechtzeitige Absendung der Rüge (IV): Zur Erhaltung der Rechte des **40** Käufers genügt rechtzeitige Absendung der Anzeige (IV). Die Absendung muss auf geschäftsübliche Weise erfolgen, BGH **LM** Nr 8, dh durch zuverlässiges Beförderungsmittel, zB Post, Telegramm, Fernschreiber, aber, da Rüge formlos möglich (s Rn 43), auch Fax und e-mail (ggf aber Beweisproblem; zu deren Benutzung bei Eilbedürftigkeit s Rn 35 aE, das ist aber keine Frage der Absendung nach IV, sondern der Rechtzeitigkeit der Rüge); auch Kurierdienst, Eben-

§ 377 41, 42   4. Buch. Handelsgeschäfte

roth/Müller 193; auch SMS, aber Zeichenbegrenzung, Oetker/Koch 96; in all diesen Fällen gehen Verzögerungenzulasten des Verkäufers. **Nicht** rechtzeitig abgesandt iSv IV sind dagegen Telefonat, bei dem der Verkäufer nicht zu erreichen war, vgl BGH NJW **80**, 782; Losschicken eigener Leute als Boten, Mü NJW **55**, 1153, Oetker/Koch 96, aA MüKo/Grunewald 74, einerlei ob mit schriftlicher Rüge oder mit mündlicher Botschaft, str, es sei denn der Bote meldet rechtzeitig; unfrankierte Sendung, es sei denn das Schreiben käme trotzdem rechtzeitig in den Besitz des Verkäufers, BGH **LM** Nr 8. Auf IV kann sich Käufer nicht berufen, wenn er weiß, dass die Anzeige den Verkäufer nicht kurzfristig erreicht, zB wegen Urlaub, BGH **93**, 349 (s Rn 46).

41   **Nichtzugang:** Sehr streitig ist, ob IV nur die Verzögerungsgefahr regelt oder die rechtzeitige Absendung auch dann genügt, wenn die Sendung verloren geht, also nicht zugeht (§ 130 BGB). Nach der Rspr gehen zwar Verzögerungen bei der Übermittlung zulasten des Verkäufers, die Erklärung selbst bleibt aber (wie bei der Anfechtung, § 121 I 2 BGB, und der Mängelanzeige nach § 478 I 1 aF BGB, str) empfangsbedürftig (§ 130 I 2 BGB). Die Beweislast für den **Zugang** und die **Verlustgefahr** liegen dann beim Käufer, BGH **101**, 49, Oetker/Koch 95, 144, Michalski DB **97**, 82, krit zu Recht Reinicke JZ **87**, 1030, Hager JR **88**, 287, Mössle NJW **88**, 1190, Grund: Käuferschutz spricht für Gleichbehandlung von Verzögerungs- und Verlustrisiko, Ebenroth/Müller 186, so auch Art 27, 39 CISG beim internationalen HdlKauf (Überbl 49 vor § 373), zweifelnd Canaris § 29 Rn 69. Der Käufer sollte deshalb, wenn er vom Verlust Kenntnis erhält, die verlorene Anzeige unverzüglich nachholen können und müssen, für die nachgeholte Anzeige gilt dann wiederum IV (so auch üL zu § 121 I 2 BGB), nach aA steht Kennenmüssen der Kenntnis gleich. Erfährt der Käufer nichts von der Verzögerung oder dem Verlust der Anzeige, kann eine Pflichtverletzung iSv § 280 BGB darin liegen, dass er bei längerem Schweigen des Verkäufers nicht nachfragt.

42   D. **Inhalt der Rüge:** Der Verkäufer muss der Anzeige **Art und Umfang der Mängel** entnehmen können, so dass er die Beanstandung prüfen, eventuell Beweise sichern und zwecks Vermeidung eines Rechtsstreits den Mängeln abhelfen kann und dass er gegen Nachschieben anderer Beanstandungen durch den Käufer geschützt ist, BGH NJW **86**, 3137, **96**, 2228, WM **98**, 938, Karlsr BB **16**, 2066 (s Rn 32). Die Mängelanzeige muss deshalb Art und Umfang der Mängel mindestens in allgemeiner Form benennen, BGH NJW **96**, 2228; nicht nur allgemeine Beanstandung wie Schund, „derselbe Mist wieder geliefert", Düss NJW-RR **01**, 821, Absturz aller Rechner bei Installation, Hamm OLGR **00**, 197, „die Anlage funktioniert nicht", Düss NJW-RR **99**, 563, aber bei Laien genügt „Drucker ist nicht zu gebrauchen", Hamm NJW-RR **93**, 1527. Der Käufer muss Funktionsstörung nach Art und Umfang beschreiben, nicht Ursachen aufdecken, BGH NJW **86**, 3137, NJW **96**, 2228. Vermerk der Nutzlastabweichung auf Übergabeprotokoll genügt, BGH NJW **96**, 2229. Das ungefähre Ausmaß der Abweichung (Gewicht, Qualität, zumal wenn Marge zulässig) ist anzugeben, BGH BB **78**, 1489. Vorangegangener Schriftwechsel kann von Bedeutung sein, vgl RG LZ **09**, 466. Nicht notwendig ist eine in die Einzelheiten gehende, fachlich exakte Bezeichnung des Mangels, BGH NJW **86**, 3137. Werden die Mängel erst bei Abnehmern erkennbar (s Rn 38), muss die Rüge Inhalt, Liefergegenstand und Lieferzeit der Reklamationen angeben, BGH NJW **86**, 3137. Verlangt der Vertrag mehrere verschiedenartige Lieferungen, muss klar sein, auf welche sich die Rüge bezieht, BGH BB **78**, 1489; so auch bei gleichartigen Waren, Kln NJW **93**, 2627. Ist eine Sendung zT mangelhaft, ist anzugeben, welcher Teil deswegen bemängelt wird, RG LZ **25**, 654, Nürnb NJW **74**, 1912. Bei vielen Einzelstücken und verschiedenen Mängeln ist näher anzugeben, welche Menge mit welchen Mängeln behaftet ist, Kln BB **98**, 396. Jeder einzelne

Mangel ist zu rügen, Rüge des einen wirkt nicht in Bezug auf einen anderen, Hbg MDR **64**, 601 (Folien: Größe, Dicke). Das Nichtrügen eines Mangels beseitigt auch die Rechte aus mit diesem untrennbar zusammenhängenden Mängeln, RG **38**, 11. Der Käufer braucht sich weder Rechte aus dem Mangel vorzubehalten noch mitzuteilen, welche Rechte er geltend machen will, BGH NJW **96**, 2228. Er muss aber erkennen lassen, dass er von den aus dem Mangel für ihn hervorgehenden Rechten Gebrauch machen will, BGH **LM** Nr 4, Kblz MDR **12**, 982 LS, aA Oetker/Koch 99. Ist nach erster rechtzeitiger Rüge auch **Nacherfüllung (Nachbesserung oder Nach- bzw Ersatzlieferung, § 439 BGB, s Rn 6) fehlerhaft,** muss der Käufer unverzüglich (s Rn 36) erneut rügen, BGH **143**, 307, NJW **83**, 1496, Mü NJW **86**, 1111); auch bei Nachbesserung durch den Käufer im Einverständnis mit dem Verkäufer, Düss NJW-RR **96**, 304; volle Rügepflicht bezüglich der Ware, nicht nur bezüglich des gerügten Mangels. Bei Nacherfüllung kann Käufer auch noch die bei der Ursprungslieferung nicht gerügten Mängel rügen, anders bei Nachbesserung, Düss NJW-RR **05**, 832, ZGS **05**, 117, Mankowski NJW **06**, 865; Rechtsfolgen s Rn 45, 46.

43 E. **Form der Rüge:** Die Rüge ist **formfrei,** Mü MDR **15**, 1310 (zulässig Schriftform nach Tegernseer Gebräuche, § 346 Rn 15). Sie kann also auch mündlich oder fernmündlich erfolgen, Hamm IHR **16**, 33. Formfreiheit gilt auch bei Versendung, aber Anforderungen an Beförderungsmittel und Zugang (s Rn 40, 41). Mehrfach erfolgloser Versuch des Telefonanrufs genügt nicht, BGH **93**, 349, NJW **80**, 782. Telegramm ist uU zur Fristwahrung nötig, RG JW **02**, 425. Die Rüge kann, falls nicht verspätet, auch noch in der Klageschrift und sogar im Prozess durch Klageerhebung oder Streitverkündung nachgeholt werden (s Rn 46). Adressat der Rüge s Rn 33. Schriftformklausel s Rn 57, 58.

5) Rechtsfolgen

44 A. **Rechtsfolgen bei unverzüglicher Rüge:** Wenn der Käufer einen Mangel unverzüglich rügt (s Rn 32 ff, also ordnungsgemäß und rechtzeitig), gehen ihm seine Rechte bezüglich des Mangels nicht durch die Fiktion seiner Genehmigung nach II, III verloren. Der Käufer wahrt also durch unverzügliche Rüge seine Rechte wegen der Sachmängel (zu diesen s Rn 12).

45 B. **Rechtsfolge bei versäumter Rüge (II, III): a) Rechtsverlust durch Fiktion der Genehmigung:** Mangels rechtzeitiger Rüge des Fehlers „gilt die Ware als genehmigt" (II, III). Hierbei handelt es sich um eine gesetzliche Fiktion des Inhalts, dass die Ware von nun an insoweit als vertragsmäßig anzusehen ist, BGH **101**, 348, NJW **80**, 784, K. Schmidt § 29 III Rn 112: Präklusionswirkung. Die Genehmigungsfiktion betrifft nur den konkreten, nicht gerügten Mangel, nicht die Ware schlechthin, nicht erkennbare Mängel sind nicht erfasst, Kln NJW **96**, 1683, Karlsr BB **16**, 2067. Die Fiktionswirkung schließt Anfechtung bezüglich Rüge aus (vgl Rn 32, § 346 Rn 33); Konkurrenz zwischen Rügeobliegenheit und Irrtumsanfechtung tritt idR nicht auf (s Rn 48), Ebenroth/Müller 276. Die Fiktion wirkt allseitig, also auch gegenüber der Bank beim finanzierten Kauf, BGH NJW **80**, 784. Die Reichweite der Genehmigungsfiktion ist stark umstritten, vor allem was die (schuldhafte) Verletzung von vertraglichen Nebenpflichten angeht (Rn 49). Genehmigungsfiktion und Rechtsverlust treten nicht ein, wenn der Verkäufer den Mangel arglistig verschwiegen hat (s Rn 51).

46 **Verspätungseinwand:** Der Verkäufer kann Ansprüchen des Käufers wegen Mängeln der Ware bei versäumter Rüge den Verspätungseinwand entgegenhalten, von Amts wegen zu berücksichtigende Einwendung, BGH NJW **80**, 784; MüKo/Grunewald 97, str, nach aA Einrede. Der Einwand kann **auch erst im Prozess,** auch erst in zweiter Instanz erhoben werden, BGH BB **78**, 1491, NJW **91**, 2633. Der Einwand kann gegen § 242 BGB verstoßen **(Rechtsmissbrauch),** zB gegenüber einem Frontsoldaten, den am Unterbleiben der Rüge

§ 377 47, 48   4. Buch. Handelsgeschäfte

kein Verschulden traf, RG **170,** 158, oder bei **Zwecklosigkeit der Rüge,** etwa wenn diese den Verkäufer wegen Sitzverlegung oder Geschäftsaufgabe ohnehin nicht erreicht hätte, BGH **93,** 350, NJW **80,** 784, aber zu allgemein, krit zu Recht K. Schmidt § 29 III Rn 112, oder bei treuwidrigem, ursächlichem Abhalten von der rechtzeitigen Rüge, BGH NJW **84,** 1964; oder bei bereits erfolgter, vorbehaltloser **Zusage der Nachbesserung oder Nachlieferung** durch den Verkäufer (s Rn 36), zwar bei Fehlschlagen der Nacherfüllung erneute Rüge (s Rn 42, 47), aber Missbrauch (V) bei Andienung derselben mangelhaften Sache ohne Nachbesserungsversuch, iErg abl Düss NJW-RR **01,** 822; **nicht:** wegen des besonderen Gewichts des Fehlers und besonders großen Schadens durch ihn. **Verwirkung** nicht schon durch Zeitablauf, sondern erst bei Hinzutreten besonderer, auf dem Verhalten des Berechtigten beruhender Umstände, die das Vertrauen des Verpflichteten rechtfertigen, der Berechtigte werde seinen Anspruch nicht mehr geltend machen, BGH WM **03,** 1425 (Werklohnforderung, vgl § 17 Rn 36), vgl Düss NJW **14,** 1599 (zu § 358 BGB, Widerruf fünf Jahre nach Erfüllung).

47   **Verzicht:** Nachträglicher (vorher s Rn 46) Verzicht auf den Verspätungseinwand ist möglich, auch stillschweigend, aber dann nur, wenn eindeutig, BGH NJW **99,** 1260, zB bei fester Zusage der Nachbesserung oder vorbehaltloser Rücknahme, BGH NJW **91,** 2633, Mü NJW **86,** 1111, Kblz MDR **15,** 108 (iErg abl). Verzicht auf den Verspätungseinwand ist einseitig möglich (vgl allgemeiner für Einreden und Gestaltungsrechte §§ 376 II Nr 1, 671, 768 II BGB), setzt also keine vertragliche Vereinbarung (Erlass) voraus. **Nicht:** Verzicht nicht schon bei bloßer Kenntnis des Verkäufers von Mangel, BGH NJW-RR **90,** 1464; im bloßen Verhandeln über die Rüge zwecks gütlicher Regelung, BGH NJW **91,** 2634, **99,** 1260, Kblz MDR **15,** 108; im Nacherfüllungsangebot bei gleichzeitigem Insistieren auf sofortiger Bezahlung, BGH BB **78,** 1490; in der nachträglichen Vereinbarung eines Probelaufs der Maschine ohne Verzicht auf unverzügliche Zahlung, Kblz NJW-RR **04,** 1553.

48   **b) Umfang des Rechtsverlustes:** Der Rechtsverlust infolge Genehmigungsfiktion umfasst alle Rechte, die auf dem nicht oder zu spät gerügten Mangel (nicht auch anderen Mängeln, s Rn 45) beruhen. Dies sind alle gesetzlichen Nacherfüllungs- und Gewährleistungsrechte, die § 437 BGB auflistet, nämlich Nacherfüllung, Rücktritt, Minderung, Schadensersatz und Ersatz vergeblicher Aufwendungen. Der Rechtsverlust reicht aber über die Rechte aus § 437 BGB hinaus. Der Käufer kann aus dem nicht gerügten Mangel **keinerlei Rechte mehr** geltend machen, verliert also auch alle **Gewährleistungsansprüche im weiteren Sinne,** BGH **107,** 337, NJW **92,** 914. Ausgeschlossen sind danach Ansprüche wegen Schlechterfüllung oder Verletzung von mit dem Mangel zusammenhängenden Nebenpflichten (§ 280 BGB, vor dem SMG positive Vertragsverletzung), BGH **66,** 212, **101,** 340, **107,** 337, **132,** 178, NJW **92,** 914; aber auch Einrede des nicht erfüllten Vertrags (§ 320 BGB); Anfechtung nach § 119 I, II BGB bezüglich des Mangels, Oetker/Koch 119, für § 119 II BGB str, aber Anfechtung auch außerhalb des Anwendungsbereichs des § 377 nur bis zum Gefahrübergang (§ 434 I 1 BGB, deshalb kaum relevant, s Rn 45), BGH **34,** 34, DB **62,** 600; Ansprüche aus Vertragsstrafe bezüglich des Mangels. Die Erstreckung des Rechtsverlustes auf Schlechterfüllung und Nebenpflichten liegt nach dem SMG umso näher, als die §§ 280 ff BGB außer Nichterfüllung auch Schlechterfüllung einschließlich der Verletzung von Nebenpflichten erfassen und Leistungs- und Verhaltenspflichten gleich behandeln.

Der Rechtsverlust erfasst **auch Rückgriffsansprüche nach § 478 BGB** beim Verbrauchsgüterkauf (Überbl 10 vor § 373), einschließlich des Aufwendungsersatzanspruchs nach § 478 II BGB. Diese setzen Erfüllung der Rügeobliegenheiten des Letztverkäufers gegenüber seinem Lieferanten sowie in der Lieferkette

1586   *Hopt*

2. Abschnitt. Handelskauf 49–51 § 377

davor (§ 478 V BGB) voraus, dh § 377 gilt unabhängig davon, ob eine Ware weiterverkauft wird und ob am Ende der Vertriebskette ein Verbraucher steht, aA noch Westermann NJW **02**, 252. § 478 VI BGB lässt (entgegen § 378 RegE, s § 378 Rn 1) § 377 ausdrücklich unberührt; das ist richtlinienkonform, Ernst/Gsell ZIP **01**, 1401, von Sachsen Gessaphe RIW **01**, 732, aA wohl Brüggemeier WM **02**, 1386, und richtig, denn sonst bestünde ein Anreiz, bei verspäteter Mängelrüge zu verkaufen, Knütel NJW **01**, 2521; vgl BRat BTDrucks 14/6857 S 41. Daran ändert auch nichts der Hinweis zu § 478 VI BGB, dass § 377 nur für den Weg der Sache zum Letztverbraucher (Verkäufer an Verbraucher), nicht für den Rückgriff selbst gelten solle, RegE SMG zu § 478 IV BGB, vgl Schubel JZ **01**, 1119. Für einschränkende Auslegung von § 377 III bei Lieferketten Schubel ZIP **02**, 2070. Andere Ausgleichsansprüche s Rn 50.

Der Ausschluss umfasst **nur** solche **Rechte,** die sich **aus der Mangelhaftig-** 49 **keit** herleiten. **Nicht ausgeschlossen** sind danach Ansprüche wegen Verletzung von **Nebenpflichten,** die **nicht** unmittelbar **mit dem Mangel zusammenhängen** und die die kaufrechtliche Gewährleistung nicht betreffen, zB Verpackungspflicht (je nachdem, s Rn 15), BGH **66**, 213 (Batteriefall), Canaris § 29 Rn 78; unsicher ist, ob das auch für Nebenpflichten zu Aufklärung, Hinweis und Beratung über Produktbeschaffenheit und ihre Änderung gilt, so BGH **107,** 331 (Wellpappefall); differenzierend BGH **132,** 178 (Schuhlederfall): bei Hinweispflicht auf Beschaffenheitsänderung in langjähriger Geschäftsbeziehung bestehe Vertrauenstatbestand, also insoweit keine Untersuchungsobliegenheit, aber bei Erkennen oder Erkennbarkeit auch ohne Hinweis Rügeobliegenheit analog § 377 III, str, richtiger jedoch (Neben-)Pflichtverletzung (§ 280 BGB, uU § 254 BGB) unabhängig von § 377 (s auch Rn 52), zutr krit G. Müller ZIP **02**, 1184. Nicht ausgeschlossen sind jedenfalls Ansprüche aus selbstständigem **Beratungsvertrag,** Ebenroth/Müller 268. Nicht ausgeschlossen wären konsequent auch Ansprüche des Käufers aus § 280 BGB, die sich auf das Vertragsverhältnis insgesamt auswirken, zB Vertrauenswegfall, Staub/Brüggemann 155, offen BGH **107,** 339. Nicht ausgeschlossen sind jedenfalls Ansprüche aus einem selbstständigen **Garantievertrag,** hL, Grund: der Verkäufer hat eine über den Kaufvertrag hinausgehende, selbstständige Zusage gemacht. Anders bei unselbstständigen Garantiezusagen des Verkäufers, die nur die Mängelansprüche des Käufers inhaltlich oder zeitlich verbessern, auch Beschaffenheits- und Haltbarkeitsgarantien nach § 443 BGB, G. Müller ZIP **02**, 1181, Oetker/Koch 117, Koller/Roth 25, aA Canaris § 29 V Rn 83, 87; Bsp: BGH ZIP **96**, 1343. Diese Abgrenzungen sind, wie die Rspr zeigt, schwierig und unsicher.

Nicht ausgeschlossen sind **Ansprüche aus unerlaubter Handlung,** zB 50 § 823 I BGB, auch wenn sie auf dem Mangel beruhen, BGH **101**, 337, **105,** 357, G. Müller ZIP **02**, 1181, sehr str, aA K. Schmidt § 29 III Rn 117: Abgrenzung nicht nach Vertrags- oder Deliktsansprüchen, sondern nach Sinn der Präklusion. Die Rspr scheint dem Zweck des § 377 zuwiderzulaufen, aber der Käufer wäre andernfalls im Vergleich zu Dritten in seinem Rechtsgüterschutz als Folge der mangelhaften Sache unangemessen schlechter gestellt. Das ist offensichtlich für Personenschäden des Käufers auf Grund des Mangels, so auch K. Schmidt § 29 III Rn 117. Mitverschulden des Käufers ist zu berücksichtigen, s BGH NJW **92**, 914. Nicht ausgeschlossen sind auch **Ausgleichsansprüche** zB aus § 426 BGB, Ko/Ro/Mo/Roth 25, aber LG Nürnb-Fürth NJW **90**, 3023; anders für Rückgriffsanspruch aus § 478 BGB (s Rn 48). Lit zur Reichweite der Genehmigungsfiktion: Hönn BB **78**, 685, Schwark JZ **90**, 374, Tiedtke NJW **90**, 14, G. Müller ZIP **97**, 661, **02**, 1178.

C. **Arglistiges Verschweigen des Mangels (V):** Versäumung der Rüge 51 bleibt ohne die Folgen von II, III (also kein Rechtsverlust durch Genehmigung), wenn der Verkäufer den (vom Käufer nicht rechtzeitig gerügten) Mangel arglistig

Hopt 1587

verschwiegen hat (V), Bsp: BGH NJW **86**, 316. Maßgeblicher **Zeitpunkt** ist beim Gattungskauf der der **Ablieferung,** BGH NJW **86**, 317, **96**, 1827, Karlsr BB **16**, 2068; zutr auch beim Spezieskauf, Ebenroth/Müller 235, aA BGH NJW **89**, 2051 (zur Verjährung): Vertragsschluss. Arglistiges Verschweigen als solches genügt, **nicht** erforderlich ist **Ursächlichkeit** desselben für das Unterbleiben oder die Verspätung der Rüge oder für einen Schaden des Käufers, RG **55**, 214. Substantiierung der Arglistvoraussetzungen s BGH NJW **96**, 1826 (vgl aber auch Rn 46: ursächliches Abhalten von Rüge).

52 **Verschweigen** ist bewusstes Unterlassen nach Treu und Glauben gebotener Mitteilung, den Verkäufer muss also eine Aufklärungs- bzw Offenbarungspflicht treffen (vgl § 347 Rn 23–33), zB Fehlen der zugesicherten Generalüberholung, BGH NJW **86**, 317. Fehlender Hinweis auf Beschaffenheitsänderungen bei langjährigem Warenbezug soll nicht ohne Weiteres Verschweigen sein, also Rechtsfolge nicht V, sondern Schadensersatz gemäß § 280 BGB unabhängig von § 377 (s Rn 49), von Olshausen JR **97**, 64; wendet man dagegen mit dem BGH (s Rn 49) § 377 III analog an, muss das auch für V gelten. Dem arglistigen Verschweigen steht arglistiges **Vorspiegeln** eines Vorzugs der Ware gleich, RG **101**, 72, LZ **31**, 1456.

53 **Arglist** ist Absicht, den Gegner zu täuschen, dh Wissen oder Damitrechnen des Verkäufers, dass der Fehler besteht, der Käufer ihn nicht erkennt und er bei Kenntnis die Ware beanstanden würde, BGH NJW **86**, 317. Arglist setzt nicht voraus, dass das Verhalten als Betrug strafbar ist, besondere täuschende Machenschaften vorlagen oder das Verschweigen ursächlich geworden ist (s Rn 51). Wissentlich fehlerhafte Lieferung ist nicht ohne Weiteres arglistig, BGH **110**, 140, zB wenn der Fehler offen zutage liegt oder wenn die Sache trotz des Fehlers für den Käufer brauchbar ist; anders wenn Verkäufer Rügeversäumnis des Käufers einkalkuliert und Käufer die Sache wegen des Fehlers nicht gebrauchen oder absetzen kann, BGH NJW **86**, 317.

54 Arglistiges Verschweigen durch einen **Erfüllungsgehilfen** (§ 278 BGB bezüglich Offenbarungspflicht) wirkt gegen den Verkäufer. Erfüllungsgehilfe ist zB der Lieferer des Verkäufers, der auf seine Weisung die Ware unmittelbar an den Käufer liefert. **Nicht:** der Zulieferer des Verkäufers, Karlsr BB **16**, 2068, auch nicht im Falle des Vertrags über noch herzustellende oder zu erzeugende bewegliche Sachen (§ 381 II, § 651 S 1 BGB, früher Werklieferungsvertrag), BGH **48**, 121, BB **68**, 689; jeder im Betrieb des Verkäufers mit der Herstellung befasste Mitarbeiter; Verschweigen fehlerhafter Arbeit, zB Schweißung, durch den Mitarbeiter ist nicht dem Verkäufer als eigenes arglistiges Verschweigen gegenüber dem Käufer zuzurechnen, BGH BB **68**, 689, anders bei Kenntnis des für die Überprüfung der fehlerfreien Herstellung zuständigen Mitarbeiters, BGH **62**, 62, **66**, 43, und bei Organisationsmangel, BGH **117**, 318, str; zur Wissenszurechnung innerhalb des Verkäuferbetriebs s § 125 Rn 4, **(7)** Bankgeschäfte Rn A/16 und BGH **132**, 30 (Pflicht zur ordnungsgemäßen Organisation der Kommunikation), NJW **95**, 2159, **96**, 1205 (Pflichten im Gebrauchtwagenhandel).

6) Beweislast

55 Beweislast für **Kaufmannseigenschaft** beider Vertragsparteien und HdlGeschäft (I, s Rn 2f) trägt der Verkäufer, BGH NJW **95**, 3382; aber Beweislastumkehr durch § 1 II Halbs 2, auch zugunsten des Verkäufers für seine KfmEigenschaft, insoweit gilt aber § 15 I (§ 1 Rn 25); Vermutung für HdlGeschäft nach § 344 I. Die Beweislast für die **Ablieferung** (I, s Rn 5) trägt der Verkäufer, BGH **93**, 347, Kln NJW-RR **95**, 29 (Streckengeschäft), bei uneingeschränkter schriftlicher Abnahmebestätigung ausnahmsweise der Käufer, BGH NJW **93**, 461. Die Beweislast für **unverzügliche Untersuchung** (durch den Abnehmer) trägt ebenfalls der Käufer, Kln NJW-RR **95**, 29, Karls NZG **09**, 396 (Streckengeschäft, s Rn 37), Kblz MDR **12**, 982 LS, Kln MDR **15**, 959. Im Hinblick auf **verdeckte**

Mängel (III) trägt der Käufer die Beweislast dafür, dass der Mangel bei der Untersuchung nicht erkennbar war (s Rn 26), sowie für den Zeitpunkt seiner Entdeckung. Die Beweislast für die rechtzeitige Absendung der **Rüge** (IV, s Rn 40) trägt der Käufer; auch die Beweislast, dass die Rüge überhaupt zugegangen ist, also die Verlustgefahr soll der Käufer tragen, BGH **101**, 54, sehr str und nicht überzeugend (s Rn 41).

7) Abweichende Vereinbarungen

A. **Handelsbrauch** spielt im Rahmen des § 377 eine wichtige Rolle (zB Rn 8 ff, 23 ff). HdlBrauch kann aber idR nur Art und Umfang der vorgeschriebenen Untersuchung ordnen, jedoch nicht von jeder Untersuchungspflicht entbinden, RG **125**, 79. Ein HdlBrauch, der von der Untersuchungspflicht schlechthin oder von der Pflicht zur unverzüglichen Untersuchung entbindet, wäre unbeachtlicher **Missbrauch**, Ffm NJW-RR **86**, 838, ähnlich BGH DB **76**, 144. Seltenheit des Fehlers ist unerheblich, Kln BB **57**, 910. Mißbräuchlich wäre insbesondere ein Brauch, der bei Fisch-, Gemüse-, Obstkonserven den Käufer von unverzüglicher Untersuchung entbindet, Hbg MDR **65**, 390.

B. **Freie Individualvereinbarung:** § 377 ist abdingbar. Die Rügepflicht kann durch Individualvereinbarung (AGB s Rn 58) verschärft, gemildert oder ganz aufgehoben werden. Freie Parteiabrede über Ablieferung s Rn 5 f. Oft wird schriftliche Rüge verlangt oder statt „unverzüglich" eine bestimmte Frist gesetzt, Bsp: BGH DB **73**, 2390: 8 Tage (in Farbdruck-AGB, wirksam); BGH BB **77**, 14: 2 Wochen, nicht mehr nach Weiterverarbeitungsbeginn (Textilien). Eine Frist (zB 2 Monate) kann auch als bloße Ausschlussfrist gesetzt werden, so dass sie nicht beliebig ausgenutzt werden darf, sondern innerhalb der Frist unverzüglich Erklärung gemäß I, III vorgeschrieben bleibt, RG HRR **33**, 837. Ist beim Dokumentengeschäft Rüge „binnen x Tagen nach Eintreffen der Ware im Bestimmungshafen" vereinbart, ist sie nicht vor Andienung der Dokumente geboten, vor allem nicht, wenn vorher kein Untersuchungsrecht (s Rn 22) bestand, Hbg MDR **70**, 334. Bestimmte Frist zur Rüge verborgener Mängel hindert iZw nur spätere Rüge solcher Mängel, die durch zumutbare Untersuchung (s Rn 25) feststellbar sind, BGH BB **70**, 1416, WM **77**, 822. Zusage jederzeitiger Rücknahme der Ware bei Beanstandung ist Abbedingung der Rügeobliegenheit nach § 377. Qualitätszusagen sind nicht ohne Weiteres Abbedingung, sondern erhöhen nur die vertragliche Anforderung an die Beschaffenheit der Ware (s Rn 14), anders Qualitätssicherungsabreden im Zuliefergeschäft (s Rn 59). Abreden über die Dauer der Untersuchung nach § 377 fallen nicht unter das ZahlungsverzugsG (§ 352 Rn 5, 358 Nr 1), denn die Fälligkeit der Kaufpreisforderung hängt nicht von dieser Untersuchung ab, RegE, Haspl BB **14**, 776, Verse ZIP **14**, 1812.
Nachträglicher Verzicht auf Verspätungseinwand s Rn 47.

C. **AGB: a) Verschärfung der Rügeobliegenheit:** Die Verschärfung von Rügepflichten über § 377 hinaus, zB nur im Zeitpunkt der Ablieferung oder sonst ohne Rücksicht auf Erkennbarkeit, ist auch nach (5) § 307 I, II BGB unwirksam, denn sie führt iErg zum Ausschluss jeder Haftung für verborgene Mängel, BGH WM **85**, 1145. Rügeklausel mit Anspruchsverlust ist nur zu rechtfertigen, wenn der Käufer zumutbaren Obliegenheiten nicht nachkommt; Klausel über Rüge aller, auch verborgener Mängel nur binnen dreier Tage ist auch unter Kflten unwirksam, BGH **115**, 326. Unwirksam ist Klausel über Rügeverlust bei verborgenen Fehlern im Falle bestimmungsgemäßer Be- oder Verarbeitung, auch wenn nachgewiesenes Verschulden des Verkäufers ausgenommen ist, BGH **132**, 180; Klausel über Ausschlussfrist für nicht offensichtliche Mängel, die kürzer ist als Verjährungsfrist, BGH **132**, 180. Aber nicht schon jede Ausschlussfrist für verborgene Mängel ist nach (5) § 307 I, II BGB unzulässig, str, vielmehr ist angemessene, mängeltypische Frist zulässig, keine Indizwirkung von (5) § 309

§ 377 59–61

Nr 8b ee BGB (Ausschlussfrist für Mängelanzeige) Wo/Li/Pf/Dammann § 309 Nr 8b ee Rn 73, aA BGH NJW-RR **05**, 248 (§ 11 Nr 10e AGBG), vgl abwägend Ul/Br/He/Christensen § 309 Nr 8 Rn 106 und (17) Einkaufsbedingungen Rn 5 ff str. Verlust des Mängelrügerechts aus anderen Gründen als Fristversäumnis ist nur bei Verstoß gegen zumutbare, zur redlichen Abwicklung des Vertrags gebotene Obliegenheiten zu rechtfertigen, BGH **132**, 180, NJW **85**, 3016. Schriftformklausel unter Kaufleuten zulässig, nachträgliche Abbedingung nur bei eindeutiger Zusage des Verkäufers, Hamm IHR **16**, 33 f, s auch Einl 9 vor § 343.

59   b) **Abmilderung der Rügeobliegenheit:** Rügefristen bis zu zwei Wochen bei verdeckten Mängeln und ab Entdeckung sind unter **(5)** § 307 BGB wirksam, Mü OLGR **98**, 298, näher Ebenroth/Müller 327. Abbedingung der Rügepflicht aus § 377 in Einkaufsbedingungen ist jedenfalls für offenkundige Mängel gemäß **(5)** § 307 I, II BGB unwirksam, BGH ZIP **85**, 1207, NJW **91**, 2633, Ul/Br/He/Christensen (17) Einkaufsbedingungen Rn 8, strenger Karls WRP **00**, 565; auch sonst ist sie nur bei besonderem Interesse des Verwenders wirksam, vgl Wo/Li/Pf/Dammann § 309 Nr 8b ee Rn 81, str. Dieses Interesse ist aber bei Ersetzung der Wareneingangskontrolle durch **Qualitätssicherungsabreden** und bloße Mindestkontrolle anhand des Lieferscheins und auf Transportschäden (häufig bei **just-in-time-Lieferung**) idR anzuerkennen, Ebenroth/Müller 324, 115 ff, Lehmann BB **90**, 1849, Steinmann BB **93**, 873, aA v Westphalen FS 40 Jahre DB **88**, 223, Grunewald NJW **95**, 1777. Der Beginn der Rügefrist darf nicht wesentlich hinausgeschoben werden, Ul/Br/He/Christensen (17) Einkaufsbedingungen Rn 8, aber Obergrenze idR von 5 Tagen ist zu schematisch, str. Abwälzung der Rüge durch Leasinggeber auf (nichtkaufmännischen) Leasingnehmer ist unwirksam, von Westphalen BB **90**, 1, Beil 19/**90**, 16 (zum Leasing **(7)** Bankgeschäfte Rn P/1). „Spätest"-Fristen setzen nur äußersten Zeitpunkt (zur Wirksamkeit s Rn 58), entbinden aber nicht von der unverzüglichen Rüge nach Entdeckung, Kblz NJW-RR **04**, 1553. Lit: Wellenhofer, Zulieferverträge, 1999, S 343 ff; Röhricht/Laschet Qualitätssicherungsvereinbarungen; Ensthaler NJW **94**, 817, Grunewald NJW **95**, 1777; Schubel JZ **01**, 1113 (SMGRegE).

60   c) **Verhältnis zu Garantiefristen:** Zu unterscheiden sind Verjährung von Mängelansprüchen (§ 438 BGB), Garantiefrist (nach Vereinbarung) und Verjährung von Garantieansprüchen (§ 195 BGB). Zu den verschiedenen Garantiearten s § 349 Rn 15. Garantiefristen ändern idR nicht die Rügeobliegenheit; sie verlängern nicht Verjährungsfrist mindestens auf eine längere Garantiefrist, sondern schieben Beginn der Verjährungsfrist hinaus (statt Ablieferung wie in § 438 II BGB Entdeckung des Mangels), sofern Entdeckung des Mangels in die Garantiefrist fällt, BGH **75**, 81, DB **65**, 1736; Ablauf der Verjährungsfrist also uU erst nach Ablauf der Garantiefrist, BGH NJW **79**, 645; Verjährung mangels Geltendmachung innerhalb der kurzen Verjährungsfrist (§ 438 I Nr 3 BGB 2 Jahre, vor SMG 6 Monate) nach Entdeckung des Mangels betrifft auch analog die Warenherstellergarantie, BGH NJW **81**, 2248, krit Bunte NJW **82**, 1629. Zeigt sich in der Frist ein Fehler, so ist (bei beiderseitigem HdlKauf) unverzügliche Rüge nötig. Selbstständiger Garantievertrag s Rn 49, § 349 Rn 15. Zu beachten ist seit dem SMG § 443 BGB über Beschaffenheits- und Haltbarkeitsgarantieren (§ 349 Rn 15).

8) Internationaler Verkehr

61   Untersuchungs- und Rügepflicht unterliegen dem Vertragsstatut des HdlKaufes (oder internationalem Einheitsrecht, Überbl 45 ff vor § 373), aA kraft Sonderanknüpfung Recht des (tatsächlichen, nach aA vertraglichen) Untersuchungsorts; aber das Recht des Staats, in dem die Erfüllung erfolgt, ist zu berücksichtigen (Art 12 II Rom I-VO), Reithmann/Martiny/Martiny Rz 977. Untersuchung (Art 38 CISG) und Incoterms, Piltz FS Magnus **14**, 273.

378 *(aufgehoben)*

§ 378 aF regelte bis zum SMG die Untersuchungs- und Rügepflicht bei Falschlieferung oder Mengenfehlern (s 30. Aufl). Die Rügepflicht entfiel bei grober Artabweichung, was zu einer schwierigen Abgrenzung zwischen Schlechtlieferung (§ 377) und Falschlieferung (§ 378 aF „eine andere als die bedungene Ware") nötigte und zu unbefriedigenden Ergebnissen führte. § 378 aF wurde durch § 434 III BGB (§ 377 Rn 14) entbehrlich. RegE SMG hatte in Ergänzung von §§ 478, 479 BGB vorgesehen, dass der Käufer, der die Ware vor Entdeckung oder Erkennbarkeit des Mangels ganz oder teilweise im normalen Geschäftsverkehr verkauft oder der normalen Verwendung entsprechend verbraucht oder verändert, seine Rechte wegen des Mangels der Ware behält, auch wenn er nicht gemäß § 377 gerügt hat. Ein Rückgriffsanspruch des in Anspruch genommenen Letztverkäufers sollte nicht an der unterlassenen Rüge scheitern. Der Bundesrat wandte sich mit Erfolg gegen eine solche Besserstellung, die auch von der VerbrGüKRi nicht verlangt wird. Rückgriff nunmehr nach § 478 BGB (Überbl 10, 35 vor § 373), § 377 wird nicht tangiert (§ 377 Rn 50). Lit zur Aufhebung: Steck NJW **02**, 3202.

[Einstweilige Aufbewahrung; Notverkauf]

379

(1) **Ist der Kauf für beide Teile ein Handelsgeschäft, so ist der Käufer, wenn er die ihm von einem anderen Orte übersendete Ware beanstandet, verpflichtet, für ihre einstweilige Aufbewahrung zu sorgen.**

(2) **Er kann die Ware, wenn sie dem Verderb ausgesetzt und Gefahr im Verzug ist, unter Beobachtung der Vorschriften des § 373 verkaufen lassen.**

Übersicht

	Rn
1) Inhalt und Anwendungsbereich	1–6
A. Inhalt	1
B. Anwendungsbereich	3
2) Aufbewahrungspflicht des Käufers (I)	7–9
A. Art und Weise der Aufbewahrung	7
B. Dauer (nur einstweilen)	8
C. Kosten	9
3) Recht zum Notverkauf (II)	10–14
A. Zulässigkeit	10
B. Durchführung	12
C. Rechtsfolgen	13
4) Abweichende Vereinbarungen	15

1) Inhalt und Anwendungsbereich

A. **Inhalt: a) BGB:** Nach BGB kann der Käufer, der die ihm gesandte Kaufsache beanstandet (und nicht bloß den Kaufpreis mindern oder Mangelbeseitigung oder kleinen Schadensersatz fordern will, § 437 BGB, RG **17**, 67), die Sache zurückweisen, Ernst NJW **97**, 896. Er kann sie auf Kosten und Gefahr des Verkäufers zurückgehen lassen bzw zurücksenden. Eine Pflicht zur Rückgewähr folgt bei Rücktritt und bei Nachlieferung (§ 439 IV BGB, richtlinienkonforme Einschränkung, BGH WM **09**, 316) aus § 346 I BGB. Der Käufer ist aber grundsätzlich nicht zur Aufbewahrung der Sache verpflichtet. Eine einstweilige Aufbewahrungspflicht, bis der Verkäufer disponieren kann, trifft den Käufer nur

§ 379   2–6   4. Buch. Handelsgeschäfte

ausnahmsweise (§ 242 BGB, zur Wert- bzw Schadensersatzpflicht bei Verschlechterung oder Untergang der Kaufsache s § 346 II 1 Nr 3, III 1 Nr 3, IV BGB). Hat der Käufer die Sache abgenommen (nicht identisch mit Annahme als Erfüllung, § 363 BGB), hat er kein Notverkaufsrecht, allenfalls Geschäftsführung ohne Auftrag (§ 677 BGB, s Rn 11).

2   **b) HGB:** Demgegenüber verpflichtet § 379 I beim beiderseitigen HdlGeschäft den Käufer allgemein zur einstweiligen Aufbewahrung, der Käufer darf solange nicht zurücksenden. Der Verkäufer soll so vor mit einer ungewollten Rücksendung verbundenen Nachteilen (Kosten, Gefahr) geschützt werden und ggf die Ware vor Ort verwerten können, RG **17**, 67. Wenn die Ware dem Verderb ausgesetzt und Gefahr im Verzug ist, hat der Käufer das Recht zum Notverkauf nach II.

3   **B. Anwendungsbereich: a) Beiderseitiges Handelsgeschäft:** § 379 setzt das Vorliegen eines beiderseitigen HdlGeschäfts (§§ 343, 344) voraus. Ist der Kauf nur für den Käufer HdlGeschäft, hat er Pflichten nur im Rahmen von § 242 BGB (s Rn 1). Entsprechende Anwendung von § 379 I auf kaufmannsähnliche Personen, zB Freiberufler und Kleingewerbetreibende ist aber wie in anderen Fällen (§ 1 Rn 10) auch hier überlegenswert, weitergehend Lehmann WM **80**, 1162.

4   **b) Distanzkauf:** § 379 setzt weiter voraus, dass die Ware dem Käufer **von einem anderen Ort übersandt** wird (Distanzkauf). Grund: beim Distanzkauf soll der Verkäufer die Ware da, wo sie sich befindet, verwerten können (s Rn 2). Das Merkmal Distanzkauf (Gegensatz: Platzkauf) ist daher weit auszulegen. Distanzkauf liegt nicht nur vor, wenn der Verkäufer die Ware durch eine Transportperson versendet (Versendungskauf, § 447 I BGB, einerlei auf welche Weise), sondern auch, wenn der Verkäufer sie selbst dem Käufer bringt, str, aA Staub/Brüggemann 6; wenn die Ware dem Käufer schon anderswo übergeben war und er sie dorthin sendet, wo sie zu prüfen und über ihre Annahme zu entscheiden ist, einerlei ob der Verkäufer am Bestimmungsort noch Verrichtungen an ihr schuldet (zB Montierung einer Maschine), vgl RG **66**, 196. Anders nur beim Platzkauf: Kommt die Ware vom selben Ort (idR politische Gemeinde, nicht Sitz der Vertragspartei) oder wird sie gar nicht bewegt, folgen Sorgepflichten nur aus § 242 BGB (s Rn 1). Übersendung muss **in Erfüllung des Kaufvertrags** erfolgen; für unbestellt zugesandte Ware gilt § 379 nicht, nur Herausgabepflicht nach §§ 985, 812 BGB, ggf Pflichten aus § 242 BGB (s Rn 1, § 241a BGB ist auf Lieferung an Unternehmer nicht anwendbar). § 379 gilt, da unter Kflten, nach seinem Zweck auch bei Mehrlieferung, obschon nach SMG kein Sachmangel gegeben und § 377 unanwendbar ist (§ 377 Rn 19).

5   **c) Inbesitznahme der Kaufsache:** § 379 setzt voraus, dass der Käufer die Ware überhaupt in Besitz genommen hat, also nicht zurückgewiesen hat, BGH NJW **79**, 812. Er kann die Annahme gegenüber der Transportperson verweigern und hat dann auch keine Aufbewahrungspflicht, diese ist dann Sache des Frachtführers (§ 437). Hat der Käufer die Sache unberechtigt zurückgewiesen, kommt er in Annahme- und Schuldnerverzug und muss sich so behandeln lassen, wie wenn er abgenommen hätte und § 379 anwendbar wäre (§§ 280 I, II, 286, 249 BGB), Heymann/Emmerich/Hoffmann 12, Ko/Ro/Mo/Roth 2, iErg RG HRR **26**, 1147, BGH NJW **79**, 812.

6   **d) Beanstandung der Ware:** Der Käufer muss die Ware beanstanden, dh erkennbar zum Ausdruck bringen, dass er die Ware als nicht vertragsgemäß nicht behalten(also nicht nur nach § 377 einen Mangel rügen) will (s Rn 1), sonst ist I unanwendbar. Beanstandung und Mängelrüge können verbunden werden. Die Beanstandung ist nicht fristgebunden. Sie muss aber **berechtigt** sein, da der

2. Abschnitt. Handelskauf 7–12 § 379

Käufer andernfalls verpflichtet ist, die Ware als Erfüllung anzunehmen, nicht nur einstweilig aufzubewahren (vgl Rn 5).

2) Aufbewahrungspflicht des Käufers (I)

A. Art und Weise der Aufbewahrung: Unter den obigen Voraussetzungen (s Rn 3) ist der Käufer zur einstweiligen Aufbewahrung verpflichtet. Er ist also, solange ihn diese Pflicht trifft, nicht zur Rücksendung der beanstandeten Ware an den Verkäufer berechtigt (s Rn 2, 8). Der Käufer schuldet nach I Aufbewahrung ohne Rücksicht auf Deckung für seine Kosten und auf Nachteile (anders § 362 II), Grenzen folgen aus § 242 BGB. Der Käufer kann entweder selbst verwahren oder Fremdverwahrung wählen, zB durch Frachtführer, Spediteur, Lagerhalter oder Schiffer, uU auch sonstige geeignete Dritte, vgl RG **98**, 70. Keine Pflicht zur Versicherung, Oetker/Koch 16, aA Ebenroth/Müller 22: ausnahmsweise, uU HdlBrauch. Der Käufer haftet nur für ordnungsgemäße Auswahl des Fremdverwahrers; solche Personen sind nicht seine Erfüllungsgehilfen (§ 278 BGB, vgl § 373 Rn 8). Verletzung der Aufbewahrungspflicht macht den Käufer ersatzpflichtig; Sorgfalt eines ordentlichen Kfm (§ 347), Haftungsmilderung nach § 300 I BGB, aber nicht bezüglich Auswahlverschulden, str (§ 373 Rn 8). Seine Rechte aus dem Mangel bleiben davon unberührt; ebenso Pflichten und Obliegenheiten aus anderem Grund, zB Wahrung von Ansprüchen gegen Frachtführer (§ 438). 7

B. Dauer (nur einstweilen): Käufer muss einstweilen aufbewahren, dh bis der Verkäufer über die Ware verfügen kann, nicht nur bis zur Ankunft der Beanstandung, RG **43**, 32. Normalerweise ist Dauer von einer Woche ausreichend. Der Verkäufer gerät nach Ablauf angemessener Frist (wenn im regelmäßigen Geschäftsgang eine Entscheidung erwartet werden kann, RG **43**, 32) in Annahmeverzug; der Käufer haftet dann nur noch für Vorsatz und grobe Fahrlässigkeit (§ 300 BGB), s Rn 7. Nach Fristablauf kann der Käufer die Ware dem Verkäufer auf dessen Gefahr und Kosten **zurücksenden**. Verpflichtet ist er dazu uU nach Treu und Glauben oder HdlBrauch, aber nur gegen Kostenübernahmezusage; der Verkäufer kann dann Rücksendung auf seine eigenen Kosten verlangen. 8

C. Kosten: Ist die Beanstandung begründet, kann der Käufer Ersatz seiner **Kosten** mit Zinsen (§ 354 II) verlangen, bei Annahmeverzug auch nach § 304 BGB (s Rn 7); bei eigener Verwahrung hat er Anspruch auf Lagergeld, bei fremder außerdem Provision (§ 354). 9

3) Recht zum Notverkauf (II)

A. Zulässigkeit: Der Käufer kann die Ware, wenn (und solange) sie dem Verderb ausgesetzt ist und (zusätzlich) Gefahr im Verzug droht (vgl § 373 II 2, s dort Rn 17) verkaufen lassen **(Notverkauf)**. Ausnahmsweise ist er nach § 242 BGB hierzu sogar verpflichtet, vgl RG **66**, 192 (s Rn 12). Notverkauf ist unzulässig bei Widerspruch des Verkäufers gegen den Verkauf, RG **43**, 34, **101**, 19, nicht nur gegen die Beanstandung, RG **96**, 73, Grund: § 379 dient dem Schutz der Interessen des Verkäufers. 10

Soweit II nicht eingreift, kann Notverkauf auf Grund Geschäftsführung ohne Auftrag (§ 677 BGB, s Rn 1), RG **66**, 197, **101**, 19 oder als Selbsthilfeverkauf bei Rücknahmeverzug des Verkäufers nach § 383 BGB zulässig sein. Auch Befriedigung nach § 371 bei kfm Zurückbehaltungsrecht ist denkbar. Verkauf oder andere Verwertung beanstandeter Ware nach §§ 935, 940 ZPO kommen ebenfalls in Betracht, § 379 II kommt dann weder unmittelbar noch analog zur Anwendung, RG **104**, 284. 11

B. Durchführung: Der Notverkauf ist nach den Vorschriften des **§ 373** vorzunehmen (II). Der vorherigen Androhung bedarf es nicht (§ 373 II 2). Der Verkauf geschieht für Rechnung des säumigen Verkäufers (§ 373 III, s Rn 13). 12

§ 380

Streitig ist, ob der Käufer den Notverkauf auch ohne rechtsgeschäftliche Vollmacht im Namen des Verkäufers durchführen lassen kann, so Staub/Brüggemann 33, Röhricht/Wagner 11. II begründet jedoch außer bei § 373 IV keine gesetzliche Vertretungsmacht, Ebenroth/Müller 32; auch RG **66**, 194 nimmt eine solche (nur) für den besonderen Fall an, dass der Käufer die Sache selbst ersteigert (II, § 373 IV), str. Der Käufer muss bei der Durchführung auf das Interesse des Verkäufers Rücksicht nehmen (§ 242 BGB), das Notverkaufsrecht ist nicht fristgebunden, er darf aber, sofern er ausnahmsweise eine Pflicht dazu hat (s Rn 10), die Durchführung nicht zum Schaden des Verkäufers bewusst verzögern, RG **66**, 192, nach aA auch grob fahrlässig (§ 373 Rn 22).

13 C. **Rechtsfolgen: a) Ordnungsgemäßer Notverkauf:** Der berechtigte Notverkauf erfolgt für Rechnung des säumigen Verkäufers (§ 373 III). Käufer und Verkäufer können mitbieten (§ 373 IV). Der Erlös tritt an die Stelle der Ware und steht dem Verkäufer zu. Der Ersteigerer erwirbt Ansprüche nur gegenüber dem Käufer (s Rn 12), str. Die verschiedenen Gewährleistungsrechte des Käufers nach § 437 BGB bleiben davon unberührt. Der Käufer kann zwar nicht mehr den Kaufpreis mindern (§§ 437 Nr 2, 441 BGB), weil Minderung voraussetzt, dass er die Ware behält, aA Ebenroth/Müller 35, aber iErg gleich, Ebenroth/Müller 36. Er kann aber Nachlieferung verlangen, vom Vertrag zurücktreten und großen Schadensersatz oder Ersatz vergeblicher Aufwendungen verlangen (§ 437 Nr 1–3 BGB). Mit Ansprüchen auf Schadens- oder Aufwendungsersatz kann der Käufer gegen den Herausgabeanspruch des Verkäufers hinsichtlich des Erlöses aus dem Notverkauf aufrechnen. Ersteigert der Käufer die Ware, sind neue Beanstandungen und neuer Notverkauf wegen der alten Mängel nicht mehr zulässig, RG **66**, 194.

14 b) **Nicht ordnungsgemäßer Notverkauf:** Der nicht ordnungsgemäße Notverkauf, dh ein Notverkauf ohne Vorliegen von II oder unter Verstoß gegen § 373, erfolgt nicht auf Rechnung des Verkäufers, sondern auf Rechnung des Käufers. Der Käufer macht sich schadensersatzpflichtig (Haftungsprivileg des Käufers bei Annahmeverzug, § 300 I BGB; vgl auch Rn 7) und verliert das Recht auf Nachlieferung, Rücktritt und Ersatz vergeblicher Aufwendungen; das Recht auf Minderung und (uU) kleinen Schadensersatz wegen des Mangels der Ware behält er, vgl RG **43**, 37. Ein durch II, § 373 nicht gedeckter Notverkauf kann aber aus anderen Gründen zulässig sein, zB Geschäftsführung ohne Auftrag (s Rn 11).

4) Abweichende Vereinbarungen

15 § 379 ist abdingbar, es bleibt dann insoweit bei den Vorschriften des BGB (s Rn 1, 11). AGB unterliegen den **(5)** §§ 305 ff BGB, insbesondere dem Verbot unangemessener Benachteiligung aus **(5)** § 307 BGB, soweit Aufbewahrungs- und Rücksichtspflichten des Käufers aus § 242 BGB herzuleiten sind.

[Taragewicht]

380 (1) Ist der Kaufpreis nach dem Gewichte der Ware zu berechnen, so kommt das Gewicht der Verpackung (Taragewicht) in Abzug, wenn nicht aus dem Vertrag oder dem Handelsgebrauche des Ortes, an welchem der Verkäufer zu erfüllen hat, sich ein anderes ergibt.

(2) Ob und in welcher Höhe das Taragewicht nach einem bestimmten Ansatz oder Verhältnisse statt nach genauer Ausmittelung abzuziehen ist, sowie, ob und wieviel als Gutgewicht zugunsten des Käufers zu berechnen ist oder als Vergütung für schadhafte oder unbrauchbare Teile (Refaktie) gefordert werden kann, bestimmt sich nach dem Vertrag oder dem Handelsgebrauche des Ortes, an welchem der Verkäufer zu erfüllen hat.

2. Abschnitt. Handelskauf 1–7 § 380

1) Preisbestimmung nach Gewicht (§ 380)

A. **Nettogewicht ohne Verpackungsgewicht (I):** Berechnet sich der Kauf- 1
preis nach dem Gewicht der gelieferten Ware, ist mangels abweichender Bestimmung durch Vertrag oder durch HdlBrauch das Gewicht der Verpackung **(Tara)** nicht mitzurechnen. Ausdrücklich bestimmt dies die Klausel „rein netto Tara" (s Rn 3). I ist eine reine **Auslegungsregel.** Vertrag oder HdlBrauch des Erfüllungsorts des Verkäufers (§ 269 BGB) können anderes bestimmen, zB „brutto für netto", also ohne Abzug für Verpackung (Verpackung wird wie Ware bezahlt), oder pauschaliert (s Rn 2).

B. **Taragewichtberechnung, Gutgewicht, Refaktie (II):** II betrifft die 2
Gewichtsermittlung, unabhängig davon, ob eine Verpackung besteht und ob sie zu berücksichtigen ist (dazu I). II enthält selbst keine Regelung, ist also anders als I **keine Auslegungsregel,** sondern verweist auf Vertrag oder HdlBrauch am Erfüllungsort des Verkäufers (§ 269 BGB).

Danach kann das **Taragewicht** (s Rn 1) durch genaues Abwiegen der Ver- 3
packung ermittelt werden, so bei Klausel „rein netto Tara", oder in bestimmter Weise pauschaliert, zB Preisbestimmung nach dem Bruttogewicht abzüglich x% oder y Gramm Tara ohne Rücksicht auf das wirkliche Gewicht der Verpackung.

Gutgewicht ist eine nicht zu vergütende Gewichtszugabe für Gewichts- 4
schwund, wie er vor allem bei Massegütern erfahrungsgemäß während des Transports auftritt, ROHGE **12,** 59. Vorgesehen sein kann Mehrgewichtszugabe oder anderweitiger Ausgleich über Stückzahl oder Menge.

Refaktie ist umgekehrt ein Abzug für Verunreinigungen, wie sie bei bestimm- 5
ten Waren, zB Kaffee, vorkommen, ROHG **7,** 8, uU auch für Bruch- und andere Schäden der Ware während des Transports. Der Abzug muss besonders vereinbart sein oder auf HdlBrauch beruhen. Er ist idR prozentual bestimmt, Hbg HRR **28** Nr 1216. Ist das der Fall, erfolgt der Abzug ohne Rücksicht darauf, ob in der Verunreinigung ein Mangel der Ware liegt oder nicht. Da ein solcher Abzug aber einen in der Verunreinigung eventuell liegenden Mangel bereits berücksichtigt, ist insoweit keine Rüge nach § 377 mehr notwendig; Rechte nach § 437 BGB kommen nur in Betracht, soweit Mängel den Abzug wertmäßig übersteigen.

2) Rechtsverhältnisse der Verpackung

A. **Verpackungskosten:** Die Verpackung besorgt der Verkäufer, sofern nichts 6
anderes vereinbart ist, wie etwa bei Kauf „ab Lager" (§ 346 Rn 40). Wer die Kosten der Verpackung trägt, ist umstritten. Für den Versendungskauf ist das nach der hL wegen § 448 I BGB („Kosten der Versendung") der Käufer, anders bei Vereinbarung, Incoterms und HdlBrauch, Ebenroth/Müller 2. Die Kosten bestehen aus denen des Materials und der Arbeit. Gehört die Verpackung zur Ausstattung, so ist sie nicht zu vergüten.

B. **Eigentum und Rückgabe der Verpackung:** Ob die Verpackung **zu-** 7
rückzugeben und wessen Eigentum sie ist, hängt vom Parteiwillen im Einzelfall ab, zT ergänzend HdlBrauch, aber nicht allgemein im Speditions- und Transportgewerbe (vgl § 454 II). **Säcke,** in die verpackt ist, gelten iZw als „verliehen" und sind zurückzugeben (§ 546 BGB, Sackmiete), andere Abreden, etwa bedingter Kauf, sind möglich. Ebenso näher gekennzeichnetes Leergut, etwa **Flaschen,** bei sog Eigentumsflaschen ist Flaschenleihe anzunehmen, RG **159,** 166, Kln NJW-RR **88,** 373, ebenso bei Flaschenkästen mit Brauereibezeichnung. Wenn nur Flaschen gleicher Art und Güte zurückzugeben sind, liegt ein Flaschendarlehen vor (§ 607 BGB), BGH NJW **56,** 298, ebenso bei entspr Absprache für Bierkästen, Celle BB **67,** 779. Anspruch von jedermann auf Flaschenpfandrückzahlung gegen namentlich genannte Abfüller und Vertreiber, BGH NJW **07,** 2912; bei individualisierten Mehrwegpfandflaschen gehen Eigentum und Herausgabeanspruch nicht verloren, BGH NJW **07,** 2913, aA Weber NJW **09,** 948. In

§ 381 1–3   4. Buch. Handelsgeschäfte

der Praxis stehen heute **Paletten** im Vordergrund. Für diese gelten dieselben Grundsätze, also zB **Palettendarlehen,** Ffm ZIP **82,** 1332. § 607 BGB auch bei sonstigem Leergut. Flaschenpfand ist kein „Pfand", sondern Sicherung des gattungsmäßigen Rückgabeanspruchs; ein sehr hohes Flaschenpfand kann als Vertragsstrafe anzusehen sein, BGH **LM** § 339 BGB Nr 10. Sind Fässer zu bezahlen, wenn sie nicht binnen vereinbarter Frist an den Verkäufer zurückgegeben werden, liegt bedingter Kauf vor, vgl Celle SeuffA 66 **(11)** 130. Klausel über vollen Wiederbeschaffungswert bei Nichtrückgabe von Leergut ist auch unter Kflten (Unternehmern) nach **(5)** § 307 I, II BGB unwirksam, Karls NJW-RR **88,** 370, Kln NJW-RR **88,** 373. Palettenverkehr, Palettentausch s Willenberg TranspR **85,** 161. Ausschluss des Zurückbehaltungsrechts s § 369 Rn 13. Öffentlichrechtliche Rücknahmepflicht nach VerpackungsVO s Ekkenga BB **93,** 935. Lit: Hopt/Mülbert § 607 Rz 67; Heymann/Emmerich/Hoffmann 6 ff.

8   C. **Gefahrtragung:** Die Gefahrtragung hinsichtlich zufälliger Beschädigung und Verlustes der Verpackung richtet sich nach den Parteiabreden und den Eigentumsverhältnissen an der Verpackung. Bei Miete oder Leihe trägt Verkäufer die Gefahr, bei Sachdarlehen der Käufer (§§ 607, 243 BGB), Einzelheiten str. Rückgabe ist keine Bringschuld, str, Haake BB **82,** 1389 (Mehrweg-Paletten).

9   D. **Mängel der Verpackung** s § 377 Rn 15, 49.

[Kauf von Wertpapieren; Werklieferungsvertrag]

381   (1) **Die in diesem Abschnitte für den Kauf von Waren getroffenen Vorschriften gelten auch für den Kauf von Wertpapieren.**

(2) **Sie finden auch auf einen Vertrag Anwendung, der die Lieferung herzustellender oder zu erzeugender beweglicher Sachen zum Gegenstand hat.**

1) Kauf von Wertpapieren (I)

1   A. **Handelskauf von Wertpapieren:** Nach I sind §§ 373–380 auf den Kauf von Wertpapieren anzuwenden. Wertpapiere sind alle marktgängigen HdlPapiere wie Aktien, Schuldverschreibungen auf den Inhaber, Orderpapiere ua (§ 369 Rn 7), **nicht** zB GmbHAnteile, verbriefte Hypothekenforderungen, einzelne Gesellschaftsanteile (Einl 46 vor § 1, § 105 Rn 73). Die Anwendung der §§ 373 ff auf den Kauf von Wertpapieren setzt ebenso wie beim Kauf von Waren voraus, dass ein HdlKauf vorliegt (Überbl 8 vor § 373).

2   B. **Anwendung der §§ 373 ff:** Anwendbar sind danach §§ **373, 374** (Hinterlegung, Selbsthilfeverkauf, uU ist Verkauf ohne Androhung wegen Gefahr (zB des Kurssturzes, einer Sperre) im Verzug entspr § 373 II 2 (betr Verderb einer Ware) zulässig; § **375** (Bestimmungskauf), aber für Wertpapiere kaum relevant; § **376** (FixHdlKauf), kommt auch bei Wertpapieren vor; § **379** (einstweilige Aufbewahrung).

3   Von größerer Bedeutung ist § **377.** Rechtsmängel von Wertpapieren (§ 435 BGB) sind zB Fehlen des Aktienbezugsrechts, Zahlungssperre, Aufgebot bzw Kraftloserklärung, RG **109,** 296. Die Abgrenzung zwischen Sach- und Rechtsmängeln bei Wertpapieren kann schwierig sein. Durch das SMG wurden die Rechtsfolgen (§ 437 BGB) von Sachmängeln (§ 434 BGB) und Rechtsmängeln (§ 435 BGB) angeglichen. Das sollte jedenfalls für §§ 381 I, 377 (richtigerweise allgemeiner für § 377, s dort Rn 12) nachvollzogen werden, Oetker/Koch 3. Statt für § 377 zwischen Sachmängeln der Urkunde
und Rechtsmängeln des Wertpapiers zu unterscheiden, dann keine Rügepflicht, RG **108,** 317, Heymann/Emmerich/Hoffmann 3, früher hL, sollte auf die Erkennbarkeit des Mangels bei entsprechender Untersuchung und die Relevanz einer unverzüglichen Rüge (§ 377 Rn 1) abgestellt werden, aber Koller/

Roth 1, Ebenroth/Müller 15. Fälschung des Wertpapiers ist aber auf jeden Fall als Sachmangel anzusehen, Koller/Roth 1, Ebenroth/Müller 17.

2) Vertrag über noch herzustellende oder zu erzeugende bewegliche Sachen (II)

A. **Vertrag über noch herzustellende oder zu erzeugende bewegliche** 4 **Sachen als Handelsgeschäft:** II idF SMG 2001 (Anpassung an § 651 nF BGB) erstreckt die §§ 373–380 auf den Vertrag über noch herzustellende oder zu erzeugende bewegliche Sachen, sofern er ein **Handelsgeschäft** ist (s oben Rn 1, Überbl 8 vor § 373). II setzt weiter voraus, dass ein Vertrag über die **Lieferung herzustellender oder zu erzeugender beweglicher Sachen** (zB auch Standardsoftware, Überbl 8 vor § 373) vorliegt, also ein Vertrag iSv § 651 nF BGB, zB LKWKühlkofferaufbau, BGH NJW **96**, 2228, Herstellung und Lieferung von Bauteilen, BGH NJW **09**, 2877 (Einl 18 vor § 373), **16**, 2645 Rn 19. Praktisch bedeutsam für Reparatur- und Wartungsverträge. II erfasst alle Verträge über noch herzustellende oder zu erzeugende bewegliche Sachen, einerlei ob es sich um vertretbare oder unvertretbare Sachen handelt. Das entspricht § 651 nF BGB, wonach auf einen Vertrag, der die Lieferung herzustellender oder zu erzeugender beweglicher Sachen zum Gegenstand hat, generell Kaufrecht Anwendung findet (§ 651 S 1 BGB). Eine Differenzierung nach der Herkunft des Materials oder der Art der herzustellenden Sache (vertretbar bzw unvertretbar) findet, abgesehen von § 651 S 3 BGB (Anwendung bestimmter Werkvertragsvorschriften), insoweit nicht (mehr) statt. **Nicht** erfasst werden von II, auch nicht analog, wie schon vor dem SMG reine Werkverträge (§ 377 Rn 2), Abgrenzung schwierig, Ebenroth/Müller 21 ff.

B. **Anwendung der §§ 373 ff:** §§ 373–380 finden auf den Vertrag über noch 5 herzustellende oder zu erzeugende bewegliche Sachen, der HdlGeschäft ist, uneingeschränkt Anwendung. Wie auch sonst ist **§ 377** von besonderer Praxisbedeutung, Bsp: BGH NJW **96**, 2228; für Herstellung und Lieferung von Bauteilen (s Rn 5) abweichender HdlBrauch infolge langjähriger alter Rechtslage, G. Müller WM **11**, 1258. Der Vertrag auf Herstellung eines Werbefilms ist, weil der Filmstreifen dem Besteller zu überlassen ist, Vertrag über noch herzustellende oder zu erzeugende bewegliche Sachen, der unter II fällt, daher ist § 377 anwendbar, BGH **LM** Nr 10. Industrieanlagenvertrag s Überbl 23 vor § 373. Werk-, nicht Vertrag über noch herzustellende oder zu erzeugende bewegliche Sachen ist der auf Lieferung und Einbau einer Heizungsanlage in eine KfzHalle gerichtete Vertrag, daher zB § 375 unanwendbar, BGH BB **71**, 1387.

382 *(aufgehoben)*

§ 382 betraf die Viehmängelhaftung und wurde, zusammen mit den zugrunde- 1 liegenden §§ 481–492 aF BGB über den Viehkauf, aufgehoben durch das SMG.

Dritter Abschnitt. Kommissionsgeschäft

Schrifttum

Ebenroth/Boujong/Joost/Strohn/Füller Bd 2, 3. Aufl 2015. – *MüKo/Häuser* Bd 5 3. Aufl 2013. – *Staub/Koller* 5. Aufl 2013. – *Böhm* 1971 (§ 392 II). – *von Dalwigk zu Lichtenfels* 1975 (Effektenkommission). – *Schütte* 1988 (Leistungsstörungen). – *Göhmann* 2006 (Verhaltenspflichten der Banken beim Effektengeschäft). – *Koller* BB **78**, 1733 (Interessenkonflikte), **79**,

§ 383 1
4. Buch. Handelsgeschäfte

1725 (Provisionsrisiko). – *Hager* AcP 180 **(80)** 239 (mittelbare Stellvertretung). – *Fleckner* in Beiträge für Hopt 08, 3 (Handeln im eigenen Namen für fremde Rechnung). – *K. Schmidt* FS Medicus 09, 467 (Kommission als Treuhand am Rechtsverhältnis).

Muster: *Hopt/Graf von Westphalen,* Vertrags- und Formularbuch zum Hdl-, Ges- und Bankrecht, 4. Aufl 2013, Teil I.M (mit 3 Vertragsmustern).

[Kommissionär; Kommissionsvertrag]

383 (1) Kommissionär ist, wer es gewerbsmäßig übernimmt, Waren oder Wertpapiere für Rechnung eines anderen (des Kommittenten) in eigenem Namen zu kaufen oder zu verkaufen.

(2) [1] Die Vorschriften dieses Abschnittes finden auch Anwendung, wenn das Unternehmen des Kommissionärs nach Art oder Umfang einen in kaufmännischer Weise eingerichteten Geschäftsbetrieb nicht erfordert und die Firma des Unternehmens nicht nach § 2 in das Handelsregister eingetragen ist. [2] In diesem Fall finden in Ansehung des Kommissionsgeschäfts auch die Vorschriften des Ersten Abschnittes des Vierten Buches mit Ausnahme der §§ 348 bis 350 Anwendung.

Übersicht

	Rn
1) Kommissionär (I, II)	1–5
A. Kommissionär (I)	1
B. Kleingewerbetreibende als Kommissionär (II)	2
C. Kommissionsagent	3
D. Einzelfälle der Kommission	4
2) Kommissionsvertrag	6–15
A. Rechtsnatur	6
B. Indizien für und gegen Kommission	7
C. Besonderheiten beim Effektengeschäft	8
D. Vertragsabschluss	9
E. Vertragsbeendigung	12
F. Besonderheiten bei der Insolvenz	14
3) Ausführungsgeschäft (schuldrechtliche Seite)	16–21
A. Kommissionsausführungsgeschäft oder Eigengeschäft	16
B. Handeln für den Kommittenten im eigenen oder fremden Namen	17
C. Rechtsverhältnis zwischen dem Kommissionär und dem Dritten	18
4) Eigentumsverhältnisse beim Ausführungsgeschäft	22–29
A. Verkaufskommission	22
B. Einkaufskommission	25
5) Internationaler Verkehr	30–32
A. Kommissionsvertrag	30
B. Kommissionsagent	31
C. Emissions- und Konsortialgeschäft	32

1) Kommissionär (I, II)

1   A. **Kommissionär (I): Kommissionär** ist, wer es gewerbsmäßig übernimmt, Waren oder Wertpapiere für Rechnung eines anderen (des Kommittenten) in eigenem Namen (mittelbare Stellvertretung, s aber auch Rn 17) zu kaufen oder zu verkaufen **(§ 383 I).** § 383 I wird durch § 406 I, 2 erweitert (§ 406 Rn 1). **Drei Rechtsverhältnisse** sind bei der Kommission zu unterscheiden: **Kommissionsvertrag** (Kommissionsgeschäft), das auf Grund desselben mit einem Dritten geschlossene **Ausführungsgeschäft** und die Übertragung des durch das Ausführungsgeschäft Erlangten vom Kommissionär an den Kommittenten **(Abwicklungsgeschäft).** Kommissionsvertrag ist jeder von einem Kfm (der nicht Kom-

3. Abschnitt. Kommissionsgeschäft 2, 3 § 383

missionär zu sein braucht) im Betrieb seines HdlGewerbes geschlossene Vertrag, in dem er es (auch nicht gewerbsmäßig) übernimmt, für Rechnung eines anderen in eigenem Namen mit Dritten ein Geschäft zu schließen, also nicht nur Waren- oder Wertpapierkauf oder -verkauf (§ **406 I 1, 2**, „uneigentliche" oder „unregelmäßige" oder Gelegenheitskommission), Grundstruktur also Auftrag (s Rn 6), Ebenroth/Füller 2. Bspe s dort Rn 1: Als Partei eines solchen Vertrags heißt jeder Kfm Kommissionär, auch wenn er dies nicht schon nach seinem Gewerbe (§ 383) ist. Der Kommissionär nach Gewerbe (§ 383, Gewerbebegriff s § 1 Rn 16: auch ohne Gewinnerzielungsabsicht) ist nicht mehr schon kraft dieses Gewerbes Kfm, §§ 383 ff sind trotzdem anwendbar (§ 383 II, s Rn 2). Erst recht braucht der andere Teil, der Kommittent, nicht Kfm zu sein. Güterversendung für fremde Rechnung (Spedition) ist ein Sonderfall der uneigentlichen Kommission und in Abschn 5 geregelt (§§ 453–466). Das persönliche Geschäft (in eigenem Namen für fremde Rechnung) des Gfter einer OHG ist nicht Kommission, BGH NJW **60**, 1853. Strafbarkeit des Kommissionärs nach Aufhebung von **(14)** BörsG § 95 aF nur noch nach allgemeinen Strafrecht, zB § 266 StGB, bei Effektenkommission auch Kapitalanlagebetrug (§ 264a StGB). Entwurf eines einheitlichen Kommissionsgesetzes (Unidroit, Rom) s Leser ZHR 126 (**64**) 118; enger Convention on Agency in the International Sale of Goods (Unidroit, Rom 1983).

B. **Kleingewerbetreibende als Kommissionär (II):** Der Kommissionär ist 2 seit HRefG 1998 nicht mehr stets Kaufmann (so § 1 II Nr 6 aF), sondern IstKfm, wenn er ein HdlGewerbe betreibt (§ 1 II nF), sonst Kfm nur mit Eintragung (§§ 2 ff). Nach **II 1** nF bleiben §§ 383–406 jedoch anwendbar, auch wenn das Unternehmen des Kommissionärs nach Art oder Umfang einen in kfm Weise eingerichteten Geschäftsbetrieb nicht erfordert (vgl § 1 II) und die Firma des Unternehmens nicht nach §§ 2 ff in das HdlReg eingetragen ist. Da §§ 383 ff jedoch nur Sonderregelungen zu §§ 343–372 (1. Abschn des 4. Buchs) darstellen, muss dann in Ansehung des Kommissionsgeschäfts auch auf diese zurückgegriffen werden können (so **II 2** nF), auch in Ansehung des Ausführungsgeschäfts (ab Rn 16) und dort insbesondere auf § 366 (dort Rn 4), str, Gründe: gutgläubiger Erwerb hängt, obwohl über das eigentliche Kommissionsgeschäft hinausgehend, eng mit diesem zusammen, auch keine Änderung des Schutzes Dritter durch HRefG intendiert, wohl auch von Olshausen JZ **98**, 720. Das kann aber nicht für §§ 348–350 gelten, die für NichtKflte zu große Risiken mit sich bringen (**II 2** nF aE). II verweist auf den dritten Abschnitt insgesamt, also auch auf § 406 IX wird deshalb ebenso wie I durch § 406 in doppelter Hinsicht erweitert, auch betr den kleingewerblichen Gelegenheitskommissionär (§ 406 I 2, dort Rn 1).

C. **Kommissionsagent:** Wer vertraglich ständig damit betraut ist, Waren oder 3 Wertpapiere für Rechnung eines anderen in eigenem Namen zu kaufen oder verkaufen, und zwar zu von diesem vertraglich vorgegebenen Preisen und Konditionen, ist nicht Kommissionär, sondern Kommissionsagent, BGH WM **04**, 136, NJW-RR **07**, 1177 Rn 16, NJW **17**, 475, Oldbg ZVertriebsR **16**, 182, Bsp: Pressegrossist eines Verlags. In welchem Namen er Dritten gegenüber auftritt, ist nicht maßgeblich, BGH NJW **17**, 475 Rn 24. Der **Kommissionsagenturvertrag** steht damit als Typus zwischen Kommissions- und Handelsvertretervertrag (Anwendung von HVRecht § 84 Rn 19). Er ist gemischttypischer Vertrag mit je nachdem kommissions-, geschäftsbesorgungs-, dienst- und handelsvertreterrechtlichen Elementen. Im Außenverhältnis liegt Kommission vor (§§ 383 ff), im Innenverhältnis gelten je nach Ausgestaltung §§ 675 I, 611 BGB oder bei größerer Abhängigkeit Handelsvertreterrecht (§§ 84 ff). Bei Ausschluss des Rückgaberechts trotz Unverkäuflichkeit liegt Kauf oder bei Dauer Vertragshändlervertrag (Überbl 35 vor § 373) vor. Praktisch wichtig sind die **Schranken aus Kartellrecht** (Einl 77–80 vor § 1), vor allem §§ 14u 16 aF, 19, 20 GWB und Art 101, 102 AEUV (Art 81, 82 aF EG, s auch Rn 10), BGH WM **04**, 132. Soweit der

§ 383 4–6
4. Buch. Handelsgeschäfte

Kommissionsagent nach der materiellen Risiko- und Lastenverteilung wie ein Handelsvertreter gestellt ist, greift Kartellrecht ebenso wenig wie für diesen (näher § 86 Rn 35 ff). Lit: Küstner/Thume 4. Aufl 2015 Bd 3 III Kommissionsagent S 405 ff; Hopt FS Hadding **04**, 443; K. Schmidt JuS **08**, 667.

4 **D. Einzelfälle der Kommission:** Die gewerbsmäßige Kommission ging im 19. Jahrhundert zugunsten des Eigenhandels und der offenen Vertretung zurück. Hauptfälle der Kommission sind heute noch die **Effektenkommission** beim Wertpapiergeschäft der Banken (s Rn 8), auch idR Direktbanken im Effektengeschäft, BGH WM **02**, 1687, s **(13)** DepotG, **(8)** Sonderbedingungen für Wertpapiergeschäfte, idR einfache Kommission (ohne Selbsteintritt wie vor 1995), s dort Nr 1 Rn 1, vgl auch Emissions- und Effektenkonsortialgeschäft, **(7)** Bankgeschäfte Rn Y/1; ferner die Kommission im **Kunsthandel,** Kln NJW **12**, 2665, Mü NJW **12**, 2891 (zur Haftung von Auktionshäusern), und im Antiquitäten- und Briefmarkenhandel. Die **Konsignationskommission** mit Konsignationslagerabrede kommt vor allem bei Exportwaren vor (nicht immer Kommission, s Überbl 41 vor § 373), vgl BGH WM **93**, 1227; doch hat die Kommission im Überseehandel stark an Bedeutung eingebüßt. Kommission liegt je nachdem auch beim **Gebrauchtwagenhandel** vor, bei dem es wirtschaftlich um die Vermeidung der MWSt geht (s Rn 7 aE). Soll der Händler aber von vornherein nur als Vertreter des Kunden verkaufen, Bsp BGH WM **11**, 1241, scheidet Kommission aus (I: im eigenen Namen), s aber BGH NJW **80**, 2191 (s auch Rn 7 aE); zu beachten ist dabei, dass auch ein Kommissionär das Ausführungsgeschäft als Vertreter abschließen kann (s Rn 17). **Finanzkommissionsgeschäft** (§ 1 I 2 Nr 4 KWG) ist Handel mit Finanzinstrumenten entspr §§ 383 ff, BVerwG WM **08**, 1361, ZIP **09**, 1899, BGH **191**, 100, WM **10**, 262, **11**, 18, HessVGH WM **14**, 206, Hammen WM **08**, 1901, üL, aA Voge WM **07**, 1640; s **(7)** Bankgeschäfte Rn A/4. Weitere Fälle s § 406 Rn 1. **Muster:** Hopt/ Graf v Westphalen 4. Aufl 2013 Form I. M.3 (Kunsthandel-Kommissionsvertrag ohne Selbsteintritt).

5 **Kommissionsklauseln** sollen bestimmte Kommissionsrechtsregeln auf andere Geschäfte übertragen, zB Sicherungsübereignung, Kauf mit Eigentumsvorbehalt, Factoring (s **(7)** Bankgeschäfte Rn O/1). Fragwürdige Kommissionklauseln s Serick BB **74**, 285. **AGBKontrolle** von Kommissionsverträgen, BGH WM **04**, 132 (unzulässige Mankoklausel).

2) Kommissionsvertrag

6 **A. Rechtsnatur: a) Geschäftsbesorgung mit Werk- oder Dienstvertragscharakter:** Der Kommissionsvertrag ist **gegenseitiger Vertrag über Geschäftsbesorgung** (§ 675 I BGB), bei Einzelgeschäften vertragstypologische Einordnung wie allgemein danach, ob Ausführungsgeschäft als Erfolg geschuldet ist (dann Werkvertrag, RG **71**, 77) oder nur Bemühen darum (dann Dienstvertrag), so für Wertpapierkommission Nürnbg WM **07**, 647; jedenfalls bei längerer Verbindung idR, aber nicht notwendig Dienstvertrag, RG **69**, 364, **110**, 123 (Dienste „höherer Art", daher jederzeit Kündigung nach § 627 BGB), vgl Sachverhalt BGH **LM** Nr 4 (Musikvertrieb), erst recht bei ständiger Betrauung (Kommissionsagent, s Rn 3), näher K. Schmidt § 31 IV Rn 52: entscheidend Parteiwille und individueller Vertragstypus, aA wohl überhaupt gegen Einordnung und für freie Anwendung der passenden Rechtsfolgen Ebenroth/Füller 16. Bei fehlender Selbstständigkeit (vgl § 84 Rn 36) ist der als Kommissionär Bezeichnete Arbeitnehmer oder arbeitnehmerähnliche Person, BAG NJW **98**, 701, vgl § 84 I 2 (dort Rn 39, 35 ff).

b) Anwendbare Rechtsnormen: Für den Kommissionsvertrag gelten mangels Parteivereinbarung vorrangig §§ 383 ff (betreffend Innenverhältnis und vor allem in Konkretisierung der Interessenwahrungspflicht des Kommissionärs, s

3. Abschnitt. Kommissionsgeschäft 7 § 383

§§ 384 I, II, 385–388, 395f; weitere Normen zugunsten des Kommittenten sind §§ 390 I, 392 II, solche zugunsten des Kommissionärs §§ 389, 390 II, 391, 397–399), sodann subsidiär die von § 675 I BGB in Bezug genommen §§ 663, 665–670, 672–674 und uU § 671 II BGB sowie je nachdem Werk- oder Dienstvertragsrecht. Für Wertpapierdienstleistungsunternehmen sind die Verhaltensregeln (insbesondere über Interessenwahrung) und sonstigen Pflichten nach **(16)** WpHG § 63.

B. Indizien für und gegen Kommission: Kommission und Kauf können im 7 Einzelfall nur schwer voneinander abzugrenzen sein. Entscheidend ist nicht die von den Parteien gewählte Bezeichnung, sondern Inhalt (und Auslegung) ihrer Absprachen, RG **114,** 10, BGH NJW **75,** 777 („**Konditionsgeschäft**", vgl Überbl 24 vor § 373).

a) Für Kommission sprechen zB Provisionsabrede, BGH WM **02,** 1688, vgl BGH **8,** 226; zusätzlich ausgewiesene Ausgabeaufschläge, Provisionen, Courtage oder Spesen, auch Beratung mit einem Prospekt, der einen festgesetzten Emissionspreis enthält, Stgt NJW **13,** 321; bloße Unkostenvergütung ohne Handelsspanne, BGH **1,** 79; Abrede über Kauf oder Verkauf „bestmöglich" zugunsten des Auftraggebers, RG **94,** 66, **114,** 11, Mü BB **55,** 682; Kaufpreisvorschuss an Mittler; Lieferung bzw Zahlung direkt zwischen Auftraggeber und Drittem, BGH LM § 384 Nr 2; besondere Vertrauensposition des Mittlers, so RG **114,** 11 für das Effektengeschäft, aber zu diesem überholt (s Rn 8); Pflicht zur Abrechnung über Ausführungsgeschäft, BGH **8,** 226, Mü BB **55,** 682.

b) Gegen Kommission und für Kauf sprechen zB Abrede über Lieferung von Waren oder Wertpapieren, die der andere Teil bereits besitzt oder auf die er bereits einen Anspruch hat, RG **101,** 381; Festpreisabrede, RG **110,** 121, BGH **8,** 226, NJW **75,** 777, Karlsr BB **71,** 1123, Ffm BB **82,** 208, oder wenigstens bei Vertragsschluss bereits bestimmbarer Preis, RG **94,** 66, und zwar trotz Provisionsvereinbarung, RG **94,** 66, aA Stgt NJW **13,** 321, Grund: Festpreis auch bei Kommission möglich; Zahlungspflicht des Mittlers ohne Rücksicht auf Ausführungsgeschäft, zB zu festem Termin, Kln MDR **73,** 230 (aber Delkredere und Mindesterlösgarantie, Staub/Koller 38, 29); Fehlen jeglicher Weisungsbefugnis des Auftraggebers, besonders hinsichtlich der Preisgestaltung, BGH **1,** 79, NJW **75,** 777, Ffm BB **82,** 208; Ausschluss des Rückgaberechts, Ffm BB **82,** 208, oder der Abrechnungspflicht, Hbg BB **57,** 911.

c) Eher neutral sind Bezeichnung als Kauf, Kommission oder Vertretung, RG **94,** 66, **114,** 10, BGH NJW **75,** 777, Ffm BB **82,** 208; auch spätere Abrechnung als Kauf oder Kommission, Stgt NJW **13,** 321; fehlende ausdrückliche Provisionsabrede, RG **94,** 66, **110,** 121, str; faktische Mindestpreisgarantie, Mü BB **55,** 682; Abrede über Mindesterlös des Behaltendürfens des Mehrerlöses, RG **110,** 121; Eigentumsvorbehalt des Auftraggebers, BGH WM **59,** 1006; Risikotragung (für sich allein genommen), RG **110,** 121, aber BGH **1,** 79; je nachdem Werbung, BGH WM **02,** 1688. Weitere Umstände und Einzelfälle bei Staub/Koller 39, 40 ff. Im Zweifel soll Kommission, da das der Regelfall sei, vorliegen, so Stgt NJW **13,** 321 (Bank).

d) Besondere Fälle: Kommission kann auch vorliegen, wo als Entgelt (Provision) der über einen festen Preis hinaus erzielte Mehrerlös überlassen wird, RG **110,** 121, umgekehrt kann Kauf vorliegen bei Berechnung von „Provision", dh Zuschlag zum Einkaufspreis des Lieferpflichtigen, BGH LM § 384 Nr 2. Möglich ist (Verkaufs-)Kommission mit Mindestgarantie des Kommissionärs, kaufähnlich, dazu § 384 Rn 6. Verknüpfung von Neuwagenkauf und Gebrauchtwagenkommission durch Verrechnungsabrede, Art der Rückabwicklung, BGH NJW **78,** 1482, **80,** 2190, **82,** 1699, **84,** 429. Gebrauchtwagenvermittlung zwecks Steuerersparnis ist kein verdeckter Kaufvertrag, BGH BB **81,** 1670, Umgehungs-

§ 383 8, 9 4. Buch. Handelsgeschäfte

geschäft denkbar, entscheidend ist wirtschaftliche Risikotragung, BGH WM 05, 807 (s auch Rn 4). Bei Teilung des Erlöses kann **partiarische Kommission** (kein gemeinsamer Zweck iSv § 705 BGB, vgl BGH **127**, 176 betr partiarisches Darlehen/stille Ges) oder Gesellschaft (§§ 705 ff BGB) vorliegen.

8 C. **Besonderheiten beim Effektengeschäft:** An- und Verkauf von Wertpapieren (Effekten, aber kein fest umrissener Begriff, BGH NJW **13**, 2741, Definition in § 1 I Nr 4 KWG weggefallen, vgl **(7)** Bankgeschäft Rn A/4) vereinbart der Verbraucher mit einem Bankier herkömmlich idR als einem Kommissionär, nicht Eigenhändler (Propergeschäft, so früher), RG **94**, 65, **114**, 11, BGH **8**, 226, auch bei online-Auftrag an Direktbank, WM **02**, 1687, Ffm WM **09**, 1033, und zwar einfache Kommission ohne Selbsteintritt (§ 400 Rn 2, nunmehr je nach den Ausführungsgrundsätzen der Bank, **(8)** Sonderbedingungen für WPGeschäfte Nr 1 Rn 2). Effektenkommission grundsätzlich auch bei Auslandsgeschäften, auch bei nicht notierten Wertpapieren, auch bei Papieren mit vorübergehender Aussetzung der Notierung (nunmehr **(8)** AGB-WPGeschäfte Nr 1 Rn 2); **Propergeschäft** bzw **Eigenhandel** dagegen bei Festpreisgeschäften, BGH WM **11**, 19, zB bei festverzinslichen Wertpapieren, idR nur durch Individualvereinbarung (s **(5)** § 305b BGB), näher **(8)** AGB-WPGeschäfte Nr 1 Rn 5. Ältere Rspr insoweit überholt, zB RG **114**, 10, BGH **8**, 227. Eine Verkehrssitte, nach der jeder Verkaufsauftrag vom Bankier als Eigenhändler ausgeführt (und deshalb nicht der tatsächlich erzielte Kurs nach § 401 II, sondern ein Durchschnittskurs des Börsentags vergütet) werde, wäre missbräuchlich und unbeachtlich, RG **114**, 13. Effektenkommission bei Auftrag zur Aktienzeichnung, BGH **153**, 347, Zeichnungsgebühr s § 396 Rn 5. Aufklärungs- und Beratungspflichten des Effektenkommissionärs treffen auch den Effekteneigenhändler bzw Verkäufer, BGH **80**, 82, NJW **81**, 1441 (Warentermingeschäfte), es bedarf also insoweit nicht mehr der Konstruktion einer Kommission zum Schutz des Verbrauchers, anders noch RG **114**, 11 unter Berufung auf eine besondere Vertrauensposition des Mittlers (s Rn 7). **Tafelgeschäft** s BGH **154**, 276, NJW **84**, 1347; beim Tafelgeschäft wird der Effekten(ver)kauf am Bankschalter in effektiv gelieferten Stücken ausgeführt; es ist kein Geschäft mit dem, den es angeht, BGH **154**, 276 (Rückgabe eines Investmentanteilscheins). Keine Effektenkommission bei bloßer wertmäßiger Teilnahme (ohne Weisungsrecht) an der Geschäftsentwicklung des Finanzdienstleisters, BGH ZIP **11**, 781.

9 D. **Vertragsabschluss:** Hier gelten die allgemeinen Regeln (§§ 145 ff BGB). Besonders zu erwähnen sind:

a) Form: Der Kommissionsvertrag ist **formfrei**, auch im Bankverkehr (anders **(8)** AGB-Banken Nr 6, 8 aF vor 1993). Die Verkehrssitte kann Schriftform verlangen. IdR gilt auch dann keine Form für den Kommissionsvertrag, wenn das Ausführungsgeschäft formbedürftig ist (Übereignungspflicht des Einkaufskommissionärs folgt aus Gesetz, § 384 II; vgl ähnlich Vollmacht, § 167 II BGB), so nach hL bei An- und Verkauf von GmbHAnteilen, Staub/Koller 92, MüKo/Häuser 24, aA Ebenroth/Füller 22. Der besondere Zweck der Formvorschrift kann aber Formbedürftigkeit auch des Kommissionsvertrags bewirken, zB § 311b BGB über Grundstücksgeschäfte, so wenn der Kommissionsvertrag eine Übertragungs- oder Erwerbsverpflichtung beinhaltet (nicht bei bloßer Herausgabepflicht aus Gesetz, § 667 BGB, vgl BGH **127**, 168). Formbedürftig ist auch unwiderrufliche Verkaufskommission zur Veräußerung eines Grundstücks. Diese Grundsätze gelten auch bei Ausführung der Kommission durch Selbsteintritt (§ 400 Rn 7). Annahme des Kommissionsauftrags nach § 362, im Übrigen häufig durch Ausführung (§ 151 BGB). **Muster:** Hopt/Graf v Westphalen 4. Aufl 2013 Form I.M.1, 2 (Kommissionsvertrag, Kommissionsvertrag mit Selbsteintrittsrecht).

3. Abschnitt. Kommissionsgeschäft 10–13 § 383

b) Nichtigkeitsgründe: Es gelten die allgemeinen Nichtigkeitsgründe. Bei 10 Finanztermingeschäften keine Nichtigkeit mehr (wie bei Börsentermingeschäften nach **(14)** BörsG §§ 50 ff aF), nur noch Informationspflichten (s **(16)** WpHG § 63). Bei Spiel und Wette (§ 762 BGB; § 764 BGB über Differenzgeschäft ist aufgehoben) ist trotz unvollkommener Verbindlichkeit Anspruch auf Herausgabe des Erlangten nach § 667 BGB zu bejahen, str. Kommission kann auch wegen Verstoß gegen **Kartellrecht** nichtig sein, zB §§ 14u 16 aF GWB, Art 101 AEUV (Art 81 aF EG), wobei sich ähnliche Streitfragen wie für HV und Vertragshändler stellen (§ 86 Rn 35 ff), Ebenroth/Füller 25 ff; zu beachten ist, dass der Kommittent, nicht der Kommissionär das Geschäftsrisiko trägt, denn der Kommissionär handelt zwar im eigenen Namen, aber für fremde Rechnung (s für Kommissionsagenten Rn 3).

c) Erfüllungsort für die Verpflichtungen des Kommittenten (zB Zahlung von 11 Provision, Vorschüssen, Aufwendungsersatz) ist mangels vertraglicher Vereinbarung sein Wohnsitz (seine gewerbliche Niederlassung), für die des Kommissionärs iZw dessen gewerbliche Niederlassung (§ 269 I, II BGB), BGH NJW **96**, 1819, so für seine Rechenschafts- und Herausgabepflichten, Düss NJW **74**, 2185 (für HV), auch wenn die Kommission im Ausland auszuführen, RG **112**, 81. Der Erfüllungsort ist auch bei einem gegenseitigen Vertrag nicht notwendig einheitlich, BGH NJW **96**, 1820, nach aA Erfüllungsort für die beiderseitigen Verpflichtungen am Ort, wo die vertragscharakteristische Leistung zu erbringen ist, vgl Pal/Heinrichs § 269 Rn 13.

E. Vertragsbeendigung: Das Kommissionsverhältnis endet ohne Ausfüh- 12 rung:

a) durch **Kündigung:** falls Werkvertrag (s Rn 6) durch Kündigung des Kommittenten (§ 649 BGB; § 671 I BGB über Widerrufsrecht des Auftraggebers ist nach § 675 I aE BGB nicht anwendbar), zulässig bis (muss dem Kommissionär zugehen bis) zur Ausführung der Kommission, dh Abschluss mit dem Dritten oder Abgabe der Selbsteintrittserklärung (§ 405 III, dort ist von „Widerruf" die Rede); falls Dienstvertrag (s Rn 6), durch Kündigung des Kommittenten (§ 405 III gilt ebenfalls) oder Kommissionärs (§§ 621 Nr 5, 626, 627 I, 675 I BGB; § 626 BGB verdrängt § 314 BGB); Kündigung des Kommissionärs zur Unzeit ist wirksam, verpflichtet aber bei Fehlen eines wichtigen Grundes zum Schadenersatz (§ 627 II, 671 II BGB); das Kündigungsrecht aus § 627 I BGB kann einzelvertraglich auf einen wichtigen Grund beschränkt werden, Saarbr BB **15**, 3028 mAnm Ayad;

b) durch **Rücktritt** nach §§ 323 ff BGB des Kommittenten oder Kommissionärs, soweit kein Kündigungsrecht bestand;

c) bei **Unmöglichkeit** der Ausführung, zB Verschwinden oder Sperre der einzukaufenden Ware, endet die Geschäftsbesorgungspflicht des Kommissionärs, Rücktritt des Kommittenten nach §§ 326 V, 323 BGB;

d) durch Ablauf der zur Ausführung gesetzten Zeit (**Befristung** des Kommissionsvertrags), zB bei Börsengeschäften am „Ultimo"; in anderen Fällen bei Terminvereinbarung nur relatives Fixgeschäft (§ 376 Rn 8), dann bei Verstreichen des Termins nur Rücktritt (aber ohne Fristsetzung, § 323 II Nr 2 BGB);

e) durch Eintritt einer nach Vertrag die Kommission auflösenden **Bedingung** (der zB das Interesse des Kommittenten an der einzukaufenden Ware beseitigt), die Parteien sind frei in solchen Bestimmungen, können sie auch stillschweigend treffen. Diese Regeln sind durchwegs nachgiebig, abweichende Vereinbarung ist möglich.

Todesfall: Der Tod des Kommittenten bringt die Kommission idR nicht zum 13 Erlöschen (§§ 672, 675 I BGB), anders beim Tod des Kommissionärs (§§ 673,

§ 383 14–16   4. Buch. Handelsgeschäfte

675 I BGB), es sei denn, die Kommission ist unternehmens-, nicht personenbezogen erteilt.

14   F. **Besonderheiten bei der Insolvenz: a) Insolvenz des Kommittenten:** Bei Insolvenz des Kommittenten vor Ausführung der Kommission erlischt der Vertrag, wenn er sich auf das zur Insolvenzmasse gehörende Vermögen bezieht (Geschäftsbesorgung, §§ 116 Satz 1, 115 I InsO, also kein Wahlrecht des Insolvenzverwalters wie grundsätzlich nach § 103 InsO), RG **105,** 128, vgl BGH **168,** 280, bei Einkaufs- ebenso wie bei Verkaufskommission, MüKo/Häuser 91. Grund: Insolvenzverwalter soll nicht durch Handeln eines Dritten (hier: des Kommissionärs) behindert werden, RG **81,** 336. Der Kommissionär kann aus dem Vertrag ab Eröffnung des Insolvenzverfahrens keine Rechte mehr erlangen, namentlich für später erworbene Forderungen kein Absonderungsrecht am Kommissionsgut (§ 397 Rn 7). Der Kommissionär hat, wenn mit dem Aufschub Gefahr verbunden ist, die Besorgung fortzusetzen, bis der Insolvenzverwalter anderweitig Fürsorge treffen kann (§§ 116 Satz 1, 115 II InsO). Der Kommissionsvertrag gilt zugunsten des Kommissionärs als fortbestehend, solange dieser die Eröffnung des Insolvenzverfahrens ohne Verschulden nicht kennt (§§ 116 Satz 1, 115 III InsO). Hat der Kommissionär die Kommission durch Abschluss des Geschäfts mit einem Dritten ausgeführt, ist, auch wenn die Ausführungsanzeige noch nicht abgesandt ist, die Kommission beendet, § 116 InsO ist nicht mehr anwendbar. Einzelheiten bei MüKo/Häuser 91 ff.

15   **b) Insolvenz des Kommissionärs:** Anders als die Insolvenz des Kommittenten beendet die Insolvenz des Kommissionärs die Kommission nicht, RG **78,** 91, hL, str, der Kommissionsvertrag kann aber im Einzelfall etwas anderes ergeben, nach aA allgemeiner so wie bei Tod entspr § 673 S 1 BGB (s Rn 13), Staub/Koller 190; der Kommittent kann aus wichtigem Grund kündigen. Der Insolvenzverwalter kann also zwischen Eintritt oder Ablehnung und Ersatzpflicht wählen, sofern der Vertrag noch nicht vollständig erfüllt ist (§ 103 InsO). (1) Eröffnung des Insolvenzverfahrens vor Ausführung: Lehnt bei Einkaufskommission der Insolvenzverwalter Erfüllung ab, so ist der Anspruch des Kommittenten auf Rückzahlung von Vorschüssen Insolvenzforderung. Andernfalls sind die Verpflichtungen des Kommissionärs aus der Kommission Masseschulden (§ 55 I Nr 2 InsO). Bei Verkaufskommission hat der Kommittent, wenn der Insolvenzverwalter nicht eintritt, als Eigentümer der Ware ein Aussonderungsrecht. (2) Eröffnung des Insolvenzverfahrens nach Ausführung: Tritt der Insolvenzverwalter nicht ein und hat der Kommissionär bei Einkaufskommission noch die Ware, so kommt es darauf an, ob das Eigentum schon auf den Kommittenten übergegangen ist (s Rn 25), nur dann kann der Kommittent die Ware aussondern. Da ausstehende Forderungen nach § 392 II als Forderungen des Kommittenten gelten, darf Kommittent sie aussondern (§ 392 Rn 9). Einzelheiten bei MüKo/Häuser 917 ff.

3) Ausführungsgeschäft (schuldrechtliche Seite)

16   A. **Kommissionsausführungsgeschäft oder Eigengeschäft:** Ob ein zur Ausführung der Kommission geeignetes Geschäft des Kommissionärs Geschäft zur Ausführung der Kommission ist oder Eigengeschäft (Propergeschäft) des Kommissionärs, entscheidet sein (nicht rechtsgeschäftlicher) Wille, RG **18,** 21, Ffm WM **15,** 1105. Dieser Wille muss aber nach außen (nicht notwendigerweise gegenüber dem Kommittenten) zum Ausdruck kommen, hL, MüKo/Häuser 47, Koller/Roth 12, aA Rö/Lenz 28, zB durch Ausführungsanzeige gegenüber dem Kommittenten (§ 384 II). Erklärung gegenüber dem Geschäftsgegner, das Geschäft sei Eigengeschäft, schließt nicht aus, dass es Kommissionsausführung ist, RG **148,** 192 (Verkauf von Kommissionsgut als eigenes). Hat der Kommissionär bei der Einkaufskommission gemäß Weisung des Kommittenten gehandelt, hat der Kommissionär zu beweisen, dass er kein Ausführungs-, sondern ein Eigen-

3. Abschnitt. Kommissionsgeschäft 17–20 § 383

geschäft vornahm. Was einmal Ausführungsgeschäft war, kann nur durch Vereinbarung zwischen Kommissionär und Kommittent, nicht durch Bestimmung des Kommissionärs allein Eigengeschäft des Kommissionärs werden, und umgekehrt. Bei Wertpapierdienstleistungsunternehmen bestehen Aufzeichnungs- und Aufbewahrungspflichten nach **(16)** WpHG § 83.

B. Handeln für den Kommittenten im eigenen oder fremden Namen: 17
Ob Kommissionär bei Ausführung der Kommission (Geschäftsschluss mit Drittem) entspr im eigenen Namen oder (im Widerspruch zur Kommission) im Namen des Kommittenten (als dessen Vertreter, ohne Vertretungsmacht) handelt, bestimmt sich nach § 164 I, II BGB. Im zweiten Fall richten sich die Folgen idR mangels Vertretungsmacht nach §§ 177, 179 BGB. Auftreten „als Kommissionär" spricht für Handeln im eigenen Namen; so tendenziell auch, da auf Kommission hinweisend: „als für fremde Rechnung handelnd" (obwohl so auch als Vertreter), Ebenroth/Füller 39, aA RG **97**, 261: Vertretung, aA Staub/Koller 124: neutral, da nur das Innenverhältnis bezeichnend. Der Charakter der Kommission (I: im eigenen Namen) wird nicht dadurch berührt, dass der Kommissionär bei Abwicklung der Kommission in fremdem Namen handelt (s Rn 27), entscheidend ist, dass er es vertraglich gegenüber dem Kommittenten übernimmt, das Ausführungsgeschäft im eigenen Namen abzuschließen (s Rn 1). Schließt er das Ausführungsgeschäft trotzdem im fremden Namen ab, kann das eine Pflichtverletzung des Kommissionsvertrags darstellen, ändert aber weder diesen noch erst recht seine Eigenschaft als Kommissionär iSv §§ 383, 406 (s Rn 1). Bei Irrtum über tatsächliches Auftreten im eigenen Namen keine Anfechtung (§ 164 II BGB), BGH NJW-RR **92**, 1111; anders im umgekehrten Fall, üL, str.

C. Rechtsverhältnis zwischen dem Kommissionär und dem Dritten: 18
a) Eigenes, selbstständiges Rechtsverhältnis: Das Rechtsverhältnis zwischen dem Kommissionär und dem Dritten ist gegenüber dem Rechtsverhältnis zwischen dem Kommissionär und dem Kommittenten selbstständig. Es richtet sich allein nach dem zwischen dem Kommissionär und dem Dritten geschlossenen Vertrag. Nur diese sind Vertragsteile, nicht der Kommittent, nur ihnen erwachsen aus dem Ausführungsgeschäft Rechte und Pflichten (§ 392 Rn 1, 4, s aber § 392 II, dort Rn 6); so auch wenn der Dritte die Kommission kannte (vgl Rn 19), BGH NJW **65**, 520. Entsprechendes gilt für die Leistungskondiktion (§ 392 Rn 4). Ausnahmsweise kann der Kommittent dem Dritten aus § 826 BGB schadensersatzpflichtig werden, so wenn er bei der Einkaufskommission den Kaufpreis in vollem Wissen trotz Bestehens von Forderungen des Dritten dem zahlungsunfähigen Kommissionär überweist, BGH NJW **65**, 249.

b) Willensmängel: Entscheidend ist die Person des Kommissionärs. Aber der 19
arglistig täuschende Kommittent ist nicht Dritter iSv § 123 II BGB, Konsequenz: der mit dem Kommissionär Abschließende (Vorsicht: ebenfalls Dritter genannt) kann anfechten, Grund: besonderer Schutz des Vertragsfreiheit, MüKo/Häuser 55, in Ausnahmenfällen § 242 BGB.

c) Kennen und Kennenmüssen: In der Person des Kommittenten liegende 20
Umstände (zB Kennen oder Kennenmüssen, Unmöglichkeit der Leistung wie überhaupt das Verhältnis zwischen Kommittenten und Kommissionär (s Rn 18), auch dessen Nichtbestehen, berühren den Dritten grundsätzlich nicht. § 166 II BGB ist nicht anwendbar (anders bei Auftreten als Vertreter, s Rn 17), MüKo/Häuser 52, Oetker/Martinek 33, auch nicht allgemein analog, sehr str, aA RG **124**, 120, üL, Staub/Koller 132, Fleckner in Beiträge für Hopt **08**, 30. Es bleibt also bei der allgemeinen Regel der Trennung der beiden Rechtsverhältnisse (s Rn 17); die Behandlung des Kommittenten nicht als Dritter iSv § 123 II BGB ist eine besonders gelagerte Ausnahme (s Rn 19). Ausnahmsweise kann aber Einwand der unzulässigen Rechtsausübung (§ 242 BGB) gegeben sein, das ist flexib-

ler als die Analogie zu § 166 II BGB. Der Bestand des Kommissionsvertrags ist nicht Geschäftsgrundlage des Ausführungsgeschäfts (Risikosphäre des Kommissionärs), grundsätzlich auch nicht, wenn der Dritte Abschluss als Kommissionär kannte. Zur Anfechtung bei **Mistrades** s § 384 Rn 1.

21 d) **Leistungsstörungen:** Wegen Leistungsstörungen kann der Dritte nur den Kommissionär in Anspruch nehmen. Der Kommittent ist nicht Erfüllungsgehilfe (§ 278 BGB) des Kommissionärs, doch können den Kommittenten ausnahmsweise Mitwirkungspflichten treffen, zB Herausgabe des KfzBriefs, Oldbg NJW-RR **00**, 507. Bei Leistungsstörungen kann der Kommissionär im Wege der **Drittschadensliquidation** von dem nicht erfüllenden Dritten Ersatz des Schadens des Kommittenten fordern, Nürnb WM **15**, 2159, auch durch Zahlung unmittelbar an Kommittenten, so allgemeiner für Fälle der mittelbaren Stellvertretung BGH **40**, 100, **133**, 41, sowie BGH **15**, 228, **51**, 93, NJW **85**, 2411 (für Lagergeschäft, § 467). Der Kommittent hat Anspruch auf Abtretung kraft vertraglicher Nebenpflicht oder entspr §§ 255, 285 BGB (§ 281 aF BGB). Mitverschulden des Kommittenten ist bei Drittschadensliquidation nach § 254 BGB anzurechnen, vgl BGH NJW **72**, 289, Hamm NJW **76**, 2078. Der Schadensumfang beurteilt sich nach den Verhältnissen des Kommittenten, aA Peters AcP 180 (**80**) 351. Das gilt auch bei atypischen Schäden, Canaris § 30 Rn 86, str, aber uU Schutz des Dritten über § 254 II 1 BGB, K. Schmidt § 31 VI Rn 101. Lit: Hagen 1971; Fleckner in Beiträge für Hopt **08**, 3 (Handeln im eigenen Namen für fremde Rechnung).

4) Eigentumsverhältnisse beim Ausführungsgeschäft

22 A. **Verkaufskommission:** Der Verkaufskommissionär ist, wenn der Kommittent ihm nicht schon das Eigentum an der Ware übertragen hat, (idR stillschweigend) **ermächtigt**, das **Eigentum** des Kommittenten an den Dritten **zu übertragen (§ 185 BGB)**, vgl RG **110**, 123, BGH WM **59**, 1006. Die Ermächtigung deckt idR nur die Übertragung an denjenigen Dritten, der Vertragspartner des Ausführungsgeschäft ist. Der Kommissionär darf aber Sicherungseigentum auch auf einen Vierten (Bank) übertragen, der ein Darlehen zur Finanzierung des Kaufgeschäfts gibt, RG **132**, 198. Auch bei Kommission mit Selbsteintritt wird der Verkaufskommissionär mit Erklärung gegenüber dem Kommittenten zwar Käufer der Ware, die Übereignung an den Dritten erfolgt aber idR nach § 185 BGB, also ohne Zwischenerwerb des Verkaufskommissionärs, str; das ist für den Kommittenten günstiger.

23 Wird durch Kommission eine **dem Kommittenten nicht gehörende Sache** rechtswirksam (§§ 932 ff BGB, § 366) veräußert, ist fraglich, ob iSv § 816 I 1 BGB der Kommittent oder der Kommissionär der Verfügende ist: für Anspruch des früheren Eigentümers gegen den Kommissionär als verfügender Nichtberechtigter, hL, Hbg MDR **54**, 356, Karls WM **03**, 584; für Anspruch nur gegen den Kommittenten wegen § 392 II Canaris § 30 Rn 91, zum Ganzen ausführlich K. Schmidt § 31 VI Rn 106. Wird danach der Kommissionär in Anspruch genommen, kann er (anders als beim normalen Kauf, BGH **55**, 179) Wegfall der Bereicherung geltend machen (§ 818 III BGB), soweit er den Kaufpreis an den Kommittenten weitergeleitet hat, BGH **47**, 128, dann aber zumindest Haftung des Kommittenten nach § 822 BGB. Wird der Kommittent in Anspruch genommen, solange er noch nicht den Kaufpreis bzw die Kaufpreisforderung abgetreten erhalten hat, kann er dem Dritten befreiend seinen Herausgabeanspruch gegen den Kommissionär abtreten, Canaris § 30 Rn 92 aE.

24 Zur **Kaufpreis**forderung (bei Verkaufskommission) s § 392 I, II. Für die Übertragung des gezahlten Kaufpreises auf den Kommittenten gilt Ähnliches wie bei Einkaufskommission für die Kaufsache (s Rn 25).

3. Abschnitt. Kommissionsgeschäft 25–28 § 383

B. Einkaufskommission: Es kommen ganz verschiedene **Arten des Eigen-** 25 **tumserwerbs des Kommittenten an der Kaufsache** in Betracht. Grundsätzlich erwirbt der Einkaufskommissionär das Eigentum an den gekauften Sachen (oder Wertpapieren) zunächst selbst und muss es (§ 384 II) durch besonderes Rechtsgeschäft auf den Kommittenten übertragen. Nach der Rspr und früher hL bedarf es auch beschränkt auf das Verhältnis zum Kommittenten und dessen Gläubigern zum Rechtserwerb und Schutz des Kommittenten einer solchen Übereignung, nach heute hL gilt jedoch für das Surrogat der Kaufpreisforderung § 392 II analog (§ 392 Rn 7). Bei der Übereignung kommt es idR zum Durchgangserwerb (s Rn 26), was für den Kommittenten jedenfalls auf dem Boden der genannten Rspr misslich ist. Für den Kommittenten günstiger ist eine Gestaltung, die ihn das Eigentum unmittelbar erwerben lässt (s Rn 27f). Lit: Wolter 1979.

a) Eigentumsübertragung mit Durchgangserwerb: Der Kommittent 26 kann vom Kommissionär Eigentum erwerben: (1) durch **jede gewöhnliche Übereignung** (§§ 929 ff BGB) vom Kommissionär, dies beschleunigt durch Geheißerwerb, dh Übergabe der Ware auf Geheiß des Kommissionärs vom Dritten direkt an den Kommittenten, vgl BGH NJW **99**, 425; (2) insbesondere durch Übereignung nach § 930 BGB (**Besitzkonstitut,** die Kommission ist Besitzmittlungsverhältnis iSv § 868 BGB), vom Kommissionär in sich kraft zu vermutender Ermächtigung (§ 181 BGB) geschlossen **(Insichgeschäft),** das Konstitut muss aber äußerlich erkennbar werden (Bestimmtheitsgrundsatz), zB durch Absondern der Ware oder Papiere unter dem Namen des Kommittenten in Umschlag, Streifbanddepot usw, RG **63**, 17, **116**, 204, Anzeige an Kommittenten ist entbehrlich; nicht dagegen durch bloße Mitteilung, die Wertpapiere stünden zur Verfügung der Kunden; (3) durch Übereignung nach § 930 BGB, und zwar durch (schon beim Abschluss des Kommissionsvertrags) vorweggenommenes bzw **antizipiertes Besitzkonstitut;** idR geht dann das Eigentum („durch den Kommissionär hindurch", Durchgangserwerb) sofort vom Dritten an den Kommittenten. Zum Besitzkonstitut genügt es, dass Kommissionär über die Sachen verfügen kann, er muss sie nicht selbst im Gewahrsam haben. Fortbestehen des Übertragungswillens wird vermutet, BGH WM **77**, 218. Besondere Ausführungshandlungen, zB Ausführungsanzeige, sind für den Eigentumsübergang nicht notwendig, Staub/Koller 180, aA RG **140**, 231, offen BGH NJW **64**, 398 (für den Erwerber erkennbare Aktualisierung des Besitzmittlungsverhältnisses genügt).

b) Eigentumsübertragung ohne Durchgangserwerb: Zwei Möglichkei- 27 ten kommen in Betracht: (1) Der Kommissionär kann beim Eigentumserwerb von dem Dritten nicht nur, wie von der Kommission an sich vorgezeichnet, als mittelbarer Stellvertreter handeln, sondern stattdessen in **offener Vertretung** des Kommittenten (§ 164 BGB). Das ist rechtlich ohne Weiteres möglich, auch wenn das Grundgeschäft kommissionsgemäß vom Kommissionär im eigenen Namen abgeschlossen wird (s Rn 17). Wirtschaftlich mag der Kommittent aber ein Interesse haben, im Hintergrund zu bleiben, und deshalb diesen Weg ausschließen. Handelt der Kommissionär dann trotzdem in Namen des Kommittenten, handelt er als vollmachtloser Vertreter (§§ 177, 179 BGB).

(2) **Übereignung an den, den es angeht:** Bei einer zulässigen Übereignung 28 an den, den es angeht (verdeckte Stellvertretung), erwirbt der Kommittent Eigentum ohne Durchgangserwerb des Kommissionärs, ohne dass dieser dem Dritten seinen Hintermann offenlegen müsste, BGH **154**, 279, WM **16**, 1044 Rn 10. Die Rechtsfigur des Geschäfts für den, den es angeht, ist im Schuldrecht für Bargeschäfte des täglichen Lebens anerkannt, RG **100**, 192, für das Sachenrecht jedoch umstritten, bejahend hL und Rspr, BGH **154**, 279, WM **16**, 1044 Rn 10 (teleologische Reduktion des Offenheitsgrundsatzes, § 164 II BGB), aA Canaris § 30 Rn 82 und stattdessen für § 392 II analog (§ 392 Rn 7). Auf jeden Fall ist Übereignung an den, den es angeht, nur möglich, wenn dem Dritten die

Hopt 1607

Person des Erwerbers gleichgültig ist und der Kommissionär sogleich für den Kommittenten Eigentum erwerben will, Ffm WM **15**, 1108, zB bei Umtausch von Wertpapieren oder Erwerb neuer Wertpapiere im Aufgebotsverfahren. Hat der Kommissionär ein eigenes Interesse am Durchgangserwerb, zB mangels Vorschuss in Höhe von Aufwendungen und Provision, wird es an einem entsprechenden Willen des Kommissionärs iZw fehlen, KG WM **13**, 161, Staub/Koller 182.

29 **c) Besonderheiten bei der Effekteneinkaufskommission:** Hier kommen neben den bisher genannten noch zwei weitere Arten des Eigentumserwerbs des Kommittenten an den Wertpapieren in Betracht, nämlich (1) durch **Absendung des Stückeverzeichnisses**, s **(13)** DepotG § 18 III; und (2) durch **Eintragung** des Übertragungsvermerks im **Verwahrungsbuch** der Bank, s **(13)** DepotG § 24 II 1. Diese beiden Sonderarten greifen dann, wenn es zum Eigentumserwerb nach den allgemeinen Regeln erst später kommen würde, schließen aber einen nach diesen Regeln ausnahmsweise früher zustande kommenden Eigentumserwerb nicht aus. Letzteres ist der Fall bei Übereignung an den, den es angeht (s Rn 28). Bei der Effektkommission wird deshalb der Parteiwille idR auf diese Art des Eigentumserwerbs gehen, Kümpel WM **76**, 954, hL zum Effektengeschäft, anders Ebenroth/Füller 56.

5) Internationaler Verkehr

30 **A. Kommissionsvertrag:** Mangels ausdrücklicher oder stillschweigender freier Rechtswahl (Art 3 Rom I-VO) gilt das Recht der gewerblichen Niederlassung des Kommissionärs (Geschäftssitz, Art 4 I lit b, 19 Rom I-VO), BGH WM **65**, 127, **71**, 990, NJW-RR **03**, 1582, Ffm AWD **72**, 629; Effektenkommission s **(7)** Bankgeschäfte Rn A/60. Nach der Gesamtheit der Umstände kann Kommissionsvertrag aber engere Verbindungen mit einem anderen Staat aufweisen (Art 4 III Rom I-VO). Das Ausführungsgeschäft ist selbstständig anzuknüpfen, ganz hL. Lit: Reithmann/Martiny/Martiny Rz 6.670; Stoll RabelsZ 24 **(59)** 601.

31 **B. Kommissionsagent:** Für den Kommissionsagenten (s Rn 3) gilt dasselbe wie für HdlVertreter (§ 92c Rn 1–3), also Recht am Ort der Niederlassung des HdlVertreters, Ebenroth RIW **84**, 168.

32 **C. Emissions- und Konsortialgeschäft** (s **(7)** Bankgeschäfte Rn Y/1): Die einzelnen Verhältnisse zwischen Emissionsbank und Emittent, zwischen Emissionsbank und Anleger und zwischen den Konsortialbanken sind gesondert anzuknüpfen. Internationales Bankvertragsrecht s **(7)** Bankgeschäfte Rn A/60.

[Pflichten des Kommissionärs]

384 (1) **Der Kommissionär ist verpflichtet, das übernommene Geschäft mit der Sorgfalt eines ordentlichen Kaufmanns auszuführen;** er hat hierbei das Interesse des Kommittenten wahrzunehmen und dessen Weisungen zu befolgen.

(2) Er hat dem Kommittenten die erforderlichen Nachrichten zu geben, insbesondere von der Ausführung der Kommission unverzüglich Anzeige zu machen; er ist verpflichtet, dem Kommittenten über das Geschäft Rechenschaft abzulegen und ihm dasjenige herauszugeben, was er aus der Geschäftsbesorgung erlangt hat.

(3) **Der Kommissionär haftet dem Kommittenten für die Erfüllung des Geschäfts, wenn er ihm nicht zugleich mit der Anzeige von der Ausführung der Kommission den Dritten namhaft macht, mit dem er das Geschäft abgeschlossen hat.**

3. Abschnitt. Kommissionsgeschäft 1 § 384

Übersicht

	Rn
1) Ausführung der Kommission, Interessenwahrungspflicht (I)	1–6
2) Nachrichtspflicht (II Halbsatz 1)	7
3) Rechenschaftspflicht (II Halbsatz 2)	8
4) Herausgabepflicht (II Halbsatz 2)	9–11
5) Eigenhaftung des Kommissionärs (III)	12–14

1) Ausführung der Kommission, Interessenwahrungspflicht (I)

A. Kommissionär muss die Kommission mit der **Sorgfalt** eines ordentlichen 1 Kfms (§ 347) ausführen, das **Interesse** des Kommittenten wahrnehmen und dessen **Weisungen** befolgen (dazu §§ 385, 386, 387), so I. Der Kommissionär hat danach die Kommission für den Kommittenten sachgerecht und vorteilhaft und zu Bedingungen auszuführen, die dessen Interessen angemessen Rechnung tragen, BGH WM **02**, 1687. Eine Vereinbarung über Stornierung als **Mistrade** ohne Schadensersatz (§ 122 BGB) genügt dem nicht, BGH WM **02**, 1688; auch Rückabwicklung nicht, wenn der Kommittent an der Durchführung ein erkennbares Interesse haben kann, Schlesw WM **04**, 1280; AGB-Kontrolle außerbörslicher mistrade-Regeln, Fleckner/Vollmuth WM **04**, 1263, Koch ZBB **05**, 265, Fridrich/Seidel BKR **08**, 497; zu den Eurex-Regeln Jaskulla WM **12**, 1708; viele zivilrechtliche Fragen sind noch offen, Fleckner WM **11**, 585; zu Mistrade BGH WM **02**, 1687, ZIP **15**, 1670 (s Rn 9, 12) mAnm Fleckner EWiR **15**, 625, Schäfer BKR **15**, 459, Düss RIW **01**, 226, Ffm WM **09**, 1032, Nürnb WM **15**, 2146 (Ermittlung des marktgerechten Preises, entgangener Gewinn); Lit: Lindfeld 2008, Clauss Diss Hbg 2011. Weisung ist eine nach Vertragsschluss einseitig vom Kommittenten getroffene Bestimmung, mit der das Ausführungsgeschäft näher konkretisiert wird, RG WarnR **40** Nr 20 S 38, MüKo/Häuser 31, str, nach aA auch Erklärungen bei Vertragsschluss, differenzierend zwischen Weisungen iSv § 384 (nach Vertragsschluss) und allgemeiner nach § 385 (auch vorher) Staub/Koller 54. Das Weisungsrecht ist ein den Vertrag ausfüllendes, nicht abänderbares Gestaltungsrecht des Kommittenten. Der Kommissionär muss einen Widerstreit seiner Interessen mit denen des Kommittenten offenbaren, wenn er die Kommission nicht ablehnt, also vor Abschluss des Kommissionsvertrags (vgl § 347 Rn 30); er muss, wenn er die Kommission übernimmt, seine Interessen hintanstellen, RG JW **01**, 408. Ihn trifft die Beweislast für Sorgfalt, wenn Zweck der Kommission nicht erreicht, BGH **LM** Nr 2. Zur Behandlung der Interessenkonflikte zwischen Kommissionär und Kommittent und zwischen mehreren Kommittenten bei Ausführung der Kommission s Hopt, Kapitalanlegerschutz 1975 S 478 ff, Koller BB **78**, 1733, auch **(16)** WpHG § 63 (Verhaltenspflichten), § 80 I 1 Nr 2 (Organisationspflicht zur Vermeidung von Interessenkonflikten). Dabei gilt **Priorität des Kommittenteninteresses** und bei konkurrierenden **Aufträgen verschiedener Kommittenten** grundsätzlich **zeitliche Priorität** (vgl § 347 Rn 30). Rechtsfolgen von Pflichtverletzungen s §§ 384 III, 385 I, 386, 388, 389, 390, 393, im Übrigen §§ 280 ff, 323 ff BGB (iVm § 634 BGB bei Schlechterfüllung eines Werkvertrags, s § 383 Rn 6); Unterlassung eines Deckungsgeschäfts ist idR kein Mitverschulden des Kunden, BGH AG **02**, 41, **03**, 380, Nürnbg ZIP **04**, 846. Es gilt die dreijährige Regelverjährungsfrist des § 195 BGB (Einl 16 vor § 343), auf die auch § 634a I Nr 3 BGB verweist. Bei Provisionsschinderei **(churning)** des Anlagevermittlers kann Broker aus §§ 826, 830 BGB haften, BGH NJW **04**, 3423, BKR **12**, 78 Rn 47, KG WM **12**, 594 (Depotbank), Karls WM **15**, 2132, Barta BKR **04**, 433, Livonius BKR **05**, 20, Hilgard WM **06**, 409, Bsp: LG Rgbg WM **09**, 847. Kartellrecht, namentlich §§ 14u 16 aF GWB, Art 101 AEUV (Art 81 aF EG), s § 383 Rn 10.

§ 384   2–5   4. Buch. Handelsgeschäfte

2   B. Kommissionär muss Kommittenten vor Auftragserteilung auf **Bedenken** hinweisen, BGH **8**, 235 (Auftrag zum Verkauf von Wertpapieren, die dem Bankier, nicht dem Kunden erkennbar „unreell" sind), ebenso uU auf günstigere als die von Kommittenten angenommenen (und seinen Weisungen zugrunde gelegten) Geschäftschancen, RG **83**, 204. Die Bank als Kaufskommissionärin muss den Kunden darauf hinweisen, dass sie auch von der Emittentin des Wertpapiers Provision erhält, BGH NJW **13**, 3574; allgemeiner zu Aufklärungspflicht über Innenprovisionen (nicht ausgewiesene Vertriebsprovisionen) und Rückvergütungen s § 347 Rn 30. Der Kommissionär muss dem Kommittenten alle wesentlichen Umstände **mitteilen,** die ihn zu Weisungen oder Kündigung bewegen könnten; iZw muss er **rückfragen,** Nürnb WM **10**, 405. **Rat** oder **Empfehlung** schuldet Kommissionär vor Auftrag (idR) nur auf Verlangen; danach soweit handelsüblich oder von Treu und Glauben gefordert, RG JW **01**, 408. Haftung aus Rat und Empfehlung s § 347 Rn 8–40; Beratungs- und Verwaltungspflichten bei der Effektenkommission (uU auch unaufgefordert) s Rn 1, **(7)** Bankgeschäfte Rn A/29.

3   C. Kommissionär muss idR die Kommission **selbst ausführen,** er darf zwar **Hilfspersonen** hinzuziehen (für die er nach § 278 BGB haftet), aber idR die Kommission nicht ohne Zustimmung des Kommittenten einem anderen (**Zwischenkommissionär,** vgl auch Zwischenfrachtführer, Zwischenspediteur) übertragen (keine Substitution), RG HRR **30**, 1489 (für Kunsthandel, abw HdlBrauch unwirksam gegen NichtKfmKommittent). Das folgt aus § 664 BGB (analog, da § 675 I BGB nicht auf ihn verweist), nach aA aus § 613 BGB. Anders, wenn die Kommission außerhalb des Platzes, wo Kommissionär zu arbeiten pflegt, auszuführen ist. Darf Kommissionär die Kommission einem Zwischenkommissionär übertragen, so haftet er nur für Sorgfalt bei dessen Auswahl (RG **78**, 313) und Überwachung, er muss ggf Schadensersatzansprüche gegen jenen geltend machen, dem Kommittenten das Erlangte herausgeben, zur Einklagung den Anspruch dem Kommittenten abtreten (wohl nicht: ihn selbst einklagen). Über Freizeichnung § 347 Rn 38. Bei der Ausführung muss der Kommissionär **zuverlässige Dritte auswählen,** sonst macht er sich schadensersatzpflichtig. Der Dritte ist aber **nicht Erfüllungsgehilfe** des Kommissionärs nach § 278 BGB. Ausnahmsweise hat der Kommissionär aber für den Dritten einzustehen (§§ 384 III, 393, 394, s § 394 Rn 1).

4   D. Mit **Ausführung** des übernommenen Geschäft ist in I sowohl der **Abschluss** eines interessengerechten Ausführungsgeschäfts als auch dessen **Abwicklung,** obwohl das Gesetz sonst zwischen „Ausführung der Kommission" (zB §§ 384 II, III, 400 I–III, 401 I, 404, 405) und „Ausführung des Geschäfts" (§ 396 I, Abwicklung) unterscheidet, Staub/Koller 4, Ebenroth/Füller 3, aA BGH **LM** Nr 2; was im konkreten Fall gelten soll, bestimmt sich nach §§ 133, 157 BGB, Erstreckung auf beides liegt iZw im Interesse des Kommittenten. Macht der HdlPartner Aufhebungs- oder Rücktrittsrechte geltend (Mistrade s Rn 1), muss der Kommissionär deren Berechtigung prüfen und darf sie nicht einfach aus Kulanzgründen akzeptieren, Fleckner WuB I G 2.-1.08, aA LG Nürnb-Fürth WM **07**, 2374. Aufträge zum (Ver)Kauf von Wertpapieren sind wegen der möglichen Kursschwankungen umgehend weiterzuleiten; nicht abdingbare vertragswesentliche Pflicht iSv **(5)** § 307 BGB, Oldbg WM **93**, 1879 für Optionsscheine.

5   E. **Kommittent** kann verpflichtet sein, zur Ausführung der Kommission **mitzuwirken,** zB (bei Einkaufskommission) durch Akkreditivstellung; diese kann Bedingung der Ausführungspflicht des Kommissionärs sein oder die Kommission ist relatives Fixgeschäft (Kommissionär kann mangels Akkreditivstellung in der bestimmten Frist zurücktreten, § 323 II Nr 2 BGB, vgl § 376 Rn 1, 3) oder die Ausführung durch Kommissionär wird mangels Akkreditivstellung unmöglich;

3. Abschnitt. Kommissionsgeschäft 6–8 § 384

BGH **LM** Nr 2, vgl **(7)** Bankgeschäfte Rn K/1. Der Kommittent darf **nicht** die Erfüllung der Pflichten (des Kommissionärs) aus dem Ausführungsgeschäft (zumal er die Rechte aus diesem an sich ziehen kann, § 384 II) **vereiteln,** zB nach Empfang der Ware aus einer Einkaufskommission dem insolventen Kommissionär den Kaufpreis zahlen, so dass Verkäufer in dessen Konkurs unbefriedigt bleibt; Kommittent haftet dann uU dem Verkäufer nach § 826 BGB, BGH NJW **65,** 249.

F. (Verkaufs-)Kommissionär kann **Mindestpreis garantieren** (§ 383 Rn 7), 6 bleibt auch dann grundsätzlich weisungsgebunden (§ 385 Rn 1); die Garantie entfällt bei Schlechtlieferung des Kommittenten, Kommissionär muss sie prompt rügen (§ 377), Mü BB **55,** 682, **60,** 642.

2) Nachrichtspflicht (II Halbsatz 1)

Der Kommissionär muss Kommittent die **erforderlichen Nachrichten** ge- 7 ben, dh alle für Kommittent bezüglich des Geschäfts wichtigen, insbesondere die ihn zu Anordnungen bezüglich des Geschäfts bestimmen können, BGH WM **88,** 403, **02,** 1689, **LM** Nr 2, zB über den Zustand von Ware bei Ankunft, Ansprüche Dritter, Zahlungsunfähigkeit des Schuldners und insbesondere über die Ausführung der Kommission; jede Mitteilung (nicht nur die Ausführungsanzeige) unverzüglich (ohne schuldhaftes Zögern, § 121 BGB). Mit der **Ausführungsanzeige** wird zum Schutz des Kommittenten der Abschluss des Ausführungsgeschäfts kundgetan. Die Ausführungsanzeige ist einfache Tatsachenmitteilung, nach aA Willenserklärung oder rechtsgeschäftsähnliche Handlung. Der Kommissionär kann sie widerrufen oder berichtigen, dann aber uU Haftung nach III (s Rn 13). Der Kommissionär muss dafür sorgen, dass der Kommittent die Ausführungsanzeige erhält; ist sie nicht zugegangen, muss er sie wiederholen. Versäumung und Verspätung machen ersatzpflichtig; das Geschäft bleibt trotzdem wirksam. Der Kommissionär ist nach II grundsätzlich auch zur **Nennung des Dritten,** mit dem das Ausführungsgeschäft geschlossen ist, verpflichtet (bei Verstoß, auch ohne Verschulden, Eigenhaftung nach III, s Rn 12), str, Staub/Koller 66, aA Schlegelb/Hefermehl 25 wegen Gefahr künftiger Ausschaltung des Kommissionärs; dies kann aber abbedungen werden, bei nahe liegender Gefahr künftiger Ausschaltung auch stillschweigend (§§ 133, 157 BGB), BGH NJW **17,** 475 Rn 38, differenzierend Staub/Koller 66. Zur Erklärung des **Selbsteintritts** s §§ 400, 405; zur Übersendung des Stückeverzeichnisses beim Wertpapierkauf **(13)** DepotG §§ 18 ff.

3) Rechenschaftspflicht (II Halbsatz 2)

Kommissionär muss über das Ausführungsgeschäft schriftlich und, soweit ver- 8 kehrsüblich (§ 259 I BGB) mit Belegen Rechenschaft ablegen, also die Einzelheiten der Durchführung darlegen und belegen, zB über Empfänge, Aufwendungen. Zeitpunkt der Durchführung, BGH WM **88,** 403, nicht nur (Verkaufskommissionär) Nettoeinnahme (Bruttoeinnahme abzüglich Aufwendungen), BGH WM **61,** 750, Unterlassen von Abschlüssen, Celle WM **74,** 736. Er muss auch auf Verlangen über seine Maßnahmen nähere **Auskunft** geben und sie **rechtfertigen** (zB den Preis, zu dem er die Kommission ausführte). II Halbs 2 bezieht sich nur auf Informationen zur Ausführung der Kommission, nicht auf Anlageinformationen, Schlesw WM **16,** 1390 (zu diesen § 347 Rn 23 ff). Vorzeitiges Ende des Kommissionsverhältnisses (§ 383 Rn 12) verpflichtet zu vorzeitiger Rechenschaft. Die Verpflichtung ist vererblich, Erlass zulässig. Verjährung wie beim Hauptanspruch. Ungenügende Rechenschaft verpflichtet zur Offenbarungsversicherung, § 259 BGB. Kommissionär hat die Stufenklage (§ 254 ZPO) auf Rechnungslegung, Leistung der Offenbarungsversicherung und Zahlung des sich aus der Abrechnung ergebenden Schuldbetrags, daneben dann nicht die Klage auf Feststellung dieser Zahlungspflicht BGH **LM** § 254 ZPO Nr 6.

§ 384   9

Kommissionär kann die Rechenschaft nicht (nach § 273 BGB) zurückhalten. Vorlegung der Belege genügt idR, also grundsätzlich keine Pflicht zur Herausgabe, MüKo/Häuser 57; denn der Kommissionär braucht sie, solange er rechenschaftspflichtig ist. HdlBücher braucht Kommissionär nur ausnahmsweise vorzulegen, § 810 BGB greift mangels rechtlichen Interesses in aller Regel nicht Platz, iErg auch MüKo/Häuser 58. Die Vorlegung ist zu verlangen, wenn ganz bestimmte Anhaltspunkte, nicht nur bloße Vermutungen, ein Misstrauen in die Ausführungsanzeige begründen, vgl RG Gruch **49**, 835. Die Pflicht zur Rechenschaft erlischt nicht mit Abwicklung der Kommission, Kommittent muss danach aber Anspruch auf Rechenschaft in angemessener Zeit geltend machen. Anerkennung der gelegten Rechnung oder weiterer Rechenschaft bedeutet idR Entlastung des Kommissionärs, so dass Kommittent grundsätzlich keine Ansprüche wegen vertragswidriger Ausführung der Kommission mehr geltend machen kann. Abrechnung an den falschen Kommittenten ist kein selbstständiges Schuldanerkenntnis iSv §§ 781, 782 BGB, Ffm WM **72**, 1475. Rechnungsabschlüsse bei Kontokorrentkonten s **(8)** AGB-Banken Nr 7, unverzügliche Prüfung und Einwendungen des Kunden nach **(8)** AGB-Banken Nr 11 IV (s dort Rn 9). Für WPDienstleistungsunternehmen gelten besondere Aufzeichnungs- und Aufbewahrungspflichten nach WpHG.

4) Herausgabepflicht (II Halbsatz 2)

9   A. Kommissionär muss dem Kommittenten **herausgeben**, was er **aus der Geschäftsbesorgung erlangt hat** (§ 384 II, auch schon §§ 667, 675 I BGB) und was er **zur Ausführung der Kommission** erhielt und nicht verwandte (§§ 667, 675 I BGB, zB unverkaufte Ware, unverbrauchter Vorschuss), BGH WM **07**, 1382, NJW **14**, 924 Rz 16. III fingiert aber nicht die Wirksamkeit der Geschäfts, also nicht wenn der Kommissionär von dem Geschäft hätte zurücktreten können, ihm die Ausführung unmöglich geworden ist oder ein Mistrade (s Rn 1) vorliegt, BGH WM **59**, 270, ZIP **15**, 1670. Bspe: Forderungen, an Kommittent abzutreten oder für ihn einzuziehen, bei Pflichtverletzung Schadensersatz, auch uU Strafbarkeit (Untreue, § 266 StGB), uU auch Schadensersatzpflicht des Dritten (Schuldners), der den Rechtsmissbrauch des Kommissionärs kennt (§§ 826, 823 II BGB), BGH BB **59**, 975; den erlösten Kaufpreis mit Zinsen seit Fälligkeit des Herausgabeanspruchs (§ 353, wenn auch Kommittent Kfm ist); die gekaufte Ware mit Früchten und anderen Nutzungen; ggf die Traditionspapiere (§§ 448, 475g, 650) über die Ware; Begleit- und Beweisurkunden, aber nicht Aufzeichnungen der Bank nach **(16)** WpHG, Nürnbg WM **07**, 647; ggf Ersatz für die verlorene Ware, zB eine Versicherungssumme, wenn diese mehrere Schäden betrifft: ein entsprechender Anteil, Kblz MDR **67**, 770 (nachträgliches Wiederfinden verlorener Ware soll diese Teilung nicht mehr ändern); **„Provision"** (soweit nicht durch Vereinbarung oder Verkehrssitte gestattet, vgl RG HRR **29**, 1990 betr Versteigerer, Stgt WM **11**, 977 (zum Rechtsirrtum); die Kommissionsgebühr selbst ist nicht „aus" der Geschäftsbesorgung erlangt, aber Vertriebsprovisionen, auch wenn sie vom Emittenten eines Zertifikats an die Bank gezahlt werden, hL, Canaris § 30 Rn 31, Kumpan in Baum ua, Perspektiven des Wirtschaftsrechts (Beiträge für Hopt) **08**, S 39, Koch ZBB **13** 217, offen BGH NJW **12**, 2877, NJW **14**, 924 Rz 19, aA Saarbr BKR **12**, 174, Mülbert ZHR 172 **(08)** 192, zwischen Kommissions- und Festpreisgeschäft differenzierend Ffm NJW-RR **12**, 1076; „Geschenke", Schmiergelder, die Kommissionär vom Dritten für den Abschluss empfing, RG **96**, 55 (Strafbarkeit: s §§ 299 ff StGB; Anfechtung des Ausführungsgeschäfts: RG JW **14**, 291), Koller BB **78**, 1738, Staub/Koller 85, daran ändert bloße Offenlegung nichts, Koch ZBB **13**, 217, außer bei diesbezüglicher Vereinbarung, str, für letztere Hadding ZIP **08**, 529 für Emissionsbonifikationen (§ 347 Rn 30); vgl für Handelsvertreter § 86 Rn 23. § 667 Fall 2 BGB, § 384 II Halbs 2 Fall 2 HGB sind dispositiv, BGH

3. Abschnitt. Kommissionsgeschäft   10–12   § 384

NJW **14**, 924 Rz 21, Rothenhöfer in Baum ua **08**, S 80, str. Behaltensklausel in AGB zu Vertriebsvergütungen (§ 347 Rn 30) ersetzt nicht Offenlegung (s Rn 8), BGH NJW **14**, 924 Rz 49; sie ist unter § 307 BGB zulässig, wenn der Kunde den wirtschaftlichen Wert des Verzichts einschätzen kann, Verweisung auf § 31d aF, § 70 nF WpHG ist zulässig, BGH NJW **14**, 924, Ffm ZIP **12**, 2337, Koch ZBB **13**, 225.

B. Kommissionär hat **das Erlangte** herauszugeben (abzutreten), **wie er es**   10 **hat:** zB statt Eigentum ggf Anwartschaft auf Eigentum (bei Erwerb unter Eigentumsvorbehalt), Besitz (bei unwirksamem Erwerb zu Eigentum), statt Sachen den Anspruch auf ihre Herausgabe oder Lieferung oder auf Ersatz für ihre Nichtherausgabe oder Nichtlieferung. Beim Gattungskauf muss Einkaufskommissionär die gekaufte Ware ausgesondert herausgeben, soweit er keine andere Vereinbarung beweist, RG **53**, 370. „Depotfixen" ist verboten: Kommissionär darf nicht gekaufte Papiere für sich veräußern und dem Kommittenten später gleichartige liefern, vgl RG **96**, 185. Siehe aber **(13)** DepotG §§ 24, 7.

C. Einkaufskommissionär muss die Ware bis zur Herausgabe verwahren, RG   11 **53**, 369. Die Versendungsgefahr trägt Kommittent. Bei Verletzung der Herausgabepflicht hat er Anspruch auf Schadensersatz (§§ 280 I, III, 281 oder 283 BGB) und kann zurücktreten (§ 323 I oder § 326 V BGB). Dann verliert der Kommissionär den Anspruch auf Provision (Herausgabeanspruch steht im Synallagma, str, Canaris § 30 Rn 45), nicht auch Aufwendungsersatzanspruch, muss das vom Kommittenten Empfangene zurückzahlen, Canaris § 30 Rn 32. Verlust des Provisionsanspruchs auch, wenn der Kommissionär die Unmöglichkeit der Herausgabe nicht zu vertreten hat, zB bei Verlust des Kommissionsguts durch Brand (§ 326 I oder §§ 323 I, 326 V BGB), Canaris § 30 Rn 45, FS Konzen **06**, 56, str. Kommissionär braucht nur Zug um Zug gegen Befriedigung seiner Ansprüche herauszugeben, hat ferner an Kommissionsgut und Anspruch aus dem Ausführungsgeschäft das Pfand- und Befriedigungsrecht nach §§ 397–399. Leistungsklage des Kommittenten setzt Klage auf Rechnungslegung nur voraus, wo Kommittent sein Guthaben ohne sie nicht beziffern kann. Der Herausgabepflicht des Kommissionärs entspricht eine Abnahmepflicht des Kommittenten, OGH NJW **50**, 786. Die Herausgabe des Kaufpreises durch den Kommissionär steht nicht im Gegenseitigkeitsverhältnis zur Warenhingabe durch den Kommittenten, BGH **79**, 93; wohl aber zu dessen Provisionszahlung, str. Ansprüche des Kommittenten gegen den Kommissionär verjähren in drei Jahren (§ 195 BGB, Einl 16 vor § 343).

5) Eigenhaftung des Kommissionärs (III)

A. Zur Nennung des Dritten, mit dem er abgeschlossen hat, ist Kommissionär   12 idR nach II (Anzeige von Ausführung der Kommission, s Rn 7) verpflichtet (wenn der Dritte nicht ohnehin dem Kommittenten bekannt). Unterlassung der Nennung (auch wenn nicht pflichtwidrig, auch wenn die Benennungspflicht abbedungen worden ist, Staub/Koller 143, 154: Eigenhaftung als Ausgleich für Verschweigen), Nennung eines anderen Dritten oder überhaupt Nichtabschluss mit einem Dritten, BGH ZIP **15**, 1670 Rn 15, lässt den Kommissionär dem Kommittenten kraft Gesetzes und ohne Verschulden **haften für Erfüllung** des von ihm mit dem Dritten für Rechnung des Kommittenten geschlossenen Geschäfts **(Eigenhaftung, III),** ähnlich der Delkrederehaftung (§ 394) und der Maklerhaftung bei vorbehaltener Aufgabe (§ 95 III), unbeschadet des Anspruchs des Kommittenten auf Nennung des Dritten (falls Kommissionär zur Nennung verpflichtet ist, s Rn 7), Ffm MDR **12**, 44. III schützt den Kommittenten vor Unterschiebung eines weniger leistungsfähigen Dritten oder anderweitige Inanspruchnahme des Geschäfts, BGH ZIP **15**, 1670 Rn 14 III fingiert aber nicht die Wirksamkeit des Geschäfts, gilt also nicht bei Aufhebung des Wertpapier-

§ 385   1   4. Buch. Handelsgeschäfte

geschäfts wegen fehlender Marktgerechtigkeit (Mistrade, s Rn 1), BGH ZIP **15**, 1670. Die Haftung **setzt voraus,** dass die unbestimmte **Ausführungsanzeige** abgesandt und dem Kommittenten zugegangen ist (maßgeblicher Zeitpunkt der Namhaftmachung ist nach der hL der Zugang, s Rn 13, nach aA die Absendung der Ausführungsanzeige); sonst schuldet Kommissionär nur Schadensersatz wegen (schuldhafter) Verletzung der Anzeigepflicht (Rn 7). Bei Eigenhaftung ist zu unterscheiden: bei ausgeführter Kommission kann der Kommittent entweder Nennung des Dritten nach II verlangen und sich die Rechte gegen diesen übertragen lassen oder den Kommissionär nach III auf Erfüllung des angezeigten Ausführungsgeschäfts in Anspruch nehmen; bei nicht ausgeführter Kommission kann der Kommittent Ausführung verlangen bzw uU kündigen oder den Kommissionär nach III auf Erfüllung des als abgeschlossen angezeigten Geschäfts in Anspruch nehmen. Die Haftung gilt auch (und ist besonders bedeutsam) bei unwirksamem Selbsteintritt, BGH **LM** § 675 BGB Nr 3. Beweislast für Nennung liegt beim Kommissionär, BGH WM **84**, 930.

13 B. Die den Dritten nennende Mitteilung muss vor, in oder zugleich mit der Anzeige von Ausführung der Kommission (II, s Rn 7) dem Kommittenten **zugehen** (s Rn 12). Später zugehende Nennung beseitigt die Haftung nicht. Die Haftung gilt auch bei nicht hinreichend bestimmter Bezeichnung des Dritten sowie bei Nennung einer Person, mit der in Wahrheit nicht abgeschlossen ist (ob mit einem anderen oder gar nicht mit einem Dritten abgeschlossen ist), letzterenfalls haftet der Kommissionär allein, BGH **LM** § 675 BGB Nr 3. Irrige Nennung (entspr Nichtnennung in der irrigen Meinung, ein Deckungsgeschäft sei geschlossen, Staub/Koller 159) kann der Kommissionär zwar nicht anfechten (Tatsachenmitteilung, s Rn 7), aber analog §§ 119 ff BGB widerrufen bzw berichtigen (s Rn 7); er haftet dann entspr § 122 BGB auf Ersatz des Vertrauensschadens, nicht nach § 384 III, hL; demgegenüber für Anfechtung der Ausführungsanzeige, da konstitutiv, MüKo/Häuser 45, differenzierend Ebenroth/Füller 25f, dann § 122 BGB direkt, also ohne große Unterschiede.

14 C. Die Eigenhaftung ist **abdingbar.** Sie kann auch durch HdlBrauch aufgehoben werden, RG **112**, 151, was für das Effektengeschäft behauptet wird, BGH **LM** § 675 BGB Nr 3.

[Weisungen des Kommittenten]

385 (1) **Handelt der Kommissionär nicht gemäß den Weisungen des Kommittenten, so ist er diesem zum Ersatze des Schadens verpflichtet; der Kommittent braucht das Geschäft nicht für seine Rechnung gelten zu lassen.**

(2) **Die Vorschriften des § 665 des Bürgerlichen Gesetzbuchs bleiben unberührt.**

1) Bindung an Weisungen (I Halbsatz 1, II)

1 A. Der Kommissionär hat die (im Rahmen der Kommission bleibenden, den Kommissionär also nicht vertragswidrig belastenden) **Weisungen** des Kommittenten (Gestaltungsrecht) zu **befolgen** (**I,** s auch §§ 386, 387); auch wenn ihr Sinn dem Kommissionär nicht erkennbar ist oder nicht einleuchtet, BGH WM **76**, 632 (aber s Rn 4); uU nicht ohne Gegenempfehlung (§ 384 Rn 2, sonst Haftung für Schaden trotz Befolgung der Weisung). Bspe: Weisung betr Höchstoder Mindestpreis bei der Einkaufs- bzw Verkaufskommission (**Limit,** I, § 386); Weisung betr Auswahl zu erwerbender Wertpapiere, BGH WM **76**, 631. Der Weisungsbegriff ist derselbe wie in § 384 I (dort Rn 1), aA Staub/Koller § 384 Rn 54; Erklärungen bei Vertrag und Vertragsabreden einschließlich des dispositi-

3. Abschnitt. Kommissionsgeschäft § 386

ven Rechts fallen nicht darunter, Ko/Ro/Mo/Roth 2, aA Canaris § 30 Rn 21, Knütel ZHR 137 **(73)** 289. Das Weisungsrecht gilt auch bei Mindestpreisgarantie des Kommissionärs (§ 384 Rn 6), zB Weisung, nicht zu verkaufen, solange die Preischancen eindeutig über der Garantie liegen, Kommittent also nicht wider Treu und Glauben auf Grund der Garantie spekuliert, Mü BB **55**, 682. Lit: Knütel ZHR 137 **(73)** 285.

B. **Abweichen** darf Kommissionär nach **§ 665 BGB** (so **II,** folgt auch aus 2 § 675 I BGB). Widerspricht eine Weisung klar seinem Interesse und ist dem Kommissionär nicht erkennbar, dass Kommittent sie bewusst trotzdem aufrechthält, so ist Kommissionär aus der Interessenwahrungspflicht (§ 384 I) zur gebotenen Abweichung verpflichtet. Bei weisungswidriger, nicht interessenverletzender Ausführung uU gegen Zurückweisung durch Kommittent Treuwidrigkeitseinwand des Kommissionärs (der für dessen Voraussetzungen beweispflichtig), BGH WM **76**, 632.

2) Folgen des Verstoßes gegen Weisungen (I Halbsatz 1, 2)

A. Unzulässige verschuldete (§ 276 I BGB, RG **56**, 151) Abweichung macht 3 Kommissionär dem Kommittenten haftbar auf **Schadensersatz (I Halbsatz 1),** außer wenn dieser das Geschäft für seine Rechnung gelten lässt (vgl Rn 4), str, oder wenn die Interessen des Kommittenten trotz des Weisungsverstoßes nicht in einer zum Schadensersatz verpflichtenden Weise verletzt werden, BGH WM **83**, 839 (zu § 665 BGB), Ffm WM **89**, 711 (Beschaffung der Optionsscheine statt an der Börse zum gleichen Preis außerhalb des Börsensaales), oder dem Interesse des Kommittenten dadurch sogar noch besser entsprochen wird, RG SeuffA **85**, Nr 52, BGH WM **76**, 632. Der Kommissionär muss sein Nichtverschulden bei Abweichung von der Weisung dartun (§ 280 I 2 BGB), vgl auch BGH NJW **57**, 746 (Sphärentheorie). Mitverschulden des Bankkunden (§ 254 BGB) bei Schweigen auf längeres Ausbleiben der Effektenverkaufsnachricht, BGH WM **81**, 714.

B. Kommittent braucht das weisungswidrig geschlossene Ausführungsgeschäft 4 **nicht für seine Rechnung gelten zu lassen (I Halbsatz 2);** auf Verschulden des Kommissionärs kommt es dabei nicht an, hL, Ko/Ro/Mo/Roth 5, aA Koller BB **79**, 1730. Er muss es (außer bei Verstoß gegen das Preislimit, § 386 I) nicht unverzüglich zurückweisen; sein Schweigen auf die Anzeige, aus der er die weisungswidrige Ausführung ersieht, bedeutet nicht ohne Weiteres Genehmigung der Abweichung, RG Gruch **48**, 1007. Aber Annahme (auch nur teilweise) der Erfüllung bedeutet Genehmigung, RG JW **14**, 103. Geringfügige Abweichungen, die das Interesse des Kommittenten überhaupt nicht verletzen (Beweislast beim Kommissionär), berechtigen nicht zur Zurückweisung (§ 242 BGB), BGH WM **76**, 632 (iErg abl). Auch dann ist Zurückweisung nicht zulässig, wenn Kommissionär sich erboten hat, dem Kommittenten die Nachteile aus der Abweichung von der Weisung auszugleichen (wie für den Fall des Verstoßes gegen das Preislimit § 386 II ausdrücklich bestimmt); idR wird Kommissionär auch noch die schon erfolgte Zurückweisung durch unverzügliches Angebot solchen Ausgleichs entkräften können (abw von § 386 II). Ist zurückgewiesen, so dauert die Kommission fort, wenn sie nicht aus anderen Gründen erlischt, Kommittent braucht Verwendungen und Provision nicht zu zahlen, Kommissionär darf und muss die Kommission anders von neuem ausführen, RG JW **32**, 2608. Die Rechte nach I Halbs 1 und Halbs 2 (Schadensersatz und Zurückweisung) bestehen nebeneinander.

[Preisgrenzen]

386 (1) **Hat der Kommissionär unter dem ihm gesetzten Preise verkauft oder hat er den ihm für den Einkauf gesetzten Preis überschritten,**

§ 387

so muß der Kommittent, falls er das Geschäft als nicht für seine Rechnung abgeschlossen zurückweisen will, dies unverzüglich auf die Anzeige von der Ausführung des Geschäfts erklären; anderenfalls gilt die Abweichung von der Preisbestimmung als genehmigt.

(2) ¹Erbietet sich der Kommissionär zugleich mit der Anzeige von der Ausführung des Geschäfts zur Deckung des Preisunterschieds, so ist der Kommittent zur Zurückweisung nicht berechtigt. ²Der Anspruch des Kommittenten auf den Ersatz eines den Preisunterschied übersteigenden Schadens bleibt unberührt.

1) Zurückweisung durch Kommissionär (I)

1   Bei Abweichung vom Preislimit zum Nachteil des Kommittenten muss dieser das Geschäft **unverzüglich** (ohne schuldhaftes Zögern, § 121 BGB, also mit angemessener Überlegungsfrist) auf die (die Abweichung offenbarende) Anzeige von der Ausführung der Kommission **zurückweisen,** sonst gilt die Abweichung als genehmigt, Kommittent kann dann das Geschäft nicht mehr zurückweisen, auch wegen der Preisabweichung nicht Schadensersatz fordern (aber wegen anderer Abweichung, § 385), hL, Ebenroth/Füller 9, str. Die Zurückweisung ist empfangsbedürftig (§ 130 BGB), geht sie verloren und kann Kommittent sie nicht innerhalb der Zeit, in der Kommissionär sie erwarten muss, wiederholen, so verliert Kommittent das Zurückweisungsrecht (wenn es nicht nach den Umständen gegen Treu und Glauben verstößt, dass Kommissionär ihn am weisungswidrig geschlossenen Geschäft festhält). Anfechtung nach §§ 119ff BGB, aber nicht wegen Irrtums über die Bedeutung des Schweigens (§ 346 Rn 33), MüKo/ Häuser 16, differenzierend Ebenroth/Füller 8.

2) Deckungszusage des Kommittenten (II)

2   Das Zurückweisungsrecht des Kommittenten (nicht ggf sein Anspruch auf Schadensersatz außerhalb des Preisunterschieds, **II** 2) entfällt, wenn Kommissionär sich zugleich mit der Ausführungsanzeige (vgl § 384 Rn 13) **erbietet,** den **Preisunterschied zu decken (II 1),** dh zu zahlen mit mindestens den kommissions-(und weisungs-)gemäßen Zahlungsbedingungen; vorausgesetzt: Kommissionär ist leistungswillig und leistungsfähig, sein Erbieten zu erfüllen, sonst unzulässige Rechtsausübung, MüKo/Häuser 20. Die Deckungszusage ist formlos, sie schuldrechtlicher Anspruch, kein abstraktes Schuldversprechen, Oetker/Bergmann 13, Ebenroth/Füller 11.

[Vorteilhafter Abschluss]

387 (1) Schließt der Kommissionär zu vorteilhafteren Bedingungen ab, als sie ihm von dem Kommittenten gesetzt worden sind, so kommt dies dem Kommittenten zustatten.

(2) Dies gilt insbesondere, wenn der Preis, für welchen der Kommissionär verkauft, den von dem Kommittenten bestimmten niedrigsten Preis übersteigt oder wenn der Preis, für welchen er einkauft, den von dem Kommittenten bestimmten höchsten Preis nicht erreicht.

1   **1)** Vom Kommittenten gesetzte Bedingungen für den Abschluss sind iZw Mindestbedingungen; Kommissionär darf von ihnen zum Vorteil des Kommittenten abweichen, ist dazu soweit möglich verpflichtet (§ 384 I: Interessenwahrung); das günstigere Ergebnis, an Preis (II) oder anderen Bedingungen (zB Stundung, Zugabe; über Emissionsbonifikationen s RG JW 05, 118) kommt dem Kommittenten (für dessen Rechnung Kommissionär abschließt, §§ 383, 406 I) zugute (I, II), soweit nicht anderes vereinbart ist (zB Beteiligung des Kommissionärs am

3. Abschnitt. Kommissionsgeschäft 1–4 § 388

Überpreis). Beweis für günstigeren Abschluss obliegt dem Kommittenten, für eine von § 387 abweichende Vereinbarung dem Kommissionär.

[Beschädigtes oder mangelhaftes Kommissionsgut]

388 (1) Befindet sich das Gut, welches dem Kommissionär zugesendet ist, bei der Ablieferung in einem beschädigten oder mangelhaften Zustande, der äußerlich erkennbar ist, so hat der Kommissionär die Rechte gegen den Frachtführer oder Schiffer zu wahren, für den Beweis des Zustandes zu sorgen und dem Kommittenten unverzüglich Nachricht zu geben; im Falle der Unterlassung ist er zum Schadensersatze verpflichtet.

(2) Ist das Gut dem Verderb ausgesetzt oder treten später Veränderungen an dem Gute ein, die dessen Entwertung befürchten lassen, und ist keine Zeit vorhanden, die Verfügung des Kommittenten einzuholen, oder ist der Kommittent in der Erteilung der Verfügung säumig, so kann der Kommissionär den Verkauf des Gutes nach Maßgabe der Vorschriften des § 373 bewirken.

1) Pflichten des Kommissionärs (I)

A. präzisiert (nicht abschließend) gewisse (schon aus § 384 I, II folgende) **1** Pflichten des Kommissionärs. I gilt bei Einkaufs- und Verkaufskommission, einerlei von wem und wie Kommissionär das Gut empfängt, wenn nicht (bei Verkaufskommission) am Platze unmittelbar vom Kommittenten (der dann die Mängel selbst kennen muss). Kommissionär muss das Gut bei Empfang **auf äußerlich erkennbare** (vgl § 438) **Mängel prüfen**, ggf nach I verfahren. Mängel sind Qualitäts-, Quantitätsmängel, aber auch ein aliud, MüKo/Häuser 6, einschränkend Staub/Koller 4, aber für Analogie. Zeigen sich ihm solche Mängel später, muss er dann ebenso verfahren.

B. **Wahrung der Rechte,** nicht nur gegen Frachtführer, Schiffer (so I), auch **2** gegen Spediteur, Lagerhalter, auch (bei Einkaufskommission) gegen Verkäufer, zB durch Vorbehalt bei Empfang (vgl zB § 438), Herbeiführung einer amtlichen Feststellung, sofern vorgesehen und notwendig, Mängelrüge (§ 377), uU Arrest oder einstweilige Verfügung, Ebenroth/Füller 5. **Sorge für Beweis des Zustands:** zB durch amtliche Feststellung (s oben), Beweissicherung nach § 485 ZPO, Aufnahme von Prüfungsprotokoll durch Sachverständige. Kommen Ansprüche gegen Frachtführer (Schiffer) nicht in Betracht, kann Kommissionär von Schadensfeststellung und unverzüglicher Nachricht absehen, hat dann aber bei Streit mit Kommittenten Beweislast für Zustand der Ware bei Empfang, Mü MDR **57**, 678.

C. **Schadenersatzpflicht (I Halbsatz 2):** Bei schuldhaftem Verstoß ist der **3** Kommissionär schadenersatzpflichtig (I Halbs 2). Der Verkaufskommissionär, der bei Empfang der ihm vom Kommittenten zugesandten Ware den Kommittenten nicht von Mängeln benachrichtigte, ist zB ersatzpflichtig für Mindererlös infolge Nichtbehebung des Mangels; er ist nicht behindert, gegenüber dem Kommittenten geltend zu machen, dass der Mangel bestand. Verstoß des Einkaufskommissionärs gegen Pflichten nach I (oder nach § 384 I, II) macht ihn ersatzpflichtig, zB für Verlust des Ersatzanspruchs gegen Frachtführer; der Kommittent kann nicht das Ausführungsgeschäft (nach §§ 385, 386) zurückweisen.

2) Notverkaufsrecht des Kommissionärs (II)

Bei Gefahr (schon bei Empfang des Guts oder später) des Verderbs oder einer **4** wesentlichen Entwertung (was gleichzuachten ist, § 373 Rn 17) des Kommissionsguts darf Kommissionär, falls Weisung des Kommittenten nicht eingeholt werden kann oder Kommittent mit Weisung säumt, das Gut nach § 373 (II–V) für Rechnung des Kommittenten verkaufen (§ 373 Rn 20, 23). Bei Säumnis des

§ 390 1

Kommittenten mit Weisung zuerst Androhung des Verkaufs, falls nicht Gefahr im Verzug oder Androhung aus anderen Gründen untunlich (vgl § 373 II 2), Oetker/Bergmann 18, str. Verkauft Kommissionär anders als nach § 373, schuldet er dem Kommittenten (ggf) Schadensersatz; Beweis, dass Verkauf nach § 373 nicht mehr erbracht hätte, obliegt ihm, Mü MDR **57**, 679. Im Interesse des Kommittenten kann der Kommissionär zum Verkauf nicht nur berechtigt, sondern verpflichtet sein (§ 384 I).

[Hinterlegung; Selbsthilfeverkauf]

389 Unterläßt der Kommittent über das Gut zu verfügen, obwohl er dazu nach Lage der Sache verpflichtet ist, so hat der Kommissionär die nach § 373 dem Verkäufer zustehenden Rechte.

1) § 389 regelt den Fall, dass der Kommissionär das (gekaufte oder zu verkaufende) Kommissionsgut verwahrt und der Kommittent mit einer nach dem Kommissionsverhältnis vorzunehmenden Weisung, wie damit zu verfahren ist, säumig ist, zB das gekaufte Gut nicht abnimmt, über das zu verkaufende (bei Unmöglichkeit des Verkaufs oder nach Kündigung der Kommission durch ihn) nicht verfügt. Der Kommissionär darf dann, wenn weitere Verwahrung ihm nicht zuzumuten (vgl § 390), das Gut entspr § 373 hinterlegen, uU verkaufen (§ 373 Rn 11). Er darf idR nicht wegen Pflichtverletzung des Kommittenten nach § 323 BGB vorgehen (dh nicht nach erfolgloser Fristsetzung von der Kommission zurücktreten), Grund: „Verpflichtung" iSd § 389 ist idR bloße Mitwirkungshandlung, Unterlassen begründet dann nur Gläubigerverzug, Staub/Koller 1f; anders wenn die Mitwirkungshandlung vertraglich vereinbart ist, dann Schuldnerverzug, MüKo/Häuser 7.

[Haftung des Kommissionärs für das Gut]

390 (1) **Der Kommissionär ist für den Verlust und die Beschädigung des in seiner Verwahrung befindlichen Gutes verantwortlich, es sei denn, daß der Verlust oder die Beschädigung auf Umständen beruhen, die durch die Sorgfalt eines ordentlichen Kaufmanns nicht abgewendet werden konnten.**

(2) **Der Kommissionär ist wegen der Unterlassung der Versicherung des Gutes nur verantwortlich, wenn er von dem Kommittenten angewiesen war, die Versicherung zu bewirken.**

1) Verschärfte Haftung (I)

1   A. Der Kommissionär haftet für **Verlust** oder **Beschädigung** des Kommissionsguts, die eintreten, während er es auf Grund der Kommission verwahrt (oder die irgendwie durch die Verwahrung verursacht sind, was der Kommittent beweisen muss), BGH WM **07**, 1382. Nach I (wie § 280 I 2 BGB) kann der Kommissionär sich aber bezüglich eines Verschuldens, für das er einstehen muss (§§ 276 I, 278 BGB), entlasten durch Beweis, dass Verlust oder Beschädigung auf Umständen beruhten, die durch die **Sorgfalt** eines ordentlichen Kfms (§ 347) nicht abgewandt werden konnten, RG **126**, 74, BGH WM **07**, 1382. Verlust liegt vor, wenn der Kommissionär seiner Herausgabepflicht nach § 384 II nicht mehr genügen kann, BGH WM **07**, 1382. Der Kommissionär muss die einzelnen Umstände darlegen, auf denen der Schaden beruht, RG HRR **26**, 2233. Es genügt zB nicht Nachweis eines Diebstahls; der Kommissionär muss beweisen, dass er für genügend sichere Verwahrung sorgte, vgl RG JW **27**, 1351. Andererseits genügt es, dass der Kommissionär nachweist, von Anfang bis zu Ende sorgfältig verfahren zu sein, er braucht die Ursache eines Brands nicht zu klären,

3. Abschnitt. Kommissionsgeschäft 1 § 391

RG **11**, 134. Mehrere Brände oder Diebstähle können zu besonderer Sorgfalt verpflichten, KG JW **24**, 325. Bei **nicht** vom Kommissionär verschuldetem Untergang des Guts keine Haftung, ähnlich der Rechtslage bei Konditionskauf mit aufschiebender Bedingung des Weiterverkaufs (Überbl 24 vor § 373, § 346 III 1 Nr 3 nF BGB gilt nur für das gesetzliche Rücktrittsrecht), dazu BGH NJW **75**, 778.

B. Versicherung macht den Kommissionär nicht frei, mindert nur seine Haf- 2 tung um die ausgezahlte Summe. Auch Abtretung der Ansprüche gegen den Schadensverursacher befreit nicht. Die Entlastung wird nicht dadurch ausgeschlossen, dass der Kommissionär durch Benachrichtigung des Kommittenten diesem Abwendung des Schadens (zB Beschlagnahme) hätte ermöglichen können. Haftung für Dritte s § 384 Rn 3. Freizeichnung s § 347 Rn 7.

C. Der Kommittent, der vom Verkaufskommissionär unverkauftes Gut beschä- 3 digt zurückerhält, darf (trotz Unanwendbarkeit des § 377, s § 377 Rn 2) die **Rüge** nicht ungebührlich verzögern, sonst droht Verlust des Rügerechts, Stgt MDR **58**, 774.

D. I ist **nachgiebig.** Aber Freizeichnung, auch schon Beweislastumkehr sind 4 nicht beliebig möglich, vor allem nicht in AGB, s **(5)** §§ 307, 309 Nr 7, 12 BGB; s § 383 Rn 5, auch § 391.

2) Versicherung (II)

Zur Versicherung des Kommissionsguts auf Kosten des Kommittenten (§ 396 5 II) ist der Kommissionär idR berechtigt; verpflichtet ist er dazu nur auf Weisung (nicht notwendig ausdrücklich, auch stillschweigend, zB aus längerer Übung folgend) des Kommittenten, dann im üblichen Umfang zu üblichen Bedingungen (RG **6**, 116), im Namen des Kommittenten oder im eigenen für dessen Rechnung (§§ 74ff aF, 43ff nF VVG), bei sorgfältiger Auswahl (§ 384 I) des Versicherers. Weisungswidrige Versicherung kann ersatzpflichtig machen; gibt Anspruch auf Auslagenersatz nur bei erlaubter Abweichung, § 385 HGB, § 665 BGB; zahlt aber im Schadensfall die Versicherung an Kommittenten, so schuldet dieser dem Kommissionär Ersatz nach § 812 BGB. Ähnliche Rechtslage bei Konditionskauf (Überbl 24 vor § 373), BGH NJW **75**, 778.

[Untersuchungs- und Rügepflicht; Aufbewahrung; Notverkauf]

391 [1]Ist eine Einkaufskommission erteilt, die für beide Teile ein Handelsgeschäft ist, so finden in bezug auf die Verpflichtung des Kommittenten, das Gut zu untersuchen und dem Kommissionär von den entdeckten Mängeln Anzeige zu machen, sowie in bezug auf die Sorge für die Aufbewahrung des beanstandeten Gutes und auf den Verkauf bei drohendem Verderbe die für den Käufer geltenden Vorschriften der §§ 377 bis 379 entsprechende Anwendung. [2]Der Anspruch des Kommittenten auf Abtretung der Rechte, die dem Kommissionär gegen den Dritten zustehen, von welchem er das Gut für Rechnung des Kommittenten gekauft hat, wird durch eine verspätete Anzeige des Mangels nicht berührt.

1) Untersuchungs- und Rügepflicht

§ 391 durch SMG unverändert, obwohl § 378 aufgehoben wurde (Redak- 1 tionsversehen). Bei **Einkaufskommission, die für beide Teile ein Handelsgeschäft** ist (§ 377 Rn 3) obliegt nach **S 1** Kommittenten im Verhältnis zu Kommissionär entspr § 377 unverzügliche Untersuchung des abgelieferten Guts (Ware, Überbl 8 vor § 373, Ablieferung s § 377 Rn 5) und ggf Rüge seiner Mängel. Die Rüge wahrt dem Kommittenten Anspruch aus dem Kommissionsvertrag gegen Kommissionär wegen von diesem selbst zu vertretender Mängel

Hopt 1619

§ 392

4. Buch. Handelsgeschäfte

(vgl §§ 384 I, II, 388, II, 391) und wegen Unterlassens der Wahrung der (dem Kommissionär zustehenden, aber für Rechnung des Kommittenten wirkenden) Rechte gegen Verkäufer oder Zwischenpersonen aus von diesen zu vertretenden Mängeln (vgl § 388 I, § 388 Rn 2). Gleich ist, ob Kommittent das Gut von Kommissionär oder unmittelbar vom Verkäufer erhält (sofern in diesem Falle Anspruch des Kommittenten gegen Kommissionär wegen Mängeln des Guts, s oben, bestehen). Die Mängel, für welche Kommissionär dem Kommittenten (nach dem Kommissionsvertrag) einzustehen hat, können andere sein als die, für welche Verkäufer dem Kommissionär einsteht (wenn Kommissionär das Ausführungsgeschäft nicht genau zu den Bedingungen der Kommission abschloss). Die (dem Kommissionär zustehenden) Rechte aus dem Kaufvertrag gegen Verkäufer wegen Mängeln des Guts wahrt (nach § 377, nicht § 391) iZw sowohl Rüge des Kommissionärs wie des Kommittenten, **S 2** stellt klar, dass Verspätung der Rüge durch Kommittent gegenüber Kommissionär zwar Anspruch des Kommittenten gegen Kommissionär (aus dem Kommissionsvertrag) wegen der Mängel ausschließt (s oben), nicht aber die Pflicht des Kommissionärs (§ 384 II), dem Kommittenten die Rechte abzutreten, die Kommissionär gegen Verkäufer (aus dem Kaufvertrag) wegen derselben Mängel hat (und erforderlichenfalls nach § 377 durch rechtzeitige Rüge gegenüber Verkäufer wahrte). Für Verkaufskommission mit Mindestpreisgarantie s § 384 Rn 6. S auch § 390 Rn 3 (Rückgabe unverkauften Guts).

2) Aufbewahrung, Notverkauf

2 Kommittent ist, wenn er die ihm zugesandte (§ 379 Rn 4) Ware beanstandet, entspr § 379 I, II verpflichtet, für ihre einstweilige Aufbewahrung zu sorgen, und bei Gefahr des Verderbs berechtigt, sie mit Beachtung der Vorschrift des § 373 (II-V) zu verkaufen. Der Verkauf erfolgt, wenn die Beanstandung berechtigt ist, für Rechnung des Kommissionärs (vgl § 373 III); dieser muss, falls er nicht im Verhältnis zum Verkäufer (auf Grund des Kaufvertrags) die Ware zurückweisen kann, den Kaufpreis für Verkäufer aufbringen, die Notverkaufskosten tragen und erhält den Notverkaufserlös.

[Forderungen aus dem Kommissionsgeschäft]

392 (1) Forderungen aus einem Geschäfte, das der Kommissionär abgeschlossen hat, kann der Kommittent dem Schuldner gegenüber erst nach der Abtretung geltend machen.

(2) Jedoch gelten solche Forderungen, auch wenn sie nicht abgetreten sind, im Verhältnisse zwischen dem Kommittenten und dem Kommissionär oder dessen Gläubigern als Forderungen des Kommittenten.

Übersicht

	Rn
1) Das Verhältnis des Kommittenten zu Dritten (Außenverhältnis, I)	1–5
A. Normzweck und Reichweite von § 392	1
B. Zuständigkeit im Außenverhältnis (I)	4
2) Das Verhältnis zwischen dem Kommittenten und dem Kommissionär (Innenverhältnis) sowie dessen Gläubigern	6–12
A. Kommittentenschutz nach II	6
B. Folgen der Zuordnung im Innenverhältnis	8
C. Aufrechnung durch den Dritten	12
3) Abweichende Vereinbarungen	13

3. Abschnitt. Kommissionsgeschäft 1–5 § 392

1) Das Verhältnis des Kommittenten zu Dritten (Außenverhältnis, I)

A. Normzweck und Reichweite von § 392: a) Normzweck: § 392 beruht darauf, dass der Kommissionär im eigenen Namen abschließt (§ 383 Rn 17). Er ist **mittelbarer Stellvertreter,** der Kommittent ist nur wirtschaftlich Beteiligter. Im Außenverhältnis zu dritten Geschäftspartnern ist rechtlich nur der Kommissionär berechtigt und verpflichtet. I stellt dies für Forderungen des Kommissionärs klar, während II für das Innenverhältnis zwischen dem Kommittenten und dem Kommissionär sowie dessen Gläubigern der wirtschaftlichen Beteiligung auch rechtlich Rechnung trägt (s Rn 6). II dient dem Kommittentenschutz, ratio legis ist der Treuhandcharakter, K. Schmidt § 31 VI Rn 121, str. Lit: Vrbaski 2005.

b) Reichweite: § 392 gilt nur für die **Kommission,** auch bei Eigenhaftung (§ 384 III) und Delkredere (§ 394). **Nicht** anwendbar ist § 392 auf das **Eigengeschäft** (§ 383 Rn 16) und den Selbsteintritt (§ 400), nicht für Handelsvertreter, BGH NJW **10,** 3578.

Forderungen iSv § 392 sind alle Forderungen aus dem Ausführungsgeschäft (zB auf Kaufpreis oder Lieferung), Nebenleistungsansprüche (zB auf Bestellung einer Sicherheit) sowie alle Sekundäransprüche (zB auf Schadensersatz, Rückgewähr, Surrogate). Für Deliktsansprüche und Bereicherungsansprüche bezüglich des Vertrags gilt § 392 mindestens analog, jedenfalls soweit der Kommittent Abtretung verlangen kann (§ 384 II). Das gilt auch für Forderungen aus Hilfs- und Nebengeschäften (zB Transportgeschäft). § 392 gilt auch für Forderungen bei Leistung erfüllungshalber (zB bei Wechsel, Scheck). Für den Kaufpreis bzw das Kommissionsgut und andere Surrogate der Forderung, Leistung an Erfüllungs statt und Forderungen aus Sicherungsgeschäften (zB Bürgschaft, Pfandrecht) besteht unter II Streit (s Rn 7).

B. Zuständigkeit im Außenverhältnis (I): a) Vor Abtretung: Die Forderung aus dem Ausführungsgeschäft geht auf Leistung an den Kommissionär. Vor Abtretung kann nur der Kommissionär die Forderung geltend machen. Nach üL kann er mit ihr auch gegenüber (konnexen und inkonnexen) Forderungen des Dritten (Geschäftsgegner) aufrechnen und die Forderung abtreten, und zwar auch, wenn er im Innenverhältnis pflichtwidrig handelt (s Rn 6), die Regeln über den Missbrauch der Vertretungsmacht (§ 50 Rn 4) greifen dann nicht ein, nur §§ 138 I, 826 BGB bei sittenwidrigem Zusammenwirken von Kommissionär und Drittem, BGH NJW **65,** 250, Canaris § 30 Rn 72. Dadurch würde aber der Kommittent den Schutz des § 392 II (s Rn 6 f, 8 ff) verlieren, Staub/Koller 22. Der Dritte wird vor Abtretung nur durch Leistung an den Kommissionär frei, er kann nur mit ihm Erlass, Stundung, Vergleich uä vereinbaren, Nürnb NJW **72,** 2044. Er kann nicht mit einer Gegenforderung an den Kommittenten aufrechnen (auch wenn er das Kommissionsverhältnis kennt). Dies gilt auch bei einer Forderung des Kommissionärs gegen den Dritten auf Ersatz von Schaden des Kommittenten (§ 383 Rn 21). Der Dritte hat auch Rückabwicklungs- und Bereicherungsansprüche nur gegen den Kommissionär. Bei Abführung des Kaufpreises an den Kommittenten Wegfall der Bereicherung (§ 818 III BGB, dann aber uU § 822 BGB, s § 383 Rn 23), BGH **47,** 128, aA Canaris § 30 Rn 87, weil Kommissionär das Aufspaltungsrisiko trage, vgl BGH **63,** 376 zu AGB. Schädigung des Dritten durch den Kommittenten s § 383 Rn 18. Soweit der Dritte auch Gläubiger des Kommissionärs ist, gelten **Besonderheiten (II,** s Rn 6).

b) Nach Abtretung: Die Abtretung vom Kommissionär an den Kommittenten ist jederzeit möglich, auch im Voraus im Kommissionsvertrag, vgl BGH NJW **69,** 276. Der Kommittent kann Abtretung fordern (§ 384 II, dort Rn 9), soweit nicht das Vorwegbefriedigungsrecht des Kommissionärs (§§ 397, 399) gilt. Die Abtretung wirkt nicht gegen den Dritten, solange er sie nicht kennt (§ 407 I

BGB). Das gilt bei Vorausabtretung, gleich ob man Durchgangserwerb des Kommissionärs (an der erst nach der Abtretung entstehenden Forderung) annimmt oder Soforterwerb des Kommittenten (dazu § 383 Rn 25), BGH NJW **69**, 276. Kenntnis des Dritten, dass der Kommissionär als solcher (also nicht als Eigenhändler) handelt, bedeutet nicht Kenntnis von der Abtretung seiner Forderung, BGH NJW **69**, 276.

2) Das Verhältnis zwischen dem Kommittenten und dem Kommissionär (Innenverhältnis) sowie dessen Gläubigern (II)

6 A. **Kommittentenschutz nach II:** Der Kommissionär ist Inhaber der Forderungen aus dem Ausführungsgeschäft; er hat sie dem Kommittenten abzutreten (s Rn 5). Er macht sich durch anderweitige, kommissionswidrige Verfügungen über die Forderung dem Kommittenten haftbar, aber solche Verfügungen sind grundsätzlich wirksam, auch gegenüber dem Kommittenten. Diesen Grundsatz durchbricht II und schützt so den Kommittenten bereits vor der Abtretung: Forderungen des Kommissionärs gelten, auch wenn sie noch nicht abgetreten sind, im Verhältnis zwischen dem Kommittenten und dem Kommissionär sowie im Verhältnis zwischen dem Kommittenten und den Gläubigern des Kommissionärs als Forderungen des Kommittenten (relative Verdinglichung). Das bedeutet nicht, dass der Kommissionär die Forderung mangels Verfügungsmacht nicht mehr an den Kommittenten abtreten könnte, dieser hat vielmehr trotz II Anspruch auf Abtretung (s Rn 5). Unberührt bleibt auch das Vorwegbefriedigungsrecht des Kommissionärs nach §§ 397, 399.

7 **Forderungen** iSv II sind ebenso wie solche nach I alle Forderungen aus dem Ausführungsgeschäft samt Sekundäransprüchen (s Rn 3). Streitig ist, ob unter II auch das **Surrogat der Forderung** fällt, also bei der Verkaufskommission der Kaufpreis und bei der Einkaufskommission das Kommissionsgut, die der Kommissionär auf Grund des Ausführungsgeschäfts bereits erlangt hat, sowie Leistungen, die an Erfüllungs statt erbracht worden sind. Die Rspr und früher hL lehnen das ab (nach II keine dingliche Surrogation), BGH **79**, 94, NJW **74**, 456, Hamm WM **04**, 1252, Heymann/Herrmann 8, Gundlach/Frenzel/Schmidt DZWiR **00**, 449 (aber § 48 InsO), auch 30. Aufl; das gilt dann auch für Bankguthaben aus Schulderfüllung des Geschäftsgegners: keine „Forderung" des Kommittenten iSv § 392, sondern Einziehungserlös, Bank ist nur Zahlstelle, BGH NJW **74**, 456. Die besseren Gründe (Kommittentenschutz, Unsicherheiten der Eigentumsübertragung ohne Durchgangserwerb, § 383 Rn 28) sprechen für analoge Anwendung von II auf das in Erfüllung der Forderung nach II Geleistete, heute hL, Canaris FS Flume **78**, 407, K. Schmidt § 31 VI Rn 138, Staub/Koller 4, MüKo/Häuser 43, Ebenroth/Füller 7, K. Schmidt FS Medicus **09**, 477; das Geleistete muss dann aber beim Kommissionär noch mengenmäßig unterscheidbar vorhanden sein, Einzelheiten str, K. Schmidt § 31 VI Rn 138 ff, vgl § 48 S 2 InsO. Jedenfalls seit dem HRefG 1998, das die Frage für das Transportrecht in §§ 422 II, 457 S 2 im Sinne der Surrogation entschieden hat, wird dies, zumindest in Analogie dazu, auch für die Kommission unabweisbar, zutr Canaris § 30 Rn 82f, aA Hamm WM **04**, 1252, mit dem formalen Argument, der Gesetzgeber habe II gerade nicht geändert. Stimmt man dieser Surrogation zu, ist die Erstreckung von II auch auf Leistungen **an Erfüllungs statt** und sogar auf **Sicherungsgeschäfte** (Bürgschaft, Pfandrecht ua) konsequent, MüKo/Häuser 8, dies ohne Unterschied, ob akzessorisch oder nicht, Oetker/Bergmann 8.

8 B. **Folgen der Zuordnung im Innenverhältnis:** Wirksam gegenüber dem Kommittenten ist die Zahlung des Dritten an den Kommissionär (Erfüllung, s Rn 4), daran ändert II nichts. II bietet dagegen Vollstreckungs- und Sukzessionsschutz gegenüber den Gläubigern des Kommissionärs, Canaris § 30 Rn 75, und zwar unstreitig bei Zwangsvollstreckung und Insolvenz, aber auch bei Verfügun-

3. Abschnitt. Kommissionsgeschäft **§ 393**

gen des Kommissionärs zugunsten seiner Gläubiger wie Abtretung (s Rn 10), str, und Aufrechnung (s Rn 12), sehr str.

Der Kommittent kann der **Pfändung** der ausstehenden Forderung gegen den 9 Dritten (Vertragspartner des Ausführungsgeschäfts) durch Gläubiger des Kommissionärs widersprechen (**Drittwiderspruchsklage,** § 771 ZPO), BGH **104,** 123. Er kann in der Insolvenz des Kommissionärs **Aussonderung** der Forderung verlangen (§ 47 InsO), BGH **104,** 123, und muss das, wenn er gegen den Dritten vorgehen will (s Rn 4f), RG LZ **07,** 439.

Unwirksam gegenüber dem Kommittenten (also relativ unwirksam) ist als 10 Folge von II auch die **Abtretung** an einen Gläubiger des Kommissionärs zu dessen Deckung oder Sicherung, BGH **104,** 127, RG **148,** 191, aA Böhm NJW **73,** 197 (s auch Rn 11). **Neugeschäfte** des Kommissionärs wie zB Verkauf der Forderung an einen Dritten und Sicherungsabtretung bleiben dagegen möglich, Canaris § 30 Rn 76. Ist eine frühere Verfügung nach II unwirksam, hindert sie nicht zeitlich spätere Abtretung nach I an den Kommittenten, BGH **104,** 123.

Unwirksam gegenüber dem Kommittenten sind auch **andere Verfügungen** 11 des Kommissionärs zugunsten seiner Gläubiger, zB Einziehungsermächtigung des Kommissionärs an seinen Gläubiger und Einziehung durch diesen sowie entsprechende Verrechnungsvereinbarung zwischen dem Kommissionär und seinem Gläubiger, BGH WM **59,** 1004, Nürnb NJW **72,** 2044m abl Anm Böhm NJW **73,** 197.

C. **Aufrechnung durch den Dritten:** II ist jedoch unanwendbar, wenn der 12 **Dritte** nicht nur Schuldner des Ausführungsgeschäfts, sondern **auch Gläubiger des Kommissionärs** ist. Der Dritte kann dann gegen seine Schuld, zB Kaufpreis, mit seiner Forderung gegen den Kommissionär mit Wirkung gegen den Kommittenten **aufrechnen,** RG **121,** 178, BGH **104,** 128, NJW **69,** 276m krit Anm Dressler, Schwarz NJW **69,** 655, 1942; auch wenn er wusste, dass sein Partner in Kommission handelte, BGH NJW **69,** 276; auch noch nach Abtretung (s Rn 5) im Rahmen von §§ 404, 406f BGB. Der Dritte kann wirksam **auch** mit nicht aus dem Ausführungsgeschäft stammenden, also **nicht konnexen Gegenforderungen** aufrechnen, so außer der genannten Rspr auch Canaris § 30 Rn 78, Staub/Koller 40, Grund: Schutz des Dritten als Vertragspartner, Wertung der §§ 404, 406 BGB, aA K. Schmidt § 31 VI Rn 135, Heymann/Herrmann 7, MüKo/Häuser 24 f. Die Aufrechnung des Dritten kann aber missbräuchlich sein, wenn er die Aufrechnungslage herbeiführt, um sich für seine Forderung aus dem Kommissionär materiell zu Lasten des Kommittenten zu befriedigen, vgl RG **32,** 43, oder wenn er den Kommissionär vor Abschluss des Ausführungsgeschäfts in den Glauben setzte, er werde zahlen, nicht aufrechnen (§ 242 BGB), BGH NJW **69,** 276. Entsprechendes wie zu II für die Aufrechnung gilt für **Zurückbehaltungsrechte des Dritten.** Bei wirksamer Aufrechnung durch den Dritten hat der Kommittent gegen den Kommissionär Ansprüche auf Herausgabe nach § 285 BGB und aus Bereicherung nach § 816 II BGB oder zumindest § 812 I 1 Alt 2 BGB, Canaris § 30 Rn 80, Grund: Wertung des II.

3) Abweichende Vereinbarungen

I ist zwingend. Dagegen kann der Kommittent gegenüber dem Kommissionär 13 auf die Rechte aus II verzichten.

[Vorschuss; Kredit]

393 (1) **Wird von dem Kommissionär ohne Zustimmung des Kommittenten einem Dritten ein Vorschuß geleistet oder Kredit gewährt, so handelt der Kommissionär auf eigene Gefahr.**

§ 394

(2) Insoweit jedoch der Handelsgebrauch am Orte des Geschäfts die Stundung des Kaufpreises mit sich bringt, ist in Ermangelung einer anderen Bestimmung des Kommittenten auch der Kommissionär dazu berechtigt.

(3) ¹Verkauft der Kommissionär unbefugt auf Kredit, so ist er verpflichtet, dem Kommittenten sofort als Schuldner des Kaufpreises die Zahlung zu leisten. ²Wäre beim Verkaufe gegen bar der Preis geringer gewesen, so hat der Kommissionär nur den geringeren Preis und, wenn dieser niedriger ist als der ihm gesetzte Preis, auch den Unterschied nach § 386 zu vergüten.

1) Recht zur Kreditgewährung (I, II)

1 § 393 beschränkt die grundsätzliche Entscheidungsfreiheit des Kommissionärs zum Schutz des Kommittenten für den Fall der Kreditgewährung. Der Kommissionär darf in Ausführung der Kommission (für Rechnung des Kommittenten) Dritten (Geschäftsgegner oder zB Frachtführer, Lagerer des Kommissionsguts) Vorschuss oder anderen Kredit (Geldkredit, Warenkredit, zB Stundung des Kaufpreises, auch Haftungskredit, zB Akkreditiv, BGH **LM** § 384 Nr 2) nur mit Zustimmung des Kommittenten geben **(I)**. Die Zustimmung kann vorausgehen (Einwilligung, § 183 BGB) oder folgen (Genehmigung, § 184 BGB). Vereinbarung des Delkredere (§ 394 I) wird idR diese Zustimmung bedeuten. HdlBrauch an Ort des Geschäfts ersetzt Zustimmung des Kommittenten zur Stundung einer Kaufpreisforderung **(II)**, nicht zu Kredit anderer Art, zB Vorschuss, Oetker/Bergmann 4, str, doch kann, wenn auch diese handelsüblich, der Kommissionsvertrag es implicite erlauben. Ort des Geschäfts ist idR wohl der Sitz des Käufers (vgl § 269 I BGB, § 361 HGB).

2) Folgen unerlaubter Kreditgewährung (I, III)

2 A. Unerlaubte Kreditgewährung des Kommissionärs berechtigt Kommittenten, das Ausführungsgeschäft **zurückzuweisen** (§ 385 Rn 4), macht Kommissionär auch haftbar auf **Schadensersatz** (§ 385 Rn 3), jedoch verschärft: Er „handelt auf eigene Gefahr" **(I)** und, muss den Kommittenten so stellen, als wäre kein Kredit gewährt, auch ohne Verschulden, Hbg MDR **65**, 580, nach aA nur § 385 (Voraussetzung Verschulden, das aber in aller Regel gegeben ist).

3 B. Bei Verkauf auf Kredit schuldet er dem Kommittenten **sofortige Zahlung** des Kaufpreises **(III 1** in Konkretisierung von I), dh grundsätzlich des Kaufpreises wie mit dem Dritten vereinbart, wäre aber (was ggf Kommissionär beweisen muss) der Preis bei Barverkauf niedriger gewesen: dann dieses niedrigeren Preises, mindestens des vom Kommittenten bestimmten Limitpreises (§ 386), **III 2.** Durch diese Zahlung nimmt Kommissionär dem Kommittenten das Recht, das Geschäft zurückzuweisen, wohl auch noch unverzüglich, nachdem Kommittent die Zurückweisung schon erklärte. Hat Kommissionär nur zu lange gestundet, tritt seine Haftung mit Ablauf der richtigen Stundungszeit ein; hat er zu viel gestundet, haftet er auf den Überschuss.

[Delkredere]

394 (1) Der Kommissionär hat für die Erfüllung der Verbindlichkeit des Dritten, mit dem er das Geschäft für Rechnung des Kommittenten abschließt, einzustehen, wenn dies von ihm übernommen oder am Orte seiner Niederlassung Handelsgebrauch ist.

(2) ¹Der Kommissionär, der für den Dritten einzustehen hat, ist dem Kommittenten für die Erfüllung im Zeitpunkte des Verfalls unmittelbar insoweit verhaftet, als die Erfüllung aus dem Vertragsverhältnisse gefordert werden kann. ²Er kann eine besondere Vergütung (Delkredereprovision) beanspruchen.

3. Abschnitt. Kommissionsgeschäft 1–5 § 394

1) Voraussetzungen und Rechtsnatur des Delkredere (I)

A. **Voraussetzungen:** Der Kommissionär steht anders als beim Eigengeschäft 1 (§ 383 Rn 16) nicht für die Erfüllung der Verbindlichkeit des Geschäftsgegners ein (§ 384 Rn 3). Ausnahmen:

a) wenn er den Dritten nicht bei Ausführungsanzeige benennt (**Eigenhaftung,** § 384 III, vertraglich abdingbar);

b) wenn er bei der Verkaufskommission unerlaubt Kredit gewährt (§ 393 III),

c) wenn es am Ort seiner Niederlassung HdlBrauch ist und er nicht (einseitig) widerspricht (§ 346 Rn 8), sog **Delkredere** (§ 394) und

d) selbstverständlich, wenn er die Eigenhaftung vertraglich besonders übernimmt, zB Garantie. Praktisch bedeutsam ist das Delkredere heute fast nur noch bei der Warenkommission. **Vertragliche Übernahme,** zB bei Zusage der Haftung für die ordnungsgemäße Erfüllung des Ausführungsgeschäfts durch den Vertragspartner der Bank in Sonderbedingungen für WPGeschäfte, Nürnb WM **15,** 2146; auch nachträgliche Zusage, zB bei Ankündigung des Kommissionärs „ich reguliere", Hbg OLG **44,** 244; bei Vereinbarung einer Delkredereprovision, nicht aber schon allgemein einer sehr hohen Provision (str); auch trotz Ausschluss einer (Delkredere)provision, s Rn 5. Die Übernahme ist **formlos,** auch nichtkfm Kleingewerbetreibender (vgl § 383 II, § 383 Rn 2) kann sie mündlich übernehmen (anders für Bürgschaft § 350). S auch Haftung der Bank bei Kommissionsgeschäften nach **(8)** AGB-Banken Nr 9.

B. **Rechtsnatur:** Im Unterschied zum Delkredere des HdlVertreters (iZw 2 einfache Bürgschaft, § 86b Rn 6) entsteht die Haftung hier nicht nur aus Übernahme, sie entsteht unmittelbar kraft Gesetzes (II) und ist nicht zwingend ausgestaltet. Anders als die normale Garantie setzt sie das Bestehen der Verbindlichkeit des Dritten voraus. Auf ein Eigeninteresse des Kommissionärs an der Erfüllung kommt es nicht an (vgl § 349 Rn 15). Die Haftung nach § 394 (und § 384 III) ist eine handelsrechtliche besonders geregelte Form der (selbstschuldnerischen) Bürgschaft, Staub/Koller 2, aA Garantie, bei Lücken Analogie zu §§ 765 ff BGB (s Rn 2, 3). Eine über § 394 hinausgehende Haftungsübernahme kann Schuldbeitritt oder Garantie sein, zB Mindestpreisgarantie bei Verkaufskommission.

2) Haftungsumfang (II 1)

A. **Persönliche Haftung:** Der Kommissionär haftet dem Kommittenten aus 3 dem Delkredere **persönlich** (also mit seinem gesamten Vermögen) und **unmittelbar** (primär, also ohne vorherige Inanspruchnahme des Dritten; anders § 771 BGB). Der Kommittent kann aber Abtretung fordern (§ 392 Rn 5) und kann dieser den Dritten allein oder neben dem Kommissionär belangen. Der Kommissionär haftet unbeschränkt **für die Erfüllung,** auch zB wegen Sachmangels, aus Vertragsstrafen, für Verzugsfolgen.

B. **Verbindlichkeiten des Dritten:** Der Kommissionär haftet aber nur inso- 4 weit, als die Erfüllung aus dem Vertragsverhältnis (mit dem Dritten) gefordert werden kann, also nicht bei wirksamer Stornierung bei Mistrade (§ 384 Rn 1), Nürnb WM **15,** 2146. Er haftet auch, wenn sich der Charakter der Verbindlichkeit des Dritten ändert, zB Gewährleistungs-, Schadensersatz- und Vertragsstrafeansprüche, Nürnb WM **15,** 2148. Gemeint ist damit das Ausführungsgeschäft mit dem Dritten (einschließlich § 677 BGB); nicht andere Ansprüche gegen den Dritten aus Gesetz, zB § 812 BGB, und Ansprüche aus Hilfs- und Nebengeschäfte gegen sonstige Personen, falls nicht anders vereinbart, aA Staub/Koller 8.

C. Der Kommissionär haftet **wie der Dritte,** also nur **akzessorisch** (II 1 wie 5 § 767 BGB). Er hat aber auch alle Einwendungen und Einreden, die dem Dritten zustehen; anders wenn sie auf eigenes Verschulden des Kommissionärs zurückgehen (§ 242 BGB), nach aA nur Schadensersatzhaftung des Kommissionärs. Der Kommissionär kann also zB Nichtbestehen oder Erfüllung der Verbindlichkeit einwenden, ein Zurückbehaltungsrecht oder Stundung geltend machen oder die Einreden der Anfechtbarkeit und Aufrechenbarkeit (§ 770 BGB entspr) erheben. Gibt der Kommittent eine Sicherheit für die Forderung auf, gilt entspr § 776 BGB. Hat Kommissionär das Delkredere für einen Zwischenkommissionär (§ 384 Rn 3) übernommen, so erlischt seine Haftung, wenn der Dritte an den Zwischenkommissionär zahlt, RG **78**, 314. Leistet der Kommissionär, geht der Anspruch des Dritten auf ihn über (§ 774 BGB entspr), str. Schadensersatzhaftung des Kommissionärs für eigenes Verschulden bleibt unberührt. Übernahm der Kommissionär das Delkredere im Auftrag des Geschäftsgegners oder in erlaubter Geschäftsführung ohne Auftrag für ihn, so hat er gegen ihn den Befreiungsanspruch entspr § 775 BGB.

3) Delkredereprovision (II 2)

6   Da das Delkredere den Kommissionär besonders belastet (nicht erst die Inanspruchnahme, sondern bereits die Haftung), steht ihm eine besondere Vergütung dafür zu, sofern nichts anderes vereinbart ist, RG **20**, 113, oder HdlBrauch abweicht. Ihre Höhe bemisst sich mangels Vereinbarung nach HdlBrauch am Niederlassungsort des Kommissionärs (§ 354 I), sonst §§ 315, 316 BGB, MüKo/Häuser 27. Diese Provision ist verdient, sobald das Geschäft ausgeführt ist, wenn auch Zug um Zug. Weil die Provision Entgelt bereits für die bloße Haftung ist, steht sie dem Kommissionär auch bei Selbsteintritt (§ 396) und bei Eigenhaftung (§ 384 III) zu, hL, Ebenroth/Füller 7, aA Staub/Koller 18 für § 384 III.

[Wechselindossament]

395 Ein Kommissionär, der den Ankauf eines Wechsels übernimmt, ist verpflichtet, den Wechsel, wenn er ihn indossiert, in üblicher Weise und ohne Vorbehalt zu indossieren.

1) Kommissionär, der in Ausführung der Kommission (auch soweit nicht im Kommissionsvertrag vorgesehen, RG **20**, 113, unmittelbar bei Einkaufskommission, entspr bei Verkaufskommission, MüKo/Häuser 2) einen Wechsel nimmt und (dem Kommittenten nach § 384 II) mit Indossament weitergibt (in der Praxis selten), muss in üblicher Weise und ohne Vorbehalt indossieren, so dass er aus dem Wechsel haftet und folglich der Kommittent diesen leichter verwerten kann. § 395 greift nicht Platz, wenn Kommissionär (was er iZw darf) sich den Wechsel mit Blankoindossament oder Indossament auf Kommittenten geben lässt und ihn so (ohne sein Indossament) weitergibt.

[Provision des Kommissionärs; Ersatz von Aufwendungen]

396 (1) [1]Der Kommissionär kann die Provision fordern, wenn das Geschäft zur Ausführung gekommen ist. [2]Ist das Geschäft nicht zur Ausführung gekommen, so hat er gleichwohl den Anspruch auf die Auslieferungsprovision, sofern eine solche ortsgebräuchlich ist; auch kann er die Provision verlangen, wenn die Ausführung des von ihm abgeschlossenen Geschäfts nur aus einem in der Person des Kommittenten liegenden Grunde unterblieben ist.

(2) Zu dem von dem Kommittenten für Aufwendungen des Kommissionärs nach den §§ 670 und 675 des Bürgerlichen Gesetzbuchs zu leistenden Ersatze

3. Abschnitt. Kommissionsgeschäft 1–4 § 396

gehört auch die Vergütung für die Benutzung der Lagerräume und der Beförderungsmittel des Kommissionärs.

1) Provision (I)

A. Kommissionär hat Anspruch auf Provision aus dem **Kommissionsvertrag**, 1 auch ohne Verabredung (§ 354 I). Übermäßige Provision kann sittenwidrig sein, kann auch für Vorliegen eines GesVertrags sprechen. Provision setzt rechtsverbindlichen Kommissionsvertrag voraus, aus Spiel, Wette erwächst keine Provision, RG **34**, 266, bei (nicht verbotenen) Finanztermingeschäften ist der Einwand nach § 762 BGB aber unter den Voraussetzungen von **(16)** WpHG § 99 ausgeschlossen. Verjährung nach drei Jahren (§§ 195, 199 BGB, Einl 16 vor § 343). Verlust des Anspruchs s auch **(13)** DepotG §§ 26, 27.

B. Ausführung (I 1): Die (volle) Provision ist vom Kommissionär **verdient** 2 bei Ausführung, dh Erfüllung des (Ausführungs-)Geschäfts, und zwar durch den Geschäftsgegner (ebenso § 87a für HV). Die Erfüllung bedeutet eine im Wesentlichen vertragsgemäße Leistung. Das muss nicht unbedingt exakte, volle Erfüllung sein, das Gesetz wählt absichtlich (Denkschrift 238) den etwas unklaren Ausdruck, um dem Einzelfall Rechnung zu tragen. Ausgeführt iSv § 396 ist das Geschäft also, wenn sein wirtschaftlicher Erfolg im Wesentlichen hergestellt ist. Bei Zeichnungsauftrag für Aktienneuemission gehört Erstellung, Prüfung und Weitergabe des Zeichnungsschein dazu, BGH **153**, 348. **Teilausführung** gibt iZw Anspruch auf Teilprovision, aber nur, wenn die Teilleistung im Interesse des Kommittenten liegt oder vereinbart wurde; verschuldet Kommissionär die Nichtausführung des Rests, verliert er uU den Provisionsanspruch für den ausgeführten Teil. § 87 I 1 ist nicht entspr anwendbar, da keine gleichartige Schutzbedürftigkeit vorliegt, Staub/Koller 10, aA MüKo/Häuser 9. Für (volle) entspr Anwendung des § 87a auf Kommissionsagent (§ 84 Rn 19, § 383 Rn 3) LG Wuppertal NJW **66**, 1129 (s Rn 3). Bei **Leistungsstörungen**, die in der Risikosphäre des Kommissionärs liegen (der Kommissionär sucht den Dritten aus), verliert der Kommissionär seinen Provisionsanspruch, RG **53**, 371, hL, aA Knütel ZHR 137 **(73)** 314.

C. Nichtausführung (I 2 Halbsatz 2): Unterbleibt Ausführung des Geschäfts 3 ausschließlich aus einem in der Person des Kommittenten liegenden Grund, so ist ebenfalls die (volle) Provision verdient (I 2 Halbs 2). Auf Verschulden des Kommittenten kommt es dabei nicht an, anders soll es sein bei höherer Gewalt, Koller BB **79**, 1729 oder wenn die Ausführung des Geschäfts dem Kommittenten unzumutbar war, RG HRR **30**, 2087. Mit neuerer Ansicht kommt es auf die Bestimmung der Risikosphäre des Kommittenten an, MüKo/Häuser 18, Staub/Koller 27; dabei wird zT auf § 87a III 2 rekurriert, Canaris § 30 Rn 43 (dabei ist aber zu berücksichtigen, dass § 87a III 2 novelliert worden ist, § 87a Rn 25), teils auf die parallele Auslegung von (§ 537 BGB (§ 552 BGB aF). Danach fällt auch ein Lieferverbot in die Sphäre des Kommittenten, Ebenroth/Füller 11. Kündigt der Kommittent die Kommission vor ihrer Ausführung, so ist iZw keine Provision verdient; das Gegenteil kann handelsüblich sein. Zur Provisionsrisikotragung Koller BB **79**, 1725.

D. Auslieferungsprovision (I 2 Halbsatz 1): Nach Ortsbrauch am Ort der 4 Niederlassung des Kommissionärs, RG **17**, 31 (erst recht nach Vereinbarung), kann Kommissionär, wenn aus nicht nur in der Person des Kommittenten liegenden Gründen das (Ausführungs-)Geschäft nicht ausgeführt wird, auch wenn solches gar nicht abgeschlossen wird (zB weil Kommittent vorher die Kommission kündigte, § 383 Rn 12), eine (idR kleinere) Auslieferungsprovision fordern, vor allem bei Verkaufskommission nach Übergabe der Ware an Kommissionär (als Entgelt für Bemühung um diese) auch nach (vom Kommissionär nicht verschuldetem) Untergang der Ware.

§ 397

2) Ersatz für Aufwendungen (II)

5 A. Zum Begriff der Aufwendung vgl § 59 Rn 102, § 87d Rn 1–4, § 110 Rn 7, auch RG JW **37**, 152. II erweitert dies dahin, dass auch die Vergütung für die Benutzung der Lagerräume und der Beförderungsmittel des Kommissionärs zum Aufwendungsersatz gehört. Aufwendung sind auch Kosten der Inanspruchnahme fremder Arbeit, nicht eigener Arbeit des Kommissionärs und seines Personals (weil durch die Provision mitabgegolten), also nicht Zeichnungsgebühr für Inanspruchnahme des Geschäftsbetriebs und des Arbeitseinsatzes von Mitarbeitern, BGH ZIP **03**, 617; anders wenn er sein Personal zur Ausführung von Arbeiten verwendet, die nicht unmittelbar aus seinen Kommissionärspflichten folgen. Maßvolle Zeichnungsgebühr bei Aktienneuemission auch bei Nichtzuteilung verstößt nicht gegen **(5)** § 307 II Nr 1 BGB, BGH **153**, 344m Anm Kindler ZIP **03**, 620, Grund: Nichtzuteilung bei massenhafter Überzeichnung ist Risiko des Kunden. Die Aufwendungen sind zu verzinsen (§ 354 II). Kündigung der Kommission lässt den Erstattungsanspruch unberührt. Der Anspruch verjährt nach § 195 BGB in drei Jahren (Einl 16 vor § 343). Was Kommissionär für das Ausführungsgeschäft aufwendet, ist ihm zu erstatten, auch wenn Kommittent die verkaufte Ware wegen eines von ihm nicht zu vertretenden Umstands nicht liefern kann. Zur Risikoverteilung bei nutzlosen Aufwendungen Koller BB **79**, 1725. **Schäden** des Kommissionärs sind keine freiwilligen Vermögensopfer und deshalb keine Aufwendungen, aber nach dem Grundsatz der Risikozurechnung trotzdem vom Kommittenten zu ersetzen, hL, Rspr, vgl § 59 Rn 106. Haftet der Kommissionär, als der Wertpapiere verkauft, dem Käufer wegen Rechtsmangels der Papiere (ohne dass er oder Kommittent daran schuld sind: nach 1945 unbefugt in Verkehr gebrachte, später für kraftlos erklärte Papiere), so geht die Schadensersatzpflicht ohne Weiteres zu Lasten des Kommittenten, schon weil alle Vor- und Nachteile aus dem Geschäft auf dessen Rechnung gehen (§ 383), BGH **8**, 228. Lit: Koller 1979 (Risikozurechnung).

6 B. Der Kommissionär kann **Vorschuss** verlangen (§ 669 BGB) und bis zur Leistung nach § 273 BGB die Ausführung verweigern, RG **82**, 403. Kosten der Rechtsverfolgung gegen Dritte braucht er nicht vorzuschießen, auch wenn er zur Rechtsverfolgung verpflichtet ist, RG **124**, 119. Vorschüsse an Dritte sind nicht Aufwendungen iSv § 396, dazu § 393. Für Benutzung seiner **Lagerräume** und **Beförderungsmittel** kann er außerhalb der Provision Vergütung fordern (II), auch wo er die Provision mangels Ausführung nicht verdient. UU beweist die Höhe der vereinbarten Provision, dass diese Vergütung schon in der Provision enthalten ist. Die Vergütung nach II gilt nur für über die gewöhnlichen Kommissionärspflichten hinausgehenden Leistungen; sie entfällt wo unüblich, Stgt BB **62**, 689 (Möbel im Ausstellungslager des Kommissionärs).

7 C. Ist der Kommissionär in Ausführung des Auftrags **Verbindlichkeiten** eingegangen, vor allem Kaufpreisschuld bei der Einkaufskommission, so muss der Kommittent ihn von diesen befreien (§ 257 S 1 BGB). Darf der Kommissionär den Dritten nicht befriedigen, etwa bei Zahlungsverbot, so kann er nur Sicherheit verlangen, RG JW **17**, 467. Bei nicht fälligen Verbindlichkeiten darf der Kommittent Sicherheit leisten (§ 257 S 2 BGB).

Pfandrecht des Kommissionärs

397 [1] Der Kommissionär hat wegen der auf das Gut verwendeten Kosten, der Provision, der auf das Gut gegebenen Vorschüsse und Darlehen sowie der mit Rücksicht auf das Gut gezeichneten Wechsel oder in anderer Weise eingegangenen Verbindlichkeiten ein Pfandrecht an dem Kommissionsgut des Kommittenten oder eines Dritten, der dem Kauf oder Verkauf des

3. Abschnitt. Kommissionsgeschäft 1–4 § 397

Gutes zugestimmt hat. ²An dem Gut des Kommittenten hat der Kommissionär auch ein Pfandrecht wegen aller Forderungen aus laufender Rechnung in Kommissionsgeschäften. ³Das Pfandrecht nach den Sätzen 1 und 2 besteht jedoch nur an Kommissionsgut, das der Kommissionär im Besitz hat oder über das er mittels Konnossements, Ladescheins oder Lagerscheins verfügen kann.

Übersicht

	Rn
1) Zweck und Reichweite der §§ 397–399	1, 2
A. Rechte des Kommissionärs	1
B. Pfandrecht des Kommissionärs nach § 397	2
2) Voraussetzungen des Pfandrechts nach § 397	3–8
A. Wirksamer Kommissionsvertrag	3
B. Gegenstand des Pfandrechts	4
C. Besitz am Kommissionsgut (Satz 3)	6
D. Gesicherte Forderungen	7
3) Wirkung des Pfandrechts	9
4) Erlöschen des Pfandrechts	10
5) Abweichende Vereinbarungen	11

1) Zweck und Reichweite der §§ 397–399

A. Rechte des Kommissionärs: Der Kommissionär hat zur Sicherung seiner 1 Ansprüche gegen den Kommittenten folgende Rechte am Kommissionsgut und den Forderungen aus dem Ausführungsgeschäft: das Pfand-(ggf Befriedigungs-) Recht nach §§ 397, 398; das Zurückbehaltungsrecht nach § 273 BGB, bei zweiseitigem HdlGeschäft auch nach §§ 369–372; das Befriedigungsrecht nach § 399. Er soll aber nach der jedenfalls bis 2002 hL kein Recht haben, bei Pflichtverletzung des Kommittenten vom Kommissionsvertrag zurückzutreten (§ 323 BGB) und das gekaufte Kommissionsgut zu behalten, §§ 398 f sei abschließend, RG **105**, 127; das überzeugt heute nicht mehr, zutr Staub/Koller § 398 Rn 6, MüKo/Häuser 5, Oetker/Bergmann 2, denn die Ausübung des Rücktrittsrecht widerspricht nicht dem Inhalt der Kommission und der Hinweis auf das Fehlen des Synallagmas ist jedenfalls für die Provisionspflicht unzutreffend, im Übrigen verlangt § 323 nF BGB (anders als § 326 aF BGB) nicht mehr die Verletzung einer synallagmatischen Pflicht. Zur Rechtsnatur handelsrechtlicher Pfandrechte als Zurückbehaltungsrechte Altmeppen ZHR 157 (**93**) 541.

B. Pfandrecht des Kommissionärs nach § 397: § 397 nF SHRG 2013 2 regelt das Pfandrecht des Kommissionärs, in Satz 1 für konnexe Forderungen und in Satz 2 für inkonnexe Forderungen. Satz 3 verlangt für beide Fälle, dass das Kommissionsgut sich entweder im Besitz des Kommissionärs befindet oder dieser über das Kommissionsgut mittels Konnossement, Ladeschein oder Lagerschein verfügen kann. Satz 1 stellt überdies klar, dass der Kommissionär ein gesetzliches Pfandrecht unter bestimmten Voraussetzungen auch an Drittgut haben kann.

2) Voraussetzungen des Pfandrechts nach § 397

A. Wirksamer Kommissionsvertrag: Das Pfandrecht nach § 397 setzt den 3 Abschluss eines wirksamen Kommissionsvertrages voraus (§§ 383, 406).

B. Gegenstand des Pfandrechts: Das Pfandrecht entsteht an dem **Kommis-** 4 **sionsgut,** kann aber auch an Drittgut entstehen.

a) Kommissionsgut: Kommissionsgut ist, was Gegenstand der (Verkaufs- oder Einkaufs-)Kommission ist, nicht alles, was aus Anlass der Kommission dem Kommissionär übergeben wird; Verpackung und Beförderungsmittel sind nur Kommissionsgut, wenn sie mitzuverkaufen sind. Das Pfandrecht kann an (individuell bestimmten, ggf aus der Gattung ausgesonderten) Sachen und Wertpapieren bestehen, nicht an Schuldscheinen und Grundpfandbriefen (§ 952 BGB), Ausweispapieren (§ 808 BGB), Versicherungsscheinen (RG **51**, 86), Anteilsscheinen, Beweisurkunden; nicht an Rechten, die nicht in Wertpapieren verbrieft sind, MüKo/Häuser 5, aA Heymann/Herrmann 1. Der Kommissionär erwirbt das Pfandrecht **auch durch guten Glauben** vom Kommittenten, der nicht Eigentümer ist (§ 366 III HGB, §§ 932, 1207 BGB, aber s § 366 Rn 11). Einschränkung s **(13)** DepotG §§ 4, 30. Das Gut muss verpfändbar sein, nicht notwendig pfändbar.

5   **b) Drittgut:** Satz 1 nF 2013 erstreckt das Pfandrecht des Kommissionärs auch auf Gut, das nicht dem Kommittenten, sondern einem Dritten gehört, wenn dieser zugestimmt hat, dass das Gut dem Kommissionär zum Zwecke des Kaufs oder Verkaufs übergeben wird. Anders als bei Kommissionsgut (inkonnexe Forderungen, Satz 2, s Rn 8) erstreckt sich das Pfandrecht am Drittgut aber nur auf konnexe Forderungen. Satz 1 entspricht damit insoweit § 440 I nF 2013 und BGH NJW-RR **10**, 1546 zu § 441 I aF, Oetker/Bergmann Rn 6a, 6b.

6   **C. Besitz am Kommissionsgut (Satz 3):** Das Pfandrecht entsteht nur, wenn der Kommissionär das Gut im Besitz hat, unmittelbar oder mittelbar. Gleich steht, dass er durch Konnossement, Ladeschein oder Lagerschein (§§ 513, 443, 475c) darüber verfügen kann, was Besitz dieser Papiere voraussetzt. Der Kommissionär besitzt nicht, wenn das Gut auf dem Weg vom Kommittenten zu ihm verloren geht, RG **105**, 127. Das Pfandrecht entsteht nicht, wenn der Besitz erst nach Beendigung der Kommission erlangt ist, zB durch Kündigung (§ 383 Rn 12) oder bei Insolvenz des Kommittenten (§ 383 Rn 13, auch 14), RG **71**, 76. **Besitzverlust** s Rn 8.

7   D. **Gesicherte Forderungen:** Das Pfandrecht sichert die in § 397 genannten Forderungen, die konnexe (dh aus dem Ausführungsgeschäft stammende) und nicht konnexe Forderungen umfassen. Wegen anderer Forderungen hat der Kommissionär uU ein Zurückbehaltungsrecht (s Rn 1).

a) Konnexe Forderungen (Satz 1): Dazu gehören die auf das Gut verwendeten **Kosten**, dh Aufwendungen (§ 396 II); die **Provision** (§§ 396 I, 394 II); die auf das Gut (mit Zustimmung des Kommittenten, § 393 I) gegebenen **Vorschüsse** und **Darlehen;** der mit Rücksicht auf das Gut (zB bei dessen Kauf für den Kaufpreis) gezeichnete **Wechsel;** und die in anderer Weise mit Rücksicht auf das Gut eingegangenen **Verbindlichkeiten,** zB Darlehen des Kommissionärs an den Kommittenten im Zusammenhang mit der Kommission, Staub/Koller 9, oder wegen einer Schadensersatzschuld des Kommissionärs an den Dritten, sofern der Kommissionär vom Kommittenten Erstattung fordern kann.

8   **b) Nicht konnexe Forderungen (Satz 2):** Das Pfandrecht des Kommissionärs an Kommissionsgut (nicht Drittgut s Rn 5) sichert auch alle Forderungen aus **laufender Rechnung** (nicht notwendig Kontokorrent iSv § 355, vgl dort Rn 3) in Kommissionsgeschäften, also auch aus anderen Kommissionsgeschäften (Ausnahme **(13)** DepotG §§ 4, 30 II, IV); die laufende Rechnung braucht nicht ausschließlich Kommissionsgeschäfte zu enthalten, das Pfandrecht sichert aber kommissionsfremde Ansprüche nicht, RG **9**, 430. Die kontokorrentrechtliche Saldoforderung ist also nur erfasst, wenn alle eingegangenen Forderungen konnex sind, andernfalls nur § 356, MüKo/Häuser 21.

3) Wirkung des Pfandrechts

9   Das gesetzliche Pfandrecht nach § 397 steht einem vertraglichen gleich (§ 1257 BGB). Der Rang des Pfandrechts richtet sich nach dem Zeitpunkt seines Entstehens (§§ 1257, 1209 BGB, Prioritätsprinzip, anders § 443). Verwertung des Pfands nach §§ 1220 ff BGB. Der Kommittent kann Herausgabe verlangen, wenn Verderb oder wesentliche Wertminderung droht (§ 1218 BGB). Das Pfandrecht

3. Abschnitt. Kommissionsgeschäft § 398

gibt Widerspruchsrecht gegen fremde Pfändung (§ 771 ZPO), bei Besitz der Traditionspapiere (§§ 448, 475g, 650) ohne die Beschränkung des § 805 ZPO, in der Insolvenz des Kommittenten Absonderungsrecht (§ 50 I iVm §§ 166 ff InsO), wenn der Besitz vor Eröffnung des Insolvenzverfahrens erlangt ist (§ 91 InsO). Durch Eröffnung des Insolvenzverfahrens über das Vermögen des Kommittenten erlischt die Kommission (§ 383 Rn 14), an später in den Besitz des Kommissionärs gelangten Sachen entsteht kein Pfandrecht, RG **71**, 77. Auch bei Pfandverwertung muss Kommissionär die Interessen des Kommittenten wahren (§ 384 I). Für den Pfandverkauf steht ihm, da nicht weisungsgebunden und im eigenen Interesse des Kommittenten liegend, keine Provision zu (§ 354 I), üL, MüKo/Häuser 31, Staub/Koller 15, aA frühere hL. Befriedigungsrecht an eigenem Kommissionsgut s § 398.

4) Erlöschen des Pfandrechts

Das Pfandrecht nach § 397 erlischt nach den allgemeinen Regeln für das **10** Pfandrecht (§ 1257 BGB iVm zB §§ 1242 II, 1250 II, 1252, 1255 BGB). Freiwilliger Besitzverlust beendet das Pfandrecht, unfreiwilliger Besitzverlust nicht (arg § 1253 BGB), Staub/Koller 26, MüKo/Häuser 32, aA früher hL: auch unfreiwilliger Besitzverlust, falls dauernd (entspr § 940 II BGB). Insolvenz s Rn 7. Ist das Pfandrecht erloschen, so lebt es durch spätere Besitzerlangung nicht wieder auf, RG **44**, 120 (für Spedition), vgl anders zum Zurückbehaltungsrecht § 369 Rn 2.

5) Abweichende Vereinbarungen

Abweichende Vereinbarungen, die das Pfandrecht erweitern oder einschrän- **11** ken, sind zulässig, bei AGB nur im Rahmen der **(5)** §§ 305 ff BGB. Nach **(8)** AGB-Banken Nr 14 wird ein weitergehendes Pfandrecht zugunsten der Bank vereinbart (Effektenkommission).

[Befriedigung aus eigenem Kommissionsgut]

398 Der Kommissionär kann sich, auch wenn er Eigentümer des Kommissionsguts ist, für die in § 397 bezeichneten Ansprüche nach Maßgabe der für das Pfandrecht geltenden Vorschriften aus dem Gute befriedigen.

1) An eigener Sache lässt das BGB idR kein Pfandrecht entstehen und bestehen (§ 1256 BGB). § 398 gibt deshalb dem Einkaufskommissionär, der das Kommissionsgut dem Kommittenten noch nicht übereignet hat, also noch Eigentümer ist (vgl § 383 Rn 25, aber idR antizipiertes Besitzkonstitut, ebenda Rn 26), ein dem Pfandrecht (§ 397) ähnliches Recht, Oetker/Bergmann 1 (aA hier ausnahmsweise Pfandrecht an eigener Sache, Altmeppen ZHR 157 **(93)** 558, aber ohne Unterschied in Ergebnis), den Herausgabeanspruch des Kommittenten (§ 384 II) abzuwehren und sich (auch wenn der Kommittent nicht Kfm ist, das kfm Zurückbehaltungsrecht nach § 369 daher nicht Platz greift) aus dem Kommissionsgut zu **befriedigen**. Der Kommissionär muss, wenn er sich aus dem Gut befriedigen will, die Erfordernisse der Pfandverwertung (§ 397 Rn 7) wahren. Eine Pflicht zur Befriedigung ist zu verneinen, str. Der Kommittent kann den Kommissionär nicht auf das Kommissionsgut verweisen, sondern muss auf Verlangen des Kommissionärs diesem das Geschuldete zahlen gegen Herausgabe des Kommissionsguts. Wo das Gesetz vom Pfandrecht des Kommissionärs spricht, meint es auch das Recht nach § 398.

2) § 398 schließt andere Rechte des Kommissionärs nicht aus, auch nicht den **Rücktritt** bei Pflichtverletzung des Kommittenten (§ 323 BGB), str (§ 397 Rn 1).

§ 399 1–4

[Befriedigung aus Forderungen]

399 Aus den Forderungen, welche durch das für Rechnung des Kommittenten geschlossene Geschäft begründet sind, kann sich der Kommissionär für die in § 397 bezeichneten Ansprüche vor dem Kommittenten und dessen Gläubigern befriedigen.

1) Voraussetzungen des Befriedigungsrechts nach § 399

1 **A. Gegenstand des Befriedigungsrechts:** § 399 ergänzt § 397 und ist von diesem her zu verstehen (§ 397 Rn 1). Die Forderungen aus dem Ausführungsgeschäft stehen dem Kommissionär zu, sie gelten nur im Verhältnis zwischen Kommittent und Kommissionär und dessen Gläubigern als Forderungen des Kommittenten (§ 392 II). Sie sind auch nicht „Kommissionsgut" (§ 397 Rn 4) und fallen daher weder unter § 397 noch § 398. § 399 gibt in Einschränkung von § 392 II dem Kommissionär an diesen Forderungen ein pfandrechtsähnliches Befriedigungsrecht entspr § 398. Voraussetzung ist wie dort ein wirksamer Kommissionsvertrag (§ 397 Rn 3). Das Befriedigungsrecht besteht für **Forderungen aus dem Ausführungsgeschäft**, auch Hilfs- und Nebengeschäften, nach RG **105**, 127 nicht für Ersatzansprüche an den Frachtführer aus Verlust des Kommissionsguts.

2 **B. Gesicherte Forderungen:** Das Befriedigungsrecht sichert die in § 397 genannten konnexen und inkonnexen Forderungen des Kommissionärs (§ 397 Rn 6).

2) Wirkung des Befriedigungsrechts

3 Der Kommissionär kann Abtretung der Forderungen an den Kommittenten (§ 384 Rn 9) verweigern, sie einziehen, aber nur den zur Deckung seiner Ansprüche benötigten Teil (analog § 1282 I 2 BGB), MüKo/Häuser 8, str. Aus dem so Erlangten kann er sich befriedigen, aus Kommissionsgut nach §§ 397, 398, aus Gelderlös (bei Verkaufskommission) durch Aufrechnung gegen den Herausgabeanspruch (§ 384 II) des Kommittenten (es wird nicht kraft Gesetzes, entspr § 1288 II BGB, verrechnet). Der Kommissionär darf (wie ein Pfandgläubiger) die Forderungen aus dem Ausführungsgeschäft nicht durch freien Verkauf verwerten, wohl aber uU entspr §§ 1277, 1282 II BGB auf Grund vollstreckbaren Titels nach § 844 ZPO auf eine gerichtlich angeordnete Weise anders als durch Einziehung, MüKo/Häuser 10, str. In der Insolvenz des Kommittenten erlischt das Befriedigungsrecht nicht, der Kommissionär hat ein Absonderungsrecht (§§ 50, 51 InsO, s § 397 Rn 7).

3) Erlöschen des Befriedigungsrechts

4 Das Befriedigungsrecht nach § 399 erlischt, wenn der Sicherungszweck entfällt, zB wenn die gesicherte Forderung (s Rn 2) erlischt, oder wenn der Kommissionär die Forderung aus dem Ausführungsgeschäft (s Rn 1) an den Kommittenten abtritt. Tritt der Kommissionär die gesicherte Forderung (s Rn 2) ab, ist streitig, ob das Befriedigungsrecht ähnlich einem Pfandrecht zugunsten des Zessionars fortbesteht (§ 401 BGB), verneinend, da kein akzessorisches Recht, üL, Ebenroth/Füller 6. Das ist ausnahmsweise dann zu bejahen, wenn der Kommissionär zugleich mit der gesicherten auch die sichernde Forderung an den Zessionar abtritt (vgl für das Pfandrecht §§ 1257, 1273 II, 1250 BGB, hier aber nur § 401 BGB analog), sonst nicht, Staub/Koller 14f, Grund: fehlende Publizität. Insolvenz s Rn 3.

3. Abschnitt. Kommissionsgeschäft § 400

[Selbsteintritt des Kommissionärs]

400 (1) Die Kommission zum Einkauf oder zum Verkaufe von Waren, die einen Börsen- oder Marktpreis haben, sowie von Wertpapieren, bei denen ein Börsen- oder Marktpreis amtlich festgestellt wird, kann, wenn der Kommittent nicht ein anderes bestimmt hat, von dem Kommissionär dadurch ausgeführt werden, daß er das Gut, welches er einkaufen soll, selbst als Verkäufer liefert oder das Gut, welches er verkaufen soll, selbst als Käufer übernimmt.

(2) ¹Im Falle einer solchen Ausführung der Kommission beschränkt sich die Pflicht des Kommissionärs, Rechenschaft über die Abschließung des Kaufes oder Verkaufs abzulegen, auf den Nachweis, daß bei dem berechneten Preise der zur Zeit der Ausführung der Kommission bestehende Börsen- oder Marktpreis eingehalten ist. ²Als Zeit der Ausführung gilt der Zeitpunkt, in welchem der Kommissionär die Anzeige von der Ausführung zur Absendung an den Kommittenten abgegeben hat.

(3) Ist bei einer Kommission, die während der Börsen- oder Marktzeit auszuführen war, die Ausführungsanzeige erst nach dem Schlusse der Börse oder des Marktes zur Absendung abgegeben, so darf der berechnete Preis für den Kommittenten nicht ungünstiger sein als der Preis, der am Schlusse der Börse oder des Marktes bestand.

(4) Bei einer Kommission, die zu einem bestimmten Kurse (ersten Kurs, Mittelkurs, letzter Kurs) ausgeführt werden soll, ist der Kommissionär ohne Rücksicht auf den Zeitpunkt der Absendung der Ausführungsanzeige berechtigt und verpflichtet, diesen Kurs dem Kommittenten in Rechnung zu stellen.

(5) Bei Wertpapieren und Waren, für welche der Börsen- oder Marktpreis amtlich festgestellt wird, kann der Kommissionär im Falle der Ausführung der Kommission durch Selbsteintritt dem Kommittenten keinen ungünstigeren Preis als den amtlich festgestellten in Rechnung stellen.

1) Recht des Kommissionärs zum Selbsteintritt

A. §§ 400–405 regeln den Schutz des Kommittenten gegen Manipulationen 1 durch Selbsteintritt des Kommissionärs mit detaillierten Vorschriften und zT halbzwingend (§ 402). Ihre Bedeutung ist aber begrenzt, denn sie setzen voraus, dass der Börsen- oder Marktpreis richtig zustandegekommen ist; insoweit Verbot der Kurs- und Marktpreismanipulation nach **(16a)** MAR Art 15. Auch praktisch hat der Selbsteintritt durch Beseitigung im Effektengeschäft (s Rn 2) an Bedeutung verloren. Der Selbsteintritt bedeutet, dass der Kommissionär die Kommission so ausführt, dass er selbst das zu kaufende Gut liefert, das zu verkaufende als Käufer übernimmt. Dieser **Selbsteintritt** des Kommissionärs ist **nach Gesetz (I)** zulässig bei Kauf oder Verkauf von Waren mit Börsen- oder Marktpreis sowie von Wertpapieren mit amtlich festgestelltem Börsen- oder Marktpreis (Definition Börsenpreis in **(14)** BörsG § 24 I); aber s Rn 2. Solcher Preis muss am Ort, wo die Kommission auszuführen ist (iZw am Sitz des Kommissionärs, ggf des Markt- oder Börsenplatzes, wo er zu arbeiten pflegt) zZ des Selbsteintritts (genau: der Abgabe der Ausführungsanzeige, vgl Rn 9) für Waren, Wertpapiere der Gattung, für Kauf- oder Verkaufsgeschäfte der Art (zB Kassa- oder Termingeschäft), die in Rede steht, tatsächlich bestehen, dh auf Grund abgeschlossener Geschäfte, nicht nur auf Grund unerledigter Aufträge (so RG **34**, 121) oder als Taxe geschätzter Preis mangels Kursfeststellung. **Vollzug**, Form und Zeit des Selbsteintritts s bei § 405. Kritik des Selbsteintrittsrecht bei Kiehnle AcP 212 **(12)** 875. **Muster:** Hopt/Graf v Westphalen 4. Aufl 2013 Form I. M.2 (Kommissionsvertrag mit Selbsteintrittsrecht).

Hopt

§ 400 2–6　　　　　　　　　　　　　　　　4. Buch. Handelsgeschäfte

2　B. Für andere Fälle kann der **Kommissionsvertrag** den Selbsteintritt erlauben (Umkehrschluss zu 402), uU stillschweigend, zB bei Kauf, Verkauf von Wertpapieren, deren Kurs nicht amtlich festgestellt, aber sonstwie zuverlässig beobachtet und notiert wird, so im Freiverkehr, (s **(14)** BörsG § 48). Dann gelten aber auch die Kundenschutzregeln der §§ 400 II–IV, 401 zwingend (§ 402). **(8)** AGB-Banken Nr 29 aF, die das Recht zum Selbsteintritt, seine Durchführung und Folgen wesentlich abweichend von §§ 400 ff regelte (s 29. Aufl), ist durch **(8)** Sonderbedingungen für Wertpapiergeschäfte Nr 1 (s dort Rn 2, 3) ersetzt, die einfache Kommission oder Festpreisgeschäft je nach den Ausführungsgrundsätzen der Bank vorsieht, also **im Effektengeschäft kein Selbsteintritt mehr,** BGH NJW **12**, 2876.

3　C. Kommittent kann den Selbsteintritt **ausschließen** (I, „ein anderes bestimmt"), und zwar bis zur Abgabe der Ausführungsanzeige (vgl § 405 III). Die Erklärung des Kommittenten braucht nicht ausdrücklich zu erfolgen, muss aber so klar sein, dass der Kommissionär den dahin gehenden Willen des Kommittenten erkennen kann. Preisbegrenzung (Limit), Auftrag „bestens" sowie Delkredereübernahme schließen Selbsteintritt nicht aus, OGH **3**, 14.

4　D. Kommissionär **darf nicht** selbst eintreten, wenn das dem **Interesse des Kommittenten** zuwiderläuft (§ 384 I), zB bei Kommission zum Verkauf auf Kredit, wenn Kommissionär nicht hinreichend kreditwürdig ist. Kommissionär darf nicht zu anderen Bedingungen als für das Ausführungsgeschäft vorgeschrieben selbst eintreten; Selbsteintritt mit Abweichung vom Preislimit ist aber entspr § 386 I mangels unverzüglicher Rüge wirksam.

Umgekehrt ist die Bank bei der Effektenkommission, wenn sich ein entsprechendes Deckungsgeschäft anbietet, zum Abschluss (durch Selbsteintritt, aber s Rn 2, oder für den Kunden, entspr für Propergeschäft) **verpflichtet,** Canaris 1902; das gilt nicht ohne Weiteres auch bei entsprechendem Eigenbestand der Bank. Bei Pflichtverletzung ist die Bank schadensersatzpflichtig (§ 385 oder § 280 BGB), Oldbg WM **93**, 1880.

2) Wirkung des Selbsteintritts

5　A. Selbsteintritt des Kommissionärs ist eine Form der Ausführung der Kommission. Mit dem Selbsteintritt (Gestaltungsrecht), der empfangsbedürftige Willenserklärung ist (§ 405 Rn 1) und ausdrücklich erfolgen muss (§ 405 Rn 2), ändert der Kommissionär die Kommission in **Kauf (Verkauf).** Kommittent und Kommissionär werden zu Käufer und Verkäufer (oder umgekehrt). Das hat zur Folge, dass grundsätzlich Kaufvertragsrecht anwendbar ist, zB Anspruch des Kommittenten auf Kaufpreis (statt auf Herausgabe des Erlangten, s § 384 Rn 9), BGH **89**, 135, WM **88**, 404; Verjährung dieses Anspruchs in drei Jahren nach § 195 BGB (seit SMG keine Besonderheiten mehr). Die Kaufvertragsregeln werden aber anders als beim Eigengeschäft (§ 383 Rn 16, 7) von der **Interessenwahrungspflicht** (einschließlich der Beratungs- und Verwaltungspflichten) des Kommissionärs (§ 384 I) überlagert, Oldbg WM **93**, 1880: der Selbsteintretende ist zB ggf (wie ein Kommissionär, § 388 Rn 4) zum Selbsthilfekauf wegen Annahmeverzugs des Kommittenten-Käufers (§ 373) nicht nur berechtigt, sondern im Interesse jenes verpflichtet. Dabei kann der Kommissionär die Ware („in sich") seinem eigenen Lager entnehmen (zuführen), ein Deckungsgeschäft mit einem Dritten schließen, Aufträge entgegenstehender Art (Kauf- und Verkaufskommission über dieselben Wertpapiere) durch Selbsteintritt ausgleichen.

6　B. **Inhalt des Kaufgeschäfts** ist der des aufgetragenen Geschäfts. Das etwa vom Kommissionär vorgenommene **Deckungsgeschäft** berührt Kommittenten nicht; das gilt auch, wenn wegen Erfüllung des Deckungsgeschäfts durch höhere Gewalt unmöglich wird, Kassel NJW **49**, 588, str. Der selbst eingetretene Kommissionär

3. Abschnitt. Kommissionsgeschäft § 401

hat keinen Anspruch auf Ersatz von Aufwendungen für ein Deckungsgeschäft, dieses geht ganz auf seine Rechnung und Gefahr, OGH 2, 91.

3) Bestimmung des Preises bei Selbsteintritt

A. **II–V** (und § 401, s dort; zwingendes Recht, s § 402) bestimmen genau den Preis, zu dem Kommissionär als Käufer oder Verkäufer selbst eintreten darf. Einhaltung des II–V hat erforderlichenfalls Kommissionär dem Kommittenten nachzuweisen (**II:** bei Selbsteintritt beschränkt sich die Rechenschaftspflicht des Kommissionärs, § 384 II, auf diesen Nachweis). § 403 ergänzt die Preisbestimmung, s dort. Preisstellung des Kommissionärs beim Selbsteintritt im Widerspruch zu II–V, §§ 401, 403 macht den Selbsteintritt nicht unwirksam, erlaubt Kommittenten nicht Zurückweisung des Selbsteintritts; dieser ist wirksam, Kommittent hat Anspruch auf vorschriftsmäßige Preisbestimmung, vgl RG **108**, 193, **114,** 13.

B. Maßgebend ist grundsätzlich der **Markt-** oder **Börsenpreis** (der amtlich festgestellte, wenn solche Feststellung erfolgt, so **V**, was für Wertpapiere, nicht für Waren Voraussetzung des gesetzlichen Selbsteintrittsrechtes ist, vgl I, aber s Rn 2) bei Abgabe der Ausführungsanzeige (**II 1, 2,** s Rn 9). Ein günstigerer Preis aus einem tatsächlichen oder möglichen Deckungsgeschäft kommt dem Kommittenten zugute (s § 401). Sollte aber die Kommission zu einem **bestimmten Kurse** (erster Kurs, Mittelkurs, letzter Kurs) ausgeführt werden, so gilt dieser nach **IV** (ggf nur der amtlich festgestellte, V), auch wenn ein anderer Kurs, zB der zZ der Abgabe der Ausführungsanzeige (oder der Schlusskurs bei Abgabe der Anzeige, vgl Rn 9) für Kommittenten günstiger wäre.

C. Maßgebend ist in erster Linie der Preis zZ der **Abgabe der Ausführungsanzeige zur Absendung (II 2),** nicht der zZ ihres Zugangs (ohne den aber der Selbsteintritt nicht wirkt, § 405 Rn 1). Die erste Abgabe zur Absendung ist wohl auch maßgebend, wenn Kommissionär die nicht zugegangene Anzeige wiederholt, abw RG **102,** 16. Ist die Börse vor Abgabe der Ausführungsanzeige geschlossen worden, so soll nach **III** der letzte Börsenkurs gelten, wenn die Kommission während der Börsen- oder Marktzeit auszuführen war und wenn es gleich war, wann sie ausgeführt wurde; das ist jedenfalls für die Effektenkommission zweckwidrig, deshalb teleologische Reduktion, MüKo/Häuser 91, oder sogar gewohnheitsrechtlich derogiert, Oetker/Bergmann 16, zweifelnd Ebenroth/Füller 14, die Bank berechnet dem Kunden den (auch ungünstigeren) Kurs des Deckungsgeschäfts. „Zur Absendung abgegeben" ist die Anzeige, sobald sie einem Boten zur Beförderung an Kommittenten oder an die Post übergeben ist. Kommissionär darf die Ausführung nicht verzögern; tut er das schuldhaft, darf er einen etwaigen höheren Preis nicht berechnen.

[Deckungsgeschäft]

401 (1) Auch im Falle der Ausführung der Kommission durch Selbsteintritt hat der Kommissionär, wenn er bei Anwendung pflichtmäßiger Sorgfalt die Kommission zu einem günstigeren als dem nach § 400 sich ergebenden Preise ausführen konnte, dem Kommittenten den günstigeren Preis zu berechnen.

(2) Hat der Kommissionär vor der Absendung der Ausführungsanzeige aus Anlaß der erteilten Kommission an der Börse oder am Markte ein Geschäft mit einem Dritten abgeschlossen, so darf er dem Kommittenten keinen ungünstigeren als den hierbei vereinbarten Preis berechnen.

§ 403

1) Nach § 400 II–V ist bei Selbsteintritt grundsätzlich der Markt- oder Börsenpreis maßgeblich. § 401 lässt dem Kommittenten einen günstigen Preis zugutekommen:

a) der Preis, zu dem der Kommissionär aus Anlass der Kommission (dh in ursächlichem Zusammenhang mit ihr) ein Geschäft mit einem Dritten (**Deckungsgeschäft**) an der Börse oder am Markt tatsächlich abgeschlossen hat; Eindeckung anderswo bleibt außer Betracht, wenn sie nicht nach I beachtlich ist (§ 400 Rn 9), so **II**; schloss er für mehrere gleichartige Kommissionen (für mehrere Kommittenten) mehrere Deckungsgeschäfte zu verschiedenen Kursen, so erlaubte die früher hL den Kommittenten sie aufzuteilen (allerdings insgesamt ohne Kursschnitt), nach pflichtgemäßem Ermessen oder sogar frei, Oetker/Bergmann 5, nach aA verhältnismäßige Verteilung oder Wahl des Verteilungsverfahrens durch den Kommittenten nach § 242, richtiger: Verteilung nach dem Prioritätsprinzip (§ 384 Rn 1), MüKo/Häuser 18, Ebenroth/Füller 4, oder

b) der Preis, zu dem Kommissionär bei pflichtmäßiger Sorgfalt (§ 384 I) ein Ausführungsgeschäft **hätte schließen können (I, günstigere Deckungsmöglichkeit),** und zwar an der Börse (dem Markt), wo er die Kommission ausführen sollte; war er hierin frei: da, wohin sich zu wenden ihm zuzumuten war. Maßgebend ist der für Kommittenten günstigste dieser Preise. Der Selbsteintritt soll Kommittenten nicht schlechter stellen, als er bei pflichtmäßiger Ausführung der Kommission durch Geschäft mit Drittem (§ 384 I) stünde, RG **112,** 31. Der Beweis, dass der Kommissionär § 401 verletzt, obliegt dem Kommittenten (anders bei § 400, s dort Rn 7), Oldbg WM **93,** 1879, str.

[Unabdingbarkeit]

402 Die Vorschriften des § 400 Abs. 2 bis 5 und des § 401 können nicht durch Vertrag zum Nachteile des Kommittenten abgeändert werden.

1) §§ 400 II–V, 401 betr die Bestimmung des Preises bei Selbsteintritt sind nicht (im Voraus) zum Nachteil des Kommittenten abdingbar (halbzwingende Vorschrift). Vereinbarungen zum Nachteil des Kommissionärs bleiben möglich. Der Kommittent kann nachträglich verzichten, auch schon vor Beendigung der Geschäftsbeziehung, sofern der Verzicht allein vom Kommittenten ausgeht, MüKo/Häuser 3, aA Staub/Koller 1. Bei Verstoß gegen § 402 ist die Vereinbarung unwirksam (§ 134 BGB). An ihre Stelle tritt die gesetzliche Preisregelung, der Vertrag im Übrigen bleibt wirksam, § 139 BGB greift nicht ein, sondern **(5)** § 306 BGB analog, MüKo/Häuser 4 Ko/Ro/Mo/Roth 1.

[Provision bei Selbsteintritt]

403 Der Kommissionär, der das Gut selbst als Verkäufer liefert oder als Käufer übernimmt, ist zu der gewöhnlichen Provision berechtigt und kann die bei Kommissionsgeschäften sonst regelmäßig vorkommenden Kosten berechnen.

1) Provision bei Selbsteintritt

1 Der Kommittent soll nicht besser stehen, als habe der Kommissionär mit einem Dritten abgeschlossen, RG **108,** 193. Daher kann nach § 403 der Kommissionär, der (als Käufer oder Verkäufer) selbst eintrat, die **Provision** fordern, die er bei Ausführung der Kommission durch Geschäft mit Drittem hätte fordern können (§ 396 I). Voraussetzung ist (entspr § 396 I) Ausführung des (durch den Selbsteintritt zwischen Kommissionär und Kommittenten zustandegekommenen) Geschäfts durch Kommissionär selbst (vgl OGH **2,** 91) oder Unterbleiben der

3. Abschnitt. Kommissionsgeschäft § 405

Ausführung infolge eines vom Kommittenten zu vertretenden Umstands. Hatte Kommissionär das Delkredere übernommen (§ 394), so kann er Delkredereprovision auch bei Selbsteintritt fordern, Koller/Roth 2, aA Ebenroth/Füller 2.

2) Kosten bei Selbsteintritt

Kommissionär kann nach § 403 ferner die bei Kommissionsgeschäften sonst regelmäßig vorkommenden **Kosten** (vgl § 396 II) fordern, einerlei wieweit aufgewandt; außergewöhnliche Kosten soweit aufgewandt, §§ 675 I, 670 BGB, insgesamt aber darf der Selbsteintritt Kommittenten nicht benachteiligen.

[Gesetzliches Pfandrecht]

404 Die Vorschriften der §§ 397 und 398 finden auch im Falle der Ausführung der Kommission durch Selbsteintritt Anwendung.

1) Einkaufskommissionär-Verkäufer hat nach § 404 für seine Ansprüche gegen Kommittenten-Käufer, vor allem den Kaufpreisanspruch (str), an der ihm selbst (noch) gehörenden, dem Kommittenten verkauften Ware das Befriedigungsrecht entspr § 398, an der dem Kommittenten schon übereigneten das Pfandrecht entspr § 397.

[Ausführungsanzeige und Selbsteintritt; Widerruf der Kommission]

405 (1) **Zeigt der Kommissionär die Ausführung der Kommission an, ohne ausdrücklich zu bemerken, daß er selbst eintreten wolle, so gilt dies als Erklärung, daß die Ausführung durch Abschluß des Geschäfts mit einem Dritten für Rechnung des Kommittenten erfolgt sei.**

(2) **Eine Vereinbarung zwischen dem Kommittenten und dem Kommissionär, daß die Erklärung darüber, ob die Kommission durch Selbsteintritt oder durch Abschluß mit einem Dritten ausgeführt sei, später als am Tage der Ausführungsanzeige abgegeben werden dürfe, ist nichtig.**

(3) **Widerruft der Kommittent die Kommission und geht der Widerruf dem Kommissionär zu, bevor die Ausführungsanzeige zur Absendung abgegeben ist, so steht dem Kommissionär das Recht des Selbsteintritts nicht mehr zu.**

1) Form und Zeit des Selbsteintritts

A. Bei Kommissionsvertrag mit Selbsteintrittsrecht kommt der Kauf bzw Verkauf mit Ausübung dieses (Gestaltungs)Rechts zustande. Der Selbsteintritt geschieht durch empfangsbedürftige **Erklärung** (RG 102, 16) an den Kommittenten (§ 130 BGB), **formlos**, § 151 S 1 BGB ist anwendbar. Bei der Effektenkommission liegt die Ausübung schon in der Ausführung des Auftrags durch Abschluss eines Deckungsgeschäfts (ausnahmsweise auch in der Buchung, str), BGH WM 88, 404, KG WM 89, 1276, Canaris 1913, dagegen nicht schon in der Auftragsannahme, denn der Kommissionär will sich nicht ohne Deckungsgeschäft zur Lieferung verpflichten. Die Konstruktion eines vom Kunden bei Auftragserteilung zusätzlich abgegebenen Kauf- bzw Verkaufsangebots (OGH 4, 213) ist iE gleich, aber gekünstelt. I verhindert, dass der Kommissionär eine unbestimmte Ausführungsanzeige absendet und erst später erklärt, ob er selbst eintreten will (vgl Rn 3). Nach **I** ist Anzeige, die Kommission sei ausgeführt, nur Selbsteintritt bei ausdrücklicher Erklärung, Kommissionär trete selbst ein; abweichende Vereinbarung ist möglich, zB (Umkehr von I): Anzeige von Ausführung bedeutet Selbsteintritt, falls nicht ausdrücklich Abschluss mit Drittem mitgeteilt, RG 96, 7. Ist das Ausführungsgeschäft formbedürftig, so ist Selbsteintritt formlos möglich auf Grund der Form genügenden Kommissionsvertrags.

§ 406 1

2 **B. Ausdrücklich** (I, s Rn 1) heißt klar und unzweideutig, RG JW **26**, 1961, wozu nicht die Anzeige (des Einkaufskommissionärs) genügt, es sei denn dem Kommittenten verkauft, RG **53**, 368. Nicht genügend ist Übersendung eines vom Kommissionär wie von einem Verkäufer unterschriebenen Schlussscheins, RG **63**, 30, genügend Bestätigung, dass (Verkaufs-)Kommissionär kauft (Einkaufskommissionär verkauft), vgl RG **112**, 28.

3 **C. Unbestimmte Ausführungsanzeige** ist iZw nicht Selbsteintritt, I, verpflichtet Kommissionär endgültig zur Ausführung der Kommission durch Geschäft mit Drittem, erlaubt späteren Selbsteintritt nicht. Im Voraus kann vereinbart werden: Kommissionär dürfe nach unbestimmter Ausführungsanzeige (jedoch nicht später als am selben Tag, **II**) durch weitere Mitteilung erklären, ob er durch Selbsteintritt oder Geschäft mit Drittem ausführt. Nachträglich (nach unbestimmter Ausführungsanzeige) ist Vereinbarung längerer Frist zu dieser Klärung zulässig.

2) Widerruf (Kündigung) der Kommission

4 Bei Ausführung der Kommission durch Abschluss mit Drittem ist Widerruf (dh Kündigung, § 383 Rn 12) der Kommission durch Kommittenten möglich bis zum (dh durch Erklärung, die dem Kommissionär zugeht vor dem) Abschluss mit dem Drittem. Führt Kommissionär durch Selbsteintritt aus, wäre Widerruf durch den Kommittenten möglich bis zum (dh durch Erklärung, die dem Kommissionär zugeht vor dem) Zugang der Selbsteintritt-Ausführungsanzeige bei Kommittenten. **III** schränkt das Widerrufsrecht des Kommittenten ein: die Widerrufserklärung muss dem Kommissionär zugehen, bevor er die Anzeige der Ausführung (durch Selbsteintritt) zur Absendung abgibt. III greift jedoch nicht ein, wenn das Widerrufsrecht bereits erloschen ist. Deshalb gegen hL Canaris 1914: kein Widerruf mehr nach Ausführung des Deckungsgeschäfts, wenn die Ausführung der Kommission nur im Wege des Selbsteintritts vereinbart ist (so **(8)** AGB-Banken Nr 29 I 1 aF, aber jetzt **(8)** Sonderbedingungen für WPGeschäfte Nr 1), sonst könnte der Kunde zu Lasten der Bank spekulieren.

[Ähnliche Geschäfte]

406 (1) ¹**Die Vorschriften dieses Abschnitts kommen auch zur Anwendung, wenn ein Kommissionär im Betriebe seines Handelsgewerbes ein Geschäft anderer als der in § 383 bezeichneten Art für Rechnung eines anderen in eigenem Namen zu schließen übernimmt.** ²**Das gleiche gilt, wenn ein Kaufmann, der nicht Kommissionär ist, im Betriebe seines Handelsgewerbes ein Geschäft in der bezeichneten Weise zu schließen übernimmt.**

(2) **Als Einkaufs- und Verkaufskommission im Sinne dieses Abschnitts gilt auch eine Kommission, welche die Lieferung einer nicht vertretbaren beweglichen Sache, die aus einem von dem Unternehmer zu beschaffenden Stoffe herzustellen ist, zum Gegenstande hat.**

1 **1)** § 406 I erweitert § 383 I auf Kflte in doppelter Hinsicht (s auch § 383 Rn 1). Zum einen gelten §§ 383 ff auch dann, wenn der Kommissionär, der Kfm ist, im Betrieb seines HdlGewerbes andere Geschäfte als die des Waren- oder Wertpapierkommission kommissionsweise zu besorgen übernimmt (**I 1**, uneigentliche Kommission). Bspe: Verlag eines literarischen Werks im Namen des Verlegers für Rechnung des Autors (nicht des Verlegers selbst wie üblich), RG **78**, 300, Veräußerung einer fremden Beteiligung im eigenen Namen (im Rahmen andersartigen Gewerbebetriebs), BGH NJW **60**, 1852; Vermietung, BGH **104**, 123; Werbeagenturen und Werbemittler s BGH **69**, 151; Kreditbeschaffung, Celle WM **74**, 736; Inkassokommission, Staub/Koller § 383 Rn 56, str.

4. Abschnitt. Frachtgeschäft **§ 406**

Zum anderen gelten §§ 383 ff auch dann, wenn der Kfm an sich kein Kommissionär ist, aber im Betriebe seines HdlGewerbes ein Geschäft kommissionsweise zu schließen übernimmt (**I 2**, Gelegenheitskommissionär). I 2 gilt nicht nur für An- und Verkaufsvermittlungen über Waren und Wertpapiere (§ 383 I), sondern auch für die in I 1 genannten Vermittlungen. § 406 spricht nicht von NichtKflten bzw Kleingewerbetreibenden. Die beiden Erweiterungen nach I gelten aber auch für diese, denn § 383 II macht den gesamten dritten Abschnitt anwendbar, verweist also auch auf § 406 (§ 383 Rn 2); I 2 gilt auch für nicht eingetragene Kleingewerbetreibende, aber nur analog (Versehen des Gesetzgebers: kein HdlGewerbe iSv I 2, kein Kommissionär iSv § 383 II, I), von Olshausen NJW 01, 1842, Ko/Ro/Mo/Roth 1. 2

2) **II** entspricht § 381 II aF, Anpassung an § 651 S 1 nF BGB wie § 381 II nF durch das SMG wurde übersehen. Kommission ist nach dem Wortlaut des II auch die Beschaffung (im eigenen Namen für fremde Rechnung) einer erst herzustellenden nicht vertretbaren beweglichen Sache. Dass die Beschaffung erst herzustellender vertretbarer beweglicher Sachen unter § 383 fällt, folgte schon aus § 651 I 1, 2 Halbs 1 aF BGB. Nach § 651 nF BGB findet auf einen Vertrag, der die Lieferung herzustellender oder zu erzeugender beweglicher Sachen zum Gegenstand hat, generell Kaufrecht Anwendung (§ 381 Rn 5), was sich auch auf § 383 „kaufen oder verkaufen" auswirkt. Das Redaktionsversehen zu II ist durch analoge Anwendung von § 381 II, § 651 S 1 BGB zu korrigieren, dazu Steck NJW **02**, 3203. Gegenstand einer Kommission ist danach auch die Lieferung herzustellender oder zu erzeugender beweglicher Sachen, einerlei ob vertretbar oder unvertretbar. 3

Vierter Abschnitt. Frachtgeschäft

Erster Unterabschnitt: Allgemeine Vorschriften

Schrifttum zum Frachtgeschäft

a) Kommentare: *Andresen/Valder,* Hdb des Transportrechts (LBl). – *Ebenroth/(Bearbeiter)* Stand 2015. – MüKo(HGB)/(Fremuth/Thume), Bd. 7, 3. Aufl. 2014. – *GK(HGB)/(Ensthaler ua)* 8. Aufl 2015. – *HdlbgKo/(Glanegger ua)* 7. Aufl 2007. – *Hartenstein/Reuschle* Hdb des Transportrechts, 2. Aufl. 2015 – *Hein/Eichhoff/Pukall/Krien/(Trinkaus/Maiworm/Joseph/Vorrath)* Güterkraftverkehrsrecht, 2 Bde (LBl) – *Heymann/Emmerich/Horn* Stand 2014. – *Knorre/Demuth/Schmid* Hdb des Transportrechts, 2. Aufl 2015. – *Koller* Transportrecht, 9. Aufl 2016. – *Müglich* Transport- und Logistikrecht, 2002. – *Oetker/(Bearbeiter)* 4. Aufl 2015. – *Staub/(Canaris/Habersack/Schäfer)* §§ 377–382, 425–435, 443–450, Bd 12/1, 5. Aufl 2014; *Staub/Canaris/Habersack/Schäfer,* Handelsgesetzbuch, Großkommentar, §§ 425–435, §§ 443–450, Bd 12/1, 5. Aufl: 2017; §§ 407–424, §§ 436–442, Bd 12/2, 5. Aufl 2014; §§ 451–475h, Bd 13, 5. Aufl 2015 – *Heidel/(Bearbeiter),* 2. Aufl 2015 – *Koller/Kindler/Roth/Morck,* Handelsgesetzbuch, 8. Aufl 2015. **b) Lehrbücher:** *Canaris* 24. Aufl 2006. – *Müglich* Transport- und Logistikrecht, 2002. – *Paschke/Furnell* 2011. – *K. Schmidt* 6. Aufl 2014. – *Ramming* Hamb. Hdb des Binnenschifffahrtsfrachtrechts, 2009. – *ders.* Hamb. Hdb Multimodaler Transport, 2011. – *von Witzleben/Hohmann* Die Praxis des Güterkraftverkehrs (LBl). **c) Einzeldarstellungen und Sonstiges:** *Basedow* Der Transportvertrag, 1987 – *Boettge* Luftfrachtrecht, 3. Aufl. 2016 – *Borzym/Màgori/Rebler* Großraum- und Schwertransporte und selbstfahrende Arbeitsmaschinen, 2. Aufl. 2016 – *Calme* Einführung ins Transport- und Speditionsrecht, 2015 – Lenz Straßengütertransport, 1988 – *Müller-Ehl* Recht des nationalen und grenzüberschreitenden Straßengütertransports – *Neumann* Prozessuale Besonderheiten im Transportrecht, TranspR **06**, 429 – *Thume* Transportrechtliche Erfahrungen mit dem neuen VVG, TranspR **12**, 125 – *Skradde* Schadensersatz im Transportrecht – Der ersatzfähige Schaden des Transportrechtes, 2016 – *Zehezbauer* Nationales und Internationales Transportrecht, 2016 – *Wittbrink* Transportkostenmanagement im Straßengüterverkehr, 2. Aufl., 2015 – **Muster:** *Hopt* Vertrags- und Formularbuch zum Hdl-, Ges- und Bankrecht, 4. Aufl 2013, Teil I. N–O

§ 407

(mit 7 Vertragsmustern und Formularen); *Köper,* Schadensfälle im Transportgewerbe, 2010. – **RsprÜbersichten:** *Pokrant/Gran* Transport- und Logistikrecht: Höchstrichterliche Rechtsprechung und Vertragsgestaltung, 11. Aufl 2016. – *Pokrant* TranspR **13**, 41, **12**, 45, **11,** 49 (BGH). – *Kober* TranspR **09**, 89 (Stgt). – *Runge* TranspR **09**, 96 (Karlsr). – *Malsch/Anderegg* TranspR **08**, 45 (Düss). – *Goller* TranspR **08**, 53 (Mü). – *Wieske* TranspR **08**, 388 (Logistikrecht). – *Gran* NJW **13**, 41, **12**, 45, **07**, 564, **04**, 2064 und NJOZ **10**, 1024. Speziell zu **(17)** CMR s dort.

Frachtvertrag

407 (1) Durch den Frachtvertrag wird der Frachtführer verpflichtet, das Gut zum Bestimmungsort zu befördern und dort an den Empfänger abzuliefern.

(2) Der Absender wird verpflichtet, die vereinbarte Fracht zu zahlen.

(3) ¹Die Vorschriften dieses Unterabschnitts gelten, wenn

1. das Gut zu Lande, auf Binnengewässern oder mit Luftfahrzeugen befördert werden soll und
2. die Beförderung zum Betrieb eines gewerblichen Unternehmens gehört.

²Erfordert das Unternehmen nach Art oder Umfang einen in kaufmännischer Weise eingerichteten Geschäftsbetrieb nicht und ist die Firma des Unternehmens auch nicht nach § 2 in das Handelsregister eingetragen, so sind in Ansehung des Frachtgeschäfts auch insoweit die Vorschriften des Ersten Abschnitts des Vierten Buches ergänzend anzuwenden; dies gilt jedoch nicht für die §§ 348 bis 350.

Übersicht

	Rn
1) Transportrecht – Überblick	1–4
A. Bedeutung des Transports	1
B. Entwicklung des Transportrechts	2
C. Gliederung des vierten Buches	4
2) Frachtgeschäft (§§ 407–452d)	5
3) Anwendungsbereich der allgemeinen Vorschriften über das Frachtgeschäft (§ 407 III)	6–12
A. Sachliche Reichweite (III 1 Nr 1)	6
B. Persönliche Reichweite (III 1 Nr 2, 2)	9
C. Territoriale Reichweite	11
4) Frachtvertrag (§ 407 I, II)	13–25
A. Frachtvertrag	13
B. Pflichten des Frachtführers (I)	18
C. Pflichten des Absenders (II)	23
D. Beendigung des Frachtvertrags	24
E. Abweichende Vereinbarungen	25
5) (18) ADSp und andere AGB	26

1) Transportrecht – Überblick

1   A. **Bedeutung des Transports:** Der Transport von Gütern ist heute, zumal angesichts der Internationalisierung der Märkte, eine Aufgabe, die am effizientesten unter Mitwirkung mehrerer erfüllt werden kann. Die früher verbreitete eigene Auslieferung durch das die Waren produzierende oder veräußernde Unternehmen ist zurückgetreten. Den eigentlichen Transport übernehmen ein oder mehrere **Frachtführer** (zu unterscheiden vom Verfrachter von Seeschiffen, der mit dem Befrachter einen Seefrachtvertrag abschließt, §§ 481 ff HGB); zusätzlich tritt heute vielfach zwischen Unternehmer und Frachtführer als Vermittler der **Spediteur**. Besonders im internationalen Transport kommt man vielfach ohne

Zwischenlagerung nicht aus. Die Lagerung und Aufbewahrung übernimmt der **Lagerhalter**. Der Transport kann zu Land, in der Luft, auf Binnengewässern oder zur See und mit verschiedenen Beförderungsmitteln durchgeführt werden (Lkw, Eisenbahn, Flugzeug, Schiff). Häufig trifft mehreres davon auf ein und denselben Transport zu, der dann **multimodaler oder kombinierter Transport** genannt wird. Vielfach erfolgt der Transport über die Grenzen hinweg, also **international**. Es liegt auf der Hand, dass aus diesem komplizierten Phänomen des Transports zahlreiche Rechtsprobleme entstehen. Sie sind Gegenstand des nationalen und internationalen Transportrechts.

B. **Entwicklung des Transportrechts:** Das Transportrecht in seiner heutigen Form ist im Wesentlichen durch die Transportrechtsreform 1998 geprägt, die im Vergleich zur vorherigen Rechtslage eine wesentliche Vereinheitlichung und Vereinfachung mit sich brachte. **Rechtsprechung und Literatur zum Recht vor 1998 können** dennoch weiterhin **wichtig sein**, weil sich die Grundfragen und viele Einzelprobleme auch unter dem geltenden Transportrecht stellen und weil neuere Rechtsprechung und Literatur noch nicht zu jedem Punkt existieret. Dafür wird weitestgehend auf die **29. Auflage** verwiesen.

Weitere Änderungen des allgemeinen Transportrechts fanden ferner durch die Reform des Seehandelsrechts (SHRG) im Jahr 2013 statt. Im Zuge der umfassenden Neugestaltung der §§ 476 ff hat der Gesetzgeber zugleich einzelne Regelungen der §§ 407 ff korrigiert und insgesamt eine stärkere Angleichung an das Seehandelsrecht vorgenommen, Reg SHRG S. 1 f. Änderungen betreffen insbesondere den Frachtbrief (s § 408 Rn 6), den Ladeschein (s §§ 444 ff) sowie den Lagerschein (s §§ 475c ff). Sie bewirken ua, dass statt papiergebundener Dokumente in Zukunft auch elektronische Aufzeichnungen verwendet werden können. **Übergangsrecht:** Art 71 EGHGB trifft für die Änderungen im allgemeinen Transportrecht keine ausdrückliche Regelung. Es gilt daher der auch in Art 170 EGBGB enthaltene allgemeine Rechtsgedanke, dass ein Schuldverhältnis nach seinen Voraussetzungen, seinem Inhalt und seinen Wirkungen dem Recht untersteht, das zurzeit der Verwirklichung des Entstehenstatbestandes galt, MüKoBGB/Krüger Art 170 EGBGB Rn 3. Damit gilt das geänderte Transportrecht für Verträge, die ab dem 25.4.2013 geschlossen wurden.

C. **Gliederung des vierten Buchs:** Das Vierte Buch des HGB stellt sich wie folgt dar: Es regelt nach allgemeinen Vorschriften in §§ 343 ff HGB eine Reihe von typischen Verträgen des Handelsrechts, nämlich den Handelskauf (§§ 373 ff HGB) und das Kommissionsgeschäft (§§ 383 ff HGB), sowie drei Transportgeschäfte, nämlich **zuerst** das **Frachtgeschäft** (§§ 407–452d HGB), das den Bezugspunkt für die übrigen transportrechtlichen Geschäfte bildet, **dann** das **Speditionsgeschäft** (§§ 453–466 HGB) und **schließlich** das **Lagergeschäft** (§§ 467 ff HGB). Diese drei sind die typischen Verträge des privaten Transportrechts. Daneben gibt es das öffentliche Transportrecht, für das vor allem das Güterkraftverkehrsrecht steht. Der Begriff Transportrecht findet sich zwar nicht im HGB selbst, hat sich aber heute als übergreifender Begriff eingebürgert und wurde auch bei der grundlegenden Reform von 1998 durch das **Transportrechtsreformgesetz (TRG)** vom 25.6.1998 BGBl I 1588 (Kurzbezeichnungen und Abkürzungen sowie Paragraphenüberschriften amtlich) verwandt. Auch die Sachverständigenkommission, die im Auftrag des BMJ seit 1992 die Reform vorbereitet und maßgeblich beeinflusst hatte, wurde so genannt (Sachverständigenkommission zur Reform des Transportrechts, Bericht mit Textvorschlägen zur Neuregelung des Transportrechts, Beil Nr 228a zum BAnz vom 5.12.1996). In seiner Struktur folgt das deutsche Transportrecht heute in wesentlichen Punkten der **(17) CMR**: So stellt es das Frachtvertragsrecht an den Anfang und regelt dieses umfassend und einheitlich für Straße, Schiene und Binnenschifffahrt im HGB. Auch in vielen Einzelheiten hat der Gesetzgeber Regelungen aus **(17)**

§ 407 5–7

CMR, oft wortgleich, übernommen, teils sich jedenfalls an diese angelehnt. Das hat Folgen für die **Auslegung** der §§ 407 ff (nicht unbedingt umgekehrt, weil die CMR als internationales Abkommen aus sich selbst heraus auszulegen ist, **(17)** CMR Einl 2 vor Art 1) und wird deshalb in der folgenden Kommentierung, soweit praktisch, kurz vermerkt. Getreu dem Ziel des TRG eine Vereinheitlichung des gesamten Transportrechts zu bewirken, wurden mit dem TRG 1998 verschiedene Einzelregelungen, etwa die KVO (s 29. Aufl) und die OLSchVO (s 29. Aufl), aufgehoben. Völlig beseitigt ist die Zersplitterung des Transportrechts jedoch bis heute nicht, näher Koller, Einl 1.

Lit (TRG): RegE BTDrucks 13/8445 vom 29.8.1997, Sachverständigenkomm zur Reform des Transportrechts, Bericht, Beil Nr 228a zu BAnz vom 5.12.1996, Gass 1999, Müglich 2002, Widmann 3. Aufl 1999. Zu weiterem Schrifttum zum TRG s 35. Aufl.

Lit (SHRG): RegE BTDrucks 17/10309 vom 12.7.2012; AussBegr BTDrucks. 17/11884 vom 12.12.2012; Stellungnahme der Deutschen Gesellschaft für Transportrecht zu dem Referentenentwurf für ein Gesetz zur Reform des Seehandelsrechts TranspR **11**, 309; Koller TranspR **13**, 103; Koller VersR **11**, 1209; Czerwenka TranspR **11**, 249; Herber TranspR **11**, 359.

Aktuelle Rspr.-Übersichten: Pokrant TranspR **13**, 41, **12**, 45, **11**, 49; Gran NJW **13**, 910, **12**, 34; NJOZ **10**, 1024.

Speziellere Beiträge in TranspR, zu neueren Entwicklungen zuletzt Knorre TranspR **11**, 353.

2) Frachtgeschäft (§§ 407–452d)

5 Im 4. Abschn (§§ 407–452d) ist das Frachtgeschäft als die Grundform des Transportgeschäfts geregelt, und zwar zunächst die allgemeinen Vorschriften (1. Unterabschn §§ 407–450) und anschließend die Beförderung von Umzugsgut (2. Unterabschn §§ 451–451h) sowie die Beförderung mit verschiedenartigen Beförderungsmitteln (multimodaler Transport, 3. Unterabschn §§ 452–452d). In allen drei Fällen liegt dem Frachtgeschäft ein Frachtvertrag zugrunde, ein normaler (§ 407), ein Umzugsvertrag (§ 451) oder ein Frachtvertrag über eine Beförderung mit verschiedenartigen Beförderungsmitteln (§ 452). Der Gesetzgeber hat die Begriffe Frachtvertrag, Frachtführer und Fracht beibehalten und bewusst von ihrer Ersetzung durch Beförderer, Beförderungsvertrag und Beförderungsentgelt wie in **(17)** CMR, CIM, EVO abgesehen (RegE TRG S 34).

3) Anwendungsbereich der allgemeinen Vorschriften über das Frachtgeschäft (§ 407 III)

6 A. **Sachliche Reichweite (III 1 Nr 1):** §§ 407–450 (1. Unterabschn) gelten **nur für die Beförderung von Gütern zu Lande, auf Binnengewässern oder mit Luftfahrzeugen** (III Nr. 1 HGB). Erfasst sind damit das Landfrachtrecht samt Eisenbahn- und Postbeförderung sowie das Luftfrachtrecht (letzteres erst durch Rechtsausschluss). Es ist also zu unterscheiden in erster Linie zwischen Güterbeförderung und Personenbeförderung, sodann zwischen Beförderung zu Lande, auf Binnengewässern und in der Luft, mit der Eisenbahn und zur See. Gut bzw **Güter** sind alle Sachen, die von einem Ort zu einem anderen gebracht werden sollen, einerlei ob umsatzfähig; auch solche Sachen, die die Beförderung anderer Sachen erlauben, erleichtern oder sichern, zB Verpackung, Container, Behälter, Ladegeräte, Saarbr TranspR **11**, 26, Koller 14, vertiefend Schmidt TranspR **13**, 59. Güter iSv Lagervertrag s § 467 Rn 4.

7 Die **Personenbeförderung** zu Lande wird durch das PersBefG geregelt, ergänzend uU Werkvertragsrecht (§§ 631 ff BGB), die durch Eisenbahnen des öffentlichen Verkehrs durch die EVO, die in der Luft durch das LuftVG iVm intern Übk und die Beförderung auf See durch das Fünfte Buch. Seehandel

4. Abschnitt. Frachtgeschäft 8–11 § 407

§§ 536 ff HGB (Beförderung von Reisenden und ihrem Gepäck auf See); die Personenbeförderung ist also nicht Gegenstand der §§ 407–452d und hier nicht weiter zu behandeln. Der auf entgeltliche Beförderung gerichtete (Luft) Beförderungsvertrag ist Werkvertrag, BGH **62**, 71. Vermittelndes Reisebüro kann HdlVertreter sein (vgl § 92c II für Schiffspassagen), BGH **62**, 73 (iErg abl).

Die **Güterbeförderung** zu Lande, auf Binnengewässern oder mit Luftfahrzeugen ist in §§ 407 ff (mit Sondervorschriften für die Beförderung von Umzugsgut in §§ 451 ff) geregelt. Für die Güterbeförderung durch **Eisenbahnen** des öffentlichen Verkehrs ist zu differenzieren: die Beförderung von Expressgut und Gütern ist ausschließlich in §§ 407 ff geregelt; der Reisegepäckverkehr gilt dagegen als Nebenleistung zur Personenbeförderung, § 1 EVO. Die EVO hat damit nur noch einen reduziertem Anwendungsbereich. § 10 AEG betrifft die Personenbeförderungspflicht, also den Abschlusszwang wegen der Monopolstellung der Eisenbahnen des öffentlichen Verkehrs. §§ 407 ff umfassen auch die Güterbeförderung mit **Luftfahrzeugen**. Der Begriff des Luftfahrzeugs bestimmt sich allerdings nach § 1 II LuftVG. Für Reisegepäck gilt ferner § 47 LuftVG. Für die Güterbeförderung **zur See** gilt das Fünfte Buch. Seehandel, §§ 476 ff HGB. Besondere Schwierigkeiten macht der **multimodale oder kombinierte Transport**. §§ 452 ff HGB enthalten dazu nähere Bestimmungen. **Muster:** Hopt, Teil I. O.2 (Bill of Lading). 8

B. **Persönliche Reichweite (III 1 Nr 2, 2):** §§ 407–450 gelten nicht nur, wenn der Frachtführer Kfm ist, sondern auch, wenn die Beförderung jedenfalls zum **Betrieb eines gewerblichen Unternehmens** gehört **(III 1 Nr 2)**. Das ist zwar nicht personenbezogen, sondern wie bei den Vertragstypen im Besonderen Schuldrecht sachbezogen formuliert (vgl ua § 433 I BGB); aber dies lässt den Charakter der Vorschriften als Sonderrecht des Kfm bzw Unternehmens unberührt (RegE TRG S 34). Zum Begriff des Gewerbes § 1 Rn 11. HdlGewerbe ist nicht notwendig. Erfasst sind danach sowohl gewerbsmäßig unternommene Beförderungen als auch Beförderungen durch einen Kfm als Gelegenheitsfrachtführer als auch solche durch (Klein-)Gewerbetreibende. Auf die Entgeltlichkeit der Beförderung kommt es anders als nach **(17)** CMR Art 1 nicht an, Canaris § 31 Rn 10, aA Koller 31. 9

Ist der Frachtführer Kfm, gilt das gesamte HGB. Ist der Frachtführer kein Kfm, so gelten darüber über §§ 407–450 hinaus die allgemeinen Vorschriften über Handelsgeschäfte (Viertes Buch, Erster Abschnitt, also §§ 343–372), aber ohne §§ 348–350 **(III 2)**. Das ist ein Schritt weg vom Kaufmannsrecht zum Unternehmensrecht (Einl 31 vor § 1). 10

C. **Territoriale Reichweite:** Für die **grenzüberschreitende Beförderung** gelten internationale Abkommen, zB die **(17) CMR**, die im grenzüberschreitenden Verkehr unabdingbar gilt und in der Praxis eine sehr große Rolle spielt, das Übk über den internationalen Warentransport mit Carnets TIR (**TIR**-Übereinkommen 1975) 14.11.75 BGBl 79 II 445, 83 II 446 mit späteren Änderungen, das **Warschauer Abkommen (WA)** zur Vereinheitlichung von Regeln über die Beförderung im internationalen Luftverkehr von 1929 idF 28.9.55, BGBl 58 II 291, 312, 64 II 1295, spätere Änderungen mit Zusatzabkommen zur Vereinheitlichung von Regeln über die von einem anderen als dem vertraglichen Luftfrachtführer ausgeführte Beförderung im internationalen Luftverkehr **(Guadalajara-Abkommen)** 18.9.61, BGBl 63 II 1159, 64 II 1371. Seit 28.6.04 gilt in Deutschland auch das **Montrealer Übereinkommen (MÜ)** vom 28.5.99, BGBl 04 II 458, 1371, das nach Art 55 dem WA vorgeht. Die Übereinkommen sind ua kommentiert bei Koller, Transportrecht, vergleichend Ruhwedel, TranspR **08**, 89. Auch für den grenzüberschreitenden Eisenbahnfrachtverkehr gelten interna- 11 tionale Abkommen, so die CIM. Internationales Abladegeschäft s Überbl 50 vor § 373.

12 Kollisionsrechtliche Regelungen der CMR stellen zwingendes Recht dar, Koller Art. 1 CMR Rn 3. Soweit (17) CMR nicht anwendbar ist, gilt **IPR**. Danach bestimmt sich das Vertragsstatut für nach dem 17.12.09 geschlossene Verträge des Gütertransports nach Art 3, 5 I, III Rom I-VO (loi uniforme), die die Möglichkeit einer freien Rechtswahl beinhalten, hierzu Wagner TranspR **08**, 221, Mankowski TranspR **08**, 339, Wagner TranspR **09**, 281, zur Entstehungsgeschichte Hartenstein TranspR **08**, 143. Lit: Allgemein zu Güterbeförderungsverträgen Reithmann/Martiny/Mankowski 2571 ff, 3051 multimodaler Verkehr, Basedow FS Herber (SeeHdlRecht) **99**, 15 (multimodaler Transport), zu neueren Entwicklungen allg Mankowski TranspR **08**, 177, zu Speditionsverträgen im IPR Mankowski TranspR **15**, 17.

4) Frachtvertrag (§ 407 I, II)

13 A. **Frachtvertrag: a) Rechtsnatur, anwendbares Recht:** Durch den Frachtvertrag wird der Frachtführer verpflichtet, das Gut zum Bestimmungsort zu befördern und dort an den Empfänger abzuliefern (I); der Absender wird verpflichtet, die vereinbarte Fracht zu zahlen (II). Vertragsgegenstand sind nur **Güter** (Begriff s Rn 6), nicht Personen. Der Frachtvertrag ist, da der Erfolg der Beförderung und Ablieferung geschuldet ist, **Werkvertrag**, hL, Koller 35, aA gemischter Vertrag. Ergänzend zu §§ 407 ff finden also §§ 631 ff BGB Anwendung. Zum Verhältnis zum Leistungsstörungsrecht des allgemeinen Zivilrechts Staub/P.Schmidt 80 ff., zur Abgrenzung vom Arbeitsverhältnis LAG Mecklenburg-Vorpommern RdTW **15**, 395. Kommissionsrecht ist nicht entsprechend anwendbar. Abgrenzung von Frachtvertrag und Speditionsvertrag kann im Einzelfall schwierig sein (§§ 133, 157 BGB), BGH WM **91**, 459 (Paketdienst, Spedition bejaht), BGH NJW-RR **06**, 267. Für Frachtvertrag sprechen Frachtbrief und genaue Vereinbarung des Transports, näher Koller NJW **88**, 1756 (für unterschiedliche Abgrenzung je nach Unternehmer- oder Normalkunden, letzterenfalls iZw Frachtvertrag, fraglich). Ein isoliert vereinbarter Umschlag von Transportgut ist als frachtvertragliche Leistung anzusehen, BGH TranspR **14**, 283. Auch ein Rahmenvertrag mit Regelung aller wesentlichen Vertragsabreden (konkrete Fahrzeuge, Höhe der Vergütung) unterfällt § 407 und § 439, BGH TranspR **09**, 133, LG Hamburg TranspR **16**, 23.

14 Nicht Frachtvertrag ist der **Lohnfuhrvertrag**, bei dem der Unternehmer das Kfz und eventuell auch den Fahrer stellt, damit der Auftraggeber selbst beladen und den Fahrer anweisen kann; denn es fehlt hier daran, dass das Gut seitens des Frachtführers in Obhut genommen wird. Der Lohnfuhrvertrag enthält Elemente sowohl eines Mietvertrages als auch eines Dienstverschaffungsvertrags, wobei ein „bemanntes" Fahrzeug zur beliebigen Ladung und Fahrt zur Verfügung gestellt wird, Abgrenzung richtet sich nach den Umständen des Einzelfalls, BGH RdTW **16**, 215. Beweislast für das Vorliegen eines Frachtvertrages anstelle eines substantiiert behaupteten Lohnfuhrvertrags trägt der Auftraggeber, Düsseldorf RdTW **16**, 419. In der Regel wird beim **Schleppvertrag,** wenn etwa ein Seeschiff im Hafen zwar geschleppt wird, aber doch unter selbstständiger Leitung bleibt, kein Frachtvertrag, sondern ein Werkvertrag (§ 631 BGB) angenommen, anders wenn das geschleppte Fahrzeug in die Obhut des Schleppers genommen wird, vor allem wenn es nicht bemannt ist, RG **82**, 427, **112**, 42, BGH **27**, 236, vgl auch Sonderfall RG **122**, 188. Zur Abgrenzung von Speditionsvertrag, Frachtvertrag und „Spedition zu fixen Kosten" Köln TranspR **16**, 242.

15 b) **Zustandekommen:** Der Frachtvertrag kommt, auch bei Verlangen und Ausstellung eines Frachtbriefs nach § 408 oder eines Ladescheins nach § 443, **formlos** zustande, wenn die Parteien nichts anderes vereinbart haben. Für Personenbeförderung durch die Eisenbahn gilt Kontrahierungszwang (§ 10 AEG). Zum Zustandekommen eines Frachtvertrages trotz Übergabe von Gut, das nach den AGB des Frachtführers von der Beförderung ausgeschlossen sein soll (Verbotsgut) BGH **167**, 69 (Deutsche Post) m krit Anm Koller EWiR **06**, 589u Grimme TranspR **06**, 339, BGH NJW **06**, 2977, NJW-RR **07**, 33, TranspR **07**, 112, **07**, 162. Wirksamer Vertrag auch dann, wenn die AGB bei Versendung von Verbotsgut wirksamen Vertragsschluss ausdrücklich ablehnen, LG Landshut TranspR **14**, 69. Weiß der Absender, dass die Sendung Verbotsgut enthält, kann dies nach § 425 II zu einem vollständigen Ausschluss der Haftung des Frachtführers führen, BGH NJW-RR **07**, 179 und zwar auch dann, wenn dem Frachtführer qualifiziertes Verschulden iSd § 435 vorzuwerfen ist, BGH TranspR **07**, 164, ansonsten Schadensteilung, BGH TranspR **06**, 113. Zur Unwirksamkeit einer Klausel, die u. a. einen kostenfreien Ladungstausch in einer Empfangsniederlassung des Auftraggebers vorsieht, LG Potsdam NJW-RR **15**, 490. Mit der Verbotsklausel wird – anders als mit einer Haftungsbegrenzungsklausel – nicht erklärt, bis zu einem bestimmten Betrag verschuldensunabhängig haften zu wollen, BGH NJW-RR **09**, 175.

c) **Vertragsparteien:** Vertragspartner sind danach allein der Absender (im Seefrachtgeschäft: Befrachter; nicht zu verwechseln mit dem Versender beim Speditionsvertrag, § 453 II), der den Frachtauftrag erteilt, und der Frachtführer, der die Beförderung übernimmt (im Seefrachtgeschäft: Verfrachter). Absender ist, wer den Frachtvertrag im eigenen Namen abschließt, ggf der Spediteur, nicht der Versender (§ 453 I), für den der Spediteur (für dessen Rechnung, aber im eigenen Namen) absendet (§ 454 III).

Der **Empfänger** steht grundsätzlich außerhalb des Vertrags (Dreiecksverhältnis!), er ist nicht Vertragspartei. Aber das Gesetz gibt ihm **eigene Ansprüche** (zB § 421 I 2), und der Frachtvertrag ist ein **echter Vertrag zugunsten Dritter** (§ 328 BGB), arg e §§ 421 I, 418 II, Kln TranspR **04**, 120. Die frachtrechtlichen Vorschriften haben Vorrang, §§ 328 ff BGB greifen aber subsidiär ein. Das kann der Fall sein bei Schädigung der Person oder anderer Güter des Empfängers, Koller 37 (aber unklar, ob nicht bloßer Vertrag mit Schutzwirkung zugunsten Dritter). Zwischen Frachtführer oder Absender und einem dritten Eigentümer der Ware bestehen keine vertraglichen Beziehungen.

B. **Pflichten des Frachtführers (I): a) Beförderung, Ablieferung:** Hauptpflicht des Frachtführers ist es, das Gut zum Bestimmungsort zu befördern und dort an den Empfänger abzuliefern **(I)**. Befördern heißt: von Ort zu (bestimmtem) Ort bringen, nicht nur abfahren (beliebig wohin, vom Frachtführer oder von Dritten zu bestimmen, zB Müll), KG **11**, 225, RG **68**, 75: gewöhnlicher Werkvertrag. Gleich ob mit Motor-, Tier-, Menschenkraft, mit besonderen Beförderungsmitteln (Fahrzeug, Lasttier, Schubkarren, Handwagen, Gabelstapler, Nürnb TranspR **00**, 428) oder ohne solche (Gepäckträger), RG **105**, 370. Auch Viehtreiben ist Befördern des Viehs, str. Ebenso kann das Abschleppen eines mit einer Panne liegen gebliebenen Fahrzeugs Frachtvertrag sein, Düss TranspR **02**, 397, Kln TranspR **04**, 320. Der Frachtführer kann allein befördern oder zur Beförderung ganz oder teilweise (selbstständige) Dritte einschalten. Er haftet dann aber für diese (§ 428); für ausführende Frachtführer sieht § 437 eine Haftung wie die des Frachtführers vor. Bei bloßer Besorgung der Versendung liegt Spedition vor (§ 453), Abgrenzung s Rn 12. Erfüllungsort (§ 269 BGB) für Beförderung und Ablieferung ist der Bestimmungsort des Gutes, dort ist der Erfolg herzustellen. Pflicht zur Ablieferung an den Empfänger (§§ 421, 423). Zum Begriff der Ablieferung (wichtig für Dauer der Haftung) s § 425 Rn 3. Lieferfrist s § 423. Gerichtsstand s § 30 ZPO idF SHRG 2013.

b) **Einschalten weiterer Personen:** Der Frachtführer kann sich mit selbstständigen **Teilfrachtführern** die Strecke teilen (dann erhält jeder seinen Auftrag vom Absender, dieser uU vertreten durch den Frachtführer) oder über die ganze Strecke weisungsgebundene **Unterfrachtführer** einschalten, letzteres ist dem Frachtführer grundsätzlich ohne weiteres erlaubt (aber Haftung des Hauptfrachtführers für diese, § 428 Satz 2). Haftung der ausführenden Frachtführer selbst, obwohl nicht Vertragspartei, s § 437. **Gesamt- bzw Samtfrachtführerschaft** sind mehrere Frachtführer, die dem Absender gegenüber die Beförderung für die ganze Strecke übernehmen, obwohl jeder das Gut selbst nur über eine Teilstrecke transportiert; sie haften als Gesamtschuldner, hL. Zu den rechtlich verschiedenen Arten, wie mehrere Frachtführer an der Beförderung des Gutes beteiligt werden können, Fremuth/Thume Vor § 437 Rn 6 ff.

20 c) **Weitere Pflichten:** Der Frachtführer hat ferner ua die Betriebssicherheit der Verladung sicherzustellen (§ 412 I 2). Er muss grundsätzlich die Weisungen des Absenders und später des Empfängers befolgen (näher § 418). Häufig schuldet der Frachtführer außer der Beförderung auch sonstige Nebenleistungen, zB Aufbewahrung des Guts vor oder nach Beförderung; solche Nebenleistungen sind rechtlich nicht selbstständig zu beurteilen, sondern folgen den Regeln des Frachtvertrags, RG HRR **29**, 1673. Andererseits kann auch das Befördern Nebenleistung in einem anderen Geschäft sein, zB Versendungskauf, Kommission, Lagerung, RG JW **02**, 79. Eine Pflicht zum Tausch oder Überlassung von Paletten besteht ohne bes Abrede (zur Unwirksamkeit in AGB: Brem TranspR **08**, 169, Koller 59a) nicht (vgl auch **(18)** ADSp Ziff 4.8.1), hierzu Ffm TranspR **06**, 82m Anm Knorre, Knorre TranspR **01**, 1.

21 d) **Umschlagtätigkeit:** Die Umschlagtätigkeit, also etwa das Laden und Löschen einschließlich Stauen von Stückgut, Trimmen des Schiffes, Zwischenlagern, Verpacken und Umpacken von Gütern, ist im Gesetz nicht geregelt, aber auch nicht generell aus dem Frachtrecht herausgenommen. Isolierte Vereinbarung des Umschlags ist immer frachtvertragliche Leistung, Koller 10a. Bei Vereinbarung im Zusammenhang mit einem Frachtvertrag kann der Umschlag wegen des besonderen Aufwands eine eigenständige Teilleistung darstellen, Thume TranspR **14**, 182, im Zweifel liegt aber unselbständige Nebenleistung vor, für welche die Regelungen des Frachtvertrags gelten, Koller 10a.

22 e) **Leistungsstörungen:** Leistungsstörungen nach Übernahme des Gutes s §§ 419, 420 II, 422, 425, 433. Näher Koller 82 ff.

23 C. **Pflichten des Absenders (II):** Die Hauptpflicht des Absenders ist die Verpflichtung zur Zahlung der vereinbarten Fracht. Mangels Vereinbarung über die Höhe der Fracht gilt, wenn der Frachtführer Kfm ist, § 354, sonst § 632 BGB. Weitere Einzelheiten zur Zahlung und Frachtberechnung sind in § 420 geregelt. Der Absender ist nicht verpflichtet, dem Frachtführer das Gut zu übergeben (vgl §§ 415, 416, 417). Standgeld s § 412 III (Legaldefinition), ferner §§ 415 II Nr 1, 418 I 4, 419 IV, 420 IV, 421 III. Distanzfracht s § 420 II 2. Erfüllungsort für Zahlung von Fracht und Aufwendungsersatz ist der Wohnsitz bzw die gewerbliche Niederlassung des Schuldners (§§ 269, 270 IV BGB), Hbg TranspR **90**, 118.

24 D. **Beendigung des Frachtvertrags:** § 415 ist lex specialis zu § 649 BGB, zur Kündigung durch Frachtführer s § 417. Ferner kann Leistungsstörungsrecht (s Rn 21) zur Beendigung des Frachtvertrags führen. Insolvenz des Frachtführers s § 103 InsO, Insolvenz des Absenders s § 116 InsO, bei Tod oder Registerlöschung gelten §§ 672 f BGB.

25 E. **Abweichende Vereinbarungen:** § 407 ist dispositiv (Grenzen: § 449).

5) (18) ADSp und andere AGB

26 Neben den §§ 407 ff gelten, soweit § 449 das noch zulässt, die **(18)** ADSp, die Vertragsbedingungen für den Güterkraftverkehrs- und Logistikunternehmer

4. Abschnitt. Frachtgeschäft　　　　　　　　　　　　　　　1　§ 408

(VBGL) idF 2003, die Allgemeinen Leistungsbedingungen (ALB) der DB Schenker Rail AG Stand 1.01.13 und die AGB der Bundesfachgruppe Schwertransporte und Kranarbeiten (AGB/BSK) Stand 1.8.08 (jeweils Text und Komm bei Koller, Stand 2013).

Frachtbrief. Verordnungsermächtigung

408 (1) ¹Der Frachtführer kann die Ausstellung eines Frachtbriefs mit folgenden Angaben verlangen:
1. Ort und Tag der Ausstellung;
2. Name und Anschrift des Absenders;
3. Name und Anschrift des Frachtführers;
4. Stelle und Tag der Übernahme des Gutes sowie die für die Ablieferung vorgesehene Stelle;
5. Name und Anschrift des Empfängers und eine etwaige Meldeadresse;
6. die übliche Bezeichnung der Art des Gutes und die Art der Verpackung, bei gefährlichen Gütern ihre nach den Gefahrgutvorschriften vorgesehene, sonst ihre allgemein anerkannte Bezeichnung;
7. Anzahl, Zeichen und Nummern der Frachtstücke;
8. das Rohgewicht oder die anders angegebene Menge des Gutes;
9. die bei Ablieferung geschuldete Fracht und die bis zur Ablieferung anfallenden Kosten sowie einen Vermerk über die Frachtzahlung;
10. den Betrag einer bei der Ablieferung des Gutes einzuziehenden Nachnahme;
11. Weisungen für die Zoll- und sonstige amtliche Behandlung des Gutes;
12. eine Vereinbarung über die Beförderung in offenem, nicht mit Planen gedecktem Fahrzeug oder auf Deck.

²In den Frachtbrief können weitere Angaben eingetragen werden, die die Parteien für zweckmäßig halten.

(2) ¹Der Frachtbrief wird in drei Originalausfertigungen ausgestellt, die vom Absender unterzeichnet werden. ²Der Absender kann verlangen, daß auch der Frachtführer den Frachtbrief unterzeichnet. ³Nachbildungen der eigenhändigen Unterschriften durch Druck oder Stempel genügen. ⁴Eine Ausfertigung ist für den Absender bestimmt, eine begleitet das Gut, eine behält der Frachtführer.

(3) ¹Dem Frachtbrief gleichgestellt ist eine elektronische Aufzeichnung, die dieselben Funktionen erfüllt wie der Frachtbrief, sofern sichergestellt ist, dass die Authentizität und die Integrität der Aufzeichnung gewahrt bleiben (elektronischer Frachtbrief). ²Das Bundesministerium der Justiz und für Verbraucherschutz wird ermächtigt, im Einvernehmen mit dem Bundesministerium des Innern durch Rechtsverordnung, die nicht der Zustimmung des Bundesrates bedarf, die Einzelheiten der Ausstellung, des Mitführens und der Vorlage eines elektronischen Frachtbriefs sowie des Verfahrens einer nachträglichen Eintragung in einen elektronischen Frachtbrief zu regeln.

1) Ausstellung eines Frachtbriefs auf Verlangen (I 1 1. Halbsatz)

Der Frachtführer kann vom Absender (nicht umgekehrt) die Ausstellung eines　1
Frachtbriefs mit den in I Nr 1–12 aufgezählten Angaben verlangen. Der Frachtbrief ist damit als Absendepapier und als Beweisurkunde ausgestaltet. Zur Beweiskraft und Vermutungswirkung bei beidseitiger Unterzeichnung s § 409, ohne solche § 409 Rn 4. Von einem Frachtbriefzwang wie nach CIM hat der Gesetzgeber abgesehen. Unter der CMR ist ein Frachtbrief zwar die Regel, aber sonst wird in der Praxis zunehmend davon abgesehen. Die Pflicht des Absenders zur Ausstellung entsteht nur auf Verlangen (verhaltener Anspruch). Sie ist Neben-

Merkt　　1647

§ 408 2, 3

pflicht des Absenders. Bei Verletzung dieser Pflicht Zurückbehaltungsrecht (§ 273 BGB). Verweigerung der Ausstellung ist Pflichtverletzung (Schadensersatzpflicht nach § 280 I BGB). Parteien können aber übereinstimmend auf Ausstellung eines Frachtbriefes verzichten, Staub/P.Schmidt 44. Bei Beförderung von Umzugsgut ist der Absender nicht verpflichtet, einen Frachtbrief auszustellen (§ 451b I). Anspruch auf Ausstellung kann nach HdlBrauch (§ 346) oder auf Grund der besonderen Beziehung oder Absprache der Parteien entfallen. Vgl **(17)** CMR Art 4 ff. **Muster:** Hopt, Form I. N.1 (Frachtbrief internationaler Straßengüterverkehr), Form I. N.2 (Frachtbrief innerdeutscher Eisenbahnverkehr).

2) Inhalt des Frachtbriefs (I 1 Nr 1–12, 2)

2   A. **Angaben nach I 1:** Die Aufzählung der in den Frachtbrief aufzunehmenden Angaben in **I 1 Nr 1–12** (ua Namen und Anschrift der Beteiligten, Bezeichnung des Gutes, einzelne Vertragsbestimmungen; vgl **(17)** CMR Art 6 I) ist nicht abschließend (I 2), s Rn 4. Das Fehlen oder die Unrichtigkeit einzelner in I 1 Nr 1–12 aufgeführter Angaben, zB der Angabe der Fracht nach I 1 Nr 9, führt nicht dazu, dass kein Frachtbrief mehr iSv § 408 vorliegt, aber insoweit keine Beweiswirkung (§ 409 Rn 1) u ggf Haftung des Absenders (§ 414 I 1 Nr. 2).

3   B. **Einzelne Angaben nach I 1 Nr 1–12: I 1 Nr 4** nennt Stelle und Tag der Übernahme des Gutes sowie die für die Ablieferung vorgesehene Stelle. **Stelle** ist nicht nur der Ort, etwa die politische Gemeinde, sondern die genaue geographische Bezeichnung, zB nach Straße und Hausnummer. Wenn die Stelle nicht bekannt ist, so typischerweise im Bereich der Binnenschifffahrt (vgl §§ 27, 46 aF BinSchG), genügt der Ort (RegE TRG).

Nach **I 1 Nr 1** entscheidend sind Ort und Tag der Ausstellung des Frachtbriefes, Koller 4.

I 1 Nr 2 hat Art 6 I CMR zum Vorbild, MüKo/Thume 25.

I 1 Nr 3 erfordert die Eintragung des Namens nur des Frachtführers, nicht auch des Versenders, Koller 6.

I 1 Nr 4 erfordert nicht lediglich die Angabe des Ortes, sondern auch der Stelle. Damit muss innerhalb der jeweiligen politischen Gemeinde die genaue Adresse angegeben werden, MüKo/Thume 27.

I 1 Nr 5 nennt neben Angabe von Name und Anschrift des Empfängers, der auch der Absender selbst oder ein zunächst noch Ungenannter sein kann, auch eine etwaige **Meldeadresse**. Das ist eine Anschrift, unter der der Frachtführer zB seine Entladebereitschaft anzeigen und weitere Anweisungen einholen kann. Das Institut der Meldeadresse stammt aus dem Binnenschifftransportrecht (vgl § 72 III aF BinSchG) und dem Seetransportrecht (Konnossement, notify address) und ist wichtig, wenn bei Ausstellung des Frachtbriefs Einzelheiten der Empfangnahme noch offen sind.

I 1 Nr 6 betrifft Angaben über Art des Guts und der Verpackung sowie über **gefährliche Güter**. Bei letzteren kommt sowohl die Bezeichnung nach den öffentlich-rechtlichen Gefahrgutvorschriften als auch die allgemein anerkannte Bezeichnung unter der weitergehenden Sondervorschrift des § 410 in Betracht.

I 1 Nr 7 führt die Angabe von Anzahl, Zeichen und Nummern der Frachtstücke auf. **Frachtstücke** sind alle Einzelstücke sowie alle vom Absender hergestellten Einheiten, auch wenn sie der Verpackung oder sonst der Erleichterung des Transports, zB Palette, dienen; nicht jedoch in den Einheiten sichtbare Kartons, Hamm TranspR 00, 424.

I 1 Nr 8 nennt das Rohgewicht oder die anders angegebene Menge des Gutes. **Rohgewicht** ist das Gewicht samt Verpackung.

I 1 Nr 9 idF SHRG 2013 nennt die bei Ablieferung geschuldete Fracht und die bis zur Ablieferung anfallenden Kosten sowie einen Vermerk über die **Frachtzahlung** (zur Frachtberechnung s § 420). Letzterer betrifft zB Frankatur-

4. Abschnitt. Frachtgeschäft   4–6   § 408

bzw Freivermerke (§ 346 Rn 40 „frei"). I 1 Nr 9 dient insoweit der beweissichernden Dokumentation von Zahlungsabreden. Die Änderung durch das SHRG 2013 bezweckt zum einen eine Angleichung an § 515 I 1 Nr 9 nF. Der Neuformulierung in beiden Vorschriften liegt die Überlegung zugrunde, dass die Eintragung der vereinbarten Fracht (so der Wortlaut in § 408 I 1 Nr 9 aF) vor allem dann notwendig ist, wenn bei Ablieferung des Gutes noch Fracht geschuldet wird. Gerade über eine solche Verpflichtung soll der Empfänger des Gutes durch die Eintragung informiert werden, vgl. RegE SHRG S 52).

I 1 Nr 10 nennt die **Nachnahme** (§ 422; auch § 346 Rn 40 „Nachnahme"). Nachnahme ist hier ganz weit zu verstehen als alles, was Zug um Zug gegen Ablieferung zu zahlen ist (Spesennachnahmen und Wertnachnahmen).

I 1 Nr 11 nennt Weisungen für die **Zollabfertigung**, obwohl bei grenzüberschreitender Beförderung §§ 407 ff idR nicht anwendbar sind (§ 407 Rn 10).

I 1 Nr 12 betrifft eine Vereinbarung über die **Beförderung in offenem**, nicht mit Planen gedecktem **Fahrzeug** oder auf Deck. Grund dafür sind die damit verbundenen, besonderen Gefahren für das Gut (Nässe, Witterung, Diebstahl, Überbordspülen). Vgl **(17)** CMR Art 17 IV a mit Haftungsausschluss.

C. Weitere Angaben (I 2): Nach I 2 (entspr **(17)** CMR Art 6 III) können 4 die Parteien in den Frachtbrief weitere Angaben, zB Lieferfrist und Vergütung für ihre Überschreitung, eintragen, aber der Frachtführer hat darauf keinen Anspruch.

3) Ausfertigungen und Form des Frachtbriefs (II)

II regelt die Zahl der Frachtbriefausfertigungen und die Form der Unterschrift. 5 Der Frachtbrief wird in drei Originalausfertigungen ausgestellt, die vom Absender unterzeichnet werden **(II 1**, vgl **(17)** CMR Art 5 I 1). Die Parteien können eine andere, idR dann größere Anzahl vorsehen (vgl **(17)** CMR Art 5 II). Wegen der Beweiskraft eines von beiden Parteien unterzeichneten Frachtbriefs (§ 409 I) muss auch der Frachtführer unterzeichnen, wenn der Absender das verlangt **(II 2)**. Der Frachtbrief ist schon dann formgültig, wenn nur eine Ausfertigung gem II unterzeichnet ist, gedruckte Unterschriften (Faksimile) und aufgesetzte Stempel genügen **(II 3)**. Der formungültige Frachtbrief liefert ein Indiz iSv § 286 ZPO (§ 409 Rn 4). Das Frachtbriefdoppel, also die zweite Ausfertigung, verbleibt beim Absender **(II 4)**. Die Absenderausfertigung kann für das Verfügungsrecht relevant werden (§ 418 IV). Zur Bedeutung des Frachtbriefdoppels Fremuth/Thume Rn 5 f.

4) Verordnungsermächtigung (III)

Der durch das SHRG neu geschaffene III eröffnet die Möglichkeit, den 6 herkömmlichen papiergebundenen Frachtbrief durch einen elektronischen Frachtbrief zu ersetzen. Hintergrund für die Regelung ist die Tatsache, dass insbesondere auf internationaler Ebene (CMR, CIM) vermehrt diese Möglichkeit in Betracht gezogen wird und der Gesetzgeber sich dieser Entwicklung anschließen wollte. **III 1** enthält eine Legaldefinition, wobei mit Funktionen insbesondere die nach §§ 409, 418 IV gemeint sind. Im Hinblick auf die Anforderungen an Authentizität und Integrität der Aufzeichnung geht der Gesetzgeber davon aus, dass beides zurzeit nur bei Einhaltung der elektronischen Form (§ 126a BGB) gewährleistet ist, RegE SHRG S 52. Es wurde bewusst davon abgesehen, Einzelheiten des elektronischen Frachtbriefs im HGB zu regeln, da praktische Erfahrungen mit solchen Dokumenten noch fehlen, RegE SHRG S 52. Stattdessen wurde eine Verordnungsermächtigung **(III 2)** geschaffen, die größere Flexibilität gewährleistet und Einzelheiten regeln soll.

§ 409 1, 2

Beweiskraft des Frachtbriefs

409 (1) Der von beiden Parteien unterzeichnete Frachtbrief dient bis zum Beweis des Gegenteils als Nachweis für Abschluß und Inhalt des Frachtvertrages sowie für die Übernahme des Gutes durch den Frachtführer.

(2) ¹Der von beiden Parteien unterzeichnete Frachtbrief begründet ferner die Vermutung, daß das Gut und seine Verpackung bei der Übernahme durch den Frachtführer in äußerlich gutem Zustand waren und daß die Anzahl der Frachtstücke und ihre Zeichen und Nummern mit den Angaben im Frachtbrief übereinstimmen. ²Der Frachtbrief begründet diese Vermutung jedoch nicht, wenn der Frachtführer einen begründeten Vorbehalt in den Frachtbrief eingetragen hat; der Vorbehalt kann auch damit begründet werden, daß dem Frachtführer keine angemessenen Mittel zur Verfügung standen, die Richtigkeit der Angaben zu überprüfen.

(3) ¹Ist das Rohgewicht oder die anders angegebene Menge des Gutes oder der Inhalt der Frachtstücke vom Frachtführer überprüft und das Ergebnis der Überprüfung in den von beiden Parteien unterzeichneten Frachtbrief eingetragen worden, so begründet dieser auch die Vermutung, daß Gewicht, Menge oder Inhalt mit den Angaben im Frachtbrief übereinstimmt. ²Der Frachtführer ist verpflichtet, Gewicht, Menge oder Inhalt zu überprüfen, wenn der Absender dies verlangt und dem Frachtführer angemessene Mittel zur Überprüfung zur Verfügung stehen; der Frachtführer hat Anspruch auf Ersatz seiner Aufwendungen für die Überprüfung.

1) Beweiskraft des von beiden Parteien unterzeichneten Frachtbriefs (I–III)

1   A. Der Frachtbrief ist anders als der Ladeschein (§§ 443 ff) kein Wertpapier, sondern (wenn er **von beiden Parteien unterzeichnet** ist) eine bloße **Beweisurkunde** über Abschluss und Inhalt des Frachtvertrages sowie die Übernahme des Gutes durch den Frachtführer (**I**). Für das Zustandekommen des Frachtvertrags ist der Frachtbrief ohne Bedeutung (§ 407 Rn 14). Eine unterschriebene Warenrechnung kann genügen, Koller 2. Die Beweiswirkung nach I setzt formgültigen Frachtbrief nach § 408 voraus, insbesondere auch Unterschrift des durch sie belasteten Frachtführers nach § 408 II 2, 3. Fehlt eine Unterschrift, ist Beweis nach allgemeinen Regeln zu führen, zB durch entsprechende Angaben im Frachtvertrag (s Rn 4). Die Beweiswirkung reicht nur so weit, wie die Angaben im Frachtbrief reichen; dies gilt auch für zusätzliche Angaben nach § 408 I 2, Staub/P.Schmidt 8. Einseitige spätere Änderungen nehmen an der Beweiskraft des § 409 nicht teil. Die Beweiswirkung gilt nicht nur unter den Parteien, sondern auch gegenüber dem Empfänger des Guts, der den Frachtbrief annimmt (vgl §§ 421 ff). Beginn der Beweiskraft mit Aushändigung und Annahme. Die Vermutung nach I ist widerlegbar (Gegenbeweis). Besondere Bedeutung hat der Frachtbrief für den Umfang der Zahlungspflicht des Empfängers nach Annahme des Gutes (§ 421 II 1). Eingetragener **Vorbehalt** zerstört die Beweiswirkung auch dann, wenn er nicht begründet ist (anders II, s Rn 2).

2   B. Der Frachtbrief begründet die **Vermutung**, dass das Gut und seine Verpackung bei der Übernahme durch den Frachtführer in äußerlich gutem Zustand waren und die Anzahl der **Frachtstücke** (Begriff s § 408 I 1 Nr 7) mit den Angaben im Frachtbrief übereinstimmen (**II**). Widerleglicher Beweis auch für den Inhalt des Vertrags möglich, Koller 4, insofern gilt § 292 ZPO, MüKo/Thume 2. **Äußerlich guter Zustand** betrifft den Zustand, der an der Oberfläche der Frachtstücke bzw ihrer Verpackung ohne weiteres erkennbar ist, besondere Warenkenntnisse sind vom Frachtführer nicht zu erwarten. Bei Kühltransporten Prüfung durch Messgerät bei Übernahme, Koller 16. **Vorbehalt**

durch den Frachtführer ist möglich, muss aber eingetragen und anders als nach I begründet sein. Begründung muss für Außenstehende nachvollziehbar sein, Düss TranspR **93**, 55. Als Begründung genügt auch mangelnde Überprüfbarkeit (Unbekannt-Vermerk); Beweislast dafür bei dem, der sich auf Vorbehalt beruft, Koller 10 f. Auch objektiv falsche Vorbehalte zerstören die Vermutung, sie können den Frachtführer aber schadensersatzpflichtig machen (§ 408 Rn 1), zudem Beweisvereitelung. II 1 gilt entspr auch für Begleitpapiere, Schlesw VersR **79**, 142, Koller 14.

C. Sonderregelungen gelten für **Gewichts-, Mengen- und Frachtstücksinhaltsangaben (III)**. Die Angabe der Ergebnisse ihrer Überprüfung im beiderseits unterzeichneten Frachtbrief begründet die Vermutung, dass Gewicht, Menge oder Inhalt mit den Angaben im Frachtbrief übereinstimmt (**III 1**; vgl **(17)** CMR Art 8 III, aber ohne Angabe der Rechtsfolge). Inhalt ist das, was nicht schon äußerlicher Zustand ist (s Rn 2). Der Frachtführer hat insoweit eine besondere Überprüfungspflicht (**III 2**), aber nur auf Verlangen des Absenders, bei angemessener Überprüfungsmöglichkeit und gegen Aufwendungsersatz. Der Frachtführer hat darüber hinaus Überprüfungsrecht auf eigene Kosten (§ 242 BGB), aber darf grundsätzlich nicht ohne Erlaubnis den verpackten Inhalt überprüfen, Ausnahme zB bei § 410 II Nr 1 und im Interesse des Absenders (vgl §§ 683, 665 BGB) oder wenn wegen § 410 II Nr. 1 notwendig ist, Koller 26.

2) Bedeutung von formungültigen oder nur von einer Partei unterzeichneten Frachtbriefen

Ein formungültiger Frachtbrief unterliegt freier Beweiswürdigung (§ 286 ZPO), er kann starkes Indiz dafür sein, dass das Gut und seine Verpackung in äußerlich gutem Zustand waren, BGH NJW-RR **03**, 755 (vgl II 1), weil sonst der Frachtführer wohl einen Vorbehalt aufgenommen hätte, Koller § 408 Rn 27. Ist der Frachtbrief nur vom Frachtführer unterschrieben, wirkt er als Empfangsquittung (§ 368 BGB), Düss TranspR **98**, 31, Koller aaO. Soweit Angaben im Frachtbrief nicht gemacht sind und der Frachtbrief insoweit ohne Wirkung nach I und II ist, können §§ 416, 440 ZPO über die Beweiskraft von Privaturkunden und zum Beweis ihrer Echtheit eingreifen.

3) Haftung für unrichtige Frachtbriefe

Bei Ausstellung **unrichtiger Frachtbriefe** kann es zur **Haftung** des Absenders und des Frachtführers **gegenüber dem anderen Teil** kommen, beim Absender verschuldensunabhängig nach § 414 I Nr 2, beim Frachtführer als Nebenpflichtverletzung (§ 407 Rn 19); dann §§ 249, 254 BGB. Eine Haftung kann aber nicht alleine darauf gestützt werden, dass der Frachtführer keine Vorbehalte aufgenommen hat, MüKo/Thume 30.

Es kommt auch Haftung **gegenüber Dritten** (zB Empfänger, Kreditgeber) nach allgemeinen Regeln in Betracht, ua § 826 BGB, § 280 I iVm § 311 III BGB, Verschulden bei Vertragsverhandlungen mit Schutzwirkung zugunsten Dritter, näher Staub/P.Schmidt 33 ff. Ebenso kommt eine Rechtsscheinhaftung bei Vorsatz (analog §§ 172, 405 BGB) in Betracht, sofern der Frachtbrief zu einem Sperrpapier (§ 418 IV) gemacht wurde, Koller 31.

Gefährliches Gut

410 (1) **Soll gefährliches Gut befördert werden, so hat der Absender dem Frachtführer rechtzeitig in Textform die genaue Art der Gefahr und, soweit erforderlich, zu ergreifende Vorsichtsmaßnahmen mitzuteilen.**

(2) **Der Frachtführer kann, sofern ihm nicht bei Übernahme des Gutes die Art der Gefahr bekannt war oder jedenfalls mitgeteilt worden ist,**

§ 410 1–3

1. gefährliches Gut ausladen, einlagern, zurückbefördern oder, soweit erforderlich, vernichten oder unschädlich machen, ohne dem Absender deshalb ersatzpflichtig zu werden, und
2. vom Absender wegen dieser Maßnahmen Ersatz der erforderlichen Aufwendungen verlangen.

1) Mitteilungspflicht des Absenders bei gefährlichem Gut (I)

1 § 410 regelt die Beförderung gefährlicher Güter (vgl **(17)** CMR Art 22). **Gefährliches Gut** iSv § 410 ist nicht gleichbedeutend mit Gefahrgut iSv öffentlichrechtlichem Gefahrgutrecht (GefahrgutVOn, jeweils für Straße, Eisenbahn, Binnenschifffahrt, GGVS, GGVE, GGVBinSch, und internationale Abkommen, zB Europäisches Übk über die internationale Beförderung gefährlicher Güter auf der Straße 30.9.57 BGBl 69 II 1489, ADR; vgl § 408 I Nr 6). Gefährliches Gut ist weiter und erfasst außer dem öffentlichrechtlichen Gefahrgut auch Güter, die allein beförderungsspezifisch gefährlich sind (Schutz des Frachtführers). Der Absender muss dem Frachtführer rechtzeitig in Textform (§ 126b BGB) **Mitteilung** von der Gefahr und, soweit erforderlich, von den zu ergreifenden Vorsichtsmaßnahmen machen (I). Letztere haben sich am Informationsbedarf des Frachtführers auszurichten (objektiver Absenderhorizont, RegE TRG), dabei besteht keine Zweifelsregel für Gefährlichkeit, Koller 2. Die Mitteilung braucht nicht im Frachtbrief zu erfolgen. Die verkörperte Mitteilung muss rechtzeitig zugehen (§ 130 BGB). An konkludente Abbedingung der Formpflicht durch mündliche Entgegennahme von Informationen sind strenge Maßstäbe anzulegen, Staub/P.Schmidt 15. Was **rechtzeitig** ist, lässt is offen. Sinn und Zweck der Vorschrift ist es aber, die Mitteilungspflicht gerade unabhängig vom Vertragsschluss zu statuieren, BGH VersR **13**, 478. Die verkörperte Mitteilung muss nicht in allen Fällen schon bei Vertragsschluss erfolgen. Formloser, zB telefonischer, Hinweis auf die Gefahr bei Vertragsschluss und erst später nachfolgende verkörperte Mitteilung können im Einzelfall ausreichen, vgl auch **(18)** ADSp Ziff 3.3. Die Formanforderungen an die Mitteilungspflicht sind ferner abdingbar, arg e § 449. Hingewiesen werden muss nicht auch auf eventuell zu ergreifende Vorsichtsmaßnahmen, MüKo/Thume 11. **Rechtsfolge** der Verletzung der Mitteilungspflicht ist verschuldensunabhängige Haftung (§ 414 I Nr 3), außerdem Rechte nach II (s Rn 3). Die Beweislast für fehlende Information nach I liegt beim Frachtführer, der sich auf die Rechtsfolgen beruft (dagegen II, s Rn 2). Zu Sonderproblemen, falls ein Frachtbrief ausgestellt wurde, Koller 3.

2) Rechte des Frachtführers (II)

2 II gibt dem Frachtführer bestimmte **Rechte, sofern** ihm **nicht** bei Übernahme des Gutes (§ 425) die Art der Gefahr **bekannt** war **oder** jedenfalls **mitgeteilt** worden ist. Kenntnis durch Wissensvertreter und Zugang der Mitteilung (§ 130 BGB) an Empfangsvertreter, zB Fahrer und je nachdem anderes mit der Beförderung befasstes Personal des Frachtführers, genügen. Kenntnisnahme von der Mitteilung ist nicht nötig, aber Möglichkeit der Kenntnisnahme. Die Kenntnis bzw Mitteilung bezieht sich hier anders als nach I allein auf die Eigenschaft als gefährliches Gut, nicht auch auf etwaige Vorsichtsmaßnahmen; hat der Frachtführer von ersterer Kenntnis, ist er nicht schutzwürdig iSv II. Die Beweislast für die Ausnahmetatbestände („sofern nicht") liegt beim Absender (vgl **(17)** CMR Art 22 I 2).

3 Der Frachtführer kann mit dem gefährlichen Gut in bestimmter Weise umgehen, sich seiner entledigen und es notfalls sogar vernichten, ohne dem Absender deshalb (unmittelbarer Zurechnungszusammenhang zwischen ergriffener Maßnahme und Schaden) ersatzpflichtig zu werden (**II Nr 1**, Aufzählung verschiedener **Maßnahmen),** und wegen dieser Maßnahmen **Aufwendungsersatz** ver-

4. Abschnitt. Frachtgeschäft § 411

langen (**II Nr 2**, vgl § 419 IV). Die Auswahl unter den in II Nr 1 genannten Maßnahmen richtet sich nach Treu und Glauben (Verhältnismäßigkeitsgrundsatz). Einholung von Weisungen kann im Einzelfall notwendig sein ("soweit erforderlich"). Dem Recht zur Rückbeförderung entspricht die Pflicht des Absenders zur Rücknahme. Aufwendungsersatz nicht nur für zusätzlich erforderliche Beförderungsauslagen, sondern zB auch für Vernichtung des Guts. Zum Verhältnis von **II Nr 2** zu § 414 I Nr 3 Koller 17.

Verpackung, Kennzeichnung

411 [1] **Der Absender hat das Gut, soweit dessen Natur unter Berücksichtigung der vereinbarten Beförderung eine Verpackung erfordert, so zu verpacken, daß es vor Verlust und Beschädigung geschützt ist und daß auch dem Frachtführer keine Schäden entstehen.** [2] **Soll das Gut in einem Container, auf einer Palette oder in oder auf einem sonstigen Lademittel, das zur Zusammenfassung von Frachtstücken verwendet wird, zur Beförderung übergeben werden, hat der Absender das Gut auch in oder auf dem Lademittel beförderungssicher zu stauen und zu sichern.** [3] **Der Absender hat das Gut ferner, soweit dessen vertragsgemäße Behandlung dies erfordert, zu kennzeichnen.**

1) Der Absender hat für ordnungsgemäße **Verpackung** (Satz 1) und **Kennzeichnung** (Satz 3) des Gutes (Frachtstück iSv §§ 408 I Nr 7, 427 I Nr 5) zu sorgen (vgl **(17)** CMR 17 IV b, e, aber bloße Haftungsbefreiung des Frachtführers ohne ausdrückliche Rechtspflicht des Absenders). S. 2 idF SHRG 2013 konkretisiert ferner die Pflicht zur ordnungsgemäßen Verpackung für den Fall, in dem Gut in einem Container, auf einer Palette oder in oder auf einem sonstigen Lademittel zur Beförderung übergeben wird, dahingehend, dass das Gut auf dem Lademittel beförderungssicher zu stauen und zu sichern ist. Die Regelung hat ihr Vorbild in Art 27 III der Rotterdam Regeln und dient in erster Linie der Klarstellung, RegE SHRG S 68. § 411 begründet damit eine echte **Rechtspflicht** (widersprüchlich insofern RegE SHRG „Obliegenheit und Pflicht"), nicht nur eine mitwirkende Gläubigerhandlung wie nach §§ 295, 642 BGB, RegE TRG S 40, 42, einschr Mittelhammer TranspR **14**, 140. Grund für diese Rechtspflicht ist die besondere Warennähe des Absenders und die Stärkung der Position des Beförderers (RegE TRG). Bei vertraglicher (auch konkludenter) Übernahme der Pflichten durch den Frachtführer haftet dieser nach § 425 I, Mü TranspR **06**, 357, jedoch nicht, wenn ein selbständiger Vertrag über die Verpackung geschlossen wird, dann Werkvertrag nach § 631 BGB, Mittelhammer TranspR **14**, 145. Bei evidenten Verpackungsmängeln trifft den Frachtführer eine Hinweispflicht, Staub/P.Schmidt 13. Anforderungen an die **Verpackung** sind in Satz 1 dahingehend definiert, dass das Gut vor Verlust und Beschädigung geschützt sein muss und dass auch dem Frachtführer keine (vorhersehbaren) Schäden entstehen dürfen. Die Art der Verpackung hängt also von der Beschaffenheit des Gutes und den nach der gewählten Beförderungsart zu erwartenden Einflüssen auf das Gut ab. Auch das Transportgut selbst kann Verpackung sein, BGH **16**, 217, 230 (Tankwagen). Im Übrigen gelten § 346 HGB, § 157 BGB. Vorhersehbare Einflüsse sind zB Kälte- und Wärmeeinwirkungen, BGH **31**, 187, **32**, 300, Nässeeinwirkungen, Notbremsungen, Umladungen, nicht aber Umstände nach § 419 und § 427, Diebstähle, Unfälle. Der Verpackungsaufwand muss in einem angemessenen Verhältnis zur zu verpackenden Ware stehen, absoluter Schutz auch gegen ganz ungewöhnliche Transportrisiken kann nicht verlangt werden. Die Verpackung hat nach Satz 1 nur insoweit drittschützenden Charakter, als die „Schäden des Frachtführers" aus einer Inanspruchnahme durch Dritte resultieren (Re-

Merkt

§ 412   1   4. Buch. Handelsgeschäfte

gE TRG). Der Frachtführer muss über besondere Transportverhältnisse aufklären und auf offensichtliche Verpackungs- und Kennzeichnungsmängel hinweisen, ist aber grundsätzlich nicht zur Verbesserung der Verpackung verpflichtet (beachte aber § 419), Koller 13, vgl. auch (18) ADSp Ziff 7. Jedoch Kontrollobliegenheit des Frachtführers, falls Absender Verbraucher ist, Mittelhammer TranspR **14**, 141. **Kennzeichnung** schuldet der Absender gem Satz 2 nach den Erfordernissen vertragsgemäßer Behandlung des Gutes. **Rechtsfolgen** bei Verletzung: verschuldensunabhängige Haftung des Absenders (§ 414 I Nr 1), Ausschluss der Haftung des Frachtführers (§ 427 I Nr 2u 5, auch § 425 II), Zurückbehaltungsrecht des Frachtführers (§ 273 BGB), Rücktrittsrecht des Frachtführers (§ 323 Abs. 2 BGB oder §§ 643, 323 BGB) und Standgeldansprüche (§ 412 Abs. 3 HGB). Beweislast für das Vorliegen von Mängeln trifft den Frachtführer. Lit: Mittelhammer TranspR **14**, 142.

Verladen und Entladen. Verordnungsermächtigung

412 (1) ¹Soweit sich aus den Umständen oder der Verkehrssitte nicht etwas anderes ergibt, hat der Absender das Gut beförderungssicher zu laden, zu stauen und zu befestigen (verladen) sowie zu entladen. ²Der Frachtführer hat für die betriebssichere Verladung zu sorgen.

(2) Für die Lade- und Entladezeit, die sich mangels abweichender Vereinbarung nach einer den Umständen des Falles angemessenen Frist bemißt, kann keine besondere Vergütung verlangt werden.

(3) Wartet der Frachtführer auf Grund vertraglicher Vereinbarung oder aus Gründen, die nicht seinem Risikobereich zuzurechnen sind, über die Lade- oder Entladezeit hinaus, so hat er Anspruch auf eine angemessene Vergütung (Standgeld).

(4) Das Bundesministerium der Justiz und für Verbraucherschutz wird ermächtigt, im Einvernehmen mit dem Bundesministerium für Verkehr und digitale Infrastruktur durch Rechtsverordnung, die nicht der Zustimmung des Bundesrates bedarf, für die Binnenschiffahrt unter Berücksichtigung der Art der zur Beförderung bestimmten Fahrzeuge, der Art und Menge der umzuschlagenden Güter, der beim Güterumschlag zur Verfügung stehenden technischen Mittel und der Erfordernisse eines beschleunigten Verkehrsablaufs die Voraussetzungen für den Beginn der Lade- und Entladezeit, deren Dauer sowie die Höhe des Standgeldes zu bestimmen.

1) Verlade- und Entladepflicht (I)

1   Den **Absender** trifft die Pflicht zur Verladung und zur Entladung (**I** 1; vgl demgegenüber **(17)** CMR 17 IV c: bloße Haftungsbefreiung des Frachtführers, einerlei ob Absender oder Empfänger handeln). Echte Rechtspflicht (§ 411 Rn 1), str, aA Koller 2 (bloße Obliegenheit, wenn Verladefehler nur zur Schädigung des Gutes selbst führen können). Bei Einschalten eines Güterumschlagsbetriebs wird die Pflicht von diesem wahrgenommen, LG Hbg TranspR **10**, 310. **Verladen** ist legaldefiniert als beförderungssicher laden, stauen und befestigen. Die Verladung ist spätestens dann abgeschlossen, wenn der Absender das Gut auf das Fahrzeug verbracht und die notwendigen Maßnahmen zur Befestigung beendet hat („beförderungssicher"). Der Zeitpunkt hat Einfluss auf die Haftung des Frachtführers nach § 425 (s § 425 Rn 2). **Beförderungssicher** heißt, dass das Gut vor Beschädigung durch die vorhersehbaren Transportbedingungen geschützt ist. Die Ladung muss auf Einhaltung der zulässigen Ausmaße kontrolliert werden, Hamm RdTW **16**, 394. Vorhersehbar sind zB Notbremsungen, nicht aber Unfälle (§ 411 Rn 1). **Entladen** und Löschen (Binnenschifffahrt) sind gleichbedeutend. Der Absender bleibt entladepflichtig, auch wenn in der Praxis häufig der

Empfänger (dann als Erfüllungsgehilfe des Absenders, Ko/Ki/Ro/Mo/Koller 1) entlädt. Aus Vereinbarung (auch konkludent durch vorherige Übernahme der Verladung im Rahmen laufender Geschäftsbeziehungen möglich, BGH TranspR 08, 206, Koller 7), HdlBrauch (§ 346) oder den Umständen (zB wenn Verladung die Bedienung technischer Anlagen des Beförderungsmittels erfordert, Koller 9, nicht aber bereits bei besonderen technischen Verladevorrichtungen des Transportfahrzeugs, BGH NJW-RR 08, 1210) kann sich Pflicht des Frachtführers zur Verladung und Entladung ergeben, vgl auch § 451a (Verlade- und Entladepflicht des Frachtführers beim Umzugstransport). Bei Spezial- bzw. Schwertransporten kann den Frachtführer die Pflicht treffen, vom Absender gestellte Transporthilfsmittel mit Transportfahrzeug zu koordinieren, nicht aber die Kompatibilität zwischen beidem zu prüfen, Bamberg MDR 14, 733m Anm Schwarz IBR 14, 509. **Rechtsfolgen** bei Verletzung: nur verschuldensabhängige Haftung des Absenders (§ 414 Rn 2), Ausschluss der Haftung des Frachtführers (§ 427 I Nr 3, auch § 419). Aufklärungs- und Hinweispflicht s § 411 Rn 1. Zu bußgeldrechtlichen Fragen Wieske/Kramer TranspR 08, 435. Zur Haftung bei Mithilfe des Frachtführers und seiner Gehilfen bei der Verladung und Entladung Koller 10a f.

Der **Frachtführer** hat für die Betriebssicherheit der Verladung zu sorgen (**I 2**). **2** Diese Aufteilung zwischen Absender und Frachtführer entspricht der Warenbzw der Beförderungsexpertise der Vertragspartner. **Betriebssicher** bedeutet, dass das Beförderungsmittel der Verladung während der Beförderung jeder Verkehrslage gewachsen ist, mit der nach den Umständen zu rechnen ist, Koller 42, vgl BGH **32**, 194, VersR **70**, 459, Saarbr TranspR **11**, 27. **Rechtsfolgen** bei Verletzung: Haftung nach §§ 425 I, 434 und Recht des Frachtführers, bei nicht betriebssicherer Verladung durch den Absender die Beförderung zu verweigern, Bamberg RdTW **15**, 103.

2) Lade- und Entladezeit, Standgeld (II–IV)

Für die (mangels anderer Abrede) angemessene Lade- und Entladezeit (Lösch- **3** zeit, s Rn 1) fällt keine besondere Vergütung für den Frachtführer an (**II**), da vorhersehbar und einkalkulierbar. **Angemessen** ist der Zeitraum, den ein ordentlicher Absender benötigt, um das Gut sicher u schadensfrei zu ver- bzw entladen, Koller 46 f. Ist für die Verladung ein Zeitraum vereinbart, muss der Absender bereits zu dessen Beginn ladebereit sein, AG Mannheim TranspR **15**, 389. Dagegen hat der Frachtführer Anspruch auf angemessene Vergütung (**Standgeld**, in der Binnenschifffahrt auch Liegegeld), wenn die Lade- oder Entladezeit abredegemäß oder aus Gründen, die nicht in den Risikobereich des Frachtführers fallen, überschritten wird (**III**). Zur Bestimmung des Risikobereichs Staub/P.Schmidt 52. Eines Rückgriffs auf Werkvertragsrecht, zB auf § 642 BGB, bedarf es nicht. In der Schifffahrt ist es schon lange üblich, eine Überliegezeit zu vereinbaren und zu vergüten. Standgeld mangels Vereinbarung in üblicher Höhe. Ein vollständiger Ausschluss von Standgeldzahlungen durch AGB ist gem § 307 I 1 BGB unwirksam, weil er wesentlichen Grundgedanken des Gesetzes widerspricht, AG Hamburg RdTW **15**, 151; III stellt nämlich klar, dass das Warten des Frachtführers über die gewöhnliche oder vertraglich vereinbarte Ladezeit hinaus eine im Zusammenhang mit der Vertragserfüllung stehende Leistung ist, für die er grundsätzlich eine Vergütung verlangen kann. Unwirksam ist eine Klausel „24 Stunden sind zur Be- bzw. Entladung standgeldfrei", weil vom gesetzlichen Leitbild des § 412 abgewichen wird, AG Mannheim TranspR **13**, 430, s auch Gran NJW **14**, 975. BGH TranspR **10**, 432 mit Anm Pokrant TransportR **11**, 49, 51. **III 2. Alt**, wo auf den **Risikobereich** abgestellt ist, entspricht dem **Sphärengedanken**, der allgemein im Transportrecht gilt (zB §§ 415 III 3, 416 Satz 3, 417 IV, 419 I 3, 420 III, IV). Das geht über die zivilrechtliche Zurechnung nach Vertretenmüssen hinaus. Zum Risikobereich des Frachtführers gehört zB ungenügende Information über betriebssichere Ladung,

§ 413 1, 2   4. Buch. Handelsgeschäfte

Verlängerung der Lade- oder Entladezeit durch Beschaffenheit des Transportmittels.

3) Verordnungsermächtigung für Binnenschifffahrt (IV)

4   Einzelheiten der Lade- und Löschzeiten für Binnenschifffahrt regelt eine VO des BMJ (BinSchLV 23.11.99 BGBl I 2389). Die VOErmächtigung ist auf diesen Bereich beschränkt.

Begleitpapiere

413 (1) **Der Absender hat dem Frachtführer alle Urkunden zur Verfügung zu stellen und Auskünfte zu erteilen, die für eine amtliche Behandlung, insbesondere eine Zollabfertigung, vor der Ablieferung des Gutes erforderlich sind.**

(2) ¹ Der Frachtführer ist für den Schaden verantwortlich, der durch Verlust oder Beschädigung der ihm übergebenen Urkunden oder durch deren unrichtige Verwendung verursacht worden ist, es sei denn, daß der Verlust, die Beschädigung oder die unrichtige Verwendung auf Umständen beruht, die der Frachtführer nicht vermeiden und deren Folgen er nicht abwenden konnte. ² Seine Haftung ist jedoch auf den Betrag begrenzt, der bei Verlust des Gutes zu zahlen wäre.

1) Stellung der Begleitpapiere, Erteilung von Auskünften durch den Absender (I)

1   Der **Absender** hat dem Frachtführer alle notwendigen Urkunden **(Begleitpapiere)** zu stellen und Auskünfte zu erteilen, die für eine amtliche Behandlung vor Ablieferung des Guts, zB Zollabfertigung (vgl § 408 I 1 Nr 11, s dort Rn 3), erforderlich sind (**I**, vgl **(17)** CMR Art 11 I). Bei der Geschäftsbesorgungsspedition (§ 453) kann der Spediteur bei Vereinbarung verpflichtet sein, sich diese selbst zu beschaffen, Koller 3. Dies gilt nicht für Urkunden, die eine Behörde rechtswidrig verlangt, BGH TranspR **98**, 154. Echte Rechtspflicht (§ 411 Rn 1). **Rechtsfolgen** der Verletzung: § 414 I Nr 4. Bei Hindernissen iSv § 419 sind Papiere erst nach Einholung von Weisungen durch den Frachtführer erforderlich, Koller 2, str.

2) Haftung des Frachtführers für die Begleitpapiere (II)

2   Der **Frachtführer** haftet dem Absender für Schäden aus Verlust, Beschädigung und unrichtiger Verwendung der übergebenen Urkunden **(II)**. Beweislast für ordnungsgemäße Übergabe und Beschädigung oder unrichtige Verwendung trägt der Absender, MüKo/Thume 11. Auch Nichtverwendung kann unrichtige Verwendung sein. Erfasst ist auch das vorübergehende Nicht-Auffinden der Papiere, Staub/P.Schmidt 14. Es handelt sich um eine verschuldensunabhängige Haftung (anders **(17)** CMR Art 11 III iVm § 390 I), entsprechend der Frachtführerhaftung nach §§ 425, 426 (RegE TRG), Grund: Gleichbehandlung beider Fälle, beförderungstypisches Risiko. Die Haftung entfällt, wenn Verlust, Beschädigung oder unrichtige Verwendung auf Umständen beruht, die der Frachtführer nicht vermeiden und deren Folgen er nicht abschätzen konnte (II 1 letzter Halbs). Dafür ist nach dem klaren Wortlaut der Frachtführer beweispflichtig. Haftungsobergrenze ist der Verlust des Gutes (**II 2** iVm §§ 429 ff). II ist nicht (auch nicht analog) auf Auskünfte anwendbar, Koller 13. Abweichende Vereinbarungen s § 449 I 1, II.

4. Abschnitt. Frachtgeschäft 1, 2 § 414

Verschuldensunabhängige Haftung des Absenders in besonderen Fällen

414 (1) Der Absender hat, auch wenn ihn kein Verschulden trifft, dem Frachtführer Schäden und Aufwendungen zu ersetzen, die verursacht werden durch

1. ungenügende Verpackung oder Kennzeichnung,
2. Unrichtigkeit oder Unvollständigkeit der in den Frachtbrief aufgenommenen Angaben,
3. Unterlassen der Mitteilung über die Gefährlichkeit des Gutes oder
4. Fehlen, Unvollständigkeit oder Unrichtigkeit der in § 413 Abs. 1 genannten Urkunden oder Auskünfte.

(2) Hat bei der Verursachung der Schäden oder Aufwendungen ein Verhalten des Frachtführers mitgewirkt, so hängen die Verpflichtung zum Ersatz sowie der Umfang des zu leistenden Ersatzes davon ab, inwieweit dieses Verhalten zu den Schäden und Aufwendungen beigetragen hat.

(3) Ist der Absender ein Verbraucher, so hat er dem Frachtführer Schäden und Aufwendungen nach den Absätzen 1 und 2 nur zu ersetzen, soweit ihn ein Verschulden trifft.

1) Verschuldensunabhängige Haftung des Absenders (I, II)

A. **Verschuldensunabhängige Haftung (I):** In vier besonderen Fällen trifft 1 den Absender sogar eine verschuldensunabhängige Haftung gegenüber dem Frachtführer für Schäden und Aufwendungen (I, außer wenn er Verbraucher ist, III, s Rn 6), die selbst bei Wahrung größter Sorgfalt greift, Koller 2, aA Canaris § 31 Rn 59. Es handelt sich um eine gesetzliche Haftpflicht privatrechtlicher Natur, was für eine Deckung durch eine Betriebshaftpflichtversicherung entscheidend sein kann, Saarbrücken TranspR **15**, 446. In anderen Fällen als den in I genannten verbleibt es bei der allgemeinen vertraglichen Verschuldenshaftung. I beschränkt die verschuldensunabhängige Haftung auf eine solche gegenüber dem Frachtführer, Schäden Dritter werden nur insoweit ersetzt, als der Frachtführer dafür in Anspruch genommen wird und Aufwendungsersatz beanspruchen kann (RegE TRG). Auch der Unterfrachtführer kann keine unmittelbaren Ansprüche gegen den Urabsender geltend machen, Koller 13. Drittschadensliquidation ist aber nicht ausgeschlossen. Ist die Pflicht zur Verpackung durch den Absender abbedungen, führt auch freiwilliges Tätigwerden des Absenders nicht zu dessen Haftung, MüKo/Thume 8. Von § 414 abweichende Vereinbarungen s § 449 I 1, II.

B. **Die vier besonderen Fälle (I 1 Nr 1–4): I 1 Nr 1:** Ungenügende Ver- 2 packung oder Kennzeichnung (§ 411; vgl **(17)** CMR Art 10) heißt gänzlich fehlend oder unzulänglich durchgeführt; näher § 411 Rn 1. Der Begriff findet auch in § 427 I Nr 2 und 5 Anwendung, denn Absenderhaftung und Befreiung von Frachtführerhaftung entspringen derselben Risikozuweisung (RegE TRG). Die Haftung greift nur, wenn der Absender zur Verpackung und Kennzeichnung verpflichtet war (§ 411), Koller 6, anders noch RegE TRG (bei abw Wortlaut), unklar Rechtsausschuss. Nr 1 greift also nicht schon, wenn der Absender ohne Rechtspflicht tatsächlich unzulänglich verpackt hat. Nr 1 ist nicht anwendbar, wenn der Frachtführer verpackungs- oder kennzeichnungspflichtig ist, jedoch kann dann immer noch der Absender wegen unzulänglicher Verpackung verschuldensabhängig (mit)haften, § 280 I BGB (Pflichtverletzung), Koller 7.

I 1 Nr 2: Unrichtigkeit oder Unvollständigkeit der in den Frachtbrief aufgenommenen Angaben (§ 408 I (auch I 2); vgl **(17)** CMR Art 7 I). Keine Haftung bei gänzlichem Fehlen einer Angabe nach § 408 I.

I 1 Nr 3: Unterlassen der Mitteilung über die Gefährlichkeit des Gutes (§ 410 I; vgl **(17)** CMR Art 22 II aE). Unterlassen umfasst gänzliches Fehlen ebenso wie

Merkt 1657

§ 415 4. Buch. Handelsgeschäfte

Unrichtigkeit der Mitteilung (Unterlassen der gebotenen Richtigstellung, RegE TRG).

I 1 Nr 4: Fehlen, Unvollständigkeit oder Unrichtigkeit der Urkunden oder Auskünfte nach § 413 I (vgl **(17)** CMR Art 11 II).

Analoge Anwendung von I 1 Nr 1–4, zB auf die Lade- und Entladepflichten des § 412, ist ausgeschlossen.

3 C. **Die Haftungsobergrenze** nach I 2 aF wurde mit dem SHRG 2013 aufgehoben. Begründet wurde dies mit dem Fehlen einer vergleichbaren Regelung in internationalen Regelwerken (insb CMR) und entsprechender Kritik an der Haftungsbegrenzung im Schrifttum (vgl. Canaris § 31 Rn 57f), RegE SHRG S 53. Stattdessen sieht § 449 II 2 nF jetzt die Möglichkeit vor, Haftungsobergrenzen in AGB zu vereinbaren.

4 D. **Mitverursachung (II):** II trägt bei Mitverursachung der Schäden oder Aufwendungen durch ein Verhalten des Frachtführers den Verursachungsbeiträgen von Absender und Frachtführer Rechnung (Schadensteilung entspr § 254 BGB), also kein Entfallen der Haftung bei Mitverursachung (anders der Wortlaut von **(17)** CMR Art 10, 11, Alles-oder-nichts-Prinzip, auch dort oft über § 254 BGB korrigiert). Auf ein Verschulden des Frachtführers kommt es nicht an, Staub/P.Schmidt 29. Bspe: Verletzung der Aufklärungs- und Hinweispflicht des Frachtführers, Fehler des Frachtführers bei Ausfüllen des Frachtbriefs. Frachtführer hat insbesondere auf positiv erkannte oder evidente Verpackungsmängel hinzuweisen, Stuttgart TranspR **12**, 459 s auch Mittelhammer TranspR **14**, 141.

5 E. **Konkurrenzen:** §§ 823 ff BGB finden neben § 414 Anwendung. Innerhalb seines Anwendungsbereichs verdrängt § 414 aber Schadensersatzansprüche aus §§ 280 ff BGB.

2) Verschuldenshaftung, wenn der Absender Verbraucher ist (III)

6 A. **Bloße Verschuldenshaftung (III):** Ist der Absender ein Verbraucher (s Rn 7), haftet er auch in den Fällen von I 1 Nr 1–4 nur bei Verschulden. § 278 BGB findet Anwendung.

7 B. **Verbraucher:** Die Legaldefinition von Verbraucher nach § 13 BGB gilt auch für das HGB (§ 1 Rn 4) und ist für das gesamte Transportrecht wichtig, zB §§ 449 III, 451a II, 451b II, III, 451g, 451h I, 455 III, 466 IV, 468 II, IV, 472 I, 475 h. Verbraucher ist danach jede natürliche Person, die ein Rechtsgeschäft zu einem Zweck abschließt, der weder ihrer gewerblichen noch ihrer selbständigen beruflichen Tätigkeit zugerechnet werden kann. Bei Mischtatbeständen gilt § 344 nicht, HdlbgKo/Ruß 6, Beweislast für Verbrauchereigenschaft trifft den sich auf sie Berufenden.

Kündigung durch den Absender

415 (1) Der Absender kann den Frachtvertrag jederzeit kündigen.

(2) ¹Kündigt der Absender, so kann der Frachtführer entweder

1. die vereinbarte Fracht, das etwaige Standgeld sowie zu ersetzende Aufwendungen unter Anrechnung dessen, was er infolge der Aufhebung des Vertrages an Aufwendungen erspart oder anderweitig erwirbt oder zu erwerben böswillig unterlässt, oder
2. ein Drittel der vereinbarten Fracht (Fautfracht)

verlangen. ²Beruht die Kündigung auf Gründen, die dem Risikobereich des Frachtführers zuzurechnen sind, so entfällt der Anspruch auf Fautfracht nach

4. Abschnitt. Frachtgeschäft 1–3 § 415

Satz 1 Nr. 2; in diesem Falle entfällt auch der Anspruch nach Satz 1 Nr. 1, soweit die Beförderung für den Absender nicht von Interesse ist.

(3) ¹Wurde vor der Kündigung bereits Gut verladen, so kann der Frachtführer auf Kosten des Absenders Maßnahmen entsprechend § 419 Abs. 3 Satz 2 bis 4 ergreifen oder vom Absender verlangen, daß dieser das Gut unverzüglich entlädt. ²Der Frachtführer braucht das Entladen des Gutes nur zu dulden, soweit dies ohne Nachteile für seinen Betrieb und ohne Schäden für die Absender oder Empfänger anderer Sendungen möglich ist. ³Beruht die Kündigung auf Gründen, die dem Risikobereich des Frachtführers zuzurechnen sind, so ist abweichend von den Sätzen 1 und 2 der Frachtführer verpflichtet, das Gut, das bereits verladen wurde, unverzüglich auf eigene Kosten zu entladen.

1) Kündigungsrecht des Absenders (I)

§ 415 regelt das Kündigungsrecht des Absenders und die Rechtsfolgen der Kündigung. Der Absender kann den Frachtvertrag **jederzeit kündigen** (I; vgl § 649 BGB, (17) CMR Art 12 I 1). Die Kündigung wirkt im Gegensatz zum Rücktritt nur für die Zukunft (sog. ex nunc-Wirkung). §§ 280 ff., 323 ff BGB werden nicht verdrängt, für grundsätzliche Subsidiarität der §§ 323 ff BGB aber Staub/P.Schmidt 42. Kündigung iSd Vorschrift ist anzunehmen, wenn die Voraussetzungen der §§ 281 ff., 323 f. BGB nicht vorliegen, Koller 10. 1

2) Wahlrecht des Frachtführers zwischen Fracht und Fautfracht (II)

Kündigt der Absender, hat der Frachtführer ein Wahlrecht (**II 1**). Er kann entweder die **vereinbarte Fracht** abzüglich ersparter Aufwendungen (für diese trägt er selbst dann die Beweislast, wenn ihm der Absender höhere Ersparnisse unterstellt, Koller 16, aA BGH NJW-RR **92**, 1078 zu § 649 S 2 BGB aF) oder eines anderweitig getätigten oder böswillig unterlassenen Erwerbs verlangen (II 1 Nr 1, vgl § 649 Satz 2 BGB) oder pauschal ein Drittel der vereinbarten Fracht (II 1 Nr 2, **Fautfracht**, Begriff aus dem Seefrachtrecht, vgl § 489). Wechsel von Nr. 1 zu Nr. 2 im Laufe eines Prozesses ist möglich und ist keine Klageänderung, weil sich der Gesetzgeber für eine Rechtsfolgenlösung entschieden hat, BGH RdTW **17**, 16. Anspruch aus § 415 Abs. 1 S. 1 Nr. 1 kann hilfsweise neben Nr. 2 geltend gemacht werden, Hamm TranspR **15**, 382. Standgeld kann er nur unter den Voraussetzungen von § 412 III verlangen, Aufwendungen nur, soweit er sie einem Dritten zu ersetzen hat. Fautfracht ist weder Leistungsentgelt noch Schadensersatz, sondern eine gesetzlich pauschalierte Kündigungsentschädigung (RegE TRG, BFH TranspR **11**, 87). Diese besteht aber nicht, falls der Kündigungsgrund aus der Risikosphäre des Frachtführers stammt, Koller 17. Bindende Ausübung des Wahlrechts durch Erklärung, Koller 15, Fall der elektiven Konkurrenz, Staub/P.Schmidt 25. In den Risikobereich des Frachtführers fällt Kündigung aufgrund Verzögerung wegen ungenügender Vorkehrungen für ordnungsgemäße Verzollung durch den Frachtführer, wenn dieser entsprechende Pflicht übernommen hatte, Hamm TranspR **15**, 383, (vgl. auch § 412 Rn 3) und Kündigung, wenn Schwertransport nicht in der erforderlichen Art und Weise durchgeführt wird, Hamm RdTW **15**, 253. Anspruch auf Fautfracht entfällt dann, es bleibt nur der konkrete Einzelnachweis nach II 1 Nr 1, und auch dieser entfällt, soweit die Beförderung für den Absender nicht von Interesse ist, zB bei Beförderung durch einen neuen Frachtführer. 2

3) Bereits erfolgte Verladung (III)

III regelt Entladungsrecht und -pflicht sowie Kostentragung, wenn das Gut **vor Kündigung bereits verladen** worden ist. III geht § 412 insoweit vor. Der Frachtführer kann entweder selbst ausladen und hinterlegen (§ 419 III 2–4) oder unverzügliche Entladung vom Absender verlangen (III 1, ohne schuldhaftes 3

Merkt

§ 417

Zögern, § 121 I 1 BGB), dazu soll auf die Vorgaben der VO nach § 412 IV zurückgegriffen werden können (RegE TRG). Auch wenn Frachtführer nach dem Vertrag entgegen § 412 zur Entladung des Guts verpflichtet ist, entfällt Verpflichtung mit Kündigung, Staub/P.SchmidtStaub/P.Schmidt 33. Betriebliche Rücksichten s III 2 (wie § 418 I 3 bei Weisungen). Gründe aus dem Risikobereich des Frachtführers s III 3 (vgl Rn 2).

Anspruch auf Teilbeförderung

416 ¹ Wird das Gut nur teilweise verladen, so kann der Absender jederzeit verlangen, dass der Frachtführer mit der Beförderung des bereits verladenen Teils des Gutes beginnt. ² In diesem Fall gebührt dem Frachtführer die volle Fracht, das etwaige Standgeld sowie Ersatz der Aufwendungen, die ihm durch das Fehlen eines Teils des Gutes entstehen; von der vollen Fracht kommt jedoch die Fracht für dasjenige Gut in Abzug, welches der Frachtführer mit demselben Beförderungsmittel anstelle des nicht verladenen Gutes befördert. ³ Der Frachtführer ist außerdem berechtigt, soweit ihm durch das Fehlen eines Teils des Gutes die Sicherheit für die volle Fracht entgeht, die Bestellung einer anderweitigen Sicherheit zu fordern. ⁴ Beruht die Unvollständigkeit der Verladung auf Gründen, die dem Risikobereich des Frachtführers zuzurechnen sind, so steht diesem der Anspruch nach den Sätzen 2 und 3 nur insoweit zu, als tatsächlich Gut befördert wird.

1 1) § 416 regelt die **Teilbeförderung** (vgl § 533). Der Absender kann verlangen, dass mit der Beförderung trotz unvollständiger Ladung begonnen wird **(Satz 1)**. Der Pflichtenkanon bleibt für den Frachtführer im Grundsatz derselbe, Koller 3. Der Frachtführer hat Anspruch auf volle Fracht, Standgeld (§ 412 III) und Ersatz zusätzlicher Aufwendungen **(Satz 2)**, zur Beweislast s § 415 Rn 2. Regelung kann abbedungen werden, Staub/P.SchmidtStaub/P.Schmidt 24. Begriff der Aufwendungen entspricht jenem des § 670 BGB, MüKo/Thume 9. Mehrkosten können ihm zB durch Umstauen oder Sicherheitsmaßnahmen entstehen. Satz 2 ist insoweit eine Ausprägung von § 420 I 2. Die Fracht für eine Ersatzladung muss er sich anrechnen lassen, um Ersatzladung braucht er sich jedoch anders als nach § 415 II 1 Nr 1 nicht zu bemühen, allgM. Bietet ihm das unvollständig geladene Gut keine Sicherheit für die volle Fracht (Pfandrecht, § 440), hat er Anspruch auf Sicherheitenbestellung **(Satz 3)**; unpraktikabel, da Bestellung nach §§ 232 ff BGB. **Satz 4** berücksichtigt Gründe aus dem Risikobereich des Frachtführers (vgl § 412 Rn 3). Die Änderungen im Wortlaut durch das SHRG 2013 sind allein sprachlicher Natur. Der Inhalt der Regelung bleibt unverändert, vgl RegE SHRG S 53.

Rechte des Frachtführers bei Nichteinhaltung der Ladezeit

417 (1) Verlädt der Absender das Gut nicht innerhalb der Ladezeit oder stellt er, wenn ihm das Verladen nicht obliegt, das Gut nicht innerhalb der Ladezeit zur Verfügung, so kann ihm der Frachtführer eine angemessene Frist setzen, innerhalb derer das Gut verladen oder zur Verfügung gestellt werden soll.

(2) Wird bis zum Ablauf der nach Absatz 1 gesetzten Frist kein Gut verladen oder zur Verfügung gestellt oder ist offensichtlich, dass innerhalb dieser Frist kein Gut verladen oder zur Verfügung gestellt wird, so kann der Frachtführer den Vertrag kündigen und die Ansprüche nach § 415 Abs. 2 geltend machen.

4. Abschnitt. Frachtgeschäft § 418

(3) Wird das Gut bis zum Ablauf der nach Absatz 1 gesetzten Frist nur teilweise verladen oder zur Verfügung gestellt, so kann der Frachtführer mit der Beförderung des bereits verladenen Teils des Gutes beginnen und die Ansprüche nach § 416 Satz 2 und 3 geltend machen.

(4) [1]Der Frachtführer kann die Rechte nach Absatz 2 oder 3 auch ohne Fristsetzung ausüben, wenn der Absender sich ernsthaft und endgültig weigert, das Gut zu verladen oder zur Verfügung zu stellen. [2]Er kann ferner den Vertrag nach Absatz 2 auch ohne Fristsetzung kündigen, wenn besondere Umstände vorliegen, die ihm unter Abwägung der beiderseitigen Interessen die Fortsetzung des Vertragsverhältnisses unzumutbar machen.

(5) Dem Frachtführer stehen die Rechte nicht zu, wenn die Nichteinhaltung der Ladezeit auf Gründen beruht, die seinem Risikobereich zuzurechnen sind.

1) § 417 regelt die **Rechte des Frachtführers bei Nichteinhaltung der Ladezeit** durch den Absender (vgl §§ 323 I, 643 BGB). Regelung kann abbedungen werden, Staub/P.SchmidtStaub/P.Schmidt 28. Der Frachtführer soll über sein Transportmittel weiter disponieren können. Die Nichteinhaltung muss auf Gründe aus dem Risikobereich des Absenders zurückgehen, nämlich nicht rechtzeitige Verladung oder Zur-Verfügung-Stellung des Guts durch diesen (**I**); ein Verschulden ist nicht erforderlich. Ladezeit s § 412 II. I idF SHRG 2013 stellt zudem klar, dass die Verladung und das Zurverfügungstellen keine Pflichten des Absenders sind, sondern Mitwirkungshandlungen iSd § 642 BGB, RegE SHRG S 53. Der Frachtführer kann eine angemessene Frist (Nachfrist) setzen, Ladezeit muss hierfür aber idR abgelaufen sein, Koller 6. Verlädt ein Dritter, muss dennoch die Frist gegenüber dem Absender gesetzt werden, Heidel/Wieske 3. Eine zu kurz bemessene Frist setzt eine angemessene Frist in Lauf, Koller 6. Nach Ablauf der Frist nach I kann der Frachtführer nach **II** kündigen (keine automatische Vertragsaufhebung, vgl § 323 I BGB, anders § 643 BGB) und hat dann die Ansprüche aus § 415 II (vereinbarte Fracht oder Fautfracht). Vor Fristablauf ist eine Kündigung ebenfalls möglich, wenn offensichtlich innerhalb der Frist kein Gut verladen oder zur Verfügung gestellt werden kann (Paralle zu § 323 IV BGB). Verzögert der Frachtführer seine Wahl nach II, hat er keinen Anspruch auf späteres Standgeld (§ 412 III). Teilbeförderung s **III** iVm § 416 Satz 2, 3 (Änderungen in III durch das SHRG 2013 haben rein sprachliche Gründe, RegE SHRG S 53). **IV** nF regelt die Fälle, in denen der Frachtführer ohne Fristsetzung die Rechte aus II u III geltend machen kann. IV 1 entspricht § 323 II Nr 1 BGB und gilt für den Fall der ernsthaften und endgültigen Verweigerung der dem Absender obliegenden Mitwirkungshandlung. Von der Aufnahme einer § 323 II Nr 2 BGB entsprechenden Regel wurde hingegen bewusst abgesehen, weil Fixabreden eher die Ausnahme sein dürften und ggf von den Parteien vertraglich geregelt werden können, RegE SHRG S 54 IV 2 regelt den Fall der fristlosen Kündigung aus wichtigem Grund und orientiert sich dabei an §§ 323 II Nr. 3, 324u 314 BGB. Auf einen Verweis auf die Rechte aus III wurde bewusst verzichtet, RegE SHRG S 54. Gründe aus dem Risikobereich des Frachtführers s **V** (vgl § 412 Rn 3).

Nachträgliche Weisungen

418 (1) [1]Der Absender ist berechtigt, über das Gut zu verfügen. [2]Er kann insbesondere verlangen, daß der Frachtführer das Gut nicht weiterbefördert oder es an einem anderen Bestimmungsort, an einer anderen Ablieferungsstelle oder an einen anderen Empfänger abliefert. [3]Der Frachtführer ist nur insoweit zur Befolgung solcher Weisungen verpflichtet, als deren Aus-

Merkt

§ 418   1, 2   4. Buch. Handelsgeschäfte

führung weder Nachteile für den Betrieb seines Unternehmens noch Schäden für die Absender oder Empfänger anderer Sendungen mit sich zu bringen droht. [4] Er kann vom Absender Ersatz seiner durch die Ausführung der Weisung entstehenden Aufwendungen sowie eine angemessene Vergütung verlangen; der Frachtführer kann die Befolgung der Weisung von einem Vorschuß abhängig machen.

(2) [1] Das Verfügungsrecht des Absenders erlischt nach Ankunft des Gutes an der Ablieferungsstelle. [2] Von diesem Zeitpunkt an steht das Verfügungsrecht nach Absatz 1 dem Empfänger zu. [3] Macht der Empfänger von diesem Recht Gebrauch, so hat er dem Frachtführer die entstehenden Mehraufwendungen zu ersetzen sowie eine angemessene Vergütung zu zahlen; der Frachtführer kann die Befolgung der Weisung von einem Vorschuß abhängig machen.

(3) Hat der Empfänger in Ausübung seines Verfügungsrechts die Ablieferung des Gutes an einen Dritten angeordnet, so ist dieser nicht berechtigt, seinerseits einen anderen Empfänger zu bestimmen.

(4) Ist ein Frachtbrief ausgestellt und von beiden Parteien unterzeichnet worden, so kann der Absender sein Verfügungsrecht nur gegen Vorlage der Absenderausfertigung des Frachtbriefs ausüben, sofern dies im Frachtbrief vorgeschrieben ist.

(5) Beabsichtigt der Frachtführer, eine ihm erteilte Weisung nicht zu befolgen, so hat er denjenigen, der die Weisung gegeben hat, unverzüglich zu benachrichtigen.

(6) [1] Ist die Ausübung des Verfügungsrechts von der Vorlage des Frachtbriefs abhängig gemacht worden und führt der Frachtführer eine Weisung aus, ohne sich die Absenderausfertigung des Frachtbriefs vorlegen zu lassen, so haftet er dem Berechtigten für den daraus entstehenden Schaden. [2] Die Haftung ist auf den Betrag begrenzt, der bei Verlust des Gutes zu zahlen wäre.

1) Nachträgliche Weisungen des Absenders (I)

1   Der Frachtvertrag ist ein **Vertrag zugunsten des Empfängers** (§ 328 BGB), allerdings mit der Besonderheit, dass die Rechte des Empfängers nur stufenweise entstehen, BGH NJW **74**, 1616, hL, K. Schmidt § 32 II 6. Nach §§ 418 ff erlangt der Empfänger im Verlauf der Beförderung eine zunehmend stärkere Rechtsstellung (Verfügungsrecht, Forderungsrecht). Zuerst hat noch der **Absender** das **Weisungsrecht**, das nur zusammen mit dem Ablieferungsanspruch abgetreten werden kann, Koller 3, str. Er kann das Gut noch anhalten oder umdirigieren (**I 1**, vgl **(17)** CMR Art 12) oder eine Beförderung mit einem bestimmten Transportmittel verlangen, Koller 6. Sperrvermerk IV (s Rn 3). Das ändert sich mit Ankunft des Gutes an der Ablieferungsstelle. **I 2** gibt (nicht abschließend) Beispiele für Weisungen des Absenders (Änderung der Ablieferungsstelle s § 408 I Nr 4), so kann dieser etwa auch Wiederausladung verlangen. Der Frachtführer ist aber nicht auf jeden Fall folgepflichtig (**I 3**), nämlich zB nicht bei einem (ex ante) drohenden Nachteil. Das geht weiter als **(17)** CMR Art 12 V b (Hemmnis), aber nicht schon jede Unverträglichkeit mit dem Unternehmenskonzept des Frachtführers ist Nachteil iSv II 3 (RegE TRG). Auch partielle Verpflichtung, die Weisung zu befolgen, ist denkbar („insoweit"). Dem kann aber der Rechtsgedanke des § 139 BGB entgegenstehen, Koller 21. Beweislast für Zumutbarkeit der Weisung trägt Absender, BGH NJW **64**, 2350, aA Koller 13a. Der Frachtführer hat Ausgleichsansprüche (**I 4**), ua Recht auf Vorschuss (vgl §§ 675, 669 BGB).

2) Verfügungsrecht des Empfängers nach Ankunft des Gutes an der Ablieferungsstelle (II, III)

2   Nach **Ankunft** des Gutes **an der Ablieferungsstelle** (Gleichlauf mit § 421 I, nicht: Bestimmungsort; vgl § 408 I 1 Nr 4, dort Rn 3) erlischt das Verfügungs-

1662   Merkt

4. Abschnitt. Frachtgeschäft § 419

recht des Absenders (**II 1**). Das Verfügungsrecht (vom Gesetzgeber iSv Weisungsrecht gebraucht, hat mit sachenrechtlicher Verfügung nichts zu tun) steht nunmehr dem Empfänger zu (**II 2**), dh der Empfänger kann dem Frachtführer Weisungen erteilen, insbesondere, dass der Frachtführer das Gut an einen Dritten abliefert. Der Empfänger muss dann allerdings dem Frachtführer die entstehenden Mehraufwendungen ersetzen und eine angemessene Vergütung bezahlen (**II 3**; auf Verlangen auch Vorschuss). Keine besondere Legitimationspflicht des Empfängers, selbst wenn Frachtbrief als Sperrpapier ausgestellt ist, Koller 16. Nach Ankunft des Gutes an der Ablieferungsstelle ist der Empfänger berechtigt, vom Frachtführer zu verlangen, ihm das Gut abzuliefern, allerdings nur gegen Erfüllung der Verpflichtungen aus dem Frachtvertrag (§ 421 I 1). Das Verfügungsrecht des Empfängers zur Anordnung der Ablieferung des Gutes an einen Dritten setzt sich nicht bei diesem fort (**III**, vgl (**17**) CMR Art 12 IV), Grund: zu große Belastung für den Frachtführer.

3) Verfügungsrecht und Haftung bei Frachtbriefsperrvermerk (IV, VI)

Der Absender kann in der Ausübung seines Verfügungsrechts durch einen **Sperrvermerk** im Frachtbrief beschränkt sein (**IV**, vgl (**17**) CMR Art 12 V a). Das ist der Fall, wenn der ausgestellte und beiderseitig unterschriebene Frachtbrief (vgl § 409) vorschreibt, dass der Absender sein Verfügungsrecht nur gegen Vorlage der Absenderausfertigung (§ 408 II 4) des Frachtbriefs ausüben kann (**IV**). Vorgelegt werden muss das Original, Kopie oder Telefax genügen nicht, Staub/P.Schmidt 48. 3

Führt der Frachtführer eine Weisung aus, ohne den Sperrvermerk zu beachten, **haftet** er dem Berechtigten dafür (**VI 1**, enger als (**17**) CMR Art 12 VII). Die verschuldensunabhängige Haftung ist seit dem SHRG 2013 in Angleichung an die Regelung in § 445 III 2 (früher § 447 S 2) auf den Betrag begrenzt, der bei Verlust des Gutes zu zahlen wäre (**VI 2**). Für sonstige Pflichtverletzungen haftet der Frachtführer nur verschuldensabhängig (§ 280 I BGB, Pflichtverletzung) mit der Höchstgrenze des § 433 VI ist nicht zu Lasten gutgläubiger Dritter abdingbar (§ 449 I 2), Abbedingung im Übrigen s § 449 I 1, II. 4

4) Benachrichtigungspflicht des Frachtführers (V)

Der Frachtführer muss den Weisungsgeber (Absender nach I oder Empfänger nach II) unverzüglich (ohne schuldhaftes Zögern, § 121 I 1 BGB) benachrichtigen, wenn er eine Weisung nicht zu befolgen beschließt. 5

Beförderungs- und Ablieferungshindernisse

419 (1) ¹Wird nach Übernahme des Gutes erkennbar, dass die Beförderung oder Ablieferung nicht vertragsgemäß durchgeführt werden kann, so hat der Frachtführer Weisungen des nach § 418 oder § 446 Verfügungsberechtigten einzuholen. ²Ist der Empfänger verfügungsberechtigt und ist er nicht zu ermitteln oder verweigert er die Annahme des Gutes, so ist, wenn ein Ladeschein nicht ausgestellt ist, Verfügungsberechtigter nach Satz 1 der Absender; ist die Ausübung des Verfügungsrechts von der Vorlage eines Frachtbriefs abhängig gemacht worden, so bedarf es in diesem Fall der Vorlage des Frachtbriefs nicht. ³Der Frachtführer ist, wenn ihm Weisungen erteilt worden sind und das Hindernis nicht seinem Risikobereich zuzurechnen ist, berechtigt, Ansprüche nach § 418 Abs. 1 Satz 4 geltend zu machen.

(2) Tritt das Beförderungs- oder Ablieferungshindernis ein, nachdem der Empfänger auf Grund seiner Verfügungsbefugnis nach § 418 die Weisung erteilt hat, das Gut an einen Dritten abzuliefern, so nimmt bei der Anwendung des Absatzes 1 der Empfänger die Stelle des Absenders und der Dritte die des Empfängers ein.

Merkt 1663

§ 419 1–3   4. Buch. Handelsgeschäfte

(3) ¹Kann der Frachtführer Weisungen, die er nach § 418 Abs. 1 Satz 3 befolgen müßte, innerhalb angemessener Zeit nicht erlangen, so hat er die Maßnahmen zu ergreifen, die im Interesse des Verfügungsberechtigten die besten zu sein scheinen. ²Er kann etwa das Gut entladen und verwahren, für Rechnung des nach § 418 oder § 446 Verfügungsberechtigten einem Dritten zur Verwahrung anvertrauen oder zurückbefördern; vertraut der Frachtführer das Gut einem Dritten an, so haftet er nur für die sorgfältige Auswahl des Dritten. ³Der Frachtführer kann das Gut auch gemäß § 373 Abs. 2 bis 4 verkaufen lassen, wenn es sich um verderbliche Ware handelt oder der Zustand des Gutes eine solche Maßnahme rechtfertigt oder wenn die andernfalls entstehenden Kosten in keinem angemessenen Verhältnis zum Wert des Gutes stehen. ⁴Unverwertbares Gut darf der Frachtführer vernichten. ⁵Nach dem Entladen des Gutes gilt die Beförderung als beendet.

(4) Der Frachtführer hat wegen der nach Absatz 3 ergriffenen Maßnahmen Anspruch auf Ersatz der erforderlichen Aufwendungen und auf angemessene Vergütung, es sei denn, daß das Hindernis seinem Risikobereich zuzurechnen ist.

1) Beförderungs- und Ablieferungshindernisse (I 1)

1   Besondere Regelungen gelten bei Beförderungs- und Ablieferungshindernissen (§ 419, **Notrechte**, vgl (17) CMR Art 14–16) seit dem SHRG 2013 in Angleichung an die Regelung in § 445 III 2 (früher § 447 S 2) auf den Betrag begrenzt, der bei Verlust des Gutes zu zahlen wäre. Liegt ein Hindernis vor, muss der Frachtführer Weisungen der nach § 418 oder § 446 verfügungsberechtigten Person einholen (**I 1**). Was ein Hindernis im konkreten Fall darstellt, hängt von den Parteibestimmungen ab, Koller 3. Diese Pflicht besteht bereits, wenn das Hindernis erkennbar ist, und nicht erst, wenn es eingetreten ist. Der Begriff des Hindernisses ist nicht mit dem der Unmöglichkeit identisch. Der Gesetzgeber hat bewusst eine von der CMR abweichende Formulierung getroffen, RegE TRG, näher Koller 3 ff.

2) Weisungsberechtigung in besonderen Fällen (I 2, II)

2   I 2, II regelt die Weisungsberechtigung für besondere Fälle. Bei Nichtermittelbarkeit oder Annahmeverweigerung des verfügungsberechtigten Empfängers fällt insoweit das Verfügungsrecht auf den Absender zurück, und zwar ohne Vorlage des Frachtbriefs, der idR bereits beim Empfänger liegt (I 2). Das Verfügungsrecht des Absenders lebt jedoch nicht wieder auf, wenn ein Ladeschein (§ 446) ausgestellt ist, denn in diesen Fällen bleibt stets der legitimierte Besitzer des Ladescheins verfügungsberechtigt. II sieht eine entsprechende Rückverlagerung bei Bestimmung eines Drittempfängers vor.

3) Maßnahmen mangels Weisung (III)

3   III regelt den Fall, dass der Frachtführer Weisungen, die er nach § 418 I 3 befolgen müsste, nicht rechtzeitig erlangen kann (**III 1**). Angemessen ist die Zeit, die den Frachtführer nicht übermäßig im Ungewissen lässt und Maßnahmen iSd § 419 III 1 nicht illusorisch macht, Ko/Ki/Ro/Mo/Koller 1. Erforderlich ist eine umfassende Interessenabwägung, in Ausnahmefällen können Maßnahmen ohne jedes Zuwarten getroffen werden, Staub/P.Schmidt 29. Voraussetzungen sind zB gegeben, wenn keine Zeit zur Weisungseinholung bleibt oder die erbetene Weisung ausbleibt. III 2–4 geben Beispiele für mögliche **Maßnahmen mangels Weisung**, etwa Entladen, Verwahren, Einlagern bei Dritten (Haftung dann nur für Auswahlverschulden, nicht § 278 BGB), Rücktransport bis hin zu Selbsthilfeverkauf (nach § 373 II–IV durchzuführen) und Vernichtung, letzteres etwa bei leicht verderblichen Massengütern oder umweltgefährlichen Gütern. Der Frachtführer muss die Maßnahmen ergreifen, die im Interesse des Verfügungsberechtig-

4. Abschnitt. Frachtgeschäft   1   § 420

ten am besten zu sein erscheinen. Sind weitere Hindernisse abzusehen, so muss der Frachtführer zunächst versuchen, neue Weisungen zu erlangen. Ist dies wiederum nicht möglich, gilt erneut § 419 III, Koller 61. Nach dem Entladen des Guts gilt die Beförderung als beendet (**III 5**). Damit entfällt zugleich die vertragliche Obhutspflicht des Frachtführers. Beendigung der Beförderung im Unterfrachtverhältnis führt nur in Ausnahmefällen zur Beendigung des Hauptfrachtverhältnisses, BGH RdTW **15**, 411.

4) Ansprüche des Frachtführers (I 3, IV)

Der Frachtführer hat Anspruch auf Aufwendungsersatz, Vergütung und Vor- 4 schuss bei hindernisbedingter Weisung (**I 3** iVm § 418 I 4) und bei Maßnahmen ohne Weisung nach III (**IV**). Schuldner des Aufwendungsersatzanspruchs nach IV ist grundsätzlich der Absender, der Empfänger nur in den Fällen von § 418 II 3u § 421 I 1, BGH TranspR **10**, 430 mit Anm Pokrant TransportR **11**, 49, 52. Hindernisse aus dem Risikobereich des Frachtführers gehen zu dessen Lasten (I 3, IV; vgl § 412 Rn 3). Distanzfracht wegen bei Eintritt des Hindernisses bereits erbrachter Beförderungsleistung nach § 420 II 2.

Zahlung. Frachtberechnung

420 (1) ¹Die Fracht ist bei Ablieferung des Gutes zu zahlen. ²Der Frachtführer hat über die Fracht hinaus einen Anspruch auf Ersatz von Aufwendungen, soweit diese für das Gut gemacht wurden und er sie den Umständen nach für erforderlich halten durfte.

(2) ¹Der Anspruch auf die Fracht entfällt, soweit die Beförderung unmöglich ist. ²Wird die Beförderung infolge eines Beförderungs- oder Ablieferungshindernisses vorzeitig beendet, so gebührt dem Frachtführer die anteilige Fracht für den zurückgelegten Teil der Beförderung, wenn diese für den Absender von Interesse ist.

(3) ¹Abweichend von Absatz 2 behält der Frachtführer den Anspruch auf die Fracht, wenn die Beförderung aus Gründen unmöglich ist, die dem Risikobereich des Absenders zuzurechnen sind oder die zu einer Zeit eintreten, zu welcher der Absender im Verzug der Annahme ist. ²Der Frachtführer muss sich jedoch das, was er an Aufwendungen erspart oder anderweitig erworben oder zu erwerben böswillig unterlässt, anrechnen lassen.

(4) Tritt nach Beginn der Beförderung und vor Ankunft an der Ablieferungsstelle eine Verzögerung ein und beruht die Verzögerung auf Gründen, die dem Risikobereich des Absenders zuzurechnen sind, so gebührt dem Frachtführer neben der Fracht eine angemessene Vergütung.

(5) Ist die Fracht nach Zahl, Gewicht oder anders angegebener Menge des Gutes vereinbart, so wird für die Berechnung der Fracht vermutet, daß Angaben hierzu im Frachtbrief oder Ladeschein zutreffen; dies gilt auch dann, wenn zu diesen Angaben ein Vorbehalt eingetragen ist, der damit begründet ist, daß keine angemessenen Mittel zur Verfügung standen, die Richtigkeit der Angaben zu überprüfen.

1) Frachtzahlung, Aufwendungsersatzanspruch (I)

Der Frachtführer hat Anspruch auf **Zahlung** der Fracht (§ 407 II). Sie ist aber 1 erst Zug um Zug bei Ablieferung des Gutes zu zahlen (**I 1**; vgl. demgegenüber § 456 für den Spediteur). Die Fälligkeit des Anspruchs auf Zahlung der Fracht tritt damit eine logische Sekunde vor dem Zeitpunkt der vollen Ablieferung ein, Koller 3. Lehnt der Empfänger Annahme des Gutes ab, entsteht der Anspruch mit vollendetem Rücktransport, München TranspR **16**, 69. Die Regelung des § 420 I wird in der Praxis durch Frankatur- bzw Freivermerke (§ 346 Rn 40 „frei")

Merkt   1665

§ 420 2–4 4. Buch. Handelsgeschäfte

näher konkretisiert. Zum Teil wird auch abweichendes vereinbart, s § 421 Rn 4 f. Der Frachtführer hat ferner einen **Aufwendungsersatzanspruch** (**I 2**, wie §§ 675, 670 BGB, aber dazu lex specialis), vgl Ffm NJW **81**, 1912. Auch dieser ist erst mit Abschluss der Beförderung fällig. Abweichende Regelungen in AGB möglich, AG Mannheim RdTW **15**, 398. Aufwendungen werden nach I 2 nur erstattet, soweit sie für das Gut gemacht wurden, also güterbezogen sind, so für die Verzollung des Frachtguts aufgewendete Kosten, BGH VersR **14**, 356. Weitere Beispiele sind Ufer-, Kran-, Wiegegelder; beförderungsbezogene Aufwendungen gehören dagegen zur Fracht (§ 407 II). Sonderregeln: §§ 410 II, 414 I, 415 II 1 Nr 1, 416, 418 I, 419 III, IV. Lagergeld für Aufbewahrung des Gutes nach Beendigung des Transports kann der Frachtführer von Absender u Empfänger nur nach § 354 I verlangen, BGH NJW **09**, 3239.

2) Unmöglichkeit, Distanzfracht (II)

2   II 1 idF SHRG 2013 ist § 326 I 1 BGB nachgebildet und stellt die Grundregel auf, dass für den Fall der Unmöglichkeit (§ 275 BGB) der Beförderung der Anspruch auf Fracht entfällt. Die Preisgefahr wird damit grundsätzlich dem Frachtführer auferlegt. Für den Sonderfall des vorzeitigen Beförderungsendes wird hiervon insoweit eine Ausnahme gemacht, als ein Anspruch auf anteilige Fracht bestehen bleibt, wenn der zurückgelegte Teil der Beförderung von Interesse für den Absender ist. (**II 2**, auch **Distanzfracht** genannt) In diesem Fall trägt der Frachtführer also nicht die Preisgefahr bis zur Ablieferung (vgl demgegenüber §§ 644, 645 BGB). Distanzfracht ist damit die Vergütung für diejenige Teilbeförderung, die der Frachtführer bis zur vorzeitigen Beendigung der Beförderung infolge eines Beförderungs- oder Ablieferungshindernisses erbracht hat. Die in II 2 aF enthaltene Klarstellung, dass ein Anspruch auf Distanzfracht nur besteht, wenn das Beförderungs- oder Ablieferungshindernis in den Risikobereich des Frachtführers fällt, hielt der Gesetzgeber für überflüssig, weil auf Grund des neu formulierten III klar sei, dass Fälle, in denen das Hindernis im Risikobereich des Absenders liegt, nicht von II erfasst sind, RegE SHRG S 76. Mit dieser Formulierung hat der Gesetzgeber die bereits im RegE TRG geäußerte Vorstellung unterstrichen, dass Leistungsstörungen im allgemeinen Transportrecht stets einer der beiden Risikosphären zuzuordnen sind, aA Canaris § 31 Rn 52 zur alten Rechtslage. II erfasst damit alle Fälle, in denen das Leistungshindernis in die Risikosphäre des Frachtführers fällt, während III alle Fälle regelt, in denen das Leistungshindernis in den Risikobereich des Absenders fällt. Eines Rückgriffs auf § 644 BGB bedarf es nicht mehr (so noch die 35. Aufl zum alten Recht).

3) Hindernisse im Risikobereich des Absenders, Annahmeverzug (III)

3   III 1 regelt abweichend von der Grundregel in II 1, dass der Anspruch des Frachtführers auf die Fracht erhalten bleibt, wenn die Unmöglichkeit aus Gründen eingetreten ist, die im Risikobereich des Absenders liegen. Dies entspricht der Regelung des § 326 II BGB, wobei der Gesetzgeber bewusst nicht auf ein Vertretenmüssen abstellt hat, sondern nach Risikosphären unterscheidet, da mit dieser Abgrenzung ein Gleichlauf zum Seefrachtrecht gewährleistet bleiben soll, RegE SHRG S 76. Vor allem Hindernisse iSv § 414 gehören zum Risikobereich des Absenders, MüKo/Thume 24. Der Frachtführer muss sich allerdings dasjenige Anrechnen lassen, was er durch die Befreiung von seiner Leistungspflicht erspart oder anderweitig erworben hat (III 2).4) Absenderbedingte Verzögerungen (IV)

4   **IV** regelt die Vergütung für zeitweilige Verzögerung aus Gründen, die dem Risikobereich des Absenders (s Canaris § 31 Rn 53f) zuzurechnen sind (demgegenüber II, bei dauerndem Hindernis), dabei muss das Risiko für den Absender vorhersehbar und besser beherrschbar sein als für den Frachtführer, BGH NJW-RR **11**, 1485m Anm Koller VersR **12**, 949, Kln TranspR **09**, 45, **09**, 175 (somit etwa keine Vergütungspflicht im Falle einer Verzögerung wegen Sperrung des

Schifffahrtsweges nach Havarie, aA Koller 26f). Die Verzögerung stellt kein Hindernis iSv § 419 dar. Sie muss nach Beginn der Beförderung und vor Ankunft an der Ablieferungsstelle eintreten. Die Zeit davor und danach fällt bereits unter § 412 III (Lade-, Entladezeit), dafür gibt es Standgeld. Unerhebliche Verzögerungen bleiben unberücksichtigt (RegE TRG). Parallel ist Schadensersatzanspruch aus § 414 möglich, Staub/P.Schmidt 28. Maßgeblich ist die Sicht des Frachtführers, der auch die Beweislast trägt. Der Frachtführer hat nach III Anspruch auf angemessene Vergütung neben der Fracht. Für Verzögerungen infolge mangelhafter Begleitpapiere oder unzureichender Auskünfte haftet der Absender verschuldensunabhängig nach § 414 I Nr 4. Die Frachtberechnung bei Verzögerungen infolge Niedrigwasser bleibt der Vertragspraxis (Kleinwasserzuschläge) überlassen (RegE TRG S 54).

5) Mengenangaben im Frachtbrief oder Ladeschein (V)

V enthält eine Auslegungsregel für die Frachtberechnung. Die Richtigkeit der 5 Mengenangaben im Frachtbrief oder Ladeschein wird widerleglich vermutet (V Halbs 1). Das gilt nach V Halbs 2 auch bei sog begründeter Unbekanntklausel (für den Frachtbrief § 409 II 2 Halbs 2; für den Ladeschein § 444 I Halbs 2). Denn diese soll nur die Beweisvermutung für die Güterschadenshaftung des Frachtführers entkräften, aber nicht die Frachtberechnung berühren. Die Vermutung nach V gilt hingegen nicht, wenn der Frachtführer konkret vermerkt, wie groß die Menge seiner Ansicht nach ist, Koller 38.

Rechte des Empfängers. Zahlungspflicht

421 (1) ¹Nach Ankunft des Gutes an der Ablieferungsstelle ist der Empfänger berechtigt, vom Frachtführer zu verlangen, ihm das Gut gegen Erfüllung der Verpflichtungen aus dem Frachtvertrag abzuliefern. ²Ist das Gut beschädigt oder verspätet abgeliefert worden oder verlorengegangen, so kann der Empfänger die Ansprüche aus dem Frachtvertrag im eigenen Namen gegen den Frachtführer geltend machen; der Absender bleibt zur Geltendmachung dieser Ansprüche befugt. ³Dabei macht es keinen Unterschied, ob Empfänger oder Absender im eigenen oder fremden Interesse handeln.

(2) ¹Der Empfänger, der sein Recht nach Absatz 1 Satz 1 geltend macht, hat die noch geschuldete Fracht bis zu dem Betrag zu zahlen, der aus dem Frachtbrief hervorgeht. ²Ist ein Frachtbrief nicht ausgestellt oder dem Empfänger nicht vorgelegt worden oder ergibt sich aus dem Frachtbrief nicht die Höhe der zu zahlenden Fracht, so hat der Empfänger die mit dem Absender vereinbarte Fracht zu zahlen, soweit diese nicht unangemessen ist.

(3) Der Empfänger, der sein Recht nach Absatz 1 Satz 1 geltend macht, hat ferner ein Standgeld oder eine Vergütung nach § 420 Abs. 4 zu zahlen, ein Standgeld wegen Überschreitung der Ladezeit und eine Vergütung nach § 420 Abs. 4 jedoch nur, wenn ihm der geschuldete Betrag bei Ablieferung des Gutes mitgeteilt worden ist.

(4) Der Absender bleibt zur Zahlung der nach dem Vertrag geschuldeten Beträge verpflichtet.

1) Rechte des Empfängers (I)

§ 421 regelt die Rechte und die Zahlungspflicht des Empfängers nach Ankunft 1 des Gutes an der Ablieferungsstelle (vgl **(17)** CMR Art 13). Ankunft bereits dann, wenn sich das Gut auf oder vor dem Grundstück befindet, welches Ziel der Sendung ist, Koller 2. Nach Ankunft des Gutes an der Ablieferungsstelle ist der **Empfänger** berechtigt, vom Frachtführer die **Ablieferung** des Gutes an ihn zu

verlangen, allerdings nur Zug um Zug gegen Erfüllung der Verpflichtungen aus dem Frachtvertrag (**I 1**). Bloße Übernahme des Gutes ist keine konkludente Geltendmachung der Ansprüche, Koblenz TranspR **15**, 157. Der Absender verliert durch I nicht sein Recht, seinerseits vom Frachtführer Ablieferung an den Empfänger zu verlangen (§ 335 BGB), vgl BGH NJW **74**, 1614; I 2 Halbs 2, der dies nur für die Geltendmachung des Gütersurrogats (Schadensersatzanspruch) ausspricht, steht dem nicht entgegen. Das wird praktisch relevant, wenn der Empfänger sein Recht nicht geltend machen will. Der Absender kann dann etwa Klage erheben. Voraussetzung für I 1 ist Eintreffen des Gutes an der Ablieferungsstelle, Ankunft am Bestimmungsort genügt nicht (vgl § 408 I Nr 4, dort Rn 3; Gleichlauf mit § 418 II). Nach Kln TranspR **04**, 121 soll der Empfänger bereits vor Ablieferung anspruchsberechtigt sein, wenn er Eigentümer des Gutes ist und die Versendung auf seine Gefahr erfolgt. Der Frachtführer braucht nur Zug um Zug gegen Erfüllung seiner Ansprüche aus dem Frachtvertrag abzuliefern (I 1, II), liefert er trotzdem aus, verliert er sein Pfandrecht (§ 440 II, III).

2   Im Falle von Güterschäden oder Lieferverzögerungen kann der Empfänger die Ansprüche aus dem Frachtvertrag gegen den Frachtführer im eigenen Namen geltend machen (**I 2**). Aufgrund der Ausgestaltung des Frachtvertrages als Vertrag zugunsten Dritter (§ 407 Rn 16, BGH **75**, 92 (CMR), NJW **99**, 1110 (CMR)) handelt es sich hierbei nicht um eine Regelung der Prozessstandschaft, sondern um die Anerkennung eines eigenen materiellen Anspruchs des Empfängers, Homann JA **99**, 978, Oetker JuS **01**, 833. Nach I 2 Halbs 2 bleibt der Absender zur Geltendmachung seiner Ansprüche befugt, was sich bereits aus dem Charakter des Vertrags zugunsten Dritter ergibt. Absender und Empfänger sind Gesamtgläubiger iSv §§ 428 f BGB. Gesamtgläubigerschaft entsteht mit Ablieferung, im Falle von Totalverlust, sobald Verlust festgestellt oder Frist des § 424 HGB überschritten ist, Staub/P.Schmidt 17 f. Durch diese **Doppellegitimation** wird die Gefahr des Anspruchsverlusts bei Vorgehen der falschen Partei vermieden.

Eine dogmatische Begründung für die Anwendung der Drittschadensliquidation zwischen Absender und Empfänger ist darin auch iVm I 3 nicht zu sehen. Da dem Empfänger ein eigener vertraglicher Anspruch gegen den Frachtführer zusteht, besteht für eine Drittschadensliquidation im Verhältnis Absender/Empfänger gerade kein Bedürfnis, Becker AcP **02**, 722; aA Oetker JuS **01**, 833. **I 3** erlaubt nur in den noch verbleibenden Fallgestaltungen sowohl dem Empfänger als auch dem Absender die **Drittschadensliquidation**, also Geltendmachung im eigenen Namen, aber im fremden Interesse, insbesondere wenn ein außenstehender Dritter einen Vermögensschaden erleidet. Demnach kann beispielsweise der Spediteur, der einen Frachtvertrag in eigenem Namen, aber für fremde Rechnung abschließt, den Schaden seines Auftraggebers gegenüber dem Frachtführer liquidieren.

3   Anspruchsgegner ist stets der (Haupt-)Frachtführer. Wurde ein Unterfrachtführer beauftragt, so haftet dieser neben dem Hauptfrachtführer als Gesamtschuldner, BGH TranspR **09**, 130 (obiter dictum), Koller 4. Der Unterfrachtführer kann umgekehrt gegen den Empfänger Zahlungsansprüche geltend machen, da er auch Schadensersatzansprüchen des Empfängers ausgesetzt ist, Staub/P.Schmidt 40; krit zum Unterfrachtvertrag als Quelle der Haftung Mankowski TranspR **16**, 81 ff.

Lit: Büdenbender NJW **00**, 986 (allg zur Drittschadensliquidation und § 421), Luther TranspR **13**, 93 (zur Drittschadensliquidation beim Unterfrachtführer), Herber TranspR **13**, 1 (zur Haftung des Unterfrachtführers), Valder TranspR **15**, 257 (zu den Rechten und Pflichten bei der Ablieferung), Wilting TranspR **16**, 172 (zu den Pflichten des Empfängers).

2) Zahlungspflicht des Empfängers und des Absenders (II–IV)

4   A. **Zahlungspflicht des Empfängers (II, III):** Schuldner der Pflichten, insbesondere der Zahlungspflicht, aus dem Frachtvertrag ist zunächst nur der

4. Abschnitt. Frachtgeschäft 5, 6 § 421

Absender, da er den Frachtvertrag abgeschlossen hat und keine Verpflichtung des Empfängers begründen kann (kein Vertrag zu Lasten Dritter, § 407 Rn 16). Dabei bleibt es, wenn zB der Empfänger nicht ermittelt werden kann oder die Annahme des Gutes (gegen Bezahlung, I 1) verweigert. Eine Zahlungspflicht auch (s IV) des Empfängers (im juristischen Sinn, also wer im Frachtvertrag nach § 407 I als solcher bestimmt ist, nicht rein tatsächlicher Empfänger, Düss BB 73, 820) nach Maßgabe des Frachtbriefes (II 1) entsteht jedoch mit Geltendmachung der Rechte aus I 1, wofür die bloße Übernahme des Frachtguts allein nicht ausreicht, BGH 171, 84m zust Anm Herber TranspR 07, 313, Koller 23, MüKo/Thume 37, Fremuth TranspR 05, 212, Bodis/Remiroz TranspR 05, 442. Für die Zahlungspflicht ist nur das Herausgabeverlangen nach I maßgeblich, auch wenn ein Frachtbrief ausgestellt ist. Der Frachtbrief ist aber für den Umfang der Zahlungspflicht relevant. Wird der Frachtbrief nicht vorgelegt oder enthält er die Höhe der Fracht nicht, hat der Empfänger die mit dem Absender vereinbarte Fracht zu zahlen, soweit diese nicht unangemessen ist (II 2). Was angemessen ist, ist objektiv zu bestimmen, der Frachtführer hat kein Bestimmungsrecht nach § 316 BGB, Koller 29, vgl BGH 94, 104 (Makler), abw RegE TRG: §§ 315 ff BGB. Beweislast für Unangemessenheit liegt nach II 2 beim Empfänger, Staub/P.Schmidt 35. II führt zu einem **gesetzlichen Schuldbeitritt** des Empfängers (Gesamtschuldverhältnis zwischen Absender und Empfänger nach §§ 421 ff BGB), BGH NJW-RR 06, 182, Koller 35; das ist nicht gleichbedeutend mit einem Eintritt in den Frachtvertrag, RG 95, 123. Die Zahlungspflicht entsteht ex lege; der Empfänger kann sich dagegen nicht auf Einwendungen berufen, die ihm dem Absender oder anderen Dritten gegenüber zustehen, Düss VersR 74, 1075. Der Empfänger, der sein Recht nach I 1 geltend macht, hat außer der Fracht auch Standgeld (§ 412 III) oder Vergütung für Beförderungsverzögerung nach § 420 IV zu zahlen (III), denn diese Unkosten sind dem Empfänger, der etwa bei der Entladung mitwirkt, zuzuordnen. Soweit die Unkosten noch in den Risikobereich des Absenders fallen (Überschreitung der Ladezeit und § 420 IV), Zahlungspflicht nur bei Mitteilung des Betrags bei Ablieferung des Guts. Fordert der Empfänger Ablieferung vom Unterfrachtführer, erwirbt dieser nach BGH NJW-RR 06, 182, keine entsprechenden Ansprüche gegen den Empfänger, in Konsequenz von BGH 172, 337 zu (17) Art 13 CMR, BGH NJW 09, 1207, wonach der Hauptfrachtführer bei Vertrag mit dem Unterfrachtführer selbst Absender ist, sind aber auch dem Unterfrachtführer Ansprüche gegen den Empfänger zuzugestehen, vgl dazu Thume TranspR 07, 428, Ramming NJW 08, 292, Herber TranspR 08, 240, differenzierend Koller TranspR 09, 451 (ua zur Abdingbarkeit der Aktivlegitimation des Empfängers) und § 437 Rn 2.

Besondere Abreden: Ist zwischen dem Absender und dem Frachtführer vereinbart, dass dieser die Fracht nur beim Absender erheben soll (**„frei", „frachtfrei", „franko"**, § 346 Rn 40 „frei"), dann entsteht keine Zahlungspflicht des Empfängers (konkludente Derogation von II, III mit Wirkung zugunsten des Empfängers); im Frachtbrief braucht das nicht vermerkt zu sein, BGH NJW 70, 604. Diese Klauseln begründen iZw keine Pflicht des Absenders zur Vorauszahlung, es bleibt vielmehr bei § 420. Der Frachtführer kann zwar den Empfänger nicht in Anspruch nehmen, braucht aber das Gut nur auszuliefern, wenn er vom Absender bezahlt wurde (Verlust seines Pfandrechts, § 441 II). 5

Laut Klausel **„freight prepaid"** ist der Absender dagegen iZw verpflichtet, die Fracht und die voraussichtlichen Aufwendungen bereits bei Übernahme des Gutes zu bezahlen, str, aA Düss TranspR 86, 342. Ist diese Klausel in den Frachtbrief mit Sperrvermerk (§ 418 IV; ebenso Ladeschein, § 443 III 1; entspr uU Spediteurpapiere) aufgenommen und besagt sie, dass die Fracht bei Übernahme des Gutes fällig ist, muss der Frachtführer ohne Rücksicht auf sein Pfandrecht abliefern und kann sich allein an den Absender halten, Koller 12. Der Fracht- 6

§ 422 1, 2

führer darf die Leistung bei Ablieferung zudem nicht verweigern, MüKo/Thume 37.

7 B. **Fortbestehende Zahlungspflicht des Absenders (IV):** Der Absender bleibt, neben dem nach II und III zur Zahlung verpflichteten Empfänger, zur Zahlung aller nach dem Vertrag geschuldeten Beträge verpflichtet (die höher sein können als die nach II, III, s III aE). Der Frachtführer kann sich nach seiner Wahl an den einen oder anderen halten, er braucht nicht erst den Empfänger in Anspruch zu nehmen. Vereinbarung, dass das Gut nur gegen Einziehung einer Nachnahme ausgeliefert werden darf, ist möglich (§ 422).

Nachnahme

422 (1) **Haben die Parteien vereinbart, daß das Gut nur gegen Einziehung einer Nachnahme an den Empfänger abgeliefert werden darf, so ist anzunehmen, daß der Betrag in bar oder in Form eines gleichwertigen Zahlungsmittels einzuziehen ist.**

(2) **Das auf Grund der Einziehung Erlangte gilt im Verhältnis zu den Gläubigern des Frachtführers als auf den Absender übertragen.**

(3) **Wird das Gut dem Empfänger ohne Einziehung der Nachnahme abgeliefert, so haftet der Frachtführer, auch wenn ihn kein Verschulden trifft, dem Absender für den daraus entstehenden Schaden, jedoch nur bis zur Höhe des Betrages der Nachnahme.**

1) Nachnahme (I)

1   § 422 regelt die **Nachnahme** (vgl **(17)** CMR Art 21). Nachnahme ist der Einzug von Geld gegen Auslieferung des Guts. Sie kann formlos bei Vertragsschluss oder später vereinbart werden (Nachnahmeklausel, § 346 Rn 40) bzw über Weisung nach § 418 geschehen. „Auslieferung gegen Bankakzept und Bankaval" ist mangels Klarheit über Abwicklung keine Nachnahme, Düss VersR **88**, 77, auch „Auslieferung gegen Bankscheck" genügt nicht, aA Hbg TranspR **91**, 297. Der Frachtführer wird sich schon nach § 421 II, III idR an den Empfänger halten. Er muss das, wenn er vom Absender vertraglich bindend angewiesen ist (iZw durch Nachnahmevermerk im unterzeichneten Frachtbrief, nicht aber durch Formulierung „unfrei ab Lager", Koller 11), die Fracht beim Empfänger zu erheben (sog Nachnahme, **I**), sonst kann der Absender die Zahlung verweigern (Einwendung aus III gegen den Zahlungsanspruch, und zwar auch ohne Verschulden des Frachtführers). I enthält Auslegungsregel, dass der Nachnahmebetrag in bar einzuziehen ist oder in Form eines gleichwertigen Zahlungsmittels, vor allem electronic cash, nicht dagegen Scheck (Rechtsausschuss, anders noch RegE TRG). Wenn die Parteien Nachnahmezahlung durch Scheck, Wechsel ua vereinbart haben, unterwirft sich der Frachtführer damit iZw der Haftung aus III, abw Koller 6 (nur wenn nicht ausdrücklich „Nachnahme" vereinbart). Dass die Nachnahme dem Absender auszukehren ist, folgt aus dem Frachtvertrag mit Nachnahmeklausel (§§ 675, 667 BGB).

2) Absenderschutz im Verhältnis zu den Gläubigern des Frachtführers (II)

2   **II** lehnt sich an § 392 II an (s § 392 Rn 3, 7 mit erheblichen Streitfragen), geht aber über diesen insoweit hinaus, als er dem Absender das aus der Einziehung Erlangte (nicht wie nach dem Wortlaut von § 392 II nur die Forderung, aber auch dort das Surrogat, str s § 392 Rn 7; eine Forderung hat der Frachtführer hinsichtlich der Nachnahme grundsätzlich nicht) zuordnet, soweit es noch identifizierbar im Vermögen des Frachtführers vorhanden ist. Der Absender soll frühzeitig die vollstreckungsrechtliche Stellung eines Rechtsinhabers haben (Dritt-

4. Abschnitt. Frachtgeschäft § 424

widerspruchsklage, Aussonderungsrecht). I I ist vertraglich abdingbar. Der Geltungsbereich der Norm kann hingegen nicht durch Vereinbarung erweitert werden (numerus clausus dinglicher Rechtspositionen), Koller 27. Bei der Einziehung von Geld und folgender Vermischung mit Barbeständen des Frachtführers entsteht Miteigentümergemeinschaft gem. §§ 741 ff BGB, näher Staub/P.Schmidt 20.

3) Haftung des Frachtführers (III)

Bei Ablieferung ohne Einziehung der Nachnahme haftet der Frachtführer dem Absender für den daraus entstehenden Schaden ohne Verschulden (III, vgl (17) CMR Art 21). Der Haftung ohne Verschulden entspricht eine Haftungsobergrenze, nämlich bis zur Höhe des Nachnahmebetrags, Ausnahme § 435. Für andere Nachnahmefehler als Ablieferung ohne Einziehung der Nachnahme verbleibt es bei der verschuldensabhängigen Haftung (§ 280 I BGB, uU § 433). Für die Haftung bei Auslieferung ohne Einziehung sonstiger Gegenstände kommt es darauf an, ob die Parteien dafür auch die Geltung von III vereinbaren wollten, Koller 24. III steht einer analogen Anwendung von § 426 (Unvermeidbarkeit auch bei größter Sorgfalt) nicht entgegen, Koller 19. Der Schaden ist konkret nachzuweisen (RegE TRG). Bei Mitverschulden des Ersatzberechtigten und seiner Leute (§ 428 HGB, § 278 BGB) gilt § 254 BGB. Abweichende Vereinbarungen s § 449 I 1, II.

3

Lieferfrist

423 Der Frachtführer ist verpflichtet, das Gut innerhalb der vereinbarten Frist oder mangels Vereinbarung innerhalb der Frist abzuliefern, die einem sorgfältigen Frachtführer unter Berücksichtigung der Umstände vernünftigerweise zuzubilligen ist (Lieferfrist).

1) § 423 präzisiert die Ablieferungspflicht des Frachtführers (§ 407 Rn 17) in zeitlicher Hinsicht. Er hat das Gut innerhalb der Lieferfrist abzuliefern (vgl (17) CMR Art 19). **Lieferfrist** ist legaldefiniert als die vereinbarte Frist oder (mangels Vereinbarung) die einem sorgfältigen Frachtführer unter Berücksichtigung der Umstände vernünftigerweise zuzubilligende Frist, dabei ist die ex ante-Sicht maßgebend. Diese Legaldefinition spielt auch in §§ 424, 425 I eine Rolle. Maßgebliche Lieferfrist kann sich auch aus einer vereinbarten Just in time-Lieferung ergeben, MüKo/Thume 7. Bei Unerfahrenheit des Frachtführers kommt im Falle kurzer Lieferfristen Sittenwidrigkeit iSv § 138 BGB in Betracht, Koller 6. Die Vereinbarung der Lieferfrist ist formlos möglich. Wirksamkeitsvoraussetzung ist Rechtsbindungswille der Parteien, sonst lediglich unverbindliche Absichtserklärung, vgl Oetker/Paschke 2.

1

Verlustvermutung

424 (1) Der Anspruchsberechtigte kann das Gut als verloren betrachten, wenn es weder innerhalb der Lieferfrist noch innerhalb eines weiteren Zeitraums abgeliefert wird, der der Lieferfrist entspricht, mindestens aber zwanzig Tage, bei einer grenzüberschreitenden Beförderung dreißig Tage beträgt.

(2) Erhält der Anspruchsberechtigte eine Entschädigung für den Verlust des Gutes, so kann er bei deren Empfang verlangen, daß er unverzüglich benachrichtigt wird, wenn das Gut wiederaufgefunden wird.

(3) ¹Der Anspruchsberechtigte kann innerhalb eines Monats nach Empfang der Benachrichtigung von dem Wiederauffinden des Gutes verlangen, daß

Merkt 1671

§ 425

ihm das Gut Zug um Zug gegen Erstattung der Entschädigung, gegebenenfalls abzüglich der in der Entschädigung enthaltenen Kosten, abgeliefert wird. [2] Eine etwaige Pflicht zur Zahlung der Fracht sowie Ansprüche auf Schadenersatz bleiben unberührt.

(4) Wird das Gut nach Zahlung einer Entschädigung wiederaufgefunden und hat der Anspruchsberechtigte eine Benachrichtigung nicht verlangt oder macht er nach Benachrichtigung seinen Anspruch nach Ablieferung nicht geltend, so kann der Frachtführer über das Gut frei verfügen.

1) Verlustvermutung (I)

1 § 424 eröffnet die Möglichkeit, das Gut unter bestimmten Voraussetzungen als verloren zu betrachten (**I, Verlustvermutung,** vgl **(17)** CMR Art 20). I fügt dafür zur Lieferfrist (§ 423) einen dieser entsprechenden weiteren Zeitraum, mindestens aber 20 Tage (bei grenzüberschreitender Beförderung 30 Tage) hinzu. Regelung ist abdingbar, Staub/P.Schmidt 32. Die Mindestfrist wird für die Fälle kurzer Lieferfrist (24-Stunden-Service, Just-in-time-Verträge) wichtig. Maßvolles Überschreiten der Mindestfrist durch Gericht möglich, München TranspR **14**, 79. Die Fristen können durch Parteivereinbarung ohne weiteres verändert werden, auch Höchstfrist ist möglich. Die Vermutung greift nur, wenn der Frachtführer das Gut bereits übernommen hat (Zurechenbarkeitsvoraussetzung), Oetker/Paschke 3 (Beginn des Obhutszeitraums, vgl § 425 Rn 3). I regelt nicht, wer Anspruchsberechtigter ist; die Aktivlegitimation bei Verlustvermutung entspricht der bei tatsächlichem Verlust (vgl § 421 I 2, dort Rn 2).

2) Wiederauffinden des Guts (II–IV)

2 II–IV betreffen das Wiederauffinden des Guts. Der Anspruchsberechtigte kann (spätestens) bei Empfang einer Entschädigung für den Verlust des Gutes **Benachrichtigung** für den Fall des Wiederauffindens des Gutes verlangen, sog **Vorbehalt (II)**, verlangt er das nicht, gilt IV. Das Verlangen nach II ist formlos, gegenüber Verbrauchern muss der Frachtführer über die Möglichkeit des Vorbehalts aufklären. Für die Benachrichtigung nach III ist Zugang iSv § 130 BGB erforderlich, eine verspätete Benachrichtigung stellt Pflichtverletzung iSv § 280 I BGB dar. Das wieder aufgefundene Gut kann er Zug um Zug gegen Erstattung der Entschädigung **zurückverlangen (III 1)**. In der Entschädigung enthaltene Kosten sind abzuziehen. Pflicht zur Frachtzahlung und Schadensersatzansprüche bleiben unberührt (**III 2**). Schadensersatz wegen Verlust des Gutes und wegen Beschädigung des Gutes kann nicht nebeneinander verlangt werden, BGH VersR **16**, 1079. **IV** regelt die Voraussetzungen, unter denen der Frachtführer bei Untätigbleiben des Anspruchsberechtigten über das wieder aufgefundene Gut frei verfügen kann. Frei verfügen heißt, dass der Frachtführer an keine weiteren Voraussetzungen (zB §§ 373 II–IV HGB, §§ 1233–1240 BGB) gebunden ist. IV gibt dem Frachtführer nur ein Verfügungsrecht und ein Recht zum Besitz, der Eigentümer verliert nicht sein Eigentum (RegE TRG, Koller 29), Vorschrift ist im Lichte von Art. 14 GG zu sehen, bei Wiederauffinden des Gutes muss der Frachtführer vorrangig über das Gut verfügen, Koller 29. Eine zeitliche Obergrenze für die Ansprüche nach II–IV ist nicht vorgesehen (anders **(17)** CMR Art 20 II 1, IV: ein Jahr), aber Monatsfrist nach III 1 und Verjährung (§ 439). Nur letztere greift ein, wenn I–III nicht vorliegen, etwa der Anspruchsberechtigte keine Entschädigung nach II erhalten hat.

Haftung für Güter- und Verspätungsschäden. Schadensteilung

425 (1) Der Frachtführer haftet für den Schaden, der durch Verlust oder Beschädigung des Gutes in der Zeit von der Übernahme zur Beför-

4. Abschnitt. Frachtgeschäft 1, 2 **§ 425**

derung bis zur Ablieferung oder durch Überschreitung der Lieferfrist entsteht.

(2) Hat bei der Entstehung des Schadens ein Verhalten des Absenders oder des Empfängers oder ein besonderer Mangel des Gutes mitgewirkt, so hängen die Verpflichtung zum Ersatz sowie der Umfang des zu leistenden Ersatzes davon ab, inwieweit diese Umstände zu dem Schaden beigetragen haben.

1) Frachtführerhaftung in Anlehnung an (17) CMR Art 17 ff

§§ 425 ff HGB regeln in Anlehnung an die CMR (vgl **(17)** CMR Art 17 ff) 1 die spezialgesetzliche Haftung des Frachtführers. Als Grundsatz gilt dabei, dass der Frachtführer für den Schaden haftet, der durch Verlust oder Beschädigung des Gutes in der Zeit von der Übernahme zur Beförderung bis zur Ablieferung oder durch Überschreitung der Lieferfrist entsteht (§ 425 I). Diese Haftung ist eine **Obhutshaftung**, die den Nachweis eines schuldhaften Verhaltens des Frachtführers nicht erfordert. Der RegE TRG spricht in Anlehnung an das Haftungssystem der **(17)** CMR insoweit von einer verschuldensunabhängigen Haftung; daran ändert auch durch die Formulierung „auch bei größter Sorgfalt" (nicht vermeiden konnte) in § 426 nichts, vgl RegE TRG zu § 426 S 61. Allerdings dürften sich eine derartige verschuldensunabhängige Haftung mit einem Haftungsausschluss wie nach § 426 und eine Haftung mit widerleglicher Verschuldensvermutung (bei gleichem Wortlaut) im Ergebnis zumindest sehr nahe kommen. Da es sich um eine Obhutshaftung handelt, muss sie eingeschränkt werden. **§§ 425–439** enthalten ein umfassendes **Gefüge von Haftungseinschränkungen** (Haftungsbefreiungen und Haftungsbegrenzungen, vgl Überschrift 435), das durch eine Gerichtsstandsregelung in § 30 ZPO nF abgeschlossen wird. Es entsprechen § 425 **(17)** CMR Art 17 I, die Haftungsausschlüsse nach §§ 426–427 **(17)** CMR Art 17 II–IV, § 428 **(17)** CMR Art 3, §§ 429–433 über den Haftungsumfang **(17)** CMR Art 23–27, und §§ 434–435 über den Anwendungsbereich **(17)** CMR Art 28, 29. **Von §§ 425–438 abweichende Vereinbarungen** s § 449 I 1, II.

2) Haftung des Frachtführers für Güter- und Verspätungsschäden (I)

A. **Grundsatz:** Der Frachtführer haftet nach I für den Schaden infolge von 2 Verlust und Beschädigung des Gutes nur, soweit diese in der Zeit von der Übernahme zur Beförderung bis zur Ablieferung entsteht (**Güterschäden**, im Unterschied zu Güterfolgeschäden bzw weiteren Schäden, vgl § 432 Satz 2). Zu den Schäden im Einzelnen Staub/Maurer 9. Dabei ist unter Beschädigung neben der Substanzbeeinträchtigung auch der bloße Schadensverdacht zu verstehen, BGH TranspR **00**, 456, TranspR **02**, 440, nicht jedoch reine Wertminderungen. Verlust liegt vor, wenn Frachtführer auf unabsehbare Zeit außerstande ist, Gut an den Empfänger auszuliefern, BGH BB **17**, 577. Daneben besteht eine Haftung für den Schaden, der durch Überschreitung der Lieferfrist (§ 423) entsteht (**Verzögerungsschaden**), zu den Verspätungsschäden im Einzelnen Staub/Maurer 48. Die Verlustvermutung gem. § 424 hindert den Anspruchsteller nicht, statt des zunächst verlangten Schadensersatzes wegen Verlustes Schadensersatz wegen Beschädigung oder wegen Überschreitung der Lieferfrist zu verlangen, BGH RdTW **15**, 413. Die Haftung für Güterschäden nach I knüpft an das Entstehen des Schadens **während des Obhutszeitraums** an, die Schadensursache muss also in solchen Vorgängen liegen, die in die Obhutszeit fallen und die Beschädigung während des Obhutszeitraums muss vom Absender oder im Falle des § 421 Abs. 1 HGB vom Empfänger bewiesen werden, Staub/Maurer 57. Keine Obhutshaftung beieigenmächtiger Verladung durch Frachtführer, Haftung für hierdurch verursachte Schäden richtet sich alleine nach § 280 BGB, BGH VersR **14**, 401m Anm Koller TranspR **14**, 114. Obhutszeitraum ist der Zeitraum von der Übernahme zur Beförderung (nicht: zur Lagerung; anders nur im Falle einer

§ 425 3

transportbedingten Lagerung, BGH NJW-RR **12**, 364, Düss TranspR **11**, 76) bis zur Ablieferung (zu diesen s Rn 3). Nicht I, sondern § 280 I BGB findet Anwendung, wenn zwar die Schadensursache während des Zeitraumes der Obhut des Frachtführers gesetzt wurde, der Schaden jedoch erst nach dessen Beendigung eingetreten ist, Stgt TranspR **03**, 105, str. aA Ebenroth/Schaffert 17. § 280 I BGB gilt auch, falls das Gut entgegen einer „on-hold-Vereinbarung" an den Empfänger ausgeliefert wird, dies ist kein Fall des Verlustes, Düss TranspR **15**, 79.Beweisen werden müssen vom Anspruchsteller Identität, Art, Menge und Zustand der Güter, BGH RdTW **16**, 138. Der Beweis kann zB mittels Frachtbrief (§ 409) oder Empfangsbestätigung (Übernahmequittung) erbracht werden, BGH VersR **15**, 342 (zu Art. 17 CMR). Beweislastumkehr bei Erstattung eines Teils des Schadens möglich, BGH TranspR **06**, 203, Kblz TranspR **08**, 251. Bei kaufmännischen Absendern gilt prima facie, dass das im Lieferschein aufgeführte Gut auch in der Verpackung enthalten war, BGH NJW-RR **03**, 756, **07**, 29, nicht aber, dass das Gut überhaupt in die Obhut des Frachtführers gelangt ist, BGH NJW-RR **08**, 120. Dem Anspruchsteller kommt für den Beweis des Umfangs und des Werts der Ware keinerlei Anscheinsbeweis zu, er hat den Vollbeweis zu erbringen, BGH MDR **14**, 1467, RdTW **16**, 138. Bei fehlendem Lieferschein kann entsprechende Rechnung ausreichend sein, BGH TranspR **07**, 113, Düss TranspR **07**, 35, Karlsr VersR **06**, 719m krit Anm Boettge. Zum Beweis der Übergabe bei Einsatz spezieller Technik BGH NJW-RR **05**, 1555, **05**, 1557, **07**, 29, TranspR **08**, 123 (sog EDI-Verfahren), Mü TranspR **06**, 358 (Datenfernübertragung). Zu Beweisfragen allg Thume TranspR **08**, 428, Neumann TranspR **09**, 54.

3 B. Für die Bestimmung des Obhutszeitraums (s Rn 1) kommt es maßgeblich auf die Zeitpunkte der Übernahme und der Ablieferung an. **Übernahme** setzt voraus, dass Frachtführer zumindest mittelbaren Besitz am zu befördernden Gut erlangt, BGH NJW-RR **02**, 537. Das Gut muss objektiv in den Verantwortungsbereich des Frachtführers oder seiner Erfüllungsgehilfen (§ 428) gelangt sein, sodass es vor Schäden bewahrt werden kann, subjektiv muss Übernahme vom natürlichen Willen getragen sein, BGH NJW-RR **12**, 365, Mü TranspR **13**, 114. Übernahme erst mit Abschluss der Ladearbeiten, BGH VersR **15**, 341, aA MüKo/Herber 38. Unmittelbarer oder mittelbarer Besitz am Gut muss vom Frachtführer willentlich derart erlangt werden, dass es vor Schäden bewahrt werden kann, Hamburg RdTW **17**, 76. Eigenmächtiges Verladen durch Frachtführer ohne vertragliche Grundlage genügt nicht, BGH NJW **14**, 998. Frachtführer muss anwesend sein, bloßes Bereitstellen auf einer Laderampe genügt nicht, München VersR **13**, 923. Ist jedoch abweichend von § 412 I vereinbart, dass Frachtführer das Gut zu verladen hat, so beginnt der Haftungszeitraum bereits, wenn Frachtführer das Gut zum Zweck der Verladung in seine Obhut nimmt, Koller 20. Was als **Ablieferung** anzusehen ist, ist schwierig zu bestimmen und Gegenstand vieler Urteile. Bspe: RG **67**, 338, **102**, 93, **108**, 342, BGH NJW **80**, 833, **82**, 1284; viele weitere Entscheidungen und Einzelfälle bei Koller 24 ff, Staub/Maurer 37 ff. Ablieferung ist der Vorgang, durch den der Frachtführer die zur Beförderung erlangte Obhut über das Gut mit ausdrücklicher oder stillschweigender Einwilligung des Verfügungsberechtigten (also nicht einseitig) wieder aufgibt und diesen in den Stand setzt, die tatsächliche Gewalt über das Gut auszuüben, BGH NJW **80**, 833, Hamm TranspR **08**, 405. Keine Ablieferung ist danach zB die Auslieferung an einen Unberechtigten wie den Nachbarn (auch nicht durch AGB vereinbar, Düss TranspR **08**, 193) oder die Auslieferung vor dem ausgemachten Zeitpunkt, auch nicht bei Annahme durch den Betriebspförtner, BGH NJW **82**, 1284, selbst dann nicht, wenn die Falschablieferung durch betrügerische Täuschung verursacht ist, Hamm TranspR **13**, 432 (zu Art. 17 CMR). Lit: Thume TranspR **12**, 85.

4. Abschnitt. Frachtgeschäft 4 § 425

3) Schadensteilung (II)

Mitverursachung durch ein Verhalten des Absenders oder Empfängers oder 4 durch einen besonderen Mangel des Gutes wird in **II** wie auch sonst zu Lasten des dafür Verantwortlichen berücksichtigt (Rechtsgedanke des § 254 BGB, nicht nur Mitverschulden), BGH TranspR **06**, 205. II sieht also eine Schadensteilung (Verpflichtung zum Ersatz und Umfang des zu leistenden Ersatzes) entsprechend den jeweiligen Verursachungsbeiträgen vor. II gilt, wie sich schon aus seiner Stellung ergibt, für **alle in §§ 425 ff geregelten Haftungsfälle**, auch bei qualifiziertem Verschulden im Sinne des § 435, stRspr, BGH NJW **03**, 3628, NJW-RR **04**, 396, **10**, 848, TranspR **04**, 401, **06**, 165, **06**, 206, **07**, 413, **07**, 415, **07**, 420, **07**, 422, **08**, 121 aA Koller 90 und § 435 Rn 19a (nur § 254 BGB). II stellt auf das Verhalten des Absenders und des Empfängers unabhängig davon ab, wer nach § 418 verfügungsberechtigt ist, Grund: beide sind Gläubiger des Ersatzanspruchs (§ 421 I 2). II sieht als Rechtsfolge Schadensteilung vor, die auch zum gänzlichen Ausschluss der Ersatzpflicht führen kann. Schematische Abwägung nach festgelegten Prozentsätzen unzulässig, BGH NJW-RR **09**, 45, **09**, 48, **09**, 177, **10**, 849, aA noch Düss TranspR **06**, 349, **07**, 23, Schmidt TranspR **08**, 304. Bei der Abwägung ist neben dem Maß der Verursachung auch die Schwere des Verschuldens zu berücksichtigen, so dass ein mitwirkendes nicht schuldhaftes Verhalten idR nicht zu einem Anspruchswegfall führt (RegE TRG). So ist der Absender zur Mitwirkung an bestimmten Sicherheitsmaßnahmen nur bei vertraglicher Vereinbarung verpflichtet, BGH NJW **01**, 448. Der Absender braucht grundsätzlich nur auf außergewöhnliche, für den Frachtführer mit zumutbaren Anstrengungen nicht erkennbare Risiken hinzuweisen, Koller 104. II ist missglückt und gibt nur einen allgemeinen Rahmen ab, der konkretisiert werden muss, dazu Koller 98 und § 435 Rn 19b ff. II erfasst sowohl § 254 I BGB als auch § 254 II BGB, die gleichrangig nebeneinander stehen, so dass ein Verschulden nach § 254 I BGB nicht a priori schwerer wiegt als ein solches nach § 254 II BGB, BGH TranspR **08**, 404, **10**, 144, NJW-RR **09**, 48, **10**, 849.

A. Unterlassene Wertdeklaration, II, § 254 I BGB: Anspruchsmindernd kann sich eine unterlassene Wertdeklaration bei besonderem Wert des Gutes auswirken, über den Frachtführer – wofür dieser darlegungs- und beweispflichtig ist, Karlsr NJW-RR **05**, 911 – bei richtiger Wertangabe seine Sorgfaltspflichten besser erfüllt hätte und es dann zumindest zu einer Verringerung des Transportrisikos gekommen wäre, BGH **149**, 337, **167**, 73, TranspR **04**, 401, **06**, 165, **06**, 168, **06**, 206, **06**, 174, Mü NJW-RR **04**, 1064, Düss TranspR **07**, 23, LG Landshut TranspR **14**, 70. oder wenn dem Frachtführer dadurch die Möglichkeit genommen wird, den Ort des Schadenseintritts einzugrenzen und auf diese Weise von einer Schadenshaftung wegen grober Fahrlässigkeit freizukommen, BGH NJW-RR **03**, 1474. Dabei ist zu berücksichtigen, ob der Absender wusste oder hätte wissen müssen, dass der Frachtführer das Gut mit größerer Sorgfalt behandelt hätte, wenn er den Wert der Sendung gekannt hätte, BGH NJW **06**, 1427, NJW-RR **07**, 30, TranspR **06**, 204, **06**, 206, **08**, 116, **08**, 121, **08**, 208, **08**, 250. Ein Kennenmüssen liegt bei korrekter Wertangabe vor, wenn sich aus den Beförderungsbedingungen des Transporteurs ergibt, dass er für diesen Fall bei Verlust oder Beschädigung des Gutes höher haften will. Je höher der Wert des nicht deklarierten Paketes ist, desto größer ist der in dem Unterlassen der Wertdeklaration liegende Schadensbeitrag, BGH TranspR **08**, 117, **08**, 167, **08**, 404, Düss TranspR **08**, 316. Im EDI-Verfahren, dazu MüKo/Herber § 435 Rn 39a ff, tritt Anspruchsminderung ein, wenn der Absender erkennen kann, dass sorgfältige Behandlung durch den Transporteur nur gewährleistet ist, wenn wertdeklarierte Pakete gesondert übergeben werden; der Absender muss selbst Maßnahmen ergreifen, um auf sorgfältige Behandlung aufmerksam zu machen, BGH **174**, 251, NJW-RR **07**, 31, TranspR **08**, 166, Düss TranspR **08**, 313. Will der Frachtführer

§ 425 4

Güter nur bis bestimmtem Wert befördern und liegt der Wert darüber, kann durch unterlassenen Hinweis des Absenders auch bei dessen fahrlässiger Unkenntnis vom Beförderungsausschluss die Frachtführerhaftung vollständig entfallen, BGH NJW-RR **08**, 350m Anm Ramming TranspR **07**, 409, TranspR **08**, 117, NJW-RR **09**, 45, **09**, 177 f. Dies kann zwar auch der Fall sein, wenn der Absender weiß, dass die Beförderung sog Verbotsgut iS der Frachtführer-AGB enthält und er den Frachtführer hierüber nicht aufklärt, BGH NJW-RR **07**, 182, **07**, 1112, allerdings ist von einem solchen vollständigen Ausschluss der Haftung nicht ohne weiteres auszugehen, vielmehr ist dies ein Fall des § 254 II S. 1, BGH VersR **14**, 605.

Hinweis muss nicht vor Vertragsschluss erfolgen, jedoch so rechtzeitig, dass Frachtführer über die Ausführung des Vertrags entscheiden und notwendige Sicherungsmaßnahmen treffen kann, BGH NJW **12**, 3774 (CMR). Mitverschulden entfällt, wenn der besondere Wert des Gutes bereits äußerlich deutlich erkennbar ist, Hbg NJW-RR **04**, 1039 (Übergabe im Originalkarton), Bambg TranspR **06**, 297, wenn der Frachtführer noch rechtzeitig im Zeitpunkt des Abholens durch den Fahrer Kenntnis vom Wert erhält, Oldbg TranspR **07**, 249, wenn sich der Wert aus dem Frachtführer zur Verfügung gestellten Versandlisten ergibt, BGH NJW-RR **06**, 758, oder wenn der Frachtführer bei einer Nachnahmesendung auf Grund des einzuziehenden Betrags Kenntnis vom Wert des Gutes hat, BGH NJW-RR **05**, 1058.

B. Unterlassener Hinweis auf Gefahr eines ungewöhnlich hohen Schadens, II, § 254 II 1 BGB: Anspruchsmindernd ist auch das Unterlassen des Hinweises auf die Gefahr eines außergewöhnlich hohen Schadens. Dabei ist unbeachtlich, ob der Absender wusste (BGH NJW-RR **05**, 1280, TranspR **06**, 211) bzw hätte wissen müssen (BGH NJW-RR **06**, 1109, TranspR **06**, 119, **06**, 390, **07**, 469, Düss TranspR **07**, 35), dass der Frachtführer das Gut mit größerer Sorgfalt behandelt hätte, wenn er den tatsächlichen Wert der Sendung gekannt hätte. Den Auftraggeber trifft eine allgemeine Obliegenheit, auf die Gefahr eines außergewöhnlich hohen Schaden hinzuweisen, um seinem Vertragspartner Gelegenheit zu geben, geeignete Maßnahmen zur Verhinderung eines Schadens zu ergreifen. Daran wird der Schädiger gehindert, wenn er auf die Gefahr eines ungewöhnlich hohen Schadens nicht hingewiesen wird. Mitverschulden setzt nicht voraus, dass der Frachtführer Wertsendungen generell sicherer befördert. Kausalität des Mitverschuldens entfällt nur, wenn der Transporteur trotz eines Hinweises auf den ungewöhnlich hohen Wert des Gutes keine besonderen Maßnahmen getroffen hätte, BGH NJW-RR **06**, 1110, TranspR **08**, 250, oder wenn Transporteur vom Wert zumindest gleich gute Erkenntnismöglichkeiten wie der Geschädigte hat, BGH NJW-RR **06**, 1110, **06**, 1267, wofür aber bloße Rückschlüsse aus Angaben zu Empfänger, Absender und spezifischem Gewicht nicht ausreichen, BGH TranspR **07**, 468. Beweislast für Schadenseintritt als bei Wertangabe trägt hier – anders als bei A. – Absender, MüKo/Herber § 435 Rn 43. Mitverschulden entfällt auch, wenn Transporteur gegen konkrete Sicherheitshinweise des Absenders verstößt, die gerade den Verlust des Gutes verhindern sollen, Mü TranspR **10**, 353. Im Einzelfall ist Mitverschuldensanteil von mehr als 50 % möglich, BGH NJW-RR **10**, 849, TranspR **10**, 144.

Was ein ungewöhnlich hoher Schaden ist, kann nur auf Grund der konkreten Umstände des Einzelfalles beurteilt werden, BGH NJW **06**, 1428, TranspR **06**, 216, Düss TranspR **06**, 350, vgl aber auch BGH TranspR **07**, 114 zum Posttransport: „im Regelfall" ab 5.000 €, was etwa dem zehnfachen Haftungshöchstbetrag in den Beförderungsbedingungen des Transporteurs entspricht, ebenso NJW-RR **06**, 1110, TranspR **07**, 420, **08**, 117, **08**, 121, **08**, 167, **08**, 408. Bei mehreren Paketen entscheidet der Wert eines Paketes, BGH TranspR **07**, 414, **10**, 144, NJW-RR **10**, 849. Auch außerhalb von Paketdiensten gilt die Wertgrenze des zehnfachen Schadensersatzbetrags gem § 431 I, **(17)** CMR Art 23 III, sofern kein geringerer Höchstbetrag durch AGB (vgl § 449 II 1) vereinbart ist; bei einem höheren individuell ausgehandelten Haftungshöchstbetrag gilt hingegen dessen zehnfacher Wert, BGH NJW-RR **10**, 911, Düss TranspR **08**, 35, aA Knorre TranspR **07**, 394, **08**, 163: dreifacher Wert.

C. Sonstige Fälle: Mitverschulden kommt auch in Betracht, wenn der Absender einen Frachtführer beauftragt, von dem er weiß oder hätte wissen müssen, dass es bei diesem auf Grund von groben Organisationsmängeln häufig zu Verlusten kommt, BGH **149**, 355, TranspR **04**, 402, Düss TranspR **06**, 351u 354, **07**, 244, aber nur, wenn der konkrete Sachverhalt Anlass für die Annahme bietet, der Unternehmer werde durch die angetragene Frachtführung mangels erforderlicher Ausstattung oder fachlicher Kompetenz überfordert, BGH NJW-RR **06**, 1266, TranspR **10**, 383, dazu insgesamt Köper TranspR **07**, 94. Zum Problem der unzureichenden Kühlung von Kühlgut als besonderem Mangel Koller TranspR **00**, 449, Ramming TranspR **01**, 53, weitere Einzelfälle bei Staub/Maurer 72.

Haftungsausschluß

§ 426
Der Frachtführer ist von der Haftung befreit, soweit der Verlust, die Beschädigung oder die Überschreitung der Lieferfrist auf Umständen beruht, die der Frachtführer auch bei größter Sorgfalt nicht vermeiden und deren Folgen er nicht abwenden konnte.

1) Einfacher Haftungsausschluss ohne Vermutung

§§ 426, 427 enthalten **Haftungsausschlüsse**, die sich an den Regelungen der 1 **(17)** CMR orientieren (vgl **(17)** CMR Art 17 II–IV, s weitergehend Ramming TranspR **01**, 53). Für unvermeidbare und unvorhersehbare Schäden gilt nach § 426 ein **einfacher Haftungsausschluss**, nämlich soweit der Verlust, die Beschädigung oder die Überschreitung der Lieferfrist auf Umständen beruht, die der Frachtführer auch bei größter Sorgfalt nicht vermeiden und deren Folgen er nicht abwenden konnte. § 426 sieht keine Beweiserleichterung zugunsten des Frachtführers vor (einfacher Haftungsausschluss, anders Vermutung nach § 427 II). Die Beweislast liegt nach allgemeinen Regeln bei dem, der sich auf § 426 beruft, das ist der Frachtführer, Brdbg TranspR **05**, 115.

2) Einzelne Tatbestandsmerkmale

Der Haftungsausschluss greift nur bei **Unabwendbarkeit des Schadens**. Der 2 Begriff der Unabwendbarkeit ist derselbe wie in **(17)** CMR Art 17 II, nämlich wenn auch ein besonders gewissenhafter Frachtführer bei Anwendung der äußersten ihm zumutbaren Sorgfalt den Schaden nicht hätte vermeiden können, BGH VersR **00**, 1437, Staub/Jessen 9. Es ist also vom Maßstab des „idealen" Frachtführers und der „menschenmöglichen" Sorgfalt auszugehen, Ffm TranspR **06**, 298, Kln TranspR **04**, 321, Mü TranspR **08**, 318, LG Bielefeld RdTW **15**, 188, mit Vergleich zu § 7 Abs. 2 StVG aF Hamm TranspR **16**, 453 (Vorliegen höherer Gewalt wird gerade nicht vorausgesetzt. Haftung ist aber keine Garantiehaftung, Staub/Jessen 4, Frachtführer muss die Voraussetzungen beweisen, Staub/Jessen 9. So ist bei Fahrzeugen mit gekühltem Laderaum eine regelmäßige Überwachung des Außenthermometers notwendig, MüKo/Herber 13. Erforderlich ist Sorgfalt, mit der auch atypische Schadensursachen hätten vermieden werden können, Ffm TranspR **06**, 298. Eine Grenze ist erst dort zu ziehen, wo Schadensverhütungsanstrengungen auf den ersten Blick als gänzlich untragbar, absurd und damit unzumutbar erscheinen, Koller 4, MüKo/Herber 7. Verschulden des Verfügungsberechtigten, Weisungserteilung und Gütermängel (vgl **(17)**

§ 427 1   4. Buch. Handelsgeschäfte

CMR Art 17 II) werden unter § 425 II berücksichtigt und können dort auch zum gänzlichen Ausschluss der Ersatzpflicht führen (§ 425 Rn 4). Haftungsausschluss nur, **„soweit"** der Schaden auf dem betreffenden Ausschlusstatbestand beruht (Rechtsgedanke des § 254 BGB), also gänzlich oder auch nur anteilig. Diebstahl und Brandstiftung sind bei Abstellen auf öffentlichem Grund ohne Aufsicht idR vermeidbar, HdbgKo/Ruß 2, auch hat sich Idealfahrer auf das schlechtest mögliche Wetter einzustellen und über Arbeitskämpfe (keine Zurechnung des Verhaltens über § 278 BGB) oder Blockaden zu informieren, Koller 5 ff. Auch bei Falschablieferung ist Anwendung der Norm nicht ausgeschlossen, es gelten aber strenge Voraussetzungen, Staub/Maurer 25; einzelne Fallgruppen bei Staub/Jessen 13 ff. Für Mängel des für die Beförderung verwendeten und nicht vom Absender gestellten Fahrzeugs gilt keine Besonderheit, auch insoweit kann der Haftungsausschluss nach § 426 eingreifen (anders RegE TRG).

Besondere Haftungsausschlußgründe

427 (1) Der Frachtführer ist von seiner Haftung befreit, soweit der Verlust, die Beschädigung oder die Überschreitung der Lieferfrist auf eine der folgenden Gefahren zurückzuführen ist:

1. vereinbarte oder der Übung entsprechende Verwendung von offenen, nicht mit Planen gedeckten Fahrzeugen oder Verladung auf Deck;
2. ungenügende Verpackung durch den Absender;
3. Behandeln, Verladen oder Entladen des Gutes durch den Absender oder den Empfänger;
4. natürliche Beschaffenheit des Gutes, die besonders leicht zu Schäden, insbesondere durch Bruch, Rost, inneren Verderb, Austrocknen, Auslaufen, normalen Schwund, führt;
5. ungenügende Kennzeichnung der Frachtstücke durch den Absender;
6. Beförderung lebender Tiere.

(2) [1]Ist ein Schaden eingetreten, der nach den Umständen des Falles aus einer der in Absatz 1 bezeichneten Gefahren entstehen konnte, so wird vermutet, daß der Schaden aus dieser Gefahr entstanden ist. [2]Diese Vermutung gilt im Falle des Absatzes 1 Nr. 1 nicht bei außergewöhnlich großem Verlust.

(3) Der Frachtführer kann sich auf Absatz 1 Nr. 1 nur berufen, soweit der Verlust, die Beschädigung oder die Überschreitung der Lieferfrist nicht darauf zurückzuführen ist, daß der Frachtführer besondere Weisungen des Absenders im Hinblick auf die Beförderung des Gutes nicht beachtet hat.

(4) Ist der Frachtführer nach dem Frachtvertrag verpflichtet, das Gut gegen die Einwirkung von Hitze, Kälte, Temperaturschwankungen, Luftfeuchtigkeit, Erschütterungen oder ähnlichen Einflüssen besonders zu schützen, so kann er sich auf Absatz 1 Nr. 4 nur berufen, wenn er alle ihm nach den Umständen obliegenden Maßnahmen, insbesondere hinsichtlich der Auswahl, Instandhaltung und Verwendung besonderer Einrichtungen, getroffen und besondere Weisungen beachtet hat.

(5) Der Frachtführer kann sich auf Absatz 1 Nr. 6 nur berufen, wenn er alle ihm nach den Umständen obliegenden Maßnahmen getroffen und besondere Weisungen beachtet hat.

1) Besondere Haftungsausschlüsse (I)

1   Für eine Reihe besonderer Gefahren für das beförderte Gut, die nicht dem Risikobereich des Frachtführers zuzurechnen sind (vgl § 412 Rn 3), gelten **besondere Haftungsausschlüsse (§ 427,** vgl **(17)** CMR Art 17 IV: sog bevorrechtigte Haftungsausschlüsse). Sie umfassen wie § 426 Güterverluste und -be-

4. Abschnitt. Frachtgeschäft   2   § 427

schädigungen ebenso wie die Überschreitung der Lieferfrist (§ 423). Anders als beim einfachen Haftungsausschluss nach § 426 gilt hier eine Beweiserleichterung (Vermutung nach II, s Rn 3). Haftungsausschluss nur, „soweit" der Schaden auf dem betreffenden Ausschlusstatbestand beruht, also gänzlich oder auch nur anteilig (wie § 426, dort Rn 2). Näher Staub/Jessen 1.

2) Die sechs Haftungsausschlüsse (I 1 Nr 1–6)

I Nr 1–6 (entspr (17) CMR Art 17 IV a–f) nennen sechs Gefahren, bei deren Realisierung der Frachtführer von seiner Haftung befreit ist, nämlich
I Nr 1: Verwendung offener, nicht mit Planen gedeckter Fahrzeuge oder Verladung auf Deck. Abdeckung des Guts mit einer Plane genügt nicht, Ladefläche muss vollständig umschlossen sein, Düsseldorf RdTW **16**, 101. **I Nr 1** ist für die Binnenschifffahrt von erheblicher Bedeutung. Diese Verwendungsart muss (formlos, auch mündlich, auch stillschweigend) vereinbart sein oder der Übung (zB im Containerverkehr) entsprechen; auf einen Vermerk im Frachtbrief kommt es nicht an (anders **(17)** CMR Art 17 IVa).
I Nr 2: ungenügende Verpackung durch den Absender. Verpackung ist nach allgemeinem Sprachgebrauch eine prinzipiell jederzeit lösbare Umhüllung des Gutes, Konservierungsmittel wie Öl oder Wachs fallen nicht darunter, Mü TranspR **08**, 195, Düsseldorf RdTW **16**, 101, vgl aber I Nr 4, IV und Rn 5. Ungenügend bedeutet gänzlich fehlend oder unzulänglich (§ 414 Rn 2). Verschulden ist irrelevant. Der Begriff findet auch in § 414 I 1 Nr 1 Anwendung, dort allerdings ohne den Zusatz „durch den Absender" (anders noch im RegE TRG, hier beibehalten). Es kommt also hier nach dem Wortlaut darauf an, dass der Absender bzw seine Leute (§ 428) und Erfüllungsgehilfen (§ 278 BGB) tatsächlich verpackt haben. Der Frachtführer ist Erfüllungsgehilfe, wenn er die Verpackung auf Grund einer selbstständigen Abrede als von den Pflichten des Frachtvertrags unabhängige zusätzliche werkvertragliche Pflicht übernommen hat; er haftet dann nur als Werkunternehmer, BGH **174**, 353. Frachtführer hat aber auch bei Fehlen einer solchen Abrede Hinweispflicht, insbesondere, wenn er bei Anwendung äußerster Sorgfalt die Entstehung eines Schadens hätte vermeiden können, LG München TranspR **14**, 295 (zu Art 17 CMR). Ist der Frachtführer verpackungs- oder kennzeichnungspflichtig, ist entscheidend, ob er die Verpackung durch den Absender als hinreichende Transportverpackung ansehen durfte. Das ist bei unzulänglicher Verpackung durch den Absender nicht der Fall. I Nr 2 setzt also iErg ebenso wie § 414 I 1 Nr 1 voraus, dass die Verpackung und Kennzeichnung dem Absender obliegen (§ 411), anders Koller 20,. Dafür spricht, dass der Gesetzgeber verschiedentlich Absenderhaftung und Befreiung von Frachtführerhaftung als derselben Risikozuweisung entspringend bezeichnet und die Streichung nur in § 414 I 1 Nr 1, nicht aber hier nicht besonders begründet hat. I Nr 2 ist danach nicht anwendbar, wenn der Frachtführer verpackungs- oder kennzeichnungspflichtig ist, jedoch kann dann immer noch der Absender wegen unzulänglicher Verpackung verschuldensabhängig (mit)haften (§ 280 I BGB, Pflichtverletzung, wie § 414 Rn 2). Vgl zu den verschiedenen Fallvarianten der Verpackung durch den Absender, Frachtführer oder Dritte: Koller 21 ff. Zur Beweislast des Frachtführers Stgt TranspR **12**, 459.
I Nr 3: Behandeln, Verladen oder Entladen des Gutes durch den Absender oder durch den Empfänger. Behandeln ist jedes Verhalten, das den sicheren Transport von Gütern ermöglichen soll, Staub/Jessen 27. Bei Schiffsbeförderung ist ausreichende Sicherung gegen Schiffsbewegungen erforderlich, Köln TranspR **15**, 107. Für Ladehöhe ist bei Straßentransport § 22 StVO zu beachten, Hamm TranspR **16**, 446. Begriff des Verladens und Entladens s § 412 I Nr 3 stellt aber nach Wortlaut und Begründung nicht auf die Rechtspflicht zur Verladung (vgl § 412), sondern auf die tatsächliche Behandlung ab. Kein Haftungsausschluss zB bei Unterbrechung der Kühlkette infolge eingeklemmter Kühlschläuche, da nicht

§ 427 3–7

Verlader sondern Fahrer für korrekte Einstellung von Querbalken eines Doppelstocksystems zuständig ist, Kln TranspR **10**, 148. Da der Haftungsausschluss nach I Nr 3 keine Entsprechung bei der Absenderhaftung hat (§ 414 Rn 2 aE), ergibt sich hier keine Diskrepanz zur Verpackung und Kennzeichnung nach I Nr 2 und 5. Hier wie auch sonst müssen sich Absender und Empfänger die Mitwirkung ihrer Leute und Erfüllungsgehilfen nach zivilrechtlichen Grundsätzen zurechnen lassen (s oben zu I Nr 2), vgl. Staub/Jessen 31.

I Nr 4: Besondere Schadensanfälligkeit des Gutes wegen seiner natürlichen Beschaffenheit. Vorschrift orientiert sich an Art. 17 Abs. 4 lit. d CMR. Die angegebenen Beispiele (Bruch, Rost, innerer Verderb, Austrocknen, Auslaufen, normaler Schwund) sind nicht abschließend, also etwa auch Einwirken von Ungeziefer oder Nagetieren, nicht jedoch bei Diebstählen, Ramming TranspR **01**, 53. Norm ist weit auszulegen, Staub/Jessen 41.

I Nr 5: Ungenügende Kennzeichnung der Frachtstücke durch den Absender (vgl Absenderhaftung nach § 414 I 1 Nr 1). Zur streitigen Bedeutung der Worte „durch den Absender" s oben zu I Nr 2 I Nr 5 stellt anders als § 411 nicht auf Güter, sondern auf Frachtstücke ab, die Kennzeichnung kann sich also auch auf die einzelnen Gütereinheiten beziehen.

I Nr 6: Beförderung lebender Tiere; zu beachten ist V (Rn 6).

3) Vermutung für Schadensentstehung aus der Gefahr (II)

3   Wenn der Schaden aus einer der in I Nr 1–6 genannten Gefahren entstehen konnte, wird widerleglich **vermutet**, dass er daraus entstanden ist **(II 1)**. Der Frachtführer muss also nur das Vorliegen einer als Haftungsausschlussgrund nach I behandelten Gefahr sowie die Möglichkeit beweisen, dass diese nach den Umständen des Falles den Schaden verursacht hat. Der Absender kann dann immer noch den Gegenbeweis führen, dass die Gefahr für den Schaden nicht ursächlich war. Die Vermutung nach II 1 gilt nicht, wenn bei offener Beförderung oder Decksverladung gem I Nr 1 außergewöhnlich hohe Verluste eingetreten sind **(II 2)**. Solche können nicht nur bei Verlust von ganzen Frachtstücken, sondern auch bei außergewöhnlich hohem Abgang vorliegen. Verlust von ganzen Packstücken führt aber nicht zwingend zur Annahme eines außergewöhnlich großen Verlustes, Staub/Jessen 15.

4) Besondere Regelungen für einzelne Gefahren (III–V)

4   A. Für den Haftungsausschluss nach **I Nr 1** (offene Fahrzeuge, Verladung auf Deck) kommt es darauf an, ob der Frachtführer besondere Weisungen des Absenders im Hinblick auf die Beförderung beachtet hat **(III)**. Beweislast beim Frachtführer, der ursächlichen Zusammenhang zwischen den Gefahren der Nr 1 und dem Schaden konkret aufzeigen muss, BGH TranspR **00**, 459 (CMR).

5   B. Für den Haftungsausschluss nach **I Nr 2** (Verpackungsmängel) trägt Frachtführer volle Beweislast, prima-facie-Beweis bezüglich eines Verpackungsmangels ist aber möglich, Mittelhammer TranspR **14**, 142.

6   C. Für den Haftungsausschluss nach **I Nr 4** (schadensgeneigtes Gut) kommt es darauf an, ob der Frachtführer eine Vertragspflicht zum besonderen Schutz des Gutes hatte und alle ihm nach den Umständen obliegenden Maßnahmen getroffen und besondere Weisungen beachtet hat **(IV)**, Düss TranspR **03**, 109 (Kontrollpflicht bei Kühlgut), Mü TranspR **08**, 195 (kein Hinweis an Absender, dass Korrosionsschutz für Seetransport fehlt).

7   D. Auf den Haftungsausschluss nach **I Nr 6** (Beförderung lebender Tiere) kann sich der Frachtführer nur bei Treffen aller ihm nach den Umständen obliegenden Maßnahmen und Beachtung besonderer Weisungen berufen **(V)**.

4. Abschnitt. Frachtgeschäft 1–4 **§ 428**

Haftung für andere

428 ¹ Der Frachtführer hat Handlungen und Unterlassungen seiner Leute in gleichem Umfange zu vertreten wie eigene Handlungen und Unterlassungen, wenn die Leute in Ausübung ihrer Verrichtungen handeln. ² Gleiches gilt für Handlungen und Unterlassungen anderer Personen, deren er sich bei Ausführung der Beförderung bedient.

1) Leutehaftung (Satz 1)

§ 428 betrifft nur die Haftung des Frachtführers und unterscheidet zwischen 1 Betriebszugehörigen und anderen Gehilfen (vgl **(17)** CMR Art 3). Er ist keine selbstständige Haftungsgrundlage, sondern eine **Zurechnungsnorm**. § 428 ist nur anwendbar auf die Haftung nach §§ 425, 413 II, 422, 445 III sowie bei Verletzung von in §§ 408 ff geregelten Pflichten, zB § 451a II, Koller 2, sonst bleibt es bei § 278 BGB (RegE TRG, s Rn 4). § 428 gilt nicht beim Schleppvertrag (§ 407 Rn 13), RG **122**, 289. Der Frachtführer **haftet** im gleichen Umfange wie er selbst **für seine Leute**, wenn sie in Ausübungen ihrer Verrichtungen handeln **(Satz 1)**. Abweichende Vereinbarungen s § 449.

Leute des Frachtführers sind alle in seinem Betrieb zu irgendwelchen Arbeiten 2 Angestellten (nicht im arbeitsrechtlichen Sinne). Darunter fallen Arbeitnehmer, Aushilfskräfte, auch Leiharbeitnehmer bei Eingliederung in den Betrieb, auch mitarbeitende Familienangehörige. Auf vertragliche Bindung kommt es nicht an, Staub/Jessen 9. Nicht erfasst sind arbeitnehmerähnliche Personen, Koller 4. Die Leute müssen **in Ausübung ihrer Verrichtungen** handeln. In die Beförderung brauchen sie nicht eingeschaltet zu sein. Bei fehlerhaftem Handeln muss zwischen der Verrichtung und dem Fehlverhalten ein innerer Zusammenhang bestehen, BGH VersR **85**, 1060, Koller 7. Dafür genügt es, dass die Anstellung den Schadenseintritt zumindest erleichtert hat. Der Frachtführer haftet uU für Handlungen und Unterlassungen seiner Leute auch außerhalb des Dienstes, RG **101**, 349 (zu § 417 aF). Bspe für Handeln in Ausübung der Verrichtung: Fehlverhalten im Betrieb, wenn dieses das Gut bzw den Kunden gefährdet; Diebstahl bei Zutritt zu dem Gut auf Grund Betriebszugehörigkeit, Kln TranspR **07**, 470; eigenmächtige Benutzung des Gutes oder Beförderungsmittels, vgl BGH VersR **84**, 552; Benutzung derselben zu nahe liegenden strafbaren Handlungen, vgl BGH TranspR **85**, 338 (Schmuggel), Hbg VersR **83**, 352; weitere Bspe bei Koller 9 und bei Staub/Jessen 10.

2) Haftung für andere Personen (Satz 2)

Das Gleiche gilt für andere Personen, dh nicht betriebszugehörige, deren sich 3 der Frachtführer bei Ausführung der Beförderung bedient **(Satz 2)**. Dies sind überwiegend Unterfrachtführer und Subunternehmer, Staub/Jessen 14. Satz 2 ist insofern enger als Satz 1, als es auf Handeln in Ausführung der Beförderung ankommt. Zu den anderen Personen zählen auch die selbstständigen Unterfrachtführer (Subunternehmer, § 407 Rn 19) und die von diesen eingesetzten Erfüllungsgehilfen, Düss TranspR **90**, 63, sowie die vom Unterfrachtführer seinerseits beauftragten Unterfrachtführer, Hamm VersR **87**, 609. Die anderen Personen müssen in Ausübung ihrer Verrichtungen handeln (wie Satz 1, s Rn 2). Der Frachtführer haftet nicht für den Lagerhalter im Falle von § 419 III 2, BGH **86**, 176 (zu § 607 aF). Abweichende Vereinbarungen s § 449.

3) Beweislast

Bei der Berufung auf Fehlverhalten Dritter, etwa im Zusammenhang mit dem 4 Haftungsausschluss nach § 426, trifft den Frachtführer grundsätzlich die Beweislast, dass diese Dritten nicht seine Leute oder „andere Personen" iSv Satz 2 sind, Koller 15.

§ 429 1, 2

4) Haftung nach BGB (§§ 31, 278, 831 BGB)

5 Organe des Frachtführers sind weder seine Leute noch bedient er sich ihrer, es gilt also § 31 BGB. Für gesetzliche Vertreter haftet der Frachtführer nach § 278 BGB. Neben der transportrechtlichen Bestimmung des § 428 gilt § 278 BGB, etwa für die Zurechnung von nicht spezialgesetzlich geregelten Nebenpflichtverletzungen (s Rn 1). Bei Haftung aus Delikt greift nicht § 428 ein, sondern § 831 BGB mit § 434.

Wertersatz

429 (1) Hat der Frachtführer für gänzlichen oder teilweisen Verlust des Gutes Schadenersatz zu leisten, so ist der Wert am Ort und zur Zeit der Übernahme zur Beförderung zu ersetzen.

(2) ¹Bei Beschädigung des Gutes ist der Unterschied zwischen dem Wert des unbeschädigten Gutes am Ort und zur Zeit der Übernahme zur Beförderung und dem Wert zu ersetzen, den das beschädigte Gut am Ort und zur Zeit der Übernahme gehabt hätte. ²Es wird vermutet, daß die zur Schadensminderung und Schadensbehebung aufzuwendenden Kosten dem nach Satz 1 zu ermittelnden Unterschiedsbetrag entsprechen.

(3) ¹Der Wert des Gutes bestimmt sich nach dem Marktpreis, sonst nach dem gemeinen Wert von Gütern gleicher Art und Beschaffenheit. ²Ist das Gut unmittelbar vor Übernahme zur Beförderung verkauft worden, so wird vermutet, daß der in der Rechnung des Verkäufers ausgewiesene Kaufpreis abzüglich darin enthaltener Beförderungskosten der Marktpreis ist.

1) Wertersatz (I)

1 §§ 429–433 regeln den **Haftungsumfang** (vgl (17) CMR Art 23–27). Der Umfang der Schadensersatzpflicht nach § 425 ist in mehrfacher Hinsicht beschränkt, zur Ersatzpflicht bei § 435s dort Rn 3. § 429 regelt den **Wertersatz**. Der Frachtführer, der für gänzlichen oder teilweisen Verlust des Gutes Schadensersatz zu leisten hat, hat nur den Wert am Ort und zur Zeit der Übernahme der Beförderung zu ersetzen (**I**, sog Versandwert, vgl (17) CMR Art 23 I, II, 24; Gegensatz: Ablieferungswert, Fakturenwert), also keine Haftung für Güterfolgeschäden und sonstigen entgangenen Gewinn, § 249 Abs. 1 BGB ist nicht anwendbar, Staub/Jessen 3.. Das macht das Haftungsrisiko kalkulierbar. Zum Versandwert kommen beförderungsbedingt aufgewandte Beträge noch hinzu (§ 432). Der Wert des Gutes bestimmt gleichzeitig als abstrakter Schaden die Untergrenze des zu ersetzenden Schadens, sog **Mindestschaden**, Koller 18, krit Schriefers TranspR **07**, 184.

2) Wertunterschied als vermuteter Wert (II)

2 Bei Beschädigung des Gutes ist der Wertunterschied am Ort und zur Zeit der Übernahme zu ersetzen (**II 1**, vgl (17) CMR Art 25). Dabei ist vom Beschaffungswert für den Empfänger unter Berücksichtigung der konkreten Verhältnisse auf dem Teilmarkt u der Handelsstufe auszugehen, BGH NJW **09**, 3239. Bei Anrechnung des auf dem Markt erzielbaren Restwertes sind Kosten einer Neutralisierung (Unkenntlichmachung des Herstellers) nicht abziehbar, wenn Veräußerung an weiterverarbeitende Großunternehmen möglich ist, Kln TranspR **10**, 149. Auch der merkantile Minderwert ist in die Berechnung einzubeziehen, Staub/Jessen 21 f. Absender beweispflichtig für Behebungs- (nicht Lager-, Rücktransport- und Wiederbeladungs-)kosten, Ko/Ki/Ro/Mo/Koller 1. Widerlegliche Vermutung, dass Kosten für Schadensminderung und -behebung dem Unterschiedsbetrag entsprechen (**II 2**), hiergegen Vollbeweis des Frachtführers zum

4. Abschnitt. Frachtgeschäft § 431

niedrigeren Kostenaufwand am Ort der Übernahme, höheren Restwert des Fahrzeugs oder wirtschaftlichen Totalschaden möglich, Wighardt TranspR **09**, 66.

3) Kaufpreis als vermuteter Wert (III)

Der Wert des Gutes bestimmt sich nach dem **Marktpreis**, sonst nach dem gemeinen Wert **(III 1)**. Entscheidend ist die Handelsstufe, auf welcher das Gut gehandelt wird, BGH NJW-RR **03**, 1347 (zu § 430 aF), Kln VersR **05**, 858, wobei zeitlich und örtlich auf den Ort der Übernahme des Gutes abzustellen ist, Koller 4. Ein Marktpreis ist auch der Börsenpreis, aber praktisch ohne Bedeutung. Bei Verkauf unmittelbar vor Übernahme der Beförderung gilt die (widerlegliche, vgl Kln VersR **06**, 1710) **Vermutung**, dass der **Kaufpreis** abzüglich darin enthaltener Beförderungskosten dem Marktpreis entspricht **(III 2)**.

3

Schadensfeststellungskosten

430 Bei Verlust oder Beschädigung des Gutes hat der Frachtführer über den nach § 429 zu leistenden Ersatz hinaus die Kosten der Feststellung des Schadens zu tragen.

1) § 430 stellt klar, dass außer dem Wertersatz nach § 429 auch die **Schadensfeststellungskosten** (Höhe des Schadens), nicht aber die Kosten zur Ermittlung der Schadensursache, BGH NJW-RR **09**, 46, Starosta TranspR **08**, 467, zu ersetzen sind (insoweit ohne Vorbild in CMR, vgl **(17)** CMR Art 23 IV: nur aus Anlass der Beförderung). Auch diese fallen ebenso wie der Substanzschaden unter die Haftungsobergrenze des § 431, Düss TranspR **05**, 472. Unbrauchbare Gutachten müssen nicht ersetzt werden, Koblenz MDR **15**, 1234. Die Beweislast für Kosten nach § 430 trägt der Geschädigte, Koller 5. Vorschrift ist nicht analogiefähig, Koller 1.

1

Haftungshöchstbetrag

431 (1) Die nach den §§ 429 und 430 zu leistende Entschädigung wegen Verlust oder Beschädigung ist auf einen Betrag von 8,33 Rechnungseinheiten für jedes Kilogramm des Rohgewichts des Gutes begrenzt.

(2) Besteht das Gut aus mehreren Frachtstücken (Sendung) und sind nur einzelne Frachtstücke verloren oder beschädigt worden, so ist der Berechnung nach Absatz 1

1. die gesamte Sendung zu Grunde zu legen, wenn die gesamte Sendung entwertet ist, oder
2. der entwertete Teil der Sendung zu Grunde zu legen, wenn nur ein Teil der Sendung entwertet ist.

(3) Die Haftung des Frachtführers wegen Überschreitung der Lieferfrist ist auf den dreifachen Betrag der Fracht begrenzt.

(4) [1] Die in den Absätzen 1 und 2 genannten Rechnungseinheit ist das Sonderziehungsrecht des Internationalen Währungsfonds. [2] Der Betrag wird in Euro entsprechend dem Wert des Euro gegenüber dem Sonderziehungsrecht am Tag der Übernahme des Gutes zur Beförderung oder an dem von den Parteien vereinbarten Tag umgerechnet. [3] Der Wert des Euro gegenüber dem Sonderziehungsrecht wird nach der Berechnungsmethode ermittelt, die der Internationale Währungsfonds an dem betreffenden Tag für seine Operationen und Transaktionen anwendet.

§ 432

1) Haftungshöchstbetrag für Verlust oder Beschädigung (I, II)

1 Die Entschädigung (zu leistender Schadensersatz, §§ 429, 430) wegen **Verlust oder Beschädigung des Gutes** nach §§ 429 (Substanzschaden am Gut) und 430 (Schadensfeststellungskosten) ist auf einen **Haftungshöchstbetrag** beschränkt, und zwar auf 8,33 Rechungseinheiten für jedes kg des Rohgewichts des Gutes (**I**, vgl **(17)** CMR Art 23 III, 25 II). Beachte Sonderregelungen in §§ 4 ff BinSchG. Rohgewicht ist das Bruttogewicht des Gutes, Stgt TranspR **10**, 345. Das Gewicht von in Verlust geratenen Teilen der Ladung, die der Geschädigte später wieder erlangt, ist nicht vom Rohgewicht des Gutes abzuziehen, Düss TranspR **05**, 471. Speditionssammelgut gilt als ein Gut, LG Kln TranspR **95**, 392. Die Haftungsobergrenze ist das Korrelat zur verschuldensunabhängigen Haftung, sie dient der Kalkulierbarkeit und der Versicherbarkeit. Zu erheblichen verfassungsrechtlichen Bedenken gegenüber der Haftungsbegrenzung Canaris § 31 Rn 23, 38 ff (Willkürverbot, Art 3 I GG). Im Unterschied zur Vorbildregelung in **(17)** CMR Art 23, 25 sind die Haftungshöchstbeträge nur eingeschränkt abdingbar, vgl § 449.

2 II idF SHRG 2013 nimmt zunächst eine Legaldefinition des Begriffs der Sendung vor. Die Definiton knüpft an die Terminologie des III aF an. Eine Sendung liegt damit vor, wenn ein Gut aus mehreren Frachtstücken besteht. Aus I wurde der Begriff der Sendung hingegen mangels Relevanz gestrichen, so dass zur allgemeinen Terminolgie des Transportrechts („Gut") zurückgekehrt wurde, RegE SHRG S 55.

Sind **nur einzelne Frachtstücke** verloren oder beschädigt worden, so kommt es darauf an, ob die gesamte Sendung (II Nr 1) oder nur ein Teil der Sendung entwertet ist (II Nr 2). Für die Entwertung der gesamten Sendung genügt es, wenn alle Frachtstücke mehr oder weniger an Wert verloren haben, Ebenroth/Schaffert 9. Bei teilweise Verlust der Sendung ist die Summe des Gewichts der nicht abgelieferten Frachtstücke entscheidend, Koller 12. Beweislast für Umstände, aus denen sich Haftungshöchstsumme ergibt, trägt Frachtführer, Koller 13.

2) Haftungshöchstbetrag bei Überschreitung der Lieferfrist (III)

3 Für die **Überschreitung der Lieferfrist** gilt nicht der Haftungshöchstbetrag nach I, vielmehr ist die Haftung des Frachtführers auf den dreifachen Betrag der Fracht beschränkt (III, anders **(17)** CMR Art 23 V: nur einfache Höhe der Fracht und CIM Art 43 § 1: Vierfache Höhe der Fracht). Fracht ist die Gesamtvergütung nach § 407 II, auch wenn das Gut in mehreren Sendungen transportiert wird, auch bei Großsendungen. Es gilt die vertraglich vereinbarte Fracht; fehlt vertragliche Regelung, ist § 632 Abs. 2 BGB anzuwenden, Staub/Jessen 24 f. Sonderregelung für den ausführenden Frachtführer (§ 437). Zur Fracht gehören auch die weisungsbedingten Vergütungen (§ 418 I 4), nicht aber die Aufwendungen nach § 420 I 2 (Wortlaut).

3) Rechnungseinheit (IV)

4 Die nach I und II maßgebliche **Rechnungseinheit** ist das Sonderziehungsrecht der IWF (IV, vgl **(17)** CMR Art 23 VII). Grund: bewährte Praxis unter **(17)** CMR, Rechtsvereinheitlichung (RegE TRG), durchschnittlicher Güterwert schwer zu ermitteln. Umrechnungszeitpunkt ist der Tag der Übernahme des Gutes zur Beförderung oder der von den Parteien vereinbarte Tag (IV 2, anders RegE TRG).

Ersatz sonstiger Kosten

432

[1] Haftet der Frachtführer wegen Verlust oder Beschädigung, so hat er über den nach den §§ 429 bis 431 zu leistenden Ersatz hinaus die **Fracht, öffentliche Abgaben und sonstige Kosten aus Anlaß der Beförderung**

4. Abschnitt. Frachtgeschäft 1, 2 § 433

des Gutes zu erstatten, im Fall der Beschädigung jedoch nur in dem nach § 429 Abs. 2 zu ermittelnden Wertverhältnis. ²Weiteren Schaden hat er nicht zu ersetzen.

1) § 432 regelt den **Ersatz sonstiger Kosten bei Verlust oder Beschädigung** über §§ 429–431 hinaus (vgl **(17)** CMR Art 23 IV). § 432 betrifft nicht den Fall der Überschreitung der Lieferfrist und ist damit weder direkt noch analog auf Verspätungsschäden anwendbar. Zu erstatten sind danach zusätzlich (Haftungsaufstockung) die Fracht, öffentliche Abgaben und sonstige Kosten aus Anlass der Beförderung des Gutes (zB Transportversicherungsprämien, Standgeld, Maut, Nachnahmegebühren, Verladekosten, Wiegegelder, Einfuhrumsatzsteuer, Koller 8), bei Beschädigung nur im Wertverhältnis nach § 429 II **(Satz 1)**. Schadensfeststellungskosten fallen, da nicht beförderungsbedingt, nicht unter sonstige Kosten aus Anlass der Beförderung, sondern nur unter § 430 mit Haftungshöchstbetrag nach § 431. Vorgerichtliche Kosten sind nur zu ersetzen, soweit der Frachtführer mit Schadensersatz in Verzug geraten ist, BGH RdTW **15**, 413. § 432 kennt anders als § 431 keinen Haftungshöchstbetrag. Bei Mitverursachung kommt es zur Schadensteilung nach § 425 II. Weiteren Schaden hat der Frachtführer (außer im Falle des § 435) nicht zu ersetzen **(Satz 2**, vgl **(17)** CMR Art 23 IV, VI). Die Geltendmachung des Güterfolgeschadens ist also ausgeschlossen, §§ 425–432 sind abschließend, die Norm hat insofern klarstellende Funktion, MüKo/Herber 12. Auch außervertragliche Ansprüche sind insoweit ausgeschlossen (§ 434 I), BGH NJW **07**, 58m Anm Heuer TranspR **06**, 456u Boettge VersR **07**, 88. Dies steht jedoch Ansprüchen wegen Schadensformen nicht entgegen, die in den §§ 407 ff nicht geregelt sind, zB Haftung für Verzug bei gem §§ 429 ff geschuldeten Entschädigungsleistungen, BGH NJW **09**, 3239.

Haftungshöchstbetrag bei sonstigen Vermögensschäden

433 Haftet der Frachtführer wegen der Verletzung einer mit der Ausführung der Beförderung des Gutes zusammenhängenden vertraglichen Pflicht für Schäden, die nicht durch Verlust oder Beschädigung des Gutes oder durch Überschreitung der Lieferfrist entstehen, und handelt es sich um andere Schäden als Sach- oder Personenschäden, so ist auch in diesem Falle die Haftung begrenzt, und zwar auf das Dreifache des Betrages, der bei Verlust des Gutes zu zahlen wäre.

1) Bei sonstigen Vermögensschäden (s Rn 3) ist der **Haftungshöchstbetrag** das Dreifache des Betrages, der bei Verlust des Gutes zu zahlen wäre (§ 433). § 433 regelt nicht den Haftungstatbestand des § 280 I BGB (Pflichtverletzung), vgl § 407 Rn 19, sondern enthält nur eine summenmäßige Haftungsgrenze für Vermögensschäden (also nicht Sach- oder Personenschäden) aus mit der Beförderung zusammenhängenden Nebenpflichtverletzungen.

2) Die **verletzten Nebenpflichten** brauchen nicht unbedingt „eng und unmittelbar" mit der Ausführung der Beförderung des Gutes zusammenzuhängen (anders noch RegE). Branchenfremde Tätigkeiten fallen nicht unter § 433, Grund: Wortlaut, sonst drohende Wettbewerbsverzerrung zugunsten der Transportunternehmen. § 433 erfasst danach jede vom Frachtführer über § 412 hinaus vertraglich übernommene Pflicht zu Be- und Entladung. Die zeitlichen Grenzen des § 425 (Obhut des Frachtführers) gelten nicht, Güterschäden sind damit generell vom Geltungsbereich des § 280 BGB ausgeschlossen, BGH VersR **14**, 402. Ob Zusammenhang mit der Beförderung besteht, ist im Wege einer Interessenabwägung zu ermitteln. Zum Fall der Verwechslung von Transportgütern Kln TranspR **06**, 460. § 433 erfasst dagegen **nicht** zB die Montage und

Merkt 1685

§ 434

Demontage von Gütern (außer bei Umzugsvertrag nach § 451a), die Übernahme von Geschäften eines Spediteurs (§ 453), eine nicht beförderungsbedingte Einlagerung durch den Frachtführer, sowie das Belabeln von Gütern, Ffm TranspR 07, 78 (eigenständige Pflicht werkvertraglicher Natur, für die allg Leistungsstörungsrecht ohne Haftungsbegrenzung gilt). Anders wiederum, sofern die Werkleistung allein notwendig ist, um die Ortsveränderung vorzubereiten, vgl Runge TranspR 09, 96.

3 3) Die Haftungsobergrenze des § 433 gilt nur für **sonstige Vermögensschäden**. Das sind nur Schäden, die nicht durch Verlust oder Beschädigung des Gutes oder durch Überschreitung der Lieferfrist entstehen (insoweit schon § 432 Satz 2), und andere Schäden als Sach- oder Personenschäden (also sog primäre Vermögensschäden). Auch Folgeschäden von Verlusten und Beschädigungen sind nicht von der Regelung erfasst, auch nicht Güterschäden, die außerhalb des Obhutszeitraums des § 425 entstehen, BGH NJW 14, 1000. Insoweit gelten §§ 429, 432 S 2, Koller 4. Die Verletzung absoluter, deliktsrechtlich geschützter Rechte lediglich aus Anlass der Vertragserfüllung (außer Verlust oder Beschädigung des Gutes und Lieferfristüberschreitung) unterfallen also nicht der Haftungsobergrenze des § 433. Denn dabei handelt es sich nicht um beförderungstypische Haftungsrisiken, für die Grund zu Haftungsobergrenzen besteht, sondern um allgemeine Lebensrisiken. Bspe: Schäden an einer nicht zum Transport bestimmten Sache oder an einer Person, etwa Absender oder Empfänger.

4 4) Die **Haftungsobergrenze** beträgt das Dreifache des Betrages, der bei Verlust des Gutes zu bezahlen wäre. Die Anknüpfung am Wert des Gutes erleichtert die Kalkulierbarkeit und Versicherbarkeit, die Erhöhung auf das Dreifache trägt dem Umstand Rechnung, dass es sich hier nicht um eine verschuldensunabhängige Haftung handelt, sondern um eine Pflichtverletzung (RegE TRG).

Außervertragliche Ansprüche

434 (1) **Die in diesem Unterabschnitt und im Frachtvertrag vorgesehenen Haftungsbefreiungen und Haftungsbegrenzungen gelten auch für einen außervertraglichen Anspruch des Absenders oder des Empfängers gegen den Frachtführer wegen Verlust oder Beschädigung des Gutes oder wegen Überschreitung der Lieferfrist.**

(2) [1] Der Frachtführer kann auch gegenüber außervertraglichen Ansprüchen Dritter wegen Verlust oder Beschädigung des Gutes die Einwendungen nach Absatz 1 geltend machen. [2] Die Einwendungen können jedoch nicht geltend gemacht werden, wenn

1. sie auf eine Vereinbarung gestützt werden, die von den in § 449 Absatz 1 Satz 1 genannten Vorschriften zu Lasten des Absenders abweicht,
2. der Dritte der Beförderung nicht zugestimmt hat und der Frachtführer die fehlende Befugnis des Absenders, das Gut zu versenden, kannte oder infolge grober Fahrlässigkeit nicht kannte oder
3. das Gut vor Übernahme zur Beförderung dem Dritten oder einer Person, die von diesem ihr Recht zum Besitz ableitet, abhanden gekommen ist.

[3] Satz 2 Nummer 1 gilt jedoch nicht für eine nach § 449 zulässige Vereinbarung über die Begrenzung der vom Frachtführer zu leistenden Entschädigung wegen Verlust oder Beschädigung des Gutes auf einen niedrigeren als den gesetzlich vorgesehenen Betrag, wenn dieser den Betrag von 2 Rechnungseinheiten nicht unterschreitet.

4. Abschnitt. Frachtgeschäft   1–3   **§ 434**

1) Außervertragliche Ansprüche des Absenders oder Empfängers (I)

§ 434 erfasst die außervertraglichen Ansprüche (vgl **(17)** CMR Art 28 I). An 1
sich gelten die verschiedenen gesetzlichen **Haftungsbeschränkungen** nur für
die vertraglichen Ansprüche des Frachtführers, stehen sie doch im Abschnitt über
das Frachtgeschäft/Frachtvertrag. Dann würden sie aber über außervertragliche
Ansprüche, etwa nach §§ 677 ff, 812 ff, 823 ff, 904, 989 ff BGB, leicht ausgehebelt. Deshalb gelten nach **I** die Haftungsbefreiungen und Haftungsbegrenzungen,
die im 1. Unterabschn (§§ 407–450) und im Frachtvertrag vorgesehen sind, **auch
für außervertragliche Ansprüche** des Absenders oder des Empfängers wegen
Verlust oder Beschädigung des Gutes oder wegen Überschreitung der Lieferfrist
(nicht auch wegen sonstiger Vermögensschäden nach § 433), BGH NJW **07**, 58,
früher str, vgl zB BGH **46**, 140. Das wird besonders für die mit Vertragsansprüchen konkurrierenden Deliktsansprüche relevant, deshalb krit Canaris § 31
Rn 26 f. § 439 über die Verjährung erfasst selbst alle aus einer Beförderung
erwachsenden Ansprüche, also einschließlich der außervertraglichen, Koblenz
VersR **15**, 913.§ 435 führt auch zur Unanwendbarkeit dieser Vorschrift, Koller 8.

2) Außervertragliche Ansprüche Dritter (II)

Dasselbe gilt nach **II 1** auch für außervertragliche **Ansprüche vertragsfrem-** 2
der Dritter wegen Verlust oder Beschädigung des Gutes. Grund für diese Erstreckung ist, dass auch durch Ansprüche dieser Personen eine Aushebelung iSv 1 (s
Rn 1) droht und umgekehrt diese Personen vielfach vom Transport profitieren
(RegE TRG). Güterfolgeschäden sind – wie bei I – erfasst, da sie nur unter den
Voraussetzungen des § 435 ersetzt werden müssen, BGH TranspR **06**, 454; Brem
TranspR **05**, 70, aA Heuer TranspR **05**, 71; allg Thume TranspR **10**, 45. Vertragsfremde Dritte sind diejenigen Personen, die nicht Vertragspartei sind und die
nicht zur Geltendmachung vertraglicher Ersatzansprüche aktiv legitimiert sind
(vgl § 421 I). II 1 betrifft vor allem den Eigentümer, der selbst weder Absender
noch Empfänger ist. Einwendungen iSv I sind die dort genannten gesetzlichen
und frachtvertraglichen Haftungsbefreiungen und Haftungsbegrenzungen. Ansprüche wegen Lieferfristüberschreitung sind vertraglicher Art und deshalb von II
1 nicht erfasst.

II 1 gilt **nicht**, wenn die Einwendungen auf eine Vereinbarung gestützt 3
werden, die von den in § 449 I 1 genannten Vorschriften zu Lasten des Absenders
abweicht **(II 2 Nr 1 nF)**. Mit dem neu gefassten II 2 Nr 1 soll verhindert werden,
dass der Frachtführer sich gegenüber Dritten auf eine nach § 449 mit dem
Absender zulässigerweise vereinbarte Reduzierung der Haftung berufen kann, da
der Dritte zwar der Beförderung zugestimmt hat aber auf den Abschluss des
Frachtvertrags keinen Einfluss hatte, RegE SHRG S 55 II 1 gilt ferner nicht,
wenn der Dritte der Beförderung nicht zugestimmt hat und der Frachtführer die
fehlende Befugnis des Absenders zum Versand kannte oder grob fahrlässig nicht
kannte, also **bei Bösgläubigkeit (II 2 Nr 2)**. Mit der Einschränkung auf Kenntnis und grobe Fahrlässigkeit durch das SHRG 2013 bezweckte der Gesetzgeber
einen Gleichlauf mit den gesetzlichen Wertungen der §§ 989, 990, 932 II BGB,
bei denen ebenfalls lediglich grob fahrlässige Unkenntnis schadet, RegE SHRG
S 84. Schließlich findet II 1 auch bei **Abhandenkommen** des Gutes vor Übernahme zur Beförderung Anwendung **(II 2 Nr 3**; Wertung des § 935 I BGB).
Begriff des Abhandenkommens wie in § 935 I BGB, also unfreiwilliger Besitzverlust des Berechtigten. Kein Schutz bei willentlicher Besitzüberlassung an
Dritte. „Ableitung des Besitzes" entspricht der Formulierung in §§ 986 I 1, 991 I
BGB. Bei Abhandenkommen erst während der Beförderung verbleibt es bei II 1.
Die Beweislast für II 2 trägt der Geschädigte. Der neue **II 3** wurde auf Empfehlung des Rechtsausschusses des BT als Einschränkung von II 2 Nr 1 ins Gesetz
aufgenommen. Die Regelung soll der Tatsache Rechnung tragen, dass mit den in

Merkt   1687

§ 435 1 4. Buch. Handelsgeschäfte

II 3 genannten Vereinbarungen im Geschäftsverkehr gerechnet werden muss und zudem § 449 II 1 Nr 1 die in II 3 genannten Vereinbarungen ausdrücklich nennt, AussBegr SHRG S 127.

Wegfall der Haftungsbefreiungen und -begrenzungen

435 Die in diesem Unterabschnitt und im Frachtvertrag vorgesehenen Haftungsbefreiungen und Haftungsbegrenzungen gelten nicht, wenn der Schaden auf eine Handlung oder Unterlassung zurückzuführen ist, die der Frachtführer oder eine in § 428 genannte Person vorsätzlich oder leichtfertig und in dem Bewußtsein, daß ein Schaden mit Wahrscheinlichkeit eintreten werde, begangen hat.

1   1) Bei qualifiziertem Verschulden des Frachtführers sind die ihm wegen vertragstypischer Risiken sonst eingeräumten **Haftungsprivilegien** nicht mehr gerechtfertigt und müssen **entfallen**. § 435 setzt deshalb sämtliche Haftungseinschränkungen, die im 1. Unterabschn (§§ 407–450) oder im Frachtvertrag vorgesehen sind, unter den Vorbehalt von **Vorsatz und bewusster Leichtfertigkeit** (vgl (17) CMR Art 29 I, II 1). Die Haftungsbefreiungen und -begrenzungen gelten nicht, wenn der Frachtführer selbst, einer seiner Leute, oder eine der anderen Personen nach § 428 entweder vorsätzlich oder leichtfertig und in dem Bewusstsein, dass ein Schaden mit Wahrscheinlichkeit eintreten werde, gehandelt haben (§ 435). § 425 II bleibt jedoch anwendbar, stRspr, BGH NJW 03, 3629, TranspR 04, 179, 07, 413, 07, 415, 07, 420, 07, 422, aA Ramming TranspR 01, 53. Bei den Hilfspersonen nach § 428 kommt es auf deren Vorsatz oder bewusste Leichtfertigkeit an, sie muss sich der Frachtführer, auch wenn ihn selbst kein solches qualifiziertes Verschulden trifft, wegen der Einschaltung dieser Personen zurechnen lassen. Die Darlegungs- und Beweislast liegt nach allgemeinen Grundsätzen bei dem, der sich auf § 435 beruft, also beim Geschädigten, vgl BGH NJW-RR 04, 395, Saarbr TranspR 06, 302, Kblz VersR 07, 1009. Auch wenn ihm die nähere Darlegung eines zum Bereich des Gegners gehörenden Geschehens nicht möglich ist, findet keine Beweislastumkehr statt, BGH NJW 10, 1816m zust Anm Thume TranspR 10, 125. Der Frachtführer ist allerdings verpflichtet, alle Umstände aus seinem Betriebsbereich, insbesondere zum Organisationsablauf, zu möglichen Schadensursachen, zum Schadensverlauf und zu ergriffenen Sicherheitsmaßnahmen, vorzutragen (**sekundäre Darlegungslast**), wenn der Klagevortrag ein qualifiziertes Verschulden nahelegt und sich Anhaltspunkte aus dem unstreitigen Sachverhalt ergeben, BGH RdTW 16, 344, NJW 12, 3774 (CMR, aA in Bezug auf die Übernahme Freise, TranspR 15, 341. Ihn trifft eine Recherchepflicht, BGH 174, 250, NJW-RR 07, 34, TranspR 13, 113, Mü TranspR 08, 321, Düss TranspR 11, 77, Koller TranspR 14, 316. Erforderlich sein kann nach einem Verlust eine detaillierte Darlegung der Durchführung von Eingangs- und Ausgangskontrollen und von Ermittlungsmaßnahmen, z. B. durch Befragen von Mitarbeitern, LG Wiesbaden RdTW 14, 211. Unterlässt er dies insbesondere bei **Verlust** des Transportguts, so genügt bereits ein völlig ungeklärter Schadenshergang, um den Schluss auf qualifiziertes Verschulden iSd § 435 auf Grund einer generalisierenden Betrachtungsweise zuzulassen, BGH 174, 249, NJW 03, 3626, NJW-RR 04, 396, 09, 752, TranspR 09, 265, Karlsr NJW-RR 05, 910, Brschw NJW-RR 05, 834. Grundsätze der sekundären Darlegungslast gelten auch für Beschädigungsfälle, Baumann TranspR 14, 189, zur Ausdehnung auf Fälle der Lieferfristüberschreitung s Skradde TranspR 15, 22. Vortrag, dass anvertrautes Gut durch Dritte nur verplombt befördert werde, ist nicht ausreichend; ebenso wenig bloße Angabe des Verlustortes, BGH TranspR 11, 222. Vom Geschädigten vorzutragende Anhaltspunkte, die auf qualifiziertes

1688 Merkt

4. Abschnitt. Frachtgeschäft 2, 3 § 435

Verschulden hindeuten, können sich auch aus Art u Ausmaß der **Beschädigung** des Gutes ergeben, mithin aus dem Schadensbild, BGH TranspR **06**, 393, NJW-RR **09**, 1484, Düss RdTW **14**, 202. Zur Darlegungs- und Beweislast Neumann TranspR **02**, 413, TranspR **09**, 54, Thume TranspR **08**, 428, Marx TranspR **10**, 174u Baumann TranspR **14**, 187.

2) Vorsätzlich oder leichtfertig und im Bewusstsein, dass ein Schaden mit Wahrscheinlichkeit eintreten werde

A. **Verschuldensmaßstab:** Der Verschuldensmaßstab ist angelehnt an den 2 Wortlaut deutscher Übersetzungen internationaler Transportrechtsübereinkommen (ua Art 25 WA 1955) formuliert, weshalb zur Auslegung auf die diesbezüglich ergangene Rechtsprechung zurückgegriffen werden muss, BGH **158**, 322. **Vorsatz,** dessen Bezugspunkt das pflichtwidrige Verhalten ist, meint jede Vorsatzform, gleich ob direkt oder bedingt, Koller 4. Die Schuldform der **bewussten Leichtfertigkeit** ähnelt der bewussten groben Fahrlässigkeit, Nürnb TranspR **02**, 22, doch können im Einzelfall strengere Anforderungen zu stellen sein als an grob fahrlässiges Verhalten, RegE TRG S 72. Beide Elemente müssen erfüllt sein: leichtfertiges Handeln **und** Bewusstsein eines wahrscheinlichen Schadenseintritts, Koller 6 ff. Leichtfertigkeit ist grundsätzlich objektiv im Sinne grober Fahrlässigkeit zu verstehen; erforderlich ist, dass sich der Frachtführer oder seine Leute in krasser Weise über die Sicherheitsinteressen des Vertragspartners hinwegsetzen, BGH **149**, 337, **158**, 322. Bewusstsein ist subjektiv, was aus den Umständen gefolgert werden kann, Kln VersR **01**, 1445, Ko/Ki/Ro/Mo/Koller 1; doch handelt auch der bewusst, der sich bewusst der Wahrheit verschließt, vgl BGH NJW **94**, 2291 (zu § 826 BGB). Die Rspr legt den Begriff eigenständig gegenüber dem der groben Fahrlässigkeit aus (RegE TRG S 72. Das Bewusstsein von der Wahrscheinlichkeit des Schadenseintritts ist die sich dem Handelnden aus seinem leichtfertigen Verhalten aufdrängende Erkenntnis, es werde wahrscheinlich ein Schaden entstehen, BGH TranspR **06**, 164. An ihr fehlt es stets, wenn keine bewusste grobe Fahrlässigkeit vorliegt, Ffm VersR **81**, 164; sie soll vielmehr eine zwischen bewusster grober Fahrlässigkeit und bedingtem Vorsatz liegende Verschuldensform sein, Zweibr NJW-RR **04**, 686. Entscheidend ist der Einzelfall, zu berücksichtigen können bei Verlust sein die Diebstahlgefährdung, aber auch der Wert der Waren und damit der maximal denkbare Schaden, Hbg TranspR **14**, 430. Kommt die Sendung in desolatem Zustand an und ist ein katastrophaler Schaden eingetreten, trägt das allein noch nicht den Schluss, dass auch die subjektiven Voraussetzungen dieser Verschuldensform vorliegen, Mü TranspR **95**, 300. Zum Schluss von leichtfertigem Handeln auf das Bewusstsein der Wahrscheinlichkeit eines Schadenseintritts Düsseldorf **16**, 459. Umgekehrt sind nicht stets zusätzliche objektive Merkmale nachzuweisen, die jenseits der Voraussetzungen für das Vorliegen bewusster grober Fahrlässigkeit liegen.

B. **Einzelfälle. Qualifiziertes Verschulden:** Fehlende Ein- und Ausgangs- 3 kontrolle beim Warenumschlag, BGH **158**, 322, **167**, 73, NJW **06**, 2978, NJW-RR **06**, 759, RdTW **16**, 343, (anders bei Briefen einschließlich Einschreibbriefen und briefähnlichen Sendungen: weder Schnittstellen-, BGH NJW-RR **07**, 96, noch durchgehende Ein- und Ausgangskontrollen erforderlich, BGH TranspR **07**, 466), es sei denn, der Anspruchsteller hat hierauf wirksam (durch AGB) verzichtet, Oldbg VersR **02**, 638; fehlende regelmäßige Temperaturkontrolle beim Kühltransport, Düss TranspR **03**, 109; Unterlassen einer Stabilitätsberechnung und Missachtung weiterer Warnhinweise durch Schiffsführer, Stgt TranspR **09**, 313; Unterlassen von Sicherungsmaßnahmen trotz Hinweis des Absenders auf besondere Kippgefahr des Gutes, Hamm TranspR **14**, 290; fehlender Hinweis an Absender bei evidenten Verpackungsmängeln, Stgt TranspR **12**, 459; fehlende oder unzureichende Nachforschungen nach Bekanntwerden eines Verlustfalls, BGH VersR **13**,

Merkt

§ 435 4, 5

1154, zu Recherchepflichten allgemein Koller TranspR **14**, 316; Lagerung einer wertvollen Uhrensendung in Lagerhalle auf umzäuntem Gelände, die nur mit Stahltür und Sicherheitsschloss gesichert ist, Saarbrücken BeckRS **16**, 16037; grobe Organisationsmängel, BGH NJW **00**, 2497m Anm Koller EWiR **00**, 805 und BGH VersR **13**, 1153; „Einnicken" des Fahrers am Steuer jedoch nur, wenn sich Fahrer bewusst über von ihm erkannte deutliche Anzeichen von Übermüdung hinweggesetzt hat, hierfür kein Anscheinsbeweis, BGH NJW-RR **07**, 1632, dazu Schriefers/Schlattmann TranspR **11**, 18; Ablieferung an einen Dritten, der sich nicht ausweisen kann bei sog BestSchick-Versendung, Brandenburg TranspR **14**, 67. Erhöhte Sorgfalt uU erforderlich, einen Auftrag abzulehnen, wenn Leistungserfolg (Expresslieferung) nicht sichergestellt werden kann, LG Bonn RdTW **16**, 77. Einstündiges Alleinlassen des LKW auf Autobahnparkplatz in Oberitalien kann genügen, BGH TranspR **10**, 439, Nürnb TranspR **09**, 258, ebenso mehrstündiger Schlaf im LKW ohne Kontrollgänge, Celle TranspR **15**, 161 und Auslieferung an den Empfänger ohne vorherige Freigabe bei „on hold"-Vermerk, Mü TranspR **11**, 149.). Keine Leichtfertigkeit, wenn Zugriff auf die Ladung eines LKW praktisch nicht möglich, Köln TranspR **15**, 110. Weitere Kasuistik bei Staub/Maurer 21. Auch qualifiziert pflichtwidrige Vereitelung der konkreten Schadensfeststellung führt zum Wegfall der Haftungsprivilegien, LG Freiburg TranspR **06**, 316. Dem Schädiger muss nicht eine Wahrscheinlichkeit des Schadenseintritts von notwendig mehr als 50% bewusst sein, Koller 16, aA üM, Ffm VersR **81**, 165; ausreichend, wenn das Risiko eines Schadenseintritts nahe liegend ist, Oldbg TranspR **01**, 367. Zum qualifizierten Verschulden bei Überschreitung der Lieferfrist Kln NJW-RR **05**, 1487, zur „Just-in-Time"-Lieferung Stgt TranspR **08**, 259.

4 **Kein qualifiziertes Verschulden:** Abstellen eines Transportfahrzeugs am Wochenende in einem unbewachten Gewerbegebiet, auch wenn mit leicht absetzbaren Gütern beladen, BGH TranspR **13**, 287; Diebstahl eines Anhängers, der wegen des Tourenplans länger als erlaubt unbeaufsichtigt blieb, Kblz VersR **08**, 378; Diebstahl der Ware, wenn Fahrer LKW innerhalb Deutschlands auf einem unbewachten, mit ähnlichen Sattelzügen besetzten Autobahnparkplatz abstellt u im LKW übernachtet, LG Bln TranspR **11**, 188 oder regelmäßig Pausen an derselben Tankstelle macht und den LKW dabei nicht sehen kann und es zuvor an dieser Stelle nie zu Diebstählen kam, Brandenburg TranspR **14**, 152; Reifenbrand an LKW-Anhänger, der durch gleichzeitig beidseitig blockierende Bremsen ausgelöst wird, BGH TranspR **11**, 219; Übersehen eines kleinen Lochs in einer durchgerosteten Schweißnaht im Laderaum eines LKW, sodass Wasser eindringen konnte, Düss RdTW **14**, 203. Bei Transport durch Oberitalien ist Einsatz eines zweiten Fahrers nicht zwangsläufig erforderlich, Stgt TranspR **07**, 321. Bei Anzeichen für Diebstahl wie kontinuierlichem Wackeln des LKW ist Fahrer nicht zum Starten des Motors oder Hupen verpflichtet, BGH TranspR **08**, 326. Wenn Frachtführer keine konkrete Kenntnis von Art des Transportgutes und dessen erheblichem Wert hat, braucht er grundsätzlich nicht von besonderer Diebstahlsgefahr auszugehen, BGH NJW-RR **08**, 50 (zur Frage, wann anstelle eines Planen-LKW ein Kastenwagen erforderlich ist), BGH NJW-RR **11**, 118 (auch bei nur allgemeinem Hinweis auf Diebstahlsgefahr), Kblz TranspR **10**, 444.

5 **3)** Als **Rechtsfolge** hat der Geschädigte die Wahl zwischen den §§ 249 ff BGB und den §§ 429 bis 431 bzw **(17)** CMR Art 17 bis 28, BGH TranspR **10**, 441, NJW-RR **09**, 46 Staub/Maurer 24, zu Grenzfällen Schmidt TranspR **09**, 1. Im Rahmen der §§ 249 ff BGB sind für verlustig gegangene vertretbare Sachen iSv § 91 BGB die Kosten des Empfängers zur Wiederbeschaffung gleichwertiger Sachen maßgeblich; auf eine von seinen Kunden zur Wiederbeschaffung aufgewendete höhere Summe hat der Empfänger nur Anspruch, wenn er jenen selbst in diesem Umfang zum Ersatz verpflichtet ist, BGH NJW-RR **09**, 104 (zu Art 18 WA 1955).

4. Abschnitt. Frachtgeschäft § 437

RsprÜbersicht: Thume TranspR **06**, 369. Allg zur Leichtfertigkeit im deutschen Transportrecht: Koller VersR **04**, 1346, zu **(17)** CMR Art 29 Tuma TranspR **07**, 333.

Haftung der Leute

436 ¹**Werden Ansprüche aus außervertraglicher Haftung wegen Verlust oder Beschädigung des Gutes oder wegen Überschreitung der Lieferfrist gegen einen der Leute des Frachtführers erhoben, so kann sich auch jener auf die in diesem Unterabschnitt und im Frachtvertrag vorgesehenen Haftungsbefreiungen und -begrenzungen berufen.** ²**Dies gilt nicht, wenn er vorsätzlich oder leichtfertig und in dem Bewußtsein, daß ein Schaden mit Wahrscheinlichkeit eintreten werde, gehandelt hat.**

1) Auch die **Leute des Frachtführers** sind in die Haftungsbefreiungen und Haftungsbegrenzungen einbezogen, die im 1. Unterabschn (§§ 407–450) und im Frachtvertrag vorgesehen sind (**Satz 1**, vgl **(17)** CMR Art 28 II). § 436 soll verhindern, dass die Leute des Frachtführers strenger haften als dieser, zumal dann zB wegen der arbeitsrechtlichen Freistellungspflicht auch dessen Haftungsprivilegierung ausgehöhlt würde. Erfasst sind nur die Leute nach § 428 Satz 1, nicht auch die selbstständigen Hilfspersonen (zB Unterfrachtführer, Spediteur) nach § 428 Satz 2, Koller 9. Für letztere kann § 437 anwendbar sein. Organe und gesetzliche Vertreter des Frachtführers werden unmittelbar durch § 434 geschützt. Hat der Frachtführer im Frachtvertrag eine strengere oder höhere Haftung akzeptiert, geht das nicht zu Lasten seiner Leute, diese können sich vielmehr nach § 436 statt auf den Frachtvertrag auf die gesetzlichen Haftungsprivilegierungen berufen („und"), ebenso ist unbeachtlich, ob der Frachtführer selbst bereits nach § 435 haftet, Koller 7. Zu Eigentümern, die weder Absender noch Empfänger sind, Koller 5. Der Vorbehalt von Vorsatz und bewusster Leichtfertigkeit nach § 435 gilt aber auch für die Leute des Frachtführers (**Satz 2**). Analoge Anwendung in den Fällen der §§ 413 II, 422, 445 III, Koller 3. Für Schäden im Rahmen von nichtfrachtrechtlichen Zusatzleistungen gilt Satz 1 nicht, Heidel/Wieske 4.

Ausführender Frachtführer

437 (1) ¹**Wird die Beförderung ganz oder teilweise durch einen Dritten ausgeführt (ausführender Frachtführer), so haftet dieser für den Schaden, der durch Verlust oder Beschädigung des Gutes oder durch Überschreitung der Lieferfrist während der durch ihn ausgeführten Beförderung entsteht, so, als wäre er der Frachtführer.** ²**Vertragliche Vereinbarungen mit dem Absender oder Empfänger, durch die der Frachtführer seine Haftung erweitert, wirken gegen den ausführenden Frachtführer nur, soweit er ihnen schriftlich zugestimmt hat.**

(2) **Der ausführende Frachtführer kann alle Einwendungen und Einreden geltend machen, die dem Frachtführer aus dem Frachtvertrag zustehen.**

(3) **Frachtführer und ausführender Frachtführer haften als Gesamtschuldner.**

(4) **Werden die Leute des ausführenden Frachtführers in Anspruch genommen, so gilt für diese § 436 entsprechend.**

1) Lässt der Frachtführer die Beförderung ganz oder teilweise durch einen Dritten ausführen (**ausführender Frachtführer**, Legaldefinition), haftet dieser für den Schaden aus Verlust oder Beschädigung des Gutes oder Überschreitung der Lieferfrist, soweit dieser während der durch ihn ausgeführten Beförderung

Merkt 1691

§ 437 2

entsteht, so als wäre er der Frachtführer (**I 1**) (Klarstellung durch das SHRG 2013: Inwieweit den eigentlichen Frachtführer ein Verschulden trifft, ist irrelevant, RegE SHRG S 86), vgl zum Begriff des Frachtführers in § 437 nF auch Koller TranspR **13**, 103. I 1 eröffnet also einen **Direktanspruch** gegen den tatsächlichen Schädiger, der wahlweise neben dem gegen den Vertragspartner geltend gemacht werden kann (enger (**17**) CMR Art 34: nur bei Annahme des Guts und des Frachtbriefs; im Bereich des Warschauer Abkommens gilt § 437 nicht, Koller TranspR **00**, 355, Thume VersR **00**, 1072). Auf den Vertrag zwischen Absender und Hauptfrachtführer muss deutsches Recht anwendbar sein, während das auf den Vertrag zwischen ausführendem Frachtführer und vertraglichem (Haupt-)Frachtführer anwendbare Recht unbeachtlich ist, BGH NJW **09**, 1206, Ramming VersR **07**, 1198, Hbg TranspR **14**, 284, aA noch Kln VersR **07**, 1150, Düss TranspR **07**, 239. Ebenso spielt es nur in Ausnahmefällen eine Rolle, ob der Unterfrachtvertrag wirksam oder ungekündigt (§ 415) ist, Koller 11. Hingegen gilt § 437 nicht zu Lasten Geschäftsunfähiger (§§ 104 ff BGB), Ebenroth/Schaffert 6. I 1 soll nach RegE TRG eine gesetzliche Schuldübernahme entspr § 419 aF BGB, §§ 25, 28, 130 HGB sein, aA Koller 3 ff, Canaris § 31 Rn 44 (gesetzliche Ausformung des Vertrags mit Schutzwirkung für Dritte). **Ausführung** bedeutet die bloße tatsächliche Vornahme des Transports, das Innenverhältnis zwischen ausführendem und vertraglichem Frachtführer ist dabei irrelevant, auch eine vertragliche Beziehung ist nicht erforderlich, Düss TranspR **14**, 342. § 437 regelt nicht das Verhältnis zwischen dem Frachtführer und dem ausführenden Frachtführer, sondern begründet nur eine Passivlegitimation des letzteren zugunsten des Haftungsanspruchsberechtigten. Zwischen Frachtführer und ausführendem Frachtführer kommt neben vertraglicher Abrede Gesamtschuldnerausgleich nach § 426 BGB in Betracht, Ramming TranspR **00**, 277. Die Aktivlegitimation ergibt sich nicht aus § 437, sondern aus allgemeinen Vorschriften, zB § 421 I 2, Abtretung, Drittschadensliquidation, Thume VersR **00**, 1071. Der ausführende Frachtführer haftet nur soweit, als der Schaden während der durch ihn ausgeführten Beförderung entsteht, also nicht für Schadensereignisse während des gesamten Transports. Hierfür trifft den Gläubiger die Beweislast, RegE SHRG S 86. Ferner ist die Formulierung teleologisch dahin auszulegen, dass der ausführende Frachtführer sich für schadensursächliches Fehlverhalten seiner Vorleute entlasten kann, Wagner ZHR 163 (**99**) 699. Zur analogen Anwendung von § 437 auf spezialgesetzlich geregelte Schadensformen, die dem Verlust, der Beschädigung etc ähnlich sind, vgl Koller 5. Lit: Wagner ZHR 163 (**99**) 679, Ramming TranspR **00**, 277, Czerwenka TranspR **12**, 408 (zu grenzüberschreitenden Transporten), Koller TranspR **13**, 103.

2 **2) Haftungserweiternde Vereinbarungen** des Frachtführers mit dem Absender oder Empfänger wirken nicht gegen den ausführenden Frachtführer; etwas anderes gilt nur bei schriftlicher Zustimmung, die Warnfunktion hat (**I 2**). Der ausführende Frachtführer, der nun I ebenso wie der Frachtführer verschuldensunabhängig haftet, kann alle **Einwendungen** und Einreden des Frachtführers aus dem Frachtvertrag geltend machen (**II**). In Folge von BGH **172**, 337, dazu Thume TranspR **07**, 427, Ramming NJW **08**, 291, abl MüKo/Herber 35, ders TranspR **08**, 239, schließt aber der Hauptfrachtführer mit dem Unterfrachtführer einen eigenen (Unter-)Frachtvertrag, wodurch der Empfänger den ausführenden Unterfrachtführer sowohl aus dem Vertrag zwischen Absender und Hauptfrachtführer nach I 1 als auch kumulativ aus dem Vertrag zwischen (Haupt-)Frachtführer und ausführendem Unterfrachtführer in Anspruch nehmen kann, BGH NJW **09**, 1207, abl Koller TranspR **09**, 231, ders TranspR **09**, 456. Daher kann der Unterfrachtführer bei Inanspruchnahme als ausführender Frachtführer (nach Herber TranspR **08**, 240 anzunehmen bei Vorlage des den Frachtführer bezeichnenden Frachtbriefs) die Einwendungen und Einreden aus **II** geltend machen,

4. Abschnitt. Frachtgeschäft § 438

während ihm bei einer Inanspruchnahme aus dem Unterfrachtvertrag die Einwendungen und Einreden aus seinem Vertrag mit dem Hauptfrachtführer zur Verfügung stehen. Bei einer Haftungserweiterung im Verhältnis Hauptfrachtführer zum ausführenden Frachtführer kann Differenzbetrag im Wege der Drittschadensliquidation im Interesse des Auftraggebers geltend gemacht werden, II gilt dabei nur für Einwendungen und Einreden gegen den gesetzlichen Anspruch aus I u kann vom ausführenden Frachtführer dem nicht entgegengehalten werden, BGH TranspR **10**, 380. Frachtführer und ausführender Frachtführer sind **Gesamtschuldner (III**, §§ 421 ff BGB). Für die Leute des ausführenden Frachtführers gilt § 436 entsprechend **(IV)**. Zum Rückgriff des ausführenden Frachtführers gegen den Frachtführer und umgekehrt Koller 38 ff.

Schadensanzeige

438 (1) ¹**Ist ein Verlust oder eine Beschädigung des Gutes äußerlich erkennbar und zeigt der Empfänger oder der Absender dem Frachtführer Verlust oder Beschädigung nicht spätestens bei Ablieferung des Gutes an, so wird vermutet, daß das Gut vollständig und unbeschädigt angeliefert worden ist.** ²**Die Anzeige muß den Verlust oder die Beschädigung hinreichend deutlich kennzeichnen.**

(2) **Die Vermutung nach Absatz 1 gilt auch, wenn der Verlust oder die Beschädigung äußerlich nicht erkennbar war und nicht innerhalb von sieben Tagen nach Ablieferung angezeigt worden ist.**

(3) Ansprüche wegen Überschreitung der Lieferfrist erlöschen, wenn der Empfänger dem Frachtführer die Überschreitung der Lieferfrist nicht innerhalb von einundzwanzig Tagen nach Ablieferung anzeigt.

(4) ¹Eine Schadensanzeige nach Ablieferung ist in Textform zu erstatten. ²**Zur Wahrung der Frist genügt die rechtzeitige Absendung.**

(5) **Werden Verlust, Beschädigung oder Überschreitung der Lieferfrist bei Ablieferung angezeigt, so genügt die Anzeige gegenüber demjenigen, der das Gut abliefert.**

1) Vermutung bei Verlust oder Beschädigung des Gutes (I, II)

§ 438 regelt eine Obliegenheit zur **Schadensanzeige** für Absender oder Empfänger des Frachtgutes (vgl **(17)** CMR Art 30; zu unterscheiden von der Rüge nach § 377). Wird der **Verlust oder** eine **Beschädigung des Gutes**, die äußerlich erkennbar sind, dem Frachtführer nicht spätestens bei Ablieferung des Gutes angezeigt, gilt die **widerlegliche Vermutung**, dass das Gut vollständig und unbeschädigt abgeliefert worden ist (**I 1**, also keine Präklusion wie in III). Die Neuformulierung durch das SHRG 2013 bringt in der Sache keine Änderungen mit sich, RegE SHRG S 55. Die Anzeige muss den Verlust oder die Beschädigung (nicht den daraus resultierenden Schaden, RegE SHRG S 56) hinreichend deutlich kennzeichnen **(I 2)**, sonst hat sie nicht die Wirkung nach I 1. Hinreichend deutlich bedeutet nicht nur allgemeine Angaben ohne jede Umschreibung des Mangels oder allgemeine Vorbehalte bezogen auf die Verpackung und nicht auf das Gut selbst, Kln TranspR **01**, 93, Hbg TranspR **04**, 215 (CMR). Umgekehrt ist aber keine konkrete Spezifizierung nach Art in alle Einzelheiten notwendig; Schlagworte genügen (zB Nässe). Der Fachtführer muss durch die Anzeige in der Lage sein, den Grund der Haftung zu erkennen, sodass er die Richtigkeit des Vorbringens überprüfen und Beweise sichern kann, Ebenroth/Schaffert Rn 7. Diese Vermutung nach I kann widerlegt werden, auch bei vorbehaltloser Annahme des Gutes durch den Empfänger. Die Vermutung gilt auch, wenn der Verlust oder die Beschädigung äußerlich nicht erkennbar war,

§ 439

falls die Anzeige nicht innerhalb von sieben Tagen nach der Ablieferung erfolgt (II). Lit: Tunn, VersR **05**, 1646, Schriefers TranspR **16**, 55.

2) Erlöschen der Ansprüche wegen Überschreitung der Lieferfrist (III)

2   Dagegen erlöschen Ansprüche wegen **Überschreitung der Lieferfrist**, wenn der Empfänger die Überschreitung nicht innerhalb von 21 Tagen nach Ablieferung anzeigt (III, **Präklusion** anders als nach I 1). Dabei handelt es sich um eine vom Frachtführer einredeweise geltend zu machende, rechtsvernichtende Tatsache. Eine Berücksichtigung von Amts wegen findet – anders als bei **(17)** CMR Art 30 III – nicht statt, LG Hbg NJW-RR **05**, 543, aA Koller 38. III stellt anders als I 1 ausschließlich auf eine Anzeige des Empfängers (oder seines Vertreters) ab. Bei sukzessiver Ablieferung des Gutes ist für die Fristberechnung auf den Abschluss der gesamten Sendung abzustellen, Oetker/Paschke 18.

3) Anforderungen an die Schadensanzeige (IV, V)

3   **Form** der Schadensanzeige nach Ablieferung s IV 1. Anzeige muss den Anforderungen des § 126b BGB (Textform) genügen. Die Notwendigkeit einer Anzeige entfällt nicht dadurch, dass Mitarbeiter des Frachtführers den Schaden vor Ort in Augenschein genommen haben, soweit es sich bei diesen nur um Hilfspersonen handelt, Celle NJW-RR **04**, 1411, etwas anderes gilt aber bei Kenntnisnahme durch Wissensvertreter, Mü TranspR **11**, 200. Schadensanzeige vor Ablieferung ist formlos, also auch mündlich möglich (Umkehrschluss). **Fristwahrung** durch rechtzeitige Absendung (IV 2, vgl § 377 IV), der Anzeigende wird damit von der Verzögerungsgefahr entlastet. Tragung der Verlustgefahr wie in § 377 IV, dort str (§ 377 Rn 41). Befugt zur Reklamation ist idR, wer zur Entgegennahme des Gutes bevollmächtigt ist, MüKo/Eckardt 13.

4   **Adressat**: V betrifft die Schadensanzeige, wenn mehrere Frachtführer an der Beförderung beteiligt sind. Schadensanzeige bei Ablieferung gegenüber demjenigen, der das Gut abliefert, genügt; das kann ein anderer als der vertragliche Frachtführer sein. Schadensanzeige nach Ablieferung nur gegenüber dem vertraglichen Frachtführer nach I, III (Umkehrschluss). Wenn der Hauptfrachtführer beim Unterfrachtführer Regress nehmen will, ist hingegen keine Anzeige nötig; es genügt eine einfache Nachricht an den Unterfrachtführer, der wiederum den Unter-Unterfrachtführer benachrichtigen muss. Unterlassen der Nachricht löst Schadensersatz nach § 280 I BGB aus, der aber nach § 433 begrenzt ist, Koller 31.

Verjährung

439   (1) ¹**Ansprüche aus einer Beförderung, die den Vorschriften dieses Unterabschnitts unterliegt, verjähren in einem Jahr.** ²**Bei Vorsatz oder bei einem dem Vorsatz nach § 435 gleichstehenden Verschulden beträgt die Verjährungsfrist drei Jahre.**

(2) ¹Die Verjährung beginnt mit Ablauf des Tages, an dem das Gut abgeliefert wurde. ²Ist das Gut nicht abgeliefert worden, beginnt die Verjährung mit dem Ablauf des Tages, an dem das Gut hätte abgeliefert werden müssen. ³Abweichend von den Sätzen 1 und 2 beginnt die Verjährung von Rückgriffsansprüchen mit dem Tag des Eintritts der Rechtskraft des Urteils gegen den Rückgriffsgläubiger oder, wenn kein rechtskräftiges Urteil vorliegt, mit dem Tag, an dem der Rückgriffsgläubiger den Anspruch befriedigt hat, es sei denn, der Rückgriffsschuldner wurde nicht innerhalb von drei Monaten, nachdem der Rückgriffsgläubiger Kenntnis von dem Schaden und der Person des Rückgriffsschuldners erlangt hat, über diesen Schaden unterrichtet.

4. Abschnitt. Frachtgeschäft 1, 2 § 439

(3) ¹Die Verjährung eines Anspruchs gegen den Frachtführer wird auch durch eine Erklärung des Absenders oder Empfängers, mit der dieser Ersatzansprüche erhebt, bis zu dem Zeitpunkt gehemmt, in dem der Frachtführer die Erfüllung des Anspruchs ablehnt. ²Die Erhebung der Ansprüche sowie die Ablehnung bedürfen der Textform. ³Eine weitere Erklärung, die denselben Ersatzanspruch zum Gegenstand hat, hemmt die Verjährung nicht erneut.

(4) Die Verjährung von Schadensersatzansprüchen wegen Verlust oder Beschädigung des Gutes oder wegen Überschreitung der Lieferfrist kann nur durch Vereinbarung, die im einzelnen ausgehandelt ist, auch wenn sie für eine Mehrzahl von gleichartigen Verträgen zwischen denselben Vertragsparteien getroffen ist, erleichtert oder erschwert werden.

1) Kurze Verjährung (I)

A. Einjährige Regelverjährung (I 1): § 439 regelt die **Verjährung** als lex specialis zu § 195 BGB, vgl (17) CMR Art 32 I; zum Verhältnis von § 439 zu § 612, Art. 32 CMR u Art 29 WA 1955s Otte TranspR **01**, 37u BGH NJW-RR **05**, 1122 (Art 29 WA 1955 verdrängt nationale Verjährungsvorschriften). Anwendbarkeit setzt wirksam zustandegekommenen Speditions- oder Frachtvertrag voraus, BGH MDR **14**, 908. Die Ansprüche aus der Beförderung iSv Unterabschn 1 (§§ 407–450) verjähren **in einem Jahr** ab dem Tag der Ablieferung (**I 1**). Alle Ansprüche aus der Beförderung, gleich von wem gegen wen und aus welchem Rechtsgrund, sind erfasst; so auch der Ersatzanspruch nach § 420 I 2, BGH VersR **14**, 356. Erfasst sind nach Maßgabe der §§ 451, 452b, 463u 475a Ansprüche aus Umzugs- (Schlesw NJW-RR **08**, 1361), Multimodal-, Speditions- u Lagervertrag. Strittig ist, ob § 117 BinSchG § 439 verdrängt, MüKo/Eckardt 2, differenzierend Koller TranpR **04**, 24. § 439 stellt klar, dass auch außervertragliche Ansprüche erfasst werden, ohne dass noch auf § 434 rekurriert werden müsste, so auch bereicherungsrechtliche Ansprüche, Koblenz TranspR **15**, 157. Erfasst werden nur Ansprüche aus der Beförderung, vgl. Koller 4ff, ferner Nebenpflichtverletzungen in unmittelbaren räumlichen und zeitlichen Zusammenhang mit dessen Ablieferung auch dann, wenn der Ablieferungsvorgang bei der Schadenshandlung bereits abgeschlossen ist, BGH NJW-RR **08**, 1360m krit Anm Koller LMK **09**, 272954, Heuer TranspR **05**, 74, auch Beratungsleistungen bei der Organisation des Transports, Auskunftsansprüche und Schadensersatzansprüche aus Vermischung mit anderen Gütern des Empfängers, MüKo/Eckardt 5, nicht aber Ansprüche aus selbstständigen Verträgen, die lediglich dem Umfeld der Beförderung zuzurechnen sind, BGH NJW-RR **07**, 184, Koller 11, etwa Ansprüche des Verkehrshaftungsversicherers (mangels einer Beteiligung an der Beförderung), Ffm TranspR **10**, 435m zust Anm Trieb, Ansprüche aus Rahmen- und Mengenverträgen, die nur die Grundlage für den nachfolgenden Transport sind, BGH NJW-RR **07**, 184; Karlsr TranspR **04**, 316; **07**, 213, oder Ansprüche aus anschließender Verwahrung, BGH TranspR **06**, 74, Überprüfung oder Ein- bzw. Aufbau des Transportguts, Koller 7 f. Lit: Herber TranspR **00**, 20; Koller, TranspR **04**, 24; Vers **06**, 1581; Köper TranspR **06**, 191; Ramming TranspR **02**, 45. Einjährige Verjährungsfrist gilt auch im Falle von Transport-Rahmenverträgen, LG Hamburg TranspR **16**, 23.

B. Drei Jahre Verjährungsfrist bei qualifiziertem Verschulden (I 2): Bei Vorsatz – auch bloß bedingtem Vorsatz – oder bei einem dem Vorsatz nach § 435 gleichstehenden Verschulden (bewusste Leichtfertigkeit, § 435 Rn 2) beträgt die Verjährungsfrist **drei Jahre**, so wenn entgegen dem Aufrechnungsverbot der Ziff. 19 ADsp aufgerechnet wird, Düss TranspR **13**, 196. Qualifiziertes Verschulden des Anspruchsgegners und ein solches von Hilfspersonen, deren Verhalten diesem zurechenbar ist, stehen gleich, etwa Hauptfrachtführer und dessen Leute sowie Unterfrachtführer und dessen Leute, BGH TranspR **08**, 84. I 2 gilt auch für

§ 439 3, 4

primäre Erfüllungs- und vertragliche Aufwendungsersatzansprüche, BGH TranspR **10**, 227, Koller VersR **06**, 1581, aA noch Ffm TranspR **05**, 405, MüKo/Eckardt 12 unter Verweis auf **(17)** CMR Art 32; differenzierend Köper TranspR **06**, 191, Herber TranspR **10**, 357. Zum Fall des Rechtsirrtums LG Hamburg RdTW **15**, 392. Für transportrechtliche Ansprüche, die bei Inkrafttreten des TRG noch nicht verjährt waren, gilt – sofern sie nach neuem Recht einer längeren Verjährung (I 2) unterliegen – die neue, längere Verjährungsfrist, BGH TranspR **06**, 70, TranspR **06**, 451.

2) Beginn, Hemmung (II, III)

3 A. **Verjährungsbeginn:** Die Verjährung beginnt abweichend von § 199 BGB mit Ablauf des Tages der tatsächlichen, hilfsweise der hypothetischen **Ablieferung des Gutes (II 1, 2).** Das gilt auch für den Anspruch des Frachtführers auf die Fracht, MüKo/Eckardt 15. Ablieferung setzt Gewahrsamsaufgabe seitens des Frachtführers bei gleichzeitigem Einverständnis des berechtigten Empfängers voraus, der durch die Gewahrsamsaufgabe die tatsächliche Gewalt über das Transportgut ausüben kann, MüKo/Eckardt 13. Anders als bei **(17)** CMR Art 32 I a)-c) wird aus Praktikabilitätsgründen (RegBegr TRG 78) nicht nach Anspruchsgrundlage bzw. Schadensart differenziert, BGH TranspR **08**, 84. Erkennbarkeit des Schadens ist ohne Belang, Schlesw TranspR **09**, 33. Bei verspäteter Ablieferung entscheidet der Zeitpunkt der tatsächlichen, nicht der der vereinbarten Ablieferung, Koller 14; MüKo/Eckardt 14. Hingegen kommt es bei Nichtablieferung auf den Tag der vereinbarten Ablieferung an, Koller 15; MüKo/Eckardt 14. Bei Sukzessivlieferung entscheidet letzte Teillieferung, Hbg VersR **71**, 729. Ein zeitgleicher Verjährungsbeginn des Primäranspruchs und der **Rückgriffsansprüche** wäre nicht sachgerecht, da sich der zuerst in Anspruch Genommene idR zunächst nur mit dem Geschädigten und nicht mit dem Regressschuldner auseinandersetzt. **II 3** schiebt den Verjährungsbeginn deshalb hinaus, bis der Primäranspruch geklärt ist; dafür ist nicht erforderlich, dass der Regressgläubiger im Primärrechtsverhältnis gem §§ 425 ff haftet, Hbg TranspR **11**, 368m zust Anm Koller TranspR **12**, 277, erfasst ist auch der Aufwendungsersatzanspruch des Unterfrachtführers gegen den Hauptfrachtführer, BGH VersR **14**, 357. Der Regressschuldner muss allerdings rechtzeitig (innerhalb von drei Monaten nach Kenntnis von dem Schaden und der Person des Regressschuldners) durch den Regressgläubiger unterrichtet worden sein (anders **(17)** CMR Art 39 IV: ohne Unterrichtung), sonst bleibt es bei II 1, 2. Die Unterrichtung setzt keine bestimmte Form voraus u kann etwa per Telefax, E-Mail oder telefonisch erfolgen, Ffm TranspR **10**, 36. II 3 lässt die Fristen selbst (I) unberührt. Allgemein zum Regress von Transportunternehmen Koller TranspR **11**, 389.

4 B. **Hemmung:** Nach III 1 ruht bei einem Ersatzanspruch gegen den Frachtführer die Verjährung (§ 205 BGB) von dem Zeitpunkt an, zu dem der Empfänger oder Absender durch schriftliche Erklärung, mit der Ersatzansprüche erhoben werden, an den Frachtführer herantritt, bis zu dem Zeitpunkt, in dem dieser die Erfüllung des Anspruchs schriftlich ablehnt. Aus dem Zweck der Regelung folgt, dass die durch die Schuldrechtsmodernisierung eingefügten erweiterten Hemmungsgründe (§§ 203–211, 213 BGB) neben § 439 anwendbar sind, BGH VersR **08**, 1669, NJW **09**, 1806 (Ende der Hemmung bei „Einschlafen" der Verhandlungen), Thume TranspR **09**, 238f, Harms TranspR **01**, 294, Koller TranspR **01**, 425, aA Drews TranspR **04**, 340. Die allgemeine Hemmungsvorschrift des § 203 BGB wird durch III nicht verdrängt („auch" eingefügt durch SHRG, so schon BGH TranspR **08**, 467). Nach **III 2** (eingefügt durch SHRG) genügt nunmehr wie auch bei **(17)** CMR Art 32 II und § 438 IV **Textform** iSv § 126b BGB (überholt daher Mü TranspR **08**, 322 (E-Mail nicht ausreichend), LG Hbg TranspR **09**, 225 (Telefax nicht ausreichend) m Anm

4. Abschnitt. Frachtgeschäft § 440

Grimme); MüKo/Eckardt 21 (uU anders, wenn Parteien in der Vergangenheit abweichende Form anerkannt haben), aA LG Brem TranspR **10**, 235,Koller 33, Steinborn TranspR **11**, 16. Inhaltlich geht die Haftbarhaltung nach § 439 über die Schadensanzeige nach § 438 hinaus. Dem Frachtführer muß eindeutig mitgeteilt werden, von wem für welchen Schaden Ersatz verlangt wird, BGH TranspR **84**, 146; Karlsr TranspR **04**, 33. Ein bloßer Nachforschungsauftrag genügt mangels Ersatzbegehrens nicht, BGH VersR **08**, 1669. Hemmung bezieht sich daher nur auf das in der Haftbarhaltung spezifierte Schadensereignis, Koller 33. Nicht notwendig ist die Vorlage sämtlicher Schadensunterlagen, MüKo/Eckardt 25. Erklärung kann sowohl gegenüber Frachtführer selbst als auch gegenüber von diesem bevollmächtigter Person (etwa Fahrer, Schadensbearbeiter, Versicherer) abgegeben werden, Ebenroth/Gass 24. Die hemmungsbeendende Zurückweisung der Ansprüche muss nach Grund und Umfang hinreichend klar und eindeutig sein, MüKo/Eckardt 29. Eine Zurückweisung gegenüber einer Partei wirkt nicht automatisch gegenüber einer weiteren Partei, Kln TranspR **04**, 120. Für die Zurückweisung genügt – anders als für die Haftbarhaltung – Textform, Koller 44. Eine weitere Erklärung desselben Berechtigten hemmt nach **III 2** nicht erneut die Verjährung, auch wenn neue Tatsachen zur Begründung desselben Anspruchs vorgebracht werden, MüKo/Eckardt 32.

3) Abbedingung (IV)

IV regelt die vertragliche Abbedingung von § 439 als lex specialis zu § 449 **5** und zT abweichend von § 202 BGB (Obergrenze). Abbedingung, also Erleichterung ebenso wie Erschwerung (nicht nur Fristveränderungen), sind nur durch im Einzelnen ausgehandelte Vereinbarung (Individualvereinbarung, zur Abgrenzung von der allgemeinen Geschäftsbedingung siehe das AGB-Recht, MüKo/Eckardt 33) möglich, können aber allerdings auch für eine Mehrzahl von gleichartigen Verträgen zwischen denselben Vertragspartnern (zB in einer Rahmenvereinbarung zwischen denselben Parteien) getroffen werden. Die Vertragsfreiheit wird durch IV – übereinstimmend mit § 449 und § 609 I) nur eingeschränkt, soweit es um Ersatzansprüche wegen **Verlust oder Beschädigung des Gutes oder wegen Überschreitung der Lieferfrist** geht (Klarstellung eingefügt durch SHRG). Völliger Ausschluss der Verjährung ist ebenso wie nach § 202 BGB unzulässig. IV betrifft nicht die Fälle, in denen nach Eintritt des Schadens der Schuldner dem Gläubiger eine erschwerte Verjährung, zB Verlängerung der Verjährungsfrist, einräumt (RegE).

4) Beweislast

Entsprechend den allgemeinen Grundsätzen trägt der Schuldner die Beweislast **6** für Eintritt und Beginn der Verjährung, der Gläubiger für Verlängerung der Frist auf drei Jahre, Hemmung sowie die Voraussetzungen nach II 3, Ebenroth/Gass 35f; Koller 30, 50.

Pfandrecht des Frachtführers

440 (1) ¹**Der Frachtführer hat für alle Forderungen aus dem Frachtvertrag ein Pfandrecht an dem ihm zur Beförderung übergebenen Gut des Absenders oder eines Dritten, der der Beförderung des Gutes zugestimmt hat.** ²**An dem Gut des Absenders hat der Frachtführer auch ein Pfandrecht für alle unbestrittenen Forderungen aus anderen mit dem Absender abgeschlossenen Fracht-, Seefracht-, Spedition- und Lagerverträgen.** ³**Das Pfandrecht nach den Sätzen 1 und 2 erstreckt sich auf die Begleitpapiere.**

(2) **Das Pfandrecht besteht, solange der Frachtführer das Gut in seinem Besitz hat, insbesondere solange er mittels Konnossements, Ladescheins oder Lagerscheins darüber verfügen kann.**

§ 440 1, 2

(3) **Das Pfandrecht besteht auch nach der Ablieferung fort, wenn der Frachtführer es innerhalb von drei Tagen nach der Ablieferung gerichtlich geltend macht und das Gut noch im Besitz des Empfängers ist.**

(4) ¹**Die in § 1234 Abs. 1 des Bürgerlichen Gesetzbuchs bezeichnete Androhung des Pfandverkaufs sowie die in den §§ 1237 und 1241 des Bürgerlichen Gesetzbuchs vorgesehenen Benachrichtigungen sind an den nach § 418 oder § 446 verfügungsberechtigten Empfänger zu richten.** ²**Ist dieser nicht zu ermitteln oder verweigert er die Annahme des Gutes, so haben die Androhung und die Benachrichtigung gegenüber dem Absender zu erfolgen.**

1) Gesetzliches Pfandrecht des Frachtführers (I)

1 § 440 entspricht § 441 aF, der infolge der Streichung von § 440 aF (nunmehr § 30 I ZPO) im Zuge des SHRG umnummeriert wurde.

A. Pfandrecht am Gut (I 1): Nach I 1 (geändert durch SHRG 2013 zur redaktionellen Anpassung an die übliche Diktion des BGB sowie zur Beseitigung von Rechtsunsicherheiten) hat der Frachtführer – ebenso wie der Spediteur nach § 464 und der Lagerhalter nach § 475b – an dem Gut ein gesetzliches Pfandrecht (§ 1257 BGB). Das Sicherungsbedürfnis folgt hier aus der grundsätzlich bestehenden Vorleistungspflicht. Gesichert werden nicht nur alle durch den Frachtvertrag begründeten Forderungen, sondern auch **inkonnexe Forderungen**, d. h. (unbestrittene) Forderungen aus anderen mit dem Absender abgeschlossenen Fracht-, Speditions- und Lagerverträgen (I 1). Erfasst werden auch Begleitpapiere im Besitz des Frachtführers (nicht aber Wertpapiere oder KfZ-Papiere, Koller 5). Zum Schutz der Rechte vertragsfremder Dritter s § 366 III. § 441 gilt auch, wenn völkervertragliches Transportrecht (etwa **(17)** CMR, CIM) keine Regelungen über das Pfandrecht enthält und das IPR auf deutsches materielles Recht verweist, Hamburg VersR **84**, 235; Düss VersR **77**, 1047; Ebenroth/Gass 5; aA Fremuth/Thume 4. Das Pfandrecht entsteht an dem Gut des Absenders, das der Frachtführer mit dessen Willen in Besitz bekommt. Der Frachtführer muss mit Willen des Absenders unmittelbaren (§§ 854 f BGB) oder zumindest mittelbaren (§ 868 BGB) Besitz am Beförderungsgut haben, Koller 4. Voraussetzung ist ein wirksamer Frachtvertrag (Schwerpunkt des Vertrages liegt in der Beförderungsleistung), BGH VersR **86**, 31. Das Pfandrecht entsteht nicht nur an Gut des Absenders, sondern auch an **Gut eines Dritten**, wenn dieser der Beförderung zugestimmt hat (so die Klarstellung durch das SHRG 2013 im Anschluss an die hA); BGH NJW-RR **10**, 1546, Karlsr TranspR **04**, 468, München TranspR **14**, 194 (dann aber grundsätzlich nur Haftung für konnexe Forderungen), Koller 7. Verbrauchereigenschaft des Empfängers hindert Entstehung des Pfandrechts nicht, München TranspR **14**, 194. Gutgläubiger Erwerb s Rn 4. Das Pfandrecht besteht am ganzen Gut, grundsätzlich ohne Rücksicht auf das Wertverhältnis von Forderungen zu Gut, BGH BB **66**, 179, NJW **99**, 3716 (Lagerhalter, § 475b Rn 1), aber uU Freigabeanspruch (s Rn 5). Der Rang des Pfandrechts folgt aus §§ 443, 366 HGB, §§ 1257, 1208 BGB. Neben dem Pfandrecht kommen Zurückbehaltungsrechte in Betracht (§§ 369 ff, 421 I 1 HGB, §§ 273, 320f, 1000 BGB). Bei Sammelsendung gibt es keine Vermutung dafür, dass der Versender mit einem Transport einverstanden ist, bei dem sein Gut etwa für Schäden iSv § 414 haftet, die das Gut eines anderen Versenders verursacht hat, Kln TranspR **09**, 37. Allgemein zu den Sicherungsmöglichkeiten des Frachtführers Didier NZI **03**, 513u NJW **04**, 813. Lit: Brüning-Wildhagen, Pfandrechte und Zurückbehaltungrechte im Transportrecht **00**, Schmidt TranspR **11**, 56 (mit Hinweisen zum grenzüberschreitenden Verkehr), Bräuer TranspR **06**, 197, Didier NZI **03**, 513 sowie Oepen TranspR **11**, 89 (zur Insolvenz des Absenders).

2 **B. Gesicherte Forderungen: a) Konnexe Forderungen:** Das Pfandrecht sichert alle durch den Frachtvertrag begründeten (konnexen) Forderungen, zB

4. Abschnitt. Frachtgeschäft   3–5 § 440

Fracht, Auslagen, Vorschüsse, einerlei ob sie sich aus dem Frachtbrief ergeben, BGH VersR **91**, 103 7, nicht hingegen Forderungen gegen Dritte, Koller 10. Das Pfandrecht entsteht auch bei Klausel „frachtfrei" („franko") (§ 421 Rn 4), RG **122**, 226; auch bei Klausel „freight prepaid", aber dann uU Ablieferungspflicht ohne Rücksicht auf das Pfandrecht (§ 421 Rn 5). Bei Rahmenverträgen entscheidet, ob eine konkretisierende Weisung zu der Forderung geführt hat, Kln TranspR **09**, 37, s auch Koller 10. Zur Konnexität bei Vereinbarung einer „Rundlaufpauschale" s Kln TranspR **09**, 41.

b) Inkonnexe Forderungen: Das Pfandrecht sichert darüber hinaus in be- 3 stimmtem Umfang auch inkonnexe Forderungen des Frachtführers aus anderen Verkehrsverträgen (insoweit also Sicherung der Ansprüche aus der laufenden Geschäftsverbindung). Die Ansprüche brauchen nicht anerkannt oder rechtskräftig festgestellt zu sein, es genügt, wenn sie unbestritten sind; beweispflichtig dafür ist der Frachtführer. Unbestritten sind Forderungen auch dann, wenn der Schuldner sie nur pauschal in Abrede stellt oder wenn abwegige oder unsubstantiierte Einwendungen erhoben werden, Karlsr NJW-RR **05**, 402, hA. Auf den Zeitpunkt des Bestreitens kommt es nicht an, Staub/P.Schmidt 20. Erteilt der Schuldner innerhalb des Zeitraums des § 131 I Nr 1 InsO einem Frachtführer einen neuen Frachtauftrag unter Überlassung des Transportgutes, gilt der Erwerb des Frachtführerpfandrechts auch für offene unbestrittene Altforderungen als kongruent, BGH **150**, 326. Dem steht nicht entgegen, dass der Frachtführer den neuen Transportauftrag (auch) wegen der ihm bewussten Gefahr übernommen hat, der Absender könne zahlungsunfähig werden, und für diesen Fall ein zusätzliches Sicherungsmittel hinsichtlich seiner Altforderungen hat erwerben wollen, BGH NJW-RR **05**, 916m Anm Gerhardt EWiR **05**, 545, krit Bräuer TranspR **06**, 197. Andere inkonnexe Forderungen als aus mit dem Absender abgeschlossenen Fracht-, Speditions- und Lagerverträgen sind nicht abgedeckt, zB solche wegen Bearbeitung des Guts (hierfür Werkunternehmerpfandrecht, § 647 BGB), BGH BB **60**, 837 (Lagerhalter). Wegen Arglist können weiter Forderungen dann nicht erfasst sein, wenn auf Seiten des Absenders Treuhänderschaft vorliegt und Frachtführer Kenntnis davon hat, Koller 20.

C. **Gutgläubiger Erwerb:** Das Besitzpfandrecht kann **gutgläubig erworben** 4 werden (§§ 1207, 1257, 932 ff BGB, § 366 III, sa RegBegr SHRG), BGH NJW-RR **10**, 1550, Karlsr TranspR **04**, 468, Kln TranspR **09**, 41, aber an Gut, das nicht Gegenstand des Vertrages ist, aus dem die durch das Pfandrecht zu sichernde Forderung herrührt (inkonnexe Forderung), nur bei gutem Glauben des Erwerbers an das Eigentum des Vertragspartners (§ 366 III 2, dort Rn 10u Canaris § 27 Rn 43 ff), nicht hingegen bei bloßem gutem Glauben an die Verfügungsbefugnis des Absenders durch den Eigentümer, s § 366 II 2 sowie RegBegr SHRG. Im kfm Warenverkehr stehen häufig Eigentumsvorbehalt bzw Sicherungsübereignung entgegen, Canaris § 27 Rz 46, Ffm TranspR **89**, 233. Auch gutgläubig lastenfreier Erwerb des Pfandrechts ist möglich (§ 366 III HGB, § 1208 BGB).

D. **Wirkung:** Das Pfandrecht wirkt wie ein vertragliches Pfandrecht (§ 1257 5 BGB); es gibt ein absolutes Besitzrecht gegenüber dem auf Eigentum gestützten Herausgabeverlangen des Absenders (§ 986 I BGB, keine Berufung darauf nötig), BGH NJW **99**, 3716 (Lagerhalter), ein Recht zur Drittwiderspruchsklage (§ 771 ZPO) bzw vorzugsweise Befriedigung (§ 805 ZPO) und auf abgesonderte Befriedigung in der Insolvenz (§ 50 InsO). Sonstiger Schutz: §§ 823, 859, 861f, 869, 122 iVm 989 BGB). Die **Ausübung** des Pfandrechts kann treuwidrig sein, vgl BGH NJW **95**, 2918 (Vorkassevereinbarung), vgl auch **(8)** AGB-Banken Art 14 Rn 10; uU bereits stillschweigender Ausschluss des Pfandrechts, soweit seine Ausübung mit den Vertragspflichten des Frachtführers unvereinbar wäre. Frist für Pfandverkauf s § 368 I, II. Bei Übersicherung kann Freigabeanspruch bestehen (§ 242 BGB, vgl zu **(8)** AGB-Banken Art 16 Rn 2). Abdingbarkeit von § 441s § 449.

6 E. **Pfandrecht an den Begleitpapieren (I 2):** Das Pfandrecht erstreckt sich nach I 2 auch auf Begleitpapiere (§ 413), Rechtsgedanke des § 952 II BGB (RegE), aber auch für die Begleitpapiere gilt das Besitzerfordernis (s Rn 1, kein besitzloses Pfandrecht), Koller 5.

2) Besitzpfandrecht, Folgerecht (II, III)

7 A. **Besitzpfandrecht (II):** Das Pfandrecht setzt voraus, dass der Frachtführer den Besitz (§§ 854 ff BGB) an dem Gut mit Willen des Absenders erlangt hat. Es besteht fort, solange der Frachtführer das Gut in seinem Besitz hat, insbesondere solange er über das Gut mittels Konnossement, Ladeschein oder Lagerschein (§§ 642, 444, 475c) verfügen kann (II). Mittelbarer Besitz (§ 868 BGB) genügt. Freiwilliger Besitzverlust beendet das Pfandrecht, zB bei Verbringung des Gutes in Räume, die der Frachtführer dem Auftraggeber vermietet hat, Nürnb MDR **73**, 55. Unfreiwilliger Besitzverlust beendet es nicht (arg § 1253 BGB), sehr str (§ 397 Rn 8). Das Pfandrecht jedes vorhergehenden Frachtführers bleibt so lange bestehen wie das des letzten Frachtführers (§ 442 I 2).

8 B. **Folgerecht (III):** Das Besitzpfandrecht ist nach III gegenüber § 1253 BGB (Erlöschen durch Rückgabe) zeitlich verlängert. Voraussetzung dafür ist, dass der Frachtführer es innerhalb von drei Tagen (Fristberechnung § 187 BGB, Tag der Ablieferung wird nicht eingerechnet) nach der Ablieferung gerichtlich geltend macht und dass das Gut noch im Besitz des Empfängers ist (dreitägiges Folgerecht). Für gerichtliche Geltendmachung genügt jeder Antrag an das Gericht (auch Antrag auf einstweiligen Rechtsschutz) auf Herausgabe, Feststellung ua, aber nur bezüglich des Pfandrechts, nicht nur der Frachtforderung. Eingang bei Gericht genügt, Zustellung ist nicht erforderlich. Die Herausgabe des Gutes vor Bezahlung, wozu der Frachtführer aber nicht verpflichtet ist (§ 421 I 1: Ablieferung nur „gegen Erfüllung der Verpflichtungen aus dem Frachtvertrag") bedeutet also trotz des Folgerechts ein erhebliches Risiko für den Frachtführer (möglicher gutgläubig lastenfreier Erwerb nach § 936 BGB). Räumt der Empfänger dem Frachtführer innerhalb der drei Tage von sich aus mittelbaren Besitz ein, genügt auch das für III.

3) Pfandverkauf (IV)

9 Für den Pfandverkauf gelten §§ 1228–1249 BGB. **IV 1** bringt eine Sondervorschrift zur Androhung des Pfandverkaufs nach § 1234 I BGB und der nach §§ 1237, 1241 BGB vorgesehenen Benachrichtigungen. Wurde ein Ladeschein ausgestellt, kann auch eine andere Person als die im Frachtvertrag bestimmte Empfänger durch den Pfandverkauf in seinen Rechten beeinträchtigt sein. Der im Frachtvertrag bestimmte Empfänger ist nicht notwendigerweise der legitimierte Besitzer des Ladescheins. Soweit Letzterer beeinträchtigt ist, ist die Androhung an ihn und nicht an den im Frachtvertrag bestimmten Empfänger zu richten. **Verfügungsberechtigter Empfänger** (§§ 419 I, 418, 446) ist daher entweder der im Vertrag bestimmte Empfänger oder, bei Ausstellung eines Ladescheins, der legitimierte Besitzer des Ladescheins, s RegBegr SHRG. Verletzt der Frachtführer andere Verwertungsbestimmungen, ist er nach § 1243 II BGB schadensersatzpflichtig, BGH TranspR **98**, 106, str. Nach **IV 2** sind Androhung und Benachrichtigung an den Absender zu richten, wenn der verfügungsberechtigte Empfänger nicht zu ermitteln ist oder die Annahme des Gutes verweigert (anders beim Weisungsrecht nach § 412 IV).

4. Abschnitt. Frachtgeschäft § 441

4) Beweislast

Der Frachtführer trägt die Last des Beweises für alle in § 440 I genannten Tatbestandsmerkmale sowie für seinen noch bestehenden Besitz, bei inkonnexer Forderung auch die Unbestrittenheit, Staub/P.Schmidt 40. Ggf hat der Eigentümer bzw die am Gut interessierte Person zu beweisen, dass weder der Absender noch der Empfänger Eigentümer war, dass das Gut abhanden gekommen ist oder dass der Frachtführer bösgläubig war, Koller 23.

Nachfolgender Frachtführer

§ 441 (1) ¹Hat im Falle der Beförderung durch mehrere Frachtführer der letzte bei der Ablieferung die Forderungen der vorhergehenden Frachtführer einzuziehen, so hat er die Rechte der vorhergehenden Frachtführer, insbesondere auch das Pfandrecht, auszuüben. ²Das Pfandrecht jedes vorhergehenden Frachtführers bleibt so lange bestehen wie das Pfandrecht des letzten Frachtführers.

(2) Wird ein vorhergehender Frachtführer von einem nachgehenden befriedigt, so gehen Forderung und Pfandrecht des ersteren auf den letzteren über.

(3) Die Absätze 1 und 2 gelten auch für die Forderungen und Rechte eines Spediteurs, der an der Beförderung mitgewirkt hat.

1) Nachfolgender Frachtführer (I, II)

§ 441 entspricht § 442 aF, der infolge der Streichung von § 440 aF im Zuge des SHRG umnummeriert wurde. § 441 regelt die **Pfandrechte eines oder mehrerer nachfolgenden Frachtführer** unter Inpflichtnahme des letzten von ihnen. Sind an der Beförderung mehrere Frachtführer beteiligt, muss nämlich dafür gesorgt werden, dass der früher tätig werdende Frachtführer nicht sein Pfandrecht zugunsten des nachfolgenden verliert. Der Letzte muss deshalb, wenn er bei der Ablieferung die Forderungen der vorhergehenden Frachtführer einzuziehen hat, die Rechte seiner Vorgänger, insbesondere auch das Pfandrecht, ausüben (**I 1**). Dadurch soll verhindert werden, dass jeder vorangehende Frachtführer mit der Weitersendung der Güter wartet, bis seine Vergütungsforderung durch den nachfolgenden Frachtführer erfüllt wird. Für I 1 kommt es nur darauf an, dass mehrere Frachtführer die Beförderung tatsächlich ausüben, einerlei ob sie in vollem Umfang Unterfrachtführer sind, in welchen Vertragsbeziehungen sie zueinander stehen und ob der Letzte auf Grund besonderer Abrede, zB Nachnahme nach § 422, einzuziehen verpflichtet ist. Ohne Belang, ob ein Frachtbrief ausgestellt wurde, Staub/P.Schmidt 18. Die Vorschrift gilt für alle Fälle, in denen ein nachfolgender Frachtführer von dem vorhergehenden als Unterfrachtführer beauftragt worden ist, allgM, nicht hingegen dann, wenn unmittelbar vom Absender Teilfrachtführer beauftragt sind (keine vertragliche Verbindung der Frachtführer untereinander), Heymann/Schlüter 3, str. Das Pfandrecht jedes Vorgängers bleibt so lange bestehen wie das Pfandrecht des letzten Frachtführers (**I 2**, § 440 II, III). Der letzte Frachtführer kann die Forderungen der vorangehenden im eigenen Namen geltend machen. Voraussetzung ist Kenntnis oder Kennenmüssen der Forderungen, es besteht aber keine Nachforschungspflicht. Auskehrungspflicht nach §§ 675 I, 667 BGB. Bei schuldhafter Verletzung seiner Pflicht aus § 441 haftet der letzte Frachtführer den vorangehenden aus § 280 auf Schadensersatz. **II** sieht einen gesetzlichen Forderungs- und Pfandrechtsübergang in der Frachtführerkette vor. Die praktische Bedeutung von § 441 wird vom Gesetzgeber selbst als gering eingeschätzt, BR-Drucks 368/97, 80. Lit: Ramming TranspR **06**, 235, einschränkend zur Anwendbarkeit bei Unterfrachtführer Koller TranspR **09**, 453. Vorschrift kann abbedungen werden, Koller 3.

Merkt

2) Mitwirkender Spediteur (III)

2 Der Schutz durch I und II kommt auch einem **Spediteur** zugute, der an der Beförderung mitgewirkt hat (III). III erfasst entgegen seinem Wortlaut nicht den Fall, dass der Spediteur der Letzte in der Kette der Transportunternehmer ist (Empfangsspediteur), Koller 3, hier greift § 465 ein, der auf § 441 verweist.

Rang mehrerer Pfandrechte

442 (1) Bestehen an demselben Gut mehrere nach den §§ 397, 440, 464, 475b und 495 begründete Pfandrechte, so geht unter denjenigen Pfandrechten, die durch die Versendung oder durch die Beförderung des Gutes entstanden sind, das später entstandene dem früher entstandenen vor.

(2) **Diese Pfandrechte haben Vorrang vor dem nicht aus der Versendung entstandenen Pfandrecht des Kommissionärs und des Lagerhalters sowie vor dem Pfandrecht des Spediteurs, des Frachtführers und des Verfrachters für Vorschüsse.**

1) Rang mehrerer Pfandrechte nach Posteriorität (I)

1 § 442 ist inhaltsgleich mit § 443 aF, der infolge der Streichung von § 440 aF im Zuge des SHRG umnummeriert wurde. § 442 regelt den **Rang** bei Zusammentreffen **mehrerer Pfandrechte**. Die Vorschrift nennt abschließend die erfassten Pfandrechte. Nicht erfasst ist der Eigenprovisionsanspruch des Kommissionärs und die Lagergeldforderung des Lagerhalters, Staub/P.Schmidt 5. Sind mehrere Besitzpfandrechtsinhaber (Kommissionär § 397; Frachtführer § 440; Spediteur § 464; Lagerhalter § 475b und Verfrachter § 495) beteiligt, gilt nicht, wie in vielen anderen Kollisionsfällen, das Prioritätsprinzip (§ 1209 BGB), sondern es geht unter denjenigen Pfandrechten, die durch die Versendung oder die Beförderung des Gutes entstanden sind, das später entstandene dem früher entstandenen vor (I, **Posterioritätsprinzip**). Grund: Üblicherweise gewinnen die Güter durch den Transport an Wert oder es wird zumindest Wertminderung vermieden. Erfasst werden die Pfandrechte des Kommissionärs (§ 397), des Frachtführers (§ 440), des Spediteur (§ 464), des Lagerhalters (§ 475b) und des Verfrachters (§ 495). Gesichert werden insbesondere Frachten, Spediteurprovisionen, beförderungsbedingte Aufwendungsersatzansprüche (Verpackungskosten, Verzollungskosten, Standgelder ua), sowie Kostennachnahmen (nicht hingegen Wertnachnahmen, die unter II fallen), MüKo/C. Schmidt 3. Zum Fall eines einheitlichen Nachnahmebetrags Staub/P.Schmidt 5. Die Bestimmung ist dispositiv, § 449.

2) Vorrang der Pfandrechte aus Versendung und Beförderung (II)

2 Die Pfandrechte aus Beförderung haben Vorrang vor dem nicht aus der Versendung entstandenen Pfandrecht des Kommissionärs und des Lagerhalters sowie vor dem Pfandrecht des Spediteurs, des Frachtführers und des Verfrachters für Vorschüsse, etwa auf Wertnachnahmen oder Lagerkosten, die nicht aus der Beförderung entstanden sind. Die Rangfolge dieser Pfandrechte untereinander sowie im Verhältnis zu den beförderungsbezogenen Pfandrechten richtet sich nach dem Prioritätsprinzip. Wenn auch hier das Posterioritätsprinzip gälte, könnte sich ein Frachtführer nur auf die Beförderung einlassen, wenn er vorher prüfen würde, ob er noch damit rechnen kann, sich aus dem Gut zu befriedigen. Das würde den Transport erheblich erschweren.

4. Abschnitt. Frachtgeschäft 1, 2 § 443

Ladeschein. Verordnungsermächtigung

443 (1) ¹Über die Verpflichtung zur Ablieferung des Gutes kann von dem Frachtführer ein Ladeschein ausgestellt werden, der die in § 408 Abs. 1 genannten Angaben enthalten soll. ²Der Ladeschein ist vom Frachtführer zu unterzeichnen; eine Nachbildung der eigenhändigen Unterschrift durch Druck oder Stempel genügt.

(2) ¹Ist der Ladeschein an Order gestellt, so soll er den Namen desjenigen enthalten, an dessen Order das Gut abgeliefert werden soll. ²Wird der Name nicht angegeben, so ist der Ladeschein als an Order des Absenders gestellt anzusehen.

(3) ¹Dem Ladeschein gleichgestellt ist eine elektronische Aufzeichnung, die dieselben Funktionen erfüllt wie der Ladeschein, sofern sichergestellt ist, dass die Authentizität und die Integrität der Aufzeichnung gewahrt bleiben (elektronischer Ladeschein). ²Das Bundesministerium der Justiz und für Verbraucherschutz wird ermächtigt, im Einvernehmen mit dem Bundesministerium des Innern durch Rechtsverordnung, die nicht der Zustimmung des Bundesrates bedarf, die Einzelheiten der Ausstellung, Vorlage, Rückgabe und Übertragung eines elektronischen Ladescheins sowie die Einzelheiten des Verfahrens einer nachträglichen Eintragung in einen elektronischen Ladeschein zu regeln.

1) Inhalt und Form des Ladescheins (I)

A. Inhalt: § 443 tritt an die Stelle von § 444 aF, der infolge der Streichung 1 von § 440 aF im Zuge des SHRG umnummeriert wurde. Der **Ladeschein** (§§ 443–450, gelten für HGB-Frachtführer ebenso wie für CMR-, WA- u MÜ-Frachtführer) ist anders als der Frachtbrief (§ 409) ein Wertpapier (Namenspapier, Rektapapier), das wie der Orderlagerschein (§ 475g) Traditionswirkung hat (§ 448) und auf Order ausgestellt werden kann (§§ 363 ff). Der Ladeschein wird über die Verpflichtung des Frachtführers zur Ablieferung des Gutes ausgestellt und ist für das Rechtsverhältnis zwischen dem Frachtführer und dem Empfänger maßgebend. Zweck des Ladescheins ist es, die Veräußerung oder Verpfändung des Gutes während der Versendung zu ermöglichen und dem gutgläubigen Empfänger wertpapierrechtlich zu garantieren, dass er den Anspruch gegen den Frachtführer ungeachtet des Frachtvertrages so erwirbt, wie er sich aus dem Frachtbrief ergibt. Der Frachtführer braucht das Gut nur gegen Vorlage und Rückgabe des Ladescheins abzuliefern. Die praktische Bedeutung ist gering, Koller 1. I betrifft Ausstellung, Inhalt und Form des Ladescheins. **Ausstellung** muss vereinbart werden, sonst kein Anspruch auf Ausstellung (I 1 „kann", anders § 513 I). **Inhalt** s I 1 (Sollvorschrift, aber Merkmale eines Wertpapiers müssen erfüllt sein) iVm § 408 I (gilt auch für Multimodal-Ladeschein mit Einschluss einer Seestrecke, aA Kopper, Der multimodale Ladeschein im internationalen Transportrecht, 07, 53). Anzugeben sind der Absender (§ 408 I Nr 2), die Ablieferungsstelle und der Übernahmetag (§ 408 I Nr 4), beim Namensladeschein der Name des Empfängers (§ 408 I Nr 5; für Orderlagerschein s § 444 II), Gewicht bzw. Mengenumschreibung, § 408 I Nr 8), Weisungen für die Güterbehandlun (§ 408 I Nr 11), Vereinbarungen über die Beförderung in offenem Fahrzeug oder auf Deck (§ 408 I Nr 12). Ist der Frachtführer für Dritten nicht erkennbar, ist Ladeschein unwirksam. Hinweis auf Ablieferungspflicht ist wesentlich; fehlt er, handelt es sich nicht um einen Ladeschein, sondern um eine reine Beweisurkunde.

B. Form: Der Ladeschein ist nach **I 2** vom Frachtführer zu unterzeichnen, 2 auch gedruckte Unterschrift (faksimilierte Form erforderlich, normaler Firmenstempel genügt nicht); fehlende Unterschrift: § 125 BGB. Mehrere Ausfertigun-

Merkt 1703

§ 444

gen sind in I nicht vorgesehen (anders Frachtbrief, vgl § 408 II), krit wegen gewachsener Bedeutung des Ladescheins im Multimodalverkehr MüKo/Herber 9; Rabe TranspR **98**, 439; Ausstellung mehrerer Ausfertigungen kann aber vereinbart werden. Die praktische Bedeutung des Ladescheins ist allerdings auf die Binnenschifffahrt beschränkt, im Landverkehr ist er herkömmlich unüblich, weil wegen der idR kurzen Transportzeiten kaum Bedürfnis besteht, während der Beförderung über das Gut zu verfügen. Das Papier des Multimodaltransports (in der Praxis: Durchkonnossement) erhält durch §§ 443 ff eine gesetzliche Basis (wichtigster Fall: FIATA Multimodal Transport Bill of Lading (FBL). Seekonnossement s §§ 513–525. Lit: von Bernstorff RIW **01**, 504; Ramming VersR **02**, 539 (elektron. Ladeschein); Kopper, Der multimodale Ladeschein im internationalen Transportrecht, **07**; Ramming TranspR **06**, 95; **07**, 279 (IPR).

2) Orderladeschein (II)

3   Der Ladeschein kann an Order einer beliebigen benannten Person ausgestellt werden (**II 1**), zB Order des Empfängers, des Absenders, einer Bank oder einer Person, die das Gut dem Frachtführer abliefert, ohne selbst Vertragspartner des Frachtvertrags zu sein („Ablader", Begriff aus dem Seefrachtrecht, RegE zum TRG). Der Ladeschein kann sodann auch vom Dritten an einen Vierten indossiert werden. Wird im Orderladeschein der Name nicht angegeben (schlechthin „an Order", vgl § 363 I 1), gilt der Ladeschein als an Order des Absenders ausgestellt (**II 2**). Zum Fehlen bestimmter Mindestangaben Staub/Otte 53. Haftung ggf. aus § 311 II, III BGB, § 826 BGB bzw. aus Rechtsschein.

3) Elektronischer Ladeschein (III)

4   **III 1** schafft (übereinstimmend mit den Vorschriften für den Frachtbrief, das Konossement und den Seefrachtbrief (§ 408 III, § 516, § 526 IV) eine Regelung zur Ersetzung des papiergebundenen Ladescheins durch eine elektronische Aufzeichnung. Voraussetzung ist **Gleichwertigkeit** der elektronischen Aufzeichnung mit dem papiergebundenen Ladeschein insbesondere hinsichtlich der stetigen Gewährleistung der **Funktionen** (Beweis-, Instruktions-, Sperr-, Traditions-, Legitimationsfunktion), der Authentizität und der Integrität der Aufzeichnung. Wird ein elektronischer Ladeschein verwendet, ist sicherzustellen, dass er „unterzeichnet", „vorgelegt", „zurückgegeben" und „übertragen" werden kann, ferner, dass ein „legitimierter Besitzer" den formalen Nachweis der Legitimation erbringen kann und auf welche Weise nachträglich Vorbehalte in die Aufzeichnung aufgenommen werden können, ohne dass Authentizität und Integrität der Daten in Frage gestellt werden. Wie beim elektronischen Konossement und aus denselben Gründen (s RegBegr SHRG) hat der Gesetzgeber beim elektronischen Ladeschein von einer detaillierten Regelung abgesehen. Nach **III 2** kann aber der **Verordnungsgeber** die Einzelheiten von Ausstellung, Vorlage, Rückgabe und Übertragung des elektronischen Ladescheins sowie das Verfahren der nachträglichen Eintragung von Vorbehalten regeln.

Wirkung des Ladescheins. Legitimation

444 (1) **Der Ladeschein begründet die Vermutung, dass der Frachtführer das Gut so übernommen hat, wie es im Ladeschein beschrieben ist; § 409 Absatz 2 und 3 Satz 1 gilt entsprechend.**

(2) [1] **Gegenüber einem im Ladeschein benannten Empfänger, an den der Ladeschein begeben wurde, kann der Frachtführer die Vermutung nach Absatz 1 nicht widerlegen, es sei denn, dem Empfänger war im Zeitpunkt der Begebung des Ladescheins bekannt oder infolge grober Fahrlässigkeit unbekannt, dass die Angaben im Ladeschein unrichtig sind.** [2] **Gleiches gilt gegenüber einem Dritten, dem der Ladeschein übertragen wurde.** [3] **Die Sätze 1 und**

4. Abschnitt. Frachtgeschäft 1–3 § 444

2 gelten nicht, wenn der aus dem Ladeschein Berechtigte den ausführenden Frachtführer nach § 437 in Anspruch nimmt und der Ladeschein weder vom ausführenden Frachtführer noch von einem für ihn zur Zeichnung von Ladescheinen Befugten ausgestellt wurde.

(3) ¹Die im Ladeschein verbrieften frachtvertraglichen Ansprüche können nur von dem aus dem Ladeschein Berechtigten geltend gemacht werden. ²Zugunsten des legitimierten Besitzers des Ladescheins wird vermutet, dass er der aus dem Ladeschein Berechtigte ist. ³Legitimierter Besitzer des Ladescheins ist, wer einen Ladeschein besitzt, der

1. auf den Inhaber lautet,
2. an Order lautet und den Besitzer als Empfänger benennt oder durch eine ununterbrochene Reihe von Indossamenten ausweist oder
3. auf den Namen des Besitzers lautet.

1) Vermutungswirkung des Ladescheins (I)

§ 444 neu eingefügt durch SHRG 2013. § 444 aF wurde infolge der Aufhebung von § 440 aF zu § 443 umnummeriert. Neufassung der Vorschrift durch das SHRG soll die Regelungen über den Ladeschein stärker an den im 5. Buch getroffenen Regelungen zum Konnossement ausrichten, RegBegr SHRG. Nach I Hs 1(entspricht § 444 III 2 aF mit redaktioneller Angleichung an § 517 I 1 nF) begründet der Ladeschein einen wertpapierrechtlichen **Anspruch gegen den Frachtführer**, der nach Entstehung, Inhalt und Fortbestand unabhängig vom Frachtvertrag ist. Er begründet die widerlegliche Vermutung, dass die Güter wie im Ladeschein beschrieben übernommen sind; der Ladeschein steht insoweit teilweise dem Frachtbrief gleich (I Hs 2 iVm § 409 II, III 1). Einschränkung der Vermutung durch einen Vorbehalt des Frachtführers ist möglich (I Hs 2, §§ 408 II 2, 409 II). Begründung des Anspruchs setzt einen **Begebungsvertrag** zwischen Aussteller und erstem Nehmer voraus. Übertragung des verbrieften Anspruchs setzt beim , Rektaladeschein die Abtretung des Auslieferungsanspruchs, beim Orderlagerschein und beim Inhaberladeschein eine Übertragung nach wertpapierrechtlichen Grundsätzen voraus, Staub/Otte 37 ff. 1

2) Unwiderleglichkeit der Vermutungswirkung (II)

II 1 und 2 entspricht inhaltlich weitgehend III 3 aF, allerdings mit terminologischer Angleichung an § 522 II nF. Die Vorschrift unterscheidet zwischen Begebung des Ladescheins an den darin benannten Empfänger und Übertragung des Ladescheins an einen Dritten durch Indossament oder, wie beim Inhaberladeschein, durch Einigung und Übergabe (§ 929 BGB). Dadurch soll wie im Seefrachtrecht gewährleistet werden, dass auch der gutgläubige erste Nehmer eines Rekta- oder Orderpapiers geschützt wird, RegBegr SHRG. Gem **II 1 und 2** ist bei Übertragung des Ladescheins an einen gutgläubigen Dritten die Vermutung nach I unwiderleglich, also auch, wenn es sich um einen einfachen, nicht einen Inhaber- oder Orderladeschein handelt. Kein Einwendungsausschluss beim Namenslagerschein. II gilt überdies nicht, wenn erster Nehmer der Absender oder der Ablader ist, Koller 5. **II 3** regelt nach dem Vorbild § 522 III 2 den Fall, dass ein ausführender Frachtführer nach § 437 von dem aus dem Ladeschein Berechtigten in Anspruch genommen wird. Ebenso wie bei der Ausstellung eines Konnossements soll dem Schutzbedürfnis des ausführenden Frachtführers der Vorrang vor den Interessen gutgläubiger Dritter eingeräumt werden, sofern der Ladeschein nicht von ihm oder einem Vertreter ausgestellt wurde, RegBegr SHRG. 2

3) Legitimation (III)

III ist § 519 nachgebildet. Die Vorschrift ersetzt § 444 III 1 aF sowie § 446 aF. Der legitimierte Besitzer gilt (Vermutung) als aus dem Ladeschein Berechtigter. 3

§ 445 1–3 4. Buch. Handelsgeschäfte

Als Berechtigter wird daher vermutet: der Besitzer eines Inhaberladescheins (**III 3 Nr 1**), eines Orderladescheins (III 3 Nr 2) oder eines Namensladescheins (**III 3 Nr 3**).

Ablieferung gegen Rückgabe des Ladescheins

445 (1) ¹Nach Ankunft des Gutes an der Ablieferungsstelle ist der legitimierte Besitzer des Ladescheins berechtigt, vom Frachtführer die Ablieferung des Gutes zu verlangen. ²Macht er von diesem Recht Gebrauch, ist er entsprechend § 421 Absatz 2 und 3 zur Zahlung der Fracht und einer sonstigen Vergütung verpflichtet.

(2) ¹Der Frachtführer ist zur Ablieferung des Gutes nur gegen Rückgabe des Ladescheins, auf dem die Ablieferung bescheinigt ist, und gegen Leistung der noch ausstehenden, nach § 421 Absatz 2 und 3 geschuldeten Zahlungen verpflichtet. ²Er darf das Gut jedoch nicht dem legitimierten Besitzer des Ladescheins abliefern, wenn ihm bekannt oder infolge grober Fahrlässigkeit unbekannt ist, dass der legitimierte Besitzer des Ladescheins nicht der aus dem Ladeschein Berechtigte ist.

(3) ¹Liefert der Frachtführer das Gut einem anderen als dem legitimierten Besitzer des Ladescheins oder, im Falle des Absatzes 2 Satz 2, einem anderen als dem aus dem Ladeschein Berechtigten ab, haftet er für den Schaden, der dem aus dem Ladeschein Berechtigten daraus entsteht. ²Die Haftung ist auf den Betrag begrenzt, der bei Verlust des Gutes zu zahlen wäre.

1) Rechte des durch den Ladeschein ausgewiesenen Besitzers (I)

1 Die Neufassung der Vorschrift durch das SHRG 2013 dient der Angleichung an § 521 nF. I entspricht im Wesentlichen § 446 I aF und regelt die Rechte des formell durch den Ladeschein ausgewiesenen Besitzers (legitimierter Besitzer des Ladescheins). Die Empfangslegitimation bestimmt, an welche Person der Frachtführer das Gut mit befreiender Wirkung abliefern kann, auch wenn diese Peron nicht materiell berechtigt ist (Liberationswirkung). Eine Unterscheidung bei Namenslagerschein und Orderlagerschein wird – anders als nach früherem Recht – nicht mehr getroffen. Nach dem Vorbild von § 521 I kann der ausgewiesene Besitzer die Ablieferung des Gutes nur verlangen, wenn das Gut an der Ablieferungsstelle angekommen ist. Macht er von seinem Recht Gebrauch, muss er nach I 2 entsprechend § 421 II und III die noch ausstehende Fracht und bei Beförderungsverzögerung eine noch ausstehende Vergütung zahlen.

2) Ablieferungspflicht des Frachtführers (II)

2 II ist § 521 II idF des SHRG 2013 nachgebildet. II 1 entspricht im Wesentlichen § 445 aF, allerdings mit ergänzender Bestimmung, dass der Verfrachter auch bei Vorlage des Ladescheins nur dann zur Ablieferung verpflichtet ist, wenn die noch ausstehenden Zahlungen geleistet werden. Dies entspricht § 521 II 1. Darüber hinaus bestimmt **II 2** nach dem Vorbild von § 521 II 2, dass der Frachtführer trotz Vorlage eines Ladescheins nicht dem legitimierten Besitzer abliefern darf, wenn ihm bekannt oder grobfahrlässig unbekannt ist, dass der legitimierte Besitzer des Ladescheins nicht aus dem Ladeschein materiell berechtigt ist. Aussteller kann sich auf § 407 BGB nicht berufen, Koller 8a. Redlichkeit bestimmt sich wie bei § 521 II 2 nach Art. 40 III 1 WG.

3) Ablieferung ohne Rückgabe des Ladescheins (III)

3 III folgt dem Vorbild des § 521 IV und stimmt sachlich mit § 447 aF überein, soweit dieser die Ablieferung ohne Rückgabe des Ladescheins regelt. Statuiert wird verschuldensunabhängige Haftung, Staub/Otte 55. Die Ausführung einer

4. Abschnitt. Frachtgeschäft 1, 2 § 446

Weisung ohne Vorlage eines Ladescheins (§ 447 aF) ist jetzt nach dem Vorbild von § 520 I gesondert in § 446 II HGB geregelt.

Befolgung von Weisungen

446 (1) ¹Das Verfügungsrecht nach den §§ 418 und 419 steht, wenn ein Ladeschein ausgestellt worden ist, ausschließlich dem legitimierten Besitzer des Ladescheins zu. ²Der Frachtführer darf Weisungen nur gegen Vorlage des Ladescheins ausführen. ³Weisungen des legitimierten Besitzers des Ladescheins darf er jedoch nicht ausführen, wenn ihm bekannt oder infolge grober Fahrlässigkeit unbekannt ist, dass der legitimierte Besitzer des Ladescheins nicht der aus dem Ladeschein Berechtigte ist.

(2) ¹Befolgt der Frachtführer Weisungen, ohne sich den Ladeschein vorlegen zu lassen, haftet er dem aus dem Ladeschein Berechtigten für den Schaden, der diesem daraus entsteht. ²Die Haftung ist auf den Betrag begrenzt, der bei Verlust des Gutes zu zahlen wäre.

1) Liberationswirkung (I)

§ 446 durch SHRG 2013 neu gefasst, um die Vorschrift an § 520 nF anzuglei- 1
chen. **I 1** bestimmt nach dem Vorbild des § 521 I nF, wer bei Ausstellung des Ladescheins verfügungsberechtigt ist (**Liberationswirkung**, vgl § 446 II 1 aF, aber ohne Differenzierung zwischen Namens- und Orderlagerschein). Anders als in § 446 II 1 aF wird jedoch auch auf § 419 HGB verwiesen, um klarzustellen, dass bei Ausstellung eines Ladescheins das Verfügungsrecht des § 418 (Recht zur Erteilung nachträglicher Weisungen) auch bei Beförderungs- oder Ablieferungshindernis nicht auf den Absender zurückfällt. **II 2** bestimmt nach dem Vorbild von § 520 I 2 nF, dass der Frachtführer Weisungen nur gegen Vorlage des Ladescheins ausführen darf. Nach **II 3** darf er jedoch auch Weisungen eines legitimierten Besitzers nicht ausführen, wenn dieser nicht der materiell aus dem Ladeschein Berechtigte ist und der Frachtführer davon Kenntnis oder grobfahrlässig keine Kenntnis hat (vgl Seehandelsrecht § 520 I 3 nF).

2) Haftung des Frachtführers (II)

II begründet nach dem Vorbild von § 520 II nF und wie § 447 aF **Haftung** 2
des Frachtführers, falls er eine Weisung befolgt, ohne sich den Ladeschein vorlegen zu lassen, anders als in § 447 II aF allerdings nicht für den Fall der Befolgung einer Weisung wegen Rückgabe oder Ablieferung des Gutes an einen anderen als den durch den Ladeschein Legitimierten beschränkt. Formelle Legitimation des Weisungserteilenden alleine genügt ausweislich des Wortlauts nicht, Koller 9. RegBegr SHRG 2013 hält es für geboten, nicht nur in § 418 VI Haftungsregelung für Ausstellung eines Frachtbriefs mit Sperrvermerk zu treffen, sondern auch für Ausstellung eines Ladescheins. Die Haftung dient auch dem Schutz des rechtmäßigen Inhabers und ist verschuldensunabhängig und dementsprechend gem **II 2** auf einen **Höchstbetrag** wie bei Verlust des Gutes beschränkt (siehe auch § 520 II 2 nF, Wertungsdiskrepanz zu § 418 VI 2; vgl auch § 475e Rn 1). Ein solches Verhalten des Frachtführers ist idR ein qualifiziertes Verschulden iSv § 435 (s dort Rn 2). Bei Weisungen eines materiell Nichtberechtigten ist Norm analog anwendbar, wenn sich der Frachtführer den Ladeschein vorlegen lässt, Staub/Otte 21. § 446 ist außer bei Brief- oder brieflicher Sendungsbeförderung nur durch Individualvereinbarung abdingbar (§ 449 I 1), Abweichungen im Übrigen s § 449 I 2, II.

Merkt 1707

§ 448

Einwendungen

447 (1) ¹Dem aus dem Ladeschein Berechtigten kann der Frachtführer nur solche Einwendungen entgegensetzen, die die Gültigkeit der Erklärungen im Ladeschein betreffen oder sich aus dem Inhalt des Ladescheins ergeben oder dem Frachtführer unmittelbar gegenüber dem aus dem Ladeschein Berechtigten zustehen. ²Eine Vereinbarung, auf die im Ladeschein lediglich verwiesen wird, ist nicht Inhalt des Ladescheins.

(2) Wird ein ausführender Frachtführer nach § 437 von dem aus dem Ladeschein Berechtigten in Anspruch genommen, kann auch der ausführende Frachtführer die Einwendungen nach Absatz 1 geltend machen.

1) Einwendungen des Frachtführers (I)

1   § 447 (neu gefasst durch SHRG 2013, das die Regelungen des § 447 aF über Haftung und Weisungsbefolgung ohne Ladeschein nach dem Vorbild des Konnossementsrechts in die Regelungen der § 445 III und § 446 II verlagert hat) enthält nach dem Vorbild des § 522 nF eine Regelung über die Einwendungen des Frachtführers (s aber für die § 522 II nF entsprechende Regelung über die unwiderlegliche Vermutung der Angaben in dem Beförderungsdokument § 444 II nF). **I** regelt, welche Einwendungen der Frachtführer dem aus dem Ladeschein Berechtigten entgegenhalten kann (vgl § 522 I nF). Erfasst sind auch Einreden, Koller 3. **I 1** normiert in enger Anlehnung an die wertpapierrechtliche Vorschrift des § 364 II den bisher im Transportrecht nicht positivierten Grundsatz, dass der aus dem Ladeschein verpflichtete Verfrachter dann, wenn der Ladeschein in Umlauf gegeben wurde, dem aus dem Ladeschein Berechtigten nur solche die Gültigkeit der Erklärung betreffenden Einwendungen entgegenhalten kann, die sich aus dem Inhalt der Urkunde ergeben oder die dem Verfrachter unmittelbar gegen den Berechtigten zustehen, Staub/Otte 4 Die Formulierung „dem aus dem Ladeschein Berechtigten" stellt klar, dass nicht nur der Zweiterwerber des Ladescheins, sondern auch der im Ladeschein benannte Empfänger, an den der Ladeschein begeben wurde, erfasst ist. Ladeschein iSv **I** sind daher der Order-, der Inhaber- und der Rekta-Ladeschein. **I 1** läßt das Recht des Verfrachters, die materielle Berechtigung eines legitimierten Besitzers in Frage zu stellen, unberührt, s die Sonderregelungen in § 520 I 3 und § 521 II 2. Ergänzend zu **I 1** bestimmt **I 2**, dass eine Vereinbarung, auf die im Ladeschein lediglich verwiesen wird, nicht Inhalt des Ladescheins ist, was vor allem Bedeutung für Klauseln im Ladeschein hat, die etwa durch die Formulierung „All terms and conditions of the Charter Party are herewith incorporated" auf einen Chartervertrag verweisen. Einwendungen, die sich aus einer solchen Vereinbarung ergeben, sind nicht solche, die sich aus dem Inhalt des Ladescheins ergeben (abw BGHZ **29**, 120).

2) Einwendungen des ausführenden Frachtführers (II)

2   Nach **II** (vgl § 522 III 1 nF) kann ein ausführender Frachtführer von dem aus dem Ladeschein Berechtigten in Anspruch genommen werden. Entsprechend § 509 III nF kann auch in diesem Falle der ausführende Verfrachter die Einwendungen geltend machen, die dem Verfrachter nach **I** zustehen.

Traditionswirkung des Ladescheins

448 ¹Die Begebung des Ladescheins an den darin benannten Empfänger hat, sofern der Frachtführer das Gut im Besitz hat, für den Erwerb von Rechten an dem Gut dieselben Wirkungen wie die Übergabe des Gutes. ²Gleiches gilt für die Übertragung des Ladescheins an Dritte.

1) Ladeschein als Traditionspapier

Die Vorschrift wurde durch das SHRG 2013 neu gefasst und an § 524 nF **1** angepasst. Sie regelt die Traditionsfunktion des Ladescheins. Der **Ladeschein** (nicht nur Orderladeschein) ist nach § 448 ein Traditionspapier, ebenso wie der **Orderlagerschein** (§ 475g) und das **Seekonnossement** (§ 524 nF). Das bedeutet, dass die Übergabe des Ladescheins an den in diesem zum Empfang des Gutes Legitimierten nach Übernahme des Guts durch den Frachtführer der Übergabe des Gutes gleichsteht, also für den Erwerb von Rechten an dem Gut dieselben Wirkungen wie die Übergabe des Gutes hat. Einzelheiten sind str (s Rn 2–4). **1** bestimmt, dass die Begebung des Ladescheins an den darin benannten Empfänger für den Erwerb von Rechten an dem Gut der Übergabe des Gutes gleichsteht. Ebenso wie die Regelung über Einwendungen des Verfrachters bei gutgläubigem Erwerb des Ladescheins (§ 522 II nF) erfasst **1** den Fall der Begründung der wertpapierrechtlichen Verpflichtung aus dem Ladeschein. Ladeschein ist wie bei § 522 II nF jeder Ladeschein, also auch der Rekta-Ladeschein. **1** gilt auch dann, wenn der Orderladeschein an die Order des Empfängers gestellt wird oder, wie beim Rekta-Ladeschein, wenn der darin genannte Empfänger erster Nehmer des Ladescheins ist. Denn auch der Rekta-Ladeschein wird begeben, kann allerdings nicht wertpapiermäßig vom ersten Nehmer weiter übertragen werden. Voraussetzung für die in **1** angeordnete Traditionswirkung ist, dass der Verfrachter im Zeitpunkt der Übertragung des Ladescheins noch den Besitz am Gut hat, dh es übernommen hat und den Besitz hieran weder aufgegeben noch verloren hat (insoweit klarstellend „sofern der Verfrachter Besitz an dem Gut hat"). Besitz ist auch dann gegeben, wenn Aussteller als Eigenbesitzer besitzt, Koller 4. **2** gilt, wenn der Ladeschein an Dritte wertpapiermäßig übertragen wurde. Dies gilt insbesondere im Normalfall der Übertragung eines Orderladescheins durch Indossament. Dieses echte Wertpapier kann nach Begebung an den ersten Nehmer von diesem weiter übertragen werden. Eine derartige wertpapiermäßige Übertragung ist beim Rekta-Ladeschein nicht möglich. **2** erfasst auch den praktisch selteneren Fall des Inhaberladescheins, der durch Einigung und Übergabe (§ 929 BGB) übertragen wurde.

2) Art der dinglichen Wirkung von Traditionspapieren (§§ 448, 475g, 524)

A. Für den Erwerb von Rechten an dem Gut, also für Übereignung und **2** Bestellung beschränkter dinglicher Rechte, besonders Verpfändung, wirkt nach dem Wortlaut der §§ 448, 475g, 524 die **Übergabe des Scheins wie die Übergabe des Guts**. Die rechtliche Behandlung der Traditionspapiere ist seit jeher str. Der Theorienstreit (absolute, relative, Repräsentationstheorie) hat jedoch für die Praxis wenig Bedeutung. Nach moderner Ansicht ist der Herausgabeanspruch in einem Papier mit Verkehrsschutz verbrieft. Einigung über den Übergang des Eigentums an dem übernommenen oder eingelagerten Gut und Übergabe des Scheins (str für Übergabesurrogate) verschaffen dem Erwerber das Eigentum, wenn der Veräußerer mittelbarer Besitzer ist (wirksame Übereignung folgt dann schon aus § 931 BGB, gutgläubiger Erwerb aus § 934 BGB); str ist, ob das auch gilt, wenn der Veräußerer wegen Eigenbesitzes des Inhabers des Scheins nicht mittelbarer Besitzer ist (§§ 931, 934 BGB versagen dann), bejahend Staub/Canaris § 363 Rn 107, verneinend üM. Der Nehmer des Scheins muss den Verfügenden ohne grobe Fahrlässigkeit für den Eigentümer der Ware oder für über sie verfügungsberechtigt halten, nicht nur für den rechtmäßigen Inhaber des Scheins (den das Lagerhaus dem Einlagerer ausstellt, ohne Prüfung auf Eigentum oder Verfügungsrecht). Lit: zu den verschiedenen Theorien über Traditionspapiere (relative, absolute, Repräsentationstheorie) Staub/Canaris § 363 Rn 95 ff; Koller 3; K. Schmidt § 24 III 2; Nielsen WM Sonderbeil 9/**86**, 14; Schnauder NJW

§ 449   1   4. Buch. Handelsgeschäfte

91, 1642; Kopper, Der multimodale Ladeschein im internationalen Transportrecht, **07**, 34 ff.; Rabe TranspR **15**, 429.

3   B. Die Übergabe des Scheins kann jedenfalls **nicht mehr bewirken als die Übergabe des Guts**. Das Recht an der Ware folgt nicht ohne weiteres dem Recht aus dem Papier. Einen strikten Parallelismus zwischen Recht am Papier und Recht aus dem Papier gibt es nicht. Begebung oder Übertragung ist für den Fall des gutgläubigen Erwerbs der für den Rechtsscheinstatbestand maßgebliche Zeitpunkt, Staub/Otte 23. Der gutgläubige Erwerb abhanden gekommener Ware durch den gutgläubigen Nehmer des Scheins ist ausgeschlossen (§ 935 I BGB), BGH NJW **58**, 1485, Reinicke BB **60**, 1368, str.

4   C. Der Nehmer von Ware und Schein ist idR **gutgläubig**, wenn Veräußerer sein Verfügungsrecht versichert; nur bei schwerwiegenden Verdachtsgründen hat er weiter nachzuforschen, BGH DB **69**, 436 (für Lagerschein).

Abweichende Vereinbarungen über die Haftung

449 (1) ¹Soweit der Frachtvertrag nicht die Beförderung von Briefen oder brieffähnlichen Sendungen zum Gegenstand hat, kann von den Haftungsvorschriften in § 413 Absatz 2, den §§ 414, 418 Absatz 6, § 422 Absatz 3, den §§ 425 bis 438, 445 Absatz 3 und § 446 Absatz 2 nur durch Vereinbarung abgewichen werden, die im Einzelnen ausgehandelt wird, auch wenn sie für eine Mehrzahl von gleichartigen Verträgen zwischen denselben Vertragsparteien getroffen wird. ²Der Frachtführer kann sich jedoch auf eine Bestimmung im Ladeschein, die von den in Satz 1 genannten Vorschriften zu Lasten des aus dem Ladeschein Berechtigten abweicht, nicht gegenüber einem im Ladeschein benannten Empfänger, an den der Ladeschein begeben wurde, sowie gegenüber einem Dritten, dem der Ladeschein übertragen wurde, berufen.

(2) ¹Abweichend von Absatz 1 kann die vom Frachtführer zu leistende Entschädigung wegen Verlust oder Beschädigung des Gutes auch durch vorformulierte Vertragsbedingungen auf einen anderen als den in § 431 Absatz 1 und 2 vorgesehenen Betrag begrenzt werden, wenn dieser Betrag

1. zwischen 2 und 40 Rechnungseinheiten liegt und der Verwender der vorformulierten Vertragsbedingungen seinen Vertragspartner in geeigneter Weise darauf hinweist, dass diese einen anderen als den gesetzlich vorgesehenen Betrag vorsehen, oder
2. für den Verwender der vorformulierten Vertragsbedingungen ungünstiger ist als der in § 431 Absatz 1 und 2 vorgesehene Betrag.

²Ferner kann abweichend von Absatz 1 durch vorformulierte Vertragsbedingungen die vom Absender nach § 414 zu leistende Entschädigung der Höhe nach beschränkt werden.

(3) Ist der Absender ein Verbraucher, so kann in keinem Fall zu seinem Nachteil von den in Absatz 1 Satz 1 genannten Vorschriften abgewichen werden, es sei denn, der Frachtvertrag hat die Beförderung von Briefen oder brieffähnlichen Sendungen zum Gegenstand.

(4) Unterliegt der Frachtvertrag ausländischem Recht, so sind die Absätze 1 bis 3 gleichwohl anzuwenden, wenn nach dem Vertrag sowohl der Ort der Übernahme als auch der Ort der Ablieferung des Gutes im Inland liegen.

1) Schranken für abweichende Haftungsvereinbarungen (I)

1   Vorschrift im Zuge des SHRG 2013 an die §§ 414, 512, 525 angepasst. § 449 regelt nur Abweichungen von den gesetzlichen Haftungsvorschriften. Inwieweit

4. Abschnitt. Frachtgeschäft § 449

von den anderen Vorschriften, insbesondere von den wertpapierrechtlichen Sondervorschriften der §§ 444 bis 448 abgewichen werden darf, beurteilt sich nach allgemeinen Grundsätzen, s RegBegr SHRG 2013. Die Vorschriften der §§ 407 ff sind (sofern überhaupt anwendbar, zB geht **(17)** CMR im grenzüberschreitenden Verkehr zwingend vor, § 407 Rn 10) **nur teilweise dispositiv** (strenger **(17)** CMR Art 41). **I 1** stellt zunächst den bisher in II 1 aF verankerten Grundsatz auf, dass die darin genannten Haftungsvorschriften nur durch Individualvereinbarung, nicht jedoch durch vorformulierte Vertragsbedingungen abbedungen werden können, soweit der Vertrag nicht die Beförderung von Briefen oder briefähnlichen Sendungen zum Gegenstand hat. **I 2** bestimmt nach dem Vorbild des § 525, dass jede Bestimmung in einem Ladeschein, die von den in I 1 genannten Haftungsvorschriften zu Lasten des Absenders abweicht, Dritten gegenüber unwirksam ist. Auf die Gutgläubigkeit des Dritten kommt es nicht an. Wenn nämlich der Ladeschein die Haftung abweichend vom Geetz regelt, kann sich ein Dritter, dem der Ladeschein übertragen wurde, nicht auf fehlende Kenntnis vom Ladeschein berufen. Zum Schutz der Umlauffähigkeit des Ladescheins ist die Zulassung abweichender Haftungsvereinbarungen geboten. Eine Ausnahme von I 2 gilt nur nach II.

2) Abweichung durch AGB (II)

II, geändert durch das SHRG 2013, eröffnet die Möglichkeit, von der gesetzlichen Haftung abzuweichen, und zwar sowohl für den Frachtvertrag als auch für den Ladeschein (s Verweis auf I). Wie bei Ausstellung eines Konnossements (§ 525 HGB) ist demnach eine Bestimmung im Ladeschein, die die Voraussetzungen von II erfüllt, auch dann wirksam, wenn sie zu Lasten Dritter geht. II gilt für alle Geschäfte, die nicht Verbrauchergeschäfte iSv III sind. **II 1** gestattet, im Rahmen der in Nr 1 und 2 aufgestellten Grenzen, einen anderen als den in § 431 I und II vorgesehenen Haftungshöchstbetrag festzulegen (auch für den Ladeschein). Ob dieser Haftungshöchstbetrag zu Lasten Dritter geht, ist für die Wirksamkeit der Festlegung ohne Bedeutung. In allen anderen als den nach I 1 genannten Fällen kann von den dort genannten Vorschriften **nur** durch Vereinbarung abgewichen werden, die im Einzelnen ausgehandelt worden ist (**individuelles Aushandeln**; Grundsatz der AGB-Festigkeit statt AGB-Kontrolle); entscheidend ist das individuelle Aushandeln, nicht, ob eine AGB vorliegt oder nicht. Noch kein Aushandeln bei bloßem Angebot verschiedener im Einzelnen nicht verhandelbarer Transportalternativen, Düss TranspR **07**, 243. Verhandlungsbereitschaft muss signalisiert werden, ebenso muss Möglichkeit, Parteiinteressen geltend zu machen, bestanden haben, Staub/Otte 24. Eine individuelle Vereinbarung kann auch für eine Mehrzahl von gleichartigen Verträgen zwischen denselben Vertragsparteien getroffen werden **(II 1)**. Das ist der Fall zB bei Rahmenvereinbarungen, nicht aber bei Musterbedingungen und Klauselwerken von Vereinigungen der beteiligten Wirtschaftskreise. Zum Begriff der briefähnlichen Sendung s Rn 1. Eine Klausel in AGB, wonach der Absender auf die Durchführung von Transportwegkontrollen verzichtet, stellt eine nach II 1 unwirksame Änderung des Sorgfaltsmaßstabes des § 426 dar, BGH NJW-RR **06**, 759, TranspR **06**, 173, Düss TranspR **06**, 349, **08**, 40, **10**, 230, krit Koller TranspR **06**, 265. **II 2, 3** lassen entgegen II 1 in engen Grenzen AGB zu. Danach lässt sich die Haftung (außer bei Briefen, s Rn 1) durch AGB nur in zwei Fällen verändern: **II 2 Nr 1** gestattet eine Änderung des Haftungshöchstbetrags nach §§ 431 I, II, 414, soweit der Höchstbetrag in einem Korridor zwischen 2 und 40 Rechnungseinheiten liegt. Auf bes Schutzbedürfnis der anderen Vertragspartei kommt es nicht an, Hbg TranspR **03**, 73. **II 2 Nr 2** erlaubt die Änderung des Haftungshöchstbetrages nur, wenn sie vorteilhaft für den Vertragspartner des Verwenders ist. II 2 stellt nur die Haftungshöchstbeträge zur Disposition der AGB, alle anderen Haftungsbestimmungen bleiben von II 2 unberührt. Das nach den

§ 450   1   4. Buch. Handelsgeschäfte

früheren ADSp vorgesehene Modell der Haftungsersetzung durch Versicherung ist nicht mehr zulässig. Soweit AGB möglich bleiben, gelten die **(5)** §§ 305 ff BGB, namentlich die dort vorgesehene Inhaltskontrolle, hM, aA Koller TranspR **00**, 1. Verfassungsrechtliche Bedenken gegen die AGB-Festigkeit der §§ 431 I, 434 I Canaris § 31 Rn 41f (Privatautonomie, Art 2 I GG). Lit: Schmidt, TranspR **11**, 398. Norm findet keine Anwendung, wenn Frachtführer Ver- und Entladung gefälligkeitshalber „auf Risiko des Absenders" vornimmt und damit seine Haftung begrenzen will, Koller TranspR **14**, 172.

3) Absender als Verbraucher (III)

3   Ist **Absender** ein **Verbraucher**, kann nicht (auch nicht durch individuelles Aushandeln nach II) zu seinem Nachteil von §§ 413 II (Begleitpapierhaftung), 414 (Absenderhaftung), 418 VI (Sperrpapier), 422 III (Nachnahmeeinzug), 425–438 (Frachtführerhaftung) und 445 III sowie 446 II (Ablieferung und Weisungsbefolgung ohne Ladeschein) abgewichen werden (**I 1**, anders bei Briefen und briefähnlichen Sendungen). Für Verjährung gilt § 439 IV. Verbraucher ist jede natürliche Person, die ein Rechtsgeschäft zu einem Zweck abschließt, der weder ihrer gewerblichen noch ihrer selbstständigen beruflichen Tätigkeit zugerechnet werden kann (§ 13 BGB, s § 1 Rn 4). Man spricht hier von so genanntem halbzwingendem Recht, weil Abweichungen zugunsten des Verbrauchers (auch durch AGB des Frachtführers) möglich bleiben. Briefähnliche Sendungen sind zB Infopost, Postwurfsendungen, Zeitungen, Zeitschriften sowie Päckchen, dagegen nicht Paketsendungen (BGH NJW-RR **06**, 760, TranspR **06**, 174, Kln TranspR **04**, 30, Ffm TranspR **04**, 465, Stgt NJW-RR **04**, 612, TranspR **05**, 29, Düss TranspR **07**, 243) und sonstige sog Frachtpost (RegE). § 418 VI (Frachtbriefsperrvermerk, § 418 Rn 4) und § 447 können nicht zu Lasten gutgläubiger Dritter abbedungen werden (**I 2**). Das folgt teilweise, so bei § 447, schon aus Wertpapierrecht. Lit: Ramming TranspR **10**, 397, ders TranspR **09**, 200, Grimme TranspR **04**, 160, Basedow TranspR **98**, 58

4) Ausländisches Recht und ordre public (IV)

4   I und II beanspruchen auch gegenüber (kraft Rechtswahl oder objektiver Anknüpfung im eur Verkehr geschlossene Verträge Art 3, 5 I, III Rom I-VO, dazu Mankowski TranspR **08**, 339) anwendbarem ausländischem Recht Geltung, wenn der vertraglich vereinbarte Ort der Übernahme und der der Ablieferung im Inland liegen (**IV**). III ist eine Bestimmung iSd Art 9 Rom I-VO Die Gerichtsstände sind in III nicht geregelt, sondern bestimmen sich nach Prozessrecht, s § 30 ZPO. IV ist unabdingbar. Lit: Ramming TranspR **09**, 200, Basedow TranspR **98**, 62.

Anwendung von Seefrachtrecht

450 Hat der Frachtvertrag die Beförderung des Gutes ohne Umladung sowohl auf Binnen- als auch auf Seegewässern zum Gegenstand, so ist auf den Vertrag Seefrachtrecht anzuwenden, wenn
1. ein Konnossement ausgestellt ist oder
2. die auf Seegewässern zurückzulegende Strecke die größere ist.

1   **1)** § 450 (geändert durch SHRG 2013) sichert unter einer bestimmten Voraussetzung die einheitliche **Anwendung von Seefrachtrecht** bei Frachtverträgen, die eine Güterbeförderung ohne Umladung sowohl auf Binnen- als auch auf Seegewässern (Seefahrt, vgl § 484) vorsehen. Voraussetzung ist, dass die auf Seegewässern zurückzulegende Strecke die größere ist. Liegen Voraussetzungen nicht

4. Abschnitt. Frachtgeschäft § 451a

vor, gelten §§ 407 ff. Entscheidend ist die Länge der Strecke, nicht die Zeitdauer der jeweiligen Beförderung. Lit: Ramming TranspR **05**, 138.

Zweiter Unterabschnitt. Beförderung zum Umzugsgut

Schrifttum

S Schrifttum zum Frachtgeschäft vor § 407. – *Koller,* Transportrecht, 9. Aufl 2016. – *Müglich,* Transport- und Logistikrecht, 2002. – *Mittelhammer* TranspR **11**, 139. – *Scheel* TranspR **14**, 321 (Rspr Übersicht).

Umzugsvertrag

451 Hat der Frachtvertrag die Beförderung von Umzugsgut zum Gegenstand, so sind auf den Vertrag die Vorschriften des Ersten Unterabschnitts anzuwenden, soweit die folgenden besonderen Vorschriften oder anzuwendende internationale Übereinkommen nichts anderes bestimmen.

1) Für die **Beförderung von Umzugsgut** (Sonderfrachtvertragstyp) enthalten 1 die §§ 451a–451h **Sondervorschriften zu §§ 407–450**, die subsidiär anwendbar bleiben (bei Multimodaltransport §§ 452). Die Sondervorschriften sind insbesondere deswegen notwendig, weil der Absender von Umzugsgut in der Regel in größerem Maße schutzwürdig ist als der Absender sonstigen Guts (Verbraucherschutz). **Umzugsvertrag** ist der Frachtvertrag, der die Beförderung von Umzugsgut zum Gegenstand hat (Sonderfrachtvertrag). Vorschrift gilt auch für Unterfrachtvertrag, Koller 3a. Maßgebend ist allerdings allein die Beförderung von Umzugsgut, nicht ob der Absender Verbraucher oder Gewerbetreibender ist. Entscheidend ist die Erkennbarkeit für den Frachtführer zum Zeitpunkt des Vertragsschlusses, Koller 3. Der Begriff **Umzugsgut** ist weit zu verstehen. Eine gleichzeitige Wohnsitzverlegung des Absenders ist nicht notwendig, zB bei Erbgut. Auch die Beförderung von privatem Heirats- und Erbgut sowie Büro- und Betriebsumzüge sind erfasst. Entscheidend sind die bisherige und (nicht nur vorübergehende, RegE) künftige Zweckbestimmung des Gutes (Sachgesamtheit, die zumindest teilweise einem einheitlichen dauernden – auch gewerblichen, betrieblichen oder staatlichen – Zweck gedient hat und zukünftig dienen soll). Zurückbleiben eines Teils der bisherigen Einrichtung ist unschädlich, ebenso wenig, dass die Möbel nach einer Zwischenlagerung wieder in der gleichen Wohnung aufgestellt werden, Schlesw TranspR **09**, 32, Koller 3. Auch bloße Beiladungen können Umzugsgut sein. Handelsmöbel sind, da keine Sachgesamtheit, kein Umzugsgut (RegE). Anzuwendende **internationale Übereinkommen** (insbesondere CIM, WA, CMNI) gehen vor. Ermittlung des maßgeblichen Rechts nach allg IPR, Rom-I VO, FischerTranspR **99**, 261. Die CMR ist allerdings auf Umzugsverträge nicht anwendbar (s **(17)** CMR Art 1 IV c). Entsprechende Anwendungsbeschränkungen finden sich in den internationalen Übereinkommen zum See-, Luft- und Schienenverkehr jedoch nicht (RegE). Anwendbar sind danach erst die jeweiligen internationalen Übereinkommen, das zwingende Umzugsrecht, das zwingende Frachtrecht, die Parteivereinbarungen, dispositives Umzugsrecht und schließlich dispositives Frachtrecht. Multimodaler Transport s § 452 c.

Pflichten des Frachtführers

451a (1) **Die Pflichten des Frachtführers umfassen auch das Ab- und Aufbauen der Möbel sowie das Ver- und Entladen des Umzugsguts.**

§ 451b 1–3

(2) **Ist der Absender ein Verbraucher, so zählt zu den Pflichten des Frachtführers ferner die Ausführung sonstiger auf den Umzug bezogener Leistungen wie die Verpackung und Kennzeichnung des Umzugsgutes.**

1 **1) Zu den Pflichten des Frachtführers** (§ 407 I) gehören beim Umzugsvertrag anders als nach § 412 I 1 auch das **Ab- und Aufbauen der Möbel** sowie das **Ver- und Entladen des Umzugsgutes (I)** und, wenn der Absender ein Verbraucher (§ 13 BGB) ist, anders als nach § 411 auch sonstige auf den Umzug bezogene Leistungen wie Verpackung und Kennzeichnung des Umzugsgutes **(II)**. Unter II können je nach Fallgestaltung auch andere auf den Umzug bezogene Leistungen fallen, zB Abhängen von Lampen, Ausbau von Installationen, Aufhängen von Wandschränken (nicht: Aufbau neuer Möbel, Installation zusätzlicher Elektro- oder Wasseranschlüsse, Reinigung, Renovierung oder Anpassung von Möbeln an die örtlichen Verhältnisse durch einen Schreiner, AG Dillenburg TranspR **14**, 327). Haftung nach § 280 BGB möglich, wenn nicht zum Umzugsgut gehörende Sachen beschädigt werden, Koller 16b. § 451a ist weder ausschließlich noch abschließend. Abweichungen durch Vereinbarung sind zulässig. Hinweis auf Versicherungsmöglichkeit s § 451g Satz 1 Nr 1. Lit: Schmidt TranspR **10**, 88.

Frachtbrief. Gefährliches Gut. Begleitpapiere. Mitteilungs- und Auskunftspflichten

451b (1) **Abweichend von § 408 ist der Absender nicht verpflichtet, einen Frachtbrief auszustellen.**

(2) [1] **Zählt zu dem Umzugsgut gefährliches Gut und ist der Absender ein Verbraucher, so ist er abweichend von § 410 lediglich verpflichtet, den Frachtführer über die von dem Gut ausgehende Gefahr allgemein zu unterrichten; die Unterrichtung bedarf keiner Form.** [2] **Der Frachtführer hat den Absender über dessen Pflicht nach Satz 1 zu unterrichten.**

(3) [1] **Der Frachtführer hat den Absender, wenn dieser ein Verbraucher ist, über die zu beachtenden Zoll- und sonstigen Verwaltungsvorschriften zu unterrichten.** [2] **Er ist jedoch nicht verpflichtet zu prüfen, ob vom Absender zur Verfügung gestellte Urkunden und erteilte Auskünfte richtig und vollständig sind.**

1) Keine Pflicht zur Ausstellung eines Frachtbriefs (I)

1 Besonderheiten gelten beim Umzugsvertrag auch für die Rechte des Frachtführers. So ist der Absender entgegen § 408 **nicht** verpflichtet, einen **Frachtbrief** auszustellen **(I)**; das ist besonders wichtig für Privatleute, die mit der Ausstellung eines Frachtbriefes nicht vertraut sind, gilt aber für alle Absender. Wird er dennoch ausgestellt, gelten die Beweisregeln des § 409, hat der Aussteller unrichtige oder unvollständige Angaben gemacht, haftet er nach § 414 I, Koller 7.

2) Gefährliches Gut (II)

2 Weitere Erleichterungen für den Absender gelten, wenn dieser Verbraucher gem § 13 BGB ist **(II, III)**. Sie betreffen die Unterrichtungspflicht des Absenders und des Frachtführers nach § 410 bei gefährlichem Gut und im Hinblick auf Begleitpapiere (§ 413).

3) Abdingbarkeit (III)

3 I ist abdingbar, II hinsichtlich Unterrichtungspflichten erweiterbar, da § 451h I nur die Haftung meint, s § 451h Rn 1. Bei AGB liegt aber regelmäßig Verstoß gegen **(5)** § 307 BGB vor, vgl näher Koller 9 ff.

4. Abschnitt. Frachtgeschäft § 451d

451c *(aufgehoben)*

§ 451c aufgehoben durch SHRG 2013, da er infolge der Aufhebung von § 414 I 2 (summenmäßige Begrenzung der Haftung des Absenders) seine Funktion verloren hat.

Besondere Haftungsausschlußgründe

451d (1) **Abweichend von § 427 ist der Frachtführer von seiner Haftung befreit, soweit der Verlust oder die Beschädigung auf eine der folgenden Gefahren zurückzuführen ist:**
1. Beförderung von Edelmetallen, Juwelen, Edelsteinen, Geld, Briefmarken, Münzen, Wertpapieren oder Urkunden;
2. ungenügende Verpackung oder Kennzeichnung durch den Absender;
3. Behandeln, Verladen oder Entladen des Gutes durch den Absender;
4. Beförderung von nicht vom Frachtführer verpacktem Gut in Behältern;
5. Verladen oder Entladen von Gut, dessen Größe oder Gewicht den Raumverhältnissen an der Ladestelle oder Entladestelle nicht entspricht, sofern der Frachtführer den Absender auf die Gefahr einer Beschädigung vorher hingewiesen und der Absender auf der Durchführung der Leistung bestanden hat;
6. Beförderung lebender Tiere oder von Pflanzen;
7. natürliche oder mangelhafte Beschaffenheit des Gutes, der zufolge es besonders leicht Schäden, insbesondere durch Bruch, Funktionsstörungen, Rost, inneren Verderb oder Auslaufen, erleidet.

(2) Ist ein Schaden eingetreten, der nach den Umständen des Falles aus einer der in Absatz 1 bezeichneten Gefahren entstehen konnte, so wird vermutet, daß der Schaden aus dieser Gefahr entstanden ist.

(3) **Der Frachtführer kann sich auf Absatz 1 nur berufen, wenn er alle ihm nach den Umständen obliegenden Maßnahmen getroffen und besondere Weisungen beachtet hat.**

1) Die **Haftung des Frachtführers** ist beim Umzugsvertrag zum Teil abweichend von §§ 425 ff geregelt **(§§ 451d–451g)**. Die **besonderen Haftungsausschlüsse** (§ 427) regelt § 451d **umzugsspezifisch abweichend** und unter völliger Verdrängung von § 427. Für Lieferfristüberschreitung gelten keine besonderen Haftungsausschlussgründe. Auch insoweit verdrängt aber § 451d den § 427, so das insoweit nur eine Haftungsbefreiung nach § 426 in Betracht kommt, soweit die Überschreitung auf Umständen beruht, die der Frachtführer auch bei größter Sorgfalt nicht und deren Folgen er nicht abwenden konnte. **I Nr 1–7** nennt sieben besondere Haftungsausschlussgründe. I **Nr 1** erfasst bestimmte, dort abschließend aufgezählte Wertgegenstände; Kunstgegenstände, wie Gemälde oder Plastiken, fallen nicht darunter (RegE). I **Nr 2, 3** greifen nur ein, wenn Absender zur Verpackung etc verpflichtet war (nicht, wenn Verbraucher: § 451a II) o tatsächlich verpackt etc hat, s § 427 Rn 2, das Handeln von Hilfspersonen inkl des Empfängers hat er sich zuzurechnen zu lassen. Bei I **Nr 4** ist unerheblich, ob Frachtführer zum Verpacken verpflichtet war, Koller 6. I **Nr 5** betrifft sperrige Güter bei zu engen Transportwegen, zB Türen, Treppenhäuser. I **Nr 6** bezieht über § 427 I Nr 6 wegen der besonderen Gefahren (Frost, Fütterung, Gießen) auch Tiere und Pflanzen ein, vgl. Koller § 427 Rdn. 100 I **Nr 7** bezieht Funktionsstörungen ein, zB an Fernsehgerät, PC. Bei diesen gilt eine widerlegliche

Merkt 1715

§ 451f 1   4. Buch. Handelsgeschäfte

Vermutung (**II** wie § 427 II 1). Der Frachtführer kann sich darauf aber nur berufen, wenn er alle ihm nach den Umständen obliegenden Maßnahmen (§ 347) getroffen und besondere Weisungen beachtet hat (**III**). Auch die Schadensanfälligkeit infolge mangelhafter Beschaffenheit ist ein Haftungsausschlussgrund, Koller 9. III verallgemeinert insoweit § 427 III, IV. Abweichungen von § 451d nur in den Grenzen von § 451h zulässig. Beweislast: Der Geschädigte hat den Schaden, der Frachtführer die Tatbestände der Nr 1–7 darzulegen und zu beweisen.

Haftungshöchstbetrag

451e Abweichend von § 431 Abs. 1 und 2 ist die Haftung des Frachtführers wegen Verlust oder Beschädigung auf einen Betrag von 620 Euro je Kubikmeter Laderaum, der zur Erfüllung des Vertrages benötigt wird, beschränkt.

1 **1)** Der **Haftungshöchstbetrag** wegen (Total- oder Teil-) Verlust oder Beschädigung wird anders als nach § 431 auf der Basis von Kubikmetern Laderaum festgesetzt (Schadensberechnung selbst nach §§ 425–432); eine Gewichtsfeststellung des Umzugsguts wäre unpraktisch. Maßgebend ist der Laderaum, den ein ordentlicher Frachtführer benötigt, Ko/Ki/Ro/Mo/Koller 1. Für Verspätungsschäden bleibt es bei §§ 451, 431 III, bei sonstigen Vermögensschäden bei §§ 451, 433. Regelung gilt auch im Falle mehrerer Sendungen zur Erfüllung eines einheitlichen Vertrages, Koller 2. Vorschrift ist bei Trageumzügen analog anzuwenden, Koller 2. Abweichende Vereinbarung zulässig mit gewerblichem Absender, § 451h II.

Schadensanzeige

451f Abweichend von § 438 Abs. 1 und 2 erlöschen Ansprüche wegen Verlust oder Beschädigung des Gutes,

1. wenn der Verlust oder die Beschädigung des Gutes äußerlich erkennbar war und dem Frachtführer nicht spätestens am Tag nach der Ablieferung angezeigt worden ist,
2. wenn der Verlust oder die Beschädigung äußerlich nicht erkennbar war und dem Frachtführer nicht innerhalb von vierzehn Tagen nach Ablieferung angezeigt worden ist.

1 **1)** § 451f enthält eine Sonderregelung der **Schadensanzeige** gegenüber § 438 I, II (längere Fristen, dafür Erlöschen der Ansprüche, nicht bloße Vermutung wie nach § 438 II). Ansprüche wegen Verlust (nur Teilverlust, da bei Totalverlust keine Ablieferung stattfindet) oder Beschädigung des Gutes erlöschen bei verspäteter Anzeige (Wissenserklärung, Grundsätze über Willenserklärung gelten analog; Schaden muß hinreichend konkret bezeichnet sein, § 438 I 2, Annahme „unter Vorbehalt", oder unter Hinweis, dass sich das Gut „in schlechtem Zustand" befindet, genügt nicht, MüKo/Andresen 7): bei **äußerlicher Erkennbarkeit** des Verlusts oder der Beschädigung des Gutes muß dem Frachtführer spätestens am Tag nach der Ablieferung **(Nr 1)**, bei **Nichterkennbarkeit** innerhalb von vierzehn Tagen angezeigt werden **(Nr 2)**. Äußerliche Erkennbarkeit liegt vor, wenn ein ordentlicher Absender aus dem Verkehrskreis des Absenders bei einer zumutbaren Untersuchung durch Besichtigen, Hören oder Riechen zum Zeitpunkt der Ablieferung den Schaden erkennen kann. Frachtführer ist zur Mitwirkung bei der Kontrolle nicht verpflichtet, Koller 8. Eine Öffnung der Verpackung ist nur bei äußerlich erkennbar gravierenden Mängeln vorzuneh-

4. Abschnitt. Frachtgeschäft § 451g

men, Koller 2. Bei längeren Frachtführerketten sind Fristen der §§ 451 ff. nicht einzuhalten, Koller 9a. Für die **Form** der Anzeige gilt § 438 I 2, IV 1: Bis zum Schluss der Ablieferung (spätestens wenn die Umzugskolonne die Wohnung verläßt) genügt mündliche Anzeige, danach ist zumindest Textform erforderlich. Entscheidend ist rechtzeitiges Absenden, § 438 IV 2. Rügefrist beginnt mit vollständiger Erfüllung der vom Frachtführer geschuldeten Leistung. Abweichende Vereinbarungen nach § 451h I nicht zum Nachteil eines Verbrauchers, ansonsten nur durch Individualabrede. Zur Beweislast für den Zugang der Anzeige OLG Düss TranspR **89**, 265, für die Rechtzeitigkeit der Absendung Saarbr TranspR **07**, 70 mwN. § 451f betrifft nur Ansprüche wegen Verlust oder Beschädigung des Gutes. Für Schäden wegen Lieferfristüberschreitung verbleibt es bei der Frist des allgemeinen Frachtrechts von 21 Tagen (§§ 451, 438 III). Bei sonstigen Vermögensschäden besteht keine Schadensanzeigepflicht innerhalb bestimmter Frist. Zum Regress des Hauptfrachtführers gegen den ausführenden Frachtführer LG Hbg TranspR **00**, 414m Anm Weber TranspR **00**, 405.

Wegfall der Haftungsbefreiungen und -begrenzungen

451g [1]Ist der Absender ein Verbraucher, so kann sich der Frachtführer oder eine in § 428 genannte Person

1. auf die in den §§ 451d und 451e sowie in dem Ersten Unterabschnitt vorgesehenen Haftungsbefreiungen und Haftungsbegrenzungen nicht berufen, soweit der Frachtführer es unterläßt, den Absender bei Abschluß des Vertrages über die Haftungsbestimmung zu unterrichten und auf die Möglichkeiten hinzuweisen, eine weitergehende Haftung zu vereinbaren oder das Gut zu versichern,
2. auf § 451f in Verbindung mit § 438 nicht berufen, soweit der Frachtführer es unterläßt, den Empfänger spätestens bei der Ablieferung des Gutes über die Form und Frist für die Schadensanzeige sowie die Rechtsfolgen bei Unterlassen der Schadensanzeige zu unterrichten.

[2]Die Unterrichtung nach Satz 1 Nr. 1 muß in drucktechnisch deutlicher Gestaltung besonders hervorgehoben sein.

1) Zum Schutz des Verbrauchers vor einschneidenden fracht- und umzugsfrachtrechtlichen Haftungsbefreiungen und Haftungsbegrenzungen beim Umzug muss der Frachtführer, wenn der Absender Verbraucher ist (§ 13 BGB), nach **Satz 1 Nr 1** bei Abschluß des Vertrages über die Haftungsbestimmungen nach §§ 451d, e sowie solche nach allgemeinem Frachtrecht (Erster Unterabschnitt, insbesondere §§ 426, 429, 430, 431 III, 432–436, 437 II, IV; §§ 427 und 431 I, II, IV sind beim Umzugsvertrag durch §§ 451d, 451e ersetzt) unterrichten und auf die Möglichkeiten hinweisen, eine weitergehende Haftung zu vereinbaren oder das Gut zu versichern. Dies erfordert einen konkreten Hinweis auf eine Versicherungsmöglichkeit, eine bloße Empfehlung genügt nicht, Koller 3. Außerdem muss nach **Satz 1 Nr 2** der Empfänger spätestens bei der Ablieferung des Gutes (Saarbr TranspR **07**, 68, aA Kiel TranspR **00**, 309) über die Form und Frist der Schadensanzeige sowie die Rechtsfolgen bei Unterlassen der Schadensanzeige (§ 451f iVm § 438) unterrichtet werden. Der Wirksamkeit der Unterrichtung nach Satz 1 Nr 2 steht der Hinweis auf das Erfordernis einer „qualifizierten" Anzeige (§ 438 I 2) nicht entgegen, Saarbr TranspR **07**, 68. Die Unterrichtung nach Satz 1 Nr 1 (nicht auch Nr 2) muss in drucktechnisch deutlicher Gestaltung besonders hervorgehoben sein (**Satz 2**), und zwar im Transportvertrag selbst; Beiblatt genügt nicht, AG Kln TranspR **02**, 354. Zum pauschalen Verweis auf die Norm durch AGB LG Heidelberg IBR **16**, 732. Sonst kann der Frachtführer

Merkt

§ 452

oder eine in § 428 genannte Person (Leute und andere Personen) sich nicht auf diese Regelungen berufen. Lit: Tschiltschke, TranspR **08**, 458.

Abweichende Vereinbarungen

451h (1) Ist der Absender ein Verbraucher, so kann von den die Haftung des Frachtführers und des Absenders regelnden Vorschriften dieses Unterabschnitts sowie den danach auf den Umzugsvertrag anzuwendenden Vorschriften des Ersten Unterabschnitts nicht zum Nachteil des Absenders abgewichen werden.

(2) [1] In allen anderen als den in Absatz 1 genannten Fällen kann von den darin genannten Vorschriften nur durch Vereinbarung abgewichen werden, die im einzelnen ausgehandelt ist, auch wenn sie für eine Mehrzahl von gleichartigen Verträgen zwischen denselben Vertragsparteien getroffen ist. [2] Die vom Frachtführer zu leistende Entschädigung wegen Verlust oder Beschädigung des Gutes kann jedoch auch durch vorformulierte Vertragsbedingungen auf einen anderen als den in § 451e vorgesehenen Betrag begrenzt werden, wenn der Verwender der vorformulierten Vertragsbedingungen seinen Vertragspartner in geeigneter Weise darauf hinweist, dass diese einen anderen als den gesetzlich vorgesehenen Betrag vorsehen. [3] Ferner kann durch vorformulierte Vertragsbedingungen die vom Absender nach § 414 zu leistende Entschädigung der Höhe nach beschränkt werden.

(3) Unterliegt der Umzugsvertrag ausländischem Recht, so sind die Absätze 1 und 2 gleichwohl anzuwenden, wenn nach dem Vertrag der Ort der Übernahme und der Ort der Ablieferung des Gutes im Inland liegen.

1 **1) § 451h beschränkt abweichende Vereinbarungen.** I macht die dort angegebenen Vorschriften zugunsten des Absenders, der ein Verbraucher ist (§ 13 BGB), halbzwingend (vgl § 449 Rn 1). Zu den die Haftung des Frachtführers und des Absenders regelnden Vorschriften iSv I sind §§ 451c–451g zu nennen, zu den Vorschriften des 1. Unterabschn die in § 449 I aufgeführten Normen, näher Koller 2. **II 1** gilt für alle Geschäfte, die nicht Verbrauchergeschäfte iSv I sind und lässt Abweichungen von den Haftungsvorschriften nur durch Individualvereinbarung zu, durch diese aber beliebig. Nach **II 2, 3** (geändert durch SHRG 2013) sind aber die Haftungshöchstbeträge (§ 451e; nicht die Haftung im Übrigen) auch für AGB voll dispositiv, sofern der Verwender den Vertragspartner auf die Abweichung vom gesetzlich vorgesehenen Betrag hinweist (kein Korridor wie in § 449 II 2). §§ 305ff BGB bleiben unberührt. Zum Vorteil des Verbrauchers kann in den Grenzen des allgemeinen Zivilrechts abgewichen werden, Koller 2. Drucktechnische Hervorhebung hat Warnfunktion (**II 4**). III wie § 449 IV.

Dritter Unterabschnitt. Beförderung mit verschiedenartigen Beförderungsmitteln

Schrifttum

S Schrifttum zum Frachtgeschäft vor § 407. – *Ramming,* Hamb. Hdb Multimodaler Transport, 2011.

Frachtvertrag über eine Beförderung mit verschiedenartigen Beförderungsmitteln

452 [1] Wird die Beförderung des Gutes auf Grund eines einheitlichen Frachtvertrags mit verschiedenartigen Beförderungsmitteln durchgeführt und wären, wenn über jeden Teil der Beförderung mit jeweils einem Beförderungsmittel (Teilstrecke) zwischen den Vertragsparteien ein gesonderter Vertrag abgeschlossen worden wäre, mindestens zwei dieser Verträge verschiedenen Rechtsvorschriften unterworfen, so sind auf den Vertrag die Vorschriften des Ersten Unterabschnitts anzuwenden, soweit die folgenden besonderen Vorschriften oder anzuwendende internationale Übereinkommen nichts anderes bestimmen. ²Dies gilt auch dann, wenn ein Teil der Beförderung über See durchgeführt wird.

Übersicht

	Rn
1) Multimodaler oder kombinierter Transport (§§ 452–452d) ...	1, 2
A. Praktische Bedeutung	1
B. Gesetzliche Regelung (§§ 452 ff)	2
2) Der Vertrag über eine Beförderung mit verschiedenartigen Beförderungsmitteln (§ 452)	3–6
A. Vertragstypus	3
B. Einheitlicher Frachtvertrag	4
C. Verschiedenartige Beförderungsmittel	5
D. Verschiedene hypothetische Teilstreckenrechte	6
3) Anwendbare Rechtsvorschriften	7, 8
A. Inländischer Multimodaltransport	7
B. Grenzüberschreitender Multimodaltransport	8
4) Dokumente beim multimodalen Transport	9

1) Multimodaler oder kombinierter Transport (§§ 452–452d)

A. **Praktische Bedeutung: Gegenüber der** Beförderung mit nur einem **1** Transportmittel (unimodal) gewinnt – va wegen des universellen Einsatzes von Containern – die multimodale oder kombinierte Beförderung (gemischte Beförderung, Durchfrachtvertrag, im HGB: Beförderung mit verschiedenartigen Beförderungsmitteln) immer mehr praktische Bedeutung. Bsp: Transport von Containern mit Lkw, dann Eisenbahn, dann Schiff oder Flugzeug, dann wieder Eisenbahn und Lkw. Die rechtliche Behandlung ist schwierig, weil für verschiedene Beförderungsmittel bzw Beförderungsteilstrecken ganz unterschiedliche Regelungen gelten können, die sich stark voneinander unterscheiden und sogar miteinander kollidieren können und von denen man im konkreten Schadensfall, wenn der genaue Schadensort nicht bekannt ist, nicht weiß, welche unter ihnen für die Haftung und andere Rechtsfragen gelten soll. Probleme auch im Bereich der HdlDokumente.

B. **Gesetzliche Regelung: §§ 452 ff** enthalten eine gesetzliche Regelung des **2** multimodalen Transports, die von der früheren Rechtslage deutlich abweicht. Regelungsansatz in § 452 ist der **Frachtvertrag über eine Beförderung mit verschiedenartigen Beförderungsmitteln** (unter Einbeziehung von See- oder Luftstrecken). Der multimodale Transport wird auf diese Weise in das allgemeine Frachtrecht integriert und nur für einen einzelnen Fall (bekannter Schadensort, § 452a) und für bestimmte Fragen besonders geregelt. Im Übrigen bleiben die allgemeinen Vorschriften der §§ 407 ff anwendbar. Lit Drews TranspR **06**, 177, Ramming TranspR **07**, 279 (bisheriges IPR bis 17.12.09), Reformvorschläge bei Herber TranspR **10**, 85. Zu internationalen (bislang erfolglosen) Bemühungen um eine Haftungsregelung beim Multimodaltransport MüKo/Herber Vor § 452 Rn 6 ff; zu AGB für den Multimodaltransport s MüKo/Herber Vor § 452 Rn 12 ff.

2) Der Vertrag über eine Beförderung mit verschiedenartigen Beförderungsmitteln (§ 452)

A. **Vertragstypus:** Auch dieser Vertrag ist ein **Frachtvertrag,** der sich von **3** einem Frachtvertrag über einen unimodalen Transport nur durch die Wahl ver-

§ 452 4–6

schiedenartiger Beförderungsmittel unterscheidet. Den Theorien, es handele sich um einen gemischten Vertrag oder sogar einen Vertrag sui generis, hat der Gesetzgeber eine Absage erteilt. Dieser Unterfall des Frachtvertrags hat nach § 452 Satz 1 drei Merkmale: einheitlicher Frachtvertrag (s Rn 4), verschiedenartige Beförderungsmittel (s Rn 5), verschiedene hypothetische Teilstreckenrechte (s Rn 6).

4   B. **Einheitlicher Frachtvertrag:** §§ 452 ff finden nur Anwendung, wenn der Gesamtbeförderung ein einheitlicher Frachtvertrag zugrunde liegt. Das ist nicht der Fall bei der sog gebrochenen Beförderung, bei der jeweils über die einzelnen Teile der insgesamt zurückzulegenden Gesamtstrecke Einzelverträge geschlossen werden, vgl BGH **101**, 172 (zu aF). Frachtvertrag s § 407. Auch **Spedition** fällt in den Fällen der §§ 458, 459 und 460, in denen auf Frachtrecht verwiesen wird, darunter, sofern sie auf einen einheitlichen Frachtvertrag gerichtet ist und die weiteren Voraussetzungen von § 452 (s Rn 5, 6) vorliegen, Koller 3 ff (anders, wenn Spediteur Transport mit verschiedenen Beförderungsmitteln organisiert, ohne selbst die Verpflichtung zur gesamten Beförderung zu übernehmen, Haftung dann nach §§ 453 ff). Sind beförderungsnahe Nebenleistungen, wie Inobhutnahme des Gutes für einen beförderungsnahen Obhutszeitraum, im Umschlagsbereich, vereinbart, gehören sie zum Frachtvertrag und unterliegen ohne Sonderregelung ebenfalls §§ 452 ff (RegE S 101). Allein der Vertrag zwischen Absender und Hauptfrachtführer, nicht auch dessen Vertrag mit dem Unterfrachtführer, bestimmt die Ansprüche des Absenders, Hbg TranspR **08**, 216.

5   C. **Verschiedenartige Beförderungsmittel:** Die Beförderungsmittel, nicht die Strecke selbst (zB Land, See) müssen verschiedenartig sein. Verschiedenartig sind zB Straßen-, Eisenbahn-, Binnenwasser-, See-, Luftverkehrsmittel, nicht aber nur mehrere aufeinander folgende Beförderungsmittel derselben Art, zB Lkw im Inland, dann Umladung auf Lkw im Ausland. Verschiedenartige Beförderungsmittel auch bei **Huckepackverkehr,** zB auf Teilstrecke Lkw auf Eisenbahnwagen. Was noch dieselbe Art ist, kann bei **Spezialfahrzeugen,** die auf unterschiedlichen Strecken einsetzbar sind, problematisch sein. Zum Umladetransport (Umschlag) im Seehafen vom Schiff auf den Lkw BGH TranspR **07**, 472 und dazu MüKo/Herber 23 ff. Maßgeblich sind die Verkehrsanschauung und die konkrete Beförderung. Ist zB ein Schiff bestimmter Bauart für Binnen- und Seetransport geeignet, liegt bei Fortsetzung der Beförderung zur See nach Binnenwassertransport und Umladung Verschiedenartigkeit des Beförderungsmittels vor, § 452 greift also ein, str, Koller 14, MüKo/Herber 19, aA Rabe TranspR **98**, 431.

6   D. **Verschiedene hypothetische Teilstreckenrechte:** §§ 452 ff setzen schließlich voraus, dass, wenn Einzelverträge geschlossen worden wären, verschiedene Rechtsvorschriften für mindestens zwei Beförderungsmittel (Teilstrecken) gelten würden (unterschiedliche Regelungsregimes). Jeder Multimodaltransport lässt sich vollständig in Teilstrecken zerlegen, BGH NJW-RR **08**, 550, Koller 15, aA Herber TranspR **06**, 438, **07**, 475. Der Warenumschlag von einem auf das andere Transportmittel stellt im Regelfall ohne das Hinzutreten besonderer Umstände keine selbstständige Teilstrecke dar, BGH **164**, 396, NJW-RR **08**, 550, Hbg TranspR **08**, 128, **08**, 215, Celle TranspR **03**, 254, Koller TranspR **08**, 333, aA Herber TranspR **04**, 404, TranspR **05**, 59, Knorre/Demuth/Schmid/Schmid, S. 136 (Ausnahme bei Sammeltransporten); Gleiches gilt bei Reparatur eines Containers im Hafen, Hbg TranspR **08**, 263. Das Entladen gehört noch zur vorausgehenden Teilstrecke, das Beladen zur anschließenden. Bei einem multimodalen Transport unter Einschluss einer Seestrecke endet diese im Regelfall nicht mit dem Löschen der Ladung, sondern erst mit der Verladung des Gutes auf das Transportmittel, mit dem es aus dem Hafen entfernt werden soll, BGH **164**, 396m krit Anm Ramming TranspR **07**, 89u Koller EWiR **06**, 79, ebenso Drews

4. Abschnitt. Frachtgeschäft   7–9 § 452

TranspR **04**, 450, Bartels TranspR **05**, 203. Für diese Verladung ist nicht erst der Abschluss, sondern bereits der Beginn des Ladevorgangs maßgebend, BGH NJW-RR **08**, 550 m Anm Herber TranspR **07**, 475, Drews TranspR **08**, 18, Rabe TranspR **08**, 186, Martiensen VersR **08**, 888. Transportbedingte, kürzere Zwischenlagerungen gehören noch zur Beförderung (s Rn 4). **Lit** Drews TranspR **10**, 327, Kirchhof TranspR **10**, 321.

3) Anwendbare Rechtsvorschriften

A. **Inländischer Multimodaltransport:** Nach § 452 Satz 1 letzter Halbs sind 7 auf einen solchen Frachtvertrag über eine Beförderung mit verschiedenartigen Beförderungsmitteln **grundsätzlich** die Vorschriften der §§ **407 ff anwendbar**, doch gelten die **Sonderregeln** der §§ **452a–452d**. Insbesondere führt bei bekanntem Schadensort § 452a zur Anwendung des betreffenden Teilstreckenrechts, was das Recht der §§ 407 ff, aber auch ein anderes sein kann. Die Anwendbarkeit der §§ 452 ff setzt voraus, dass nach IPR (bisher Art 27f EGBGB, für nach dem 17.12.09 im eur Verkehr geschlossene Verträge Art 3, 5 I, III Rom I-VO, dazu Mankowski TranspR **08**, 339; aA Jayme/Normeier VersR **08**, 503: Vorschaltung von IPR nicht zulässig, dagegen überzeugend MüKo/Herber 29) über die Gesamtstrecke deutsches Recht anzuwenden ist, Koller VersR **00**, 1187, vgl auch BGH NJW-RR **06**, 1695. Nach hM zu Art 27 EGBGB (Düss TranspR **02**, 34, Herber TranspR **06**, 436f, aA Koller 1a, MüKo/Herber 31, offen lassend BGH NJW-RR **08**, 549, **08**, 841) ist Rechtswahl für Gesamttransport auch für hypothetische Teilstreckenverträge maßgebend. Satz 1 gilt auch, wenn ein Teil der Beförderung über/auf See durchgeführt wird **(Satz 2)**. Das ist notwendig, weil sonst für die Güterbeförderung über/auf See das Fünfte Buch gilt (§ 407 Rn 7). **Lit.** Hartenstein TranspR **05**, 9, Drews TranspR **03**, 12, Herber TranspR **01**, 101 (Multimodaltransport mit Seestreckeneinschluss).

B. **Grenzüberschreitender Multimodaltransport:** Anzuwendende **inter-** 8 **nationale Übereinkommen,** die Vorrang beanspruchen, gehen vor, zB Art 31 I WA und Art 38 I MÜ, dazu § 407 Rn 11. Dies gilt umso mehr, als Geltung des MÜ in den AGB ausdrücklich vorgesehen wird, BGH VersR **13**, 1420m krit Anm Kirchhof TranspR **14**, 223. Die **(17)** CMR ist hingegen außerhalb von Art 2 nicht unmittelbar anwendbar, BGH NJW **08**, 2783 m zust Anm Ramming NJW **09**, 414, Karlsr TranspR **08**, 471, für eine mittelbare Anwendung über die §§ 452, 452a muss jedenfalls deutsches Recht anwendbar sein, Rn 7, wobei Art 31 CMR selbst dann unanwendbar bleibt, da § 452a nach hM nicht auf diese Norm verweist, Koller § 452a Rn 27. Zum bisherigen **IPR** des multimodalen Transports vor Geltung der Rom I-VO s Basedow FS Herber **99**, 15; ferner § 407 Rn 11. **Lit** Herber TranspR **06**, 435, Freise TranspR **12**, 1, Müller-Rostin TranspR **12**, 14.

4) Dokumente beim multimodalen Transport

Das **FBL** (Negotiable FIATA Combined Transport Bill of Lading, nach Re- 9 form als FIATA Multimodal Transport Bill of Lading bezeichnet) ist ein übertragbares Durchkonnossement für den kombinierten Transport; s **(11)** ERA Art 23 Rn 1. **CT-Dokumente** sind ebenfalls Dokumente des multimodalen Transports. Dazu UNCTAD/ICC Rules for Multimodal Transport Documents 1992 (IntHK-Publikation Nr 481, Sprache engl); Schimmelpfeng TranspR **88**, 53. **Lit** Nielsen, Import- und Exportsicherung auf dokumentärer Grundlage, 1988; Die Dokumente der FIATA (Zürich); Helm FS Hefermehl **76**, 57, Koller VersR **82**, 1, Nielsen WM Sonderbeil 9/**86** (Dokumente). **Muster:** Hopt, Form I. O.2 (Bill of Lading – Multimodal Transport or Port to Port Shipment), MüKo/Herber S 766 ff.

Merkt

§ 452a 1, 2   4. Buch. Handelsgeschäfte

Bekannter Schadensort

452a ¹Steht fest, daß der Verlust, die Beschädigung oder das Ereignis, das zu einer Überschreitung der Lieferfrist geführt hat, auf einer bestimmten Teilstrecke eingetreten ist, so bestimmt sich die Haftung des Frachtführers abweichend von den Vorschriften des Ersten Unterabschnitts nach den Rechtsvorschriften, die auf einen Vertrag über eine Beförderung auf dieser Teilstrecke anzuwenden wären. ²Der Beweis dafür, daß der Verlust, die Beschädigung oder das zu einer Überschreitung der Lieferfrist führende Ereignis auf einer bestimmten Teilstrecke eingetreten ist, obliegt demjenigen, der dies behauptet.

1) Bekannter Schadensort (§ 452a)

1 § 452a enthält eine Sonderregelung zum anwendbaren Recht und zur Beweislastverteilung. Zu unterscheiden ist, ob bekannt oder nicht bekannt ist, auf welcher Teilstrecke der Verlust, die Beschädigung oder das Ereignis, das zu einer Überschreitung der Lieferfrist geführt hat, eingetreten ist. Ist der **Schadensort bekannt**, bestimmt sich die Haftung des Frachtführers im Einklang mit der bisherigen Rechtsprechung nach der Haftungsordnung, die auf einen (hypothetisch geschlossenen einzelnen) Vertrag über eine Beförderung auf dieser Teilstrecke anzuwenden wäre (**network-Lösung, Satz 1**). Diese Haftungsordnung wird nicht nach IPR, sondern nach IPR (für nach dem 17.12.09 im eur Verkehr geschlossene Verträge Art 3, 5 I, III Rom I-VO, dazu Mankowski TranspR **08**, 339) ermittelt, Stgt VersR **06**, 290, Hbg TranspR **08**, 127. Hierbei war nach dem bisherigen Art 28 IV 1, V EGBGB auf die Parteien des Gesamtvertrags (Absender-Multimodalfrachtführer) abzustellen, wenn keine engere Verbindung des hypothetischen Teilstreckenvertrags mit einem anderen Staat erkennbar ist, BGH NJW-RR **08**, 550, **08**, 841, Dresd TranspR **02**, 246. Die Rechtswahl bezüglich des einheitlichen Frachtvertrags schlägt auf den hypothetischen Teilstreckenvertrag durch, bisher herrschende Meinung, Hbg TranspR **04**, 403, Herber TranspR **06**, 436f, aA Koller 6, MüKo/Herber § 452 Rn 31, offen lassend BGH NJW-RR **08**, 549, **08**, 841. Eine gesonderte Rechtswahl für eine Teilstrecke ist nicht möglich, Koller 9. Fehlt eine Rechtswahl nach Art 3 Rom I-VO, so kommt nach Art 5 I Rom I-VO das Recht des Staates zur Anwendung, in dem der Frachtführer seinen gewöhnlichen Aufenthalt hat, sofern sich dort auch der Übernahme- oder der Ablieferungsort oder der gewöhnliche Aufenthalt des Absenders befindet, sonst das Recht des Staates, in dem der vereinbarte Ablieferungsort liegt, sonst das nach Art 5 III Rom I-VO bestimmte Recht. AGB sind keine Rechtsvorschriften, Koller 7, aA Ebenroth/Reuschle 9. Der **Beweis** dafür, dass der Verlust, die Beschädigung oder das zu einer Überschreitung der Lieferfrist führende Ereignis auf einer bestimmten Teilstrecke eingetreten ist, obliegt demjenigen, der dies behauptet (**Satz 2**). Gelingt dieser Beweis nicht, bleibt es beim allgemeinen Frachtrecht (s Rn 2). Zur sekundären Darlegungslast des Frachtführers, der sich im Haftungsfall auf die Bestimmungen des MÜ beruft, Düsseldorf TranspR **16**, 396. Abweichende Vereinbarungen s § 452d II. Einwendungen aus seinem Vertrag mit dem Unterfrachtführer kann der Hauptfrachtführer dem Absender nicht entgegenhalten, Hbg TranspR **08**, 216. **Lit** Koller VersR **00**, 1187, Drews TranspR **10**, 327, Koller RdTW **16**, 1.

2) Nicht bekannter Schadensort

2 Ist der **Schadensort nicht bekannt**, bleibt es bei der **Einheitslösung der §§ 407 ff**, also bei der Haftung nach allgemeinem Frachtrecht. Damit ist bewusst von der bisherigen Rspr abgewichen, die in solchen Fällen der Sache nach das „schärfste", nämlich für den Berechtigten günstigste Teilstreckenrecht angewandt hat, BGH **101**, 180, hL (RegE S 100 f). Der Gesetzgeber meinte, dass damit in

4. Abschnitt. Frachtgeschäft 1, 2 § 452b

der Vielzahl der Fälle, in denen der Schadensort objektiv nicht aufklärbar ist, zB häufig im Containerverkehr, der Frachtführer, der nicht unbedingt eine bessere Kenntnis von dem Schadensort hat als der Geschädigte, einseitig belastet würde. Wird Gut in einem Hafen endgültig abgeladen, und ist Verbleib nicht aufklärbar, ist der Verlust nicht auf der davor liegenden Seestrecke als Teilstrecke eingetreten, der Schadensort damit unbekannt, München TranspR **14**, 79 m Anm Herber TranspR **14**, 79. Bestimmung ist nicht anwendbar, wenn bei mehreren Teilstrecken mehrere Ursachen gesetzt wurden und jede dieser Ursachen den Schaden alleine verursacht hätte, BGH RdTW **15**, 415.

Schadensanzeige. Verjährung

452b (1) ¹§ 438 ist unabhängig davon anzuwenden, ob der Schadensort unbekannt ist, bekannt ist oder später bekannt wird. ²Die für die Schadensanzeige vorgeschriebene Form und Frist ist auch gewahrt, wenn die Vorschriften eingehalten werden, die auf einen Vertrag über eine Beförderung auf der letzten Teilstrecke anzuwenden wären.

(2) ¹Für den Beginn der Verjährung des Anspruchs wegen Verlust, Beschädigung oder Überschreitung der Lieferfrist ist, wenn auf den Ablieferungszeitpunkt abzustellen ist, der Zeitpunkt der Ablieferung an den Empfänger maßgebend. ²Der Anspruch verjährt auch bei bekanntem Schadensort frühestens nach Maßgabe des § 439.

1) Schadensanzeige (I)

Für die Schadensanzeige und die Verjährung hat der Gesetzgeber für den 1 multimodalen Transport aus Gründen der Rechtssicherheit auf das allgemeine Frachtrecht, also § 438 und § 439, zurückgegriffen. § 438 über die **Schadensanzeige** gilt unabhängig davon, ob der Schadensort unbekannt ist, bekannt ist oder später bekannt wird **(I 1)**. Die Vorschrift ist auch anwendbar, wenn Frist des Art. 31 Abs. 2 MÜ bereits abgelaufen ist, Hbg TranspR **16**, 412. Unerheblich ist auch die Art des Transportmittels der Anlieferung. WA kann aber bei Schaden auf der Luftfahrtstrecke vorgehen, Hbg TranspR **13**, 36. Für die Einhaltung des Anzeigeerfordernisses (Form, Frist) genügt jedoch auch die Beachtung des Rechts der letzten Teilstrecke **(I 2)**, doch kann auch in diesem Fall auf I 1 zurückgegriffen werden, zB wenn die letzte Teilstrecke im Ausland liegt. Der Anzeigende (Empfänger oder Absender, s § 438 I 1) hat demnach die Wahl zwischen beiden Bestimmungen, MüKo/Herber 4.

2) Verjährung (II)

Die **Verjährung** des Anspruchs wegen Verlust, Beschädigung oder Lieferfrist- 2 überschreitung beginnt, wenn auf den Ablieferungszeitpunkt abzustellen ist, erst mit der Ablieferung an den (vertraglich vereinbarten) Empfänger **(II 1)**, es kommt also auf die Letztablieferung an. Bei Nichtablieferung gilt der Zeitpunkt, an dem das Gut hätte abgeliefert werden müssen, MüKo/Herber 11. Beginn der Verjährung ist weit zu verstehen, erfasst wird also auch eine der Verjährung funktional gleichkommende Ausschluss- oder Erlöschensregelung des anwendbaren Teilstreckenrechts, zB § 612 (RegE) oder Art 29 I WA 1955, BGH TranspR **09**, 264 m Anm Ramming. Der Anspruch verjährt auch bei bekanntem Schadensort nicht früher als nach Maßgabe des § 439 (Mindestfrist, **II 2**). Abweichende Vereinbarungen zu II 1s § 452d I. Zur Anwendbarkeit auf das Luftfrachtrecht s Müller-Rostin TranspR **08**, 241.

§ 452d

Umzugsvertrag über eine Beförderung mit verschiedenartigen Beförderungsmitteln

452c ¹Hat der Frachtvertrag die Beförderung von Umzugsgut mit verschiedenartigen Beförderungsmitteln zum Gegenstand, so sind auf den Vertrag die Vorschriften des Zweiten Unterabschnitts anzuwenden. ² § 452a ist nur anzuwenden, soweit für die Teilstrecke, auf der der Schaden eingetreten ist, Bestimmungen eines für die Bundesrepublik Deutschland verbindlichen internationalen Übereinkommens gelten.

1 **1)** § 452c regelt den Umzugsvertrag über eine Beförderung mit verschiedenartigen Beförderungsmitteln **(multimodaler Umzugsvertrag)** wie nach §§ 451–451h über den (unimodalen) Umzugsvertrag **(Satz 1)**. Es gilt also – aus Gründen des Verbraucherschutzes – unmittelbar und allgemein die Einheitslösung (vgl § 452a Rn 2), auch bei bekanntem Schadensort. Daraus ergibt sich folgende Regelungshierarchie: Vorrangig die zwingenden Bestimmungen der §§ 451–451h, sodann die zwingenden Bestimmungen der §§ 407–450, sodann die Parteivereinbarung, sodann die dispositiven Bestimmungen der §§ 451–451h und schließlich die dispositiven Bestimmungen der §§ 407–450, s MüKo/Andresen 4. Die besonderen Bestimmungen über den multinationalen Transport (nur § 452a) sind im Interesse des Absenders von Umzugsgut ausnahmsweise insoweit anzuwenden, als für die Teilstrecke, auf der der Schaden eingetreten ist, ein für die BRD verbindliches internationales Übereinkommen, namentlich **(17)** CMR, gilt **(Satz 2)**. Dann gilt auch § 452b HGB, Koller 4.

Abweichende Vereinbarungen

452d (1) ¹Von der Regelung des § 452b Abs. 2 Satz 1 kann nur durch Vereinbarung abgewichen werden, die im einzelnen ausgehandelt ist, auch wenn diese für eine Mehrzahl von gleichartigen Verträgen zwischen denselben Vertragsparteien getroffen ist. ²Von den übrigen Regelungen dieses Unterabschnitts kann nur insoweit durch vertragliche Vereinbarung abgewichen werden, als die darin in Bezug genommenen Vorschriften abweichende Vereinbarungen zulassen.

(2) Abweichend von Absatz 1 kann jedoch auch durch vorformulierte Vertragsbedingungen vereinbart werden, daß sich die Haftung bei bekanntem Schadensort (§ 452a)

1. unabhängig davon, auf welcher Teilstrecke der Schaden eintreten wird, oder
2. für den Fall des Schadenseintritts auf einer in der Vereinbarung genannten Teilstrecke

nach den Vorschriften des Ersten Unterabschnitts bestimmt.

(3) Vereinbarungen, die die Anwendung der für eine Teilstrecke zwingend geltenden Bestimmungen eines für die Bundesrepublik Deutschland verbindlichen internationalen Übereinkommens ausschließen, sind unwirksam.

1 **1)** § 452d bringt Grenzen für abweichende Vereinbarungen zu §§ 452 ff. Von der Regelung über den **Verjährungsbeginn** nach § 452b II 1 kann nur durch eine im Einzelnen ausgehandelte Vereinbarung (wie § 449 II 1) abgewichen werden **(I 1)**; inhaltliche Grenzen: MüKo/Herber 13 ff. **I 2** wahrt die **zwingenden Vorschriften des allgemeinen Frachtrechts** (§ 449); diese setzen sich somit auf jeden Fall durch, entweder direkt (so bei unmittelbarer Anwendbarkeit, § 452a Rn 2, § 452c Rn 1) oder über I 2. Von § 452a bei bekanntem Schadens-

5. Abschnitt. Speditionsgeschäft § 453

ort kann auch durch AGB zugunsten der Haftung nach allgemeinem Frachtrecht abgewichen werden (II), und zwar insgesamt (II Nr 1, Einheits- statt network-Lösung) oder nur für eine bestimmte Teilstrecke (II Nr 2). Letzteres wird zB relevant, wenn die Parteien bei einer besonders schadensträchtigen Teilstrecke das dafür in Frage kommende Teilstreckenrecht für ungeeignet oder unsicher halten. Das ist vor allem wegen der internationalen Standardbedingungen und Vertragsformulare (§ 452 Rn 9) wichtig. Bei unbekanntem Schadensort richtet sich die Abdingbarkeit nach §§ 452d I 2, 449. **III** stellt klar, dass zwingende Vorschriften internationaler Übereinkommen, die für die BRD verbindlich sind (zB (17) CMR), vorgehen. Dagegen verstoßende Parteivereinbarungen sind unwirksam, eine Abbedingung ist aber möglich, sofern diese Übereinkommen dies ausdrücklich erlauben, Koller 4. Str aber, ob nur Multimodal- oder auch Unimodalübereinkommensrecht erfasst, vgl Bydlinski TranspR **09**, 389 mwN. Vereinbarung der Geltung der §§ 425 ff insgesamt durch Formularklausel zulässig, BGH BB **16**, 578. **Lit** Basedow TranspR **98**, 58.

Fünfter Abschnitt. Speditionsgeschäft

Schrifttum
S speziell zu ADSp vor (18) ADSp.

a) Kommentare: *Alff*, Fracht-, Lager- und Speditionsrecht, 2. Aufl 1991. – *Andresen/Valder/Krien*, Hdb des Transportrechts (LBl) Stand 2013. – *MüKo(HGB)/(Fremuth/Thume)*, Bd. 7, 3. Aufl 2014. – *GK (HGB)/(Ensthaler ua)* 8. Aufl 2015. – *HdlbgKo/(Glanegger ua)* 7. Aufl 2007. – *Heymann/Emmerich/Horn* Bd 4 2. Aufl 2005. – *Knorre/Demuth/Schmid*, Hdb des Transportrechts, 2. Aufl 2015. – *Koller*, Transportrecht, 9. Aufl 2016. – *Lammich/Pöttinger*, Gütertransportrecht Kommentar (LBl). – *Müglich*, Transport- und Logistikrecht 2002. – *MüKo(HGB)/(Herber ua)* Bd 7, 3. Aufl 2014. *Staub/(Otte)*, §§ 451–475h, Bd 13, 5. Aufl 2015. – *Widmann*, Transportrecht, 3. Aufl 1999.

b) Lehrbücher: *Canaris* 24. Aufl 2006. – *Dubischar*, Grundriß des gesamten Gütertransportrechts, 1987. – *Gass* 1999. – *K. Schmidt* 6. Aufl 2014.

c) Einzeldarstellungen und Sonstiges: *Basedow*, Der Transportvertrag, 1987. – *Calme* Einführung ins Transport- und Speditionsrecht, 2015 – *Hector*, ADSp u die Speditions- und Transportversicherung, 2. Aufl 2003. – *Wolf/Thiel*, ADSp, 20. Aufl 2003. – Zu ADSp Fassung 1993: *Widmann*, ADSp, 5. Aufl 1993; *Valder* TranspR **93**, 81. – Zu ADSp Fassung 1999: *Widmann*, ADSp '99, 6. Aufl 1999. – Zu ADSp Fassung 2016: Koller, Transportrecht, 9. Aufl 2016. – Zu ADSp Fassung 2017: Ramming, RdTW **17**, 41. **Muster:** Hopt, Vertrags- und Formularbuch zum Hdl-, Ges u Bankrecht, 4. Aufl 2013, Teil I.P (mit 3 Vertragsmustern und Formularen).

Speditionsvertrag

453 (1) **Durch den Speditionsvertrag wird der Spediteur verpflichtet, die Versendung des Gutes zu besorgen.**

(2) **Der Versender wird verpflichtet, die vereinbarte Vergütung zu zahlen.**

(3) ¹**Die Vorschriften dieses Abschnitts gelten nur, wenn die Besorgung der Versendung zum Betrieb eines gewerblichen Unternehmens gehört.** ²**Erfordert das Unternehmen nach Art oder Umfang einen in kaufmännischer Weise eingerichteten Geschäftsbetrieb nicht und ist die Firma des Unternehmens auch nicht nach § 2 in das Handelsregister eingetragen, so sind in Ansehung des Speditionsgeschäfts auch insoweit die Vorschriften des Ersten Abschnitts des Vierten Buches ergänzend anzuwenden; dies gilt jedoch nicht für die §§ 348 bis 350.**

§ 453 1–4

Übersicht

	Rn
1) Speditionsgeschäft (§§ 453–466)	1
2) Anwendungsbereich der Vorschriften über das Speditionsgeschäft (§ 453 III)	2–4
A. Persönliche Reichweite (III)	2
B. Territoriale Reichweite	4
3) Speditionsvertrag (§ 453 I, II)	5–16
A. Speditionsvertrag	5
B. Pflichten des Spediteurs (I)	9
C. Pflichten des Versenders (II)	13
D. Beendigung des Speditionsvertrags	14
E. Abweichende Vereinbarungen	15
F. Einschaltung eines Spediteurs im Verhältnis zwischen Verkäufer und Käufer	16
4) (18) ADSp	17

1) Speditionsgeschäft (§§ 453–466)

1 Im 5. Abschn (§§ 453–466) ist das Speditionsgeschäft geregelt. Der Unternehmer kann sich heute zumal angesichts der Internationalisierung der Märkte nicht mehr selbst um den Transport kümmern (§ 407 Rn 1), sondern wendet sich am besten an den Fachmann, der auf dem Frachtenmarkt den bestgeeignetsten und kostengünstigsten Weg und Frachtführer für ihn aussucht und häufig selbst noch weiter auf bestimmte Kontinente oder Länder spezialisiert ist. Der Spediteur ist im Gegensatz zum nichtjuristischen Sprachgebrauch nicht derjenige, der den Transport selbst ausführt; die Beförderung von Gütern übernimmt der Frachtführer (§ 407 I). Der Spediteur besorgt die Versendung, dh er organisiert die Beförderung und schließt die dazu notwendigen Verträge ab (§ 454); wirtschaftlich ähnelt er also dem Kommissionär („Transportkommissionär"). In der Praxis ist vor allem der Fixkostenspediteur (§ 459) vorzufinden, der den reinen Geschäftsbesorgungsspediteur (§ 454) nahezu vollständig verdrängt hat, s Hasche TranspR **14**, 350. Besondere Ausprägungen des Speditionsgeschäfts sind Spedition mit Selbsteintritt (§ 458), Spedition zu festen Kosten (§ 459) und Spedition mit Sammelladung (§ 460); in diesen Fällen hat der Spediteur zwingend die Rechte und Pflichten eines Frachtführers.

2) Anwendungsbereich der Vorschriften über das Speditionsgeschäft (§ 453 III)

2 A. **Persönliche Reichweite (III):** § 453 III steckt den Anwendungsbereich der §§ 453–466 ab. III entspricht exakt § 407 III 1 Nr 2, 2 für das Frachtgeschäft (s dort Rn 9, persönliche Reichweite, eine Abgrenzung der sachlichen Reichweite wie dort Nr 1 ist beim Speditionsgeschäft nicht notwendig). §§ 453–466 gelten nur, wenn der Spediteur Kfm ist, sondern auch, wenn die Spedition jedenfalls zum Betrieb eines gewerblichen Unternehmens gehört **(III 1).** Zum Begriff des Gewerbes s § 1 Rn 11. Erfasst wird also auch der Gelegenheitsspediteur.

3 Ist der Spediteur Kfm, gilt das gesamte HGB. Ist er kein Kfm, gelten dennoch über §§ 453–466 hinaus die allgemeinen Vorschriften über Handelsgeschäfte (Viertes Buch, Erster Abschnitt, die §§ 343–372), aber ohne §§ 348–350 **(III 2).**

4 B. **Territoriale Reichweite:** Für die **grenzüberschreitende Spedition:** Dazu gelten internationale Abkommen, zB die **(17) CMR,** die im grenzüberschreitenden Verkehr unabdingbar gilt und in der Praxis eine sehr große Rolle spielt, oder das **Warschauer Abkommen (WA)** über den internationalen Luftverkehr, das aber nach Art 55 **Montrealer Übereinkommen (MÜ)** vom 28.5.99 insoweit von diesem verdrängt wird, in Deutschland in Kraft seit 28.6.04, BGBl 04 II 458, 1371. Die Übereinkommen sind ua kommentiert bei Koller,

5. Abschnitt. Speditionsgeschäft   5–8   **§ 453**

Transportrecht, vergleichend Ruhwedel TranspR **08**, 89. Auch für den grenzüberschreitenden Eisenbahnfrachtverkehr gelten internationale Abkommen, so die CIM.

IPR: Mangels ausdrücklicher oder stillschweigender freier Rechtswahl nach Art 27 EGBGB galt bisher das Recht des Ortes der charakteristischen Leistung, also der gewerblichen Niederlassung des Spediteurs (Geschäftssitz, Art 28 II 2 EGBGB). Anzuwendendes Sachrecht ergibt sich aus Art. 3, 4 Abs. 1 lit b, Abs. 3 Rom I-VO, Koller 64, anders wenn für Spediteur Frachtrecht gilt (§§ 458, 459, 460). Geltung der ADSp gegenüber ausländischem Auftraggeber s **(18)** ADSp Einl 2 vor § 1. Internationale Speditionsdokumente sind zB **FCR** (Forwarding Agents Certificate of Receipt, Spediteur-Übernahmebescheinigung), FIATA FCR (Forwarders Certificate of Receipt) und **FCT** (Forwarders Certificate of Transport, Spediteur-Transportbescheinigung), Nielsen WM Sonderbeil 9/**86**, Die Dokumente der FIATA (Zürich), s **(11)** ERA Art 23 Rn 1. **Muster:** Hopt/Joos/Leyens Form I.P.2 (FIATA FCR), I.P.3 (FIATA FCT). **Lit** zum bisherigen IPR vor der Rom I-VO: Reithmann/Martiny/Mankowski 1364ff Speditionsvertrag, 1394ff Straßentransport, 1660ff multimodaler Verkehr; Rugullis TranspR **06**, 380, Koller VersR **00**, 1188, Basedow FS Herber **99**, 31.

3) Speditionsvertrag (§ 453 I, II)

A. **Speditionsvertrag: a) Rechtsnatur, anwendbares Recht:** Durch den 5 Speditionsvertrag wird der Spediteur verpflichtet, die Versendung des Gutes zu besorgen (I); der Versender wird verpflichtet, die vereinbarte Vergütung zu zahlen (II). Vertragsgegenstand sind nur **Güter** (Begriff § 407 Rn 6), nicht Personen. Der Speditionsvertrag ist ein handelsrechtlicher Sonderfall des Geschäftsbesorgungsvertrags, der idR auf eine **Geschäftsbesorgung** gerichtet ist, die im Rahmen eines **Werkvertrags** zu leisten ist (§§ 675, 631 BGB; das Entgelt ist erfolgsabhängig ausgestaltet, vgl. § 456), RG **112**, 151, Koller 39, nach aA Dienstvertrag oder Vertrag sui generis. Ergänzend zu §§ 453ff sind also §§ 675, 631ff BGB heranzuziehen. Ausnahmsweise ist die Geschäftsbesorgung im Rahmen eines Dienstvertrags zu leisten (§§ 675, 611 BGB), so etwa bei einem Dauerschuldverhältnis. Eine Vorschrift wie § 407 II aF, der allgemein auf Kommissionsrecht verwies, findet sich heute nicht mehr; statt der Verweisung auf § 392 gilt unmittelbar § 457. Das schließt aber einzelne Analogien nicht aus. Abgrenzung zum **Frachtvertrag** (§§ 133, 157 BGB) s § 407 Rn 13.

b) Zustandekommen: Der Speditionsvertrag kommt, auch bei Verlangen 6 und Ausstellen einer Urkunde, **formlos** zustande, wenn die Parteien nichts anderes vereinbart haben. § 362 greift ein.

c) Vertragsparteien: Vertragspartner sind allein der **Versender** (auf die ge- 7 naue Terminologie achten! Der Vertragspartner des Frachtführers ist der Absender; der des Spediteurs ist der Versender, im Verkehr auch Auftraggeber genannt) **und der Spediteur.** Wie dort ein Dreiecksverhältnis, gibt es auch hier ein Mehrpersonengeflecht, manchmal sogar von vier (oder mehr) Personen: Versender – Spediteur – Frachtführer – Empfänger. Die zwischen diesen Personen bestehenden Vertragsverhältnisse (Versender – Spediteur; Versender – Empfänger; Spediteur – Frachtführer) sind wie bei allen Dreiecksverhältnissen genau auseinander zu halten. Das ist besonders relevant bei der Geltendmachung von Ansprüchen aus den einzelnen Vertragsverhältnissen, bei Leistungsstörungen und im Bereicherungsrecht. In Sonderfällen kann dennoch ein Vertrag zugunsten Dritter gem § 328 BGB in Frage kommen, Mü NJW **58**, 425.

d) Spediteurpapiere: Besondere Regelungen wie beim Frachtvertrag über 8 den Frachtbrief (§§ 408, 409) und den Ladeschein (§§ 444–448) oder beim Lagervertrag den Lagerschein (§§ 475c–475g) gibt es nach §§ 453ff für das Speditionsrecht nicht. Solche Papiere sind in der Praxis üblich und bleiben ihr zur

Merkt   1727

Regelung überlassen. Das **FCR** (Forwarders Certificate of Receipt) ist eine Spediteurübernahmebescheinigung; es ist kein kfm Orderpapier (§ 363 Rn 2).

9 B. **Pflichten des Spediteurs (I): a) Besorgung der Versendung des Gutes:** Hauptpflicht des Spediteurs ist es, die Versendung des Gutes zu besorgen, und zwar entweder wie idR für Rechnung des Versenders oder aber für eigene Rechnung (Rechtsausschuss; § 454 Rn 3). Die Besorgung der Versendung ist in § 454 näher geregelt.

10 **b) Einschalten weiterer Personen:** Der Hauptspediteur kann selbstständige Zwischenspediteure (nicht § 278 BGB, vgl § 454 I Nr 2) oder einen weisungsgebundenen Unterspediteur (§ 278 BGB) einschalten, vgl BGH BB **69**, 1454. Der Spediteur schließt diese Geschäfte idR im eigenen Namen, eine Vollmachtserteilung ist im Vertragsschluss ohnehin nicht zu sehen, Koller 4. Zur Mehrheit von Spediteuren und speziell zum Empfangsspediteur auf Seiten des Empfängers K. Schmidt § 33 V 1, 2.

11 **c) Weitere Pflichten:** Der Spediteur hat neben seiner Hauptpflicht nach § 454 I zur Besorgung der Versendung zweckdienliche Nebenpflichten aus Speditions- und Geschäftsbesorgungsrecht. Diese sind teils gesetzlich aufgeführt, zB §§ 454 II, 457–461, teils ergeben sie sich aus der Natur des Vertrags als Geschäftsbesorgungs- und Interessenwahrungsvertrag, so Aufklärungs- und Beratungspflichten.

12 **d) Leistungsstörungen:** Leistungsstörungen s Koller § 454 Rn 38 ff. Synallagmatische Pflichten sind nur die Pflichten aus § 454 I Nr 1–3.

13 C. **Pflichten des Versenders (II):** Hauptpflicht des Versenders ist es, die vereinbarte Vergütung (früherer Begriff: Provision) zu zahlen. Diese ist fällig, wenn das Gut dem Frachtführer oder Verfrachter übergeben worden ist (§ 456). Unter Umständen kann der Spediteur einen Vorschuss fordern (§ 669 BGB). Der Versender kann auch Aufwendungsersatz nach § 670 BGB schulden, vgl Rn 5.

14 D. **Beendigung des Speditionsvertrags:** Keine Besonderheiten. Insolvenz des Spediteurs s § 103 InsO, Insolvenz des Versenders s § 116 InsO. Im Insolvenzverfahren des Spediteurs kann der Versender die Forderung aussondern (§ 457, § 47 InsO).

15 E. **Abweichende Vereinbarungen:** § 453 ist dispositiv, Grenzen setzt aber § 466.

16 F. **Einschaltung eines Spediteurs im Verhältnis zwischen Verkäufer und Käufer:** Im Verhältnis zwischen Verkäufer und Käufer des Gutes ist bei Versendungskauf iSv § 447 BGB (Versendung auf Verlangen des Käufers nach einem anderen Ort als dem Erfüllungsort) der Spediteur idR nicht Erfüllungsgehilfe iSv § 278 BGB des Verkäufers, RG **99**, 26, BGH **50**, 35. Anders bei Fehler des Spediteurs unmittelbar in Ausführung einer (speziellen) Weisung des Verkäufers, RG **115**, 162, BGH **50**, 35. Bedient sich der Verkäufer, ohne dass Versendungskauf iSv § 447 BGB vorliegt, zur Erfüllung seiner Lieferpflicht eines Spediteurs, gilt § 278 BGB, BGH **50**, 35 (Versendung an A in X, während Transports Verkauf an B in Y und Anweisung des Spediteurs zur Umleitung dorthin: Verkäufer haftet dem Käufer bei Misslingen durch Versehen des Spediteurs).

4) (18) ADSp

17 Neben den §§ 453 ff gelten, soweit § 466 das noch zulässt, als AGB die Allgemeinen Deutschen Spediteurbedingungen, die allerdings von vornherein nicht für Verkehrsverträge mit Verbrauchern gelten (s **(18)** ADSp Ziff 2.4). Insgesamt kann sich somit ein Zusammenspiel von individuell ausgehandelten Vertragsbestimmungen, **(18)** ADSp, §§ 453 ff HGB und §§ 675, 631 ff BGB ergeben

5. Abschnitt. Speditionsgeschäft 1, 2 § 454

(Prüfung in dieser Reihenfolge, soweit nicht zwingendes Recht, vgl Staub/Helm §§ 407–409 Rn 50, allgemeiner Koller Einl 58 ff).

Besorgung der Versendung

454 (1) Die Pflicht, die Versendung zu besorgen, umfaßt die Organisation der Beförderung, insbesondere
1. die Bestimmung des Beförderungsmittels und des Beförderungsweges,
2. die Auswahl ausführender Unternehmer, den Abschluß der für die Versendung erforderlichen Fracht-, Lager- und Speditionsverträge sowie die Erteilung von Informationen und Weisungen an die ausführenden Unternehmer und
3. die Sicherung von Schadenersatzansprüchen des Versenders.

(2) ¹Zu den Pflichten des Spediteurs zählt ferner die Ausführung sonstiger vereinbarter auf die Beförderung bezogener Leistungen wie die Versicherung und Verpackung des Gutes, seine Kennzeichnung und die Zollbehandlung. ²Der Spediteur schuldet jedoch nur den Abschluß der zur Erbringung dieser Leistungen erforderlichen Verträge, wenn sich dies aus der Vereinbarung ergibt.

(3) Der Spediteur schließt die erforderlichen Verträge im eigenen Namen oder, sofern er hierzu bevollmächtigt ist, im Namen des Versenders ab.

(4) Der Spediteur hat bei Erfüllung seiner Pflichten das Interesse des Versenders wahrzunehmen und dessen Weisungen zu befolgen.

1) Pflicht zur Besorgung der Versendung im Einzelnen (I Nr 1–3)

Die Pflicht des Spediteurs zur Besorgung der Versendung (§ 453 I) ist in I **1** näher umschrieben. Sie umfasst danach die **Organisation der Beförderung**. Dazu gehören ua die Bestimmung des Beförderungsmittels und des Beförderungswegs, die Auswahl ausführender Unternehmer und der **Abschluss der notwendigen Verträge** (Fracht-, Lager- und Speditionsverträge, s III) mit ihnen und die **Sicherung von Schadensersatzansprüchen** des Versenders. Zur „Routing Order" Bodis TranspR **09**, 5.

2) Sonstige vereinbarte beförderungsbezogene Leistungen (II)

Die Ausführung zusätzlicher speditioneller Tätigkeiten wie Versicherung und **2** Verpackung, Kennzeichnung und Zollbehandlung schuldet der Spediteur, wenn das vereinbart ist **(II 1)**. Den Abschluss dafür erforderlicher Verträge schuldet er jedoch nur, wenn sich dies aus der Vereinbarung ergibt **(II 2)**. Hat der Spediteur die Pflicht zur Verpackung auf Grund einer selbstständigen Abrede unabhängig von der Speditionsleistung übernommen, ist auf die Erbringung der Verpackungsleistung Werkvertragsrecht anzuwenden. Ist die Verpackungsleistung dagegen als beförderungsbezogene, speditionelle Nebenpflicht im Rahmen eines Speditionsvertrags und nicht unabhängig davon übernommen worden, richtet sich die Haftung des Spediteurs auch hinsichtlich der Verpackungsleistung gem II 2 einheitlich nach Speditionsrecht, BGH **173**, 349 f, LG Hbg TranspR **08**, 219, krit Temme TranspR **08**, 375, für II 1 als Zweifelsregelung Schmidt TranspR **10**, 88. Werkvertragsrecht kommt demnach zur Anwendung, wenn der Verpackung eine besondere Bedeutung unter Berücksichtigung der Interessenlage beider Vertragsparteien zukommt und die Verpflichtung zur Verpackung gleichwertig neben der Speditionsleistung steht, BGH **173**, 349 f; Beispiel: Aufstellen einer Couchgarnitur inkl. der Montage der Füße, AG Bonn TranspR **13**, 289 m Anm Hammer TranspR **13**, 289. Abschluss eines Verpackungsvertrags kann umgekehrt auf den Abschluss eines Speditionsvertrags hindeuten, LG Bonn RdTW **16**, 276.

Merkt

§ 455 1, 2   4. Buch. Handelsgeschäfte

3) Abschluss der erforderlichen Verträge im eigenen Namen oder dem des Versenders (III)

3   Der Spediteur schließt die für die Besorgung der Versendung (I) und die Erfüllung der sonstigen vereinbarten beförderungsbezogenen Leistungen (II) grundsätzlich **im eigenen Namen** (aber für fremde Rechnung, nämlich des Versenders, insoweit parallel zum Kommissionär, § 383; idR jedoch – so zB bei der Fixkostenspedition (§ 459) – für eigene Rechnung) ab (III Halbs 1). Er kann sie auch im Namen des Versenders abschließen, benötigt dazu aber eine **Vollmacht** (III Halbs 2). Diese ist nicht schon kraft Gesetzes im Speditionsvertrag enthalten und ergibt sich auch nicht aus dem Abschluss des Speditionsvertrages, Koller § 453 Rn 4.

4) Pflicht zur Interessenwahrung und zur Befolgung von Weisungen (IV)

4   Der Spediteur ist Interessenwalter des Versenders und hat dessen Weisungen zu befolgen (IV, wie Kommissionär, § 384 Rn 1–6). Doppelbeauftragung ist mangels Interessenkonflikt idR möglich, Hbg TranspR **88**, 160, weitere Fälle s Schiller/Sips-Schiller BB **85**, 888. Weitere Verhaltenspflichten des Spediteurs s § 453 Rn 9–11.

Behandlung des Gutes. Begleitpapiere. Mitteilungs- und Auskunftspflichten

455 (1) [1]Der Versender ist verpflichtet, das Gut, soweit erforderlich, zu verpacken und zu kennzeichnen und Urkunden zur Verfügung zu stellen sowie alle Auskünfte zu erteilen, deren der Spediteur zur Erfüllung seiner Pflichten bedarf. [2]Soll gefährliches Gut versendet werden, so hat der Versender dem Spediteur rechtzeitig in Textform die genaue Art der Gefahr und, soweit erforderlich, zu ergreifende Vorsichtsmaßnahmen mitzuteilen.

(2) [1]Der Versender hat, auch wenn ihn kein Verschulden trifft, dem Spediteur Schäden und Aufwendungen zu ersetzen, die verursacht werden durch

1. ungenügende Verpackung oder Kennzeichnung,
2. Unterlassen der Mitteilung über die Gefährlichkeit des Gutes oder
3. Fehlen, Unvollständigkeit oder Unrichtigkeit der Urkunden oder Auskünfte, die für eine amtliche Behandlung des Gutes erforderlich sind.

[2] § 414 Absatz 2 ist entsprechend anzuwenden.

(3) Ist der Versender ein Verbraucher, so hat er dem Spediteur Schäden und Aufwendungen nach Absatz 2 nur zu ersetzen, soweit ihn ein Verschulden trifft.

1) Pflichten des Versenders zu Verpackung und Kennzeichnung, Stellung von Begleitpapieren, Mitteilungs- und Auskunftspflichten (I)

1   Der Versender hat nach I 1, soweit erforderlich für die Verpackung und Kennzeichnung des Gutes zu sorgen (ebenso wie der Absender beim Frachtgeschäft, vgl § 411), und er hat die Begleitpapiere zu stellen (vgl § 413). Spediteur können sich Urkunden selbst beschaffen müssen, dies ist auch abhängig davon, ob Abreden iSv § 454 II bestehen, s Koller 5. Nach I 2 hat der Versender eine Mitteilungspflicht bei gefährlichem Gut (vgl § 410). Insoweit können ihn auch die Pflichten eines Einlagerers treffen, Koller 8. Die Mitteilung bedarf der Textform (§ 126b BGB).

2) Verschuldensunabhängige Haftung des Versenders, außer wenn er Verbraucher ist (II, III)

2   A. Den Versender trifft (ähnlich wie den Absender beim Frachtgeschäft, vgl § 414) in besonderen Fällen eine verschuldensunabhängige Haftung (**II 1**, aber s Rn 3). Die drei besonderen Fälle entsprechen aber nur teilweise denen beim

5. Abschnitt. Speditionsgeschäft § 458

Frachtgeschäft. Es handelt sich um: ungenügende Verpackung oder Kennzeichnung (II 1 **Nr 1** iVm I 1), Unterlassen der Mitteilung über die Gefährlichkeit des Gutes (II 1 **Nr 2** iVm I 2) und Fehlen, Unvollständigkeit oder Unrichtigkeit der für die amtliche Behandlung des Gutes erforderlichen Urkunden oder Auskünfte (II 1 **Nr 3** iVm I 1). Eine verschuldensunabhängige Haftung für Angaben in einem Speditionspapier (vgl § 453 Rn 8) gibt es anders als beim Frachtbrief (§ 414 I 1 Nr 2) nicht. S näher zu § 414. Mitverursachung führt zur Schadensteilung (II 2 iVm § 414 II, dort Rn 4).

B. Ist der Versender ein **Verbraucher** (§ 13 BGB), haftet er für Schäden und 3 Aufwendungen nach II nur verschuldensabhängig (**III,** wie § 414 III).

Fälligkeit der Vergütung

456 Die Vergütung ist zu zahlen, wenn das Gut dem Frachtführer oder Verfrachter übergeben worden ist.

1) Die vereinbarte Vergütung (§ 453 II) ist fällig, wenn das Gut dem Frachtführer oder Verfrachter übergeben worden ist (vgl demgegenüber § 420 I 1 für den Frachtführer: erst nach Abschluss der Beförderung, was aber den unterschiedlichen Leistungsversprechen entspricht). Vereinbarung zwischen Spediteur und Beförderer muss vertragsgemäß sein, s MüKo/Bydlinski 11. Vorschuss s § 453 Rn 13. Zu Leistungsstörungen Koller 6 ff.

Forderungen des Versenders

457 [1] Der Versender kann Forderungen aus einem Vertrag, den der Spediteur für Rechnung des Versenders im eigenen Namen abgeschlossen hat, erst nach der Abtretung geltend machen. [2] Solche Forderungen sowie das in Erfüllung solcher Forderungen Erlangte gelten jedoch im Verhältnis zu den Gläubigern des Spediteurs als auf den Versender übertragen.

1) Geltendmachung von Forderungen des Spediteurs erst nach Abtretung (Satz 1)

Wenn der Spediteur Verträge für Rechnung des Versenders, aber im eigenen 1 Namen abgeschlossen hat (§ 454 Rn 3), kann der Versender diese Forderungen erst nach der Abtretung geltend machen (Satz 1, vgl 392 I). Gestaltungsrechte werden wie Forderungen behandelt, Koller 2.

2) Versenderschutz im Verhältnis zu den Gläubigern des Spediteurs (Satz 2)

Solche Forderungen sowie das in Erfüllung solcher Forderungen Erlangte 2 gelten jedoch im Verhältnis zu den Gläubigern des Spediteurs als auf den Versender übertragen (Satz 2, vgl § 422 II bei der Frachtnachnahme). Diese Regelung entspricht § 392 II beim Kommissionsgeschäft. Die Probleme und Theorien stellen sich hier ganz ähnlich dar wie dort (§ 392 Rn 7).

Selbsteintritt

458 [1] Der Spediteur ist befugt, die Beförderung des Gutes durch Selbsteintritt auszuführen. [2] Macht er von dieser Befugnis Gebrauch, so hat er hinsichtlich der Beförderung die Rechte und Pflichten eines Frachtführers oder Verfrachters. [3] In diesem Fall kann er neben der Vergütung für seine Tätigkeit als Spediteur die gewöhnliche Fracht verlangen.

§ 460

1) Zwingende Geltung von Frachtrecht in drei Sonderfällen (§§ 458–460)

1 Nach §§ 458–460 hat der Spediteur in drei für den Versender besonders kritischen Fällen von Gesetzes wegen die Rechte und Pflichten eines Frachtführers oder Verfrachters: bei Selbsteintritt, bei Fixkostenspedition und bei Sammelladung. Mit dieser Regelung bezweckt der Gesetzgeber, dass sich der Spediteur nicht den kundenschützenden Vorschriften des Frachtrechts entziehen kann.

2) Selbsteintritt (§ 458)

2 Der Spediteur ist befugt, die Beförderung des Gutes statt durch Beauftragung eines Frachtführers selbst auszuführen (**Selbsteintritt**). Macht er von dieser ihm gesetzlich eingeräumten Befugnis zum Selbsteintritt (vgl §§ 400 ff für den Kommissionär) Gebrauch (nicht zugangsbedürftige Willenserklärung, vgl § 151 BGB, Koller 9), so hat er hinsichtlich der Beförderung die Rechte und Pflichten eines Frachtführers oder Verfrachters (**Satz 1**). Er kann dann allerdings auch neben der Vergütung für seine Speditionstätigkeit die gewöhnliche Fracht verlangen (**Satz 2**). Zu entgegenstehenden Weisungen des Versenders vgl Koller 8. Konkrete Fracht muss aber feststellbar sein, sonst besteht kein Selbsteintrittsrecht, MüKo/Bydlinski 58. Zu den zwei Möglichkeiten des Selbsteintritts Canaris § 31 Rn 82 aE. Ob der Selbsteintritt auf Teilstrecken beschränkt werden kann oder ob stattdessen eine Gesamtbetrachtung für die gesamte Strecke vorzunehmen ist, ist str und wird in der Rspr uneinheitlich beurteilt, näher Koller 13 ff. Mangels klarer Kriterien für eine Gesamtbetrachtung ist aber ersteres vorzugswürdig, vgl auch BGH NJW **88**, 640.

Spedition zu festen Kosten

459 ¹Soweit als Vergütung ein bestimmter Betrag vereinbart ist, der Kosten für die Beförderung einschließt, hat der Spediteur hinsichtlich der Beförderung die Rechte und Pflichten eines Frachtführers oder Verfrachters. ²In diesem Fall hat er Anspruch auf Ersatz seiner Aufwendungen nur, soweit dies üblich ist.

1 1) Dasselbe wie beim Selbsteintritt (§ 458) gilt bei Spedition zu festen Kosten (**Fixkostenspedition**, § 459), bei der der Gewinn des Spediteurs dem Vertragspartner verborgen bleibt, und bei Sammelladung (§ 460), bei der sich der Spediteur sonst leicht einseitig die Preisvorteile einer Versendung in Sammelladung sichern könnte. Bei der Spedition zu festen Kosten hat der Spediteur, der von § 459 hinsichtlich der Beförderung als Frachtführer behandelt wird, über die Fracht hinaus Anspruch auf Ersatz seiner Aufwendungen nur, soweit dies üblich ist. In der Praxis hat der Fixkostenspediteur den reinen Geschäftsbesorgungsspediteur nahezu vollständig verdrängt, die Vorschrift hat damit hohe Relevanz, s Hasche TranspR **14**, 350. Die Beweislast trägt der sich auf § 459 Berufende, wobei die Ausstellung einer pauschalierten Rechnung starkes Indiz für eine Fixkostenvereinbarung ist, Düss TranspR **90**, 64. Gleiches gilt, wenn keine Provision vereinbart wurde, Karlsr TranspR **04**, 470. Aufschlüsselung im Einzelnen ist nicht nötig, Koller 19.

Sammelladung

460 (1) Der Spediteur ist befugt, die Versendung des Gutes zusammen mit Gut eines anderen Versenders auf Grund eines für seine Rechnung über eine Sammelladung geschlossenen Frachtvertrages zu bewirken.

5. Abschnitt. Speditionsgeschäft   1   § 461

(2) ¹Macht der Spediteur von dieser Befugnis Gebrauch, so hat er hinsichtlich der Beförderung in Sammelladung die Rechte und Pflichten eines Frachtführers oder Verfrachters. ²In diesem Fall kann der Spediteur eine den Umständen nach angemessene Vergütung verlangen, höchstens aber die für die Beförderung des einzelnen Gutes gewöhnliche Fracht.

1) Bei der **Sammelladungsspedition** handelt es sich darum, dass der Spediteur mehrere Aufträge sammelt und die Güter der verschiedenen Auftraggeber zusammen auf die Reise schickt. Es handelt sich also um eine spezielle Form des Selbsteintritts (§ 458), Canaris § 31 Rn 85, bei der die Beschränkung auf eine Teilstrecke ebenfalls als zulässig anzusehen ist, vgl § 458 Rn 2. I erlaubt die Sammelladung (entspr § 458 Satz 1). Macht der Spediteur von dieser Befugnis Gebrauch, hat er hinsichtlich der Beförderung in Sammelladung die Rechte und Pflichten eines Frachtführers oder Verfrachters (**II 1**, entspr § 458 Satz 2). Zu beachten ist, dass II den Sammelladungsspediteur erst ab dem Zeitpunkt als Frachtführer behandelt, zu dem er von seiner Befugnis nach I Gebrauch macht, also die Versendung als Sammelladung bewirkt. Bewirken heißt nicht erst tatsächlich befördern, sondern, wie es Sache des Spediteurs ist, den entsprechenden Vertrag, nämlich den Frachtvertrag über eine Sammelladung für seine Rechnung, schließen, BGH NJW 78, 1160. Die Beförderung in Sammelladung endet mit Ablieferung des Gutes an den vom Sammelladungsspediteur benannten Empfänger, der auch Empfangsspediteur sein kann; der sog speditionelle Nachlauf (Beförderung des Gutes vom Empfangsspediteur zum Empfänger) unterfällt nicht mehr II, BGH NJW-RR 11, 1603. Pflichten des Versenders ergeben sich aus § 455, Koller 17, zum Aufwendungsersatz Koller 19.

Haftung des Spediteurs

461 (1) ¹Der Spediteur haftet für den Schaden, der durch Verlust oder Beschädigung des in seiner Obhut befindlichen Gutes entsteht. ²Die §§ 426, 427, 429, 430, 431 Abs. 1, 2 und 4, die §§ 432, 434 bis 436 sind entsprechend anzuwenden.

(2) ¹Für Schaden, der nicht durch Verlust oder Beschädigung des in der Obhut des Spediteurs befindlichen Gutes entstanden ist, haftet der Spediteur, wenn er eine ihm nach § 454 obliegende Pflicht verletzt. ²Von dieser Haftung ist er befreit, wenn der Schaden durch die Sorgfalt eines ordentlichen Kaufmanns nicht abgewendet werden konnte.

(3) Hat bei der Entstehung des Schadens ein Verhalten des Versenders oder ein besonderer Mangel des Gutes mitgewirkt, so hängen die Verpflichtung zum Ersatz sowie der Umfang des zu leistenden Ersatzes davon ab, inwieweit diese Umstände zu dem Schaden beigetragen haben.

1) Spediteurhaftung

Die **Haftung des Spediteurs** bestimmt sich nach §§ 461 ff, von denen nur sehr eingeschränkt abgewichen werden kann (§ 466). Das bis 1998 geltende Haftungssystem der ADSp, das die gesetzliche Haftungsordnung nahezu völlig verdrängt hatte und höchst kompliziert war (Grundgedanke: Ersetzung der Eigenhaftung des Spediteurs durch eine Speditions- oder Rollfuhrversicherung, SVS/RVS aF, und mangels Deckung durch diese nur erheblich begrenzte Eigenhaftung, namentlich Haftungshöchstgrenzen und Vermutungswirkung), s 29. Aufl ADSp §§ 39 ff, 51 ff aF, ist damit weit zurückgedrängt worden. § 461 gilt nicht für Leistungsstörungen nicht-speditioneller Natur, Koller 20.

Merkt

§ 462

2) Verschuldensunabhängige Haftung des Spediteurs für Güterschäden (I)

2 Der Spediteur haftet für den Schaden, der durch Verlust oder Beschädigung des in seiner Obhut befindlichen Gutes entsteht (**I 1**; vgl § 425 I). § 461 sorgt anders als früher parallel zur frachtrechtlichen Obhutshaftung für eine speditionelle Obhutshaftung (RegE S 30). Zur Verschuldensunabhängigkeit wie beim Frachtrecht s § 425 Rn 1.

3 Für viele **Einzelheiten** verweist I 2 auf die Haftung des Frachtführers, so ua zum allgemeinen Haftungsausschluss (§ 426), zu den Haftungsausschlüssen bei besonderen Gefahrensituationen (§ 427), zum Wertersatz (§ 429), zum Haftungshöchstbetrag (§ 431 I, II, IV, aber ohne III, der bei Verspätungsschäden die Haftung auf den dreifachen Betrag der Fracht beschränkt) und für die Erstreckung der Haftungsbeschränkungen auf außervertragliche Ansprüche (§ 434). Abweichende Vereinbarungen s § 466.

3) Verschuldensabhängige Haftung des Spediteurs für andere Schäden (II)

4 Für einen Schaden, der nicht durch Verlust oder Beschädigung des in der Obhut des Spediteurs befindlichen Gutes entstanden ist, darunter Verspätungsschäden (insoweit anders als der Frachtführer nach § 425 I), haftet der Spediteur nicht verschuldensunabhängig, sondern nur bei schuldhafter Verletzung einer Pflicht nach § 454 (**II 1**). Der Spediteur kann sich durch den Nachweis entlasten, dass der Schaden durch die Sorgfalt eines ordentlichen Kfm (§ 347 I) nicht hätte abgewendet werden können (**II 2**). Konkretisierung der Sorgfaltsanforderungen zB in (18) ADSp Ziff 7 u 14.1.

4) Schadensteilung (III)

5 III regelt Mitverursachung des Versenders und Mitwirkung eines besonderen Mangels des Gutes bei der Entstehung des Schadens wie § 425 II. Zu den Problemen § 425 Rn 4. Mitverschulden des Auftraggebers, der grobe Organisationsmängel des Spediteurs kennt oder kennen muss, BGH NJW **99**, 3627 (zu (18) ADSp § 51b S 2 aF), Thume BB **99**, 2371. Verhalten des Empfängers muss sich Versender nicht entgegenhalten lassen, Koller 11.

Haftung für andere

462 ¹Der Spediteur hat Handlungen und Unterlassungen seiner Leute in gleichem Umfang zu vertreten wie eigene Handlungen und Unterlassungen, wenn die Leute in Ausübung ihrer Verrichtungen handeln. ²Gleiches gilt für Handlungen und Unterlassungen anderer Personen, deren er sich bei Erfüllung seiner Pflicht, die Versendung zu besorgen, bedient.

1 1) Auch den Spediteur trifft eine **Haftung für seine Leute** und andere Personen, deren er sich bei der Erfüllung seiner Pflicht, die Versendung zu besorgen, bedient (entsprechend für das Frachtrecht § 428, s dort). Zu beachten ist aber, dass der Spediteur die Güterversendung nur „besorgt" und dementsprechend auch nur insoweit seine Leute und auch andere Personen im Sinne der Vorschrift einsetzt. Werden Leistungen i. S. v. § 454 II geschuldet, kann § 278 BGB anwendbar sein, Koller 3. Der vom Spediteur beauftragte Frachtführer gehört also nicht zu den Leuten und den anderen nach § 462 von ihm eingesetzten Personen und ist auch nicht sein Erfüllungsgehilfe, hL, RegE S 30, MüKo/Bydlinski 5. Doch ist hier die Drittschadensliquidation des Spediteurs für den Versender anerkannt, RG **75**, 172, BGH NJW **74**, 1616, hL. Haftung für Lagerhalter, Zolldispacheure nur bei Weisungsverletzung oder schuldhafter Auswahl, vgl RG **109**, 303. Abweichende Vereinbarungen s § 466.

5. Abschnitt. Speditionsgeschäft § 464

Verjährung

463 Auf die Verjährung der Ansprüche aus einer Leistung, die den Vorschriften dieses Abschnitts unterliegt, ist § 439 entsprechend anzuwenden.

1) Die Verjährungsfrist beträgt wie beim Frachtführer ein bzw höchstens drei Jahre (§§ 463, 439), und zwar auch bei außervertraglichen Ansprüchen aus demselben Grund (§ 439 Rn 1). Verjährung beginnt mit Ablieferung, bei Nicht-Ablieferung, wenn abzuliefern gewesen wäre, Koller 15 f. Eine allgemeine Verjährungsverkürzung wie durch § 64 aF ADSp (acht Monate für alle Ansprüche gegen den Spediteur gleich aus welchem Rechtsgrund, wirksam, Koller 3. Aufl Rn 4) ist in (18) ADSp nicht mehr vorgesehen. Vorschrift erfasst auch außervertragliche, im Zusammenhang mit speditionellen Ansprüchen stehende Ansprüche, Koller 3. Abweichende Vereinbarungen s § 466.

Pfandrecht des Spediteurs

464 [1] Der Spediteur hat für alle Forderungen aus dem Speditionsvertrag ein Pfandrecht an dem ihm zur Versendung übergebenen Gut des Versenders oder eines Dritten, der der Versendung des Gutes zugestimmt hat. [2] An dem Gut des Versenders hat der Spediteur auch ein Pfandrecht für alle unbestrittenen Forderungen aus anderen mit dem Versender abgeschlossenen Speditions-, Fracht-, Seefracht- und Lagerverträgen. [3] § 440 Absatz 1 Satz 3 und Absatz 2 bis 4 ist entsprechend anzuwenden.

1) Gesetzliches Pfandrecht des Spediteurs (Satz 1)

Vorschrift neu gefasst durch SHRG 2013 zwecks Anpassung an die Diktion des BGB. Nach Satz 1 hat auch der Spediteur ein **gesetzliches Besitzpfandrecht** (§ 1257 BGB), das nicht nur alle durch den Speditionsvertrag begründeten Forderungen sichert, sondern auch unbestrittene Forderungen aus anderen mit dem Versender abgeschlossenen Speditions-, Fracht- und Lagerverträgen. Es ist also in bestimmtem Umfang auch auf inkonnexe Forderungen des Spediteurs erweitert, welche aber unbestritten sein müssen, MüKo/Bydlinski 4. Satz 1 entspricht voll § 440 I 1, Satz 3 verweist sogar auf § 440 I 3, II bis IV (s Rn 2). Das Pfandrecht des Spediteurs besteht am **Gut des Versenders,** das der Spediteur mit dessen Willen in Besitz bekommt (§ 440 Rn 1). Das Pfandrecht entsteht auch an **Gut eines Dritten,** wenn dieser der Beförderung zugestimmt hat (so die Klarstellung durch das SHRG 2013 im Anschluss an die hA, s auch die entsprechende Klarstellung in § 440 I 1 und 2). Gut ist bei einheitlichem Speditionsvertrag über verschiedene Sendungen nicht nur die jeweils einzelne Sendung, und Gut aus dieser sichert Forderungen auch aus den anderen Sendungen; anders bei Dauerspeditionsvertrag. Sicherung aller konnexen Forderungen (aus dem Speditionsvertrag), wozu auch der Anspruch des Spediteurs auf Stellung eines Ursprungsnachweises für den Zoll zählt, Hbg TranspR **02**, 359, und bestimmter inkonnexer Forderungen des Spediteurs (s § 440 Rn 2, 3). Das Besitzpfandrecht kann gutgläubig erworben werden (§§ 1207, 1257, 932 ff BGB; § 366 III, s dort Rn 10 und § 440 Rn 4), BGH **17,** 4. Wirkung s § 440 Rn 5. Ausübungsschranken s § 440 Rn 5, uU bereits stillschweigender Ausschluss des Pfandrechts, soweit seine Ausübung mit den Vertragspflichten des Spediteurs unvereinbar wäre, RG HRR **30,** 1041. Neben dem Pfandrecht kommen Zurückbehaltungsrechte in Betracht (§§ 369 ff HGB, § 273 BGB). Bei Selbsteintritt des Spediteurs entsprechende Anwendung von § 465, Koller 1.

Merkt

§ 466

2) Begleitpapiere, Besitzpfandrecht, Folgerecht, Pfandverkauf (Satz 3)

2 S 3 verweist auf § 440 I 3, II bis IV. Auch das Spediteurpfandrecht erstreckt sich also auf die Begleitpapiere (§ 440 I 3, dort Rn 6). Es besteht, solange der Spediteur das Gut in seinem Besitz hat, insbesondere solange er über das Gut mittels Konnossement, Ladeschein oder Lagerschein (§§ 642, 444, 475c) verfügen kann (§ 440 II, dort Rn 7). Mittelbarer Besitz (§ 868 BGB) genügt, vgl RG **112**, 136. Unfreiwilliger Besitzverlust beendet wie dort das Pfandrecht nicht, str. Der Spediteur hat ein dreitägiges Folgerecht (§ 440 III, dort Rn 8), und es gelten Sonderregeln für den Pfandverkauf (§ 440 IV, dort Rn 9).

Nachfolgender Spediteur

465 (1) Wirkt an einer Beförderung neben dem Frachtführer auch ein Spediteur mit und hat dieser die Ablieferung zu bewirken, so ist auf den Spediteur § 441 Absatz 1 entsprechend anzuwenden.

(2) Wird ein vorhergehender Frachtführer oder Spediteur von einem nachfolgenden Spediteur befriedigt, so gehen Forderung und Pfandrecht des ersteren auf den letzteren über.

1 1) Die Sicherung und Konkurrenz mehrerer Spediteure bzw Frachtführer und ihrer Pfandrechte sind in § 465 entsprechend zu § 441 geregelt (s dort). Hat ein Spediteur an der Beförderung mitgewirkt (also nicht nur: die Beförderung besorgt), gilt schon § 441 III. Auf den Verfrachter ist die Vorschrift analog anzuwenden, MüKo/Bydlinski 4.

Abweichende Vereinbarungen über die Haftung

466 (1) Soweit der Speditionsvertrag nicht die Versendung von Briefen oder briefähnlichen Sendungen zum Gegenstand hat, kann von den Haftungsvorschriften in § 455 Absatz 2 und 3, § 461 Absatz 1 sowie in den §§ 462 und 463 nur durch Vereinbarung abgewichen werden, die im Einzelnen ausgehandelt wird, auch wenn sie für eine Mehrzahl von gleichartigen Verträgen zwischen denselben Vertragsparteien getroffen wird.

(2) [1] Abweichend von Absatz 1 kann die vom Spediteur zu leistende Entschädigung wegen Verlust oder Beschädigung des Gutes auch durch vorformulierte Vertragsbedingungen auf einen anderen als den in § 431 Absatz 1 und 2 vorgesehenen Betrag begrenzt werden, wenn dieser Betrag

1. zwischen 2 und 40 Rechnungseinheiten liegt und der Verwender der vorformulierten Vertragsbedingungen seinen Vertragspartner in geeigneter Weise darauf hinweist, dass diese einen anderen als den gesetzlich vorgesehenen Betrag vorsehen, oder

2. für den Verwender der vorformulierten Vertragsbedingungen ungünstiger ist als der in § 431 Absatz 1 und 2 vorgesehene Betrag.

[2] Ferner kann durch vorformulierte Vertragsbedingungen die vom Versender nach § 455 Absatz 2 oder 3 zu leistende Entschädigung der Höhe nach beschränkt werden.

(3) Von § 458 Satz 2, § 459 Satz 1 und § 460 Absatz 2 Satz 1 kann nur insoweit durch vertragliche Vereinbarung abgewichen werden, als die darin in Bezug genommenen Vorschriften abweichende Vereinbarungen zulassen.

(4) Ist der Versender ein Verbraucher, so kann in keinem Fall zu seinem Nachteil von den in Absatz 1 genannten Vorschriften abgewichen werden, es sei denn, der Speditionsvertrag hat die Beförderung von Briefen oder briefähnlichen Sendungen zum Gegenstand.

(5) Unterliegt der Speditionsvertrag ausländischem Recht, so sind die Absätze 1 bis 4 gleichwohl anzuwenden, wenn nach dem Vertrag sowohl der Ort der Übernahme als auch der Ort der Ablieferung des Gutes im Inland liegen.

1) Abweichung durch Individualvereinbarung (I)

§ 466 entspricht im Regelungskonzept § 449 für den Frachtführer und wurde wie diese Vorschrift durch das SHRG 2013 neu gefasst. Die Vorschriften der §§ 453 ff sind (sofern überhaupt anwendbar, zB geht (17) CMR im grenzüberschreitenden Verkehr zwingend vor, BGH **65**, 343, NJW **81**, 1912, vgl § 407 Rn 11) **nur teilweise dispositiv.** § 466 setzt somit der freien Parteivereinbarung Grenzen. **I** (vgl § 466 II 1 aF; wie § 449 **I**, s dort Rn 2) gilt für alle Geschäfte, die nicht Verbrauchergeschäfte iSv IV sind. Danach kann von § 455 II und III, § 461 I sowie §§ 462 und 463 **nur** durch Vereinbarung abgewichen werden, die nicht auf AGB beruht **(individuelles Aushandeln, II 1).** Das Speditionsrecht sorgt auf diese Weise nicht nur für den Schutz der schwächeren Vertragspartei, sondern besonders auch für einen gewissen Gleichlauf mit dem Frachtrecht und entlastet die gerade im Transport schwierige AGB-Kontrolle (RegE TRG S 115). AGB (s (18) ADSp) sind damit zwar nicht ausgeschlossen, aber selbst unter Kaufleuten nur in engen Grenzen möglich. Zahl der (gleichartigen) Verträge, die zwischen den Parteien ausgehandelt werden, spielt keine Rolle. Vorschrift gilt wie § 449 I nur für vertragliche Abweichung von der gesetzlichen Haftung. Sonderregelung für Verbrauchergeschäfte s IV.

2) Abweichung durch AGB (II)

Soweit AGB möglich bleiben, gelten die **(5)** §§ 305 ff BGB, namentlich die dort vorgesehene **Inhaltskontrolle.** Zur nur zurückhaltenden AGB-Kontrolle der ADSp aF durch die Rspr, weil es sich um eine unter Mitwirkung der maßgeblichen Verkehrskreise zustande gekommene, umfassende, „fertig bereit liegende Rechtsordnung" handele (s **(18)** ADSp Einl 5 vor § 1), scharfe Kritik der AGB-rechtlichen Lit, zB Ul/Bra/He Anh §§ 9–11 Rn 15 (ADSp).

3) Abweichung von anwendbarem Frachtrecht (III)

Bei Selbsteintritt, Fixkostenspedition und Sammelladung machen §§ 458–460 im Interesse des Versenders zwingend Frachtrecht anwendbar. Abweichungen vom anwendbaren Frachtrecht (nur §§ 458 Satz 2, 459 Satz 1, 460 II 1) sind demnach auch individualvertraglich nur insoweit möglich, als die anwendbaren frachtrechtlichen Vorschriften nicht zwingend sind.

4) Verbraucher als Versender (IV)

Ist der **Versender** ein **Verbraucher** (Legaldefinition § 13 BGB, auch § 449 Rn 1), kann nicht zu seinem Nachteil von § 455 II und III, § 461 I sowie §§ 462 und 463 abgewichen werden (**IV,** anders bei Briefen und briefähnlichen Sendungen). Abweichungen zugunsten des Verbrauchers bleiben möglich, auch können Vergütungsfragen abweichend geregelt werden, MüKo/Bydlinski 9.

5) Ausländisches Recht und ordre public (V)

I–IV beanspruchen wie § 449 III (s dort Rn 3) auch gegenüber anwendbarem ausländischen Recht Geltung, wenn der Ort der Übernahme und der der Ablieferung im Inland liegen.

Sechster Abschnitt. Lagergeschäft

Schrifttum

a) Kommentare: *Alff,* Fracht-, Lager- und Speditionsrecht, 2. Aufl 1991. – *Andresen/ Valder,* Hdb des Transportrechts (LBl) Stand 2016. – *GK (HGB)/(Ensthaler ua),* 8. Aufl 2015. – *HdlbgKo/(Glanegger ua)* 7. Aufl 2007. – *Heymann/Emmerich/Horn,* Bd 4, 2. Aufl 2005. – *Knorre/Demuth/Schmid,* Hdb des Transportrechts, 2. Aufl 2015. – *Koller,* Transportrecht, 9. Aufl 2016 (S 1509 ff). – *Lammich/Pöttinger,* Gütertransportrecht Kommentar (LBl). – *Müglich,* Transport- und Logistikrecht, 2002. – *MüKo(HGB)/(Herber ua),* Bd 7, 3. Aufl 2014. – *Widmann,* Transportrecht, 3. Aufl 1999.

b) Lehrbücher: *Dubischar,* Grundriß des gesamten Gütertransportrechts, 1987. – *Gass* 1999. – *Hopt/Mössle/Schmitt* 2. Aufl 1999. – *K. Schmidt* 6. Aufl 2014.

c) Einzeldarstellungen und Sonstiges: *Basedow,* Der Transportvertrag, 1987. – *Frantzioch,* Das neue Lagerrecht, TranspR **98**, 101. – *Tunn,* Lagerrecht, Kontraktlogistik, 2005. **Muster:** *Hopt,* Vertrags- und Formularbuch zum Hdl-, Ges- und Bankrecht, 4. Aufl 2013, Teil I.Q (1 Formular).

Lagervertrag

467 (1) Durch den Lagervertrag wird der Lagerhalter verpflichtet, das Gut zu lagern und aufzubewahren.

(2) Der Einlagerer wird verpflichtet, die vereinbarte Vergütung zu zahlen.

(3) ¹Die Vorschriften dieses Abschnitts gelten nur, wenn die Lagerung und Aufbewahrung zum Betrieb eines gewerblichen Unternehmens gehören. ²Erfordert das Unternehmen nach Art oder Umfang einen in kaufmännischer Weise eingerichteten Geschäftsbetrieb nicht und ist die Firma des Unternehmens auch nicht nach § 2 in das Handelsregister eingetragen, so sind in Ansehung des Lagergeschäfts auch insoweit die Vorschriften des Ersten Abschnitts des Vierten Buches ergänzend anzuwenden; dies gilt jedoch nicht für die §§ 348 bis 350.

Übersicht

	Rn
1) Lagergeschäft (§§ 467–475h)	1
2) Anwendungsbereich der Vorschriften über das Lagergeschäft (§ 467 III)	2, 3
3) Lagervertrag (§ 467 I, II)	4–15
A. Lagervertrag	4
B. Pflichten des Lagerhalters (I)	10
C. Pflichten des Einlagerers (II)	13
D. Beendigung des Lagervertrags	14
E. Abweichende Vereinbarungen	15
4) AGB	16

1) Lagergeschäft (§§ 467–475h)

1 Im 6. Abschn (§§ 467–475h) ist als drittes wichtiges Transportgeschäft (§ 407 Rn 1) das Lagergeschäft geregelt. Das Lagergeschäft hat vor allem im internationalen HdlVerkehr eine wichtige Bedeutung. Aber auch im nationalen Handel kommt die Einlagerung von Waren bei einem Lagerhalter vor. Denn der Unternehmer verfügt selbst häufig nicht über die dafür notwendigen Räume und Vorrichtungen (zB Kühlhäuser), und die Einlagerung kommt für ihn auch praktischer und billiger als die Selbstlagerung, zumal er mittels des Lagerscheins über

6. Abschnitt. Lagergeschäft 2–7 § 467

das eingelagerte Gut verfügen kann. Das Lagergeschäft kommt in verschiedenen Ausprägungen vor: **Einzellagerung** (Sonderlagerung) und **Sammellagerung** (§ 469, auch Mischlagerung genannt); bei der **Summenlagerung** (von § 467 **nicht** erf) wird der Lagerhalter Eigentümer der eingelagerten Güter und hat nur Sachen von gleicher Art, Güte und Menge zurückzugewähren (s Rn 6).

2) Anwendungsbereich der Vorschriften über das Lagergeschäft (§ 467 III)

§ 467 III steckt den Anwendungsbereich der §§ 467–475h ab. III entspricht (wie § 453 III für das Speditionsgeschäft) exakt § 407 III 1 Nr 2, 2 für das Frachtgeschäft (s dort Rn 9 zur persönlichen Reichweite, eine Abgrenzung der sachlichen Reichweite wie dort Nr 1 ist beim Speditionsgeschäft nicht notwendig). §§ 467–475h gelten nicht nur, wenn der Lagerhalter Kfm ist, sondern auch, wenn die Lagerhaltung jedenfalls zum Betrieb eines gewerblichen Unternehmens gehört (**III 1**). Zum Begriff des Gewerbes s § 1 Rn 11. Erfasst wird damit auch ein Gelegenheitslagerhalter (anders als nach aF, RG HRR **26**, 2232, aber ohne große Bedeutung). Auch Kommissionäre, Frachtführer und Spediteure sind vielfach zugleich Lagerhalter. Auch staatliche und städtische Lagerhäuser betreiben ein Gewerbe und fallen unter § 467, anders bei hoheitlichem Handeln, zB Zollverwaltung (ZollG). Lagerung in Privatzolllager fällt unter § 467, auch unter zollamtlichem Mitverschluss, RG **112**, 39.

Ist der Lagerhalter Kfm, gilt das gesamte HGB. Ist er kein Kfm, gelten dennoch über §§ 467–475h hinaus die allgemeinen Vorschriften über Handelsgeschäfte (Viertes Buch, Erster Abschnitt, also §§ 343–372), aber ohne §§ 348–350 (**III 2**).

3) Lagervertrag (§ 467 I, II)

A. **Lagervertrag: a) Rechtsnatur, anwendbares Recht:** Durch den Lagervertrag wird der Lagerhalter verpflichtet, das Gut zu lagern und aufzubewahren (I); der Einlagerer wird verpflichtet, die vereinbarte Vergütung zu bezahlen (II). Vertrag ist Konsensualvertrag, nicht Realvertrag, MüKo/Frantzioch 3. **Lagern** ist Unterbringen in dazu bestimmten und eingerichteten Räumen auf gewisse Dauer. **Aufbewahren** heißt in Obhut nehmen. Vermieten des Lagerraums ist nicht Aufbewahren. Lagern und Aufbewahren ist auch in fremden Räumen möglich, auch in denen des Einlagerers, wenn Lagerhalter das Gut in Besitz und Obhut nimmt, BGH WM **75**, 352. Gut bzw **Güter** im Sinne von § 467 sind nur zum Lagern und Aufbewahren geeignete bewegliche Sachen, nicht Geld, Wertpapiere, Tiere außerhalb geschlossener Behälter, zB in Gaststall eingestelltes Vieh; Güter iSv Frachtvertrag s § 407 Rn 6. Der Lagervertrag ist eine besondere handelsrechtliche Form der **Verwahrung** (s Rn 6).

Soweit §§ 467 ff nicht eingreifen, etwa weil kein gewerbliches Unternehmen betrieben oder kein Gut iSv § 467 eingelagert wird, greifen **§§ 688 ff BGB** über die Verwahrung ein. Eine Vorschrift wie § 417 I aF, der allgemein auf Kommissionsrecht verwies, findet sich heute nicht mehr. Das schließt aber einzelne Analogien nicht aus. Mietrecht ist nicht anwendbar, denn der Lagervertrag beinhaltet nicht bloße Gebrauchsüberlassung eines Lagerraums, sondern neben der Lagerung auch Aufbewahrung, also Übernahme einer besonderen Obhut, BGH **3**, 202, **46**, 50.

Nicht Lagervertrag iSv § 467 ist die **Summenlagerung**, bei der der Lagerhalter Eigentümer der eingelagerten Güter wird und nur Sachen von gleicher Art, Güte und Menge zurückzugewähren hat (so die Legaldefinition in § 419 III aF); sie fällt von vornherein nicht unter §§ 467 ff, sondern unter § 700 BGB (früher ausdrücklich klarstellend § 419 III aF).

Die **OLSchVO**, die ohnehin weitgehend obsolet war, ist vom TRG **außer Kraft** gesetzt (Art 7 mit Übergangsregelung); zugleich ist § 363 II über kaufmännische Orderpapiere dahin geändert worden, dass künftig die Beschränkung

Merkt 1739

§ 467 8–16   4. Buch. Handelsgeschäfte

der Ausgabe von Orderlagerscheinen auf staatlich zur Ausstellung solcher Urkunden ermächtigte Anstalten beseitigt worden ist (§ 363 Rn 5). Das ist konsequent, denn auch für die Ausstellung der sonstigen in § 363 genannten Wertpapiere bedarf es keiner staatlichen Genehmigung.

8 b) **Zustandekommen:** Der Lagervertrag kommt, auch bei Verlangen und Ausstellen einer Urkunde, **formlos** zustande, wenn die Parteien nichts anderes vereinbart haben. § 362 greift ein.

9 c) **Vertragsparteien:** Vertragspartner sind der Lagerhalter und der Einlagerer. Auch Kommissionäre, Spediteure und Frachtführer können Lagerverträge als Einlagerer sein und einen Lagervertrag abschließen, etwa wenn sie das Gut im Rahmen eines Fracht- oder Speditionsgeschäfts zwischenlagern oder ihrerseits zur Einlagerung geben. Dritte können auf Einlagerer nicht ohne weiteres zugreifen, Koller 17.

10 B. **Pflichten des Lagerhalters (I): a) Lagerung und Aufbewahrung des Gutes:** Hauptpflicht des Lagerhalters ist es, das Gut zu lagern und aufzubewahren, außerdem, einen geeigneten Lagerplatz auszuwählen, BGH TranspR **14**, 438. Bei Ausstellung eines Lagerscheins Auslieferung nur gegen dessen Rückgabe (§ 475e), jedenfalls aber Pflicht, die Sachbefugnis des nicht durch Lagerschein Legitimierten zu prüfen, BGH WM **84**, 1060, NJW **99**, 3487. Daneben hat der Lagerhalter Nebenpflichten ua aus §§ 470, 471 und andere zweckdienliche Nebenpflichten. Zur Bedeutung der Zusage einer Mindestlagerkapazität LG Mü TranspR **07**, 82. Versicherungspflicht nur auf Verlangen des Einlagerers, aber gegenüber Verbraucher Hinweispflicht auf Versicherungsmöglichkeit (§ 472).

11 **b) Einschalten weiterer Personen:** Sofern ausdrücklich gestattet, kann der Lagerhalter das Gut bei Dritten einlagern (§ 472 II; diese sind Substitut, nicht Erfüllungsgehilfe, also Haftung nur für Auswahlverschulden), im Übrigen kann er sich Dritter als Erfüllungsgehilfen bedienen.

12 c) **Weitere Pflichten:** Der Lagerhalter hat neben seiner Hauptpflicht nach § 467 I zweckdienliche Nebenpflichten. Er hat als Verwahrer, dem das Gut anvertraut ist, eine allgemeine Interessenwahrungspflicht gegenüber dem Einlagerer bezüglich des anvertrauten Gutes.

13 C. **Pflichten des Einlagerers (II):** Hauptpflicht des Einlagerers ist es, die vereinbarte Vergütung (früherer Begriff: Lagergeld) zu zahlen. Der Lagerhalter kann auch einen Anspruch auf Aufwendungsersatz nach § 474 haben. Rücknahmepflicht § 473 II; Mitteilungs- u Auskunftspflichten § 468.

14 D. **Beendigung des Lagervertrags:** Einen auf unbestimmte Zeit geschlossenen Lagervertrag kann der Einlagerer nur mit einer einmonatigen Kündigungsfrist kündigen, es sei denn bei wichtigem Grund (§ 473 I). Das ist wichtig für die Fortzahlung der Vergütung.

15 E. **Abweichende Vereinbarungen:** § 467 ist weitgehend dispositiv, Grenzen setzt aber § 475h, wenn der Einlagerer Verbraucher ist.

4) AGB

16 Neben den §§ 467 ff gelten AGB. In Frage kommen die Lagerordnung (kommentiert in Staub/Koller Anh II zu § 424) sowie die **(18)** ADSp, die auch für das Lagergeschäft der Spediteure gelten (für Verkehrsverträge über alle Arten von Tätigkeiten des Spediteurs, auch Lagerung von Gütern ua, **(18)** ADSp Ziff 2.1), ferner die Allgemeinen Lagerbedingungen des deutschen Möbeltransports (ALB) und die Hamburger Lagerbedingungen (s MüKo/Frantzioch S 772 ff). Die ALB sind zuletzt 1999 neu gefasst worden, nachdem sie der AGB-Inhaltskontrolle in vielerlei Punkten nicht standgehalten hatten. Auch die Neufassung ist aber noch

6. Abschnitt. Lagergeschäft 1, 2 § 468

immer nicht gesetzeskonform, Ul/Bra/He Anh § 310 BGB Rn 510 (Lagergeschäft). Zur AGB-Kontrolle im Lagerrecht s Valder TranspR **10**, 27.

Behandlung des Gutes. Begleitpapiere. Mitteilungs- und Auskunftspflichten

468 (1) ¹Der Einlagerer ist verpflichtet, dem Lagerhalter, wenn gefährliches Gut eingelagert werden soll, rechtzeitig in Textform die genaue Art der Gefahr und, soweit erforderlich, zu ergreifende Vorsichtsmaßnahmen mitzuteilen. ²Er hat ferner das Gut, soweit erforderlich, zu verpacken und zu kennzeichnen und Urkunden zur Verfügung zu stellen sowie alle Auskünfte zu erteilen, die der Lagerhalter zur Erfüllung seiner Pflichten benötigt.

(2) ¹Ist der Einlagerer ein Verbraucher, so ist abweichend von Absatz 1
1. der Lagerhalter verpflichtet, das Gut, soweit erforderlich, zu verpacken und zu kennzeichnen,
2. der Einlagerer lediglich verpflichtet, den Lagerhalter über die vom dem Gut ausgehende Gefahr allgemein zu unterrichten; die Unterrichtung bedarf keiner Form.

²Der Lagerhalter hat in diesem Falle den Einlagerer über dessen Pflicht nach Satz 1 Nr. 2 sowie über die von ihm zu beachtenden Verwaltungsvorschriften über eine amtliche Behandlung des Gutes zu unterrichten.

(3) ¹Der Einlagerer hat, auch wenn ihn kein Verschulden trifft, dem Lagerhalter Schäden und Aufwendungen zu ersetzen, die verursacht werden durch
1. ungenügende Verpackung oder Kennzeichnung,
2. Unterlassen der Mitteilung über die Gefährlichkeit des Gutes oder
3. Fehlen, Unvollständigkeit oder Unrichtigkeit der in § 413 Abs. 1 genannten Urkunden oder Auskünfte.

²§ 414 Absatz 2 ist entsprechend anzuwenden.

(4) Ist der Einlagerer ein Verbraucher, so hat er dem Lagerhalter Schäden und Aufwendungen nach Absatz 3 nur zu ersetzen, soweit ihn ein Verschulden trifft.

1) Pflichten des Einlagerers zu Verpackung und Kennzeichnung, Stellung von Begleitpapieren, Mitteilungs- und Auskunftspflichten (I)

Der Einlagerer hat gegenüber dem Lagerhalter bestimmte Pflichten in Betreff **1** Behandlung des Gutes, Begleitpapiere sowie Mitteilung und Auskunft (I, ähnlich wie Versender beim Speditionsgeschäft, vgl § 455). Der Einlagerer hat eine Mitteilungspflicht bei gefährlichem Gut (**I 1**, entspr § 455 I 2). Die Mitteilung bedarf der Textform (§ 126b BGB). Der Einlagerer muss ferner das Gut, soweit erforderlich, verpacken und kennzeichnen, hat die Begleitpapiere zu stellen und alle Auskünfte zu erteilen, die der Lagerhalter zur Erfüllung seiner Pflichten benötigt (**I 2**, entspr § 455 I 1).

2) Pflichtenverteilung, wenn der Einlagerer Verbraucher ist (II)

Ist der Einlagerer Verbraucher (§ 13 BGB), reduzieren sich seine Pflichten nach **2** I. Eine erforderliche Verpackungs- und Kennzeichnungspflicht trifft statt seiner den Lagerhalter (**II 1 Nr 1**). Bei gefährlichem Gut ist der Einlagerer nur verpflichtet, den Lagerhalter über die vom Gut ausgehende Gefahr allgemein zu unterrichten (**II 1 Nr 2**), die Formerfordernisse entfallen. Über diese Pflicht und über weitere Umstände ist der Einlagerer vom Lagerhalter zu unterrichten (**II 2**). Lagerhalter muss dagegen vom Einlagerer Informationen über die amtliche Behandlung des Einlagerungsgutes einholen, MüKo/Frantzioch 8.

Merkt 1741

§ 469 1–4
4. Buch. Handelsgeschäfte

3) Verschuldensunabhängige Haftung des Einlagerers, außer wenn er Verbraucher ist (III, IV)

3   A. III und IV entsprechen § 455 II, III. Den Einlagerer trifft (wie den Versender beim Speditionsgeschäft, vgl § 455 II) in drei besonderen Fällen eine verschuldensunabhängige Haftung (**III 1 Nr 1–3**, aber s Rn 4; näher § 455 Rn 2). Haftungsobergrenze wie bei Verlust des Gutes (**III 2** iVm § 414 II). Mitverursachung führt zur Schadensteilung (III 2 iVm § 414 II, dort Rn 4).

4   B. Ist der Einlagerer ein **Verbraucher** (§ 13 BGB), haftet er für Schäden und Aufwendungen nach II nur verschuldensabhängig (**IV**, wie § 455 III, dort Rn 3).

Sammellagerung

469 (1) Der Lagerhalter ist nur berechtigt, vertretbare Sachen mit anderen Sachen gleicher Art und Güte zu vermischen, wenn die beteiligten Einlagerer ausdrücklich einverstanden sind.

(2) Ist der Lagerhalter berechtigt, Gut zu vermischen, so steht vom Zeitpunkt der Einlagerung ab den Eigentümern der eingelagerten Sachen Miteigentum nach Bruchteilen zu.

(3) Der Lagerhalter kann jedem Einlagerer den ihm gebührenden Anteil ausliefern, ohne daß er hierzu der Genehmigung der übrigen Beteiligten bedarf.

1) Sammellagerung und andere Lagerungsformen

1   § 469 regelt die **Sammellagerung,** auch Mischlagerung genannt. Sie steht im Gegensatz zur Einzellagerung, auch Sonderlagerung genannt (§ 467 Rn 1). Auch bei der Sammellagerung bleibt der Einlagerer (Mit-)Eigentümer. Sie ist deshalb von der Summenlagerung, bei der der Einlagerer Eigentümer wird, streng zu unterscheiden (§ 467 Rn 6).

2) Recht zur Sammellagerung (I)

2   Der Lagerhalter darf das Gut nur, wenn es sich um vertretbare Sachen (§ 91 BGB) handelt und nur mit ausdrücklicher (dazu RG **63**, 30) Erlaubnis des Einlagerers mit solchem gleicher Art und Güte mischen. Unbefugte Mischung kann Einlagerer nachträglich genehmigen, worin dann idR Erlass der Ersatzansprüche für unbefugte Sammellagerung liegt, Koller 2, aA wohl MüKo/Frantzioch 19 Fußn 10. Für Schaden des Einlagerers aus schuldhafter unbefugter (nicht nachträglich genehmigter) Mischung haftet Lagerhalter.

3) Wirkung der Sammellagerung (II, III)

3   A. **Entstehung von Miteigentum durch Vermischung (II):** Die Vermischung, ob erlaubt oder nicht, macht die wahren Eigentümer der vermischten Mengen (nicht den Einlagerer) zu Miteigentümern des Ganzen im Verhältnis des Werts jener Mengen (§§ 947, 948 BGB), Koller 2. Es gelten die §§ 1008 ff, 741 ff BGB. Entscheidend für die Berechnung der Bruchteile gem. § 469 II ist die tatsächlich eingelagerte Menge, MüKo/Frantzioch 27. Dingliche Rechte Dritter am Eigentum eines Einlagerers bestehen nunmehr an seinem Miteigentumsanteil fort. Bei Berechtigung des Lagerhalters zur Vermischung des Gutes entsteht Miteigentum der Einlagerer nicht erst mit Vermischung, sondern schon im Zeitpunkt der Einlagerung.

4   B. **Auslieferung des Anteils (III):** Bei erlaubter Mischung (bei unerlaubter: §§ 749 ff BGB) ist Lagerhalter ohne Genehmigung oder sonstige Mitwirkung der Miteigentümer befugt (auch nach Maßgabe der einzelnen Lagerverträge verpflichtet) zur Aussonderung und Auslieferung des Anteils jedes Miteigentümers.

6. Abschnitt. Lagergeschäft § 471

Auslieferung ist die rechtsgeschäftliche Übereignung zu Alleineigentum unter Wegfall des Miteigentums des Empfängers am Verbleibenden, üM; nach aA ist gesetzlicher Erwerb des wahren Eigentümers (nicht des Einlagerers) kraft Auslieferung anzunehmen, Koller 4. Wer in gutem Glauben mehr als seinen Anteil erhält, wird Eigentümer des ganzen Empfangenen (§ 366 HGB, § 932 BGB), muss aber die Bereicherung herausgeben (§ 812 BGB), hL, nach aA besteht Bruchteilseigentum fort bis zur Rückgabe des überschießenden Teils, Koller 4,; zudem ist Lagerhalter den benachteiligten Einlagerern ersatzpflichtig.

C. **Abtretung** des Anteilsrechts durch Abtretung des Anspruchs auf Herausgabe; **Verpfändung** ebenso. **Pfändung** durch Pfändung des Herausgabeanspruchs (§ 857 ZPO). In der **Insolvenz** des Lagerhalters haben die Einlagerer ein Aussonderungsrecht (§ 47 InsO); der Insolvenzverwalter hat jedem seinen Anteil auszuliefern. 5

D. **Gewichtsverlust** der Gesamtmenge ist bei Auslieferung von Anteilen zu berücksichtigen (vgl §§ 23 IV, 32 aF OLSchVO, § 467 Rn 7). Stellt sich der Verlust erst nach Auslieferung eines Teils heraus, so haftet den späteren Empfängern der Erste anteilsmäßig aus ungerechtfertigter Bereicherung. Das gilt entspr bei Beschädigung. Ist ein Teil der Gesamtmenge beschädigt, so hat jeder Einlagerer an der beschädigten Menge teil. Dies gilt unbeschadet (ggf) der Haftung des Lagerhalters; Lagerordnung oder besondere Vereinbarung können für (nicht vom Lagerhalter zu vertretenden) gewöhnlichen Schwund und (von ihm zu vertretenden) höheren Verlust feste Sätze bestimmen. 6

Empfang des Gutes

470 Befindet sich Gut, das dem Lagerhalter zugesandt ist, beim Empfang in einem beschädigten oder mangelhaften Zustand, der äußerlich erkennbar ist, so hat der Lagerhalter Schadenersatzansprüche des Einlagerers zu sichern und dem Einlagerer unverzüglich Nachricht zu geben.

1) Wenn das Gut schon **beim Empfang** äußerlich erkennbar beschädigt oder in mangelhaftem Zustand ist, muss der Lagerhalter **Schadensersatzansprüche des Einlagerers sichern** und ihm unverzüglich (ohne schuldhaftes Zögern, § 121 I 1 BGB) Nachricht geben. Die Sicherungspflicht umfasst nicht nur die Wahrung von Rechten, die der Lagerhalter als Empfänger im eigenen Namen geltend machen kann, sondern auch die Beweissicherung für diese Rechte dergestalt, dass sie mit an Sicherheit grenzender Wahrscheinlichkeit durchgesetzt werden können, Koller 2. Lehnt der Lagerhalter die Annahme des Gutes ab, ist die Norm nicht anwendbar, MüKo/Frantzioch 5. Aufwendungsersatzanspruch § 474. 1

Erhaltung des Gutes

471 (1) [1] Der Lagerhalter hat dem Einlagerer die Besichtigung des Gutes, die Entnahme von Proben und die zur Erhaltung des Gutes notwendigen Handlungen während der Geschäftsstunden zu gestatten. [2] Er ist jedoch berechtigt und im Falle der Sammellagerung auch verpflichtet, die zur Erhaltung des Gutes erforderlichen Arbeiten selbst vorzunehmen.

(2) [1] Sind nach dem Empfang Veränderungen an dem Gut entstanden oder zu befürchten, die den Verlust oder die Beschädigung des Gutes oder Schäden des Lagerhalters erwarten lassen, so hat der Lagerhalter dies dem Einlagerer oder, wenn ein Lagerschein ausgestellt ist, dem letzten ihm bekannt gewordenen legitimierten Besitzer des Scheins unverzüglich anzuzeigen und dessen

Merkt 1743

§ 472 1, 2

Weisungen einzuholen. ²Kann der Lagerhalter innerhalb angemessener Zeit Weisungen nicht erlangen, so hat er die angemessen erscheinenden Maßnahmen zu ergreifen. ³Er kann insbesondere das Gut gemäß § 373 verkaufen lassen; macht er von dieser Befugnis Gebrauch, so hat der Lagerhalter, wenn ein Lagerschein ausgestellt ist, die in § 373 Abs. 3 vorgesehene Androhung des Verkaufs sowie die in Absatz 5 derselben Vorschriften vorgesehenen Benachrichtigungen an den letzten ihm bekannt gewordenen legitimierten Besitzer des Lagerscheins zu richten.

1) Besichtigung während Geschäftszeit, Arbeiten zur Erhaltung des Gutes (I)

1 Den Lagerhalter treffen bestimmte Pflichten zur Erhaltung des Gutes. Der Lagerhalter muss dem Einlagerer die Besichtigung des Gutes, die Entnahme von Proben und die zur Erhaltung notwendigen Handlungen während der Geschäftsstunden gestatten **(I 1)**. Bei Gefahrverzug auch außerhalb der Geschäftsstunden (§ 242 BGB), Koller 3, str. Auch Dritten muss Besichtigung gestattet werden, wenn der Einlagerer ein Interesse daran hat, MüKo/Frantzioch 6. Der Lagerhalter ist jedoch berechtigt und bei Sammellagerung (§ 469) sogar verpflichtet, die zur Erhaltung notwendigen Maßnahmen selbst zu treffen **(I 2)**. Eine besondere Vergütung darf dafür nicht gefordert werden, Ko/Ki/Ro/Mo/Koller 1.

2) Anzeige, Einholung von Weisungen, Notrechte und Notpflichten (II)

2 Wenn nach dem Empfang des Gutes durch eingetretene oder zu befürchtende (insoweit weiter als § 388 II) Veränderungen an dem Gut Schäden entweder für das Gut oder für den Lagerhalter drohen, zB bei verderblichen Gütern, muss der Lagerhalter das unverzüglich (ohne schuldhaftes Zögern, § 121 I 1 BGB) anzeigen und **Weisung einholen (II 1)**. Sind innerhalb angemessener Zeit Weisungen nicht zu erlangen, hat der Lagerhalter bestimmte Rechte (Notrechte) und Pflichten **(II 2, 3)**. Unter anderem hat er das Recht zum **Selbsthilfeverkauf** (II 3 Halbs 1 iVm § 373). Von wem er Weisungen einzuholen bzw wem er den Selbsthilfeverkauf anzudrohen hat, hängt davon ab, ob ein Lagerschein ausgestellt ist. Der Lagerhalter kann im Einzelfall, so wenn sonst größerer Schaden droht, zur Ausübung der Notrechte, etwa Selbsthilfeverkauf, im Interesse des Einlagerers sogar verpflichtet sein (§ 242 BGB, § 467 Rn 12).

Versicherung. Einlagerung bei einem Dritten

472 (1) ¹Der Lagerhalter ist verpflichtet, das Gut auf Verlangen des Einlagerers zu versichern. ²Ist der Einlagerer ein Verbraucher, so hat ihn der Lagerhalter auf die Möglichkeit hinzuweisen, das Gut zu versichern.

(2) Der Lagerhalter ist nur berechtigt, das Gut bei einem Dritten einzulagern, wenn der Einlagerer ihm dies ausdrücklich gestattet hat.

1) Versicherung (I)

1 Der Lagerhalter ist verpflichtet, das Gut auf Verlangen des Einlagerers zu versichern **(I 1)**, und hat diesen, wenn er ein Verbraucher gem § 13 BGB ist, auf diese Möglichkeit hinzuweisen **(I 2)**. Hier ist insbesondere an Feuerversicherung zu denken. Allein aus Wertangabe bei Anlieferung ergibt sich keine Versicherungspflicht, Ko/Ki/Ro/Mo/Koller 1.

2) Einlagerung bei einem Dritten (II)

2 Bei einem Dritten darf der Lagerhalter das Gut nur einlagern, wenn der Einlagerer ihm dies ausdrücklich gestattet hat (II). Zur Haftung in diesem Fall s § 475 Rn 2. Zweifelhaft im Hinblick auf § 307 BGB **(18)** ADSp Ziff 15.2,

6. Abschnitt. Lagergeschäft   1   § 474

jedenfalls ist aber klar formulierte Erlaubnis nötig, Koller 4. Vorschrift ist Maßstab für AGB-Prüfung, MüKo/Frantzioch 14.

Dauer der Lagerung

473 (1) ¹Der Einlagerer kann das Gut jederzeit herausverlangen. ²Ist der Lagervertrag auf unbestimmte Zeit geschlossen, so kann er den Vertrag jedoch nur unter Einhaltung einer Kündigungsfrist von einem Monat kündigen, es sei denn, es liegt ein wichtiger Grund vor, der zur Kündigung des Vertrags ohne Einhaltung der Kündigungsfrist berechtigt.

(2) ¹Der Lagerhalter kann die Rücknahme des Gutes nach Ablauf der vereinbarten Lagerzeit oder bei Einlagerung auf unbestimmte Zeit nach Kündigung des Vertrags unter Einhaltung einer Kündigungsfrist von einem Monat verlangen. ²Liegt ein wichtiger Grund vor, so kann der Lagerhalter auch vor Ablauf der Lagerzeit und ohne Einhaltung einer Kündigungsfrist die Rücknahme des Gutes verlangen.

(3) Ist ein Lagerschein ausgestellt, so sind die Kündigung und das Rücknahmeverlangen an den letzten dem Lagerhalter bekannt gewordenen legitimierten Besitzer des Lagerscheins zu richten.

1) Herausverlangen, Kündigungsrecht des Einlagerers (I)

§ 473 regelt die Dauer der Lagerung. Der Einlagerer kann das Gut jederzeit 1 herausverlangen (**I 1**; nicht zu verwechseln mit Kündigung). Einen auf unbestimmte Zeit geschlossenen Lagervertrag kann er jedoch nur mit einer einmonatigen Frist kündigen, es sei denn bei wichtigem Grund (**I 2**). Das ist wichtig für die Fortzahlung der Vergütung. Vergütung für die bereits abgelaufene Lagerzeit bestimmt sich entsprechend § 699 II BGB, MüKo/Frantzioch 2.

2) Rücknahmeverlangen, Kündigungsrecht des Lagerhalters (II)

Der Lagerhalter kann seinerseits Rücknahme des Gutes nach Ablauf der vereinbarten Lagerzeit verlangen und ebenfalls mit einer einmonatigen Kündigungsfrist kündigen (**II 1**). Haftung des Einlagerers gem § 280 I BGB. Kündigung aus wichtigem Grund bleibt wie immer möglich (**II 2**), nicht aber, wenn der Grund bereits bei Vertragsschluss bekannt war (aA Koller 10 Fußn 39: Kündigungsmöglichkeit auch dann, Schutz des Einlagerers über cic).

3) Adressat der Erklärung bei Lagerschein (I)

III regelt, wer Adressat der Kündigung bzw des Rücknahmeverlangens nach II 3 ist, falls ein Lagerschein ausgestellt ist. Das ist der Letzte dem Lagerhalter bekannt gewordene legitimierte Besitzer des Lagerscheins (§ 475c).

Aufwendungsersatz

474 Der Lagerhalter hat Anspruch auf Ersatz seiner für das Gut gemachten Aufwendungen, soweit er sie den Umständen nach für erforderlich halten durfte.

1) Der Lagerhalter hat Anspruch auf Ersatz der für das Gut gemachten Auf- 1 wendungen, soweit er sie für erforderlich halten durfte, nicht aber auf einen Vorschuss, Koller 2, str. Keine Aufwendungen sind alle Kosten zur Erfüllung der Obhutspflicht, Düss VersR **94**, 332. Nässeschaden kann über § 474 ersetzt werden, wenn dieser auf höherer Gewalt beruht, ansonsten ist dessen Vermeidung Pflicht aus dem Lagervertrag, BGH TranspR **95**, 402. Der Anspruch ist im Zweifel sofort fällig, § 271 I BGB.

Merkt

§ 475a

Haftung für Verlust oder Beschädigung

475 [1] Der Lagerhalter haftet für den Schaden, der durch Verlust oder Beschädigung des Gutes in der Zeit von der Übernahme zur Lagerung bis zur Auslieferung entsteht, es sei denn, daß der Schaden durch die Sorgfalt eines ordentlichen Kaufmanns nicht abgewendet werden konnte. [2] Dies gilt auch dann, wenn der Lagerhalter gemäß § 472 Abs. 2 das Gut bei einem Dritten einlagert.

1) Verschuldenshaftung des Lagerhalters für Verlust oder Beschädigung (Satz 1)

1   Die **Haftung des Lagerhalters** für Verlust oder Beschädigung bestimmt sich nach § 475; für andere Pflichtverletzungen haftet der Lagerhalter nach allgemeinen Vorschriften (§ 280 I BGB, Pflichtverletzung, § 467 Rn 12), hM, Koller 8. Der Lagerhalter haftet für den Schaden, der durch Verlust oder Beschädigung des Gutes in der Zeit von der Übernahme zur Lagerung entsteht, außer wenn der Schaden durch die Sorgfalt eines ordentlichen Kaufmanns (§ 347 I) nicht abgewendet werden konnte (Satz 1). Es handelt sich also um eine Haftung für vermutetes Verschulden. Der Einlagerer trägt die Beweislast dafür, dass das Gut dem Lagerhalter unversehrt übergeben wurde und beschädigt wieder herausgelangt ist, während dieser darzutun hat, wie der Schaden entstanden ist und dass dieser auch mit der Sorgfalt eines ordentlichen Kaufmannes nicht abgewendet werden konnte, BGH VersR **15**, 129 m Anm Schwenker IBR **14**, 706. Zur Möglichkeit des Anscheinsbeweises zu Gunsten des Einlagerers Stuttgart, TranspR **15**, 357. Anforderungen an den Einlagerer dürfen aber nicht überspannt werden, LG Mannheim RdTW **16**, 160. Eine verschuldensunabhängige Obhutshaftung wurde (anders als für Frachtführer und Spediteur, §§ 425 I, 461 I 1) nicht eingeführt. In Differenzmeldung zum Verbleib der Waren und Zahlung von Schadensersatz kann deklaratorisches Schuldanerkenntnis liegen, Düss TranspR **08**, 44. Keine Pflicht zur Untersuchung gemieteter Lagerräume auf konstruktive Mängel, Hbg TranspR **03**, 404, anders, wenn Mängel äußerlich erkennbar. Haftung für grobe Fahrlässigkeit Kln TranspR **04**, 372, Ffm VersR **01**, 736. Verjährung s § 475a. Abweichende Vereinbarungen s § 475h. Haftungsbegrenzung s (**18**) ADSp Ziff 24.

2) Einlagerung bei Dritten (Satz 2)

2   Der Lagerhalter haftet nach Satz 2 auch dann, wenn er das Gut bei Dritten einlagert (§ 472 II). Für den Dritten hat er nach § 278 BGB einzustehen. Die ausdrückliche Gestattung des Einlagerers nach § 472 II mindert also nicht die Haftung des Lagerhalters.

Verjährung

475a [1] Auf die Verjährung von Ansprüchen aus einer Lagerung, die den Vorschriften dieses Abschnitts unterliegt, findet § 439 entsprechende Anwendung. [2] Im Falle des gänzlichen Verlusts beginnt die Verjährung mit Ablauf des Tages, an dem der Lagerhalter dem Einlagerer oder, wenn ein Lagerschein ausgestellt ist, dem letzten ihm bekannt gewordenen legitimierten Besitzer des Lagerscheins den Verlust anzeigt.

1   1) § 475a regelt die **Verjährung** wie bei der Frachtführerhaftung unter Verweisung auf § 439 (**Satz 1**). Erfasst werden sämtliche vertraglichen und außervertraglichen Ansprüche, auch aus Nebenpflichtverletzung (§ 439 Rn 1). Gegenüber Dritten findet § 475a aber keine Anwendung, Koller 2. Beginn der Verjährung mit Rückgabe des Gutes, München 23 U 2076/16, juris. Bei Totalverlust

6. Abschnitt. Lagergeschäft 1 § 475b

beginnt die Verjährung mit Ablauf des Tages des Zugangs der Verlustanzeige durch den Lagerhalter **(Satz 2)**; unerheblich ist, dass der Einlagerer von dem Verlust auf andere Weise Kenntnis erlangt hat (Ausnahme Verwirkung), Koller 3.

Pfandrecht des Lagerhalters

475b (1) ¹Der Lagerhalter hat für alle Forderungen aus dem Lagervertrag ein Pfandrecht an dem ihm zur Lagerung übergebenen Gut des Einlagerers oder eines Dritten, der der Lagerung zugestimmt hat. ²An dem Gut des Einlagerers hat der Lagerhalter auch ein Pfandrecht für alle unbestrittenen Forderungen aus anderen mit dem Einlagerer abgeschlossenen Lager-, Fracht-, Seefracht- und Speditionsverträgen. ³Das Pfandrecht erstreckt sich auch auf die Forderung aus einer Versicherung sowie auf die Begleitpapiere.

(2) Ist ein Orderlagerschein durch Indossament übertragen worden, so besteht das Pfandrecht dem legitimierten Besitzer des Lagerscheins gegenüber nur wegen der Vergütungen und Aufwendungen, die aus dem Lagerschein ersichtlich sind oder ihm bei Erwerb des Lagerscheins bekannt oder infolge grober Fahrlässigkeit unbekannt waren.

(3) Das Pfandrecht besteht, solange der Lagerhalter das Gut in seinem Besitz hat, insbesondere solange er mittels Konnossements, Ladescheins oder Lagerscheins darüber verfügen kann.

1) Gesetzliches Pfandrecht des Lagerhalters (I)

Auch der Lagerhalter hat wie der Frachtführer (§ 440) und der Spediteur 1 (§ 464) ein **gesetzliches Besitzpfandrecht** (§ 1257 BGB), das nicht nur alle durch den Lagervertrag begründeten Forderungen sichert, sondern auch unbestrittene Forderungen aus anderen mit dem Einlagerer abgeschlossenen Lager-, Fracht- und Speditionsverträgen. Es ist also in bestimmtem Umfang auch auf inkonnexe Forderungen des Lagerhalters erweitert, Koller 3a. **I 1** (redaktionelle Anpassung durch das SHRG 2013 an die übliche Diktion des BGB sowie – wie bei § 440 I 1 – zur Beseitigung von Rechtsunsicherheiten darüber, ob und unter welchen Voraussetzungen ein Pfandrecht an dem Gut Dritter entstehen kann, s § 440 Rn 1) entspricht voll § 440 I 1 und § 464 Satz 1. Das Pfandrecht des Lagerhalters besteht am **Gut des Einlagerers** sowie (neu durch SHRG 2013) an dem **Gut eines Dritten**, der der Lagerung zugestimmt hat (§ 440 Rn 1). Das Pfandrecht besteht am ganzen Gut, grundsätzlich ohne Rücksicht auf das Wertverhältnis der zu sichernden Forderungen des Lagerhalters zum Lagergut, BGH BB **66**, 179 (Wein, Verhältnis 10 zu 1), NJW **99**, 3716, aber uU Freigabeanspruch (§ 441 Rn 5). Droht das Gut zu verderben, besteht Anzeigepflicht des Lagerhalters und Austauschrecht des Einlagerers (§ 1218 BGB), welches Vorrang vor den Rechten des Pfandgläubigers aus §§ 1219–1221 BGB hat, BGH TranspR **13**, 353 m Anm Pauli GWR **13**, 400. Sicherung aller konnexen Forderungen (aus dem Lagervertrag) und bestimmter inkonnexer Forderungen des Spediteurs (s § 441 Rn 2, 3). Andere inkonnexe Forderungen als aus mit dem Einlagerer abgeschlossenen Lager-, Fracht- und Speditionsverträgen sind nicht abgedeckt, zB wegen Bearbeitung des Guts (hierfür Werkunternehmerpfandrecht, § 647 BGB), BGH BB **60**, 837 (Lagerhalter). Das Besitzpfandrecht kann gutgläubig erworben werden (§§ 1207, 1257, 932 ff BGB, § 366 III, s dort Rn 10 und § 441 Rn 4). Wirkung und Ausübungsschranken s § 441 Rn 5. Das Pfandrecht des Lagerhalters gibt ihm absolutes Besitzrecht gegenüber dem auf Eigentum gestützten Herausgabeverlangen des Einlagerers (§ 986 I BGB, keine Berufung darauf nötig), BGH NJW **99**, 3716. Das Pfandrecht erstreckt sich nach **I 2** wie nach § 441 I 2 (s dort Rn 6) auch auf **Begleitpapiere** (§ 413), darüber hinaus aber

Merkt 1747

§ 475c

auch auf die Forderung aus einer Versicherung, nicht nur wie früher nach OLSchO einer Feuerversicherung. Pfandrecht bei Namenslagerschein s Ohling BB **60**, 1266. Neben dem Pfandrecht kommen Zurückbehaltungsrechte in Betracht (§§ 369 ff HGB, § 273 BGB).

2) Pfandrecht bei Orderlagerschein (II)

2 Ist ein Orderlagerschein (§ 475g) durch Indossament übertragen worden, ist das Pfandrecht nach Maßgabe des Lagerscheins beschränkt, außer wenn die Vergütungen und Aufwendungen dem legitimierten Besitzer beim Erwerb des Lagerscheins bekannt oder infolge grober Fahrlässigkeit (§ 932 II BGB) unbekannt waren. Für Namens- und Inhaberlagerscheine, die keine Traditionsfunktion haben, gilt II nicht. Vergütungen und Aufwendungen meinen den Anspruch auf Entgelt für die Einlagerung des im Orderlagerschein verbrieften Gutes nebst Aufwendungen (§ 474).

3) Besitzpfandrecht (III)

3 Das Pfandrecht besteht nur so lange, als der Lagerhalter das Gut in Besitz hat, insbesondere solange er über das Gut mittels Konnossement, Ladeschein oder Lagerschein (§§ 642, 444, 475c) verfügen kann. III entspricht § 441 II (s dort Rn 7). Mittelbarer Besitz (§ 868 BGB) genügt. Unfreiwilliger Besitzverlust beendet es nicht (arg § 1253 BGB), sehr str (§ 397 Rn 8). Ein Folgerecht wie beim Frachtführerpfandrecht (§ 440 III, dort Rn 8) gibt es hier nicht.

Lagerschein. Verordnungsermächtigung

475c (1) Über die Verpflichtung zur Auslieferung des Gutes kann von dem Lagerhalter, nachdem er das Gut erhalten hat, ein Lagerschein ausgestellt werden, der die folgenden Angaben enthalten soll:

1. Ort und Tag der Ausstellung des Lagerscheins;
2. Name und Anschrift des Einlagerers;
3. Name und Anschrift des Lagerhalters;
4. Ort und Tag der Einlagerung;
5. die übliche Bezeichnung der Art des Gutes und die Art der Verpackung, bei gefährlichen Gütern ihre nach den Gefahrgutvorschriften vorgesehene, sonst ihre allgemein anerkannte Bezeichnung;
6. Anzahl, Zeichen und Nummern der Packstücke;
7. Rohgewicht oder die anders angegebene Menge des Gutes;
8. im Falle der Sammellagerung einen Vermerk hierüber.

(2) In den Lagerschein können weitere Angaben eingetragen werden, die der Lagerhalter für zweckmäßig hält.

(3) [1] Der Lagerschein ist vom Lagerhalter zu unterzeichnen. [2] Eine Nachbildung der eigenhändigen Unterschrift durch Druck oder Stempel genügt.

(4) [1] Dem Lagerschein gleichgestellt ist eine elektronische Aufzeichnung, die dieselben Funktionen erfüllt wie der Lagerschein, sofern sichergestellt ist, dass die Authentizität und die Integrität der Aufzeichnung gewahrt bleiben (elektronischer Lagerschein). [2] Das Bundesministerium der Justiz und für Verbraucherschutz wird ermächtigt, im Einvernehmen mit dem Bundesministerium des Innern durch Rechtsverordnung, die nicht der Zustimmung des Bundesrates bedarf, die Einzelheiten der Ausstellung, Vorlage, Rückgabe und Übertragung eines elektronischen Lagerscheins sowie die Einzelheiten des Verfahrens über nachträgliche Eintragungen in einen elektronischen Lagerschein zu regeln.

6. Abschnitt. Lagergeschäft § 475d

1) Über die Verpflichtung zur Auslieferung des Gutes kann der Lagerhalter nach Erhalt des Gutes einen Lagerschein ausstellen (§ 475c). Der Sollinhalt des Lagerscheins ist in **I Nr 1–8** geregelt; der Lagerhalter kann weitere Angaben eintragen. Wenn der Name des Empfangsberechtigten nicht genannt wird, ist der Schein an Order des Einlagerers gestellt (§ 443 II 2 analog), Koller 7. Der Lagerschein ist ein **Wertpapier**. Seine **Wirkung** ergibt sich aus §§ 475d, 475e, 475f; insbesondere ist der Lagerhalter, wenn ein Lagerschein ausgestellt ist, zur Auslieferung des Gutes nur gegen Rückgabe des Lagerscheins, auf dem die Auslieferung bescheinigt ist, verpflichtet. Der Lagerschein kommt als Namenslagerschein, Inhaberlagerschein (§ 793 BGB) oder Orderlagerschein vor (vgl früher ADSp § 48 C, D, E aF, s 29. Aufl). Der Orderlagerschein (vgl §§ 475 f, 475g) ist eines der kaufmännischen Wertpapiere (§ 363 II). Gutglaubensschutz ist vorgesehen (§ 364 II HGB, Art 17 WG; § 365 HGB, Art 16 II WG). Einzelheiten dazu folgen aus dem Wertpapierrecht. Nach **II** können im Lagerschein vom Lagerhalter zweckmäßige ergänzende Angaben gemacht werden. Zur **Form:** Nach **III** ist der Lagerschein vom Lagerhalter zu unterzeichnen, wobei eine Unterschrift durch Druck- oder Stempelnachbildung genügt; **IV** (angefügt durch SHRG 2013) eröffnet wie beim Frachtbrief (§ 408 III), beim Ladeschein (§ 443 III), beim Konnossement (§ 516 II und III) und beim Seefrachtbrief (§ 526 IV) die Möglichkeit, den herkömmlichen papiergebundenen Lagerschein durch eine elektronische Aufzeichnung zu ersetzen. Nichtiger Orderladeschein entfaltet keine Traditionswirkung und kann nicht durch Indossament übertragen werden, Koller 2.

Wirkung des Lagerscheins. Legitimation

475d (1) ¹Der Lagerschein begründet die Vermutung, dass das Gut und seine Verpackung in Bezug auf den äußerlich erkennbaren Zustand sowie auf Anzahl, Zeichen und Nummern der Packstücke wie im Lagerschein beschrieben übernommen worden sind. ²Ist das Rohgewicht oder die anders angegebene Menge des Gutes oder der Inhalt vom Lagerhalter überprüft und das Ergebnis der Überprüfung in den Lagerschein eingetragen worden, so begründet dieser auch die Vermutung, dass Gewicht, Menge oder Inhalt mit den Angaben im Lagerschein übereinstimmt.

(2) ¹Wird der Lagerschein an eine Person begeben, die darin als zum Empfang des Gutes berechtigt benannt ist, kann der Lagerhalter ihr gegenüber die Vermutung nach Absatz 1 nicht widerlegen, es sei denn, der Person war im Zeitpunkt der Begebung des Lagerscheins bekannt oder infolge grober Fahrlässigkeit unbekannt, dass die Angaben im Lagerschein unrichtig sind. ²Gleiches gilt gegenüber einem Dritten, dem der Lagerschein übertragen wird.

(3) ¹Die im Lagerschein verbrieften lagervertraglichen Ansprüche können nur von dem aus dem Lagerschein Berechtigten geltend gemacht werden. ²Zugunsten des legitimierten Besitzers des Lagerscheins wird vermutet, dass er der aus dem Lagerschein Berechtigte ist. ³Legitimierter Besitzer des Lagerscheins ist, wer einen Lagerschein besitzt, der

1. auf den Inhaber lautet,
2. an Order lautet und den Besitzer als denjenigen, der zum Empfang des Gutes berechtigt ist, benennt oder durch eine ununterbrochene Reihe von Indossamenten ausweist oder
3. auf den Namen des Besitzers lautet.

1) Vermutungen auf Grund des Lagerscheins (I)

Nach **I 1** (neu durch SHRG 2013, entspricht II 1 aF) begründet der Lagerschein die Vermutung, dass das Gut und seine Verpackung nach dem äußerlichen

§ 475e 1 4. Buch. Handelsgeschäfte

Zustand und nach Anzahl, Zeichen und Nummer der Packstücke wie im Lagerschein beschrieben übernommen worden sind (vgl für den Ladeschein § 444 I). Weitere Vermutung nach **II 2**. Die Vermutung ist widerleglich, was sich aus § 292 ZPO ergibt, wonach mangels anderslautender gesetzlicher Regelung eine gesetzliche Vermutung durch den Beweis des Gegenteils widerlegt werden kann.

2) Wirkung des Lagerscheins zugunsten Berechtigtem sowie gutgläubigem Dritten (II)

2   **II 1** (neu durch SHRG 2013, tritt an die Stelle von II 3 aF) entspricht der Vorschrift des § 444 II für den Ladeschein sowie dem § 522 II für das Konnossement. Ebenso wie dort wird durch die Unterscheidung zwischen der Begebung des Lagerscheins an die darin als zum Empfang berechtigt benannte Person und der Übertragung des Lagerscheins an Dritte durch Indossament oder durch Einigung und Übergabe unterschieden, womit auch der gutgläubige erste Nehmer eines Rekta- oder der Orderpapiers geschützt wird. Weitere Vermutung nach **II 2** zugunsten eines Dritten, dem der Ladeschein übertragen wird. **II 2** ist analog auf Inhaberlagerscheine anwendbar, Koller 20.

3) Rechtsverhältnis zwischen Lagerhalter und Einlagerer (III)

3   **III** (neu durch SHR 2013, tritt an die Stelle von I und III aF sowie § 475f Satz 1) entspricht der Vorschrift für den Ladeschein in § 444 III sowie für das Konnossement in § 519. Der legitimierte Besitzer gilt (Vermutung) als aus dem Ladeschein Berechtigter. Als Berechtigter wird daher vermutet: der Besitzer eines Inhaberladescheins **(III 3 Nr 1)**, eines Orderladescheins **(III 3 Nr 2)** oder eines Namensladescheins **(III 3 Nr 3)**.

Auslieferung gegen Rückgabe des Lagerscheins

475e (1) **Der legitimierte Besitzer des Lagerscheins ist berechtigt, vom Lagerhalter die Auslieferung des Gutes zu verlangen.**

(2) ¹Ist ein Lagerschein ausgestellt, so ist der Lagerhalter zur Auslieferung des Gutes nur gegen Rückgabe des Lagerscheins, auf dem die Auslieferung bescheinigt ist, verpflichtet. ²Der Lagerhalter ist nicht verpflichtet, die Echtheit der Indossamente zu prüfen. ³Er darf das Gut jedoch nicht dem legitimierten Besitzer des Lagerscheins ausliefern, wenn ihm bekannt oder infolge grober Fahrlässigkeit unbekannt ist, dass der legitimierte Besitzer des Lagerscheins nicht der aus dem Lagerschein Berechtigte ist.

(3) ¹Die Auslieferung eines Teils des Gutes erfolgt gegen Abschreibung auf dem Lagerschein. ²Der Abschreibungsvermerk ist vom Lagerhalter zu unterschreiben.

(4) **Der Lagerhalter haftet dem aus dem Lagerschein Berechtigten für den Schaden, der daraus entsteht, daß er das Gut ausgeliefert hat, ohne sich den Lagerschein zurückgeben zu lassen oder ohne einen Abschreibungsvermerk einzutragen.**

1   1) Nach I (neu durch SHRG 2013, entspricht dem § 475f Satz 1 aF) legitimiert der Lagerschein zum Empfang des Gutes. Beim Inhaberlagerschein ist der **Besitz maßgeblich** (§ 793 I 2 BGB), bei der Übertragung eines Namenslagerscheins eine zusammenhängende Kette von Zessionen (§ 410 BGB), Ko/Ki/Ro/Mo/Koller 1. Gem **II 1** (entspricht I 1 aF) braucht der Lagerhalter das Gut nur gegen **Rückgabe** des Lagerscheins mit Vermerk über die Auslieferung auszuliefern. Nach **II 2 keine Prüfungspflicht** des Lagerhalters bezüglich Echtheit des Indossamente. **II 3** (neu durch SHRG 2013) entspricht § 445 II 2 und § 522 II 2 und bestimmt, dass der Lagerhalter trotz Vorlage eines Lagerscheins nicht dem

6. Abschnitt. Lagergeschäft § 475g

legitimierten Besitzer abliefern darf, wenn ihm bekannt oder grobfahrlässig unbekannt ist, dass der legitimierte Besitzer des Lagerscheins nicht aus dem Lagerschein materiell berechtigt ist. Umgekehrt besteht ein Leistungsverweigerungsrecht selbst dann, wenn keine Rückgabe des Lagerscheins erfolgt, dem Aussteller die materielle Berechtigung aber positiv bekannt ist, Koller 3. Redlichkeit bestimmt sich wie bei § 445 II 2 und § 521 II 2 nach Art. 40 III 1 WG. Teilauslieferung ist zu vermerken (Abschreibungsvermerk, **III 1 und 2**). Der Lagerhalter haftet dem rechtmäßigen Besitzer für Auslieferung ohne Rückgabe des Lagerscheins oder ohne Abschreibungsvermerk **(IV)**. IV ist § 445 III nachgebildet und ist wie dieser verschuldensunabhängig, aA Koller 6 und zu § 417 aF BGH WM **84**, 1060, NJW **99**, 3487 (Verletzung der Pflicht, die Sachlegitimation zu prüfen), iErg aber wohl kein Unterschied, da Auslieferung ohne Rückgabe idR grob fahrlässig, mindestens aber fahrlässig ist. Eine Parallelnorm zu § 447 S 2 existiert nicht, Analogie aber erwägenswert. Bei Verlust des Lagerscheins gelten § 365 II HGB, §§ 433 ff, spez 466 ff FamFG (Aufgebotsverfahren).

Einwendungen

475f [1] **Dem aus dem Lagerschein Berechtigten kann der Lagerhalter nur solche Einwendungen entgegensetzen, die die Gültigkeit der Erklärungen im Lagerschein betreffen oder sich aus dem Inhalt des Lagerscheins ergeben oder dem Lagerhalter unmittelbar gegenüber dem aus dem Lagerschein Berechtigten zustehen.** [2] **Eine Vereinbarung, auf die im Lagerschein lediglich verwiesen wird, ist nicht Inhalt des Lagerscheins.**

1) § 475f (neu durch SHRG 2013) ist § 447 I und § 522 I nachgebildet und stellt in **Satz 1** klar, welche **Einwendungen** der Lagerhalter dem aus dem Lagerschein Berechtigten entgegenhalten kann, nämlich nur solche, die die Gültigkeit der Erklärungen im Lagerschein betreffen oder sich aus dem Inhalt des Lagerscheins ergeben oder dem Lagerhalter unmittelbar gegenüber dem aus dem Lagerschein Berechtigten zustehen. Norm gilt auch für Einreden, MüKo/Frantzioch 2. Nach **Satz 2** ist eine **Vereinbarung,** auf die im Lagerschein lediglich verwiesen wird, nicht Inhalt des Lagerscheins.

Traditionswirkung des Lagerscheins

475g [1] **Die Begebung des Lagerscheins an denjenigen, der darin als der zum Empfang des Gutes Berechtigte benannt ist, hat, sofern der Lagerhalter das Gut im Besitz hat, für den Erwerb von Rechten an dem Gut dieselben Wirkungen wie die Übergabe des Gutes.** [2] **Gleiches gilt für die Übertragung des Lagerscheins an Dritte.**

1) § 475g (neu durch SHRG 2013) entspricht § 448 für den Ladeschein und § 524 für das Konnossement, s § 448 Rn 1 ff. Die Formulierung „Begebung ... an denjenigen, der darin als der zum Empfang des Gutes Berechtigte benannt ist" greift die Formulierung in § 475d III 2 Nr 3 nF auf. Die Regelung erfasst damit – ebenso wie die entsprechenden Vorschriften für den Ladeschein und das Konnossement – auch den Fall, dass das Papier dem ersten Nehmer eines Rekta- oder Orderpapiers übertragen wird. Übergabe des Lagerscheins kann nur die Wirkung erzielen, die auch durch Übergabe des Guts selbst möglich wäre, MüKo/Frantzioch 10.

Merkt

Abweichende Vereinbarungen

475h Ist der Einlagerer ein Verbraucher so kann nicht zu dessen Nachteil von den §§ 475a und 475e Absatz 4 abgewichen werden.

1) Verbraucher als Einlagerer

1 §§ 467 ff sind nach hM grundsätzlich **dispositiv**, Koller § 475a Rn 4. Ist der **Einlagerer** ein **Verbraucher** (Legaldefinition § 13 BGB), kann aber nicht zu seinem Nachteil von § 475a (Verjährung) und § 475e III (Haftung gegenüber dem rechtmäßigen Besitzer bei Auslieferung ohne Rückgabe des Lagerscheins) abgewichen werden (vgl §§ 449 I, 466 I).

2) AGB und formularmäßige Haftungsbegrenzung

2 Darüber hinausgehende Grenzen wie in §§ 449 II–III, 466 II–IV setzt § 475h nicht. AGB bleiben also im Lagergeschäft in viel weiterem Umfang als im Fracht- und Speditionsgeschäft (§ 466 Rn 2) möglich (§ 467 Rn 16). Diese unterfallen **(5)** §§ 305 ff BGB, namentlich der dort vorgesehenen Inhaltskontrolle. Eine formularmäßige Begrenzung der Haftung bei Verletzung sog. Kardinalpflichten des Lagerhalters (dazu Hbg TranspR **03**, 260) ist auch im kaufmännischen Verkehr gem § 307 II Nr. 2 BGB selbst dann unwirksam, wenn der Schaden durch einfache Fahrlässigkeit eines nicht leitenden Angestellten oder Arbeiters entstanden ist, Hbg TranspR **03**, 405, BGH TranspR **98**, 376.

Fünftes Buch. Seehandel

(nicht abgedruckt)
476–619

1) §§ 476 ff idF SHRG 20.4.2013 BGBl 831. Text s HGB einschließlich **1** SeeHdlRecht (Beck'sche Textausgaben). **Lit** zur **Reform des SeeHR:** Abschlussber der Sachverstg vom 27.8.09, auszugsweise abgedr TranspR **09**, 417, dazu allg Herber TranspR **09**, 445, Rabe TranspR **10**, 1u 62 (Zeitchartervertrag), Frantzioch TranspR **10**, 8 (Haftung für Güterschäden); RefE vom 5.5.11, abgedr TranspR **11**, 276, dazu allg Czerwenka TranspR **11**, 249, Rabe TranspR **11**, 323 (Haftung des Reeders, Stückgutvertrag), Trappe TranspR **11**, 332 (Zeitcharter), Herber TranspR **11**, 359 (ausführender Verfrachter), Stellungnahme der DGTR TranspR **11**, 309; RegE BTDrucks 17/10309 vom 12.7.12, abgedr TranspR **12**, 166, dazu Herber TranspR **12**, 269 (Entwicklung); AussBegr BTDrucks 17/11884 vom 12.12.12; G zur Reform des SeeHdlR vom 20.4.2013 (SHRG 2013) BGBl 831, dazu allg Paschke RdTW **13**, 1, Ramming RdTW **13**, 303 (zeitlicher Anwendungsbereich des SHRG), 81 (ausführender Verfrachter), 173 (Art 6 EGHGB) u 253 (Verladung an Deck), Jessen RdTW **13**, 293 (Charter-Konnossement), Drews TranspR **13**, 253 (Warenumschlag), Czerwenka, Das Gesetz zur Reform des Seehandelsrechts 2013, Rabe TranspR **14**, 309, Harbs TranspR **14**, 398 (Rechtsstellung des Abladers), Ramming RdTW **16**, 81 (Große Haverei). **Lit** Herber 1999, Rabe/Bahnsen, 5. Aufl 2018, Puttfarken 1997, Schaps/Abraham I, II, 4. Aufl 1978, Drews, Seehandelsrecht 2. Aufl 2013, Thume/de la Motte/Ehlers, Transportversicherungsrecht, 2. Aufl 2011, Ramming RdTW **17**, 81. **Muster:** Hopt/Leyens, Vertrags- und Formularbuch zum Hdl-, Ges- und Bankrecht, 4. Aufl 2013, Teil I. P.1–3 (Seekonnossement, Multimodalkonnossement, Seefrachtbrief).

Fünftes Buch. Seehandel.

(nicht abgedruckt)

176-819

2. Teil. Handelsrechtliche Nebengesetze

Einleitung

1) HGB und Nebengesetze

A. Das HGB: a) Sonderkodifikation: Das HGB enthält nur einen Teil der handelsrechtlichen Vorschriften. Das hat mehrere Gründe. Schon eine gesonderte Kodifikation wie das HGB ist nicht selbstverständlich. In vielen Ländern ist das HdlRecht von vornherein oder neuerdings wieder Teil der Kodifikation des allgemeinen bürgerlichen Rechts (Einl 2–3 vor § 1 HGB). Das HGB als gesonderte Kodifikation hat nie den Anspruch auf abschließende gebietsmäßige Regelung erhoben, sondern ist seit jeher ein Sonderprivatrecht der Kaufleute, das nur zusammen mit dem BGB verstanden und angewandt werden kann (vgl zB §§ 48 ff HGB über die hdlrechtlichen Vollmachten oder §§ 373 ff HGB über den Hdlkauf, wie die Schuldrechtsreform des SMG 2001 erneut vor Augen geführt hat). Wichtige hdlrechtliche Gebiete wie das Wechselrecht (Allgemeine deutsche WechselO, WechselO 1871, heute WG 1933) oder Scheckrecht (ScheckG 1908, heute ScheckG 1933) wurden von vornherein gesondert kodifiziert.

b) Handelsrechtliche Neben- und Sondergesetze: Seither ist ein Aushöhlungsprozess sowohl des BGB (zB AGBG aF, ErbbauRG, ehem ErbbaurechtsVO aF, WohnungseigentumsG, EheG aF, VerbrKrG aF, dort teilw wieder rückläufig) als auch des HGB durch Neben- bzw Sondergesetze zu verzeichnen. Der wichtigste Verlust für das HGB war der des Kapitalgesellschaftsrechts. Das GenG 1889 und das GmbHG 1892 waren nie Teil des HGB, das Aktienrecht mit der AG und der KGaA wurde mit dem AktG 1937 (vgl EGAktG 30.1.37 RGBl I 166 §§ 1, 18) aus den früheren 3. und 4. Abschn (§§ 178–319, 320–334 aF HGB) herausgenommen und ist mitsamt dem Konzernrecht im AktG 1965 geregelt. Die an die OHG angelehnte Rechtsform der Partnerschaftsgesellschaft G 25.7.94 BGBl 1744 wurde im PartGG (s HGB Anh § 160 B) von vornherein separat geregelt. Heute sind die Nebengesetze beherrschend. Aus dem privaten Bank- und Börsenrecht sind beispielhaft das **(13)** DepotG, das **(14)** BörsG, das **(16b)** WpHG 1994 und spezieller das WpÜG 2001/2002 zu nennen. Das private Versicherungsrecht hat sich längst verselbstständigt (VVG 1908, nF 2007), erst recht das private Wettbewerbsrecht (UWG, s Einl 80 vor § 1 HGB), der gewerbliche Rechtsschutz (zB PatG, MarkenG) und das Urheberrecht (UrhG). Auch im Transportrecht waren jahrelang die Nebengesetze vorherrschend, so im Speditions-, Lager-, Fracht- und Eisenbahnverkehrsrecht (zB OLSchVO aF, GüKG, KVO, EVO). Die Transportrechtsreform 1998 hat demgegenüber den Schwerpunkt wieder in das HGB zurückverlagert, wenn auch ohne das immer wichtiger werdende internationale Transportrecht in **(17)** CMR.

c) HGB als Grundgesetz der Kaufleute und Unternehmer: Dennoch ist das HGB nicht nur historisch, sondern auch materiellrechtlich das Kerngebiet des Kaufmanns- und Unternehmerprivatrechts. Es hat durch das BiRiLiG 1985 eine wichtige Aufwertung erfahren. Die Inkorporierung des **gesamten Rechnungslegungsrechts** für Kflte und Ges einschließlich des Sonderrechts für Banken und Versicherungsunternehmen mit nur wenigen Sonderregeln außerhalb des HGB hat die Rolle des HGB als Grundgesetz für Kaufleute und Unternehmer und Bezugspunkt der handelsrechtlichen Nebengesetze bestätigt und bekräftigt. Es bleibt abzuwarten, ob sich daran durch die Entscheidung der Europäischen Union

Einleitung 4, 5

für die IFRS/IAS durch VO Nr 1606/2002 v 19.7.02 NZG **02**, 1095, etwas ändern wird (näher § 234 Rn 89 ff, § 315a HGB).

4 B. **Kautelarpraxis und freiwillige Selbstregelungen:** Im HdlRecht spielen außerrechtliche Gebräuche und Regelungen seit jeher eine hervorragende Rolle. Heute wird die hdlrechtliche Praxis von **AGB** und mehr oder weniger **typisierten Vertragsklauseln** (zB (6) Incoterms) bestimmt, vor allem im Bank- und Börsenrecht (zB (8) AGB-Banken oder für Dokumenten-Akkreditive und Dokumenten-Inkasso die (11) ERA und (12) ERI) und im Transportrecht (zB (18) ADSp). Hinzu kam in Deutschland besonders im Bank- und Börsenrecht eine Tendenz, durch **freiwillige Selbstregelungen** den Erlass von Gesetzen und eine drohende behördliche Aufsicht oder Einflussnahme zu vermeiden. So wurden zB die Reformprobleme des Insiderhandels, der Verhaltensnormen für Wertpapierhändler und Berater und der öffentlichen Kauf- und Tauschangebote zum Erwerb von Wertpapieren einer Zielgesellschaft (Übernahmeangebote bzw takeover bids) lange Zeit außerrechtlich durch Richtlinien und Leitsätze der beteiligten Kreise geregelt (so früher zB die Insiderhandels-Ri, Händler- und Beraterregeln, InsiderVerfO, LSÜbernahmeangebote und später den Übernahmekodex). Die EU-Rechtsangleichung hat diese Tendenz allerdings gestoppt und unmittelbar oder mittelbar zu zwingendem Gesetzesrecht geführt (zB Insiderrecht in (16a) MAR Art 7 ff und Übernahmerecht im WpÜG), obschon neben beidem wie in anderen Ländern auch freiwillige Selbstregelungen durchaus möglich wären, vgl Hopt in Bankrechtstag **95**, 7, ZHR 161 (**97**) 368 (396), Leyens AcP 215 (**15**) 612. Inzwischen erlebt die **private Regelsetzung und Regeldurchsetzung** eine Renaissance, vor allem mit den IFRS im internationalen und der Prüfstelle für Rechnungslegung im nationalen Rechnungslegungsrecht (Einl 144 ff, 161a vor § 238; §§ 342b ff).

5 C. **Internationales und europäisches Handelsrecht** bildet weitere Rechtsschichten um das HGB herum. Internationale Einheitsgesetze (loi uniforme) werden häufig nicht in vorhandene nationale Kodifikationen eingearbeitet, sondern als gesondertes nationales Gesetz erlassen. Das einheitliche Wechsel- und Scheckrecht (Genfer Konferenz 1931) betraf schon vorhandene Nebengesetze (s Rn 1–3). Das internationale Einheitsrecht auf dem Gebiet des Kaufrechts, das UN-Kaufrecht (CISG, Überbl 46 vor § 373 HGB) wie schon zuvor und von ihm abgelöst die einheitlichen Kaufgesetze (EKG und EAG 1973), entzieht dagegen mangels gegenteiliger Parteivereinbarung den internationalen Kauf beweglicher Sachen dem BGB und dem HGB. Auch das Recht des grenzüberschreitenden Transports und Verkehrs ist heute statt in §§ 407 ff HGB in internationalen Abkommen zu finden (zB für den Straßengüterverkehr (17) CMR, Eisenbahnfrachtverkehr CIM, Eisenbahn-Personen- und Gepäckverkehr CIV, Luftverkehr Warschauer Abkommen). Die Rechtsangleichung im Rahmen der Europäischen Union hat tiefe Spuren im deutschen HdlRecht hinterlassen, zwar noch wenig im HdlVertreterrecht, das seinerseits weitgehend Modell für die EURi 1986 (§ 84 HGB Rn 3) war, mehr schon im Gesellschaftsrecht (hier aber primär im Kapitalgesellschaftsrecht), vor allem aber im Bilanzrecht und im Börsen- und Kapitalmarktrecht. Die entsprechenden Einwirkungen, etwa die des europäischen Gesellschaftsrechts, sind, soweit das HGB betroffen ist, in dieses eingearbeitet worden (zB § 15 III HGB auf Grund der 1. Ri 1968, sog Publizitäts-Ri, und besonders Buch III des HGB auf Grund der 4., 7. und 8. Ri 1978, 1983, 1984 durch das BiRiLiG 1985). Auf dem Gebiet des Börsen- und Kapitalmarktrechts finden sich demgegenüber selbstständige, von europäischem Recht vielfältig beeinflusste und zT sogar weitgehend geprägte Gesetze, so neben dem (14) BörsG vor allem das (16b) WpHG, das auf die TransparenzRi 1988, InsiderRi 1989 und die WPDienstleistungsRi 1993 zurückgeht und mit der (16a) MAR einen Regelungszusammenhang bildet, und das WpÜG, das – obschon europä-

Einleitung **6, 7 Einleitung**

isch beeinflusst – autonom deutsches Recht ist. Auch wenn die europäische Richtlinien umsetzenden Gesetze deutsches Recht sind, ist doch wegen ihrer Herkunft, ihrer Auslegung und der erforderlichen Vorlage an den EuGH der europäische Bezug von entscheidender Bedeutung (s zB § 84 Rn 3, § 86 Rn 22, 86a Rn 1 für das Handelsvertreterrecht; Einl 36 vor § 105 für das Gesellschaftsrecht; Einl 4 ff, 7 vor § 238 für das Bilanzrecht).

2) Auswahl und Darstellung

A. **Auswahl nach der Nähe zum HGB und der erleichterten Greifbar-** 6
keit für die Handelsrechtspraxis: Die Auswahl der Nebengesetze erfolgte unter drei Sachgesichtspunkten. Aufgenommen wurden nur privatrechtliche bzw privatrechtlich relevante Nebengesetze (also zB privates Bank- und Börsenrecht, nicht Bankaufsichtsrecht). Nicht aufgenommen wurden – außer im knappen Auszug – Nebengesetze aus etablierten selbstständigen Gebieten (zB Aktien- und GmbHRecht, Wertpapierrecht, Gewerblicher Rechtsschutz und Urheberrecht, Privatversicherungsrecht). Entscheidend für die Auswahl war letztlich die Nähe zum HGB, sei es, dass das HGB unmittelbar ergänzt wird (zB **(1)** EGHGB mit seinen zahlreichen Übergangsvorschriften; zum Handelsregister Buch 5 des **(3)** FamFG (§§ 374 ff) und die **(4)** HRV; zum Transportrecht die **(18)** ADSp), sei es, dass der Benutzer des HGB auf das Nebengesetz laufend oder dringend angewiesen ist (zB **(6)** Incoterms 2010 und andere Handelskaufklauseln, **(8)** AGB-Banken, **(9)** AGB-Sparkassen oder **(10)** AGB-Anderkonten samt dem Text der für sie wichtigen AGB-Kontrollvorschriften, auch wenn letztere nunmehr im BGB verortet sind, **(5)** §§ 305–310 BGB), oder dass die nur gelegentlich benötigten Texte für ihn nicht ohne Weiteres greifbar wären (zB **(11)** ERA, **(12)** ERI). Hinzu kommen die beiden grundlegenden Kapitalmarktrechtsgesetze, das **(14)** BörsG und das **(16)** WpHG, auf die sich heute wegen der Finanzierungsbedürfnisse und der Kapitalmarktregulierung zunehmend auch kleine und mittlere Unternehmen (KMU) einstellen müssen. Wegen ihrer praktischen Relevanz ist auch die sondergesetzliche Prospekthaftung mit **(15a)** WpPG §§ 21–25 und **(15b)** VermAnlG §§ 20–22 berücksichtigt. Praktische und theoretische Gründe (Einl 18–19 vor § 1 HGB) ließen bei der Auswahl keine Unterscheidung zwischen Nebengesetzen ieS und außerrechtlichen Texten (AGB, Richtlinien, Regeln, Leitsätze) zu.

B. Die **Darstellung** erfolgt zweckmäßig **nach sechs Gebieten in Anleh-** 7 **nung an die Systematik des HGB:** I. Einführungsgesetz, II. Handelsbücher und Bilanzen, III. Handelsregister, IV. AGB und (nicht branchengebundene) Vertragsklauseln, V. Bankgeschäfte (mit Börsen- und Kapitalmarktrecht), VI. Transport (Fracht-, Speditions-, Lager- und andere Transportgeschäfte). Die einzelnen Nebengesetze sind durch **fortlaufende Nummerierung (1)–(18)**, die auch für ihre im Text sonst zitierten Vorschriften als Ordnungskennzahl benutzt wird, leichter auffindbar. Ein **Verzeichnis** dieser und einzelner sonst aufgenommener Nebengesetze ist Teil des Inhaltsverzeichnisses. Die Darstellung beschränkt sich entweder auf die Wiedergabe des Nebengesetzes mit kurzer Einleitung, Schrifttumsnachweisen und einzelnen Hinweisen oder bringt darüber hinaus eine durchgängige, auf das Wichtigste beschränkte **Kurz-Kommentierung,** so **(6)** Incoterms 2010, **(7)** Bankgeschäfte, **(8)** AGB-Banken mit Sonderbedingungen für Wertpapiergeschäfte, **(11)** ERA, **(12)** ERI, **(13)** Depotgesetz, **(14)** BörsG und **(17)** CMR; **(16a)** MAR und **(16b)** WpHG sind aus theoretischen wie praktischen Gründen (Kapitalmarktrecht, Verbindungen zum BörsG und zum Effektenkommissionsrecht ua) auszugsweise unter der neuen Überschrift **(16)** Insiderhandelsverbot und Ad-hoc-Mitteilungen kommentiert worden. Das bis zur 32. Aufl abgedruckte WpÜG ist vorwiegend öffentliches und Aufsichtsrecht und für die Zivilgerichtsbarkeit ohne große Bedeutung, vor allem aber liegen insoweit umfassende, neueste Spezialkommentierungen vor. **Verstärkte Aufmerksamkeit** kommt dabei wegen ihrer großen und allgemeinen Bedeutung den zwei erstgenannten zu: **(7) Bankgeschäfte**, die ohne Anlehnungsmöglichkeit an einen Gesetzestext **mit Schwerpunkt auf dem Zahlungs- und Kreditrecht** behandelt werden (mit der Einschränkung, dass die mittlerweile im BGB kodifizierten Teile wie das Überweisungsrecht, da dort leicht greifbar, in der Kommentierung zurücktreten), und **(8) AGB-Banken** samt **(8) Sonderbedingungen für Wertpapiergeschäfte (AGB-WPGeschäfte)**, die exemplarisch für die in Text und Inhalt nicht völlig gleichen AGB der verschiedenen Kreditinstitute erläutert sind.

I. Einführungsgesetz

(1) Einführungsgesetz zum Handelsgesetzbuche (EGHGB)

Vom 10. Mai 1897 (RGBl 437/BGBl III FNA 400-1) mit den späteren Änderungen

Einleitung

Schrifttum

Großkommentare und Lehrbücher zum HGB (Einl vor § 1 HGB), zum Registerrecht (vor § 8 HGB)

1 1) Zur Geschichte des HGB und zum EGHGB s Einl 10 vor § 1 HGB. Erst mit dem BiRiLiG 1985 hat das weitgehend überholte EGHGB wieder große praktische Bedeutung gewonnen. Die **Gesetzestechnik** ist so, dass 1985 die alten Art 1–22 als 1. Abschnitt Einführung des Handelsgesetzbuches zusammengefasst wurden und jeweils eigene Abschnitte die Übergangsvorschriften zu späteren Gesetzen bündeln. Der 2. Abschn (Art 23–28) enthält die Übergangsvorschriften zum BiRiLiG, diese sind in Einl 52–58 vor § 238 HGB kommentiert. Es folgen: 3. Abschn Handelsvertreter-Novelle 1989, 4. und 5. Abschn BankBiRiLiG 1990 und VersRiLiG 1994, 6. Abschn G zur Durchführung der 11. EG-Ri zur Ges-Rechtsangleichung 1993, 7. Abschn NachhBG 1994, 8. Abschn HRefG 1998u VVGReformG 2007, 9. Abschn EuroEG 1998, 10. Abschn KonTraG 1998 und 11. Abschn G zur Verlängerung der steuerlichen und handelsrechtlichen Aufbewahrungsfristen 1998, 12. Abschn KapCoRiLiG 2000, 13. Abschn G zur Anpassung der Abgrenzungsmerkmale für größenabhängige Befreiungen (§§ 290 ff HGB) 2000, 14. Abschn WPOÄG 2000, 15. Abschn EuroBilG 2001, 16. Abschn ERJuKoG 2001, 17. Abschn AltfahrzeugG 2002, 18. Abschn TransPuG 2002, 19. Abschn WPRefG 2003, 20. Abschn BilKoG 2004, 21. Abschn VO (EG) Nr 1606/2002 sowie BilReG 2004, 22. Abschn Vorstandsvergütungs-OffenlegungsG 2005, 23. Abschn Übernahmerichtlinien-UmsetzungsG 2006, 24. Abschn EHUG 2006, 25. Abschn TUG 2007, 26. Abschn VVGReformG 2007, 27. Abschn RisikobegrenzungsG 2008, 28. Abschn MoMiG 2008, 29. Abschn BilMoG 2009, 30. Abschn VorstAG 2009; 31. Abschn G zur Umsetzung der geänd BankenRi und der geänd KapitaladäquanzRi 2010; 32. Abschn MicroBilG 2012; 33. Abschn SHRG 2013; 34. Abschn AIFM-UmsG 2013; 35. Abschn GleichberTeilhG 2015; 36. Abschn KleinanlegerschutzG 2015; 37. Abschn BilRUG 2015; 38. Abschn BürokratieEntlG 2015; 39. Abschn Trans-

I. Einführungsgesetz **1 5 EGHGB (1)**

parenzRiÄndRiUmsetzG 2015; 40. Abschn APAReG 2016; 41. Abschn AReG 2016.

Erster Abschnitt. Einführung des Handelsgesetzbuchs

[Inkrafttreten]

EGHGB 1 (1) Das Handelsgesetzbuch tritt gleichzeitig mit dem Bürgerlichen Gesetzbuch in Kraft.

(2) Der sechste Abschnitt des ersten Buches des Handelsgesetzbuchs tritt mit Ausnahme des § 65 am 1. Januar 1898 in Kraft.

(3) *(gegenstandslos)*

[Verhältnis zum BGB und zu Bundesgesetzen]

EGHGB 2 (1) In Handelssachen kommen die Vorschriften des Bürgerlichen Gesetzbuchs nur insoweit zur Anwendung, als nicht im Handelsgesetzbuch oder in diesem Gesetz ein anderes bestimmt ist.

EGHGB 3 *(nicht wiedergegebene Änderungsvorschrift)*

[Handelsgewerbe und eheliches Güterrecht]

EGHGB 4 (1) ¹Die nach dem bürgerlichen Rechte mit einer Eintragung in das Güterrechtsregister verbundenen Wirkungen treten, sofern ein Ehegatte Kaufmann ist und seine Handelsniederlassung sich nicht in dem Bezirke eines für den gewöhnlichen Aufenthalt auch nur eines der Ehegatten zuständigen Registergerichts befindet, in Ansehung der auf den Betrieb des Handelsgewerbes sich beziehenden Rechtsverhältnisse nur ein, wenn die Eintragung auch in das Güterrechtsregister des für den Ort der Handelsniederlassung zuständigen Gerichts erfolgt ist. ²Bei mehreren Niederlassungen genügt die Eintragung in das Register des Ortes der Hauptniederlassung.

(2) Wird die Niederlassung verlegt, so finden die Vorschriften des § 1559 des Bürgerlichen Gesetzbuchs entsprechende Anwendung.

1) I 1 nF G 23.10.89 BGBl 1910 (§ 84 HGB Rn 3) passte die Zuständigkeit 1 des Registergerichts an §§ 1558 I, 1559 BGB an.

[Bergwerksgesellschaften]

EGHGB 5 Auf Bergwerksgesellschaften, die nach den Vorschriften der Landesgesetze nicht die Rechte einer juristischen Person besitzen, findet § 1 des Handelsgesetzbuchs keine Anwendung.

1) IdF HRefG 22.6.1998 BGBl 1474. Bloße Folgeänderung nach Abschaffung 1 des SollKfm nach § 2 aF HGB.

Hopt 1759

(1) EGHGB 7

[Anwendungsbereich der zwingenden Bestimmungen über Konnossemente]

EGHGB 6 (1) ¹Ist ein Konnossement in einem Vertragsstaat des Internationalen Abkommens vom 25. August 1924 zur Vereinheitlichung von Regeln über Konnossemente (RGBl. 1939 II S. 1049) (Haager Regeln) ausgestellt, so sind die §§ 480, 483, 485 und 488, die §§ 513 bis 525 in Verbindung mit den §§ 498, 499, 501, 504, 505, 507, 510 und 512 sowie § 605 Nummer 1 in Verbindung mit § 607 Absatz 1 und 2 und § 609 Absatz 1 des Handelsgesetzbuchs ohne Rücksicht auf das nach Internationalem Privatrecht anzuwendende Recht und mit der Maßgabe anzuwenden, dass,

1. abweichend von § 501 des Handelsgesetzbuchs, der Verfrachter ein Verschulden seiner Leute und der Schiffsbesatzung nicht zu vertreten hat, wenn der Schaden durch ein Verhalten bei der Führung oder der sonstigen Bedienung des Schiffes oder durch Feuer oder Explosion an Bord des Schiffes entstanden ist und die Maßnahmen nicht überwiegend im Interesse der Ladung getroffen wurden;
2. abweichend von § 504 des Handelsgesetzbuchs, die nach den §§ 502 und 503 des Handelsgesetzbuchs zu leistende Entschädigung wegen Verlust oder Beschädigung auf einen Betrag von 666,67 Rechnungseinheiten für das Stück oder die Einheit begrenzt ist;
3. abweichend von § 525 des Handelsgesetzbuchs, die Verpflichtungen des Verfrachters aus den nach diesem Artikel anzuwendenden Vorschriften durch Rechtsgeschäft nicht im Voraus ausgeschlossen oder beschränkt werden können;
4. abweichend von § 609 des Handelsgesetzbuchs, die Verjährung von Schadensersatzansprüchen wegen Verlust oder Beschädigung von Gut nicht erleichtert werden kann.

²Das Recht der Parteien, eine Rechtswahl zu treffen, bleibt unberührt.

(2) Ist ein Konnossement in Deutschland ausgestellt, so ist Absatz 1 Satz 1 nur anzuwenden, wenn sich das Konnossement auf die Beförderung von Gütern von oder nach einem Hafen in einem anderen Vertragsstaat der Haager Regeln bezieht.

(3) Als Vertragsstaat der Haager Regeln ist nicht ein Staat anzusehen, der zugleich Vertragsstaat eines Änderungsprotokolls zu den Haager Regeln ist.

[Haftung nach Seehandelsrecht]

EGHGB 7 (1) Folgende Vorschriften des Handelsgesetzbuchs sind auch anzuwenden, wenn das Schiff nicht zum Erwerb durch Seefahrt betrieben wird:

1. § 480 über die Verantwortlichkeit des Reeders für ein Mitglied der Schiffsbesatzung und einen an Bord tätigen Lotsen,
2. die §§ 570 bis 573 und 606 Nummer 2, dieser in Verbindung mit § 607 Absatz 6 und § 608, über die Haftung im Falle des Zusammenstoßes von Schiffen,
3. die §§ 574 bis 587 und 606 Nummer 3, dieser in Verbindung mit § 607 Absatz 7 sowie den §§ 608 und 610, über Bergung,
4. die §§ 611 bis 617 über die Beschränkung der Haftung.

(2) Die Vorschriften der §§ 611 bis 617 des Handelsgesetzbuchs sind auch auf Ansprüche, die nicht auf den Vorschriften des Handelsgesetzbuchs beruhen, sowie auf andere als privatrechtliche Ansprüche anzuwenden.

(3) *Die Haftung für Seeforderungen aus Vorfällen bis zu dem Inkrafttreten des Protokolls von 1996 zur Änderung des Übereinkommens von 1976 über die Beschränkung der Haftung für Seeforderungen (BGBl. 2000 II S. 790) oder bis zu dem Inkrafttreten einer späteren Änderung des Übereinkommens für die Bundesrepublik Deutschland kann nach den bis zu dem Zeitpunkt des jeweiligen Vorfalls geltenden Bestimmungen beschränkt werden.*

[Anwendung von deutschem Recht]

EGHGB 8

(1) ¹Die §§ 574 bis 580, 582 bis 584, 587 und 606 Nummer 3, dieser in Verbindung mit § 607 Absatz 7 sowie den §§ 608 und 610 des Handelsgesetzbuchs, sind, soweit sich aus Satz 3 und Absatz 3 nichts anderes ergibt, ohne Rücksicht auf das nach Internationalem Privatrecht anzuwendende Recht anzuwenden. ²Die Aufteilung des Bergelohns und der Sondervergütung zwischen dem Berger und seinen Bediensteten bestimmt sich jedoch, wenn die Bergung von einem Schiff aus durchgeführt wird, nach dem Recht des Staates, dessen Flagge das Schiff führt, sonst nach dem Recht, dem der zwischen dem Berger und seinen Bediensteten geschlossene Vertrag unterliegt. ³Das Recht der Parteien, eine Rechtswahl zu treffen, bleibt unberührt; unterliegt jedoch das Rechtsverhältnis ausländischem Recht, so sind § 575 Absatz 1 und § 584 Absatz 2 des Handelsgesetzbuchs gleichwohl anzuwenden.

(2) Sind die in Absatz 1 Satz 1 genannten Vorschriften anzuwenden, so unterliegt auch der Anspruch des Bergers auf Zinsen deutschem Recht.

(3) Bei Bergungsmaßnahmen durch eine Behörde ist für die Verpflichtungen zwischen den Parteien das Recht des Staates maßgebend, in dem sich die Behörde befindet.

EGHGB 9–14 *(nicht wiedergegebene Aufhebungs- und Änderungsvorschriften bzw. gegenstandslos)*

[Verhältnis zu den Landesgesetzen]

EGHGB 15

(1) Die privatrechtlichen Vorschriften der Landesgesetze bleiben insoweit unberührt, als es in diesem Gesetze bestimmt oder als im Handelsgesetzbuch auf die Landesgesetze verwiesen ist.

(2) Soweit die Landesgesetze unberührt bleiben, können auch neue landesgesetzliche Vorschriften erlassen werden.

EGHGB 16 *(aufgehoben)*

EGHGB 17 *(gegenstandslos)*

[Landesrecht über Bierlieferungsvertrag]

EGHGB 18

Unberührt bleiben die landesgesetzlichen Vorschriften über den Vertrag zwischen dem Brauer und dem Wirte über die Lieferung von Bier, soweit sie das aus dem Vertrage sich ergebende Schuldverhältnis für den Fall regeln, daß nicht besondere Vereinbarungen getroffen werden.

EGHGB 19–21 (gegenstandslos)

[Weiterführung von eingetragenen Firmen]

EGHGB 22 (1) Die zur Zeit des Inkrafttretens des Handelsgesetzbuchs im Handelsregister eingetragenen Firmen können weitergeführt werden, soweit sie nach den bisherigen Vorschriften geführt werden durften.

(2) *(gegenstandslos)*

Zweiter Abschnitt. Übergangsvorschriften zum Bilanzrichtlinien-Gesetz

[Jahresabschluss, Lagebericht und Pflicht zur Offenlegung; Konzernabschluss; Prüfung]

EGHGB 23 (1) [1] Die vom Inkrafttreten der Artikel 1 bis 10 des Bilanzrichtlinien-Gesetzes vom 19. Dezember 1985 (BGBl. I S. 2355) an geltende Fassung der Vorschriften über den Jahresabschluß und den Lagebericht sowie über die Pflicht zur Offenlegung dieser und der dazu gehörenden Unterlagen ist erstmals auf das nach dem 31. Dezember 1986 beginnende Geschäftsjahr anzuwenden. [2] Die neuen Vorschriften können auf ein früheres Geschäftsjahr angewendet werden, jedoch nur insgesamt.

(2) [1] Die vom Inkrafttreten der Artikel 1 bis 10 des Bilanzrichtlinien-Gesetzes an geltende Fassung der Vorschriften über den Konzernabschluß und den Konzernlagebericht sowie über die Pflicht zur Offenlegung dieser und der dazu gehörenden Unterlagen ist erstmals auf das nach dem 31. Dezember 1989 beginnende Geschäftsjahr anzuwenden. [2] Die neuen Vorschriften können auf ein früheres Geschäftsjahr angewendet werden, jedoch nur insgesamt. [3] Mutterunternehmen, die bereits bei Inkrafttreten des Bilanzrichtlinien-Gesetzes zur Konzernrechnungslegung verpflichtet sind, brauchen bei früherer Anwendung der neuen Vorschriften Tochterunternehmen mit Sitz im Ausland nicht einzubeziehen und einheitliche Bewertungsmethoden im Sinne des § 308 sowie die §§ 311, 312 des Handelsgesetzbuchs über assoziierte Unternehmen nicht anzuwenden.

(3) [1] Die vom Inkrafttreten der Artikel 1 bis 10 des Bilanzrichtlinien-Gesetzes an geltende Fassung der Vorschriften über die Pflicht zur Prüfung des Jahresabschlusses und des Lageberichts ist auf Unternehmen, die bei Inkrafttreten des Bilanzrichtlinien-Gesetzes ihren Jahresabschluß nicht auf Grund bundesgesetzlicher Vorschriften prüfen lassen müssen, erstmals für das nach dem 31. Dezember 1986 beginnende Geschäftsjahr anzuwenden. [2] Die vom Inkrafttreten der Artikel 1 bis 10 des Bilanzrichtlinien-Gesetzes an geltende Fassung der Vorschriften über die Pflicht zur Prüfung des Konzernabschlusses und des Konzernlageberichts ist auf Unternehmen, die bei Inkrafttreten des Bilanzrichtlinien-Gesetzes nicht zur Konzernrechnungslegung verpflichtet sind, erstmals für das nach dem 31. Dezember 1989 beginnende Geschäftsjahr anzuwenden. [3] Der Bestätigungsvermerk nach § 322 Abs. 1 des Handels-

I. Einführungsgesetz   1   **24 EGHGB (1)**

gesetzbuchs ist erstmals auf Jahresabschlüsse, Konzernabschlüsse und Teilkonzernabschlüsse sowie auf Lageberichte, Konzernlageberichte und Teilkonzernlageberichte anzuwenden, die nach den am 1. Januar 1986 in Kraft tretenden Vorschriften aufgestellt worden sind.

(4) § 319 Abs. 2 Nr. 8 des Handelsgesetzbuchs ist erstmals auf das sechste nach dem Inkrafttreten des Bilanzrichtlinien-Gesetzes beginnende Geschäftsjahr anzuwenden.

(5) ¹Sind die neuen Vorschriften nach den Absätzen 1 bis 3 auf ein früheres Geschäftsjahr nicht anzuwenden und werden sie nicht freiwillig angewendet, so ist für das Geschäftsjahr die am 31. Dezember 1985 geltende Fassung der geänderten oder aufgehobenen Vorschriften anzuwenden. ²Satz 1 ist auf Gesellschaften mit beschränkter Haftung hinsichtlich der Anwendung des Gesetzes über die Rechnungslegung von bestimmten Unternehmen und Konzernen entsprechend anzuwenden.

[Bewertungsvorschriften]

EGHGB 24 (1) ¹Waren Vermögensgegenstände des Anlagevermögens im Jahresabschluß für das am 31. Dezember 1986 endende oder laufende Geschäftsjahr mit einem niedrigeren Wert angesetzt, als er nach § 240 Abs. 3 und 4, §§ 252, 253 Abs. 1, 2 und 4, §§ 254, 255, 279 und 280 Abs. 1 und 2 des Handelsgesetzbuchs zulässig ist, so darf der niedrigere Wertansatz beibehalten werden. ²§ 253 Abs. 2 des Handelsgesetzbuchs ist in diesem Falle mit der Maßgabe anzuwenden, daß der niedrigere Wertansatz um planmäßige Abschreibungen entsprechend der voraussichtlichen Restnutzungsdauer zu vermindern ist.

(2) Waren Vermögensgegenstände des Umlaufvermögens im Jahresabschluß für das am 31. Dezember 1986 endende oder laufende Geschäftsjahr mit einem niedrigeren Wert angesetzt als er nach §§ 252, 253 Abs. 1, 3 und 4, §§ 254, 255 Abs. 1 und 2, §§ 256, 279 Abs. 1 Satz 1, Abs. 2, § 280 Abs. 1 und 2 des Handelsgesetzbuchs zulässig ist, so darf der niedrigere Wertansatz insoweit beibehalten werden, als

1. er aus den Gründen des § 253 Abs. 3, §§ 254, 279 Abs. 2, § 280 Abs. 2 des Handelsgesetzbuchs angesetzt worden ist oder
2. es sich um einen niedrigeren Wertansatz im Sinne des § 253 Abs. 4 des Handelsgesetzbuchs handelt.

(3) ¹Sind bei der erstmaligen Anwendung des § 268 Abs. 2 des Handelsgesetzbuchs über die Darstellung der Entwicklung des Anlagevermögens die Anschaffungs- oder Herstellungskosten eines Vermögensgegenstands des Anlagevermögens nicht ohne unverhältnismäßige Kosten oder Verzögerungen feststellbar, so dürfen die Buchwerte dieser Vermögensgegenstände aus dem Jahresabschluß des vorhergehenden Geschäftsjahrs als ursprüngliche Anschaffungs- oder Herstellungskosten übernommen und fortgeführt werden. ²Satz 1 darf entsprechend auf die Darstellung des Postens „Aufwendungen für die Ingangsetzung und Erweiterung des Geschäftsbetriebs" angewendet werden. ³Kapitalgesellschaften müssen die Anwendung der Sätze 1 und 2 im Anhang angeben.

---

1) III–V aF aufgehoben, VI aF nunmehr III, MicroBilG 2012.

[Abschlussprüfer und Konzernabschlussprüfer bei gemeinnützigen Wohnungsunternehmen, AG, KGaA und GmbH]

EGHGB 25

(1) [1] Auf die Prüfung des Jahresabschlusses

1. von Aktiengesellschaften, Gesellschaften mit beschränkter Haftung und Gesellschaften, bei denen kein persönlich haftender Gesellschafter eine natürliche Person ist, wenn die Mehrheit der Anteile und die Mehrheit der Stimmrechte an diesen Gesellschaften Genossenschaften oder zur Prüfung von Genossenschaften zugelassenen Prüfungsverbänden zusteht, oder
2. von Unternehmen, die am 31. Dezember 1989 als gemeinnützige Wohnungsunternehmen oder als Organe der staatlichen Wohnungspolitik anerkannt waren und die nicht eingetragene Genossenschaften sind,

ist § 319 Abs. 1 des Handelsgesetzbuchs mit der Maßgabe anzuwenden, daß diese Gesellschaften oder Unternehmen sich auch von dem Prüfungsverband prüfen lassen dürfen, dem sie als Mitglied angehören, sofern mehr als die Hälfte der geschäftsführenden Mitglieder des Vorstands dieses Prüfungsverbands Wirtschaftsprüfer sind und dem Prüfungsverband vor dem 29. Mai 2009 das Prüfungsrecht verliehen worden ist. [2] Hat der Prüfungsverband nur zwei Vorstandsmitglieder, so muß einer von ihnen Wirtschaftsprüfer sein. [3] § 319 Absatz 1 Satz 3 des Handelsgesetzbuchs gilt mit der Maßgabe, dass der Prüfungsverband über einen Auszug hinsichtlich seiner Eintragung nach § 40a der Wirtschaftsprüferordnung verfügen muss. [4] § 319 Abs. 2 und 3 sowie § 319a Abs. 1 des Handelsgesetzbuchs sind auf die gesetzlichen Vertreter des Prüfungsverbandes und auf alle vom Prüfungsverband beschäftigten Personen, die das Ergebnis der Prüfung beeinflussen können, entsprechend anzuwenden; § 319 Abs. 3 Satz 1 Nr. 2 ist auf Mitglieder des Aufsichtsorgans des Prüfungsverbandes nicht anzuwenden, wenn sichergestellt ist, dass der Abschlussprüfer die Prüfung unabhängig von den Weisungen durch das Aufsichtsorgan durchführen kann.

(2) [1] Bei der Prüfung des Jahresabschlusses der in Absatz 1 bezeichneten Gesellschaften oder Unternehmen durch einen Prüfungsverband darf der gesetzlich vorgeschriebene Bestätigungsvermerk nur von Wirtschaftsprüfern unterzeichnet werden. [2] Die im Prüfungsverband tätigen Wirtschaftsprüfer haben ihre Prüfungstätigkeit unabhängig, gewissenhaft, verschwiegen und eigenverantwortlich auszuüben. [3] Sie haben sich insbesondere bei der Erstattung von Prüfungsberichten unparteiisch zu verhalten. [4] Weisungen dürfen ihnen hinsichtlich ihrer Prüfungstätigkeit von Personen, die nicht Wirtschaftsprüfer sind, nicht erteilt werden. [5] Die Zahl der im Verband tätigen Wirtschaftsprüfer muß so bemessen sein, daß die den Bestätigungsvermerk unterschreibenden Wirtschaftsprüfer die Prüfung verantwortlich durchführen können.

(3) Ist ein am 31. Dezember 1989 als gemeinnütziges Wohnungsunternehmen oder als Organ der staatlichen Wohnungspolitik anerkanntes Unternehmen als Aktiengesellschaft, Kommanditgesellschaft auf Aktien oder als Gesellschaft mit beschränkter Haftung zur Aufstellung eines Konzernabschlusses und eines Konzernlageberichts nach dem Zweiten Unterabschnitt des Zweiten Abschnitts des Dritten Buchs des Handelsgesetzbuchs verpflichtet, so ist der Prüfungsverband, dem das Unternehmen angehört, auch Abschlußprüfer des Konzernabschlusses.

---

1   1) IdF KapCoRiLiG 24.2.00 BGBl 154; I 1 letzter Halbs idF BilMoG 25.5.09 BGBl 1102, I 3 neu APAReG 31.3.16 BGBl I 518, geä AReG 10.5.16 BGBl I

I. Einführungsgesetz **27 EGHGB (1)**

1142. I 4 (ehem 3) idF BilReG 4.12.04 BGBl 3166 trägt den schärferen Anforderungen an die Unabhängigkeit von Abschlussprüfern in §§ 319 und 319a HGB Rechnung. Allein die Mitgliedschaft und dementsprechende Mitwirkung in einem Prüfungsverband ist keine besondere Beziehung iSv § 319 II HGB.

[Abschlussprüfer nach § 319 HGB]

EGHGB 26 (1) [1] Abschlußprüfer nach § 319 Abs. 1 Satz 1 des Handelsgesetzbuchs kann auch eine nach § 131f Abs. 2 der Wirtschaftsprüferordnung bestellte Person sein. [2] Abschlußprüfer nach § 319 Abs. 1 Satz 2 des Handelsgesetzbuchs kann auch eine nach § 131b Abs. 2 der Wirtschaftsprüferordnung bestellte Person sein. [3] Für die Durchführung der Prüfung von Jahresabschlüssen und Lageberichten haben diese Personen die Rechte und Pflichten von Abschlußprüfern.

(2) Für die Anwendung des § 319 Abs. 2 und 3 des Handelsgesetzbuchs in der Fassung des Bilanzrichtlinien-Gesetzes bleibt eine Mitgliedschaft im Aufsichtsrat des zu prüfenden Unternehmens außer Betracht, wenn sie spätestens mit der Beendigung der ersten Versammlung der Aktionäre oder Gesellschafter der zu prüfenden Gesellschaft, die nach Inkrafttreten des Bilanzrichtlinien-Gesetzes stattfindet, endet.

1) II idF BilReG 4.12.04 BGBl 3166.

[Kapitalkonsolidierung]

EGHGB 27 (1) [1] Hat ein Mutterunternehmen ein Tochterunternehmen schon vor der erstmaligen Anwendung des § 301 des Handelsgesetzbuchs in seinen Konzernabschluß auf Grund gesetzlicher Verpflichtung oder freiwillig nach einer den Grundsätzen ordnungsmäßiger Buchführung entsprechenden Methode einbezogen, so braucht es diese Vorschrift auf dieses Tochterunternehmen nicht anzuwenden. [2] Auf einen noch vorhandenen Unterschiedsbetrag aus der früheren Kapitalkonsolidierung ist § 309 des Handelsgesetzbuchs anzuwenden, soweit das Mutterunternehmen den Unterschiedsbetrag nicht in entsprechender Anwendung des § 301 Abs. 1 Satz 3 des Handelsgesetzbuchs den in den Konzernabschluß übernommenen Vermögensgegenständen und Schulden des Tochterunternehmens zuschreibt oder mit diesen verrechnet.

(2) Ist ein Mutterunternehmen verpflichtet, § 301 des Handelsgesetzbuchs auf ein schon bisher in seinen Konzernabschluß einbezogenes Tochterunternehmen anzuwenden oder wendet es diese Vorschrift freiwillig an, so kann als Zeitpunkt für die Verrechnung auch der Zeitpunkt der erstmaligen Anwendung dieser Vorschrift gewählt werden.

(3) Die Absätze 1 und 2 sind entsprechend auf die Behandlung von Beteiligungen an assoziierten Unternehmen nach §§ 311, 312 des Handelsgesetzbuchs anzuwenden.

(4) Ergibt sich bei der erstmaligen Anwendung der §§ 303, 304, 306 oder 308 des Handelsgesetzbuchs eine Erhöhung oder Verminderung des Ergebnisses, so kann der Unterschiedsbetrag in die Gewinnrücklagen eingestellt oder mit diesen offen verrechnet werden; dieser Betrag ist nicht Bestandteil des Jahresergebnisses.

[Pensionsrückstellungen]

EGHGB 28 (1) ¹Für eine laufende Pension oder eine Anwartschaft auf eine Pension auf Grund einer unmittelbaren Zusage braucht eine Rückstellung nach § 249 Abs. 1 Satz 1 des Handelsgesetzbuchs nicht gebildet zu werden, wenn der Pensionsberechtigte seinen Rechtsanspruch vor dem 1. Januar 1987 erworben hat oder sich ein vor diesem Zeitpunkt erworbener Rechtsanspruch nach dem 31. Dezember 1986 erhöht. ²Für eine mittelbare Verpflichtung aus einer Zusage für eine laufende Pension oder eine Anwartschaft auf eine Pension sowie für eine ähnliche unmittelbare oder mittelbare Verpflichtung braucht eine Rückstellung in keinem Fall gebildet zu werden.

(2) Bei Anwendung des Absatzes 1 müssen Kapitalgesellschaften die in der Bilanz nicht ausgewiesenen Rückstellungen für laufende Pensionen, Anwartschaften auf Pensionen und ähnliche Verpflichtungen jeweils im Anhang und im Konzernanhang in einem Betrag angeben.

Dritter Abschnitt. Übergangsvorschrift zum Gesetz zur Durchführung der EG-Richtlinie zur Koordinierung des Rechts der Handelsvertreter vom 23. Oktober 1989 (BGBl. I S. 1910)

[Handelsvertreterverträge]

EGHGB 29 Auf Handelsvertretervertragsverhältnisse, die vor dem 1. Januar 1990 begründet sind und an diesem Tag noch bestehen, sind die §§ 86, 86a, 87, 87a, 89, 89b, 90a und 92c des Handelsgesetzbuchs in der am 31. Dezember 1989 geltenden Fassung bis zum Ablauf des Jahres 1993 weiterhin anzuwenden.

1   1) Neu 1990, s § 84 HGB Rn 3. Maßgeblich ist nicht der bloße Abschluss, sondern die Begründung, also der Laufzeitbeginn des HVVertrags noch vor 1.1.90. Art 29 ist auch auf Vertragshändler anwendbar, BGH NJW **98**, 1861. Sonderrecht für die neuen Bundesländer s Einl 30 vor § 1 HGB.

[Wettbewerbsabrede]

EGHGB 29a § 90a Abs. 2 und 3 des Handelsgesetzbuchs in der ab dem 1. Juli 1998 geltenden Fassung ist auch auf Ansprüche aus vor dem 1. Juli 1998 begründeten Handelsvertretervertragsverhältnissen anzuwenden, über die noch nicht rechtskräftig entschieden worden ist.

1   1) Neu durch HRefG 22.6.98 BGBl 1474. AF von 1990 betraf Wiedervereinigung und war deshalb obsolet. NF betrifft § 90a II, III (§ 90a HGB Rn 23–26). Die Neuregelung gilt auch für Ansprüche aus HVVertragsverhältnissen von vor 1.7.1998, über die noch nicht rechtskräftig entschieden ist; das kann bei bereits beendeten Vertragsverhältnissen mangels Lossagung des Unternehmers rückwirkend zu einer Entschädigungspflicht führen, dann aber uU Minderung der Entschädigung (angemessen, § 90a I 3 HGB; Vertrauensschutz) sowie Aufrechnung des Unternehmers mit Schadensersatzanspruch aus § 89a II HGB (s dort Rn 34).

I. Einführungsgesetz **31 EGHGB (1)**

Vierter Abschnitt. Übergangsvorschriften zum
Bankbilanzrichtlinie-Gesetz

[Art. 1 bis 10 Bankbilanzrichtlinie-Gesetz]

EGHGB 30 (1) Die vom Inkrafttreten der Artikel 1 bis 10 des Bankbilanzrichtlinie-Gesetzes vom 30. November 1990 (BGBl. I S. 2570) an geltende Fassung der Vorschriften über den Jahresabschluß, den Lagebericht und deren Prüfung sowie über die Pflicht zur Offenlegung dieser und der dazu gehörenden Unterlagen ist erstmals auf das nach dem 31. Dezember 1992 beginnende Geschäftsjahr anzuwenden.

(2) [1] Die vom Inkrafttreten der Artikel 1 bis 10 des Bankbilanzrichtlinie-Gesetzes an geltende Fassung der Vorschriften über den Konzernabschluß, den Konzernlagebericht und deren Prüfung sowie über die Pflicht zur Offenlegung dieser und der dazu gehörenden Unterlagen ist erstmals auf das nach dem 31. Dezember 1992 beginnende Geschäftsjahr anzuwenden; dies gilt für Kreditinstitute auch für die erstmalige Anwendung der in Artikel 23 Abs. 2 Satz 1 bezeichneten Vorschriften. [2] Die neuen Vorschriften einschließlich derjenigen über den Jahresabschluß können auf den Konzernabschluß eines früheren Geschäftsjahrs angewendet werden, jedoch nur insgesamt; Artikel 23 Abs. 2 Satz 3 ist entsprechend anzuwenden.

(3) Auf Geschäftsjahre, die vor dem 1. Januar 1993 beginnen, sind die Vorschriften über den Jahresabschluß, den Lagebericht und deren Prüfung sowie über die Pflicht zur Offenlegung dieser und der dazu gehörenden Unterlagen in der am 1. Januar 1986 geltenden Fassung und die Vorschriften der Verordnung über Formblätter für die Gliederung des Jahresabschlusses von Kreditinstituten in der Fassung der Bekanntmachung vom 14. September 1987 (BGBl. I S. 2169) anzuwenden.

(4) [1] Auf Geschäftsjahre, die vor dem 1. Januar 1993 beginnen, sind die Vorschriften über den Konzernabschluß, den Konzernlagebericht und deren Prüfung sowie über die Pflicht zur Offenlegung dieser und der dazu gehörenden Unterlagen in der am 31. Dezember 1985 geltenden Fassung anzuwenden, sofern die neuen Vorschriften nicht freiwillig angewendet werden. [2] Werden nach Artikel 23 Abs. 2 die Vorschriften in der am 1. Januar 1986 geltenden Fassung freiwillig angewendet, so gilt Satz 1 mit der Maßgabe, daß diese Vorschriften anzuwenden sind. [3] Sind auf den Konzernabschluß Vorschriften über den Jahresabschluß anzuwenden, ist Absatz 3 entsprechend anzuwenden.

1) Vierter Abschn (Art 30–31) neu Art 12 BankBiRiLiG 30.11.90 BGBl **1** 2570. Zu Art 30–31s Einl 59–61 vor § 238 HGB.

[Vermögensgegenstände im Jahresabschluss]

EGHGB 31 (1) [1] Waren wie Anlagevermögen behandelte Vermögensgegenstände im Jahresabschluß für das am 31. Dezember 1992 endende oder laufende Geschäftsjahr mit einem niedrigeren Wert angesetzt, als er nach § 240 Abs. 3 und 4, §§ 252, 253 Abs. 1 und 2, §§ 254, 255, 279, 280 Abs. 1 und 2 sowie § 340e des Handelsgesetzbuchs zulässig ist, so darf der niedrigere Wertansatz beibehalten werden. [2] § 253 Abs. 2 des Handelsgesetzbuchs ist in diesem Falle mit der Maßgabe

Hopt 1767

(1) EGHGB 32

anzuwenden, daß der niedrigere Wertansatz um planmäßige Abschreibungen entsprechend der voraussichtlichen Restnutzungsdauer zu vermindern ist.

(2) ¹Waren nicht wie Anlagevermögen behandelte Vermögensgegenstände im Jahresabschluß für das am 31. Dezember 1992 endende oder laufende Geschäftsjahr mit einem niedrigeren Wert angesetzt, als er nach §§ 252, 253 Abs. 1 und 3, §§ 254, 255 Abs. 1 und 2, §§ 256, 279 Abs. 1 Satz 1, Abs. 2, § 280 Abs. 1 und 2 sowie § 340f Abs. 1 Satz 1 des Handelsgesetzbuchs zulässig ist, so darf der niedrigere Wertansatz insoweit beibehalten werden, als

1. er aus den Gründen des § 253 Abs. 3, §§ 254, 279 Abs. 2, § 280 Abs. 2 des Handelsgesetzbuchs angesetzt worden ist oder
2. es sich um einen niedrigeren Wertansatz im Sinne des § 340f Abs. 1 Satz 1 des Handelsgesetzbuchs handelt.

²Nach § 26a Abs. 1 des Gesetzes über das Kreditwesen gebildete Vorsorgen können fortgeführt werden.

(3) ¹Sind bei der erstmaligen Anwendung des § 340a in Verbindung mit § 268 Abs. 2 des Handelsgesetzbuchs über die Darstellung der Entwicklung der wie Anlagevermögen behandelten Vermögensgegenstände die Anschaffungs- oder Herstellungskosten eines Vermögensgegenstands nicht ohne unverhältnismäßige Kosten oder Verzögerungen feststellbar, so dürfen die Buchwerte dieser Vermögensgegenstände aus dem Jahresabschluß des vorhergehenden Geschäftsjahrs als ursprüngliche Anschaffungs- oder Herstellungskosten übernommen und fortgeführt werden. ²Satz 1 darf entsprechend auf die Darstellung des Postens „Aufwendungen für die Ingangsetzung und Erweiterung des Geschäftsbetriebs" angewendet werden. ³Die Anwendung der Sätze 1 und 2 ist im Anhang anzugeben.

1) Neu BankBiRiLiG 30.11.90 BGBl 2570. III-V aF aufgehoben, VI aF nunmehr III, MicroBilG 2012. Zu Art 31s Einl 61 vor § 238 HGB.

Fünfter Abschnitt. Übergangsvorschriften zum Versicherungsbilanzrichtlinie-Gesetz

[Abschlüsse und Lageberichte]

EGHGB 32

(1) ¹Die vom Inkrafttreten der Artikel 1 bis 5 des Versicherungsbilanzrichtlinie-Gesetzes vom 24. Juni 1994 an geltende Fassung der Vorschriften über den Jahresabschluß, den Lagebericht, den Konzernabschluß, den Konzernlagebericht und deren Prüfung sowie über die Pflicht zur Offenlegung dieser und der dazugehörenden Unterlagen ist erstmals auf das nach dem 31. Dezember 1994 beginnende Geschäftsjahr anzuwenden. ²In der nach Artikel 1 des Versicherungsbilanzrichtlinie-Gesetzes (§ 330 Abs. 1 in Verbindung mit Abs. 3 und 4 des Handelsgesetzbuchs) zu erlassenden Verordnung kann bestimmt werden, daß der Zeitwert der Grundstücke und Bauten im Anhang erstmals für das nach dem 31. Dezember 1998 beginnende Geschäftsjahr und der Zeitwert für die in § 341b Abs. 1 Satz 2, Abs. 2 des Handelsgesetzbuchs genannten Vermögensgegenstände erstmals für das nach dem 31. Dezember 1996 beginnende Geschäftsjahr anzugeben ist.

(2) Auf Geschäftsjahre, die vor dem 1. Januar 1995 beginnen, sind die Vorschriften über den Jahresabschluß, den Lagebericht, den Konzernabschluß, den Konzernlagebericht und deren Prüfung sowie über die Pflicht zur Offenlegung dieser und der dazugehörenden Unterlagen in der am 1. Januar 1986

I. Einführungsgesetz 1 33 EGHGB (1)

geltenden Fassung und die Vorschriften der Verordnung über die Rechnungslegung von Versicherungsunternehmen vom 11. Juli 1973 (BGBl. I S. 1209), zuletzt geändert durch Verordnung vom 23. Dezember 1986 (BGBl. 1987 I S. 2), anzuwenden.

(3) Niederlassungen im Geltungsbereich dieses Gesetzes von Versicherungsunternehmen mit Sitz in einem anderen Mitgliedstaat der Europäischen Gemeinschaft brauchen die Vorschriften über den Jahresabschluß, den Lagebericht und deren Prüfung sowie über die Pflicht zur Offenlegung dieser und der dazugehörenden Unterlagen in der bis zum Inkrafttreten der Artikel 1 bis 5 des Versicherungsbilanzrichtlinie-Gesetzes vom 24. Juni 1994 geltenden Fassung bereits auf Geschäftsjahre, die nach dem 31. Dezember 1993 enden, nicht mehr anzuwenden, wenn sie die Vorschriften über die Pflicht zur Offenlegung des Jahresabschlusses, des Lageberichts, des Konzernabschlusses, des Konzernlageberichts sowie der dazu gehörenden Unterlagen in der vom Inkrafttreten der Artikel 1 bis 5 des Versicherungsbilanzrichtlinie-Gesetzes vom 24. Juni 1994 an geltenden Fassung anwenden.

(4) [1] § 341b Abs. 2 des Handelsgesetzbuchs in der vom 4. April 2002 an geltenden Fassung ist erstmals auf den Jahres- und Konzernabschluss für das am 30. September 2001 oder später endende Geschäftsjahr anzuwenden. [2] § 341b Abs. 2 des Handelsgesetzbuchs in der am 3. April 2002 geltenden Fassung ist letztmals auf den Jahres- und Konzernabschluss für das vor dem 30. September 2001 endende Geschäftsjahr anzuwenden.

1) Fünfter Abschn (Art 32–33) neu VersRiLiG 24.6.94 BGBl 1377, s Einl 62 vor § 238 HGB. IV neu Art 2 VersKapAG 26.3.02 BGBl 1219.

[Wie Anlagevermögen behandelte Vermögensgegenstände]

EGHGB 33 (1) [1] Waren wie Anlagevermögen behandelte Vermögensgegenstände im Abschluß für das am 31. Dezember 1994 endende oder laufende Geschäftsjahr mit einem niedrigeren Wert angesetzt, als er nach § 240 Abs. 3 und 4, §§ 252, 253 Abs. 1 und 2, §§ 254, 255, 279, 280 Abs. 1 und 2 sowie §§ 341b bis 341d des Handelsgesetzbuchs zulässig ist, so darf der niedrigere Wertansatz beibehalten werden. [2] § 253 Abs. 2 des Handelsgesetzbuchs ist in diesem Fall mit der Maßgabe anzuwenden, daß der niedrigere Wertansatz um planmäßige Abschreibungen entsprechend der voraussichtlichen Restnutzungsdauer zu vermindern ist.

(2) Waren nicht wie Anlagevermögen behandelte Vermögensgegenstände im Jahresabschluß für das am 31. Dezember 1994 endende oder laufende Geschäftsjahr mit einem niedrigeren Wert angesetzt, als er nach §§ 252, 253 Abs. 1, 3 und 4, §§ 254, 255 Abs. 1 und 2, §§ 256, 279 Abs. 1 Satz 1, Abs. 2, § 280 Abs. 1 und 2 zulässig sowie §§ 341b bis 341d des Handelsgesetzbuchs zulässig ist, so darf der niedrigere Wertansatz insoweit beibehalten werden, als er aus den Gründen des § 253 Abs. 3, §§ 254, 279 Abs. 2, § 280 Abs. 2 des Handelsgesetzbuchs angesetzt worden ist.

1) III–V aF aufgehoben, MicroBilG 2012.

Sechster Abschnitt. Übergangsvorschriften zum Gesetz zur Durchführung der Elften gesellschaftsrechtlichen Richtlinie vom 22. Juli 1993

[Inländische Zweigniederlassungen]

EGHGB 34 (1) [1] Bei inländischen Zweigniederlassungen von Aktiengesellschaften, Kommanditgesellschaften auf Aktien und Gesellschaften mit beschränkter Haftung mit Sitz im Ausland, die vor dem 1. November 1993 in das Handelsregister eingetragen worden sind, haben die gesetzlichen Vertreter der Gesellschaft die in § 13e Abs. 2 Satz 4 des Handelsgesetzbuchs vorgeschriebenen Angaben bis zum 1. Mai 1994 zur Eintragung in das Handelsregister anzumelden. [2] Die gesetzlichen Vertreter haben innerhalb dieses Zeitraums auch die Anschrift und den Gegenstand der Zweigniederlassung anzumelden, sofern nicht bereits die Anmeldung der Errichtung der Zweigniederlassung diese Angaben enthalten hat.

(2) Hat eine Aktiengesellschaft, Kommanditgesellschaft auf Aktien oder Gesellschaft mit beschränkter Haftung mit Sitz im Ausland am 1. November 1993 mehrere inländische Zweigniederlassungen oder errichtet sie neben einer oder mehreren bereits bestehenden inländischen Zweigniederlassungen weitere inländische Zweigniederlassungen, so ist § 13e Abs. 5 des Handelsgesetzbuchs sinngemäß anzuwenden.

(3) Die §§ 289, 325a und § 335 des Handelsgesetzbuchs in der ab 1. November 1993 geltenden Fassung sind erstmals auf das nach dem 31. Dezember 1992 beginnende Geschäftsjahr anzuwenden.

1   **1)** Sechster Abschn (Art 34) neu Art 5 G 22.7.93 BGBl 1282 (s § 13 HGB Rn 2). Art 34 I, II stellt sicher, dass auch die bei In-Kraft-Treten des Gesetzes bereits bestehenden ZwNl voll erfasst werden. III betrifft die Rechnungslegung.

Siebenter Abschnitt. Übergangsvorschriften zum Nachhaftungsbegrenzungsgesetz

[Übergangsvorschrift zu § 160 HGB]

EGHGB 35 [1] § 160 des Handelsgesetzbuches in der ab dem 26. März 1994 geltenden Fassung ist auf vor diesem Datum entstandene Verbindlichkeiten anzuwenden, wenn

1. das Ausscheiden des Gesellschafters oder sein Wechsel in die Rechtsstellung eines Kommanditisten nach dem 26. März 1994 in das Handelsregister eingetragen wird und
2. die Verbindlichkeiten nicht später als vier Jahre nach der Eintragung fällig werden.

[2] Auf später fällig werdende Verbindlichkeiten im Sinne des Satzes 1 ist das bisher geltende Recht mit der Maßgabe anwendbar, daß die Verjährungsfrist ein Jahr beträgt.

1   **1)** Siebter Abschn (Art 35–37) neu Art 3 NachhaftungsbegrenzungsG (NachhBG) 18.3.94 BGBl 560. Art 35 enthält die Übergangsvorschrift für § 160 HGB. Ist der Gfter vor In-Kraft-Treten der neuen Regelung bereits ausgeschieden, bleibt es beim bisherigen Recht (S 1 Nr 1; Besitzstandswahrung). S 1 Nr 2 will dem Gläubiger die angemessene Zeit von mindestens einem Jahr zur Geltendmachung seiner Forderung geben, bevor die Nachhaftungsbegrenzung eintritt. Für später fällig werdende Verbindlichkeiten iSv S 1 bleibt es beim bisherigen Recht, also uU sehr lange Nachhaftung, dann aber nur einjährige Verjährung (S 2). Ausnahmen für fortbestehende Arbeitsverhältnisse s Art 36. Zu Art 35, 36 Hamm NJW **08**, 101, Reichold NJW **94**, 1621.

[Verbindlichkeiten aus fortbestehenden Arbeitsverhältnissen]

EGHGB 36 (1) ¹Abweichend von Artikel 35 gilt § 160 Abs. 3 Satz 2 des Handelsgesetzbuches auch für Verbindlichkeiten im Sinne des Artikels 35 Satz 2, wenn diese aus fortbestehenden Arbeitsverhältnissen entstanden sind. ²Dies gilt auch dann, wenn der Wechsel in der Rechtsstellung des Gesellschafters bereits vor dem 26. März 1994 stattgefunden hat, mit der Maßgabe, daß dieser Wechsel mit dem 26. März 1994 als in das Handelsregister eingetragen gilt.

(2) ¹Die Enthaftung nach Absatz 1 gilt nicht für Ansprüche auf Arbeitsentgelt, für die der Arbeitnehmer bei Zahlungsunfähigkeit der Gesellschaft keinen Anspruch auf Insolvenzgeld hat. ²Insoweit bleibt es bei dem bisher anwendbaren Recht.

1) Art 36, II 1 idF EGInsOÄndG 1998, enthält Sonderrecht für § 160 III 2 HGB (geschäftsführender Kdist) für Verbindlichkeiten aus fortbestehenden Arbeitsverhältnissen. Anders als nach Art 35 S 2 bleibt es nicht beim alten Recht mit einer uU sehr langen Nachhaftung, sondern greift die Nachhaftungsbegrenzung auf fünf Jahre ein (I 1). I 2 betrifft den Fall, dass der Wechsel in der Rechtsstellung schon vor In-Kraft-Treten des Gesetzes erfolgt war, dann läuft die Frist von fünf Jahren ab In-Kraft-Treten des Gesetzes. Für Ansprüche auf Arbeitsentgelt gilt die Nachhaftungsbegrenzung nach I nicht, wenn der Arbeitnehmer bei Zahlungsunfähigkeit der Ges keinen Anspruch auf Insolvenzgeld hat; insoweit verbleibt es dann beim bisher anwendbaren Recht (II). 1

[Übergangsvorschrift zu §§ 26 und 28 Abs. 3 HGB]

EGHGB 37 (1) ¹Die §§ 26 und 28 Abs. 3 des Handelsgesetzbuches in der ab dem 26. März 1994 geltenden Fassung sind auf vor diesem Datum entstandene Verbindlichkeiten anzuwenden, wenn

1. nach dem 26. März 1994 der neue Inhaber oder die Gesellschaft eingetragen wird oder die Kundmachung der Übernahme stattfindet und
2. die Verbindlichkeiten nicht später als vier Jahre nach der Eintragung oder der Kundmachung fällig werden.

²Auf später fällig werdende Verbindlichkeiten im Sinne des Satzes 1 ist das bisher geltende Recht mit der Maßgabe anwendbar, daß die Verjährungsfrist ein Jahr beträgt.

(2) ¹Abweichend von Absatz 1 gilt § 28 Abs. 3 des Handelsgesetzbuches auch für Verbindlichkeiten im Sinne des Absatzes 1 Satz 2, wenn diese aus fortbestehenden Arbeitsverhältnissen entstanden sind. ²Dies gilt auch dann, wenn die Gesellschaft bereits vor dem 26. März 1994 ins Handelsregister eingetragen wurde, mit der Maßgabe, daß der 26. März 1994 als Tag der Eintragung gilt.

(1) EGHGB 42

(3) ¹Die Enthaftung nach Absatz 2 gilt nicht für Ansprüche auf Arbeitsentgelt, für die der Arbeitnehmer bei Zahlungsunfähigkeit der Gesellschaft keinen Anspruch auf Insolvenzgeld hat. ²Insoweit bleibt es bei dem bisher anwendbaren Recht.

1   1) Art 37, III 1 idF EGInsOÄndG 1998, enthält die Übergangsvorschrift für §§ 26, 28 III HGB entspr Art 35, 36 (s dort). II, III enthält Sonderrecht für Verbindlichkeiten aus fortbestehenden Arbeitsverhältnissen entspr Art 36. Näher MüKo/Lieb § 26 HGB Rn 20 ff.

Achter Abschnitt. Übergangsvorschrift zum Handelsrechtsreformgesetz

[Eintragung ins Handelsregister]

EGHGB 38 Hat die Änderung der Firma eines Einzelkaufmanns oder einer Personenhandelsgesellschaft ausschließlich die Aufnahme der nach § 19 Abs. 1 des Handelsgesetzbuchs in der ab dem 1. Juli 1998 geltenden Fassung vorgeschriebenen Bezeichnung zum Gegenstand, bedarf diese Änderung nicht der Anmeldung zur Eintragung in das Handelsregister.

1   1) Achter Abschn (Art 38–41) neu durch HRefG 22.6.98 BGBl 1474, aufgehoben durch Art 209 VI G 19.4.06 BGBl 866. Achter Abschn (Art 38) wieder eingeführt mit Wirkung vom 25.4.06 durch Art 5 G zur Reform des Versicherungsvertragsrecht 23.11.07 BGBl 2631. Art 38 betrifft die Neuregelung des Firmenrechts und enthält bezüglich § 19 I HGB (ausschließlich insoweit) als Erleichterung für EinzelKflte und PersonenGes eine Befreiung vom Anmeldeerfordernis nach § 31 I HGB (nur von diesem, nicht von korrekter Firmenführung). Nicht einmal formlose Mitteilung ist notwendig, zur krit MüKo-ErgänzBd/Bokelmann § 19 HGB Rn 69. Die Anmeldung ist aber zulässig.

EGHGB 39–41 *(aufgehoben)*

Neunter Abschnitt. Übergangsvorschriften zur Einführung des Euro

[Jahres- und Konzernabschluss]

EGHGB 42 (1) ¹Die §§ 244, 284 Abs. 2 Nr. 2, § 292a Abs. 1 Satz 1, § 313 Abs. 1 Nr. 2 und § 340h Abs. 1 Satz 1 und 2 des Handelsgesetzbuchs in der ab 1. Januar 1999 geltenden Fassung sind erstmals auf das nach dem 31. Dezember 1998 endende Geschäftsjahr anzuwenden. ²Der Jahres- und Konzernabschluß darf auch in Deutscher Mark aufgestellt werden, letztmals für das im Jahre 2001 endende Geschäftsjahr. ³Sofern der Jahresabschluß und der Konzernabschluß nach Satz 2 in Deutscher Mark aufgestellt werden, sind auch die nach § 284 Abs. 2 Nr. 2, § 292a Abs. 1 Satz 1, § 313 Abs. 1 Nr. 2 sowie § 340h Abs. 1 Satz 1 und 2 vorgeschriebenen Angaben weiterhin in Deutscher Mark zu machen. ⁴§ 328 Abs. 4 des Handelsgesetzbuchs ist letztmals auf das spätestens am 31. Dezember 1998 endende Geschäftsjahr anzuwenden.

I. Einführungsgesetz 1 **43 EGHGB (1)**

(2) ¹ Werden der Jahresabschluß und der Konzernabschluß in Euro aufgestellt, ist § 265 Abs. 2 des Handelsgesetzbuchs mit der Maßgabe anzuwenden, daß zu jedem Posten der entsprechende Betrag des vorhergehenden Geschäftsjahres in Euro anzugeben ist. ² Die Umrechnung hat insoweit auch für ein Geschäftsjahr, das vor dem 1. Januar 1999 endet, zu dem vom Rat der Europäischen Union gemäß Artikel 109l Abs. 4 Satz 1 des EG-Vertrages unwiderruflich festgelegten Umrechnungskurs zu erfolgen. ³ Satz 2 gilt entsprechend für die Darstellung der Entwicklung der einzelnen Posten des Anlagevermögens und des Postens „Aufwendungen für die Ingangsetzung und Erweiterung des Geschäftsbetriebs" in der Bilanz oder im Anhang nach § 268 Abs. 2 des Handelsgesetzbuchs.

(3) ¹ Stellen Unternehmen vor Umstellung ihres gezeichneten Kapitals auf Euro den Jahres- und Konzernabschluß in Euro auf, darf das gezeichnete Kapital in der Vorspalte der Bilanz weiterhin in Deutscher Mark ausgewiesen werden, sofern der sich in Euro ergebende Betrag in der Hauptspalte ausgewiesen wird. ² Stellen Unternehmen den Jahres- und Konzernabschluß nach Umstellung ihres gezeichneten Kapitals auf Euro in Deutscher Mark auf, darf das gezeichnete Kapital in der Vorspalte in Euro ausgewiesen werden, sofern der sich in Deutscher Mark ergebende Betrag in der Hauptspalte ausgewiesen wird. ³ Statt des Ausweises in der Vorspalte darf das gezeichnete Kapital auch im Anhang angegeben werden.

1) Neunter Abschn (Art 42–45) neu durch EuroEG 9.6.98 BGBl 1242, Art. 42, 43 und 45 mit Wirkung ab 1.1.99, Art. 44 mit Wirkung ab 16.6.98. Lit: IDW WPg **97**, 400, Ernst ZGR **98**, 20, Scheffler NJW **98**, 3174.

[Ausleihungen, Forderungen und Verbindlichkeiten]

EGHGB 43 (1) ¹ Ausleihungen, Forderungen und Verbindlichkeiten, die auf Währungseinheiten der an der Wirtschafts- und Währungsunion teilnehmenden anderen Mitgliedstaaten oder auf die ECU im Sinne des Artikels 2 der Verordnung (EG) Nr. 1103/97 des Rates vom 17. Juni 1997 (ABl. EG Nr. L 162 S. 1) lauten, sind zum nächsten auf den 31. Dezember 1998 folgenden Stichtag im Jahresabschluß und im Konzernabschluß mit dem vom Rat der Europäischen Union gemäß Artikel 109l Abs. 4 Satz 1 des EG-Vertrages unwiderruflich festgelegten Umrechnungskurs umzurechnen und anzusetzen. ² Erträge, die sich aus der Umrechnung und dem entsprechenden Bilanzansatz ergeben, dürfen auf der Passivseite in einen gesonderten Posten unter der Bezeichnung „Sonderposten aus der Währungsumstellung auf den Euro" nach dem Eigenkapital eingestellt werden. ³ Der Posten ist insoweit aufzulösen, als die Ausleihungen, Forderungen und Verbindlichkeiten, für die er gebildet worden ist, aus dem Vermögen des Unternehmens ausscheiden, spätestens jedoch am Schluß des fünften nach dem 31. Dezember 1998 endenden Geschäftsjahres.

(2) ¹ In den Sonderposten gemäß Absatz 1 Satz 2 dürfen auch Erträge eingestellt werden, die sich aus der Aktivierung von Vermögensgegenständen aufgrund der unwiderruflichen Festlegung der Wechselkurse ergeben. ² Absatz 1 Satz 3 gilt entsprechend.

1) S Art. 42 Rn 1.

Hopt 1773

(1) EGHGB 46 2. Teil. Handelsrechtl. Nebengesetze

[Aufwendungen für Währungsumstellung]

EGHGB 44 (1) ¹Die Aufwendungen für die Währungsumstellung auf den Euro dürfen als Bilanzierungshilfe aktiviert werden, soweit es sich um selbstgeschaffene immaterielle Vermögensgegenstände des Anlagevermögens handelt. ²Der Posten ist in der Bilanz unter der Bezeichnung „Aufwendungen für die Währungsumstellung auf den Euro" vor dem Anlagevermögen auszuweisen. ³Die als Bilanzierungshilfe ausgewiesenen Beträge sind in jedem folgenden Geschäftsjahr zu mindestens einem Viertel durch Abschreibung zu tilgen. ⁴Im Jahresabschluß von Kapitalgesellschaften ist der Posten im Anhang zu erläutern. ⁵Werden solche Aufwendungen in der Bilanz von Kapitalgesellschaften ausgewiesen, so dürfen Gewinne nur ausgeschüttet werden, wenn die nach der Ausschüttung verbleibenden jederzeit auflösbaren Gewinnrücklagen zuzüglich eines Gewinnvortrags und abzüglich eines Verlustvortrags dem angesetzten Betrag mindestens entsprechen.

(2) Absatz 1 ist erstmals auf das nach dem 31. Dezember 1997 endende Geschäftsjahr anzuwenden.

1   1) S Art. 42 Rn 1.

[Anmeldungen zur Eintragung ins Handelsregister]

EGHGB 45 (1) ¹Anmeldungen zur Eintragung in das Handelsregister, die nur die Ersetzung von auf Deutsche Mark lautenden Beträgen durch den zu dem von Rat der Europäischen Union gemäß Artikel 109l Abs. 4 Satz 1 des EG-Vertrages unwiderruflich festgelegten Umrechnungskurs ermittelten Betrag in Euro zum Gegenstand haben, bedürfen nicht der in § 12 des Handelsgesetzbuchs vorgeschriebenen Form. ²Entsprechende Eintragungen werden abweichend von § 10 des Handelsgesetzbuchs nicht bekannt gemacht.

(2) Für die Anmeldung der Erhöhung des Grund- oder Stammkapitals aus Gesellschaftsmitteln oder der Herabsetzung des Kapitals auf den nächsthöheren oder nächstniedrigeren Betrag, mit dem die Nennbeträge der Aktien auf volle Euro oder die Nennbeträge der Geschäftsanteile auf einen durch zehn teilbaren Betrag in Euro gestellt werden können, zum Handelsregister ist die Hälfte des sich auf § 105 Absatz 1 Nummer 3 oder 4 des Gerichts- und Notarkostengesetzes ergebenden Wertes als Geschäftswert zugrunde zu legen.

1   1) II nF HRegGebNeuOG 2004; II aF weggefallen, III aF in geänderter Form jetzt II. S auch Art. 42 Rn 1.

Zehnter Abschnitt. Übergangsvorschriften zum Gesetz zur Kontrolle und Transparenz im Unternehmensbereich

[Übergangsvorschriften zum KonTraG]

EGHGB 46 (1) ¹Die §§ 285, 289, 297, 315, 317, 321, 322, 340a und 341k des Handelsgesetzbuchs in der Fassung des Gesetzes zur Kontrolle und Transparenz im Unternehmensbereich sind spätestens auf das nach dem 31. Dezember 1998 beginnende Geschäftsjahr anzuwenden. ²§ 323 des Handelsgesetzbuchs in der Fassung des in Satz 1

I. Einführungsgesetz **48 EGHGB (1)**

genannten Gesetzes ist erstmals auf die Prüfung des Abschlusses für das nach dem 31. Dezember 1998 beginnende Geschäftsjahr anzuwenden.

(2) § 319 des Handelsgesetzbuchs in der Fassung des in Absatz 1 Satz 1 genannten Gesetzes ist erstmals auf das nach dem 31. Dezember 2001 beginnende Geschäftsjahr anzuwenden.

(3) Sind die neuen Vorschriften nach den Absätzen 1 und 2 auf ein früheres Geschäftsjahr nicht anzuwenden und werden die neuen Vorschriften nach Absatz 1 Satz 1 nicht freiwillig angewendet, so ist für das Geschäftsjahr die am 30. April 1998 geltende Fassung der geänderten Vorschriften anzuwenden.

1) Zehnter Abschn (Art 46) neu durch KonTraG 27.4.98 BGBl 786. Betroffen **1** sind Vorschriften des 3. Buchs des HGB zu den HdlBüchern und zur Abschlussprüfung. I 2 gilt für die Verantwortlichkeit des Abschlussprüfers (§ 323 HGB). II verlangt die erweiterte Unabhängigkeit der Abschlussprüfer nach § 319 HGB erstmals für das nach dem 31.12.01 beginnende Geschäftsjahr.

Elfter Abschnitt. Übergangsvorschrift zum Gesetz zur Verlängerung der steuerlichen und handelsrechtlichen Aufbewahrungsfristen

[Aufbewahrungsfrist]

EGHGB 47 § 257 Abs. 4 des Handelsgesetzbuchs in der Fassung des Artikels 4 des Gesetzes vom 19. Dezember 1998 (BGBl. I S. 3816) gilt erstmals für Unterlagen, deren Aufbewahrungsfrist nach § 257 Abs. 4 des Handelsgesetzbuchs in der bis zum 23. Dezember 1998 geltenden Fassung noch nicht abgelaufen ist.

1) 11. Abschn (Art 47) neu durch G 19.12.98 BGBl 3816. Übergangsvor- **1** schrift zu § 257 IV HGB betreff Verlängerung der Aufbewahrungsfrist für Buchungsbelege auf 10 Jahre.

Zwölfter Abschnitt. Übergangsvorschriften zum Kapitalgesellschaften- und Co-Richtlinie-Gesetz

[Übergangsvorschriften zum KapCoRiLiG]

EGHGB 48 (1) ¹Die Bestimmungen des Zweiten Abschnitts des Dritten Buchs des Handelsgesetzbuchs in der vom 9. März 2000 an geltenden Fassung sind von offenen Handelsgesellschaften und Kommanditgesellschaften im Sinne des § 264a des Handelsgesetzbuchs erstmals auf Jahresabschlüsse und Lageberichte sowie auf Konzernabschlüsse und Konzernlageberichte für das nach dem 31. Dezember 1999 beginnende Geschäftsjahr anzuwenden; sie können auf ein früheres Geschäftsjahr angewendet werden, jedoch nur insgesamt. ² § 264 Abs. 4, §§ 267, 292a Abs. 1, § 313 Abs. 2 Nr. 4 Satz 2, § 314 Abs. 1 Nr. 6 Buchstabe a Satz 1, § 325 Abs. 1 Satz 1, Abs. 3 Satz 1, § 326 Satz 1, §§ 335a, 335b, 339 Abs. 1 Satz 1, Abs. 2, §§ 340o und 341o des Handelsgesetzbuchs in der vom 9. März 2000 an geltenden Fassung sind vorbehaltlich des Satzes 1 erstmals auf Jahres- und Konzernabschlüsse für das nach dem 31. Dezember 1998 beginnende Geschäftsjahr anzuwenden. ³ § 335 des Handelsgesetzbuchs in der bis zum

(1) EGHGB 48 1

8. März 2000 geltenden Fassung ist letztmals zur Durchsetzung der in Satz 1 dieser Vorschrift bezeichneten Pflichten anzuwenden, soweit sie ein Geschäftsjahr betreffen, das vor dem 1. Januar 1999 begonnen hat.

(2) ¹Waren Vermögensgegenstände des Anlagevermögens im Jahresabschluss für das am 31. Dezember 1999 endende oder laufende Geschäftsjahr mit einem niedrigeren Wert angesetzt, als er nach § 240 Abs. 3 und 4, §§ 252, 253 Abs. 1, 2 und 4, §§ 254, 255, 279 und 280 Abs. 1 und 2 des Handelsgesetzbuchs zulässig ist, so darf der niedrigere Wertansatz beibehalten werden. ² § 253 Abs. 2 des Handelsgesetzbuchs ist in diesen Fällen mit der Maßgabe anzuwenden, dass der niedrigere Wertansatz um planmäßige Abschreibungen entsprechend der voraussichtlichen Restnutzungsdauer zu vermindern ist.

(3) Waren Vermögensgegenstände des Umlaufvermögens im Jahresabschluss für das am 31. Dezember 1999 endende oder laufende Geschäftsjahr mit einem niedrigeren Wert angesetzt, als er nach §§ 252, 253 Abs. 1, 3 und 4, §§ 254, 255 Abs. 1 und 2, §§ 256, 279 Abs. 1 Satz 1, Abs. 2, § 280 Abs. 1 und 2 des Handelsgesetzbuchs zulässig ist, so darf der niedrigere Wertansatz insoweit beibehalten werden, als er aus den Gründen des § 253 Abs. 3, §§ 254, 279 Abs. 2, § 280 Abs. 2 des Handelsgesetzbuchs angesetzt worden ist.

(4) ¹Ändern sich bei der erstmaligen Anwendung der durch die Artikel 1 und 5 des Kapitalgesellschaften- und Co-Richtlinie-Gesetzes geänderten Vorschriften auf eine Personenhandelsgesellschaft im Sinne des § 264a des Handelsgesetzbuchs die bisherige Form der Darstellung oder die bisher angewandten Bewertungsmethoden, so sind § 252 Abs. 1 Nr. 6, § 265 Abs. 1, § 284 Abs. 2 Nr. 3 des Handelsgesetzbuchs bei der erstmaligen Aufstellung eines Jahresabschlusses nach den geänderten Vorschriften nicht anzuwenden. ²Außerdem brauchen die Vorjahreszahlen bei der erstmaligen Anwendung nicht angegeben zu werden.

(5) ¹Sind bei der erstmaligen Anwendung des § 268 Abs. 2 des Handelsgesetzbuchs über die Darstellung der Entwicklung des Anlagevermögens die Anschaffungs- oder Herstellungskosten eines Vermögensgegenstandes des Anlagevermögens nicht ohne unverhältnismäßige Kosten oder Verzögerungen feststellbar, so dürfen die Buchwerte dieser Vermögensgegenstände dem Jahresabschluss des vorhergehenden Geschäftsjahrs als ursprüngliche Anschaffungs- oder Herstellungskosten übernommen und fortgeführt werden. ²Satz 1 darf entsprechend auf die Darstellung des Postens „Aufwendungen für die Ingangsetzung und Erweiterung des Geschäftsbetriebs" angewendet werden. ³Die Anwendung der Sätze 1 und 2 ist im Anhang anzugeben. ⁴Die Sätze 1 und 2 sind nicht anzuwenden, soweit aus Gründen des Steuerrechts die Anschaffungs- oder Herstellungskosten ermittelt werden müssen.

(6) Personenhandelsgesellschaften im Sinne des § 264a des Handelsgesetzbuchs haben bei Anwendung des Artikels 28 Abs. 1 die in Artikel 28 Abs. 2 vorgeschriebenen Angaben erstmals für das nach dem 31. Dezember 1999 beginnende Geschäftsjahr zu machen.

1   1) 12. Abschn (Art 48) neu durch KapCoRiLiG 24.2.00 BGBl 154. Übergangsvorschrift zu den durch die GmbH & Co-Ri (Einl 8 vor § 238) bedingten Änderungen. Die Bestimmungen des 2. Abschn des 3. Buchs (§§ 264–335 HGB) sind in der nF von OHG und KG iSv § 264a HGB erstmals auf Jahres- und Konzernabschlüsse und (Konzern-)Lageberichte für das nach dem 31.12.99 beginnende Geschäftsjahr anzuwenden (I 1). Sie können auch schon auf ein früheres Geschäftsjahr angewandt werden, dann aber nur insgesamt. Eine Reihe von Bestimmungen (darunter §§ 335a, b, 340o, 341o HGB bezüglich Festsetzung

I. Einführungsgesetz 1 **50 EGHGB (1)**

von Ordnungsgeld für Verletzung von Offenlegungspflichten nach §§ 325, 325a HGB) sind vorbehaltlich von I 1 erstmals auf Jahres- und Konzernabschlüsse anzuwenden, die das nach dem 31.12.98 beginnende Geschäftsjahr betreffen **(I 2)**. § 335 aF HGB ist letztmals anwendbar auf Pflichtverletzungen nach I 1, die ein vor dem 1.1.99 begonnenes Geschäftsjahr betreffen **(I 3)**. II–VI enthalten Übergangsregeln zu speziellen Vorschriften, ua Beibehaltungswahlrechte.

Dreizehnter Abschnitt. Übergangsvorschrift zur Anpassung der Abgrenzungsmerkmale für größenabhängige Befreiungen bei der Aufstellung des Konzernabschlusses nach den §§ 290 bis 293 des Handelsgesetzbuchs

[Maßgaben zu § 293 HGB]

EGHGB 49 § 293 Abs. 1 des Handelsgesetzbuchs ist für Geschäftsjahre, die nach dem 31. Dezember 1998 beginnen und die spätestens am 31. Dezember 1999 enden, mit folgenden Maßgaben anzuwenden:

1. In Nummer 1 treten
   a) in Buchstabe a an die Stelle des Geldbetrages „32 270 000 Deutsche Mark" der Geldbetrag von „80 670 000 Deutsche Mark",
   b) in Buchstabe b an die Stelle des Geldbetrages „64 540 000 Deutsche Mark" der Geldbetrag von „161 330 000 Deutsche Mark" und
   c) in Buchstabe c an die Stelle der Arbeitnehmerzahl „250" die Arbeitnehmerzahl „500".
2. In Nummer 2 treten
   a) in Buchstabe a an die Stelle des Geldbetrages „26 890 000 Deutsche Mark" der Geldbetrag von „67 230 000 Deutsche Mark",
   b) in Buchstabe b an die Stelle des Geldbetrages „53 780 000 Deutsche Mark" der Geldbetrag von „134 460 000 Deutsche Mark" und
   c) in Buchstabe c an die Stelle der Arbeitnehmerzahl „250" die Arbeitnehmerzahl „500".

1) 13. Abschn (Art 49) neu durch KapCoRiLiG 24.2.00 BGBl 154, Übergangsvorschrift zu § 293 I HGB betreffend größenabhängige Befreiungen bei der Aufstellung des Konzernabschlusses nach §§ 290–293 HGB.

Vierzehnter Abschnitt. Übergangsvorschrift zum Gesetz zur Änderung von Vorschriften über die Tätigkeit der Wirtschaftsprüfer

[Prüfung einer Aktiengesellschaft]

EGHGB 50 § 319 Abs. 2 Satz 2 Nr. 2 und Abs. 3 Nr. 7 des Handelsgesetzbuchs in der am 1. Januar 2001 geltenden Fassung sind für die Prüfung einer Aktiengesellschaft, die Aktien mit amtlicher Notierung ausgegeben hat, erstmals auf die Prüfung des Abschlusses für das nach dem 31. Dezember 2002 beginnende Geschäftsjahr anzuwenden.

1) 14. Abschn (Art 50) neu durch WPOÄG 19.12.00 BGBl 1769, Abs 2 aufgehoben durch EuroBilG 10.12.2001 BGBl 3414, Abs 1 Satz 2 aufgehoben

(1) EGHGB 52 2. Teil. Handelsrechtl. Nebengesetze

durch BilReG 4.12.2004 BGBl 3166. Übergangsvorschrift zu § 319 II 2 Nr 2 HGB und III Nr 7 betr mangelnde Teilnahme an der Qualitätskontrolle (Peer Review) als Ausschlussgrund für Wirtschaftsprüfer und vereidigte Buchprüfer. Art 50 differenziert zwischen Aktiengesellschaften, die Aktien mit amtlicher Notierung ausgegeben haben (vgl **(14)** BörsG § 30 aF, sprachliche Anpassung wie in § 319 III Nr 6 HGB ua durch Art 8 4. FinanzmarktfördG „deren Aktien zum Handel im amtlichen Markt zugelassen sind" ist unterblieben), und sonstigen Aktiengesellschaften; für letztere Frist bis zum nach dem 31.12.05 beginnenden Geschäftsjahr. Abs 1 Satz 2 war mit § 319 HGB idF BilReG obsolet geworden.

Fünfzehnter Abschnitt. Übergangsvorschriften zum Euro-Bilanzgesetz

[Übergangsvorschriften zum Euro-Bilanzgesetz]

EGHGB 51 (1) [1]§ 323 Abs. 2 und § 340k Abs. 4 des Handelsgesetzbuchs in der vom 1. Januar 2002 an geltenden Fassung sind erstmals auf die Prüfung des Abschlusses für ein nach dem 31. Dezember 2001 endendes Geschäftsjahr anzuwenden. [2]§ 323 Abs. 2 und § 340k Abs. 4 des Handelsgesetzbuchs in der bis zum 31. Dezember 2001 geltenden Fassung sind letztmals auf die Prüfung des Abschlusses für ein spätestens am 31. Dezember 2001 endendes Geschäftsjahr anzuwenden.

(2) [1]§ 325a Abs. 1 Satz 3bis 5, § 340l Abs. 2 Satz 3 und 4, Abs. 4 des Handelsgesetzbuchs in der am 15. Dezember 2001 geltenden Fassung sind erstmals auf die Offenlegung des Jahres- und Konzernabschlusses, des Lageberichts und Konzernlageberichts sowie der dazugehörenden Unterlagen für das am 31. Dezember 2000 oder später endende Geschäftsjahr anzuwenden. [2]§ 325a Abs. 1 Satz 3 und 4, § 340l Abs. 2 Satz 3 und 4, Abs. 4 des Handelsgesetzbuchs in der am 14. Dezember 2001 geltenden Fassung sind letztmals auf die Offenlegung des Jahres- und Konzernabschlusses, des Lageberichts und Konzernlageberichts sowie der dazugehörenden Unterlagen für das vor dem 31. Dezember 2000 endende Geschäftsjahr anzuwenden. [3]Sofern die Offenlegung des Jahres- und Konzernabschlusses, des Lageberichts und Konzernlageberichts sowie der dazugehörenden Unterlagen eines Geschäftsjahres, das vor dem 31. Dezember 2000 endet, bisher nicht erfolgt ist und das Unternehmen diesen Umstand nicht zu vertreten hat, können auf die Offenlegung die Vorschriften des Satzes 1 angewendet werden.

1   **1)** 15. Abschn (Art 51) neu durch EuroBilG 10.12.01 BGBl 3414. Übergangsvorschriften zu § 323 II HGB betr Erhöhung der gesetzlichen Haftungsobergrenze (§ 323 HGB Rn 9) und § 340k IV betr erleichterte Auswahl von Abschlussprüfern kleinerer Finanzdienstleistungsinstitute (Art 51 I) und zu §§ 325a I 3–5, 340l II 3, 4, IV HGB betr ZwNl von KapitalGes mit Sitz im Ausland (Art 51 II).

Sechzehnter Abschnitt. Übergangsvorschrift zum Gesetz über elektronische Register und Justizkosten für Telekommunikation

[Anmeldung und Eintragung einer Vertretungsmacht]

EGHGB 52 [1]Bei nach § 33 des Handelsgesetzbuchs eingetragenen juristischen Personen, Offenen Handelsgesellschaften und Kommanditgesellschaften muss die Anmeldung und Eintragung einer dem gesetzlichen Regelfall entsprechenden Vertretungsmacht der persönlich haftenden Gesellschafter, des Vorstandes und der Liquidatoren erst erfolgen, wenn eine vom gesetzlichen Regelfall abweichende Bestimmung des Gesellschaftsvertrages oder der Satzung über die Vertretungsmacht angemeldet und eingetragen wird oder wenn erstmals die Liquidatoren zur Eintragung angemeldet und eingetragen werden. ²Das Registergericht kann die Eintragung einer dem gesetzlichen Regelfall entsprechenden Vertretungsmacht auch von Amts wegen vornehmen.

1) 16. Abschn (Art 52) neu durch ERJuKoG 10.12.01 BGBl 3422. Übergangsvorschrift betr juristische Personen nach § 33 HGB, OHG und KG. Die nach dem ER JuKoG erforderliche Anmeldung und Eintragung einer dem gesetzlichen Regelfall entsprechenden Vertretungsmacht der phG, des Vorstands und der Liquidatoren und entsprechender Änderungen (§§ 33 II, 34 I, 106 II Nr 4, 107, 148 I, 150 HGB) muss erst bei einem in Art 52 bezeichneten neuen Ereignis erfolgen (Art 52 S 1). Doch kann das Registergericht von Amts wegen eintragen (Art 52 S 2).

Siebzehnter Abschnitt. Übergangsvorschriften zum Altfahrzeug-Gesetz

[Rückstellungen bei Verpflichtung zur Rücknahme und Verwertung von Altfahrzeugen]

EGHGB 53

(1) Für Verpflichtungen zur Rücknahme und Verwertung von Altfahrzeugen nach den §§ 3 bis 5 der Altfahrzeug-Verordnung in der Fassung der Bekanntmachung vom 21. Juni 2002 (BGBl. I S. 2214) sind Rückstellungen hinsichtlich der bis zum jeweiligen Abschlussstichtag in Verkehr gebrachten Fahrzeuge erstmals im Jahresabschluss für das nach dem 26. April 2002 endende Geschäftsjahr zu bilden.

(2) ¹Soweit sich die in Absatz 1 genannten Verpflichtungen auf Fahrzeuge beziehen, die vor dem 1. Juli 2002 in Verkehr gebracht wurden, darf als Bilanzierungshilfe jeweils der Unterschiedsbetrag zwischen den hierfür nach Absatz 1 anzusetzenden Rückstellungen und dem Rückstellungsbetrag aktiviert werden, der sich bei Ansammlung dieser Rückstellungen in gleichmäßig bemessenen Jahresraten ergäbe. ²Dabei ist ein Ansammlungszeitraum zugrunde zu legen, der mit dem in Absatz 1 bezeichneten Geschäftsjahr beginnt und mit dem letzten vor dem 1. Januar 2007 endenden Geschäftsjahr endet. ³Der Posten ist in der Bilanz unter der Bezeichnung „Ausgleichsbetrag nach dem Altfahrzeug-Gesetz" vor dem Anlagevermögen auszuweisen. ⁴Artikel 44 Abs. 1 Satz 4 und 5 gilt entsprechend.

1) 17. Abschn (Art 53) neu durch AltfahrzeugG 21.6.02 BGBl 2199. Übergangsvorschriften zu Rückstellungen und Bilanzierungshilfe bei Verpflichtungen zur Rücknahme und Verwertung von Altfahrzeugen.

Achtzehnter Abschnitt. Übergangsvorschriften zum Transparenz- und Publizitätsgesetz

[Übergangsvorschriften zum Transparenz- und Publizitätsgesetz]

EGHGB 54 (1) ¹Die vom Inkrafttreten des Artikels 2 des Transparenz- und Publizitätsgesetzes an geltende Fassung des § 285 Nr. 9, § 286 Abs. 3, § 291 Abs. 3, § 297 Abs. 1 Satz 2, § 298 Abs. 1, § 299 Abs. 1, § 301 Abs. 1, der §§ 304, 308, 313 Abs. 3, des § 314 Abs. 1 Nr. 6 sowie des § 341j Abs. 2 des Handelsgesetzbuchs ist erstmals auf das nach dem 31. Dezember 2002 beginnende Geschäftsjahr anzuwenden. ²Die Vorschriften können auf ein früheres Geschäftsjahr angewendet werden. ³Die vom Inkrafttreten des Artikels 2 des Transparenz- und Publizitätsgesetzes an geltende Fassung des § 285 Nr. 16, § 314 Abs. 1 Nr. 8, Abs. 2, § 316 Abs. 2 Satz 2, § 317 Abs. 4, § 321 Abs. 1 Satz 3, Abs. 2, § 325 Abs. 1 Satz 1, Abs. 3 Satz 1 und 2 sowie des § 341 Abs. 4 Satz 2 des Handelsgesetzbuchs ist erstmals auf das nach dem 31. Dezember 2001 beginnende Geschäftsjahr anzuwenden.

(2) Ergibt sich bei der erstmaligen Anwendung der in Absatz 1 genannten Bestimmungen eine Erhöhung oder Verminderung des Ergebnisses, so ist der Unterschiedsbetrag in die Gewinnrücklagen einzustellen oder offen mit diesen zu verrechnen; dieser Betrag ist nicht Bestandteil des Jahresergebnisses.

1) 18. Abschn (Art 54) neu durch TransPuG 19.7.02 BGBl 2681. Übergangsvorschriften zu verschiedenen Vorschriften betr Pflichtangaben im Anhang (§§ 285, 286 HGB), Konzernabschluss (§§ 291 ff HGB), Prüfung (§§ 316 ff HGB) und Offenlegung (§ 325 HGB).

Neunzehnter Abschnitt. Übergangsvorschrift zum Wirtschaftsprüfungsexamens-Reformgesetz

[Verjährungsfrist]

EGHGB 55 (1) Die regelmäßige Verjährungsfrist nach § 195 des Bürgerlichen Gesetzbuchs findet auf die am 1. Januar 2004 bestehenden und noch nicht verjährten Ansprüche nach § 323 des Handelsgesetzbuchs Anwendung.

(2) ¹Die regelmäßige Verjährungsfrist nach § 195 des Bürgerlichen Gesetzbuchs wird vom 1. Januar 2004 an berechnet. ²Läuft jedoch die Verjährungsfrist nach dem bis zum 31. Dezember 2003 geltenden § 323 Abs. 5 des Handelsgesetzbuchs früher als die Verjährungsfrist nach § 195 des Bürgerlichen Gesetzbuchs ab, so ist die Verjährung mit Ablauf der in § 323 Abs. 5 des Handelsgesetzbuchs in der bis zum 31. Dezember 2003 geltenden Fassung bestimmten Verjährungsfrist vollendet.

1) 19. Abschn (Art 55) neu durch WPRefG 1.12.03 BGBl 2446. Übergangsvorschrift zu der aufgehobenen Sonderverjährungsvorschrift des § 323 V aF HGB (5 Jahre). Stichtag für die Anwendbarkeit der Regelverjährung nach § 195 BGB ist danach grundsätzlich 1.1.04. Art 55 entspricht **(2c)** WPO § 135b WPO, der Übergangsvorschrift zu der aufgehobenen parallelen Sonderverjährungsvorschrift des **(2c)** WPO § 51a (5 Jahre ab Anspruchsentstehung).

I. Einführungsgesetz 1 **57 EGHGB (1)**

Zwanzigster Abschnitt. Übergangsvorschriften zum Bilanzkontrollgesetz

[Übergangsvorschriften zum BilKoG]

EGHGB 56 (1) [1]Die Bestimmungen des Sechsten Abschnitts des Dritten Buchs des Handelsgesetzbuchs in der Fassung des Bilanzkontrollgesetzes vom 15. Dezember 2004 finden erstmals auf Abschlüsse des Geschäftsjahres Anwendung, das am 31. Dezember 2004 oder später endet. [2]Prüfungen durch eine anerkannte Prüfstelle im Sinne von § 342b Abs. 1 des Handelsgesetzbuchs finden frühestens ab dem 1. Juli 2005 statt.

(2) In dem ersten nach Anerkennung einer Prüfstelle gemäß § 342d des Handelsgesetzbuchs aufzustellenden Wirtschaftsplan sind auch die Kosten zu berücksichtigen, die zur Errichtung der Prüfstelle erforderlich waren, auch wenn sie bereits vor Anerkennung der Prüfstelle entstanden sind.

1) 20. Abschn (Art 56) neu durch BilKoG 15.12.04 BGBl 3408. Übergangsvorschrift zum neuen 6. Abschn des 3. Buchs über die Prüfstelle für Rechnungslegung. Prüfungen nicht vor 1.7.05.

Einundzwanzigster Abschnitt. Übergangsvorschriften zur Verordnung (EG) Nr. 1606/2002 sowie zum Bilanzrechtsreformgesetz

[Übergangsvorschrift zur Verordnung (EG) Nr. 1606/2002]

EGHGB 57 [1]Auf Gesellschaften, von denen

1. lediglich Schuldtitel zum Handel in einem geregelten Markt eines Mitgliedstaats der Europäischen Union oder eines anderen Vertragsstaats des Abkommens über den Europäischen Wirtschaftsraum im Sinne des Artikels 1 Nr. 13 der Richtlinie 93/22/EWG des Rates vom 10. Mai 1993 über Wertpapierdienstleistungen (ABl. EG Nr. L 141 S. 27), die zuletzt durch die Richtlinie 2002/87/EG des Europäischen Parlaments und des Rates vom 16. Dezember 2002 (ABl. EU 2003 Nr. L 35 S. 1) geändert worden ist, zugelassen sind, oder
2. Wertpapiere zum öffentlichen Handel in einem Drittstaat zugelassen sind und die zu diesem Zweck seit dem Geschäftsjahr, das vor dem 11. September 2002 begann, international anerkannte Rechnungslegungsstandards anwenden,

findet Artikel 4 der Verordnung (EG) Nr. 1606/2002 des Europäischen Parlaments und des Rates vom 19. Juli 2002 betreffend die Anwendung internationaler Rechnungslegungsstandards (ABl. EG Nr. L 243 S. 1) in der jeweils geltenden Fassung erst von dem Geschäftsjahr an Anwendung, das nach dem 31. Dezember 2006 beginnt. [2]Drittstaat im Sinne des Satzes 1 Nr. 2 ist ein Staat, der weder Mitgliedstaat der Europäischen Union noch Vertragsstaat des Abkommens über den Europäischen Wirtschaftsraum ist.

1) 21. Abschn (Art 57–58) neu durch BilReG 4.12.04 BGBl 3166. Art 57 enthält Übergangsvorschrift zu Art 4 VO (EG) 19.7.02 betr Anwendung interna-

(1) EGHGB 58 2. Teil. Handelsrechtl. Nebengesetze

tionaler Rechnungslegungsstandards, ABlEG Nr L 243/1, Geltung gemäß Wahlrecht in Art 9 VO erst für Geschäftsjahre beginnend nach 31.12.06.

[Übergangsvorschrift zum Bilanzrechtsreformgesetz]

EGHGB 58 (1) § 267 Abs. 1 und 2, § 293 Abs. 1 des Handelsgesetzbuchs in der Fassung des Bilanzrechtsreformgesetzes vom 4. Dezember 2004 (BGBl. I S. 3166) sind erstmals auf Jahres- und Konzernabschlüsse für das nach dem 31. Dezember 2003 beginnende Geschäftsjahr anzuwenden.

(2) [1] § 285 Satz 1 Nr. 18, 19, Satz 2 bis 6, §§ 286 bis 288, 289 Abs. 2 Nr. 2, § 314 Abs. 1 Nr. 10, 11, § 315 Abs. 2 Nr. 2, §§ 327, 336, 338, 340a Abs. 2, § 341a Abs. 2 des Handelsgesetzbuchs in der Fassung des Bilanzrechtsreformgesetzes sind erstmals auf Jahres- und Konzernabschlüsse für das nach dem 31. Dezember 2003 beginnende Geschäftsjahr anzuwenden. [2] Im Lagebericht und im Konzernlagebericht ist für Geschäftsjahre, die nach dem 31. Dezember 2003 beginnen und die spätestens am 31. Dezember 2004 enden, auch auf die voraussichtliche Entwicklung der Kapitalgesellschaft und des Konzerns einzugehen.

(3) [1] Die §§ 257, 285 Satz 1 Nr. 17, § 289 Abs. 1, 3, § 291 Abs. 3, § 294 Abs. 3 Satz 1, § 297 Abs. 1, § 298 Abs. 3, § 313 Abs. 2 Nr. 1, § 314 Abs. 1 Nr. 9, § 315 Abs. 1, § 315a Abs. 1 und 3, § 317 Abs. 2, §§ 321, 321a, 322, 324a, 325, 328, 339, 340a Abs. 1, §§ 340i, 340j, 340l Abs. 5, § 341j Abs. 1, § 341l Abs. 4 des Handelsgesetzbuchs in der Fassung des Bilanzrechtsreformgesetzes finden erstmals auf das nach dem 31. Dezember 2004 beginnende Geschäftsjahr Anwendung. [2] § 315a Abs. 2 des Handelsgesetzbuchs in der Fassung des Bilanzrechtsreformgesetzes findet erstmals auf das nach dem 31. Dezember 2006 beginnende Geschäftsjahr Anwendung. [3] § 318 Abs. 3 des Handelsgesetzbuchs in der Fassung des Bilanzrechtsreformgesetzes ist erstmals anzuwenden auf Ersetzungsverfahren, die nach dem 31. Dezember 2004 beantragt werden. [4] Die bis zum 9. Dezember 2004 geltenden Fassungen der §§ 257, 289 Abs. 1, § 291 Abs. 3, §§ 292a, 294 Abs. 3 Satz 1, §§ 295, 297 Abs. 1, § 298 Abs. 3, § 313 Abs. 2 Nr. 1, § 315 Abs. 1, § 317 Abs. 2, §§ 321, 322, 325, 328, 339, 340a Abs. 1, §§ 340i, 340j, 341j Abs. 1 des Handelsgesetzbuchs sind letztmals auf das vor dem 1. Januar 2005 beginnende Geschäftsjahr anzuwenden. [5] § 292a des Handelsgesetzbuchs gilt entsprechend für nach dem 31. Dezember 2002 und vor dem 1. Januar 2005 beginnende Geschäftsjahre auch für Mutterunternehmen, die keinen organisierten Markt im Sinne des § 2 Abs. 5 des Wertpapierhandelsgesetzes in Anspruch nehmen.

(4) [1] Die §§ 319 und 319a des Handelsgesetzbuchs in der Fassung des Bilanzrechtsreformgesetzes finden vorbehaltlich der Sätze 3, 4 und 6 erstmals auf alle gesetzlich vorgeschriebenen Abschlussprüfungen für das nach dem 31. Dezember 2004 beginnende Geschäftsjahr Anwendung. [2] Die bis zum 9. Dezember 2004 geltende Fassung des § 319 des Handelsgesetzbuchs ist letztmals auf alle gesetzlich vorgeschriebenen Abschlussprüfungen für das vor dem 1. Januar 2005 beginnende Geschäftsjahr anzuwenden. [3] § 319 Abs. 1 Satz 3 des Handelsgesetzbuchs in der Fassung des Bilanzrechtsreformgesetzes ist auf alle gesetzlich vorgeschriebenen Abschlussprüfungen mit Ausnahme der Prüfung einer Aktiengesellschaft, die Aktien mit amtlicher Notierung ausgegeben hat, erstmals für das nach dem 31. Dezember 2005 beginnende Geschäftsjahr anzuwenden. [4] § 319a Abs. 1 Satz 1 Nr. 1, 4 und Satz 4 des Handelsgesetzbuchs in der Fassung des Bilanzrechtsreformgesetzes ist erstmals auf Abschlussprüfungen für das nach dem 31. Dezember 2006 beginnen-

I. Einführungsgesetz 1, 2 **58 EGHGB (1)**

de Geschäftsjahr anzuwenden. [5] Auf Abschlussprüfungen für vor dem 1. Januar 2007 beginnende Geschäftsjahre findet § 319 Abs. 3 Nr. 6 des Handelsgesetzbuchs in der bis zum 9. Dezember 2004 geltenden Fassung Anwendung. [6] § 319 Abs. 3 Satz 1 Nr. 3 und § 319a Abs. 1 Satz 1 Nr. 2 des Handelsgesetzbuchs in der Fassung des Bilanzrechtsreformgesetzes sind auf Abschlussprüfungen für vor dem 1. Januar 2006 beginnende Geschäftsjahre nicht anzuwenden, wenn der Auftrag zur Erbringung der dort genannten Leistungen vor dem 29. Oktober 2004 erteilt worden ist und die Tätigkeit nach der bis zum 9. Dezember 2004 geltenden Fassung des Handelsgesetzbuchs zulässig war.

(5) [1] Erfüllt ein Mutterunternehmen (§ 290 des Handelsgesetzbuchs) die Voraussetzungen des Artikels 57 Satz 1 Nr. 1 dieses Gesetzes, so ist die bis zum 9. Dezember 2004 geltende Fassung des § 297 Abs. 1 des Handelsgesetzbuchs abweichend von Absatz 3 Satz 4 letztmals auf das vor dem 1. Januar 2007 beginnende Geschäftsjahr anzuwenden; dies gilt nicht, wenn ein Konzernabschluss nach § 315a Abs. 3 des Handelsgesetzbuchs aufgestellt wird. [2] In den Fällen des Artikels 57 Satz 1 dürfen die in dieser Vorschrift bezeichneten Rechnungslegungsstandards nach Maßgabe des § 292a des Handelsgesetzbuchs in der bis zum 9. Dezember 2004 geltenden Fassung noch auf Geschäftsjahre angewendet werden, die vor dem 1. Januar 2007 beginnen.

(6) Soweit § 292a des Handelsgesetzbuchs in der bis zum 9. Dezember 2004 geltenden Fassung nach Absatz 3 Satz 4 oder 5 oder nach Absatz 5 Satz 2 weiterhin Anwendung findet, ist auch § 331 Nr. 3 des Handelsgesetzbuchs in der bis zum 9. Dezember 2004 geltenden Fassung weiter anzuwenden.

Art 58 enthält Übergangsvorschriften zu den vielen durch das BilReG gebrachten Änderungen im 3. Buch (Zusammenstellung s Einl 15 vor § 1 HGB, für die Abschlussprüfung s Einl 1 vor § 316 HGB). I betrifft die Schwellenwerte nach § 267 I, II, 293 I HGB. II betrifft die Änderungen auf Grund der Fair Value-Richtlinie. III 1 enthält Übergangsvorschriften ua zu § 321a HGB (Offenlegung des Prüfungsberichts in besonderen Fällen) und § 322 HGB (Bestätigungsvermerk): erstmals für das nach dem 31.12.04 beginnende Geschäftsjahr. Eine Ausnahme davon macht III 2 für § 315a II HGB. Nach III 3 ist das Ersetzungsverfahren nach § 318 III HGB erstmals auf nach dem 31.12.04 beantragte Ersetzungsverfahren anwendbar. V betrifft die Fälle von Art 57 VI betrifft § 292a aF HGB.

IV fasst die Übergangsregelungen für die Abschlussprüfung nach § 319 HGB (Auswahl der Abschlussprüfer und Ausschlussgründe) und § 319a HGB (Ausschlussgründe in besonderen Fällen) zusammen. Die Grundregel nach IV 1 geht dahin, dass das neue Recht grundsätzlich erstmals auf das Geschäftsjahr 2005 bzw die Prüfung des entsprechenden Abschlusses anzuwenden ist. IV 2 betrifft die letztmalige Anwendung von § 319 aF HGB. IV 3 schiebt die Anforderungen von § 319 I 3 HGB bezüglich der Qualitätskontrolle (außer für Ges mit amtlich notierten Aktien) um ein Jahr hinaus. Nach IV 4 finden § 319a I 1 Nr 1, 4 und Satz 4 HGB erstmals auf Abschlussprüfungen für das nach dem 31.12.06 beginnende Geschäftsjahr Anwendung. IV 5 betrifft § 319 III Nr 6 aF HGB. IV 6 enthält Übergangsrecht zu §§ 319 III 1 Nr 3, 319a I 1 Nr 2 HGB.

(1) EGHGB 61

Zweiundzwanzigster Abschnitt. Übergangsvorschriften zum Vorstandsvergütungs-Offenlegungsgesetz

[Übergangsvorschriften zum VorstOG und zum RechtsbereinigungsG BMJ]

EGHGB 59 [1] § 285 Satz 1 Nr. 9 Buchstabe a, § 286 Abs. 4, 5, § 289 Abs. 2 Nr. 5, § 314 Abs. 1 Nr. 6 Buchstabe a, Abs. 2 Satz 2, § 315 Abs. 2 Nr. 4, § 334 Abs. 3, § 340n Abs. 3 und § 341n Abs. 3 des Handelsgesetzbuchs in der Fassung des Gesetzes vom 3. August 2005 (BGBl. I S. 2267) sowie § 315a Abs. 1 und § 325 Abs. 2a des Handelsgesetzbuchs in der Fassung des Artikels 145 des Gesetzes vom 19. April 2006 (BGBl. I S. 866) sind erstmals auf Jahres- und Konzernabschlüsse für das nach dem 31. Dezember 2005 beginnende Geschäftsjahr anzuwenden. [2] Die in Satz 1 genannten Bestimmungen sind auch auf Gesellschaften im Sinne des Artikels 57 Satz 1 Nr. 2 anzuwenden.

1   22. Abschn (Art 59) neu durch VorstOG 3.8.05 BGBl 2267, geänd mWv 25.4.2006 durch G 19.4.06 BGBl 866. Übergangsvorschrift zur Offenlegung der Vorstandsvergütungen im Jahres- und Konzernabschluss. Erstmalige Anwendung auf Abschlüsse für das nach dem 31.12.2005 beginnende Geschäftsjahr.

Dreiundzwanzigster Abschnitt. Übergangsvorschriften zum Übernahmerichtlinie-Umsetzungsgesetz

[Übergangsvorschriften zum Übernahmerichtlinie-Umsetzungsgesetz]

EGHGB 60 § 289 Abs. 4, § 315 Abs. 4, § 334 Abs. 1 Nr. 3 und 4, § 340n Abs. 1 Nr. 3 und 4 sowie § 341n Abs. 1 Nr. 3 und 4 in der Fassung des Übernahmerichtlinie-Umsetzungsgesetzes sind erstmals auf Jahres- und Konzernabschlüsse für das nach dem 31. Dezember 2005 beginnende Geschäftsjahr anzuwenden.

1   23. Abschn (Art 60) neu durch ÜbernahmeRiUmsetzungsG 8.7.06 BGBl 1426. Übergangsvorschrift zu den durch Art 10 der ÜbernahmeRi vorgeschriebenen, für Übernahmeinteressenten relevanten Angaben über Gesellschaften mit zum Handel an einem organisierten Markt zugelassenen Wertpapieren nach §§ 289 IV als Grundnorm (Angaben im Lagebericht) und §§ 315 IV, 334 I Nr 3, 4, 340 I Nr 3, 4 und 341n I Nr 3, 4 HGB. Erstmalige Anwendung auf Jahres- und Konzernabschlüsse für das nach dem 31.12.2005 beginnende Geschäftsjahr.

Vierundzwanzigster Abschnitt. Übergangsvorschriften zum Gesetz über elektronische Handelsregister und Genossenschaftsregister sowie das Unternehmensregister

[Übergangsvorschriften zum Gesetz über elektronische Handelsregister und Genossenschaftsregister sowie das Unternehmensregister]

EGHGB 61 (1) [1] Die Landesregierungen können durch Rechtsverordnung bestimmen, dass Anmeldungen und alle oder einzelne Dokumente bis zum 31. Dezember 2009 auch in Papierform zum Handelsregister eingereicht werden können. [2] Soweit eine Rechtsverordnung nach Satz 1 erlassen wird, gelten die Vorschriften über die An-

I. Einführungsgesetz **61 EGHGB (1)**

meldung zum Handelsregister und die Einreichung von Dokumenten in ihrer bis zum Inkrafttreten des Gesetzes über elektronische Handelsregister und Genossenschaftsregister sowie das Unternehmensregister vom 10. November 2006 (BGBl. I S. 2553) am 1. Januar 2007 geltenden Fassung. [3] Die Landesregierungen können durch Rechtsverordnung die Ermächtigung nach Satz 1 auf die Landesjustizverwaltungen übertragen.

(2) Das Bundesministerium der Justiz kann durch Rechtsverordnung ohne Zustimmung des Bundesrates bestimmen, dass alle oder einzelne beim Betreiber des Bundesanzeigers elektronisch einzureichenden Dokumente bis zum 31. Dezember 2009 auch in Papierform eingereicht werden können.

(3) [1] Nach Eingang eines Antrags auf Offenlegung als elektronisches Dokument werden Schriftstücke, die innerhalb des dem Antrag vorausgehenden Zeitraums von zehn Jahren bei dem Registergericht in Papierform eingereicht worden sind, in ein elektronisches Dokument übertragen; § 8b Abs. 4 Satz 2 des Handelsgesetzbuchs gilt entsprechend. [2] Soweit eine Rechtsverordnung nach Absatz 1 Satz 1 erlassen wird, sind die nach dem 31. Dezember 2006 in Papierform eingereichten Dokumente unverzüglich in ein elektronisches Dokument zu übertragen.

(4) [1] Das Gericht hat die Eintragungen in das Handelsregister bis zum 31. Dezember 2008 zusätzlich zu der elektronischen Bekanntmachung nach § 10 des Handelsgesetzbuchs in der Fassung des Gesetzes über elektronische Handelsregister und Genossenschaftsregister sowie das Unternehmensregister auch in einer Tageszeitung oder einem sonstigen Blatt bekannt zu machen. [2] Das Gericht hat jährlich im Dezember das Blatt zu bezeichnen, in dem während des nächsten Jahres die in Satz 1 vorgesehenen Bekanntmachungen erfolgen sollen; § 11 der Handelsregisterverordnung in der bis zum Inkrafttreten des Gesetzes über elektronische Handelsregister und Genossenschaftsregister sowie das Unternehmensregister am 1. Januar 2007 geltenden Fassung findet auf die Auswahl und Bezeichnung des Blattes weiter Anwendung. [3] Wird das Handelsregister bei einem Gericht von mehreren Richtern geführt und einigen sich diese nicht über die Bezeichnung des Blattes, so wird die Bestimmung von dem im Rechtszug vorgeordneten Landgericht getroffen; ist bei diesem Landgericht eine Kammer für Handelssachen gebildet, so tritt diese an die Stelle der Zivilkammer. [4] Für den Eintritt der Wirkungen der Bekanntmachung ist ausschließlich die elektronische Bekanntmachung nach § 10 Satz 1 des Handelsgesetzbuchs maßgebend.

(5) [1] § 264 Abs. 3, § 264b Nr. 3, § 287 Satz 3, § 290 Abs. 1, § 313 Abs. 4 Satz 3, die §§ 325, 325a, 327a und 328 Abs. 2, die §§ 329, 334, 335, 335b, 339, 340l, 340n, 340o, 341i Abs. 3 Satz 1, die §§ 341a, 341l, 341n, 341o und 341p des Handelsgesetzbuchs in der Fassung des Gesetzes über elektronische Handelsregister und Genossenschaftsregister sowie das Unternehmensregister sind erstmals auf Jahres- und Konzernabschlüsse sowie Lageberichte und Konzernlageberichte für das nach dem 31. Dezember 2005 beginnende Geschäftsjahr anzuwenden. [2] § 264 Abs. 3, § 264b Nr. 3 und 4, § 287 Satz 3, § 290 Abs. 1, § 313 Abs. 4 Satz 3, die §§ 325, 325a, 327 und 328 Abs. 2, die §§ 329, 334, 335, 335a, 335b, 339, 340l, 340n, 340o, 341a, 341i Abs. 3 Satz 1, die §§ 341l, 341n, 341o und § 341p des Handelsgesetzbuchs in der bis zum Inkrafttreten des Gesetzes über elektronische Handelsregister und Genossenschaftsregister sowie das Unternehmensregister am 1. Januar 2007 geltenden Fassung sind letztmals auf Jahres- und Konzernabschlüsse für das vor dem 1. Januar 2006 beginnende Geschäftsjahr anzuwenden. [3] Jahres- und Konzernabschlussunterlagen nach Satz 2, die ab dem 1. Januar 2007 beim Betreiber des Bundesanzeigers eingereicht werden, leitet dieser an das bis dahin zuständige Amts-

(1) EGHGB 61 1, 2

gericht weiter, das nach den bis zum 31. Dezember 2006 geltenden Bestimmungen verfährt. ⁴In den Fällen des Satzes 3 werden die Jahres- und Konzernabschlussunterlagen sowie Lageberichte und Konzernlageberichte nach § 325 Abs. 2 oder Abs. 3 sowie die Hinweisbekanntmachung nach § 325 Abs. 1 Satz 2 des Handelsgesetzbuchs, jeweils in der bis zum Inkrafttreten des Gesetzes über elektronische Handelsregister und Genossenschaftsregister sowie das Unternehmensregister am 1. Januar 2007 geltenden Fassung, im Bundesanzeiger bekannt gemacht.

(6) ¹Die auf Grundlage der §§ 13 bis 13c des Handelsgesetzbuchs in der bis zum Inkrafttreten des Gesetzes über elektronische Handelsregister und Genossenschaftsregister sowie das Unternehmensregister am 1. Januar 2007 geltenden Fassung beim Gericht der Zweigniederlassung für die Zweigniederlassung eines Unternehmens mit Sitz oder Hauptniederlassung im Inland geführten Registerblätter werden zum 1. Januar 2007 geschlossen; zugleich ist von Amts wegen folgender Vermerk auf dem Registerblatt einzutragen: „Die Eintragungen zu dieser Zweigniederlassung werden ab dem 1. Januar 2007 nur noch beim Gericht der Hauptniederlassung/des Sitzes geführt." ²Auf dem Registerblatt beim Gericht der Hauptniederlassung oder des Sitzes wird zum 1. Januar 2007 von Amts wegen der Verweis auf die Eintragung beim Gericht am Ort der Zweigniederlassung gelöscht.

(7) ¹Soweit gesetzliche oder vertragliche Verwendungsbeschränkungen nicht entgegenstehen, übermittelt die Bundesanstalt für Finanzdienstleistungsaufsicht (Bundesanstalt) auf automatisiert verarbeitbaren Datenträgern oder durch Datenfernübertragung dem Betreiber des Bundesanzeigers zum Stand 30. April 2007 die Namen und Anschriften der Kapitalgesellschaften, die einen organisierten Markt im Sinn des § 2 Abs. 5 des Wertpapierhandelsgesetzes durch von ihnen ausgegebene Wertpapiere im Sinn des § 2 Abs. 1 Satz 1 des Wertpapierhandelsgesetzes im Inland in Anspruch nehmen. ²Der Betreiber des Bundesanzeigers darf die ihm übermittelten Daten im Wege des automatisierten Abgleichs zur Pflege der bei ihm zu den in Satz 1 genannten Kapitalgesellschaften gespeicherten Daten verwenden. ³Eine Verwendung der Daten für andere Zwecke ist unzulässig. ⁴Die von der Bundesanstalt übermittelten Daten sind nach Durchführung des Abgleichs unverzüglich zu löschen; überlassene Datenträger sind unverzüglich zurückzugeben oder zu vernichten. ⁵Für die Übermittlung unrichtiger Daten haftet die Bundesanstalt dem Betreiber des Bundesanzeigers nicht.

1   24. Abschn (Art 61) neu durch EHUG 10.10.06 BGBl 2553. Art 61 enthält Übergangsvorschrift zu verschiedenen Vorschriften über das elektronische Handelsregister. Unternehmen, die keinen Zugang zur elektronischen Technik haben, wird zwar in der Praxis der Geschäftsverkehr mit den Registergerichten durch die Notare abgenommen, die die Einreichung zur Eintragung notariell beurkunden müssen (§ 12 HGB); auch ist die Beauftragung von Dienstleistern bzw Service Providern möglich (RegE). Um alle Härten zu vermeiden, enthält jedoch I 1 eine Ermächtigung an die Landesregierungen, durch RVO die Einreichung von Anmeldungen und allen oder einzelnen Dokumenten zum HdlReg bis zum 31.12.09 auch in Papierform zuzulassen. Ergeht eine solche RVO, bleibt es bei den bis zum EHUG geltenden Vorschriften über die Anmeldung zum HdlReg und die Einreichung von Dokumenten (I 2). Die Landesregierungen können die Ermächtigung auf die Landesjustizverwaltungen weiter übertragen (I 3).

2   Eine entsprechende Ermächtigung erhält das BMJ. Es kann durch RVO bestimmen, dass alle oder einzelne beim Betreiber des elektronischen BAnz elektronisch einzureichenden Dokumente bis zum 31.12.2009 auch in Papierform

I. Einführungsgesetz **62 EGHGB (1)**

eingereicht werden können (II). II erstreckt sich nicht auf die Offenlegung im Übrigen (dazu V).

III trägt Art 3 II Unterabs 4 Satz 2 der PublizitätsRi (§ 8 Rn 2a HGB) Rechnung, wonach bei Antrag auf Offenlegung die vor dem 1.1.2007 eingereichten Schriftstücke in elektronischer Form für die letzten 10 Jahre in ein elektronisches Dokument übertragen werden müssen. Ein bloßer Online-Abruf (§ 9 I HGB) ist nicht als solcher Antrag anzusehen, Voraussetzung ist vielmehr nach dem RegE ein Antrag an das Registergericht, eine Kopie des Schriftstücks in ein elektronisches Dokument zu übertragen (vgl Art 3 III Unterabs 2 Satz 1 der PublizitätsRi).

IV enthält Übergangsvorschriften zu der bisherigen Pflicht, Eintragungen in das HdlReg im BAnz und mindestens einem anderen Blatt bekannt zu machen (§ 10 aF HGB). Das Gericht hat die Eintragungen in das HdlReg bis zum 31.12.2008 zusätzlich zur elektronischen Bekanntmachung nach § 10 nF auch in (nur) einer Tageszeitung oder einem sonstigen Blatt bekannt zu machen (so bundeseinheitlich IV 1). Grund: etwaige regionale Unterverbreitungen von Internetanschlüssen (RegE). Zeitlich und rechtlich, also zB für die Publizitätswirkung, kommt es schon während der Übergangszeit allein auf die elektronische Bekanntmachung an (Rechtsausschuss).

V 1 bestimmt, auf welche Jahres- bzw Konzernabschlüsse sowie weitere Jahresabschlussunterlagen die neuen Offenlegungsvorschriften erstmals anzuwenden sind, nämlich für das nach dem 31.12.2005 beginnende Geschäftsjahr. Entsprechend legt V 2 fest, bis wann die betreffenden Vorschriften noch in der aF vor dem EHUG geltenden Fassung anzuwenden sind, nämlich letztmals für das vor dem 1.1.2006 beginnende Geschäftsjahr. V 3 enthält für die Fälle von V 2 Weiterleitungsvorschriften des Betreibers des elektronischen BAnz an die nach dem alten Verfahrensrecht zuständigen Registergerichte. V 4 enthält für die Fälle von V 3, bei denen es beim alten Verfahren bleibt, besondere Übergangsvorschriften zur Bekanntmachung.

VI (neu in Rechtsausschuss) regelt die Schließung der bisherigen Registerblätter für die ZwNl eines inländischen Unternehmens durch die Registergerichte der ZwNl, weil nunmehr das HdlReg der HauptNl führend ist. Stichtag ist der 1.1.2007.

VII (neu im Rechtsausschuss) schafft die Rechtsgrundlage für die (einmalige, Stand 30.4.07) Übermittlung von elektronisch verfügbaren Daten über kapitalmarktorientierte Ges durch die BaFin an den Betreiber des elektronischen BAnz. Dem letzteren obliegt dann die fortlaufende Aktualisierung der Datenbestände. VII begründet keine Pflicht der BaFin zur Datenermittlung.

VIII war nur für einen kurzen Übergangszeitraum wichtig und ist nach Art 13 II mit dem Inkrafttreten des EHUG am 1.1.2007 außer Kraft getreten.

Fünfundzwanzigster Abschnitt. Übergangsvorschriften zum Transparenzrichtlinie-Umsetzungsgesetz

[Übergangsvorschriften zum Transparenzrichtlinie-Umsetzungsgesetz]

EGHGB 62 § 264 Abs. 2 Satz 3, § 289 Abs. 1 Satz 5, § 297 Abs. 2 Satz 4, § 315 Abs. 1 Satz 6, § 315a Abs. 1, § 325 Abs. 2a Satz 3, § 331 Nr. 3 und 3a, § 340a Abs. 3, § 340i Abs. 4 sowie § 342b Abs. 2 Satz 1 des Handelsgesetzbuchs in der Fassung des Transparenzrichtlinie-Umsetzungsgesetzes sind erstmals auf Jahres- und Konzernabschlüsse sowie Lageberichte und Konzernlageberichte und Halbjahresfinanzberichte sowie Zwischenabschlüsse und Konzernzwischenabschlüsse für das nach dem 31. Dezember 2006 beginnende Geschäftsjahr anzuwenden.

(1) EGHGB 65

2. Teil. Handelsrechtl. Nebengesetze

1   25. Abschn (Art 62) neu durch TUG 5.1.07 BGBl 10. Übergangsvorschrift zu den Vorschriften zum Dritten Buch des HGB über den Bilanzeid mit Wissensvorbehalt (§§ 264 II 3, 289 I 5, 297 II 4, 315 I Satz 6 HGB) und verschiedene Angabe-, Offenlegungs-, Straf- und Bußgeldvorschriften (§§ 315a I, 325 II a 3, 331 Nr 3, 3a, 340a III, 340i IV und 342b II 1 HGB). Erstmalige Anwendung auf Jahres- und Konzernabschlüsse sowie Lageberichte und Konzernlageberichte und Halbjahresfinanzberichte sowie Zwischenabschlüsse und Konzernzwischenabschlüsse für das nach dem 31.12.2006 beginnende Geschäftsjahr.

Sechsundzwanzigster Abschnitt. Übergangsvorschrift zum Gesetz zur Reform des Versicherungsvertragsrechts

[Übergangsvorschrift]

EGHGB 63 Der Zehnte Abschnitt des Fünften Buchs und § 905 des Handelsgesetzbuchs sind auf Versicherungsverhältnisse, die bis zum Inkrafttreten des Versicherungsvertragsgesetzes vom 23. November 2007 (BGBl. I S. 2631) am 1. Januar 2008 entstanden sind, bis zum 31. Dezember 2008 anzuwenden.

1   26. Abschn (Art 63) neu durch Art 5 G zur Reform des Versicherungsvertragsrechts 23.11.07 BGBl 2631. Betrifft Übergangsvorschrift zur Aufhebung seehandelsrechtlicher Vorschriften.

Siebenundzwanzigster Abschnitt. Übergangsvorschrift zum Risikobegrenzungsgesetz

[Übergangsvorschrift zum Risikobegrenzungsgesetz]

EGHGB 64 § 354a des Handelsgesetzbuchs ist in seiner seit dem 19. August 2008 geltenden Fassung nur auf Vereinbarungen anzuwenden, die nach 18. August 2008 geschlossen werden.

1   27. Abschn (Art 64) neu durch Art 11 RisikobegrenzG 12.8.08 BGBl 1666. § 354a nF HGB gilt erst für Vereinbarungen, die nach dem 18.8.08 geschlossen werden.

Achtundzwanzigster Abschnitt. Übergangsvorschriften zum Gesetz zur Modernisierung des GmbH-Rechts und zur Bekämpfung von Missbräuchen

[Übergangsvorschriften zum Gesetz zur Modernisierung des GmbH-Rechts und zur Bekämpfung von Missbräuchen]

EGHGB 65 [1]Die Pflicht, die inländische Geschäftsanschrift bei dem Gericht nach den §§ 13, 13d, 13e, 29 und 106 des Handelsgesetzbuchs in der ab dem Inkrafttreten des Gesetzes vom 23. Oktober 2008 (BGBl. I S. 2026) am 1. November 2008 geltenden Fassung zur Eintragung in das Handelsregister anzumelden, gilt auch für diejenigen, die zu diesem Zeitpunkt bereits in das Handelsregister eingetragen sind, es sei denn, die inländische Geschäftsanschrift ist dem Gericht bereits nach § 24 Abs. 2 oder Abs. 3 der Handelsregisterverordnung mitgeteilt worden und hat

I. Einführungsgesetz   **66 EGHGB (1)**

sich anschließend nicht geändert. ²In diesen Fällen ist die inländische Geschäftsanschrift mit der ersten das eingetragene Unternehmen betreffenden Anmeldung zum Handelsregister ab dem 1. November 2008, spätestens aber bis zum 31. Oktober 2009 anzumelden. ³Wenn bis zum 31. Oktober 2009 keine inländische Geschäftsanschrift zur Eintragung in das Handelsregister angemeldet worden ist, trägt das Gericht von Amts wegen und ohne Überprüfung kostenfrei die ihm nach § 24 Abs. 2, bei Zweigniederlassungen die nach § 24 Abs. 3 der Handelsregisterverordnung bekannte inländische Anschrift als Geschäftsanschrift in das Handelsregister ein; in diesem Fall gilt bei Zweigniederlassungen nach § 13e Abs. 1 des Handelsgesetzbuchs die mitgeteilte Anschrift zudem unabhängig von dem Zeitpunkt ihrer tatsächlichen Eintragung ab dem 31. Oktober 2009 als eingetragene inländische Geschäftsanschrift, wenn sie im elektronischen Informations- und Kommunikationssystem nach § 9 Abs. 1 des Handelsgesetzbuchs abrufbar ist. ⁴Ist dem Gericht keine Mitteilung im Sinne des § 24 Abs. 2 oder Abs. 3 der Handelsregisterverordnung gemacht worden, ist ihm aber in sonstiger Weise eine inländische Geschäftsanschrift bekannt geworden, so gilt Satz 3 mit der Maßgabe, dass diese Anschrift einzutragen ist, wenn sie im elektronischen Informations- und Kommunikationssystem nach § 9 Abs. 1 des Handelsgesetzbuchs abrufbar ist. ⁵Dasselbe gilt, wenn eine in sonstiger Weise bekanntgewordene inländische Anschrift von einer früher nach § 24 Abs. 2 oder Abs. 3 der Handelsregisterverordnung mitgeteilten Anschrift abweicht. ⁶Eintragungen nach den Sätzen 3 bis 5 werden abweichend von § 10 des Handelsgesetzbuchs nicht bekannt gemacht.

1 28. Abschn (Art 65, ursprünglich Redaktionsversehen 27. Abschn und Art 64) neu durch Art 4 MoMiG 23.10.08 BGBl 2026. Art 65 enthält Übergangsvorschriften zur neuen Pflicht, die inländische Geschäftsanschrift anzumelden (§§ 13, 13d, 13e, 29, 106 HGB) und regelt, ob und ggf bis wann die bereits im HdlReg eingetragenen Ges dem nachkommen müssen. Die Pflicht gilt grundsätzlich auch für diese Altgesellschaften (Satz 1). Anzumelden ist dann zusammen mit der Ersten neuen Anmeldung, spätestens aber bis zum 31.10.09 (Satz 2). Wenn nicht rechtzeitig angemeldet wird, trägt das Gericht von Amts wegen und ohne Überprüfung die ihm nach § 24 II, bei ZwNl die nach § 24 III HRV bekannte inländische Anschrift als Geschäftsanschrift ein (Satz 3). Für den Fall, dass dem Gericht keine Mitteilung nach § 24 II, III HRV gemacht worden ist, ihm aber sonst eine inländische Geschäftsanschrift bekannt ist, trägt es unter den in Satz 4 genannten Voraussetzungen diese ein. Ebenso bei Abweichungen (Satz 5). Eintragungen nach Satz 3–5 werden abweichend von § 10 HGB nicht bekannt gemacht (Satz 6).

Neunundzwanzigster Abschnitt. Übergangsvorschriften zum Bilanzrechtsmodernisierungsgesetz

[Übergangsvorschriften zum Bilanzrechtsmodernisierungsgesetz]

EGHGB 66 (1) Die §§ 241a, 242 Abs. 4, § 267 Abs. 1 und 2 sowie § 293 Abs. 1 des Handelsgesetzbuchs in der Fassung des Bilanzrechtsmodernisierungsgesetzes vom 25. Mai 2009 (BGBl. I S. 1102) sind erstmals auf Jahres- und Konzernabschlüsse für das nach dem 31. Dezember 2007 beginnende Geschäftsjahr anzuwenden.

(2) ¹§ 285 Nr. 3, 3a, 16, 17 und 21, § 288 soweit auf § 285 Nr. 3, 3a, 17 und 21 Bezug genommen wird, § 289 Abs. 4 und 5, die §§ 289a, 292 Abs. 2,

(1) EGHGB 66

§ 314 Abs. 1 Nr. 2, 2a, 8, 9 und 13, § 315 Abs. 2 und 4, § 317 Abs. 2 Satz 2, Abs. 3 Satz 2, Abs. 5 und 6, § 318 Abs. 3 und 8, § 319a Abs. 1 Satz 1 Nr. 4, Satz 4 und 5, Abs. 2 Satz 2, die §§ 319b, 320 Abs. 4, § 321 Abs. 4a, § 340k Abs. 2a, § 340l Abs. 2 Satz 2 bis 4, § 341a Abs. 2 Satz 5 und § 341j Abs. 1 Satz 3 des Handelsgesetzbuchs in der Fassung des Bilanzrechtsmodernisierungsgesetzes vom 25. Mai 2009 (BGBl. I S. 1102) sind erstmals auf Jahres- und Konzernabschlüsse für das nach dem 31. Dezember 2008 beginnende Geschäftsjahr anzuwenden. [2]§ 285 Satz 1 Nr. 3, 16 und 17, § 288 soweit auf § 285 Nr. 3 und 17 Bezug genommen wird, § 289 Abs. 4, § 292 Abs. 2, § 314 Abs. 1 Nr. 2, 8 und 9, § 315 Abs. 4, § 317 Abs. 3 Satz 2 und 3, § 318 Abs. 3, § 319a Abs. 1 Satz 1 Nr. 4, Satz 4, § 341a Abs. 2 Satz 5 sowie § 341j Abs. 1 Satz 3 des Handelsgesetzbuchs in der bis zum 28. Mai 2009 geltenden Fassung sind letztmals auf Jahres- und Konzernabschlüsse für vor dem 1. Januar 2009 beginnende Geschäftsjahre anzuwenden.

(3) [1]§ 172 Abs. 4 Satz 3, die §§ 246, 248 bis 250, § 252 Abs. 1 Nr. 6 , die §§ 253 bis 255 Abs. 2a und 4, § 256 Satz 1, die §§ 256a, 264 Abs. 1 Satz 2, die §§ 264d, 266, 267 Abs. 3 Satz 2, § 268 Abs. 2 und 8, § 272 Abs. 1, 1a, 1b und 4, die §§ 274, 274a Nr. 1, 5, § 277 Abs. 3 Satz 1, Abs. 4 Satz 3, Abs. 5, § 285 Nr. 13, 18 bis 20, 22 bis 29, § 286 Abs. 3 Satz 3, § 288 soweit auf § 285 Nr. 19, 22 und 29 Bezug genommen wird, die §§ 290, 291 Abs. 3, § 293 Abs. 4 Satz 2, Abs. 5, § 297 Abs. 3 Satz 2, § 298 Abs. 1, § 300 Abs. 1 Satz 2, § 301 Abs. 3 Satz 1, Abs. 4, die §§ 306, 308a, 310 Abs. 2, § 313 Abs. 3 Satz 3, § 314 Abs. 1 Nr. 10 bis 12, 14 bis 21, § 315a Abs. 1, § 319a Abs. 1 Halbsatz 1, § 325 Abs. 4, § 325a Abs. 1 Satz 1, § 327 Nr. 1 Satz 2, die §§ 334, 336 Abs. 2, die §§ 340a, 340c, 340e, 340f, 340h, 340n, 341a Abs. 1 Satz 1, Abs. 2 Satz 1 und 2, die §§ 341b, 341e, 341l und 341n des Handelsgesetzbuchs in der Fassung des Bilanzrechtsmodernisierungsgesetzes vom 25. Mai 2009 (BGBl. I S. 1102) sind erstmals auf Jahres- und Konzernabschlüsse für das nach dem 31. Dezember 2009 beginnende Geschäftsjahr anzuwenden. [2]§ 253 des Handelsgesetzbuchs in der Fassung des Bilanzrechtsmodernisierungsgesetzes findet erstmals auf Geschäfts- oder Firmenwerte im Sinn des § 246 Abs. 1 Satz 4 des Handelsgesetzbuchs in der Fassung des Bilanzrechtsmodernisierungsgesetzes Anwendung, die aus Erwerbsvorgängen herrühren, die in Geschäftsjahren erfolgt ist, die nach dem 31. Dezember 2009 begonnen haben. [3]§ 255 Abs. 2 des Handelsgesetzbuchs in der Fassung des Bilanzrechtsmodernisierungsgesetzes findet erstmals auf Herstellungsvorgänge Anwendung, die in dem in Satz 1 bezeichneten Geschäftsjahr begonnen wurden. [4]§ 294 Abs. 2, § 301 Abs. 1 Satz 2 und 3, Abs. 2, § 309 Abs. 1 und § 312 in der Fassung des Bilanzrechtsmodernisierungsgesetzes finden erstmals auf Erwerbsvorgänge Anwendung, die in Geschäftsjahren erfolgt sind, die nach dem 31. Dezember 2009 begonnen haben. [5]Für nach § 290 Abs. 1 und 2 des Handelsgesetzbuchs in der Fassung des Bilanzrechtsmodernisierungsgesetzes erstmals zu konsolidierende Tochterunternehmen oder bei erstmaliger Aufstellung eines Konzernabschlusses für nach dem 31. Dezember 2009 beginnende Geschäftsjahre finden § 301 Abs. 1 Satz 2 und 3, Abs. 2 und § 309 Abs. 1 des Handelsgesetzbuchs in der Fassung des Bilanzrechtsmodernisierungsgesetzes auf Konzernabschlüsse für nach dem 31. Dezember 2009 beginnende Geschäftsjahre Anwendung. [6]Die neuen Vorschriften können bereits auf nach dem 31. Dezember 2008 beginnende Geschäftsjahre angewandt werden, dies jedoch nur insgesamt; dies ist im Anhang und Konzernanhang anzugeben.

(4) Die §§ 324, 340k Abs. 5 sowie § 341k Abs. 4 des Handelsgesetzbuchs in der Fassung des Bilanzrechtsmodernisierungsgesetzes vom 25. Mai 2009 (BGBl. I S. 1102) sind erstmals ab dem 1. Januar 2010 anzuwenden; § 12 Abs. 4 des Einführungsgesetzes zum Aktiengesetz ist entsprechend anzuwenden.

I. Einführungsgesetz 1–4 **66 EGHGB (1)**

(5) § 246 Abs. 1 und 2, § 247 Abs. 3, die §§ 248 bis 250, § 252 Abs. 1 Nr. 6, die §§ 253, 254, 255 Abs. 2 und 4, § 256 Satz 1, § 264c Abs. 4 Satz 3, § 265 Abs. 3 Satz 2, die §§ 266, 267 Abs. 3 Satz 2, § 268 Abs. 2, die §§ 269, 270 Abs. 1 Satz 2, § 272 Abs. 1 und 4, die §§ 273, 274, 274a Nr. 5, § 275 Abs. 2 Nr. 7 Buchstabe a, § 277 Abs. 3 Satz 1, Abs. 4 Satz 3, die §§ 279 bis 283, 285 Satz 1 Nr. 2, 5, 13, 18 und 19, Sätze 2 bis 6, § 286 Abs. 3 Satz 3, die §§ 287, 288 soweit auf § 285 Satz 1 Nr. 2, 5 und 18 Bezug genommen wird, die §§ 290, 291 Abs. 3 Nr. 1 und 2 Satz 2, § 293 Abs. 4 Satz 2, Abs. 5, § 294 Abs. 2 Satz 2, § 297 Abs. 3 Satz 2, § 298 Abs. 1, § 300 Abs. 1 Satz 2, § 301 Abs. 1 Satz 2 bis 4, Abs. 2, 3 Satz 1 und 3, Abs. 4, die §§ 302, 306, 307 Abs. 1 Satz 2, § 309 Abs. 1, § 310 Abs. 2, § 312 Abs. 1 bis 3, § 313 Abs. 3 Satz 3, Abs. 4, § 314 Abs. 1 Nr. 10 und 11, § 315a Abs. 1, § 319a Abs. 1 Satz 1 Halbsatz 1, § 325 Abs. 4, § 325a Abs. 1 Satz 1, § 327 Nr. 1 Satz 2, die §§ 334, 336 Abs. 2, § 340a Abs. 2 Satz 1, die §§ 340c, 340e, 340f, 340h, 340n, 341a Abs. 1 und 2 Satz 1 und 2, § 341b Abs. 1 und 2, § 341e Abs. 1, § 341l Abs. 1 und 3 und § 341n des Handelsgesetzbuchs in der bis zum 28. Mai 2009 geltenden Fassung sind letztmals auf Jahres- und Konzernabschlüsse für das vor dem 1. Januar 2010 beginnende Geschäftsjahr anzuwenden.

(6) § 248 Abs. 2 und § 255 Abs. 2a des Handelsgesetzbuchs in der Fassung des Bilanzrechtsmodernisierungsgesetzes vom 25. Mai 2009 (BGBl. I S. 1102) finden nur auf die selbst geschaffenen immateriellen Vermögensgegenstände des Anlagevermögens Anwendung, mit deren Entwicklung in Geschäftsjahren begonnen wird, die nach dem 31. Dezember 2009 beginnen.

Der 24. Abschn eingefügt durch BilMoG 2009. Er enthält Übergangsregelungen zum BilMoG in Art 66 und diesbezüglich Erleichterungen in Art 67 VI aufgehoben, VII aF nunmehr VI, MicroBilG 2012. Nach **I** sind die mit der Anhebung der Schwellenwerte (§§ 267, 293 HGB) erfolgten, der Umsetzung der AbänderungsRi (2006/46/EG) dienenden **Erleichterungen** für Unternehmen rückwirkend anzuwenden für Geschäftsjahre beginnend nach dem 31.12.07. Das gilt auch für die Befreiungen der §§ 241a HGB, 242 IV HGB für kleine Kflte. 1

Die in **II** genannten, auf die AbänderungsRi (2006/46/EG) und die AbschlussprüferRi (2006/43/EG) zurückgehenden Änderungen sind auf Geschäftsjahre beginnend nach dem 31.12.2008 anzuwenden; sie betreffen bestimmte Anhangangaben, den Lagebericht mit Erklärung zur Unternehmensführung (§ 289a nF HGB) und die Abschlussprüfung. Nach Art 56 der Ri waren deren Rechtsinhalte bis zum 29.6.08 umzusetzen. 2

III 1 bestimmt für den **Großteil der anderen Änderungen** Anwendung für Geschäftsjahre nach dem **31.12.09**. Nach III 2 jedoch ist § 253 HGB nur auf solche, nach § 246 I 4 nF HGB IV mit III 1 aktivierungspflichtige derivate **Geschäfts- oder Firmenwerte** anzuwenden, die auch in Geschäftsjahren nach dem 31.12.09 erworben werden. So wird aus Kostengründen verhindert, dass schon vorher gehaltene Geschäfts- oder Firmenwerte ergebniswirksam nachaktiviert werden müssen.

Eine prospektive Anwendung ist auch für den **Vollkostenansatz** des § 255 II nF HGB vorgesehen, der nach **III 3** erst für Herstellungsvorgänge Anwendung findet, die in Geschäftsjahre beginnend nach dem 31.12.09 fallen; bisher nicht einzubeziehende Herstellungskostenbestandteile dürfen somit nicht nachaktiviert werden. 3

Mit **III 4** wird erreicht, dass die Abschaffung der Buchwertmethode bei der **Konsolidierung** (§§ 301, 312 HGB) nicht für Altfälle gilt; ebenso nicht für Altfälle gelten die Abschaffung des Abschreibungswahlrechts bei aktivischen Unterschiedsbeträgen (Geschäfts- oder Firmenwert) aus der Konsolidierung (§ 309 HGB) und auch nicht die Möglichkeit der Angabe angepasster Vorjahres- 4

Hopt 1791

(1) EGHGB 67

zahlen (§ 294 II 2 HGB). Diese Neuregelungen sind erst auf Erwerbsvorgänge in Geschäftsjahren nach dem 31.12.09 anzuwenden. Die Pflicht zur prospektiven Anwendung der §§ 301, 309 HGB betrifft jedoch nach **III 5** solche Unternehmen nicht, die nach § 290 I, II nF HGB erstmals zu konsolidieren sind, zB **Zweckgesellschaften** (§ 290 II Nr 4 HGB), die demnach auch einzubeziehen sind, wenn der Erwerbszeitpunkt vor dem 31.12.09 lag; dasselbe gilt bei erstmaliger Aufstellung eines Konzernabschlusses nach dem 31.12.09.

5   III 6 sieht **optionale Anwendung aller Änderungen** ab 1.1.09 vor, dann aber Anhangangabe erforderlich.

Zur neuen Pflicht der Einrichtung eines **Prüfungsausschuss** (§ 324 HGB) bestimmt **IV,** dass sie erst ab 1.1.2010 gilt; bereits vor dem Inkrafttreten des BilMoG (25.5.09) bestellte Mitglieder unterfallen gem § 12 EGAktG nicht den §§ 100 V, 107 IV AktG, sodass diese erst bei Neubesetzung des Prüfungsausschusses Anwendung finden.

6   **Letztmalige Anwendung** alter Vorschriften nach **V** vor dem 1.1.2010. Redaktionsversehen war die ursprüngliche Erwähnung des § 318 III hier und in II, bereinigt durch Art 14a ARUG nur für V.

7   Zu Änderungen beim Ordnungsgeldverfahren (§ 335 HGB) s **VI** (von Bedeutung nur bis zum 1.9.09).

8   **VII** betrifft die Aktivierbarkeit von originärem immateriellem Anlagevermögen und sieht eine rein prospektive Anwendung vor. Das Aktivierungsverbot des § 248 II aF HGB ist gem V letztmalig auf Geschäftsjahre beginnend vor dem 1.1.2010 anzuwenden. Um die Möglichkeit der Nachaktivierung und damit die Wahl eines beliebigen Zeitpunkts des Beginns der Entwicklungsphase bereits vorhandener oder in der Entwicklung befindlicher originärer immaterieller Anlagegüter zu verhindern bestimmt daher VII, dass §§ 248 II nF, 255a nF HGB nur auf solche immateriellen Vermögensgegenstände Anwendung finden, mit deren Entwicklung in Geschäftsjahren ab dem 1.1.2010 begonnen wurde.

[Übergangsvorschriften zum Bilanzrechtsmodernisierungsgesetz]

EGHGB 67 (1) ¹Soweit auf Grund der geänderten Bewertung der laufenden Pensionen oder Anwartschaften auf Pensionen eine Zuführung zu den Rückstellungen erforderlich ist, ist dieser Betrag bis spätestens zum 31. Dezember 2024 in jedem Geschäftsjahr zu mindestens einem Fünfzehntel anzusammeln. ²Ist auf Grund der geänderten Bewertung von Verpflichtungen, die die Bildung einer Rückstellung erfordern, eine Auflösung der Rückstellungen erforderlich, dürfen diese beibehalten werden, soweit der aufzulösende Betrag bis spätestens zum 31. Dezember 2024 wieder zugeführt werden müsste. ³Wird von dem Wahlrecht nach Satz 2 kein Gebrauch gemacht, sind die aus der Auflösung resultierenden Beträge unmittelbar in die Gewinnrücklagen einzustellen. ⁴Wird von dem Wahlrecht nach Satz 2 Gebrauch gemacht, ist der Betrag der Überdeckung jeweils im Anhang und im Konzernanhang anzugeben.

(2) Bei Anwendung des Absatzes 1 müssen Kapitalgesellschaften, Kreditinstitute und Finanzdienstleistungsinstitute im Sinn des § 340 des Handelsgesetzbuchs, Versicherungsunternehmen und Pensionsfonds im Sinn des § 341 des Handelsgesetzbuchs, eingetragene Genossenschaften und Personenhandelsgesellschaften im Sinn des § 264a des Handelsgesetzbuchs die in der Bilanz nicht ausgewiesenen Rückstellungen für laufende Pensionen, Anwartschaften auf Pensionen und ähnliche Verpflichtungen jeweils im Anhang und im Konzernanhang angeben.

(3) ¹Waren im Jahresabschluss für das letzte vor dem 1. Januar 2010 beginnende Geschäftsjahr Rückstellungen nach § 249 Abs. 1 Satz 3, Abs. 2 des

Handelsgesetzbuchs, Sonderposten mit Rücklageanteil nach § 247 Abs. 3, § 273 des Handelsgesetzbuchs oder Rechnungsabgrenzungsposten nach § 250 Abs. 1 Satz 2 des Handelsgesetzbuchs in der bis zum 28. Mai 2009 geltenden Fassung enthalten, können diese Posten unter Anwendung der für sie geltenden Vorschriften in der bis zum 28. Mai 2009 geltenden Fassung, Rückstellungen nach § 249 Abs. 1 Satz 3, Abs. 2 des Handelsgesetzbuchs auch teilweise, beibehalten werden. ²Wird von dem Wahlrecht nach Satz 1 kein Gebrauch gemacht, ist der Betrag unmittelbar in die Gewinnrücklagen einzustellen; dies gilt nicht für Beträge, die der Rückstellung nach § 249 Abs. 1 Satz 3, Abs. 2 des Handelsgesetzbuchs in der bis zum 28. Mai 2009 geltenden Fassung im letzten vor dem 1. Januar 2010 beginnenden Geschäftsjahr zugeführt wurden.

(4) ¹Niedrigere Wertansätze von Vermögensgegenständen, die auf Abschreibungen nach § 253 Abs. 3 Satz 3, § 253 Abs. 4 des Handelsgesetzbuchs oder nach den §§ 254, 279 Abs. 2 des Handelsgesetzbuchs in der bis zum 28. Mai 2009 geltenden Fassung beruhen, die in Geschäftsjahren vorgenommen wurden, die vor dem 1. Januar 2010 begonnen haben, können unter Anwendung der für sie geltenden Vorschriften in der bis zum 28. Mai 2009 geltenden Fassung fortgeführt werden. ²Wird von dem Wahlrecht nach Satz 1 kein Gebrauch gemacht, sind die aus der Zuschreibung resultierenden Beträge unmittelbar in die Gewinnrücklagen einzustellen; dies gilt nicht für Abschreibungen, die im letzten vor dem 1. Januar 2010 beginnenden Geschäftsjahr vorgenommen worden sind.

(5) ¹Ist im Jahresabschluss für ein vor dem 1. Januar 2010 beginnendes Geschäftsjahr eine Bilanzierungshilfe für Aufwendungen für die Ingangsetzung und Erweiterung des Geschäftsbetriebs nach § 269 des Handelsgesetzbuchs in der bis zum 28. Mai 2009 geltenden Fassung gebildet worden, so darf diese unter Anwendung der für sie geltenden Vorschriften in der bis zum 28. Mai 2009 geltenden Fassung fortgeführt werden. ²Ist im Konzernabschluss für ein vor dem 1. Januar 2010 beginnendes Geschäftsjahr eine Kapitalkonsolidierung gemäß § 302 des Handelsgesetzbuchs in der bis zum 28. Mai 2009 geltenden Fassung vorgenommen worden, so darf diese unter Anwendung der für sie geltenden Vorschriften in der bis zum 28. Mai 2009 geltenden Fassung beibehalten werden.

(6) ¹Aufwendungen oder Erträge aus der erstmaligen Anwendung der §§ 274, 306 des Handelsgesetzbuchs in der Fassung des Bilanzrechtsmodernisierungsgesetzes vom 25. Mai 2009 (BGBl. I S. 1102) sind unmittelbar mit den Gewinnrücklagen zu verrechnen. ²Werden Beträge nach Absatz 1 Satz 3, nach Absatz 3 Satz 2 oder nach Absatz 4 Satz 2 unmittelbar mit den Gewinnrücklagen verrechnet, sind daraus nach den §§ 274, 306 des Handelsgesetzbuchs in der Fassung des Bilanzrechtsmodernisierungsgesetzes entstehende Aufwendungen und Erträge ebenfalls unmittelbar mit den Gewinnrücklagen zu verrechnen.

(7) *(aufgehoben)*

(8) ¹Ändern sich bei der erstmaligen Anwendung der durch die Artikel 1 bis 11 des Bilanzrechtsmodernisierungsgesetzes vom 25. Mai 2009 (BGBl. I S. 1102) geänderten Vorschriften die bisherige Form der Darstellung oder die bisher angewandten Bewertungsmethoden, so sind § 252 Abs. 1 Nr. 6, § 265 Abs. 1, § 284 Abs. 2 Nr. 3 und § 313 Abs. 1 Nr. 3 des Handelsgesetzbuchs bei der erstmaligen Aufstellung eines Jahres- und Konzernabschlusses nach den geänderten Vorschriften nicht anzuwenden. ²Außerdem brauchen die Vorjahreszahlen bei erstmaliger Anwendung nicht angepasst zu werden; hierauf ist im Anhang und Konzernanhang hinzuweisen.

(1) EGHGB 67 1–7

1 Art 67 enthält Erleichterungen hinsichtlich der Befolgung der Übergangsregelungen nach Art 66 VII aufgehoben durch Art 2 BilRUG 2015. **I 1** betrifft die geänderten Bewertungsregeln für Pensionsrückstellungen. Hierdurch ergibt sich ein erheblicher Einmaleffekt, weshalb I 1 verschiedene Möglichkeiten für die ggf erforderliche **Zuführung zu den Rückstellungen** vorsieht, s hierzu ausführlich § 249 Rn 6. **I 2** gibt für den Fall, dass stattdessen Auflösung von Rückstellungen erforderlich wird, ein **Beibehaltungswahlrecht**, wenn der Betrag bis zum 31.12.2024 den Rückstellungen wieder zugeführt werden müsste. Bei Auflösung der Rückstellung hat nach **I 3** Zuführung zu den Gewinnrücklagen zu erfolgen. Wird gem I 2 beibehalten verlangt **I 4** Angabe des Betrags der Überdeckung im Anhang.

2 **II** sieht für KapitalGes, PersonenGes iS von § 264a, Kreditinstitute, Finanzdienstleistungsinstitute iS von § 340 HGB, Versicherungsunternehmen und Pensionsfonds iS von § 341 HGB sowie eingetragene Genossenschaften Angabe der wegen I nicht in der Bilanz ausgewiesenen Rückstellungen im **Anhang** vor.

3 **III** betrifft Instandhaltungs- und Aufwandsrückstellungen (§ 249 I 3, II aF HGB), Sonderposten mit Rücklagenanteil (§§ 247 III aF, 273 aF HGB) und Rechnungsabgrenzungsposten (§ 250 I 2 aF HGB). Nach Art 66 V sind die betreffenden Normen letztmalig auf vor dem 1.1.2010 beginnende Geschäftsjahre anzuwenden. III gibt jedoch ein Wahlrecht zur Beibehaltung, wenn die Rückstellungen, Sonderposten mit Rücklagenanteil und Rechnungsabgrenzungsposten im Abschluss für das letzte vor dem 1.1.2010 begonnene Geschäftsjahr enthalten waren. Es gelten dann für sie auch weiterhin die bisherigen Vorschriften. Für Rückstellungen auch teilweise Auflösung zulässig. Bei Auflösung Zuführung zu den Gewinnrücklagen, III 2. Der **III 2 Halbs 2** soll nach dem gesetzgeberischen Willen bewirken, dass Beträge, die den Rücklagen erst im letzten vor dem 1.1.2010 begonnenen Geschäftsjahr zugeführt wurden, von dem Beibehaltungswahlrecht ausgenommen sind (BT-Drucks 16/12407 S 127); systematisch bezieht er sich jedoch nur auf III 2 und hebt so nur die Pflicht zur Rücklagenzuführung auf.

4 **Stille Reserven** aus der Anwendung von § 253 III 3, IV aF HGB oder auf Grund steuerlicher Abschreibungsregeln (§§ 254, 273 aF HGB) dürfen gem **IV** beibehalten werden, wenn sie in Geschäftsjahren vor dem 1.10.2010 gebildet wurden. Auch hier bezieht sich IV 2 Halbs 2 nur auf die Pflicht zur Rücklagenzuführung schließt nicht die Ausübung des Wahlrechts aus, vergl Rn 3.

5 Nach **V 1** ist Beibehaltung aktivierter Ingangsetzungs- und Erweiterungsaufwendungen iS der **Bilanzierungshilfe** des § 269 aF HGB möglich. **V 2** erlaubt für **Kapitalkonsolidierungen** in Geschäftsjahren vor dem 1.1.2010 die Beibehaltung der Interessenzusammenführungsmethode (§ 302 aF HGB).

6 Aufwendungen und Erträge aus geänderter Bilanzierung **latenter Steuern** (§§ 274, 306 HGB) sind mit den Gewinnrücklagen zu verrechnen **(VI):** Dasselbe gilt für Aufwendungen und Erträge, die nach §§ 274, 306 HGB entstehen, wenn Beträge nach I 3, III 2 oder IV 2 mit Gewinnrücklagen verrechnet werden. VII aufgehoben durch Art. 2 BilRUG 2015.

7 **VIII 1** befreit von der Pflicht zur Beachtung des **Stetigkeitsgrundsatzes** (§§ 253 I Nr 6, 284 II Nr 13, 313 I Nr 3 HGB) bei erstmaliger Anwendung der neuen Regelungen. Außerdem brauchen nach **VIII 2** die **Vorjahreszahlen** den neuen Bewertungsmethoden nicht angepasst und auch nicht im Anhang erläutert werden; der Hinweis auf die Umstellung im Anhang genügt. So wird verhindert, dass die neuen Regelungen faktisch schon ein Jahr früher befolgt werden müssen.

Dreißigster Abschnitt. Übergangsvorschriften zum Gesetz zur Angemessenheit der Vorstandsvergütung

[Übergangsvorschriften zum Gesetz zur Angemessenheit der Vorstandsvergütung]

EGHGB 68 [1] § 285 Nummer 9, § 286 Absatz 5 Satz 1, § 289 Absatz 2 Nummer 5, § 314 Absatz 1 Nummer 6, Absatz 2 und § 315 Absatz 2 Nummer 4 des Handelsgesetzbuchs in der Fassung des Gesetzes zur Angemessenheit der Vorstandsvergütung vom 31. Juli 2009 (BGBl. I S. 2509) sind erstmals auf Jahres- und Konzernabschlüsse für das nach dem 31. Dezember 2009 beginnende Geschäftsjahr anzuwenden. [2] Die bis zum 4. August 2009 geltenden Fassungen der § 285 Nummer 9, § 286 Absatz 5 Satz 1, § 289 Absatz 2 Nummer 5, § 314 Absatz 1 Nummer 6, Absatz 2 und § 315 Absatz 2 Nummer 4 des Handelsgesetzbuchs sind letztmals auf Jahres- und Konzernabschlüsse für das vor dem 1. Januar 2010 beginnende Geschäftsjahr anzuwenden.

30. Abschn (Art 68) neu durch Art 4 VorstAG 31.7.09 BGBl 2509. Art 68 enthält Übergangsvorschriften zu den neuen Regeln über die Offenlegung von Vorstandsvergütungen im Jahres- und Konzernabschluss (§§ 285 Nr 9, 286 V 1, 289 II Nr 5, 314 I Nr 6, II, 315 II Nr 4 HGB) und regelt, dass diese erstmals auf Jahres- und Konzernabschlüsse für Geschäftsjahre anzuwenden sind, die nach dem 31.12.09 beginnen.

Einunddreißigster Abschnitt. Übergangsvorschrift zum Gesetz zur Umsetzung der geänderten Bankenrichtlinie und der geänderten Kapitaladäquanzrichtlinie

[Übergangsvorschrift zum Gesetz zur Umsetzung der geänderten Bankenrichtlinie und der geänderten Kapitaladäquanzrichtlinie]

EGHGB 69 (1) § 341c des Handelsgesetzbuchs in der Fassung des Gesetzes zur Umsetzung der geänderten Bankenrichtlinie und der geänderten Kapitaladäquanzrichtlinie ist erstmals auf Jahres- und Konzernabschlüsse für nach dem 31. Dezember 2010 beginnende Geschäftsjahre anzuwenden.

(2) § 341c des Handelsgesetzbuchs in der bis zum 24. November 2010 geltenden Fassung ist letztmals auf Jahres- und Konzernabschlüsse für vor dem 1. Januar 2011 beginnende Geschäftsjahre anzuwenden.

31. Abschn (Art 69) neu durch Art 6 G 19.11.10 BGBl 1592. Art 69 enthält Übergangsvorschriften zu § 341c HGB über Namensschuldverschreibungen, Hypothekendarlehen und andere Forderungen, betroffen sind Versicherungsunternehmen und Pensionsfonds. Die nF gilt für die nach dem 31.12.10 beginnenden Geschäftsjahre.

(1) EGHGB 70

Zweiunddreißigster Abschnitt. Übergangsvorschrift zum Kleinstkapitalgesellschaften-Bilanzrechtsänderungsgesetz

[Übergangsvorschrift zum Kleinstkapitalgesellschaften-BilanzrechtsänderungsG und zum HGB-ÄnderungsG vom 4.10.2013]

EGHGB 70 (1) ¹Die Erleichterungen für Kleinstkapitalgesellschaften bei der Rechnungslegung nach § 264 Absatz 1, § 266 Absatz 1, den §§ 267a, 275 Absatz 5, § 325a Absatz 2, § 326 Absatz 2 und die Änderungen der §§ 8b, 9, 253, 264 Absatz 2, der §§ 264c, 276, 328, 334 und 335 des Handelsgesetzbuchs in der Fassung des Kleinstkapitalgesellschaften-Bilanzrechtsänderungsgesetzes vom 20. Dezember 2012 (BGBl. I S. 2751) gelten erstmals für Jahres- und Konzernabschlüsse, die sich auf einen nach dem 30. Dezember 2012 liegenden Abschlussstichtag beziehen. ²Für Jahres- und Konzernabschlüsse, die sich auf einen vor dem 31. Dezember 2012 liegenden Abschlussstichtag beziehen, bleiben die in Satz 1 genannten Vorschriften des Handelsgesetzbuchs in der bis zum 27. Dezember 2012 geltenden Fassung weiterhin anwendbar.

(2) ¹§ 264 Absatz 3 und § 290 des Handelsgesetzbuchs in der Fassung des Kleinstkapitalgesellschaften-Bilanzrechtsänderungsgesetzes sind erstmals auf Jahres- und Konzernabschlüsse für Geschäftsjahre anzuwenden, die nach dem 31. Dezember 2012 beginnen. ²Für Jahres- und Konzernabschlüsse für Geschäftsjahre, die vor dem 1. Januar 2013 beginnen, bleiben die Vorschriften des Handelsgesetzbuchs in der bis zum 27. Dezember 2012 geltenden Fassung weiterhin anwendbar.

(3) ¹Für die §§ 264, 335, 335a Absatz 1, 2 und 4, die §§ 340o und 341o des Handelsgesetzbuchs in der Fassung des Gesetzes zur Änderung des Handelsgesetzbuchs vom 4. Oktober 2013 (BGBl. I S. 3746) gilt Absatz 1 entsprechend. ²§ 335a Absatz 3 des Handelsgesetzbuchs in der Fassung des Gesetzes zur Änderung des Handelsgesetzbuchs vom 4. Oktober 2013 (BGBl. I S. 3746) ist erstmals auf Ordnungsgeldverfahren anzuwenden, die nach dem 31. Dezember 2013 eingeleitet werden.

1 32. Abschn (Art 70) neu durch Art 2 MicroBilG 20.12.12 BGBl 2751. **III** angef mWv 10.10.13 durch HGBÄndG 4.10.13. Art 70 enthält Übergangsvorschriften zu den Erleichterungen für Kleinstkapitalgesellschaften bei der Rechnungslegung nach §§ 264 I, 266, 267a, 275 V, 325a II, 326 II sowie Änderungen der §§ 8b, 9, 253, 264 II, 264c, 276, 328, 334 und 335. Die nF gilt für Jahres- und Konzernabschlüsse, die sich auf einen nach dem 31.12.12 liegenden Abschlussstichtag beziehen. Für Jahres- und Konzernabschlüsse mit früherem Abschlussstichtag bleiben die genannten Vorschriften idF bis 27.12.12 anwendbar. §§ 264 III und 290 idF des MicroBilG sind erstmals auf Jahres- und Konzernabschlüsse für Geschäftsjahre anzuwenden, die nach dem 31.12.12 beginnen. **III** 1 erstreckt die Geltung des I auf Vorschr, die durch HGBÄndG 4.10.13 mWv 10.10.13 geändert wurden. **III** 2 bestimmt, dass die in § 335a III nF geschaffenen Vorschr über das Rechtsbeschwerdeverfahren (s § 335a Rn 1) erstmals auf Verfahren Anwendung finden, die ab 1.1.14 eingeleitet werden.

Dreiunddreißigster Abschnitt. Übergangsvorschrift zum Gesetz zur Reform des Seehandelsrechts

[Übergangsvorschrift zum Gesetz zur Reform des Seehandelsrechts]

EGHGB 71 (1) Für Partenreedereien und Baureedereien, die vor dem 25. April 2013 entstanden sind, bleiben die §§ 489 bis 509 des Handelsgesetzbuchs in der bis zu diesem Tag geltenden Fassung maßgebend.

(2) ¹Auf ein im Fünften Buch des Handelsgesetzbuchs geregeltes Schuldverhältnis, das vor dem 25. April 2013 entstanden ist, sind die bis zu diesem Tag geltenden Gesetze weiter anzuwenden. ²Dies gilt auch für die Verjährung der aus einem solchen Schuldverhältnis vor dem 25. April 2013 entstandenen Ansprüche.

33. Abschn (Art 71) neu durch Art 2 G 20.4.13 BGBl I 831 (SHRG) enthält Übergangsvorschriften zur Reform des Seehandelsrechts, die notwendig sind, weil durch die Reform die Vorschriften über die Partenreederei und die Baureederei ersatzlos entfallen. Entsprechend dem allgemeinen intertemporalen Grundsatz bleiben gem **I** für Partenreedereien und Baureedereien, die vor dem 25.4.13 entstanden sind, die §§ 489–509 aF maßgebend. Nach **II 1** bleiben nach dem Vorbild von Art 170 EGBGB auf im **Fünften Buch** geregelte Schuldverhältnisse, die vor dem 25.4.13 entstanden sind, die bis dahin geltenden Gesetze weiter anwendbar; das gilt (abw von Art 169 und Art 229 § 6 EGBGB) gem **II 2** auch für die Verjährung von daraus vor dem 25.4.13 entstandenen Ansprüchen.

Vierunddreißigster Abschnitt. Übergangsvorschriften zum AIFM-Umsetzungsgesetz

[Übergangsvorschriften zum AIFM-Umsetzungsgesetz]

EGHGB 72 (1) Die in § 8b Absatz 2 Nummer 8, § 285 Nummer 26, § 290 Absatz 2 Nummer 4 Satz 2 und § 314 Absatz 1 Nummer 18 des Handelsgesetzbuchs jeweils in Bezug genommenen Bestimmungen des Investmentgesetzes sind die bis zum 21. Juli 2013 geltenden Fassungen dieser Bestimmungen.

(2) ¹§ 285 Nummer 26, § 290 Absatz 2 Nummer 4 Satz 2, § 314 Absatz 1 Nummer 18 und § 341b Absatz 2 des Handelsgesetzbuchs in der Fassung des AIFM-Umsetzungsgesetzes sind erstmals auf Jahres- und Konzernabschlüsse für nach dem 21. Juli 2013 beginnende Geschäftsjahre anzuwenden. ²Für Jahres- und Konzernabschlüsse für Geschäftsjahre, die vor dem 22. Juli 2013 beginnen, bleiben die Vorschriften des Handelsgesetzbuchs in der bis zum 21. Juli 2013 geltenden Fassung weiterhin anwendbar.

34. Abschn (Art 72), eingefügt durch Art 7 G v 4.7.13 BGBl I 1981 (AIFM-UmsG), redaktionelles Versehen in der Zählung korrigiert durch G v 15.7.14 (BGBl I 934), mit Übergangsvorschriften. **I** bestimmt, dass die in §§ 8b II Nr 8, 285 Nr 26, 290 II Nr 4 2 und 314 I Nr 18 in Bezug genommenen Bestimmungen des InvG im Rahmen dieser Verweise weiterhin maßgeblich sind, obwohl das InvG durch Art 2 AIFM-UmsG aufgehoben wurde, soweit und solange Kapital-Ges noch über eine Erlaubnis nach dem bisherigen InvG verfügen; entsprechende Fristbestimmungen zur Beantragung einer substituierenden Erlaubnis s § 345

(1) EGHGB 75 2. Teil. Handelsrechtl. Nebengesetze

KAGB. Gem **II** sind die Neufassungen der § 8b II Nr 8, 285 Nr 26, 290 II Nr 4 2, 314 I Nr 18 und 341b II 2, die Anpassungen an die Definitionen des KAGB gem Art 1 AIFM-UmsG enthalten, auf Jahres- und Konzernabschlüsse für Geschäftsjahre anzuwenden, die nach dem 21.7.13 beginnen.

Fünfunddreißigster Abschnitt. Übergangsvorschrift zum Gesetz für die gleichberechtigte Teilhabe von Frauen und Männern an Führungspositionen in der Privatwirtschaft und im öffentlichen Dienst

[Übergangsvorschrift zum Gesetz für die gleichberechtigte Teilhabe von Frauen und Männern an Führungspositionen in der Privatwirtschaft und im öffentlichen Dienst]

EGHGB 73 [1]§ 289a Absatz 2 Nummer 4, auch in Verbindung mit Absatz 3, und § 289a Absatz 4, auch in Verbindung mit § 336 Absatz 2 Satz 1, des Handelsgesetzbuchs sind erstmals anzuwenden auf Lageberichte, die sich auf Geschäftsjahre mit einem nach dem 30. September 2015 liegenden Abschlussstichtag beziehen. [2]§ 289a Absatz 2 Nummer 5, auch in Verbindung mit Absatz 3, des Handelsgesetzbuchs ist erstmals anzuwenden auf Lageberichte, die sich auf Geschäftsjahre mit einem nach dem 31. Dezember 2015 liegenden Abschlussstichtag beziehen.

1 35. Abschn (Art 73) neu durch Art 12 GleichberTeilhabeG v 24.4.15 BGBl I 642. Art 73 enthält Übergangsvorschriften zu den neuen Regelungen und Änderungen betr. die gleichberechtigte Teilhabe von Frauen und Männern in Führungspositionen.

Sechsunddreißigster Abschnitt. Übergangsvorschrift zum Kleinanlegerschutzgesetz

[Übergangsvorschriften zum Kleinanlegerschutzgesetz]

EGHGB 74 § 335 Absatz 1 Satz 4 des Handelsgesetzbuchs in der Fassung des Kleinanlegerschutzgesetzes vom 3. Juli 2015 (BGBl. I S. 1114) ist erstmals auf Jahres- und Konzernabschlüsse für Geschäftsjahre anzuwenden, die nach dem 31. Dezember 2014 beginnen.

1 36. Abschn (Art 74) neu durch Art 9 KleinanlegerschutzG v 3.7.15 BGBl I 1114. § 335 I 4 nF gilt erstmals für Jahres- und Konzernabschlüsse für Geschäftsjahre, die nach dem 31.12.14 beginnen.

Siebenunddreißigster Abschnitt. Übergangsvorschrift zum Bilanzrichtlinie-Umsetzungsgesetz

[Übergangsvorschrift zum Bilanzrichtlinie-Umsetzungsgesetz]

EGHGB 75 (1) [1]Die §§ 255, 264, 264b, 265, 267a Absatz 3, die §§ 268, 271, 272, 274a, 275, 276, 277 Absatz 3, die §§ 284, 285, 286, 288, 289, 291, 292, 294, 296 bis 298, 301, 307, 309, 310, 312 bis 315a, 317, 322, 325, 326, 328, 331, 334, 336 bis 340a, 340e, 340i, 340n, 341a, 341b, 341j sowie 341n des Handelsgesetzbuchs in der Fassung des Bilanzricht-

I. Einführungsgesetz **75 EGHGB (1)**

linie-Umsetzungsgesetzes vom 17. Juli 2015 (BGBl. I S. 1245) sind erstmals auf Jahres- und Konzernabschlüsse sowie Lage- und Konzernlageberichte für das nach dem 31. Dezember 2015 beginnende Geschäftsjahr anzuwenden. ²Die in Satz 1 bezeichneten Vorschriften sowie § 277 Absatz 4 und § 278 des Handelsgesetzbuchs in der bis zum 22. Juli 2015 geltenden Fassung sind letztmals anzuwenden auf Jahres- und Konzernabschlüsse sowie Lage- und Konzernlageberichte für ein vor dem 1. Januar 2016 beginnendes Geschäftsjahr.

(2) ¹Die §§ 267, 267a Absatz 1, § 277 Absatz 1 sowie § 293 des Handelsgesetzbuchs in der Fassung des Bilanzrichtlinie-Umsetzungsgesetzes vom 17. Juli 2015 (BGBl. I S. 1245) dürfen erstmals auf Jahres- und Konzernabschlüsse, Lageberichte und Konzernlageberichte für das nach dem 31. Dezember 2013 beginnende Geschäftsjahr angewendet werden, jedoch nur insgesamt. ²Wird von der vorgezogenen Anwendung der §§ 267, 267a Absatz 1, von § 277 Absatz 1 oder § 293 in der Fassung des Bilanzrichtlinie-Umsetzungsgesetzes kein Gebrauch gemacht, sind die in Satz 1 genannten Vorschriften erstmals auf Jahres- und Konzernabschlüsse, Lage- und Konzernlageberichte für das nach dem 31. Dezember 2015 beginnende Geschäftsjahr anzuwenden; in diesem Fall sind die §§ 267, 267a Absatz 1, § 277 Absatz 1 und § 293 des Handelsgesetzbuchs in der bis zum 22. Juli 2015 geltenden Fassung letztmals auf das vor dem 1. Januar 2016 beginnende Geschäftsjahr anzuwenden. ³Bei der erstmaligen Anwendung der in Satz 1 bezeichneten Vorschriften ist im Anhang oder Konzernanhang auf die fehlende Vergleichbarkeit der Umsatzerlöse hinzuweisen und unter nachrichtlicher Darstellung des Betrags der Umsatzerlöse des Vorjahres, der sich aus der Anwendung von § 277 Absatz 1 in der Fassung des Bilanzrichtlinie-Umsetzungsgesetzes ergeben haben würde, zu erläutern.

(3) § 8b und die Vorschriften des Dritten Unterabschnitts des Vierten Abschnitts des Dritten Buchs des Handelsgesetzbuchs in der Fassung des Bilanzrichtlinie-Umsetzungsgesetzes sind erstmals auf Zahlungsberichte und Konzernzahlungsberichte für ein nach dem 23. Juli 2015 beginnendes Geschäftsjahr anzuwenden.

(4) ¹§ 253 Absatz 3 Satz 3 des Handelsgesetzbuchs in der Fassung des Bilanzrichtlinie-Umsetzungsgesetzes findet erstmals auf immaterielle Vermögensgegenstände des Anlagevermögens Anwendung, die nach dem 31. Dezember 2015 aktiviert werden. ²§ 253 Absatz 3 Satz 4 des Handelsgesetzbuchs in der Fassung des Bilanzrichtlinie-Umsetzungsgesetzes findet erstmals auf Geschäfts- oder Firmenwerte Anwendung, die aus Erwerbsvorgängen herrühren, die in Geschäftsjahren erfolgt sind, die nach dem 31. Dezember 2015 begonnen haben.

(5) Aufwendungen aus der Anwendung des Artikels 67 Absatz 1 und 2 sind in der Gewinn- und Verlustrechnung innerhalb der sonstigen betrieblichen Aufwendungen als „Aufwendungen nach Artikel 67 Absatz 1 und 2 EGHGB" und Erträge hieraus innerhalb der sonstigen betrieblichen Erträge als „Erträge nach Artikel 67 Absatz 1 und 2 EGHGB" gesondert anzugeben.

(6) § 253 Absatz 2 und 6 des Handelsgesetzbuchs in der Fassung des Gesetzes zur Umsetzung der Wohnimmobilienkreditrichtlinie und zur Änderung handelsrechtlicher Vorschriften vom 11. März 2016 (BGBl. I S. 396) ist erstmals auf Jahresabschlüsse für das nach dem 31. Dezember 2015 endende Geschäftsjahr anzuwenden. Für Geschäftsjahre, die vor dem 1. Januar 2016 enden, ist § 253 Absatz 2 des Handelsgesetzbuchs in der bis zum 16. März 2016 geltenden Fassung weiter anzuwenden. Auf den Konzernabschluss sind die Sätze 1 und 2 hinsichtlich des § 253 Absatz 2 des Handelsgesetzbuchs entsprechend anzuwenden.

Hopt

(1) EGHGB 76 1

(7) Unternehmen dürfen für einen Jahresabschluss, der sich auf ein Geschäftsjahr bezieht, das nach dem 31. Dezember 2014 beginnt und vor dem 1. Januar 2016 endet, auch die ab dem 17. März 2016 geltende Fassung des § 253 Absatz 2 des Handelsgesetzbuchs anwenden. In diesem Fall gilt § 253 Absatz 6 entsprechend. Auf den Konzernabschluss ist Satz 1 entsprechend anzuwenden. Mittelgroße und große Kapitalgesellschaften haben zur Erläuterung der Ausübung der Anwendung des Wahlrechts Angaben im Anhang zu machen.

1   37. Abschn (Art 75) neu durch Art 2 BilRUG v 17.7.15, BGBl I 1245. VI und VII mWv 17.3.16 durch G v 11.3.16, BGBl I 396.
Die nF des § 267 I u II kann bereits erstmals auf Jahresabschlüsse für nach dem 31.12.13 beginnende Geschäftsjahre angewandt werden. In diesem Fall ist bei der Einstufung nach § 267 IV auf zwei aufeinander folgende Geschäftsjahre abzustellen, dh: Bei der Einstufung sind Bilanzsumme, Umsatzerlöse und Beschäftigtenzahlen nicht nur für den Schluss dieses, sondern zumindest auch des Vorjahres zu betrachten. Neue Schwellenwerte werden also rückbezogen (RegBegr BilRUG 2015). KapitalGes sind am Stichtag 31.12.14 auch dann klein, wenn sie zu diesem Stichtag und zum 31.12.13 oder zum 31.12.13 und zum 31.12.12 zwei der drei Merkmale nach der Änderung (Bilanzsumme 6 Mio Euro, Umsatzerlöse 12 Mio Euro, 50 Beschäftigte im Jahresschnitt) nicht überschritten hat. Für die Aufstellung der Jahresabschlüsse zu den früheren Stichtagen bleibt es aber bei den bisherigen Merkmalen (4,84 Mio Euro, 9,68 Mio Euro, 50 Beschäftigte). Entlastungen durch BilRUG werden somit zum frühestmöglichen Zeitpunkt weitergegeben. Von der vorgezogenen Anwendung der erhöhten Schellenwerte dürfen Unt nur Gebrauch machen, wenn sie auch die neue Definition der Umsatzerlöse nach § 277 I anwenden (Grund: Vergleichbarkeit der Abschlüsse; RegBegr BilRUG 74f). Lit: Zwirner StuB **15**, 1(14 f).
Richtigstellungen in Art 75 I 2 und II 2 durch CSR-Ri-UmsetzungsG 11.4.2017 BGBl I 802 Art 3 I.

Achtunddreißigster Abschnitt. Übergangsvorschrift zum Bürokratieentlastungsgesetz

[Übergangsvorschrift zum Bürokratieentlastungsgesetz]

EGHGB 76 § 241a Satz 1 des Handelsgesetzbuchs in der Fassung des Bürokratieentlastungsgesetzes vom 28. Juli 2015 (BGBl. I S. 1400) ist erstmals auf das nach dem 31. Dezember 2015 beginnende Geschäftsjahr anzuwenden. § 241a Satz 1 des Handelsgesetzbuchs in der bis zum 31. Dezember 2015 geltenden Fassung ist letztmals auf das vor dem 1. Januar 2016 beginnende Geschäftsjahr anzuwenden.

1   38. Abschn (Art 76) neu durch BürokratieEntlG v 28.7.2015 BGBl 1400.

Neununddreißigster Abschnitt. Übergangsvorschrift zum Transparenzrichtlinie-Änderungsrichtlinie-Umsetzungsgesetz

[Übergangsvorschrift zum Transparenzrichtlinie-Änderungsrichtlinie-Umsetzungsgesetz]

EGHGB 77 § 342b des Handelsgesetzbuchs in der vom 26. November 2015 geltenden Fassung findet ab dem 1. Januar 2016 Anwendung.

39. Abschn (Art 77) neu durch Art 9 TransparenzRiÄndRiUmsetzG 2015. **1**
§ 342b HGB idF 26.11.2015 ist ab 1.1.2016 anwendbar.

Vierzigster Abschnitt. Übergangsvorschrift zum Abschlussprüferaufsichtsreformgesetz

[Übergangsvorschrift zum APAReG]

EGHGB 78 Für die Anwendung des § 319 Absatz 1 Satz 3 des Handelsgesetzbuchs in der ab dem 17. Juni 2016 geltenden Fassung gilt eine für den Abschlussprüfer geltende Teilnahmebescheinigung oder Ausnahmegenehmigung nach dem bis zum 16. Juni 2016 geltenden § 57a Absatz 1 der Wirtschaftsprüferordnung als Nachweis der Eintragung gemäß § 319 Absatz 1 Satz 3 des Handelsgesetzbuchs in der ab dem 17. Juni 2016 geltenden Fassung, solange der Registerauszug über die Eintragung nach § 40 Absatz 3 oder § 40a Absatz 1 Satz 3 der Wirtschaftsprüferordnung noch nicht erteilt worden ist.

1) 40. Abschn (Art 78) neu durch APAReG 31.3.16 BGBl I 518, geä AReG **1**
10.5.16 BGBl I 1142. Übergangsvorschrift zu § 319 I 3 HGB betreffend Teilnahmebescheinigg bzw. Ausnahmegenehmigg nach (2a) WPO § 57a I iVm § 40 III bzw § 40a I 3.

Einundvierzigster Abschnitt. Übergangsvorschrift zum Abschlussprüfungsreformgesetz

[Übergangsvorschrift zum AReG]

EGHGB 79 (1) ¹ § 319a Absatz 1, 2 und 3 sowie die §§ 321 und 322 des Handelsgesetzbuchs jeweils in der Fassung des Abschlussprüfungsreformgesetzes vom 10. Mai 2016 (BGBl. I S. 1142) sind erstmals auf Jahres- und Konzernabschlüsse für das nach dem 16. Juni 2016 beginnende Geschäftsjahr anzuwenden. ² § 319a Absatz 1 und 2 sowie die §§ 321 und 322 des Handelsgesetzbuchs in der bis zum 16. Juni 2016 geltenden Fassung sind letztmals auf Jahres- und Konzernabschlüsse für vor dem 17. Juni 2016 beginnende Geschäftsjahre anzuwenden.

(2) § 324 Absatz 2 Satz 2 des Handelsgesetzbuchs in der Fassung des Abschlussprüfungsreformgesetzes vom 10. Mai 2016 (BGBl. I S. 1142) muss solange nicht angewandt werden, wie alle Mitglieder des Prüfungsausschusses vor dem 17. Juni 2016 bestellt worden sind.

(3) ¹ Prüfungsmandate können entsprechend § 318 Absatz 1a des Handelsgesetzbuches auch verlängert werden, wenn die Wahl des Abschlussprüfers für

(1) EGHGB 81

das zwölfte oder dreizehnte Geschäftsjahr erfolgt, auf das sich die Prüfungstätigkeit des Abschlussprüfers erstreckt, und die Wahl des Abschlussprüfers für das nächste nach dem 16. Juni 2016 beginnende Geschäftsjahr erfolgt. ² Prüfungsmandate entsprechend § 318 Absatz 1a Satz 2 des Handelsgesetzbuchs können auch verlängert werden, wenn mehrere Wirtschaftsprüfer oder Wirtschaftsprüfungsgesellschaften gemeinsam im zwölften oder dreizehnten Geschäftsjahr, auf das sich die Prüfungstätigkeit des Abschlussprüfers erstreckt, zum Abschlussprüfer bestellt werden und die gemeinsame Bestellung für das nächste nach dem 16. Juni 2016 beginnende Geschäftsjahr erfolgt.

1 1) 41. Abschn (Art 79) neu durch AReG 10.5.16 BGBl I 1142. I enth Übergangsvorschrift zu § 319a I, II und III, §§ 321, 322 HGB betreffend Teilnahmebescheinigg bzw Ausnahmegenehmigg nach (2a) WPO 57a I. II trifft Übergangsregelung zu § 324 II 2 HGB betr Bestellung von Mitgliedern des Prüfungsausschusses. III enth Übergangsvorschrift zu § 318 Ia betr Verlängerung von Prüfungsmandaten über das 12. und 13. Geschäftsjahr hinaus.

Zweiundvierzigster Abschnitt. Übergangsvorschriften zum CSR-Richtlinie-Umsetzungsgesetz

[Übergangsvorschriften zum CSR-Richtlinie-Umsetzungsgesetz]

EGHGB 80 ¹ Die §§ 264, 285, 289 bis 289f, 291, 292, 294, 314 bis 315e, 317, 320, 325, 331, 334, 335, 336, 340a, 340i, 340n, 341a, 341j, 341n und 342 des Handelsgesetzbuchs in der Fassung des CSR-Richtlinie-Umsetzungsgesetzes vom 11. April 2017 (BGBl. I S. 802) sind erstmals auf Jahres- und Konzernabschlüsse, Lage- und Konzernlageberichte für das nach dem 31. Dezember 2016 beginnende Geschäftsjahr anzuwenden. ² Die in Satz 1 bezeichneten Vorschriften in der bis zum 18. April 2017 geltenden Fassung sind letztmals anzuwenden auf Lage- und Konzernlageberichte für das vor dem 1. Januar 2017 beginnende Geschäftsjahr.

1 1) 42. Abschn (Art 80) neu durch CSR-RUG v 11.4.17 BGBl I 802. Vorschrift enthält Übergangsregelungen zu §§ 264, 285, 289–289f, 291, 292, 294, 314–315e, 317, 320, 325, 332, 334, 335, 336, 340a, 340i, 340n, 341a, 341i, 341n, 342 betreffend ergänzende nichtfinanzielle Angaben im Bereich der Corporate Social Responsibility, die von bestimmten Unternehmen zu machen sind. Diese Vorschriften sind in ihrer nF erstmals auf Jahres- und Konzernabschlüsse, Lage- und Konzernlageberichte für das nach dem 31.12.16 beginnende Geschäftsjahr anzuwenden. In ihrer aF sind sie letztmalig auf Lage- und Konzernlageberichte für das vor dem 1.1.17 beginnende Geschäftsjahr anzuwenden.

[Übergangsvorschrift §§ 289b und 315 HGB]

EGHGB 81 § 289b Absatz 4 und § 315b Absatz 4 des Handelsgesetzbuchs in der ab dem 1. Januar 2019 geltenden Fassung sind erstmals auf Jahres- und Konzernabschlüsse, Lage- und Konzernlageberichte für das nach dem 31. Dezember 2018 beginnende Geschäftsjahr anzuwenden.

II. Handelsbücher und Bilanzen   **Einl WPO (2a)**

1) Art. 81 enthält Übergangsvorschriften zu Folgeänderungen der Umsetzung   1
der CSR-Ri durch das CSR-RUG. §§ 289b IV, 315b IV sind erstmals auf Jahres- und Konzernabschlüsse, Lage- und Konzernlageberichte für das nach dem 31.12.18 beginnende Geschäftsjahr anzuwenden.

Dreiundvierzigster Abschnitt. Übergangsvorschriften zum Gesetz zum Bürokratieabbau und zur Förderung der Transparenz bei Genossenschaften

[Übergangsvorschrift zum Bürokratieabbau- und Transparenzgesetz]

EGHGB 82 [1] § 339 Absatz 3 des Handelsgesetzbuchs in der Fassung des Gesetzes zum Bürokratieabbau und zur Förderung der Transparenz bei Genossenschaften vom 17. Juli 2017 (BGBl. I S. 2434) ist erstmals anzuwenden auf Jahresabschlüsse für nach dem 31. Dezember 2016 beginnende Geschäftsjahre. [2] Ein Prüfungsverband kann einen Antrag im Sinne des § 339 Absatz 3 Satz 1 auch im Hinblick auf vor dem 31. Dezember 2016 begonnene Geschäftsjahre stellen.

1) 43. Abschn (Art 82) neu mWv 22.7.2017 durch Gesetz zum Bürokratieabbau   1
und zur Förderung der Transparenz bei Genossenschaften v 17.7.2017 BGBl I 2434. Vorschrift enthält Übergangsregelung zu § 339 III, der erstmals auf Jahresabschlüsse für nach dem 31.12.16 beginnende Geschäftsjahre anzuwenden ist.

II. Handelsbücher und Bilanzen

(2a) Gesetz über eine Berufsordnung der Wirtschaftsprüfer (Wirtschaftsprüferordnung): Erster Teil: Allgemeine Vorschriften (§§ 1–3), Zweiter Teil: Voraussetzungen für die Berufsausübung (§ 27), Dritter Teil: Rechte und Pflichten der Wirtschaftsprüfer (§§ 43–56)

Vom 5. November 1975 (BGBl I 2803) mit den späteren Änderungen

Einleitung

Schrifttum

a) Berufsrecht. Monografien: *Hense/Ulrich* WPO-Kommentar, 2. Aufl 2013; Institut der Wirtschaftsprüfer WP Premium: WP Handbuch und Assurance mit Online-Ausgabe 2017; *Schäfer,* Wirtschaftsprüfer, in v Westphalen, Vertragsrecht und AGB-Klauselwerke, Bd 3 (LBl); *Schmitz/Lorey/Harder,* Berufsrecht und Haftung der Wirtschaftsprüfer, 2. Aufl 2016; Wirtschaftsprüfer-Kompendium, 3 Bde 2002 ff (LBl); *Wellhöfer/Peltzer/Müller,* Die Haftung von Vorstand, Aufsichtsrat, Wirtschaftsprüfer mit GmbH-Geschäftsführer – Handbuch 2008; WP-Hdb, 15. Aufl 2016. **Aufsätze:** *Köhler/Marten* BB **00**, 867; *Marks/Schmidt* WPg **00**, 409; *Köhler/Marten/Meyer* WPg **03**, 10; *Sommerschuh* BB **03**, 1166 (WPRefG); *Baetge/Lienau* DB **04**, 2277 (BilKoG, APAG); *Mattheus/Schwab* BB **04**, 1099 (BilKoG); *Müßig* NZG **04**, 796 (WPOÄG, WPRefG); *Marten/Köhler* WPg **05**, 145 (APAG); *Beul* DStR **12**, 257; *Roscher-Meinel,* DNotZ **14**, 643.

Hopt/Merkt   1803

b) Prüfungsrecht/Qualitätssicherung: IDW PS 140 (Qualitätskontrolle nach §§ 57a WPO); WPK/IDW WPg **06**, 629 (Qualitätssicherung in der WP-Praxis); *Wegner* wistra **16**, 13 (Sanktionsrisiko für WP); *Kruth* DStR **16**, 2989 (Widerruf Zulassung bei Insolvenz); *Marten* WPg **17**, 487 und 610 (IDW EQS 1 Qualitätssicherung); *ders* WPg **17**, 308 (IDW EPS 140 nF); *Heidrich/Loy* WPg **17**, 487 (Kapitalmarkt); *Farr* WPg **17**, 299 (Qualitätssicherung für Kleinpraxen); *Niemann/Farr* DStR **16**, 1231 (WPO-Novelle); *dies* DStR **17**, 341 (Qualitätssicherung mittelständische WP-Praxen); *Bruckner/Schmidt* WPg **17**, 58 (Qualitätskontrollen).

c) Einzeldarstellungen: *Hennrichs* DStR **07**, 1926; *Marten/Köhler/Paulitschek* BB **06**, 23; *Naumann/Feld* WPg **06**, 873; *Wellhöfer/Peltzer/Müller* Die Haftung von Vorstand, Aufsichtsrat und Wirtschaftsprüfer, 2008; *Lehmann* r+s **16**, 1 (Berufshaftpflicht); *Glady* DStR **16**, 628 (Berufshaftpflicht); *Heyne* GewA **16**, 279 (WP-Kammeraufsicht); *Köhler/Ratzinger-Sakel* BB **16**, 2155 (WP-Marktentwicklung); *Heiling/Müller-Marqués Berger* WPg **17**, 334 (Prüfung in der Haushaltswirtschaft IDW EPS 731); *Esser/Kilian* DStR **17**, 564 (Haftungskonzentrationsvereinbarungen); *Simon-Heckroth/Lüdders* WPg **17**, 248 (Anhangangaben über das Abschlußprüferhonorar); *Farr* WPg **17**, 115 (verantwortlicher Prüfungspartner).

1) Wirtschaftsprüfer, Wirtschaftsprüfungsgesellschaft

1   A. **Wirtschaftsprüfer:** Gemäß §§ 1 I, 15 WPO bedarf die Tätigkeit der öffentlichen Bestellung. Diese setzt den Nachweis der persönlichen und fachlichen Eignung im Zulassungs- und Prüfungsverfahren voraus. Der Wirtschaftsprüfer übt eine freiberufliche Tätigkeit nicht gewerblicher Natur aus (§ 1 II WPO), BGH 94, 69, und fällt deshalb nicht unter § 1 HGB, entsprechende Anwendung einzelner Vorschriften des HGB ist dennoch möglich (§ 1 HGB Rn 19). Wird aus Wirtschaftsprüfern bestehende GbR für Immobilienfonds als Treuhänderin für Treuhandkommanditisten tätig, ist das gewerbliche Tätigkeit, BGH DStR **07**, 190. Tätigkeit als Leiter der Landesgeschäftsstelle der WP-Kammer ist mit RA-Beruf vereinbar, BGH NJW-RR **08**, 1504. **Lit** Brinkmann/Spieß WPg **06**, 395u 668; Pape DStR **07**, 1221; Naumann/Hammant WPg **07**, 901; Henssler/Deckenbrock DB **08**, 41; Wellhöfer/Peltzer/Müller Die Haftung von Vorstand, Aufsichtsrat und Wirtschaftsprüfer, 2008, § 21; Petersen/Zwirner StB **08**, 50, Heininger WPg **08**, 535.

2   B. **Wirtschaftsprüfungsgesellschaft:** Das Tätigwerden als WirtschaftsprüfungsGes setzt voraus, dass die Ges zuvor durch die Wirtschaftsprüferkammer als WirtschaftsprüfungsGes anerkannt worden ist (§ 29 WPO). Die Anerkennung bedarf des Nachweises, dass die Ges von Wirtschaftsprüfern verantwortlich geführt wird sowie der Erfüllung weiterer gesetzlicher Voraussetzungen (§ 28 WPO). Die Ges kann als Personen-, Kapital- oder PartGes (§ 1 PartGG, Text Anh B nach § 160) verfasst sein, seit 2007 auch als GmbH & Co KG (Autenrieth WpG **14**, 139) und als SE (§ 27 WPO). NichtWP als Gfter und Anteilsinhaber s § 28 WPO. Durch APAReG (s. dazu Rn. 9) wird Hinweis auf Zulässigkeit von allen europ. und mitgliedstaatlichen Gesellschaftsformen aufgenommen (§ 27 Abs. 1)

3   C. **Berufsausübung:** Die Berufsausübung verbindet herkömmlich eine Vielzahl **unterschiedlicher Aufgaben**, die nach Bedeutung und Umfang grundsätzlich gleichwertig sind, darunter die Prüfungstätigkeit, die Steuerberatung, die Wirtschafts- und Unternehmensberatung (die als eigenes Aufgabenfeld durch die 3. WPO-Novelle 1994 aus dem Katalog der lediglich vereinbaren Tätigkeiten gem § 43a IV WPO herausgenommen und den das Berufsbild prägenden Gebieten gem § 2 WPO zugeordnet wurde), die Gutachter- und Sachverständigentätigkeit, Düss DB **06**, 1670, die Treuhandtätigkeit (darunter auch Insolvenzverwaltung, BGH NJW **05**, 1058; Deckenbrock/Fleckner NJW **05**, 1167) sowie – erweitert durch das Rechtsdienstleistungsgesetz **RDG** v 12.12.2007 – die Rechtsberatung und -besorgung; Hense/Ulrich § 2 Rn 23 ff. Das Gesetz verzichtet bewusst auf eine obligatorische Trennung von Prüfung und Beratung wie zum

II. Handelsbücher und Bilanzen   4   **Einl WPO (2a)**

Teil in anderen Rechtsordnungen (vgl § 319 Rn 5). Dies wird wegen der Gefahr der Interessenkollision (Selbstprüfung) zunehmend als problematisch empfunden, s 64. DJT 2002 Abteilung Wirtschaftsrecht, Beschluss 1.14. Das BilReG hat dieses Anliegen durch deutliche Verschärfung der Unabhängigkeitsvorschriften in §§ 318 III, 319 und 319a HGB aufgegriffen. Den Wirtschaftsprüfern kommt nach der Vorstellung des deutschen Gesetzgebers eine zentrale Rolle bei der Corporate Governance zu, was die „Erwartungslücke" noch vergrößert hat und für den Berufsstand Herausforderung ist, Hopt in IDW, Kapitalmarktorientierte Unternehmensüberwachung 2001 S 27. Zur Rolle der Wirtschaftsprüfer bei Prüfung von Compliance-Management-Systemen: Merkt DB **14**, 2271 und 2331. Zu den Reformen der WPO s Rn 9, zu denen der §§ 316–324a s Überbl 1 vor § 316 HGB. Gemeinsame Stellungnahme der WPK und des IDW: Anforderungen an die Qualitätssicherung in der Wirtschaftsprüferpraxis VO 1/2006 WPg **06**, 629, dazu Schmidt/Pfitzer WPg **06**, 1193. Zur Qualitätssicherung WP-Hdb **12** I A 466 ff; Marten WPg **17**, 487 und 610 (IDW EQS 1 Qualitätssicherung); ders WPg **17**, 308 (IDW EPS 140 nF); Heidrich/Loy WPg **17**, 487 (Kapitalmarkt); Farr WPg **17**, 299 (Qualitätssicherung für Kleinpraxen); Niemann/Farr DStR **16**, 1231 (WPO-Novelle); dies DStR **17**, 341 (Qualitätssicherung mittelständische WP-Praxen); Bruckner/Schmidt WPg **17**, 58 (Qualitätskontrollen).

Die **Rechte und Pflichten der Wirtschaftsprüfer** sind in §§ 43–56 WPO   4 (im Folgenden abgedruckt) näher umschrieben, insbesondere die allgemeinen Berufspflichten (§ 43 WPO), gemeinsame Berufsausübung, Außen- und Scheinsozietät (§ 44b WPO), Zweigniederlassung (§ 47 WPO), Ablehnung der Tätigkeit bei Besorgnis der Befangenheit (§ 49 WPO), BGH **159**, 242, unverzügliche Mitteilung der Ablehnung eines Auftrages (sonst Schadensersatzpflicht, § 51 WPO), beschränkter Wechsel des Auftraggebers (§ 53 WPO), Berufshaftpflichtversicherung (§ 54 WPO), Haftungsbeschränkung (§ 54a WPO) und Vergütung (§§ 55, 55a WPO) sowie **Qualitätssicherung** (§§ 55b, 55c WPO). **Qualitätssicherungssystem** nach § 55b dient vornehmlich der Sicherung von Verfahrensabläufen und der betrieblichen Organisation; *Qualitätskontrolle* des Systems erfolgt durch zertifizierte Berufsangehörige und kann durch sie bescheinigt werden (§ 57 VI 7). Ergebnis wird der Kommission für Qualitätskontrolle bei der WPK mitgeteilt, die Auflagen erteilen und ggf Prüfzertifikat entziehen kann; festgestellte Mängel dürfen dann aber nicht mehr berufsaufsichtsrechtlich verwertet werden (§ 57e IV 2 WPO). Bei Verstoß allein gegen § 49 Alt 2 WPO keine Nichtigkeit, BGH **159**, 234, krit Ring WPg **05**, 200, aber dann zugleich Verstoß gegen § 319 II (§ 319 Rn 4 ff). Zur Haftung des Prüfers und zur Mithaftung des Geschäftsführers der geprüften Gesellschaft BGH NZG **10**, 146. Zur Haftung der Wirtschaftsprüfungsgesellschaft für unrichtiges Testat bei Kapitalmarktprospekten BGH AG **14**, 710. **Lit** Velte/Lechner/Kusch DStR **07**, 1494 (EU-rechtliche Haftungsbegrenzung); Pape DStR **07**, 1221; Bantleon/Thomann/Bühner, DStR **07**, 1978 (IDW PS 210); Imwinkel/Kortebusch/Schneider Konzern **08**, 215; Lenz Konzern **08**, 495; Farr /Niemann DStR **09**, 387 (IDW S 7); Petersen/Zwirner KoR **09**, 44.5; Wellhöfer/Peltzer/Müller Die Haftung von Vorstand, Aufsichtsrat und Wirtschaftsprüfer, 2008, §§ 23–29; Gladys DStR 2014, 445, zur europarechtlich vorgeschriebenen Pflichtrotation Köhler/Gehring BB **15**, 235; Marten WPg **17**, 487 und 610 (IDW EQS 1 Qualitätssicherung); ders WPg **17**, 308 (IDW EPS 140 nF); Heidrich/Loy WPg **17**, 487 (Kapitalmarkt); Farr WPg **17**, 299 (Qualitätssicherung für Kleinpraxen); Niemann/Farr DStR **16**, 1231 (WPO-Novelle); dies DStR **17**, 341 (Qualitätssicherung mittelständische WP-Praxen); Bruckner/Schmidt WPg **17**, 58 (Qualitätskontrollen).

5 D. Pflichtprüfung: Die Prüfungstätigkeit wird maßgeblich durch die Vorbehaltsaufgabe geprägt, die (gesetzlich vorgeschriebene) Pflichtprüfung der Jahresabschlüsse bestimmter Unternehmen durchzuführen sowie Bestätigungsvermerke über Vornahme und Ergebnis der Prüfung zu erteilen bzw zu versagen (§ 2 I WPO). Eine gesetzliche Prüfungspflicht wird sowohl durch Bundes- als auch durch Landesrecht begründet und betrifft Unternehmen unterschiedlichster Rechtsformen, Größe und Branchen. Die Durchführung der Prüfung des Jahresabschlusses dient einerseits der Kontrolle vor allem der Ordnungsmäßigkeit der Buchführung und der Berichterstattung (einschließlich der Prüfung, ob Risiken der zukünftigen Entwicklung richtig dargestellt sind), andererseits ist sie nach § 316 I Voraussetzung dafür, dass der Jahresabschluss festgestellt werden kann (mit uU schwerwiegenden zivil-, straf- und steuerrechtlichen Folgen bei unterlassener Pflichtprüfung), Seitz DStR **91**, 315; Hense WPg **93**, 716; Rauch BB **97**, 35. Aus diesem Grund ist die **Unabhängigkeit** der Pflichtprüfer essentiell (§§ 319, 319a II HGB), BGH **135**, 260 (Allweiler), dazu Wolf Müller WPg **03**, 741, NJW **03**, 970 (Hypo-Vereinsbank), näher zu §§ 319, 319a HGB.

6 E. Freiwillige Prüfungen und Testate: Daneben werden Wirtschaftsprüfer regelmäßig auch mit der freiwilligen (gesetzlich nicht vorgeschriebenen) Prüfung von Abschlüssen beauftragt. Häufig besteht bei nicht kraft Gesetzes prüfungspflichtigen Unternehmen auf Grund der Satzung bzw des GesVertrages oder entsprechender Beschlussfassung der Gesellschafter oder auf Grund kreditvertraglicher Vereinbarung eine Pflicht zur Prüfung, weshalb in solchen Fällen die Bezeichnung „freiwillig" irreführend ist, Mü DB **96**, 1666. Ein Kernproblem von Prüfungen und Testaten außerhalb der gesetzlichen Pflichtprüfung ist die Dritthaftung gegenüber Personen, die nicht Auftraggeber des Testats sind, denen dieses jedoch zugänglich gemacht wird und die darauf vertrauen, umfangreiche Rspr (§ 323 HGB Rn 8, § 347 HGB Rn 19–21).

7 F. AGB: Die Wirtschaftsprüfer werden auch bei Pflichtprüfungen nicht ex lege, sondern auf Grund privater Verträge tätig (§ 318 Rn 1). Diesen werden die **(2d) AGB-WP** zu Grunde gelegt.

2) Wirtschaftsprüfungsordnung

8 A. Inkrafttreten: Die **WPO** 24.7.61 trat am 1.11.1961 in Kraft und löste nach über zehnjähriger Gesetzgebungsvorbereitung die seit 1945 in den Ländern geltenden unterschiedlichen Vorschriften durch eine **bundeseinheitliche Gesetzesregelung** zum Berufsrecht der Wirtschaftsprüfer und der vereidigten Buchprüfer ab. Einzelne Bestimmungen der WPO wurden im Zuge der Verabschiedung bzw Änderung anderer Gesetze ua im Bereich des Strafrechts in den Jahren 1964, 1968, 1970 und 1974 geändert.

9 B. Änderungen: Substantielle Reform der WPO durch nF 5.11.74 BGBl 2258. Weitere wesentliche Änderungen durch BiRiLiG 1985 BGBl 2355 zur Umsetzung der 4., 7. u 8. (Prüferbefähigungs-)EU-Ri: Zulassung zum Wirtschaftsprüfer-Examen, Anerkennung, Führung des Berufsregisters. Weitere Änderung durch **2. WPO-ÄndG** 20.7.90 BGBl 1462 (Umsetzung der EG-**Hochschuldiplom-Ri**). **Neuordnung des Berufsrechts durch 3. WPO-ÄndG 15.7.94** BGBl 1596 (Einführung der Berufssatzung der WPK 11.6.1996, BAnz 7509u 11077). Nach weiteren kleineren Änd **4. WPOÄG** 19.12.2000 BGBl 1769 mit Einführung der Qualitätssicherung durch externe Kontrolle (peer review-Verfahren) sowie der Bestellung und Anerkennung von Wirtschaftsprüfungsges durch die WPK. Weitere Änderungen brachten ua das **WPRefG** 1.12.03 BGBl 2446 (sog 5. **WPO-Novelle**) mit zahlreichen Änderungen, ua zu Prüfungsverfahren und -gebieten, Zulassungs- und Prüfungszuständigkeit der Wirtschaftsprüferkammer statt bei den Ländern sowie bessere Sanktionskompetenzen der Wirtschaftsprüferkammer als Aufsichtsorgan), das **BilKoG** 15.12.04

II. Handelsbücher und Bilanzen 10, 11 **Einl WPO (2a)**

BGBl 3408 (§ 43a IV Nr 4) und das **APAG** 27.12.04 BGBl 3846 (sog 6. **WPO-Novelle,** ua §§ 55b, 57a, 57e, 57f, 59a, 60, § 61a, § 66a). Das APAG bringt neben der Weiterentwicklung des Qualitätskontrollverfahrens nach §§ 57a ff WPO vor allem eine öffentliche, fachbezogene, berufsstandsunabhängige Aufsicht (public oversight board, vgl PCAOB in den USA) durch eine neue „Abschlussprüferaufsichtskommission" (**APAK**, „nicht rechtsfähige Personengemeinschaft sui generis", keine Verwaltungsakte, sondern zivilrechtliche Tätigkeit, so RegE zu § 66a WPO), die unterhalb der Rechtsaufsicht durch das Ministerium (§ 66 WPO) und oberhalb der Wirtschaftsprüferkammer (§ 4 WPO, Selbstverwaltung, zugleich mittelbare Staatsverwaltung als Körperschaft des öffentlichen Rechts) steht (RegE) und ggü WP-Kammer weisungsbefugt ist. § 55b WPO stellt die Berufspflicht zur Einführung eines internen Qualitätssicherungssystems klar (s Rn 4). Zur Abschlussprüferreform einschneidend **BilReG** 4.12.04 BGBl 3166s Einl 2 vor § 316 HGB. 9. ZustAnpV 31.10.2006 BGBl I 2407. 2. JuMoG 23.12.2006 BGBl I 3416. Das Berufsaufsichtsreformgesetz (**BARefG, 7. WPO-Novelle**) 3.9.2007 BGBl I 2178 hat wichtige berufsrechtliche Änderungen gebracht. Weitere Änderungen erfolgten durch das G zur Neuregelung des Verbots der Vereinbarung von Erfolgshonoraren 12.6.2008 BGBl I 1000 (§§ 55, 55a WPO) und das **BilMoG 2009** 25.5.2009 BGBl I 1102. Die Aufsicht über Abschlussprüfer wurde den geänderten Rahmenbedingungen und den Erwartungen der Öffentlichkeit angepasst: Ausweitung der Ermittlungs- und Sanktionskompetenz der WP-Kammer (Möglichkeit zur anlassunabhängigen und stichprobenartigen Sonderuntersuchung); keine Berufung auf Verschwiegenheitspflicht zur Aussageverweigerung (nur bei Gefahr der Selbstbelastung). Die Gesetze 17.7.2009 BGBl I 2091, 2.12.2011 BGBl I 1746 und 22.12.2010 BGBl I 2248, ber 4.2.2011 BGBl I 223 betreffen hier nicht abgedruckte Bestimmungen. Wachsenden Einfluss auf die Ordnung der Wirtschaftsprüfung erlangen die **International Standards on Auditing (ISA)** des International Auditing and Assurance Standards Board (IAASB), deren Übernahme in EU-Recht derzeit geprüft wird.

Verabschiedete EU-Reform 2014: Reform der **AbschlussprüfungsRi** 10 (AbschlussprüfungsänderungsRi 16.4.14 ABlEU L 158/196 ff) enthält unter anderem eine erweiterten Begriff der Abschlussprüfung, einen europäischen Pass, das Bestehen auf einer „kritischen Grundhaltung", Vorgaben zur internen Organisation und Arbeitsorganisation, Prüfung und Bestätigungsvermerk gemäß den internationalen Prüfungsstandards und Erleichterungen für kleine und mittlere Unternehmen, sofern diese nicht Unternehmen von öffentlichem Interesse sind. Probleme liegen jedoch in der AbschlussprüfungsVO 16.4.2014 ABlEU L 158/77, ber ABlEU L 170/66. Hier wurden die Anforderungen an die Abschlussprüfung bei Unternehmen von öffentlichem Interesse (public interest companies, PIE: kapitalmarktorientierte Unternehmen, Kreditinstitute, Versicherungen) ganz erheblich verschärft, so z. B. zur externen Rotation. Die EU-Kommission scheute aber vor der gänzlichen Harmonisierung der Abschlussprüferhaftung zurück, stattdessen hat die Abschlussprüferreform 2014 die verwaltungsrechtlichen Untersuchungen und Sanktionen ganz erheblich ausgebaut. (AbschlussprüferRi Art 30 ff idF 2014, Überbl zu EU-Reform insgesamt Rn 7 vor § 316).

Die EU-Reform der Aufsicht über die Abschlussprüfer wird in Deutschland 11 durch das **Gesetz zur Umsetzung und Ausführung der aufsichts- und berufsrechtlichen Regelungen der EU-Abschlussprüfungsreform (APA-ReG)** vom 31.3.2016 (BGBl I 518) und für die WPO als **8. WPO-Novelle** umgesetzt, das am 17.6.16 in Kraft trat. Das Gesetz strebte im Wesentlichen eine 1:1 Umsetzung Richtlinie 2014/56/EU des Europäischen Parlaments und des Rates vom 16.4.14 zur Änderung der Richtlinie 2006/43/EG über Abschlussprüfungen von Jahresabschlüssen und konsolidierten Abschlüssen (ABl L 158 vom 27.5.14, S 196) sowie der Ausführung der unmittelbar anwendbaren Verordnung (EU) Nr. 537/2014 des Europäischen Parlaments und des Rates vom 16.4.14

Merkt 1807

über spezifische Anforderungen an die Abschlussprüfung bei Unternehmen von öffentlichem Interesse und zur Aufhebung des Beschlusses 2005/909/EG der Kommission (ABl L 158 vom 27.5.14, S 77) an (Begr z RegE). **Lit** Niemann/Farr DStR **16**, 1231.

12 Die Aufsicht wurde durch das APAReG 2016 neu strukturiert und gestärkt; gleichzeitig wurden Regelungen des Berufsrechts (WPO) unter weitestmöglichem Erhalt der beruflichen Selbstverwaltung angepasst. Ziel: Stärkung des Vertrauens der Anleger in die Ordnungsgemäßheit und Zuverlässigkeit der Unternehmensabschlüsse; Erhöhung der Wirksamkeit und Transparenz der Aufsicht. Führung der Aufsicht durch berufsstandsunabhängige und selbständige **Abschlussprüferaufsichtsstelle** beim Bundesamt für Wirtschaft und Ausfuhrkontrolle (BAFA), wobei durch weitestmögliche gesetzliche (§ 613a BGB) Übernahme des Personals der APAK Kontinuität gewahrt wurde. Ein Teil der Aufgaben wurde auf Selbstverwaltung der Wirtschaftsprüfer in der WP-Kammer übertragen. Weitere Änderungen betraffen teils berufsrechtliche Lockerungen, etwa zugunsten europ. Rechtsformen (§ 27 I WPO), Erleichterungen für kleinere und mittelgroße Prüferpraxen und eine Neustrukturierung der berufsaufsichtsrechtlichen Maßnahmen und Berufsgerichtsbarkeit (§ 68 WPO), so können etwa Sanktionen auch gegen Prüfgesellschaften verhängt werden und führen bereits Berufspflichtverstöße, die bei einer Qualitätskontrolle festgestellt werden, zu berufsaufsichtlichen Verfahren und Sanktionen. Es gelten insgesamt strenge Vorgaben für Qualitätssicherungssystem, Unabhängigkeitsanforderungen an Abschlussprüfer und Dokumentationspflichten. Für vereidigte Buchprüfer wurde die Möglichkeit zur verkürzten Prüfung zum Wirtschaftsprüfer wiedereingeführt (§ 13a WPO). **Lit** Kilian ZGR **04**, 189; Marten/Köhler WPg **05**, 145 (APAK); Brinkmann/Spieß WPg **06**, 395u 668 (ISA), IDW IDW-FN **07**, 430, (BARefG); Wiechers StuB **07**, 687 (BARefG); Naumann/Hamat WPg **07**, 901 (BARefG); Ernst/Seidler ZGR **08**, 631 (BilMoG); Petersen/Zwirner WPg **08**, 967 (BilMoG); Henssler/Deckenbrock DB **08**, 41 (RDG); Petersen/Zwirner StuB **08**, 50; Fölsing WPg **08**, 931; Heininger WPg **08**, 535; Petersen/Zwirner KoR **09**, 44; Köhler/Merkt/Böhm, Evaluation of the Possible Adoption of International Standards on Auditing (ISAs) in the EU, URL: http://duepublico.uni-duisburg-essen.de/servlets/DocumentServlet?id=21502, 2009; Naumann/Feld WPg **13**, 641; zu ISA: Merkt ZGR **15**, 215. Speziell zur EU-Reform und deren Umsetzung: Hopt/Hennrichs/Böcking/Gros/W. Doralt ZGR **15**, 186 ff; Blöink BB **15**, 1067; Velte WPg **15**, 482, DAV-Handelsrechtsausschuss NZG **15**, 752; Lanfermann/Maul BB **15**, 1003; Lücke/Stöbener/Giesler BB **15**, 1578; IDW Positionspapiere v 16.4.14u 25.6.15; IDW Stellungnahme zum RegE APAReG v 17.9.15; Merkt ZHR 179 **(15)**, 601 (Reform 2014). **Lit** Boecker/Zwirner DStR **16**, 90 (APAReG).

13 C. **Inhalt und Aufbau:** Erster Teil: Allgemeine Vorschriften §§ 1–4b. Zweiter Teil: Voraussetzungen für die Berufsausübung §§ 5–42. Dritter Teil: Rechte und Pflichten der Wirtschaftsprüfer §§ 43–56. Vierter Teil: Organisation des Berufs §§ 57–61. Fünfter Teil: Berufsaufsicht §§ 61a–71. Sechster Teil: Berufsgerichtsbarkeit §§ 71a–127. Siebenter Teil: Vereidigte Buchprüfer und Buchprüfungsgesellschaften §§ 128–130. Achter Teil: EU- und EWR- Abschlussprüfungsgesellschaften §§ 131–131b. Neunter Teil: Eignungsprüfung als Wirtschaftsprüfer §§ 131g–131n. Zehnter Teil: Straf- und Bußgeldvorschriften §§ 132–133e. Elfter Teil: Übergangs- und Schlussvorschriften §§ 134–141. Anlage: Gebührenverzeichnis.

Erster Teil. Allgemeine Vorschriften

Wirtschaftsprüfer und Wirtschaftsprüfungsgesellschaften

WPO 1 (1) [1] Wirtschaftsprüfer oder Wirtschaftsprüferinnen (Berufsangehörige) sind Personen, die als solche öffentlich bestellt sind. [2] Die Bestellung setzt den Nachweis der persönlichen und fachlichen Eignung im Zulassungs- und staatlichen Prüfungsverfahren voraus.

(2) [1] Der Wirtschaftsprüfer übt einen freien Beruf aus. [2] Seine Tätigkeit ist kein Gewerbe.

(3) [1] Wirtschaftsprüfungsgesellschaften bedürfen der Anerkennung. [2] Die Anerkennung setzt den Nachweis voraus, daß die Gesellschaft von Wirtschaftsprüfern verantwortlich geführt wird.

Inhalt der Tätigkeit

WPO 2 (1) Wirtschaftsprüfer haben die berufliche Aufgabe, betriebswirtschaftliche Prüfungen, insbesondere solche von Jahresabschlüssen wirtschaftlicher Unternehmen, durchzuführen und Bestätigungsvermerke über die Vornahme und das Ergebnis solcher Prüfungen zu erteilen.

(2) Wirtschaftsprüfer sind befugt, ihre Auftraggeber in steuerlichen Angelegenheiten nach Maßgabe der bestehenden Vorschriften zu beraten und zu vertreten.

(3) Wirtschaftsprüfer sind weiter nach Maßgabe der bestehenden Vorschriften befugt

1. unter Berufung auf ihren Berufseid auf den Gebieten der wirtschaftlichen Betriebsführung als Sachverständige aufzutreten;
2. in wirtschaftlichen Angelegenheiten zu beraten und fremde Interessen zu wahren;
3. zur treuhänderischen Verwaltung.

Berufliche Niederlassung

WPO 3 (1) [1] Berufsangehörige müssen unmittelbar nach der Bestellung eine berufliche Niederlassung begründen und eine solche unterhalten; wird die Niederlassung in einem Staat begründet, der nicht Mitgliedstaat der Europäischen Union oder Vertragsstaat des Abkommens über den europäischen Wirtschaftsraum (Drittstaat) oder die Schweiz ist, muss eine zustellungsfähige Anschrift im Inland unterhalten werden. [2] Berufliche Niederlassung eines Berufsangehörigen ist die Praxis, von der aus er seinen Beruf überwiegend ausübt.

(2) Bei Wirtschaftsprüfungsgesellschaften ist Sitz der Hauptniederlassung der Verwaltungssitz der Gesellschaft.

(3) Berufsangehörige und Wirtschaftsprüfungsgesellschaften dürfen Zweigniederlassungen nach den Vorschriften dieses Gesetzes begründen.

Zweiter Teil. Voraussetzungen für die Berufsausübung

Fünfter Abschnitt. Wirtschaftsprüfungsgesellschaften

Rechtsform

WPO 27 (1) Europäische Gesellschaften, Gesellschaften nach deutschem Recht oder Gesellschaften in einer nach dem Recht eines Mitgliedstaats der Europäischen Union oder eines Vertragsstaats des Abkommens über den Europäischen Wirtschaftsraum zulässigen Rechtsform können nach Maßgabe der Vorschriften dieses Abschnitts als Wirtschaftsprüfungsgesellschaften anerkannt werden.

(2) Offene Handelsgesellschaften und Kommanditgesellschaften können als Wirtschaftsprüfungsgesellschaften anerkannt werden, wenn sie wegen ihrer Treuhandtätigkeit als Handelsgesellschaften in das Handelsregister eingetragen worden sind.

Dritter Teil. Rechte und Pflichten der Wirtschaftsprüfer

Allgemeine Berufspflichten

WPO 43 (1) [1]Berufsangehörige haben ihren Beruf unabhängig, gewissenhaft, verschwiegen und eigenverantwortlich auszuüben. [2]Sie haben sich insbesondere bei der Erstattung von Prüfungsberichten und Gutachten unparteiisch zu verhalten.

(2) [1]Berufsangehörige haben sich jeder Tätigkeit zu enthalten, die mit ihrem Beruf oder mit dem Ansehen des Berufs unvereinbar ist. [2]Sie haben sich der besonderen Berufspflichten bewusst zu sein, die ihnen aus der Befugnis erwachsen, gesetzlich vorgeschriebene Bestätigungsvermerke zu erteilen. [3]Sie haben sich auch außerhalb der Berufstätigkeit des Vertrauens und der Achtung würdig zu erweisen, die der Beruf erfordert. [4]Sie sind verpflichtet, sich fortzubilden.

(3) [1]Wer Abschlussprüfer eines Unternehmens von öffentlichem Interesse nach § 319a Absatz 1 Satz 1 des Handelsgesetzbuchs war oder wer als verantwortlicher Prüfungspartner im Sinne des § 319a Absatz 1 Satz 4 und Absatz 2 Satz 2 des Handelsgesetzbuchs bei der Abschlussprüfung eines solchen Unternehmens tätig war, darf dort innerhalb von zwei Jahren nach der Beendigung der Prüfungstätigkeit keine wichtige Führungstätigkeit ausüben und nicht Mitglied des Aufsichtsrats, des Prüfungsausschusses des Aufsichtsrats oder des Verwaltungsrats sein. [2]Satz 1 gilt mit der Maßgabe, dass die Frist ein Jahr beträgt, entsprechend für

1. Personen, die als Abschlussprüfer oder verantwortliche Prüfungspartner gesetzliche Abschlussprüfungen eines sonstigen Unternehmens durchgeführt haben,
2. Partner und Mitarbeiter des Abschlussprüfers, die zwar nicht selbst als Abschlussprüfer oder verantwortlicher Prüfungspartner tätig, aber unmittelbar am Prüfungsauftrag beteiligt waren und die als Wirtschaftsprüfer, vereidigter Buchprüfer oder EU- oder EWR-Abschlussprüfer zugelassen sind, und
3. alle anderen Berufsangehörigen, vereidigten Buchprüfer oder EU- oder EWR-Abschlussprüfer, deren Leistungen der Abschlussprüfer des Unternehmens in Anspruch nehmen oder kontrollieren kann und die unmittelbar am Prüfungsauftrag beteiligt waren.

II. Handelsbücher und Bilanzen 43a WPO (2a)

(4) ¹Berufsangehörige haben während der gesamten Prüfung eine kritische Grundhaltung zu wahren. ²Dazu gehört es, Angaben zu hinterfragen, auf Gegebenheiten zu achten, die auf eine falsche Darstellung hindeuten könnten, und die Prüfungsnachweise kritisch zu beurteilen.

(5) Berufsangehörige haben bei der Durchführung von Abschlussprüfungen ausreichend Zeit für den Auftrag aufzuwenden und die zur angemessenen Wahrnehmung der Aufgaben erforderlichen Mittel, insbesondere – soweit erforderlich – Personal mit den notwendigen Kenntnissen und Fähigkeiten, einzusetzen.

(6) Wirtschaftsprüfungsgesellschaften haben darüber hinaus bei Durchführung der Abschlussprüfung

1. den verantwortlichen Prüfungspartner insbesondere anhand der Kriterien der Prüfungsqualität, Unabhängigkeit und Kompetenz auszuwählen,
2. dem verantwortlichen Prüfungspartner die zur angemessenen Wahrnehmung der Aufgaben erforderlichen Mittel, insbesondere Personal mit den notwendigen Kenntnissen und Fähigkeiten, zur Verfügung zu stellen und
3. den verantwortlichen Prüfungspartner aktiv an der Durchführung der Abschlussprüfung zu beteiligen.

Regeln der Berufsausübung

WPO 43a (1) Berufsangehörige üben ihren Beruf aus

1. in eigener Praxis oder in gemeinsamer Berufsausübung gemäß § 44b,
2. als Vorstandsmitglieder, Geschäftsführer, persönlich haftende oder nach dem Partnerschaftsgesellschaftsgesetz verbundene Personen von Wirtschaftsprüfungsgesellschaften,
3. als zeichnungsberechtigte Vertreter oder zeichnungsberechtigte Angestellte bei Berufsangehörigen, Wirtschaftsprüfungsgesellschaften, Personengesellschaften nach § 44b Absatz 1, EU- oder EWR-Abschlussprüfern, EU- oder EWR-Abschlussprüfungsgesellschaften, genossenschaftlichen Prüfungsverbänden, Prüfungsstellen von Sparkassen- und Giroverbänden oder überörtlichen Prüfungseinrichtungen für Körperschaften und Anstalten des öffentlichen Rechts,
4. als Vorstandsmitglieder, Geschäftsführer, persönlich haftende oder nach dem Partnerschaftsgesellschaftsgesetz verbundene Personen einer Buchprüfungsgesellschaft, einer Rechtsanwaltsgesellschaft oder einer Steuerberatungsgesellschaft,
5. als zeichnungsberechtigte Vertreter oder zeichnungsberechtigte Angestellte bei einem Angehörigen eines ausländischen Prüferberufs oder einer ausländischen Prüfungsgesellschaft oder als gesetzliche Vertreter oder Mitglieder des zur gesetzlichen Vertretung berufenen Organs einer ausländischen Prüfungsgesellschaft, wenn die Voraussetzungen für deren Berufsausübung den Vorschriften dieses Gesetzes im Wesentlichen entsprechen,
6. als gesetzliche Vertreter oder Mitglieder des zur gesetzlichen Vertretung berufenen Organs einer ausländischen Rechtsberatungsgesellschaft oder Steuerberatungsgesellschaft, wenn die Voraussetzungen für deren Berufsausübung den Vorschriften der Bundesrechtsanwaltsordnung oder des Steuerberatungsgesetzes im Wesentlichen entsprechen,
7. als Angestellte der Wirtschaftsprüferkammer,
8. als Angestellte des Bundesamts für Wirtschaft und Ausfuhrkontrolle, soweit es sich um eine Tätigkeit bei der Abschlussprüferaufsichtsstelle handelt,

Merkt

9. als Angestellte einer
   a) nach § 342 Absatz 1 des Handelsgesetzbuchs vom Bundesministerium der Justiz und für Verbraucherschutz durch Vertrag anerkannten Einrichtung,
   b) nach § 342b Absatz 1 des Handelsgesetzbuchs vom Bundesministerium der Justiz und für Verbraucherschutz im Einvernehmen mit dem Bundesministerium der Finanzen durch Vertrag anerkannten Prüfstelle oder
   c) nicht gewerblich tätigen Personenvereinigung,
   aa) deren ordentliche Mitglieder Berufsangehörige, Wirtschaftsprüfungsgesellschaften, vereidigte Buchprüfer oder Buchprüfungsgesellschaften oder Personen oder Personengesellschaften sind, die die Voraussetzungen des § 44b Absatz 2 Satz 1 erfüllen,
   bb) deren ausschließlicher Zweck die Vertretung der beruflichen Belange der Wirtschaftsprüfer oder vereidigten Buchprüfer ist und
   cc) in der Berufsangehörige, Wirtschaftsprüfungsgesellschaften, vereidigte Buchprüfer oder Buchprüfungsgesellschaften die Mehrheit haben,
10. als Angestellte der Bundesanstalt für Finanzdienstleistungsaufsicht, wenn es sich um eine Tätigkeit
    a) nach Abschnitt 11 des Wertpapierhandelsgesetzes oder
    b) zur Vorbereitung, Durchführung und Analyse von Prüfungen bei einem von einer Aufsichtsbehörde beaufsichtigten Unternehmen
    handelt, oder
11. als Angestellte eines Prüfungsverbands nach § 26 Absatz 2 des Gesetzes über das Kreditwesen.

(2) Vereinbar mit dem Beruf des Wirtschaftsprüfers ist
1. die Ausübung eines freien Berufs auf dem Gebiet der Technik und des Rechtswesens sowie eines Berufs, mit dem die gemeinsame Berufsausübung im Sinne des § 44b zulässig ist,
2. die Tätigkeit als Lehrer oder wissenschaftlicher Mitarbeiter an wissenschaftlichen Instituten oder Hochschulen,
3. die Tätigkeit als Geschäftsführer einer Europäischen wirtschaftlichen Interessenvereinigung, deren Mitglieder ausschließlich Personen sind, mit denen die gemeinsame Berufsausübung im Sinne des § 44b zulässig ist,
4. die Durchführung von Lehr- und Vortragsveranstaltungen zur Vorbereitung auf die Prüfungen zum Wirtschaftsprüfer, zum vereidigten Buchprüfer oder zum Steuerberater sowie zur Fortbildung der Mitglieder der Wirtschaftsprüferkammer und
5. die freie schriftstellerische, wissenschaftliche und künstlerische Tätigkeit sowie die freie Vortragstätigkeit.

(3) [1] Berufsangehörige dürfen keine der folgenden Tätigkeiten ausüben:
1. gewerbliche Tätigkeiten;
2. Tätigkeiten in einem Anstellungsverhältnis mit Ausnahme der in den Absätzen 1 und 2 genannten Fälle;
3. Tätigkeiten in einem Beamtenverhältnis oder einem nicht ehrenamtlich ausgeübten Richterverhältnis mit Ausnahme des in Absatz 2 Nummer 2 genannten Falls; § 44a bleibt unberührt.

[2] Auf Antrag kann die Wirtschaftsprüferkammer Berufsangehörigen genehmigen, eine Tätigkeit nach Satz 1 auszuüben, wenn diese einer der Tätigkeiten nach Absatz 1 oder 2 vergleichbar ist und durch die Tätigkeit das Vertrauen in die Einhaltung der Berufspflichten nicht gefährdet werden kann. [3] Auf Antrag kann die Wirtschaftsprüferkammer die Eingehung eines außerberuflichen Anstellungsverhältnisses vorübergehend genehmigen, wenn es der

II. Handelsbücher und Bilanzen **44b WPO (2a)**

Übernahme einer Notgeschäftsführung oder der Sanierung einer gewerblichen Gesellschaft dient.

Eigenverantwortliche Tätigkeit

WPO 44 (1) ¹Eine eigenverantwortliche Tätigkeit übt nicht aus, wer sich als zeichnungsberechtigter Vertreter oder als zeichnungsberechtigter Angestellter an Weisungen zu halten hat, die ihn verpflichten, Prüfungsberichte und Gutachten auch dann zu unterzeichnen, wenn ihr Inhalt sich mit seiner Überzeugung nicht deckt. ²Weisungen, die solche Verpflichtungen enthalten, sind unzulässig. ³Anteilseigner einer Wirtschaftsprüfungsgesellschaft und Mitglieder der Verwaltungs-, Leitungs- und Aufsichtsorgane dieser oder einer verbundenen Wirtschaftsprüfungsgesellschaft dürfen auf die Durchführung von Abschlussprüfungen nicht in einer Weise Einfluss nehmen, die die Unabhängigkeit der verantwortlichen Berufsangehörigen beeinträchtigt.

(2) Die Eigenverantwortlichkeit wird nicht schon dadurch ausgeschlossen, daß für gesetzliche Vertreter von Wirtschaftsprüfungsgesellschaften und für bei Wirtschaftsprüfern oder Wirtschaftsprüfungsgesellschaften angestellte Wirtschaftsprüfer eine Mitzeichnung durch einen anderen Wirtschaftsprüfer oder bei genossenschaftlichen Prüfungsverbänden, Prüfungsstellen von Sparkassen- und Giroverbänden oder überörtlichen Prüfungseinrichtungen für Körperschaften und Anstalten des öffentlichen Rechts durch einen zeichnungsberechtigten Vertreter des Prüfungsverbandes, der Prüfungsstelle oder der Prüfungseinrichtung vereinbart ist.

Wirtschaftsprüfer im öffentlich-rechtlichen Dienst- oder Amtsverhältnis

WPO 44a ¹Ist ein Wirtschaftsprüfer ein öffentlich-rechtliches Dienstverhältnis als Wahlbeamter auf Zeit oder ein öffentlich-rechtliches Amtsverhältnis eingegangen, so darf er seinen Beruf als Wirtschaftsprüfer nicht ausüben, es sei denn, daß er die ihm übertragene Aufgabe ehrenamtlich wahrnimmt. ²Die Wirtschaftsprüferkammer kann dem Wirtschaftsprüfer auf seinen Antrag einen Vertreter bestellen oder ihm gestatten, seinen Beruf selbst auszuüben, wenn die Einhaltung der allgemeinen Berufspflichten dadurch nicht gefährdet wird.

Gemeinsame Berufsausübung

WPO 44b (1) ¹Wirtschaftsprüfer dürfen ihren Beruf mit natürlichen und juristischen Personen sowie mit Personengesellschaften, die der Berufsaufsicht einer Berufskammer eines freien Berufes im Geltungsbereich dieses Gesetzes unterliegen und ein Zeugnisverweigerungsrecht nach § 53 Abs. 1 Satz 1 Nr. 3 der Strafprozeßordnung haben, örtlich und überörtlich in Personengesellschaften gemeinsam ausüben. ²Mit Rechtsanwälten, die zugleich Notare sind, darf eine solche Personengesellschaft nur bezogen auf die anwaltliche Berufsausübung eingegangen werden. ³Im Übrigen richtet sich die Verbindung mit Rechtsanwälten, die zugleich Notare sind, nach den Bestimmungen und Anforderungen des notariellen Berufsrechts.

(2) ¹Eine gemeinsame Berufsausübung mit natürlichen und juristischen Personen sowie mit Personengesellschaften, die in einem ausländischen Staat als sachverständige Prüfer ermächtigt oder bestellt sind, ist zulässig, wenn die

Merkt 1813

Voraussetzungen für ihre Ermächtigung oder Bestellung den Vorschriften dieses Gesetzes im wesentlichen entsprechen und sie in dem ausländischen Staat ihren Beruf gemeinsam mit Wirtschaftsprüfern ausüben dürfen. ²Eine gemeinsame Berufsausübung ist weiter zulässig mit Rechtsanwälten, Patentanwälten und Steuerberatern anderer Staaten, wenn diese einen nach Ausbildung und Befugnissen der Bundesrechtsanwaltsordnung, der Patentanwaltsordnung oder dem Steuerberatungsgesetz entsprechenden Beruf ausüben und mit Rechtsanwälten, Patentanwälten oder Steuerberatern im Geltungsbereich dieses Gesetzes ihren Beruf ausüben dürfen. ³Absatz 1 Satz 2 und 3 gilt entsprechend.

(3) ¹Die Wirtschaftsprüferkammer hat ein Einsichtsrecht in die Verträge über die gemeinsame Berufsausübung. ²Erforderliche Auskünfte sind auf Verlangen zu erteilen.

(4) Berufsangehörige dürfen ihren Beruf in Personengesellschaften mit Personen im Sinne von Absatz 1 Satz 1, die selbst nicht als Berufsangehörige oder als vereidigte Buchprüfer oder vereidigte Buchprüferin bestellt oder als Wirtschaftsprüfungsgesellschaft oder Buchprüfungsgesellschaft anerkannt sind, nur dann gemeinsam ausüben, wenn sie der Wirtschaftsprüferkammer bei Aufnahme einer solchen Tätigkeit nachweisen, dass ihnen auch bei gesamtschuldnerischer Inanspruchnahme der nach § 54 vorgeschriebene Versicherungsschutz für jeden Versicherungsfall uneingeschränkt zur Verfügung steht.

(5) Wirtschaftsprüfer haben die gemeinsame Berufsausübung unverzüglich zu beenden, wenn sie auf Grund des Verhaltens eines Mitglieds der Personengesellschaft ihren beruflichen Pflichten nicht mehr uneingeschränkt nachkommen können.

(6) Wird eine gemeinsame Berufsausübung im Sinne des Absatzes 1 kundgemacht, sind die Vorschriften der Absätze 4 und 5 entsprechend anzuwenden.

Prokuristen

WPO 45 ¹Wirtschaftsprüfer sollen als Angestellte von Wirtschaftsprüfungsgesellschaften die Rechtsstellung von Prokuristen haben. ²Angestellte Wirtschaftsprüfer gelten als leitende Angestellte im Sinne des § 5 Abs. 3 des Betriebsverfassungsgesetzes.

Beurlaubung

WPO 46 (1) Wirtschaftsprüfer, die vorübergehend eine mit dem Beruf unvereinbare Tätigkeit aufnehmen oder aufgrund besonderer Umstände, insbesondere um Kinder zu erziehen oder Angehörige zu pflegen, nicht den Beruf des Wirtschaftsprüfers ausüben wollen, können auf Antrag von der Wirtschaftsprüfertätigkeit beurlaubt werden.

(2) ¹Sie dürfen während der Zeit ihrer Beurlaubung die Tätigkeit als Wirtschaftsprüfer nicht ausüben. ²Die Gesamtzeit der Beurlaubung soll fünf aufeinanderfolgende Jahre nicht überschreiten.

Zweigniederlassungen

WPO 47 ¹Zweigniederlassungen müssen jeweils von wenigstens einem Berufsangehörigen oder EU- oder EWR-Abschlussprüfer geleitet werden, der seine berufliche Niederlassung am Ort der

II. Handelsbücher und Bilanzen 51b WPO (2a)

Zweigniederlassung hat. ²Für Zweigniederlassungen von in eigener Praxis tätigen Berufsangehörigen kann die Wirtschaftsprüferkammer Ausnahmen zulassen.

Siegel

WPO 48 (1) ¹Wirtschaftsprüfer und Wirtschaftsprüfungsgesellschaften sind verpflichtet, ein Siegel zu benutzen, wenn sie Erklärungen abgeben, die den Berufsangehörigen gesetzlich vorbehalten sind. ²Sie können ein Siegel führen, wenn sie in ihrer Berufseigenschaft Erklärungen über Prüfungsergebnisse abgeben oder Gutachten erstatten.

(2) Die Wirtschaftsprüferkammer trifft im Rahmen der Berufssatzung die näheren Bestimmungen über die Gestaltung des Siegels und die Führung des Siegels.

Versagung der Tätigkeit

WPO 49 Der Wirtschaftsprüfer hat seine Tätigkeit zu versagen, wenn sie für eine pflichtwidrige Handlung in Anspruch genommen werden soll oder die Besorgnis der Befangenheit bei der Durchführung eines Auftrages besteht.

Verschwiegenheitspflicht der Gehilfen

WPO 50 Der Wirtschaftsprüfer hat seine Gehilfen und Mitarbeiter, soweit sie nicht bereits durch Gesetz zur Verschwiegenheit verpflichtet sind, zur Verschwiegenheit zu verpflichten.

Mitteilung der Ablehnung eines Auftrages

WPO 51 ¹Der Wirtschaftsprüfer, der einen Auftrag nicht annehmen will, hat die Ablehnung unverzüglich zu erklären. ²Er hat den Schaden zu ersetzen, der aus einer schuldhaften Verzögerung dieser Erklärung entsteht.

Pflicht zur Übernahme der Beratungshilfe

WPO 51a ¹Wirtschaftsprüfer und vereidigte Buchprüfer sind verpflichtet, die in dem Beratungshilfegesetz vorgesehene Beratungshilfe zu übernehmen. ²Sie können die Beratungshilfe im Einzelfall aus wichtigem Grund ablehnen.

Handakten

WPO 51b (1) Berufsangehörige müssen durch Anlegung von Handakten ein zutreffendes Bild über die von ihnen entfaltete Tätigkeit geben können.

(2) ¹Berufsangehörige haben ihre Handakten für die Dauer von zehn Jahren nach Beendigung des Auftrags aufzubewahren. ²Diese Verpflichtung erlischt jedoch schon vor Beendigung dieses Zeitraums, wenn der Berufsangehörigen ihre Auftraggeber aufgefordert haben, die Handakten in Empfang zu neh-

Merkt 1815

(2a) WPO 51b

men, und die Auftraggeber dieser Aufforderung binnen sechs Monaten, nachdem sie sie erhalten haben, nicht nachgekommen sind.

(3) [1] Berufsangehörige können ihren Auftraggebern die Herausgabe der Handakten verweigern, bis sie wegen ihrer Vergütung und Auslagen befriedigt sind. [2] Dies gilt nicht, soweit die Vorenthaltung der Handakten oder einzelner Schriftstücke nach den Umständen unangemessen wäre.

(4) Handakten im Sinne der Absätze 2 und 3 sind nur solche Schriftstücke, die Berufsangehörige aus Anlass ihrer beruflichen Tätigkeit von ihren Auftraggebern oder für diese erhalten haben, nicht aber die Briefwechsel zwischen den Berufsangehörigen und ihren Auftraggebern, die Schriftstücke, die die Auftraggeber bereits in Urschrift oder Abschrift erhalten haben, sowie die zu internen Zwecken gefertigten Arbeitspapiere.

(5) [1] Bei gesetzlichen Abschlussprüfungen nach § 316 des Handelsgesetzbuchs ist für jede Abschlussprüfung eine Handakte nach Absatz 1 (Prüfungsakte) anzulegen, die spätestens 60 Tage nach Unterzeichnung des Bestätigungsvermerks im Sinne der §§ 322 und 322a des Handelsgesetzbuchs zu schließen ist. [2] Berufsangehörige haben in der Prüfungsakte auch zu dokumentieren,

1. ob sie die Anforderungen an ihre Unabhängigkeit im Sinne des § 319 Absatz 2 bis 5 und des § 319a des Handelsgesetzbuchs erfüllen, ob ihre Unabhängigkeit gefährdende Umstände vorliegen und welche Schutzmaßnahmen sie gegebenenfalls zur Verminderung dieser Gefahren ergriffen haben,
2. ob sie über die Zeit, das Personal und die sonstigen Mittel verfügen, die nach § 43 Absatz 5 zur angemessenen Durchführung der Abschlussprüfung erforderlich sind,
3. wenn sie den Rat externer Sachverständiger einholen, die entsprechenden Anfragen und die erhaltenen Antworten.

[3] Wirtschaftsprüfungsgesellschaften haben darüber hinaus den verantwortlichen Prüfungspartner zu benennen und zu dokumentieren, dass dieser nach dem Zweiten oder Neunten Teil zugelassen ist. [4] Die Berufsangehörigen haben alle Informationen und Unterlagen aufzubewahren, die zur Begründung des Bestätigungsvermerks im Sinne der §§ 322 und 322a des Handelsgesetzbuchs, des Prüfungsberichts im Sinne des § 321 des Handelsgesetzbuchs oder zur Kontrolle der Einhaltung von Berufspflichten von Bedeutung sind oder die schriftliche Beschwerden über die Durchführung der Abschlussprüfungen beinhalten. [5] Die Dokumentationspflichten nach den Artikeln 6 bis 8 der Verordnung (EU) Nr. 537/2014 des Europäischen Parlaments und des Rates vom 16. April 2014 über spezifische Anforderungen an die Abschlussprüfung bei Unternehmen von öffentlichem Interesse und zur Aufhebung des Beschlusses 2005/909/EG der Kommission (ABl. L 158 vom 27.5.2014, S. 77) in der jeweils geltenden Fassung und die Aufbewahrungspflicht nach Artikel 15 der Verordnung (EU) Nr. 537/2014 bleiben unberührt.

(6) [1] Berufsangehörige, die eine Konzernabschlussprüfung durchführen, haben der Wirtschaftsprüferkammer auf deren schriftliche oder elektronische Aufforderung die Unterlagen über die Arbeit von Drittstaatsprüfern und Drittstaatsprüfungsgesellschaften, die in den Konzernabschluss einbezogene Tochterunternehmen prüfen, zu übergeben, soweit diese nicht gemäß § 134 Absatz 1 eingetragen sind und keine Vereinbarung zur Zusammenarbeit gemäß § 57 Absatz 9 Satz 5 Nummer 3 besteht. [2] Erhalten Berufsangehörige keinen Zugang zu den Unterlagen über die Arbeit von Drittstaatsprüfern und Drittstaatsprüfungsgesellschaften, so haben sie den Versuch ihrer Erlangung und die Hindernisse zu dokumentieren und der Wirtschaftsprüferkammer auf deren schriftliche oder elektronische Aufforderung die Gründe dafür mitzuteilen.

II. Handelsbücher und Bilanzen

54 WPO (2a)

(7) ¹Die Absätze 1 bis 6 gelten entsprechend, soweit sich Berufsangehörige zum Führen von Handakten der elektronischen Datenverarbeitung bedienen. ²In anderen Gesetzen getroffene Regelungen über die Pflichten zur Aufbewahrung von Geschäftsunterlagen bleiben unberührt.

Werbung

WPO 52 Werbung ist zulässig, es sei denn, sie ist unlauter.

Wechsel des Auftraggebers

WPO 53 Berufsangehörige dürfen keine widerstreitenden Interessen vertreten; sie dürfen insbesondere in einer Sache, in der sie oder eine Person oder eine Personengesellschaft, mit der sie ihren Beruf gemeinsam ausüben, bereits tätig waren, für andere Auftraggebende nur tätig werden, wenn die bisherigen und die neuen Auftraggebenden einverstanden sind.

Berufshaftpflichtversicherung

WPO 54 (1) ¹Berufsangehörige, die ihren Beruf nach § 43a Absatz 1 Nummer 1 ausüben, und Wirtschaftsprüfungsgesellschaften sind verpflichtet, eine Berufshaftpflichtversicherung zur Deckung der sich aus ihrer Berufstätigkeit ergebenden Haftpflichtgefahren für Vermögensschäden zu unterhalten. ²Die Berufshaftpflichtversicherung einer Partnerschaft mit beschränkter Berufshaftung nach § 8 Absatz 4 des Partnerschaftsgesellschaftsgesetzes, die nicht selbst als Wirtschaftsprüfungsgesellschaft zugelassen ist, muss die Haftpflichtgefahren für Vermögensschäden decken, die sich aus ihrer Berufstätigkeit im Sinne der §§ 2 oder 129 ergeben. ³Die Versicherung muss sich auch auf solche Vermögensschäden erstrecken, für die ein Berufsangehöriger nach den §§ 278 oder 831 des Bürgerlichen Gesetzbuchs einzustehen hat.

(2) ¹Der Versicherungsvertrag muss vorsehen, dass Versicherungsschutz für jede einzelne während der Geltung des Versicherungsvertrages begangene Pflichtverletzung zu gewähren ist, die gesetzliche Haftpflichtansprüche privatrechtlichen Inhalts gegen den Versicherungsnehmer zur Folge haben könnte. ²Der Versicherungsvertrag kann vorsehen, dass die Versicherungssumme den Höchstbetrag der dem Versicherer in jedem einzelnen Schadensfall obliegenden Leistung darstellt, und zwar mit der Maßgabe, dass nur eine einmalige Leistung der Versicherungssumme in Frage kommt

1. gegenüber mehreren entschädigungspflichtigen Personen, auf welche sich der Versicherungsschutz erstreckt,
2. bezüglich eines aus mehreren Pflichtverletzungen stammenden einheitlichen Schadens,
3. bezüglich sämtlicher Folgen einer Pflichtverletzung ohne Rücksicht darauf, ob Schäden in einem oder in mehreren aufeinanderfolgenden Jahren entstanden sind.

³Im Fall des Satzes 2 Nummer 3 gilt mehrfaches auf gleicher oder gleichartiger Fehlerquelle beruhendes Tun oder Unterlassen als einheitliche Pflichtverletzung, wenn die betreffenden Angelegenheiten miteinander in rechtlichem oder wirtschaftlichem Zusammenhang stehen. ⁴In diesem Fall kann die Leistung des Versicherers auf das Fünffache der Mindestversicherungs-

summe nach Absatz 4 Satz 1 begrenzt werden, soweit es sich nicht um gesetzlich vorgeschriebene Pflichtprüfungen handelt.

(3) Von der Versicherung kann der Versicherungsschutz ausgeschlossen werden für

1. Ersatzansprüche wegen wissentlicher Pflichtverletzung,
2. Ersatzansprüche wegen Schäden, die durch Fehlbeträge bei der Kassenführung, durch Pflichtverletzungen beim Zahlungsakt oder durch Veruntreuung durch das Personal des Versicherungsnehmers entstehen,
3. Ersatzansprüche, die vor Gerichten in Drittstaaten geltend gemacht werden, und
4. Ersatzansprüche wegen Verletzung oder Nichtbeachtung des Rechts von Drittstaaten, soweit die Ansprüche nicht bei der das Abgabenrecht dieser Staaten betreffenden geschäftsmäßigen Hilfeleistung in Steuersachen entstehen und soweit das den Ersatzansprüchen zugrunde liegende Auftragsverhältnis zwischen Versicherungsnehmer und Auftraggeber nicht deutschem Recht unterliegt.

(4) [1] Die Mindestversicherungssumme für den einzelnen Versicherungsfall muss den in § 323 Absatz 2 Satz 1 des Handelsgesetzbuchs bezeichneten Umfang betragen. [2] Die Vereinbarung eines Selbstbehalts bis zur Höhe von 1 Prozent der Mindestversicherungssumme ist zulässig. [3] Zuständige Stelle im Sinne des § 117 Absatz 2 des Versicherungsvertragsgesetzes ist die Wirtschaftsprüferkammer.

(5) Die Wirtschaftsprüferkammer erteilt Dritten zur Geltendmachung von Schadensersatzansprüchen auf Antrag Auskunft über den Namen, die Adresse und die Versicherungsnummer der Berufshaftpflichtversicherung der Berufsangehörigen, der Wirtschaftsprüfungsgesellschaften oder der Partnerschaften mit beschränkter Berufshaftung, soweit diese kein überwiegendes schutzwürdiges Interesse an der Nichterteilung der Auskunft haben.

(6) Die Wirtschaftsprüferkammer trifft im Rahmen der Berufssatzung die näheren Bestimmungen über den Versicherungsinhalt, den Versicherungsnachweis, das Anzeigeverfahren und die Überwachung der Versicherungspflicht.

Vertragliche Begrenzung von Ersatzansprüchen

WPO 54a (1) Der Anspruch der Auftraggeber aus den zwischen ihnen und den Berufsangehörigen bestehenden Vertragsverhältnissen auf Ersatz eines fahrlässig verursachten Schadens kann beschränkt werden

1. durch schriftliche Vereinbarung im Einzelfall bis zur Mindesthöhe der Deckungssumme nach § 54 Absatz 4 Satz 1 oder
2. durch vorformulierte Vertragsbedingungen auf den vierfachen Betrag der Mindesthöhe der Deckungssumme nach § 54 Absatz 4 Satz 1, wenn insoweit Versicherungsschutz besteht.

(2) Die persönliche Haftung von Mitgliedern einer Personengesellschaft (§ 44b) auf Schadensersatz kann auch durch vorformulierte Vertragsbedingungen auf einzelne namentlich bezeichnete Mitglieder der Personengesellschaft beschränkt werden, die die vertragliche Leistung erbringen sollen.

(3) Werden im Rahmen der gesetzlichen Abschlussprüfung Prüfungstätigkeiten durch Berufsangehörige auf Dritte übertragen, so bleibt die Pflichtenstellung der Berufsangehörigen gegenüber ihren Auftraggebern hiervon unberührt.

II. Handelsbücher und Bilanzen **55a WPO (2a)**

Vergütung

WPO 55 (1) [1]Unbeschadet des Artikels 4 der Verordnung (EU) Nr. 537/2014 dürfen Berufsangehörige für Tätigkeiten nach § 2 Abs. 1 und 3 Nr. 1 und 3 keine Vereinbarung schließen, durch welche die Höhe der Vergütung vom Ergebnis ihrer Tätigkeit als Wirtschaftsprüfer abhängig gemacht wird. [2]Für Tätigkeiten nach § 2 Abs. 2 gilt dies, soweit § 55a nichts anderes bestimmt. [3]Die Vergütung für gesetzlich vorgeschriebene Abschlussprüfungen darf über Satz 1 hinaus nicht an weitere Bedingungen geknüpft sein und sie darf auch nicht von der Erbringung zusätzlicher Leistungen für das geprüfte Unternehmen beeinflusst oder bestimmt sein. [4]Satz 3 gilt entsprechend für die Vergütung oder Leistungsbewertung von Personen, die an der Abschlussprüfung beteiligt sind oder auf andere Weise in der Lage sind, das Ergebnis der Abschlussprüfung zu beeinflussen. [5]Besteht zwischen der erbrachten Leistung und der vereinbarten Vergütung ein erhebliches Missverhältnis, muss der Wirtschaftsprüferkammer oder der Abschlussprüferaufsichtsstelle auf Verlangen nachgewiesen werden können, dass für die Prüfung eine angemessene Zeit aufgewandt und qualifiziertes Personal eingesetzt wurde.

(2) Die Abgabe und Entgegennahme eines Teils der Vergütung oder sonstiger Vorteile für die Vermittlung von Aufträgen, gleichviel ob im Verhältnis zu Berufsangehörigen oder Dritten, ist unzulässig.

(3) [1]Die Abtretung von Vergütungsforderungen oder die Übertragung ihrer Einziehung an Berufsangehörige, an Berufsgesellschaften oder an Berufsausübungsgemeinschaften ist auch ohne Zustimmung der auftraggebenden Person zulässig; diese sind in gleicher Weise zur Verschwiegenheit verpflichtet wie die beauftragte Person. [2]Satz 1 gilt auch bei einer Abtretung oder Übertragung an Berufsangehörige anderer freier Berufe, die einer entsprechenden gesetzlichen Verschwiegenheitspflicht unterliegen. [3]Die Abtretung von Vergütungsforderungen oder die Übertragung ihrer Einziehung an andere Personen ist entweder bei rechtskräftiger Feststellung der Vergütungsforderung oder mit Zustimmung der auftraggebenden Person zulässig.

Erfolgshonorar für Hilfeleistung in Steuersachen

WPO 55a (1) [1]Vereinbarungen, durch die eine Vergütung für eine Hilfeleistung in Steuersachen oder ihre Höhe vom Ausgang der Sache oder vom Erfolg der Tätigkeit des Wirtschaftsprüfers abhängig gemacht wird oder nach denen der Wirtschaftsprüfer einen Teil der zu erzielenden Steuerermäßigung, Steuerersparnis oder Steuervergütung als Honorar erhält (Erfolgshonorar), sind unzulässig, soweit nachfolgend nichts anderes bestimmt ist. [2]Vereinbarungen, durch die der Wirtschaftsprüfer sich verpflichtet, Gerichtskosten, Verwaltungskosten oder Kosten anderer Beteiligter zu tragen, sind unzulässig.

(2) Ein Erfolgshonorar darf nur für den Einzelfall und nur dann vereinbart werden, wenn der Auftraggeber aufgrund seiner wirtschaftlichen Verhältnisse bei verständiger Betrachtung ohne die Vereinbarung eines Erfolgshonorars von der Rechtsverfolgung abgehalten würde.

(3) [1]Die Vereinbarung bedarf der Textform. [2]Sie muss als Vergütungsvereinbarung oder in vergleichbarer Weise bezeichnet werden, von anderen Vereinbarungen mit Ausnahme der Auftragserteilung deutlich abgesetzt sein und darf nicht in der Vollmacht enthalten sein. [3]Die Vereinbarung muss enthalten:

Merkt 1819

(2a) WPO 55b 2. Teil. Handelsrechtl. Nebengesetze

1. die erfolgsunabhängige Vergütung, zu der der Wirtschaftsprüfer bereit wäre, den Auftrag zu übernehmen, sowie
2. die Angabe, welche Vergütung bei Eintritt welcher Bedingungen verdient sein soll.

(4) [1] In der Vereinbarung sind außerdem die wesentlichen Gründe anzugeben, die für die Bemessung des Erfolgshonorars bestimmend sind. [2] Ferner ist ein Hinweis aufzunehmen, dass die Vereinbarung keinen Einfluss auf die gegebenenfalls vom Auftraggeber zu zahlenden Gerichtskosten, Verwaltungskosten und die von ihm zu erstattenden Kosten anderer Beteiligter hat.

(5) [1] Aus einer Vergütungsvereinbarung, die nicht den Anforderungen der Absätze 2 und 3 entspricht, erhält der Wirtschaftsprüfer keine höhere als eine nach den Vorschriften des bürgerlichen Rechts bemessene Vergütung. [2] Die Vorschriften des bürgerlichen Rechts über die ungerechtfertigte Bereicherung bleiben unberührt.

Internes Qualitätssicherungssystem

WPO 55b (1) [1] Berufsangehörige haben für ihre Praxis Regelungen zu schaffen, die die Einhaltung ihrer Berufspflichten gewährleisten, und deren Anwendung zu überwachen und durchzusetzen (internes Qualitätssicherungssystem). [2] Das interne Qualitätssicherungssystem soll in einem angemessenen Verhältnis zum Umfang und zur Komplexität der beruflichen Tätigkeit stehen. [3] Das interne Qualitätssicherungssystem ist zu dokumentieren und den Mitarbeitern der Berufsangehörigen zur Kenntnis zu geben.

(2) [1] Bei Berufsangehörigen, die Abschlussprüfungen nach § 316 des Handelsgesetzbuchs durchführen, haben die Regelungen nach Absatz 1 angemessene Grundsätze und Verfahren zur ordnungsgemäßen Durchführung und Sicherung der Qualität der Abschlussprüfung zu umfassen. [2] Dazu gehören zumindest
1. solide Verwaltungs- und Rechnungslegungsverfahren, interne Qualitätssicherungsmechanismen, wirksame Verfahren zur Risikobewertung sowie wirksame Kontroll- und Sicherheitsvorkehrungen für Datenverarbeitungssysteme,
2. Vorkehrungen zum Einsatz angemessener und wirksamer Systeme und Verfahren sowie der zur angemessenen Wahrnehmung der Aufgaben erforderlichen Mittel und des dafür erforderlichen Personals,
3. Grundsätze und Verfahren, die die Einhaltung der Anforderungen an die Eigenverantwortlichkeit der verantwortlichen Abschlussprüfers nach § 44 Absatz 1 Satz 3 dieses Gesetzes und an die Unabhängigkeit nach den §§ 319 bis 319b des Handelsgesetzbuchs gewährleisten,
4. Grundsätze und Verfahren, die sicherstellen, dass Mitarbeiter sowie sonstige unmittelbar an den Prüfungstätigkeiten beteiligte Personen über angemessene Kenntnisse und Erfahrungen für die ihnen zugewiesenen Aufgaben verfügen sowie fortgebildet, angeleitet und kontrolliert werden,
5. die Führung von Prüfungsakten nach § 51b Absatz 5,
6. organisatorische und administrative Vorkehrungen für den Umgang mit Vorfällen, die die ordnungsmäßige Durchführung der Prüfungstätigkeiten beeinträchtigen können, und für die Dokumentation dieser Vorfälle,
7. Verfahren, die es den Mitarbeitern unter Wahrung der Vertraulichkeit ihrer Identität ermöglichen, potenzielle oder tatsächliche Verstöße gegen die Verordnung (EU) Nr. 537/2014 oder gegen Berufspflichten sowie etwaige

II. Handelsbücher und Bilanzen **55c WPO (2a)**

strafbare Handlungen oder Ordnungswidrigkeiten innerhalb der Praxis an geeignete Stellen zu berichten,
8. Grundsätze der Vergütung und Gewinnbeteiligung nach § 55 und
9. Grundsätze und Verfahren, die gewährleisten, dass im Fall der Auslagerung wichtiger Prüfungstätigkeiten die interne Qualitätssicherung und die Berufsaufsicht nicht beeinträchtigt werden.

(3) [1]Im Rahmen der Überwachung nach Absatz 1 Satz 1 haben Berufsangehörige, die Abschlussprüfungen nach § 316 des Handelsgesetzbuchs durchführen, das interne Qualitätssicherungssystem zumindest hinsichtlich der Grundsätze und Verfahren für die Abschlussprüfung, für die Fortbildung, Anleitung und Kontrolle der Mitarbeiter sowie für die Handakte einmal jährlich zu bewerten. [2]Im Fall von Mängeln des internen Qualitätssicherungssystems haben sie die zu deren Behebung erforderlichen Maßnahmen zu ergreifen. [3]Die Berufsangehörigen haben einmal jährlich in einem Bericht zu dokumentieren:

1. die Ergebnisse der Bewertung nach Satz 1,
2. Maßnahmen, die nach Satz 2 ergriffen oder vorgeschlagen wurden,
3. Verstöße gegen Berufspflichten oder gegen die Verordnung (EU) Nr. 537/2014, soweit diese nicht nur geringfügig sind, sowie
4. die aus Verstößen nach Nummer 3 erwachsenden Folgen und die zur Behebung der Verstöße ergriffenen Maßnahmen.

(4) Bei Wirtschaftsprüfungsgesellschaften, die gesetzlich vorgeschriebene Abschlussprüfungen durchführen, liegt die Verantwortung für das interne Qualitätssicherungssystem bei Berufsangehörigen, vereidigten Buchprüfern oder vereidigten Buchprüferinnen oder EU- oder EWR-Abschlussprüfern.

Bestellung eines Praxisabwicklers

WPO 55c (1) [1]Ist ein Berufsangehöriger oder eine Berufsangehörige verstorben, kann die Wirtschaftsprüferkammer einen anderen Berufsangehörigen oder eine andere Berufsangehörige zum Abwickler der Praxis bestellen. [2]Ein Abwickler kann auch für die Praxis früherer Berufsangehöriger bestellt werden, deren Bestellung erloschen, zurückgenommen oder widerrufen worden ist. [3]Die Bestellung erstreckt sich nicht auf Aufträge zur Durchführung gesetzlich vorgeschriebener Abschlussprüfungen nach § 316 des Handelsgesetzbuchs.

(2) [1]Der Abwickler ist in der Regel nicht länger als für die Dauer eines Jahres zu bestellen. [2]Auf Antrag des Abwicklers ist die Bestellung jeweils höchstens um ein Jahr zu verlängern, wenn er glaubhaft macht, dass schwebende Angelegenheiten noch nicht zu Ende geführt werden konnten.

(3) [1]Dem Abwickler obliegt es, die schwebenden Angelegenheiten abzuwickeln. [2]Er führt die laufenden Aufträge fort; innerhalb der ersten sechs Monate ist er auch berechtigt, neue Aufträge anzunehmen. [3]Ihm stehen die gleichen Befugnisse zu, die die ehemaligen Berufsangehörigen hatten. [4]Der Abwickler gilt für die schwebenden Angelegenheiten als von der Partei bevollmächtigt, sofern diese nicht für die Wahrnehmung ihrer Rechte in anderer Weise gesorgt hat.

(4) [1]Berufsangehörige, die zum Abwickler bestellt werden sollen, können die Abwicklung nur aus einem wichtigen Grund ablehnen. [2]Über die Zulässigkeit der Ablehnung entscheidet die Wirtschaftsprüferkammer.

(5) [1]Dem Abwickler stehen im Rahmen der eigenen Befugnisse die rechtlichen Befugnisse der Berufsangehörigen zu, deren Praxis er abwickelt. [2]Der

Merkt 1821

(2a) WPO 56

Abwickler wird in eigener Verantwortung, jedoch im Interesse, für Rechnung und auf Kosten der abzuwickelnden Praxis tätig. [3] Die §§ 666, 667 und 670 des Bürgerlichen Gesetzbuchs gelten entsprechend.

(6) [1] Der Abwickler ist berechtigt, die Praxisräume zu betreten und die zur Praxis gehörenden Gegenstände einschließlich des den ehemaligen Berufsangehörigen zur Verwahrung unterliegenden Treuguts in Besitz zu nehmen, herauszuverlangen und hierüber zu verfügen. [2] An Weisungen der ehemaligen Berufsangehörigen oder deren Erben ist er nicht gebunden. [3] Die ehemaligen Berufsangehörigen oder deren Erben dürfen die Tätigkeit des Abwicklers nicht beeinträchtigen. [4] Die ehemaligen Berufsangehörigen oder deren Erben haben dem Abwickler eine angemessene Vergütung zu zahlen, für die Sicherheit zu leisten ist, wenn die Umstände es erfordern. [5] Können sich die Beteiligten über die Höhe der Vergütung oder über die Sicherheit nicht einigen oder wird die geschuldete Sicherheit nicht geleistet, setzt der Vorstand der Wirtschaftsprüferkammer auf Antrag der ehemaligen Berufsangehörigen oder deren Erben oder des Abwicklers die Vergütung fest. [6] Der Abwickler ist befugt, Vorschüsse auf die vereinbarte oder festgesetzte Vergütung zu entnehmen. [7] Für die festgesetzte Vergütung haftet die Wirtschaftsprüferkammer wie ein Ausfallbürge.

(7) [1] Der Abwickler ist berechtigt, jedoch außer im Rahmen eines Kostenfestsetzungsverfahrens nicht verpflichtet, Gebührenansprüche und Kostenforderungen der ehemaligen Berufsangehörigen im eigenen Namen geltend zu machen, im Falle verstorbener Berufsangehöriger allerdings nur für Rechnung der Erben.

(8) [1] Die Bestellung kann widerrufen werden.

(9) [1] Der Abwickler darf für die Dauer von zwei Jahren nach Ablauf der Bestellung nicht für Auftraggeber tätig werden, die er in seiner Eigenschaft als Abwickler betreut hat, es sei denn, es liegt eine schriftliche Einwilligung der ehemaligen Berufsangehörigen oder deren Erben vor.

Anwendung der Vorschriften über die Rechte und Pflichten der Wirtschaftsprüfer auf Wirtschaftsprüfungsgesellschaften

WPO 56 (1) Die §§ 43, 43a Absatz 2 und 3, §§ 44b, 49 bis 53, 54 und 55 bis 55c gelten sinngemäß für Wirtschaftsprüfungsgesellschaften sowie für Vorstandsmitglieder, Geschäftsführer, Partner und persönlich haftende Gesellschafter einer Wirtschaftsprüfungsgesellschaft, die nicht Wirtschaftsprüfer sind.

(2) Die Mitglieder der durch Gesetz, Satzung oder Gesellschaftsvertrag vorgesehenen Aufsichtsorgane der Gesellschaften sind zur Verschwiegenheit verpflichtet.

(2b) Allgemeine Auftragsbedingungen für Wirtschaftsprüfer und Wirtschaftsprüfungsgesellschaften (AGB-WP)

Vom 1. Januar 2002
IDW-Verlag GmbH 40420 Düsseldorf

Einleitung

Schrifttum

a) Kommentare und Handbücher: s zunächst allgemeines Schrifttum zum AGB-Recht s **(5)** §§ 305–310 BGB Einl vor § 1; Speziallit Institut der Wirtschaftsprüfer WP Premium: WP Handbuch und Assurance mit Online-Ausgabe 2017; *Schäfer,* Wirtschaftsprüfer, in v Westphalen, Vertragsrecht und AGB-Klauselwerke, Bd 2 (LBl); *Schmitz/Lorey/ Harder,* Berufsrecht und Haftung der Wirtschaftsprüfer, 2. A 2016; Wirtschaftsprüfer-Kompendium, 3 Bde 2002 ff (LBl); *Wellhöfer/Peltzer/Müller,* Die Haftung von Vorstand, Aufsichtsrat, Wirtschaftsprüfer mit GmbH-Geschäftsführer – Handbuch 2008; WP-Hdb, 15. A 2016.
b) Einzeldarstellungen und Sonstiges: *Brandner* ZIP 84, 1186. – *Bunte* BB **81**, 1064. – *Flies* WPK-Mitt **92**, 49. – *Ekkenga* WM-Sonderbeilage 3/96. – *Land* Wirtschaftsprüferhaftung gegenüber Dritten 1996 (rechtsvgl). – *Otto/Mittag* WM **96**, 325. – *Weber* NZG **99**, 9.

Der zwischen Wirtschaftsprüfer bzw Wirtschaftsprüfungsgesellschaft und Auftraggeber geschlossene Vertrag zur Prüfung des Jahresabschlusses ist idR Geschäftsbesorgungsvertrag mit Dienst- bzw Werkvertragscharakter (vgl §§ 675 I, 611 bzw 631 BGB, § 318 HGB Rn 3). Diesem Vertrag werden von Seiten der Wirtschaftsprüfer und Wirtschaftsprüfungsgesellschaften üblicherweise die **Allgemeinen Auftragsbedingungen für Wirtschaftsprüfer und Wirtschaftsprüfergesellschaften** (AGB-WP, Stand 1.1.2002) zu Grunde gelegt, die vom Fachausschuss des IDW redigiert werden. Die Verwendung von AGB im Rahmen der Wirtschaftsprüfung ist gemäß **(2c)** WPO § 54a zulässig. Inhaltlich und besonders für die Haftungsbeschränkungen sind die AGB-WP auf die berufsrechtlichen Anforderungen gemäß **(2c)** WPO § 54a I Nr 2 abgestimmt. Für die Wirksamkeit der Einbeziehung und die Inhaltskontrolle gilt allgemeines AGB-Recht (s **(5)** §§ 305–310 BGB, insbesondere § 308 BGB), Brandner ZIP **84**, 1186; JZ **85**, 757; Hopt FS Pleyer **86**, 367; Wo/Li/Pf/Stoffels Rechtsanwälte, Steuerberater, Wirtschaftsprüfer R 1 ff.

Der **Inhalt des Vertrages** zwischen Prüfer und Auftraggeber wird durch die AGB-WP in mehrfacher Hinsicht geregelt. Nach **Nr 2 I** ist Auftragsgegenstand die vereinbarte Leistung und nicht ein bestimmter Erfolg. Diese Zuordnung zum Vertragstyp des **Geschäftsbesorgungsvertrags** mit Dienstvertragscharakter (§§ 675 I, 611 BGB) entspricht grundsätzlich dem Charakter der Wirtschaftsprüfung. Dem werkvertraglichen Element entspricht die Regelung in Nr 8 I, wonach ein verschuldensunabhängiger Anspruch auf **Mängelbeseitigung** durch den Wirtschaftsprüfer gewährt wird und für den Fall des Fehlschlagens weitere Gewährleistungsrechte vorgesehen sind. Ist **abweichend von Nr 2 I** Vertragsgegenstand die Erstattung eines Gutachtens, hat die Individualabrede Vorrang. Nr 2 I ist wirksam. Als nicht unbedenklich wurden daggen die Klauseln über den Leistungsumfang angesehen, so die Nichtberücksichtigung ausländischen Rechts außer bei ausdrücklicher schriftlicher Vereinbarung (**Nr 2 II**), der kategorische Ausschluss von Sondervorschriften, soweit der Auftrag nicht darauf gerichtet ist (**Nr 2 III**), selbst wenn die Prüfung „dazu gehört", und die Abbedingung jedweder Nachsorgepflicht (**Nr 2 V**), Ul/Br/He/Schmidt 10. Aufl 2006 Anh § 310 BGB Rz 1047; zT auch Wo/Li/Pf/Stoffels Rechtsanwälte, Steuerberater, Wirtschaftsprüfer R 13 f. Das erscheint sehr weitgehend, in Rechnung zu stellen

Merkt

ist dabei allerdings der Grundsatz der Auslegung gegen den Verwender (scheinbar kundenfeindlichste Auslegung, **(5)** § 305c II BGB).

3 Für gesetzlich vorgeschriebene Prüfungen gilt gemäß **Nr 9 I** die **Haftungsbeschränkung** des § 323 II HGB (1 Mio Euro, bei Ges mit Notierung im amtlichen Handel 4 Mio Euro); Ausschlussfrist nach **Nr 9 III 1** ist nichtig (vgl § 199 BGB), Düss WM **09**, 1907. Daran an schließt sich in **Nr 9 II** die Haftungsbeschränkung für Schadensersatzansprüche jeder Art bei fahrlässig verursachtem Einzelschaden auf 4 Mio Euro gemäß **(2c)** WPO § 54a I Nr 2. Nach **Nr 9 II 5** ist die Haftung bei Serienschäden auf 5 Mio Euro beschränkt. Diese letztere Beschränkung ist von **(2c)** WPO § 54a I Nr 2 nicht mehr gedeckt und wegen des erheblichen Schadenspotenzials das mit der beruflichen Fehlleistung des Wirtschaftsprüfers verbunden sein kann, besonders bei grober Fahrlässigkeit unangemessen, Otto/Mittag WM **96**, 383; Ul/Br/He/Schmidt 10. Aufl 2006 Anh § 310 BGB Rn 1052, str, keine Freizeichnung für Verletzung von wesentlichen Vertragspflichten, str, für Wirksamkeit dagegen Wo/Li/Pf/Stoffels Rechtsanwälte, Steuerberater, Wirtschaftsprüfer R 7; Stoffels ZIP **16**, 2389 (Haftungsbegrenzung in WP-AGB); Kilian/Rimkus ZIP **16**, 608 (Verwendung von AGB-WP: Klauselrechtliche Probleme); Esser/Kilian DStR **17**, 564 (Haftungskonzentrationsvereinbarungen).

4 Von besonderem Interesse ist die Einbeziehung Dritter in die Haftungsregelung der AGB-WPO. Nach **Nr 7** haftet der Prüfer gegenüber Dritten nur, wenn er der Weitergabe seiner beruflichen Äußerungen schriftlich zugestimmt hat. Diese Regelung kann deliktische oder quasivertragliche Ansprüche nicht und je nachdem solche aus § 328 BGB bzw aus Vertrag mit drittschützender Wirkung (in den beiden letztgenannten Fällen aber uU Höhenbegrenzung, Düss NJW-RR **86**, 522) nicht unbedingt verhindern, (so zB Bamberger/Roth/Janoschek § 334 Rn 57; sa BGH AG **14**, 710,712), aA wohl Düss WM **09**, 2375 (näher § 347 Rn 38, 38a). Die Beschränkung nach **Nr 9** ist gegenüber einem Dritten nur wirksam, wenn sie mit dem Dritten wirksam vereinbart wurde, Vl/Br/He/Schmidt Anh § 310 BGB Rz 1053, Schäfer 5.

Geltungsbereich

AGB-WP 1 (1) Die Auftragsbedingungen gelten für die Verträge zwischen Wirtschaftsprüfern oder Wirtschaftsprüfungsgesellschaften (im nachstehenden zusammenfassend „Wirtschaftsprüfer" genannt) und ihren Auftraggebern über Prüfungen, Beratungen und sonstige Aufträge, soweit nicht etwas anderes ausdrücklich schriftlich vereinbart oder gesetzlich zwingend vorgeschrieben ist.

(2) Werden im Einzelfall ausnahmsweise vertragliche Beziehungen auch zwischen dem Wirtschaftsprüfer und anderen Personen als dem Auftraggeber begründet, so gelten auch gegenüber solchen Dritten die Bestimmungen der nachstehenden Nr. 9.

Umfang und Ausführung des Auftrages

AGB-WP 2 (1) [1]Gegenstand des Auftrages ist die vereinbarte Leistung, nicht ein bestimmter wirtschaftlicher Erfolg. [2]Der Auftrag wird nach den Grundsätzen ordnungsmäßiger Berufsausübung ausgeführt. [3]Der Wirtschaftsprüfer ist berechtigt, sich zur Durchführung des Auftrages sachverständiger Personen zu bedienen.

(2) Die Berücksichtigung ausländischen Rechts bedarf – außer bei betriebswirtschaftlichen Prüfungen – der ausdrücklichen schriftlichen Vereinbarung.

II. Handelsbücher und Bilanzen **6 AGB-WP (2b)**

(3) [1]Der Auftrag erstreckt sich, soweit er nicht darauf gerichtet ist, nicht auf die Prüfung der Frage, ob die Vorschriften des Steuerrechts oder Sondervorschriften, wie z. B. die Vorschriften des Preis-, Wettbewerbsbeschränkungs- und Bewirtschaftungsrechts beachtet sind; das gleiche gilt für die Feststellung, ob Subventionen, Zulagen oder sonstige Vergünstigungen in Anspruch genommen werden können. [2]Die Ausführung eines Auftrages umfaßt nur dann Prüfungshandlungen, die gezielt auf die Aufdeckung von Buchfälschungen und sonstigen Unregelmäßigkeiten gerichtet sind, wenn sich bei der Durchführung von Prüfungen dazu ein Anlaß ergibt oder dies ausdrücklich schriftlich vereinbart ist.

(4) Ändert sich die Rechtslage nach Abgabe der abschließenden beruflichen Äußerung, so ist der Wirtschaftsprüfer nicht verpflichtet, den Auftraggeber auf Änderungen oder sich daraus ergebende Folgerungen hinzuweisen.

Aufklärungspflicht des Auftraggebers

AGB-WP 3 (1) [1]Der Auftraggeber hat dafür zu sorgen, daß dem Wirtschaftsprüfer auch ohne dessen besondere Aufforderung alle für die Ausführung des Auftrages notwendigen Unterlagen rechtzeitig vorgelegt werden und ihm von allen Vorgängen und Umständen Kenntnis gegeben wird, die für die Ausführung des Auftrages von Bedeutung sein können. [2]Dies gilt auch für die Unterlagen, Vorgänge und Umstände, die erst während der Tätigkeit des Wirtschaftsprüfers bekannt werden.

(2) Auf Verlangen des Wirtschaftsprüfers hat der Auftraggeber die Vollständigkeit der vorgelegten Unterlagen und der gegebenen Auskünfte und Erklärungen in einer vom Wirtschaftsprüfer formulierten schriftlichen Erklärung zu bestätigen.

Sicherung der Unabhängigkeit

AGB-WP 4 [1]Der Auftraggeber steht dafür ein, daß alles unterlassen wird, was die Unabhängigkeit der Mitarbeiter des Wirtschaftsprüfers gefährden könnte. [2]Dies gilt insbesondere für Angebote auf Anstellung und für Angebote, Aufträge auf eigene Rechnung zu übernehmen.

Berichterstattung und mündliche Auskünfte

AGB-WP 5 [1]Hat der Wirtschaftsprüfer die Ergebnisse seiner Tätigkeit schriftlich darzustellen, so ist nur die schriftliche Darstellung maßgebend. [2]Bei Prüfungsaufträgen wird der Bericht, soweit nichts anderes vereinbart ist, schriftlich erstattet. [3]Mündliche Erklärungen und Auskünfte von Mitarbeitern des Wirtschaftsprüfers außerhalb des erteilten Auftrages sind stets unverbindlich.

Schutz des geistigen Eigentums des Wirtschaftsprüfers

AGB-WP 6 Der Auftraggeber steht dafür ein, daß die im Rahmen des Auftrages vom Wirtschaftsprüfer gefertigten Gutachten, Organisationspläne, Entwürfe, Zeichnungen, Aufstellungen und Berechnungen, insbesondere Massen- und Kostenberechnungen, nur für seine eigenen Zwecke verwendet werden.

Merkt

Weitergabe einer beruflichen Äußerung des Wirtschaftsprüfers

AGB-WP 7 (1) [1]Die Weitergabe beruflicher Äußerungen des Wirtschaftsprüfers (Berichte, Gutachten und dgl.) an einen Dritten bedarf der schriftlichen Zustimmung des Wirtschaftsprüfers, soweit sich nicht bereits aus dem Auftragsinhalt die Einwilligung zur Weitergabe an einen bestimmten Dritten ergibt. [2]Gegenüber einem Dritten haftet der Wirtschaftsprüfer (im Rahmen von Nr. 9) nur, wenn die Voraussetzungen des Satzes 1 gegeben sind.

(2) Die Verwendung beruflicher Äußerungen des Wirtschaftsprüfers zu Werbezwecken ist unzulässig; ein Verstoß berechtigt den Wirtschaftsprüfer zur fristlosen Kündigung aller noch nicht durchgeführten Aufträge des Auftraggebers.

Mängelbeseitigung

AGB-WP 8 (1) [1]Bei etwaigen Mängeln hat der Auftraggeber Anspruch auf Nacherfüllung durch den Wirtschaftsprüfer. [2]Nur bei Fehlschlagen der Nacherfüllung kann er auch Herabsetzung der Vergütung oder Rückgängigmachung des Vertrages verlangen; ist der Auftrag von einem Kaufmann im Rahmen seines Handelsgewerbes, einer juristischen Person des öffentlichen Rechts oder von einem öffentlich-rechtlichen Sondervermögen erteilt worden, so kann der Auftraggeber die Rückgängigmachung des Vertrages nur verlangen, wenn die erbrachte Leistung wegen Fehlschlagens der Nacherfüllung für ihn ohne Interesse ist. [3]Soweit darüber hinaus Schadensersatzansprüche bestehen, gilt Nr. 9.

(2) Der Anspruch auf Beseitigung von Mängeln muß vom Auftraggeber unverzüglich schriftlich geltend gemacht werden. Ansprüche nach Abs. 1, die nicht auf einer vorsätzlichen Handlung beruhen, verjähren nach Ablauf eines Jahres ab dem gesetzlichen Verjährungsbeginn.

(3) [1]Offenbare Unrichtigkeiten, wie z. B. Schreibfehler, Rechenfehler und formelle Mängel, die in einer beruflichen Äußerung (Bericht, Gutachten und dgl.) des Wirtschaftsprüfers enthalten sind, können jederzeit vom Wirtschaftsprüfer auch Dritten gegenüber berichtigt werden. [2]Unrichtigkeiten, die geeignet sind, in der beruflichen Äußerung des Wirtschaftsprüfers enthaltene Ergebnisse in Frage zu stellen, berechtigen diesen, die Äußerung auch Dritten gegenüber zurückzunehmen. [3]In den vorgenannten Fällen ist der Auftraggeber vom Wirtschaftsprüfer tunlichst vorher zu hören.

Haftung

AGB-WP 9 (1) Für gesetzlich vorgeschriebene Prüfungen gilt die Haftungsbeschränkung des § 323 Abs. 2 HGB.

(2) Haftung bei Fahrlässigkeit; Einzelner Schadensfall
[1]Falls weder Abs. 1 eingreift noch eine Regelung im Einzelfall besteht, ist die Haftung des Wirtschaftsprüfers für Schadensersatzansprüche jeder Art, mit Ausnahme von Schäden aus der Verletzung von Leben, Körper und Gesundheit, bei einem fahrlässig verursachten einzelnen Schadensfall gem. § 54a Abs. 1 Nr. 2 WPO auf 4 Mio. € beschränkt; dies gilt auch dann, wenn eine Haftung gegenüber einer anderen Person als dem Auftraggeber begründet sein sollte. [2]Ein einzelner Schadensfall ist auch bezüglich eines aus mehreren Pflichtverletzungen stammenden einheitlichen Schadens gegeben. [3]Der einzelne Schadensfall umfaßt sämtliche Folgen einer Pflichtverletzung ohne

II. Handelsbücher und Bilanzen **11 AGB-WP (2b)**

Rücksicht darauf, ob Schäden in einem oder in mehreren aufeinanderfolgenden Jahren entstanden sind. [4] Dabei gilt mehrfaches auf gleicher oder gleichartiger Fehlerquelle beruhendes Tun oder Unterlassen als einheitliche Pflichtverletzung, wenn die betreffenden Angelegenheiten miteinander in rechtlichem oder wirtschaftlichem Zusammenhang stehen. [5] In diesem Fall kann der Wirtschaftsprüfer nur bis zur Höhe von 5 Mio. € in Anspruch genommen werden. [6] Die Begrenzung auf das Fünffache der Mindestversicherungssumme gilt nicht bei gesetzlich vorgeschriebenen Pflichtprüfungen.

(3) Ausschlußfristen
[1] Ein Schadensersatzanspruch kann nur innerhalb einer Ausschlußfrist von einem Jahr geltend gemacht werden, nachdem der Anspruchsberechtigte von dem Schaden und von dem anspruchsbegründenden Ereignis Kenntnis erlangt hat, spätestens aber innerhalb von 5 Jahren nach dem anspruchsbegründenden Ereignis. [2] Der Anspruch erlischt, wenn nicht innerhalb einer Frist von sechs Monaten seit der schriftlichen Ablehnung der Ersatzleistung Klage erhoben wird und der Auftraggeber auf diese Folge hingewiesen wurde. [3] Das Recht, die Einrede der Verjährung geltend zu machen, bleibt unberührt. [4] Die Sätze 1 bis 3 gelten auch bei gesetzlich vorgeschriebenen Prüfungen mit gesetzlicher Haftungsbeschränkung.

Ergänzende Bestimmungen für Prüfungsaufträge

AGB-WP 10 (1) [1] Eine nachträgliche Änderung oder Kürzung des durch den Wirtschaftsprüfer geprüften und mit einem Bestätigungsvermerk versehenen Abschlusses oder Lageberichts bedarf, auch wenn eine Veröffentlichung nicht stattfindet, der schriftlichen Einwilligung des Wirtschaftsprüfers. [2] Hat der Wirtschaftsprüfer einen Bestätigungsvermerk nicht erteilt, so ist ein Hinweis auf die durch den Wirtschaftsprüfer durchgeführte Prüfung im Lagebericht oder an anderer für die Öffentlichkeit bestimmter Stelle nur mit schriftlicher Einwilligung des Wirtschaftsprüfers und mit dem von ihm genehmigten Wortlaut zulässig.

(2) [1] Widerruft der Wirtschaftsprüfer den Bestätigungsvermerk, so darf der Bestätigungsvermerk nicht weiterverwendet werden. [2] Hat der Auftraggeber den Bestätigungsvermerk bereits verwendet, so hat er auf Verlangen des Wirtschaftsprüfers den Widerruf bekanntzugeben.

(3) [1] Der Auftraggeber hat Anspruch auf fünf Berichtsausfertigungen. [2] Weitere Ausfertigungen werden besonders in Rechnung gestellt.

Ergänzende Bestimmungen für Hilfeleistung in Steuersachen

AGB-WP 11 (1) [1] Der Wirtschaftsprüfer ist berechtigt, sowohl bei der Beratung in steuerlichen Einzelfragen als auch im Falle der Dauerberatung die vom Auftraggeber genannten Tatsachen, insbesondere Zahlenangaben, als richtig und vollständig zugrunde zu legen; dies gilt auch für Buchführungsaufträge. [2] Er hat jedoch den Auftraggeber auf von ihm festgestellte Unrichtigkeiten hinzuweisen.

(2) [1] Der Steuerberatungsauftrag umfaßt nicht die zur Wahrung von Fristen erforderlichen Handlungen, es sei denn, daß der Wirtschaftsprüfer hierzu ausdrücklich den Auftrag übernommen hat. [2] In diesem Falle hat der Auftraggeber dem Wirtschaftsprüfer alle für die Wahrung von Fristen wesentlichen Unterlagen, insbesondere Steuerbescheide, so rechtzeitig vorzulegen, daß dem Wirtschaftsprüfer eine angemessene Bearbeitungszeit zur Verfügung steht.

Merkt

(3) ¹Mangels einer anderweitigen schriftlichen Vereinbarung umfaßt die laufende Steuerberatung folgende, in die Vertragsdauer fallende Tätigkeiten:

a) Ausarbeitung der Jahressteuererklärungen für die Einkommensteuer, Körperschaftsteuer und Gewerbesteuer sowie der Vermögensteuererklärungen, und zwar auf Grund der vom Auftraggeber vorzulegenden Jahresabschlüsse und sonstiger, für die Besteuerung erforderlicher Aufstellungen und Nachweise
b) Nachprüfung von Steuerbescheiden zu den unter a) genannten Steuern
c) Verhandlungen mit den Finanzbehörden im Zusammenhang mit den unter a) und b) genannten Erklärungen und Bescheiden
d) Mitwirkung bei Betriebsprüfungen und Auswertung der Ergebnisse von Betriebsprüfungen hinsichtlich der unter a) genannten Steuern
e) Mitwirkung in Einspruchs- und Beschwerdeverfahren hinsichtlich der unter a) genannten Steuern.

²Der Wirtschaftsprüfer berücksichtigt bei den vorgenannten Aufgaben die wesentliche veröffentlichte Rechtsprechung und Verwaltungsauffassung.

(4) Erhält der Wirtschaftsprüfer für die laufende Steuerberatung ein Pauschalhonorar, so sind mangels anderweitiger schriftlicher Vereinbarungen die unter Abs. 3d) und e) genannten Tätigkeiten gesondert zu honorieren.

(5) ¹Die Bearbeitung besonderer Einzelfragen der Einkommensteuer, Körperschaftsteuer, Gewerbesteuer, Einheitsbewertung und Vermögensteuer sowie aller Fragen der Umsatzsteuer, Lohnsteuer, sonstige Steuern und Abgaben erfolgt auf Grund eines besonderen Auftrages. ²Dies gilt auch für

a) die Bearbeitung einmalig anfallender Steuerangelegenheiten, z. B. auf dem Gebiet der Erbschaftsteuer, Kapitalverkehrsteuer, Grunderwerbsteuer,
b) die Mitwirkung und Vertretung in Verfahren vor den Gerichten der Finanz- und der Verwaltungsgerichtsbarkeit sowie in Steuerstrafsachen und
c) die beratende und gutachtliche Tätigkeit im Zusammenhang mit Umwandlung, Verschmelzung, Kapitalerhöhung und -herabsetzung, Sanierung, Eintritt und Ausscheiden eines Gesellschafters, Betriebsveräußerung, Liquidation und dergleichen.

(6) ¹Soweit auch die Ausarbeitung der Umsatzsteuerjahreserklärung als zusätzliche Tätigkeit übernommen wird, gehört dazu nicht die Überprüfung etwaiger besonderer buchmäßiger Voraussetzungen sowie die Frage, ob alle in Betracht kommenden umsatzsteuerrechtlichen Vergünstigungen wahrgenommen worden sind. ²Eine Gewähr für die vollständige Erfassung der Unterlagen zur Geltendmachung des Vorsteuerabzuges wird nicht übernommen.

Schweigepflicht gegenüber Dritten, Datenschutz

AGB-WP 12 (1) Der Wirtschaftsprüfer ist nach Maßgabe der Gesetze verpflichtet, über alle Tatsachen, die ihm im Zusammenhang mit seiner Tätigkeit für den Auftraggeber bekannt werden, Stillschweigen zu bewahren, gleichviel, ob es sich dabei um den Auftraggeber selbst oder dessen Geschäftsverbindungen handelt, es sei denn, daß der Auftraggeber ihn von dieser Schweigepflicht entbindet.

(2) Der Wirtschaftsprüfer darf Berichte, Gutachten und sonstige schriftliche Äußerungen über die Ergebnisse seiner Tätigkeit Dritten nur mit Einwilligung des Auftraggebers aushändigen.

II. Handelsbücher und Bilanzen **16 AGB-WP (2b)**

(3) **Der Wirtschaftsprüfer ist befugt, ihm anvertraute personenbezogene Daten im Rahmen der Zweckbestimmung des Auftraggebers zu verarbeiten oder durch Dritte verarbeiten zu lassen.**

Annahmeverzug und unterlassene Mitwirkung des Auftraggebers

AGB-WP 13 [1]Kommt der Auftraggeber mit der Annahme der vom Wirtschaftsprüfer angebotenen Leistung in Verzug oder unterläßt der Auftraggeber eine ihm nach Nr. 3 oder sonstwie obliegende Mitwirkung, so ist der Wirtschaftsprüfer zur fristlosen Kündigung des Vertrages berechtigt. [2]Unberührt bleibt der Anspruch des Wirtschaftsprüfers auf Ersatz der ihm durch den Verzug oder die unterlassene Mitwirkung des Auftraggebers entstandenen Mehraufwendungen sowie des verursachten Schadens, und zwar auch dann, wenn der Wirtschaftsprüfer von dem Kündigungsrecht keinen Gebrauch macht.

Vergütung

AGB-WP 14 (1) [1]Der Wirtschaftsprüfer hat neben seiner Gebühren- oder Honorarforderung Anspruch auf Erstattung seiner Auslagen; die Umsatzsteuer wird zusätzlich berechnet. [2]Er kann angemessene Vorschüsse auf Vergütung und Auslagenersatz verlangen und die Auslieferung seiner Leistung von der vollen Befriedigung seiner Ansprüche abhängig machen. [3]Mehrere Auftraggeber haften als Gesamtschuldner.

(2) Eine Aufrechnung gegen Forderungen des Wirtschaftsprüfers auf Vergütung und Auslagenersatz ist nur mit unbestrittenen oder rechtskräftig festgestellten Forderungen zulässig.

Aufbewahrung und Herausgabe von Unterlagen

AGB-WP 15 (1) Der Wirtschaftsprüfer bewahrt die im Zusammenhang mit der Erledigung eines Auftrages ihm übergebenen und von ihm selbst angefertigten Unterlagen sowie den über den Auftrag geführten Schriftwechsel sieben Jahre auf.

(2) [1]Nach Befriedigung seiner Ansprüche aus dem Auftrag hat der Wirtschaftsprüfer auf Verlangen des Auftraggebers alle Unterlagen herauszugeben, die er aus Anlaß seiner Tätigkeit für den Auftrag von diesem oder für diesen erhalten hat. [2]Dies gilt jedoch nicht für den Schriftwechsel zwischen dem Wirtschaftsprüfer und seinem Auftraggeber und für die Schriftstücke, die dieser bereits in Urschrift oder Abschrift besitzt. [3]Der Wirtschaftsprüfer kann von Unterlagen, die er an den Auftraggeber zurückgibt, Abschriften oder Fotokopien anfertigen und zurückbehalten.

Anzuwendendes Recht

AGB-WP 16 Für den Auftrag, seine Durchführung und die sich hieraus ergebenden Ansprüche gilt nur deutsches Recht.

Merkt

III. Handelsregister

(3) Gesetz über das Verfahren in Familiensachen und in den Angelegenheiten der freiwilligen Gerichtsbarkeit (FamFG): §§ 374–377, 380, 388–389, 392–395

Vom 17. Dezember 2008 (BGBl I 2587/BGBl III FNA 315-1) mit den späteren Änderungen

Einleitung

Schrifttum

Kommentare: außer den ZPO-Kommentaren *Bahrenfuss*, FamFG, 3. Aufl 2017. – *Bork/Jacoby/Schwab*, FamFG, 2. Aufl 2013. – *Bumiller/Harders/Schwamb*, FamFG, 11. Aufl 2015. – *Haußleiter*, FamFG, 2. Aufl 2017. – *Hahne ua*, FamFG online. – *Keidel/Engelhardt/Sternal*, FamFG, 19. Aufl 2017. – *MüKoFamFG* 2. Aufl 2013. – *Musielak/Borth* 5. Aufl 2015. – *Ries* NZG **09**, 654 (GesRecht). – *H. Roth* JZ **09**, 585. – *Jänig/Leißring* ZIP **10**, 110 (Verfahren AG, GmbH). – *Krafka* NZG **17**, 889 (Notar im Registerverfahren).

Zum Handelsregisterrecht s vor § 8 HGB.

1) Die Zuständigkeit zur Registerführung gemäß § 8 HGB, die Einrichtung und Führung des HdlReg regelt das **FamFG** 17.12.2008 BGBl 2587, das das FGG von 1898 ersetzt hat. S aus Buch 5 des FamFG (Verfahren in Registersachen, unternehmensrechtliche Verfahren): **§§ 374–377, 388–389, 392–395** im Folgenden. Abschn 1 mit Begriffsbestimmung regelt Registersachen **(§ 374)** und unternehmensrechtliche Verfahren **(§ 375)**. Abschn 2 über Zuständigkeit enthält besondere Zuständigkeitsregelungen **(§ 376)** und regelt die örtliche Zuständigkeit **(§ 377)**. Abschn 3 handelt von den Registersachen. Unterabschn 1 enthält allgemeine Verfahrensvorschriften (§§ 378–387). Unterschn 2 regelt spezieller das Zwangsgeldverfahren (§§ 388–392), darin Androhung und Festsetzung von Zwangsgeld **(§§ 388, 389)** und das Verfahren bei unbefugtem Firmengebrauch **(§ 392)**. Unterabschn 3 betrifft das Löschungs- und Auflösungsverfahren (§§ 393–399), darin Löschung der Firma **(§ 393)**, Löschung vermögensloser Ges und Genossenschaften **(§ 394)**, Löschung unzulässiger Eintragungen **(§ 395)**, Löschung nichtiger Ges und Genossenschaften und nichtiger Beschlüsse (§§ 397, 398) und Auflösung wegen Mangels der Satzung (§ 399). Unterabschn 4 enthält ergänzende Vorschriften für das Vereinsregister (§§ 400–401). Abschn 4 über unternehmensrechtliche Verfahren regelt in § 402 I die Anfechtbarkeit von Gerichtsbeschlüssen über Anträge nach § 375 und enthält im weiteren das Seerecht betreffende Vorschriften (§§ 403–409, insbesondere zur „Dispache" nach HGB Buch V und BinnSchG).

III. Handelsregister **375 FamFG (3)**

Buch 5. Verfahren in Registersachen, unternehmensrechtliche Verfahren

Abschnitt 1. Begriffsbestimmung

Registersachen

FamFG 374 Registersachen sind

1. Handelsregistersachen,
2. Genossenschaftsregistersachen,
3. Partnerschaftsregistersachen,
4. Vereinsregistersachen,
5. Güterrechtsregistersachen.

1) § 374 FamFG zählt fünf Registersachen auf: 1. HdlRegSachen (§§ 8 ff **1** HGB), 2. GenRegSachen (GenG), 3. PartRegSachen (PartGG, Anh § 160), 4. Vereinsregistersachen (§§ 55, 55a, 77 ff BGB, VereinsregisterVO) und 5. Güterrechtsregistersachen (§§ 1558 ff BGB). Für sie alle gilt Buch 5 über Verfahren in Registersachen.

Unternehmensrechtliche Verfahren

FamFG 375 Unternehmensrechtliche Verfahren sind die nach

1. § 146 Abs. 2, den §§ 147, 157 Abs. 2, § 166 Abs. 3, § 233 Abs. 3 und § 318 Abs. 3 bis 5 des Handelsgesetzbuchs,
2. § 11 des Binnenschifffahrtsgesetzes, nach den Vorschriften dieses Gesetzes, die die Dispache betreffen, sowie nach § 595 Absatz 2 des Handelsgesetzbuchs, auch in Verbindung mit § 78 des Binnenschifffahrtsgesetzes,
3. § 33 Abs. 3, den §§ 35 und 73 Abs. 1, den §§ 85 und 103 Abs. 3, den §§ 104 und 122 Abs. 3, § 147 Abs. 2, § 183a Absatz 3, § 264 Absatz 2, § 265 Abs. 3 und 4, § 270 Abs. 3, § 273 Abs. 2 bis 4 sowie § 290 Absatz 3 des Aktiengesetzes,
4. Artikel 55 Abs. 3 der Verordnung (EG) Nr. 2157/2001 des Rates vom 8. Oktober 2001 über das Statut der Europäischen Gesellschaft (SE) (ABl. EG Nr. L 294 S. 1) sowie § 29 Abs. 3, § 30 Abs. 1, 2 und 4, § 45 des SE-Ausführungsgesetzes,
5. § 26 Abs. 1 und 4 sowie § 206 Satz 2 und 3 des Umwandlungsgesetzes,
6. § 66 Abs. 2, 3 und 5, § 71 Abs. 3 sowie § 74 Abs. 2 und 3 des Gesetzes betreffend die Gesellschaften mit beschränkter Haftung,
7. § 45 Abs. 3, den §§ 64b, 83 Abs. 3, 4 und 5 sowie § 93 des Genossenschaftsgesetzes,
8. Artikel 54 Abs. 2 der Verordnung (EG) Nr. 1435/2003 des Rates vom 22. Juli 2003 über das Statut der Europäischen Genossenschaft (SCE) (ABl. EU Nr. L 207 S. 1),
9. § 2 Abs. 3 und § 12 Abs. 3 des Publizitätsgesetzes,
10. § 11 Abs. 3 des Gesetzes über die Mitbestimmung der Arbeitnehmer in den Aufsichtsräten und Vorständen der Unternehmen des Bergbaus und der Eisen und Stahl erzeugenden Industrie,
11. § 2c Abs. 2 Satz 2 bis 7, den §§ 22o, 36 Absatz 3 Satz 2, § 28 Absatz 2, § 38 Abs. 2 Satz 2, § 45a Abs. 2 Satz 1, 3, 4 und 6 des Kreditwesengesetzes,

Hopt 1831

(3) FamFG 376 1   2. Teil. Handelsrechtl. Nebengesetze

11a. § 2a Absatz 4 Satz 2 und 3 des Investmentgesetzes,
12. *(aufgehoben)*
13. § 19 Absatz 2 Satz 1 bis 6 und § 204 Absatz 2 des Versicherungsaufsichtsgesetzes und § 28 Absatz 2 Satz 1 bis 5 des Finanzkonglomerate-Aufsichtsgesetzes,
14. § 6 Abs. 4 Satz 4 bis 7 des Börsengesetzes,
15. § 10 des Partnerschaftsgesellschaftsgesetzes in Verbindung mit § 146 Abs. 2 und den §§ 147 und 157 Abs. 2 des Handelsgesetzbuchs,
16. § 9 Absatz 2 und 3 Satz 2 und § 18 Absatz 2 Satz 2 und 3 des Schuldverschreibungsgesetzes

vom Gericht zu erledigenden Angelegenheiten.

1   **1)** § 375 FamFG (ähnlich §§ 145 I, 149, 160b II FGG) definiert unternehmensrechtliche Verfahren, für die Buch 5 über unternehmensrechtliche Verfahren gilt. Hervorzuheben sind **aus dem HGB** Verfahren nach §§ 146 II, 147 und 157 II HGB (Liquidation der OHG), §§ 166 III und 233 III HGB (Kontrollrecht des Kdtisten und des Stillen) und § 318 III–V HGB (Abschlussprüferbestellung); **aus dem PartGG** Verfahren nach § 10 (Anh § 160) iVm §§ 146 II, 147 und 157 II HGB über die Liquidation der PartG; **aus dem KWG** Verfahren betr Inhaber bedeutender Beteiligungen, Bestellung des Sachwalters bei Insolvenzgefahr, Abwicklung und Maßnahmen der BaFin in besonderen Fällen. Andere Nrn betreffen Verfahren ua aus dem GesR. Lit: Jänig/Leißring ZIP **10**, 110.

Abschnitt 2. Zuständigkeit

Besondere Zuständigkeitsregelungen

FamFG 376 (1) Für Verfahren nach § 374 Nr. 1 und 2 sowie § 375 Nummer 1, 3 bis 14 und 16 ist das Gericht, in dessen Bezirk ein Landgericht seinen Sitz hat, für den Bezirk dieses Landgerichts zuständig.

(2) ¹Die Landesregierungen werden ermächtigt, durch Rechtsverordnung die Aufgaben nach § 374 Nummer 1 bis 3 sowie § 375 Nummer 1, 3 bis 14 und 16 anderen oder zusätzlichen Amtsgerichten zu übertragen und die Bezirke der Gerichte abweichend von Absatz 1 festzulegen. ²Sie können die Ermächtigung nach Satz 1 durch Rechtsverordnung auf die Landesjustizverwaltungen übertragen. ³Mehrere Länder können die Zuständigkeit eines Gerichts für Verfahren nach § 374 Nr. 1 bis 3 über die Landesgrenzen hinaus vereinbaren.

1   **1)** Sachlich zuständig ist für alle Verfahren nach Buch 5 grundsätzlich das Amtsgericht (§ 23a II Nr 3, 4 nF GVG). § 376 FamFG enthält ergänzende Zuständigkeitsregelungen. Für HdlReg- und GenRegSachen (§ 374 Nr 1, 2 FamFG) und für unternehmensrechtliche Verfahren nach § 375 Nr 1, 3 ff FamFG ist das Gericht, in dessen Bezirk ein Landgericht seinen Sitz hat, für den Bezirk dieses Landgerichts zuständig (I wie § 125 I FGG, § 10 II aF GenG). II (zT wie § 125 II 1 Nr 1, Satz 2, 3 iVm § 160b I 1 FGG, § 10 II aF GenG) enthält eine Ermächtigung der Landesregierungen zu ÄnderungsRVO; Inkrafttreten 29.5.09 (Art 14 I BilMoG). Die früher in § 125 III–V FGG enthaltenen Ermächtigungen finden sich nunmehr in § 387 FamFG.

III. Handelsregister

Örtliche Zuständigkeit

FamFG 377 (1) Ausschließlich zuständig ist das Gericht, in dessen Bezirk sich die Niederlassung des Einzelkaufmanns, der Sitz der Gesellschaft, des Versicherungsvereins, der Genossenschaft, der Partnerschaft oder des Vereins befindet, soweit sich aus den entsprechenden Gesetzen nichts anderes ergibt.

(2) Für die Angelegenheiten, die den Gerichten in Ansehung der nach dem Handelsgesetzbuch oder nach dem Binnenschifffahrtsgesetz aufzumachenden Dispache zugewiesen sind, ist das Gericht des Ortes zuständig, an dem die Verteilung der Havereischäden zu erfolgen hat.

(3) Die Eintragungen in das Güterrechtsregister sind bei jedem Gericht zu bewirken, in dessen Bezirk auch nur einer der Ehegatten oder Lebenspartner seinen gewöhnlichen Aufenthalt hat.

(4) § 2 Abs. 1 ist nicht anzuwenden.

1) § 377 FamFG regelt die örtliche Zuständigkeit (bisher in Spezialgesetzen). In HdlReg- und GenRegSachen sowie hinsichtlich der meisten Geschäfte nach § 375 ist das Gericht ausschließlich zuständig, in dessen Bezirk sich die Niederlassung des EinzelKfm oder der Hauptsitz der HdlGes etc befindet. Sondervorschriften sind ausdrücklich vorbehalten, zB für die ZwNl (§§ 13ff HGB). 1

Abschnitt 3. Registersachen

Unterabschnitt 1. Verfahren

Beteiligung der berufsständischen Organe; Beschwerderecht

FamFG 380 (1) Die Registergerichte werden bei der Vermeidung unrichtiger Eintragungen, der Berichtigung und Vervollständigung des Handels- und Partnerschaftsregisters, der Löschung von Eintragungen in diesen Registern und beim Einschreiten gegen unzulässigen Firmengebrauch oder unzulässigen Gebrauch eines Partnerschaftsnamens von

1. den Organen des Handelsstandes,
2. den Organen des Handwerksstandes, soweit es sich um die Eintragung von Handwerkern handelt,
3. den Organen des land- und forstwirtschaftlichen Berufsstandes, soweit es sich um die Eintragung von Land- oder Forstwirten handelt,
4. den berufsständischen Organen der freien Berufe, soweit es sich um die Eintragung von Angehörigen dieser Berufe handelt,

(berufsständische Organe) unterstützt.

(2) [1]Das Gericht kann in zweifelhaften Fällen die berufsständischen Organe anhören, soweit dies zur Vornahme der gesetzlich vorgeschriebenen Eintragungen sowie zur Vermeidung unrichtiger Eintragungen in das Register erforderlich ist. [2]Auf ihren Antrag sind die berufsständischen Organe als Beteiligte hinzuzuziehen.

(3) In Genossenschaftsregistersachen beschränkt sich die Anhörung nach Absatz 2 auf die Frage der Zulässigkeit des Firmengebrauchs.

(4) Soweit die berufsständischen Organe angehört wurden, ist ihnen die Entscheidung des Gerichts bekannt zu geben.

(3) FamFG 392

(5) Gegen einen Beschluss steht den berufsständischen Organen die Beschwerde zu.

1 1) § 380 FamFG regelt die Beteiligung der berufsständischen Organe im Registerverfahren und billigt ihnen ein Beschwerderecht zu (V). Dazu Krafczyk NZG **14**, 769.

Unterabschnitt 2. Zwangsgeldverfahren

Androhung

FamFG 388 (1) Sobald das Registergericht von einem Sachverhalt, der sein Einschreiten nach den §§ 14, 37a Abs. 4 und § 125a Abs. 2 des Handelsgesetzbuchs, auch in Verbindung mit § 5 Abs. 2 des Partnerschaftsgesellschaftsgesetzes, den §§ 407 und 408 des Aktiengesetzes, § 79 Abs. 1 des Gesetzes betreffend die Gesellschaften mit beschränkter Haftung, § 316 des Umwandlungsgesetzes oder § 12 des EWIV-Ausführungsgesetzes rechtfertigt, glaubhafte Kenntnis erhält, hat es dem Beteiligten unter Androhung eines Zwangsgelds aufzugeben, innerhalb einer bestimmten Frist seiner gesetzlichen Verpflichtung nachzukommen oder die Unterlassung mittels Einspruchs zu rechtfertigen.

(2) In gleicher Weise kann das Registergericht gegen die Mitglieder des Vorstands eines Vereins oder dessen Liquidatoren vorgehen, um sie zur Befolgung der in § 78 des Bürgerlichen Gesetzbuchs genannten Vorschriften anzuhalten.

1 1) Unterabschn 2 regelt in §§ 388–392 das Zwangsgeldverfahren mit besonderen Vorschriften zu den allgemeinen in Unterabschn 1 (§§ 378 ff FamFG). §§ 388 ff FamFG entsprechen weithin unverändert den §§ 132 ff FGG. § 388 I FGG entspricht § 132 I FGG. Von Amts wegen zu führendes Verfahren, Düss ZIP **16**, 1022. Die Aufforderung unter Androhung von Zwangsgeld (§ 388 I FamFG) ist nicht mit der Beschwerde anfechtbar (§ 58 FamFG), da sie keine Endentscheidung ist. II betrifft Vereine.

Festsetzung

FamFG 389 (1) Wird innerhalb der bestimmten Frist weder der gesetzlichen Verpflichtung genügt noch Einspruch erhoben, ist das angedrohte Zwangsgeld durch Beschluss festzusetzen und zugleich die Aufforderung nach § 388 unter Androhung eines erneuten Zwangsgelds zu wiederholen.

(2) Mit der Festsetzung des Zwangsgelds sind dem Beteiligten zugleich die Kosten des Verfahrens aufzuerlegen.

(3) In gleicher Weise ist fortzufahren, bis der gesetzlichen Verpflichtung genügt oder Einspruch erhoben wird.

1 1) § 389 I, III FamFG wie § 133 FGG, § 389 II FamFG wie § 138 FGG.

Verfahren bei unbefugtem Firmengebrauch

FamFG 392 (1) Soll nach § 37 Abs. 1 des Handelsgesetzbuchs gegen eine Person eingeschritten werden, die eine

III. Handelsregister **1 393 FamFG (3)**

ihr nicht zustehende Firma gebraucht, sind die §§ 388 bis 391 anzuwenden, wobei

1. dem Beteiligten unter Androhung eines Ordnungsgelds aufgegeben wird, sich des Gebrauchs der Firma zu enthalten oder binnen einer bestimmten Frist den Gebrauch der Firma mittels Einspruchs zu rechtfertigen;
2. das Ordnungsgeld festgesetzt wird, falls kein Einspruch erhoben oder der erhobene Einspruch rechtskräftig verworfen ist und der Beteiligte nach der Bekanntmachung des Beschlusses diesem zuwidergehandelt hat.

(2) Absatz 1 gilt entsprechend im Fall des unbefugten Gebrauchs des Namens einer Partnerschaft.

1) § 392 I FamFG wie § 140 FGG, II verweist auf I für den Fall des unbefugten Gebrauchs des Namens einer Partnerschaft (§ 2 II PartGG iVm § 37 HGB, s Anh § 160). 1

Unterabschnitt 3. Löschungs- und Auflösungsverfahren

Löschung einer Firma

FamFG 393 (1) [1]Das Erlöschen einer Firma ist gemäß § 31 Abs. 2 des Handelsgesetzbuchs von Amts wegen oder auf Antrag der berufsständischen Organe in das Handelsregister einzutragen. [2]Das Gericht hat den eingetragenen Inhaber der Firma oder dessen Rechtsnachfolger von der beabsichtigten Löschung zu benachrichtigen und ihm zugleich eine angemessene Frist zur Geltendmachung eines Widerspruchs zu bestimmen.

(2) Sind die bezeichneten Personen oder deren Aufenthalt nicht bekannt, erfolgt die Benachrichtigung und die Bestimmung der Frist durch Bekanntmachung in dem für die Bekanntmachung der Eintragungen in das Handelsregister bestimmten elektronischen Informations- und Kommunikationssystem nach § 10 des Handelsgesetzbuchs.

(3) [1]Das Gericht entscheidet durch Beschluss, wenn es einem Antrag auf Einleitung des Löschungsverfahrens nicht entspricht oder Widerspruch gegen die Löschung erhoben wird. [2]Der Beschluss ist mit der Beschwerde anfechtbar.

(4) Mit der Zurückweisung eines Widerspruchs sind dem Beteiligten zugleich die Kosten des Widerspruchsverfahrens aufzuerlegen, soweit dies nicht unbillig ist.

(5) Die Löschung darf nur erfolgen, wenn kein Widerspruch erhoben oder wenn der den Widerspruch zurückweisende Beschluss rechtskräftig geworden ist.

(6) Die Absätze 1 bis 5 gelten entsprechend, wenn die Löschung des Namens einer Partnerschaft eingetragen werden soll.

1) Unterabschn 3 regelt in §§ 393–399 FamFG das Löschungs- und Auflösungsverfahren mit besonderen Vorschriften zu den allgemeinen in Unterabschn 1 (§§ 378 ff FamFG). § 393 I, II, V FamFG entspr § 141 FGG. I betrifft das Erlöschen einer Firma gemäß § 31 II HGB, Eintragung von Amts wegen oder auf Antrag der jeweiligen berufsständischen Organe (§ 380 FamFG) in das HdlReg (I 1), dies unter Setzung einer angemessenen Frist an den Inhaber der Firma oder dessen Rechtsnachfolger (I 2). 1

Hopt 1835

Löschung vermögensloser Gesellschaften und Genossenschaften

FamFG 394 (1) ¹Eine Aktiengesellschaft, Kommanditgesellschaft auf Aktien, Gesellschaft mit beschränkter Haftung oder Genossenschaft, die kein Vermögen besitzt, kann von Amts wegen oder auf Antrag der Finanzbehörde oder der berufsständischen Organe gelöscht werden. ²Sie ist von Amts wegen zu löschen, wenn das Insolvenzverfahren über das Vermögen der Gesellschaft durchgeführt worden ist und keine Anhaltspunkte dafür vorliegen, dass die Gesellschaft noch Vermögen besitzt.

(2) ¹Das Gericht hat die Absicht der Löschung den gesetzlichen Vertretern der Gesellschaft oder Genossenschaft, soweit solche vorhanden sind und ihre Person und ihr inländischer Aufenthalt bekannt ist, bekannt zu machen und ihnen zugleich eine angemessene Frist zur Geltendmachung des Widerspruchs zu bestimmen. ²Auch wenn eine Pflicht zur Bekanntmachung und Fristbestimmung nach Satz 1 nicht besteht, kann das Gericht anordnen, dass die Bekanntmachung und die Bestimmung der Frist durch Bekanntmachung in dem für die Bekanntmachung der Eintragungen in das Handelsregister bestimmten elektronischen Informations- und Kommunikationssystem nach § 10 des Handelsgesetzbuchs erfolgt; in diesem Fall ist jeder zur Erhebung des Widerspruchs berechtigt, der an der Unterlassung der Löschung ein berechtigtes Interesse hat. ³Vor der Löschung sind die in § 380 bezeichneten Organe, im Fall einer Genossenschaft der Prüfungsverband, zu hören.

(3) Für das weitere Verfahren gilt § 393 Abs. 3 bis 5 entsprechend.

(4) ¹Die Absätze 1 bis 3 sind entsprechend anzuwenden auf offene Handelsgesellschaften und Kommanditgesellschaften, bei denen keiner der persönlich haftenden Gesellschafter eine natürliche Person ist. ²Eine solche Gesellschaft kann jedoch nur gelöscht werden, wenn die für die Vermögenslosigkeit geforderten Voraussetzungen sowohl bei der Gesellschaft als auch bei den persönlich haftenden Gesellschaftern vorliegen. ³Die Sätze 1 und 2 gelten nicht, wenn zu den persönlich haftenden Gesellschaftern eine andere offene Handelsgesellschaft oder Kommanditgesellschaft gehört, bei der eine natürliche Person persönlich haftender Gesellschafter ist.

1) § 394 FamFG wie § 141a FGG mit entspr Regeln für die Gen (147 I 2, II FGG). § 394 FamFG regelt die Löschung vermögensloser Ges (früher LöschG). Vermögenslosigkeit ist nicht mit Unterbilanz, Überschuldung oder Masselosigkeit gleichzusetzen, sondern ist schon bei nur geringem Vermögen nicht mehr gegeben, Karls NZG **14**, 1148, Düss MDR **14**, 481. Voraussetzungen der Vermögenslosigkeit, Düss FGPrax **11**, 134, ZIP **13**, 672, Mü NZG **13**, 188 (Löschungsankündigung), Ffm ZIP **15**, 1978. Keine Löschung nach I, solange KomplementärGmbH noch bei der Abwicklung der GmbH & Co mitwirkt, Ffm ZIP **05**, 2157. Keine Löschung der ZwNl einer Limited wegen Vermögenslosigkeit, Ffm NZG **11**, 158, anders bei Insolvenzverfahren. Setzung einer angemessenen Frist nach II; zu II 2, § 10 HGB Düss ZIP **16**, 1068. Anhörung der berufsständischen Organe nach § 380 vor Löschung (II 3). I bis III gelten auch für die OHG und KG, bei denen kein phG eine natürliche Person ist (IV 1, Ausnahme IV 3), zB GmbH & Co (Anh § 177a). Eine solche Ges kann nur gelöscht werden, wenn die für die Vermögenslosigkeit geforderten Voraussetzungen sowohl bei der Ges als auch bei dem phG vorliegen (IV 2). IV 3 erfasst wohl auch den Fall der mehrstöckigen Ges, Löschung nur, wenn auf keiner der Stufen eine natürliche Person als phG haftet (vgl, allerdings mit genauerer Formulierung § 19 II, dort Rn 25). Parteifähigkeit einer GmbH & Co KG nach Löschung während eines Prozesses, Mü NZG **12**, 233 LS. Löschung der Löschung, KG NJW-RR **06**, 904.

III. Handelsregister **HRV (4)**

Löschung unzulässiger Eintragungen

FamFG 395 (1) ¹Ist eine Eintragung im Register wegen des Mangels einer wesentlichen Voraussetzung unzulässig, kann das Registergericht sie von Amts wegen oder auf Antrag der berufsständischen Organe löschen. ²Die Löschung geschieht durch Eintragung eines Vermerks.

(2) ¹Das Gericht hat den Beteiligten von der beabsichtigten Löschung zu benachrichtigen und ihm zugleich eine angemessene Frist zur Geltendmachung eines Widerspruchs zu bestimmen. ²§ 394 Abs. 2 Satz 1 und 2 gilt entsprechend.

(3) Für das weitere Verfahren gilt § 393 Abs. 3 bis 5 entsprechend.

1) § 395 FamFG statt § 142 FGG. Hierzu § 8 HGB Rn 12–15. Löschung **1** auch dann, wenn eine Eintragung nachträglich unzulässig geworden ist, RegE, Registerstand und materielle Rechtslage sollen möglichst im Einklang stehen, Düss NZG **13**, 1183. Die Unzulässigkeit muss auf einem wesentlichen Mangel beruhen, Abwägung, BayObLG NZG **02**, 439, Düss NZG **13**, 1183, ZIP **16**, 1068, **17**, 329. Zweifelhaftigkeit der Zulässigkeit ist kein zureichender Grund, von der Kann-Vorschrift des I nicht Gebrauch zu machen, Hamm DB **73**, 2034. Deutsche ZwNl ist zu löschen, wenn die HauptNl im ausländischen HdlReg gelöscht worden ist, KG NZG **12**, 230. Amtslöschung des GmbHGeschäftsführers, Mü NJW-RR **11**, 622. Amtslöschung einer Löschung nach § 394, Düss ZIP **13**, 672, ZIP **16**, 1068. Gewerbeuntersagung berechtigt zur Löschung, Düss NZG **13**, 1183, bei Geschäftsführer (§ 6 II GmbHG), Celle DB **13**, 2262, Karls NZG **14**, 1238. Keine Löschung der GfterListe (im Registerordner), KG NZG **16**, 987. Bei mangelnder Antragsbefugnis Anregung nach § 24 FamFG, Beschwerde gegen Ablehnung bei Betroffenheit in eigenen Rechten, Düss ZIP **16**, 1068. Löschungsantrag des BAKred nach KWG (s (7) Bankgeschäfte Rn A/4–5) gegen Angabe „Betrieb von Finanzierungen" als Unternehmensgegenstand ohne Erlaubnis hierfür, LG Osnabrück BB **76**, 1530. Abwägung des öffentlichen Interesses und des privaten Beibehaltungsinteresses, Ffm NJW-RR **06**, 44, mangels konkreter Verwechslungsgefahr ua ging letzteres vor. Keine Löschung einer in die Registerordnung des HdlReg aufgenommen GfterListe, KG WM **16**, 1741.

(4) Verordnung über die Einrichtung und Führung des Handelsregisters (Handelsregisterverordnung – HRV)

Vom 12. August 1937 (RMBl 515, DJ 1251/BGBl III FNA 315-20) mit den späteren Änderungen

Einleitung

Schrifttum

Böttcher/Ries, Formularpraxis des Handelsregisterrechts, 2003. – *Drischler*, HRV, 5. Aufl 1983. – *Fleischhauer/Preuß*, HdlRegisterrecht, 3. Aufl 2014. – *Gustavus*, HdlRegister-Anmeldungen, 8. Aufl 2013. – *Gustavus/Ries*, Hdl-, Ges- und Registerrecht, 5. Aufl 2012. – *Krafka* 2. Aufl 2008 (Einführung). – *Krafka/Kühn*, Registerrecht, 9. Aufl 2013. – *Melchior/Schulte*, HRV, 2. Aufl 2009. – *Müther/Leutner/Schmidt-Kessel* 2010. – *Ries*, Praxis- und Formularbuch

(4) HRV 4 2. Teil. Handelsrechtl. Nebengesetze

zum Registerrecht, 3. Aufl 2015. – *Schmidt-Kessel/Leutner/Müther,* HdlRegisterrecht, 2010. – Ferner die Großkommentare zum HGB (s Einl vor § 1 HGB) und zum FamFG (s Einl vor **(3)** FamFG § 374). Weitere Lit vor § 8 HGB, dort auch zur HdlRegReform durch das EHUG 2006.

Weiteres Schrifttum zum HdlReg vor § 8 HGB.

1 **1)** Einzelheiten der Einrichtung und Führung des HdlReg regelt die auf Grund von § 125 III FGG, heute **(3)** FamFG § 387 II erlassene Handelsregisterverordnung (HRV) von 1937. Sie wurde wiederholt geändert, ua durch 8. ÄndVO 19.6.89 BGBl 1113 (Anpassung an §§ 8a, 9 II HGB und EWIVAG, s Anh § 160), HRefG 1998, VOAnpassInsO 8.12.98 BGBl 3580, VO 11.12.01 BGBl 3688 (HRV als RVO des BMJ umbenannt). Seither weitere Änderungen ua durch SEEG 22.12.04 BGBl 3675 (§§ 3 III, 24 I, 37 I, 43–45, 62, Anl 5, 7); HRegGebNeuOG 3.7.04 BGBl 1410 (§ 25 I, Bescheidungsfrist von 1 Monat durch Registergericht) und ganz erheblich infolge der Einführung des elektronischen HdlReg und des Unternehmensregisters durch EHUG 10.11.06 BGBl 2553. Später weitere Änderungen, zB RegVerknüpfUmsetzG 22.12.14 BGBl 2409 (§§ 9 I 1, 26), G 1.4.15 BGBl 434. Im Folgenden ist die HRV unter Weglassung der ihr beigegebenen Muster abgedruckt.

I. Einrichtung des Handelsregisters. Örtliche und sachliche Zuständigkeit

Zuständigkeit des Amtsgerichts

HRV 1 Soweit nicht nach § 376 Abs. 2 des Gesetzes über das Verfahren in Familiensachen und in den Angelegenheiten der freiwilligen Gerichtsbarkeit etwas Abweichendes geregelt ist, führt jedes Amtsgericht, in dessen Bezirk ein Landgericht seinen Sitz hat, für den Bezirk dieses Landgerichts ein Handelsregister.

HRV 2 *(aufgehoben)*

[Einrichtung des Registers]

HRV 3 (1) **Das Handelsregister besteht aus zwei Abteilungen.**

(2) **In die Abteilung A werden eingetragen die Einzelkaufleute, die in dem § 33 des Handelsgesetzbuchs bezeichneten juristischen Personen sowie die offenen Handelsgesellschaften, die Kommanditgesellschaften und die Europäischen wirtschaftlichen Interessenvereinigungen.**

(3) **In die Abteilung B werden eingetragen die Aktiengesellschaften, die SE, die Kommanditgesellschaften auf Aktien, die Gesellschaften mit beschränkter Haftung und die Versicherungsvereine auf Gegenseitigkeit.**

[Zuständigkeit des Richters und Urkundsbeamten]

HRV 4 [1]**Für die Erledigung der Geschäfte des Registergerichts ist der Richter zuständig.** [2]**Soweit die Erledigung der Geschäfte nach dieser Verordnung dem Urkundsbeamten der Geschäftsstelle übertragen ist, gelten die §§ 5 bis 8 des Rechtspflegergesetzes in Bezug auf den Urkundsbeamten der Geschäftsstelle entsprechend.**

III. Handelsregister **9 HRV (4)**

HRV 5, 6 (aufgehoben)

Elektronische Führung des Handelsregisters

HRV 7 ¹Die Register einschließlich der Registerordner werden elektronisch geführt. ²§ 8a Abs. 2 des Handelsgesetzbuchs bleibt unberührt.

Registerakten

HRV 8 (1) ¹Für jedes Registerblatt (§ 13) werden Akten gebildet. ²Zu den Registerakten gehören auch die Schriften oder Dokumente über solche gerichtlichen Handlungen, die, ohne auf eine Registereintragung abzuzielen, mit den in dem Register vermerkten rechtlichen Verhältnissen in Zusammenhang stehen.

(2) ¹Wird ein Schriftstück, das in Papierform zur Registerakte einzureichen war, zurückgegeben, so wird eine beglaubigte Abschrift zurückbehalten. ²Ist das Schriftstück in anderen Akten des Amtsgerichts enthalten, so ist eine beglaubigte Abschrift zu den Registerakten zu nehmen. ³In den Abschriften und Übertragungen können die Teile des Schriftstückes, die für die Führung des Handelsregisters ohne Bedeutung sind, weggelassen werden, wenn hiervon Verwirrung nicht zu besorgen ist. ⁴In Zweifelsfällen bestimmt der Richter den Umfang der Abschrift, sonst der Urkundsbeamte der Geschäftsstelle.

(3) ¹Die Landesjustizverwaltung kann bestimmen, dass die Registerakten ab einem bestimmten Zeitpunkt elektronisch geführt werden. ²Nach diesem Zeitpunkt eingereichte Schriftstücke sind zur Ersetzung der Urschrift in ein elektronisches Dokument zu übertragen und in dieser Form zur elektronisch geführten Registerakte zu nehmen, soweit die Anordnung der Landesjustizverwaltung nichts anderes bestimmt; § 9 Abs. 3 und 4 gilt entsprechend. ³Im Fall einer Beschwerde sind in Papierform eingereichte Schriftstücke mindestens bis zum rechtskräftigen Abschluss des Beschwerdeverfahrens aufzubewahren, wenn sie für die Durchführung des Beschwerdeverfahrens notwendig sind und das Beschwerdegericht keinen Zugriff auf die elektronisch geführte Registerakte hat. ⁴Das Registergericht hat in diesem Fall von ausschließlich elektronisch vorliegenden Dokumenten Ausdrucke für das Beschwerdegericht zu fertigen, soweit dies zur Durchführung des Beschwerdeverfahrens notwendig ist; § 298 Abs. 2 der Zivilprozessordnung gilt entsprechend. ⁵Die Ausdrucke sind mindestens bis zum rechtskräftigen Abschluss des Beschwerdeverfahrens aufzubewahren.

Registerordner

HRV 9 (1) ¹Die zum Handelsregister einzureichenden und nach § 9 Abs. 1 des Handelsgesetzbuchs der unbeschränkten Einsicht unterliegenden Dokumente werden für jedes Registerblatt (§ 13) in einen dafür bestimmten Registerordner aufgenommen. ²Sie sind in der zeitlichen Folge ihres Eingangs und nach der Art des jeweiligen Dokuments abrufbar zu halten. ³Ein Widerspruch gegen eine Eintragung in der Gesellschafterliste (§ 16 Abs. 3 Satz 3 des Gesetzes betreffend die Gesellschaften mit beschränkter Haftung) ist der Gesellschafterliste zuzuordnen und zudem besonders hervorzuheben. ⁴Die in einer Amtssprache der Europäischen Union übermittelten Übersetzungen (§ 11 des Handelsgesetzbuchs) sind den jeweiligen Ur-

Hopt 1839

sprungsdokumenten zuzuordnen. ⁵Wird ein aktualisiertes Dokument eingereicht, ist kenntlich zu machen, dass die für eine frühere Fassung eingereichte Übersetzung nicht dem aktualisierten Stand des Dokuments entspricht.

(2) ¹Schriftstücke, die vor dem 1. Januar 2007 eingereicht worden sind, können zur Ersetzung der Urschrift in ein elektronisches Dokument übertragen und in dieser Form in den Registerordner übernommen werden. ²Sie sind in den Registerordner zu übernehmen, sobald ein Antrag auf elektronische Übermittlung (§ 9 Abs. 2 des Handelsgesetzbuchs) vorliegt

(3) ¹Wird ein Schriftstück, das in Papierform zum Registerordner einzureichen war, zurückgegeben, so wird es zuvor in ein elektronisches Dokument übertragen und in dieser Form in den Registerordner übernommen. ²Die Rückgabe wird im Registerordner vermerkt. ³Ist das Schriftstück in anderen Akten des Amtsgerichts enthalten, so wird eine elektronische Aufzeichnung hiervon in dem Registerordner gespeichert. ⁴Bei der Speicherung können die Teile des Schriftstückes, die für die Führung des Handelsregisters ohne Bedeutung sind, weggelassen werden, sofern hiervon Verwirrung nicht zu besorgen ist. ⁵Den Umfang der Speicherung bestimmt der Urkundsbeamte der Geschäftsstelle, in Zweifelsfällen der Richter.

(4) ¹Wird ein Schriftstück in ein elektronisches Dokument übertragen und in dieser Form in den Registerordner übernommen, ist zu vermerken, ob das Schriftstück eine Urschrift, eine einfache oder beglaubigte Abschrift, eine Ablichtung oder eine Ausfertigung ist; Durchstreichungen, Änderungen, Einschaltungen, Radierungen oder andere Mängel des Schriftstückes sollen in dem Vermerk angegeben werden. ²Ein Vermerk kann unterbleiben, soweit die in Satz 1 genannten Tatsachen aus dem elektronischen Dokument eindeutig ersichtlich sind.

(5) ¹Wiedergaben von Schriftstücken, die nach § 8a Abs. 3 oder Abs. 4 des Handelsgesetzbuchs in der bis zum Inkrafttreten des Gesetzes über elektronische Handelsregister und Genossenschaftsregister sowie das Unternehmensregister vom 10. November 2006 (BGBl. I S. 2553) am 1. Januar 2007 geltenden Fassung auf einem Bildträger oder einem anderen Datenträger gespeichert wurden, können in den Registerordner übernommen werden. ²Dabei sind im Fall der Speicherung nach § 8a Abs. 3 des Handelsgesetzbuchs in der in Satz 1 genannten Fassung auch die Angaben aus dem nach § 8a Abs. 3 Satz 2 des Handelsgesetzbuchs in der in Satz 1 genannten Fassung gefertigten Nachweis in den Registerordner zu übernehmen. ³Im Fall der Einreichung nach § 8a Abs. 4 des Handelsgesetzbuchs in der in Satz 1 genannten Fassung ist zu vermerken, dass das Dokument aufgrund des § 8a Abs. 4 des Handelsgesetzbuchs in der in Satz 1 genannten Fassung als einfache Wiedergabe auf einem Datenträger eingereicht wurde.

(6) ¹Im Fall einer Beschwerde hat das Registergericht von den im Registerordner gespeicherten Dokumenten Ausdrucke für das Beschwerdegericht zu fertigen, soweit dies zur Durchführung des Beschwerdeverfahrens notwendig ist; § 298 Abs. 2 der Zivilprozessordnung gilt entsprechend. ²Die Ausdrucke sind mindestens bis zum rechtskräftigen Abschluss des Beschwerdeverfahrens aufzubewahren.

Einsichtnahme

HRV 10 (1) Die Einsicht in das Register und in die zum Register eingereichten Dokumente ist auf der Geschäftsstelle des Registergerichts während der Dienststunden zu ermöglichen.

III. Handelsregister **14 HRV (4)**

(2) [1] Die Einsicht in das elektronische Registerblatt erfolgt über ein Datensichtgerät oder durch Einsicht in einen aktuellen oder chronologischen Ausdruck. [2] Dem Einsichtnehmenden kann gestattet werden, das Registerblatt selbst auf dem Bildschirm des Datensichtgerätes aufzurufen, wenn technisch sichergestellt ist, dass der Abruf von Daten die nach § 9 Abs. 1 des Handelsgesetzbuchs zulässige Einsicht nicht überschreitet und Veränderungen an dem Inhalt des Handelsregisters nicht vorgenommen werden können.

(3) Über das Datensichtgerät ist auch der Inhalt des Registerordners einschließlich der nach § 9 Abs. 4 oder Abs. 5 Satz 2 aufgenommenen Angaben und der eingereichten Übersetzungen zugänglich zu machen.

HRV 11 *(aufgehoben)*

II. Führung des Handelsregisters

Form der Eintragungen

HRV 12 [1] Die Eintragungen sind deutlich, klar verständlich sowie in der Regel ohne Verweis auf gesetzliche Vorschriften und ohne Abkürzung herzustellen. [2] Aus dem Register darf nichts durch technische Eingriffe oder sonstige Maßnahmen entfernt werden.

[Registerblatt]

HRV 13 (1) Jeder Einzelkaufmann, jede juristische Person sowie jede Handelsgesellschaft ist unter einer in derselben Abteilung fortlaufenden Nummer (Registerblatt) in das Register einzutragen.

(2) [1] Wenn ein Amtsgericht das Register für mehrere Amtsgerichtsbezirke führt, können auf Anordnung der Landesjustizverwaltung die fortlaufenden Nummern für einzelne Amtsgerichtsbezirke je gesondert geführt werden. [2] In diesem Fall sind die fortlaufenden Nummern der jeweiligen Amtsgerichtsbezirke durch den Zusatz eines Ortskennzeichens unterscheidbar zu halten. [3] Nähere Anordnungen hierüber trifft die Landesjustizverwaltung.

(3) [1] Wird die Firma geändert, so ist dies auf demselben Registerblatt einzutragen. [2] Bei einer Umwandlung ist der übernehmende, neu gegründete Rechtsträger oder Rechtsträger neuer Rechtsform stets auf ein neues Registerblatt einzutragen.

(4) Die zur Offenlegung in einer Amtssprache der Europäischen Union übermittelten Übersetzungen von Eintragungen (§ 11 des Handelsgesetzbuchs) sind dem Registerblatt und der jeweiligen Eintragung zuzuordnen.

[Laufende Nummern, Trennung von Eintragungen]

HRV 14 (1) Jede Eintragung ist mit einer laufenden Nummer zu versehen und mittels eines alle Spalten des Registers durchschneidenden Querstrichs von der folgenden Eintragung zu trennen.

(2) Werden mehrere Eintragungen gleichzeitig vorgenommen, so erhalten sie nur eine laufende Nummer.

Übersetzungen

HRV 15 ¹War eine frühere Eintragung in einer Amtssprache der Europäischen Union zugänglich gemacht worden (§ 11 des Handelsgesetzbuchs), so ist mit der Eintragung kenntlich zu machen, dass die Übersetzung nicht mehr dem aktuellen Stand der Registereintragung entspricht. ²Die Kenntlichmachung ist zu entfernen, sobald eine aktualisierte Übersetzung eingereicht wird.

[Änderungen und Löschungen]

HRV 16 (1) ¹Änderungen des Inhalts einer Eintragung sowie Löschungen sind unter einer neuen laufenden Nummer einzutragen. ²Eine Eintragung, die durch eine spätere Eintragung ihre Bedeutung verloren hat, ist nach Anordnung des Richters rot zu unterstreichen. ³Mit der Eintragung selbst ist auch der Vermerk über ihre Löschung rot zu unterstreichen.

(2) Eintragungen oder Vermerke, die rot zu unterstreichen oder rot zu durchkreuzen sind, können anstelle durch Rötung auch auf andere eindeutige Weise als gegenstandslos kenntlich gemacht werden.

(3) ¹Ein Teil einer Eintragung darf nur gerötet oder auf andere eindeutige Weise als gegenstandslos kenntlich gemacht werden, wenn die Verständlichkeit der Eintragung und des aktuellen Ausdrucks nicht beeinträchtigt wird. ²Andernfalls ist die betroffene Eintragung insgesamt zu röten und ihr noch gültiger Teil in verständlicher Form zu wiederholen.

Kennzeichnung bestimmter Eintragungen

HRV 16a Diejenigen Eintragungen, die lediglich andere Eintragungen wiederholen, erläutern oder begründen und daher nach § 30a Abs. 4 Satz 4 nicht in den aktuellen Ausdruck einfließen, sind grau zu hinterlegen oder es ist auf andere Weise sicherzustellen, dass diese Eintragungen nicht in den aktuellen Ausdruck übernommen werden.

[Berichtigungen]

HRV 17 (1) ¹Schreibversehen und ähnliche offenbare Unrichtigkeiten in einer Eintragung können durch den Richter oder nach Anordnung des Richters in Form einer neuen Eintragung oder auf andere eindeutige Weise berichtigt werden. ²Die Berichtigung ist als solche kenntlich zu machen.

(2) ¹Die Berichtigung nach Absatz 1 ist den Beteiligten bekanntzugeben. ²Die öffentliche Bekanntmachung kann unterbleiben, wenn die Berichtigung einen offensichtlich unwesentlichen Punkt der Eintragung betrifft.

(3) ¹Eine versehentlich vorgenommene Rötung oder Kenntlichmachung nach § 16 oder § 16a ist zu löschen oder auf andere eindeutige Weise zu beseitigen. ²Die Löschung oder sonstige Beseitigung ist zu vermerken.

[Eintragung aufgrund Entscheidung des Prozessgerichts]

HRV 18 ¹Erfolgt eine Eintragung auf Grund einer rechtskräftigen oder vollstreckbaren Entscheidung des Prozeßgerichts, so

III. Handelsregister **21 HRV (4)**

ist dies bei der Eintragung im Register unter Angabe des Prozessgerichts, des Datums und des Aktenzeichens der Entscheidung zu vermerken. ²Eine Aufhebung der Entscheidung ist in dieselbe Spalte des Registers einzutragen.

[Löschung von Amts wegen]

HRV 19 (1) Soll eine Eintragung von Amts wegen gelöscht werden, weil sie mangels einer wesentlichen Voraussetzung unzulässig ist, so erfolgt die Löschung durch Eintragung des Vermerks „Von Amts wegen gelöscht".

(2) ¹Hat in sonstigen Fällen eine Eintragung von Amts wegen zu erfolgen, so hat sie den Hinweis auf die gesetzliche Grundlage und einen Vermerk „Von Amts wegen eingetragen" zu enthalten. ²Dies gilt nicht für die Eintragung der Vermerke über die Eröffnung, die Einstellung oder Aufhebung des Insolvenzverfahrens, die Aufhebung des Eröffnungsbeschlusses, die Anordnung der Eigenverwaltung durch den Schuldner und deren Aufhebung, die Anordnung der Zustimmungsbedürftigkeit bestimmter Rechtsgeschäfte des Schuldners nach § 277 der Insolvenzordnung sowie die sonstigen in § 32 des Handelsgesetzbuchs vorgesehenen Vermerke.

HRV 19a *(aufgehoben)*

[Verlegung von Firmen]

HRV 20 ¹Wird die Hauptniederlassung eines Einzelkaufmanns, einer juristischen Person oder der Sitz einer Handelsgesellschaft oder die Zweigniederlassung eines Unternehmens mit Sitz oder Hauptniederlassung im Ausland aus dem Bezirke des Registergerichts verlegt, so ist erst bei Eingang der Nachricht von der Eintragung in das Register des neuen Registergerichts (§ 13h Abs. 2 Satz 5 des Handelsgesetzbuchs; § 45 Abs. 2 Satz 6 des Aktiengesetzes) die Verlegung auf dem bisherigen Registerblatt in der Spalte 2 und in der Spalte „Rechtsverhältnisse" zu vermerken; § 22 ist entsprechend anzuwenden. ²Auf dem bisherigen Registerblatt ist bei der jeweiligen Eintragung auf das Registerblatt des neuen Registergerichts zu verweisen und umgekehrt.

Umschreibung eines Registerblatts

HRV 21 (1) ¹Ist das Registerblatt unübersichtlich geworden, so sind die noch gültigen Eintragungen unter einer neuen oder unter derselben Nummer auf ein neues Registerblatt umzuschreiben. ²Dabei kann auch von dem ursprünglichen Text der Eintragung abgewichen werden, soweit der Inhalt der Eintragung dadurch nicht verändert wird. ³Auf jedem Registerblatt ist auf das andere zu verweisen, auch wenn es bei derselben Nummer verbleibt.

(2) Die Zusammenfassung und Übertragung ist den Beteiligten unter Mitteilung von dem Inhalt der neuen Eintragung und gegebenenfalls der neuen Nummer bekannt zu machen.

(3) Bestehen Zweifel über die Art oder den Umfang der Übertragung, so sind die Beteiligten vorher zu hören.

Gegenstandslosigkeit aller Eintragungen

HRV 22 (1) ¹Sämtliche Seiten des Registerblatts sind zu röten oder rot zu durchkreuzen, wenn alle Eintragungen gegenstandslos geworden sind. ²Das Registerblatt erhält einen Vermerk, der es als „geschlossen" kennzeichnet.

(2) ¹Geschlossene Registerblätter sollen weiterhin, auch in der Form von Ausdrucken, wiedergabefähig oder lesbar bleiben. ²Die Datenträger für geschlossene Registerblätter können auch bei der für die Archivierung von Handelsregisterblättern zuständigen Stelle verfügbar gehalten werden, soweit landesrechtliche Vorschriften nicht entgegenstehen.

III. Verfahren bei Anmeldung, Eintragung und Bekanntmachung

[Stellungnahme der Organe des Handelsstandes]

HRV 23 ¹Das Gericht hat dafür Sorge zu tragen, dass die gesetzlich vorgeschriebenen Eintragungen in das Register erfolgen. ²Die Stellungnahme der Organe des Handelsstandes gemäß § 380 Abs. 2 des Gesetzes über das Verfahren in Familiensachen und in den Angelegenheiten der freiwilligen Gerichtsbarkeit soll elektronisch eingeholt und übermittelt werden.

[Inhalt der Anmeldung]

HRV 24 (1) Werden natürliche Personen zur Eintragung in das Handelsregister angemeldet (insbesondere als Kaufleute, Gesellschafter, Prokuristen, Vorstandsmitglieder, Mitglieder des Leitungsorgans, geschäftsführende Direktoren, Geschäftsführer, Abwickler), so ist in der Anmeldung deren Geburtsdatum anzugeben.

(2) ¹Bei der Anmeldung ist die Lage der Geschäftsräume anzugeben. ²Dies gilt nicht, wenn die Lage der Geschäftsräume als inländische Geschäftsanschrift zur Eintragung in das Handelsregister angemeldet wird oder bereits in das Handelsregister eingetragen worden ist. ³Eine Änderung der Lage der Geschäftsräume ist dem Registergericht unverzüglich mitzuteilen; Satz 2 gilt entsprechend.

(3) Absatz 2 gilt für die Anmeldung einer Zweigniederlassung und die Änderung der Lage ihrer Geschäftsräume entsprechend.

(4) Es ist darauf hinzuwirken, daß bei den Anmeldungen auch der Unternehmensgegenstand, soweit er sich nicht aus der Firma ergibt, angegeben wird.

[Entscheidung über die Eintragung, Bekanntmachung]

HRV 25 (1) ¹Auf die Anmeldung zur Eintragung, auf Gesuche und Anträge entscheidet der Richter. ²Über die Eintragung ist unverzüglich nach Eingang der Anmeldung bei Gericht zu entscheiden. ³Ist eine Anmeldung zur Eintragung in das Handelsregister unvollständig oder steht der Eintragung ein durch den Antragsteller behebbares Hindernis entgegen, so hat der Richter unverzüglich zu verfügen; liegt ein nach § 23 einzuholendes Gutachten bis dahin nicht vor, so ist dies dem Antragsteller unver

III. Handelsregister   **29 HRV (4)**

züglich mitzuteilen. [4] Der Richter entscheidet auch über die erforderlichen Bekanntmachungen.

(2) Der Richter ist für die Eintragung auch dann zuständig, wenn sie vom Beschwerdegericht oder nach § 395 des Gesetzes über das Verfahren in Familiensachen und in den Angelegenheiten der freiwilligen Gerichtsbarkeit verfügt ist.

Änderung eingetragener Angaben

HRV 26 Die Änderung eingetragener Angaben ist, unbeschadet des § 25 Absatz 1 Satz 2, in der Regel innerhalb von 21 Tagen nach Eingang der vollständigen Anmeldung oder im Fall eines durch den Antragsteller behebbaren Eintragungshindernisses innerhalb von 21 Tagen nach dessen Behebung einzutragen und bekannt zu machen.

Vornahme der Eintragung, Wortlaut der Bekanntmachung

HRV 27 (1) Der Richter nimmt die Eintragung und Bekanntmachung entweder selbst vor oder er verfügt die Eintragung und die Bekanntmachung durch den Urkundsbeamten der Geschäftsstelle.

(2) [1] Nimmt der Richter die Eintragung nicht selbst vor, so hat er in der Eintragungsverfügung den genauen Wortlaut der Eintragung sowie die Eintragungsstelle im Register samt aller zur Eintragung erforderlichen Merkmale festzustellen. [2] Der Wortlaut der öffentlichen Bekanntmachung ist besonders zu verfügen, wenn er von der Eintragung abweicht. [3] Der Urkundsbeamte der Geschäftsstelle hat die Ausführung der Eintragungsverfügung zu veranlassen, die Eintragung zu signieren und die verfügten Bekanntmachungen herbeizuführen.

(3) [1] Die Wirksamkeit der Eintragung (§ 8a Abs. 1 des Handelsgesetzbuchs) ist in geeigneter Weise zu überprüfen. [2] Die eintragende Person soll die Eintragung auf ihre Richtigkeit und Vollständigkeit sowie ihre Abrufbarkeit aus dem Datenspeicher (§ 48) prüfen.

(4) Bei jeder Eintragung ist der Tag der Eintragung anzugeben.

Elektronische Signatur

HRV 28 [1] Der Richter oder im Fall des § 27 Abs. 2 der Urkundsbeamte der Geschäftsstelle setzt der Eintragung seinen Nachnamen hinzu und signiert beides elektronisch. [2] Im Übrigen gilt § 75 der Grundbuchverfügung entsprechend.

[Obliegenheiten des Urkundsbeamten]

HRV 29 (1) Der Urkundsbeamte der Geschäftsstelle ist zuständig:
1. für die Erteilung von Abschriften oder Ausdrucken oder die elektronische Übermittlung der Eintragungen und der zum Register eingereichten Schriftstücke und Dokumente; wird eine auszugsweise Abschrift, ein auszugsweiser Ausdruck oder eine auszugsweise elektronische Übermittlung beantragt, so entscheidet bei Zweifeln über den Umfang des Auszugs der Richter;

(4) HRV 30 2. Teil. Handelsrechtl. Nebengesetze

2. für die Beglaubigung und die Erteilung oder elektronische Übermittlung von Bescheinigungen nach § 9 Abs. 5 des Handelsgesetzbuchs;
3. für die Eintragung der in § 32 des Handelsgesetzbuchs vorgesehenen Vermerke im Zusammenhang mit einem Insolvenzverfahren;
4. für die Eintragung der inländischen Geschäftsanschrift.

(2) ¹Wird die Änderung einer Entscheidung des Urkundsbeamten der Geschäftsstelle verlangt, so entscheidet, wenn dieser dem Verlangen nicht entspricht, der Richter. ²Die Beschwerde ist erst gegen seine Entscheidung gegeben.

[Abschriften]

HRV 30 (1) ¹Einfache Abschriften der in Papierform vorhandenen Registerblätter und Schriftstücke sind mit dem Vermerk: „Gefertigt am ..." abzuschließen. ²Der Vermerk ist nicht zu unterzeichnen.

(2) ¹Die Beglaubigung einer Abschrift geschieht durch einen unter die Abschrift zu setzenden Vermerk, der die Übereinstimmung mit der Hauptschrift bezeugt. ²Der Beglaubigungsvermerk muß Ort und Tag der Ausstellung enthalten, von dem Urkundsbeamten der Geschäftsstelle unterschrieben und mit Siegel oder Stempel versehen sein.

(3) ¹Soll aus dem Handelsregister eine auszugsweise Abschrift erteilt werden, so sind in die Abschrift die Eintragungen aufzunehmen, die den Gegenstand betreffen, auf den sich der Auszug beziehen soll. ²In dem Beglaubigungsvermerk ist der Gegenstand anzugeben und zu bezeugen, daß weitere ihn betreffende Eintragungen in dem Register nicht enthalten sind.

(4) ¹Werden beglaubigte Abschriften der zum Register eingereichten Schriftstücke oder der eingereichten Wiedergaben von Schriftstücken (§ 8a Abs. 4 des Handelsgesetzbuchs in der bis zum Inkrafttreten des Gesetzes über elektronische Handelsregister und Genossenschaftsregister sowie das Unternehmensregister am 1. Januar 2007 geltenden Fassung) beantragt, so ist in dem Beglaubigungsvermerk ersichtlich zu machen, ob die Hauptschrift eine Urschrift, eine Wiedergabe auf einem Bildträger oder auf anderen Datenträgern, eine einfache oder beglaubigte Abschrift, eine Ablichtung oder eine Ausfertigung ist; ist die Hauptschrift eine Wiedergabe auf einem Bildträger oder auf anderen Datenträgern, eine beglaubigte Abschrift, eine beglaubigte Ablichtung oder eine Ausfertigung, so ist der nach § 8a Abs. 3 Satz 2 des Handelsgesetzbuchs in der bis zum Inkrafttreten des Gesetzes über elektronische Handelsregister und Genossenschaftsregister sowie das Unternehmensregister am 1. Januar 2007 geltenden Fassung angefertigte schriftliche Nachweis über die inhaltliche Übereinstimmung der Wiedergabe mit der Urschrift, der Beglaubigungsvermerk oder der Ausfertigungsvermerk in die beglaubigte Abschrift aufzunehmen. ²Durchstreichungen, Änderungen, Einschaltungen, Radierungen oder andere Mängel einer von den Beteiligten eingereichten Schrift sollen in dem Vermerk angegeben werden.

(5) ¹Die Bestätigung oder Ergänzung früher gefertigter Abschriften ist zulässig. ²Eine Ergänzung einer früher erteilten Abschrift soll unterbleiben, wenn die Ergänzung gegenüber der Erteilung einer Abschrift durch Ablichtung einen unverhältnismäßigen Arbeitsaufwand, insbesondere erhebliche oder zeitraubende Schreibarbeiten erfordern würde; andere Versagungsgründe bleiben unberührt.

III. Handelsregister **32 HRV (4)**

Ausdrucke

HRV 30a (1) [1] Ausdrucke aus dem Registerblatt (§ 9 Abs. 4 des Handelsgesetzbuchs) sind mit der Aufschrift „Ausdruck" oder „Amtlicher Ausdruck", dem Datum der letzten Eintragung und dem Datum des Abrufs der Daten aus dem Handelsregister zu versehen. [2] Sie sind nicht zu unterschreiben.

(2) [1] Ausdrucke aus dem Registerordner sind mit der Aufschrift „Ausdruck" oder „Amtlicher Ausdruck", dem Datum der Einstellung des Dokuments in den Registerordner, dem Datum des Abrufs aus dem Registerordner und den nach § 9 Abs. 4 oder Abs. 5 Satz 2 aufgenommenen Angaben zu versehen. [2] Sie sind nicht zu unterschreiben.

(3) [1] Der amtliche Ausdruck ist darüber hinaus mit Ort und Tag der Ausstellung, dem Vermerk, dass der Ausdruck den Inhalt des Handelsregisters oder einen Inhalt des Registerordners bezeugt, sowie dem Namen des erstellenden Urkundsbeamten der Geschäftsstelle und mit einem Dienstsiegel zu versehen. [2] Anstelle der Siegelung kann maschinell ein Abdruck des Dienstsiegels eingedruckt sein oder aufgedruckt werden; in beiden Fällen muss unter der Aufschrift „Amtlicher Ausdruck" der Vermerk „Dieser Ausdruck wird nicht unterschrieben und gilt als beglaubigte Abschrift." aufgedruckt sein oder werden.

(4) [1] Ausdrucke aus dem Registerblatt werden als chronologischer oder aktueller Ausdruck erteilt. [2] Der chronologische Ausdruck gibt alle Eintragungen des Registerblatts wieder. [3] Der aktuelle Ausdruck enthält den letzten Stand der Eintragungen. [4] Nicht in den aktuellen Ausdruck aufgenommen werden diejenigen Eintragungen, die gerötet oder auf andere Weise nach § 16 als gegenstandslos kenntlich gemacht sind, die nach § 16a gekennzeichneten Eintragungen sowie die Angaben in den Spalten § 40 (HR A) Nr. 6 Buchstabe b und § 43 (HR B) Nr. 7 Buchstabe b. [5] Die Art des Ausdrucks bestimmt der Antragsteller. [6] Soweit nicht ausdrücklich etwas anderes beantragt ist, wird ein aktueller Ausdruck erteilt. [7] Aktuelle Ausdrucke können statt in spaltenweiser Wiedergabe auch als fortlaufender Text erstellt werden.

(5) [1] Ausdrucke können dem Antragsteller auch elektronisch übermittelt werden. [2] Die elektronische Übermittlung amtlicher Ausdrucke erfolgt unter Verwendung einer qualifizierten elektronischen Signatur.

(6) § 30 Abs. 3 gilt entsprechend.

[Ausfertigungen]

HRV 31 [1] Ausfertigungen der Bescheinigungen und Zeugnisse sind von dem Urkundsbeamten der Geschäftsstelle unter Angabe des Ortes und Tages zu unterschreiben und mit dem Gerichtssiegel oder Stempel zu versehen. [2] Bescheinigungen und Zeugnisse können auch in elektronischer Form (§ 126a des Bürgerlichen Gesetzbuchs) übermittelt werden.

[Veröffentlichung]

HRV 32 Die Veröffentlichung der Eintragung ist unverzüglich zu veranlassen.

(4) HRV 36

[Form der Bekanntmachungen]

HRV 33 (1) Die öffentlichen Bekanntmachungen sollen knapp gefaßt und leicht verständlich sein.

(2) In den Bekanntmachungen ist das Gericht und der Tag der Eintragung zu bezeichnen, einer Unterschrift bedarf es nicht.

(3) [1] Die Bekanntmachungen sind tunlichst nach dem anliegenden Muster abzufassen (Anlage 3). [2] Der Tag der Bekanntmachung ist durch die bekannt machende Stelle beizufügen.

[Besondere Angaben in der Bekanntmachung]

HRV 34 [1] In den Bekanntmachungen sind, falls entsprechende Mitteilungen vorliegen, auch der Unternehmensgegenstand, soweit er sich nicht aus der Firma ergibt, und die Lage der Geschäftsräume anzugeben. [2] Ist eine inländische Geschäftsanschrift eingetragen, so ist diese anstelle der Lage der Geschäftsräume anzugeben. [3] Es ist in den Bekanntmachungen darauf hinzuweisen, daß die in Satz 1 genannten Angaben ohne Gewähr für die Richtigkeit erfolgen.

Veröffentlichungen im Amtsblatt der Europäischen Union

HRV 34a Die Pflichten zur Veröffentlichung im Amtsblatt der Europäischen Union und die Mitteilungspflichten gegenüber dem Amt für amtliche Veröffentlichungen der Europäischen Union nach der Verordnung (EWG) Nr. 2137/85 des Rates vom 25. Juli 1985 über die Schaffung einer Europäischen wirtschaftlichen Interessenvereinigung (EWIV) (ABl. EG Nr. L 199 S. 1) sowie der Verordnung (EG) Nr. 2157/2001 des Rates vom 8. Oktober 2001 über das Statut der Europäischen Gesellschaft (SE) (ABl. EG Nr. L 294 S. 1) bleiben unberührt.

[Angabe des Löschungsgrundes]

HRV 35 [1] Wird eine Firma im Handelsregister gelöscht, weil das Unternehmen nach Art oder Umfang einen in kaufmännischer Weise eingerichteten Geschäftsbetrieb nicht erfordert, so kann auf Antrag des Inhabers in der Bekanntmachung der Grund der Löschung erwähnt werden. [2] Handelt es sich um einen Handwerker, der bereits in die Handwerksrolle eingetragen ist, so kann neben der Angabe des Grundes der Löschung in der Bekanntmachung auch auf diese Eintragung hingewiesen werden.

[Benachrichtigungen]

HRV 36 [1] Der Urkundsbeamte der Geschäftsstelle unterschreibt die Mitteilungen. [2] In geeigneten Fällen ist darauf hinzuweisen, daß auf die Bekanntgabe verzichtet werden kann (§ 383 Abs. 1 Satz 1 des Gesetzes über das Verfahren in Familiensachen und in den Angelegenheiten der freiwilligen Gerichtsbarkeit).

III. Handelsregister   **39 HRV (4)**

Mitteilungen an andere Stellen

HRV 37 (1) [1]Das Gericht hat jede Neuanlegung und jede Änderung eines Registerblatts
1. der Industrie- und Handelskammer,
2. der Handwerkskammer, wenn es sich um ein handwerkliches Unternehmen handelt oder handeln kann, und
3. der Landwirtschaftskammer, wenn es sich um ein land- oder forstwirtschaftliches Unternehmen handelt oder handeln kann, oder, wenn eine Landwirtschaftskammer nicht besteht, der nach Landesrecht zuständigen Stelle

mitzuteilen. [2]Die über Geschäftsräume und Unternehmensgegenstand gemachten Angaben sind ebenfalls mitzuteilen.

(2) Soweit in anderen Rechtsvorschriften oder durch besondere Anordnung der Landesjustizverwaltung eine Benachrichtigung weiterer Stellen vorgesehen ist, bleiben diese Vorschriften unberührt.

[Anfragen bei anderen Registergerichten]

HRV 38 Gehört ein Ort oder eine Gemeinde zu den Bezirken verschiedener Registergerichte, so hat jedes Registergericht vor der Eintragung einer neuen Firma oder vor der Eintragung von Änderungen einer Firma bei den anderen beteiligten Registergerichten anzufragen, ob gegen die Eintragung im Hinblick auf § 30 des Handelsgesetzbuches Bedenken bestehen.

[Maschinelle Verfügungen und Benachrichtigungen]

HRV 38a (1) [1]Gerichtliche Verfügungen und Benachrichtigungen an Beteiligte, die maschinell erstellt werden, brauchen nicht unterschrieben zu werden. [2]In diesem Fall muß anstelle der Unterschrift auf dem Schreiben der Vermerk „Dieses Schreiben ist maschinell erstellt und auch ohne Unterschrift wirksam." angebracht sein. [3]Die Verfügung muß den Verfasser mit Funktionsbezeichnung erkennen lassen.

(2) [1]Die in Absatz 1 bezeichneten maschinell zu erstellenden Schreiben können, wenn die Kenntnisnahme durch den Empfänger allgemein sichergestellt ist, auch durch Bildschirmmitteilung oder in anderer Weise elektronisch übermittelt werden. [2]§ 15 des Gesetzes über das Verfahren in Familiensachen und in den Angelegenheiten der freiwilligen Gerichtsbarkeit bleibt unberührt.

(3) Für die Texte für die öffentliche Bekanntmachung der Eintragungen sowie für Mitteilungen nach § 37 und Anfragen nach § 38 gelten die Absätze 1 und 2 entsprechend.

IV. Sondervorschriften für die Abteilungen A und B

[Trennung, Muster]

HRV 39 Die Abteilungen A und B werden in getrennten Registern nach den beigegebenen Mustern geführt.

Hopt

Abteilung A

Inhalt der Eintragungen in Abteilung A

HRV 40 In Abteilung A des Handelsregisters sind die nachfolgenden Angaben einzutragen:

1. In Spalte 1 ist die laufende Nummer der die Firma betreffenden Eintragungen einzutragen.
2. In Spalte 2 sind
   a) unter Buchstabe a die Firma;
   b) unter Buchstabe b der Ort der Niederlassung oder der Sitz, bei Einzelkaufleuten und Personenhandelsgesellschaften die inländische Geschäftsanschrift sowie die Errichtung oder Aufhebung von Zweigniederlassungen, und zwar unter Angabe des Ortes einschließlich der Postleitzahl, der inländischen Geschäftsanschrift und, falls der Firma für eine Zweigniederlassung ein Zusatz beigefügt ist, unter Angabe dieses Zusatzes;
   c) unter Buchstabe c bei Europäischen wirtschaftlichen Interessenvereinigungen und bei juristischen Personen der Gegenstand des Unternehmens
   und die sich jeweils darauf beziehenden Änderungen anzugeben.
3. [1] In Spalte 3 sind
   a) unter Buchstabe a die allgemeine Regelung zur Vertretung des Rechtsträgers durch die persönlich haftenden Gesellschafter, die Geschäftsführer, die Mitglieder des Vorstandes, bei Kreditinstituten die gerichtlich bestellten vertretungsbefugten Personen sowie die Abwickler oder Liquidatoren, und
   b) unter Buchstabe b der Einzelkaufmann, bei Handelsgesellschaften die persönlich haftenden Gesellschafter, bei Europäischen wirtschaftlichen Interessenvereinigungen die Geschäftsführer, bei juristischen Personen die Mitglieder des Vorstandes und deren Stellvertreter, bei Kreditinstituten die gerichtlich bestellten vertretungsberechtigten Personen, die Abwickler oder Liquidatoren unter der Bezeichnung als solche, bei ausländischen Versicherungsunternehmen die nach § 68 Absatz 2 des Versicherungsaufsichtsgesetzes bestellten Hauptbevollmächtigten sowie bei einer Zweigstelle eines Unternehmens mit Sitz in einem anderen Staat, die Bankgeschäfte in dem in § 1 Abs. 1 des Gesetzes über das Kreditwesen bezeichneten Umfang betreibt, die nach § 53 Abs. 2 Nr. 1 des Gesetzes über das Kreditwesen bestellten Geschäftsleiter jeweils mit Familiennamen, Vornamen, Geburtsdatum und Wohnort oder gegebenenfalls mit Firma, Rechtsform, Sitz oder Niederlassung
   und die jeweils sich darauf beziehenden Änderungen anzugeben.[2] Weicht die Vertretungsbefugnis der in Spalte 3 unter Buchstabe b einzutragenden Personen im Einzelfall von den Angaben in Spalte 3 unter Buchstabe a ab, so ist diese besondere Vertretungsbefugnis bei den jeweiligen Personen zu vermerken.
4. In Spalte 4 sind die die Prokura betreffenden Angaben einschließlich Familienname, Vorname, Geburtsdatum und Wohnort der Prokuristen und die sich jeweils darauf beziehenden Änderungen einzutragen.
5. In Spalte 5 sind anzugeben
   a) unter Buchstabe a die Rechtsform sowie bei juristischen Personen das Datum der Erstellung und jede Änderung der Satzung; bei der Eintragung genügt, soweit sie nicht die Änderung der einzutragenden Angaben betrifft, eine allgemeine Bezeichnung des Gegenstands der Änderung; dabei ist in der Spalte 6 unter Buchstabe b auf die beim Gericht

III. Handelsregister **41 HRV (4)**

eingereichten Urkunden sowie auf die Stelle der Akten, bei der die Urkunden sich befinden, zu verweisen;
- b) unter Buchstabe b
  - aa) die besonderen Bestimmungen des Gründungsvertrages oder der Satzung über die Zeitdauer der Europäischen wirtschaftlichen Interessenvereinigung oder juristischen Person sowie alle sich hierauf beziehenden Änderungen;
  - bb) die Eröffnung, Einstellung und Aufhebung des Insolvenzverfahrens sowie die Aufhebung des Eröffnungsbeschlusses; die Bestellung eines vorläufigen Insolvenzverwalters unter den Voraussetzungen des § 32 Abs. 1 Satz 2 Nr. 2 des Handelsgesetzbuchs sowie die Aufhebung einer derartigen Sicherungsmaßnahme; die Anordnung der Eigenverwaltung durch den Schuldner und deren Aufhebung sowie die Anordnung der Zustimmungsbedürftigkeit bestimmter Rechtsgeschäfte des Schuldners nach § 277 der Insolvenzordnung; die Überwachung der Erfüllung eines Insolvenzplans und die Aufhebung der Überwachung;
  - cc) die Klausel über die Haftungsbefreiung eines Mitglieds der Europäischen wirtschaftlichen Interessenvereinigung für die vor seinem Beitritt entstandenen Verbindlichkeiten;
  - dd) die Auflösung, Fortsetzung und die Nichtigkeit der Gesellschaft, Europäischen wirtschaftlichen Interessenvereinigung oder juristischen Person; der Schluss der Abwicklung der Europäischen wirtschaftlichen Interessenvereinigung; das Erlöschen der Firma, die Löschung einer Gesellschaft, Europäischen wirtschaftlichen Interessenvereinigung oder juristischen Person sowie Löschungen von Amts wegen;
  - ee) Eintragungen nach dem Umwandlungsgesetz;
  - ff) im Fall des Erwerbs eines Handelsgeschäfts bei Fortführung unter der bisherigen Firma eine von § 25 Abs. 1 des Handelsgesetzbuchs abweichende Vereinbarung;
  - gg) beim Eintritt eines persönlich haftenden Gesellschafters oder eines Kommanditisten in das Geschäft eines Einzelkaufmanns eine von § 28 Abs. 1 des Handelsgesetzbuchs abweichende Vereinbarung;
- c) unter Buchstabe c Familienname, Vorname, Geburtsdatum und Wohnort oder gegebenenfalls Firma, Rechtsform, Sitz oder Niederlassung und der Betrag der Einlage jedes Kommanditisten einer Kommanditgesellschaft sowie bei der Europäischen wirtschaftlichen Interessenvereinigung die Mitglieder mit Familiennamen, Vornamen, Geburtsdatum und Wohnort oder gegebenenfalls mit Firma, Rechtsform, Sitz oder Niederlassung

und die sich jeweils darauf beziehenden Änderungen.
6. In Spalte 6 sind unter Buchstabe a der Tag der Eintragung, unter Buchstabe b sonstige Bemerkungen einzutragen.
7. Enthält eine Eintragung die Nennung eines in ein öffentliches Register eingetragenen Rechtsträgers, so sind Art und Ort des Registers sowie die Registernummer dieses Rechtsträgers mit zu vermerken.

[Änderung der Firma, Neueintragung, Verweisungen]

HRV 41 (1) [1]Wird bei dem Eintritt eines persönlich haftenden Gesellschafters oder eines Kommanditisten in das Geschäft eines Einzelkaufmanns oder bei dem Eintritt eines Gesellschafters in eine bestehende Gesellschaft die bisherige Firma nicht fortgeführt und die neue

Firma unter einer neuen Nummer auf einem anderen Registerblatt eingetragen, so ist der Eintritt in Spalte 5 des Registers bei der bisherigen und bei der neuen Firma zu vermerken. ²Dasselbe gilt von einer von § 28 Abs. 1 des Handelsgesetzbuchs abweichenden Vereinbarung.

(2) Auf jedem Registerblatt ist auf das andere in Spalte „Bemerkungen" zu verweisen.

[Übergang eines Handelsgeschäfts, Verweisungen]

HRV 42 ¹Wird zum Handelsregister angemeldet, daß das Handelsgeschäft eines Einzelkaufmanns, einer juristischen Person, einer offenen Handelsgesellschaft oder einer Kommanditgesellschaft auf eine in Abteilung B eingetragene Handelsgesellschaft mit dem Recht zur Fortführung der Firma übergegangen ist, so sind die das Handelsgeschäft betreffenden Eintragungen in Abteilung A des Registers rot zu unterstreichen. ²Wird von dem Erwerber die Fortführung der Firma angemeldet, so ist bei der Eintragung in Abteilung B auf das bisherige Registerblatt in der Spalte „Bemerkungen" zu verweisen und umgekehrt.

Abteilung B

Inhalt der Eintragungen in Abteilung B

HRV 43 In Abteilung B des Handelsregisters sind die nachfolgenden Angaben einzutragen:

1. In Spalte 1 ist die laufende Nummer der die Gesellschaft betreffenden Eintragung einzutragen.
2. In Spalte 2 sind
   a) unter Buchstabe a die Firma;
   b) unter Buchstabe b der Ort der Niederlassung oder der Sitz, bei Aktiengesellschaften, bei einer SE, bei Kommanditgesellschaften auf Aktien und Gesellschaften mit beschränkter Haftung die inländische Geschäftsanschrift sowie gegebenenfalls Familienname und Vorname oder Firma und Rechtsform sowie inländische Anschrift einer für Willenserklärungen und Zustellungen empfangsberechtigten Person, sowie die Errichtung oder Aufhebung von Zweigniederlassungen, und zwar unter Angabe des Ortes einschließlich der Postleitzahl, der inländischen Geschäftsanschrift und, falls der Firma für eine Zweigniederlassung ein Zusatz beigefügt ist, unter Angabe dieses Zusatzes;
   c) unter Buchstabe c der Gegenstand des Unternehmens
   und die sich jeweils darauf beziehenden Änderungen anzugeben.
3. In Spalte 3 sind bei Aktiengesellschaften, bei einer SE und bei Kommanditgesellschaften auf Aktien die jeweils aktuellen Beträge der Höhe des Grundkapitals, bei Gesellschaften mit beschränkter Haftung die Höhe des Stammkapitals und bei Versicherungsvereinen auf Gegenseitigkeit die Höhe des Gründungsfonds anzugeben.
4. ¹In Spalte 4 sind
   a) unter Buchstabe a die allgemeine Regelung zur Vertretung des Rechtsträgers durch die Mitglieder des Vorstandes, des Leitungsorgans, die geschäftsführenden Direktoren, die persönlich haftenden Gesellschafter sowie bei Kreditinstituten die gerichtlich bestellten vertretungsbefugten Personen, die Geschäftsführer, die Abwickler oder Liquidatoren und
   b) unter Buchstabe b bei Aktiengesellschaften und Versicherungsvereinen auf Gegenseitigkeit die Mitglieder des Vorstandes und ihre Stellvertreter

III. Handelsregister **43 HRV (4)**

(bei Aktiengesellschaften unter besonderer Bezeichnung des Vorsitzenden), bei einer SE die Mitglieder des Leitungsorgans und ihre Stellvertreter (unter besonderer Bezeichnung ihres Vorsitzenden) oder die geschäftsführenden Direktoren, bei Kommanditgesellschaften auf Aktien die persönlich haftenden Gesellschafter, bei Kreditinstituten die gerichtlich bestellten vertretungsbefugten Personen, bei Gesellschaften mit beschränkter Haftung die Geschäftsführer und ihre Stellvertreter, ferner die Abwickler oder Liquidatoren unter der Bezeichnung als solcher, jeweils mit Familiennamen, Vornamen, Geburtsdatum und Wohnort oder gegebenenfalls mit Firma, Rechtsform, Sitz oder Niederlassung und die jeweils sich darauf beziehenden Änderungen anzugeben.[2] Weicht die Vertretungsbefugnis der in Spalte 4 unter Buchstabe b einzutragenden Personen im Einzelfall von den Angaben in Spalte 4 unter Buchstabe a ab, so ist diese besondere Vertretungsbefugnis bei den jeweiligen Personen zu vermerken.[3] Ebenfalls in Spalte 4 unter Buchstabe b sind bei ausländischen Versicherungsunternehmen die nach § 68 Absatz 2 des Versicherungsaufsichtsgesetzes bestellten Hauptbevollmächtigten, bei einer Zweigstelle eines Unternehmens mit Sitz in einem anderen Staat, die Bankgeschäfte in dem in § 1 Abs. 1 des Gesetzes über das Kreditwesen bezeichneten Umfang betreibt, die nach § 53 Abs. 2 Nr. 1 des Gesetzes über das Kreditwesen bestellten Geschäftsleiter sowie bei einer Zweigniederlassung einer Aktiengesellschaft, SE oder Gesellschaft mit beschränkter Haftung mit Sitz im Ausland die ständigen Vertreter nach § 13e Abs. 2 Satz 5 Nr. 3 des Handelsgesetzbuchs jeweils mit Familiennamen, Vornamen, Geburtsdatum und Wohnort unter Angabe ihrer Befugnisse zu vermerken.

5. In Spalte 5 sind die die Prokura betreffenden Eintragungen einschließlich Familienname, Vorname, Geburtsdatum und Wohnort der Prokuristen sowie die jeweils sich darauf beziehenden Änderungen anzugeben.
6. In Spalte 6 sind anzugeben
   a) unter Buchstabe a die Rechtsform und der Tag der Feststellung der Satzung oder des Abschlusses des Gesellschaftsvertrages; jede Änderung der Satzung oder des Gesellschaftsvertrages; bei der Eintragung genügt, soweit nicht die Änderung die einzutragenden Angaben betrifft, eine allgemeine Bezeichnung des Gegenstands der Änderung;
   b) unter Buchstabe b neben den entsprechend für die Abteilung A in § 40 Nr. 5 Buchstabe b Doppelbuchstabe bb einzutragenden Angaben:
      aa) die besonderen Bestimmungen der Satzung oder des Gesellschaftsvertrages über die Zeitdauer der Gesellschaft oder des Versicherungsvereins auf Gegenseitigkeit;
      bb) eine Eingliederung einschließlich der Firma der Hauptgesellschaft sowie das Ende der Eingliederung, sein Grund und sein Zeitpunkt;
      cc) das Bestehen und die Art von Unternehmensverträgen einschließlich des Namens des anderen Vertragsteils, beim Bestehen einer Vielzahl von Teilgewinnabführungsverträgen alternativ anstelle des Namens des anderen Vertragsteils eine Bezeichnung, die den jeweiligen Teilgewinnabführungsvertrag konkret bestimmt, außerdem die Änderung des Unternehmensvertrages sowie seine Beendigung unter Angabe des Grundes und des Zeitpunktes;
      dd) die Auflösung, die Fortsetzung und die Nichtigkeit der Gesellschaft oder des Versicherungsvereins auf Gegenseitigkeit;
      ee) Eintragungen nach dem Umwandlungsgesetz und nach dem Sanierungs- und Abwicklungsgesetz;
      ff) das Erlöschen der Firma, die Löschung einer Aktiengesellschaft, SE, Kommanditgesellschaft auf Aktien, Gesellschaft mit beschränkter

Haftung oder eines Versicherungsvereins auf Gegenseitigkeit sowie Löschungen von Amts wegen;
gg) das Bestehen eines bedingten Kapitals unter Angabe des Beschlusses der Hauptversammlung und der Höhe des bedingten Kapitals;
hh) das Bestehen eines genehmigten Kapitals unter Angabe des Beschlusses der Hauptversammlung oder Gesellschafterversammlung, der Höhe des genehmigten Kapitals und des Zeitpunktes, bis zu dem die Ermächtigung besteht;
ii) bei Investmentaktiengesellschaften mit variablem Kapital das in der Satzung festgelegte Mindestkapital und Höchstkapital;
jj) der Beschluss einer Übertragung von Aktien gegen Barabfindung (§ 327a des Aktiengesetzes) unter Angabe des Tages des Beschlusses;
kk) der Abschluss eines Nachgründungsvertrages unter Angabe des Zeitpunktes des Vertragsschlusses und des Zustimmungsbeschlusses der Hauptversammlung sowie der oder die Vertragspartner der Gesellschaft;
ll) bei Versicherungsvereinen auf Gegenseitigkeit der Tag, an dem der Geschäftsbetrieb erlaubt worden ist
und die sich jeweils darauf beziehenden Änderungen.
7. Die Verwendung der Spalte 7 richtet sich nach den Vorschriften über die Benutzung der Spalte 6 der Abteilung A.
8. § 40 Nr. 7 gilt entsprechend.

[Eintragungen von Urteilen über Nichtigkeitserklärungen und Verfügungen über Löschungen]

HRV 44 Urteile, durch die ein in das Register eingetragener Beschluß der Hauptversammlung einer Aktiengesellschaft, SE, Kommanditgesellschaft auf Aktien oder der Gesellschafterversammlung einer Gesellschaft mit beschränkter Haftung rechtskräftig für nichtig erklärt ist, sowie die nach § 398 des Gesetzes über das Verfahren in Familiensachen und in den Angelegenheiten der freiwilligen Gerichtsbarkeit verfügte Löschung eines Beschlusses sind in einem Vermerk, der den Beschluß als nichtig bezeichnet, in diejenigen Spalten des Registerblatts einzutragen, in die der Beschluß eingetragen war.

[Löschung einer Gesellschaft wegen Nichtigkeit, Benachrichtigung über Heilung eines Mangels]

HRV 45 (1) Soll eine Aktiengesellschaft, eine SE, eine Kommanditgesellschaft auf Aktien oder eine Gesellschaft mit beschränkter Haftung als nichtig gelöscht werden, so ist, wenn der Mangel geheilt werden kann, in der nach § 395 Abs. 2, § 397 des Gesetzes über das Verfahren in Familiensachen und in den Angelegenheiten der freiwilligen Gerichtsbarkeit ergehenden Benachrichtigung auf diese Möglichkeit ausdrücklich hinzuweisen.

(2) [1] Die Löschung erfolgt durch Eintragung eines Vermerks, der die Gesellschaft als nichtig bezeichnet. [2] Gleiches gilt, wenn die Gesellschaft durch rechtskräftiges Urteil für nichtig erklärt ist.

III. Handelsregister 48 HRV (4)

[Verweisung bei Firmenänderung]

HRV 46 Wird bei einer in Abteilung B eingetragenen Handelsgesellschaft die Änderung der Firma zum Handelsregister angemeldet, weil das Geschäft mit dem Recht zur Fortführung der Firma auf einen Einzelkaufmann, eine juristische Person oder eine Handelsgesellschaft übertragen worden ist, und wird von dem Erwerber die Fortführung der Firma angemeldet, so ist bei der Eintragung in die Spalte „Bemerkungen" auf das bisherige Registerblatt zu verweisen und umgekehrt.

IVa. Vorschriften für das elektronisch geführte Handelsregister

1. Einrichtung des elektronisch geführten Handelsregisters

Grundsatz

HRV 47 (1) ¹Bei der elektronischen Führung des Handelsregisters muss gewährleistet sein, dass

1. die Grundsätze einer ordnungsgemäßen Datenverarbeitung eingehalten, insbesondere Vorkehrungen gegen einen Datenverlust getroffen sowie die erforderlichen Kopien der Datenbestände mindestens tagesaktuell gehalten und die originären Datenbestände sowie deren Kopien sicher aufbewahrt werden,
2. die vorzunehmenden Eintragungen alsbald in einen Datenspeicher aufgenommen und auf Dauer inhaltlich unverändert in lesbarer Form wiedergegeben werden können,
3. die nach Anlage zu § 126 Abs. 1 Satz 2 Nr. 3 der Grundbuchordnung erforderlichen Maßnahmen getroffen werden.

²Die Dokumente sind in inhaltlich unveränderbarer Form zu speichern.

(2) Wird die Datenverarbeitung im Auftrag des zuständigen Amtsgerichts auf den Anlagen einer anderen staatlichen Stelle oder eines Dritten vorgenommen (§ 387 Abs. 5 des Gesetzes über das Verfahren in Familiensachen und in den Angelegenheiten der freiwilligen Gerichtsbarkeit), so muss sichergestellt sein, dass Eintragungen in das Handelsregister und der Abruf von Daten hieraus nur erfolgen, wenn dies von dem zuständigen Gericht verfügt worden oder sonst zulässig ist.

(3) Die Verarbeitung der Registerdaten auf Anlagen, die nicht im Eigentum der anderen staatlichen Stelle oder des Dritten stehen, ist nur zulässig, wenn gewährleistet ist, dass die Daten dem uneingeschränkten Zugriff des zuständigen Gerichts unterliegen und der Eigentümer der Anlage keinen Zugang zu den Daten hat.

Begriff des elektronisch geführten Handelsregisters

HRV 48 ¹Bei dem elektronisch geführten Handelsregister ist der in den dafür bestimmten Datenspeicher aufgenommene und auf Dauer unverändert in lesbarer Form wiedergabefähige Inhalt des Registerblattes (§ 13 Abs. 1) das Handelsregister. ²Die Bestimmung des Datenspeichers nach Satz 1 kann durch Verfügung der nach Landesrecht zuständigen Stelle geändert werden, wenn dies dazu dient, die Erhaltung und die Abrufbarkeit der Daten sicherzustellen oder zu verbessern, und die Daten dabei nicht verändert werden.

Anforderungen an Anlagen und Programme; Sicherung der Anlagen, Programme und Daten

HRV 49 (1) Hinsichtlich der Anforderungen an die für das elektronisch geführte Handelsregister verwendeten Anlagen und Programme, deren Sicherung sowie der Sicherung der Daten gelten die §§ 64 bis 66 der Grundbuchverfügung entsprechend.

(2) Das eingesetzte Datenverarbeitungssystem soll innerhalb eines jeden Landes einheitlich sein und mit den in den anderen Ländern eingesetzten Systemen verbunden werden können.

Gestaltung des elektronisch geführten Handelsregisters

HRV 50 (1) [1] Der Inhalt des elektronisch geführten Handelsregisters muß auf dem Bildschirm und in Ausdrucken entsprechend den beigegebenen Mustern (Anlagen 4 und 5) sichtbar gemacht werden können. [2] Der letzte Stand aller noch nicht gegenstandslos gewordenen Eintragungen (aktueller Registerinhalt) kann statt in spaltenweiser Wiedergabe auch als fortlaufender Text nach den Mustern in Anlage 6 und 7 sichtbar gemacht werden.

(2) Der Inhalt geschlossener Registerblätter, die nicht für die elektronische Registerführung umgeschrieben wurden, muss entsprechend den beigegebenen Mustern (Anlagen 1 und 2 in der bis zum Inkrafttreten des Gesetzes über elektronische Handelsregister und Genossenschaftsregister sowie das Unternehmensregister am 1. Januar 2007 geltenden Fassung dieser Verordnung) auf dem Bildschirm und in Ausdrucken sichtbar gemacht werden können, wenn nicht die letzte Eintragung in das Registerblatt vor dem 1. Januar 1997 erfolgte.

2. Anlegung des elektronisch geführten Registerblatts

Anlegung des elektronisch geführten Registerblatts durch Umschreibung

HRV 51 Ein bisher in Papierform geführtes Registerblatt kann für die elektronische Führung nach den §§ 51, 52 und 54 in der bis zum Inkrafttreten des Gesetzes über elektronische Handelsregister und Genossenschaftsregister sowie das Unternehmensregister am 1. Januar 2007 geltenden Fassung dieser Verordnung umgeschrieben werden.

3. Automatisierter Abruf von Daten

Umfang des automatisierten Datenabrufs

HRV 52 [1] Umfang und Voraussetzungen des Abrufs im automatisierten Verfahren einschließlich des Rechts, von den abgerufenen Daten Abdrucke zu fertigen, bestimmen sich nach § 9 Abs. 1 des Handelsgesetzbuchs. [2] Abdrucke stehen den Ausdrucken (§ 30a) nicht gleich.

Protokollierung der Abrufe

HRV 53 (1) [1] Für die Sicherung der ordnungsgemäßen Datenverarbeitung und für die Abrechnung der Kosten des Abrufs werden alle Abrufe durch die zuständige Stelle protokolliert. [2] Im Protokoll dürfen nur das Gericht, die Nummer des Registerblatts, die abrufende Person

III. Handelsregister **54 HRV (4)**

oder Stelle, ein Geschäfts-, Aktenzeichen oder eine sonstige Kennung des Abrufs, der Zeitpunkt des Abrufs sowie die für die Durchführung des Abrufs verwendeten Daten gespeichert werden.

(2) [1] Die protokollierten Daten dürfen nur für die in Absatz 1 Satz 1 genannten Zwecke verwendet werden. [2] Sie sind durch geeignete Vorkehrungen gegen zweckfremde Nutzung und gegen sonstigen Missbrauch zu schützen.

(3) [1] Die nach Absatz 1 gefertigten Protokolle werden vier Jahre nach Ablauf des Kalenderjahres, in dem die Zahlung der Kosten erfolgt ist, vernichtet. [2] Im Fall der Einlegung eines Rechtsbehelfs mit dem Ziel der Rückerstattung verlängert sich die Aufbewahrungsfrist jeweils um den Zeitraum von der Einlegung bis zur abschließenden Entscheidung über den Rechtsbehelf.

4. Ersatzregister und Ersatzmaßnahmen

Ersatzregister und Ersatzmaßnahmen

HRV 54 (1) [1] Ist die Vornahme von Eintragungen in das elektronisch geführte Handelsregister vorübergehend nicht möglich, so können auf Anordnung der nach Landesrecht zuständigen Stelle Eintragungen ohne Vergabe einer neuen Nummer in einem Ersatzregister in Papierform vorgenommen werden, wenn hiervon Verwirrung nicht zu besorgen ist. [2] Sie sollen in das elektronisch geführte Handelsregister übernommen werden, sobald dies wieder möglich ist. [3] Auf die erneute Übernahme sind die Vorschriften über die Anlegung des maschinell geführten Registerblatts in der bis zum Inkrafttreten des Gesetzes über elektronische Handelsregister und Genossenschaftsregister sowie das Unternehmensregister am 1. Januar 2007 geltenden Fassung dieser Verordnung entsprechend anzuwenden.

(2) Für die Einrichtung und Führung der Ersatzregister nach Absatz 1 gelten § 17 Abs. 2 und die Bestimmungen des Abschnitts IV dieser Verordnung sowie die Bestimmungen der Abschnitte I bis III in der bis zum Inkrafttreten des Gesetzes über elektronische Handelsregister und Genossenschaftsregister sowie das Unternehmensregister am 1. Januar 2007 geltenden Fassung dieser Verordnung.

(3) [1] Können elektronische Anmeldungen und Dokumente vorübergehend nicht entgegengenommen werden, so kann die nach Landesrecht zuständige Stelle anordnen, dass Anmeldungen und Dokumente auch in Papierform zum Handelsregister eingereicht werden können. [2] Die aufgrund einer Anordnung nach Satz 1 eingereichten Schriftstücke sind unverzüglich in elektronische Dokumente zu übertragen.

V. *(aufgehoben)*

Anlage 1 (aufgehoben)
Anlage 2 (aufgehoben)
Anlage 3 (zu § 33 Abs. 3)

IV. AGB und (nicht branchengebundene) Vertragsklauseln

(5) §§ 305–310 BGB Abschnitt 2. Gestaltung rechtsgeschäftlicher Schuldverhältnisse durch Allgemeine Geschäftsbedingungen

Vom 18. August 1896 (RGBl 195) idF vom 2. Januar 2002 (BGBl I 42/ BGBl III FNA 400-2) mit den späteren Änderungen

Einleitung

Schrifttum

a) **Kommentare zu §§ 305–310 BGB:** Außer den Kommentaren zum BGB, darunter *Staudinger/Coester/Coester-Waltjen/Krause/Schlosser* 2013 ua, *Graf von Westphalen/Thüsing*, Vertragsrecht und AGB-Klauselwerke (LBl). – *Ulmer/Brandner/Hensen*, 12. Aufl 2016. – *Wolff/ Lindacher/Pfeiffer* 6. Aufl 2013.

b) **Einzeldarstellungen und Sonstiges zu §§ 305–310 BGB:** *Stadler*, AGB im internationalen Handel, 2003. – *Stoffels* 3. Aufl 2015. – *Hellwege* 2010. – *Graf von Westphalen* NJW **02**, 12. – *Artz* JuS **02**, 528. – *Berger, Graf von Westphalen, Lischek/Mahnken* ZIP **06**, 2149, **07**, 149, 158 (Unternehmerverkehr). – Zur **EG-Richtlinie 1993** *Tilmann* 2003, *Nobis* 2005 (Umsetzung), *Basedow* in Schulte-Nölke/Schulze, Europ Rechtsangleichung 1999, S 277, *Rott* EuZW **03**, 5 (effektiver Rechtsschutz). – **Zum AGBG:** *Lutz*, AGB-Kontrolle im Handelsverkehr unter Berücksichtigung der Klauselverbote, 1991. – *Munz*, AGB in den USA und Deutschland im Handelsverkehr, 1992. – *Ohlendorf/von Hertel*, Kontrolle von AGB im kfm Geschäftsverkehr, 1988. – *Vorderobermeier*, Einbeziehung AGB im kfm Geschäftsverkehr, 1992. – Aufsätze allgemein zu AGB im kfm Verkehr: *Helm* BB **77**, 1109, *Schlechtriem* FS Duden **77**, 571, *Schiller* NJW **79**, 636, *Alisch* JZ **82**, 706, *Müller-Graff* FS Pleyer **86**, 401, *Rabe* NJW **87**, 1978, *Hensen* NJW **87**, 1986, *Schlosser* in 10 Jahre AGBG 1987, *Wolf* ZHR 153 **(89)** 300 (international), *Brandner* DZWir **92**, 177, *Paulusch* DZWir **92**, 182, *Henseler* DZWir **92**, 192, *Hommelhoff/Wiedemann* ZIP **93**, 562, *Berger/Kleine* BB **07**, 2137, *Berger/Lucas* NJW **07**, 3526 (Transparenzgebot), *Lenkaitis/Löwisch* ZIP **09**, 441 (b2 b), *Bieder* ZHR 174 **(10)** 705 (GesRecht), Coester-Waltjen/Coester FS Köhler **14**, 63 (EUEinfluss), Pfeiffer NJW **17**, 913. – **RsprÜbersichten:** *Graf von Westphalen* NJW **14**, 2223, **15**, 2228.

1) AGBG 1976

1 Bis zur 28. Aufl war das **(5)** AGBG kommentiert mit Schwerpunkt auf den Klauseln im Handelsverkehr, ab der 29. Aufl unter **(5)** AGBG wurde nur noch der Gesetzestext verfügbar gemacht.

2) §§ 305–310 BGB

2 A. **Textlich kaum veränderte Überführung der materiellrechtlichen Vorschriften des früheren AGBG in das BGB:** Ab der 31. Aufl wird nur noch der durch das SMG 2001 (nahezu unverändert) in das BGB überführte, materiellrechtliche Teil des früheren AGBG als **(5)** §§ 305–310 BGB beibehalten. Der verfahrensrechtliche Teil des AGBG ist jetzt im UKlaG geregelt. Vom völligen Verzicht auf die Wiedergabe wurde wegen der praktischen Wichtigkeit und der häufigen Verweise in diesem Kommentar abgesehen. Auf AGB-rechtliche Besonderheiten wird, soweit sinnvoll, nicht hier, sondern jeweils in der Kommentierung zum HGB und zu den Nebengesetzen **(1)–(18)** eingegangen. Die verschiedenen unter den Nebengesetzen abgedruckten Klauselwerke werden durchgängig auf Vereinbarkeit mit dem AGBG untersucht; Konsequenzen ergeben sich insbesondere für **(8)** AGB-Banken mit Sonderbedingungen zum Wertpapierhandel, **(10)** AGB-Anderkonten, **(11)** ERA, **(12)** ERI und **(18)** ADSp.

B. **Grundlegende mittelbare Änderungen in (5) §§ 305–310 BGB:** Bei der weiterhin wichtigen, zum AGBG ergangenen Rspr ist zu beachten, dass die **(5)** §§ 305–310 BGB trotz des nahezu unveränderten Wortlauts wegen des in § 307 BGB als Maßstab der Inhaltskontrolle in Bezug genommenen dispositiven Rechts mittelbar grundlegend verändert worden sind, Graf von Westphalen NJW **02**, 16 („Paradigmenwechsel"). Das gilt vor allem im Hinblick auf das Verjährungs-, Leistungsstörungs-, Kauf- und Werkvertragsrecht sowie für das in §§ 474 ff BGB geregelte Verbrauchsgüterkaufrecht. Ältere Judikate sind deshalb vor Weiterverwendung auf mögliche Bedeutungsänderung zu überprüfen. Die Fülle der Rspr ist kaum mehr zu übersehen, das AGB-Recht wird zu einem „Überrecht" auf allen Ebenen des Vertragsrechts, Graf von Westphalen NJW **09**, 2362.

3) Kaufleute und AGB

Die Rechtsprechung neigt schon lange dazu, die Wertungen aus den Klauseln der **(5)** §§ 308 und 309 BGB über das Einfallstor der Generalklausel des **(5)** § 307 BGB und teilweise auch diese selbst auf Kaufleute zu erstrecken und nimmt indiziell eine unangemessene Benachteiligung an, außer wenn die AGBKlausel wegen der besonderen Interessen und Bedürfnisse des unternehmerischen Geschäftsverkehrs ausnahmsweise als angemessen angesehen werden kann, BGH **90**, 278, NJW **07**, 3774. Damit besteht die Gefahr, dass bei der AGB-Inhaltskontrolle das zwingende Verbraucherrecht auch für den Geschäftsverkehr zwischen Unternehmen, insbesondere auch für den HdlKauf, als gesetzliches Regelrecht angesehen wird. Einer solchen Entwicklung gegen Vertragsfreiheit und Markt, die auch für die Geschützten letztlich kontraproduktiv ist, gilt es entgegenzuwirken, ua durch Rückbesinnung auf **(5)** § 310 I 2 aE BGB, wonach auf die im HdlVerkehr geltenden Gewohnheiten und Gebräuche angemessen Rücksicht zu nehmen ist, Rö/Röhricht Einl 96, Maier-Reimer NJW **17**, 1. Für Reform 69. DJT 2012 Abt Zivilrecht, Berger NJW **10**, 465, IHK Frankfurt ua 2011, Müller/Schilling BB **12**, 2319 (rvgl), Kondring BB **13**, 73 („gute unternehmerische Praxis"), Leuschner ZIP **15**, 1045, 1326, ZEuP **17**, 335 (rvgl) und Bericht für BMJV 30.9.14, Kaeding BB **16**, 450 (BGH b2b), dagegen Schäfer BB **12**, 1231, Genzow IHR **15**, 133, Graf von Westphalen ZIP **15**, 1316.

4) Europäische Rechtsangleichung, internationaler Verkehr

A. **Europäische Rechtsangleichung:** Die EG-Ri über missbräuchliche Klauseln in Verbraucherverträgen vom 5.4.1993 ABlEG L 95/29 hat eine gewisse Harmonisierung des Rechts der AGB in den Mitgliedstaaten der heutigen EU gebracht. Bloße Mindestharmonisierung, strengeres nationales AGB-Recht bleibt zulässig, EuGH NJW **10**, 2265. Die Vorschriften der Richtlinie gehen zwar weniger ins Detail als die der **(5)** §§ 305–310 BGB, haben aber wegen der Direktwirkung in vertikalen Verhältnissen, zB privatrechtliche Verträge der öffentlichen Hand, der richtlinienkonformen Auslegung und der Möglichkeit der Vorlage an den EuGH einen nicht zu unterschätzenden Einfluss auf das deutsche Recht. Der EuGH prüft aber nur die allgemeinen Kriterien für eine missbräuchliche Klausel, nicht konkrete Klauseln, EuGH NJW **09**, 2367m Anm Pfeiffer, EuZW **11**, 27 (Gerichtsstandsklausel, s auch Einl 86 vor § 1 HGB), ZIP **12**, 2020, 2022, Basedow AcP 210 **(10)** 172. Für den internationalen Verkehr innerhalb der EU ist zudem die von der Richtlinie bewirkte Mindestharmonisierung von Bedeutung, zB EuGH NJW **12**, 2257 und **13**, 2579 (keine geltungserhaltende Reduktion), **13**, 987 (Missbrauchskontrolle). Dazu und zum angeglichenen Recht der AGB in den Mitgliedstaaten MüKoBGB/Basedow Vor § 305 Rn 18 ff

(5) BGB 305a

mwN. Seit 8.10.2008 liegt jedoch der **Vorschlag der Kommission für eine EG-Richtlinie** (KOM (2008) 614 endg) vor, die eine weitreichende **Vollharmonisierung** im Bereich des Direkt- und Distanzvertriebs, des Verbrauchsgüterkaufs und der Klausel-Ri (dazu zwei Annexe mit einer „schwarzen" und einer „grauen" Liste) vorsieht. Die in den Annexen enthaltenen AGB-Klauselverbote bleiben weit hinter den derzeitigen deutschen zurück. Die bisherige Rechtsprechung wäre dann nur noch über die Generalklausel aufrechthaltbar, und dies nur unter der Interpretationshoheit des EuGH (vgl § 84 Rn 3). Lit: Micklitz ERCL **10**, 347 (Reform), Graf von Westphalen NJW **13**, 961 (RsprÜbersicht).

6 B. **Internationaler Verkehr:** Die Einbeziehung von AGB im internationalen Rechtsverkehr wirft zahlreiche, komplizierte Rechtsfragen auf, zB kolliedierende Rechtswahlklauseln, Einbeziehung und Inhaltskontrolle von branchenüblichen AGB wie **(8)** AGB-Banken und **(18)** ADSp, auch von Incoterms (s **(6)** Incoterms Einl 14) und internationalen Akkreditivbedingungen (s **(11)** ERA Einl 5, 6 vor Art 1), Sprachenfrage, Verbraucherschutznormen ua. Einführend MüKoBGB/ Kieninger § 307 Rn 265 ff.

Abschnitt 2. Gestaltung rechtsgeschäftlicher Schuldverhältnisse durch Allgemeine Geschäftsbedingungen

Einbeziehung Allgemeiner Geschäftsbedingungen in den Vertrag

BGB 305 (1) ¹Allgemeine Geschäftsbedingungen sind alle für eine Vielzahl von Verträgen vorformulierten Vertragsbedingungen, die eine Vertragspartei (Verwender) der anderen Vertragspartei bei Abschluss eines Vertrags stellt. ²Gleichgültig ist, ob die Bestimmungen einen äußerlich gesonderten Bestandteil des Vertrags bilden oder in die Vertragsurkunde selbst aufgenommen werden, welchen Umfang sie haben, in welcher Schriftart sie verfasst sind und welche Form der Vertrag hat. ³Allgemeine Geschäftsbedingungen liegen nicht vor, soweit die Vertragsbedingungen zwischen den Vertragsparteien im Einzelnen ausgehandelt sind.

(2) Allgemeine Geschäftsbedingungen werden nur dann Bestandteil eines Vertrags, wenn der Verwender bei Vertragsschluss

1. die andere Vertragspartei ausdrücklich oder, wenn ein ausdrücklicher Hinweis wegen der Art des Vertragsschlusses nur unter unverhältnismäßigen Schwierigkeiten möglich ist, durch deutlich sichtbaren Aushang am Orte des Vertragsschlusses auf sie hinweist und
2. der anderen Vertragspartei die Möglichkeit verschafft, in zumutbarer Weise, die auch eine für den Verwender erkennbare körperliche Behinderung der anderen Vertragspartei angemessen berücksichtigt, von ihrem Inhalt Kenntnis zu nehmen,

und wenn die andere Vertragspartei mit ihrer Geltung einverstanden ist.

(3) Die Vertragsparteien können für eine bestimmte Art von Rechtsgeschäften die Geltung bestimmter Allgemeiner Geschäftsbedingungen unter Beachtung der in Absatz 2 bezeichneten Erfordernisse im Voraus vereinbaren.

Einbeziehung in besonderen Fällen

BGB 305a Auch ohne Einhaltung der in § 305 Abs. 2 Nr. 1 und 2 bezeichneten Erfordernisse werden einbezogen, wenn die andere Vertragspartei mit ihrer Geltung einverstanden ist,

IV. AGB und Vertragsklauseln **306a BGB (5)**

1. die mit Genehmigung der zuständigen Verkehrsbehörde oder auf Grund von internationalen Übereinkommen erlassenen Tarife und Ausführungsbestimmungen der Eisenbahnen und die nach Maßgabe des Personenbeförderungsgesetzes genehmigten Beförderungsbedingungen der Straßenbahnen, Obusse und Kraftfahrzeuge im Linienverkehr in den Beförderungsvertrag,
2. die im Amtsblatt der Bundesnetzagentur für Elektrizität, Gas, Telekommunikation, Post und Eisenbahnen veröffentlichen und in den Geschäftsstellen des Verwenders bereitgehaltenen Allgemeinen Geschäftsbedingungen
   a) in Beförderungsverträge, die außerhalb von Geschäftsräumen durch den Einwurf von Postsendungen in Briefkästen abgeschlossen werden,
   b) in Verträge über Telekommunikations-, Informations- und andere Dienstleistungen, die unmittelbar durch Einsatz von Fernkommunikationsmitteln und während der Erbringung einer Telekommunikationsdienstleistung in einem Mal erbracht werden, wenn die Allgemeinen Geschäftsbedingungen der anderen Vertragspartei nur unter unverhältnismäßigen Schwierigkeiten vor dem Vertragsschluss zugänglich gemacht werden können.

Vorrang der Individualabrede

BGB 305b Individuelle Vertragsabreden haben Vorrang vor Allgemeinen Geschäftsbedingungen.

Überraschende und mehrdeutige Klauseln

BGB 305c (1) Bestimmungen in Allgemeinen Geschäftsbedingungen, die nach den Umständen, insbesondere nach dem äußeren Erscheinungsbild des Vertrags, so ungewöhnlich sind, dass der Vertragspartner des Verwenders mit ihnen nicht zu rechnen braucht, werden nicht Vertragsbestandteil.

(2) Zweifel bei der Auslegung Allgemeiner Geschäftsbedingungen gehen zu Lasten des Verwenders.

Rechtsfolgen bei Nichteinbeziehung und Unwirksamkeit

BGB 306 (1) Sind Allgemeine Geschäftsbedingungen ganz oder teilweise nicht Vertragsbestandteil geworden oder unwirksam, so bleibt der Vertrag im Übrigen wirksam.

(2) Soweit die Bestimmungen nicht Vertragsbestandteil geworden oder unwirksam sind, richtet sich der Inhalt des Vertrags nach den gesetzlichen Vorschriften.

(3) Der Vertrag ist unwirksam, wenn das Festhalten an ihm auch unter Berücksichtigung der nach Absatz 2 vorgesehenen Änderung eine unzumutbare Härte für eine Vertragspartei darstellen würde.

Umgehungsverbot

BGB 306a Die Vorschriften dieses Abschnitts finden auch Anwendung, wenn sie durch anderweitige Gestaltungen umgangen werden.

Inhaltskontrolle

BGB 307 (1) [1]Bestimmungen in Allgemeinen Geschäftsbedingungen sind unwirksam, wenn sie den Vertragspartner des Verwenders entgegen den Geboten von Treu und Glauben unangemessen benachteiligen. [2]Eine unangemessene Benachteiligung kann sich auch daraus ergeben, dass die Bestimmung nicht klar und verständlich ist.

(2) Eine unangemessene Benachteiligung ist im Zweifel anzunehmen, wenn eine Bestimmung

1. mit wesentlichen Grundgedanken der gesetzlichen Regelung, von der abgewichen wird, nicht zu vereinbaren ist oder
2. wesentliche Rechte oder Pflichten, die sich aus der Natur des Vertrags ergeben, so einschränkt, dass die Erreichung des Vertragszwecks gefährdet ist.

(3) [1]Die Absätze 1 und 2 sowie die §§ 308 und 309 gelten nur für Bestimmungen in Allgemeinen Geschäftsbedingungen, durch die von Rechtsvorschriften abweichende oder diese ergänzende Regelungen vereinbart werden. [2]Andere Bestimmungen können nach Absatz 1 Satz 2 in Verbindung mit Absatz 1 Satz 1 unwirksam sein.

Klauselverbote mit Wertungsmöglichkeit

BGB 308 In Allgemeinen Geschäftsbedingungen ist insbesondere unwirksam

1. (Annahme- und Leistungsfrist)
   eine Bestimmung, durch die sich der Verwender unangemessen lange oder nicht hinreichend bestimmte Fristen für die Annahme oder Ablehnung eines Angebots oder die Erbringung einer Leistung vorbehält; ausgenommen hiervon ist der Vorbehalt, erst nach Ablauf der Widerrufs- oder Rückgabefrist nach § 355 Abs. 1 bis 3 und § 356 zu leisten;
1a. (Zahlungsfrist)
   eine Bestimmung, durch die sich der Verwender eine unangemessen lange Zeit für die Erfüllung einer Entgeltforderung des Vertragspartners vorbehält; ist der Verwender kein Verbraucher, ist im Zweifel anzunehmen, dass eine Zeit von mehr als 30 Tagen nach Empfang der Gegenleistung oder, wenn dem Schuldner nach Empfang der Gegenleistung eine Rechnung oder gleichwertige Zahlungsaufstellung zugeht, von mehr als 30 Tagen nach Zugang dieser Rechnung oder Zahlungsaufstellung unangemessen lang ist;
1b. (Überprüfungs- und Abnahmefrist)
   eine Bestimmung, durch die sich der Verwender vorbehält, eine Entgeltforderung des Vertragspartners erst nach unangemessen langer Zeit für die Überprüfung oder Abnahme der Gegenleistung zu erfüllen; ist der Verwender kein Verbraucher, ist im Zweifel anzunehmen, dass eine Zeit von mehr als 15 Tagen nach Empfang der Gegenleistung unangemessen lang ist;
2. (Nachfrist)
   eine Bestimmung, durch die sich der Verwender für die von ihm zu bewirkende Leistung abweichend von Rechtsvorschriften eine unangemessen lange oder nicht hinreichend bestimmte Nachfrist vorbehält;
3. (Rücktrittsvorbehalt) die Vereinbarung eines Rechts des Verwenders, sich ohne sachlich gerechtfertigten und im Vertrag angegebenen Grund von seiner Leistungspflicht zu lösen; dies gilt nicht für Dauerschuldverhältnisse;

IV. AGB und Vertragsklauseln **309 BGB (5)**

4. (Änderungsvorbehalt)
die Vereinbarung eines Rechts des Verwenders, die versprochene Leistung zu ändern oder von ihr abzuweichen, wenn nicht die Vereinbarung der Änderung oder Abweichung unter Berücksichtigung der Interessen des Verwenders für den anderen Vertragsteil zumutbar ist;
5. (Fingierte Erklärungen)
eine Bestimmung, wonach eine Erklärung des Vertragspartners des Verwenders bei Vornahme oder Unterlassung einer bestimmten Handlung als von ihm abgegeben oder nicht abgegeben gilt, es sei denn, dass
    a) dem Vertragspartner eine angemessene Frist zur Abgabe einer ausdrücklichen Erklärung eingeräumt ist und
    b) der Verwender sich verpflichtet, den Vertragspartner bei Beginn der Frist auf die vorgesehene Bedeutung seines Verhaltens besonders hinzuweisen;
6. (Fiktion des Zugangs)
eine Bestimmung, die vorsieht, dass eine Erklärung des Verwenders von besonderer Bedeutung dem anderen Vertragsteil als zugegangen gilt;
7. (Abwicklung von Verträgen)
eine Bestimmung, nach der der Verwender für den Fall, dass eine Vertragspartei vom Vertrag zurücktritt oder den Vertrag kündigt,
    a) eine unangemessen hohe Vergütung für die Nutzung oder den Gebrauch einer Sache oder eines Rechts oder für erbrachte Leistungen oder
    b) einen unangemessen hohen Ersatz von Aufwendungen verlangen kann;
8. (Nichtverfügbarkeit der Leistung)
die nach Nummer 3 zulässige Vereinbarung eines Vorbehalts des Verwenders, sich von der Verpflichtung zur Erfüllung des Vertrags bei Nichtverfügbarkeit der Leistung zu lösen, wenn sich der Verwender nicht verpflichtet,
    a) den Vertragspartner unverzüglich über die Nichtverfügbarkeit zu informieren und
    b) Gegenleistungen des Vertragspartners unverzüglich zu erstatten.

Klauselverbote ohne Wertungsmöglichkeit

BGB 309 Auch soweit eine Abweichung von den gesetzlichen Vorschriften zulässig ist, ist in Allgemeinen Geschäftsbedingungen unwirksam

1. (Kurzfristige Preiserhöhungen)
eine Bestimmung, welche die Erhöhung des Entgelts für Waren oder Leistungen vorsieht, die innerhalb von vier Monaten nach Vertragsschluss geliefert oder erbracht werden sollen; dies gilt nicht bei Waren oder Leistungen, die im Rahmen von Dauerschuldverhältnissen geliefert oder erbracht werden;
2. (Leistungsverweigerungsrechte)
eine Bestimmung, durch die
    a) das Leistungsverweigerungsrecht, das dem Vertragspartner des Verwenders nach § 320 zusteht, ausgeschlossen oder eingeschränkt wird oder
    b) ein dem Vertragspartner des Verwenders zustehendes Zurückbehaltungsrecht, soweit es auf demselben Vertragsverhältnis beruht, ausgeschlossen oder eingeschränkt, insbesondere von der Anerkennung von Mängeln durch den Verwender abhängig gemacht wird;

3. (Aufrechnungsverbot)
    eine Bestimmung, durch die dem Vertragspartner des Verwenders die Befugnis genommen wird, mit einer unbestrittenen oder rechtskräftig festgestellten Forderung aufzurechnen;
4. (Mahnung, Fristsetzung)
    eine Bestimmung, durch die der Verwender von der gesetzlichen Obliegenheit freigestellt wird, den anderen Vertragsteil zu mahnen oder ihm eine Frist für die Leistung oder Nacherfüllung zu setzen;
5. (Pauschalierung von Schadensersatzansprüchen)
    die Vereinbarung eines pauschalierten Anspruchs des Verwenders auf Schadensersatz oder Ersatz einer Wertminderung, wenn
    a) die Pauschale den in den geregelten Fällen nach dem gewöhnlichen Lauf der Dinge zu erwartenden Schaden oder die gewöhnlich eintretende Wertminderung übersteigt oder
    b) dem anderen Vertragsteil nicht ausdrücklich der Nachweis gestattet wird, ein Schaden oder eine Wertminderung sei überhaupt nicht entstanden oder wesentlich niedriger als die Pauschale;
6. (Vertragsstrafe)
    eine Bestimmung, durch die dem Verwender für den Fall der Nichtabnahme oder verspäteten Abnahme der Leistung, des Zahlungsverzugs oder für den Fall, dass der andere Vertragsteil sich vom Vertrag löst, Zahlung einer Vertragsstrafe versprochen wird;
7. (Haftungsausschluss bei Verletzung von Leben, Körper, Gesundheit und bei grobem Verschulden)
    a) (Verletzung von Leben, Körper, Gesundheit)
        ein Ausschluss oder eine Begrenzung der Haftung für Schäden aus der Verletzung des Lebens, des Körpers oder der Gesundheit, die auf einer fahrlässigen Pflichtverletzung des Verwenders oder einer vorsätzlichen oder fahrlässigen Pflichtverletzung eines gesetzlichen Vertreters oder Erfüllungsgehilfen des Verwenders beruhen;
    b) (Grobes Verschulden)
        ein Ausschluss oder eine Begrenzung der Haftung für sonstige Schäden, die auf einer grob fahrlässigen Pflichtverletzung des Verwenders oder auf einer vorsätzlichen oder grob fahrlässigen Pflichtverletzung eines gesetzlichen Vertreters oder Erfüllungsgehilfen des Verwenders beruhen;
    die Buchstaben a und b gelten nicht für Haftungsbeschränkungen in den nach Maßgabe des Personenbeförderungsgesetzes genehmigten Beförderungsbedingungen und Tarifvorschriften der Straßenbahnen, Obusse und Kraftfahrzeuge im Linienverkehr, soweit sie nicht zum Nachteil des Fahrgasts von der Verordnung über die Allgemeinen Beförderungsbedingungen für den Straßenbahn- und Obusverkehr sowie den Linienverkehr mit Kraftfahrzeugen vom 27. Februar 1970 abweichen; Buchstabe b gilt nicht für Haftungsbeschränkungen für staatlich genehmigte Lotterie- oder Ausspielverträge;
8. (Sonstige Haftungsausschlüsse bei Pflichtverletzung)
    a) (Ausschluss des Rechts, sich vom Vertrag zu lösen)
        eine Bestimmung, die bei einer vom Verwender zu vertretenden, nicht in einem Mangel der Kaufsache oder des Werkes bestehenden Pflichtverletzung das Recht des anderen Vertragsteils, sich vom Vertrag zu lösen, ausschließt oder einschränkt; dies gilt nicht für die in der Nummer 7 bezeichneten Beförderungsbedingungen und Tarifvorschriften unter den dort genannten Voraussetzungen;

IV. AGB und Vertragsklauseln **309 BGB (5)**

b) (Mängel)
eine Bestimmung, durch die bei Verträgen über Lieferungen neu hergestellter Sachen und über Werkleistungen
  aa) (Ausschluss und Verweisung auf Dritte)
  die Ansprüche gegen den Verwender wegen eines Mangels insgesamt oder bezüglich einzelner Teile ausgeschlossen, auf die Einräumung von Ansprüchen gegen Dritte beschränkt oder von der vorherigen gerichtlichen Inanspruchnahme Dritter abhängig gemacht werden;
  bb) (Beschränkung auf Nacherfüllung)
  die Ansprüche gegen den Verwender insgesamt oder bezüglich einzelner Teile auf ein Recht auf Nacherfüllung beschränkt werden, sofern dem anderen Vertragsteil nicht ausdrücklich das Recht vorbehalten wird, bei Fehlschlagen der Nacherfüllung zu mindern oder, wenn nicht eine Bauleistung Gegenstand der Mängelhaftung ist, nach seiner Wahl vom Vertrag zurückzutreten;
  cc) (Aufwendungen bei Nacherfüllung)
  die Verpflichtung des Verwenders ausgeschlossen oder beschränkt wird, die zum Zwecke der Nacherfüllung erforderlichen Aufwendungen, insbesondere Transport-, Wege-, Arbeits- und Materialkosten, zu tragen;
  dd) (Vorenthalten der Nacherfüllung)
  der Verwender die Nacherfüllung von der vorherigen Zahlung des vollständigen Entgelts oder eines unter Berücksichtigung des Mangels unverhältnismäßig hohen Teils des Entgelts abhängig macht;
  ee) (Ausschlussfrist für Mängelanzeige)
  der Verwender dem anderen Vertragsteil für die Anzeige nicht offensichtlicher Mängel eine Ausschlussfrist setzt, die kürzer ist als die nach dem Doppelbuchstaben ff zulässige Frist;
  ff) (Erleichterung der Verjährung)
  die Verjährung von Ansprüchen gegen den Verwender wegen eines Mangels in den Fällen des § 438 Abs. 1 Nr. 2 und des § 634a Abs. 1 Nr. 2 erleichtert oder in den sonstigen Fällen eine weniger als ein Jahr betragende Verjährungsfrist ab dem gesetzlichen Verjährungsbeginn erreicht wird;
9. (Laufzeit bei Dauerschuldverhältnissen)
bei einem Vertragsverhältnis, das die regelmäßige Lieferung von Waren oder die regelmäßige Erbringung von Dienst- oder Werkleistungen durch den Verwender zum Gegenstand hat,
  a) eine den anderen Vertragsteil länger als zwei Jahre bindende Laufzeit des Vertrags,
  b) eine den anderen Vertragsteil bindende stillschweigende Verlängerung des Vertragsverhältnisses um jeweils mehr als ein Jahr oder
  c) zu Lasten des anderen Vertragsteils eine längere Kündigungsfrist als drei Monate vor Ablauf der zunächst vorgesehenen oder stillschweigend verlängerten Vertragsdauer;
  dies gilt nicht für Verträge über die Lieferung als zusammengehörig verkaufter Sachen, sowie für Versicherungsverträge;
10. (Wechsel des Vertragspartners)
eine Bestimmung, wonach bei Kauf-, Darlehens-, Dienst- oder Werkverträgen ein Dritter anstelle des Verwenders in die sich aus dem Vertrag ergebenden Rechte und Pflichten eintritt oder eintreten kann, es sei denn, in der Bestimmung wird
  a) der Dritte namentlich bezeichnet oder

(5) BGB 310

b) dem anderen Vertragsteil das Recht eingeräumt, sich vom Vertrag zu lösen;
11. (Haftung des Abschlussvertreters)
eine Bestimmung, durch die der Verwender einem Vertreter, der den Vertrag für den anderen Vertragsteil abschließt,
  a) ohne hierauf gerichtete ausdrückliche und gesonderte Erklärung eine eigene Haftung oder Einstandspflicht oder
  b) im Falle vollmachtsloser Vertretung eine über § 179 hinausgehende Haftung
auferlegt;
12. (Beweislast)
eine Bestimmung, durch die der Verwender die Beweislast zum Nachteil des anderen Vertragsteils ändert, insbesondere indem er
  a) diesem die Beweislast für Umstände auferlegt, die im Verantwortungsbereich des Verwenders liegen, oder
  b) den anderen Vertragsteil bestimmte Tatsachen bestätigen lässt;
  Buchstabe b gilt nicht für Empfangsbekenntnisse, die gesondert unterschrieben oder mit einer gesonderten qualifizierten elektronischen Signatur versehen sind;
13. (Form von Anzeigen und Erklärungen)
eine Bestimmung, durch die Anzeigen oder Erklärungen, die dem Verwender oder einem Dritten gegenüber abzugeben sind, gebunden werden
  a) an eine strengere Form als die schriftliche Form in einem Vertrag, für den durch Gesetz notarielle Beurkundung vorgeschrieben ist oder
  b) an eine strengere Form als die Textform in anderen als den in Buchstabe a genannten Verträgen oder
  c) an besondere Zugangserfordernisse;
14. (Klageverzicht)
eine Bestimmung, wonach der andere Vertragsteil seine Ansprüche gegen den Verwender gerichtlich nur geltend machen darf, nachdem er eine gütliche Einigung in einem Verfahren zur außergerichtlichen Streitbeilegung versucht hat.

Anwendungsbereich

BGB 310 (1) ¹§ 305 Abs. 2 und 3, § 308 Nummer 1, 2 bis 8 und § 309 finden keine Anwendung auf Allgemeine Geschäftsbedingungen, die gegenüber einem Unternehmer, einer juristischen Person des öffentlichen Rechts oder einem öffentlich-rechtlichen Sondervermögen verwendet werden. ²§ 307 Abs. 1 und 2 findet in den Fällen des Satzes 1 auch insoweit Anwendung, als dies zur Unwirksamkeit von in § 308 Nummer 1, 2 bis 8 und § 309 genannten Vertragsbestimmungen führt; auf die im Handelsverkehr geltenden Gewohnheiten und Gebräuche ist angemessen Rücksicht zu nehmen. ³In den Fällen des Satzes 1 findet § 307 Absatz 1 und 2 sowie § 308 Nummer 1a und 1b auf Verträge, in die die Vergabe- und Vertragsordnung für Bauleistungen Teil B (VOB/B) in der jeweils zum Zeitpunkt des Vertragsschlusses geltenden Fassung ohne inhaltliche Abweichungen insgesamt einbezogen ist, in Bezug auf eine Inhaltskontrolle einzelner Bestimmungen keine Anwendung.

(2) ¹Die §§ 308 und 309 finden keine Anwendung auf Verträge der Elektrizitäts-, Gas-, Fernwärme- und Wasserversorgungsunternehmen über die Versorgung von Sonderabnehmern mit elektrischer Energie, Gas, Fernwärme und Wasser aus dem Versorgungsnetz, soweit die Versorgungsbedingungen nicht zum Nachteil der Abnehmer von Verordnungen über Allgemeine Be-

IV. AGB und Vertragsklauseln **Einl Incoterms (6)**

dingungen für die Versorgung von Tarifkunden mit elektrischer Energie, Gas, Fernwärme und Wasser abweichen. ²Satz 1 gilt entsprechend für Verträge über die Entsorgung von Abwasser.

(3) Bei Verträgen zwischen einem Unternehmer und einem Verbraucher (Verbraucherverträge) finden die Vorschriften dieses Abschnitts mit folgenden Maßgaben Anwendung:
1. Allgemeine Geschäftsbedingungen gelten als vom Unternehmer gestellt, es sei denn, dass sie durch den Verbraucher in den Vertrag eingeführt wurden;
2. § 305c Abs. 2 und die §§ 306 und 307 bis 309 dieses Gesetzes sowie Artikel 46b des Einführungsgesetzes zum Bürgerlichen Gesetzbuche finden auf vorformulierte Vertragsbedingungen auch dann Anwendung, wenn diese nur zur einmaligen Verwendung bestimmt sind und soweit der Verbraucher auf Grund der Vorformulierung auf ihren Inhalt keinen Einfluss nehmen konnte;
3. bei der Beurteilung der unangemessenen Benachteiligung nach § 307 Abs. 1 und 2 sind auch die den Vertragsschluss begleitenden Umstände zu berücksichtigen.

(4) ¹Dieser Abschnitt findet keine Anwendung bei Verträgen auf dem Gebiet des Erb-, Familien- und Gesellschaftsrechts sowie auf Tarifverträge, Betriebs- und Dienstvereinbarungen. ²Bei der Anwendung auf Arbeitsverträge sind die im Arbeitsrecht geltenden Besonderheiten angemessen zu berücksichtigen; § 305 Abs. 2 und 3 ist nicht anzuwenden. ³Tarifverträge, Betriebs- und Dienstvereinbarungen stehen Rechtsvorschriften im Sinne von § 307 Abs. 3 gleich.

(6) Incoterms und andere Handelskaufklauseln

Incoterms® 2010 gültig ab 1.1.2011

Einleitung

Schrifttum

a) Kommentare: *Bredow/Seiffert,* Incoterms 2000, 2000 (zit). – *Bredow/Seiffert,* Incoterms 1990, 2. Aufl 1994. – *Eisemann/Melis,* Incoterms Ausgabe 1980, Kommentar 1982, Wien 1983. – ICC, Guide to Incoterms 2000 (ICC-Publikation Nr 620), Incoterms 2000, Kommentar und Text (ICC-Publikation Nr 715/3 D, 2015). – *IntHK,* Incoterms 2010 – Kommentar und Text (ICC-Publikation Nr 460/1). – *Piltz/Bredow,* Incoterms, 2016. – *Ramberg,* Guide to Incoterms 2010, 2011. – **Incoterms 2010:** ICC, Incoterms 2010. – *Graf von Bernstorff,* Incoterms 2010, 2010 (zit). – *Ramberg,* ICC Guide to Incoterms® 2010, 2011 ICC-Publication No 720E (zit). – ICC Guide on Transport and the Incoterms 2010 Rules, 2016 Edition, ICC-Publication No 775ED.

b) Einzeldarstellungen und Sonstiges: *Digenopoulos,* Die Abwandlung der CIF- und FOB-Geschäfte im modernen Überseekauf, 1979. – *Eisemann,* Die Incoterms im internationalen Warenkaufrecht, Wesen und Geltungsgrund, 1967. – *Graf von Bernstorff,* Praxishandbuch Internationale Geschäfte (LBl). – *Grimm,* Der Einfuhrhandel, 1968. – *Haage,* Die Vertragsklauseln CIF, FOB, ab Kai unter Berücksichtigung der Trade Terms, 1956. – *Haage,* Das Abladegeschäft, 1958. – *IntHK,* Einführung in die ICC Richtlinien für internationale Verträge (ICC-Publikation Nr 365, Sprache engl); Internationale Handelsbräuche (ICC-Publikation Nr 374, Sprache engl, frz). – *Lebuhn,* FOB und FOB-Usancen europäischer Seehäfen, Lieferklauseln im internationalen Handelsverkehr, 3. Aufl 1971. – Vertragsklauseln im Handelsverkehr, 4. gemeinsames Seminar Univ. Montpellier/Heidelberg, 1974. – *Renck,* Der Einfluß der INCOTERMS 1990 auf das UN-Kaufrecht, 1995. – *Liesecke* WM **66,** 174, Sonderbeil 3/**78,** 23. – *Fontaine* FS Steindorff **90,** 1193. – *Lehr* VersR **00,** 548. – *Piltz* FS

(6) Incoterms Einl

2. Teil. Handelsrechtl. Nebengesetze

Herber **99**, 20 (Incoterms und UN-Kaufrecht). – *Piltz* RIW **00**, 485. – *Wertenbruch* ZGS **05**, 136. – *Magnus/Lüsing* IHR **07**, 1. – *Magnus, Hopt* Hdb Eur PrivR **09**, 844, 896. – *Piltz* FS Magnus **14**, 273 (Art 38 CISG (Untersuchung) und Incoterms). – **Incoterms 2010:** *Graf von Bernstorff* RIW **10**, 672. – *Vorpeil* RIW 6/**10** Erste Seite, WM **11**, 1008. – *Zwilling-Pinna* BB **10**, 2980. – *Piltz* IHR **11**, 1.

Allgemeiner: *Graf von Westphalen,* Rechtsprobleme der Exportfinanzierung, 3. Aufl 1987. – *Zahn/Eberding/Ehrlich,* Zahlung und Zahlungssicherung im Außenhandel, 6. Aufl 1986. – Großkommentare zum HGB (Einl vor § 1 HGB). – *Hoffmann* AWD **70**, 247. – *Basedow* RabelsZ 43 (**79**) 125. – **RsprÜbersichten:** *Straatmann/Ulmer* (Schiedsspruchsammlung) Bd 1 1975, Bd 2 1982; *Straatmann/Ulmer/Timmermann* Bd 3 1984, Bd 4 1988; *HK Hbg* Bd 5 1994, Bd 6 1998, keine weiteren Bde. – S auch zu den HdlKlauseln § 346 HGB Rn 39–40.

Übersicht

	Rn
A. Einleitung	1
1) Internationaler Handelskauf	1
2) Handelsklauseln	2–8
A. Allgemeine Handelsklauseln	2
B. Internationale Handelsklauseln	3
C. Trade Terms	4
D. Warschau-Oxford-Regeln	5
E. FIDIC-Bedingungen	6
F. ECE-, VDMA/VDW-Bedingungen	7
G. American Foreign Trade Definitions	8
3) Incoterms® 2010: Allgemeines	9–18
A. Regeln der Internationalen Handelskammer (ICC)	9
B. Bedeutung der Incoterms	10
C. Entwicklung der Incoterms	11
D. Regelung und Rechtsnatur der Incoterms	14
E. Auslegung der Incoterms	18
4) Incoterms® 2010: Inhalt	19–44
A. Einteilung der Incoterms® 2010	19
B. Vier Klauselgruppen (E, F, C, D) nach Kosten- und Gefahrübergang	20
C. Aufbau einer jeden Klausel nach Verkäufer- und Käuferpflichten	25
D. Definitionen und Begriffe	32
E. Die richtige Klauselwahl	40
F. Text der Incoterms® 2010	44
5) Incoterms® 2010: Übersichtstabelle	45

B. Offizieller Text der Incoterms® 2010
   (Offizielle) Einführung
   Klauseln für alle Transportarten
   1) EXWAb Werk
   2) FCA Frei Frachtführer
   3) CPT Frachtfrei
   4) CIP Frachtfrei versichert
   5) DAT Geliefert Terminal
   6) DAP Geliefert benannter Ort
   7) DDP Geliefert verzollt
   Klauseln für den See- und Binnenschiffstransport
   8) FAS Frei Längsseite Schiff
   9) FOB Frei an Bord
   10) CFR Kosten und Fracht
   11) CIF Kosten, Versicherung und Fracht

IV. AGB und Vertragsklauseln 1–4 **Einl Incoterms (6)**

A. Einleitung

1) Internationaler Handelskauf

Der internationale HdlKauf richtet sich in Deutschland nach dem unmittelbar 1
anwendbaren **UN-Kaufrecht (CISG)**. Zum örtlichen und sachlichen Anwendungsbereich und zum Inhalt s Einl 46–49 vor § 373 HGB. Dieses ist allerdings abdingbar und wird in der Praxis auch häufig abbedungen; wenn die Parteien das CISG abbedingen, bleibt es nach deutschem Recht beim Handelskauf nach dem BGB und ergänzend §§ 1 ff, 373 ff HGB (Einl 1 ff vor § 373 HGB), die ebenfalls grundsätzlich abdingbar sind. Das CISG enthält nähere Bestimmungen zu den Verpflichtungen des Verkäufers und des Käufers und zum Gefahrübergang bei Beförderung der Ware (Art 67 CISG, vgl §§ 346, 347 BGB), teils ausdrücklich in seinen Bestimmungen, teils nach der einschlägigen Kommentarliteratur (Einl 46 vor § 373 HGB). Dennoch können Regelungslücken oder Unsicherheiten auftreten, auch mögen die Parteien die Regelung bestimmter Punkte übersehen haben oder eigentlich anders geregelt haben wollen. Für diesen Fall bieten sich **Handelsklauseln** an, die die Verpflichtungen des Verkäufers und des Käufers, insbesondere betreffend Lieferung, Gefahrübergang und Kostenverteilung, regeln. Übersicht über die 10 Punkte, die beispielsweise die Incoterms näher regeln, s Rn 22.

2) Handelsklauseln

A. **Allgemeine Handelsklauseln:** Das sind HdlKlauseln, die entweder in 2
einem Land oder darüber hinaus üblich sind, zB circa, force majeure, freibleibend, Kasse gegen Dokumente, Liefermöglichkeit, Selbstbelieferung ua (ausführliche Zusammenstellung in § 346 HGB Rn 39, 40). Manches davon ist HdlBrauch (§ 346 HGB Rn 1, 12). Solche Klauseln können auch für je ein Land standardisiert sein, so die von den einzelnen Landesgruppen der IntHK ab 1923 aufgestellten Trade Terms (s Rn 4).

B. **Internationale Handelsklauseln:** Im internationalen HdlVerkehr besteht 3
besonderer Bedarf an genormten Vertragsformeln, denn Schnelligkeit und Vertragssicherheit, die durch Missverständnisse und unterschiedliche nationale Regeln und Auslegungen gefährdet wären, sind hier entscheidend (auch Einl 4–7 vor § 1 HGB). Der internationale HdlVerkehr verwendet zwar schon seit alters kurze Klauseln, deren Bedeutung im Kern feststeht (s Rn 2), aber diese sind in Einzelheiten doch nicht ohne Weiteres klar ist und werden auch in verschiedenen Ländern verschieden verstanden (s Rn 2, 4). Nationale und internationale Vereinigungen haben deshalb Kataloge von internationalen HdlKlauseln aufgestellt, bei deren Verwendung die Vertragsparteien, zumal wenn sie aus verschiedenen Rechtsordnungen kommen, die zuvor erwähnten Risiken minimieren. So formulieren zB die Incoterms (s Rn 9) Begriffsdefinitionen und genaue Regeln über die Verteilung der Vertragsrisiken zwischen Verkäufer und Käufer.

C. **Trade Terms:** Die Trade Terms, von der IntHK zuerst 1923, zuletzt 1953 4
veröffentlicht, sind von einer Reihe von Landesgruppen der IntHK (ua in Ägypten, Australien, Belgien, Dänemark, Deutschland, Frankreich, Großbritannien, Italien, Jugoslawien, Kanada, Marokko, Niederlande, Norwegen, Österreich, Schweden, Schweiz, Südafrika und USA) aufgestellt worden, je für ihr Land als Aufzeichnung der zu diesem Zeitpunkt üblichen Auslegung. Dabei kann es sich um einen nationalen HdlBrauch handeln, Karlsr RIW **75**, 225. Diese nationalen Trade Terms sind in der Form aufeinander abgestimmt, aber inhaltlich nicht vereinheitlicht. Bei Geschäften zwischen Kflten verschiedener Länder kann iZw jeder sich als Schuldner auf die Trade Terms seines Landes berufen. Die Berufung eines Schiedsgerichts (Einl 88 vor § 1 HGB) an einem bestimmten

Hopt 1869

(6) Incoterms Einl 5–9   2. Teil. Handelsrechtl. Nebengesetze

Ort (zB: „Hamburger freundschaftliche Arbitrage") macht iZw die Trade Terms des Landes des Schiedsgerichts anwendbar. Gefahrübergang und Dokumentenübergabe nach deutschen Trade Terms über CIF-Klausel s Hbg MDR **64**, 601. Lit: Beyer AWD **54**, 20, Haage AWD Beil 1/**56**, BB **56**, 195 (über „ab Kai").

5   D. **Warschau-Oxford-Regeln:** Die Warschau-Oxford-Regeln sind Regeln, die die International Law Association schon früher speziell für CIF-Geschäfte aufgestellt hat. Sie sollten bei „ausdrücklicher" Aufnahme in den Kaufvertrag gelten: Warschau-Oxford-Regeln (revidierter Text von Oxford, August 1932, engl, Übersetzung Drucks 5/1951 der Deutschen Gruppe der IntHK). Sie werden nach Auskunft der IntHK jetzt selten angewandt.

6   E. **FIDIC-Bedingungen:** In internationalen Bau- und Industrieanlageverträgen spielen die FIDIC-Bauvertragsbedingungen der 1913 in Lausanne gegründeten Fédération Internationale des Ingénieurs-Conseils und der Fédération Internationale Européenne de la Construction/International Federation of Consulting Engineers, Standardbedingungen 1957, inzwischen 1999, mittlerweile neuere und verschiedene andere Bedingungen (FIDIC Contracts and Agreements Collection), eine herausragende Rolle, zumal sie von der Weltbank empfohlen werden. Lit: Bunni 2nd ed Oxford 1997, Corbett 4th ed London 1991, Jaeger/Hök 2010; Mallmann RIW **00**, 532, Atzpodien/Müller RIW **06**, 331.

7   F. **ECE-, VDMA/VDW-Bedingungen:** Die ECE (UN-Wirtschaftskommission für Europa) hat Allgemeine Lieferbedingungen für den Export von Maschinen und Anlagen (ECE 1953, VDMA 1993), Allgemeine Liefer- und Montagebedingungen für den Import und Export von Maschinen und Anlagen (ECE 1957, VDMA 1993) und Zusatzbedingungen mit großer Verbreitung erstellt (erhältlich von VDMA-Verlag Ffm). Dazu gibt es von VDMA eine „Anlage der deutschen Maschinenindustrie" mit Anpassung an das geltende deutsche Recht, Stand 2002. Der Dachverband der europäischen Investitions-Güter-Industrie (ORGALIME) hat neuere Bedingungen in Fortentwicklung der ECE-Bedingungen für das Ausland erstellt. Für das Inland gibt es **VDMA/VDW**, Lieferbedingungen Inland/Kaufleute (LI/K), Montagebedingungen Inland (MI) und Reparaturbedingungen Inland (RI) idF 2007. Die VDW 502 sind inhaltsgleich mit den VDMA Inlandslieferbedingungen. Kurz auch Graf von Bernstorff Rn 52 f.

8   G. **American Foreign Trade Definitions:** Diese beinhalten teilweise ähnlich benannte Klauseln, zB fob, wie die bisher dargestellten, weichen aber inhaltlich teilweise erheblich ab, insbesondere zum Gefahrübergang und zur Versicherungslage. Sie gibt es in den USA seit 1919, als Revised American Foreign Trade Definitions in der von der US-amerikanischen Handelskammer 1941 revidierten Fassung. In den USA scheint aber das Interesse an der Verwendung der Incoterms statt der früheren Schifffahrts- und Lieferklauseln des UCC, der in den verschiedenen Einzelstaaten der USA nicht gleichförmig gilt, gewachsen zu sein, so Incoterms® Einführung Hauptmerkmale Nr 3. Damit werden die Incoterms für deutsche Unternehmen zu einer interessanten Option im Verkehr mit US-amerikanischen Unternehmen. Lit: Spanogle The International Lawyer **97**, 111.

3) Incoterms® 2010: Allgemeines

9   A. **Regeln der Internationale Handelskammer (ICC):** Die Incoterms sind nach der offiziellen Bezeichnung: Die Regeln der ICC zur Auslegung nationaler und internationaler Handelsklauseln. Die Internationale HdlKammer bzw IntHK (International Chamber of Commerce bzw ICC) in Paris wurde 1919 gegründet, hat in mehr als 60 Ländern Nationalkomitees und ist in mehr als 130 Ländern vertreten. Sie ist damit die größte, weltwelt tätige, alle Branchen umfassende Wirtschaftsorganisation. Zu den Mitgliedern der IntHK Deutschland in Berlin

IV. AGB und Vertragsklauseln   10, 11   **Einl Incoterms (6)**

gehören zahlreiche DAX 30-Unternehmen, Industrie- und Handelskammern und Verbände. Besonders wichtig ist die internationale **ICC-Schiedsgerichtsbarkeit** mit Gerichtshof in Paris seit 1923. Dies ist die international erfolgreichste, institutionelle Schiedsgerichtsbarkeit mit Hunderten von Fällen pro Jahr aus aller Welt (Einl 97 vor § 1 HGB). Ebenso wichtig sind die Verhaltensregeln der IntHK, darunter die Incoterms, die seit 1936 achtmal modernisiert wurden (s Rn 13), die 2007 revidierten Akkreditiv-Richtlinien (s **(11)** ERA) und die Inkasso-Richtlinien von 1995 (s **(12)** ERI). Lit zu ICC: HdWB Eur PrivR/Hopt 09 I 896.

B. **Bedeutung der Incoterms:** Die Incoterms (International Commercial Terms, ICC-Publikation Nr 715, Sprache englisch-deutsch) beziehen sich ausschließlich auf das Verhältnis zwischen Verkäufer und Käufer (**nur Kaufvertrag,** nicht Beförderungsvertrag und andere Verträge mit Dritten) und betreffen nur den **Warenkauf,** nicht den Kauf von unbeweglichen Sachen und immateriellen Gütern wie Patente und Lizenzen; str für Software, bejahend Piltz IHR **11**, 3, aA Graf von Bernstorff Rn 145. Sie sind für die B2B-HdlPraktiken gedacht (Incoterms® 2010 Einführung Abs 1), aber, falls so gewollt, auch gegenüber Privaten verwendbar. Sie regeln auch insoweit nur ganz bestimmte Punkte (**nur Teilregelung,** nicht umfassende Regelung des Kaufvertrags, zum ICC Model International Sale Contract, ICC Publication No 556, s Ramberg 11), insbesondere bestimmte Verkäufer- und Käuferpflichten, namentlich betreffend Lieferung, Gefahrübergang und Kostenverteilung, nicht oder nicht näher zB Versendungsanzeigepflicht (Art 32 I CISG), Lieferzeit (Art 33 CISG), Übergabe von Dokumenten (Art 34 CISG), Eigentumsübergang, Gewährleistung, Haftungsausschlüsse. Insoweit kommt es auf das anwendbare Recht an (s Rn 17 und Komm zum CISG, Einl 46 vor § 373 HGB und zum HGB), Ramberg FS Kritzer **08**, 403 zu Incoterms und CISG. Auch HdlBräuche (§ 346 HGB Rn 1, 12) oder Hafenusancen spielen eine erhebliche Rolle (s Rn 18). Die Incoterms sind primär für den **internationalen Verkehr** bestimmt, können aber **auch** für den **nationalen** verwandt werden, worauf schon die offizielle Benennung hinweist (s Rn 9; ausdrücklich Incoterms® 2010 Einführung Hauptmerkmale Nr 3), dann ohne A 2/B 2 (s Rn 25; darauf bezieht sich die dortige Formulierung „Falls zutreffend" bzw „Where applicable") und andere auf Export/Import bezogene Bestimmungen.

C. **Entwicklung der Incoterms:** Die Incoterms (Text unten) sind die bekanntesten und verbreitetsten internationalen Handelsklauseln. Sie hatten ua mit CIF und FOB ihren Ursprung im Überseehandel (Einl 50 vor § 373 HGB, internationales Abladegeschäft) und sind auch noch 2010 (spezielle See- und Binnenschiffstransportklauseln, s Rn 19) von diesem geprägt. Sie wurden zwecks Vereinheitlichung der Trade Terms unabhängig von den nationalen HdlBräuchen **1936** von der IntHK (ICC) in Paris (s Rn 9) aufgestellt und **1953, 1967, 1976, 1980, 1990, 2000** und **2010** neu ausgelegt (aber kein fester Zehnjahresturnus, Ramberg 8, dort auch zum Inhalt seit 1936). 1967 kamen die Klauseln „Geliefert Grenze" und „Geliefert verzollt" hinzu, 1976 „FOB Flughafen" und 1980 „Frei Frachtführer" und „Frachtfrei versichert". Die **Revision 1990** galt ab 1.7.1990 und umfasste 13 (statt bisher 14) Klauseln. Gründe für die Revision waren die modernen Transporttechniken (Containerverkehr, multimodaler Transport, Ro-Ro-Transporte), der elektronische Datenaustausch (EDI, bei allen Klauseln möglich) und das Ziel größerer Übersichtlichkeit. Die einfachere FCA-Klausel ersetzte die Spezialklauseln für Luft- und Eisenbahntransport FOR/FOT und „FOB Flughafen". Neu war auch DDU (geliefert unverzollt im Einfuhrland). Weitere Änderungen betrafen die Verpackungspflichten des Verkäufers, Dokumentenfragen bei FCR und CIF und die Versicherung bei CIP (wie bei CIF). Die **Incoterms 2000** sind eine Teilüberarbeitung der Incoterms 1990; grundsätzliche

Hopt 1871

(6) Incoterms Einl 12–15 2. Teil. Handelsrechtl. Nebengesetze

Änderungen: Während Zahl, Reihenfolge und Aufbau der 13 Incoterms gleich blieben, betrafen die wichtigsten Einzeländerungen FAS, vor allem Zuweisung der Exportfreimachung an den Verkäufer, und DEQ, vor allem Zuweisung der Importfreimachung an den Käufer. In der FCA-Klausel, die ebenso wie CPT auf alle Transportarten abstellt, wurde der Hinweis auf die verschiedenen Transportarten gestrichen (A 4), also Änderungen der Be- und Entladepflichten unter FCA.

12   Die **Incoterms® 2010** wurden nach zehnjährigen Arbeiten mit mehr als 2000 eingegangenen Kommentaren revidiert. Sie haben vor allem zwei neue Incoterms-Klauseln, DAT und DAP, anstelle der alten DAF, DES, DEQ und DDU (s 34. Aufl) gebracht. Mit den neuen Klauseln können dieselben Ergebnisse erreicht werden wie mit den alten, so kann bei Verwendung von DAT der benannte Terminal auch in einem Hafen liegen (statt DEQ Geliefert ab Kai) und bei DAP kann die Ware dem Käufer entladebereit zu Verfügung gestellt werden (wie nach DAF, DES und DDU). Die 11 Incoterms® 2010 sind in ihrer Reihenfolge neu geordnet und in zwei Kategorien eingeteilt: Klauseln für alle Transportarten (EXW, FCA, CPT, CIP, DAT, DAP und DDP) und solche für den See- und Binnenschiffstransport (FAS, FOB, CFR und CIF), so auch die Reihenfolge des Abdrucks des Text der 11 Klauseln unten. Die neuen Incoterms sind ausdrücklich auch für den inländischen Verkehr gedacht. Weitere Neuerungen betreffen die ausführlicheren Anwendungshinweise vor jeder einzelnen Klausel, die elektronische Kommunikation (nunmehr jeweils in A1/B1 angesprochen, in den Incoterms 2000 noch unter A8/B8; s Rn 37), die Versicherungsdeckung (jeweils in A3/B3 angesprochen, s zB CIF Nr 11 Rn 5), die sicherheitsrelevanten Freigaben und hierfür benötigten Informationen (s jeweils A2/B2 und A10/B10 einiger Incoterms, zB FOB Nr 9 Rn 13), die Hafenumschlagsgebühren (deshalb klarere Kostenverteilung jeweils A6/B6) und die Verkaufsketten (string sales, s Incoterms® 2010 Einführung Hauptmerkmale Nr 1–9). Insgesamt wurde auf noch mehr Anwenderfreundlichkeit und Verständlichkeit geachtet.

13   Infolge der Änderungen gibt es insgesamt **neun verschiedene Fassungen der Incoterms.** Folglich ist zB „CIF Hamburg" unklar, iZw ist aber die zurzeit des Vertragsabschlusses geltende Fassung gemeint. Bei Vertragsschluss ab 1.3.2017 gelten also iZw die Incoterms® 2010 idF 2016 (s Rn 18). Das sollte aber besser im Vertrag ausdrücklich gesagt werden. Um Streit darüber zu vermeiden, sollte der Vertrag also **klarstellen, welche Fassung gemeint ist,** Magnus/Lüsing IHR **07**, 6.

14   **D. Regelung und Rechtsnatur der Incoterms**

a) AGB: Die Incoterms gelten nicht kraft Gesetz und nur ausnahmsweise als HdlBrauch iSv § 346 HGB, sondern nur soweit die Vertragsparteien im (nationalen oder internationalen) Kaufvertrag auf sie Bezug nehmen. Sie sind also vorformulierte Vertragsklauseln, deren Einbeziehung (nicht auch ihr Inhalt) bewiesen werden muss, hL, BGH RIW **75**, 578, uU HdlBrauch, und die bei Geltung des deutschen Rechts zwar der AGB-Kontrolle nach **(5)** §§ 305 ff BGB unterliegen, aber in aller Regel als wirksam anzusehen sind, Wo/Li/Pf/Schmidt Handelsklauseln H 62. Zur wirksamen Einbeziehung von AGB unter Art 8 CISG s Schmidt-Kessel in Schlechtriem/Schwenzer (Einl 46 vor § 373 HGB) Art 8 Rn 52. Eine Einbeziehung der Incoterms kraft HdlBrauch kann nicht angenommen werden. Auch soweit die Incoterms nicht in den Vertrag aufgenommen wurden, tragen sie uU zur Auslegung des maßgeblichen nationalen HdlBrauchs bei bzw decken sich im Einzelfall mit diesem. Zum Streit über den Geltungsgrund Piltz/Bredow/Piltz A-300. Lit: Basedow RabelsZ 43 **(79)** 125; Piltz IHR **04**, 133, 138; Berger FS Horn **06**, 3, 18; Magnus FS Kritzer **08**, 321.

15   Soweit die Incoterms wie idR unter Unternehmern verwendet werden, finden nach **(5)** § 310 I 1 BGB die §§ 305 II, III, 308, 309 keine Anwendung, wohl

IV. AGB und Vertragsklauseln   16–18   **Einl Incoterms (6)**

aber zB die Generalklausel des **(5)** § 307 BGB. Dazu ist allerdings in der Rechtsprechung ein problematischer Trend zur Übernahme der **Grenzen aus (5) §§ 308, 309 BGB in § 307 BGB** festzustellen (s **(5)** BGB Einl 4 vor § 305). Diese Gefahr wird allgemein für internationale Klauseln in der Praxis unterschätzt, ist jedoch für die Incoterms angesichts der langjährigen, sorgfältigen Austarierung (s Rn 12) gering. Bei individueller Abweichung von diesen Klauseln, die möglich (s Rn 14, 17), wenn auch nicht unbedingt ratsam (s Rn 43) ist, nimmt die Gefahr jedoch zu. Werden die Incoterms allerdings gegenüber Privaten gebraucht (s Rn 10), ist das zwingende Verbraucherschutzrecht zu beachten. Zum Ganzen (für internationale Anleihebedingungen) **(7)** Bankgeschäfte Rn Y/3. Internationales Einheitsrecht s Überbl 46 vor § 373 HGB. Klauselpraxis im internationalen Abladegeschäft s Überbl 50 vor § 373 HGB. AGB im internationalen Geschäftsverkehr s Ul/Br/He/H. Schmidt Anh zu § 305 BGB.

b) Geschäftstyp: Rechtlich entspricht nicht jede Gruppe der Incoterms® 16 2010 einem einzigen Geschäftstyp. Vielmehr finden sich in verschiedenen Gruppen **Abnahmegeschäfte** (zB ab Werk, ab Schiff, ab Kai), **Versendungsgeschäfte** (so die F- und C-Geschäfte FCA, FAS, FOB, CPT, CIP, CFR, CIF), **Fern- oder Ankunftsgeschäfte** (so die D-Geschäfte Geliefert Terminal, Geliefert benannter Ort, Geliefert verzollt).

c) Verhältnis zum nationalen Recht: Zwingendes Recht geht in jedem 17 Fall vor. **Dispositives** Recht findet Anwendung, sofern es nicht durch die Incoterms wirksam abbedungen ist bzw die Frage anders geregelt worden ist. Die Incoterms beschränken sich auf einige Hauptprobleme des Kaufs (Lieferung, Abnahme, (Preis)Gefahrübergang und Fragen der Aus-, Durch- und Einfuhr der Ware). Alle nicht in den Incoterms geregelten Fragen (zB Vertragsabschluss, Leistungsstörungen, Zahlungsabwicklung und vor allem Eigentumsübergang) bestimmen sich nach dem auf den Vertrag anzuwendenden Recht (s Rn 10, auch internationales Einheitsrecht, Überbl 46 vor § 373 HGB). Zur objektiven Geltung von **Handelsbräuchen** s § 346 HGB Rn 8. Im Übrigen gehen **Individualvereinbarungen** den Incoterms vor, vgl **(5)** § 305b BGB.

E. **Auslegung der Incoterms:** Incoterms sind nach ihrem Zweck und dem 18 Parteiwillen **objektiv** und **international einheitlich** auszulegen, von Hoffmann RIW **70**, 252, str. Den Parteien wird ausdrückliche Einbeziehung, spezifizierte Bezugnahme (englische oder andere Ausgabe, Fassung mit Jahr, Klausel; zB „Incoterms 2010 cif") und eine möglichst präzise Ortsangabe empfohlen (Incoterms® Einführung Auslegungshinweise Nr 1–3). Bei allgemeiner Bezugnahme gelten iZw die Incoterms 2010 idF 2016 in der englischen Originalfassung (s Rn 13, 44). Die Vereinbarung der Incoterms bedeutet nicht zugleich auch die Vereinbarung der ICC-Schiedsgerichtsbarkeit (Einl 97 vor § 1 HGB) und auch nicht Abbedingung des CISG (s Rn 1), Magnus/Lüsing IHR **07**, 1, Piltz RIW **10**, 673, öOGH IHR **02**, 26. Sehr hilfreich sind die ausführlichen **Anwendungshinweise vor jeder einzelnen Klausel**, aber auch die **Auslegungshinweise für die Incoterms® 2010** in der offiziellen Einführung, auch wenn diese Einführung nicht Bestandteil des Regelwerks ist (Incoterms® Einführung Bedeutung dieser Einführung). Gleiche Pflichten sind (seit 1990) mit gleich lautenden Formulierungen ausgedrückt, was eine einheitliche Auslegung erleichtert. Soweit möglich, sind in den Incoterms dieselben Ausdrücke wie im CISG (Überbl 46 vor § 373 HGB) verwandt worden. Die offizielle Einleitung zu den Incoterms 2000 enthielt **Erklärungen zur Terminologie** (s 34. Aufl), zB Verlader/shipper (bei FOB sowohl der Verkäufer, der die Ware zur Beförderung übergibt, als auch der Käufer, der den Vertrag mit dem Frachtführer abschließt), zur Verfügung stellen (Übergabe der Ware), Lieferung bzw Abnahme/delivery (zwei Bedeutungen), üblich/usual (soweit feststellbar tatsächliche Praxis, unter gewissen Umständen „angemessen"), Abgaben (nicht mehr unbedingt „öffentliche", sondern nach

(6) Incoterms Einl 19, 20   2. Teil. Handelsrechtl. Nebengesetze

den anwendbaren Einfuhrbestimmungen zu zahlen, aber nicht zB Lagergebühren, stehen mit der Freimachung nicht in Beziehung), ship/vessel (idR synonym) ua. Die **Incoterms® 2010 Einführung** (kein Bestandteil des Regelwerks, s oben) geben nicht nur Auslegungshinweise, sondern erläutern auch die Verwendung der Begriffe Frachtführer, Zollformalitäten, Lieferung, Transportdokument, Elekronischer Beleg oder Verfahren und Verpackung (s Rn 32 ff). Die Auslegung kann auch von den **Gebräuchen** des jeweiligen Hafens (**Hafenusancen**) oder Ortes (jeweilige HdlBräuche) abhängen, worauf die Incoterms® Einführung Nr 2 besonders hinweisen (zB FAS und FOB jeweils A 4 I: in der im Hafen üblichen Weise). Zu den HdlBräuchen und Gepflogenheiten Art 9 CISG und zu ihrer Bedeutung für die Auslegung von Erklärungen und Verhalten Art 8 III CISG. HdlBräuche gelten anders als bloße HdlÜbung auch ohne Kenntnis und Unterwerfungswillen der Parteien (§ 346 HGB Rn 8).

4) Incoterms® 2010: Inhalt

19   A. **Einteilung der Incoterms® 2010:** Die Incoterms® 2010 sind anders als noch die Incoterms 2000 **nach** Eignung für die verschiedenen **Transportarten** gegliedert (s Incoterms® Einführung Hauptmerkmale Nr. 2), also:

Klauseln für alle Transportarten
1. EXW		Ab Werk
2. FCA		Frei Frachtführer
3. CPT		Frachtfrei
4. CIP		Frachtfrei versichert
5. DAT		Geliefert Terminal
6. DAP		Geliefert benannter Ort
7. DDP		Geliefert verzollt

Klauseln für den See- und Binnenschiffstransport
8. FAS		Frei Längsseite Schiff
9. FOB		Frei an Bord
10. CFR		Kosten und Fracht
11. CIF		Kosten, Versicherung und Fracht

Klauseln, die nur für den See- und Binnenschiffstransport vorgesehen sind, zB beim Transport von Öl, Erzen, Eisen oder Getreide, sind also für den Einsatz verschiedenartiger Beförderungsmittel bzw den multimodalen Transport (vgl §§ 452 ff HGB) nicht geeignet. Zu den praktischen Unterschieden zwischen beiden Klauselarten Ramberg 48.

20   B. **Vier Klauselgruppen (E, F, C, D) nach Kosten- und Gefahrübergang.** Die 11 Incoterms sind in vier Gruppen gegliedert mit 1 E-Klausel, 3 F-Klauseln, 4 C-Klauseln und 3 D-Klauseln. Diese Gliederung, die noch der Einteilung der Incoterms 2000 zugrundelag (vgl 34. Aufl), entspricht der **gesamten Skala zwischen Abholklausel (E-Klausel, am wenigsten Verkäuferpflichten) und Ankunftsklausel (D-Klauseln, am meisten Verkäuferpflichten)** über die F-Gruppe (wegen des Kosten- und Gefahrübergangs schon bei Übergabe an den vom Käufer beauftragten Frachtführer eher dem Verkäufer günstig) und die C-Klauseln (wegen des unterschiedlichen Zeitpunkts des Kosten- und Gefahrübergangs eher dem Käufer günstig). Das zu wissen, ist für die Auswahl der Parteien unter den Klauseln, von der Transportart abgesehen, am wichtigsten:

Gruppe E. Kosten- und Gefahrübergang am Lieferort (Abholklausel):

1. EXW	Ab Werk ...	(benannter Lieferort)
	Ex Works ...	(named place of delivery)

Gruppe F:
2. FCA	Frei Frachtführer ...	(benannter Lieferort)
	Free Carrier ...	(named place of delivery)

IV. AGB und Vertragsklauseln   21–23   **Einl Incoterms (6)**

3. FAS   Frei Längsseite Schiff …   (benannter Verschiffungshafen)
                 Free Alongside Ship …   (named port of shipment)
4. FOB   Frei an Bord …   (benannter Verschiffungshafen)
                 Free On Board …   (named port of shipment)

Gruppe C. Gefahrübergang am Lieferort/Kosten am Bestimmungsort:
5. CFR   Kosten und Fracht …   (benannter Bestimmungshafen)
                 Cost and Freight …   (named port of destination)
6. CIF   Kosten, Versicherung und Fracht …   (benannter Bestimmungshafen)
                 Cost, Insurance and Freight …   (named port of destination)
7. CPT   Frachtfrei …   (benannter Bestimmungsort)
                 Carriage Paid To …   (named place of destination)
8. CIP   Frachtfrei versichert …   (benannter Bestimmungsort)
                 Carriage and Insurance Paid to …   (named place of destination)

Gruppe D. Kosten- und Gefahrübergang am Bestimmungsort (Ankunftsklausel):
9. DAT   Geliefert Terminal …   (benannter Terminal im Bestim-
                                                     mungshafen/-ort)
                 Delivered at Terminal …   (named terminal at port or place
                                                     of destination)
10. DAP   Geliefert benannter Ort …   (benannter Bestimmungsort)
                 Delivered at Place ….   (named place of destination)
11. DDP   Geliefert verzollt …   (benannter Bestimmungsort)
                 Delivered Duty Paid …   (named place of destination).

(1) **Gruppe E:** Die einzige Klausel dieser Gruppe „Ab Werk" **(EXW)** ist eine **21** reine **Abholklausel.** Alle Kosten (Export, Import, Transportvertrag, uU Versicherung) trägt der Käufer. Lieferort ist das Werk bzw. die Plantage des Verkäufers. Gefahr und Kostentragung gehen am Lieferort über.

(2) **Gruppe F:** Die drei Klauseln F („free of risk and expense to the buyer") **22** betreffen den **Haupttransport, der vom Verkäufer nicht bezahlt** wird. Der Verkäufer trägt nur die Exportkosten und liefert entweder nur frei an den Frachtführer **(FCA),** frei an die Längsseite des Schiffes **(FAS)** oder frei an Bord des Schiffes **(FOB)** jeweils in dem benannten Lieferort bzw Verschiffungshafen. Gefahr- und Kostenübergang erfolgen beide jeweils bei Übergabe, also am Lieferort bzw mit Verladung an Bord. Der Käufer kann ein Interesse an der Übernahme des Transports haben, zB wegen eines Mengenrabatts oder sonst günstiger Frachtbedingungen, bei bestimmten Devisenregeln oder im Hinblick auf den Einsatz von Transportmitteln des Importlandes (sog **FOB-Importieren**), zu derartigen Interessenkonstellationen Ramberg 27. Bei den F-Klauseln handelt es sich um **Absendeverträge** (shipment contracts), denn der Verkäufer erfüllt seine Vertragsverpflichtungen noch im Exportland.

(3) **Gruppe C:** Auch die vier C-Klauseln („costs even after delivery and **23** transfer of risk") betreffen den **Haupttransport,** aber nur, wenn er **vom Verkäufer bezahlt** wird. Der Verkäufer zahlt entweder nur Kosten und Fracht **(CFR)** oder Kosten, Versicherung und Fracht **(CIF),** beides zum benannten Bestimmungshafen (im Unterschied zum Verschiffungshafen, s Rn 22). Mit der Klausel „frachtfrei" **(CPT)** übernimmt der Verkäufer die Bezahlung des Transports bis zum benannten Bestimmungsort, je nachdem zuzüglich der Versicherungsprämie „frachtfrei versichert" **(CIP)**. Gefahr- und Kostenübergang fallen bei allen C-Klauseln auseinander (sog **Zweipunktklauseln**), die Gefahr geht mit Verladung am Lieferort bzw an Bord über, die Kostentragung geht bis zum Bestimmungshafen bzw Bestimmungsort. Der Verkäufer kann ein Interesse an der Übernahme des Transports haben, zB wegen eines Mengenrabatts oder sonst für ihn günstiger Frachtbedingungen, bei bestimmten Devisenregeln oder im Hinblick auf den Einsatz von Transportmitteln des Exportlandes (sog **CIF-Exportieren**). Die C-Klauseln sind auch dann, wenn die Versicherung übernommen wird (bei CIF und CIP hat der Verkäufer jeweils für eine Mindestdeckung zu sorgen),

(6) Incoterms Einl 24–30   2. Teil. Handelsrechtl. Nebengesetze

keine Ankunftsklauseln wie die D-Klauseln, sondern wie die F-Klauseln Absendeverträge (s Rn 22). Denn der Verkäufer erfüllt seine vertraglichen Verpflichtungen im Verschiffungs- bzw Versandland.

24 (4) **Gruppe D:** Alle drei Klauseln der Gruppe D („destination") sind **Ankunftsklauseln:** Geliefert Terminal **(DAT),** Geliefert benannter Ort **(DAP)** oder Geliefert verzollt **(DDP)** jeweils an den benannten Terminal im Bestimmungshafen/-ort bzw an den benannten Bestimmungsort. Außer bei DDP ist der Verkäufer nicht verpflichtet, die Ware im Bestimmungsland zur Einfuhr freizumachen. Gefahr und Kosten gehen über mit Übergabe, also Terminal im Bestimmungshafen/-ort bzw am Bestimmungsort. Den D-Klauseln liegen Ankunftsverträge zugrunde. Lit: Ramberg 49 ff; Graf von Bernstorff RIW **10**, 677.

25 C. **Aufbau einer jeden Klausel nach Verkäufer- und Käuferpflichten:** Bei allen Klauseln stehen sich, erstmals in den Incoterms 1990, **unter gleichen Überschriften und in derselben Reihenfolge** die korrespondierenden Pflichten des Verkäufers (A 1–10) und des Käufers (B 1–10) **spiegelbildlich** gegenüber (im folgenden V/K):

A. Verpflichtungen des Verkäufers (V)	B. Verpflichtungen des Käufers (K)
A 1 Allgemeine Verpflichtungen des V	B 1 Allgemeine Verpflichtungen des K
A 2 Lizenzen, Genehmigungen, Sicherheitsfreigaben und andere Formalitäten	B 2 Lizenzen, Genehmigungen, Sicherheitsfreigaben und andere Formalitäten
A 3 Beförderungs- und Versicherungsverträge	B 3 Beförderungs- und Versicherungsverträge
A 4 Lieferung	B 4 Übernahme
A 5 Gefahrenübergang	B 5 Gefahrenübergang
A 6 Kostenverteilung	B 6 Kostenverteilung
A 7 Benachrichtigungen an den Käufer	B 7 Benachrichtigungen an den Verkäufer
A 8 Transportdokument	B 8 Liefernachweis
A 9 Prüfung – Verpackung – Kennzeichnung	B 9 Prüfung der Ware
A 10 Unterstützung bei Informationen und damit verbundene Kosten	B 10 Unterstützung bei Informationen und damit verbundene Kosten

26 Auch wenn danach bei einer bestimmten Klausel den Verkäufer oder Käufer keine Pflicht trifft, kann sich eine solche doch aus dem anwendbaren Recht oder einer Individualvereinbarung ergeben (s Rn 17).

27 **Inhaltlich** ergibt sich danach vereinfacht folgende **Pflichtenverteilung** (Übersichtstabelle s Rn 45):
(1) **Transportvertrag:** Sein Abschluss ist bei Gruppe E und F Sache des K, bei Gruppe C und D Sache des V. Die Ware zum **Export freimachen,** also die Exportkosten tragen muss K bei Gruppe E, sonst V. Die Ware zum **Import freimachen,** also die Importkosten tragen muss immer K außer bei DDP, nach der der Verkäufer verzollt zu liefern hat.

28 (2) **Ort der Lieferung:** Die Incoterms bieten eine ganze Skala von Lieferorten an: Werk des V bei Gruppe E; Ort der Übergabe an den Frachtführer bei FCA; Längsseite Schiff im Verschiffungshafen bei FAS; Schiff im Verschiffungshafen: FOB, CFR, CIF; Ort der Übergabe an den ersten Frachtführer bei CPT und CIP; Bestimmungsort bei DAP und DDP; Terminal im Bestimmungshafen/-ort bei DAT. Der Bestimmungsort kann entsprechend spezifiziert werden, zB an der Grenze wie früher bei DAF, Schiff im Bestimmungshafen wie früher bei DES, Kai des Bestimmungshafens wie früher bei DEQ oder sonst näher bei allen drei D-Klauseln.

29 (3) **Gefahrübergang:** jeweils am Lieferort (soeben (2), Rn 28).

30 (4) **Kostenübergang:** Der Kostenübergang von V auf K findet grundsätzlich am Ort des Gefahrübergangs, also dem Lieferort, statt. Eine Ausnahme gilt bei der C-Gruppe, bei der V ja die Kosten besonders übernommen hat (s Rn 23): Kostenübergang bei CFR und CIF also im Bestimmungshafen, bei CPT und CIP

IV. AGB und Vertragsklauseln 31–36 **Einl Incoterms (6)**

am Bestimmungsort. Wegen dieses Auseinanderfallens von Gefahrübergang und Kostenübergang spricht man bei den C-Klauseln von Zweipunktklauseln (s Rn 23).

(5) **Transportversicherung:** Eine Transportversicherungspflicht hat der Ver- 31 käufer grundsätzlich nicht, anders nur auf Grund ausdrücklicher Bestimmung, nämlich bei CIF und CIP, dann jeweils Versicherung mit Mindestdeckung (jeweils A 3b, s dort). Die Transportversicherung ist eine Güterversicherung, dazu ADS Güterversicherung. Incoterms und Versicherung, Ramberg 34. Lit: Graf von Bernstorff RIW **10**, 678.

D. **Definitionen und Begriffe:** In Incoterms® (offizielle) Einführung Erläu- 32 terung sind sechs in den Incoterms® verwendete Begriffe erläutert. Es handelt sich um:

Frachtführer: Die Partei, mit der der Frachtvertrag (idR vom Absender) 33 geschlossen worden ist (vgl zB CFR A3 a, CIF A3 a: Beförderungsvertrag, s auch Rn 27). Der Begriff kann in anderen Zusammenhängen als den Incoterms® 2010 uU anders gebraucht werden. Der Empfänger ist nicht Vertragspartei, aber der Frachtvertrag wird zu seinen Gunsten geschlossen (§ 328 BGB, § 407 Rn 16). Abgrenzung von Frachtführer und Spediteur vgl § 407 I HGB (Beförderung des Guts zum Bestimmungsort und Ablieferung an den Empfänger) und § 453 HGB (Besorgung der Versendung des Gutes ohne eigene Beförderungspflicht). Zur Abstimmung des Frachtvertrags mit der entsprechenden Incoterm-Klausel Ramberg 27, dabei ist auf den Gebrauch der Termini FAS, FOB, CFR und CIF durch die charter parties abweichend von der Incoterm-Bedeutung zu achten, Ramberg 28.

Zollformalitäten: Dabei handelt es sich um die zur Einhaltung anwendbarer 34 zollrechtlicher Bestimmungen notwendigen Formalitäten (vgl zB DDP A6 c, FOB A 6b, CIF A 6d), diese können auch Verpflichtungen zu schriftlicher Dokumentation, Sicherheitsleistungen, Informationsbereitstellung oder Warenkontrolle enthalten. Der häufig zu findende Vorbehalt „**falls zutreffend**" bzw „where applicable" (auch sonst bei den Klauseln unter A 2, B 2 ua) trägt dem Umstand Rechnung, dass solche Formalitäten in größeren Handelsräumen wie dem EU-Binnenmarkt oder Freihandelszonen nicht mehr notwendig sind. Bei den verschiedenen Klauseln ist idR der Verkäufer für die Ausfuhrabfertigung verantwortlich, der Käufer für die Einfuhrabfertigung, anders bei EXW, nach der der Käufer auch die Ausfuhrabfertigung beschaffen und der Verkäufer den Käufer dabei nur unterstützen muss (B 2, A 2).

Lieferung (und Abnahme): Der Ort, an dem die Gefahr des Verlustes oder 35 der Beschädigung der Ware vom Verkäufer auf den Käufer übergeht. Der Lieferung durch den Verkäufer entspricht die Abnahme bzw Übernahme durch den Käufer (jeweils A 4/B 4). Das gilt nur für die Incoterms® 2010. Nach dem jeweiligen Recht (s Rn 1, dort zu BGB und CISG) und nach der HdlPraxis hat der Begriff Lieferung ebenso wie der der Abnahme häufig eine andere Bedeutung. Abnahme ist zB nach § 640 BGB die körperliche Hinnahme verbunden mit der Anerkennung (Billigung) des Werks als zumindest in der Hauptsache vertragsgemäße Leistung, BGH **48**, 262, NJW **93**, 1974; diese Bedeutung hat die Abnahme nach den Incoterms® 2010 gerade nicht. Bei EXW bedeutet Lieferung nur: Bereitstellung der Ware für den Käufer am genannten Lieferort und dort an der ggf vereinbarten Stelle (A4). Zur Ablieferung unter Incoterms® 2010 Graf von Bernstorff Rn 171.

Transportdokument: Transportdokument bzw delivery document ist das 36 Dokument, das beweist, dass die Lieferung (s Rn 35) stattgefunden hat, entsprechend Lieferdokument, vgl Überschrift von jeweils A 8/B 8 jeder Klausel. Oft ist das ein Liefernachweis bzw eine Empfangsbescheinigung oder Quittung oder ein entsprechender elektronischer Nachweis, es kommt dabei auf die Üb-

(6) Incoterms Einl 37–42 2. Teil. Handelsrechtl. Nebengesetze

lichkeit an (zB FOB A 8 I üblicher Nachweis), zur Üblichkeit Graf von Bernstorff Rn 187. Bei EXW, FCA, FAS und FOB kann es sich bei dem Transportdokument auch nur um eine Empfangsbestätigung handeln. Das Transportdokument kann auch weitere Funktionen, etwa bei der Zahlungsabwicklung, haben. Das Transportdokument muss nach den Incoterms® 2010 grundsätzlich datiert sein (ausdrücklich zB CIF A 8 ohne Angabe welches Datum, Unterschrift ist nicht erwähnt), Datierung und Unterzeichnung sind in den verschiedenen nationalen Rechten sehr unterschiedlich geregelt, zB in Deutschland für das Konnossement Tag der Ausstellung und Unterzeichnung nur auf Wunsch, Graf von Bernstorff Rn 178 f. Vollständiger Satz von Originalen s zB CIF A 8 III. Zu den verschiedenen Transportdokumenten wie Ladeschein (§ 444 HGB), Seekonnossement (§ 650 HGB) und anderen Traditionspapiere (§ 448 HGB), Orderpapiere (§§ 363 ff HGB), Dokumente beim multimodalen Transport (§ 452 HGB Rn 9).

37 **Elektronischer Beleg oder Verfahren:** Satz von Informationen bestehend aus einer oder mehrerer elektronischer Nachrichten. Er steht, falls zutreffend (s Rn 34), seiner Funktion nach dem entsprechenden Papierdokument gleich, nämlich sofern die Parteien dies vereinbaren oder es handelsüblich ist (bei den Klauseln jeweils A1/B1; Incoterms® (offizielle) Einführung Hauptmerkmale Nr 5; s auch Rn 36). Zum BOLERO-System Ramberg 40.

38 **Verpackung:** Entweder Verpackung der Ware entsprechend den Vertragsbestimmungen oder Verpackung der Ware, so dass sie transportfähig ist. Die Incoterms® 2010 betreffen nicht das Verstauen der verpackten Waren im Container, das muss ggf im Vertrag besonders geregelt werden.

39 **Weitere Begriffe:** zB **Ware**, grundsätzlich nur bewegliche körperliche Gegenstände, nicht Immobilien und unkörperliche Gegenstände wie Rechte, Software und Dienstleistungen; **Ort**, s Graf von Bernstorff Rn 143 ff, 146 ff, 209. **Liefertermin** vgl Art 33 CISG und zB „FOB" Rn 6.

40 E. **Die richtige Klauselwahl:** Die Wahl der richtigen Incoterms-Klausel ist entscheidend für die passgenaue Vertragsgestaltung. Die meisten Incoterms-Klauseln passen zwar für alle Transportarten, vier von elf aber nur für den See- und Binnenschiffstransport (s Rn 19), sonst gibt es Friktionen. Aus diesem Grund teilen die Incoterms® 2010 die Klauseln auch danach ein (s Rn 19). Sodann sind die Incoterms so abgestuft, dass sie das ganze Spektrum der eher dem Verkäufer oder eher dem Käufer günstigen Vertragsgestaltung abdecken. Sie reichen also von Abholklauseln, die den Verkäufer am meisten begünstigen, bis zu Ankunftsklauseln, die den Käufer bevorzugen (s Rn 20). Welche Klausel Verkäufer und Käufern wählen, hängt von ihren jeweiligen Interessen ab (zB FOB-Importieren oder CIF-Exportieren, s Rn 22, 23), zum Teil aber auch von ihrer jeweiligen Verhandlungsstärke ab. Die Incoterms insgesamt sind dazu neutral. Bei der Wahl der richtigen Klausel helfen die offiziellen Anwendungshinweise, die vor jeder Klausel stehen.

41 a) **Klauselunterschiede nach Transportart:** Nicht jede Incoterms-Klausel ist für jede Transportart geeignet (s Rn 19). **Geeignet** sind **für:** (1) **alle Transportarten einschließlich des multimodalen Transports:** EXW, FCA, CPT, CIP, DAT, DAP, DDP und früher DAF und DDU; (2) **See- und Binnenschiffstransport:** FAS, FOB, CFR, CIF und früher DES und DEQ. Unter den Incoterms 2000 galten als besonders geeignet für (3) **Lufttransport:** FCA; (4) **Eisenbahntransport:** FCA, beides trifft, ohne dass sich das aus der offiziellen Einteilung ergibt, auch noch auf die Incoterms® 2010 zu.

42 b) **Klauselunterschiede nach Verantwortungsbereichen:** Die Incoterms regeln 11 Vertragstypen. Ihre Gruppierung (s Rn 20, so noch unter den Incoterms 2000) ermöglicht zunächst eine Auswahl unter dem Aspekt weniger oder vieler Verkäufer- bzw umgekehrt Käuferpflichten.

IV. AGB und Vertragsklauseln   43–45   **Einl Incoterms (6)**

c) Auswirkung auf den Vertrag im Übrigen: Bei der Auswahl (und ganz **43** besonders bei der Abänderung, s Incoterms® (offizielle) Einführung nach Hauptmerkmale Nr 9) einer Incoterms-Klausel ist besonders darauf zu achten, dass der Klauselinhalt im Einzelnen mit dem Vertragsinhalt im Übrigen zusammenpasst, Ramberg 41 (zu EXW, FOB, FCA und C-Klauseln). Außerdem hat die Wahl bestimmter Incoterms (obschon ohne Geltung für Dritte) Rückwirkungen auf die dazu passenden Fracht-, Akkreditiv- und Versicherungsvertragsgestaltungen. So muss der Verkäufer zB bei CFR und CIF dem Käufer ein Seekonnossement oder ein anderes Seetransportdokument stellen (jeweils A 8 der Klausel) und bei CIP und CIF eine Transportversicherung mit Mindestdeckung nach den Institute Cargo Clauses (nunmehr Fassung 2009, näher A 3b der Klausel) abschließen. Näher Bredow/Seiffert S 8, 22, Graf von Bernstorff Rn 43, 224 ff, Piltz/Bredow/Piltz A-402, 412. Ramberg 59.

F. **Text der Incoterms® 2010:** Die Incoterms 2010 sind als ICC(ICC)- **44** Publikation Nr 715ED, 2010 ed., engl-deutsch sowie 715EF engl und frz erhältlich (die Incoterms 2000 Nr 560 ED). Der Originaltext ist englisch, der Vorrang hat. Hier abgedruckt ist die inoffizielle deutsche Übersetzung der ICC Deutschland e. V. Die Durchnummerierung der einzelnen Klauseln von 1 bis 11 unten ist inoffiziell und dient nur der Übersichtlichkeit im Kommentar. Die Abkürzungen (s Übersichten Rn 19 und 20) sind standardisiert (englische Anfangsbuchstaben), mit der ECE abgestimmt und heute offiziell.

Der Text der Incoterms 2000 ist abgedruckt mit freundlicher Genehmigung der **Deutschen Gruppe der Internationalen Handelskammer,** Berlin (ohne die dortigen Seitenzahlen).

5) Incoterms® 2010: Übersichtstabelle

Klauseln und Klauselgruppen	Lieferort	Gefahrübergang	Kostenübergang	Kostentragung	**45**
(Gruppe E: Abholklausel)					
1. EXW	Werk des V	Lieferort	Lieferort	Export, Import, TranspVertr – K	
(Gruppe F: Haupttransport von V nicht bezahlt)					
2. FCA	Ort der Übergabe an F	Lieferort	Lieferort	Export – V Import, TranspVertr – K	
3. FAS	Längsseite Schiff VerschiffHafen	Lieferort	Lieferort	dito	
4. FOB	Schiff VerschiffHafen	Verladung an Bord	Verladung an Bord	dito	
(Gruppe C: Haupttransport von V bezahlt)					
5. CFR	Schiff VerschiffHafen	Verladung an Bord	BestimmHafen	Export – V Import – K TranspVertr – V	
6. CIF	Schiff VerschiffHafen	Verladung an Bord	BestimmHafen	dito (bei CIF und CIP Mindestversich – V)	

(6) Incoterms Einl 45

7. CPT	Ort der Übergabe Lieferort an F		BestimmOrt	dito
8. CIP	Ort der Übergabe Lieferort an F		BestimmOrt	dito (bei CIF und CIP MindestVersich – V)
(Gruppe D: Ankunftsklauseln)				
9. DAT	Terminal im BestimmHafen/ BestOrt	Terminal im BestimmHafen/ BestOrt	Terminal im BestimmHafen/BestOrt	dito
10. DAP	BestimmOrt	BestimmOrt	BestimmOrt	dito
11. DDP	BestimmOrt	BestimmOrt	BestimmOrt	Export, Import, TranspVertr – V

V = Verkäufer, K = Käufer, F = Frachtführer, VerschiffHafen = Verschiffungshafen, BestimmHafen = Bestimmungshafen, BestimmOrt = Bestimmungsort, TranspVertr = Transportvertrag, MindestVers = Mindestversicherung

Quelle: Incoterms®, Incoterms 2000 Einleitung; vgl. auch die Tabellen bei Graf von Bernstorff RIW 10, 677 und schon Bredow/Seiffert S 16. Kleindruck Stop

B. Offizieller Text der Incoterms® 2010

Die Regeln der ICC zur Auslegung nationaler und internationaler Handelsklauseln

Gültig ab Januar 2011

(Offizielle) Einführung

Incoterms Revision 2000

Einführung

Die Incoterms®[1] Regeln dienen der Auslegung einer Reihe von (mit drei Buchstaben abgekürzten) Klauseln, durch die B2B-Handelspraktiken im Kaufvertrag abgebildet werden. Die Incoterms® Regeln beschreiben im Wesentlichen die Pflichten, Kosten und Gefahren, die mit der Lieferung der Ware vom Verkäufer zum Käufer verbunden sind.

Auslegungshinweise für die Incoterms® 2010 Regeln

1. Beziehen Sie die Incoterms® 2010 Regeln ausdrücklich in Ihren Kaufvertrag ein

Wenn Sie möchten, dass die Incoterms® 2010 Regeln für Ihren Kaufvertrag gelten sollen, müssen Sie dies in Ihrem Vertrag deutlich machen, z. B. mit der Formulierung *„[die gewählte Incoterms® Klausel einschließlich des benannten Ortes, gefolgt von] Incoterms® 2010"*.

---

[1] „Incoterms" ist eine eingetragene Marke der Internationalen Handelskammer (ICC).

IV. AGB und Vertragsklauseln   **Einl Incoterms (6)**

2. Wählen Sie die geeignete Incoterms® Klausel

Bei der Wahl der richtigen Incoterms® Klausel ist zunächst zu beachten, dass sie für Ware und Beförderungsmittel geeignet sein muss; darüber hinaus muss sie alle weiteren Pflichten, die der Verkäufer oder Käufer übernehmen soll, richtig abbilden, wie z. B. wer für die Organisation des Transports oder den Abschluss einer Versicherung verantwortlich sein soll. Der Anwendungshinweis für jede Incoterms® Klausel beinhaltet hilfreiche Informationen, die insbesondere die Auswahl der geeigneten Klausel erleichtern. Die Parteien sollten unabhängig von der verwendeten Incoterms® Klausel stets beachten, dass die Auslegung ihres Vertrags auch von den Gebräuchen des jeweiligen Hafens oder Ortes abhängen kann.

3. Benennen Sie Ihren Ort oder Hafen so genau wie möglich

Die gewählte Incoterms® Klausel kann nur dann ihren Zweck erfüllen, wenn die Parteien einen Ort oder Hafen so genau wie möglich benennen.

Ein gutes Beispiel für eine genaue Definition wäre:

„FCA 38 Cours Albert 1^{er,} Paris, France Incoterms® 2010".

Bei Verwendung der Incoterms® Klauseln „Ab Werk" (EXW), „Frei Frachtführer" (FCA), „Geliefert Terminal" (DAT), „Geliefert benannter Ort" (DAP), „Geliefert verzollt" (DDP), „Frei Längsseite Schiff" (FAS) und „Frei an Bord" (FOB) ist der benannte Ort jener Ort, an dem die Lieferung stattfindet und die Gefahr vom Verkäufer auf den Käufer übergeht. Bei Verwendung der Incoterms® Klauseln „Frachtfrei" (CPT), „Frachtfrei versichert"(CIP), „Kosten und Fracht" (CFR), „Kosten, Versicherung und Fracht" (CIF) weicht der benannte Ort vom Lieferort ab. Bei diesen vier Klauseln ist der benannte Ort jener Bestimmungsort, bis zu dem die Fracht bezahlt wird. Es kann hilfreich sein, innerhalb eines Ortes oder Bestimmungsortes eine präzise Stelle zu bestimmen, um Zweifel und Streitigkeiten zu vermeiden.

4. Denken Sie daran, dass die Incoterms® Regeln keinen vollständigen Kaufvertrag beinhalten

Die Incoterms® Regeln legen fest, welche Partei des Kaufvertrags die Verpflichtung hat, einen Beförderungs- oder Versicherungsvertrag abzuschließen, wenn der Verkäufer an den Käufer liefert, und welche Kosten jede Partei zu tragen hat. Die Incoterms® Regeln sagen hingegen nichts über den Kaufpreis oder die Zahlungsabwicklung aus. Sie behandeln auch nicht den Eigentumsübergang der Ware oder die Rechtsfolgen eines Vertragsbruches. Diese Angelegenheiten werden normalerweise durch ausdrückliche Vereinbarungen im Kaufvertrag oder durch das diesem Vertrag zugrunde liegende Recht geregelt. Den Parteien sollte bewusst sein, dass das zwingende nationale Recht bestimmte Aspekte des Kaufvertrags, einschließlich der gewählten Incoterms® Klausel, außer Kraft setzen kann.

Hauptmerkmale der Incoterms® 2010 Klauseln

1. Zwei neue Incoterms® Klauseln – DAT und DAP – haben die Incoterms® 2000 Klauseln DAF, DES, DEQ und DDU ersetzt

Die Anzahl der Incoterms® Klauseln wurde von 13 auf 11 reduziert. Dieses wurde durch die Aufnahme von zwei neuen Klauseln – DAT, „Geliefert Terminal", und DAP, „Geliefert benannter Ort" – erreicht. Beide können unabhängig von der vereinbarten Transportart verwendet werden und ersetzen die Incoterms® 2000 Klauseln DAF, DES, DEQ und DDU.

Bei Verwendung der beiden neuen Klauseln findet die Lieferung am benannten Bestimmungsort statt: bei DAT, indem die Ware dem Käufer vom ankommenden Beförderungsmittel entladen zur Verfügung gestellt wird (entsprechend der früheren DEQ-Klausel); bei DAP, indem die Ware dem Käufer entladebereit zur Verfügung gestellt wird (entsprechend den alten DAF-, DES- und DDU-Klauseln).

Die neuen Regeln machen die Incoterms® 2000 Klauseln DES und DEQ überflüssig. Bei Verwendung von DAT kann sich der benannte Terminal auch in einem Hafen befinden, weshalb DAT nunmehr gleichermaßen in den Fällen verwendet werden kann, in denen zuvor die DEQ-Klausel nach den Incoterms® 2000 verwendet wurde. Gleichermaßen kann das ankommende Beförderungsmittel nach DAP ein Schiff und der benannte Bestimmungsort ein Hafen sein: Folglich kann DAP gleichermaßen in den Fällen verwendet werden, in denen früher DES Incoterms® 2000 verwendet wurde. Nach diesen neuen Regeln, wie schon bei ihren Vorgängern, bedeutet „geliefert", dass der Verkäufer alle Kosten (ausgenommen solcher, die mit einer gegebenenfalls erforderlichen Einfuhrgenehmigung verbunden sind) und alle mit der Beförderung der Ware bis zum benannten Bestimmungsort verbundenen Gefahren trägt.

2. Einteilung der 11 Incoterms® 2010 Klauseln

Die 11 Incoterms® 2010 Klauseln sind in zwei unterschiedliche Kategorien aufgeteilt:

KLAUSELN FÜR ALLE TRANSPORTARTEN

EXW	Ab Werk
FCA	Frei Frachtführer
CPT	Frachtfrei
CIP	Frachtfrei versichert
DAT	Geliefert Terminal
DAP	Geliefert benannter Ort
DDP	Geliefert verzollt

KLAUSELN FÜR DEN SEE- UND BINNENSCHIFFSTRANSPORT

FAS	Frei Längsseite Schiff
FOB	Frei an Bord
CFR	Kosten und Fracht
CIF	Kosten, Versicherung und Fracht

Die erste Kategorie enthält die sieben Incoterms® 2010 Klauseln, die unabhängig von der gewählten Transportart und unabhängig davon, ob mehr als eine Transportart eingesetzt wird, verwendet werden können. EXW, FCA, CPT, CIP, DAT, DAP und DDP zählen zu dieser Kategorie. Sie können auch dann verwendet werden, wenn kein Seetransport stattfindet. Es ist jedoch wichtig festzuhalten, dass diese Klauseln durchaus verwendet werden können, wenn ein Schiff für einen Transportabschnitt genutzt wird.

In der zweiten Kategorie der Incoterms® 2010 Klauseln sind sowohl der Ort der Lieferung als auch der Ort, bis zu welchem die Ware zum Käufer befördert wird, Häfen, weshalb diese Klauseln als „See- und Binnenschiffsklauseln" bezeichnet werden. FAS, FOB, CFR und CIF gehören in diese

IV. AGB und Vertragsklauseln **Einl Incoterms (6)**

Kategorie. In den letzten drei Incoterms® Klauseln wurde die Regelung, wonach die Schiffsreling der Lieferort ist, zugunsten der Bestimmung aufgegeben, dass die Ware geliefert ist, sobald sie sich „an Bord" des Schiffs befindet. Dies spiegelt die moderne Wirklichkeit im Handelsgeschäft genauer wider und vermeidet das veraltete Bild, wonach eine Gefahr über einer gedachten senkrechten Linie hin und her schwebt.

3. Klauseln für den nationalen und internationalen Handel

Die Incoterms® Klauseln wurden traditionell bei *internationalen* Kaufverträgen verwendet, bei denen die Ware nationale Grenzen überschreitet. In verschiedenen Teilen der Welt haben jedoch Freihandelszonen, wie etwa die Europäische Union, die Bedeutung der Grenzformalitäten zwischen verschiedenen Staaten erkennbar verringert. Konsequenterweise weist das Cover der Incoterms® 2010 Regeln ausdrücklich darauf hin, dass diese sowohl in internationalen als auch nationalen Kaufverträgen angewendet werden können. Die Incoterms® 2010 Regeln sind daher so zu verstehen, dass die Verpflichtung zur Erledigung von Aus- und Einfuhrformalitäten nur soweit besteht, als eine solche auch tatsächlich erforderlich ist.

Zwei Entwicklungen haben die ICC davon überzeugt, dass ein Schritt in diese Richtung zeitgemäß ist. Erstens verwenden Kaufleute die Incoterms® Klauseln häufig in ausschließlich inländischen Kaufverträgen. Der zweite Grund ist das verstärkte Interesse in den Vereinigten Staaten, die Incoterms® Klauseln im nationalen Handel zu verwenden und sie den früheren Schiffahrts- und Lieferklauseln des Uniform Commercial Code vorzuziehen.

4. Anwendungshinweise

Vor jeder einzelnen Incoterms® 2010 Klausel finden Sie einen Anwendungshinweis. Die Anwendungshinweise erklären die wesentlichen Inhalte jeder Incoterms® Klausel, beispielsweise wann eine bestimmte Klausel verwendet werden sollte, wann die Gefahr übergeht und wie die Kosten zwischen Verkäufer und Käufer verteilt sind. Die Anwendungshinweise sind kein Bestandteil der eigentlichen Incoterms® 2010 Regeln, vielmehr sind sie dazu gedacht, den Anwender präzise und rasch zu der für ein bestimmtes Geschäft geeigneten Incoterms® Klausel zu leiten.

5. Elektronische Kommunikation

Frühere Versionen der Incoterms® Regeln haben jene Dokumente genau bezeichnet, welche durch elektronische Mitteilungen ersetzt werden konnten. Die Artikel A1/B1 der Incoterms® 2010 Regeln stellen nun jedoch die elektronische Kommunikation der Kommunikation in Papierform gleich, sofern die Parteien dies vereinbaren oder es handelsüblich ist. Diese Formulierung vereinfacht die Entwicklung von neuen elektronischen Abläufen während der gesamten Geltungsdauer der Incoterms® 2010 Regeln.

6. Versicherungsdeckung

Die Incoterms® 2010 Regeln sind die erste neue Fassung der Incoterms® Regeln seit der Revision der Institute Cargo Clauses und berücksichtigen die Veränderungen in diesen Bestimmungen. Die Incoterms® 2010 Regeln ordnen Informationspflichten im Hinblick auf die Versicherung den Artikeln A3/B3 zu, die die Beförderungs- und Versicherungsverträge behandeln. Diese Bestimmungen wurden aus den allgemeinen „Sonstige Verpflichtungen" der Artikel A10/B10 der Incoterms® 2000 Regeln herausgenommen. Der Wortlaut der Artikel A3/B3 im Hinblick auf die Versicherung ist gleichfalls verändert worden, um die Verpflichtungen der Parteien genauer zu definieren.

7. Sicherheitsrelevante Freigaben und hierfür benötigte Informationen

Es gibt heute eine zunehmende Besorgnis über die Sicherheit im Warentransport. Dies macht den Nachweis erforderlich, dass von der Ware keine Gefahr für Leben oder Sachwerte ausgeht, die über das von Natur aus übliche Maß hinausgeht. Daher haben die Incoterms® 2010 Regeln die Verpflichtungen zwischen Käufer und Verkäufer betreffend Erlangung bzw. Unterstützung bei der Erlangung von sicherheitsrelevanten Freigaben in den Artikeln A2/B2 und A10/B10 einiger Incoterms® Regeln neu aufgeteilt, beispielsweise hinsichtlich Informationen über die Überwachungskette.

8. Hafenumschlagsgebühren

Nach den Incoterms® Klauseln CPT, CIP, CFR, CIF, DAT, DAP und DDP hat der Verkäufer die Beförderung der Ware zum vereinbarten Bestimmungsort zu organisieren. Frachtkosten werden zwar vom Verkäufer bezahlt, tatsächlich übernimmt sie jedoch der Käufer, da sie üblicherweise im Endverkaufspreis des Verkäufers enthalten sind. Die Beförderungskosten enthalten in manchen Fällen die Kosten für den Umschlag und die Bewegung der Ware innerhalb von Hafen- oder Containerterminalanlagen. Der Frachtführer oder Terminalbetreiber wird diese Kosten möglicherweise dem Käufer berechnen, der die Ware entgegennimmt. Unter diesen Umständen wird der Käufer daran interessiert sein, eine doppelte Zahlung für ein und dieselbe Leistung zu vermeiden, zunächst an den Verkäufer als Teil des Gesamtkaufpreises und noch einmal separat an den Frachtführer oder den Terminalbetreiber. Die Incoterms® 2010 Regeln suchen dies durch eine klare Verteilung solcher Kosten in Artikel A6/B6 der betreffenden Incoterms® Klauseln zu vermeiden.

9. Verkaufsketten

Im Gegensatz zum Verkauf von Industriegütern werden Rohstoffe häufig während des Transports in einer Verkaufskette mehrmals weiterveräußert. In solchen Fällen „versendet" ein Verkäufer in der Mitte der Kette nicht die Ware, da diese bereits von dem ersten Verkäufer in der Kette versandt wurde. Der Verkäufer in der Mitte der Kette erfüllt deswegen seine Verpflichtungen gegenüber seinem Käufer nicht durch die Versendung der Ware, sondern durch das „Verschaffen" der bereits versandten Ware. Zur Klarstellung schließen die Incoterms® 2010 Regeln die Verpflichtung zur „Verschaffung versandter Ware" als Alternative zu der Verpflichtung ein, die Ware nach den betreffenden Incoterms® Klauseln tatsächlich zu versenden.

Abänderungen von Incoterms® Klauseln

Manchmal möchten die Parteien eine Incoterms® Klausel abändern. Die Incoterms® 2010 Regeln verbieten eine solche Abänderung nicht, jedoch ergeben sich daraus Gefahren. Um unliebsame Überraschungen zu vermeiden, sollten die Parteien die beabsichtigte Wirkung einer solchen Abänderung sehr genau in ihrem Vertrag deutlich machen. Wenn beispielsweise die Verteilung der Kosten in den Incoterms® 2010 Regeln vertraglich abgeändert wird, sollten die Parteien auch klarstellen, ob sie gleichzeitig beabsichtigen, die Stelle des Übergangs der Gefahr vom Verkäufer auf den Käufer abzuändern.

Bedeutung dieser Einführung

Diese Einleitung bietet allgemeine Informationen darüber, wie die Incoterms® 2010 Regeln zu verwenden und interpretieren sind. Sie bildet jedoch keinen Bestandteil dieses Regelwerks.

Erläuterung der in den Incoterms® 2010 Regeln verwendeten Begriffe

Wie in den Incoterms® 2010 Regeln werden die Verkäufer- und Käuferpflichten spiegelbildlich dargestellt. Rubrik A beinhaltet die Verpflichtungen des Verkäufers und Rubrik B die Verpflichtungen des Käufers. Diese Verpflichtungen können persönlich vom Verkäufer oder Käufer erfüllt werden oder manchmal, unter Berücksichtigung der Bestimmungen des Vertrags oder des anwendbaren Rechts, durch beauftragte Dritte wie Frachtführer, Spediteure oder andere vom Verkäufer oder Käufer für einen bestimmten Zweck benannte Personen.

Der Text der Incoterms® 2010 Regeln versteht sich als selbsterklärend. Um Anwendern gleichwohl Hilfestellung zu leisten, erläutert der folgende Text, wie ausgewählte Begriffe in den Regeln verwendet werden.

Frachtführer: Im Rahmen der Incoterms® 2010 Regeln ist unter einem Frachtführer jene Partei zu verstehen, mit der der Frachtvertrag geschlossen wurde.

Zollformalitäten: Diese Anforderungen sind zur Einhaltung anwendbarer zollrechtlicher Bestimmungen zu erfüllen und können Verpflichtungen zu schriftlicher Dokumentation, Sicherheitsleistungen, Informationsbereitstellung oder Warenkontrolle enthalten.

Lieferung: Dieser Begriff hat im Handelsrecht und in der Handelspraxis mehrere Bedeutungen. Die Incoterms® 2010 Regeln jedoch bezeichnen damit den Ort, an dem die Gefahr des Verlustes oder der Beschädigung der Ware vom Verkäufer auf den Käufer übergeht.

Transportdokument: Dieser Ausdruck wird nunmehr als Überschrift von Artikel A8 verwendet. Es handelt sich um ein Dokument, das beweist, dass die Lieferung stattgefunden hat. In vielen der Incoterms® 2010 Regeln handelt es sich bei dem Transportdokument um einen Liefernachweis oder einen entsprechenden elektronischen Nachweis. Bei den Klauseln EXW, FCA, FAS und FOB kann es sich jedoch bei dem Transportdokument lediglich um eine Empfangsbestätigung handeln. Ein Transportdokument kann auch weitere Funktionen haben, wie z. B. Teil der Zahlungsabwicklung sein.

Elektronischer Beleg oder Verfahren: Ein Satz von Informationen, bestehend aus einer oder mehreren elektronischen Nachrichten und, falls zutreffend, funktionsgemäß gleichbedeutend mit dem entsprechenden Dokument in Papierform.

Verpackung: Dieser Begriff wird für verschiedene Zwecke verwendet:
1. die Verpackung der Ware entsprechend den vertraglichen Vereinbarungen
2. die Verpackung der Ware, so dass diese transportfähig ist
3. das Verstauen der verpackten Ware innerhalb eines Containers oder innerhalb eines anderen Transportmittels.

Die Incoterms® 2010 Regeln verstehen unter Verpackung sowohl den Inhalt von Punkt 1 als auch Punkt 2. Die Incoterms® 2010 Regeln behandeln nicht die Verpflichtungen der Parteien zur Verstauung innerhalb eines Con-

(6) Incoterms 1. EXW

tainers. Daher sollten die Parteien gegebenenfalls Entsprechendes in den Kaufvertrag aufnehmen.

Klauseln für alle Transportarten

1) EXW Ab Werk

EXW
AB WERK
(... benannter Lieferort)

ANWENDUNGSHINWEIS

Diese Klausel kann unabhängig von der gewählten Transportart verwendet werden, auch dann, wenn mehr als eine Transportart zum Einsatz kommt. Sie eignet sich für den nationalen Warenhandel, für den internationalen Handel ist hingegen FCA üblicherweise besser geeignet.

„Ab Werk" bedeutet, dass der Verkäufer liefert, wenn er die Ware dem Käufer beim Verkäufer oder an einem anderen benannten Ort (z. B. Werk, Fabrik, Lager usw.) zur Verfügung stellt. Der Verkäufer muss die Ware weder auf ein abholendes Transportmittel verladen, noch muss er sie zur Ausfuhr freimachen, falls dies erforderlich sein sollte.

Die Parteien sind gut beraten, die Stelle innerhalb des benannten Lieferortes so präzise wie möglich zu bezeichnen, da der Verkäufer die Kosten und Gefahren bis zu dieser Stelle zu tragen hat. Der Käufer trägt alle Kosten und Gefahren, die bei der Übernahme der Ware an der gegebenenfalls vereinbarten Stelle am benannten Lieferort entstehen.

EXW stellt die Mindestverpflichtung für den Verkäufer dar. Die Klausel sollte mit Vorsicht angewendet werden, da:

a. der Verkäufer gegenüber dem Käufer keine Verpflichtung hat, die Ware zu verladen, selbst wenn der Verkäufer in der Praxis dazu besser in der Lage wäre. Falls der Verkäufer die Ware verlädt, tut er dieses auf Gefahr und Kosten des Käufers. In Fällen, in denen der Verkäufer besser in der Lage ist, die Ware zu verladen, ist es meist sinnvoller, die FCA-Klausel zu verwenden, da sie den Verkäufer verpflichtet, auf seine Gefahr und Kosten zu verladen.

b. ein Käufer, der von einem Verkäufer auf EXW-Basis zur Ausfuhr kauft, sich bewusst sein sollte, dass der Verkäufer gegenüber dem Käufer nicht verpflichtet ist, die Ware für die Ausfuhr freizumachen. Er ist lediglich verpflichtet, den Käufer so zu unterstützen, dass dieser die Ausfuhr durchführen kann. Käufer sind daher gut beraten, EXW nicht zu verwenden, wenn es ihnen nicht möglich ist, direkt oder indirekt die Ausfuhrabfertigung vorzunehmen.

c. der Käufer gegenüber dem Verkäufer nur eine eingeschränkte Verpflichtung hat, diesem Informationen hinsichtlich der Ausfuhr der Ware zur Verfügung zu stellen, obwohl es sein kann, dass der Verkäufer diese Informationen z. B. aus steuerlichen Gründen oder aufgrund von Meldepflichten benötigt.

A. Verpflichtungen des Verkäufers

A1. Allgemeine Verpflichtungen des Verkäufers

Der Verkäufer hat die Ware und die Handelsrechnung in Übereinstimmung mit dem Kaufvertrag bereitzustellen und jeden sonstigen vertraglich vereinbarten Konformitätsnachweis zu erbringen.

Jedes Dokument, auf das in A1–A10 Bezug genommen wird, kann auch ein entsprechender elektronischer Beleg oder ein entsprechendes elektronisches Verfahren sein, wenn dies zwischen den Parteien vereinbart oder üblich ist.

A2. Lizenzen, Genehmigungen, Sicherheitsfreigaben und andere Formalitäten

Falls zutreffend, hat der Verkäufer den Käufer auf dessen Verlangen, Gefahr und Kosten bei der Beschaffung der Ausfuhrgenehmigung oder anderer behördlicher Genehmigungen, die für die Ausfuhr der Ware erforderlich sind, zu unterstützen.

Falls zutreffend, hat der Verkäufer auf Verlangen, Gefahr und Kosten des Käufers diesem alle ihm vorliegenden Informationen, die für die Sicherheitsfreigabe der Ware erforderlich sind, zur Verfügung zu stellen.

A3. Beförderungs- und Versicherungsverträge

a. Beförderungsvertrag

Der Verkäufer hat gegenüber dem Käufer keine Verpflichtung, einen Beförderungsvertrag abzuschließen.

b. Versicherungsvertrag

Der Verkäufer hat gegenüber dem Käufer keine Verpflichtung, einen Versicherungsvertrag abzuschließen. Jedoch hat der Verkäufer dem Käufer auf dessen Verlangen, Gefahr und (gegebenenfalls entstehende) Kosten jene Informationen zur Verfügung zu stellen, die der Käufer für den Abschluss einer Versicherung benötigt.

A4. Lieferung

Der Verkäufer hat die Ware zu liefern, indem er sie dem Käufer am genannten Lieferort an der gegebenenfalls vereinbarten Stelle zur Verfügung stellt, jedoch ohne Verladung auf das abholende Beförderungsmittel. Wurde am benannten Lieferort keine bestimmte Stelle vereinbart und kommen mehrere Stellen in Betracht, kann der Verkäufer die Stelle auswählen, die für den Zweck am besten geeignet ist. Der Verkäufer hat die Ware zum vereinbarten Zeitpunkt oder innerhalb des vereinbarten Zeitraums zu liefern.

A5. Gefahrenübergang

Der Verkäufer trägt bis zur Lieferung gemäß A4 alle Gefahren des Verlustes oder der Beschädigung der Ware, mit Ausnahme von Verlust oder Beschädigung unter den in B5 beschriebenen Umständen.

A6. Kostenverteilung

Der Verkäufer hat alle die Ware betreffenden Kosten zu tragen bis diese gemäß A4 geliefert worden ist, ausgenommen solcher Kosten, die vom Käufer wie in B6 vorgesehen zu tragen sind.

A7. Benachrichtigungen an den Käufer

Der Verkäufer hat den Käufer über alles Nötige zu benachrichtigen, damit dieser die Ware übernehmen kann.

A8. Transportdokument

Der Verkäufer hat gegenüber dem Käufer keine Verpflichtung.

A9. Prüfung – Verpackung – Kennzeichnung

Der Verkäufer hat die Kosten jener Prüfvorgänge (wie Qualitätsprüfung, Messen, Wiegen und Zählen) zu tragen, die notwendig sind, um die Ware gemäß A4 zu liefern.

(6) Incoterms 1. EXW

Der Verkäufer hat auf eigene Kosten die Ware zu verpacken, es sei denn, es ist handelsüblich, die jeweilige Art der verkauften Ware unverpackt zu transportieren. Der Verkäufer kann die Ware in der für ihren Transport geeigneten Weise verpacken, es sei denn, der Käufer hat den Verkäufer vor Vertragsschluss über spezifische Verpackungsanforderungen in Kenntnis gesetzt. Die Verpackung ist in geeigneter Weise zu kennzeichnen.

A10. Unterstützung bei Informationen und damit verbundene Kosten

Der Verkäufer hat, falls zutreffend, dem Käufer auf dessen Verlangen, Gefahr und Kosten rechtzeitig alle Dokumente und Informationen, einschließlich sicherheitsrelevanter Informationen, die der Käufer für die Aus- und/oder Einfuhr der Ware und/oder für ihren Transport bis zum endgültigen Bestimmungsort benötigt, zur Verfügung zu stellen oder ihn bei deren Beschaffung zu unterstützen.

B. Verpflichtungen des Käufers

B1. Allgemeine Verpflichtungen des Käufers

Der Käufer hat den im Kaufvertrag genannten Preis der Ware zu zahlen.

Jedes Dokument, auf das in B1-B10 Bezug genommen wird, kann auch ein entsprechender elektronischer Beleg oder ein entsprechendes elektronisches Verfahren sein, wenn dies zwischen den Parteien vereinbart oder üblich ist.

B2. Lizenzen, Genehmigungen, Sicherheitsfreigaben und andere Formalitäten

Falls zutreffend, obliegt es dem Käufer, auf eigene Gefahr und Kosten die Aus- und Einfuhrgenehmigung oder andere behördliche Genehmigungen zu beschaffen sowie alle Zollformalitäten für die Ausfuhr der Ware zu erledigen.

B3. Beförderungs- und Versicherungsverträge

a. Beförderungsvertrag
Der Käufer hat gegenüber dem Verkäufer keine Verpflichtung, einen Beförderungsvertrag abzuschließen.
b. Versicherungsvertrag
Der Käufer hat gegenüber dem Verkäufer keine Verpflichtung, einen Versicherungsvertrag abzuschließen.

B4. Übernahme

Der Käufer muss die Ware übernehmen, wenn A4 und A7 entsprochen worden ist.

B5. Gefahrenübergang

Der Käufer trägt alle Gefahren des Verlustes oder der Beschädigung der Ware ab dem Zeitpunkt, an dem sie wie in A4 vorgesehen geliefert worden ist.

Falls der Käufer es unterlässt, gemäß B7 zu benachrichtigen, trägt der Käufer alle Gefahren des Verlustes oder der Beschädigung der Ware ab dem vereinbarten Lieferzeitpunkt oder ab Ablauf des vereinbarten Lieferzeitraums, vorausgesetzt, die Ware ist eindeutig als die vertragliche Ware kenntlich gemacht worden.

B6. Kostenverteilung

Der Käufer hat:

a. alle die Ware betreffenden Kosten ab dem Zeitpunkt der Lieferung wie in A4 vorgesehen zu tragen;

IV. AGB und Vertragsklauseln 1. EXW **Incoterms (6)**

b. alle zusätzlichen Kosten zu tragen, die entweder dadurch entstanden sind, dass die ihm zur Verfügung gestellte Ware nicht übernommen worden oder keine Benachrichtigung gemäß B7 erfolgt ist, vorausgesetzt, die Ware ist eindeutig als die vertragliche Ware kenntlich gemacht worden;
c. falls zutreffend, alle Zölle, Steuern und andere Abgaben sowie die bei der Ausfuhr fälligen Kosten der Zollformalitäten zu tragen; und
d. alle dem Verkäufer durch die in A2 vorgesehene Unterstützung entstandenen Kosten und Abgaben zu erstatten.

B7. Benachrichtigungen an den Verkäufer

Wann immer der Käufer berechtigt ist, innerhalb eines vereinbarten Zeitraums den Zeitpunkt und/oder innerhalb des benannten Ortes die Stelle für die Warenübernahme zu bestimmen, hat er den Verkäufer in angemessener Weise darüber zu benachrichtigen.

B8. Liefernachweis

Der Käufer hat dem Verkäufer einen angemessenen Nachweis der Warenübernahme zu erbringen.

B9. Prüfung der Ware

Der Käufer hat die Kosten für jede vor der Verladung zwingend erforderliche Warenkontrolle (pre-shipment inspection) zu tragen, einschließlich behördlich angeordneter Kontrollen des Ausfuhrlandes.

B10. Unterstützung bei Informationen und damit verbundene Kosten

Der Käufer hat dem Verkäufer rechtzeitig alle sicherheitsrelevanten Informationsanforderungen mitzuteilen, so dass der Verkäufer die Verpflichtungen entsprechend A10 erfüllen kann.

Der Käufer hat dem Verkäufer alle Kosten und Abgaben zu erstatten, die dem Verkäufer durch das Zurverfügungstellen oder die Unterstützung bei der Beschaffung der Dokumente und Informationen wie in A10 vorgesehen entstanden sind.

1) Vertragstyp

„Ab Werk" ist für jeden Transport geeignet (Einl vor Incoterms Rn 19), für den 1 internationalen Verkehr allerdings weniger als „FCA" (Nr 2), uU sogar steuer- und ausfuhrrechtliche Probleme, Piltz/Bredow/Piltz E-100, 103. „Ab Werk" ist die den Verkäufer am wenigsten belastende Incoterms-Klausel (umgekehrt Maximalbelastung des Verkäufers bei Klausel „DDP Geliefert verzollt", s Nr 7). Der benannte Ort ist idR das eigene Gelände (Betriebsgelände, Werk, Fabrik, Lager usw) des Verkäufers. „Ab Werk" hat wegen der einseitigen Lastenverteilung auf den Käufer keine große Bedeutung für den Außenhandel. Der Ab-Werk-Vertrag ist nicht mit der bloßen Ab-Werk-Preisklausel zu verwechseln, die auch bei anderen Verträgen vorkommt.

2) Verkäufer- und Käuferpflichten

Der Verkäufer muss die Waren und die HdlRechnung **vertragskonform bereit-** 2 **stellen** und sonstige vereinbarte Konformitätsnachweise erbringen, der Käufer muss den vereinbarten **Kaufpreis bezahlen** (A 1/B 1). Das Erfordernis der Vertragskonformität betrifft nur den Kosten- und Gefahrübergang, nicht die Gewährleistung, diese richtet sich nach dem anwendbaren Recht, Graf von Bernstorff Rn 268. Gleichstellung von elektronischen Belegen (A 1 II/B 1 II, s Einl von Incoterms Rn 37). A 1/B 1 sind für sämtliche Incoterms® 2010 wörtlich identisch. – Die Gefahr und Kosten nicht nur der **Einfuhrgenehmigung** (so unter Incoterms 2000 FAS und DEQ), sondern auch der **Ausfuhrgenehmigung** liegen beim Käufer, Verkäufer hat nur ggf Hilfe zu gewähren (B 2/A 2; „falls zutreffend" s Rn 34). Verkäufer braucht die Ware nicht für

(6) Incoterms 1. EXW

die Ausfuhr freizumachen, falls dies erforderlich sein sollte (s Anwendungshinweis vor EXW, Einl vor Incoterms Rn 27). Falls also nach den Exportbestimmungen nur der Exporteur Antrag auf die notwendige Exportgenehmigung stellen kann, ist EXW ungeeignet bzw muss andere Vereinbarung getroffen werden, zB „FCA Incoterms® 2010 vorbehaltlich Exportlizenz" oder um umgekehrten Fall „vorbehaltlich Einfuhrbewilligung", Graf von Bernstorff Rn 329. Prüfung der Ware (pre-shipment inspection oder PSI) ist Sache des Käufers, bei EXW selbst dann, wenn die Prüfung Voraussetzung des Warenexports ist (Incoterms 2000 Einl 16). Der Verkäufer muss auf Verlangen, Gefahr und Kosten des Käufers alle ihm vorliegenden Informationen für die Sicherheitsfreigabe der Waren (security clearing, s FOB Nr 9 Rn 13) zur Verfügung stellen (s A II). – Keine Pflichten zum Abschluss eines **Beförderungs- oder Versicherungsvertrags** (A 3/B 3). – **Lieferung/Übernahme** A 4/B 4. Der Verkäufer hat die Waren am genannten Lieferort an der ggf vereinbarten Stelle zur Verfügung zu stellen, und zwar **ohne Verladung** auf das abholende Beförderungsmittel (A 4), dazu EuGH EuZW **11**, 603 Rn 23 ff m Anm Leible (zu EuGVVO Art 5 Nr 1 lit b, Einl vor § 1 Rn 87); EXW-Klausel betrifft auch den Lieferort, Celle IHR **15**, 247, so auch bei den D-Klauseln, Leible EuZW **11**, 605. Ist keine von mehreren in Frage kommenden Stellen am Lieferort vereinbart, kann der Verkäufer auswählen. Wünscht der Käufer, dass der Verkäufer weitere Leistungen erbringt, etwa wie in der Praxis häufig dem Käufer bei der Verladung der Ware auf dessen Abholfahrzeug behilflich ist oder sogar die Verladung übernimmt oder deren Risiko trägt, muss das im Kaufvertrag klargestellt oder besser FCA gewählt werden (Anwendungshinweis vor EXW). Von einer speziellen Incoterms-Klausel „ex works loaded" wurde schon in Incoterms 2000 abgesehen; wenn schon, sollten die Parteien klarstellen „ex works loaded at seller's risk" oder „ex work loaded at buyer's risk", Ramberg 22, 42. – Der **Gefahrübergang** erfolgt mit Zurverfügungstellung im Werk des Verkäufers, Verladung also auf Risiko des Käufers (A 5/B 5), auch wenn tatsächlich der Verkäufer verlädt (Anwendungshinweis vor EXW); der Käufer muss dort untersuchen und rügen (§ 377 HGB Rn 7, 10). Unterläßt der Käufer die Benachrichtigung nach B 7, trägt er ab dem vereinbarten Termin bzw. Ablauf der vereinbarten Frist die Gefahr, sofern die Ware eindeutig als vertragliche Ware kenntlich gemacht worden ist. „Ab Werk" regelt nur den Preisgefahrübergang; die Leistungsgefahr geht mit der Konkretisierung der Gattungsschuld über. Unberührt bleibt die Haftung des Verkäufers für Vertragsmäßigkeit nach Art 36 CISG, Graf von Bernstorff Rn 291. – **Kostenverteilung** entspricht der Lieferung, dh bis dahin beim Verkäufer (außer soweit in B 6 vorgesehen), ab dann beim Käufer (B 6). Deshalb ist die genaue Bezeichnung der Stelle innerhalb des genannten Lieferorts (A 4) so wichtig. Der Käufer trägt auch alle Zölle, Steuern und bei der Ausfuhr fälligen Kosten der Zollformalitäten (B 6 lit c; s Rn 34). – Der Verkäufer muss den Käufer über alles Nötige **benachrichtigen,** damit dieser die Ware übernehmen kann (A 7). Art und Weise der Benachrichtigung durch den Käufer muss angemessen sein (B 7). Mangels bestimmter Fristvereinbarung gilt für die Benachrichtigungspflicht des Käufers handelsübliche Frist. – **Prüfung** und beim Verkäufer **Verpackung und Kennzeichnung** s A 9/B 9. Für Art und Weise der Verpackung und ihre Kostentragung, die nach A 9 Sache des Verkäufers ist, kann sich besondere Vereinbarung empfehlen, zB „Geliefert EXW Incoterms® 2010, zuzüglich Verpackungskosten", Graf von Bernstorff Rn 305. – **Unterstützung bei Informationen** und damit verbundene Kosten (A 10/B 10; vgl auch schon A 2/B 2, A 6/B 6); diese betrifft aber nur die dort genannten Informationen, nicht sonstige Informationen, die der Verkäufer möglicherweise aus steuerlichen Gründen oder aufgrund von Meldepflichten benötigt, entsprechende Vereinbarung ist dann notwendig (Anwendungshinweis vor EXW).

IV. AGB und Vertragsklauseln 2. FCA **Incoterms (6)**

2) FCA Frei Frachtführer

FCA
FREI FRACHTFÜHRER
(... benannter Lieferort)
ANWENDUNGSHINWEIS

Diese Klausel kann unabhängig von der gewählten Transportart verwendet werden, auch dann, wenn mehr als eine Transportart zum Einsatz kommt.

„Frei Frachtführer" bedeutet, dass der Verkäufer die Ware dem Frachtführer oder einer anderen vom Käufer benannten Person beim Verkäufer oder an einem anderen benannten Ort liefert. Die Parteien sind gut beraten, die Stelle innerhalb des benannten Lieferortes so genau wie möglich zu bezeichnen, da an dieser Stelle die Gefahr auf den Käufer übergeht.

Beabsichtigen die Parteien, die Ware beim Verkäufer zu liefern, sind sie angehalten, dessen Adresse als benannten Lieferort anzugeben. Beabsichtigen die Parteien hingegen, dass die Ware an einem anderen Ort geliefert wird, so müssen sie diesen anderen Lieferort genau angeben.

FCA verpflichtet den Verkäufer, falls zutreffend, die Ware zur Ausfuhr freizumachen, Jedoch hat der Verkäufer keine Verpflichtung, die Ware zur Einfuhr freizumachen, Einfuhrzölle zu zahlen oder Einfuhrzollformalitäten zu erledigen.

A. Verpflichtungen des Verkäufers

A1. Allgemeine Verpflichtungen des Verkäufers

Der Verkäufer hat die Ware und die Handelsrechnung in Übereinstimmung mit dem Kaufvertrag bereitzustellen und jeden sonstigen vertraglich vereinbarten Konformitätsnachweis zu erbringen.

Jedes Dokument, auf das in A1–A10 Bezug genommen wird, kann auch ein entsprechender elektronischer Beleg oder ein entsprechendes elektronisches Verfahren sein, wenn dies zwischen den Parteien vereinbart oder üblich ist.

A2. Lizenzen, Genehmigungen, Sicherheitsfreigaben und andere Formalitäten

Falls zutreffend, hat der Verkäufer auf eigene Gefahr und Kosten die Ausfuhrgenehmigung oder andere behördliche Genehmigungen zu beschaffen sowie alle Zollformalitäten zu erledigen, die für die Ausfuhr der Ware erforderlich sind.

A3. Beförderungs- und Versicherungsverträge

a. Beförderungsvertrag
 Der Verkäufer hat gegenüber dem Käufer keine Verpflichtung, einen Beförderungsvertrag abzuschließen. Wenn es der Käufer jedoch verlangt oder es Handelspraxis ist und der Käufer keine gegenteilige Anweisung rechtzeitig erteilt, kann der Verkäufer einen Beförderungsvertrag zu üblichen Bedingungen auf Gefahr und Kosten des Käufers abschließen. In beiden Fällen kann es der Verkäufer ablehnen, den Beförderungsvertrag abzuschließen, wovon er den Käufer umgehend in Kenntnis zu setzen hat.
b. Versicherungsvertrag
 Der Verkäufer hat gegenüber dem Käufer keine Verpflichtung, einen Versicherungsvertrag abzuschließen. Jedoch hat der Verkäufer dem Käufer auf dessen Verlangen, Gefahr und (gegebenenfalls entstehende) Kosten jene Informationen zur Verfügung zu stellen, die der Käufer für den Abschluss einer Versicherung benötigt.

A4. Lieferung

Der Verkäufer hat die Ware an den Frachtführer oder eine andere vom Käufer benannte Person an der gegebenenfalls vereinbarten Stelle am benannten Ort zum vereinbarten Zeitpunkt oder innerhalb des vereinbarten Zeitraums zu liefern.

Die Lieferung ist abgeschlossen:

a. falls der benannte Ort beim Verkäufer liegt, wenn die Ware auf das vom Käufer bereitgestellte Beförderungsmittel verladen worden ist.

b. in allen anderen Fällen, wenn die Ware dem Frachtführer oder einer anderen vom Käufer benannten Person auf dem Beförderungsmittel des Verkäufers entladebereit zur Verfügung gestellt wird.

Wenn der Käufer am benannten Lieferort keine bestimmte Stelle gemäß B7 d mitgeteilt hat und mehrere Stellen in Betracht kommen, kann der Verkäufer jene Stelle auswählen, die für den Zweck am besten geeignet ist.

Sofern der Käufer den Verkäufer nicht anderweitig benachrichtigt, kann der Verkäufer die Ware zur Beförderung in der Weise übergeben, wie es Menge und/oder Art der Ware verlangen.

A5. Gefahrenübergang

Der Verkäufer trägt bis zur Lieferung gemäß A4 alle Gefahren des Verlustes oder der Beschädigung der Ware, mit Ausnahme von Verlust oder Beschädigung unter den in B5 beschriebenen Umständen.

A6. Kostenverteilung

Der Verkäufer hat zu tragen

a. alle die Ware betreffenden Kosten bis diese gemäß A4 geliefert worden ist, ausgenommen solcher Kosten, die wie in B6 vorgesehen vom Käufer zu tragen sind; und

b. falls zutreffend, die Kosten der für die Ausfuhr notwendigen Zollformalitäten sowie alle Zölle, Steuern und andere Abgaben, die bei der Ausfuhr fällig werden.

A7. Benachrichtigungen an den Käufer

Der Verkäufer hat den Käufer auf dessen Gefahr und Kosten in angemessener Weise darüber zu benachrichtigen, entweder, dass die Ware gemäß A4 geliefert worden ist, oder dass der Frachtführer oder eine andere vom Käufer benannte Person die Ware innerhalb der vereinbarten Frist nicht übernommen hat.

A8. Transportdokument

Der Verkäufer hat auf eigene Kosten dem Käufer den üblichen Nachweis zu erbringen, dass die Ware gemäß A4 geliefert worden ist.

Der Verkäufer hat den Käufer auf dessen Verlangen, Gefahr und Kosten bei der Beschaffung eines Transportdokuments zu unterstützen.

A9. Prüfung – Verpackung – Kennzeichnung

Der Verkäufer hat die Kosten jener Prüfvorgänge (wie Qualitätsprüfung, Messen, Wiegen und Zählen), die notwendig sind, um die Ware gemäß A4 zu liefern, sowie die Kosten für alle von den Behörden des Ausfuhrlandes angeordneten Warenkontrollen vor der Verladung (pre-shipment inspection) zu tragen.

Der Verkäufer hat auf eigene Kosten die Ware zu verpacken, es sei denn, es ist handelsüblich, die jeweilige Art der verkauften Ware unverpackt zu transportieren. Der Verkäufer kann die Ware in der für ihren Transport geeigneten

IV. AGB und Vertragsklauseln   2. FCA **Incoterms (6)**

Weise verpacken, es sei denn, der Käufer hat den Verkäufer vor Vertragsschluss über spezifische Verpackungsanforderungen in Kenntnis gesetzt. Die Verpackung ist in geeigneter Weise zu kennzeichnen.

A10. Unterstützung bei Informationen und damit verbundene Kosten

Der Verkäufer hat, falls zutreffend, dem Käufer auf dessen Verlangen, Gefahr und Kosten rechtzeitig alle Dokumente und Informationen, einschließlich sicherheitsrelevanter Informationen, die der Käufer für die Einfuhr der Ware und/oder für ihren Transport bis zum endgültigen Bestimmungsort benötigt, zur Verfügung zu stellen oder ihn bei deren Beschaffung zu unterstützen.

Der Verkäufer hat dem Käufer alle Kosten und Abgaben zu erstatten, die dem Käufer durch das Zurverfügungstellen oder die Unterstützung bei der Beschaffung der in B10 vorgesehenen Dokumente und Informationen entstanden sind.

B. Verpflichtungen des Käufers

B1. Allgemeine Verpflichtungen des Käufers

Der Käufer hat den im Kaufvertrag genannten Preis der Ware zu zahlen.

Jedes Dokument, auf das in B1–B10 Bezug genommen wird, kann auch ein entsprechender elektronischer Beleg oder ein entsprechendes elektronisches Verfahren sein, wenn dies zwischen den Parteien vereinbart oder üblich ist.

B2. Lizenzen, Genehmigungen, Sicherheitsfreigaben und andere Formalitäten

Falls zutreffend, obliegt es dem Käufer, auf eigene Gefahr und Kosten die Einfuhrgenehmigung oder andere behördliche Genehmigungen zu beschaffen sowie alle Zollformalitäten für die Einfuhr der Ware und für ihre Durchfuhr durch jedes Land zu erledigen.

B3. Beförderungs- und Versicherungsverträge

a. Beförderungsvertrag

Der Käufer hat auf eigene Kosten den Vertrag über die Beförderung der Ware vom benannten Lieferort abzuschließen, es sei denn, der Beförderungsvertrag ist vom Verkäufer wie in A3 a vorgesehen abgeschlossen worden.

b. Versicherungsvertrag

Der Käufer hat gegenüber dem Verkäufer keine Verpflichtung, einen Versicherungsvertrag abzuschließen.

B4. Übernahme

Der Käufer muss die Ware übernehmen, wenn sie wie in A4 vorgesehen geliefert worden ist.

B5. Gefahrenübergang

Der Käufer trägt alle Gefahren des Verlustes oder der Beschädigung der Ware ab dem Zeitpunkt, an dem sie wie in A4 vorgesehen, geliefert worden ist.

Falls

a. der Käufer es unterlässt gemäß B7, über die Benennung eines Frachtführers oder einer anderen in A4 vorgesehenen Person zu benachrichtigen; oder
b. der Frachtführer oder die vom Käufer wie in A4 vorgesehen benannte Person es unterlässt, die Ware zu übernehmen,

(6) Incoterms 2. FCA

trägt der Käufer alle Gefahren des Verlustes oder der Beschädigung der Ware:
  i. ab dem vereinbarten Zeitpunkt oder, mangels eines vereinbarten Zeitpunkts,
  ii. ab dem vom Verkäufer nach A7 mitgeteilten Zeitpunkt innerhalb des vereinbarten Zeitraums; oder, falls kein solcher Zeitpunkt mitgeteilt wurde,
  iii. ab dem Ablaufdatum eines vereinbarten Lieferzeitraums,

vorausgesetzt, die Ware ist eindeutig als die vertragliche Ware kenntlich gemacht worden.

B6. Kostenverteilung

Der Käufer hat zu tragen

a. alle die Ware betreffenden Kosten ab dem Zeitpunkt, an dem sie wie in A4 vorgesehen geliefert worden ist, ausgenommen, falls zutreffend, die Kosten der für die Ausfuhr notwendigen Zollformalitäten sowie alle Zölle, Steuern und andere in A6 b genannte Abgaben, die bei der Ausfuhr fällig werden;
b. alle zusätzlichen Kosten, die entweder dadurch entstehen, dass:
  i. der Käufer es unterlässt, einen Frachtführer oder eine andere in A4 vorgesehene Person zu benennen, oder
  ii. der Frachtführer oder die vom Käufer benannte Person wie in A4 vorgesehen es unterlässt, die Ware zu übernehmen, oder
  iii. der Käufer es unterlässt, gemäß B7 angemessen zu benachrichtigen,

vorausgesetzt, die Ware ist eindeutig als die vertragliche Ware kenntlich gemacht worden; und
c. falls zutreffend, alle Zölle, Steuern und andere Abgaben sowie die Kosten der Zollformalitäten, die bei der Einfuhr der Ware fällig werden, und die Kosten für ihre Durchfuhr durch jedes Land.

B7. Benachrichtigungen an den Verkäufer

Der Käufer hat den Verkäufer zu benachrichtigen:

a. rechtzeitig über den Namen des Frachtführers oder einer anderen in A4 vorgesehenen Person, um dem Verkäufer die Lieferung der Ware gemäß A4 zu ermöglichen;
b. wenn erforderlich, über den innerhalb des vereinbarten Lieferzeitraums gewählten Zeitpunkt, an dem der Frachtführer oder die benannte Person die Ware übernehmen wird;
c. über die Transportart, die von der benannten Person eingesetzt wird; und
d. über die Stelle der Warenübernahme innerhalb des benannten Ortes.

B8. Liefernachweis

Der Käufer hat den wie in A8 vorgesehen zur Verfügung gestellten Liefernachweis anzunehmen.

B9. Prüfung der Ware

Der Käufer hat die Kosten für jede vor der Verladung zwingend erforderliche Warenkontrolle (pre-shipment inspection) zu tragen, mit Ausnahme behördlich angeordneter Kontrollen des Ausfuhrlandes.

B10. Unterstützung bei Informationen und damit verbundene Kosten

Der Käufer hat dem Verkäufer rechtzeitig alle sicherheitsrelevanten Informationsanforderungen mitzuteilen, so dass der Verkäufer die Verpflichtungen entsprechend A10 erfüllen kann.

IV. AGB und Vertragsklauseln 2. FCA **Incoterms (6)**

Der Käufer hat dem Verkäufer alle Kosten und Abgaben zu erstatten, die dem Verkäufer durch das Zurverfügungstellen oder die Unterstützung bei der Beschaffung der Dokumente und Informationen wie in A10 vorgesehen entstanden sind.

Der Käufer hat, falls zutreffend, dem Verkäufer rechtzeitig auf dessen Verlangen, Gefahr und Kosten alle Dokumente und Informationen, einschließlich sicherheitsrelevanter Informationen, die der Verkäufer für den Transport und die Ausfuhr der Ware sowie für ihre Durchfuhr durch jedes Land benötigt, zur Verfügung zu stellen oder ihn bei deren Beschaffung zu unterstützen.

1) Vertragstyp

„Frei Frachtführer" ist für alle Transportarten geeignet (Einl vor Incoterms Rn 19). **1** „Frei Frachtführer" (seit 1980; 1990 grundlegend überarbeitet) ersetzt die früheren Spezialklauseln für Luft- und Eisenbahntransport „FOR/FOT" bzw „Frei Waggon" und „FOB Flughafen" (s 28. Aufl). Diese können aber weiterhin vereinbart werden. „Frei Waggon" ist im Überlandhandel weit verbreitet, betrifft den Eisenbahntransport, ist aber auch für den Straßentransport geeignet („Frei LKW", „Frei verladen"). „Frei Frachtführer" steht für jede Transportart einschließlich des Containerverkehrs (vgl „FOB" Nr 9 Rn 1) und des multimodalen Transports zur Verfügung, auch statt „FOB" für den Seetransport; Unterschiede zu „FOB" (s Nr 9) betreffen vor allem die Übergabe an Frachtführer (A 4) und den Gefahrübergang schon zu diesem Zeitpunkt (A 5). „Frei Frachtführer" ist damit **sehr breit einsatzbar** und besonders wichtig. Zum Containerverkehr (FCL-containers, full container load, Verladung dann oft schon beim Verkäufer; LCL-containers, less than full container load, Verladung dann idR im Cargo Terminal) Ramberg 22, Bredow/Seiffert 32 ff. Zum multimodalen Transport (FCA Multimodal) Bredow/Seiffert 41 ff. **„Frei Frachtführer" entspricht im Wesentlichen der Klausel „FOB",** die aber für den See- und Binnenschiffstransport (mit Ausnahme des Containerverkehrs) vorgesehen ist (s „FOB" Nr 9 Rn 1), auf die ausführlichere **Kommentierung dort** kann also hier (s Rn 2) zurückgegriffen werden. Zu den Problemen der Abgrenzung zwischen Frachtführer und Spediteur Graf von Bernstorff Rn 319 ff.

2) Verkäufer- und Käuferpflichten

Vertragskonforme Bereitstellung der Waren und Handelsrechnung durch den **2** Verkäufer und **Kaufpreiszahlung** durch den Käufer (A 1/B 1, wie bei EXW Nr 1 Rn 2). Gleichstellung von elektronischen Belegen (A 1 II/B 1 II, s Einl vor Incoterms Rn 37). – **Ausfuhr- und Einfuhrgenehmigungen:** Der Verkäufer hat auf eigene Gefahr und Kosten die Ausfuhr- und anderen behördlichen Genehmigungen zu beschaffen und die erforderlichen Zollformalitäten zu erledigen (s Einl vor Incoterms Rn 34), Sache des Käufers ist es, die entsprechenden Genehmigungen für die Einfuhr der Ware und die Durchfuhr durch jedes Land zu besorgen (A 2/B 2; nur falls zutreffend, s Einl Incoterms Rn 34). Die Parteien können aber die Liefer-/Abnahmepflicht „vorbehaltlich (Export- bzw Import)lizenz" vereinbaren. – **Abschluss des Beförderungsvertrags** ist Sache des Käufers (B 3 lit a), der dies aber in der Praxis häufig dem Verkäufer überlässt, zB ausdrücklich bei „FOB additional service", Ramberg 51. Für diesen Fall gilt A 3 lit a Satz 2 und 3 (wie bei FOB Nr 9 Rn 5). Keine Partei hat eine Pflicht zum Abschluss eines **Versicherungsvertrags,** aber ggf Informationspflicht des Verkäufers (A 3 lit b Satz 2). – **Lieferung** an den Frachtführer war in den Incoterms 1990 A 4 mit Unterschieden je nach Transportart, zB „FCA Bahn/Straße/Binnenschiff/Seehafen/Flughafen/(unbenannte Transportart)/Multimodal" geregelt. Diese Differenzierungen sind schon in den Incoterms 2000 weggefallen. Auch die Incoterms® 2010 sehen nur noch zwei alternative Spezifikationen vor (A 4): Wenn es sich bei dem im Vertrag benannten Lieferort um einen Ort beim Verkäufer (oder für diesen an einem anderen Ort) handelt, ist die Übergabe vollendet, wenn die Ware auf das vom Käufer bereitgestellte Beförderungsmittel verladen worden ist (A 4 II lit a); in

Hopt 1895

(6) Incoterms 2. FCA

allen anderen Fällen ist die Lieferung abgeschlossen, wenn die Ware dem Frachtführer oder einer anderen vom Käufer benannten Person auf dem Beförderungsmittel des Verkäufers entladebereit zur Verfügung gestellt wurde, ohne dass sie von diesem Fahrzeug oder Beförderungsmittel abzuladen ist (A 4 II lit b); ist keine von mehreren in Frage kommenden Stellen am Lieferort vereinbart, kann der Verkäufer auswählen (A 4 III). Ob diese Vereinfachung sich in der Praxis als klarer und hilfreich erweisen wird, bleibt abzuwarten. Praktisch kommt es doch auf die verschiedenen Transportarten an, deshalb empfiehlt es sich, das in der vereinbarten Klausel auch zu präzisieren, zB (jeweils mit benanntem Lieferort) „FCA Güterbahnhof", „FCA Straße", „FCA Flughafen", dazu Bredow/Seiffert 19, 21, 34. Bei „FCA Seehafen" im Containerverkehr ist geliefert mit Übergabe der Ware an den Seefrachtführer (einschließlich NVOCCs, None Vessel Operating Common Carriers), zB bei Zurverfügungstellung der Ware an der Übergabestelle des Container-Terminals (Container-Yard, Bahnanschlussstelle ua) auf dem anliefernden Beförderungsmittel entladebereit, Bredow/Seiffert 32. Bei „FCA Seehafen" im Roll-on/Roll-off-Verkehr ist geliefert, wenn die von Seiten des Verkäufers beladene Ro-Ro-Einrichtung vom Frachtführer übernommen oder die Ware dem Seefrachtführer zur Beladung auf die Ro-Ro-Einrichtung auf dem anliefernden Beförderungsmittel unentladen zur Verfügung gestellt wird, Bredow/Seiffert 33. Bei „FCA Multimodal" ist geliefert mit Abgabe an den Gesamtbeförderer (Multimodal Transport Operator/MTO) oder bei gesonderten Transportverträgen (gebrochener Transport) mit Abgabe entsprechend der ersten maßgeblichen Transportart, Bredow/Seiffert 43. In der Klausel „FCA" kann auch die Transportart vereinbart werden, zB Beförderung auf Straße oder Eisenbahn, andernfalls Benachrichtigung des Verkäufers durch den Käufer (B 7 lit c), Graf von Bernstorff Rn 316. – **Gefahrübergang** nach A 5/B 5. Unterläßt der Käufer die Benachrichtigung nach B 7 oder unterläßt der Frachtführer die Übernahme der Ware, trägt der Käufer ab dem vereinbarten Termin, ab Benachrichtigung an den Käufer nach A 7 bzw. nach Ablauf der vereinbarten Frist die Gefahr, sofern die Ware eindeutig als vertragliche Ware kenntlich gemacht worden ist (B 5 II). Untergang oder Verschlechterung infolge mangelnder Verpackung (A 9) oder Haltbarkeit der Ware für den Transport gehören nicht zur Beförderungsgefahr, aber uU Gewährleistung des Verkäufers (Art 36 CISG), erkennbare Mängel sind bei Warenübernahme zu rügen (vgl § 377 HGB Rn 8, 10). – **Kostenverteilung** nach A 6/B 6. Beim Seetransport fallen die Kaigebühren und die Gebühren für die Zwischenlagerung in der Container Freight Station am Hafenterminal dem Verkäufer zur Last, die THC- und LCL-Containergebühren (Hafengebühren bzw terminal handling charges bei FCL/full container load und die LCL/less than container load service charges) gehen dagegen zu Lasten des Käufers; Bredow/Seiffert 47, Graf von Bernstorff Rn 345 ff. Andere Parteivereinbarung ist möglich, zB beim Lufttransport „freight on seller's account" (klarer als wie häufig „freight prepaid"), Bredow/Seiffert 50, oder „ THC for seller's account" oder „50% of the THC to be paid by the seller", Ramberg 24, 43. – **Benachrichtigungen** den den Käufer und an den Verkäufer (A 7/B 7), zB Benachrichtigung des Verkäufers durch den Käufer über die Transportart, sog FCA-Instruktion (B 7 lit c), Graf von Bernstorff Rn 351. – Zum **Transportdokument** und dem **Liefernachweis** wegen der vielfältigen Dokumenten in der Praxis im Vergleich zu den Incoterms 2000 nur noch kurz A 8/B 8, näher Einl vor Incoterms Rn 36; vgl FOB Nr 9 Rn 10. – **Prüfung** und beim Verkäufer **Verpackung und Kennzeichnung** (A 9/B 9), dort auch zum pre-shipment inspection (A 9 I aE/B 9). Die Prüfung nach A 9 betrifft nicht die kaufrechtliche Untersuchungs- und Rügeobliegenheit (§ 377 HGB Rn 8, 10). – Ausführliche Regeln zur **Unterstützung bei Informationen** und damit verbundene Kosten für Verkäufer und für Käufer (A 10/B 10). Sicherheitsrelevante Informationen s FOB Nr 9 Rn 13.

IV. AGB und Vertragsklauseln 3. CPT **Incoterms (6)**

3) CPT Frachtfrei

CPT
FRACHTFREI
(... benannter Bestimmungsort)
ANWENDUNGSHINWEIS

Diese Klausel kann unabhängig von der gewählten Transportart verwendet werden, auch dann, wenn mehr als eine Transportart zum Einsatz kommt.

„Frachtfrei" bedeutet, dass der Verkäufer die Ware dem Frachtführer oder einer anderen vom Verkäufer benannten Person an einem vereinbarten Ort (falls ein solcher Ort zwischen den Parteien vereinbart ist) liefert, und dass der Verkäufer den Beförderungsvertrag abzuschließen und die für die Beförderung der Ware bis zum benannten Bestimmungsort entstehenden Frachtkosten zu zahlen hat.

Werden die Klauseln CPT, CIP, CFR oder CIF verwendet, erfüllt der Verkäufer seine Lieferpflicht, sobald er die Ware dem Frachtführer übergibt und nicht, wenn die Ware den Bestimmungsort erreicht.

Diese Klausel beinhaltet zwei kritische Punkte, da Gefahren- und Kostenübergang an verschiedenen Orten stattfinden. Die Parteien sind gut beraten, im Vertrag sowohl den Lieferort, an dem die Gefahr auf den Käufer übergeht, als auch den benannten Bestimmungsort, bis zu welchem der Verkäufer den Beförderungsvertrag abzuschließen hat, so genau wie möglich anzugeben. Kommen mehrere Frachtführer für die Beförderung zum vereinbarten Bestimmungsort zum Einsatz und verständigen sich die Parteien hinsichtlich der Lieferung nicht auf eine bestimmte Stelle, so geht die Gefahr immer dann über, wenn die Ware dem ersten Frachtführer übergeben worden ist. Die Auswahl der Stelle, an der die Lieferung erfolgen soll, liegt in diesen Fällen gänzlich im Ermessen des Verkäufers, während der Käufer darauf keinen Einfluss hat. Wünschen die Parteien einen späteren Gefahrenübergang (zum Beispiel in einem See- oder Flughafen), dann müssen sie dies in ihrem Kaufvertrag festlegen.

Die Parteien sind außerdem gut beraten, innerhalb des vereinbarten Bestimmungsortes die Stelle so genau wie möglich anzugeben, da die Kosten bis zu dieser Stelle zu Lasten des Verkäufers gehen. Dem Verkäufer wird geraten, mit dieser Wahl genau übereinstimmende Beförderungsverträge zu verschaffen. Entstehen dem Verkäufer gemäß seinem Beförderungsvertrag Kosten im Zusammenhang mit der Entladung am benannten Bestimmungsort, dann ist der Verkäufer nicht berechtigt, diese Kosten vom Käufer zurückzufordern, sofern nichts anderes zwischen den Parteien vereinbart worden ist.

CPT verpflichtet den Verkäufer, falls zutreffend, die Ware zur Ausfuhr freizumachen. Jedoch hat der Verkäufer keine Verpflichtung, die Ware zur Einfuhr freizumachen, Einfuhrzölle zu zahlen oder Einfuhrzollformalitäten zu erledigen.

A. Verpflichtungen des Verkäufers

A1. Allgemeine Verpflichtungen des Verkäufers

Der Verkäufer hat die Ware und die Handelsrechnung in Übereinstimmung mit dem Kaufvertrag bereitzustellen und jeden sonstigen vertraglich vereinbarten Konformitätsnachweis zu erbringen.

Jedes Dokument, auf das in A1–A10 Bezug genommen wird, kann auch ein entsprechender elektronischer Beleg oder ein entsprechendes elektronisches Verfahren sein, wenn dies zwischen den Parteien vereinbart oder üblich ist.

A2. Lizenzen, Genehmigungen, Sicherheitsfreigaben und andere Formalitäten

Falls zutreffend, hat der Verkäufer auf eigene Gefahr und Kosten die Ausfuhrgenehmigung oder andere behördliche Genehmigungen zu beschaffen sowie alle Zollformalitäten zu erledigen, die für die Ausfuhr der Ware und für ihre Durchfuhr durch jedes Land vor Lieferung erforderlich sind.

A3. Beförderungs- und Versicherungsverträge

a. Beförderungsvertrag

Der Verkäufer hat für die Ware einen Beförderungsvertrag von der gegebenenfalls vereinbarten Lieferstelle am Lieferort bis zum benannten Bestimmungsort oder einer gegebenenfalls vereinbarten Stelle an diesem Ort abzuschließen oder zu verschaffen. Der Beförderungsvertrag ist zu den üblichen Bedingungen auf Kosten des Verkäufers abzuschließen und hat die Beförderung auf der üblichen Route und in der handelsüblichen Weise zu beinhalten. Ist keine bestimmte Stelle vereinbart und ergibt sie sich auch nicht aus der Handelspraxis, kann der Verkäufer die Stelle am Lieferort und am benannten Bestimmungsort auswählen, die für den Zweck am besten geeignet ist.

b. Versicherungsvertrag

Der Verkäufer hat gegenüber dem Käufer keine Verpflichtung, einen Versicherungsvertrag abzuschließen. Jedoch hat der Verkäufer dem Käufer auf dessen Verlangen, Gefahr und (gegebenenfalls entstehende) Kosten jene Informationen zur Verfügung zu stellen, die der Käufer für den Abschluss einer Versicherung benötigt.

A4. Lieferung

Der Verkäufer hat die Ware zu liefern, indem er sie an den gemäß A3 beauftragten Frachtführer zum vereinbarten Zeitpunkt oder innerhalb des vereinbarten Zeitraums übergibt.

A5. Gefahrenübergang

Der Verkäufer trägt bis zur Lieferung gemäß A4 alle Gefahren des Verlustes oder der Beschädigung der Ware, mit Ausnahme von Verlust oder Beschädigung unter den in B5 beschriebenen Umständen.

A6. Kostenverteilung

Der Verkäufer hat zu tragen

a. alle die Ware betreffenden Kosten bis diese gemäß A4 geliefert worden ist, ausgenommen solcher Kosten, die wie in B6 vorgesehen vom Käufer zu tragen sind;

b. die Fracht- und alle anderen aus A3 a entstehenden Kosten, einschließlich der Kosten für die Verladung der Ware und aller Abgaben für die Entladung am Bestimmungsort, die gemäß Beförderungsvertrag vom Verkäufer zu tragen sind; und

c. falls zutreffend, die Kosten der für die Ausfuhr notwendigen Zollformalitäten sowie alle Zölle, Steuern und andere Abgaben, die bei der Ausfuhr fällig werden, und die Kosten für die Durchfuhr der Ware durch jedes Land, die gemäß Beförderungsvertrag zu Lasten des Verkäufers gehen.

A7. Benachrichtigungen an den Käufer

Der Verkäufer hat den Käufer zu benachrichtigen, dass die Ware gemäß A4 geliefert worden ist.

IV. AGB und Vertragsklauseln   3. CPT **Incoterms (6)**

Der Verkäufer hat den Käufer über alles Nötige zu benachrichtigen, damit dieser die üblicherweise notwendigen Maßnahmen zur Übernahme der Ware treffen kann.

A8. Transportdokument

Falls handelsüblich oder falls der Käufer es verlangt, hat der Verkäufer auf eigene Kosten dem Käufer das oder die übliche(n) Transportdokument(e) für den gemäß A3 vertraglich vereinbarten Transport zur Verfügung zu stellen.

Dieses Transportdokument muss die vertragliche Ware erfassen und innerhalb der zur Versendung vereinbarten Frist datiert sein. Falls vereinbart oder handelsüblich, muss das Dokument den Käufer auch in die Lage versetzen, die Herausgabe der Ware bei dem Frachtführer am benannten Bestimmungsort einfordern zu können, und es dem Käufer ermöglichen, die Ware während des Transports durch Übergabe des Dokuments an einen nachfolgenden Käufer oder durch Benachrichtigung an den Frachtführer zu verkaufen.

Wird ein solches Transportdokument als begebbares Dokument und in mehreren Originalen ausgestellt, muss ein vollständiger Satz von Originalen dem Käufer übergeben werden.

A9. Prüfung – Verpackung – Kennzeichnung

Der Verkäufer hat die Kosten jener Prüfvorgänge (wie Qualitätsprüfung, Messen, Wiegen und Zählen), die notwendig sind, um die Ware gemäß A4 zu liefern, sowie die Kosten für alle von den Behörden des Ausfuhrlandes angeordneten Warenkontrollen vor der Verladung (pre-shipment inspection) zu tragen.

Der Verkäufer hat auf eigene Kosten die Ware zu verpacken, es sei denn, es ist handelsüblich, die jeweilige Art der verkauften Ware unverpackt zu transportieren. Der Verkäufer kann die Ware in der für ihren Transport geeigneten Weise verpacken, es sei denn, der Käufer hat den Verkäufer vor Vertragsschluss über spezifische Verpackungsanforderungen in Kenntnis gesetzt. Die Verpackung ist in geeigneter Weise zu kennzeichnen.

A10. Unterstützung bei Informationen und damit verbundene Kosten

Der Verkäufer hat, falls zutreffend, dem Käufer auf dessen Verlangen, Gefahr und Kosten rechtzeitig alle Dokumente und Informationen, einschließlich sicherheitsrelevanter Informationen, die der Käufer für die Einfuhr der Ware und/oder für ihren Transport bis zum endgültigen Bestimmungsort benötigt, zur Verfügung zu stellen oder ihn bei deren Beschaffung zu unterstützen.

Der Verkäufer hat dem Käufer alle Kosten und Abgaben zu erstatten, die dem Käufer durch das Zurverfügungstellen oder die Unterstützung bei der Beschaffung der in B10 vorgesehenen Dokumente und Informationen entstanden sind.

B. Verpflichtungen des Käufers
B1. Allgemeine Verpflichtungen des Käufers

Der Käufer hat den im Kaufvertrag genannten Preis der Ware zu zahlen.
Jedes Dokument, auf das in B1–B10 Bezug genommen wird, kann auch ein entsprechender elektronischer Beleg oder ein entsprechendes elektronisches Verfahren sein, wenn dies zwischen den Parteien vereinbart oder üblich ist.

B2. Lizenzen, Genehmigungen, Sicherheitsfreigaben und andere Formalitäten

Falls zutreffend, obliegt es dem Käufer, auf eigene Gefahr und Kosten die Einfuhrgenehmigung oder andere behördliche Genehmigungen zu beschaffen sowie alle Zollformalitäten für die Einfuhr der Ware und für ihre Durchfuhr durch jedes Land zu erledigen.

B3. Beförderungs- und Versicherungsverträge

a. Beförderungsvertrag
   Der Käufer hat gegenüber dem Verkäufer keine Verpflichtung, einen Beförderungsvertrag abzuschließen.
b. Versicherungsvertrag
   Der Käufer hat gegenüber dem Verkäufer keine Verpflichtung, einen Versicherungsvertrag abzuschließen. Allerdings hat der Käufer dem Verkäufer auf dessen Verlangen die für den Abschluss einer Versicherung notwendigen Informationen zur Verfügung zu stellen.

B4. Übernahme

Der Käufer muss die Ware übernehmen, wenn sie wie in A4 vorgesehen geliefert worden ist, und hat sie vom Frachtführer am benannten Bestimmungsort entgegenzunehmen.

B5. Gefahrenübergang

Der Käufer trägt alle Gefahren des Verlustes oder der Beschädigung der Ware ab dem Zeitpunkt, an dem sie wie in A4 vorgesehen geliefert worden ist.

Falls der Käufer es unterlässt, gemäß B7 zu benachrichtigen, hat er die Gefahren des Verlustes oder der Beschädigung der Ware ab dem vereinbarten Lieferzeitpunkt oder ab Ablauf des vereinbarten Lieferzeitraums zu tragen, vorausgesetzt, die Ware ist eindeutig als die vertragliche Ware kenntlich gemacht worden.

B6. Kostenverteilung

Der Käufer hat, vorbehaltlich der Bestimmungen in A3 a, zu tragen

a. alle die Ware betreffenden Kosten ab dem Zeitpunkt, an dem sie wie in A4 vorgesehen geliefert worden ist, ausgenommen, falls zutreffend, die Kosten der für die Ausfuhr notwendigen Zollformalitäten sowie alle Zölle, Steuern und andere in A6 c genannte Abgaben, die bei der Ausfuhr fällig werden;
b. alle die Ware betreffenden Kosten und Abgaben während des Transports bis zu ihrer Ankunft am vereinbarten Bestimmungsort, sofern solche Kosten und Abgaben gemäß Beförderungsvertrag nicht zu Lasten des Verkäufers gehen;
c. die Entladekosten, sofern solche Kosten gemäß Beförderungsvertrag nicht zu Lasten des Verkäufers gehen;
d. alle zusätzlichen Kosten, sollte der Käufer die Benachrichtigung gemäß B7 unterlassen, ab dem für die Versendung vereinbarten Zeitpunkt oder ab Ablauf des hierfür vereinbarten Zeitraums, vorausgesetzt, die Ware ist eindeutig als die vertragliche Ware kenntlich gemacht worden; und
e. falls zutreffend, alle Zölle, Steuern und andere Abgaben sowie die Kosten der Zollformalitäten, die bei der Einfuhr der Ware fällig werden, sowie die Kosten für ihre Durchfuhr durch jedes Land, sofern sie nicht in den Kosten des Beförderungsvertrags enthalten sind.

IV. AGB und Vertragsklauseln   3. CPT **Incoterms (6)**

B7. Benachrichtigungen an den Verkäufer

Wann immer der Käufer berechtigt ist, den Zeitpunkt für die Versendung der Ware und/oder den benannten Bestimmungsort oder die Stelle für die Entgegennahme der Ware innerhalb dieses Ortes zu bestimmen, hat er den Verkäufer in angemessener Weise darüber zu benachrichtigen.

B8. Liefernachweis

Der Käufer hat das wie in A8 vorgesehen zur Verfügung gestellte Transportdokument anzunehmen, wenn dieses mit dem Vertrag übereinstimmt.

B9. Prüfung der Ware

Der Käufer hat die Kosten für jede vor der Verladung zwingend erforderliche Warenkontrolle (pre-shipment inspection) zu tragen, mit Ausnahme behördlich angeordneter Kontrollen des Ausfuhrlandes.

B10. Unterstützung bei Informationen und damit verbundene Kosten

Der Käufer hat dem Verkäufer rechtzeitig alle sicherheitsrelevanten Informationsanforderungen mitzuteilen, so dass der Verkäufer die Verpflichtungen entsprechend A10 erfüllen kann.

Der Käufer hat dem Verkäufer alle Kosten und Abgaben zu erstatten, die dem Verkäufer durch das Zurverfügungstellen oder die Unterstützung bei der Beschaffung der Dokumente und Informationen wie in A10 vorgesehen entstanden sind.

Der Käufer hat, falls zutreffend, dem Verkäufer rechtzeitig auf dessen Verlangen, Gefahr und Kosten alle Dokumente und Informationen, einschließlich sicherheitsrelevanter Informationen, die der Verkäufer für den Transport und die Ausfuhr der Ware sowie für ihre Durchfuhr durch jedes Land benötigt, zur Verfügung zu stellen oder ihn bei deren Beschaffung zu unterstützen.

1) Vertragstyp

„Frachtfrei" (s auch „Frachtfrei versichert", Nr 4) ist für alle Transportarten geeignet 1 (Einl vor Incoterms Rn 19). „CPT Frachtfrei" ist bis auf die fehlende Pflicht des Verkäufers zum Abschluss einer Transportversicherung wort- und deckungsgleich mit „CIP Frachtfrei versichert" (s Nr 4). Als Klausel der C-Gruppe hat sie, abgesehen von Kosten, Versicherung und ggf Fracht, auch Ähnlichkeiten mit CFR und CIF (s ausführliche Kommentierung von CIF Nr 11). Bei „Frachtfrei" liefert der Verkäufer die Ware dem Frachtführer am vereinbarten Ort, schließt den Beförderungsvertrag ab und zahlt die Frachtkosten bis zu dem benannten Bestimmungsort. Letzteres betrifft nur die Frachtkosten, geliefert mit der Folge des Gefahrübergangs ist bereits mit Übergabe an den Frachtführer, die CPT-Klausel ist also wie alle C-Klauseln eine Zweipunktklausel (Einl vor Incoterms Rn 23).

2) Verkäufer- und Käuferpflichten

Vertragskonforme Bereitstellung der Waren und Handelsrechnung durch den 2 Verkäufer und **Kaufpreiszahlung** durch den Käufer (A 1/B 1, wie bei EXW Nr 1 Rn 2). Gleichstellung von elektronischen Belegen (A 1 II/B 1 II, s Einl vor Incoterms Rn 37). – **Ausfuhr- und Einfuhrgenehmigungen:** Der Verkäufer hat die Ware also nur zur Ausfuhr freizumachen, Sache des Käufers ist es, sie zur Einfuhr freizumachen (A 2/B 2; nur falls zutreffend, s Einl Incoterms Rn 34). Bei eventuellen Schwierigkeiten mit der Aus- oder Einfuhrgenehmigung kann sich ein Vorbehalt empfehlen, zB zB „CPT Incoterms® 2010 vorbehaltlich Exportlizenz" oder „vorbehaltlich Einfuhrbewilligung", Graf von Bernstorff Rn 381. – **Beförderungs- und Versicherungsverträge:** Der Verkäufer muss den Beförderungsvertrag abschließen oder für dessen Abschluss sorgen (to procure wie bei CIF Nr 11 Rn 4), nicht der Käufer (A 3 lit a/B 3 lit a). Beförderung von dem Lieferort und ggf der vereinbarten Lieferstelle an diesem

(6) Incoterms 4. CIP 2. Teil. Handelsrechtl. Nebengesetze

bis zum benannten Bestimmungsort und ggf der vereinbarten Stelle an diesem Ort (A 3 lit a Satz 1). Mangels Vereinbarung oder HdlPraxis bestimmt der Verkäufer die Stelle am Lieferort und am benannten Bestimmungsort (A 3 lit a Satz 3). Versicherung ist (anders als bei „CIP Frachtfrei versichert" Nr 4 Rn 2) nicht vorgesehen (A 3 lit b/B 3 lit b). Ob der Käufer eine Transportversicherung (dann ab Lieferort bis zum Bestimmungsort) abschließt, bleibt ihm überlassen. Besser ist eine Vereinbarung von Verkäufer und Käufer über eine Transportversicherung vom Werk des Verkäufers bis zum Bestimmungsort, dann ggf mit Kostenteilung, Graf von Bernstorff Rn 377. – **Lieferung** ist Übergabe der Waren an den Frachtführer zum vereinbarten Zeitpunkt oder innerhalb des vereinbarten Zeitraums (A 4). Darin kann Fixgeschäft liegen (vgl Anm zu § 376 HGB). Der Käufer muss die so gelieferte Ware übernehmen und vom Frachtführer am benannten Bestimmungsort entgegennehmen (B 4). – **Gefahrübergang** findet schon mit Übergabe an den Frachtführer, bei mehreren Frachtführern an den ersten (Anwendungshinweis vor CPT; zu mehreren aufeinanderfolgenden Straßenfrachtführern **(17)** CMR Art 34), statt, nicht erst, wenn die Ware den Bestimmungsort erreicht (A 5 mit A 4/B 5 mit B 4; vgl dagegen „DAF Geliefert Grenze" 34. Aufl Nr 9 Rn 1). Die Parteien müssen also beachten, dass der Gefahrübergang und der Kostenübergang an verschiedenen Orten stattfinden (Zweipunktklausel, s Rn 1). Soll die Gefahr erst später, zB in einem See- oder Flughafen übergehen, muss das besonders vereinbart werden (Anwendungshinweis vor CPT). Unterläßt der Käufer die Benachrichtigung nach B 7, trägt er ab dem vereinbarten Termin bzw Ablauf der vereinbarten Frist die Gefahr, sofern die Ware eindeutig als vertragliche Ware kenntlich gemacht worden ist (B 5 II). – **Kostenverteilung:** Der Verkäufer trägt alle Kosten bis zur Lieferung (A 6 lit a), die Fracht und alle anderen aus A 3 lit a entstehenden Kosten (A 6 lit b) und die Kosten der für die Ausfuhr notwendigen Zollformalitäten und der Exportzölle und -abgaben (A 6 lit c). Der Käufer trägt die Kosten ab Lieferung gemäß A 4, die Transportkosten und -abgaben bis zur Ankunft der Ware am vereinbarten Bestimmungsort, die Entladekosten und die Kosten der für den Import notwendigen Zollformalitäten (B 6 lit a-e). Da der Verkäufer alle Kosten bis zur Lieferung mitsamt der Fracht trägt, sollten die Parteien die Stelle innerhalb des Bestimmungsorts, an der der Käufer die Waren vom Frachtführer entgegennimmt, möglichst genau angeben; der Verkäufer tut gut daran, damit genau übereinstimmende Beförderungsverträge abzuschließen (Anwendungshinweis vor CPT). Wenn die Stelle innerhalb des Bestimmungsorts nicht angegeben wird, riskiert der Käufer, insoweit auf den Hafengebühren bzw terminal handling charges (vgl FCA Nr 2 Rn 2 A 6/B 6) sitzen zu bleiben, Graf von Bernstorff Rn 373, 398. – **Benachrichtigungen** an den Käufer bzw. Verkäufer (A 7/B 7). – **Transportdokument** (Verkäufer A 8) und **Liefernachweis** (Käufer B 8); näher Einl vor Incoterms Rn 36; vgl FOB Nr 9 Rn 13. – **Prüfung** und beim Verkäufer **Verpackung und Kennzeichnung** s A 9/B 9. Pre-shipment inspection s A 9 I/B 9. Einzelheiten zur Verpackung, die dem Verkäufer obliegt, s A 9 II. – **Unterstützung bei Informationen** und damit verbundene Kosten (A 10/B 10). Zu den **sicherheitsrelevanten Informationen** (A10/B10) s bei FOB Rn 9 Rn 13.

4) CIP Frachtfrei versichert

CIP
FRACHTFREI VERSICHERT
(... benannter Bestimmungsort)

ANWENDUNGSHINWEIS

Diese Klausel kann unabhängig von der gewählten Transportart verwendet werden, auch dann, wenn mehr als eine Transportart zum Einsatz kommt.

„Frachtfrei versichert" bedeutet, dass der Verkäufer die Ware dem Frachtführer oder einer anderen vom Verkäufer benannten Person an einem vereinbarten Ort (falls ein solcher Ort zwischen den Parteien vereinbart ist) liefert, und dass der Verkäufer den Beförderungsvertrag abzuschließen und

IV. AGB und Vertragsklauseln 4. CIP **Incoterms (6)**

die für die Beförderung der Ware bis zum benannten Bestimmungsort entstehenden Frachtkosten zu zahlen hat.

Der Verkäufer schließt auch einen Versicherungsvertrag gegen die vom Käufer getragene Gefahr des Verlustes oder der Beschädigung der Ware während des Transports ab. Der Käufer sollte beachten, dass der Verkäufer bei Verwendung von CIP lediglich verpflichtet ist, eine Versicherung mit einer Mindestdeckung abzuschließen. Wünscht der Käufer einen höheren Versicherungsschutz, wird er dies entweder ausdrücklich mit dem Verkäufer vereinbaren oder eigene zusätzliche Versicherungsvorkehrungen treffen müssen.

Werden die Klauseln CPT, CIP, CFR oder CIF verwendet, erfüllt der Verkäufer seine Lieferpflicht, sobald er die Ware dem Frachtführer übergibt und nicht, wenn die Ware am Bestimmungsort ankommt.

Diese Klausel beinhaltet zwei kritische Punkte, da Gefahren- und Kostenübergang an verschiedenen Orten stattfinden. Die Parteien sind gut beraten, im Vertrag sowohl den Lieferort, an dem die Gefahr auf den Käufer übergeht, als auch den benannten Bestimmungsort, bis zu welchem der Verkäufer den Beförderungsvertrag abzuschließen hat, so genau wie möglich anzugeben. Kommen mehrere Frachtführer für die Beförderung zum vereinbarten Bestimmungsort zum Einsatz und verständigen sich die Parteien hinsichtlich der Lieferung nicht auf eine bestimmte Stelle, geht die Gefahr immer dann über, wenn die Ware an den ersten Frachtführer übergeben worden ist. Die Auswahl der Stelle, an dem die Lieferung erfolgen soll, liegt in diesen Fällen gänzlich im Ermessen des Verkäufers, während der Käufer darauf keinen Einfluss hat. Wünschen die Parteien einen späteren Gefahrenübergang (zum Beispiel in einem See- oder Flughafen), dann müssen sie dies in ihrem Kaufvertrag festlegen.

Die Parteien sind außerdem gut beraten, innerhalb des vereinbarten Bestimmungsortes die Stelle so genau wie möglich anzugeben, da die Kosten bis zu dieser Stelle zu Lasten des Verkäufers gehen. Dem Verkäufer wird geraten, mit dieser Wahl genau übereinstimmende Beförderungsverträge zu verschaffen. Entstehen dem Verkäufer gemäß seinem Beförderungsvertrag Kosten im Zusammenhang mit der Entladung am benannten Bestimmungsort, dann ist der Verkäufer nicht berechtigt, diese Kosten vom Käufer zurückzufordern, sofern nichts anderes zwischen den Parteien vereinbart ist.

CIP verpflichtet den Verkäufer, falls zutreffend, die Ware zur Ausfuhr freizumachen. Jedoch hat der Verkäufer keine Verpflichtung, die Ware zur Einfuhr freizumachen, Einfuhrzölle zu zahlen oder Einfuhrzollformalitäten zu erledigen.

A. Verpflichtungen des Verkäufers

A1. Allgemeine Verpflichtungen des Verkäufers

Der Verkäufer hat die Ware und die Handelsrechnung in Übereinstimmung mit dem Kaufvertrag bereitzustellen und jeden sonstigen vertraglich vereinbarten Konformitätsnachweis zu erbringen.

Jedes Dokument, auf das in A1–A10 Bezug genommen wird, kann auch ein entsprechender elektronischer Beleg oder ein entsprechendes elektronisches Verfahren sein, wenn dies zwischen den Parteien vereinbart oder üblich ist.

A2. Lizenzen, Genehmigungen, Sicherheitsfreigaben und andere Formalitäten

Falls zutreffend, hat der Verkäufer auf eigene Gefahr und Kosten die Ausfuhrgenehmigung oder andere behördliche Genehmigungen zu beschaffen sowie alle Zollformalitäten zu erledigen, die für die Ausfuhr der Ware und für ihre Durchfuhr durch jedes Land vor Lieferung erforderlich sind.

A3. Beförderungs- und Versicherungsverträge

a. Beförderungsvertrag

Der Verkäufer hat für die Ware einen Beförderungsvertrag von der gegebenenfalls vereinbarten Lieferstelle am Lieferort bis zum benannten Bestimmungsort oder einer gegebenenfalls vereinbarten Stelle an diesem Ort abzuschließen oder zu verschaffen. Der Beförderungsvertrag ist zu den üblichen Bedingungen auf Kosten des Verkäufers abzuschließen und hat die Beförderung auf der üblichen Route und in der handelsüblichen Weise zu beinhalten. Ist keine bestimmte Stelle vereinbart und ergibt sie sich auch nicht aus der Handelspraxis, kann der Verkäufer die Stelle am Lieferort und am benannten Bestimmungsort auswählen, die für den Zweck am besten geeignet ist.

b. Versicherungsvertrag

Der Verkäufer hat auf eigene Kosten eine Transportversicherung abzuschließen, die zumindest der Mindestdeckung gemäß den Klauseln (C) der Institute Cargo Clauses (LMA/IUA) oder ähnlichen Klauseln entspricht. Die Versicherung ist bei Einzelversicherern oder Versicherungsgesellschaften mit einwandfreiem Leumund abzuschließen und muss den Käufer oder jede andere Person mit einem versicherbaren Interesse an der Ware berechtigen, Ansprüche direkt bei dem Versicherer geltend zu machen.

Der Verkäufer muss auf Verlangen und Kosten des Käufers, vorbehaltlich der durch den Käufer zur Verfügung gestellten vom Verkäufer benötigten Informationen, zusätzliche Deckung, falls erhältlich, beschaffen, wie z. B. entsprechend den Klauseln (A) oder (B) der Institute Cargo Clauses (LMA/IUA) oder ähnlicher Klauseln, und/oder der Institute War Clauses und/oder der Institute Strikes Clauses (LMA/IUA) oder ähnlicher Klauseln.

Die Versicherung muss zumindest den im Vertrag genannten Preis zuzüglich zehn Prozent (d. h. 110 %) decken und in der Währung des Vertrags ausgestellt sein.

Der Versicherungsschutz muss die Ware ab dem Lieferort, wie in A4 und A5 festgelegt, bis mindestens zum benannten Bestimmungsort decken.

Der Verkäufer hat dem Käufer die Versicherungspolice oder einen sonstigen Nachweis über den Versicherungsschutz zu übermitteln.

Ferner hat der Verkäufer dem Käufer auf dessen Verlangen, Gefahr und (gegebenenfalls entstehende) Kosten jene Informationen zur Verfügung zu stellen, die der Käufer für den Abschluss einer zusätzlichen Versicherung benötigt

A4. Lieferung

Der Verkäufer hat die Ware zu liefern, indem er sie an den gemäß A3 beauftragten Frachtführer zum vereinbarten Zeitpunkt oder innerhalb des vereinbarten Zeitraums übergibt.

A5. Gefahrenübergang

Der Verkäufer trägt bis zur Lieferung gemäß A4 alle Gefahren des Verlustes oder der Beschädigung der Ware, mit Ausnahme von Verlust oder Beschädigung unter den in B5 beschriebenen Umständen.

A6. Kostenverteilung

Der Verkäufer hat zu tragen

a. alle die Ware betreffenden Kosten bis diese gemäß A4 geliefert worden ist, ausgenommen solcher Kosten, die wie in B6 vorgesehen vom Käufer zu tragen sind;

IV. AGB und Vertragsklauseln 4. CIP **Incoterms (6)**

b. die Fracht- und alle anderen aus A3 a entstehenden Kosten einschließlich der Kosten für die Verladung der Ware und aller Abgaben für die Entladung am Bestimmungsort, die gemäß Beförderungsvertrag vom Verkäufer zu tragen sind;
c. die aus A3 b resultierenden Kosten für die Versicherung; und
d. falls zutreffend, die Kosten der für die Ausfuhr notwendigen Zollformalitäten sowie alle Zölle, Steuern und andere Abgaben, die bei der Ausfuhr fällig werden, und die Kosten für die Durchfuhr der Ware durch jedes Land, die gemäß Beförderungsvertrag zu Lasten des Verkäufers gehen.

A7. Benachrichtigungen an den Käufer

Der Verkäufer hat den Käufer zu benachrichtigen, dass die Ware gemäß A4 geliefert worden ist.

Der Verkäufer hat den Käufer über alles Nötige zu benachrichtigen, damit dieser die üblicherweise notwendigen Maßnahmen zur Übernahme der Ware treffen kann.

A8. Transportdokument

Falls handelsüblich oder falls der Käufer es verlangt, hat der Verkäufer auf eigene Kosten dem Käufer das oder die übliche(n) Transportdokument(e) für den gemäß A3 vertraglich vereinbarten Transport zur Verfügung zu stellen.

Dieses Transportdokument muss die vertragliche Ware erfassen und innerhalb der zur Versendung vereinbarten Frist datiert sein. Falls vereinbart oder handelsüblich, muss das Dokument den Käufer auch in die Lage versetzen, die Herausgabe der Ware bei dem Frachtführer am benannten Bestimmungsort einfordern zu können und es dem Käufer ermöglichen, die Ware während des Transports durch Übergabe des Dokuments an einen nachfolgenden Käufer oder durch Benachrichtigung an den Frachtführer zu verkaufen.

Wird ein solches Transportdokument als begebbares Dokument und in mehreren Originalen ausgestellt, muss ein vollständiger Satz von Originalen dem Käufer übergeben werden.

A9. Prüfung – Verpackung – Kennzeichnung

Der Verkäufer hat die Kosten jener Prüfvorgänge (wie Qualitätsprüfung, Messen, Wiegen und Zählen), die notwendig sind, um die Ware gemäß A4 zu liefern, sowie die Kosten für alle von den Behörden des Ausfuhrlandes angeordneten Warenkontrollen vor der Verladung (pre-shipment inspection) zu tragen.

Der Verkäufer hat auf eigene Kosten die Ware zu verpacken, es sei denn, es ist handelsüblich, die jeweilige Art der verkauften Ware unverpackt zu transportieren. Der Verkäufer kann die Ware in der für ihren Transport geeigneten Weise verpacken, es sei denn, der Käufer hat den Verkäufer vor Vertragsschluss über spezifische Verpackungsanforderungen in Kenntnis gesetzt. Die Verpackung ist in geeigneter Weise zu kennzeichnen.

A10. Unterstützung bei Informationen und damit verbundene Kosten

Der Verkäufer hat, falls zutreffend, dem Käufer auf dessen Verlangen, Gefahr und Kosten rechtzeitig alle Dokumente und Informationen, einschließlich sicherheitsrelevanter Informationen, die der Käufer für die Einfuhr der Ware und/oder für ihren Transport bis zum endgültigen Bestimmungsort benötigt, zur Verfügung zu stellen oder ihn bei deren Beschaffung zu unterstützen.

Der Verkäufer hat dem Käufer alle Kosten und Abgaben zu erstatten, die dem Käufer durch das Zurverfügungstellen oder die Unterstützung bei der

(6) Incoterms 4. CIP

Beschaffung der in B10 vorgesehenen Dokumente und Informationen entstanden sind.

B. Verpflichtungen des Käufers

B1. Allgemeine Verpflichtungen des Käufers

Der Käufer hat den im Kaufvertrag genannten Preis der Ware zu zahlen.

Jedes Dokument, auf das in B1–B10 Bezug genommen wird, kann auch ein entsprechender elektronischer Beleg oder ein entsprechendes elektronisches Verfahren sein, wenn dies zwischen den Parteien vereinbart oder üblich ist.

B2. Lizenzen, Genehmigungen, Sicherheitsfreigaben und andere Formalitäten

Falls zutreffend, obliegt es dem Käufer, auf eigene Gefahr und Kosten die Einfuhrgenehmigung oder andere behördliche Genehmigungen zu beschaffen sowie alle Zollformalitäten für die Einfuhr der Ware und für ihre Durchfuhr durch jedes Land zu erledigen.

B3. Beförderungs- und Versicherungsverträge

a. Beförderungsvertrag
Der Käufer hat gegenüber dem Verkäufer keine Verpflichtung, einen Beförderungsvertrag abzuschließen.

b. Versicherungsvertrag
Der Käufer hat gegenüber dem Verkäufer keine Verpflichtung, einen Versicherungsvertrag abzuschließen. Allerdings hat der Käufer dem Verkäufer auf dessen Verlangen die für den Abschluss einer vom Käufer verlangten in A3 b vorgesehenen zusätzlichen Versicherung notwendigen Informationen zur Verfügung zu stellen.

B4. Übernahme

Der Käufer muss die Ware übernehmen, wenn sie wie in A4 vorgesehen geliefert worden ist, und hat sie vom Frachtführer am benannten Bestimmungsort entgegenzunehmen.

B5. Gefahrenübergang

Der Käufer trägt alle Gefahren des Verlustes oder der Beschädigung der Ware ab dem Zeitpunkt, an dem sie wie in A4 vorgesehen geliefert worden ist.

Falls der Käufer es unterlässt, gemäß B7 zu benachrichtigen, hat er alle Gefahren des Verlustes oder der Beschädigung der Ware ab dem vereinbarten Lieferzeitpunkt oder ab Ablauf des vereinbarten Lieferzeitraums zu tragen, vorausgesetzt, die Ware ist eindeutig als die vertragliche Ware kenntlich gemacht worden.

B6. Kostenverteilung

Der Käufer hat, vorbehaltlich der Bestimmungen in A3 a, zu tragen

a. alle die Ware betreffenden Kosten ab dem Zeitpunkt, an dem sie wie in A4 vorgesehen geliefert worden ist, ausgenommen, falls zutreffend, die Kosten der für die Ausfuhr notwendigen Zollformalitäten sowie alle Zölle, Steuern und andere in A6 d genannte Abgaben, die bei der Ausfuhr fällig werden;
b. alle die Ware betreffenden Kosten und Abgaben während des Transports bis zu ihrer Ankunft am vereinbarten Bestimmungsort, sofern solche Kosten und Abgaben gemäß Beförderungsvertrag nicht zu Lasten des Verkäufers gehen;

IV. AGB und Vertragsklauseln 4. CIP **Incoterms (6)**

c. die Entladekosten, sofern solche Kosten gemäß Beförderungsvertrag nicht zu Lasten des Verkäufers gehen;
d. alle zusätzlichen Kosten, sollte der Käufer die Benachrichtigung gemäß B7 unterlassen, ab dem für die Versendung vereinbarten Zeitpunkt oder ab Ablauf der hierfür vereinbarten Frist, vorausgesetzt, die Ware ist eindeutig als die vertragliche Ware kenntlich gemacht worden;
e. falls zutreffend, alle Zölle, Steuern und andere Abgaben sowie die Kosten der Zollformalitäten, die bei der Einfuhr der Ware fällig werden, sowie die Kosten für ihre Durchfuhr durch jedes Land, sofern sie nicht in den Kosten laut Beförderungsvertrag enthalten sind; und
f. die Kosten für jede zusätzlich auf Verlangen des Käufers nach A3 und B3 abgeschlossene Versicherung.

B7. Benachrichtigungen an den Verkäufer

Wann immer der Käufer berechtigt ist, den Zeitpunkt für die Versendung der Ware und/oder den benannten Bestimmungsort oder die Stelle für die Entgegennahme der Ware innerhalb dieses Ortes zu bestimmen, hat er den Verkäufer in angemessener Weise darüber zu benachrichtigen.

B8. Liefernachweis

Der Käufer hat das wie in A8 vorgesehen zur Verfügung gestellte Transportdokument anzunehmen, wenn dieses mit dem Vertrag übereinstimmt.

B9. Prüfung der Ware

Der Käufer hat die Kosten für jede vor der Verladung zwingend erforderliche Warenkontrolle (pre-shipment inspection) zu tragen, mit Ausnahme behördlich angeordneter Kontrollen des Ausfuhrlandes.

B10. Unterstützung bei Informationen und damit verbundene Kosten

Der Käufer hat dem Verkäufer rechtzeitig alle sicherheitsrelevanten Informationsanforderungen mitzuteilen, so dass der Verkäufer die Verpflichtungen entsprechend A10 erfüllen kann.

Der Käufer hat dem Verkäufer alle Kosten und Abgaben zu erstatten, die dem Verkäufer durch das Zurverfügungstellen oder die Unterstützung bei der Beschaffung der Dokumente und Informationen wie in A10 vorgesehen entstanden sind.

Der Käufer hat, falls zutreffend, dem Verkäufer rechtzeitig auf dessen Verlangen, Gefahr und Kosten alle Dokumente und Informationen, einschließlich sicherheitsrelevanter Informationen, die der Verkäufer für den Transport und die Ausfuhr der Ware sowie für ihre Durchfuhr durch jedes Land benötigt, zur Verfügung zu stellen oder ihn bei deren Beschaffung zu unterstützen.

1) Vertragstyp

„Frachtfrei versichert" (s auch „CPT Frachtfrei", Nr 3) ist für alle Transportarten geeignet (Einl vor Incoterms Rn 19). „Frachtfrei versichert" ist bis auf die Pflicht des Verkäufers zum Abschluss eines Transportversicherungsvertrags (A 3 lit b) wort- und deckungsgleich mit „Frachtfrei", deshalb kann für die Kommentierung **auf „CIP Frachtfrei"** (s Nr 3) **verwiesen** werden. CIP ist wie alle C-Klauseln eine Zweipunktklausel (s Einl vor Incoterms Rn 23; vgl CIF Nr 11 Rn 1). „CIP Frachtfrei versichert" und „CIF Kosten, Versicherung und Fracht" sind die beiden einzigen Incoterms, bei denen der Verkäufer eine Transportversicherung abschließen muss (Einl vor Incoterms Rn 45). Die **Versicherungsklausel** (A 3 lit b) ist **mit der bei „CIF"** weitestgehend **wort- und deckungsgleich** (s CIF Nr 11 A 3 lit b Rn 5), muss aber den anderen Inhalt von „CIP" Rechnung tragen, die Versicherungszeit kann also wesentlich länger als bei „CIF" sein. 1

Hopt 1907

(6) Incoterms 5. DAT

2) Verkäufer- und Käuferpflichten

2   Verkäufer und Käuferpflichten abgesehen von der Versicherungsklausel genau wie bei „CPT Frachtfrei" (s Nr 3). Versicherungsklausel (A 3 lit b) wie bei „CIF" (s Nr 11 A 3 lit b, dort Rn 5). Der Verkäufer muss nach der Versicherungsklausel gegen die vom Käufer getragene Gefahr des Verlusts oder der Beschädigung der Ware während des Transports nur eine Mindestversicherung abschließen; Deckung darüber hinaus nur bei Vereinbarung mit dem Verkäufer oder durch eigene zusätzliche Versicherung des Käufers (Anwendungshinweis vor CIP).

5) DAT Geliefert Terminal

DAT
GELIEFERT TERMINAL
(… benannter Terminal im Bestimmungshafen/-ort)

ANWENDUNGSHINWEIS

Diese Klausel kann unabhängig von der gewählten Transportart verwendet werden, auch dann, wenn mehr als eine Transportart zum Einsatz kommt.

„Geliefert Terminal" bedeutet, dass der Verkäufer die Ware liefert, sobald die Ware von dem ankommenden Beförderungsmittel entladen wurde und dem Käufer an einem benannten Terminal im benannten Bestimmungshafen oder -ort zur Verfügung gestellt wird. „Terminal" kann jeder Ort sein, unabhängig davon, ob überdacht oder nicht, wie z. B. ein Kai, eine Lagerhalle, ein Containerdepot oder ein Straßen-, Schienen- oder Luftfrachtterminal. Der Verkäufer trägt alle Gefahren, die im Zusammenhang mit der Beförderung der Ware zum und der Entladung im Terminal im benannten Bestimmungshafen oder -ort entstehen.

Die Parteien sind gut beraten, den Terminal und, wenn möglich, eine bestimmte Stelle innerhalb des Terminals im benannten Bestimmungshafen oder -ort so genau wie möglich zu bezeichnen, da die Gefahr bis zu dieser Stelle der Verkäufer trägt. Dem Verkäufer wird geraten, einen mit dieser Wahl genau übereinstimmenden Beförderungsvertrag zu verschaffen.

Falls die Parteien jedoch des Weiteren beabsichtigen, dass der Verkäufer die mit dem Umschlag und dem Weitertransport der Ware vom Terminal zu einem anderen Ort in Zusammenhang stehenden Gefahren und Kosten tragen soll, dann sollten die Klauseln DAP oder DDP verwendet werden.

DAT verpflichtet den Verkäufer, falls zutreffend, die Ware zur Ausfuhr freizumachen. Jedoch hat der Verkäufer keine Verpflichtung, die Ware zur Einfuhr freizumachen, Einfuhrzölle zu zahlen oder Einfuhrzollformalitäten zu erledigen.

A. Verpflichtungen des Verkäufers

A1. Allgemeine Verpflichtungen des Verkäufers

Der Verkäufer hat die Ware und die Handelsrechnung in Übereinstimmung mit dem Kaufvertrag bereitzustellen und jeden sonstigen vertraglich vereinbarten Konformitätsnachweis zu erbringen.

Jedes Dokument, auf das in A1–A10 Bezug genommen wird, kann auch ein entsprechender elektronischer Beleg oder ein entsprechendes elektronisches Verfahren sein, wenn dies zwischen den Parteien vereinbart oder üblich ist.

A2. Lizenzen, Genehmigungen, Sicherheitsfreigaben und andere Formalitäten

Falls zutreffend, hat der Verkäufer auf eigene Gefahr und Kosten die Ausfuhrgenehmigung und andere behördliche Genehmigungen zu beschaffen

IV. AGB und Vertragsklauseln 5. DAT **Incoterms (6)**

sowie alle Zollformalitäten zu erledigen, die für die Ausfuhr der Ware und für ihre Durchfuhr durch jedes Land vor Lieferung erforderlich sind.

A3. Beförderungs- und Versicherungsverträge

a. Beförderungsvertrag
Der Verkäufer hat für die Ware auf eigene Kosten einen Beförderungsvertrag bis zum benannten Terminal im vereinbarten Bestimmungshafen oder -ort abzuschließen. Ist kein bestimmter Terminal vereinbart oder ergibt er sich nicht aus der Handelspraxis, kann der Verkäufer den Terminal im vereinbarten Bestimmungshafen oder -ort wählen, der für den Zweck am besten geeignet ist.

b. Versicherungsvertrag
Der Verkäufer hat gegenüber dem Käufer keine Verpflichtung, einen Versicherungsvertrag abzuschließen. Jedoch hat der Verkäufer dem Käufer auf dessen Verlangen, Gefahr und (gegebenenfalls entstehende) Kosten jene Informationen zur Verfügung zu stellen, die der Käufer für den Abschluss einer Versicherung benötigt.

A4. Lieferung

Der Verkäufer hat die Ware von dem ankommenden Beförderungsmittel zu entladen und sie dann dem Käufer zu liefern, indem er sie an dem gemäß A3 a benannten Terminal im Bestimmungshafen oder -ort zum vereinbarten Zeitpunkt oder innerhalb des vereinbarten Zeitraums zur Verfügung stellt.

A5. Gefahrenübergang

Der Verkäufer trägt bis zur Lieferung gemäß A4 alle Gefahren des Verlustes oder der Beschädigung der Ware, mit Ausnahme von Verlust oder Beschädigung unter den in B5 beschriebenen Umständen.

A6. Kostenverteilung

Der Verkäufer hat zu tragen

a. zusätzlich zu den aus A3 a entstehenden Kosten alle die Ware betreffenden Kosten bis diese gemäß A4 geliefert worden ist, ausgenommen solcher Kosten, die wie in B6 vorgesehen vom Käufer zu tragen sind; und
b. falls zutreffend, die Kosten der für die Ausfuhr notwendigen Zollformalitäten sowie alle Zölle, Steuern und andere Abgaben, die bei der Ausfuhr fällig werden, und die Kosten für die Durchfuhr der Ware durch jedes Land vor Lieferung gemäß A4.

A7. Benachrichtigungen an den Käufer

Der Verkäufer hat den Käufer über alles Nötige zu benachrichtigen, damit dieser die üblicherweise notwendigen Maßnahmen zur Übernahme der Ware treffen kann.

A8. Transportdokument

Der Verkäufer hat auf eigene Kosten dem Käufer ein Dokument zur Verfügung zu stellen, das diesem die Übernahme der Ware wie in A4/B4 vorgesehen ermöglicht.

A9. Prüfung – Verpackung – Kennzeichnung

Der Verkäufer hat die Kosten jener Prüfvorgänge (wie Qualitätsprüfung, Messen, Wiegen und Zählen), die notwendig sind, um die Ware gemäß A4 zu liefern, sowie die Kosten für alle von den Behörden des Ausfuhrlandes angeordneten Warenkontrollen vor der Verladung (pre-shipment inspection) zu tragen.

(6) Incoterms 5. DAT

Der Verkäufer hat auf eigene Kosten die Ware zu verpacken, es sei denn, es ist handelsüblich, die jeweilige Art der verkauften Ware unverpackt zu transportieren. Der Verkäufer kann die Ware in der für ihren Transport geeigneten Weise verpacken, es sei denn, der Käufer hat den Verkäufer vor Vertragsschluss über spezifische Verpackungsanforderungen in Kenntnis gesetzt. Die Verpackung ist in geeigneter Weise zu kennzeichnen.

A10. Unterstützung bei Informationen und damit verbundene Kosten

Der Verkäufer hat, falls zutreffend, dem Käufer auf dessen Verlangen, Gefahr und Kosten rechtzeitig alle Dokumente und Informationen, einschließlich sicherheitsrelevanter Informationen, die der Käufer für die Einfuhr der Ware und/oder für ihren Transport bis zum endgültigen Bestimmungsort benötigt, zur Verfügung zu stellen oder ihn bei deren Beschaffung zu unterstützen.

Der Verkäufer hat dem Käufer alle Kosten und Abgaben zu erstatten, die dem Käufer durch das Zurverfügungstellen oder die Unterstützung bei der Beschaffung der in B10 vorgesehenen Dokumente und Informationen entstanden sind.

B. Verpflichtungen des Käufers

B1. Allgemeine Verpflichtungen des Käufers

Der Käufer hat den im Kaufvertrag genannten Preis der Ware zu zahlen.

Jedes Dokument, auf das in B1–B10 Bezug genommen wird, kann auch ein entsprechender elektronischer Beleg oder ein entsprechendes elektronisches Verfahren sein, wenn dies zwischen den Parteien vereinbart oder üblich ist.

B2. Lizenzen, Genehmigungen, Sicherheitsfreigaben und andere Formalitäten

Falls zutreffend, muss der Käufer auf eigene Gefahr und Kosten die Einfuhrgenehmigung oder andere behördliche Genehmigungen beschaffen sowie alle Zollformalitäten für die Einfuhr der Ware erledigen.

B3. Beförderungs- und Versicherungsverträge

a. Beförderungsvertrag

Der Käufer hat gegenüber dem Verkäufer keine Verpflichtung, einen Beförderungsvertrag abzuschließen.

b. Versicherungsvertrag

Der Käufer hat gegenüber dem Verkäufer keine Verpflichtung, einen Versicherungsvertrag abzuschließen. Allerdings hat der Käufer dem Verkäufer auf dessen Verlangen die für den Abschluss einer Versicherung notwendigen Informationen zur Verfügung zu stellen.

B4. Übernahme

Der Käufer muss die Ware übernehmen, wenn sie wie in A4 vorgesehen geliefert worden ist.

B5. Gefahrenübergang

Der Käufer trägt alle Gefahren des Verlustes oder der Beschädigung der Ware ab dem Zeitpunkt, an dem sie wie in A4 vorgesehen geliefert worden ist.

Falls

a. der Käufer seine Verpflichtungen gemäß B2 nicht erfüllt, trägt er alle daraus resultierenden Gefahren des Verlustes oder der Beschädigung der Ware; oder

IV. AGB und Vertragsklauseln 5. DAT **Incoterms (6)**

b. der Käufer es unterlässt, gemäß B7 zu benachrichtigen, trägt er alle Gefahren des Verlustes oder der Beschädigung der Ware ab dem vereinbarten Lieferzeitpunkt oder ab Ablauf des vereinbarten Lieferzeitraums,

vorausgesetzt, die Ware ist eindeutig als die vertragliche Ware kenntlich gemacht worden.

B6. Kostenverteilung

Der Käufer hat zu tragen

a. alle die Ware betreffenden Kosten ab dem Zeitpunkt, an dem sie wie in A4 vorgesehen geliefert worden ist;
b. alle zusätzlichen Kosten, die dem Verkäufer entstehen, falls der Käufer seine Verpflichtungen gemäß B2 nicht erfüllt oder es unterlässt, gemäß B7 zu benachrichtigen, vorausgesetzt, die Ware ist eindeutig als die vertragliche Ware kenntlich gemacht worden; und
c. falls zutreffend, die Kosten der Zollformalitäten sowie alle Zölle, Steuern und andere Abgaben, die bei der Einfuhr der Ware fällig werden.

B7. Benachrichtigungen an den Verkäufer

Wann immer der Käufer berechtigt ist, den Zeitpunkt der innerhalb einer vereinbarten Lieferfrist und/oder die Stelle für die Warenübernahme im benannten Terminal zu bestimmen, hat er den Verkäufer in angemessener Weise darüber zu benachrichtigen.

B8. Liefernachweis

Der Käufer hat das wie in A8 vorgesehen zur Verfügung gestellte Transportdokument anzunehmen.

B9. Prüfung der Ware

Der Käufer hat die Kosten für jede vor der Verladung zwingend erforderliche Warenkontrolle (pre-shipment inspection) zu tragen, mit Ausnahme behördlich angeordneter Kontrollen des Ausfuhrlandes.

B10. Unterstützung bei Informationen und damit verbundene Kosten

Der Käufer hat dem Verkäufer rechtzeitig alle sicherheitsrelevanten Informationsanforderungen mitzuteilen, so dass der Verkäufer die Verpflichtungen entsprechend A10 erfüllen kann.

Der Käufer hat dem Verkäufer alle Kosten und Abgaben zu erstatten, die dem Verkäufer durch das Zurverfügungstellen oder die Unterstützung bei der Beschaffung der Dokumente und Informationen wie in A10 vorgesehen entstanden sind.

Der Käufer hat, falls zutreffend, dem Verkäufer rechtzeitig auf dessen Verlangen, Gefahr und Kosten alle Dokumente und Informationen, einschließlich sicherheitsrelevanter Informationen, die der Verkäufer für den Transport und die Ausfuhr der Ware sowie für ihre Durchfuhr durch jedes Land benötigt, zur Verfügung zu stellen oder ihn bei deren Beschaffung zu unterstützen.

1) Vertragstyp

„DAT Geliefert Terminal" ist neu in den Incoterms® 2010 und ist für alle 1 Transportarten (multimodaler Transport, vgl §§ 452 ff HGB) geeignet, auch wenn mehr als eine Transportart zum Einsatz kommt (Anwendungshinweis vor DAT; Einl vor Incoterms Rn 19). „DAT Geliefert Terminal" und „DAP Geliefert benannter Ort" (s Nr 6) sind an die Stelle der in den Incoterms 2000 enthaltenen Klauseln „DAF Geliefert Grenze" (s Rn 2), „DES Geliefert ab Schiff" (s Rn 3), „DEQ Geliefert ab Kai" (s Rn 4) und „DDU Geliefert unverzollt" (s „DDP" Nr 7 Rn 2) getreten. „Geliefert Terminal" bedeutet, dass der Verkäufer die Ware liefert, sobald diese an dem

(6) Incoterms 5. DAT 2. Teil. Handelsrechtl. Nebengesetze

benannten Terminal im benannten Bestimmungshafen oder -ort von dem ankommenden Beförderungsmittel entladen zur Verfügung gestellt wird. „DAT Geliefert Terminal" ist also wie alle D-Klauseln eine Ankunftsklausel (Einl v Incoterms Rn 24). Terminal kann hier jeder Ort sein, zB Kai, Lagerhalle, Containerdepot oder Straßen-, Schienen- oder Luftfrachtterminal (Anwendungshinweis vor DAT). Der Verkäufer trägt die Gefahr bis zur erfolgten Entladung im Terminal. Soll der Verkäufer die Gefahr länger tragen, also vom Terminal weiter zu einem anderen Ort, empfiehlt sich die Klausel „DAP Geliefert benannter Ort" (s Nr 6). Soll der Verkäufer die Ware auch für die Einfuhr freimachen und alle Zollformalitäten erfüllen, empfiehlt sich die Klausel „DDP Geliefert verzollt" (s Nr 7).

2   Die frühere, auch heute noch wählbare (Einl vor Incoterms Rn 13) Klausel **„DAF Geliefert Grenze"** (s 34. Aufl Incoterms Nr 9) wurde 1967 zur Beseitigung der Unsicherheiten bei den Frei- bzw Franko-Klauseln („free border", „franco border", Ramberg 59) veröffentlicht. „Geliefert Grenze" und alle früheren anderen D-Klauseln (Nr 5–7) betrafen den Fern- oder Ankunftsvertrag (s Einl vor Incoterms Rn 24) im Gegensatz zu „Frachtfrei" und den übrigen C-Klauseln, die den Versendungskauf betreffen (Einl vor Incoterms Rn 23). Ankunftsklausel s Hbg frdsch Arbitr RIW **85**, 328. Der gemeinte Grenzort war konkret zu bezeichnen, besonders bei Überschreiten mehrerer Grenzen. Lieferung durch den Verkäufer auf dem ankommenden Beförderungsmittel unentladen (A 4). Bei „Geliefert Grenze" ging die (Preis-)Gefahr erst mit Lieferung an dem benannten Lieferort an der Grenze auf dem ankommenden Beförderungsmittel unentladen über (A 5 mit A 4); bei „Frachtfrei" mit einem Grenzort als benanntem Ort dagegen bereits mit Übergabe an den ersten Frachtführer.

3   Die frühere, auch heute noch wählbare (Einl vor Incoterms Rn 13, Ramberg 23) Klausel **„DES Geliefert ab Schiff"** (s 34. Aufl Incoterms Nr 10; bis 1990 gleichbedeutend „Ab Schiff") wies außer den Kosten auch die (Preis-)Gefahr der Seereise dem Verkäufer zu (Fern- oder Ankunftsvertrag). Die praktische Bedeutung war gering. Die (Preis-)Gefahr ging noch an Bord des Schiffs über (A 5 mit A 4), nicht erst bei Überschreiten der Reling (vgl aber „FOB" Nr 9 Rn 1). Massengut hatte der Käufer idR direkt aus dem Schiffsraum zu übernehmen, Stückgut musste der Verkäufer idR an Deck bzw die Reling bringen lassen, maßgeblich waren die Hafenusancen, Bredow/Seiffert 6. „Ex Schiff X, Weiterverladung per Waggon Y" ist nur eine Instruktion für die Weiterverladung ohne Verschiebung des Gefahrübergangs. Zu DES und den Charter-Klauseln „Free in and out", „Free in and out stowed and trimmed" (FIO, FIOST), Ramberg 58.

4   Die frühere, auch heute noch wählbare (Einl vor Incoterms Rn 13, Ramberg 23) Klausel **„DEQ Geliefert ab Kai"** (s 34. Aufl Incoterms Nr 11; bis 1990 gleichbedeutend „Ab Kai"/EXQ) regelte den praktisch wichtigsten Fern- oder Ankunftsvertrag, auch Platz- oder Locogeschäft genannt (im Gegensatz zu den Versendungs- oder Abladegeschäften des Überseehandels „CFR", „CIF" und „CPT"). Häufig handelte es sich dabei um Lieferung bereits eingelagerter Ware. „Geliefert ab Kai" hatte auch bei überdimensionierter Ladung (ODC, over dimensioned cargo) oder besonders schwerer Last (HL, heavy lifts) Bedeutung, weshalb die Streichung der Klausel umstritten war, Graf von Bernstorff Rn 459; die Klausel kann wie gesagt auch heute noch vereinbart werden, doch entspricht „Terminal" unter der neuen Klausel dem „Ab Kai" der alten, Ramberg 9. Bei „Ab Kai" oblag nach den Incoterms 2000 in Umkehr zu Incoterms 1990 die Einfuhrabwicklung samt Tragung der Einfuhrzölle dem Käufer, dem Verkäufer brauchte nur noch am Kai des Bestimmungshafens exportfreie Ware zur Verfügung zu stellen (A 2/B 2). Sollte der Verkäufer alle oder einen Teil der bei der Einfuhr anfallenden Abgaben tragen, musste das besonders vereinbart werden (Anwendungshinweis vor DEQ; Incoterms 2000 Einl 11). Der Verkäufer hatte die Ware dem Käufer am Kai des benannten Bestimmungshafens zum vereinbarten Zeitpunkt zur Verfügung zu stellen. Entladen musste also der Verkäufer, Bredow/Seiffert 10. Vereinbarung einer Abnahmefrist zugunsten des Käufers war möglich. Die (Preis-)Gefahr ging am Kai über (mit Lieferung, A 5 mit A 4). (Preis-)Gefahrübergang setzt Kon-

IV. AGB und Vertragsklauseln   5. DAT **Incoterms (6)**

kretisierung der Gattungsschuld voraus, Konkretisierung allein genügt aber nur ausnahmsweise (mangels Benachrichtigung durch den Käufer mit Absonderung oder anderweitiger Kenntlichmachung durch den Verkäufer, B 5 aE). Kosten für Prüfung trug der Verkäufer nur, soweit sie für die Lieferung der Ware notwendig wurden (A 9 mit A 4); sonst fielen sie dem Käufer zur Last, zB Einwiegekosten bei Übernahme der Ware „en vrac" (ohne Verpackung) oder Sortierungskosten bei Kauf verschiedener Sorten „en bloc".

2) Verkäufer- und Käuferpflichten

Vertragskonforme Bereitstellung der Waren und Handelsrechnung durch den 5 Verkäufer und **Kaufpreiszahlung** durch den Käufer (A 1/B 1, wie bei EXW Nr 1 Rn 2). Gleichstellung von elektronischen Belegen (A 1 II/B 1 II, s Einl vor Incoterms Rn 37). – **Ausfuhr- und Einfuhrgenehmigungen:** Der Verkäufer hat auf eigene Gefahr und Kosten die Ausfuhr- und andere behördliche Genehmigungen zu beschaffen und alle Zollformalitäten zu erledigen, die für die Ausfuhr der Ware und ihre Durchfuhr durch jedes Land vor Lieferung erforderlich sind; Sache des Käufers ist es, die entsprechenden Genehmigungen für die Einfuhr der Ware zu beschaffen und alle Zollformalitäten für die Einfuhr der Ware zu erledigen (A 2/B 2; nur falls zutreffend, s Einl Incoterms Rn 34). Die Parteien können aber die Liefer-/Abnahmepflicht „vorbehaltlich (Export- bzw Import)lizenz" vereinbaren; zu „DAT cleared for import" Ramberg 62. – **Beförderungsvertrag:** Der Verkäufer hat ihn auf eigene Kosten bis zum benannten Terminal im vereinbarten Bestimmungshafen oder –ort abzuschließen (A 3 lit a). Keine Pflicht zu **Versicherungsvertrag**, s A 3 lit b/B 3 lit b. – **Lieferung und Übernahme:** Der Verkäufer hat die Ware von dem ankommenden Beförderungsmittel zu entladen und sie dann dem Käufer am benannten Terminal zum vereinbarten Zeitpunkt oder innerhalb des vereinbarten Zeitraums zur Verfügung zu stellen (A 4). Der Käufer muss die gemäß A 4 gelieferte Ware übernehmen (B 4). Terminal kann hier jeder Ort sein, einerlei ob überdacht oder nicht, zB Kai, Lagerhalle, Containerdepot oder Straßen-, Schienen- oder Luftfrachtterminal (Anwendungshinweis vor DAT). Die D-Klauseln bestimmen auch den Lieferort, s 1. EWX Rn 2. – **Gefahrübergang** mit Lieferung gemäß 4 (A 5/B 5). Der Verkäufer trägt also alle Gefahren im Zusammenhang mit der Beförderung und Entladung im Terminal. Unterläßt der Käufer die Benachrichtigung nach B 7, trägt er ab dem vereinbarten Termin bzw. Ablauf der vereinbarten Frist die Gefahr, sofern die Ware eindeutig als vertragliche Ware kenntlich gemacht worden ist (B 5 II). Die Parteien sollten wegen der Gefahrtragung den Terminal und sogar eine bestimmte Stelle innerhalb des Terminals im benannten Bestimmungshafen oder –ort möglichst genau bezeichnen; der Verkäufer tut gut daran, einen damit genau übereinstimmenden Beförderungsvertrag abzuschließen (Anwendungshinweis vor DAT). – **Kostenverteilung** s A 6/B 6. Der Verkäufer hat die Ware nur zur Ausfuhr freizumachen, der Käufer ist für die Einfuhr und die diesbezüglichen Zölle und Formalitäten (s Einl vor Incoterms Rn 34) zuständig. Der Käufer trägt also die nach Abladung entstehenden Lager- und Weitertransportkosten. – **Benachrichtigungen** an den Käufer und den Verkäufer s A 7/B 7. Insbesondere muss der Käufer Nachricht geben, wann mit der Ankunft des Schiffes zu rechnen ist (ETA, estimated time of arrival), Ramberg 59. – **Transportdokument** (Verkäufer A 8) und **Liefernachweis** (Käufer B 8). Zu diesen Dokumenten s FCA Nr 2 Rn 2 A 8/B 8. – **Prüfung** und beim Verkäufer **Verpackung und Kennzeichnung** s A 9/B 9. Preshipment inspection s A 9 I/B 9. Einzelheiten zur Verpackung, die dem Verkäufer obliegt, s A 9 II. – **Unterstützung bei Informationen** und damit verbundene Kosten (A 10/B 10). Zu den **sicherheitsrelevanten Informationen** (A10/B10) s bei FOB Rn 3 unter A10/B10.

6) DAP Geliefert benannter Ort

DAP
GELIEFERT BENANNTER ORT
(... benannter Bestimmungsort)
ANWENDUNGSHINWEIS

Diese Klausel kann unabhängig von der gewählten Transportart verwendet werden, auch dann, wenn mehr als eine Transportart zum Einsatz kommt.

„Geliefert benannter Ort" bedeutet, dass der Verkäufer liefert, wenn die Ware dem Käufer auf dem ankommenden Beförderungsmittel entladebereit am benannten Bestimmungsort zur Verfügung gestellt wird. Der Verkäufer trägt alle Gefahren, die im Zusammenhang mit der Beförderung zum benannten Ort stehen.

Die Parteien sind gut beraten, die Stelle innerhalb des benannten Bestimmungsortes so genau wie möglich zu bezeichnen, da die Gefahren bis zu dieser Stelle zu Lasten des Verkäufers gehen. Dem Verkäufer wird geraten, mit dieser Wahl genau übereinstimmende Beförderungsverträge zu verschaffen. Entste hen dem Verkäufer gemäß seinem Beförderungsvertrag Kosten im Zusammenhang mit der Entladung am Bestimmungsort, dann ist der Verkäufer nicht berechtigt, diese Kosten vom Käufer zurückzufordern, sofern nichts anderes zwischen den Parteien vereinbart ist.

DAP verpflichtet den Verkäufer, falls zutreffend, die Ware zur Ausfuhr freizumachen. Jedoch hat der Verkäufer keine Verpflichtung, die Ware zur Einfuhr freizumachen, Einfuhrzölle zu zahlen oder Einfuhrzollformalitäten zu erledigen. Falls die Parteien wünschen, dass der Verkäufer die Ware zur Einfuhr freimacht, Einfuhrzölle zahlt und die Einfuhrzollformalitäten erledigt, sollte die DDP-Klausel verwendet werden.

A. Verpflichtungen des Verkäufers

A1. Allgemeine Verpflichtungen des Verkäufers

Der Verkäufer hat die Ware und die Handelsrechnung in Übereinstimmung mit dem Kaufvertrag bereitzustellen und jeden sonstigen vertraglich vereinbarten Konformitätsnachweis zu erbringen.

Jedes Dokument, auf das in A1–A10 Bezug genommen wird, kann auch ein entsprechender elektronischer Beleg oder ein entsprechendes elektronisches Verfahren sein, wenn dies zwischen den Parteien vereinhart oder üblich ist.

A2. Lizenzen, Genehmigungen, Sicherheitsfreigaben und andere Formalitäten

Falls zutreffend, hat der Verkäufer auf eigene Gefahr und Kosten die Ausfuhrgenehmigung und andere behördliche Genehmigungen zu beschaffen sowie alle Zollformalitäten zu erledigen, die für die Ausfuhr der Ware und für ihre Durchfuhr durch jedes Land vor Lieferung erforderlich sind.

A3. Beförderungs- und Versicherungsverträge

a. Beförderungsvertrag
Der Verkäufer hat für die Ware auf eigene Kosten einen Beförderungsvertrag bis zum benannten Bestimmungsort oder zu der gegebenenfalls vereinbarten Stelle am benannten Bestimmungsort abzuschließen. Ist keine bestimmte Stelle vereinbart oder ergibt sie sich nicht aus der Handelspraxis, kann der Verkäufer jene Stelle am benannten Bestimmungsort auswählen, die für den Zweck am besten geeignet ist.

b. Versicherungsvertrag
Der Verkäufer hat gegenüber dem Käufer keine Verpflichtung, einen Ver-

IV. AGB und Vertragsklauseln 6. DAP **Incoterms (6)**

sicherungsvertrag abzuschließen. Jedoch hat der Verkäufer dem Käufer auf dessen Verlangen, Gefahr und (gegebenenfalls entstehende) Kosten jene Informationen zur Verfügung zu stellen, die der Käufer für den Abschluss einer Versicherung benötigt.

A4. Lieferung

Der Verkäufer hat die Ware zu liefern, indem er sie dem Käufer auf dem ankommenden Beförderungsmittel entladebereit am benannten Bestimmungsort an der gegebenfalls vereinbarten Stelle zum vereinbarten Zeitpunkt oder innerhalb des vereinbarten Zeitraums zur Verfügung stellt.

A5. Gefahrenübergang

Der Verkäufer trägt bis zur Lieferung gemäß A4 alle Gefahren des Verlustes oder der Beschädigung der Ware, mit Ausnahme von Verlust oder Beschädigung unter den in B5 beschriebenen Umständen.

A6. Kostenverteilung

Der Verkäufer hat zu tragen

a. zusätzlich zu den aus A3 a entstehenden Kosten alle die Ware betreffenden Kosten bis diese gemäß A4 geliefert worden ist, ausgenommen solcher Kosten, die wie in B6 vorgesehen vom Käufer zu tragen sind;
b. alle Abgaben für die Entladung am Bestimmungsort, die gemäß Beförderungsvertrag vom Verkäufer zu tragen sind; und
c. falls zutreffend, die Kosten der für die Ausfuhr notwendigen Zollformalitäten sowie alle Zölle, Steuern und andere Abgaben, die bei der Ausfuhr fällig werden, und die Kosten für die Durchfuhr der Ware durch jedes Land vor Lieferung gemäß A4.

A7. Benachrichtigungen an den Käufer

Der Verkäufer hat den Käufer über alles Nötige zu benachrichtigen, damit dieser die üblicherweise notwendigen Maßnahmen zur Übernahme der Ware treffen kann.

A8. Transportdokument

Der Verkäufer hat auf eigene Kosten dem Käufer ein Dokument zur Verfügung zu stellen, das diesem die Übernahme der Ware wie in A4/B4 vorgesehen ermöglicht.

A9. Prüfung – Verpackung – Kennzeichnung

Der Verkäufer hat die Kosten jener Prüfvorgänge (wie Qualitätsprüfung, Messen, Wiegen und Zählen), die notwendig sind, um die Ware gemäß A4 zu liefern, sowie die Kosten für alle von den Behörden des Ausfuhrlandes angeordneten Warenkontrollen vor der Verladung (pre-shipment inspection) zu tragen.

Der Verkäufer hat auf eigene Kosten die Ware zu verpacken, es sei denn, es ist handelsüblich, die jeweilige Art der verkauften Ware unverpackt zu transportieren. Der Verkäufer kann die Ware in der für ihren Transport geeigneten Weise verpacken, es sei denn, der Käufer hat den Verkäufer vor Vertragsschluss über spezifische Verpackungsanforderungen in Kenntnis gesetzt. Die Verpackung ist in geeigneter Weise zu kennzeichnen.

A10. Unterstützung bei Informationen und damit verbundene Kosten

Der Verkäufer hat, falls zutreffend, dem Käufer auf dessen Verlangen, Gefahr und Kosten rechtzeitig alle Dokumente und Informationen, einschließlich sicherheitsrelevanter Informationen, die der Käufer für die Einfuhr der Ware und/oder für ihren Transport bis zum endgültigen Bestimmungsort benötigt, zur Verfügung zu stellen oder ihn bei deren Beschaffung zu unterstützen.

Der Verkäufer hat dem Käufer alle Kosten und Abgaben zu erstatten, die dem Käufer durch das Zurverfügungstellen oder die Unterstützung bei der Beschaffung der in B10 vorgesehenen Dokumente und Informationen entstanden sind.

B. Verpflichtungen des Käufers

B1. Allgemeine Verpflichtungen des Käufers

Der Käufer hat den im Kaufvertrag genannten Preis der Ware zu zahlen.

Jedes Dokument, auf das in B1–B10 Bezug genommen wird, kann auch ein entsprechender elektronischer Beleg oder ein entsprechendes elektronisches Verfahren sein, wenn dies zwischen den Parteien vereinbart oder üblich ist.

B2. Lizenzen, Genehmigungen, Sicherheitsfreigaben und andere Formalitäten

Falls zutreffend, muss der Käufer auf eigene Gefahr und Kosten die Einfuhrgenehmigung oder andere behördliche Genehmigungen beschaffen, sowie alle Zollformalitäten für die Einfuhr der Ware erledigen.

B3. Beförderungs- und Versicherungsverträge

a. Beförderungsvertrag

Der Käufer hat gegenüber dem Verkäufer keine Verpflichtung, einen Beförderungsvertrag abzuschließen.

b. Versicherungsvertrag

Der Käufer hat gegenüber dem Verkäufer keine Verpflichtung, einen Versicherungsvertrag abzuschließen. Allerdings hat der Käufer dem Verkäufer auf dessen Verlangen die für den Abschluss einer Versicherung notwendigen Informationen zur Verfügung zu stellen.

B4. Übernahme

Der Käufer muss die Ware übernehmen, wenn sie wie in A4 vorgesehen geliefert worden ist.

B5. Gefahrenübergang

Der Käufer trägt alle Gefahren des Verlustes oder der Beschädigung der Ware ab dem Zeitpunkt, an dem sie wie in A4 vorgesehen geliefert worden ist.

Falls

a. der Käufer seine Verpflichtungen gemäß B2 nicht erfüllt, trägt er alle daraus resultierenden Gefahren des Verlustes oder der Beschädigung der Ware; oder

b. der Käufer es unterlässt, gemäß B7 zu benachrichtigen, trägt er alle Gefahren des Verlustes oder der Beschädigung der Ware ab dem vereinbarten Lieferzeitpunkt oder ab Ablauf des vereinbarten Lieferzeitraums,

vorausgesetzt, die Ware ist eindeutig als die vertragliche Ware kenntlich gemacht worden.

B6. Kostenverteilung

Der Käufer hat zu tragen

a. alle die Ware betreffenden Kosten ab dem Zeitpunkt, an dem sie wie in A4 vorgesehen geliefert worden ist;

IV. AGB und Vertragsklauseln   6. DAP   **Incoterms (6)**

b. alle Entladekosten, die erforderlich sind, um die Ware vom ankommenden Beförderungsmittel am benannten Bestimmungsort zu übernehmen, sofern diese Kosten gemäß Beförderungsvertrag nicht zu Lasten des Verkäufers gehen;
c. alle zusätzlichen Kosten, die dem Verkäufer entstehen, falls der Käufer seine Verpflichtungen gemäß B2 nicht erfüllt oder es unterlässt, gemäß B7 zu benachrichtigen, vorausgesetzt, die Ware ist eindeutig als die vertragliche Ware kenntlich gemacht worden; und
d. falls zutreffend, die Kosten für die Zollformalitäten sowie alle Zölle, Steuern und andere Abgaben, die bei der Einfuhr der Ware fällig werden.

B7. Benachrichtigungen an den Verkäufer

Wann immer der Käufer berechtigt ist, den Zeitpunkt innerhalb einer vereinbarten Lieferfrist und/oder die Stelle für die Warenübernahme am benannten Bestimmungsort zu bestimmen, hat er den Verkäufer in angemessener Weise darüber zu benachrichtigen.

B8. Liefernachweis

Der Käufer hat das wie in A8 vorgesehen zur Verfügung gestellte Transportdokument anzunehmen.

B9. Prüfung der Ware

Der Käufer hat die Kosten für jede vor der Verladung zwingend erforderliche Warenkontrolle (pre-shipment inspection) zu tragen, mit Ausnahme behördlich angeordneter Kontrollen des Ausfuhrlandes.

B10. Unterstützung bei Informationen und damit verbundene Kosten

Der Käufer hat dem Verkäufer rechtzeitig alle sicherheitsrelevanten Informationsanforderungen mitzuteilen, so dass der Verkäufer die Verpflichtungen entsprechend A10 erfüllen kann.

Der Käufer hat dem Verkäufer alle Kosten und Abgaben zu erstatten, die dem Verkäufer durch das Zurverfügungstellen oder die Unterstützung bei der Beschaffung der Dokumente und Informationen wie in A10 vorgesehen entstanden sind.

Der Käufer hat, falls zutreffend, dem Verkäufer rechtzeitig auf dessen Verlangen, Gefahr und Kosten alle Dokumente und Informationen, einschließlich sicherheitsrelevanter Informationen, die der Verkäufer für den Transport und die Ausfuhr der Ware sowie für ihre Durchfuhr durch jedes Land benötigt, zur Verfügung zu stellen oder ihn bei deren Beschaffung zu unterstützen.

1) Vertragstyp

„DAP Geliefert benannter Ort" ist neu in den Incoterms® 2010 und ist für alle   1
Transportarten (multimodaler Transport, vgl §§ 452 ff HGB) geeignet, auch wenn mehr als eine Transportart zum Einsatz kommt (Anwendungshinweis vor DAP; Einl vor Incoterms Rn 19). „DAT Geliefert Terminal" (s Nr 5 Rn 5) und „DAP Geliefert benannter Ort" sind an die Stelle der in den Incoterms 2000 enthaltenen Klauseln „DAF Geliefert Grenze" (s DAT Nr 5 Rn 2), „DES Geliefert ab Schiff" (s DAT Nr 5 Rn 3) und „DEQ Geliefert ab Kai" (s DAT Nr 5 Rn 4) getreten. „Geliefert benannter Ort" bedeutet, dass der Verkäufer die Ware liefert, wenn diese dem Käufer auf dem ankommenden Beförderungsmittel entladebereit am benannten Bestimmungsort zur Verfügung gestellt wird. Der Verkäufer trägt die Gefahr bis zu dieser entladebereiten Zurverfügungstellung. „DAP Geliefert benannter Ort" unterscheidet sich also von „DAT Geliefert Terminal", dass nicht an dem benannten Terminal (weiter Begriff, s DAT Nr 5 Rn 1) entladen, sondern an dem benannten Ort entladebereit zur Verfügung gestellt wird. Wenn der Beförderungsvertrag die Entladung einschließt, muss

Hopt   1917

(6) Incoterms 7. DDP 2. Teil. Handelsrechtl. Nebengesetze

der Verkäufer im Kaufvertrag vereinbaren, dass er diese Zusatzkosten dem Käufer in Rechnung stellen kann (Anwendungshinweis vor DAP). Soll der Verkäufer die Ware auch für die Einfuhr freimachen und alle Zollformalitäten erfüllen, empfiehlt sich die Klausel „DDP Geliefert verzollt" (s Nr 7). Zu DAP beim Eisenbahnverkehr als tariff point, Ramberg 60. Im übrigen entsprechen sich die beiden Klauseln DAP und DAT im Wesentlichen, sodaß auf insoweit **auf** die Kommentierung zu **„DAT Geliefert Terminal"** (s Nr 5) **verwiesen** werden kann.

2) Verkäufer- und Käuferpflichten

2 **Vertragskonforme Bereitstellung** der Waren und Handelsrechnung durch den Verkäufer und **Kaufpreiszahlung** durch den Käufer (A 1/B 1, wie bei EXW Nr 1 Rn 2). Gleichstellung von elektronischen Belegen (A 1 II/B 1 II, s Einl vor Incoterms Rn 37). – **Ausfuhr- und Einfuhrgenehmigungen:** Wie bei „DAT Geliefert Terminal", s Nr 5 Rn 2 A 2/B 2. – **Beförderungsvertrag:** Der Verkäufer hat ihn auf eigene Kosten bis zum benannten Bestimmungsort oder zu der ggf vereinbarten Stelle am benannten Bestimmungsort abzuschließen (A 3 lit a). Keine Pflicht zu **Versicherungsvertrag**, s A 3 lit b/B 3 lit b. – **Lieferung und Übernahme:** Der Verkäufer hat die Ware zu liefern, indem er sie dem Käufer auf dem ankommenden Beförderungsmittel entladebereit am benannten Bestimmungsort an der ggf vereinbarten Stelle zum vereinbarten Zeitpunkt oder innerhalb des vereinbarten Zeitraums zur Verfügung stellt (A 4). Der Käufer muss die gemäß 4 gelieferte Ware übernehmen (B 4). – **Gefahrübergang** mit Lieferung gemäß 4 (A 5/B 5). Unterläßt der Käufer die Benachrichtigung nach B 7, trägt er ab dem vereinbarten Termin bzw. Ablauf der vereinbarten Frist die Gefahr, sofern die Ware eindeutig als vertragliche Ware kenntlich gemacht worden ist (B 5 II). Die Parteien sollten wegen der Gefahrtragung (und der Kostentragung, s zu A 5/B 6) die Stelle innerhalb des benannten Bestimmungsortes möglichst genau bezeichnen; der Verkäufer tut gut daran, damit genau übereinstimmende Beförderungsverträge abzuschließen (Anwendungshinweis vor DAP). – **Kostenverteilung** s A 6/B 6. Der Verkäufer hat die Ware nur zur Ausfuhr freizumachen, der Käufer ist für die Einfuhr und die diesbezüglichen Zölle und Formalitäten (s Einl vor Incoterms Rn 34) zuständig. Entladekosten sind Sache des Käufers (B 6), wenn nichts anderes vereinbart ist (s Rn 2). – **Benachrichtigungen** an den Käufer und den Verkäufer s A 7/B 7. – **Transportdokument** (Verkäufer A 8) und **Liefernachweis** (Käufer B 8); s Einl vor Incoterms Rn 36; vgl FOB Nr 9 Rn 10. – **Prüfung** und beim Verkäufer **Verpackung und Kennzeichnung** s A 9/B 9. Pre-shipment inspection s A 9 I/B 9. Einzelheiten zur Verpackung, die dem Verkäufer obliegt, s A 9 II. – **Unterstützung bei Informationen** und damit verbundene Kosten (A 10/B 10). Zu den **sicherheitsrelevanten Informationen** (A10/B10) s bei FOB Rn 9 Rn 13.

7) DDP Geliefert verzollt

DDP
GELIEFERT VERZOLLT
(… benannter Bestimmungsort)
ANWENDUNGSHINWEIS

Diese Klausel kann unabhängig von der gewählten Transportart verwendet werden, auch dann, wenn mehr als eine Transportart zum Einsatz kommt.

„Geliefert verzollt" bedeutet, dass der Verkäufer liefert, wenn er die zur Einfuhr freigemachte Ware dem Käufer auf dem ankommenden Beförderungsmittel entladebereit am benannten Bestimmungsort zur Verfügung stellt. Der Verkäufer trägt alle Kosten und Gefahren, die im Zusammenhang mit der Beförderung der Ware bis zum Bestimmungsort stehen und hat die Verpflichtung, die Ware nicht nur für die Ausfuhr, sondern auch für die Einfuhr freizumachen, alle Abgaben sowohl für die Aus- als auch für die Einfuhr zu zahlen sowie alle Zollformalitäten zu erledigen.

IV. AGB und Vertragsklauseln   7. DDP **Incoterms (6)**

DDP stellt die Maximalverpflichtung für den Verkäufer dar.

Die Parteien sind gut beraten, die Stelle innerhalb des benannten Bestimmungsortes so genau wie möglich zu bezeichnen, da die Kosten und Gefahren bis zu dieser Stelle vom Verkäufer zu tragen sind. Dem Verkäufer wird geraten, mit dieser Wahl genau übereinstimmende Beförderungsverträge zu verschaffen. Entstehen dem Verkäufer gemäß seinem Beförderungsvertrag Kosten im Zusammenhang mit der Entladung am Bestimmungsort, dann ist der Verkäufer nicht berechtigt, diese Kosten vom Käufer zurückzufordern, sofern nichts anderes zwischen den Parteien vereinbart ist.

Die Parteien sind gut beraten, DDP nicht zu verwenden, wenn der Verkäufer nicht in der Lage ist, direkt oder indirekt die Einfuhrabfertigung zu erledigen.

Wenn die Parteien wünschen, dass der Käufer alle Gefahren und Kosten der Einfuhrabfertigung trägt, sollte die DAP-Klausel verwendet werden.

Alle Mehrwertsteuern und andere im Zusammenhang mit der Einfuhr anfallende Steuern gehen zu Lasten des Verkäufers, sofern nicht ausdrücklich etwas anderes im Kaufvertrag vereinbart wurde.

A. Verpflichtungen des Verkäufers

A1. Allgemeine Verpflichtungen des Verkäufers

Der Verkäufer hat die Ware und die Handelsrechnung in Übereinstimmung mit dem Kaufvertrag bereitzustellen und jeden sonstigen vertraglich vereinbarten Konformitätsnachweis zu erbringen.

Jedes Dokument, auf das in A1–A10 Bezug genommen wird, kann auch ein entsprechender elektronischer Beleg oder ein entsprechendes elektronisches Verfahren sein, wenn dies zwischen den Parteien vereinbart oder üblich ist.

A2. Lizenzen, Genehmigungen, Sicherheitsfreigaben und andere Formalitäten

Falls zutreffend, hat der Verkäufer auf eigene Gefahr und Kosten die Aus- und Einfuhrgenehmigung und andere behördliche Genehmigungen zu beschaffen sowie alle Zollformalitäten zu erledigen, die für die Ausfuhr der Ware, ihre Durchfuhr durch jedes Land und ihre Einfuhr erforderlich sind.

A3. Beförderungs- und Versicherungsverträge

a. Beförderungsvertrag

Der Verkäufer hat für die Ware auf eigene Kosten einen Beförderungsvertrag bis zum benannten Bestimmungsort oder zu der gegebenenfalls vereinbarten Stelle am benannten Bestimmungsort abzuschließen. Ist keine bestimmte Stelle vereinbart oder ergibt sie sich nicht aus der Handelspraxis, kann der Verkäufer jene Stelle am benannten Bestimmungsort auswählen, die für den Zweck am besten geeignet ist.

b. Versicherungsvertrag

Der Verkäufer hat gegenüber dem Käufer keine Verpflichtung, einen Versicherungsvertrag abzuschließen. Jedoch hat der Verkäufer dem Käufer auf dessen Verlangen, Gefahr und (gegebenenfalls entstehende) Kosten jene Informationen zur Verfügung zu stellen, die der Käufer für den Abschluss einer Versicherung benötigt.

A4. Lieferung

Der Verkäufer hat die Ware zu liefern, indem er sie dem Käufer auf dem ankommenden Beförderungsmittel entladebereit am benannten Bestimmungsort an der gegebenenfalls vereinbarten Stelle zum vereinbarten Zeitpunkt oder innerhalb des vereinbarten Zeitraums zur Verfügung stellt.

(6) Incoterms 7. DDP

A5. Gefahrenübergang

Der Verkäufer trägt bis zur Lieferung gemäß A4 alle Gefahren des Verlustes oder der Beschädigung der Ware, mit Ausnahme von Verlust oder Beschädigung unter den in B5 beschriebenen Umständen.

A6. Kostenverteilung

Der Verkäufer hat zu tragen

a. zusätzlich zu den aus A3 a entstehenden Kosten alle die Ware betreffenden Kosten bis diese gemäß A4 geliefert worden ist, ausgenommen solcher Kosten, die wie in B6 vorgesehen vom Käufer zu tragen sind;
b. alle Abgaben für die Entladung am Bestimmungsort, die gemäß Beförderungsvertrag vom Verkäufer zu tragen sind; und
c. falls zutreffend, die Kosten der für die Aus- und Einfuhr notwendigen Zollformalitäten sowie alle Zölle, Steuern und andere Abgaben, die bei der Aus- und Einfuhr der Ware fällig werden, und die Kosten für ihre Durchfuhr durch jedes Land vor Lieferung gemäß A4.

A7. Benachrichtigungen an den Käufer

Der Verkäufer hat den Käufer über alles Nötige zu benachrichtigen, damit dieser die üblicherweise notwendigen Maßnahmen zur Übernahme der Ware treffen kann.

A8. Transportdokument

Der Verkäufer hat auf eigene Kosten dem Käufer ein Dokument zur Verfügung zu stellen, das diesem die Übernahme der Ware wie in A4/B4 vorgesehen ermöglicht.

A9. Prüfung – Verpackung – Kennzeichnung

Der Verkäufer hat die Kosten jener Prüfvorgänge (wie Qualitätsprüfung, Messen, Wiegen und Zählen), die notwendig sind, um die Ware gemäß A4 zu liefern, sowie die Kosten für alle von den Behörden des Aus- oder Einfuhrlandes angeordneten Warenkontrollen vor der Verladung (pre-shipment inspection) zu tragen.

Der Verkäufer hat auf eigene Kosten die Ware zu verpacken, es sei denn, es ist handelsüblich, die jeweilige Art der verkauften Ware unverpackt zu transportieren. Der Verkäufer kann die Ware in der für ihren Transport geeigneten Weise verpacken, es sei denn, der Käufer hat den Verkäufer vor Vertragsschluss über spezifische Verpackungsanforderungen in Kenntnis gesetzt. Die Verpackung ist in geeigneter Weise zu kennzeichnen.

A10. Unterstützung bei Information und damit verbundene Kosten

Der Verkäufer hat, falls zutreffend, dem Käufer auf dessen Verlangen, Gefahr und Kosten rechtzeitig alle Dokumente und Informationen, einschließlich sicherheitsrelevanter Informationen, die der Käufer für den Transport der Ware bis zum endgültigen Bestimmungsort, falls zutreffend, vom benannten Bestimmungsort benötigt, zur Verfügung zu stellen oder ihn bei deren Beschaffung zu unterstützen.

Der Verkäufer hat dem Käufer alle Kosten und Abgaben zu erstatten, die dem Käufer durch das Zurverfügungstellen oder die Unterstützung bei der Beschaffung der in B10 vorgesehenen Dokumente und Informationen entstanden sind.

IV. AGB und Vertragsklauseln 7. DDP **Incoterms (6)**

B. Verpflichtungen des Käufers

B1. Allgemeine Verpflichtungen des Käufers

Der Käufer hat den im Kaufvertrag genannten Preis der Ware zu zahlen.

Jedes Dokument, auf das in B1–B10 Bezug genommen wird, kann auch ein entsprechender elektronischer Beleg oder ein entsprechendes elektronisches Verfahren sein, wenn dies zwischen den Parteien vereinbart oder üblich ist.

B2. Lizenzen, Genehmigungen, Sicherheitsfreigaben und andere Formalitäten

Falls zutreffend, muss der Käufer den Verkäufer auf dessen Verlangen, Gefahr und Kosten dabei unterstützen, die Einfuhrgenehmigung oder andere behördliche Genehmigungen für die Einfuhr der Ware zu beschaffen.

B3. Beförderungs- und Versicherungsverträge

a. Beförderungsvertrag

Der Käufer hat gegenüber dem Verkäufer keine Verpflichtung, einen Beförderungsvertrag abzuschließen.

b. Versicherungsvertrag

Der Käufer hat gegenüber dem Verkäufer keine Verpflichtung, einen Versicherungsvertrag abzuschließen. Allerdings hat der Käufer dem Verkäufer auf dessen Verlangen die für den Abschluss einer Versicherung notwendigen Informationen zur Verfügung zu stellen.

B4. Übernahme

Der Käufer muss die Ware übernehmen, wenn sie wie in A4 vorgesehen geliefert worden ist

B5. Gefahrenübergang

Der Käufer trägt alle Gefahren des Verlustes oder der Beschädigung der Ware ab dem Zeitpunkt, an dem sie wie in A4 vorgesehen geliefert worden ist.

Falls

a. der Käufer seine Verpflichtungen gemäß B2 nicht erfüllt, trägt er alle daraus resultierenden Gefahren des Verlustes oder der Beschädigung der Ware; oder
b. der Käufer es unterlässt, gemäß B7 zu benachrichtigen, trägt er alle Gefahren des Verlustes oder der Beschädigung der Ware ab dem vereinbarten Lieferzeitpunkt oder ab Ablauf des vereinbarten Lieferzeitraums,

vorausgesetzt, die Ware ist eindeutig als die vertragliche Ware kenntlich gemacht worden.

B6. Kostenverteilung

Der Käufer hat zu tragen

a. alle die Ware betreffenden Kosten ab dem Zeitpunkt, an dem sie wie in A4 vorgesehen geliefert worden ist;
b. alle Entladekosten, die erforderlich sind, um die Ware vom ankommenden Beförderungsmittel am benannten Bestimmungsort zu übernehmen, sofern diese Kosten gemäß Beförderungsvertrag nicht zu Lasten des Verkäufers gehen; und
c. alle zusätzlichen Kosten, die entstehen, falls der Käufer seine Verpflichtungen gemäß B2 nicht erfüllt, oder es unterlässt, gemäß B7 zu benachrichtigen, vorausgesetzt, die Ware ist eindeutig als die vertragliche Ware kenntlich gemacht worden.

Hopt 1921

(6) Incoterms 7. DDP

B7. Benachrichtigungen an den Verkäufer

Wann immer der Käufer berechtigt ist, den Zeitpunkt innerhalb einer vereinbarten Lieferfrist und/oder die Stelle für die Warenübernahme am benannten Bestimmungsort zu bestimmen, hat er den Verkäufer in angemessener Weise darüber zu benachrichtigen.

B8. Liefernachweis

Der Käufer hat den wie in A8 vorgesehen zur Verfügung gestellten Liefernachweis anzunehmen.

B9. Prüfung der Ware

Der Käufer hat gegenüber dem Verkäufer keine Verpflichtung, die Kosten für die vor der Verladung zwingend erforderlichen, von den Behörden des Aus- oder Einfuhrlandes angeordneten Warenkontrollen (pre-shipment inspection) zu tragen.

B10. Unterstützung bei Informationen und damit verbundene Kosten

Der Käufer hat dem Verkäufer rechtzeitig alle sicherheitsrelevanten Informationsanforderungen mitzuteilen, so dass der Verkäufer die Verpflichtungen entsprechend A10 erfüllen kann.

Der Käufer hat dem Verkäufer alle Kosten und Abgaben zu erstatten, die dem Verkäufer durch das Zurverfügungstellen oder die Unterstützung bei der Beschaffung der Dokumente und Informationen wie in A10 vorgesehen entstanden sind.

Der Käufer hat, falls zutreffend, dem Verkäufer rechtzeitig auf dessen Verlangen, Gefahr und Kosten alle Dokumente und Informationen, einschließlich sicherheitsrelevanter Informationen, die der Verkäufer für Transport, Aus- und Einfuhr der Ware sowie für ihre Durchfuhr durch jedes Land benötigt, zur Verfügung zu stellen oder ihn bei deren Beschaffung zu unterstützen.

1) Vertragstyp

1 „DDP Geliefert verzollt" ist für alle Transportarten geeignet, auch wenn mehr als eine Transportart (multimodaler Transport, vgl §§ 452 ff HGB) zum Einsatz kommt (Anwendungshinweis vor DDP; Einl vor Incoterms Rn 19). „Geliefert verzollt" bedeutet, dass der Verkäufer liefert, wenn er die zur Einfuhr freigemachte Ware dem Käufer auf dem ankommenden Beförderungsmittel entladebereit am benannten Bestimmungsort zur Verfügung stellt. Der Verkäufer trägt alle Kosten und Gefahren bis zu dieser entladebereiten Zurverfügungstellung. „DAT Geliefert verzollt" ist also wie alle D-Klauseln eine Ankunftsklausel (Einl v Incoterms Rn 24). Wenn der Beförderungsvertrag die Entladung einschließt, muss der Verkäufer im Kaufvertrag vereinbaren, dass er diese Zusatzkosten dem Käufer in Rechnung stellen kann (Anwendungshinweis vor DDP). Der Verkäufer muss die Ware nicht nur für die Ausfuhr, sondern auch für die Einfuhr freimachen und alle Zollformalitäten erledigen. Wegen der damit oft verbundenen rechtlichen und praktischen Schwierigkeiten empfehlen sich zusätzliche Vereinbarungen, Graf von Bernstorff Rn 536, zB „DDP VAT unpaid" oder „DDP not cleared for import", Ramberg 150 f. DDP sollte nicht verwandt werden, wenn der Verkäufer nicht in der Lage ist, direkt oder indirekt die Einfuhrabfertigung zu erledigen (Anwendungshinweis vor DDP). „DDP Geliefert verzollt" ist damit die den Verkäufer maximal belastende Incoterms-Klausel (umgekehrt Mindestverpflichtung des Verkäufers bei Klausel „Ab Werk", s Nr 1).

2 Diese Klausel entspricht der früheren, in den Incoterms® 2010 weggefallenen Klausel **„DDU Geliefert unverzollt"** (neu 1990, s 34. Aufl Nr 12), nur noch „verzollt". Zu weiteren früheren D-Klauseln s DAT Nr 5 Rn 2–4. Die Klausel „DDU Geliefert unverzollt" empfahl sich zB bei Lieferung von Teilen zur Baustelle im Anlagengeschäft oder bei Gewährleistungslieferungen. Im Vergleich zu „DDP Gelie-

IV. AGB und Vertragsklauseln 7. DDP **Incoterms (6)**

fert verzollt" war „DDU Geliefert unverzollt" vor allem bei Erstattbarkeit von Einfuhrabgaben (etwa Einfuhrumsatzsteuer) nur an Ansässige des Importlands vorzuziehen. Zwischenformen waren möglich, zB „DDU, customs formalities by the seller", wenn der Verkäufer zur Beschleunigung die Einfuhrzollprozeduren von einem Zollagenten erledigen lassen wollte, oder „DDU, Mehrwertsteuer bezahlt", wenn er bestimmte Importabgaben zu übernehmen bereit war, Bredow/Seiffert 4. „DDU" empfahl sich nicht, wenn im Bestimmungsland mit Schwierigkeiten bei der Freimachung der Ware zur Einfuhr zu rechnen war.

„DDP Geliefert verzollt" unterscheidet sich von der früheren, in den Incoterms® 3 2010 weggefallenen Klausel **„DAF Geliefert Grenze"** (s oben bei DAT Geliefert Terminal Nr 5 Rn 2 sowie 34. Aufl Nr 9) dadurch, dass der Verkäufer die Ware auf seine Gefahr und Kosten in das Einfuhrland zu verbringen und dort zu verzollen hat; er muss also auch die Einfuhrgenehmigung beschaffen und alle Einfuhrzölle und -abgaben tragen (A 2). Auch bei „DDP Geliefert verzollt" erfolgt die Zurverfügungstellung unentladen (A 4). Zwischenformen sind möglich, zB „DDP, Einfuhrumsatzsteuer nicht bezahlt", Bredow/Seiffert 2.

2) Verkäufer- und Käuferpflichten

Vertragskonforme Bereitstellung der Waren und Handelsrechnung durch den 4 Verkäufer und **Kaufpreiszahlung** durch den Käufer (A 1/B 1, wie bei EXW Nr 1 Rn 2). Gleichstellung von elektronischen Belegen (A 1 II/B 1 II, s Einl vor Incoterms Rn 37). – **Ausfuhr- und Einfuhrgenehmigungen:** Der Verkäufer hat auf eigene Gefahr und Kosten alle Ausfuhr- und Einfuhrgenehmigungen und andere behördliche Genehmigungen zu beschaffen und alle Zollformalitäten zu erledigen, die für die Ausfuhr, Durchfuhr und Einfuhr erforderlich sind; der Käufers muss ihn dabei unterstützen (A 2/B 2; nur falls zutreffend, s Einl Incoterms Rn 34). – **Beförderungsvertrag:** Der Verkäufer hat ihn auf eigene Kosten bis zum benannten Bestimmungsort abzuschließen (A 3 lit a). Keine Pflicht zu **Versicherungsvertrag**, s A 3 lit b/B 3 lit b. – **Lieferung und Übernahme:** Der Verkäufer hat die Ware zu liefern, indem er sie dem Käufer auf dem ankommenden Beförderungsmittel entladebereit am benannten Bestimmungsort an der ggf vereinbarten Stelle zum vereinbarten Zeitpunkt oder innerhalb des vereinbarten Zeitraums zur Verfügung stellt (A 4). Der Käufer muss die gemäß A 4 gelieferte Ware übernehmen (B 4). – **Gefahrübergang** mit Lieferung gemäß 4 (A 5/B 5). Der Verkäufer trägt also alle Gefahren im Zusammenhang mit der Beförderung und bis zur entladebereiten Zurverfügungstellung am benannten Bestimmungsort. Unterläßt der Käufer die Benachrichtigung nach B 7, trägt er ab dem vereinbarten Termin bzw. Ablauf der vereinbarten Frist die Gefahr, sofern die Ware eindeutig als vertragliche Ware kenntlich gemacht worden ist (B 5 II). Die Parteien sollten wegen der Gefahr- und Kostentragung des Verkäufers die Stelle innerhalb des benannten Bestimmungsortes möglichst genau bezeichnen; der Verkäufer tut gut daran, damit genau übereinstimmende Beförderungsverträge abzuschließen (Anwendungshinweis vor DDP). – **Kostenverteilung** s A 6/B 6. Der Verkäufer hat die Ware nicht nur zur Ausfuhr freizumachen, sondern auch zur Einfuhr einschließlich der Durchfuhr und die Kosten der diesbezüglichen Zölle und Zollformalitäten (s Einl vor Incoterms Rn 34) zu tragen (A 6). Entladekosten sind Sache des Käufers, wenn nichts anderes vereinbart ist (B 6). – **Benachrichtigungen** an den Käufer und den Verkäufer s A 7/B 7. – **Transportdokument** (Verkäufer A 8) und **Liefernachweis** (Käufer B 8); s Einl vor Incoterms Rn 36 vgl FOB Nr 9 Rn 10. – **Prüfung** und beim Verkäufer **Verpackung und Kennzeichnung** s A 9/B 9. Pre-shipment inspection s A 9 I/B 9. Einzelheiten zur Verpackung, die dem Verkäufer obliegt, s A 9 II. – **Unterstützung bei Informationen** und damit verbundene Kosten (A 10/B 10). Zu den **sicherheitsrelevanten Informationen** (A10/B10) s bei FOB Rn 9 Rn 13.

Hopt 1923

Klauseln für den See- und Binnenschiffstransport

8) FAS Frei Längsseite Schiff

FAS
FREI LÄNGSSEITE SCHIFF
(... benannter Verschiffungshafen)

ANWENDUNGSHINWEIS

Diese Klausel ist ausschließlich für den See- und Binnenschiffstransport geeignet.

„Frei Längsseite Schiff" bedeutet, dass der Verkäufer liefert, wenn die Ware längsseits des vom Käufer benannten Schiffs (z. B. an einer Kaianlage oder auf einem Binnenschiff) im benannten Verschiffungshafen gebracht ist. Die Gefahr des Verlustes oder der Beschädigung der Ware geht über, wenn sich die Ware längsseits des Schiffs befindet. Der Käufer trägt ab diesem Zeitpunkt alle Kosten.

Die Parteien sind gut beraten, die Ladestelle im benannten Verschiffungshafen so genau wie möglich zu bestimmen, da die Kosten und Gefahren bis zu dieser Stelle zu Lasten des Verkäufers gehen. Diese Kosten und damit verbundene Umschlagskosten (handling charges) können entsprechend der Hafenpraxis variieren.

Der Verkäufer ist verpflichtet, die Ware entweder längsseits des Schiffs zu liefern oder bereits so für die Verschiffung gelieferte Ware zu verschaffen. Der Hinweis „zu verschaffen" bezieht sich hier auf mehrere hintereinander geschaltete Verkäufe in einer Verkaufskette („string sales"), die insbesondere im Rohstoffhandel vorkommen.

Bei containerisierter Ware ist es für den Verkäufer üblich, die Ware nicht längsseits des Schiffs, sondern an den Frachtführer im Terminal zu übergeben. In derartigen Fällen wäre die FAS-Klausel ungeeignet und es sollte die FCA-Klausel verwendet werden.

FAS verpflichtet den Verkäufer, falls zutreffend, die Ware zur Ausfuhr freizumachen. Jedoch hat der Verkäufer keine Verpflichtung, die Ware zur Einfuhr freizumachen, Einfuhrzölle zu zahlen oder Einfuhrzollformalitäten zu erledigen.

A. Verpflichtungen des Verkäufers

A1. Allgemeine Verpflichtungen des Verkäufers

Der Verkäufer hat die Ware und die Handelsrechnung in Übereinstimmung mit dem Kaufvertrag bereitzustellen und jeden sonstigen vertraglich vereinbarten Konformitätsnachweis zu erbringen.

Jedes Dokument, auf das in A1–A10 Bezug genommen wird, kann auch ein entsprechender elektronischer Beleg oder ein entsprechendes elektronisches Verfahren sein, wenn dies zwischen den Parteien vereinbart oder üblich ist.

A2. Lizenzen, Genehmigungen, Sicherheitsfreigaben und andere Formalitäten

Falls zutreffend, hat der Verkäufer auf eigene Gefahr und Kosten die Ausfuhrgenehmigung oder andere behördliche Genehmigungen zu beschaffen sowie alle Zollformalitäten zu erledigen, die für die Ausfuhr der Ware erforderlich sind.

IV. AGB und Vertragsklauseln 8. FAS **Incoterms (6)**

A3. Beförderungs- und Versicherungsverträge

a. Beförderungsvertrag
Der Verkäufer hat gegenüber dem Käufer keine Verpflichtung, einen Beförderungsvertrag abzuschließen. Wenn es der Käufer jedoch verlangt oder es in der Handelspraxis üblich ist und der Käufer keine gegenteilige Anweisung rechtzeitig erteilt, kann der Verkäufer zu üblichen Bedingungen den Beförderungsvertrag auf Gefahr und Kosten des Käufers abschließen. In beiden Fällen kann der Verkäufer es ablehnen, den Beförderungsvertrag abzuschließen, wovon er den Käufer umgehend in Kenntnis zu setzen hat.

b. Versicherungsvertrag
Der Verkäufer hat gegenüber dem Käufer keine Verpflichtung, einen Versicherungsvertrag abzuschließen. Jedoch hat der Verkäufer dem Käufer auf dessen Verlangen, Gefahr und (gegebenenfalls entstehende) Kosten, jene Informationen zur Verfügung zu stellen, die der Käufer für den Abschluss einer Versicherung benötigt.

A4. Lieferung

Der Verkäufer hat die Ware entweder durch Bereitstellung längsseits des vom Käufer benannten Schiffs an der gegebenenfalls vom Käufer benannten Ladestelle im benannten Verschiffungshafen zu liefern oder indem er die so gelieferte Ware verschafft. In beiden Fällen hat der Verkäufer die Ware zum vereinbarten Zeitpunkt oder innerhalb des vereinbarten Zeitraums und in der im Hafen üblichen Weise zu liefern.

Falls keine bestimmte Ladestelle durch den Käufer angegeben worden ist, kann der Verkäufer die für den Zweck am besten geeignete Stelle innerhalb des benannten Verschiffungshafens auswählen. Falls die Parteien vereinbart haben, dass die Lieferung innerhalb eines Zeitraums stattfinden soll, hat der Käufer die Möglichkeit, den Zeitpunkt innerhalb dieser Frist zu wählen.

A5. Gefahrenübergang

Der Verkäufer trägt bis zur Lieferung gemäß A4 alle Gefahren des Verlustes oder der Beschädigung der Ware, mit Ausnahme von Verlust oder Beschädigung unter den in B5 beschriebenen Umständen.

A6. Kostenverteilung

Der Verkäufer hat zu tragen

a. alle die Ware betreffenden Kosten bis diese gemäß A4 geliefert worden ist, ausgenommen solcher Kosten, die wie in B6 vorgesehen vom Käufer zu tragen sind; und

b. falls zutreffend, die Kosten der für die Ausfuhr notwendigen Zollformalitäten sowie alle Zölle, Steuern und andere Abgaben, die bei der Ausfuhr fällig werden.

A7. Benachrichtigungen an den Käufer

Der Verkäufer hat den Käufer, auf dessen Gefahr und Kosten, in angemessener Weise darüber zu benachrichtigen, entweder, dass die Ware gemäß A4 geliefert worden ist oder dass das Schiff die Ware nicht innerhalb der vereinbarten Frist geladen hat.

A8. Transportdokument

Der Verkäufer hat auf eigene Kosten dem Käufer den üblichen Nachweis zu erbringen, dass die Ware gemäß A4 geliefert worden ist.

(6) Incoterms 8. FAS 2. Teil. Handelsrechtl. Nebengesetze

Sofern es sich bei einem solchen Nachweis nicht um ein Transportdokument handelt, hat der Verkäufer den Käufer auf dessen Verlangen, Gefahr und Kosten bei der Beschaffung eines Transportdokuments zu unterstützen.

A9. Prüfung – Verpackung – Kennzeichnung

Der Verkäufer hat die Kosten jener Prüfvorgänge (wie Qualitätsprüfung, Messen, Wiegen und Zählen), die notwendig sind, um die Ware gemäß A4 zu liefern, sowie die Kosten für alle von den Behörden des Ausfuhrlandes angeordneten Warenkontrollen vor der Verladung (pre-shipment inspection) zu tragen.

Der Verkäufer hat auf eigene Kosten die Ware zu verpacken, sofern es nicht handelsüblich ist, die jeweilige Art der verkauften Ware unverpackt zu transportieren. Der Verkäufer kann die Ware in der Weise verpacken, die für ihren Transport angemessen ist, es sei denn, der Käufer hat den Verkäufer über spezifische Verpackungsanforderungen vor Vertragsschluss in Kenntnis gesetzt. Die Verpackung ist in geeigneter Weise zu kennzeichnen.

A10. Unterstützung bei Informationen und damit verbundene Kosten

Der Verkäufer hat, falls zutreffend, dem Käufer auf dessen Verlangen, Gefahr und Kosten rechtzeitig alle Dokumente und Informationen, einschließlich sicherheitsrelevanter Informationen, die der Käufer für die Einfuhr der Ware und/oder für ihren Transport bis zum endgültigen Bestimmungsort benötigt, zur Verfügung zu stellen oder ihn bei deren Beschaffung zu unterstützen.

Der Verkäufer hat dem Käufer alle Kosten und Abgaben zu erstatten, die dem Käufer durch das Zurverfügungstellen oder die Unterstützung bei der Beschaffung der in B10 vorgesehenen Dokumente und Informationen entstanden sind.

B. Verpflichtungen des Käufers

B1. Allgemeine Verpflichtungen des Käufers

Der Käufer hat im Kaufvertrag genannten Preis der Ware zu zahlen.

Jedes Dokument, auf das in B1–B10 Bezug genommen wird, kann auch ein entsprechender elektronischer Beleg oder ein entsprechendes elektronisches Verfahren sein, wenn dies zwischen den Parteien vereinbart oder üblich ist.

B2. Lizenzen, Genehmigungen, Sicherheitsfreigaben und andere Formalitäten

Falls zutreffend, obliegt es dem Käufer, auf eigene Gefahr und Kosten die Einfuhrgenehmigung oder andere behördliche Genehmigungen zu beschaffen sowie alle Zollformalitäten für die Einfuhr der Ware und für ihre Durchfuhr durch jedes Land zu erledigen.

B3. Beförderungs- und Versicherungsverträge

a. Beförderungsvertrag
   Der Käufer hat auf eigene Kosten den Vertrag über die Beförderung der Ware vom benannten Verschiffungshafen abzuschließen, sofern der Beförderungsvertrag nicht vom Verkäufer wie in A3 a vorgesehen abgeschlossen wurde.

b. Versicherungsvertrag
   Der Käufer hat gegenüber dem Verkäufer keine Verpflichtung, einen Versicherungsvertrag abzuschließen.

B4. Übernahme

Der Käufer muss die Ware übernehmen, wenn sie wie in A4 vorgesehen geliefert worden ist.

IV. AGB und Vertragsklauseln 8. FAS **Incoterms (6)**

B5. Gefahrenübergang

Der Käufer trägt alle Gefahren des Verlustes oder der Beschädigung der Ware ab dem Zeitpunkt, an dem sie wie in A4 vorgesehen geliefert worden ist.
Falls

a. der Käufer es unterlässt, gemäß B7 zu benachrichtigen; oder
b. das vom Käufer benannte Schiff nicht rechtzeitig eintrifft oder die Ware nicht übernimmt oder schon vor dem gemäß B7 festgesetzten Zeitpunkt keine Ladung mehr annimmt;

dann trägt der Käufer alle Gefahren des Verlustes oder der Beschädigung der Ware ab dem vereinbarten Lieferzeitpunkt oder ab Ablauf des für Lieferung vereinbarten Zeitraums, vorausgesetzt, die Ware ist eindeutig als die vertragliche Ware kenntlich gemacht worden.

B6. Kostenverteilung

Der Käufer hat zu tragen

a. alle die Ware betreffenden Kosten ab dem Zeitpunkt, an dem sie wie in A4 vorgesehen geliefert worden ist, ausgenommen, falls zutreffend, die Kosten der für die Ausfuhr notwendigen Zollformalitäten sowie alle Zölle, Steuern und andere in A6 b genannte Abgaben, die bei der Ausfuhr fällig werden;
b. alle zusätzlichen Kosten, die entweder dadurch entstehen, dass:
  i. der Käufer die angemessene Benachrichtigung gemäß B7 unterlässt, oder
  ii. das vom Käufer benannte Schiff nicht rechtzeitig eintrifft, die Ware nicht übernehmen kann oder schon vor der gemäß B7 mitgeteilten Lieferzeit keine Ladung mehr annimmt,
  vorausgesetzt, die Ware ist eindeutig als die vertragliche Ware kenntlich gemacht worden; und
c. falls zutreffend, alle Zölle, Steuern und andere Abgaben sowie Kosten der Zollformalitäten, die bei der Einfuhr der Ware fällig werden, sowie die Kosten für ihre Durchfuhr durch jedes Land.

B7. Benachrichtigungen an den Verkäufer

Der Käufer hat dem Verkäufer in angemessener Weise den Namen des Schiffs, die Ladestelle und, falls erforderlich, die gewählte Lieferzeit innerhalb des vereinbarten Zeitraums anzugeben.

B8. Liefernachweis

Der Käufer hat den wie in A8 vorgesehen zur Verfügung gestellten Liefernachweis anzunehmen.

B9. Prüfung der Ware

Der Käufer hat die Kosten für jede vor der Verladung zwingend erforderliche Warenkontrolle (pre-shipment inspection) zu tragen, mit Ausnahme behördlich angeordneter Kontrollen des Ausfuhrlandes.

B10. Unterstützung bei Informationen und damit verbundene Kosten

Der Käufer hat dem Verkäufer rechtzeitig alle sicherheitsrelevanten Informationsanforderungen mitzuteilen, so dass der Verkäufer die Verpflichtungen entsprechend A10 erfüllen kann.

Der Käufer hat dem Verkäufer alle Kosten und Abgaben zu erstatten, die dem Verkäufer durch das Zurverfügungstellen oder die Unterstützung bei der Beschaffung der Dokumente und Informationen wie in A10 vorgesehen entstanden sind.

(6) Incoterms 8. FAS

Der Käufer hat, falls zutreffend, dem Verkäufer rechtzeitig auf dessen Verlangen, Gefahr und Kosten alle Dokumente und Informationen, einschließlich sicherheitsrelevanter Informationen, die der Verkäufer für den Transport und die Ausfuhr der Ware sowie für ihre Durchfuhr durch jedes Land benötigt, zur Verfügung zu stellen oder ihn bei deren Beschaffung zu unterstützen.

1) Vertragstyp

1 „FAS Frei Längsseite Schiff" sieht Lieferung des Verkäufers längsseits des Schiffes (ship bzw vessel) vor. Die Klausel ist also nur für den See- und Binnenschiffstransport geeignet (s Einl vor Incoterms Rn 19). „FAS" ist nur für Stückgut und Massegüter geeignet, für den Containerverkehr ist sie ungeeignet, da containerisierte Ware üblicherweise nicht längsseits des Schiffs, sondern an den Frachtführer im Terminal übergeben wird (Anwendungshinweis vor FAS), hierfür besser geeignet ist „FCA" (s Nr 2; zur Containerbeförderung s dort Rn 2 A 4/B 4). Die Exportlizenz und -formalitäten waren nach Incoterms 1990 Sache des Käufers, der Verkäufer musste nur Hilfe gewähren, schon nach Incoterms 2000 und nunmehr nach Incoterms® 2010 muss umgekehrt der Verkäufer die Sache zur Ausfuhr freimachen, nur Importlizenz und -formalitäten sind Sache des Käufers (A 2/B 2). Unterschied zu „FOB" ist im Wesentlichen, dass dort an Bord, hier nur Längsseite Schiff geliefert werden muss. Im übrigen entsprechen sich die beiden Klauseln im Wesentlichen, sodaß insoweit auf die Kommentierung zu **„FOB Frei an Bord „** (s Nr 9) **verwiesen** werden kann.

2) Verkäufer- und Käuferpflichten

2 **Vertragskonforme Bereitstellung** und **Kaufpreiszahlung** (A 1/B 1, wie bei EXW Nr 1 Rn 2). Gleichstellung von elektronischen Belegen (A 1 II/B 1 II, s Einl vor Incoterms Rn 37). – **Ausfuhr- und Einfuhrgenehmigungen** (A 2/B 2) wie bei FOB s Nr 9 Rn 4. – **Beförderungs- und Versicherungsverträge** (A 3/B 3) wie bei FOB s Nr 9 Rn 5. – **Lieferung** längsseits des Schiffs, insoweit also anders als bei FOB. Lieferung längsseits des Schiffs, zB einer Kaianlage oder auf einem Binnenschiff, das längsseits des eigentlichen Transportschiffs liegt, bedeutet nicht auch Übergabe an den Seefrachtführer (A 4). Der Verladevorgang auf das Transportschiff ist Sache des Käufers. Der Hinweis „zu verschaffen" bezieht sich auf mehrere hintereinander geschaltete Verkäufe in einer Verkaufskette, die besonders im Rohstoffhandel vorkommen (Anwendungshinweis vor FAS); zu den Verkaufsketten (string sales) Incoterms® 2010 Einführung Hauptmerkmale Nr 9. Lieferzeit und Fixgeschäft wie bei FOB s Nr 9 Rn 6. – **Gefahrübergang** tritt mit Lieferung längsseits des Schiffs ein (A 5 mit A 4), Verlust beim Ladungsvorgang trifft den Käufer (A 5 mit A 4), insoweit also anders als bei FOB. – **Kostenverteilung** nach A 6/B 6. Die Ladestelle im benannten Verschiffungshafen sollte möglichst genau bestimmt werden, weil die Kosten und Gefahren bis zu dieser Stelle zu Lasten des Verkäufers gehen und die damit verbundenen Umschlagskosten (handling charges) entsprechend der Hafenpraxis (Einl vor Incoterms Rn 18) unterschiedlich sein können (Anwendungshinweis vor FAS). – **Benachrichtigungen** (A 7/B 7) wie bei FOB s Nr 9 Rn 9. – **Transportdokument** und **Liefernachweis** (A 8/B 8); s Einl vor Incoterms Rn 36; vgl FOB s Nr 9 Rn 10. Liefernachweis ist für FAS mangels Vereinbarung eines anderen Transportdokuments ein Kaiempfangsschein oder, wenn von einem Binnenschiff aus geladen wird, ein Bordempfangsschein, Graf von Bernstorff Rn 592. – **Prüfung, Verpackung, Kennzeichnung** (A 9/B 9) und **Unterstützung bei Informationen** (A 10/B 10) s bei FOB Nr 9 Rn 11–13.

9) FOB Frei an Bord

FOB
FREI AN BORD
(... benannter Verschiffungshafen)
ANWENDUNGSHINWEIS

Diese Klausel ist ausschließlich für den See- und Binnenschiffstransport geeignet.

„Frei an Bord" bedeutet, dass der Verkäufer die Ware an Bord des vom Käufer benannten Schiffs im benannten Verschiffungshafen liefert oder die bereits so gelieferte Ware verschafft. Die Gefahr des Verlustes oder der Beschädigung der Ware geht über, wenn die Ware an Bord des Schiffs ist. Der Käufer trägt ab diesem Zeitpunkt alle Kosten.

Der Verkäufer ist verpflichtet, die Ware entweder an Bord des Schiffs zu liefern oder bereits so für die Verschiffung gelieferte Ware zu verschaffen. Der Hinweis „zu verschaffen" bezieht sich hier auf mehrere hintereinander geschaltete Verkäufe in einer Verkaufskette („string sales"), die insbesondere im Rohstoffhandel vorkommen.

FOB kann ungeeignet sein, wenn die Ware dem Frachtführer übergeben wird, bevor sie sich auf dem Schiff befindet, z. B. bei containerisierter Ware, welche üblicherweise an Terminal geliefert wird. In derartigen Fällen sollte die FCA-Klausel verwendet werden.

FOB verpflichtet den Verkäufer, falls zutreffend, die Ware zur Ausfuhr freizumachen. Jedoch hat der Verkäufer keine Verpflichtung, die Ware zur Einfuhr freizumachen, Einfuhrzölle zu zahlen oder Einfuhrzollformalitäten zu erledigen.

A. Verpflichtungen des Verkäufers

A1. Allgemeine Verpflichtungen des Verkäufers

Der Verkäufer hat die Ware und die Handelsrechnung in Übereinstimmung mit dem Kaufvertrag bereitzustellen und jeden sonstigen vertraglich vereinbarten Konformitätsnachweis zu erbringen.

Jedes Dokument, auf das in A1–A10 Bezug genommen wird, kann auch ein entsprechender elektronischer Beleg oder ein entsprechendes elektronisches Verfahren sein, wenn dies zwischen den Parteien vereinbart oder üblich ist.

A2. Lizenzen, Genehmigungen, Sicherheitsfreigaben und andere Formalitäten

Falls zutreffend, hat der Verkäufer auf eigene Gefahr und Kosten die Ausfuhrgenehmigung oder andere behördliche Genehmigungen zu beschaffen sowie alle Zollformalitäten zu erledigen, die für die Ausfuhr der Ware erforderlich sind.

A3. Beförderungs- und Versicherungsverträge

a. Beförderungsvertrag
Der Verkäufer hat gegenüber dem Käufer keine Verpflichtung, einen Beförderungsvertrag abzuschließen. Wenn es der Käufer jedoch verlangt oder es in der Handelspraxis üblich ist und der Käufer keine gegenteilige Anweisung rechtzeitig erteilt, kann der Verkäufer zu üblichen Bedingungen den Beförderungsvertrag auf Gefahr und Kosten des Käufers abschließen. In beiden Fällen kann der Verkäufer es ablehnen, den Beförderungsvertrag abzuschließen, wovon er den Käufer umgehend in Kenntnis zu setzen hat.

b. Versicherungsvertrag
Der Verkäufer hat gegenüber dem Käufer keine Verpflichtung, einen Ver-

sicherungsvertrag abzuschließen. Jedoch hat der Verkäufer dem Käufer auf dessen Verlangen, Gefahr und (gegebenenfalls entstehende) Kosten, jene Informationen zur Verfügung zu stellen, die der Käufer für den Abschluss einer Versicherung benötigt.

A4. Lieferung

Der Verkäufer hat die Ware zu liefern, entweder, indem er sie an Bord des vom Käufer benannten Schiffs an der gegebenenfalls vom Käufer bestimmten Ladestelle im benannten Verschiffungshafen verbringt oder indem er die so gelieferte Ware verschafft. In beiden Fällen hat der Verkäufer die Ware zum vereinbarten Zeitpunkt oder innerhalb des vereinbarten Zeitraums und in der im Hafen üblichen Weise zu liefern.

Falls keine bestimmte Ladestelle durch den Käufer angegeben worden ist, kann der Verkäufer die für den Zweck am besten geeignete Stelle innerhalb des benannten Verschiffungshafens auswählen.

A5. Gefahrenübergang

Der Verkäufer trägt bis zur Lieferung gemäß A4 alle Gefahren des Verlustes oder der Beschädigung der Ware, mit Ausnahme von Verlust oder Beschädigung unter den in B5 beschriebenen Umständen.

A6. Kostenverteilung

Der Verkäufer hat zu tragen

a. alle die Ware betreffenden Kosten bis diese gemäß A4 geliefert worden ist, ausgenommen solcher Kosten, die wie in B6 vorgesehen vom Käufer zu tragen sind; und
b. falls zutreffend, die Kosten der für die Ausfuhr notwendigen Zollformalitäten sowie alle Zölle, Steuern und andere Abgaben, die bei der Ausfuhr fällig werden.

A7. Benachrichtigungen an den Käufer

Der Verkäufer hat den Käufer, auf dessen Gefahr und Kosten, in angemessener Weise darüber zu benachrichtigen, entweder, dass die Ware gemäß A4 geliefert worden ist oder dass das Schiff die Ware nicht innerhalb der vereinbarten Frist geladen hat.

A8. Transportdokument

Der Verkäufer hat auf eigene Kosten dem Käufer den üblichen Nachweis zu erbringen, dass die Ware gemäß A4 geliefert worden ist.

Sofern es sich bei einem solchen Nachweis nicht um ein Transportdokument handelt, hat der Verkäufer den Käufer auf dessen Verlangen, Gefahr und Kosten bei der Beschaffung eines Transportdokuments zu unterstützen.

A9. Prüfung – Verpackung – Kennzeichnung

Der Verkäufer hat die Kosten jener Prüfvorgänge (wie Qualitätsprüfung, Messen, Wiegen und Zählen), die notwendig sind, um die Ware gemäß A4 zu liefern, sowie die Kosten für alle von den Behörden des Ausfuhrlandes angeordneten Warenkontrollen vor der Verladung (pre-shipment inspection) zu tragen.

Der Verkäufer hat auf eigene Kosten die Ware zu verpacken, sofern es nicht handelsüblich ist, die jeweilige Art der verkauften Ware unverpackt zu transportieren. Der Verkäufer kann die Ware in der Weise verpacken, die für ihren Transport angemessen ist, es sei denn, der Käufer hat den Verkäufer über spezifische Verpackungsanforderungen vor Vertragsschluss in Kenntnis gesetzt. Die Verpackung ist in geeigneter Weise zu kennzeichnen.

IV. AGB und Vertragsklauseln 9. FOB **Incoterms (6)**

A10. Unterstützung bei Informationen und damit verbundene Kosten

Der Verkäufer hat, falls zutreffend, dem Käufer auf dessen Verlangen, Gefahr und Kosten rechtzeitig alle Dokumente und Informationen, einschließlich sicherheitsrelevanter Informationen, die der Käufer für die Einfuhr der Ware und/oder für ihren Transport bis zum endgültigen Bestimmungsort benötigt, zur Verfügung zu stellen oder ihn bei deren Beschaffung zu unterstützen.

Der Verkäufer hat dem Käufer alle Kosten und Abgaben zu erstatten, die dem Käufer durch das Zurverfügungstellen oder die Unterstützung bei der Beschaffung der in B10 vorgesehenen Dokumente und Informationen entstanden sind.

B. Verpflichtungen des Käufers

B1. Allgemeine Verpflichtungen des Käufers

Der Käufer hat den im Kaufvertrag genannten Preis der Ware zu zahlen.

Jedes Dokument, auf das in B1–B10 Bezug genommen wird, kann auch ein entsprechender elektronischer Beleg oder ein entsprechendes elektronisches Verfahren sein, wenn dies zwischen den Parteien vereinbart oder üblich ist.

B2. Lizenzen, Genehmigungen, Sicherheitsfreigaben und andere Formalitäten

Falls zutreffend, obliegt es dem Käufer, auf eigene Gefahr und Kosten die Einfuhrgenehmigung oder andere behördliche Genehmigungen zu beschaffen sowie alle Zollformalitäten für die Einfuhr der Ware und für ihre Durchfuhr durch jedes Land zu erledigen.

B3. Beförderungs- und Versicherungsverträge

a. Beförderungsvertrag
 Der Käufer hat auf eigene Kosten den Vertrag über die Beförderung der Ware vom benannten Verschiffungshafen abzuschließen, sofern der Beförderungsvertrag nicht vom Verkäufer wie in A3 a vorgesehen abgeschlossen wurde.
b. Versicherungsvertrag
 Der Käufer hat gegenüber dem Verkäufer keine Verpflichtung, einen Versicherungsvertrag abzuschließen.

B4. Übernahme

Der Käufer muss die Ware übernehmen, wenn sie wie in A4 vorgesehen geliefert worden ist.

B5. Gefahrenübergang

Der Käufer trägt alle Gefahren des Verlustes oder der Beschädigung der Ware ab dem Zeitpunkt, an dem sie wie in A4 vorgesehen geliefert worden ist.

Falls

a. der Käufer die Benachrichtigung gemäß B7 über die Benennung eines Schiffs unterlässt; oder
b. das vom Käufer benannte Schiff nicht rechtzeitig eintrifft, um es dem Verkäufer zu ermöglichen, seine Pflichten entsprechend A4 zu erfüllen, es die Ware nicht übernehmen kann oder schon vor dem gemäß B7 festgesetzten Zeitpunkt keine Ladung mehr annimmt;
 dann trägt der Käufer alle Gefahren des Verlustes oder der Beschädigung der Ware:

(6) Incoterms 9. FOB

- i. ab dem vereinbarten Zeitpunkt, oder mangels eines vereinbarten Zeitpunkts,
- ii. ab dem vom Verkäufer gemäß A7 mitgeteilten Zeitpunkt innerhalb des vereinbarten Zeitraums oder, falls kein solcher Zeitpunkt mitgeteilt wurde,
- iii. ab dem Ablaufdatum eines vereinbarten Lieferzeitraums,

vorausgesetzt, die Ware ist eindeutig als die vertragliche Ware kenntlich gemacht worden.

B6. Kostenverteilung

Der Käufer hat zu tragen

a. alle die Ware betreffenden Kosten ab dem Zeitpunkt, an dem sie wie in A4 vorgesehen geliefert worden ist, ausgenommen, falls zutreffend, die Kosten der für die Ausfuhr notwendigen Zollformalitäten sowie alle Zölle, Steuern und andere in A4 b genannte Abgaben, die bei der Ausfuhr fällig werden;
b. alle zusätzlichen Kosten, die entweder dadurch entstehen, dass:
- i. der Käufer die angemessene Benachrichtigung gemäß B7 unterlässt, oder
- ii. das vom Käufer benannte Schiff nicht rechtzeitig eintrifft, die Ware nicht übernehmen kann oder schon vor der gemäß B7 mitgeteilten Lieferzeit keine Ladung mehr annimmt,

vorausgesetzt, die Ware ist eindeutig als die vertragliche Ware kenntlich gemacht worden; und

c. falls zutreffend, alle Zölle, Steuern und andere Abgaben sowie die Kosten der Zollformalitäten, die bei der Einfuhr der Ware sowie ihrer Durchfuhr durch jedes Land fällig werden.

B7. Benachrichtigungen an den Verkäufer

Der Käufer hat dem Verkäufer in angemessener Weise den Namen des Schiffs, die Ladestelle und, falls erforderlich, die gewählte Lieferzeit innerhalb des vereinbarten Lieferzeitraums anzugeben.

B8. Liefernachweis

Der Käufer hat den wie in A8 vorgesehen zur Verfügung gestellten Liefernachweis anzunehmen.

B9. Prüfung der Ware

Der Käufer hat die Kosten für jede vor der Verladung zwingend erforderliche Warenkontrolle (pre-shipment inspection) zu tragen, mit Ausnahme behördlich angeordneter Kontrollen des Ausfuhrlandes.

B10. Unterstützung bei Informationen und damit verbundene Kosten

Der Käufer hat dem Verkäufer rechtzeitig alle sicherheitsrelevanten Informationsanforderungen mitzuteilen, so dass der Verkäufer die Verpflichtungen entsprechend A10 erfüllen kann.

Der Käufer hat dem Verkäufer alle Kosten und Abgaben zu erstatten, die dem Verkäufer durch das Zurverfügungstellen oder die Unterstützung bei der Beschaffung der Dokumente und Informationen wie in A10 vorgesehen entstanden sind.

Der Käufer hat, falls zutreffend, dem Verkäufer rechtzeitig auf dessen Verlangen, Gefahr und Kosten alle Dokumente und Informationen, einschließlich sicherheitsrelevanter Informationen, die der Verkäufer für den Transport und die Ausfuhr der Ware sowie für ihre Durchfuhr durch jedes Land benötigt, zur Verfügung zu stellen oder ihn bei deren Beschaffung zu unterstützen.

IV. AGB und Vertragsklauseln 9. FOB **Incoterms (6)**

1) Vertragstyp

A. Echtes FOB-Geschäft: „FOB" ist wie „CIF" (s Nr 11; einfachere Form 1 „CFR", s Nr 10) eine der verbreitetsten Vertragstypen des Überseekaufs und wie dieses ein Versendungsgeschäft. Beide werden deshalb ausführlicher als die anderen Incoterms kommentiert. „FOB" ist eine Klausel für das Überseegeschäft, also nur für den See- und Binnenschiffstransport vorgesehen (Einl vor Incoterms Rn 19). Bei „FOB" ist an Bord des Schiffs im benannten Verschiffungshafen zu liefern. Die Klausel kann aber auch für andere Transportarten vereinbart werden (aber Einl vor Incoterms Rn 40, 43), doch ist dafür die Klausel „FCA Frei Frachtführer" (s Nr 2) vorgesehen und vorzuziehen. Umgekehrt kommt „FCA Frei Frachtführer" auch statt „FOB" für das Überseegeschäft in Frage. „FOB" ist nur für Stückgut und Massegüter geeignet, für den Containerverkehr ist sie ungeeignet, da containerisierte Ware nicht an Bord geliefert, sondern schon vorher an den Frachtführer im Verladeterminal übergeben wird (Anwendungshinweis vor FOB), hierfür besser geeignet ist „FCA" (s Nr 2; zur Containerbeförderung s dort Rn 2 A 4/B 4). „FOB" ist entgegen älterer Rspr keine Zweipunktklausel (zu dieser die Einl vor Incoterms Rn 23): nicht nur die Kostenlast, sondern auch die Gefahr geht erst mit Verbringung der Ware an Bord des Schiffes über (A5/B5, früher: schon bei Überschreiten der Reling, s Rn 7, 8), BGH WM **75**, 917, NJW **09**, 2607.

B. Unechtes FOB-Geschäft: Wenn vereinbart (Klausel „FOB verschifft", s Rn 5; 2 auch stillschweigend möglich, zB bei ständiger Übung zwischen den Parteien), kann der Verkäufer für die Verschiffung sorgen (s Rn 5; auch bei „FCA", s Nr 2 Rn 2 A 3/ B 3), Bredow/Seiffert 8. Das ist zu empfehlen, wenn der Verkäufer sicher gehen will, dass der Frachtvertrag fristgerecht abgeschlossen wird, zB weil davon ein im Akkreditiv vorgesehenes „An Bord Konnossement" abhängt. Der Verkäufer ist dann Geschäftsbesorger (§ 675 BGB) für den Käufer und diesem zur sorgfältigen Auswahl des Seefrachtführers verpflichtet. Der Verkäufer schließt den Vertrag entweder als Vertreter des Käufers oder im eigenen Namen, aber auf Rechnung des Käufers ab, meist unter Einschaltung von Seehafenspediteuren.

2) Verkäufer- und Käuferpflichten

Vertragskonforme Bereitstellung der Waren und Handelsrechnung durch den 3 Verkäufer und **Kaufpreiszahlung** durch den Käufer (A 1/B 1, wie bei EXW Nr 1 Rn 2). Gleichstellung von elektronischen Belegen (A 1 II/B 1 II, s Einl vor Incoterms Rn 37).

Lizenzen, Genehmigungen, Sicherheitsfreigaben und andere Formalitäten, 4 **insbesondere Ausfuhr- und Einfuhrgenehmigungen:** Der Verkäufer hat auf eigene Gefahr und Kosten die Ausfuhr- und anderen behördliche Genehmigungen zu beschaffen und die erforderlichen Zollformalitäten zu erledigen (s Einl vor Incoterms Rn 34), Sache des Käufers ist es, die entsprechenden Genehmigungen für die Einfuhr der Ware und die Durchfuhr durch jedes Land zu besorgen (A 2/B 2; nur falls zutreffend, s Einl Incoterms Rn 34). Die Parteien können aber die Liefer-/Abnahmepflicht „vorbehaltlich (Export- bzw Import)lizenz" vereinbaren.

Abschluss des Beförderungsvertrags ist Sache des Käufers, der dies aber in der 5 Praxis häufig dem Verkäufer überlässt. Der Verkäufer kann dann, wenn der Käufer es verlangt oder es HdlPraxis ist und der Käufer keine gegenteilige Anweisung rechtzeitig erteilt, den Beförderungsvertrag zu den üblichen Bedingungen abschließen, Gefahr und Kosten bleiben aber auch dann beim Käufer (A 3 lit a Satz 2). Der Verkäufer wird dann aber Vertragspartei des Beförderungsvertrags und ist auf Freistellung durch den Käufer angewiesen; wenn ihm dieses Risiko zu hoch ist, wird er ablehnen, muss das dann aber dem Käufer umgehend mitteilen (A 3 lit a Satz 3); vgl ausdrücklich „FOB verschifft" s Rn 2. Keine Partei hat eine Pflicht zum Abschluss eines **Versicherungsvertrags,** aber ggf Informationspflicht des Verkäufers (A 3 lit b Satz 2). Zu Versicherungslücken bei Verwendung von FOB statt FCA, Ramberg 34. Ob der Käufer eine

Hopt 1933

(6) Incoterms 9. FOB

Transportversicherung (dann ab Lieferort bis zum Bestimmungsort) abschließt, bleibt ihm überlassen. Besser ist eine Vereinbarung von Verkäufer und Käufer über eine durchgängige Transportversicherung vom Werk des Verkäufers bis zum Bestimmungsort, dann ggf mit Kostenteilung, Graf von Bernstorff Rn 615.

6   **Lieferung** und **Übernahme** (A 4/B 4). **Lieferung,** indem der Verkäufer die Ware entweder an Bord des Schiffes an der ggf bestimmten Ladestelle im benannten Verschiffungshafen (beides vom Käufer bestimmt) verbringt oder indem er die so gelieferte Ware verschafft (A 4). Letzteres betrifft den Verkauf „schwimmender Ware", Zwilling-Pinna BB **10**, 2982. Teillieferung ist nicht vorgesehen. Der Hinweis „zu verschaffen" (to procure, vgl CIF Nr 11 Rn 4) bezieht sich auf mehrere hintereinander geschaltete Verkäufe in einer Verkaufskette, die besonders im Rohstoffhandel vorkommen (Anwendungshinweis vor FOB); zu den Verkaufsketten (string sales) Incoterms® 2010 Einführung Hauptmerkmale Nr 9. **Lieferzeit:** zum vereinbarten Zeitpunkt (Liefertermin) oder innerhalb des vereinbarten Zeitraums (Lieferfrist) und in der im Hafen üblichen Weise (A 4 I 2). Letzteres kann zu Abweichungen je nach Land und Hafen führen, ist aber von den Incoterms in Kauf genommen; zu den Hdlbräuchen und Hafenusancen (nach deutschem Recht Unterschiede) Einl vor Incoterms Rn 18. Nichteinhaltung der Lieferzeit nach A 4 hat beim internationalen Abladegeschäft kraft HdlBrauchs idR entsprechende Folgen wie bei § 376 I HGB (**Fixgeschäft,** s dort Rn 7, 8), Karlsr RIW **75**, 225, vgl BGH WM **91**, 466, Kln IHR **15**, 64, aA Magnus/Lüsing IHR **07**, 1. **Übernahme:** Der Käufer muss die Waren, wenn sie wie in A 4 vorgesehen geliefert worden ist, übernehmen (B 4). Zur Abnahme nicht vertragsgerechter Ware ist der Käufer unter B 4 nicht verpflichtet.

7   **Gefahrübergang** erfolgte nach den **Incoterms 2000** noch mit (erstmaligem) **Überschreiten der Reling** (34. Aufl, A 5/B 5); es machte also einen Unterschied, ob die Waren beim Laden ins Wasser oder auf das Deck fiel. Die Formulierung „die Schiffsreling... überschritten" (passed the ship's rail) wurde in Incoterms 2000 beibehalten, obwohl dies vielfach wegen fälschlicher Verwendung der Klausel durch die Parteien (Warnung Incoterms 2000 Einl 18) nicht passte; die Klausel war dann eben unter Berücksichtigung des Guts und der verfügbaren Lademöglichkeiten anzuwenden. Nach den **Incoterms® 2010** geht die Gefahr mit Lieferung (A5) über, und das heißt nunmehr grundsätzlich mit **Verbringung der Ware an Bord des Schiffes** (A4), also Beendigung des Ladevorgangs mit Niedersetzung auf Deck. Früherer Gefahrübergang bei Instruktionsmangel (B 5 II), aber nur bei Absonderung oder andere eindeutige Kenntlichmachung der Ware als der vertragliche Ware für den Käufer (B 5 II iVm B 7). Der Käufer hat die Ware am Lieferort zu übernehmen und ist für den Haupttransport, die Durchfuhr durch Drittstaaten und die Einfuhr in das Bestimmungsland verantwortlich, BGH NJW **09**, 2607. Die Klausel „FOB gestaut"/„FOB stowed" oder „FOB verstaut und getrimmt"/„FOB stowed and trimmed" (s auch Rn 8) ändert am Gefahrübergang nichts, Bredow/Seiffert 12, sie sollte aber, um Mißverständnisse zu vermeiden, vermieden oder das sollte im Kaufvertrag klargestellt werden (Incoterms 2000 Einl 11, auch IntHK 2010 Einf Nach Hauptmerkmale Nr 9), zB „FOB stowed and trimmed but at buyer's risk after the goods have been placed on board", Ramberg 42, auch Graf von Bernstorff Rn 224. Untergang oder Verschlechterung infolge mangelnder Verpackung (A 9) oder Haltbarkeit der Ware für den Transport gehören nicht zur Beförderungsgefahr, aber uU Gewährleistung des Verkäufers (Art 36 CISG), erkennbare Mängel sind bei Warenübernahme zu rügen (vgl § 377 HGB Rn 8, 10).

8   **Kostenverteilung** nach A 6/B 6. Der Verkäufer trägt danach alle Kosten bis zur Lieferung, zB Kosten des Transports bis zum Schiff, Umschlagskosten, Kosten der Verladung an Bord (A 6; nicht wie noch unter Incoterms 2000 nur bis zum Überschreiten der Reling, s Rn 7). Kosten wegen unterlassener Benachrichtigung oder wegen nicht rechtzeitigen Eintreffens des Schiffs ua trägt der Käufer (B 6 lit b). Bei „FOB verstaut" und „FOB verstaut und getrimmt" (s auch Rn 7) trägt der Verkäufer die Stau- bzw Trimmkosten.

IV. AGB und Vertragsklauseln 9. FOB **Incoterms (6)**

Benachrichtigungen: Der Verkäufer muss den Käufer benachrichtigen entweder 9
über Lieferung gemäß A4 oder dass das Schiff die Ware nicht innerhalb der vereinbarten Frist geladen hat (A 7). Versäumung der Benachrichtigung des Käufers berührt nicht den Gefahrübergang (vgl Art 67 II CISG), aber kann schadensersatzpflichtig machen (vgl Art 45 I b CISG). Der Käufer muss den Verkäufer über den Namen des Schiffs, Ladestelle und ggf Lieferzeit benachrichtigen (B 7), das ist eine Vorleistungspflicht.

Transportdokument und **Liefernachweis** (A 8/B 8; s auch Einl vor Incoterms 10
Rn 36). Die Regelung dazu ist wegen der vielfältigen Dokumenten in der Praxis im Vergleich zu den Incoterms 2000 nur noch kurz, näher Graf von Bernstorff Rn 627. Liste verschiedener Dokumente, zB bill of lading, multimodal transport document, sea waybill (SWB), mate's receipt, air waybill, consignment note, warehouse warrant, freight-forwarder's documents, packing list, bei Ramberg 37, zu Gefahren dabei Ramberg 71. Liefernachweis des Verkäufers über Anbordlieferung (board receipt, A 8). Statt Transportdokumenten in Papier können elektronische Verfahren vereinbart werden oder üblich sein (A 1 II/B 1 II, s oben). Der Käufer hat den wie in A 8 vorgesehen zur Verfügung gestellten Liefernachweis anzunehmen (B 8). Gegenseitige Hilfsverpflichtungen, da die Dokumente vom Käufer oder Verkäufer benötigt werden können. Bei Seetransport bzw Containern (s aber Rn 1) muss der Verkäufer die Empfangsbestätigung (FCL) oder den Empfangsschein (LCL) an den Käufer weitergeben, Graf von Bernstorff Rn 628. Zu bill of lading und sea waybills Ramberg 30. Parteiabreden über Zahlungsmodalitäten und Transportdokumente (zB „Kasse gegen Dokumente", § 346 HGB Rn 40) gehen den Incoterms zu A 8/B 8 vor (Einl vor Incoterms Rn 17).

Prüfungspflicht trifft beide Teile, aber mit unterschiedlichen Inhalt (A 9 I/B 9). 11
Beim Verkäufer liegen die Prüfvorgänge (wie Qualitätsprüfung, Messung, Wiegen und Zählen), die für die Lieferung gemäß A 4 notwendig sind, sowie die von den Behörden des Ausfuhrlandes angeordnete Warenkontrolle vor der Verladung (pre-shipment inspection). Beim Käufer liegt die sonstige, also nicht ausfuhrbehördlich angeordnete Warenkontrolle vor der Verladung (pre-shipment inspection). Zur pre-shipment inspection (PSI) Ramberg 64. Die Untersuchungs- und Rügeobliegenheit des Käufers nach § 377 HGB (dort Rn 8, 10) ist davon nicht betroffen und liegt idR später. Vorleistungspflicht des Käufers betr Benennung des Schiffs (Benachrichtigung, B 7, s Rn 9), BGH WM **75**, 920.

Für **Verpackung** hat der Verkäufer zu sorgen, sofern nicht Verschiffung unverpackt 12
handelsüblich ist (A 9); Handelsüblichkeit bestimmt sich, falls Verpackung für die Verkäuflichkeit der Ware wesentlich ist, auch aus der Sicht des Bestimmungslands. Die Verpackung hat transportgerecht zu sein, es sei denn, der Käufer hat den Verkäufer über spezifische Verpackungsanforderungen vor Vertragsschluss in Kenntnis gesetzt (A 9 II 2). Die Verpackung ist in geeigneter Weise zu kennzeichnen (A 9 II 3), so bei gefährlichen Gütern, zB „Vorsicht Glas". Vgl dazu § 411 HGB.

Unterstützung bei Informationen und damit verbundene Kosten beiderseits 13
(A 10/B 10). Neu in den Incoterms® 2010 ist die Einfügung, dass der Verkäufer alle Dokumente und Informationen „**einschließlich sicherheitsrelevanter Informationen**" (security-related information) zur Verfügung stellen oder den Käufer bei deren Beschaffung behilflich sein muss (A10). Die Bestimmungen dazu sind international, vor allem in den USA, stark verschärft worden, Graf von Bernstorff Rn 276, Ramberg 66. Das betrifft besondere Gefahren für Leib, Leben oder Vermögen, die von der Ware ausgehen. Erfasst werden alle sicherheitsrelevanten Informationen im Warenfluss und in der Lieferkette („für ihren Transport bis zum endgültigen Bestimmungsort"), Graf Bernstorff Rn 132. Umgekehrt muss der Käufer dem Verkäufer rechtzeitig alle sicherheitsrelevanten Informationsanforderungen mitteilen (B 10).

(6) Incoterms 10. CFR

10) CFR Kosten und Fracht

CFR
KOSTEN UND FRACHT
(... benannter Bestimmungshafen)
ANWENDUNGSHINWEIS

Diese Klausel ist ausschließlich für den See- und Binnenschiffstransport geeignet.

„Kosten und Fracht" bedeutet, dass der Verkäufer die Ware an Bord des Schiffs liefert oder die bereits so gelieferte Ware verschafft. Die Gefahr des Verlustes oder der Beschädigung der Ware geht über, wenn die Ware an Bord des Schiffs ist. Der Verkäufer hat den Beförderungsvertrag abzuschließen und die Kosten und Fracht zu tragen, die für die Beförderung der Ware zum benannten Bestimmungshafen erforderlich sind.

Werden die Klauseln CPT, CIP, CFR oder CIF verwendet, erfüllt der Verkäufer seine Lieferpflicht, wenn er die Ware dem Frachtführer in der gemäß der gewählten Klausel bestimmten Weise übergibt und nicht, wenn die Ware den Bestimmungsort erreicht.

Diese Klausel beinhaltet zwei kritische Punkte, da Gefahren- und Kostenübergang an verschiedenen Orten stattfinden. Während der Vertrag in jedem Fall einen Bestimmungshafen angibt, muss er nicht den Verschiffungshafen angeben. Dort allerdings geht die Gefahr auf den Käufer über. Falls der Verschiffungshafen für den Käufer von besonderer Bedeutung ist, sind die Parteien gut beraten, diesen im Vertrag so genau wie möglich zu bezeichnen.

Die Parteien sind gut beraten, die Stelle im vereinbarten Bestimmungshafen so genau wie möglich zu bezeichnen, da die Kosten bis zu dieser Stelle zu Lasten des Verkäufers gehen. Dem Verkäufer wird geraten, mit dieser Wahl genau übereinstimmende Beförderungsverträge zu verschaffen. Entstehen dem Verkäufer nach seinem Beförderungsvertrag Kosten im Zusammenhang mit der Entladung an der bestimmten Stelle im Bestimmungshafen, dann ist der Verkäufer nicht berechtigt, diese Kosten vom Käufer zurückzufordern, sofern nichts anderes zwischen den Parteien vereinbart ist.

Der Verkäufer ist verpflichtet, die Ware entweder an Bord des Schiffs zu liefern oder bereits so für die Verschiffung an den Bestimmungsort gelieferte Ware zu verschaffen. Zusätzlich ist der Verkäufer verpflichtet, entweder einen Beförderungsvertrag abzuschließen oder einen solchen Vertrag zu verschaffen. Der Hinweis „zu verschaffen" bezieht sich hier auf mehrere hintereinander geschaltete Verkäufe in einer Verkaufskette („string sales"), die insbesondere im Rohstoffhandel vorkommen.

CFR kann ungeeignet sein, wenn die Ware dem Frachtführer übergeben wird, bevor sie sich auf dem Schiff befindet, z. B. bei containerisierter Ware, welche üblicherweise an einem Terminal geliefert wird. In derartigen Fällen sollte die CPT-Klausel verwendet werden.

CFR verpflichtet den Verkäufer, falls zutreffend, die Ware zur Ausfuhr freizumachen. Jedoch hat der Verkäufer keine Verpflichtung, die Ware zur Einfuhr freizumachen, Einfuhrzölle zu zahlen oder Einfuhrzollformalitäten zu erledigen.

A. Verpflichtungen des Verkäufers

A1. Allgemeine Verpflichtungen des Verkäufers

Der Verkäufer hat die Ware und die Handelsrechnung in Übereinstimmung mit dem Kaufvertrag bereitzustellen und jeden sonstigen vertraglich vereinbarten Konformitätsnachweis zu erbringen.

IV. AGB und Vertragsklauseln   10. CFR   **Incoterms (6)**

Jedes Dokument, auf das in A1–A10 Bezug genommen wird, kann auch ein entsprechender elektronischer Beleg oder ein entsprechendes elektronisches Verfahren sein, wenn dies zwischen den Parteien vereinbart oder üblich ist.

A2. Lizenzen, Genehmigungen, Sicherheitsfreigaben und andere Formalitäten

Falls zutreffend, hat der Verkäufer auf eigene Gefahr und Kosten die Ausfuhrgenehmigung oder andere behördliche Genehmigungen zu beschaffen sowie alle Zollformalitäten zu erledigen, die für die Ausfuhr der Ware erforderlich sind.

A3. Beförderungs- und Versicherungsverträge

a. Beförderungsvertrag
Der Verkäufer muss einen Vertrag über die Beförderung der Ware von der gegebenenfalls vereinbarten Lieferstelle am Lieferort bis zum benannten Bestimmungshafen oder einer gegebenenfalls vereinbarten Stelle in diesem Hafen abschließen oder verschaffen. Der Beförderungsvertrag muss zu den üblichen Bedingungen auf Kosten des Verkäufers abgeschlossen werden und die Beförderung auf der üblichen Route mit einem Schiff der Bauart gewährleisten, die normalerweise für den Transport der verkauften Warenart verwendet wird.

b. Versicherungsvertrag
Der Verkäufer hat gegenüber dem Käufer keine Verpflichtung, einen Versicherungsvertrag abzuschließen. Jedoch hat der Verkäufer dem Käufer auf dessen Verlangen, Gefahr und (gegebenenfalls entstehende) Kosten jene Informationen zur Verfügung zu stellen, die der Käufer für den Abschluss einer Versicherung benötigt.

A4. Lieferung

Der Verkäufer hat die Ware zu liefern, entweder, indem er sie an Bord des Schiffs verbringt oder indem er die so gelieferte Ware verschafft. In beiden Fällen hat der Verkäufer die Ware zum vereinbarten Zeitpunkt oder innerhalb des vereinbarten Zeitraums und in der im Hafen üblichen Weise zu liefern.

A5. Gefahrenübergang

Der Verkäufer trägt bis zur Lieferung gemäß A4 alle Gefahren des Verlustes oder der Beschädigung der Ware, mit Ausnahme von Verlust oder Beschädigung unter den in B5 beschriebenen Umständen.

A6. Kostenverteilung

Der Verkäufer hat zu tragen

a. alle die Ware betreffenden Kosten bis diese gemäß A4 geliefert worden ist, ausgenommen solcher Kosten, die wie in B6 vorgesehen vom Käufer zu tragen sind;
b. die Fracht und alle anderen aus A3 a entstehenden Kosten einschließlich der Kosten für die Verladung der Ware an Bord und aller Entladekosten im vereinbarten Entladehafen, die nach dem Beförderungsvertrag vom Verkäufer zu tragen sind; und
c. falls zutreffend, die Kosten der für die Ausfuhr notwendigen Zollformalitäten sowie alle Zölle, Steuern und andere Abgaben, die bei der Ausfuhr fällig werden, und die Kosten für die Durchfuhr der Ware durch jedes Land, soweit diese nach dem Beförderungsvertrag vom Verkäufer zu tragen sind.

Hopt 1937

(6) Incoterms 10. CFR

A7. Benachrichtigungen an den Käufer

Der Verkäufer hat den Käufer über alles Nötige zu benachrichtigen, damit dieser die üblicherweise notwendigen Maßnahmen zur Übernahme der Ware treffen kann.

A8. Transportdokument

Der Verkäufer hat auf eigene Kosten dem Käufer unverzüglich das übliche Transportdokument für den vereinbarten Bestimmungshafen zur Verfügung zu stellen.

Dieses Transportdokument muss über die vertragliche Ware lauten, ein innerhalb der für die Verschiffung vereinbarten Frist liegendes Datum tragen, den Käufer berechtigen, die Herausgabe der Ware im Bestimmungshafen von dem Frachtführer zu verlangen und, sofern nichts anderes vereinbart wurde, es dem Käufer ermöglichen, die Ware während des Transports an einen nachfolgenden Käufer durch Übertragung des Dokuments oder durch Mitteilung an den Frachtführer zu verkaufen.

Wird ein solches Transportdokument als begebbares Dokument und in mehreren Originalen ausgestellt, muss ein vollständiger Satz von Originalen dem Käufer übergeben werden.

A9. Prüfung – Verpackung – Kennzeichnung

Der Verkäufer hat die Kosten jener Prüfvorgänge (wie Qualitätsprüfung, Messen, Wiegen und Zählen), die notwendig sind, um die Ware gemäß A4 zu liefern, sowie die Kosten für alle von den Behörden des Ausfuhrlandes angeordneten Warenkontrollen vor der Verladung (pre-shipment inspection) zu tragen.

Der Verkäufer hat auf eigene Kosten die Ware zu verpacken, sofern es nicht handelsüblich ist, die jeweilige Art der verkauften Ware unverpackt zu transportieren. Der Verkäufer kann die Ware in der Weise verpacken, die für ihren Transport angemessen ist, es sei denn, der Käufer hat den Verkäufer über spezifische Verpackungsanforderungen vor Vertragsschluss in Kenntnis gesetzt. Die Verpackung ist in geeigneter Weise zu kennzeichnen.

A10. Unterstützung bei Informationen und damit verbundene Kosten

Der Verkäufer hat, falls zutreffend, dem Käufer auf dessen Verlangen, Gefahr und Kosten rechtzeitig alle Dokumente und Informationen, einschließlich sicherheitsrelevanter Informationen, die der Käufer für die Einfuhr der Ware und/oder für ihren Transport bis zum endgültigen Bestimmungsort benötigt, zur Verfügung zu stellen oder ihn bei deren Beschaffung zu unterstützen.

Der Verkäufer hat dem Käufer alle Kosten und Abgaben zu erstatten, die dem Käufer durch das Zurverfügungstellen oder die Unterstützung bei der Beschaffung der in B10 vorgesehenen Dokumente und Informationen entstanden sind.

B. Verpflichtungen des Käufers

B1. Allgemeine Verpflichtungen des Käufers

Der Käufer hat den im Kaufvertrag genannten Preis der Ware zu zahlen.

Jedes Dokument, auf das in B1–B10 Bezug genommen wird, kann auch ein entsprechender elektronischer Beleg oder ein entsprechendes elektronisches Verfahren sein, wenn dies zwischen den Parteien vereinbart oder üblich ist.

IV. AGB und Vertragsklauseln   10. CFR   **Incoterms (6)**

B2. Lizenzen, Genehmigungen, Sicherheitsfreigaben und andere Formalitäten

Falls zutreffend, obliegt es dem Käufer, auf eigene Gefahr und Kosten die Einfuhrgenehmigung oder andere behördliche Genehmigungen zu beschaffen sowie alle Zollformalitäten für die Einfuhr der Ware und für ihre Durchfuhr durch jedes Land zu erledigen.

B3. Beförderungs- und Versicherungsverträge

a. Beförderungsvertrag
   Der Käufer hat gegenüber dem Verkäufer keine Verpflichtung, einen Beförderungsvertrag abzuschließen.
b. Versicherungsvertrag
   Der Käufer hat gegenüber dem Verkäufer keine Verpflichtung, einen Versicherungsvertrag abzuschließen. Allerdings hat der Käufer dem Verkäufer auf dessen Verlangen die notwendigen Informationen für den Abschluss einer Versicherung zur Verfügung zu stellen.

B4. Übernahme

Der Käufer muss die Ware übernehmen, wenn sie wie in A4 vorgesehen geliefert worden ist, und sie von dem Frachtführer im benannten Bestimmungshafen entgegennehmen.

B5. Gefahrenübergang

Der Käufer trägt alle Gefahren des Verlustes oder der Beschädigung der Ware ab dem Zeitpunkt, an dem sie wie in A4 vorgesehen geliefert worden ist.

Falls der Käufer es unterlässt, gemäß B7 zu benachrichtigen, trägt er alle Gefahren des Verlustes oder der Beschädigung der Ware ab dem für die Verschiffung vereinbarten Zeitpunkt oder ab Ablauf der hierfür vereinbarten Frist, vorausgesetzt, die Ware ist eindeutig als die vertragliche Ware kenntlich gemacht worden.

B6. Kostenverteilung

Der Käufer hat, vorbehaltlich der Bestimmungen in A3 a, zu tragen

a. alle die Ware betreffenden Kosten ab dem Zeitpunkt, an dem sie wie in A4 vorgesehen geliefert worden ist, ausgenommen, falls zutreffend, die Kosten der für die Ausfuhr notwendigen Zollformalitäten sowie alle Zölle, Steuern und andere in A6 c genannte Abgaben, die bei der Ausfuhr fällig werden;
b. alle die Ware betreffenden Kosten und Abgaben während des Transports bis zu ihrer Ankunft im Bestimmungshafen, es sei denn, solche Kosten und Abgaben gehen gemäß dem Beförderungsvertrag zu Lasten des Verkäufers;
c. die Entladekosten, einschließlich Kosten für Leichterung und Kaigebühren, es sei denn, diese Kosten und Abgaben sind nach dem Beförderungsvertrag vom Verkäufer zu tragen;
d. alle zusätzlichen Kosten, die entstehen, sollte er die Benachrichtigung gemäß B7 unterlassen, ab dem für die Verschiffung vereinbarten Zeitpunkt oder ab Ablauf der hierfür vereinbarten Frist, vorausgesetzt, die Ware ist eindeutig als die vertragliche Ware kenntlich gemacht worden; und
e. falls zutreffend, alle Zölle, Steuern und andere Abgaben sowie die Kosten der Zollformalitäten, die bei der Einfuhr der Ware und, soweit nicht im Beförderungsvertrag enthalten, bei ihrer Durchfuhr durch jedes Land anfallen.

B7. Benachrichtigungen an den Verkäufer

Wann immer der Käufer berechtigt ist, den Zeitpunkt für die Verschiffung der Ware und/oder die Stelle für die Entgegennahme der Ware innerhalb des

(6) Incoterms 10. CFR   2. Teil. Handelsrechtl. Nebengesetze

benannten Bestimmungshafens zu bestimmen, hat er den Verkäufer in angemessener Weise darüber zu benachrichtigen.

B8. Liefernachweis

Der Käufer hat das wie in A8 vorgesehen zur Verfügung gestellte Transportdokument anzunehmen, wenn dieses mit dem Vertrag übereinstimmt.

B9. Prüfung der Ware

Der Käufer hat die Kosten für jede vor der Verladung zwingend erforderliche Warenkontrolle (pre-shipment inspection) zu tragen, mit Ausnahme behördlich angeordneter Kontrollen des Ausfuhrlandes.

B10. Unterstützung bei Informationen und damit verbundene Kosten

Der Käufer hat dem Verkäufer rechtzeitig alle sicherheitsrelevanten Informationsanforderungen mitzuteilen, so dass der Verkäufer die Verpflichtungen entsprechend A10 erfüllen kann.

Der Käufer hat dem Verkäufer alle Kosten und Abgaben zu erstatten, die dem Verkäufer durch das Zurverfügungstellen oder die Unterstützung bei der Beschaffung der Dokumente und Informationen wie in A10 vorgesehen entstanden sind.

Der Käufer hat, falls zutreffend, dem Verkäufer rechtzeitig auf dessen Verlangen, Gefahr und Kosten alle Dokumente und Informationen, einschließlich sicherheitsrelevanter Informationen, die der Verkäufer für den Transport und die Ausfuhr der Ware sowie für ihre Durchfuhr durch jedes Land benötigt, zur Verfügung zu stellen oder ihn bei deren Beschaffung zu unterstützen.

1) Vertragstyp

1   „CFR Kosten und Fracht" (früher „C & F", C und F, C + F, so vielfach noch in der Praxis, aber missverständlich) sieht vor, dass der Verkäufer die Ware an Bord des Schiffs liefert oder die bereits so gelieferte Ware verschafft; ist die Ware dort, geht die Gefahr über. Der Verkäufer schließt den Beförderungsvertrag ab und trägt Kosten und Fracht der Beförderung der Ware bis zum Bestimmungshafen. „CFR Kosten und Fracht" steht nicht nur in der Reihung (Nr 10), sondern auch inhaltlich zwischen „FOB" (s Nr 9) und „CIF" (s Nr 11). **Bis auf Versicherungspflicht**, nämlich der Pflicht des Verkäufers zum Abschluss einer Seeversicherung („CIF A 3 b") ist „CFR" **wort- und deckungsgleich mit „CIF", deshalb Kommentierung insoweit nur dort**. Man kann aber „CFR" auch als „FOB plus reguläre Fracht" bezeichnen, Bredow/Seiffert 1. „CFR" wird nur dann gebraucht, wenn das Importland den Abschluss einer einheimischen Versicherung verlangt. „CFR" ist eine Klausel, die nur für das Überseegeschäft, also den See- und Binnenschiffstransport vorgesehen ist (Einl vor Incoterms Rn 19), wird aber auch für andere Transportarten verwandt (aber Einl vor Incoterms Rn 40, 43). Zu den Problemen beim Containerverkehr und vor allem beim Lufttransport s CIF Nr 11 Rn 1.

2) Verkäufer- und Käuferpflichten

2   **Vertragskonforme Bereitstellung** und **Kaufpreiszahlung** (A 1/B 1, wie bei EXW Nr 1 Rn 2). Gleichstellung von elektronischen Belegen (A 1 II/B 1 II, s Einl vor Incoterms Rn 37). – **Ausfuhr- und Einfuhrgenehmigungen** (A 2/B 2) wie bei CIF s Nr 11 Rn 3. – **Beförderungsvertrag** (A 3 lit a/B 3 lit a) wie bei CIF s Nr 11 Rn 4. **Kein Versicherungsvertrag** (A 3 lit b/B 3 lit b), insoweit anders als bei CIF s Nr 11, s Rn 1. – **Lieferung und Übernahme** an Bord des Schiffes (A 4/B 4) wie CIF s Nr 11 Rn 6. – **Gefahrübergang** tritt mit **Lieferung an Bord des Schiffes** ein (A 5 mit A 4), Abweichung von Incoterms 2000, s CIF Nr 11 Rn 7. – **Kostenverteilung** nach A 6/B 6 wie bei

IV. AGB und Vertragsklauseln   **11. CIF   Incoterms (6)**

CIF s Nr 11 Rn 8 mit Ausnahme der Versicherung. – **Benachrichtigungen** (A 7/ B 7) wie bei FOB s Nr 11 Rn 9. – **Transportdokument** und **Liefernachweis** (A 8/ B 8) wie bei CIF s Nr 11 Rn 10. – **Prüfung, Verpackung, Kennzeichnung** (A 9/B 9) und **Unterstützung bei Informationen** (A 10/B 10) s bei CIF Nr 11 Rn 11–13.

11) CIF Kosten, Versicherung und Fracht

CIF
KOSTEN, VERSICHERUNG UND FRACHT
(... benannter Bestimmungshafen)
ANWENDUNGSHINWEIS

Diese Klausel ist ausschließlich für den See- und Binnenschiffstransport geeignet.

„Kosten, Versicherung und Fracht" bedeutet, dass der Verkäufer die Ware an Bord des Schiffs liefert oder die bereits so gelieferte Ware verschafft. Die Gefahr des Verlustes oder der Beschädigung der Ware geht über, wenn die Ware an Bord des Schiffs ist. Der Verkäufer hat den Beförderungsvertrag abzuschließen sowie die Kosten und Fracht zu tragen, die für die Beförderung der Ware zum benannten Bestimmungshafen erforderlich sind.

Der Verkäufer schließt auch einen Versicherungsvertrag gegen die vom Käufer getragene Gefahr des Verlustes oder der Beschädigung der Ware während des Transports ab. Der Käufer sollte beachten, dass gemäß der CIF-Klausel der Verkäufer nur verpflichtet ist, eine Versicherung mit Mindestdeckung abzuschließen. Wünscht der Käufer einen höheren Versicherungsschutz, wird er dies entweder ausdrücklich mit dem Verkäufer vereinbaren oder eigene zusätzliche Versicherungsvorkehrungen treffen müssen.

Werden die Klauseln CPT, CIP, CFR oder CIF verwendet, erfüllt der Verkäufer seine Lieferpflicht, sobald er die Ware dem Frachtführer in der nach der gewählten Klausel bestimmten Weise übergibt und nicht, wenn die Ware den Bestimmungsort erreicht.

Diese Klausel beinhaltet zwei kritische Punkte, da Gefahren- und Kostenübergang an verschiedenen Orten stattfinden. Während der Vertrag in jedem Fall den Bestimmungshafen angibt, muss er nicht den Verschiffungshafen angeben. Dort allerdings geht die Gefahr auf den Käufer über. Falls der Verschiffungshafen für den Käufer von besonderer Bedeutung ist, sind die Parteien gut beraten, diesen im Vertrag so genau wie möglich zu bezeichnen.

Die Parteien sind gut beraten, die Stelle im vereinbarten Bestimmungshafen so genau wie möglich zu bezeichnen, da die Kosten bis zu dieser Stelle zu Lasten des Verkäufers gehen. Dem Verkäufer wird geraten, mit dieser Wahl genau übereinstimmende Beförderungsverträge zu verschaffen. Entstehen dem Verkäufer nach seinem Beförderungsvertrag Kosten im Zusammenhang mit der Entladung an der bestimmten Stelle im Bestimmungshafen, dann ist der Verkäufer nicht berechtigt, diese Kosten vom Käufer zurückzufordern, sofern nichts anderes zwischen den Parteien vereinbart ist.

Der Verkäufer ist verpflichtet, die Ware entweder an Bord des Schiffs zu liefern oder bereits so für die Verschiffung an den Bestimmungsort gelieferte Ware zu verschaffen. Zusätzlich ist der Verkäufer verpflichtet, entweder einen Beförderungsvertrag abzuschließen oder einen solchen Vertrag zu verschaffen. Der Hinweis „zu verschaffen" bezieht sich hier auf mehrere hintereinander geschaltete Verkäufe in einer Verkaufskette („string sales"), die insbesondere im Rohstoffhandel vorkommen.

CIF kann ungeeignet sein, wenn die Ware dem Frachtführer übergeben wird, bevor sie sich auf dem Schiff befindet, z. B. bei containerisierter Ware, welche üblicherweise am Terminal geliefert wird. In derartigen Fällen sollte die CIP-Klausel verwendet werden.

CIF verpflichtet den Verkäufer, falls zutreffend, die Ware zur Ausfuhr freizumachen. Jedoch hat der Verkäufer keine Verpflichtung, die Ware zur Einfuhr freizumachen, Einfuhrzölle zu zahlen oder Einfuhrzollformalitäten zu erledigen.

A. Verpflichtungen des Verkäufers

A1. Allgemeine Verpflichtungen des Verkäufers

Der Verkäufer hat die Ware und die Handelsrechnung in Übereinstimmung mit dem Kaufvertrag bereitzustellen und jeden sonstigen vertraglich vereinbarten Konformitätsnachweis zu erbringen.

Jedes Dokument, auf das in A1–A10 Bezug genommen wird, kann auch ein entsprechender elektronischer Beleg oder ein entsprechendes elektronisches Verfahren sein, wenn dies zwischen den Parteien vereinbart oder üblich ist.

A2. Lizenzen, Genehmigungen, Sicherheitsfreigaben und andere Formalitäten

Falls zutreffend, hat der Verkäufer auf eigene Gefahr und Kosten die Ausfuhrgenehmigung oder andere behördliche Genehmigungen zu beschaffen sowie alle Zollformalitäten zu erledigen, die für die Ausfuhr der Ware erforderlich sind.

A3. Beförderungs- und Versicherungsverträge

a. Beförderungsvertrag
Der Verkäufer muss einen Vertrag über die Beförderung der Ware von der gegebenenfalls vereinbarten Lieferstelle am Lieferort bis zum benannten Bestimmungshafen oder einer gegebenenfalls vereinbarten Stelle in diesem Hafen abschließen oder verschaffen. Der Beförderungsvertrag ist zu den üblichen Bedingungen auf Kosten des Verkäufers abzuschließen und hat die Beförderung auf der üblichen Route mit einem Schiff der Bauart zu gewährleisten, die normalerweise für den Transport der verkauften Warenart verwendet wird.

b. Versicherungsvertrag
Der Verkäufer hat auf eigene Kosten eine Transportversicherung abzuschließen, die zumindest der Mindestdeckung gemäß den Klauseln (C) der Institute Cargo Clauses (LMA/IUA) oder ähnlichen Klauseln entspricht. Die Versicherung ist bei Einzelversicherern oder Versicherungsgesellschaften mit einwandfreiem Leumund abzuschließen und muss den Käufer oder jede andere Person mit einem versicherbaren Interesse an der Ware berechtigen, Ansprüche direkt bei dem Versicherer geltend zu machen.

Der Verkäufer muss auf Verlangen und Kosten des Käufers, vorbehaltlich der durch den Käufer zur Verfügung gestellten vom Verkäufer benötigten Informationen, zusätzliche Deckung, falls erhältlich, beschaffen, wie z. B. Deckung entsprechend den Klauseln (A) oder (B) der Institute Cargo Clauses (LMA/IUA) oder ähnlichen Klauseln und/oder der Institute War Clauses und/oder der Institute Strikes Clauses (LMA/IUA) oder ähnlichen Klauseln.

Die Versicherung muss zumindest den im Vertrag genannten Preis zuzüglich zehn Prozent (d. h. 110 %) decken und in der Währung des Vertrags ausgestellt sein.

Der Versicherungsschutz muss die Ware ab der Lieferstelle, wie in A4 und A5 festgelegt, bis mindestens zum benannten Bestimmungshafen decken.

Der Verkäufer hat dem Käufer die Versicherungspolice oder einen sonstigen Nachweis über den Versicherungsschutz zu übermitteln.

IV. AGB und Vertragsklauseln 11. CIF **Incoterms (6)**

Ferner hat der Verkäufer dem Käufer auf dessen Verlangen, Gefahr und (gegebenenfalls entstehende) Kosten jene Informationen zur Verfügung zu stellen, die der Käufer für den Abschluss einer zusätzlichen Versicherung benötigt.

A4. Lieferung

Der Verkäufer hat die Ware zu liefern, entweder, indem er sie an Bord des Schiffs verbringt oder indem er die so gelieferte Ware verschafft. In beiden Fällen hat der Verkäufer die Ware zum vereinbarten Zeitpunkt oder innerhalb des vereinbarten Zeitraums und in der im Hafen üblichen Weise zu liefern.

A5. Gefahrenübergang

Der Verkäufer trägt bis zur Lieferung gemäß A4 alle Gefahren des Verlustes oder der Beschädigung der Ware, mit Ausnahme von Verlust oder Beschädigung unter den in B5 beschriebenen Umständen.

A6. Kostenverteilung

Der Verkäufer hat zu tragen

a. alle die Ware betreffenden Kosten bis diese gemäß A4 geliefert worden ist, ausgenommen solcher Kosten, die wie in B6 vorgesehen vom Käufer zu tragen sind;
b. die Fracht und alle anderen aus A3 a entstehenden Kosten einschließlich der Kosten für die Verladung der Ware an Bord und alle Entladekosten im vereinbarten Entladehafen, die nach dem Beförderungsvertrag vom Verkäufer zu tragen sind;
c. die aus A3 b resultierenden Kosten für die Versicherung; und
d. falls zutreffend, die Kosten der für die Ausfuhr notwendigen Zollformalitäten sowie alle Zölle, Steuern und andere Abgaben, die bei der Ausfuhr fällig werden, und die Kosten für die Durchfuhr der Ware durch jedes Land, soweit diese nach dem Beförderungsvertrag vom Verkäufer zu tragen sind.

A7. Benachrichtigungen an den Käufer

Der Verkäufer hat den Käufer über alles Notige zu benachrichtigen, damit dieser die üblicherweise notwendigen Maßnahmen zur Übernahme der Ware treffen kann.

A8. Transportdokument

Der Verkäufer hat auf eigene Kosten dem Käufer unverzüglich das übliche Transportdokument für den vereinbarten Bestimmungshafen zur Verfügung zu stellen.

Dieses Transportdokument muss über die vertragliche Ware lauten, ein innerhalb der für die Verschiffung vereinbarten Frist liegendes Datum tragen, den Käufer berechtigen, die Herausgabe der Ware im Bestimmungshafen von dem Frachtführer zu verlangen und, sofern nichts anderes vereinbart wurde, es dem Käufer ermöglichen, die Ware während des Transports an einen nachfolgenden Käufer durch Übertragung des Dokuments oder durch Mitteilung an den Frachtführer zu verkaufen.

Wird ein solches Transportdokument als begebbares Dokument und in mehreren Originalen ausgestellt, muss ein vollständiger Satz von Originalen dem Käufer übergeben werden.

A9. Prüfung – Verpackung – Kennzeichnung

Der Verkäufer hat die Kosten jener Prüfvorgänge (wie Qualitätsprüfung, Messen, Wiegen und Zählen), die notwendig sind, um die Ware gemäß A4 zu liefern, sowie die Kosten für alle von den Behörden des Ausfuhrlandes an-

(6) Incoterms 11. CIF

geordneten Warenkontrollen vor der Verladung (pre-shipment inspection) zu tragen.

Der Verkäufer hat auf eigene Kosten die Ware zu verpacken, es sei denn, es ist handelsüblich, die jeweilige Art der verkauften Ware unverpackt zu transportieren. Der Verkäufer kann die Ware in der für ihren Transport geeigneten Weise verpacken, es sei denn, der Käufer hat den Verkäufer vor Vertragsschluss über spezifische Verpackungsanforderungen in Kenntnis gesetzt. Die Verpackung ist in geeigneter Weise zu kennzeichnen.

A10. Unterstützung bei Informationen und damit verbundene Kosten

Der Verkäufer hat, falls zutreffend, dem Käufer auf dessen Verlangen, Gefahr und Kosten rechtzeitig alle Dokumente und Informationen, einschließlich sicherheitsrelevanter Informationen, die der Käufer für die Einfuhr der Ware und/oder für ihren Transport bis zum endgültigen Bestimmungsort benötigt, zur Verfügung zu stellen oder ihn bei deren Beschaffung zu unterstützen.

Der Verkäufer hat dem Käufer alle Kosten und Abgaben zu erstatten, die dem Käufer durch das Zurverfügungstellen oder die Unterstützung bei der Beschaffung der in B10 vorgesehenen Dokumente und Informationen entstanden sind.

B. Verpflichtungen des Käufers

B1. Allgemeine Verpflichtungen des Käufers

Der Käufer hat den im Kaufvertrag genannten Preis der Ware zu zahlen.

Jedes Dokument, auf das in B1–B10 Bezug genommen wird, kann auch ein entsprechender elektronischer Beleg oder ein entsprechendes elektronisches Verfahren sein, wenn dies zwischen den Parteien vereinbart oder üblich ist.

B2. Lizenzen, Genehmigungen, Sicherheitsfreigaben und andere Formalitäten

Falls zutreffend, obliegt es dem Käufer, auf eigene Gefahr und Kosten die Einfuhrgenehmigung oder andere behördliche Genehmigungen zu beschaffen sowie alle Zollformalitäten für die Einfuhr der Ware und für ihre Durchfuhr durch jedes Land zu erledigen.

B3. Beförderungs- und Versicherungsverträge

a. Beförderungsvertrag
Der Käufer hat gegenüber dem Verkäufer keine Verpflichtung, einen Beförderungsvertrag abzuschließen.

b. Versicherungsvertrag
Der Käufer hat gegenüber dem Verkäufer keine Verpflichtung, einen Versicherungsvertrag abzuschließen. Allerdings hat der Käufer dem Verkäufer auf dessen Verlangen alle für den Abschluss einer vom Käufer verlangten in A3 b vorgesehenen zusätzlichen Versicherung notwendigen Informationen zur Verfügung zu stellen.

B4. Übernahme

Der Käufer muss die Ware übernehmen, wenn sie wie in A4 vorgesehen geliefert worden ist, und sie von dem Frachtführer im benannten Bestimmungshafen entgegennehmen.

IV. AGB und Vertragsklauseln 11. CIF **Incoterms (6)**

B5. Gefahrenübergang

Der Käufer trägt alle Gefahren des Verlustes oder der Beschädigung der Ware ab dem Zeitpunkt, an dem sie wie in A4 vorgesehen geliefert worden ist.

Falls der Käufer es unterlässt, gemäß B7 zu benachrichtigen, trägt er alle Gefahren des Verlustes oder der Beschädigung der Ware ab dem für die Verschiffung vereinbarten Zeitpunkt oder ab Ablauf der hierfür vereinbarten Frist, vorausgesetzt, die Ware ist eindeutig als die vertragliche Ware kenntlich gemacht worden.

B6. Kostenverteilung

Der Käufer hat, vorbehaltlich der Bestimmungen in A3 a, zu tragen

a. alle die Ware betreffenden Kosten ab dem Zeitpunkt, an dem sie wie in A4 vorgesehen geliefert worden ist, ausgenommen, falls zutreffend, die Kosten der für die Ausfuhr notwendigen Zollformalitäten sowie alle Zölle, Steuern und andere in A6 d genannte Abgaben, die bei der Ausfuhr fällig werden;
b. alle die Ware betreffenden Kosten und Abgaben während des Transports bis zu ihrer Ankunft im Bestimmungshafen, es sei denn, solche Kosten und Abgaben gehen gemäß dem Beförderungsvertrag zu Lasten des Verkäufers;
c. die Entladekosten, einschließlich Kosten für Leichterung und Kaigebühren, es sei denn, diese Kosten und Abgaben sind nach dem Beförderungsvertrag vom Verkäufer zu tragen;
d. alle zusätzlichen Kosten, sollte er die Benachrichtigung gemäß B7 unterlassen, ab dem für die Verschiffung vereinbarten Zeitpunkt oder ab Ablauf der hierfür vereinbarten Frist, vorausgesetzt, die Ware ist eindeutig als die vertragliche Ware kenntlich gemacht worden;
e. falls zutreffend, alle Zölle, Steuern und andere Abgaben sowie die Kosten der Zollformalitäten, die bei der Einfuhr der Ware und, soweit nicht im Beförderungsvertrag enthalten, bei ihrer Durchfuhr durch jedes Land anfallen; und
f. die Kosten für jede zusätzlich auf Verlangen des Käufers gemäß A3 b und B3 b abgeschlossene Versicherung.

B7. Benachrichtigungen an den Verkäufer

Wann immer der Käufer berechtigt ist, den Zeitpunkt für die Verschiffung der Ware und/oder die Stelle für die Entgegennahme der Ware innerhalb des benannten Bestimmungshafens zu bestimmen, hat er den Verkäufer in angemessener Weise darüber zu benachrichtigen.

B8. Liefernachweis

Der Käufer hat das wie in A8 vorgesehen zur Verfügung gestellte Transportdokument anzunehmen, wenn dieses mit dem Vertrag übereinstimmt.

B9. Prüfung der Ware

Der Käufer hat die Kosten für jede vor der Verladung zwingend erforderliche Warenkontrolle (pre-shipment inspection) zu tragen, mit Ausnahme behördlich angeordneter Kontrollen des Ausfuhrlandes.

B10. Unterstützung bei Informationen und damit verbundene Kosten

Der Käufer hat dem Verkäufer rechtzeitig alle sicherheitsrelevanten Informationsanforderungen mitzuteilen, so dass der Verkäufer die Verpflichtungen entsprechend A10 erfüllen kann.

Der Käufer hat dem Verkäufer alle Kosten und Abgaben zu erstatten, die dem Verkäufer durch das Zurverfügungstellen oder die Unterstützung bei der

(6) Incoterms 11. CIF   2. Teil. Handelsrechtl. Nebengesetze

Beschaffung der Dokumente und Informationen wie in A10 vorgesehen entstanden sind.

Der Käufer hat, falls zutreffend, dem Verkäufer rechtzeitig auf dessen Verlangen, Gefahr und Kosten alle Dokumente und Informationen, einschließlich sicherheitsrelevanter Informationen, die der Verkäufer für den Transport und die Ausfuhr der Ware sowie für ihre Durchfuhr durch jedes Land benötigt, zur Verfügung zu stellen oder ihn bei deren Beschaffung zu unterstützen.

1) Vertragstyp

1   „CIF Kosten, Versicherung und Fracht" wie „CFR Kosten und Fracht" Nr 10, nur mit Versicherung. „CIF" und „FOB" (s Nr 9) sind die beiden verbreitetsten Vertragstypen des Überseekaufs. Beide werden deshalb ausführlicher als die anderen Incoterms kommentiert. Beides sind Versendungsgeschäfte. „CIF" sieht vor, dass der Verkäufer die Ware an Bord des Schiffs liefert; ist die Ware dort, geht die Gefahr über. Der Verkäufer schließt den Beförderungsvertrag ab und trägt Kosten und Fracht der Beförderung der Ware bis zum Bestimmungshafen. „CIF" ist eine Klausel, die nur für das Überseegeschäft, also den See- und Binnenschiffstransport vorgesehen ist (Einl vor Incoterms Rn 19), wird aber häufig auch für andere Transportarten vereinbart (aber Einl vor Incoterms Rn 40, 43). Während „FOB" ebenso wie „FAS" (s Nr 8) für den Containerverkehr ungeeignet ist (FOB Nr 9 Rn 1), ist „CIF" ebenso wie „CFR" (s Nr 10) auch dafür einsetzbar, denn bei „CIF" geht die Lieferpflicht nach dem Beförderungsvertrag weiter, nämlich bis zum benannten Bestimmungshafen (vgl dagegen „FOB" Verschiffungshafen, s Nr 9 Rn 1), allerdings ist Lieferung an Bord vorgesehen (insoweit wie bei „FOB"), was im Vertrag entsprechend angepasst werden muss; der Anwendungshinweis vor CIF empfiehlt deshalb die CIP-Klausel (s Nr 4). „CIF" kann aber vor allem für den Lufttransport Probleme aufwerfen, da der Verkäufer nicht direkt an Bord liefern kann und unterschiedliche Transportdokumente vorgesehen sind, dies mit der Folge, dass der Verkäufer seine Pflicht, eine negotiable bill of lading bzw sea waybill zu präsentieren, nicht erfüllen kann, was dem Käufer möglicherweise eine willkommene Gelegenheit zum Ausstieg aus dem Vertrag bieten kann, Ramberg 24; vorzuziehen sind deshalb „FCA" (s Nr 2) oder „CPT Frachtfrei" (s Nr 3). CIF ist wie alle C-Klauseln eine Zweipunktklausel (Einl vor Incoterms Rn 23).

2) Verkäufer- und Käuferpflichten

2   **Vertragskonforme Bereitstellung** der Waren und Handelsrechnung durch den Verkäufer und **Kaufpreiszahlung** durch den Käufer (A 1/B 1, wie bei EXW Nr 1 Rn 2). Gleichstellung von elektronischen Belegen (A 1 II/B 1 II, s Einl vor Incoterms Rn 37).

3   **Lizenzen, Genehmigungen, Sicherheitsfreigaben und andere Formalitäten,** insbesondere Ausfuhr- und Einfuhrgenehmigungen (A 2/B 2, wie bei „FOB", s Nr 9 Rn 4).

4   Transportdisposition, also **Beförderungsvertrag** (und Versicherungsvertrag, s Rn 5) sind Sache des Verkäufers (A 3 lit a), also nicht auch die Durchführung des Transports. Dabei muss der Verkäufer den Beförderungsvertrag entweder selbst abschließen oder jedenfalls für den Abschluss des Beförderungsvertrags sorgen (A 3 lit a: verschaffen, to procure a contract for the carriage of the goods, vgl FOB Nr 9 Rn 6; zu den Verkaufsketten (string sales) Incoterms® 2010 Einführung Hauptmerkmale Nr 9), zum Verkauf schwimmender Ware s Rn 7, Ramberg 31. Beförderung auf dem üblichen Weg (A 3 lit a), also je nachdem Direkttransport, Anlaufen von Zwischenhäfen oder sogar Umladung. Beförderung in der üblichen Weise betrifft die üblichen Bedingungen des Seefrachtvertrags, zB Haftungsausschluss, Umladungsvorbehalt. Ist danach Umladung üblich, kann Direkttransport durch Zusatzklausel „ohne Verladung"/„without transshipment" vereinbart werden.

5   **Versicherung:** Der Verkäufer hat auf eigene Kosten eine (See-)Transportversicherung abzuschließen (Güterversicherung, A 3 lit b; einziger Unterschied zu „CFR", s

1946   *Hopt*

IV. AGB und Vertragsklauseln 11. CIF **Incoterms (6)**

Nr 10). Zumindest Mindestdeckung gemäß den Klauseln (Clause C) der **Institute Cargo Clauses** (LMA/IUA; Lloyd's Market Association, Institute of London Underwriters und International Underwriting Association of London, nunmehr **Fassung 2009,** teilweise mißverständlich auch als ICC bezeichnet) oder ähnlichen Klauseln (zB deutsche DTV-Güter 2000/2008 des Gesamtverbands der Deutschen Versicherungswirtschaft eV). Die Versicherung muss den Käufer oder jede andere Person mit einem versicherbarem Interesse an der Ware berechtigen, Ansprüche direkt bei dem Versicherer geltend zu machen (A 3 lit b I Satz 2). Die Institute Cargo Clauses gibt es in drei Unterfassungen: A (all risks), B (named perils, nur die in der Police aufgeführten Risiken) und C (nur Mindestschutz bei Elementarereignissen wie Große Havarie, Feuer ua). Auf Verlangen und Kosten des Käufers muss der Verkäufer zusätzliche Deckung, falls erhältlich, beschaffen, wie zB Deckung nach den Clauses A oder B der Institute Cargo Clauses (LMA/IUA) oder ähnlichen Klauseln und/oder der Institute War Clauses und/oder der Institute Strikes Clauses (LMA/IUA) oder ähnlichen Klauseln (A 3 lit b II). Mindestversicherung in Höhe von 110% des Kaufpreises und in der Währung des Kaufvertrags (A 3 lit b III). Wünscht der Käufer höhere Deckung, etwa beim Kauf schwimmender Ware bzw von Ware in Transit, muss er das mit dem Verkäufer besonders vereinbaren oder sich selbst versichern (Anwendungshinweis vor CIF). Umfang der Versicherungspflicht nach aF s Düss IPRax **82**, 101. Zu den Institute Cargo Clauses Bredow/Seiffert 4f, Graf von Bernstorff Rn 129, 427, Ramberg 55. Zur Versicherungspraxis s Ehlers/Luttmer VersPr **82**, 143, 177, Nielsen ZIP **84**, 248. Zu der P & I-Versicherung der Verfrachter (Haftpflichtversicherung) Graf von Bernstorff Rn 222.

Lieferung und **Übernahme** (A 4/B 4). **Lieferung,** indem der Verkäufer die Ware 6 entweder an Bord des Schiffes verbringt oder indem er die so gelieferte Ware verschafft (A 4). Letzteres betrifft den Verkauf „schwimmender Ware", Zwilling-Pinna BB **20**, 2982. Teillieferung ist nicht vorgesehen. Wenn keine Lieferzeit vereinbart ist, ist innerhalb angemessener Frist zu verladen. Nichteinhaltung der Lieferzeit nach A 4 wie bei „FOB", also nach HdlBrauch idR Fixgeschäft, str (s „FOB" Nr 9 Rn 6). Jede zeitliche Verpflichtung muss sich auf den Verschiffungs- oder Versandort beziehen, sonst kann der Absende- zum Ankunftsvertrag werden (Incoterms 2000 Einl 9.3). „CFR Hamburg spätestens bis..." ist nicht eindeutig, Ramberg 54, entweder Ankunftsvertrag oder Pflicht des Verkäufers, so rechtzeitig zu verladen, dass die Ware unter normalen Umständen rechtzeitig ankommt (Incoterms 2000 Einl 9.3). Konkretisierung der Gattungsschuld (Schickschuld) tritt mit Übergabe der Sache an die Transportperson (Lieferung nach A 4) ein; kommt es dazu mangels Benachrichtigung durch den Käufer nicht (B 7), genügt Absonderung bzw anderweitige Kenntlichmachung der Ware (vgl B 5 aE). **Übernahme:** Der Käufer muss die Waren, wenn sie wie in A 4 vorgesehen geliefert worden ist, übernehmen und sie von dem Frachtführer im benannten Bestimmungshafen entgegennehmen (B 4). Zur Abnahme nicht vertragsgerechter Ware ist der Käufer unter B 4 nicht verpflichtet.

(Preis-)**Gefahrübergang** nach A 5/B 5 wie bei „FOB" (s Nr 9 Rn 7), also nach 7 den **Incoterms® 2010** (anders als nach den Incoterms 2000, dort Überschreiten der Reling) grundsätzlich **Verbringung der Ware an Bord des Schiffs** im Verschiffungshafen (Kostentragung aber anders als bei FOB, s Rn 8, deshalb möglichst genaue Bezeichnung des Verschiffungshafens empfehlenswert, Anwendungshinweis vor CIF). CIF-Kauf „schwimmender" Ware (s Rn 3) ist nicht geregelt, sondern nach dem anwendbaren Recht zu beurteilen (Incoterms 2000 Einl 9.3), danach uU (Art 68 CISG, vgl Überbl 46 vor § 373 HGB) früherer Gefahrübergang, anders bei Kenntnis des Verkäufers vom Untergang, der Käufer ist durch Versicherung geschützt. „CIF, Zahlung gegen Dokumente nach Ankunft des Dampfers" regelt nur Zahlungszeitpunkt ohne Änderung des Gefahrübergangs, RG **87**, 135. Nicht transportfähige Ware wie bei „FCA" (s Nr 2 Rn 2 A 5/B 5).

Kostenverteilung nach A 6/B 6. Der Verkäufer trägt alle die Ware betreffenden 8 Kosten bis zur Lieferung (s Rn 6). Er hat insbesondere die eigentliche Fracht sowie die

(6) Incoterms 11. CIF

Kosten der Verladung der Ware an Bord und die Entladekosten im vereinbarten Entladungshafen, die nach dem Beförderungsvertrag vom Verkäufer zu tragen sind (so üblicherweise im Seefrachtgeschäft nach den liner terms, Graf von Bernstorff Rn 659), sowie die Kosten der Versicherung (A 6 lit a-d). Kostentragung (Bestimmungshafen) und Gefahrübergang (Verschiffungshafen, s Rn 7) fallen also wie bei allen C-Klauseln auseinander (Zweipunktklausel, s Rn 1). Die Parteien sollten wegen der Kostentragungsverteilung die Stelle im vereinbarten Bestimmungshafen möglichst genau bezeichnen; der Verkäufer tut gut daran, einen damit genau übereinstimmenden Beförderungsvertrag abzuschließen (Anwendungshinweis vor CIF). Bei „CIF landed" trägt der Verkäufer die Entladungskosten auf jeden Fall (schon nach Incoterms 1990), besser Klarstellung, zB „discharging costs until placing the goods on the quay for seller's account", Ramberg 43, oder überhaupt Absehen von solchen Zusatzvermerken (Incoterms 2000 Einl 9.3). Der Käufer trägt nach B 6, soweit nicht nach dem Beförderungsvertrag vom Verkäufer zu tragen, alle Mehrbelastungen, die nach vertragsgemäßer Lieferung (A 4) entstehen (B 6 lit a). Der Käufer trägt auch Umladekosten, die nicht zur vorgesehenen Reiseroute gehören, Bredow/Seiffert CFR 22. Vorgesehene Umladekosten auf dem Weg zum vereinbarten Bestimmungsort trägt nach dem Beförderungsvertrag der Verkäufer (A 6 lit b), anders wenn der Käufer Rechte aus einer Umladeklausel geltend macht, um unerwarteten Hindernissen zu entgehen, zB Eis, Stau, Arbeitsstörungen, Regierungsanordnungen, Krieg oder kriegsähnliche Zustände (Incoterms 2000 Einl 9.3), Grund: geht über den Abschluss des üblichen Beförderungsvertrags hinaus. Die Umladekosten sind in den Incoterms® 2010 ausführlicher als in den Incoterms 2000 geregelt. Zu den in den Besonderheiten des Seehandelstransports- und -rechts liegenden Gründen ausführlich Graf von Bernstorff Rn 133 ff (Umschlagsgebühren).

9 **Benachrichtigungen** an den Käufer (A7), an den Verkäufer (B 7).

10 **Transportdokument** und **Liefernachweis** (A 8/B 8; s Einl vor Incoterms Rn 36). Transportdokument des Verkäufers nach A 8, idR begebbares Konnossement oder nichtbegebbarer Seefrachtbrief. Statt Transportdokumenten in Papier können elektronische Verfahren vereinbart werden oder üblich sein (A 1 II/B 1 II, s oben). Dazu oft Individualvereinbarung (s „FOB" Nr 9 Rn 10), sonst ebenfalls übliches Transportdokument. Der Käufer, der gemäß CIF oder einer anderen C-Klausel bezahlt, muss beachten, dass nicht alle Transportdokumente Sperrfunktion gegen Absenderverfügungen enthalten, so aber zB Konnossement, ebenso Einheitliche Richtlinien für Seefrachtbriefe 1990 mit Verfügungsverzichtsklausel (Incoterms 2000 Einl 21). Nach Incoterms 1990 musste ein Exemplar des Chartervertrags übergeben werden, wenn das Transportdokument einen Hinweis auf einen solchen enthielt, das ist schon in den Incoterms 2000 entfallen. Gewichts- und Mankoklauseln (zB Ankunftsgewicht) regeln iZw nur Beweislast (für Verschiffungsgewicht). „Reine" Konnossemente s auch **(11)** ERA Art 32, nunmehr **(11)** ERA 600 (2007) Art 27. Der Käufer muss das wie in A 8 vorgesehen zur Verfügung gestellte Transportdokument annehmen, wenn dieses mit dem Vertrag übereinstimmt (B 8). Der Käufer muss Gelegenheit zur Prüfung der Dokumente erhalten, kann aber nicht Zahlung von Besichtigung der Ware abhängig machen (B 1, 8); Ausnahme Rechtsmissbrauch, str (vgl **(7)** Bankgeschäfte Rn K/20).

11 **Prüfungspflicht** für beide Teile, aber mit unterschiedlichem Inhalt (A 9 I/B 9; näher bei „FOB", s Nr 9 Rn 11). Die Prüfung nach B 9 betrifft nicht die kaufrechtliche Untersuchungs- und Rügeobliegenheit (§ 377 HGB Rn 8, 10).

12 **Verpackung und Kennzeichnung** ist Pflicht des Verkäufers (A 9; näher bei „FOB", s Nr 9 Rn 12).

13 **Unterstützung bei Informationen und damit verbundene Kosten** beiderseits (A 10/B 10). Zu den sicherheitsrelevanten Informationen (A10/B10) näher bei „FOB", s Nr 9 Rn 13.

V. Bankgeschäfte (mit Börsen- und Kapitalmarktrecht)

(7) Bankgeschäfte

Schrifttum

a) Kommentare und Handbücher: BankrechtsHdb/*(Schimansky/Bunte/Lwowski)/(Bearbeiter)*, 2 Bde, 5. Aufl 2017. – BankrechtsKomm*LBS (Langenbucher/Bliesener/Spindler)/(Bearbeiter)* 2. Aufl 2016. – BuB (LBl). – *Bülow/Artz*, ZKG, Zahlungskontengesetz, 2017. – *Bunte*, AGB-Banken, AGB-Sparkassen, Sonderbedingungen, 4. Aufl 2015. – *Canaris*, Bankvertragsrecht, 2. Aufl 1981 (Sonderausgabe aus GroßKo III 3, 2. Bearbeitung), 1. Teil 3. Aufl 1988. – *Derl(eder)/Kno(ps)/Ba(mberger)/(Bearbeiter)* 2 Bde 3. Aufl 2017. – *Ebenroth(/Boujong/ Joost/Strohn)/(Thessinga/Grundmann ua)* Bd 2, 3. Aufl 2015 BankR I–IX. – *Heymann/Horn* Bd. 4, Anh § 372, 2. Aufl 2005. – *Hopt/Mülbert*, Kreditrecht (Sonderausgabe aus Staudinger) 1989. – *Josten*, Kreditvertragsrecht, 2. Aufl. 2017. – *Kümpel/Wittig/(Bearbeiter)* 4. Aufl 2011. – *Langenbucher/Bliesener/Spindler* s BankrechtsKomm*LBS.* – *Langenbucher/Gößmann/Werner* 2004 (Zahlungsverkehr). – *MüKo(HGB)/(Bearbeiter)* 3. Aufl Bd 6, 2014. Bankvertragsrecht, *MüKo/Hadding/Häuser/Haertlein/Nielsen/Welter* (Zahlungsverkehr A-J), *MüKo/Singhof* (Emissionsgeschäft), *MüKo/Nobbe/Zahrte* (Anlageberatung), *MüKo/Ekkenga* (Effektengeschäft), *MüKo/Einsele* (Depotgeschäft), *MüKo/Brink/Ferrari* (FactÜ). – *Park*, Kapitalmarktstrafrecht, 3. Aufl 2013. – *Schäfer/Sethe/Lang* 2012 (Informationspflichten). – *Schlegelberger/ Hefermehl* Bd IV, Anh § 365, 5. Aufl 1976. – *Staub/Grundmann* Bd 10/1 (Bankvertragsrecht I: Organisation und Kreditwesen, Bank-Kunden-Verhältnis) 2016 (zit 1/Anm, 2/ Anm); *Staub/Grundmann*, *Staub/Renner* Bd 10/2 (Bankvertragsrecht II: Commercial Banking: Zahlungs- und Kreditgeschäft) 2015 (Zahlungsgeschäft zit 3/Anm, Kreditgeschäft zit 4/ Anm); *Staub/Grundmann* Bd. 11/1 (Bankvertragsrecht: Investment Banking I, 5. und 6. Teil) 2017 (zit 5/Anm, 6 Anm). – *Welter/Lang*, Informationspflichten im Bankverkehr 2005.

b) Lehr- und Studienbücher: *Claussen/Erne/(Bearbeiter)* 5. Aufl 2014. – *Einsele* 2. Aufl 2010. – *Fischer/Klanten* 4. Aufl 2010. – *Langenbucher*, Aktien- und Kapitalmarktrecht, 4. Aufl. 2017. – *Lehmann*, Bank- und Kapitalmarktrecht, 2016 (Grundriss). – *Lenenbach*, Kapitalmarkt- und Kapitalmarktrecht, 4. Aufl 2010. – *Schwintowski* 4. Aufl 2016 (PdW).

c) Sonstige Beiträge: *Assmann/Schütze*, Hdb des Kapitalanlagerechts, 4. Aufl 2015. – *BrV*, Bankrechtstage seit 1990. – *Heermann*, Geld und Geldgeschäfte, 2003. – *Hopt*, Kapitalanlegerschutz im Recht der Banken, 1975. – *Hopt/Wohlmannstetter*, Hdb Corporate Governance von Banken, 2011. – *Hüffer/van Look*, Bankkonto, 4. Aufl 2000. – *Lang*, Informationspflichten bei WPDienstleistungen, 2003. – *Obermüller*, Insolvenzrecht in der Bankpraxis, 9. Aufl 2016. – *RWS*, Forum Bankrecht seit 1998 (RWSForum). – *K. Schmidt*, Geldrecht (Sonderausgabe aus Staudinger), 1997. – Staudinger/*Freitag*, Staudinger/*Mülbert*, Darlehensrecht 2015. – Staudinger/*Omlor*, §§ 244–248 (Geldrecht), 2016. – *Wernicke*, Privates Bankrecht im EG-Binnenmarkt, 1996. – *Habersack* Bankrechtstag 02, 3 (SMG). – *Nobbe* ZBB **09**, 93 (Verjährung im Bankrecht). – *Leuering* NJW **12**, 1905 (Neuordnung Prospekthaftung). – *Herresthal* FS Canaris II **17**, 869 (Sonderdogmatik im Bankvertragsrecht). **Muster:** *Hopt*, Vertrags- und Formularbuch zum Hdl-, Ges- und Bankrecht, 4. Aufl 2013, Teil IV.A-W (mit rund 190 Vertragsmustern, Vertragsbausteinen und Formularen zu den Bankgeschäften mit Börse und Kapitalmarkt). – *Schwark* ZHR 151 **(87)** 325. **RsprÜbersichten:** Aus den Senaten *Nobbe* 6. Aufl 1995, ErgänzungsBd 1999; *Grüneberg*, Bankenhaftung bei Kapitalanlagen, 2017; *Wiechers* WM **11**, 145 (XI ZS), **12**, 477, *Schlick* WM **11**, 154 (III ZS Kapitalanlagerecht), *Grüneberg* WM **17**, 1, 61 (XI ZR), Sonstige: BGHFSWissII/*Hadding/Schwark/ Hopt* **00**, 425, 455, 497 (Zahlungsverkehr; Börsenrecht; Kapitalmarktrecht mit Prospekthaftung); *Köndgen* NJW **92**, 2263, **96**, 558, **00**, 468 (Bankkreditrecht), **04**, 1288; *Oechsler* NJW **05**, 1406, **06**, 1399, **07**, 1418; *Wiechers* WM **11**, 145, **13**, 341, **14**, 145, **15**, 457; *Stackmann* NJW **14**, 2403, **15**, 2387, **16**, 213, 2387, **17**, 205, 2383 (Bankrecht, Kapitalanlagerecht); *von Bonin/Glos* WM **14**, 1653, **15**, 2257 (EuRspr). Weiteres Schrifttum und Rspr s bei den einzelnen Bankgeschäften.

AGB s (8) AGB-Banken, **(8a)** AGB-Spark.

Börsenrecht s vor (14) BörsG

Kapitalmarktrecht und WpHG s vor Rn Q/1 und vor (16) WpHG

(7) BankGesch

2. Teil. Handelsrechtl. Nebengesetze

Übersicht

1. Kap: Bankvertrag und Geschäftsverbindung	A/1–60
A. Grundlagen des Bankrechts	A/1–60
1) HGB und Bankgeschäfte	A/1–3
2) KWG und Bankgeschäfte	A/4, 5
3) Bankvertrag, Geschäftsverbindung, AGB	A/6–8
4) Bankgeheimnis	A/9–13
5) Bankauskünfte	A/14, 15
6) Informationspflicht: Wissenszurechnung; Aufklärungs-, Warn- und Beratungspflichten	A/16–29
7) Haftung gegenüber Dritten	A/30–35
8) Konto	A/36–52
9) Datenschutz bei Bankgeschäften	A/53–55
10) Verfahrensrecht (Ombudsmann) Einlagensicherung, Anlegerentschädigung, Insolvenz	A/56–59
11) Internationales Bankvertragsrecht	A/60
2. Kap: Passivgeschäft, insbesondere Einlagengeschäft	B/1–6
B. Einlagengeschäft	B/1–6
1) Rechtliche Qualifikation	B/1–2
2) Rückzahlung der Einlagen, insbesondere Spareinlagen	B/3–6
A. Rückzahlung	B/3
B. Rückzahlung an Nichtberechtigte (§§ 362, 808 BGB)	B/4
C. Pfändung	B/6
3. Kap: Bargeldloser Zahlungsverkehr	C/1–F/67
C. Das neue Recht des Zahlungsverkehrs, insbesondere Zahlungsdienste	C/1–110
1) EU-basiertes Recht für den Zahlungsverkehr, insbesondere Giroüberweisung, Lastschrift und Bankkunden-Karte	C/1–C/19
A. EU-Zahlungsdiensterichtlinie II von 2015 und Umsetzung	C/1
B. Zahlungsverkehr und Zahlungsdienste	C/6
C. Regelungstechnik der §§ 675c–676c BGB	C/12
D. Überweisungen im europäischen Zahlungsraum (SEPA-Überweisungen)	C/18
2) Rechtliche Qualifikation, Abschluss und Kündigung des Giro- bzw Zahlungsdiensterahmenvertrags	C/20–32
A. Girogeschäft, Bedingungen für den Überweisungsverkehr 2009	C/20
B. Girovertrag als Zahlungsdiensterahmenvertrag	C/25
C. Abschluss, Änderung und Kündigung des Giro- bzw. des Zahlungsdiensterahmenvertrags	C/30
3) Das Rechtsverhältnis zwischen den Banken und dem Überweisenden (Deckungsverhältnis)	C/33–82
A. Überweisungsauftrag und Autorisierung	C/33
B. Rechte und Pflichten der Bank	C/41
C. Rechte und Pflichten des Überweisenden (§ 675l BGB), keine Rechte des Überweisungsempfängers	C/52
D. Mängel der Überweisungsanweisung, Haftung des Zahlungsdienstleisters (§§ 675u–675z, 676–676c BGB)	C/54
4) Das Rechtsverhältnis zwischen den Banken beim mehrgliedrigen Überweisungsverkehr (Interbankenverhältnis)	C/83–88
A. Rechtliche Qualifikation, kein Zahlungsdienst zwischen Teilnehmern von Zahlungssystemen (§ 2 I Nr 7 ZAG)	C/83
B. Regelung des Zahlungsabwicklungssystems	C/84

V. Bankgeschäfte   **BankGesch (7)**

                                                                    Rn
   C. Haftung des Zahlungsdienstleisters für Verschulden
      einer zwischengeschalteten Stelle (§ 675z S 3
      BGB) C/85
   D. Ausgleichsanspruch zwischen Zahlungsdienstleis-
      tern oder zwischengeschalteten Stellen (§ 676a
      BGB), sonstige Ansprüche C/86
   5) Das Rechtsverhältnis zwischen der Bank bzw den Ban-
      ken und dem Überweisungsempfänger (Inkasso- oder
      Ausführungsverhältnis) C/89–105
      A. Vor Gutschrift C/89
      B. Nach Gutschrift C/91
      C. Bereicherungsausgleich bei Fehlüberweisung C/93
      D. Stornierung C/104
      E. Verrechnung... C/105
   6) Das Rechtsverhältnis zwischen dem Überweisenden
      und dem Überweisungsempfänger (Valutaverhältnis) .. C/106–110
      A. Zulässigkeit der Überweisung C/106
      B. Erfüllung C/107
      C. Rechtzeitigkeit C/108
      D. Gefahrtragung C/109
      E. Bereicherungsausgleich C/110
D. Lastschrift... D/1–60
   1) Neues Recht für die Lastschrift: SEPA-Lastschrift; For-
      men der Lastschrift D/1–D/5
      A. SEPA-VO 2012 und Zulässigkeit nur noch der
         SEPA-Lastschrift.. D/1
      B. Regeln für die Lastschrift D/2
      C. Halbzwingendes Recht, Ausnahmen (§ 675e
         BGB) D/5
   2) Rechtliche Qualifikation D/6–13
      A. Lastschriftverfahren D/6
      B. Formen der Lastschrift D/8
      C. Vier Vertragsverhältnisse bei der Lastschrift D/12
      D. Bedingungen für Zahlungen mittels SEPA-Last-
         schrift 2014 .... D/13
   3) Grundlagen, wesentliche Merkmale und Verfahrens-
      ablauf des SEPA-Basislastschriftverfahrens D/14–27
      A. Rechtsgrundlagen und wesentliche Merkmale D/14
      B. Kundenkennung... D/16
      C. SEPA-Basislastschriftmandat des Zahlungspflichti-
         gen D/17
      D. Maßnahmen des Zahlungsempfängers D/18
      E. Belastung des Zahlungskontos und Gutschrift D/20
      F. Widerruf und Ungültigwerden des SEPA-Last-
         schriftmandats; Kündigung des
         Zahlungsdiensterahmenvertrags D/23
   4) Das SEPA-Firmenlastschriftverfahren D/28–35
      A. Rechtgrundlagen und wesentliche Merkmale D/28
      B. Besonderheiten gegenüber dem SEPA-Basislast-
         schriftverfahren D/29
   5) Das Rechtsverhältnis zwischen den Banken und dem
      Lastschriftschuldner (Deckungsverhältnis) D/36–40
      A. Einlösungsanweisung, Autorisierung D/36
      B. Entgelt, Aufwendungsersatzanspruch D/37
      C. Erstattungsanspruch des Verbraucher-Schuldners .. D/38
      D. Unterschiede zum Deckungsverhältnis bei der frü-
         heren Einzugsermächtigungslastschrift............. D/38a
      E. Benachrichtigungspflicht der Bank D/39
      F. Mängel der Lastschriftanweisung, Haftung des Zah-
         lungsdienstleisters (§§ 675u–675z, 676–676c BGB)   D/40

                                        Hopt   1951

(7) BankGesch
2. Teil. Handelsrechtl. Nebengesetze

	Rn
6) Das Rechtsverhältnis zwischen den Banken (Interbankenverhältnis)	D/41–45
A. Rechtliche Qualifikation	D/41
B. SEPA-Lastschriftabkommen	D/42
C. Drittschutzwirkungen bzw Schutzpflichten aus Gesetz	D/44
D. Haftung aus § 826 BGB	D/45
7) Das Rechtsverhältnis zwischen den Banken und dem Lastschriftgläubiger (Inkasso- oder Ausführungsverhältnis)	D/46–D/55
A. Inkassovereinbarung	D/46
B. Bedingungen für den Lastschrifteinzug	D/47
C. Gutschrift	D/48
D. Rückbelastung	D/49
E. Bereicherungsausgleich bei fehlerhaften Lastschriften	D/50
8) Das Rechtsverhältnis zwischen dem Lastschriftschuldner und dem Lastschriftgläubiger (Valutaverhältnis)	D/56–60
A. Lastschriftabrede	D/56
B. Erfüllung	D/57
C. Rechtzeitigkeit (Verzögerungsgefahr)	D/58
D. Gefahrtragung (Verlustgefahr)	D/59
E. Bereicherungsausgleich im Valutaverhältnis	D/60
E. Scheck	E/1–E/18
1) Scheckgeschäft	E/1–5
A. Scheckvertrag	E/1
B. Prüfungspflicht der Bank, Bösgläubigkeit	E/2
C. Schecksperre	E/4
D. Bereicherungsausgleich	E/5
2) Scheckeinziehung (Scheckinkasso)	E/6, E/7
A. Scheckeinziehung (Scheckinkasso)	E/6
B. Abkommen	E/7
3) Scheckauskunft	E/8
4) Reisescheck	E/9–18
A. Rechtliche Qualifikation	E/9
B. Das Rechtsverhältnis zwischen dem Reisescheckersterwerber und dem Reisescheckemittenten	E/12
C. Das Rechtsverhältnis zwischen der Einlösestelle und dem Reisescheckemittenten	E/15
D. Das Rechtsverhältnis zwischen dem Reisescheckersterwerber und der Einlösestelle	E/18
F. Die (Giro-)Karte; Geldkarte; POS, POZ; Kreditkarte	F/1–67
1) Geltung der §§ 675c–676c BGB auch für die Kartenzahlung	F/1
2) Die Karte (girocard, Debitkarte)	F/2–12
A. Einsatzbereich der Karte	F/2
B. Rechtliche Qualifikation	F/3
C. Auszahlungsauftrag (Weisung) und Autorisierung	F/4
D. Rechte und Pflichten des Karteninhabers	F/5
E. Haftung bei missbräuchlicher Nutzung der Karte	F/12
3) GeldKarte	F/13–18
A. Einsatzbereich	F/13
B. Rechtliche Qualifikation	F/14
C. Rechte und Pflichten des Karteninhabers und der Bank	F/15
D. Zahlungsverpflichtung der Bank gegenüber den Vertragsunternehmen	F/17
E. Haftung bei missbräuchlicher Nutzung der Geld-Karte	F/18
4) Automatisierte Zahlungssysteme	F/19–F/31
A. Automatisierte Zahlungssysteme	F/19

	Rn
B. Rechtliche Qualifikation	F/20
C. Rechte und Pflichten des Karteninhabers und der Bank	F/21
D. Zahlungsverpflichtung der Bank gegenüber den Betreibern	F/23
E. Haftung bei missbräuchlicher Nutzung der Karte	F/25
F. POS	F/26
G. E-Geld-Geschäft, Online-Banking	F/27
5) Kreditkarte	F/32–67
A. Rechtliche Qualifikation	F/32
B. Das Rechtsverhältnis zwischen dem Kreditkarteninhaber und dem Kreditkartenunternehmen (Deckungsverhältnis)	F/35
C. Das Rechtsverhältnis zwischen dem Kreditkartenunternehmen und dem Vertragsunternehmen (Inkasso- oder Ausführungsverhältnis)	F/52
D. Das Rechtsverhältnis zwischen dem Kreditkarteninhaber und dem Vertragsunternehmen (Valutaverhältnis)	F/65
4. Kap: Kreditgeschäft und Kreditsicherung	G/1–J/6
G. Kreditgeschäft (mit Finanzierungsdarlehen, ohne Verbraucherdarlehen)	G/1–55
1) Erscheinungsformen	G/1
2) Krediteröffnungsvertrag (einschließlich sittenwidriger Darlehen)	G/2–19a
A. Zustandekommen und Inhalt des Vertrags	G/2
B. Nichtige, widerrufene und sittenwidrige Darlehen	G/6
C. Bereicherungsausgleich	G/11
D. Kündigung	G/14
3) Rechtsprobleme besonderer Geldkreditgeschäfte	G/20–24
A. Kontokorrentkredit	G/20
B. Lombardkredit	G/21
C. Hypothekenbank- und Pfandbriefdarlehen	G/22
D. Schuldscheindarlehen	G/24
4) Rechtsprobleme der Akzeptkreditgeschäfte	G/25–27
A. Akzeptkredit	G/25
B. Rembourskredit	G/26
C. Avalkredit	G/27
5) Haftung der Bank bei Kreditvergabe	G/28–31
A. Haftung gegenüber dem Kreditnehmer	G/28
B. Haftung gegenüber Dritten	G/30
6) Sanierung	G/32, G/33
7) Finanzierungsdarlehen und Verbraucherdarlehen	G/34–38
A. Finanzierungsdarlehen	G/34
B. Verbraucherdarlehen	G/36
8) Das Rechtsverhältnis zwischen Bank, Käufer und Verkäufer beim Finanzierungsdarlehen (außerhalb von §§ 491 ff BGB)	G/39–53
A. Wirtschaftliche Einheit von Kauf und Finanzierungsdarlehen (verbundene Verträge)	G/39
B. Anfechtung wegen arglistiger Täuschung	G/41
C. Einwendungsdurchgriff bei verbundenen Verträgen	G/42
D. Besondere Aufklärungs- und Warnpflichten der Bank beim Finanzierungsdarlehen	G/46
E. Bereicherungsausgleich	G/48
F. Finanzierungsdarlehen mit Sicherung durch Wechsel	G/51
G. Finanzierungsdarlehen bei anderen Leistungen als Waren	G/52
9) Freie Darlehen (im Gegensatz zu Finanzierungs- und Verbraucherdarlehen)	G/54

(7) BankGesch

2. Teil. Handelsrechtl. Nebengesetze

	Rn
10) Unternehmenskredit	G/55
H. Kreditsicherungsverträge	H/1–7
1) Arten von Kreditsicherheiten	H/1
2) Unwirksamkeit der Globalzession	H/2–4
A. Ungenügende Bestimmbarkeit, Abtretungsverbot Insolvenz	H/2
B. Knebelung	H/3
C. Kollision infolge Mehrfachabtretung	H/4
3) Sittenwidrigkeit, Unwirksamkeit von Sicherungsklauseln	H/5
4) Kündigung unbefristeter Sicherheitsbestellungen	H/6
5) Covenants	H/7
J. Diskontgeschäft, Forfaitierungsgeschäft	J/1–6
1) Rechtliche Qualifikation des Diskontgeschäfts	J/1, J/2
A. Erscheinungsformen	J/1
B. Rechtliche Qualifikation	J/2
2) Rechte und Pflichten der Beteiligten	J/3
3) Forfaitierungsgeschäft	J/4, J/4a
4) Pensionsgeschäft	J/5, J/6
5. Kap: Akkreditiv, Bankgarantie, Dokumenteninkasso und sonstiges Auslandsgeschäft	K/1–3
K. Akkreditivgeschäft	K/1–28
1) Rechtliche Qualifikation des Akkreditivs	K/1–2b
A. Rechtliche Qualifikation	K/1
B. Einschaltung weiterer Banken	K/2
2) Das Rechtsverhältnis zwischen den Banken und dem Akkreditivauftraggeber (Käufer)	K/3–9
A. Akkreditivauftrag	K/3
B. Weisungen	K/4
C. Prüfung der Dokumente	K/5
D. Beendigung	K/9
3) Das Rechtsverhältnis zwischen der Bank und dem Begünstigten (Verkäufer)	K/10–24
A. Vor Akkreditiveröffnung	K/10
B. Nach Akkreditiveröffnung	K/11
C. Einwendungsausschluss	K/16
D. Übertragung, Zahlungsanspruchsabtretung, Pfändung	K/23
E. Gegen- oder Unterakkreditiv	K/24
4) Das Rechtsverhältnis zwischen dem Akkreditivauftraggeber (Käufer) und dem Begünstigten (Verkäufer)	K/25–28
A. Akkreditivklausel	K/25
B. Erfüllung	K/26
C. Gefahrtragung	K/27
D. Einstweilige Verfügung, Arrest	K/28
L. Garantiegeschäft (mit Bankbürgschaft und Patronatserklärung)	L/1–19
1) Die rechtliche Qualifikation der Garantie	L/1–L/3
A. Funktion und Rechtsnatur	L/1
B. Einschaltung mehrerer Banken	L/2
C. Rückgarantie	L/3
2) Das Rechtsverhältnis zwischen den Banken und dem Garantieauftraggeber	L/4, L/5
A. Garantieauftrag	L/4
B. Fälschungsrisiko	L/5
3) Das Rechtsverhältnis zwischen den Banken und dem Garantiebegünstigten	L/6-L/16
A. Vor Garantieeröffnung	L/6
B. Nach Garantieeröffnung	L/7
C. Einwendungsausschluss	L/12
D. Übertragung	L/16

V. Bankgeschäfte   A/1 **BankGesch (7)**

		Rn
	4) Das Rechtsverhältnis zwischen dem Garantieauftrag-	
	geber und dem Garantiebegünstigten	L/17
	5) Bankbürgschaft	L/18
	6) Patronatserklärung	L/19
M.	Inkassogeschäft	M/1–5
	1) Rechtliche Qualifikation	M/1–2
	2) Das Rechtsverhältnis zwischen den Banken und dem Gläubiger	M/3
	3) Das Rechtsverhältnis zwischen den Banken und dem Schuldner	M/4
	4) Das Rechtsverhältnis zwischen dem Gläubiger und dem Schuldner	(M/5)
N.	Devisenhandels- und sonstiges Auslandsgeschäft	N/1–3
	1) Devisenhandelsgeschäft	N/1
	2) Sonstige Auslandsgeschäfte	N/2
	3) Ausfuhrgewährleistungen des Bundes, Hermes-Garantien	N/3
6. Kap: Factoring und Finanzierungsleasing		O/1–P/19
O.	Factoring	O/1–8
	1) Rechtliche Qualifikation	O/1
	2) Verhältnis zwischen Bank und Kunden	O/5
	3) Globalzession	O/7
P.	Finanzierungsleasing	P/1–19
	1) Rechtliche Qualifikation	P/1–4
	2) Verhältnis zwischen Leasinggeber und Leasingnehmer	P/5–17
	A. Vertragsinhalt	P/5
	B. Finanzierungsleasing als entgeltliche Finanzierungshilfe	P/12
	3) Verhältnis des Leasinggebers zum Hersteller und zu Dritten	P/18
	4) Verhältnis des Leasingnehmers zum Hersteller und zu Dritten	P/19
7. Kap: Börse und Kapitalmarkt (Handelsgeschäfte, Wertpapierdienst- und Wertpapiernebendienstleistungen)		Q/1–Y/4
Q.	Kauf und Verkauf von Wertpapieren	Q/1–3
R.	Derivatgeschäfte an der Eurex Deutschland und ausländischen Terminbörsen, Devisen- und Edelmetallgeschäfte	R/1
S.	Finanztermingeschäfte, OTC-Derivatgeschäfte	S/1
T.	Wertpapierdarlehen, Pensions- und Repogeschäfte	T/1–3
	1) Begriff des Wertpapierdarlehens	T/1
	2) Abgrenzung zum echten Wertpapierpensionsgeschäft	T/2
	3) Bedeutung	T/3
U.	Wohlverhaltensregeln, Beratung, Vermögensverwaltung	U/1–3
V.	Schrankfächer, Verwahrstücke und Tresore	V/1
W.	Depotgeschäft	W/1
X.	Investmentgeschäft	X/1
Y.	Emissions- und (Effekten-)Konsortialgeschäft	Y/1–4

1. Kap: Bankvertrag und Geschäftsverbindung

A. Grundlagen des Bankrechts

1) HGB und Bankgeschäfte

A. **HGB:** Das HGB behandelte vor dem HRefG 1998 in Buch I Bankgeschäfte als GrundHdlGeschäfte (Bankier- und Geldwechslergeschäfte, § 1 II Nr 4 aF). Der Bankier war VollKfm ohne Eintragung im HdlReg. Seit HRefG ist der Bankier Kfm nach § 1 II, denn dass der Gewerbebetrieb des Bankiers nach Art oder Umfang einen in kfm Weise eingerichteten Geschäftsbetrieb nicht erfordert,

A/1

Hopt 1955

(7) BankGesch A/2, A/3   2. Teil. Handelsrechtl. Nebengesetze

wird kaum vorkommen. Vorschriften von Bedeutung für Bankgeschäfte enthält Buch IV, zB §§ 349–350 (Bürgschaft, Kreditauftrag, Schuldversprechen, Schuldanerkenntnis), §§ 352–354 (Zinsen, Provision), § 354a (Wirksamkeit der Abtretung einer Geldforderung), §§ 355–357 (Kontokorrent), §§ 363–365 (kfm Orderpapiere), §§ 366–368 (Übereignung und Verpfändung von Sachen und Wertpapieren), §§ 369–372 (kfm Zurückbehaltungsrecht), §§ 383 ff (Kommissionsgeschäft), Vorschriften aus dem Transportrecht (kfm Dokumente: Lagerschein, Ladeschein, Konnossement ua). Im **BGB** s jetzt §§ 676 ff idF ÜG 1999.

A/2   B. **Handelsrechtliche Nebengesetze:** Neben dem HGB sind handelsrechtliche Nebengesetze einschließlich nicht rechtsverbindlicher Texte der kfm und bankgeschäftlichen Praxis für die Bankgeschäfte von spezieller Bedeutung. Die **(8) AGB-Banken, (8a)** AGB-Spark bilden die Grundlage für die Geschäftsbeziehung zwischen Bank und Kunden mit zahlreichen Abweichungen vom dispositiven Recht. Sie werden durch Sonderbedingungen für bestimmte Geschäftsbereiche ergänzt, s zB Sonderbedingungen für den Überweisungsverkehr, **(9)** AGB-Anderkonten, **(10)** LSA, **(11)** ERA betr Dokumenten-Akkreditive, **(12)** ERI betr Inkassi. Das Wertpapiergeschäft ist über das Recht der Effektenkommission in §§ 383 ff HGB hinaus durch **(13)** DepotG, **(14)** BörsG, **(15a)** WpPG, **(15b)** VermAnlG, **(16)** WpHG und seit 2002 WpÜG gesetzlich geregelt.

A/3   C. **Bankrecht und Bankgeschäfte:** Das Bankrecht iwS ist ein komplexes Gemenge aus öffentlichem und privatem Recht. Die herkömmliche strikte Trennung zwischen beidem in Deutschland findet sich im anglo-amerikanischen Ausland so nicht, banking law ist dort im Wesentlichen institutionelles und Aufsichtsrecht. Dies gilt auch für die Europäische Bankenunion. Die europäische Rechtsvereinheitlichung betrifft zwar auch eine Reihe von Bankgeschäften, etwa den ganzen Zahlungsverkehr, und regelt vieles aus der Perspektive des Verbraucherschutzes, die Kategorie eines privaten Bankrechts bzw Bankvertragsrechts findet sich dort aber nicht. In Deutschland ist erst in der 5. Auflage des Staub bzw Großkommentars zum HGB wieder beides zusammengeführt worden: Zum Bankvertragsrecht gehören eben als Grundlage und Rahmensetzung das Kreditwesen, die Aufsicht und Organisation desselben und das Bankgeschäft im supra- und internationalen Kontext, ausführlich Staub/Grundmann 1/1–114, zum Investment Banking und den Marktregeln Staub/Grundmann 5/1 ff, 5/101 ff.

Das private Bankrecht und insbesondere das Bankvertragsrecht wird durch gesetztes Recht nur gebietsweise und zum kleineren Teil erfasst. Im Wesentlichen ist es eine Schöpfung der (durch die Rspr überwachten und korrigierten) Bankpraxis, mit der heute jeder, ob Privatmann (Verbraucher) oder Kfm (bzw sonstiger Unternehmer), zu tun hat, zB wenn er ein Konto eröffnet (Einlagengeschäft, s Rn B/1 ff), Überweisungen tätigen will (Girogeschäft und Zahlungsverkehr, Lastschriftverfahren, s Rn C/1 ff, D/1 ff, E/1 ff, F/1 ff), Bankkredit aufnimmt (Kreditgeschäft mit Finanzierungsdarlehen, s Rn G/1 ff, G/34 ff), mit Wechseln und Akkreditiven arbeitet (Diskont- und Akkreditivgeschäft, s Rn J/1 ff, K/1 ff), Bürgschaften und Garantien einholt (Garantiegeschäft, s Rn L/1 ff) oder Wertpapierdienst- oder Wertpapiernebendienstleistungen in Anspruch nimmt (Effekten-, Depot-, Investmentgeschäft, s Rn Q/1 ff–Z/1 ff). Neuere Schöpfungen der Handels- und Bankpraxis sind das Factoring (s Rn O/1 ff) und das Finanzierungsleasing (s Rn P/1 ff). Die Wichtigkeit dieser Bankgeschäfte stellt heute manche andere im HGB eigens geregelte Geschäfte in den Schatten. Das entspricht der Entwicklung seit 1900 zu einer modernen Wirtschaft, in der Dienstleistungen allgemein und speziell bankmäßige Zahlung, Finanzierung und Sicherheiten zentrale Funktionen übernommen haben. Diese Entwicklung geht weiter und spiegelt sich in einer rasch anwachsenden Flut von bankrechtlichen Entscheidungen. Eine Gesamtkodifikation des Bankvertragsrechts durch ein eigenes BankvertragsG ähnlich dem VVG für Versicherungsverträge empfiehlt sich nicht, RegE ÜG S 11, hL, aA Aden ZRP **97**, 358. Grund: drohende Zersplitterung des Schuldrechts, notwendige Flexibilität des Bankvertragsrechts. Durch das ÜG und das SMG sind wichtige Teile des Bankrechts, vor allem soweit Verbraucher betroffen sind, in das BGB integriert worden.

2) KWG und Bankgeschäfte

A. **KWG:** Das **Kreditwesengesetz** (KWG) gilt idF v 9.9.98 BGBl 2776 (nach 4. KWGÄndG 21.12.92 BGBl 2211, zur KWGNovelle 1993 Lehnhoff WM **93**, 277; 5. KWGÄndG 1994 28.9.94 BGBl 2735 betr Aufsicht auf konsolidierter Basis und Großkredite in Umsetzung von EU-Ri, zu KWGNovelle 1994 Boos/ Klein Bank **94**, 529; 6. KWGÄndG 22.10.97 BGBl 2518 betr Umsetzung WPDienstleistungsRi, KapitaladäquanzRi, BCCIRi, zu diesem UmsetzungsG Bank- und Wertpapieraufsicht 1997 Mielk WM **97**, 2200, 2237), seither zahlreiche weitere Änderungen, ua 7. KWGÄndG (BankenRiUmsetzG) 17.11.06 BGBl 2606, Mielk WM **07**, 52, 621, FinanzmarktRiUmsetzG 16.7.07 BGBl 1330, Jahressteuergesetz 19.12.08 BGBl 2794, ZahlungsdiensteUmsetzG 25.6.09 BGBl 1506 (mit **Zahlungsdiensteaufsichtsgesetz** mit Definition der verschiedenen Zahlungsdienste nunmehr **ZAG** 17.7.2017 § 1 I), FMVAStärkG 29.7.09 BGBl 2305. Zahlreiche weitere Regulierungen 2008/09 im Zuge der **Finanzmarktkrise**, ua FMStG, FMStFondsG, FMStErgG, FMStFortentwicklG (Bad-Bank-Gesetz), vor allem CRD-IV-UmsetzG 28.8.13 BGBl I 3395 (umfassende Reform). Das KWG enthält in § 1 (ebenfalls zahlreiche Änderungen, ua SanLiquRiG 2003, FinKonglomRiG 2004, BankenRiUmsetzG 2006: § 1 I 2 Nr 12, zentraler Kontrahent, FinanzmarktRiUmsetzG 2007: §§ 1 Ia 2 Nr 1, 1a–c, S 3, III I Nr 6, IIId 2 nF ua, InvestmentÄndG 2007: Investmentgeschäft kein Bankgeschäft mehr, CRD-IV-UmsetzG 2013: erhebliche Änderungen zu § 1) die wichtigsten **Begriffsbestimmungen.** Grundlegend sind die Begriffe der **Bankgeschäfte** (§ 1 I 2) und der **Finanzdienstleistungen** (§ 1 Ia 2, beide Begriffe stehen im KWG nebeneinander; dagegen ist letzterer nach § 312b I 2 BGB idF FernabsFDLG 2004 Oberbegriff für Bank- und bestimmte andere Dienstleistungen und gilt für §§ 312b ff BGB über Fernabsatzverträge, näher Rn A/16, G/9). Ihr gewerbsmäßiges Betreiben (§ 1 Ia 1: für andere) macht ein Unternehmen zum **Kreditinstitut** bzw zum **Finanzdienstleistungsinstitut.** Das KWG definiert demgemäß in § 1 I 1 Kreditinstitute und in § 1 I 2 Nr 1–12 Bankgeschäfte, in § 1 I a 1 Finanzdienst leistungsinstitute und in § 1 I a 2 Nr 1–11 Finanzdienstleistungen. Kreditinstitute und Finanzdienstleistungsinstitute werden **beide** für die Zwecke des KWG **als Institute bezeichnet** (§ 1 I b KWG). § 1 II handelt von den Geschäftsleitern. Das KWG erstreckt sich auch auf **Finanzunternehmen** und definiert dazu in § 1 III 1 Nr 1–8 (Erweiterung der Liste durch RVO möglich) die Tätigkeiten, die ein Unternehmen, das weder Kreditinstitut noch Finanzdienstleistungsinstitut ist, bei entsprechender Haupttätigkeit zum Finanzunternehmen iSv v KWG machen. **Weitere Definitionen** betreffen Kreditinstitute (§ 1 III d) und Wertpapier- und Terminbörsen iSd KWG (§ 1 III e). Viele weitere Definitionen in § 1 IV ff, ua Finanzinstrumente (§ 1 XI), elektronisches Geld (§ 1 XIV), Finanzsicherheiten (§ 1 XVII), Finanzkonglomerate (§ 1 XX). Ausnahmen gelten nach § 2 für die DBBk und andere. Abgedruckt ist **im Folgenden nur § 1 I–IIIe KWG:**

KWG § 1 Begriffsbestimmungen

(1) [1] Kreditinstitute sind Unternehmen, die Bankgeschäfte gewerbsmäßig oder in einem Umfang betreiben, der einen in kaufmännischer Weise eingerichteten Geschäftsbetrieb erfordert. [2] Bankgeschäfte sind

1. die Annahme fremder Gelder als Einlagen oder anderer unbedingt rückzahlbarer Gelder des Publikums, sofern der Rückzahlungsanspruch nicht in Inhaber- oder Orderschuld-

verschreibungen verbrieft wird, ohne Rücksicht darauf, ob Zinsen vergütet werden (Einlagengeschäft),
1a. die in § 1 Abs. 1 Satz 2 des Pfandbriefgesetzes bezeichneten Geschäfte (Pfandbriefgeschäft),
2. die Gewährung von Gelddarlehen und Akzeptkrediten (Kreditgeschäft),
3. der Ankauf von Wechseln und Schecks (Diskontgeschäft),
4. die Anschaffung und die Veräußerung von Finanzinstrumenten im eigenen Namen für fremde Rechnung (Finanzkommissionsgeschäft),
5. die Verwahrung und die Verwaltung von Wertpapieren für andere (Depotgeschäft),
6. die Tätigkeit als Zentralverwahrer im Sinne des Absatzes 6,
7. die Eingehung der Verpflichtung, zuvor veräußerte Darlehensforderungen vor Fälligkeit zurückzuerwerben,
8. die Übernahme von Bürgschaften, Garantien und sonstigen Gewährleistungen für andere (Garantiegeschäft),
9. die Durchführung des bargeldlosen Scheckeinzugs (Scheckeinzugsgeschäft), des Wechseleinzugs (Wechseleinzugsgeschäft) und die Ausgabe von Reiseschecks (Reisescheckgeschäft),
10. die Übernahme von Finanzinstrumenten für eigenes Risiko zur Plazierung oder die Übernahme gleichwertiger Garantien (Emissionsgeschäft),
11. *(aufgehoben)*
12. die Tätigkeit als zentrale Gegenpartei im Sinne von Absatz 31.

(1a) [1] Finanzdienstleistungsinstitute sind Unternehmen, die Finanzdienstleistungen für andere gewerbsmäßig oder in einem Umfang erbringen, der einen in kaufmännischer Weise eingerichteten Geschäftsbetrieb erfordert, und die keine Kreditinstitute sind. [2] Finanzdienstleistungen sind

1. die Vermittlung von Geschäften über die Anschaffung und die Veräußerung von Finanzinstrumenten (Anlagevermittlung),
1a. die Abgabe von persönlichen Empfehlungen an Kunden oder deren Vertreter, die sich auf Geschäfte mit bestimmten Finanzinstrumenten beziehen, sofern die Empfehlung auf eine Prüfung der persönlichen Umstände des Anlegers gestützt oder als für ihn geeignet dargestellt wird und nicht ausschließlich über Informationsverbreitungskanäle oder für die Öffentlichkeit bekannt gegeben wird (Anlageberatung),
1b. der Betrieb eines multilateralen Systems, das die Interessen einer Vielzahl von Personen am Kauf und Verkauf von Finanzinstrumenten innerhalb des Systems und nach festgelegten Bestimmungen in einer Weise zusammenbringt, die zu einem Vertrag über den Kauf dieser Finanzinstrumente führt (Betrieb eines multilateralen Handelssystems),
1c. das Platzieren von Finanzinstrumenten ohne feste Übernahmeverpflichtung (Platzierungsgeschäft),
1d. der Betrieb eines multilateralen Systems, bei dem es sich nicht um einen organisierten Markt oder ein multilaterales Handelssystem handelt und das die Interessen einer Vielzahl Dritter am Kauf und Verkauf von Schuldverschreibungen, strukturierten Finanzprodukten, Emissionszertifikaten oder Derivaten innerhalb des Systems auf eine Weise zusammenführt, die zu einem Vertrag über den Kauf dieser Finanzinstrumente führt (Betrieb eines organisierten Handelssystems),
2. die Anschaffung und Veräußerung von Finanzinstrumenten im fremden Namen für fremde Rechnung (Abschlußvermittlung),
3. die Verwaltung einzelner in Finanzinstrumenten angelegter Vermögen für andere mit Entscheidungsspielraum (Finanzportfolioverwaltung),
4. der Eigenhandel durch das
   a) kontinuierliche Anbieten des An- und Verkaufs von Finanzinstrumenten zu selbst gestellten Preisen für eigene Rechnung unter Einsatz des eigenen Kapitals,
   b) häufige organisierte und systematische Betreiben von Handel für eigene Rechnung in erheblichem Umfang außerhalb eines organisierten Marktes oder eines multilateralen oder organisierten Handelssystems, wenn Kundenaufträge außerhalb eines geregelten Marktes oder eines multilateralen oder organisierten Handelssystems ausgeführt werden, ohne dass ein multilaterales Handelssystem betrieben wird (systematische Internalisierung),
   c) Anschaffen oder Veräußern von Finanzinstrumenten für eigene Rechnung als Dienstleistung für andere oder
   d) Kaufen oder Verkaufen von Finanzinstrumenten für eigene Rechnung als unmittelbarer oder mittelbarer Teilnehmer eines inländischen organisierten Marktes oder eines

multilateralen oder organisierten Handelssystems mittels einer hochfrequenten algorithmischen Handelstechnik, die gekennzeichnet ist durch

aa) eine Infrastruktur zur Minimierung von Netzwerklatenzen und anderen Verzögerungen bei der Orderübertragung (Latenzen), die mindestens eine der folgenden Vorrichtungen für die Eingabe algorithmischer Aufträge aufweist: Kollokation, Proximity Hosting oder direkter elektronischer Hochgeschwindigkeitszugang,

bb) die Fähigkeit des Systems, einen Auftrag ohne menschliche Intervention im Sinne des Artikels 18 der Delegierten Verordnung (EU) 2017/565 der Kommission vom 25. April 2016 zur Ergänzung der Richtlinie 2014/65/EU des Europäischen Parlaments und des Rates in Bezug auf die organisatorischen Anforderungen an Wertpapierfirmen und die Bedingungen für die Ausübung ihrer Tätigkeit sowie in Bezug auf die Definition bestimmter Begriffe für die Zwecke der genannten Richtlinie (ABl. L 87 vom 31.3.2017, S. 1) in der jeweils geltenden Fassung, einzuleiten, zu erzeugen, weiterzuleiten oder auszuführen und

cc) ein hohes untertägiges Mitteilungsaufkommen im Sinne des Artikels 19 der Delegierten Verordnung (EU) 2017/565 in Form von Aufträgen, Kursangaben oder Stornierungen

auch ohne dass eine Dienstleistung für andere vorliegt (Hochfrequenzhandel),

5. die Vermittlung von Einlagengeschäften mit Unternehmen mit Sitz außerhalb des Europäischen Wirtschaftsraums (Drittstaateneinlagenvermittlung),
6. *(aufgehoben)*
7. der Handel mit Sorten (Sortengeschäft),
8. *(aufgehoben)*
9. der laufende Ankauf von Forderungen auf der Grundlage von Rahmenverträgen mit oder ohne Rückgriff (Factoring),
10. der Abschluss von Finanzierungsleasingverträgen als Leasinggeber und die Verwaltung von Objektgesellschaften im Sinne des § 2 Absatz 6 Satz 1 Nummer 17 außerhalb der Verwaltung eines Investmentvermögens im Sinne des § 1 Absatz 2 des Kapitalanlagegesetzbuchs (Finanzierungsleasing),
11. die Anschaffung und die Veräußerung von Finanzinstrumenten außerhalb der Verwaltung eines Investmentvermögens im Sinne des § 1 Absatz 1 des Kapitalanlagegesetzbuchs für eine Gemeinschaft von Anlegern, die natürliche Personen sind, mit Entscheidungsspielraum bei der Auswahl der Finanzinstrumente, sofern dies ein Schwerpunkt des angebotenen Produktes ist und zu dem Zweck erfolgt, dass diese Anleger an der Wertentwicklung der erworbenen Finanzinstrumente teilnehmen (Anlageverwaltung),
12. die Verwahrung und die Verwaltung von Wertpapieren ausschließlich für alternative Investmentfonds (AIF) im Sinne des § 1 Absatz 3 des Kapitalanlagegesetzbuchs (eingeschränktes Verwahrgeschäft).

[3] Die Anschaffung und die Veräußerung von Finanzinstrumenten für eigene Rechnung, die nicht Eigenhandel im Sinne des § 1 Absatz 1a Satz 2 Nummer 4 ist (Eigengeschäft), gilt als Finanzdienstleistung, wenn das Eigengeschäft von einem Unternehmen betrieben wird, das

1. dieses Geschäft, ohne bereits aus anderem Grunde Institut zu sein, gewerbsmäßig oder in einem Umfang betreibt, der einen in kaufmännischer Weise eingerichteten Geschäftsbetrieb erfordert, und
2. einer Instituts-, einer Finanzholding- oder gemischten Finanzholding-Gruppe oder einem Finanzkonglomerat angehört, der oder dem ein CRR-Kreditinstitut angehört.

[4] Ein Unternehmen, das als Finanzdienstleistung geltendes Eigengeschäft nach Satz 3 betreibt, gilt als Finanzdienstleistungsinstitut. [5] Die Sätze 3 und 4 gelten nicht für Abwicklungsanstalten nach § 8a Absatz 1 Satz 1 des Finanzmarktstabilisierungsfondsgesetzes. [6] Ob ein häufiger systematischer Handel im Sinne des Satzes 2 Nummer 4 Buchstabe b vorliegt, bemisst sich nach der Zahl der Geschäfte außerhalb eines Handelsplatzes im Sinne des § 2 Absatz 22 des Wertpapierhandelsgesetzes (OTC-Handel) mit einem Finanzinstrument zur Ausführung von Kundenaufträgen, die für eigene Rechnung durchgeführt werden. [7] Ob ein Handel in erheblichem Umfang im Sinne des Satzes 2 Nummer 4 Buchstabe b vorliegt, bemisst sich entweder nach dem Anteil des OTC-Handels an dem Gesamthandelsvolumen des Unternehmens in einem bestimmten Finanzinstrument oder nach dem Verhältnis des OTC-Handels des Unternehmens zum Gesamthandelsvolumen in einem bestimmten Finanzinstrument in der Europäischen Union. [8] Die Voraussetzungen der systematischen Internalisierung sind erst dann erfüllt, wenn sowohl die in den Artikeln 12 bis 17 der Delegierten Verordnung (EU) 2017/565 bestimmte Obergrenze für häufigen systematischen Handel als

auch die in der vorgenannten Delegierten Verordnung bestimmte einschlägige Obergrenze für den Handel in erheblichem Umfang überschritten werden oder wenn ein Unternehmen sich freiwillig den für die systematische Internalisierung geltenden Regelungen unterworfen und einen entsprechenden Erlaubnisantrag bei der Bundesanstalt gestellt hat.

(1b) Institute im Sinne dieses Gesetzes sind Kreditinstitute und Finanzdienstleistungsinstitute.

(2) Geschäftsleiter im Sinne dieses Gesetzes sind diejenigen natürlichen Personen, die nach Gesetz, Satzung oder Gesellschaftsvertrag zur Führung der Geschäfte und zur Vertretung eines Instituts oder eines Unternehmens in der Rechtsform einer juristischen Person oder einer Personenhandelsgesellschaft berufen sind.

(3) [1] Finanzunternehmen sind Unternehmen, die keine Institute und keine Kapitalverwaltungsgesellschaften oder extern verwaltete Investmentgesellschaften sind und deren Haupttätigkeit darin besteht,

1. Beteiligungen zu erwerben und zu halten,
2. Geldforderungen entgeltlich zu erwerben,
3. Leasing-Objektgesellschaft im Sinne des § 2 Abs. 6 Satz 1 Nr. 17 zu sein,
4. *(aufgehoben)*
5. mit Finanzinstrumenten für eigene Rechnung zu handeln,
6. andere bei der Anlage in Finanzinstrumenten zu beraten,
7. Unternehmen über die Kapitalstruktur, die industrielle Strategie und die damit verbundenen Fragen zu beraten sowie bei Zusammenschlüssen und Übernahmen von Unternehmen diese zu beraten und ihnen Dienstleistungen anzubieten oder
8. Darlehen zwischen Kreditinstituten zu vermitteln (Geldmaklergeschäfte).

[2] Das Bundesministerium der Finanzen kann nach Anhörung der Deutschen Bundesbank durch Rechtsverordnung weitere Unternehmen als Finanzunternehmen bezeichnen, deren Haupttätigkeit in einer Tätigkeit besteht, um welche die Liste in Anhang I der Richtlinie 2013/36/EU des Europäischen Parlaments und des Rates vom 26. Juni 2013 über den Zugang zur Tätigkeit von Kreditinstituten und die Beaufsichtigung von Kreditinstituten und Wertpapierfirmen, zur Änderung der Richtlinie 2002/87/EG und zur Aufhebung der Richtlinien 2006/48/EG und 2006/49/EG (ABl. L 176 vom 27.6.2013, S. 338) erweitert wird.

(3a) Datenbereitstellungsdienste im Sinne dieses Gesetzes sind genehmigte Veröffentlichungssysteme, Bereitsteller konsolidierter Datenticker und genehmigte Meldemechanismen im Sinne des § 2 Absatz 37, 38 und 39 des Wertpapierhandelsgesetzes.

(3b) und (3c) *(aufgehoben)*

(3d) [1] CRR-Kreditinstitute im Sinne dieses Gesetzes sind Kreditinstitute im Sinne des Artikels 4 Absatz 1 Nummer 1 der Verordnung (EU) Nr. 575/2013 des Europäischen Parlaments und des Rates vom 26. Juni 2013 über Aufsichtsanforderungen an Kreditinstitute und Wertpapierfirmen und zur Änderung der Verordnung (EU) Nr. 646/2012 (ABl. L 176 vom 27.6.2013, S. 1). [2] CRR-Wertpapierfirmen im Sinne dieses Gesetzes sind Wertpapierfirmen im Sinne des Artikels 4 Absatz 1 Nummer 2 der Verordnung (EU) Nr. 575/2013. [3] CRR-Institute im Sinne dieses Gesetzes sind CRR-Kreditinstitute und CRR-Wertpapierfirmen. [4] Wertpapierhandelsunternehmen sind Institute, die keine CRR-Kreditinstitute sind und die Bankgeschäfte im Sinne des Absatzes 1 Satz 2 Nr. 4 oder 10 betreiben oder Finanzdienstleistungen im Sinne des Absatzes 1a Satz 2 Nr. 1 bis 4 erbringen, es sei denn, die Bankgeschäfte oder Finanzdienstleistungen beschränken sich auf Devisen oder Rechnungseinheiten. [5] Wertpapierhandelsbanken sind Kreditinstitute, die keine CRR-Kreditinstitute sind und die Bankgeschäfte im Sinne des Absatzes 1 Satz 2 Nr. 4 oder 10 betreiben oder Finanzdienstleistungen im Sinne des Absatzes 1a Satz 2 Nr. 1 bis 4 erbringen. [6] E-Geld-Institute sind Unternehmen im Sinne des § 1a Absatz 1 Nummer 5 des Zahlungsdiensteaufsichtsgesetzes.

(3e) Wertpapier- oder Terminbörsen im Sinne dieses Gesetzes sind Wertpapier- oder Terminmärkte, die von den zuständigen staatlichen Stellen geregelt und überwacht werden, regelmäßig stattfinden und für das Publikum unmittelbar oder mittelbar zugänglich sind, einschließlich

1. ihrer Betreiber, wenn deren Haupttätigkeit im Betreiben von Wertpapier- oder Terminmärkten besteht, und
2. ihrer Systeme zur Sicherung der Erfüllung der Geschäfte an diesen Märkten (Clearingstellen), die von den zuständigen staatlichen Stellen geregelt und überwacht werden.

V. Bankgeschäfte   A/4   **BankGesch (7)**

Der Begriff der **Bankgeschäfte** wird in § 1 I 2 Nr 1–12 KWG durch Aufzählung der verschiedenen Bankgeschäfte für die Zwecke der Bankaufsicht abschließend umschrieben. Diese Aufzählung ist demgegenüber für das allgemeine HdlRecht wenngleich eine wichtige Hilfe, so doch weder bindend noch abschließend. Das Betreiben von Bankgeschäften, gewerbsmäßig oder objektiv in einem Umfang, der einen in kfm Weise eingerichteten Geschäftsbetrieb erfordert (§ 1 I 1 KWG, zur Gewerbsmäßigkeit s § 1 HGB Rn 11, zur Erforderlichkeit eines kfm Geschäftsbetriebs s § 1 HGB Rn 22) macht ein Unternehmen (auch gegen seinen Willen) zum **Kreditinstitut** (im Folgenden wird **gleichbedeutend** mit dem technischen Ausdruck Kreditinstitut der geläufigere Begriff **„Bank"** gebraucht, dieser letztere also nicht ieS im Unterschied zur Sparkasse, Volksbank ua). Zu den **herkömmlichen Bankgeschäften im Einzelnen** unten Rn B ff. **Finanzkommissionsgeschäft** (§ 1 I 2

Nr 4 KWG, früher: Effektengeschäft, Begriff Effekten s § 383 Rn 8), BVerwG ZIP **09**, 1899, WM **17**, 658, BGH **191,** 100, WM **10**, 263, **11**, 18, HessVGH WM **14**, 206, s § 383 Rn 4, statt Änderung (WM **08**, 1476) jetzt Anlageverwaltung (§ 1 I a 2 Nr 11 idF PfandBR.FortentwG 2009, unten). Das **Investmentgeschäft** ist nicht mehr Bankgeschäft, § 1 I 2 Nr 6 aF KWG ist durch InvestmentÄndG 2007 aufgehoben worden, da über die Mindestvorgaben der EUOGAWRi 1985 (vgl Einl 36 vor § 105 HGB) hinausreichend; Kapitalanlage-Ges sind auch keine Finanzunternehmen iSv § 1 III KWG. § 1 I 2 Nr. 6 erfasst nunmehr die **Zentralverwahrer** (Definition in § 1 VI, 1. FiMaNoG). § 1 I 2 Nr 9 idF ZahlungsdiensteUmsetzG 25.6.09 BGBl 1506 erfasst nunmehr nur noch das **Scheckeinzugs-, Wechseleinzugs- und Reisescheckgeschäft** (letzteres bisher nur Finanzdienstleistung. Das **Girogeschäft** ist kein Bankgeschäft mehr (aufsichtsrechtliches downgrading, wie sonst in EU); aber Lastschrift- und Überweisungsgeschäft sind Zahlungsdienste nach § 1 II Nr 2 lit a und b ZAG und bilden zusammen mit dem Zahlungskartengeschäft nach § 1 II Nr 2 lit c den Oberbegriff **Zahlungsgeschäft** (§ 1 II Nr 2 aE ZAG). **Zahlungsinstitute** sind Zahlungsdienstleister ohne eine Einlagenkreditinstitutslizenz nach KWG, Einlagenkreditinstitute dürfen auf Grund ihrer Banklizenz nach KWG auch Zahlungsdienstleistungen erbringen.

Von den Kreditinstituten zu **unterscheiden** sind bankaufsichtsrechtlich, wie oben vor § 1 KWG erwähnt, die **Finanzdienstleistungsinstitute,** die eine der in § 1 I a 2 Nr 1–11 aufgezählten Finanzdienstleistungen erbringen und keine Kreditinstitute sind. Kreditinstitute und Finanzdienstleistungsinstitute sind Institute iSd KWG (§ 1 I b KWG). **Anlagevermittlung,** BGH WM **11**, 19, weiterer Begriff als im BGB, parallel im KWG und WpHG, BGH WM **14**, 121, 2310 Rn 35f, Abgrenzung zur Anlageberatung, Beihilfe, BGH WM **12**, 1334. **Anlageberatung** ist seit 2007 erlaubnispflichtige Finanzdienstleistung (§ 1 I a 2 Nr 1a, s Rn U/3), Thonfeld ZIP **07**, 2302 (Entschädigung s Rn A/57; Haftung s § 347 Rn 14; iSv MiFID EuGH ZIP **13**, 1417m Anm Herresthal), **Anlageverwaltung** seit 2009 (§ 1 I a 2 Nr 11, s zuvor), BGH **191,** 108, HessVGH WM **14**, 208, von Livonius/Bernau WM **09**, 1216, Voge WM **10**, 913; **Finanzportfolioverwaltung** (§ 1 I a 2 Nr 3, s Rn U/1), BGH **191,** 101, WM **11**, 17m Anm Voß BB **11**, 402, auch bei GbR für ihre Gfter, BVerwG ZIP **10**, 1171; ob Vermögensverwaltung Finanzkommissionsgeschäft (s oben) oder Finanzportfolioverwaltung ist, ist str, vgl BGH **191,** 104. Ebenso seit 2009 **Factoring** (§ 1 I a 2 Nr 9, s Rn O/1) und **Finanzierungsleasing** (§ 1 I a 2 Nr 10, s Rn P/2), Glos/Sester WM **09**, 1209. Das **Zahlungskartengeschäft** und das **Finanztransfergeschäft** sind nunmehr Zahlungdienste (§ 1 II Nr 2 lit c und Nr 6 ZAG), nicht mehr Finanzdienstleistungen nach Nr 8 (aber Reisescheckgeschäft nunmehr Bankgeschäft s oben) und Nr 6 KWG aF.

Die Zulassung zum Geschäftsbetrieb und die Bankenaufsicht obliegt der Bundesanstalt für Finanzdienstleistungsaufsicht (**BaFin,** durch FinDAG seit

(7) BankGesch A/5 2. Teil. Handelsrechtl. Nebengesetze

1.5.2002, zuvor BAKred), in Bonn. Trennung von Handelsbuch, das mit den Hdlbüchern iSd HGB (§ 238 HGB Rn 1) nichts zu tun hat, und Anlagebuch (§ 1a KWG idF BankenRiUmsetzG 2006) und von HdlBuch- und NichtHdlbuchinstituten (§§ 2 XI, 13 I 1 KWG); zum HdlBuch gehören alle Positionen, deren Geschäftszweck auf Erzielung eines HdlErfolgs gerichtet ist (näher § 1a KWG mit VO). Mindestanforderungen an das Betreiben von HdlGeschäften der Kreditinstitute **(MaH)** und Mindestanforderungen der BaFin an das Kreditgeschäft der Kreditinstitute **(MaK),** beide 2005 ersetzt durch Mindestanforderungen der BaFin an das Risikomanagement **MaRisk BA** idF 27.10.17. **MaComp** 7.6.10 geändert 8.3.17. **MaSan** 25.4.14s (7) Bankgeschäfte Rn G/32. Das **KWG** ist **öffentliches Recht** und in diesem Kommentar **nicht näher zu behandeln.** Dasselbe gilt für das Recht der **DBBk** und der **EuZBk.** Der Rechtsweg gegen Maßnahmen der BaFin ist der Verwaltungsrechtsweg (§ 42 VwGO; sofortige Vollziehbarkeit § 49 KWG; anders betr Strafrecht). Lit zum KWG: Consbruch/Fischer (LBl, Textsammlung), Beck/Samm/Kokemor (LBl), Boos/Fischer/Schulte-Mattler 5. Aufl 2016, BankrechtsKomm*LBS* 2. Aufl 2016, Reischauer/Kleinhans (LBl), Schwennicke/Auerbach 3. Aufl 2016. **RsprÜbersicht:** Gurlit WM **16,** 2053.

A/5 B. **Privatrechtliche Fragen:** Das **Fehlen einer Erlaubnis** nach §§ 1 I 2 Nr 2, 32 KWG führt nicht zur Nichtigkeit des Kreditvertrags, BGH **76,** 126, **152,** 315, WM **72,** 853; Karls WM **07,** 350 (Kreditvermittler), Hess VGH WM **09,** 1889, grundsätzlich auch nicht sonstige Verstöße gegen Bankaufsichtsrecht, zB §§ 13, 13a KWG (Anzeigepflicht für Großkredite) BGH WM **78,** 787, § 46 I KWG BGH WM **90,** 54, § 46b KWG (Insolvenzanzeige an BaFin), Poertzgen/Meyer WM **10,** 968. Auch Abtretung von Darlehensforderungen an Nichtbank ist nicht wegen Verstoßes gegen § 32 I 1 KWG nichtig, BGH WM **11,** 1168m Anm Heer BKR **12,** 45 (s auch Rn A/9). § 18 KWG über Offenlegung von Kreditunterlagen ist kein Schutzgesetz nach § 823 II BGB zugunsten des Darlehensnehmers, Kln WM **99,** 1817, Dresd WM **03,** 1802, Kln ZIP **12,** 1084. Information über Einlagensicherung (§ 23a I 2 KWG) ist dagegen auch anlegerschützend, BGH NJW **09,** 3429. Für § 32 I KWG (Erlaubnis für Bankgeschäfte und Finanzdienstleistungen) als **Schutzgesetz** nach § 823 II BGB zugunsten des einzelnen Kapitalanlegers, BGH **166,** 37, WM **05,** 1217, **06,** 1896, 1898, **10,** 263, **11,** 20, 21, **12,** 1334, Schlesw ZIP **12,** 1066, Nürnb ZIP **15,** 1013, zugunsten des Vertragspartners Celle WM **03,** 325, nicht zugunsten des Einlegers, der von dem Einlagenkonto verlustbringende Anlagegeschäfte tätigt, BGH WM **15,** 1568. Vertrag über Sonderprüfung nach § 44 I 2 KWG durch Wirtschaftsprüfer im Auftrag der BaFin hat keine Drittschutzwirkung, BGH WM **09,** 1128, krit Binder WM **10,** 145, Köndgen JZ **10,** 418. Moratorium der BaFin hat keine Stundungswirkung, BGH WM **13,** 742.

Die Bestimmungen des KWG sind seit 1.1.85 **bezüglich der Aufsicht kein Schutzgesetz** iSv **§ 823 II BGB** mehr. Nach § 4 IV FinDAG (statt § 6 IV aF KWG, § 81 I 3 aF VAG, **(16)** WpHG § 4 II aF; wie **(14)** BörsG § 1 III aF) nimmt die BaFin ihre gesetzlichen Aufgaben vielmehr nur im öffentlichen Interesse wahr, BGH (III ZS) **162,** 49 (m Anm Dannwitz JZ **05,** 724u Binder WM **05,** 1781), NJW **05,** 2704, WM **05,** 1362, **06,** 1897, 1899, aA MüKoBGB/Papier § 839 Rn 251 (Verstoß gegen Gewaltenteilung Art 20 III GG), Rohlfing WM **05,** 311, Sethe FS Hopt **10,** 2549 (nur iVm Einlagensicherung). Früher waren Rspr und üL anderer Meinung gewesen, BGH **74,** 144u WM **82,** 124 (Wetterstein), BGH **75,** 120u NJW **83,** 563 (Herstatt), näher 29. Aufl. Das Europarecht steht der deutschen Regelung nicht entgegen, EuGH NJW **04,** 3479 auf Vorlage des BGH (III ZS), WM **02,** 1266. Verstöße gegen KWG können aber nach anderen Normen zivil- und strafrechtlich haftbar machen, zB § 93 AktG, § 266 StGB, Blasche WM **11,** 337.

V. Bankgeschäfte A/6 **BankGesch (7)**

Die **Bezeichnungen** „Bank", „Bankier" ua sind geschützt, §§ 39 ff KWG, für „Sparkasse" EU-rechtliche Einwände, Geschwandtner/Bach NJW **07**, 129; die BaFin entscheidet verbindlich über das Recht zur Führung dieser Bezeichnungen (§ 42 KWG); firmenrechtlicher Schutz s Consbruch BB **66**, 103, § 18 HGB Rn 28. **Registereintragungen** betr Kreditinstitute setzen den Nachweis der Erlaubnis nach § 32 KWG voraus (§ 43 I KWG), außer wenn schon die Bezeichnung des Unternehmensgegenstands Bankgeschäfte ausschließt, Mü WM **12**, 1733. Im Verfahren des Registergerichts kann die BaFin Anträge stellen und Rechtsmittel einlegen (§ 43 III KWG). Bei Moratorium (§ 46 I 2 KWG) kraft Gesetz (RegE) Verzug, Ffm ZIP **12**, 2006, hL, aA Binder 2005, S. 313. **Selbsttitulierungsrecht** öffentlichrechtlicher Kreditinstitute verstößt gegen Art 3 I GG, BVerfG NJW **13**, 1797.

3) Bankvertrag, Geschäftsverbindung, AGB

A. **Allgemeiner Bankvertrag, Girokonto für jedermann:** Der allgemeine A/6 Bankvertrag regelt das Verhältnis zwischen Bank und Kunden insgesamt. Bankkunden, die sich der Dienste einer Bank bedienen, wollen in aller Regel nicht nur ein einziges Geschäft erledigen, sondern eine (allerdings grundsätzlich jederzeit beendbare) „Bankverbindung" eröffnen. Der Bankvertrag regelt dieses Dauerschuldverhältnis und gibt damit die Grundlage bzw den Rahmen für die zahlreichen, rechtlich ganz verschiedenen Bankgeschäfte im Einzelnen; Hopt, Kapitalanlegerschutz 393, BankrechtsHdb/Hopt/Roth 5. Aufl 2017 § 1, BankrechtsHdb/Bunte 5. Aufl 2017 § 2 Rn 1 ff, BuB/Roth 2002 Rn 2/1b, Claussen 4. Aufl 2008 § 1 VI 4, Ebenroth/Thessinga Bd 2, 3. Aufl 2015 BankR I Rn 9 ff, Schwintowski 4. Aufl 2014 § 1 Rn 23, Staudinger/Martinek/Omlor 2017, § 675 Rn B 28 ff, 31, K. Schmidt 6. Aufl 2014 § 20 I 2b Rn 17, BGH WM **04**, 1238 (II ZS), aA BGH **152**, 114 (XI ZS), NJW **15**, 2248 Rn 26 ff zu spezielleren Rahmenverträgen, Canaris 2, MüKo/Hadding/Häuser A 152, Derl/Kno/Ba/Häuser § 3; die Gegenansicht erreicht ähnliche Ergebnisse über Geschäftsverbindung oder die Lehre vom gesetzlichen Schuldverhältnis, vertraut aber im Grundansatz weniger der Privatautonomie. Der Bankvertrag ist dogmatisch ein Grundlagen- bzw Rahmenvertrag, jedenfalls aber und unbestreitbar nach **(5)** § 305 III BGB eine Rahmenvereinbarung, Ul/Br/He/Ulmer/Habersack § 305 BGB Rn 204f, BankrechtsHdb/Bunte § 4 Rn 15 f. Dass die Parteien einen solchen abschließen können, ist unbestreitbar und wird auch von der Rspr nicht in Frage gestellt; fraglich kann nur sein, ob sie es idR tun, was eine Frage der **Auslegung** ist (§§ 133, 157 BGB). Tätigen die Parteien ausnahmsweise ein bloßes Einzelgeschäft ohne weiteren Kontakt oder kommt ein Bankvertrag etwa wegen Geschäftsunfähigkeit des Kunden nicht zustande, bleibt es bei einem gesetzlichen Schuldverhältnis ohne primäre Leistungspflicht bzw einer Geschäftsverbindung mit ähnlichen Pflichten (s Rn A/7), Staudinger/Martinek/Omlor 2017 Rn B 33. Aber typischerweise wollen beide Parteien bei Bankgeschäften kein bloßes Einmalgeschäft tätigen, sondern in eine länger andauernde, vertragliche Beziehung treten, was durch die Vereinbarung der AGB auch für künftige Beziehungen klar wird. Dann wird die Auslegung in vielen Fällen einen solchen Bankvertrag ergeben. Die Annahme, der Bankvertrag sei eine Fiktion, so BGH **152**, 114 ohne Notwendigkeit für die konkrete Entscheidung (die streitige Beratungspflicht wurde zu Recht verneint und hätte sich bei richtiger Auslegung auch nicht aus dem Bankvertrag ergeben, s Rn A/23–25, und das Bestehen einer Abschlusspflicht hätte auch bei Annahme eines Bankvertrags verneint werden können), entspricht nicht dem auf längere Dauer gerichteten Parteiwillen und gibt keinen Anlass, die hier vertretene Meinung zu ändern, zust Claussen 4. Aufl 2008 § 1 VI 4, M. Roth WM **03**, 480, Staudinger/Martinek/Omlor 2017 § 675 Rn B 31, aA zu gläubig Lang BKR **03**, 227, praktische Bedeutung (unten) bestritten bei BankrechtsKommLBS/Müller-Christmann 2. Aufl 2016 Kap 1 Rn 10. Prägnant da-

(7) BankGesch A/6

gegen BankrechtsHdb/Bunte 5. Aufl 2017 § 2 Rn 2: „Die Lehre vom allgemeinen Bankvertrag hat sich – trotz der gegenteiligen Entscheidung des BGH ... – durchgesetzt."

Der **typische Inhalt** dieses Rahmenvertrags ist, auch ohne dass das (wie noch in den **(8)** AGB-Banken aF vor 1993) ausdrücklich gesagt werden müsste, die vertragliche Bestätigung des Geschäftsverhältnisses als Vertrauensverhältnis, die allgemeine Zurverfügungstellung der Geschäftseinrichtungen der Bank und die Einbeziehungsvereinbarung der Grund-AGB, diese nach **(5)** § 305 III BGB im Voraus für alle weiteren Einzelgeschäfte (s **(8)** AGB-Banken Nr 1); zu den Sonderbedingungen s **(8)** AGB-Banken Nr 1 Rn 6 sowie zB **(8)** Sonderbedingungen für Wertpapiergeschäfte, **(9)** AGB-Anderkonten, **(11)** ERA, **(12)** ERI). Rahmenvereinbarung bezüglich AGB s Rn A/8. Der Bankvertrag ist rechtlich ein Dienstvertrag mit **Geschäftsbesorgungs**charakter (§ 675 I BGB; für die Überweisung s jetzt §§ 676a ff BGB, Zahlungsvertrag §§ 676g ff BGB, Girovertrag §§ 676f ff BGB idF ÜG 1999). Als Folgen der Annahme eines Bankvertrags (nach aA des Giro- oder Darlehensvertrags, vgl BGH **152,** 119) kommen ua in Betracht: **(1)** allgemeine vertragliche **Interessenwahrungspflicht,** zB auch bei Austauschverträgen ohne Interessenwahrungspflicht wie Wertpapierkauf (Effektenpropergeschäft), was mit dem Typ Kauf und der entspr Geschäftsverbindung allein unvereinbar wäre; **(2)** Pflicht der Bank, sich in allem (nicht nur bei Bankgeschäften nach §§ 675 I, 665 BGB, Giroüberweisung, s Rn C/41) streng an die **Weisungen** bzw Anweisungen **des Kunden** zu halten, weil sie deren Relevanz für den Kunden idR nicht übersehen kann, vgl BGH WM **76,** 630, NJW **80,** 2130. **(3) Abschlusspflichten hinsichtlich „risikoneutraler" Geschäfte,** str, Bachmann ZBB **06,** 259 (§ 19 AGG), Ablehnung nur aus sachlich gerechtfertigten Gründen, BankrechtsHdb/Bunte 5. Aufl 2017 § 4 Rn 17, iErg auch Ebenroth/Thessinga Bankrecht I Rn 15, vgl auch Bunte 2 AGB-Banken Rn 9 ff, 11 (§ 826 BGB), aA BGH **152,** 120, **zB Eröffnung eines Sparbuchs,** Ausgabe einer Geldkarte allenfalls, wenn von der Bankkunden-Karte isoliert (prepaid, s Rn F/14), Heymann/Horn V/154, str, Besorgen von Wertpapiergeschäften bei entsprechender Deckung, nicht ohne Weiteres aber Gewährung eines Kredits, einer Bürgschaft, Ausgabe einer Bankkunden-Karte, Zusatzleistungen zu Überweisung (s Rn C/25) und wohl **auch eines Girovertrags** (s Rn C/25), dies unbeschadet der jederzeitigen Kündigungsmöglichkeit nach **(8)** AGB-Banken Nr 19 (**aber kein allgemeiner Kontrahierungszwang** für Banken mangels Monopolstellung, BVerfG NJW **01,** 1413, BGH WM **13,** 316, **Ausnahmen für Sparkassen** und staatlich beherrschte Kreditinstitute BGH **154,** 146, NJW **04,** 1031) mit Kontrahierungszwang für Girokonten natürlicher Personen, Naumbg ZIP **12,** 1119m krit Anm Piekenbrock WM **13,** 1925, zT auch Kündigungsverbot (dies verschleiernde AGB), Nürnb WM **14,** 1477 (s **(8a)** AGB-Spark Nr 26 Rn 1), Günnewig ZIP **92,** 1670, Reifner ZBB **95,** 243, Steuer WM **98,** 439, vom ÜG bewusst nicht geregelt, RegE S 13, vgl Empfehlung des Zentralen Kreditausschusses zum **Girokonto für jedermann,** August 1995, WM **04,** 1603, vgl WM **06,** 1650, aber ohne Rechtsbegründung, Brem ZIP **06,** 798, Berresheim ZBB **05,** 420, Koch WM **06,** 2242, Segna BKR **06,** 274, Geschwandtner/Bornemann NJW **07,** 1253), auch Hadding FS Hopt **10,** 1900, gesetzliche Regelung wurde gefordert, BREntwurf GiroGuBAG 10.7.13 BRDrucks 17/14363, von BReg abgelehnt, nunmehr **Zahlungskontengesetz (ZKG)** v 11.4.2016 BGBl 720 mit Zuständigkeit der BaFin, **Basiskontoverträge für alle Verbraucher** (§ 13 BGB, §§ 30 ff ZKG 11.4.2016 BGBl I 720), Bülow/Artz 2017, auch für Personen ohne festen Wohnsitz und Asylsuchende, deutlich weiter als Kontrahierungszwang für Sparkassen, Artz ZBB **16,** 191, Herresthal BKR **16,** 221, enge Ablehnungsgründe (§§ 35 ff ZKG), nur angemessene Entgelte, Findeisen WM **16,** 1765; erleichterter Kontenwechsel; zur Angemessenheit (§ 41 II ZKG) Bülow WM **17,** 161; Nachweiserleichterungen für Ausländer und Asyl-

V. Bankgeschäfte   A/7, A/8   **BankGesch (7)**

suchende BMI-VO 5.7.16 BAnz 6.7.16; eingeschränkte Kündigungsmöglichkeit, **(8)** AGB-Banken Nr 19 V mit Rn 8). Aber kein Recht auf Girokonto bei der DBBk (zu § 22 BBankG), VG Ffm WM **10**, 887. EU-Richtlinie 23.7.14 ABlEU L 257/214 (s auch Rn A/36): Zugang zu Zahlungskonten (Basiskonto) durch Zwang zum Abschluss eines Zahlungsdiensterahmenvertrags (s Rn C/27), Entgeltvergleichbarkeit (s Rn C/47), Kontowechsel. Zuvor EU-Empfehlung 18.7.2011. **(4)** Pflicht, **im Massengeschäft** den einzelnen Kunden **nicht willkürlich anders** zu **behandeln** als alle anderen (iErg auch BaFin unter § 6 KWG, orderly banking), Ebenroth/Thessinga Bankrecht I Rn 18 aA, allenfalls § 242, aber iErg ablehnend BGH WM **13**, 316 (XI ZS), m Anm Looschelders JZ **13**, 570, von BGH **152**, 114 nicht angesprochen, wäre danach aber sinngemäß zu verneinen; wie hier Bachmann ZBB **06**, 266 (§ 19 AGG). Rahmenvertrag bei Leasing s Rn P/4. Der Bankvertrag erlischt bei Insolvenz des Kunden (s Rn 58), besteht aber bis Kenntnis bzw Kennenmüssen der Bank fort (§§ 116 S 1, 115 I, III 1 InsO), BGH **63**, 91; Überweisungsverträge als Zahlungs- und Übertragungsverträge bestehen dagegen mit Wirkung für die Masse fort (§ 116 S 3 InsO).

B. **Geschäftsverbindung:** Die Geschäftsverbindung ist das zwischen Bank   A/7 und Kunden bestehende gesetzliche Schuldverhältnis ohne primäre Leistungspflicht (s Einl 2 vor § 343 HGB). Dieses wird idR vom Bankvertrag überlagert und vertraglich ausgestaltet. Die besonderen Verhaltens- und Berufspflichten der Bank, zB Bankgeheimnis (s Rn A/9–13), Aufklärungs- und Beratungspflichten (s Rn A/14–15), sind bei Bestehen eines Bankvertrags aus diesem versprochen. Fehlt dieser, uU beim Einmalgeschäft, oder ist er nichtig, zB bei Geschäftsunfähigkeit des Kunden, bleibt doch die Geschäftsverbindung als Schutzverhältnis und Grundlage einer Vertrauenshaftung (iVm § 278 BGB für Erfüllungsgehilfen), das spricht nicht gegen den Bankvertrag, aA BGH **152**, 120, sondern ist allgemeines Schuldrecht. Bankgeschäfte mit Minderjährigen s Scheerer BB **71**, 981, s auch **(7)** Bankgeschäfte Rn A/48. Dieses gesetzliche Schuldverhältnis ohne primäre Leistungspflicht kann drittschützend sein (entspr zum Vertrag mit Drittschutzwirkung). Im **außerbetrieblichen Bankenverkehr,** zB im mehrgliedrigen Überweisungs- und Lastschriftverkehr, können aber im Einzelfall **unmittelbare gesetzliche Schutzpflichten** bestehen, s Rn A/34, C/88, K/2 und § 347 HGB Rn 22.

C. **AGB:** AGB sind für die gesamte Geschäftsverbindung vorformulierte, dem   A/8 Kunden von der Bank gestellte Vertragsbedingungen, die Teil des Bankvertrags werden, s Rn A/6, **(8)** AGB-Banken, **(8a)** AGB-Spark. Für die **Einbeziehung von AGB** in den Vertrag gilt **(5)** § 305 II BGB; außer gegenüber Unternehmern, **(5)** § 310 I BGB, dann genügt, falls der Kunde nicht widerspricht, Branchenüblichkeit wie im Bankverkehr oder, wenn schon bisher regelmäßig die AGB vereinbart worden sind, laufende Geschäftsverbindung, Ul/Br/He/Ulmer/Habersack § 305 BGB Rn 173, 176. **Rahmenvereinbarungen** (Bankvertrag, Geschäftsverbindung) können die vertragliche Einbeziehung in der Form von **(5)** § 305 II BGB vorwegnehmen (so **(5)** § 305 III BGB), BGH **98**, 29. Rahmenvereinbarungen sind **unter Kaufleuten** besonders wichtig. Da **(5)** § 305 III BGB gegenüber Unternehmern nicht gilt, kann insoweit auch die Geltung der jeweiligen **späteren Fassung der AGB** vereinbart werden; davon zu unterscheiden sind Änderungen der AGB, die nur eine Gesetzesänderung nachvollziehen und Text der AGB berichtigen (nicht aus deren Anlass selbstständig ändern). Ohne solche Rahmenvereinbarung kann der Verwender nicht einseitig Änderungen der AGB durchsetzen, Ebel BB **80**, 479. Doch genügt Fortsetzung der Geschäftsverbindung in Kenntnis der Änderung, BGH **52**, 62 (AGB-Spark), oder nach mehrmaligen Rechnungen mit geänderten AGB, besonderer Hinweis ist nur bei wesentlicher Schlechterstellung nötig, Kblz BB **83**, 1635, sonst uU überraschend nach **(5)** § 305c I BGB; Kreditzinsen s Rn G/4, G/10, G/10a–c. Gegenüber

(7) BankGesch A/9   2. Teil. Handelsrechtl. Nebengesetze

Nichtkaufleuten gibt es für die Neufassung von AGB keine Erleichterung, vertragliche Einbeziehung ist unerlässlich, auch bei Rahmenvereinbarung nach **(5)** § 305 III BGB, der auf II verweist. Klausel über einseitiges Änderungsrecht der Bank gegenüber Privatkunden ist unwirksam. In der Praxis ist dieses letztere ausschlaggebend, da die AGB, zB **(8)** AGB-Banken für alle Kunden gelten sollen.

4) Bankgeheimnis

A/9   **A. Geheimhaltungspflicht; Abtretung von Darlehensforderungen:** Die Bank schuldet ihren Kunden seit jeher (zur Geschichte und heute für Gewohnheitsrecht Nobbe WM **05**, 1540) auf Grund des Bankvertrags (bzw der Geschäftsverbindung, s Rn A/7, deklaratorisch **(8)** AGB-Banken Nr 2 I mit Definition) auch ohne ausdrückliche Vereinbarung umfassende Geheimhaltung des Geschäftsverkehrs, besonders von Stand und Bewegung der Konten des Kunden. Das ergibt sich schon aus der allgemeinen Vermögenswahrungspflicht der Bank gegenüber dem Kunden, BGH **166,** 93, Mü ZIP **13,** 561 (Breuer). Das Bankgeheimnis gilt nur für kundenbezogene Tatsachen und Wertungen, die der Bank auf Grund, aus Anlass oder im Rahmen der Geschäftsverbindung mit dem Kunden bekannt geworden sind, BGH **27,** 246, **166,** 85 (Kirch). Erfasst sind alle kundenbezogenen Tatsachen und Wertungen, die der Bank auf Grund, aus Anlass oder im Rahmen der Geschäftsverbindung zum Kunden bekannt geworden sind und die der Kunde geheim zu halten wünscht, BGH WM **07**, 644 (vgl **(8)** AGB-Banken Nr 2 I), vgl Tiedemann NJW **03**, 2213, Canaris ZIP **04**, 1781, 2362 (krit), Schumann ZIP **04**, 2353, 2367. Teilweise wird zwischen externem und internem Bankgeheimnis unterschieden, aber auch bankintern ist keine ganz beliebige Weitergabe zulässig. Das Bankgeheimnis besteht grundsätzlich auch gegenüber Behörden (aber Grenzen, s Rn A/10). Es besteht bei Verhandlungen vor Vertragsschluss und überdauert das Vertragsende, BGH BB **53**, 993. Geheimnisherr ist der Kunde bzw sein gesetzlicher Vertreter, in seinem Insolvenzverfahren der Insolvenzverwalter (mit Ausnahme persönlicher, insolvenzirrelevanter Umstände), BGH **109**, 270 (Rechtsanwalt). Beim **Tod des Kunden** gehen der Anspruch auf Geheimhaltung und die Befugnis zur Entbindung davon auf die Erben über, BGH **107**, 104, Wille des Erblassers kann aber bei persönlichkeitsbezogenen Vorgängen entgegenstehen, Stgt NJW **83**, 1744 LS (für Steuerberater). Kollision zwischen Bankgeheimnis und Auskunftsanspruch ist durch Interessenabwägung zu lösen, das Interesse des Erben nach § 666 BGB geht idR dem des Zuwendungsempfängers vor. Der Auskunftsanspruch des Erben gegen die Bank ist ausnahmsweise abtretbar, BGH **107**, 104. Das Bankgeheimnis erstreckt sich bei der in eine Überweisung eingeschalteten zweiten Bank auf die Angelegenheiten des Kunden der ersten Bank, für dessen Rechnung die Überweisung erfolgt, BGH **27**, 246 (Fall der Drittschutzwirkung, s Rn A/32–35), das gilt auch bei Buchung auf „Konto pro Diverse", BGH **27**, 241; str, ob allgemein im Konzernverbund, bejahend LG Mü NJW **03**, 1046 (DBk/Kirch). Das Bankgeheimnis steht, da rein schuldrechtlich, der **Abtretung von Darlehensforderungen** trotz des Auskunftsanspruchs des Zedenten nach § 402 BGB nicht entgegen, BGH WM **07**, 643, BVerfG NJW **07**, 3707, Nobbe WM **05**, 1545, ZIP **08**, 97, FS Hopt **10**, 2301, auch kein Geheimnisbruch nach § 203 II 1 Nr 1 StGB bei Sparkasse, BGH NJW **10**, 361m Anm Haas/Fischera NZG **10**, 457; Abtretung ist **wirksam,** § 134 BGB und BDSG (s Rn A/53) sowie § 32 I 1 KWG (s Rn A/5) greifen insoweit nicht ein, auch kein konkludentes Abtretungsverbot nach § 399 BGB, schon gar nicht, wenn Abtretungsempfänger eine Bank ist oder Zedent weiterhin für Einzug zuständig bleibt; aber uU Schadensersatz, BGH WM **07**, 644 (str, aber ohne praktische Bedeutung), außer bei notleidenden Krediten (NPL, distressed loan ua), Nobbe WM **05**, 1546, krit Vorwerk NJW **09**, 1777. Lit: Kubis, Schuldnerschutz bei Forderungsabtretung und Einziehungsermächtigung, 2013; Rinze/Heda, Hofmann/Walter, Cahn WM **04**, 1557, 1566, 2041,

Langenbucher BKR **04**, 333, Rögner NJW **04**, 3230, Stiller ZIP **04**, 2027, Adolff FS Heldrich **05**, 3, Nobbe WM **05**, 1537, Kreft, Hammen, Wittig Bankrechtstag 2005, Nobbe ZIP **08**, 97, Schwintowski/Schantz NJW **08**, 472; Früh FS Hopt **10**, 1823. Vollstreckungsklausel ist auch bei Abtretbarkeit zulässig (s Rn G/5a); vgl zum BDSG Rn A/53. Aber Schutz durch das **RisikobegrenzungsG** 12.8.08 BGBl 1666 (s Rn G/5a). Im **Zivilprozess** hat die Bank ein Zeugnisverweigerungsrecht nach § 383 I Nr 6 ZPO als „Person, der kraft ihres Gewerbes Tatsachen anvertraut sind, deren Geheimhaltung durch ihre Natur geboten ist"; es deckt alle unter ihre Verschwiegenheitspflicht fallenden Tatsachen; BGH BB **53**, 993, Kln MDR **68**, 931; ferner nach § 384 Nr 3 ZPO „Gewerbegeheimnis". Entsprechendes gilt in sonstigen Gerichtsverfahren (Arbeits-, Verwaltungs-, Sozial-). Die Drittschuldnererklärung nach § 840 ZPO bei Forderungspfändung kann die Bank nicht verweigern. Das Bankgeheimnis ist kein sonstiges Recht iSv § 823 I BGB, kann aber Teil des Unternehmensrechtsschutzes nach § 823 I BGB (Gewerbebetrieb, Persönlichkeitsrecht, s Einl 63–64 vor § 1 HGB) sein. Im **Insolvenzverfahren** wird grundsätzlich der (auch starke vorläufige) Insolvenzverwalter Geheimnisherr, aber Grenzen, zB bei Gemeinschaftskonten (dann § 84 I 1 InsO), Stephan WM **09**, 241. **Weitere geheimhaltungsrelevante Normen** sind ua §§ 55a, 55b KWG, §§ 17 ff UWG, § 824 BGB, BGH **166,** 84 (Kirch), dazu krit Ehricke/Rotstegge ZIP **06**, 925, krit zur Außenhaftung Hellgardt WM **06**, 1514. Lit: BankrechtsHdb/Krepold 5. Aufl 2017 § 39; Staub/Grundmann 2/69 ff.

B. Grenzen: a) Das Bankgeheimnis hat wie jedes Recht (Pflicht) seine Grenzen (vgl **(8)** AGB-Banken Nr 2 Rn 2). So kann die Bank sich nicht einfach unter Berufung auf das Bankgeheimnis von der **gebotenen Aufklärung und Warnung** (s Rn A/16–29) dispensieren, BGH WM **91**, 85, vielmehr Güter- und Interessenabwägung. Die Bank muss die Auskunftsansprüche Dritter gegen sie (§§ 260, 809, 810 BGB ua, vgl § 118 HGB Rn 11) erfüllen, BayObLG ZIP **03**, 569. Kein unbegrenztes und bedingungsloses Bankgeheimnis gegenüber markenrechtlichem Auskunftsanspruch (§ 19 II 1 MarkenG), EuGH WM **15**, 1557, BGH NJW **16**, 2190; entsprechend für alle Immaterialgüterrechte (§ 101 UrhG, § 140b PatG, § 24b GebrMG, § 46 DesignG, Czychowski EuZW **15**, 745. Die Aufdeckung von Kreditbetrug kann durch Nothilfe gerechtfertigt sein; ebenso die Aufdeckung von Insiderinformationen. In Ausnahmefällen kommt Notstand (§§ 34, 35 StGB) in Betracht. Auch in Fällen eines (unter Berücksichtigung der Fremdinteressenwahrung) **überwiegenden Eigeninteresses** kann ein Offenbarungsrecht gegeben sein, so zB gegenüber einem ehrenrührigen Vorwurf, BGH BB **53**, 993, RG BankA **34**, 326, Kln WM **93**, 289; erforderlichenfalls kann die Bank eine stille Zession offenlegen (s Rn H/4); die Bank A kann idR ohne Rechtsmissbrauch in ein Konto ihres Kunden-Schuldners bei Bank B vollstrecken, von dem sie unter Geheimnisbruch der B erfuhr; anders wenn A diese Pflichtverletzung der B veranlasst, BGH MDR **73**, 926. Schwierige Einzelabwägung nötig, wenn die Bank zB von US-amerikanischen Gerichten zur Offenlegung von unter das Bankgeheimnis fallenden Tatsachen verurteilt wird, LG Kiel RIW **83**, 206, Bosch IPRax **84**, 127.

b) BaFin und **DBBk** haben Einsichts- und Auskunftsrechte ohne Beschränkung durch das Bankgeheimnis, insbesondere nach **KWG** und **(16) WpHG**, zB §§ 44 ff KWG; automatisierter Abruf von Kontoinformationen durch die BaFin (§ 24c KWG). Meldepflichten, Überwachung und Prüfung (s **(16)** WpHG §§ 22, 88, 89); Auskunftsrechte (s **(16)** WpHG § 6).

c) Im **Strafprozess** hat die Bank kein Zeugnisverweigerungsrecht nach § 53 StPO; auch gegenüber der Staatsanwaltschaft muss sie aussagen (vgl § 161a StPO), nicht aber gegenüber der Polizei. Das gilt entspr nach § 46 II OWiG. Prost NJW **76**, 214, Ungnade WM **76**, 1210, Ehlers BB **78**, 1513. Zulässige

(7) BankGesch A/13   2. Teil. Handelsrechtl. Nebengesetze

Abfrage von Kreditkartendaten nach § 161 I StPO, keine Rasterfahndung nach § 98a StPO, BVerfG WM **09**, 843. Weitgehende Dokumentations-, Anzeige-, Sorgfalts- und Überwachungspflichten nach **GeldwäscheG (GwG)** nF 2017; 4. EU-GeldwäscheRi 20.5.2015 ABlEU L 141/73, Rößler WM **15**, 1406; GeldwäscheRiUmsetzungsG 23.6.2017 BGBl I 1822, darin GwG 2017. Bundesamt für Verfassungsschutz (Terrorismusbekämpfung), Huber NJW **07**, 881. Zur Rückzahlung Mü WM **15**, 676. Lit: BankrechtsHdb/Krepold 5. Aufl 2017 § 39 Rn 102 ff (Strafverfahren), BankrechtsHdb/Walther 5. Aufl 2017 § 42 (Geldwäsche), Felix 2. Aufl 2014, Fülbier/Aepfelbach/Langweg 5. Aufl 2006, Herzog 2. Aufl 2014; Wegener NJW **02**, 794 (EU-Ri), Höche WM **05**, 8 (EU), Köhling WM **07**, 1780, Seibert WM **08**, 2006 (Bankenhaftung), Höche/Rößler WM **12**, 1505, Zentes/Glaab BB **13**, 707 (EU).

A/13   d) Im **Finanzgerichtsprozess** hat die Bank ebenfalls kein Zeugnisverweigerungsrecht, BFH NJW **93**, 2831. Gegenüber **Steuerbehörden** besteht Offenbarungspflicht ua nach §§ 90, 92, 93 AO; keine Aussageverweigerung nach AO, aber besondere Rücksichtspflicht der Finanzbehörden auf das Bankgeheimnis nach § 30a AO neu 3.8.88, dazu Bruschke BB **90**, 392. Vorgänger war BFM-Bankenerlass 31.8.79, NJW **79**, 2190, dazu Lit: Becker 1983, Miebach 1999 (Verfassungsrecht und § 30a AO); Söhn NJW **80**, 1430. Auskunftsersuchen an Kreditinstitute nach §§ 93 ff AO und Steuer- bzw Zollfahndung nach § 208 AO bleiben möglich, bei hinreichendem Anlass, BFH NJW **07**, 2284, dabei auch Sammelauskunftsersuchen über bestimmten Personenkreis, aber nicht „ins Blaue hinein" und nur wenn verhältnismäßig, BFH NJW **02**, 2340, **07**, 1308, für Steuerhinterziehung besonders anfällige Art der Geschäftsabwicklung, BFH WM **09**, 1276 (im konkreten Fall abl). Grenzen von Verwertungsverboten, BFH NJW **07**, 2282. Kontrollmitteilungen anlässlich Außenprüfung von Banken sind nach § 194 III AO grundsätzlich ohne besonderen Anlass zulässig, BFH WM **09**, 599, nicht bei legitimationsgeprüften Konten und Depots (§ 30a III AO, aber ohne Sperrwirkung, „wenn hinreichend veranlasst"), BFH WM **09**, 599, str. Ab 1.4.2005 Automatisierung des Auskunftsverfahrens durch Zugriff der Finanzbehörden (über das Bundesamt für Finanzen) auf die Dateien der Kreditinstitute über Konto- und Depotverbindungen (Kontenabrufverfahren, § 93 VII, VIII, 93b AO iVm § 24c KWG, trotz Missbrauchsrisiko verfassungsgemäß, BVerfG NJW **07**, 2464), krit Göres NJW **05**, 253, 1902, Maidorn NJW **06**, 3752, Hoffmann WM **10**, 193. Nach § 33 ErbStG ist die Bank beim Tod des Kunden anzeigepflichtig, auch betr Existenz von Schließfächern, auch betr ZwNl im Ausland, BGH NJW **07**, 669, BFH NJW **07**, 1310 LS; die Nutzung auch für ESt und Vermögensteuer ist rechtswidrig, str, aA BFH NJW **92**, 2246. **International** sind infolge der Liech tensteinaffaire und der Finanzkrise die Steuerfluchtländer 2009 stark unter Druck gekommen, die Schweiz, Liechtenstein ua haben ihr Bankgeheimnis deutlich gelockert. Komm zu AO: Hübschmann/Hepp/Spitaler (LBl); Tipke/Kruse (LBl); Ungnade WM **76**, 1218, Ungnade/Kruck WM **80**, 258, Hamacher WM **97**, 2149, Thomas/Tischbein WM **99**, 1645, Carlé NJW **07**, 2226.

Lit: BankrechtsHdb/Krepold 5. Aufl 2017 § 39 Rn 231 ff; BankrechtsKommLBS/Müller-Christmann 2. Aufl 2016 Kap 1 Rn 19 ff; Staub/Grundmann 2/69 ff; Sichtermann, 3. Aufl 1984 (bearb von Feuerborn ua); Spitzenverbände des Kreditgewerbes (Zentraler Kreditausschuss, ZKA, Weber ua), Bankgeheimnis und Bankauskunft in der Praxis, 7. Aufl 2009; Bruchner/Stützle 2. Aufl 1990; Dahm/Schebesta/Schroeter/Weber 5. Aufl 1995; Miebach 1999 (Verfassungsrecht); Petersen 2005 (Grundlagen); Wech 2008; Müller NJW **63**, 833, Scheer NJW **63**, 2062, Mielke AG **64**, 182, Sichtermann ZfgK **68**, 1063, Wolff DB **68**, 695, AG **68**, 286 (Kreditauskunft), Schmidt WiR **72**, 127, Martinek FS Schütze **99**, 503u Schefold IPRax **00**, 234 (internationales Bankgeheimnis), Herzog, Kirchhoff Bankrechtstag **03**, 47, 79, Nobbe WM **05**, 1537, Bitter ZHR 173 **(09)** 379.

5) Bankauskünfte

A. Pflichten gegenüber dem Anfrager: Die Auskunftserteilung der Bank erfolgt entweder auf Grund des Bankvertrags (Anfrager ist Kunde) oder eines besonderen Auskunftsvertrags (Anfrager ist andere Bank oder Nichtkunde), st Rspr, s § 347 HGB Rn 13 (zur Fiktivität eines solchen Auskunftsvertrags s dort Rn 22); bei Scheck- und Wechselauskunft ausnahmsweise Garantievertrag, s Rn E/8. Zu Inhalt, Voraussetzungen und Empfänger der Bankauskunft s (8) AGB-Banken Nr 2 II–IV. Die Bank haftet für schuldhaft unrichtige oder unvollständige Auskünfte dem Anfrager auf Schadensersatz (idR nur negatives Interesse). Die Bank schwebt dabei zwischen Haftung gegenüber dem Anfrager und gegenüber dem Kunden, über den angefragt wird (s Rn A/15). Das führt praktisch zu vorsichtigen Auskunftsformeln, die richtig gelesen werden müssen, Beispiele Rehbein ZHR 149 **(85)** 147, und ist rechtlich bei der Aufstellung der Verhaltenspflichten zu berücksichtigen. „Gespaltene" Auskünfte (Positives schriftlich, Negatives mündlich) sind für die Bank gefährlich, weil der schriftliche Teil für sich unwichtig ist und die Bank diesen Schein widerlegen muss. Wechselprotest, Scheck- oder Lastschriftrückgaben (mangels Deckung) müssen erwähnt werden, BGH WM **62**, 1111. Die Tatsache einer Vollstreckung durch Dritte ist auch dann mitzuteilen, wenn sie durch Schuldzahlung erledigt wurde, BGH NJW **72**, 1200. Bsp für Anforderungen Ffm WM **85**, 253. Zur **Dritthaftung** bei der Bank-zu-Bank-Auskunft s § 347 HGB Rn 21. Zur Wahrheits-, Vollständigkeits-, **Berichtigungs- und anderen Pflichten** der auskunftgebenden Bank s § 347 HGB Rn 23–33; Einzelheiten zur **Haftung** s § 347 HGB Rn 34–40. (8) AGB-Banken Nr 2, 3 (anders Nr 10 II 3 aF vor 1993) enthalten keine **Freizeichnung** mehr. Lit: BankrechtsHdb/Krepold 5. Aufl 2017 § 40; Staub/Grundmann 2/88 ff.

B. Pflichten gegenüber dem Kunden: Die Bank darf Kreditauskünfte nur mit **Einwilligung** des Betroffenen erteilen. Diese muss bei **Privatkunden** ausdrücklich sein, also grundsätzlich nur nach **Rückfrage** (diese ihrerseits nur mit Einverständnis des Anfragers) bei ihrem Kunden, über den die Auskunft eingeholt wird; zu (8) AGB-Banken Nr 2 III 3, wonach eine solche Rückfragepflicht auch bei „genereller" Zustimmung entfallen soll, s dort. Im kfm Verkehr mit **Geschäftskunden** wird bei günstiger Auskunft idR mutmaßliche Einwilligung des Geschäftskunden vorliegen, offen BGH **95**, 365. Der kfm Kunde weiß, dass üblicherweise Bankauskünfte eingeholt und erteilt werden und dass die Ablehnung einer Auskunft über ihn geradezu kreditschädigend wirkt. Nach (8) AGB-Banken Nr 2 III 1 wird die Einwilligung für den kfm Verkehr allgemein erteilt. Bei klar negativer Auskunft kann jedoch trotzdem auch bei Geschäftskunden Rückfrage nötig sein, erst recht, wenn ihre Persönlichkeitssphäre berührt wird (Einl 64 vor § 1). Die Bank **haftet** dem Kunden bei Erteilung einer richtigen Auskunft ohne (tatsächliche oder mutmaßliche) Einwilligung und für unrichtige nachteilige Auskünfte. Der **Inhalt** der Bankauskunft ist dem Kunden **auf Verlangen mitzuteilen** (ohne Namen des Anfragers), Karlsr NJW **71**, 1042, nach Karlsr WM **09**, 512 auch Empfänger und, soweit zumutbar, dessen Kunden, dagegen stehen aber deren Interessen am Bankgeheimnis, Konfliktlösung durch Auskunft nur an Sachverständige wie im GesRecht (§ 118 Rn 9). Zum Verfahrensablauf von Bank-zu-Bank-Auskünften „Grundsätze für die Durchführung des Bankauskunftsverfahrens zwischen Kreditinstituten" nF 1.5.87, ZIP **87**, 608 (Text), Schebesta WM **89**, 429. Dabei handelt es sich um AGB zwischen den beteiligten Kreditinstituten, Geltung zwischen diesen s (8) AGB-Banken Nr 1 Rn 4. Für den Bankkunden können die Grundsätze Drittschutzwirkung entfalten. Jedenfalls hat die anfragende Bank klarzustellen, ob sie die Auskunft im

(7) BankGesch A/16   2. Teil. Handelsrechtl. Nebengesetze

eigenen oder im Kundeninteresse einholt (Nr 2); das hat Folgen für die Drittschutzwirkung der Auskunft selbst, s Rn A/32–33, § 347 HGB Rn 19–21. **Kreditauskunft**, **Schufa** und **Datenschutz** s Rn A/54–55. Lit: BankrechtsHdb/ Krepold 5. Aufl 2017 § 40 (Bankauskunft), § 41 (Schufa); BankrechtsKommLBS/Müller-Christmann 2. Aufl 2016 Kap 1 Rn 59 ff, 101 ff (Schufa);. Sichtermann 3. Aufl 1984 (bearb von Feuerborn ua); Spitzenverbände des Kreditgewerbes (Zentraler Kreditausschuss, ZKA, Weber ua), Bankgeheimnis und Bankauskunft in der Praxis, 7. Aufl 2009; Dahm/Hammacher (Finanzbehörden) 2006; Gaede NJW **72**, 926, Schraepler NJW **72**, 1836, Lorenz FS Larenz **73**, 575, Scheerer FS Bärmann **75**, 801, Dirichs WM **76**, 1078, Musielak VersR **77**, 973, Kirchherr/Stützle ZIP **84**, 515, Berger ZBB **01**, 238 (Haftung), Nobbe WM **05**, 1537, Hammen Bankrechtstag **05**, 113 (Abtretung), Wittig Bankrechtstag **05**, 145 (distressed loan trading).

6) Informationspflicht: Wissenszurechnung; Aufklärungs-, Warn- und Beratungspflichten

A/16   **A. Rechtsgrundlage für Informations- und Aufklärungspflicht, Wissenszurechnung:** Eine spezielle **Informationspflicht** über Entgelte und Auslagen bei Standardgeschäften (Geschäftsanbahnungsinformationen) ist allgemeiner bei öffentlicher Bestellung bzw öffentlichem Anerbieten vorzusehen (§ 675a BGB idF VerbrKrRiUmsetzG), Zahlungsdienstleister (§ 675c III BGB iVm § 1 I ZAG) schulden bei Zahlungsdiensten zusätzliche Unterrichtung (§ 675d BGB idF VerbrKrRiUmsetzG, zuvor Masuch NJW **08**, 1700). Besondere Informationspflichten (sowie Widerrufs- und Rückgaberecht) gelten auch für den Fernabsatz von Finanzdienstleistungen (s Rn A/4, G/9, §§ 312b ff BGB iVm BGB-InfoV), Felke/Jordans NJW **05**, 710. Kundenbeschwerden s Rn A/56. Preisangaben nach PAngV s Rn G/5. **Grundlage** der davon zu unterscheidenden **Aufklärungs-, Warn- und Beratungspflichten** der Bank ist der Bankvertrag bzw die Geschäftsverbindung als gesetzliches Schuldverhältnis (s Rn A/6–7, § 347 HGB Rn 13–18, 22). Diese Pflichten sind Ausprägung der allgemeinen Interessenwahrungspflicht der Bank (s Rn A/6). Sie sind (in ihrem Kern gesetzliche) **Berufspflichten** in einem Vertrauensverhältnis, s § 347 HGB Rn 2; Konsequenzen für Freizeichnung s Rn I/21.

Wissenszurechnung (Wissensvertretung, s auch § 125 HGB Rn 4): Umfangreiche Rspr, ältere mit absoluter Wissenszurechnung ist überholt (Unterschiede zwischen den Senaten), keine Zurechnung von Wissen, sondern von wissensgetragenem, rechtserheblichem (aktivem oder passivem) Verhalten, Nobbe Bankrechtstag **02**, 126. Für Wissenszurechnung von juristischen Personen und PersonenGes gilt grundsätzlich dasselbe. Aus der (uneinheitlichen) Rspr ist hervorzuheben: Das Wissen aller Organvertreter der Bank ist ihr zuzurechnen; auch ohne Kenntnis des Organvertreters von dem Rechtsgeschäft, BGH **109**, 327 (V ZS, Schlachthof-Fall, Gemeinde); auch wenn der Organvertreter ausgeschieden oder verstorben ist (so bei juristischen Personen), aber nur sofern es sich um typischerweise aktenmäßig festgehaltenes Wissen handelt, BGH **109**, 332, NJW **95**, 2160, **96**, 1205 (beide iErg abl). Auch das Wissen von an der konkreten Transaktion unbeteiligten Mitarbeitern soll grundsätzlich zuzurechnen sein (entspr §§ 166, 278 BGB), BGH WM **84**, 1311, **89**, 1364, 1368, **93**, 541 (verschiedene Bankfilialen), aber mit § 166 BGB unvereinbar und zT praxisfern, zutr krit Nobbe Bankrechtstag **02**, 147. Wissensvertreter ist nur jemand, dessen sich der Geschäftsherr im rechtsgeschäftlichen Verkehr wie eines Vertreters bedient, nicht nur ein interner Berater, BGH **117**, 104 (V ZS, Knollenmergel-Fall, nicht Bauaufsichtsamt für Gemeinde). Wissenszurechnung ist aber nur möglich, soweit eine entsprechende Organisation innerhalb des Unternehmens möglich und zumutbar ist, zu weitgehend Bohrer DNotZ **91**, 129, offen BGH **117**, 108. Maßgeblicher Grund für die Wissenszurechnung ist **Pflicht zur ordnungs-**

V. Bankgeschäfte   A/17   **BankGesch (7)**

gemäßen Organisation der Kommunikation (möglicher und gebotener Informationsfluss), BGH **140,** 61 (IX ZS), WM **09,** 1704 und **10,** 940 (Vers), **11,** 1479 (Behörden); eine rein organisationsbedingte Wissensaufspaltung ist nicht anzuerkennen (Gleichstellungsargument), BGH **132,** 36 (Altlasten-Fall, GmbH & Co). Bsp für Zurechnung BGH WM **05,** 375 (XI ZS, Rahmenfinanzierung in der einen Filiale, Immobilienkreditausreichung in der anderen), BGH ZIP **10,** 72 (federführende VertriebsGes), Bambg WM **07,** 389 (Scheckeinzahlung auf eine an die Bank verpfändete Forderung). Als vorhanden gilt nicht nur präsentes Wissen, sondern auch Wissen, das bei sachgerechter Organisation dokumentiert und verfügbar ist und das zu nutzen ein konkreter Anlass besteht (also **auch Akten- und Speicherwissen**), BGH **135,** 202 (XI ZS, Scheckinkasso, s Rn E/2), WM **09,** 1275. Das bedeutet Informationsvorhalte-, -weitergabe- und -abfragepflichten. Auch in Vergessenheit geratenes Wissen kann relevant sein. Wissen und Bösgläubigkeit von Bankangestellten aus anderen Abteilungen, bei Scheckgutschrift etwa der Kreditabteilung, ist grundsätzlich nicht zuzurechnen, anders bei Organwalter oder ähnlichen Wissensvertretern sowie bei groben Pflichtverletzung bei Kontoeröffnung, BankrechtsHdb/Nobbe 5. Aufl 2017 § 61 Rn 249 ff (zur Scheckprüfung, s Rn E/2). In diesem Umfang kommt es zu einer Wissenszusammenrechnung. Schadensersatzanspruch auf Grund Wissenszusammenrechnung kann wegen fehlender Kausalität der Pflichtverletzung entfallen, BankrechtsHdb/Nobbe 5. Aufl 2017 § 61 Rn 257, str. Eine allgemeine Wissenszusammenrechnung im Unternehmen und in der Bank wäre dagegen unvereinbar mit Bankgeheimnis und Datenschutz und wäre bei Töchtern nicht durchzuhalten, zutr BankrechtsHdb/Nobbe 5. Aufl 2017 § 61 Rn 259 (zur Scheckprüfung, s Rn E/2). str, wohl aA Canaris 106, 800a (keine Privilegierung von Großunternehmen). Gegen Wissensvertretung bei § 852 aF BGB (Verjährungsbeginn erst bei Kenntnis, anders seit SMG § 199 I Nr 2 BGB) BGH **134,** 343. **Grenzen** der Wissenszurechnung bei Sittenwidrigkeit und Vorsatz nach **§ 826 BGB,** BGH NJW **17,** 250 (Prospektmängel) gegen KG WM **15,** 2365. Die Zurechnung scheidet ganz aus für Wissen von Bankvertretern in Aufsichtsräten oder in Organen anderer Unternehmen (§§ 93 I 2, 116 AktG ua), BGH WM **16,** 1031 Rn 32, Hopt, Kapitalanlegerschutz 475, Lutter RdW **87,** 314. Für Anknüpfung der Zurechnung an § 166 BGB und darüberhinaus pflichtenbasierte Wissenszurechnung mit Kritik an der Gleichstellungsthese, Grigoleit ZHR 181 **(17)** 160. Zur Wissenszurechnung im Konzern Düss NZG **09,** 429, Koller ZBB **09,** 199, Schürnbrand ZHR 181 **(17)** 357. Lit: Fassbender 1998 (Banken, BrV), Fastenberg 1998 (Banken), Buck 2001, Schüler 2000 (Konzern), Schulenburg 2002 (Konzern), Welter/Lang 2005 (Informationspflichten im Bankverkehr), BankrechtsHdb/Nobbe 5. Aufl 2017 § 61 Rn 247 ff (zur Scheckprüfung, s Rn E/2); Waltermann AcP 192 **(92)** 181, Grunewald FS Beusch **93,** 301, Medicus u Taupitz, Karlsruher Forum **94,** 4, 16, Bork ZGR **94,** 237 (Konzern), Taupitz JZ **96,** 734, Drexl ZHR 161 **(97)** 491 (Konzern), Koller JZ **98,** 75, Altmeppen BB **99,** 749, Fassbender/Neuhaus WM **02,** 1253, Drexl, Nobbe, Schröter Bankrechtstag **02,** 85, 121, 163, Buck-Heeb WM **08,** 281, Bork DB **12,** 33 (Insolvenzanfechtungsrecht), Meyer WM **12,** 2040 (Vereinbarungen, Unternehmenskauf), Grigoleit, Wagner, Spindler, Schürnbrand, Ihrig ua ZHR 181 **(17)** 160 ff, Reuter ZIP **17,** 310.

B. **Aufklärungs-, Warn- und Beratungspflichten:** Inhalt und Umfang die-   A/17
ser Verhaltenspflichten hängen von dem jeweiligen Bankgeschäft (s Rn A/22) und den Umständen ab. Einzelheiten oben § 347 **Rn 24 ff.**

a) **Kriterien** sind: (1) **Aufklärungsbedürftigkeit** des Kunden, zB „einfache Frau vom Lande mit geringer Bildung", Mü OLGE **28,** 204; auch (Voll)Kflte können aufklärungsbedürftig sein, BGH NJW **81,** 1440 (Warenterminoptionsgeschäfte); (2) Absprache, zB besonders erbetene Beratung, vgl BGH **70,** 356

Hopt 1971

(Börsendienst), konkrete Fragen oder Besorgnisse; (3) Intensität der gegenseitigen Beziehungen, zB Einmalgeschäft, laufende Geschäftsverbindung, selbstständige Wertpapier- und Vermögensverwaltung durch die Bank; Tätigkeit als Hausbank,BGH BB **83**, 1174; (4) Schutzverzicht, zB Auftreten als Branchenkenner, vgl BGH WM **80**, 284 (Käufer eines Aktienpakets, selbst Aktionär und Branchenkenner), Steuerberater und DiplKfm, Celle ZIP **11**, 465 LS, Vorgabe der Kenntnis einer Information, eigenverantwortliche Wahl einer aggressiven Anlagenpolitik für die zu verwaltenden Wertpapiere; (5) betriebliche und finanzielle Tragbarkeit für die Bank, vgl BGH **70**, 363 (kein unzumutbarer Zeit- und Kostenaufwand). **Näher** § 347 HGB Rn 23.

A/18 b) Je nachdem können sich unterschiedliche **Typen von Pflichten** ergeben: (1) **Wahrheitspflicht,** BGH **74**, 110, einschließlich Pflicht zur Vollständigkeit, BGH NJW **73**, 456, Klarheit und ggf Berichtigung, BGH **61**, 179 (Scheckauskunft); (2) **Nachforschungs- und Erkundigungspflichten,** BGH **70**, 363, **72**, 105; (3) **Organisationspflichten,** BGH NJW **64**, 2059 (laufende Überwachung des BGBl oder einer Fachzeitschrift), NJW **82**, 1513 (innerbetriebliche Scheckkontrolle), Hbg BB **74**, 1266 (Wechselprolongation). S § 347 HGB Rn 24 ff.

A/19 c) Bei **Interessenkonflikten** gilt der Grundsatz der Priorität des Kundeninteresses gegenüber dem Bankinteresse. Interessenkonflikte verpflichten uU überhaupt erst zur Aufklärung, BGH **72**, 102, BB **78**, 1186. Bei Konflikt mehrerer Kundeninteressen ist Güter- und Interessenabwägung nötig, BGH WM **91**, 85; Bankgeheimnis s Rn A/10. Offenlegungspflicht der Bank bei Provisionsbeteiligung des Vermögensverwalters des Kunden, BGH **146**, 235. Herausgabepflicht (§ 667 BGB) ist str (§ 347 Rn 30, § 384 Rn 9). Lit: BankrechtsKommLBS/Spindler 2. Aufl 2016 Kap 33 Rn 138 ff; Hopt FS Heinsius **91**, 289, ZGR **04**, 1, Mülbert WM **07**, 1149 (FRUG), Buck-Heeb FS Hopt **10**, 1647. S ausführlicher § 347 HGB Rn 30.

A/20 d) Berücksichtigung von **Insiderinformationen,** str, s Heinsius ZHR 145 **(81)** 194 (nein), Kübler ZHR 145 **(81)** 210 (uU ja), Hopt FS Heinsius **91**, 289 (uU). S § 347 HGB Rn 31–33.

Lit: Zu Aufklärungspflichten der Banken Hopt, Kapitalanlegerschutz, 1975, BankrechtsHdb/Siol 5. Aufl 2017 §§ 43–45, Staub/Grundmann 2/24 ff, Arendts 1998, Schäfer/Müller 1999, 2003, Vortmann 11. Aufl 2016, Welter/Lang 2004, Schäfer/Sethe/Lang 2012 (Informationspflichten); Rümker ZHR 147 **(83)** 30, Hopt u Rümker in Bankrechtstag **92**, 1, 29, Horn ZBB **97**, 139, Nobbe RWSForum **98**, 235, Hadding FS Schimansky **99**, 67, Mülbert WM **07**, 1149, Veil WM **07**, 1821 (nach MiFID), Assmann/Sethe FS Westermann **08**, 67. **RsprÜbersicht:** Grüneberg, Bankenhaftung bei Kapitalanlagen, 2017; Wiechers/Henning WM Sonderbei 4/**15** (Anlageberatung). S auch § 347 HGB Rn 2 ff.

A/21 C. **Schadensersatz:** Die Probleme des Verschuldens (einfache Fahrlässigkeit), Schadens (idR negatives Interesse), Mitverschuldens (nicht schon im Vertrauen auf den Rat ohne eigene Nachprüfung), Beweislast (idR bei der Bank) ua sind nicht bankspezifisch. S ausführlich § 347 HGB Rn 34–40. Freizeichnung s § 347 HGB Rn 38.

A/22 D. **Einzelne Bankgeschäfte: a)** Bei Bankgeschäften allgemein kann eine Aufklärungspflicht bestehen, wenn gegen den Vertreter (Geschäftsführer) des Kunden (GmbH) der Verdacht des **Missbrauchs der Vertretungsmacht** (s § 50 HGB Rn 4–7) sich geradezu aufdrängt, also massive Verdachtsmomente mit objektiver Evidenz des Missbrauchs, BGH WM **76**, 474, BGH ZIP **04**, 1210, WM **04**, 1625, **08**, 1253, Naumbg WM **05**, 1313, Kblz WM **08**, 1301; bei Verdacht der Untreue des phG einer KG, aber nur wenn er der Gewissheit fast gleichkommt, sonst unzumutbare Belastung der Beziehungen und Schadens-

V. Bankgeschäfte   A/23–A/25   **BankGesch (7)**

ersatzrisiko der Bank, BGH BB **83**, 1174; bei Scheck nur, wenn der Missbrauch auf Grund massiver Verdachtsmomente objektiv evident ist, BGH WM **94**, 1204/1956. Wer sich trotz des Angebots weiterer Unterrichtung mit einer erkennbar unvollständigen **Auskunft** begnügt, handelt auf eigenes Risiko, BGH WM **89**, 1409. Bei **grenzüberschreitenden** Bankdienstleistungen ist auf die speziellen Risiken zB aus Fremdwährung hinzuweisen, Vortmann WM **93**, 581.

b) Beim **Einlagengeschäft** (s Rn B/1, A/36 ff), zB bei Spareinlagen, muss die **A/23** Bank den Kunden auch auf rechtliche Tatsachen aufmerksam machen, zB Zinsverlust bei vorzeitiger Kündigung, BGH **28**, 373, **Prämienschädlichkeit** von Verfügungen, BGH NJW **64**, 2058, Celle NJW **54**, 1810. Sie muss den Kunden auch über die Gefahr eines Gemeinschaftskontos als Oder-Konto aufklären. Sie muss nicht vor gefährlicher Verwendung abgehobener Einlagen warnen; anders wenn sie diese veranlasst, auch bei Schwarzgeldern, BGH BB **90**, 94. Die Bank muss aber bei Festgeld- und Währungskonten nicht ohne Beratungsvertrag auf zinsgünstigere Anlagemöglichkeiten hinweisen, BGH NJW **02**, 3697. Beratungspflicht einer Bank, bei der nur die gesetzliche Mindestdeckung nach dem EAEG besteht, BGH NJW **09**, 3429.

c) Beim **Girogeschäft** (s Rn C/1 ff) ist die Bank angesichts der Massenhaftig- **A/24** keit der Überweisungsvorgänge nicht über die korrekte Abwicklung des Verfahrens hinaus zur Fürsorge für die Teilnehmer verpflichtet; auch nicht, wenn sie weiß, dass das Guthaben wirtschaftlich einem Dritten zusteht (s Rn C/42). Doch kann ausnahmsweise eine Warnpflicht der Bank gegenüber dem Überweisenden bestehen, wenn sie Kenntnis von der **Zahlungseinstellung** oder dem **unmittelbar bevorstehenden Zusammenbruch** des Begünstigten hat, BGH BB **61**, 503, NJW **63**, 1872, **78**, 1852 („Herstatt"), **87**, 317, WM **08**, 1253, krit Hellner ZHR 145 **(81)** 123, idR aber nicht vor dem endgültigen Scheitern von Sanierungsverhandlungen. Das gilt grundsätzlich nicht im **Zentralbank-Abrechnungsverfahren,** BGH NJW **78**, 1852, Canaris WM **76**, 1013, Pfister ZHR 143 **(79)** 64, Langenbucher FS Canaris **02**, 65, aA Ffm BB **76**, 758, Sandberger BB **76**, 487; zu Schutz- und Neutralitätspflichten in Zahlungssystemen Langenbucher Beiträge Canaris 2002 S 65. Die Bank muss den uninformierten Kunden auch auf (devisen-)rechtliche Bedenken gegen einen Überweisungsauftrag hinweisen, BGH **23**, 227, Nürnb WM **61**, 94, enger BGH WM **58**, 1080. Das gilt entspr für das **Lastschriftverfahren,** BGH WM **08**, 1253 (s Rn D/1 ff). Im **Scheckgeschäft** gelten dagegen andere Grundsätze (bargeldähnliches Zahlungsmittel, vgl Art 32 I ScheckG), s Rn E/2–4.

d) Beim **Kreditgeschäft** ist die Bank grundsätzlich nicht zum Hinweis auf die **A/25** Gefährlichkeit der Kreditaufnahme (zu hohe eigene Verschuldung des Kunden) oder der Kredithingabe (Vermögensverhältnisse des Darlehensnehmers) oder andere Risiken verpflichtet, stRspr, BGH **72**, 102, NJW **00**, 3559. Ausnahmen bei besonderem Aufklärungs- und Schutzbedürfnis, BGH NJW **88**, 1584, WM **88**, 898; zwischenfinanzierte Bausparverträge, Celle WM **93**, 2082; Unsicherheiten bei Kreditablösung durch andere Bank, Naumbg WM **04**, 782. Keine Aufklärungspflicht der Bank bei Vorlage eines vollständigen Finanzierungskonzepts, Ausnahme, wenn der Kaufpreis doppelt so hoch wie der Wert der Immobilie ist, BGH WM **04**, 524, 1225, **07**, 881, **08**, 118, 1397. Davon zu unterscheiden ist Aufklärungspflicht bei Angebot unterschiedlicher Kreditprodukte, BGH WM **89**, 666 (Kredit mit Kapitallebensversicherung). Allgemeiner für Kundengerechtigkeit des Kreditangebots zT Instanzgerichte, Köndgen NJW **94**, 1510, **00**, 469. Zur Eigenverantwortung vgl § 347 HGB Rn 23. Sicherheiten prüft die Bank grundsätzlich nur im eigenen Interesse, BGH NJW **92**, 1820, **98**, 305, **02**, 3697, WM **10**, 1450; ebenso bankinterne Beleihungswertermittlung, BGH WM **06**, 1200, **07**, 881, **08**, 119, 156, 975, 1263, 1394; auch für Sicherheiten steuerschädliche Gesetzesänderung löst idR keine Aufklärungspflicht der Bank aus, BGH WM **97**,

Hopt   1973

(7) BankGesch A/25 2. Teil. Handelsrechtl. Nebengesetze

2301. IdR keine Aufklärungspflicht des alten Kreditgebers bei Kreditablösung gegenüber der neuen Bank, Dresd WM **07**, 251. **Überprüfung von Kreditsicherheiten** nur im eigenen Interesse der Bank (§ 18 II KWG), BGH **147**, 349, **168**, 1, NJW **14**, 2420 Rz 50, auch bei Ankündigung einer Wertermittlung, BGH WM **14**, 124 Rz 18, anders in Sonderfall bei besonderem Vertrauenstatbestand, BGH WM **72**, 73, vgl auch Rn A/27, G/4, H/5. **Informationspflichten bei Verbraucherkrediten** s Rn G/36. Lit: Horn FS Claussen **1997**, 469, Früh WM **98**, 2176, Singer ZBB **98**, 141 (Konsumentenkredit), Schnauder JZ **07**, 1069, **13**, 120.

Dasselbe gilt grundsätzlich auch für Übernahme einer **Bürgschaft** und **Gewährung anderer Sicherheiten**, BGH **107**, 103, WM **90**, 1956, NJW **06**, 847, grundsätzlich auch gegenüber Ausländern, BGH WM **97**, 1045; aber nicht uneingeschränkt auch bei Ehegattenmitverpflichtung (s Rn G/8, G/10, G/10a–c); anders auch bei überraschendem Inhalt der Bürgschaft, Düss WM **84**, 82, bei offensichtlichem Irrtum des Bürgen über seine Haftung, BGH WM **99**, 1614, bei zurechenbarer Veranlassung eines Irrtums des Bürgen (nicht schon Erwartung, dass Schuldner zahlen werde), BGH NJW **01**, 3331, bei bewusster Verharmlosung des Risikos, BGH NJW **06**, 847, und bei Fragen des Bürgens. Die Bank braucht nicht mitzuteilen, dass sie selbst dem Kreditnehmer des Kunden keinen Kredit mehr gewährt, BGH WM **63**, 475, **69**, 561, oder selbst auf Kreditrückzahlung gedrängt hat, so jedenfalls gegenüber einer den Kredit ablösenden Bank, BGH WM **89**, 1409. Die Grundsätze zu Rn A/24 (Kenntnis von Zahlungseinstellung oder unmittelbar bevorstehendem Zusammenbruch) können aber hierher übertragen werden. Bei Fehlen jeglicher Kreditwürdigkeit (Scheckreitereien) muss Gläubigerbank Bürgen warnen, Hamm BB **82**, 1512.

Bei **Projekt(beteiligungs)- und Immobilienfinanzierung** kann sich Bank ohne weitergehende Aufklärungspflichten **auf** ihre **Finanzierungsrolle beschränken**, insbesondere bei Bauherrn- und Erwerbermodellen (vgl Rn G/53, s aber auch Rn G/9); **anders bei Überschreiten der Kreditgeberrolle**, Hopt FS Stimpel **85**, 287, Staudinger/Freitag Rn 229, zB **bei Mitwirkung an Prospektherausgabe** (s Anh § 177a HGB Rn 63) oder **an Vertrieb** oder **Schaffung eines speziellen Gefährdungstatbestandes** oder **bei konkretem Wissensvorsprung** der Bank zB über versteckte Mängel oder bereits erfolgte Überzeichnung, oder **bei schwerem Interessenkonflikt** zu Lasten des Erwerbers (§ 347 Rn 30); BGH **100,** 120, WM **90**, 920, **91**, 85, **92**, 1310 (Wissensvorsprung), 1269 (Einverständnis mit Benennung als Referenz für Projekt), 1355 (Anschein der eigenen Projektüberprüfung), WM **99**, 678 (nicht bloße Übersteuerung oder Unrentabilität, sondern Kaufzweckgefährdung), NJW **00**, 2352, 3067, 3559, WM **07**, 882 (Interessenkonflikt nicht schon durch bloße Kredite oder globale Finanzierungszusage der Bank an den Bauträger), **08**, 118, 156, 971, 1395, **10**, 1453, 2070, **12**, 1389, WM **16**, 2384 Rn 34 (Wissensvorsprung, nur soweit vorhanden, anders bei Aufdrängenmüssen), Mü WM **07**, 2333 (krasses Bsp), ZIP **10**, 1744 (Medienfonds), Karlsr WM **08**, 1870 (Grundstücksaltlasten), Mü WM **12**, 168 (Filmfonds), Nobbe WM Sonderbeil 1/**07**, 27 (auch Schmiergeldzahlung). Kenntnisse der Bank über den Zustand des zu finanzierenden Objekts, BGH WM **92**, 134, und über die Unangemessenheit des Kaufpreises begründen idR noch keinen Wissensvorsprung, BGH **161,** 22, NJW **00**, 2353, **03**, 2088, 2530, **04**, 156, 2380, **05**, 670, **06**, 2104, **07**, 358, **14**, 124 Rn 26, anders erst bei **sittenwidriger Übervorteilung** (s Rn G/10, G/10a–c), also erst wenn der **Wert** der Leistung **knapp doppelt so hoch** ist wie der Wert der Gegenleistung, BGH **146,** 302, WM **05**, 1598, NJW **06**, 2104, **07**, 358, 1831, WM **08**, 976, **16**, 2384 Rn 19, stRspr; ebenso **bei erkannter arglistiger Täuschung oder vorsätzlicher culpa in contrahendo** des Verkäufers, BGH WM **07**, 114, **10**, 1451, **12**, 1389 (Innenprovision). Erforderlich sind präsentes Wissen (keine Nachforschungen) und positive Kenntnis, außer bei Verschließen der Augen,

V. Bankgeschäfte A/26–A/28 **BankGesch (7)**

BGH WM **08**, 1121. Wissensvorsprung aber zB wenn eine Mietgarantie wegen Überschuldung offenkundig wertlos und die Anlage deshalb ein höchst risikobehaftetes Vorhaben ist, BGH **159**, 316; bei Mietpoolbeteiligung, die die Bank zur Voraussetzung der Darlehensauszahlung macht, nur wenn spezifische Risiken bestehen wie bestehende Überschuldung, Mithaftung für ausstehende Darlehen, Irreführung durch konstant überhöhte Ausschüttungen an die Poolmitglieder, BGH WM **07**, 876, **08**, 1394. Insoweit auch keine Zurechnung (§ 278 BGB) von Erklärungen des Vermittlers über die Rentabilität des Kaufobjekts, sie liegen außerhalb des Pflichtenkreises der Bank, BGH NJW **03**, 2088, **04**, 157, 1377. Bei institutionalisiertem Zusammenwirken der Bank mit Verkäufer oder Vertreiber gelten im Hinblick auf Verbraucherschutz bei **Kapitalanlagemodellen** im nationalen Recht (EuGH Schulte, Crailsheimer Volksbank, s Rn G/9) **strengere Anforderungen an die Bank**, Vermutung der Kenntnis der Bank, wenn die Unrichtigkeit der Angaben zum Anlageobjekt evident ist, BGH WM **06**, 1194, **11**, 310 (Schrottimmobilien, s Rn G/9), aber Unsicherheiten zur Frage der Fortbildung der WissensvorsprungsRspr (s Rn G/9). **Keine Beschränkung auf die Finanzierungsrolle**, wenn ein **verbundenes Geschäft** vorliegt (s Rn G/36, 39, 40), so BGH (II ZS) zu kreditfinanzierten Immobilien(fonds)geschäften, näher Rn G/9. Die Abstimmung zwischen der Rechtsprechung zur Beschränkung auf die Finanzierungsrolle und die Ausnahmen davon und zu der zum verbundenen Geschäft ist nicht völlig geklärt. Lit: Hopt FS Stimpel **85**, 284, Immenga ZHR 151 (**87**) 148, Rümker ZHR 151 (**87**) 162, Schwintowski NJW **89**, 2087, Nobbe WM Sonderbeil 1/**07**, 32. Bei der Gewährung von Krediten zur Finanzierung von Unternehmensbeteiligungen durch Arbeitnehmer muss die Bank durch den Arbeitgeber hervorgerufene Fehlvorstellungen berichtigen, BGH **72**, 92 (vgl Rn A/26). Besondere Schutz- und Warnpflichten hat eine Bank, die als Hauptgläubiger in einer PublikumsKG ein eigenes Interesse an der Sanierung hat und Kdtisten zur Unterstützung der KG mit von ihr finanzierten Darlehen auffordert, BGH BB **78**, 1186. **Innenprovisionen** und **Rückvergütungen**, § 347 Rn 30. **Rechtsfolge** der Aufklärungspflichtverletzung ist Ersatz des Vermögensschadens (durch die ungünstige Finanzierung entstandene Mehrkosten), nicht Rückabwicklung des Darlehensvertrags, BGH **116**, 213, NJW **03**, 2529 (§ 347 Rn 35). Diskontkredit s Rn A/27. Aufbaudarlehen s BVerwG MDR **69**, 954. Bankenhaftung bei Kapitalanlagen und bei Immobilienfinanzierung s auch Rn A/29 und vor U/1. **Nichtigkeit der Treuhändervollmacht** bei Immobilienfinanzierung wegen **Art 1 § 1 I RBerG** s Rn G/9, Anh 177a Rn 78. Lit: Wiechers WM **13**, 341 (Schrottimmobilien).

e) Beim **Finanzierungsdarlehen** und besonders beim Verbraucherdarlehen (s Rn G/34 ff, 46f) hat die Bank angesichts der besonderen Schutzbedürftigkeit des Kreditnehmers und ihrer Eigeninteressen besonders weitgehende Aufklärungspflichten, zB über die rechtliche Trennung von Kauf- und Darlehensvertrag, Warnung vor Bescheinigung des Empfangs der Ware vor Empfang, stRspr BGH, s Rn G/46–47. **A/26**

f) Bei Hereinnahme von Kundenakzept zum **Diskont** (s Rn J/1 ff) hat die Bank idR keine Informationspflicht betr Bonität anderer Wechselbeteiligter, BGH WM **87**, 677, anders wenn die Bank besonderen Rechtsschein erweckt, BGH WM **77**, 638. **Sicherheiten** prüft die Bank nur im eigenen Interesse, s Rn 25. **A/27**

g) Auch beim **Akkreditivgeschäft** und ähnlichen Geschäften (s Rn K/1 ff) kann die Bank Warn- oder Rückfrageplichten haben, so bei das Akkreditiv unwirksam machenden, unvollständigen oder unklaren Weisungen (s Rn K/4, 6), zB Nichtangabe des Verfalldatums (s Rn K/13), aber idR nicht ungefragt betr Zweckmäßigkeit der konkreten Akkreditivklausel; vgl Stötter RIW **81**, 86. Beim Auftrag zur Auslieferung von Warendokumenten gegen Akzept besteht zwar idR **A/28** keine Pflicht zur Prüfung der Kreditwürdigkeit des Empfängers, aber uU Pflicht zum Hinweis auf schon bekannte wesentliche Bedenken, sogar wenn Empfänger Kunde der Bank ist, BGH BB **60**, 1305. Warnpflicht bei Kenntnis von Zahlungseinstellung oder unmittelbar bevorstehendem Zusammenbruch des Begünstigten (vgl Rn A/24), Canaris 966a, aA Obermüller ZIP **81**, 1050.

A/29 **h)** Besonders ausgeprägt sind die Aufklärungs- und Beratungspflichten der Bank beim **Börsen- und Effektengeschäft** (s Rn Q/1) und, gegenüber dem bankmäßigen Effektengeschäft noch gesteigert (BGH WM **98**, 1391), bei Finanztermingeschäften (umfangreiche Rspr, s § 347 HGB Rn 26) sowie bei der **Vermögensanlage** und **Vermögensverwaltung** (s Rn U/1), vor allem gegenüber unerfahrenen Anlegern, heute unstr. Überzogene Anforderungen führen allerdings zu einer „Flucht" aus dem Anlageberatungsvertrag (zu diesem § 347 Rn 14), Buck-Heeb ZIP **13**, 1401. Diese Grundsätze gelten auch bei **Zinsswap-Geschäften der öffentlichen Hand** BGH WM **11**, 682 (**CMS Spread Ladder Swap,** bei § 347 HGB Rn 26, 30). Unterschied zwischen Kommissions- und Eigenhandel besteht insoweit nicht, BGH WM **87**, 103. Swapgeschäfte sind nicht ohne weiteres nichtig, auch nicht bei solchen mit der öffentlichen Hand, BGH NJW **15**, 2248 Rn 62 ff (Gemeinde NRW); sittenwidrig aber, wenn sie darauf angelegt sind, den Vertragspartner von vornherein chancenlos zu stellen, BGHZ **184**, 365, NJW **15**, 2248 Rn 70. Keine Aufklärung über Eigengeschäft, Gewinnmarge bei diesem und, falls über Möglichkeit des Totalverlusts aufgeklärt wurde, auch nicht über Fehlen der Einlagensicherung, BGH WM **11**, 2261, 2268, 12, 1520 (**Lehman-Zertifikate,** bei § 347 Rn 30c), Veil WM **09**, 1585, Bausch NJW **12**, 354, Schäfer WM **12**, 197. Beratung gehört nicht zum Pflichtenkreis einer **Direktbank** (**discount broking, execution-only,** § 347 Rn 23), entsprechend aufsichtsrechtlich (16) WpHG § 63 X, XI Nr 3; bei gestaffelten WPDienstleistern ist grundsätzlich nur der kundennähere aufklärungspflichtig, Ausnahme bei positiver Kenntnis der Unrichtigkeit oder objektiv evidenter Fehlberatung, BGH WM **13**, 789, **14**, 23, **16**, 1031 Rn 26. Sachlich begrenzte Informationspflichten beim **Depotgeschäft,** s (8) AGB-WPGeschäfte Nr 13 Rn 1, Nr 16 Rn 1. Aufklärung über geringeren Sicherheitsstandard (Einbruch) bei Schließfach, Karls WM **12**, 1529. **Produkthaftung** für Finanzmarktprodukte Spindler FS Köndgen **16**, 615.

Lit und RsprÜbersichten s (7) Bankgeschäfte vor U/1, dort auch zur **Bankenhaftung bei Immobilienanlagen.** Zur **Anlageberatung** § 347 HGB Rn 8–40. Zur ähnlich liegenden **Prospekthaftung** s Anh § 177a HGB Rn 56–63, § 347 HGB Rn 8–40.

7) Haftung gegenüber Dritten

A/30 **A. Unmittelbare vertragliche Haftung: a)** Zum Schutz der Dritten konstruiert die Rspr häufig einen (fiktiven) **Auskunftsvertrag mit dem Dritten** (s § 347 HGB Rn 13–15, 19–22), BGH NJW **79**, 596 (Formularauskunft der Bank wurde von Finanzmakler an potentielle Anleger weitergegeben). Bei **Bank-zu-Bank-Auskunft** ist denkbar, dass die anfragende Bank im Einzelfall als **Vertreter** ihres Kunden auftritt, BGH WM **80**, 528; sonst kommt es auf den jeweiligen Erklärungswert an, s § 347 HGB Rn 19–21.

A/31 **b) „Auskunft an den, den es angeht"** ist rechtlich möglich, aber idR zu verneinen (s § 347 HGB Rn 19); die Bank will sich nicht einer unbestimmten Vielzahl von Personen verpflichten, BGH NJW **79**, 1597.

A/32 **B. Abgeleitete vertragliche Haftung: a) Vertrag mit Schutzwirkung zugunsten Dritter** (s § 347 HGB Rn 19–21), so zB beim Lastschriftverfahren, str (s Rn D/44, 36. Aufl Rn D/40), bei der Überweisung, str (s Rn C/88); auch Drittschutzwirkung der Geschäftsverbindung (genauer: Einbeziehung bestimmter Dritter in den Schutzbereich der gesetzlichen Schutzpflichten nach § 241 II

V. Bankgeschäfte A/33–A/36 **BankGesch (7)**

BGB). Auch wenn man Drittschutzwirkung grundsätzlich bejaht, ist im Einzelnen genau zu prüfen, wann drittschützende Pflichten vorliegen: bejahend für das Lastschriftverfahren (unter Preisgabe des Erfordernisses des personenrechtlichen Einschlags), BGH **69**, 82, aA BGH WM 08, 1252 (s Rn C/88), str; für Scheckinkasso, BGH **96**, 9; vgl ebenso für die Haftung des GmbH-Geschäftsführers gegenüber der GmbH & Co KG, BGH **75**, 321, **76**, 327. Keine Drittschutzwirkung des Kreditvertrags mit GmbH zugunsten des AlleinGfters, auch nicht bei Sicherheitenstellung durch diesen, BGH **166**, 85 (Kirch), ZIP **10**, 1591, Celle WM **07**, 740. Bei **Bank-zu-Bank-Auskunft** wird heute klargestellt, ob eine Auskunft im Kundeninteresse eingeholt wird (s Rn A/15); dann ist Drittschutzwirkung zu bejahen (falls nicht schon unmittelbarer Auskunftsvertrag anzunehmen ist, s Rn A/30); s § 347 HGB Rn 19–21.

b) Drittschadensliquidation, zB bei Bank-zu-Bank-Auskunft durch die A/33 Empfängerbank für ihren am Auskunftsvertrag nicht beteiligten Kunden, wird von der Rspr vereinzelt erwogen, BGH NJW **72**, 1201, ist aber schon mangels unmittelbaren Anspruchs des geschädigten Kunden eine ungeeignete Konstruktion.

C. **Haftung aus gesetzlichem Schuldverhältnis** zwischen Bank und Drit- A/34 tem, zB Verschulden bei Vertragsverhandlungen (§ 311 II, III BGB), Geschäftsverbindung (s Rn A/5) und Berufshaftung, s § 311 II, III BGB, § 347 HGB Rn 16–22.

D. **Deliktische Haftung:** zB § 823 I BGB (Unternehmensschutz: Gewerbe- A/35 betrieb, Persönlichkeitsrecht, s Einl 63–64 vor § 1 HGB); § 823 II BGB iVm Schutzgesetz, zB § 266 StGB (Beihilfe zur Untreue des Kunden gegenüber dem Dritten), BGH **LM** § 826 (B) BGB Nr 4; § 826 BGB, Bsp: unrichtige Kreditauskunft, s Rn A/14–15; Vortäuschung der Kreditwürdigkeit eines Bankkunden ohne Kreditauskunft, aber durch Teilnahme an Verhandlungen zwischen dem Kunden und dem Dritten, BGH BB **74**, 297 (zur Eigenhaftung des Vertreters s § 311 III BGB und Überbl 9 vor § 48 HGB); unrichtiger Rat s § 347 HGB Rn 16–18; sittenwidrige Schädigung im bargeldlosen Zahlungsverkehr (s Rn C/88, D/45); Krediterschleichung ua s Rn G/28–29; Diskontgeschäft und Wechselreiterei s Rn J/1–2. Haftung gegenüber dem Aussteller von zur Wechselprolongation bestimmten Schecks bei Ermöglichung missbräuchlicher Scheckverwendung durch Bankkunden, BGH NJW **73**, 1366, DB **75**, 1932; bei Ermöglichung der Fortsetzung einer als solche erkannten Scheckreiterei, BGH WM **69**, 335, **70**, 635. Beihilfe durch Kreditgewährung nur bei Kenntnis des Prospektbetrugs (§§ 826, 830 I, II BGB), BGH NJW **14**, 1098, vgl auch 1380; Teilnehmerhaftung, Oechsler AcP 214 **(14)** 542. **Bankstrafrecht,** Schork/Groß 2013.

8) Konto

A. **Kontoarten:** Das **Konto** verstanden als die Unterlagen ist ein HdlBuch A/36 (§§ 238, 239 HGB), wie üblich verstanden ist es das **gesamte Rechtsverhältnis zwischen dem Kunden und der Bank.** Dieses beinhaltet regelmäßig eine Forderung (des Kunden bei aktivem bzw kreditorischem Konto, der Bank bei passivem bzw debitorischem Konto, §§ 398 ff BGB). EU-ZahlungskontenRi 23.7.14 ABlEU L 257/214, krit Linardatos WM **15**, 755, Günther WM **14**, 1369, und ZKG v 11.4.2016 BGBl 720: Zugang zu Zahlungskonten (Basiskonto, s Rn A/6) durch Zwang zum Abschluss eines Zahlungsdiensterahmenvertrags (s Rn C/27), Entgeltvergleichbarkeit, Kontowechsel. Lit: L/B/S/Müller-Christmann (Konto) 2. Aufl 2016 Kap 1; LBS/Servatius (Einlagengeschäft) 2. Aufl 2016 Kap 35; Staub/Grundmann 2/184 ff; BuB/Gößmann Rn 2/28 ff; Hopt/Mülbert Vor §§ 607 ff Rn 144 ff; Kümpel/Wittig/Peterek Rn 6.591 ff; MüKo/Hadding/Häuser A 79 ff.

(7) BankGesch A/37–A/39   2. Teil. Handelsrechtl. Nebengesetze

Die Einlageforderung kann in rechtlich verschiedenen Formen begründet werden (Kontoarten):

A/37   a) Das **Eigenkonto** ist der Normalfall; es entsteht zB auch, wenn nicht deutlich erkennbar wird, dass ein Gemeinschaftskonto errichtet werden soll, BGH **61**, 76. Dritte, zB der Ehegatte, können Vertretungs- oder Verfügungsmacht haben; für den Passivsaldo haftet nur der Inhaber; Kontovollmacht s Rn A/52, C/26. Das Innenverhältnis der Ehegatten kann nach §§ 741 ff BGB ausgestaltet sein, BGH NJW **02**, 3702, aber nicht ohne Weiteres schon bei bloßer Kontovollmacht, Karlsr NJW **03**, 1676; das berührt die Bank aber nicht unmittelbar. Die Bank kann für einen Kunden mehrere, auch gleichartige Konten anlegen, ohne Pflicht zur Prüfung der Motive, BGH WM **61**, 321. Überweisung nur auf das angegebene Konto; auch bei Fakultativklausel, s Rn C 37. Fremdwährungskonto s **(8)** AGB-Banken Nr 10.

A/38   b) **Gemeinschaftskonto** ist das mehreren Kontoinhabern, meist Ehegatten, gemeinsam zustehende Konto. Jeder haftet als Gesamtschuldner für den (wirksam begründeten, s Rn A/39–40) Passivsaldo voll mit (§§ 427, 421 BGB), BGH WM **93**, 141, Nürnb NJW **61**, 510. AGB für das Gemeinschaftskonto finden sich in den Kontoeröffnungsformularen der Banken. Auskunftsanspruch des einzelnen Kontoinhabers, LG Kleve WM **07**, 830. Lit: Hansen 1967, BankrechtsHdb/Hadding/Häuser 5. Aufl 2017 § 35; Hadding WM-FG Hellner **94**, 4, K. Schmidt FS Hadding **04**, 1093, Einsele FS Nobbe **09**, 27.

A/39   Das Gemeinschaftskonto ist idR ein **Oder-Konto,** jeder der Mitinhaber kann allein verfügen; die Mitinhaber sind dann Gesamtgläubiger (§§ 428 ff BGB), BGH **95**, 185, WM **09**, 887 (Ehegattenbausparvertrag), Düss ZIP **09**, 2239; aA § 741, K. Schmidt FS Hadding **04**, 1093, und sogar § 705; die Bank kann aber abw von § 428 S 1 BGB nur an den leisten, der die Leistung verlangt; kein Ausgleich unter Ehegatten während der Ehe, aber Ausgleichspflicht bei Verfügung nach Trennung (§ 430 BGB), BGH WM **90**, 239, Zweibr NJW **91**, 1835. Finanztermingeschäfte des einen über Oder-Konto, BankrechtsHdb/Hadding/Häuser 5. Aufl 2017 § 35 Rn 9a, BGH ZIP **02**, 3093 (zu § 53 BörsG aF). Für Leistungsverlangen gilt grundsätzlich Priorität vor ordnungsgemäßer Bearbeitung, LG Ffm WM **04**, 1282 (Gemeinschaftsdepot). Beim Oder-Konto kann der Gläubiger jedes Inhabers das volle Guthaben pfänden und sich überweisen lassen, BGH **93**, 321, Wagner ZIP **85**, 855; der andere Inhaber hat kein Interventionsrecht gegen die Pfändung, Wagner WM **91**, 1145, aA konsequent K. Schmidt FS Hadding **04**, 1113. Er kann aber jedoch weiterhin über das Konto verfügen und die Bank an ihn leisten, bis der gepfändete Betrag an den Pfandgläubiger ausbezahlt ist, offen BGH **93**, 321. Ist Kontoüberziehung (vgl Rn G/4) durch den einen zulässig, haftet auch der andere. Die Eröffnung des Insolvenzverfahrens über das Vermögen des einen berührt Fortbestand des Giro- und Kontokorrentverhältnisses mit dem andern nicht; die Bank kann auch nach Eröffnung des Insolvenzverfahrens auf das Konto eingezahlte Beträge wirksam mit Schuldsaldo verrechnen, BGH **95**, 185, für § 84 InsO dagegen K. Schmidt FS Hadding **04**, 1115. Das gesamte Guthaben auf dem Oder-Konto fällt in die Insolvenzmasse, Ausgleich nur im Innenverhältnis, Hbg ZIP **08**, 88, nach aA § 84 InsO. Der Auftrag zur Überweisung auf „ein Konto" des Gläubigers A erlaubt Gutschrift auf ein Oder-Konto AB, str, nicht aber auf ein Und-Konto AB (zB wenn A Gfter ist), Hbg NJW **64**, 726; anders, wenn ein dem Kontoinhaber allein zustehendes Konto angegeben ist, die Fakultativklausel ist unwirksam, s Rn C/41. Die Umwandlung eines Oder-Kontos in ein Und-Konto setzt Einverständnis nicht nur der Bank, sondern grundsätzlich aller Kontoinhaber voraus (Vertragsänderung), BGH WM **90**, 2067, Wagner NJW **91**, 1790, str; anders bei vertraglicher Befugnis des einen zur Umwandlung ohne den anderen, diese Befugnis folgt aber nicht schon aus der bloßen Gesamtgläubigerstellung, str, offen BGH WM **93**,

V. Bankgeschäfte   A/40–A/46a   **BankGesch (7)**

141. Das Einverständnis der Bank kann im Schweigen auf entsprechende Weisung liegen; vgl Karlsr NJW **86**, 63. Bei Oder-Depot verwahrten Wertpapieren gilt für das Eigentum nicht § 430 BGB, sondern §§ 1006, 742 BGB, BGH WM **97**, 667. Lit: Gernhuber WM **97**, 645 (Oder-Konten von Ehegatten), Lenkaitis/Messing ZBB **07**, 364, K. Schmidt FS Nobbe **09**, 187. **Muster:** Hopt/Werner 4. Aufl 2013 Form IV. A.3 (Eröffnung von Oder-Konto).

Beim selteneren **Und-Konto** können nur beide Inhaber gemeinsam verfügen, A/40 BGH WM **80**, 438. Es entsteht kraft Gesetzes (zB Miterben des Kontoinhabers) oder kraft Weisung an die Bank. Rechtlich beurteilt sich das Und-Konto nach dem zwischen den Mitinhabern bestehenden Rechtsverhältnis (zB Miterben, § 747 BGB, Ges), nach aA gilt § 432 BGB. Lit: Schebesta WM **85**, 1329, Rieder WM **87**, 29. **Muster:** Hopt/Werner 4. Aufl 2013 Form IV. A.4 (Eröffnung von Und-Konto).

c) Beim **Fremdkonto** fallen Kontoinhaberschaft und Verfügungsbefugnis (ur- A/41 sprünglich oder nachträglich) auseinander, BGH NJW **88**, 709. Bsp: Fremdkonto „A, minderjährig, vertreten durch Vormund B". Bei bloßem die besondere Zweckbestimmung des Kontos angebendem Zusatz liegt Eigenkonto vor, Bsp: „Verwaltungskonto, Eigentumswohnung T", im konkreten Fall nicht Fremdkonto, sondern Eigenkonto des Verwalters, BGH WM **75**, 1200.

Konto pro Diverse (cpd) ist ein bankinternes Sammelkonto (der Bank) zur A/42 Buchung von Geschäftsvorfällen für verschiedene andere Personen, die aber noch keinen Anspruch gegen die Bank und keine Verfügungsbefugnis erhalten, BGH NJW **87**, 56, s Rn C/92, 107, G/3; es ist also nicht Fremd-, sondern Eigenkonto (der Bank). Dazu Schebesta WM **85**, 1329.

d) **Sonderkonto** (Separat-, Unter-, „Wegen"-Konto), zB Baukonto, ist idR A/43 Eigenkonto, so auch zB, wenn der Name des Errichtenden an erster Stelle und ein weiterer Name an zweiter steht; es kann aber auch Gemeinschaftskonto oder Treuhandkonto ua sein, BGH **21**, 152, **61**, 75. Konto für Wohnungseigentümergemeinschaften s Sühr WM **78**, 806.

e) **Anderkonto** s (9) AGB-Anderkonten.   A/44

f) **Treuhandkonto** s (9) AGB-Anderkonten Einl 1–4.   A/45

g) **Sperrkonto** ist ein Konto, über das nur erschwert verfügt werden kann. A/46 Die Sperre kann gesetzlich (zB Devisensperrkonten) oder rechtsgeschäftlich (zB Mieterdarlehen, BGH WM **61**, 1128) sein. Dingliche Sperren erfolgen durch Sicherungsabtretung, Verpfändung, Vertrag zugunsten Dritter oder Ausschluss der Abtretbarkeit (§ 399 BGB). Schuldrechtliche Sperren erfolgen durch entspr Verpflichtung des Kontoinhabers gegenüber der Bank und der dem Dritten (aber Grenze § 137 S 1 BGB). Rein schuldrechtliche Sperren sind nicht insolvenzfest, BGH WM **86**, 749. Auslegung des Sperrvermerks zugunsten des Vermieters bei Mietkaution auf Sparbuch des Mieters s BGH WM **84**, 799m Anm Eckert ZIP **84**, 1121; Sperrvermerk zugunsten Enkelin s BGH NJW **76**, 2211. Bei Hinweis „Sperrkonto" Gutschrift nur auf diesem, wenn es das Einzige von mehreren Konten ist, über das der Empfänger nur gemeinsam mit einem anderen verfügen kann, BGH WM **74**, 274. Rückzahlung an nichtberechtigten Sparbuchinhaber, Kennwort und Sparbuchsperre s Rn B/4. Lit: Hopt/Mülbert 158, BankrechtsHdb/Hadding/Häuser 5. Aufl 2017 § 36, MüKo/Hadding/Häuser A 117 ff; Bork NJW **81**, 905, Kollhosser ZIP **84**, 389.

h) **Pfändungsschutzkonto** (P-Konto, KontopfändSchG 7.7.09 BGBl 1707, A/46a § 850k ZPO) ist ein als solches vertraglich eingerichtetes Girokonto, auf dem der Inhaber automatisch den vollstreckungsrechtlichen Mindestschutz hat (§ 850k ZPO seit 2010). Girokontokunde hat Anspruch darauf (§ 850k VII 2 ZPO, nach aA Gestaltungsrecht), andere nicht, kein allgemeiner Kontrahierungszwang (s Rn A/6). Nur jeweils ein Pfändungsschutzkonto (§ 850k VIII 1 ZPO), kein Pfän-

Hopt   1979

(7) BankGesch A/47–A/50   2. Teil. Handelsrechtl. Nebengesetze

dungsschutz-Gemeinschaftskonto, üL. Aber zu kompliziert, kein Pfändungsschutz für debitorische Konten, nur Vollstreckungsschutz (§ 765a ZPO). AGB-Kontrolle, Kontogebühren bei Pfändungsschutzkonten, BGH WM **12**, 2381m Anm Fest JZ **13**, 202, Pfändung, Auskunft, BGH WM **13**, 639, unwirksame AGB, BGH NJW **13**, 3163, Anspruch auf Rückumwandlung in Girokonto, BGH WM **15**, 822; KG NJW **12**, 395, Ffm WM **12**, 1908, 1911, Schlesw WM **12**, 1914. Lit: Sudergat 2010; Saager ua, 2. Aufl 2013 (Leitfaden der Deutschen Kreditwirtschaft); Graf-Schlicker/Linder ZIP **09**, 989, Bitter WM **08**, 141u ZIP **11**, 149 (krit), Ahrens NJW **10**, 2001u NJW **13**, 975 (Entgeltklauseln), Wiechers WM **14**, 150, Bitter FS Köndgen **16**, 83.

A/47 h) Das **Nummernkonto** weist den Namen des Kontoinhabers nicht aus, es ist nach deutschem Recht unzulässig (§ 154 I, II AO, sog Kontenwahrheit); anders zB in der Schweiz. § 154 AO schützt nur die **formale Kontenwahrheit** (zB falscher Name), nicht die materielle (zB dass der richtig angegebene Kontoinhaber das Konto für fremde Rechnung führt), BGH **127,** 229, üL. Die steuerrechtliche Prüfungspflicht der Bank bei Kontoeröffnung nach § 154 II AO ist kein Schutzgesetz iSv § 823 II BGB. Haftung der Bank bei Verstoß gegen die Kontosperre nach § 154 III AO, BFH ZIP **12**, 718, Gehm DB **12**, 1648. Anwendungserlass zur AO 1977 (AEAO) 15.7.98 BStBl I 630, auch in Fischer/Klanten Anh VII.

A/48 B. **Kontoinhaber:** Der Kontoinhaber ist idR jeder Gläubiger der Einlageforderung, **kontofähig** ist, wer eigene Rechte und Pflichten haben kann, also auch GbR (Einl 14 vor § 105), Lehnhoff FS Hadding **04**, 935. Er ist grundsätzlich der Verfügungsberechtigte, er schuldet den Passivsaldo, seine Gläubiger können auf das Konto zugreifen (Ausnahme: Treuhandkonto und uU Sperrkonto, s Rn A/44–46), die Bank kann eingegangene Beträge mit Debetsaldo verrechnen (Ausnahmen wie bei Pfandrecht, s **(8)** AGB-Banken Nr 14 III, dort Rn 10 ff). Annahme einer Leistung als Erfüllung nur mit Einwilligung des gesetzlichen Vertreters eines Minderjährigen, Schutzzweck des § 107 BGB, Eigentumsübertragung am gezahlten Geld, § 812 ohne § 819 BGB (nur Kenntnis des Vertreters), BGH NJW **15**, 2497 Rn 15 ff. **Kontosperren** s Rn A/46. **Kontowechsel** in der EU ab 1.11.09 erleichtert, EBIC Common Principles for Bank Account Switching, NZG 1/**09** IX.

A/49 a) Die Bank muss sich bei **Kontoeröffnung** (Girokonto für jedermann, Grenzen der Vertragsfreiheit s Rn A/6) über die Person des Kontoinhabers vergewissern (s Rn E/2–3; zu unterscheiden von der steuerrechtlichen Prüfungspflicht, s Rn A/47, und der nach GeldwäscheG, s Rn A/12); dazu ist Ausweis mit Lichtbild (zB Führerschein) nötig, BGH WM **74**, 154, Identitätsprüfung des das Konto eröffnenden Stellvertreters genügt nicht, BGH WM **77**, 1019, Überprüfung der Zeichnungsberechtigung zB durch HdlRegAuszug, Hamm WM **85**, 1161. Klausel über Einheitskontoführungsgebühr für alle Buchungen ist auch gegenüber Unternehmen unwirksam, BGH NJW **15**, 1440, 3025. (Darlehens-)Kontoführungsgebühr s Rn G/4. **Muster:** Hopt/Werner 4. Aufl 2013 Form IV.A.1–8 (Eröffnung verschiedener Konten, durch unterschiedliche Personen, ua Minderjährige).

A/50 b) Die **Bestimmung** des Kontoinhabers kann schwierig sein. Maßgeblich ist, wer nach dem erkennbaren Willen des die Einzahlung Bewirkenden der Gläubiger der Bank werden soll, BGH **21**, 150, **28**, 370, **127,** 231, WM **75**, 1200, **90**, 538. Einerlei ist, von wem das Geld stammt, BGH **21**, 150, **127,** 231, WM **72**, 383; ebenso was im Innenverhältnis die Einzahlenden zu einem Dritten bestimmt ist, aber Berücksichtigung bei der Auslegung des Parteiwillens, soweit der Bank bekannt, BGH WM **96**, 249. Kriterien für diesen Willen sind ua Kontobezeichnung, BGH **28**, 369, WM **73**, 895, Mü WM **86**, 34, dies idR mit besonderem

V. Bankgeschäfte   A/51   **BankGesch (7)**

Gewicht beim Girokonto, BGH WM **96**, 249; vorbehaltene oder mangelnde Verfügungsbefugnis; beim **Sparbuch** (s Rn B/4) vorrangig **Besitz**, stRspr, BGH **46**, 200, WM **70**, 712, Mü WM **83**, 1295; so auch, wenn das Sparbuch auf den Namen eines nahen Angehörigen angelegt wird (dann idR noch nicht § 328 BGB), BGH WM **05**, 462, Klarstellung zu BGH NJW **94**, 931; anders bei abweichender Bestimmung, BGH NJW **05**, 2222, Ffm NJW **86**, 64, Kblz WM **89**, 565, Nürnb WM **90**, 928, Bambg WM **06**, 274, Staub/Renner 4/62. Beim Sonderkonto ist Kontoinhaber idR, wer das Konto eröffnet, auch wenn in der Kontobezeichnung noch ein anderer genannt ist, BGH **61**, 75. Für Vertretungs- und Verfügungsmacht über das Konto gelten die allgemeinen Regeln, vgl Überbl 4 vor § 48 HGB. Beweis für Strohmannkonto s BGH NJW **83**, 626. **Kontopfändung** s § 357 HGB, Pfändungsschutzkonto s Rn 46. Kontoinhaberschaft und Pfändung bei ausländischen Staatsunternehmen im Inland (keine Immunität), BVerfG NJW **83**, 2766. Zur Kontoinhaberschaft Hopt/Mülbert 43.

c) Beim **Tod des Kontoinhabers** geht das Konto auf die Erben über. Diese A/51
werden statt des Erblassers Herren des Bankgeheimnisses (näher Rn A/9). Bei Miterben wird es zum Und-Konto (s Rn A/40); die Bank muss ihnen auf Verlangen (nur an alle gemeinsam, § 2039 BGB) Auskunft über das Konto geben, das Bankgeheimnis steht nicht entgegen, Ffm MDR **66**, 503. Die Bank kann Vorlage eines Erbscheins verlangen, aber nicht unbegrenzt, postmortale Vollmacht als Ersatz für Erbschein, näher **(8)** AGB-Banken Nr 5. Vom Kontoinhaber erteilte **Vollmachten** bestehen fort (§ 52 III HGB, §§ 168 S 1, 672 S 1 BGB); die Erben können jederzeit widerrufen, Ausnahme unwiderrufliche Vollmacht über den Tod hinaus (nicht Generalvollmacht). Der Vertreter hat aber nunmehr im Interesse des Erbens zu handeln; Pflicht zur Rückfrage beim Erben str, BGH NJW **69**, 1247u Düss WM **83**, 548 (nein), Hopt ZHR 133 **(70)** 305 (uU ja, aber nicht bei Vollmachten des HdlRechts), aA ja. Bei der **postmortalen** (transmortalen) Vollmacht hat die Bank die Weisung des Bevollmächtigten unverzüglich auszuführen (außer wenn ersichtlich verdächtig, vgl § 50 HGB Rn 4), ohne die Zustimmung des Erben abzuwarten oder durch Zuwarten dessen Widerruf zu ermöglichen, BGH **127**, 239, Hopt aaO 325, Grund: Zweck dieser Vollmacht. Der Erblasser kann Auskunfts- und Herausgabepflicht seines Vertreters an die Erben ausschließen, BGH WM **89**, 1813. Postmortale Vollmacht berechtigt nicht zur Umschreibung des Kontos auf den Bevollmächtigten, BGH WM **09**, 980m krit Anm Muscheler JZ **09**, 1075. Postmortale Vollmacht bei zweigliedriger GbR, Mü ZIP **15**, 1828. Miterben, die das auf sie übergegangene Girokonto des Erblassers für den eigenen Zahlungsverkehr fortführen, erlangen eine eigene persönliche Rechtsbeziehung zur Bank, BGH WM **00**, 469; so auch bei Vorerbschaft, der Nacherbe tritt beim Nacherbfall in dieses Girovertragsverhältnis des Vorerben mit ein (zu unterscheiden vom Kontoguthaben, § 2111 BGB), BGH **131**, 60. **Testamentsvollstreckung** durch Banken ist zulässig (RBerG, §§ 3, 4 Nr 11 UWG), BGH WM **05**, 412, Grunsky/Theiss WM **06**, 1561.

Ein **Sparkonto** geht beim Tod des Kontoinhabers nicht auf die Erben über, wenn eine wirksame **Schenkung** auf den Todesfall vorliegt, so wenn die Bank auf Grund eines Vertrags zugunsten Dritter ein vom Kontoinhaber auf fremden Namen angelegtes Sparbuch (Sonderkonto, s Rn A/45) auf dessen Weisung nach seinem Tode dem Begünstigten aushändigt (§§ 130 II, 153, 151, 518 II BGB); der Vorbehalt des Widerrufs durch den Erblasser gegenüber der Bank steht wegen §§ 328 II, 332 BGB nicht entgegen; unabhängig davon können jedoch die Erben bis zur Annahme des Schenkungsangebots durch den Begünstigten, richtiger bis zum Zugang des Angebots beim Begünstigten, widerrufen; dazu BGH **46**, 203, **66**, 8, **157**, 79, NJW **75**, 383, **84**, 480, WM **05**, 462, KG WM **79**, 928, str. Der Widerruf ist vertraglich (auch § 328 BGB) ausschliessbar, Celle WM **93**, 591, nicht durch einseitigen Verzicht, aA Kümpel WM **93**, 825, vgl Hopt ZHR 133

(7) BankGesch A/52, A/53

(70) 317 zur unwiderruflichen Vollmacht. Heilung nach § 518 II BGB (anders § 2301 II BGB) auch, wenn die Leistung erst nach dem Tod des Kontoinhabers kraft (Postsparkassen-)Vollmacht aus dessen Vermögen bewirkt wird, BGH NJW **86**, 2108. Die Schenkung eines Bankguthabens ist (soweit nicht § 331 BGB eingreift) auch bei unwiderruflicher Verfügungsvollmacht nicht vollzogen iSv §§ 518 II, 2301 II BGB, BGH **87**, 25; anders bei Oder-Konto, BGH WM **86**, 786. Zur Abgrenzung der auf den Tod des Erblassers befristeten Schenkung unter Lebenden von der Schenkung von Todes wegen BGH **99**, 97, Leipold JZ **87**, 362; dabei gilt § 2084 BGB entspr, BGH WM **88**, 984. Auskunftsanspruch des Beschenkten gegen die Bank ohne Einwand des § 410 BGB, BGH WM **82**, 706. Feststellungsklage eines von mehreren Prätendenten gegen Bank betr Kontoberechtigung, BGH WM **81**, 120. Auflage an den Beschenkten zugunsten eines Dritten berechtigt diesen nach § 330 S 2 BGB unmittelbar. Lit: Komm zu § 2301 BGB, Staub/Grundmann 2/217 ff, Hopt/Mülbert 76, 133 (Zuwendungen auf den Todesfall), Lange/Werkmüller 2002 (Erbfall in der Bankpraxis), Bork JZ **88**, 1059, Seif AcP 200 **(00)** 192 (postmortale Vollmacht). **Muster:** Glenk NJW **17**, 452 (postmortale Vollmachten).

A/52 C. **Konto- und Depotvollmachten:** Angesichts der Reichweite des Bankvertrags bzw der Geschäftsverbindung und der Vielzahl der dabei möglicherweise vorkommenden einzelnen Bankgeschäfte wird in der Praxis die Vollmacht oft auf ein oder mehrere Konten beschränkt. Je nachdem sind Inhalt, Reichweite und Geltungsdauer der Kontovollmacht sehr unterschiedlich. In der Praxis ist dies sehr wichtig. Rechtlich gelten die allgemeinen Regeln der §§ 164 ff BGB. Vgl BGH WM **91**, 1414. Kontovollmacht berechtigt nicht zu Kontoauflösung oder anderen Eingriffen in die Rechte des Vertretenen, BGH WM **09**, 980. Missbrauch (§ 50 HGB Rn 5), BGH WM **99**, 1617. Anerkennung von Vorsorgevollmachten, Tersteegen NJW **07**, 1717. **Muster:** Hopt/Werner 4. Aufl 2013 Form IV. A.5 (Konto-/Depotvollmacht), Form IV. A.6 (Vollmacht für den Todesfall), Form IV. A.7 (Kontoeröffnung für Firmen und Vereine).

9) Datenschutz bei Bankgeschäften

A/53 A. **Datenschutz:** Die zunehmende Automation bei Bankgeschäften bringt für die Kunden außer Vorteilen auch Gefahren mit sich. Neben die traditionellen Probleme von Bankgeheimnis (s Rn A/9) und Bankauskunft (s Rn A/14) treten die Probleme des Datenschutzes auf zB bei Kreditauskünften (s Rn A/54), Schufa-Verfahren (s Rn A/55) und im Zusammenhang mit Geldwäsche (s Rn A/12). Der Datenschutz steht neben dem Bankgeheimnis als Berufsgeheimnis und hat ihm gegenüber Auffangfunktion, BGH WM **07**, 645. Wirksamkeit von Abtretungen auch bei Verstoß, BGH WM **07**, 645 (s Rn A/9). **Europäische Datenschutz-Grundverordnung (DSGVO)** 27.4.16 ABlEU 2016 L 119/1 in Kraft 25.5.18 gilt unmittelbar und harmonisiert umfassend, Schantz NJW **16**, 1841, Kühling/ Martini EuZW **16**, 448. Anpassung und Umsetzung durch DSAnpUG-EU 30.6.17 BGBl I 2097, darin neues Bundesdatenschutzgesetz (BDSG) ua mit Schutz des Wirtschaftsverkehrs bei Scoring und Bonitätsauskünften (§ 31 BDSG nF statt früher §§ 28a, 28b aF). DSGVO und AGBRecht, Wendehorst/Graf von Westphalen NJW **16**, 3745. Ungültigkeit des Safe-Harbor-Entscheidung der EU bezüglich USA, EuGH NJW **15**, 3151 mit vielen Reaktionen, Recht und Praxis des Drittlands müssen angemessenes Schutzniveau gewährleisten. Bewertungen im Internet, BGH NJW **09**, 2888 (spickmich) m Anm Gounalakis/Klein NJW **10**, 566, Einl v § 1 Rn 66. Lit zum Datenschutz im Bankrecht: Vahldiek 2012; Nobbe WM **05**, 1537, Simitis NJW **09**, 1782 (EuGH, Vorratsdatenspeicherung), Pauly/ Ritzer WM **10**, 8, Spindler FS Hoffmann-Becking **13**, 1185 (Konzern). Komm zur DS-GVO Ehmann/Selmayr 2017, Kühling/Buchner 2017, Paal/Pauly 2017, Plath 2. Aufl 2016; zum BDSG: Gola/Schomerus/Klug/Körffer 12. Aufl 2015,

V. Bankgeschäfte A/54, A/55 **BankGesch (7)**

Simitis/Dammann/Geiger/Mallmann/Reh (LBl), Schaffland/Wiltfang (LBl), Plath 2. Aufl 2016; **RsprÜbersicht:** Gola/Klug NJW **15**, 2628, **16**, 691, 2786, **17**, 604.

B. **Kreditauskünfte:** Kreditauskünfte über **natürliche Personen** (nicht juristische, str für Einpersonen- und personalistische GmbH) sind ohne ausdrückliche (im Regelfall schriftliche) **Einwilligung** (§ 4 II BDSG) zulässig, wenn sie zur Wahrung berechtigter Interessen erforderlich sind und schutzwürdige Belange des Betroffenen nicht beeinträchtigt werden (vgl Rn A/55). Zutreffende und nicht den sensitiven persönlichen Bereich berührende Kreditauskünfte sind danach auch bei negativem Inhalt idR zulässig, BGH WM **86**, 190, str. Diese Zulässigkeit betrifft nur die nach BDSG, unabhängig davon gelten die allgemeinen bankrechtlichen Schranken für Kreditauskünfte, Canaris 72, str; s oben Rn A/14, 15. A/54

C. **Schufa-Verfahren:** Zu beachten BDSG idF 20.12.90 BGBl 2954, dazu Büllesbach NJW **91**, 2593, Ungnade/Gorynia WM **91**, 121, und BDSGNovelle 31.7.09 BGBl 2254, dazu krit Roßnagel NJW **09**, 2716. Bisher wurden meist die Generalklauseln der §§ 28, 29 BDSG herangezogen, nach Novelle gilt § 28a BDSG mit speziellen Erlaubnistatbeständen für die Übermittlung von Negativdaten (Angaben über unbegliche Forderungen) und Positivdaten (Angaben über Kreditverhältnisse) an Auskunfteien; letzterenfalls keine Übermittlung über reine Guthabenkonten und bloße Anfragen nach Kreditkonditionen; Scoring, § 28b BDSG; zur Novelle Roßnagel NJW **09**, 2718, Pauly/Ritzer WM **10**, 8, die Praxis der Datenübermittlung schon bei Kontoeröffnung wird damit unterbunden. Im Übrigen ist die bisherige Rspr durch die BDSGNovelle zT kodifiziert. Auch die Betroffenenrechte nach §§ 34, 35 BDSG wurden gestärkt. Übermittlung von „Negativmerkmalen" eines Kreditbürgen durch Bank an **Schufa** (Schutzgemeinschaft für allgemeine Kreditsicherung, s auch Rn A/15) kann gegen BDSG verstoßen, nötig sind Interessenabwägung und Wahrung des Verhältnismäßigkeitsgrundsatzes, BGH NJW **84**, 437, 1889, Kblz WM **90**, 1108, Mü WM **10**, 1901, vor allem bei den „weichen" Negativmerkmalen wie Kontoauflösung wegen Kontoüberziehung. Seit 2010 § 28a I BDSG, zum Negativeintrag BGH WM **16**, 866; Schufa ist Auskunftei iSv § 28a BDSG, Düss BKR **15**, 105. Zur Ankündigung der Schufa-Meldung (§ 28a I 1 Nr 4 BDSG) BGH NJW **15**, 3508. Formularmäßige Einwilligung zur Speicherung aller Daten des Kreditnehmers über Aufnahme und Abwicklung des Kredits, also ohne Beschränkung auf bestimmte Kreditarten und auch von einseitigen Durchsetzungsmaßnahmen der Bank wie Kündigung etc, ohne Interesseabwägung im Einzelfall, ist unwirksam, BGH **95**, 368. Speicherung von personenbezogenen Angaben, die geeignet sind, etwaige Kreditgeber zu sorgfältiger Bonitätsprüfung zu veranlassen, ist zulässig, zB auch finanzielle Angaben über EinpersonenGmbHGfter, BGH WM **86**, 189, NJW **03**, 2904. Die geänderte Schufa-Klausel für Kontoeröffnungen und für Kreditverträge (ZIP **86**, 469) sieht die Einholung der Einwilligung der Kunden unter Präzisierung der Voraussetzungen für Mitteilungen vor; gleichzeitige Verfahrenseinschränkungen betreffen engeren Teilnehmerkreis und Löschung nach Ablauf bestimmter Fristen; Weber WM **86**, 845; sie enthält zugleich eine unter (5) § 307 BGB wirksame Befreiung vom Bankgeheimnis (so III). Meldung auch bestrittener Forderungen, Ffm ZIP **05**, 654. Nicht gedeckt sind unzutreffende Mitteilungen. Bei fehlender Einwilligung des Kunden greift die Rspr auf § 24 BDSG (vgl Rn A/54) zurück, BGH NJW **84**, 436, Hamm WM **89**, 983, nach aA verbleibt es auch unter dem BDSG daneben bei den allgemeinen Grundsätzen des Bankgeheimnisses, Canaris 74. Meldung eines Widerspruchs des Kunden gegen Schufa-Klausel ist unzulässig. Bei unzulässiger Datenübermittlung hat der Betroffene Unterlassungsanspruch, vgl BGH **95**, 362 zu § 13 AGBG, seit SMG § 1 UKlaG, und alter Schufa-Klausel) und Widerrufsanspruch (aus BDSG oder § 1004 BGB) gegen die übermittelnde Stelle, BGH NJW **84**, 436. Schadens- A/55

(7) BankGesch A/56 2. Teil. Handelsrechtl. Nebengesetze

ersatzanspruch folgt gegen nichtöffentliche Stellen aus § 8 BDSG nF (Verschulden, Beweislastumkehr); auch aus § 280 I BGB wegen Pflichtverletzung, Vortmann ZIP **89**, 80. Der Betroffene hat Anspruch auf Auskunft über Herkunft und Empfänger der Daten auch § 34 BDSG; auch nach § 1004 BGB iVm Persönlichkeitsrecht, BGH **91**, 239. Auskunftsanspruch nicht über die Scoreformel, aber über die personenbezogenen Daten, die dort einfließen (Scorewerte), BGH NJW **14**, 1235. Der Verbraucher hat Anspruch auf Unterrichtung, wenn die Bank den Abschluss eines Verbraucherdarlehensvertrags oder einer entgeltlichen Finanzierungshilfe (§§ 491 I, 506 BGB) infolge einer Negativauskunft ablehnt (näher § 29 VII idF VerbrKrRiUmsetzG). Kein Schadensersatzanspruch anderer am Schufa-Verfahren Beteiligter bei unterlassener Meldung, Dresd WM **07**, 251. Kartellrechtliche Grenzen für den Kreditinformationsaustausch zwischen Finanzinstituten, EuGH WM **07**, 157. Lit: BankrechtsHdb/Krepold 5. Aufl 2017 § 41.

10) Verfahrensrecht (Ombudsmann) Einlagensicherung, Anlegerentschädigung, Insolvenz

A/56 **A. Verfahrensrecht, insbesondere Schlichtung (Ombudsmann): a)** Es gilt das **allgemeine Prozessrecht.**

b) Seit Juni 1992 besteht bei den privaten Banken und privaten Hypothekenbanken das Angebot einer vorherigen außergerichtlichen **„Schlichtung von Kundenbeschwerden im deutschen Bankgewerbe"** mit eigener Verfahrensordnung, WM **92**, 1423, NJW **92**, 2745 (keine Geltung für Sparkassen- und Genossenschaftsbereich) nF April 1999, Text (Stand 1.1.15) BankrechtsHdb/ Höche 5. Aufl 2017 § 3 Rn 54; seit 2001 auch Verfahrensordnung für die Beilegung von Kundenbeschwerden im Bereich des Bundesverbandes öffentlicher Banken, NJW **01**, 2613; Hinweis darauf in **(8)** AGB-Banken Nr 21 nF 2016 **(Ombudsmannverfahren)**, Hinweis darauf durch Ombudsmannklauseln in den verschiedenen Sonderbedingungen. Unabhängig davon Richtlinie über die alternative Beilegung verbraucherrechtlicher Streitigkeiten **(ADR-Richtlinie)** 21.5.13 ABlEU 2013 L 165/63, ergänzt durch EUVO über die Online-Beilegung verbraucherrechtlicher Streitigkeiten **(ODR-Verordnung)** 21.5.13 ABlEU L 165/1, und **UmsetzungsG** 19.2.16 BGBl I 254, ber 1039 mit dem VerbraucherstreitbeilegungsG (VSBG) in § 1, dazu BankrechtsHdb/Höche 5. Aufl 2017 § 3 Rn 27 ff, 35 ff, 38 ff. Nach formaler Vorprüfung durch eine Kundenbeschwerdestelle (Bundesverband deutscher Banken, Nr 3 VerfahrensO) auf Grund formloser Anrufung (kurze Schilderung des Sachverhalts, Beifügung der notwendigen Unterlagen) und bei Nichtabhilfe durch die betroffene Bank ist Schlichtungsverfahren durch einen **Ombudsmann** möglich (1) bei Beschwerden von Verbrauchern (vgl § 13 BGB, also nicht für gewerbliche oder selbstständige berufliche Tätigkeit) oder (2) bei Streitigkeiten im Anwendungsbereich der Vorschriften über Zahlungsdienste (§§ 675c–676c BGB), insoweit also nicht auf Verbraucher beschränkt (Nr 2 I VerfahrensO). Die Schlichtung ist in drei Fällen ausgeschlossen (Nr 2 II VerfahrensO): wenn die Sache bereits vor einem Gericht anhängig ist oder war, die Angelegenheit bereits Gegenstand eines Schlichtungsverfahrens einer Schlichtungsstelle nach § 14 UKlaG oder einer anderen Gütestelle, die Streitbeilegung betreibt, ist oder war oder der Anspruch bereits verjährt ist und die Bank sich auf Verjährung beruft (Nr 2 II VerfahrensO). Der Ombudsmann soll die Schlichtung ablehnen, wenn die Schlichtung die Klärung einer grundsätzlichen Rechtsfrage beeinträchtigen würde (ebenda aE). Das eigentliche Schlichtungsverfahren ist in Nr 4 VerfahrensO geregelt. Ein Schlichtungsspruch des Ombudsmanns bindet nur die Bank (bei Streitwert nicht über 10000 EUR, vor 1.1.15 5000 EUR), nicht den Kunden, diesem bleibt der Rechtsweg unbenommen (Nr 4 V VerfahrensO). Während des Schlichtungsverfahrens ist die Verjährung für den Beschwerdeführer gehemmt. Die Kosten des Vorprüfungs- und

V. Bankgeschäfte   A/57a   **BankGesch (7)**

des Schlichtungsverfahrens trägt der Bankenverband, auch wenn die Bank obsiegt. Die außergerichtlichen Kosten trägt jede Partei grundsätzlich selbst. Die Parteien können sich auf eigene Kosten sachkundig vertreten lassen. Ob rechtlich ein Schiedsverfahren vorliegt, war fraglich, Schlosser Bankrechtstag **98**, 208: Vertragsschluss und Heilung des Formmangels könnten zwar konkludent mit Verfahrensbeteiligung erfolgen (§ 1031 VI ZPO), Beschränkung der Bindungswirkung ist möglich, soweit danach keine Bindung, bloße Schlichtung; aber Schiedsverfahren ist offensichtlich nicht gewollt. Der Ombudsmann ist unabhängig, nur insoweit funktional wie ein Schiedsrichter. Die Einrichtung des Ombudsmannes, die für EU-Sachverhalte EU-rechtlich vorgeschrieben, im Übrigen freiwillig erfolgt ist, ist ositiv für die Kunden wie für die Banken. Vieles wird jetzt schon im Vorfeld bereinigt (Verfahrenseinleitung idR mit Berichtspflicht an Vorstand). Erfahrungen seit 1992, BankrechtsHdb/Höche 5. Aufl 2017 § 3 Rn 87 ff. Lit: BankrechtsHdb/Höche 5. Aufl 2017 § 3, von Hippel 2000, Hoeren NJW **92**, 2727, **94**, 362, Parsch WM **97**, 1228, Bundschuh ZBB **98**, 2, Bundschuh, Metz Bankrechtstag **98**, 211, 245, Scherpe WM **01**, 2321, Römer NJW **05**, 1251 (Versicherungsombudsmann), Lücke WM **09**, 102 (Schlichtung), Kreft FS Krämer **09**, 287, Brömmelmeyer WM **12**, 337.

c) Für **Kundenbeschwerden** aus §§ **675c–676c BGB** idF VerbrKrRi-UmsetzG (s Rn C/1 ff) sowie aus Fernabsatzverträgen über Finanzdienstleistungen im BGB (FernAbsFDLG 2004) gibt es eine **Schlichtungsstelle** (§ 14 UKlaG nF VerbrKrRiUmsetzG mit SchlichtungsstellenverfahrensVO idF Bek 10.7.02 BGBl 2577). § 7 der VO überträgt die Schlichtungsaufgabe für Kreditinstitute, die dem Bundesverband deutscher Banken bzw dem Bundesverband öffentlicher Banken angehören, diesen Verbänden, bei Sparkassen den bei den Sparkassen- und Giroverbänden eingerichteten Schlichtungsstellen. Dazu BankrechtsHdb/Höche 5. Aufl 2017 § 3 Rn 39.

B. Einlagensicherung, Anlegerentschädigung: a) Freiwillige Einlagen- A/57a **sicherung der Kreditinstitute:** Geldforderungen aus einer bankmäßigen Geschäftsverbindung (vor allem Giroguthaben, Termin- und Spareinlagen samt auf den Namen lautenden Sparbriefen) sind durch freiwillige Sicherungseinrichtungssysteme der Kreditwirtschaft (Sparkassen und Genossenschaften mit Institutssicherung, private Banken mit unmittelbarer Kundensicherung) weitgehend vor Insolvenz der Kreditinstitute geschützt. Das Rechtsverhältnis zwischen der freiwilligen Sicherungseinrichtung und dem Kreditinstitut ist privatrechtlich. Inhaltskontrolle der Normen der Sicherungseinrichtung der Genossenschaftsbanken, BGH WM **89**, 184. Für die privaten Banken besteht ein **Einlagensicherungsfonds** (Statut Dezember 2015 mit Änderungen 2017). Verweigerung des Anschlusses bei Nichterfüllung von Mindestvoraussetzungen bei der Bank (Vieraugenprinzip), Kln WM **96**, 1294. Mit **(8)** AGB-Banken Nr 20 (s dort Rn 2) wird auf die Einlagensicherung hingewiesen und diese zur Vertragspflicht gemacht. Diese Einlagensicherung deckt jeden einzelnen Kunden (aber nur Nichtbankeneinlagen, ab 1.10.17 auch nicht mehr bankähnliche Kunden und die öffentliche Hand) bis zu 20% des Eigenkapitals der Bank (vorher 30%, näher **(8)** AGB-Banken Nr 20 Rn 2). § 6 X des Statuts schließt trotz unmittelbarer Kundensicherung vor allem aus natur- und versicherungsaufsichtsrechtlichen Gründen eigene Ansprüche der Kunden ausdrücklich aus, das ist wirksam, str, BGH WM **08**, 831, KG WM **13**, 158, Habscheid BB **88**, 2328, hL; auch kein Drittschutz nach § 328 BGB bei Vereinbarung zur Abwicklung der Entschädigungsleistung, BGH WM **08**, 832; aber uU Gleichbehandlungsanspruch sowie § 826 BGB. Eine vertragliche Haftungserklärung gegenüber dem Kunden unter Anscheinsvollmacht des Bundesverbandes deutscher Banken ist fiktiv. Ein Anspruch aus Vertrauenshaftung kraft widersprüchlichen Verhaltens besteht angesichts der klaren Regelung nicht, MüKoHGB/Hadding/Häuser ZahlungsV A 198, LG Bln WM **10**, 1744m Anm

Hopt 1985

(7) BankGesch A/57b 2. Teil. Handelsrechtl. Nebengesetze

Nodoushani BKR **11**, 1, aA Canaris 2725, Klöhn ZIP **11**, 109, ferner BankrechtsHdb/Bunte 5. Aufl 2017 § 25 Rn 22: Vertrauen auf angemessene Sicherung, aber kein Anspruch auf Entschädigung, kein bloßes Gutdünken des Bankenverbandes. Auch **(8)** AGB-Banken Nr 20, dort Rn 1, ergibt keinen Anspruch, aA Böttger BKR **11**, 485. Praktisch besteht danach ein Vollschutz der kleinen Einleger. Zu § 6 I, II des Statuts KG WM **13**, 158. Bei Entschädigungszahlung (antizipierte) Forderungszession (s **(8)** AGB-Banken Nr 20 Rn 3). Grundsätzlich keine Werbung mit Einlagensicherung, Lettl WM **07**, 1345, 1397. Näher Statut des Einlagensicherungsfonds, August 2014 (aber Änderungen 2017), abgedruckt in BankrechtsHdb/Bunte 5. Aufl 2017 § 25 Anh 3 zu §§ 4–25 und **(8)** AGB-Banken Nr 20.

A/57b b) **Gesetzliche Einlagen- und Anlegerentschädigung:** Diese war bis 2015 geregelt im Einlagensicherungs- und AnlegerentschädigungsG **(EAEG)** 16.7.98 BGBl 1842 mit Änderung 25.6.09 BGBl 1528, das die EU-EinlagensicherungsRi 1994, die EU-AnlegerentschädigungsRi 1997 und die EU-ÄnderungsRi 11.3.09 umgesetzt hatte. Nunmehr **Neufassung** der EU-EinlagensicherungsRi 16.4.14 ABlEU L 173/149: Rechtsanspruch bis zu 100000 Euro, auch bei Institutssicherung, ausnahmsweise höher bei bestimmten Lebensrisiken; Maximalharmonisierung, aber Institutssicherung als solche bleibt unangetastet; Auszahlung innerhalb von 7 statt 20 Werktagen (gleitend bis 2023); Zielgröße des (jeweils nationalen) Fonds 0,8% der gedeckten Einlagen, Aufbau innerhalb von 10 Jahren, detaillierte Verfahrensregelung, Zuständigkeit des ZwNl im Gastland. Vorausgegangen war strengerer Vorschlag 12.7.10 WM **10**, 2384, Fuchs EWS **10**, 516, EUParlament, EuZW **12**, 243. Umsetzung durch **DGSD-Umsetzungsgesetz** 28.5.15 BGBl 786, das das **Einlagensicherungsgesetz (EinSiG)** gebracht und das EAEG geändert und zum **Anlegerentschädigungsgesetz (AnlEntG)** umbenannt hat, Berger BKR **16**, 144. Neufassung der EU-AnlegerentschädigungsRi, Kommissionsentwurf 12.7.10 KOM(2010) 371 endg, Deckungssumme 50000 Euro ohne Selbstbehalt von 10%, Entschädigungsfrist neun Monate, Finanzierung der Sicherung, Schutz von Depotkunden, Mitte 2015 ruht das Verfahren noch. Dazu Legislative Entschließung des Europäischen Parlaments 5.7.11 ABlEU C 33 E/ 328. Zuletzt hat die EU-Kommission den **Vorschlag einer Europäischen Einlagenversicherungsverordnung** (European Deposit Insurance Scheme, EDIS) v 24.11.15 COM (2015) 586 final vorgelegt, der aber wegen der allmählichen Vergemeinschaftung der Einlagensicherung hoch streitig ist, krit WM **17**, 501, Herdegen WM **16**, 1857, 1905.

Rechtsprechung zum EAEG: Zu Entschädigung wegen verspäteter Umsetzung LG Bonn WM **99**, 1972. ZwNl ausländischer Kreditinstitute können sich dem kundengünstigeren Gastlandsicherungssystem (BRD) insoweit (also hinsichtlich des überschießenden Teils) anschließen (§ 13 EAEG, topping up), dieses darf jedoch nicht auf ZwNl inländischer Kreditinstitute im Ausland ausgedehnt werden (§ 14 EAEG, Exportverbot). Ausnahme für institutssichernde Systeme gemäß EU-Ri (§ 12 EAEG). **Zu sichern** sind danach Einlagen sowie Verbindlichkeiten aus Wertpapiergeschäften (§ 2 EAEG), aber nur solcher, die Hauptleistungs-, besser: Verschaffungspflichten (auch Unterschlagung und Untreue; im Gegensatz zu Schadensersatzansprüchen aus Beratungsfehlern) betreffen, BGH WM **11**, 257, also kein Schutz von Handelsgewinnen aus Anlage von Kundengeldern, BGH WM **13**, 2352 (Phoenix) und erst recht kein Schutz von Scheingewinnen, des auf die Beteiligungssumme gezahlten Agios und tatsächlich erzielter HdlVerluste, BGH WM **11**, 257, 2222. Auch nicht bei Aussonderungsrecht, KG WM **11**, 931 (Phoenix). Provisionsansprüche des Instituts können (nur, § 4 I 1 EAEG) mittels Aufrechnung berücksichtigt werden, BGH WM **11**, 2219. Die Gläubiger (nicht ua Kreditinstitute, § 3 II EAEG, BGH WM **12**, 872) haben einen unmittelbaren Anspruch auf Entschädigung für Einlagen (unter Wegfall des Selbstbehalts von

V. Bankgeschäfte				A/58 **BankGesch (7)**

10%) auf höchstens 50 000 Euro und ab 2011 100 000 Euro begrenzt ist (§§ 3, 4 nF EAEG), und dies innerhalb einer Feststellungsfrist von 5 Arbeitstagen (§ 5 I 1 nF EAEG), vgl zur aF BGH **161**, 273, **191**, 95, WM **05**, 325; für die Verbindlichkeiten aus Wertpapiergeschäften verbleibt es bei 20000 Euro mit Selbstbehalt bei einer Feststellungsfrist von 21 Arbeitstagen. Auszahlungsfrist nunmehr 20 Arbeitstage (§ 5 IV EAEG). Kein Anspruch auf Verzugszinsen, aber uU Amtshaftung, KG WM **12**, 1526 (iErg abl). Die Sicherung wird für die privaten Banken durch die Entschädigungseinrichtung deutscher Banken GmbH (EdB) übernommen. Bei Entschädigungszahlung cessio legis (§ 5 V EAEG). Aufteilung in drei Sondervermögen, darunter eines für WPHdlUnternehmen (§ 6). Das Rechtsverhältnis zwischen dieser Sicherungseinrichtung und der Bank ist öffentlichrechtlich (Beleihung, § 7 EAEG, VO BMF), trotzdem Zivilrechtsweg für Entschädigungsanspruch (§ 3 IV EAEG), Grund: Sachnähe. Beide Systeme, das öffentlich- und das privatrechtliche, bestehen nebeneinander (Grunddeckung, Anschlussdeckung). Die Kredit- und Finanzdienstleistungsinstitute müssen die Kunden, die nicht Institute iSv KWG sind, über die Zugehörigkeit zu einer Sicherungseinrichtung und die für die Sicherung geltenden Bestimmungen informieren (§ 23a KWG). Die „Beiträge" nach dem EAEG sind europarechtlich zulässige Sonderabgaben, BVerwG NJW **04**, 3198, VG Bln WM **08**, 1733, und verfassungsgemäß, BVerfG WM **10**, 17. Notaranderkonto ohne Einlagensicherung s **(9)** AGB-Anderkonten Einl 8 vor Nr 1. Haftung des Treuhänders für Anlage größerer Beträge bei einer Bank mit bloßer gesetzlicher Mindesteinlagensicherung, BGH **165**, 298. Anspruch aus §§ 3, 4 EAEG wird von Verpfändung des Sparbuchs nicht erfasst, selbstständiger Anspruch, nicht § 401 BGB, keine Surrogation, BGH WM **08**, 830. Lit: Assmann/Schütze/Sethe Hdb des Kapitalanlagerechts 4. Aufl 2015 § 26; BankrechtsHdb/Bunte 5. Aufl 2017 § 25 II (Einlagensicherungsfonds); Nicklisch 1979, M. Wagner 2004, Bigus/Leyens 2008 (ökonomisch), Hissnauer 2013; Fröhlich 2008; Sethe ZBB **98**, 305; Steuer WM **98**, 2449, Weber Bank **98**, 470, Berger, Meißner WM **03**, 949, 1977 (Beiträge), Bigus/Leyens ZBB **08**, 277 (ökonomisch), Herdegen WM **08**, 329 (Reformüberlegungen), Thonfeld WM **08**, 1725 (Beiträge), Hanten/Görke ZBB **10**, 128 (Novelle 2009), Grüneberg WM **12**, 1365 (Phoenix).

C. **Insolvenz des Kunden:** Bankgeschäfte bringen erhöhte Insolvenzgefahren A/58 mit sich. Rechtlich geht es um verschiedenartige, nur praktisch zusammenhängende Einzelprobleme wie Auswirkung der Insolvenz auf den **Bankvertrag** (Geschäftsverbindung) und einzelne Bankgeschäfte mit Geschäftsbesorgungscharakter; diese erlöschen (s Rn A/6), BGH **63**, 90, WM **09**, 664 (Girovertrag), **15**, 733 Rn 9, mit Ausnahme von Überweisungsverträgen und Zahlungs- und Übertragungsverträgen (§ 116 S 3 InsO idF ÜG 1999, s Rn Q/4), die grundsätzlich zum Nachteil der Masse auszuführen sind, BGH WM **09**, 664; für andere Bankgeschäfte gilt Wahlrecht nach § 103 InsO, aber BGH **106**, 236 (Neubegründung der Erfüllungsansprüche), Kreft ZIP **97**, 865, str; ohne Wahlrecht nur Forderung wegen der Nichterfüllung bei Finanztermingeschäften, falls Zeitpunkt bzw Fristablauf erst nach Verfahrenseröffnung eintritt (§ 104 II InsO); Ausnahme von der Unzulässigkeit der Aufrechnung bei Überweisungs-, Zahlungs- und Übertragungsverträgen, Voraussetzung ist Einbringung in ein System, das der Ausführung solcher Verträge dient (§ 96 II InsO), weitere diesbezügliche Sondervorschriften in §§ 147 I 2, 166 II 2, 223 I 1 InsO (idF G 8.12.99 BGBl 2384, Umsetzung der EG-Ri über die Wirksamkeit von Abrechnungen in Zahlungs- sowie WPLiefer- und -abrechnungssystemen 19.5.98 ABlEG Nr L 166/45); für Kontokorrent s § 355 HGB Rn 23, uU Bildung eines neuen Insolvenzkontos; Bankgeheimnis s Rn A/9; Zahlungsverkehr s Rn C/25, 84, 93, 105, 109; Lastschriftverfahren s Rn D/36, 38; 36. Aufl Rn D/25f, 32. **Warnpflichten** gegenüber anderen Kunden s Rn A/22–29. Besondere Probleme entstehen beim **Kreditgeschäft;**

(7) BankGesch A/59, A/60   2. Teil. Handelsrechtl. Nebengesetze

dabei geht es zunächst um die **Kreditsicherung** und ihre Wirksamkeit (s Rn H/1), sodann um den rechtzeitigen Rückzug der Bank (s Rn G/18). **Haftung** gegenüber dem Kunden s Rn G/28, Sanierungskredite, Insolvenzverschleppung und Haftung gegenüber Dritten s Rn G/31; Gefahr des Verlusts als **eigenkapitalersetzende Darlehen**, wenn die Bank (auch nur als Sicherheit) Beteiligung hält, s § 172a aF HGB Rn 10 ff, seit MoMiG 2008 § 39 I Nr 5 InsO. Lit: Obermüller 9. Aufl 2016, sowie Komm zur InsO; BankrechtsHdb/Schmieder 5. Aufl 2017 § 50 Rn 34 ff; Pannen 3. Aufl 2010; Uhlenbruck FS Vieregge **95**, 883, Wittig WM **98**, 157, 209 (Konsumentenkredit), Keller WM **00**, 1269 (EU-Ri). RsprÜbersicht (InsO) Kirchhof WM Sonderbeil 1/**08**.

A/59   D. **Insolvenz der Bank:** Schutz der Kunden durch Einlagesicherung, s Rn 57, (8) AGB-Banken Nr 20. Teilnahme an Zahlungs- sowie Wertpapierliefer- und -abrechnungssystemen s §§ 24b, 46a I 6, 46b II KWG. Maßnahmen in besonderen Fällen (Insolvenzgefahr, Insolvenzantrag, Moratorium ua) s §§ 45 ff KWG. Lit: s Rn A/58, Binder 2005, Komm zur InsO.

11) Internationales Bankvertragsrecht

A/60   Das auf den Bankvertrag und die einzelnen Bankgeschäfte anwendbare Recht kann ausdrücklich oder stillschweigend gewählt werden (**freie Rechtswahl,** früher Art 27 ff EGBGB, ab 17.12.09 gilt für die EU-Mitgliedstaaten außer Dänemark die **Rom I-VO** über das auf vertragliche Schuldverhältnisse anzuwendende Recht 17.6.08 ABlEU L 177/6, Einsele WM **09**, 289). Das geschieht in **(8) AGB-Banken Nr 6 I** (Grenzen s dort Rn 1), der auch unter der Rom I-VO wirksam ist, hL, Einsele WM **09**, 290. Ohne eine solche Wahl gilt das Recht der gewerblichen Niederlassung der Bank (**Geschäftssitz,** Art 4 I lit b, 19 Rom I-VO), hL, BGH **108**, 362, NJW **87**, 1825 (Überweisung), WM **04**, 1177 (AGB), Ffm RIW **92**, 316 (Akkreditiv, Avis), Kln RIW **93**, 1025 (Überweisung), Düss RIW **96**, 155 (Sparkonto), Mü RIW **96**, 330 (Kreditvertrag), Berger DZWir **97**, 426 (Akkreditiv, Bankgarantie); das gilt auch unter Banken, BGH **128**, 362, WM **04**, 1177. Bei Börsengeschäften gilt weiterhin das Recht am **Börsenplatz,** hL, Einsele WM **09**, 292. Das gesetzliche Schuldverhältnis zwischen Bank und Kunden mit vorvertraglichen Pflichten beurteilt sich ebenfalls nach dem **Vertragsstatut** (Art 12 Rom II-VO mit Erwägungsgrund 30), Reichmann/Martiny/Freitag Rz 6.566, schon früher hL; dies gilt unabhängig von der dogmatischen Einordnung dieser Pflichten als quasivertraglich oder gesetzlich/deliktisch, für letzteres EuGH 17.9.**02** NJW **02**, 3159 (Tacconi, zu EuGVÜ), so Art 12 Rom II-VO, zuvor Art 41 I, 2 Nr 1 EGBGB, dies gilt auch dann, wenn es später nicht zum Vertragsschluss kommt, Einsele § 2 Rn 28 f. Das Vertragsstatut gilt auch für Ansprüche Dritter aus Rechtsverhältnissen mit Schutzwirkung zu ihren Gunsten. Rein deliktische Ansprüche beurteilen sich seit 11.1.09 nach der Rom II-VO. Pflichtenkollisionen s Einsele § 2 Rn 39 ff. Die Aufrechnung beurteilt sich nach dem Recht der Hauptforderung, gegen die aufgerechnet wird (in Rom I-VO nicht ausdrücklich geregelt), BGH NJW **94**, 1416, hL. Bei Wahl des Rechts eines Drittstaats bleibt zwingendes Gemeinschaftsrecht anwendbar (Binnenmarktklausel, Art 3 IV Rom I-VO, ferner Art 23 Rom I-VO). Prospekt- und Vertrauenshaftung s Anh § 177a HGB Rn 55. Das Recht des Zahlungsverkehrs einschließlich der Überweisung ist durch EU-Ri harmonisiert (s Rn C/1); zum IPR des Zahlungsverkehrs Reithmann/Martiny/Freitag Rz 6.577. Grenzüberschreitende Überweisung s Einsele § 6 Rn 163 ff. Grenzüberschreitende Rechtsbeziehungen bei Kreditkarten, Einsele § 6 Rn 264 ff. Bei Akkreditiv und Garantie sind die jeweiligen Geschäftssitze der Erst- und der Zweitbank maßgeblich, bei Avis richtet sich das Verhältnis zwischen Avis- und auftraggebender Bank nach dem Sitz der Ersteren, Reithmann/Martiny/Freitag Rz 6.608. Die Bankgeschäfte sind Dienstleistungen bzw Finanzierungsverträge iSv Art 4 I lit b Rom I-VO (Art 6

V. Bankgeschäfte A/60 BankGesch (7)

Rom I-VO zwingende Schutznormen für Verbraucherverträge, aber Ausnahme für Finanzinstrumente, Art 6 IV Rom I-VO, dazu Einsele WM **09**, 292), namentlich Zahlungsverkehr und Effektengeschäft (trotz Art 4 I lit a Rom I-VO einschließlich des Propergeschäfts, § 384 Rn 8 HGB, Einsele WM **09**, 291, str, Grund: Finanzdienstleistung, Bankvertrag, s Rn A/6), auch Warentermingeschäft (s § 347 HGB Rn 26), vgl BGH WM **87**, 1154. Verbrauchervertrag setzt voraus, dass der Leistungszweck nicht oder nur zum geringeren Teil der beruflichen oder gewerblichen Tätigkeit des Berechtigten (Verbraucher), nicht des Schuldners zuzurechnen ist. **Zwingende Vorschriften** s Art 9 II Rom I-VO, **Eingriffsnormen** s Art 9 Rom I-VO, Einsele WM **09**, 295. **Gerichtsstandsklausel** gespalten für Inlands- und Auslandskunden s **(8)** AGB-Banken Nr 6 II, III. **Sprachrisiko** s **(5)** § 305 II BGB, Jayme FS Bärmann **75**, 509, Ul/Br/He/H. Schmidt Anh § 305 BGB Rn 13, Reithmann/Martiny/Martiny Rz 3.36. S auch **Auslandsgeschäfte** Rn N/1–3.

Europäisches Bankvertragsrecht: jeweils umgearbeitet, da Primärrecht und in das deutsche Recht umgesetzes oder umzusetzendes Sekundärrecht, s zB Zahlungsverkehr mit Überweisung Rn C/1, Lastschrift Rn D/1, Kartengeschäft Rn F/1, Haustürgeschäfte und Verbraucherkredit Rn G/9a, b. RsprÜbersicht: von Bonin/Glos WM **10**, 1821, **12**, 917, **13**, 1201.

Lit: BankrechtsHdb/Welter 5. Aufl 2017 §§ 26, 28 (Ausland, EU); BankrechtsHdb/Jahn/Brian 5. Aufl 2017 § 27 (Geschäftsverkehr mit ausländischen Kunden); Einsele 2. Aufl 2010; Jayme 1977; Hadding/Schneider 1992 (Auslandsüberweisung); Kiel, Internationales Kapitalanlegerschutzrecht, 1994; Assmann/Schütze, Hdb des Kapitalanlagerechts, 4. Aufl 2015, § 7; Reithmann/Martiny/Freitag Rz 6.529 (Bankverträge); Blesch/Lange, Bankgeschäfte mit Auslandsbezug, 2007; Schütze, Dokumentenakkreditiv, 6. Aufl 2008 Rn 458 ff, 491 ff; Schwarz, Globaler Effektenhandel, 2016; Kegel FS R. Schmidt **66**, 215; Ebenroth FS Keller **89**, 391 (Finanzinnovationen), Grundmann RabelsZ 54 **(90)** 283 (Anlegerschutz), Kaiser EuZW **91**, 83 (elektronischer Zahlungsverkehr), Lorenz FS Steindorff **90**, 405 (Dokumentenakkreditiv), Lorenz NJW **90**, 607 (fehlerhafte Banküberweisung), Schefold IPRax **90**, 20, **96**, 348 (Akkreditiv), Gruber D(Z)WiR **93**, 237 (Konkursverschleppung durch Kreditgewährung), Vortmann WM **93**, 581 (Aufklärungs- und Beratungspflichten), Gruber DZWir **93**, 237 (Insolvenzverschleppung), Wand WM **95**, 2165 (Lastschrift), Schücking WM **96**, 281 (Konsortien), Thorn IPRax **96**, 259 (Akkreditiv), Czernich/Tiefenthaler, ÖBA **98**, 663 (Bankgeschäfte), Einsele AcP 199 **(99)** 145 (Haftung bei Überweisung), Martinek FS Schütze **99**, 503 (Bankgeheimnis), Hoffmann ZBB **00**, 391 (Überweisung), Schefold IPRax **00**, 234 (Bankgeheimnis), Borges WM **01**, 1542 (electronic banking), Göthel IPRax **01**, 411 (Kapitalmarktrecht), Jayme FS Lorenz II **01**, 315 (Überweisung), Bälz ZVglRWiss 101 **(02)** 379 (Islam), Hanten WM **03**, 1412 (Aufsichtsrecht), Heiss IPRax **03**, 100 (FernabsFDLG), Reuschle RabelsZ 68 **(04)** 687 (Effektengiroverkehr), Haubold RIW **05**, 656 (PRIMA), H. Schmidt WM **07**, 2093 (private limited company in der Bankpraxis), Leible/Lehmann RIW **08**, 528 (Rom I), Lüttringhaus RIW **08**, 193 (culpa in contrahendo nach Rom I und II), Tschäpe/Kramer/Glück RIW **08**, 657 (Prospekthaftung Rom II), von Hein in Beiträge für Hopt **08**, 371 (Prospekthaftung Rom II), Einsele WM **09**, 289 (Rom I), Stephan WM **09**, 241 (Bankgeheimnis), Mann/Nagel WM **11**, 1499 (Drittwirkung der Zession), Einsele RabelsZ 81 **(17)** 781 (Kapitalmarktrecht und IPR). Ferner zu Akkreditiv s Rn K/2, Garantie s vor Rn L/1, Factoring s vor Rn O/1, Leasing s vor Rn P/1, Effektengiroverkehr s **(13)** DepotG § 17 a.

2. Kap: Passivgeschäft, insbesondere Einlagengeschäft

B. Einlagengeschäft

Schrifttum

a) Kommentare und Handbücher: Außer dem allgemeinen Schrifttum (s Einl vor A/1) BankrechtsHdb/*Schürmann/Langner* 5. Aufl 2017 §§ 69–71. – BankrechtsKomm*LBS/Servatius* 2. Aufl 2016 35. Kap.. – *Bunte*, AGB-Banken, AGB-Sparkassen, Sonderbedingungen, 4. Aufl 2015, Sonderbedingungen für Sparkonten (4 SB Spar). – *Canaris* (1. Kap 3. Abschn: Das Konto) 3. Aufl 1988, Rn 142. – *Ebenroth/Boujong/Joost/Strohn/Thessinga* Bd 2, 3. Aufl 2015 BankR III Rn 1 ff. – *Hopt/Mülbert* (II. Einlagengeschäft) 1989. – *Kümpel/Wittig/Peters* Rn 8.1 ff. – *Staub/Renner* Bd 10/2 2015 4. Teil Kreditgeschäft (zit 4/21–70).

b) Sonstige Beiträge: *Hüffer/van Look* (Bankkonto) 4. Aufl 2000. **Muster:** *Hopt/Werner* 4. Aufl 2013 Form IV. B.1 (Einlagengeschäft). **RsprÜbersichten:** *Liesecke* WM **75**, 214, 238, 286, 314 (Bankguthaben).

1) Rechtliche Qualifikation

B/1   Das **Einlagengeschäft** ist die Annahme fremder Gelder als Einlagen oder anderer rückzahlbarer Gelder des Publikums (außer bei Verbriefung des Rückzahlungsanspruchs in Inhaber- oder Orderschuldverschreibungen), ohne Rücksicht darauf, ob Zinsen vergütet werden (Bankgeschäft nach § 1 I 2 Nr 1 KWG, Text s Rn A/4), dazu BGH **125**, 380, **129**, 90m krit Anm Wallat NJW **95**, 3236, BGH WM **11**, 18, 21, **15**, 610, Staub/Renner 4/22 ff. Rückzahlbar heißt unbedingter Rückzahlungsanspruch, zB auch als Einlage stehen gelassene Kaufpreise bei Winzerei, BGH NZG **13**, 675m Anm Wenzel 814, aber GfterKonten bei FamilienGes sind nicht erfasst, BaFin-Merkblatt 11.3.14 NZG **14**, 379, Kaetzler/Schücking NJW **14**, 1265, Fischer WM **14**, 1709, Galla/Müller ZIP **15**, 1862. Rückzahlungsanspruch darf nicht banküblich besichert sein, ungeschriebene Bereichsausnahme von KWG, BGH WM **11**, 21. Nicht zum Publikum gehören verbundene Unternehmen. Kundenschutz bei Industrieschuldverschreibungen nur durch das Prospektrecht. In der Praxis gibt es drei wesentliche Einlagenarten, die typischerweise über Konten (Kontokorrent-, Festgeld-, Kündigungsgeld- oder Sparkonten, s Rn A/36 ff) abgewickelt und angemessen verzinst werden, BGH WM **11**, 18: **Sichteinlagen** (Tagesgelder) sind täglich fällige Gelder auf Giro- oder laufenden Konten (s §§ 355 ff HGB); für sie gelten §§ 700, 488 ff BGB, BGH **84**, 373, **124**, 258, **131**, 63, **133**, 13. **Termineinlagen** sind Festgelder (über eine bestimmte Zeit unkündbar) und Kündigungsgelder; wegen der hinausgeschobenen Fälligkeit (§ 489 BGB) und den Eigeninteressen der Bank an diesen Einlagen gelten §§ 488 ff BGB unmittelbar. **Spareinlagen** sind durch Sparbuch oder eine andere Urkunde gekennzeichnete Einlagen. Der Begriff Spareinlagen ist nicht mehr gesetzlich vorgegeben (anders § 21 I aF KWG, §§ 21–22a aF KWG außer Kraft 1.7.93 4. KWGÄndG 21.12.92 BGBl 2211). § 21 IV RechKredV nF gilt nur für Zwecke der Bilanzierung, Mindestreserveberechnung und Liquiditätsgrundsätze nach § 11 KWG, zu den Anforderungen der RechKredV an die Spareinlage Kaiser WM **96**, 141. Für Spareinlagen gelten deshalb der Vertrag (Darlehen, §§ 488 ff BGB, hL, aA § 700 BGB) mit **AGB** (Sparbedingungen der Banken, Sonderbedingungen für den Sparverkehr der Sparkassen) mit Regeln ua über die Spararkunde (Sparbuch ua), zT Kennwort und Sperrvermerk und vor allem Rückzahlung und Kündigung (s Rn B/3). Spareinlagen sind Darlehen des Kunden an die Bank, § 488 BGB, BGH **64**, 284. Hinweis- und Warnpflichten der Bank s Rn A/23. Sparkontoinhaber s Rn 50, bei Tod des Kontoinhabers s Rn A/51. Kein Kündigungsrecht eines langfristigen Sparvertrags wegen Niedrigzinsphase, LG Ulm ZIP **15**, 463, teleologische Reduktion von § 489 IV 1 BGB, Langenbucher BKR **05**, 141, Mülbert/Schmitz FS

V. Bankgeschäfte B/2–B/6 **BankGesch (7)**

Horn **06**, 796. Aber Negativzinsen sind zulässig, Binder/Hellstern ZIP **16**, 1309, s auch Rn G/4. **Muster:** Hopt/Werner 4. Aufl 2013 Form IV. B.1 (Bedingungen für Sparkonten); die Muster tragen §§ 21 IV, 39 VI RechKredV Rechnung.

Wirksamkeit: Für das Einlagengeschäft gelten die allgemeinen Unwirksamkeitsgründe. Verstöße gegen KWG führen idR nicht zur Nichtigkeit des Einlagengeschäfts, entscheidend ist der Schutzzweck der jeweiligen Norm; für § 3 I Nr 3 KWG str, offen BGH **129**, 92, näher Staub/Renner 4/54 ff. Formularmäßige Bankgebühren für Freistellungsaufträge sind unwirksam, BGH **136**, 261, BVerfG NJW **00**, 3635. Grund: staatlich zugewiesene Aufgabe der Bank. AGBKlausel über inhaltlich unbegrenzte Zinsänderung (§ 315 BGB) ist jedenfalls bei langfristigen Sparverträgen unwirksam, BGH **158**, 149, spiegelbildliche Übertragung der Grundsätze für Darlehen (Passivseite, s Rn G/4) auf Aktivseite ist nicht möglich, BGH **158**, 149; AGB-Kontrolle über Zinsanpassungsklauseln, Staub/Renner 4/48 ff. Gebühren s auch Rn C/50, 51. B/2

2) Rückzahlung der Einlagen, insbesondere Spareinlagen

A. **Rückzahlung:** Rückzahlungsanspruch folgt auch bei Giro- und Kontokorrentabrede aus §§ 488 I, 700 I 1 BGB, dieser Anspruch unterliegt nicht der Kontokorrentbindung, BGH **84**, 375, Staub/Renner 4/40. Sichteinlagen sind jederzeit **fällig**, Termineinlagen zu dem vereinbarten Termin (idR 30 Tage, danach jederzeit) bzw mit entspr Kündigungsfrist. Zu den Besonderheiten beim Kontokorrent s § 355 HGB Rn 7–12, 21–22. Spareinlagen sind je nach Vereinbarung fällig, aber im Hinblick auf § 21 IV RechKredV (s Rn B/1) gemäß AGB nur bis zu € 2000 pro Monat. Rückzahlung beim prämienbegünstigten Sparen ist prämienschädlich. Darüber muss die Bank den Sparer beim Abheben aufklären, BGH **28**, 374, vgl Rn A/23. Die Beweislast für Rückzahlung liegt bei der Bank; zur Beweisführung KG WM **92**, 979. Nach Ablauf der Aufbewahrungsfristen grundsätzlich Beweislastumkehr (§ 257 HGB Rn 4), anders für Sparbuch, Ffm NJW **98**, 997. B/3

B. **Rückzahlung an Nichtberechtigte (§§ 362, 808 BGB):** Sparbücher (s Rn A/50) sind Namens- bzw Rektapapiere (§ 952 II BGB, BGH WM **72**, 701, **73**, 41). Die Bank muss nur gegen Vorlage der Urkunde leisten und kann an jeden Inhaber befreiend leisten, ohne dass dieser die Leistung verlangen kann (hinkendes Inhaberpapier), BGH **46**, 202. § 808 BGB deckt Mängel der Berechtigung, der Vertretungs- und Verfügungsmacht und sogar Leistung an minderjährige oder geschäftsunfähige Inhaber (entspr Art 16 II WG, Art 21 ScheckG, dazu BGH NJW **51**, 402m Anm Hefermehl 598, WM **68**, 4), hL, Düss WM **71**, 231, aA Canaris 1186, Staub/Renner 4/67. Das gilt nicht bei Kenntnis oder grober Fahrlässigkeit der Bank (entspr Art 40 III 1 WG), üL. Zur umstrittenen Rspr, dass § 808 BGB bei Leistung der Bank entgegen § 22 aF KWG (s Rn B/1) ohne Einhaltung der Kündigungsfrist nicht befreite, zuletzt Hamm WM **89**, 562, Hess VGH WM **91**, 993, s 28. Aufl. B/4

Sperre: Aufhebung der Sperre nach Abhandenkommen nur mit dem wahren Spareinlagengläubiger, BGH NJW **88**, 2101; **Sperrkonto** s Rn A/46. Kennwort s BGH **28**, 372. Kennwort und Sperre schränken die Legitimationswirkung des § 808 I BGB nur bei Vermerk im Sparbuch ein. Wird die Bank nach § 808 BGB nicht frei, kann sie doch uU einen Anspruch nach § 280 I BGB wegen Pflichtverletzung gegen den Kunden haben, BGH **28**, 374, Grenze § 254 BGB. Zu den Streitfragen, ob Auszahlung ohne Vorlage des Sparbuchs (§ 21 IV 3 aF KWG, s Rn B/1) befreite, s 28. Aufl. Lit: Hopt/Mülbert 90, Welter WM **87**, 1117. B/5

C. **Pfändung:** Die Einlagenforderung ist abtretbar, verpfändbar und pfändbar. Verpfändung des Sparguthabens erfasst nicht Entschädigungsanspruch gemäß §§ 3, 4 EAEG (s Rn A/57), BGH WM **08**, 830. Zu den verschiedenen Pfän- B/6

Hopt 1991

dungsmöglichkeiten s § 357 HGB Rn 5–10, Hopt/Mülbert 111. Vererbung s Rn A/51.

3. Kap: Bargeldloser Zahlungsverkehr

C. Das neue Recht des Zahlungsverkehrs, insbesondere Zahlungsdienste

a) Kommentare und Handbücher: Außer dem allgemeinen Schrifttum (s Einl vor A/ 1) BankrechtsHdb/*Schmieder* 5. Aufl 2017 §§ 46, 47 (Grundlagen, Giroverkehr, Kontokorrent), §§ 48–50 (Überweisungsverkehr),. – BankrechtsHdb/*Bernett/Haug* 5. Aufl 2017 §§ 51, 51a (SEPA; international). – BankrechtsHdb/*Maihold* 5. Aufl 2017 § 52 (Belegloser Datenträgeraustausch, DTA). – BankrechtsKomm*LBS*/*Herresthal* 2. Aufl 2016 2. Kap (Zahlungsdienstevertrag, §§ 675c–675i BGB). – BankrechtsKomm*LBS*/*Langenbucher* 2. Aufl 2016 3. Kap (Überweisung). – BuB Rn 6/1 ff. – *Bülow/Artz,* ZKG, Zahlungskontengetz 2017. – *Canaris* (2. Kap: Zahlungswesen) 3. Aufl 1988, Rn 300. – *Bunte,* AGB-Banken, AGB-Sparkassen, Sonderbedingungen, 4. Aufl 2015, AGB der Banken (2 AGB-Banken), Bedingungen für den Überweisungsverkehr (4 SB Üb). – *Ebenroth*(/*Boujong/Joost, Strohn)/Grundmann* Bd 2, 3. Aufl 2015 BankR II Rn 1 ff. – *Ellenberger*(/*Findeisen/Nobbe)/(Bearbeiter),* Komm zum Zahlungsverkehrsrecht, 2010. – *Heymann/Horn* Anh § 372 V, 2. Aufl 2005. – *Hingst/Lösing,* Zahlungsdiensteaufsichtsrecht, 2015. – *Kümpel/Wittig/Werner* 4. Aufl 2011 Rn 7.101 ff. – *Langenbucher/Gößmann/Werner* 2004. – *Meckel* jurisPR-BKR. – MüKo (HGB)/*(Bearbeiter)* 3. Aufl Bd 6, 2014 Bankvertragsrecht, *MüKo/Hadding/Häuser/Haertlein/ Nielsen/Welter* (Zahlungsverkehr A-J). – *MüKoBGB/Casper, /Jungmann, /Zetzsche* 7. Aufl 2017 §§ 675c ff. – *Schwintowski* 4. Aufl 2014 §§ 8 ff. – *Staub/Grundmann* Bd 10/2 2015 3. Teil Zahlungsgeschäft (zit 3/Anm). – *Staudinger/Omlor,* 2012. – *Toussaint* 2009.

b) Sonstige Beiträge: *BdB,* Zahlungsverkehr (Texte, LBI). – BankrechtsKomm*LBS/ Kalomiris* 2. Aufl 2016 9. Kap (Zahlungsverkehr und Insolvenz). – *Einsele,* Bank- und Kapitalmarktrecht, 2. Aufl 2010 § 6. – *Vollrath* 1997 (Endgültigkeit bargeldloser Zahlungen, BrV). – *Langenbucher* 2001 (Risikozuordnung). – *Bork* 2002 (Zahlungsverkehr in der Insolvenz). – *Werner* 2002 (Internet). – *Feldhahn* 2003 (Bankenhaftung). – *Mucke* 2004 (Haftung für zwischengeschaltete Banken). – *Neumann/Bock* 2004 (Zahlungsverkehr im Internet). – *Recknagel* 2005 (Internet). – *Toussaint* 2009 (Zahlungsverkehr). – *Winkelhaus* 2012 (Bereicherungsausgleich). – *Linardatos* 2013 (Haftung im bargeldlosen Zahlungsverkehr). – *Würdinger* 2013 (Insolvenzanfechtung im bargeldlosen Zahlungsverkehr). – *Schön* AcP 198 **(98)** 401. – *Einsele* AcP 199 **(99)** 145, JZ **00**, 9. – BGHFSWissII/*Hadding* **00**, 425. – *Gößmann/van Look* WM Sonderbeil 1/**00**. – *Grundmann* WM **00**, 2269. – *Hadding* WM **00**, 2465. – *Hoffmann* WM **01**, 881. – *Kümpel* WM **00**, 797 (Bankenhaftung), **01**, 2273 (Bereicherungsausgleich). – *Schimansky* Bankrecht 2000 (RWS) S 1, Bankrechtstag **02**, 49. – *Langenbucher* FS Heldrich **05**, 285 (Bereicherungsausgleich bei Überweisung). – *Langenbucher* FS Köndgen **17**, 383 (Rechtsschutz im Überweisungsrecht).

Zur ZahlungsdiensteRi I (PSD 1) s Rn C/1.

Zum Recht ab 2009: C. *Koch,* Umsetzung des zivilrechtlichen Teils der Zahlungsdiensterichtlinie, 2009. – *Koch/Reinicke,* ZAG, 2009. – *Casper/Terlau,* ZAG, 2014. – *Hingst/Lösing,* ZAG, 2015. – *Grundmann* WM **09**, 1109 (Überweisung), 1157 (Lastschrift, Kartenzahlung). – *Casper/Pfeifle* WM **09**, 2343 (Kreditkarte). – *Schimansky* FS Nobbe **09**, 163 (Girokonto). – *Schürmann, Hartmann* (SEPA-Lastschrift), *Sprau* Bankrechtstag **09**, 11, 61, 107. – *Bartels* WM **10**, 1828 (Rückabwicklung von Überweisungen). – *Belling/Belling* JZ **10**, 708 (Bereicherungsausgleich). – *Bitter* WM **10**, 1725, 1773. – *Dippel* Bankrechtstag **10**, 137. – *Hadding* FS Schneider **10**, 443 (Kundenkennung). – *G. Müller* WM **10**, 1293 (Bereicherungsausgleich). – *Oechsler* WM **10**, 1381 (§ 675v BGB, kreditkartengestütztes Mailorderverfahren). – *Schimansky* FS Hopt **10**, 217 (Tilgungsbestimmung). – *Werner* BKR **10**, 353 (Weisungsrecht, Direktwiderruf). – *Winkelhaus* BKR **10**, 441 (Bereicherungsausgleich). – *Nobbe* WM **11**, 961; WM Sonderbeil 1/**12**. – *Werner* BKR **12**, 221. – *Herresthal* WM **13**, 773 (Kündigung von Girokonten). – *Zahrte* WM **13**, 1207 (Änderungen im ZAG). – *Hofmann* BKR **14**, 105 (Haftung). – *Terlau* ZBB **14**, 291 (ZAG, Ausnahme für Handelsvertreter).

Zur ZahlungsdiensteRi II (PSD 2): *Spindler/Zahrte* BKR **14**, 265. – *Hingst/Lösing* BKR **14**, 315. – *Borges* ZBB **16**, 249. – *Omlor* ZIP **16**, 558. – *Hoffmann* WM **16**, 1110. – *Terlau* ZBB **16**, 122. – *Werner, Böger* Bankrechtstag **16**, 145, 193.

V. Bankgeschäfte C/1–C/3 **BankGesch (7)**

Zum Recht ab 2017 (ZahlungsdiensteRi-II-UmsetzG): ausführlich Pal/Sprau 77. Aufl 2018, §§ 657c–676c; MüKoBGB/*Casper,-/Jungmann,-/Zetzsche* 7. Aufl 2017, §§ 675c ff noch ohne ZDRi-II-UG, Vor § 675c Rn 10, aber mit einzelnen Hinweisen. – *Terlau* DB **17**, 1697 (ZAG).
Muster: *Hopt/Werner* 4. Aufl 2013 Form IV. C.1–2 (Giroüberweisung). **RsprÜbersichten**: *Hadding/Häuser* 2. Aufl 1993 (RWS). – *Pikart* WM **60**, 1316, *Hadding* JZ **77**, 281, *Liesecke* WM **75**, 214, 238, 286, 314, *Nobbe* WM Sonderbeil 4/**01**, WM Sonderbeil 1/**12** (Überweisungsverkehr).

1) EU-basiertes Recht für den Zahlungsverkehr, insbesondere Giroüberweisung, Lastschrift und Bankkunden-Karte

A. EU-Zahlungsdiensterichtlinie II von 2015 und Umsetzung 2017: C/1
a) Zahlungsdiensterichtlinie I und Umsetzung: Die Zahlungsdienste-Richtlinie (ZahlungsdiensteRi I) hatte zum Ziel, einen **einheitlichen Euro-Zahlungsverkehrsraum** (Single European Payments Area, **SEPA**) für Überweisungen, Lastschriften, Zahlungskarten, Überweisungen einschließlich Daueraufträgen und andere zu schaffen. Mit der SEPA-(Migrations-)VO 14.3.12 ABlEU L 94/22 hat die EU bis 1.2.14 eine völlige Umstellung auf die SEPA-Überweisungen (s Rn C/18) und SEPA-Lastschriften veranlasst (s Rn D/1ff). Die Zahlungsdiensterichtlinie I (Payment Service Directive, PSD) 13.11.07 ABlEU L 319/1 wurde in ihren zivilrechtlichen Teilen im Wesentlichen im Untertitel 3. Zahlungsdienste §§ 675c–676c BGB umgesetzt. Stichtag war insoweit 31.10.09 (Art 11 IV VerbrKrRiUmsetzG, im Übrigen grundsätzlich 11.6.10; Art 229 § 22 I EGBGB) für alle ab diesem Tag begonnenen Zahlungsvorgänge.

b) Zahlungsdiensterichtlinie II und Umsetzung 2017: Die **Zahlungs-** C/2
diensteRi II 25.11.15 ABlEU L 337/35, soll den durch die Zahlungsdienste-Ri I geschaffenen europäischen Binnenmarkt für unbare Zahlungen im Sinne eines level playing field fortentwickeln. Wie die ZahlungsdiensteRi I besteht die ZahlungsdiensteRi II aus einem aufsichts- und einem zivilrechtlichen Teil. Das Gesetz zur Umsetzung der Zweiten Zahlungsdiensterichtlinie (**ZDRi-II-UG**) 17.7.17 BGBl I 2446 setzt beide Teile um. Das neue **Zahlungsdiensteaufsichtsgesetz** (**ZAG**) hebt das bisherige ZAG 2009 auf. Zuständig bleibt die BaFin, die ihre Aufsichtstätigkeit weiterhin nur im öffentlichen Interesse wahrnimmt (§ 4 IV FinDAG). Das ZAG konturiert den Anwendungsbereich und die Ausnahmetatbestände im Aufsichtsrecht neu, erweitert den Kreis der Zahlungsdienste durch Zahlungsauslösedienste und Kontoinformationsdienste und bezieht diese in §§ 675c–676c BGB ein und verbessert die Sicherheit bei der Zahlungsabwicklung durch starke Kundenauthentifizierung im ZAG und BGB. Für die Wirtschaft ergeben sich daraus kostenintensive Anforderungen an die Prozess- und IT-Entwicklung und einmalige und laufende Informationspflichten. Lit: *Terlau* DB **17**, 1697.

Der **zivilrechtliche Teil** wird mit Änderungen des BGB, EGBGB und UKlaG C/3
umgesetzt. Hervorzuheben sind aus dem BGB: die Einbeziehung der Zahlungsauslöse- und der Kontoinformationsdienste (Normadressaten der §§ 675c ff BGB, Nutzungsrecht der Zahlungsdienstnutzer, § 675f III BGB), die Verbesserung der Sicherheit bei der Zahlungsabwicklung (starke Kundenauthentifizierung, §§ 675v IV, 676a I BGB), eine verbesserte Rechtsstellung des Zahlungsdienstnutzer bei nicht autorisierten Zahlungsvorgängen (§§ 675v II Nr 1, 675w I 4 BGB), das bedingungslose Erstattungsrecht bei Lastschriften (§ 675x II BGB), das Verbot von Entgelten für die Nutzung besonders gängiger bargeldloser Zahlungsmittel (surcharging, § 270a Satz 1 BGB, schon bisher § 312a IV BGB) und zwingender Verbraucherschutz auch bei Zahlungsvorgängen in Drittstaatenwährung und one-leg transactions (§ 675d VI, 675e II Nr 2 BGB (RegE S 82 ff). Im BGB wurden im Einzelnen die §§ 675c–676c BGB erheblich geändert, dabei wurden die §§ 675k, 675m und 676a neu gefasst. **Übergangsvorschriften** finden sich

(7) BankGesch C/4, C/5

im EGBGB. **Stichtag** für das Inkrafttreten ist grundsätzlich **13.1.2018**, jedenfalls für die zivilrechtlichen Vorschriften im BGB (Art 15 ZDRi-II-UG, Ausnahme § 505a III BGB für Immobiliar-Verbraucherdarlehensverträge).

C/4 **c) Vollharmonisierung:** Beide Zahlungsdiensterichtlinien unternehmen für alle EU-/EWR-Staaten innerhalb der von ihnen geregelten Materien eine Vollharmonisierung (vorbehaltlich bestimmter Ausnahmen bzw Mitgliedstaatenoptionen),, so ausdrücklich Art 107 ZDRi II. Schon die ZahlungsdiensteRi I hat den größten Teil des privaten Zahlungsverkehrs bezüglich der Zahlungsinstrumente, der geregelten Einzelfragen und der Regelungstiefe erfasst, Grundmann WM **09**, 1110. Von den Vorschriften zur Umsetzung dieser Regeln können Zahlungsdienstleister außer bei ausdrücklich vorgesehenen Ausnahmen nicht zum Nachteil des Zahlungsdienstnutzers abweichen (Art 107 III ZDRi II, aber günstigere Konditionen). Die ZahlungsdiensteRi II und ihr folgend das ZDRi-II-UG regeln die Zahlungsdienste detailliert, ohne die einzelnen Zahlungsinstrumente wie Überweisung, Lastschrift und Bankkunden-Karte separat anzusprechen (aber zB § 675x II BGB), also generalisierend-abstrakt (s Rn C/12). §§ 675c–676c BGB sind **richtlinienkonform** auszulegen. Die **Vollharmonisierung** wirkt aber **nur insoweit, als** die Fragen des Zahlungsverkehrs **durch die Zahlungsdiensterichtlinie II** tatsächlich geregelt sind, einzelne Rechtsfragen (Bsp s Rn C/42), bestimmte Rechtsbeziehungen (zB Valutaverhältnis, iErg auch Interbankenverkehr, s Rn C/83) und ganze Rechtskomplexe (zB Scheckverkehr) können ausgespart sein, und die **richtlinienkonforme Auslegung** lässt hinreichend **Raum für eine nationale Dogmatik** (zB zur Quittung, s Rn C/92). Das bedeutet, dass die **Rechtsprechung zum alten Recht** in erheblichem Umfang **weiter bedeutsam** ist, BGH WM **12**, 1386. **Zweifelsfragen** dazu sind allerdings bei bleibender Wichtigkeit des XI. Zivilsenats des BGH als oberster Instanz letztendlich **vom EuGH zu beantworten** (Art 267 AEUV, Art 234 aF, 177 aF EG; vgl § 84 Rn 3), auch wenn abzuwarten bleibt, inwieweit und insbesondere in welcher Tiefe der EuGH dazu bei seiner derzeitigen Besetzung überhaupt imstande sein wird (ähnliche Erfahrungen bei der AGB-Kontrolle, wo der EuGH nur die allgemeinen Kriterien prüft, EuGH NJW **09**, 2367, s **(5)** BGB Einl 5 vor § 305). EuGH-Rspr zur ZahlungsdiensteRi I: EuGH WM **15**, 813 (Zahlungsinstrument, Onlinebanking).

C/5 **d) Übersicht und Konkordanzen zwischen BGB und Zahlungsdiensterichtlinie II:** Da die ZahlungsdiensteRi II dem deutschen Umsetzungsrecht vorgeht und dieses die Richtlinie nicht bezogen auf einzelne Bankgeschäfte wie Überweisung, Lastschrift und Zahlungskartengeschäft, sondern abstrakt vom Zahlungsvorgang her umgesetzt hat, werden im Folgenden die Konkordanzen zwischen den Umsetzungsvorschriften im BGB und denen der ZahlungsdiensteRi II nachgewiesen (umgekehrt von der Richtlinie I her Grundmann WM **09**, 1111):

BGB (§§, amtliche Überschrift/Regelungsinhalt)	EU-Zahlungsdienste-Ri II
Titel 12 Auftrag, Geschäftsbesorgungsvertrag und Zahlungsdienste	
Untertitel 2 Geschäftsbesorgungsvertrag	
§ 675 Entgeltliche Geschäftsbesorgung	
§ 675a Informationspflichten	Art 38–60
§ 675b Aufträge zur Übertragung von Wertpapieren in Systemen	
Untertitel 3 Zahlungsdienste	
Kapitel 1. Allgemeine Vorschriften	
§ 675c Zahlungsdienste und E-Geld	

V. Bankgeschäfte   C/6, C/7   **BankGesch (7)**

| § 675d Unterrichtung bei Zahlungsdiensten (iVm Art 248 EGBGB) | Art 38–58 |
| § 675e Abweichende Vereinbarungen | |

Kapitel 2. Zahlungsdienstevertrag
§ 675f Zahlungsdienstevertrag	Art 4 Nr 5, 13, 21; 40 ua
§ 675g Änderung des Zahlungsdiensterahmenvertrags	Art 54
§ 675h Ordentliche Kündigung eines Zahlungsdiensterahmenvertrags	Art 55
§ 675i Ausnahmen für Kleinbetragsinstrumente und E-Geld	Art 42, 63

Kapitel 3. Erbringung und Nutzung von Zahlungsdiensten
Unterkapitel 1. Autorisierung von Zahlungsvorgängen; Zahlungsinstrumente; Verweigerung des Zugangs zum Zahlungskonto
§ 675j Zustimmung und Widerruf der Zustimmung	Art 64, 68 I
§ 675k Begrenzung der Nutzung eines Zahlungsinstruments; Verweigerung des Zugangs zum Zahlungskonto	Art 68
§ 675l Pflichten des Zahlungsdienstnutzers in Bezug auf Zahlungsinstrumente	Art 69
§ 675m Pflichten des Zahlungsdienstleisters in Bezug auf Zahlungsinstrumente; Risiko der Versendung	Art 70

Unterkapitel 2. Ausführung von Zahlungsvorgängen
§ 675n Zugang von Zahlungsaufträgen	Art 64
§ 675o Ablehnung von Zahlungsaufträgen	Art 65
§ 675p Unwiderruflichkeit eines Zahlungsauftrags	Art 66
§ 675q Entgelte bei Zahlungsvorgängen	Art 67
§ 675r Ausführung eines Zahlungsvorgangs anhand von Kundenkennungen	Art 74
§ 675s Ausführungsfrist für Zahlungsvorgänge	Art 69, 70
§ 675t Wertstellungsdatum und Verfügbarkeit von Geldbeträgen, Sperrung eines verfügbaren Geldbetrags	Art 70–73

Unterkapitel 3. Haftung
§ 675u Haftung des Zahlungsdienstleisters für nicht autorisierte Zahlungsvorgänge	Art 60
§ 675v Haftung des Zahlers bei missbräuchlicher Nutzung eines Zahlungsinstruments	Art 61
§ 675w Nachweis der Authentifizierung	Art 59
§ 675x Erstattungsanspruch bei einem vom oder über den Zahlungsempfänger ausgelösten autorisierten Zahlungsvorgang	Art 62, 63
§ 675y Haftung der Zahlungsdienstleister bei nicht erfolger, fehlerhafter oder verspäteter Ausführung eines Zahlungsauftrags; Nachforschungspflicht	Art 75, 67 III
§ 675z Sonstige Ansprüche bei nicht erfolgter, fehlerhafter oder verspäteter Ausführung eines Zahlungsauftrags oder bei einem nicht autorisierten Zahlungsvorgang	Art 60 II, 76
§ 676 Nachweis der Ausführung von Zahlungsvorgängen	Art 59
§ 676a Ausgleichsanspruch	Art 77
§ 676b Anzeige nicht autorisierter oder fehlerhaft ausgeführter Zahlungsvorgänge	Art 58
§ 676c Haftungsausschluss	

B. **Zahlungsverkehr und Zahlungsdienste: a) Zahlungsverkehr:** Zah- C/6
lungsverkehr umfasst den gesamten Bereich der Zahlung, darunter die Barzahlung und, was heute der Regelfall ist, die bargeldlose Zahlung (Buchgeld). Die bargeldlose Zahlung wird durch Kreditinstitute, Zahlungsinstitute und andere Zahlungsdienstleister (Definition in § 1 I ZAG) ausgeführt und erfolgt idR über ein Konto (s **(7)** Bankgeschäfte Rn A/36ff). Überblick bei Staub/Grundmann 3/1 ff.

b) **Zahlungsdienste (§§ 675c–676c BGB iVm § 1 ZAG):** §§ 675c–676c C/7
BGB (obschon Geschäftsbesorgungsvertrag nach Untertitel 2, eigener Untertitel 3 wegen der detaillierten Zahlungsdienstrichtlinie, s Rn C/1, und der wirt-

(7) BankGesch C/7

schaftlichen Bedeutung) regeln nicht den Zahlungsverkehr insgesamt, sondern **nur die Zahlungsdienste** (§ 675c I BGB). Diese sind in § 1 I ZAG definiert (Ausnahmen in § 2 I ZAG), MüKoBGB/Casper § 675c Rn 2 ff. Es sind vor allem das Einzahlungs- und Auszahlungsgeschäft, das **Zahlungsgeschäft (Lastschrift-, Zahlungskarten- und Überweisungsgeschäft)**, das Zahlungsgeschäft mit Kreditgewährung, nunmehr auch das Geschäft der **Zahlungsauslösedienste** (aber Sonderregeln, zB §§ 675d II 1, 675f III, 675i II 1, III, 675k III, 675p II, 675u Satz 5, 675y I 3, III 3, 676a I-III BGB; zu Umsetzungsfragen RegE S 147) **und der Kontoinformationsdienste** (s Rn C/11, aber Sonderregeln, zB §§ 675c IV, 675d I 2, 675f III, 675i II Nr 2, III BGB; zu Umsetzungsfragen ausführlich RegE S 147 f), **nicht** dagegen **Scheck- und Wechselzahlungen** (näher § 675c III BGB iVm § 2 I Nr 6 ZAG), auch nicht Bareinzahlungen und Barabhebungen von Zahlungskonten (unmittelbar ohne zwischengeschaltete Stellen) sowie Geldwechsel in bar (ausdrücklich § 2 I Nr 1, 5 ZAG). Nach § 675f III BGB ist der Zahlungsdienstnutzer berechtigt, einen Zahlungsauslösedienst oder einen Kontoinformationsdienst zu nutzen, außer wenn sein Zahlungskonto nicht online verfügbar ist (Vermutung), dies auch ohne Vertrag derselben mit dem kontoführenden Zahlungsdienstleister. Weitere Ausnahmen in § 2 I ZAG, ua § 2 I Nr 7, 8 ZAG, wonach im Gegenschluss Abwicklung über eine Korrespondenzbank auch zwischen den Zahlungsdienstleistern erfasst ist, Staub/Grundmann 3/69. Die Regelungstechnik des § 1 ZAG entspricht der der §§ 1 und 2 KWG (auszugsweiser Abdruck von § 1 KWG s Rn A/4). Dementsprechend und weil § 1 ZAG auch für das BGB maßgebliche Begriffsbestimmungen enthält (s Rn C/8), wird auch § 1 auszugsweise abgedruckt, und zwar **im Folgenden nur § 1 I und II ZAG:**

ZAG 1 Begriffsbestimmungen

(1) ¹Zahlungsdienstleister sind

1. Unternehmen, die gewerbsmäßig oder in einem Umfang, der einen in kaufmännischer Weise eingerichteten Geschäftsbetrieb erfordert, Zahlungsdienste erbringen, ohne Zahlungsdienstleister im Sinne der Nummern 2 bis 5 zu sein (Zahlungsinstitute);
2. E-Geld-Institute im Sinne des Absatzes 2 Satz 1 Nummer 1, die im Inland zum Geschäftsbetrieb nach diesem Gesetz zugelassen sind, sofern sie Zahlungsdienste erbringen;
3. CRR-Kreditinstitute im Sinne des § 1 Absatz 3d Satz 1 des Kreditwesengesetzes, die im Inland zum Geschäftsbetrieb zugelassen sind, sowie die Kreditanstalt für Wiederaufbau, sofern sie Zahlungsdienste erbringen;
4. die Europäische Zentralbank, die Deutsche Bundesbank sowie andere Zentralbanken in der Europäischen Union oder den anderen Vertragsstaaten des Abkommens über den Europäischen Wirtschaftsraum, soweit sie außerhalb ihrer Eigenschaft als Währungsbehörde oder andere Behörde Zahlungsdienste erbringen;
5. der Bund, die Länder, die Gemeinden und Gemeindeverbände sowie die Träger bundes- oder landesmittelbarer Verwaltung, einschließlich der öffentlichen Schuldenverwaltung, der Sozialversicherungsträger und der Bundesagentur für Arbeit, soweit sie außerhalb ihres hoheitlichen Handelns Zahlungsdienste erbringen.

²Zahlungsdienste sind

1. die Dienste, mit denen Bareinzahlungen auf ein Zahlungskonto ermöglicht werden, sowie alle für die Führung eines Zahlungskontos erforderlichen Vorgänge (Einzahlungsgeschäft);
2. die Dienste, mit denen Barauszahlungen von einem Zahlungskonto ermöglicht werden, sowie alle für die Führung eines Zahlungskontos erforderlichen Vorgänge (Auszahlungsgeschäft);
3. die Ausführung von Zahlungsvorgängen einschließlich der Übermittlung von Geldbeträgen auf ein Zahlungskonto beim Zahlungsdienstleister des Nutzers oder bei einem anderen Zahlungsdienstleister durch
   a) die Ausführung von Lastschriften einschließlich einmaliger Lastschriften (Lastschriftgeschäft),
   b) die Ausführung von Zahlungsvorgängen mittels einer Zahlungskarte oder eines ähnlichen Zahlungsinstruments (Zahlungskartengeschäft),

V. Bankgeschäfte C/8 **BankGesch (7)**

c) die Ausführung von Überweisungen einschließlich Daueraufträgen (Überweisungsgeschäft),
jeweils ohne Kreditgewährung (Zahlungsgeschäft);
4. die Ausführung von Zahlungsvorgängen im Sinne der Nummer 3, die durch einen Kreditrahmen für einen Zahlungsdienstnutzer im Sinne des § 3 Absatz 4 gedeckt sind (Zahlungsgeschäft mit Kreditgewährung);
5. die Ausgabe von Zahlungsinstrumenten oder die Annahme und Abrechnung von Zahlungsvorgängen (Akquisitionsgeschäft);
6. die Dienste, bei denen ohne Einrichtung eines Zahlungskontos auf den Namen des Zahlers oder des Zahlungsempfängers ein Geldbetrag des Zahlers nur zur Übermittlung eines entsprechenden Betrags an einen Zahlungsempfänger oder an einen anderen, im Namen des Zahlungsempfängers handelnden Zahlungsdienstleister entgegengenommen wird oder bei dem der Geldbetrag im Namen des Zahlungsempfängers entgegengenommen und diesem verfügbar gemacht wird (Finanztransfergeschäft);
7. Zahlungsauslösedienste;
8. Kontoinformationsdienste.

(2) [1] E-Geld-Emittenten sind

1. Unternehmen, die das E-Geld-Geschäft betreiben, ohne E-Geld-Emittenten im Sinne der Nummern 2 bis 4 zu sein (E-Geld-Institute);
2. CRR-Kreditinstitute im Sinne des § 1 Absatz 3d Satz 1 des Kreditwesengesetzes, die im Inland zum Geschäftsbetrieb zugelassen sind, sowie die Kreditanstalt für Wiederaufbau, sofern sie das E-Geld-Geschäft betreiben;
3. die Europäische Zentralbank, die Deutsche Bundesbank sowie andere Zentralbanken in der Europäischen Union oder den anderen Vertragsstaaten des Abkommens über den Europäischen Wirtschaftsraum, soweit sie außerhalb ihrer Eigenschaft als Währungsbehörde oder anderer Behörde das E-Geld-Geschäft betreiben;
4. der Bund, die Länder, die Gemeinden und Gemeindeverbände sowie die Träger bundes- oder landesmittelbarer Verwaltung, einschließlich der öffentlichen Schuldenverwaltung, der Sozialversicherungsträger und der Bundesagentur für Arbeit, soweit sie außerhalb ihres hoheitlichen Handelns das E-Geld-Geschäft betreiben.

[2] E-Geld-Geschäft ist die Ausgabe von E-Geld. [3] E-Geld ist jeder elektronisch, darunter auch magnetisch, gespeicherte monetäre Wert in Form einer Forderung an den Emittenten, der gegen Zahlung eines Geldbetrags ausgestellt wird, um damit Zahlungsvorgänge im Sinne des § 675f Absatz 4 Satz 1 des Bürgerlichen Gesetzbuchs durchzuführen, und der auch von anderen natürlichen oder juristischen Personen als dem Emittenten angenommen wird.
[4] Kein E-Geld ist ein monetärer Wert,

1. der auf Instrumenten im Sinne des § 2 Absatz 1 Nummer 10 gespeichert ist oder
2. der nur für Zahlungsvorgänge nach § 2 Absatz 1 Nummer 11 eingesetzt wird.

c) Wichtige Begriffsbestimmungen (§ 675c III BGB iVm KWG und C/8
ZAG): Die Zahlungsdiensterichtlinie II und ihr folgend das ZDRi-II-UG arbeiten in erheblichem Umfang mit Legaldefinitionen, die europäisch vorgeprägt sind (s Rn C/1, C/2, C/4). § 675c III BGB bestimmt, dass die Begriffsbestimmungen des **KWG** (s Rn A/4) und des **ZAG** (s Rn C/2, C/7) anzuwenden sind. Das bedeutet eine begrüßenswerte Engführung von Bankvertrags- und Bankaufsichtsrecht, allerdings angesichts der Aufspaltung in drei verschiedene Gesetze auch eine gewisse Erschwernis für den Benutzer. Die wichtigsten Begriffsbestimmungen werden im Folgenden aufgeführt, wiederum nach BGB, KWG, ZAG und Richtlinie II. Diese Zusammenstellung ist im Wesentlichen von Pal/Sprau § 675c Rn 11 und Staub/Grundmann 3/67 (noch aF) übernommen, dort auch Nachweise der Kommentierungsstellen dazu.

Begriff, amtliche Überschrift/Regelungsinhalt	§§ im BGB iVm KWG/ZAG	EU-Zahlungs- dienste -Ri II	SEPA-VO
Akquisitionsgeschäft (Annahme und Abrechnung von Zahlungsvorgängen)	§ 1 XXXV ZAG (§ 675c III)	Art 4 Nr 44 RL	

Hopt 1997

(7) BankGesch C/8   2. Teil. Handelsrechtl. Nebengesetze

Authentifizierung	§ 1 XXIII ZAG (§ 675c III), § 675w S 2	Art 4 Nr 29 RL	
Autorisierung	§ 675j I	Art 64 RL	
Bank Identifier Code (BIC)			Art 2 Nr 16 VO
Bargeldabhebungsdienst	§ 1 XXXII ZAG (§ 675c III)	Art 3 lit o RL	
Basic Bank Account Number (BBAN)			Art 2 Nr 14 VO
Basiskontovertrag	§ 30 I ZKG		
E-Geld	§ 1 II ZAG (§ 675c III)		
Einzug			Art 2 Nr 20 VO
Einzelzahlungsvertrag	§ 675f I	sa Art 43 RL	
Fernzahlungsvorgang	§ 1 XIX ZAG (§ 675c III)	Art 4 Nr 6 RL	
Finanztransfer	§ 1 II Nr 6 ZAG (§ 675c III)	Art 4 Nr 22 RL	
Geldbetrag		Art 4 Nr 25 RL	
Geschäftstag	§ 675n I 4	Art 4 Nr 37 RL	
grenzüberschreitende Zahlung			Art 2 Nr 26 VO
Inlandszahlung			Art 2 Nr 27 VO
International Bank Account Number (IBAN)			Art 2 Nr 15 VO
Kleinbetragsinstrument (in der RL unter Kleinbetragszahlungsinstrument)	§ 675i I 2	Art 63 RL	
Kleinstunternehmer		Art 4 Nr 36 RL	Art 2 Nr 23 VO
kontoführender Zahlungsdienstleister	§ 1 XVIII ZAG (§ 675c III)	Art 4 Nr 17 RL	
Kontoinformationsdienst	§ 1 XXXIV ZAG (§ 675c III)	Art 4 Nr 16 RL	
Kundenkennung (in der RL Kundenidentifikator)	§ 675r II	Art 4 Nr 33 RL	
Lastschrift	§ 1 XXI ZAG (§ 675c III)	Art 4 Nr 23 RL	Art 2 Nr 2 VO
Mandat			Art 2 Nr 21 VO
personalisierte Sicherheitsmerkmale	§ 1 XXV ZAG (§ 675c III)	Art 4 Nr 31 RL	
Referenzwechselkurs	§ 675g III 3	Art 4 Nr 27 RL	
Referenzzinssatz	§ 675 g III 2	Art 4 Nr 28 RL	

V. Bankgeschäfte C/9 BankGesch (7)

starke Kundenauthentifizierung	§ 1 XXIV ZAG (§ 675c III)	Art 4 Nr 30 RL	
Überweisung	§ 1 XXII ZAG (§ 675c III)	Art 4 Nr 24 RL	Art 2 Nr 1 VO
Verbraucher	§ 13	Art 4 Nr 20 RL	Art 2 Nr 24 VO
Wertstellungsdatum	§ 675t I 2	Art 4 Nr 26 RL	
Zahler	§ 1 XV ZAG (§ 675c III)	Art 4 Nr 8 RL	Art 2 Nr 3 VO
Zahlungsauftrag	§ 675 f III 2	Art 4 Nr 13 RL	Art 2 Nr 11 VO
Zahlungsauslösedienst	§ 1 XXXIII ZAG (§ 675c III)	Art 4 Nr 15 RL	
Zahlungsbetrag	§ 675q I		
Zahlungsdienst	§§ 1 I S 2, 2 I ZAG (§ 675c III)	Art 3, 4 Nr 3u Anh I RL	
Zahlungsdiensterahmenvertrag	§ 675 f II	Art 4 Nr 21 RL	
Zahlungsdienstleister	§ 1 I ZAG (§ 675c III), § 2 III ZKG	Art 1 I, 4 Nr 11, 32, 33 RL	Art 2 Nr 8 VO
Zahlungsdienstnutzer	§ 675 f I	Art 4 Nr 10 RL	Art 2 Nr 9 VO
Zahlungsempfänger	§ 1 XVI ZAG (§ 675c III)	Art 4 Nr 9 RL	Art 2 Nr 4 VO
Zahlungsinstitut	§ 1 I Nr 5 ZAG (§ 675c III)	Art 4 Nr 4 RL	
Zahlungsinstrument	§ 1 XX ZAG (§ 675c III)	Art 4 Nr 14 RL	
Zahlungskontendienste, maßgebliche	§ 2 VI ZKG		
Zahlungskontenterminologie, standardisierte	§ 2 VII ZKG		
Zahlungskonto	§ 1 XVII ZAG (§ 675c III)	Art 4 Nr 12 RL	Art 2 Nr 5 VO
mit einem Zahlungskonto verbundener Dienst	§ 2 II ZKG		
Zahlungssystem	§ 1 XI ZAG (§ 675c III)	Art 4 Nr 7 RL	Art 2 Nr 6 VO
Zahlungsvorgang	§ 675 f III 1	Art 4 Nr 5 RL	Art 2 Nr 10 VO
Zahlverfahren			Art 2 Nr 7 VO

Das zu sehen, hilft dabei zu entscheiden, was von alter Dogmatik und früheren Urteilen in das neue Recht übernommen werden kann und was nicht.

d) Geschäftsbesorgungsvertrag über Zahlungsdienste (§ 675c I BGB): C/9
Auf einen Geschäftsbesorgungsvertrag über die Erbringung von Zahlungsdiensten

(7) BankGesch C/10–C/12   2. Teil. Handelsrechtl. Nebengesetze

ist grundsätzlich Auftragsrecht anwendbar (§ 675c I BGB), also §§ 663, 665–670, 672–674 BGB mit Ausnahme der Vorschriften über Unübertragbarkeit, Haftung für Gehilfen, Widerruf und Kündigung. Dieser Zahlungsdienstevertrag zwischen dem Zahlungsdienstnutzer und dem Zahlungsdienstleister ist in §§ 675fff BGB näher geregelt (s Rn C/27, C/29). **Regelungshierarchie** ist also, vorbehaltlich der Vollharmonisierung (s Rn C/4): 1. privatautonome Vereinbarungen, soweit zulässig (§ 675e BGB, s Rn C/14), 2. §§ 675c–676c BGB, 3. Auftragsrecht gemäß § 675c I BGB und 4. Dienst- oder Werkvertragsrecht (§ 675 I BGB), Pal/Sprau § 675c Rn 8, zu 4. iErg auch MüKoBGB/Casper § 675c Rn 42, aber geringe praktische Bedeutung. Zu **§ 675c III BGB** oben Rn C/8.

C/10 e) **E-Geld (§ 675c II BGB):** E-Geld (elektronisches Geld), Definition in § 1 II ZAG (E-Geld-Geschäft s Rn F/27). Auf einen Vertrag über die Ausgabe und Nutzung von E-Geld finden §§ 675c–676c BGB Anwendung (§ 675c II BGB). Wichtige Ausnahme für E-Geld in § 675i BGB. Näher Pal/Sprau § 675f BGB Rn 62 ff, Omlor ZIP **17**, 1836.

C/11 f) **Kontoinformationsdienste (§ 675c IV BGB), Zahlungsauslösedienste:** Kontoinformationsdienste sind Zahlungsdienste (s Rn C/7). Sie machen online konsolidierte Informationen über ein oder mehrere Konten des Zahlungsdienstnutzer bei einem oder mehreren anderen Zahlungsdienstleistern verfügbar. Sie unterfallen zwar den §§ 675c ff BGB. Da sie aber nicht Gelder des Zahlungsdienstnutzer halten (§ 51 ZAG), greifen die §§ 675c ff BGB meist schon tatbestandlich nicht ein, stattdessen gelten Sonderregeln wie § 675c IV BGB (näher und weitere Fälle s Rn C/8). Anwendbar bleiben Informationspflichten und Beweislastregel nach § 675d II 2, III BGB.

Zahlungsauslösedienste sind Zahlungsdienste (s Rn C/7), bei denen auf Veranlassung des Zahlungsdienstenutzers ein Zahlungsauftrag bezüglich ein bei einem anderen Zahlungsdienstleister geführtes Konto ausgelöst wird (s Rn C/8). Der Zahlungsauslösedienstleister stößt über eine Datenbrücke zwischen Onlineplattformen einen Zahlungsvorgang an (Geldtransfer vom Konto des Zahlungs auf das Konto des Empfängers, Push- oder Pullzahlung, s Rn C/34, vgl Rn C/71, C/72), ohne die Transaktion selbst auszuführen und ohne auch nur kurzfristig Geld zu halten (vgl § 49 I 2 ZAG). Seine Einschaltung dient der sofortigen Ausführung des Zahlungsvorgangs durch einen regulierten Zahlungsdienst (wie Barzahlung), ohne dass der Zahler seine persönlichen Daten seinem Vertragspartner zugänglich machen muss und mit Absicherung des Zahlungsdienstleisters des Zahlers (verschuldensunabhängiger Ausgleichsanspruch nach § 676a BGB, s Rn C/86).

Zugang von Zahlungsauslöse- und Kontoinformationsleistern zu Zahlungskonten s §§ 48 f, 50 f ZAG, Pal/Sprau § 675f Rn 11 ff. Recht des Zahlungsdienstnutzers zur Einschaltung eines Kontoinformations- oder Zahlungsauslösedienstleisters nach § 675f III 1 BGB (s Rn C/28).

C/12 C. **Regelungstechnik der §§ 675c–676c BGB: a) Systematische Regelung nach dem Zahlungsablauf:** §§ 675c–676c BGB trennen nicht wie zuvor in der deutschen Rechtsprechung und Literatur **zwischen den einzelnen Zahlungsinstrumenten**, also zB Überweisung (s Rn C/1), Lastschrift (s Rn D/1) und Bankkunden-Karte uä (s Rn F/1). Statt getrennt nach einzelnen Zahlungsinstrumenten ist abstrakt-generell der Zahlungsverkehr und dieser systematisch und nach seinem Ablauf geregelt, also in Untertitel 3: Kap 1 Allgemeine Vorschriften, Kap 2 Zahlungsdienstevertrag und Kap 3 Erbringung und Nutzung von Zahlungsdiensten (dabei drei Unterkap: Autorisierung und Ausführung von Zahlungsvorgängen sowie Haftung). Dem folgen die Kommentierungen zu den BGB-Vorschriften, zB MüKoBGB/Casper (aber zB MüKoBGB/Casper § 675f Rn 60 ff, einzelne Zahlungsdienste im Überblick), Pal/Sprau (aber zB Pal/Sprau § 675f Rn 38 ff), Staub/Grundmann und Ellenberger/Findeisen/Nobbe. **Dem-**

V. Bankgeschäfte   C/13, C/14   **BankGesch (7)**

gegenüber wird **hier** der bisherige, in der Bankpraxis gewohnte und den Bankkunden verständlichere Weg der **Darstellung getrennt nach Überweisung, Lastschrift und kartengesteuertem Zahlungsverkehr** beibehalten. Dem entsprechen die bankrechtlichen Spezialdarstellungen im BankrechtsHdb 5. Aufl 2017, im BankrechtsKommLBS 2. Aufl 2016, im MüKo Bankvertragsrecht 3. Aufl 2014, zB zur Überweisung MüKo/Häuser B 1ff, und in Kümpel/Wittig, 4. Aufl 2011 sowie in Aufsätzen zum Zahlungsdiensterecht, zB Grundmann WM **09,** 1109, 1157 und Nobbe WM **11,** 961. Diese Darstellung beschränkt sich, da Teil eines Kommentars zum HGB, auf die **Grundzüge** und beabsichtigt **nicht eine Detailkommentierung** wie in den Kommentierungen des BGB.

b) Kernregelungen: Grundlage ist der **einheitliche Girovertrag**, also typischerweise ein Rahmenvertrag mit Geschäftsbesorgungscharakter, der die Erbringung von Zahlungsdiensten (und uU weitere Geschäftsbesorgungen) zum Gegenstand hat (**Zahlungsdiensteverrtrag,** §§ 675c, 675f BGB). Die ordentliche Kündigung des Zahlungsdiensterahmenvertrags ist in § 676h BGB geregelt (s **(8)** AGB-Banken Nr 19 I, II), für die Kündigung aus wichtigem Grund gelten wie schon zuvor § 314 BGB und **(8)** AGB-Banken Nr 18 II, 19 III. Aufgrund des Zahlungsdiensteverrtrags kann ein **Überweisungsauftrag** als einseitige Weisung iSv §§ 675 I, 665 BGB erteilt werden, die idR die **Autorisierung** des Zahlungsvorgangs (§ 675j I 1 BGB) enthält. Für die Unterrichtung über eine **berechtigte Ablehnung** eines Zahlungsauftrags darf die Bank ein **Entgelt** vereinbaren (§ 675o I 4 BGB; anders die frühere Rspr, s 34. Aufl). Problematisch ist, dass die **Buchung allein nach Bank- und Kundenidentifikator** erfolgen kann (§ 675r iVm §§ 675y V, 675z S 5 BGB), für die **Kundenkennung** also **nicht mehr** grundsätzlich der Name **entscheidend ist** (s Rn C/43). Die Bank muss allerdings einen für den Kunden jederzeit erreichbaren Rund-um-die-Uhr-Sperrannahmedienst vorhalten (§ 675m I Nr 3 BGB), sonst wird der Kunde frei (§ 675v V 2 BGB). Der Zahlungsauftrag wird **wirksam mit Zugang** (§ 675n I 1 BGB). Der Zeitpunkt für den **Widerruf** einer Weisung ist grundsätzlich auf den Zugang des Überweisungsauftrags vorverlegt (§§ 675j II, 675p BGB, Ausnahme Terminvereinbarung), was auch die Verkürzung der Ausführungszeit erleichtert (§ 675s BGB). Die früheren Überweisungsrückrufverfahren im Interbankenverhältnis sind damit überflüssig geworden. **Entgelte** bei Zahlungsdiensten nach §§ 675f V, VI BGB, **Aufwendungsersatz** §§ 675c I iVm § 670; § 675u BGB. **Entgeltabzugsverbot** (§ 675q nF BGB). **Ausführungsfrist** für Zahlungsvorgänge grundsätzlich nur bis Ende des auf den Zugangszeitpunkt des Zahlungsauftrags folgenden Geschäftstags (**D+1,** bei beleghaften Aufträgen 1 zusätzlicher Geschäftstag, § 675s BGB).

c) Unterrichtung bei Zahlungsdiensten (§ 675d BGB): Wie auch im Kapitalmarktrecht vertraut der Gesetzgeber bei der Regelung des Zahlungsverkehrs außer auf inhaltliche Vorschriften insbesondere auf Informationspflichten. § 675d BGB unterwirft alle Zahlungsdienstleister bei der Erbringung von Zahlungsdiensten **weitreichenden Informationspflichten,** die näher in **Art 248 §§ 1 ff EGBGB** geregelt sind. Sonderregeln für Zahlungsvorgänge mit Drittstaatenbezug (§ 675d VI BGB, ausführlich RegE S 151). Zahlungsauslösedienstleister § 675d II 1, Kontoinformationsdienstleister § 675d II 2 BGB (s zu beiden Rn C/7, auch C/11). Die Beweislast trifft den Zahlungsdienstleister (§ 675d III BGB). Entgeltvereinbarungen nur in den Grenzen des § 675d IV BGB, Ffm ZIP **13,** 452. Unterschied zwischen „Mitteilen"/„Übermittlung" (unaufgefordert) und „Zugänglich machen" (zur Verfügung stellen). Entgelt (§ 675d IV 2 BGB), BGH NJW **14,** 922. V 1 erfasst auch Dienstleister, die Bargeldabhebungsdienste erbringen (Entgelte für Abhebungen an Geldautomaten). V 2 macht Entgeltpflicht des Zahlers von vorheriger Bekanntmachung in voller Höhe abhängig. VI regelt den territorialen Anwendungsbereich der Informationspflichten von Zahlungsdienst-

C/13

C/14

(7) BankGesch C/15–C/18   2. Teil. Handelsrechtl. Nebengesetze

leistern, der zunächt nach deutschem IPR zu bestimmen ist (s Rn C/16), sodann Einschränkungen für Zahlungsvorgänge, bei denen keiner der beteiligten Zahlungsdienstleister im EWR belegen ist (VI 1 Nr 2) sowie solche bei Teilen in Drittstaaten und bei one-leg transactions (VI 1 Nr 1a, b); zu Einzelheiten RegE S. 151 f, Pal/Sprau § 675d Rn 8 ff. Zusammenstellung bei BankrechtsHdb/ Schmieder § 49 Rn 96–120, BankrechtsKommLBS/Herresthal 2. Aufl 2016 2. Kap § 675d.

C/15   **d) Verhältnis der §§ 675c–676c BGB zum übrigen Bankvertragsrecht:** Das **Bankkonto** und seine Ausprägungen und Regelungen (s Rn A/36ff) sind von den Zahlungsdienstleistungsrichtlinien unberührt geblieben, Grundmann WM **09**, 1113. Zur **Gutschrift** und zum **Zeitpunkt derselben** (s Rn C/92) und zur **Belastungsbuchung** und **Wertstellung** (**Mittelzuflussprinzip**; gleichtägige Wertstellung, s Rn C/49) grundsätzlich wie bisher (§ 675t BGB), Grundmann WM **09**, 1113. Ebenso **Kontokorrentkredit** (§ 675f II 2 BGB, s Rn C/25, C/26).

C/16   **e) Anwendungsbereich der §§ 675c–676c BGB:** Diese erfassen sachlich alle Zahlungsdienste (s Rn C/6), einerlei ob als Bargeschäft oder bargelloses Geschäft (vgl Rn C/6) und in welcher Währung und ob ein Inland- oder Auslandsgeschäft, letzterenfalls gelten aber zT Sonderregeln (zB § 675d VI, 675e II, III BGB). Ob §§ 675c ff BGB bei Auslandsberührung überhaupt gelten, richtet sich nach deutschem IPR (RegE S 151, 152, selbstverständlich, s Rn A/ 60), Pal/Sprau §§ 675e Rn 2, 675d Rn 8 ff. Grenzüberschreitende Überweisung: Besonderheiten, soweit überhaupt nach der Rom-I-VO deutsches Recht anwendbar ist, s Staub/Grundmann 3/11, 36, 104, Einsele § 6 Rn 163 ff. Die §§ 675c ff BGB gelten für Unternehmer und für Verbraucher, einerlei ob Zahlungsdienstleister oder Zahlungsdienstnutzer, für letztere jedoch nicht Verbraucher, sind abweichende Vereinbarungen im Rahmen von § 675e IV BGB zulässig. Zeitliche Geltung (Stichtag) s Rn C/3.

C/17   **f) Halbzwingendes Recht, Ausnahmen (§§ 675e, 675i BGB):** § 675e BGB regelt die weitgehend ausgeschlossenen abweichenden Vereinbarungen nach dem Grundsatz des halbzwingenden Rechts, also grundsätzlich **keine Abweichung zum Nachteil des Zahlungsdienstnutzers** (§ 675e I BGB), außer wo vom Gesetz ausdrücklich (so die ZDRi II, s Rn C/3) vorgesehen (§ 675e II–IV BGB), danach Erleichterungen bei Zahlungsdienstnutzern, die **Nicht-Verbraucher** sind (§ 675e IV BGB). Was „**zum Nachteil**" des Zahlungsdienstnutzers ist, hat der Gesetzgeber bewusst offen gelassen, dazu BankrechtsHdb/Schmieder § 49 Rn 26. Da kaum je Individualabrede, ist das zu entscheiden wie auch sonst bei der **AGB-Inhaltskontrolle** nach (5) BGB § 307, also kundenfeindlichste Auslegung, Nichtigkeit und keine geltungserhaltende Reduktion. **Ausnahme**bestimmungen unter bestimmten Voraussetzungen für Zahlungsvorgänge in Drittstaatenwährung und one-leg transactions (§ 675e II iVm § 675d VI 1, 2, § 675e III BGB, RegE S 151 ff), dann Vertrag oder Geschäftsbesorgungs- und Auftragsrecht, MüKoBGB/Casper § 675e Rn 12 f, Pal/Sprau § 675d Rn 8. Art 107 III UA 2 der Richtlinie II, wonach Zahlungsdienstleister beschließen können, den Zahlungsdienstnutzern günstigere Konditionen einzuräumen, ist nicht ausdrücklich umgesetzt, ergibt sich aber e contrario aus § 675e I BGB ergeben (RegE ZDRi I S 101). Auch für die ausgenommenen Sachverhalte verbleibt es aber jedenfalls bei § 675c iVm §§ 675ff BGB. Im Ausnahmebereich erfolgt Regelung durch **Sonderbedingungen für den Zahlungsverkehr.**

Ausnahmen für Kleinbetragsinstrumente und E-Geld in **§ 675i BGB** (s Rn C/17).

C/18   D. **Überweisungen im europäischen Zahlungsraum (SEPA-Überweisungen):** Die SEPA-Überweisung (völlige Umstellung ab 2012, s Rn D/1)

V. Bankgeschäfte C/19–C/21 **BankGesch (7)**

beruht auf der Zahlungsdiensterichtlinie I (s Rn C/1), der SEPA-VO (s Rn D/1) und einem vom European Payments Council (EPC) geschaffenen Vertragswerk, SEPA Credit Transfer Rulebooks seit 2.11.09 (SEPA-Überweisungsregelwerk, SCT Rulebook, laufende Weiterentwicklung mit Implementation Guidelines, http-Fundstelle bei Staub/Grundmann 3/84, dort Version 7.1 mit Wirkung vom 1.2.14). Geltung auf Grund Beitrittsabkommen für die EU-Mitgliedstaaten und weitere Staaten. Das SEPA-Verfahren wird durch multilateralen Vertrag zwischen dem EPC und den beitretenden Geldinstituten und diesen untereinander vereinbart (Interbankenverhältnis, s Rn C/84). Für das Beitrittsabkommen und das SEPA-Überweisungsregelwerk gilt belgisches Recht. Für die einzelnen Vertragsverhältnisse (s Rn C/18) gilt IPR (s Rn C/16). Soweit die Richtlinie und das Rulebook Raum für vertragliche Vereinbarungen lassen, gelten AGB. Neben den Rulebooks für den Überweisungsverkehr gibt es solche für den Lastschriftverkehr (**SEPA-Lastschrift,** s Rn D/42 f). Näher www.bundesbank.de unter Zahlungsverkehr/SEPA. Lit: BankrechtsKommLBS/Rigler 2. Aufl 2016 11. Kap Rn 135 ff.

Nach den Rulebooks gibt es Regeln ua für den Prozessablauf bei der SEPA- C/19 Überweisung, bei Rückgaben und Rückweisungen, für die Rechte und Pflichten der Teilnehmer und für die Haftung der Teilnehmer untereinander. Für die Kundenbeziehung gelten AGB. Näher Rulebooks des European Payments Council, www.europeanpaymentscouncil.eu. Die Datenübermittlung erfolgt bei der grnezüberschreitenden Überweisung standardisiert über S. W. I. F. T., die Verrechnung (Clearing) ist demgegenüber unterentwickelt, Staub/Grundmann 3/36. Lit: Ellenberger/Dippel, SEPA-Überweisung, S 1019; BankrechtsHdb/Haug 5. Aufl 2017 § 51 Rn 1ff, 31 ff.

2) Rechtliche Qualifikation, Abschluss und Kündigung des Giro- bzw Zahlungsdiensterahmenvertrags

A. **Girogeschäft, Bedingungen für den Überweisungsverkehr 2009:** C/20

a) **Girogeschäft:** Das Girogeschäft (it giro = Kreis, Kreislauf) ist die Durchführung des bargeldlosen Zahlungsverkehrs und des Abrechnungsverkehrs (bis 2009 Bankgeschäft nach § 1 I 2 aF KWG, Text s Rn A/4), aufsichtsrechtliches downgrading, aber nunmehr zT Zahlungsdienste iSv § 1 I ZAG, s dort ua Überweisungsgeschäft iSv § 1 I 2 Nr 3 lit c, XXII ZAG, s Rn A/4 (letzterer ohne Text); gemeint ist damit das Geldgirogeschäft, nicht das Effektengirogeschäft (Depotgeschäft, § 1 I 2 Nr 5 KWG, **(13)** DepotG § 5 Rn 1). Ein großer Teil des Überweisungsverkehrs wird heute beleglos abgewickelt (**belegloser Datentausch, Clearing-Abkommen),** BGH WM **03,** 432. Trotzdem gilt rechtlich immer noch der Grundsatz der Barzahlung (s Rn C/106), MüKoBGB/Casper Vor § 675c Rn 15. **Muster:** Hopt/Werner 4. Aufl 2013 Form IV. C.1 (Bedingungen für den Datenträgeraustausch).

b) **Vier Vertragsverhältnisse beim Girogeschäft:** Beim Girogeschäft schal- C/21 ten der Schuldner (Überweisender, Zahler) und der Gläubiger (Überweisungsempfänger, Zahlungsempfänger) Zahlungsdienstleister zwecks bargeldloser Zahlung ein. Daraus folgen idR vier oder mehr Vertragsverhältnisse; bei der Eigen- oder Umbuchungsüberweisung sind dagegen nur der Überweisende und seine Bank beteiligt. Diese Vertragsverhältnisse sind **streng zu trennen:**

(1) Die Zahlungen des bzw der Zahlungsdienstleister dienen der Erfüllung im Verhältnis von Überweisendem und Überweisungsempfänger (**Valutaverhältnis),** s Rn C/106. Durch die Einschaltung des bzw der Zahlungsdienstleister treten zu dem Valutaverhältnis ein oder in der Regel zwei oder mehrere weitere Rechtsverhältnisse hinzu:

(2) Das Verhältnis zwischen dem Überweisenden und seiner Bank (**Deckungsverhältnis),** s Rn C/33, also der **Girovertrag** (Zahlungsdiensterahmen-

Hopt 2003

(7) BankGesch C/22–C/24   2. Teil. Handelsrechtl. Nebengesetze

vertrag iSv § 675f II BGB), auf Grund dessen der Überweisende seiner Bank den Überweisungsauftrag erteilt.

(3) Das Verhältnis zwischen dem Überweisungsempfänger und seiner Bank **(Inkasso- oder Ausführungsverhältnis),** s Rn C/89, also in der Regel ebenfalls ein Girovertrag, auf Grund dessen der Überweisungsempfänger den Betrag auf sein Konto überwiesen erhält.

(4) Wenn wie in der Regel der Überweisende und der Überweisungsempfänger nicht ihre Konten bei derselben Bank haben, tritt das Verhältnis zwischen der Bank des Überweisenden und der Bank des Überweisungsempfängers hinzu **(mehrgliedriger Überweisungsverkehr, Interbankenverhältnis),** s Rn C/83. Wenn die Überweisung nicht innerhalb desselben Überweisungsnetzes erfolgt, ergeben sich sogar mehr als ein Interbankenverhältnis.

C/22 Werden zwei oder mehr Banken in den Überweisungsvorgang eingeschaltet, bestehen **Vertragsbeziehungen** jeweils des Überweisenden und des Überweisungsempfängers **nur zu seiner eigenen Bank,** nicht zu anderen beteiligten Banken; Ausnahme bei einer von dem Zahlungsdienstnutzer vorgegebenen zwischengeschalteten Stelle (§ 675z S 4 BGB, s Rn C/79). Zur Frage möglicher Schutzwirkungen s Rn C/88. Keine Ausnahme stellt § 675y I 3 BGB dar, danach hat nur der Überweisende, nicht auch der Überweisungsempfänger einen Anspruch auf Übermittlung des abgezogenen Betrags (s Rn C/71).

C/23 Wichtig zu sehen ist, dass **§§ 675c–676c BGB** mit wenigen Ausnahmen **nur das Deckungsverhältnis** zwischen dem Überweisenden und seiner Bank **und das Inkassoverhältnis** zwischen dem Überweisungsempfänger und seiner Bank **regeln,** also jeweils zwischen Zahlungsdienstnutzer und Zahlungsdienstleister, dagegen **nicht das Interbankenverhältnis** (ausgenommen Ausgleichs- bzw Haftungsanspruch nach § 676a BGB zwischen zwei Zahlungsdienstleistern oder einer zwischengeschalteten Stelle nach § 676a BGB, s Rn C/86) **und** überhaupt nicht **das Valutaverhältnis** (vgl aber § 270a BGB, unwirksame Vereinbarungen zwischen Schuldner und Gläubiger für die Nutzung bargeldloser Zahlungsmittel, Rn C/106).

C/24 **c) Bedingungen für den Überweisungsverkehr 1/2018:** Neben den **(8)** AGB-Banken gelten für den Überweisungsverkehr Sonderbedingungen (s **(8)** AGB-Banken Nr 1 I 2), umfassend überarbeitete Fassung wie die der AGB-Banken zum 31.10.09, sodann Fassung vom 1.2.14 mit Änderungen zum 1.2.16 und zum 13.1.18 (neues Zahlungsdienstleistungsrecht). Die Bedingungen für den Überweisungsverkehr regeln die Überweisung, soweit §§ 675c–676c BGB (bzw die ZahlungsdiensteRi, s Rn C/1, C/2, C/5) dafür Raum lassen. Die Bedingungen enthalten drei Abschnitte. Im ersten (1 Allgemein) werden zunächst die wesentlichen Merkmale der Überweisung einschließlich des Dauerauftrags umrissen (Nr 1.1). Es folgen Kundenkennung (Nr 1.2, nF 2/2014: bei Euro Inlandsüberweisungen nur noch IBAN, grenzüberschreitend in EWR ebenfalls IBAN; bei anderer Währung Inland und EWR IBAN und BIC oder Kontonummer und BIC; bei Euro oder anderer Währung außerhalb EWR IBAN und BIC oder Kontonummer und BIC); Erteilung des Überweisungsauftrags und Autorisierung (Nr 1.3), Zugang des Überweisungsauftrags bei der Bank (Nr 1.4), Widerruf des Überweisungsauftrags (Nr 1.5), Ausführung des Überweisungsauftrags (Nr 1.6), Ablehnung der Ausführung (Nr 1.7), Übermittlung der Überweisungsdaten (Nr 1.8), Anzeige nicht autorisierter oder fehlerhaft ausgeführter Überweisungen (Nr 1.9), Entgelte (Nr 1.10), Wechselkurs (Nr 1.11), Meldepflichten nach Außenwirtschaftsrecht (Nr 1.12) und Außergerichtliche Streitschlichtung und sonstige Beschwerdemöglichkeit (Nr 1.13 entspr **(8)** AGB-Banken Nr 21 nF 21.3.16). Der zweite Abschnitt behandelt Inlands- und EWR-Überweisungen (Nr 2.1–2.3: Nr 2.1 Erforderliche Angaben nF 1.2.16; Nr 2.2 Maximale Ausführungsfrist: Fristlänge, Beginn der Ausführungsfrist; Nr 2.3 Erstattungs- und

V. Bankgeschäfte   C/25, C/26   **BankGesch (7)**

Schadensersatzansprüche des Kunden). Nr 2.3.4 regelt Erstattungsanspruch von Unternehmen (zulässig nach §§ 675y, 675e IV BGB), keine Haftung für zwischengeschaltete Stellen (weitergeleitete Ansprüche), nur für eigenes Verschulden der Bank. Der dritte Abschnitt gilt für Überweisungen in Drittstaatenwährung und Überweisungen in Drittstaaten (außerhalb EU/EWR, Nr 3.1–3.3). **Muster:** Hopt/Werner 4. Aufl 2013 Form IV.C.2 (Bedingungen für den Überweisungsverkehr). Lit: Koch ZBB **02,** 57 (zur aF), Einsele ZIP **11,** 1743.

B. Girovertrag als Zahlungsdiensterahmenvertrag: C/25

a) Girovertrag: Der Girovertrag ist ein Geschäftsbesorgungsvertrag mit Dienstleistungscharakter (§§ 675 I, 611 BGB), hL, BGH **133,** 14, NJW **85,** 2699, **91,** 978, und zwar eine besondere Ausprägung des Zahlungsdiensterahmenvertrags (§ 675f II 1 BGB, s Rn C/27) und, da dieser werk- und dienstvertragliche Elemente beinhaltet, ein gemischttypischer Vertrag (s Rn C/27), str. Auf die Judikatur zum Girovertrag kann deshalb, soweit §§ 676f ff BGB keine Sondervorschriften beinhalten, weiter zurückgegriffen werden, MüKoBGB/Casper § 675f Rn 36. Durch den Girovertrag wird das Kreditinstitut berechtigt und verpflichtet, für den Kunden ein Konto einzurichten (s Rn A/36ff), Überweisungsaufträge zu Lasten dieses Kontos abzuwickeln und eingehende Zahlungen auf dem Konto gutzuschreiben. Zum **Überweisungsauftrag** und zur **Ausführung von Zahlungsvorgängen** im Einzelnen s Rn C/33. Vertragliche **Nebenpflichten,** nicht nur zu Kontoauszügen, sondern zB auf Auskunft (§§ 675 I, 666 BGB), BGH WM **85,** 1099, auch nach Ablauf der Aufbewahrungsfrist, falls Bank noch aufbewahrt, BGH NJW **01,** 1486. Beim aktiven Girokonto ist mit dem Girovertrag, von diesem streng zu trennen (BGH **131,** 64), eine unregelmäßige **Verwahrung** (§§ 700, 488 ff BGB, s Rn B/1), beim passiven Girokonto ein **Kreditvertrag** verbunden, BGH **124,** 257. Die Möglichkeit von Bareinzahlungen soll heute nicht mehr zum Mindestinhalt des Girovertrags gehören, Grund: Giroverträge mit Direktbanken; aber entsprechende Vereinbarung ist ohne Weiteres möglich. Mit dem Girovertrag sind häufig, ohne dass dieser bereits ein Recht darauf einräumt, **Zusatzabreden über weitere Bankgeschäfte** verbunden, teils ausdrücklich, teils konkludent; zB Lastschrift (s Rn D/46), Scheckinkasso (s Rn E/6), Einzug von Wechseln und anderen Einzugspapieren, Scheckvertrag (s Rn E/1), teils ausdrücklich zB Kartenvertrag (s Rn F/3), GeldKartenvertrag (s Rn F/14), Zulassung zum Online-Banking (s Rn F/30); der Girovertrag verpflichtet nicht ohne Weiteres zum Abschluss solcher Zusatzabreden. Kündigung solcher Nebenabreden s Rn C/32. **Abschluss, Änderung und Kündigung:** s Rn C/30, C/31, C/32. Zum Girovertrag BankrechtsHdb/ Schmieder 5. Aufl 2017 § 47; zur Insolvenz des Überweisenden und des Überweisungsempfänger ebenda § 50 Rn 34.

Die Bank eröffnet dem Kunden ein **Girokonto** (s Rn A/36–47, C/27) zum   C/26 Zahlungsverkehr (Annahme und Gutschrift von eingehenden Zahlungen des Kunden oder Dritter für den Kunden) und Ausführung von Überweisungen des Kunden; es steht damit im Gegensatz zum Sparkonto (Geldsammlung, s Rn B/ 3–5). Bei **Bareinzahlung** erwirbt nach herkömmlicher Lehre der Kontoinhaber das Forderungsrecht sofort, nicht erst mit der Gutschriftsbuchung, BGH **74,** 132; auch Belastungsbuchung bei Barauszahlung ist nur deklaratorisch, BGH **63,** 93; richtiger auch hier nur **Anspruch auf Gutschrift,** nur so kann die Bank Einwendungen und Einreden dagegen erheben. Die **Gutschrift** kommt durch einseitige, in der Gutschrift selbst liegende Erklärung der Bank zustande, Kenntnis des Begünstigten oder auch nur Mitteilung an ihn ist unnötig (s Rn C/92). Gutschrift der zum Einzug eingereichten Schecks erfolgt unter Vorbehalt (Bedingung) des Eingangs **(Vorbehaltsgutschrift, E. v.),** dazu str s Rn E/6, **(8)** AGB-Banken Nr 9 Rn 1 (vgl auch Rn C/49, C/90, C/92). Von der **Belastungs- und Gutschriftsbuchung** sind die für Soll- und Habenzinsen maßgeblichen **Wert-**

Hopt 2005

(7) BankGesch C/27

stellungsbuchungen (Valutierung) zu unterscheiden, zu der die Rspr schon früher Mindestanforderungen aufgestellt hatte, zB Unwirksamkeit der Klausel über Wertstellung erst am nächsten Tag, BGH **106**, 259, **135**, 316, WM **97**, 1661, geregelt in § **675t BGB** (s Rn C/49). Die **Giroguthaben** sind jederzeit verfügbar (Sichteinlagen, s Rn B/1), übertragbar und pfändbar (§ 357 HGB Rn 2–4); auch künftige Girotagesguthaben (§ 357 HGB Rn 8–10). Der Kunde kann durch Überweisung(sverträge) verfügen, idR aber auch durch Scheckzahlung, dann liegt zusätzlich ein Scheckvertrag vor (s Rn E/1). **Girokontovollmacht** (s Rn A/52) umfasst auch Verfügung mittels Schecks, BGH WM **86**, 901; aber nicht ohne Weiteres auch Befugnis zur Kontoüberziehung (s Rn G/4); Hopt/Mülbert 72. Überweisungen auf Grund des SEPA-Lastschriftmandats des Schuldners erfolgen im Lastschriftverfahren (s Rn D/17). Das Girokonto ist ein **Bankkontokorrentkonto**, ausführlich MüKo/Hadding/Häuser A 200ff, s § 355 HGB Rn 4. **Lastschrift als rückläufige Überweisung** s Rn D/7. Lit: Borges WM **98**, 105 (Wertstellung), Schimansky BGHFS **00**, 6 (AGBKontrolle).

C/27 **b) Zahlungsdienste(rahmen)vertrag (§ 675f II 1 BGB):** Der Girovertrag ist auch ein Zahlungsdienstevertrag (Kapitelüberschrift vor §§ 675f ff BGB), und zwar ein Zahlungsdiensterahmenvertrag (RegE ZDRi I S 102), Nobbe WM **11**, 961. Der Zahlungsdienstevertrag ist eine Sonderform des **Geschäftsbesorgungsvertrags** mit dienst- und werkvertraglichen Elementen, MüKoBGB/Casper § 675f Rn 7, dienstvertraglich bezüglich Kontoführung, werkvertraglich (§§ 675 I, 631 BGB) bezüglich Überweisungen (nicht nur bei institutsinternen Überweisungen, so schon nach BGH WM **91**, 797). Denn insoweit ist das Kreditinstitut als Zahlungsdienstleister zur erfolgreichen Ausführung eines Zahlungsvorgangs verpflichtet (§§ 675f I, 675s, 675y I 5, III 4 BGB: ungekürztes und rechtzeitiges Eingehen des Zahlungsbetrags; im Valutaverhältnis liegt Bringschuld vor, s Rn C/108), bei der Überweisung auf Konten eines anderen Kreditinstituts Gutschrift auf dem Eingangskonto des Kreditinstituts (des Begünstigten), idR Konto bei der DBBk, Girozentrale oder einem anderen Kreditinstitut. Der Zahlungsdiensterahmenvertrag verpflichtet zur Ausführung einzelner und aufeinander folgender Zahlungsvorgänge und gegebenenfalls zur Führung eines **Zahlungskontos** (§ 675f II BGB, Begriff s Rn C/8, auch **Girokonto**, s Rn C/26, C/27) und ist ein **Dauerschuldverhältnis** iSv § 314 BGB. Dass der Zahlungsdiensterahmenvertrag auch Teil eines anderen Vertrags sein oder mit diesem zusammenhängen kann (keine Identität, da der Girovertrag auch Nicht-Zahlungsdienste wie Einlösung von Schecks und Wechseln umfassen kann, MüKo/Hadding/Häuser A 56), wie das beim Girovertrag der Fall ist (s Rn C/25), wird in § 675f II 2 BGB bestätigt. Zur Trennung zwischen dem Zahlungsdiensterahmenvertrag über das Girokonto (§ 675f II BGB) und einem damit zusammenhängenden Darlehen (Dispositionskredit), BGH WM **15**, 822 Rn 34. Da der Girovertrag ein Zahlungsdiensterahmenvertrag ist, sind alle Vorschriften der §§ 675f ff BGB über den Zahlungsdienstevertrag, aber auch der §§ 675c ff BGB über die Zahlungsdienste auf ihn anwendbar und gehen, soweit sie zwingend sind (s Rn C/17), den allgemein auf ihn anwendbaren Regeln vor. Das gilt insbesondere für die Änderung und Kündigung (s Rn C/31, C/32) sowie die Durchführung der Überweisung (s Rn C/33ff), vor allem ist für einen Zahlungsvorgang ein eigener Zahlungsauftrag (Weisung) erforderlich (s Rn C/34). Was hier für die Überweisung und Kontoführung gesagt wird, gilt entsprechend für Zusatzabreden zum Girovertrag wie die Lastschrift und andere unter §§ 675c–676c BGB fallende Zahlungsvorgänge (s Rn C/25), nicht dagegen für das Scheckinkasso, das von der ZahlungsdienstleistungsRi nicht erfasst ist (vgl Rn C/7). Der Zahlungsdienste(rahmen)vertrag ist idR entgeltlich (§ 675f V BGB, s Rn C/50). In dem Zahlungsdiensterahmenvertrag zwischen dem Zahlungsempfänger und seinem Zahlungsdienstleister darf ersterem nicht die Möglichkeit ausgeschlossen werden,

V. Bankgeschäfte   C/28–C/31   **BankGesch (7)**

dem Zahler eine Ermäßigung, zB Rabatt, oder einen anderweitigen Anreiz für die Nutzung eines bestimmten Zahlungsinstruments (Definition s Rn C/8, zB Kreditkarte mit Unterschrift oder PIN oder Debitkarte mit PIN, nicht Überweisung, Lastschrift oder einfache Nutzung einer Kreditkarte) anzubieten (§ **675f VI BGB,** s Rn F/57; Verbot des surcharging im Valutaverhältnis im Rahmen des § 270a BGB, Ausschlussmöglichkeit str, Pal/Sprau § 675f Rn 24 aE (s Rn C/106). Lit: MüKo/Häuser B 38 ff.

Nach § 675f III 1 BGB ist der Zahlungsdienstnutzer berechtigt, einen **Zahlungsauslösedienst** oder einen **Kontoinformationsdienst** (s Rn C/11) zu nutzen, es sei denn, das Zahlungskonto des Zahlungsdienstnutzers ist für diesen nicht online zugänglich. Das ist ein zwingender Bestandteil des Zahlungsdienstevertrags und wird vermutet. Die Darlegungs- und Beweislast für das Fehlen der online-Zugänglichkeit liegt beim kontoführenden Zahlungsdienstleister („es sei denn", RegE S 154). Online-Zugänglichkeit setzt eine diesbezügliche, mit dem Zahlungsdienstnutzer geschlossene Vereinbarung voraus (RegE S 154). Das Recht nach § 675f III 1 BGB hängt nicht von einem diesbezüglichen Vertrag des Zahlungsauslösedienstleister oder des Kontoinformationsdienstleisters mit dem kontoführenden Zahlungsdienstleisters ab (§ 675 f **III 2** BGB, parallel §§ 48 II, 50 II ZAG). Zu III näher Pal/Sprau § 675f Rn 11 ff. Näher MüKoBGB/Casper § 675f Rn 115, Pal/Sprau § 675f Rn 11.   C/28

c) **Einzelzahlungsvertrag (§ 675f I BGB):** Neben dem Girovertrag als Zahlungsdiensterahmenvertrag (s Rn C/27) spielt der Einzahlungsvertrag praktisch nur eine sehr geringe Rolle (Unterschiede ua hinsichtlich Informationspflichten § 675d I 1 BGB iVm Art 248 § 12 EGBGB, s Rn C/14, keine Zahlungsinstrumente, s C/37). Durch ihn wird der Zahlungsdienstleister (idR Bank) verpflichtet, für die Person, die einen Zahlungsdienst (hier Zahlung) als Zahler, Zahlungsempfänger oder in beiden Eigenschaften (zB Bargeldabhebung am Bank schalter oder Geldautomat) in Anspruch nimmt (**Zahlungsdienstnutzer,** Legaldefinition), einen Zahlungsvorgang (hier: Einzahlungen, Auszahlungen) auszuführen. Entgelt (§ 675f V 1 BGB, s Rn C/50), Aufwendungsersatz (§§ 675f I, 675 I, 670 BGB). Der Einzelzahlungsvertrag beinhaltet bereits den Zahlungsauftrag (s Rn C/34), MüKoBGB/Casper § 675f Rn 18, üL, dieser kann nicht widerrufen werden (§ 675p BGB, s Rn C/40); das gilt auch für den Einzahlungsvertrag mangels Vorbehalts selbst, § 671 BGB über Widerruf und Kündigung ist in § 675c I BGB ausgespart. Zu den Barzahlungsaufträgen BankrechtsHdb/Schmieder § 49 Rn 203.   C/29

Zu § 675f **IV** BGB s Rn C/34/, C/33. Zu § 675f **V** BGB s Rn C/50.

C. **Abschluss, Änderung und Kündigung des Giro- bzw Zahlungsdiensterahmenvertrags:**   C/30

a) **Abschluss:** Auch der Girovertrag kommt formlos zustande, in der Praxis idR Schriftform. Das Kreditinstitut ist **zum Abschluss** eines Girovertrags **nicht verpflichtet,** BGH WM **04,** 1546 (für Überweisungsvertrag), auch nicht auf Grund des Bankvertrags (s Rn A/6, kein neutrales Geschäft), Grund: bei Überweisung Erfolg geschuldet (s Rn C/48) und Einstandspflicht. Aber Einschränkung durch **ZKG** 11.4.16 BGBl 720, Recht auf **Basiskonto** (s Rn A/6). Der Girovertrag kommt **formlos** zustande, bei Barüberweisung (und vorhandenem Konto) idR mit ausdrücklicher Annahme, sonst nach § 362 HGB, hilfsweise § 151 BGB, Vertretung durch Eltern, ohne dass § 181 BGB eingreift, BGH WM **04,** 1546 (für Überweisungsvertrag). § 181 BGB greift bei Überweisung des Vertreters auf das eigene Konto nicht ein, weder unmittelbar noch analog, BGH WM **58,** 553, **82,** 549, aA Schlegelb/Hefermehl 17.

b) **Änderung (§ 675g BGB):** Für Änderungen des Giro- bzw Zahlungsdiensterahmenvertrags gilt § 675g BGB, also textformbedürftiges (Art 248 §§ 2,   C/31

Hopt 2007

(7) BankGesch   C/32

3 EGBGB) **Änderungsangebot** spätestens **zwei Monate** vor dem vorgeschlagenen Wirksamwerden (§ 675g I BGB), dies mit der Möglichkeit besonderer Vereinbarungen dazu (§ 675g **II**, **III** BGB über Zustimmungsfiktion und unmittelbare, auch dem Zahlungsdienstenutzer ungünstige Änderung von Zinssätzen oder Wechselkursen). Die Schranken des § 675g BGB gelten nur gegenüber Zahlungsdienstverträgen, nicht gegenüber mit diesen verbundenen Verträgen wie Kreditverträgen, und nur bei solchen „auf Veranlassung des Zahlungsdienstleisters". Solche Änderungen müssen auf den vereinbarten Referenzzinssätzen beruhen (Legaldefinition § 675g III 2 BGB), diese müssen aus einer öffentlich zugänglichen und überprüfbaren Quelle stammen, nach MüKoBGB/Casper § 675g Rn 15 muss die Quelle unabhängig vom Zahlungsdienstleister sein, str. Der Referenzzinssatz kann ein Aktiv- oder ein Refinanzierungszinssatz sein, zulässig ist aber nur eine Zinsgleitklausel, nicht eine Zinsanpassungsklausel mit Ermessenspielraum der Bank, Nobbe WM **11**, 962. Die Änderungen dürfen den Zahlungsdienstnutzer zur Berechnung nicht benachteiligen (§ 675g IV BGB), zB durch nachteilige Zinsberechnung (RegE ZDRi I S 104); Kompensation durch Kündigungsrecht genügt nicht. Erfasst ist aber nur die Berechnung, der Ausgangswert kann also unterschiedlich sein, zB Soll- und Habenzins, Staub/Grundmann 3/186. § 675g **IV** BGB enthält über III auch ein I und II erfassendes Benachteiligungsverbot, BankrechtsKommLBS/Herresthal 2. Aufl 2016 2. Kap. § 675g BGB Rn 31 in richtlinienkonformer Auslegung, wohl auch MüKoBGB/Casper § 675g Rn 17, anders Pal/Sprau 14: wohl nur für III. Der Zahlungsdienstnutzer kann fristlos kündigen und muss darauf hingewiesen werden (§ 675h II 2, 3 BGB). Umgekehrt droht bei Ablehnung des Änderungsangebots Kündigung durch den Zahlungsdienstleister nach § 675h II BGB (s Rn C/32).

C/32   c) **Kündigung (§ 675h BGB):** Für die **ordentliche Kündigung** des Zahlungsdiensterahmenvertrags (zu unterscheiden vom Widerruf des Überweisungsauftrags, nicht mehr nach Zugang, s Rn C/36, C/40) gilt § 675h BGB bezüglich **Frist** und **Form,** also für den Zahlungsdienstnutzer formlos und jederzeit, ggf mit vereinbarter Kündigungsfrist von nicht mehr als einem Monat, für den Zahlungsdienstleister nur unter bestimmten Voraussetzungen, jedenfalls nicht unter zwei Monaten und nur in der Form von Art 248 §§ 2 und 3 EGBGB (§ 675h **I, II** BGB), im Geschäftsverkehr mit Nichtverbrauchern auch kürzer (§ 675e BGB), MüKoBGB/Casper § 675h Rn 18, str. Dieses Kündigungsrecht ist entgeltfrei (§ 675h **IV**, zwingend § 675e I; so auch, wenn der Zahlungsdienstevertrag weniger als sechs Monate bestand, RegE S. 155; aber anteilige Berechnung und Erstattung, § 675h III BGB). In der Sache ist also ordentliche Kündigung möglich (näher **(8)** AGB-Banken Nr 19 Nr 2), auch aus nicht geschäftlichen Gründen, anders für Girovertrag mit politischen Parteien bei Sparkassen und staatlich beherrschten Kreditinstituten (s Rn A/6), BGH **154**, 146, NJW **04**, 1031, nur kraft Gleichbehandlung, Nds OVG WM **10**, 1804 (iErg abl). Kündigung gesondert zum Girovertrag abgeschlossener Verträge (**Zusatzabreden,** s Rn C/25), zB Kreditkartenvertrag, ist unabhängig vom Girovertrag zulässig, nicht aber auf dem Girovertrag aufbauende Zahlungsdienstverträge wie Bankkartenzahlungs- und Lastschriftabrede, Staub/Grundmann 3/188, aA für Lastschriftabrede BankrechtsHdb/Ellenberger 5. Aufl 2017 § 58 Rn 190 (s Rn D/56), mißverständlich BGH NJW **84**, 872, jedenfalls keine Kündigung zur Unzeit, aA nur Kündigung aus wichtigem Grund, Häuser WM **91**, 3; **nicht** aber **Teilkündigung** einzelner Leistungselemente, zB Dauerauftrag (keine abtrennbare Geschäftsbeziehung iSv **(8)** AGB-Banken Nr 19 I 1), BGH WM **06**, 179. **Änderungskündigung** einheitlich, Herresthal WM **13**, 775, iErg auch MüKoBGB/Casper § 675h Rn 9. Im Fall der Kündigung nur anteilige Entgelte, ggf Rückerstattung (§ 675h III BGB). Die **Kündigung aus wichtigem Grund** ist in §§ 675c–676c BGB nicht geregelt, es verbleibt bei § 314 BGB (für Girovertrag

V. Bankgeschäfte C/33, C/34 **BankGesch (7)**

str, ob insoweit §§ 626, 627 BGB, vgl Rn C/25) und, soweit wirksam, besonderen AGB-Abreden (s **(8)** AGB-Banken Nr 19 III). § 675h BGB berührt auch nicht die Insolvenz. **Nach Erlöschen** des Girovertrags ist die Bank nicht mehr verpflichtet, aber nachwirkend noch berechtigt, als Zahlstelle eingehende Beträge auf dem Konto zu verbuchen, die sie dann herausgeben muss (§ 667 BGB), BGH WM **07**, 348, **15**, 733 Rn 9, BankrechtsHdb/Schmieder 5. Aufl 2017 § 47 Rn 36, zT aA Schimansky FS Nobbe **09**, 163, MüKoBGB/Casper § 675h Rn 22. Kein Herausgabeanspruch, wenn die Bank den Betrag zwar entgegennimmt, aber nicht mehr für den früheren Kunden, Karls ZIP **11**, 1705. Lit: Hadding FS Hopt **10**, 1900, Herresthal WM **13**, 773.

3) Das Rechtsverhältnis zwischen den Banken und dem Überweisenden (Deckungsverhältnis)

A. Überweisungsauftrag und Autorisierung: C/33

a) Überweisungsauftrag als Weisung und Zahlungsauftrag (§ 675f IV 2 BGB): Der Bankkunde kann auf Grund des Girovertrags einzelne Überweisungsaufträge erteilen. Bei einem solchen handelt es sich um einen Zahlungsauftrag (§ 675f IV 2 BGB, s Rn C/34), und zwar um eine einseitige, geschäftsbesorgungsrechtliche Weisung (§§ 675 I, 665 BGB), RegE S 102, BankrechtsHdb/Schmieder § 49 Rn 3, MüKoBGB/Casper § 675f Rn 42, MüKo(HGB)/Häuser B 44, so schon früh BGH **10**, 319, NJW **83**, 1779, **91**, 2210, **98**, 1640. Diese ist eine Willenserklärung; Geschäftsunfähigkeit, und Fälschung s Rn C/57, Rechtsschein s Rn C/35. Die Weisung kann an Voraussetzungen gebunden (zB bei Lastschrift) oder spezifiziert sein (s Rn C/42). Dabei handelt es sich tatbestandlich nicht um eine echte Anweisung iSv §§ 783ff BGB (mangels Urkunde, Leistung von Sachen, Aushändigung ua), sondern um eine **Anweisung** iwS, die gleichzeitige Leistungen im Valutaverhältnis zwischen dem Überweisenden und dem Überweisungsempfänger (s Rn C/106) und im Deckungsverhältnis zwischen Überweisenden und dem die Weisung erteilenden Kunden zur Folge hat (Simultanleistung); § 784 I Halbs 2 BGB (Einwendungsausschluss) ist entspr anwendbar, wichtig für den Bereicherungsausgleich (s Rn C/93ff). Die Anweisung kann auch ohne Giroverhältnis erteilt werden. Überweisungsauftrag ohne Deckung ist nicht unbedingt Betrug, BGH NJW **01**, 453, Einzelheiten str. Anspruch auf Bestätigung des Erteilung des Überweisungsauftrags (Quittung, § 368 BGB), BankrechtsHdb/Schmieder § 49 Rn 7.

Ein **Zahlungsvorgang** ist jede Bereitstellung, Übermittlung oder Abhebung C/34 eines Geldbetrags (Legaldefinition, § 675f IV 1 BGB), einerlei ob Buch- oder Bargeld (RegE ZDRi I S 102) und unabhängig von der zugrunde liegenden Rechtsbeziehung zwischen Zahler und Zahlungsempfänger (Valutaverhältnis, s Rn C/106). **Zahlungauftrag** ist jeder Auftrag, den ein Zahler (nicht auch ein Zahlungsempfänger, s zur SEPA-Lastschrift Rn D/17, so aber Art 4 Nr 16 ZahlungsdiensteRi) seinem Zahlungsdienstleister zur Ausführung eines Zahlungsvorgangs entweder unmittelbar oder mittelbar über den Zahlungsempfänger erteilt (Legaldefinition, § 675f IV 2 BGB). Den Einzelzahlungsvertrag beinhaltet diese bereits (s Rn C/29). Ein subjektives Element, etwa Zweckrichtung, ist nicht erforderlich, hL, Pal/Sprau § 675f Rn 14. Zahlungsauftrag ist nur die Weisung (also einseitig) des Zahlers an seinen Zahlungsdienstleister, unmittelbar wie bei der Überweisung (**push-Zahlung**, auch bei Finanztransfer) oder mittelbar angestoßen durch einen Zahlungsauslösedienstleister oder den Zahlungsempfänger wie bei der SEPA-Lastschrift (**pull-Zahlung**, auch bei Kreditkartenzahlung), bei der Einzugsermächtigung lag allerdings früher kein Zahlungsauftrag des Zahlers an die Zahlerbank vor (s 36. Aufl Rn D/19; vgl C/40, C/70), inzwischen aber Änderung der Lastschriftbedingungen (s 36. Aufl Rn D/10). Folgen des Zah-

(7) BankGesch C/35, C/36   2. Teil. Handelsrechtl. Nebengesetze

lungsauftrags für die Autorisierung des Zahlungsvorgangs (beides gleichzeitig, aber nicht identisch), s Rn C/35.

C/35 **b) Autorisierung (§ 675j BGB):** Die Autorisierung ist die **Zustimmung zu einem Zahlungsvorgang** (§ 675j I 1, Legaldefinition). Die Zustimmung ist eine einseitige Willenserklärung, für die §§ 182ff BGB zumindest analog gelten, BankrechtsHdb/Schmieder § 49 Rn 16, auch MüKoBGB/Jungmann § 675j BGB Rn 15: aber nicht § 183 BGB (II, 675p BGB, s Rn C/40). Wenn ein wirksamer Zahlungsauftrag erteilt ist (s Rn C/33), dann ist die Zahlung autorisiert, sonst nicht, BGH NJW **15,** 3093 Rn 25, **16,** 2024 Rn 58. Daran können **Rechtsscheinsgrundsätze wie Duldungs- und Anscheinsvollmacht** (Einl vor § 48 Rn 5 und 6) wegen Vorrangigkeit des europäischen Rechts nichts ändern, BGH NJW **16,** 2024 Rz 58, MüKoBGB/Jungmann § 675j BGB Rn 15, BankrechtsKommLBS/Langenbucher 2. Aufl 2016 3. Kap § 675j BGB Rn 12a; nach Langenbucher FS Köndgen **16,** 383 beschränkt auf Vorsatz und grobe Fahrlässigkeit; großzügiger wohl Pal/Sprau § 675j Rn 2, Grundmann WM **09,** 1114 (s aber auch Rn C/65), vgl Linardatos BKR **15,** 98, Borges ZBB **16,** 252, vgl auch BGH NJW **17,** 2273 Rn 35 (zu TKG); das Missbrauchsrisiko liegt danach grundsätzlich beim Zahlungsdienstleister. Zum Rechtschein s auch Rn C/65, C/69. Die **Autorisierung** ist aber **vom Zahlungsauftrag zu unterscheiden,** denn dieser enthält zusätzlich die Weisung zur Ausführung, BankrechtsHdb/Schmieder § 49 Rn 2, MüKoBGB/Casper § 675f Rn 45 f, § 675j Rn 18, der von einem Doppeltatbestand spricht. Für die Autorisierung gelten die §§ 675j I 2–4, II, 675k–675m BGB. Der **Begriff des Zahlungsinstruments** (Legaldefinition § 675c III BGB iVm Art 1 XX ZAG, s Rn C/8; früher Zahlungsauthentifizierungsinstrument, nur redaktionelle Angleichung an ZDRi II, RegE S 145) ist weit auszulegen, jedenfalls die Kreditkarte im Präsenzverfahren, str für Kreditkarte im Mail-Order-Verfahren, bejahend Staub/Grundmann 248, Oechsler WM **10,** 1381, verneinend MüKo/Casper § 675j Rn 54 (aber dennoch Einwilligung), Casper/Pfeifle WM **09,** 2344; Debitkarte mit PIN, BGH NJW **16,** 560 Rn 25. Die Zustimmung erfolgt in der Regel als **Einwilligung,** also vorherige Zustimmung, so vor allem bei der SEPA-Zahlung, bei der Überweisung, iErg auch bei der Kartenzahlung, MüKoBGB/Jungmann § 675j Rn 22; bei entsprechender Vereinbarung (nur dann, sonst unwirksam, aber auch durch AGB, Laitenberger NJW **10,** 193) kann sie auch als **Genehmigung** erfolgen (§ 675j I 2 BGB). **Art und Weise,** insbesondere Benutzung eines Zahlungsinstruments (s Rn C/37), können vereinbart werden (§ 675j I 3, 4 BGB), BGH NJW **16,** 2024 Rn 14, mangels Vereinbarung **formlos** und ggf konkludent, str. Die **(Un)Wirksamkeit** der Autorisierung ist in §§ 675c–676c BGB nicht geregelt, es gelten daher die allgemeinen Regeln über Verfügungsbefugnis und Unwirksamkeitsgründe, § 181 BGB bei Überweisung auf eigenes Konto ist nicht anwendbar, BankrechtsHdb/Schmieder § 49 Rn 17. Bei Minderjährigen § 111 BGB mit §§ 108, 109 BGB analog sowie § 180 S 2 BGB analog, BankrechtsHdb/Schmieder § 49 Rn 19.

C/36 Der **Widerruf** der Zustimmung durch Erklärung gegenüber dem Zahlungsdienstleister ist **nur so lange** möglich, wie der **Zahlungsauftrag widerruflich** ist, nämlich bis zu dessen **Zugang** (§ 675j II 1 BGB iVm § 675p II 1 BGB, s Rn C/40). Dagegen kann bei Zustimmung zu mehreren Zahlungsvorgängen, zB **Dauerauftrag** oder SEPA-Lastschriftmandat für wiederkehrende Zahlungen, so widerrufen werden, dass jeder nachfolgende Zahlungsvorgang (auch wenn der einzelne Zahlungsauftrag widerrufbar ist) nicht mehr autorisiert ist (§ 676p II 2 BGB). Diese zeitliche Einschränkung des Widerrufs dient der Beschleunigung im Einklang mit der Verkürzung der Ausführungsfrist (§ 675s BGB, s Rn C/48). Zum **Direktwiderruf** s zur Unwiderruflichkeit s Rn C/40.

c) **Zahlungsinstrumente (§§ 675k–675m BGB):** Bei Einsatz eines Zahlungsinstruments (Begriff str, s Rn C/35) können **Nutzungsbegrenzungen** vereinbart werden (**§ 675k I**, II BGB, abzugrenzen vom Deckungs- bzw Verfügungsrahmen, dh Guthaben und Kreditlinie, s Rn F/5, und vom Überziehungskredit, s Rn G 4), und zwar **Betragsobergrenzen** (zB pro Tag für Überweisungen im Onlinebanking oder für Kartengeldabhebungen) und **Sperren** des Zahlungsinstruments (dazu näher Rn F/6, F/40). Voraussetzungen für letztere, Unterrichtungs- und Entsperrungspflichten s § 675k II BGB (da Pflichten, kein Entgelt, s Rn F/6), BGH NJW **16**, 560 Rn 26. Aber Entgelt für darüber hinaus gehende Leistungen nach Vereinbarung, Kln WM **16**, 354, Pal/Sprau § 675k BGB Rn 6. Verweigerung des Zugangs zum Zahlungskonto gegenüber einem Zahlungsauslöse- oder Kontoinformationsdienstleister (§ 675k III BGB, zu diesen Rn C/7, C/11).

Pflichten des Zahlungsdienstnutzers in Bezug auf Zahlungsinstrumente (**§ 675l BGB**, näher Rn C/52, C/60 ff; zur Kreditkarte s Rn F/45).

Pflichten des Zahlungsdienstleisters organisatorischer Art s **§ 675m I BGB**, insbesondere sicherzustellen, dass der Zahlungsdienstnutzer jederzeit die Anzeige nach § 675l I 2 BGB (s Rn C/52) vornehmen kann, jederzeit erreichbarer Rund-um-die-Uhr-**Sperrannahmedienst**, dazu BGH NJW **16**, 560 Rn 27, darin auch zu den Kosten für eine Ersatzkarte (vgl Rn C/51). Das **Risiko der Versendung** des Instruments und der Versendung personalisierter Sicherheitsmerkmale desselben (zu diesen s Rn C/52) an den Zahlungsdienstnutzer trägt der Zahlungsdienstleister (§ 675m II BGB). Informationsanspruch des Zahlers gegenüber seinem kontoführenden Zahlungsdienstleister bei ersuchter Bestätigung, dass ein für die Ausführung eines kartengebundenen Zahlungsvorgangs erforderlicher Betrag auf dem Zahlungskonto verfügbar ist (§ 675m III BGB).

d) **Zugang des Zahlungsauftrags (§ 675n BGB):** Der Zahlungsauftrag wird gegenüber der Bank **wirksam mit Zugang** (§§ 675n I 1, 2 iVm § 130 BGB; Nr 1.4 Überweisungsbedingungen, s Rn C/24), MüKoBGB/Jungmann § 675n Rn 11, auch für Onlinebanking, nach aA bereits mit „Eingang" (Art 78 der Richtlinie II, s Rn C/2) bei der Bank ohne Möglichkeit der Kenntnisnahme. **Cut-off**-Zeiten § 675n I 3, Schürmann Bankrechtstag **09**, 40, Festlegung ist einseitig möglich. „Nahe am Ende eines Geschäftstages": vernünftiges Geschäftsermessen, weit auszulegen, Pal/Sprau § 675n Rn 5. **Geschäftstag** (Legaldefinition, § 675n I 4 BGB) ist der tatsächliche des betreffenden Zahlungsdienstleisters, nicht allgemein Bankgeschäftstag des Gewerbes, also uU auch Samstag, BankrechtsHdb/Schmieder § 49 Rn 15. Ausnahme **Terminvereinbarungen,** zB Terminüberweisung, Daueraufträge, Lastschriften (§ 675n II BGB), auch solche zwischen dem Zahlungsempfänger und seiner Bank. Dieser **Zugangszeitpunkt** ist **besonders relevant**, weil maßgeblich für das **Ablehnungsrecht** (s Rn C/39), die **Unwiderruflichkeit** (s C/40) und die **Ausführungsfrist** (s Rn C/48). Der Zahlungsauftrag kann dem Zahlungsdienstleister des Zahlers unmittelbar durch diesen oder mittelbar über den Zahlungsempfänger zugehen (§ 675f IV 2 BGB, s Rn C/34). Der Zahlungsauftrag des Zahlers ist von dem Inkassoauftrag des Zahlungsempfängers an seinen Zahlungsdienstleister zu unterscheiden.

e) **Ablehnung des Zahlungsauftrags (§ 675o BGB):** Ablehnung der Ausführung oder Auslösung eines Zahlungsauftrags (gegenüber dem Zahler durch seine Bank und gegenüber dem Zahlungsempfänger durch seine Bank) ist **möglich** (§ 675o I BGB, dann aber unverzügliche Unterrichtung, jedenfalls innerhalb der Frist des § 675s I BGB, Staub/Grundmann 292), **anders bei Zahlungsdiensterahmenvertrag** (§ 675o II BGB). Hier darf der Zahlungsdienstleister des Zahlers die Ausführung eines autorisierten Zahlungsauftrags **nicht ablehnen,** außer bei Fehlen der vereinbarten Voraussetzungen (Form, ausreichendes Guthaben in Auftragswährung oder Kredit, erforderliche Angaben ua, vgl Nr 1.6, 2.1,

(7) BankGesch C/40, C/41   2. Teil. Handelsrechtl. Nebengesetze

3.1 der Überweisungsbedingungen, s Rn C/24) oder bei Verstoß gegen Rechtsvorschriften, BGH ZIP **13**, 1828 Rn 24, Nobbe WM **11**, 963. Die Bank muss also bei Guthaben oder offener Kreditlinie die Überweisung vornehmen, auch wenn sie Kenntnis von der Zahlungsunfähigkeit des Schuldners hat, BGH **193**, 129 Rz 23, ZIP **13**, 371 Rz 30, dies auch im Cash-Pool-Verfahren, in diesem ist die Bank bloße Zahlstelle der Poolführerin, BGH ZIP **13**, 1828 Rz 24. Ablehnung ist danach praktisch selten, denkbar zB bei fehlender Genehmigung nach AWG, Geldwäsche uä, nicht mehr einfach bei Überweisungen in unsichere Länder. Bei berechtigter Ablehnung kein Zugang mit den an diesen geknüpften weitreichenden Folgen (§ 675o **III** BGB, s Rn C/39). **Entgelt** nach § 675o I 4 BGB nicht nur für Unterrichtung über eine berechtigte Ablehnung, sondern auch **für die Ablehnung selbst,** anders nach ZDRi I und aF BGH **146,** 377, BankrechtsHdb/Schmieder § 49 Rn 34, 122 (wie BGH **146,** 377), aber nur im Zahlungsdiensterahmenvertrag, mangels eines solchen nicht bei Zahlungsauslösedienst (RegE S 158), zurückhaltend Pal/Sprau § 675o BGB Rn 4. Anforderungen an Entgelt nach § 675f V 2 BGB (s Rn C/50).

C/40   f) **Kein Widerruf nach Zugang des Zahlungsauftrags (§ 675p BGB):** Nach Zugang (s Rn C/38) kann der Zahlungsdienstleister den Zahlungsauftrag **nicht mehr widerrufen** (§ 675p I BGB), außer unter den engen Ausnahmen von § 675p II-IV BGB (Willenserklärung, § 130 BGB, wie Rn C/38). Erst recht **kein Direktwiderruf** unmittelbar gegenüber der Empfängerbank, BankrechtsHdb/Schmieder § 49 Rn 23a, Staub/Grundmann 306, aber bei Vereinbarung mit Unternehmerkunden (§ 675e IV BGB), Grundmann WM **09**, 1115 Fn 34. Vereinbarung zwischen Zahler und Zahlungsdienstleister über Nichtausführung des noch nicht vollendeten Zahlungsvorgangs fällt nicht unter § 675p BGB (§§ 133, 157 BGB; vgl § 675r BGB), BGH NJW **15**, 3093. **Frühe Unwiderruflichkeit** bei Auslösung des Zahlungsvorgangs vom Zahlungsauslösedienstleister oder vom oder über den Zahlungsempfänger, zB bei **Kreditkarten-** oder Point-of-Sale(POS)-Zahlungen (§ 675p II 1 BGB, s Rn F/38); Widerruf bei SEPA-**Lastschriften** (§ 675p II 2 BGB, s Rn D/23ff); trotz früher Unwiderruflichkeit Wirksamwerden des Zahlungsauftrags erst bei Zugang beim Zahlungsdienstleister des Zahlers (§ 657n I 1 BGB, s Rn C/38, Auch Anfechtung nach § 119 I BGB nur noch in den Grenzen von § 675p BGB, anders § 123 BGB/Casper § 675p Rn 9, str; nach Kln WM **16**, 1782 auch kein Anspruch auf Anhalten bei Mitteilung von Verdachtsmomenten, aber Grenzen aus Rechtsmissbrauch und Warnpflicht, s Rn C/42, C/43, BankrechtsHdb/Schmieder § 49 Rn 58, 68, 93. Widerruf bei Termin für Ausführung eines Zahlungsauftrags (§ 675n II BGB) bis zum Ende des Vortags (§ 675p **III** BGB), Freiwillige Beachtung des nicht mehr zulässigen Widerrufs ist grundsätzlich zulässig (vgl IV 1, Grenzen), MüKoBGB/Jungmann § 675p Rn 45.. Vereinbarung einer längeren Widerrufsfrist, ggf gegen Entgelt, in den Fällen von § 675p II BGB aber nur mit Zustimmung des Zahlungsempfängers (§ 675p **IV** 2 BGB. Kann der Zahlungsauftrag nicht mehr widerrufen werden, ist auch die Autorisierung nicht mehr widerruflich (s Rn C/36). **(8)** AGB-Banken Nr 9 II 1 und SEPA-Bedingungen Ziff. 2.4.2 ist wirksam, betreffen aber nur die Einlösung, nicht den Widerruf nach § 675p BGB, MüKoBGB/Jungmann § 675p Rn 26.). Sonderregeln für Teilnehmer an Zahlungsverkehrssystemen über Vorverlegung des Zeitpunkts im System (§ 675p **V** BGB, Finalitätsrichtlinie, Zahlungsdienstleister untereinander), BankrechtsHdb/Schmieder § 49 Rn 25 gegen Kritik.

C/41   **B. Rechte und Pflichten der Bank:**

a) Formale Auftragsstrenge: Durch den Zahlungsauftrag wird das überweisende Kreditinstitut gegenüber dem Überweisenden verpflichtet, dem Zahlungsempfänger (kann auch der Auftraggeber selbst sein) einen bestimmten Geldbetrag zur Gutschrift auf dessen Konto bei der Empfängerbank (idR Konto-zu-Konto-

V. Bankgeschäfte C/42 **BankGesch (7)**

Überweisung; werkvertraglich, s Rn C/27; mehrgliedrige Überweisungen s Rn C/83, C/84) zur Verfügung zu stellen; bei entsprechender Vereinbarung auch in bar (Zahlungsvorgang, s Rn C/34). Überweisungen sind von der Bank unverzüglich (§ 121 I 1 BGB, § 347 HGB), auf jeden Fall aber innerhalb der Ausführungsfrist (§ 675s BGB, s Rn C/48) und **strikt an den vom Kunden als Empfänger Genannten** durchzuführen. Die Bank hat die **formale Anweisung** iwS (s Rn C/33) ohne Rücksicht auf die zugrundeliegenden Rechtsverhältnisse der Beteiligten zu befolgen (Grundsatz der **formalen Auftragsstrenge**), BGH WM **62,** 460, **91,** 799, NJW **03,** 1390, **04,** 2519, Düss WM **04,** 1234, zumal bei Sammelüberweisung BGH WM **92,** 1392; aber kein Kontonummern-Namensabgleich (§ 675r BGB, s Rn C/43), insoweit Abweichung von der Auftragsstrenge, MüKo/BGB/Casper § 675r Rn 3). Auch keine Plausibilitätskontrolle über die gewissenhafte Auftragserfüllung hinaus, BGH NJW **03,** 1390. Hat der als Empfänger Bezeichnete **mehrere Konten,** ist strikt auf das vom Kunden bezeichnete zu überweisen, auch wenn eine vorgedruckte **Fakultativklausel** („oder ein anderes Konto des Empfängers") nicht gestrichen ist, BGH **98,** 24; Grund: Gefährdung des Kunden zB bei Kontopfändung oder Konto im Debet. Überweisung auf Und-, Oder-Konto s Rn A/38–40. Existiert das angegebene Girokonto nicht (mehr), keine Gutbringung auf Sparkonto ohne Rückfrage, BGH BB **89,** 2213. Die Wichtigkeit strikter Befolgung der Anweisung erweist sich bei debitorischen oder gepfändeten Konten und bei besonderer Zweckbindung der Überweisung. Weisungen des Empfängers an seinen Zahlungsdienstleister s Rn C/90. Bei nicht erfolgter, fehlerhafter oder verspäteter Ausführung Haftung des Zahlungsdienstleisters nach §§ 675u ff, 675y BGB (s Rn C/54ff, C/55), grundsätzlich abschließend (§ 675z I 1 BGB, s Rn C/77).

Überweisungsaufträge werden durch Gutschrift (auf das angegebene Konto, s C/42 Rn C/41) ausgeführt, außer bei ausdrücklicher anderer Weisung außerhalb des Überweisungsträgers; solche **besonderen Weisungen und Bedingungen,** zB nur bei Vorlage bestimmter Urkunden, sind zulässig, BankrechtsHdb/Schmieder § 49 Rn 83. Vermerke in der **Spalte Verwendungszweck** auf dem Überweisungsvordruck dienen für Mitteilungen des Bankkunden an den Empfänger (Valutaverhältnis s Rn C/106) und brauchen von der Bank idR **nicht beachtet** zu werden, BGH **50,** 230, Düss WM **87,** 954. **Anders in engen Ausnahmefällen,** zB wenn die Bank selbst Überweisungsempfänger ist oder der abweichende Wille des Kunden für die Bank offensichtlich ist, BGH **50,** 230, WM **62,** 460, NJW **03,** 1390, Düss WM **86,** 478, BankrechtsHdb/Schmieder § 49 Rn 68, 83. Ist die Anweisung unklar, zB falsche Kontonummer und unkorrekte Empfängerbezeichnung, oder kann die Bank die Anweisung aus einem anderen Grund nicht ausführen, zB auch weil die Deckung auf dem Konto nicht ausreicht (s Rn C/39; dann uU Teilausführung, wenn im Interesse des Auftraggebers), ist die Bank je nach Einzelfall zu unverzüglicher **Rückfrage** bzw **Benachrichtigung** verpflichtet, BGH **68,** 269 (Postscheck), WM **78,** 637, Hamm WM **85,** 1162 (s auch für Lastschrift Rn D/39, für ungedeckten Scheck Rn E/1); widersprüchliche oder erkennbar falsche Weisung darf sie, falls Wille klar, richtig stellen, im Ausnahmefall sogar, wenn zur Rückfrage keine Zeit bleibt, im Interesse des Überweisenden von der Weisung abweichen (§§ 675c I, 675 I, 665 S 1, 2 BGB), BankrechtsHdb/Schmieder § 49 Rn 85, 93. Die Bank hat aber keine Pflicht zur Kontrolle der Kontobewegungen, auch wenn sie weiß, dass das Guthaben wirtschaftlich einem Dritten zusteht. Rückfragepflicht muss Ausnahme bleiben, so Prüfungspflicht der Bank bei Verdacht missbräuchlicher Abbuchungen eines Vertreters des Kunden, BGH WM **04,** 1625, s Rn A/22, § 50 HGB Rn 5; Mitteilungspflicht bei Nichtausführung einer Überweisung mangels Deckung folgt schon aus § 675o I BGB, nicht nur, wenn der Kunde von Ausführung der Überweisung trotz fehlender Deckung ausgehen konnte, vgl BGH NJW **01,** 1420. Besondere Sorgfaltspflicht bei telefonisch veranlasster Blitzüberweisung,

(7) BankGesch   C/43, C/44   2. Teil. Handelsrechtl. Nebengesetze

Schlesw ZIP **05**, 2008. **Warnpflicht** s Rn A/24, C/45, durch Zahlungsdienstrichtlinie nicht ausgeschlossen, BankrechtsHdb/Schmieder § 49 Rn 68, 93, Nobbe WM Sonderbeil 1/**12**, 8; sehr zurückhaltend Pal/Sprau § 675f Rn 8. Auskunfts- und Rechenschaftspflicht (§ 666 BGB), auch neben § 355 HGB; zB laufende Kontoauszüge, die Vertragsende nicht noch einmal umfassend (unzumutbar), BGH NJW **85**, 2699, aber begrenzt und gegen Kostenerstattung (§ 242 BGB), BGH NJW-RR **88**, 1072. **Organisations- und Verhaltenspflichten** des Zahlungsdienstleisters in Bezug auf Zahlungsinstrumente zwecks Verhinderung von Missbräuchen sind **in 675m BGB** niedergelegt (für Karten s Rn F/7), § 675m BGB ist in seinem Anwendungsbereich nicht als abschließend zu verstehen, MüKoBGB/Jungmann § 675m Rn 4, str, aber unter der Kontrolle des EuGH (s Rn C/4). Sorgfaltspflichten bzw **Mitverschulden** (§ 254 BGB) **des Zahlers,** BankrechtsHdb/Schmieder § 49 Rn 124 ff; speziell bei Ermöglichung missbräuchlicher Nutzung eines Zahlungsinstruments (§ 675v BGB, s Rn C/60 ff). Bei Haftung ist abschließender Charakter der §§ 675u, 675y BGB zu beachten (§ 675z BGB, näher Rn C/77). Rechte und Pflichten der Überweisungsbank, Nobbe WM Sonderbeil 1/**12**, 6.

C/43   **b) Kein Kontonummer-Namens-Abgleich (§ 675r BGB):** Die Zahlungsdienstleister können den Zahlungsvorgang **allein anhand von Kundenkennungen** (Legaldefinition in § 675r **II** BGB, früher Kontonummer mit Bankleitzahl, BBAN;, seit 1.2.14 **IBAN**, SEPA, s Rn C/24, D/1a, D/16; Begriff in der ZDRi II Art 88: Kundenidentifikator) durchführen (§ 675r I 1 BGB, Konsequenz: keine Haftung der Bank, § 675y IV BGB), so auch bei der SEPA-Überweisung (s Rn C/18, C/19); aA unter altem Recht Name entscheidend, BGH **68**, 268 (Postscheck), **108**, 386, NJW **87**, 1826, stRspr. Dies ist europarechtlich vorgegeben (Art 88 I der ZDRi II, s Rn C/2); immerhin Art 88 III UA 1 Satz 2: Unterstützungspflicht der Empfängerbank mit den für die Wiedererlangung des Überweisungsbetrags „maßgeblichen Informationen", Hoffmann WM **16**, 1110 (s Rn C/46). Das gilt zunächst für die **Bank des Zahlers** (auch bei institutsinternen Überweisungen, MüKoBGB/Jungmann § 675r Rn 13); da in § 675r 1 BGB von Zahlungsvorgang und nicht wie in Satz 2 von Zahlungsauftrag die Rede ist, gilt § 675r I 1 BGB bezüglich der Gutschrift auch für die **Bank des Zahlungsempfängers,** letztere hat aber nur ein Recht, **keine Pflicht zur Gutschrift allein nach Kontonummer,** Konsequenz: kein Anspruch des durch die Kundenkennung fehlerhaft bezeichneten Zahlungsempfängers, nach Gutschrift an ihn uU Stornorecht (s Rn C/90, s auch Rn C/104), Casper FS Nobbe **09**, 18, Sprau Bankrechtstag **09**, 124, BankrechtsHdb/Schmieder § 49 Rn 79, 81, 166, Staub/Grundmann 3/329, aA Hadding FS Schneider **11**, 453; Einzelheiten str; zum Anspruch des „wahren" Empfängers auf Gutschrift s Rn C/90. Wird ein Zahlungsauftrag in Übereinstimmung mit der Kundenkennung ausgeführt, **gilt** er im Hinblick auf den darin bezeichneten Zahlungsempfänger **als ordnungsgemäß ausgeführt** (§ 675r I 2 BGB, keine bloße Vermutung).

C/44   Wenn die vom Zahler angegebene Kundenkennung für den Zahlungsdienstleister erkennbar keinem Zahlungsempfänger oder keinem Zahlungskonto zuordenbar ist, muss dieser das dem Zahler unverzüglich melden und ihm ggf den Zahlungsbetrag wieder herausgeben (**Unmöglichkeit der Zuordnung,** § 675r III BGB, Erstattung bzw Wiedergutschrift, keine valutarische Korrektur, RegE S 111). Für die Erkennbarkeit kommt es auf „das Ergebnis einer technisch möglichen, automatisierten Überprüfung" an, ein manuelles Eingreifen kann vom Zahlungsdienstleister nicht verlangt werden (RegE S 111), zu den Prüfziffernvergleichsverfahren der Praxis Ellenberger/Burghardt § 675r BGB Rn 9, Scheibengruber/Breidenstein WM **09**, 1398. § 675r III BGB soll bei irrtümlicher Angabe einer existierenden Kontonummer mit Bankleitzahl (IBAN s Rn C/24) auf Seiten der Zahlerbank nicht eingreifen, Nobbe WM **11**, 964. Ziff 1.6 II

V. Bankgeschäfte C/45, C/46 **BankGesch (7)**

der Bedingungen für den Überweisungsverkehr (s Rn C/24) machen von der Möglichkeit des § 675r BGB Gebrauch.

Für den Zahler-Bankkunden, der sich vertan hat, ist das insgesamt eine harte Regelung. Wenn dem Zahlungsdienstleister das Auseinanderfallen von Kundenkennung und Empfängername auffällt oder ihm von der Empfängerbank mitgeteilt wird, muss er aber den Zahler **über § 675r III BGB hinaus** nach § 241 II BGB unterrichten (Warnpflicht), BGH NJW **15**, 3093 Rn 15, MüKoBGB/Jungmann § 675r Rn 23. Dann können beide die erneute Ausführung des nunmehr richtigen Zahlungsauftrags oder Stornierung vereinbaren, BGH NJW **15**, 3093 Rn 15. Wenn die Bank den **Fehler positiv erkannt** hat, zB bei Filialüberweisung oder aus besonderen Umständen, kann sich auf § 675r I 2 BGB nicht berufen (**§ 242 BGB**, Rechtsmissbrauch), BankrechtsHdb/Schmieder § 49 Rn 58, Staub/Grundmann 3/331. In besonderen Fällen ist sogar ein anderer objektiver Erklärungswert von Weisung und Autorisierung nicht völlig ausgeschlossen, BankrechtsHdb/Schmieder § 49 Rn 58, uU dann sogar Anspruch des materiell Berechtigten auf Auszahlung, BankrechtsHdb/Schmieder § 49 Rn 80.

Lit: Casper FS Nobbe **09**, 18, Sprau Bankrechtstag **09**, 124, Rauhut ZBB **09**, 32, Hadding FS Schneider **11**, 443, Nobbe WM **11**, 963, Fornasier AcP 212 **(12)** 447.

c) Keine Ansprüche des Zahlungsdienstnutzers gegen seine Bank bei irrtümlich angegebener Kontonummer: Ein Ersatzanspruch des Zahlungsdienstnutzers gegen den Zahlungsdienstleister, der keinen Kontonummer-Namens-Abgleich gemacht hat, ist ausdrücklich ausgeschlossen (§§ 675y V 1, 675z S 5 BGB, s auch Rn C/79), insoweit **keine Pflichtverletzung** (§ 675r BGB, s Rn C/39); aber bei positiv erkanntem Fehler s Rn C/45. Konsequent dann auch keine Anfechtung, Fornasier AcP 212 **(12)** 450. Der Zahler kann nur Bemühung des Zahlungsdienstleisters um Wiedererlangung des Zahlungsbetrags verlangen und muss sich dafür sogar noch ein Entgelt desselben berechnen lassen (§ 675y V 2, 5 BGB); gegen Korrektur dieses Ergebnisses Nobbe WM **11**, 694, Schürmann Bankrechtstag **09**, 42. Das hat zur Konsequenz, dass der Zahler dann auf einen Bereicherungsanspruch gegen den ihm unbekannten Empfänger (§ 812 I 1 BGB) angewiesen bleibt (s Rn C/110). Einen eigenen Anspruch gegen die Empfängerbank auf Nennung des Empfängers hat er nach hL nicht, MüKoBGB/Jungmann § 675r Rn 51, aber Pflicht des Zahlungsdienstleisters des Zahlungsempfängers, dem Zahlungsdienstleister des Zahlers alle für die Wiedererlangung des Zahlungsbetrag notwendigen Informationen mitzuteilen, ggf Weitergabe an den Zahler, nicht entgeltfrei (§ 675y V 3–5 BGB). Die Bank des Zahlungsempfängers hat ein Stornorecht s Rn C/104, **(8)** AGB-Banken Nr 8 gegen den tatsächlichen Empfänger, BankrechtsKommLBS/Langenbucher 2. Aufl 2016 3. Kap § 675r BGB Rn 7, aA MüKoBGB/Jungmann § 675r Rn 43, Bitter WM **10**, 1729, Einsele FS Reuter **10**, 59. Bei von der Empfängerbank nicht zuordenbarer Überweisung auch Rückgabeanspruch der Zahlerbank gegen diese aus Girovertrag und uU ÜberweisungsAbk (s C/84), Casper FS Nobbe **09**, 20. Für ein **Zurückweisungsrecht des Empfängers** bei § 675r BGB MüKo/Casper § 675r Rn 38, früher BGH NJW **90**, 324 (fehlendes Valutaverhältnis), aber s Rn C/90, C/95. Plausibilitätsprüfung der Kundenkennung durch die Empfängerbank in der Praxis, Schürmann Bankrechtstag **09**, 44, für diesbezügliche Rechtspflichten der Empfängerbank aus § 241 II BGB, Nobbe WM **11**, 964, ebenso und für AGB-Kontrolle außer bei ISBN, Bitter WM **10**, 1730. Lit: Casper FS Nobbe **09**, 16, Frank/Massari WM **11**, 1120, Rauhut ZBB **09**, 43, Scheibengruber/Breidenstein WM **09**, 1393 (zur Zahlungsdienst-Ri), Sprau Bankrechtstag **09**, 124, Bitter WM **10**, 1726, Hadding FS Schneider **11**, 443, Fornasier AcP 212 **(12)** 447.

(7) BankGesch C/47–C/49   2. Teil. Handelsrechtl. Nebengesetze

C/47   **d) Entgelte bei Zahlungsvorgängen ohne Abzüge (§ 675q BGB):** Der Betrag, der Gegenstand des Zahlungsvorgangs ist (Zahlungsbetrag, Legaldefinition § 675q I BGB) muss von der überweisenden Bank und sämtlichen an dem Zahlungsvorgang beteiligten zwischengeschalteten Stellen der Empfängerbank **ungekürzt übermittelt** werden (§ 675q I BGB; dazu § 675 y I 4, s Rn C/71). Vereinbarte Teilüberweisung mangels Deckung ist keine Kürzung iSv § 675q I BGB. Zwischengeschaltet sind Institute auch in Zahlungsverkehrssystemen, auch wenn vom Zahlungsempfänger beauftragt. Auch die Empfängerbank darf Entgelte vor Erteilung der Gutschrift nur bei entsprechender Vereinbarung mit dem Zahlungsempfänger abziehen (§ 675q II BGB), dann aber Informationpflichten nach Art 248 §§ 8, 15 EGBGB (§ 675q II BGB), dies zur Vermeidung irrtümlicher Mahnungen des Zahlungsempfängers. Die Entgelte jeweils ihrer Bank tragen Zahler und Zahlungsempfänger (§ 675q III BGB, **share-Regel,** aber nur wenn beide Zahlungsdienstleister im EWR belegen sind) Zahlungsvorgänge mit Drittstaatenbezug (§ 675 IV BGB iVm § 675d VI (s Rn C/14),

C/48   **e) Ausführungsfrist (§ 675s BGB):** Beginn mit Zugang des Zahlungsauftrags, § 675n I, bei Terminvereinbarung II BGB, s Rn C/38, dies auch für das Fehlen der Voraussetzungen für die Ausführung der Überweisung nach § 675o BGB, s Rn C/39, BankrechtsHdb/Schmieder § 49 Rn 42). Der Zahlungsdienstleister des Zahlers muss für alle Arten von Zahlungsvorgängen sicherstellen, dass der Zahlungsbetrag, einerlei ob direkt oder über zwischengeschaltete Institute, **spätestens am Ende des** auf den Zugang des Zahlungsauftrags **folgenden Geschäftstags** (Legaldefinition § 675n I 4 BGB) beim Zahlungsdienstleister des Zahlungsempfängers eingeht (§ 675s I 1 BGB). Diese Frist kann voll ausgeschöpft werden, MüKoBGB/Jungmann § 675s Rn 2. Vereinbarung möglich auf bis zu vier Geschäftstagen bei Zahlungsvorgängen im EWR nicht in Euro (§ 675s I 2 BGB). Zur maximalen Ausführungsfrist Ziff 2.2 Bedingungen für den Überweisungsverkehr (s Rn C/24). In Papierform ausgelöste Zahlungsvorgänge s § 675s I 3 BGB. **Geschuldet** ist also ein **Erfolg** (vgl § 675y III 4 BGB: rechtzeitiges Eingehen des Zahlungsbetrags, s Rn C/27; Ansprüche bei Verspätung s Rn C/73, C/74). Ob der Zahlungsempfänger in bar abhebt oder zuvor noch gar kein Konto bei der Bank hat, spielt keine Rolle. Frist zur Weiterleitung bei vom Zahlungsempfänger angestoßenen Zahlungsvorgängen, zB Lastschrift und Kartenzahlungen, s § 675s II BGB (s Rn D/46). Wenn Zahler und Zahlungsempfänger dieselbe Bank benutzen, zB bei Filialüberweisung, kommt es statt auf § 675s BGB nur auf die Wertstellung nach § 675t BGB an (RegE ZDRi I S 111). Weitergehende Vereinbarungen zum Nachteil des Zahlungsdienstnutzers sind nicht mehr zulässig, auch nicht mit Unternehmerkunden (§ 675e I, IV BGB, s Rn C/17). Zahlungsvorgänge mit Drittstaatenbezug (§ 675s **III** BGB mit § 675d VI 1 Nr 1 BGB, s Rn C/17), dann bleibt es bei den allgemeinen Regeln. Reicht die Deckung nicht aus oder fehlen Angaben (s Rn C/39), kann die Bank rückfragen oder zuwarten, also Ablehnung verbunden mit Aufforderung zu neuem Zahlungsauftrag, vgl auch BankrechtsHdb/Schmieder § 49 Rn 36.

C/49   **f) Wertstellung und Verfügbarkeit; Sperrung (§ 675t BGB):** Die strikte Ausführungsfrist findet ihr Gegenstück auf der **Empfängerbankseite** und beseitigt zu Recht frühere Bankenpraktiken zu Wertstellungsgewinnen. Der Zahlungsdienstleister des Zahlungsempfängers ist verpflichtet, den Zahlungsbetrag dem Zahlungsempfänger **unverzüglich** (§ 121 I BGB) nach Eingang auf dem Konto des Zahlungsdienstleisters o**verfügbar zu machen** (§ 675t I 1 BGB, wie Anspruch auf Gutschrift, s Rn C/90; Ausnahme bei Währungsumrechnung, § 675t I 1 Nr 2 BGB, vgl Rn C/49, C/17), also die Gutschrift zu erteilen (s Rn C/92). Ebenso, wenn der Zahlungsempfänger kein Konto unterhält (§ 675t 3 BGB), zB bei Finanztransfer, Pal/Sprau § 675f BGB Rn 68. Dieser Anspruch auf Verfügbarmachung und die **Gutschrift selbst** (und der Anspruch aus dieser, s Rn C/

V. Bankgeschäfte · C/50 · **BankGesch (7)**

91, C/92) sind **streng zu trennen**, MüKoBGB/Jungmann § 675t Rn 14, 34, aA anscheinend RegE ZDRi I S 112, BankrechtsHdb/Schmieder § 49 Rn 163, 171. Gutschrift unter Vorbehalt (**E. v.**, s Rn C/90, C/92), zB bei einem möglichem Erstattungsanspruch des Zahlers im Lastschriftverfahren (§ 675x BGB, s C/70) ist zulässig, MüKoBGB/Jungmann § 675t Rn 20, Laitenberger NJW **10,** 195. Gutschrift auch auf debitorisches Konto. § 675t BGB steht Pfand-, Zurückbehaltungs- und Aufrechnungsrechten an dem Betrag der Gutschrift und der Einbringung in ein Kontokorrent nicht entgegen (RegE ZDRi I S 112). Von dem Verfügbarmachen ist die **Wertstellung (Valutierung)** zu unterscheiden (§ 675t I 2 BGB). Das **Wertstellungsdatum** für die Zinsberechnung (Legaldefinition § 675t I 2 BGB) muss spätestens der **Geschäftstag des Eingangs** sein **(Grundsatz der taggleichen Wertstellung).** Wertstellung und tatsächliche Gutschrifts- bzw Belastungsbuchungen können auseinanderfallen (vgl § 675t I 2 BGB), die Praxis der valutarischen Gutschrift kann also fortgeführt werden (RegE ZDRi I S 112). Abweichende Vereinbarungen sind auch zwischen Banken und Unternehmern ausgeschlossen, das gilt auch für **Sammellastschrift** mit einheitlichem Wertstellungsdatum, MüKoBGB/Jungmann § 675t Rn 13, aA Pal/Sprau § 675t Rn 8 (s Rn D/48). Bei **Bareinzahlungen** durch einen Verbraucher auf ein Zahlungskonto bei einem Zahlungsdienstleister muss der Betrag dem Zahlungsempfänger unverzüglich nach Entgegennahme verfügbar gemacht und wertgestellt werden; bei Bareinzahlung durch einen Nicht-Verbraucher spätestens an dem auf die Entgegennahme folgenden Geschäftstag (§ 675t II BGB), doch folgt aus § 675t **II** BGB keine Pflicht für Direktbanken zur Bargeldannahme (RegE ZDRi I S 112). Eine **Belastung** auf dem Zahlungskonto des Zahlers darf wertstellungsmäßig frühestens zum Zeitpunkt der Belastung des Zahlungskontos erfolgen (§ 675t III 1 BGB), also nicht früher als tatsächlicher Mittelabfluss, und nicht vor Zugang des Zahlungsauftrags bei seinem Zahlungsdienstleister (§ 675t III 2 BGB). Das schließt zwar Kontobelastung als Vorschuss nach § 669 BGB nicht aus, aber deren Wertstellung vor dem Abfluss, Pal/Sprau § 675t Rn 10, str.. § 676t BGB ist auch gegenüber Unternehmenskunden und der öffentlichen Hand zwingend (s Rn C/17, § 675e IV BGB). Ein einheitliches, dem Zahlungsempfänger nicht nachteiliges Wertstellungsdatum soll möglich sein, wenn dieser mehrere Zahlungsvorgänge gleichzeitig auslöst, str. Die Möglichkeit der **Sperrung** eines verfügbaren Geldbetrags auf dem Zahlungskonto des Zahlers bei Pull-Zahlungen (§ 675f **IV** BGB) schützt den Zahler, der eine pauschale Zustimmung zu einem Zahlungsvorgang gibt, bevor er den endgültigen Zahlungsbetrag kennt, so bei Einsatz einer Kreditkarte schon vorab bei Autovermierung oder im Hotel. Der Zahlungsdienstleister des Zahlers darf bei einem kartengebundenen Zahlungsvorgang sperren, wenn der Zahlungsvorgang vom oder über den Zahlungsempfänger ausgelöst worden ist und der Zahler auch der genauen Höhe des zu sperrenden Geldbetrags zugestimmt hat (§ 675f IV 1 BGB), aber unbeschadet sonstiger gesetzlicher oder vertraglicher Rechte, zB AGB-Pfandrecht, Aufrechnungs- und Zurückbehaltugsrechte der kontoführenden Stelle (RegE S 162). Zustimmung nur zur späteren Ausführung des Zahlungsvorgangs genügt also nicht. Freigabe nach § 675 IV 2 BGB. **Drittstaatenbezug** (§ 675t **V** iVm § 675d VI Satz 1 Nr 1 und 2 BGB, s Rn C/17), Pal/Sprau § 675t Rn 12.

g) Entgelte (§ 675f V 1, 2 BGB): § 675f V BGB ist die Grundnorm für die C/50 Entgelte im Zahlungsverkehr (Haupt-, Neben- und Drittpflichten), Tabelle bei Staub/Grundmann 3/144. Geregelt sind hier Entgelte für die Bank bzw den Zahlungsdienstleister, nicht solche, die der Zahlungsempfänger oder andere Dritte verlangen, zB für den Einsatz einer Kreditkarte, Pal/Sprau § 675f Rn 20. Die Bank hat Anspruch auf Ersatz ihrer **Auslagen** (§§ 675 I, 670 BGB) und auf das vereinbarte **Entgelt,** das im Wesentlichen frei vereinbart werden kann **(§ 675f V**

Hopt 2017

(7) BankGesch C/52

1 BGB), Beispiele bei Pal/Sprau § 675f Rn 21. Grenzen gelten für **Entgelte für die Erfüllung von Nebenpflichten** nach §§ 675c–676c BGB (**§ 675f V 2 BGB** iVm §§ 675o I 4, 675p IV 3, 675y V 5 BGB; s auch § 675d IV 1 BGB), nur wenn angemessen und an den tatsächlichen Kosten ausgerichtet (krit Bitter WM **10**, 1781, Preiskontrolle), also keine anteiligen Gemeinkosten, aber Auslagen für Inanspruchnahme von Drittdienstleistungen sind ersatzfähig, MüKoBGB/Casper § 675f Rn 55, mißverständlich RegE ZDRi I S 103. § 675f V 2 BGB geht § 670 BGB vor (Sperrwirkung), aber nur innerhalb seines Anwendungsbereichs, Aufwendungsersatz ohne Zusammenhang mit diesen Nebenflichten bleibt möglich, zB für Zweitschrift eines Kontoauszugs (anders bei Kartensperre, s Rn F/6), MüKoBGB/Casper § 675f Rn 56. Entgelt bei **Basiskonten** (s Rn A/#) Pal/Sprau § 675f Rn 23. Verbot der **surcharges** bei SEPA-Überweisung und Lastschrift, § 270a BGB und D/#. Für eine **berechtigte Ablehnung** kann ein **Entgelt** vereinbart werden (§ 675o I 4 BGB, s Rn C/39). Die Bank macht den Anspruch mit Kontobelastung, bei elektronischer Überweisung erst nach Nachdisposition (s Rn C/90), geltend, BGH WM **05**, 1019. Im beleglosen Überweisungsverkehr gelten zwischen den Banken die durch die bevollmächtigten Verbände vereinbarten Richtlinien, zB zum Magnetbandclearing, BGH **108**, 386. Bei fehlgegangener Auszahlung entsteht kein Aufwendungsersatzanspruch, aber Überweisung bei irrtümlicher Angabe der Kontonummer auf diese ist korrekt (s Rn C/43, C/46). § 254 BGB ist nur auf Schadensersatz- und analog auf Erstattungsansprüche nach §§ 667, 675 I BGB anwendbar, BGH **130**, 87. Anzeige nach § 675l I 2 BGB ist kostenfrei, Entgelt bei Verlust des Zahlungsinstruments (§ 675l I 3 BGB, Sonderregel enger als § 675f V 2 Halbs 2 BGB, s Rn C/37). Kontoüberziehung (s Rn G/4) s Rn G/14ff, **(8) AGB-Banken** Nr 12 Rn 2. EU-Richtlinie 23.7.14 ABlEU L 257/214 (KontoRi, s Rn A/6, A/36): Entgeltvergleichbarkeit. Begrenzung der **Interbankentgelte für kartengebundene Zahlungsvorgänge** durch EU-VO 29.4.15 ABlEU L 123/1, s Rn F/9.

Gebühren der Banken beim Zahlungsverkehr: Bunte 2 AGB-Banken Nr 12 Rn 248 RsprListe (nicht entgeltfähige Leistung §§ 675f IV, 675g II, III BGB, s **(8)** AGB-Banken Nr 12 III). **Entgeltklauseln im Kreditgeschäft** s Rn G/4, dort auch zu Kontoführung bei Darlehenskonten.

Lit: Pal/Sprau § 675f Rn 20 ff; Omlor NJW **14** 1703, Herresthal FS Coester-Waltjen **15**, 1109.

C/52 **C. Rechte und Pflichten des Überweisenden (§ 675l BGB), keine Rechte des Überweisungsempfängers: a) Rechte und Pflichten des Überweisenden:** Der Zahlungsdienstnutzer hat die allgemeinen Rechte und Pflichten aus dem Giro- und dem Zahlungs(rahmen)vertrag (s Rn C/25, C/27). Praktisch wichtig sind vor allem die Pflichten des Zahlungsdienstnutzers in Bezug auf **Zahlungsinstrumente (§ 675l BGB).** Der Zahlungsdienstnutzer muss, bereits unmittelbar nach Erhalt eines solchen und auch weiterhin, **alle zumutbaren Vorkehrungen** treffen, um die personalisierten Sicherheitsmerkmale (zB PIN, TAN oder Passwort, nicht zB Kontonummer oder Kartennummer, RegE ZDRi I S 106) vor unbefugtem Zugriff zu schützen (§ 675l **I** 1 BGB) und die Gefahr einer Fälschung soweit wie möglich auszuschalten, BGH WM **12**, 984 (s Rn F/8, F/31, Verschulden s Rn C/54, C/60 ff), Auslegung in Interessenabwägung; konkretisierende Ausgestaltung der Pflichten nach § 675l I 1 BGB ist mit der Richtlinie vereinbar, sehr str, MüKoBGB/Jungmann § 675l Rn 6, aber unter der Kontrolle des EuGH (s Rn C/4), strenger für § 675l **I** 2 BGB, ebenda Rn 7. Zusätzliche Pflichten können sich aus den vereinbarten Bedingungen für die Ausgabe und Nutzung des Zahlungsinstruments ergeben (vgl § 675v III Nr 2 Buchst b BGB, s Rn C/62). Aber insoweit AGB-Kontrolle und keine Verschiebung der Beweislast zu Lasten des Verbrauchers (RegE ZDRi I S 107, s Rn C/17). Bei Diebstahl, missbräuchlicher Verwendung oder sonstiger nicht autorisier-

V. Bankgeschäfte				C/53–C/55 **BankGesch (7)**

ter Nutzung des Instruments muss er den Zahlungsdienstleister oder eine von diesem benannte Stelle **unverzüglich** nach Kenntniserlangung **benachrichtigen** (§ 675l I 2 BGB). Rechtsfolgen bei Pflichtverstoß s § 675v III, V BGB (s Rn C/62, C/64). Rspr zu Anzeigepflichtverstößen und Haftung des Zahlers bei Pal/Sprau § 675l Rn 9. Die Anzeige nach § 675l I 2 BGB ist kostenfrei (§ 675m I 1 Nr 4 BGB), also zB keine kostenpflichtige Hotline. Entgelt für Ersatz eines verlorenen, gestohlenen, missbräuchlich verwendeten oder sonst nicht autorisiert genutzten Zahlungsinstruments nur nach § 675l **I 3** BGB, also nur in Höhe der unmittelbaren Kosten (enger als § 675f V 2 Halbs 2 BGB). –Vertragliche Vereinbarungen über **Bedingungen** für die Ausgabe und Nutzung eines Zahlungsinstruments müssen sachlich, verhältnismäßig und nicht benachteiligend (dies im Vergleich zu anderen Zahlungsdienstnutzern, RegE S 157) sein, sonst Unwirksamkeit (§ 675l **II** BGB), näher Pal/Sprau § 675l BGB Rn 4. Der Überweisende steht **in Vertragsbeziehung nur mit der von ihm beauftragten Bank,** nicht auch mit der Empfängerbank (oder sonst eingeschalteten Banken), BGH **108,** 388.

b) Keine Rechte des Überweisungsempfängers: Der Überweisungsempfänger steht in Vertragsbeziehungen nur mit seinem eigenen Zahlungsdienstleister, also der Empfängerbank. Er hat deshalb Rechte nur gegen diese, nicht gegen die Bank des Zahlers, näher s Rn C/89, C/90.   C/53

D. Mängel der Überweisungsanweisung, Haftung des Zahlungsdienstleisters (§§ 675u–675z, 676–676c BGB):   C/54

a) Haftung des Zahlungsdienstleisters für nicht autorisierte Zahlungsvorgänge (§ 675u BGB): § 675u BGB ist eine **Risikozuweisungsnorm.** Das Risiko für eine nicht autorisierte ("missbräuchliche") Zahlung trägt der **Zahlungsdienstleister des Zahlers.** Bei einem nicht autorisierten Zahlungsvorgang (s Rn C/35) hat der Zahlungsdienstleister des Zahlers gegen diesen **keinen Aufwendungsersatzanspruch** (§ 676u Satz 1 BGB). Er muss dem Zahler den Zahlungsbetrag unverzüglich (ohne schuldhaftes Zögern, § 121 I 1 BGB) **erstatten** und, sofern der Betrag einem Zahlungskonto belastet worden ist, dieses Zahlungskonto wieder auf den Stand ohne diese Belastung bringen (§ 675u **Satz 2** BGB), also Wiedergutschrift ex tunc, wertstellungsneutral, Anspruch der Bank auf Stornobuchung und Valutakorrektur. Dieser Anspruch ex lege **verdrängt** die bisherigen Ansprüche aus § 667 BGB, für diese noch BGH **87,** 380, WM **91,** 1912, und aus **§ 812 BGB** (näher s Rn C/93, C/94), aber nicht im Verhältnis des Zahlungsdienstleister und des Zahlers,, sowie ggf auf Kontokorrentberichtigung (RegE ZDRi I S 113); verschuldensabhängige Ansprüche nur nach § 675z 1 BGB (s Rn C/77). Gutschrift an unrichtigen Empfänger steht nicht entgegen, BGH WM **78,** 367. Der Erstattungsanspruch bleibt auch nach der Beendigung des Zahlungsdienstleistungsverhältnisses bestehen, BGH NJW **92,** 112. Aber Verstoß gegen § 242 BGB, wenn der vom Kontoinhaber verfolgte Zweck trotz weisungswidriger Ausführung des Zahlungsauftrags erreicht wird, BGH NJW **06,** 296. Keine vertragliche Risikoverlagerung auf den Zahler (RegE ZDRi I S 102, § 675e BGB, s Rn C/17); s auch Anwendungsbereich (Rn C/16).

Die **Fälligkeit** des Erstattungsanspruch ist in § 675u **Sätze 3–4** BGB geregelt. Der Erstattungsanspruch ist unverzüglich, spätestens jedoch bis zum Ende des Geschäftstags zu erfüllen, der auf den Tag der Anzeige der Nichtautorisierung an den Zahlungsdienstleister (gleichstehend: anderweitige Kenntniserlangung) folgt (§ 675u Satz 2 BGB). Einschränkungen gelten für den Fall berechtigter Gründe für den Verdacht eines **betrügerischen Verhaltens** des Zahlers (§ 675u Satz 3 BGB), also nicht nur eines vollendeten Betrugs des Zahlers (s Rn C/35), sondern auch nur eines Dritten wie beim Phishing. Voraussetzung schriftliche Mitteilung an eine zuständige Behörde.   C/55

Hopt   2019

(7) BankGesch C/56–C/58 2. Teil. Handelsrechtl. Nebengesetze

Mangels einer solchen Mitteilung bleibt es bei der Fälligkeit, auch wenn die Prüfung des Betrugsverdachts noch nicht abgeschlossen ist.

C/56 Wurde der Zahlungsvorgang über einen **Zahlungsauslösedienstleister** (s Rn C/7) ausgelöst, treffen die Pflichten aus § 675u Satz 2–4 BGB den kontoführenden Zahlungsdienstleister (§ 675u **Satz 5** BGB), obwohl er selbst nicht in die vertragliche Beziehung zwischen dem Zahler und dem Zahlungsauslösedienstleister einbezogen ist und er dem letzteren auch nicht den Zugriff auf das Zahlungskonto des Zahlers verwehren kann (§ 675f III 1 BGB, vgl Rn C/28). Das schützt den Zahler davor vor Unsicherheiten, wer von den beiden haftet. Der kontoführende Zahlungsdienstleister hat dann aber uU einen Ausgleichsanspruch nach § 676a I BGB (s Rn C/86). Vgl entsprechend § 675y I 3 BGB (s Rn C/71). Die Ansprüche aus § 675u S 2–4 BGB stehen nur dem Zahlungsauslösedienstleister zu, nicht auch dem Zahler (abschließend, vgl § 675z Satz 1 BGB, RegE S 164).

C/57 **Nicht autorisierte Zahlungsvorgänge** sind diejenigen, bei denen es an der Zustimmung des Zahlers fehlt (s Rn C/35, C/97). **Beispiele** (s auch Rn C/98): Dazu gehören wie schon bisher die **Mängel der Überweisungsanweisung,** also Fehlen derselben, zB Doppelausführung, BGH **72,** 9 (etwa bei Verkennung der schriftlichen Bestätigung als neuer Auftrag), NJW **11,** 66, dazu Müller WM **10,** 1293; versehentliche Überweisung an einen Dritten (Bsp BGH **62,** 372); Fälschung, BGH WM **94,** 1420, und Verfälschung, BGH WM **05,** 1564, **08,** 1119, auch wenn aus der Sphäre des Kontoinhabers herrührend (s Rn C/58, aber auch Rn C/59); Scheinanweisung, BGH **152,** 307; Nichtigkeit (zB Geschäftsunfähigkeit, BGH **111,** 382, WM **08,** 1119; Vertretung ohne Vertretungsmacht, BGH **147,** 145, **158,** 1, WM **08,** 1119, **10,** 1218, aber uU Duldungs- oder Anscheinsvollmacht, Grundmann WM **09,** 1114 (s Einl 5, 6 vor § 48 HGB), str, s auch Rn 51, 52; Anfechtung (§§ 119ff, 142 I BGB), hL, Belling/Belling JZ **10,** 710, str, aber wenig bedeutsam, außer wegen irrtümlich angegebener Kundenkennung (§ 675r I 2 BGB, s Rn C/43, C/98); rechtzeitiger Widerruf des Dauerauftrags, Ellenberger/Nobbe § 675u Rn 16; Kontovollmacht beinhaltet keinen Zahlungsauftrag, BGH NJW **15,** 2725. In all diesen Fällen ist die **Überweisung** dem Zahler gegenüber **mangels Autorisierung unwirksam** mit den Folgen von § 675u BGB (s Rn C/54). Täuschung durch den Anweisenden über Berechtigung eines Dritten zum Abruf der Kreditmittel macht die (abstrakte) Anweisung nicht unwirksam, BGH **147,** 269. Keine Risikoabwälzung auf den Zahler (s Rn C/58). Folgen für den **Bereichungsausgleich,** insbesondere Direktanspruch gegen den Zahlungsempfänger und Kondiktionssperre gegenüber dem Zahler, s Rn C/101, C/102, aber beachte Rn C/103.

C/58 Das **Fälschungsrisiko** (und die Beweislast für die Echtheit, § 675w BGB, s Rn C/68) **trägt die Bank,** BankrechtsHdb/Schmieder § 49 Rn 31 (aber § 440 II ZPO), MüKo/Häuser B 107, BGH WM **85,** 511, **01,** 1713, **12,** 984, ganz hL; auch wenn die Bank die Fälschung nicht erkennen konnte und diese durch in der Sphäre des Kontoinhabers liegende Umstände ermöglicht wurde (keine verschuldensunabhängige Sphärenhaftung), BGH NJW **01,** 2968. Von § 675u BGB abweichende AGB sind nach § 675e BGB unwirksam (s Rn C/17), also nicht nur gegenüber Privatkunden (§ 675e IV BGB spart § 675u BGB aus) und keine Differenzierung zwischen Fälschung und Verfälschung wie früher (s 34. Aufl); vgl dagegen zur früheren Klausel bei Banken beim Scheckverkehr (s Rn E/1) und **(11)** ERA Art 34, **(12)** ERI Art 2, 8. Beweislast s § 675w BGB (s Rn C/68, s auch Rn C/66). Auch wenn die Bank das Fälschungsrisiko trägt, kann sie aber einen Anspruch nach § 280 I BGB gegen den Kunden wegen pflichtwidriger Ermöglichung der Fälschung haben (s Rn C/59), dieser wiederum uU gemindert bei Mitverschulden der Bank wegen unzureichender Kontrolle, BGH WM **67,** 1142, **85,** 511, **94,** 2074, aber nicht schon bei Informationsweitergabe über Kontoverbindung an Person seines Vertrauens, BGH NJW **01,** 2968. Schadensersatz bei Fälschung s BGH NJW **01,** 2629, 3183, 3191, krit Häuser FS Kümpel **03,** 219. Ausgleich in Anweisungsfällen, Foerster AcP 213 **(13)** 407.

§ 675u BGB schließt **Einwendungen aus § 242 BGB und Einwand des Mitverschuldens (§ 254 BGB)** nicht aus, BankrechtsHdb/Schmieder § 49 Rn 90, 91, Grundmann WM **11,** 1115; ausgeschlossen sind aber Ansprüche gegen den Zahler, die sich, nur in anderem dogmatischen Gewand, auf Erstattung von Aufwendungen richten (§ 675z S 1 BGB, s Rn C/77), auch Bereicherungsanspruch Pal/Sprau § 675u Rn 3 (zu §§ 812 ff BGB s Rn C/93 ff, C/103). Wenn der Weisungsverstoß das Interesse des Auftraggebers iErg nicht verletzt hat, zB Überweisungszweck trotz Fehlbuchung erreicht wird, kann entweder Zustimmung des Auftraggebers anzunehmen sein oder gegen den Erstattungsanspruch der **Einwand des § 242 BGB** erhoben werden, BGH WM **91,** 1912, **05,** 1567, NJW **06,** 296, Pal/Sprau § 675u Rn 4, iErg auch Staub/Grundmann 3/410. Dem Aufwendungsersatzanspruch kann **Mitverschulden** (§ 254 BGB, entspr auch gegenüber § 667 BGB) entgegengehalten werden, wenn wegen § 675u BGB nicht direkt, so jedenfalls als **Gegenanspruch** des Zahlers aus § 675v I, II BGB (mit Begrenzung auf grobe Fahrlässigkeit nach § 675v III BGB, s Rn C/60 ff). C/59

b) Haftung des Zahlers bei missbräuchlicher Nutzung eines Zahlungsinstruments (§ 675v BGB): § 675v BGB regelt die Haftung des Zahlers bei missbräuchlicher Nutzung eines Zahlungsinstruments nach Erhalt des Zahlungsinstruments (§ 675l I 1 BGB), Vorher liegt die Gefahr beim Zahlungsdienstleister (§ 675m II BGB). § 675v BGB betrifft **zwei Zeiträume**, vor Eingang der Anzeige (§ 675v I-IV BGB) und nach Eingang der Anzeige (§ 675v V BGB) **und regelt unübersichtlich**: Grundsatz der (begrenzten) Haftung des Zahlers (§ 675v I BGB) mit zwei Ausnahmen (Haftungsausschluss nach § 675v II Nr 1 und 2 BGB) und einer Rückausnahme (unbegrenzte Haftung nach § 675 III Nr 1 und 2 BGB, Betrug, Vorsatz, grobe Fahrlässigkeit) sowie einem weiteren Haftungsausschluss im Zusammenhang mit einer starken Kundenauthentifizierung (§ 675v IV BGB mit Ausnahme bei Betrug). C/60

In dem Zeitraum **vor Eingang der Anzeige haftet der Zahler bei missbräuchlicher Nutzung des Zahlungsinstruments, allerdings nur sehr begrenzt** (§ 675l **I** 2 BGB). Damit soll dem Zahler einen Anreiz zur Verhinderung des Missbrauchs bzw zu einer Anzeige des Verlusts oder Diebstahls geben (RegE S 165). Beruhen nicht autorisierte Zahlungsvorgänge auf der Nutzung eines verlorengegangenen, gestohlenen oder sonst abhanden gekommenen (vgl § 935 BGB) Zahlungsinstruments (Begriff s C/8, also nicht beschränkt auf Zahlungskarten) oder auf der sonstigen missbräuchlichen Verwendung eines Zahlungsinstruments (also ohne oder gegen den Willen des Zahlers, zB Ausspionieren der Daten, Kartenkopie, Unterschriftsfälschung, s § 675l BGB mit Rn C/52; Rspr bei Pal/Sprau § 675l BGB Rn 5), kann die Bank des Zahlers von diesem Schadensersatz **bis zu 50 Euro** (zuvor 150 Euro) verlangen, und zwar insgesamt, also auch bei mehrmaligen missbräuchlichen Verfügungen, Casper/Pfeifle WM **09,** 2347.

Die Haftung nach § 675v I BGB war nach der aF verschuldensunabhängig. Nunmehr haftet der Zahler nach § 675v **II** BGB nicht, wenn er den Verlust etc **nicht rechtzeitig** vor dem nicht autorisierten Zahlungsvorgang **bemerken konnte** (nach RegE Verschuldenselement, aber Wortlaut der Richtlinie) oder die **Ursache im Bereich des Zahlungsdienstleisters** (Aufzählung in § 675v II Nr 2 BGB) lag. Zu Fällen, in denen den Zahler trotz Bemerken kein Verschulden trifft, zB physischer Zwang, Pal/Sprau § 675v BGB Rn 5. Das Verschulden muss für jeden von mehreren nicht autorisierten Zahlungsvorgängen gesondert festgestellt werden (RegE S 165). Der Begriff der Fahrlässigkeit richtet sich nach nationalem Recht (ZDRi II Erwägungsgrund 72), also nach § 276 BGB. § 675v C/61

(7) BankGesch C/62–C/66   2. Teil. Handelsrechtl. Nebengesetze

II Nr 2 BGB lässt die Haftung auch dann entfallen, wenn der Zahler die Verursachung bemerken konnte (RegE S 166).

C/62   Voller Schadensersatz dagegen bei betrügerischer Absicht oder vorsätzlichem oder grob fahrlässigem Verstoß des Zahlers gegen eine Pflicht aus § 675l BGB (s Rn C/37, C/52) oder gegen eine vereinbarte Bedingung für die Ausgabe und Nutzung des Zahlungsinstruments (§ 675v **III Nr 1 und 2 BGB).** Das Handeln des Zahlers in betrügerischer Absicht nach § 675v III **Nr 1** BGB begründet vollumfängliche Haftung für den nicht autorisierten Zahlungsvorgang, auch wenn er zunächst das Abhandenkommen oder die missbräuchliche Verwendung des Zahlungsinstruments gar nicht bemerkt hat, sondern erst später betrügerisch ausnützt (RegE S 166). Er braucht also den nicht autorisierten Zahlungsvorgang nicht kausal herbeigeführt zu haben. Dagegen muss unter § 675v III **Nr 2** BGB die Pflichtverletzung kausal für den Schaden sein. Anforderungen an die Bedingung stellt § 675l II BGB (s Rn C/52). Ist eine solche Bedingung nicht erfüllt, schadet insoweit auch grobe Fahrlässigkeit oder (nach RegE S 166) sogar Vorsatz des Zahlers nicht. Beispiel für grobe Fahrlässigkeit nach Erwägungsgrund 72 ist die offene und leicht für Dritte einzusehende gemeinsame Aufbewahrung des Zahlungsinstruments und der Sicherungsmerkmale, die zur Autorisierung eines Zahlungsvorgangs verwendet werden.

C/63   Der Zahler haftet abweichend von I und III seinem Zahlungsdienstleister nicht, wenn der Zahlungsdienstleister des Zahlers eine **starke Kundenauthentifizierung** (§§ 1 XXIV, 55 ZAG, Vertraulichkeit geschützt durch mindestens zwei voneinander unabhängige Elemente aus den Kategorien Wissen, Besitz oder Inhärenz, Bspe bei Pal/Sprau § 675v Rn 10) nicht verlangt (außer bei betrügerischer Absicht des Zahlers, dann auch ohne Ursächlichkeit, RegE S 166), zB bei Kartenzahlung im Distanzgeschäft, oder der Zahlungsempfänger oder sein Zahlungsdienstleister eine solche nicht akzeptiert (§ 675v **IV** BGB), zB Zahlung nur mit Lastschrift. Letzterenfalls muss aber der nicht Akzeptierende dem Zahlungsdienstleister des Zahlers den daraus entstehenden Schaden ersetzen (§ 675v IV 3 BGB).

C/64   Der Zahler haftet **nach Eingang der Anzeige** gemäß § 675l Satz 2 BGB (s Rn C/52, Absendung genügt) nicht für danach entstehende Schäden (§ 675v **V 1** BGB). Dasselbe gilt nach § 675v **V 2** BGB auch bei Verstoß des Zahlungsdienstleisters gegen § 675m I Nr 3 BGB (s Rn C/37), einerlei ob der Verstoß für den Schaden ursächlich war (Wortlaut), also auch dann, wenn der Zahler gar keine Anzeige erstattet hat, str. In beiden Fällen aber schadet betrügerische Absicht (§ 675v **V 3** BGB).

C/65   § 675v BGB regelt Haftung und Haftungsbegrenzung nur für den Fall, dass der Zahlungsvorgang auf der Nutzung des verlorengegangenen, gestohlenen oder sonst abhanden gekommenen Zahlungsinstruments oder auf der sonstigen missbräuchlichen Verwendung eines Zahlungsinstruments beruht, insoweit abschließend, hL, Pal/Sprau § 675v Rn 2; strittig ist aber, ob damit auch Ansprüche wegen **Pflichtverletzungen außerhalb des § 675v I 1 Halbs 1 BGB** ausgeschlossen werden, zB wegen leicht fahrlässiger Nichtanzeige bei Fälschung des Überweisungsträgers (kein solches Instrument, s C/8), weiterhin für Haftung wegen Verletzung von Sorgfaltspflichten (außerhalb von § 675v BGB), BankrechtsHdb/Schmieder § 49 Rn 125, MüKoBGB/Zetzsche § 675v Rn 5, eher nein Grundmann WM **09,** 1114, 1115, wohl für Ausschluss, Ellenberger/Nobbe § 675v Rn 7, aber letztlich Frage für den EuGH (s Rn C/2), Grundmann WM **09,** 1163. Ob **Rechtsscheinhaftung** aufgrund Duldungs- und Anscheinsvollmacht (Einl 5 vor § 48) möglich bleibt, ist str (s Rn C/35, C/65), jedenfalls außerhalb des § 675v I 1 Halbs 1 BGB bleibt Rechtsscheinhaftung unberührt.

C/66   Die **Beweislast** für Ansprüche aus § 675v I und III BGB liegt grundsätzlich beim Zahlungsdienstleister, auch für den Zugang des Zahlungsinstruments und der Anzeige nach § 675l Satz 2 BGB, für eine betrügerische Absicht nach § 675v

V. Bankgeschäfte C/67–C/69 **BankGesch (7)**

IV 2 und V 3 BGB. Der Zahler hat die Absendung der Anzeige nach § 675l Satz 2 BGB (Erleichterung durch § 675m I 2 BGB) und die Vorausetzungen von II und IV zu beweisen. Beweislast für die fehlende Autorisierung ist in § 675w BGB geregelt. Zur Beweislast Pal/Sprau § 675v Rn 13, MüKoBGB/Zetzsche § 675v Rn 54 f (aber zT zur aF). Kein Anscheinsbeweis zu § 675 III Nr 2 BGB, wenn das Missbrauch des Online-Banking die Nutzung eines Zahlungsinstruments korrekt aufgezeichnet wurde und die Prüfung der Authentifizierung beanstandungsfrei blieb, BGH NJW **16**, 2014 Rn 68.

Von §§ 675v–676 BGB **abweichende Vereinbarungen** nur mit Unternehmerkunden (§ 675e IV BGB, s Rn C/17), so Nr 2.3.4 der Überweisungsbedingungen (s Rn C/24). C/67

c) Nachweis der Authentifizierung (§ 675w BGB): Der Zahlungsdienstleister muss im Streit über die Autorisierung (und die Folgen für die Haftung nach §§ 675u, 675v BGB, s Rn C/59, C/60 ff) nachweisen, dass eine Authentifizierung erfolgt ist (Legaldefinition, § 675w **Satz 2** BGB iVm § 675c III BGB und § 1 XXIII ZAG) und der Zahlungsvorgang ordnungsgemäß aufgezeichnet (Kartengebrauch mit Eingabe der richtigen PIN), verbucht sowie nicht durch eine (nur: technische, RegE S 167, 178) Störung beeinträchtigt wurde (§ 675w **Satz 1** BGB; zum Fälschungsrisiko schon C/58), sonst ist der Nachweis gescheitert. Beweisvermutungen in § 675w Satz 3 Nr 1–4 und Satz 4 BGB. § 675w **Satz 3** BGB gilt auch für den vom Zahlungsauslösedienstleister (s Rn C/7) ausgeführten Teil des Zahlungsvorgangs. In einem Haftungsprozess des Zahlers gegen seinen kontoführenden Zahlungsdienstleister kann ersterer, der dem Zahler allein haftet (§ 675u Satz 5 BGB), dem Zahlungsauslösedienstleister den Streit verkünden (§§ 72 I, 68, 74 III ZPO; zum Rechtsstreit zwischen diesen § 676a II, III BGB). Unsicherheiten ergeben sich wegen § 675w Satz 3 nF BGB („reicht ... allein nicht notwendigerweise aus, um nachzuweisen"), vielmehr kommt es dann auf den Geschehensablauf im konkreten Einzelfall an (RegE ZDRi I S 114), BGH NJW **16**, 2024 Rn 25. § 675w **Satz 4** nF ergänzt Satz 3: danach muss der (kontoführende) Zahlungsdienstleister unterstützende Beweismittel vorlegen, sonst ist ein Betrug, Vorsatz oder grobe Fahrlässigkeit des Zahlungsdienstnutzers nachzuweisen. Die Aufzeichnung allein reicht also nicht notwendigerweise aus. § 675w BGB betrifft nur den Fall, dass die Autorisierung eines ausgeführten Zahlungsvorgangs streitig ist (§ 675w I 1 BGB), in allen anderen Fällen gelten die dort geregelten oder allgemeinen Beweislastgrundsätze, zB § 676a II, III BGB, C/68

Anscheinsbeweis, der ohne Beweisvermutung bereits durch eine ernsthaft in Betracht kommende Möglichkeit einer anderen Ursache erschüttert wird, bleibt weiterhin möglich, hL, jedoch nur mit besonderen Anforderungen, BGH NJW **16**, 2024 Rn 23m krit Anm Herresthal JZ **17**, 28. Erschütterung ist auch durch außerhalb des Sicherheitssystems des Zahlungsdienstleisters liegende Umstände möglich, BGH NJW **16**, 2024 Rn 48 mit Beispielen Rn 50. Auch für onlinebanking ist der Anscheinsbeweis zwar nicht generell ausgeschlossen, aber dies nur bei Feststellung eines allgemein praktisch nicht zu überwindenden und im konkreten Einzelfall ordnungsgemäß angewandten und fehlerfrei funktionierenden Sicherungssystems, BGH NJW **16**, 2024 Rn 38, Lit Rn 33; s näher auch für die Kreditkarte Rn F/49. Erhebliche Zweifel bestehen aber gegen die Anwendbarkeit der Grundsätze der **Anscheinsvollmacht** und eines Handelns unter fremdem Namen bei Missbrauch des Online-Banking, BGH NJW **16**, 2024 Rn 57 ff, Grund: §§ 675j I 4, 675u, 675v II, 675e I BGB, näher Rn C/35, auch C/65. Zum Anscheinsbeweis ausführlich MüKoBGB/Zetzsche § 675w Rn 11 ff, MüKo/Haertlein E 102ff, differenzierend Staub/Grundmann 3/443 ff; Herresthal JZ **17**, 28 (Online-Banking). Vgl auch § 676 BGB (s Rn C/80). Rspr zur Beweislage (noch vor ZDRi II) bei Pal/Sprau § 675w Rn 5. C/69

Hopt 2023

(7) BankGesch C/70, C/71 2. Teil. Handelsrechtl. Nebengesetze

C/70 **d) Erstattungsanspruch bei einem vom oder über den Zahlungsempfänger ausgelösten autorisierten Zahlungsvorgang (§ 675x BGB):** Eigenständiger Anspruch, der die Autorisierung nicht entfallen lässt, kein Haftungsanspruch (RegE S 168), dazu Einsele WM **15**, 1131, und kein verlängertes Widerrufsrecht, BGH NJW **10**, 3512: § 377 I HGB analog, aA Obermüller/Kuder ZIP **10**, 354. § 675x BGB betrifft nur autorisierte, vom oder über den Zahlungsempfänger ausgelöste Zahlungsvorgänge (pull-Zahlungen) und gibt unter bestimmten Umständen (§ 675x **I** 1 Nr 1, 2 BGB), zB bei Hotelbuchungen oder Autovermietungen, bei denen bei Autorisierung der genaue Betrag nicht angegeben ist (Nr 1) und der zu erwartende (in Nr 2 näher spezifiziert) Zahlungsbetrag überstiegen wird, einen Anspruch des Zahlers auf Wiedergutschrift. Der Zahlungsvorgang muss autorisiert sein (§ 675j BGB, s Rn C/35), ohne Autorisierung gilt § 675u Satz 2 BGB. Der Erstattungsanspruch geht auf den vollen Betrag, nicht nur den anteiligen (übersteigenden) Teil (RegE ZDRi I S 115). Wertstellungsdatum spätestens Geschäftstag der Belastung auf dem Zahlungskonto (§ 675x I 2 BGB. Beweislast für die Voraussetzungen von § 675x I Nr 1 und 2 BGB beim Zahler (§ 675x I 3 BGB). Bei der **SEPA-Lastschrift** (s Rn D/38) besteht ein bedingungsloser Erstattungsanspruch ohne Angabe von Gründen, auch wenn § 675x I BGB nicht erfüllt ist (§ 675x **II** BGB, unbeschadet von § 675x III BGB); Grund: Verkehrs- und Verbraucherschutz; für Firmenlastschrift abdingbar. § 675x I 2 BGB ist auch auf § 675x II BGB anwendbar. Der Anspruch auf Erstattung kann durch Vereinbarung des Zahlers mit seinem Zahlungsdienstleister ausgeschlossen werden, wenn der Zahler seine Zustimmung zum Zahlungsvorgang direkt seinem Zahlungsdienstleister erteilt hat und der Zahler über den anstehenden Zahlungsvorgang mindestens vier Wochen vor dem Fälligkeitstermin unterrichtet wurde (§ 675x **III** BGB). Der Erstattungsanspruch ist **ausgeschlossen**, wenn der Zahler ihn nicht innerhalb von **acht Wochen** ab Belastung gegenüber seinem Zahlungsdienstleister geltend macht (§ 675x **IV** BGB), zweifelnd wegen Art 63 I Zahlungsdiensterichtlinie I (nur Mindestfrist), Grundmann WM **09**, 1161. Erstattung bzw Verfahren bei Ablehnung (innerhalb von 10 Geschäftstagen) s § 675x **V** BGB. § 675x I BGB gilt nicht oder nur eingeschränkt für one-leg transactions (§ 675x VI BGB iVm § 675d **VI** 1 Nr 1 Buchst b BGB, s Rn C/17). Ist der Zahler Unternehmer, ist der Anspruch abdingbar (§ 675e IV BGB, s Rn C/17), das ist für SEPA-Firmenlastschriften geschehen, dort keine Erstattung des dem Konto belasteten Lastschriftbetrags (s D/38).

C/71 **e) Haftung des Zahlungsdienstleisters bei nicht erfolgter, fehlerhafter oder verspäteter Ausführung eines Zahlungsauftrags; Nachforschungspflicht (§ 675y BGB):** § 675y BGB regelt das **Leistungsstörungsrecht des Zahlungsauftrags** getrennt nach nicht erfolgter und fehlerhafter und nach verspäteter Ausführung (§ 675y I und II, III und IV BGB). Dabei wird weiter zwischen Push-Zahlungen (§ 675y I, III BGB) und Pull-Zahlungen (§ 675y II, IV BGB) getrennt. § 675y V BGB regelt den Fall fehlerhaft angegebener Kundenkennung. Wird der Zahlungsvorgang vom **Zahler** ausgelöst (§ 675y **I** BGB, **Push-Zahlungen**, MüKoBGB/Zetzsche § 675y Rn 9), kann dieser von seinem Zahlungsdienstleister im Fall einer nicht erfolgten oder fehlerhaften Ausführung des Zahlungsauftrags unverzügliche und ungekürzte **Erstattung** des Zahlungsbetrags nebst eventuell berechneter Entgelte und Zinsen (valutamäßige Buchung) verlangen (**verschuldensunabhängig**, näher § 675y I 1, 2, VI BGB). Das Erstattungsverlangen beseitigt als Gegenweisung den Zahlungsauftrag, für ex tunc-Wirkung Einsele WM **15**, 1126. Bei Auslösung des Zahlungsvorgangs durch den Zahler über einen Zahlungsauslösedienstleister treffen die Pflichten nach Satz 1 und 2 den kontoführenden Zahlungsdienstleister (§ 675y I 3 BGB), Begründung und Regress entsprechend § 675u Satz 5 (s Rn C/56). Bei **Kür**-

2024 *Hopt*

zungen (§ 675q I BGB, s Rn C/47) Pflicht des Zahlungsdienstleisters des Zahlers diesem gegenüber (nicht gegenüber dem Zahlungsempfänger, vgl RegE ZDRi I S 116), den abgezogenen Betrag an den Zahlungsempfänger zu zahlen (§ 675y I 4 BGB). Die **Haftung entfällt, wenn** der Zahlungsdienstleister des Zahlers nachweist, dass der Zahlungsbetrag **ungekürzt** bei dem Zahlungsdienstleister des Zahlungsempfängers **eingegangen** ist (§ 675y I 5 BGB, relevanter Zeitpunkt: autorisierte Abrufpräsenz, s Rn C/92).

§ 675y II BGB betrifft den Fall, dass der Zahlungsvorgang vom oder über den **Zahlungsempfänger** ausgelöst wird (**Pull-Zahlungen**, s oben). Dann auf Verlangen des Zahlungsempfängers ggf erneute Übermittlung des Zahlungsauftrags durch seinen Zahlungsdienstleister an den Zahlungsdienstleister des Zahlers. Hat der Zahlungsdienstleister des Zahlungsempfängers nachweislich seine Pflichten erfüllt, muss der Zahlungsdienstleister des Zahlers diesem den ungekürzten Zahlungsbetrag entsprechend § 675y I 1, 2 BGB erstatten; bei Abzügen entgegen § 675q I, II BGB muss der Zahlungsdienstleister des Zahlungsempfängers diesem den abgezogenen Betrag unverzüglich auszahlen (§ 675y II 3 BGB); Haftung für zwischengeschaltete Stellen und Ausgleichsanspruch gegen diese (§ 676a BGB, s Rn C/85, C/86). — C/72

§ 675y III und IV BGB regeln die Absprüche bei **Verspätungen** (Ausführungsfrist bei Push- und bei Pull-Zahlungen, § 675s I, II BGB) und stellen damit klar, dass es sich dabei um eine eigenständige Kategorie der Leistungsstörungen mit eigenen Rechtsfolgen handelt. Bei **Push-Zahlungen** kann der **Zahler** bei **verspäteter Ausführung des Zahlungsauftrags** verlangen, dass sein Zahlungsdienstleister vom Zahlungsdienstleister des Zahlungsempfängers verlangt, Gutschrift auf dem Konto des Zahlungsempfängers ebenso wie bei ordnungsgemäßer Ausführung vorzunehmen (§ 675y **III** 1, 2 BGB). Ausgleich zwischen dem Zahlungsdienstleister des Empfängers und dem des Zahlers nach § 676a I BGB. Zahlungsauslösedienstleister, § 675y III 3 BGB, vgl § 675y I 3 (s Rn C/71). Entlastungsbeweis des Zahlungsdienstleisters des Zahlers, § 675y III 4 BGB. — C/73

Bei **Pull-Zahlungen** kann der **Zahlungsempfänger** bei **verspäteter Übermittlung des Zahlungsauftrags** verlangen, dass sein Zahlungsdienstleister die Gutschrift auf dem Konto des Zahlungsempfängers so wie bei ordnungsgemäßer Ausführung vornimmt (§ 675y **IV** 1 BGB). Soll- und Habenzinsen also gemäß der valutamäßigen Buchung. Bei Nachweis der rechtzeitigen Übermittlung hat der **Zahler** Anspruch gegen seinen Zahlungsdienstleister auf Erstattung, außer bei Nachweis des bloß verspäteten Eingangs des Zahlungsbetrags beim Zahlungsdienstleister des Zahlungsempfängers, dann Gutschrift wie nach Satz 1 durch diesen (§ 675y IV 2–4 BGB). Letzterenfalls Ausgleich zwischen den Zahlungsdienstleistern nach § 676a BGB. — C/74

Keine Ansprüche des Zahlungsdienstnutzers gegen seinen Zahlungsdienstleister nach § 675y I 1, 2, II 2 BGB bei Ausführung des Zahlungsauftrags in Übereinstimmung mit der vom Zahlungsdienstnutzer angegebenen **fehlerhaften Kundenkennung** (s Rn C/46 mit Abhilfeversuchen), aber **Bemühenspflicht** um Wiedererlangung des Zahlungsbetrags **(§ 675y V 1, 2 BGB)**, zB wenn noch Stornierung möglich ist (RegE ZDRi I S 117), Bereicherungsansprüche muss der Zahler dagegen selbst ausüben, Staub/Grundmann 3/514. Dazu Informationsansprüche nach § 675y V 3, 4 BGB. Für die Tätigkeiten nach § 675y V 2–4 BGB kann Entgelt vereinbart werden (§ 675y V 5 BGB). Lit: Hoffmann WM **16**, 1110. — C/75

Entgelte und Zinsen sind dem Zahlungsdienstnutzer zu erstatten (§ 675y **VI** BGB, keine eigene Anspruchsgrundlage, nur bei Vorliegen von § 675y I, II)), nur Sollzinsen (arg VI), Zinsschaden (Habenzinsen) aber nur nach § 675z iVm § 280 I BGB. Bei Nicht- oder fehlerhafter Ausführung des Zahlungsauftrags Anspruch auf Nachvollziehung des Zahlungsvorgangs und Unterrichtung des Zahlungsdienstnutzers s § 675y **VII** BGB, dies unentgeltlich (§ 675f V 2 BGB, s Rn C/ — C/76

(7) BankGesch C/77–C/81 2. Teil. Handelsrechtl. Nebengesetze

50). Zahlungsvorgänge mit Drittstaatenbezug (one-leg transacations), § 675y **VIII** BGB, s Rn C/17). Abschließende Regelung, s § 675z I 1 (s Rn C/77).

C/77 **f) Sonstige Ansprüche bei nicht erfolgter, fehlerhafter oder verspäteter Ausführung eines Zahlungsauftrags oder bei einem nicht autorisierten Zahlungsvorgang (§ 675z BGB):** §§ 675u und 675y BGB sind **abschließend** (§ 675z **Satz 1** BGB, aber nur „hinsichtlich der dort geregelten Ansprüche eines Zahlungsdienstnutzers"), also keine Ansprüche zB auf Erstattung des Zahlungsbetrags oder von Zinsen und Entgelten, auch bei (entgegen §§ 675u, 675v BGB) verschuldensabhängigen Ansprüchen. **Nicht ausgeschlossen** sind danach Ansprüche wegen Schäden, die nicht bereits von §§ 675u oder 675y BGB erfasst sind, zB **Folgeschäden** aus Ansprüchen des Zahlungsempfängers gegen den Zahler aus §§ 280 ff BGB wie Verzugsschäden oder entgangener Gewinn des Zahlers, §§ 812 ff und 823 ff BGB, RegE S 171, 176, BankrechtsHdb/Schmieder § 49 Rn 66.

C/78 **Für nicht bereits von § 675y BGB erfasste Schäden** kann **Haftungsbegrenzung** vereinbart werden, und zwar auf 12 500 Euro für Ansprüche wegen nicht erfolgter, fehlerhafter oder verspäteter Ausführung (keine Grenze für sonstige Schäden), dies gilt nicht für Vorsatz und grobe Fahrlässigkeit, Zinsschaden und Gefahren, die der Zahlungsdienstleister besonders übernommen hat (§ 675z **Satz 2** BGB).

C/79 § 675z S 3, 4 BGB regeln die **Haftung im Fall von zwischengeschalteten Stellen.** Haftung des Zahlungsdienstleisters für zwischengeschaltete Stellen wie für eigenes Verschulden (§ 675z **Satz 3** BGB). Spezialnorm zu § 278 BGB, nicht bloßes Auswahl- und Überwachungsverschulden nach § 664 I 2, 3 BGB), so auch bei erlaubter Substitution, Bitter WM **10,** 1781. **(8)** AGB-Banken Nr 3 II wäre damit für den Zahlungsverkehr nicht vereinbar, Bitter WM **10,** 1781, wohl auch BankrechtsHdb/Schmieder § 49 Rn 139, aber Ziff 2.3.3 der Überweisungsbedingungen geht vor (s **(8)** AGB-Banken Nr 3 Rn 5), also keine Unklarheit. Keine Haftung aber, wenn die wesentliche Ursache bei einer vom Zahlungsdienstnutzer vorgegebenen zwischengeschalteten Stelle liegt, dann haftet diese dem Zahlungsdienstnutzer anstelle des Zahlungsdienstleisters des Zahlungsdienstnutzers (§ 675z **Satz 4** BGB). Ob diese letztere Haftung noch eine vertragliche oder richtiger eine gesetzliche ist, ist str, MüKoBGB/Zetzsche § 675z Rn 19. Keine Haftung bei vom Zahlungdienstnutzer angegebener **fehlerhafter Kundenkennung** (§ 675z Satz 5 iVm § 675y V 1 BGB, nur klarstellend, s Rn C/75). Zahlungsvorgänge mit Drittstaatenbezug (one-leg transactions), § 675z **Satz 6** BGB (iVm § 676e II Nr 1 BGB, s Rn C/17). Abweichende Vereinbarung mit Unternehmenskunden (s § 675e IV BGB, s Rn C/17), Nr 2.3.4 der Überweisungsbedingungen (s Rn C/24). **Warnpflichten** s Rn C/42. Lit: Bitter WM **10,** 1781.

C/80 **g) Nachweis der Ausführung von Zahlungsvorgängen (§ 676 BGB):** § 676 BGB ergänzt § 675y BGB und gilt auch für dort nicht erfasste Folgeschäden (s Rn C/77), BankrechtsHdb/Schieder § 49 Rn 51. Die Beweislast liegt beim Zahlungsdienstleister. Vgl auch § 675w BGB (s Rn C/68).

§ 676a BGB s Rn C/86.

C/81 **h) Anzeige nicht autorisierter oder fehlerhaft ausgeführter Zahlungsvorgänge (§ 676b BGB):** Obliegenheit,(trotz Formulierung in § 676b I BGB und RegE S 178, Grund: Art 71 ZDRi II) des Zahlungsdienstnutzers zur unverzüglichen Anzeige nach Feststellung (§ 676b **I** BGB, früher str (Pflicht), MüKoBGB/Zetzsche § 676b Rn 6. **Verschuldensunabhängige Ausschlussfrist** für Ansprüche und Einwendungen des Zahlungsdienstnutzers von **13 Monaten** ab Belastung (entspricht dem Zeitpunkt des vierteljährlichen Rechnungsabschlusses), aber nur bei und sonst erst ab entsprechender Unterrichtung durch den Zahlungsdienstleister (§ 676b **II** BGB). Saldoanerkenntnis und zeitlich frühere

Genehmigung von Belastungen aus Lastschrift nach AGB sowie Geltendmachung bis zu sechs Wochen nach Rechnungsabschlus bleiben zulässig (s **(8)** AGB-Banken Nr 7 Rn 3, **(9)** AGB-Spark Nr 7 III), ebenso die Prüf- und Rügepflichten (s **(8)** AGB-Banken Nr 11 IV, **(9)** AGB-Spark Nr 20 I lit g) MüKoBGB/Zetzsche § 676b Rn 9, 10, 13, Grundmann WM **09**, 1113, Staub/Grundmann 3/537, vgl auch Pal/Sprau § 676b Rn 4, aber str wegen II, §§ 675w, 675e I BGB (Nachteil). Spätestens nach 13 Monaten **Fiktion der Genehmigung.** Die Ausschlussfrist gilt für andere Ansprüche des Zahlungsdienstnutzers gegen seinen Zahlungsdienstleister als die in § 675z Satz 1 BGB genannten (nämlich §§ 675u, 675y BGB), zB Folgeschäden, nur eingeschränkt, nämlich Geltendmachung auch nach Fristablauf noch möglich, wenn der Zahlungsdienstnutzer diese Frist ohne Verschulden versäumt hat (§ 676b **III** BGB). Letzteres kann etwa der Fall sein, wenn der Zahlungsdienstleister selbst erst später in Anspruch genommen wird. § 676b IV und V BGB regeln den Ausschluss von Rechten bei Einschaltung eines Zahlungsauslösedienstleisters (s Rn C/11). § 676b **IV** BGB regelt parallel zu § 676b II BGB die Ausschlussfrist für den Fall, dass der Zahlungsvorgang über einen Zahlungsauslösedienstleister ausgelöst worden ist. § 676b **V** BGB entspricht § 676b III BGB für Ansprüche des Zahlungsdienstnutzers gegen seinen kontoführenden Zahlungsdienstleister oder gegen den Zahlungsauslösedienstleister. Die Anzeige an den kontoführenden Zahlungsdienstleister erhält auch Ansprüche und Einwendungen des Zahlungsdienstnutzers gegen den Zahlungsauslösedienstleister (§ 676b **V** Nr 1 BGB). Lit: Foerster AcP 213 **(13)** 407.

i) Haftungsausschluss (§ 676c BGB): Ansprüche aus dem Kapitel (§§ 675j–676b BGB) sind ausgeschlossen bei einem unvermeidbaren Ereignis (näher umschrieben in § 676c Nr 1 BGB) und bei gesetzlicher Verpflichtung (§ 676c Nr 2 BGB). Der Begriff „unvermeidbares Ereignis" stammt aus der Richtlinie I und muss sich nicht mit dem der höheren Gewalt nach nationalem Recht decken, deswegen andere Fassung in § 676c Nr 1 BGB. Fälle höherer Gewalt fallen ohne Weiteres darunter, Anforderungen des § 676c BGB an Unvermeidbarkeit sind geringer. Anwendungsbeispiele bei MüKoBGB/Zetzsche § 676c Rn 6.

4) Das Rechtsverhältnis zwischen den Banken beim mehrgliedrigen Überweisungsverkehr (Interbankenverhältnis)

A. Rechtliche Qualifikation, kein Zahlungsdienst zwischen Teilnehmern von Zahlungssystemen (§ 2 I Nr 7 ZAG): Der mehrgliedrige Überweisungsverkehr macht Überweisungen von Kunden der Überweisungsbank (uU über Zwischenbanken) zu Kunden der Empfängerbank möglich, ohne dass der Kunde der Überweisungsbank zu den anderen Banken in vertragliche Beziehungen tritt, BGH WM **58**, 1078. Das Rechtsverhältnis zwischen den Banken beim mehrgliedrigen Überweisungsverkehr ist zwar an sich ein Zahlungsdienst iSv § 675c BGB iVm § 1 I Satz 2 Nr 3 lit c (Überweisungsgeschäft) ZAG, aber Zahlungsvorgänge zwischen Teilnehmern von Zahlungssystemen (Legaldefinition § 1 XI ZAG) sind nach § 2 I Nr 7 ZAG ausgenommen. Da der Interbankenverkehr praktisch nur in solchen Systemen verläuft, MüKoBGB/Casper § 675c Rn 37, § 675f Rn 69, bedeutet das, dass **§§ 675c–676c BGB** auf das Interbankenverhältis **grundsätzlich nicht anwendbar** sind, es sei denn, das ist dort besonders angesprochen (RegE ZDRi I S 118, so § 676a BGB, s Rn C/86, aber SEPA Rulebooks und Abkommen, s Rn C/84). Das Rechtsverhältnis zwischen zwei Banken ist somit ein **Geschäftsbesorgungsvertrag** (§ 675 I BGB, wie Girovertrag, aber ohne Zahlungsdiensterahmenvertragscharakter iSv § 675f II 1 BGB, s Rn C/25, C/27), BGH **103**, 145, **108**, 388, NJW **03**, 1389, WM **12**, 1384, mit Dienstleistungscharakter, aA Gößmann/van Look WM Sonderbeil 1/**00**, 43, Grund: nur Weiterleitungspflicht, kein Erfolg geschuldet; dieser ist idR ein Rahmenvertrag und als solcher ein Dauerschuldverhältnis. Diese Interbanken-

(7) BankGesch C/84–C/86   2. Teil. Handelsrechtl. Nebengesetze

verhältnisse werden durch eigene Abkommen besonders geregelt (s Rn C/84). Die Vertragsverpflichtung schließt einseitige Lösungsmöglichkeit des zwischengeschalteten Kreditinstituts aus (außer bei Rahmenvertrag, hier Kündigung nach allgemeinen Regeln), vertragliche Aufhebung bleibt möglich, ebenso Gegenweisung des überweisenden Kreditinstituts. Die Pflichten der Beteiligten ergeben sich aus den Abkommen zwischen ihnen, Düss WM **99**, 1363, auch wenn sie hinter denen des Zahlungsdienstleisters des Zahlers diesem gegenüber aus §§ 675c ff BGB zurückbleiben, BankrechtsHdb/Schmieder § 49 Rn 151. Lit zum Interbankenverhältnis bei der Überweisung: MüKo/Häuser B 295ff, Nobbe WM Sonderbeil 1/**12**, 12.

C/84 **B. Regelung des Zahlungssystems:** In der Praxis erfolgt der mehrgliedrige Überweisungsverkehr durch Verrechnung in Gironetzen mit einer gemeinsamen Kopfstelle. Gironetze bestehen in den privaten Großbanken, den Sparkassen, den Volksbanken und Raiffeisenbanken und zwischen diesen Netzen durch die Zentralbank (DBBk mit einer LZBk, nunmehr Abrechnungsstelle der DBBk, in jedem Bundesland und Zweiganstalten, s § 3 BBankG), s Besondere Bedingungen der DBBk für den beleglosen Datenträgeraustausch. Die DBBkAbrechnung erfolgt durch **Verrechnungsvertrag (Skontration)**, BGH WM **72**, 1379, NJW **87**, 2439; dazu Canaris 892, 892a; Canaris WM **76**, 994, Sandberger BB **76**, 488, Pfister ZHR 143 **(79)** 24. Warnpflichten im Abrechnungsverkehr s Rn A/24. Auch zwischen den beteiligten Banken bestehen Giroverträge (Kontokorrente), bei Zwischenbanken (nicht aber bei bloßer Einschaltung von Landeszentralbanken: diese sind bloße Boten, BGH **96**, 13, Schlegelb/Hefermehl 49, str für das vereinfachte Scheck- und Lastschrifteinzugsverfahren der DBBk, Häuser WM **88**, 1508), aber nur mit diesen, nicht auch unmittelbar zwischen der Überweisungsbank und der Empfängerbank, BGH WM **57**, 1047. Das **Abkommen zum Überweisungsverkehr** idF 2009, zwischen den Spitzenverbänden des Kreditgewerbes und der DBBk, ist mit der Einstellung der nationalen Überweisungs- und Lastschriftverfahren infolge der SEPA-Migration außer Kraft getreten (zu diesem Abkommen 36. Aufl Rn C/62); auf SEPA-Überweisungen war es nicht anzuwenden. Für **SEPA-Inlandsüberweisungen** gilt das Überweisungs-Regelwerk des European Payments Council für Zahlungen im Inland (SEPA Credit Transfer Scheme Rulebook, Rn C/18) und ergänzend das **Abkommen über die SEPA-Inlandsüberweisung** idF 24.11.14. Zur insolvenzrechtlichen **Wirksamkeit von Verrechnungen** bei Einbringung in ein Verrechnungssystem (§ 147 I 2 ua InsO) s Rn A/58. Zur **internationalen Überweisung** BankrechtsHdb/Haug 5. Aufl 2017 § 51a; zum beleglosen Datenträgeraustausch (DTA) BankrechtsHdb/Maihold 5. Aufl 2017 § 52; zum Scheckabrechnungsverkehr mit und ohne DBBk (Interbankenverhältnis) BankrechtsHdb/Nobbe 5. Aufl 2017 § 61 Rn 104 ff. Zur Unwiderruflichkeit von Aufträgen zur Übertragung von Wertpapieren in Systemen s **§ 675b BGB**.

C/85 **C. Haftung des Zahlungsdienstleisters für Verschulden einer zwischengeschalteten Stelle (§ 675z S 3 BGB):** s Rn C/79.

C/86 **D. Ausgleichsanspruch zwischen Zahlungsdienstleistern oder zwischengeschalteten Stellen (§ 676a BGB), sonstige Ansprüche: a) Ausgleichsanspruch:** Verschuldensunabhängiger Ausgleichsanspruch (Regressanspruch) des Zahlungsdienstleisters (kein Anspruch des Zahlers), § 676a **I** BGB, dies ex lege (str, Grund: gilt auch wenn keine unmittelbaren Vertragsbeziehungen bestehen, RegE S 177), wenn die Ursache für die Haftung eines Zahlungsdienstleisters nach §§ 675u, 675y und 675z BGB im Verantwortungsbereich eines anderen Zahlungsdienstleisters, eines Zahlungsauslösedienstleisters oder einer zwischengeschalteten Stelle liegt. Bspe Rn 675u Satz 5 BGB (s Rn C/56), § 675y I 3 BGB (s Rn C/71). Beweislast des Zahlungsauslösedienstleisters für Autorisierung und ordnungsgemäße Ausführung in seinem Verantwortungs-

V. Bankgeschäfte C/87–C/89 **BankGesch (7)**

bereich (§ 676a II, III BGB). § 676a BGB regelt ausnahmsweise das sonst von der Zahlungsdiensterichtlinie und den §§ 675c–676c BGB nicht erfasste Interbankenverhältnis (s Rn C/83). § 676a BGB ist nicht abschließend (RegE ZDRi I S 119). Mehrere zwischengeschaltete Stellen haften nach § 421 BGB, Ausgleich nur im Innenverhältnis (§ 426 BGB), bei Mitwirkung des erstbeauftragten Instituts § 254 BGB, BankrechtsHdb/Schmieder § 49 Rn 145. Absicherung für den Haftungsausfall für Zahlungsauslösedienste nach § 16 ZAG.

b) Sonstige Ansprüche: Weitere finanzielle Entschädigungen können sich C/87 aus den Vereinbarungen zwischen den Zahlungsdienstleistern und/oder zwischengeschalteten Stellen und aus dem auf diese Vereinbarungen anwendbaren Recht ergeben.

c) Drittschutzwirkung bzw Schutzpflichten aus Gesetz: Nach früherer C/88 Rechtslage hatten die Giroverträge zwischen den beteiligten Banken, zumutbare Pflichten vorausgesetzt, uU **Drittschutzwirkung**, Düss WM **82,** 575, Ffm WM **84,** 726, Düss WM **87,** 1008, Kln WM **88,** 93, Hüffer ZHR 151 **(87)** 93, besser **unmittelbare Schutzpflichten** aus Gesetz; nach aA ist **nur Drittschadensliquidation** möglich, Hadding FS Werner **84,** 165, van Gelder WM **95,** 1253, BankrechtsHdb/Schmieder § 49 Rn 154ff, MüKo/Häuser B 348ff, allgemein zur Drittschadensliquidation Langenbucher/Adolff FS Canaris **07** I 679, Fleckner in Beiträge für Hopt **08,** 3. Eine andere Frage war, in welchen konkreten Fallkonstellationen solche unmittelbaren Schutzpflichten anzunehmen sind, was jeweils besonders begründet werden und zumutbar sein muss (Reibungslosigkeit des Giroverkehrs), Canaris 396. Demgegenüber hat der BGH 6.5.08 WM **08,** 1252 in einem Grundsatzurteil unter **Aufgabe früherer Rechtsprechung** (BGH **69,** 85, **96,** 17, WM **88,** 247, s zum Lastschriftverkehr Rn D/44) vertragliche Schutzpflichten von Banken zugunsten Dritter im bargeldlosen Zahlungsverkehr **generell abgelehnt,** zust BankrechtsHdb/Schmieder § 49 Rn 11. Darauf musste sich der Rechtsverkehr beim Überweisungsverkehr, bei der Lastschrift (s Rn D/44) und beim Scheckgeschäft (s Rn E/6) einstellen, auch wenn dogmatisch und im Ergebnis nach wie vor die **besseren Gründe für die alte Rechtsprechung** sprechen (sehr wohl bestimmungsgemäße, wenn auch nicht direkte Leistungsberührung; personenrechtlicher Einschlag ist heute zutr nicht mehr nötig, das war gerade der Fortschritt der früheren Rspr; dem Massengeschäftscharakter kann ohne Weiteres Rechnung getragen werden; das alleinige Interesse der Banken sollte nicht entscheidend sein, sie handeln im Interesse der Kunden; europarechtliche Überprüfung fehlt). Stattdessen werden die Kunden (außer bei Bareinzahlung, dann eigenständiger Geschäftsbesorgungsvertrag mit direkter Warnpflicht, BGH WM **08,** 1256) auf die Drittschadensliquidation und § 826 BGB verwiesen, was sie deutlich schlechter stellt (Notwendigkeit, zuerst die Abtretung zu erstreiten; Vorsatzerfordernis, vgl im Übrigen 33. Aufl). Bankgeheimnis s Rn A/9.

5) Das Rechtsverhältnis zwischen der Bank bzw den Banken und dem Überweisungsempfänger (Inkasso- oder Ausführungsverhältnis)

A. **Vor Gutschrift:** Der Girovertrag mit Überweisungauftrag zwischen dem C/89 Überweisenden und der überweisenden Bank ist **kein Vertrag zugunsten Dritter** iSv § 328 BGB; der Überweisungsauftrag (s Rn C/33) begründet für den Empfänger (Begünstigten) noch keinen unmittelbaren Anspruch gegenüber der überweisenden Bank, BGH **69,** 85, NJW **87,** 318, **98,** 1640; Drittschutzwirkung s Rn C/88. Auch die Mitteilung (**Avis,** auch Eilavis oder Direktavis) des Überweisenden oder der überweisenden Bank an den Empfänger oder seine Bank ist nur eine Vorausankündigung, auch bei Auftragskopie mit Originalunterschriften; dazu Nürnb WM **77,** 1441, Düss WM **79,** 1272, Koller BB **72,** 687; dann aber uU Schutzpflicht (vgl Scheckauskunft, s Rn E/8). Möglich ist aber wie beim

(7) BankGesch C/90   2. Teil. Handelsrechtl. Nebengesetze

Scheck (s Rn E/8) Anspruch des Empfängers aus anderem Rechtsgrund, zB **Bestätigung, Garantie** oder sonstiger Vereinbarung, RG **134,** 77, BGH WM **56,** 1293, BB **60,** 343, **Auskunftsvertrag,** BGH NJW **98,** 1640 (iErg abl), BankrechtsHdb/Schmieder § 49 Rn 12 (aber mißverständlich zur „Bestätigung", vgl Rn E/8 mit verschiedenen Graden der Verbindlichkeit); Haftung aus § 826 BGB s Rn A/34. Eine förmliche **Bestätigung** der Überweisungsbank gegenüber dem Überweisungsempfänger (direkt oder über den Überweisenden) mit dem Inhalt, ohne Rücksicht auf Deckung oder Widerruf zu überweisen (Garantiewirkung wie Scheckeinlösungszusage, s Rn E/8), muss aber erkennbar gewollt sein (s Rn E/8). Der bloße Stempelaufdruck „angenommen" genügt keinesfalls, auch nicht **Sperrzusage** (nur Sperrverpflichtung, uU Drittschutz, vgl Düss WM **08,** 1398). Liegt solche Garantie vor, ist der Widerruf des Überweisenden unbeachtlich. (Un)Widerruflichkeit des Überweisungsauftrags ist dafür irrelevant, str. Die Bestätigung kann an bestimmte Voraussetzungen gebunden sein, uU auch stillschweigend, zB Auslieferung der Ware, doch darf nicht auf diese Weise die Bestätigung konterkariert werden.

C/90   Der Empfänger hat ab Eingang des Zahlungsbetrags auf dem Konto seines Zahlungsdienstleisters einen gesetzlichen **Anspruch auf unverzügliche Zurverfügungstellung** (§ 675t I 1 BGB, s Rn C/49). Dies entspricht dem bisherigen **Anspruch auf Gutschrift** (oder Weiterüberweisung, BGH WM **58,** 222) aus dem eigenen Girovertrag des Zahlungsempfängers mit seiner (Empfänger-)Bank (§ 676f iVm §§ 675 I, 667 BGB, s Rn C/25), RegE S 112, Schürmann Bankrechtstag **09,** 45, BGH WM **90,** 6 mAnm Häuser 1184. Der Empfänger hat also idR einen **eigenen Zahlungsdiensterahmenvertrag** mit seiner (Empfänger-)Bank (s Rn C/27). Dieser letztere Anspruch entsteht allgemein auf Gutschrift eingehender Zahlungen bereits mit Abschluss des Girovertrags (insoweit durch § 676t I 1 BGB nicht verdrängt), als Anspruch auf Gutschrift eines konkreten Überweisungsbetrags dagegen mangels anderer Vereinbarung erst, wenn die Empfängerbank den Überweisungsbetrag erhalten hat; § 675t I 1 BGB hat also iErg am Anspruch auf Gutschrift nichts geändert, BankrechtsHdb/Schmieder § 49 Rn 163, 171. Bei **irrtümlich angegebener Kontonummer** (s Rn C/46) hat die Empfängerbank zwar ein Recht (§ 675r I 1 BGB), aber keine Pflicht zur Gutschrift an den in der Kundenkennung irrtümlich Genannten, str (s Rn C/46), nur der wahre, nicht der irrtümlich genannte Empfänger hat einen Anspruch auf Gutschrift, allerdings wegen § 676b I 1 BGB nur bis zur Gutschrift an den irrtümlich Genannten, BankrechtsHdb/Schmieder § 49 Rn 79 f, 166, MüKoBGB/Jungmann § 675r Rn 33, aA wohl Bitter WM **10,** 128, str, aber jedenfalls Anspruch auf Stornierung, falls noch möglich (s Rn C/46, C/104). Zurückweisungsrecht des Empfängers gegenüber der Bank analog § 333 BGB, früher üL, offen BGH NJW **90,** 324 (aber bei fehlendem Valutaverhältnis), wohl auch Staub/Grundmann (aber §§ 311, 780 BGB), ist unter § 675t BGB problematisch, ablehnend MüKoBGB/Jungmann § 675r Rn 31, BankrechtsHdb/Schmieder § 47 Rn 16 ff, MüKo/Häuser B 414, 416: anders bei Fehlüberweisung, s dazu Rn C/46, C/95. Zum Sonderfall des erkannten Fehlers s Rn C/45. **Eingang des Überweisungsbetrags** bzw der buchmäßigen Deckung (Zeitpunkt in § 675t I 1 BGB nicht besonders geregelt): bei innerbetrieblicher Überweisung mit Erlangung der buchmäßigen Deckung durch Belastung des Kontos des Überweisenden, bei außerbetrieblicher Überweisung mit entspr Belastung bzw Gutschrift für die Empfängerbank; auf Kenntnis der Empfängerbank kommt es nicht an. Bei elektronischem Überweisungseingang ist außer der Belastungsbuchung eine **Nachdisposition** der Bank notwendig, bloßes Schweigen genügt nicht, BGH WM **05,** 1019, Nobbe WM Sonderbeil 1/**12,** 10, MüKo/Häuser B 396. Ist die Deckung noch nicht eingegangen, erteilt die Bank entweder ein unverbindliches **Avis** oder schreibt **unter Vorbehalt** (**E. v.,** Rn C/92) gut, BankrechtsHdb/Schmieder § 49 Rn 168, Grundmann WM **09,** 1116. Fällt die De-

V. Bankgeschäfte C/91, C/92 **BankGesch (7)**

ckung wieder weg, zB durch Insolvenz der Überweisungs- oder der Zwischenbank, ist nichts herauszugeben, str, fraglich unter § 675 I BGB („eingegangen"). Der Anspruch ist unverzüglich zu erfüllen; Wertstellung spätestens Geschäftstag des Deckungseingang (§ 675t I 2 BGB, s Rn C/49). Der Anspruch auf Gutschrift ist grundsätzlich nicht abtretbar, aber pfändbar (analog § 851 II ZPO). Bei Geldbeträgen in **ausländischer Währung** muss die Empfängerbank mangels Fremdwährungskontos beim Empfänger rückfragen, bei kleineren Beträgen kann sie nach dem mutmaßlichen Willen des Kunden in Euro (Verkaufskurs der Fremdwährung) gutschreiben, in der Praxis bestehen dazu Schwellenwerte.

B. **Nach Gutschrift:** Die Gutschrift des überwiesenen Betrags durch die (Empfänger-)Bank für den Empfänger vollendet den Überweisungsvorgang. Der Empfänger soll sich durch sie möglichst wie bei Empfang von Bargeld stellen, BGH **6,** 124. Die Gutschrift begründet deshalb für ihn ein **abstraktes Recht aus Gutschrift** (zur Vorverlagerung auf Eingang des Überweisungsbetrags, s Rn C/90), das von Einwendungen und Einreden aus dem Deckungs- und Valutaverhältnis (s Rn C/21) unabhängig ist, BGH **6,** 124, **26,** 171, NJW **51,** 437, BB **76,** 1246 (Nichtbefolgen von Weisung zur Weiterleitung von Zweckangaben). C/91

Die **Gutschrift** ist als abstrakte Schulderklärung der Empfängerbank gegenüber dem Empfänger anzusehen (§§ 780, 781 BGB), hL, MüKo/Häuser B 388, aA Kupisch WM Sonderbeil 3/**79,** 20. Das gilt auch nach neuem Recht, Grundmann WM **09,** 1113 (s Rn C/15), die Gutschrift ist danach mit dem Anspruch auf Verfügbarmachung aus § 675t I 1, 3 BGB (s Rn C/49) nicht ohne weiteres gleichzusetzen, MüKoBGB/Jungmann § 675t Rn 5, 35, 43. Sie beruht vielmehr **wie bisher** auf dem (wirksamen) Girovertrag, aus dem die Bank das Recht zur einseitigen Begründung abstrakter Rechte des Kunden ohne dessen Kenntniserlangung hat (nach aA antizipierte Angebote des Kunden mit Verzicht auf Erklärung der Annahme nach § 151 BGB, nach aA überhaupt einseitiges Rechtsgeschäft der Bank), Koller BB **72,** 692. Gutschrift **unter Vorbehalt** (Eingang vorbehalten, **E. v.**) ist möglich (trotz § 675t BGB, s Rn C/49, 90, D/48), BankrechtsHdb/Schmiedel § 49 Rn 168, MüKoBGB/Jungmann § 675t Rn 54, Ffm BB **83,** 148, aber, da die Bank sich vorher Deckung verschaffen kann, anders als bei Gutschrift von Einzugspapieren (s **(8)** AGB-Banken Nr 9 für Einzugsaufträge, Scheckinkasso s Rn E/6) unüblich; erfolgt sie dennoch, gewährt die Bank konkludent Kredit. Auch der für die Entstehung der Gutschrift **maßgebliche Zeitpunkt** ist durch die Zahlungsdienstrichtlinie I nicht vorgegeben, Grundmann WM **09,** 1113 (s Rn C/15), zu unterscheiden vom Anspruch auf die Gutschrift und die Wertstellung (s Rn C/90). Er ist bei **manueller** Bearbeitung die Gutschriftsbuchung durch die Bank. Kenntnis des Empfängers ist irrelevant. Anzeige an ihn ist nur deklaratorisch, BGH NJW **51,** 437. Der maßgebliche Zeitpunkt für die Gutschrift ist beim **maschinellen** Buchungsverfahren der, in dem die Bank die Daten der Gutschrift zur vorbehaltlosen Bekanntgabe an den Empfänger zur Verfügung stellt: so je nach Organisation zB Eintragung in Kontokarte des Empfängers; Absendung des Kontoauszugs bzw Bereitstellung zur Abholung; bei KundenEDVAnschluss, zB Kontoauszugsdrucker, bereits **autorisierte Abrufpräsenz** aus EDV-Anlage der Bank; BGH **103,** 143, NJW **00,** 804, WM **05,** 1019, str; das muss einheitlich auch für das Magnetbandclearing angenommen werden; s auch **(8)** AGB-Banken Nr 9 II für Lastschriften und Schecks. Gutschrift aus Ausland s Polke ZIP **85,** 11. Zum Vorbehalt der **Nachdisposition** (s Rn C908) BGH NJW **00,** 804. Zum Forderungserwerb vor Gutschrift bei Bareinzahlung s Rn C/26. Gutschrift auf Konto pro Diverse (cpd, s Rn A/42, C/107) begründet mangels Vertrags zwischen Bank und Empfänger, der bei ihr kein Konto hat, noch keinen Anspruch des letzteren, BGH **27,** 241, NJW **87,** 55; anders in Ausnahmefällen, in denen dann aber ein mindestens konkludenter Vertragsschluss vorliegen muss. Besonderheiten beim Rentenzahlverfahren nach C/92

Hopt 2031

(7) BankGesch C/93–C/95   2. Teil. Handelsrechtl. Nebengesetze

SGB, BankrechtsHdb/Schmieder § 49 Rn 173 ff. Lit: Hadding/Häuser WM **88,** 1149.

C/93   **C. Bereicherungsausgleich bei Fehlüberweisung:**
Die Gutschrift begründet ein abstraktes Recht des Empfängers, gegen das entspr § 784 I Halbs 2 BGB (s Rn C/33) Einwendungen und Einreden nur beschränkt zulässig sind. Für den Bereicherungsausgleich gilt der Grundsatz, dass die **Rückabwicklung** grundsätzlich **nur innerhalb des jeweiligen Leistungsverhältnisses** zu erfolgen hat, BGH **61,** 291, **66,** 363, 374, **111,** 385, **147,** 273, WM **08,** 1118, NJW **14,** 547 Rz 11, stRspr, Nobbe WM Sonderbeil 4/**01,** 24, Einzelheiten in BankrechtsHdb/Schmieder § 50 Rn 4 ff. Das ist wegen des Prozess- und Insolvenzrisikos hoch relevant. Daran hat sich **im Grundsatz** (aber s sogleich Rn C/94ff und vor allem C/103) **auch nach neuem Recht** nichts geändert, Fornasier AcP 212 (**12**) 433ff, Dieckmann WM **15,** 16f, Piekenbrock WM **15,** 797, Staudinger/Omlor § 675z Rn 6, aA unten Rn C/103, Belling/Belling JZ **10,** 708, MüKo/Casper § 675u Rn 32, BankrechtsKommLBS/Langenbucher 2. Aufl 2016 3. Kap § 675u Rn 13ff, 23. **Nach neuem Recht anders nur im Verhältnis zwischen Zahler und seiner Bank** und auch nur insoweit § 675u I BGB eingreift (s Rn C/103). Lit: BankrechtsHdb/Schmieder 5. Aufl 2017 § 50, MüKoBGB/Zetzsche § 675u Rn 24 ff, BankrechtsKommLBS/Langenbucher 2. Aufl 2016 3. Kap § 675u Rn 8ff, MüKo/Häuser B 512ff, Winkelhaus 2012; Grundmann WM **09,** 1116, Bartels WM **10,** 1828, Belling/Belling JZ **10,** 708, Müller WM **10,** 1293, Winkelhaus BKR **10,** 441, Rademacher NJW **11,** 2169, Fornasier AcP 212 (**12**) 410, Katzenstein WM **13,** 1495 (Rechtsschein), Piekenbrock WM **15,** 797.

C/94   **a) Mängel im Deckungsverhältnis** zwischen der Bank und dem Überweisenden kann die Bank nicht gegen den Empfänger nach § 812 BGB, BGH WM **55,** 1476, sondern **nur gegen den Überweisungsauftraggeber** geltend machen (§ 812 I 1 Fall 1, nicht 2 BGB, Leistungskondiktion, nicht analog §§ 816 II BGB), BGH NJW **14,** 547 Rz 11; das gilt auch, wenn der Überweisende insolvent geworden oder sein Konto ungedeckt oder gepfändet ist, hL, stRspr, anders nur, wenn die Gutschrift selbst unter Vorbehalt (E. v., s Rn C/90, C/92) erteilt wurde, vgl **(8)** AGB-Banken Nr 9 (Scheck, Lastschrift). Ist der Betrag dem Überweisenden bereits belastet worden, hat dieser **statt** eines **Bereicherungsanspruchs** (§ 675z **BGB,** s Rn C/77, C/54, aber auch C/103) den **Erstattungsanspruch aus § 675u Satz 2 BGB,** Grundmann WM **09,** 1117, Staub/Grundmann 3/418, BankrechtsHdb/Schmieder § 50 Rn 4, eine bereits erfolgte Belastungsbuchung ist unverzüglich rückgängig zu machen (zum früheren Bereicherungsanspruch der Schuldnerbank gegen den Schuldner bei Entfallen des Direktanspruchs gegen den Empfänger, s Rn C/101; zur Rückabwicklung bei dem nur noch selten vorkommenden Widerruf (§ 675p BGB), s Rn C/99). **13monatige Ausschlussfrist** s § 676b BGB, Grundmann WM **09,** 1116, BankrechtsHdb/Schmieder § 50 Rn 4 (s Rn C/81). Überhaupt kein Mangel im Deckungsverhältnis liegt vor, wenn die Bank zur Ausführung der Überweisung rechtlich nicht verpflichtet war, etwa mangels ausreichender Deckung auf dem Konto oder Pfändung.

C/95   **b) Mängel des Valutaverhältnisses** zwischen dem Überweisenden und dem Empfänger sind von der Richtlinie I nicht erfasst, Grundmann WM **09,** 1116, und unmittelbar und **nur zwischen dem Überweisenden und dem Empfänger** (nicht deren Banken) auszugleichen (vgl Rn C/110, aber s Rn C/97), hL, stRspr, Staub/Grundmann 3/422, dies allerdings nur, soweit eine wirksame Autorisierung der Überweisung vorlag (s Rn C/97 ff). So hat zB bei Fehlüberweisung auf überschuldetes Konto des Empfängers nach erneuter Überweisung auf das richtige Konto desselben (idR ohne § 818 III BGB), BGH NJW **85,** 2700; ebenso bei irrtümlich falscher Empfängerangabe (s Rn C/43), vgl BGH

V. Bankgeschäfte C/96–C/99 **BankGesch (7)**

WM **87,** 530, oder bei Überweisung auf ein anderes als das dem Überweisenden angegebene Konto, dann auch keine Aufrechnung des weisungswidrig leistenden Schuldners mit seinem Bereicherungsanspruch, aA für Zurückweisungsrecht des Empfängers, Canaris 473, gegen ein solches BGH **128,** 139 aus Gründen des ungehinderten Überweisungsverkehrs und der Kalkulierbarkeit des Tagessaldos für die Parteien, auch BankrechtsHdb/Schmieder § 47 Rn 16 ff, 50 Rn 27, s auch Rn C/43.

c) **Doppelmangel:** Dasselbe, also **Ausgleich nur über die einzelnen Rechtsverhältnisse,** gilt auch bei Doppelmangel des Deckungs- und Valutaverhältnisses, sonst würden Einwendungen und Aufrechnungsmöglichkeiten abgeschnitten; üL, aA RG **86,** 347, JW **34,** 2459, offen BGH **48,** 72, **147,** 275; so auch nach neuem Recht, Bartels WM **10,** 1631. Streitig ist, ob die Bank dann einen vom Valutaverhältnis unabhängigen Bereicherungsanspruch hat, Canaris 1. FS Larenz **73,** 811, oder sich nur den Bereicherungsanspruch des Überweisenden abtreten lassen kann und dann das Risiko der Insolvenz des Empfängers trägt (§ 818 III BGB), Schlegelb/Hefermehl 79. Ausnahme: Bei Mangel im Deckungsverhältnis und unentgeltlicher Leistung im Valutaverhältnis besteht mangels Bereicherungsanspruches (§§ 818 III, nicht IV, 819 BGB) gegen den Anweisenden ein unmittelbarer Anspruch des Angewiesenen gegen den Leistungsempfänger (entspr § 822 BGB), BGH **88,** 237, **147,** 274, krit Mühl WM **84,** 1441; dem Fehlen des Bereicherungsanspruchs gegen den Anweisenden steht nach § 822 BGB nicht gleich die mangelnde Durchsetzbarkeit des Primäranspruchs aus nur tatsächlichen Gründen, zB Zahlungsunfähigkeit des Anweisenden, BGH NJW **69,** 605, **99,** 1026, üL, aA Canaris 1. FS Larenz **73,** 833, sehr str. C/96

d) **Mängel der Anweisung:** Bei **Mängeln der** idR im Überweisungsauftrag liegenden **Anweisung** (Weisung, s Rn C/33 f, Mängel s Rn C/57, C/98) **fehlt es an der Autorisierung** (s Rn C/35) mit der Folge der Erstattung an den Zahler (s Rn C/54). Ob eine (An-)Weisung fehlt, bestimmt sich nach der Zurechenbarkeit, BankrechtsHdb/Schmieder § 50 Rn 6; insoweit parallel zur Anweisung (s Rn C/33). Die Tilgungsbestimmung besagt dafür nichts, Schimansky FS Hopt **10,** 217. Die Bank hat dann ihrerseits (von der Richtlinie I nicht geregelt) einen Bereicherungsanspruch (Stornorecht s Rn C/104) im Ausführungs- bzw Vollzugsverhältnis unmittelbar gegen den Überweisungsempfänger (**Direktkondiktion nach § 812 BGB,** Nichtleistungskondiktion „in sonstiger Weise", idR gerichtet auf Zustimmung zur Aufhebung des abstrakten Rechts aus Gutschrift, s Rn C/91), BGH **111,** 382, **147,** 145, 269, WM **90,** 1280, insoweit auch nach neuem Recht, BankrechtsHdb/Schmieder § 50 Rn 12 ff, 17, Staub/Grundmann 3/420. C/97

Beispiele für Mängel der Anweisung und Autorisierung (s auch Rn C/57): Fehlen der Überweisungsanweisung, irrtümliche Doppelüberweisung, BGH WM **10,** 1218, bloße Kontovollmacht ohne Zahlungsauftrag, BGH NJW **15,** 2725 = WM **15,** 1458, krit Müller WM **16,** 809, Gutschrift an falschen Empfänger, Fälschung, mangelnde Geschäftsfähigkeit. **Irrtümliche Zuvielüberweisung** wurde früher ganz der **Sphäre des Überweisenden** zugerechnet, BGH WM **86,** 1381, **08,** 1118, aA hinsichtlich des überschießenden Teils Canaris JZ **87,** 202, denn jedenfalls liegt bezüglich des Teilbetrags Weisung vor, so auch nach neuem Recht iErg BankrechtsHdb/Schmieder § 50 Rn 9, dann § 675y BGB (s Rn C/71), für fehlende Autorisierung, Bartels WM **10,** 1832. C/98

Das gilt **auch** für den **Widerruf der Anweisung:** Bei Gutschrift trotz rechtzeitigen Widerrufs (wegen früher Unwiderruflichkeit nur noch selten, s Rn C/36, C/40) wurzelt der Fehler zwar im Verhältnis zwischen Bank und Auftraggeber (Veranlassungsprinzip); Kündigung (bloße Gegenweisung), deshalb bisher Ausgleich nur im Deckungsverhältnis, Nobbe WM Sonderbeil 4/**01,** 8 li Sp, mit C/99

(7) BankGesch   C/100–C/104   2. Teil. Handelsrechtl. Nebengesetze

Begründung aus § 120 BGB Müller WM **10**, 1293; aber auch beim rechtzeitigen Widerruf **fehlt** es an der wirksamen (An-)Weisung und **Autorisierung**, sie führt deshalb zum Anspruch des Zahlers nach § 675u BGB und ist bereicherungsrechtlich wie ein anfänglicher Mangel der Anweisung zu behandeln, BGH WM **15**, 1631, Bartels WM **10**, 1833, BankrechtsHdb/Schmieder § 50 Rn 9, zweifelnd wohl Grundmann WM **09**, 1117, aA Rademacher NJW **11**, 2169. Dasselbe muss für das Erlöschen des Girovertrags (s Rn D/27) und das Erlöschen eines **Dauerauftrags** (s Rn C/36) gelten, str.

C/100   Nicht: bei **Anfechtung der Weisung** wegen irrtümlich angegebener Kundenkennung (aber Anfechtung sonst, § 142 I BGB, s Rn C/57), dem insoweit steht § 675r I 2 BGB als lex specialis entgegen, der Zahlungsauftrag gilt als ordnungsgemäß ausgeführt, Bereicherungsausgleich nur im Valutaverhältnis, Bartels WM **10**, 1832, BankrechtsHdb/Schmieder § 50 Rn 26. Zu den Problemen bei § 675r BGB s Rn C/43. Zum Embargo Spoerr/Schlösser WM **16**, 1323.

C/101   **Mängel der Anweisung** führen zu einem **Bereicherungsausgleich zwischen Bank und Zahlungsempfänger** (**Direktkondiktion** und zwar Nichtleistungskondiktion nach § 812 I 1 Fall 2 BGB). Das gilt **unabhängig** davon, ob der **Zahlungsempfänger** von der mangelnden Autorisierung **Kenntnis** hatte, anders noch BGH **87**, 393, **88**, 235, **89**, 379, WM **08**, 1119, **10**, 1218. Diese Rspr ist jedoch überholt, so BGH NJW **15**, 3093 = WM **15**, 1631 Rn 21 ff, zuvor noch offen BGH WM **15**, 1458 Rn 18 zum Widerruf; zust Kropf WM **16**, 67, krit Müller WM **16**, 812, Jansen JZ **15**, 952, Foerster BKR **15**, 473, Schnauder JZ **16**, 603, Wilhelm BKR **17**, 8. Der Empfänger ist **jedoch** nach allgemeinen Grundsätzen gegen die Direktkondiktion **nach § 818 III BGB geschützt**, BGH **147**, 151, **152**, 315, Zweibr WM **06**, 1102, aA Canaris 439 (§§ 172f BGB analog), seine Bereicherung kann danach durch seine Verfügung über den irrtümlich gutgeschriebenen Betrag entfallen. Dieser Schutz des Empfängers ist nach neuem Recht nicht weggefallen, Grundmann WM **09**, 1117, Staub/Grundmann 3/416.

C/102   Wenn die Bank ihre Direktkondiktion gegen den Empfänger wegen § 818 III BGB verliert, ist nach früherer Ansicht zugleich Erfüllung im Valutaverhältnis eingetreten und der Zahler ist bei Rückgängigmachung der Belastungsbuchung nach § 675u Satz 2 BGB (s Rn C/94) bereichert, diese Bereicherung ist dann **zwischen dem Zahler und seiner Bank auszugleichen**. § 675u I BGB steht nach dieser Ansicht, da diese Konstellation nicht erfassend (Erwägungsgrund 47 der ZahlungsdiensteRi I: nur Ausschluss vertraglicher Ansprüche), einem solchen Bereicherungsanspruch der Bank gegen den Zahler nicht entgegen, Grundmann WM **09**, 1117, Ellenberger/Nobbe § 675u Rn 20, auch § 675y Rn 6, sehr str.

C/103   Die **neuere Rechtsprechung** und die mittlerweile üL sehen das **nach neuem Recht jedoch anders**: BGH NJW **15**, 3093 Rn 22 ff m krit Anm Kiehnle = WM **15**, 1631, Jansen JZ **15**, 952, zust Langenbucher FS Köndgen **16**, 395, MüKoBGB/Zetzsche § 675u Rn 24 ff, 32 ff, BankrechtsHdb/Schmieder § 50 Rn 24, 13, BankrechtsKommLBS/Langenbucher 2. Aufl 2016 3. Kap § 675u Rn 7, 23, vgl aber auch ebenda § 675y Rn 11. Diese Meinung argumentiert teils mit einer **Kondiktionssperre** durch die Richtlinie I (§ 675u BGB, s Rn C/54 ff), teils unabhängig davon, dass mangels wirksamer Anweisung auch keine Erfüllung eingetreten sei, der Zahler also nichts erlangt habe und damit auch ein Bereicherungsanspruch der Bank gegen ihn ausscheide, BGH NJW **15**, 3093 Rn 24 f, Bartels WM **10**, 1828, Belling/Belling JZ **10**, 710, Winkelhaus BKR **10**, 447, offen Nobbe WM Sonderbeil 1/**12**, 23. Lit: Fornasier AcP 212 **(12)** 410.

C/104   D. **Stornierung**: Neben dem gesetzlichen Bereicherungsanspruch hat die Bank bei fehlerhaften Gutschriften, zB wenn sie sich selbst bei der Kontonummer vertan hat (sonst § 675r BGB ohne Namensabgleich; aber s Rn C/43, nur Recht, keine Pflicht der Empfängerbank allein nach Kontonummer gutzuschreiben), ein eigenständiges girovertragliches Rückbuchungsrecht (Stornierung, ausführlich zur **Stornoklausel (8)** AGB-Banken Nr 8 Rn 1), dieses allerdings nicht gegen zwingendes Recht (§ 675z BGB, s Rn C/77); nach üL erstreckt sich das Stornorecht aber nur auf technische Buchungsfehler, richtiger auch auf Fälschung, Nichtigkeit und Anfechtung (s aber Rn C/57, C/98); erstreckt man das Stornorecht auch auf diese Fälle, kommt dem Bereicherungsanspruch nur noch geringe Bedeutung zu, so uU bei einem Debetsaldo, s **(8)** AGB-Banken Nr 8 Rn 2. Zum Einlösungszeitpunkt und zur Stornierung bei Einzugsaufträgen s **(8)** AGB-Banken Nr 9. Lit: MüKo/Häuser B 438ff; Kümpel/Wittig/Peterek Rn 6.255 ff.

E. **Verrechnung:** Die Bank kann eingehende Überweisungen mit einem Debet des Empfängers verrechnen (§ 355 HGB Rn 7–12) und hat ein Pfandrecht an der eingegangenen Forderung nach **(8)** AGB-Banken Nr 14; der Empfänger kann das nicht einseitig verhindern. Doch kann die Überweisung einen die Verrechnung untersagenden Sperrvermerk (Weisung des Überweisenden) enthalten, BGH WM **62,** 460, **71,** 158. In der **Insolvenz** des Kunden (s Rn A/58) bestehen Zahlungsaufträge sowie Aufträge zwischen Zahlungsdienstleistern oder zwischengeschalteten Stellen (und Aufträge zur Übertragung von Wertpapieren) mit Wirkung für die Masse fort (§ 116 S 3 InsO).

6) Das Rechtsverhältnis zwischen dem Überweisenden und dem Überweisungsempfänger (Valutaverhältnis)

A. **Zulässigkeit der Überweisung:** Das Valutaverhältnis zwischen dem Überweisenden und dem Überweisungsempfänger ist durch die Zahlungsdiensterichtlinie I praktisch unberührt geblieben, Grundmann WM **09,** 1116, so auch für die Zahlungsdiensterichtlinie II, aber surcharge (sogleich). Notwendig ist für die Überweisung zunächst das **Einverständnis** des Überweisungsempfängers (Gläubiger) mit der Überweisung statt mit Barzahlung (Schuldnerwechsel: statt des überweisenden Schuldners schuldet die Bank des Gläubigers; Buchgeld statt Bargeld). Einverständnis liegt vor bei Angabe des Bankkontos auf Rechnung, Briefkopf oder Prospekt, BGH **98,** 30, WM **04,** 1219. Das Einverständnis kann sich auf eines von mehreren Konten des Empfängers beschränken (Zielkonto), zB bei Angabe nur eines von mehreren Konten auf Rechnung. Überweisung auf ein anderes Konto führt nicht zur Erfüllung (s Rn C/107), Aufrechnung mit dem Bereicherungsanspruch, Hbg NJW **11,** 3524, aA Dräger MDR **12,** 1009: nur Schadensersatzanspruch des Empfängers. Mitteilung einer geänderten Bankverbindung muss bei laufender Geschäftsbeziehung in besonders auffälliger Form erfolgen, sonst Vertrauensschaden, BankrechtsHdb/Schmieder § 49 Rn 186. Die widerspruchslose Annahme einer Überweisung ist als Einverständnis zu werten, uU auch für künftige Zahlungen, BGH WM **55,** 1476. Eine Einverständniserklärung liegt aber angesichts der allgemeinen Üblichkeit der bargeldlosen Zahlung auch schon in der bloßen Errichtung eines Bankgirokontos (nicht Spar-, Festgeld- und andere nicht für den Zahlungsverkehr bestimmte Konten, s Rn A/36ff), auch ohne besondere Bekanntgabe, üL, iErg auch BankrechtsHdb/Schmieder § 49 Rn 182 (§§ 157, 242 BGB), aA BGH NJW **55,** 897, § 49 Rn 185, Canaris 470. **Barzahlungsklausel** bedeutet nur sofortige Zahlung, nicht Ausschluss der bargeldlosen Zahlung. Die Bank wird durch den Girovertrag zur Annahme ermächtigt (entspr §§ 362 II, 185 BGB); der Kontoinhaber kann sich, wenn er sein Geld anders empfangen will, durch entspr Mitteilung an den Schuldner schützen. Eine Barzahlungsklausel steht der Überweisung idR nicht entgegen (§ 346 HGB Rn 40 „Zahlung"). Das Einverständnis mit Überweisung ist frei widerruflich (entspr § 183 BGB); es ist nicht mehr widerruflich nach Eingang der Überweisung, anders in Sonderfällen, Canaris 474. Angabe eines

(7) BankGesch C/107, C/108 2. Teil. Handelsrechtl. Nebengesetze

neuen Bankkontos ist iZw konkludenter Widerruf des Einverständnisses bezüglich des alten, BGH WM **04,** 1219. Ausnahmsweise kann der Schuldner die **Annahme von Bargeld verweigern,** zB bei unüblich kleiner Stückelung oder bei Gefahr von Raub oder Diebstahl. **Einschränkung auf Lastschrift** und Jahresüberweisung ist im Energiebereich unwirksame Klausel, BGH NJW **13,** 2814. Lit: v Dücker WM **99,** 1257. Von der Barzahlungsklausel ist eine **Entgeltklausel für die Nutzung bargeldloser Zahlungsmittel** zu unterscheiden, eine solche ist für eine SEPA-Überweisung (entsprechend für Lastschrift und einschränkend für Zahlungskarte) nach § 270a BGB ausgeschlossen (**surcharging-Verbot** aufgrund Zahlungsrichtlinie II Art 62 IV, zur komplexen Reichweite des Verbots RegE S 146). Aber Preisnachlässe im Akquisitionsverhältnis, § 675f VI BGB (s Rn C/27).

C/107 B. **Erfüllung:** Die Überweisung im (auch einseitigen, s Rn C/106) Einverständnis des Gläubigers ist Erfüllung (§ 362 BGB), nicht nur Leistung an Erfüllungs Statt (§ 364 I BGB), ganz üL, wohl auch BGH WM **99,** 11 (Erfüllung mit Gutschrift auf Konto mit alleiniger Verfügungsmacht), noch offen BGH **98,** 30, aA BGH **58,** 109 (beiläufig), Canaris 467, denn die Überweisung „an den Gläubiger" und Barzahlung stehen sich nach der Verkehrsanschauung gleich; das gilt auch bei zulässiger Überweisung auf Oder-Konto (Rn A/39), anders bei Überweisung auf Sparkonto wegen § 808 BGB, Hamm NJW **87,** 70. Leistungsempfänger ist nur der Gläubiger (Kontoinhaber), nicht seine Bank (nur Zahlstelle), BGH **53,** 142, NJW **74,** 458, **79,** 371; das ist wichtig für § 812 BGB. Bei Angabe eines falschen Kontos trägt das Risiko der Gläubiger (§ 270 III BGB analog), BankrechtsHdb/Schmieder § 49 Rn 187, str. **Tilgungsbestimmung** des Schuldners nach § 366 BGB ist anfechtbare Willenserklärung, BGH **106,** 163. Die **Erfüllungswirkung** (Verlustrisiko, Staub/Grundmann 3/99; nicht gleichzusetzen mit Rechtzeitigkeit, s Rn C/108; besondere Probleme bei der Lastschrift s Rn D/57) tritt nach bisher üL **erst mit Gutschrift auf Gläubigerkonto** ein (erst dann wie Barzahlung), BGH **6,** 123, **58,** 109, BankrechtsHdb/Schmieder § 49 Rn 191 (ua wegen Risiken aus § 675r BGB, s Rn C/43); aus § 675s BGB wird man jedoch folgern können, dass die Erfüllungserwirkung schon mit **Eintreffen der Deckung bei der Empfängerbank** (bloße Zahlstelle) eintritt, allerdings nur wenn diese den Betrag dem Gläubiger auch zuordnen kann, Staub/Grundmann 3/99, BankrechtsKommLBS/Langenbucher 2. Aufl 2016 3. Kap § 675y Rn 24, MüKoBGB/Casper § 675f Rn 70, Staudinger/Omlor § 675s Rn 11; vgl für Rechtzeitigkeit EuGH NJW **08,** 1936 Tz 26 (s Rn C/108), zu diesem Staub/Grundmann 99, MüKoBGB/Casper § 675f Rn 70. Auf jeden Fall aber noch nicht mit Unwiderruflichkeit (§ 675p BGB, s Rn C/40) bzw BGH **82,** 294 (auch für internationales Zahlungsabkommen); auch nicht mit Gutschrift auf Konto pro Diverse (cpd, s Rn A/42, C/92). **Überweisung an Dritte,** auch auf Notaranderkonto (s **(9)** AGB-Anderkonten), ist Erfüllung nach §§ 362 II, 185 BGB nur bei besonderer Vereinbarung (Verkäuferinsolvenzrisiko), BGH **87,** 164 (vgl Rn G/3); so auch, wenn der Gläubiger nur Verfügungsmacht über Drittkonto hat, BGH NJW **99,** 210. Lit: Brechtel 2013, v Dücker WM **99,** 1257, Gösele FS Nobbe **09,** 75, Freitag AcP 213 **(13)** 128 (Geldschuld, Europarecht).

C/108 C. **Rechtzeitigkeit:** Die Rechtzeitigkeit der Zahlung im Valutaverhältnis ist von der Zahlungsdiensterichtlinie I und von § 675s BGB (anderes Verhältnis) nicht geregelt (s Rn C/4). Sie ist wichtig zB für Verzug, Wechselkursänderungen, Vertragsstrafe. Für sie kommt es bei einer **Geld-Bringschuld** wie der Steuerschuld (Erfüllungsort ist ausnahmsweise der Wohnsitz des Gläubigers) auf den Zeitpunkt der Gutschrift auf dem Gläubigerkonto an, BGH BB **71,** 147. So nach der ZahlungsverzugsRi 29.6.00, nunmehr Ri 16.2.11, zu dieser Oelsner EuZW **11,** 940, keine gespaltene Auslegung (Verbraucher/Unternehmer), Nobbe WM

V. Bankgeschäfte   C/109, C/110   **BankGesch (7)**

Sonderbeil 1/12, 14, aA MüKo/Häuser B 483; allgemeiner für Geldschuld EuGH NJW 08, 1935 (Telekom), dazu Staub/Grundmann 3/101, Scheuren-Brandes ZIP 08, 1463, Gsell GPR 08, 165, Herresthal ZGS 08, 259, Gösele FS Nobbe 09, 75, Heyers JZ 12, 398, offen BGH WM 11, 285 Rn 36; für modifizierte Bringschuld auch Karls WM 14, 1422, BankrechtsHdb/Schmieder § 49 Rn 196, MüKo/Häuser B 483 (nur für Unternehmerverkehr), der Schuldner hat bei Verzögerung Ansprüche gegen seine Bank (s Rn C/71 ff), auch Grundmann WM 09, 1116, iErg auch Köndgen FS K Schmidt 09, 909; aA die früher hL: Geldschuld als eine idR qualifizierte Schickschuld (§§ 270 IV, 269 I BGB), bei der nur rechtzeitige Leistungshandlung geschuldet ist, differenzierend Schwab NJW 11, 2833, jedenfalls für Skontoabzug Stgt NJW 12, 2360, Grund: rein vertraglich, gegen die hL schon Schön AcP 198 (98) 443. Das Risiko der Verzögerung trägt also heute der Schulder, nicht mehr wie früher der Gläubiger. Ort und Zeit bargeldloser Zahlung s Schönle FS Werner 84, 817. Lit: Graf v Westphalen BB 00, 157.

D. **Gefahrtragung:** Die Gefahrtragung richtet sich nach § 270 I BGB. Die Gefahr (zB Verlust, Insolvenz der Bank, Währungsreform) trägt im Verhältnis zum Gläubiger der Schuldner bis zur Gutschrift (s Rn C/107, C/91). Die Gefahr der Insolvenz der Empfängerbank nach Gutschrift (s Rn C/82) ist aber nach der Sphärentheorie dem Gläubiger zuzuweisen.

E. **Bereicherungsausgleich:** Der Bereicherungsausgleich nach §§ 812ff BGB findet im Valutaverhältnis zwischen dem Überweisenden und dem Überweisungsempfänger, nicht deren Banken statt, s Rn C/106; Ausnahme bei Mängeln der Autorisierung, s Rn C/97 ff. Unterstützungspflicht der Empfängerbank s Rn C/46. Beweislast, dass der Betrag dem Überweisungsempfänger nicht zugeflossen ist, weil das auf ihn lautende Konto nur Strohmannkonto ist, liegt bei ihm, BGH NJW 83, 626. Aufrechnung mit Bereicherungsanspruch nach Überweisung auf anderes Konto des Empfängers, Hbg NJW 11, 3524 (s Rn C/106). Lit: Stierle 1980; Einsele FS Reuter 10, 53 (falsche Kontoangabe).

D. Lastschrift

Schrifttum

S zunächst C. Giroüberweisung. Zum Abbuchungslastschrift- und zum Einzugsermächtigungslastschriftverfahren s 36. Aufl.

a) Kommentare und Handbücher: Außer dem allgemeinen Schrifttum (s vor A/1) und dem Schrifttum zum Zahlungsverkehr (s vor C/1) BankrechtsHdb/*Ellenberger* 5. Aufl 2017 §§ 56–59; BankrechtsHdb/*Haug* § 51 (SEPA). – BankrechtsKomm*LBS*/*Werner* 2. Aufl 2016 4. Kap. – BankrechtsKomm*LBS*/*Rigler* 2. Aufl 2016 11. Kap (SEPA). – BuB Rn 6/300 ff. – *Bunte,* AGB-Banken, AGB-Sparkassen, Sonderbedingungen, 4. Aufl 2015, Bedingungen für Zahlungen mittels Lastschrift im SEPA-Basislastschriftverfahren (4 SB Lastschrift). – *Canaris* (2. Kap: Zahlungswesen) 3. Aufl 1988, Rn 528. – *Ebenroth*/Grundmann Bd 2, 3. Aufl 2015 BankR II Rn 32 ff, dann jeweils unter §§ 675c ff, Rn 72f usw. – Ellenberger/Findeisen § 1 ZAG Rn 134 ff. – *Kümpel*/*Wittig*/*Werner* 4. Aufl 2011 Rn 7.421 ff. – MüKoBGB/*Casper,* /*Jungmann,* /*Zetzsche* 7. Aufl 2017 §§ 675c ff. – *MüKo(HGB)*/*Hadding* 3. Aufl Bd 6 2014 Bankvertragsrecht (Zahlungsverkehr C/1 ff). – *Staub*/*Grundmann* Bd 10/2 2015 3. Teil Zahlungsgeschäft (zit 3/Anm). – *Staudinger*/*Omlor,* 2012.

b) Sonstige Beiträge:

Zur ZahlungsdiensteRi I und II s Schrifttum vor Rn C/1 sowie Rn C/1 ff, D/1 ff.

Zur SEPA-(Migrations-)VO 2012: Deutscher SEPA-Rat, SEPA-Migrationsplan Deutschland, 1/13 (periodisch). – *Bautsch*/*Zahrte* BKR 12, 229. – *Werner* BKR 12, 226. – *Walter* DB 13, 385.

Zum Lastschriftrecht ab 2009: Schacht 2012. – *Grundmann* WM 09, 1158. – *Hartmann* Bankrechtstag 09, 61. – *Rühl* DStR 09, 2256. – *Einsele* AcP 209 (09) 719, FS Reuter 10, 53.

(7) BankGesch D/1, D/1a   2. Teil. Handelsrechtl. Nebengesetze

– *Scheibengruber/Breidenstein* WM **09**, 1393. – *Hadding* FS Hüffer **10**, 273. – *Laitenberger* NJW **10**, 192. – *Jacoby* ZIP **10**, 1725 (Insolvenzfestigkeit). –

Zur SEPA-Lastschrift: *Bitter* WM **10**, 1730. – *Obermüller/Kuder* ZIP **10**, 349. – *Werner* BKR **10**, 9. – *Nobbe* WM **11**, 964, ZIP **12**, 1937 (Insolvenz). – *Omlor* NJW **12**, 2150 (neue Lastschriftbedingungen). – *Werner* BKR **12**, 221, WM **14**, 243. – *Walter* DB **13**, 385. – *Hoeren* WM **14**, 1061 (Internet-Lastschrift). – *Hadding* WM **14**, 97 (Erfüllung der Geldschuld). – *Werner* WM **14**, 243. – *Schnauder* WM **14**, 1701. – *Dieckmann* WM **15**, 14 (SEPA-Fehlüberweisung). – **Muster:** *Hopt/Werner* 4. Aufl 2013 Form IV.D.1–13 (Lastschrift). **RsprÜbersicht:** *Hadding* WM **78**, 1366, *van Gelder* WM Sonderbeil 7/**01**, *Nobbe* WM Sonderbeil 3/**12** (Lastschriftverkehr).

1) Neues Recht für die Lastschrift: SEPA-Lastschrift; Formen der Lastschrift

D/1 A. **SEPA-VO 2012 und Zulässigkeit nur noch der SEPA-Lastschrift:** Die EU-Zahlungsdienstleistungsrichtlinie I 13.11.07 ABlEU L 319/1 hatte den Zahlungsverkehr allgemeiner und mit diesem auch die Lastschrift erfasst (SEPA, Single Euro Payment Area, Einheitlicher Europäischer Zahlungsraum, s Rn C/1 ff). Die **SEPA-(Migrations-)VO** 14.3.12 ABlEU L 94/22 (s auch Rn C/1) hat die grundsätzlich umfassende **Umstellung auf SEPA-Lastschriften** gebracht mit der Folge, dass die bisherigen nationalen Überweisungs- und Lastschriftverfahren weitgehend eingestellt werden mussten. Die Lastschrift hat eine in etwa ähnliche praktische Bedeutung wie die Überweisung, allerdings nur in Deutschland, Staub/Grundmann 3/20. **Legaldefinitionen** finden sich in Art. 2 SEPA-VO. **Stichtag (Enddaten)** für Überweisungen und Lastschriften ist grundsätzlich **1.2.14** (Art 6 SEPA-VO). Ferner Europäische Kommission, Grünbuch zum europäischen Zahlungsverkehr (Karte, Internet, mobile Zahlungen) 11.1.12 KOM 2011/0941. Die SEPA-VO ist durch das **SEPA-Begleitgesetz** 3.4.13 BGBl I 610 ergänzt (Ausnutzung von Mitgliedstaatsoptionen und Übergangsregelungen).

D/1a Anders als die Zahlungsdiensterichtlinien I und II setzt die SEPA-VO als VO **unmittelbar anwendbares Recht,** das nicht der Umsetzung bedarf. Das SEPA-Begleitgesetz (s Rn D/2) hat an bankrechtlichen Änderungen im Wesentlichen nur Änderungen zum Aufsichtsrecht nach KWG (ua §§ 25a, 25b) und ZAG aF (nunmehr nF 17.7.17) gebracht. Die SEPA-VO bezweckt die Entwicklung gemeinsamer unionsweiter Zahlungsdienste, die die derzeitigen inländischen Zahlungsdienste ersetzen. Gegenstand der VO sind **nur auf Euro lautende Überweisungen und Lastschriften innerhalb der Union** (Art 1). **Nicht erfasst** sind ua Zahlungsvorgänge von Zahlungsdienstleistern intern und untereinander; Zahlungen über Großbetragszahlungssysteme; und **Zahlungen mit Zahlungskarten** oder einem ähnlichen Instrument (POS), einschließlich Barabhebungen (Geldautomatenverfügungen), sowie einige elektronische Verfahren, sofern diese nicht in eine Überweisung oder Lastschrift münden (Art. 1 II); auch nicht Dokumentenakkreditiv und -inkasso. Wichtig sind zahlreiche **Begriffsbestimmungen** in Art 2, zB Überweisung, Lastschrift, Zahler, Zahlungsempfänger, Zahlungskonto, Zahlungsvorgang, Zahlungsauftrag, Interbankenentgelt, Verrechnungsdatum, Einzug, Mandat, R-Transaktion. Erreichbarkeit der Zahlungsdienstleister eines Zahlungsempfängers für Überweisungen und eines Zahlers für Lastschriften sowie Interoperabilität werden gefordert (Art. 3, 4). Es gibt umfangreiche **Anforderungen an Überweisungen und Lastschriften** (Art 5 einschließlich ausführlicher **technischer Standards** gemäß Anhang zur VO, die denen des SEPA Rulebook entsprechen; dazu gehört auch die Möglichkeit von Zahlern, Lastschrifteinzüge nach Betrag und Periodizität zu begrenzen, ein Zahlungskonto für Lastschriften ganz zu blockieren und white lists oder **black lists** von Zahlungsempfängern vorzugeben, Art 5 III lit d). Überweisungen und Lastschriften müssen den meisten dieser Anforderungen – insbesondere Ansteuerung

V. Bankgeschäfte D/1b–D/4 **BankGesch (7)**

der Konten nur noch über IBAN, nicht wie bisher nur Kontonummer und Bankleitzahl bzw BBAN (**IBAN-only-Ansatz**, Bautsch/Zahrte BKR **12**, 231) – **bis 1.2.14** entsprechen (Art 6). Für die Praxis besonders wichtig ist die **Kontinuitätsregel** nach Art. 7, also dass vor dem 1.2.14 bestehende, gültige (nur solche, str mangels Schriftform für Internetmandate, Bautsch/Zahrte BKR **12**, 231) Mandate eines Zahlungsempfängers zur Einziehung wiederkehrender Lastschriften auch für das SEPA-Verfahren gültig bleiben und das Mandat insoweit als Zustimmung des Zahlers gegenüber seinem Zahlungsdienstleister gilt, sofern keine nationalen Rechtsvorschriften oder Kundenvereinbarungen über die weitere Gültigkeit der Lastschriftmandate existieren. Von letzterer Möglichkeit haben die geänderten Lastschriftbedingungen Gebrauch gemacht (s 36. Aufl Rn D/10). Zu erwähnen sind auch **Beschränkungen für Interbankenentgelte** für Lastschriften mit Ermöglichung von multilateralen Interbankentgelten für R-Transaktionen (Rückgabetransaktionen, Art. 8), Bautsch/Zahrte BKR **12**, 232.

Legaldefinitionen finden sich in Art. 2 SEPA-VO. **Definition der Lastschrift:** ein „vom Zahlungsempfänger ausgelöste(r) inländische(r) oder grenzüberschreitende(r) Zahlungsdienst zur Belastung des Zahlungskontos des Zahlers, aufgrund einer Zustimmung des Zahlers zu einem Zahlungsvorgang." Entsprechende auf das jeweilige Verhältnis der Bank zum Kunden (Schuldner oder Gläubiger) angepasste Definitionen in den Bedingungen (jeweils Nr 1.1, s Rn D/ 13). Legaldefiniert sind ua auch Zahlungsempfänger, Zahlungsdienst(leister, -nutzer), Zahlungskonto, Zahler und Zahlungsvorgang (SEPA-VO Art 2, s Rn D/1). Da die §§ 675c–676c BGB im Einklang mit den Zahlungsdiensterichtlinien I und II nicht nur für die Lastschrift, sondern allgemeiner für Zahlungsaufträge gelten, ist es auch unter dem neuen Recht noch hilfreich, **für die Lastschrift auf das Recht und die Kommentierung zur Überweisung zurückzugreifen** (s Rn C/1 ff). Zur Umstellung www.bundesbank.de unter Zahlungsverkehr/ SEPA. D/1b

Im Folgenden werden gleichbedeutend die **herkömmlichen Begriffe** verwandt:
Lastschriftschuldner/Zahler; Gläubiger/Zahlungsempfänger, Schuldnerbank(Zahlungsdienstleister)/Zahlstelle; Gläubiger- oder Empfängerbank(Zahlungsdienstleister)/erste Inkassostelle;

B. **Regeln für die Lastschrift:** Die §§ 675c–676c BGB unterscheiden nicht zwischen Überweisung, Lastschrift und anderen Zahlungsinstrumenten (s Rn C/ 12). Da die Lastschrift schon vor der Reform 2009 als „rückläufige Überweisung" verstanden wurde (s Rn D/7) und deshalb die Grundsätze für die Überweisung und ihre Rückabwicklung bei Bereicherung auch für die Lastschrift herangezogen werden konnten, war das schon im früheren Recht angelegt. Ab 1.2.14 sind nur noch SEPA-Lastschriften zulässig (s Rn D/1). Zum Abbuchungslastschrift- und zum Einzugsermächtigungslastschriftverfahren s 36. Aufl 2014, zur Rspr des BGH zum herkömmlichen Lastschriftverfahren auch MüKo/Hadding C 12 ff. D/2

a) **SEPA-Lastschrift:** Für die Wirksamkeit des Zahlungsvorgangs gegenüber dem Zahler kommt es auf die (vorherige oder nachträgliche) **Autorisierung** des Zahlers an (§ 675j I 1, 2 BGB). Ohne Autorisierung hat die Bank gegenüber ihrem Kunden keine Rechte, insbesondere keinen Aufwendungsersatzanspruch (§§ 675c I, 670, 675u I BGB). Für die SEPA-Lastschrift ist die Zahlung gegenüber der Zahlstelle bereits vorab mit Erteilung des SEPA-Lastschriftmandats autorisiert (SEPA-Lastschriftmandat, s Rn D/17). D/3

b) **Lastschriften herkömmlicher Art:** Diese, also Abbuchungsauftragsverfahren und Einzugsermächtigungsverfahren, sind durch die Bedingungen seit 9.7.12 bereits auf die neuen SEPA-Anforderungen umgestellt worden, was insbesondere das Einzugsermächtigungsverfahren grundlegend umgestaltet hat. Beim **Abbuchungsauftragsverfahren** lag die Autorisierung im Abbuchungs- D/4

Hopt 2039

(7) BankGesch D/5–D/8   2. Teil. Handelsrechtl. Nebengesetze

auftrag. Beim **Einzugsermächtigungsverfahren** erfolgte bisher die Autorisierung erst nachträglich durch Genehmigung, was erlaubt blieb (§ 675j I 2 BGB); das hatte zur Folge, dass nach der Rspr des IX ZS diese Lastschrift nicht insolvenzfest war, was aber entsprechend der Anregung des XI ZS durch entsprechende Vereinbarung, am besten in den Bedingungen, geändert werden konnte (s 36. Aufl Rn D/22) und mit Wirkung ab 9.7.12 auch getan wurde. Nach den Bedingungen für Zahlungen mittels Lastschrift im Einzugsermächtigungsverfahren 2012 (s 36. Aufl Rn D/10) lag somit auch hier die Autorisierung in der Zustimmung des Zahlers zu dem Zahlungsvorgang bei der Lastschrift (vgl Definition in der SEPA-VO, Rn D/1). Mit der Umstellung auf die SEPA-Lastschrift erfolgte zivilrechtlich ein vollständiger Paradigmenwechsel, MüKo/Hadding C 3.

D/5   C. **Halbzwingendes Recht, Ausnahmen (§ 675e BGB):** Soweit nichts anderes bestimmt ist, darf von §§ 675c–676c BGB nicht zum Nachteil des Zahlungsdienstnutzer abgewichen werden (§ 675e I BGB), aber Erleichterungen im Verkehr mit **Nicht-Verbrauchern** und Ausnahmen im Auslandsverkehr außerhalb des EWR (§ 675e II-IV BGB, wie für die Überweisung, s Rn C/17).

2) Rechtliche Qualifikation

D/6   A. **Lastschriftverfahren:** Das SEPA-Lastschriftrecht ist grundsätzlich vollharmonisiert, auf die herkömmlichen dogmatischen Einordnungen kann deshalb nur noch begrenzt zurückgegriffen werden. Trotzdem macht es Sinn, nicht alles über Bord zu werfen, sondern auf bewährte dogmatische Vorstellungen, soweit europarechtlich zulässig, zurückzugreifen. Im Zweifel ist Vorlage an den EuGH geboten.

D/7   Das Lastschriftverfahren ist eine weit verbreitete (BGH NJW **10**, 3518 IX ZR) Sonderform des Überweisungsverfahrens (s Rn C/1 ff; das Lastschriftgeschäft ist Zahlungsdienst iSv § 1 I 2 Nr 3 lit a ZAG 2017, s Rn C/2, C/7); während dieses vom Schuldner (Überweisenden) ausgeht, geht jenes (mit Zustimmung des Schuldners) vom Gläubiger aus (Einzug durch Lastschrift); es ist eine **„rückläufige Überweisung"**, BGH **69**, 84, 187, was aber nicht bedeutet, dass die Vorschriften über die Überweisung unverändert Anwendung finden. Die **Lastschriftvereinbarung** ist Zusatzabrede zum Girovertrag (s Rn C/25). Mit der Lastschrift (idR beleglose Lastschriften, kaum noch Einzugspapier) erhebt der **Gläubiger** (Lastschriftgläubiger; Zahlungsempfänger, s Rn D/1) **mit Zustimmung des Schuldners** (Lastschriftschuldner; Zahler, s Rn D/1) durch Vermittlung seines Kreditinstituts (Gläubiger- oder Empfängerbank, **erste Inkassostelle;** Zahlungsdienstleister des Zahlungsempfängers, s Rn D/1) einen Betrag aus dem Guthaben des Schuldners bei demselben oder einem anderen Kreditinstitut des Schuldners (Schuldnerbank, **Zahlstelle,** Zahlungsdienstleister des Zahlers, s Rn D/1). Dieses herkömmliche Verständnis der Lastschrift kann auch für die SEPA-Lastschrift beibehalten werden, bei der der Schuldner seinem eigenen Zahlungsdienstleister über den Gläubiger und dessen Zahlungsdienstleister vorweg eine Generalweisung erteilt, die entsprechenden Lastschriften ohne Weiteres einzulösen (MüKo/Hadding C 3). Einzelheiten in den Bedingungen für Zahlungen mittels SEPA-Lastschrift (s Rn D/13).

D/8   B. **Formen der Lastschrift:**

a) Das **Abbuchungsauftragsverfahren (bis 1.2.14):** Hier erteilte der Schuldner seiner Bank einen Abbuchungsauftrag, die vom Gläubiger über dessen Bank vorgelegte Lastschrift einzulösen. Erst der Gläubiger spezifizierte den Zahlungsbetrag. Der Schuldner war bei dieser Form der Lastschrift mit der Abbuchung einverstanden (Autorisierung durch Einwilligung). Einer besonderen Regelung bedurfte es für den Fall, dass der Zahlungsbetrag nicht genau angegeben wurde und der Zahlungsbetrag den zu erwartenden Betrag überstieg. Das

V. Bankgeschäfte D/9–D/12 **BankGesch (7)**

Abbuchungs(auftrags)verfahren war gedacht für Forderungen über höhere Beträge, zB Warenforderungen gegen Geschäftskunden. Zum Abbuchungsauftragsverfahren **36. Aufl (7)** Bankgeschäfte Rn D/5, 11–30.

b) Das Einzugsermächtigungsverfahren (bis 1.2.16): Hier ermächtigte D/9 der Schuldner seinen Gläubiger, über die Bank des Gläubigers der Bank des Schuldners eine Lastschrift einzureichen. Zwischen Gläubiger und Inkassobank bestand idR eine Inkassovereinbarung, auf Grund derer die Inkassobank dem Gläubiger sofort eine Gutschrift unter Vorbehalt erteilte. Die Zahlstelle nahm auf dem Schuldnerkonto eine Belastungsbuchung vor, wenn dessen Zustimmung erfolgt war. Diese Zustimmung des Schuldners wurde von der Rspr und hL bis 2012 als (nachträgliche) Genehmigung angesehen, lag aber aufgrund der Umgestaltung der diesbezüglichen Lastschriftbedingungen ab 9.7.12 in der Erteilung der Einzugsermächtigung durch den Schuldner, insoweit also wie beim Abbuchungsauftragsverfahren. Das Einzugsermächtigungsverfahren war insbesondere für den Massenlastschriftverkehr gedacht und deshalb in der Praxis weitaus am wichtigsten, mit Zahlen Laitenberger NJW **10**, 192. Das **elektronische Lastschriftverfahren (ELV)** ist nur eine Spielart des Einzugsermächtigungsverfahrens, die noch bis 1.2.16 zulässig war. Der Zahler nutzte dabei seine Girocard für eine einmalige Einzugsermächtigung an den Zahlungsempfänger. Näher MüKo/Hadding C 58. Zum Einzugsermächtigungsverfahren **36. Aufl (7)** Bankgeschäfte Rn D/6, 10a, 10b, 19–36.

c) SEPA-Lastschriftverfahren: Die SEPA-Lastschrift beruht wie die SEPA- D/10 Überweisung (s Rn C/18) auf der Zahlungsdiensterichtlinie I und seit 2012 der SEPA-VO (s Rn D/1). Entwickelt wurde sie ursprünglich als ein vom European Payments Council (EPC) geschaffenes Vertragswerk, SEPA Direct Debit Scheme Rulebook (SDD, in zwei Fassungen für Firmen und andere, s Rn D/13, D/42). Geltung auf Grund Beitrittsabkommen für die EU-Mitgliedstaaten und weitere Staaten. Das SEPA-Verfahren wird durch Vertrag zwischen den beitretenden Geldinstituten mit dem EPC und unter einander vereinbart, geregelt ist nur das Interbankenverhältnis (s Rn C/18; zum Interbankenverhältnis, s Rn D/41), Rechte und Pflichten bestehen nur zwischen diesen Instituten, es gilt belgisches Recht, insoweit auch bei rein innerstaatlichen SEPA-Lastschriften. Zu den Rulebooks MüKo/Hadding C 119 ff. Für die übrigen einzelnen Vertragsverhältnisse gilt nationales Recht samt IPR (vgl Rn C/8). Soweit Raum für vertragliche Vereinbarungen bleibt, gelten AGB, und zwar in Deutschland die Bedingungen für Zahlungen mittels Lastschrift im **SEPA-Basislastschriftverfahren** (s Rn D/14 ff) und die im **SEPA-Firmenlastschriftverfahren** (s Rn D/28 ff).

Das SEPA-Lastschriftverfahren entspricht, was die **Vorabautorisierung,** den D/11 **Widerruf** und den **Erstattungsanspruch** angeht, dem früheren Abbuchungsauftragsverfahren und dem früheren reformierten Einzugsermächtigungsverfahren. Im SEPA-Verfahren beruht die Lastschrift aber auf einer schriftlichen (str, ob auch rein elektronisch) Ermächtigung des Zahlers an den Zahlungsempfänger zum Einzug durch Lastschrift (SEPA-Lastschriftmandat, Valutaverhältnis) und zur Weiterreichung der Weisung des Zahlers an den Zahlungsdienstleister des Zahlers, die Lastschrift einzulösen. In dieser letzteren Weisung liegt der Zahlungsauftrag an die Zahlstelle und die Autorisierung in Form der Einwilligung, BGH WM **10**, 1546 Tz 17.

C. **Vier Vertragsverhältnisse bei der Lastschrift:** Die Einschaltung einer D/12 oder mehrerer Banken zur Durchführung des Zahlungsvorgangs führt ebenso wie bei der Überweisung (s Rn C/21, Lastschrift als rückläufige Überweisung, s R D/7) idR dazu, dass vier oder mehr Vertragsverhältnisse vorliegen. Allerdings kommt ganz ausnahmsweise auch die Eigen- oder Umbuchungslastschrift vor, bei der der Gläubiger und der Schuldner dieselbe Person sind. Zu unterscheiden sind das **Deckungsverhältnis zwischen dem Schuldner und der Bank des**

Schuldners, die auszahlen soll (**Zahlstelle,** s Rn D/36), das **Inkassoverhältnis zwischen dem Gläubiger und der Bank des Gläubigers,** die den Zahlungsbetrag einziehen soll (**erste Inkassostelle,** s Rn D/46), das Verhältnis zwischen diesen beiden (oder mehreren) Banken (**Interbank- oder Ausführungsverhältnis,** s Rn D/41) und das Verhältnis zwischen dem Schuldner und dem Gläubiger, in dem die Zahlung erfolgen soll und gültig sein soll (**Valutaverhältnis,** s Rn D/56). All diese Verhältnisse sind **rechtlich streng zu trennen.**

D/13   D. **Bedingungen für Zahlungen mittels SEPA-Lastschrift 2014:** Neben den **(8)** AGB-Banken gelten für den Lastschriftverkehr Sonderbedingungen (s **(8)** AGB-Banken Nr 1 I 2), und zwar mehrere, zum 31.10.09 umfassend überarbeitete Fassungen, die zum 9.7.12 in Anpassung an die SEPA-VO (s Rn D/1) und zum 1.2.14 zwecks völliger Umstellung auf die SEPA-Lastschrift erneut geändert worden sind. Erneute Änderung zum 13.1.18 (neues Zahlungsdienstleistungsrecht).

Für das Deckungsverhältnis, also das Verhältnis zwischen Zahlstelle und Zahler (s Rn D/36 ff), gibt es die **Bedingungen für** Zahlungen mittels Lastschrift im **SEPA-Basislastschriftverfahren** (s Rn D/14 ff) und die **Bedingungen für** Zahlungen mittels Lastschrift im **SEPA-Firmenlastschriftverfahren** (s Rn D/28 ff).

Für das Interbankenverhältnis, also das Verhältnis zwischen Zahlstelle und erster Inkassostelle (s Rn D/41 ff) gelten die detaillierten SEPA Rulebooks (SEPA Core Direct Debit Scheme Rulebook und des SEPA Business to Business Direct Debit Scheme Rulebook) des European Payments Council, www.europeanpaymentscouncil.eu und implementation guidelines, www.bundesbank.de unter Zahlungsverkehr/SEPA. Diese werden ergänzt durch das Abkommen über die SEPA-Inlandslastschrift, abgedruckt bei MüKo/ZahlungsV Textanhang C.3 Stand 9/13 (aber Änderungen s Rn D/43); zum alten **Lastschriftabkommen** für die Einziehungsermächtigungslastschrift s 36. Aufl **(10)** LSA.

Für das Inkassoverhältnis, also das Verhältnis zwischen der ersten Inkassostelle und dem Zahlungsempfänger (s Rn D/41 ff) gelten die **Bedingungen für den Lastschrifteinzug,** Fassung vom 1.2.14 mit Änderungen spätestens zum 21.3.16. Darin sind die verschiedenen Lastschriftarten geregelt: nicht mehr die Einzugsermächtigungslastschrift (Nr 2, nicht mehr nutzbar ab 1.2.16) und die Abbuchungsauftragslastschrift (Nr 3 entfallen, da seit 1.2.14 nicht mehr zulässig), aber seit 1.2.14 nicht mehr zulässig), die SEPA-Basislastschrift (b2c, Nr 4) und die SEPA-Firmenlastschrift (b2b, Nr 5). Zum Inhalt der Bedingungen für den Lastschrifteinzug näher Rn D/47.

3) Grundlagen, wesentliche Merkmale und Verfahrensablauf des SEPA-Basislastschriftverfahrens

D/14   A. **Rechtsgrundlagen und wesentliche Merkmale**

a) Rechtsgrundlagen: Das SEPA-Basislastschriftverfahren ist rechtlich die Grundform der SEPA-Lastschriftverfahren, das SEPA-Firmenlastschriftverfahren bildet es mit einigen Besonderheiten nach (s Rn D/28). Nach Nr 1.1 der SEPA-(Basis- ebenso wie Firmen)Lastschriftbedingungen ist eine (SEPA-)Lastschrift „ein vom Zahlungsempfänger ausgelöster Zahlungsvorgang zu Lasten des Kontos des Kunden, bei dem der Höhe der jeweiligen Zahlungsbetrages vom Zahlungsempfänger angegeben wird." (vgl auch Definition in § 1 XXI ZAG). Für das SEPA-Basislastschriftverfahren gelten verschiedene Rechtsgrundlagen: zunächst europäisch die SEPA-VO (s Rn D/1, unmittelbar geltendes Recht, s Rn D/1a) und ergänzend das SEPA Core Direct Debit Scheme Rulebook (für das Interbankenverhältnis, s Rn D/42), sodann deutsch §§ 675c-676c BGB mit Art 248 §§ 1–19 EGBGB (s Rn C/12 ff). Die Kreditinstitute haben das SEPA-Rulebook durch das Abkommen über die SEPA-Inlandslastschrift ergänzt (Interbankenver-

V. Bankgeschäfte   D/15–D/18   **BankGesch (7)**

hältnis, s Rn D/43). Für das Verhältnis zwischen dem Zahler (Kunden) und seinem Zahlungsdienstleister (Bank, Deckungsverhältnis, s Rn D/36) gelten die Bedingungen für Zahlungen mittels Lastschrift im SEPA-Basislastschriftverfahren. Für das Verhältnis zwischen Kunden als Zahlungsempfänger und der ersten Inkassostelle (Bank) gelten die Bedingungen für den Lastschrifteinzug (Inkasso- oder Ausführungsverhältnis, s Rn D/46). Auch auf das Verhältnis zwischen dem Zahler und dem Zahlungsempfänger (Valutaverhältnis, s Rn D/56) wirken sich die SEPA-(Basis- und Firmen-)Lastschriftbedingungen aus.

b) Wesentliche Merkmale: Voraussetzung für die Ausführung von Zahlungen mittels SEPA-Basislastschriften ist (neben der Nutzung des SEPA-Basislastschriftverfahrens durch den Zahlungsempfänger bzw Gläubiger und seinen Zahlungsdienstleister bzw Gläubigerbank), dass der Zahler (Kunde) vor dem Zahlungsvorgang dem Zahlungsempfänger das SEPA-Basislastschriftmandat erteilt (s Rn D/17). Der Zahlungsempfänger löst den Zahlungsvorgang dadurch aus, dass er über seinen Zahlungsdienstleiter der Bank die Lastschrift vorlegt. Der Zahler kann bei einer autorisierten Zahlung **innerhalb von acht Wochen** ab Belastungsbuchung von der Bank **Erstattung** des belasteten Lastschriftbetrags verlangen (§ 675x BGB, s Rn C/70; SEPA-Basislastschriftbedingungen Nr 2.1.1, 2.5).   D/15

B. Kundenkennung: Der Kunde muss die ihm mitgeteilte IBAN (International Bank Acccount Number, internationale Bankkontonummer) der Bank als seine Kundenkennung gegenüber dem Zahlungsempfänger verwenden. Dann ist die Bank berechtigt, die Zahlung ausschließlich auf der Grundlage der ihr übermittelten Kundenkennung auszuführen (§ 675r BGB, kein Kontonummer-Namensabgleich mehr, s Rn C/43). Bei grenzüberschreitenden Zahlungen innerhalb des EWR muss der Kunde bis 31.1.16 zusätzlich den BIC (Bank Identifier, Bank-Identifizierungscode) angeben (SEPA-Basislastschriftbedingungen Nr 2.1.2). Begriffsbestimmungen von IBAN und BIC in Art 2 Nr 15 und 16 SEPA-VO. Der Begriff der Kundenkennung ist in § 675r II BGB definiert (s Rn C/43).   D/16

C. SEPA-Basislastschriftmandat des Zahlungspflichtigen: Die Lastschriftzahlung durch die Bank des Zahlungspflichtigen beruht auf dessen SEPA-Basislastschriftmandat (SEPA Direct Debit Mandate). Mit diesem **autorisiert** er gegenüber seiner Bank die Einlösung der Lastschrift des Zahlungsempfängers. Das Mandat ist schriftlich oder in der mit seiner Bank vereinbarten Art und Weise (s Rn D/36 zu § 120 BGB) zu erteilen. Das SEPA-Basislastschriftmandat muss zwei Erklärungen des Kunden enthalten: die Ermächtigung des Zahlungsempfängers, Zahlungen vom Konto des Kunden mittels der Lastschrift einzuziehen und die Weisung an die Bank, diese Lastschrift von dem Konto einzulösen (SEPA-Basislastschriftbedingungen Nr 2.2.1; dort auch Auflistung der zwingend erforderlichen Autorisierungsdaten, zusätzliche Angaben sind zulässig). Zur Behandlung der Einzugsermächtigung als SEPA-Lastschriftmandat SEPA-Basislastschriftbedingungen Nr 2.2.2). Das SEPA-Lastschriftmandat kann widerrufen werden (SEPA-Basislastschriftbedingungen Nr 2.2.3, s Rn D/23). Auch Begrenzung und Nichtzulassung von SEPA-Basislastschriften durch den Kunden ist möglich (SEPA-Basislastschriftbedingungen Nr 2.2.4). Das SEPA-Basislastschriftmandat unterliegt der AGB-Kontrolle, ist aber wirksam, jedenfalls angesichts des Erstattungsanspruchs innerhalb von acht Wochen (s Rn D/38; zur AGB-Kontrolle beim SEPA-Firmenlastschriftmandat mit Ausschluss des Erstattungsanspruchs s Rn D/32).   D/17

D. Maßnahmen des Zahlungsempfängers   D/18

a) Vorabinformation des Zahlers: Damit der SEPA-Lastschrifteinzug durchgeführt werden kann, muss der Zahlungsempfänger verschiedene Maßnahmen treffen, näher MüKo/Hadding Rn C 76–78. Der Zahlungsempfänger muss dem Zahler spätestens vierzehn Kalendertage (sofern nichts anderes vereinbart) vor dem Fälligkeitstag eine Vorabinformation (prenotification) über den Einzug mit dem Betrag und dem Belastungstag des geplanten Lastschrifteinzugs mitteilen (Schriftform, näher Rulebook). Das kann beispielsweise auch in der Rechnung geschehen und erlaubt dem Zahler, für Deckung auf seinem Konto zu sorgen.

D/19 **b) Weiterleitung des SEPA-Basislastschriftmandats in elektronischer Form:** Wenn das SEPA-Basislastschriftmandat in Papierform erteilt worden ist, muss der Zahlungsempfänger dieses in elektronische Daten umwandeln (Rulebook), damit es vollautomatisiert durchgeführt werden kann (Lastschriftdatensatz). Diesen Lastschriftdatensatz muss der Zahlungsempfänger seinem Zahlungsdienstleister (erste Inkassostelle) weiterleiten und ihn auch bei jeder Folge-Lastschrift nicht früher als vierzehn Tage vor dem Fälligkeitstag der einzuziehenden Geldforderung erneut übermitteln. Die erste Inkassostelle übermittelt das Basislastschriftmandat in der elektronischen Form dann dem Kreditinstitut des Zahlers. Näher SEPA-Basislastschriftbedingungen Nr 2.3 I und II.

D/20 E. **Belastung des Zahlungskontos und Gutschrift:** Der eigentliche Zahlungsvorgang aufgrund der SEPA-Basislastschrift besteht in der Belastung des Kontos des Kunden mit dem Lastschriftbetrag und der Einlösung der SEPA-Basislastschrift. Die eingehende SEPA-Basislastschrift des Zahlungsempfängers wird am Fälligkeitstag (im Datensatz angegeben) mit dem vom Zahlungsempfänger angegebenen Lastschriftbetrag dem Konto des Kunden belastet (SEPA-Basislastschriftbedingungen Nr 2.4.1 I). Die SEPA-Basislastschrift ist eingelöst, wenn die Belastungsbuchung auf dem Konto des Kunden nicht spätestens am zweiten Bankarbeitstag nach ihrer Vornahme rückgängig gemacht wird (SEPA-Basislastschriftbedingungen Nr 2.4.2).

D/21 In den Bedingungen sind auch die Fälle aufgeführt, in denen die Kontobelastung nicht erfolgt oder spätestens am zweiten Bankarbeitstag nach ihrer Vornahme rückgängig gemacht wird, nämlich 1. Widerruf des SEPA-Lastschriftmandats (s Rn D/23), 2. fehlende Kontodeckung (Teileinlösungen nimmt die Bank nicht vor), 3. mangelnde Zuordenbarkeit der angegebenen IGAN des Zahlungspflichtigen zu einem Konto des Kunden bei der Bank und 4. fehlende Verarbeitbarkeit mangels hinreichender Daten (SEPA-Basislastschriftbedingungen Nr 2.4.1 II) sowie 5. bei gesonderter Weisung des Kunden, Zahlungen aus SEPA-Basislastschriften zu begrenzen oder nicht zuzulassen (SEPA-Basislastschriftbedingungen Nr 2.4.1 III iVm Nr 2.2.4). Kommt es zur Nichtausführung oder Rückgängigmachung der Belastungsbuchung oder zur Ablehnung der Einlösung, muss die Bank den Kunden unverzüglich unterrichten (SEPA-Basislastschriftbedingungen Nr 2.4.3).

D/22 Zur **Rückgabe** von SEPA-Lastschriften, die nicht auf dem normalen Weg bearbeitet werden können, unter den Banken (R-Transaktionen) näher Rulebook und MüKo/Hadding Rn C 81. Es handelt sich um Rückweisungen (rejects), Rückgaben (returns), Rückbuchungen (reversals) und Rückerstattungen (refunds). Zur Erstattung bei einem vom oder über den Zahlungsempfänger ausgelösten Zahlungsvorgang § 675x BGB (s Rn C/69).

D/23 F. **Widerruf und Ungültigwerden des SEPA-Lastschriftmandats; Kündigung des Zahlungsdiensterahmenvertrags**

a) Widerruf des SEPA-Lastschriftmandats: Das Besondere der SEPA-Lastschrift im Vergleich zu den bisherigen Abbuchungs- und Einziehungsermächtigungslastschriften ist, dass der Kunde (Zahler) durch Erklärung gegenüber dem Zahlungsempfänger oder seiner Bank das SEPA-Lastschriftmandat widerrufen kann, nicht formgebunden, aber „möglichst" schriftlich (SEPA-Basislastschriftbedingungen Nr 2.2.3 Satz 1). Das ist deshalb besonders, weil das SEPA-Lastschriftmandat die Zustimmung zu dem Zahlungsvorgang (Autorisierung) enthält (§ 675j II BGB, s Rn C/35). Rechtlich ist zu unterscheiden, wem gegenüber der Widerruf erklärt wird und was er beinhaltet.

Wird der Widerruf gegenüber der Bank erklärt (Deckungsverhältnis), ist das als Widerruf der einzelnen Autorisierung der Zahlung (§ 675j II BGB) oder weitergehend der generellen Autorisierung aller weiterer Zahlungsvorgänge im SEPA-Verfahren möglich, näher MüKo/Hadding Rn C 86 f. Ein Widerruf des Zahlungsauftrags ist zwar grundsätzlich nach dessen Zugang nicht mehr möglich (§ 675p I BGB), aber im Fall einer Lastschrift doch, nämlich bis zum Ende des Geschäftstags vor dem vereinbarten Fälligkeitstag, also bis zur Einlösung (§ 675p II 2 BGB, s Rn C/40; Ausnahme § 675p IV 2 BGB bei Vereinbarung und Zustimmung des Zahlungsempfängers, vgl Rn C/40). Rechtlich ist das ein zulässiger Widerruf als Gegenweisung zur ursprünglichen Generalweisung (§§ 675c I, 665 Satz 1 BGB, s Rn C/36). Der Widerruf hat zur Folge, dass nachfolgende Zahlungsvorgänge nicht mehr autorisiert sind; das ist **zu unterscheiden von dem Erstattungsanspruch** des Kunden bei einer autorisierten Zahlung innerhalb von acht Wochen (SEPA-Basislastschriftbedingungen Nr 2.5, s Rn D/38). Bei Widerruf gegenüber der Bank wird dieser am folgenden Geschäftstag wirksam (SEPA-Basislastschriftbedingungen Nr 2.2.3 Satz 2).

Wird der Widerruf gegenüber dem Zahlungsempfänger erklärt, ist das ein Widerruf des SEPA-Lastschriftmandats an diesen, also Widerruf seiner Ermächtigung, die Lastschrift bei der Zahlstelle des Zahlers einzureichen. Sowohl das Rulebook wie auch die SEPA-Basislastschriftbedingungen Nr 2.2.3 Satz 1 lassen offen, was gilt, wenn der Zahlungsempfänger, der das SEPA-Lastschriftmandat bereits weitergeleitet hat, den Widerruf nicht unverzüglich der Bank (Inkassobank und über diese der Bank des Zahlers, also der Zahlstelle) zur Kenntnis bringt. Aus dem Giroverhältnis wird man aber eine Pflicht des Kunden (Zahlers) entnehmen können, den Widerruf auch seiner Bank zu erklären. Andernfalls bleibt die von ihm unberechtigt eingereichte Lastschrift im Verhältnis zu seiner Bank autorisiert, MüKo/Hadding C 88.

b) Ungültigwerden des SEPA-Lastschriftmandats: Wenn der Zahlungsempfänger innerhalb von 36 Monaten nach dem letzten Lastschrifteinzug keinen weiteren Einzug mehr tätigt, wird das SEPA-Lastschriftmandat unwirksam (Rulebook).

c) Kündigung des Zahlungsdiensterahmenvertrags insgesamt: Der Kunde kann nicht nur das SEPA-Lastschriftmandat widerrufen, sondern weitergehend den Zahlungsdiensterahmenvertrag mit seiner Bank kündigen, und zwar jederzeit, also fristlos (§ 675h I BGB, s Rn C/32, **(8)** AGB-Banken Nr 18 I, s dort Rn 1, **(9)** AGB-Spark Nr 26 I 1). Eine Kündigungsfrist kann vereinbart werden, aber nicht von mehr als einem Monat (§ 675h I 2 BGB). Mit der Kündigung wird der Zahlungsdiensterahmenvertrag (samt den SEPA-Basislastschriftbedingungen) beendet (Deckungsverhältnis).

4) Das SEPA-Firmenlastschriftverfahren

A. Rechtsgrundlagen und wesentliche Merkmale

a) Rechtsgrundlagen: Das SEPA-Firmenlastschriftverfahren ist wie schon erwähnt weitgehend parallel zum SEPA-Basislastschriftverfahren (s Rn D/14 ff) geregelt, wie sich das auch aus den jeweiligen Lastschriftbedingungen erkennen lässt. Die Rechtsgrundlagen des SEPA-Firmenlastschriftverfahrens sind ähnlich (s Rn D/14), nämlich europäisch die SEPA-VO (s Rn D/1) und ergänzend das SEPA Business to Business Direct Debit Scheme Rulebook (s Rn D/1). Die Kreditinstitute haben das SEPA-Rulebook durch das Abkommen über die SEPA-Inlandslastschrift ergänzt (Interbankenverhältnis, s Rn D/43). An deutschen Vorschriften gelten §§ 675c–676c BGB mit Art 248 § 3 1–19 EGBGB (s Rn C/

(7) BankGesch D/29–D/32

12 ff), allerdings mit dem wichtigen Unterschied größerer Vertragsfreiheit (§ 675e IV BGB, s Rn C/17). Für das Verhältnis zwischen dem Zahler (Kunden) und seinem Zahlungsdienstleister (Bank, Deckungsverhältnis, s Rn D/36) gelten die Bedingungen für Zahlungen mittels Lastschrift im SEPA-Firmenlastschriftverfahren. Für das Verhältnis zwischen dem Kunden als Zahlungsempfänger und der ersten Inkassostelle (Bank) gelten die Bedingungen für den Lastschrifteinzug (Inkasso- oder Ausführungsverhältnis, s Rn D/46). Auf das Verhältnis zwischen dem Zahler und dem Zahlungsempfänger (Valutaverhältnis, s Rn D/56) wirken sich die SEPA-Firmenbedingungen ebenfalls aus.

D/29 **b) Wesentliche Merkmale:** Diese entsprechen denen beim SEPA-Basislastschriftverfahren (s Rn D/15), allerdings mit zwei ganz wesentlichen Unterschieden: **Kein Anspruch auf Erstattung** bei einer autorisierten Zahlung innerhalb von acht Wochen (s Rn D/31) und damit zusammenhängend: Notwendigkeit der **Bestätigung des SEPA-Firmenlastschriftmandats** durch den Kunden gegenüber der Bank (s Rn D/33).

D/30 **B. Besonderheiten gegenüber dem SEPA-Basislastschriftverfahren**

a) Nutzung nur durch Nichtverbraucher-Kunden: Am SEPA-Firmenlastschriftverfahren können nur Personen teilnehmen, die keine Verbraucher sind (SEPA-Firmenlastschriftbedingungen Nr 2.1.1 I). Würde man nur auf diese Bedingungen sehen, wären der Verbraucherbegriff des § 13 BGB nF maßgeblich bzw für Firmen das Gegenstück dazu im Unternehmerbegriff des § 14 BGB (so auch Fn 1 zum Eingangssatz der SEPA-Firmenlastschriftbedingungen, wo auf § 13 BGB, übrigens noch in der aF, hingewiesen wird). Jedoch ist der Begriff durch Art 2 Nr 24 der SEPA-VO europäisch bindend vorgegeben. Danach ist „Verbraucher" „eine natürliche Person, die in Zahlungsdiensteverträgen zu Zwecken handelt, die nicht dem Handel oder ihrer gewerblichen oder beruflichen Tätigkeit zugerechnet werden können". Dieser Begriff unterscheidet sich von dem des § 13 BGB (bzw § 14 BGB) dadurch, dass nicht von einer „selbständigen" Tätigkeit die Rede ist wie auch von dem Merkmal in § 13 BGB nF, dass die Zwecke „überwiegend" weder ihrer gewerblichen noch ihrer selbständigen beruflichen Tätigkeit zugerechnet werden können, zur überwiegenden Zweckbestimmung Bülow WM **14**, 1. Die Antwort ist eindeutig, beide Abweichungen des § 13 BGB nF gelten für das SEPA-Firmenlastschriftverfahren nicht, ebenso MüKo/Hadding Rn C 143, allerdings hinsichtlich des letzteren Merkmals einschränkend „wohl".

D/31 **b) Kein Erstattungsanspruch innerhalb von acht Wochen:** Im SEPA-Basislastschriftverfahren kann der Zahler bei einer autorisierten Zahlung innerhalb von acht Wochen ab Belastungsbuchung von der Bank **Erstattung** des belasteten Lastschriftbetrags verlangen (§ 675x BGB, s Rn C/70; SEPA-Basislastschriftbedingungen Nr 2.1.1, 2.5). Nach § 675e IV BGB kann § 675x BGB jedoch **vertraglich ausgeschlossen** werden, wenn es sich bei dem Zahlungsdienstnutzer nicht um einen Verbraucher handelt. Das ist durch die SEPA-Firmenlastschriftbedingungen Nr 2.1.1 V, 2.5 ausdrücklich geschehen.

D/32 **AGB-Kontrolle:** Allerdings wird in der Literatur angezweifelt, ob dieser Ausschluss einer AGB-Kontrolle standhält, MüKo/Hadding Rn C 145 mit Hinweis auf BGH WM **10**, 1546 = ZIP **10**, 1556m Anm Jacoby 1725. Dort hat der BGH das (entsprechend den SEPA-Anforderungen reformierte) Einzugsermächtigungsverfahren AGB-rechtlich für wirksam erachtet, weil dem Zahler nach § 675x II BGB der Erstattungsanspruch innerhalb von acht Wochen verbleibe. Tatsächlich bestehen aber für den Zahler, einerlei ob Verbraucher oder Unternehmer, bei einer bindenden Vorabautorisierung erhebliche Gefahren (so für das Abbuchungsauftragsverfahren BGH WM **96**, 335, unter 7), und eine AGB-Klausel, mit der ein Tankstellenverwalter sich zur Teilnahme am Abbuchungsverfahren

V. Bankgeschäfte   D/33–D/36   **BankGesch (7)**

verpflichtet hatte, wurde vom BGH (VIII ZS) WM **10**, 277 für unwirksam erachtet. Andererseits hat der BGH (IX ZS) WM **13**, 213 eine AGB-Klausel zur Tilgung von Darlehen zur Händlereinkaufsfinanzierung im Abbuchungsverfahren für wirksam erachtet. Das muss vor allem wegen der notwendigen Bestätigung (s Rn D/33) auch für den Ausschluss des Erstattungsanspruchs gelten, also AGB-rechtlich wirksam, Berger BB **13**, 656, Billing/Kirsch ZVertriebsR **15**, 22.

c) Notwendigkeit der Bestätigung des SEPA-Firmenlastschriftmandats: D/33
Eine weitere Besonderheit des SEPA-Firmenlastschriftverfahren ist, dass für die Ausführung von Zahlung mittels SEPA-Lastschrift zusätzlich notwendig ist, dass der (Firmen)Kunde der Bank bestätigt die Erteilung des SEPA-Firmenlastschriftmandats bestätigt (SEPA-Firmenlastschriftbedingungen Nr 2.1.1 III dritter Gedankenstrich). Die Bestätigung der Erteilung eines SEPA-Firmenlastschriftmandats wird in Nr 2.2.2 wiederholt und näher ausgestaltet. Danach hat der Kunde seiner Bank die Autorisierung nach Nr 2.1.1 unter Angabe der näher aufgeführten Daten aus dem Mandat unverzüglich zu bestätigen, etwa auch durch Kopie des SEPA-Firmenlastschriftmandats, und die Bank über Änderungen oder die Aufhebung des Mandats gegenüber dem Zahlungsempfänger unverzüglich, möglichst schriftlich, zu informieren. Wenn der Bank keine Bestätigung vorliegt, erfolgt die Kontobelastung nicht oder wird spätestens am zweiten Bankarbeitstag nach ihrer Vornahme rückgängig gemacht (SEPA-Firmenlastschriftbedingungen Nr 2.4.1 II). Mit diesen verschiedenen Kautelen wird den Gefahren der bindenden Vorabautorisierung (s Rn D/30 mit D/17, keine Erstattung, Rn D/31) wirksam vorgebeugt mit der Folge, dass der Ausschluss des Erstattungsanspruch AGB-rechtlich als wirksam angesehen werden muss (s Rn D/32).

d) Widerruf des SEPA-Firmenlastschriftmandats: Das SEPA-Firmenlast- D/34
schriftmandat kann vom Kunden durch Erklärung gegenüber seiner Bank widerrufen werden, und nur „zusätzlich sollte dieser auch gegenüber dem Zahlungsempfänger erklärt werden (SEPA-Firmenlastschriftbedingungen Nr 2.2.3; vgl demgegenüber die Regelung des Widerrufs beim SEPA-Basislastschriftverfahren, s Rn D/23 ff). Damit werden Unklarheiten und späterer Streit über die Wirksamkeit des Lastschriftmandats gegenüber der Bank beseitigt.

e) Weitere Besonderheiten: Näher und anders als im SEPA-Basislastschrift- D/35
verfahren geregelt sind die Zurückweisung einzelner SEPA-Firmenlastschriften (SEPA-Firmenlastschriftbedingungen Nr 2.2.4) und die Erstattungs- und Schadensersatzansprüche des Kunden (SEPA-Firmenlastschriftbedingungen Nr 2.6).

5) Das Rechtsverhältnis zwischen den Banken und dem Lastschriftschuldner (Deckungsverhältnis)

A. **Einlösungsanweisung, Autorisierung:** Beim SEPA-Lastschriftverfahren D/36
erteilt der Schuldner (Zahler) ein **Doppelmandat** („Doppelweisung", RegE S 115, aber unpräzise, MüKo/Hadding C 92) an den Gläubiger (Zahlungsempfänger) und an die Schuldnerbank (Zahlstelle), Jacoby ZIP **10**, 1733, nämlich nicht nur Einzugsermächtigung an den Zahlungsempfänger (Gläubiger) entsprechend § 185 BGB, sondern Generalweisung an die Bank einzulösen (SEPA-Lastschriftmandat, Valutaverhältnis, s Rn D/17) MüKoBGB/Casper § 675f Rn 74. Der Gläubiger ist zur Konkretisierung des Zahlungsauftrags durch bezifferte Lastschrift (Betrag, Fälligkeit) ermächtigt, BGH NJW **10**, 3512, Hadding FS Hüffer **10**, 287. Der Gläubiger übermittelt diese Weisung des Schuldners an die Schuldnerbank als Erklärungsbote (vgl § 120 BGB, BGH NJW **10**, 3512, Hadding FS Hüffer **10**, 286, vgl auch für die Kreditkarte Rn F/37; genauer: nicht die schriftliche Erklärung, sondern den Datensatz, § 675i I 3, s Rn D/19), diese reicht weiter nach §§ 675s II, 675n II BGB, nach aA als vollmachtloser Vertreter. In dieser letzteren Weisung liegt der Zahlungsauftrag an die Zahlstelle, die mit Zugang an die Zahlstelle wirksam wird (§ 675n I 1 BGB); Widerruf ist nur noch

Hopt   2047

(7) BankGesch   D/37, D/38   2. Teil. Handelsrechtl. Nebengesetze

bis zum Ende des Geschäftstags vor dem vereinbarten Fälligkeitstag möglich (§§ 675j II 1, 675p I, II 2 BGB). Damit liegt dann die **Autorisierung** vor in Form der **Einwilligung** nach § 676j I 2 1. Alt BGB (jeweils Nr 2.2.1 der SEPA-Lastschriftbedingungen Basis/Firmen) BGH NJW **10**, 3512 Tz 17, Bitter WM **10**, 1731, Nobbe WM **11**, 965. Die Zahlung im SEPA-Lastschriftverfahren ist, da von vornherein eine Einwilligung mit Autorisierung vorliegt, **insolvenzfest**, dies trotz des Erstattungsanspruchs (s Rn D/38). **Internetlastschrift,** Probleme der Nichteinhaltung der Schriftform (§ 126 I BGB), str, Walter DB **13**, 390. Zum Deckungsverhältnis MüKo/Hadding C 68.

D/37   B. **Entgelt, Aufwendungsersatzanspruch:** Wenn die Bank des Schuldners die ihr über den Gläubiger übermittelte Lastschrift durch Zahlung des Zahlungsbetrags an die erste Inkassostelle (Bank des Gläubigers) eingelöst hat (s Rn D/20; § 675q I BGB, s Rn C/47; zur Einlösung vgl Rn C/89 f, 91 f), hat sie Anspruch auf Entgelt (§ 675f V 1, s Rn C/50) und Aufwendungsersatz (§§ 675c I, 670 BGB). Die Höhe des Entgelts ergibt sich aus dem „Preis- und Leistungsverzeichnis" (SEPA-Basislastschriftbedingungen Nr 1.2); bei Firmen SEPA-Firmenlastschriftbedingungen Nr 1.2 mit **(8)** AGB-Banken Nr 12 II-VI).

D/38   C. **Erstattungsanspruch des Verbraucher-Schuldners:** Das SEPA-Lastschriftverfahren ist wegen der Vorabautorisierung mit dem Recht des Gläubigers, selbst die Höhe des Lastschriftbetrags zu konkretisieren (s Rn D/36), gefährlich. Der Zahler hat deshalb, wenn er Verbraucher ist (s Rn D/30), ein zeitlich befristetes **Erstattungsrecht** bzw Anspruch auf **Wiedergutschrift** (RegE S 115) gegen seine Bank ohne weitere Begründung (**acht Wochen**, s § 675x I, II, IV BGB Erstattungsanspruch, vgl Rn D/38, C/70; bestätigend Nr 2.5 I der SEPA-Basislastschriftbedingungen; **für Nichtverbraucher abbedungen,** Nr 2.5 der SEPA-Firmenlastschriftbedingungen, s Rn D/31, Nobbe WM **11**, 967). Die Erstattung wird durch AGB ausgeschlossen, wenn der Betrag der Lastschriftbelastungsbuchung durch eine Genehmigung des Kunden unmittelbar gegenüber der Bank autorisiert worden ist (Nr 2.5 II SEPA-Basislastschriftbedingungen), nach BankrechtsHdb/Ellenberger § 58 Rn 112, unwirksam nach **(5)** BGB § 307, aber § 675x III BGB. Nach den SEPA-Interbankenregeln hat dann der Zahlungsdienstleister Anspruch auf Rückvergütung und technische Rückabwicklung gegen den Zahlungsdienstleister des Zahlungsempfängers, BGH NJW **10**, 3513, ohne Rücksicht auf das Bestehen der Schuld im Valutaverhältnis (dort geltend zu machen, Nr 2.5 I Satz 3 SEPA-Basislastschriftbedingungen) und wertstellungsneutral (s Rn C/70), also auch dann, wenn das Konto des Zahlungsempfängers keine Deckung aufweist. Der Zahlungsdiensteister des Zahlungsempfängers hat dann ein Rückbelastungsrecht gegen den Zahlungsempfänger aus der Inkassovereinbarung (RegE S 115). Dieser Erstattungsanspruch ist **kein verlängertes Widerrufsrecht** des Zahlers (zum Widerruf abschließend § 675j II 1, 675p BGB), sondern ein **eigenständiges Gegenrecht,** BGH NJW **10**, 3512, Nobbe WM **11**, 5, aA Obermüller/Kuder ZIP **10**, 354, str. Für einen konkludenten Verzicht auf Erstattung schon vor den acht Wochen (entsprechend den Voraussetzungen für eine stillschweigende Genehmigung beim Einzugsermächtigungsverfahren, BGH ZIP **15**, 434 Rn 9, Stgt WM **13**, 1118 (Franchising), Ffm ZIP **13**, 1636, näher 36. Aufl Rn D/23) fehlen Anhaltspunkte, Nobbe ZIP **12**, 1946, Werner BKR **12**, 228, Burghardt WM **13**, 67, Auch § 675p IV 1 BGB greift schon mangels Zustimmung des Zahlungsempfängers (§ 675p IV 2, II BGB) nicht ein. Der Erstattungsanspruch der Bank ist vielmehr unpfändbar und gehört damit nicht zur Insolvenzmasse (§ 36 I 1 InsO; analog § 377 I; nicht auch § 377 II BGB, insoweit zweifelnd Bitter WM **10**, 1735), der Insolvenzverwalter behält aber sein Anfechtungsrecht nach §§ 129 ff InsO, BGH NJW **10**, 3514 (XI ZS), mit IX ZS abgestimmt, BGH NJW **10**, 3517 Rz 50 (XI ZS), Omlor NJW **12**, 2151, krit gegen Begründung Nobbe WM **11**, 966, ZIP **12**, 1942 (für Erfüllung und Fußstapfentheorie, aber zustimmend zum Ergebnis). Der Erstattungsanspruch kann „ohne Angabe von Gründen" geltend gemacht werden (Nr 2.5. I Satz 1 SEPA-Basislastschriftbedingungen; § 675x II BGB, s Rn C/70). Eine unwirksame, weil **missbräuchliche** Geltendmachung des Erstattungsanspruchs scheidet danach in aller Regel aus (anders beim früheren Einzugsermächtigungsverfahren, bei dem der Widerspruch ausnahmsweise sittenwidrig sein konnte, 36. Aufl Rn D/28 mit Rspr), dies jedenfalls im Verhältnis zur Bank, zum Valutaverhältnis s Rn D/56. Bei sittenwidriger Benutzung des Lastschriftverfahrens kann aber § 826 BGB eingreifen, s Rn D/45. Gegen den Vorschlag der Kommission (ZahlungsdiensteRi II, s Rn C/2), den unbedingten Erstattungsanspruch bei Erfüllung der Vertragspflichten und Erhalt der Dienstleistungen oder Verbrauch der Waren einzuschränken, Spindler/Zahrte BKR **14**, 269.

D. Unterschiede zum Deckungsverhältnis bei der früheren Einzugsermächtigungslastschrift D/38a

a) Rechtslage bis zur Änderung der Lastschriftbedingungen zum 9.7.2012 (s 36. Aufl Rn D/19 ff): Bei der Einzugsermächtigungslastschrift, die nur noch bis zum 1.2.16 zulässig war (s Rn D/9), erfolgte die Belastung des Schuldnerkontos durch die Schuldnerbank, ohne dass die Einwilligung des Schuldners ihr gegenüber vorlag, allein auf Grund der Weisung der Gläubigerbank (s 36. Aufl Rn D/19). Die Belastung wurde damit als **Einlösung erst mit Genehmigung des Schuldners** wirksam (§ 684 S 2 BGB, s 36. Aufl Rn D/ 19). Zu den zahlreichen Rechtsfragen, wann eine solche Genehmigung angenommen werden konnte (nicht schon bei Schweigen auf einen Rechnungsabschluss, aber bei hinzutretenden Umständen je nach Einzelfall, §§ 133, 157 BGB), zur Beilegung der Kontroverse zwischen dem XI. und IX. Zivilsenat, zur Dauer der Prüfungsfrist und zum Widerspruch (Ablehnung der Genehmigung) s 36. Aufl Rn D/23, 24. Zur Frage des Widerrufs des Insolvenzverwalters und zur Genehmigung des Insolvenzverwalters s 36. Aufl Rn/D 25, D/26. Bei der Einzugsermächtigungslastschrift gab es auch **keinen Erstattungsanspruch** bis zu acht Wochen, weil das Einzugsermächtigungsverfahren mangels Vorabautorisierung nicht unter § 675x BGB fiel, BGH NJW **10**, 3514 (XI ZS, s 36. Aufl Rn D/27). Zur Genehmigungsfiktion bei sechswöchigem Schweigen nach Zugang des Rechnungslegungsabschlusses s 36. Aufl Rn D/29, D/30.

b) Rechtslage ab Änderung der Lastschriftbedingungen zum 9.7.2012 D/38b (s 36. Aufl Rn D/30a, 30b): Mit der Einzugsermächtigung autorisierte der Kunde gegenüber seiner Bank die Einlösung von Lastschriften des Zahlungsempfängers (Nr 2.2.1 Unterabs 2 Satz 1 aF). Die Anweisung an die Bank und die gleichzeitige **Vorabautorisierung der Einlösung** gegenüber der Bank galten auch für vom Kunden vor dem Inkrafttreten dieser Bedingungen erteilte Einzugsermächtigungen (Nr 2.2.1 Unterabs 2 Satz 2 aF; nunmehr Nr 2.2.2 I 3 nF: „Diese Einzugsermächtigung gilt als SEPA-Lastschriftmandat.", sog Kontinuitätsregelung, krit MüKo/Hadding C 128). Damit waren die strittigen Probleme des Zeitpunkts der Einlösung (s 36. Aufl Rn D/23), des Widerspruchs des Schuldners mangels Genehmigung (s 36. Aufl Rn D/24), des Widerrufs und der Genehmigung des Insolvenzverwalters (s 36. Aufl Rn D/25, D/26) erledigt, Nobbe ZIP **12**, 1941. Dogmatisch bedeutete das: Die Generalanweisung des Schuldners an seine Bank wurde der Bank über den Gläubiger und dessen Bank übermittelt (**Doppelermächtigung** an den Gläubiger zum Einzug und an die Bank zur Einlösung), Nobbe ZIP **12**, 1946, wie beim Scheck. Der Gläubiger konkretisierte dabei die Generalanweisung durch die Einreichung der konkreten Lastschrift. Darin liegt ein Zahlungsauftrag nach § 675f IV 2 BGB (vgl Rn C/33), mit dem der Schuldner den Zahlungsvorgang schon vor der Ausführung vorab autorisierte (Einwilligung nach § 675j I 2 Alternative 1 BGB, s Rn C/35). Konsequent galten seither auch für die Einzugsermächtigungslastschrift die Widerrufsmöglichkeit

(§§ 675j II, 675p II BGB, s Rn C/36, 40), die Ausführungspflicht und das Ablehnungsrecht (§ 675o BGB, s Rn C/39, dort auch zur Entgeltproblematik), die Ausführungsfrist (§ 675s BGB, s Rn C/48) und der Erstattungsanspruch nach § 675x I BGB (s 36. Aufl Rn D/30b), Omlor NJW **12**, 2152. Damit war auch die Einziehungslastschrift SEPA-kompatibel, Nobbe ZIP **12**, 1946, Omlor NJW **12**, 2150.

D/39 E. **Benachrichtigungspflicht der Bank:** Bei Ausführung der Zahlung unterrichtet die Bank den Kunden (Nr 2.4.4 III SEPA-Basislastschriftbedingungen). Bei Nichteinlösung, zB wegen mangelnder Deckung (näher Rn D/21), muss die Schuldnerbank den Schuldner grundsätzlich unverzüglich **benachrichtigen** (§ 675o I 1 BGB, s Rn C/39; Nr 2.4.3 SEPA-Basislastschriftbedingungen; früher schon nach §§ 675 I, 666 BGB oder selbständige Pflicht aus § 242 BGB), BGH **146,** 382, AnmWM **89,** 625m Anm Terpitz NJW **89,** 2740, WM **12**, 1384 (aber s für Überweisung Rn C/43). Entgelt für die Unterrichtung s Rn C/39, Nr 2.4.3 Satz 4 SEPA-Basislastschriftbedingungen. Bei Verletzung der Benachrichtigungspflicht Schadensersatzpflicht der Bank (§ 280 BGB). Warn- bzw **Rückfragepflichten** der Bank s Rn C/42, aber auch Rn C/43; Rn A/22–29.

D/40 F. **Mängel der Lastschriftanweisung, Haftung des Zahlungsdienstleisters** (§§ 675u–675z, 676–676c BGB): Andere Mängel als Widerspruch, zB fehlender Abbuchungsauftrag, Fälschung, s Rn C/54ff. Bereicherungsausgleich s Rn D/50ff. **Fälschungsrisiko** s Rn C/50. **Haftung für zwischengeschaltete Institute** (§ 675z S 3 BGB) wie bei der Überweisung (s Rn C/79), Grundmann WM **09**, 1159. Zu anderen Erstattungs- und Schadensersatzansprüchen des Zahlers Nr 2.6 SEPA-Basislastschriftbedingungen, MüKo/Hadding C 136ff.

6) Das Rechtsverhältnis zwischen den Banken (Interbankenverhältnis)

D/41 A. **Rechtliche Qualifikation:** Der Lastschriftverkehr, der seit 1964 auf einen erheblichen Teil des gesamten bargeldlosen Zahlungsverkehrs angewachsen ist, erfolgt ebenso wie der Giroverkehr idR unter Einschaltung mehrerer Banken. Wie dort stehen dabei Gläubiger und Schuldner nur jeweils zu ihrer eigenen Bank in Vertragsbeziehungen. Unmittelbare vertragliche Beziehungen bestehen zwischen dem Gläubiger und der Bank des Schuldners nicht, BGH **69**, 84; ebenso wenig zwischen dem Schuldner und der Bank des Gläubigers, BGH **74**, 303; Ausnahme Hauslastschrift, wenn Schuldner und Gläubiger dieselbe Bank haben. Dagegen stehen der Zahlungsdienstleister des Zahlungsempfängers (erste Inkassostelle, Bank des Gläubigers) und der Zahlungsdienstleister des Zahlers (Zahlstelle, Bank des Schuldners) in direkten vertraglichen Beziehungen, soweit nicht Zwischenbanken eingeschaltet sind. Dabei handelt es sich um einen **Geschäftsbesorgungsvertrag** (§ 675 I BGB, näher Rn C/83). §§ **675c–676c BGB** sind auf dieses Interbankenverhältnis grundsätzlich **nicht anwendbar** (Ausnahme § 676a BGB, s Rn C/83), aA MüKo/Hadding C 67.

D/42 B. **SEPA-Lastschriftabkommen:**

a) **Rulebooks:** Die Rulebooks (in zwei Formen: SEPA Core Direct Debit Scheme Rulebook und SEPA Business to Business Direct Debit Scheme Rulebook) des European Payments Council (s Rn D/13) betreffen das Interbankenverhältnis und ähneln im Grundsatz dem früheren deutschen Lastschriftabkommen (s 36. Aufl Rn D/38). Wie dieses entfalten sie keine Rechtswirkungen auf die anderen Vertragsverhältnisse bei der Lastschrift (Deckungs-, Inkasso- und Valutaverhältnis), BankrechtsHdb/Ellenberger § 56 Rn 35f. Dazu MüKo/Hadding C 119ff; BankrechtsHdb/Ellenberger § 56 Rn 35, § 58 Rn 171.

D/43 b) **Abkommen über die SEPA-Inlandslastschrift:** Dieses Abkommen zwischen den Spitzeninstituten der deutschen Kreditwirtschaft sowie der Deutschen Bundesbank gibt es seit 9.7.2012 mit Änderungen ab 4.11.13. Es enthält ergänzende Bestimmungen zu den SEPA Rulebooks für SEPA-Inlandslastschriften, insbesondere Auslagenersatz und Bearbeitungsprovision für zurückgegebene SEPA-Inlandslastschriften (Abschn I Nr 3), regelt die Nutzung von Einzugsermächtigungen als SEPA-Lastschriftmandate (Abschn II) und ergänzt das SEPA Core Direct Debit Scheme Rulebook zur Nutzung der Option der Vorlagefrist von einem „Inter-Bank Business Day" (Abschn III).

C. Drittschutzwirkungen bzw Schutzpflichten aus Gesetz: Das Fehlen einer Vertragsbeziehung zwischen Schuldner und Gläubigerbank bzw Gläubiger und Schuldnerbank hindert nach dem Grundsatzurteil des BGH 6.5.08 WM **08**, 1252 unter **Aufgabe früherer Rechtsprechung** (BGH **69**, 85, **96**, 17, WM **88**, 247) vertragliche Schutzpflichten von Banken zugunsten Dritter im Lastschriftverkehr und allgemeiner im bargeldlosen Zahlungsverkehr (s Rn C/88, E/6). Darauf sich der Rechtsverkehr einstellen, auch wenn dogmatisch und im Ergebnis nach wie vor die besseren Gründe für die alte Rspr sprechen (s näher Rn C/88). In Fällen etwa einer Pflichtverletzung der Schuldnerbank, wenn diese die Nichtbezahlung einer Lastschrift nicht alsbald an die Gläubigerbank meldet (vgl **(10)** LSA II Nr 2: Eilnachricht ab € 3000, nach Fassung 2012 6 000 Euro) und der Gläubiger infolgedessen weiter mit Lastschrift an den Schuldner liefert und den Gegenwert verliert, bleiben dem Geschädigten nur noch die Drittschadensliquidation und Ansprüche aus § 826 BGB; das gilt dann erst recht, wenn der Schuldner durch Pflichtverletzungen der Gläubigerbank oder die dritte Bank durch Pflichtverletzungen von Schuldner oder Gläubiger selbst (Canaris 613) zu Schaden kommen. Stattdessen lässt die Rspr im mehrgliedrigen Zahlungsverkehr die Drittschadensliquidation zu, näher BankrechtsHdb/Ellenberger § 58 Rn 226. Zur Zulässigkeit der Direktliquidation in Dreipersonenverhältnissen Langenbucher/Adolff FS Canaris **07** I 679.

D/44

D. Haftung aus § 826 BGB: Ausnahmsweise hat die Gläubigerbank einen Schadensersatzanspruch gegen die Schuldnerbank aus § 826 BGB, wenn diese den Schuldner im eigenen Interesse zum Widerspruch (frühere Einzugsermächtigungslastschrift) animiert oder Lastschriftreiterei des Gläubigers schon vor Belastungsbuchung kennt und unter Inkaufnahme einer Schädigung der Gläubigerbank duldet, BGH **74**, 313, **101**, 153, NJW **01**, 2632, Hamm OLGR **98**, 271, Naumbg WM **03**, 433, Saarbr WM **05**, 1660. Weitere Fälle von § 826 BGB in den Verhältnisses zwischen der Gläubigerbank und dem Schuldner und der Schuldnerbank und dem Gläubiger, BankrechtsHdb/Ellenberger § 58 Rn 215 ff. Lit: Denck ZHR 144 **(80)** 171, Westermann FS Hübner **84**, 697, Nobbe WM Sonderbeil 3/**12**, 6.

D/45

7) Das Rechtsverhältnis zwischen den Banken und dem Lastschriftgläubiger (Inkasso- oder Ausführungsverhältnis)

A. Inkassovereinbarung: Der Gläubiger, der mit seiner Bank einen Girovertrag hat (s Rn C/25, Zahlungsdiensterahmenvertrag, § 675f II 1 BGB, s Rn C/24), kann am Lastschriftverfahren nur teilnehmen, wenn die Gläubigerbank (erste Inkassostelle) ihn dazu vertraglich besonders zulässt **(Lastschriftinkassovereinbarung)**. Ein Anspruch auf **Zulassung** folgt nicht schon aus dem Bank- oder dem Girovertrag (kein „neutrales Geschäft", s Rn A/6). Die Bank lässt nur Kunden von unzweifelhafter Bonität zu. Computerbetrug bei Lastschrift, BGH ZIP **13**, 715. Die Gläubigerbank wird durch **§ 675s II 1 BGB,** sonst aus der Lastschriftabrede, Laitenberger NJW **10**, 195, dem Gläubiger gegenüber verpflichtet, den Zahlungsauftrag der Bank des Schuldners innerhalb der zwischen dem Gläubiger und der Gläubigerbank vereinbarten Fristen **weiterzuleiten,** damit die Ausführungsfrist nach § 675s BGB (s Rn C/48) zu laufen beginnt. Bei der Lastschrift ist der Zahlungsauftrag so rechtzeitig zu übermitteln, dass die Verrechnung an dem vom Gläubiger mitgeteilten Fälligkeitstag ermöglicht wird

D/46

(7) BankGesch D/47–D/50   2. Teil. Handelsrechtl. Nebengesetze

(§ 675s II 2 BGB). Auszahlung des Betrags nach § 675t BGB (s Rn C/49). Zum Inkassoverhältnis BankrechtsHdb/Ellenberger § 58 Rn 8; MüKo/Hadding C 66.

D/47   **B. Bedingungen für den Lastschrifteinzug:** Die Bedingungen für den Lastschriftverkehr (s Rn D/13) regeln die Lastschrift, soweit §§ 675c–676c BGB (und dh die Zahlungsdiensterichtlinie I mit SEPA-VO 2012, s Rn C/1, D/1) dafür Raum lassen, für das Verhältnis des Zahlungsempfängers zu seiner Bank (erste Inkassostelle). Die Bedingungen beschreiben entsprechend dem Ablauf des jeweiligen Verfahrens (für die SEPA-Basislastschrift Abschn 4, für die SEPA-Firmenlastschrift Abschn 5) die Erteilung des Lastschriftmandats (Autorisierung), den Einzug auf der Grundlage des Lastschriftmandats durch den Zahlungsempfänger, den Zahlungsvorgang aufgrund der Lastschrift und die Einlösung der Lastschriften und regeln die Entgelte und eventuelle Erstattungs- und Schadensersatzansprüche.

D/48   **C. Gutschrift:** Den Gegenwert der Lastschrift schreibt die Gläubigerbank dem Gläubiger **Eingang vorbehalten (E. v.)** gut (so **(8)** AGB-Banken Nr 9 I, s auch Rn C/89 f, C/91 f), BGH ZIP **13**, 717. Das bleibt von der Zahlungsdienstleistungsrichtlinie I und § 675p BGB unberührt, Grundmann WM **09**, 1159. Der Gläubiger erhält also idR nicht erst einen Anspruch auf Gutschrift wie bei der Überweisung (s Rn C/89), sondern sofort die Gutschrift selbst, aber nur unter der (aufschiebenden) Bedingung der Lastschrifteinlösung (zum Zeitpunkt der Einlösung s Rn D/20, D/37) und der Bedingung der späteren Rückgabe der Lastschrift, BGH **74**, 315, Bedingung aufschiebend (§ 158 I BGB), BGH **116**, 177, BankrechtsHdb/Ellenberger § 58 Rn 13, MüKo/Hadding C 116, Kümpel/Wittig/Werner Rn 7.591, aA auflösend, Nobbe/Ellenberger WM **06**, 1888, Obermüller/Kuder ZIP **10**, 351 (sogar doppelt); gleicher Streit bei Scheckeinlösung, s Rn E/6. Erst wenn die Lastschrift eingelöst und auf dem Konto der Gläubigerbank eingegangen ist, hat die Gläubigerbank den Zahlungsbetrag dem Gläubiger unverzüglich verfügbar zu machen (§ 675t I 1 BGB). Für das **Wertstellungsdatum** gilt zwingend § 675t I 2 BGB (vgl Rn C/49); auch für Sammellastschrift mit einheitlichem Wertstellungsdatum, Laitenberger NJW **10**, 196, BankrechtsHdb/Ellenberger Rn 13, großzügiger früher BGH NJW **97**, 3169. Verfügungen über die Gutschrift E. v. braucht die Gläubigerbank vor Eingang zwar nicht zuzulassen, tut das aber in der Praxis, umso wichtiger sind die Anforderungen an die Zulassung von Kunden (s Rn D/52). Lit: van Gelder FS Schimansky **99**, 127.

D/49   **D. Rückbelastung:** Wird die Lastschrift nicht eingelöst oder wird die eingelöste Lastschrift rückbelastet (s Rn D/22), hat die Gläubigerbank ein Zurückbelastungsrecht gegen den Gläubiger auf Grund der Lastschriftinkassoabrede (s Rn D/46; Rücklastschrift s Nr 4.7 und 5.7 Bedingungen für den Lastschrifteinzug). Dieses Zurückbelastungsrecht ist ein ex tunc wirkendes besonderes Stornorecht. Daneben besteht das allgemeine unbefristete Stornorecht aus **(8)** AGB-Banken Nr 8 (dort Rn 2) bei fehlerhafter Gutschrift, BankrechtsHdb/Ellenberger § 58 Rn 17. Insolvenzanfechtung der Gutschrift bei Insolvenz des Lastschriftgläubigers s BGH **70**, 177.

D/50   **E. Bereicherungsausgleich bei fehlerhaften Lastschriften:** Für die Zahlung durch Lastschrift gelten dieselben Grundsätze wie die durch Überweisung, also Rückabwicklung nur innerhalb des jeweiligen Leistungsverhältnisses (Rn C/93 ff), BGH **69**, 188, **167**, 171, WM **82**, 1247, Grund: „rückläufige Überweisung" (s Rn D/7), einheitliche Rückabwicklung fehlgeschlagener bargeldloser Zahlungsvorgänge. Diese Grundsätze gelten wie schon für die früheren Lastschriftverfahren auch für das SEPA-Lastschriftverfahren, MüKo/Hadding C 185 ff. Zu beachten sind aber vorrangige Vertragsbestimmungen über die Rückabwicklungen (jeweils Nr 2.6 der SEPA-Basis-

V. Bankgeschäfte   D/51–D/56   **BankGesch (7)**

bzw -Firmenlastschriftbedingungen; bei Rücklastschriften (s Rn D/49) Nr 4.7 und 5.7 Bedingungen für den Lastschrifteinzug). Beweislast beim Gläubiger, BGH WM **11**, 1554.

a) Mängel in Deckungsverhältnis: Solche Mängel kann die Schuldner- D/51 bank, die die Lastschrift eingelöst hat, nicht gegen den Empfänger geltend machen (s Rn C/94), sondern nur im Deckungsverhältnis, also **nur gegen den Lastschriftauftraggeber.** Ist der Betrag dem Lastschriftauftraggeber bereits belastet worden, hat dieser **statt eines Bereicherungsanspruchs** (§ 675z s Rn C/77, C/54) den **Erstattungsanspruch aus** § 675u I BGB, gleichsinnig Anspruch aus dem Girovertrag, BGH **69,** 190 (für fehlende Einzugsermächtigung). Es gilt 13monatige Ausschlussfrist s § 676b BGB. Dazu MüKo/Hadding C 189.

b) Mängel des Valutaverhältnisses: Solche Mängel sind **nur zwischen** D/52 **dem Schuldner und dem Empfänger** (nicht deren Banken) auszugleichen (s Rn C/95); der Schuldner hat keinen Bereicherungsanspruch gegen die Gläubigerbank (bloße Leistungsmittlerin), BGH **69,** 188 (für fehlende Einzugsermächtigung). Dazu MüKo/Hadding C 188.

c) Doppelmangel: Auch hier gibt es **Ausgleich nur über die einzelnen** D/53 **Rechtsverhältnisse,** s Rn C/96.

d) Mängel der Anweisung: Beim SEPA-Lastschriftverfahren ohne wirksames D/54 SEPA-Lastschriftmandat fehlt es an der Autorisierung (s Rn D/17, vgl Rn D/33); bei Widerspruch des Schuldners gegen die Kontenbelastung und Wiedergutschrift hat deshalb die Schuldnerbank einen (von der Richtlinie I nicht geregelten) unmittelbaren Bereicherungsanspruch gegen den Empfänger, sein Empfängerhorizont (s Rn C/97) kann die fehlende Anweisung nicht ersetzen, BGH **167,** 171. Deshalb **Direktkondiktion** gegen den Empfänger nach § 812 BGB (s Rn C/97 ff), BGH **167,** 171, NJW **10,** 3511, WM **11,** 688, 745. Die Beweislast für die mangelnde Autorisierung liegt bei der Schuldnerbank als Bereicherungsgläubigerin, BGH WM **11,** 688, str.

Bei Einlösung der Lastschrift trotz rechtzeitigen **Widerrufs** wurzelt der Fehler D/55 zwar im Verhältnis zwischen der Zahlstelle und dem Schuldner. Die Bank hat nach neuem Recht trotzdem keinen unmittelbaren Bereicherungsanspruch gegen den Empfänger, denn auch hier fehlt es an der Autorisierung, also Mangel der Anweisung (s Rn D/54, C/98).

8) Das Rechtsverhältnis zwischen dem Lastschriftschuldner und dem Lastschriftgläubiger (Valutaverhältnis)

A. **Lastschriftabrede:** Das Valutaverhältnis zwischen dem Lastschriftschuld- D/56 ner und dem Lastschriftgläubiger ist durch die Zahlungsdiensterichtlinie I nicht erfasst. In diesem Valutaverhältnis wird die Abrede über den Lastschrifteneinzug getroffen. Sie ist eine unselbständige, grundsätzlich formlose Nebenabrede zum Grundgeschäft. Die Lastschriftabrede über Einzugsermächtigung kann wirksam auch in AGB erfolgen, wenn die Beträge klein sind oder größer, aber regelmäßig, gleich hoch und feststehend sind, BGH NJW **96,** 988, **08,** 2495, uU auch sonst, aber nur bei Prüfungszeitraum von mindestens 5 Werktagen zwischen Rechnungszugang und Einzug, BGH NJW **03,** 1237 (Mobilfunkverträge), ohne Weiteres jedenfalls auch die SEPA-Basislastschriftabrede, Staub/ Grundmann 106; anders früher bei AGB über Abbuchungsverfahren, da kein Widerspruch mehr möglich war (s 36. Aufl Rn D/7), BGH NJW **96,** 989, **08,** 2495, Brdbg NJW-RR **02,** 1640 (intransparent), dies sogar gegenüber Unternehmer (Tankstellenverwalter), BGH WM **10,** 279 (VIII ZS), anders, also wirksam, jedenfalls nach Neuregelung ab 2009, BGH WM **13,** 214 (IX ZS, SEPA-Firmenlastschrift) m Anm Berger BB **13,** 657, auch §§ 675p II 2, 675x II BGB,

(7) BankGesch D/57 2. Teil. Handelsrechtl. Nebengesetze

Graf von Westphalen NJW **10**, 2260. Der Schuldner ist auf Grund der Lastschriftabrede verpflichtet, auf dem Konto ausreichende Deckung vorzuhalten, BGH **150**, 275, WM **08**, 1965. Ob der Schuldner im Deckungsverhältnis die Lastschrifteinzugsabrede unabhängig vom Girovertrag allgemein widerrufen kann, so BGH **69**, 367 (nunmehr Rn D/23 ff), und zwar durch ordentliche Kündigung, BankrechtsHdb/Ellenberger § 58 Rn 190, missverständlich BGH NJW **84**, 872, ist streitig (s Rn C/32). Er konnte auch im konkreten Fall im Deckungsverhältnis dem Einzug widersprechen (s 36. Aufl Rn D/24), im Valutaverhältnis kann darin aber eine Pflichtverletzung gegenüber dem Gläubiger liegen (§ 280 I BGB), jedenfalls bei sittenwidrigem Widerruf ohne anerkennenswerte Gründe (§ 826 BGB), Nobbe WM **11**, 965, vgl Rn D/38 aE, D/45. Zum Erstattungsanspruch des Verbraucher-Schuldners s Rn D/38; die Geltendmachung des Erstattungsanspruchs kann den Schuldner unter besonderen Voraussetzungen gegenüber dem Gläubiger schadensersatzpflichtig machen, MüKo/Hadding C 132 (näher 36. Aufl Rn D/28). Ausschluss des Erstattungsanspruchs beim SEPA-Verfahren im Verhältnis zu beruflichen Kunden ist möglich (§§ 675j II 2 iVm 675e IV BGB) Staub/Grundmann 107, nach aA jedenfalls § 671 II BGB. Nach der Lastschriftabrede wird die Geldschuld zur Holschuld (s Rn D/57); wird die ordnungsgemäß eingereichte Lastschrift nicht eingelöst, kann der Gläubiger wieder Zahlung nach allgemeinen Regeln für die Geldschuld (s Rn D/57) verlangen, BGH WM **09**, 931. Abtretung von Forderungen mit Einzugsermächtigung s Haertlein/Thümmler WM **08**, 2137. AGB-Kontrolle der Lastschriftklauseln (aF), Häuser ZBB **95**, 285; die Lastschriftabrede als solche hält bei allen vier Lastschriftverfahren der AGB-Kontrolle statt, Nobbe WM Sonderbeil 3/**12**, 7. Ein **surcharging-Verbot** gilt für SEPA-Basislastschriften und für SEPA-Firmenlastschriften (§ 270a BGB) oben Rn C/106, unten Rn F/65. Lit: Zum Valutaverhältnis MüKo/Hadding C 60; Nobbe WM Sonderbeil 3/**12**, 7.

D/57 **B. Erfüllung:** Die Lastschriftabrede, nach der der Gläubiger die Geldschuld (nur) im Wege des Lastschrifteinzugs einzuziehen hat, macht die Geldschuld von einer qualifizierten Schickschuld (§ 270 I, IV BGB, so noch üL) bzw einer modifizierten Bringschuld (zutr, s Rn C/107) zur **Holschuld** (§ 269 BGB), BGH **69**, 367, NJW **84**, 872, WM **08**, 1965, **09**, 931, NJW **10**, 3513. Die Bank des Schuldners bleibt dessen Erfüllungsgehilfin iSv § 278 BGB, str. Die Erfüllung (§ 362 BGB, BGH WM **78**, 821, aber s Rn C/107 zur Überweisung) tritt mit Gutschrift ein (§ 362 BGB, sehr str ist, welche Gutschrift, die bei der Empfängerbank oder erst die auf dem Gläubigerkonto, s Rn C/107). Beim SEPA-Firmenlastschriftverfahren ist die Gutschrift endgültig (s Rn D/31, D/38). Sieht man als Erfüllung nur eine vorbehaltslose, endgültige Leistung an und stellt man im Valutaverhältnis nicht nur auf den Zeitpunkt der Einwilligung (Autorisierung) des Schuldners, sondern erst auf den des Ablaufs der Acht-Wochenfrist für die Geltendmachung des **Erstattungsanspruchs** (§ 675x IV BGB) ab, weil erst dann die Zahlung für den Gläubiger endgültig ist, könnte sich die Erfüllung entsprechend hinauszögern (bei der früheren Einzugsermächtigungslastschrift sogar äußerstenfalls bis zu viereinhalb Monate, s 36. Aufl Rn D/21). Das würde den Parteiwillen aber nicht entsprechen, dieser dürfte vielmehr bei Benutzung des Lastschriftverfahrens (schon früher des Einzugsermächtigungsverfahrens, erst recht des SEPA-Lastschriftverfahrens) dahin gehen, dass Erfüllung bereits mit der vorbehaltslosen Gutschrift durch die Bank des Empfängers eintritt, die Forderung gegen die Bank tritt dann an die Stelle der Forderung gegen den Schuldner (§§ 362 I, 364 BGB), BGH **177**, 69, NJW **10**, 3513, Nobbe WM **09**, 1544, FS Krämer **09**, 504. Dass diese Forderung gegen die Bank durch späteren Widerruf wieder wegfallen kann und der Schuldner auf Schadensersatzansprüche gegen den Gläubiger verwiesen wird (§ 280 I BGB, § 826 BGB), soll als Folge seines

V. Bankgeschäfte D/58–D/60 **BankGesch (7)**

Einverständnisses mit der Benutzung des Lastschriftverfahrens hinzunehmen sein, BankrechtdHdb/Ellenberger, 4. Aufl 2011, § 58 Rn 200, 206, dies jedenfalls wenn man die Erfüllung, die hier ausnahmsweise eine rechtsgeschäftliche ist, als (auflösend) bedingt ansieht, BGH NJW **10**, 3513, Nobbe WM Sonderbeil 3/**12**, 21, aber auch Nobbe FS Krämer **09**, 508, aA Freitag AcP 213 (**13**) 153, Hadding WM **14**, 100, und wenn die für die ursprüngliche Forderung bestellten Sicherheiten wieder aufleben bzw auch für den Schadensersatzanspruch haften, BankrechtdHdb/Ellenberger, 4. Aufl 2011, § 57 Rn 31, auch Bitter WM **10**, 1733; für § 379 III BGB analog Jacoby ZIP **10**, 1734. So für die SEPA-Basislastschrift, bei der der Kunde bei einer autorisierten Zahlung binnen acht Wochen ohne Angabe von Gründen von seiner Bank Erstattung verlangen kann (§ 675x I, II, IV BGB iVm Nr 2.5 I der SEPA-Basislastschriftbedingungen, s Rn D/38), BGH NJW **10**, 3513. Lit: Nobbe FS Krämer **09**, 497, WM Sonderbeil 3/**12**, 19, Hadding WM **14**, 97.

C. **Rechtzeitigkeit (Verzögerungsgefahr):** Für Rechtzeitigkeit der Zahlung ergeben sich Unterschiede zur Überweisung (s Rn C/108), da hier anders als dort Holschuld vorliegt, BGH **69**, 366 (zu § 39 II aF, 38 nF VVG). Die Verzögerungsgefahr liegt also beim Gläubiger. Das ist vor allem bei Versicherungen wichtig. Wenn der Versicherungsnehmer (Schuldner) für hinreichende Deckung auf dem Konto gesorgt hat, bleibt der Versicherungsschutz gewahrt, MüKo/Hadding C 100.

D. **Gefahrtragung (Verlustgefahr):** Unterschiede zur Überweisung (s Rn C/108), auch hinsichtlich der Gefahrtragung, da Holschuld vorliegt (s Rn D/57). Auch insoweit liegt die Gefahr beim Gläubiger, hinsichtlich der Sphäre der Schuldnerbank allerdings beim Schuldner.

E. **Bereicherungsausgleich im Valutaverhältnis:** Der Bereicherungsausgleich nach §§ 812 ff BGB findet im Valutaverhältnis zwischen dem Schuldner und dem empfangenden Gläubiger, nicht deren Banken statt, s Rn D/52; Ausnahme bei Mängeln der Autorisierung, s Rn D/54.

D/58

D/59

D/60

E. Scheck

Schrifttum

a) Kommentare und Handbücher: Außer dem allgemeinen Schrifttum (s Einl vor A/1) BankrechtsHdb/*Nobbe* 5. Aufl 2017 §§ 60–63 (Scheckanweisung, Scheckeinziehung, Scheckrückgriff, Euroscheque und Reisescheck). – *Baumbach/Hefermehl/Casper* 23. Aufl 2008. – *Bülow* WG, ScheckG 5. Aufl 2013 (mit AGB-Banken Nr 9, 11, 15). – *Bunte*, AGB-Banken, AGB-Sparkassen, Sonderbedingungen, 4. Aufl 2015, Sonderbedingungen für den Scheckverkehr (4 SchB). – *Canaris* (2. Kap: Zahlungswesen) 3. Aufl 1988, Rn 675. – *Ebenroth/Hakenberg* Bd 2, 3. Aufl 2015 BankR II Rn 487 ff. – *Kümpel/Wittig/Werner* 4. Aufl 2011 Rn 7.571 ff (Scheckinkasso). – *MüKo(HGB)/Häuser* 3. Aufl Bd 6, 2014 Bankvertragsrecht (Zahlungsverkehr D). – *Schwintowski* 4. Aufl 2014 §§ 11 f.

b) Lehrbücher: *Gursky* 2. Aufl 1997. – *Hueck/Canaris* 12. Aufl 1986. – *Zöllner* 14. Aufl 1987.

c) Sonstige Beiträge: *Bundschuh* 1987. – *Gößmann* 3. Aufl 1997. – *Ernst* 1993 (Einwendungsausschluß). **Muster:** *Hopt/Werner* 4. Aufl 2013 Form IV.E.1–2 (Bedingungen für den Scheckverkehr, Unterrichtung über Nichteinlösung). **RsprÜbersichten:** *Bundschuh* WM **83**, 1178, **84**, 1357; *Häuser* WM **88**, 1505 (Scheckeinlösung); *Nobbe* WM Sonderbeil 10/**91**; *Müller-Christmann* WM **98**, 577, *Nobbe* WM Sonderbeil 5/**00**, WM Sonderbeil 2/**12**, 14 (Wechsel- und Scheckrecht).

Die Kommentierung beschränkt sich auf das Scheckgeschäft der Banken (Scheckvertrag, inneres Scheckrecht) ohne Scheck als Wertpapier, dazu s Komm zum ScheckG, und sie ist ganz kurz gehalten, weil das Scheckgeschäft gegenüber der Überweisung, Lastschrift und Bank- und Kreditkartenzahlung dramatisch **an Bedeutung verloren** hat, mit Zahlen Staub/Grundmann 3/16.

(7) BankGesch E/1 2. Teil. Handelsrechtl. Nebengesetze

1) Scheckgeschäft

E/1 A. **Scheckvertrag:** Der Scheckvertrag **zwischen Bank und Scheckaussteller** ist idR zusätzlich zum Girovertrag (s Rn C/25 ff) geschlossen, also durch Zusatzabrede verbunden, aber rechtlich zu unterscheiden. Er ist ein entgeltlicher Geschäftsbesorgungsvertrag mit Dienstleistungscharakter (§§ 675 I, 611 BGB; Grund: Dauerverpflichtung steht gegenüber dem jeweiligen Einlösungserfolg im Vordergrund; nach aA Werkvertrag, nach dienst- und werkvertraglichen Elementen, BankrechtsHdb/Nobbe § 60 Rn 30; praktische Bedeutung der Streitfrage gering). Für ihn gelten die **„Bedingungen für den Scheckverkehr" (Banken)** nF Januar 1995 mit Ergänzung 1997 und geringfügiger Überarbeitung Januar 2001 (**Muster:** Hopt/Werner 4. Aufl 2013 Form IV.E.1), s **(8)** AGB-Banken Nr 1 Rn 6, Komm Bülow, Bunte, AGB-Kontrolle Ul/Br/He/Fuchs (39) Scheckbedingungen Rn 1 ff. Der Scheckvertrag ist formfrei. Er ist kein Vertrag zugunsten Dritter. Nach dem Scheckvertrag ist die Bank zur Einlösung der auf den von der Bank zugelassenen Scheckvordrucken ausgestellten Schecks bei Deckung verpflichtet und trotz mangelnder Deckung (dann Überziehungskredit, vgl Rn G/4) berechtigt, BGH **53,** 204. Eine Pflicht zur Einlösung trotz mangelnder Deckung besteht idR nicht; enge Ausnahmen § 242 BGB, BankrechtsHdb/Nobbe § 60 Rn 52, 48 (s Rn G/28). Doch ist die Bank vor (wegen Warnfunktion nicht gleichzeitig) Nichteinlösung zur **Rückfrage** verpflichtet, die auch telefonisch erfolgen kann, angesichts des Massengeschäfts allerdings nur soweit möglich und zumutbar (§ 242 BGB), BankrechtsHdb/ Nobbe § 60 Rn 92 (s auch für die Überweisung Rn C/42, 43); Abbedingung dieser Rückfragepflicht (so Scheckbedingungen Nr 5 S 2 aF: „Bei Nichteinlösung wird dem Vorleger des Schecks ohne vorherige Rückfrage beim Kontoinhaber die gesetzlich vorgesehene Bescheinigung erteilt") verstößt gegen **(5)** § 307 BGB, Ul/Br/He/Fuchs (39) Scheckbedingungen Rn 2, Canaris 690, BankrechtsHdb/Nobbe § 60 Rn 93. Bei Scheckeinlösung hat die Bank einen Aufwendungsersatzanspruch gegen den Aussteller (§ 670 BGB). Das gilt nicht, wenn sie (ohne Verstoß gegen ihre Prüfungspflicht, s Rn E/2) einen gefälschten Scheck einlöst, Grund: fehlende Anweisung, keine Sphärentheorie; klauselmäßige **Missbrauchsrisikoabwälzung** (so Scheckbedingungen 1989 Nr 11, vgl **(8)** AGB-Banken Nr 1 Rn 6) ist **unwirksam,** BGH **135,** 116, WM **97,** 1250, str, aA nur gegenüber Privatkunden, Koller NJW **81,** 2433, WM **85,** 825. Die Haftungsverteilung zwischen Kunde und Bank nach Mitverschuldensgrundsätzen gemäß Scheckbedingungen 2001 Nr 3 I ist nach **(5)** §§ 305 ff BGB wirksam, BankrechtsHdb/Nobbe § 60 Rn 134. Dagegen war die Überwälzung des Missbrauchsrisikos auf den KfmKunden auch in den von ihm beherrschbaren Verantwortungsbereichen (Scheckbedingungen 1995 Nr 3 III) unwirksam, da er eine verschuldensunabhängige Zufallshaftung enthielt, vgl BGH **135,** 116, aA Koller JZ **97,** 1070. Schadensersatzhaftung nach § 280 I BGB wegen Pflichtverletzung (betr Aufbewahrung, Mitteilung des Abhandenkommens ua) des Kunden, BGH **135,** 123; zu § 254 BGB s Rn E/3. **Zeitpunkt der Scheckeinlösung:** bei Bareinlösung diese; bei Vorlage an die bezogene Bank und bargeldloser Zahlung die Gutschrift (nicht die Belastung des Ausstellerkontos), BGH NJW **87,** 317, bei Filialgutschrift aber Prüfungs- und Stornierungsvorbehalt; bei Inkasso die Gutschrift unter Vorbehalt des Eingangs (E. v.) und der Nichtstornierung (s Rn E/6), die Gutschrift wird somit endgültig mit der Belastungsbuchung des Ausstellerkontos durch die bezogene Bank, BGH NJW **87,** 318, Zeitpunkt der Gutschrift bei maschineller Bearbeitung s Rn C/90; bei DBBkAbrechnung spätestens mit Skontration (s Rn C/84) bzw Erfüllungswirkung der verspäteten Scheckrückgabe, BGH NJW **87,** 2439; zur Scheckeinlösung ausführlich BankrechtsHdb/ Nobbe § 60 Rn 160 ff. Die **Bezahltmeldung** (s **(8)** AGB-Banken Nr 9 II 3) schafft einen gesonderten Einlösungstatbestand (unbedingter Einlösungswille), auf

V. Bankgeschäfte   E/2   **BankGesch (7)**

Kontobelastung und Ablauf der Stornierungsfrist kommt es dann nicht mehr an, BGH **135,** 307, Canaris 733, s Scheckeinlösungsbestätigung Rn E/8. Zur Scheckeinlösung Häuser WM **88,** 1505, Pleyer/Wallach ZHR 153 **(89)** 539. **Scheck-Wechselverfahren** im Diskontgeschäft s Rn J/1. **Scheckrückgriff** s BankrechtsHdb/Nobbe § 62.

B. Prüfungspflicht der Bank, Bösgläubigkeit: Die Bank ist zur sorgfältigen E/2 Prüfung der vorgelegten Schecks, ob wirksame Anweisung des Scheckausstellers-Kontoinhabers vorliegt, verpflichtet. Dies ist eine vertragswesentliche Pflicht, also unabdingbare Haftung nach § 280 I BGB für jedes Verschulden (zu unterscheiden von Haftungsbeschränkung auf grobe Fahrlässigkeit bei Prüfung der Berechtigung des Vorlegers nach Scheckbedingungen Nr 4 aF, BGH **91,** 231). Sofern zwischen Scheckeigentümer und einlösender Bank, idR Inkassobank, keine Vertragsbeziehungen bestehen, ergibt sich der Anspruch des Scheckeigentümers (je nachdem Scheckaussteller oder Schecknehmer) gegen die Bank aus §§ **990, 989** BGB iVm Art 21 ScheckG; keine Belastung des Kontos des Kunden bei grob fahrlässiger Einlösung eines abhanden gekommenen Schecks (Scheckbedingungen 1995 Nr 3 II). Dabei Wissenszurechnung (Kontounterlagen), BGH **135,** 202, BankrechtsHdb/Nobbe § 61 Rn 247 ff (s Rn A/16). Zur **Bösgläubigkeit** bei Scheckeinlösung gibt es eine reiche Rspr, näher BankrechtsHdb/Nobbe § 61 Rn 241 ff. Die Prüfungspflicht darf aber angesichts des Massengeschäftscharakters des Scheckgeschäfts **nicht überspannt** werden, BankrechtsHdb/Nobbe § 60 Rn 116; die Bank genügt der Prüfungspflicht hinsichtlich der Echtheit der (Inhaber-)Schecks idR, wenn sie sich dem Massenverkehr entsprechend davon überzeugt, dass der Scheck seinem äußeren Gesamtbild nach den Eindruck der Echtheit erweckt. Vor allem muss sich die Bank nicht um Angabe des Zahlungszwecks wie überhaupt um die zugrundeliegenden Rechtsbeziehungen des Ausstellers kümmern, BGH NJW **69,** 695; sie muss nicht jeweils die früher bei Kontoeröffnung gemachten Angaben über Beruf und damit verbundene interne Absprachen nachsehen; Verschiedenheit von Einreicher und Schecknehmer (Disparität, **disparische Schecks**) begründete nach früherer Rspr keine Prüfungspflicht, BGH NJW **87,** 1264; das gilt heute nur noch, soweit die Weitergabe von Schecks zahlungshalber im kfm Geschäftsverkehr üblich ist, BGH NJW **96,** 657, WM **97,** 2396 (Inhaberverrechnungsscheck), **00,** 2585 (blanko indossierte Orderverrechnungsscheck), interne Kontounterlagen sind ab bestimmter Mindestgrenze einzusehen, BGH WM **97,** 2395, Karls ZIP **06,** 1576. Soweit die Weitergabe unüblich ist (HdlBrauch, Gutachten DIHT betr Inhaberschecks, Ffm ZIP **99,** 1208, Karlsr ZIP **07,** 857), liegt grobe Fahrlässigkeit vor, Ffm ZIP **99,** 1208, Karlsr ZIP **07,** 857, BankrechtsHdb/Nobbe § 61 Rn 273. Daraus folgt, dass die Bank verpflichtet ist zu prüfen, ob der disparische Scheck aus kfm Verkehr stammt, BankrechtsHdb/Nobbe § 61 Rn 279. Für Inhaberschecks aus privatem Verkehr ist über Unüblichkeit der Weitergabe nichts bekannt, jedenfalls bleibt es insoweit bei der bisherigen Ablehnung einer Prüfungspflicht, zutr BankrechtsHdb/Nobbe § 61 Rn 282. Die Prüfungspflicht trifft nur die Inkassobank und Kflte beim Erwerb von Schecks aus kfm Verkehr, BGH WM **00,** 1745, aber grundsätzlich nicht eine von der Inkassobank zur Weiterleitung an die bezogene Bank beauftragte Zwischenbank, BGH NJW **01,** 2971, Grund: rasche Weiterleitung ohne Prüfung von Auslandsrecht. **Nachprüfungspflicht** besteht nicht schon wegen ungewöhnlich hoher Schecksumme (über € 50000), aber bei besonderen Umständen, dann uU auch bei Zwischenbank, vor allem in der Person des Einreichers oder Ungewöhnlichkeit des Geschäfts, BGH WM **93,** 736, oder wenn angesichts der Verhältnisse des Einreichers zusammen mit weiteren Umständen verdächtig, BankrechtsHdb/Nobbe § 61 Rn 295, LG Stgt WM **14,** 1814, oder bei Abwicklung eines Geschäfts mit nur flüchtig Bekanntem über Scheck mit sehr hohem Betrag (€ 100 000) in Gaststätte, Saarbr ZIP **98,** 1267.

(7) BankGesch E/3, E/4   2. Teil. Handelsrechtl. Nebengesetze

Sorgfaltspflicht also zB bei **Prüfung der Unterschrift** auf Schecks (bei Vertrautsein mit Unterschriftsbild ist Vergleich mit Unterschriftsprobe entbehrlich), BGH NJW **69**, 694, Karlsr WM **75**, 461, Hamm WM **75**, 480; auch im beleglosen Scheckverfahren, doch nehmen die Banken dort die Schadensersatzpflicht (bei Ursächlichkeit) bewusst in Kauf (s Rn E/6). Pflicht zur Prüfung der Rückseite, BGH BB **76**, 1247; Rückfragepflicht bei Einlösung eines nach den bisherigen Gepflogenheiten des Kontoinhabers außergewöhnlich hohen Barschecks durch Unbekannten, BGH WM **86**, 123, anders wenn Einreicher der Bank bekannt ist, Kblz NJW **84**, 467; Prüfung, ob die Ausstellung durch die Scheckzeichnungsvollmacht gedeckt ist, BGH NJW **82**, 1513. **Bareinlösung durch nicht kontoführende Stellen** der bezogenen Bank an Einreicher, der sich nicht als Kontoinhaber oder sonst Verfügungsberechtigter ausweisen kann, ist idR pflichtwidrig, BGH **91**, 232; bloße telefonische Plausibilitätsprüfung der Unterschrift genügt nicht. Einzug eines erkennbar kfm Zwecken dienenden Schecks auf Privatkonto des Geschäftsmanns ist nicht ungewöhnlich, BGH WM **89**, 944, auch nicht durch selbstständigen **Handelsvertreter** (Inkassovollmacht zum Einzug über Privatkonto nicht unüblich), BGH WM **65**, 706, 1976, anders jedoch Einreichung durch **Angestellte** eines Unternehmens (wenn das der Bank bekannt ist, keine Nachforschungspflicht insoweit) zur **Gutschrift auf persönliches Konto**, BGH **26**, 268 (entspr bei Konto pro Diverse), WM **63**, 892, **65**, 973, **68**, 1299, **74**, 155, Stgt BB **70**, 1506 (zur Prüfung ist Rückfrage beim Arbeitgeber nur das letzte Mittel), Mü WM **69**, 510 (Gutschrift auf Konto der Ehefrau), Celle BB **71**, 327 (Buchführungsbüro), Düss WM **84**, 637. Einziehung eines disparischen Verrechnungsschecks durch **Minderjährigen** auf eigenes Konto ist verdächtig, s BGH NJW **94**, 2094 (Inhaberschuldverschreibung), Bank muss Minderjährigkeit auf Kontoblatt vermerken, BGH WM **62**, 524, Schütz BB **65**, 693, str. Pflicht zur Prüfung der Berechtigung des Einreichers von **Verrechnungsschecks** (Einlösung nur durch Gutschrift, Art 39 II ScheckG) besteht vor allem bei Barauszahlungsbegehren, auch bei gleichzeitiger Kontoeröffnung, bei Einzug eines erkennbar kfm Zwecken dienenden Schecks auf Sparkonto, BGH NJW **87**, 1264, uU auch sonst, jedoch keine Überspannung der Anforderungen; Voraussetzungen der groben Fahrlässigkeit iSv §§ 990, 989, 932 II BGB, Art 21 ScheckG s BGH **26**, 268, **102**, 316 (Adressaufkleber), **108**, 353 (Orderscheck), WM **93**, 736. Haftung gegenüber Dritten s Rn A/30–35.

E/3   **Mitverschulden des Kunden** iSv § 254 BGB bzw Aufrechnung der Bank mit Schadensersatzanspruch nach § 280 I BGB wegen Sorgfaltspflichtverletzung des Kunden, uU nur zum Teil, BGH BB **68**, 232, ist möglich: zB bei Sendung des Schecks an einen falschen Empfänger, KG JW **17**, 113, nachlässiger Verwahrung der Scheckformulare und ausgestellten Schecks, BGH WM **97**, 1250, Verlust von Reisepass und Kundenkarte, mit denen dann ein Unberechtigter über das Konto verfügt, BGH BB **68**, 232, ungeeignete betriebliche Organisation, BGH NJW **82**, 1514, WM **03**, 2286 (iErg abl), Hamm WM **83**, 461, Celle WM **90**, 2069, unzureichende laufende Kontrolle der Scheckverwendung anhand der Bankauszüge in einem Betrieb, BGH NJW **69**, 696, Karlsr WM **75**, 460. Nicht: Versendung des (Verrechnungs-)Schecks, auch über einen hohen Betrag, im einfachen Brief, außer wenn von außen ersichtlich (zB Fensterumschlag), BGH **139**, 108. Lit: BankrechtsHdb/Nobbe § 61 Rn 241 ff (Bösgläubigkeit der Bank), 337 ff (Mitverschulden des Kunden); Reiser WM **84**, 1557, Aden NJW **94**, 413, Bülow WM **97**, 10, Schnauder WM **98**, 1901, Binder WM **04**, 449 (Abhandenkommen).

E/4   C. **Schecksperre:** Der Scheckvertrag verpflichtet die Bank zur Beachtung der von Kunden ihr wirksam erklärten Sperre eines (vom Kunden auf sie gezogenen, einem Dritten übergebenen) Schecks, dh des Widerrufs iSv Art 32 ScheckG. Der Widerruf kann nach dem (abdingbaren) Art 32 I ScheckG wirksam nach Ablauf

V. Bankgeschäfte   E/5, E/6 **BankGesch (7)**

der Vorlegungsfrist (im Inland 8 Tage ab angegebenem Ausstellungstag, Art 29 I, II ScheckG) erklärt werden; doch muss der Widerruf der kontoführenden Stelle spätestens am Bankarbeitstag vor Scheckvorlage zugehen. Auch einen vor Ablauf der Vorlegungsfrist einseitig erklärten Widerruf muss die Bank beachten (Nebenpflicht des Scheckvertrags kraft HdlBrauch); Scheckbedingungen Nr 10 S 1 aF, der dafür besondere vertragliche Abrede verlangte, wurde nach **(5)** § 307 BGB für unwirksam gehalten, BGH (II ZS) **104**, 374, aA üL, hingegen wirksam daraufhin neu gefasst Scheckbedingungen 2001 Nr 5, BankrechtsHdb/Nobbe § 60 Rn 139: Widerruf wird beachtet, wenn er der Bank rechtzeitig genug zugeht. Eine wirksame Sperre verbietet der Bank die Einlösung des Schecks (bei Mißachtung kein Aufwendungsersatz nach § 670 BGB) und verpflichtet sie zur Mitteilung der Sperre an anfragende Dritte (Inhaber des Schecks, zB andere Bank, welcher der Scheck zum Einzug mit Antrag auf sofortige Gutschrift gemäß **(8)** AGB-Banken Nr 9 eingereicht wird), selbstverständlich auf ausdrückliche Frage nach Ordnungsmäßigkeit des Schecks (s Rn E/8), uU auch bei Frage mit anderem Inhalt, zB nach Zahlungsfähigkeit des Ausstellers, sofern diese erkennbar durch den gesperrten Scheck veranlasst ist, BGH **35**, 222 (Gefahr des Verlusts von Einwendungen durch den Aussteller). Schecksperre im Verhältnis zwischen Gläubiger und Schuldner s BGH NJW **02**, 1788.

D. **Bereicherungsausgleich:** Nach früherer Ansicht galten hier uneingeschränkt dieselben Grundsätze wie bei Fehlüberweisungen (s Rn C/93 ff), BGH **89**, 381, vgl BankrechtsHdb/Schmieder 5. Aufl 2017 § 50 zum Zahlungsverkehr Rn 5 ff, aA Canaris 739. Nach neuerer Ansicht besteht wegen § 675u BGB, s Rn C/54 ff) dort eine Kondiktionssperre (s Rn C/99), außerhalb des Anwendungsbereichs von § 675u BGB, also zB bei Scheckinkasso und der bürgerlichrechtlichen Anweisung, bleibt es dann bei den bisherigen, nunmehr unterschiedlichen Grundsätzen, MüKoBGB/Zetzsche § 675u Rn 24. Bei Mängeln der Anweisung (zB Scheckfälschung, formunwirksamer Scheck, Geschäftsunfähigkeit des Ausstellers, Vertretung ohne Vertretungsmacht des Ausstellers für den Kontoinhaber) hat die bezogene Bank Bereicherungsanspruch gegen den Einreicher (Geldempfänger), BGH **158**, 1, Kln WM **84**, 728. Löst die Bank versehentlich den vom Aussteller widerrufenen Scheck ein, hat sie keinen Bereicherungsanspruch unmittelbar gegen den Inhaber (Geldempfänger), jedenfalls wenn dieser vom Widerruf nichts wusste, BGH **61**, 289; anders wenn dieser davon wusste, Kln WM **83**, 190m Anm Axer, str. Anders auch bei Einlösung eines nicht unterschriebenen Schecks, jedenfalls wenn der Inhaber sich des Mangels bewusst war, BGH **66**, 364, **87**, 396. Vgl entspr betr Wechseleinlösung in der Insolvenz des Akzeptanten (Bankkunden) BGH **67**, 79. Die Bank hat bei irrtümlicher Einlösung eines gesperrten Schecks Bereicherungsanspruch gegen den Kontoinhaber/Scheckgeber, keine aufgedrängte Bereicherung, Kln WM **03**, 17. Lit: Canaris WM **80**, 363, Schnauder WM **96**, 1069.

2) **Scheckeinziehung (Scheckinkasso)**

A. **Scheckeinziehung (Scheckinkasso):** Der Girovertrag (s Rn C/25) beinhaltet idR auch die Abrede, Schecks dritter Aussteller nach Weisung des Kunden (§ 665 Satz 1 BGB) für diesen einzuziehen. Doch ist auch ein selbstständiger Inkassovertrag (§§ 675 I, 611 BGB, Tätigkeit wird geschuldet, nicht Erfolg) möglich, BGH **150**, 272, BankrechtsHdb/Nobbe § 61 Rn 4. Hinzu kommt Einziehungsvollmacht, ggf Einziehungsermächtigung oder Verwaltungstreuhand, BankrechtsHdb/Nobbe § 61 Rn 8 ff. Geregelt wird also das Verhältnis **zwischen Bank und Scheckeinzieher.** Entsprechendes gilt für Wechsel (Wechselinkasso). Das Scheckeinzugs- und das Wechseleinzugsgeschäft sind Bankgeschäfte (§ 1 I 2 Nr 9 KWG idF ZahlungsdiensteUmsetzG 2009, s Rn A/4). Inkassoauftrag geht iZw nicht nur auf Einziehung des Schecks, sondern auch auf Geltendmachung des Rückgriffsanspruch gegen den Aussteller, solange Inkasso-

(7) BankGesch E/7, E/8   2. Teil. Handelsrechtl. Nebengesetze

bank im Besitz des Schecks ist, BGH WM **77**, 1120. Die Inkassobank muss den Scheck auf dem schnellsten und sichersten Weg der bezogenen Bank vorlegen, BGH **22**, 305, **96**, 16; kurze Vorlegungsfristen nach Art 29 ScheckG auch im Auslandsgeschäft, BGH **115**, 247. Die Inkassobank haftet für schuldhafte Nichtvorlage des Schecks bei der bezogenen Bank; doch hat der Scheckeinreicher zu beweisen, dass zum Zeitpunkt ordnungsgemäßer Vorlage der Scheck gedeckt gewesen wäre, BGH WM **81**, 119, BankrechtsHdb/Nobbe § 61 Rn 43, str. Die bezogene Bank und Zwischenbanken sind keine Erfüllungsgehilfen der Inkassobank nach § 278 BGB (§ 664 I 2 BGB; **(8)** AGB-Banken Nr 3 II 3). Die DBBk ist im vereinfachten Scheck- und Lastschrifteinzug Botin der Inkassobank gegenüber der bezogenen Bank, BGH **96**, 13; sie haftet der Inkassobank, die den Scheck im eigenen Namen für Rechnung des Einreichers einzieht, wegen Verneinung von Schutzpflichten im Zahlungsverkehr jedoch nicht auch dem Einreicher selbst, BGH 6.5.08 WM **08**, 1252 (näher oben Rn C/88, D/44); Haftungsausschluss der DBBk für leichte Fahrlässigkeit bei Verzögerungen ist unwirksam (vertragswesentliche Pflicht), BGH WM **88**, 246. Der Einreicher hat **keinen Anspruch** gegen die Bank **auf Einlösung** des Schecks eines dritten Ausstellers; zwar hat dieser gegen die Bank einen Anspruch auf Einlösung zugunsten des Einreichers, aber dieser Anspruch ist weder dem Einreicher abgetreten, vgl BGH **64**, 341, noch ist der Scheckvertrag ein Vertrag zugunsten des Einreichers iSv § 328 BGB, vgl BGH 3, 241; der Einreicher hat auch bei jahrelanger Einlösungspraxis keinen Schadensersatzanspruch gegen die Bank wegen Nichteinlösung, BGH NJW **74**, 457. **Gutschrift** (s Rn C/89 f) erfolgt idR sofort mit Einreichung, aber nur unter Vorbehalt des Eingangs (**Vorbehaltsgutschrift, E. v.;** aufschiebende Bedingung der buchmäßigen Deckung, BGH (IX ZS) **118**, 177, Canaris 744, BankrechtsHdb/Ellenberger § 58 Rn 13, Kümpel/Wittig/Werner Rn 7.591, van Gelder FS Schimansky **99**, 127, aA auflösende Bedingung BGH (II ZS) **74**, 315, NJW **80**, 1964, **87**, 319, Saarbr ZIP **98**, 1267, BankrechtsHdb/Nobbe § 60 Rn 199, § 61 Rn 51, Konsequenz: sofortige Einstellung ins Kontokorrent mit Wertstellung für Zinsberechnung; gleicher Streit bei Lastschrift, s Rn D/48); und unter dem weiteren Vorbehalt der Nichtstornierung (s **(8)** AGB-Banken Nr 9 I, Stornierungsvorbehalt auf Kontoauszug stellt dies nur klar), BGH **44**, 180, **69**, 27, **135**, 307 (deshalb Sicherungstreuhand, nicht bloße Legitimationszession des Schecks, BGH **102**, 70, s **(8)** AGB-Banken Nr 15 I), darin kann Aufwendung iSv §§ 670, 675 I BGB, BGH **118**, 176, oder Darlehen iSv § 488 BGB liegen, Prost NJW **69**, 1233. **Zeitpunkt der Einlösung** s Rn E/1. Haftung (§ 826 BGB) der Inkassobank gegenüber dem Aussteller, BGHZ **102**, 68. **Aufwendungsersatz** (§§ 675 I, 670 BGB), auch für Scheckrückgabegebühr, BGH **150**, 273. Lit zum Scheckinkasso: von Wrede 1977; BankrechtsHdb/Nobbe § 61; Prost NJW **69**, 1233.

E/7 B. **Abkommen:** Das Rechtsverhältnis der Inkassobank und der bezogenen Bank richtet sich nach dem **Scheckabkommen,** nF 7.8.98, BankrechtsHdb/Nobbe § 60 Rn 4. Das gilt auch, wenn die Erstbank den Scheck auf eigene Rechnung einzieht, BGH **109**, 235. Das Scheckabkommen nF 1998 fasst die aF für den beleghaften Scheckeinzug, das Abkommen über die beleglose Scheckeinzugsverfahren (BSE-Abk 8.7.85) und andere Abkommen zusammen. Verletzung der Pflicht zur unverzüglichen Rüge (Scheckabkommen I Nr 5 aF) lässt Schadensersatzanspruch nicht entfallen, nur Mitverschulden, BGH **109**, 235, anders zu früherer Fassung BGH **53**, 202. **Muster:** Hopt/Werner 4. Aufl 2013 Form IV. E.2 (Unterrichtung des Kunden über die Nichteinlösung eines BSE-Schecks).

3) Scheckauskunft

E/8 Die auf Anfrage des Scheckinhabers erteilte Antwort der bezogenen Bank, sie werde den Scheck einlösen (**Scheckeinlösungszusage**), kann je nach den

Umständen eine selbstständige Garantie (zeitlich begrenzt durch alsbaldige Vorlage im ordentlichen Geschäftsgang, aber Vorlagefrist des Art 29 ScheckG ist nicht maßgeblich) begründen, BGH **77,** 50, WM **82,** 924, erst recht die Antwort, „sie garantiere" die Einlösung, BGH WM **78,** 873. Voraussetzung ist aber, dass eine solche Garantie (und nicht nur einfache Scheckbestätigung) vom Anfragenden erkennbar gewollt ist, also nur bei eindeutiger und unmißverständlicher Anfrage, BGH (XI ZS) **110,** 263, BankrechtsHdb/Nobbe § 61 Rn 188, aA überholt: ohne Hinzutreten weiterer Umstände BGH (II ZS) **77,** 50; iZw nur Scheckbestätigung. Solche Umstände können zB bei erkennbar beabsichtigter Vermögensdisposition des Anfragenden oder Eigeninteresse der Bank vorliegen (vgl § 347 HGB Rn 13), BankrechtsHdb/Nobbe § 61 Rn 193. Diese Garantie schließt Einwand der Scheckpräjudizierung und des Erlöschens der Ausstellerhaftung aus, kann aber im Einzelfall an bestimmte Voraussetzungen (zB Weiterbelieferung des Scheckausstellers mit Waren), gebunden sein, BGH WM **82,** 924. Die übliche Antwort, der Scheck sei gedeckt oder gehe in Ordnung, dh er würde eingelöst, wenn er zurzeit der Auskunft vorläge (**Scheckbestätigung**) ist dagegen keine Garantie, so für Bestätigung der Einlösung unter banküblichem Vorbehalt, Hamm WM **93,** 1545 anders bei Scheckbestätigung der DBBk nach § 23 BBankG, aber Form- und Fristerfordernisse (III, Art 40 ScheckG), BGH **96,** 9, dazu Bülow ZIP **91,** 1469. Die Bank haftet aber uU aus Auskunftsvertrag oder laufender Geschäftsverbindung, BGH **49,** 168, **77,** 52, Kln WM **83,** 1372, Karlsr WM **09,** 168; Rieder WM **79,** 686. Das gilt auch bei der bloßen Tatsachenmitteilung, der Scheck sei eingelöst (**Scheckeinlösungsbestätigung,** Gut-Meldung), BGH **135,** 315, Canaris 733, aA BGH WM **59,** 113, Ffm WM **86,** 351, s auch **Bezahltmeldung** Rn E/1. Die Scheckauskunft ist dabei nicht schon richtig, wenn sie der letzten Eintragung auf dem Kontoblatt entspricht, vielmehr sind zur Einlösung bereits vorliegende Wechsel zu berücksichtigen, BGH **49,** 169; idR besteht keine Benachrichtigungspflicht, wenn nach Erteilung der Bestätigung Gründe gegen die Einlösung entstehen, BGH **61,** 176 (im konkreten Fall aber doch, s § 347 HGB Rn 26). S auch Rn A/14–29. Keine wirksame Freizeichnung für Scheckauskunft unter Banken, da „klar abgrenzbarer und überschaubarer Vorgang", BGH **49,** 173, WM **74,** 274. Rechtsstellung der Inkassobank s Klein WM **75,** 374; zum Scheckinkasso Prost NJW **69,** 1233, 2041. Lit: BankrechtsHdb/Nobbe 5. Aufl 2017 § 61 Rn 186 ff (Einlösungszusage), Rn 203 ff (Scheckbestätigung); Häuser FS Schimansky **99,** 183.

4) Reisescheck

A. **Rechtliche Qualifikation:** Die Ausgabe oder Verwaltung von Reiseschecks ist kein Bankgeschäft nach § 1 I 2 KWG und auch nicht mehr Finanzdienstleistung nach § 1 Isa 2 Nr 8 aF KWG, vielmehr ist das Reisescheckgeschäft Bankgeschäft (§ 1 I 2 Nr 9 KWG idF ZahlungsdiensteUmsetzG 2009, s Rn A/4). Unternehmen, die gewerbsmäßig für andere das Reisescheckgeschäft betreiben (Reiseschecks ausgeben oder verwalten), sind danach Finanzdienstleistungsinstitute (§ 1 Ia 1 KWG, Text Rn A/4). Der Reisescheck hat zugunsten der früheren Euroschecks und inzwischen der Bankkunden-, Geld- und Kreditkarte (s Rn F/1, 13, 32) an Bedeutung eingebüßt, wird aber als internationales Zahlungsinstrument immer noch eingesetzt.

Lit: Heinichen 1964, Odefey 1982; Bösch 1987; BankrechtsHdb/Nobbe 5. Aufl 2017 § 63 Rn 4 ff; Kümpel/Wittig/Werner Rn 7.1071 ff, MüKo(HGB)/Hadding 3. Aufl Bd 6, 2014 Bankvertragsrecht (Zahlungsverkehr F); Justat/Mauer ZfgK **56,** 155, Käser ZfgK **61,** 196 (travelers cheques), **62,** 399, Haucke in Hadding/Schneider, Grenzüberschreitender Zahlungsverkehr im europäischen Binnenmarkt, 1997, S 53, Hadding FS Krejci **01,** 1181.

Der Reisescheck wird zwar herkömmlich und von der Praxis schon wegen seines Namens wie ein vom Reisescheckersterwerber (Reisenden) an eigene

(7) BankGesch E/11–E/13

Order ausgestellter Scheck behandelt. Er ist jedoch **kein Scheck** iSv Art 1 ScheckG, heute hL, aA früher üL, Canaris 859, MüKoBGB/Hüffer § 783 Rn 30. Denn die Unterschriften des Reisescheckersterwerbers sollen keine scheckrechtliche Ausstellerhaftung (Art 12 ScheckG) begründen (der Gegenwert ist bereits gezahlt), sondern dienen dem Ausweis; die Vorlegungsfrist (Art 29 ScheckG) passt ersichtlich nicht, und der Widerruf (Art 32 ScheckG) ist funktionslos. Der Reisescheck ist vielmehr eine **Anweisung an eigene Order** (§ 783 BGB), die von der ausgebenden Bank bzw **vom Reisescheckemittenten angenommen** wird (deutlich zB American Express Travelers Cheque), BankrechtsHdb/Nobbe § 63 Rn 12, MüKo/Hadding F 6; je nach Ausgestaltung auch ein kfm Verpflichtungsschein nach § 363 I 2 HGB (so zB Amex), RG **79**, 345, str. Die Einlösestelle erhält damit einen **abstrakten Zahlungsanspruch** (§§ 784 I, 780 BGB; wie bei Überweisung, s Rn C/92, Akkreditiv, s Rn K/11, Garantie, s Rn L/7, Kreditkarte, s Rn F/53). Das trägt dem Umstand Rechnung, dass der Reisescheck nicht nur zur Bargeldbeschaffung, sondern auch in Hotels, Verkehrsunternehmen, Restaurants ua als Zahlungsmittel verwendet wird, Hadding FS Krejci **01**, 1186. Allerdings fehlt die Ausstellerunterschrift (§§ 784 II 1, 2, 126 BGB), doch genügt die faksimilierte Unterschrift analog § 793 II 2 BGB für die Annahme der Anweisung durch den Reisescheckemittenten. Gemäß § 783 BGB weist also der Reisescheckersterwerber **(Anweisender)** durch seine Unterschrift (Gegenzeichnung bei Einlösung, erste Namenszeichnung bereits nach Erwerb) und die Aushändigung des Reisescheckes an die Einlösestelle **(Anweisungsempfänger)** den Reisescheckemittenten **(Angewiesener)** an, den Betrag an die Einlösestelle (oder deren Rechtsnachfolger) zu bezahlen; diese ist ermächtigt, die Geldleistung bei dem Angewiesenen im eigenen Namen zu erheben; der Angewiesene ist ermächtigt, auf Rechnung des Anweisenden an den Anweisungsempfänger zu bezahlen. Die auf dem Reisescheck erklärte Annahmeerklärung des Reisescheckemittenten ist das Angebot zum Abschluss eines Schuldversprechens nach § 780 BGB, das die einlösende Stelle durch Annahme des Reisescheckes annimmt (§§ 151, 784 II 2 BGB).

E/11 Der Reisescheck ist **kein Wertpapier,** nach aA Scheck, so früher üL, Canaris 859. Dem Charakter als Anweisung entspricht **aber** seine Einordnung als **Rektapapier,** also nicht als bloße Legitimationsurkunde, MüKo/Hadding F 7, BankrechtsHdb/Nobbe § 63 Rn 14, aA Schlegelb/Hefermehl 314. Denn die im Reisescheck verkörperte Forderung gegen den Reisescheckemittenten kann nur gegen Vorlegung der Urkunde geltend gemacht werden (Aushändigung, § 785 BGB). Für das Eigentum am Reisescheck gilt danach § 952 BGB, str.

E/12 B. **Das Rechtsverhältnis zwischen dem Reisescheckersterwerber und dem Reisescheckemittenten:** Der Reisescheckersterwerber (bei einem Reisescheck „für zwei" auch der Reisepartner, § 328 BGB) schließt mit der den Reisescheck ausgebenden Bank bzw dem Reisescheckemittenten, wenn die Bank nur als dessen Vertreter handelt (so idR, dann zwischen diesen gemischttypischer Vertrag mit Handelsvertreter-, Geschäftsbesorgungs- und Verwahrungselementen, BankrechtsHdb/Nobbe § 63 Rn 16) einen **Geschäftsbesorgungsvertrag** (§§ 675 I, 631 BGB, geschuldeter Erfolg ist Einlösung des Reisescheckes), kein Kaufvertrag über die Reisescheckes. Dieser Vertrag gibt dem Reisescheckersterwerber einen zeitlich grundsätzlich unbegrenzten **Anspruch auf Einlösung** des (bereits bezahlten, Vorschuss nach § 669 BGB) Reisescheckes.

E/13 Der Reisescheckersterwerber hat einen Anspruch gegen den Reisescheckemittenten auf Rückerstattung, wenn er die Reiseschecks nicht einlöst. Hat der Reisescheckemittent die Reiseschecks selbst eingelöst oder an die Einlösestelle gezahlt, hat er einen **Aufwendungsersatzanspruch** gegen den Reisescheckersterwerber (§§ 675 I, 670 BGB), den er mit dem eingezahlten Gegenwert (Vorschuss, s Rn E/12) **verrechnen** kann.

V. Bankgeschäfte   E/14–E/18   **BankGesch (7)**

Ist der Reisescheck **abhanden gekommen** und trägt eine gefälschte Unterschrift, zahlt der Reisescheckemittent wegen der Legitimationswirkung der Urkunde (vgl § 783 BGB) mit Wirkung gegenüber dem Reisescheckersterwerber (dh Aufwendungsersatzanspruch wie Rn E/13) an die Einlösestelle, sofern er seiner **Prüfungspflicht** aus dem Geschäftsbesorgungsvertrag mit dem Reisescheckersterwerber (s Rn E/12) auf auffällige Abweichung der Gegenzeichnung von der Erstunterschrift nachkommt (§§ 276, 278 BGB). Bei **eigenem Verschulden** des Reisescheckersterwerbers hat der Reisescheckemittent einen Schadensersatzanspruch nach § 280 I BGB gegen diesen, dann anteilige Schadenstragung. Zu den verschiedenen AGB s BankrechtsHdb/Nobbe § 63 Rn 27 ff. Voraussetzung für die Erstattung des Gegenwerts der Reiseschecks bei Abhandenkommen ist nach AGB sorgfältige Aufbewahrung und unverzügliche Benachrichtigung des Reisescheckemittenten bzw einer zentralen Stelle. Das ist nach (5) §§ 307 ff BGB wirksam, Ffm NJW **03**, 1747 für Klausel „mit der gleichen Sorgfalt wie Bargeld". Keine Vorschussrückerstattung vor Verjährung der Zahlungsansprüche aus Reisescheck, Ffm NJW **03**, 1747.   E/14

C. **Das Rechtsverhältnis zwischen der Einlösestelle und dem Reisescheckemittenten:** Die Einlösestelle hat einen **rechtlich selbstständigen Zahlungsanspruch** gegen den Reisescheckemittenten (§§ 784 I 1, 780 BGB, s Rn E/10); daneben hat sie auch (nach aA nur) Anspruch aus §§ 675 I, 611, 670 BGB iVm entsprechenden Einlöseabkommen, Hotels, Restaurants ua nur aus §§ 677, 683 S 1 BGB, BankrechtsHdb/Nobbe § 63 Rn 53. **Einwendungen** können diesem Zahlungsanspruch nur begrenzt entgegengehalten werden (§ 784 I 2 BGB), nämlich weder aus dem Deckungsverhältnis zwischen dem Reisescheckemittenten und dem Reisescheckersterwerber (s Rn E/14) noch aus dem Valutaverhältnis zwischen dem Reisescheckersterwerber und der Einlösestelle (s Rn E/18), auch nicht bei Doppelmangel (entspr wie bei der Überweisung, s Rn C/96 ff). Mit der Auszahlung an die Einlösestelle erfüllt der Reisescheckemittent seine Verpflichtung aus §§ 780, 784 I 1 BGB (Ausführungs- bzw Vollzugsverhältnis).   E/15

Bei **abhanden gekommenen** Reiseschecks mit gefälschter Unterschrift entsteht kein rechtlich selbstständiger Zahlungsanspruch (kein gutgläubiger Erwerb, kein Wertpapier, s Rn E/10), aber die Einlösestelle kann einen Anspruch aus §§ 675 I, 670 BGB iVm entsprechenden Einlöseabkommen zwischen dem Reisescheckemittenten und angeschlossenen Unternehmen haben oder aus §§ 677, 683 S 1, 670 BGB (s auch Rn E/15), letzteres ist bei Hotels ua in aller Regel anzunehmen ist, str, Grund: der Reisescheckemittent hat ein Interesse an Verbreitung der Reiseschecks. Voraussetzung ist allerdings, dass die Einlösestelle ihrer **Prüfungspflicht** auf auffällige Abweichung der Gegenzeichnung von der Erstunterschrift nachgekommen ist (§§ 276, 278 BGB); vgl Prüfungspflicht der Bank bei Scheckeinlösung (s Rn E/2), Grundsätze dort sind aber nicht unbesehen übertragbar. Zu berücksichtigen sind auch Verdachtsmomente außerhalb des Reiseschecks. Einfache Fahrlässigkeit schadet, Ffm WM **80**, 752, BankrechtsHdb/Nobbe § 63 Rn 38 f mit Bspen. **Schecksperre** nach Art 32 ScheckG (Widerruf) ist nicht möglich, aA die Mindermeinung (echter Scheck).   E/16

Übertragung: Der Reisescheck (genauer: die Anweisung) ist übertragbar (§ 792 I 1 BGB), dazu sind Schriftform und Aushändigung des Reiseschecks an den Dritten erforderlich (§ 792 I 2, 3 BGB), ergänzend gelten §§ 398 ff BGB (§ 792 III 2 BGB). Eine Übertragung durch Indossament ist nicht möglich, aA Mindermeinung (echter Scheck).   E/17

D. **Das Rechtsverhältnis zwischen dem Reisescheckersterwerber und der Einlösestelle:** Der Reisescheckersterwerber hat grundsätzlich keinen Anspruch gegen andere Banken oder Dritte auf Einlösung; anders ausnahmsweise auf Grund von zwischen der Einlösestelle und dem Reisescheckemittenten ge-   E/18

Hopt   2063

schlossenen Einlöseabkommen (dann uU § 328 BGB wie bei Kreditkarten, s Rn F/52, aber iZw nicht). Auch scheckrechtliche Beziehungen bestehen nicht, aA Mindermeinung (echter Scheck). Aber Vertragsbeziehungen aus dem Kausalverhältnis, zB Hotel, Restaurant etc, auf Grund dessen mit dem Reisescheck bezahlt wird.

F. Die (Giro-)Karte; Geldkarte; POS, POZ; Kreditkarte

Schrifttum

a) Kommentare und Handbücher: Außer dem allgemeinen Schrifttum (s Einl vor A/1) BankrechtsHdb/*Maihold* 5. Aufl 2017 § 54 (Geldautomatensystem), § 55 (Bankgeschäfte online, /*Terlau* § 55a (elektronisches Geld, virtuelle Währungen, bitcoins), /*Koch* § 68 (ec-Kassen, POS, GeldKarte). – BankrechtsHdb/*Martinek/Omlor* 5. Aufl 2017 § 67 (Kreditkarte). – BankrechtsKomm*LBS*/*Herresthal* 2. Aufl 2016 7. Kap (Debitkarte). – BankrechtsKomm*LBS*/*Jungmann* 2. Aufl 2016 6. Kap. (Kreditkarte). – BankrechtsKomm*LBS*/*Borges* 2. Aufl 2016 8. Kap (Geldkarte). – *Baumbach/Hefermehl/Casper* Kartenzahlungen, 23. Aufl 2008. – *Bunte,* AGB-Banken, AGB-Sparkassen, Sonderbedingungen, 4. Aufl 2015, Sonderbedingungen für die SparkassenCard (girocard) (4 SB girocard), Sonderbedingungen für das Online-Banking (4 SB Online). – *Ebenroth/Grundmann* Bd 2, 3. Aufl 2015 BankR II Rn 17 ff, dann jeweils unter §§ 675c ff, Rn 52 ff usw. – *Kümpel/ Wittig/Werner* 4. Aufl 2011 Rn 7.741 ff. – *Langenbucher/Gößmann/Werner* 2004. – Mü*Ko*BGB/*Casper,* /*Jungmann, /Zetzsche* 7. Aufl 2017 §§ 675c ff. – MüKo(HGB)/*Haertlein/Hadding* 3. Aufl Bd 6, 2014 Bankvertragsrecht (Zahlungsverkehr E-G). – *Schwintowski* 4. Aufl 2014 §§ 9, 10. – *Staub/Grundmann* Bd 10/2, 2015 3. Teil Zahlungsgeschäft (zit 3/Anm).

b) Sonstige Beiträge: *Wentzel* 1974. – *Knoche* 1983. – *Gößmann* 3. Aufl 1997. – *Neumann/Bock* 2004 (Zahlungsverkehr im Internet). – *Harbeke* WM **89**, 1709, 1749, WM Sonderbeil 1/**94**, ZIP **95**, 250. – *Ahlers* WM **95**, 601. – *Schröter* ZBB **95**, 395. – *Wand* ZIP **96**, 214. – *Gößmann* WM **98**, 1264. – *Taupitz, Grundmann, Wand, Fischer,* Kartengesteuerter Zahlungsverkehr, Bankrechtstag **98**, 3, 37, 97, 157. – *Einsele* WM **99**, 1801. – *Werner* BKR **02**, 149 (Wegfall der ec-Garantie).

Lit zur GeldKarte s Rn F/13, Lit zur Kreditkarte s Rn F/32.

Zur ZahlungsdiensteRi I u II s Lit vor C/1, D/1. Zum Recht ab 2009: *Casper/Pfeifle* WM **09**, 2343 (Missbrauch). – *Grundmann* WM **09**, 1161. – *Bitter* WM **10**, 1773 (Telefon-/Mailorderverfahren). – *Oechsler* WM **10**, 1381. – *Nobbe* WM **11**, 967. – *Rengier* FS Heinz **12**, 808, FS Stürner **13**, 891 (Missbrauch § 266b StGB).

Muster: *Hopt/Werner* 4. Aufl 2013 Form IV. F.1–8 (girocard, Kreditkarte, automatisierte Zahlungssysteme, Online-Banking). **RsprÜbersicht:** *Hadding/Häuser* WM **93**, 1357; *Nobbe*, WM Sonderbeil 2/**12**, 1 (Kartenzahlung).

1) Geltung der §§ 675c–676c BGB auch für die Kartenzahlung

F/1   Die Regeln für Zahlungsdienste **§§ 675c–676c BGB** (s Rn C/1, D/1) gelten ab 31.10.09 auch für die Kartenzahlung, also die Geldautomatenauszahlung, die ec/Maestro-Karten-Zahlung mit PIN und die Kreditkartenzahlung, Grundmann WM **09**, 1161. §§ 675c–676c BGB unterscheiden nicht mehr zwischen Überweisung, Lastschrift und anderen Zahlungsinstrumenten (s Rn C/12). Zu beachten sind auch hier der Grundsatz der Vollharmonisierung (s Rn C/4, D/1) und die neuen Begriffsbestimmungen (s Rn C/8) sowie die Umstellung auf SEPA (s Rn C/1, D/1); die SEPA-VO gilt aber nicht für Zahlungen mit Zahlungskarten oder einem ähnlichen Instrument (POS, s Rn D/1). Änderungen zum Recht der Bankkunden-Karte betreffen ua das Entgelt (§ 675f V 2 BGB), die Barzahlungsklausel (§ 675f V BGB), den Ausschluss des Widerrufs (§ 675p II, IV BGB), die Wertstellung (§ 675t BGB, gleichtägige Wertstellung auch für Zahlungszufluss aus Kartenzahlungen auf das Einreicherkonto) und die Haftung vor allem bei Kartenmissbrauch (§§ 675u–676c BGB). Lit: Grundmann WM **09**, 1162, Nobbe WM **11**, 967, MüKo/Haertlein E 9 ff.

2) Die Karte (girocard, Debitkarte)

A. **Einsatzbereich der Karte:** Die Bankkunden- oder Zahlungskarte, schlicht **Karte,** ist heute **multifunktional** einsetzbar, MüKo/Haertlein E 2 ff. Einzelheiten ergeben sich aus den **Bedingen für die girocard 2009** mit Änderung **2011** von Abschn A III 2 II 5 aF (Rücktausch nunmehr auch von Teilbeträgen), dazu MüKo/Haertlein E 18 ff. Erneute Änderung zum **13.1.2018** (neues Zahlungsdienstleistungsrecht). Der **Geltungsbereich** der Karte erstreckt sich auf Dienstleistungen in Verbindung **mit** der persönlichen Geheimzahl **(PIN) und ohne** Einsatz derselben (vgl Bedingungen für die girocard A I 1–3). Zu ersteren gehören Abheben von Bargeld an Geldautomaten, bargeldlose Zahlung an automatisierten Kassen (s Rn F/26) und Aufladen der GeldKarte an Ladeterminals (s Rn F/13); zu letzteren gehören ebenfalls bargeldlose Zahlung an automatisierten Kassen (GeldKarte-Terminals) und der Einsatz als Speichermedium für unternehmensbezogene Zusatzanwendungen (Bedingungen 2009 C; nur nach Maßgabe der vom Karteninhaber mit Handels- und Dienstleistungsunternehmen abgeschlossenen Verträge, ohne größere bankrechtliche Besonderheiten). Bis 31.12.01 diente die Karte als echte ec-Karte auch als Garantiekarte für den Euroscheck (eurocheque, s 34. Aufl). Nachdem diese Garantiefunktion weggefallen ist, handelt es sich nicht mehr eigentlich um eine ec-Karte oder Scheckkarte, sondern eine Bankkunden- oder Zahlungskarte, doch ist der Ausdruck **ec-Karte** weiter gebräuchlich, so auch Kümpel/Wittig/Werner Rn 7.804, die AGB sprechen von der **girocard.** Einsatzfeld ist die Benutzung der Karte als **Debitkarte** (also unmittelbare Abbuchung vom Konto der Bankkunden ohne Kreditierung, demgegenüber Kreditkarte, s Rn F/32). Regelung der Karte nunmehr in Bedingungen für die girocard 31.10.2009 (im Folgenden: Bedingungen 2009) mit der eingangs erwähnten Änderung, zuvor Bedingungen für den ec-/Maestro-Service idF Juli 2002, vorher Bedingungen für ec-Karten 1989 (Banken und Sparkassen), 1995 (Banken), WM **95**, 636, Änderungen 1997. Die Bedingungen 2009 enthalten ein Gesamtwerk für Bankkundenkarten, darin A. Garantierte Zahlungsformen (I. Geltungsbereich, II. Allgemeine Regeln (für alle Nutzungsarten), III. Besondere Regeln für einzelne Nutzungsarten (wie Geldautomaten-Service und Einsatz an automatisierten Kassen und GeldKarte), B. Von der Bank angebotene andere Service-Leistungen, C. Zusatzanwendungen, D. Außergerichtliche Streitschlichtung und Beschwerdemöglichkeit. Übersicht über die Bedingungen für die Nutzung der Zahlungskarte bei Kümpel/Wittig/Werner Rn 7.817 ff. **AGB-Kontrolle** s Einsele ZIP **11**, 1750 (keine Einwendungen), Ul/Br/He/Fuchs (22) Girocard-Sonderbedingungen Rn 1 ff, s unten Rn F 12.

B. **Rechtliche Qualifikation:** Der **(Bank-)Kartenvertrag zwischen Bank und Karteninhaber** ist idR zusätzlich zum Girovertrag (s Rn C/25; das Zahlungskartengeschäft ist Zahlungsdienst iSv § 1 I 2 Nr 3 lit b ZAG 2017, s Rn A/4) geschlossen, also durch Zusatzabrede verbunden, aber rechtlich zu unterscheiden (wie Scheckvertrag, s Rn E/1), BGH WM **06**, 179. Er ist Zahlungsdiensterahmenvertrag (§ 675f II 1 BGB, s Rn C/27), Nobbe WM Sonderbeil 2/**12**, 3, anwendbar sind deshalb §§ 675c–676c BGB (s Rn C/7). Im Rechtsverhältnis zwischen der Bank und dem Karteninhaber liegt ein gemischttypischer **Geschäftsbesorgungsvertrag** (§§ 675 I, 611, 631 BGB, Grund: Dauerverpflichtung, Multifunktionalität, Einlösungszusage; nach aA rein dienstvertraglich, nach aA werkvertraglich, BankrechtsHdb/Maihold § 54 Rn 15. Das entspricht dem Girovertrag (s Rn C/25) und ist idR anders bei der Kreditkarte (werkvertraglich, s Rn F/35); vgl auch für den Scheckvertrag Rn E/1. **Karte** selbst ist einfaches Legitimationspapier und, soweit sie Anweisung iSv § 783 BGB ist, Wertpapier, Canaris 527b, aA MüKo/Haertlein E 15 (Geldkarte s Rn F/14). Praktisch wichtiger ist, dass sie auch keine „über die Forderung vorhandene Urkunde" iSv § 836 III 1 ZPO ist, BGH WM **03**, 625, MüKo/Haertlein E 15. Der Vertrag

(7) BankGesch F/4–F/6   2. Teil. Handelsrechtl. Nebengesetze

kommt **formlos** zustande, idR mit Aushändigung der Karte. Die Karte gilt nur für das angegebene Konto. Anspruch auf Zulassung besteht nicht (kein neutrales Geschäft, s Rn A/6). Die Karte ist, da an das Konto gebunden, nicht abtretbar (§ 399 BGB) und nicht pfändbar (§ 851 ZPO), anders Geldkarte (s Rn F/14). **Muster:** Hopt/Werner 4. Aufl 2013 Form IV. F.1 (Bedingungen für die girocard, Bankenversion), Form IV. F.2 (Bedingungen für die SparkassenCard), Form IV. F.4 (Vereinbarung über das electronic cash-System zwischen den Kreditinstitutsverbänden).

F/4   C. **Auszahlungsauftrag (Weisung) und Autorisierung** s § 675f IV 2 BGB mit Rn C/33. Die Weisung liegt im Belastungsbeleg, sie ist unwiderruflich (§ 675p II 1 BGB, s Rn C/40), Nobbe WM Sonderbeil 2/**12**, 7. Näher Rn C/33 ff für die Überweisung. Für **Bargeldauszahlung** an institutsfremden Geldautomaten (s Rn F/9) gelten unstr §§ 675c ff BGB, so auch bei institutseigenen Geldautomaten, üL, BankrechtsHdb/Maihold § 54 Rn 31, 35, Staudinger/Omlor § 675u Rn 9, aA MüKo/Haertlein E 142: wie Auszahlung am Schalter, §§ 700, 488 BGB, § 362 BGB.

F/5   D. **Rechte und Pflichten des Karteninhabers und der Bank:** Für die Ausgabe und Nutzung der Karte gibt es **allgemeine Regeln** (Bedingungen 2009 A II, s Rn F/2). Das ist angesichts der verschiedenen Einsatzmöglichkeiten der Karte (s Rn F/1, F/13, F/19) wichtig. Der Karteninhaber ist berechtigt, nach Maßgabe der ihm durch die Karte bzw durch besondere Vereinbarung eingeräumten Möglichkeiten die **verschiedenen Dienstleistungen** der Bank (s Rn F/1) in Anspruch zu nehmen. Der Kunde kann die Karte **nur innerhalb der Betragsobergrenzen** (Verfügungsrahmen, § 675k I BGB, s Rn C/37) **und** darf sie nur innerhalb der in den Kreditkartenbedingungen enthaltenen **finanziellen Nutzungsgrenzen** (Deckung, Kontoguthaben oder vorher für das Konto eingeräumter Kredit) nutzen, Kümpel/Wittig/Werner Rn 7.826, MüKoBGB/Jungmann § 675k Rn 8 ff. Überschreitet er diese Grenzen, hat die Bank trotzdem Anspruch auf Aufwendungsersatz, falls sie die Buchung vornimmt (auch Bedingungen 2009 A II 2 S 2). Bei Überschreitung des Deckungs- bzw Verfügungsrahmens kommt es zu einer geduldeten Kontoüberziehung mit entsprechend höheren Zinsen (Bedingungen 2009 A II 2 S 3, s Rn G/4, **(8)** AGB-Banken Nr 12 Rn 2); außerdem macht sich der Kunde schadensersatzpflichtig (§ 280 BGB). Der allgemeine Deckungs- bzw Verfügungsrahmen dient nicht dem Schutz des Kunden, BGH WM **12**, 164, 987. Für die Kartenauszahlung kann aber eine den Verfügungsrahmen nicht ausschöpfende **Betragsobergrenze** für die einzelne Transaktion, zB pro Tag, vereinbart werden, die kundenschützend ist (§ 675k I BGB, s Rn F/40). Lit: BankrechtsHdb/Maihold § 54 Rn 15 zum Bankkartenvertrag.

F/6   **Sperre, Einziehung der Karte (§ 675k BGB):** Nach § 675k II BGB kann der Bank das Recht eingeräumt werden, die Karte zu sperren, allerdings **nur in drei** besonders aufgeführten **Fällen**, nämlich Sicherheitsgründe, Missbrauchsverdacht und bei Kreditkarte mit Kreditgewährung ein wesentlich erhöhtes Kreditrisiko (näher § 675k II 1 Nr 1–3 BGB, s auch Rn F/40), nähere Ausgestaltung durch AGB ist zulässig, aber § 675e (s Rn C/17). Sperrabrede ist nötig, auch unter § 675k II 1 Nr 3 BGB für Kreditkarten und Debitkarten, str, Sperre nach § 675k II Nr 1 BGB nicht schon bei wichtigem Grund zur Kündigung, sondern erst nach dieser, BankrechtsKommLBS/Langenbucher 2. Aufl 2016 3. Kap § 675k BGB Rn 9, str. Sperrung bei **mehrfacher falscher Eingabe** der persönlichen Geheimzahl ist von § 675k II 1 Nr 1 BGB gedeckt, BankrechtsHdb/Maihold § 54 Rn 22. Bei Sperre Unterrichtungs- und grundsätzlich Begründungspflicht sowie **Pflicht zu Entsperrung**, wenn die Gründe wegfallen (§ 675k II 2–5 BGB). Weitergehende Anforderungen, etwa vorherige Kündigung, so Gössmann WM **98**, 1267, bestehen nicht (mehr), Grundmann WM **09**,

V. Bankgeschäfte F/7–F/9 **BankGesch (7)**

1162. Für die Sperrung darf **kein Entgelt** verlangt werden, Düss ZIP **12,** 1748, auch nicht für die Entsperrung (RegE S 106, s Rn C/37, 50, Grund: keine vertragliche Nebenpflicht, s § 675f V 2 BGB), also auch nicht für den Ersatz der Karte nach Verlust, MüKoBGB/Jungmann § 675k Rn 19 (vgl aber Rn C/50). Nach ec-Bedingungen 1989 Nr 7 III war die Bank zum Einzug der Karte berechtigt, wenn auf dem Konto das Guthaben nicht ausreichte oder der Kreditrahmen überschritten wurde; das war angesichts der Multifunktionalität der Karte (s Rn F/1) wegen Abbedingung einer vertragswesentlichen Pflicht unwirksam, Canaris 527k (zur aF), str; das galt erst recht für Klausel über jederzeitige fristlose Kündigung, BGH **125,** 349 (Kreditkarte). Unberechtigte Sperre bzw Einziehung macht die Bank schadensersatzpflichtig (§ 280 I BGB). Erstattung unverbrauchter Beträge.

Sorgfalts- und Mitwirkungspflichten des Karteninhabers (§ 675l BGB): F/7 Besondere Sorgfalts- und Anzeigepflichten **in Bezug auf die Karte** sind in § 675l BGB niedergelegt (s Rn C/52). Der Karteninhaber muss die Karte nach Erhalt (wie Zugang nach § 130 BGB, MüKoBGB/Jungmann § 675l Rn 14, str) unverzüglich unterschreiben. Er muss die Karte mit besonderer Sorgfalt aufbewahren, insbesondere darf er sie nicht unbeaufsichtigt im Kfz liegen lassen, ausdrücklich Bedingungen für die Girocard Nr 6.2, Düss BKR **08,** 41, LG Bln WM **10,** 2354; aber im Urlaub Belassen im Wohnmobil, zulässig nach Ffm WM **02,** 1055, Hofmann WM **05,** 443. Keine besonderen Anforderungen zuhause, aber in Wohngemeinschaft und Wohnheim, so MüKo/Haertlein E 60. Der Karteninhaber muss die persönliche Geheimzahl (PIN) geheim halten, Hamm WM **97,** 1203, Ffm NJW-RR **01,** 1341, und darf sie insbesondere nicht auf der Karte vermerken oder zusammen mit dieser aufbewahren, Kln WM **03,** 124 (zu den Bedingungen). Umfassendes Weitergabeverbot auch an Familienangehörige, so üL, MüKo/Haertlein E 61, aber geht zu weit, Hofmann WM **05,** 444. Getarnte Telefonnummer, Frage des Einzelfalls, MüKo/Haertlein E 61, str. UU Rückfragepflicht bei Nichterhalt der Karte, KG NJW **06,** 381. Keine Pflicht zur periodischen Prüfung des Verbleibs der Karte, Bambg WM **94,** 194. Bei Feststellung von Verlust oder Missbrauch (**Kenntnis,** § 675l Satz 2 BGB, nicht schon Kennenmüssen, § 122 II BGB, MüKo/Haertlein E 65) unverzügliche **Sperranzeige** beim Kreditinstitut oder dem Zentralen Sperrannahmedienst, nach Bedingungen für die Girocard Nr 6.4 II sogar schon bei bloßem Verdacht. Verlegen der Karte ist nicht schon Verlust, MüKo/Haertlein E 63. Pflicht zur Anzeige nicht schon bei bloßer Gefahr von Kartendiebstahl ua str, aA MüKoBGB/Jungmann § 675l Rn 71. Diebstahl oder Missbrauch sind unverzüglich bei der Polizei anzuzeigen, so Bedingungen für die Girocard Nr 6.4 I 7, dies über § 675l BGB hinaus, zulässig, MüKo/Haertlein E 64; s auch Rn C/52. Zu den einzelnen Sorgfaltspflichten vgl Rn F/45 zur Kreditkarte. Haftung des Karteninhabers aber nur nach § 675v BGB, s Rn F/12. Einzelheiten der Pflichten bei MüKoBGB/Jungmann § 675l Rn 8 ff, 21 ff.

Die **Pflichten der Bank** in Bezug auf die Karte sind in § **675m** I 1 Nr 1–5, I F/8 2 BGB im Einzelnen geregelt, Düss ZIP **12,** 1748. Insbesondere muss die Bank sicherstellen, dass der Kunde jederzeit die Verlustanzeige nach § 675l S 2 BGB vornehmen und die Aufhebung der Sperrung gemäß § 675k II 5 BGB verlangen kann. Die Gefahr der Versendung der Karte und personalisierter Sicherheitsmerkmale der Karte an den Kunden trägt die Bank (§ 675m II BGB). Wertstellung und Vorschussverbot s § 675t BGB (s für GeldKarte Rn F/14). **Rechtsfragen der früheren eurocheque-Garantie** s 34. Aufl, Kümpel/Wittig/Werner Rn 7.855.

Aufwendungsersatz, Entgelte der Bank s Rn C/50, 51, Nobbe WM F/9 Sonderbeil 2/**12,** 6. Früher Gebühren für die **Geldabhebung an institutsfremden Geldautomaten,** aber Einigung im ZKA über die Abschaffung dieser Interbankenentgelte, seit 15.1.11 werden diese Gebühren unmittelbar beim Kunden

(7) BankGesch F/10–F/13 2. Teil. Handelsrechtl. Nebengesetze

erhoben und der Preis wird am Automaten angezeigt, BankrechtsHdb/Maihold § 54 Rn 24. Die **Interbankentgelte für kartengebundene Zahlungsvorgänge** sind durch EU-VO 29.4.15 ABlEU L 123/1 **begrenzt.** Das gilt für alle debit- und kreditkartengebundenen Zahlungsvorgänge.

F/10 **Besondere Regeln** mit weiteren Rechten und Pflichten der Beteiligten gelten bei Einsatz der Karte **für einzelne Nutzungsarten,** zB als GeldKarte (s Rn F/13) oder beim electronic cash (s Rn F/19).

F/11 **Beendigung des Kartenvertrags:** Der Kartenvertrag endet nicht schon mit Zeitablauf der Karte, BGH WM **06,** 179, sondern mit seiner ordentlichen oder außerordentlichen (grundsätzlich fristlosen) Kündigung (einzelne Geschäftsverbindung, s **(8)** AGB-Banken Nr 18, 19), die auch unabhängig vom Girovertrag erfolgen kann (s Rn C/32). Der Kartenvertrag endet aber auch mit dem Girovertrag, mit dem er zusammenhängt. Der Karteninhaber ist dann zur unverzüglichen Rückgabe der Karte verpflichtet. In der Karte gespeicherte Beträge (GeldKarte, s Rn F/13) erstattet die Bank (Bedingungen 2009 A II 5 II); Verfallklausel wäre unwirksam. Beendigung des Kartenvertrags hat keine Auswirkung auf Zahlungsverpflichtung der Bank gegenüber Dritten, zB GeldKartenvertragsunternehmern, Betreibern automatisierter Kassen ua, Grund: § 172 II BGB (s Rn F/17, F/56) und die jeweiligen Bedingungen Ausnahme bei Kenntnis oder Kennenmüssen (§ 173 BGB).

F/12 **E. Haftung bei missbräuchlicher Nutzung der Karte:** Die Haftung der an den Zahlungsvorgängen Beteiligten ist in Umsetzung der Zahlungsdiensterichtlinie (s Rn C/1 f) detailliert geregelt (§§ 675u–676c BGB, näher Rn C/54 ff; für die Kreditkarte s Rn F/46–F/50). **Haftung der Bank** s Bedingungen 2009 A 12; Haftung der Bank für zwischengeschaltete Stellen (§ 675z S 3 BGB, s Rn C/79). Aufrechterhaltung der Funktionsfähigkeit s Rn F/22. **Haftung des Karteninhabers** s § 675v BGB (s Rn C/60 ff, Pflichten s Rn F/7), Bedingungen 2009 A II 13, BankrechtsHdb/Maihold § 54 Rn 68 ff, Nobbe WM Sonderbeil 2/**12,** 4. Nr 13.1 I, II ist wegen Verstosses gegen §§ 675e I, 675v I BGB (Karte oder PIN), Scheibengruber BKR **10,** 18, und Nr 13.1 IV gegen § 675v V 2 BGB (s Rn C/64, str) **unwirksam,** Ul/Br/He/Fuchs (22) Girocard-Sonderbedingungen Rn 10. **Beweis,** insbesondere Anscheinsbeweis, s § 675w BGB (s Rn F/49, C/69), BankrechtsHdb/Maihold § 54 Rn 46 ff, Nobbe WM Sonderbeil 2/**12,** 4. Zu den Haftungsregelungen für missbräuchliche Verwendung der Karte nach den Bedingungen Kümpel/Wittig/Werner Rn 7.839 ff.

3) GeldKarte

F/13 **A. Einsatzbereich:** Die **Geldkarte (elektronische Geldbörse)** ist ein **E-Geldgeschäft** (s Rn F/27), auf das grundsätzlich §§ 675c–676c BGB Anwendung finden (§ 675c II BGB, s Rn F/28). Beim zweiseitigen GeldKartensystem fallen Kartenemittent und Leistungserbringer (Kartenakzeptant) zusammen; nur das dreiseitige GeldKartensystem, bei dem Kartenemittent und Leistungserbringer verschiedene Personen sind, ist von § 1 I 2 Nr 11 KWG erfasst, Grund: Systemgefahr. Die GeldKarte (**prepaid;** zu unterscheiden von der normalen ec-Karte, nicht prepaid, s Rn F/2) wird seit 1996 angeboten. Auf der GeldKarte werden kleinere Beträge gespeichert (geladen), der Ladebetrag wird auf einem **Börsenverrechnungskonto** (Sammelkonto für alle von der Bank ausgegebenen GeldKarten) gespeichert, dort werden dann die Abbuchungen vorgenommen, BankrechtsHdb/Koch § 68 Rn 54. Die GeldKarte ist ein **Kleinbetragsinstrument** iSv § 675i I BGB, Betragsgrenze 200 Euro, wenn nur für inländische Zahlungsvorgänge nutzbar (Konsequenzen für Missbrauchsregelungen, s Rn F/18), das bedeutet, dass zahlreiche Vorschriften der §§ 675c–676c BGB **abbedungen** werden können (näher **§ 675i II BGB**) und in der Praxis abbedungen werden. Die Zahlungskarte (s Rn F/1) dient auch als GeldKarte, doch ist GeldKarte auch

V. Bankgeschäfte F/14, F/15 **BankGesch (7)**

als eigene, auf diese Funktion beschränkte Karte vorstellbar. Die GeldKarte ist ebenfalls in den die Karten regelnden **Bedingungen 2009** (dort A III 2 mit Änderung 2011, s Rn F/2) geregelt. Lit: BankrechtsHdb/Koch 5. Aufl 2017 § 68 VI (GeldKarte); Kümpel/Wittig/Werner Rn 7.945; MüKo/Haertlein E 206 ff; Staub/Grundmann 3/203; Bunte, AGB-Banken, AGB-Sparkassen, Sonderbedingungen, 4. Aufl 2015, Sonderbedingungen für die SparkassenCard (girocard) (4 SB girocard) Rn 128 ff, 136 ff –. Hofmann 2001; Tegebauer 2002; Kümpel WM **97**, 1037, Pfeiffer NJW **97**, 1036, Wand Bankrechtstag **98**, 97, Gross FS Schimansky **99**, 165, Schinkels WM **05**, 450.

B. **Rechtliche Qualifikation:** Die mit einem Chip ausgestattete Zahlungskarte (s Rn F/1) kann auch als GeldKarte eingesetzt werden, so idR kraft Zusatzabrede zum Girovertrag. Dann gilt für die rechtliche Qualifikation dasselbe wie bei dieser (s Rn F/3). Wird eine isolierte GeldKarte ausgegeben, liegt im Rechtsverhältnis zwischen der Bank und dem Karteninhaber ebenfalls ein **Geschäftsbesorgungsvertrag** vor, aber mit speziellerem Inhalt (GeldKartenvertrag, §§ 675 I, 611 BGB, nach aA werkvertraglich oder gemischttypisch, s Rn F/3, E/ 1, Zahlungsdiensterahmenvertrag s Rn C/27). Verrechnungsabrede über vorausbezahlte Beträge (Vorschuss, §§ 675 I, 669 BGB), kein Darlehen, BGH **148,** 80 (für Telefonkarte), Vorschussverbot des § 675t III BGB steht nicht entgegen, Grundmann WM **09**, 1161 Fn 75. Denkbar wäre auch, statt Vorschuss eine Gutschrift auf der GeldKarte anzunehmen. Anspruch auf Zulassung besteht grundsätzlich nicht (s Rn F/3), aA Staub/Grundmann 3/211, aber Ausnahme bei isolierter Geldkarte denkbar s Rn A/6 (risikoneutral, da prepaid, s Rn F/13). **Rechtsnatur** der GeldKarte ist str, für (je nachdem qualifiziertes) Legitimationspapier Pfeiffer NJW **97**, 1037, für Inhaberkarte nach § 807 BGB, Schinkels WM **05**, 454, gegen Wertpapier, aber zT Analogien, Staub/Grundmann 3/204, für Vollmachtsurkunde Kümpel WM **97**, 1041; zur Karte s Rn F/3. **Weisung und Autorisierung** (§§ 675 I, 665 iVm § 675j BGB) liegen in der Benutzung der GeldKarte, BankrechtsHdb/Koch § 68 Rn 48, MüKo/Haertlein E 220. Zahlungsauftrag des geschäftsunfähigen Kunden ist unwirksam, kein Anspruch der Bank nach §§ 675c I, 670 BGB, aber uU nach § 683 Satz 1, 670 BGB, MüKo/ Haertlein E 220; bei Annahme eines antizipierten Zahlungsauftrags schon bei Aufladen ist das der maßgebliche Zeitpunkt. Mit der Bestätigung am Terminal erfolgt Umbuchung, kein Widerruf der Weisung (§ 675p II BGB, s Rn C/40).

C. **Rechte und Pflichten des Karteninhabers und der Bank:** Neben den allgemeinen Regeln für die Ausgabe und Nutzung der Karte (Bedingungen 2009, s Rn F/2), die auch hier gelten, gelten **besondere Regeln** für einzelne Nutzungsarten, hier für die GeldKarte (Bedingungen 2009 A III 2). Die GeldKarte ermöglicht außer Abhebung (bei der Bank selbst: Rückzahlung aus dem gespeicherten Geldbetrag, bei fremder Bank: abstraktes Schuldversprechen, s Rn F/17) bargeldlose Bezahlung an den GeldKarten-Terminals des Handels- und Dienstleistungsbereichs. Sie ermöglicht zunächst Speicherung eines Geldbetrags auf der Karte (entweder mit PIN-Angabe zu Lasten des auf der Karte angegebenen Kontos oder gegen Bargeld oder im Zusammenwirken mit einer anderen Karte zu Lasten des diesbezüglichen Kontos, sofortige Kontobelastung). Die GeldKarte ermöglicht sodann Verfügung über den auf ihr gespeicherten Geldbetrag ohne PIN-Angabe an den Terminals der angeschlossenen Vertragsunternehmen (Unterschied zum bargeldlosen Bezahlen an automatisierten Kassen, s Rn F/19); diese erhalten den Betrag durch Zahlung der Bank (Bargeldsubstitution, abstraktes Schuldversprechen s Rn F/23), während sich der in der GeldKarte gespeicherte Betrag bei jedem Bezahlvorgang um den verfügten Betrag vermindert. Kein Widerruf der Weisung nach Gebrauch der GeldKarte (vgl auch Rn F/38 für die Kreditkarte).

(7) BankGesch F/16–F/20 2. Teil. Handelsrechtl. Nebengesetze

F/16 **Beendigung des GeldKartenvertrags:** wie beim Kartenvertrag s Rn F/11. AGB über Gültigkeitsbefristung mit Verfall des unverbrauchten Kartenguthabens verstößt gegen **(5)** § 307 BGB, BGH **147,** 74 (Telefonkarte).

F/17 D. **Zahlungsverpflichtung der Bank gegenüber den Vertragsunternehmen:** Der GeldKarteninhaber weist die Bank mit dem Einsatz der GeldKarte konkludent zur Zahlung an den Vertragspartner aus dem auf der Geldkarte gespeicherten Betrag an. Dabei Begründung eines von Einwendungen aus dem Grundgeschäft unabhängigen **abstrakten Schuldversprechens,** BGH **150,** 286, NJW **02,** 286 (für Kreditkarte, s Rn F/53), Einsele WM **99,** 1801, aA Zahlungsgarantie (wie bei der früheren ec-Karte, 34. Aufl), so BankrechtsHdb/Koch § 68 Rn 59, wegen der online-Abbuchung bei der Bank ohne Vertretung derselben durch den Kunden; bei Einsatz durch Dritten weist die GeldKarte diesen als Rechtsscheinträger aus (entspr §§ 172 f BGB, nach aA § 808 BGB, nicht Wertpapier, str).

F/18 E. **Haftung bei missbräuchlicher Nutzung der GeldKarte:** Das Missbrauchsrisiko trägt hinsichtlich des auf der GeldKarte gespeicherten Geldbetrags der Kunde (Haftung bei Verlust der aufgeladenen Karte, Bedingungen 2009 A II 13.3, s Rn F/2). Das ist zulässig, weil die Bank nicht die Möglichkeit hat, die GeldKarte zu sperren (§ 675i III 1 BGB, aber nur bis zu 200 Euro, III 2, s Rn F/13), unstr, **§§ 675u und 675v BGB** sind dann **unanwendbar.** Das entspricht dem Rechtsgedanken des § 935 II BGB, MüKo/Haertlein E 54, 229, also auch bei Entwendung; Minderjährige § 110 BGB, Staub/Grundmann 3/222. So auch schon bisher unter **(5)** § 307 BGB, Grund: Der Kunde kann die Verlusthöhe selbst bestimmen und jeder, der im Besitz der Karte ist, kann über den darin gespeicherten Geldbetrag ohne PIN-Angabe verfügen. Bei Verschulden der Bank haftet diese. Bei missbräuchlichem Aufladen unter Verwendung von Karte und PIN (s Rn F/15) gelten keine Besonderheiten.

4) Automatisierte Zahlungssysteme

F/19 A. **Automatisierte Zahlungssysteme:** Die automatisierten Zahlungssysteme sind zT kartengesteuert, zT nicht. Die Tendenz geht auf **electronic cash** unter Einsatz der multifunktionalen Karte. **Geldautomaten** und **automatisierte Kassen** können **mit** der **Karte** (s Rn F/2) unter Einsatz der persönlichen Geheimzahl **(PIN)** institutsübergreifend genutzt werden. Möglich ist auch bargeldloses Bezahlen ohne Zahlungsgarantie an automatisierten Kassen mittels Lastschrift (POZ-System, s Rn F/26). **Bedingungen 2009** (dort A III 1, s Rn F/2). **Muster:** Hopt/Werner 4. Aufl 2013 Form IV. F. 1, 2 (girocard/SparkassenCard-Bedingungen), Form IV. F.4 (Vereinbarung über ein electronic cash-System zwischen den Spitzeninstituten der Kreditwirtschaft), Form IV. F.5 (Händlerbedingungen – Bedingungen für die Teilnahme am electronic cash-System der deutschen Kreditwirtschaft), Form IV. F.6 (Netzbetreibervertrag). Lit zum Recht des elektronischen Zahlungsverkehrs: Kümpel/Wittig/Werner Rn 7.891 ff, Bunte, AGB-Banken, AGB-Sparkassen, Sonderbedingungen, 4. Aufl 2015, Sonderbedingungen für die SparkassenCard (girocard) (4 SB girocard) Rn 130 ff, Sonderbedingungen für das Online-Banking (4 SB Online); Schneider 1982, Priewasser 1981, Neumann/Bock 2004 (Internet); Hadding/Häuser ZHR 145 **(81)** 159, Reiser WM **86,** 1401, Blaurock in Köndgen, Neue Entwicklungen im Bankhaftungsrecht 1987 S 35, Bieber WM Sonderbeil 6/**87,** Fervers WM **88,** 1037, Harbeke WM Sonderbeil 1/**94,** ZIP **05,** 250, Kartengesteuerter Zahlungsverkehr, Bankrechtstag **98,** 37, 97, 157, Hofmann WM **03,** 441, Schinkels WM **06,** 841, Wand ZIP **96,** 214, Nobbe WM Sonderbeil 1/**12,** 3.

F/20 B. **Rechtliche Qualifikation:** Soweit die Bank die Nutzung der automatisierten Zahlungssysteme mittels der (Bankkunden-)Karte ermöglicht (Online-Banking, s Rn F/29), so idR kraft Zusatzabrede zum Girovertrag, liegt wie

V. Bankgeschäfte F/21–F/26 **BankGesch (7)**

allgemein bei diesem ein **Geschäftsbesorgungsvertrag** vor (s Rn F/3). Wertpapiercharakter der Karte ist str (s Rn F/3), aber praktisch kaum relevant.

C. **Rechte und Pflichten des Karteninhabers und der Bank:** Neben den allgemeinen Regeln für die Ausgabe und Nutzung der Karte (Bedingungen 2009 A II, s Rn F/2), die auch hier gelten, können **besondere Regeln** für einzelne Nutzungsarten gelten, hier für den Geldautomaten-Service und das bargeldlose Bezahlen an automatisierten Kassen im electronic-cash- und Maestro-System. Die Bedingungen 2009 A III 1 enthalten Regeln ua für den Verfügungsrahmen der Karte (s Rn F/5), den Einzug der Karte bei Fehleingabe (s Rn F/22) und die Zahlungsverpflichtung der Bank. F/21

Sperre, Einziehung der Karte: s § 675k II BGB (s Rn F/6). Die Kreditinstitute lehnten in ec-Bedingungen 1989 Nr 7 II eine Pflicht zur Aufrechterhaltung der **Funktionsfähigkeit** des Geldautomaten- und des POS-Systems ab, Verstoß gegen **(5)** §§ 307, 309 Nr 8 BGB war str, verneinend Canaris 572i, Grund: kein Verzug, da herkömmliche Auszahlung offensteht; kein Ersatz von Mangelfolgeschäden (Effizienzgedanke), Staub/Grundmann 3/240, jedenfalls bei Wartung und Berücksichtigung der technischen Entwicklung, nach aA aber Gewähr wie bei der Sperre (s Rn F/6) zu bejahen, arg aus § 675c S 3, BankrechtsHdb/Maihold § 54 Rn 27. Sperre bei **dreimaliger Fehleingabe der Geheimzahl** (Bedingungen 2009 A III 1.2) ist zulässig (s Rn F/6). Diskriminierung durch **Zugangsbeschränkung** zu Geldautomaten konkurrierender Banken, Mü BKR **10**, 341. F/22

D. **Zahlungsverpflichtung der Bank gegenüber den Betreibern:** F/23

a) Rechtsnatur: Die Bank hat eine Zahlungsverpflichtung gegenüber Betreibern von Geldautomaten und automatisierten Kassen für Beträge, über die unter Verwendung der an den Karteninhaber ausgegebenen Karte verfügt worden ist. Rechtlich handelt es sich dabei um die Begründung eines von Einwendungen aus dem Grundgeschäft unabhängigen **abstrakten Schuldversprechens** (wie für GeldKarte und Kreditkarte, s Rn F/17, F/53), aA Zahlungsgarantie ua (s Rn F/53), aber die Bedingungen 2009 A III 1.3 sprechen hier nur von „Zahlungsverpflichtung" (nicht Garantie), und die Konstruktion sollte für die einheitliche Karte (Bankkunden-Karte, GeldKarte, Kreditkarte) nicht ohne Grund unterschiedlich sein. Die Bank ist gegenüber den Betreibern auch bei Verlust der Karte durch den Karteninhaber zahlungspflichtig. Das folgt ohne Weiteres aus dem abstrakten Schuldversprechen, das die Bank bei Einsatz der Karte, auch durch einen durch sie als legitimiert geltenden Dritten, abgibt. Kraftloserklärung der abhanden gekommenen Karte entspr § 176 BGB, kein Aufgebotsverfahren analog Art 59 ScheckG (Karte verbrieft keine Rechte).

Der Einwand des **Rechtsmissbrauchs** gegen den Betreiber spielt bei der Verwendung der Karte bei automatisierten Kassen zwar nicht dieselbe Rolle wie bei der früheren ec-Karte, ist aber auch hier nicht ausgeschlossen. Bei funktionsgerechter Verwendung (s Rn F/21) schadet dem Betreiber nur Kenntnis, dass der Karteninhaber die Karte mangels Deckung nicht zur Zahlung benutzen durfte (§ 242 BGB), vgl BGH **122**, 156 (ec-Karte), näher Rn F/54. F/24

E. **Haftung bei missbräuchlicher Nutzung der Karte:** s Rn F/12. F/25

F. **POS:** Beim POS-System (POS: point of sale) können Waren und Dienstleistungen an **automatisierten Kassen** des Handels und Dienstleistungsgewerbes unter Benutzung einer Karte mit persönlicher Geheimzahl (PIN) bargeldlos bezahlt werden (also mit Zahlungsverpflichtung der Bank). Beim **POZ**-System (zum 31.12.06 eingestellt) ist ebenfalls bargeldloses Bezahlen an automatisierten Kassen möglich, und zwar mittels Lastschrift, aber ohne Zahlungsgarantie der Bank, Kümpel/Wittig/Werner Rn 7.914. **Muster:** Hopt/Werner 4. Aufl 2013 Form IV. F. 7 (Vereinbarung zum POZ-System zwischen den Spitzeninstituten F/26

(7) BankGesch F/27–F/29   2. Teil. Handelsrechtl. Nebengesetze

der Kreditwirtschaft), Form IV. F.8 (Bedingungen für die konto-/depotbezogene Nutzung des Online-Banking mit PIN und TAN). Lit: BankrechtsHdb/Koch 5. Aufl 2017 § 68 I–V, MüKo/Haertlein E 173 ff, Staub/Grundmann 3/156 ff, 236; Brockmeier 1991; Reiser WM Sonderbeil 3/**89**, Harbeke WM Beil 1/**94**, ZIP **05**, 250, Wand ZIP **96**, 219.

F/27   **G. E-Geld-Geschäft, Online-Banking:**

a) E-Geld-Geschäft: Das E-Geldgeschäft ist die Ausgabe von elektronischem Geld (§ 1 II 2, 3 ZAG; bis 2011 Bankgeschäft nach § 1 I 2 Nr 11 KWG, mit UmsetzG 2. E-Geld-Richtlinie v. 1.3.11 BGBl I 288 nur noch im ZAG geregelt). Definition von E-Geld (für Aufsichtszwecke) in § 1 II 3 ZAG. E-Geld-Emittenten s § 1 II ZAG, Erlaubnispflicht (§ 11 ZAG, BaFin). Anders als früher ist die Verwaltung von E-Geld im Gegensatz zur Ausgabe kein E-Geld-Geschäft mehr. Das E-Geld wird vom Benutzer auf der **GeldKarte** (s Rn F/13) oder auf PC gespeichert (zB **Netzgeld**) und einmalig oder mehrfach verwendet, entweder durch Einsatz der GeldKarte oder zur Abwicklung von Fernzahlungen zwischen den beteiligten Rechnern (Substitution des herkömmlichen bargeldlosen Zahlungsverkehrs). Die Zahlungen erfolgen idR wie mit Bargeld anonym. Zur Benutzung von Konten kommt es nur beim Aufladen und ggf beim späteren Einzahlen auf Konto.

F/28   Auf den Vertrag über die Ausgabe und Nutzung von elektronischem Geld sind die **§§ 675c–676c BGB** anwendbar (§ 675c II BGB, s Rn C/9 ff), **aber** Einschränkungen und Abbedingungen, wenn ein Kleinbetragsinstrument wie die Geldkarte (s Rn F/13) vorliegt (**§ 675i II, III BGB**). Das Vorschussverbot des § 675t III BGB greift bei der Geldkarte nicht (s Rn F/1). Jederzeitige Rücktauschbarkeit von elektronischem Geld (§ 22p KWG). Lit: BankrechtsHdb/Neumann 5. Aufl 2017 § 55a (Elektronisches Geld, virtuelle Währungen, bitcoins); Neumann 2000 (Netzgeld), Behrendt 2007 (Ausgabe von E-Geld), Gerhartinger 2010 (Österreich); Escher WM **97**, 1173; Kümpel WM **98**, 365, NJW **99**, 313, Fett/Bentele WM **11**, 1352 (ZAG), Dieckmann/Wieland ZBB **11**, 297, Lösing ZIP **11**, 1944, Freitag AcP 213 **(13)** 156, Müller/Starre BKR **13**, 149.

F/29   **b) Online-Banking:** Beim Online-Banking (auch als Electronic Banking, Internetbanking, Homebanking, Direktbankgeschäft bezeichnet) kann der Kunde elektronisch Informationen über sein Konto abrufen und Geschäfte über dieses abwickeln. Das Online-Banking beruht auf einem Interbankenabkommen (Homebanking-Abkommen 1.10.97). Das Online-Banking ersetzte das ausgelaufene Btx (30. Aufl). Abwicklung nach den Bedingungen 2009 (s F/2), früher für die konto-/depotbezogene Nutzung des Online-Banking mit PIN und TAN (Online-Bedingungen), WM **01**, 650, und den Bedingungen für die konto-/depotbezogene Nutzung des Online-Banking mit elektronischer Signatur (Homebanking-Bedingungen), WM **01**, 650. Wichtige Systemelemente sind eine persönliche geheime Identifikationsnummer **(PIN)**, eine nur für einen einzigen Zahlungsvorgang gültige Transaktionsnummer **(TAN)** und Sperrvorkehrungen, über deren Gefahren bei Nichtgeheimhaltung die Bank den teilnehmenden Kunden aufklären muss, sonst Schadensersatzpflicht wegen Pflichtverletzung (§ 280 BGB). Bei Bargeldauszahlung am institutseigenen Geldautomaten bloße zusätzliche Geltendmachung des Rückzahlungsanspruchs aus Girovertrag (s Rn C/26), nicht §§ 780, 781 BGB (s Rn F/23), Kümpel/Wittig/Werner Rn 7.930, anders bei Benutzung institutsfremder Geldautomaten. Lit: Bankrechts-Hdb/Maihold 4. Aufl 2011 § 55; Derl/Kno/Ba/Borges § 11; Weber, Zahlungsverfahren im Internet, 2002; Recknagel 2005; Schleicher 2007; Werner 2008; Escher WM **97**, 1173, Rottenburg WM **97**, 2381, Koch/Maurer WM **01**, 2443, 2481, Erfurth WM **06**, 2198, van Gelder, Gössmann/Bredenkamp FS Nobbe **09**, 55, 93 (Phishing), Spindler FS Nobbe **09**, 215. **Muster:** Hopt/Werner 4. Aufl 2013

V. Bankgeschäfte F/30–F/32 **BankGesch (7)**

Form IV. F.8 (Bedingungen für die konto-/depotbezogene Nutzung des Online-Banking mit PIN und TAN).

Teilnahme am Online-Banking setzt idR Nebenabrede zum Girovertrag voraus **(Online-Vertrag),** BankrechtsHdb/Maihold § 55 Rn 44. Anspruch auf **Zulassung** besteht nicht, str (kein neutrales Geschäft, s Rn A/6). Online-Zugriff ist mangels zeitlicher Beschränkung grundsätzlich jederzeit möglich. Aufrechterhaltung der Funktionsfähigkeit s Rn F/22; Klausel über Nichthaftung der Bank bei grob fahrlässiger, zeitweiliger Zugangsunterbrechung verstößt auch gegen (5) § 309 Nr 7b BGB, BGH **146,** 138. **Zugangssperre** bei Falscheingabe dreimal hintereinander, bei (begründetem) Verdacht missbräuchlicher Nutzung und auf Wunsch des Kontoinhabers ist nach AGBKontrolle nicht zu beanstanden (wie Rn F/6, F/22). **Finanzielle Nutzungsgrenzen** setzt das Kontoguthaben bzw ein dem Kunden vorher für das Konto eingeräumter Kredit (wie Rn F/5).

Missbrauchsrisiko und Haftung: s Rn F/12. Haftung bei kriminellem Besorgen von PIN und TAN **(Phishing,** bei Vishing V für voice, **Skimming** mit Lesegerät; **Pharming** mit Manipulation der Internetadresse, BGH WM **12,** 986), LG Kln WM **08,** 354, BGHSt ZIP **10,** 2440, WM **14,** 507, BGH WM **12,** 983, Bender WM **08,** 2051.

F/30

c) Virtuelle Währungen, bitcoins, blockchain und distributed ledger: Zu den Rechtstatsachen und den Fragen der rechtlichen Einordnung BankrechtsHdb/Terlau 5. Aufl 2017 § 55a Rn 129 ff, 141 ff. Dabei stellen sich Fragen zur Ausgabe von virtuellen Währungen, zu virtuellen Währungen als Zahlungsmittel im Sinn des Zivilrechts und zum Handel mit diesen als Finanzinstrumente und als Gegenstand des Bankaufsichtsrechts. Dazu bestehen noch viele Unsicherheiten. Lit: BankrechtsHdb/Terlau 5. Aufl 2017 § 55a Rn 129 ff; Spindler/Bille WM **14,** 1357 (virtuelle Währung); Beck NJW **15,** 580 (Geld im Rechtssinn).

F/31

5) Kreditkarte

A. **Rechtliche Qualifikation:**

F/32

a) Kreditkartengeschäft: Kreditkarten kommen in verschiedenen Formen vor. Bei einer von einem Verkäufer ausgegebenen Kreditkarte **(Kundenkreditkarte,** Spezialkreditkarte) liegt ein Rahmenvertrag vor, der den Karteninhaber zum Kreditkauf (Stundung der künftig zu begründenden Kaufpreisforderungen) berechtigt, BGH **114,** 241. Die klassischen Kreditkarten **(Universalkreditkarte)** werden dagegen von einem eigenen Kreditkartenunternehmen **(Kreditkartenemittenten,** zB Eurocard GmbH, American Express, Visa) ausgegeben. Diese können die Banken zur Ausgabe ihrer Kreditkarten lizenzieren (Interchange), dann Lizenz- und Abrechnungsverhältnis (§ 675 I BGB, Schiedsklauseln), Reinfeld WM **94,** 1505. Der Karteninhaber kann bei den dem System angeschlossenen Vertragsunternehmen (Hotels, Fluggesellschaften, Händler ua) Waren und Dienstleistungen **bargeldlos bezahlen.** Das Kreditkartenunternehmen verspricht, die so entstandenen fälligen Forderungen der Vertragsunternehmen gegen den Karteninhaber dem Vertragsunternehmen zu bezahlen, und fordert dann dafür Aufwendungsersatz beim Karteninhaber. Die Ausgabe oder Verwaltung von Kreditkarten ist kein Bankgeschäft nach § 1 I 2 KWG und seit 2009 auch keine Finanzdienstleistung nach § 1 Ia 2 Nr 8 aF KWG (Text s Rn A/4) mehr, es liegt vielmehr eine Ausführung von Zahlungsvorgängen mittels einer Zahlungskarte oder eines ähnlichen Zahlungsinstruments (Zahlungskartengeschäft) vor, also ein Zahlungsdienst iSv § 1 I 2 Nr 3b ZAG 2017, s Rn A/4) mit der Folge der **Anwendbarkeit der §§ 675c–676c BGB,** s Rn C/9 ff; anders bei GeldKarte (Bankgeschäft und Kreditinstitut, s Rn F/13). Diese grundsätzliche **Bargeldersatzfunktion der Kreditkarte** ist für Einordnung und Auslegung zentral, Nobbe FS Hadding **04,** 1011, Unterzeichnung und Übergabe des Belegs entsprechen der Geldübergabe bei Barzahlung, Bargeldersatzfunktion auch im **Mai-**

Hopt 2073

(7) BankGesch F/33, F/34 2. Teil. Handelsrechtl. Nebengesetze

lorderverfahren, bei dem das Vertragsunternehmen dem Kreditkartenunternehmen nur relevante Informationen aus der Kreditkarte (Kartennummer, Verfallsdatum und Prüfzahl) mitteilt, BGH **157**, 263, WM **05**, 1601 (s Rn 55), zum Mailorderverfahren Oechsler WM **10**, 1361. Zweifel an der Bargeldersatzfunktion bei Caper/Pfeifle WM **09**, 2344 wegen § 675f V BGB (s Rn F/57). Kreditkarten bieten heute **zusätzlich** zur Möglichkeit bargeldloser Bezahlung einen **Bargeldservice** an und sind insoweit wie Zahlungskarten (persönliche Geheimzahl PIN; Kreditkarten-Verfügungsrahmen bzw finanzielle Nutzungsgrenze) ausgestaltet. **Muster:** Hopt/Werner 4. Aufl 2013 Form IV. F.3 (Bedingungen für die MasterCard), auch in WM **91**, 1937.

Lit: Bankrechts-Hdb/Martinek/Omlor 5. Aufl 2017 § 67; Baumbach/Hefermehl/Casper 23. Aufl 2008; Kümpel/Wittig/Werner Rn 7.991 ff; MüKo (HGB)/Hadding 3. Aufl Bd 6, 2014 Bankvertragsrecht (Zahlungsverkehr G); Kienholz 2000 (Fernabsatz, Mailorder); Hadding FS Pleyer **86**, 17, Bitter ZBB **96**, 104, BB **97**, 480, Taupitz Bankrechtstag **98**, 3, Oechsler WM **00**, 1613, Freitag WM **00**, 2185, Hadding RWSForum Bankrecht **00**, 51, Meder ZBB **00**, 89, NJW **02**, 2215, WM **02**, 1993, Langenbucher BKR **02**, 119, Werner BB **02**, 1382, Schnauder NJW **03**, 849, Barnert WM **03**, 1153, Nobbe FS Hadding **04**, 1007, Körber WM **04**, 563, Jungmann WM **05**, 1351, Zwade/Mühl WM **06**, 1225, Bitter BB **07**, 246, Joeres FS Nobbe **09**, 119.

F/33 **b) Drei oder vier Vertragsverhältnisse beim Kreditkartengeschäft:** Während bei der Kundenkreditkarte (s Rn F/32) nur eine Vertragsbeziehung zwischen Verkäufer und Käufer vorliegt, sind bei der Universalkreditkarte und dem Zahlungskartengeschäft (s Rn F/32) drei oder mehr Vertragsverhältnisse zu unterscheiden:

(1) Die Zahlung mit der Kreditkarte dient der Erfüllung im Verhältnis zwischen Käufer bzw Kunde und Verkäufer bzw Unternehmer **(Valutaverhältnis)**, s Rn F/65.

(2) Das Verhältnis zwischen dem Kreditkarteninhaber und dem Kreditkartenunternehmen **(Deckungsverhältnis)**, es ist durch den Kreditkarten- oder Emissionsvertrag ausgestaltet (s Rn F/35).

(3) Das Verhältnis zwischen dem Verkäufer bzw Unternehmer und dem Kreditkartenunternehmen **(Inkasso- oder Ausführungsverhältnis)**, es ist durch den Akquisitionsvertrag geregelt, auf Grund dessen das Vertragsunternehmen die Kreditkarte als Zahlungsmittel annimmt und vom Kreditkartenunternehmen die Bezahlung erhält, s Rn F/52.

(4) Bei **viergliedrigen** Beziehungen schaltet das Kreditkartenunternehmen Kreditinstitute oder die Unternehmen selbst zur Abwicklung des Zahlungsverkehrs ein und konzentriert sich auf das Akquisitionsgeschäft **(Co-Branding)**, Jungmann WM **05**, 1353, Bankrechtshdb/Martinek/Omlor § 67 Rn 5. Das Rechtsverhältnis zwischen dem Kreditkartenunternehmen und den weiteren eingeschalteten Unternehmen entspricht dem Interbankenverhältnis bei der Überweisung (s Rn C/83).

F/34 **c) Bedingungen für das Kreditkartengeschäft:** Die Bedingungen der Kreditkartenunternehmen für Kreditkartenzahlung (Visacard der Bank of America und Mastercard eines europäischen Bankenverbundes, kleiner: American Express und Diners Club, Staub/Grunmann 3/58) sind unterschiedlicher als die Überweisungsbedingungen (s Rn C/24) oder die verschiedenen Lastschriftbedingungen (s Rn D/13). Das hat Unübersichtlichkeit zur Folge, Grundmann WM **09**, 1161, und eine wachsende Zahl von Urteilen zur **AGB-Kontrolle.** Ein gesetzliches Leitbild des Kreditkartenvertrags, auf das die Inhaltskontrolle nach **(5)** §§ 307 ff BGB zurückgreifen könnte, gibt es nicht, BGH **114**, 241, **137**, 30, immerhin jetzt **§§ 675u–676c BGB** über Haftung im Zusammenhang mit Zahlungsvorgängen (s Rn F/46). Gebühren s BGH **125**, 343. AGB über Missbrauchsrisikoüberwälzung s Rn F/49, über Pflichten s Rn F/40. Allgemein zu KreditkartenAGB unter **(5)** §§ 307 ff BGB s Ul/Br/He/Fuchs (29) Kreditkarten-AGB Rn 1 ff; Wo/Li/Pf/Pamp Kreditkartenvertrag K 71 ff. Die Abstimmung der Interbankenentgelte (Multilateral Interchange Fees, MIF) ist wettbewerbsbeschränkend, EuGH WM **12**, 1271. Muster: Eurocard-Kundenbedingungen WM **91**, 1937; Hopt/Werner 4. Aufl 2013, Form IV. F.3 (Bedingungen für die MasterCard).

B. Das Rechtsverhältnis zwischen dem Kreditkarteninhaber und dem Kreditkartenunternehmen (Deckungsverhältnis): F/35

a) Kreditkarten- oder Emissionsvertrag: In diesem Rechtsverhältnis (Deckungsverhältnis) liegt ein Geschäftsbesorgungsvertrag vor, BGH **152**, 78, und zwar Dauerschuldverhältnis mit Werkvertragscharakter (§§ 675 I, 631 BGB, hL, Grund: jeweilige Einlösungszusage steht im Vordergrund; nach aA § 611 BGB, Ffm ZIP **93**, 666, oder gemischtypisch; anders Bankkunden-Karte s Rn F/3), offen BGH **125**, 350. Der Kreditkartenvertrag ist **Zahlungsdiensterahmenvertrag** (§ 675f II 1 BGB, s Rn C/27), MüKoBGB/Casper § 675f Rn 95. Für die Einbeziehung der AGB des Kreditkartenunternehmens in den Vertrag gilt **(5)** § 305 II BGB ohne Erleichterung, bloßes Angebot der Zusendung auf Anfordern genügt nicht. Der vom Karteninhaber unterschriebene Belastungsbeleg ist Weisung iSv §§ 675 I, 665 BGB (s Rn F/37), BGH **91**, 224, **152**, 75, nach aA Anweisung (§ 783 BGB), Schnauder NJW **03**, 849, nicht ohne Weiteres Schuldanerkenntnis gegenüber dem Vertragsunternehmen, str.

Der **Abschluss** erfolgt nicht schon mit Eingang des unterschriebenen Antragsformulars beim Kreditkartenunternehmen, sondern erst mit konkludenter Annahme des Schreibens des Kreditkartenunternehmens nebst AGB (§ 151 Satz 1 BGB), BankrechtsHdb/Martinek/Omlor § 67 Rn 9. AGB-rechtliche Anforderungen s Wo/Li/Pf/Pamp Kreditkartenvertrag K 72. Für Schweigen auf **Änderungsangebot** gilt § 675g BGB (s Rn C/31). Der Kreditkartenvertrag endet nicht schon mit Ablauf der Gültigkeitsdatums der ausgegebenen Karte, BGH NJW **06**, 430 (für ec-Karte). Der Kreditkarteninhaber kann den Kreditkreditkartenvertrag mit der vertraglich vereinbarten Kündigungsfrist (nicht mehr als ein Monat) kündigen (§ 675h I BGB). Das Kartenunternehmen kann **ordentlich** nur mit mindestens zwei Monaten Kündigungsfrist (Ffm ZIP **93**, 665 noch sechs Wochen) **kündigen** und nur in der Form von Art 248 §§ 2 und 3 EGBGB, dann anteilige Entgelterstattung (§ 675h II, III BGB, s Rn C/32). Klausel über Recht des Kartenunternehmens zur jederzeitigen fristlosen Kündigung ohne wichtigen Grund war schon bisher unwirksam, BGH **125**, 343, Ffm ZIP **93**, 665, hL, Grund: Bargeldersatzfunktion der Kreditkarte, Schadensersatz wegen Kündigung zur Unzeit nach § 671 II BGB reicht nicht aus, Wo/Li/Pf/Pamp Kreditkartenvertrag K 107. **Kündigung aus wichtigem Grund** bleibt durch § 675h BGB unberührt (s Rn C/32). Recht zur fristlosen Kündigung aus wichtigem Grund besteht schon nach Gesetz, die AGB können dafür aber Beispiele geben, was letztlich zwar nicht bindet, aber wirksam sein kann (wie **(8)** AGB-Banken Nr 19 Rn 5). F/36

b) Weisung und Autorisierung: Der Kreditkartenkunde kann auf Grund des Kreditkartenvertrags **Weisung** an das Kreditkartenunternehmen zu zahlen erteilen (§§ 675 I, 665 BGB). Dabei handelt es sich um einen **Zahlungsauftrag** (§ 675f IV 2 BGB, Anweisung iwS, s Rn C/33). Die Weisung des Kreditkarteninhabers an das Kreditkartenunternehmen ist der beim Vertragsunternehmen unterzeichnete **Beleg,** den das Vertragsunternehmen beim Kreditkartenunternehmen (Bote; vgl SEPA-Lastschrift Rn D/17) einreicht. Weisung ist aber auch **beleglos** möglich, zB bei telefonischem oder Fax-Einsatz der Kreditkarte beim Vertragsunternehmen (**Mailorderverfahren,** s auch Rn F/55), vgl BGH **150**, 286. Die Weisung enthält als Einwilligung die **Autorisierung** des Zahlungsvor- F/37

(7) BankGesch F/38–F/41 2. Teil. Handelsrechtl. Nebengesetze

gangs nach § 675j BGB (s Rn C/35). Die Karte wird dabei als Zahlungsinstrument benutzt (s Rn C/8). Für die Unwirksamkeit der Autorisierung gelten die allgemeinen Regeln (s Rn C/34, dort auch zu Minderjährigen).

F/38 c) **Widerruf der Weisung:** Die Weisung (idR durch unterzeichneten Beleg) ist **unwiderruflich,** sobald der Zahler die Zustimmung zur Ausführung des Zahlungsvorgangs an den Zahlungsempfänger übermittelt hat (§ 676p II 1 BGB, s Rn C/40), MüKo/Jungmann § 675p Rn 11, so schon früher BGH NJW **152**, 75, Grund: mit Unterzeichnung und Übergabe an das Vertragsunternehmen entsteht ein irreversibler Zahlungsanspruch des Vertragsunternehmens gegenüber dem Kartenunternehmen (§§ 780, 781 BGB, s Rn F/53); frühere andere Konstruktionen, zB entspr § 790 BGB, Canaris 1634, sind überholt, auf die Begründung aus dem Vertragsverhältnis kann es nicht mehr ankommen. Ob die Weisung beleghaft oder beleglos erteilt wird, spielt nach § 675p II 1 BGB keine Rolle, Nobbe WM **11**, 967, aA Bitter WM **10**, 1774 (entspr Lastschrift), Grund: § 675p II 1 BGB differenziert nicht, Bargeldfunktion auch im Telefon- und Mailorderverfahren (s Rn F/32); zu Modifikationen MüKoBGB/Jungmann § 675p Rn 15, anders Bitter WM **10**, 1780. Ein Widerruf nach Übermittlung kann zwar vereinbart werden, ist aber im Falle von § 675p II BGB nur mit Zustimmung des Zahlungsempfängers möglich, dafür kann dann ein Entgelt vereinbart werden (§ 675p IV BGB). Für Widerrufmöglichkeit trotz § 676p II 1 BGB allenfalls in engen Ausnahmefällen (§ 242 BGB), zB Betrug, BankrechtsHdb/Martinek/Omlor § 67 Rn 35, 37, dogmatisch eher Pflicht aus dem Kreditkartenvertrag, den ausnahmsweise bestehenden Einwand aus § 242 BGB im Inkassoverhältnis (s Rn F/54) geltend zu machen.

F/39 d) **Autorisierte Zahlungen ohne Betragsangabe (§ 675x BGB):** Kreditkartenverfügungen werden in der Praxis oft blanko abgegeben, also ohne Angabe eines genauen Betrags bei der Autorisierung, zB in Hotels, bei Autovermietern oder an Tankautomaten. Wenn dann der Zahlungsbetrag den zu erwartenden Betrag übersteigt (näher § 675x I 1 Nr 2 BGB), hat der Zahler einen Erstattungsanspruch gegen den Zahlungsdienstleister, den er innerhalb von acht Wochen ab Belastung geltend machen muss (Ausschlussfrist, § 675x I, IV BGB). Einzelheiten s Rn C/70.

F/40 e) **Rechte und Pflichten des Kreditkartenunternehmens:** Das Kreditkartenunternehmen muss bei Vorliegen der vertraglich vereinbarten Voraussetzungen dem Karteninhaber die Möglichkeit zur Nutzung der Kreditkarte offenhalten. Möglich bleiben aber die Vereinbarung von **Betragsobergrenzen** (§ 675k I BGB, s Rn C/37, zu unterscheiden vom allgemeineren Verfügungsrahmen, s Rn F/5) und einer **Kreditkartensperre,** letztere allerdings nur in drei besonders aufgeführten Fällen, nämlich Sicherheitsgründe, Missbrauchsverdacht und bei Kreditkarte mit Kreditgewährung ein wesentlich erhöhtes Kreditrisiko (näher § 675k II 1 Nr 1–3 BGB, näher Rn F/6). Betragsobergrenzen für die einzelne Transaktion, zB pro Tag, haben kundenschützende Wirkung, Mitverschulden der Bank bei Missachtung (§ 254 BGB), BGH WM **12**, 987.

F/41 Das Kartenunternehmen kann für die Zahlung vom Karteninhaber **Aufwendungsersatz** verlangen (§§ 675 I, 670 BGB), BGH **91**, 223, **152**, 81, bei Zusatzkarte str (s Rn F/51). Das gilt auch dann, wenn der Karteninhaber den Kreditkarten-Verfügungsrahmen nicht einhält, also der finanzielle Nutzungsgrenze überschreitet; die Genehmigung einzelner Umsätze bedeutet nicht schon die Gewährung eines Kredits. Der Karteninhaber kann dem Kreditkartenunternehmen, das bezahlt hat, keine Einwendung aus seinem Verhältnis zum Vertragsunternehmen entgegenhalten, BGH WM **90**, 1059, Karls WM **94**, 942 (wirksame Abbedingung von § 404 BGB), sondern hat nur Bereicherungsanspruch gegen dieses im Valutaverhältnis (vgl Rn F/65). Aufwendungsersatz aber nur, wenn die Karte oder deren Daten nicht von einem Dritten missbräuchlich verwendet wurden, also nicht mangels Autorisierung (s Rn F/46). Ist autorisiert, liegen aber im Inkassoverhältnis die Voraussetzungen für die Einwendung des Rechtsmissbrauchs vor, also offensichtlich und liquide beweisbar (s Rn F/54), kein Aufwendungsersatz, da Auszahlung nicht im Interesse des Karteninhabers (§ 670 BGB: nicht erforderlich), BGH NJW **02**, 3699. Werden dem Kreditkartenunternehmen erst nachträglich nach der Zahlung Umstände bekannt, die es zur Verweigerung der Zahlung berechtigt hätten (Rechtsmissbrauch, s Rn F/54), kann der Kreditkarteninhaber nicht einwenden, das Kreditkartenunternehmen müsse zuvor Rückforderung beim Vertragsunternehmen (§ 812 BGB, s Rn F/64) versuchen (§ 670 BGB, für erforderlich halten durfte), str, zweifelnd BGH NJW **02**, 3700.

Für die **Wertstellung** ist § 675t BGB (s Rn C/49) zu beachten. Eine Belastung auf dem Zahlungskonto des Zahlers ist so vorzunehmen, das das Wertstellungsdatum frühestens der Zeitpunkt ist, an dem dieses Zahlungskonto mit dem Zahlungsbetrag belastet wird (§ 675t III BGB). F/42

Die Kreditkartenunternehmen treffen im Kartenvertrag idR Kontokorrentabreden. Die Anerkennung der periodischen Saldomitteilungen führt, wenn ein Kontokorrent vorliegt, zum **Saldoanerkenntnis** als einem abstrakten Schuldanerkenntnis nach § 781 BGB (§ 355 HGB Rn 10). An dieses kann sich dann, wenn in den AGB vereinbart, eine Genehmigungsfiktion zB bei sechswöchigem Schweigen wie im Bankverkehr (s zur Einzugsermächtigungslastschrift 36. Aufl Rn D/30) anschließen. Solche fingierte Erklärungen halten unter **(5)** BGB § 308 Nr 5 BGB bei angemessener Frist und besonderem Hinweis den Inhaltskontrolle statt, Wo/Li/Pf/Pamp Kreditkartenvertrag K 104, aber Ausnahmen für längere Reisen bei Privatpersonen notwendig, BankrechtsHdb/Martinek/Omlor § 67 Rn 13. So jedenfalls, wenn mit dem Karteninhaber für das Debitkonto zugleich eine Kreditabrede geschlossen ist (Dispositionskredit), bei bloßen Belastungen kann es an einem Kontokorrent fehlen, str. F/43

Der Karteninhaber schuldet dem Kreditkartenunternehmen für seine Zahlungsdienste das vereinbarte **Entgelt** (§ 675f V 1 BGB). Für die Erfüllung von **Nebenpflichten** Anspruch auf ein Entgelt nur, sofern dies zugelassen und zwischen dem den beiden Parteien vereinbart worden ist; das Entgelt muss angemessen und an den tatsächlichen Kosten des Zahlungsdienstleisters ausgerichtet sein (§ 675f V 2 BGB, s Rn C/50). Informationspflichten über Entgelte folgen aus § 675d iVm Art 248 EGBGBn (s Rn C/14), bisher im Wesentlichen nur aus dem AGB-rechtlichen Transparenzgebot. Zahlreiche weitere **AGB-Fragen** zum Emissionsvertrag, dazu Lit: Wo/Li/Pf/Pamp Kreditkartenvertrag K 72 ff, Ul/Br/He/Fuchs (29) Kreditkarten-AGB Rn 1 ff, Barnert WM **03**, 1153, Körber WM **04**, 563, Jungmann WM **05**, 1351. F/44

f) Rechte und Pflichten des Kreditkarteninhabers: Im Kartenvertrag wird dem Kunden idR ein **Verfügungsrahmen** eingeräumt, den er nicht überschreiten darf (Betragsobergrenze, § 675k I BGB, s Rn F/40). Vor allem aber ist der Kreditkarteninhaber verpflichtet, unmittelbar **nach Erhalt der Karte alle zumutbaren Vorkehrungen** zu treffen, um die personalisierten Sicherheitsmerkmale vor unbefugtem Zugriff zu schützen und er muss **Diebstahl**, missbräuchliche Verwendung und die sonstige nicht autorisierte Nutzung der Karte **unverzüglich anzeigen,** nachdem er hiervor Kenntnis erlangt hat (§ 675l S 1, 2 BGB, s Rn C/52). Was zumutbar ist, kann in den AGB näher konkretisiert werden (aber AGB-Kontrolle). Außerdem können weitere Pflichten in den Bedingungen für die Ausgabe und Nutzung der Karte vereinbart werden (vgl § 675v III Nr 2 lit b BGB, s Rn C/62). Die AGB enthalten dementsprechend ausführliche Regeln über die **Sorgfalts- und Mitwirkungspflichten des Karteninhabers,** zB unverzügliche Unterschrift, Aufbewahrung mit besonderer Sorgfalt, kein Vermerk der persönlichen Geheimzahl auf der Kreditkarte oder Aufbewahrung F/45

(7) BankGesch F/46–F/50   2. Teil. Handelsrechtl. Nebengesetze

beider zusammen, BGH **145**, 340 (ec-Karte), unverzügliche Verlustmeldung zwecks Sperrung der Kreditkarte; das alles ist bei Inhaltskontrolle nicht zu beanstanden. Bei schuldhafter Zuwiderhandlung Schadensersatz wegen Pflichtverletzung (§ 280 BGB), aber nur in den Grenzen und unter den Voraussetzungen von § 675v II BGB. Der Karteninhaber braucht nicht zu sehen, dass Belastungsbeleg vor seinen Augen mit Kreditkarte abgestempelt wird. Überprüfung der Abrechnung durch Karteninhaber erst, aber alsbald nach Rückkehr von (auch längerer) Reise genügt, BGH **91**, 221. Zum Erfordernis unverzüglicher Benachrichtigung des Kartenunternehmens bei Verlust oder Diebstahl Bambg NJW **93**, 2819, Ffm NJW-RR **04**, 206. Instanzgerichtliche Rspr und Lit bei BankrechtsHdb/Maihold 5. Aufl 2017 § 54 Rn 73 ff.

F/46 **g) Mängel der Kreditkartenanweisung, Haftung des Zahlungsdienstleisters und des Zahlers:** Das Kreditkartenunternehmen kann Aufwendungsersatz nur verlangen, wenn der Zahlungsvorgang autorisiert war. **Mangels Autorisierung kein Aufwendungsersatz** und, sofern der Betrag dem Konto des Karteninhabers bereits belastet worden ist, **Wiedergutschrift** ex tunc, wertstellungsneutral (§ 675u BGB, s Rn C/54). Dieser gesetzliche Erstattungsanspruch nach **§ 675u BGB verdrängt** die bisherigen Ansprüche aus **§ 812 BGB** und, soweit gegeben, aus § 667 BGB und auf Kontokorrentberichtigung (s Rn C/54).

F/47 **Nicht autorisierte Zahlungsvorgänge** sind diejenigen, bei denen es an der Zustimmung des Karteninhabers fehlt. Bspe s Rn C/57 für Mängel der Überweisungsanweisung, so **fehlende Weisung** des Kreditkarteninhabers, BGH **145**, 340 (ec-Karte); ein ausnahmsweise wirksamer Widerruf der Weisung (grundsätzlich unwiderruflich, s Rn F/38); gefälschte oder sonst nichtige Weisung (zB Vertretung ohne Vertretungsmacht, vgl Rn C/57). **Nicht:** bei **weisungswidriger Verwendung,** aA LG Karls NJW-RR **01**, 770, dann nur § 675y BGB; keinesfalls bei bloßen Leistungsstörungen bei der Leistung, für die der Kreditkarteninhaber mit der Karte bezahlt. Das **Fälschungsrisiko** trägt die Bank (s Rn C/58).

F/48 § 675u BGB schließt **Einwendungen aus § 242 BGB und Einwand des Mitverschuldens (§ 254 BGB)** nicht aus, str (näher Rn C/59 für die Überweisung). **Sorgfalts- und Mitwirkungspflichten des Kreditkarteninhabers,** s §§ 675l, 675v III Nr 2 lit b BGB und diesbezügliche AGB (s Rn F/45), sehr str, ob **§ 675v BGB** darüber hinaus sperrt (s Rn C/60 ff), vgl BankrechtsHdb/Martinek/Omlor § 67 Rn 42, 42a.

F/49 Der **Nachweis der Authentifizierung** liegt beim Kreditkartenunternehmen (§ 675w BGB, s Rn C/68), zB Beleg, Benutzung von PIN, aber auch anders, LG Karlsr NJW-RR **01**, 770, aA KG WM **93**, 2044, etwa (Zeugenaussage über) telefonische Warenbestellung unter Angabe der Kartennummer. Auch im Übrigen liegt die **Beweislast** für den Aufwendungsersatzanspruch beim Kreditkartenunternehmen. **Anscheinsbeweis,** BGH WM **11**, 924, vgl einschränkend BGH WM **12**, 164 (Kreditkarte am Geldautomaten) m Anm Schulte am Hülse/Welchering NJW **12**, 1262, bleibt weiterhin möglich, hL (s Rn C/69 mwN), Nobbe WM **11**, 968, Günther WM **13**, 496, BankrechtsHdb/Martinek/Omlor § 67 Rn 46, wohl auch RegE S 114, aA Spindler FS Nobbe **09**, 232; so uU wenn die Waren an den Kunden gesandt und von diesem angenommen wurden und das Vertragsunternehmen generell nur gegen Vorkasse liefert; eher einschränkend BankrechtsHdb/Maihold § 54 Rn 47 ff, 108 ff. Allerdings laut Zahlungsdiensterichtlinie I Erwägungsgrund 34: Erhöhung der Beweislast für den Verbraucher oder Verringerung derselben für die kartenausgebende Stelle nichtig. Letztentscheidung liegt bei EuGH (s Rn C/4), Grundmann WM **09**, 1163. Erschütterung des Anscheinsbeweises, Nobbe WM Sonderbeil 2/**12**, 5.

F/50 **Missbrauchsrisikoabwälzung** auf den Karteninhaber ist unwirksam, §§ 675u und 675y BGB sind hinsichtlich der dort geregelten Ansprüche eines

V. Bankgeschäfte   F/51–F/54   BankGesch (7)

Zahlungsdienstnutzer abschließend (§ 675z BGB, näher Rn C/77). Auch keine Haftung des Zahlers bei missbräuchlicher Nutzung der Karte über § 675v BGB (s Rn C/60) hinaus. Im Übrigen kann nach § 675e I BGB von §§ 675c–676c BGB nicht zum Nachteil des Zahlungsdienstnutzers abgewichen werden. § 675v BGB im kreditkartengestützen Mailorderverfahren, Oechsler WM **10**, 1381. Lit: Nobbe WM Sonderbeil 2/**12**, 8.

h) Zusatzkreditkarte: Bei Zusatzkreditkarte (Familien-, Firmenkarte) ist die F/51 gesamtschuldnerische Mithaftung des Hauptkreditkarteninhabers für durch Einsatz der Zusatzkreditkarte begründete Verbindlichkeiten nicht unangemessen, auch bei missbräuchlicher Verwendung (der Firmenkarte für Privatzwecke) durch den Zusatzkreditkarteninhaber (kein Dritter iSv § 676h aF BGB), Oldbg NJW **04**, 2907, Kblz NJW **04**, 3563, Gestaltungen: Außenvollmacht oder Schuldbeitritt des Hauptkreditkarteninhabers, kaum § 328 BGB, str. Haftung des Zusatzkreditkarteninhabers für Einsatz der Zusatzkreditkarte durch ihn selbst oder ggf den Hauptkreditkarteninhaber ist unproblematisch, Kln WM **93**, 369, str vor allem für Firmenkarte, dagegen ist seine Mithaftung für Einsatz der Hauptkreditkarte mit dem typischen Zweck der Zusatzkreditkarte unvereinbar und unwirksam, Ul/Br/He/Fuchs (29) Kreditkarten-AGB Rn 12, str für Familienkarte, differenzierend Zwade/Mühl WM 06, 1231: wirksam, wenn Haupt- und Zusatzkarteninhaber gleichberechtigte Personen sind, zB Geschäftsführer oder Gfter, nicht Arbeitnehmer. Aber Sperrung der Zusatzkarte muss möglich sein, Klausel über Haftung bis zur Rückgabe der Zusatzkarte verstößt nicht gegen **(5)** BGB §§ 305c I, 307, Oldbg NJW **04**, 2907, Kblz NJW **04**, 3563, aA Langenbucher NJW **04**, 3523. Lit: Langenbucher NJW **04**, 3522.

C. Das Rechtsverhältnis zwischen dem Kreditkartenunternehmen und dem Vertragsunternehmen (Inkasso- oder Ausführungsverhältnis):

a) Akquisitionsvertrag als Rahmenvertrag: In diesem Rechtsverhältnis F/52 (**Ausführungs-** bzw **Vollzugsverhältnis**) besteht ein Rahmenvertrag (ähnlich dem Bankvertrag, s Rn A/6) auf Bezahlung der einzelnen Forderungen erfüllungshalber für den Karteninhaber, Meder ZBB **00**, 90. Dieser Vertrag ist ein **Rahmenvertrag mit Dauerschuldcharakter,** BankrechtsHdb/Martinek/Omlor § 67 Rn 58, MüKoBGB/Casper § 675f Rn 95. Der Rahmenvertrag ist ein echter Vertrag zugunsten des Kreditkarteninhabers (**§ 328 I BGB,** s Rn F/65). Lit: Nobbe WM Sonderbeil 2/**12**, 10.

b) Zahlungsanspruch des Vertragsunternehmens: Die vertragliche Zah- F/53 lungszusage ist idR (ähnlich bei Überweisung und Akkreditiv, s Rn C/92, K/11) ein durch die **Unterzeichnung und Übergabe** (nicht erst Vorlage an das Kreditkartenunternehmen) eines ordnungsgemäßen **Belastungsbelegs** aufschiebend bedingtes, **abstraktes Schuldversprechen** (§§ 780, 781, 158 I BGB), BGH **150**, 286, **157**, 246, NJW **02**, 286 (XI ZS), WM **04**, 1031, 1130, **05**, 1602, **14**, 2259 Rn 14, nach aA Forderungskauf (§ 453 I BGB), BGH WM **90**, 1059 (VIII ZS, dann auch Haftung für den Bestand der Forderung (Verität nach § 437 aF BGB), was aber der Bargeldersatzfunktion widerstreitet), nach aA Krediteröffnungsvertrag mit einzelnen Darlehensverträgen, Canaris 1640; nach aA Garantie (vgl Rn F/17, F/23), Bitter ZBB **96**, 118, WM **11**, 1775, Kümpel/Wittig/Werner Rn 7.907. Einschränkungen der Zahlungszusage (zB Forderungslimit, Genehmigungsvorbehalt bei Überschreitung bestimmter Beträge) ist rechtlich möglich, BGH WM **04**, 1031. Rückfrageklauseln s Rn F/58.

Der abstrakte Zahlungsanspruch des Vertragsunternehmens schützt dieses ge- F/54 gen unbeschränkte Einwendungen des Kreditkartenunternehmens ua aus dem Verhältnis mit dem Karteninhaber (**Einwendungsausschluss** ähnlich wie beim Akkreditiv, s Rn K/16 ff), also keine Berufung auf Schlechtleistung des Vertragsunternehmens. So auch die Kartenbedingungen (s Rn F/34). Ausnahmsweise

(7) BankGesch F/55–F/57 2. Teil. Handelsrechtl. Nebengesetze

kann aber **Rechtsmissbrauch** vorliegen, zB bei Betrug, und eingewandt werden (wie bei Akkreditiv und Garantie, s Rn K/20, L/13), BGH **150,** 209, **152,** 75, so zB §§ 138, 142 I iVm § 123 BGB, auch **offensichtliche und liquide beweisbare Unbegründetheit** (§ 242 BGB, s Rn K/20, L/13), zB wenn der Vertrag des Vertragsunternehmens mit dem Kreditkartenkunden nach §§ 134, 138 BGB nichtig ist, BGH NJW **02,** 2236, 3699, NJW-RR **05,** 781. Solche Fälle können die Kartenbedingungen nicht wirksam ausschließen, BankrechtsHdb/Martinek/Omlor § 67 Rn 35, 37. Liegen die Voraussetzungen für den Missbrauchseinwand vor, also offensichtlich und liquide beweisbar, handelt das Kreditkartenunternehmen auf eigenes Risiko, wenn es auszahlt (s Rn F/41), hat aber einen Bereicherungsanspruch gegen das Vertragsunternehmen (s Rn F/64).

F/55 Im **Mailorderverfahren,** bei dem das Vertragsunternehmen dem Kreditkartenunternehmen lediglich die relevanten Informationen aus der Kreditkarte angibt (s Rn F/32), muss das Vertragsunternehmen bei Inanspruchnahme des Kreditkartenunternehmens die beleglose Erteilung der Weisung durch den Karteninhaber nachweisen (Anspruchsbegründung nach § 780 BGB; vgl auch F/37, F/39). An die Stelle des Belastungsbelegs tritt die Belegausfertigung, BGH **150,** 295, WM **04,** 1131. § 675v BGB im Mailorderverfahren s Rn F/50. Lit: Nobbe WM Sonderbeil 2/**12,** 11.

F/56 Die Klausel über **Rückforderungsrecht (Rückbelastungsklausel),** falls der Karteninhaber Zahlung verweigert, weil er die Karte nicht selbst verwendet habe (auflösende Bedingung, § 158 II BGB), ist nach der Rspr nicht wirksam, sie verstößt gegen **(5)** § 307 BGB, BGH **150,** 296, **157,** 263, NJW **02,** 286, WM **05,** 1602, sehr str, Grund: unvereinbar mit § 675u BGB und der Bargeldfunktion der Kreditkartenzahlung, MüKoBGB/Casper § 675f Rn 99; so die Rspr und üL auch für das Mailorderverfahren, zweifelnd MüKo/Casper § 675f Rn 100. Das verfahrensimmanente Missbrauchsrisiko kann das Kreditkartenunternehmen besser beherrschen, kalkulieren und auffangen; erst recht liegt das Bonitätsrisiko (Zahlungsunfähigkeit des Karteninhabers) allein beim Kreditkartenunternehmen. Zur Zulässigkeit von davon zu unterscheidenden Rückfrageklauseln s Rn F/58. Zur Reaktion der Kreditkartenunternehmen mit Angeboten mit und ohne Zahlungsgarantie, Körber WM **04,** 659, Bitter WM **11,** 1777, deshalb für Bonitätsrisiko beim Vertragsunternehmen BankrechtsHdb/Martinek/Omlor § 67 Rn 40, aber Schutz durch § 172 BGB. Klausel über Erstattung von Zahlungen, die das Kreditkartenunternehmen trotz Unvollständigkeit des Leistungsbelegs geleistet hat, ist nach **(5)** BGB § 307 III 1 kontrollfrei, BGH WM **04,** 1031.

F/57 **c) Rechte und Pflichten der Parteien:** Die am Kreditkartenverfahren Beteiligten haben nach den Akquisitionsvertragsbedingungen zahlreiche Rechte und Pflichten. Diese können nach allgemeinen Regeln, insbesondere AGB-Kontrolle nach **(5)** BGB §§ 305 ff BGB, vereinbart werden. Die Zahlungsdiensterichtlinie I und §§ 675c ff BGB regeln das Inkassoverhältnis grundsätzlich nicht. Eine Ausnahme gilt nach **§ 675f VI BGB,** danach darf das Recht des Vertragsunternehmens, dem Zahler eine **Ermäßigung für Kreditkartenzahlung** anzubieten, nicht ausgeschlossen werden (§ 134 BGB, wenig praktisch), zu § 675f VI (V aF) BGB BGH WM **10,** 1567, für analoge Anwendung von § 675f VI BGB auch im Mail-Order-Verfahren Casper/Pfeifle WM **09,** 2345. Zu **Preisaufschlag bei Kartenbenutzung (surcharging)** Rn C/3, C/27, C/106. Erlaubt bleibt eine Klausel, die Barzahlung ganz ausschließt, dann liegt in der Kartenzahlung keine Sonderleistung, für die Gebühren verlangt werden können, näher BGH WM **10,** 1564 (Luftverkehrunternehmen). § 675f VI soll auch im Mailorderverfahren gelten (Redaktionsversehen oder analog), noch zu V aF MüKoBGB/Casper § 675f Rn 59, Casper/Pfeifle WM **09,** 2344, aA Oechsle WM **10,** 1385, vgl Bitter WM **10,** 1776, 1780. Die Vereinbarung in den diesbezüglichen Klauseln sind Abreden zugunsten der am Akquisitionsvertrag

V. Bankgeschäfte F/58–F/63 **BankGesch (7)**

nicht beteiligten Karteninhaber, MüKoBGB/Casper § 675g Rn 108, üL. Entgeltabreden zwischen Zahlungsdienstleistern fallen nicht unter § 675f V, da diese keine Zahlungsempfänger sind, Omlor NJW **14**, 1705, ebensowenig das Entgelt des Kartenunternehmens, idR prozentual als Disagio von der dem Vertragsunternehmen abgekauften Forderung, Staub/Grundmann 3/179.

Sorgfalts- und Kontrollpflichten, Schadensersatz (§§ 280, 254 I BGB) wie im Giroverkehr (s Rn C/42), BGH **157**, 266. Das Vertragsunternehmen hat idR vertragliche Sorgfaltspflichten (Prüfung, Meldung ua) übernommen, deren Verletzung den Erstattungsanspruch auf Grund Vertragsklausel entfallen lassen kann oder jedenfalls schadensersatzpflichtig macht, § 280 I BGB i V m, BGH **157**, 256; offen, ob Pflichtverstoß schon bei Aufteilung eines hohen Rechnungsbetrags auf mehrere Kreditkarten vorliegt, BGH **157**, 268. Bei hinreichendem Verdacht muss das Vertragsunternehmen von Mailorderverfahren absehen, BGH **157**, 268. Auch das Kreditkartenunternehmen hat Prüfungspflichten (Laufzeit und Bonität der Kreditkarte, besondere Verdachtsmomente, Übereinstimmung von Bestellern und Karteninhabern) im Mailorderverfahren, BGH **157**, 267, WM **04**, 1130, **05**, 1604. Zahlt das Kreditkartenunternehmen trotz ungenehmigter Limitüberschreitung auf eingereichten Belastungsbeleg, kann es dem Vertragsunternehmen vor Rückforderung zu einem Einziehungsversuch verpflichtet sein, Kln WM **95**, 1914. Zulässig sind **Rückfrageklauseln** über Einholung der Zustimmung des Kartenunternehmens vor Akzeptanz der Kreditkarte (s Rn F/53), MüKoBGB/Casper § 675f Rn 102, bei Verstoß und irrtümlicher Auszahlung an das Vertragsunternehmen Bereicherungsanspruch des Kartenunternehmens gegen dieses, uU Schadensersatzanspruch, nicht aufschiebende Bedingung für §§ 780, 781 BGB (s Rn F/53), BankrechtsHdb/Martinek/Omlor § 67 Rn 35, 37. Klauseln über Einschränkungen der Zahlungszusage s Rn F/53. **AGB-Fragen** zum Akquisitionsvertrag, dazu Lit: Wo/Li/Pf/Pamp Kreditkartenvertrag K 114 ff.   F/58

d) Bereicherungsausgleich bei fehlerhafter Zahlung mit Kreditkarte: F/59
Für den Bereicherungsausgleich gilt der Grundsatz, dass die Rückabwicklung grundsätzlich innerhalb des jeweiligen Leistungsverhältnisses zu erfolgen hat (s Rn C/93). Für die bargeldlose Zahlung durch Kreditkarte gelten die Grundsätze für Zahlung durch Scheck entsprechend (s Rn E/5; vgl für Überweisung Rn C/93 ff, aber beachte Rn C/103; für Lastschrift Rn D/50 ff), Grund: einheitliche Rückabwicklung fehlgeschlagener bargeldloser Zahlungsvorgänge, gegen das abstrakte Schuldversprechen (s Rn F/53) sind Einwendungen und Einreden nur beschränkt zulässig. Lit: Nobbe FS Hadding **04**, 1007.

Mängel im Deckungsverhältnis zwischen dem Karteninhaber und dem Kreditkartenunternehmen sind in diesem Verhältnis geltend zu machen (s Rn C/94, F/35), nicht vom Kreditkartenunternehmen gegen das Vertragsunternehmen.   F/60

Mängel im Valutaverhältnis zwischen Karteninhaber und Vertragsunternehmen berühren nur dieses, dort findet auch der Bereicherungsausgleich statt (s Rn C/95, F/65).   F/61

Dasselbe gilt bei **Doppelmangel** in beiden Verhältnissen (s Rn C/96).   F/62

Nur bei **Mängeln der Weisung,** zB Fälschung oder Vertretung ohne Vertretungsmacht (s Rn F/47), hat das Kreditkartenunternehmen einen Bereicherungsanspruch unmittelbar gegen das Vertragsunternehmen (**Direktkondiktion,** § 812 BGB, s Rn C/97 ff). Das gilt auch für Geschäftsunfähigkeit des Karteninhabers (wie bei Scheck, s Rn E/5, Überweisung s Rn C/98), anders in Auslegung des abstrakten Schuldversprechens (Unterzeichnung als solche, s Rn F/53) für Anspruch des Kreditkartenunternehmens gegen den geschäftsunfähigen Karteninhaber aus Geschäftsbesorgung (§§ 683 Satz 1, 677, 670 BGB), Nobbe FS Hadding **04**, 1020, 1026.   F/63

(7) BankGesch F/64–F/67

F/64 Bei **Mängeln im Ausführungs-** bzw **Vollzugsverhältnis** selbst, zB unwirksames abstraktes Schuldversprechen, so idR auch bei unwirksamem Rahmenvertrag, hat das Kreditkartenunternehmen einen Bereicherungsanspruch gegen das Vertragsunternehmen. So auch wenn das Kreditkartenunternehmen den Einwand aus § 242 BGB hatte und trotzdem ausgezahlt hat (s Rn F/54, aber auch Rn F/41). Das Risiko des Missbrauchs der (nicht gefälschten) Kreditkarte trägt aber das Kreditkartenunternehmen, wenn das Vertragsunternehmen kein Verschulden trifft (s Rn F/50), gegenteilige AGB ist unwirksam (s Rn F/56); in diesem Fall kann sich das Kreditkartenunternehmen nur an den Dritten, der die Kreditkarte missbraucht hat, halten (§§ 812 I 1 Alt 2, 823 II BGB iVm § 263 StGB).

F/65 **D. Das Rechtsverhältnis zwischen dem Kreditkarteninhaber und dem Vertragsunternehmen (Valutaverhältnis):**

a) Abrede über Zahlung mit Kreditkarte: Dieses Rechtsverhältnis **(Valutaverhältnis)** besteht zwischen den Transaktionsparteien, das Kreditkartenunternehmen bzw die Bank sind daran nicht beteiligt. Der Karteninhaber hat keinen Anspruch auf Vertragsschluss überhaupt, str; wenn abgeschlossen wird, hat er aber grundsätzlich Anspruch auf bargeldlose Zahlung, (**§ 328 I BGB;** Rahmenvertrag, s Rn F/52), hL, also Stundung; Anspruch auch zugunsten eines Dritten, der für einen Karteninhaber bezahlt, Staub/Grundmann 3/117. Streitig ist aber, ob das ein Preisaufschlagsverbot beinhaltet, dagegen spricht § 675f V BGB, auch Staub/Grundmann 3/117, 178, bejahend Schinkels WM **06**, 842 (pactum de non petendo), für Ausnahme aus sachlich zwingend gebotenen Gründen BankrechtsHdb/Martinek/Omlor § 67 Rn 70, str. Aber nunmehr **surcharging-Verbot** nach § 270a Satz 2 BGB im Verhältnis zwischen dem Gläubiger und dem Schuldner einer Geldschuld, aber nur bei dem üblichen Vier-Parteien-Kartenzahlungsverfahren, nicht für Dreiparteien-Kartenzahlungsverfahren (näher RegE S 145 ff), womit Verbraucher von unerwarteter Preiserhöhungen für Waren oder Dienstleistungen geschützt werden sollen. Der Anspruch auf bargeldlose Zahlung besteht auch, wenn der Kauf schon zustandegekommen ist, dann Anspruch auf entsprechende Vertragsänderung (§§ 328 I, 311 I BGB), str, vgl Schinkels WM **06**, 843. Bei unberechtigter Weigerung Schadensersatzanspruch gegen Vertragsunternehmen und Kreditkartenunternehmen (§§ 280 iVm 278 BGB).

F/66 **b) Erfüllung:** Zahlung mit Kreditkarte ist Zahlung **erfüllungshalber** (§ 364 II BGB), allgM. Das Vertragsunternehmen muss zunächst Zahlung beim Kreditkartenunternehmen einfordern und kann erst bei Mißlingen die gestundete Forderung gegen den Kreditkarteninhaber geltend machen. Bei Leistungsstörungen kann der Kreditkarteninhaber uneingeschränkt alle Einwendungen und Ansprüche gegen das Vertragsunternehmen geltend machen, auch durch einstweiligen Rechtsschutz gegen Inanspruchnahme des Kreditkartenunternehmens. Bei Unwirksamkeit des Vertrags hat der Kreditkarteninhaber Anspruch gegen das Vertragsunternehmen auf Mitwirkung bei der Stornierung der Belastungsbuchung durch das Kreditkartenunternehmen, BGH NJW **02**, 3700.

F/67 **c) Bereicherungsausgleich:** Der Bereicherungsausgleich nach §§ 812 ff BGB findet im Valutaverhältnis zwischen dem Kreditkarteninhaber und dem Vertragsunternehmen, nicht zwischen dem Kreditkartenunternehmen und dem Vertragsunternehmen statt, s Rn F/61. Ausgleich der Bereicherung des Vertragsunternehmens (Anspruch aus §§ 780, 781 BGB gegen das Kreditkartenunternehmen oder nach Bezahlung Wert des Anspruchs) erfolgt durch Erlassvertrag mit dem Kreditkartenunternehmen (§ 397 BGB, letzteres ist dem Karteninhaber zur Zustimmung verpflichtet) oder Wertersatz (§ 818 II BGB). Kein Wegfall der Bereicherung (§ 818 III BGB), falls Disagio nach Vereinbarung zwischen dem Kreditkartenunternehmen und dem Vertragsunternehmen bei ersterem verbleibt,

V. Bankgeschäfte

Grund: Bargeldfunktion der Kreditkarte (s Rn F/32). Lit: Nobbe FS Hadding 04, 1015.

4. Kap: Kreditgeschäft und Kreditsicherung

G. Kreditgeschäft (mit Finanzierungsdarlehen, ohne Verbraucherdarlehen)

Schrifttum

a) Kommentare und Handbücher: Außer dem allgemeinen Schrifttum (s Einl vor A/ 1) BankrechtsHdb/*Wunderlich/Bruchner/Krephold* ua 4. Aufl 2011 §§ 75–89. – Bankrechts-Komm*LBS/Steffek* 2. Aufl 2016 13. Kap (Darlehensvertrag § 488 BGB). – Bankrechts-Komm*LBS/Krepold* 2. Aufl 2016 14. Kap (Kündigung, §§ 489, 490 BGB). – BuB Rn 3/1 ff. – *Bunte*, AGB-Banken, AGB-Sparkassen, Sonderbedingungen, 4. Aufl 2015, 2 AGB-Banken, 3 AGB-Sparkassen. – *Canaris* 2. Aufl 1981, 3. Kap. – *Ebenroth/Thessinga* Bd 2, 3. Aufl 2015 BankR IV Rn 1 ff. – *Hopt/Mülbert* 1989. – *Josten*, 2. Aufl 2017. – *Kümpel/Wittig/Merz* 4. Aufl 2011 Rn 10.1 ff (mit Verbrauchern). – *Kümpel/Wittig/Rossbach* 4. Aufl 2011 Rn 11.1 ff (mit Unternehmen). – *Nobbe* 2. Aufl 2012. – *Schwintowski* 4. Aufl 2014 § 13. – *Staub/Renner* Bd 10/2, 2015 4. Teil Kreditgeschäft (zit 4/Anm). – Staudinger/*Freitag*, Staudinger/*Mülbert*, Darlehensrecht 2015. – **Verbraucherdarlehen:** s vor G/34.

b) Sonstige Beiträge: *Schaarschmidt* 8. Aufl 1991. – *Heermann*, Geld und Geldgeschäfte, 2003. – *Rösler/Wimmer/Lang* 2002 (vorzeitige Beendigung von Darlehensverträgen). – *Klein* 2004 (Projektfinanzierung). – *Felke* 2004 (Internet). – *Freitag* 2009 (Darlehensvertrag). – *Runge* 2010 (Covenants). – *Freitag*, Der Darlehensvertrag im System des Schuldrechts, 2013. – *Köndgen* WM **01**, 1637. – *Freitag* WM **01**, 2370. – *Grundmann* BKR **01**, 66. – *Wittig/Wittig* WM **02**, 145. – *Mülbert* WM **02**, 465. – *Habersack*, *Weber* Bankrechtstag **02**, 3, 67. – *von Wilmowsky* WM **08**, 1189, 1237 (Insolvenz des Darlehensnehmers). – *Früh* FS Hopt **10**, 1823 (Übergang von Kreditrisiken). – *Poelzig* WM **14**, 917 (Nachrangdarlehen). **Muster:** *Hopt/Wittig* 4. Aufl 2013 Form IV. G.1–6 (Kreditgeschäft mit Finanzierungsdarlehen und Verbraucherdarlehensverträgen). **RsprÜbersichten:** *Wolf* WM **81**, 110, *Diederichs/Rixecker* WM Sonderbeil 7/**85**, *Halstenberg* WM Sonderbeil 4/**88**, *Mülbert* JZ **92**, 289, 401, 448, ÖBA **93**, 105, 186, 282; *Köndgen* NJW **94**, 1508, **00**, 468; *Grüneberg* WM **17**, 1.

1) Erscheinungsformen. Das Kreditgeschäft der Banken ist die Gewährung von Gelddarlehen und Akzeptkrediten (Bankgeschäft nach § 1 I 2 Nr 2 KWG, Text s Rn A/4). Damit sind zwei sehr unterschiedliche Grundformen von Kredit unterschieden. Einen einheitlichen bürgerlichrechtlichen, alle Kreditarten umfassenden Rechtsbegriff des Kredits gibt es nicht, Staub/Renner 4/98, str; das Gesetz spricht von Darlehen (§§ 488 ff BGB), Sachdarlehen (§ 607 ff BGB), Kreditauftrag (§ 778 BGB bezüglich Darlehen oder Finanzierungshilfe) ua. **Gelddarlehen** ist **effektive Kreditgewährung (Zahlungskredit);** sie ist grundsätzlich in §§ 488 ff BGB geregelt. **Akzeptkredit** ist **Kreditleihe (Haftungskredit);** die Bank verpflichtet sich zur Einlösung des Wechsels am Fälligkeitstag, auf dieses Akzept der Bank erhält der Kreditnehmer bei seinem Lieferanten Ware oder Geld „auf Kredit", ohne dass die Bank selbst effektiv zahlen soll (Deckung des Wechsels durch den Kunden vor Verfall). Der Akzeptkredit unterliegt unterschiedlichen Regeln, nicht generell §§ 488 ff BGB. **Konsortialkredit,** parallel debt, Hoffmann WM **09**, 1452; Konsortialgeschäft s Rn Y/1. **Nicht** hierher gehört der **„Warenkredit"** von Lieferanten an Kunden; er ist kein Kredit im Rechtssinn, sondern Stundung der Kaufpreisforderung gegen Sicherung durch (verlängerten) Eigentumsvorbehalt; das führt zum Zusammenprall mit der Sicherung des Geldkreditgebers durch Globalzession (Rn H/2). Von Kreditgewährung ist **Kreditvermittlung** zu unterscheiden, sie ist kein Kreditgeschäft; s § 93 HGB Rn 5; Darlehensvermittlungsvertrag (mit Verbraucher) § 655a BGB idF WohnimmobKrRiG 2016. Zur wirtschaftlichen Sonderstellung des Kreditgeschäfts (Aufsichts-, Vertrags- und Formularrecht) Hopt ZHR 143 **(79)** 147, Staub/Renner 4/1 ff, 11 ff, 95 ff.

(7) BankGesch G/2, G/3 2. Teil. Handelsrechtl. Nebengesetze

G/2 **2) Krediteröffnungsvertrag (einschließlich sittenwidriger Darlehen). A. Zustandekommen und Inhalt des Vertrags:** a) Der Krediteröffnungsvertrag ist ein Grund- bzw **Rahmenvertrag,** durch den sich der Kreditgeber zur Kreditgewährung bis zu einer bestimmten Höhe (Kreditrahmen, Kreditlinie) nach Abruf (s Rn G/3) verpflichtet (nach aA Darlehensvorvertrag), BGH **83,** 81, Staub/Renner 4/103, Staudinger/Mülbert § 488 BGB Rn 410, 440. Krediteröffnungsvertrag und einzelne Kreditgeschäfte innerhalb seines Rahmens sind grundsätzlich rechtlich getrennt und folgen eigenen Regeln **(Trennungstheorie),** hL, Hopt ZHR 143 **(79)** 160, Staub/Renner 4/104 f, Staudinger/Mülbert § 488 BGB Rn 413. Der Krediteröffnungsvertrag richtet sich idR auf Gelddarlehen und unterliegt dann selbst den §§ 488 ff BGB; er kann sich aber auch auf Akzeptkredite ua richten und enthält dann bereits Elemente des jeweiligen Vertragstyps (§§ 488 ff, 675 I, 433 ff BGB, Garantievertrag ua). Der Krediteröffnungsvertrag kann auch stillschweigend zustande kommen, str, aber idR noch nicht durch bloße Zulassung einer vertragswidrigen Kontoüberziehung, diese gibt keinen Anspruch auf Kredit, BGH NJW **04,** 3780, **07,** 1359, ZIP **09,** 2010, str, krit BankrechtsHdb/Bitter § 33 Rn 83, oder Einlösung eines ungedeckten Schecks (Überziehungskredit, nur einfaches Gelddarlehen nach §§ 488 ff BGB, vgl auch für Verbraucher §§ 504, 505 BGB idF VerbrKrUmsetzG 2009, s Rn G/4), Hopt ZHR 143 **(79)** 157. Einen Anspruch auf Abschluss des Krediteröffnungsvertrags hat der Kunde auch nicht auf Grund Bankvertrag (s Rn A/6); auch nicht im Sanierungsfall seitens der Hausbank, Staub/Renner 4/110, str, Sanierungskredit s Rn G/32. doch kann die Bank nach §§ 280, 311 II BGB aus Verschulden bei Vertragsverhandlungen haften (s Rn G/28). **Muster:** Hopt/Wittig 4. Aufl 2013 Form IV. G. 1–6 (verschiedene Kredit- bzw Darlehensverträge mit Kreditlinien).

G/3 Der **Abruf der einzelnen Kreditbeträge** ist einseitiges **Gestaltungsrecht** des Kreditnehmers, BGH **83,** 81, NJW **04,** 1445. Die Bank muss dafür stets leistungsbereit sein, Staub/Renner 4/115, str. Zum Dispositionskredit BGH NJW **07,** 1359, WM **15,** 822 Rn 34. Der Kredit kann, falls besonders vereinbart (auch konkludent, str, offen BGH WM **84,** 1181), nach Rückzahlung erneut abgerufen werden (revolvierender Kredit, s Rn G/20). Ein Anspruch der Bank auf Ausnutzung der Kreditzusage besteht idR nicht, doch kann ein solcher Anspruch (nicht notwendig ausdrücklich) vereinbart werden, BGH WM **62,** 115, Ffm NJW **69,** 327, so ohne Weiteres bei Grundstücksbeleihung durch Hypothekenbank (Anlagezweck), BGH WM **91,** 760 (zum Schadensersatz). Die Bank berechnet auf jeden Fall eine Bereitstellungsprovision, BGH WM **78,** 422. Die **Nichtabnahme** des Darlehens trotz Abnahmepflicht (§§ 133, 157 BGB, BGH WM **62,** 114, Wand WM **05,** 1936) fällt grundsätzlich in den Risikobereich des Kreditnehmers, Ausnahme bei Abhängigkeit von Zusatzkredit eines anderen Kreditgebers, Schlesw WM **11,** 458. Kein Entschädigungsanspruch der Bank wegen Nichtinanspruchnahme eines Darlehens bei unverschuldeter Unmöglichkeit der Stellung einer bestimmten Sicherheit (s **(5)** § 307 BGB), Saarbr WM **81,** 1212. Schadensermittlung nach Wahl entweder nach hypothetischer Darlehensneuausreichung (Aktiv-Aktiv-Berechnung, Zinsmargen- und Zinsverschlechterungsschaden) oder hypothetische Wiederanlage in sicheren Kapitalmarkttiteln (Aktiv-Passiv-Vergleich), BGH **146,** 10 (Annuitätendarlehen), konkrete Berechnung oder Pauschalierung, dann aber **(5)** BGB § 309 Nr 5 BGB, Staub/Renner 4/201 ff. Die Bank muss den Kredit dem Kunden effektiv, iZw **in bar,** zur Verfügung stellen; Abdeckung eines Schuldsaldos, Pfandrecht und Aufrechnung sind damit nicht vereinbar, BGH **71,** 21, Staub/Renner 4/116 (vgl **(8)** AGB-Banken Nr 14 Rn 10 ff). **Auszahlung an Dritten** auf Weisung und im Interesse des Darlehensnehmers genügt **(„empfangen"),** BGH **167,** 264, ZIP **10,** 25, stRspr, Staub/Renner 4/178; auch auf debitorisches Konto, BGH ZIP **85,** 596. **Nicht** genügt Überweisung auf Konto pro Diverse (s Rn A/42), BGH NJW **87,**

V. Bankgeschäfte   G/4 **BankGesch (7)**

55, oder an Dritten, der **"verlängerter Arm"** des Kreditgebers ist, BGH **152**, 337, WM **85**, 223, 653, 994, NJW **86**, 2947, WM **97**, 1659, ZIP **06**, 846 (Notaranderkonto, s Rn C/107), gegenteilige AGB ist nach **(5)** § 307 BGB unwirksam, BGH NJW **98**, 3200 (Treuhänderkonto); andere (auch stillschweigende) Abrede ist möglich, BGH **113**, 158. Der Anspruch auf Kreditgewährung ist außer bei Zweckbindung **abtretbar** (aber s Rn G/5a). **Pfändbarkeit** ist str, § 357 HGB Rn 10. Rechte und Pflichten der Parteien (§ 488 I, II BGB), Leistungsstörungen, Staudinger/Freitag § 488 BGB Rn 152 ff, 234 ff. **Warnpflichten** der Bank s Rn A/25; **Aufklärungspflicht** des Kreditnehmers s § 347 HGB Rn 30. **Vermögenswahrungspflicht**, ua Pflicht, die Kreditwürdigkeit des Kunden nicht durch Werturteile oder Meinungsäußerungen, auch wahre, zu gefährden, BGH **166**, 85 (keine Drittschutzwirkung, s Rn A/32). **Beweislast** für erfolgte Darlehenshingabe liegt beim Kreditgeber, auch bei notariell beurkundeter Vollstreckungsunterwerfung, BGH **147**, 203 gegen BGH WM **81**, 1140, Grund: Beweislast folgt aus materiellem Recht, Beweislast für Erfüllung beim Darlehensschuldner, BGH WM **07**, 636.

b) Der **Kreditpreis (Sollzins,** vgl § 352 HGB) ist heute **frei.** Die ZinsVO   G/4 des BAKred 5.2.65 BGBl 33 (betr Kredit- und Einlagenzins) wurde durch VO 21.3.67 BGBl 352 wettbewerbspolitisch zu Recht ersatzlos aufgehoben. Die Marge zwischen Soll- und Habenzinsen ist Sache der Bank am Markt. Bereitstellungszinsen s BGH WM **83**, 447, **86**, 156, NJW **86**, 1807. Variabler Zinssatz, BGH WM **08**, 1493, ZIP **17**, 862. Die Rspr übt aber eine strenge **AGB-Kontrolle** über **kontrollfähige Preisnebenabreden im Gegensatz zu kontrollfreien Preisabreden** aus, dies **vor allem für Verbraucherdarlehen** (s Rn G/36). Diese hat sich zu einer umfassenden Sondermaterie des BGB entwickelt, die **hier nicht nachgewiesen** werden kann, vgl Lit aE dieser Rn G/4. Preisnebenabreden sind Regelungen, mit denen der Verwender allgemeine Betriebskosten oder Aufwand zur Erfüllung eigener Pflichten oder für Tätigkeiten, die im eigenen Interesse liegen, auf den Kunden abwälzt, stRspr, BGH WM **17**, 80 Rn 22, 84 Rn 19, 87 Rn 18, so auch bei verdeckten Preisnebenabreden, BGH WM **17**, 80 Rn 28, 84 Rn 25, so auch bei Bauspardarlehen, die ebenfalls Darlehen iSv § 480 BGB sind, BGH WM **17**, 87 Rn 36 f m krit Anm Servatius ZIP **17**, 745. Als Grundsatz gilt, dass Entgelte für vertraglich geschuldete Nebenleistungen von Banken idR unzulässig sind (vgl § 675f IV 2 BGB, s Rn C/50), BGH **141**, 385, **146**, 380, **180**, 257, WM **12**, 1383 Rn 38, Ffm WM **13**, 1351. Inhaltskontrolle von Bearbeitungsentgelt bei einem Online-Darlehensvertrag, zinsähnliches Teilentgelt nicht bei laufzeitunabhängiger Ausgestaltung, Bonitätsprüfung ausschließlich im Interesse der Bank, BGH WM **14**, 1325. Ergänzende Vertragsauslegung bei unwirksamer Zinsänderungsklausel in Sparvertrag, BGH ZIP **17**, 862. **Disagio** (vgl § 250 HGB Rn 8) galt früher als Abgeltung des einmaligen Kreditbeschaffungsaufwands, ist aber heute idR Vorauszahlung eines Teils der Zinsen, BGH **133**, 355, und der AGB-Inhaltskontrolle entzogen, wenn es integraler Bestandteil der laufzeitabhängigen (§ 488 I 2 BGB) Zinskalkulation ist, BGH **111**, 289, **201**, 168 Rn 23, 42, WM **17**, 87 Rn 18. Das Disagio ist erst bei effektiver Auszahlung an Kunden verdient, BGH NJW **85**, 1831, und bei vorzeitiger Darlehenskündigung idR anteilig zurückzuzahlen (angemessene **Vorfälligkeitsentschädigung),** Düss ZIP **07**, 1748, s Rn G/19 a. **Nichtabnahmeentschädigung** bei Abnahmepflicht s Rn G/3. Die Bank kann sich nach bisheriger Rspr wirksam durch AGB einseitige **Anpassung** (Erhöhung oder Senkung) der Kreditzinsen vorbehalten (§ 315 BGB), aber nur an kapitalmarktbedingte Änderungen der Refinanzierungskonditionen (DBBk), mit Normalzinssatz und unter Gleichbehandlung, BGH **97**, 212, krit Schwarz NJW **87**, 626, und nur bei gleichzeitiger Kündigungsmöglichkeit des Kunden, **(5)** § 307 BGB, BGH WM **89**, 740; mit

(7) BankGesch G/4   2. Teil. Handelsrechtl. Nebengesetze

Änderung musste gerechnet werden, vgl Schimansky WM **01**, 1172, **03**, 1450, BGH **158**, 149, so BGH WM **09**, 1077: Preisanpassungsklauselrecht gilt auch für Zinsanpassungsklauseln im Kreditgeschäft; Zinsänderung Neuregelung 2009 in **(8)** AGB-Banken Nr 12, dort Rn 1, 5. Anforderungen an Zinsanpassungsklauseln, Nobbe FS Lwowski **14**, 83. Zur Problematik beim Aktivgeschäft s Rn B/2. Laufzeitunabhängige **Bearbeitungsgebühren** sind weder kontrollfreie Preishauptabrede noch Entgelt für Sonderleistung, in Privatkreditverträgen ist selbst „Bearbeitungsentgelt einmalig 1%" unwirksam, BGH NJW **14**, 2420 (Grundsatzurteil), Ffm NJW **16**, 2343, ZIP **16**, 2057 auch gegenüber Unternehmer; auch für Darlehen an Unternehmer in BankAGB bei Kontokorrentkredit, BGH ZIP **17**, 1654, aA Casper/Möllers WM **15**, 1689, Herweg/Fürtjes ZIP **15**, 1261, auch Ffm ZIP **16**, 2211; Darlehens(auszahlungs)gebühr, BGH WM **17**, 87 (Bauspardarlehen); sofort fälliger Bereicherungsanspruch, BGH WM **14**, 1325, Verjährungsbeginn wegen zweifelhafter Rechtslage erst Ende 2011, BGH WM **14**, 2261; s auch § 312a III BGB idF 2014. **Überziehungskredite** und **Überziehungszinsen**, BGH WM **17**, 80, 84, s **(8)** AGB-Banken Nr 12 Rn 2, Transparenz bei Verbrauchern nach §§ 504, 505 BGB idF VerbrKrUmsetzG 2009: eingeräumte Überziehungsmöglichkeit und geduldete Überziehung. Indexierungsverbot nach PaPkG mit PreisklauselVO (PrKV, Überbl 4 vor § 373 HGB) gilt nicht für sämtliche Finanzdienstleistungen, Schmidt-Räntsch NJW **98**, 3168. Schadensregelung bei Verzug s **(5)** § 309 Nr 5 BGB. AGBKlausel über generelle Verzinsung des Bankkreditrestsaldos mit Vertragszinssatz nach vorzeitiger Fälligstellung wegen Verzug ist unwirksam, aber die Bank kann entweder den Vertragszins (nur) auf das Darlehenskapital und bis zur vertraglichen Fälligkeit oder zum nächsten Kündigungstermin verlangen (analog § 628 II BGB), BGH **104**, 337, oder den marktüblichen Bruttosollzins entsprechend dem gesamten Aktivkreditgeschäft der Bank (abstrakte Schadensberechnung), BGH **62**, 103, **104**, 337, str; nach aA Schaden nur in Höhe der Refinanzierungskosten. Verzugszinssatz 5 bzw 8 Prozentpunkte über Basiszinssatz (§§ 288 I, II, 247 BGB). **Zinsanpassungsklauseln nach Bonität** auch bei Festzinskrediten **(Basel II,** BankenRiUmsetzG 17.11.06) können wirksam ausgestaltet werden, Mülbert WM **04**, 1205 (ratingbasiertes Margengitter), Langenbucher Bankrechtstag **04**, 63, Wand WM **05**, 1932, 1969, von Linden WM **08**, 195, Ellenberger FS Hopt **10**, 1753. Entgeltklauseln im **Bausparbedingungen,** BGH WM **11**, 263. **Kontoführungsgebühr bei Darlehenskonten** ist im Bankverkehr mit Verbrauchern unwirksam, da Tätigkeit der Bank im eigenen Interesse (Entgegennahme von Zins- und Tilgungszahlungen, Zahlungsüberwachung, BGH WM **11**, 1329; **Bonitätsprüfung und Bewertung der** angebotenen **Sicherheit** liegen im eigenen Interesse der Bank, s Rn A/25. **Entgeltklauseln im Zahlungsverkehr** s Rn C/50, 51. Bedenken aus **Europarecht,** Piekenbrock/Ludwig WM **12**, 2349. **Negativzinsen** s Binder/Ettensberger WM **15**, 2069, Hingst/Neumann BKR **16**, 95, Söbbing/von Bodungen ZBB **16**, 39, s auch Rn B/1.

Lit: zum Kreditzinsrecht und Entgeltklauseln Bunte 2 AGB-Banken Nr 12 Rn 248 (Urteile unter § 315 BGB), Staub/Renner 4/188 ff, Staudinger/Freitag § 488 BGB Rn 181 ff, Ul/Br/He/Fuchs (16) Darlehensverträge Rn 1 ff, Wimmer/Rösler WM **11**, 1788, Billing WM **13**, 1777, 1829, Haertlein WM **14**, 189 (Bausparverträge), Becher/Krepold, Casper/Möllers, Strube/Fandel BKR **14**, 45, 69, 133 (Bearbeitungsentgelte), Nobbe FS Lwowski **14**, 83 (Zinsanpassungsklauseln), Reifner AcP 214 **(14)** 696 (Zinsberechnung im Recht, Verbraucherperspektive), Casper/Möllers WM **15**, 1689, Piekenbrock ZBB **15**, 13, Renner/Leidinger BKR **15**, 499 (AGB-Kontrolle Standardunternehmenskredite wie LMA), Koch WM **16**, 717, Weiß/Reps WM **16**, 1865 (AGB), Servatius ZIP **17**, 745 (Teil- und ZusatzgelteAGB).

V. Bankgeschäfte G/5–G/6 BankGesch (7)

c) Preisangaben sind vorgeschrieben durch die PAngV idF 18.10.02 BGBl G/5
4147 (auch EG-Ri 16.2.98 ABlEG L 80/27) mit wesentlichen Änderungen durch
das WohnimmobKrRiG 2016, dazu Völker NJW **00**, 2787, Wimmer WM **01**,
447. Bei gewerbs-, geschäfts- oder regelmäßigem Angebot von Waren oder
Leistungen an Letztverbraucher (gleichgestellt öffentliche Werbung) unter Angabe von Preisen sind Endpreise einschließlich MWSt anzugeben (Gesamtpreise,
§ 1 I PAngV), unter Beachtung von Preisklarheit, Preiswahrheit und deutlicher
Lesbarkeit (§ 1 VI PAngV). Bei Leistungen ist ein Preisverzeichnis auszuhängen
(§ 5 PAngV, EU-wirksam, BGH WM **13**, 1371). Bei Verbraucherdarlehen (§ 491
BGB, auch Immobiliar-Verbraucherdarlehensverträge) sind die Gesamtkosten
(Oberbegriff für die Zinsen und die sonstigen Kosten im Zusammenhang mit
dem Kreditvertrag) anzugeben und als „effektiver Jahreszins" zu bezeichnen (§ 6
PAngV nF 2016); zu Stundungsangebot gegen prozentuale Bearbeitungsgebühr,
BGH **108**, 39. Die Gesamtkosten umfassen alle finanziellen Verpflichtungen des
Kreditnehmers, die dieser bei regulärem Vertragsverlauf über die Rückzahlung
des Kredits hinaus zu tragen hat. Die sonstigen Kosten müssen dem Kreditgeber
bekannt sein. Internetangebote, BGH WM **07**, 2347. Zur Berechnung des
effektiven Jahrszinses mathematische Formel nach § 6 II PAngV mit Anlage idF
WohnimmobKrRiUmsetzG 2016), näher Wimmer WM **01**, 448. Pflichtangaben
bei Werbung für Verbraucherdarlehen und bei Überziehungsmöglichkeiten iSv
§ 504 II BGB (§§ 6a, 6b PAngV idF WohnimmobKrRiUmsetzG). §§ 6a, 6b
gelten auch für entgeltliche Finanzierungshilfen (§ 6c PAngV). Verstoß ist Ordnungswidrigkeit, führt aber nicht zur Nichtigkeit (str, s Rn G/6). Kreditvermittler s § 93 HGB Rn 5. Beratungspflicht bei Inanspruchnahme der Überziehungsmöglichkeit (§ 504a BGB idF WohnimmobKrRiUmsetzG 2016). **Informationspflicht** der Kreditinstitute nach § 675a BGB über Entgelte und Auslagen der
Geschäftsbesorgung (s Rn A/16; **(8)** AGB-Banken Nr 12). Zur PAngV Lit:
Völker 2. Aufl 2002, Wimmer/Stöckl-Pukall 1998 Nachtrag 2000; Zirpel DB
85, 1008, Völker NJW **97**, 3405, **00**, 2787, Wimmer WM **01**, 447 (Berechnungsbeispiele), Köhler WM **12**, 149 (Immobilienkredite).

d) Abtretung der Darlehensforderung durch die Bank ist nicht durch das G/5a
Bankgeheimnis ausgeschlossen (s Rn A/9 mwN, früher str), auch kein Kündigungsrecht ist Forderungsabtretung. Verkauf und Abtretung von Darlehensforderungen sind für Verbriefung, Konsortialfinanzierung, interbankmäßige Refinanzierung und Sanierung unverzichtbar. Aber Schutz durch **(5)** BGB § 309 Nr 10
(Klauselverbot ohne Wertungsmöglichkeit, Wechsel des Vertragspartners), §§ 492
Ia 3, 492a, 496 II (Informationspflichten), 498 III (Schonfrist bei Kündigung),
1192 Ia, 1193 II 2 BGB (Sicherungsgrundschulden) BGB, §§ 769 I 2, 799a ZPO,
§ 354a II HGB idF RisikobegrenzungsG 12.8.08 BGBl 1666. Dagegen verstößt
die formularmäßige Vollstreckungsunterwerfung nicht gegen **(5)** BGB § 307 ff,
auch wenn die Bank die Darlehensforderung nebst Sicherungsgrundschuld frei an
beliebige Dritte abtreten kann, sofern der Zessionär der Grundschuld in den
Sicherungsvertrag eintritt und diese Prüfung dem Klauselerteilungsverfahren vorbehalten ist, BGH NJW **08**, 3210m Anm M. Zimmer 3185, **10**, 2041m Anm
Hinrichs/Jaeger 2017u Herrler BB **10**, 1931, Bork ZIP **08**, 2049, **09**, 1261,
Freitag, Binder/Piekenbrock WM **08**, 1813, 1816, Habersack NJW **08**, 3173,
Wellenhofer FS Hopt **10**, 2679, aA Schimansky WM **08**, 1049, LG Hbg NJW
08, 2784, Grund: Schutz durch BGB, ZPO, RisikobegrenzungsG. Lit: Bork
2011; Dörrie ZBB **08**, 292, Langenbucher NJW **08**, 3169 (RisikobegrenzungsG),
Höche FS Nobbe **09**, 317, Stürner ZHR 173 **(09)** 363, Herrler NJW **11**, 2762,
Bergjan ZIP **12**, 1997 (Übertragung von Kreditportfolien).

B. **Nichtige, widerrufene und sittenwidrige Darlehen: a)** Der Vertrag ist G/6
nach allgemeinen Regeln **nichtig**, §§ 104 ff, 117, BGH WM **99**, 1501 (iErg abl),
§§ 125, 134; 138, BGH ZIP **90**, 915 (Bordell); §§ 142 I, 179 BGB ua. Darlehen

(7) BankGesch G/7–G/9a

als Scheingeschäft iSv § 117 BGB s BGH WM **80**, 380 (Schenkungsteuerersparnis, iErg nein), **93**, 1504 (Mitunterzeichnung), s auch Rn N/2. Enthält ein Vertragswerk einen Darlehensvertrag und eine Grundstücksveräußerungs- oder -erwerbsklausel, setzt § 311b I BGB einen rechtlichen, nicht nur wirtschaftlichen Zusammenhang beider voraus, BGH WM **79**, 868, DNotZ **85**, 279, NJW **86**, 1984. Die Verbindung von Kredit und Besorgung von Rechtsangelegenheiten (Unfallhelferringe ua) kann wegen Verstoß gegen **RBerG** nach § 134 BGB nichtig sein, BGH **61**, 317, NJW **77**, 38, 431, WM **78**, 1062, NJW **98**, 1955; aA Canaris ZIP **80**, 709; Verstoß gegen RBerG bei kreditfinanzierten Immobiliengeschäften s **(7)** Bankgeschäfte Rn G/9, Anh § 177a Rn 78 a. Steuerhinterziehung nur, wenn sie Hauptzweck des Vertrags ist, Hamm WM **84**, 1149. Verstoß gegen Verbot, Geschäftsanteile zu kreditieren (§ 22 IV 2 GenG), BGH NJW **83**, 1420. Verstoß gegen EU-Beihilferecht, vgl EuGH WM **12**, 926m Anm Soltész 923, str, zur Rückabwicklung BGH WM **06**, 468, 2274. Auswirkungen missbräuchlicher AGB-Klauseln in Verbraucherkreditverträgen, EuGH WM **12**, 2046m Anm Graf von Westphalen NJW **12**, 1770. Das sittenwidrige Geschäft kann nicht einfach durch Änderung der Preisabrede geheilt, sondern muss neu vorgenommen werden (§ 141 BGB), BGH WM **12**, 2015.

G/7 **Annuitätendarlehen:** Nachträgliche Tilgungsverrechnung (Annuitätendarlehen, § 20 II HypBG) ist mangels Effektivzinsangabe und Tilgungsplanüberreichung unwirksam, BGH **106**, 42, Transparenzgebot **(5)** § 307 I 2 BGB, Köndgen NJW **89**, 943, Reifner NJW **89**, 952, Hunecke WM **89**, 553. Anforderungen an die Zinsberechnungsklausel je nach Durchschnittskunden ohne Überforderung des Verwenders, BGH **112**, 115, WM **92**, 395, **95**, 1262. Rückabwicklung s Rn G/11, Disagio Rn G/4. Berechnung der Nichtabnahmeentschädigung wie bei vorzeitiger Ablösung (s Rn G/16), BGH **146**, 5. Verjährung auch des Tilgungsanteils der Zins- und Tilgungsraten nach § 197 aF BGB, BGH **148**, 90.

G/8 **Ehegattenmitverpflichtung** für Kredite s Rn G/10, G/10a–c. Bank- oder Teilzahlungskreditaufnahme durch Ehegatten ist nicht durch **Schlüsselgewalt** (§ 1357 I BGB) gedeckt, Unterschrift beider ist nötig, LG Aach NJW **80**, 1472, Wacke NJW **79**, 2588, str, aber uU Haftung des Kontoinhabers trotz Nichtwissen nach § 812 BGB (s Rn G/11). **Vollmachtsklauseln,** die im Interesse des Verwenders den einen Kontoinhaber mit Wirkung für den anderen über bloße Kontoüberziehung im banküblichen Rahmen hinaus zur weiteren Kreditaufnahme berechtigen, sind nach **(5)** §§ 305c I, 307 BGB unwirksam, BGH **108**, 98, NJW **91**, 923. Gesamtschuldnerausgleich bei gemeinsamer Darlehensaufnahme s BGH **87**, 265.

G/9 **Nicht** zu Nichtigkeit führen Verstöße gegen das **KWG** (s Rn A/5); gegen PAngV (s Rn G/5), BGH WM **80**, 306, aA Canaris 1303a; gegen Beleihungsgrenze bei Hypotheken- und Schiffsbanken, BGH WM **80**, 862. **§ 56 I Nr 6 GewO** umfasst nicht mehr den Abschluss von Darlehensgeschäften im Reisegewerbe, sondern nur noch ihre entgeltliche Vermittlung (§ 93 HGB Rn 5).

G/9a **Außerhalb von Geschäftsräumen geschlossene Verträge (früher: Haustürgeschäfte):** Regelung aufgrund HaustürRi 1985 und VerbrKrRi 2008 ua in §§ 355 ff BGB idF VerbrKrRiUmsetzungsG; nunmehr Konsolidierung der HaustürRi und FernabsatzRi (s Rn G/9e) durch VerbrRechteRi 25.10.11 ABlEU L 304/64, umgesetzt durch VerbrRechteRiUmsetzG 20.9.13, mit Vollharmonisierung in ihrem Geltungsbereich (ohne Finanzdienstleistungen, Art 3 III lit d, zahlreiche Ausnahmen im UmsetzG), Informationspflichten, Widerrufsrecht und Bestimmungen über Lieferung, Entgelte, Risikoübergang und zusätzliche Zahlungen. Eine Vertragsschlusserklärung, zu der der Kunde durch mündliche Verhandlungen an seinem Arbeitsplatz oder im Bereich einer (nicht nur seiner) Privatwohnung, anlässlich einer vom Unternehmer oder von einem Dritten zumindest auch im Interesse des Unternehmers durchgeführten Freizeitveranstaltung oder im Anschluss an ein überraschendes Ansprechen im Bereich öffentlicher Verkehrswege bestimmt worden ist, kann durch **Widerruf binnen zwei Wochen** (zur Fristwahrung genügt rechtzeitige Absendung) unwirksam werden (§§ 312g, 355 BGB); Ausnahmen (§ 312g II BGB), bei vorheriger Bestellung, BGH **109**, 127, **110**, 308. Form, Belehrung, Rechtsfolgen s §§ 355 ff BGB. EG-HaustürRi umfasst auch Realkredite, EuGH WM **01**, 2434 (Heininger), auch Kapitalanlage im geschlossenen Immobilienfonds in Form einer PersonenGes, EuGH NJW **10**, 1511 (Friz) m Anm Miras, Habersack ZIP **10**, 775, Kindler NZG **10**, 603. Zurechnung der Haustürsituation an die kreditgebende Bank nach rein objektiven Gesichtspunkten (nicht nach den Grundsätzen von § 123 II BGB), BGH **167**, 252, WM **06**, 2304 (II u XI ZS, RsprÄnd nach EuGH s unten). In richtlinienkonformer Auslegung Annahme einer Rechtspflicht des Unternehmers zur Widerrufsbelehrung; bei Verstoß culpa in contrahendo mit Schadensersatzfolge, aber nur bei Verschulden und Kausalität für unterlassenen Widerruf, BGH WM **06**, 2303, 2343, str. Kein Schadensersatzanspruch wegen unterbliebener Widerrufsbelehrung, wenn der Verbraucher bei Abschluss des Darlehensvertrags bereits an seine Erklärung zum Abschluss des Immobilienkaufvertrags gebunden ist, BGH WM **06**, 1194, 2303, 2349, **07**, 878 (nach EuGH). Rechtsfolgen des Widerrufs regelt das nationale Recht, vierwöchige Widerrufsfrist nach vollständiger Abwicklung (HWiG) zulässig, EuGH NJW **08**, 1865 (Hamilton) m krit Anm Kroll 1999; für § 2 I 4 HWiG ist allein auf das Geschäft mit Widerruf abzustellen, nicht auch auf das verbundene Rechtsgeschäft, BGH NJW **10**, 596. Rechtsfolgen der **fehlerhaften Gesellschaft** (§ 105 Rn 75) sind anwendbar, also Beteiligung des Verbrauchers an den Verlusten des Fonds und Anspruch nur auf Auseinandersetzungsguthaben mit Wert zum Zeitpunkt des Ausscheidens, EuGH NJW **10**, 1511 (Friz) m Anm Habersack ZIP **10**, 775, Armbrüster EuZW **10**, 614, Ensthaler/Kluge BB **10**, 2835, auf Vorlagebeschluss BGH (II ZR) WM **08**, 1026m Anm Oechsler 2471, Schäfer ZIP **08**, 1022, Wagner NZG **08**, 447, dann auch Verlustdeckungspflicht nach § 739 BGB, BGH NJW **10**, 3096 (Friz II) m Anm Schäfer ZGR **11**, 352, WM **10**, 1589. Umfangreiche und kontroverse Rspr zu HWiG im Zusammenhang mit kreditfinanzierten Immobilien (fonds)geschäften, s unten sowie Komm zu BGB. Lit: Nachweise zum Streit bei Bungeroth WM **04**, 1507, Benedict AcP 206 **(06)** 56, umfassend Nobbe (II ZS) WM Sonderbeil 1/**07**, 11, Hammen WM **08**, 233, Mörsdorf ZIP **12**, 845; Schwab/Giesemann EuZW **12**, 253 (VerbrRechteRi), Förster ZIP **14**, 1569 (VerbrRechteRiUmsetzG).

Kreditfinanzierte Immobilien(fonds)geschäfte: Höchst streitig ist die G/9b **Rückabwicklung** solcher Geschäfte (**„Schrottimmobilien"**). Nach dem **EuGH** 25.10.05 WM **05**, 2079 = NJW **05**, 3551 (C-350/03 Schulte), WM **05**, 2086 = NJW **05**, 3555 (C-229/04 Crailsheimer Volksbank) erfasst zwar die VerbraucherkreditRi Immobilienkredite nicht, während die EG-HaustürRi auf sie unabhängig von Kenntnis oder Kennenmüssen der Haustürsituation anwendbar ist; beide stehen nicht entgegen, dass bei Widerruf der Verbraucher die Darlehensvaluta samt Zins sofort an den Darlehensgeber zurückzahlen muss; aber die Verbraucher müssen wirksam gegen Risiken mangels Belehrung geschützt werden (Art 4). Was Letzteres konkret bedeutet, ist kontrovers, BGH (XI ZS) WM **06**, 1197 mwN, Hoffmann ZIP **05**, 1985, Habersack JZ **06**, 91, Oechsler NJW **06**, 2451, Lang/Rösler, Piekenbrock, Hofmann, Jungmann WM **06**, 513, 466, 1847, 2193, Franzen FS Canaris **07** I 251. Relevant dürfte ua sein, in welchen Verbundfällen die Bank trotz Fehlens einer Verbundklausel in der RiLi (so auch EuGH) als nach Art 4 belehrungspflichtiger Gewerbetreibender angesehen muss (vgl Schulte Rn 98, 100). Der **BGH XI ZS** stRspr hält de lege lata den widerrufenden Anleger für verpflichtet, die Darlehensvaluta an die Bank zurückzubezahlen, BGH (XI ZS) **150**, 248, **152**, 331, NJW **03**, 199, **04**, 153, 154 (Vertretung), WM **06**, 1194, 2303 (nach EuGH). Immobilienkredit liegt auch vor, wenn der Erwerber das Grundpfandrecht nicht selbst bestellt, sondern ein

(7) BankGesch G/9c 2. Teil. Handelsrechtl. Nebengesetze

bestehendes (teilweise) übernimmt, BGH **161,** 26, **167,** 223, WM **06,** 1060, 2343 (gegen BGH II ZS **159,** 307, aber II ZS hält daran nicht mehr fest, so BGH **167,** 238). Emp fangen hat der Darlehensnehmer die Valuta **auch bei verbundenen Geschäften** (auch bei Immobilienfonds in der Form einer PersonenGes, BGH WM **11,** 829 für eG, dann auch Rechtsfolgen der fehlerhaften Ges, wie Rn G/9a) durch weisungsgemäße Auszahlung an den Verkäufer, BGH **167,** 223, 239, 263, WM **06,** 1060, (XI ZS, II ZS hält an gegenteiliger Auffassung nicht mehr fest, so BGH **167,** 266), an den (im Zeitpunkt der Auszahlung) bevollmächtigten Treuhänder, BGH NJW **12,** 3294. Bei verbundenem Geschäft kann der getäuschte Darlehensnehmer auch der finanzierenden Bank seine Ansprüche gegen die Fondsgesellschaft entgegenhalten, soweit ihm gegen letztere ein Abfindungsanspruch zusteht, BGH **156,** 46 (II ZS), **167,** 239 (XI ZS), nicht dagegen seine Ansprüche gegen GründungsGfter, Fondsinitiatoren, maßgebliche Betreiber, Manager und Prospektherausgeber, BGH **167,** 239 (gegen BGH II ZS **159,** 307), WM **07,** 1367. Der Darlehensnehmer kann bei einer idR auch insoweit kausalen arglistigen Täuschung auch den Darlehensvertrag anfechten (§ 123 BGB) und auch gegen die Bank seinen Anspruch aus culpa in contrahendo gegen den Vermittler (nicht Dritter iSv § 123 II BGB) geltend machen, BGH **167,** 239 (gegen BGH II ZS **159,** 280, aber II ZS hält daran nicht mehr fest, so BGH **167,** 250; vgl 32. Aufl). Fahrlässige Aufklärungspflichtverletzung des Vermittlers genügt nicht, BGH WM **10,** 2304. **Zur Nichtigkeit des Kreditvertrags wegen Nichtigkeit der Treuhändervollmacht nach Art 1 § 1 RBerG,** BGH **159,** 294 (II ZS), NJW **06,** 1008 (XI ZS), dies **aber nur, wenn keine Rechtsscheinvollmacht eingreift,** BGH **167,** 223 (XI ZS gegen II ZS, Nobbe WM Sonderbeil 1/**07,** 3), WM **08,** 683 (Crailsheimer Volksbank), **näher Anh § 177a Rn 78 a.**

G/9c Der BGH (XI ZS) arbeitet nunmehr verstärkt mit der Aufklärungspflicht der Bank auf Grund von konkretem **Wissensvorsprung** (s Rn A/25), so schon früher zB wenn eine Mietgarantie wegen Überschuldung offenkundig wertlos und die Anlage deshalb ein höchst risikobehaftetes Vorhaben ist, BGH NJW **04,** 2741. **Bei institutionalisiertem Zusammenwirken der Bank mit Verkäufern oder Vertreiber** gelten zum Wissensvorsprung im Hinblick auf die Rspr des EuGH (Schulte, Crailsheimer Volksbank, s oben) **strengere Anforderungen an die Bank,** Beweiserleichterung durch widerlegliche **Vermutung der Kenntnis** der Bank unter bestimmten Voraussetzungen, ua **bei evidenter Unrichtigkeit** (objektive Evidenz, BGH WM **10,** 2070) der Angaben des Vermittlers oder im Prospekt (nicht bloße Anpreisungen), BGH WM **06,** 1194 (XI ZS, Ergänzung der Rspr, 1200), WM **07,** 200, 882, 1257, 1456, **08,** 115 (prospektwidriger Mangel betriebswirtschaftlicher Vermietbarkeitsuntersuchung), 688, 1260, 1346, 1396, **09,** 1032, **10,** 2069, **11,** 310, NJW **10,** 598u ZIP **10,** 72 (Wissenszurechnung der VertriebsGes, s Rn A/16), WM **11,** 310, 449, Schlesw WM **10,** 258, Mü WM **12,** 168 (Filmfonds), Lang WM **07,** 1728. Zu den Beweisanforderungen bezüglich arglistiger Täuschung und Kausalität BGH WM **06,** 1194, 2343, 2350, **08,** 971, 1596, KG WM **08,** 1123, Karls WM **13,** 641, sehr str. Institutionalisiertes Zusammenwirken liegt nicht schon bei bloßer Abgabe einer allgemeinen Finanzierungszusage vor, sondern setzt ständige Geschäftsbeziehung voraus, zB konkrete Vertriebsabsprachen, gemeinsame Vertriebskonzept, indiziell Überlassung von Büroräumen oder Bankformularen, wiederholte Finanzierungsvermittlung ua, BGH WM **07,** 882, 1257 (vgl Rn G/40 zu den objektiven Verbindungselementen beim Finanzierungsdarlehen), NJW **08,** 3423 („Näheverhältnis"/„Nähebeziehung"). Mangels eigenen Aufklärungsverschuldens haftet die Bank für arglistige Täuschungen des Vermittlers nur im Bereich der Anbahnung des Kreditvertrags, nicht für Erklärungen zum Wert des Objekts ua, diese liegen außerhalb des Pflichtenkreises der Bank, BGH NJW **06,** 2106. Die Divergenzen zwischen dem XI und II ZS dürften, wie dringend angemahnt (32. Aufl), im

V. Bankgeschäfte G/9d–G/10 **BankGesch (7)**

Wesentlichen beigelegt sein. Erhebliche Unsicherheiten zur Fortbildung der WissensvorsprungsRspr, auch im Hinblick auf EuGH, bestehen fort, zB Karls WM **07**, 355, Jungmann NJW **07**, 1562. Aufklärung über versteckte Innenprovisionen bei Bauherren-, Bauträger- und Erwerbermodellen s § 347 HGB Rn 30. **Rückforderung** der trotz dauernder Einrede auf den Kredit geleisteten Zahlungen kann der Verbraucher vom Kreditgeber nach § 813 I 1 iVm § 812 I 1 verlangen (kein Rückforderungsdurchgriff analog § 9 II 4 VerbrKrG, gegen BGH **156**, 54 II ZS, aber „kleiner Rückforderungsdurchgriff" bei Bestehen rechtshindernder Einwendungen aus dem finanzierten Vertragsverhältnis, § 813 BGB), BGH **174**, 334, WM **08**, 986, NJW **10**, 596, WM **11**, 261. Die Bank kann im Rahmen der Rückabwicklung nicht Übereignung der finanzierten Eigentumswohnung verlangen, BGH NJW **07**, 3127. Zur Verjährung BGH WM **08**, 1346, NJW **10**, 596. Zur Staatshaftung bei Schrottimmobilien Kahl/Essig WM **07**, 525. Lit: Nobbe WM Sonderbeil 1/07, 1, Mayen FS Nobbe **09**, 399u Bankrechtstag **08**, 11 (Bericht WM **08**, 1436), Schoppmeyer WM **09**, 10 (Instanzgerichte), Stackmann NJW **13**, 341 (Rückabwicklung von Finanzanlagen), Wiechers WM **13**, 341 (Schrottimmobilien).

Gesamtkonzept des BGH (XI ZS) laut Mayen (XI ZS), Bankrechtstag **08**, G/9d 12: (1) Die Wirksamkeitseinwendungen nach RBerG und VerbrKrG sind, bei finanzierten Fondsbeitritten und Wohnungskäufen gleichermaßen, vom Vorliegen eines Verbundgeschäfts unabhängig. (2) Auf das Vorliegen eines Verbundgeschäfts (§ 9 VerbrKrG, s Rn G/36, 39 ff) kommt es dagegen in zwei Fallgruppen an: (a) für Rückabwicklung auf Grund wirksamen Widerrufs des Darlehensvertrags nach dem HWiG und (b) für Rückabwicklung ohne Rückzahlung des Darlehensbetrag wegen Anfechtung nach § 123 BGB oder kraft Schadensersatzanspruchs aus zugerechnetem vorsätzlichen Aufklärungsverschulden; hier kein Verbundgeschäft bei realkreditfinanzierten Wohnungskäufen oder Immobilienfondsbeteiligungen (wegen § 3 II Nr 2 VerbrKrG, so auch unter HWiG, auch nicht über § 278 BGB) und bei arglistiger Täuschung durch FondsGfter, Initiatoren, maßgebliche Betreiber und Prospektherausgeber; in der Fallgruppe (b) aber doch Beweiserleichterung für die Anleger bei institutionalisiertem Zusammenwirken der Bank mit dem Vertrieb.

Verbraucherverträge (§§ 312 ff BGB): Konsolidierung der FernabsatzRi G/9e und der HaustürRi (s Rn G/9a) durch VerbraucherrechteRi 25.10.11 ABlEU L 304/64, ohne Finanzdienstleistungen (Art 3 III lit d), Umsetzung ua durch §§ 312 ff, 355 ff BGB idF VerbrRechteRiUmsetzG 26.9.13. Zum **Widerrufsrecht** nach § 315 BGB gibt es eine **umfassende**, in die Details gehende **Rspr des BGH**, die **hier nicht nachgewiesen** werden kann. Lit: Bittner/Clausnitzer/Föhlisch 2014; Felke/Jordans WM **04**, 166 (Ri), NJW **05**, 710 (FernabsFDLG), Wendehorst NJW **14**, 577 (VerbrRechteRiUmsetzG), Schwab/Giesemann EuZW **12**, 253 (VerbrRechteRi), Förster ZIP **14**, 1569 (VerbrRechteRiUmsetzG); Benecke ZIP **16**, 1897 (Grenzen des Widerrufsrechts). **RsprÜbersicht:** Lechner WM **17**, 698, 737 (Widerruf von Verbraucherkreditverträgen).

b) Hochverzinsliche Darlehen sind aber nach § 138 I BGB **sittenwidrig,** G/10 **wenn** zwischen den Leistungen des Darlehensgebers und den durch einseitige Vertragsgestaltung festgelegten Gegenleistungen des Darlehensnehmers (1) objektiv ein **auffälliges, grobes Missverhältnis** besteht **und** (2) der Darlehensgeber in Kenntnis oder zumindest leichtfertiger Unkenntnis der auf Grund seiner wirtschaftlichen Überlegenheit für den Darlehensnehmer bestehenden **Zwangslage** diese zu seinem Vorteil **ausnutzt.** Dazu ist (3) eine **Gesamtwürdigung aller Umstände** nötig, stRspr zusammenfassend BGH **80**, 153, **98**, 174, NJW **82**, 2433, 2436, **83**, 2692, **86**, 2568, **87**, 2220, WM **91**, 179 (Kontokorrentkredit), WM **16**, 2384 (keine pauschalierendes, vereinfachtes Ertragswertverfahren). Das grobe Missverhältnis führt zu einer tatsächlichen Vermutung der verwerflichen

(7) BankGesch G/10a 2. Teil. Handelsrechtl. Nebengesetze

Gesinnung, befreit aber nicht von der Behauptungslast, BGH **146,** 298, NJW **10,** 363. Rspr bei Staub/Renner 4/265 ff.

Wichtigste Bewertungsgrundlage ist dabei ein **Vergleich des effektiven Vertragszinses mit dem marktüblichen Effektivzins,** BGH **110,** 336. Der **Effektivzinssatz** versteht sich samt Auslagen, Inkassogebühren, Bearbeitungsgebühren, Vermittlungsprovision (auch bei eigenem Anspruch des Kreditvermittlers gegen den Darlehensnehmer); Belastungen und Vertragsklauseln für den Verzugsfall, auch wenn sie nach **(5)** §§ 305 ff BGB nichtig sind, BGH **80,** 172, **98,** 177; Umschuldung s unten. Festkredit mit Kapitallebensversicherung ist wie marktüblicher Ratenkredit zu behandeln, BGH **111,** 117. Belastungsmindernd sind dem Kreditnehmer erwachsende Vorteile anzusetzen, BGH **111,** 122, so bei der Kapitallebensversicherung Gewinnbeteiligung und Steuervergünstigungen. Maßgebend sind die von der Bank ausbedungenen Rechte, nicht welche sie idR oder im Einzelfall tatsächlich geltend macht, BGH NJW **82,** 2434.

Der **Marktvergleich** ist mit finanzmathematisch genauer **Methode** vorzunehmen. Bei Kreditlaufzeiten über 48 Monate ist die Uniformmethode zu ungenau, BGH NJW **87,** 2220. Rückgriff auf den von der DBBk ermittelten „Schwerpunktzins" (Durchschnittszins aller, nicht nur der Teilzahlungs-Banken, unterschiedliche Kosten- und Risikostruktur der Letzteren wird bei der Frage des „groben" Missverhältnisses berücksichtigt, str) ist angezeigt, BGH **98,** 175, str. Beim Vergleich zwischen Vertrags- und Marktzins sind Vermittlerkosten nur bei den Vertragszinsen, nicht auch den Marktzinsen anzusetzen, BGH **101,** 392, NJW **87,** 181. Die Kosten der Restschuldversicherung sind weder in den Vertrags- noch in den Marktzins einzubeziehen, BGH NJW **88,** 1661, WM **93,** 1325, hL, aA Reifner BKR **09,** 55, aber wohl nur, wenn Restschuldversicherung nicht zwingende Vorgabe war, noch offen BGH WM **12,** 30, str.

Absolute Zinsobergrenzen bestehen **nicht.** Feste Grenzprozentsätze für Teilzahlungskredite (als stets unwirksam oder stets wirksam) sind schon angesichts der Marktzinsschwankungen mit der stRspr abzulehnen, zB BGH NJW **87,** 182. Damit nicht zu verwechseln sind die in der Rspr geltenden **Richtwerte.** Als kritische Grenze gilt ein **absoluter Zinsunterschied von 12 Prozentpunkten** zwischen Vertrags- und Marktzins (auch in Hochzinsphase), BGH **110,** 336, WM **89,** 1675, oder die **relative Überschreitung des marktüblichen Zinses um 100 %** (ohne Berücksichtigung der Erwerbsnebenkosten), BGH **146,** 301, NJW **03,** 2530, **04,** 156, **07,** 3200, **08,** 1588, WM **12,** 31, **17,** 80 Rn 34, 84 Rn 32. Diese Richtwerte gelten aber nicht starr, zB mehr als 110 % bei langfristigen Ratenkrediten aus Niedrigzinsphase, BGH WM **91,** 216; Sittenwidrigkeit kann aber auch schon zwischen 90–100 % anzunehmen sein, BGH WM **90,** 535, **91,** 272, **12,** 31. Auch eine **darunter** liegende Überschreitung macht den Teilzahlungs- oder Ratenkreditvertrag zwar nicht schon für sich allein sittenwidrig, aber zusammen mit Umständen, vgl BGH **80,** 153, NJW **87,** 183 (auch bei absolut niedrigen Zinsen).

G/10a **Finanzielle Überforderung bei Ausnutzung emotionaler Bindung:** Grundsätzlich kann jeder Volljährige ihn finanziell überfordernde Verbindlichkeiten eingehen, die ihn lebenslang auf den pfändungsfreien Teil seiner Einkünfte beschränken; die kreditgewährende Bank handelt, auch wenn sie sich darüber im Klaren ist, nicht sittenwidrig, die Rspr zusammenfassend Schimansky WM **02,** 2437. Finanzielle Überforderung kann aber dann sittenwidrig sein, wenn die Bank Dritte unter Ausnutzung ihrer emotionalen Bindung zum Kreditnehmer in die Darlehens(rückzahlungs- und zins)haftung einbindet (im folgenden RsprGrundsätze genannt, hier Rn G/10a) oder wenn sonstige besondere, der Bank zurechenbare Umstände hinzukommen (s Rn G/10b), stRspr (XI ZS), BGH WM **99,** 1556 (Vorlagebeschluss an GrS, aber Revisionsrücknahme), BGH **146,** 37, **151,** 34, NJW **02,** 744, 746, 2230, **05,** 971, 973, **09,** 2671, WM **13,** 608, **14,** 989, **17,** 93, Nürnb WM **10,** 2348 (auch

V. Bankgeschäfte G/10a BankGesch (7)

bei Verbraucherkredit), Kblz WM **13**, 882; früher abw IX ZS (s 30. Aufl), aber überholt, vgl schon BGH WM **00**, 410 (IX ZS) und Zuständigkeitswechsel zu Bürgschaftsrecht seit 1.1.01. Diese RsprGrundsätze tragen der richtig verstandenen Gewährleistung der Privatautonomie Rechnung (Art 2 GG), vgl BVerfG WM **93**, 2199, dazu Schimansky WM **95**, 461, Joswig, Krämer FS Schimansky **99**, 335, 367, Zöllner WM **00**, 1, str, nämlich Pflicht zur Inhaltskontrolle von Verträgen, die einen der beiden Vertragspartner ungewöhnlich stark belasten und das Ergebnis strukturell ungleicher Ver handlungsstärke sind; diese sehr allgemeinen verfassungsrechtlichen Kriterien müssen aber und können auch zivilrechtsdogmatisch präzisiert und praktikabel gemacht werden. Viele streitige Einzelheiten sind mittlerweile in der Rspr des XI ZS geklärt und für die Kreditpraxis kalkulierbar. Lit: Nobbe/Kirchhoff BKR **01**, 05, Schimansky WM **02**, 2437, Meder, Müller, FS M. Wolf **11**, 253, 269.

(1) **Abgrenzung zwischen echten Mitdarlehensnehmern und aus emotionaler Bindung mithaftenden Dritten:** Üblicherweise wird zwischen Mitdarlehensnehmern und mithaftenden Dritten unterschieden. Echter Mitdarlehensnehmer ist danach nur, wer erkennbar ein eigenes sachliches und/oder persönliches Interesse an der Kreditaufnahme hat und im Wesentlichen gleichberechtigt über die Auszahlung bzw Verwendung der Darlehensvaluta mitentscheiden darf, bloßer Mithaftender bzw Dritter ist, wer der Bank nicht als gleichberechtigter Darlehensnehmer gegenübersteht, BGH **146**, 37, WM **09**, 646, NJW **09**, 2672, WM **17**, 93 Rn 16; was der Fall ist, richtet sich aber ausschließlich nach den für die Bank erkennbaren Verhältnissen auf Seiten der Vertragsgegner der Bank ohne Rücksicht auf Formulierungen im Darlehensvertrag, BGH NJW **02**, 744, 2705, Karls WM **13**, 460. Für echte Mitdarlehensnehmer sprechen unmittelbare, gewichtige, geldwerte Vorteile; nur mittelbare, vor allem emotionale, aber auch geldwerte Vorteile genügen nicht, näher unten (5). Die Unterscheidung als solche hilft deshalb nicht für die Anwendung der RsprGrundsätze, sondern ist eher die Folge der Anwendung derselben; sie bietet nur eine Kurzformel für die Abgrenzungskriterien bei der Beurteilung von Mithaftungserklärungen, Schimansky WM **02**, 2438. Maßgeblich für die Abgrenzung ist der wahre Parteiwille (§§ 133, 157 BGB), Bezeichnung ist nicht entscheidend, BGH WM **05**, 418. Bsp: Kreditfinanzierter Kauf eines gemeinsam zu nutzenden Pkw, BGH WM **04**, 1083, Wassermann WM **04**, 1611, Bankrechtstag 2004. Die Bank muss Mitdarlehensnehmerschaft **beweisen,** der Schuldner sekundär das mangelnde Eigeninteresse darlegen, BGH WM **09**, 645. Lit: Schimansky WM **02**, 2437, Madaus WM **03**, 1705.

(2) **Anwendungsbereich der RsprGrundsätze: (1) Auf Darlehensnehmerseite:** Die RsprGrundsätze gelten auf Darlehensnehmer- bzw Mithaftendenseite für Mithaftung und Bürgschaft (nicht: bloße dingliche Haftung des zu finanzierenden Objekts, auch falls Eigenheim, oder sonstige Sicherheitenhingabe; Vollmachtsklauseln, s Rn G/8) vor grundsätzlich **allen den Hauptschuldner persönlich nahe stehenden Sicherungsgebern (Kindern, Ehegatten, Lebenspartnern und Verwandten)** im alleinigen Interesse des Kreditgebers, zB Mithaftung oder Bürgschaft einer Hausfrau für Betriebsmittelkredit des Ehemanns oder dessen Ges. **Nicht Gesellschaft und Geschäftsführer:** Die RsprGrundsätze gelten nicht (keine Ausnutzung emotionaler Verbundenheit) für GmbHGesellschafter und GmbHGeschäftsführer, grundsätzlich selbst bei bloßer Strohmannsfunktion, BGH NJW **02**, 956, 1337, Schlesw WM **11**, 69, HdlBevollmächtigte, die anstelle des Geschäftsführers GmbH leiten, BGH NJW **00**, 1179, und Kommanditisten, die für ihre Ges Mithaftung übernehmen oder bürgen, BGH WM **02**, 1647, auch bei gemeinnütziger GmbH, BGH WM **02**, 923; „maßgebliche" Beteiligung (zB 10%) genügt, anders nur bei unbedeutenden Bagatell- und Splitterbeteiligungen, BGH NJW **03**, 967. Sittenwidrigkeit kann aber auch in solchen GfterFällen vorliegen, wenn der Gfter nur Strohmannfunk-

tion hat, die Mithaftung oder Bürgschaft nur aus emotionaler Verbundenheit mit der hinter ihm stehenden Person übernimmt und beides für die kreditgebende Bank evident ist, BGH WM **02**, 1647, oder wenn besondere, der Bank zurechenbare Umstände hinzukommen (s Rn G/10b). **(2) Auf Darlehensgeberseite:** Gebunden sind durch die Grundsätze der Rspr nicht nur **Kreditinstitute**, sondern auch **andere gewerbliche und berufliche Kreditgeber** (iSv §§ 491 ff BGB), BGH NJW **02**, 746; auf private Kreditgeber ausdehnend Brdbg WM **07**, 1021, problematisch. Die finanzielle Überforderung muss der Bank bewusst sein; aber das Unterlassen eigener banküblicher bzw zumutbarer Nachforschungen steht gleich.

(3) **Finanzielle Überforderung bei Ausnutzung emotionaler Bindung des Mithaftenden oder Bürgen** ist grundsätzlich **auch ohne Hinzutreten besonders belastender Umstände sittenwidrig.** Das Interesse der Bank am Schutz vor Vermögensverschiebungen schließt dies grundsätzlich nur bei einer ausdrücklichen Beschränkung der Haftung auf den Fall der Vermögensverschiebung aus, BGH **151**, 34, NJW **02**, 2230 (Aufgabe von BGH NJW **99**, 58). **Bei krasser finanzieller Überforderung** besteht nach den RsprGrundsätzen eine tatsächliche (widerlegliche) **Vermutung,** dass die Bank die emotionale Beziehung zwischen Hauptschuldner und Mithaftendem sittenwidrig ausgenutzt hat, BGH NJW **02**, 745, 746, str. Krasse finanzielle Überforderung ist grundsätzlich dann zu bejahen, wenn der Mithaftende oder Bürge bei Übernahme der Verpflichtung voraussichtlich (Prognose auf Vertragslaufzeit, auch sehr kurze) **nicht einmal in der Lage** sein wird, auch nur die **vertraglich vereinbarten Darlehenszinsen** der Hauptschuld aus dem pfändbaren Teil seines Einkommens oder Vermögens bei Eintritt des Sicherungsfalls dauerhaft zu tragen, BGH NJW **02**, 746, **09**, 2672. Die Überforderung kann auch aus mehreren einzelnen Bürgschaften resultieren, Kln WM **03**, 286. Haftung für Nebenforderungen, BGH WM **13**, 608m krit Anm Weber BB **13**, 980. Zur Relevanz einer Selbstauskunft des Bürgen, BGH WM **14**, 989. Abzustellen ist auf die **Vermögens- und Einkommensverhältnisse allein des Mithaftenden oder Bürgen** (Einzelbetrachtung), nach früherer aA anders bei Ehegatten, nicht mehr BGH WM **00**, 410 (IX ZS). Bei Grundbesitz sind anderweitige dingliche Belastungen zu berücksichtigen. **Anderweitige Sicherheiten** schließen Sittenwidrigkeit nur aus, wenn es allenfalls zu einer die Finanzkraft des Mithaftenden oder Bürgen nicht übersteigenden „Ausfallhaftung" kommt, BGH NJW **09**, 2671.

(4) **Maßgeblicher Zeitpunkt** für die Beurteilung der finanziellen Überforderung ist grundsätzlich der Übernahme der Verpflichtung, stRspr, BGH NJW **02**, 745, nach aA ist Zukunftsprognose auch auf Zeitpunkt des Eintritts der Fälligkeit der Bürgschaftsschuld zu beziehen, zB bei Schul- und Berufsbildung oder anderen erwerbsrelevanten Fähigkeiten. Später eingetretene Besserung der finanziellen Verhältnisse kann aber vorhersehbar gewesen sein.

(5) **Eigenes wirtschaftliches oder persönliches Interesse des Mithaftenden oder Bürgen an der Kreditaufnahme** kann einen **angemessenen Ausgleich** zur krassen finanziellen Überforderung bilden und die obige Vermutung widerlegen, s oben (1), (2). Erforderlich ist aber ein **unmittelbarer Vorteil** (XI ZS), zB Miteigentum eines mit den Kreditmitteln zu erwerbenden Grundstücks, BGH **120**, 278, notarieller Entwurf über hälftiges Miteigentum an Objekt, BGH NJW-RR **04**, 337, Beteiligung an dem finanzierten Objekt in nennenswertem Umfang, BGH WM **05**, 421, gemeinsames Darlehen für KfzKauf, BGH WM **04**, 1082, mitunternehmerische Stellung im Betrieb des Hauptschuldners, Kblz WM **10**, 1597, aber nur bei rechtlich oder wirtschaftlich hinreichend gesicherter, bedeutsamer Beteiligung am Betrieb und im Wesentlichen gleichberechtigter Entscheidung über die Darlehensverwendung, BGH NJW **05**, 971, 973, Dresd WM **03**, 277. **Nicht** ausreichend ist für sich allein ein bloß **mittelbarer Vorteil** aus dem Kredit des Hauptschuldners, BGH **146**, 37, NJW **05**, 971, aA noch

V. Bankgeschäfte G/10b, G/10c **BankGesch (7)**

BGH WM **98**, 2367: innerer Zusammenhang; Beispiele: wirtschaftlich unrealistische Planung eines Betriebs als Existenzgrundlage der ganzen Familie, BGH NJW **05**, 971, Verbesserung des Lebensstandards oder der Wohnverhältnisse, BGH WM **17**, 93 Rn 30, höhere Unterhaltsleistung an den mithaftenden bzw bürgenden Ehegatten, so auch BGH WM **00**, 410 (IX ZS), Finanzierung von Wohnung im Alleineigentum des Lebensgefährten, BGH NJW **09**, 2672, Aussicht auf Arbeitsplatz, auch verantwortlich, im künftigen Betrieb, BGH WM **05**, 421, erhebliche Mitarbeit im Betrieb des Hauptschuldners, Celle WM **08**, 296, Mitwohnen, uU auch aufgedrängte Übernahme eines eigenen Anteils an dem zu finanzierenden Objekt, Nutzung des bereits finanzierten Kfz für gemeinsame Familienbedürfnisse, Karls WM **13**, 460, str. Mitverpflichtung der Geschäftsführer (Vater und Sohn) neben GmbH ist wirksam, BGH WM **93**, 1504, Gewährung von Eigenkapitalhilfen, BGH WM **17**, 93 Rn 31, und oben (2), ebenso Schuldbeitritt von Ehefrau, wenn der Kredit überwiegend für Hausstandsgründung und dem gemeinsamen Interesse dienende Anschaffungen verwandt wird, BGH WM **98**, 2366. Die Beweislast für Eigeninteresse liegt bei der Bank, BGH NJW **02**, 745, Celle WM **04**, 1957.

(6) **Rechtsfolgen:** Der Darlehensvertrag, der den Dritten finanziell überfordert und ihm unter Ausnutzung seiner emotionalen Verbundenheit gewährt wird, ist sittenwidrig und nichtig (§ 138 BGB). Bei entsprechenden Parteiwillen ist **Teilaufrechterhaltung** der sittenwidrigen Mithaftungsabrede möglich, sofern sich der Vertragsinhalt eindeutig abgrenzbar in den nichtigen Teil und den Rest aufteilen lässt, BGH **146**, 37, WM **09**, 645, Nürnb WM **10**, 2348.

Finanzielle Überforderung bei anderen, besonderen, der Bank zurechenbaren Umständen: In anderen Fällen der finanziellen Überforderung (also ohne Ausnutzung der emotionalen Verbundenheit), die der Bank auch hier bewusst sein muss (s Rn G/10a (2)), kann bei Bürgschaften von Ehegatten ua die Sittenwidrigkeit des Darlehensvertrags nur bei besonderen, der Bank zurechenbaren Umständen angenommen werden, BGH NJW **02**, 956, WM **02**, 1647 (Nachweise unter III 3), zB Arbeitnehmerbürgschaft bei sonst sofortigem Arbeitsplatzverlust, BGH **156**, 302, Seifert NJW **04**, 1707; Überrumpelung in der ehelichen Wohnung, Appell an eheliche Verbundenheit, Bagatellisierung der Unterschrift ua, BGH **120**, 272, **135**, 66, WM **98**, 2366 (iErg abl), Mü WM **12**, 938 (iErg abl, s auch Rn G/9a); Ausnutzung der geschäftlichen Unerfahrenheit, BGH WM **97**, 512, Beeinträchtigung der freien Entscheidung durch Irreführung, BGH WM **98**, 240, Schaffung einer seelischen Zwangslage, BGH WM **97**, 512, oder Ausübung unzulässigen Drucks, BGH WM **96**, 592, **98**, 240. Lit: Grundlegend Nobbe/Kirchhof BKR **01**, 5 (Vorbereitung für GrS, aber Rücknahme der Revision, s Rn G/10a), Schimansky WM **02**, 2437. G/10b

Zinsanpassung bei noch wirksamem Geschäft unterliegt der Kontrolle nach § 315 BGB, BGH WM **91**, 179. **Bestätigung** des sittenwidrigen Geschäfts (§ 141 BGB) ist trotz Wegfalls einzelner Umstände idR unwirksam, es sei denn das neue Geschäft ist insgesamt nicht sittenwidrig, BGH NJW **82**, 1981. Sittenwidrigkeit des alten Geschäfts führt bei **Umschuldung** und Folgekreditvertrag nicht ohne Weiteres zur Sittenwidrigkeit auch des für sich nicht sittenwidrigen neuen, aber zur Vertragsanpassung, BGH **99**, 333, WM **87**, 463, **88**, 184, NJW **88**, 818; Prüfungspflicht bei externer Umschuldung, BGH WM **90**, 534; Zusatzkredit, BGH WM **90**, 625; Canaris WM **86**, 1413, Scholz WM **87**, 711, Münstermann WM **87**, 745. Zur **subjektiven Tatbestandsseite** gilt zugunsten von Verbrauchern eine widerlegbare Vermutung, BGH **98**, 178. G/10c

Ist Sittenwidrigkeit zu verneinen, kann die Bank doch mangels **Aufklärung** über die speziellen Nachteile und Risiken der Vertragsbindung (§ 347 HGB Rn 8 ff) schadensersatzpflichtig sein, BGH **111**, 117, WM **89**, 665 (Festkredit mit Kapitallebensversicherung), WM **91**, 179 je nachdem auch Hinweispflicht der Bank bei **Schuldmitübernahme** auf finanzielle Überforderung, falls nicht schon

(7) BankGesch G/11–G/15 2. Teil. Handelsrechtl. Nebengesetze

§ 138 BGB eingreift, aA oder zumindest zu weit gefasst BGH WM **90**, 59. Hinweis auf allgemeine Lebensrisiken s Rn G/8.

G/11 C. **Bereicherungsausgleich** bei Nichtigkeit des Vertrags (Rn G/6 ff) erfolgt nach §§ 812 ff BGB. Die Ausnutzung eines **rechtskräftigen Vollstreckungstitels** kann gegen § 826 BGB verstoßen, BGH **101**, 380, WM **90**, 391, 393, jedoch nach BGH **112**, 54 nicht schon, wenn der Gläubiger mehr erhält, als ihm an sich zustünde. Voraussetzung für § 812 BGB ist, dass der Kunde auf Kosten der Bank **etwas erlangt** hat. Der Kreditnehmer hat nichts erlangt, wenn die Valuta direkt an einen jetzt vermögenslosen Dritten zur Finanzierung eines gleichfalls nichtigen Vertrags bezahlt wurde, BGH **71**, 358 (Golden Products), ebenso wenn er den Verrechnungsscheck der Bank an den Dritten weitergibt, BGH NJW **78**, 2145, **79**, 1595, ebenso wenn sein nach RBerG nicht wirksam bevollmächtigter Vertreter Auszahlung der Darlehensvaluta an Dritte anweist, BGH WM **07**, 733; die Bank muss ihrerseits an sie geleistete Raten zurückzahlen, soweit der Kunde nicht selbst ungerechtfertigt bereichert ist, BGH NJW **79**, 1598. Die Ehefrau hat nichts erlangt, wenn das gemeinsame Darlehen (in ihrem Einverständnis) auf das Konto des Ehemanns ausbezahlt wurde und sie darüber keine Verfügungsmacht hatte, BGH NJW **82**, 2436m Anm Berkenbrock BB **83**, 278. Ist das Darlehen auf das Konto des Ehemanns ausbezahlt und dort von der verfügungsberechtigten Ehefrau verbraucht worden, haftet der Ehemann nach §§ 812, 818 IV, 819, 166 BGB, BGH **83**, 298; krit Wilhelm AcP 183 (**83**) 1.

G/12. Der Bereicherungsanspruch geht nach seinem **Umfang** auf Rückzahlung des Kapitals, aber erst nach Ablauf der im unwirksamen Vertrag vorgesehenen Laufzeit, BGH NJW **79**, 209 und auf Rückzahlung sämtlicher Kreditzinsen, Gebühren und der an Vermittler geflossenen Beträge, BGH WM **83**, 951, **91**, 624. Der Bereicherungsanspruch umfasst auch einen Teil der Restschuldversicherungsprämie, und zwar idR die Hälfte (Schätzung nach § 287 II ZPO), ferner Vorschusszahlungen auf Geschäftsanteile bei Kreditgenossenschaft, BGH NJW **83**, 1422, 2693. Zahlungen des Restschuldversicherers an die Bank mindern ihren Bereicherungsanspruch, KG NJW **83**, 291. Wertersatz für gezogene Nutzung (§ 818 II BGB) scheitert an § 817 S 2 BGB, BGH NJW **83**, 1422, 2696, aA üL: für kapitalmarktorientierten Zins, s Bunte NJW **83**, 2676. Jedenfalls erstreckt sich der Bereicherungsanspruch nicht auf den mit dem Darlehen rechtsgeschäftlich erlangten Gegenwert, zB Wohnung, seine Nutzung und Gewinn aus seinem Verkauf, BGH NJW **83**, 868, **84**, 230, WM **07**, 731 (anders bei Schadensersatz, Rn G/47).

G/13 **Bürgschaft** erstreckt sich je nach Ausgestaltung auch auf Bereicherungsanspruch nach nichtigem Darlehen (Rspr s § 349 HGB Rn 4). Lit: zur Rückabwicklung Hopt/Mülbert § 607 Rn 312; Canaris WM **81**, 978, Hübner ZIP **84**, 1175, Lass WM **97**, 145, Rösler/Wimmer WM **00**, 164.

G/14 D. **Kündigung:** Für Leistungsstörungen gelten die allgemeinen Regeln (§§ 320 ff BGB), jedoch wie bei allen Dauerschuldverhältnissen mit dem Recht zur fristlosen Kündigung statt Rücktritt. Dasselbe gilt für die Beendigung. Diese richtet sich zunächst nach den Parteiabreden, zB fester Termin, Kündigungsfrist, Verfallklausel. Kein dauernder Ausschluss der ordentlichen Kündigung eines unbefristeten Darlehens, BGH WM **80**, 381. Bei unerlaubter Kontoüberziehung (s **(8)** AGB-Banken Nr 12 Rn 2) ist keine Kündigung nötig; die Bank hat Anspruch auf sofortige Rückzahlung, BGH **73**, 209. Informatives Schaubild bei BankrechtsKommLBS/Krepold 2. Aufl 2016 14. Kap Rn 12.

G/15 Bei jeder Kündigung ist die **Trennung von Krediteröffnungsvertrag und einzelnen Kreditgeschäften** (s Rn G/2) zu beachten und genau zu unterscheiden, ob der gesamte Krediteröffnungsvertrag oder nur innerhalb dieses Rahmens der einzelne (Darlehens-)Vertrag beendet wird (s auch **(8)** AGB-Banken Nr 19 Rn 9); Leistungsstörung und Kündigung im einen Verhältnis bedeuten nicht

V. Bankgeschäfte G/16–G/18 **BankGesch (7)**

notwendig dasselbe auch im anderen Verhältnis, zB Kündigung des Krediteröffnungsvertrages bei Belassung des gewährten Darlehens bis zum Ende der für dieses vereinbarten Laufzeit. Vgl zur Trennung zwischen dem Zahlungsdiensterahmenvertrag über das Girokonto (§ 675f II BGB, s Rn C/27) und einem damit zusammenhängenden Darlehen (Dispositionskredit) BGH WM **15**, 822 Rn 34. Lit: Hopt/Mülbert 269. Zur vorzeitigen Beendigung Rösler/Wimmer WM **00**, 164.

a) Ordentliche Kündigung, ist mangels besonderer, auch stillschweigender G/16 Vereinbarung (so zB bei auf bestimmte Dauer angelegtem Darlehenszweck, etwa Sanierungsdarlehen, BGH NJW **04**, 3780, 3782, auch Rn G/18) jederzeit möglich (s **(8)** AGB-Banken Nr 18 I, 19 II; Nr 19 I seitens der Bank jederzeit mit angemessener Kündigungsfrist; § 488 III BGB: drei Monate, aber dispositiv), BGH WM **83**, 1038, Kln NJW **01**, 452; das Verbot der Kündigung zur Unzeit gilt auch hier (§§ 627 II, 671 II, 675 I iVm § 671 II BGB analog), aber ohne Unwirksamkeitsfolge für die Kündigung, BGH NJW **03**, 2676, vgl auch BGH WM **84**, 586 (Vorankündigung), verschuldensunabhängiger Schadensersatzanspruch, Staub/Renner 4/145, 260. Kündigung erfolgt nicht zur Unzeit, wenn der Kunde angesichts erheblicher Kontoüberziehung mit Kündigung rechnen muss, Schlesw WM **11**, 460. Grenzen können aus einer Pflicht zu Rücksichtnahme (§ 242 BGB) folgen, BGH WM **77**, 835 (langjähriges Baudarlehen), NJW **81**, 1364, WM **87**, 921 (Verknüpfung mit langfristiger Lebensversicherung), Hamm WM **85**, 1411. Eine allgemeine Pflicht zur Abmahnung besteht aber nicht, Ffm WM **92**, 1018, das folgt aber nicht erst aus AGB. Grundsätzlich bestehen jedoch keine Rechtspflichten der Bank zur Kreditbelassung und Sanierung außer bei entspr vertraglicher Zusage, Düss WM **89**, 1838 (ausführlich), Ffm WM **92**, 1018, auch nicht zur Deckung eines kurzfristigen Liquiditätsbedarfs und bei Sicherheitsstellung, Zweibr WM **84**, 1635; Hopt ZHR 143 **(79)** 139, K. Schmidt WM **83**, 492, Berger FS Westermann **08**, 109u BKR **09**, 45, strenger Canaris ZHR 143 **(79)** 113.

b) Ordentliche Kündigung nach § 489 BGB: § 489 idF SMG entspricht G/17 bis auf geringfügige redaktionelle Änderungen dem § 609 aF BGB, der seinerseits § 247 aF BGB (Altfälle bis 31.12.86) abgelöst hat, nunmehr idF VerbrKrRi-UmsetzG. § 489 BGB ist nicht auf Verbraucher beschränkt, vielmehr darf die **Bausparkasse** einen Bausparvertrag (in der Ansparphase ist der Sparer der Bausparkasse gewährtes Darlehen, erst mit Zuteilung Darlehen der Bausparkasse an den Sparer) nach Ablauf von 10 Jahren nach Zuteilungsreife (mit dieser vollständiger Empfang) ordentlich kündigen (nunmehr § 489 I Nr 2 BGB), hL, BGH WM **17**, 616m Anm Herresthal ZIP **17**, 852, Langenbucher NJW **17**, 1353, Hamm WM **16**, 1677, Ffm WM **16**, 2070, Kblz WM **16**, 2074. Keine Kündigung nach § 489 BGB bei Namensschuldverschreibungen (Sparkassenbrief), Mü WM **12**, 1535. Lit: Hopt/Mülbert WM Sonderbeil 3/**90**, Staub/Renner 4/224 ff, Komm zum BGB; Wiehe/Kleißdorf BKR **16**, 234, Bergmann WM **16**, 2153 (Bausparkassen), Herresthal ZIP **16**, 1257.

c) Außerordentliche Kündigung, idR fristlos, ist wie bei allen Dauer- G/18 schuldverhältnissen (§ 314 BGB) bei wichtigem Grund möglich; s **(8)** AGB-Banken Nr 18 II, 19 III nF 1.4.02, zum Spezialfall des § 490 BGB s Rn G/19. Einschränkungen beim Verbraucherdarlehensvertrag in § 498 BGB. **Wichtiger Grund** ist zB unmittelbar drohende Gefahr der Zahlungsunfähigkeit, BGH NJW **03**, 2674; mangelnde Sicherung; schuldhafte Verschlechterung einer vom Darlehensschuldner gestellten Sicherheit (§ 490 I BGB, s Rn G/19, ist insofern nicht lex specialis); bei Sanierungsdarlehen wesentliche Verschlechterung, sodass Sanierung als nicht mehr aussichtsreich erscheint, BGH NJW **04**, 3782, Staub/Renner 4/254, Bitter/Alles WM **13**, 537; Zahlungsverzug mit mindestens zwei aufeinander folgenden Raten, BGH **95**, 362 (AGB-Kontrolle), auch dann aber Grenze aus

Hopt 2097

(7) BankGesch G/19, G/19a   2. Teil. Handelsrechtl. Nebengesetze

§ 242 BGB, Schlesw ZIP **06**, 1339 (3 Raten, aber Rückstand von nur 1,7 %). Zins- oder Tilgungsverzug und dadurch ausgelöster Eigenbedarf des Gläubigers; beharrliche Nichtvorlage der Kreditunterlagen nach § 18 KWG, jedenfalls bei Kündigungsandrohung, BGH WM **94**, 838; Verschweigen von Zwangsvollstreckung, auch ungefragt, Saarbr WM **06**, 2251. Entscheidend sind aber immer Gesamtwürdigung und Interessenabwägung, BGH NJW **86**, 1928. Bestreiten des Anspruchs und Verweigerung der fälligen Ratenzahlungen aus erwägenswerten rechtlichen Zweifeln durch offenbar vertragstreuen Darlehensschuldner sind kein wichtiger Grund, der Gläubiger kann auf Feststellung oder wegen Besorgnis nicht rechtzeitiger Leistung (§§ 256, 259 ZPO) klagen, BGH NJW **81**, 1666. Nachschieben von Kündigungsgründen ist zulässig, auch wenn vorher schon bekannt; entscheidend ist allein Vorliegen im Zeitpunkt der Kündigung; BGH WM **85**, 1493. Ausnahmsweise ist auch vor der außerordentlichen Kündigung Abmahnung nötig, zB wenn der Kunde an der Mißbilligung der Kontoüberziehung durch die Bank zweifeln kann, BGH NJW **78**, 947, BB **80**, 698; Schneider JR **78**, 416. Außerordentliche Kündigung nur innerhalb angemessener Frist, BGH WM **80**, 381, **83**, 753. Verhältnis der außerordentlichen Kündigung zur Störung der Geschäftsgrundlage, BGH **133**, 320, WM **80**, 380, Siol FS Hadding **04**, 1156.

G/19   d) **Außerordentliche Kündigung nach § 490 I, II BGB**: § 490 I BGB idF SMG (mit erheblichen Änderung zu § 610 aF BGB) gibt dem Darlehensgeber ein außerordentliches Kündigungsrecht (früher Widerrufsrecht), das eine besondere Ausformung von § 314 BGB ist und im Übrigen § 313 BGB (Störung der Geschäftsgrundlage) und § 314 BGB (s Rn G/18) unberührt lässt (§ 490 III BGB). Die Kündigung nach § 490 I BGB, auch Teilkündigung, Celle WM **10**, 402, ist vor Auszahlung des Darlehens stets, nach Auszahlung nur in der Regel möglich (früher nicht mehr nach Auszahlung, BGH WM **59**, 665), aber Mülbert WM **02**, 474: auch nach Auszahlung iErg stets. § 490 I BGB setzt voraus, dass in den Vermögensverhältnissen des Darlehensnehmers oder in der Werthaltigkeit einer für das Darlehen gestellten Sicherheit eine wesentliche Verschlechterung eintritt oder einzutreten droht, die die Rückzahlung des Darlehens, auch unter Verwertung der Sicherheit, gefährdet. Gefährdung iSv § 490 I BGB ist uU zu bejahen, wenn sich die bisherige Finanzplanung des Kunden als unzuverlässig erweist, BGH WM **60**, 576. Gefährdung muss nach § 490 I BGB auch unter Verwertung der Sicherheit bestehen. Denn bei einer werthaltigen Sicherheit ist auch der schuldrechtliche Sicherheitenfreigabeanspruch des Darlehensnehmers Vollstreckungsobjekt. Bei Grundpfandrechten sind Rang und voraussichtliche Wertentwicklung zu berücksichtigen (Prognose), Brdbg WM **10**, 605. Der Darlehensgeber soll aber durch § 490 I BGB nicht gezwungen werden, immer zuerst eine von einem Dritten bestellte Sicherheit wie Bürgschaften oder Grundpfandrechte zu verwerten, Sonnenhol WM **02**, 1265, wohl Kln WM **03**, 280, wohl aA Mülbert WM **02**, 474. Die Sicherheit muss aber das volle Kreditrisiko abdecken, die Bewertung kann zeitaufwändig und schwierig sein (aber idR Zerschlagungswert). Die Berücksichtigung von Sicherheiten ist abdingbar, auch durch AGB, Mülbert WM **02**, 474, aA Siol FS Hadding **04**, 1163 (vgl Rn G/19a). Wenn Insolvenzantrag gestellt ist, kann auch eine ausreichend gesicherte Bank fristlos kündigen. Kontrollwechsel beim Darlehensnehmer gibt idR kein Kündigungsrecht, aber uU change of control-Klausel, Cramer WM **11**, 825. Lit: Staub/Renner 4/241 ff, Staudinger/Mülbert § 490 BGB Rn 6 ff, Freitag WM **01**, 2372, Wittig/Wittig WM **02**, 148, Mülbert WM **02**, 473, Sonnenhol WM **02**, 1264, Siol FS Hadding **04**, 1164, Regenfus ZBB **15**, 383.

G/19a   § 490 II BGB idF VerbrKrRiUmsetzG gibt dem Darlehensnehmer ein außerordentliches Kündigungsrecht bei einem durch Grund- oder Schiffspfandrecht gesicherten Darlehen mit einem gebundenen Sollzinssatz (§ 489 V BGB idF VerbrKrRiUmsetzG). § 490 II BGB ist ein besonders geregelter Fall der Vertragsanpassung (vgl § 313 BGB), Mülbert WM **02**, 475, str. Das Kündigungsrecht besteht nur, wenn die berechtigten Interessen des Darlehensnehmers dies gebieten, so insbesondere (also nicht nur) bei Bedürfnis nach anderweitiger Verwertung der beliehenen Sache (§ 490 II 2 BGB). In diesem Fall hat der Darlehensnehmer dem Kreditgeber jedoch den (vollen, nicht mehr nur angemessenen) Kündigungsschaden zu ersetzen (**Vorfälligkeitsentschädigung**, § 490 II 3 BGB; vgl für Verbraucherdarlehensverträge § 502 BGB), auch bei Teilkündigung, Celle WM **10**, 402. § 490 II 3 BGB ist ein gesetzlich normierter Schadensersatzanspruch, Hamm WM **05**, 1265, Nürnb WM **15**, 374, BankrechtsHdb/Krepold § 79 Rn 66, nämlich statt der Leistung als §§ 280 I, III, 281 iVm § 314 III BGB, str; ob daneben Verzugsschaden (§ 497 BGB) geltend gemacht werden kann, ist str, Stgt WM **15**, 1009, Knöpfel NJW **14**, 3126. Ein Bedürfnis nach anderweitiger Verwertung ist auch unter II 2 anzunehmen, zB bei beabsichtigter Veräußerung des belasteten Grundstücks auch aus privaten Gründen, auch wegen günstiger Verkaufsgelegenheit, BGH **136**, 161, auch wenn der Darlehensnehmer das beliehene Objekt zur Absicherung eines beim Darlehensgeber nicht erhältlichen umfangreicheren Kredits benötigt, BGH WM **97**, 1799, zum Zwecke der Umschuldung, wenn das Beleihungsobjekt sonst nicht gehalten werden könnte, Naumbg ZIP **07**, 1900. Keine Vorfälligkeitsentschädigung bei zulässigem Sicherheitenaustausch, BGH **158**, 11; bei einvernehmlicher Vertragsauflösung nur falls vereinbart, BGH WM **16**, 457 Rn 23, 687 Rn 30 (RsprÄnderung), **17**, 97 (gegen Kritik bestätigt), Grüneberg WM **17**, 2, krit Bunte NJW **16**, 1626 (mit Auswegen), Müller WM **16**, 2201. Schadensberechnung sowohl nach der Aktiv-Aktiv-Methode als auch nach der Aktiv-Passiv-Methode, BGH **136**, 168, **146**, 10, Berechnung der Vorfälligkeitsentschädigung nach der Bundesbankstatistik, BGH **161**, 196, näher Rösler/Wimmer WM **00**, 164, v Heymann/Rösler ZIP **01**, 441. § 490 II BGB lässt §§ 313, 314 BGB unberührt (s oben). § 490 II BGB ist dispositiv (vgl §§ 489 IV, 506 BGB), aA Siol FS Hadding **04**, 1167, aber Grenzen bei Parteiabreden über Vorfälligkeitsentschädigung (§ 490 II 3 BGB) und für AGB bei Verbrauchern (§ 13 BGB) und Existenzgründern (§ 512 BGB), AGB-Kontrolle, BGH WM **16**, 457m krit Anm Bunte NJW **16**, 1626, Ffm WM **13**, 1351. Vertragliches Sondertilgungsrecht, kündigungsunabhängig und ohne Vorfälligkeitsentschädigung, BGH WM **12**, 28. Lit: BankrechtsKommLBS/Krepold 2. Aufl 2016 14. Kap, Staub/Renner 4/246 ff, Staudinger/Mülbert § 490 BGB Rn 56 ff, Freitag WM **01**, 2376, Wittig/Wittig WM **02**, 149, Mülbert WM **02**, 475, Becher/Lauterbach WM **04**, 1163, Wimmer/Rösler WM **05**, 1873, Freitag ZIP **08**, 1102 (VerbraucherkreditRi), Ady/Paetz WM **09**, 1061 (RegE Umsetzungsgesetz), Knöpfel NJW **15**, 3125, Ganter WM **16**, 1813, Wimmer/Rösler WM **16**, 1821 (Berechnung), Huber WM **17**, 605.

3) Rechtsprobleme besonderer Geldkreditgeschäfte. A. **Kontokorrentkredit** ist die häufigste Form von Geldkredit. Der Kreditnehmer unterhält bei der Bank ein Einlagenkonto (Kontokorrentkonto), das er bis zu einem bestimmten Kreditrahmen überziehen darf. Die Überziehungen können beliebig häufig sein (**revolvierender Kredit**, s Rn G/3). Beim Kontokorrentkredit liegen ein Krediteröffnungsvertrag und ein Girovertrag (s Rn G/2, C/25) vor; außerdem sind grundsätzlich §§ 355–357 HGB anwendbar (s dort). Kontokorrentkredit s Canaris WM Sonderbeil 4/**87**, K. Schmidt FS Claussen **97**, 483, Mülbert/Grimm WM **15**, 2217 (Kontokorrentkredit als Gelddarlehensvertrag).

B. **Lombardkredit** ist ein Gelddarlehen, das durch Verpfändung oder Sicherungsübereignung bzw Sicherungszession beweglicher Sachen oder Rechte gesichert ist (enger § 19 I Nr 2 aF BBankG: verzinsliche Darlehen gegen Pfänder). Der Lombardkredit ist also (dinglich gesicherter) Realkredit (aber nicht Immobiliarkredit) im Gegensatz zum (nur durch Personen gesicherten) Personalkredit. Als Pfänder sind vor allem Effekten wichtig (Effektenlombard). Die Lombardsätze

(Sollzinsen bei Lombardkreditgewährung) der DBBk sind für die Banken rechtlich nicht bindend, aber praktisch richtungsweisend. Lit: Brand 1968 (Effektenlombard), Hopt/Mülbert 305, Staudinger/Mülbert § 488 BGB Rn 500 ff.

G/22 C. **Hypothekenbankkredit** ist ein normaler, durch Hypotheken, Grundschulden oder die volle Gewährleistung einer inländischen Körperschaft oder Anstalt des öffentlichen Rechts gesichertes Darlehen einer privatrechtlichen Hypothekenbank, Schiffsbank oder öffentlichrechtlichen Kreditanstalt. Frühere Sonderregelungen (HypBG, SchiffsBG ua) sind aufgeh; s jetzt §§ 12 ff, 20, 21 ff PfandBG.

G/23 Beim **Pfandbriefdarlehen** wird der Hypothekenbankkredit ausnahmsweise statt in Geld in Hypothekenpfandbriefen der Bank gewährt; der Kreditnehmer kann dann nach seiner Wahl in Geld oder in Hypothekenpfandbriefen zu ihrem Nennwert zurückzahlen. Pfandbriefumlauf und Darlehensgewährung bzw Hypothekenstock müssen sich entsprechen (Grundsatz der Deckungskongruenz, § 4 PfandBG). Reform des Pfandbriefrechts durch PfandBG 2005 (Wegfall des Spezialbankprinzips, Neuordnung des Deckungssystems, Risikomanagement). Lit: Hopt/Mülbert 313, Frank/Glatzl WM **05**, 1681, Koppmann WM **06**, 305.

G/24 D. **Schuldscheindarlehen** sind Kredite von Kapitalsammelstellen, die typischerweise durch Vermittlung eines Finanzmaklers (s auch § 93 HGB Rn 5 über Darlehensvermittler) oder einer Bank zustande kommen, von dieser bei Großanlegern (Kapitalgeber) plaziert werden, langfristig an kapitalsuchende Unternehmen und öffentliche Hände gegeben werden und idR besonders gesichert sind (Grundschulden, Treuhänder). Die Vertragsgestaltungen sind unterschiedlich; meist liegt zunächst ein Darlehen zwischen Bank und Kreditnehmer vor; in die Stellung der Bank rücken später die endgültigen Kreditgeber ein (§§ 398, 404 BGB; vgl § 405 BGB). Der Schuldschein hat idR bloße Beweisfunktion (§§ 371, 952 BGB). Lit: Hopt/Mülbert 318, Staudinger/Mülbert § 488 BGB Rn 556 ff.

G/25 **4) Rechtsprobleme der Akzeptkreditgeschäfte.** A. **Akzeptkredit:** Der Akzeptkredit ist im Gegensatz zum Geldkredit (s Rn G/20–24) bloßer Haftungskredit. Die Bank akzeptiert den vom Kreditnehmer auf sie gezogenen Wechsel und schafft durch diese wechselmäßige Haftung die Grundlage für die Kreditaufnahme des Kunden; dieser muss rechtzeitig vor Verfall des Wechsels Deckung beschaffen, so dass die Bank nicht effektiv zahlen muss. Je nach den Umständen des Falls, der Vertragsgestaltung und dem Einsatz eigener oder fremder Mittel der Bank liegt entweder Geschäftsbesorgung (§§ 675 I, 631 BGB) oder Darlehen (§ 488 BGB) vor, BGH **19**, 288, WM **60**, 608. Ersteres ist gegeben, wenn es Sache des Kunden ist, sich auf Grund des Akzepts den Geldkredit zu beschaffen, oder die Bank auf Rechnung und Gefahr des Kunden den Fremddiskont besorgt, BGH **19**, 288, BankrechtsHdb/Peters § 65 Rn 17f; hL. Darlehen liegt vor, wenn die Bank den Geldkredit aus eigenen Mitteln gewährt (Eigendiskont) oder sich von vornherein auf eigene Rechnung und Gefahr Fremddiskont besorgt. Meist liegt ein Krediteröffnungsvertrag vor (s Rn G/2), Akzeptkredit kann revolvierend sein. Der Anspruch auf Erteilung des Akzepts und ggf Aushändigung des Wechsels zur eigenen Weitergabe bzw der Diskontsumme ist abtretbar außer im Fall des § 399 BGB (zu diesem s § 354a HGB), BGH WM **70**, 1095. Die Bank hat (auch bei Darlehen) Anspruch auf Akzeptprovision (nach Vereinbarung, sonst § 354 HGB) sowie auf rechtzeitige Anschaffung der Deckung. Beim bloßen Haftungskredit hat die Bank Anspruch auf Freistellung und Aufwendungsersatz (Revalierung, §§ 675 I, 669, 670 BGB), aber nur wenn sie tatsächlich Aufwendungen hat, nicht wenn das Akzept nicht vorgelegt wird, BGH **19**, 291, KG WM **56**, 1554. Bei Darlehen besteht Anspruch auf Rückzahlung auf jeden Fall unabhängig von der Akzeptvorlegung. Kein Anspruch des Kunden gegen die Bank aus dem Wechsel nach Art 28 WG, denn der Wechsel dient dem Kunden zur Geldbeschaffung (Einwand des Akzeptkreditgeschäfts). Lit: Staub/Renner 4/

289 ff, Staudinger/Mülbert § 488 BGB Rn 580 ff, Hopt/Mülbert 333, BankrechtsHdb/Peters § 65 Rn 16 ff.

B. **Rembourskredit:** Der Rembourskredit ist eine besondere Form des Akzeptkredits im Außenhandel und deshalb rechtlich wie dieser (s Rn G/25) zu behandeln, BankrechtsHdb/Peters § 65 Rn 21, vgl BGH **LM** § 675 BGB Nr 25. Er ist idR mit einem Akkreditiv gekoppelt, dann steht Akkreditivrecht (s Rn K/1 ff) im Vordergrund. Zugrunde liegt zB ein Kauf zwischen Exporteur (Verkäufer) und Importeur (Käufer). Rembourskreditgeberin ist idR eine vom Käufer bzw seiner Bank zum Akzept des vom Verkäufer ausgestellten Wechsels beauftragte Bank (Remboursbank). Der Verkäufer erhält gegen den Wechsel und die Übergabe der Verladedokumente (Konnossement mit Begleitpapieren) den Diskonterlös von seiner ausländischen (Haus-)Bank (Negoziierung); diese reicht den Wechsel samt Dokumenten zum Akzept an die Remboursbank weiter und refinanziert sich durch Rediskontierung des Akzepts. Der Rembourskredit wird dem Käufer eingeräumt, der sich bis zu Verfall und Revalierung des Wechsels durch Weiterverkauf der Importware refinanzieren kann. Rechtlich sind der isolierte Rembourskredit und der Rembourskredit mit Akkreditiv zu unterscheiden. Beim ersteren gelten grundsätzlich die Regeln für den Akzeptkredit (s Rn G/25); diese werden beim letzteren durch Akkreditivrecht überlagert. Zwischen dem Käufer und der Bank liegt also wie beim Akkreditiv (s Rn K/1 ff) ein Geschäftsbesorgungsvertrag nach §§ 675 I, 631 BGB vor; bei Einschaltung einer dritten, idR ausländischen Bank kommt ein weiterer Geschäftsbesorgungsvertrag nach §§ 675 I, 631 BGB zwischen den beiden Banken hinzu. Zwischen Remboursbank und Verkäufer besteht nach Bestätigung des Akkreditivs (bestätigter Rembourskredit) ein abstraktes Schuldversprechen nach § 780 BGB bzw die aus Akzept folgende rechtliche Beziehung (vgl für das Akkreditiv Rn K/10–24). Lit: Staudinger/Mülbert § 488 BGB Rn 608 ff, Hopt/Mülbert 361, BankrechtsHdb/Peters § 65 Rn 21 ff, s auch vor Rn K/1 (Außenhandelsfinanzierung).

C. **Avalkredit:** Der Avalkredit ist wie der Akzeptkredit ein bloßer Haftungskredit. Die Bank übernimmt gegen Zahlung einer Avalprovision durch den Kunden die Bürgschaft gegenüber dessen Gläubiger. Das kann durch Wechselbürgschaft (Art 30 ff WG, streng zu unterscheiden von Bürgschaft nach §§ 765 ff BGB) oder in der Praxis häufiger durch Indossierung geschehen. Der Avalkreditvertrag (Innenverhältnis) ist streng von dem Bürgschaftsvertrag (Außenverhältnis) zu trennen. Er ist kein Vertrag zugunsten Dritter (des Gläubigers), BGH WM **84**, 768. Lit: BankrechtsHdb/Peters § 65 Rn 29.

5) Haftung der Bank bei Kreditvergabe. A. Haftung gegenüber dem Kreditnehmer: a) Eine Haftung aus **Kreditversagung** gibt es mangels Abschlusszwangs im deutschen Recht nicht; die Ausnahmen, zB § 826 BGB, § 20 GWB (Einl 7 vor § 343 HGB), spielen für das Kreditgeschäft keine Rolle (Ermessen bei Beurteilung der Kreditwürdigkeit). Möglich ist aber Haftung der Bank nach §§ 280, 311 II BGB aus Verschulden bei Vertragsverhandlungen auf das negative Interesse, wenn der Kunde ausnahmsweise auf den Abschluss vertrauen durfte, nicht schon wegen Hausbankstellung, Staub/Renner 4/138, nicht wenn er falsche (auch für den Abschluss letztlich nicht maßgebliche) Angaben machte, dann zumindest Mitverschulden, BGH WM **60**, 433, **62**, 347. Bei vorangegangener Duldung von Kontoüberziehungen (Überziehungskredit, vgl für Verbraucherverträge: geduldete Überziehung, § 505 BGB idF VerbrKrRi-UmsetzG, s Rn G/4 und (**8**) AGB-Banken Nr 12 Rn 2) können Hinweis- und Warnpflichten der Bank bestehen, aber keine Erfüllungshaftung, Ausnahmen nach § 242 BGB nur in ganz atypischen Fällen, Hopt ZHR 143 (**79**) 159, Saarbr WM **88**, 1227 (Versicherungserstprämie), entspr bei Scheckeinlösung (s Rn E/1); Sanierung s Rn G/32. Lit: Voglis 2001.

G/26

G/27

G/28

(7) BankGesch G/29–G/32 2. Teil. Handelsrechtl. Nebengesetze

G/29 **b) Haftung bei Kreditvergabe** s Rn A/25 (Aufklärungspflichtverletzung, Einwendungsdurchgriff, Projekt- und Immobilienfinanzierung). Haftung aus **Kreditkündigung** ist bei Pflichtverletzung möglich, zB bei unberechtigtem vorzeitigem Entzug des Kredits, s Rn G/14–15, Schaden kann auch vor Sicherheitenverwertung durch die Bank entstehen, str, entgangener Gewinn (§ 252 BGB), für Insolvenz str, Hopt/Mülbert § 609 Rn 141 ff, aA Kln WM **85**, 1131; Haftung aus **Knebelung** s Rn H/3.

G/30 **B. Haftung gegenüber Dritten: a)** Haftung aus **Kreditversagung** ist nur ausnahmsweise denkbar, wenn der Dritte auf die Kreditgewährung vertrauen konnte (Vertrauenshaftung); zur Patronatserklärung s § 349 HGB Rn 22.

G/31 **b)** Haftung aus **Kreditbelassung** ist häufiger (§§ 138, 826 BGB), zB **Insolvenzverschleppung, Credittäuschung, Gläubigerbenachteiligung** (alle drei Fallgruppen ineinander übergehend) durch die selbst voll abgesicherte Bank, zusammenfassend BGH NJW **16**, 2662 zur Sittenwidrigkeit bei Überbrückungskrediten (s auch Rn H/5) m zust Anm Stürner JZ **16**, 1123, KG WM **16**, 1073m krit Anm Längsfeld/Meyer-Löwy/Nardi WM **16**, 1269, krit Thole WM **10**, 685. Zeitliche Grenze für Überbrückungskredit str, für drei Wochen (wie § 15a I 1 InsO), BGH ZIP **10**, 1443 Rn 17, KG WM **16**, 1073, ein bis drei Monate, KG ZIP **16**, 1450, Weiß/v Jeinsen ZIP **16**, 2251, keine starren Grenzen, Gesamtwürdigung des einzelnen Vertrags, BGH ZIP **17**, 809. § 138 BGB greift aber neben den Sondervorschriften der Insolvenz- bzw Gläubigeranfechtung nur bei darüber hinausgehenden Umständen, BGH NJW **16**, 2662 Rn 43. Ebenso bei eigennütziger Veranlassung des Schuldners zur bewussten Hinauszögerung des Insolvenzantrags, BGH **162**, 143. Dabei ist für § 826 BGB mindestens bedingter Vorsatz nötig, stRspr, aA Mertens ZHR 143 **(79)** 182. Geltendmachung des Gesamtgläubigerschadens in der Insolvenz durch Insolvenzverwalter (§ 92 InsO), K. Schmidt ZGR **96**, 209. Grenzen der Einflussnahme auf Schuldner Hoffmann WM **12**, 10.

G/32 **6) Sanierung.** Sinnvolle **Sanierungsversuche,** die nach sorgfältiger Prüfung der Erfolgsaussichten dauerhafte Rettung als realistisch erscheinen lassen, machen auch bei Fehlschlag nicht haftbar, BGH **10**, 228, **75**, 110 (Herstatt), **96**, 231 (BuM), NJW **84**, 1900, **92**, 3174, WM **16**, 1182 Rn 14 (zur Anfechtung). Erforderlich ist nach einer knappen Überlegungsfrist Aufstellung eines Sanierungsplanes (schlüssiges Sanierungskonzept), BGH WM **98**, 250, **16**, 1182 Rn 15, idR unter Heranziehung eines Wirtschaftsprüfers und Ablaufüberwachung, dagegen nicht Offenlegung der Sanierung (Verfahrenspflichten). Anforderungen an die Erstellung von Sanierungskonzepten, IDW S 6 Stand 20.8.12, Prütting ZIP **13**, 203; der Sanierungsplan muss aber nicht IDW S 6 entsprechen, BGH WM **16**, 1182 Rn 19. § 826 BGB schützt bei Missbrauch einer Kapitalerhöhung als Mittel zur Insolvenzverschleppung die Erwerber der Neuaktien, aber nicht die Käufer von Altaktien, die Dritten während der Verschleppungszeit einen überhöhten Preis bezahlen, BGH **96**, 231. Außergerichtlicher Sanierungsvergleich, BGH **116,** 319 (Gefahrengemeinschaft und § 242 BGB abl, iErg sehr problematisch). Zahlungsunfähigkeit tritt erst mit der nach außen verlautbarten Kreditverweigerung der Bank ein, BGH **118,** 171. Kooperationspflichten des Gfter s § 109 HGB Rn 27, der Gläubiger Eidenmüller ZHR 160 **(96)** 343. Sanierungsprivileg §§ 39 IV 2, 135 IV InsO. Sanierungskredite im Insolvenzplan s § 264 InsO. Anfechtung bei Konsolidierungsdarlehen, KG ZIP **13**, 1486, bei Sanierungskrediten, anders bei Anschubfinanzierung, BGH WM **09**, 905, Ganter WM **09**, 1441. KredReorgG v 19.12.10 BGBl 1900, Wolfers/Voland WM **11**, 1159. Arbeitsrecht s § 59 Rn 43. Anforderungen an die Erstellung von Sanierungskonzepten, IDW S 6 (§ 317 Rn 1), (Sanierungs-)Bescheinigung nach § 270b InsO, IDW S 9 (§ 317 Rn 1), Sanierungsberatung Kuss WPg **09**, 326. Sanierung bei Anleihebedingungen s (7) Bankgeschäfte Rn Y/3. **Sanierungs-**

V. Bankgeschäfte   G/33, G/34   **BankGesch (7)**

kredit, Staub/Renner 4/383 ff, Kündigung von Sanierungskrediten s Rn G/16, 18. **MaSan** 25.4.14, Mindestanforderungen an Sanierungspläne von potentiell systemgefährdenden Kreditinstituten. **Sanierungserlass** des BMF, gegen Billigkeitserlass BFH ZIP **17**, 338 (GrS) m Anm Schüppen ZIP **17**, 752, Gesetzesänderung unerlässlich, Kahlert/Schmidt ZIP **17**, 503, Sistermann DStR **17**, 689. Lit: BankrechtsHdb/Gehrlein § 84 (Gesellschafterdarlehen), BankrechtsHdb/ Häuser § 85 (Sanierungsdarlehen), K. Schmidt/Uhlenbruck 5. Aufl 2016 (GmbH); BuB/Früh/Müller-Arends Rn 3/161a ff, Eidenmüller 1999, Engert 2005, Ferschen 2008 (Prüfungspflicht der Bank), Hess, SanierungsHdb, 4. Aufl 2009, Rössler 2010, Bork 2011, Kempen 2011 (Kontokorrentkredit), Schmittmann 2015 (Haftung von Organen in Krise und Insolvenz); IDW Sanierung und Insolvenz 2017, Pape/Opp 2017 (Sanierungsgutachten); Westermann, Brandner, von Rottenburg, ZHR 153 **(89)** 123, 147, 162, Häuser, Köndgen, Bankrechtstag **94**, 75, 141, Wittig FS Uhlenbruck **00**, 685, Obermüller ZInsO **02**, 97, Theewen BKR **03**, 141, Schäffler BB **06**, 56, Smid WM **07**, 1589 (Haftung), Westpfahl/ Janjuah ZIP Sonderbeil 1/**08** (Reform), Paulus ua WM **10**, 1337 (Reform), Schuster/Westpfahl DB **11**, 221, 282 (Bankensanierung, KredReorgG, RestruktFG), Geier/Schmitt BKR **12**, 1 (Krisenablauf), Schönfelder WM **13**, 112 (Sanierungsgutachten), Cichy/Behrens WM **14**, 438 (Sanierungspläne, Bankenkrisen), Urlaub/Kamp ZIP **14**, 1465 (Bankenhaftung), Seibt ZIP **14**, 1909 (Sanierungsgesellschaftsrecht), Möhlenkamp/Harder ZIP **16**, 1092 (CoCo-Bonds); Rossbach BB **17**, 1411 (Sanierungsbeiträge von Banken).
(derzeit unbelegt)   G/33

7) Finanzierungsdarlehen und Verbraucherdarlehen

Schrifttum

a) Kommentare und Handbücher: BankrechtsHdb/*Hadding/Häuser* 4. Aufl 2011 §§ 84, 85 (Gesellschafterdarlehen, Sanierungsdarlehen). – BankrechtsKomm*LBS/M. Roth* 2. Aufl 2016 15. Kap (Verbraucherdarlehen). – *Canaris* 2. Aufl 1981, 3. Kap. – *Hopt/Mülbert* 1989. **Verbraucherdarlehen:** BankrechtsHdb/*Jungmann/Peters* 4. Aufl 2011 §§ 81 ff. – *Bülow/Artz,* Verbraucherkreditrecht,, 9. Aufl 2016. – *Bülow/Artz,* Verbraucherprivatrecht 4. Aufl 2014. – *Lwowski/Peters/Münscher* 3. Aufl 2008. – *MüKoBGB/Schürnbrand* Bd 3 5. Aufl 2008. – *Nobbe* 2010. – *Palandt/Weidenkaff,* 77. Aufl 2018. –*Staub/Renner* Bd 10/2, 2015 4. Teil Kreditgeschäft Rn 536–871. – *Staudinger/Kessal-Wulf* 2004.

b) Sonstige Beiträge: *Franz,* Einwendungsdurchgriff, 1996. – *Heermann,* Drittfinanzierte Erwerbsgeschäfte, 1998. – *Hoffmann* Reform der Eur VerbrKrRi, 2007. – *Nobbe* WM Sonderbeil 1/**07**, 20 (Schrottimmobilien). – *Ady/Paetz* WM **09**, 1061 (VerbrKrRiUmsetzG). – *Derleder* NJW **09**, 3198. – *Schürnbrand* Bankrechtstag **09**, 173. – Nobbe WM **11**, 625 (VerbrKrRi, UmsetzungsG). – *Binder, Schmolke* Bankrechtstag **16**, 3, 45 (WohnimmobKrRiUmsetzG). **Muster:** *Hopt/Wittig* 4. Aufl 2013 Form IV. G.4, 5 (Ratenkredit für Verbraucher, Kreditlinie für Verbraucher). **RsprÜbersichten:** *Halstenberg* WM Sonderbeil 4/**88**, 10.

A. Finanzierungsdarlehen: Beim Kreditgeschäft der Banken sind das **Ver-** G/34
braucherdarlehen (§§ 491–505d BGB) und diesbezügliche Finanzierungshilfen zwischen einem Unternehmer und einem Verbraucher (§§ 506–508 BGB) sowie Ratenlieferungsverträge zwischen diesen (§ 510 BGB) einerseits und die gewerblichen Kredite, darunter das **Finanzierungsdarlehen,** zu unterscheiden. Erstere sind zum Schutz des Verbrauchers detailliert geregelt, ursprünglich im AbzG (Abzahlungsgeschäft, Teilzahlungskredit), dann im VerbrKrG (Verbraucherkredit) und seit dem SMG im BGB. Letztere unterfallen dem allgemeinen Darlehensrecht des BGB (§§ **488–490 BGB**) mit Ausformungen durch die Rspr vor allem für das Finanzierungsdarlehen. Dogmatisch kann das Verbraucherdarlehen als besonders wichtige Unterform des Finanzierungsdarlehens behandelt werden (Canaris, Hopt/Mülbert), denn abgesehen vom Verbraucherschutz stellen sich die gleichen Probleme. Beim Finanzierungsdarlehen kauft der Käufer vom Verkäufer mit Mitteln, die die Bank vorstreckt; der Verkäufer wird also sofort bezahlt, der Käufer muss die Mittel an die Bank in Raten mit Gebühren und

(7) BankGesch G/35, G/36

Zinsen zurückzahlen; sittenwidrig hohe Zinsen (§ 138 BGB) s Rn G/10, G/10a–c. Die Mittel besorgt entweder der Käufer-Bankkunde selbst ohne Einschaltung des Verkäufers (persönlicher Kleinkredit, Anschaffungsdarlehen, s Rn G/54) oder der Verkäufer. Die Bank sichert sich außer durch Sicherungsübereignung der Kaufsache durch Mithaftung oder Bürgschaft des Verkäufers (B-Geschäft, s Rn G/39 ff) oder durch einen Wechsel, den der Verkäufer ausstellt und der Käufer akzeptiert (C-Geschäft, s Rn G/51). Die ursprüngliche Form der Ausgabe von Warenschecks der Bank an den Käufer (A-Geschäft) kommt heute nicht mehr vor. Zwischen Käufer und Verkäufer liegt ein **Kauf** (Kreditkauf) vor. Zwischen Käufer und Bank besteht ein **Darlehensvertrag** (§ 488 BGB, Gelddarlehen im Unterschied zum Sachdarlehen nach § 607 BGB). Besorgt der Verkäufer den Kredit, liegt zwischen Verkäufer und Bank idR ein Grund- oder **Rahmenvertrag** (§§ 675 I, 611 BGB, vgl Rn A/6) vor, auf Grund dessen der Verkäufer der Bank Kunden zuführt und die Bank den Kunden bis zu einer bestimmten Gesamthöhe Darlehen gewährt und die Darlehenssumme direkt an den Verkäufer ausbezahlt. Der Rahmenvertrag ist damit ein besonders gestalteter Krediteröffnungsvertrag (s Rn G/2), str.

G/35 Die rechtliche Problematik beim Finanzierungsdarlehen besteht in der **Aufspaltung des** wirtschaftlichen und funktionellen **Zusammenhangs von Kauf und Darlehen** mit der Wirkung, dass der Käufer das Darlehen an die Bank zurückzahlen muss, ohne Rücksicht auf Schlecht- oder Nichterfüllung des Verkäufers. Hier sind Korrekturen nötig (verbundene Verträge, s Rn G/42), ohne dass jedoch entgegen Vertragsgestaltung und Parteiwillen die Verträge als rechtliche Einheit angesehen werden könnten, so die Trennungstheorie, hL, stRspr, aA Gernhuber FS Larenz **73**, 476, Vollkommer FS Larenz **73**, 712. Der Kauf hängt von Zustandekommen des Darlehens ab, Ffm BB **77**, 1573. Die dogmatische Begründung des Einwendungsdurchgriffs ist streitig. Die Rspr arbeitete vor Erlass des VerbrKrG außer mit § 242 BGB mit Ansprüchen aus Verschulden bei Vertragsverhandlungen (Aufklärungs- und Warnpflichten), das Schrifttum ua mit § 139 BGB, § 273 BGB, § 404 BGB, Geschäftsgrundlage, Zweckverfehlung ua; Einwendungsdurchgriff als Sanktion (berufs)rollenwidrigen Verhaltens s Hopt/Mülbert 429, oben Rn A/25. Die verbundenen Verträge beim Verbraucherdarlehensvertrag sind in §§ 358, 359, 360 BGB geregelt, die bei Finanzierungshilfen zwischen einem Unternehmer und einem Verbraucher ebenfalls anwendbar sind (§ 506 I BGB). **Muster:** Hopt/Wittig 4. Aufl 2013 Form IV. G.4 (Ratenkredit für Verbraucher), Form IV. G.5 (Kreditlinie für Verbraucher).

G/36 **B. Verbraucherdarlehen:** Das Verbraucherdarlehen, Finanzierungshilfen und Ratenlieferungsverträge zwischen einem Unternehmer und einem Verbraucher sowie die Vermittlung von Verbraucherdarlehensverträgen und Finanzierungshilfen sind im Wesentlichen in **§§ 491–515, 655a–655e BGB** geregelt. Das Verbraucherdarlehen ist weitgehend durch **Vorgaben der EU** bestimmt, so schon durch die EG-VerbraucherkreditRi 22.12.86 AblEG 12.2.87 Nr L 42/48, durch die **Neufassung der Verbraucherkreditrichtlinie** 23.4.08 ABlEU L 133/66, deren Reform sehr kontrovers war, Hoffmann 2007, Rott WM **08**, 1104, Siems EuZW **08**, 454, Gsell/Schellhaas JZ **09**, 20, Rösler/Werner BKR **09**, 1, Herresthal WM **09**, 1174 (Bewertung der Kreditwürdigkeit) und durch die **Wohnimmobilienkreditrichtlinie** 28.2.14 ABlEU L 60/34. Vgl auch das **Recht der Verbraucherverträge,** §§ 312 ff BGB. Zur Pflicht zur Prüfung der Kreditwürdigkeit EuGH ZIP **14**, 1873 (Crédit Lyonnais) m krit Anm Barta/Braune BKR **14**, 324 und Herresthal EuZW **14**, 500; EuGH EuZW **15**, 189m Anm Rott (Effektivitätsgrundsatz, Beweislast nicht beim Kreditnehmer). **Die Umsetzung der Verbraucherkreditrichtlinie** erfolgte zum 11.6.10 durch das VerbrKrRiUmsetzG 29.7.09 BGBl I 2355 und betraf Änderungen zu §§ 488–512 BGB (inzwischen weitere Änderungen durch das Musterwiderruf-

V. Bankgeschäfte G/37 **BankGesch (7)**

sInfoG 2010). Die **Umsetzung der Wohnimmobilienkreditrichtlinie** erfolgte zum 21.3.2016 durch das WohnimmobKrRiUmsetzG 11.3.2016 BGBl I 396. Änderungen betreffen vor allem das Recht der Verbraucherdarlehensverträge (§§ 491 ff BGB) und der entgeltlichen Finanzierungshilfen (§§ 655a ff BGB) sowie die Informationspflichten (Art 247 EGBGB). Das Verbraucherdarlehen umfasst den Allgemein-Verbraucherdarlehensvertrag und den Immobiliar-Verbraucherdarlehensvertrag (§ 491 I BGB) mit verschiedenen Regelungen. Eingeräumte Überziehungsmöglichkeit und Beratungspflicht dabei (§§ 504, 504a BGB). **Pflicht zur Kreditwürdigkeitsprüfung** bei Verbraucherdarlehensverträgen (§§ 505a bis 505d BGB, § 18a KWG, responsible lending), also im Hinblick auf EuGH (Crédit Lyonnais) kombinierte aufsichts- und zivilrechtliche Umsetzung, dazu Buck-Heeb BKR **15**, 177, NJW **16**, 2065, Buck-Heeb/Lang ZBB **16**, 320, Gunkel/Richter WM **16**, 1517 (Bankrechtstag), Binder, Schmolke Bankrechtstag **16**, 3, 45, Harnos JZ **17**, 552, König WM **17**, 269, Omlor ZIP **17**, 112. Das VerbrKrRiUmsetzG hat auch **die zivilrechtlichen Teile der Zahlungsdiensterichtlinie** I in §§ 675a–676c ff BGB, dort mit einem eigenen Untertitel Zahlungsdienste mit Zahlungsdienstevertrag und Haftung, umgesetzt (s Rn C/; zur **ZDRi II** 6.6.17 BGBl I 1495 s Rn C/2 ff). Zur Umsetzung Schürnbrand ZBB **08**, 383, Ady/Paetz WM **09**, 1061 (RegE), Schürnbrand, Knops Bankrechtstag **09**, 173, 195, Nobbe WM **11**, 625, Wendehorst ZEuP **11**, 263 (krit zur Umsetzung), Metz NJW **12**, 1991. Zum VerbrRechteUmsetzG Bittner/Clausnitzer/Föhlisch 2014, zu §§ 358–360 ff dort Rn 274 ff. Zum **Verbraucherkreditrecht (§§ 491–512 BGB)** Bülow/Artz 9. Aufl 2016; Staub/Renner Bd 10/2, 2015 4. Teil Kreditgeschäft (zit 4/536 ff) und Komm zum BGB.

Das **Verbraucherdarlehen** ist, wie schon die Fülle verschiedener, zT sehr technischer Vorschriften im BGB anzeigt, Gegenstand einer umfänglichen Rspr und umfassender Kommentierungen. Eine **Kurzdarstellung** derselben **in diesem Kommentar** ist **nicht sinnvoll**. Das **Finanzierungsdarlehen (als Grundform)** und das entsprechende **Kreditgeschäft der Banken** wird im BGB allerdings nur ausschnittsweise geregelt, nämlich sofern Verbraucher und Gleichgestellte (zB Existenzgründer) beteiligt sind. **Verbraucher** iSv § 13 BGB ist jede natürliche Person, die ein Rechtsgeschäft zu Zwecken abschließt, die überwiegend (mWv 13.6.14) weder ihrer gewerblichen noch ihrer selbständigen beruflichen Tätigkeit zugerechnet werden können; dementsprechend **Unternehmer** s § 14 BGB; Darlehensgeber iSv § 491 I BGB auch, wenn unternehmerische Tätigkeit sich nicht auf die Kreditvergabe bezieht, hL, BGH WM **09**, 262. §§ 491–511 BGB gelten auch für Existenzgründer (§ 512 BGB, Grenze: 75 000 Euro). Auf Finanzierungshilfen zwischen einem Unternehmer und einem Verbraucher (Zahlungsaufschub, sonstige Finanzierungshilfe, § 506 BGB) sind §§ 358–360 BGB über **verbundene Verträge** (Einwendungsdurchgriff) und weitere Vorschriften aus dem Verbraucherdarlehensrecht anwendbar (§ 506 I BGB).

Zu **kreditfinanzierten Immobilien(fonds)geschäften** s Rn G/9a–G/9d.
Muster: Hopt/Wittig 4. Aufl 2013 Form IV. G.5, 6 (Kreditlinie für Verbraucher, Darlehensvertrag für Immobilienfinanzierung).

Außerhalb von §§ 491 ff BGB, also nicht schon bei Nichtvorliegen von G/37 Tatbestandsvoraussetzungen im Anwendungsbereich dieser Vorschriften, BGH NJW **04**, 1376, gelten die allgemeinen **Grundsätze über das Finanzierungsdarlehen,** wie sie die Rspr entwickelt hat, grundsätzlich weiter. Dabei ist aber ein Doppeltes zu beachten: Zum einen ist damit zu rechnen, dass die Entwicklung in beiden Bereichen zT parallel verlaufen wird (ua für Definition und Behandlung der verbundenen Verträge, s Rn G/39). Zum anderen muss jeweils genau geprüft werden, ob frühere Entscheidungen nicht gerade auf Verbraucherschutz abzielen und deshalb für das Finanzierungsdarlehen nicht weitergelten können. Die folgenden Grundsätze betreffen also insbesondere **Finanzierungs-**

(7) BankGesch G/38–G/40 2. Teil. Handelsrechtl. Nebengesetze

darlehen an **Kaufleute, Kapitalgesellschaften** (AG, GmbH ua, soweit nicht natürliche Personen), **Gewerbetreibende** ohne KfmEigenschaft und **Freiberufler,** soweit diese Tätigkeiten bereits ausgeübt werden, also nicht Existenzgründungsdarlehen (§§ 13, 512 BGB).

G/38 **Darlehensvermittler** sind, soweit es um Vermittlung und Nachweis von Verbraucherdarlehensverträgen oder Hilfestellung beim Vertragsabschluss geht, in §§ 655a–e BGB idF WohnimmobKrRiG 2016 geregelt (§ 93 HGB Rn 5).

8) Das Rechtsverhältnis zwischen Bank, Käufer und Verkäufer beim
G/39 **Finanzierungsdarlehen (außerhalb von §§ 491 ff BGB). A. Wirtschaftliche Einheit von Kauf und Finanzierungsdarlehen (verbundene Verträge):** Voraussetzung für die Annahme eines mit dem Grundgeschäft verbundenen Darlehensgeschäfts und für besondere Aufklärungs- und Warnpflichten der Bank zwischen Käufer und Bank ist, dass Kauf und Darlehen „wirtschaftlich eine auf ein Ziel ausgerichtete Einheit bilden oder sich zu einer solchen Einheit ergänzen", stRspr, BGH **47,** 255 (einschränkend für Immobilienkauf s G/40). Die Definition der verbundenen Verträge in § 358 III BGB kann insoweit übernommen werden: Ein Vertrag über die Lieferung einer Ware oder die Erbringung einer anderen Leistung und ein Darlehen sind verbunden, „wenn das Darlehen ganz oder teilweise der Finanzierung des anderen Vertrags dient und beide Verträge eine wirtschaftliche Einheit bilden" **(§ 358 III 1 BGB).** Dogmatisch bedeutet wirtschaftliche Einheit: Überschreitung der bloßen Darlehensgeberrolle durch die Bank und (kumulativ) Bindung des Darlehensnehmers in der Verwendung der Valuta an den Vertragspartner des drittfinanzierten Geschäfts, Hopt/ Mülbert 447.

G/40 Die Rspr hat zur Bestimmung der wirtschaftlichen Einheit eine Reihe **objektiver Verbindungselemente** entwickelt, die zT in **§ 358 III 2 BGB** kodifiziert sind. Danach ist eine wirtschaftliche Einheit insbesondere (also nicht abschließend) im Falle der Finanzierung durch einen Dritten (also abgesehen von der Finanzierung durch die Unternehmer-Vertragspartei selbst) anzunehmen, „wenn sich der Darlehensgeber bei der Vorbereitung oder dem Abschluss des Darlehensvertrags der Mitwirkung des Unternehmers bedient" (idF 2014; mit Abweichungen für Grundstücke und grundstücksgleiche Rechte, § 358 III 3 BGB, Meinhof NJW **02,** 2273, BGH NJW **00,** 3066), dazu Müller WM **15,** 697. Typische objektive Verbindungselemente sind nach der **Rechtsprechung** zB Geschäftsverbindungen zwischen Bank und Verkäufer, das eigene Interesse der Bank am Zustandekommen des Kaufs wegen der Darlehensprovision und -zinsen, die unmittelbare Auszahlung des Darlehens durch die Bank an den Verkäufer, die formularmäßige Ausgestaltung der Verträge, Sicherungsübereignung der Kaufsache, BGH **47,** 255, Benutzung derselben Vertriebsorganisation, BGH **159,** 280, 294 = NJW **04,** 2731, 2736, 2735 LS, 2742 (alle für VerbrKrG), Überlassung der Anbahnung auch des Kreditvertrags an den vom Immobilienfonds eingeschalteten Vermittler, BGH WM **04,** 1518 (II ZS), ähnlich BGH NJW **06,** 1877 (XI ZS), oder einen für diesen tätigen Finanzierungsvermittler, BGH NJW **04,** 3332 (VerbrKrG), enger zeitlicher und räumlicher Zusammenhang der Verträge, BGH NJW **80,** 1515, mangelnde freie Verfügung des Käufers über Darlehen, BGH **91,** 12, Beteiligung der Bank an dem finanzierten (Immobilien-)Geschäft über ihre Rolle als Kreditgeberin hinaus (s Rn A/25), BGH **83,** 304, NJW **80,** 43, **00,** 3066 ua. Zusammenfassend BGH WM **08,** 967. Diese Elemente brauchen nicht alle zugleich vorzuliegen, BGH NJW **80,** 940. Danach können Darlehensvertrag und Restschuldversicherung verbundene Geschäfte sein, BGH NJW **10,** 531 (zu § 358 III BGB) m zust Anm Schürnbrand ZBB **10,** 123, aA Mülbert/Wilhelm WM **09,** 2241, Freitag ZIP **09,** 1301, str. **Nicht erforderlich** sind (entgegen früherer Rspr) zB Dauerverbindung, BGH **47,** 230, NJW **71,** 2303, Sicherungsübereignung an die Bank, BGH NJW **79,** 2511, **80,** 938, mangelnde Geschäfts-

V. Bankgeschäfte   G/41–G/43   **BankGesch (7)**

erfahrung des Käufers, BGH NJW **78**, 1428. Die Zwischenschaltung von Darlehensvermittlern ändert nichts, BGH NJW **80**, 1516, **83**, 2252. Es genügt, dass Teilzahlung erst nachträglich vereinbart wird, BGH **91**, 13; uU auch, dass der Kredit nur zum Teil (zB 3/4) für den Abzahlungskauf bestimmt ist, BGH BB **70**, 417. Bei Refinanzierung der Bank durch eine zweite Bank, erstreckt sich der Einwendungsdurchgriff auch auf diese, BGH **43**, 260, **51**, 78. Der Einwendungsdurchgriff erfasst nur den finanzierten Kauf, nicht auch einen zweiten, wenngleich auch mit diesem verknüpften Vertrag zwischen Käufer und Verkäufer, BGH BB **73**, 776 (Drehbankkauf mit Auftragszusage). Ein **subjektives** Element, dass dem Darlehensnehmer Kauf und Darlehen als Einheit erscheinen, ist **weder positiv nötig noch schadet** grundsätzlich sein Fehlen, aber s Rn G/44. Diese Grundsätze zum verbundenen Geschäft gelten **auch bei kreditfinanzierten Immobilien(fonds)geschäften,** insoweit also keine Besonderheiten, s Rn G/9 (dort auch zum früheren Streit zwischen XI und II ZS).

B. **Anfechtung wegen arglistiger Täuschung des Verkäufers:** Die Bank   G/41
muss sich eine arglistige Täuschung auch des Verkäufers zurechnen lassen. Der **Verkäufer ist** wegen der wirtschaftlichen Einheit (s Rn G/39) **nicht Dritter nach § 123 II 1 BGB,** stRspr, BGH **47**, 231, NJW **78**, 2144; ebenso Darlehensvermittler, BGH NJW **79**, 1594; Vermittler bei Haustürgeschäftssituationen, BGH **159**, 280, 294 = NJW **04**, 2731, 2736, 2742 LS, 2742; auch Untervermittler, BGH NJW **01**, 359. Es kommt darauf an, ob der Vermittler, gleichgültig ob selbstständig oder nicht, mit Wissen und Wollen der späteren Vertragspartei Aufgaben übernimmt, die typischerweise ihr obliegen, BGH WM **96**, 2105, NJW **01**, 358. Etwas anders gilt bei arglistigem Zusammenwirken zwischen Käufer und Verkäufer, BGH **47**, 233. Vertragsklauseln, der Verkäufer handele ausschließlich als Beauftragter des Käufers, ändern grundsätzlich nichts, BGH **47**, 239, aA Canaris 1433. Die Anfechtung des Kaufvertrags erstreckt sich aber nicht ohne Weiteres auf den Darlehensvertrag, sondern muss für diesen grundsätzlich gesondert erklärt werden, BGH NJW **64**, 37. Bei Versäumung der einjährigen Anfechtungsfrist des § 124 BGB bleibt doch ein Einwendungsdurchgriff (Arglisteinrede, § 823 II BGB iVm § 263 StGB), BGH NJW **80**, 784. Lit: Hopt FS Stimpel **85**, 269.

C. **Einwendungsdurchgriff bei verbundenen Verträgen: a) Einwen-**   G/42
dungsdurchgriff: Der Käufer darf durch die Aufspaltung in Kauf und Darlehen (s Rn G/35) nicht „rechtlos" oder „schlechter" gestellt werden also ohne diese, stRspr, BGH **47**, 237. Er kann also die Einwendungen und Einreden gegen den Verkäufer grundsätzlich auch dem Darlehensrückzahlungsanspruch der Bank entgegenhalten (§ 242 BGB, so die Rspr): zB Nichtlieferung der Kaufsache oder wirksame Anfechtung des Kaufvertrags, BGH **47**, 233. Das entspricht im Wesentlichen dem Einwendungsdurchgriff nach § 359 BGB, der nicht gilt, wenn das finanzierte Entgelt 200 Euro nicht überschreitet, sowie bei Einwendungen, die auf einer zwischen dem Unternehmer und dem Verbraucher nach Abschluss des Verbraucherdarlehensvertrags vereinbarten Vertragsänderung beruhen (§ 359 S 2 BGB). Dieser Einwendungsdurchgriff ist heute eine **allgemeine Rechtsfigur** auch außerhalb der Bankgeschäfte, vgl BGH **105**, 299 (besondere Schutzbedürftigkeit), Canaris 1425, Hopt/Mülbert Vorbem 429 ff zu § 607, Abeltshauser ZIP **90**, 693. Zum (kleinen) **Rückforderungsdurchgriff** bei verbundenen Geschäften s Rn G/9 c. Lit zur Vorläufernorm § 9 III VerbrKrG Franz 1996; Fuchs AcP 199 **(99)** 306.

b) **Stellung wie ohne Aufspaltung:** Der Käufer soll grundsätzlich so stehen,   G/43
wie er ohne Aufspaltung in Kauf und Darlehen stünde, also weder schlechter noch besser. Dem Käufer ist es nicht selten zumutbar, sich **erst an den Verkäufer** (auch an den phG der VerkäuferGes) zu halten, zB wegen Rücktritts oder Minderung **(Subsidiarität des Durchgriffs),** BGH NJW **73**, 452, **78**, 1428;

(7) BankGesch G/44–G/46   2. Teil. Handelsrechtl. Nebengesetze

weitergehend Canaris 1430, 1442: § 320 BGB, die Mängeleinrede und alle dilatorischen Einreden könnten der Bank nie entgegengehalten werden. Für den Verbraucherdarlehensvertrag dagegen enger § 359 S 1 BGB: Verweigerung der Kreditrückzahlung wie Verweigerung der Leistung; das Subsidiaritätsprinzip gilt also dort grundsätzlich (zum Nacherfüllungsverlangen s § 359 S 3 BGB) nicht. Der Käufer hat aber auch allgemein beim Finanzierungsdarlehen den Einwendungsdurchgriff **sofort gegen die Bank,** wenn ihm die Inanspruchnahme des Verkäufers von vornherein unzumutbar ist, zB bei arglistiger Täuschung oder Sittenwidrigkeit des Kaufvertrags nach § 138 I BGB, BGH NJW **80**, 1157, oder wenn die Inanspruchnahme des Verkäufers fruchtlos erscheint, zB bei anhaltende Verweigerung, BGH NJW **79**, 2194, bei Vermögensverfall oder Unauffindbarkeit des Verkäufers, BGH **47**, 240, NJW **79**, 2512. Eine Klage gegen den Verkäufer ist dem Käufer aber idR nicht zuzumuten, aA BGH NJW **73**, 454; jedenfalls kein volles Durchprozessieren, BGH NJW **79**, 2195. Der Käufer soll aber auch **nicht besser gestellt** werden, BGH NJW **84**, 2818, also kein Einwendungsdurchgriff bei Verjährung der Ansprüche gegen den Verkäufer, BGH NJW **78**, 1429. Der Käufer hat den Einwendungsdurchgriff entweder oder er hat ihn nicht, eine Abstufung wie nach § 242 bzw § 313 BGB (bei Störung der Geschäftsgrundlage vorrangig Vertragsanpassung) wird von der Rspr bisher nicht anerkannt (trotz der entspr dogmatische Begründung, s Rn G/35).

G/44   c) **Ausschluss oder Verlust des Einwendungsdurchgriffs:** Der Einwendungsdurchgriff entfällt nicht schon, weil der Käufer eingetragener Kaufmann ist, aA BGH **37**, 101, **47**, 237, NJW **80**, 782 (§ 8 AbzG aF analog); doch fehlt es bei **Verstoß gegen § 377 HGB** bereits an einer Einwendung des Käufers (auch) gegenüber der Bank, BGH NJW **80**, 782. Der Käufer verliert den Einwendungsdurchgriff aus Gründen, die er unabhängig von seiner Schutzbedürftigkeit selbst zu verantworten hat, zB Ausstellung einer **unrichtigen Vorausquittung** (Empfangsbestätigung über Erhalt der Kaufsache) trotz Belehrung (s Rn G/47) und dadurch Veranlassung der Bank zur Auszahlung der Darlehenssumme an den Verkäufer, BGH **47**, 221, Celle NJW **73**, 372; ebenso Aushändigung einer Blankoerklärung an den Verkäufer; grundlose Verweigerung der Abnahme der Kaufsache, vgl BGH WM **63**, 1277 (§ 254 BGB); Aufhebung des Kaufvertrags im Einverständnis mit dem Verkäufer, LG Fbg MDR **73**, 495; Abtretung der Rechte aus dem Kauf an einen zweiten Käufer (§ 415 BGB), auch wenn die Bank informiert wird und dem zweiten Käufer einen Zahlungsplan übersendet, BGH NJW **74**, 187.

G/45   Der Einwendungsdurchgriff kann **nicht durch AGB ausgeschlossen** werden, BGH **83**, 301, auch nicht durch Trennungsklausel, BGH **95**, 350. Für den Verbraucherdarlehensvertrag weitergehend auch nicht durch (Individual)Vereinbarung, § 496 I BGB, allgemeiner §§ 511, 512 BGB (halbzwingend).

G/46   D. **Aufklärungs- und Warnpflichten der Bank beim Finanzierungsdarlehen: a) Dogmatik:** Die Bank kann sich bei Verstoß gegen ihre Aufklärungs- und Warnpflichten (vgl allgemein Rn A/16–29, hier geht es spezieller um Aufklärung **über das Aufspaltungsrisiko**) gegenüber dem Käufer schadensersatzpflichtig machen. Nach der Rspr kann der Käufer den Schadensersatzanspruch nach §§ 280, 311 II BGB aus Verschulden bei Vertragsverhandlungen dem Darlehensrückzahlungsanspruch der Bank entgegenhalten, stRspr, BGH **47**, 207, 217, üL. Diese teils kumulativ, teils alternativ zum Einwendungsdurchgriff gebrauchte Konstruktion ist diesem gegenüber schwächer, weil sie vom Vorliegen aller Schadensersatzanspruchsvoraussetzungen abhängt, zB Pflichtverletzung, Verschulden, Kausalität, mangelndes Mitverschulden des Käufers. Demgegenüber ist festzuhalten, dass der Einwendungsdurchgriff heute auch außerhalb der §§ 491 ff BGB aus den allgemeinen Grundsätzen des Finanzierungsdarlehens folgt (s Rn G/34 ff); auf eine Warnpflichtverletzung der Bank kommt es nicht mehr an, noch

V. Bankgeschäfte G/47–G/49 **BankGesch (7)**

kann umgekehrt die Warnung den Einwendungsdurchgriff beseitigen, BGH NJW **92**, 2562 (s Rn G/44). Die Rspr zu den Aufklärungs- und Warnpflichten beim finanzierten Abzahlungskauf behält aber ihre Bedeutung: (1) der Einwendungsausschluss durch Aufspaltung kann ohne Aufklärung überraschend iSv **(5)** § 305c I BGB sein; (2) die Bank kann sich auch auf einen an sich zulässigen Einwendungsausschluss (Subsidiarität, Verlust infolge Empfangsbestätigung ua, s Rn G/44f) nicht berufen, wenn der Käufer bei entspr Aufklärung das Geschäft so nicht abgeschlossen hätte; (3) die Bank muss die über den Einwendungsausschluss hinausgehenden Vertrauensschäden aus unterlassener Aufklärung ersetzen.

b) Inhalt und Umfang: Die Bank muss den Käufer, auch wenn er nicht G/47 besonders unerfahren ist, auf das Risiko der Darlehensrückzahlung unabhängig vom Kauf (Aufspaltungsrisiko) unmißverständlich hinweisen, BGH **47**, 222, 239; sie muss ihn insbesondere vor Abgabe einer unrichtigen Vorausquittung warnen, BGH **47**, 217; sie muss ihn bei KfzBriefübergabe durch den Verkäufer unmittelbar an die Bank darauf hinweisen, dass er mangels Briefvorlage nicht gutgläubig Eigentümer werden kann, BGH **47**, 216. Die Warnung muss klar, drucktechnisch deutlich gestaltet und vom Käufer gesondert unterschrieben sein. Nicht ausreichend ist Warnung in einem für andere Zwecke bestimmten Selbstauskunftsformular, BGH WM **75**, 1298, allgemein in AGB statt im Text des Darlehensantrags, BGH NJW **79**, 2094, in Empfangsbestätigung (bereits Bindung nach § 145 BGB), BGH NJW **79**, 2512, **80**, 783. Keine besonderen Aufklärungspflichten treffen die Bank beim finanzierten Beitritt zu einer AbschreibungsGes und beim Erwerb von Bauherren- und Erwerbsmodellen (Rn G/53), Ausnahmen s Rn A/25. **Interessenkonflikte**, zB bei Einschaltung der Arbeitgeberfirma als Darlehensvermittlerin gegenüber den Arbeitnehmern, verstärken oder begründen uU erst die Pflicht zur Warnung vor gefährlichem Darlehensgeschäft, BGH **72**, 102, für Projekt- und Immobilienfinanzierung s Rn A/25. Die Bank haftet dann für ein Verschulden des Verkäufers bei den Vertragsverhandlungen nach **§§ 280, 311 II iVm § 278 BGB,** BGH **47**, 229, **72**, 97; ebenso für Verschulden des Darlehensvermittlers, Ffm BB **80**, 124. Der Verkäufer handelt auch dann in Erfüllung der Verbindlichkeit der Bank, wenn er den Käufer arglistig täuscht oder eine Blankoerklärung des Käufers abredewidrig ausfüllt, BGH WM **73**, 751. **Schaden** s § 347 HGB Rn 35; die Vorteile aus Nutzung und Weiterveräußerung der Kaufsache sind anzurechnen, BGH NJW **84**, 230. **Ursächlichkeit** der Verletzung der Aufklärungspflicht für den Schaden (Vertragsabschluss) ist vom Käufer nicht zu beweisen, BGH **72**, 106, NJW **80**, 2303. **Mitverschulden** des Käufers ist nach § 254 BGB zu berücksichtigen; geschäftliche Unerfahrenheit und Unachtsamkeit sind aber nicht schon ohne Weiteres Mitverschulden, BGH **72**, 107.

E. Bereicherungsausgleich: Rückabzuwickeln sind **Anweisungsleistun-** G/48 **gen,** denn die Bank zahlt an den Verkäufer nur auf Anweisung des Käufers (Darlehenskunde). Der Bereicherungsausgleich hier **entspricht deshalb** dem bei **Überweisung** (Rn C/93 ff, 110; man beachte aber neue Rspr des BGH, s Rn C/103), **Scheck** (Rn E/5) und **Lastschrift** (Rn D/50 ff, 60). Er findet grundsätzlich zwischen Bank und Käufer bzw Käufer und Verkäufer statt (Doppelkondiktion), soweit nicht Schutzzwecke beim Finanzierungsgeschäft entgegenstehen. Besonderheiten gelten für den Verbraucherdarlehensvertrag, s Fuchs AcP 199 **(99)** 306: wegen Darlehensfortbestand Rückforderungsanspruch nur aus § 242 BGB, sowie bei Widerruf des Verbrauchers und bei Rücktritt des Kreditgebers (zu §§ 7, 13 aF VerbrKrG).

a) Bereicherungsanspruch der Bank: Ist der Kauf wirksam, das Darlehen G/49 unwirksam, hat die Bank einen Bereicherungsanspruch nicht gegen den Käufer; der Anspruch kann aber entfallen bei Mängeln der Kaufsache (Einwendungsdurchgriff, s Rn G/42) oder bei mangelnder Aufklärung (Gegenanspruch auf Schadensersatz s Rn G/46), BGH NJW **80**, 2302. Sind Kauf und Darlehen

Hopt 2109

(7) BankGesch G/50–G/52　2. Teil. Handelsrechtl. Nebengesetze

unwirksam, besteht ausnahmsweise je nach Schutzzweck der verletzten Norm (dann Unwirksamkeit auch der Anweisung selbst) ein Bereicherungsanspruch der Bank nicht gegen den Käufer, sondern nur gegen den Verkäufer, vgl BGH **91**, 19 (§§ 1b, d AbzG aF), NJW **80**, 940 (§ 1a I AbzG aF), **80**, 1157 (§ 138 BGB). Grundsätzlich hat die Bank jedoch auch bei Doppelmängeln (Anweisung bleibt wirksam) die Leistungskondiktion nur **gegen den Käufer**, an den sie durch die Auszahlung des Darlehens an den Verkäufer geleistet hat. Der Bereicherungsanspruch geht aber auch dann inhaltlich nicht auf Rückzahlung des Darlehens (wie es der vermögensmäßigen Entscheidung des Käufers nach § 818 III BGB an sich entsprechen würde, was aber mit dem Einwendungsdurchgriff unvereinbar wäre), sondern nur auf Abtretung des Anspruchs des Käufers gegen den Verkäufer (abzüglich der zurückgezahlten Darlehensraten), BGH NJW **78**, 2145, **79**, 1595. Bürgschaft des Verkäufers gegenüber der Bank erstreckt sich iZw auch auf Bereicherungsanspruch der Bank gegenüber dem Käufer, BGH NJW **87**, 2077. Übernimmt der Verkäufer die gesamtschuldnerische Haftung, schuldet er der Bank trotz Unwirksamkeit des Vertrags bei Widerruf des Käufers Nettokreditbetrag und marktübliche Verzinsung (ergänzende Vertragsauslegung), BGH WM **93**, 1236.

G/50　**b) Bereicherungsanspruch des Käufers:** Der Käufer kann von der Bank nur die zurückgezahlten Darlehensraten verlangen, nicht die an den Verkäufer geleistete Anzahlung (anders für das Verbraucherdarlehen bei Widerruf des Verbrauchers § 358 II, IV 3 BGB, dazu BGH WM **09**, 932); wegen dieser muss er sich an den Verkäufer halten. Die Bank kann dem Kunden grundsätzlich die Auszahlung der Darlehensvaluta an den Verkäufer auf Weisung des Käufers entgegenhalten (Saldotheorie), denn das Verkäuferinsolvenzrisiko verlagert sich mit Ratenzahlung zunehmend auf den Käufer (wie auch ohne Einschaltung der Bank), Canaris 1452. Dem kann jedoch der Schutzzweck der verletzten Norm entgegenstehen (dann Zweikondiktionentheorie), so bei § 134 BGB iVm § 56 I Nr 6 GewO aF (s Rn G/9), BGH **71**, 365, NJW **79**, 1599; bei § 138 I BGB, BGH NJW **80**, 1158; bei arglistiger Täuschung, BGH NJW **78**, 2145, **79**, 1595. Lit: zur Rückabwicklung Hopt/Mülbert 525; Canaris WM **81**, 978.

G/51　F. **Finanzierungsdarlehen mit Sicherung durch Wechsel:** Der Verkäufer stellt hier zur Sicherung des Finanzierungsdarlehens **zusätzlich** einen **Wechsel** an Order der Bank aus, den der Käufer annimmt (wechselmäßige Haftung des Verkäufers als Aussteller und des Käufers als Akzeptant, Art 9, 28 WG; früher als C-Geschäft bezeichnet. Der Käufer hat gegen den wechselmäßigen Anspruch der Bank im Fall des Einwendungsdurchgriffs (s Rn G/42) die Bereicherungseinrede, BGH WM **62**, 761, 1263, **63**, 1278. Eventuelle Rückgewähransprüche (§ 812 BGB) sind mangels gegenteiliger Vereinbarung durch den Wechsel nicht gesichert, BGH **51**, 73. Auch eine zweite Bank, der die Erste den Wechsel zur Refinanzierung weitergegeben hat, kann bei wirtschaftlicher Einheit der Geschäfte (s Rn G/39) den Einwendungen des Käufers nicht Art 17 WG entgegenhalten, BGH **43**, 260, **51**, 78, WM **86**, 1179; ebenso der Zessionar einer Sicherungsgrundschuld, BGH **66**, 172, oder ein Garantiegläubiger, BGH NJW **80**, 1157. Für den Verbraucherdarlehensvertrag gilt Wechsel- und Scheckverbot (§ 496 II BGB).

G/52　G. **Finanzierungsdarlehen bei anderen Leistungen als Waren:** Der Käuferschutz beim Finanzierungsdarlehen gilt bei gleicher Interessenlage entspr auch bei finanzierten Verträgen über andere Leistungen als die Lieferung von Waren (ebenso für den Verbraucherdarlehensvertrag § 358 I BGB): zB finanzierte Dienstverträge, Ehemäklerverträge (nach aA bereits § 656 BGB analog gegenüber der Bank), BGH **72**, 101, Werkverträge, BGH BB **82**, 1020; finanzierte Mitarbeiterverträge, auch unter Einschaltung von Kreditvermittlern, BGH NJW **80**, 1515; finanzierte Unfallhilfe, soweit der Kreditvertrag nicht schon wegen Verstoß gegen RBerG nichtig ist (s Rn G/4); finanzierte Beteiligungen der Arbeitnehmer an der Arbeitgeberfirma, BGH **72**, 92; Beteiligung an AnlageGes, BGH **156**, 46 (zu § 9 VerbrKrG); finanzierter Kauf anderer als beweglicher Sachen, etwa Erwerb einer Privatschule, BGH NJW **87**, 1813, eines Waschsalons, BGH NJW **78**, 1427, dabei Aufklärung über Zweifel der Bank an Ertragsfähigkeit, BGH WM **81**, 869; im Einzelfall auch beim finanzierten Bauträgervertrag über Eigentumswohnungen, BGH NJW **80**, 42. Leasing s Rn P/12 ff.

Der Käuferschutz gilt grundsätzlich **nicht** beim finanzierten Beitritt zu einer G/53 AbschreibungsGes (Anh § 177a HGB Rn 52), BGH **93**, 268, NJW **81**, 389 oder einem **Bauherrn- oder Erwerbermodell,** BGH NJW **88**, 1584, WM **92**, 901; Grund: eigenes (steuerrechtliches ua) Interesse des Erwerbers an der Vertragsaufspaltung, idR geringere Aufklärungsbedürftigkeit (Höhe der Beteiligung, Einschaltung von Steuerberatern), idR selbstständige Rolle des Bauträgers, bloße Kreditgeberrolle der Bank; anders, wenn Bank über bloße Finanzierung hinausgeht (s Rn A/25). Näher zu **kreditfinanzierten Immobilien(fonds)geschäften,** Einzelheiten sehr str, Rn G/9. Für das Verbraucherdarlehen ähnlich § 358 III 3 BGB. Lit: v Heymann 15. Aufl 2001.

9) Freie Darlehen (im Gegensatz zu Finanzierungs- und Verbraucherdarlehen). Das freie Darlehen der Bank an den Käufer, häufig als persönlicher G/54 Kleinkredit ohne vertragliche Zweckbindung, und das idR größere Anschaffungsdarlehen der Bank an den Käufer mit einer je nach Vertrag unterschiedlich fixierten Zweckbindung (beides auch als **freier Personalkredit** bezeichnet) sind ebenso wie die **freien gewerblichen Kredite** durch das Fehlen von verbundenen Verträgen (s Rn G/39) gekennzeichnet (vom Käufer „auf eigene Faust" besorgt, BGH NJW **80**, 516).

Folglich sind grundsätzlich weder die Anfechtung wegen Täuschung des Verkäufers noch der Einwendungsdurchgriff (s Rn G/41 ff) gegeben; str für Anschaffungsdarlehen und bei Sicherungsübereignung der Kaufsache an die Bank. Anfechtung wegen Täuschung des Darlehensvermittlers bleibt aber auch beim Personalkredit möglich, BGH NJW **79**, 1595. Aufklärungs- und Warnpflichten bezüglich des Aufspaltungsrisikos (s Rn G/46, Aufklärungspflichten im Übrigen s Rn A/16–29) können im Einzelfall jedoch auch hier bestehen, da sie auf der Geschäftsverbindung zwischen Bank und Kunde beruhen (s Rn A/16); so bei Gefahr eines Irrtums des Kunden über die Risikoaufteilung (auch bei Einschaltung eines Kreditvermittlers), BGH NJW **79**, 2093. Die Bank braucht den Kunden aber nicht auf das über das Aufspaltungsrisiko hinausgehende wirtschaftliche Risiko hinzuweisen, BGH **83**, 310 (s Rn A/25).

10) Unternehmenskredit. Der Unternehmenskredit wirft besondere Probleme G/55 auf. Er hat sich weitgehend unabhängig von §§ 488 ff BGB nach den Bedürfnissen und den Vertragsgestaltungen und Vertragsmustern der (heute internationalen) Praxis entwickelt. Während im angloamerikanischen Bereich die Finanzierung am Kapitalmarkt im Vordergrund steht, ist das in Deutschland traditionell die Finanzierung über Unternehmenskredite der Kreditinstitute, auch wenn Eigenkapital- und eigenkapitalnahe Finanzierungen durchaus eine Rolle spielen (Cash pooling, Mezzanine-Finanzierung und iErg auch GfterDarlehen, dazu Staub/Renner 4/308 ff). Typische **Formen** des Unternehmenskredits sind Betriebsmittelkredit, Investitionskredit, Akquisitionskredit, Projektfinanzierung und Sanierungskredit. Staub/Renner 4/389 ff behandeln im Rahmen des Unternehmenskredits auch das Factoring, **(7) Bankgeschäfte Rn O/1 ff,** das Finanzierungsleasing, **(7) Bankgeschäfte Rn P/1 ff,** das Forfaitierungsgeschäft, **(7) Bankgeschäfte Rn J/4** und das Repo-Geschäft, **(7) Bankgeschäfte Rn T/2.** Der Unternehmenskredit wird entweder durch die Hausbanken, deren Bedeutung aber stark abgenommen hat, oder eine oder mehrere andere Banken gewährt, letzterenfalls handelt es sich um einen **Konsortialkredit,** der in verschiedenen Gestaltungen

(7) BankGesch H/1 2. Teil. Handelsrechtl. Nebengesetze

vorkommt, **(7)** Bankgeschäfte Rn Y/2. Die Unternehmenskreditverträge werden zwischen Unternehmen und Kreditinstitute idR ausgehandelt, wenngleich diese letzteren ihre eigenen Formulare zugrundelegen, diese allerdings wiederum aufsichtsrechtlich standardisiert (MaRisk der BaFin, Staub/Renner 4/346). Im internationalen Geschäft finden sich aber zunehmend auch Standardverträge, zB die Vertragsmuster der **Loan Market Association** (LMA, London, zu dieser Kümpel/Wittig/Rossbach Rn 11/45), dazu und zu den dabei typischerweise verwandten Vertragsklauseln, zB currency clauses, margin, market disruption, yield protection, break costs, events of default ua, Staub/Renner 4/346 ff. Diese Klauseln sind nach deutschem Recht, soweit anwendbar, AGB, die der AGB-Kontrolle unterliegen, **(5)** BGB §§ 305 ff, und werden deshalb zT in einer für die BRD veränderten Form verwandt, Staub/Renner 4/348. Zur Kreditsicherung über **covenants (7)** Bankgeschäfte Rn H/7. Lit: Staub/Renner 4/300 ff; Kümpel/Wittig/Rossbach Rn 11/1 ff.

H. Kreditsicherungsverträge

Schrifttum

a) Kommentare und Handbücher: Außer dem allgemeinen Schrifttum (s Einl vor A/1) BankrechtsHdb/*Ganter/Nobbe* ua 4. Aufl 2011 §§ 90 ff. – BankrechtsKomm*LBS/Lehmann* 2. Aufl 2016 24. Kap (Grundlagen). – *Kümpel/Wittig/Federlin* 4. Aufl 2011 Rn 12.1 ff. – *Lwowski/Fischer/Langenbucher* 9. Aufl 2011 (Hdb), darin *Wunderlich* § 17 und *Bliesener* § 18 (Kreditsicherheiten im Gesellschaftsrecht/im Kapitalmarktrecht). – *Nobbe* 2010. – *Serick,* Bd I 1963, II 2. Aufl 1986, III 1970, IV 1976, V 1982, VI 1986; 2. Aufl 1993 (Eigentumsvorbehalt u Sicherungsübertragung). – *Staub/Renner* Bd 10/2, 2015 4. Teil Kreditgeschäft (zit 4/872 ff).

b) Sonstige Beiträge: *Basedow/Remien/Wenckstern* 2010 (Europa). – *Bülow* 8. Aufl 2012. – *Lwowski/Merkel* 8. Aufl 2003 (Grundzüge). – *Merkel* 1985 (Negativklausel). – *Schröter/Graf v Westphalen* 1986 (Sicherheitenpoolverträge). – *Weber* 6. Aufl 1998. – *Clemente* 4. Aufl 2008 (Sicherungsgrundschuld). – *Otten* 2003 (Zweckerklärung). – *Graham-Siegenthaler* 2005 (international). – *Brinkmann* 2011 (international). – *Grädler* 2012 (floating charge). – *von Bismarck* 2014 (internationale Konsortialkredite). – *Lambsdorff* ZIP **86**, 1524 (Freigabeklauseln). – *Blaurock, Bruchner,* Bankrechtstag **94**, 3, 35 (Sicherheitenfreigabe). – *Nobbe* ZIP **96**, 675. – *Canaris* ZIP **97**, 813 (Freigabe). – *Schröter* WM **97**, 2193. – *Nobbe* FS Schimansky **99**, 433. – *Ganter* WM **01**, 1 (ursprüngliche Übersicherung). – *Nobbe* BKR **02**, 747 (Sicherungszweckerklärung). – *Lwowski, Eidenmüller* Bankrechtstag **04**, 107, 117 WM **04**, 1613 (Übersicherung; Internationales). – *Kieninger* WM **05**, 2305, 2353 (international). – *Mucke* WM **06**, 1804 (Negativerklärung). – *Stöcker* WM **06**, 1941 (Eurohypothek). – *Piekenbrock* WM **07**, 141 (Globalzession). – *Obermüller* FS Lüer **08**, 415 (Pools). – *Hirte* FS Hopt **10**, 141 (Globalsicherheiten, floating charge). – *Bourgeois* BKR **11**, 103 (Sicherheitentreuhänder). – Schulz/Mettke WM **14**, 54 (Kreditsicherungsgarantie auf erstes Anfordern). – **Muster:** *Hopt/Wittig* 4. Aufl 2013 Form IV. H.1–11 (Kreditsicherungsverträge: Sicherungsübereignung, Sicherungsabtretung, Bürgschaft, Pfandrechte, Grundpfandrechte). **RsprÜbersichten:** *Ganter* WM **06**, 1081.

H/1 **1) Arten von Kreditsicherheiten. Personalsicherheiten** sind zB Wechsel, Bürgschaft und Garantie (s § 349 HGB), Schuldbeitritt, Schuldübernahme. Auch die in notarieller Urkunde erklärte Unterwerfung unter die sofortige Zwangsvollstreckung und die Abgabe eines abstrakten Schuldanerkenntnisses (idR nicht schon in der bloßen Vorausquittung des erwarteten Darlehens) verbessern die Stellung des Kreditgebers; dazu Schlesw WM **80**, 964. Bei Krediten gegen Negativerklärung verspricht der Kreditnehmer, während der Laufzeit des Kredits sein Vermögen nicht zum Nachteil des Kreditgebers, zB durch Sicherheiten an Dritte, zu verändern **(Negativklausel, negative pledge clause),** Mucke WM **06**, 1804. Konzernweite Negativklauseln s Schneider FS Stimpel **85**, 887. **Realsicherheiten** (Sachsicherheiten) sind zB Grundpfandrechte (Realkredit ieS), Pfandrechte an beweglichen Sachen und Rechten, vor allem Wertpapieren (Lombard, s Rn G/21), Eigentumsvorbehalt, Sicherungsübereignung, Sicherungsabtretung, Hinterlegung, Zurückbehaltungsrecht (§§ 369 ff HGB). Einzelheiten sind im Schuld- und Sachenrecht des BGB geregelt. Ohne Kredithingabe bleibt Sicherungszession iZw wirkungslos (Akzessorietät), BGH NJW **82**, 275m krit Anm Jauernig. Zur Zweckerklärung der Sicherungsgrundschuld Clemente NJW **83**, 6. Bei der Kreditsicherung besteht ein grundlegender Konflikt zwischen Kreditgeber und Kreditnehmer einerseits und Kreditgeber und anderen Gläubigern andererseits. Das wird besonders akut bei der Mantel- und Globalzession. **Mantelzession** ist eine Verpflichtung zur Abtretung künftiger (insbesondere aus künftigen Warenlieferungen oder anderen Leistungen des Kreditnehmers an Dritte entstehender) Forderungen des Kreditnehmers an die Bank; die Abtretung erfolgt dann zB durch Übersendung von Rechnungskopien, Kontokarten, Listen ausgeführter Leistungen und Forderungen auf das Entgelt. **Globalzession** ist Vorwegabtretung (bei Kreditvertragsschluss) bestimmter künftiger Forderungen; diese gehen bei Entstehung auf die Bank über, die Belege folgen. Globalzession (samt Werthaltigmachung zukünftiger Forderungen) in der Insolvenz als kongruente Deckung (§ 130 InsO), aber nicht Bargeschäft (§ 142 InsO), BGH NJW **08**, 430 (IX ZS), anders als Sicherungen nach **(8)** AGB-Banken Nr 13–15 (Nr 13 Rn 5). **Sicherheitenpool** ist unabhängig von der dinglichen Rechtslage eine GbR (nach aA unechte Treuhand) von Gläubigern zwecks gemeinsamer Interessenwahrnehmung gegen Schuldner im Insolvenzverfahren, BGH NJW **89**, 895, hinzu kommen manchmal Sicherheitenabgrenzungsverträge zwischen den verschiedenen Gläubigergruppen; Risikoprämie in Sicherheitenpoolvertrag, Ffm ZIP **10**, 1026. Sicherheitenpool im Konzern, BGH **138**, 291, in der Insolvenz BGH WM **05**, 1790, Ganter WM **06**, 1087, Steinwachs NJW **08**, 2231, Cranshaw WM **09**, 1682. Neuerungen in InsO, InvG und **(13)** DepotG durch das **FinSichRiG 2004** in Umsetzung von Europarecht, Herring/Cristea ZIP **04**, 1627.

2) Unwirksamkeit der Globalzession, Sittenwidrigkeit der Kreditsicherung. A. **Ungenügende Bestimmbarkeit, Abtretungsverbot, Insolvenz:** Die Globalzession muss wirksam vorgenommen werden: Sie ist unwirksam bei ungenügender Bestimmbarkeit der abgetretenen Forderung, BGH **71**, 75. Unwirksamkeit einer Forderungsabtretung (im Rahmen eines verlängerten Eigentumsvorbehalts) bei **Kontokorrent**abreden, Stgt WM **78**, 149; Sicherungsvorausabtretung des künftigen Schlusssaldos ist aber möglich, s § 357 HGB Rn 5–7. **Abtretungsverbot** (§ 399 BGB) ist durch § 354a HGB eingeschränkt, im Übrigen in AGB des Käufers idR wirksam unter **(5)** §§ 305 ff BGB, BGH **77**, 275, dazu Matthies WM **81**, 1042; dann allenfalls gutgläubiger Erwerb der unter verlängertem Eigentumsvorbehalt stehenden Ware, s § 366 HGB Rn 6; zum Abtretungsverbot Hadding/van Look WM Sonderbeil 7/**88**. **Insolvenz:** Globalzession ist auch hinsichtlich der zukünftig entstehenden Forderungen grundsätzlich nur als kongruente Deckung anfechtbar (§ 130 InsO), Insolvenzanfechtung scheitert grundsätzlich nicht am Vorliegen eines Bargeschäfts (§ 142 InsO), BGH ZIP **08**, 183 (IX ZS), was nach Karlsr ZIP **05**, 1248 sehr str war, Kuder ZIP **08**, 289, Jacoby ZIP **08**, 385, Griesbeck ZIP **08**, 1813 (Konsortialkredit).

B. **Knebelung:** Die Globalzession kann sittenwidrig aus dem Verhältnis zum Kreditnehmer sein (Knebelung), BGH BB **74**, 669, **79**, 12, Celle ZIP **82**, 942, Kln WM **86**, 452.

C. **Kollision infolge Mehrfachabtretung:** Bei Kollision von Kreditsicherheiten infolge Mehrfachabtretung hat grundsätzlich die zeitlich erstere Abtretung Vorrang **(Prioritätsprinzip),** soweit nicht die spätere Abtretung durch eine iZw der widerrufliche **Einziehungsermächtigung** seitens des Vorrangigen gedeckt ist (§ 185 BGB), stRspr, BGH **32**, 288. Globalzessionen sind aber trotz Priorität idR sittenwidrig iSv § **138 BGB,** wenn sie den Kreditnehmer = Zedenten zur **Täuschung und** dadurch **Schädigung Dritter** verleiten, indem sie künftige

(7) BankGesch H/5 2. Teil. Handelsrechtl. Nebengesetze

Forderungen einbeziehen, die der Kreditnehmer auf Grund verlängerten Eigentumsvorbehalts an Lieferanten abtreten soll (Vertragsbruchtheorie) stRspr, BGH **72**, 308, Ausnahmen nur, wenn die besicherte Bank auf Grund besonderer Umstände, zB Unüblichkeit des verlängerten Eigentumsvorbehalts in der Branche, Kollision der Sicherungsrechte für ausgeschlossen halten durfte, BGH **72**, 310, WM **99**, 126, 1216; sittenwidrig also, auch wenn die Einzelzessionen noch der Zustimmung der Drittschuldner bedürfen, BGH **55**, 34; auch wenn der Kreditnehmer verpflichtet wird, mit den Kreditmitteln gerade jene Lieferanten laufend zu bezahlen, BGH NJW **74**, 943; auch bei nur schuldrechtlicher Teilverzichtsklausel, BGH **72**, 308, WM **99**, 126; auch bei Klausel betr ausschließliche Zahlung an die Bank als Zahlstelle des Kreditnehmers, BGH **72**, 316, Ffm WM **81**, 974; auch bei Globalzessionen nicht an Geld-, sondern Warenkreditgläubiger, BGH NJW **74**, 942, **77**, 2261. Für Kollision zwischen zwei Globalzessionen (Bank, Maschinenvermieter) gilt die Vertragsbruchstheorie nicht, BGH NJW **05**, 1192. **Factoring** s Rn O/7 f. Aufrechterhaltung einer insoweit nichtigen Globalzession im Übrigen str, s **(5)** § 306 II BGB. **Nicht sittenwidrig** sind Globalzessionen, wenn die Lieferantenansprüche aus (branchenüblichem) verlängertem Eigentumsvorbehalt der Globalzession auf jeden Fall mit dinglicher Wirkung vorgehen sollen, BGH **98**, 314; formularvertragliche, revolvierende Globalsicherungen sind wirksam auch ohne ausdrückliche Regelung der Freigabe, einer zahlenmäßig bestimmten Deckungsgrenze und der Bewertung der Sicherungsgegenstände (Grund: auch ohne Akzessorietät ermessensunabhängige Freigabepflicht aus fiduziarischer Rechtsnatur), Deckungsgrenze bei 110 % der gesicherten Forderungen, Freigabeanspruch idR bei 150 % des Schätzwerts (§ 237 S 1 BGB), BGH GrS **137**, 212 und schon BGH **133**, 25 (XI ZS unter Aufgabe der stRspr seit BGH **109**, 240), s auch **(8)** AGB-Banken Nr 16 Rn 2; wenn die durch Globalzession erlangten Mittel unmittelbar zur Befriedigung der Warenkreditgeber dienen, diese also nicht gefährdet werden, BGH **69**, 254 (echtes Factoring, s Rn O/7); Diskontierung von Kundenwechseln s Rn J/1–2. Haftung aus § 826 BGB s Rn A/35. Lit: Finger DB **82**, 475 (BankAGB).

Auskunftsanspruch des Warenlieferanten besteht gegen seinen Käufer, aber nicht ohne Weiteres gegen die einzelne Bank, BGH NJW **80**, 2463. **Offenlegung** der stillen Zession kann zulässig sein, BGH BB **63**, 574, WM **79**, 1180.

H/5 **3) Sittenwidrigkeit, Unwirksamkeit von Sicherungsklauseln.** Die herkömmlichen Formularsicherungsklauseln der Kreditwirtschaft werden von der Rspr zunehmend eng ausgelegt bzw kritisch an **(5)** §§ 307, 308, 309 BGB gemessen, Ul/Br/He/H. Schmidt (43) Sicherungsklauseln Rn 1 ff. Die Klauselpraxis wird sich zT umstellen müssen. Die Rspr bestimmt die **Sittenwidrigkeit** bei Kreditgewährung bzw –besicherung nach sich zT überschneidenden Fallgruppen wie Knebelung des Schuldners (für Globalzession s Rn H/3), Insolvenzverschleppung (s Rn G/31) und anderweitiger Gläubigergefährdung durch Kredittäuschung (s Rn G/31), BGH NJW **16**, 2662 Rn 39, diese geben aber nur Anhaltspunkte, notwendig ist Gesamtwürdigung, BGH NJW **16**, 2662 Rn 42. **Lohnabtretung** für Bankkredit, auch Teilzahlungskredit, ist zulässig. Eine Lohnabtretungsklausel muss aber hinreichend eindeutig sein und darf nicht zu unverhältnismäßiger Übersicherung führen, BGH **108**, 98. Lit: Kohte ZIP **88**, 1225. Sicherungsübereignung s Rn H/4; Klausel über persönliche Haftungsübernahme bei Grundschuldbestellung für Drittkredit ist unwirksam, BGH **114**, 9. Zulässiger Sicherheitenaustausch s Rn G/19a. Zu Einbeziehung der PersonenGes oder Gfter, Tiedtke NJW **91**, 3241; Bürgschaftsklauseln s § 349 HGB Rn 3–10; **(8)** AGB-Banken Nr 13–17. Keine Schätzgebührklausel für Wertermittlung von Sicherheiten, da im Interesse der Bank, Düss WM **10**, 215, s Rn A/25. RsprÜbersicht: Clemente ZIP **85**, 193.

V. Bankgeschäfte H/6, H/7 BankGesch (7)

4) Kündigung unbefristeter Sicherheitsbestellungen. Bei unbefristeten H/6 Sicherheitsbestellungen, zB Formularpfandrechten, aber auch Grundschulden und anderen Sicherheiten, kann der Sicherungsgeber nach Ablauf eines gewissen Zeitraums oder bei Eintritt besonders wichtiger Umstände mit Wirkung für die Zukunft kündigen (Dauerschuldverhältnis, § 314 BGB); BGH NJW **85**, 3007, **03**, 61. Besonders wichtige Umstände sind zB das Ausscheiden eines Gfter aus der Ges, für deren Schulden er die Sicherheit bestellt hat, sofern gerade die GfterStellung Anlass für die Leistung der Sicherheit war, BGH WM **85**, 969, 1059, **99**, 685, **02**, 2367, Ausscheiden des Geschäftsführers, Nürnbg WM **13**, 979. Die Ausschlussfrist des § 626 II BGB ist nicht anwendbar, Nürnbg WM **13**, 979. Die Besicherung beschränkt sich dann auf die bei Wirksamwerden der Kündigung begründeten Verbindlichkeiten des Schuldners, bei Kontokorrentkredit also auf den entsprechenden Tagessaldo (vgl § 356 HGB Rn 2), BGH NJW **03**, 61, Nürnbg WM **13**, 979, neue Verbindlichkeiten sind nicht gedeckt. Prolongationskredit ist weitergesichert, wenn die Parteien des Kreditvertrags sich über die periodische Verlängerung von vornherein einig waren (Grundlage der Prolongation bereits im Ursprungsvertrag), BGH NJW **03**, 62. Prolongationsklausel, Samhat WM **16**, 962.

5) Covenants. Covenants sind aus der angloamerikanischen Vertragspraxis H/7 stammende Vertragsklauseln zur Absicherung von Krediten nicht durch einzelne Kreditsicherheiten, sondern präventiv durch Überwachung des Kreditnehmers und erweiterte Rechte bei Nichteinhaltung der covenants weit im Vorfeld der Insolvenz, auch als Frühwarnsystem bezeichnet, Wittig WM **96**, 1385. Dabei werden **financial covenants** und **non-financial covenants** unterschieden. Erstere betreffen die Überwachung der Kapitalstruktur des Kreditnehmers anhand von Finanz- und Bilanzkennzahlen, letztere umfassen alle sonstigen Vorgaben, zB an Information und Transparenz (information covenants) und andere, die die Unternehmenspolitik des Kreditnehmers betreffende Pflichten (general covenants). Typische financial covenants-Klauseln betreffen ua betriebswirtschaftliche Kennzahlen (zB financial ratios), die Eigenkapitalausstattung (net worth), den Verschuldensgrad (EBIT und EBITDA), den Ertrag und die Erhaltung der Liquidität (current ratio), dabei ist die Kontinuität der Bilanzierungs- und Bewertungsmethoden unerlässlich, Wittig WM **96**, 1382. Wichtige andere Klauseln sind zB die change of control-Klausel, die MAC-Klausel (Hopt FS K. Schmidt **09**, 681), negative pledge-Klauseln (keine weiteren Sicherheitenbestellungen), die pari passu-Klausel (Gleichrangklausel), im Einzelnen Staub/Renner 4/882 ff. Die Rechtsfolgen der Verletzung von covenants werden typischerweise in einer events of default-Klausel eigens geregelt. Dazu gehören ein Nachbesicherungsanspruch (s **(8)** AGB-Banken Nr 13 II, wird durch financial covenant-Vereinbarung nicht ausgeschlossen, s dort Rn 7), Anpassungsrechte, die Möglichkeit der Kreditkündigung, automatisch wirkende cross default-Klauseln und die Einflussnahme auf die Geschäftsführung. Diese letztere ist aber gefährlich, weil sie zur Haftung des Kreditgebers führen kann (§ 826 BGB, s Rn G/28 ff). All diese Klauseln sind, nach deutschem Recht, soweit anwendbar, AGB, die der AGB-Kontrolle unterliegen, **(5)** BGB §§ 305 ff, Staub/Renner 4/900 ff. Lit: Staub/Renner 4/876 ff; Staudinger/Freitag § 488 BGB Rn 221 ff (reps, covenants), Kästle 2003; Servatius 2008; Heinrich 2009; Wittig WM **96**, 1381; Weitnauer ZIP **05**, 1443; Hornuf/Reps/Schäferling ZBB **13**, 202; Servatius Corporate Finance Law **13**, 14; Graewe FS Lwowski **14**, 15; Renner/Schmidt ZHR 180 **(16)** 522.

J. Diskontgeschäft, Forfaitierungsgeschäft

Schrifttum

a) Kommentare und Handbücher: Außer dem allgemeinen Schrifttum (s Einl vor A/1) BankrechtsHdb/*Peters* 4. Aufl 2011 § 65 (Wechselkredit). – BankrechtsHdb/*Martinek*

(7) BankGesch   J/1, J/2   2. Teil. Handelsrechtl. Nebengesetze

4. Aufl 2011 § 103 (Forfaitinggeschäft). – BankrechtsKomm*LBS/Omlor* 2. Aufl 2016 18. Kap (Forfaiting). – BuB/*Früh/Müller-Arends* Rn 3/241a ff (Diskontgeschäft), BuB/Nielsen Rn 5/213 ff (Forfaitierung). – *Canaris* 2. Aufl 1981, Rn 1522. – *Ebenroth*/Hakenberg Bd 2, 3. Aufl 2015 BankR V Rn 36 ff (Forfaitierung). – *Hopt/Mülbert* 650, 693 (1989). – *Kümpel/Wittig/Bauer/Seeger* 4. Aufl 2011 Rn 13.271 ff (Forfaitierung). – *Staub/Renner* Bd 10/2, 2015 4. Teil Kreditgeschäft 4/480 (Forfaitierung). – Staudinger/*Mülbert* § 488 BGB Rn 637 ff (Diskontgeschäft), Rn 681 ff (Forfaitgeschäft).

b) Sonstige Beiträge: Zum Diskontgeschäft: *Helm* 1967. – *Helm* WM **67**, 310, **68**, 930. – *Stauder* WM **68**, 562, 1238. – Zum Forfaitierungsgeschäft: *Bernard* 1991. – *Finger* BB **69**, 765. – *Schultz/Meister* AWD **72**, 230. – *Graf v Westphalen* RIW **77**, 80. – *Schütze* WM **79**, 962 (IPR). – *Graf v Westphalen* WM **01**, 1837. **Muster:** Hopt/Joos 4. Aufl 2013 Form IV.J.1–3 (Diskontgeschäft, Forfaitierungsgeschäft). **RsprÜbersicht:** vgl allgemeiner zum Wechsel- und Scheckrecht vor E/1.

J/1   **1) Rechtliche Qualifikation des Diskontgeschäfts. A. Erscheinungsformen:** Das Diskontgeschäft ist der Ankauf von Wechseln und Schecks (Bankgeschäft nach § 1 I 2 Nr 3 KWG, Text s Rn A/4). Die Bank erwirbt dabei vom Einreicher (Diskontant) den noch nicht fälligen Wechsel und bezahlt dafür den Nennbetrag der Forderung abzüglich des Zwischenzinses für die Zeit bis zum Fälligkeitstag (**Diskont**). Der Wechselerwerb dient nicht als Grundlage eines Haftungskredits (wie beim Akzeptkredit, s Rn G/25), sondern ist Teil eines Geldkreditgeschäfts (Diskontkredit, vgl § 21 I 1 Nr 2 KWG). Die Bank refinanziert sich durch Weitergabe des Wechsels an eine andere Bank (Privatdiskont) oder über die DBBk nach Maßgabe der EZB, DBBk 11/**98**, 21. Letzteres setzte bis 1999 voraus (§ 19 I Nr 1 aF BBankG): Haftung grundsätzlich dreier als zahlungsfähig bekannter Verpflichteter aus dem Wechsel oder Scheck und Fälligkeit binnen dreier Monate ab Ankaufstag; außerdem sollte es sich um gute **Handelswechsel** handeln (Zugrundeliegen eines Warenumsatzgeschäftes; Gegensatz **Finanzwechsel**). Stattdessen gewährt die DBBk seither Offenmarktkredite in der Form von Hauptrefinanzierungsgeschäften mit vorgeschaltetem Standardtender sowie längerfristige Refinanzierungsgeschäfte (gewöhnlich als Zinstender mit dreimonatiger Laufzeit, AGB-DBBk V Nr 14 ff); die Besicherung der Offenmarktkredite erfolgt duch Verpfändung der refinanzierten Wechsel (AGB-DBBk V Nr 3 ff, 9 ff). Wechselrechtlich ist der Einreicher idR Aussteller oder Indossant (so der Warenkreditgläubiger); er kann aber auch Akzeptant sein (so der Warenkäufer; Akzeptantenwechsel), zB beim **umgekehrten Wechsel** bzw **Scheck- Wechselverfahren**, BankrechtsHdb/Peters § 65 Rn 13, diese sind nicht sittenwidrig (keine Wechselreiterei oder Akzepttausch, vgl BGH **27**, 172), BGH **56**, 265, WM **79**, 272, **80**, 126, Ffm WM **93**, 1710; Ulmer/Heinrich DB **72**, 1104, 1149, Thamm ZIP **84**, 922 (Sicherungsklausel, Skonto); ebenso umgekehrter Finanzwechsel, Hamm ZIP **86**, 364. Die bloße Diskontierung eines Akzeptantenwechsels ist, auch wenn die Bank weiß, dass für Regress des Ausstellers wegen Sicherungsübereignungen kein vollstreckungsfähiges Vermögen mehr da ist, nicht sittenwidrig, BGH NJW **84**, 728; die Bank darf den Akzeptantenwechsel auch vor Ausstellung oder Einlösung der Schecks diskontieren, Hamm NJW **86**, 2839. Zum Ausstellerkredit mittels umgedrehter Wechsel Hopt/Mülbert 376. **Muster:** Hopt/Joos 4. Aufl 2013 Form IV.J.1 (Forfaitierung avalierter Solawechsel), Form IV.J.2 (Forfaitierung von Solawechseln mit separater Garantie), Form IV.J.3 (Forfaitierung einer Akkreditivforderung).

J/2   B. **Rechtliche Qualifikation:** Das Diskontgeschäft ist idR **Kauf** oder kaufähnliches Geschäft, **ausnahmsweise Darlehen**, hL, stRspr, BGH **19**, 292, **59**, 200, WM **63**, 507, **68**, 797, **72**, 72, BankrechtsHdb/Peters § 65 Rn 3; aA Canaris 1532: idR Darlehen, Hingabe des Wechsels als Leistung erfüllungshalber zur Darlehensrückzahlung. Ein Darlehen kann vorliegen zB bei Diskontierung des Wechsels für Rechnung des Kunden und sofortiger Gutschrift aus eigenen Mitteln der Bank, vgl BGH **19**, 291, WM **66**, 1222; bei Wechsel mit der Unterschrift nur des Ausstellers (eigener oder Solawechsel, Art 75 WG) oder nur dem Akzept ohne Unterschrift des Ausstellers, BGH WM **56**, 188; bei Vorbehalt der Rückforderung des Diskonterlöses vom Verkäufer (vgl auch **(8)** AGB-Banken Nr 9 Rn 1) ua. Bei nicht nur einmaliger Diskontierung kann ein Diskontkrediteröffnungsvertrag vorliegen, auf dessen Grundlage dann das einzelne Diskontgeschäft zustande kommt, BankrechtsHdb/Peters § 65 Rn 4 ff, s Rn G/2–19. Diskontierung von Kundenwechseln durch die Wechseldiskontkredit gewährende Bank ist auch bei verlängertem Eigentumsvorbehalt der Lieferanten nicht sittenwidrig (s Rn H/4), BGH BB **79**, 956; Muscheler NJW **81**, 657. Zum Selbstdiskont von Eigenakzepten beim Akzeptkredit s Rn G/25.

2) Rechte und Pflichten der Beteiligten. Der Diskontkreditnehmer hat J/3 Anspruch auf den Wechselgegenwert. Die Geldsumme ist effektiv, iZw in bar, auszuzahlen (s Rn G/3); die Bank erwirbt auch bei Ablehnung der Diskontierung kein Pfandrecht an dem Wechsel oder Scheck nach **(8)** AGB-Banken Nr 14 III (s dort Rn 11). Die Bank hat Anspruch auf Übertragung des Wechsels und Schecks, bei Verlangen auch durch Indossament, str, und erwirbt sicherungshalber auch die dem Wechselgeschäft zugrunde liegende Forderung (s **(8)** AGB-Banken Nr 15 II). Warnpflichten der Bank s Rn A/27. Der Kunde muss der Bank offenbaren, wenn es sich um einen Finanzwechsel handelt und die Bank das den Umständen nicht ohne Weiteres entnehmen kann, BGH **56**, 266; denn dann scheiden Erwerb einer zugrundeliegenden Forderung nach **(8)** AGB-Banken Nr 15 II und Rediskontierung durch die DBBk aus. Die Bank hat den wechsel- bzw scheckrechtlichen Rückgriffsanspruch (Art 9, 15, 47 ff WG), den Rückgriffsanspruch aus Diskontvertrag (§ 453 I, uU § 488 BGB) und ggf ein vertraglich vereinbartes Rückbelastungsrecht (früher in **(8)** AGB-Banken Nr 42 II 2 aF), das als vertraglich vereinbartes Recht zum Rücktritt vom Kauf anzusehen ist (s Rn J/2), BankrechtsHdb/Peters § 65 Rn 9. Der Einreicher kann seinerseits den noch nicht fälligen Wechsel grundsätzlich nur bei Rücktritt zurückfordern, anders bei entsprechender Vereinbarung, BankrechtsHdb/Peters § 65 Rn 10. Beim Akzeptantenwechsel (s Rn J/1) erfüllt der Kunde (Schuldner, Akzeptant) mit Zahlung an den Gläubiger (Aussteller), nicht erst mit Wechseleinlösung, BGH **97**, 197, aA mit guten Gründen üL; empfehlenswert ist abweichende Abrede.

3) Forfaitierungsgeschäft. Beim Forfaitierungs- oder Forfaitgeschäft in der J/4 Form des Diskonts à forfait (frz: in Bausch und Bogen) diskontiert die Bank (Forfaiteur) einen Wechsel unter Verzicht auf jeden Rückgriff beim Diskontkreditnehmer (Forfaitist, Exporteur). Das Forfaitierungsgeschäft kommt meist als Kauf von Exportforderungen vor, meist unter Verzicht auf Rückgriff (echtes Forfaitierungsgeschäft, sonst unechtes Forfaitierungsgeschäft), dies aber idR nur, wenn die Forderung gesichert ist, zB durch Bankgarantien. Das Forfaitierungsgeschäft ähnelt dem Factoring (s Rn O/1), im Unterschied zu diesem ist es aber ein Einzelgeschäft, kein mit weiteren Dienstleistungen verbundenes Dauerverhältnis bzw Rahmenvertrag; dazu Graf v Westphalen RIW **77**, 80; Zusammentreffen mit Globalzession wie beim echten Factoring, Hbg ZIP **83**, 47, s Rn O/7. Das Forfaitierungsgeschäft dient vor allem der Exportfinanzierung, Hauptfall ist der Ankauf von Exportforderungen. Der Exporteur überträgt der Bank idR einen Solawechsel des ausländischen Importeurs durch Blankoindossament (Art 13 II, 77 WG) mit eigenem Haftungsausschluss (Angstklausel); er kann ihr aber auch einen selbst ausgestellten, vom Importeur akzeptierten Wechsel übertragen, dann allerdings ohne Ausschluss der Haftung für Zahlung (Art 9 WG, anders US-amerikanisches und englisches Recht), jedoch mit schuldrechtlicher, auch konkludenter Freistellungserklärung, BankrechtsHdb/Martinek § 103 Rn 22 ff. In der Praxis kommt neben dem Wechselforfaitierungsgeschäft auch die Forfaitierung von Akkreditiv- und einfachen Buchforderungen vor sowie als Sonderform der Forfaitierung auch der regresslose Ankauf von Leasingforderungen durch die

(7) BankGesch J/4a–J/6

Bank zur Refinanzierung von Leasinggesellschaften vor, BankrechtsHdb/Martinek § 103 Rn 4, 31 ff. Seit 1.1.2013 gelten die von der ICC/IFA erlassenen Einheitlichen Richtlinien für Forfaitierungen (Uniform Rules for Forfaiting, URF 800, engl), Vorpeil RIW 3/**13**, Erste Seite.

J/4a   Rechtlich liegt beim echten Forfaitierungsgeschäft wie beim Diskontgeschäft und beim **echten Factoring** ein **Rechtskauf** vor (s Rn J/1–2, O/2), BGH **126**, 264, BFH WM **99**, 1763, Hbg ZIP **83**, 47, Staub/Renner 4/481, str, dabei wird vorausgesetzt, dass das Bonitätsrisiko vollständig auf den Käufer übergeht, also Haftung nur für die Verität, nicht die Bonität der übergegangenen Forderung. Beim unechten Forfaitierungsgeschäft (praktisch nur bei Forderungen) liegt wie beim unechten Factoring idR Kauf, ausnahmsweise Darlehen vor (s Rn O/3), wie dort str. Beim Wechselforfaitierungsgeschäft begibt sich die Bank des Zurückbelastungsrechts und verzichtet schuldrechtlich (nicht wechselrechtlich, Art 9 II WG) und formlos wirksam auch auf alle wechselrechtlichen Regressansprüche des Vertragspartners und sonstiger wechselrechtlich Verpflichteter (Freistellungserklärung), BGH **126**, 261. Um die Einwendung des Verzichts (Art 17 WG) gegen die Rediskontbank zu erhalten, muss die Bank diese auf den Forfaitierungscharakter hinweisen. Bei der Wechselforfaitierung wird die Kausalforderung aus dem Exportgeschäft idR nicht mitverkauft, Grund: Risiko der Anwendung des auf die Forderung anwendbaren ausländischen Rechts auch auf die Wechselforderung. **Muster:** Hopt/Joos 4. Aufl 2013 Form IV.J.1 (Forfaitierung avalierter Solawechsel), Form IV.J.2 (Forfaitierung von Solawechseln mit separater Garantie), Form IV.J.3 (Forfaitierung einer Akkreditivforderung). Lit: Bernard 1991, Deuber Bern 1993, BankrechtsHdb/Martinek § 103; Ebenroth/Hakenberg Bd 2, 3. Aufl 2015 V Rn 36 ff; Schütze WM **79**, 962, Hakenberg RIW **98**, 906, Brink WM **03**, 1355 (SMG).

J/5   **4) Pensionsgeschäft.** Beim Pensionsgeschäft überträgt der Pensionsgeber Wechsel, Wertpapiere ua gegen Zahlung eines Betrags auf den Pensionsnehmer; diese sind entweder auf jeden Fall (Rückgabepflicht, echtes Pensionsgeschäft) oder nur auf Verlangen des Pensionsnehmers (bloßes Rückgaberecht, unechtes Pensionsgeschäft) gegen Zahlung eines Betrags wieder zurückzuübertragen. Definitionen und Bilanzierungsregeln für die Pensionsgeschäfte der Kreditinstitute enthält § 340b HGB (nF BankBiRiLiG 1990). Das Pensionsgeschäft hat idR Kreditcharakter und bringt Vorteile betr Mindestreserven, Bilanzierung (s § 340b HGB) ua. Anders als beim Effektenlombard (s Rn G/21) erwirbt der Pensionsnehmer eine Kapitalanlage auf Zeit und trägt solange das Substanz- und Ertragsrisiko; das gilt auch für Zwangsvollstreckung und Insolvenz. Das Pensionsgeschäft ist Kauf mit fester Rückkaufvereinbarung (echtes Pensionsgeschäft) und mit Rückverkaufsrecht (unechtes Pensionsgeschäft), im Einzelfall auch Darlehen, Bennat WM **69**, 1437, Schönle § 19 I 2; nach aA Darlehen mit Hingabe des Wechsels sicherungshalber. In der Praxis sind die Vorteile aus dem Papier und der Liquiditätsüberlassung idR im Rückkaufpreis einkalkuliert (Sell and buy back-Geschäft). International wird das Geschäft zunehmend dahin standardisiert, dass bei gleichen Preisen für Kauf und Rückkauf die Liquiditätsüberlassung durch Ausgleichszahlung vergütet wird, **Repo-Geschäft, (7)** Bankgeschäfte Rn T/2. Lit: Staub/Renner 4/487 ff, Staudinger/Mülbert § 488 BGB Rn 769 ff, Hopt/Mülbert 703 und § 340b HGB Rn 1.

J/6   **Wechsel- und Scheckinkasso:** s Rn E/1–8, **(12)** ERI.

K. Akkreditivgeschäft

Schrifttum

S speziell vor **(11) ERA 600**, zu den **ERA 500** s **(11)** ERA Einl 1, 3 vor Art 1.

a) Kommentare und Handbücher: Außer dem allgemeinen Schrifttum (s Einl vor A/1) BankrechtsHdb/*Jäger/Haas* 5. Aufl 2017 § 120. – BankrechtsKomm*LBS/Segna* 2. Aufl

V. Bankgeschäfte   K/1   **BankGesch (7)**

2016. 10. Kap – *BuB/Nielsen* Rn 5/469 ff. – *Canaris*, 3. Aufl 1988, Rn 916. – *Ebenroth/ Hakenberg* Bd 2, 3. Aufl 2015 BankR II Rn 583 ff. – *Kümpel/Wittig/Bauer/Seeger* 4. Aufl 2011 Rn 13.101 ff. – *MüKo(HGB)/Nielsen* 3. Aufl Bd 6 2014 Bankvertragsrecht (Zahlungsverkehr H). – *Schütze/Vorpeil*, 7. Aufl 2016 (zit). – *Staub/Grundmann* Bd 10/2, 2015 3. Teil Zahlungsgeschäft ERA 3/551 ff (zit 3/Anm). – *Graf v Westphalen*, Rechtsprobleme der Exportfinanzierung, 3. Aufl 1987. – *Zahn/Ehrlich/Haas*, Zahlung und Zahlungssicherung im Außenhandel, 8. Aufl 2010.

b) Sonstige Beiträge: *Raith* 1985 (USA, BRD). – *Krauß* 1990 (Dokumentenstrenge). – *ICC*, ISP 98 – International Standby Practices – The Commentary 1999 (IntHK-Publikation Nr 947, Sprache englisch). – *ICC*, Annual Surveys of Letter of Credit Law and Practice, zuletzt 2006 (IntHK-Publikation Nr 962, Sprache englisch). – *Richter* 1990 (Standby Letter of Credit). – *Enonchong* 2012 (Independence Principle). – *Jimenez*, ICC Guide to Export/ Import – Global Standards for International Trade, 4th ed. 2012. – *Liesecke* WM **61**, 194, **64**, 1282 (Seefrachtgeschäft), FS Fischer **79**, 397 (Kredit, Insolvenz). – *Obermüller* FS Bärmann **75**, 709 (Sicherungsrechte der Bank). – *Peters* WM **78**, 1030. – *Steindorff* FS von Caemmerer **78**, 761 (IPR). – *Nielsen* FS Werner **84**, 573 (Regress), WM **85**, 149 (Fehlauszahlung). – *Canaris* ÖBA **87**, 769 (Einwendungsausschluß). – *Plagemann* RIW **87**, 27 (Arrestierung), **87**, 948 (Einwendungen). – *Plett/Welling* DB **87**, 925 (Abwicklung). – *Schütze* WM **82**, 226 (IPR), DB **87**, 2189 (Avisierung), RIW **88**, 343 (Zahlstelle). – *von Bar* ZHR 152 (**88**) 38 (IPR). – *Lorenz* FS Steindorff **90**, 405 (IPR, Rembours). – *Koller* WM **90**, 293 (Dokumentenstrenge). – *Schefold* IPRax **90**, 20, **96**, 347 (IPR). – *Lenz* EuZW **91**, 297. – *Nielsen* WM Beil 3/**93** (Aufnahmefähigkeit von Transportdokumenten). – *Vorpeil* RIW **93**, 12 (Prüfungszeitraum). – *Nielsen* WM **99**, 2005, 2049 (international). – *Berger* FS Schütze **99**, 103 (Auslegung durch Rspr). – *Baumeister/Knobloch* WPg **16**, 836 (Gestaltung, Bilanzierung). **Muster:** *Hopt/Joos* 4. Aufl 2013 Form IV. K.1–15 (Akkreditivgeschäft). **RsprÜbersichten:** *Liesecke* WM **66**, 458, **69**, 210, **76**, 258, *Eberth* RIW **77**, 522.

1) Rechtliche Qualifikation des Akkreditivs. A. Rechtliche Qualifikati- K/1 **on:** Das Akkreditiv ist ein selbstständiges Zahlungsversprechen iSv § 780 BGB, das eine Bank auf Anweisung des Auftraggebers dem Begünstigten gegenüber abgibt und in dem sich die Bank verpflichtet, gegen Vorlage bestimmter Dokumente zu zahlen, BGH **108**, 348, WM **92**, 928, Mü WM **96**, 2336, Schütze/ Vorpeil Rn 79, MüKo/Nielsen H 30, hL. Die Anweisung ist eine solche iwS, nicht unmittelbar iSv § 783 BGB, aber §§ 783 ff BGB sind zT entspr anwendbar, zB §§ 784 I Halbs 2, 788, 790 BGB, Canaris 921, str. Das Akkreditiv dient vor allem der Zahlungssicherung im Außenhandel, daneben aber auch sonst der Sicherung und ggf der Kreditgewährung. Zugrunde liegt ein **Warengeschäft**, zB Kauf, zwischen Exporteur (Verkäufer) und Importeur (Käufer), in dem der Käufer Bezahlung der Ware durch Stellung eines Akkreditivs bei einer Bank verspricht (Verpflichtung, „den Verkäufer bei der Bank zu akkreditieren"; sog **Akkreditivklausel**, s Rn K/25). Der Käufer (**Akkreditivauftraggeber,** Akkreditivsteller) erteilt seiner Bank den Akkreditivauftrag (§§ 675 I, 631 BGB, s Rn K/3). Die Bank teilt dem Verkäufer (**Begünstigter,** Akkreditierter) das Akkreditiv mit und eröffnet es. Mit Eröffnung des Akkreditivs erlangt der Verkäufer einen unmittelbaren und selbstständigen Anspruch gegen die eröffnende Bank auf Zahlung, Akzeptierung oder Negoziierung von Wechseln gegen Aushändigung der Warendokumente (s Rn K/11). Die Besonderheit des Akkreditivs liegt vor allem darin, dass der Verkäufer sich nach Eröffnung des Akkreditivs auch berechtigte Einwendungen und Einreden aus dem Kaufvertrag nicht mehr entgegenhalten lassen muss; der Käufer ist auf Rückforderung nach § 812 BGB verwiesen (Grundsatz der **Unabhängigkeit des Zahlungsanspruchs vom Grundgeschäft,** Umkehr der Prozessrollen, **„erst bezahlen, dann prozessieren",** s Einwendungsausschluss Rn K/16). Dies ist nur tragbar, weil andererseits die Bank zur Zahlung nur gegen Vorlage der Warendokumente verpflichtet ist und diese den Akkreditivbedingungen auf das Genaueste entsprechen müssen (Grundsatz der **Dokumentenstrenge,** s Rn K/5). Jeder Versuch, die Dokumentenstrenge aufzuweichen, entwertet deshalb das Akkreditiv als vom Grundgeschäft unabhängiges Zahlungsinstrument. Zur praktischen Bedeutung des Akkreditivs, lange

(7) BankGesch K/1a, K/2   2. Teil. Handelsrechtl. Nebengesetze

nicht so wie nicht verbriefte Zahlungsinstrumente, Staub/Grundmann 3/556. Das **Dokumentenakkreditiv** ist seit **1.7.2007** in **ERA 600** mit Anhang **eUCP** (englisch) Version 2.1 (dazu **(11)** ERA 600 Einl 1 ff vor Art 1) **näher geregelt;** Wirksamkeit und Auslegung nach **(5)** §§ 305 ff BGB s **(11)** ERA Einl 4 ff, 8. Die ERA gelten nur, wenn sie **besonders vereinbart** sind, **(11)** ERA 600 Art 1: „**ausdrücklich**", aber auch konkludent, **(11)** ERA Art 1 Rn 1, 3; sind sie aber vereinbart, sind sie für alle Beteiligten bindend, soweit sie im Akkreditiv nicht ausdrücklich geändert oder ausgeschlossen sind, sog **fall back rules**). Sie sind heute nicht mehr schon in **(8)** AGB-Banken ohne Weiteres mitvereinbart (s dort Nr 1 Rn 6). **(11)** ERA erfasst auch den Standby Letter of Credit, s Art 1 Rn 2.

K/1a Der **Standby Letter of Credit (L/C, auch Guarantee Letter of Credit)** ist eine besondere Art des Dokumentenakkreditivs, ursprünglich eine Garantie amerikanischer Banken, die gegen ein Dokument zahlbar gestellt wird, vgl BGH WM **94**, 1063, Horn/Wymeersch 1990, Eschmann RIW **96**, 913, Nielsen WM **99**, 2005, 2049; er unterliegt den Grundsätzen für dieses, Ffm WM **97**, 1893; Barzahlung beim Akkreditiv und Vorlage und Einlösung von Tratten beim L/C stehen funktional gleich. Ähnlichkeiten auch mit der Garantie auf erstes Anfordern, dazu die Einheitlichen Richtlinien für auf Anfordern zahlbare Garantien, **(7)** Bankgeschäfte Rn L/1. Beim Standby L/C Erklärung des Begünstigten über Nichterfüllung wie bei der Garantie auf erstes Anfordern (s Rn L/8). Unterschied zum Negoziierungskredit (drawing authorization): Ausschluss des wechselrechtlichen Regresses gegen den Begünstigten, Schütze/Vorpeil Rn 119. Zum L/C, Berger DZWir **97**, 426, Schütze/Vorpeil Rn 121 ff (Letter of Credit), 73 ff (Standby Letter of Credit). ICC, International Standby Practices, zur Verwendung bei Standby letter of credit empfohlen, s **(11)** ERA Einl 1. AGBKontrolle Haas ZBB **99**, 301. **Muster:** Hopt/Joos 4. Aufl 2013 Form IV. K.2, 3 (unwiderrufliches Dokumenten-Akkreditiv).

K/2 B. **Einschaltung weiterer Banken:** Üblicherweise sind mehrere Banken eingeschaltet, vor allem im internationalen Zahlungsverkehr. Die Bank des Käufers bzw Importeurs (**Akkreditivbank oder Eröffnungsbank**) schließt mit der zweiten, meist ausländischen Bank (Korrespondenzbank) einen Geschäftsbesorgungsvertrag mit Werkvertragscharakter (§§ 675 I, 631 BGB); anwendbares Recht s Rn K/2 aE. Die zweite Bank (**Zweitbank**, benannte Bank, **nominated bank, (11)** ERA Art 12) beschränkt sich entweder darauf, den Verkäufer bzw Exporteur von der Stellung des Akkreditivs zu unterrichten (**Avisbank** bzw avisierende Bank als **bloße technische Durchlaufstelle,** s **(11)** ERA Art 2 (Definition), aber auch Art 9 lit b, dazu Schütze/Vorpeil Rn 381 ff, DB **87**, 2189) und auch idR (ohne Übernahme einer eigenen Verbindlichkeit; aber Pflicht zur Überprüfung der augenscheinlichen Echtheit, dies in Vollmacht, MüKo/Nielsen H 77) ihm den Akkreditivbetrag gegen Prüfung der Warendokumente auszuzahlen (**Zahlstelle** oder ihren Aufgaben gemäß richtiger: Abwicklungsbank), BGH WM **58**, 1542, Schütze/Vorpeil Rn 414 ff, RIW **88**, 343, oder sie übernimmt es, das (unwiderrufliche) Akkreditiv dem Verkäufer gegenüber zu bestätigen (**Bestätigungsbank, (11)** ERA Art 2 mit Definition, Art 8). Ersterenfalls muss der Begünstigte primär gegen die Zahlstelle vorgehen, also Hemmung anderer Zahlungsansprüche, **(8)** ERA Art 7 Rn 1. Letzterenfalls erhält der Verkäufer einen zusätzlichen, vom Grundgeschäft unabhängigen Zahlungsanspruch auch gegen die Bestätigungsbank (Gesamtschuld), ebenfalls § 780 BGB (s Rn K/1), Ffm WM **96**, 58; bei Zahlstellenvereinbarung Auszahlung nur durch diese, **(11)** ERA Art 10 lit a, MüKo/Nielsen H 95, 95a, bei Negoziierungsakkreditiv ist die Zahlstelle nur zur Negoziierung unter Vorbehalt (s Rn K/14) verpflichtet, MüKo/ Nielsen H 96a, str. Akkreditivauftrag erfolgt schriftlich, telefonisch höchst selten, Schütze/Vorpeil Rn 140, Eröffnung und Avis (nicht Annahme, § 151 BGB) heute nur noch mit modernen Telekommunikationsmitteln (s **(11)** ERA Art 11),

V. Bankgeschäfte K/2a, K/2b **BankGesch (7)**

Schütze/Vorpeil Rn 353, 356 wegen Dokumentenstrenge (s Rn K/6) und HdlBrauch, letzteres kaum angesichts vieler abweichender Meinungen auch im Ausland, jedenfalls können die Parteien Formlosigkeit vereinbaren (s **(11)** ERA Art 1 Rn 3). Die zweitbeauftragte Bank hat gegen die Akkreditivbank Anspruch auf Vorschuss und Aufwendungsersatz (§§ 675 I, 669, 670 BGB), wenn sie auftragsgemäß gegen die Dokumente auszahlt, sonst nicht, BGH NJW **85,** 551; bei Akkreditiv mit aufgeschobener Zahlung (deferred payment-Akkreditiv, s **(11)** ERA Art 7 Rn 1), BGH **101,** 84; zur **Rembours**klausel Rn K/2b, **(11)** ERA Art 13 Rn 1. Der Käufer steht in vertraglicher Beziehung nur zur Akkreditivbank, nicht zur zweitbeauftragten Bank, RG **105,** 50, **106,** 27, Düss WM **78,** 360. Die Akkreditivbank haftet aber dem Käufer je nach Einzelfall (nach aA immer, nach aA nie, sondern nur Substitution nach § 664 I 2 BGB, so für die Zahlstelle MüKo/Nielsen H 78) für die eingeschalteten Banken als **Erfüllungsgehilfen nach § 278 BGB**, BGH WM **58**, 1542, Schütze DB **87**, 2190, MüKo/Nielsen H 55, 69, so zB betr Mitteilung und Eröffnung des Akkreditivs, nicht aber zB wenn der Auftraggeber die Einschaltung einer bestimmten Bank vorschreibt; soweit § 278 BGB eingreift, ist die Freizeichnung nach **(11)** ERA Art 37, jedenfalls gegenüber Verbrauchern, unwirksam, **(11)** ERA Art 37 Rn 1, Canaris 975, Nielsen ZIP **84**, 239, aA Graf v Westphalen WM **80**, 186: allgemein auch gegenüber Kflten; keine Haftungsbeschränkung nach **(8)** AGB-Banken (anders Nr 25 aF vor 1993). Statt Schadensliquidation der Akkreditivbank im Drittinteresse für den Käufer sind besser im Einzelfall (Dritt)Schutzpflichten der zweitbeauftragten Bank zugunsten des Käufers anzunehmen, zB für richtige Akkreditivmitteilung (wie beim mehrgliedrigen Giroverkehr, s Rn C/88), Mü-Ko/Nielsen H 68, str, s auch **(11)** ERA Art 9 lit b. Der Verkäufer (Begünstigter) hat vor Eröffnung des Akkreditivs keine eigenen Ansprüche gegen die eingeschalteten Banken, nachher hat er einen Anspruch aus § 780 BGB gegen die Akkreditivbank und ggf gegen die Bestätigungsbank, nicht aber gegen die Avisbank und die Zahlstelle, Canaris 978, auch der Erfüllungsort bleibt der Sitz der Akkreditivbank, MüKo/Nielsen H 83a, str. **Muster:** Hopt/Joos 4. Aufl 2013 Form IV. K.3 (Unwiderrufliches Dokumenten-Akkreditiv mit Avisierungs-/Bestätigungsauftrag an Korrespondenzbank), Form IV. K.5 (Auftrag an Korrespondenzbank zur Avisierung einer Akkreditivänderung), Form IV. K.10 (Mitteilung über Akkreditiveröffnung mit Bestätigung durch die avisierende Bank).

Ankaufs- und Schutzzusagen: In der Praxis haben sich neben der Einschaltung von Avis- und Bestätigungsbanken durch die beauftragte Bank Ankaufs- und Schutzzusagen (einer dritten Bank gegenüber dem Akkreditivbegünstigten außerhalb der Akkreditivbeziehungen) entwickelt (Schutzklauseln). Dabei geht es dem Begünstigten um Absicherung seines Anspruchs gegen die Akkreditivbank (Zahlungsunfähigkeit, Konvertierungs-, Transfer- und Moratoriumsrisiken). Der Sache nach geht es um verdeckte Bestätigungen, Schütze/Vorpeil Rn 98 ff, 119 mit Musterformel. **Stille Bestätigung** einer dritten Bank für den Fall konformer Dokumentenvorlage und Nichtzahlung der ersten avisierenden Bank, Ffm WM **10**, 1405, MüKo/Nielsen H 103b-d. **Muster:** Hopt/Joos 4. Aufl 2013 Form IV. K.14 (Ankaufszusage), Form IV. K.15 (Schutzzusage). K/2a

Internationales Recht: Die Rechtsverhältnisse der Beteiligten unterliegen nicht einem einheitlichen, sondern dem jeweils anwendbaren Recht: Käufer/Verkäufer (s Rn K/25), Bank/Akkreditivauftraggeber (s Rn K/3), Akkreditivbank/Begünstigter (s Rn K/11), Avis-Bestätigungsbank/Akkreditivbank (s Rn K/2), Avis-, Bestätigungsbank/Begünstigter (s Rn K/2); Übertragung (s Rn K/23); Gegen- oder Unterakkreditiv (s Rn K/24). Die Akkreditivbank erbringt die charakteristische Leistung (Art 4 II Rom I-VO, Art 28 II 2 aF EGBGB), Ffm RIW **92**, 315, Staub/Grundmann 3/575. Das gilt entsprechend für die bestätigende Zweitbank, MüKo/Nielsen H 76 (s für Akkreditiv Rn L/2), nach aA dann einheitlich deren Niederlassungsort für Ansprüche gegen beide Banken, Ffm K/2b

(7) BankGesch K/3 2. Teil. Handelsrechtl. Nebengesetze

NJW-RR **88**, 682. Wenn deutsches Recht nicht anwendbar ist, kann uU der ordre public-Vorbehalt eingreifen, Art 6 EGBGB (s Rn K/20). Der **Bankenrembours** ist in den IntHK Einheitliche Richtlinien für Rembourse zwischen Banken, 1996, geregelt, s **(11)** ERA Art 13. Lit: Schütze/Vorpeil Rn 667 ff (IPR), 703 ff (internationaler Akkreditivprozess), Reithmann/Martiny/Freitag Rz 6.608; Steindorff FS von Caemmerer **78**, 761, von Bar ZHR 152 **(88)** 38, Lorenz FS Steindorff **90**, 405, Schefold IPRax **90**, 20, **96**, 347.

K/3 **2) Das Rechtsverhältnis zwischen den Banken und dem Akkreditivauftraggeber (Käufer).** A. **Akkreditivauftrag:** Zwischen Akkreditivauftraggeber und seiner Bank (Akkreditivbank) besteht ein Werkvertrag mit Geschäftsbesorgungscharakter (§§ 675 I, 631 BGB), vgl RG **114**, 268, BGH WM **56**, 1542, **98**, 1770, hL. Der Akkreditivauftrag ist zwar an sich formfrei (vgl zum Akkreditiv selbst Rn K/2), aber Schriftform ist handelsüblich. Die Akkreditivbank schuldet den Erfolg der Bezahlung des Akkreditierten (Verkäufers) aus Akkreditiv. Im Einzelnen treffen die Bank gegenüber dem Akkreditivauftraggeber ua Pflichten zur Eröffnung des Akkreditivs (s Rn K/11–15) durch unverzügliche Mitteilung von der Akkreditivstellung, vgl RG **103**, 379, **105**, 34, zur Prüfung der Dokumente auf Vollständigkeit und Ordnungsmäßigkeit (s Rn K/5–8) und zur Zahlung gegen fristgerechte Vorlage akkreditivgerechter Dokumente. Auch sonstige Nebenpflichten, zB Vertraulichkeit, Vorpeil RIW **05**, 854 (House of Lords). Bei Nichteröffnung des Akkreditivs muss die Bank den Auftraggeber unverzüglich benachrichtigen, RG **103**, 379. Risikoabwälzungen durch **(11)** ERA Art 34–37, Wirksamkeit str, s dort. Keine allgemeine Beratungspflicht, Canaris 966, aber uU **Warnpflichten** der Bank, str, Schütze/Vorpeil Rn 146, 148 ff, s Rn A/28, zB wenn das Akkreditiv nichtig wäre (s Rn K/13) oder beim Umladungsverbot (s **(11)** ERA Art 20 Rn 2), Schütze/Vorpeil Rn 149 ff, 190, weitergehend Staub/Grundmann 3/585. Die Bank kann andere Banken einschalten, je nach Einzelfall haftet sie aber für diese als ihre Erfüllungsgehilfen (§ 278 BGB), str, s Rn K/2. Die Zahlung ist fällig gegen Präsentation akkreditivgerechter Dokumente nach notwendiger Prüfung (s Rn K/5). Jedoch kann die Fälligkeit hinausgeschoben sein (**Akkreditiv mit hinausgeschobener Zahlung, Nachsichtzahlung, deferred payment**, BGH **101**, 84, s **(11)** ERA Art 7 Rn 1); dann ist die Bank grundsätzlich auch **nicht zur vorzeitigen Zahlung berechtigt** (§ 271 II BGB gilt nur iZw), Canaris 955, MüKo/Nielsen H 102, str; vorzeitige Zahlung der Bank ist weisungswidrig und wirkt also nur als Vorschuss auf eigenes Risiko der Bank (Folgen s Rn K/4), BGH **101**, 87, Plagemann RIW **27**, 948, Schönle ÖBA **88**, 311, Schütze/Vorpeil Rn 106, nach aA vorzeitige Befriedigung des befristeten Zahlungsanspruchs des Begünstigten, Ffm WM **81**, 445; Konsequenz: keine Erfüllung, der Akkreditivanspruch fällt in die Insolvenzmasse des Begünstigten; s jetzt aber **(11)** ERA Art 7 lit c, 8 lit c, 12 lit b, dort Rn 2, Wirksamkeit str, MüKo/Nielsen H 103. Funktion des Akkreditivs mit hinausgeschobener Zahlung ist es gerade, dass der Auftraggeber (Käufer) sich bis dahin den Betrag durch Weiterverkauf der Ware beschaffen kann, daran muss sich die Bank halten (Auftragsstrenge), Nielsen WM **09**, 479. Umgekehrt ermächtigt die sog **red clause** die Bank zur Auszahlung eines Teils des Akkreditivbetrags schon vor Dokumenteneinreichung (Vorschuss zwecks Warenbeschaffung), bei **green clause** müssen zuvor die Waren in Namen der eröffnenden Bank gelagert werden, Schütze/Vorpeil Rn 102, 641 ff. Funktion: Der Begünstigte (Verkäufer) kann mit dem Vorschuss die zu liefernde Ware erst selbst beziehen. Der Akkreditivauftraggeber muss der Bank den Betrag als **Vorschuss** zur Verfügung stellen, hL, Canaris 968, aA MüKo/Nielsen H 59 bei vorbehaltsloser Annahme des Auftrags (Kreditfunktion des Akkreditivs), ggf erstatten (Deckung, §§ 675 I, 669, 670 BGB), RG **102**, 155 und eine Akkreditivprovision (§§ 675 I, 633 BGB), ggf eine besondere Bestätigungsprovision bezahlen (§§ 675 I, 631 I BGB). Aufwendungsersatz auch

V. Bankgeschäfte K/4, K/5 **BankGesch (7)**

bei unberechtigter gerichtlicher Inanspruchnahme aus dem Akkreditiv, BGH WM **98**, 1769, Ausnahme Schütze/Vorpeil Rn 159. **Pactum de non petendo,** dass der Akkreditivauftraggeber die Bank nicht auf Unterlassung der Auszahlung verklagt (s Rn K/21), ist häufig, Grenze aber Rechtsmissbrauch, Schütze/Vorpeil Rn 162. **Muster:** Hopt/Joos 4. Aufl 2013 Form IV. K.1 (Akkreditivauftrag), Form IV. K.4 (Belastungsaufgabe), Form IV. K.6–8 (Mitteilungen an Akkreditivauftraggeber), Form IV. K.13 (Akkreditivabrechnung).

B. **Weisungen:** Die Bank muss die Weisungen des Auftraggebers strikt befolgen (Ausnahme § 665 BGB, s Rn K/7), BGH WM **58**, 292, 588, **60**, 39, **64**, 476, NJW **70**, 992, **85**, 551, s Rn K/8 aE; Nichtbefolgung führt zu Deckungsverlust (§ 670 BGB, Grenze: § 242 BGB bei Folgenlosigkeit, MüKo/Nielsen H 56b), BGH NJW **89**, 160, und Schadensersatzpflicht (§ 280 BGB, uU nur diese bei endgültiger Durchführung des Kaufvertrags, sehr str). Die Weisungen müssen aber vollständig und genau sein (s ausdrücklich noch **(11)** ERA 500 Art 12), sonst kann die Bank das Akkreditiv nicht eröffnen und muss rückfragen (s Rn K/6). Weisungen mit zu weit gehenden Einzelheiten sind aber gefährlich, Warnung der ICC Banking Commission, MüKo/Nielsen H 47, die Bank kann sie ablehnen (s **(11)** ERA 500 Art 5a i; **(11)** ERA 600 Art 6 Rn 7), um nicht die Unabhängigkeit der Akkreditivverpflichtung vom Grundgeschäft auszuhöhlen (zB Weisung, nur bei „vereinbarungsgemäßer Lieferung der Ware" zu zahlen, vgl BGH BB **55**, 462). Nach Akkreditiveröffnung kann der Akkreditivauftraggeber die Rechtsstellung des Akkreditierten nicht mehr durch Gegenweisung an die Bank antasten (§ 790 BGB entspr, s Rn K/12). Beim Akkreditiv mit hinausgeschobener Zahlung (Nachsicht- bzw deferred payment-Akkreditiv (s **(11)** ERA Art 7 Rn 1) keine vorzeitige Zahlung (s Rn K/3). Nichtordnungsgemäße Auszahlung, die aus den Dokumenten ersichtlich ist, muss der Auftraggeber unverzüglich rügen, sofern die Abweichung nicht offensichtlich ist, vgl (im konkreten Fall ablehnend) RG **114,** 268. Die Unterlassung der Rüge macht schadensersatzpflichtig nach § 280 BGB, bedeutet aber noch nicht ohne Weiteres eine (allerdings auch stillschweigend mögliche) Genehmigung oder Verwirkung, auch nicht bei Schweigen auf Zusendung oder Entgegennahme von akkreditivwidrigen Dokumenten durch den Auftraggeber, zutr Canaris 948, MüKo/Nielsen H 62, hL. Die Bank kann ein vertragliches Pfandrecht an den Dokumenten nach **(8)** AGB-Banken Nr 14 (aber s dort Rn 2) erlangen, Liesecke WM **64**, 1282, **69**, 551. Freizeichnung s **(11)** ERA Art 34.

C. **Prüfung der Dokumente: a)** Der Akkreditivauftrag gibt der Akkreditivbank genau an, gegen welche Dokumente sie zahlen bzw Wechsel akzeptieren oder negoziieren soll. Wenn der Verkäufer die Dokumente der Bank andient, darf diese sie nur aufnehmen und einlösen, wenn aus ihnen hervorgeht, dass die Lieferung richtig ist, dh den Akkreditivbedingungen entspricht, zB dass die richtige Ware richtig verschifft ist. Solche **aufnahmefähige Dokumente** sind nach **(11)** ERA Art 18–28, dazu MüKo/Nielsen H 125 ff, außer den **Handelsrechnung** (Faktura, Art 18) vor allem **Transportdokumente,** Art 19–27: multimodales Transportdokument (dh mit mindestens zwei verschiedenen Beförderungsarten, zB FIATA Combined Transport Bill of Lading), (See)Konnossement, nichtbegebbarer Seefrachtbrief, Charterpartie-Konnossement, Lufttransportdokument, Dokumente des Straßen-, Eisenbahn- oder Binnenschiffstransports (zB Eisenbahnfrachtbrief, Flussladeschein oder entspr Verladebescheinigungen, Frachtbriefdoppel), Kurierempfangsbestätigung, Posteinlieferungs/Postempfangsschein, Postversandnachweis ua; ferner Versicherungsdokumente (Art 28), Gewichtsbescheinigung und sonstige Dokumente (zB Qualitätszertifikate, Analysenzertifikate, Inspektionszertifikate ua). Die Bank darf **nur „reine" Transportdokumente** ohne hinzugefügte Klauseln betr Mängel der Ware oder der Verpackung aufnehmen (s **(11)** ERA Art 27). ZT ergibt sich die Art der

K/4

K/5

Hopt 2123

(7) BankGesch K/6 2. Teil. Handelsrechtl. Nebengesetze

anzudienenden Dokumente aus der Art der vereinbarten Lieferung; so ist beim cif-Kauf (s **(6)** Incoterms Nr 11) das Versicherungsdokument vorzulegen, auch wenn das im Akkreditiv nicht besonders vorgeschrieben ist. Zu den Akkreditivdokumenten Schütze/Vorpeil Rn 226–345.

K/6 b) Die Bank ist verpflichtet, die Dokumente mit angemessener Sorgfalt und in angemessener Zeit (s **(11)** ERA Art 14 Rn 1, 2: maximal fünf Bankarbeitstage) darauf zu prüfen, ob sie der äußeren Aufmachung nach den Akkreditivbedingungen entsprechen (vertragswesentliche Pflicht der Bank iSv **(5)** § 307 II Nr 2 BGB); zu prüfen ist **nur** die **förmliche Übereinstimmung** von Akkreditivbedingungen und Dokumenten (äußere Ordnungsmäßigkeit, Vollzähligkeit, Ausschluss von Widersprüchen), nicht die inhaltliche Richtigkeit der Dokumente, Mü WM **96**, 2337, erst recht nicht die Waren (s **(11)** ERA Art 5, 14). Die insoweit beschränkte Prüfungspflicht ist eine vertragswesentliche Pflicht iSv **(5)** § 307 II Nr 2 BGB, also keine Haftungsbeschränkung. Für die Echtheitsprüfung kann die Haftung für leichte Fahrlässigkeit dagegen durch AGB wirksam ausgeschlossen werden, BGH **108**, 348. Bei der Prüfung gilt der Grundsatz der **Dokumentenstrenge** (s auch Rn K/1, 14): das Dokument muss den im Akkreditiv gestellten Bedingungen für die Zahlung genau entsprechen, BGH WM **58**, 292, 588, **60**, 39, **64**, 476, NJW **70**, 992, WM **71**, 159, **84**, 1214, **89**, 160, ZIP **04**, 1049, Kln IHR **16**, 117, Nielsen WM **62**, 778. Vor allem muss die Warenbeschreibung in der Handelsrechnung (Faktura) mit der im Akkreditiv strikt übereinstimmen (s **(11)** ERA Art 18 lit c), BGH WM **87**, 612, MüKo/Nielsen H 126: buchstabengetreue Wiedergabe. Auch beim Akkreditiv bleibt sonst aber **Auslegung** (§§ 133, 157 BGB) möglich, BGH WM **94**, 1963, Ffm DZWir **97**, 423 m Anm Berger (Standby Letter of Credit, s Rn K/1), str, jedoch Rückgriff dabei auf Teile des Grundgeschäfts nur, soweit in der Akkreditivurkunde in Bezug genommen, Schütze/Vorpeil Rn 548 f, 400 a. Auch vollständige Erfüllung des Grundgeschäfts hilft nicht über Dokumentenmängel hinweg, Canaris 957, Staub/Grundmann 3/612. In manchen Fällen ergibt sich schon aus dem Dokument selbst ohne Weiteres, dass die Lieferung Mängel hat (unclean documents), Canaris 960, Staub/Grundmann 3/612. Auf jeden Fall aber akribische, streng förmlich genaue Prüfung, BGH WM **71**, 158, Mü WM **96**, 2337, denn die Bank vermag nicht zu übersehen, ob nicht bereits „die kleinste, wenn auch in ihren Augen belanglose Abweichung" den Auftraggeber erheblich schädigen kann, BGH WM **71**, 159. Trotzdem nicht rein sklavische Wortlautauslegung, sondern nach Sinn und Zweck der Akkreditivbedingungen, allerdings nur, sofern sie aus der Urkunde ersichtlich sind, BGH WM **94**, 1062 (zum Standby Letter of Credit), Schütze/Vorpeil Rn 545 ff, MüKo/Nielsen H 108, Nielsen WM **09**, 480, krit Berger FS Schütze **99**, 110, Nielsen FS Kümpel **03**, 417. Offenbare Schreib- und Zeichenfehler schaden nur dann nicht, wenn sie als solche klar erkennbar sind und keinesfalls irreführen können (**"could not possibly mislead"**), Schütze/Vorpeil Rn 520, zB ß/ss, ä/ae, nach ICC-Praxis im Einzelfall „Industrial Parl" statt „Industrial Park"; ebenso Klein- statt Großschreibung und umgekehrt, Nielsen WM **62**, 778, weitere Bspe bei MüKo/Nielsen H 110. Stellung einer Bankgarantie hilft nicht über Fehlen eines Dokuments hinweg, wird aber in der Praxis nicht selten als Ersatz bei nicht vollzähliger oder unvollständiger Dokumentenlage gewählt, dann aber jedenfalls keine Pflicht der Bank, sich darauf einzulassen, Schütze/Vorpeil Rn 524, 577 ff, str (Vorbehaltszahlung s **(11)** ERA 500 Art 14 lit f). § 242 BGB gilt auch hier, aber MüKo/Nielsen H 111, str, zB wenn Transportpapiere als Empfänger statt des Auftraggebers die Akkreditivbank ausweisen, Mü WM **98**, 554, aber Berufung auf Dokumentenstrenge ist grundsätzlich nicht treuwidrig, BGH NJW **85**, 552, Mü WM **96**, 2335, weitergehend Koller WM **90**, 293. **Bspe:** Andere Adresse und Firmenzusatz des Begünstigten beim nicht übertragbaren Akkreditiv (trotz behaupteter

V. Bankgeschäfte K/7 BankGesch (7)

Identität), Mü WM **96**, 2335; Wiedergabe der Wareneigenschaft in Anführungszeichen oder Klammern statt wie im Akkreditiv ohne solche ist schädlich (könnte bloßes Zitat sein); ebenso grundsätzlich deutscher Ausdruck statt des vorgeschriebenen fremdsprachigen (anders nur wenn absolut eindeutig); „new" statt „in new condition" oder „new, good"; „warehouse Bilbao" statt „fas Bilbao", BGH NJW **85**, 551; das Qualitätsattest muss von dem im Akkreditiv vorgesehenen Sachverständigen kommen, von keinem anderen, vgl RG **96**, 246; das spezifische Gewicht von Dieselkraftstoff darf nicht bei 157 statt gemäß Akkreditiv bei 200 festgestellt sein, auch wenn ein Ölfachmann die Angaben als gleichwertig beurteilt, BGH WM **58**, 292; das Analysenzeugnis muss, falls es hierauf ankommt, eindeutig nachweisen, dass auch die Art der Herstellung geprüft wurde, BGH WM **58**, 588; „attested by Govt. Authorities" umfasst auch Attest von IHK, Nielsen ZIP **84**, 240; die Dokumente dürfen sich nicht ihrer äußeren Aufmachung nach widersprechen (inconsistent), s **(11)** ERA Art 14 lit d, e, positive Übereinstimmung ist aber nicht unbedingt notwendig, str; bei Widerspruch zwischen FIATA FCR (Bruttogewicht) und packing list (Nettogewicht), liegt wohl solcher Widerspruch vor, aber str. Vorzulegen sind die Dokumente in der **angegebenen Anzahl** und grundsätzlich **alle** Dokumente. Vorzulegen sind grundsätzlich **Originale;** aber Erweiterungen dazu s **(11)** ERA Art 17; Kopien s **(11)** ERA Art 17 lit d, e. Bei HdlRechnungen braucht die Bank nicht sämtliche Einzelberechnungen nachzuprüfen. Rechnungsbetrag über und unter Akkreditivsumme s **(11)** ERA Art 18 Rn 2, 3; Übereinstimmung der Warenbeschreibung s **(11)** ERA Art 18 Rn 4. Über- und Unterschreiten der angegebenen Warenmenge **(Toleranzen)** s **(11)** ERA Art 30 Rn 1; Sonderfälle Teilinanspruchnahmen oder Teilverladungen und Sukzessivlieferungen, s **(11)** ERA Art 31, 32, Schütze/Vorpeil Rn 211 ff, 216 ff. Ob die Dokumente akkreditivgerecht sind, entscheidet die Bank selbstständig und allein auf Grund der Dokumente (s **(11)** ERA Art 14 lit a). Die Bank hat dabei aber kein Ermessen, anders ganz ausnahmsweise **(11)** ERA Art 18 lit b (dort Rn 1). Die Bank braucht bei Unstimmigkeit das Dokument nicht aufzunehmen; dies selbst dann nicht, wenn der Auftraggeber die Unstimmigkeit billigen sollte, str, eine Rückfragepflicht, um dies herauszufinden, hat sie jedenfalls nicht (s **(11)** ERA Art 14 lit b „in eigenem Ermessen"). Hat die Bank Grund zur Annahme, dass die Warenangaben falsch sind, muss sie (auch bei Klausel „said to contain") **Zweifel vermerken,** Folge: Konnossement wird „unrein", keine Auszahlung, sonst uU Haftung nach § 826 BGB, BGH NZG **04**, 612. **Rückfragen** beim Auftraggeber sind dadurch zwar nicht ausgeschlossen, aber die Bank darf die Prüfung der Dokumente nicht auf den Auftraggeber verlagern. Eine Pflicht zur Rückfrage beim Auftraggeber besteht idR nicht, aber Akkreditiv kann Inspektionsklausel (Auszahlung erst gegen Bestätigungsvorlage) enthalten, BGH NJW **83**, 631. Die Bank kann sich zwecks Verzichts auf Geltendmachung der Unstimmigkeit an den Auftraggeber wenden (s **(11)** ERA Art 14 lit b). Dieser kann zB wegen der zwischenzeitlichen Preisentwicklung an dem Verzicht interessiert sein. Verzichtet der Auftraggeber, kann die Bank die Dokumente aufnehmen, ohne den Begünstigten über die Tatsache des Verzichts aufzuklären, str; hat der Auftraggeber nicht verzichtet und nimmt die Bank daraufhin die Dokumente nicht auf, kann sie dies nicht einseitig rückgängig machen, dies ist nur mit Zustimmung des Dokumenteneinreichers möglich (s **(11)** ERA Art 16 Rn 2). **Muster:** Hopt/Joos 4. Aufl 2013 Form IV. K.7 (Alternative Abwicklungsnachrichten der Akkreditivbank an den Akkreditivauftraggeber).

Von den Akkreditivbedingungen darf (und uU muss) die Bank jedoch ganz **K/7** ausnahmsweise **abweichen** (bei Gefahr im Verzug sogar ohne vorherige Verständigung des Akkreditivstellers, §§ 665, 675 I BGB, str), wenn sie ohne Zuziehung von Fachleuten völlig einwandfrei beurteilen kann, dass die Abweichung unerheblich und für den Auftraggeber unschädlich ist, BGH WM **84**, 1443, NJW

(7) BankGesch K/8–K/11   2. Teil. Handelsrechtl. Nebengesetze

85, 551, Mü WM **96**, 2337, Canaris 945, str. Andererseits kann die Pflicht zur Aufnahme an sich einwandfreier Dokumente entfallen bei Vorliegen einer widersprechenden urkundlichen Erklärung, besonders wenn dadurch die Auszahlung eines der Bank eröffneten Gegenakkreditivs gefährdet wird, BGH WM **64**, 223. Unzulässige Abweichung und Folgen s Rn K/4.

K/8   Das **Fälschungsrisiko** trägt zwar an sich die Bank, doch ist es nach **(11)** ERA Art 34 wirksam auf den Auftraggeber abgewälzt, soweit nicht eine vertragswesentliche Pflicht verletzt ist (s **(11)** ERA Art 34 Rn 1).

K/9   D. **Beendigung:** Der Akkreditivvertrag kann ohne Kündigungsgrund von beiden Seiten jederzeit gekündigt werden (§§ 675 I, 649 S 1 BGB). Die Kündigung des Auftraggebers berührt aber einen bereits entstandenen Anspruch des Begünstigten aus dem Akkreditiv nicht. Die Eröffnung des Insolvenzverfahrens über das Vermögen des Auftraggebers lässt den Akkreditivauftrag erlöschen (§ 116 InsO), Schutz der Bank nach §§ 116, 115 II, III; ist das Akkreditiv bereits bestätigt, ist für das Verhältnis von Auftraggeber und Bank streitig, ob § 116 InsO oder § 103 InsO anzuwenden ist, Canaris 1079. Zum Akkreditiv in der Insolvenz Liesecke FS Fischer **79**, 397. **Muster:** Hopt/Joos 4. Aufl 2013 Form IV. K.8 (Mitteilung an den Akkreditivauftraggeber über die Erledigung bzw Ermäßigung des Akkreditivs).

K/10   3) **Das Rechtsverhältnis zwischen der Bank und dem Begünstigten (Verkäufer). A. Vor Akkreditiveröffnung:** Der Begünstigte steht vor Akkreditiveröffnung in keinem Vertragsverhältnis (aus dem Akkreditiv) zur Akkreditivbank (vgl entspr zur Rechtslage vor Gutschrift bei der Überweisung, Rn C/89). Der Akkreditivvertrag ist kein Vertrag zugunsten Dritter iSv § 328 BGB, auf Grund dessen der Begünstigte schon vor Akkreditiveröffnung einen Anspruch gegen die Bank erlangen könnte, hL, vgl **(11)** ERA Art 4 lit a Satz 4; das gilt mangels Auftragsverhältnisses zwischen Bank und Verkäufer sogar, wenn die Bank bereits Deckung erhalten hat, Staub/Grundmann 3/582 aE (aber Anspruch aus eigenem Girovertrag des Käufers, Rn C/90). Zum **Voravis (11)** ERA Art 11 lit b.

K/11   B. **Nach Akkreditiveröffnung: a)** Die Akkreditivbank eröffnet das Akkreditiv durch Mitteilung an den Begünstigten (formlos per Fax ua, § 350 HGB, str ob auch (fern)mündlich, s Rn K/2; s auch s **(11)** ERA Art 11; Zugangserfordernis, nach anderen Rechtsordnungen mailbox theory, Schütze/Vorpeil Rn 362) und wird dadurch diesem vertraglich **unmittelbar und abstrakt zur Zahlung** (aufschiebend bedingt) gegen Vorlage der vorgeschriebenen Dokumente **verpflichtet** (§§ 780, 151 BGB), RG **144**, 136, BGH **60**, 264, Düss WM **78**, 124, nach aA Garantievertrag. Mindestangaben des Akkreditivs s **(11)** ERA Art 6; möglichst ohne Verweisungen auf frühere Akkreditive **(similar credit)**, s **(11)** ERA Art 6 Rn 7. Entspricht das Akkreditiv nicht dem Grundgeschäft, muss der Begünstigte umgehend widersprechen, nach Schütze/Vorpeil Rn 361 innerhalb von 3 Tagen, zweifelnd MüKo/Nielsen H 63; nachträgliche Änderungen des eröffneten Akkreditivs nur mit Zustimmung des Begünstigten, s **(11)** ERA Art 10 lit a. Die Mitteilung kann über eine andere Bank (Avisbank) erfolgen; diese haftet selbst nur bei eigener Bestätigung des (unwiderruflichen) Akkreditivs gegenüber dem Begünstigten (bestätigtes Akkreditiv, §§ 780, 151 BGB, s Rn K/2), BGH **28**, 129. Ob bloßes Avis oder Bestätigung vorliegt, folgt aus §§ 133, 157 BGB. Eine Regel, dass die Mitteilung iZw eine verbindliche Bestätigung darstelle, gibt es nicht. Akkreditivbank und Bestätigungsbank haften als Gesamtschuldner. Die Verpflichtung aus dem Akkreditiv kann sich außer auf Zahlung auch auf Akzeptierung oder Negoziierung eines Wechsels erstrecken (s **(11)** ERA Art 6 Rn 2, 7 Rn 1). Die fünf Modalitäten der Verpflichtung aus dem Akkreditiv sind aufgezählt in **(11)** ERA Art 7 lit a. **Muster:** Hopt/Joos 4. Aufl 2013 Form IV.K.9 (Mitteilung über Akkreditiveröffnung durch die avisierende Bank), Form IV. K.10

V. Bankgeschäfte K/12, K/13 **BankGesch (7)**

(Mitteilung über Akkreditiveröffnung mit Bestätigung durch die avisierende Bank).

b) Das Akkreditiv ist in der Praxis in aller Regel **unwiderruflich** (Definition K/12 des Akkreditivs in **(11)** ERA Art 2, s **(11)** ERA Art 2 Rn 9, auch Art 3 Rn 2, aber dispositiv, Art 1 Satz 2). Die Verpflichtung daraus kann nur mit Zustimmung aller Beteiligten geändert werden Möglich ist aber auch, allerdings nicht mehr nach ERA 600 (aber s **(11)** ERA Art 3 Rn 3) ein **widerrufliches** Akkreditiv (zB wenn Zahlungsweg für Import/Exportgenehmigung anzugeben ist); es muss aber eindeutig als solches bezeichnet sein, allerdings ohne dass unbedingt das Wort „widerruflich/irrevocable" gebracht werden müsste. Auch das widerrufliche Akkreditiv ist abstraktes Schuldversprechen iSv § 780 BGB (oben Rn K/1), Schütze/Vorpeil Rn 88, es ist bis zum Widerruf rechtlich verbindlich, früher str. Bestätigung eines (un)widerruflichen Akkreditivs s **(11)** ERA Art 8. Im Normalfall weist der Auftraggeber die Bank zum Widerruf an (sonst uU Schadensersatzpflicht der Bank), nur diese kann den Widerruf aussprechen. Widerruflichkeit (ohne sachlich gerechtfertigten und im Vertrag angegebenen Grund) widerspricht an sich **(5)** BGB § 308 Nr 3, dessen Grundgedanken auch unter Unternehmern gelten, ist aber im Hinblick auf internationale Standards bei Schadensersatzpflicht (durch **(11)** ERA 600 nicht ausgeschlossen) zulässig, M. Wolf ZHR 153 **(89)** 315 f. Die Bank kann das widerrufliche Akkreditiv jederzeit und ohne vorherige Nachricht an den Begünstigten widerrufen, Grenze § 242 BGB bei treuwidrigem Widerruf, aber nur in ganz gravierenden Fällen; sie muss dem Begünstigten, dem sie die Akkreditiveröffnung zuerst mitgeteilt hat, aber auch den (erfolgten) Widerruf mitteilen, sonst haftet sie nach § 280 I BGB auf den Vertrauensschaden. Das Recht zum Widerruf erlischt erst mit Leistung der Akkreditivbank oder Bestätigungsbank an den Begünstigten, RG **107**, also nicht schon mit Aufnahme und Anerkennung der Dokumente durch die Zweitbank; anders, nämlich schon mit Dokumentenaufnahme nur beim Akkreditiv mit hinausgeschobener Zahlung (Nachsicht- bzw deferred payment-Akkreditiv, s Rn K/3), Schütze/Vorpeil Rn 90; bei ge mischtem Akkreditiv (zahlbar teils bei Sicht teils nach Sicht) bleibt Verpflichtung für die Nachsichtrate.

c) Der Anspruch des Begünstigten aus § 780 BGB ist **befristet.** Alle Akkredi- K/13 tive, auch die widerruflichen, müssen ein **Verfalldatum** für die Vorlage der Dokumente (nur dafür, Schütze/Vorpeil Rn 181) enthalten (s **(11)** ERA Art 6 lit d). Ohne Verfalldatum ist Akkreditiv nichtig (s **(11)** ERA Art 6 Rn 4), Eröffnungsmitteilung ist dann nur unverbindlicher Avis, darauf muss die Bank den Auftraggeber (s Rn A/28) und auch den Empfänger hinweisen (s Rn K/3), Schütze/Vorpeil Rn 149, str. Zu Problemen der Bestimmung des Verfalldatums Schütze/Vorpeil Rn 186 ff. Die Bank darf (und muss gegenüber dem Auftraggeber) die Zahlung selbst bei geringfügiger Überschreitung des Verfalldatums verweigern, RG **105**, 52, Staub/Grundmann 3/633; eine Pflicht zur Einräumung einer Nachfrist ist mit der Striktheit des Akkreditivs nicht vereinbar, auch nicht bei unverschuldeter Säumnis, aA Canaris 990 (aber strenge Anforderungen). Das ergibt sich aus der Funktion des Akkreditivs, nicht erst aus **(11)** ERA Art 6 lit d, e, also keine Frage der AGB-Kontrolle, aA offenbar Staub/Grundmann 3/633. Außer dem Verfalldatum muss jedes Akkreditiv, das ein Transportdokument verlangt, auch eine genau bestimmte Frist ab Ausstellungsdatum der Verladedokumente bis Vorlegung enthalten **(Vorlagefrist);** andernfalls Zurückweisung bei Vorlage später als 21 Kalendertage nach dem Verladedatum, auch schon vorher bei Vorlage später als am Verfalldatum **(11)** ERA Art 14 lit c). Laufende Fristen werden auch nicht durch höhere Gewalt verlängert, Stgt RIW **80**, 729, Ausnahme Bankschalterschließung nach **(11)** ERA Art 29. Zur früheren Zurückweisung von Dokumenten wegen übermäßiger Verzögerung **(stale documents)** s **(11)** ERA Art 14 Rn 3. Zur Unterscheidung zwischen fristwahrender Doku-

(7) BankGesch K/14–K/16 2. Teil. Handelsrechtl. Nebengesetze

menteneinreichung und Auszahlung MüKo/Nielsen H 98, Umgehung der Zahlstelle (Bypassing) H 99. Nachsichtzahlung, deferred payment s Rn K/3.

K/14 d) Der Anspruch des Begünstigten aus § 780 BGB ist **durch Andienung akkreditivgerechter Dokumente bedingt.** Einfaches Akkreditiv mit bloßer Legitimierung des Begünstigten ist ungebräuchlich. Zu den Kriterien der **Dokumentenprüfung** im Einzelnen (Vollzähligkeit, äußerliche Ordnungsmäßigkeit, Ausschluss von Widersprüchen) s Rn K/5 ff, **(11)** ERA Art 14, MüKo/Nielsen H 104 ff. Der **Grundsatz der Dokumentenstrenge** gilt im Verhältnis zwischen Bank und Begünstigtem (Zahlung) ebenso wie zwischen Bank und Auftraggeber (Erstattung), s Rn K/5–8. Die Bank hat **zur Prüfung der Dokumente** eine **5 Bankarbeitstage** nicht überschreitende Frist (s **(11)** ERA Art 14 lit b), das ist eine Höchstfrist, im konkreten Fall also je nachdem auch weniger (s **(11)** ERA Art 14 Rn 2). Während dieser Zeit hält die Bank die Dokumente als Treuhänderin für den Begünstigten; an den Auftraggeber darf sie sie keinesfalls ohne Einwilligung des Begünstigten herausgeben (sonst uU keine Berufung mehr auf Mängel der Dokumente), BGH **101**, 85, anders erst, wenn sie bezahlt hat. Verfahren bei unstimmigen Dokumenten, **Dokumentenrüge** s **(11)** ERA Art 16, MüKo/Nielsen H 176 ff. Bei kleineren Unstimmigkeiten kommt Aufnahme der Dokumente und Zahlung **unter Vorbehalt** in Betracht (s noch **(11)** ERA 500 Art 14f, nicht mehr in ERA 600), Schütze/Vorpeil Rn 580 ff, s auch Rn K/2; dieser ist (Kredit-)Abrede zwischen der Bank und dem Begünstigten ohne Änderung des Akkreditivs, str, Eberth WM **83**, 1302, nach Schütze/Vorpeil Rn 583 macht Vorbehaltsvereinbarung aber nur Sinn, wenn mit Zustimmung aller Beteiligten die Fünftagesfrist (s **(11)** ERA Art 14 lit b) verlängert wird. Interner Vorbehalt gegenüber dem Einreicher genügt, die Bank hat grundsätzlich keine Pflicht, die Eröffnungsbank auf die Zahlung nur unter Vorbehalt hinzuweisen, Nielsen 179. Bei schweren Abweichungen ist externer Vorbehalt, dh Mitteilung durch die übersendende Bank an die Eröffnungs- bzw Bestätigungsbank, üblich und auch geboten. Externer Vorbehalt entbindet die Eröffnungs- bzw Bestätigungsbank nicht von der rechtzeitigen Dokumentenrüge. Keine Pflicht der Bank, gegen Garantie zu zahlen (s **(7)** Bankgeschäfte Rn K/6). Rückfrage s Rn K/6. Für nicht akkreditivgerechte Dokumente kann die Bank uU Genehmigung des Käufers einholen (Dokumenteninkasso, s Rn M/1). Bei Nichtgenehmigung des Käufers hat die Bank Rückgewähranspruch auf Grund Vereinbarung, aA Canaris 994: § 812 BGB; Rückabwicklung sonst s Rn K/22. Bei Nichtaufnahme der Dokuments muss die Bank die Zweitbank bzw den Begünstigten, von dem sie die Dokumente erhalten hat, unverzüglich (jedoch nicht später als am Ende des 5 Bankarbeitstags nach dem Tag der Dokumentenvorlage **(11)** ERA 16 lit d) benachrichtigen. Erneute Andienung nach Beseitigung des Dokumentenmangels ist möglich. **Muster:** Hopt/Joos 4. Aufl 2013 Form IV. K.11 (Dokumenteneinreichung), Form IV. K.12 (Dokumentenspezifikation).

K/15 e) Die Akkreditivbank zahlt an den Begünstigten oder die von diesem bevollmächtigte Bank. Eine Bank, die die Dokumente besitzt, ist auch zur **Entgegennahme der Akkreditivsumme** ermächtigt (HdlBrauch), BGH NJW **89**, 159.

K/16 C. **Einwendungsausschluss:** Der abstrakte Zahlungsanspruch bietet dem begünstigten Verkäufer nur deshalb die notwendige Sicherheit im (Export-)Geschäft, weil die Bank nicht unbeschränkt Einwendungen aus den verschiedenen Verhältnissen entgegenhalten kann. Beim eröffneten oder bestätigten Akkreditiv gilt ein weitgehender Einwendungsausschluss entspr § 784 I Halbs 2 BGB (Akkreditiv als Anweisung iwS, s Rn K/1; zum Ganzen entspr bei der Überweisung s Rn C/93 ff; aber man beachte neue Rspr des BGH, s Rn C/103), BGH **28**, 130, WM **55**, 767.

V. Bankgeschäfte K/17–K/20 **BankGesch (7)**

a) Ausgeschlossen sind Einwendungen **aus dem Deckungsverhältnis** K/17
zwischen Akkreditivbank und Akkreditivauftraggeber, zB der Letztere habe keine
Deckung gestellt oder sei insolvent geworden, hL, MüKo/Nielsen H 32. Dasselbe
gilt für Einwendungen aus dem Verhältnis zwischen Bestätigungsbank und Akkreditivbank, BGH WM **58**, 292.

b) Einwendungen aus dem Valutaverhältnis zwischen Verkäufer und Käufer, zB Mängelansprüche, sind ebenfalls ausgeschlossen, BGH **60**, 264, Mü WM K/18
96, 2338. Der Käufer ist darauf angewiesen, notfalls die Zahlung direkt vom
Verkäufer aus ungerechtfertigter Bereicherung zurückzuholen. Einwendungen
aus dem Valutaverhältnis, zB Schadensersatzansprüche, kann die Bank dem begünstigten Verkäufer selbst dann nicht entgegensetzen, wenn der auftraggebende
Käufer sie ihr abgetreten hat, BGH **28**, 129, **6**, 264, LG Kln IHR **16**, 112.
Ausnahme des Rechtsmissbrauchs s Rn K/20.

c) Das gilt zwecks Erhaltung der jeweiligen Gegenrechte **auch bei einem** K/19
Doppelmangel von Deckungs- und Valutaverhältnis.

d) Zulässig sind dagegen (1) die Einwendung von **Mängeln des Akkreditiv-** K/20
auftrags (richtiger: Mängel der Akkreditivanweisung, s Rn K/1; Mängel s unten
Rn K/22; vgl entspr zum Mangel des Überweisungsauftrags Rn C/97 ff, aber
man beachte neue Rspr des BGH, s Rn C/103), aA Staub/Grundmann 3/623
wegen Einwand des § 818 III BGB mit Grenze erst bei Rechtsmissbrauch, auch
alle folgenden Einwendungen will Staub/Grundmann 3/624 ff nicht zulassen
außer eng im Rahmen von § 242 BGB bzw ordre public; weiter die Einwendungen nach § 784 I Halbs 2 BGB, also (2) Einwendungen, die die Gültigkeit der
Annahme betreffen **(Gültigkeitseinwendung),** zB das Schuldversprechen nach
§ 780 BGB sei nach §§ 134, 138 I, II, 142 I iVm § 123, 179 BGB nichtig.
Devisenvorschriften und Export-, Importverbote, die sich auch gegen die Bank
richten, fallen unter § 134 BGB; bei ausländischen Verboten kann § 138 BGB
vorliegen, uU auch nur Rechtsmissbrauch, s Canaris 1019. (3) Einwendungen
aus dem Inhalt des Akkreditivs, dh der Akkreditivurkunde, nicht des Akkreditivauftrags **(inhaltliche Einwendungen),** zB die angedienten Dokumente seien
nicht akkreditivgerecht oder erst nach Verfall eingereicht; (4) Einwendungen auf
Grund des Verhältnisses zwischen Akkreditiv- oder Bestätigungsbank unmittelbar
zum Begünstigten **(unmittelbare Einwendungen).** Die Bank darf aber idR
(Vertragsauslegung) **nicht** gegen die Akkreditivforderung **aufrechnen,** denn der
Begünstigte soll die Zahlung effektiv, also idR bar erhalten, so die ganz üL,
MüKo/Nielsen H 36 (außer bei offensichtlicher und liquide beweisbarer Begründetheit, siehe sogleich), aA für liquide Gegenansprüche der Bank Schütze/Vorpeil
Rn 647 ff, Canaris 1009, Staub/Grundmann 3/622, offen BGH **60**, 264, anders
für Zahlungsgarantie (s Rn L/12–15), BGH **94**, 171, Differenzierung macht aber
wenig Sinn. Das gilt nicht nur für Forderungen aus dem Grundverhältnis, sondern für alle eigenen Forderungen der Bank, außer wenn sie im Zusammenhang
mit der Akkreditiveröffnung bzw -bestätigung stehen, und erst recht für abgetretene des Auftraggebers (s Rn K/18), so auch BGH **60**, 264, letzterenfalls auch
Schütze/Vorpeil Rn 647. Entspr gilt für den Erwerb von Sicherungsrechten der
Bank (§ 369 HGB, **(8)** AGB-Banken Nr 14, 15). (5) Der Einwand des **Rechts-**
missbrauchs (§ 242 BGB) ist wie immer zulässig. Das kann aber nur in engen
Ausnahmefällen gelten, sonst wird die Abstraktheit des Akkreditivs ausgehöhlt.
Das Erfordernis der Akkreditivinanspruchnahme trotz **offensichtlicher** und
liquide beweisbarer Unbegründetheit wie beim Garantiegeschäft (s Rn L/
6–16), BGH **101**, 91, **132**, 317, WM **88**, 1300, Ffm DZWir **97**, 424, Karlsr
RIW **97**, 781, LG Kln IHR **16**, 112, hL. Wie dort wird der Beweis idR durch
geeignete Dokumente geführt, uU aber auch Zeugenbeweis, str. Bei einem
solchen Rechtsmissbrauch und anderen Einwänden hat die Bank eine Pflicht
gegenüber dem Auftraggeber, die Zahlung zu verweigern (s Rn L/6–16), str.

(7) BankGesch K/21–K/23   2. Teil. Handelsrechtl. Nebengesetze

Ausstellung einer Bestätigung der Bank, dass ihr die Dokumente vorgelegt sind, ist kein Verzicht auf Rechtsmissbrauchseinwand, Ffm WM **97**, 609. **Bsp:** Verstoß des Grundgeschäfts gegen §§ 134, 138 BGB, RG **106**, 307; völlige Ungeeignetheit der Ware zur Vertragserfüllung, BGH **101**, 92 (auch für deferred payment-Akkreditiv); so grobe und evidente (liquide beweisbare) Mängel der Ware, dass das Zahlungsverlangen des Verkäufers arglistig erscheint, BGH WM **55**, 768, Schlesw WM **80**, 50 (Erschleichen einer akkreditivähnlichen Rechtsstellung), aA Canaris 1021: nur bei Straftat oder unerlaubter Handlung (iErg wohl ohne großen Unterschied), oder der Umstand, dass die Forderung des Verkäufers gegen den Käufer rechtskräftig abgewiesen ist, BGH WM **58**, 697. **Nicht:** starker Verdacht nicht ordnungsgemäßer Erfüllung des Kaufvertrags, BGH NJW **89**, 159; schwere Mängel der Ware; Umstand, dass nach der Bestätigung durch ausländische Devisenvorschriften Deckung aus dem Ausland unmöglich geworden ist, aA RG **144**, 137; Gerichtsentscheidung zu einstweiligem Rechtsschutz, Karls RIW **97**, 784, aA Ffm WM **97**, 610. Im **internationalen Verkehr** (s Rn K/2) bleibt der Rechtsmissbrauchseinwand bei hinreichenden Kontakten des Leistungsempfängers mit Deutschland unabhängig von Vertragsstatut als **ordre public**-Einwand zulässig (vgl Art 21, 4 ROM-I VO), Staub/Grundmann 3/575.

K/21   **e) Verhinderung der Zahlung** durch **einstweilige Verfügung** oder **Arrest** ist in engen Grenzen denkbar, BGH **101**, 92. Verhinderung der Zahlung ist zwar idR nicht durch einstweilige Verfügung gegen die Bank auf Unterlassung der Auszahlung möglich (bei grundloser Zahlung kann sie aber vom Auftraggeber keine Erstattung verlangen), Düss WM **78**, 360, Ffm WM **81**, 445, str, unklar BGH **101**, 92; aber in engen Grenzen ist einstweilige Verfügung (§ 940 ZPO) gegen Rückbelastung beim Auftraggeber denkbar (s Rn L/12–15). Der Auftraggeber kann aber einen Anspruch aus dem Valutaverhältnis gegen den Begünstigten auf Nichtinanspruchnahme des Akkreditivs haben, LG Düss WM **75**, 67, Aden RIW **76**, 678, von Bernstorff RIW **86**, 332. Das gleiche Problem taucht vor allem bei der internationalen Bankgarantie auf (s Rn L/14): Lit: Heinze 1984 (einstweiliger Rechtsschutz im Zahlungsverkehr der Banken).

K/22   **f) Rückabwicklung:** Bei ausgeschlossenen Einwendungen (s Rn K/17–19) erfolgt der Bereicherungsausgleich allein im Deckungs- bzw im Valutaverhältnis. Die Bank kann auch nicht aus einem vom Begünstigten ausgestellten Wechsel Regress nehmen; Wechselremboursgeschäft s Rn G/26, Forfaitierungsgeschäft s Rn J/4. Nur bei zulässigen Einwendungen (s K/20 wie C/97, aber man beachte C/103, praktisch vor allem bei Mängeln der Akkreditivanweisung, aber auch bei Zahlung unter Verkennung eines Dokumentenmangels, sonst § 814 BGB) hat die Bank einen unmittelbaren Anspruch gegen den Begünstigten aus § 812 BGB. Teilweise wird noch restriktiver die Anfechtung (§§ 119 ff BGB) der Dokumentenaufnahme gefordert, Nielsen FS Werner **84**, 573, aber diese ist bloßer Realakt.

K/23   **D. Übertragung, Zahlungsanspruchsabtretung, Pfändung: a)** Ein Akkreditiv ist nur übertragbar, wenn es von der Akkreditivbank **ausdrücklich als übertragbar bezeichnet** worden ist (allgemeine Zustimmung; aber bei Fusion Übergang auch des nicht übertragbaren Akkreditivs, Schütze/Vorpeil Rn 467, teleologische Reduktion von § 399 BGB, jedenfalls § 354a HGB). Der Begünstigte **(Erstbegünstigte)** kann dann grundsätzlich ein einziges Mal das Akkreditiv ganz oder zT einem oder mehreren Dritten **(Zweitbegünstigte)** verfügbar machen, dh dieser erhält gegen Andienung eigener Dokumente (eigene Lieferung) Bezahlung von der Akkreditiv- oder Bestätigungsbank (s **(11)** ERA Art 38). Die tatsächliche Übertragung des (übertragbar gestellten) Akkreditivs bedarf überdies der Mitwirkung der Bank **(„übertragende Bank"**, s **(11)** ERA Art 38 lit b), Baumhöfener WM **69**, 1462, nach hL, Schütze/Vorpeil Rn 455: besondere Zustimmung, aA Canaris 1041: unnötige Verdoppelung; doch ist die Bank dazu im Rahmen der allgemeinen Übertragbarkeit und nach Deckung der

2130

entstehenden Kosten verpflichtet (nach **(11)** ERA Art 38 lit a mißverständlich: nur soweit die Bank ausdrücklich zugestimmt hat), str, anders nur bei wichtigem Grund, Schütze/Vorpeil Rn 455. Die Übertragung erfolgt nicht nach §§ 398 ff BGB, str (dann ohne Mitwirkung der Bank), sondern durch Erklärung der Bank gegenüber dem Zweitbegünstigten, Canaris 1035, hL, anders zT im Ausland, Schütze/Vorpeil Rn 465. Grund: Begründung eines eigenständigen Rechts gegenüber der Bank. Die Übertragung lässt für den Zweitbegünstigten einen abstrakten Anspruch gegen die Bank nach § 780 BGB mit entspr Einwendungsausschluss auch betr das Verhältnis der Bank zum Erstbegünstigten (s Rn K/16 ff) entstehen, BGH **132**, 313. Einwand des Rechtsmissbrauchs des Zweitbegünstigten (wie Rn K/20), BGH **132**, 317. Der Erstbegünstigte hat insoweit aus dem Akkreditiv kein Recht mehr, es ist übertragen (anders beim Unterakkreditiv, s Rn K/24). Weiterübertragung durch den Zweitbegünstigten ist unzulässig. Zur Übertragung Stauder AWD **68**, 46.

b) Von der Übertragung des Akkreditivs **zu unterscheiden** ist die (auch beim unübertragbaren Akkreditiv) ohne Weiteres mögliche **Abtretung des bloßen Zahlungsanspruchs aus dem Akkreditiv** durch den Begünstigten (s **(11)** ERA Art 39, §§ 398, 404 ff BGB; § 399 BGB liegt hier nicht vor), Karlsr IPRax **82**, 102m Anm Nielsen 91, Ffm WM **92**, 570, hL, aA früher BGH WM **59**, 970; auch Teilabtretung an mehrere. Abtretung auch schon vor Fälligkeit und Vorlegung akkreditivgerechter Dokumente, Karls RIW **97**, 781. Abtretbarkeit macht Akkreditiv forfaitierbar, praktisch nur bei deferred payment (s Rn K/3), Schütze/Vorpeil Rn 480, Scheuermann/Göttsche RIW **05**, 894 (Insolvenzanfechtung, Nachsichtakkreditiv).

c) Das Akkreditivrecht ist **nicht pfändbar** (nur der Begünstigte kann seine eigenen Dokumente vorlegen); die Pfändung des Zahlungsanspruchs aus dem Akkreditiv ist zwar (außer durch den Käufer selbst, aA Aden RIW **76**, 680) möglich, aber ohne Vorlage der Dokumente praktisch nutzlos, außer bei Pfändung auch der Kaufpreisforderung, im Einzelnen str.

E. **Gegen- oder Unterakkreditiv (back-to-back credit):** Der Begünstigte kann für einen Dritten (Unterbegünstigter) bei der Akkreditivbank oder der Bestätigungsbank ein selbstständiges Gegenakkreditiv (Unter-, Weiter-, Zwischen-, Zweitakkreditiv) bestellen, BGH WM **58**, 587, **64**, 223, mit Fristablauf vor dem Fristablauf des Hauptakkreditivs, so dass die vom Dritten in der Frist des Unterakkreditivs eingereichten Dokumente noch innerhalb der Frist des Haupt akkreditivs der Hauptakkreditivbank weitergereicht werden können. Das Unterakkreditiv ermöglicht dem Verkäufer, sich die verkaufte Ware erst noch zu beschaffen. Das Unterakkreditiv ist also ein neues Akkreditiv an den Unterbegünstigten, keine Übertragung des Rechts aus dem Hauptakkreditiv. Es ist also auch bei einem unübertragbaren Hauptakkreditiv möglich und kommt gerade dort vor. Der Erstbegünstigte behält seine vollen Rechte aus dem Hauptakkreditiv. Als Sicherung dient der Bank die Forderung des Begünstigten aus dem Hauptakkreditiv. Lit: Schütze/Vorpeil Rn 483 ff, Stauder AWD **69**, 385.

4) Das Rechtsverhältnis zwischen dem Akkreditivauftraggeber (Käufer) und dem Begünstigten (Verkäufer). A. Akkreditivklausel: Der Käufer verpflichtet sich durch entspr (auch konkludente) Vereinbarung zur Stellung des Akkreditivs zugunsten des Verkäufers (entspr bei anderen Verträgen als Kauf). Die Akkreditivklausel enthält zweckmäßigerweise den Ausdruck Akkreditiv, rechtlich nötig ist das aber nicht. Zur Klausel „Kasse gegen Dokumente" BGH **41**, 221 (s § 346 HGB Rn 40). Die Akkreditivklausel macht den Käufer vorleistungspflichtig (Akkreditivstellung, Zahlung gegen Dokumente ohne Untersuchung der Ware, vgl § 377 HGB Rn 20), BGH **55**, 342, WM **55**, 767, **65**, 103. Die Verletzung der Pflicht zur Akkreditivstellung gewährt die Rechte aus §§ 280 III,

(7) BankGesch K/26–K/28

281 ff; 323 ff BGB, BGH WM **58**, 458, **65**, 103. Die Vereinbarung befristeter Akkreditivstellung ist idR Fixgeschäft (§ 376 HGB Rn 3, 4, 7), RG **104**, 41, 375, BGH WM **58**, 456, MüKo/Nielsen H 53. Nicht notwendig ist bei einer solchen Vereinbarung auch die Lieferpflicht des Verkäufers „fix" mit entspr Folge zugunsten des Käufers, Nürnb NJW **66**, 2272. Die Akkreditivbank ist Erfüllungsgehilfin des Käufers bei Ausführung der Zahlung durch Akkreditiv (§ 278 BGB), RG **105**, 35, BGH WM **55**, 767, der Käufer haftet dem Verkäufer für ihr Verschulden, zB bei verspäteter Eröffnung des Akkreditivs oder unberechtigter Zurückweisung der vom Verkäufer angedienten Dokumente. Der **Verkäufer** verpflichtet sich, der Akkreditivbank akkreditivgerechte Dokumente anzudienen. Auch dies ist eine Hauptpflicht, str, aA RG **96**, 248. Der Verkäufer haftet für die von ihm eingeschaltete Bank nach § 278 BGB. Fälligkeit der Kaufpreisforderung und Verjährungsbeginn sind bis zur Vorlage der Dokumente hinausgeschoben, BGH **55**, 342.

K/26 B. **Erfüllung:** Das Akkreditiv wird ebenso wie Wechsel und Scheckhingabe nur **erfüllungshalber** gestellt (entspr §§ 788, 364 II BGB), BGH BB **56**, 546. Der Verkäufer muss Befriedigung erst aus dem Akkreditiv suchen (Akkreditiveinrede). Erst wenn die Bank nicht zahlt, kann der Verkäufer sich an den Käufer halten; das gilt auch bei Nichtzahlung aus vom Begünstigten zu vertretenden Gründen, zB Mängeln der Dokumente. In der Akkreditivabrede allein liegt dementsprechend idR noch keine Vereinbarung, der Sitz der Akkreditivbank solle **Erfüllungsort** für alle Ansprüche sein, BGH NJW **81**, 1905. Die Akkreditivklausel verpflichtet den Käufer zur effektiven Zahlung, idR in bar **(keine Aufrechnung)**, BGH **60**, 264; das gilt nicht nach Verfall des Akkreditivs, außer wenn dieser auf Gründe im Risikobereich des Käufers zurückgeht (§ 242 BGB), BGH **60**, 265, Hbg BB **78**, 63, str. Zur Aufrechnung durch die Akkreditivbank s Rn K/20. Entsprechendes gilt für das Zurückbehaltungsrecht.

K/27 C. **Gefahrtragung:** Die Gefahr der Nichtzahlung der Bank, zB ihre Insolvenz, trägt der Käufer, auch für die Zeit nach Akkreditiveröffnung (Grund: § 364 II BGB), hL, aA Canaris 1061.

K/28 D. **Einstweilige Verfügung, Arrest:** Der Käufer kann den Verkäufer uU durch Arrest oder einstweilige Verfügung (§§ 916 ff, 937 ff ZPO) daran hindern, den Akkreditivbetrag von der Bank einzuziehen (vgl Rn K/21), Liesecke WM **66**, 468. Voraussetzung ist ein Verzichtsanspruch, zB bei Nichtigkeit des Kauf vertrags (§ 812 II BGB). Das gilt aber nicht schon bei Mängeln des Valutaverhältnisses, von denen die Zahlung durch Akkreditiv gerade unabhängig sein soll, zB Mängel der Ware, Schadensersatzpflicht des Verkäufers ua; etwas anderes gilt nur bei evidentem und liquide beweisbarem Rechtsmissbrauch, LG Düss WM **75**, 68, Liesecke WM **76**, 267; s zur Garantie Rn L/1–19. Pfändung der Kaufpreisforderung des Verkäufers durch Käufer s bejahend Hbg BB **78**, 63m krit Anm Kremers.

L. Garantiegeschäft (mit Bankbürgschaft und Patronatserklärung)

Schrifttum

a) Kommentare und Handbücher: Außer dem allgemeinen Schrifttum (s Einl vor A/1) BankrechtsHdb/*T. Fischer* 5. Aufl 2017 § 121. – BuB/*Nielsen/Joos* Rn 5/231 ff. – *Canaris*, 3. Aufl 1988, Rn 1102. – *Kümpel/Wittig/Bauer/Bauer* 4. Aufl 2011 Rn 13.2 ff. – *MüKo (HGB)/Welter* 3. Aufl Bd 6 2014 Bankvertragsrecht (Zahlungsverkehr J). – *Schütze/Edelmann* 2. Aufl 2011.

b) Sonstige Beiträge: *Blesch* 2. Aufl 2008 (Avalgeschäft). – *Dohm* (Schweiz) 1985. – *ICC*, Bank Guarantees in International Trade, 3rd ed 2004 (IntHK-Publikation Nr 661). – *Kleiner/Landolt/Gemperli* (Schweiz) 5. Aufl 2016. – *Kübler* 1967. – *Lienesch* (UNKonvention) 1999. – *Mülbert* 1985. – *Nielsen* 1986. – *Schröder* 2003 (Regress, Rückabwicklung). – *Graf v*

V. Bankgeschäfte L/1 BankGesch (7)

Westphalen/Zöchling-Jud 4. Aufl 2014 (mit Länderberichten). – *von Caemmerer* FS Riese **64**, 295. – *Pleyer* WM Sonderbeil 2/**73**. – *Horn* NJW **80**, 2153. – *Graf v Westphalen* WM **81**, 294. – *Bark* ZIP **82**, 405, 655. – *Coing* ZHR 147 **(83)** 125. – *Nielsen* ZHR 143 **(83)** 145. – *Heldrich* FS Kegel **87**, 175 (IPR). – *Canaris* ÖBA **87**, 769, ZIP **98**, 493. – *Graf v Westphalen* FS Schütze **99**, 947 (Bankenhaftung bei Garantiebetrug). – *Nielsen* WM **99**, 2005, 2049 (international). – *Wilhelm* NJW **99**, 3519. – *Schnauder* WM **00**, 2073. – *Kröll* WM **01**, 1553 (elektronisch). – *Schulz/Mettke* WM **14**, 54 (Kreditsicherungsgarantie auf erstes Anfordern). – Speziell zum Rechtsmißbrauch s Rn L/13. **Muster:** *Hopt/Siegmund* 4. Aufl 2013 Form IV.L.1–24 (Garantiegeschäft mit Bankbürgschaft). **RsprÜbersichten:** vgl zum Akkreditiv vor K/1.

1) Die rechtliche Qualifikation der Garantie. A. Funktion und Rechts- L/1
natur: Das Garantiegeschäft ist die Übernahme von Bürgschaften, Garantien und sonstigen Gewährleistungen für andere (Bankgeschäft nach § 1 I 2 Nr 8 KWG, Text s Rn A/4). Zur Bürgschaft s § 349 HGB; zur Patronatserklärung s § 349 HGB Rn 22. Abgrenzung von Bankbürgschaft und Bankgarantie s Hbg WM **83**, 188. Der Garantieauftraggeber (Schuldner, Käufer, Importeur) beauftragt seine Bank (Garantiebank) mit der Stellung einer Garantie an den Garantiebegünstigten (Gläubiger, Verkäufer, Exporteur). Bsp für Garantiearten: allgemeine Zahlungsgarantie, Bietungsgarantie (tender guarantee, Sicherheit für Vertragserfüllung des Bieters, falls er den Zuschlag erhält, üblicherweise 1–5 %, MüKo/Welter J 8), Anzahlungs- oder Rückzahlungsgarantie (repayment guarantee), Leistungsgarantie (performance guarantee), Lieferungsgarantie (delivery guarantee), Gewährleistungsgarantie (warranty guarantee), Konnossements- und Reversgarantien, Liesecke WM **68**, 24, MüKo/Welter J 12; Rück- oder Gegengarantie s Rn L/3; Hermes-Garantie s Rn N/3. Garantien im Auslandsgeschäft s Rn N/2. Die Bankgarantie ist ein gesetzlich nicht geregelter selbstständiger **Garantievertrag** (s § 349 HGB Rn 15–20). Die Bankgarantie ist in der internationalen Vertragspraxis bis ins einzelne geregelt (s Rn N/2); für vom nationalen Recht autonome Auslegung Coing ZHR 147 **(83)** 127. **Einheitliche Richtlinien für Vertragsgarantien** (Uniform Rules for Contract Guarantees) wurden von der IntHK 1978 veröffentlicht (IntHK-Publikation Nr 325; Muster für Vertragsgarantien 1983 IntHK-Publikation Nr 406), dazu Stumpf RIW **79**, 1, Trost RIW **81**, 659, und zum 1.7.2010 revidiert (ICC-Publication No 758EF); in der Fassung von 1978 beachteten sie die rechtliche Selbstständigkeit der Garantie zu wenig und hatten sich deshalb in der Bankenpraxis nicht durchgesetzt, die Chancen für die ausgewogenere Fassung von 2010 sind besser, zu dieser Affaki/Goode 2011 (engl). Die IntHK hat deshalb Ende 1991 ergänzend **Einheitliche Richtlinien für auf Anfordern zahlbare Garantien** (Uniform Rules for Demand Guarantees, URDG) aufgestellt (IntHK-Publikation Nr 758 ED, Sprache engl/dtsch), abgedruckt als **Muster:** Hopt/Siegmund 4. Aufl 2013 Form IV.L.4 (ERG der ICC/URDG 758); dazu ICC Model Forms 1994 (IntHK-Publikation Nr 503, engl), ICC Guide (IntHK-Publikation Nr 702, engl), User's Handbook 2001 (IntHK-Publikation Nr 631, engl), Hasse WM **93**, 1985. Diese sind AGB und unterliegen **(5)** §§ 305 ff BGB, vgl **(11)** ERA Einl 6. Auch bei einer auf Anfordern zahlbaren Garantie ist eine schriftliche Erklärung über Ob und Wie der Verletzung des zugrundeliegenden Vertrags beizufügen (Art 20 Garantierichtlinien); Verzicht darauf nur, wenn in den Garantiebedingungen ausdrücklich vorgesehen, Grund: Kompromiss zwischen Exportindustrie und Banken, Risiko der „schriftlichen Lüge" bei Rechtsmissbrauch. Das verwässert die Garantie auf erstes Anfordern (s L/8), ist aber nicht überraschend iSv **(5)** § 305c I BGB, str. Die **(11)** ERA beziehen seit 1983 auch die Standby Letters of Credit ein, s **(11)** ERA Art 1 Rn 2. Die Bankgarantie steht **dem Akkreditiv nahe,** obwohl sie der Sicherung und uU der Kreditierung, nicht aber der Zahlung dient; vor allem gelten auch hier der Grundsatz der **Unabhängigkeit** des Zahlungsanspruchs von Grundgeschäft und der Grundsatz der **Dokumentenstrenge** (s Rn K/1, 16–24,

Hopt 2133

(7) BankGesch L/2–L/4   2. Teil. Handelsrechtl. Nebengesetze

6). Diese Grundsätze sind besonders streng zu beachten, weil die internationale Bankgarantie die **Funktion des Bardepots** übernommen hat, Umkehr der Prozessrollen, **„erst bezahlen, dann prozessieren"**. **Muster:** Hopt/Siegmund 4. Aufl 2013 Form IV. L.7 (Garantiemuster: Bietungs-, Anzahlungs-, Liefergarantie, ohne ERA/URDG 758).

L/2 B. **Einschaltung mehrerer Banken:** Bei internationalen Bankgarantien sind idR **mehrere Banken** beteiligt. Der Schuldner beauftragt seine **Schuldnerbank** mit der Hinauslegung einer Garantie; dieser liegt dann ein Werkvertrag mit Geschäftsbesorgungscharakter zugrunde (§§ 675 I, 631 BGB). Die Schuldnerbank beauftragt eine zweite, idR vom Gläubiger benannte Bank (Zweitbank, vereinfacht: **Gläubigerbank**) im Land des Gläubigers mit der Mitteilung (Avis, s Rn K/2) oder idR der selbstständigen Hinauslegung einer Garantie; wiederum liegt ein Vertrag nach §§ 675 I, 631 BGB zugrunde, an dem aber der Schuldner-Käufer nicht beteiligt ist. Der Schuldner-Käufer steht in vertraglicher Beziehung nur zu seiner Bank, nicht zur zweitbeauftragten. Seine Bank haftet ihm für die eingeschaltete Avisbank nach § 278 BGB (s Rn K/2); nicht dagegen für die zweitbeauftragte Garantiebank, dann aber § 664 I 2 BGB (Substitution), hL, MüKo/Welter J 121. Das anwendbare Recht wird idR ausdrücklich vereinbart, andernfalls gilt das Recht am Sitz der Bank, die die für die Garantie typische Leistung erbringt (s Rn A/59), BGH NJW **85**, 562, Hbg RIW **78**, 616, LG Ffm NJW **63**, 451, das gilt auch für die Zweitbank mit der Folge erheblicher Risiken für den Garantieauftraggeber (s für Akkreditiv Rn K/2b), MüKo/Welter J 130. Muß die Gläubigerbank bei Eintritt des Garantiefalls bezahlen, nimmt sie Regress bei der Schuldnerbank (§§ 675 I, 670 BGB); diese hält sich wiederum an den Garantieauftraggeber (§§ 675 I, 670 BGB). **Internationales Recht:** wie beim Akkreditiv (s Rn K/2). **Muster:** Hopt/Siegmund 4. Aufl 2013 Form IV. L.9 (Avisierung von Garantien mit drei Varianten), Form IV. L.10 (Auftrag zur Garantiebestätigung), Form IV. L.11–14 (Bank-zu-Bank-Auftrag mit Bausteinen, ohne ERA/URDG 758).

L/3 C. **Rückgarantie:** Häufig lässt sich die Gläubigerbank von der Schuldnerbank zusätzlich, uU auch diese von einer dritten Bank eine Rückgarantie (Gegengarantie, counter guarantee) stellen. Anwendbares Recht ist das des Sitzes der Erstbank (s Rn L/2), MüKo/Welter J 128, hL, nach aA das des Sitzes der Zweitbank. Bei Inanspruchnahme der Rückgarantie ist entscheidend, ob der Rück garantiefall der Eintritt des Hauptgarantiefalls oder aber wie idR die rein tatsächliche Inanspruchnahme und Zahlung der Hauptgarantiebank ist. Mangelnde Abstimmung der Rückgarantie auf die Hauptgarantie s Stgt WM **81**, 1265. Die Rückgarantie sichert den Aufwendungsersatzanspruch, idR auf erstes Anfordern (s Rn L/8), BGH **145**, 291, und unter anderer Rechtsordnung, aber uU Einwand nach § 242 BGB (doppelter Rechtsmissbrauch) oder Bereicherungseinrede, Canaris 1118. **Muster:** Hopt/Siegmund 4. Aufl 2013 Form IV. L.12.2, 14 (Rückgarantie mit Bausteinen).

L/4 **2) Das Rechtsverhältnis zwischen den Banken und dem Garantieauftraggeber.** A. **Garantieauftrag:** Die Bank ist dem Garantieauftraggeber aus §§ 675 I, 631 ff BGB verpflichtet, eine Garantie mit dem vereinbarten Inhalt (Bsp s Rn L/1; Garantie auf erstes Anfordern s Rn L/8) zu eröffnen. Garantieauftrag ist idR ausdrücklich, aber auch konkludent möglich, BGH WM **84**, 253. Warnpflichten s Rn A/28. Die Bank hat Anspruch auf Avalprovision (vgl Rn K/3) und Auslagenersatz bei Auszahlung (§§ 675, 670 BGB). Anspruch auf Vorschuss hat sie nicht, aber Befreiungsanspruch nach § 775 BGB analog, keine ordentliche Kündigung, aber fristlose Kündigung aus wichtigem Grund wie bei allen Dauerschuldverhältnissen, MüKo/Welter J 42. Andere Banken darf sie nur mit Einverständnis des Auftraggebers einschalten, je nach Einzelfall haftet sie dann nach § 278 BGB (s Rn K/3), str. Sie muss die **Weisungen** des Auftraggebers strikt

V. Bankgeschäfte L/5, L/6 **BankGesch (7)**

befolgen, Stgt WM **79**, 734; nach Garantieerteilung kann der Auftraggeber aber die Rechtsstellung des Garantiebegünstigten nicht mehr durch Gegenweisung an die Bank antasten. Bei Eintritt des Garantiefalls muss die Bank erst unverzüglich den Auftraggeber **benachrichtigen** (auch bei Garantie auf erstes Anfordern), um ihm Gelegenheit zur Stellungnahme, str, und bei der Garantie auf erstes Anfordern (s Rn L/8) zum Vorbringen liquider Einwandtatsachen zu geben, BGH **95**, 375, NJW **84**, 923, **89**, 1606, bei Garantie auf erstes Anfordern (s Rn L/8) aber nur so, dass Auszahlung nur unwesentlich verzögert wird, Mü WM **88**, 1556. Die Bank darf (auch gegen den ausdrücklichen Widerspruch des Auftraggebers) **bezahlen,** aber nur gegen genaue Prüfung der zum Nachweis des Garantiefalls vorgeschriebenen Dokumente; bei schlüssigen, substantiierten und ohne Weiteres beweisbaren Einwendungen und Einreden darf die Bank im Verhältnis zum Kunden nicht zahlen, zB bei mangelnder Fälligkeit, BGH WM **67**, 1008, **69**, 834. Eine AGBKlausel, die für alle Garantien (nicht nur solche auf erstes Anfordern) der Bank das Recht zur Zahlung auf einseitiges Anfordern des Gläubiger einräumt (so **(8)** AGB-Banken Nr 13 aF vor 1993, auch für Bürgschaften), ist bedenklich, aA BGH **95**, 375, üL, aber Tiedtke BB **86**, 541, Graf v Westphalen WM **84**, 8. Der Grundsatz der **Garantiestrenge** (ebenso im Verhältnis zum Garantiebegünstigten, s Rn L/7) gilt hier wie beim Akkreditiv (Dokumentenstrenge, s Rn K/6), Hbg WM **78**, 261, Stgt WM **79**, 734. Verletzt sie diese Prüfungspflicht, verliert sie ihren Aufwendungsersatzanspruch gegenüber dem Auftraggeber aus §§ 675 I, 670 BGB (für Sicherheiten § 774 BGB analog, Canaris 1112, MüKo/Welter J 39, aA RG **96**, 139, Kobl NJW-RR **05**, 1491: nur Anspruch auf Abtretung, dann aber nur mit Hauptforderung, §§ 412, 401 BGB, MüKo/Welter J 40) und (mangels Vorliegens des Garantiefalls, so wie formal festgelegt) uU auch den Rückgriffsanspruch gegen die Rückgarantiebank (s Rn L/3). **AGB-Kontrolle** von Garantiebedingungen nach **(5)** BGB §§ 305 ff, Ul/Br/He/Christensen (20) Garantieklauseln Rn 1 ff. **Muster:** Hopt/Siegmund 4. Aufl 2013 Form IV.L.2 (Aval-/Garantieauftrag), Form IV.L.3 (Bedingungen für das Avalgeschäft), Form IV.L.15 (Freistellungserklärung), Form IV.L.16 (Ausführungsanzeige), Form IV.L.17 (Benachrichtigung über Garantie-Erledigung bzw Ermäßigung).

B. Das **Fälschungsrisiko** trägt die Bank; es ist anders als beim Akkreditiv (s L/5 Rn K/8) nicht wirksam auf den Auftraggeber abgewälzt, Canaris 1109, MüKo/Welter J 62, str. Der Garantievertrag kann von der Bank analog § 490 I (§ 610 aF) BGB gekündigt werden (nach aA jederzeit ohne Grund, §§ 675 I, 649 S 1 BGB).

3) Das Rechtsverhältnis zwischen den Banken und dem Garantiebegünstigten. A. Vor Garantieeröffnung: Vor Garantieeröffnung steht der L/6 Gläubiger in keinem Vertragsverhältnis (aus der Garantie) zur Garantiebank. Der Garantieauftrag ist kein Vertrag zugunsten Dritter iSv § 328 BGB (s Rn K/10). Der Garantievertrag mit dem Begünstigten kommt formlos und idR konkludent zustande (§ 151 BGB); in der Praxis ist aber Schriftform handelsüblich, schon HdlBrauch (auch Fax, Email), MüKo/Welter J 45. Bei öffentlichen Ausschreibungen wird manchmal als Teilnahmebedingung die Vorlage einer Bankbestätigung verlangt, die eine bloße Auskunft (s Rn A/14) bis hin zu einer unwiderruflichen **Bereitschaftserklärung** sein kann, die Garantie zu erstellen. Die Garantie selbst wird in der heutigen Praxis mit mehr oder weniger formalisierten **Garantiebausteinen** erstellt (Präambel, Zahlungsklausel, Reduzierungsklausel, Valutierungsklausel, Erlöschensklausel, Übertragungsklausel, Außenwirtschaftliche Zulässigkeit, Rechtswahlklausel). **Muster:** Hopt/Siegmund 4. Aufl 2013 Form IV.L.5 (elementare Garantiebausteine ohne/mit Vereinbarung der ERA/URDG 758), Form IV.L.6 (variable und alternative Garantiebausteine, ohne ERG/UDG 758), Form IV.L.7 (Garantiemuster: Bietungs-, Anzahlungs-, Liefergarantie, ohne ERA/URDG 758), Form IV.L.8 (Bereitschaftserklärung).

Hopt 2135

(7) BankGesch L/7–L/9 2. Teil. Handelsrechtl. Nebengesetze

L/7 B. **Nach Garantieeröffnung:** Nach Garantieeröffnung hat der Begünstigte einen durch Eintritt des Garantiefalls bedingten, selbstständigen Zahlungsanspruch gegen die Bank. Was Garantiefall sein soll und dementsprechend wie genau die Zahlungsaufforderung lauten muss, richtet sich nach dem Garantieversprechen. Dieses ist nach dem Grundsatz der **Garantiestrenge** (wie im Verhältnis zum Garantieauftraggeber, s Rn L/4) auszulegen, BGH **145,** 293, WM **96,** 393; Nichtberücksichtigung aller Umstände außerhalb der Garantieurkunde geht aber zu weit, Canaris 1133a, aA BGH **90,** 291. Zu unterscheiden ist der formelle Garantiefall, wenn die in der Garantie bezeichneten Bedingungen vorliegen (s Rn L/8, 9), und der materielle Garantiefall im Valutaverhältnis (s Rn L/17), BGH NJW **99,** 571. Die Bank hat den Begünstigten auf die Fehlerhaftigkeit der Zahlungsaufforderung hinzuweisen (vgl L/9; sonst Schadensersatzpflicht), Karlsr WM **92,** 2095, str, offen BGH WM **96,** 393. Die **einfache Garantie,** bei der die Bank der Garantieforderung des Gläubigers alle Einwendungen aus dem Grundverhältnis entgegenhalten kann, nützt dem Gläubiger wenig.

L/8 Internationale Bankgarantien sind deshalb idR eine **„Garantie auf erstes Anfordern"** (vgl Bürgschaft auf erstes Anfordern, s § 349 HGB Rn 6, Standby Letter of Credit oben Rn K/1a). Dann ist zu zahlen schon auf die **bloßeBehauptung** des Eintritts des Garantiefalls durch den Begünstigten oder seinen Zessionar (s Rn L/16), nach üL muss diese Behauptung sogar schlüssig sein, Canaris 1130, aA MüKo/Welter J 59, aber der Käufer braucht nicht darzutun, dass die Hauptforderung bestand, BGH NJW **94,** 381 (Bürgschaft auf erstes Anfordern), erst recht ist Individualisierung des Anspruchs, etwa der gerügten Mängel, nicht erforderlich, Kln NJW-RR **98,** 1393, aA Mü WM **94,** 2108 (Bürgschaft). Einwendungen aus dem Grundverhältnis werden damit ausgeschlossen, weitere gerichtliche oder andere Verfahren sollen nicht notwendig sein; Bsp: BGH WM **89,** 433, WM **11,** 2216; Rückgarantie auf erstes Anfordern, BGH **145,** 286. Die Garantie auf erstes Anfordern macht den Käufer vorleistungspflichtig und verweist ihn darauf, notfalls die Zahlung vom Verkäufer wieder zurückzuverlangen (je nach Vereinbarung an dessen Gerichtsstand und nach ausländischem Recht). Der An spruch muss beziffert sein, Ffm WM **83,** 517, MüKo/Welter J 59, aA Mülbert ZIP 85, 1105. Wörtliche Übereinstimmung der Inanspruchnahme mit Garantietext ist nur erforderlich, wenn besonders vereinbart, BGH **145,** 293 (sonst auch bloße Bezugnahme auf Garantieurkunde möglich), NJW **97,** 1435, aber dringend zu empfehlen (s Rn L/9), Canaris 1133: genau in der Weise und mit dem Inhalt abzugeben, wie die Garantieurkunde es vorschreibt. Garantiestrenge bei Garantie auf erstes Anfordern, Namensänderung, s Rüßmann/Britz WM **95,** 1825. Keine Pflicht der Bank, den Garantiebegünstigten auf Unvollständigkeit der vorgelegten Urkunden hinzuweisen, Ausnahmen sind denkbar, MüKo/Welter J 63, offen BGH NJW **96,** 1053, aA Karls WM **92,** 2097; Nachfrist s Rn L/10. Benachrichtigung des Käufers vor Auszahlung s Rn L/4. Garantie auf erstes Anfordern auch von Kflten, nicht nur Kreditinstituten und auch in Formularvertrag, Stgt WM **11,** 691, Schulz/Mettke WM **14,** 64.

L/9 Wegen der damit für den Käufer verbundenen Gefahren werden mitunter Beschränkungen vereinbart, vor allem eine **besondere Nachweise** verlangende (sog bedingte) Garantie, bei der der Eintritt des Garantiefalls von bestimmten urkundlich nachzuweisenden Umständen (Bestätigungen, Zertifikate unabhängiger Dritter, zB Control-Co, uU auch Schiedsspruch) abhängig ist, dann idR Bedingung (§ 158 BGB) für Garantie, aber auch bloße schuldrechtliche Valutierungsklausel (s Rn L/6) kann vorliegen, MüKo/Welter J 47. Mittellösung nach Art 20 Garantierichtlinien (s L/1). Der Grundsatz der Dokumenten- bzw Garantiestrenge gilt auch gegenüber dem Gläubiger (s Rn L/4), BGH WM **96,** 770, Hbg WM **78,** 261, Stgt WM **79,** 734 (s auch L/8). **Effektivklauseln** (zB „falls der Schaden eintritt") führen, soweit sie reichen (Auslegung, s MüKo/Welter J 85), zur Überprüfungspflicht der Bank, im Übrigen bleibt es beim „auf erstes

V. Bankgeschäfte L/10–L/13 **BankGesch (7)**

Anfordern". Unzureichende Nachweise muss die Bank unverzüglich zurückweisen (wie **(11)** ERA Art 16 lit d), BGH WM **96**, 393. Üblich ist Klausel über automatische Garantieermäßigung bei nachweislicher Teilbefriedigung (Ermäßigungsklausel), aber problematisch. Beschränkung des Garantiefalls auf Zeitabschnitte (revolvierende Garantien), MüKo/Welter J 48. **Muster:** Hopt/Siegmund 4. Aufl 2013 Form IV. L.12.1 (Reduzierungsklausel).

Der Garantieanspruch verjährt in 3 Jahren (§§ 195, 199 BGB), doch wird idR **L/10** ein **Verfalldatum** vereinbart, bis zu dem die Garantie formgerecht in Anspruch genommen sein muss **(Garantiefrist)**, Hbg RIW **78**, 616, Stgt WM **79**, 733; Bezifferung der Anspruchshöhe ist dazu jedoch nicht nötig, Brändel FS Werner **84**, 49, aA Ffm WM **83**, 517. Praktisch wird häufig die Verlängerung der Garantie erzwungen (**„pay or extend"**), das kann rechtsmissbräuchlich sein, s Rn L/13. Schweigen auf „pay or extend" verlängert Garantiefrist nicht; auch nicht Hinweis der Bank, erst nach Rücksprache mit Garantieauftraggeber reagieren zu können, BGH WM **96**, 393. Ein Verfalldatum wird in verschiedenen Rechtsordnungen nicht anerkannt. Eine Pflicht zur Einräumung einer **Nachfrist** besteht bei der Striktheit der Garantie nicht, offen BGH NJW **96**, 1053, aA wohl Canaris 1127; auch nicht bei Fristversäumung infolge höherer Gewalt, Mülbert ZIP **85**, 1105.

Die häufige Klausel, dass die Garantie bei **Rückgabe der Urkunde** erlischt **L/11** (iZw Rechtsgeschäft, nicht bloße Besitzänderung), nützt nur begrenzt. Immerhin wird bei freiwilliger Rückgabe idR Verzicht anzunehmen sein, MüKo/Welter J 90. Rückgabepflicht nach Erlöschen der Garantie BGH NJW **89**, 1482 (Bürgschaft), WM **15**, 1523, Düss WM **17**, 811, Schütze WM **82**, 1398, vgl auch BGH **147**, 99 (Bürgschaft), aber BGH WM **08**, 2201 (bei wertloser Bürgschaftsurkunde Rechtsmissbrauch). Besteht der zu sichernde Anspruch nicht und kann er auch nicht mehr entstehen, kann **Verzicht** auf die Garantie und Unterlassung verlangt werden (aus Vertrag oder § 812 BGB), BGH WM **87**, 369. IPR s Mülbert ZIP **85**, 1113. Kündigung s Rn L/4.

C. **Einwendungsausschluss:** Für den Einwendungsausschluss gilt Entspre- **L/12** chendes wie beim eröffneten Akkreditiv (s Rn K/16–22), vgl BGH **140**, 49. Einwendungen aus dem Valutaverhältnis, zB Schadensersatzansprüche, kann die Bank dem begünstigten Verkäufer selbst dann nicht entgegensetzen, wenn der auftraggebende Käufer sie ihr abgetreten hat, BGH NJW **85**, 1830 (s Rn K/18 zum Akkreditiv). Das gilt **aber** nicht ohne Weiteres für die **Aufrechnung** der Bank, Grund: Garantie dient nicht der Zahlung (s Rn L/1), deshalb ist je nach Garantiezweck zu differenzieren und Aufrechnung mit eigenen liquiden Ansprüchen der Bank bei Zahlungsgarantie zu bejahen, BGH **94**, 171m Anm Assmann IPRax **86**, 142, bei Anzahlungs-, Ausschreibungs-, Vertragserfüllungs- und Gewährleistungsgarantien aber meist ausdrücklich, idR aber nach ihrem Zweck ausgeschlossen, jedenfalls soweit es dem Begünstigten darauf ankommt, Barmittel zu erhalten, MüKo/Welter J 69.

Im Vordergrund steht hier die Einwendung des (objektiven, MüKo/Welter J **L/13** 78, str) **Rechtsmissbrauchs** (§ 242 BGB). Rechtsmissbräuchliches Verhalten des Begünstigten liegt nicht schon vor, wenn die Forderung aus dem Grundverhältnis bestritten, zweifelhaft oder auch möglicherweise inexistent ist. Die Garantie soll ihn gerade auch vor solchen Unsicherheiten abdecken. Rechtsmissbrauch liegt vielmehr nur bei Garantieabruf trotz **offensichtlicher** und **liquide beweisbarer Unbegründetheit** vor, hL, BGH **90**, 292, **145**, 291, WM **86**, 1429, NJW **88**, 2610, WM **11**, 2216, zB bei in dieser Weise nachweislicher Befriedigung, Hbg ZIP **82**, 1431, Fehler des Grundgeschäfts schlagen nicht auf die Garantie durch, str für Export- und Importverbote (Fehleridentität von Grundgeschäft und Garantie), MüKo/Welter J 81. Auf jeden Fall sind alle nicht von selbst beantwortbaren tatsächlichen und rechtlichen Streitfragen allein Sache eines Rückforderungsprozesses. Liquide sind präsente Beweismittel und solche, die ohne förmli-

(7) BankGesch L/14–L/17   2. Teil. Handelsrechtl. Nebengesetze

che Beweisaufnahme verwertbar sind, Ffm WM **88**, 1482, MüKo/Welter J 75. Der Beweis wird idR durch geeignete Dokumente geführt, ganz ausnahmsweise sogar Zeugenbeweis, aber nur ohne jeden Aufwand, aA MüKo/Welter J 75c: nie, aber uU Sachverständigenbeweis, aA (noch strenger) für Ausschluss des Missbrauchseinwands Weth AcP 189 **(89)** 303. Das gilt auch für die Rückgarantie, BGH **145,** 291, Saarbr WM **81**, 277. Einstweilige Verfügung gegen den Garantienehmer ist nicht ohne Weiteres liquides Beweismittel für Rechtsmissbrauch, MüKo/Welter J 75b, aA Hahn NJW **01**, 2450, offen BGH **145,** 295, jedenfalls nicht wenn ohne Anhörung des Antragsgegners erlassen, BGH **145,** 296. Bei einem solchen Rechtsmissbrauch und anderen Einwänden hat die Bank eine **Pflicht** gegenüber dem Garantieauftraggeber, die **Zahlung zu verweigern,** Celle WM **09**, 1408, str. Rückabwicklung s Rn K/22. Lit: Schütze WM **80**, 1438, RIW **81**, 83, DB **81**, 779, Stockmayer AG **80**, 326, v Mettenheim RIW **81**, 581, Nielsen ZIP **82**, 253, Mülbert ZIP **85**, 1101, Heldrich FS Kegel **87**, 179, Jedzig WM **88**, 1469, Blau WM **88**, 1474.

L/14   Verhinderung der Zahlung ist (idR, s Rn L/13) nicht durch eine **einstweilige Verfügung** gegen Auszahlung der Garantiesumme durch die Garantiebank möglich, Stgt NJW **81**, 1913, ZIP **12**, 2388, Ffm WM **88**, 1480, Kln WM **91**, 1751, Düss ZIP **99**, 1520; BankrechtsHdb/Nobbe 5. Aufl 2017 § 92 Rn 38, sehr str, aA Saarbr WM **81**, 275, Ffm WM **83**, 575, MüKo/Welter J 33, wegen der Auslandsrisiken der Bank dann aber nur gegen Sicherheitsleistung (§§ 936, 921 S 2 ZPO), Nielsen ZHR 147 **(83)** 159; aber in engen Grenzen ist einstweilige Verfügung (§ 940 ZPO) gegen Rückbelastung beim Garantieauftraggeber-Bankkunden denkbar, zB bei Auszahlung trotz Abrufs der Garantie erst nach Garantieablauf, Stgt NJW **81**, 1913, ZIP **12**, 2390, auch Ffm NJW **81**, 1914. Einstweilige Verfügung gegenüber dem Begünstigten s Rn L/17. Das gleiche Problem taucht beim Akkreditiv auf (s Rn K/21m Nachw).

L/15   **Rückabwicklung** grundsätzlich wie beim Akkreditiv, s Rn K/22; war die Garantie mangels zulässiger Einwendungen (s Rn K/16–22) zu erfüllen, hat die Bank auch bei Nichtbestehen oder späterer Erfüllung der gesicherten Forderung keinen Bereicherungsanspruch gegen den Begünstigten, BGH NJW **99**, 571, aA Ffm ZIP **98**, 148; anders bei Bankbürgschaft auf erstes Anfordern (§ 349 HGB Rn 1). Ein Bereicherungsanspruch gegen den Begünstigten besteht nur bei rechtsmissbräuchlicher Inanspruchnahme der Garantie. Lit: Schröder 2003, Panagiatopoulos 2007 (Garantie auf erstes Anfordern); Canaris ZIP **98**, 493, Heermann ZBB **98**, 239, Wilhelm NJW **99**, 3519.

L/16   D. **Übertragung:** Der Anspruch aus dem Garantieversprechen ist übertragbar, doch kann ausnahmsweise § 399 BGB vorliegen, auch Letzteres verneinend MüKo/Welter J 88. Der Garantieanspruch ist nicht akzessorisch und geht nicht nach § 401 BGB analog bei Abtretung der gesicherten Forderung mit über, BGH WM **64**, 62, üL, MüKo/Welter J 87, offen BGH WM **75**, 349, NJW **87**, 2075, aA Canaris 1150; zu § 774 BGB analog s Rn L/4. Das (isolierte) Recht zum Abruf der Garantie ist aber abtretbar, BGH NJW **99**, 571, Canaris 1194, MüKo/Welter J 89, sonst stark entwertet; es geht mangels anderer Vereinbarung auf den neuen Gläubiger mit über, BGH NJW **87**, 2075 (aber für Bürgschaft auf erstes Anfordern, § 401 BGB), 9. Lit: P. Bydlinski ZBB **89**, 153.

L/17   **4) Das Rechtsverhältnis zwischen dem Garantieauftraggeber und dem Garantiebegünstigten.** Der Käufer verpflichtet sich durch Garantieklausel zur Beschaffung einer Garantie mit genau bestimmtem Inhalt zugunsten des Verkäufers (entspr bei anderen Verträgen, zB Werkvertrag, Vertrag über noch herzustellende oder zu erzeugende bewegliche Sache, § 651 BGB). Diese Garantiebeschaffungspflicht ist Vorleistungs- und Hauptleistungspflicht, MüKo/Welter J 95. Unwirksamkeit der Garantieklausel macht iZw den ganzen Vertrag unwirksam (§ 139 BGB). Zur Verletzung der Pflicht zur Garantiestellung s Rn K/25.

Die Garantie wird nicht erfüllungshalber (so Akkreditiv, s Rn K/26) gestellt, der Begünstigte kann deshalb zunächst aus der gesicherten Forderung vorgehen. Anders als beim Akkreditiv (s Rn K/26) gilt hier auch nicht ohne Weiteres ein Aufrechnungsverbot. Zur Aufrechnung durch die Garantiebank s Rn L/12. Der Käufer kann grundsätzlich ebenso wenig wie beim Akkreditiv den Verkäufer durch Arrest oder einstweilige Verfügung an der Einziehung des Garantiebetrags hindern (s Rn K/28), Ffm BB **74**, 954; die Garantie (auf erstes Anfordern) würde als Sicherungsmittel sonst hinfällig. Der missbräuchliche Abruf spielt bei der Garantie eine größere Rolle als beim Akkreditiv. Bei Rechtsmissbrauch, insbesondere Betrug des Verkäufers (s Rn L/13), kann sich der Käufer durch einstweilige Verfügung (§§ 937 ff ZPO) oder Arrest (§§ 916 ff ZPO, dazu Aden RIW **81**, 439) wehren, hL (s Rn L/15). Bei unberechtigter Garantieziehung hat der Käufer Anspruch auf Rückzahlung aus Vertrag, uU auch aus Delikt; nach der Rspr aus § 812 BGB (Leistung mittels der Garantiebank), BGH NJW **97**, 463, str, offen MüKo/Welter J 110. **Muster:** Hopt/Siegmund 4. Aufl 2013 Form IV. L.1 (Garantieklausel im Grundgeschäft).

5) Bankbürgschaft. s § 349 HGB. Abgrenzung kann schwierig sein, zumal im internationalen Geschäft mit anderem Sprachgebrauch von guarantee, MüKo/Welter J 16, bei Zusatz „auf erstes Anfordern", s Rn L/8. Im Außenhandel ist bei Klausel „auf erstes Anfordern" idR Garantie gewollt, MüKo/Welter J 16. Ist Parteiwille nicht zu klären, ist die mildere, formgebundene Bürgschaft anzunehmen, BGH NJW **67**, 1021, WM **75**, 348.
Muster: Hopt/Siegmund 4. Aufl 2013 Form IV. L.18 (Bürgschaftsklausel im Grundgeschäft), Form IV. L.19 (Auftrag zur Erstellung einer Bankbürgschaft), Form IV. L.20 (Bedingungen für das Avalgeschäft), Form IV. L.21 (Elementare Bürgschaftsbausteine), Form IV. L.22 (Variable und alternative Bürgschaftsbausteine), Form IV. L.23 (Bürgschaftsmuster: Bietungs-, Anzahlungs-, Liefer-, Vertragserfüllungs-, Mängelansprüche-, Zahlungs-, Kreditsicherungs-, Miet-, Prozess-, Scheckeinlösungs-, Wechseleinlösungsbürgschaft), Form IV. L.24 (Avalauftrags- und Ausführungsbestätigung).

6) Patronatserklärung. s § 349 HGB Rn 22.
Muster: Hopt/Kraft/Link 4. Aufl 2013 Form III. K.1 (weiche Patronatserklärung), Form III. K.2 (harte Patronatserklärung), Form III. K.3 (Rangrücktrittserklärung), Form III. K.4 (Besserungsvereinbarung).

M. Inkassogeschäft

Schrifttum

a) Kommentare und Handbücher: Außer dem allgemeinen Schrifttum (s Einl vor A/1) BankrechtsHdB/*T. Fischer* 5. Aufl 2017 § 119. – BankrechtsKomm*LBS/Segna* 2. Aufl 2016. 10. Kap – BuB/*Nielsen* Rn 5/741 ff. – *Ebenroth*/Hakenberg Bd 2, 3. Aufl 2015 BankR II Rn 560 ff. – *Kümpel/Wittig/Bauer/Seeger* 4. Aufl 2011 Rn 13.221 ff. – *MüKo(HGB)/ Nielsen* 3. Aufl Bd 6 2014 Bankvertragsrecht (Zahlungsverkehr I).

b) Sonstige Beiträge: *Menkhaus* 1984. – *Nielsen* 1987. – *Senkbeil* 1992. – *Obermüller* FS Bärmann **75**, 709 (Sicherungsrechte). – *Nielsen* ZIP **83**, 535 (Andienung zu getreuen Händen). – *Obermüller* FS Nielsen **96**, 99 (Insolvenz). – *Jäckle* NJW **13**, 1393 (Inkassokosten).
Muster: Hopt/Joos 4. Aufl 2013 Form IV. M.1–5 (Inkassogeschäft).

1) Rechtliche Qualifikation. Der **Inkassoauftraggeber** (Gläubiger, Verkäufer, Exporteur) beauftragt seine Bank (Inkassobank) mit dem Einzug seiner Kaufpreisforderung vom **Bezogenen** (Schuldner, Käufer, Importeur) gegen Aushändigung der Warendokumente. Das Inkasso kann auch auf Aushändigung von Dokumenten gegen Zahlung und/oder Akzeptierung oder unter anderen Bedingungen gerichtet sein. Der Inkassovertrag zwischen Gläubiger und Bank ist ein Dienstvertrag mit Geschäftsbesorgungscharakter (§§ 675 I, 611 BGB), vgl BGH WM **58**, 224. Möglich sind Einziehungsermächtigung oder Inkassozession (treuhänderische Vollabtretung),s Rn M/3. Das **Bankinkasso** ist in **(12) ERI näher geregelt;** diese sind in **(8)** AGB-Banken nicht mehr ohne weiteres mitvereinbart (s dort Nr 1 Rn 6) und regeln das einfache Inkasso (dh von Zahlungspapieren ohne Begleitung von HdlPapieren) und das dokumentäre (zu den diesbezüglichen Klauseln im Valutaverhältnis s Rn M/5). Im Übrigen gelten für das **Dokumenteninkasso** entsprechend die Grundsätze des Wechsel- und Scheckinkassogeschäfts (s Rn E/6); zT kann auch auf Akkreditivrecht zurückgegriffen werden, doch wird beim Dokumenteninkasso kein abstraktes Schuldversprechen abgegeben und für die Inkassobank als vom Gläubiger eingeschaltete Bank gilt der Grundsatz der Dokumentenstrenge nicht. In der Praxis kommt das **Dokumenteninkasso** (auf Verkäuferseite) häufig gemeinsam mit einem Akkreditiv (auf Käuferseite) vor, so wenn der Verkäufer seinerseits eine Inkassobank einschaltet oder wenn die Akkreditivbank oder Bestätigungsbank den Einzug nicht akkreditivgerechter Dokumente beim Käufer versucht (oft nur gegen Bankgarantie), s Rn K/14. Kreditsicherung beim Dokumenteninkasso s BGH **95**, 141.

M/2 Üblicherweise zieht nicht die erstbeauftragte Bank (**Einreicherbank**) ein, sondern diese beauftragt die zweitbeauftragte Bank (**Inkassobank**) mit dem Einzug bei dem Bezogenen. Der Gläubiger steht dann zu der Inkassobank in keinen vertraglichen Beziehungen, Hbg MDR **70**, 335. Zwischen den beiden Banken besteht dagegen ein Vertrag nach §§ 675 I, 611 BGB. Für Drittschadensliquidation oder (Dritt-)Schutzwirkung gilt dasselbe wie beim Akkreditiv (s Rn K/2). **(12)** ERI Art 3 unterscheidet weitergehend: Einreicherbank, Inkassobank (jede mit der Durchführung des Inkassos befasste Bank mit Ausnahme der Einreicherbank) und **vorlegende Bank** (die Inkassobank, die gegenüber dem Bezogenen die Vorlegung vornimmt). **Muster:** Hopt/Joos 4. Aufl 2013 Form IV.M.2 (Inkasso-/Akzepteinholungsauftrag der Einreicherbank an die Inkassobank), Form IV.M.3 (alternative Mitteilungen der Einreicherbank an die Inkassobank).

M/3 **2) Das Rechtsverhältnis zwischen den Banken und dem Gläubiger.** Hat die Bank den Inkassoauftrag angenommen (bei Nichtannahme Pflicht zur unverzüglichen Benachrichtigung, nach **(12)** ERI Art 1c durch Telekommunikation), ist sie dem Gläubiger zur sorgfältigen Erledigung des Inkassoauftrags verpflichtet. Sie kann das als Bevollmächtigte oder im eigenen Namen tun (Einziehungsermächtigung nach § 185 BGB oder, so in aller Regel, **Treuhandübertragung** der Einzugsdokumente BGH **95**, 154, Canaris 1092, MüKo/Nielsen I 42, entsprechend Erwerb von Sicherungsrecht durch die Bank, **(8)** AGB-Banken Nr 15 Rn 1, 2), zur Abgrenzung BGH WM **14**, 66, NJW **14**, 1963. Die Einreicherbank darf eine andere Bank als Inkassobank einschalten, die dann aber eine bloße Einzugsermächtigung (§ 185 BGB) erhält, Canaris 1096, MüKo/Nielsen K 44. Sie haftet für diese idR nicht nach § 278 BGB, str, auch nicht für ein eingeschaltetes Transportunternehmen, Ffm WM **00**, 1637, vielmehr liegt eine zulässige **Substitution** vor, hL, MüKo/Nielsen I 29, **(12)** ERI Art 11 ist deshalb wirksam, insoweit zutr Ffm WM **00**, 1637, das folgt aber nicht erst aus **(8)** AGB-Banken Nr 3 II (s dort Rn 6); **(12)** ERI Art 11 schließt die Haftung der Bank für eigenes Auswahl- und Instruktionsverschulden nicht aus, str. Die Einreicherbank hat die Weisungen des Gläubigers strikt zu befolgen, BGH WM **80**, 588 (Zahlungsauftrag); diese formale **Auftragsstrenge** steht auch scheinbar geringfügigen Abweichungen entgegen, BGH WM **58**, 225; Weisungen des Gläubigers sind nicht direkt an die Inkassobank möglich, aber von der Einreicherbank weiterzuleiten. Die Banken müssen nur **prüfen,** ob die erhaltenen Dokumente den im Inkassoauftrag aufgelisteten Dokumenten zu entsprechen scheinen und bei Fehlen Nachricht geben, eine weitergehende Prüfungspflicht haben sie nicht (s **(12)** ERI Art 12). Die Bank darf dem Schuldner die Dokumente nur

V. Bankgeschäfte M/4–N/1 **BankGesch (7)**

gegen Zahlung aushändigen (s **(12)** ERI Art 17, 18); auch keine Andienung „zu getreuen Händen" (§ 346 HGB Rn 40, **(12)** ERI Art 5 Rn 1). Pflicht zur Herausgabe des Inkassoerlöses nach § 667 BGB. Insolvenz s MüKo/Nielsen I 48 ff. Vom Scheitern des Inkasso muss sie den Gläubiger unverzüglich benachrichtigen (s **(12)** ERI Art 26c III, Bezahltmeldung und Meldung über Nichtzahlung). Pflichten bezüglich der Ware treffen sie idR nicht (s **(12)** ERI Art 10), vgl aber für einen Sonderfall BGH **36**, 339. Der Inkassovertrag kann jederzeit gekündigt werden (§§ 675 I, 649 S 1 BGB; s Rn K/9). **Muster:** Hopt/Joos 4. Aufl 2013 Form IV. M.1 (Inkassoauftrag), Form IV. M.4 (Alternative Mitteilungen der Einreicherbank an den Inkassoauftraggeber), Form IV. M.5 (Gutschriftsaufgabe).

3) Das Rechtsverhältnis zwischen den Banken und dem Schuldner. Die M/4 Inkassobank steht in keinem vertraglichen Verhältnis zum Schuldner (s **(12)** ERI Art 3b), Schlesw WM **03**, 20. Zu einem Schuldanerkenntnis wie beim eröffneten oder bestätigten Akkreditiv (s Rn K/11–15) kommt es nicht.

4) Das Rechtsverhältnis zwischen dem Gläubiger und dem Schuldner. Im Valutaverhältnis zwischen Verkäufer und Käufer (entspr für andere Verträge) M/5 ist Zahlung durch Inkasso (ohne Dokumente, clean collection) bzw Dokumenteninkasso vereinbart, zB durch Klausel **„Kasse gegen Dokumente"**, „netto Kasse gegen Dokumente bei Ankunft des Dampfers", BGH **41**, 221, „D/P" (documents against payment), „D/A" (documents against acceptance), s § 346 HGB Rn 40. Der Käufer wird beim Dokumenteninkasso vorleistungspflichtig (Zahlung bzw Wechselhingabe gegen Dokumente ohne Untersuchung der Ware, vgl § 377 HGB Rn 20), BGH **41**, 221. Aufrechnung und Zurückbehaltungsrechte sind ausgeschlossen, BGH **14**, 62; die Grundsätze zum Akkreditiv gelten entspr, s Rn K/25.

N. Devisenhandels- und sonstiges Auslandsgeschäft

Schrifttum

a) **Kommentare und Handbücher:** Außer dem allgemeinen Schrifttum (s Einl vor A/ 1) BankrechtsHdb/*Welter* 5. Aufl 2017 § 118. – BankrechtsKomm*LBS*/*Weller* 2. Aufl 2016 19. Kap – BuB/*Nielsen* Rn 5/1a ff. – *Blesch/Lange* 2007. – *Dortschy/Jung/Köller* 3. Aufl 2005. – *Graf von Bernstorff*, Praxishandbuch Internationale Geschäfte (LBl). – *Graf von Bernstoff*, Vertragsgestaltung im Auslandsgeschäft, 7. Aufl 2013. – *Graf von Bernstorff*, Der Exportvertrag, 2. Aufl 2009. – *Graf v Westphalen*, Rechtsprobleme der Exportfinanzierung, 3. Aufl 1987. – *Kümpel/Wittig/Bauer/Bauer* 4. Aufl 2011 Rn 13.251 ff. – *Ostendorf/Kluth*, Internationale Wirtschaftsverträge, 2013. – *Zahn/Ehrlich/Haas* 8. Aufl 2010.

b) **Sonstige Beiträge:** *Ebke*, Internationales Devisenrecht, 1991. – Guide to Import-Export 2012, 4th ed. – *Grothe*, Fremdwährungsverbindlichkeiten, 1999. – *Nielsen* 1988 (dokumentäre Import- und Exportsicherung). – *Kleiner* 1985 (internationales Devisenschuldrecht). – *Hahn/Häde*, Währungsrecht 2. Aufl 2010. – *Nolting* 1995 (Kompensationsgeschäfte). – *Krämer*, Finanzswaps und Swapderivate in der Bankpraxis, 1999. – Staudinger/ *K. Schmidt*, Geldrecht, 1997. – *Aden* RIW **82**, 309 (Eurokreditvertrag). – *Decker* WM **90**, 1001 (Swapgeschäft). – *Lenz* EuZW **91**, 297 (Zahlungssicherungen). – *Wertenbruch* FS Westermann **08**, 695 (Kompensationsgeschäfte). **Muster:** Rahmenvertrag für Swap-Geschäfte WM **90**, 1047.

1) Devisenhandelsgeschäft. Der Devisenhandel ist der Handel mit ausländischen Zahlungsmitteln. Dazu gehören Sorten (ausländische Noten und Münzen), Fremdwährungsguthaben und im Ausland zahlbare Fremdwährungswechsel **und -schecks. Devisenhandel ist, wenn er im eigenen Namen und für fremde Rechnung betrieben** wird, Finanzkommissionsgeschäft (Devisen sind Finanzinstrumente, § 1 XI 1 KWG) und dann Bankgeschäft iSv § 1 I 2 Nr 4 KWG, bei bloßem Eigenhandel für andere dagegen Finanzdienstleistung iSv § 1 Ia 2 Nr 4 KWG. Auch der Handel mit Sorten (Sortengeschäft) ist Finanzdienstleistung (§ 1 Ia 2 Nr 7 KWG, Text s Rn A/4). Das Sortengeschäft umfasst den

(7) BankGesch N/2, N/3 2. Teil. Handelsrechtl. Nebengesetze

Austausch von Banknoten oder Münzen, die gesetzliche Zahlungsmittel darstellen, sowie den Verkauf und Ankauf von Reiseschecks. Nicht erfasst werden Unternehmen wie Hotels, Reisebüros oder Kaufhäuser (§ 2 VI 1 Nr 12 KWG). Rechtlich handelt es sich beim Devisenhandel idR um Kaufverträge. **Kassageschäfte** sind Verträge über Devisen, die nach zwei Tagen oder bei überseeischen Währungen binnen fünf Tagen zu erfüllen sind (Fixgeschäft iSv § 323 II Nr 2 BGB, § 376 HGB). **Termingeschäfte** sind Verträge über Devisen, die von beiden Seiten erst zu einem späteren Zeitpunkt (als bei Tages- oder Kassageschäften) zu erfüllen sind; Hadding/Hennrichs FS Claussen **97**, 447; vgl auch **(8)** AGB-Banken, Einl 2 vor (8) AGB-WPGeschäfte Nr 1. **Swapgeschäfte** sind eine Kombination aus Kassa- und Termingeschäften; zB wird ein Devisenkassakauf mit einem Devisenterminverkauf oder umgekehrt verbunden, vgl Naumbg WM **05**, 1313. Rechtlich kann ein doppelter Kauf oder ein Kauf mit Wiederverkaufsabrede (vgl Rn J/5 zum Pensionsgeschäft), im Einzelfall, zB beim Finanzierungsswap, auch ein Darlehen vorliegen, Lüer WM Sonderbeil 1/**77**, 5. Der Swapsatz ist der Unterschied zwischen Kassa- und Terminkurs. Währungs- und Zinssatzswaps s G/33. Switchgeschäfte, BGH **55**, 336, und Swinggeschäfte sind heute selten. Überblick über Devisen- und Währungsrecht (AWG, AWV) s BuB/Nielsen/Joos Rn 5/900, Niestedt/Trennt BB **13**, 2115 (nF 2013). Zur Berücksichtigung ausländischer Devisenvor schriften Reithmann/Martiny/Thode Rz 5.142. **Neue Finanzinstrumente** s Rn G/33. **Internationale Gerichtsbarkeit:** Internationale Zuständigkeit und Vollstreckung, vor allem EuGVVO, s Einl 87 vor § 1 HGB; internationale Anerkennung von Schiedssprüchen s Einl 99 vor § 1 HGB.

N/2 **2) Sonstige Auslandsgeschäfte. Internationales Bankvertragsrecht,** insbesondere Vertragsstatut, s Rn A/60. Der Sammelbegriff **Auslandsgeschäfte** umfasst sehr verschiedene Geschäfte und ist deshalb als solcher ohne rechtlichen Gehalt. Auch in der Bankrechtspraxis wird deshalb idR aufgeteilt, s Kümpel/Wittig/Bauer 4. Aufl 2011 Rn 13.1. Die wichtigsten Auslandsgeschäfte der Banken sind das Akkreditivgeschäft (s Rn K/1), das Garantiegeschäft (s Rn L/1) samt Ausfuhrgarantie und Ausfuhrbürgschaften (s Rn N/3), das Dokumenteninkasso (s Rn M/1), das Remboursgeschäft (s Rn G/26) und das Forfaitierungsgeschäft (s Rn J/4). Regelmäßig geht es dabei um Import- oder Exportfinanzierung und die entsprechenden Sicherheiten. Rolloverkredite und Bardepotpflicht s BGH NJW **79**, 2097m Anm Peltzer WM **79**, 788. Scheingeschäft (§ 117 BGB) zur Umgehung der Bardepotpflicht, BGH NJW **80**, 1572; Abgrenzung zwischen Schein- und Strohmannsdarlehen danach, ob nur der Hintermann oder der Strohmann selbst als Vertragspartei haftet, BGH NJW **82**, 569. Auswirkung von Devisensperren auf Bürgenhaftung, str, Kühn/Rotthege NJW **83**, 1233, Rüßmann WM **83**, 1126. Fehlende Genehmigung nach Außenwirtschaftsrecht (zB § 52 AWV) führt zur schwebenden Unwirksamkeit des Darlehensvertrags, BGH WM **81**, 190, vorsätzliche Mißachtung der Genehmigungspflicht zur Nichtigkeit, BGH WM **81**, 188. Lit: Bankgarantie in 18 ausländischen Rechtsordnungen, MüKo/Welter J 133–216.

N/3 **3) Ausfuhrgewährleistungen des Bundes, Hermes-Garantien.** Exportkredite werden heute vielfach unter Mitwirkung der öffentlichen Hand gewährt, die den Exporteuren und Banken bei Lieferung in bestimmte Länder unberechenbare, wirtschaftliche und politische Risiken abnimmt (Ausfuhrgewährleistungen des Bundes, namentlich **Hermes-Deckungen** unter Konsortialführung der **Euler Hermes** SA für den Bund, daneben Bundesgarantien für Direktinvestitionen im Ausland und für ungebundene Finanzkredite, sog DIA- und UFK-Deckungen). Die wichtigsten Deckungsformen sind die Lieferantenkreditdeckung (dann meist Abtretung der gedeckten Forderung an eine Bank zur Refinanzierung), die Ausfuhr-Pauschal-Gewährleistungsdeckung (APG,

V. Bankgeschäfte O/1 **BankGesch (7)**

Sammeldeckung eines Portfolios von Exportforderungen) und die Finanzkreditdeckung (für Kredit der Hausbank des Exporteurs an den ausländischen Besteller). Die Richtlinien für die Übernahme von Ausfuhrgewährleistungen 30.12.83 BAnz 29.2.84 Nr 42 mit späteren Änderungen, von Spiegel NJW **84**, 2005, trennen Übernahmeentscheidung und vertragliche Abwicklung, geben Kriterien für die Übernahme und sehen eine grundsätzliche Stellungnahme (Zusicherung) gegenüber dem Antragsteller vor. Die Einzelverträge zwischen Hermes und dem Exporteur enthalten dann als AGB die Hermes-Bedingungen (nF seit 1.10.86; vier Allgemeine Bedingungen: für Fabrikationsrisiko-Garantien, für Fabrikationsrisiko-Bürgschaften, für Ausfuhrgarantien, für Ausfuhrbürgschaften). Gewährt werden „Bürgschaft" und „Garantie" (erstere für öffentliche ausländische Besteller, letztere für private und mit einem Käufer (bonitäts-Prämien)zuschlag, mangels Akzessorietät beidesmal Garantievertrag, üL, aA Versicherungsvertrag, Selbstbehalte) für Fabrikations- und Ausfuhrrisiko, gedeckt werden wirtschaftliche ebenso wie politische Risiken. Die Fabrikationsrisikoabdeckung setzt Wirksamkeit des Ausfuhrvertrags voraus (Problem der Auswirkung ausländischer öffentlichrechtlicher Verbote). Hermes-Deckung ist vielfach Voraussetzung dafür, dass sich die Banken auf die Exportfinanzierung überhaupt einlassen können. Anrechnung von Zahlungen auf Hermesgarantie, BGH WM **83**, 151, 912. Rückforderung, BGH WM **96**, 2299. Derartige Staatsgarantien unterliegen dem europäischen Beihilferecht, Hopt/Mestmäcker WM **96**, 753, 801, Hadding WM **05**, 485. Reformdiskussion über Hermes-Voraussetzung, dass die Exporte grundsätzlich zu mehr als der Hälfte aus Deutschland stammen müssen (49%-Regel), da viele Länder bei Großprojekten die Einbindung lokaler Zulieferer verlangen (local content). Lit: Christopeit 1968, Graf Kageneck 1991, BankrechtsHdb/Janus/Scheibe 5. Aufl 2017 § 122 (Exportkreditgarantien des Bundes), BuB/Nielsen Rn 5/808 ff, Heymann/Horn 2. Aufl 2005 VII/149 ff, Kümpel/Wittig/Bauer 4. Aufl 2011 Rn 13.251 ff; Graf v Westphalen ZIP **86**, 1497, Eistert RIW **96**, 805, Sellner/Külpmann RIW **03**, 410, Bischoff RIW **09**, 849, Bischoff/Klasen RIW **12**, 769, Harriehausen NJW **14**, 3407, Janus RIW **15**, 580.

6. Kap: Factoring und Finanzierungsleasing
O. Factoring

Schrifttum

a) Kommentare und Handbücher: Außer dem allgemeinen Schrifttum (s Einl vor A/1) BankrechtsHdb/*Martinek/Omlor* 5. Aufl 2017 § 102. – BankrechtsKomm*LBS/Omlor* 2. Aufl 2016. 18. Kap – *Canaris* 2. Aufl 1981, Rn 1652. – Ebenroth/E. *Wagner* Bd 2, 3. Aufl 2015 BankR V Rn 1 ff. – *Hopt/Mülbert* 713 (1989). – *Kümpel/Wittig/Rossbach* 4. Aufl 2011 Rn 1.301 ff. – *MüKo(HGB)/Brink/Ferrari* 3. Aufl Bd 6 2014 Bankvertragsrecht (Unidroit Factoring Übk 1988) FactÜ. – *Röhricht/Graf von Westphalen* 4. Aufl 2014 Factoring. – *Staub/Renner* Bd 10/2, 2015 4. Teil Kreditgeschäft (zit 4/436 ff). – Staudinger/*Mülbert* § 488 BGB Rn 694 ff.

b) Sonstige Beiträge: *Hagenmüller/Sommer/Brink* 3. Aufl 1997. – *Achsnik/Krüger* 2. Aufl 2011 (Insolvenz). – *Hill* 1994 (Interessenkollisionen). – *Bette* 1999. – *Reithmann/Martiny/Freitag* Rz 6.619 (international). – *Basedow* ZEuP **97**, 615 (IPR). – *Weller* RIW **99**, 161 (Unidroit-Übk von Ottawa). – *Brink* WM **03**, 1355 (SMG). **Muster:** Hopt/*Scharff* 4. Aufl 2013 Form IV. O.1–2 (Factoring, Forfaitierung). **RsprÜbersicht:** Tiedtke/Peterek DB **08**, 335 (BGH).

1) Rechtliche Qualifikation. Beim Factoringgeschäft überträgt der Facto- O/1
ringkunde (Gläubiger) seine Forderungen durch vorweggenommene Global- oder Mantelzession an den Factor unter der aufschiebenden Bedingung des jeweiligen Ankaufs der Forderung durch den Factor (§§ 398, 158 I BGB). Dieser vergütet dem Kunden sofort den Gegenwert der Forderungen abzüglich Provision (Einbehalt auf Sperrkonto), nimmt ihm die Debitorenbuchhaltung ab und

(7) BankGesch O/2–O/7   2. Teil. Handelsrechtl. Nebengesetze

zieht die Forderungen ein. Das Factoring erfolgt entweder einstufig oder zweistufig; idR liegt **Factoring-Rahmenvertrag** (s Rn O/5) mit Einzelgeschäften vor, der als gemischttypischer Vertrag mit primär kaufrechtlichen, daneben aber auch dienstvertraglichen Elementen (§§ 433, 675 I iVm 611 und uU 488 BGB), anzusehen und Dauerschuldverhältnis (§ 314 BGB) ist, differenzierend Staub/Renner 4/443. Das Factoring ist, obschon meist von Banken betrieben, kein Bankgeschäft iSv § 1 I 2 KWG, wird aber meist von Banken betrieben. Unternehmen, die Factoring betreiben (laufender Ankauf von Forderungen auf der Grundlage von Rahmenverträgen mit oder ohne Rückgriff), sind Finanzdienstleistungsinstitute iSv KWG (§ 1 Ia 1, 2 Nr 9 KWG, Rn A/4). Rechtlich ist das Factoring(einzelgeschäft) weder einheitlich Kauf, so Blaurock ZHR 142 **(78)** 341, 143 **(79)** 71, noch einheitlich Darlehen, so Canaris 1655, vielmehr ist zu unterscheiden.

O/2   Beim **echten Factoring** (ähnlich Forfaitierungsgeschäft s Rn J/4) verkauft der Kunde der Bank laufend gegen Sofortzahlung seine idR noch nicht fälligen Forderungen aus Warenlieferungen oder Dienstleistungen. Die Zession erfolgt offen (Einzug durch die Bank im eigenen Namen) oder still (Einzug auf Konto des Kunden bei der Factoringbank). Vor Übernahme kann eine Bonitätsprüfung erfolgen. Der Factor übernimmt hier das Risiko der Zahlungsunfähigkeit des Schuldners (Delkredere). Rechtlich ist dies ein **Forderungskauf** (§§ 453, 433 BGB), BGH **69**, 257, **72**, 21, NJW **14**, 2358 Rn 17 (mit der Folge eines Aussonderungsrechts am Vorbehaltseigentum nach § 47 InsO; anders der verlängerte Eigentumsvorbehalt, BGH WM **08**, 811 Rn 23). Die Zession ist Erfüllungsgeschäft des einzelnen Kaufs (§ 362 I BGB), keine Verwaltungstreuhand.

O/3   Beim **unechten Factoring** vergütet die Bank die Kundenforderungen zwar ebenfalls sofort und muss Befriedigung zuerst aus den abgetretenen Forderungen suchen, das Ausfallrisiko verbleibt aber beim Kunden (Rückbelastungsrecht des Factors). Rechtlich ist das nach der Rspr ein Kreditgeschäft (§ 488 I 1 BGB) mit Abtretung der Forderungen erfüllungshalber, BGH **58**, 366, **71**, 308, **82**, 61, üL, Staub/Renner 4/446, BankrechtsHdb/Martinek/Omlor § 102 Rn 44. Richtiger ist wie beim Diskontgeschäft (s Rn J/1) idR **Kauf, ausnahmsweise Darlehen** mit Abtretung der Forderung erfüllungshalber anzunehmen, Staudinger/Mülbert § 488 Rn 707, Hopt/Mülbert 726. Die praktischen Unterschiede beider Konstruktion lassen sich in Grenzen halten.

O/4   Für das Factoring ist der zwingende § 354a HGB bedeutsam, der Abtretungsverbotsklauseln einschränkt. **Bilanzierung** s § 246 HGB Rn 19.

O/5   **2) Verhältnis zwischen Bank und Kunden.** Der Factoringvertrag verstößt nicht gegen das RBerG, weder beim echten Factoring (reines Inkassogeschäft), BGH **76**, 119, noch beim unechten Factoring (Kreditgeschäft mit Sicherungsabtretung), BGH **58**, 364. Der Factoringvertrag ist (auch beim echten Factoring) ein Krediteröffnungsvertrag (s Rn G/2–19). Möglich ist, dass sich der Rahmenvertrag nicht generell auf echtes oder unechtes Factoring festlegt, dann kann der Factor ein Wahlrecht iSv § 262 BGB haben, Canaris 1671. **Muster:** Hopt/Scharff 4. Aufl 2013 Form IV. O.1 (Factoringvertrag).

O/6   Zur **ABG-Kontrolle** von Factoringverträgen unter **(5)** §§ 307 ff BGB Ul/Br/He/H. Schmidt (18) Factoringverträge Rn 1 ff.

O/7   **3) Globalzession.** A. Beim **echten** Factoring ist die Globalzession (s Rn H/1–5) an die Factoringbank auch gegenüber dem verlängerten Eigentumsvorbehalt der Warenkreditgläubiger wirksam, BGH **69**, 258; Grund: Vorbehaltsverkäufer steht wie bei Bareinzug der Kaufpreisforderung durch den Vorbehaltskäufer. Eine dem Vorbehaltskäufer vom Vorbehaltsverkäufer erteilte Einzugsermächtigung deckt auch die Factoringzession der Forderungen aus dem Weiterverkauf der Vorbehaltsware, BGH **72**, 15, **82**, 288, aA Bähr DB **81**, 1759; gedeckt ist also auch die dem verlängerten Eigentumsvorbehalt nachfolgende Factoringzession,

V. Bankgeschäfte O/8, P/1 **BankGesch (7)**

anders wenn der Factor zumutbare Schutzmaßnahmen zugunsten des Warenkreditgläubigers unterlässt, zB bei Mitwirkung an Überweisung der Factoringerlöse an Gläubigerbank des Vorbehaltskäufers, BGH **100**, 353, Ffm BB **88**, 232, krit Kapp, BB **87**, 1762, oder wenn das Delkredere des Factors völlig ausgehöhlt wird, Kblz WM **88**, 45. Ein Verbot des Factoring durch AGB des Vorbehaltsverkäufers ist unwirksam, Ffm NJW **77**, 907, so idR auch für ein generelles Lieferantenabtretungsverbot, Lambsdorff BB **82**, 337. Einzugsermächtigung durch Geldkreditgeber, der durch Globalzession gesichert ist, berechtigt Darlehensnehmer nicht zur nochmaligen Abtretung im echten Factoring, BGH **75**, 391; Grund: Substanzverlust der Sicherung durch Factorgebühren; die nochmalige Abtretung nach Globalzession ist aber gedeckt, wenn der Darlehensnehmer dafür den ungeschmälerten Gegenwert der Forderung (Abzinsung unschädlich) endgültig erhält, BGH **82**, 283.

B. Beim **unechten** Factoring ist anders als beim echten die Globalzession an O/8
die Factoringbank gegenüber dem verlängerten Eigentumsvorbehalt grundsätzlich unwirksam; denn entweder deckt schon die erteilte Einzugsermächtigung die Factoringzession nicht oder es gelten dieselben Grundsätze wie bei der Kollision von Geldkredit- und Warenkreditgläubigern (Vertragsbruchtheorie, s Rn H/4); BGH **82**, 50, Karlsr WM **86**, 1029; Serick BB **79**, 850, NJW **81**, 794, 1715, Lambsdorff ZIP **80**, 543, Kübler ZIP **80**, 546, Kuhnt BB **81**, 334; aA Canaris NJW **81**, 249, 1347 (Barvorschusstheorie), weil die Rückbelastung uneinbringlicher Forderungen den Vorbehaltsverkäufer nicht wesentlich schlechter als ohne Factoring stelle und die Zulässigkeit ähnlicher Rückbelastungsrechte zB der diskontierenden Bank anerkannt ist (BGH BB **79**, 956). Die zurückzubuchenden Forderungen können jedenfalls nicht als Sicherheit für mit dem Factoringvertrag nicht zusammenhängende Gegenforderungen der Bank verwandt werden. Die zurückzubuchenden Forderungen gehen iZw kraft auflösender Bedingung an den Lieferanten zurück (§ 185 II 1 Fall 2 BGB), Canaris NJW **81**, 252. Zur Sittenwidrigkeit eines unechten Factoring gegenüber PublikumsGes s Anh § 177a HGB Rn 67. Das Factoring ist keine Vermögensübernahme iSv § 419 aF BGB, weder beim unechten Factoring, BGH **71**, 306, noch beim echten.

P. Finanzierungsleasing

Schrifttum

a) Kommentare und Handbücher: Außer dem allgemeinen Schrifttum (s Einl vor A/ 1) BankrechtsHdb/*Martinek/Omlor* 5. Aufl 2017 § 101. – BankrechtsKomm*LBS/Omlor* 2. Aufl 2016 18. Kap – *Beckmann/Scharff* 4. Aufl 2015. – *Canaris* 3. Aufl 1988, Rn 1710. – *Ebenroth/Schmalenbach* Bd 2, 3. Aufl 2015 BankR V Rn 56 ff. – *Kümpel/Wittig/Rossbach* 4. Aufl 2011 Rn 11.346 ff. – *MüKoBGB/Habersack*, Leasing (nach Miete § 535 BGB). – *Martinek/Stoffels/Wimmer-Leonhardt* 2. Aufl 2008. – *Peters/Schmid-Burgk* 3. Aufl 2012 (aus BuB). – *Röhricht/Graf von Westphalen* 4. Aufl 2014 Leasing. – *Staub/Renner* Bd 10/2, 2015 4. Teil Kreditgeschäft (zit 4/390 ff). – Staudinger/*Stoffels* 2014 Leasing. – *Graf von Westphalen* 7. Aufl 2015.

b) Sonstige Beiträge: *Girsberger* 1997 (Schweiz, international). – *Graf v Westphalen* 7. Aufl 2015. – *Reithmann/Martiny/Martiny* Rz 6.379, *Dageförde* 1992 (international). – *Krüger/Ehl* 2014 (Krise, Insolvenz). – *Gebler/Müller* ZBB **02**, 107. – *Reiner/Kaune* WM **02**, 2314. – *Schmalenbach/Sester* WM **02**, 2184 (SMG). – *Graf v Westphalen* ZIP **06**, 1653 (SMG). – *Beckmann* DStR **07**, 157. – *Habersack* WM **08**, 809 (Projektleasing). – *Omlor* NJW **10**, 2694 (Finanzierungsleasing mit Verbrauchern). – *Peters* WM **11**, 865, *Skusa* NJW **11**, 2993 (Umsetzung VerbrKrRiLi). – *Greiner* NJW **12**, 961 (Finanzierungsleasing). – *Peters* WM **16**, 630 (Verbraucherdarlehen/Leasing). – *Tesche/Küting* DStR **16**, 620 (Leasingbilanzierung, IFRS 16). **Muster:** *Hopt/Scharff* 4. Aufl 2013 Form IV. P.1–5 (Finanzierungsleasing). **RsprÜbersichten:** Harriehausen NJW **16**, 1421, **17**, 1443.

1) Rechtliche Qualifikation. Beim **Leasinggeschäft** überlässt der Leasing- P/1
geber eine Sache oder Sachgesamtheit dem Leasingnehmer gegen ein in Raten

(7) BankGesch P/2

gezahltes Entgelt zur Nutzung auf Zeit, dabei trägt der Leasingnehmer die Gefahr des Untergangs und der Beschädigung, BGHZ **158,** 19, WM **98,** 928, **15,** 1157 Rn 26; er hat idR eine Kaufoption auf späteren Erwerb. Der Leasingnehmer deckt mit den Raten die Anschaffungs- und Herstellungskosten und alle Nebenkosten einschließlich der Finanzierungskosten des Leasinggebers, BGH WM **15,** 1157 Rn 26. Beim **Herstellerleasing** zwischen Leasinggeber und Leasingnehmer ohne Dreiecksverhältnis handelt es sich um einen **Mietvertrag** mit fester Mietzeit, Deckung von Anschaffungs- bzw Herstellungskosten und Gewinn durch die über die Laufzeit verteilten Raten und Gefahrtragung und Sachunterhaltung durch den Leasingnehmer, s dazu Komm zu §§ 535 ff BGB. Das **Operating-Leasing** zielt auf Amortisation durch mehrfaches Überlassen des Leasinggegenstands an verschiedene Leasingnehmer ab, BGH **97,** 75, **111,** 84, NJW **98,** 1639, das ist ebenfalls Miete. Einen Übergang zum Finanzierungsleasing stellt das **sale-and-lease back** dar, bei dem der Eigentümer (Leasingnehmer) einen Gegenstand zunächst veräußert und dann vom Erwerber zurückleast. Das bringt Liquidität, senkt Kapitalzinsen und hat uU Bilanzvorteile (§ 246 HGB Rn 20).

P/2 Beim **Finanzierungsleasing** (seit etwa 1960) ist dagegen Hauptmerkmal außer der zeitweiligen Gebrauchsüberlassung, dass es auf den Rückfluss des eingesetzten Kapitals (**Amortisation der aufgewendeten Kosten**) angelegt ist, BGH **111,** 242, zu Amortisation und Andienung, Düss BB **11,** 2319m abl Anm Graf von Westphalen. Es ist typischerweise ein **Dreiecksverhältnis zwischen Hersteller bzw Lieferant, Leasinggeber und** dem zumeist vom Hersteller angeworbenen **Leasingnehmer,** wobei rechtlich selbständige Vertragsverhältnisse vorliegen, die allerdings aufeinander Bezug nehmen (s Rn P/14 ff), also Liefervertrag zwischen Hersteller und Leasinggeber und Finanzierungsleasingvertrag zwischen Leasinggeber und Leasingnehmer (Trennungstheorie), hL, die Vertragsverbundstheorien haben sich zu Recht nicht durchgesetzt, Staub/Renner 4/406. Der Leasinggeber ist wirtschaftlich auf die bloße Finanzierung der Gebrauchsnutzung durch den Leasingnehmer beschränkt und wälzt die Sach- und Preisgefahr auf diesen ab, BGH **71,** 198. Das Finanzierungsleasing ist, obschon meist von Banken betrieben, kein Bankgeschäft iSv § 1 I 2 KWG, aber eine Finanzdienstleistung iSv § 1 I a 2 Nr 10 KWG, s Rn A/4. Unternehmen, die Finanzierungsleasing betreiben (Abschluss von Finanzierungsleasingverträgen als Leasinggeber und die Verwaltung von Objektgesellschaften iSd § 2 VI 1 Nr 17 KWG), sind Finanzdienstleistungsinstitute (§ 1 I a 1, 2 Nr 10 KWG, Text s Rn A/4).

Rechtlich handelt es sich beim Finanzierungsleasingvertrag um einen **atypischen Mietvertrag,** BGH **68,** 123, **71,** 189, **96,** 106, **109,** 370, **112,** 71, WM **06,** 495, NJW **09,** 577, auch wenn die Finanzierungsfunktion des Vertrags Besonderheiten notwendig macht, sehr str; unstreitig Mietvertrag beim Operating-Leasing (Leasing mit mehreren Leasingnehmern hintereinander) BGH **111,** 95. Die Einräumung einer Kaufoption ändert daran idR nichts, BGH **71,** 194; der Lieferant ist Erfüllungsgehilfe des Leasinggebers bis zur Übergabe durch ihn an den Leasingnehmer, BGH NJW **88,** 198, aber nicht bezüglich der vom Leasingnehmer abzugebenden Übernahmebestätigung, insoweit auch keine Wissenszurechnung nach § 166 BGB, BGH NJW **05,** 365. Nach **aA** liegt gemischter (Geld-)Darlehens- und Kommissionsvertrag vor, bei dem der Leasinggeber Vereinbarungsdarlehensgeber (§§ 607 II aF, 488 I nF BGB) und bezüglich des Eigentums Treuhänder des Leasingnehmers (Darlehensnehmer, Treugeber) sein soll, Canaris 1719, ZIP **93,** 401, nach aA Kauf oder Geschäftsbesorgung (§ 675 I BGB). Nach vordringender Ansicht handelt es sich beim Finanzierungsleasing um einen **Vertrag sui generis,** da selbstgeschaffenes Recht der Wirtschaft, bei dem es sich um eine finanzierte Gebrauchsüberlassung handelt, BankrechtsHdb/Martinek/Omlor § 101 Rn 27, 31 ff, Staub/Renner 4/401, Staudinger/Stoffels 2014 Rn 76. Rückkauf in Leasingverhältnissen wie Kauf (§§ 456 BGB, aber eingeschränkt), BGH **110,** 191, WM **03,** 1093, **14,** 1871 Rn 12. Die verein-

V. Bankgeschäfte   P/4–P/8   **BankGesch (7)**

barten Leasingraten sind Entgelt für die Verbrauchsüberlassung und die Finanzierungsleistung und deshalb betagte Forderungen, BGH **111,** 94, **118,** 290, ZIP **13,** 1082 Rn 29. Für die Lösung der einzelnen Rechtsprobleme ist diese rechtliche Einordnung wegen der atypischen Ausgestaltung nur von begrenztem Wert, BGH NJW **88,** 200, für jeweils wertende Zuordnung auch die neuere Lehre, zB Staudinger/Stoffels 2014 Rn 78. Immobilienleasing als besondere Form des Finanzierungsleasings, BGH WM **15,** 1157.
Rahmenvertrag ist möglich und üblich, BGH WM **86,** 1024, **87,** 108; vgl   **P/4**
Rn A/6. Rahmenvertrag (Einl 3v § 343) mit Abwicklungsrichtlinien zwischen Leasinggesellschaft und Vertragshändler, keine AGB-Kontrolle, da Hauptleistungsabrede, BGH NJW **14,** 2269. **Bilanzierung** s § 246 HGB Rn 20.

2) Verhältnis zwischen Leasinggeber und Leasingnehmer. A. Vertrags-   **P/5**
inhalt: Der Leasingvertrag ist idR durch **AGB** geregelt, diese unterliegen der Inhaltskontrolle nach **(5)** §§ 307 ff BGB, zB BGH NJW **01,** 2165, Ul/Br/He/H. Schmidt (30) Leasingverträge Rn 1 ff. Bei der Kontrolle nach **(5)** § 307 II Nr 1 BGB ist zu beachten, dass es sich nur um einen atypischen Mietvertrag handelt, BGH **112,** 71 (Untervermietungsverbot). Auf die Sittenwidrigkeit von Finanzierungsleasingverträgen über bewegliche Sachen sind, obschon atypischer Mietvertrag (s Rn P/3), die Grundsätze zum sittenwidrigen Darlehen bei finanzieller Überforderung (s Rn G/10, 10a–c) übertragbar, BGH **128,** 263. Preisanpassungsklausel verstößt nicht gegen **(5)** § 309 Nr 1 BGB (Dauerschuldverhältnis); wenn einseitig oder unangemessen, dann Verstoß gegen **(5)** § 307 BGB, Ffm NJW **86,** 1355. Konkludente Vertragsübernahme, Düss BB **11,** 2319. **Muster:** Hopt/Scharff 4. Aufl 2013 Form IV. P.1 (Vollamortisations-Leasingvertrag), Form IV. P.2 (Teilamortisations-Leasingvertrag mit Andienungsrecht), Form IV. P.3, 4 (Auto-, Immobilienleasingvertrag), Form IV. P.5 (Ankaufsrecht).
Sach- und Gegenleistungsgefahr (letzteres str) auf den Leasingnehmer ab-   **P/6**
zuwälzen, ist wirksam, BGH **93,** 394, NJW **88,** 200, WM **04,** 1179, Ul/Br/He/H. Schmidt (30) Leasingverträge Rn 16, Grund: wie Kauf, Leasingnehmer mag sich versichern; anders, wenn die Leasingsache bei Nachbesserung beim Hersteller untergeht, BGH **94,** 44; bei KfzLeasing ist aber kurzfristiges Kündigungsrecht einzuräumen (gegen Ausgleichszahlung), BGH NJW **87,** 377, WM **98,** 1452, 2148. Klausel über **Versicherungspflicht** des Leasingnehmers ist bei üblichem Versicherungsrahmen wirksam, vgl BGH WM **04,** 1179. Zweckbindung der Versicherungsleistung bei KfzLeasing, BGH **93,** 391. Abgabe einer (unzutreffenden) **Übernahmebestätigung** durch Leasingnehmer, Lieferant ist dabei nicht Erfüllungsgehilfe des Leasinggebers, BGH WM **05,** 756 gegen BGH WM **87,** 1131. Zur Gefahrtragung Staudinger/Stoffels 2014 Leasing Rn 200 ff.
Vertragsbeendigung: Bei **vorzeitiger ordentlicher Kündigung** im Teil-   **P/7**
amortisationsleasing hat der Leasingnehmer eine **Abschlusszahlung** (Kostenersatz samt anteiligem Gewinn) zu erbringen (dazu **(5)** § 308 Nr 7a BGB), BGH **95,** 39, **97,** 65, **147,** 7, **151,** 188, NJW **86,** 1746. Diese umfasst auch die Vorfälligkeitsentschädigung des Leasinggebers an die Refinanzierungsbank, BGH **111,** 237. Klausel über mehr als den anteiligen Gewinn ist unwirksam, BGH WM **90,** 2043. Mindestnutzungsentschädigung bei verspäteter Rückgabe (§ 546a BGB) auch beim Finanzierungsleasing, BGH **107,** 123. Unwirksame Rückgabeklausel, BGH NJW **17,** 1301m Anm Martens. Entschädigung bei **verspäteter Rückgabe** (§ 546a BGB) idR in Höhe der Leasingrate, BGH WM **05,** 1332. Restwertgarantie bei KfzLeasing ist leasingtypische Preisabrede, BGH NJW **14,** 2940m Anm Greiner/Strippelmann, aber für unrealistisch hohen Restwert str.
Leistungsstörungen: Kündigung ist nur einheitlich gegenüber allen am Lea-   **P/8**
singvertrag beteiligten Leasingnehmern möglich, BGH **144,** 370. Fristloses Kündigungsrecht des Leasinggebers wegen Vermögensverschlechterung beim Leasingnehmer ohne Abstellen auf Gefährdung der Gegenleistung verstößt gegen **(5)**

Hopt 2147

(7) BankGesch P/9, P/10

§ 307 BGB, BGH **112,** 279. Klausel über **Provisionserstattung** trotz vom Leasingnehmer nicht verschuldeten Scheiterns des Leasingvertrags wegen Nichtlieferung durch Lieferanten ist unwirksam, BGH **96,** 103; Grund: Leasinggeber hat seine Hauptleistungspflicht (Gebrauch, Überlassung) nicht erfüllt. Haftung des Leasingnehmers für unrichtige Übernahmebestätigung, BGH NJW **05,** 365. **Ausschluss eigener Mängelhaftung** des Finanzierungsleasinggebers bei (unbedingter) Übertragung der Mängelrechte gegen den Hersteller auf den Leasingnehmer (§ 413 BGB, Staub/Renner 4/419) verstößt weder gegen **(5)** § 307 BGB, BGH **68,** 124, **81,** 302, **94,** 47 (auch gegenüber NichtKfltn), NJW **84,** 2688 (anders bei Übertragung nur gegen Zahlung aller Raten), **88,** 2467, noch gegen **(5)** § 309 Nr 8b aa BGB, Canaris 1765, aA üL, Ul/Br/He/H. Schmidt (30) Leasingverträge Rn 15 (§ 278 iVm §§ 281, 283, 323 BGB, **(5)** BGB §§ 309 Nr 7b, 8a, 307), Harriehausen NJW **13,** 3393, jedenfalls gegenüber Verbrauchern, J. Blomeyer NJW **78,** 975. Doch liegt darin die Erklärung des Leasinggebers, die Rechtsfolgen der Mängelhaftung als auch für sich verbindlich hinzunehmen, BGH **81,** 305, **114,** 57; anders bei Kollusion zwischen Leasinggeber und Hersteller, BGH **114,** 64. Der Leasinggeber kann aber das Risiko der Insolvenz des Herstellers bei wirksamem Rücktritt vom Kaufvertrag auch im kfm Verkehr nicht durch AGB auf den Leasingnehmer abwälzen (Äquivalenzprinzip), BGH **114,** 57, auch nicht durch Ausbedingung eines eigenen Rücktrittsrechts, BGH NJW **09,** 575; auch BGH NJW **09,** 3295 bei wirtschaftlicher Einheit der Verträge. Der Leasinggeber hat ohne entsprechende Vertragsklausel vor Kündigung kein Recht zur vorläufigen Sicherstellung der Sache wegen Zahlungsverzugs; nimmt er sie trotzdem an sich, verliert er solange den Anspruch auf die Leasingraten, BGH **82,** 125, **144,** 379. Keine Abwälzung der **Rüge** auf nichtkfm Leasingnehmer durch AGB (§ 377 HGB Rn 59). Geltendmachung durch den Leasinggeber, Hamm WM **13,** 1098, Geltendmachung der kaufrechtlichen Gewährleistungsansprüche auf Leistung an den Leasinggeber mittels gewillkürter Prozessstandschaft im eigenen Namen durch den Leasingnehmer, BGH NJW **14,** 1970 Rn 12, bei Abtretung nur auf Leistung an den Leasingnehmer. Zu Leistungsstörungen und Gewährleistung Staudinger/ Stoffels 2014 Leasing Rn 188 ff, 213 ff.

P/9 Bei fristloser **Kündigung wegen Zahlungsverzugs** (§ 543 II 1 Nr 3 BGB) hat der Leasinggeber einen Schadensersatzanspruch (entgangener Mietzins, aber Vorteilsausgleichung), BGH **94,** 194, 215, **95,** 39, WM **90,** 2043, WM **95,** 935, NJW **95,** 954, **04,** 2823; davon abweichende AGBKlausel kann gegen **(5)** § 307 BGB verstoßen, zB bei Kündigung nach 48 Monaten Grundmietzeit, Verfallklausel von 43 % der Beschaffungskosten und Rückgabe der Mietsache, ohne Weiterverkaufserlös anzurechnen und Abzinsung der Restzahlung erkennbar zu machen, BGH **82,** 129, bei genereller Abzinsung von 6 %, BGH WM **86,** 480. Die Kumulierung von Rücktrittsrecht und Anspruch auf alle Restraten in AGB hält aber der Inhaltskontrolle nicht stand, BGH **71,** 205, auch wenn der Leasingnehmer bei sofortiger Zahlung aller rückständigen und künftigen Raten die Sache wiedererlangen kann, BGH **82,** 127; ebenso Klausel, wonach die gesamte Restmiete bereits bei Verzug mit einer Rate fällig und die Sache zur Sicherheit herauszugeben ist, Stgt BB **78,** 122, Hamm BB **81,** 1795, aA Ffm WM **83,** 666. Der Leasinggeber ist nach fristloser Kündigung zur bestmöglichen Verwertung der Leasingsache verpflichtet, BGH NJW **91,** 221. Zu Abschlusszahlungs-, Verfall- und weiteren Klauseln Ul/Br/He/H. Schmidt (30) Leasingverträge Rn 18 ff.

P/10 Bei **Rücktritt des Leasingnehmers** (§ 437 Nr 2 BGB, nicht schon bei Nacherfüllungsverlangen nach § 437 Nr 1 BGB, hL) verliert Leasinggeber Anspruch auf Leasingraten (**Störung der Geschäftsgrundlage,** § 313 BGB), BGH **94,** 48 (gilt auch nach SMG, str), nach aA § 326 BGB, str, und zwar von Anfang an, auch soweit Leasingsache noch zeitweilig oder teilweise genutzt werden konnte, BGH NJW **85,** 796 (abw BGH **81,** 309), auch nach SMG ex tunc (§§ 313 III 1, 346 ff BGB bzw §§ 326 I, IV, 346 ff BGB). Im Schrifttum wird die

Geschäftsgrundlagenlösung der Rspr kritisiert und eine kündigungsrechtliche Lösung vorgeschlagen, Staudinger/Stoffels 2014 Leasing Rn 249 ff, außerordentliches Kündigungsrecht ex nunc (§ 313 III 2 BGB), Staub/Renner 4/425. Der Leasingnehmer kann (außerhalb von § 500 iVm § 359 BGB) die Zahlung der Leasingraten aber erst dann (vorläufig) verweigern, wenn er gegen den Lieferanten Klage auf Rückzahlung des Kaufpreises (an den Leasinggeber) erhoben hat, vgl BGH **97**, 135 (noch zur Wandelung), ebenso zum Rücktritt (seit SMG) BGH NJW **10**, 2798m zust Anm Tavakoli 2798, **14**, 1583, Beckmann WM **06**, 958, Greiner NJW **12**, 961, üL, aA schon nach Rücktrittserklärung (Rücktritt als Gestaltungsrecht), Rö/Graf von Westphalen Leasing Rn N 98 ff: Wegfall der Geschäftsgrundlage schon mit Zugang der Rücktrittserklärung; das heißt bei Insolvenz des Lieferanten: notfalls Klage auf Feststellung zur Insolvenztabelle, BGH NJW **14**, 1583; ausnahmsweise anders, wenn nicht möglich oder nicht zumutbar, BGH NJW **14**, 1583 Rn 18. Bei Erfolg der Klage muss der Leasinggeber die Leasingraten herausgeben, ohne Abzug des an den Hersteller gezahlten Kaufpreises und diesbezüglicher Vertragskosten, BGH **109**, 139; das gilt auch, wenn der Leasinggeber das Insolvenzrisiko des Herstellers auf kfm Leasingnehmer abgewälzt hat, aA Graf v Westphalen ZIP **84**, 1107. Bei Kündigung des Leasingnehmers hat der Leasinggeber Anspruch auf Ausgleich des noch nicht amortisierten Gesamtaufwands, BGH NJW **04**, 1041, Berechnungswahlrecht, BGH NJW **07**, 290. Vom Leasingnehmer gezogene Nutzungen sind zu berücksichtigen (Saldotheorie), Beweislast des Leasinggebers, BGH **109**, 139.

Zur **AGBKontrolle** von Leasingverträgen unter **(5)** §§ 307 ff BGB Staudinger/Stoffels 2014 Leasing Rn 109 ff; Ul/Br/He/H. Schmidt (30) Leasingverträge Rn 1 ff; Ulmer/Schmidt DB **83**, 2558, 2615, Graf v Westphalen ZIP **85**, 1033, 1436, H. Roth AcP 190 **(90)** 292.

B. **Finanzierungsleasing als entgeltliche Finanzierungshilfe: a) Finanzierungsdarlehen und Verbraucherdarlehen:** Die Anwendung der Grundsätze zum Finanzierungsdarlehen auf das Finanzierungsleasing waren vor und unter dem VerbrKrG umstritten. Das SMG hatte die Frage in § 500 BGB geregelt. Auf Finanzierungsleasingverträge sollten außer §§ 358–360 (verbundene Verträge) nur wenige Vorschriften zum Verbraucherdarlehensvertrag (§§ 491 ff BGB) entsprechende Anwendung finden. Nach § 506 II BGB idF VerbrKrRi-UmsetzG 29.7.2009 werden Finanzierungsleasingverträge nicht mehr namentlich benannt, vielmehr gelten nunmehr als **entgeltliche Finanzierungshilfen** (in Abgrenzung von bloßen Gebrauchsüberlassungsverträgen wie Mietverträgen) drei Arten des Leasings: 1. der Verbraucher ist zum Erwerb des Gegenstands verpflichtet, 2. der Unternehmer kann vom Verbraucher den Erwerb des Gegenstands verlangen oder 3. der Verbraucher hat bei Vertragsbeendigung für einen bestimmten Wert des Gegenstands einzustehen. § 506 II Nr 2 BGB erfasst das Andienungsrecht des klassischen Finanzierungsleasingvertrags; so auch, wenn der Unternehmer während der Vertragslaufzeit zurücktreten kann mit der Folge einer vertraglichen Kaufverpflichtung des anderen, Hamm WM **07**, 2012, RegE; Nr 3 erfasst über die VerbrKrRi hinausgehend Verträge mit Restwertgarantie mit Besonderheiten in § 506 II 2 BGB. § 506 I BGB gilt analog für Schuldbeitritt, Bürgschaft und Garantie für Finanzierungsleasing, wenn der Sicherungsgeber Verbraucher ist, Omlor NJW **10**, 2698, str. Einzelheiten s Komm zu BGB. Lit: J. Weber NJW **09**, 2927, Omlor NJW **10**, 2694.

Nach dem SMG sollte der Anwendungsbereich des VerbrKrG durch die neu eingeführten §§ 499, 500 BGB nicht verändert werden (RegE vor § 499, § 499 II); auch § 506 BGB gilt nur für Finanzierungshilfen zwischen einem Unternehmer und einem Verbraucher. Für das Finanzierungsleasing an andere Leasingnehmer als Verbraucher (§ 13 BGB), also an **Kaufleute, Kapitalgesellschaften, Gewerbetreibende ohne KfmEigenschaft** und **Freiberufler,** soweit diese

(7) BankGesch P/14–P/18   2. Teil. Handelsrechtl. Nebengesetze

Tätigkeiten bereits ausgeübt werden, also nicht Existenzgründungsdarlehen (§§ 13, 507 BGB, s Rn G/37), kann es deshalb nach wie vor bei den allgemeinen Grundsätzen über das Finanzierungsdarlehen wie folgt verbleiben:

P/14   b) **Wirtschaftliche Einheit:** Die Anwendbarkeit der §§ 358, 359 BGB auf das Finanzierungsleasing ist umstritten. Die Rspr hat sich jedenfalls beim Eintrittsmodell, bei dem ein Verbraucher zunächst einen Kaufvertrag über die spätere Leasingsache und zur Finanzierung einen Leasingvertrag abschließt, gegen die unmittelbare und auch nur entsprechende Anwendung der §§ 358, 359 aF BGB entschieden, BGH NJW **14**, 1519m Anm Harriehausen (für § 360 BGB, zusammenhängende Verträge). Nach § 506 II 1 BGB sind Finanzierungsleasingverträge anders als einfache Gebrauchsüberlassungsverträge (Mietverträge) sonstige entgeltliche Finanzierungshilfen (§ 506 II 1 BGB, auf die §§ 358–360 entsprechend anwendbar sind (§ 506 I 1 BGB). Das gilt, obschon hier nicht zwei verbundene Verträge vorliegen (Rechtsgrundverweisung), so Staudinger/Stoffels 2014 Leasing Rn 266, Staudinger/Herresthal 2017 § 358 Rn 238 ff, Staudinger/Stoffels 2014 Leasing Rn 266 ff. Ferner BankrechtsHdb/Martinek/Omlor § 101 Rn 92 ff. **Muster:** Hopt/Scharff 4. Aufl 2013 Form IV. P.5 (Ankaufsrecht).

P/15   c) **Anfechtung wegen arglistiger Täuschung durch Hersteller:** Wie allgemein beim Finanzierungsdarlehen (s Rn G/41) ist der Hersteller bei Anfechtung des Leasingnehmers nicht Dritter nach § 123 II 1 BGB, BGH NJW **89**, 287, Düss BB **11**, 2242 LS, Staudinger/Stoffels 2014 Leasing Rn 174 (anders beim Eintrittsmodell).

P/16   d) **Einwendungsdurchgriff:** §§ 358, 359 BGB sind auf Finanzierungsleasingverträge mit Verbrauchern anwendbar, aber der Einwendungsdurchgriff ist unter § 242 BGB auch auf Nichtverbraucher erstreckbar, Staudinger/Stoffels 2014 Leasing Rn 271, sehr str. Beide Teile haben das Recht zur außerordentlichen Kündigung; der Leasingnehmer muss aber zuvor versucht haben, sein Recht gegen den Hersteller durchzusetzen (Subsidiarität, s Rn G/43; anders früher § 9 III VerbrKrG, nunmehr § 359 BGB außer für Nacherfüllung), BGH **68**, 122, BB **82**, 698. S ferner BGH **81**, 309, für Nichtverbraucher soll § 359 BGB aber entfallen, Staudinger/Stoffels 2014 Leasing Rn 271. Ausschluss oder Verlust des Einwendungsdurchgriffs s Rn G/44.

P/17   e) **Aufklärungs- und Beratungspflichten des Leasinggebers/Bank:** Auch insoweit gilt dasselbe wie beim Finanzierungsdarlehen (s Rn G/46–47), vgl auch Staudinger/Stoffels 2014 Leasing Rn 165. Die Bank braucht nicht ungefragt über Inhalt und Folgen des Leasing aufzuklären, BGH NJW **87**, 2084; sie haftet aber für den mit ihrem Wissen und Willen tätigen Hersteller nach § 278 BGB, str, zB für unterlassene Hinweise des Herstellers, auch gegenüber Kfm, BGH **95**, 170, NJW **11**, 2877 Rn 19, aber nicht bei Verstoß nur „bei Gelegenheit" (angebliche Kostenneutralität des Leasinggeschäfts bei Kopplungsgeschäft), BGH NJW-RR **14**, 622 Rn 18, und idR nur bis zum Abschluss des Leasingvertrags, BGH BB **89**, 1500. Zurechnungsfragen, BGH WM **11**, 1760 (iErg abl), 1764.

P/18   3) **Verhältnis des Leasinggebers zum Hersteller und zu Dritten.** Zwischen dem Leasinggeber und dem Hersteller besteht idR ein Kauf. Mängelansprüche des Lieferanten bei Wiederverkaufsrecht des Leasinggebers nach §§ 434 ff BGB; § 457 II 2 BGB gilt nicht analog, BGH **110**, 183. **Mängelrüge** sehr str, s § 377 HGB Rn 2, 34, 59. Der Leasinggeber, der Eigentümer, aber nicht Halter des LeasingKfz ist, muss sich Mitverschulden des Leasingnehmers oder des Fahrers und KfzBetriebsgefahr nicht zurechnen lassen, BGH NJW **07**, 3120m Anm Weber, str. Haftung des Leasinggebers für zur Refinanzierung verkaufte Leasingforderungen, BGH **161**, 90, WM **05**, 23 (Flowtex). Lit: Graf v Westphalen BB **84**, 2093.

4) Verhältnis des Leasingnehmers zum Hersteller und zu Dritten. Zwischen dem Leasingnehmer und dem Hersteller besteht idR kein Vertragsverhältnis, hL, Rspr, aA Stagl ZIP **09**, 847. Auch unmittelbare Bereicherungsansprüche zwischen Leasingnehmer und Hersteller bestehen nicht. Die Mängelrechte des Leasinggebers gegen Verkäufer und Werkunternehmer sind aber idR an den Leasingnehmer abgetreten; andernfalls kommt Drittschadensliquidation des Leasinggebers für den Leasingnehmer in Betracht. Keine Umgehung (§ 475 I 2 BGB, Verbrauchsgüterkauf) bei Abtretung kaufrechtlicher Gewährleistungsansprüche an Leasingnehmer mit Verbrauchereigenschaft, BGH WM **06**, 495, krit Graf von Westphalen ZIP **06**, 1653, str. Leasingnehmer kann (abgetretene) Mängeleinrede gegen den an Hersteller abgetretenen Zahlungsausgleich auch vor gerichtlicher Entscheidung über den Rücktritt erheben, BGH NJW **85**, 796. Schadensersatzanspruch des Leasingnehmers gegen dritte Schädiger (nur Mehraufwendungen infolge vorzeitiger Fälligstellung), BGH **116,** 22, aus § 823 I BGB (Recht am Besitz, Nutzungsschaden), Karls NJOZ **14,** 1227.

7. Kap: Börse und Kapitalmarkt (Handelsgeschäfte, Wertpapierdienst- und Wertpapiernebendienstleistungen)

Q. Kauf und Verkauf von Wertpapieren

Schrifttum

a) Kommentare und Handbücher: Außer dem allgemeinen Schrifttum (s Einl vor A/ 1), s auch spezieller vor (14) BörsG und (16) WpHG: *Assmann/Schneider*, WpHG, 6. Aufl 2012. – BankrechtsHdb/*Seiler/Geier* 5. Aufl 2017 § 104. – BankrechtsKomm*LBS/Spindler* 2. Aufl 2016. 33. Kap (Grundlagen). – BankrechtsKomm*LBS/Bergmann* 2. Aufl 2016 36. Kap (Effektengeschäft). – *Canaris* 2. Aufl 1981, Rn 1810. – *Ebenroth/Grundmann* Bd 2, 3. Aufl 2015 BankR VI Rn 1 ff. – *Fuchs* WpHG 2. Aufl. 2016. – *Groß*, Kapitalmarktrecht, 6. Aufl 2016. – *Grüneberg*, Bankenhaftung bei Kapitalanlagen, 2017. – *Habersack/Mülbert/ Schlitt*, Hdb der Kapitalmarktinformation, 2008. – *Habersack/Mülbert/Schlitt (Ha/Mü/Schl)*, Unternehmensfinanzierung am Kapitalmarkt, 3. Aufl 2013. – *Hirte/Möllers*, Kölner Kommentar zum WpHG, 2. Aufl 2014. – *Kümpel/Hammen/Ekkenga* (ex *Bruns/Rodrian*), Kapitalmarktrecht (LBl). – *Kümpel/Wittig/Starke* 4. Aufl 2011 Rn 17.1 ff. – *Just/Voß/Ritz/Becker* WpHG 2015. – *MüKo(HGB)/Ekkenga* 3. Aufl Bd 6 2014 Bankvertragsrecht (Effektengeschäft). – *Schäfer/Hamann (LBl)* 2006 ff. – *Schwark/Zimmer* 4. Aufl 2010. – *Schwintowski* 4. Aufl 2014 § 19.

b) Sonstige Beiträge: *Assmann/Schlitt/von Kopp-Colomb*, WpPG, VermAnlG, 3. Aufl 2017. – *Assmann/Schütze*, Hdb des Kapitalanlagerechts 9. Aufl 2017. – *Buck-Heeb*, Kapitalmarktrecht, 9. Aufl 2017. – *Claussen* 5. Aufl 2014. – *Fleischer* 64. DJT 2002 GA (Anlegerschutz). – *Grunewald/Schlitt*, Kapitalmarktrecht, 3. Aufl 2014. – *Hopt*, Der Kapitalanlegerschutz im Recht der Banken, 1975 – *Langenbucher*, Aktien- und Kapitalmarktrecht, 3. Aufl 2015. – *Poelzig*, Kapitalmarktrecht, 2018. – *Schäfer/Sethe/Lang*, Hdb Vermögensverwaltung, 2. Aufl 2016. – *Schäfer/Müller* 1999 (Haftung). – *Schwarz*, Globaler Effektenhandel, 2016. – *Unzicker*, VerkProspG, 2010. – *Wienecke*, Discount-Broking und Anlegerschutz, 1999. – *Zoller* 3. Aufl 2016 (Haftung bei Kapitalanlagen). – *Leuering* NJW **12**, 1905 (Neuordnung Prospekthaftung). – *Zingel/Varadinek* BKR **12**, 177 (Vertrieb Vermögensanlagen). – *Stackmann* NJW **13**, 1985 (Schutzgesetze bei Kapitalmarkthaftung). – *Einsele* AcP 214 (**14**) 793 (Zwischenschaltung von Treuhändern). – *Buck-Heeb* JZ **17**, 279 (Anlegerschutz). – *Einsele* RabelsZ 81 (**17**) 781 (Kapitalmarktrecht und IPR). **Muster:** *Hopt/Seyfried* 4. Aufl 2013 Form IV. Q. 1–3 (Kauf und Verkauf von Wertpapieren).

Zur Anlageberatung s **(7)** Bankgeschäfte vor Rn U; zu den Sonderbedingungen für Wertpapiergeschäfte s **(8)** AGB-WPGeschäfte; zum WpHG s vor **(16)** WpHG, dort vor allem zu den Verhaltenspflichten der Banken nach § 63 WpHG.

Das **Finanzkommissionsgeschäft** (früher streng wertpapierbezogen: Effektenkommissionsgeschäft, Begriff Effekten s § 383 Rn 8) ist die Anschaffung und die Veräußerung von Finanzinstrumenten (§ 1 XI KWG, einschließlich Derivaten) im eigenen Namen für fremde Rechnung (Bankgeschäft nach § 1 I 2 Nr 4 KWG, Text s Rn A/4). **Anlagevermittlung** (Abschluss in mittelbarer Stellver-

(7) BankGesch Q/2–S/1 2. Teil. Handelsrechtl. Nebengesetze

tretung), **Abschlussvermittlung** (Abschluss in offener Stellvertretung) und **Finanzportfolioverwaltung** (Verwaltung einzelner in Finanzinstrumenten angelegter Vermögen für andere mit Ermessensspielraum) sind Finanzdienstleistungen (§ 1 I a 2 Nr 1, 2, 3 KWG, Text s Rn A/4). Das gilt auch, soweit als Dienstleistung für andere zu begreifen, für den **Eigenhandel** (Anschaffung und Veräußerung von Finanzinstrumenten für eigene Rechnung als Dienstleistung für andere, § 1 I a 2 Nr 4 KWG, Text s Rn A/4). Das gilt nach § 1 Ia 2 Nr 1a KWG (Text s Rn A/4) auch für die Abgabe von persönlichen Empfehlungen an Kunden oder deren Vertreter, die sich auf Geschäfte mit bestimmten Finanzinstrumenten beziehen, sofern die Empfehlung auf eine Prüfung der persönlichen Umstände des Anlegers gestützt oder als für ihn geeignet dargestellt wird und nicht ausschließlich über Informationsverbreitungskanäle oder für die Öffentlichkeit bekannt gegeben wird **(Anlageberatung)**. Ein Finanzunternehmen liegt dagegen (unter anderem) vor, wenn die Haupttätigkeit darin besteht, Unternehmen über die Kapitalstruktur, die industrielle Strategie und die damit verbundenen Fragen zu beraten sowie bei Zusammenschlüssen und Übernahmen von Unternehmen diese zu beraten und ihnen Dienstleistungen anzubieten (§ 1 III 1 Nr 7 KWG, Investmentbanking). Zum eigentlichen **Börsengeschäft** s (14) BörsG. Zum Vertrieb von Vermögensanlagen (s auch Rn U/3): FinAnlVerm- und VermAnlG 6.12.11 BGBl I 2481 mit Erfordernis eines Vermögensanlagen-Informationsblatts (VIB), dazu Bußalb/Vogel WM **12**, 1416, Hanten/Reinholz ZBB **12**, 36, Zingel/Varadinek BKR **12**, 177, auch Hellgardt ZBB **12**, 73 (Informationshaftung); Crowdinvesting, § 2a VermAnlG; Laufzeit, Nichtzulassung, §§ 5a, b VermAnlG, Wilhelmi/Seitz WM **16**, 101. **KleinanlegerschutzG** 3.7.15 BGBl I 1114, Buck-Heeb NJW **15**, 2535, Bußalb/Vogel WM **15**, 1733, 1785, Casper ZBB **16**, 265. **Muster:** Hopt/Seyfried 4. Aufl 2013 Form IV. Q.1 (Sonderbedingungen für Wertpapiergeschäfte Nr 1–12), Form IV. Q.2 (Wertpapier-/Options-Kauf-/Verkaufauftrag), Form IV. Q.3 (Wertpapierabrechnung).

Q/2 Zum **Kommissionsgeschäft** (Waren- und Effektenkommission) s §§ 383 ff HGB. Provisionsschinderei **(churning)**, KG WM **12**, 594 (Depotbank), Karls WM **15**, 2132, s § 384 Rn 1. Interessenwahrungspflichten der Bank bei der Effektenkreditexekution Kln ZIP **90**, 90, Mülbert ZBB **90**, 144. Interessenkonflikte § 384 Rn 1, § 347 Rn 30. Tafelgeschäft s § 383 Rn 8.

Q/3 Zu den **Aufklärungs- und Beratungspflichten der Bank** s Lit Rn A/29, zur Anlageberatung und Vermögensverwaltung s § 347 HGB Rn 8–40.

R. Derivatgeschäfte an der Eurex Deutschland und ausländischen Terminbörsen, Devisen- und Edelmetallgeschäfte

R/1 s **(16)** WpHG §§ 99, 100 und **(14)** BörsG § 2.

S. Finanztermingeschäfte, OTC-Derivatgeschäfte

S/1 s **(16)** WpHG §§ 99, 100 und **(14)** BörsG § 2.

T. Wertpapierdarlehen, Pensions- und Repogeschäfte

Schrifttum

a) **Kommentare und Handbücher:** Außer dem allgemeinen Schrifttum zum Effektengeschäft (s Einl vor Q/1) BankrechtsHdb/*Teuber* 5. Aufl 2017 § 105. – *Schwintowski* 4. Aufl 2014 § 20.

b) **Sonstige Beiträge:** *Acker* 1991 (Praxis). – *Häuselmann/Wiesenbart* 1991. – *Dörge* 1992. – *Gesell* 1995. – *Grimm* 1996. – *Kümpel* WM **90**, 909. – *Kümpel/Peters* AG **94**, 525. – *Dörge* AG **97**, 396. – *Sieger/Hasselbach* WM **04**, 1370 (Wertpapierdarlehen, Zurechnung). – *Kort* WM **06**, 2149 (WPDarlehen). – *Bachmann* ZHR 173 **(09)** 596. – **Muster:** Hopt/*Vollmuth* 4. Aufl 2013 Form IV. T.1–6 (Wertpapierdarlehen und Wertpapierpensionsgeschäfte, Repos). **RsprÜbersicht:** *Weber* NJW **15**, 2307, **16**, 992 (Kapitalmarktrecht).

V. Bankgeschäfte T/1–T/3 **BankGesch (7)**

1) Begriff des Wertpapierdarlehens. Das Wertpapierdarlehen (Wertpapier- T/1 leihe, securities lending) ist die Überlassung von Wertpapieren zu vollem Eigentum und zu freier Verfügung mit der Maßgabe, dass Papiere gleicher Art und Ausstattung zurückzugeben sind. Rechtlich liegt ein Sachdarlehen vor, Kort WM **06**, 2149. Der Verleiher wird idR durch schuldrechtliche Abrede mit dem Entleiher so gestellt, als sei er noch Inhaber der Papiere (Ausgleichszahlungen in Höhe der Bruttodividenden oder Zinszahlungen, die während der Laufzeit auf das Papier entfallen).

2) Abgrenzung zum echten Wertpapierpensionsgeschäft. Das Wert- T/2 papierpensionsgeschäft (s Rn J/5, § 340b HGB) wird rechtlich als Kauf und (Gattungs- oder Stück-)Rückkauf ausgestaltet, so idR die Dokumentationspraxis (**Repo-Geschäft**, repurchase agreement), BankrechtsHdb/Teuber § 105 Rn 19, Qualifikation aber auch als Darlehen (§§ 488 ff BGB), ebenda Rn 20, nur (Sach-) Darlehen (§ 607 BGB), Bachmann ZHR 173 **(09)** 600. Dabei steht traditionell die Geldseite im Vordergrund, und die Wertpapiere haben Sicherungsfunktion. Wenn der Pensionsnehmer hinsichtlich der Pensionsgegenstände keinen Bindungen unterliegt und die Rückgabe nur als Gattungskauf ausgestaltet ist (früher: sog unecht/echtes Pensionsgeschäft), kann aber die Wertpapierseite für den Pensionsnehmer die gleiche Funktion wie beim Wertpapierdarlehen für den Darlehennehmer erlangen; diese Nebenfunktion der Pensionsgeschäfte hat aber gegenüber der Finanzierungsfunktion bislang nur eine untergeordnete Bedeutung. Bilanzierung s § 340b HGB Rn 4, 5, § 246 HGB Rn 17. Verpfändung s **(13)** DepotG §§ 13, 15 II, III, 16.

3) Bedeutung. Das Wertpapierdarlehen dient der Belieferung anderweitiger T/3 Lieferverpflichtungen, zB zur Überbrückung von Lieferverzögerungen (unterschiedliche Erfüllungsfristen im grenzüberschreitenden Durchhandeln von Wertpapieren); bei Leerverkäufen zur Absicherung (Hedging, vor allem durch die Market Maker an der DTB, die bei Baisse futures und calls kaufen bzw puts verkaufen und diese Terminpositionen am Kassamarkt absichern müssen), zur Baissespekulation (falls kein funktionsfähiger Terminmarkt besteht) und zur Arbitrage zwischen Termin- und Kassamarkt bei unterbewertetem Terminkurs; bei Aktienleihe zur Bedienung von Mehrzuteilungsoptionen (greenshoe); aber auch zur vorübergehenden Beschaffung der GfterRechte, zB Stimmrecht, empty voting, Bachmann ZHR 173 **(09)** 639; aus Steuergründen, früher Dividendenstripping, jetzt § 36 II Nr 3 Buchst g EStG. Auch Benutzung zu Squeeze-out ist, da Vollrechtsübertragung, grundsätzlich zulässig, Kort WM **06**, 2150, im Einzelfall Missbrauch, str, Mü ZIP **05**, 2259, **06**, 2370. **Ausgestaltungen** als Direktgeschäft, Agentengeschäft, Drei-Parteien-Geschäft, BankrechtsHdb/Teuber § 105 Rn 26 ff. **Wertpapierleihsysteme** werden von den Zentralverwahrern (DKV, Cedel, Euroclear, Clearstream Banking AG, s **(13)** DepotG § 1 Rn 6) im Rahmen des Effektengiro angeboten, daneben auch von einzelnen Großbanken (Poolsystem der Deutschen Bank). **Standardvertrag** für das Interbanken-Leihgeschäft (Bundesverband Deutscher Banken eV), Rahmenvertrag und Musterverträge, Bachmann ZHR 173 **(09)** 602. Die Rspr ist bisher spärlich, zB BGH WM **61**, 243, **63**, 315, **78**, 1203 (Leerverkauf; Termin- und Differenzeinwand, die zugrundeliegenden **(14)** BörsG §§ 53 ff aF, § 764 BGB wurden aber durch das 4. FinanzmarktfördG aufgehoben). Besonders schwierig sind die **Zuordnungsprobleme**, die im Aktien-, Kapitalmarkt- und Bilanzrecht auftreten, Bachmann ZHR 173 **(09)** 609. **Bilanzierung** s § 246 HGB Rn 18. **Muster:** Hopt/Vollmuth 4. Aufl 2013 Form IV. T.1 (Rahmenvertrag für Wertpapierdarlehen), Form IV. T.2 (Rahmenvertrag für Finanzgeschäfte, EMA, Produktanhang für Wertpapierdarlehen), Form IV. T.3 (Sonderbedingungen für Wertpapierdarlehen der Clearstream Banking AG), Form IV. T.4 (Rahmenvertrag für Wertpapierpensionsgeschäfte, Repos), (Rahmenvertrag für echte Pensionsgeschäfte, Repos),

Hopt 2153

(7) BankGesch U/1, U/2   2. Teil. Handelsrechtl. Nebengesetze

Form IV. T.5 (Rahmenvertrag für echte Pensionsgeschäfte, Repos), Form IV. T.6 (Rahmenvertrag für Finanzgeschäfte, EMA, Produktanhang für Pensionsgeschäfte).

U. Wohlverhaltensregeln, Beratung, Vermögensverwaltung

Schrifttum

a) Kommentare und Handbücher: Außer dem allgemeinen Schrifttum zum Effektengeschäft (s Einl vor Q/1) *Assmann/Schütze*, Hdb des Kapitalanlagerechts 4. Aufl 2015 § 23. – BankrechtsHdb/*Faust/Hannöver/Walz/Walz* 5. Aufl 2017 §§ 109–111 (Compliance; Beratung und Information; Vermögensverwaltung). – BankrechtsKomm*LBS/Möslein* 2. Aufl 2016 34. Kap – BuB/*Schäfer Rn* 11/1 ff. – Ebenroth/*Grundmann* 2. Bd, 3. Aufl 2015 BankR I Rn 101 ff. – *Habersack/Mülbert/Schlitt*, Hdb der Kapitalmarktinformation, 2008. – *MüKo (HGB)/Nobbe/Zahrte* 3. Aufl Bd 6 2014 Bankvertragsrecht (Anlageberatung). – *Schäfer/Sethe/Lang* 2. Aufl 2016 (Vermögensverwaltung). – *Schwintowski* 4. Aufl 2014 §§ 17 f. – *Vortmann* 11. Aufl 2016. – *Welter/Lang*, Hdb der bankrechtlichen Informationspflichten, 2004.

b) Sonstige Beiträge: *Hopt*, Kapitalanlegerschutz 1975 S 413–510. – *Grundmann*, Treuhandvertrag, 1997. – *Arendts* 1998. – *Bliesener* 1998 (WpHG). – *Balzer* 1999. – *Schäfer/Müller* 1999. – *Thévenoz*, Legal Aspects of Investment Management, Brüssel 1999. – *Sethe* 2005. – *Wiegand*, Bern 2005. – *Benicke* 2006. – *Coing* AcP 167 **(67)** 99. – *Hopt*, Berufshaftung und Berufsrecht der Börsendienste, Anlageberater und Vermögensverwalter, FS Fischer **79**, 237. – *Balzer* WM **00**, 441, WM **01**, 1533 (Direktbank). – *Wolf* BKR **02**, 892 (getrennte Kundengeldverwaltung). – *Sprockhoff* WM **05**, 1739. – *Assmann/Sethe* FS Westermann **08**, 67 (Warnpflichten). – *Krämer, Lang/Balzer* FS Nobbe **09**, 618, 639 (Bankenhaftung). – *Leuering* NJW **12**, 1905 (Neuordnung Prospekthaftung). – *Loff/Hahne* WM **12**, 1512 (Modelle unter MiFID II). – *Sethe* AcP 212 **(12)** 80 (Treupflichten bei der Vermögensanlage). – *Veil* WM **12**,1607 (Anlageberatung nach MiFID II). **Muster:** *Hopt/Kumpan* 4. Aufl 2013 Form IV. U.1–5 (WpHG-Erhebungsbogen, Beratung, Vermögensverwaltung). **RsprÜbersichten:** *Möllers* WM **08**, 93, *Hopt* WM **09**, 1873 (Anlegerschutz), *Habersack, Ellenberger, Puszkajler*, *Beck* BrV **10**, 3, 37, 53, 65. Zur Anlageberatung allgemein s § 347 HGB Rn 8–40. Zur ähnlich liegenden Prospekthaftung s Anh § 177a HGB Rn 56–63, § 347 HGB Rn 8–40.

U/1   **Vermögensverwaltung:** Die Vermögensverwaltung für andere, dh eine auf laufende Überwachung und Anlage von Vermögensobjekten gerichtete Tätigkeit, BGH WM **11**, 19, ist kein Bankgeschäft nach § 1 I 2 KWG. **Finanzportfolioverwaltung** ist die Verwaltung einzelner in Finanzinstrumenten (§ 1 XI KWG) angelegter Vermögen für andere mit Entscheidungsspielraum (Finanzdienstleistung nach § 1 I a 2 Nr 3 KWG, Text s Rn A/4). In den Portfolios, die der Finanzportfolioverwalter verwaltet, können auch Vermögen verschiedener Kunden zusammengefasst sein, BGH WM **11**, 19. Wertpapiere hat der Portfolioverwalter bei einer Depotbank anzulegen, sonst betreibt er selbst das Depotgeschäft und wird damit zum Kreditinstitut (§ 1 I 2 Nr 5 KWG, Text s Rn A/4; **(13)** DepotG). Die Verwaltung einzelner oder mehrerer in Wertpapieren, Geldmarktinstrumenten, Derivaten oder Rechten auf Zeichnung von Wertpapieren und Vermögensanlagen (Finanzinstrumente, **(16)** WpHG § 2 IV) angelegter Vermögen für andere mit Entscheidungsspielraum ist **Wertpapierdienstleistung** (s **(16)** WpHG § 2 VIII). Die Vermögensverwalter unterliegen damit den Verhaltensregeln der **(16)** WpHG §§ 63 ff, Vermögensverwahrung nach **(16)** WpHG § 84. Der Vermögensverwaltungsvertrag ist ein entgeltlicher **Geschäftsbesorgungsvertrag** mit Dienstleistungscharakter (§§ 675 I, 611 BGB) des Inhalts, dass der Verwalter laufend und selbstständig, also mit Entscheidungsspielraum und ohne Einzelweisungen des Kunden einzuholen, für diesen und in seinem Interesse Anlageentscheidungen trifft, hL, BGH **137**, 73, WM **08**, 112, L/B/S/*Möslein* 34. Kap Rn 18 ff, Sorgfalts- und Interessenwahrungspflichten Rn 30 ff. Ermessensgrenzen und Anlagemix, Düss WM **06**, 1576. RsprÜbersicht: Gaßner/Escher WM **97**, 93, Sprockhoff WM **05**, 1739.

U/2   Je nach Vereinbarung handelt der Verwalter im freien Ermessen oder im Rahmen von Anlagerichtlinien, in deren Rahmen er sich dann halten muss,

V. Bankgeschäfte U/3, V/1 **BankGesch (7)**

BGH **137**, 69, WM **08**, 112, zB konservative Anlagepolitik, Düss WM **91**, 94. Auch bei freiem Ermessen ist idR eine angemessene Risikomischung geboten, Ffm WM **96**, 665. Ausnahmsweise darf und ggf muss der Verwalter im Kundeninteresse von den Richtlinien abweichen, aber idR nicht ohne Rückfrage (§ 665 BGB). Pflichten beim Investitionsprozess, Benicke ZGR **04**, 760. Pflichtverstoß macht treuhänderischen Vermögensverwalter nicht zum nichtberechtigten Verfügenden, BGH WM **99**, 23. Der Vermögensverwaltungskunde braucht Abrechnungen und Ausführungsanzeigen von Wertpapiergeschäften nicht zeitnah zu kontrollieren, BGH **137**, 69. Schadensersatzermittlung bei Mißachtung der vereinbarten Anlagestrategie (§ 252 BGB), BGH NJW **02**, 2536. Beweislast s § 347 HGB Rn 37. Keine formularmäßige Freizeichnung aus den Hauptpflichten aus der Vermögensverwaltung, Ffm WM **96**, 665, s § 347 HGB Rn 38.

Anlageberatung: Die bloße Anlageberatung ist kein Bankgeschäft nach § 1 I 2 KWG, aber Finanzdienstleistung nach § 1 I a 2 Ziff 1a KWG (s Rn A/4). Unternehmen, deren Haupttätigkeit darin besteht, andere bei der Anlage in Finanzinstrumenten zu beraten, sind bloße Finanzunternehmen, falls sie nicht bereits Institute iSv KWG sind (§ 1 III 1 Nr 6 KWG, Text s Rn A/4). Die Beratung bei der Anlage in Wertpapieren, Geldmarktinstrumenten oder Derivaten ist seit dem FinanzmarktRiUmsetzG **Wertpapier(haupt)dienstleistung** (s **(16)** WpHG § 2 VIII Nr 10 (Anlageberatung), Unternehmensberatung dagegen nur WPNebendienstleistung, **(16)** WpHG § 2 IX Nr 3 (s **(16)** WpHG Einl 4a). Anlageverwaltung iSv KWG s Rn A/4. Zu den Aufklärungs- und Beratungspflichten der Bank s Rn A/29, zur Anlageberatung und Vermögensverwaltung s § 347 HGB Rn 8–40, Regelverjährung seit 2009 (§ 347 Rn 39). Interessenkonflikte s Rn A/19 und § 347 HGB Rn 30. Zum **VermAnlG** 6.12.11 BGBl 2481 (s auch zum KAGB Rn X/1) Klöhn DB **12**, 1854, Friedrichsen/Weisner ZIP **12**, 756, Zingel/Veradinek BKR **12**, 177; zur Anlageberatung und Anlagevermittlung außerhalb von Wertpapieren FinVermV 2.5.12 BGBl 1006. **Muster:** Hopt/Kumpan 4. Aufl 2013 Form IV. U.1 (WpHG-Erhebungsbogen), Form IV. U.2 (Bro schüre: Basisinformationen über Vermögensanlagen in Wertpapieren, Inhaltsverzeichnis), Form IV. U.3 (Informationen über die Bank und ihre Dienstleistungen im Wertpapiergeschäft), Form IV. U.4 (Beratungsprotokoll), Form IV. U.5 (Vermögensverwaltungsauftrag).

V. Schrankfächer, Verwahrstücke und Tresore

Schrifttum

a) Kommentare und Handbücher: Außer dem allgemeinen Schrifttum zum Effektengeschäft (s Einl vor Q/1) BankrechtsHdb/*Klanten* 5. Aufl 2017 §§ 73, 74 (Safevertrag, Schließfach; Verwahrgeschäft). – *Bunte,* AGB-Banken, AGB-Sparkassen, Sonderbedingungen, 4. Aufl 2015, Sonderbedingungen für die Vermietung von Schrankfächern (4 SB Vermiet). – *Canaris* 2. Aufl 1981, Rn 2224.

b) Sonstige Beiträge: *Markus* Diss 1989. **Muster:** *Hopt/Werner* 4. Aufl 2013 Form IV. V.1–4 (Schrankfächer und Verwahrstücke).

Der **Schrankfachvertrag** (Safevertrag) ist der Vertrag, durch den eine Bank dem Kunden ein Schrankfach (Stahlkammerfach, Safe, Tresor) zwecks Verwahrung zur Verfügung stellt; entweder der Kunde allein oder Kunde und Bank zusammen können das Fach öffnen (Allein-, Mitverschluss). Der Vertrag ist nicht Verwahrung der eingelagerten Gegenstände, die die Bank idR nicht kennt, sondern Miete (§§ 535 ff BGB), RG **141**, 101, Kblz WM **97**, 470, Karls WM **12**, 1529, Düss WM **13**, 1744. Die Einzelheiten des Vertrags regeln gewöhnlich AGB, zu deren Einbeziehung Karls WM **12**, 1531. Das DepotG ist nicht anwendbar, **(13)** DepotG § 1 Rn 5. Die Bank schuldet dem Kunden Schutz des Schrankfachs nach letzter Technik, sorgsamste Überwachung des Zutritts, bei Gefahr möglichst Rettung des Inhalts des Schrankfachs, KG WM **16**, 923.

(7) BankGesch W/1

Ansonsten geht Einbruch zu Lasten des Kunden, falls er über den geringeren Sicherheitsstandard aufgeklärt worden ist, Karls WM **12**, 1529; Klausel über besondere Sicherung, Düss WM **13**, 1744. Der Kunde ist unmittelbarer Alleinbesitzer des Schrankfachinhalts auch bei Mitverschluss der Bank, Düss WM **13**, 1746, aA Werner JuS **80**, 176: Mitbesitz. Schon deshalb hat die Bank kein Pfandrecht nach **(8)** AGB-Banken Nr 14 (s dort Rn 2) und kein Zurückbehaltungsrecht nach § 369 HGB. Möglich sind dagegen ein besitzloses Pfandrecht (§ 562 BGB) und Zurückbehaltungsrechte aus § 273 BGB ua, allerdings nach dem Sinn des Schrankfachvertrags nur für Forderungen der Bank gerade aus dem Schrankfachvertrag. Zwangsvollstreckung nach §§ 808, 809 ZPO: Gerichtsvollzieher nimmt dem Schuldner den Schlüssel weg und öffnet das Fach. Verweigert die Bank die Mitwirkung, ist der Anspruch des Schuldners auf Mitwirkung nach § 857 ZPO zu pfänden, zu überweisen und anzuordnen, dass der vom Gläubiger zu beauftragende Gerichtsvollzieher statt des Schuldners Zutritt hat, vgl LG Bln DR **40**, 1639. Beweislast des Kunden für Schrankfachinhalt auch bei grober Fahrlässigkeit der Bank, Düss WM **13**, 1744. Zur Zuwendung des Schrankfachinhalts auf den Todesfall Oldbg NJW **77**, 1780m Anm O. Werner JuS **80**, 176. Anzeigepflicht der Bank im Todesfall nach § 33 ErbStG s Rn A/13. **Muster:** Hopt/Werner 4. Aufl 2013 Form IV.V.1 (Bedingungen für die Vermietung von Schrankfächern), Form IV.V.2 (Schrankfach-Vollmacht), Form IV.V.3 (Einlieferungsschein für Verwahrstücke mit Bedingungen für die Annahme von Verwahrstücken), Form IV.V.4 (Vollmacht für Verwahrstücke).

W. Depotgeschäft

W/1 **(13)** DepotG. Dienstleistungen im Rahmen der Verwahrung s **(8)** AGB-WPGeschäfte Nr 13–20. Informationspflichten s **(8)** AGB-WPGeschäfte Nr 13 Rn 1, 16 Rn 1. **Muster:** Hopt/Kumpan 4. Aufl 2013 Form IV.W.1 (Sonderbedingungen für Wertpapiergeschäfte Nrn 13–20), Form IV.W.2 (Auslandsverwahrung von Wertpapieren), Form IV.W.3 (Depotauszug), Form IV.W.4.1–5 (Stimmrechtsausübung).

X. Investmentgeschäft

Schrifttum

a) Kommentare und Handbücher: Außer dem allgemeinen Schrifttum zum Effektengeschäft (s Einl vor Q/1) *Assmann/Schütze*, Hdb des Kapitalanlagerechts 4. Aufl 2015. – BankrechtsHdb/*Köndgen/Schmies* 5. Aufl 2017 § 113. – BankrechtsKomm*LBS/Jakovou* 2. Aufl 2016 39. Kap – *Baur/Fock* 3. Aufl 2009. – *Beckmann/Scholtz/Vollmer* (LBl, früher *Flachmann*). – *Breithaupt/Ottersbach* 2004. – *Brinkhaus/Scherer* 2003. – *Canaris* 2. Aufl 1981, Rn 2325 – *Bungenberg/Griebel/Hobe/Reinisch* 2013 (international). – *Emde/Dornseifer/Dreibus* 2. Aufl 2018. – *Fock*, UBGG 2005. – *Jesch/Klebeck/Dobrauz* 2014. – *Kümpel/Wittig/Reiter* 4. Aufl 2011 Rn 9.1 ff. – *Möllers/Kloyer* 2013 (KAGB). – *Moritz/Klebeck/Jesch* Bd 1 (KAGB, GroßKo) 2016, Bd 2 (InvSteuerG) 2015. – *Patzner/Döser/Kempf* 3. Aufl 2017. – *Weitnauer/Boxberger/Anders* 2. Aufl 2017 (KAGB).

b) Sonstige Beiträge: *Gschoßmann* 1996. – *König* 1998 (Anlegerschutz). – *Schelm* 2008 (Sorgfalts- und Loyalitätspflichten). – *Laux* WM **90**, 1093 (Umsetzung EG-Ri 20.12.85). – *Grundmann* ZBB **91**, 242 (EU). – *Straus* WM **98**, 2221 (Derivate). – *Kaune/Oulds* ZBB **04**, 114 (InvG). – *Köndgen/Schmies* WM Sonderbeil 1/**04** (InvG). – *Schmolke* WM **07**, 1909 (Interessenkonflikte). – *Zetzsche* ZBB **07**, 438 (InvÄndG 2007). – *Kestler/Benz* BKR **08**, 403 (InvÄndG). – *Hövekamp/Hugger* FS Hopt **10**, 2015 (Haftung der Depotbank). – *Patzner* EWS **10**, 366 (OGAW-Ri). – *Blankenhein* ZBB **11**, 44 (OGAV IV-UmsG). – *Bujotzek/Steinmüller* DB **11**, 2246, 2305 (OGAV IV-UmsG). – *Möllers* BKR **11**, 353 (Anlegerschutz im InvG). – *Reiter/Plumridge* WM **12**, 343, 388 (neues InvG). – *Niewerth/Rybarz* WM **13**, 1154 (AIFM-UmsG, KAGB). – *Zetzsche/Preiner* WM **13**, 2101 (AIF). – *Burgard/Heimann* WM **14**, 821 (KAGB). – *Einsele* AcP 214 **(14)** 793 (Zwischenschaltung von Treuhändern). – *Merkt* DB **15**, 2988. – *Eckhold* ZBB **16**, 102 (KAGB, Schutzgesetze). – *Eichhorn* WM **16**, 110, 145 (offene InvKG).

V. Bankgeschäfte X/1 **BankGesch (7)**

Das InvG 15.12.03 BGBl 2676 mit mehrfachen Änderungen (ua durch X/1 OGAW-IV-Richtlinie-UmsetzungsG und AnsFuG, beide 2011; früher KAGG und AusllnvestmG) ist wegen der AIFM-Richtlinie 8.6.11 ABlEU L 174/1 durch **AIFM-UmsG** 4.7.13 BGBl I 1981 aufgehoben worden. Zur Anlageberatung ua s VermAnlG, (7) Bankgeschäfte Rn U/3; zum UBGG (vom KWG ausgenommen, § 2 I Nr 6 KWG), Menzel WM **87**, 705, Reform durch das MoRaKG, Fischer WM **08**, 857, Haag/Veith BB **08**, 1915. Das AIFM-UmsG hat das **Kapitalanlagegesetzbuch (KAGB)** eingeführt, das in über 350 Paragraphen umfassend die Kapitalanlage regelt, dazu oben Anh § 177a HGB Rn 86–94. Es enthält ua allgemeine Bestimmungen für Investmentvermögen und Verwaltungsgesellschaften (Kap. 1) und Vorschriften über Publikumsinvestmentvermögen (Kap. 2), über inländische Spezial-AIF (Kap. 3) und für den Vertrieb und den Erwerb von Investmentvermögen (Kap. 4). Das Investmentgeschäft ist kein Bankgeschäft mehr (§ 1 I 2 Nr 6 KWG ist aufgehoben, s Rn A/4), aber Erlaubnispflicht für Kapitalverwaltungsgesellschaften (KVG, § 20 KAGB) und für OGAW- und AIF-Kapitalverwaltungsgesellschaften (§§ 21, 22 KAGB). Externe Kapitalverwaltungsgesellschaften (§ 17 II Nr 1 KAGB) sind nur als AG, GmbH und GmbH & Co (phG kann nur GmbH sein) zulässig (§ 18 I KAGB). Inhaberanteilsscheine nur in Sammelurkunde, keine Tafelpapiere mehr (§§ 95, 97, 358 KAGB). Anlage nach dem Grundsatz der Risikomischung, str, BGH ZIP **10**, 1122, WM **11**, 255 (zu aF). Das Vertriebsverbot vor Erlaubnis (§ 32 aF KWG) bzw Anzeige (§§ 8 I, 7 I aF AusllnvestmG) ist Schutzgesetz iSv § 823 II BGB, BGH ZIP **10**, 1123, **11**, 223. Allgemeine Verhaltens- und Organisationsvorschriften (§§ 26–38 KAGB), bei den sog Wohlverhaltenspflichten steht die Interessenwahrungspflicht im Vordergrund (§ 26 I, II Nr 2 KAGB), BankrechtsHdb/Köndgen/Schmies § 113 Rn 112 ff. Vorschriften für Verwahrstellen (OGAW, AIF nach §§ 68 ff, 80 ff KAGB). Überwachungspflichten der Depotbank, auch Pflicht zum vorbeugenden Eingreifen, aber nur Rechtmäßigkeits-, keine Zweckmäßigkeitskontrolle der Maßnahmen der KAG, BGH **149**, 33, Ffm WM **97**, 364. Haftung der Verwahrstellen nach §§ 77, 88 KAGB. Der **Investmentvertrag** ist kein kaufähnlicher Erwerb eines Anteils am Investmentvermögen, sondern **Dienstvertrag mit Geschäftsbesorgungscharakter,** hL, aA Vertrag sui generis, BankrechtsHdb/Köndgen/Schmies § 113 Rn 203. AGB-Inhaltskontrolle, auch soweit von der Aufsicht genehmigt, ebenda Rn 211. Der Vertrag zwischen der Kapitalverwaltungsgesellschaft und der Verwahrstelle (§ 72 KAGB) ist gemischttypischer Geschäftsbesorgungsvertrag, bezüglich der Verwahrung ein **Depotvertrag,** hL BankrechtsHdb/Köndgen/Schmies § 113 Rn 240 f. Gesetzliche Prozessstandschaft der Verwahrstellen zur Durchsetzung von Ansprüchen der Anleger gegen die Kapitalverwaltungsgesellschaft (§§ 78, 89 KAGB, entspr umgekehrt gegen die Verwahrstelle, §§ 78 II, 89 II KAGB), sie schließt aber Anleger von Geltendmachung an sich selbst nicht aus (§§ 78 II 2, 89 II 2 KAGB), keine bloße actio pro socio, BankrechtsHdb/Köndgen/Schmies § 113 Rn 251. Schutzgesetzeigenschaft einzelner Zulässigkeitsvoraussetzungen für den öffentlichen Vertrieb (noch für AusllnvestmG) BGH NJW **04**, 3706, Celle WM **03**, 325u ZIP **08**, 123 LS, Karls WM **06**, 967. Haftung der am unzulässigen Vertrieb mitwirkenden inländischen Funktionsträger aus § 826 BGB, BGH NJW **04**, 3706.

Y. Emissions- und (Effekten-)Konsortialgeschäft

Schrifttum

a) Kommentare und Handbücher: Außer dem allgemeinen Schrifttum zum Effektengeschäft (s Einl vor Q/1) BankrechtsHdb/*Grundmann* 5. Aufl 2017 § 112. – BankrechtsKomm*LBS*/*Groß* 2. Aufl 2016. 40. Kap. – BankrechtsKomm*LBS*/*Castor*/*Walgenbach* 2. Aufl 2016 16. Kap (internationale Konsortialkredite). – *Canaris* 2. Aufl 1981 Rn 2236. – Eben-

(7) BankGesch   Y/1, Y/2   2. Teil. Handelsrechtl. Nebengesetze

roth/*Groß* 2. Bd, 3. Aufl 2015 BankR VII Rn 1 ff. – *Einsele* 2. Aufl 2010 § 7. – *Ekkenga/ Maas* 2006. – *Groß*, Kapitalmarktrecht, 6. Aufl 2016. – *Habersack/Mülbert/Schlitt*, Hdb der Kapitalmarktinformation 2. Aufl 2013. – *Habersack/Mülbert/Schlitt/Schücking*, Unternehmensfinanzierung am Kapitalmarkt, 3. Aufl 2013, § 32. – *Kümpel/Wittig/Brand/Müller/Oulds* 4. Aufl 2011 Rn 15.1 ff. – *MüKo(HGB)/Singhof* 3. Aufl Bd 6 2014 Bankvertragsrecht (Emissionsgeschäft). – *Scholze*, Konsortialgeschäft der deutschen Banken, 1973. – *Schwintowski* 4. Aufl 2014 § 22. – *Siebel*, Rechtsfragen internationaler Anleihen, 1997. – *Staub/Grundmann* Bd 11/1, 2017 6. Teil Marktregeln (zit 6/101 ff, Emissionsgeschäft). – *Staub/Renner* Bd 10/ 2, 2015 4. Teil Kreditgeschäft (zit 4/331 ff, Konsortialkredit). – Prospekthaftung s Anh § 177a Rn 59 und (15a) WpPG §§ 20–25.

b) Sonstige Beiträge: *Hopt*, Die Verantwortlichkeit der Banken bei Emissionen, 1991. – *Schaub*, Konsortialvertrag, 1991 (Industrieanlagenbau). – *de Meo*, Bankkonsortien, 1994. – *Poehler*, Das internationale Konsortialgeschäft der Banken, 1988. – *Singhof* 1998 (Außenhaftung von Emissionskonsorten). – *Rayermann*, Der internationale Konsortialvertrag, 2002. – *Schäfer/Sethe/Lang* 2012 (Informationspflichten). – *Müller*, Das Emissionskonsortium im Wettbewerbsrecht, 2008. – *Hopt* FS Kellermann **91**, 181; FS Lorenz **91**, 413 (international). – *Timm/Schöne* ZGR **94**, 113. – *Grundmann*, Konsortien, Gesellschaftszweck und Gesamthandsvermögen, FS Boujong **96**, 159. – *Schücking* WM **96**, 281 (IPR). – *Brandt/Sonnenhol* WM **01**, 2329, 2355 (Konsortialkredit). – *Schäfer* WM **02**, 361 (KWG). – *Köhler/Weiser* DB **03**, 565 (comfort letter). – *Kullmann/Sester* WM **05**, 1068 (WpPG). – *Schlitt/Ries*, Preisbestimmungsverfahren bei Aktienemissionen, FS Schwark **09**, 241. – *Fleischer/Bedkowski* DB **09**, 2195 (pilot fishing). – *Möllers/Puhle* ZBB **11**, 212 (Platzierungsprovisionen). **Muster:** unüblich.

Y/1 **(Effekten-)Emissionsgeschäft nach KWG:** Das Emissionsgeschäft ist die Übernahme von Finanzinstrumenten für eigenes Risiko zur Platzierung oder die Übernahme gleichwertiger Garantien (Bankgeschäft nach § 1 I 2 Nr 10 KWG, Text s Rn A/4). Das Emissionsgeschäft (underwriting) vom Finanzkommissionsgeschäft (s Rn Q/1) zu trennen. Bankaufsichtsrechtlich sind Übernahmekonsortium, Begebungskonsortium und Geschäftsbesorgungskonsortium zu trennen: das Erste ist Bankgeschäft nach § 1 I 2 Nr 10, das zweite Bankgeschäft nach § 1 I 2 Nr 4, das dritte idR nur Finanzdienstleistung nach § 1 I a 2 Nr 2 KWG (Abschlussvermittlung). Das **Übernahmekonsortium** mehrerer Dienstleistungsunternehmen übernimmt die Emission zu einem festen Kurs gegen sofortige Vergütung des Emittenten in den eigenen Bestand (volles Absatzrisiko) und platziert dann im eigenen Namen und für eigene Rechnung. Das **Begebungskonsortium** platziert im eigenen Namen, aber kommissionsweise, also für fremde Rechnung (kein Absatzrisiko). Das **Geschäftsbesorgungskonsortium** platziert in offener Stellvertretung für den Emittenten. Verpflichten sich aber letzterenfalls die Konsorten, nicht verkaufte Emissionen in den Eigenbestand zu übernehmen (Garantie), wird auch das Geschäftsbesorgungskonsortium zum Bankgeschäft nach § 1 I 2 Nr 10 KWG.

Y/2 **Bankkonsortien** sind zeitweilige Vereinigungen selbstständig bleibender Banken zur Durchführung von Einzelgeschäften auf gemeinsame Rechnung, häufig mit dem Zweck, Risiko und Kapitalinanspruchnahme für den einzelnen Konsorten zu vermindern. Sie sind GbR (§§ 705 ff BGB, s Einl 14 vor § 105 HGB), häufig mit Einzelteilvermögen statt GesVermögen iSv § 718 I BGB und Teilstatt Gesamthaftung gegenüber Vertragspartnern (auf Grund Vereinbarung mit diesen, vgl § 427 BGB). Gegenstand des Konsortialgeschäfts ist insbesondere: Kreditgewährung, auch Prolongation und Stillhaltung; Anleiheemission, auch Konversion (Änderung der Bedingungen einer Anleihe); Aktienemission, bei Gründung der AG oder Kapitalerhöhung; Börseneinführung von Wertpapieren (Obligationen oder Aktien, meist mit Emission verbunden); Kurspflege (Kauf und Verkauf von Wertpapieren zur Regulierung ihres Kurses oft anschließend an Emission und Börseneinführung). Beim **Konsortialkredit** wirken mehrere Kreditinstitute zusammen, entweder von vornherein (club deal) oder über einen Underwriter (Arranger), der den Kredit später syndiziert. (Konsortial)Kreditvertrag und Beziehung unter den Konsorten sind zu trennen. Die Syndizierung

V. Bankgeschäfte   Y/3 **BankGesch (7)**

erfolgt idR durch Vertragsübernahme (§§ 414, 415 BGB analog, Zustimmung der Kreditnehmers), im angloamerikanischen Bereich durch Novation. Beim echten Konsortialkredit besteht der Kreditvertrag mit dem Konsortialführer oder einer AußenGbR, beim unechten direkt mit jedem Konsorten (also mehrere, gebündelte Kreditverträge), doch besteht bei beiden Kreditarten eine GbR zwischen den Konsorten (§§ 705 ff BGB), Brandt/Sonnenhol WM **01**, 2331, Staub/Renner 4/331 ff. Außen- und Innenkonsortium, Unterkonsortium s Rn Y/4. Zur Haftung einzelner Mitglieder nach § 278 BGB für Beauftragte BGH NJW **85**, 2584, krit Assmann ZHR 152 (**88**) 371, Timm/Schöne ZGR **94**, 113. Zur Vertragsgestaltung und den verschiedenen, idR englischsprachigen Konsortialkreditvertragsklauseln und den typischen Vertragsklauseln BankrechtsHdb/Welter 5. Aufl 2017 § 118 (Auslandskreditgeschäft, Eurokredit), BankrechtsKommLBS/Castor/Walgenbach 2. Aufl 2016 16. Kap Rn 23 ff, Staub/Grundmann 6/23 ff. Beim Konsortialkredit spielen **cross default**-Klauseln eine wichtige Rolle, wonach ein entsprechendes Kreditereignis im Verhältnis zu Dritten, zB Verzug, auch als ein solches gegenüber dem Kreditgeber gilt, Staub/Renner 4/894. Zu derartigen internationalen Unternehmenskreditklauseln s Rn G/55; zu entsprechenden covenants s Rn H/7.

Effektenemission: Beim Emissionsgeschäft sind drei Rechtsverhältnisse zu Y/3 unterscheiden: zwischen Emittent und Emissionskonsortium, zwischen der Emissionsbank (nicht dem Emissionskonsortium) und dem Anleger, zwischen den Konsortialbanken untereinander, im Einzelnen Staub/Grundmann 6/23 ff, 49 ff, 34 ff. Die Emission von Wertpapieren (Begriff Effekten s § 383 Rn 8) durch Bankenkonsortien erfolgt entweder durch „reine" **Übernahme (firm commitment):** Kauf der Wertpapiere vom Emittenten, oft ohne Sofort-Weitergabe; oder „reine" **Begebung (best effort):** Verkauf für Rechnung des Emittenten, im eigenen Namen (Kommission, §§ 383 ff HGB) oder im Namen des Emittenten (Übergang von Fremd- zur Selbstemission des Emittenten); oder meist **kombinierte Übernahme und Begebung (Einheitskonsortium):** Kauf zum Sofortweiterverkauf (Platzierung) im eigenen Namen für eigene Rechnung. Bei Festübernahme der Aktien werden die Emissionsbanken (Übernahmekonsortium, GbR, BGH **118**, 99) selbst Inhaber der Aktien. Bei Verpflichtung zum Bezugsangebot an die Aktionäre der AG (§ 186 V AktG) haben diese einen Bezugsanspruch gegen die Bank (§ 328 BGB). Die Bank ist insoweit fremdnütziger Treuhänder; anders wenn sie vor Platzierung Recht aus den Aktien wahrnimmt oder Aktien durch Selbsteintritt erwirbt, BGH **118**, 83, Wiedemann WM **79**, 990. Mehrzuteilungsoption (**Greenshoe**), BGH WM **09**, 951. Prospektpflichten nach **WpPG** 22.6.05, BGBl I 1698, Assmann/Schlitt/von Kopp-Colomb 3. Aufl 2016. **Bookbuilding:** der Emissionspreis wird erst nach Einholung der Angebote der Aktionäre innerhalb eines vorgegebenen Preisrahmens festgesetzt; auch bei bezugsrechtsfreier Kapitalerhöhung (§ 186 II 2 nF AktG), Schlitt/Seiler WM **03**, 2175. Weitere Formen, zB Decoupled-Bookbuilding, Auktionsverfahren (Dutch, American auction), Schlitt/Ries FS Schwark **09**, 241.

Anleihebedingungen sind AGB, stRspr, BGH WM **09**, 1500 Rn 20, **16**, 305 Rn 17, str, unterfallen aber nicht **(5)** § 305 II BGB, konkludente Einbeziehungsvereinbarung genügt, BGH **163**, 311, bei Übernahme durch Bankenkonsortium greift **(5)** § 310 I BGB, Ffm **93**, 2089, str; dazu Ul/Br/He/Ulmer/Habersack § 305 BGB Rn 114a; BankrechtsHdb/Grundmann § 112 Rn 119 ff; Hopt FS Steindorff **90**, 341, von Randow ZBB **94**, 23, Bungert DZWiR **96**, 185, Assmann WM **05**, 1053, Gottschalk ZIP **06**, 1121. Das neue **Schuldverschreibungsgesetz (SchVG)** 31.7.09 BGBl 2512 passt das völlig veraltete SchVG 4.12.1899, RGBl 1899, 691 an internationale Standards an. Gemeinschaft der Anleihegläubiger (Obligationäre) in Anlehnung an §§ 705 ff, 741 ff BGB mit gemeinsamen Vertreter der Gläubiger, der bereits in den Anleihebedingungen bestellt werden kann (§ 7 SchVG). Dieser ist aber keine Partei kraft

Hopt

(7) BankGesch Y/4

Amtes, BGH WM **16**, 1589. Die Gläubigerversammlung erhält mehr Rechte (Mehrheitsbeschlüsse und Verfahren entspr Hauptversammlung nach AktG). Die Zulässigkeit von Umschuldungsklauseln (collective action clauses) wird klargestellt. Die AGB-Problematik ist abgesehen von einem Transparenzgebot nicht aufgegriffen (anders noch DiskE, schon nicht mehr RefE), für **(5)** BGB § 310 IV 1 analog Sester AcP 209 **(09)** 638. Optionsscheine sind Schuldverschreibungen, Inhaltskontrolle über Anpassungsklausel, BGH WM **09**, 1500. Änderung der Anleihebedingungen durch Mehrheitsbeschluss bei nach deutschem Recht vor 5.8.09 begebenen Anleihen, auch wenn sie nicht unter das SchVG 1899 fielen, durch Opt-in nach § 24 II SchVG 2009, BGH WM **14**, 1810 m Anm Grell ua DB **15**, 111, Schlesw WM **14**, 744, aA Ffm WM **12**, 2277 m Anm Florstedt ZIP **12**, 2286, aber nur bei gleichen Bedingungen für alle Gläubiger, BGH WM **14**, 1810. Verbindlichkeit von Mehrheitsbeschlüssen (§ 5 SchVG) auch für Inhaber gekündigter Anleihen, BGH WM **16**, 305 m krit Anm Florstedt ZIP **16**, 644, Veranneman NJW **16**, 1178, Vogel ZBB **16**, 179, K. Schmidt FS Baums **17**, 1073, gegen Ffm ZIP **14**, 2170 (Solarworld). Anleihekündigung nach § 314 BGB, str, BGH WM **16**, 1293, Seibt/Schwarz ZIP **15**, 401. Griechische Staatsanleihen, BGH ZIP **16**, 789, Kln WM **16**, 1590, Oldbg WM **16**, 1878, Schlesw ZIP **16**, 1501. Einberufung der Gläubigerversammlung in Insolvenz, Stgt WM **17**, 526. Anfechtung von Beschlüssen, Haltefrist, Rechtsmissbrauch (§ 20 SchVG), Karls ZIP **15**, 2116m Anm Seibt ZIP **16**, 997. Vergütung des gemeinsamen Vertreters, BGH WM **17**, 379. Lit: umfassend Hopt/Seibt, Schuldverschreibungsrecht 2017; BankrechtsKommLBS/Bliesener/Schneider 2. Aufl 2016 17. Kap; Hopt, Verantwortlichkeit der Banken bei Emissionen, 1991; Siebel, Rechtsfragen internationaler Anleihen, 1997; Wilken/Schaumann/ Zenker 2. Aufl 2017 (Anleihen in Restrukturierung und Insolvenz); Schmidtbleicher 2010 (Anleihegläubigermehrheit); Veranneman 2. Aufl 2016; Friedl/ Hartwig-Jacob SchVG 2013; Bliesener in Beiträge für Hopt **08**, 355, Baums ZBB **09**, 1 (Beschlusskontrolle), Bredow/Vogel ZBB **09**, 153, Hopt FS Schwark **09**, 441, Horn ZHR 173 **(09)** 12, Leuering/Zetzsche NJW **09**, 2856, Schlitt/ Schäfer AG **09**, 477, Sester AcP 209 **(09)** 628, Baum FS Hopt **10**, 1595 (AGB), Maier-Reimer NJW **10**, 1317 (fehlerhafte Gläubigerbeschlüsse), Steffek FS Hopt **10**, 2597 (Änderung von Anleihebedingungen), Vogel ZBB **10**, 211 (Minderheitenschutz), Podewils ZHR 174 **(10)** 192 (Zertifikatebedingungen), Baums/ Schmidtbleicher ZIP **12**, 204, Friedl BB **12**, 1309, Keller BKR **12**, 17, Litten ZBB **13**, 32 (Haftung des Anleihetreuhänders), Baums ZHR 177 **(13)** 807 (Reformbedarf), Schnorbus/Ganzer WM **14**, 155 (Änderung von Anleihebedingungen), Florstedt/von Randow ZBB **14**, 345 (Kündigung aus wichtigem Grund), Horn BKR **14**, 449 (gemeinsamer Vertreter), Kessler BB **14**, 2576, Thole FS Schütze **14**, 601, Gloeckner/Bankel ZIP **15**, 2393 (gemeinsamer Vertreter), Grell/Splittgerber/Schneider DB **15**, 111, Seibt ZIP **16**, 997 (außerinsolvenzrechtliche Anleihenrestrukturierung), Mann/Wansleben BB **17**, 963 (Vollzugssperre), Mühe BKR **17**, 50 (Änderungen von Anleihebedingungen), Baums FS Köndgen **16**, 43 (Kündigung von Unternehmensanleihen). **RsprÜbersicht:** Grüneberg WM **16**, 1621.

Y/4 Handelt die Konsortialführerin (abw von § 709 I BGB) nicht wie in der Praxis überwiegend im Namen des Konsortiums (§§ 164, 714 BGB, dann **Außenkonsortium**), sondern als stiller Stellvertreter im eigenen Namen (für Rechnung aller Konsorten), besteht ein **Innenkonsortium**. Ein **Unterkonsortium** ist eine Innenkonsortialbeteiligung (Unterbeteiligung) an der Beteiligung eines Konsorten an einem (Außen-)Konsortium. Zur Vertragsgestaltung Brandt/Sonnenhol WM **01**, 2331. Innen- und Außengesellschaft s Einl 10–11 vor § 105; stille Gesellschaft, Unterbeteiligung s § 105 HGB Rn 38. **Metageschäft** (a-metà, it: Hälfte; s § 230 HGB Rn 4) ist Verbindung (auch von mehr als zwei Kreditinstituten mit je 1/2 Beteiligung) zur Durchführung eines Bankgeschäfts auf

V. Bankgeschäfte 1, 2 **Einl AGB-Banken (8)**

geteilte Rechnung, jedoch nach außen durch nur ein einziges Institut ungeteilt im eigenen Namen.

(8) Allgemeine Geschäftsbedingungen der Banken (AGB-Banken)

Neufassung Mai 2012 mit den späteren Änderungen

Sonderbedingungen für Wertpapiergeschäfte (AGB-WPGeschäfte)

Fassung Juni 2012

Einleitung

Schrifttum

a) Kommentare und Handbücher: Außer dem allgemeinen Schrifttum (s **(7)** Bankgeschäfte Einl vor A/1) BankrechtsHdb/*Bunte* 5. Aufl 2017 §§ 4–25. – *Bülow* 5. Aufl 2013 (WG, ScheckG, AGB-Banken). – BuB/*Sonnenhol* (LBl). – BuB/*Beule* (AGB-WPGeschäfte, LBl). – *Bunte*, AGB-Banken, AGB-Sparkassen, Sonderbedingungen, 4. Aufl 2015, AGB der Banken (2 AGB-Banken), Sonderbedingungen für Wertpapiergeschäfte (4 SB Wp), zit *Bunte* (2 Nr Rn) x, (4 Nr Rn) x. – *Canaris*, Bankvertragsrecht, 2. Aufl 1981, Rz 2532 ff. – *Derl (eder)/Kno(ps)/Ba(mberger)(/Casper)* 3. Aufl 2017 § 4. – *Heymann/Horn* Bd. 4, Anh § 372 II, 2. Aufl 2005. – *Kümpel/Wittig/Peterek* 4. Aufl 2011 Rn 6.16 ff. – *Kümpel/Ott/Kümpel*, Kapitalmarktrecht (LBl). – *Staub/Grundmann* Bd 10/1 (Bankvertragsrecht I, Bank-Kunden-Verhältnis) 2016 (zit 2/271 ff). – *U(lmer)/Br(andner)/He(nse)(/Fuchs*, AGB-Recht, 11. Aufl 2011, Teil 4 (2) Rn 1 ff, zit (AGB-)Banken Rn. – *Werhahn/Schebesta* (LBl). – *Graf v Westphalen*, Vertragsrecht und AGB-Klauselwerke (Banken- und Sparkassen-AGB, LBl). – *Wo(lf)/Li (ndacher)/Pf(eiffer)/Pamp* 6. Aufl 2013.

b) Sonstige Beiträge: *Bruchner/Bunte* 1989. – *Bunte/Schröter* 1986. – *Heinrichs*, Freizeichnung im Bankgeschäft, in Köndgen, Neue Entwicklungen im Bankhaftungsrecht, 1987. – *Nobbe*, Bankrecht 1999. – *Raiser*, Das Recht der AGB, 1936 (1961). – *Schäfer*, Die Entstehung und der Umfang des Pfandrechts der Banken nach deren AGB, Diss Tüb 1959. – *Schaudwet*, Bankenkontokorrent und AGB, 1967. – *Schlenke/Sonnenhol* (LBl). – *BuB/Beule* (AGB-WPGeschäfte, LBl). – *Schlenke*, Freizeichnungsklauseln in Banken-AGB 1994. – *Schimansky* BGHFS **00**, 3 (Inhaltskontrolle). – *Stoffels* Bankrechtstag **10**, 89. – *Strube* Bankrechtstag **10**, 115 (Entgelte, Preisanpassung). – *Niebling* MDR **13**, 1012 (AGBRecht). **Muster:** *Hopt*, Vertrags- und Formularbuch zum Hdl-, Ges- und Bankrecht (Hopt Form), 4. Aufl 2013, Teil IV A–W (mit rund 190 Vertragsmustern und Formularen zu den Bankgeschäften mit Börse und Kapitalmarkt). **RsprÜbersichten:** *Graf v Westphalen* WM **80**, 1406, **84**, 2. Zur Fassung 1.1.93 außer verbandsinternen Sonderrundschreiben *Hoeren* WM **92**, 3263, *Krings* ZBB **92**, 326, *Bruchner* DZWir **93**, 89, *Sonnenhol* WM **93**, 677 (Nr 1–10), *Merkel* WM **93**, 725 (Nr 11–20), *Westermann* WM **93**, 1865, *Schimansky* BGHFS **00**, 3. Zur Fassung 1.1.2000 *Sonnenhol* WM **00**, 853. Zur Fassung 1.1.98 *Sonnenhol* WM **00**, 853. **Zur nF 1.4.02** *Sonnenhol* WM **02**, 1259, *Becher/Gößmann* BKR **02**, 519.

1) AGB-Banken

A. Die AGB-Banken wurden 1937 aufgestellt und wiederholt geändert, ua 1955, 1969, 1976, 1977 (wegen **(5)** §§ 305 ff BGB), 1984, 1986, 1988 und zum 1.1.1993 völlig neu gefasst vom Bundesverband deutscher Banken e. V., Berlin) mit weiteren Änderungen zum 1.1.2000 und zum 1.4.2002, auch als Fassungen 1.1.2000 bzw 1.4.2002 bezeichnet. Die **Neufassung zum 31.10.2009** erfolgte zeitgleich mit dem Inkrafttreten der zivilrechtlichen Vorschriften in der EU-ZahlungsdienstleistungsRi auf Grund des VerbrKrRiUmsetzG 2009. Die AGB-Banken werden von (soweit bekannt) **allen privatrechtlich organisierten** (überwiegend diesem Verband angehörenden) Kreditinstituten verwendet.

B. Die **Neufassung 1993** regelte nicht mehr eine Vielzahl von Einzelfällen, 2 sondern sollte ein Handbuch zum Umgang mit dem Konto sein. Sie war wesentlich transparenter, kürzer (statt bisher 47 nur noch 20 Klauseln, aber Sonderbedingungen s Rn 5) und inhaltlich kundenfreundlicher als die aF, ua bei der Kündigungsregelung. Auf Haftungsfreizeichnungsklauseln wurde ganz verzichtet. Das Bankgeheimnis wurde ausdrücklich in die AGB aufgenommen. Die nF ersetzte nur die Teile I (Allgemeines, Nr 1–28) und IV (Einzugs- und Diskontgeschäft, Wechsel- und Scheckverkehr, Nr 40–47) der aF. Die Teile II und III (Effekten- und Depotgeschäft, Nr 29–39) galten zunächst noch weiter, sind aber 1995 durch die (8) Sonderbedingungen für Wertpapiergeschäfte ersetzt worden. Parallel zur nF wurden **neue Formulare** eingeführt, zB für Kontoeröffnung, Sicherheitenbestellung, Sparverkehr und Zahlungsverkehr. Zur besseren Transparenz sind einzelne Klauseln aus der aF in die Formulare übernommen worden, zB betr Vollmachten. Für die rechtliche Beurteilung der AGB-Banken bleibt die frühere Rspr insoweit wichtig, als Teile der aF (bis 1993) übernommen worden sind, dazu Synopse des Bankenverbandes (s 29. Aufl) und Hinweise auf die aF (bis 1993), soweit nützlich, bei der jeweiligen Kommentierung der nF.

Die **Änderungen 1998** betreffen nur Nr 20 über den Einlagensicherungsfonds und trugen § 23a nF KWG (ab 1.1.98) Rechnung.

Die **Änderungen 2000** betreffen insbesondere die Einbeziehung der Sonderbedingungen für grenzüberschreitende Überweisungen (Nr 1 I 2), die Verlängerung der Widerspruchs- und Kündigungsfristen von vier auf sechs Wochen (Nr 1 II 3, Nr 7 II 1, sowie einheitlich dann auch Nr 12 IV 4, Nr 19 I 3), die Schaffung einer Vertragsgrundlage für Umrechnungskurse (Nr 10 IV), Einfügung von Auftragswährung in Nr 11 II 3 und wegen § 675a I 2 BGB die Erweiterung auf „Preis- und Leistungsverzeichnis" (Nr 12 I). Text: WM **00**, 95. Synopse der AGB-Banken aF 1993/1998 und nF 2000 WM **00**, 93.

Die **Änderungen 2002** betreffen besonders die elektronische Information über Bedingungsänderungen (Nr 1 II 2, 3), die Genehmigung von Belastungen aus Lastschriften (Nr 7 III), die gesetzlichen Kündigungsrechte (Nr 18 III) und die Kündigung aus wichtigem Grund (Nr 19 III, Anpassung an § 490 I BGB idF SMG). Kleinere Änderungen betrafen Anpassung an Euro (Nr 10 III 2, Nr 13 II 5), geänderte Verweisung auf BGB statt VerbrKrG (Nr 12 VI, 13 II, 19 IV), den Wegfall der eurocheque-Garantie zum 31.12.01 (Nr 1 I 2, 19 I 1, III 2) und die Präzisierung und Bekanntgabe der Sicherungsgrenze (Nr 20 I 4–6). Text WM **02**, 1307. Synopse AGB-Banken aF 2000 und nF 2002 WM **02**, 1303.

Die **Änderungen 2009** erfolgten vor allem im Hinblick auf die Umsetzung der EU-ZahlungsdienstleistungsRi und der EU-VerbraucherkreditRi durch das VerbrKrRiUmsetzG 2009 sowie auf neue Rechtsprechung des BGH zum Preisrecht. Sie betrafen die Modalitäten der Änderung der AGB und Sonderbedingungen (Nr 1 II), die Genehmigung von Belastungen aus Lastschriften (Nr 7 III), die Regelung von Zinsen, Entgelten und Auslagen (Nr 12 V, VII), die Kündigungsrechte der Bank (Nr 19 I), den Schutzumfang des Einlagensicherungsfonds (Nr 20) und Hinweise auf Nr 21 zum Ombudsmannverfahren (Nr 21). Weitere meist kleinere Änderungen finden sich in Nr 1 I 2, 7 II, 9 I, II, 10 IV, 11 I–V, 12 I–IV, 13 II 5 und 19 II, III.

Die **Änderungen 2012** betreffen zum 1.1.2012 Nr 10 I aufgrund der Änderungen des Statuts des Einlagensicherungsfonds und zum Mai 2012 Nr 12 aufgrund zweier Urteile des BGH vom 8.5.12 WM **12**, 1189, 1344 betreffend **(9)** AGB-Spark und die Parallelregelung in Nr 12 VI der AGB-Banken über Auslagenerstattung.

Eine **Änderung Februar 2014** in Nr 9 II war notwendig als Anpassung wegen der SEPA-Migration. Anpassung der Länderliste in Nr 12 VII Fn 1, 2 und kleine Änderungen in Nr 21 zum Ombudsmannverfahren.

Die **Änderungen Juli 2014** betreffen zum 15.7.2014 Nr 5 über Verfügungsberechtigung nach dem Tod des Kunden (Urkundenvorlage) aufgrund BGH

V. Bankgeschäfte **1 AGB-Banken (8)**

NJW **13**, 3716 und Nr 12 über Zinsen, Entgelte und Aufwendungen aufgrund des zum 13.6.14 in Kraft getretenen § 312a III 1 BGB nF.

Die Änderungen **März 2016** wegen der WohnimmobKrRi, Zahlungskonten-Ri und ADRRi betrafen Nr 13 II 5 (nunmehr 5 und 6) über die Bestellung und Verstärkung von Sicherheiten bei Verbraucherdarlehen, Nr 19 III 2 1. Spiegelstrich mit neuen Kündigungsregelungen für Verbraucherdarlehen, Nr 19 V mit einer neuen Kündigungsregelung für Basiskontenverträge, Nr 21 zum Ombudsmann mit Anpassung an das VerbraucherstreitbeilegungsG.

Eine Änderung zum **Oktober 2017** betraf Nr 20 mit Änderungen im Statut des Einlagensicherungsfonds.

Kleinere Änderungen wegen des neuen Zahlungsdienstleistungsrechts nach ZDRi-II-UG 17.7.17 BGBl I 2446 sind zum **13. Januar 2018** erfolgt (Nr 1 II, 9 II, 12 V, VII, 21).

Zu den Änderungen seit 1993 BankrechtsHdb/Bunte 5. Aufl 2017 § 4 Rn 6 ff, zu den Änderungen 2016 Rn 7 aE.

C. Meinungsverschiedenheiten über die Geschäftsbedingungen und sonstige **3** Kundenbeschwerden können vor einen **Ombudsmann** zur Schlichtung gebracht werden (s **(7)** Bankgeschäfte Rn A/56). Darauf weist Nr 21 nF ausdrücklich hin.

2) AGB anderer Kreditinstitute

Die gewerblichen und die ländlichen **Kreditgenossenschaften** verwenden **4** nahezu unverändert die AGB-Banken (Bundesverband der Deutschen Volksbanken und Raiffeisenbanken e. V.). Andere, aber inhaltlich ähnliche AGB verwenden insbesondere **Sparkassen und Girozentralen, s (9)** AGB-Spark. Konkordanzen AGB-Banken/AGB-Spark Staub/Grundmann 2/272, in beiden Richtungen in BuB.

Eigene AGB hat die **Deutsche Bundesbank.** Die **öffentlichrechtlichen** Geschäftsbanken verwenden zT (insbesondere soweit dem Sparkassen- und Giroverband angeschlossen) die AGB der Girozentralen, zT die der privatrechtlich organisierten Kreditinstitute, zT noch andere. Möglich sind Ergänzung und **Änderung einzelner Bestimmungen** solcher Gruppen-AGB durch ein einzelnes Institut; an die Annahme der Unterwerfung unter die AGB mit Einschluss solcher Abweichungen sind aber erhöhte Anforderungen zu stellen, s **(5)** §§ 305 II, III, 305c I BGB.

3) Sonderbedingungen

Die AGB-Banken, die für die gesamte Geschäftsverbindung gelten, werden **5** ergänzt durch „Sonderbedingungen" für bestimmte Geschäftsarten, vor allem die **(8)** Sonderbedingungen für Wertpapiergeschäfte Fassung 1.1.2007, unten nach Nr 20. Beispiele und Einbeziehung s unten Nr 1 I 2 (ähnlich nach anderen AGB). S auch **(10)** AGB-Anderkonten, **(11)** ERA, **(12)** ERI.

I. Grundregeln für die Beziehung zwischen Kunde und Bank

Geltungsbereich und Änderungen dieser Geschäftsbedingungen und der Sonderbedingungen für einzelne Geschäftsbeziehungen

AGB-Banken 1 (1) Geltungsbereich

¹Die Allgemeinen Geschäftsbedingungen gelten für die gesamte Geschäftsverbindung zwischen dem Kunden und den inländischen Geschäftsstellen der Bank (im folgenden Bank genannt). ²Daneben gelten für einzelne Geschäfts-

beziehungen (zum Beispiel für das Wertpapiergeschäft, den Zahlungsverkehr und für den Sparverkehr) Sonderbedingungen, die Abweichungen oder Ergänzungen zu diesen Allgemeinen Geschäftsbedingungen enthalten; sie werden bei der Kontoeröffnung oder bei Erteilung eines Auftrages mit dem Kunden vereinbart. [3] Unterhält der Kunde auch Geschäftsverbindungen zu ausländischen Geschäftsstellen, sichert das Pfandrecht der Bank (Nummer 14 dieser Geschäftsbedingungen) auch die Ansprüche dieser ausländischen Geschäftsstellen.

(2) Änderungen

[1] Änderungen dieser Geschäftsbedingungen und der Sonderbedingungen werden dem Kunden spätestens zwei Monate vor dem vorgeschlagenen Zeitpunkt ihres Wirksamwerdens in Textform angeboten. [2] Hat der Kunde mit der Bank im Rahmen der Geschäftsbeziehung einen elektronischen Kommunikationsweg vereinbart (zum Beispiel das Online-Banking), können die Änderun gen auch auf diesem Wege angeboten werden. [3] Der Kunde kann den Änderungen vor dem vorgeschlagenen Zeitpunkt entweder zustimmen oder sie ablehnen. [4] Die Zustimmung des Kunden gilt als erteilt, wenn er seine Ablehnung nicht vor dem vorgeschlagenen Zeitpunkt des Wirksamwerdens der Änderungen angezeigt hat. [5] Auf diese Genehmigungswirkung wird ihn die Bank in ihrem Angebot besonders hinweisen.

[6] Werden dem Kunden Änderungen von Bedingungen zu Zahlungsdiensten (zum Beispiel Überweisungsbedingungen) angeboten, kann er den vor der Änderung betroffenen Zahlungsdiensterahmenvertrag vor dem vorgeschlagenen Zeitpunkt des Wirksamwerdens der Änderungen auch fristlos und kostenfrei kündigen. [7] Auf dieses Kündigungsrecht wird ihn die Bank in ihrem Angebot besonders hinweisen.

1) Geltung der AGB nur kraft Vertrages

1   A. Die AGB-Banken gelten wie alle AGB **nur durch Einbeziehung in den Vertrag**, s **(5)** § 305 II, III BGB. Der Kunde muss also bei Vertragsschluss ausdrücklich auf sie hingewiesen werden, die Möglichkeit zumutbarer Kenntnis erhalten (Zurverfügungstellung des Gesamttextes) und mindestens stillschweigend zustimmen. Gegenüber einem Unternehmer, zB im Interbankenverkehr (auch mit Ausland), gilt das nicht, **(5)** BGB §§ 310 I, 305 II, III, BGH WM **04**, 1177, **07**, 874. Die AGB-Banken sind schon wegen der häufigen Änderung des Textes und der Unterschiede der AGB verschiedener Bankengruppen nicht Gewohnheitsrecht geworden, Ffm WM **73**, 1151. Die AGB-Banken sind aber jedenfalls im Interbankenverkehr branchenüblich (s Rn 4), mit ihrer Verwendung ist also zu rechnen.

Wenn die AGB-Banken in den Vertrag einbezogen sind, richtet sich ihre **Auslegung** nach den allgemeinen AGB-rechtlichen Grundsätzen, also Grundsatz der kundenfeindlichsten Auslegung, Verbot der geltungserhaltenden Reduktion und Transparenzgebot, ganz hL, Wo/Li/Pf/Pamp AGB der Banken B 3.

2   B. **Individuelle Vertragsabreden** gehen den AGB-Banken vor, s **(5)** § 305b BGB. Individualabreden unterfallen nicht der AGB-Kontrolle im Unterschied zu Sonderbedingungen (s Rn 6). Die bloße Aufforderung, nicht gewollte Teile zu streichen (Bankvollmachtsformular), ist noch kein Aushandeln, s **(5)** § 305 I 3 BGB.

2) Geltungsbereich der AGB (I)

3   A. **Nr 1 I** regelt den Geltungsbereich der AGB-Banken und der Sonderbedingungen. Er entspricht der Präambel und Nr 28 I aF (bis 1993). I 1 erstreckt die AGB-Banken auf die **gesamte Geschäftsverbindung** zwischen dem Kunden und der Bank. Die Geschäftsverbindung ist hier weit zu verstehen, sie

V. Bankgeschäfte 4–6 **1 AGB-Banken (8)**

umfasst also den allgemeinen Bankvertrag, die sonstigen Verträge und die Geschäftsverbindungen ieS als gesetzliches Schuldverhältnis iSv § 311 II BGB ohne primäre Leistungspflicht, s **(7)** Bankgeschäfte Rn A/6 ff. Geschäftsverbindung und Bankvertrag sind ein besonderes Vertrauensverhältnis. Das folgt schon aus der Berufsrolle der Bank und der Inanspruchnahme eines besonderen Vertrauens im Verkehr (ohne Änderung durch den Wegfall der Präambel aF (bis 1993).

B. **Kunde** ist jeder, der mit der Bank in (bank)rechtsgeschäftlichen Kontakt 4 tritt, auch zum ersten Mal, auch nur einmal, auch Auslandsverkehr (s Rn 5), nicht zB Lieferant von Waren oder Software, privater Rat oder Geschäft mit Bankier. Kunde kann auch eine andere Bank sein. Daher gelten die AGB idR **auch** im Verkehr **zwischen Banken** (s Rn 1). Im Verkehr zwischen den verschiedene AGB handhabenden Kreditinstituten sind idR die AGB desjenigen anzuwenden, das dem anderen seine Dienste zur Verfügung stellt, zB durch Kontoeröffnung, WPVerwahrung, Ausführung eines Auftrags, auch Auskunft, BGH **49**, 17, WM **89**, 1836. Dazu Pleyer/Battes DB **71**, 1289.

C. **Bank** ist in I 1 für die gesamten AGB-Banken und die Sonderbedingun- 5 gen als die „**inländischen Geschäftsstellen der Bank**" definiert. Ausgenommen ist danach nur der Verkehr der (in- und ausländischen Kunden) mit ausländischen Geschäftsstellen der Bank. I 3 stellt aber klar, dass das Pfandrecht nach Nr 14 auch Ansprüche ausländischer Geschäftsstellen der Bank gegen den Kunden sichert. Im Übrigen bestehen die Banken auch im **Auslandsverkehr** auf der Anwendung ihrer AGB. Die Einbeziehung der AGB-Banken entscheidet sich nach deutschem IPR nach dem Recht des Vertragspartners, der die vertragstypische Leistung erbringt, also in aller Regel der Bank, BGH **108**, 362. Schweigen des ausländischen Kunden auf Übersendung der AGB s von Westphalen WM **84**, 17 (für deutsches Recht). Geltung der AGB ausländischer Banken s Canaris 2516. Anwendung gegenüber ausländischer Bank s BGH NJW **71**, 2126, dazu Ungnade WM **73**, 1130. AGB im internationalen Geschäftsverkehr, ua Sprachenproblem, s Ul/Br/He/H. Schmidt Anh § 305 BGB, Wo/Li/Pf/Hau IntGV sowie Kommentare zu **(5)** § 305 II, III BGB. **Rechtswahl s** Nr 6 I. Zum IPR bei Bankgeschäften allgemeiner s **(7)** Bankgeschäfte Rn A/60.

D. **Sonderbedingungen (I 2)** gelten neben den AGB-Banken für die einzel- 6 nen Geschäftsbeziehungen. Das ist mit **(5)** § 305 II, III BGB vereinbar, befreit aber nicht von dessen Voraussetzungen. Sonderbedingungen gelten wie die AGB-Banken nur bei Vereinbarung (s Rn 1), entweder schon bei Kontoeröffnung oder bei späterer Auftragserteilung. Einzelne Geschäftsbeziehungen mit Sonderbedingungen sind in I 2 genannt: WPGeschäft, Zahlungsverkehr (vor 1.4.02 ec-Service, bis 31.0.09 kartengestützter Zahlungsverkehr) und Sparverkehr. Bspe: Bedingungen für Sparkonten, vgl **(7)** Bankgeschäfte Rn A/36–51, B; Bedingungen für den Überweisungsverkehr (Überweisungsbedingungen), vgl **(7)** Bankgeschäfte Rn C/24; verschiedene Bedingungen für den Lastschriftverkehr, vgl **(7)** Bankgeschäfte Rn D/1; Bedingungen für den Scheckverkehr, für das Online Banking, für die girocard und für die MasterCard, **(7)** Bankgeschäfte Rn E/1, F/1; **(8)** Sonderbedingungen für Wertpapiergeschäfte; **(10)** AGB-Anderkonten; zum Safevertrag s **(7)** Bankgeschäfte Rn V/1. Das gilt auch für **(11)** ERA über das Dokumentenakkreditiv und **(12)** ERI über Inkassi; diese sind anders als nach Nr 28 I 2 aF (bis 1993) auch gegenüber Kflten nicht mehr schon durch die Vereinbarung der AGB-Banken mitvereinbart. **Keine AGB** sind bankinterne Anweisungen an nachgeordnete Geschäftsstellen außer bei Umgehung nach **(5)** BGB § 306a, BGH **162**, 294m krit Anm Freitag ZIP **05**, 2052. Liste der Sonderbedingungen bei BuB/Sonnehol Rn 1/19.

Hopt

3) Änderungen (II)

7 A. **II** nF 2009 wegen § 675g I, II BGB idF VerbrKrRiUmsetzG und 2017. Änderungen der AGB-Banken und der Sonderbedingungen werden dem Kunden spätestens **zwei Monate** vor dem vorgeschlagenen Zeitpunkt ihres Wirksamwerdens in Textform (§ 126b BGB) angeboten (bis 2009 wegen II 5 aF iErg sechs Wochen und durch schriftliche Bekanntgabe) **(II 1)**, vgl auch Nr 19 I 3. In der Mitteilung liegt ein Vertragsänderungsangebot der Bank. Hat der Kunde mit der Bank im Rahmen der Geschäftsbeziehung einen elektronischen Kommunikationsweg vereinbart (zB Online Banking), können die Änderungen auch auf diesem Wege angeboten werden **(II 2)**. Das ist wirksam, aber auch notwendig, weil § 127 III 1 nF BGB elektronische Form nur genügen lässt, soweit nicht ein anderer Wille anzunehmen ist, und dies ohne II 2 unklar sein könnte. Ein elektronischer Kommunikationsweg muss vereinbart sein, bloßer E-mail-Kontakt genügt nicht, Bunte 38; letzterenfalls bleibt es bei I 1, also nur Angebot in Textform. Der elektronische Kommunikationsweg impliziert Übermittlung der vorgeschlagenen Änderungen, sodass der Kunde die Daten speichern und ausdrucken kann, Ul/Br/He/Fuchs (8) Banken Rn 7, letzteres str, s **(5)** BGB § 305 II. Der Kunde kann den Änderungen zu dem vorgeschlagenen Zeitpunkt entweder zustimmen oder sie ablehnen (**I 3** nF 2017). Der Kunde kann das Vertragsänderungsangebot ausdrücklich oder stillschweigend, zB durch anschließende neue Auftragserteilung, zB Kreditaufnahme, annehmen, BankrechtsHdb/Bunte 5. Aufl 2017 § 6 Rn 11 f, Bunte 36, aber nicht schon durch einfaches Laufenlassen von Daueraufträgen, auch nicht durch bloße Fortsetzung des normalen Zahlungsverkehrs auf dem Girokonto, aA wohl weitergehend gegen konkludente Zustimmung durch Vornahme weiterer Bankgeschäfte vor Ablauf der zwei Monate, Ul/Br/He/Fuchs (8) Banken Rn 8, Wo/Li/Pf/Pamp B 9. Widerspricht der Kunde, bleibt es bei den bis dahin geltenden AGB. Mangels einer Ablehnung, die wie bisher schriftlich oder auf dem vereinbarten elektronischen Weg, aber seit 2009 auch mündlich erklärt werden kann und die vor dem vorgeschlagenen Zeitpunkt des Wirksamwerdens der Änderungen erfolgen muss (Ausschlussfrist, § 675g II 1 BGB nF; bis 2009 innerhalb von sechs Wochen wegen BGH **141,** 158), gilt Schweigen als Annahme **(II 4)**. Das verstößt nicht gegen **(5)** §§ 305 II, III, 307, 308 Nr 5, 6 BGB, aA Matusche-Beckmann NJW **98,** 115, Grund: angemessene Frist und besonderer Hinweis der Bank auf diese Folge bei der Bekanntgabe **(II 5)**; vor allem hat die Bank kein einseitiges Änderungsrecht, was nicht wirksam wäre, BGH WM **98,** 558 (für AVB), **99,** 1367 (ARB); vgl dazu unten Nr 7 II, dort Rn 3. Für die Fristwahrung genügte bis 2009 die rechtzeitige Absendung (II 5 aF), wie Nr 7 II 1, III 2, vgl §§ 121 I 2, 355 I 2 BGB, auch § 377 IV HGB, dort sind Tragung der Beweislast und Verlustgefahr str (§ 377 HGB Rn 41). Das ist in der Neufassung 2009 beseitigt, die Ablehnung muss also rechtzeitig zugehen (§ 130 BGB). Eine eventuelle analoge Anwendung der genannten Normen ist wegen der Vollharmonisierung durch die EU-Zahlungsdienste-Ri problematisch und würde angesichts der Streichung der alten AGB und der Beibehaltung in Nr 7 II 1 wohl dem Parteiwillen widersprechen.

8 B. Für **Zahlungsdienste,** zB Überweisungsbedingungen (s **(7)** Bankgeschäfte Rn C/24), enthalten II 6 und 7 Sonderregelungen (vgl Nr 19 I 3), die ein **Sonderkündigungsrecht** enthalten und § 676g II 2, 3 nF BGB entsprechen. Werden dem Kunden Änderungen von Bedingungen zu Zahlungsdiensten angeboten, kann er den von der Änderung betroffenen Zahlungsdiensterahmenvertrag (§ 675f II BGB) vor dem vorgeschlagenen Zeitpunkt des Wirksamwerdens auch fristlos und kostenfrei kündigen **(II 6)**. Auf diese Kündigungsrecht weist ihn die Bank in ihrem Angebot nach II 1 hin **(II 7)**.

V. Bankgeschäfte 1–3 **2 AGB-Banken (8)**

Bankgeheimnis und Bankauskunft

AGB-Banken 2 (1) Bankgeheimnis

¹Die Bank ist zur Verschwiegenheit über alle kundenbezogenen Tatsachen und Wertungen verpflichtet, von denen sie Kenntnis erlangt (Bankgeheimnis). ²Informationen über den Kunden darf die Bank nur weitergeben, wenn gesetzliche Bestimmungen dies gebieten oder der Kunde eingewilligt hat oder die Bank zur Erteilung einer Bankauskunft befugt ist.

(2) Bankauskunft

Eine Bankauskunft enthält allgemein gehaltene Feststellungen und Bemerkungen über die wirtschaftlichen Verhältnisse des Kunden, seine Kreditwürdigkeit und Zahlungsfähigkeit; betragsmäßige Angaben über Kontostände, Sparguthaben, Depot- oder sonstige der Bank anvertraute Vermögenswerte sowie Angaben über die Höhe von Kreditinanspruchnahmen werden nicht gemacht.

(3) Voraussetzungen für die Erteilung einer Bankauskunft

¹Die Bank ist befugt, über juristische Personen und im Handelsregister eingetragene Kaufleute Bankauskünfte zu erteilen, sofern sich die Anfrage auf ihre geschäftliche Tätigkeit bezieht. ²Die Bank erteilt jedoch keine Auskünfte, wenn ihr eine anders lautende Weisung des Kunden vorliegt. ³Bankauskünfte über andere Personen, insbesondere über Privatkunden und Vereinigungen, erteilt die Bank nur dann, wenn diese generell oder im Einzelfall ausdrücklich zugestimmt haben. ⁴Eine Bankauskunft wird nur erteilt, wenn der Anfragende ein berechtigtes Interesse an der gewünschten Auskunft glaubhaft dargelegt hat und kein Grund zu der Annahme besteht, dass schutzwürdige Belange des Kunden der Auskunftserteilung entgegenstehen.

(4) Empfänger von Bankauskünften

Bankauskünfte erteilt die Bank nur eigenen Kunden sowie anderen Kreditinstituten für deren Zwecke oder die ihrer Kunden.

1) Bankgeheimnis (I)

A. **Nr 2 I** regelt ohne Entsprechung in der aF (bis 1993) das **Bankgeheimnis.** 1 Dieses gilt schon auf Grund des Bankvertrags (zum Bankgeheimnis ausführlich **(7)** Bankgeschäfte Rn A/9; Datenschutz ebenda I/36f). I ist insoweit nur deklaratorisch, hL, vgl BGH **166,** 93. Bankgeheimnis ist in I 1 definiert als die Pflicht der Bank zur Verschwiegenheit über alle kundenbezogenen Tatsachen und Wertungen, von denen sie Kenntnis erlangt. Im Rahmen der allgemeinen Interessenwahrungspflicht darf die Bank auch ihr nicht bekannte Geheimnisse des Kunden nicht verletzen, etwa durch Zugänglichmachung von Dokumenten oder sonstige Ermöglichung des Zugriffs auf Kundeninformationen, I 1 steht nicht entgegen.

B. I 2 nennt drei **Grenzen** des Bankgeheimnisses: Gesetz, Einwilligung des 2 Kunden und zulässige Bankauskunft. Das ist nur deklaratorisch. Wie weit diese Grenzen reichen, folgt nicht aus den AGB-Banken, s **(7)** Bankgeschäfte Rn A/ 10 ff. Gegenüber Auskunftsverlangen ausländischer Behörden ist I 2 ohne Belang, aber vielleicht eine Argumentationshilfe.

2) Bankauskunft (II)

II entspricht Nr 10 II 1 aF (bis 1993). II Halbs 1 umschreibt **Bankauskunft** als 3 allgemein gehaltene Feststellungen und Bemerkungen über die wirtschaftlichen Verhältnisse des Kunden, seine Kreditwürdigkeit und Zahlungsfähigkeit (zur Bankauskunft **(7)** Bankgeschäfte Rn A/14). Nach II Halbs 2 werden keine

Hopt 2167

(8) AGB-Banken 2 4–6

betragsmäßigen Angaben über Kontostände, Spargquthaben, Depot- oder sonstige der Bank anvertraute Vermögenswerte und über die Höhe von Kreditinanspruchnahmen gemacht. Das entspricht dem Bankgeheimnis, s **(7)** Bankgeschäfte Rn A/9. Weiter gehende Auskünfte (zB nicht allgemein gehalten, über private Verhältnisse, über Eignung für andere Geschäfte) sind trotz II Halbs 1 Bankauskünfte im Rechtssinn, aber mangels Einwilligung des Kunden, über den Auskunft erteilt wird, rechtswidrig. Nicht in II geregelt sind **andere Auskünfte** der Bank, zB Scheckauskunft; s BGH **49**, 173, **(7)** Bankgeschäfte Rn E/8.

3) Voraussetzungen für die Erteilung einer Bankauskunft (III)

4   A. **III** entspricht Nr 10 I, II 2 aF (bis 1993). Nach **III 1** hat die Bank mangels anderslautender Weisung **(III 2)** ein allgemeines **Bankauskunftserteilungsrecht** über juristische Personen und im HdlRegister eingetragene Kflte (angesichts des klaren Wortlauts nicht auch unternehmenstragende GbR trotz Rechtsfähigkeit Einl 14 vor § 105 HGB, aA Bunte 60, Staub/Grundmann 2/295, aber wohl PartG, Anh § 160 Rn 57, str, EWIV, strenger üL, Ul/Br/He/Fuchs (8) Banken Rn 11, Wo/Li/Pf/Pamp AGB der Banken B 15) sofern sich die Anfrage auf ihre geschäftliche Tätigkeit bezieht (sonst gilt III 3). Zu den Voraussetzungen für die Erteilung einer Bankauskunft s **(7)** Bankgeschäfte Rn A/14–15; zu den aus der Berufsstellung der Bank folgenden Aufklärungs- und Beratungspflichten s § 347 HGB Rn 22 ff. Danach ist regelmäßig keine Rückfrage der Bank vor Auskunftserteilung notwendig. Denn die Auskunftserteilung liegt im Eigeninteresse dieser **Geschäftskunden**. III ist aber mangels eines diesbezüglichen HdlBrauchs konstitutiv, üL, Wo/Li/Pf/Pamp AGB der Banken B 15. Jedoch gilt dies auch gegenüber juristischen Personen und eingetragenen Kfltn nicht ausnahmslos, sondern nur, soweit auch ohne Klausel mutmaßliche Einwilligung anzunehmen wäre, so idR bei günstiger Auskunft (s **(7)** Bankgeschäfte Rn A/15), nicht bei klar negativer Auskunft; ähnlich Horn WM **84**, 455; dies lässt sich wohl noch durch Auslegung ohne Unwirksamkeit von III 1 feststellen (vgl **(5)** § 305c II BGB). III 1 ist also wirksam, str. Zur Verpflichtung der Bank, dem Kunden Tatsache und Inhalt der über ihn erteilten Kreditauskunft mitzuteilen, s **(7)** Bankgeschäfte Rn A/15, 55. Besonderheiten der Bank-zu-Bank-Auskunft s § 347 HGB Rn 19. Anwendung von Nr 10 aF (bis 1993) gegenüber einer ausländischen Bank s BGH DB **71**, 1904.

5   B. Nach **III 3** werden (entsprechend der Bankpraxis seit 1984) Bankauskünfte über alle nicht unter III 1 fallenden Kunden, vor allem Privatkunden und Vereinigungen (nicht rechtsfähige Vereine, nicht unternehmerische Außen-GbR, Wo/Li/Pf/Pamp AGB der Banken B 15, s auch Rn 4), nur noch nach ausdrücklicher Zustimmung des Kunden erteilt. Die Zustimmung soll für den Einzelfall oder auch generell gegeben werden können. Eine von Privatleuten routinemäßig für alle künftigen Auskunftsfälle eingeholte Zustimmung kann jedoch nicht ausreichen. Eine allgemeine Rückfragepflicht bei Privatkunden schützt den Privatkunden am besten und belastet die Bank und den Rechtsverkehr nicht übermäßig. Zumindest müsste die Zustimmung von Verbrauchern auf bestimmte Bereiche und Zeiträume beschränkt werden. Diese Einschränkung lässt sich nicht mehr durch bloße Auslegung erreichen (keine geltungserhaltende Reduktion, **(5)** § 306 II BGB). III 3 „generell" ist danach **unwirksam**, zust MüKoBGB/Kieninger § 307 Rn 220, die üL stößt sich daran nicht, Wo/Li/Pf/Pamp AGB der Banken B 15, Bunte 61.

6   C. **III 4** verlangt ein glaubhaft dargelegtes berechtigtes Interesse an der Auskunft, was praktisch kaum einschränkt. Außerdem darf kein Grund zur Annahme bestehen, dass schutzwürdige Belange des Kunden, über den Auskunft erteilt wird, entgegenstehen (vgl § 28 BDSG); das gilt für Privatkunden und Kflte gleichermaßen. Nicht jeder zutreffende Hinweis auf negative Tatsachen verstößt

V. Bankgeschäfte 3 AGB-Banken (8)

schon für sich gegen schutzwürdige Kundenbelange, zust BankrechtsHdb/Bunte 5. Aufl 2017 § 7 Rn 23.

4) Empfänger von Bankauskünften (IV)

IV beschränkt wie 10 II 2 aF (bis 1993) den Empfängerkreis: nur **eigene Kunden** und andere Kreditinstitute, letztere für ihre eigenen Zwecke und die ihrer Kunden. Die Bank gibt danach keine Bankauskünfte unmittelbar an Dritte, sondern nur im Wege einer **Bank-zu-Bank-Auskunft**. Zur Frage eigener Ansprüche dieser Dritten gegen die auskunftgebende Bank s § 347 HGB Rn 19 ff.

5) Haftung für Bankauskünfte

Nr 2 enthält anders als Nr 10 II 3 aF (bis 1993) keine besondere Freizeichnung mehr. Die Bank haftet danach dem Kunden, über den sie Auskunft erteilt hat, und dem Auskunftsempfänger (s Rn 4) bei jeder Fahrlässigkeit auch ihrer Erfüllungsgehilfen (§§ 276, 278 BGB). Praktisch erhöht sich dadurch das Haftungsrisiko der Banken gegenüber früher kaum.

Haftung der Bank; Mitverschulden des Kunden

AGB-Banken 3 (1) Haftungsgrundsätze

¹ Die Bank haftet bei der Erfüllung ihrer Verpflichtungen für jedes Verschulden ihrer Mitarbeiter und der Personen, die sie zur Erfüllung ihrer Verpflichtungen hinzuzieht. ² Soweit die Sonderbedingungen für einzelne Geschäftsbeziehungen oder sonstige Vereinbarungen etwas Abweichendes regeln, gehen diese Regelungen vor. ³ Hat der Kunde durch ein schuldhaftes Verhalten (zum Beispiel durch Verletzung der in Nr. 11 dieser Geschäftsbedingungen aufgeführten Mitwirkungspflichten) zu der Entstehung eines Schadens beigetragen, bestimmt sich nach den Grundsätzen des Mitverschuldens, in welchem Umfang Bank und Kunde den Schaden zu tragen haben.

(2) Weitergeleitete Aufträge

¹ Wenn ein Auftrag seinem Inhalt nach typischerweise in der Form ausgeführt wird, dass die Bank einen Dritten mit der weiteren Erledigung betraut, erfüllt die Bank den Auftrag dadurch, dass sie ihn im eigenen Namen an den Dritten weiterleitet (weitergeleiteter Auftrag). ² Dies betrifft zum Beispiel die Einholung von Bankauskünften bei anderen Kreditinstituten oder die Verwahrung und Verwaltung von Wertpapieren im Ausland. ³ In diesen Fällen beschränkt sich die Haftung der Bank auf die sorgfältige Auswahl und Unterweisung des Dritten.

(3) Störung des Betriebs

Die Bank haftet nicht für Schäden, die durch höhere Gewalt, Aufruhr, Kriegs- und Naturereignisse oder durch sonstige von ihr nicht zu vertretende Vorkommnisse (zum Beispiel Streik, Aussperrung, Verkehrsstörung, Verfügungen von hoher Hand im In- oder Ausland) eintreten.

1) Haftungsgrundsätze (I)

A. **Nr 3 I 1** lässt die Bank bei der Erfüllung ihrer Pflichten für **jedes auch nur leichte Verschulden** haften (§§ 276, 278 BGB), also entgegen Nr 25 I aF (bis 1993) ohne Freizeichnung für andere Erfüllungsgehilfen als die eigenen Mitarbeiter wie zB dritte Banken oder selbstständige Rechenzentren. Die rechtlich zT unwirksamen Haftungsfreizeichnungsklauseln der aF (bis 1993), vor allem Nr 10 III Halbs 2, sind zu Recht nicht mehr aufgenommen worden. Das erspart die schwierige Abgrenzung zwischen vertragswesentlichen und anderen Pflichten

Hopt 2169

(8) AGB-Banken 3 2–6   2. Teil. Handelsrechtl. Nebengesetze

und zwischen Pflichten aus Vertrag und aus gesetzlichem Schuldverhältnis wie vor allem Aufklärungs- und Warnpflichten, BGH NJW **91**, 694 und 28. Aufl. Die Bank haftet also für Bank- und andere **Auskünfte, Aufklärung und Beratung** (s § 347 HGB Rn 8–40, **(7)** Bankgeschäfte Rn A/16–29) samt deren Unterlassung für jede Fahrlässigkeit, auch im kfm Verkehr. Das entspricht der Mittlerrolle der Banken mit besonderen Berufspflichten und Vertrauensstellung und ihrem wohlverstandenen Eigeninteresse, Hopt Kapitalanlegerschutz 351 ff, FS Heinsius **91**, 303, Bunte 67. Die Anpassung der Berufshaftpflichtversicherung (zB Vermögensschadenhaftpflichtversicherung für Banken, unterhalten vom Bundesverband deutscher Banken) ist nur konsequent.

2 I 1 legt nicht selbst einen Sorgfaltsmaßstab fest, sondern verweist auf Gesetz und Vertrag (s Rn 2), wo mehr (zB Rechtsscheinhaftung, s § 5 HGB Rn 11) oder weniger (zB § 708 BGB) verlangt sein kann. Nach § 276 II BGB, § 347 I HGB gilt ein objektiver Sorgfaltspflichtmaßstab mit unterschiedlichen Anforderungen je nach Verkehrs- und Berufskreis. Die allgemeinen berufstypischen Anforderungen an Professionalität und Loyalität der Kreditinstitute sind hoch, müssen aber sachgerecht bleiben. Unterschiedliche Anforderungen je nach Bankbranchen spielen im deutschen Universalbankensystem kaum eine Rolle. Besondere Kenntnisse und Fähigkeiten gerade dieser Bank sind zu berücksichtigen. Interessenkonflikte und Insiderwissen der Bank s § 347 HGB Rn 30–33. Keine Hinzuziehung eines Erfüllungsgehilfen liegt bei bloßer Substitution vor, zB bei weitergeleiteten Aufträgen (II).

3 B. I 2 lässt (rein deklaratorisch) **abweichende Vereinbarungen** in Sonderbedingungen (Nr 1 Rn 6) und sonstige Vereinbarungen (Nr 1 Rn 2) vorgehen.

4 C. I 3 ebenfalls deklaratorisch verweist für das **Mitverschulden** des Kunden, zB Verletzung seiner Mitwirkungspflichten (Nr 11), der Sache nach auf § 254 BGB und entsprechende Regelungen. Der Hauptfall ist die Verletzung von Mitwirkungspflichten, s Nr 11.

2) Weitergeleitete Aufträge (II)

5 A. II entspricht Nr 9 aF (bis 1993). II 1 erlaubt entgegen §§ 613 S 1, 664 I 1, 691 S 1 BGB die **Substitution,** allerdings anders als nach Nr 9 aF (bis 1993) nicht mehr allgemein, sondern nur noch, wenn ein Auftrag seinem Inhalt nach typischerweise durch bloße Weiterleitung ausgeführt wird (sog **weitergeleiteter Auftrag**). Beispiele sind die Einholung von Bankauskünften bei anderen Kreditinstituten (vgl Nr 2 IV) und die Verwahrung und Verwaltung von Wertpapieren im Ausland (so **II 2**). Das hat dann zur Folge, dass die Bank nicht für Verschulden eines Erfüllungsgehilfen (s Rn 1), sondern **nur** für **eigenes Auswahl- und Unterweisungsverschulden** haftbar ist (so II 3) und nur etwaige Ansprüche gegen den Dritten dem Kunden auf Verlangen abzutreten hat (s Rn 7). II erstreckt sich **nicht** auf den **Überweisungsverkehr:** zwar ist auch hier Substitution zulässig, aber die Bank haftet für die zwischengeschalteten Banken nach § 675z S 3 BGB (wie § 278 BGB (s **(7)** Bankgeschäfte Rn C/79), das führt nicht zur Unwirksamkeit von II 2 insgesamt, denn Sonderbedingungen gehen vor, wie in Nr 1 I 2 klargestellt (dort Rn 6), vor, hier also Überweisungsbedingungen Nr 2.3.3 I S 3 und für Unternehmenskunden Nr 2.3.4 S 2.

6 II 1 macht mit dem Hinweis auf den typischen Vertragsinhalt und die Betrauung Dritter „mit der weiteren Erledigung" nicht hinreichend klar, ob und wann von §§ 664 I 2, 675 I BGB zu Lasten des Kunden abgewichen wird. Die Reichweite der rechtlich zulässigen Substitution kann nicht durch die Einführung des Begriffs des (bloß) weitergeleiteten Auftrags in AGB verschoben werden. Entscheidend ist vielmehr ua, dass der Beauftragte nicht gegen seinen Willen zur Übernahme nicht beherrschbarer und überschaubarer Risiken gezwungen wird, BGH WM **91**, 798. Das besondere in die Bank selbst als Interessenwahrer gesetzte

V. Bankgeschäfte 4 AGB-Banken (8)

Vertrauen und die Umgehung der Beschränkung des **(5)** § 309 Nr 7b BGB mit einschneidenden Folgen für den Kunden, der mit dem Dritten nichts zu tun hat (vgl auch **(5)** § 309 Nr 10 BGB), lassen **II 1 mit 3** nach **(5)** §§ 307, 309 Nr 7b u 10 BGB und dem Transparenzgebot nach **(5)** § 307 I 2 BGB als **unwirksam** erscheinen, LG Kln WM **00**, 720, str, für aF (bis 1993) ganz üL, Koller ZIP **85**, 1248, Hansen BB **89**, 2418, Bitter ZBB **07**, 252, aA zB Ffm WM **00**, 1638, Kümpel WM **77**, 699, Ul/Br/He/Fuchs (8) Banken Rn 14, differenzierend Derl/Kno/Ba/Casper 36 ff, anscheinend nur für Auslandsüberweisung BankrechtsHdb/Bunte 5. Aufl 2017 § 8 Rn 39, 39a f. Unwirksamkeit von II bedeutet nicht, dass die Bank nie zulässig substituieren könnte, so ist Substitution zB beim Dokumenteninkasso ohne Verstoß gegen § 664 BGB zulässig (s **(7)** Bankgeschäfte Rn M/3), insoweit zutr Ffm WM **00**, 1637.

B. **Rechtsfolge** der Unwirksamkeit ist nur, dass es bei der allgemeinen Rechtslage verbleibt; danach schuldet die Bank aber in den meisten Fällen (außer in den in II 2 genannten Beispielsfällen, zB Scheck- und Dokumenteninkasso) nicht rein persönlich, sondern darf übertragen (§ 664 I 2 BGB), von Westphalen WM **84**, 7. **Praktisch** bleibt es also meist für die bloßen Haftung für Auswahl- und Unterweisungsfehler nach **II 3**. Folgt die Bank bei der Einschaltung des Dritten einer Kundenweisung, haftet sie nicht (so noch ausdrücklich Nr 9 S 3 aF (bis 1993), doch bleiben die Aufklärungs- und Beratungspflichten der Bank (s **(7)** Bankgeschäfte Rn A/16–29) unberührt. Über II 3 hinaus ist die Bank zur Abtretung von Ansprüchen gegen den Dritten verpflichtet (§ 667 BGB), BGH DB **58**, 133. Wegen der Abtretungspflicht sind diese Ansprüche von der Kontokorrentabrede zwischen dem Kunde und Bank Banken nicht erfasst, BGH WM **78**, 367. Zur Substitution der Banken Lit: von Gablenz 1983, Heymann/Horn II/34.

3) Störung des Betriebs (III)

III stellt im Wesentlichen nur deklaratorisch klar, dass die Bank nicht für unabwendbare **Zufallsschäden** haftet (Aufzählung wie in Nr 25 II aF (bis 1993). Höhere Gewalt bedeutet auch durch äußerste, billigerweise zu erwartende Sorgfalt nicht abwendbar, schon geringstes Verschulden schadet, BGH **81**, 355, BAG NJW **03**, 2849 (§ 206 BGB). Von der Bank zu vertretende (§ 276 I 1 BGB, auch Haftungsverschärfung aus Garantie oä Betriebsstörungen sind nicht erfasst. Soweit die Bank darüber hinaus schadensersatzpflichtig ist (Gefährdungshaftung) oder sonst das Risiko zu tragen hat (zB Betriebsrisiko), gilt III ebenfalls nicht. Das folgt aus III (Wortlaut, Zweck) ohne Verstoß gegen das Verbot der geltungserhaltenden Reduktion (s **(5)** § 306 II BGB). III ist deshalb wirksam, str. Keinesfalls verschafft III der Bank Ansprüche, die sie sonst nicht hätte, OGH **2**, 91.

Grenzen der Aufrechnungsbefugnis des Kunden

AGB-Banken 4 Der Kunde kann gegen Forderungen der Bank nur aufrechnen, wenn seine Forderungen unbestritten oder rechtskräftig festgestellt sind.

1) Nr 4 entspricht Nr 2 I aF (bis 1993). Nr 4 bringt ein **Aufrechnungsverbot** zu Lasten des Kunden, außer bei unbestrittenen oder rechtskräftig festgestellten Verbindlichkeiten. Nr 2 I ist wirksam (s **(5)** § 309 Nr 3 BGB), die Berufung darauf nicht treuwidrig, BGH NJW **86**, 1757, **02**, 2779, Nürnb WM **16**, 2300m Anm Findeisen 2286 (zu **(9)** AGB-Spark Nr 11). Der Vorbehalt „in derselben Währung" folgt schon aus § 387 BGB (Gleichartigkeit; ausdrücklich Nr 2 I aF (bis 1993). Das Aufrechnungsverbot gilt nicht bei gesetzlichem Einwendungsdurchgriff, s **(7)** Bankgeschäfte Rn G/42; in Insolvenz der Bank, BGH NJW **84**,

Hopt 2171

(8) AGB-Banken 5 1, 2   2. Teil. Handelsrechtl. Nebengesetze

357. Grundlose oder unsubstantiierte Einwendungen machen die Forderung nicht zur bestrittenen, BGH **12**, 136 (zu **(18)** ADSp § 32 aE), BB **77**, 815. Die Berufung auf das Aufrechnungsverbot wäre **missbräuchlich,** wenn die Gegenforderung des Kunden nach Grund und Höhe feststeht, zumal wenn sie aus schuldhafter Pflichtverletzung der Bank hervorgeht, BGH NJW **78**, 2244, **85**, 2820, **91**, 840. In besonderen Fällen kann die Berufung auf das Aufrechnungsverbot nach § 393 BGB und auch sonst nach § 242 BGB unzulässig sein, BGH WM **61**, 1357, **66**, 734, **76**, 1332, Nürnb WM **77**, 311, zB wenn die Gegenforderung auf einer vorsätzlichen unerlaubten Handlung beruht, Bunte 97, entspr bei vorsätzlicher Vertragsverletzung oder culpa in contrahendo, Canaris 2551a, im Einzelfall soll das schon bei besonderen Schwierigkeiten der diesbezüglichen Prüfung möglich sein, Bunte 97. Das Aufrechnungsverbot gilt nicht; gegen begründete, entscheidungsreife Forderungen, BGH BB **77**, 814, WM **78**, 628, str. S Kommentare zu **(5)** § 309 Nr 3 BGB. **Zurückbehaltungsrechte** erfasst Nr 4 **nicht** (s **(5)** §§ 305c II, 309 Nr 2 BGB), hL, Ul/Br/He/Fuchs (8) Banken Rn 17, Derl/Kno/Ba/Casper 43, aA Ffm WM **77**, 156 LS.

Verfügungsberechtigung nach dem Tod des Kunden

AGB-Banken 5 [1] Nach dem Tod des Kunden hat derjenige, der sich gegenüber der Bank auf die Rechtsnachfolge des Kunden beruft, der Bank seine erbrechtliche Berechtigung nachzuweisen.

[2] Wird der Bank eine Ausfertigung oder eine beglaubigte Abschrift der letztwilligen Verfügung (Testament, Erbvertrag) nebst zugehöriger Eröffnungsniederschrift vorgelegt, darf die Bank denjenigen, der darin als Erbe oder Testamentsvollstrecker bezeichnet ist, als Berechtigten ansehen, ihn verfügen lassen und insbesondere mit befreiender Wirkung an ihn leisten. [3] Dies gilt nicht, wenn der Bank bekannt ist, dass der dort Genannte (zum Beispiel nach Anfechtung oder wegen Nichtigkeit des Testaments) nicht verfügungsberechtigt ist oder wenn ihr dies infolge Fahrlässigkeit nicht bekannt geworden ist.

1) Vorlage von Urkunden (Satz 1)

1   Nr 5 nF zum 15.7.14, statt S 1 und 2 aF S 1 nF, Satz 3 und 4 aF wurden zu S 2 und 3 nF. Nr 5 regelt die **Legitimation der Erben,** Testamentsvollstrecker ua, zB Zeugnis des Nachlassgerichts über die Fortsetzung der Gütergemeinschaft, nach dem Tod des Kunden, Ausdehnung auf Vormundschaft, Pflegschaft, Insolvenz ua (Bestallungsurkunden) ist nicht vorgesehen (anders Nr 24 III aF). Nr 5 S 1 und 2 aF betrafen das Recht der Bank die Vorlegung eines Erbscheins, eines Testamentsvollstreckerzeugnisses oder weiterer hierfür notwendiger Unterlagen zu verlangen und sich stattdessen mit einer Ausfertigung oder einer beglaubigten Abschrift der letztwilligen Verfügung nebst Eröffnungsniederschrift zu begnügen. Dies war jedoch unwirksam, BGH NJW **13**, 3716 (für Nr 5 AGB-Sp, kundenfeindlichste Auslegung), Hamm WM **13**, 221, Wurmnest WM **15**, 1597, aA, wenn auch zT zweifelnd, bisherige Rspr, Celle NJW **98**, 83, Saarbr 11.10.12 BeckRS **13**, 20971 und hL, zur Rspr des BGH BankrechtsHdb/Bunte 5. Aufl 2017 § 10 Rn 2 ff. Schon bisher wurde S 1 so ausgelegt, dass die Bank nicht stets auf Vorlage des Erbscheins bestehen konnte, RG **54**, 343, BGH WM **05**, 1432, sondern nur nach billigem Ermessen (§ 315 I BGB), Keim WM **06**, 753.

2   Nunmehr sieht S 1 nF nur noch vor, dass derjenige, der sich gegenüber der Bank auf die Rechtsnachfolge des verstorbenen Kunden beruft, der Bank seine erbrechtliche Berechtigung in geeigneter Weise nachzuweisen hat. Wie, das ist eine Frage der jeweiligen Umstände, zB durch Vorlage eines eröffneten eigenhän-

V. Bankgeschäfte **6 AGB-Banken (8)**

digen Testaments bei eindeutigem Nachweis der Erbfolge, BGH NJW **16**, 2409. S 1 nF ist danach wirksam, BankrechtsHdb/Bunte 5. Aufl 2017 § 10 Rn 6, Ul/Br/He/Fuchs (8) Banken Rn 19. Auch nach Wegfall der AGB kann die Bank aber bei (konkreten) Zweifeln die Vorlegung eines Erbscheins (§§ 2353 ff BGB) verlangen, BGH NJW **13**, 3716 Rn 40 wie schon BGH WM **05**, 1432, Wiechers WM **14**, 152, ebenso Testamentsvollstreckerzeugnis (§ 2368 BGB) ua (ggf in deutscher Übersetzung), Günther NJW **13**, 3683, Starke NJW **05**, 3186, ggf weitere geeignete Unterlagen, Bunte 103. Wegen der Gefahr doppelter Inanspruchnahme soll die Bank bei privatschriftlichen Testamenten nahezu immer einen Erbschein verlangen dürfen, so Günther NJW **13**, 3683, dies zu weitgehend, so aber, wenn überhaupt keine letztwillige Verfügung vorhanden ist. Eine Ausfertigung oder beglaubigte Abschrift der letztwilligen Verfügung wird idR als Erbrechtsnachweis ausreichen, wenn zugleich die zugehörige (ordnungsgemäße) Eröffnungsniederschrift (§ 2260 II BGB) vorgelegt wird (so schon bisher Satz 2 aF). Wenn nötig, sind auch mehrere Urkunden vorzulegen. Postmortale Vollmacht als Ersatz für Erbschein, Zimmer NJW **16**, 3341 gegen Mü NJW **16**, 3381. Ausführlich zur nF Wurmnest WM **15**, 1597.

2) Leistung mit befreiender Wirkung (Satz 2, 3)

S 2 und 3 nF wie Satz 3 und 4 aF. Die Bank darf den in einer Ausfertigung 3 oder einer beglaubigten Abschrift der letztwilligen Verfügung (Testament, Erbvertrag) als Erbe oder Testamentsvollstrecker Bezeichneten als Berechtigten ansehen und verfügen lassen, also zB **mit befreiender Wirkung** an ihn **leisten (Satz 2)**. S 2 ist, jedenfalls angesichts von S 3, wirksam, Celle NJW **98**, 82, Bunte 107, Grund: Wille des Erblassers, vergleichbar einer postmortalen Vollmacht (s Rn A/51). Die Niederschrift kann in Kurzform auch auf dem Testament selbst stehen. Ein reiner Eröffnungsvermerk genügt dagegen nicht. Die Bank wird entgegen S 2 nicht frei, wenn sie die mangelnde Verfügungsmacht des in der Urkunde Bezeichneten, zB bei Nichtigkeit oder Anfechtung des Testaments, kennt oder fahrlässig nicht kennt (S 3). Bsp: Einlösung von Erblasserschecks trotz Widerrufs durch Alleinerben, der noch keinen Erbschein hat, LG Krefeld WM **77**, 379, aber keine eigenen Ermittlungen außerhalb des eigenen Einfluss- und Kenntnisbereichs, BGH NJW **01**, 232, WM **04**, 1978 (für Hinterlegung).

Maßgebliches Recht und Gerichtsstand bei kaufmännischen und öffentlich-rechtlichen Kunden

AGB-Banken 6 (1) Geltung deutschen Rechts

Für die Geschäftsverbindung zwischen dem Kunden und der Bank gilt deutsches Recht.

(2) Gerichtsstand für Inlandskunden

¹Ist der Kunde ein Kaufmann und ist die streitige Geschäftsbeziehung dem Betriebe seines Handelsgewerbes zuzurechnen, so kann die Bank diesen Kunden an dem für die kontoführende Stelle zuständigen Gericht oder bei einem anderen zuständigen Gericht verklagen; dasselbe gilt für eine juristische Person des öffentlichen Rechts und für öffentlich-rechtliche Sondervermögen. ²Die Bank selbst kann von diesen Kunden nur an dem für die kontoführende Stelle zuständigen Gericht verklagt werden.

(3) Gerichtsstand für Auslandskunden

Die Gerichtsstandsvereinbarung gilt auch für Kunden, die im Ausland eine vergleichbare gewerbliche Tätigkeit ausüben, sowie für ausländische Institutionen, die mit inländischen juristischen Personen des öffentlichen Rechts

(8) AGB-Banken 7   2. Teil. Handelsrechtl. Nebengesetze

oder mit einem inländischen öffentlich-rechtlichen Sondervermögen vergleichbar sind.

1) Geltung deutschen Rechts (I)

1 **Nr 6 I** enthält wie Nr 25 I 2 aF (bis 1993) eine wirksame **Rechtswahl** zugunsten des deutschen Rechts, BGH WM **04**, 1177, ganz hL. Bsp: Bankgarantie, BGH **108**, 362. I führt idR zum gleichen Ergebnis wie Art 4 lit b, 19 Rom I-VO (mangels Rechtswahl engste Verbindungen, Grenze Art 6 Rom I-VO für Verbraucherverträge) und ist mit **(5)** § 307 BGB vereinbar (s **(7)** Bankgeschäfte Rn A/60). I gilt nur für die Geschäftsverbindungen von In- und Auslandskunden mit inländischen Geschäftsstellen der Bank (Nr 1 I 1). Zum IPR bei Bankgeschäften s Nr 1 Rn 5, allgemeiner **(7)** Bankgeschäfte Rn A/60.

2) Gerichtsstand für Inlandskunden (II)

2 **II** entspricht Nr 26 II aF (bis 1993) und enthält eine **Gerichtsstandsvereinbarung** für Inlandskunden, und zwar Kftle (nicht für deren Privatgeschäfte, Abgrenzung §§ 343, 344, Bunte 114; insoweit anders § 38 I ZPO, s Einl 76 vor § 1), juristische Personen des öffentlichen Rechts und öffentlich-rechtliche Sondervermögen. Diese Klausel entspricht § 38 I ZPO und ist auch mit **(5)** §§ 305c I, 307 BGB vereinbar (s Einl 86 vor § 1 HGB). Zuständig ist für die Bank als Klägerin wahlweise (S 1), für den Kunden als Kläger ausschließlich (S 2) das für die kontoführende Stelle zuständige Gericht. Eine Regelung des Erfüllungsorts ist nicht getroffen (anders Nr 26 I 1 aF (bis 1993).

3) Gerichtsstand für Auslandskunden (III)

3 **III** entspricht Nr 26 I 1, 26 II aF (bis 1993). III erstreckt der Sache nach (entspr § 38 II ZPO, s Rn 2) II auf Auslandskunden. Art 23 EuGVVO enthält Formererfordernis (Einl 87v § 1 HGB). Auch für Auslandskunden gilt danach der Gerichtsstand des für die kontoführende Stelle zuständigen Gerichts. Das ist ein deutsches Gericht, denn die AGB-Banken gelten nur für inländische Geschäftsstellen der Bank (Nr 1 I 1, s dort Rn 5). Eine Gerichtsstandsvereinbarung auch für ausländische Geschäftsstellen enthält III nicht.

II. Kontoführung

Rechnungsabschlüsse bei Kontokorrentkonten (Konten in laufender Rechnung)

AGB-Banken 7 (1) Erteilung der Rechnungsabschlüsse

[1] **Die Bank erteilt bei einem Kontokorrentkonto, sofern nicht etwas anderes vereinbart ist, jeweils zum Ende eines Kalenderquartals einen Rechnungsabschluss; dabei werden die in diesem Zeitraum entstandenen beiderseitigen Ansprüche (einschließlich der Zinsen und Entgelte der Bank) verrechnet.** [2] **Die Bank kann auf den Saldo, der sich aus der Verrechnung ergibt, nach Nummer 12 dieser Geschäftsbedingungen oder nach der mit dem Kunden anderweitig getroffenen Vereinbarung Zinsen berechnen.**

(2) Frist für Einwendungen; Genehmigung durch Schweigen

[1] **Einwendungen wegen Unrichtigkeit oder Unvollständigkeit eines Rechnungsabschlusses hat der Kunde spätestens vor Ablauf von sechs Wochen nach dessen Zugang zu erheben; macht er seine Einwendungen in Textform geltend, genügt die Absendung innerhalb der Sechs-Wochen-Frist.** [2] **Das Unterlassen rechtzeitiger Einwendungen gilt als Genehmigung.** [3] **Auf diese Folge**

wird die Bank bei Erteilung des Rechnungsabschlusses besonders hinweisen. [4] Der Kunde kann auch nach Fristablauf eine Berichtigung des Rechnungsabschlusses verlangen, muss dann aber beweisen, dass zu Unrecht sein Konto belastet oder eine ihm zustehende Gutschrift nicht erteilt wurde.

1) Erteilung der Rechnungsabschlüsse (1)

Nr 7 I 1 gibt dem Kunden Anspruch auf Erteilung von Rechnungsabschlüssen bei Kontokorrentkonten (Konten in laufender Rechnung) nicht nur jährlich (so § 355 II HGB, Nr 14 I aF (bis 1993), sondern jeweils zum Ende des Kalenderquartals, dies in Übereinstimmung mit der Regelabrechnungsperiode von § 493 BGB. Abweichende Vereinbarung mit dem Kunden ist möglich, zB monatlich mit kfm Kundschaft. I 1 Halbs 2 beschreibt deklaratorisch für den Kunden die Verrechnungswirkung des Kontokorrents (§ 355 Rn 7). I 2 weist den Kunden auf die Zinsesberechnung auch aus dem Periodenschlusssaldo hin, die nach § 355 I HGB ohne Verstoß gegen das Zinseszinsverbot des § 248 I BGB zulässig ist.

2) Frist für Einwendungen; Genehmigung durch Schweigen (II)

A. Nach **II 1** muss der Kunde **Einwendungen** wegen Unrichtigkeit oder Unvollständigkeit des Rechnungsabschlusses erheben (folgt schon aus §§ 242, 254 BGB), und zwar spätestens vor Ablauf (nF 2002, aF: innerhalb) von sechs Wochen (nF 2000 wie Nr 1 I 2 wegen BGH **141,** 158) seit **Zugang** (§ 130 BGB mit umfangreicher Rspr, auch Bunte 131; bei vereinbarter Abholung bzw Kontoauszugsdrucker: idR Bereitstellung bzw Abrufmöglichkeit, aA Becher/Gößmann BKR **02,** 521f). Erhebung der Einwendung formlos, auch mündlich, vgl dagegen **(9)** AGB-Spark Nr 7 Rn 2, aber wirksam. Macht der Kunde seine Einwendungen in **Textform** (§ 126b BGB) geltend, genügt für die Fristwahrung die **rechtzeitige Absendung** innerhalb der **Sechs-Wochen-Frist** (II 1 Halbs 2 wie Nr 1 II 5 aF, s dort Rn 7; vgl §§ 121 I 2, 355 I 2 BGB, auch § 377 IV HGB, dort sind Tragung der Beweislast und Verlustgefahr str, § 377 HGB Rn 41). Diese Fristbestimmung ist wirksam, vgl BGH **125,** 243 (vgl § 621 Nr 4 BGB, sechs Wochen zum Quartalsende für Kreditkartenkündigung). Für den Zugang ist die Bank, für die rechtzeitige Absendung der Kunde beweispflichtig. Bei Verstoß gegen II 1 Schadensersatzpflicht, unabhängig von II 2 (s Rn 8).

B. Nach **II 2** gilt das Unterlassen rechtzeitiger Einwendungen (II 1) als (rechtsgeschäftliche) Genehmigung (vgl entspr § 346 HGB Rn 16f, 30 ff; § 362 HGB). II 2 betrifft nur **Rechnungsabschlüsse** bei Kontokorrentkonten. Diese **Genehmigungsfiktion** gilt II 2 ist wirksam, BGH NJW **14,** 1441 Rz 21 (zu **(9)** AGB-Spark, näher dort Rn 1), **00,** 2667, Dresd ZIP **99,** 1626 (zu **(9)** AGB-Spark Nr 7 III), ebenso Bunte 133, Ul/Br/He/Fuchs (8) Banken Rn 22; nicht durchgreifende Zweifel unter § 676b BGB s **(7)** Bankgeschäfte Rn C/81. Denn die Frist von sechs Wochen des II 1 ist hier angemessen und die Bank ist nach **II 3** verpflichtet, den Kunden zu Fristbeginn darauf besonders hinzuweisen (s **(5)** § 308 Nr 5 BGB). Auch gibt II 2 der Bank kein einseitiges Bestimmungsrecht, was nicht wirksam wäre, BGH WM **98,** 558 (für AVB), **99,** 1367; vgl Nr 1 II, dort Rn 7. Allerdings führt die Genehmigungsfiktion im Ergebnis zu einer Beweislastumkehr; das Saldoanerkenntnis im Kontokorrent verstößt aber als gesetzlich anerkanntes Institut nicht gegen **(5)** § 309 Nr 12 BGB, Wo-Ho-Li § 10 Nr 5 Rn 30, vgl BGH **99,** 282, früher str. Schadensersatz s Rn 2.

Nach allgemeinen Grundsätzen greift die Genehmigungsfiktion nicht ein, wenn die Bank nicht mit dem Einverständnis des Kunden rechnen kann, Bunte 134, zB bei Maßnahmen der Bank ohne Auftrag des Kunden, etwa bei mangelnder Einziehungsermächtigung der Bank, Düss WM **78,** 771, oder gefälschtem Überweisungsauftrag, offen Hbg WM **83,** 518, bei krassen Abweichungen (vgl zum Bestätigungsschreiben § 346 HGB Rn 21) oder sonst unrechtmäßigen Verfügungen der Bank. Wenn solche Posten in den Rechnungsabschluss eingehen,

(8) AGB-Banken 8 2. Teil. Handelsrechtl. Nebengesetze

kann sich das auf die Rückforderung und die Beweislast dabei (s Rn 6) auswirken, berührt aber nicht die Wirksamkeit von II 2.

5   Die Genehmigungsfiktion betrifft nicht auch sonstige Abrechnungen und insbesondere **Tages(konto)auszüge,** Depot- und Wertpapieraufstellungen (anders Nr 15 S 3 aF (bis 1993). Tageskontoauszüge dienen als reiner Postensaldo nur rein tatsächlichen Zwecken (s § 355 HGB Rn 9). Das Unterlassen von Einwendungen ist deshalb insoweit keine rechtsgeschäftliche Genehmigung, zB einer Überweisung zu Lasten des Kontos ohne Auftrag, sondern die rein tatsächlich Erklärung, dass der Kunde gegen die Buchung nichts einzuwenden hat, BGH **73,** 207 (zu Nr 10 ABG-Spark), **95,** 108, **144,** 354, ohne Beweislastumkehr. Jedoch Schadensersatzpflicht des Kunden nach § 280 I BGB wegen Verletzung des Girovertrags bei fahrlässig mangelhafter Kontrolle der Kontoauszüge, BGH **73,** 211, **95,** 108, Hamm WM **86,** 704.

6   C. Bei **Unrichtigkeit des Saldoanerkenntnisses** ist in besonderen Fällen die **Anfechtung** des Saldoanerkenntnisses möglich, allerdings nicht wegen Irrtums über die Bedeutung des Schweigens (s § 346 HGB Rn 32). Ist das unrichtige Saldoanerkenntnis im Kontokorrent ein wirksames Anerkenntnis iSv § 781 BGB (str, s § 355 Rn 7), kann der Kunde es bei eigener Beweislast als rechtsgrundlos widerrufen **(Bereicherungsanspruch, § 812 II BGB),** 55, s § 355 Rn 10. Denn unberechtigte Belastungsbuchungen werden durch das Saldoanerkenntnis weder rechtmäßig noch ohne weiteres genehmigt, BGH **144,** 355. Die Genehmigungsfiktion des II 2 kann und will solche gesetzlichen Rechte nicht beschneiden. **II 4** sagt dazu deklaratorisch, dass der Kunde auch nach Fristablauf Berichtigung verlangen kann, dann aber beweispflichtig ist.

3) Genehmigung von Belastungen aus Lastschriften (III aF, nunmehr in Sonderbedingungen)

7   III ist 2009 aus den AGB-Banken gestrichen und zur besseren Verständlichkeit in die früheren Bedingungen für Zahlungen mittels Lastschrift im Einzugsermächtigungsverfahren (dort Nr 2.4) übernommen worden, BGH NJW **10,** 3155, s 36. Aufl **(7)** Bankgeschäfte Rn D/29. Inhaltliche Änderungen sollen damit nicht verbunden sein.

Storno- und Berichtigungsbuchungen der Bank

AGB-Banken 8   (1) Vor Rechnungsabschluss

Fehlerhafte Gutschriften auf Kontokorrentkonten (zum Beispiel wegen einer falschen Kontonummer) darf die Bank bis zum nächsten Rechnungsabschluss durch eine Belastungsbuchung rückgängig machen, soweit ihr ein Rückzahlungsanspruch gegen den Kunden zusteht (Stornobuchung); der Kunde kann in diesem Fall gegen die Belastungsbuchung nicht einwenden, dass er in Höhe der Gutschrift bereits verfügt hat.

(2) **Nach Rechnungsabschluss**

[1] Stellt die Bank eine fehlerhafte Gutschrift erst nach einem Rechnungsabschluss fest und steht ihr ein Rückzahlungsanspruch gegen den Kunden zu, so wird sie in Höhe ihres Anspruchs sein Konto belasten (Berichtigungsbuchung). [2] Erhebt der Kunde gegen die Berichtigungsbuchung Einwendungen, so wird die Bank den Betrag unter Konto wieder gutschreiben und ihren Rückzahlungsanspruch gesondert geltend machen.

(3) **Information des Kunden; Zinsberechnung**

[1] Über Storno- und Berichtigungsbuchungen wird die Bank den Kunden unverzüglich unterrichten. [2] Die Buchungen nimmt die Bank hinsichtlich der

V. Bankgeschäfte 1–4 **8 AGB-Banken (8)**

Zinsberechnung rückwirkend zu dem Tag vor, an dem die fehlerhafte Buchung durchgeführt wurde.

1) Vor Rechnungsabschluss (I)

A. Nr 8 entspricht Nr 4 I 3 aF (bis 1993). I regelt das **Stornorecht.** Dieses ist 1 ein eigenständiges, von den Unsicherheiten des Bereicherungsrechts unabhängiges, girovertragliches Rückbuchungsrecht, BGH **87**, 251; KG WM **88**, 1723, seiner Rechtsnatur nach ein Widerrufsrecht, BGH **72**, 11, von Westphalen WM **84**, 4, oder besser ein vertragliches Anfechtungsrecht (Rückwirkung § 142 I BGB), Otto BB **78**, 987, 1383. Es bezweckt Rückgewähr durch Selbsthilfe (ohne §§ 122 bzw 818 III BGB) und setzt deshalb materiellrechtlich Bestehen eines Rückgewähranspruchs gegen den Kontoinhaber (s **(7)** Bankgeschäfte C/104, aber man beachte Rn C/54) voraus, BGH **87**, 252; aA zur aF (bis 1993) Canaris 447. Das Stornorecht beseitigt zugunsten der Bank die Schutzgrenze der §§ 818 III, 819 I BGB und dreht die Parteirollen im Prozess um, ohne Ansprüche gegen die Bank wegen fehlerhafter Buchung abzuschneiden. I trägt dem Rechnung und ist wirksam (s auch Rn 2), Bunte 155, Ul/Br/He/Fuchs (8) Banken Rn 29, nach aA nur bei Beschränkung auf technische Buchungsfehler, aA ganz unwirksam. Das Bestehen des Stornorechts lässt Bereicherung nicht entfallen, BGH **167,** 177, str. Lit: Berning haus 1980, Wallach 1992; Liesecke WM **75**, 238, Otto-Stierle WM **78**, 530, Otto BB **78**, 987, Kümpel WM **79**, 378, Sonderbeil 3/**79**, Blaurock NJW **84, 1.**

B. **Fehlerhafte Gutschrift:** Nach üL ist das Stornorecht auf technische Bu- 2 chungsfehler, zB Fehl- oder Zuvielüberweisung (etwa infolge falscher Kontonummer, so Bsp in I), beschränkt. Richtiger ist es (entspr der Abgrenzung beim Bereicherungsanspruch, s **(7)** Bankgeschäfte Rn C/93 ff), auch **bei allen von Anfang an gegebenen Mängeln** wie Fälschung, Nichtigkeit und (str) Anfechtung der Überweisungsanweisung (§ 142 I BGB) Stornierung zuzulassen (s **(7)** Bankgeschäfte Rn C/104), Bunte 148, Canaris 449, Heymann/Horn II/59; wie Fälschung grundsätzlich auch Phishing, Hbg ZIP **06**, 1981m Anm Borges, Karlsr WM **08**, 632, differenzierend Bunte 152. Auch dann liegt eine fehlerhafte Gutschrift iSv I vor. Das Stornorecht besteht nach Änderung der Rspr des BGH WM **15**, 1631 Rn 21 (s Rn C/99) auch **bei Widerruf** der Überweisungsanweisung (wie **(7)** Bankgeschäfte Rn C/99). Bei Irrtum der Bank über Deckung des Kontos besteht es keinesfalls. Es kann auch bei nicht ausreichendem Kontoguthaben ausgeübt werden, also **ins Debet** führen, Mü WM **71**, 265, Nürnb WM **77**, 1336, KG KTS **83**, 450, aA Otto/Stierle WM **78**, 544, Canaris 448; zur Überziehungszinsfolge s Rn 7.

C. **Frist:** Das Stornorecht besteht nur **bis zum nächsten Rechnungs-** 3 **abschluss** (dann gilt II). Abgesehen davon ist es nicht fristgebunden, BGH **72**, 11 (nach aA gilt § 121 BGB analog); ausnahmsweise ist aber Stornierung nach längerer Zeit, wenn der Empfänger mit ihr nicht mehr zu rechnen braucht, rechtsmissbräuchlich, zust Bunte 154; der Kunde kann auch einen Anspruch nach § 280 I BGB wegen Pflichtverletzung entgegenhalten, nach aA aus § 122 BGB analog (dann ohne Verschulden der Bank).

2) Nach Rechnungsabschluss (II); Erlöschen des Stornorechts

A. Das **Stornorecht** nach I **erlischt mit Rechnungsabschluss (II),** also 4 wenn die irrtümliche Gutschrift in ein Saldoanerkenntnis eingegangen ist. Die Bank kann diese für den Kunden zwischenzeitlich begründete günstige Rechtslage nicht einseitig beseitigen, sondern ist auf einen (ebenfalls kontokorrentgebundenen) Bereicherungsanspruch wegen des Saldoanerkenntnisses angewiesen, so zur aF (bis 1993) BGH **72**, 11, Düss NJW **85**, 2723m krit Anm Jähn BB **85**, 2285; dazu Otto BB **78**, 987, 1383. **II 1** erlaubt dementsprechend der Bank

Hopt 2177

(8) AGB-Banken 8 5–7   2. Teil. Handelsrechtl. Nebengesetze

eine bloße **Berichtigungsbuchung.** Dabei bucht die Bank zwar zunächst wie bei einer Stornobuchung nach I ab, aber darin liegt nur ein Angebot an den Kunden zu einer Stornierungsvereinbarung, die auf eine Herausnahme des Postens aus dem (nach der Rspr durch Novation gebildeten) Saldo geht. Lehnt der Kunde das Angebot ausdrücklich oder stillschweigend ab (Erhebung von **Einwendungen),** wird rückgutgeschrieben, und die Bank muss ihren **Rückzahlungsanspruch gesondert** geltend machen **(II 2).** Einwendung iSv II 2 untechnisch als fehlendes Einverständnis gemeint, auf Begründetheit kommt es nicht an, Bunte 160, str. II 2 enthält für die Einwendung weder eine Frist noch eine Genehmigungsfiktion. II 1 verschiebt zwar nicht unmittelbar die Beweislast entgegen **(5)** § 309 Nr 12 BGB, aber führt doch dazu, dass der Kunde auch bei unverschuldetem Schweigen oder wegen Missinterpretation des Begriffs „Einwendungen" seine Rechte aus dem Saldoanspruch insoweit verliert. Das ist trotz II 2, 3 nicht unbedenklich, vgl Bsp Blaurock NJW **84,** 7, aber wohl noch hinnehmbar, Ul/Br/He/Fuchs (8) Banken Rn 30, str, zur Rechtsfolge des III 2s Rn 7. **Bei Einwendung** des Kunden nach II 2 bleibt der Bank § 812 BGB (s Rn 1); zu §§ 818 III, 819 I BGB s **(7)** Bankgeschäfte Rn C/91 ff, aber man beachte Rn C/103. Trotz Rückgutschrift kann der Kunde aber über diesen Betrag nicht verfügen, wenn die Bank das verweigert (Einrede nach § 821 BGB).

5 B. **Erlöschen sonst:** Das Stornorecht erlischt nicht schon mit Beendigung des Bankvertrags, Grund: AGB gelten auch im Abwicklungsstadium (s Nr 19 Rn 10), KG KTS **83,** 449, aA BGH **63,** 93, Celle DB **77,** 2138, offen BGH **87,** 251; auch nicht mit Eröffnung des Insolvenzverfahrens über das Vermögen des Schuldners, Canaris 453, aA BGH **63,** 93. Jedenfalls bleiben spätere rein banktechnische Berichtigungsbuchungen möglich, solange der Saldo nicht festgestellt ist, so auch BGH **63,** 93.

3) Information des Kunden; Zinsberechnung (III)

6 A. **III 1** verpflichtet die Bank zu unverzüglicher (ohne schuldhaftes Zögern, § 121 I 1 BGB) **Benachrichtigung** des Kunden über Storno- und Berichtigungsbuchungen nach I, II. Mitteilung im Kontoauszug genügt nur bei klarem Hinweis auf den Fehler. Bei länger zurückliegenden Fehlern kann gesonderte Mitteilung mit Erläuterung nötig sein. Führt die Buchung ins Debet, ist auf die Zinsfolgen hinzuweisen, Bunte 163. Verstoß macht zwar die Buchung nicht unwirksam, aber die Bank schadensersatzpflichtig nach § 280 I BGB wegen Pflichtverletzung.

7 B. **III 2** gilt für die Storno- und die Berichtigungsbuchung (arg e III 1) und betrifft die Folgen für die Zinsberechnung, dass nämlich rückwirkend der Tag der fehlerhaften Buchung maßgeblich ist **(valutagerechte Buchung).** III 2 ist für die Stornobuchung schon problematisch, wenn diese ins Debet führt (Überziehungszinsen, s Nr 12 Rn 1). III 2 ist insoweit nur akzeptabel, wenn man die Berechnung solcher Zinsen erst ab Benachrichtigung nach III 1 zulässt (außer wenn die Fehlbuchung vom Kunden selbst verschuldet ist, dann ex tunc), Blaurock NJW **84,** 7. Für die Berichtigungsbuchung, die über den dazwischen liegenden Rechnungsabschluss zurückreicht, verschärft sich das Problem. III 2 darf nicht dazu führen, dass der Kunde uU erhebliche Zinsnachteile erleidet, die bei einem bloßen Bereicherungsanspruch der Bank ohne Inverzugsetzung so nicht anfallen würden. Da der Kunde, zumal wenn die fehlerhafte Gutschrift längere Zeit zurückliegt, diese Folgen nicht ohne weiteres ermessen kann, liegt jedenfalls ein Verstoß gegen das Transparenzgebot nach **(5)** § 307 I 2 BGB vor. III 2 ist deshalb **unwirksam,** Ul/Br/He/Fuchs (8) Banken Rn 31, Wo/Li/Ph/Pamp AGB der Banken B 38, Derl/Kno/Ba/Casper 60, aA Bunte 165f, und zwar insgesamt ohne Beschränkungsmöglichkeit auf den Fall der Berichtigungsbuchung (keine geltungserhaltende Reduktion, vgl Kommentare zu **(5)** § 306 II BGB).

Einzugsaufträge

AGB-Banken 9 (1) Erteilung von Vorbehaltsgutschriften bei der Einreichung

¹ Schreibt die Bank den Gegenwert von Schecks und Lastschriften schon vor ihrer Einlösung gut, geschieht dies unter dem Vorbehalt ihrer Einlösung, und zwar auch dann, wenn diese bei der Bank selbst zahlbar sind. ² Reicht der Kunde andere Papiere mit dem Auftrag ein, von einem Zahlungspflichtigen einen Forderungsbetrag zu beschaffen (zum Beispiel Zinsscheine), und erteilt die Bank über den Betrag eine Gutschrift, so steht diese unter dem Vorbehalt, dass die Bank den Betrag erhält. ³ Der Vorbehalt gilt auch dann, wenn die Schecks, Lastschriften und andere Papiere bei der Bank selbst zahlbar sind. ⁴ Werden Schecks oder Lastschriften nicht eingelöst oder erhält die Bank den Betrag aus dem Einzugsauftrag nicht, macht die Bank die Vorbehaltsgutschrift rückgängig. ⁵ Dies geschieht unabhängig davon, ob in der Zwischenzeit ein Rechnungsabschluss erteilt wurde.

(2) Einlösung von Lastschriften und vom Kunden ausgestellter Schecks

¹ Lastschriften sowie Schecks sind eingelöst, wenn die Belastungsbuchung nicht spätestens am zweiten Bankarbeitstag[1] – bei SEPA-Firmenlastschriften nicht spätestens am dritten Bankarbeitstag – nach ihrer Vornahme rückgängig gemacht wird. ² Barschecks sind bereits mit Zahlung an den Scheckvorleger eingelöst. ³ Schecks sind auch schon dann eingelöst, wenn die Bank im Einzelfall eine Bezahltmeldung absendet. ⁴ Schecks, die über die Abrechnungsstelle der Bundesbank vorgelegt werden, sind eingelöst, wenn sie nicht bis zu dem von der Bundesbank festgesetzten Zeitpunkt zurückgegeben werden.

1) Erteilung von Vorbehaltsgutschriften bei der Einreichung (I)

A. Nr 9 II idF 13.1.2018. **Nr 9 I** entspricht Nr 41 I aF (bis 1993). **I 1** stellt 1 klar, dass die Bank den Gegenwert von **Schecks und Lastschriften** (anders als bei der Überweisung, s **(7)** Bankgeschäfte Rn C/26) nur unter dem Vorbehalt ihrer Einlösung, also des tatsächlichen Eingangs des Gegenwerts oder des Erhalts der Deckung (vgl I 4), Heymann/Horn II/68, gutschreibt (**Vorbehaltsgutschrift, E. v.,** s **(7)** Bankgeschäfte Rn E/6). Das gilt ausdrücklich auch dann, wenn diese Papiere bei der Bank selbst zahlbar sind. Wechsel sind in I 1 nicht genannt, weil sie entweder angekauft (dann Gutschrift abzüglich Diskont) oder zum Inkasso hereingenommen werden (dann Gutschrift nicht auf Kundenkonto, sondern auf internem Konto der Bank, also keine Gutschrift E. v.). Dasselbe gilt nach **I 2, 3** allgemein für andere **Einzugspapiere**, zB Zinsscheine, auch für bei der Bank selbst zahlbare Lastschriften und Schecks (ausdrücklich I 1 3 nF 2009); auch Wechsel, falls ausnahmsweise E. v. gutgeschrieben.

B. Nach **I 3** kann die Bank, wenn die Schecks oder Lastschriften nicht einge- 2 löst werden oder der Betrag aus dem Einzugsauftrag nicht eingeht, die Vorbehaltsgutschrift rückgängig machen (Stornierung, s Nr 8 I). Das kann sie trotz zwischenzeitiger Erteilung eines Rechnungsabschlusses (**I 4;** s Nr 8 II), I 4 Alt 2 verstößt nicht gegen **(5)** §§ 305 ff BGB, BGH **135,** 307; I 4 gilt auch für den Einzug von Schecks.

---

[1] Bankarbeitstage sind alle Werktage außer: Sonnabende, 24. und 31. Dezember.

2) Einlösung von Lastschriften und vom Kunden ausgestellter Schecks (II)

3   II nF 2014, II 2 aF entfällt, II 3–5 aF werden II 2–4 nF, Einfügung zu II 1 2017. Noch zur aF mit Abbuchungsauftrags- und Einzugsermächtigungslastschriften Bunte 195 ff; zur nur noch zulässigen **SEPA-Lastschrift** klarstellende Einfügung 2017 für SEPA-Firmenlastschriften sowie **(7)** Bankgeschäfte Rn D/1 ff. II betrifft den **Einlösungszeitpunkt** (s **(7)** Bankgeschäfte Rn E/1). Nach **II 1** sind **Lastschriften** sowie **Schecks** erst eingelöst, wenn die Bank die Belastungsbuchung nicht spätestens am **zweiten Bankarbeitstag** (alle Werktage außer Sonnabende, 24. und 31. 12.) nach ihrer Vornahme rückgängig macht (Stornierung, s Nr 8), ohne darüber hinausgehende Bekundung des Einlösungswillens, Saarbr ZIP **98**, 1268, aA noch BGH **53**, 203; einerlei, ob Vor- oder Nachdisposition stattgefunden hat, str, anders nur bei Mitteilung der Nichteinlösung vor Ablauf der Stornierungsfrist, näher zur Einlösung und Vorbehaltsgutschrift **(7)** Bankgeschäfte Rn E/6. II 1 verstößt nicht gegen § 675p BGB (s **(7)** Bankgeschäfte Rn C/40). **II 2** aF hatte klarstellend besagt, dass für Lastschriften aus anderen Verfahren (also SEPA-Lastschriften) die Einlösungsregeln in den hierfür vereinbarten Sonderbedingungen (Nr 1 Rn 6) galten. Die damit verbundene Rechtsspaltung für nationale und für SEPA-Lastschriften war jedoch unglücklich. Mit dem Wegfall von II 2 aF verbleibt es wie schon vor 2009 bei dem einheitlichen Regelfall, der auch institutsübergreifend zu einer einheitlichen Praxis der AGB-Banken und AGB-Sparkassen führt. Folgeänderungen jeweils in Nr 2.4.1 II und Nr 2.4.2 Bedingungen für Zahlungen mittels Lastschrift im SEPA-Basis-Lastschriftverfahren und der im SEPA-Firmenlastschriftverfahren. Damit wird einheitlich an den Bankarbeitstag angeknüpft. Nr 41 II aF (bis 1993) hatte nach der Rspr einen einheitlichen Einlösungszeitpunkt festgelegt, unabhängig von Vor- oder Nachdisposition (s **(7)** Bankgeschäfte Rn C/90, 91), so BGH **104,** 374 (zu Nr 1 V AGB-Spark), aA BGH **79**, 387, Bauer WM **83**, 206.

4   **II 2–4** (wie bisher) stellen klar, dass die Zweitagesfrist des II 1 nur eine Regelfrist ist und zählen (abschließend) die Fälle auf, in denen **schon frühere Einlösung** anzunehmen ist. Nach **II 2** sind **Barschecks** bereits mit Zahlung an den Scheckvorleger eingelöst. **II 3** setzt die Einlösung bei **Bezahltmeldung** von Schecks (s **(7)** Bankgeschäfte Rn E/1, 8) auch schon bei Absendung fest. **II 4** betrifft die Einlösung von Lastschriften und Schecks bei Vorlage in der **(7) Abrechnung** mit der Bundesbank.

Fremdwährungsgeschäfte und Risiken bei Fremdwährungskonten

AGB-Banken 10 (1) Auftragsausführung bei Fremdwährungskonten

¹Fremdwährungskonten des Kunden dienen dazu, Zahlungen an den Kunden und Verfügungen des Kunden in fremder Währung bargeldlos abzuwickeln. ²Verfügungen über Guthaben auf Fremdwährungskonten (zum Beispiel durch Überweisungen zu Lasten des Fremdwährungsguthabens) werden unter Einschaltung von Banken im Heimatland der Währung abgewickelt, wenn sie die Bank nicht vollständig innerhalb des eigenen Hauses ausführt.

(2) Gutschriften bei Fremdwährungsgeschäften mit dem Kunden

Schließt die Bank mit dem Kunden ein Geschäft (zum Beispiel ein Devisentermingeschäft) ab, aus dem sie die Verschaffung eines Betrages in fremder Währung schuldet, wird sie ihre Fremdwährungsverbindlichkeit durch Gutschrift auf dem Konto des Kunden in dieser Währung erfüllen, sofern nicht etwas anderes vereinbart ist.

V. Bankgeschäfte 1-5 **10 AGB-Banken (8)**

(3) **Vorübergehende Beschränkung der Leistung durch die Bank**

¹Die Verpflichtung der Bank zur Ausführung einer Verfügung zu Lasten eines Fremdwährungsguthabens (Absatz 1) oder zur Erfüllung einer Fremdwährungsverbindlichkeit (Absatz 2) ist in dem Umfang und so lange ausgesetzt, wie die Bank in der Währung, auf die das Fremdwährungsguthaben oder die Verbindlichkeit lautet, wegen politisch bedingter Maßnahmen oder Ereignisse im Lande dieser Währung nicht oder nur eingeschränkt verfügen kann. ²In dem Umfang und solange diese Maßnahmen oder Ereignisse andauern, ist die Bank auch nicht zu einer Erfüllung an einem anderen Ort außerhalb des Landes der Währung, in einer anderen Währung (auch nicht in Euro) oder durch Anschaffung von Bargeld verpflichtet. ³Die Verpflichtung der Bank zur Ausführung einer Verfügung zu Lasten eines Fremdwährungsguthabens ist dagegen nicht ausgesetzt, wenn sie die Bank vollständig im eigenen Haus ausführen kann. ⁴Das Recht des Kunden und der Bank, fällige gegenseitige Forderungen in derselben Währung miteinander zu verrechnen, bleibt von den vorstehenden Regelungen unberührt.

(4) **Wechselkurs**

¹Die Bestimmung des Wechselkurses bei Fremdwährungsgeschäften ergibt sich aus dem „Preis- und Leistungsverzeichnis". ²Bei Zahlungsdiensten gilt ergänzend der Zahlungsdiensterahmenvertrag.

1) Auftragsausführung bei Fremdwährungskonten (I)

A. **Nr 10** ersetzt Nr 3 II aF (bis 1993). I regelt **Fremdwährungskonten**. 1 Diese dienen der bargeldlosen Zahlung an und durch Kunden in fremder Währung (**I 1**). Unmittelbare Ein- und Auszahlungen sind anders als bei Euro-Konten nicht vorgesehen. Zum Fremdwährungskonto Staub/Grundmann 2/184 ff.

B. **Verfügungen über Guthaben auf Fremdwährungskonten** (zB durch 2 Überweisungen zu Lasten des Fremdwährungsguthabens) werden grundsätzlich über Banken im Heimatland der Währung abgewickelt (**I 2** idF 1.4.02). Das ist entscheidend für politische Fremdwährungsrisiken (s III). Eine besondere anderweitige Kundenweisung, zB Abwicklung über ein Drittland, bleibt möglich (ausdrücklich nur II). Der Kunde entgeht damit zwar idR dem Fremdwährungslandsrisiko (s III), trägt dann aber das Drittlandsrisiko (entspr III; uU Hinweis darauf, da dort nicht angesprochen), zust Heymann/Horn II/79.

Etwas anderes gilt auch bei vollständiger **Ausführung im eigenen Haus** (I 2 3 Halbs 2), zB bei bloßer Umbuchung vom Fremdwährungskonto des Kunden auf das entsprechende Fremdwährungskonto des Empfängers.

2) Gutschriften bei Fremdwährungsgeschäften mit dem Kunden (II)

II regelt die Erfüllung einer **Fremdwährungsverbindlichkeit** der Bank. Bei 4 Fremdwährungsgeschäften mit dem Kunden, zB Devisentermingeschäft, erteilt die Bank alle Gutschriften daraus auf dem Konto des Kunden in der Fremdwährung, falls nichts anderes vereinbart ist. II umschreibt damit klar den Umfang der Schuld der Bank. § 244 BGB gilt für echte Fremdwährungsschulden nicht.

3) Vorübergehende Beschränkung der Leistung durch die Bank (III)

A. **III** regelt die Risikotragung bei politisch bedingten Maßnahmen oder Er- 5 eignissen im Land der Fremdwährung (**politische Fremdwährungsrisiken**). Bspe: Enteignung, Beschlagnahme, politisch motivierte Devisenbeschränkungen, aber auch nur mittelbare Beschränkungen durch von Drittstaaten verursachte devisen- und währungsrechtliche Maßnahmen des Landes der Fremdwährung. Nichtpolitische Transferrisiken, zB Zerstörung, Diebstahl, selbstständige Auslandsfilialinsolvenz ua sind nicht erfasst. Kann die Bank infolge solcher Maßnahmen oder Ereignisse im Lande der Fremdwährung (nicht in anderen Ländern,

Hopt 2181

wichtig deshalb das Abwicklungsland nach I 2, s Rn 2) nicht oder nur eingeschränkt verfügen, so ist die **Erfüllungspflicht** nach I bzw II **suspendiert,** soweit und solange die Beschränkung gilt **(III 1).** Die Bank übernimmt nach III 1 von vornherein keine weitergehende Erfüllungspflicht (keine Übernahme eines Beschaffungsrisikos iSv § 276 I 1 BGB). III 1 führt damit dazu, dass die Verbindlichkeit der Bank nach I bzw II vorübergehend oder auch endgültig **unmöglich** wird. Das ist wirksam, denn der Umfang des Leistungsversprechens kann in AGB kontrollfrei festgelegt werden (s **(5)** § 307 III 1 BGB). Die Anpassung nach § 242 BGB wird davon aber nicht berührt (s Rn 7f). Die Beschränkung kann auch zur bloßen Teilunmöglichkeit führen. Soweit die Auslandsfiliale zB bei Beschlagnahme davon nicht erfasste Fremdwährungsbestände außerhalb des Landes der Fremdwährung hat, besteht keine Unmöglichkeit. Reicht der Vorrat für die Belieferung mehrerer Gläubiger nicht aus, ist grundsätzlich an alle verhältnismäßig zu verteilen (**Repartierung,** Gefahrengemeinschaft der Gläubiger), Bunte 211, str. Zur Abwicklung über ein Drittland s Rn 2 III lässt abe die Haftung der Bank nach § 280 I BGB für Pflichtverletzungen, zB nicht rechtzeitigen Transfer oder Abwicklung über ein Drittland ohne Zustimmung des Kunden, unberührt. Lit: Kleiner, Internationales Devisen-Schuldrecht, Zürich 1985; Ebke/1990; Maier-Reimer NJW **85,** 2049; Weber IPRax **85,** 56.

6   B. **Kein Ersatzort oder Ersatzwährung (III 2):** Die Bank ist in den Fällen von III 1, zB bei US$, auch nicht zur Erfüllung an einem anderen Ort außerhalb des Landes der Währung, zB Deutschland oder Drittland, oder in einer anderen Währung (auch Euro) oder in Bargeld verpflichtet (III 2 idF 1.4.02). Das politische Fremdwährungsrisiko wird damit (durch Leistungsbeschreibung von vornherein) Risiko des Fremdwährungskunden (**Ausschluss des politischen Risikos des Heimatlandes der Währung).** Diese Risikoabwälzung nach III 2 wird durch die Ausnahmen in III 3, 4 begrenzt. III 2 ist **noch wirksam,** Grund: die Ausnahmen nach § 242 BGB (Rn 6) bleiben von III 2 unberührt und brauchen, da sie unmittelbar aus Gesetz folgen, in den AGB nicht ausdrücklich aufgeführt zu werden.

7   Allerdings kann eine Zahlungspflicht der Bank **ausnahmsweise** trotzdem begründet sein **(Anpassung der Fremdwährungsschuld, § 242 BGB),** Weber IPRax **85,** 58, str (iErg hL), nach aA ausnahmsweise Pflicht zur Ersetzung (§ 244 BGB analog; aber s Rn 4) oder sogar allgemeiner Umwandlung der Fremd- in eine Inlandswährungsschuld (aber zu rigoros). Solche mögliche Ausnahmefälle könnten sein: die Bank hat den Gegenwert bereits erhalten oder ist sonst bereichert (richtiger: bloßer Bereicherungsanspruch, s Rn 8); die politische Maßnahme verwirklicht nur ein eigenes Risiko der Bank, zB erfasst nur die Eigen-, nicht die Kundenbestände der Bank. Die Anpassung muss aber zumutbar sein (Grenze wie bei Störung der Geschäftsgrundlage, § 313 BGB). Unzumutbar wäre es auf jeden Fall, wenn die Bank über ihre gesamten, auch außerhalb des Landes der Fremdwährung gehaltenen Eigen- (nicht Kunden)bestände hinaus in Anspruch genommen würde.

8   Jedenfalls soweit die Bank bereits den Gegenwert erhalten hat oder sonst **ungerechtfertigt bereichert** ist, wird sie trotz III 2 nicht schlechthin ohne tatsächliche Zahlung befreit (§§ 285, 326 III BGB). Die Bank darf keine windfall profits auf Kosten der Kunden machen. Die Höhe einer solchen Bereicherung lässt sich allerdings bei zwischenzeitigen Gegenanlagen und Gewinnen der Bank kaum ermitteln.

9   C. Eine Suspendierung nach III 1 findet nicht statt, wenn die Ausführung völlig **hausintern** erfolgt **(III 3).**

10 D. Die **Verrechnung** fälliger gegenseitiger Forderungen in derselben Währung bleibt für beide Teile unberührt **(III 4).**

V. Bankgeschäfte **11 AGB-Banken (8)**

E. Nr 10 regelt **nicht** die **politischen Transferrisiken im internationalen Wertpapiergeschäft** der Kreditinstitute. Dazu Nr 2 der Sonderbedingungen für Auslandsgeschäfte in Wertpapieren (in Überarbeitung). Dieses Problem ist verwandt, aber rechtlich nicht gleich gelagert. 11

4) Umrechnungskurs (IV)

IV idF 2009 gibt nach dem Wegfall der amtlichen Feststellung der Devisenkurse (Euro, 1.1.99) die Grundlage für die Vereinbarung von Umrechnungsmodalitäten bei Fremdwährungsgeschäften. Die Bestimmung des Wechselkurses bei Fremdwährungsgeschäften folgt nunmehr aus dem „Preis- und Leistungsverzeichnis" der jeweiligen Bank **(IV 1)**. Die Bank nimmt dabei nach eigener (System-)Wahl Bezug auf ein bestimmtes Devisenfixingsystem (zB Hausfixing, EZB-Fixing, EuroFX). Über diese Referenzkurse muss die Bank den Kunden informieren (§ 675a I 2 BGB). Bei Zahlungsdiensten gilt nach **IV 2** neu 2009 ergänzend der Zahlungsdiensterahmenvertrag (§ 675f II BGB idF VerbrKrRi-UmsetzG). Das trägt § 675g II BGB und Art 248 § 5 EGBGB idF VerbrKrRi-UmsetzG Rechnung. 12

III. Mitwirkungspflichten des Kunden

Mitwirkungspflichten des Kunden

AGB-Banken 11 (1) Mitteilung von Änderungen

[1] Zur ordnungsgemäßen Abwicklung des Geschäftsverkehrs ist es erforderlich, dass der Kunde der Bank Änderungen seines Namens und seiner Anschrift sowie das Erlöschen oder die Änderung einer gegenüber der Bank erteilten Vertretungsmacht (insbesondere einer Vollmacht) unverzüglich mitteilt. [2] Diese Mitteilungspflicht besteht auch dann, wenn die Vertretungsmacht in ein öffentliches Register (zum Beispiel in das Handelsregister) eingetragen ist und ihr Erlöschen oder ihre Änderung in dieses Register eingetragen wird. [3] Darüber hinaus können sich weitergehende gesetzliche Mitteilungspflichten, insbesondere aus dem Geldwäschegesetz, ergeben.

(2) Klarheit von Aufträgen

[1] Aufträge müssen ihren Inhalt zweifelsfrei erkennen lassen. [2] Nicht eindeutig formulierte Aufträge können Rückfragen zur Folge haben, die zu Verzögerungen führen können. [3] Vor allem hat der Kunde bei Aufträgen auf die Richtigkeit und Vollständigkeit seiner Angaben, insbesondere der Kontonummer und der Bankleitzahl oder IBAN[1] und BIC[2] sowie der Währung zu achten. [4] Änderungen, Bestätigungen oder Wiederholungen von Aufträgen und Überweisungen müssen als solche gekennzeichnet sein.

(3) Besonderer Hinweis bei Eilbedürftigkeit der Ausführung eines Auftrags

[1] Hält der Kunde bei der Ausführung eines Auftrags besondere Eile für nötig, hat er dies der Bank gesondert mitzuteilen. [2] Bei formularmäßig erteilten Aufträgen muss dies außerhalb des Formulars erfolgen.

(4) Prüfung und Einwendungen bei Mitteilungen der Bank

Der Kunde hat Kontoauszüge, Wertpapierabrechnungen, Depot- und Erträgnisaufstellungen, sonstige Abrechnungen, Anzeigen über die Ausführung von Aufträgen sowie Informationen über erwartete Zahlungen und Sendun-

---

[1] International Bank Account Number (Internationale Bankkontonummer).
[2] Bank Identifier Code (Bank-Identifizierungs-Code).

gen (Avise) auf ihre Richtigkeit und Vollständigkeit unverzüglich zu überprüfen und etwaige Einwendungen unverzüglich zu erheben.

(5) Benachrichtigung der Bank bei Ausbleiben von Mitteilungen

¹Falls Rechnungsabschlüsse und Depotaufstellungen dem Kunden nicht zugehen, muss er die Bank unverzüglich benachrichtigen. ²Die Benachrichtigungspflicht besteht auch beim Ausbleiben anderer Mitteilungen, deren Eingang der Kunde erwartet (Wertpapierabrechnungen, Kontoauszüge nach der Ausführung von Aufträgen des Kunden oder über Zahlungen, die der Kunde erwartet).

1) Mitteilung von Änderungen (I)

1 A. **Nr 11 I** entspricht Nr 1 I aF (bis 1993) I 3 nF 2009. **I 1** verlangt die unverzügliche (ohne schuldhaftes Zögern, § 121 I 1 BGB) **Mitteilung** der Änderung von Namen, Anschrift und Vertretungsmacht, letzterenfalls nur wenn sie gegenüber der Bank erteilt wurde (vgl § 167 I Fall 2 BGB). Formlose Mitteilung, zB telefonisch, genügt (anders Nr 1 I 1 aF (bis 1993). Die Rechtsfolge von Verstößen, also zB Fortbestehen der Vollmacht, ist in I 1 nicht geregelt (anders Nr 1 I aF (bis 1993).

2 I 1 lässt die weitergehenden Pflichten sowie **Rechtsfolgen** aus Geschäftsverbindung, Bankvertrag und Gesetz, zB Rechtsschein, unberührt. Der Kunde ist über I 1 hinaus verpflichtet, der Bank zur Vermeidung von Schäden alle für die Geschäftsverbindung wesentlichen Tatsachen mitzuteilen (für eilbedürftige Aufträge ausdrücklich III); sonst macht er sich schadensersatzpflichtig nach § 280 I BGB, Hamm WM **84**, 926. Eine Pflichtverletzung des Kunden kann auch als Mitverschulden im Rahmen einer Haftung der Bank berücksichtigt werden (§ 254 BGB; ausdrücklich Nr 3 I 3), zB wenn die Bank bei fahrlässiger Unkenntnis des Erlöschens der Vollmacht ohne befreiende Wirkung leistet und der Kunde dies hätte verhindern können. Das Fortbestehen einer der Bank gegenüber erteilten Vollmacht ergibt sich auch ohne Verletzung von I 1 aus §§ 170, 173 BGB sowie nach Duldungs- und Anscheinsvollmacht (Überbl 5 vor § 48 HGB).

3 B. **I 2** lässt für die Vertretungsmacht (s Rn 1) die Publizität des **Handelsregisters** oder anderer öffentlicher Register, zB Genossenschaftsregister, nicht ausreichen und fordert über § 15 II HGB, § 29 II GenG ua hinaus eigene Mitteilung des Erlöschens oder der Änderung. Eine solche Pflicht zum Hinweis auf Rechts- und Registereintragsänderung ist in besonderen Fällen ohnehin anerkannt (Rspr s § 15 HGB Rn 15). I 2 erweitert diese Pflicht (iErg nur für Firmenkunden) wirksam ohne Verstoß gegen **(5)** §§ 305 ff BGB. Rechtsfolge (s Rn 2) ist Schadensersatzpflicht des Kunden, die jedoch bei Mitverschulden der Bank (zB schuldhaftes Nichtauswerten des HdlReg, BAnz ua) ganz oder teilweise entfallen kann. Unabhängig von I 2 kann in bestimmten Fällen eine Haftung aus Rechtsschein (gegen den Registerinhalt) bestehen, den zu beseitigen Sache des Kunden ist (s § 15 HGB Rn 15).

I 3 stellt klar, dass sich darüber hinaus weitergehende gesetzliche Mitteilungspflichten, insbesondere aus dem Geldwäschegesetz (s Rn A/12) ergeben können.

2) Klarheit von Aufträgen (II)

4 A. **II** idF 2009. Nach **II 1** trifft den Kunden bei **allen Aufträgen** eine allgemeine Klarheitspflicht. Von Üerweisungen ist in hier und mehrfach in Nr 11 nicht mehr die Rede, weil das VerbrKrRiUmsetzG 2009 wieder das alte, vor dem ÜberweisungsG 1999 geltende, auftragsrechtliche Modell mit Rahmenvertrag (§ 675f II BGB) und Weisung eingeführt hat; der allgemeine Begriff ist „Zahlungsauftrag" (§ 675f III 2 BGB nF). Die Klarheitspflicht wird, wenn ein Missverständnis besonders naheliegt wie bei Auftragsänderung ua, zur Kennzeichnungspflicht **(II 4)**. Rechtsfolgen: Auslegung entgegen dem vom Kunden nicht klargemachten

V. Bankgeschäfte 5–9 **11 AGB-Banken (8)**

Willen (so schon §§ 133, 157 BGB, § 346 HGB), uU Schadensersatzpflicht des Kunden nach § 280 I BGB. **II 2** weist rein deklaratorisch auf Verzögerungen durch Rückfragen bei nicht eindeutig formulierten Aufträgen hin.

B. **II 3** idF 2009 betrifft **Kundenaufträge zu Kontogutschriften** (zB bei 5 Lastschrift- und Scheckeinreichungen). Der Kunde muss auf Richtigkeit und Vollständigkeit seiner Angaben, bei SEPA-Lastschriften **IBAN und BIC sowie Währung** achten (s **(7)** Bankgeschäfte Rn D/16). Eine Pflicht zur Angabe auch der Kontonummer und der Bankleitzahl folgt nicht aus II 3 (s **(5)** § 305c II BGB), aber uU aus Bank- oder Girovertrag. Eine Einstandspflicht des Kunden bzw Risikoabwälzung auf ihn durch II 3 besteht nicht (anders Nr 4 III 2 aF (bis 1993). Sie wäre auch jedenfalls für den herkömmlichen Überweisungsverkehr mit Belegträgern unwirksam gewesen, zu Nr 4 III 2 aF (bis 1993) BGH **108**, 386. II 3 nF spricht anders als die aF nicht mehr vom Namen des Zahlungsempfängers. **II 4** idF 1.4.02 verlangt ergänzend, dass Änderungen, Bestätigungen oder Wiederholungen von Aufträgen als solche zu kennzeichnen sind.

Rechtsfolgen: Haftung der Bank ohne Freizeichnung für leichte Fahrlässigkeit 6 (anders Nr 4 III 3 aF (bis 1993), aber unwirksam, 28. Aufl, offen BGH NJW **91**, 3208), aber begrenzt durch Mitverschulden des Kunden und seiner Erfüllungsgehilfen (§ 254 BGB; Nr 3 I 3). Im Falle von Fehlüberweisungen bei falscher Kontonummer, aber richtiger Namensangabe hatte die Bank früher ihre Leistungspflicht aus Vertrag nicht erfüllt, aber heute erfolgt kein Kontonummer-Namens-Abgleich mehr (§ 675r BGB, s Rn C/43).

3) Besonderer Hinweis bei Eilbedürftigkeit der Ausführung eines Auftrags (III)

III idF 1.4.02 entspricht Nr 7, 40 I aF (bis 1993). Der Kunde muss **bei** 7 **besonderer Eile** des Auftrags die der Bank **gesondert** mitteilen (III 1). Bei formularmäßig erteilten Aufträgen muss diese Mitteilung außerhalb des benutzten Formulars erfolgen (III 2). Bspe: Fristgebundenheit der Zahlung oder wenn über den Zinsschaden hinaus Schäden aus Verzögerung oder Fehlleitung drohen. Das ist wirksam, da nur Aufträge erfasst werden, die in kürzerer Zeit als banküblich (vgl § 676a II 1 BGB: baldmöglichst) zu erledigen sind, Ul/Br/He/Fuchs (8) Banken Rn 37, Seibert NJW **06**, 2362, str, aA zu Nr 7 S 1 aF (bis 1993) Canaris 2577, weil Hinweispflicht außer auf außergewöhnliche oder besonders hohe Schäden den Kunden unbillig belaste. Je nachdem muss der Kunde eben einen besonderen Eilauftrag erteilen, zB Eilüberweisung oder bei Scheck- oder Wechselinkasso.

Rechtsfolgen: Bei Verzögerung oder Fehlleitung trotz Hinweises haftet die 8 Bank für jede, auch leichte Fahrlässigkeit. Bei fehlendem Hinweis haftet die Bank je nachdem mangels Verschuldens gar nicht oder bei Verschulden ohne Freizeichnung (anders Nr 7 S 2, 40 I 2 aF (bis 1993), aber begrenzt durch ein Mitverschulden des Kunden (§ 254 BGB; Nr 3 I 3). Bei eigenem Schaden hat sie einen Schadensersatzanspruch gegen den Kunden, begrenzt durch ihr Mitverschulden. Ein eigenes Verschulden der Bank kann in mangelnder Aufklärung des Kunden liegen, zB über längere Inkassolaufzeiten von in ländlichen Regionen oder im Ausland zahlbaren Schecks.

4) Prüfung und Einwendungen bei Mitteilungen der Bank (IV)

IV idF 1.4.02 entspricht Nr 15 aF (bis 1993). Der Kunde muss Kontoauszüge, 9 Wertpapier- und sonstige Abrechnungen, Depot- und Ertragnisaufstellungen, Ausführungsanzeigen von Aufträgen sowie Avise (Definition in IV: Informationen über erwartete Zahlungen und Sendungen) auf Richtigkeit und Vollständigkeit unverzüglich (s Rn 1) überprüfen und ggf unverzüglich beanstanden, BGH WM **12**, 937. Das ist auch bereits ohne IV, deklaratorisch, eine bank- bzw giro- und depotvertragliche Nebenpflicht, nicht nur eine Obliegenheit, Bunte 231, aA Derl/

(8) AGB-Banken 12

Kno/Ba/Casper 71, 77, Ul/Br/He/Fuchs (8) Banken Rn 38 unter Hinweis auf Nr 3 I 3; Verstoß gegen eine solche Nebenpflicht macht den Kunden schadensersatzpflichtig nach § 280 I BGB, BGH WM **73**, 211, **95**, 108, NJW **10**, 3517, WM **10**, 2309. Schweigen gilt in bestimmten Fällen als Genehmigung (s Nr 7 Rn 3). Zur Anwendung gegen den Insolvenzverwalter s BGH WM **72**, 285.

5) Benachrichtigung der Bank bei Ausbleiben von Mitteilungen (V)

10   V idF 1.4.02 entspricht Nr 16 aF (bis 1993). Der Kunde muss die Bank unverzüglich (s Rn 1) benachrichtigen, falls Rechnungsabschlüsse (Nr 7 I) und Depotaufstellungen nicht zum normalen Zeitpunkt (zB Quartalsende, Nr 7 I 1) zugehen (**V 1**). Das gilt auch bei anderen Mitteilungen, wenn der Kunde Anlass hat, ihren Eingang zu erwarten. Die Aufzählung dazu (Wertpapierabrechnungen, Kontoauszüge nach der Ausführung von Aufträgen des Kunden oder über Zahlungen, die der Kunde erwartet) in **V 2** idF 1.4.02 ist abschließend (vgl **(5)** § 305c II BGB). Bsp: telefonische Kontoeröffnung, BGH WM **85**, 511. Die Kontroll- und Mitteilungspflicht bezieht sich damit nicht schon auf jeden einzelnen Buchungsvorgang und das Ausbleiben einzelner Kontoauszüge, sondern nur auf erkennbar bedeutsame Ausfälle; vgl Düss WM **87**, 1215 („auffällig"). Verletzung kann Mitverschulden (§ 254 BGB) oder Schadensersatzpflicht des Kunden nach § 280 I BGB wegen Pflichtverletzung begründen, BGH NJW **84**, 922.

IV. Kosten der Bankdienstleistungen

Zinsen, Entgelte und Aufwendungen

AGB-Banken 12   (1) Zinsen und Entgelte im Geschäft mit Verbrauchern

¹Die Höhe der Zinsen und Entgelte für die üblichen Bankleistungen, die die Bank gegenüber Verbrauchern erbringt, einschließlich der Höhe von Zahlungen, die über die für die Hauptleistung vereinbarten Entgelte hinausgehen, ergeben sich aus dem „Preisaushang – Regelsätze im standardisierten Privatkundengeschäft" und aus dem „Preis- und Leistungsverzeichnis".

²Wenn ein Verbraucher eine dort aufgeführte Hauptleistung in Anspruch nimmt und dabei keine abweichende Vereinbarung getroffen wurde, gelten die zu diesem Zeitpunkt im Preisaushang oder Preis- und Leistungsverzeichnis angegebenen Zinsen und Entgelte.

³Eine Vereinbarung, die auf eine über das vereinbarte Entgelt für die Hauptleistung hinausgehende Zahlung des Verbrauchers gerichtet ist, kann die Bank mit dem Verbraucher nur ausdrücklich treffen, auch wenn sie im Preisaushang oder im Preis- und Leistungsverzeichnis ausgewiesen ist.

⁴Für die Vergütung der nicht im Preisaushang oder im Preis- und Leistungsverzeichnis aufgeführten Leistungen, die im Auftrag des Verbrauchers erbracht werden und die, nach den Umständen zu urteilen, nur gegen eine Vergütung zu erwarten sind, gelten, soweit keine andere Vereinbarung getroffen wurde, die gesetzlichen Vorschriften.

(2) Zinsen und Entgelte im Geschäft mit Kunden, die keine Verbraucher sind.

¹Die Höhe der Zinsen und Entgelte für die üblichen Bankleistungen, die die Bank gegenüber Kunden, die keine Verbraucher sind, erbringt, ergeben sich aus dem „Preisaushang – Regelsätze im standardisierten Privatkundengeschäft" und aus dem „Preis- und Leistungsverzeichnis", soweit der Preisaushang und das Preis- und Leistungsverzeichnis übliche Bankleistungen ge-

V. Bankgeschäfte **12 AGB-Banken (8)**

genüber Kunden, die keine Verbraucher sind (zum Beispiel Geschäftskunden), ausweisen.

²Wenn ein Kunde, der kein Verbraucher ist, eine dort aufgeführte Bankleistung in Anspruch nimmt und dabei keine abweichende Vereinbarung getroffen wurde, gelten die zu diesem Zeitpunkt im Preisaushang oder Preis- und Leistungsverzeichnis angegebenen Zinsen und Entgelte.

³Im Übrigen bestimmt die Bank, sofern keine andere Vereinbarung getroffen wurde und gesetzliche Bestimmungen dem nicht entgegenstehen, die Höhe von Zinsen und Entgelten nach billigem Ermessen (§ 315 des Bürgerlichen Gesetzbuches).

(3) Nicht entgeltfähige Leistung

Für eine Leistung, zu deren Erbringung die Bank kraft Gesetzes oder auf Grund einer vertraglichen Nebenpflicht verpflichtet ist oder die sie im eigenen Interesse wahrnimmt, wird die Bank kein Entgelt berechnen, es sei denn, es ist gesetzlich zulässig und wird nach Maßgabe der gesetzlichen Regelung erhoben.

(4) Änderung von Zinsen; Kündigungsrecht des Kunden bei Erhöhung

¹Die Änderung der Zinsen bei Krediten mit einem veränderlichen Zinssatz erfolgt aufgrund der jeweiligen Kreditvereinbarung mit dem Kunden. ²Die Bank wird dem Kunden Änderungen von Zinsen mitteilen. ³Bei einer Erhöhung kann der Kunde, sofern nichts anderes vereinbart ist, die davon betroffene Kreditvereinbarung innerhalb von sechs Wochen nach der Bekanntgabe der Änderung mit sofortiger Wirkung kündigen. ⁴Kündigt der Kunde, so werden die erhöhten Zinsen für die gekündigte Kreditvereinbarung nicht zugrunde gelegt. ⁵Die Bank wird zur Abwicklung eine angemessene Frist einräumen.

(5) Änderungen von Entgelten bei typischerweise dauerhaft in Anspruch genommenen Leistungen

¹Änderungen von Entgelten für Bankleistungen, die vom Kunden im Rahmen der Geschäftsverbindung typischerweise dauerhaft in Anspruch genommen werden (zB Konto- und Depotführung), werden dem Kunden spätestens zwei Monate vor dem vorgeschlagenen Zeitpunkt ihres Wirksamwerdens in Textform angeboten. ²Hat der Kunde mit der Bank im Rahmen der Geschäftsbeziehung einen elektronischen Kommunikationsweg vereinbart (zB das Online-Banking), können die Änderungen auch auf diesem Wege angeboten werden. ³Der Kunde kann den Änderungen vor dem vorgeschlagenen Zeitpunkt ihres Wirksamwerdens entweder zustimmen oder sie ablehnen. ⁴Die Zustimmung des Kunden gilt als erteilt, wenn er seine Ablehnung nicht vor dem vorgeschlagenen Zeitpunkt des Wirksamwerdens der Änderung angezeigt hat. ⁵Auf diese Genehmigungswirkung wird ihn die Bank in ihrem Angebot besonders hinweisen. ⁶Werden dem Kunden Änderungen angeboten, kann er den von der Änderung betroffenen Vertrag vor dem vorgeschlagenen Zeitpunkt des Wirksamwerdens der Änderung auch fristlos und kostenfrei kündigen. ⁷Auf dieses Kündigungsrecht wird ihn die Bank in ihrem Angebot hinweisen. ⁸Kündigt der Kunde, wird das geänderte Entgelt für die gekündigte Geschäftsbeziehung nicht zugrunde gelegt.

⁹Die vorstehende Vereinbarung gilt gegenüber Verbrauchern nur dann, wenn die Bank Entgelte für Hauptleistungen ändern will, die vom Verbraucher im Rahmen der Geschäftsverbindung typischerweise dauerhaft in Anspruch genommen werden. ¹⁰Eine Vereinbarung über die Änderung eines Entgelts, das auf eine über die Hauptleistung hinausgehende Zahlung des Verbrauchers gerichtet ist, kann die Bank mit dem Verbraucher nur ausdrücklich vereinbaren.

(6) Ersatz von Aufwendungen

Ein möglicher Anspruch der Bank auf Ersatz von Aufwendungen richtet sich nach den gesetzlichen Vorschriften.

(7) Besonderheiten bei Verbraucherdarlehensverträgen und Zahlungsdiensteverträgen mit Verbrauchern für Zahlungen

¹Bei Verbraucherdarlehensverträgen und Zahlungsdiensteverträgen mit Verbrauchern für Zahlungen richten sich die Zinsen und die Kosten (Entgelte und Auslagen) nach den jeweiligen vertraglichen Vereinbarungen und Sonderbedingungen sowie ergänzend nach den gesetzlichen Vorschriften. ²Die Änderung von Entgelten von Zahlungsdiensterahmenverträgen (zum Beispiel Girovertrag) richtet sich nach Absatz 5.

1) Zinsen, Entgelte und Aufwendungen (I)

1 Nr 12 nF 2009, 2014 (I, II, V nF) und zum 13.1.2018 (V 3, VII 2) enthält eine **originäre Preisvereinbarung.** I gilt **nur für Verbraucher** (§ 13 BGB; Nichtverbraucherkunden s II, Rn 6). Die Höhe der Zinsen und Entgelte für die üblichen Bankleistungen der Bank gegenüber Verbrauchern, einschließlich der Höhe von Zahlungen über die für die Hauptleistung vereinbarten Entgelte hinaus, ergeben sich aus dem „**Preisaushang** – Regelsätze im standardisierten Privatkundengeschäft" und ergänzend aus dem „**Preis- und Leistungsverzeichnis**" (I 1). Demgegenüber hatte I aF nicht zwischen Verbrauchern (§ 13 BGB) und Nichtverbrauchern unterschieden, sondern zwischen Zinsen und Entgelten im Privatkundengeschäft (Privatkunden vgl auch Nr 2 III 3) und außerhalb desselben (Firmenkundengeschäft). Bei den genannten Bankleistungen handelt es sich zB um Standardkredite und andere typische Leistungen. Aushang und Verzeichnis sind nur der Ort, wo die „üblichen" Bankleistungen ausgewiesen sind, regeln aber nicht abschließend, ob die dort ausgewiesenen Bankleistungen üblich sind.

2 I 2 und 3 unterscheiden zwischen Entgelt für Hauptleistungen und für darüber hinausgehende Leistungen, denn erstere unterfallen nicht § 312a III 1 BGB, nur letztere (deswegen I 3). Bei Inanspruchnahme einer im Aushang oder Verzeichnis (s Rn 1) aufgeführten **Hauptleistung** durch einen Verbraucher gelten mangels abweichender Vereinbarung die zu diesem Zeitpunkt im Aushang oder Verzeichnis angegebenen Zinsen und Entgelte **(I 2)**. Eine Vereinbarung, die auf eine über das vereinbarte Entgelt für die Hauptleistung hinausgehende Zahlung des Verbrauchers gerichtet ist, kann die Bank mit dem Verbraucher nur ausdrücklich (nicht nur konkludent, RegE § 312a III, dort noch als V) treffen, auch wenn sie im Aushang oder Verzeichnis ausgewiesen ist **(I 3)**. Entsprechend für Änderung (V 9, s Rn 12). I 3 entspricht nahezu wortgleich § 312a III 1 BGB. § 312a III BGB gilt nicht im Bereich der Zahlungsdienste, für diese gilt Nr 2 VII AGB-Banken, der auf der EU-vorgegebenen Sonderregelung des § 675g BGB beruht (zu diesem **(7)** Bankgeschäfte Rn C/31).

3 Für **im Preisaushang oder im Preis- und Leistungsverzeichnis nicht aufgeführte Leistungen** im Auftrag des Verbrauchers (§§ 662 ff BGB) richtet sich die nach den Umständen zu erwartende Vergütung (vgl § 612 I BGB) mangels Vereinbarung nach den gesetzlichen Vorschriften **(I 4**, wie 3 aF 2009). Die bis 2009 geltende Regelung, nach der die Bank die Vergütung dann einseitig nach billigem Ermessen (§ 315 BGB) bestimmen konnte, war zwar nach üL durch § 354 HGB, § 612 BGB gedeckt und mit **(5)** § 309 Nr 1 BGB vereinbar, war aber angesichts der höchstrichterlichen Rechtsprechung zu der allerdings weiteren und unbestimmteren Klausel in **(9)** AGB-Sp Nr 17 II 1, BGH WM **09,** 1077, Nürnb WM **08,** 1921 zweifelhaft geworden. Entgelt für Löschungsbewilligung bei Grundpfandrechten widerspricht § 369 I BGB, **(5)** § 307 BGB, BGH **114,** 330. Zinsänderung bei variablem Kredit und Dauerleistungen s IV, Rn 9f,

V. Bankgeschäfte 4–8 **12 AGB-Banken (8)**

und V, Rn 11 f. Abrechnung s Rn 5. Allgemeiner zu Kreditzinsrecht und Entgeltklauseln s **(7)** Bankgeschäfte Rn G/4.

Überziehungskredite sind in den AGB-Banken nicht besonders geregelt (anders Nr 14 III aF bis 1993). Für vereinbarte Überziehungskredite (klassischer Dispositionskredit) ist bei Verbraucherdarlehen § 504 BGB idF VerbrKrRiUmsetzG (eingeräumte Überziehungsmöglichkeit) zu beachten; für nur geduldete, eigenmächtige Kontoüberziehungen (ohne Dispositionskredit oder über den Dispositionsrahmen hinaus) gilt bei Verbraucherverträgen § 505 BGB idF VerbrKrRiUmsetzG (geduldete Überziehung), zum Ersatz von Aufwendungen s VI, Rn 13, keine Pauschalierung, BGH WM **17**, 80, 84; zur Unterscheidung beider Formen BGH **154**, 237; s auch **(7)** Bankgeschäfte Rn G/2, 4. Nicht vereinbarte Überziehungen banküblich bis zu 10% des nach den Umständen möglichen Überziehungskredits, Kln WM **99**, 1003, Brdbg WM **07**, 2150; bis zum Zwei- oder Dreifachen der monatlichen Gutschriften, Düss BKR **15**, 107. Für Kontoüberziehungen kann die Bank wirksam erhöhte Zinsen berechnen, wie im Preisaushang angegeben, BGH **118**, 126, WM **92**, 940, 942, Eckert ZBB **91**, 101, aA Kilimann NJW **90**, 1154, nunmehr unter Berücksichtigung von Nr 12 Bunte 248 (Überziehungszinsen), 260. Die Inanspruchnahme von Kredit über den vereinbarten Termin hinaus ist kein solcher Überziehungskredit (anders unwirksam Nr 14 III 1 Fall 2 aF (bis 1993), 18 I 1 Halbs 2), sondern normaler Verzug mit Verzugsfolgen nur nach §§ 280 II, 286, 288, 289 S 2 BGB, BGH **154**, 230, WM **86**, 10, Düss NJW **91**, 2429, Düss BKR **15**, 107. Keine Überziehungszinsen nach Vertragsende s Nr 19 Rn 12. Überziehungsentgelte, Cahn WM **10**, 1197, Mindestgebührklausel für geduldete Kontoüberziehungen ist nach Ffm ZWM **15**,721 unwirksam.

Die Bank schuldet ihren (kfm und privaten) Kunden, Verbrauchern und Nichtverbraucherkunden, **Abrechnung** (§ 384 HGB, § 666 BGB; ausdrücklich Nr 14 II 4 aF bis 1993). Die Bank muss also eine „Rechnung" stellen und darin Leistungen, Entgelte und Sachkosten etc spezifizieren. Pauschalpreis ist nicht ausgeschlossen. Bei Abrechnung auf Stundenbasis sind aber Stundenzahl und Stundensatz aufzuschlüsseln.

2) Zinsen und Entgelte im Geschäft mit Kunden, die keine Verbraucher sind (II)

II nF 2009 und 2014, II 1 aF wird zu II 3 nF, II 1 und 2 neu. Die Höhe der Zinsen und Entgelte für die üblichen Bankleistungen an Nichtverbraucherkunden ergeben sich aus dem „Preisaushang – Regelsätze im standardisierten Privatkundengeschäft" und aus dem „Preis- und Leistungsverzeichnis", soweit in diesem Aushang bzw Verzeichnis übliche Bankleistungen gegenüber Nichtverbraucherkunden, zB Geschäftskunden, ausgewiesen sind **(II 1)**. Nimmt ein Nichtverbraucherkunde eine dort aufgeführte Bankleistung in Anspruch, gelten mangels abweichender Vereinbarung die zu diesem Zeitpunkt im Aushang bzw Verzeichnis angegebenen Zinsen und Entgelte **(II 2)**.

Im Übrigen, also wenn II 1 und 2 nicht eingreifen, kann die Bank mangels Vereinbarung und mangels entgegenstehender gesetzlicher Bestimmungen die Höhe von Zinsen und Entgelten einseitig nach billigem Ermessen (§ 315 BGB) bestimmen **(II 3)**. Das ist wirksam (Rn 1), iErg auch Derl/Kno/Ba/Casper 85, zweifelnd Ul/Br/He/Fuchs (8) Banken Rn 43. Zur Sittenwidrigkeit bei hochverzinslichen Darlehen s **(7)** Bankgeschäfte Rn G/10.

3) Nicht entgeltfähige Leistungen (III)

III neu 2009 stellt im Hinblick auf die höchstrichterliche Rechtsprechung (s Rn 1) und § 675g BGB idF VerbrKrRiUmsetzG vorsorglich klar, dass die Bank für eine Leistung, zu deren Erbringung sie kraft Gesetzes oder aufgrund einer vertraglichen Nebenpflicht verpflichtet ist oder die sie im eigenen Interesse wahr-

Hopt 2189

(8) AGB-Banken 12

nimmt, kein Entgelt berechnet, es sei denn, es ist gesetzlich zulässig und wird nach Maßgabe der gesetzlichen Regelung erhoben. Das deckt sich bis hin in den Wortlaut mit der Rechtsprechung, BGH WM **09**, 1079 mwN, und ist eigentlich selbstverständlich, mag aber im Hinblick auf den Grundsatz der kundenfeindlichsten Auslegung kautelarjuristischer Vorsicht entsprechen. Dazu, wann ein Entgelt berechnet bzw nicht berechnet werden kann, gibt es eine umfangreiche Rechtsprechung, die jedenfalls in ihren Grundzügen weiter relevant ist. Umfassender Überblick über die verschiedenen Bankleistungen und die dazu ergangene Rechtsprechung bei Bunte Rn 248 ff (für Zahlungsdienste vgl §§ 675f IV, 675g II, III BGB), s Bankgeschäfte Rn C/50, 51.

4) Änderung von Zinsen; Kündigungsrecht des Kunden bei Erhöhung (IV)

9 A. **IV** idF 2009. IV enthält selbst **keine Zinsanpassungsklausel**. Nach **IV 1** kann die Bank die Zinsen bei **Krediten mit veränderlichem Zinssatz** während der Laufzeit nur nach der jeweiligen Kreditvereinbarung mit dem Kunden ändern. Bsp: variabler Kredit an Firmenkunden nach entsprechendem Kreditzusage- oder -bestätigungsschreiben, bei Änderung der Marktzinsen dann einseitige Anpassung und Mitteilung. Auch die Zinsanpassungsvoraussetzungen müssen vertraglich festgelegt werden. Zinsanpassungsklauseln müssen neben der Erhöhung auch die Senkung des allgemeinen Zinsniveaus berücksichtigen. Zu den Zulässigkeitsvoraussetzungen für Zinsanpassungsklauseln nach § 315 BGB s **(7)** Bankgeschäfte Rn G/4. Verbraucherdarlehensverträge s VII, Rn 14. Die Bank verpflichtet sich, dem Kunden Änderungen von Zinsen **mitzuteilen (IV 2)**. IV 2 betrifft nur Änderungen von Zinsen nach IV 1, nicht auch Änderungen im Preisaushang und Preisverzeichnis nach I. Mitteilung an den Kunden, nicht nur allgemein durch Aushang, aber nicht notwendigerweise schriftlich, auch auf Kontoauszug, Bunte 255.

10 B. **Bei Zinserhöhung** kann der **Kunde** mangels anderweitiger Vereinbarung die davon betroffene Kreditvereinbarung innerhalb von sechs Wochen nach der Bekanntgabe der Änderung (IV 2, s Rn 9) **mit sofortiger Wirkung kündigen (IV 3)**, vgl Nr 18 I sowie § 489 III BGB, dazu auch **(9)** AGB-Spark 5, dort Rn 1. Dann werden die erhöhten Zinsen für die gekündigte Kreditvereinbarung nicht zugrunde gelegt **(IV 4)**. Zur Abwicklung räumt die Bank eine angemessene Frist ein **(IV 5)**.

5) Änderungen von Entgelten bei typischerweise dauerhaft in Anspruch genommenen Leistungen (V)

11 V neu 2009, 2018 (s Rn 1). V betrifft Entgelte für von Kunden im Rahmen der Geschäftsverbindung typischerweise **dauerhaft in Anspruch genommene Bankleistungen**, zB Konto- oder Depotführung; Überziehungskredite s Rn 4. Änderungen solcher Entgelte werden dem Kunden spätestestens zwei Monate (bis 2009 sechs Wochen, vgl Nr 1 Rn 7) vor dem vorgeschlagenen Zeitpunkt ihres Wirksamwerdens in Textform (§ 126b BGB) angeboten **(V 1)**. Statt Textform kann die Bank den elektronischen Kommunikationsweg benutzen, den der Kunde mit der Bank im Rahmen ihrer Geschäftsbeziehung vereinbart hat, zB Online-Banking **(V 2)**. Der Kunde kann den Änderungen vor dem vorgeschlagenen Zeitpunkt ihres Wirksamwerdens entweder zustimmen oder sie ablehnen **(V 3)**. Schweigen des Kunden gilt als Zustimmung, wenn er nicht vor dem vorgeschlagenen Zeitpunkt des Wirksamwerdens der Änderung seine Ablehnung angezeigt hat **(V 4)**. Besonderer Hinweis auf diese Genehmigungsfiktion wie in Nr 1 II 4 **(V 5)**. All das entspricht Nr 1 II und ist wie dort wirksam, dort auch zur Frage, ob bloße Absendung die Frist wahrt (Nr 1 Rn 7). Fristloses und kostenfreies Kündigungsrecht des Kunden vor dem vorgeschlagenen Zeitpunkt und Hinweis darauf wie nach Nr 1 II 5 und 6 **(V 6, 7)**. Kündigt der Kunde, wird das geänderte Entgelt für die gekündigte Geschäftsbeziehung nicht zugrunde gelegt **(V 8)**. V 8 wie IV 4.

V 9 und 10 nF zum 15.7.2014 tragen § 312a BGB Rechnung, der seinerseits auf Art 22 der VerbraucherrechteRi zurückgeht. Die Vereinbarung zur Änderung von Entgelten bei typischerweise dauerhaft in Anspruch genommenen Leistungen (s V 4, Rn 11) gilt gegenüber Verbrauchern nur dann, wenn die Bank Entgelte für Hauptleistungen (typischer Fall von dauerhaft in Anspruch genommenen Bankleistungen, s Rn 2, § 312a III 1 BGB gilt nicht) ändern will, die vom Verbraucher im Rahmen der Geschäftsverbindung typischerweise dauerhaft in Anspruch genommen werden **(V 9)**. Eine Vereinbarung über die Änderung eines Entgelts, das auf eine über die Hauptleistung hinausgehende Zahlung des Verbrauchers gerichtet ist (hier gilt § 312a III 1 BGB), kann die Bank mit dem Verbraucher nur ausdrücklich vereinbaren **(V 10)**. Diese Regelung für Änderungen entspricht der Regelung in I 3 für die ursprüngliche Vereinbarung (s Rn 2).

6) Ersatz von Aufwendungen (VI)

VI nF 2000 und Mai 2012 zusammen mit angepasster Überschrift. Nach VI aF konnte die Bank dem Kunden in seinem Auftrag oder mutmaßlichen Interesse gemachten Auslagen sowie die Kosten im Zusammenhang mit Sicherheiten in Rechnung stellen (zu beidem Bspe in VI aF). VI aF war im Verkehr mit Verbrauchern nach § 307 I, II Nr. 1 BGB unwirksam, BGH WM **12**, 1189, 1344 (Unklarheitenregel, „kundenfeindlichste" Auslegung), zT krit Bork WM **13**, 1101, anders noch BGH WM **89**, 129; die Auslagen müssen im Interesse des Kunden liegen und dürfen nicht aus Tätigkeiten nur im eigenen Interesse der Bank resultieren. Nach der nF hat die Bank Anspruch auf Aufwendungsersatz nach den gesetzlichen Vorschriften, also grundsätzlich nach §§ 675 I, 670 BGB. Parallel dazu wurden **(8)** AGB-WPGeschäfte Nr 3 III (s dort) und Nr 2 der Sonderbedingungen für Termingeschäfte geändert. Überziehungskredite sind nicht mehr besonders geregelt (anders VI 3 aF, s Rn 4).

7) Besonderheiten bei Verbraucherdarlehensverträgen und Zahlungsdiensteleistungsverträgen mit Verbrauchern für Zahlungen

VII nF 2018 nimmt Verbraucherdarlehensverträge von Nr 12 zu Recht aus. Hier richten sich die Zinsen und Kosten (Entgelte und Auslagen) nach den jeweiligen vertraglichen Vereinbarungen und Sonderbedingungen sowie ergänzend nach den gesetzlichen Vorschriften (VII 1, § 675g II BGB idF VerbrKrRiUmsetzG). Die Änderung von Entgelten von Zahlungsdiensterahmenverträgen (zB Girovertrag, s **(7)** Bankgeschäfte Rn C/25) richtet sich nach V **(VII 2)**.

V. Sicherheiten für die Ansprüche der Bank gegen den Kunden

Bestellung oder Verstärkung von Sicherheiten

AGB-Banken 13 (1) Anspruch der Bank auf Bestellung von Sicherheiten

¹Die Bank kann für alle Ansprüche aus der bankmäßigen Geschäftsverbindung die Bestellung bankmäßiger Sicherheiten verlangen, und zwar auch dann, wenn die Ansprüche bedingt sind (zum Beispiel Aufwendungsersatzanspruch wegen der Inanspruchnahme aus einer für den Kunden übernommenen Bürgschaft). ²Hat der Kunde gegenüber der Bank eine Haftung für Verbindlichkeiten eines anderen Kunden der Bank übernommen (zum Beispiel als Bürge), so besteht für die Bank ein Anspruch auf Bestellung oder Verstärkung von Sicherheiten im Hinblick auf die aus der Haftungsübernahme folgende Schuld jedoch erst ab ihrer Fälligkeit.

(2) Veränderungen des Risikos

¹Hat die Bank bei der Entstehung von Ansprüchen gegen den Kunden zunächst ganz oder teilweise davon abgesehen, die Bestellung oder Verstärkung von Sicherheiten zu verlagen, kann sie auch später noch eine Besicherung fordern. ²Voraussetzung hierfür ist jedoch, dass Umstände eintreten oder bekannt werden, die eine erhöhte Risikobewertung der Ansprüche gegen den Kunden rechtfertigen. ³Dies kann insbesondere der Fall sein, wenn

– sich die wirtschaftlichen Verhältnisse des Kunden nachteilig verändert haben oder sich zu verändern drohen, oder
– sich die vorhandenen Sicherheiten wertmäßig verschlechtert haben oder zu verschlechtern drohen.

⁴Der Besicherungsanspruch der Bank besteht nicht, wenn ausdrücklich vereinbart ist, dass der Kunde keine oder ausschließlich im Einzelnen benannte Sicherheiten zu bestellen hat. ⁵Bei Verbraucherdarlehensverträgen besteht der Anspruch auf die Bestellung oder Verstärkung von Sicherheiten nur, soweit die Sicherheiten im Kreditvertrag angegeben sind. ⁶Übersteigt der Nettodarlehensbetrag 75 000 Euro, besteht der Anspruch auf Bestellung oder Verstärkung auch dann, wenn in einem vor dem 21. März 2016 abgeschlossenen Verbraucherdarlehensvertrag oder in einem ab dem 21. März 2016 abgeschlossenen Allgemein-Verbraucherdarlehensvertrag im Sinne von § 491 Abs. 2 BGB keine oder keine abschließenden Angaben über Sicherheiten enthalten sind.

(3) Fristsetzung für die Bestellung oder Verstärkung von Sicherheiten

¹Für die Bestellung oder Verstärkung von Sicherheiten wird die Bank eine angemessene Frist einräumen. ²Beabsichtigt die Bank, von ihrem Recht zu fristlosen Kündigung nach Nr. 19 Absatz 3 dieser Geschäftsbedingungen Gebrauch zu machen, falls der Kunde seiner Verpflichtung zur Bestellung oder Verstärkung von Sicherheiten nicht fristgerecht nachkommt, wird sie ihn zuvor hierauf hinweisen.

1) Anspruch der Bank auf Bestellung von Sicherheiten (I)

1   A. **Nr 13 I** entspricht Nr 19 I aF (bis 1993). I ist wirksam, hL. Der **Anspruch der Bank auf bankmäßige Sicherheiten (I 1)** besteht nur gegen den Kunden der Bank. Das zeigt die Abschnittsüberschrift und folgt schon aus der Reichweite der AGB (Nr 1 Rn 1, 4). Der Anspruch besteht also nicht gegen den Bürgen des Kunden, BGH **92**, 301, außer wenn dieser selbst Kunde der Bank ist (vgl I 2).

2   Der Anspruch der Bank besteht **für alle Ansprüche aus der bankmäßigen Geschäftsverbindung.** Der Anspruch ist auch bei festem Darlehen auf bestimmte Zeit nicht ausgeschlossen.

3   Die Bank hat **Anspruch auf bankmäßige Sicherheiten,** also vornehmlich solche mit leichter und rascher Verwertbarkeit; sie hat keinen Anspruch auf eine bestimmte Sicherheit, die freie Wahl der Art und des Gegenstandes bleibt beim Kunden, BGH NJW **81**, 1363. Die Bank hat aber keinen Anspruch auf Übersicherung (Nr 16, § 242 BGB) und muss bei einem Wechsel der Sicherheiten die Belange des Kunden angemessen berücksichtigen, zB kein Verlangen zur Unzeit, BGH NJW **83**, 2703.

4   Der Anspruch der Bank besteht **ohne weiteres.** Die Bank braucht keinen besonderen Anlass für ihr Verlangen, zB genügen veränderte Beurteilung der Lage des Kunden oder vorsichtigere Geschäftspolitik; Verschlechterung der Vermögensverhältnisse des Kunden ist nicht Anspruchsvoraussetzung, BGH NJW **81**, 1364, aA Grunewald ZIP **81**, 586; **(5)** § 305b BGB. Er besteht **sofort,** auch wenn die zu sichernden Ansprüche bedingt sind, zB Aufwendungsersatz vor Inanspruchnahme aus einer Bankbürgschaft für den Kunden (§§ 765, 670 BGB).

V. Bankgeschäfte 5–7 **13 AGB-Banken (8)**

Trotz des Sicherungsrechts nach I ist die vom Kunden nach §§ 232 ff BGB 5
konkretisierte (also keine Wahlschuld iSv § 262 BGB) Sicherung in der kritischen
Zeit nach § 131 InsO „**inkongruent**", daher anfechtbar, BGH **33**, 394 (Grundschuld), **150**, 122, NJW **04**, 1660 (Kundenforderungsgutschrift, Nr 14 Rn 7),
NJW **08**, 431, Ganter WM **06**, 1088, ebenso Pfandrecht nach Nr 14 (Nr 14
Rn 1), Jacobi ZIP **06**, 2351, und Sicherungsabtretung nach Nr 15 II (Nr 15
Rn 3); anders bei bloßem Sicherheitentausch (Gutschrift auf Kontokorrentkonto), BGH WM **17**, 446 Rn 12, bei Globalzession (näher **(7)** Bankgeschäfte
Rn H/1. Sicherheitenfreigabepflicht aus § 242 **BGB**, Schlesw WM **11**, 1254.
Lit: Pleyer-Weiser DB **85**, 2233 (Übersicht zu Nr 13); Ganter WM **17**, 261
(Sicherheitenaustausch).

B. Ist die Bank durch die Haftungsübernahme eines Kunden A für einen 6
anderen Kunden B gesichert, zB Kundenbürgschaft gegenüber der Bank, kann sie
Sicherheiten nach I 1 **für die Bürgenschuld** des A **erst ab Fälligkeit** derselben verlangen **(I 2)**. Ein Unterlegungsanspruch schon vorher widerspräche dem
Leitbild der Bürgschaft und **(5)** § 307 BGB, BGH **92**, 300, WM **89**, 129, **90**,
1910. I 2 ist wirksam, Bunte 266, Derl/Kno/Ba/Casper 95, Ul/Br/He/Fuchs
(15) Bürgschaftsverträge Rn 16. Auch unter I 2 bleibt es aber bei dem Erfordernis
der bankmäßigen Geschäftsverbindung (s Rn 2). Wird der Bürge erst später
Kunde der Bank, werden bis dahin eingegangene Bürgschaften nicht ohne weiteres Teil der neuen Geschäftsverbindung, Köndgen NJW **92**, 2267; nach aA sind
Bürgschaftsansprüche der Bank gegen den Kunden überhaupt nicht Teil ihrer
bankmäßigen Geschäftsverbindung mit ihm, Krings ZBB **92**, 331, dann wäre I 2
unwirksam.

2) Veränderungen des Risikos (II)

II 1 enthält wie Nr 19 I aF (bis 1993) eine **Nachbesicherungsklausel** bei 7
Risikoveränderung. Sie ist bis auf den Betrag in II 52009 unverändert geblieben.
Die Bank hat aber keinen Anspruch auf ein konkretes Sicherungsmittel, nur auf
bankmäßige Sicherungen überhaupt, Auswahl liegt beim Kunden, BGH NJW
81, 1363. Statt Nachbesicherung kann die Bank auch bestehende Sicherheit zB
durch Kontosperre aktivieren (Nr 14 Rn 1), BGH NJW **04**, 1662. Der Nachbesicherungsanspruch besteht aber nach **II 2** nur bei einer berechtigten erhöhten
Risikobewertung auf Grund neu eintretender oder (der Bank) erst später bekannt
werdender Umstände, Nürnb WM **12**, 1866 (zu **(9)** AGB-Spark Nr 22 I). Bei
verschuldeter Fehleinschätzung der Bank bei Kreditvergabe besteht nicht später
ein uneingeschränkter Nachbesicherungsanspruch, Bunte 275a (Verbot widersprüchlichen Verhaltens), kein Nachbesicherungsanspruch bei grober Fahrlässigkeit der Bank, Derl/Kno/Ba/Casper 97, Ul/Br/He/Fuchs (8) Banken Rn 57,
erst recht nicht bei Änderung der internen Bewertungsgrundsätze, Bunte 275a.
Nachbesicherungsanspruch aber bei nur leichter Fahrlässigkeit, Derl/Kno/Ba/
Casper 97. Ob die Vereinbarung von financial covenants, also Rechte der Bank
bei Nichteinhaltung bestimmter Kennzahlen (s **(7)** Bankgeschäfte Rn H/7), den
Nachbesicherungsanspruch nach Nr 13 II 2 ausschließt, bestimmt sich nach
§§ 133, 157 BGB, bejahend als Individualvereinbarung, BankrechtsHdb/Merkel/
Richrath 5. Aufl 2017 § 98 Rn 175, aA wohl Bunte 275b. **II 3** gibt dafür nicht
abschließend zwei Beispiele: tatsächliche oder drohende nachteilige Veränderung
der wirtschaftlichen Verhältnisse des Kunden; entsprechende wertmäßige Verschlechterung der vorhandenen Sicherheiten, zB bei sinkenden Kursen verpfändeter Aktien. Die wertmäßige Verschlechterung nach II 3 braucht nicht eine
wesentliche zu sein wie für Nr 19 III 2 Spiegelstrich 2 (dann Kündigungsrecht
der Bank; bewusste Abstufung, Bunte 275). Der Nachbesicherungsanspruch
entfällt bei ausdrücklicher anderer Vereinbarung, so bei abschließender Benennung der zu bestellenden Sicherheiten **(II 4),** auch bei Blankokredit (anders für

AGB-Pfandrecht, Nr 14 Rn 6), Bunte 277; ebenso bei Gleichbehandlungsklausel (Kunde versichert etwa bei kurzfristigen Großkrediten, auch keiner anderen Bank Sicherheit zu stellen), zust Bunte 276. Obwohl II 4 von ausdrücklicher Vereinbarung spricht, geht jede andere, auch konkludente Individualvereinbarung vor, II 4 ist iErg wirksam, Derl/Kno/Ba/Casper 96, an Wirksamkeit von II 4 zweifelnd Ul/Br/He/Fuchs (8) Banken Rn 57. Kreditgewährung ohne oder ohne hinreichende Sicherheit ist nicht ohne weiteres Vereinbarung iSv II 4, BGH NJW **80**, 399, **81**, 1364, str (s auch Nr 14 Rn 6). Beweislast dafür liegt idR beim Kunden. **II 5 und 6** idF 2016 tragen der WohnimmobKrRi und deren Umsetzung in §§ 491 ff, 492 II nF BGB Rechnung (Allgemein-Verbraucherdarlehensvertrag, § 491 I 2, II BGB). Danach müssen die zu bestellenden Sicherheiten in der Vertragserklärung des Darlehensnehmers angegeben sein (§ 492 BGB), nur bei Nettodarlehensbetrag über EUR 75000 (vgl § 494 VI 1 BGB, vorher EUR 50000) schadet Nichtangabe nicht (§ 494 VI 2 letzter Hs BGB), BankrechtsHdb/Bunte 5. Aufl 2017 § 18 Rn 28.

3) Fristsetzung für die Bestellung oder Verstärkung von Sicherheiten (III)

8   Die Bank muss dem Kunden für die Aufbringung der Sicherheiten eine angemessene Frist einräumen **(III 1)**. Nach erfolglosem Verstreichen dieser Frist kann die Bank außerordentlich kündigen (Nr 19 III 3). Will die Bank davon Gebrauch machen, muss sie den Kunden auf diese gravierende Folge zuvor hinweisen **(III 2)**. Dieser Hinweis ist schon bei Fristsetzung nach III 1 nötig, andernfalls ist erneut Frist nach III 1 einzuräumen.

Vereinbarung eines Pfandrechts zugunsten der Bank

AGB-Banken 14   (1) Einigung über das Pfandrecht

¹Der Kunde und die Bank sind sich darüber einig, dass die Bank ein Pfandrecht an den Wertpapieren und Sachen erwirbt, an denen eine inländische Geschäftsstelle im bankmäßigen Geschäftsverkehr Besitz erlangt hat oder noch erlangen wird. ²Die Bank erwirbt ein Pfandrecht auch an den Ansprüchen, die dem Kunden gegen die Bank aus der bankmäßigen Geschäftsverbindung zustehen oder künftig zustehen werden (zum Beispiel Kontoguthaben).

(2) Gesicherte Ansprüche

¹Das Pfandrecht dient der Sicherung aller bestehenden, künftigen und bedingten Ansprüche, die der Bank mit ihren sämtlichen in- und ausländischen Geschäftsstellen aus der bankmäßigen Geschäftsverbindung gegen den Kunden zustehen. ²Hat der Kunde gegenüber der Bank eine Haftung für Verbindlichkeiten anderer Kunden der Bank übernommen (zum Beispiel als Bürge), so sichert das Pfandrecht die aus der Haftungsübernahme folgende Schuld jedoch erst ab ihrer Fälligkeit.

(3) Ausnahmen vom Pfandrecht

¹Gelangen Gelder oder andere Werte mit der Maßgabe in die Verfügungsgewalt der Bank, dass sie nur für einen bestimmten Zweck verwendet werden dürfen (zum Beispiel Bareinzahlung zur Einlösung eines Wechsels), erstreckt sich das Pfandrecht der Bank nicht auf diese Werte. ²Dasselbe gilt für die von der Bank selbst ausgegebenen Aktien (eigene Aktien) und für die Wertpapiere, die die Bank im Ausland für den Kunden verwahrt. ³Außerdem erstreckt sich das Pfandrecht nicht auf die von der Bank selbst ausgegebenen eigenen

V. Bankgeschäfte 1–3 **14 AGB-Banken (8)**

Genussrechte/Genussscheine und nicht auf die verbrieften und nicht verbrieften nachrangigen Verbindlichkeiten der Bank.

(4) Zins- und Gewinnanteilscheine

Unterliegen dem Pfandrecht der Bank Wertpapiere, ist der Kunde nicht berechtigt, die Herausgabe der zu diesen Papieren gehörenden Zins- und Gewinnanteilscheine zu verlangen.

1) Einigung über das Pfandrecht (I)

A. **Nr 14** regelt wie Nr 19 II aF (bis 1993) den Erwerb eines **weitreichenden** 1 **Pfandrechts der Bank** und ist damit mit die wichtigste Bestimmung der AGB-Banken. Der schuldrechtliche Anspruch der Bank auf ein solches ergibt sich aus Nr 13, offen BGH **150**, 126. Nr 14 liegt im berechtigten Interesse der Bank an Sicherung und dem des Kunden an rascher (Dispositions) Kreditgewährung einschließlich erlaubter Kontoüberziehung. II ist mit **(5)** §§ 305c I, 307 BGB vereinbar, BGH **93**, 75, NJW **83**, 2702; auch die Erstreckung auf erst künftig entstehende Forderungen der Bank, auch gegen Nichtkflte, BGH NJW **81**, 756. Geltendmachung des Pfandrechts schon vor Pfandreife durch Kontosperre (§ 1281 S 2 BGB), BGH NJW **04**, 1660. Das Pfandrecht nach Nr 14 begründet in der Insolvenz nur eine inkongruente Sicherung, BGH **150**, 126, NJW **07**, 2324, Ganter WM **06**, 1088, ebenso Nr 13 (Nr 13 Rn 5) und Nr 15 (Nr 15 Rn 3). Ein besonderes **Zurückbehaltungsrecht** der Bank dort, wo ein Pfandrechtserwerb ausscheidet, ist nicht vorgesehen (anders Nr 19 IV aF bis 1993), es bleibt bei § 273 BGB, §§ 369 ff HGB. Nr 14 ist wirksam, aA Piekenbrock WM **09**, 49 (besondere Freigabeklausel, Form § 492 I 5 Nr 7 BGB).

B. Das Pfandrecht erstreckt sich nach I 1 auf **Wertpapiere und Sachen.** Das 2 können auch unbewegliche Sachen, also Grundstücke sein. Voraussetzung ist, dass irgendeine inländische Geschäftsstelle der Bank (Filialklausel) daran **Besitz erlangt** hat oder noch erlangen wird. Besitz kann unmittelbar oder mittelbar sein (s Rn 4). Kein Besitz, auch kein Mitbesitz der Bank am Inhalt eines Schließfachs, auch nicht bei Mitverschluss der Bank, s **(7)** Bankgeschäfte Rn V/1. I 1 erstreckt sich **nicht** auf **Forderungen** und andere Rechte (anders Nr 19 II 1 aF (bis 1993); Ausnahme aber II 2, s Rn 7), zB Anwartschaftsrechte, Immaterialgüterrechte; auch nicht wenn ein **Dokument über eine Forderung** des Kunden in den Besitz der Bank kommt, zB Sparbuch, Lebensversicherungspolice, Briefe über Grundpfandrechte ua, hL. Grund: I 1 will nicht auf diesem indirekten Weg Forderungen erfassen; jedenfalls fehlt es aber am Erlangen des „Besitzes" an dem Grundpfandrecht usw, BGH **60**, 174, dazu Kollhosser JR **73**, 315. In diesen Fällen kann sich eine Sicherungsabtretung anbieten, zB bei kfm HdlPapieren (Nr 15 II).

Die Wertpapiere und Sachen muss die Bank nach I 1 im **bankmäßigen** 3 **Geschäftsverkehr** erlangen, so wie die Ansprüche nach I 2 aus der **bankmäßigen Geschäftsverbindung** herrühren müssen. So schon zur aF (bis 1993) stRspr, BGH **101**, 34, NJW **81**, 756, **83**, 2702, **85**, 849; Grund: keine vertrauens- und zurechnungswidrige Ausnutzung des als Bank erlangten Zugriffs. Geschäftsverbindung ist die auf eine unbestimmte Vielzahl von Geschäftsvorfällen angelegte tatsächliche Beziehung zwischen Bank und Kunden, BGH WM **07**, 875 (vgl Einl 3 vor § 343). Im bankmäßigen Geschäftsverkehr erlangt sind zB Ansprüche aus laufender Rechnung oder Kreditgewährung, auch nach Kündigung der Geschäftsverbindung; auch abgetretene Ansprüche aus Diskontgeschäft oder Sicherungsabtretung, Kblz WM **10**, 551; auch Haftung einer GmbH (§ 128) für Bankkredit der GmbH & Co KG, BGH NJW-RR **07**, 983, Bunte 302; aber **nicht** nur zum Einzug für Dritte abgetretene Ansprüche, Kblz WM **10**, 551, Ansprüche auf Erstattung von Prozesskosten aus Rechtsstreitigkeiten zwischen Bank und Kunden, BGH WM **98**, 23, oder zufällig erlangte deliktsrechtliche Ansprüche.

4 Begründung des Pfandrechts nach I 1 erfolgt durch antizipierte Einigung, die in I 1 erklärt ist. Diese Einigung muss bis zur Entstehung des Pfandrechts (Besitzerlangung) fortbestehen und tut das auch ohne besonderes Rechtsfolgebewusstsein, BGH **128,** 299; aber bis dahin kann sie der Kunde einseitig widerrufen, str. Die Einigung genügt, wenn die Bank im Besitz der Sache ist (§ 1205 I 2 BGB), sonst muss die Übergabe oder ein Übergabesurrogat hinzukommen (§ 1205 BGB). Für das Pfandrecht an Inhaberpapieren (Aktien, Rentenwerte) gelten die Vorschriften über das Pfandrecht an beweglichen Sachen (§§ 1293, 1205 BGB). Der mittelbare Besitz der Bank an bei einer Wertpapiersammelbank (s **(13)** DepotG § 1 Abs 6) aufbewahrten Wertpapieren des Kunden genügt. **Gutgläubiger Erwerb** auf Grund I (§§ 932 ff, 1207 f BGB, §§ 366 f HGB, Art 16 II WG, Art 21 ScheckG ua) ist nicht schlechthin ausgeschlossen, Staud/Wiegand Anh § 1257 BGB Rz 9, aA Hbg MDR **70,** 422; der gutgläubige Pfandrechtserwerb an Gegenständen Dritter ist aber uU im Einzelfall ausgeschlossen, zB wenn die Bank gar nicht im Vertrauen auf die Sicherheit disponiert hat, vgl Canaris 2666, str. Relevanter Zeitpunkt für Anfechtbarkeit nach InsO, BGH **150,** 126, WM **05,** 1791.

5 **Verwaltung der Sicherheiten** ist nach wie vor Sache des Kunden (ausdrücklich § 19 V aF (bis 1993), jetzt Regelung in Sicherheitenvordrucken); Verwaltungspflichten der Bank bestehen nur bei besonderer Abrede oder wenn nur die Bank die Sicherheiten kontrollieren kann, vgl BGH WM **72,** 73, zB bei unmittelbarem Besitz der Bank.

6 **Abbedingung** ist wie stets bei AGB möglich (Individualabrede oder Sonderbedingungen, s Nr 1 Rn 2, 6), doch gelten dabei strenge Anforderungen, BGH **128,** 299. I wird nicht schon durch die Vereinbarung bestimmter Sicherheiten abbedungen (vgl Nr 13 II „Verstärkung"), BGH NJW **80,** 399, **81,** 1364 (s auch Nr 13 Rn 7); auch nicht bezüglich solcher Werte des Kunden, die die Bank bei Sicherungsabrede schon im Besitz hat, die Bank kann also auch nicht als Sicherheit vorgesehene Werte in Anspruch nehmen, BGH NJW **83,** 2702. Wenn für die beabsichtigte gemeinsame Sanierung durch mehrere Banken nötig, ist konkludente Abbedingung möglich, BGH NJW-RR **98,** 485. **Blankokredit** beinhaltet nicht Abbedingung des Pfandrechts nach Nr 14, Bunte 298, anders für Nachbesicherung (Nr 13 Rn 7).

7 C. Dem Pfandrecht unterfallen **auch Ansprüche des Kunden gegen die Bank selbst** (Pfandrecht an eigener Schuld; **I 2**), BGH **93,** 76, BGH NJW **83,** 2702, **88,** 3262. Vorausgesetzt ist, dass sie dem Kunden aus der bankmäßigen Geschäftsverbindung (s Rn 3) zustehen oder künftig zustehen werden. Bsp: Kontoguthaben (so Bsp in I 2), Erlösauszahlungsanspruch nach Wertpapierverkauf, künftige Kostenerstattungsansprüche aus verlorenen Prozessen der Bank mit dem Kunden, Brem BB **74,** 154. Die **Begründung** des Pfandrechts der Bank an solchen künftigen Forderungen erfolgt im Wege antizipierter Einigung und Abtretung (§§ 1205, 1274 BGB), BGH NJW **83,** 2702, später eintretende Geschäftsunfähigkeit hindert nicht, BGH NJW **88,** 3268. § 1280 BGB greift hier seinem Schutzzweck nach nicht ein (Schuldner ist Pfandgläubiger), BGH NJW **04,** 1662, jedenfalls aber liegt hier in der Begründung ausnahmsweise zugleich die formlos mögliche Anzeige (des Kunden) nach § 1280 BGB an den Schuldner (Bank). II 2 ersetzt nicht Zustimmung nach § 1274 I 1 BGB, § 68 II AktG. Die Einziehung nach § 1282 BGB erfolgt bei eigener Geldschuld durch einfache Erklärung der Bank. Klausel über vorzeitige Kündigung ist problematisch, Düss WM **92,** 1941.

2) Gesicherte Ansprüche (II)

8 A. **II** entspricht Nr 19 II aF (bis 1993). II 1 umschreibt den Kreis der gesicherten Ansprüche umfassend. Gesichert sind grundsätzlich **alle Ansprüche der**

Bank gegen den Kunden aus der bankmäßigen Geschäftsverbindung, einerlei ob bestehend, künftig oder nur bedingt (aber s II 2). Die Bank sind hier nicht nur die inländischen Geschäftsstellen der Bank (Nr I 1 1), sondern ausdrücklich auch alle ausländischen. Darauf weist bereits Nr I I 3 hin. Künftige Ansprüche müssen mindestens bestimmbar sein, Brem WM **73**, 1229, Canaris 2676. Im Einzelnen fallen unter II auch erst später an die Bank abgetretene Ansprüche, BGH **58**, 722, **77**, 919, ausser bei missbräuchlicher Abtretung, BGH ZIP **83**, 667, WM **07**, 875. Ansprüche der Bank gegen GmbH & Co, für die eine GmbH als phG haftet, gehören noch zur Geschäftsverbindung der Bank mit der GmbH, BGH WM **07**, 875, Grenzen vgl BGH **98**, 260 (zu **(9)** AGB-Spark Nr 21 III 1). Das gilt aber nicht ohne weiteres auch für alle Ansprüche der Bank gegen eine OHG oder KG, für die anderer Kunde als eine phG-GmbH persönlich haftet (§ 128 HGB); sie sind, wenn nicht aus der bankmäßigen Geschäftsverbindung mit dem Kunden resultierend, nach Wegfall von Nr 19 II 2 aF (bis 1993) nicht mehr umfasst, Bruchner DZWir **93**, 94; insoweit nicht Ansprüche der Bank gegen GbR, deren Gfter Bankkunde ist; alte Klausel war unwirksam, Schlesw WM **06**, 1578 (für **(9)** AGB-Spark Nr 21 III 2), Clemente ZBB **07**, 55, offen BGH WM **07**, 876. Nicht erfasst wird der Rückerstattungsanspruch der Bank aus Verbraucherdarlehen (§§ 491, 488 I 2 aE BGB), Ul/Br/He/Fuchs (8) Banken Rn 60, Grund: §§ 492 I 5 Nr 7, 494 II 6 BGB.

B. **II 2** entspricht Nr 13 I 2, also kein Pfandrecht vor Fälligkeit der Bürgenschuld (s 13 Rn 6), BGH WM **98**, 2463, **07**, 875 (zu **(9)** AGB-Spark Nr 21 III 3), Bunte 305. II 2 ist bei Nur-Verpfändungserklärung zugunsten einer Drittschuld nicht anwendbar, Bank kann also schon vor Fälligkeit Wertpapierorder ablehnen, Mü WM **08**, 122.

3) Ausnahmen vom Pfandrecht (III)

A. **III** entspricht Nr 19 III aF (bis 1993). Danach sind drei Ausnahmen vom Pfandrecht vorgesehen. Nach **III 1** erstreckt sich das Pfandrecht **nicht** auf **Gelder und andere Werte,** die die Bank nur **zur Verwendung für einen bestimmten Zweck** erlangt hat. So schon früher die stRspr, zB BGH WM **68**, 695, **73**, 167, Düss WM **88**, 1688. Für eine solche besondere Zweckbestimmung genügt ein auch stillschweigender, aus den Umständen zu schließender Vorbehalt des Kunden, zB bei Treuhandkonten, s Rn 11.

B. **Einzelfälle des III 1: Bareinzahlung** des Kunden zur Einlösung eines Wechsels (so Bsp in III 1); Einzahlung mit ausdrücklichem Überweisungsauftrag, auch wenn die Bank wegen Zahlungseinstellung des Kunden den Girovertrag einseitig aufhebt, BGH **74**, 132.

Verwahrung: Wertsachen, die der Kunde der Bank zur vorübergehenden Aufbewahrung gibt, zB wegen Reparatur des Haussafes, BGH WM **58**, 1480 (vgl **(7)** Bankgeschäfte Rn V/1 zum Safevertrag).

Scheck- und Wechseleinreichung nur zur Prolongation oder nur zur Auszahlung oder Gutschrift für einen Dritten, BGH WM **90**, 6.

Wechseleinreichung nur zum Diskont, RG **126**, 348, BGH WM **68**, 695, **84**, 1391; bei Konzernkreditnehmereinheit gilt dies auch zugunsten des konzernangehörigen Überweisungsempfängers, Hbg WM **88**, 571. Lehnt die Bank den Diskont ab, um den Wechsel zur Minderung des Debets des Einreichers zu verwenden, und widerspricht der Einreicher nicht, so ist Treuhandsicherungsübereignung des Wechsels an die Bank anzunehmen, BGH NJW **70**, 42. Wirkung von I gegen Aussteller eines Wechsels zur Sicherung von Kredit an Akzeptant auch nach Wegfall der Ausstellerhaftung, BGH DB **76**, 768.

Einzug beim Dokumentenakkreditiv (s **(7)** Bankgeschäfte Rn K/1–28, **(11)** ERA) **und Inkassogeschäft** (s **(12)** ERI): Nicht ohne weiteres, nur bei besonderem Vorbehalt des Kunden, BGH WM **71**, 179 (zum Scheckinkasso),

(8) AGB-Banken 15

zweifelhaft. Die Bank erlangt aber jedenfalls ein Pfandrecht am Herausgabeanspruch des Kunden gegen sie selbst, BGH **95**, 154.

Kreditvaluta: III gilt im Einzelfall auch beim Kreditgeschäft (s **(7)** Bankgeschäfte Rn G/1 ff), so jedenfalls bei zweckgebundenen Krediten. Aber auch bei Krediteröffnungsvertrag und Kreditauszahlung will der Kunde ersichtlich die Verfügungsmacht über den Kredit, nicht nur Abdeckung einer Verbindlichkeit gegenüber der Bank, das Pfandrecht erstreckt sich also nicht auf den sich aus der Kreditzusage ergebenden Auszahlungsanspruch, BGH **147,** 198; daran ändert „Auszahlung" durch Gutschrift auf Konto des Kunden nichts, aA BGH WM **56**, 218.

Treuhand: Anderkonto, s **(10)** AGB-Anderkonten Nrn 8, 12. Auch sonstiges **offenes Treuhandkonto, s (10)** AGB-Anderkonten Einl 1 vor Nr 1, **(7)** Bankgeschäfte Rn A/36 ff, 44; hier ist nach §§ 133, 157 BGB konkludenter Ausschluss der Aufrechnung und Zurückbehaltung durch die Bank anzunehmen, also Rechtslage entspr **(10)** AGB-Anderkonten Nr 8, BGH **61**, 77, WM **83**, 873, NJW **85**, 1954, WM **90**, 1954, **93**, 1524. Bei **verdecktem** Treuhandkonto nur, wenn der Bank die wirtschaftliche Fremdinhaberschaft bekannt ist, zB bei Baugeld (iSd G über die Sicherung der Bauforderungen), BGH NJW **88**, 263; nicht ohne weiteres bei zu Bauzwecken dienendem Festgeldkonto einer TreuhandGes, die nur nach Baufortschritt verfügen kann, BGH NJW **85**, 1955. Spätere Offenlegung der Treuhandbindung steht dem Pfand-, Aufrechnungs-, Zurückbehaltungsrecht nicht entgegen, BGH WM **90**, 1954. Bei unklarer Bezeichnung besteht keine Nachforschungspflicht der Bank, BGH **61**, 78.

Sozialleistungen: innerhalb der siebentägigen Frist nach § 55 SGB I, Bunte 307.

Nicht unter III fallen: **von Dritten** nur für eine bestimmte Schuld des Kunden gegebene Sicherheiten, Ffm WM **73**, 1151; Bürgschaft eines Dritten für bestimmte Kundenschuld, Stgt BB **77**, 416.

12 C. Nach III 2 unterfallen dem Pfandrecht auch **nicht:** von ihr selbst ausgegebene, sog **eigene Aktien der Bank** (§ 71e AktG) und von der Bank **im Ausland für den Kunden verwahrte Wertpapiere.** Grund: Überschreiten der Grenze des § 71e I 2 AktG bzw Probleme mit Kunden, ausländischen Gläubigern und ausländischem Recht. Ebenso **III 3:** eigene Genussrechte und Genussscheine der Bank (§ 10 V KWG); nachrangige Verbindlichkeiten der Bank (§ 10 V a KWG).

4) Zins- und Gewinnanteilscheine (IV)

13 IV entspricht Nr 21 I 2 aF (bis 1993). Bei einem Pfandrecht der Bank an Wertpapieren bleiben die zugehörigen Zins- und Gewinnanteilsscheine bei diesen. IV bedingt § 1296 II BGB ab, BankrechtsHdb/Bunte 5. Aufl 2017 § 19 Rn 57, aA Ul/Br/He/Fuchs (8) Banken Rn 62.

Sicherungsrechte bei Einzugspapieren und diskontierten Wechseln

AGB-Banken 15 (1) Sicherungsübereignung

¹Die Bank erwirbt an den ihr zum Einzug eingereichten Schecks und Wechseln im Zeitpunkt der Einreichung Sicherungseigentum. ²An diskontierten Wechseln erwirbt die Bank im Zeitpunkt des Wechselankaufs uneingeschränktes Eigentum; belastet sie diskontierte Wechsel dem Konto zurück, so verbleibt ihr das Sicherungseigentum an diesen Wechseln.

(2) Sicherungsabtretung

Mit dem Erwerb des Eigentums an Schecks und Wechseln gehen auch die zugrunde liegenden Forderungen auf die Bank über; ein Forderungsübergang findet ferner statt, wenn andere Papiere zum Einzug eingereicht werden (zum Beispiel Lastschriften, kaufmännische Handelspapiere).

(3) Zweckgebundene Einzugspapiere

Werden der Bank Einzugspapiere mit der Maßgabe eingereicht, dass ihr Gegenwert nur für einen bestimmten Zweck verwendet werden darf, erstrecken sich die Sicherungsübereignung und die Sicherungsabtretung nicht auf diese Papiere.

(4) Gesicherte Ansprüche der Bank

[1] Das Sicherungseigentum und die Sicherungsabtretung dienen der Sicherung aller Ansprüche, die der Bank gegen den Kunden bei Einreichung von Einzugspapieren aus seinen Kontokorrentkonten zustehen oder die infolge der Rückbelastung nicht eingelöster Einzugspapiere oder diskontierter Wechsel entstehen. [2] Auf Anforderung des Kunden nimmt die Bank eine Rückübertragung des Sicherungseigentums an den Papieren und der auf sie übergegangenen Forderungen an den Kunden vor, falls ihr im Zeitpunkt der Anforderung keine zu sichernden Ansprüche gegen den Kunden zustehen oder sie ihn über den Gegenwert der Papiere vor deren endgültiger Bezahlung nicht verfügen lässt.

1) Sicherungsübereignung (I)

Nr 15 I entspricht Nr 42 V aF (bis 1993). Die Bank erwirbt Sicherungseigentum an den ihr eingereichten Einzugspapieren (Wechsel, Scheck) im Zeitpunkt der Einreichung (I 1) und an diskontierten Wechseln im Zeitpunkt des Wechselankaufs (I 2 Halbs 1). Die antizipierte Einigung liegt in I 1 (vgl Nr 14 Rn 4). Das so erworbene Sicherungseigentum bleibt der Bank erhalten, auch wenn sie den diskontierten Wechsel dem Konto zurückbelastet (I 2 Halbs 2). Über II behält die Bank als Sicherheit auch nach Zurückbelastung die scheck- und wechselrechtlichen Zahlungsansprüche. Bei der Auslegung von I ist auf Nr 13, 14 zurückzugreifen. I verstößt nicht gegen **(5)** § 305b BGB, str. I ist wirksam (nicht sittenwidrig) auch für nicht dem Kunden gehörende Schecks, Düss WM **73**, 739.

2) Sicherungsabtretung (II)

A. II entspricht Nr 44 aF (bis 1993). Die Bank erhält zugleich **mit** dem Eigentum am **Scheck oder Wechsel** (s I) auch **die zugrundeliegenden Forderungen** (II Halbsatz 1), BGH **95**, 152. Dazu gehören auch die Hilfsrechte, zB Fälligkeitskündigung, Mängelrechte, nicht aber ohne weiteres auch sonstiger Rücktritt und Anfechtung, **(5)** § 305c II BGB, offen BGH **96**, 196, vgl BGH WM **85**, 1108. Sonstige Sicherheiten sind nicht ausdrücklich angesprochen. Unselbstständige Sicherheiten gehen mit über (§ 401 BGB), selbstständige sind an die Bank abzutreten, sofern nicht eine Abrede mit dem Sicherungsgeber entgegensteht (§ 157 BGB oder entspr § 401 BGB).

II enthält eine antizipierte Forderungsabtretung (§ 398 BGB; vgl Rn 1, Nr 14 Rn 4, 7). Der Schuldner wird von der Abtretung nicht benachrichtigt (anders bei Verpfändung § 1280 BGB); ob dies die Wirksamkeit der Abtretung beeinträchtigt, entscheidet das für die abgetretene Forderung maßgebende Recht, BGH **95**, 152. Die Sicherungsabtretung der einem Scheck zugrundeliegenden Forderung nach II begründet in der Insolvenz nur eine inkongruente Sicherung, BGH NJW **07**, 2324 (wie Nr 14 Rn 1), vgl auch BGH WM **09**, 1203. Rechtsfolgen bei Einzug im Insolvenzverfahren über das Vermögen des Schuldners s BGH **95**, 149.

B. Sicherungsabtretung wie nach I erfolgt nach **II Halbsatz 2** auch bei Einreichung anderer Papiere zum Einzug. Solche **andere Einzugspapiere** sind nicht nur Zahlungspapiere, zB Lastschriften (s **(7)** Bankgeschäfte Rn D/1 ff), BGH **70**, 185, NJW **80**, 1964; sondern auch HdlPapiere, zB kfm HdlPapiere (II Halbs 2; vgl **(12)** ERI Art 2b ii); BGH **95**, 151. Benachrichtigung des Schuldners

(8) AGB-Banken 16 1   2. Teil. Handelsrechtl. Nebengesetze

ist nicht nötig (s Rn 3). Nicht unter II fallende Rechte werden in der Praxis durch besondere, auch antizipierte Einigung als Sicherheit genommen, zB Ges-Anteile, Immaterialgüterrechte, Konsortialbeteiligungen, Lebensversicherungsansprüche, BGH WM **88**, 658.

3) Zweckgebundene Einzugspapiere (III)

5   **III** bringt für die Sicherungsübereignung und Sicherungsabtretung nach **I** und **II** eine entsprechende Einschränkung wie Nr 14 **III 1** für das Pfandrecht (s Nr 14 Rn 10f), BGH WM **90**, 6. Auch kein Pfandrecht am Erlös, BGH WM **90**, 6.

4) Gesicherte Ansprüche der Bank (IV)

6   **IV** entspricht Nr 42 V, 44 aF (bis 1993). Gesichert sind alle Ansprüche, die der Bank gegen den Kunden bei Einreichung von Einzugspapieren aus seinen Kontokorrentkonten zustehen oder die infolge der Rückbelastung entstehen (**IV 1**). Bspe: der einreichende Kunde ist im Debet, BGH **5**, 285, **95**, 149, WM **75**, 20; das Konto wird erst durch Rückbelastung (nach Gutschrift und prompter Auszahlung) debitorisch, BGH **69**, 31. Es genügt auch, dass der Einreicher zwar selbst nicht im Debet ist, aber für einen anderen haftet, BGH **69**, 30, WM **77**, 49. Vor Fälligkeit der Bürgschuld hat die Bank aber keine Rechte aus Nr 15, BGH NJW **91**, 100 (zu aF bis 1993). Nach **IV 2** ist die Bank unter bestimmten Voraussetzungen auf Anfordern des Kunden zur Rückübertragung des Sicherungseigentums und der übergegangenen Forderungen verpflichtet. IV 1 ist deshalb wirksam, auch Derl/Kno/Ba/Casper 107, str.

Begrenzung des Besicherungsanspruchs und Freigabeverpflichtung

AGB-Banken 16 (1) Deckungsgrenze

Die Bank kann ihren Anspruch auf Bestellung oder Verstärkung von Sicherheiten so lange geltend machen, bis der realisierbare Wert aller Sicherheiten dem Gesamtbetrag aller Ansprüche aus der bankmäßigen Geschäftsverbindung (Deckungsgrenze) entspricht.

(2) Freigabe

¹**Falls der realisierbare Wert aller Sicherheiten die Deckungsgrenze nicht nur vorübergehend übersteigt, hat die Bank auf Verlangen des Kunden Sicherheiten nach ihrer Wahl freizugeben, und zwar in Höhe des die Deckungsgrenze übersteigenden Betrages; sie wird bei der Auswahl der freizugebenden Sicherheiten auf die berechtigten Belange des Kunden und eines dritten Sicherungsgebers, der für die Verbindlichkeiten des Kunden Sicherheiten bestellt hat, Rücksicht nehmen.** ²**In diesem Rahmen ist die Bank auch verpflichtet, Aufträge des Kunden über die dem Pfandrecht unterliegenden Werte auszuführen (zum Beispiel Verkauf von Wertpapieren, Auszahlung von Spargutshaben).**

(3) Sondervereinbarungen

Ist für eine bestimmte Sicherheit ein anderer Bewertungsmaßstab als der realisierbare Wert oder ist eine andere Deckungsgrenze oder ist eine andere Grenze für die Freigabe von Sicherheiten vereinbart, so sind diese maßgeblich.

1) Deckungsgrenze (I)

1   Nr 16 I hat keine Entsprechung in der aF (bis 1993). Der Besicherungsanspruch der Bank geht nur bis zur Deckungsgrenze (sonst II). Das ist die Grenze, bei der der realisierbare Wert aller Sicherheiten (nach Nr 14, 15 und anderweitig bestellt) dem Gesamtbetrag aller Ansprüche der Bank aus der bankmäßigen

V. Bankgeschäfte **17 AGB-Banken (8)**

Geschäftsverbindung (s Nr 13 I 1) entspricht. Die Deckungsgrenze wird also nicht schon durch Vereinbarung bestimmter Sicherheiten festgesetzt. Überblick: Lauer ZBB **92**, 310.

2) Freigabe (II)

A. **II 1** entspricht Nr 19 VI aF (bis 1993). Die Freigabepflicht bei Übersicherung der Bank ist Wirksamkeitsvoraussetzung für Sicherheitenbestellung nach Nr 13 ff; anders beim Pfandrecht, Grund: Akzessorietät bewirkt Freiwerden schon ex lege, Übersicherung bei Verpfändung mehrerer Sachen bis zur Grenze des § 242 BGB, BGH **128,** 300 (zu Nr 19 II aF (bis 1993). II 1 mit I sind wirksam, vgl BGH **109,** 240 (Freigabeklausel bei Globalzession, s **(7)** Bankgeschäfte Rn H/4); ein schuldrechtlicher Freigabeanspruch genügt, offen BGH **108,** 108 (Lohnabtretungsklausel). Die von BGH GrS **137,** 212 aufgestellten angemessenen Grenzen (Deckungsgrenze 110% der gesicherten Forderungen, Freigabegrenze idR 150% des Schätzwertes, **(7)** AGB-Banken Rn H/4) brauchen nicht ausdrücklich in II enthalten zu sein, vgl Ul/Br/He/H. Schmidt (43) Sicherungsklauseln Rn 19, auch Ul/Br/He/Fuchs (8) Banken Rn 64. Nach II 1 ist ein Deckungsgesamtplan zu erstellen, der sonst nicht unbedingt erforderlich ist, vgl Hamm WM **93,** 1590, 2046. Die Bank muss auf Verlangen des Kunden Sicherheiten in der Höhe freigeben, in welcher der realisierbare Wert aller Sicherheiten die vereinbarte Deckungsgrenze (I) nicht nur vorübergehend übersteigt. Bei sonst sittenwidriger Übersicherung bedarf es keines Verlangens, BGH NJW **83,** 2702. Überschreiten der Deckungsgrenze bestimmt sich nach dem Liquidationswert (vgl Nr 19 Rn 5). Der Kunde hat Anspruch auf Freigabe des überschießenden Betrags, nicht nur billiges Ermessen der Bank, so zu aF (bis 1993) BGH NJW **83,** 571. Die Wahl der freizugebenden Gegenstände obliegt grundsätzlich der Bank (II 1, § 262 BGB); das ist, da kein ermessensabhängiger Freigabeanspruch iSv BGH **137,** 212, wirksam; die Bank darf aber nicht gegen schützenswerte Belange des Kunden verstoßen, BGH NJW **83,** 2703. Nach II 1 nimmt die Bank auch auf die Belange eines dritten Sicherungsgebers Rücksicht (nur § 328 BGB); das bedeutet aber nicht, dass dessen Sicherheit zuerst freizugeben wäre. Lit: Heymann/Horn II/149 ff; Claussen FS Brandner **96,** 527.

B. **II 2** verpflichtet die Bank, im Rahmen von I 1 Kundenaufträge auszuführen, zB Wertpapierverkauf. Die Bank muss also den Kunden über dem Pfandrecht unterfallende Vermögenswerte verfügen lassen, soweit sie nach I 1 gesichert ist.

3) Sondervereinbarungen (III)

III nF 2000 (nur klarstellend) hat keine Entsprechung in der aF (bis 1993). Sondervereinbarungen zu Bewertungsmaßstab (zB Nennwertprinzip statt realisierbarer Wert), Deckungsgrenze (zB mehr als 100%, klargestellt; bezogen nicht nur auf eine bestimmte Sicherheit) oder Freigabe sind im Rahmen des rechtlich Zulässigen (s Rn 2 und **(7)** Bankgeschäfte Rn H/4) möglich und gehen vor. Verweis auf den Beleihungswert (gesetzliche Beleihungsgrenze) bedeutet nicht Sondervereinbarung zu Bewertungsmaßstab, Bunte 355.

Verwertung von Sicherheiten

AGB-Banken 17 (1) Wahlrecht der Bank

[1] **Wenn die Bank verwertet, hat die Bank unter mehreren Sicherheiten die Wahl.** [2] **Sie wird bei der Verwertung und bei der Auswahl der zu verwertenden Sicherheiten auf die berechtigten Belange des Kunden und eines dritten Sicherungsgebers, der für die Verbindlichkeiten des Kunden Sicherheiten bestellt hat, Rücksicht nehmen.**

(8) AGB-Banken 18

(2) **Erlösgutschrift nach dem Umsatzsteuerrecht**
Wenn der Verwertungsvorgang der Umsatzsteuer unterliegt, wird die Bank dem Kunden über den Erlös eine Gutschrift erteilen, die als Rechnung für die Lieferung der als Sicherheit dienenden Sache gilt und den Voraussetzungen des Umsatzsteuerrechts entspricht.

1) Wahlrecht der Bank (I)

1   Nr 17 regelt die Verwertung von Sicherheiten (nicht nur von Pfandrechten) nur noch in zwei Punkten (erheblich weitergehend Nr 20–22 aF bis 1993). Weitere und ggf vorrangige Verwertungsregeln sind Sache des jeweiligen Sicherheitenbestellungsvertrags (zB Sicherungsübereignung oder -zession, Grundschuldbestellung), zumal bei atypischen Sicherheiten (zB GmbH-Anteile, ausländische Sicherheiten). Im Übrigen genügen die gesetzlichen Regeln, zB zum Pfandverkauf §§ 1220, 1221, 1228 ff BGB, § 368 HGB. Abweichung davon könnte ohnehin gegen **(5)** §§ 305 ff BGB verstoßen, so zB Verwertung bei Sicherungsabtretung ohne Androhung und Wartefrist nach § 1234 BGB, § 368 HGB, BGH WM **92**, 1359, **05**, 1168 (Nr 20 aF (bis 1993). Kosten der Verwertung s zu Nr 12. Lit: (zu Nr 20 ff aF bis 1993): Kümpel WM **78**, 973, von Westphalen WM **80**, 1422, **84**, 14, Mülbert ZBB **90**, 144 (Effektenkreditexekution).

2   **I 1** nF 2000 (klarstellend wegen des Verwertungsrechts des Insolvenzverwalters, ua § 165 InsO) gestattet (wie Nr 20 I 2 aF bis 1993) der Bank die Wahl unter mehreren Sicherheiten. I 1 entspricht § 1230 S 1 BGB und ist daher wirksam. Für Verwertung und Auswahl gilt das Gebot der Rücksichtnahme zugunsten des Kunden und eines dritten Sicherungsgebers (**I 2**, § 242 bzw § 241 II BGB), BGH WM **87**, 853, Düss WM **90**, 1062, Hbg WM **91**, 581, Ffm WM **91**, 930. Dieses Gebot beinhaltet die Wahrung des **Verhältnismäßigkeitsgrundsatzes** und die Pflicht der Bank, sich um den bestmöglichen Preis für die Sicherheit zu bemühen. Ein Recht, zunächst auf anderes Kundenvermögen als die Sicherheit zuzugreifen, besteht nicht (anders bedenklich Nr 20 I 3 aF (bis 1993). Verwertung von Sicherheiten nicht im Interesse der Bank selbst, sondern im Drittinteresse ist rechtsmissbräuchlich, BGH WM **85**, 537, **91**, 846. Bei Sicherungsabtretung ist die Offenlegung der Zession erlaubt, um Zahlungen bei anderen Banken zu unterbinden, aber bei Offenlegung einer Global- und Lohnzession muss die Bank darauf achten, dass der Kunde nicht unnötigen Schaden erleidet, BGH WM **92**, 1359, **94**, 1613, Bunte 366, vgl auch BGH NJW **98**, 2206.

2) Erlösgutschrift nach dem Umsatzsteuerrecht (II)

3   **II** entspricht Nr 20 I 4 aF (bis 1993).

VI. Kündigung

Kündigungsrechte des Kunden

AGB-Banken 18 (1) Jederzeitiges Kündigungsrecht

Der Kunde kann die gesamte Geschäftsverbindung oder einzelne Geschäftsbeziehungen (zum Beispiel den Scheckvertrag), für die weder eine Laufzeit noch eine abweichende Kündigungsregelung vereinbart ist, jederzeit ohne Einhaltung einer Kündigungsfrist kündigen.

(2) **Kündigung aus wichtigem Grund**
Ist für eine Geschäftsbeziehung eine Laufzeit oder eine abweichende Kündigungsregelung vereinbart, kann eine fristlose Kündigung nur dann aus-

gesprochen werden, wenn hierfür ein wichtiger Grund vorliegt, der es dem Kunden, auch unter Berücksichtigung der berechtigten Belange der Bank, unzumutbar werden lässt, die Geschäftsbeziehung fortzusetzen.

(3) Gesetzliche Kündigungsrechte

Gesetzliche Kündigungsrechte bleiben unberührt.

1) Jederzeitiges Kündigungsrecht (I)

Nr 18 I entspricht Nr 17 S 1 aF (bis 1993). Nr 18 und 19 gehören zusammen. Sie unterscheiden übersichtlich die Kündigungsrechte des Kunden und der Bank (anders Nr 17, 18 aF (bis 1993): Kündigung und ihre Rechtsfolgen). I gibt dem Kunden grundsätzlich ein jederzeitiges Kündigungsrecht für die gesamte und für jede einzelne Geschäftsverbindung (s Nr 1 Rn 3, 6). Das gilt nicht, wenn eine Laufzeit oder eine Kündigungsfrist vereinbart ist; insoweit ist aber der sich darauf berufende Kunde beweispflichtig, BGH WM **79**, 458. Rechtsfolgen vgl Nr 19 Rn 9.

2) Kündigung aus wichtigem Grund (II)

II idF 1.4.02 entspricht Nr 17 S 2 aF (bis 1993). Der Kunde kann auch vor Ende der Laufzeit oder ohne Einhaltung der Kündigungsfrist eine außerordentliche (fristlose) Kündigung aussprechen, wenn hierfür ein wichtiger Grund vorliegt. Wichtiger Grund ist ein solcher, der es dem Kunden auch unter (bis 1.4.02: angemessener) Berücksichtigung der berechtigten Belange der Bank unzumutbar werden lässt, die (gesamte oder einzelne) Geschäftsbeziehung fortzusetzen. Das ist zwingendes Recht, II ist nur deklaratorisch (§§ 675 I, 626 BGB, Bunte 379, str, s **(7)** Bankgeschäfte Rn A/6; im Übrigen §§ 314 ua BGB, zu § 490 BGB **(7)** Bankgeschäfte Rn G/19). Rechtsfolgen vgl Nr 19 Rn 9.

3) Gesetzliche Kündigungsrechte (III)

III neu 1.4.02 stellt klar, dass Nr 18 gesetzliche Kündigungsrechte (des Kunden, nur davon handelt Nr 18) unberührt lässt. Das bezieht sich auf § 490 II BGB idF SMG, der es dem Darlehensnehmer ermöglicht, einen grund- und schiffspfandrechtlich gesicherten Festsatzkredit gegen Zahlung einer Vorfälligkeitsentschädigung außerordentlich zu kündigen, vgl zuvor zT abweichend BGH **136**, 161, WM **97**, 1799 (s **(7)** Bankgeschäfte Rn G/16), Sonnenhol WM **02**, 1264. III gilt für außerordentliche wie ordentliche Kündigungsrechte, etwa § 489 nF BGB (§ 609a aF BGB, s **(7)** Bankgeschäfte Rn G/17).

Kündigungsrechte der Bank

AGB-Banken 19 (1) Kündigung unter Einhaltung einer Kündigungsfrist

¹Die Bank kann die gesamte Geschäftsverbindung oder einzelne Geschäftsbeziehungen, für die weder eine Laufzeit noch eine abweichende Kündigungsregelung vereinbart ist, jederzeit unter Einhaltung einer angemessenen Kündigungsfrist kündigen (zum Beispiel den Scheckvertrag, der zur Nutzung von Scheckvordrucken berechtigt). ²Bei der Bemessung der Kündigungsfrist wird die Bank auf die berechtigten Belange des Kunden Rücksicht nehmen. ³Für die Kündigung eines Zahlungsdiensterahmenvertrages (zum Beispiel laufendes Konto oder Kartenvertrag) und eines Depots beträgt die Kündigungsfrist mindestens zwei Monate.

(2) Kündigung unbefristeter Kredite

¹Kredite und Kreditzusagen, für die weder eine Laufzeit noch eine abweichende Kündigungsregelung vereinbart ist, kann die Bank jederzeit ohne

Einhaltung einer Kündigungsfrist kündigen. ²Die Bank wird bei der Ausübung dieses Kündigungsrechts auf die berechtigten Belange des Kunden Rücksicht nehmen.

Soweit das Bürgerliche Gesetzbuch Sonderregelungen für die Kündigung eines Verbraucherdarlehensvertrages vorsieht, kann die Bank nur nach Maßgabe dieser Regelungen kündigen.

(3) Kündigung aus wichtigem Grund ohne Einhaltung einer Kündigungsfrist

¹Eine fristlose Kündigung der gesamten Geschäftsverbindung oder einzelner Geschäftsbeziehungen ist zulässig, wenn ein wichtiger Grund vorliegt, der der Bank deren Fortsetzung auch unter Berücksichtigung der berechtigten Belange des Kunden unzumutbar werden lässt. ²Ein wichtiger Grund liegt insbesondere vor,

– wenn der Kunde unrichtige Angaben über seine Vermögensverhältnisse gemacht hat, die für die Entscheidung der Bank über eine Kreditgewährung oder über andere mit Risiken für die Bank verbundene Geschäfte (zum Beispiel Aushändigung einer Zahlungskarte) von erheblicher Bedeutung waren; bei Verbraucherdarlehen gilt dies nur, wenn der Kunde für die Kreditwürdigkeitsprüfung relevante Informationen wissentlich vorenthalten oder diese gefälscht hat und dies zu einem Mangel der Kreditwürdigkeitsprüfung geführt hat oder
– wenn eine wesentliche Verschlechterung der Vermögensverhältnisse des Kunden oder der Werthaltigkeit einer Sicherheit eintritt oder einzutreten droht und dadurch die Rückzahlung des Darlehens oder die Erfüllung einer sonstigen Verbindlichkeit gegenüber der Bank – auch unter Verwertung einer hierfür bestehenden Sicherheit – gefährdet ist, oder
– wenn der Kunde seiner Verpflichtung zur Bestellung oder Verstärkung von Sicherheiten nach Nr. 13 Absatz 2 dieser Geschäftsbedingungen oder aufgrund einer sonstigen Vereinbarung nicht innerhalb der von der Bank gesetzten angemessenen Frist nachkommt.

³Besteht der wichtige Grund in der Verletzung einer vertraglichen Pflicht, ist die Kündigung erst nach erfolglosen Ablauf einer zur Abhilfe bestimmten angemessenen Frist oder nach erfolgloser Abmahnung zulässig, es sei denn, dies ist wegen der Besonderheiten des Einzelfalles (§ 323 Absätze 2 und 3 des Bürgerlichen Gesetzbuches) entbehrlich.

(4) Kündigung von Verbraucherdarlehensverträgen bei Verzug

Soweit das Bürgerliche Gesetzbuch Sonderregelungen für die Kündigung wegen Verzuges mit der Rückzahlung eines Verbraucherdarlehensvertrages vorsieht, kann die Bank nur nach Maßgabe dieser Regelungen kündigen.

(5) Kündigung eines Basiskontovertrags

Einen Basiskontovertrag kann die Bank nur nach den zwischen der Bank und dem Kunden auf der Grundlage des Zahlungskontengesetzes getroffenen Vereinbarungen und den Bestimmungen des Zahlungskontengesetzes kündigen.

(6) Abwicklung nach einer Kündigung

Im Falle einer Kündigung ohne Kündigungsfrist wird die Bank dem Kunden für die Abwicklung (insbesondere für die Rückzahlung eines Kredits) eine angemessene Frist einräumen, soweit nicht eine sofortige Erledigung erforderlich ist (zum Beispiel bei der Kündigung des Scheckvertrages die Rückgabe der Scheckvordrucke).

V. Bankgeschäfte 1–3 **19 AGB-Banken (8)**

1) Kündigung unter Einhaltung einer Kündigungsfrist (I)

A. **Nr 19 I** nF 2009. Die Bank kann nach **I 1** die gesamte Geschäftsverbindung (Bankvertrag, s Nr 1 Rn 3) oder einzelne Geschäftsbeziehungen (s Nr 1 Rn 6, zB Krediteröffnungsvertrag, s **(7)** Bankgeschäfte Rn G/32; nicht aber nur einzelne Leistungselemente, BGH WM **06**, 179, s **(7)** Bankgeschäfte Rn C/3) jederzeit kündigen (**ordentliche Kündigung** im Gegensatz zu III). Interessenabwägung ist keine Voraussetzung, BGH WM **13**, 316, Brem WM **12**, 1239; anders **(9)** AGB-Spark Nr 26 I 2, dazu Hbg WM **12**, 1243. Bspe: Kündigung des Scheckvertrags, der zur Nutzung von Scheckvordrucken berechtigt (vor 1.4.02 auch zur Nutzung der Scheckkarte); Kündigung des Darlehensvertrags (§ 488 III BGB). Kündigung auch aus nichtgeschäftlichen Gründen ist zulässig (s **(7)** Bankgeschäfte Rn C/32), anders bei Konten politischer Parteien (bei Sparkassen), BGH **154**, 146, Dresd NJW **02**, 757 (NPD), nicht ohne Weiteres auf private Banken übertragbar, Mü NJW-RR **02**, 194, Bunte 391. Das gilt nicht, wenn eine Laufzeit oder eine abweichende Kündigungsregelung vereinbart ist. Bsp für bestimmte Laufzeit BGH NJW **81**, 1363; Sondervereinbarung Guthabenkonto, Karlsr WM **09**, 215 (Sparkassen); Sanierungsvereinbarung s **(7)** Bankgeschäfte Rn G/16. I gilt gegenüber allen Kunden der Bank, auch einer Genossenschaftsbank gegenüber langjährigen Mitgliedern, BGH NJW **78**, 947. Kündigung wegen Kontenpfändung ist nicht ausgeschlossen, der Kunde hat die Möglichkeit der Umwandlung des Girokontos in ein Pfändungsschutzkonto (s **(7)** Bankgeschäfte Rn A/46a), Bunte 39b. All gemeine Schranken aus § 242 BGB, BGH WM **13**, 318 (iErg abl), kein Gleichbehandlungsgebot, BGH WM **9**, 316, Wiechers WM **14**, 153, Bunte 393b, anders auf der Basis des allgemeinen Bankvertrags im Massengeschäft oben Rn A/6.

B. Für eine solche ordentliche Kündigung ist an sich keine Frist vorgeschrieben (§§ 675 I, 671 I BGB), vgl BGH WM **85**, 1136; Härten im Einzelfall, zB bei Kreditkündigung, sind über entsprechende Rücksichtspflichten der Bank zu bewältigen (s **(7)** Bankgeschäfte Rn G/16). Dennoch verpflichtet sich die Bank in I außer bei unbefristeten Krediten (II) zur **Einhaltung einer Kündigungsfrist.** Diese beträgt für die Kündigung eines Zahlungsdiensterahmenvertrags (§ 675f II BGB, zB laufendes Konto oder Kartenvertrag) und eines Depots mindestens **zwei Monate** (I 3 nF 2009, § 675h II 2 BGB idF VerbrKrRi-UmsetzG; nach aF sechs Wochen), das erlaubt das Aufbrauchen von Scheckvordrucken, Briefbögen etc und gibt Zeit für die Umstellung von Daueraufträgen ua auf eine neue Kontoverbindung. In den übrigen Fällen muss sie angemessen sein (**I 1**). Bei der Bemessung der Kündigungsfrist verspricht die Bank Rücksichtnahme auf die berechtigten Belange des Kunden (**I 2**). Das entspricht dem Verbot der Kündigung zur Unzeit und weiteren Schranken aus § 242 BGB (s **(7)** Bankgeschäfte Rn G/16).

2) Kündigung unbefristeter Kredite (II)

II bringt eine Ausnahme zur Kündigungsfrist nach I 1. Unbefristete Kredite und Kreditzusagen kann die Bank jederzeit **ohne Einhaltung einer Kündigungsfrist** kündigen (**II 1**), so zB die auf einem Girokonto „bis auf weiteres" (Baw) zugesagten Kredit- bzw Dispolinien. Die Bank verspricht aber Rücksichtnahme auf die berechtigten Belange des Kunden (**II 2**; vgl I 2, s Rn 2); außerdem gilt V mit einer Abwicklungsfrist. Damit werden die von der Rspr teilweise zu streng gefassten Grenzen des ordentlichen Kündigungsrechts (§ 242 BGB) angesprochen, ohne diese näher zu regeln. Da Unsicherheiten danach bestehen blieben, stellt **II Unterabs 2** nF 2009 klar, dass bei Sonderregelung des BGB für die Kündigung eines Verbraucherdarlehensvertrages die Bank nur nach Maßgabe dieser Regelungen kündigen kann. II ist bewusst so gefasst, damit die Kreditzusagen nicht der Kapitalunterlegungspflicht nach KWG (Grundsatz I) unterfal-

Hopt

(8) AGB-Banken 19 4–5b   2. Teil. Handelsrechtl. Nebengesetze

len. II verstößt nicht gegen **(5)** §§ 307, 308 Nr 3 BGB, Kln WM **99**, 1004, hL. Lit: BankrechtsHdb/Bunte 5. Aufl 2017 § 24 Rn 13 ff; Hopt/Mülbert § 609 Rn 19, 77 ff; Hadding FS Hopt **10**, 1893 (AGB-Spark).

3) Kündigung aus wichtigem Grund ohne Einhaltung einer Kündigungsfrist (III)

4   A. **III** entspricht Nr 17 S 2 aF (bis 1993). Auch bei einer von I 1 abweichenden Vereinbarung über Laufzeit oder Kündigungsregelung hat die Bank wie bei allen Dauerschuldverhältnissen (§ 314 BGB idF SMG) das Recht zur fristlosen Kündigung aus wichtigem Grund (**außerordentliche Kündigung, III 1**; entspr für den Kunden Nr 18 II). **Wichtiger Grund** ist ein solcher, der der Bank die Fortsetzung der (gesamten oder einzelnen) Geschäftsbeziehung auch unter (bis 1.4.02: angemessener, Wittig/Wittig WM **02**, 150) Berücksichtigung der berechtigten Belange des Kunden unzumutbar werden lässt, die (gesamte oder einzelne) Geschäftsbeziehung fortzusetzen. Das ist zwingendes Recht, III 1 ist nur deklaratorisch. Die außerordentliche Kündigung wird nicht dadurch zur ordentlichen, dass die Bank dem Kunden entgegenkommen doch eine Frist einräumt, es sei denn, sie wählt trotz des wichtigen Grundes eine bloße ordentliche Kündigung. Ausnahmsweise kann auch bei der außerordentlichen Kündigung erst Abmahnung nötig sein (s **(7)** Bankgeschäfte Rn G/18).

5   B. **III 2** idF 1.4.02 gibt drei wichtige, aber letztlich nicht bindende **Beispiele für solche wichtigen Gründe** (str; s **(7)** Bankgeschäfte Rn G/18), BankrechtsHdb/Bunte 5. Aufl 2017 § 24 Rn 28 ff. III 2 ist somit richtig ausgelegt wirksam, hL, stRspr. Die dort genannten drei Fälle, die in der nF zwecks besserer Übersichtlichkeit in drei Spiegelstrichen auseinandergezogen sind, sind nicht abschließend („insbesondere"), zB unberechtigte Vorwürfe und Beleidigungen, Kln WM **93**, 325, Düss BKR **15**, 106.

5a   a) **Unrichtige Angaben** des Kunden **über seine Vermögensverhältnisse (III 2 Spiegelstrich 1** idF 2016) genügen nur, wenn sie für die Entscheidung der Bank von erheblicher Bedeutung waren, zB die Sicherheit des Kredits gefährden oder etwa im Fall der Aushändigung einer Zahlungskarte Zweifel an der Zuverlässigkeit des Kunden begründen. Den unrichtigen Angaben steht pflichtwidrige Unterlassung vollständiger Aufklärung gleich (jedenfalls ist III 2 nicht abschließend, s Rn 5), BankrechtsHdb/Bunte 5. Aufl 2017 § 24 Rn 31, jedenfalls bei vereinbartem jederzeitigen Einblick in die wirtschaftlichen Verhältnisse, Nürnb BKR **10**, 458. Für Verbraucherdarlehen gilt dies nur, wenn der Kunde für die Kreditwürdigkeitsprüfung relevante Informationen wissentlich (also nicht nur fahrlässig) vorenthalten oder diese gefälscht hat und (zusätzlich) dies zu einem Mangel der Kreditwürdigkeitsprüfung geführt hat (III 2 Spiegelstrich 1 Halbs 2, vgl § 499 III nF BGB), BankrechtsHdb/Bunte 5. Aufl 2017 § 24 Rn 30.

5b   b) Wichtiger Grund ist auch, wenn eine **wesentliche Verschlechterung der Vermögensverhältnisse** des Kunden **oder der Werthaltigkeit einer Sicherheit** eintritt oder einzutreten droht und dadurch die Rückzahlung des Darlehens oder die Erfüllung einer sonstigen Verbindlichkeit gegenüber der Bank – auch unter Verwertung einer hierfür bestehenden Sicherheit – gefährdet ist (**III 2 Spiegelstrich 2** idF 1.4.02). Die nF bildet im Wesentlichen § 490 I BGB idF SMG nach, dazu **(7)** Bankgeschäfte Rn G/19 (aF entsprach im Wesentlichen § 610 aF BGB; ließ aber schon bloß drohenden Eintritt der Vermögensverschlechterung genügen, was nicht zu beanstanden war). III 2 Spiegelstrich 2 beschränkt sich aber nicht wie § 490 I BGB auf Darlehen, sondern erfasst allgemeiner auch die Erfüllung sonstiger Verbindlichkeiten gegenüber der Bank, womit auch für diese Fälle die Einschränkung „unter Verwertung" einer Sicherheit gilt. III 2 Spiegelstrich 2 ist wirksam, Sonnenhol WM **02**, 1265, und zwar einerlei ob § 490 I BGB insoweit ein gesetzliches Leitbild enthält oder nicht, was str ist, Köndgen WM **01**, 1643, Mülbert WM **02**, 474, zu beachten ist aber, dass bei der Auslegung von § 490 I BGB das Wort „oder" korrigierend als „und" gelesen wird, Staudinger/Mülbert § 490 Rn 9 ff, 29 ff. Für Verbraucherkredite soll § 498 BGB dem § 490 BGB vorgehen, Knops WM **12**, 1651 mit Konsequenzen auch für Nr 19 IV. Die Vermögensverschlechterung bzw ihr Drohen muss objektiv vorliegen, nicht nur aus Sicht des Darlehensgebers. Ein wichtiger Grund liegt auch noch vor, wenn die schlechten Vermögensverhältnisse erst nachträglich bekannt werden, str (wenn nicht III 2 Spiegelstrich 2, dann III 1), aber mangels hinreichender Informationsbemühungen vorher kann die Bank sich nach § 242 BGB nicht darauf berufen (vgl § 321 BGB: Unsicherheitseinrede bei erst nachträglicher Erkennbarkeit der Anspruchsgefährdung). Bei der Bewertung ist nach dem Zweck von III idR auf den Liquidationswert abzustellen, BGH NJW **78**, 947 (vgl aber Einl 37 vor § 1 HGB). Lit: Hopt/Mülbert § 609 Rn 103 ff, BankrechtsHdb/Bunte 5. Aufl 2017 § 24 Rn 33 ff, Knops WM **12**, 1649.

c) Wichtiger Grund ist nach **III 2 Spiegelstrich 3** auch, wenn der **Anspruch der Bank auf Sicherheiten** aus Nr 13 II oder auf Grund sonstiger Abrede nicht innerhalb der von der Bank gesetzten angemessenen Frist erfüllt wird. III 2 Spiegelstrich 3 ist wirksam (s Rn 5). Der Anspruch auf Sicherheiten muss aber tatsächlich gegeben sein (Nr 13 I, II), im Einzelfall kann § 242 BGB entgegenstehen, BGH NJW **81**, 1363.

C. **Abhilfefrist oder Abmahnung (III 3):** IIII 3 neu 1.4.02 trägt § 314 BGB idF SMG Rechnung und übernimmt diesen nahezu wörtlich in die AGB-Banken, § 314 II 2, 3 nF iVm § 323 II Nr 1, 2 mWv 13.6.14, vgl Düss BKR **15**, 108. Besteht der wichtige Grund in der Verletzung einer vertraglichen Pflicht, ist die Kündigung grundsätzlich erst nach erfolglosem Ablauf einer angemessenen Abhilfefrist oder nach erfolgloser Abmahnung zulässig (III 3 Halbs 1). Das gilt nur dann nicht, wenn die Setzung einer Abhilfefrist oder die Abmahnung wegen der Besonderheiten des Einzelfalles (§ 323 II, III BGB idF SMG) entbehrlich ist (III 3 Halbs 2). III 3 Halbs 2 übernimmt §§ 314 II 2 iVm 323 II BGB und ist insoweit nur deklaratorisch, Düss BKR **15**, 106; die einzelnen Fälle des § 323 II BGB braucht III 3 Halbs 2 deshalb trotz des Transparenzgebots nicht aufzuzählen. § 323 II BGB nennt drei Fälle solcher Entbehrlichkeit: ernsthafte und endgültige Leistungsverweigerung; Nichtbewirken einer termin- oder fristgebundenen Leistung, wenn der Fortbestand des Leistungsinteresses des Gläubigers vertraglich an die Rechtzeitigkeit der Leistung gebunden ist; und besondere Umstände, die unter Abwägung der beiderseitigen Interessen den sofortigen Rücktritt rechtfertigen.

4) Kündigung von Verbraucherdarlehensverträgen bei Verzug (IV)

IV idF 1.4.02 verweist für die Kündigung wegen Verzuges mit der Rückzahlung eines Verbraucherdarlehens rein deklaratorisch auf die besonderen Kündigungsvorschriften des BGB (vgl zwingend §§ 498, 506 nF BGB, §§ 12, 18 aF VerbrKrG).

5) Kündigung eines Basiskontovertrages (V)

V nF 2016 schränkt die Kündigung eines Basiskontovertrages (s **(7)** Bankgeschäfte Rn A/6) durch die Bank ein. Kündigung ist danach nur möglich nach den Vereinbarungen zwischen der Bank und dem Kunden, die auf der Grundlage des Zahlungskontengesetzes (ZKG), **(7)** Bankgeschäfte Rn A/6) v 11.4.16 getroffen sind, und nach den Bestimmungen dieses Gesetzes (Differenzierung wie in § 42 II, III ZKG), BankrechtsHdb/Bunte 5. Aufl 2017 § 24 Rn 52a.

6) Abwicklung nach einer Kündigung (VI)

9 VI räumt (wie V aF, ohne Entsprechung in Nr 18 aF bis 1993) dem Kunden im Falle einer Kündigung ohne Kündigungsfrist (II, aber auch III) eine **angemessene Abwicklungsfrist** ein. Das gilt vor allem für die Rückzahlung eines Kredits. Eine solche Frist entfällt nur, wenn die sofortige Erledigung nötig ist, zB Rückgabe von Scheckvordrucken beim Scheckvertrag.

7) Rechtsfolgen der Kündigung; Fortgeltung der AGB

10 A. Die **Rechtsfolgen der Kündigung** sind in Nr 18, 19 mit Ausnahme der Einräumung einer angemessenen Abwicklungsfrist für den Kunden (s V) **nicht geregelt** (anders Nr 18 aF bis 1993). Diese ergeben sich aus allgemeinem Vertrags- und Gesetzesrecht. Dabei ergeben sich erhebliche Unterschiede je nachdem, ob eine einzelne oder die gesamte Geschäftsverbindung aufgelöst werden (**Trennung zwischen** dem **Bankvertrag und** den **einzelnen Bankgeschäften**). Mit der Auflösung der Letzteren enden nicht ohne Weiteres auch alle ersteren, s **(7)** Bankgeschäfte G/15. Zu den erheblichen Konsequenzen für bereits gewährte Kredite s Canaris 1240.

11 B. Die **AGB** der Bank gelten nach Kündigung einzelner auf Dauer angelegter Geschäftsbeziehungen ohne Weiteres fort, aber auch nach Kündigung der Geschäftsverbindung im ganzen **bis zur völligen Beendigung** (vgl V; ausdrücklich Nr 18 II aF bis 1993). Denn bei Dauerschuldverhältnissen fallen die Auflösung und Vollbeendigung (nach Abwicklung) nicht unbedingt zusammen, und auch das Abwicklungsverhältnis betrifft noch zwei Vertragspartner. Dem steht nicht entgegen, dass **nicht mehr Vertragserfüllung,** zB vertragliche Überziehungszinsen, geschuldet wird (s Rn 12). Bereits bestellte **Sicherheiten** haften weiter. Stornorecht während Abwicklung s Nr 8 Rn 5. Bei Sicherheiten, die die Bank erst während der Abwicklung der gesamten Geschäftsverbindung erlangt, wird es idR am fortdauernden Einigsein des Kunden mit der Bestellung fehlen (s Nr 14 Rn 4). Dann hat die Bank aber jedenfalls Zurückbehaltungs- und Aufrechnungsrechte.

12 C. **Beispiele:** Mit Ende der Geschäftsverbindung wird der Gesamtsaldo auch vor Kontokorrentperiodenende fällig (s § 355 HGB Rn 23). Die Bank kann Verpflichtungen, insbesondere solche in fremder Währung, glattstellen. Die Bank kann spätestens jetzt Aufwendungsersatz, Befreiung von für den Kunden eingegangenen Verbindlichkeiten und bis dahin Sicherheitsleistung verlangen (§§ 670, 257 BGB, vgl § 775 BGB). Ob die Bank Bürgschaften, Garantien und sonstige Haftungsverpflichtungen kündigen kann, richtet sich nach dem jeweiligen Haftungsvertrag; idR ist dieser unkündbar, Ausnahmen sind möglich. Entsprechendes gilt für die Zurückbelastung diskontierter Wechsel, Hopt/Mülbert Vorbem 687 zu §§ 607 ff.

13 Nach Vertragsende kann die Bank **nicht** mehr die vertraglichen **Überziehungszinsen** verlangen (anders Nr 14 III aF (bis 1993, aber unwirksam), sondern ist auf §§ 280 II, 286, 288, 289 S 2 BGB ua angewiesen, BGH WM **86**, 10, Kilimann NJW **90**, 1154. Überziehungskredite s Nr 12 Rn 2.

VII. Schutz der Einlagen

Einlagensicherungsfonds

AGB-Banken 20 (1) Schutzumfang

¹ **Die Bank ist dem Einlagensicherungsfonds des Bundesverbandes deutscher Banken e. V. angeschlossen.** ² Der Einlagensicherungsfonds sichert ge-

V. Bankgeschäfte
20 AGB-Banken (8)

mäß seinem Statut – vorbehaltlich der darin vorgesehenen Ausnahmen – Einlagen, d. h. Guthaben, die sich im Rahmen von Bankgeschäften aus Beträgen, die auf einem Konto verblieben sind, oder aus Zwischenpositionen ergeben und die nach den geltenden Bedingungen von der Bank zurückzuzahlen sind.

[3] Nicht gesichert werden unter anderem die zu den Eigenmitteln der Bank zählenden Einlagen, Verbindlichkeiten aus Inhaber- und Orderschuldverschreibungen sowie Einlagen von Kreditinstituten im Sinne des Art. 4 Abs. 1 Nr. 1 der Verordnung (EU) Nr. 575/2013, Finanzinstituten im Sinne des Art. 4 Abs. 1 Nr. 26 der Verordnung (EU) Nr. 575/2013, Wertpapierfirmen im Sinne des Art. 4 Abs. 1 Nr. 1 der Richtlinie 2004/39/EG und Gebietskörperschaften.

[4] Einlagen von anderen Gläubigern als natürlichen Personen und rechtsfähigen Stiftungen werden nur geschützt, wenn

(i) es sich bei der Einlage um keine Verbindlichkeit aus einer Namensschuldverschreibung oder einem Schuldscheindarlehen handelt und
(ii) die Laufzeit der Einlage nicht mehr als 18 Monate beträgt. [5] Auf Einlagen, die bereits vor dem 01. Januar 2020 bestanden haben, findet die Laufzeitbeschränkung keine Anwendung. [6] Nach dem 31. Dezember 2019 entfällt der Bestandsschutz nach vorstehendem Satz, sobald die betreffende Einlage fällig wird, gekündigt werden kann oder anderweitig zurückgefordert werden kann, oder wenn die Einlage im Wege einer Einzel- oder Gesamtrechtsnachfolge übergeht.

[7] Verbindlichkeiten der Banken, die bereits vor dem 1. Oktober 2017 bestanden haben, werden nach Maßgabe und unten den Voraussetzungen der bis zum 1. Oktober 2017 geltenden Regelungen des Statuts des Einlagensicherungsfonds gesichert. [8] Nach dem 30. September 2017 entfällt der Bestandsschutz nach dem vorstehenden Satz, sobald die betreffende Verbindlichkeit fällig wird, gekündigt oder anderweitig zurückgefordert werden kann, oder wenn die Verbindlichkeit im Wege einer Einzel- oder Gesamtrechtsnachfolge übergeht.

(2) Sicherungsgrenzen

[1] Die Sicherungsgrenze je Gläubiger beträgt bis zum 31. Dezember 2019 20%, bis zum 31. Dezember 2024 15% und ab dem 1. Januar 2025 8,75% der für die Einlagensicherung maßgeblichen Eigenmittel der Bank im Sinne von Art. 72 der Verordnung (EU) Nr. 575/2013. [2] Für Einlagen, die nach dem 31. Dezember 2011 begründet oder prolongiert werden, gelten, unabhängig vom Zeitpunkt der Begründung der Einlage, die jeweils neuen Sicherungsgrenzen ab den vorgenannten Stichtagen. [3] Für Einlagen, die vor dem 31. Dezember 2011 begründet wurden, gelten die alten Sicherungsgrenzen bis zur Fälligkeit der Einlage oder bis zum nächstmöglichen Kündigungstermin.

[4] Diese Sicherungsgrenze wird dem Kunden von der Bank auf Verlangen bekannt gegeben. Sie kann auch im Internet unter www. bankenverband.de abgefragt werden.

(3) Geltung des Statuts des Einlagensicherungsfonds

Wegen weiterer Einzelheiten der Sicherung wird auf § 6 des Statuts des Einlagensicherungsfonds verwiesen, das auf Verlangen zur Verfügung gestellt wird.

(4) Forderungsübergang

Soweit der Einlagensicherungsfonds oder ein von ihm Beauftragter Zahlungen an einen Kunden leistet, gehen dessen Forderungen gegen die Bank in entsprechender Höhe mit allen Nebenrechten Zug um Zug auf den Einlagensicherungsfonds über.

(5) Auskunftserteilung
Die Bank ist befugt, dem Einlagensicherungsfonds oder einem von ihm Beauftragten alle in diesem Zusammenhang erforderlichen Auskünfte zu erteilen und Unterlagen zur Verfügung zu stellen.

1) Einlagensicherungsfonds

1   Nr 20 idF 1.10.2017 mit umfangreichen Änderungen, I und II ganz neu. Nr 20 nF trägt der Änderung des Statuts des Einlagensicherungsfonds ebenfalls zum 1.10.17 Rechnung. Nr 20 entspricht den Anforderungen von § 23a KWG, Sonnenhol WM 00, 853. § 23a KWG verlangt nähere Information der Bankkunden über die Zugehörigkeit der Bank zu einer Sicherungseinrichtung (Legaldefinition in § 23a I 1 KWG: Einrichtung zur Sicherung der Ansprüche von Einlegern und Anlegern). Nr 20 enthält kein Vertragsangebot der Bank auf Abschluss eines Garantievertrags, LG Bln WM 10, 1743. Zu Einlagensicherung und Anlegerentschädigung s (7) Bankgeschäfte Rn A/57. Das Statut des Einlagensicherungsfonds, Fassung August 2014, ist abgedruckt in BankrechtsHdb/Bunte 5. Aufl 2017 § 25 Anh 3.

2) Schutzumfang (I)

2   I informiert über den **Schutzumfang,** zunächst darüber, dass die Bank dem Einlagensicherungsfonds des Bundesverbandes deutscher Banken angeschlossen ist (**I 1**). Welche Kundenforderungen gesichert sind, ergibt sich aus I 2, welche nicht oder nur unter bestimmten Voraussetzungen gesichert sind, folgt aus I 3 und 4, Sicherungsgrenzen sind aus II ersichtlich. **Gesichert** sind **Einlagen,** dh Guthaben, die sich im Rahmen von Bankgeschäften aus Beträgen, die auf einem Konto verblieben sind, oder aus Zwischenpositionen ergeben und die nach den geltenden Bedingungen von der Bank zurückzuzahlen sind (**I 2**). Dazu zählen Sicht-, Termin- und Spareinlagen (s **(7)** Bankgeschäfte Rn B/1), was nicht mehr ausdrücklich gesagt ist. **Nicht gesichert** sind ua die zu den Eigenmitteln der Bank zählenden Einlagen, Verbindlichkeiten aus Inhaber- und Orderschuldverschreibungen sowie Einlagen von Kreditinstituten, Finanzinstituten, Wertpapierfirmen und Gebietskörperschaften (dazu Definitionen, **I 3**). **Einschränkungen** gelten für andere Gläubiger als natürliche Personen und rechtsfähige Stiftungen (**I 4**). **Bestandsschutz** für Verbindlichkeiten, die bereits vor dem 1.10.17 bestanden haben (**I 5**). Ende des Bestandsschutzes nach I 5 gemäß **I 6.**

3) Sicherungsgrenzen (II)

3   II bringt **Sicherungsgrenzen.** Die Sicherungsgrenze je Gläubiger betrug bis Ende 2011 30% des für die Einlagensicherung jeweils maßgeblichen haftenden Eigenkapitals der Bank (I 4 aF), ab 1.1.15 wurde die Sicherungsgrenze in drei Schritten über einen Zeitraum von 10 Jahre abgesenkt.. Nunmehr beträgt die Sicherungsgrenze je Gläubiger bis zum 31.12.19 20%, bis zum 31.12.24 15% und ab dem 1.1.25 8,75% der für die Einlagensicherung maßgeblichen Eigenmittel der Bank (diese definiert, bisher haftendes Eigenkapital genannt; **II 1**). **II 2 und 3** wie aF mit Übergangsbestimmungen.

4   Der Kunde kann von der Bank die Bekanntgabe der Sicherungsgrenze verlangen und diese auch beim Bundesverband deutscher Banken (www.bankenverband.de) im Internet abfragen, wo die jeweilige Zahl prompt erhältlich ist (**II 4**) Das ist nicht nur eine Tatsachenerklärung, die die Bank ggf richtigzustellen hat, sondern begründet eine wesentliche Vertragspflicht für die Bank (s **(7)** Bankgeschäfte Rn A/57), deren Verletzung einen wichtigen Kündigungsgrund darstellen (Nr 18 II) und die Bank schadensersatzpflichtig machen würde (aber keine Vertrauenshaftung, **(7)** Bankgeschäfte Rn A/57).

V. Bankgeschäfte **21 AGB-Banken (8)**

4) Geltung des Statuts des Einlagensicherungsfonds (III)

III verweist wegen weiterer Einzelheiten des Sicherungsumfangs auf § 6 des 5
Statuts des Einlagensicherungsfonds (s Rn 1).

5) Forderungsübergang (IV)

IV enthält, um zu Rechtsfolge wie nach § 774 BGB zu kommen, eine (durch 6
Forderungserwerb des Kunden und Zahlung der Entschädigung an ihn) aufschiebend bedingte antizipierte Forderungsabtretung (§ 398 BGB), Canaris 2722,
Bunte 479, die ua wegen der für die Forderungen bestellten Sicherungsrechte
wichtig ist (§ 401 BGB). Der Forderungsübergang findet nur in Höhe der an den
Kunden geleisteten Entschädigung, Zug um Zug und mit allen Nebenrechten
statt. IV ist wirksam, da die Forderungen hinreichend bestimmt sind. Der Forderungsabtretung liegt ein Forderungskauf zugrunde.

6) Auskunftserteilung (V)

V begründet für die Bank das Recht zur Auskunftserteilung an den Einlagensi- 7
cherungsfonds oder einen von ihm Beauftragten und zur Zurverfügungstellung
aller notwendigen Unterlagen (insoweit Befreiung vom Bankgeheimnis). Das ist
angesichts der Zweckrichtung und Eingrenzung wirksam. Dass die allgemeinen
rechtlichen Grenzen eingehalten werden müssen, braucht V nicht eigens zu sagen.

Ombudsmannverfahren

Beschwerde- und Alternative Streitbeilegungsverfahren

AGB-Banken 21
Der Kunde hat folgende außergerichtliche Möglichkeiten:

¹Der Kunde kann sich mit einer Beschwerde an die im Preis- und Leistungsverzeichnis genannte Kontaktstelle der Bank wenden. ²Die Bank wird
Beschwerden in geeigneter Weise beantworten, bei Zahlungsdiensteverträgen
erfolgt das in Textform (zum Beispiel mittels Brief, Telefax oder E-Mail).

³Die Bank nimmt am Streitbeilegungsverfahren der Verbraucherschlichtungsstelle „Ombudsmann der privaten Banken" (www.bankenombudsmann.de) teil. ⁴Dort hat der Verbraucher die Möglichkeit, zur Beilegung
einer Streitigkeit mit der Bank den Ombudsmann der privaten Banken anzurufen. ⁵Betrifft der Beschwerdegegenstand eine Streitigkeit über einen
Zahlungsdienstevertrag (§ 675f des Bürgerlichen Gesetzbuches), können auch
Kunden, die keine Verbraucher sind, den Ombudsmann der privaten Banken
anrufen.⁶Näheres regelt die „Verfahrensordnung für die Schlichtung von
Kundenbeschwerden im deutschen Bankgewerbe", die auf Wunsch zur Verfügung gestellt wird oder im Internet unter www.bankenverband.de abrufbar
ist. ⁷Die Beschwerde ist in Textform (zB mittels Brief, Telefax oder E-Mail)
an die Kundenbeschwerdestelle beim Bundesverband deutscher Banken e. V.,
Postfach 04 03 07, 10062 Berlin, Telefax: (030) 1663–3169, E-Mail: ombudsmann@bdb.de zu richten.

⁸Ferner besteht für den Kunden die Möglichkeit, sich jederzeit schriftlich
oder zur dortigen Niederschrift bei der Bundesanstalt für Finanzdienstleistungsaufsicht, Graurheindorfer Straße 108, 53117 Bonn, über Verstöße der
Bank gegen das Zahlungsdiensteaufsichtsgesetz (ZAG), die §§ 675c bis 676c
des Bürgerlichen Gesetzbuches (BGB) oder gegen Artikel 248 des Einführungsgesetzes zum Bürgerlichen Gesetzbuche (EGBGB) zu beschweren.

⁹Die Europäische Kommission hat unter http://ec.europa.eu/consumers/
odr/ eine Europäische Online-Streitbeilegungsplattform (OS-Plattform) er-

(8) AGB-WPGeschäfte Einl 1

richtet. [10] Die OS-Plattform kann ein Verbraucher für die außergerichtliche Beilegung einer Streitigkeit aus Online-Verträgen mit einem in der EU niedergelassenen Unternehmen nutzen.

1 1) Nr 21 nF 2016 aufgrund §§ 11, 36f VSBG 19.2.16 BGBl 254, 1039, und nochmals zum 13.1.2018, erstmals 2009, weist auf die verschiedenen Möglichkeiten von Beschwerde- und Streitbeilegungsverfahren zwischen Bank und Verbraucher (iSv § 13 BGB) hin. Zunächst kann sich der Kunde mit seiner Beschwerde schon an die im Preis- und Leistungsverzeichnis genannte Kontaktstelle der Bank selbst wenden (Sätze **1, 2**). Außerdem kann der Kunde den Ombudsmann der privaten Banken anrufen (**3, 4**), näher (**7**) Bankgeschäfte Rn A/56. Bei Streitigkeiten über einen Zahlungsdienstevertrag (§ 675f BGB) können auch Kunden, die nicht Verbraucher sind (§ 13 BGB), den Ombudsmann anrufen (**5**). Satz 5 nF 2014 knüpft an § 14 UKlaG nF mit dem dort und in § 675f BGB (s (**7**) Bankgeschäfte Rn C/27) verwandten Begriff des Zahlungsdienstevertrags an (s (**7**) Bankgeschäfte Rn C/27). Sätze **6 und 7** weisen auf die Verfahrensordnung und die Kundenbeschwerdestelle beim Bundesverband deutscher Banken e.V. hin. Zur Schlichtungsstelle bei Kundenbeschwerden aus §§ 675c-676c BGB s (**7**) Bankgeschäfte Rn A/56. Ferner kann sich der Kunde an die BaFin wenden und Verstöße gegen das ZAG, §§ 675c bis 676c BGB (dazu (**7**) Bankgeschäfte Rn C/1-C110) oder (**1**) EGHGB Art 248 vortragen (**8**). Schließlich gibt es noch bei der Europäischen Kommission eine Online-Streitbeilegunsplattform (OS-Plattform, **9, 10**).

Sonderbedingungen für Wertpapiergeschäfte (AGB-WPGeschäfte)

Fassung Juni 2012

Einleitung

Schrifttum

S vor (**8**) AGB-Banken. Spezieller BuB/*Wagner* 7/24 (AGB-WPGeschäfte). – *Bunte,* AGB-Banken, AGB-Sparkassen, Sonderbedingungen, 4. Aufl 2015, Sonderbedingungen für Wertpapiergeschäfte (4 SB Wp), – *Wagner,* Sonderbedingungen für Wertpapiergeschäfte, 2008. – *Wagner* WM **07,** 1725.

1 1) S Einl 5 vor (**8**) AGB-Banken. Den **Sonderbedingungen für Wertpapiergeschäfte** der Banken **vom 1.11.2007 mit Änderungen im Juni 2012,** auch in WM **07,** 1769, entsprechen die (**9**) Bedingungen für WPGeschäfte (Sparkassen) (s (**9**) Einl 1 vor Nr 1). Die (**8**) Sonderbedingungen für Wertpapiergeschäfte sind 1995, WM **95,** 362, an die Stelle der bis dahin geltenden (**8**) AGB-Banken Nr 29–29 a/f getreten (s 29. Aufl), und zwar wegen der Anpassungsschwierigkeiten später als die (**8**) AGB-Banken nF 1.1.93. Sie sind im Hinblick auf die Änderungen der Bedingungen der Deutsche Börse AG zum 1.1.2000 (Nr 6 über das Erlöschen laufender Aufträge) und im Hinblick auf das 4. FinanzmarktfördG 2002 und die Einführung eines „Zentralen Kontrahenten" (CCP) durch die Deutsche Börse im ersten Quartal 2003 zum 1.1.2003, zu diesem Horn WM Sonderbeil 2/**02,** erneut geändert worden. Die Fassung vom 1.11.2007 wurde durch das FinanzmarktRiUmsetzG (FRUG) erforderlich und trägt neueren Kapitalmarktentwicklungen Rechnung. Diesbezügliche Änderungen betreffen Nrn 1–9 und 20 mit zT erheblichen sprachlichen und inhaltlichen Abweichungen gegenüber früher. Die Änderungen zum Juni 2012 betreffen Nr 3 III und tragen zwei neuen Entscheidungen des BGH Rechnung. Die Sonderbedingungen lassen Pflichten ex lege, soweit nicht abdingbar, unberührt,

V. Bankgeschäfte **1 AGB-WPGeschäfte (8)**

zB die privatrechtlichen allgemeinen Verhaltenspflichten der Bank, s **(7)** Bankgeschäfte Rn A/6 ff, oder die öffentlichrechtlichen Verhaltensregeln für WPDienstleistungsinstitute nach **(16)** WpHG §§ 63 ff (s Nr 13 Rn 1). Namentlich die **Aufklärungs- und Beratungspflichten der Bank** beim WPGeschäft sind in den Sonderbedingungen nicht geregelt und bleiben **unberührt** (s **(7)** Bankgeschäfte Rn A/29 und im Einzelnen § 347 HGB Rn 26). Lit zur Fassung 1995: Langbein 1995; Grimm WiB **95**, 56, Kümpel WM **95**, 137, Bankrechtstag **95**, 165; zur **Fassung 2007:** Hopt/Seyfried 4. Aufl 2013 Form IV. Q.1 (Nrn 1–12), Hopt/Kumpan 4. Aufl 2013 IV. W. 1 (Nrn 13–20) sowie Schrifttum oben.

2) Anwendungsbereich: Die Sonderbedingungen für WPGeschäfte gelten für den Kauf oder Verkauf sowie für die Verwahrung von WP, einerlei ob verbrieft oder nicht (Einl S 1); zu Wertrechten s **(13)** DepotG § 1 Rn 2. Sie gelten nicht für Finanztermingeschäfte, bei denen die Rechte nicht in Urkunden verbrieft sind (so noch ausdrücklich Einl S 2 Fassung 2003). Für diese gelten andere Bedingungen (Sonderbedingungen für Termingeschäfte). Finanztermingeschäfte in verbrieften Rechten, zB Aktienindexoptionsscheine, fallen dagegen wie Papiere aus dem Kassabereich unter die Sonderbedingungen. Auch Devisen- und Sortengeschäfte (s **(7)** Bankgeschäfte Rn N/1) fallen nicht unter die Sonderbedingungen für WPGeschäfte (anders früher), sondern unmittelbar unter Kommissions- oder Kaufrecht (§§ 383 ff HGB, §§ 433 ff BGB) und ggf die Sonderbedingungen für Termingeschäfte. 2

3) Aufbau: Die Sonderbedingungen für WPGeschäfte regeln diese in vier Abschnitten: Geschäfte in WP **(Nr 1–2)**, besondere Regelungen für das Kommissionsgeschäft **(Nr 3–9)**, Erfüllung der WPGeschäfte **(Nr 10–12)** und die Dienstleistungen im Rahmen der Verwahrung **(Nr 13–20).** 3

Diese Sonderbedingungen gelten für den Kauf oder Verkauf sowie für die Verwahrung von Wertpapieren, und zwar auch dann, wenn die Rechte nicht in Urkunden verbrieft sind (nachstehend: „Wertpapiere").

1) Die Sonderbedingungen gelten für **Wertpapiergeschäfte.** Was unter **Wertpapier** verstanden wird, wird nicht näher definiert, außer dass es nicht auf Verbriefung ankommen soll (Einl S 1), doch ist der bankrechtliche WPBegriff unter Einschluss der Bucheffekten zugrundezulegen (s **(13)** DepotG § 1 Rn 1, 2), vgl auch die WPDefinitionen in **(16)** WpHG § 2 I und § 1 XI 2 KWG. Für Finanztermingeschäfte ohne Verbriefung gelten die Sonderbedingungen für Termingeschäfte, Hopt/Seyfried, 4. Aufl 2013, Form IV.R.1. OTC-Derivatgeschäfte: Form IV. S. 1 Rahmenvertrag für Finanztermingeschäfte, Form IV. S. 12 Rahmenvertrag für Finanzgeschäfte; Wertpapierdarlehen und Wertpapierpensionsgeschäfte (Repos): Rahmenvertrag für Wertpapierdarlehen, Form IV. T.1. 1

Diese Sonderbedingungen gelten für den Kauf oder Verkauf sowie für die Verwahrung von Wertpapieren, und zwar auch dann, wenn die Rechte nicht in Urkunden verbrieft sind (nachstehend: „Wertpapiere").

Geschäfte in Wertpapieren

Formen des Wertpapiergeschäfts

AGB-WPGeschäfte 1 (1) Kommissions-/Festpreisgeschäfte

Kommissions-/Festpreisgeschäfte Bank und Kunde schließen Wertpapiergeschäfte in Form von Kommissionsgeschäften **(2)** oder Festpreisgeschäften **(3)** ab.

Hopt 2213

(2) Kommissionsgeschäfte

¹ Kommissionsgeschäfte führt die Bank Aufträge ihres Kunden zum Kauf oder Verkauf von Wertpapieren als Kommissionärin aus, schließt sie für Rechnung des Kunden mit einem anderen Marktteilnehmer oder einer Zentralen Gegenpartei ein Kauf- oder Verkaufsgeschäft (Ausführungsgeschäft) ab, oder sie beauftragt einen anderen Kommissionär (Zwischenkommissionär), ein Ausführungsgeschäft abzuschließen. ² Im Rahmen des elektronischen Handels an einer Börse kann der Auftrag des Kunden auch gegen die Bank oder den Zwischenkommissionär unmittelbar ausgeführt werden, wenn die Bedingungen des Börsenhandels dies zulassen.

(3) Festpreisgeschäfte

¹ Festpreisgeschäfte vereinbaren Bank und Kunde miteinander für das einzelne Geschäft einen festen oder bestimmbaren Preis (Festpreisgeschäft), so kommt ein Kaufvertrag zustande; dementsprechend übernimmt die Bank vom Kunden die Wertpapiere als Käuferin, oder sie liefert die Wertpapiere an ihn als Verkäuferin. ² Die Bank berechnet dem Kunden den vereinbarten Preis, bei verzinslichen Schuldverschreibungen zuzüglich aufgelaufener Zinsen (Stückzinsen).

1   **1) Nr 1 I–III** nF 2007 betrifft die verschiedenen Formen von WPGeschäften. I stellt klar klar, dass Bank und Kunde WPGeschäfte in Form von Kommissionsgeschäften (II) oder Festpreisgeschäften (III) abschliessen, BGH NJW **14**, 924 Rz 14. Demgegenüber behandelten Nr 1 aF nur die einfache Kommission (jetzt II) und Nr 9 aF die Festpreisgeschäfte (jetzt III). Nr 1 I dient nicht nur der Klarstellung, sondern trägt **(16)** WpHG § 82 Rechnung, wonach jedes Kreditinstitut zur bestmöglichen Ausführung von WPGeschäften entsprechende Ausführungsgrundsätze zu verfassen hat. Die früher in Nrn 1 aF, 9 aF enthaltenen, abstrakt formulierten Ausführungsgrundsätze reichten dafür nicht mehr aus. Organisationspflichten dazu in **(16)** WpHG § 80. Jedes Kreditinstitut kann für sich entscheiden, ob es WPGeschäfte im Wege des Kommissionsgeschäfts oder des Festpreisgeschäfts abschliessen will. Nur auf diesem Hintergrund ist Nr 1 I–III nF verständlich, Wagner WM **07**, 1726.

2   **2) II** regelt den Fall der Ausführung von Kundenaufträgen (nicht technisch iSv § 662 BGB) zum Kauf oder Verkauf von WP im Wege der **einfachen Kommission** (§ 383 HGB Rn 2), also kein Selbsteintritt mehr (§ 400 Rn 2), BGH WM **12**, 1524. Das ist anders als nach Nr 1 aF, BGH WM **02**, 1688, Ffm WM **09**, 1033, nicht mehr der Regelfall (§ 383 Rn 8), sondern wird von der Bank gemäß ihren Ausführungsgrundsätzen (s Rn 1) entschieden. Festpreisgeschäfte s III (Rn 5).

3   Ausführung nach **II 1** geschieht entweder durch Abschluss des Ausführungsgeschäfts (Kauf oder Verkauf) durch die Bank mit einem **anderen Marktteilnehmer** (also auch außerhalb der Börse, zB mit einem anderen Kreditinstitut) oder durch Beauftragung eines **Zwischenkommissionärs** (zB eine Landesbank oder bei Auslandsgeschäft ein dortiger Händler bzw Broker), der dann seinerseits ein Ausführungsgeschäft abschließt **(II 1)**, BGH WM **12,** 1520. II 1 erwähnt zusätzlich die Möglichkeit der Einschaltung einer **Zentralen Gegenpartei** zwischen dem Kunden und der Bank, wie von der Deutschen Börse AG als Trägerin der Frankfurter WPBörse ab 2003 eingerichtet (Central Counter Party, CCP). Das dient der Klarheit, da die Zentrale Gegenpartei streng genommen kein anderer Marktteilnehmer iSv II 1 ist, Bunte 4 SB Wp Rn 51. Die Bank sieht danach gemäß II 1 (anders als früher, Nr 29 I 1 aF) generell von der Vereinbarung eines Selbsteintritts nach §§ 400–405 HGB ab, und zwar selbst für Ausnahmefälle (keine escape-Klausel). Es gelten also §§ 383 ff HGB. Folge der kommissionsrechtlichen Ausführung ist, dass dem Kunden alle Vorteile aus dem Ausführungs-

V. Bankgeschäfte 4–6 **1 AGB-WPGeschäfte (8)**

geschäft (Herausgabepflicht nach § 667 BGB, ohne Beweislast des Kunden wie beim Selbsteintritt), aber auch alle Verluste und Nachteile zukommen, an sich auch das Insolvenzrisiko des Ausführungsgeschäftspartners der Bank, aber insoweit gilt zugunsten des Kunden Nr 9. Die Zuordnung des Ausführungsgeschäfts an einen bestimmten Kunden ist kraft Auftragsrechts aber auch nach **(16)** WpHG § 83 erforderlich.

II 2 dient als rechtliche Grundlage für Orderausführungen in Xetra-Best und 4 ähnlichen Systemen, bei denen Banken oder WPHdlHäuser einen Preis stellen. **Im elektronischen Handel** an der Börse können danach Aufträge des Kunden **auch gegen die Bank oder den Zwischenkommissionär unmittelbar** ausgeführt werden, sofern die Bedingungen des Börsenhandels dies zulassen. Bietet die Bank die Orderausführung in Xetra-Best oder einem ähnlichen System nicht an, greift II 2 nicht ein. Wird diese Möglichkeit angeboten, tritt sie als weiterer Weg neben das Kommissionsgeschäft (§§ 383 ff HGB, ohne Selbsteintritt, s Rn 3) und das Festpreisgeschäft (III).

3) III (früher Nr 9) regelt den Fall, dass Bank und Kunde miteinander für das 5 einzelne Geschäft einen festen oder bestimmbaren Preis vereinbaren, BGH WM **12**, 1521. Dann handelt es sich um ein **Festpreisgeschäft** (auch Eigenhandel oder Propergeschäft genannt, s § 383 Rn 8). III soll mit der Einfügung „miteinander" gegenüber Nr 9 aF deutlicher machen, dass beim Festpreisgeschäft anders als bei der Kommission keine Dritten eingeschaltet sind, sondern die Pflichten allein den Kunden oder die Bank treffen. Ein Festpreisgeschäft liegt auch vor, wenn der vereinbarte Preis zwar zum Zeitpunkt des Vertragsschlusses noch nicht beziffert, aber nach den von den Parteien festgelegten Kriterien verlässlich bestimmt werden kann („bestimmbar"), Wagner WM **07**, 1727. So wird zB beim Fondskauf und Fondsverkauf der endgültige Preis erst durch den Ausgabe- oder Rücknahmepreis bestimmt, der von der KapitalGes oder unter ihrer Mitwirkung auf der Basis des Inventarwerts börsentäglich neu ermittelt wird (§ 36 InvG). Festpreisgeschäft kommt vor zB beim Erwerb von festverzinslichen WP oder Investmentzertifikaten im Tafelgeschäft der Banken, uU auch mit institutionellen Anlegern, Kümpel WM **95**, 139. Beim Festpreisgeschäft handelt es sich statt um ein Kommissionsgeschäft um einen **Kauf** zwischen Bank und Kunde **(III 1).** Die Bank berechnet den vereinbarten Kaufpreis, bei verzinslichen Schuldverschreibungen kommen die aufgelaufenen Zinsen (Stückzinsen) hinzu **(III 2).** Der Preis des Deckungsgeschäfts geht den Kunden beim Festpreisgeschäft nichts an, im Gegenzug hat die Bank keine Provisions- und Aufwendungsersatzansprüche (sog Nettoabrechnung). Ob Kommission- oder Festpreisgeschäft vorliegt, bestimmt sich nach dem Parteiwillen bzw besonderen Indizien (ausführlich § 383 HGB Rn 7), insbesondere nach den Ausführungsgrundsätzen der jeweiligen Bank (s Nr 2). Auch beim Festpreisgeschäft ist Bedingung des Abschlusses eines Deckungsgeschäfts möglich, das muss aber besonders vereinbart werden, Bunte 4 SB Wp Rn 60. Aufklärungspflichten beruhen auch beim Proper(Eigen-)geschäft auf der Berufsstellung der Bank (§ 347 HGB Rn 22); beim Festpreisgeschäft ist Gewinninteresse offenkundig, keine Aufklärungspflicht über Gewinnmarge, ebensowenig beim Kommissionsgeschäft über die Kommissionsgebühr, BGH WM **12**, 1522. Aufklärungspflicht besonders bei Berechnung von Preisen, die eindeutig nicht marktgerecht sind (vgl Rspr zu Warenterminoptionsprämien, § 347 HGB Rn 26; Recht und Praxis in USA: ab 5% über Marktpreis; prospektgestützter Kapitalanlagevertrieb ab 15% von der Gegenleistung des Anlegers, s § 347 Rn 30). Auch beim Festpreisgeschäft gelten **(13)** DepotG §§ 18–30, **(13)** DepotG § 31 und **(16)** WpHG. Preis- und Vergütungsgestaltung im WPHandel Köndgen FS Canaris **07** II 183.

4) Zur Frage der Geltung inländischer oder ausländischer Usancen, relevant ua 6 für Lieferfrist, s BuB/Wagner 7/106, Bunte 4 SB Wp Rn 61 f.

Hopt 2215

(8) AGB-WPGeschäfte 3 1 2. Teil. Handelsrechtl. Nebengesetze

Ausführungsgrundsätze für Wertpapiergeschäfte

AGB-WPGeschäfte 2 ¹Die Bank führt Wertpapiergeschäfte nach ihren jeweils geltenden Ausführungsgrundsätzen aus. ²Die Ausführungsgrundsätze sind Bestandteil der Sonderbedingungen. ³Die Bank ist berechtigt, die Ausführungsgrundsätze entsprechend den aufsichtsrechtlichen Vorgaben zu ändern. ⁴Über die Änderungen der Ausführungsgrundsätze wird die Bank den Kunden jeweils informieren.

1   **1) Nr 2** nF 2007 betrifft die Ausführungsgrundsätze für WPGeschäfte. Nr 2 ist gegenüber Nr 2 idF 2003 viel schlanker, weil die Bank, wie nunmehr **Satz 1** besagt, WPGeschäfte nach ihren jeweils geltenden eigenen Ausführungsgrundsätzen ausführt, die sie nach **(16) WpHG § 82** festlegen und mindest jährlich überprüfen muss. Eine abstrakte Vorabfestlegung in den Sonderbedingungen wie bisher erübrigt sich damit. Die Bank ist gegenüber dem Kunden an diese Ausführungsgrundsätze gebunden. Doch kann sie einen Auftrag auch gemäß einer ausdrücklichen Kundenweisung ausführen, s **(16) WpHG § 82 IV**. Die Ausführungsgrundsätze sind Bestandteil der vorliegenden Sonderbedingungen, werden also Bestandteil der vereinbarten AGB **(Satz 2)**. Wenn die Bank ihre Ausführungsgrundsätze, wie nach **(16) WpHG § 82** vorgesehen, überprüft und entsprechend den aufsichtsrechtlichen Vorgaben der BaFin ändert, dann erstrecken sich diese Änderungen nach **Satz 3** auch auf das Verhältnis zwischen Kunde und Bank. Kommt es zu einer solchen Änderung, wird die Bank den Kunden jeweils informieren **(Satz 4)**. Weitere Informationspflichten der Bank enthält **(16) WpHG § 82 VI**.

Besondere Regelungen für das Kommissionsgeschäft

Usancen/Unterrichtung/Preis

AGB-WPGeschäfte 3 (1) Geltung von Rechtsvorschriften/Usancen/Geschäftsbedingungen.

Die Ausführungsgeschäfte unterliegen den für den Wertpapierhandel am Ausführungsplatz geltenden Rechtsvorschriften und Geschäftsbedingungen (Usancen); daneben gelten die Allgemeinen Geschäftsbedingungen des Vertragspartners der Bank.

(2) Unterrichtung

¹Über die Ausführung des Auftrags wird die Bank den Kunden unverzüglich unterrichten. ²Wurde der Auftrag des Kunden im elektronischen Handel an einer Börse gegen die Bank oder den Zwischenkommissionär unmittelbar ausgeführt, bedarf es keiner gesonderten Benachrichtigung.

(3) Preis des Ausführungsgeschäfts/Entgelt/Aufwendungen

¹Die Bank rechnet gegenüber dem Kunden den Preis des Ausführungsgeschäfts ab. ²Sie ist berechtigt, ihr Entgelt und ihre Auslagen einschließlich fremder Kosten in Rechnung zu stellen. ³Ein möglicher Anspruch der Bank auf Ersatz von Aufwendungen richtet sich nach den gesetzlichen Vorschriften.

1   **1) Nr 3** nF 2007 entspricht in I und III wortgleich den bisherigen Nr 1 II, III. Die Ausführungsgeschäfte unterliegen den für den WPHandel am Ausführungsplatz geltenden Rechtsvorschriften und AGB, sog **Usancen (I),** auch besonderen

V. Bankgeschäfte 5 AGB-WPGeschäfte (8)

Usancen für den Freihandel. Ferner gelten die AGB des Vertragspartners der Bank.

2) Die Bank verspricht dem Kunden unverzügliche **Unterrichtung** über die Ausführung des Auftrags **(II 1)**. Eine gesonderte Benachrichtigung ist dann nicht erforderlich, wenn der Auftrag des Kunden im elektronischen Handel an einer Börse gegen die Bank oder den Zwischenkommissionär unmittelbar ausgeführt wird **(II 2)**.

3) Bei der Ausführung des Kommissionsauftrags rechnet die Bank gegenüber dem Kunden den exakten Preis des konkret zurechenbaren Ausführungsgeschäftes ab (III 1). Hinzu kommen ihre Provision (Entgelt) und ihre Auslagen (§ 670 BGB), zu den letzteren gehören insbesondere fremde Kosten, die die Bank zB ihrerseits nach § 670 BGB übernehmen muss (III 2). III nF Juni 2012 parallel zu **(8)** AGB-Banken Nr 12 VI (s dort) wegen BGH WM **12**, 1189, 1344. Aufwendungsersatz richtet sich, nunmehr klargestellt, nach den gesetzlichen Vorschriften, also grundsätzlich nach §§ 675 I, 670 BGB. Bei der Abrechnung ist § 384 II HGB zu beachten.

Erfordernis eines ausreichenden Kontoguthabens/Depotbestandes

AGB-WPGeschäfte 4

[1]**Die Bank ist zur Ausführung von Aufträgen oder zur Ausübung von Bezugsrechten nur insoweit verpflichtet, als das Guthaben des Kunden, ein für Wertpapiergeschäfte nutzbarer Kredit oder der Depotbestand des Kunden zur Ausführung ausreichen.** [2]**Führt die Bank den Auftrag ganz oder teilweise nicht aus, so wird sie den Kunden unverzüglich unterrichten.**

1) Nr 4 nF 2007 (wie früher Nr 7) regelt das Erfordernis eines **ausreichenden Kontoguthabens** (oder eines für WPGeschäfte nutzbaren Kredits) bzw **Depotbestands (Satz 1).** Nr 4 entspricht der Vorschusspflicht nach § 669 BGB, danach besteht diese allerdings nur bei Verlangen von Vorschuss, Nr 4 sieht davon wirksam ab. Nr 4 gilt grundsätzlich auch bei Verkaufsaufträgen, Bunte 4 SB Wp Rn 73, differenzierend BuB/Wagner 7/91, das ist wirksam. Die Bank kann auch teilweise ausführen (vgl Satz 2). Nr 4 begründet für die Bank keine Pflicht und schützt nicht den Kunden, Karls NJW-RR **04**, 1052. Die Bank kann wie jeder Kommissionär auch ohne Vorschuss(verlangen) ausführen, doch kann sie unter besonderen Umständen zur vorherigen Nachfrage verpflichtet sein, iErg abl Nürnbg BKR **03**, 550, vgl auch Bunte 4 SB Wp Rn 74 aE, str. Unverzügliche (§ 121 I 1 BGB) Benachrichtigung durch die Bank **(Satz 2).** Satz 2 konkretisiert § 384 II 1 HGB.

Festsetzung von Preisgrenzen

AGB-WPGeschäfte 5

Der Kunde kann der Bank bei der Erteilung von Aufträgen Preisgrenzen für das Ausführungsgeschäft vorgeben (preislich limitierte Aufträge).

1) Nr 5 nF 2007 (früher Nr 3) stellt im Anschluss an § 386 HGB deklaratorisch klar, dass der Kunde bei der Erteilung von Aufträgen **Preislimits** (Höchst- oder Mindestpreis) setzen kann. Das entspricht der allgemeinen Weisungsfreiheit des Kunden (Nr 2 Rn 1). **Bestens**-Auftrag ist Kommissionsgeschäft mit entspr Bemühenspflicht der Bank, aber schon Interessenwahrungspflicht nach § 384 I HGB.

Hopt

(8) AGB-WPGeschäfte 7 1 2. Teil. Handelsrechtl. Nebengesetze

Gültigkeitsdauer von unbefristeten Kundenaufträgen

AGB-WPGeschäfte 6 (1) Preislich unlimitierte Aufträge

¹Ein preislich unlimitierter Auftrag gilt entsprechend den Ausführungsgrundsätzen (Nr. 2) nur für einen Handelstag; ist der Auftrag für eine gleichtägige Ausführung nicht so rechtzeitig eingegangen, dass seine Berücksichtigung im Rahmen des ordnungsgemäßen Arbeitsablaufs möglich ist, so wird er für den nächsten Handelstag vorgemerkt. ²Wird der Auftrag nicht ausgeführt, so wird die Bank den Kunden hiervon unverzüglich benachrichtigen.

(2) Preislich limitierte Aufträge

¹Ein preislich limitierter Auftrag ist bis zum letzten Handelstag des laufenden Monats gültig (Monats-Ultimo). ²Ein am letzten Handelstag eines Monats eingehender Auftrag wird, sofern er nicht am selben Tag ausgeführt wird, entsprechend den Ausführungsgrundsätzen (Nr. 2) für den nächsten Monat vorgemerkt. ³Die Bank wird den Kunden über die Gültigkeitsdauer seines Auftrags unverzüglich unterrichten.

1   1) Nr 6 nF 2007 (früher Nr 4) regelt ohne große praktische Bedeutung entsprechend den in Nr 2 geregelten Ausführungsgrundsätzen (so ausdrücklich I und II) die **Gültigkeitsdauer** von unbefristeten **Kundenaufträgen** unterschiedlich für preislich unlimitierte, dann nur für einen Handelstag (**I 1**, Tagesgültigkeit, außer wenn so spät eingegangen, dass Weiterleitung vor Börsenschluss nicht mehr möglich ist, dann Vormerkung für den nächsten Handelstag, I 1 Halbs 2, Karls ZIP **99**, 1125), und preislich limitierte Aufträge, dann bis zum Monats-Ultimo (**II 1**, Ultimogültigkeit), ausnahmsweise Vormerkung für den gesamten nächsten Monat (**II 2**). Änderung des früheren Begriffs „Börsentag" in „Handelstag" ist rein redaktionell (Grund s Rn 8 Rn 1). Die bloße **Tagesgültigkeit preislich unlimitierter Aufträge** schützt den Kunden bei hohen Volatilitäten, die auch im WPKassamarkt vorkommen. Unterrichtungspflicht der Bank (**I 2, II 3**). Bei Vormerkung für den nächsten Handelstag nach I 1 Halbs 2 erübrigt sich die Mitteilung am selben Handelstag, Mitteilung erst, wenn auch an diesem Tag nicht ausgeführt werden kann, Karlsr ZIP **99**, 1125. Unterrichtung nach II 3 erfolgt als sog Limit-Bestätigung, BuB/Wagner 7/80, Bunte 4 SB Wp Rn 83, vgl § 384 II, III HGB. Erlischt der Auftrag infolge fahrlässig nicht rechtzeitiger Ausführung, haftet die Bank nach §§ 280 III, 283 BGB, da sie zu umgehender Weiterleitung verpflichtet ist (§ 384 Rn 4). Abrechnung erfolgt zu dem leicht fahrlässig versäumten Kurs des Eingangstags (§ 249 BGB, vgl für Selbsteintritt §§ 401 I, 402).

Gültigkeitsdauer von Aufträgen zum Kauf oder Verkauf von Bezugsrechten

AGB-WPGeschäfte 7

¹Preislich unlimitierte Aufträge zum Kauf oder Verkauf von Bezugsrechten sind für die Dauer des Bezugsrechtshandels gültig. ²Preislich limitierte Aufträge zum Kauf oder Verkauf von Bezugsrechten erlöschen mit Ablauf des vorletzten Tages des Bezugsrechtshandels. ³Die Gültigkeitsdauer von Aufträgen zum Kauf oder Verkauf ausländischer Bezugsrechte bestimmt sich nach den maßgeblichen ausländischen Usancen. ⁴Für die Behandlung von Bezugsrechten, die am letzten Tag des Bezugsrechtshandels zum Depotbestand des Kunden gehören, gilt Nr. 15 Abs. 1.

1   1) Nr 7 nF 2007 (wie früher Nr 5) regelt die **Gültigkeitsdauer** von **Aufträgen** zum Kauf oder Verkauf von **Bezugsrechten** ähnlich wie Nr 6, nämlich wiederum unterschiedlich für preislich unlimitierte Aufträge (Unterabs I 1) und

V. Bankgeschäfte **1 8 AGB-WPGeschäfte (8)**

preislich limitierte (Unterabs I 2). Bezugsrechtshandel mindestens zwei Wochen (§ 186 I 2 AktG), Fristbestimmung durch Satzung, Hauptversammlung oder Vorstand. Bei Aufträgen über ausländische Bezugsrechte sind die maßgeblichen ausländischen Usancen für die Gültigkeitsdauer des Auftrags bestimmend (Unterabs I 3, der Unterabs I 2 vorgeht). Grund: Gleichlauf im Verhältnis Bank–Kunde und Bank–Makler. Für die Behandlung der Bezugsrechte am letzten Tag der Bezugsfrist gilt das Gebot bestmöglicher Verwertung (Unterabs 2, Nr 15 I).

Erlöschen laufender Aufträge

AGB-WPGeschäfte 8
(1) Dividendenzahlungen, sonstige Ausschüttungen, Einräumung von Bezugsrechten, Kapitalerhöhung aus Gesellschaftsmitteln

¹ Preislich limitierte Aufträge zum Kauf oder Verkauf von Aktien an inländischen Ausführungsplätzen erlöschen bei Dividendenzahlung, sonstigen Ausschüttungen, der Einräumung von Bezugsrechten oder einer Kapitalerhöhung aus Gesellschaftsmitteln mit Ablauf des Handelstages, an dem die Aktien letztmalig einschließlich der vorgenannten Rechte gehandelt werden, sofern die jeweiligen Regelungen des Ausführungsplatzes ein Erlöschen vorsehen. ² Bei Veränderung der Einzahlungsquote teileingezahlter Aktien oder des Nennwertes von Aktien und im Falle des Aktiensplittings erlöschen preislich limitierte Aufträge mit Ablauf des Handelstages vor dem Tag, an dem die Aktien mit erhöhter Einzahlungsquote bzw. mit dem veränderten Nennwert bzw. gesplittet notiert werden.

(2) Kursaussetzung

Wenn an einem inländischen Ausführungsplatz die Preisfeststellung wegen besonderer Umstände im Bereich des Emittenten unterbleibt (Kursaussetzung), erlöschen sämtliche an diesem Ausführungsplatz auszuführenden Kundenaufträge für die betreffenden Wertpapiere, sofern die Bedingungen des Ausführungsplatzes dies vorsehen.

(3) Ausführung von Kundenaufträgen an ausländischen Ausführungsplätzen

Bei der Ausführung von Kundenaufträgen an ausländischen Ausführungsplätzen gelten insoweit die Usancen der ausländischen Ausführungsplätze.

(4) Benachrichtigung

Von dem Erlöschen eines Kundenauftrags wird die Bank den Kunden unverzüglich benachrichtigen.

1) Nr 8 nF 2007 regelt das **Erlöschen laufender Aufträge**. Nr 8 entspricht 1 Nr 6 aF, letztere im Anschluss an die Änderung der Bedingungen für Geschäfte an der Frankfurter WPBörse über die Behandlung laufender Aufträge vom 26.4.99, wonach laufende preislich limitierte Aufträge in deutschen Aktien nicht mehr am ersten Börsentag nach der Hauptversammlung um die Bruttodividende abgeschlagen werden, sondern zu diesem Zeitpunkt erlöschen, Grund: Vereinheitlichung. **Dividendenzahlungen** und die anderen in I genannten Umstände lassen preislich limitierte Aufträge zum Kauf oder Verkauf von Aktien an inländischen Ausführungsplätzen erlöschen, sofern die jeweiligen Regelungen des Ausführungsplatzes ein Erlöschen vorsehen **(I)**. Bei ausländischen Börsen bzw Ausführungsplätzen gilt das nicht. Änderung der früheren Begriffe „Börse" und „Börsentag" (so Nr 6 aF) in „Ausführungsplatz" und „Handelstag" ist rein redaktionell (Grund: FinanzmarktRiUmsetzG behandelt börsen- und mulitlaterale HdlSysteme neutral).

Hopt 2219

(8) AGB-WPGeschäfte 10 1 2. Teil. Handelsrechtl. Nebengesetze

2 2) Bei **Kursaussetzung** (s **(14)** BörsG § 25 I 1 Nr 1 idF 2007), die an einem inländischen Ausführungsplatz wegen besonderer Umstände im Bereich des Emittenten (also nicht zB bei technischen Störungen, die zur Aussetzung führen können) erfolgt, erlöschen sämtliche an dieser Börse auszuführenden Kundenaufträge für die betreffenden WP **(II)**. Das gilt auch, wenn das in besonders gelagerten Einzelfällen nicht der Interessenlage von Kunde und Bank entspricht, Grund für II ist sichere Rechtslage, auch Vermeidung von Problemen mit Insider- und Ad-hoc-Publizitätsregeln (s **(16a)** MAR Art 7 ff), Bunte 4 SB Wp Rn 86.

3 3) Bei Ausführung von Kundenaufträgen an ausländischen Ausführungsplätzen gelten insoweit die dortigen Usancen **(III)**, Grund: Gleichlauf (Nr 7 Rn 1).

4 4) Bei Erlöschen des Kundenauftrags unverzügliche (§ 121 I 1 BGB) Benachrichtigung durch die Bank **(IV)**. Diese braucht angesichts des Massengeschäftscharakters nicht unbedingt telefonisch zu erfolgen, andererseits genügt auch nicht in jedem Fall bloße schriftliche Unterrichtung, aA BuB/Wagner 7/90, vielmehr zumutbar rascheste Unterrichtung, zB Fax, e-mail, Bunte 4 SB Wp Rn 87.

Haftung der Bank bei Kommissionsgeschäften

AGB-WPGeschäfte 9 ¹Die Bank haftet für die ordnungsgemäße Erfüllung des Ausführungsgeschäfts durch ihren Vertragspartner oder den Vertragspartner des Zwischenkommissionärs. ²Bis zum Abschluss eines Ausführungsgeschäfts haftet die Bank bei der Beauftragung eines Zwischenkommissionärs nur für dessen sorgfältige Auswahl und Unterweisung.

1 1) Nr 9 nF 2007 (wie früher Nr 8) regelt die **Haftung der Bank bei Kommissionsgeschäften**. Die Bank haftet für die ordnungsgemäße Erfüllung des Ausführungsgeschäfts durch ihren Vertragspartner oder den Vertragspartner des Zwischenkommissionärs (vgl Nr 1 II 1), also ohne Einschränkung nach **§ 278 BGB**, keine Substitution **(Satz 1)**. Eine Benennung des Vertragspartners (vgl § 384 III HGB) ist nicht vorgesehen, aber auch nicht ausgeschlossen und kann im Einzelfall erforderlich werden. Das gilt aber erst ab Abschluss des Ausführungsgeschäfts. Vorher haftet die Bank bei Beauftragung eines Zwischenkommissionärs nur für Auswahl- und Unterweisungsverschulden **(Satz 2)**. Satz 2 ist wirksam, Grund: Satz 2 beinhaltet keine Freizeichnung von Auswahl- und Unterweisungsverschulden oder von Fehlern bei der Entgegennahme des Auftrags, Nürnb WM 01, 2440. Zu den Grenzen der Substitution **(8)** AGB-Banken Nr 3 Rn 5 ff.

Erfüllung der Wertpapiergeschäfte

Erfüllung im Inland als Regelfall

AGB-WPGeschäfte 10 Die Bank erfüllt Wertpapiergeschäfte im Inland, soweit nicht die nachfolgenden Bedingungen oder eine anderweitige Vereinbarung die Anschaffung im Ausland vorsehen.

1 1) Nr 10–12 regeln die **Erfüllung** der WPGeschäfte. Diese werden idR im Inland erfüllt (Nr 10). Dann gilt Nr 11, bei Anschaffung im Ausland Nr 12.

V. Bankgeschäfte **12 AGB-WPGeschäfte (8)**

Anschaffung im Inland

AGB-WPGeschäfte 11
[1] Bei der Erfüllung im Inland verschafft die Bank dem Kunden, sofern die Wertpapiere zur Girosammelverwahrung bei der deutschen Wertpapiersammelbank (Clearstream Banking AG) zugelassen sind, Miteigentum an diesem Sammelbestand – Girosammel-Depotgutschrift – (GS-Gutschrift). [2] Soweit Wertpapiere nicht zur Girosammelverwahrung zugelassen sind, wird dem Kunden Alleineigentum an Wertpapieren verschafft. [3] Diese Wertpapiere verwahrt die Bank für den Kunden gesondert von ihren eigenen Beständen und von denen Dritter (Streifbandverwahrung).

1) Nr 11 regelt den Regelfall, **Anschaffung im Inland**. Das gilt, wenn nichts anderes bestimmt ist (besondere Abrede oder Nrn 2 II, 12). Der Kunde erhält durch eine Girosammel-Depotgutschrift (s **(13)** DepotG § 5) Miteigentum am Sammelbestand bezüglich des jeweiligen WP (**Satz 1, (13)** DepotG § 5). Bei nicht zur Sammelverwahrung zugelassenen WP erhält der Kunde Alleineigentum unter Streifbandverwahrung (**Satz 2; (13)** DepotG § 2).

Anschaffung im Ausland

AGB-WPGeschäfte 12
(1) Anschaffungsvereinbarung

Die Bank schafft Wertpapiere im Ausland an, wenn
– sie als Kommissionärin Kaufaufträge in in- oder ausländischen Wertpapieren im Ausland ausführt, oder
– sie dem Kunden im Wege eines Festpreisgeschäftes ausländische Wertpapiere verkauft, die im Inland weder börslich noch außerbörslich gehandelt werden oder
– sie als Kommissionärin Kaufaufträge in ausländischen Wertpapieren ausführt oder dem Kunden ausländische Wertpapiere im Wege eines Festpreisgeschäftes verkauft, die zwar im Inland börslich oder außerbörslich gehandelt, üblicherweise aber im Ausland angeschafft werden.

(2) Einschaltung von Zwischenverwahrern
[1] Die Bank wird die im Ausland angeschafften Wertpapiere im Ausland verwahren lassen. [2] Hiermit wird sie einen anderen in- oder ausländischen Verwahrer (zB die Clearstream Banking AG) beauftragen oder eine eigene ausländische Geschäftsstelle damit betrauen. [3] Die Verwahrung der Wertpapiere unterliegt den Rechtsvorschriften und Usancen des Verwahrungsorts und den für den oder die ausländischen Verwahrer geltenden Allgemeinen Geschäftsbedingungen.

(3) Gutschrift in Wertpapierrechnung
[1] Die Bank wird sich nach pflichtgemäßem Ermessen unter Wahrung der Interessen des Kunden das Eigentum oder Miteigentum an den Wertpapieren oder eine andere im Lagerland übliche, gleichwertige Rechtsstellung verschaffen und diese Rechtsstellung treuhänderisch für den Kunden halten. [2] Hierüber erteilt sie dem Kunden Gutschrift in Wertpapierrechnung (WR-Gutschrift) unter Angabe des ausländischen Staates, in dem sich die Wertpapiere befinden (Lagerland).

(4) Deckungsbestand
[1] Die Bank braucht die Auslieferungsansprüche des Kunden aus der ihm erteilten WR-Gutschrift nur aus dem von ihr im Ausland unterhaltenen Deckungsbestand zu erfüllen. [2] Der Deckungsbestand besteht aus den im

(8) AGB-WPGeschäfte 13

Lagerland für die Kunden und für die Bank verwahrten Wertpapieren derselben Gattung. [3] Ein Kunde, dem eine WR-Gutschrift erteilt worden ist, trägt daher anteilig alle wirtschaftlichen und rechtlichen Nachteile und Schäden, die den Deckungsbestand als Folge von höherer Gewalt, Aufruhr, Kriegs- und Naturereignissen oder durch sonstige von der Bank nicht zu vertretende Zugriffe Dritter im Ausland oder im Zusammenhang mit Verfügungen von hoher Hand des In- oder Auslands treffen sollten.

(5) Behandlung der Gegenleistung

Hat ein Kunde nach Absatz 4 Nachteile und Schäden am Deckungsbestand zu tragen, so ist die Bank nicht verpflichtet, dem Kunden den Kaufpreis zurückzuerstatten.

1 1) **Nr 12** regelt die **Anschaffung im Ausland,** die nach Nr 10 die Ausnahme ist. **I** stellt klar, wann die Bank WP im Ausland anschafft, nämlich in drei näher beschriebenen Fällen. **II** erlaubt die Einschaltung von Zwischenverwahrern. II 3 bestimmt die Anwendbarkeit der ausländischen Rechtsvorschriften, Usancen des Verwahrungsorts und des AGB des ausländischen Verwahrers, das sachgerecht und wirksam ist. Der Kunde erhält bei WP, die im Ausland angeschafft und verwahrt werden, entspr **(13)** DepotG § 22 eine Gutschrift in Wertpapierrechnung **(WR-Gutschrift, III).**

2 2) **IV** und **V** regeln die besonderen, gravierenden Risiken der Auslandsverwahrung (Krieg, Eingriffe von hoher Hand ua). Die Bank präzisiert und beschränkt damit ihren Pflichtenkreis, teilweise Risikoverlagerung auf den Kunden, was aber insgesamt ausgewogen und wirksam ist, BuB/Wagner 7/130, Bunte 4 SB Wp Rn 113 ff. Kundenschützend wirken die sog **Drei-Punkte-Erklärungen,** die die Bank mit der ausländischen Lagerstelle vereinbart, BuB/Wagner 7/132 ff, abgedruckt bei BuB/Decker 8/183, kurz auch Bunte 4 SB Wp Rn 113. Die Bank braucht die Auslieferungsansprüche des Kunden aus der ihm erteilten WR-Gutschrift nur aus dem von ihr im Ausland unterhaltenen **Deckungsbestand** zu erfüllen **(IV 1).** Das bedeutet statt reiner Gattungsschuld eine bloße Vorratsschuld (§ 243 BGB). Die Leistungsgefahr geht damit von der Bank auf den Kunden über (§§ 243 II, 275 BGB). Der Vorrat ist nicht der bei dem ausländischen Zwischenverwahrer, sondern der gesamte Bestand der Bank im (betreffenden, s IV 2) Ausland. **IV 2** engt den Deckungsbestand auf die im Lagerland für den Kunden und die Bank verwahrte WPe derselben Gattung ein. Wird der Deckungsbestand durch höhere Gewalt, Enteignung ua vermindert, kommt es zu einer **Gefahrengemeinschaft** zwischen Kunde und Bank mit anteiliger Tragung aller wirtschaftlichen und rechtlichen Nachteile und Schäden durch den Kunden **(IV 3). V** regelt die Gegenleistung in Fällen von IV dahin, dass der Kunde nicht den Kaufpreis von der Bank zurückverlangen kann. Die Vergütungsgefahr liegt damit abweichend von § 326 I BGB beim Kunden.

Die Dienstleistungen im Rahmen der Verwahrung

Depotauszug

AGB-WPGeschäfte 13

Die Bank erteilt mindestens einmal jährlich einen Depotauszug.

1 1) **Nr 13–20** regeln, welche **Dienstleistungen** die Bank im Rahmen der WPVerwahrung erbringt **(Verwaltungspflichten der Bank),** Nr 13 ff sprechen von Dienstleistungen, nicht wie § 1 I 2 Nr 5 KWG (Depotgeschäft) von Ver-

V. Bankgeschäfte 1 **14 AGB-WPGeschäfte (8)**

wahrung und Verwaltung, um das Depotgeschäft von der Vermögensverwaltung (s **(7)** Bankgeschäfte Rn U/1) mit wesentlich weitergehenden Verwaltungspflichten abzuheben. Zunächst erteilt die Bank mindestens einmal jährlich, nach Vereinbarung auch öfter, einen Depotauszug (**Nr 13**). Weitergehende Pflichten aus Depotvertrag als aus Nr 13–20 übernimmt die Bank zulässigerweise nicht, Karls WM **92**, 577, vgl Mü **97**, 1806, Hamm BB **99**, 1676; Nr **13 ff** betr Informations- und Überwachungspflichten der Bank sind also **wirksam,** Karls WM **91**, 276 (zu Nr 5 aF, Bezugnahme auf Bekanntmachung in WM). Jedoch werden damit allgemeine Aufklärungs-, Beratungs- und sonstige Verhaltenspflichten der Bank aus anderen Rechtsgründen nicht beschränkt (Einl 1 vor Nr 1). Aus dem WPDepotVertrag folgt aber keine Pflicht zu vollumfänglicher Betreuung und laufender Beratung, ganz hL, BGH WM **05**, 270 (s auch Nr 16 Rn 1). Zum Depotvertrag s **(13)** DepotG § 1 Rn 4, Pflichten bezüglich der Stimmrechtsvollmacht (früher: Depotstimmrecht) s §§ 128, 135 AktG; Komm zu **(2a)** AktG.

Einlösung von Wertpapieren/Bogenerneuerung

AGB-WPGeschäfte 14 (1) Inlandsverwahrte Wertpapiere

[1] **Bei im Inland verwahrten Wertpapieren sorgt die Bank für die Einlösung von Zins-, Gewinnanteil- und Ertragscheinen sowie von rückzahlbaren Wertpapieren bei deren Fälligkeit.** [2] **Der Gegenwert von Zins-, Gewinnanteil- und Ertragscheinen sowie von fälligen Wertpapieren jeder Art wird unter dem Vorbehalt gutgeschrieben, dass die Bank den Betrag erhält, und zwar auch dann, wenn die Papiere bei der Bank selbst zahlbar sind.** [3] **Die Bank besorgt neue Zins-, Gewinnanteil- und Ertragscheinbogen (Bogenerneuerung).**

(2) Auslandsverwahrte Wertpapiere

Diese Pflichten obliegen bei im Ausland verwahrten Wertpapieren dem ausländischen Verwahrer.

(3) Auslosung und Kündigung von Schuldverschreibungen

[1] **Bei im Inland verwahrten Schuldverschreibungen überwacht die Bank den Zeitpunkt der Rückzahlung infolge Auslosung und Kündigung anhand der Veröffentlichungen in den „Wertpapier-Mitteilungen".** [2] **Bei einer Auslosung von im Ausland verwahrten rückzahlbaren Schuldverschreibungen, die anhand deren Urkundennummern erfolgt (Nummernauslosung), wird die Bank nach ihrer Wahl den Kunden für die ihm in Wertpapierrechnung gutgeschriebenen Wertpapiere entweder Urkundennummern für die Auslosungszwecke zuordnen oder in einer internen Auslosung die Aufteilung des auf den Deckungsbestand entfallenden Betrages auf die Kunden vornehmen.** [3] **Diese interne Auslosung wird unter Aufsicht einer neutralen Prüfungsstelle vorgenommen; sie kann statt dessen unter Einsatz einer elektronischen Datenverarbeitungsanlage durchgeführt werden, sofern eine neutrale Auslosung gewährleistet ist.**

(4) Einlösung in fremder Währung

[1] **Werden Zins-, Gewinnanteil- und Ertragscheine sowie fällige Wertpapiere in ausländischer Währung oder Rechnungseinheiten eingelöst, wird die Bank den Einlösungsbetrag auf dem Konto des Kunden in dieser Währung gutschreiben, sofern der Kunde ein Konto in dieser Währung unterhält.** [2] **Andernfalls wird sie dem Kunden hierüber eine Gutschrift in Euro erteilen, soweit nicht etwas anderes vereinbart ist.**

1) Nr 14 regelt die **Einlösung** von WP und die **Besorgung von Bogen-** 1 **erneuerungen** (Zins-, Gewinnanteil- und Ertragsscheinbogen). Dabei wird wie

(8) AGB-WPGeschäfte 15 1 2. Teil. Handelsrechtl. Nebengesetze

auch sonst in den AGB-WPGeschäften zwischen Inland (I, III 1) und Ausland (II, III 2, 3) unterschieden. Soweit die Bank danach tätig zu werden verspricht, braucht der Kunde keine Eigeninitiative zu entfalten. **I** betrifft die im Inland verwahrten WP. Bei im Ausland verwahrten WP obliegen die in I genannten Pflichten dem ausländischen (Zwischen)Verwahrer **(II).** Bei im Inland verwahrten Schuldverschreibungen überwacht die Bank den Zeitpunkt der Rückzahlung infolge Auslosung und Kündigung anhand der WM **(III 1),** nicht auch des BAnz, zulässig, Karlsr WM **91,** 276, **92,** 577. Die Bank behält sich bei der Auslosung die Wahl zwischen zwei Alternativen vor **(III 2).** Die Bank kann dem Kunden für die ihm in WPRechnung gutgeschriebenen WP Urkundennummern für die Auslosungszwecke zuordnen (III 2 Alt 1); statt nach Urkundennummern (so Wortlaut) kann Verlosung auch nach Serien- oder Gruppeneinteilungen vorgehen, BuB/Decker 8/276, Bunte 4 SB Wp Rn 134, Grund: Fortentwicklung der WPPraxis, keine Kundengefährdung. Bei der internen Auslosung (III 2 Alt 2) ist Aufsicht einer neutralen Prüfstelle erforderlich **(III 3).** Diese kann auch intern sein, zB hauseigene Revision, BuB/Wagner 7/166, Bunte 4 SB Wp Rn 131, str. Statt Prüfstelle ist EDVVerfahren möglich, sofern eine neutrale Auslosung gewährleistet ist (III 3 Halbs 2), BuB/Decker 8/275, Dokumentation ist empfehlenswert. **IV** regelt die Einlösung fälliger WP in fremder Währung. Die Gutschrift erfolgt in Fremdwährung, sofern der Kunde ein Konto in dieser Währung unterhält. Der Kunde soll nicht das Kursrisiko des Währungsumtausches tragen. Andernfalls erhält der Kunde Gutschrift in Euro. Gutschriften von Zinsen, Dividenden und Kapitalrückzahlungen von Wertpapieren erfolgen nur unter dem Vorbehalt des tatsächlichen Eingangs des Betrags s (8) AGB-Banken Nr 9); Gutschriftsbuchung (s (7) Bankgeschäfte Rn C/48, 91 f) bedeutet also nicht ohne Weiteres schon Bezahlung des Papiers.

Behandlung von Bezugsrechten/Optionsscheinen/Wandelschuldverschreibungen

AGB-WPGeschäfte 15 (1) Bezugsrechte

¹Über die Einräumung von Bezugsrechten wird die Bank den Kunden benachrichtigen, wenn hierüber eine Bekanntmachung in den „Wertpapier-Mitteilungen" erschienen ist. ²Soweit die Bank bis zum Ablauf des vorletzten Tages des Bezugsrechtshandels keine andere Weisung des Kunden erhalten hat, wird sie sämtliche zum Depotbestand des Kunden gehörenden inländischen Bezugsrechte bestens verkaufen; ausländische Bezugsrechte darf die Bank gemäß den im Ausland geltenden Usancen bestens verwerten lassen.

(2) Options- und Wandlungsrechte

Über den Verfall von Rechten aus Optionsscheinen oder Wandlungsrechten aus Wandelschuldverschreibungen wird die Bank den Kunden mit der Bitte um Weisung benachrichtigen, wenn auf den Verfalltag in den „Wertpapier-Mitteilungen" hingewiesen worden ist.

1 **1) Nr 15** regelt wirksam (Nr 13 Rn 1) die Behandlung von **Bezugsrechten** (I) und von Options- und Wandlungsrechten (II). Die Bank kann nicht ohne Auftrag des Kunden für ihn eine Anlageentscheidung treffen, deshalb wird sie nach **I** 2 Bezugsrechte bestens verkaufen; ausnahmsweise ist (telefonische) Rückfrage beim Kunden erforderlich, vgl Ffm WM **77,** 986, Bunte 4 SB Wp Rn 136 f. Verkaufspflicht nach I 2 gilt nur für I, nicht auch für II, BGH **151,** 5. Benachrichtigung nach **II** ist Schick-, nicht Bringschuld, Benachrichtigungspflicht nach II oder § 666 BGB wird mit Absendung erfüllt, § 130 I 1 BGB ist

auf bloße Benachrichtigungen (anders Anzeigen mit Rechtsfolgen) nicht anwendbar, BGH **151**, 5. Klarheitsgebot, Mitverschulden und Vermutung aufklärungsrichtigen Verhaltens s § 347 HGB Rn 26, 36, 37. Zu Nr 39 aF Kümpel WM **80**, 707.

Weitergabe von Nachrichten

AGB-WPGeschäfte 16

[1] Werden in den „Wertpapier-Mitteilungen" Informationen veröffentlicht, die die Wertpapiere des Kunden betreffen, oder werden der Bank solche Informationen vom Emittenten oder von ihrem ausländischen Verwahrer/Zwischenverwahrer übermittelt, so wird die Bank dem Kunden diese Informationen zur Kenntnis geben, soweit sich diese auf die Rechtsposition des Kunden erheblich auswirken können und die Benachrichtigung des Kunden zur Wahrung seiner Interessen erforderlich ist. [2] So wird sie insbesondere Informationen über

– gesetzliche Abfindungs- und Umtauschangebote,
– freiwillige Kauf- und Umtauschangebote,
– Sanierungsverfahren

zur Kenntnis geben. [3] Eine Benachrichtigung des Kunden kann unterbleiben, wenn die Information bei der Bank nicht rechtzeitig eingegangen ist oder die vom Kunden zu ergreifenden Maßnahmen wirtschaftlich nicht zu vertreten sind, weil die anfallenden Kosten in einem Missverhältnis zu den möglichen Ansprüchen des Kunden stehen.

1) Nr 16 regelt wirksam (Nr 13 Rn 1) die Weitergabe von Nachrichten betreffend die verwahrten WPe des Kunden. Eine nachwirkende Pflicht (Wechsel der Bankverbindung, Veräußerung der WP ua) besteht aus Nr 16 nicht. Informationspflichten aus dem WPGeschäft im Übrigen, etwa Kauf im Verkauf (Kommissions- und Festpreisgeschäfte, Nr 1–8, 9) sind hier nicht geregelt (s Nr 13 Rn 1). Das gilt auch für die Nachforschungs- und Überprüfungspflichten beim WPGeschäft (§ 347 HGB Rn 27). Zur Beschaffung von Informationen über Satz 1 hinaus ist die Bank bei bloßer WPVerwahrung (Nr 13 ff) grundsätzlich nicht verpflichtet, Karls WM **92**, 577, aA für „offizielle" Informationen aus dem In- und Ausland, Bunte 4 SB Wp Rn 150. Ausnahmen aber nach § 242 BGB. Erforderlichkeit zur Wahrung der Interessen des Kunden (S 1, § 666 BGB), vgl auch **(16)** WpHG § 63. Die Bank muss dem Kunden nach Nr 16 die in WM veröffentlichten, für ihn relevanten Informationen vollständig und unmißverständlich weiterleiten, aber nicht auf ihre Konsequenzen und wirtschaftliche Bedeutung hinweisen, BGH WM **05**, 270 (Nr 13 Rn 1). Die Weiterleitungspflicht von den Konditionen eines Kauf- oder Umtauschangebots abhängig zu machen, zB nicht bei 20% unter dem derzeitigen Börsenkurs, so Gericke/Saager WM **08**, 629, ist jedenfalls unter besonderen Umständen problematisch, es ist Sache des Kunden zu entscheiden. Jedenfalls bei Pflichtangeboten besteht Weiterleitungspflicht ohne Rücksicht auf die Konditionen. Unterrichtung auch bei (US-amerikanischen) Sammelklagen (Beitritt, Entschädigung), BankrechtsHdb/ Klanten 5. Aufl 2017 § 72 Rn 189. Aus Nr 16 folgt grundsätzlich keine Pflicht, ausländische Urkunden für den Kunden zu übersetzen, Ausnahmen bei vorausgegangener Beratung und Empfehlung der WP sind denkbar, BuB/Wagner 7/ 177, Bunte 4 SB Wp Rn 149. **Satz 3** ist Ermessensregelung, sie ist wirksam, für Alt 1 selbstverständlich, Alt 2 liegt im Interesse des Kunden, der sonst die Kosten erstatten müsste (s **(8)** AGB-Banken Nr 12 V, § 670 BGB). Lit: Gericke/Saager WM **08**, 623, Klanten FS Schwark **09**, 495.

Hopt

(8) AGB-WPGeschäfte 19 2. Teil. Handelsrechtl. Nebengesetze

Prüfungspflicht der Bank

AGB-WPGeschäfte 17   ¹Die Bank prüft anhand der Bekanntmachungen in den „Wertpapier-Mitteilungen" einmalig bei der Einlieferung von Wertpapierurkunden, ob diese von Verlustmeldungen (Opposition), Zahlungssperren und dergleichen betroffen sind. ² Die Überprüfung auf Aufgebotsverfahren zur Kraftloserklärung von Wertpapierurkunden erfolgt auch nach Einlieferung.

1 1) **Nr 17** regelt wirksam (Nr 13 Rn 1) die **Prüfungspflicht** der Bank bei Einlieferung von WP; Überprüfung nach Einlieferung erfolgt nur ausnahmsweise, nämlich auf Aufgebotsverfahren zur Kraftloserklärung von WPUrkunden, sonst nicht. Wünscht der Kunde mehr, muss er das vereinbaren bzw eine entsprechende Vermögensverwaltung abschließen (vgl **(7)** Bankgeschäfte Rn U/1). Die Bank hat aber Pflicht zur Überprüfung der sog Oppositionslisten (abhanden gekommene Papiere), auch bei ausländischen WP, bei Inhaberpapieren aber angesichts der Besitzvermutung nur eingeschränkt, Ffm WM **95**, 52 (analog Nr 38 aF, methodisch verfehlt).

Umtausch sowie Ausbuchung und Vernichtung von Urkunden

AGB-WPGeschäfte 18   (1) Urkundenumtausch

¹ Die Bank darf ohne vorherige Benachrichtigung des Kunden einer in den „Wertpapier-Mitteilungen" bekanntgemachten Aufforderung zur Einreichung von Wertpapierurkunden Folge leisten, wenn diese Einreichung offensichtlich im Kundeninteresse liegt und damit auch keine Anlageentscheidung verbunden ist (wie zB nach der Fusion der Emittentin mit einer anderen Gesellschaft oder bei inhaltlicher Unrichtigkeit der Wertpapierurkunden). ² Der Kunde wird hierüber unterrichtet.

(2) Ausbuchung und Vernichtung nach Verlust der Wertpapiereigenschaft

¹ Verlieren die für den Kunden verwahrten Wertpapierurkunden ihre Wertpapiereigenschaft durch Erlöschen der darin verbrieften Rechte, so können sie zum Zwecke der Vernichtung aus dem Depot des Kunden ausgebucht werden. ² Im Inland verwahrte Urkunden werden soweit möglich dem Kunden auf Verlangen zur Verfügung gestellt. ³ Der Kunde wird über die Ausbuchung, die Möglichkeit der Auslieferung und die mögliche Vernichtung unterrichtet. ⁴ Erteilt er keine Weisung, so kann die Bank die Urkunden nach Ablauf einer Frist von zwei Monaten nach Absendung der Mitteilung an den Kunden vernichten.

1 1) **Nr 18** regelt **Urkundenumtausch (Umbuchung) (I)**, zB bei Fusion und bei inhaltlicher Unrichtigkeit der WPUrkunden, so bei Kraftloserklärung nach § 73 AktG, und **Ausbuchung** und Vernichtung von Urkunden nach Verlust der WPEigenschaft, sog Nonvaleurs (**II**, ausführlich wegen des Eigentumsverlustes des Kunden am Papier).

Haftung

AGB-WPGeschäfte 19   (1) Inlandsverwahrung

¹ Bei der Verwahrung von Wertpapieren im Inland haftet die Bank für jedes Verschulden ihrer Mitarbeiter und der Personen, die sie zur Erfüllung ihrer

V. Bankgeschäfte 20 AGB-WPGeschäfte (8)

Verpflichtungen hinzuzieht. ²Soweit dem Kunden eine GS-Gutschrift erteilt wird, haftet die Bank auch für die Erfüllung der Pflichten der Clearstream Banking AG.

(2) Auslandsverwahrung

¹Bei der Verwahrung von Wertpapieren im Ausland beschränkt sich die Haftung der Bank auf die sorgfältige Auswahl und Unterweisung des von ihr beauftragten ausländischen Verwahrers oder Zwischenverwahrers. ²Bei einer Zwischenverwahrung durch die Clearstream Banking AG oder einen anderen inländischen Zwischenverwahrer sowie einer Verwahrung durch eine eigene ausländische Geschäftsstelle, haftet die Bank für deren Verschulden.

1) Nr 19 regelt die **Haftung der Bank bei der Verwahrung** von WP, getrennt nach Inlandsverwahrung (I) und Auslandsverwahrung (II). Bei Inlandsverwahrung bleibt es uneingeschränkt (insoweit nur deklaratorisch) bei § 278 BGB für alle Mitarbeiter und sonstigen Erfüllungsgehilfen, auch WPSammelbanken (s **13**) DepotG § 1 Rn 6). Bei Auslandsverwahrung haftet die Bank nur für Auswahl- und Unterweisungsverschulden (**II 1**), außer wenn es sich um einen inländischen Zwischenverwahrer oder eine eigene ausländische Geschäftsstelle der Bank handelt, dann § 278 BGB (**II 2**).

Sonstiges

AGB-WPGeschäfte 20 (1) Auskunftsersuchen

¹Ausländische Wertpapiere, die im Ausland angeschafft oder veräußert werden oder die ein Kunde von der Bank im Inland oder im Ausland verwahren lässt, unterliegen regelmäßig einer ausländischen Rechtsordnung. ²Rechte und Pflichten der Bank oder des Kunden bestimmen sich daher auch nach dieser Rechtsordnung, die auch die Offenlegung des Namens des Kunden vorsehen kann. ³Die Bank wird entsprechende Auskünfte an ausländische Stellen erteilen, soweit sie hierzu verpflichtet ist; sie wird den Kunden hierüber benachrichtigen.

(2) Einlieferung/Überträge

¹Diese Sonderbedingungen gelten auch, wenn der Kunde der Bank in- oder ausländische Wertpapiere zur Verwahrung effektiv einliefert oder Depotguthaben von einem anderen Verwahrer übertragen lässt. ²Verlangt der Kunde die Verwahrung im Ausland, wird ihm eine WR-Gutschrift nach Maßgabe dieser Sonderbedingungen erteilt.

1) Nr 20 regelt zwei ganz verschiedene Fragen. I betrifft das für Bank und Kunden immer wichtiger werdende Problem der Auskunftsersuchen ausländischer Stellen (nicht mehr nur wie nach Nr 20 aF ausländischer AG). Ausländische Kapitalmarktaufsichtsbehörden, Börsen und andere Kapitalmarktüberwachungsstellen stellen vermehrt Auskunftsersuchen an die deutschen Banken im Zusammenhang mit der Anschaffung, Veräußerung oder Verwahrung ausländischer Wertpapiere für deutsche Kunden, zB bei Verdacht von Insidergeschäften oder Kursmanipulationen. Die Bank kann sich dem zumeist nicht entziehen, weil die betreffenden Wertpapiere idR einer ausländischen Rechtsordnung unterliegen (Grund: Geltung der für den WPHandel am Ausführungsplatz geltenden Rechtsvorschriften, s Nr 3 Rn 1) und diese häufig auch die Offenlegung des Namens des Kunden vorsehen (wie **I 1, 2** feststellen). Der Kunde wird durch **I 3** besonders darauf aufmerksam gemacht, dass die Bank entsprechende Auskünfte erteilt, soweit sie hierzu verpflichtet ist. Die Bank verspricht, ihn hierüber zu benach-

Hopt

richtigen (**I 4**). Wann sie letzteres tut, ist im I 4 nicht präzisiert. Der Kunde wird idR ein Interesse daran haben, dass die Bank ihn vor Auskunftserteilung informiert, weil er entsprechende Dispositionen treffen will. Doch sehen die ausländischen Rechtsvorschriften häufig explizit vor, dass der Kunde gerade nicht vorher informiert werden darf. Das muss die Bank beachten und der Kunde respektieren.

2) **II** betrifft Einlieferungen und Überträge und stellt für diese klar, dass diese Sonderbedingungen auch dann gelten, wenn der Kunde **effektive Stücke** einliefert oder übertragen lässt. Bei Auslandsverwahrung erhält der Kunde eine WR-Gutschrift (s Nr 12).

3) Einzelne Institute, etwa die Deutsche Bank, haben in ihrer Neufassung zum 3.1.2018 als **Nr 20 III** eine Regelung über Spitzenregulierung eingeführt:

(3) Spitzenregulierung

[1] **Bei der Durchführung von Kapitalmaßnahmen (z. B. Zusammenfassung mehrerer Aktien zu einer Aktie oder Umtausch von Aktien) können im Depot des Kunden Bruchstücke von Wertpapieren entstehen.** [2] **Sofern eine Verwertung möglich ist und es sich nicht um Bruchstücke von Fondsanteilen handelt, wird die Bank die Bruchstücke aller betroffenen Kunden zusammenfassen und diese gemäß den Grundsätzen für die Ausführung von Aufträgen in Finanzinstrumenten veräußern.** [3] **Den auf den Kunden entfallenden Erlösanteil wird sie nach Abzug des mit dem Kunden vereinbarten Entgelts gutschreiben.** [4] **Soweit Bruchstücke von Wertpapieren nicht verwertbar sind, kann das zugrundeliegende Depot nur nach Erteilung eines Auftrags zu Ausbuchung von Wertpapieren durch den Kunden in Bezug auf diese Bruchstücke geschlossen werden.**

(9) Allgemeine Geschäftsbedingungen der Sparkassen (AGB-Spark)

Fassung 21. März 2016

Bedingungen für Wertpapiergeschäfte

Fassung Januar 2015

Einleitung

Schrifttum

Vgl **(8)** AGB-Banken sowie spezieller *Bunte,* AGB-Banken, AGB-Sparkassen, Sonderbedingungen 4. Aufl 2015, AGB der Sparkassen (3 AGB Sparkassen). – *Krebs,* AGB der Sparkassen und privaten Banken, 3. Aufl 1990. – *Steppeler/Künzle* 4. Aufl 2009. – Zur nF 1993 *Aden* NJW **93**, 832, *Westermann* WM **93**, 1865, *Graf v Westphalen* BB **93**, 8. – **Zur nF 1.4.02** *Danco* ZBB **02**, 136. – *Becher/Gößmann* BKR **02**, 519; zu den WPBedingungen **nF 1.1.03** *Zingel* ZBB **03**, 59.

1) AGB-Sparkassen

A. Die **Sparkassen und Girozentralen** verwenden besondere AGB, hrsg vom Deutschen Sparkassen- und Giroverband, nF 1975, 1977, 1983, 1986, 1988 völlig neu gefasst zum 1.1.1993 (Text NJW **93**, 840, Synopse nF/aF ZIP **92**, 1811). Änderungen 2002 (Text ZBB **02**, 139), und nach geringfügigen Änderungen Fassung 2005. Die Neufassung zum 31.10.2009 erfolgte zeitgleich mit dem

V. Bankgeschäfte 1 **Einl AGB-Spark (9)**

Inkrafttreten der zivilrechtlichen Vorschriften in der EU-Zahlungsdienstleistungs-Ri auf Grund des VerbrKrRiUmsetzG 2009 und zu der Neufassung 2009 der **(8)** AGB-Banken. In der nunmehrigen Fassung vom Juli 2012 ist nur Nr 18.

B. Die **Neufassung 1993** erfolgte parallel zu der der **(8)** AGB-Banken idF 1.1.93. Auch die AGB-Spark sind damit wesentlich transparenter, kürzer (statt früher 55 nur noch 28 Klauseln, aber Sonderbedingungen s Rn 4) und inhaltlich kundenfreundlicher als früher. Für die rechtliche Beurteilung der AGB-Spark bleiben die frühere Rspr und die entsprechenden Verweise auf die AGB-Banken in der aF (28. Aufl) insoweit wichtig, als Teile der aF (bis 1993) übernommen worden sind, dazu Synopse des Sparkassenverbandes (s 29. Aufl) und Hinweise auf die aF (bis 1993), soweit nützlich, bei der jeweiligen Kommentierung der nF.

Die **Neufassung 2002** erfolgte ebenfalls parallel zu der der **(8)** AGB-Banken idF 1.4.02. Sie betrifft ua der Verlängerung von Fristen auf sechs Wochen (Nr 2 II, 7 III, 17 III), die Berücksichtigung von per e-mail abgegebenen Erklärungen (Nr 2 II, 4 I, 7 III, 20 I a), die Genehmigung für Belastungen aus Einzugsermächtigungslastschriften (Nr 7 IV), die Festlegung der Modalitäten zur Währungsumrechnung (Nr 13, 15), die Sicherung von Bürgschaftsschulden durch das AGB-Pfandrecht (Nr 21 III) und die Kündigung aus wichtigem Grund (Nr 26 II). Ferner gibt es zahlreiche redaktionelle Änderungen. Deshalb wird in den Anmerkungen zu den einzelnen Nrn unten nur bei den wichtigeren Fällen nF 1.4.02 vermerkt.

Für die **Fassung August 2005** Änderungen zu Nr 28 S 2.

Die **Neufassung Oktober 2009** erfolgte wie die zeitgleiche der **(8)** AGB-Banken vor allem im Hinblick auf die Umsetzung der EU-ZahlungsdienstleistungsRi und der EU-VerbraucherkreditRi durch das VerbrKrRiUmsetzG 2009 sowie auf neue Rechtsprechung des BGH zum Preisrecht. Sie betrafen die Grundlagen der Geschäftsbeziehung (Nr 1 II 2), die Modalitäten der Änderung der AGB und besonderen Bedingungen (Nr 2 I–IV, ganz neu), den Rechnungsabschluss und die Genehmigung von Belastungen aus Lastschriften (Nr 7 II–IV, ganz neu), die Einlösung (Nr 9 II 1, 3), Zinsen und Entgelte (Nr. 17 I–VIII, ganz neu), Auslagen (Nr. 18), Pfandrecht und Sicherungsrechte (Nr 21 III), Nachsicherung und Freigabe (Nr 22 I Unterabs 2), das Kündigungsrecht (Nr 26 I, III) und den Schutz der Einlagen durch Institutssicherung (Nr 28). Weitere meist kleinere Änderungen finden sich in Nr 4 I, 6 I, 8, 9 I, II 4, 15, 16, 20. Die AGB-Spark **unterscheiden** sich von den AGB-Banken nur in einigen, aber nicht unwichtigen Punkten: ua andere zeitliche Geltung der Vertretungs- und Verfügungsbefugnis (Nr 4; **(8)** AGB-Banken Nr 11 I), mehr Haftungsbeschränkungen (Nr 19; ohne eine solche **(8)** AGB-Banken Nr 3), keine Regelung des Bankgeheimnisses (anders **(8)** AGB-Banken Nr 2 I). Geltung s zu **(8)** AGB-Banken Nr 1.

Die **Fassung Juli 2012** änderte Nr 18 über den Ersatz von Aufwendungen.

Die **Fassung März 2014** änderte Nr 2 über Änderungen der Geschäftsbedingungen, Nr 5 I über den Erbnachweis nach dem Tod des Kunden (Legitimationsurkundenvorlage) sowie Nr 17 VI 1 über Änderungen von Entgelten.

In der Fassung **21. März 2016** ist zunächst Nr 20 I lit d zur Verwendung von Vordrucken der Sparkasse ersatzlos gestrichen und Nr 26 I 1 zur ordentlichen Kündigung und Nr 28 zur Einlagensicherung geändert worden. Sodann wurden Nr 22 I 2, 4 I 1, 7 III 1, 20 Ia und 5 II geändert.

Zu den Änderungen seit 1993 BankrechtsHdb/Bunte 5. Aufl 2017 § 4 Rn 8, dort aE auch zu den ersten Änderungen 2016.

Da die AGB-Spark jedenfalls in der Fassung 2005 verschiedentlich kundenungünstiger als die **(8)** AGB-Banken sind, so Ul/Br/He/Fuchs **(8)** Banken Rn 4, sind sie insoweit unter der **AGB-Inhaltskontrolle** nach **(5)** §§ 307 ff BGB zT bedenklich, zB **(9)** AGB-Spark Nr 2 I, 4 I, II, 5 III 2, 7 III, 8 III iVm II, 10, 17

Hopt 2229

(9) AGB-Spark 1

II, 19 II, 20 I, 21 V, 22 I, II, 26 II 3c, d, e, III 1, 28, so Ul/Br/He/Fuchs **(8)** Banken Rn 1 ff. Auch wenn diese Bedenken zT ausgeräumt werden können, ist damit doch **Rechtsunsicherheit** verbunden. Die Neufassung 2009 hat die wichtigsten Punkte ausgeräumt.

2) Sonderbedingungen

2   Die AGB werden ergänzt durch „Sonderbedingungen" für bestimmte Geschäftsarten, s unten Nr 1 II 2. An die Stelle der früher auch in den AGB enthaltenden Regelungen über Wertpapiere, Devisen und Sorten (Nr 36–46 aF) sind die im Anschluss an die **(9)** AGB-Sparkassen abgedruckten **(9)** Bedingungen für Wertpapiergeschäfte (Sparkassen) Fassung November 2007 getreten.

3   Die Bedingungen für den **Lastschriftverkehr** sind in der Deutschen Kreditwirtschaft gemeinsam erarbeitet worden und bis auf geringfügige terminologische Unterschiede zwischen den Institutsgruppen weitgehend identisch, dazu ausführlich **(7)** Bankgeschäfte Rn D/13. Allerdings gibt es im Sparkassensektor keine Sonderbedingungen für den Lastschrifteinzug (Inkassoseite), sondern die entsprechenden Regeln werden direkt in den Inkassoverträgen mit den Lastschrifteinreichern vereinbart. Näher: Bedingungen für Zahlungen mittels Lastschrift im SEPA-Basis-Lastschriftverfahren, Fassung Februar 2014, und Bedingungen für Zahlungen mittels Lastschrift im SEPA-Firmen-Lastschriftverfahren, Fassung März 2014. Änderungen gegenüber den früheren Fassungen infolge der SEPA-VO und des SEPA-Begleitgesetzes (s **(7)** Bankgeschäfte Rn C/1, D/1).

3) Inhalt und Kommentierung

4   Inhaltlich entsprechen die AGB-Sparkassen, von Unterschieden im Einzelnen abgesehen, den **(8)** AGB-Banken. Die Rechtsprechung und Kommentierung zu diesen ist also grundsätzlich auch für sie verwendbar. Das gilt auch umgekehrt. Die **Konkordanzen** werden jeweils zu den einzelnen Nrn der **(9)** AGB-Spark nachgewiesen. Für die Zwecke der Kommentierung ist weniger entscheidend, ob ein Urteil zu dem einen oder dem anderen Klauselwerk ergangen ist. Grundsätzlich werden deshalb **Urteile auch zu (9) AGB-Spark bei der entsprechenden Klausel der (8) AGB-Banken** nachgewiesen.

Allgemeine Geschäftsbedingungen der Sparkassen

Grundlagen der Geschäftsbeziehung zwischen Kunden und Sparkasse

Fassung März 2014

[I.] Allgemeines

1. Grundlagen der Geschäftsbeziehungen

(1) **Geschäftsbeziehung als Vertrauensverhältnis**

[1] Die Geschäftsbeziehung zwischen dem Kunden und der Sparkasse ist durch die Besonderheiten des Bankgeschäfts und ein besonderes Vertrauensverhältnis geprägt. [2] Der Kunde kann sich darauf verlassen, dass die Sparkasse seine Aufträge mit der Sorgfalt eines ordentlichen Kaufmanns ausführt und das Bankgeheimnis wahrt.

(2) **Allgemeine und besondere Geschäftsbedingungen**

[1] Für die Geschäftsbeziehung gelten ergänzend zu den einzelvertraglichen Vereinbarungen diese Allgemeinen Geschäftsbedingungen (AGB). [2] Für einzelne Geschäftszweige gelten ergänzend oder abweichend besondere Bedingungen, z. B. für die Bereiche des Zahlungsverkehrs, des Sparverkehrs und

der Wertpapiergeschäfte; diese werden beim Vertragsabschluss (etwa bei der Kontoeröffnung) oder bei der Erteilung von Aufträgen mit dem Kunden vereinbart.

1) Nr 1 I hat keine entsprechende Regelung in (8) AGB-Banken. Nr 1 II nF 2009 entspricht (8) AGB-Banken Nr 1 I. Auslegen der besonderen Geschäftsbedingungen in den Kassenräumen der Sparkasse wie nach der aF genügte nicht mehr, eigene Vereinbarung ist notwendig. Die konkrete Handhabung der Aushändigung bzw Einsichtnahmemöglichkeit wurde bewusst offen gelassen.

2. Änderungen der Geschäftsbedingungen und von Zahlungsdiensterahmenverträgen

(1) **Angebot der Sparkasse**

¹ Änderungen der Allgemeinen Geschäftsbedingungen, der besonderen Bedingungen oder von Zahlungsdiensterahmenverträgen sowie die Einführung zusätzlicher Bedingungen werden dem Kunden spätestens zwei Monate vor dem vorgeschlagenen Zeitpunkt ihres Wirksamwerdens in der jeweils gesetzlich zugelassenen Form angeboten.

(2) **Zustimmung zu Änderungen**

¹ Die Zustimmung des Kunden zum Angebot der Sparkasse gilt als erteilt, wenn er seine Ablehnung nicht vor dem vorgeschlagenen Zeitpunkt des Wirksamwerdens der Änderungen angezeigt hat. ² Auf diese Genehmigungswirkung wird ihn die Sparkasse in ihrem Angebot besonders hinweisen. ³ Die Sparkasse wird dann die geänderte Fassung der Allgemeinen Geschäftsbedingungen, die geänderten besonderen Bedingungen, den geänderten Zahlungsdiensterahmenvertrag bzw. die zusätzlich eingeführten Bedingungen der weiteren Geschäftsbeziehung zugrunde legen.

(3) **Sonderkündigungsrecht bei Änderungen von Bedingungen zu Zahlungsdiensten oder von Zahlungsdiensterahmenverträgen**

¹ Werden dem Kunden Änderungen von Bedingungen zu Zahlungsdiensten (z. B. Überweisungsbedingungen) oder von Zahlungsdiensterahmenverträgen angeboten, kann er den von den Änderungen betroffenen Zahlungsdiensterahmenvertrag vor dem vorgeschlagenen Zeitpunkt des Wirksamwerdens der Änderungen auch fristlos und kostenfrei kündigen. ² Auf dieses Kündigungsrecht wird ihn die Sparkasse in ihrem Angebot besonders hinweisen.

(4) **Abweichende Vereinbarungen**

¹ Das Änderungsverfahren gemäß Absatz 1 und Absatz 2 findet keine Anwendung, soweit abweichende Vereinbarungen getroffen sind. ² Satz 1 gilt nicht für Änderungen von Bedingungen zu Zahlungsdiensten oder von Zahlungsdiensterahmenverträgen.

1) Nr 2 ganz neu 2009 im Hinblick auf VerbrKrRiUmsetzG. Statt der früheren Frist von sechs Wochen Zweimonatsfrist wie bei den privaten Banken. Vgl zu entsprechenden (8) AGB-Banken Nr 1 II dort Rn 7. Nr 2 erneut geändert 2014 im Hinblick auf § 675g II BGB, Einfügung von „Zahlungsdiensterahmenverträgen" in Überschrift und Nr 2 I, II, III und IV.

3. Bankauskünfte

(1) **Inhalt von Bankauskünften**

¹ Bankauskünfte sind allgemein gehaltene Feststellungen und Bemerkungen über die wirtschaftlichen Verhältnisse von Kunden, deren Kreditwürdigkeit

(9) AGB-Spark 4   1

und Zahlungsfähigkeit. ²Betragsmäßige Angaben über Kontostände, Sparguthaben, Depot- oder sonstige der Sparkasse anvertraute Vermögenswerte sowie Kreditinanspruchnahmen werden nicht gemacht.

(2) Voraussetzungen für die Auskunftserteilung

¹Die Sparkasse darf Bankauskünfte über juristische Personen und im Handelsregister eingetragene Kaufleute erteilen, sofern sich die Anfrage auf deren geschäftliche Tätigkeit bezieht und der Sparkasse keine anders lautende Weisung des Kunden vorliegt. ²In allen anderen Fällen darf die Sparkasse Bankauskünfte nur erteilen, wenn der Kunde dem allgemein oder im Einzelfall ausdrücklich zugestimmt hat. ³Bankauskünfte erhalten nur eigene Kunden sowie andere Kreditinstitute für deren eigene Zwecke und die ihrer Kunden; sie werden nur erteilt, wenn der Anfragende ein berechtigtes Interesse an der gewünschten Auskunft glaubhaft darlegt.

(3) Schriftliche Bestätigung

Bei mündlichen Auskünften über Kreditwürdigkeit und Zahlungsfähigkeit behält sich die Sparkasse eine unverzügliche schriftliche Bestätigung vor, deren Inhalt von diesem Zeitpunkt an maßgeblich ist.

1   1) Nr 3 I entspricht **(8)** AGB-Banken Nr 2 II. Nr 3 II entspricht **(8)** AGB-Banken Nr 2 III, Nr 3 II 3 entspricht **(8)** AGB-Banken Nr 2 IV. Nr 3 III ohne Entsprechung. Nr 3 III lässt eine Haftung für fehlerhafte mündliche Auskunft unberührt (§ 347 HGB Rn 8 ff), Richtigstellung in der schriftlichen Bestätigung vermag nur den Schaden zu begrenzen (zur Kausalität § 347 HGB Rn 35), Ul/Br/He/Fuchs **(8)** Banken Rn 12, Wo/Li/Pf/Pamp AGB der Banken B 17, Bunte 3 AGB-Sparkassen 21.

4. Vertretungs- und Verfügungsbefugnisse

(1) Bekanntgabe

¹Der Sparkasse bekannt gegebene Vertretungs- oder Verfügungsbefugnisse gelten, bis ihr eine Mitteilung über das Erlöschen oder eine Änderung zugeht, es sei denn, diese Umstände sind der Sparkasse bekannt oder infolge Fahrlässigkeit nicht bekannt. ²Dies gilt auch, wenn die Befugnisse in einem öffentlichen Register eingetragen sind und eine Änderung veröffentlicht ist.

(2) Mangel in der Geschäftsfähigkeit des Vertreters

Der Kunde trägt den Schaden, der daraus entstehen sollte, dass die Sparkasse von einem eintretenden Mangel in der Geschäftsfähigkeit seines Vertreters unverschuldet keine Kenntnis erlangt.

1   1) Nr 4 I entspricht **(8)** AGB-Banken Nr 11 I. In Nr 4 I idF 2016 wurde das Schriftformerfordernis im Hinblick auf § 309 Nr 13 nF BGB ersatzlos gestrichen; wegen Altfällen s Art 229 EGBGB. Ob das Schriftformerfordernis in Nr 4 I aF unwirksam war (wie Nr 20 I lit a, s dort Rn 1), Ul/Br/He/Fuchs **(8)** Banken Rn 39, oder wirksam wegen Auslegung, dass andere Mitteilungsart genügt, Bunte 3 AGB-Sparkassen 22, war umstritten. Für Wirksamkeit auch in Nr 4 I spricht, dass der BGH NJW **14**, 1441 Rn 22 das Schriftformerfordernis in Nr 7 III 1 für wirksam erachtet hat (dort Rn 1), ein berechtigtes Interesse der Sparkasse an Klarheit wird man auch hier annehmen können, in besonderen Fällen hilft § 242 BGB, BGH NJW **14**, 1441 Rn 24. Nr 4 II ohne Entsprechung, die Überwälzung des Risikos auf den geschäftsunfähigen Kunden ist aber unwirksam, Ul/Br/He/Fuchs **(8)** Banken Rn 41, Bunte 3 AGB-Sparkassen 23, zweifelnd auch Aden NJW **93**, 833. Vgl auch zu **(8)** AGB-Banken Nr 23 aF zur Risikotragung der eigenen Geschäftsunfähigkeit des Kunden, unwirksam, BGH NJW **91**, 2414.

V. Bankgeschäfte   1 **6 AGB-Spark (9)**

5. Legitimationsurkunden

(1) **Erbnachweis**

¹Nach dem Tod des Kunden hat derjenige, der sich gegenüber der Sparkasse auf die Rechtsnachfolge des Kunden beruft, der Sparksse seine erbrechtliche Berechtigung nachzuweisen.

(2) **Leistungsbefugnis der Sparkasse**

¹Werden der Sparkasse eine Ausfertigung oder eine beglaubigte Abschrift der letztwilligen Verfügung (Testament, Erbvertrag) sowie der Niederschrift über die zugehörige Eröffnungsverhandlung vorgelegt, darf die Sparkasse denjenigen, der darin als Erbe oder Testamentsvollstrecker bezeichnet ist, als Berechtigten ansehen, ihn verfügen lassen und insbesondere mit befreiender Wirkung an ihn leisten. ²Dies gilt nicht, wenn der Sparkasse die Unrichtigkeit oder Unwirksamkeit dieser Urkunden bekannt oder infolge Fahrlässigkeit nicht bekannt geworden ist.

(3) **Sonstige ausländische Urkunden**

¹Werden der Sparkasse ausländische Urkunden als Ausweis der Person oder zum Nachweis einer Berechtigung vorgelegt, so wird sie prüfen, ob die Urkunden zum Nachweis geeignet sind. ²Sie haftet jedoch für deren Eignung, Wirksamkeit und Vollständigkeit sowie für deren richtige Übersetzung und Auslegung nur bei Fahrlässigkeit oder wenn die Urkunde insgesamt gefälscht ist. ³Im vorstehenden Rahmen kann die Sparkasse die in den Urkunden als Berechtigte bezeichneten Personen als berechtigt ansehen, insbesondere sie verfügen lassen und mit befreiender Wirkung an sie leisten.

1) Nr 5 I nF 2014, **II 1** nF 2013. Nr 5 I aF betraf das Recht der Sparkasse die 1
Vorlegung eines Erbscheins, eines Testamentsvollstreckerzeugnisses oder ähnlicher gerichtlicher Zeugnisse zu verlangen und sich stattdessen mit einer Ausfertigung oder einer beglaubigten Abschrift der letzwilligen Verfügung nebst Eröffnungsniederschrift zu begnügen. Dies war jedoch **unwirksam,** BGH NJW **13**, 3716 (kundenfeindlichste Auslegung), näher zu **(8)** AGB-Banken Nr 5, dort Rn 1 und 2. **Nr 5 II 1** nF 2013, redaktionelle Änderung. Nr 5 I, II entsprechen im Übrigen **(8)** AGB-Banken Nr 5. Nr 5 II idF 2016. Nr 5 III ohne Entsprechung, angesichts der Einschränkungen in Nr 5 II 2 und 3 („in diesem Rahmen") wirksam, Wo/Li/Pf/Pamp AGB der Banken B 25.

6. Rechtswahl, Gerichtsstand, Erfüllungsort

(1) **Deutsches Recht**

Auf die Geschäftsbeziehung findet deutsches Recht Anwendung, sofern dem nicht zwingende gesetzliche Regelungen entgegenstehen.

(2) **Erfüllungsort**

Erfüllungsort für die Sparkasse und den Kunden ist der Sitz der Sparkasse.

(3) **Gerichtsstand**

Ist der Kunde ein Kaufmann, eine juristische Person des öffentlichen Rechts oder ein öffentlich-rechtliches Sondervermögen, kann die Sparkasse an ihrem allgemeinen Gerichtsstand klagen und nur an diesem Gerichtsstand verklagt werden.

1) Nr 6 entspricht **(8)** AGB-Banken Nr 6, der aber ausführlicher regelt. Nr 6 1
ist aber auch so wirksam, Wo/Li/Pf/Pamp AGB der Banken B 29.

Hopt   2233

(9) AGB-Spark 8

[II.] Kontokorrentkonten und andere Geschäfte

7. Kontokorrent, Rechnungsabschluss

(1) Kontokorrent

Die Sparkasse führt ein Konto zur Abwicklung des laufenden Geschäfts- und Zahlungsverkehrs (Girokonto) als Kontokorrent im Sinne des § 355 des Handelsgesetzbuches (Konto in laufender Rechnung).

(2) Rechnungsabschluss

[1] Soweit nichts anderes vereinbart ist, erteilt die Sparkasse jeweils zum Ende des Kalenderquartals einen Rechnungsabschluss. [2] Bei Vorliegen eines berechtigten Interesses einer der Vertragsparteien wird der Rechnungsabschluss auch zu sonstigen Terminen erteilt.

(3) Einwendungen gegen den Rechnungsabschluss

[1] Einwendungen gegen Rechnungsabschlüsse müssen der Sparkasse zugehen. [2] Unbeschadet der Verpflichtung, Einwendungen gegen Rechnungsabschlüsse unverzüglich zu erheben (Nr. 20 Absatz 1 Buchst. g), gelten diese als genehmigt, wenn ihnen nicht vor Ablauf von sechs Wochen nach Zugang des Rechnungsabschlusses widersprochen wird. [3] Zur Wahrung der Frist genügt die rechtzeitige Absendung. [4] Die Sparkasse wird den Kunden bei Erteilung des Rechnungsabschlusses auf diese Folgen besonders hinweisen. [5] Stellt sich nachträglich die Unrichtigkeit heraus, so können sowohl der Kunde als auch die Sparkasse eine Richtigstellung aufgrund gesetzlicher Ansprüche verlangen.

1 **1)** Nr 7 nF 2009 entspricht im Wesentlichen **(8)** AGB-Banken Nr 7. Nr 7 IV aF betraf die Genehmigung von Belastungen aus Lastschriften und ist in der Fassung 2009 ebenso wie die entsprechende **(8)** AGB-Banken Nr 7 III aF weggefallen, s dort Rn 8. Nr 7 III 1 aF (Formvorschrift), und III 2, 4 (Genehmigungsfiktion) stehen im Einklang mit § 308 Nr 5 BGB, BGH NJW **14**, 1441 Rz 21, **00**, 2667. Das gilt auch für Nr 7 III 1 aF (Formvorschrift), BGH NJW **14**, 1441 Rz 22, in Ausnahmefällen hilft § 242 BGB, BGH NJW **14**, 1441 Rz 24, WM **13**, 316 Rn 25m Anm Omlor NJW **13**, 1522 (s **(8)** AGB-Banken Nr 19 Rn 1). Aber in Nr 7 III 1 nF 2016 ist das Schriftformerfordernis wie in Nr 4 I idF 2016 ersatzlos gestrichen.

8. Korrektur fehlerhafter Gutschriften

(1) Stornobuchung vor Rechnungsabschluss

Gutschriften, die ohne einen verpflichtenden Auftrag gebucht werden (z. B. wegen Irrtums, Schreibfehlers, darf die Sparkasse bis zum nächsten Rechnungsabschluss durch einfache Buchung rückgängig machen (Stornobuchung), soweit ihr ein Rückforderungsanspruch gegen den Kunden zusteht.

(2) Korrekturbuchung nach Rechnungsabschluss

[1] Den Rückforderungsanspruch nach Absatz 1 kann die Sparkasse auch noch nach Rechnungsabschluss durch Korrekturbuchung geltend machen, wenn sie die fehlerhafte Gutschrift nicht mehr rechtzeitig vor diesem Zeitpunkt festgestellt hat. [2] Bei Widerspruch des Kunden wird die Sparkasse die Korrekturbuchung rückgängig und ihren Anspruch anderweitig geltend machen.

(3) Kennzeichnung

Storno- und Korrekturbuchungen werden im Kontoauszug gekennzeichnet.

V. Bankgeschäfte **10 AGB-Spark (9)**

1) Nr 8 idF 2009 entspricht mit Abweichungen (ua kein Ausschluss des Ent- 1
reicherungseinwands) **(8)** AGB-Banken Nr 8. Nr 8 I ist wirksam. Dass die
Tragung des Fälschungsrisikos durch die Bank nicht ausdrücklich erwähnt ist,
steht nicht entgegen, kein Verstoß gegen das Transparenzgebot, Ul/Br/He/Fuchs
(8) Banken Rn 32. Denn Nr 8 I setzt einen wirksamen Rückforderungsanspruch
voraus. Nr 8 II, Korrekturbuchung nach Rechnungsabschluss macht die Sparkas-
se rückgängig, sodass der Kunde nicht belastet ist. Nr 8 III ohne Entsprechung in
(8) AGB-Banken Nr 8, dort wird der Kunde unterrichtet. Hier soll der Konto-
auszug, aus dem die Storno- oder Korrekturbuchungen ersichtlich sind, ausrei-
chen, mit üL wirksam, Westermann WM **93,** 1870, Bunte 3 AGB-Sparkassen 39,
Derl/Kno/Ba/Casper 59 (Rechnungsabschluss), aA Ul/Br/He/Fuchs **(8)** Banken
Rn 32, auch Wo/Li/Pf/Pamp AGB der Banken B 39.

9. Gutschriften und Einlösung von Einzugspapieren

(1) **Gutschriften „Eingang vorbehalten"**

[1] **Schreibt die Sparkasse den Gegenwert von Schecks, Lastschriften oder
anderen Einzugspapieren schon vor ihrer Einlösung gut, so geschieht dies
unter dem Vorbehalt der Einlösung und des Einganges des Gegenwertes
(E. v.-Gutschrift).** [2] **Das gilt auch dann, wenn die Schecks, Lastschriften oder
anderen Einzugspapiere bei der Sparkasse selbst zahlbar sind.** [3] **Werden
Schecks oder Lastschriften nicht eingelöst oder geht der Sparkasse der Gegen-
wert aus einem Einzugspapier nicht zu, so macht sie die Gutschrift gemäß
Nr. 23 Absatz 2 dieser AGB rückgängig, und zwar auch nach einem zwi-
schenzeitlich erfolgten Rechnungsabschluss.**

(2) **Einlösung**

[1] **Einzugsermächtigungs- und Abbuchungsauftragslastschriften, Schecks
und andere Einzugspapiere sind erst eingelöst, wenn die Belastungsbuchung
nicht bis zum Ablauf des übernächsten Bankarbeitstages**[1] **rückgängig ge-
macht wird.** [2] **Sie sind auch eingelöst, wenn die Sparkasse ihren Einlösungs-
willen schon vorher Dritten gegenüber erkennbar bekundet hat (z. B. durch
Bezahltmeldung).** [3] **Für Lastschriften aus anderen Verfahren gelten die Ein-
lösungsregeln in den hierfür vereinbarten besonderen Bedingungen.** [4] **Über
die Abrechnungsstelle der Deutschen Bundesbank eingezogene Schecks sind
eingelöst, wenn sie nach deren Geschäftsbedingungen nicht mehr zurück-
gegeben werden können.** [5] **Barschecks sind mit Zahlung an den Scheckvor-
leger eingelöst.**

1) Nr 9 nF 2009 entspricht **(8)** AGB-Banken Nr 9. Nr 9 II 1, 3 beziehen sich 1
der Sache nach auf die SEPA-Lastschrift und die diesbezüglichen Sonderbedin-
gungen. Für Nr 9 II 2, Bezahltmeldung genügt wie in **(8)** AGB-Banken Nr 9 II
3 die Absendung, Zugang ist nicht erforderlich, BankrechtsHdb/Nobbe 5. Aufl
2017 § 60 Rn 206, Wo/Li/Pf/Pamp AGB der Banken B 42, offen BGH **135,**
312.

10. Auftragsbestätigung vor Ausführung

**Bei telefonischen oder auf anderen technischen Wegen erteilten sowie bei
nicht unterschriebenen Aufträgen behält sich die Sparkasse die unverzügliche
Einholung einer Bestätigung vor Auftragsausführung vor.**

---

[1] Bankarbeitstage sind alle Werktage, außer Sonnabende und 24. und 31. Dezember.

(9) AGB-Spark 13

1 1) Nr 10 ohne Entsprechung in (8) AGB-Banken. Nr 10 ist wirksam, die Sparkasse behält sich nur das Recht vor sich zu vergewissern, wohl auch Aden NJW 93, 835, aA bedenklich Ul/Br/He/Fuchs (8) Banken Rn 76.

11. Aufrechnung und Verrechnung

(1) **Aufrechnung durch den Kunden**
Der Kunde darf Forderungen gegen die Sparkasse nur insoweit aufrechnen, als seine Forderungen unbestritten oder rechtskräftig festgestellt sind.

(2) **Verrechnung durch die Sparkasse**
[1] Die Sparkasse darf bestimmen, auf welche von mehreren fälligen Forderungen Zahlungseingänge, die zur Begleichung sämtlicher Forderungen nicht ausreichen, zu verrechnen sind. [2] Dies gilt nicht, soweit der Kunde anderes bestimmt hat oder eine andere Verrechnung gesetzlich zwingend vorgeschrieben ist.

1 1) Nr 11 I entspricht (8) AGB-Banken Nr 4, wirksam, Nürnb WM 16, 2300 m Anm Findeisen 2286. Nr 11 II ohne Entsprechung, wirksam angesichts II 2, vgl auch § 497 III, Wo/Li/Pf/Pamp AGB der Banken B 23.

12. Konten in ausländischer Währung

Konten in ausländischer Währung dienen ausschließlich zur bargeldlosen Abwicklung von Zahlungen an den Kunden und von Verfügungen des Kunden in ausländischer Währung.

1 1) Nr 12 weitgehend neu 1.4.02 entspricht (8) AGB-Banken Nr 10 I. Nr 12–15 entsprechen (8) AGB-Banken Nr 10 und sind wie diese wirksam, Wo/Li/Pf/Pamp AGB der Banken B 44.

13. Leistungsbefreiung bei Geschäften in ausländischer Währung

[1] Die Verpflichtung der Sparkasse zur Ausführung einer Verfügung zulasten eines Guthabens in ausländischer Währung oder zur Erfüllung einer Verbindlichkeit in ausländischer Währung ist in dem Umfang und solange ausgesetzt, wie die Sparkasse in der Währung, auf die das Guthaben oder die Verbindlichkeit lautet, wegen politisch bedingter Maßnahmen oder Ereignisse im Lande dieser Währung nicht oder nur eingeschränkt verfügen kann. [2] In dem Umfang und solange diese Maßnahmen oder Ereignisse andauern, ist die Sparkasse auch nicht zu einer Erfüllung an einem anderen Ort außerhalb des Landes der Währung, in einer anderen Währung (auch nicht in Euro) oder durch Anschaffung von Bargeld verpflichtet. [3] Die Verpflichtung der Sparkasse zur Ausführung einer Verfügung zulasten eines Guthabens in ausländischer Währung ist dagegen nicht ausgesetzt, wenn die Sparkasse diese vollständig im eigenen Haus ausführen kann. [4] Das Recht des Kunden und der Sparkasse, fällige gegenseitige Forderungen in derselben Währung miteinander zu verrechnen, bleibt von den vorstehenden Regelungen unberührt.

1 1) Nr 13 entspricht (8) AGB-Banken Nr 10 III.

14. Geldeingang in ausländischer Währung

Geldbeträge in ausländischer Währung darf die Sparkasse mangels ausdrücklicher gegenteiliger Weisung des Kunden in Euro gutschreiben, sofern sie nicht für den Kunden ein Konto in der betreffenden Währung führt.

1) Nr 14 nF 1.4.02 entspricht **(8)** AGB-Banken Nr 10, aber mit anderer Regelung.

15. Wechselkurs

[1] Die Bestimmung des Wechselkurses bei Geschäften in ausländischer Währung ergibt sich aus dem Preis- und Leistungsverzeichnis. [2] Bei Zahlungsdiensten gilt ergänzend der Zahlungsdiensterahmenvertrag.

1) Nr 15 nF 2009 trägt § 675g nF BGB Rechnung und entspricht **(8)** AGB-Banken Nr 10 IV.

16. Einlagengeschäft

[1] Mangels abweichender Vereinbarungen sind Einlagen ohne Kündigung fällig (täglich fällige Gelder). [2] Die jeweils gültigen Zinssätze für täglich fällige Gelder werden durch Aushang bekannt gemacht. [3] Für die Zinsberechnung bei Einlagen wird jeder Monat zu 30 Tagen gerechnet.

1) Nr 16 nF 2009 ohne Entsprechung in **(8)** AGB-Banken. Nr 16 aF über Akkreditiv und Kreditbrief ist weggefallen.

[III.] Entgelte und Aufwendungen

17. Zinsen und Entgelte

(1) Zinsen und Entgelte im Geschäftsverkehr mit Verbrauchern

[1] Die Höhe der Zinsen und Entgelte für die im Geschäftsverkehr mit Verbrauchern üblichen Kredite und Leistungen ergibt sich aus dem Preisaushang und ergänzend aus dem Preis- und Leistungsverzeichnis. [2] Wenn ein Verbraucher einen dort aufgeführten Kredit oder eine dort aufgeführte Leistung in Anspruch nimmt und dabei keine abweichende Vereinbarung getroffen wurde, gelten die zu diesem Zeitpunkt im Preisaushang oder Preis- und Leistungsverzeichnis angegebenen Zinsen und Entgelte.

(2) Zinsen und Entgelte außerhalb des Geschäftsverkehrs mit Verbrauchern

Außerhalb des Geschäftsverkehrs mit Verbrauchern bestimmen sich die Zinsen und Entgelte für in Anspruch genommene Kredite und Leistungen nach der getroffenen Vereinbarung, ergänzend nach dem Preis- und Leistungsverzeichnis in der zum Zeitpunkt der Inanspruchnahme geltenden Fassung.

(3) Entgelte für sonstige Leistungen

Für Leistungen, die nicht Gegenstand einer Vereinbarung oder im Preisaushang bzw. im Preis- und Leistungsverzeichnis aufgeführt sind und die im Auftrag des Kunden oder in dessen mutmaßlichem Interesse erbracht werden und die, nach dem Umständen zu urteilen, nur gegen eine Vergütung zu erwarten sind, kann die Sparkasse ein nach Maßgabe der gesetzlichen Bestimmungen angemessenes Entgelt verlangen.

(4) Nicht entgeltpflichtige Tätigkeiten

Für Tätigkeiten, zu deren Erbringung die Sparkasse bereits gesetzlich oder aufgrund einer vertraglichen Nebenpflicht verpflichtet ist oder die sie im eigenen Interesse erbringt, wird die Sparkasse kein Entgelt berechnen, es sei denn, es ist gesetzlich zulässig und wird nach Maßgabe der gesetzlichen Regelungen erhoben.

(5) Änderung von Zinsen, Kündigungsrecht des Kunden bei Erhöhung

[1] Die Änderung der Zinsen bei Krediten mit einem veränderlichen Zinssatz erfolgt aufgrund der jeweiligen Kreditvereinbarungen mit dem Kunden. [2] Die Sparkasse wird dem Kunden Änderungen von Zinsen mitteilen. [3] Bei einer Erhöhung kann der Kunde, sofern nichts anderes vereinbart ist, die davon betroffene Kreditvereinbarung innerhalb von sechs Wochen nach der Bekanntgabe der Änderung mit sofortiger Wirkung kündigen. [4] Kündigt der Kunde, so werden die erhöhten Zinsen für die gekündigte Kreditvereinbarung nicht zugrunde gelegt. [5] Eine Kündigung des Kunden gilt als nicht erfolgt, wenn er den geschuldeten Betrag nicht binnen zweier Wochen nach Wirksamwerden der Kündigung zurückzahlt.

(6) Änderung von Entgelten bei typischerweise dauerhaft in Anspruch genommenen Leistungen

[1] Änderungen von Entgelten für Hauptleistungen, die vom Kunden im Rahmen der Geschäftsbeziehung typischerweise dauerhaft in Anspruch genommen werden (z. B. Depotführung), oder Änderungen von Entgelten im Rahmen von Zahlungsdiensterahmenverträgen werden dem Kunden spätestens zwei Monate vor dem vorgeschlagenen Zeitpunkt ihres Wirksamwerdens in Textform angeboten. [2] Hat der Kunde mit der Sparkasse im Rahmen der Geschäftsbeziehung einen elektronischen Kommunikationsweg vereinbart (z. B. das Online-Banking), können die Änderungen auch auf diesem Wege angeboten werden. [3] Die Zustimmung des Kunden gilt als erteilt, wenn er seine Ablehnung nicht vor dem vorgeschlagenen Zeitpunkt des Wirksamwerdens der Änderungen angezeigt hat. [4] Auf diese Genehmigungswirkung wird ihn die Sparkasse in ihrem Angebot besonders hinweisen. [5] Werden dem Kunden Änderungen angeboten, kann er den von den Änderungen betroffenen Vertrag vor dem vorgeschlagenen Zeitpunkt des Wirksamwerdens der Änderungen auch fristlos und kostenfrei kündigen. [6] Auf dieses Kündigungsrecht wird ihn die Sparkasse in ihrem Angebot besonders hinweisen. [7] Kündigt der Kunde, wird das geänderte Entgelt für die gekündigte Geschäftsbeziehung nicht zugrunde gelegt.

(7) Besonderheiten bei Verbraucherdarlehensverträgen

Bei Verbraucherdarlehensverträgen richten sich die Zinsen und Entgelte nach den jeweiligen vertraglichen Vereinbarungen sowie ergänzend nach den gesetzlichen Vorschriften.

(8) Besonderheiten bei Zahlungsdiensteverträgen mit Verbrauchern

[1] Bei Zahlungsdiensteverträgen mit Verbrauchern richten sich die Entgelte nach den jeweiligen vertraglichen Vereinbarungen und besonderen Bedingungen. [2] Soweit dort keine Regelung getroffen ist, gelten die Absätze 1 und 4 sowie – für die Änderung jeglicher Entgelte bei Zahlungsdiensterahmenverträgen (z. B. Girovertrag) – Absatz 6.

1   1) Nr 17 nF 2009 mit Entsprechung in (8) AGB-Banken Nr 12, s näher dort. Nr 17 ist im Hinblick auf BGH WM **09**, 1077 zu Nr 17 II 1 aF und auf §§ 675f IV und 675g nF BGB völlig neu gefasst. V 5 ist wirksam, str, aber entspricht § 489 III BGB, Ul/Br/He/Fuchs (8) Banken Rn 55, Wo/Li/Pf/Pamp AGB der

V. Bankgeschäfte **20 AGB-Spark (9)**

Banken B 59. VI 1 idF 2014, geringfügig geändert wegen § 312a BGB, vgl demgegenüber umfangreiche Änderungen **(8)** AGB-Banken Nr 12 nF 2014. Zu Nr 17 näher Bunte 3 AGB-Sparkassen 49 ff.

18. Ersatz von Aufwendungen

Der Ersatz von Aufwendungen der Sparkasse richtet sich nach den gesetzlichen Vorschriften.

1) Nr 18 neu 2012, weil die aF nach BGH 8.5.12 WM **12**, 1189, 1344 gegen AGB-Recht verstieß, näher **(8)** AGB-Banken Nr 12 Rn 8. Ursprünglich betraf Nr 18 aF Überziehungszinsen, dazu **(8)** AGB-Banken Nr 12 Rn 2.

[IV.] Pflichten und Haftung von Sparkasse und Kunde

19. Haftung der Sparkasse

(1) **Haftung für Verschulden**

¹**Die Sparkasse haftet für eigenes Verschulden sowie das Verschulden von Personen, derer sie sich zur Erfüllung ihrer Verpflichtung gegenüber dem Kunden bedient, soweit sich nicht aus den folgenden Absätzen, den besonderen Bedingungen oder aus einzelvertraglichen Regelungen etwas Abweichendes ergibt.** ²**Haftet die Sparkasse und ist ein Schaden nicht ausschließlich von der Sparkasse verursacht oder verschuldet, so richtet sich die Verpflichtung zum Schadensersatz nach den Grundsätzen des Mitverschuldens, § 254 Bürgerliches Gesetzbuch.**

(2) **Haftung für Dritte**

¹**Die Sparkasse darf Aufträge bei Fehlen einer gegenteiligen Weisung ganz oder teilweise auf Dritte zur selbstständigen Erledigung übertragen, soweit dies unter Berücksichtigung der Art des Auftrages und der Interessen von Sparkasse und Kunde erforderlich erscheint.** ²**In diesen Fällen beschränken sich die Verpflichtung und Haftung der Sparkasse auf die Weiterleitung des Auftrags einschließlich sorgfältiger Auswahl und Unterweisung des Dritten.**

(3) **Haftung bei höherer Gewalt**

Die Sparkasse haftet nicht für Schäden, die durch Störung ihres Betriebs (z. B. Bombendrohung, Banküberfall), insbesondere infolge von höherer Gewalt (z. B. von Kriegs- und Naturereignissen) sowie infolge von sonstigen, von ihr nicht zu vertretenden Vorkommnissen (z. B. Streik, Aussperrung, Verkehrsstörung) verursacht sind oder die durch Verfügungen von hoher Hand des In- und Auslands eintreten.

1) Nr 19 entspricht **(8)** AGB-Banken Nr 3 II, weitgehende Substituierbarkeit 1 mit der Rechtsfolge des § 664 I 2 BGB. II ist angesichts der für den Kunden nicht ersichtlichen Rechtsfolge des Nichteingreifens von § 278 BGB unklar und nach üL unwirksam, Wo/Li/Pf/Pamp AGB der Banken B 21, Ul/Bra/He/Fuchs **(8)** Banken Rn 15, aA Bunte 3 AGB-Sparkassen 61.

20. Mitwirkungs- und Sorgfaltspflichten des Kunden

(1) **Grundsatz**

¹**Die Sparkasse führt die Aufträge des Kunden mit der Sorgfalt eines ordentlichen Kaufmanns aus.** ²**Für den Kunden bestehen seinerseits besondere Mitwirkungs- und sonstige Sorgfaltspflichten, insbesondere folgende Pflichten:**

Hopt

a) Mitteilung wesentlicher Angaben und Änderungen
Der Sparkasse sind unverzüglich alle für die Geschäftsbeziehung wesentlichen Tatsachen anzuzeigen, insbesondere Änderungen des Namens, der Anschrift, des Personenstandes, der Verfügungs- oder Verpflichtungsfähigkeit des Kunden (z. B. Eheschließung, Eingehung einer Lebenspartnerschaft, Änderung des Güterstandes) oder der für ihn zeichnungsberechtigten Personen (z. B. nachträglich eingetretene Geschäftsunfähigkeit eines Vertreters oder Bevollmächtigten) sowie Änderungen des wirtschaftlich Berechtigten oder der der Sparkasse bekannt gegebenen Vertretungs- oder Verfügungsbefugnisse (z. B. Vollmachten, Prokura). Die Anzeigepflicht besteht auch dann, wenn die Tatsachen in öffentlichen Registern eingetragen und veröffentlicht werden. Die Namen der für den Kunden vertretungs- oder verfügungsbefugten Personen sind der Sparkasse mit eigenhändigen Unterschriftsproben auf den Vordrucken der Sparkasse bekannt zu geben. Darüber hinaus können sich weitergehende gesetzliche Mitteilungspflichten, insbesondere aus dem Geldwäschegesetz ergeben.

b) Eindeutige Angaben bei Aufträgen und Weisungen
Aufträge und Weisungen jeder Art müssen den Inhalt des Geschäfts zweifelsfrei erkennen lassen. Abänderungen und Bestätigungen müssen als solche gekennzeichnet sein. Bei Zahlungsaufträgen hat der Kunde insbesondere auf richtige, vollständige, unmissverständliche und leserliche Angaben, vor allem der Kontonummer und Bankleitzahl oder IBAN[1] und BIC[2] zu achten.

c) Sorgfalt bei besonderer Auftragsübermittlung
Bei telefonischen oder auf anderen technischen Wegen erteilten Aufträgen oder Weisungen hat der Kunde dafür zu sorgen, dass sich keine Übermittlungsfehler, Missverständnisse, Missbräuche und Irrtümer ergeben.

d) *(weggefallen)*

e) Ausdrücklicher Hinweis bei besonderer Weisung
Besondere Weisungen für die Ausführung von Aufträgen hat der Kunde der Sparkasse gesondert mitzuteilen, bei formularmäßig erteilten Aufträgen außerhalb des Formulars. Dies gilt insbesondere, wenn Zahlungen auf bestimmte Forderungen der Sparkasse verrechnet werden sollen.

f) Hinweis auf Fristen und Termine
Der Kunde hat entsprechend Buchst. e) besonders darauf hinzuweisen, wenn Aufträge innerhalb bestimmter Fristen oder zu bestimmten Terminen ausgeführt sein sollen oder wenn bei nicht ordnungsgemäßer, insbesondere nicht fristgemäßer Ausführung von Aufträgen außergewöhnliche Schäden drohen. Auf die besondere Hinweispflicht bei knappen Scheckvorlegungsfristen nach Nr. 24 wird verwiesen.

g) Unverzügliche Reklamation
Einwendungen gegen Rechnungsabschlüsse, Lastschriften, Kontoauszüge, Wertpapieraufstellungen oder sonstige Mitteilungen der Sparkasse sowie Einwendungen gegen die Ordnungsmäßigkeit von der Sparkasse gelieferter Wertpapiere oder sonstiger Werte müssen unverzüglich erhoben werden. Falls Rechnungsabschlüsse oder Depotaufstellungen dem Kunden nicht zugehen, muss er die Sparkasse unverzüglich benachrichtigen. Die Benachrichtigungspflicht besteht auch beim Ausbleiben anderer Anzeigen, Mitteilungen oder Sendungen, deren Eingang der Kunde erwarten oder mit deren Eingang er rechnen muss.

---

[1] International Bank Account Number.
[2] Bank Identifier Code..

V. Bankgeschäfte **21 AGB-Spark (9)**

h) Kontrolle von Bestätigungen der Sparkasse
Soweit Bestätigungen der Sparkasse von Aufträgen oder Weisungen des Kunden abweichen, hat er dies unverzüglich zu beanstanden.

(2) Haftung bei Pflichtverletzungen
¹ Schäden und Nachteile aus einer schuldhaften Verletzung von Mitwirkungs- und sonstigen Sorgfaltspflichten gehen zulasten des Kunden. ² Bei schuldhafter Mitverursachung des Schadens durch die Sparkasse richtet sich die Haftung nach den Grundsätzen des Mitverschuldens, § 254 Bürgerliches Gesetzbuch.

1) Nr 20 I als umfängliche Gesamtregelung ohne Entsprechung in **(8)** AGB- **1** Banken. Aber Nr 20 I 2 lit a entspricht **(8)** AGB-Banken Nr 11 I. Nr 20 I 2 lit b entspricht **(8)** AGB-Banken Nr 11 II. Nr 20 I 2 lit c–e ohne Entsprechung. In Nr 1a Satz 1 nF 2016 ist das Schriftformerfordernis wie in Nr 4 I idF 2016 ersatzlos gestrichen. Nr 20 I 2 lit d zur Verwendung von Vordrucken der Sparkasse ersatzlos gestrichen, April 2016. Nr 20 I 2 lit f entspricht **(8)** AGB-Banken Nr 11 III. Nr 20 I 2 lit g, h entsprechen **(8)** AGB-Banken Nr 11 IV, V. Nr 20 II ohne Entsprechung. Nr 20 I 2 lit a Schriftformerfordernis ist wirksam (wie Nr 4 I, dort Rn 1), Derl/Kno/Ba/Casper 73, mit anderer Begründung auch Bunte 3 AGB-Sparkassen 63, aA Ul/Br/He/Fuchs **(8)** Banken Rn 39. Nr 20 I 2d mit der Pflicht, die Vordrucke der Sparkasse zu benutzen, wird für unwirksam gehalten, **(5)** § 309 Nr 13 BGB, Ffm WM **15**, 434, aA Bunte 3 AGB-Sparkassen 67, aber der Umstand der massenhaft wiederkehrenden Geschäftsvorgänge, so BGH NJW **14**, 1441 Rn 22 zu Nr 7 (dort Rn 1) und die Grenze des § 242 BGB, ebenda, dürften auch hier für Wirksamkeit sorgen. Bedenken auch gegen Nr 20 I 2 lit c, d und f bei Ul/Br/He/Fuchs **(8)** Banken Rn 40, gegen Nr 20 I 2 lit c und f auch bei Wo/Li/Pf/Pamp AGB der Banken B 51, gegen lit c bei Derl/Kno/Ba/Casper 73.

[V.] AGB-Pfandrecht, Nachsicherung, Sicherheitenfreigabe

21. Pfandrecht, Sicherungsabtretung

(1) Umfang
¹ Der Kunde räumt hiermit der Sparkasse ein Pfandrecht ein an Werten jeder Art, die im bankmäßigen Geschäftsverkehr durch den Kunden oder durch Dritte für seine Rechnung in ihren Besitz oder ihre sonstige Verfügungsmacht gelangen. ² Zu den erfassten Werten zählen sämtliche Sachen und Rechte jeder Art (Beispiele: Waren, Devisen, Wertpapiere einschließlich der Zins-, Renten- und Gewinnanteilscheine, Sammeldepotanteile, Bezugsrechte, Schecks, Wechsel, Konnossemente, Lager- und Ladescheine). ³ Erfasst werden auch Ansprüche des Kunden gegen die Sparkasse (z. B. aus Guthaben). ⁴ Forderungen des Kunden gegen Dritte sind an die Sparkasse abgetreten, wenn über die Forderungen ausgestellte Urkunden im bankmäßigen Geschäftsverkehr in die Verfügungsmacht der Sparkasse gelangen.

(2) Ausnahmen
¹ Gelangen Gelder oder andere Werte mit der ausdrücklichen Zweckbestimmung für eine bestimmte Verwendung in die Verfügungsmacht der Sparkasse (z. B. Bareinzahlung zur Einlösung eines Schecks, Wechsels oder Ausführung einer bestimmten Überweisung), so erstreckt sich das Pfandrecht der Sparkasse nicht auf diese Werte. ² Im Ausland verwahrte Wertpapiere unterliegen – vorbehaltlich anderweitiger Vereinbarung – nicht dem Pfandrecht. ³ Dasselbe gilt für die von der Sparkasse selbst ausgegebenen Genussrechte/Genuss-

scheine und für Ansprüche des Kunden aus nachrangigem Haftkapital (z. B. nachrangig haftende Inhaberschuldverschreibung).

(3) Gesicherte Ansprüche

[1] Das Pfandrecht sichert alle bestehenden und künftigen, auch bedingten oder befristeten, auch gesetzlichen Ansprüche der Sparkasse gegen den Kunden, die sie im Zusammenhang mit der Geschäftsverbindung erwirbt. [2] Ansprüche gegen Kunden aus von diesen für Dritte übernommenen Bürgschaften werden erst ab deren Fälligkeit gesichert.

(4) Geltendmachung des Pfandrechts

[1] Die Sparkasse darf die dem AGB-Pfandrecht unterliegenden Werte nur bei einem berechtigten Sicherungsinteresse zurückhalten. [2] Ein solches besteht insbesondere unter den Voraussetzungen des Nachsicherungsrechts gemäß Nr. 22.

(5) Verwertung

[1] Die Sparkasse ist zur Verwertung dieser Werte berechtigt, wenn der Kunde seinen Verbindlichkeiten bei Fälligkeit und trotz Mahnung mit angemessener Nachfrist und einer Androhung der Verwertung entsprechend § 1234 Absatz 1 Bürgerliches Gesetzbuch nicht nachkommt. [2] Unter mehreren Sicherheiten hat die Sparkasse die Wahl. [3] Bei der Auswahl und Verwertung wird die Sparkasse auf die berechtigten Belange des Kunden Rücksicht nehmen. [4] Die Sparkasse hat das Recht, Verwertungserlöse, die nicht zur Befriedigung sämtlicher Forderungen ausreichen, nach ihrem billigen Ermessen zu verrechnen. [5] Die Sparkasse wird dem Kunden erteilte Gutschriften über Verwertungserlöse so gestalten, dass sie als Rechnungen im Sinne des Umsatzsteuerrechts anzusehen sind.

1 **1)** Nr 21 I entspricht **(8)** AGB-Banken Nr 14 I, IV. Nr 21 II entspricht **(8)** AGB-Banken Nr 14 III. Nr 21 III entspricht **(8)** AGB-Banken Nr 14 II. Nr. 21 III 2 aF, wonach das Pfandrecht aus Ansprüche der Sparkasse gegen Dritte, für deren Erfüllung ihr der Kunde persönlich haftet, sicherte, ist weggefallen, Nr 21 III 3 aF ist nunmehr III 2 nF. Nr. 21 III 2 trägt BGH WM **98**, 2463 Rechnung, Danco ZBB **02**, 138. Nr 21 IV ohne Entsprechung, wirksam, Aden NJW **93**, 838, aber Ul/Br/He/Fuchs **(8)** Banken Rn 62: „wenig konkret". Nr 21 V entspricht **(8)** AGB-Banken Nr 17 I, II, aber die Befugnis, Verwertungserlöse nach billigem Ermessen zu verrechnen, halten für bedenklich Ul/Br/He/Fuchs **(8)** Banken Rn 67, für nicht unzweifelhaft Wo/Li/Pf/Pamp AGB der Banken B 83. Das weicht von § 366 BGB ab, jedoch ergibt sich das Erfordernis, dabei die Interessen des Schuldners angemessen zu berücksichtigen, BGH **91**, 380, schon aus der allgemeinen Interessenwahrungspflicht der Sparkasse gegenüber ihren Kunden.

22. Nachsicherung und Freigabe

(1) Nachsicherungsrecht

Die Sparkasse kann vom Kunden die Bestellung oder Verstärkung von Sicherheiten für seine Verbindlichkeiten verlangen, wenn sich aufgrund nachträglich eingetretener oder bekannt gewordener Umstände, z. B. aufgrund einer Verschlechterung oder drohenden Verschlechterung der wirtschaftlichen Verhältnisse des Kunden, eines Mithaftenden oder Bürgen oder des Werts bestehender Sicherheiten, eine Veränderung der Risikolage ergibt.

Bei Verbraucherdarlehensverträgen besteht ein Anspruch auf die Bestellung oder Verstärkung von Sicherheiten nur, soweit die Sicherheiten im Kreditvertrag angegeben sind. Übersteigt der Nettodarlehensbetrag 75.000 Euro, besteht der Anspruch auf Bestellung oder Verstärkung auch dann, wenn in einem vor dem 21. März 2016 abgeschlossenen Verbraucherdarlehensvertrag oder in einem ab dem 21. März 2016 abgeschlossenen Allgemein-Verbraucherdarlehensvertrag im Sinne von § 491 Abs. 2 BGB keine oder keine abschließenden Angaben über Sicherheiten enthalten sind.

(2) Freigabe-Verpflichtung

¹Die Sparkasse ist auf Verlangen zur Freigabe von Sicherheiten nach ihrer Wahl verpflichtet, soweit der realisierbare Wert aller Sicherheiten den Gesamtbetrag aller Forderungen der Sparkasse nicht nur vorübergehend um mehr als 10 v. H. übersteigt. ²Diese Deckungsgrenze erhöht sich um den jeweils aktuellen Umsatzsteuersatz, soweit die Sparkasse im Verwertungsfall mit der Abführung der Umsatzsteuer aus Verwertungserlösen belastet ist. ³Die Sparkasse wird bei der Auswahl der freizugebenden Sicherheiten auf die berechtigten Belange des Kunden Rücksicht nehmen.

1) Nr 22 I entspricht (8) AGB-Banken Nr 13 II. Nr 22 I Unterabs 2 nF 2016 wie Nr 13 II 5 und 6 idF 2016 (8) AGB-Banken entsprechend §§ 491 ff, 492 II nF BGB (s dort). Nr 22 II entspricht (8) AGB-Banken Nr 16 II. Nr 22 I „bekannt geworden" ist dahin zu verstehen, dass die Sparkasse den später bekannt gewordenen Umstand ohne Fahrlässigkeit nicht erkannt hat, Ul/Br /He/Fuchs (8) Banken Rn 58, Bunte 3 AGB-Sparkassen 75, zweifelnd Wo/Li/Pf/Pamp AGB der Banken B 64; auch muss tatsächlich eine Änderung der Risikolage eingetreten sein (selbstverständlich, jedenfalls § 242 BGB), Bunte 3 AGB-Sparkassen 75. Dass ein Hinweis auf den Vorrang einer Individualabrede wie in (8) AGB-Banken Nr 13 II 4 fehlt, verstößt nicht gegen das Transparenzgebot, hL. Nr 22 II Freigabeklausel, wirksam, Wo/Li/Pf/Pamp AGB der Banken B 80, Hinweis auf Vorrang einer Sondervereinbarung ist nicht notwendig, Bunte 3 AGB-Sparkassen 77, aA II deswegen und aus mehreren anderen Gründen bedenklich, Ul/Br/He/Fuchs (8) Banken Rn 65.

[VI.] Einzugspapiere

23. Inkasso im Einzugsgeschäft

(1) Inkasso-Vereinbarung

Schecks, Wechsel, Lastschriften oder sonstige Einzugspapiere werden von der Sparkasse nur zum Einzug (Inkasso) hereingenommen, soweit nichts anderes vereinbart ist.

(2) Rückbelastung

¹Hat die Sparkasse den Gegenwert von Einzugspapieren schon vor Eingang gutgeschrieben, so kann sie den Gegenwert bei Nichteinlösung der Papiere rückbelasten, und zwar auch nach einem zwischenzeitlichen Rechnungsabschluss. ²Das Gleiche gilt, wenn

- ihr der Gegenwert nicht zugeht oder
- die freie Verfügung über den Gegenwert durch Gesetz oder behördliche Maßnahmen beschränkt ist oder
- die Papiere infolge unüberwindlicher Hindernisse nicht oder nicht rechtzeitig vorgelegt werden können oder
- der Einzug mit im Zeitpunkt der Hereinnahme nicht bekannten unverhältnismäßigen Schwierigkeiten verbunden ist oder
- in dem Land, in dem die Papiere einzulösen sind, ein Moratorium ergangen ist.

³ Unter den gleichen Voraussetzungen kann die Sparkasse Einzugspapiere auch schon vor Fälligkeit zurückgeben. ⁴ Die Rückbelastung ist auch zulässig, wenn die Papiere nicht zurückgegeben werden können. ⁵ Ist dies von der Sparkasse zu vertreten, so trägt sie einen sich hieraus ergebenden Schaden des Kunden.

1   1) Nr 23 ohne Entsprechung in (8) AGB-Banken.

24. Vorlegungsfrist, Eilmittel

Wenn Schecks, die am Bankplatz der Sparkasse zahlbar sind, nicht spätestens am dritten Geschäftstag, Schecks auf auswärtige Bankplätze nicht spätestens am vierten Geschäftstag vor Ablauf der Vorlegungsfrist (Artikel 29 Scheckgesetz) eingereicht werden bzw. bei Übersendung nicht innerhalb dieser Fristen vor Geschäftsschluss bei der Sparkasse eingehen, so hat der Kunde auf den Ablauf der Vorlegungsfrist und die eventuelle Anwendung von Eilmitteln gesondert hinzuweisen.

1   1) Nr 24 ohne Entsprechung in (8) AGB-Banken.

25. Sicherungsrechte im Einzugsgeschäft

(1) **Sicherungseigentum**

¹ Mit der Einreichung von Schecks und Wechseln zum Einzug überträgt der Kunde der Sparkasse das Sicherungseigentum an den Papieren für den Fall, dass das Einzugspapier nicht eingelöst wird und der Sparkasse aufgrund von Vorausverfügungen des Kunden im Hinblick auf das Einzugsgeschäft Ansprüche gegen den Kunden zustehen, und zwar bis zum Ausgleich dieser Ansprüche. ² Mit dem Erwerb des Sicherungseigentums gehen auch die zugrunde liegenden Forderungen auf die Sparkasse über.

(2) **Sicherungsabtretung**

Werden andere Papiere zum Einzug eingereicht (z. B. Lastschriften, kaufmännische Handelspapiere), so gehen die zugrunde liegenden Forderungen unter den Voraussetzungen des Absatzes 1 auf die Sparkasse über.

1   1) Nr 25 I entspricht (8) AGB-Banken Nr 15 I, IV. Nr 25 II entspricht (8) AGB-Banken Nr 15 II.

[VII.] Auflösung der Geschäftsbeziehung

26. Kündigungsrecht

(1) **Ordentliche Kündigung**

¹ Soweit weder eine Laufzeit noch eine abweichende Kündigungsregelung vereinbart sind, können der Kunde und bei Vorliegen eines sachgerechten Grundes auch die Sparkasse die gesamte Geschäftsbeziehung oder einzelne Geschäftszweige jederzeit ohne Einhaltung einer Kündigungsfrist kündigen ² Kündigt die Sparkasse, so wird sie den berechtigten Belangen des Kunden angemessen Rechnung tragen, insbesondere nicht zur Unzeit kündigen.

Für die Kündigung eines Zahlungsdiensterahmenvertrages (z. B. Girovertrag oder Kartenvertrag) durch die Sparkasse beträgt die Kündigungsfrist mindestens zwei Monate.

(2) **Kündigung aus wichtigem Grund**

¹ Ungeachtet anderweitiger Vereinbarungen kann sowohl der Kunde als auch die Sparkasse die gesamte Geschäftsbeziehung oder einzelne Geschäftszweige jederzeit fristlos kündigen, wenn ein wichtiger Grund vorliegt, auf-

grund dessen dem Kündigenden die Fortsetzung der Geschäftsbeziehung nicht zugemutet werden kann. ²Dabei sind die berechtigten Belange des anderen Vertragspartners zu berücksichtigen. ³Für die Sparkasse ist ein solcher Kündigungsgrund insbesondere gegeben, wenn aufgrund der nachfolgend beispielhaft aufgeführten Umstände die Einhaltung der Zahlungsverpflichtungen des Kunden oder die Durchsetzbarkeit der Ansprüche der Sparkasse – auch unter Verwertung etwaiger Sicherheiten – gefährdet wird:

a) wenn eine wesentliche Verschlechterung oder eine erhebliche Gefährdung der Vermögensverhältnisse des Kunden oder in der Werthaltigkeit der für ein Darlehen gestellten Sicherheiten eintritt, insbesondere wenn der Kunde die Zahlungen einstellt oder erklärt, sie einstellen zu wollen, oder wenn von dem Kunden angenommene Wechsel zu Protest gehen;
b) wenn der Kunde seiner Verpflichtung zur Bestellung oder zur Verstärkung von Sicherheiten (Nr. 22 Absatz 1) nach Aufforderung durch die Sparkasse nicht innerhalb angemessener Frist nachkommt;
c) wenn der Kunde unrichtige Angaben über seine Vermögensverhältnisse gemacht hat;
d) wenn gegen den Kunden eine Zwangsvollstreckung eingeleitet wird;
e) wenn sich die Vermögensverhältnisse eines Mitverpflichteten oder des persönlich haftenden Gesellschafters wesentlich verschlechtert haben oder erheblich gefährdet sind, sowie bei Tod oder Wechsel des persönlich haftenden Gesellschafters.

³Besteht der wichtige Grund in der Verletzung einer Pflicht aus dem Vertrag, ist die Kündigung erst nach erfolglosem Ablauf einer zur Abhilfe bestimmten Frist oder nach erfolgloser Abmahnung zulässig. ⁴Etwas anderes gilt nur, wenn der Kunde die Leistung ernsthaft und endgültig verweigert, er die Leistung zu einem im Vertrag bestimmten Termin oder innerhalb einer bestimmten Frist nicht bewirkt, obwohl die Sparkasse den Fortbestand ihres Leistungsinteresses vertraglich an die Rechtzeitigkeit der Leistung gebunden hat, oder wenn besondere Umstände vorliegen, die unter Abwägung der beiderseitigen Interessen eine sofortige Kündigung rechtfertigen.

(3) Kündigung bei Verbraucherdarlehensverträgen

Soweit das Bürgerliche Gesetzbuch zwingende Sonderregelungen für die Kündigung von Verbraucherdarlehensverträgen vorsieht, kann die Sparkasse nur nach Maßgabe dieser Regelungen kündigen.

(4) Rechtsfolgen bei Kündigung

¹Mit der Auflösung der gesamten Geschäftsbeziehung oder einzelner Geschäftszweige werden die auf den betroffenen Konten geschuldeten Beträge sofort fällig. ²Der Kunde ist außerdem verpflichtet, die Sparkasse insoweit von allen für ihn oder in seinem Auftrag übernommenen Verpflichtungen zu befreien.

³Die Sparkasse ist berechtigt, die für den Kunden oder in seinem Auftrag übernommenen Verpflichtungen zu kündigen und sonstige Verpflichtungen, insbesondere solche in fremder Währung, mit Wirkung gegen den Kunden auszugleichen sowie hereingenommene Wechsel und Schecks sofort zurückzubelasten; die wechsel- oder scheckrechtlichen Ansprüche gegen den Kunden und jeden aus dem Papier Verpflichteten auf Zahlung des vollen Betrages der Wechsel und Schecks mit Nebenforderungen verbleiben der Sparkasse jedoch bis zur Abdeckung eines etwaigen Schuldsaldos.

1) Nr 26 I nF 2016 entspricht (8) AGB-Banken Nr 18 I, 19 I, II. I aF war unwirksam, nach Nürnb WM **14**, 1477 intransparent schon wegen § 5 II BaySpkO (s (**7**) Bankgeschäfte A/6, Hadding FS Hopt **10**, 1904f). Nach BGH

(9) AGB-Spark 28

ZIP **15**, 1380 waren die salvatorische Klausel („soweit keine zwingenden Vorschriften entgegenstehen", nunmehr gestrichen) in Satz 1 und die mangelnde Klarstellung der Zulässigkeit der Kündigung nur aus einem sachgerechten Grund (nunmehr eingefügt) intransparent, I war danach gegenüber Verbrauchern unwirksam, soweit das Recht der Sparkasse zur ordentlichen Kündigung betroffen war. Nr 26 I erlaubt ordentliche Kündigung ohne Einhaltung einer Frist und wird schon deshalb zT für unwirksam gehalten, Ul/Br/He/Fuchs (8) Banken Rn 72, wird aber (abgesehen von der Intransparenz) angesichts Nr 26 I 2 und §§ 671 II, 675 I BGB für wirksam gehalten, Hadding FS Hopt **10**, 1899f, Wo/Li/Pf/Pamp AGB der Banken B 91. Wirksam ist jedenfalls in idF 2016, BankrechtsHdb/Bunte 5. Aufl 2017 § 24 Rn 59b, c. Nr 26 I 2 ist strenger als **(8)** AGB-Banken (s dort Rn 1), dazu Hbg WM **12**, 1243: Kontoweiterführung mangels zumutbarer gleichwertiger Alternativen (Iran-Embargo), aber Unwirksamkeit von I 1 machte I 2 und 3 obsolet, BGH ZIP **15**, 1380, nunmehr wirksam. Nr 26 II 3 lit a (fristlose Kündigung bei Zahlungseinstellung des Kunden) ist wirksam, Thole ZHR 181 **(17)** 566 wegen § 490 BGB, aber unsicher wegen BGH NJW **13**, 1159, vgl BGH NJW **16**, 1945. Nr 26 II nF 1.4.02 entspricht **(8)** AGB-Banken Nr 18 II und 19 III nF 1.4.02, aber Nr 26 II 3 lit c, d und e sind absoluter formuliert als **(8)** AGB-Banken Nr 19 III und deshalb unwirksam (keine geltungserhaltende Reduktion), Wo/Li/Pf/Pamp AGB der Banken B 91, aA BankrechtsHdb/Bunte 5. Aufl 2017 § 24 Rn 62, Bunte 3 AGB-Sparkassen 86, weil Gefährdung vorausgesetzt ist (Nr 26 II 3). Nr 26 II Unterabsatz 3 nF 1.4.02 entspricht **(8)** AGB-Banken Nr 19 III 3 nF 1.4.02. Nr 26 III nF 2009 klarstellend. Nr 26 IV 1 mit sofortiger Fälligkeit (anders **(8)** AGB-Banken Nr 19 V: angemessene Frist) ist bedenklich, Ul/Br/He/Fuchs (8) Banken Rn 73, Derl/Kno/Ba/Casper 142, ohne Stellungnahme Wo/Li/Pf/Pamp AGB der Banken B 91, Bunte 3 AGB-Sparkassen 88; zu IV 2 Staudinger/Mülbert § 488 BGB Rn 443 ff. Zu Nr 26 I Linnenbrink BKR **14**, 10.

27. Weitergeltung der Allgemeinen Geschäftsbedingungen

Auch nach Auflösung der gesamten Geschäftsbeziehung oder einzelner Geschäftszweige gelten für die Abwicklung und in dem Abwicklungsverhältnis entsprechenden Umfange die Allgemeinen Geschäftsbedingungen weiter.

1 **1)** Nr 27 ohne Entsprechung in **(8)** AGB-Banken, Fortgeltungsklausel. Dort auch nicht notwendig, da die AGB bis zur Vollbeendigung der Geschäftsverbindung weiter gelten, Bunte 3 AGB-Sparkassen 89. Vorher erworbene Pfandrechte und Rechtspositionen bleiben unberührt. Nr 27 ist wirksam, Wo/Li/Pf/Pamp AGB der Banken B 10.

28. Schutz der Einlagen durch anerkanntes Einlagensicherungssystem

(1) **Freiwillige Institutssicherung**

[1] Die Sparkasse gehört dem institutsbezogenen Sicherungssystem der Deutschen Sparkassen-Finanzgruppe (Sicherungssystem) an. [2] Primäre Zielsetzung des Sicherungssystems ist es, die angehörenden Institute selbst zu schützen und bei diesen drohende oder bestehende wirtschaftliche Schwierigkeiten abzuwenden. [3] Auf diese Weise schützt die Institutssicherung auch die Einlagen der Kunden. [4] Hierzu zählen im Wesentlichen Spareinlagen, Sparkassenbriefe, Termineinlagen, Sichteinlagen und Schuldverschreibungen.

(2) **Gesetzliche Einlagensicherung**

[1] Das Sicherungssystem ist als Einlagensicherungssystem nach dem Einlagensicherungsgesetz (EinSiG) amtlich anerkannt. [2] Sollte entgegen Absatz 1

V. Bankgeschäfte • 1 **Einl Sparkassen (9)**

ausnahmsweise die Institutssicherung nicht greifen, hat der Kunde gegen das Sicherungssystem einen Anspruch auf Erstattung seiner Einlagen im Sinne des § 2 Absätze 3 bis 5 EinSiG bis zu den Obergrenzen des § 8 EinSiG.

Nicht entschädigungsfähig nach § 6 EinSiG sind unter anderem Einlagen, die im Zusammenhang mit Geldwäschetransaktionen entstanden sind, sowie Inhaberschuldverschreibungen der Sparkasse und Verbindlichkeiten aus eigenen Akzepten und Solawechseln.

(3) Informationsbefugnisse

Die Sparkasse ist befugt, dem Sicherungssystem oder einem von ihm Beauftragten alle in diesem Zusammenhang erforderlichen Auskünfte zu erteilen und Unterlagen zur Verfügung zu stellen.

(4) Forderungsübergang

Soweit das Sicherungssystem oder ein von ihm Beauftragter Zahlungen an den Kunden leistet, gehen dessen Forderungen gegen die Sparkasse in entsprechender Höhe mit allen Nebenrechten Zug um Zug auf das Sicherungssystem über.

1) Nr 28 nF 2016 entspricht **(8)** AGB-Banken Nr 20. Dazu BankrechtsHdb/ **1** Bunte 5. Aufl 2017 § 25 Rn 36.

Bedingungen für Wertpapiergeschäfte (Sparkassen)

Fassung Januar 2018

Schrifttum

Wie vor **(8)** AGB-WPGeschäfte.

Einleitung

1) S Einl 2 vor **(9)** AGB-Sparkassen. Die Bedingungen für Wertpapiergeschäfte **1** (Sparkassen) Fassung Januar 2015 wie Fassung Juli 2012 bis auf Nr 1.4 Verzicht des Kunden auf Herausgabe von Vertriebsvergütungen. Sie entsprechen mit Ausnahme von Nr 1.4 nF 2015 den **(8)** Sonderbedingungen für WPGeschäfte (Banken) Fassung Juni 2012. Sie wurden wie diese in ihrer Fassung von 2003 im Hinblick auf das 4. FinanzmarktfördG 2002 und die Einführung eines „Zentralen Kontrahenten" durch die Deutsche Börse im ersten Quartal 2003 zum 1.1.2003 geändert worden, Zingel ZBB **03**, 59. Die Fassung 2007 trug dem Erlass des FinanzmarktRiUmsetzG Rechnung (näher zu **(8)** AGB-WPGeschäfte). Das betraf vor allem Nr 2 über die (bislang einheitlichen) Ausführungsgrundsätze. Danach hat jedes Institut eine eigene Best-Execution-Policy aufzustellen, die in das Vertragsverhältnis mit dem Kunden einbezogen werden muss. Nunmehr beides, AGB-Spark und Sonderbedingungen für WPGeschäfte (Sparkassen) idF Juli 2012. Nr 1.4 nF 2015 enthält eine Behaltensklausel für Vertriebsvergütungen (§ 347 HGB Rn 20) im Anschluss an eine entsprechende, vom BGH NJW **14**, 924 für zulässig erachtete Klausel für die privaten Banken (§ 384 HGB Rn 9). In der Praxis wird überwiegend die Fassung mit Nr. 1.4 verwendet.

Text entsprechend der Fassung für die privaten Banken, oben **(8)** Bedingungen für Wertpapiergeschäfte (vom Abdruck wurde deshalb abgesehen).

Hopt 2247

(10) Bedingungen für Anderkonten und Anderdepots (AGB-Anderkonten)

Einleitung

Schrifttum

a) Kommentare und Handbücher: Außer dem allgemeinen Schrifttum (s **(7)** Bankgeschäfte Einl vor A/1) BankrechtsHdb/*Hadding/Häuser* 5. Aufl 2017 §§ 37, 38 (Treuhandkonto, Anderkonto). – BuB/*Gößmann* 2/225 (LBl). – *Bunte,* AGB-Banken, AGB-Sparkassen, Sonderbedingungen, 4. Aufl 2015, Sonderbedingungen für Anderkonten und Anderdepots von Rechtsanwälten und Gesellschaften von Rechtsanwälten (4 SB Ander RA), Sonderbedingungen für Anderkonten und Anderdepots von Notaren (4 SB Ander Notar). – *Canaris* 3. Aufl 1988, Rdn 288 ff. – *Hellner,* Geschäftsbedingungen für Anderkonten (Fassung 1962), 1963. – *Hopt/Mülbert* Vor § 607 Rn 201. – *MüKo(HGB)/Hadding/Häuser* 3. Aufl Bd 6, 2014, Bankvertragsrecht (Zahlungsverkehr) A 127 ff. – Ferner Komm und Hdb zum Notarrecht.

b) Sonstige Beiträge: *König* 1988 (Darlehensvalutierung über Notaranderkonto). – *Bräu,* Verwahrungstätigkeit des Notars 1992. – *Kawohl,* Notaranderkonto 1995. – *Capeller,* Die Pfändung von Fremdkonten, MDR **54**, 708. – *Coing,* Bemerkungen zum Treuhandkonto im deutschen Recht, FS Cohn **75**, 23. – *Bambring,* Kaufpreiszahlung über Notaranderkonto, DNotZ **90**, 615. – *Reichmann* WM **91**, 1493 (Rückforderung). – *Kreft* FS Merz **92**, 313 (Insolvenz). – *Lüke* ZIP **92**, 150 (Notaranderkonto). – *Hellner* FS Nielsen **96**, 29. – *Hadding* FS Schippel **96**, 163 (Postbank). – *Ganter* FS Kreft **04**, 251 (Treuhandkonto). – *K. Schmidt* FS Wiegand **05**, 933 (Treuhandkonto). – *Lange* NJW **07**, 2513. **Zur nF** 1.4.2000 *Gößmann* WM **00**, 857. Allgemein zur Kontoinhaberschaft s **(7)** Bankgeschäft A/36–52.

1) Verdeckte und offene Treuhandkonten

1   A. Auf Bankkonten können statt eigener Werte des Kontoinhabers (Eigenkonto) fremde Werte (die im Verhältnis des Kontoinhabers zu einem Dritten diesem zustehen und dem ersteren nur anvertraut sind) verbucht werden. Bspe: Kautionskonto des Vermieters, WEG-Verwalterkonto, Fremdgelderkonto von Anwälten ua. Inhaber der Werte und Inhaber des Kontos ist (privat)rechtlich der Treuhänder, BGH **124**, 300, **127**, 232, WM **11**, 798. Zum Treuhänder und Treugeber näher § 105 HGB Rn 31 ff. Das **Unmittelbarkeitsprinzip,** wonach der Treuhänder das Treugut aus dem Vermögen des Treugebers, nicht von dritter Seite erhalten muss (sonst keine Aussonderung, im Einzelnen str), **gilt hier nicht,** BGH **155,** 231, WM **05**, 1997, **11**, 799. Ein Treuhandkonto soll aber nur vorliegen, wenn es ausschließlich für Vermögenswerte des Treugebers bestimmt ist, BGH **61**, 78, WM **03**, 1641, **05**, 1797, **11**, 800, aber problematisch s Hopt/Mülbert 188. Dass Treugüter verschiedener Treugeber zu Unrecht auf einem Treuhandkonto gehalten worden, berührt Treuhandcharakter des Kontos aber nicht, sofern das Konto als Ganzes treuhandgebunden ist, BGH NJW-RR **03**, 1375. Das **Treuhandverhältnis** kann **verdeckt,** dh der Bank als solches nicht erkennbar sein; dann bleibt das Fremdinteresse im Bankverhältnis unerheblich, BGH NJW **87**, 3250. Ein Fremdkonto liegt dann nicht vor (s **(7)** Bankgeschäfte Rn A/41). Der Treugeber kann trotzdem Drittwiderspruchsklage erheben (§ 771 ZPO), BGH WM **93**, 1524, NJW **96**, 1543, und aussondern (§ 47 InsO), **Publizität** des Treuhandkontos wie beim Anderkonto ist dafür **nicht erforderlich,** BGH WM **05**, 1797, **11**, 800. Die Treuhand kann **offen,** dh als solche der Bank offenbart sein, BGH NJW **85**, 1955. Kontozusatz „wegen ..." ist interne Information für Kontoinhaber, nicht schon deswegen offene Treuhand, BGH **61**, 77, ebenso Zusatz „Mietkonto", BGH WM **90**, 1955. Aufrechnung der Bank mit Ansprüchen gegen den Treuhänder ist beim offenen Treuhandkonto ausgeschlossen, BGH **61**, 77, NJW **87**, 3250. Für Treuhandverhältnisse typisch sind

V. Bankgeschäfte 2–5 **Einl AGB-Anderk (10)**

wirtschaftliches Eigentum des Treugebers am Treuhandvermögen, Kündigungsrecht des Treuhänders aus wichtigem Grund (§ 671 III BGB), Möglichkeit des Vermögensrückfalls bei Insolvenz des Treugebers (§§ 115, 80 InsO, § 667 BGB), BGH **157**, 182. Das gilt aber nur solange, als das Treugut noch beim Treuhänder vorhanden ist, BGH NJW **59**, 1125, Holzer ZIP **09**, 2328. Der Treuhänder kann wirksam verfügen (§ 137 BGB), auch unter Vereitelung der Rechte des Treugebers, BGH WM **11**, 800. Mit Abbuchung auf eigenes Geschäftskonto des Treuhänders soll Treugutcharakter verschwinden, Ffm ZIP **10**, 440, str, aber § 392 II analog, str (§ 392 Rn 7). Keine Aussonderung von Guthaben auf Konten, die auch für eigene Zwecke des Treuhänders genutzt werden (schädliche Vermischung), BGH **191**, 105, ZIP **03**, 1404, WM **11**, 799, Ffm ZIP **12**, 1922. Keine Treuhand soll vorliegen, wenn das Geld nicht verwaltet, sondern sofort weitergeleitet werden soll, anders bei zusätzlicher vertraglicher Verpflichtung, BGH WM **07**, 135. Aufrechnungsverbot kraft Treuhandverhältnis, BGH **189**, 54, NJW **12**, 3300. Fremdnütziger Verwaltungstreuhandvertrag erlischt bei Insolvenz des Treugebers, Treuhänder ist nun der Insolvenzverwalter, anders bei eigennütziger Sicherungstreuhand, BGH WM **15**, 2273 Rn 41. Bei doppel- oder mehrseitiger Treuhandvereinbarung fortdauernde Wirksamkeit, wenn dies zur Wahrung der Rechte des Drittbegünstigten erforderlich ist, BGH WM **15**, 2273. Bei Zahlung auf Vollrechtsstreuhandkonto Bereicherungsanspruch gegen den vorläufigen Insolvenzverwalter, nicht den Schuldner, BGH WM **15**, 1053. Aufklärung bei Treuhandkonto (§ 347 Rn 25), Karls WM **13**, 643; Treuhandkonto ist nicht mit **Bank als Treuhänder** zu verwechseln (Treuhandauftrag), BGH WM **87**, 883. RsprÜbersicht zur Bank als Treuhänder von Heymann NJW **90**, 1141. Lit: Kreft FS Merz **92**, 313 (Insolvenz), Jungclaus/Keller ZIP **11**, 942 (Bereicherungsfragen).

B. Formen offener Treuhandkonten: 2

a) Sonderkonten der gesetzlichen Treuhänder, zB Testamentsvollstrecker, Insolvenz-, Nachlass-, Zwangsverwalter; der Insolvenzverwalter führt das Konto auf seinen Namen mit Bezeichnung Sonderkonto für bestimmte Insolvenzmasse (s Rn 6), BGH WM **95**, 353.

b) Die vertraglich als solche begründeten **gewöhnlichen Treuhandkonten,** 3 bezeichnet zB als „Treuhand" – oder „Sonder-Konto B" (Treugeber) des A (Treuhänder-Kontoinhaber). Zur Auslegung bei unklarer Bezeichnung und/oder Vereinbarung, BGH **11**, 41, **21**, 151, **61**, 77. Zum konkludenten Abschluss eines Treuhandvertrags dabei, BGH NJW **06**, 3777. Ein Eigenkonto kann ohne Änderung der Bezeichnung durch Vereinbarung zwischen Inhaber und Bank Fremdkonto werden, BGH BB **63**, 574.

c) Anderkonten, s Rn 5–7. Lit: zum Treuhandkonto – Hopt/Mülbert 186. 4

2) Anderkonten

A. Anderkontenbedingungen wurden erstmals 1931 eingeführt, näher BGH 5 **165**, 237. Die Fassung von 1962 wurde einheitlich festgestellt durch alle Gruppen der Kreditinstitute, eine geänderte Fassung datiert von 1978, jetzt **Neufassung** vom Bundesverband deutscher Banken e. V. **2000,** Stand 1.4.00, die AGB-Anderkonten von Rechtsanwälten und Wirtschaftsprüfern mit kleinen Änderungen (Euro) Stand 1.1.02. Die nF berücksichtigt die neuen gesellschaftsrechtlichen Formen bei Zusammenschlüssen von Rechts- und Patentanwälten (außer GbR auch PartG, AnwaltsGmbH; zulässig auch AnwaltsAG, BayObLG NJW **00**, 1647) und die sehr verbreiteten Sammelanderkonten (außer bei Notaren, Verbot § 54b II 3 BeurkG). Außerdem werden in Nr 1 I 2 außer für Notare das für das Anderkonto typische Treuhandverhältnis deutlicher angesprochen, den besonderen Anforderungen an das Notaranderkonto (§§ 54a ff BeurkG) entsprochen, auf

(10) AGB-Anderk Einl 6–8   2. Teil. Handelsrechtl. Nebengesetze

Forderung der BaFin die Wiederverwendung von Anderkonten für andere Mandanten transparent gemacht (Nr 2 I 2) und die Rechtsnachfolge klarer gefasst (Nr 13 bzw 12). Lit: Hopt/Mülbert 201; Gößmann WM **00**, 857.

6   B. Anderkonten sind **offene Vollrechtstreuhandkonten** (BGH **11**, 43, **164**, 282, WM **71**, 221, **95**, 353, **09**, 562, **11**, 1179, Kln ZIP **84**, 475. Sie sind beschränkt auf Angehörige gewisser Berufe, denen besonders oft fremde Vermögenswerte von ihren Mandanten zu vollem Recht anvertraut werden und die ein eigenes Standesrecht haben: **Rechtsanwälte, Notare** (der Anwalts-Notar kann wählen, s unter Nr 3; für Verwahrung durch Notare s §§ 54a ff BeurkG, Notaranderkonto s § 54b I 1 BeurkG), **„Treuhänder"**, dh Wirtschaftsprüfer, vereidigte Buchprüfer, Steuerberater, Steuerbevollmächtigte, Wirtschaftsprüfungs-, Buchprüfungs-, Steuerberatungsgesellschaften (Aufzählung in Nr I 1 der einschlägigen Bedingungen ohne Bezeichnung „Treuhänder") und **Patentanwälte.** Insolvenzverwalter gehört nicht dazu, BGH WM **88**, 1222, **09**, 562 (s Rn 2). Die Einrichtung eines Anderkontos für Angehörige anderer Berufsgruppen ist aber möglich und rechtlich wirksam, zB für Obmann von Schiedsgerichten. Sie ist aber, auch bei Bezeichnung als Anderkonto, iZw nicht gewollt (konkludente Individualabrede iSv **(5)** § 305b BGB), BGH WM **88**, 1222. Zahlung auf RAAnderkonto ist Zahlung an die Ges, wenn das Konto ausschließlich im Interesse der Ges geführt und über das Konto ihr Zahlungsverkehr abgewickelt wird, Düss GmbHR **98**, 1227 (eigenkapitalersetzende Darlehen). Weisungen bei Notaranderkonto, Drittschadensliquidation, KG WM **16**, 919. Anderkonto des Insolvenzverwalters, BGH WM **07**, 2299, Paulus WM **08**, 473. Lit: König 1988 (Darlehensvaluierung); Lüke ZIP **92**, 150, Schulte-Kaubrügger ZIP **11**, 1400 (Insolvenzverwalter); Undritz ZIP **12**, 1153 (doppelnützige Treuhand).

7   C. Die **„Bedingungen für Anderkonten und Anderdepots"** sind Sonderbedingungen, die neben den AGB-Banken für die besondere Geschäftsbeziehung gelten (s **(8)** AGB-Banken Nr 1 Rn 6). Sie gelten für die in Rn 6 genannten vier Berufsgruppen in **vier besonderen Fassungen,** die sich für Rechtsanwälte, Patentanwälte sowie für Wirtschaftsprüfer und Steuerberater weitestgehend gleichen, während die Notaranderkonten-Bedingungen wegen der besonderen Stellung des Notars (Ausübung eines öffentlichen Amtes als Beliehener, Aufsicht der Berufskammer) graduell unterschiedlich sind. Die Bedingungen sind für alle vier Berufsgruppen einheitlich aufgebaut: Begriffsbestimmungen (Nr 1 mit Sammelanderkonto in Nr 1 II außer für Notare und für Wirtschaftsprüfer und Steuerberater), Kontoeröffnung (Nr 2, 3, nur Nr 2 für Wirtschaftsprüfer und Steuerberater), Kontoführung (Nr 4–12, Nr 3–10 für Wirtschaftsprüfer und Steuerberater, Nr 4–10 für Notare) und Rechtsnachfolge (Nr 13 bzw 11 für Wirtschaftsprüfer und Steuerberater), besonders für Notare Verfügungsbefugnis und Rechtsnachfolge (Nr 11) und Einzelverwahrung von fremden Wertpapieren und Kostbarkeiten (Nr 12). Die gemeinsamen Grundsätze sind: (1) Alleinige Berechtigung und Verpflichtung des Inhabers, (2) Unangreifbarkeit für Gläubiger der Begünstigten, (3) Trennung vom Eigenvermögen des Inhabers und Abwehr von Inhaber-Gläubigern, auch der Bank selbst.

8   Die AGB-Anderkonten gelten wie alle **AGB** nur Kraft vertraglicher Vereinbarung, diese kann aber konkludent erfolgen. Eine „analoge" Anwendung der AGB-Anderkonten auf sonstige Treuhandkonten ist nicht möglich, aA Hbg WM **70**, 1308 (zu Nr 8 aF), wohl aber Heranziehung im Rahmen von § 157 BGB, Canaris 292. Kontoformen bei Anderkonten, debitorisches Anderkonto (Nr 1 Rn 1). Gläubiger des Treugebers können in das Guthaben auf dem Anderkonto nicht vollstrecken, da Inhaber der Treuhänder ist (Erinnerung, § 766 ZPO), sondern nur den Anspruch des Treugebers gegen den Treuhänder auf Rückübertragung der Forderung pfänden, BGH **11**, 37, NJW **59**, 1225. **Widerspruchsrecht des Treugebers (§ 771 ZPO)** gegen die (trotz Unabtretbarkeit und

V. Bankgeschäfte **1 AGB-Anderk (10a)**

Unverpfändbarkeit, s Nr 10, nach § 851 II ZPO zulässige, s Nr 11) Vollstreckung durch Gläubiger des Treuhänders bei „echtem Anderkonto", auch ad hoc gebildetem Sonderkonto, nicht RA-Privatkonto, BGH DB **71**, 1157, WM **96**, 662, KG WM **13**, 1407; auch bei Treuhand für mehr als einen Treugeber, aber nicht weitergehend immer noch dann, wenn sich Treugut und Eigengut noch klar trennen lassen, BGH WM **03**, 1641, aA Canaris 280, erst recht nicht bei Nutzung zugleich als Eigenkonto, BGH WM **03**, 1641, s auch **(13)** DepotG § 2 Rn 1. **Bei Insolvenz des Treuhänders Aussonderung** des Guthabens auf dem Anderkonto durch den Treugeber (§ 47 InsO), BGH WM **11**, 798, **12**, 1497, der Treuhandvertrag erlischt (§§ 116 Satz 1, 115 I InsO), die Anderkontoforderung ist dem Treugeber zurückzuübertragen (nicht automatisch). Mehrseitige Treuhand beim Anderkonto (§ 328 BGB), BGH **109**, 52; Abrede zwischen Börsentermingeschäftsvermittler und Anwalt, über dessen Treuhandkonto die Einzahlungen zur Sicherheit der Anleger weiterzuleiten sind, schützt auch diese (§ 328 BGB), BGH WM **04**, 1287. Einzahlungen auf das Anderkonto des Insolvenzverwalters fallen weder in das Schuldnervermögen noch in die Masse, BGH WM **09**, 562. **Bei Insolvenz des Treugebers** erlischt der Treuhandvertrag, der Verwalter kann das Treugut nicht aussondern, aber als wirtschaftlichen Bestandteil der Insolvenzmasse an sich ziehen, BGH WM **12**, 1497. Der Notar hat anvertraute Gelder unverzüglich einem Notaranderkonto zuzuführen (§ 54b BeurkG). Zum Notaranderkonto ohne Einlagensicherung BGH **165**, 232. Vorläufig amtsenthobener Notar, BGH **164**, 275; Auszahlung trotz Veruntreuung, BGH WM **17**, 613. **„Empfangen"** durch Darlehensnehmer bei Auszahlung an Dritte s **(7)** Bankgeschäfte Rn G/3. Dem Notar auf Notar-Anderkonten überwiesenen (oder ihm bar übergebenen) Gelder bleiben zwar für ihn „fremde" Gelder (Treuhanderwerb), aber auch dabei geht das Eigentum auf den Erwerber über (Summenverwahrung, vgl § 700 BGB), BGH **76**, 13; fehlerhafte Abwicklung, BGH WM **90**, 483. Die vereinbarte **„Hinterlegung"** beim Notar (Überweisung auf Notar-Anderkonto) ist keine Hinterlegung iSv §§ 372, 378 BGB und idR noch nicht Erfüllung nach §§ 362 II, 185 BGB, BGH **87**, 160; ebenso bei Auszahlung durch den Darlehensgeber des Käufers unmittelbar an den Verkäufer, der aber noch nicht verfügen darf, BGH **145**, 44. Keine einseitige Änderung der Verwahrungsanweisung mehr, wenn bei mehrseitigem Treuhandverhältnis der Kaufpreis auf Notaranderkonto hinterlegt ist, BGH NJW **02**, 1326. Bei vereinbarter Kaufpreisabwicklung über Notaranderkonto hat der Verkäufer mit Geldeingang gegen den Notar einen öffentlichrechtlichen Auszahlungsanspruch, der aber nur zusammen mit der Kaufpreisforderung abtretbar ist (entspr § 401 I BGB), BGH **138**, 179.

a) Bedingungen für Anderkonten und Anderdepots von Rechtsanwälten und Gesellschaften von Rechtsanwälten

Fassung 1.4.2000 mit Änderungen Dezember 2001

Begriffsbestimmungen

1. (1) [1]**Für Rechtsanwälte oder Gesellschaften von Rechtsanwälten**[1] (im Weiteren: „Kontoinhaber") werden Anderkonten und Anderdepots (beide im Folgenden „Anderkonten" genannt) eingerichtet. [2]**Diese dienen der Verwahrung von Vermögenswerten eines Mandanten, die dem Kontoinhaber anver-

---

[1] Gesellschaften von Rechtsanwälten sind Zusammenschlüsse von Rechtsanwälten in der Rechtsform der Gesellschaft bürgerlichen Rechts, der Partnerschaftsgesellschaft und der Rechtsanwalts-GmbH.

traut wurden. ³Der Bank gegenüber ist nur der Kontoinhaber berechtigt und verpflichtet.

(2) Ein Sammelanderkonto dient der Verwahrung von Vermögenswerten verschiedener Mandanten.

1   1) Anderkonten werden nach diesen Bedingungen I 1 nur für die dort genannten Berufsgruppen eingerichtet (aber Einl 6 vor Nr 1). Sie dienen der Verwahrung von Vermögenswerten eines Mandanten, die dem Kontoinhaber anvertraut sind (I 2). Der Anwalt muss nämlich fremde Gelder unverzüglich an den Empfangsberechtigten weiterleiten oder auf ein Anderkonto einzahlen (§ 43 V 2 BRAO). AGB-Anderkonten sind in verschiedenen **Kontoformen** möglich, häufig als Kontokorrentkonto (§ 355 HGB), auch als Depot, Festgeldkonto; wenn nicht dem Zahlungsverkehr dienend, auch als Sparkonto, Bunte 4 SB Ander RA Rn 13, str. Ein als Girokonto geführtes Anderkonto kann **debitorisch** werden, etwa bei Überziehung, Düss WM **89**, 211, aA Mü WM **73**, 439. Das sollte aber vermieden werden (s Nr 13 Rn 1). Der Bank gegenüber ist nur der Kontoinhaber berechtigt und verpflichtet (I 3). Anderkonten sind nach Nr I als **Vollrechtstreuhand** (nicht wie Treuhandkonten idR sonst als Ermächtigungstreuhand) ausgestaltet, Kontoinhaber ist also allein der Rechtsanwalt, vgl BGH **11**, 43, KG WM **64**, 1039; er haftet bei einem Debet, zB Sollzinsen (debitorisches Anderkonto). Zu Anderkonten für ausländische Kontoinhaber Hellner FS Nielsen **96**, 46.

2   **Sammelanderkonten** dienen der Verwahrung von Vermögenswerten verschiedener Mandanten (I 2). Bei Anderkonten von Rechtsanwälten, Steuerberatern und Patentanwälten sind sie üblich und zulässig, verboten dagegen bei Anderkonten von Notaren (§ 54b II 3 BeurkG) und Wirtschaftsprüfern (Berufssatzung), dort zulässig aber Anderkonto mit Stammnummern und Unterkontonummern, Gößmann WM **00**, 861, Bunte 4 SB Ander RA Rn 16. Sie sind typische Durchlaufkonten. Eingehende Gelder werden idR unverzüglich an die Mandanten weitergeleitet bzw auf spezielle Anderkonten für die einzelnen Treugeber/Mandanten umgebucht oder, falls die Gelder für die Anwälte selbst bestimmt sind, auf ihr Eigenkonto übertragen. Der Kontoinhaber hat dafür Sorge zu tragen, dass die Mandantengelder nur kurzfristig auf dem Sammelkonto verbleiben (Nr 5). Die Bank muss das Sammelanderkonto als solches kenntlich machen (Nr 2 II 1).

Kontoeröffnung

2. (1) ¹Bei jeder Kontoeröffnung ist der Kontoinhaber verpflichtet, den Namen und die Anschrift desjenigen mitzuteilen, für dessen Rechnung er handelt (wirtschaftlich Berechtigter)[1]. ²Wird das Anderkonto vom Kontoinhaber für einen anderen als den nach Satz 1 benannten wirtschaftlich Berechtigten wiederverwendet, ist der Kontoinhaber verpflichtet, unverzüglich Name und Anschrift des neuen wirtschaftlich Berechtigten schriftlich mitzuteilen.

(2) ¹Beantragt der Kontoinhaber die Eröffnung eines Sammelanderkontos, so ist dieses als „Sammelanderkonto" kenntlich zu machen[2]. ²Nr. 2 Abs. 1 gilt nicht für Sammelanderkonten, jedoch ist der Kontoinhaber auf Verlangen der Bank verpflichtet, Namen und Anschrift des oder der wirtschaftlich Berechtigten schriftlich mitzuteilen.

---

[1] Im Konto-Dokumentationsbogen ist dies zu vermerken.
[2] Im Konto-Dokumentationsbogen ist dies zu vermerken.

V. Bankgeschäfte **6 AGB-Anderk (10a)**

(3) **Auf Wunsch des Kontoinhabers kann die Bank weitere Anderkonten auch ohne schriftlichen Kontoeröffnungsantrag einrichten.**

1) Der Kontoinhaber muss bei jeder **Kontoeröffnung** den wirtschaftlich Berechtigten (Treugeber) mit Namen und Anschrift benennen (I 1), bei Wiederverwendung des Anderkontos durch den Kontoinhaber für einen anderen Treugeber als nach I 1 erneute schriftliche Mitteilung (I 2), Grund: Geldwäsche (§ 8 I 1 GwG). I gilt nicht für Sammelanderkonten (Nr 1 Rn 2), da bei Kontoeröffnung die künftigen Treugeber noch nicht feststehen, aber Mitteilungspflicht des Kontoinhabers auf Verlangen der Bank (II 2). Sammelanderkonten müssen aber als solche kenntlich gemacht werden (II 1). Die Bank vermerkt die Angaben nach I 1 und II 1 im Konto-Dokumentationsbogen. Schriftlicher Kontoeröffnungsantrag ist nur für das erste Anderkonto nötig, für weitere (Unter-)Anderkonten desselben Kontoinhabers genügt mündliche bzw telephonische Weisung (III). Anderkonten und GwG Hellner FS Nielsen **96**, 38.

3. Ist der Rechtsanwalt auch Notar (Anwaltsnotar, Notaranwalt) oder Patentanwalt, so führt die Bank seine Anderkonten als Rechtsanwalts-Anderkonten, sofern er nicht beantragt hat, ein Anderkonto als Notar- oder als Patentanwalts-Anderkonto zu führen.

1) Die Bank führt das Anderkonto für den Rechtsanwalt iZw als Rechtsanwalts-Anderkonto. **Doppelberufler** können aber auch Notar- oder Patentanwalts-Anderkonto wählen. Der Anwaltsnotar bzw Notaranwalt muss klarstellen, welche Art Anderkonto er eröffnen will. Das betrifft nur die Anderkontoeröffnung. Ob der Doppelberufler in seiner Beziehung zum Kunden als Anwalt oder als Notar tätig wird, ist eine andere, die Bank nicht unmittelbar berührende Frage, iZw als Rechtsanwalt, ausnahmsweise zwingend als Notar (§ 24 II BNotO), Bunte 4 SB Ander RA Rn 20 f. Auch spätere Umwandlung ist möglich (Nr 6 S 2).

Kontoführung

4. ¹**Der Kontoinhaber darf Werte, die seinen eigenen Zwecken dienen, nicht einem Anderkonto zuführen oder auf einem Anderkonto belassen.** ²**Diese Werte sind auf ein Eigenkonto zu übertragen.**

1) Nr 4–11 regeln die **Kontoführung. Grundregel** ist die **getrennte Kontoführung** von Eigen- und Fremdgeldern (Nr 4). Der Rechtsanwalt darf Eigengelder weder einem Anderkonto zuführen noch es auf diesem belassen (Nr 4 S 1), sondern muss sie auf ein Eigenkonto (s **(7)** Bankgeschäfte Rn A/37) übertragen (Nr 4 S 2).

5. Der Kontoinhaber sorgt dafür, daß auf einem Sammelanderkonto in der Regel Werte über 15 000 € für einen einzelnen Mandanten nicht länger als einen Monat verbleiben.

1) Sammelanderkonten sind **Durchlaufkonten** (Nr 2 Rn 2), Mandantenwerte sind kurzfristig (in Nr 5 näher definiert) auf eigene Anderkonten zu übertragen. Verstoß kann die Bank zur außerordentlichen Kündigung berechtigten, Goßmann WM **00**, 861, Bunte 4 SB Ander RA Rn 24.

6. ¹**Die Eigenschaft eines Kontos als Anderkonto kann nicht aufgehoben werden.** ²**Ist der Rechtsanwalt auch Notar (Anwaltsnotar, Notaranwalt) oder**

Hopt 2253

Patentanwalt, so kann er bestimmen, daß ein Anderkonto in Zukunft als Notar- oder als Patentanwalts-Anderkonto zu führen ist.

1 **1)** Die Eigenschaft eines Kontos als Anderkonto kann nicht aufgehoben werden (Nr 6 S 1), aber es kann bei Doppelberuflern in ein anderes Anderkonto seiner Wahl umgewandelt werden (Nr 6 S 2, vgl Nr 3). Nr 6 schließt Sicherung der Bank nach **(8)** AGB-Banken Nr 14 nicht aus, Düss MDR **66**, 761.

7. Eine Kontovollmacht darf der Kontoinhaber nur einem Rechtsanwalt, Notar, Notarassessor, Patentanwalt, Wirtschaftsprüfer, vereidigtem Buchprüfer, Steuerberater oder Steuerbevollmächtigtem erteilen.

1 **1)** Nach Nr 7 ist Kontovollmacht nur an einen der genannten Berufsträger zulässig. Nr 7 ist abschließend, also zB keine Vollmacht an Bürovorsteher, Bunte 4 SB Ander RA Rn 27. Für die Kontovollmacht gelten die allgemeinen Grundsätze.

8. [1]**Die Bank nimmt unbeschadet der Regelung in Nr. 2 Abs. 1 keine Kenntnis vom Rechtsverhältnis zwischen Kontoinhaber und seinem Mandanten.** [2]**Rechte des Mandanten auf Leistung aus einem Anderkonto oder auf Auskunft über ein Anderkonto bestehen der Bank gegenüber nicht; die Bank ist demgemäß nicht berechtigt, dem Mandanten Verfügungen über ein Anderkonto zu gestatten oder Auskunft über das Anderkonto zu erteilen, selbst wenn nachgewiesen wird, dass das Konto im Interesse des Mandanten errichtet worden ist.**

1 **1)** Nr 8 trägt dem Charakter des Anderkontos als offenem Vollrechtstreuhandkonto Rechnung (Einl 6 vor Nr 1). Das Treuhandverhältnis zwischen dem Rechtsanwalt und dem Treugeber/Mandanten geht sie nichts an. Die Bank nimmt demnach keine Kenntnis von dem Rechtsverhältnis zwischen Kontoinhaber und seinem Mandanten (Satz 1). Rechte des Mandanten bezüglich des Anderkontos gegenüber der Bank bestehen nicht und diese gestattet dem Mandanten keine Verfügungen über das Anderkonto und gibt auch keine Auskunft darüber (Satz 2). Nr 8 schließt Sicherung der Bank durch Pfandrecht nach **(8)** AGB-Banken Nr 14 nicht aus, Düss MDR **66**, 671.

9. Die Bank prüft die Rechtmäßigkeit der Verfügungen des Kontoinhabers in seinem Verhältnis zu Dritten nicht, auch wenn es sich um Überweisungen von einem Anderkonto auf ein Eigenkonto handelt.

1 **1)** Nr 9, wonach die Bank Verfügungen des Kontoinhabers nicht auf ihre Rechtmäßigkeit in seinem Verhältnis zu Dritten prüft, auch bei Überweisungen vom Anderkonto auf Eigenkonto, hat nur klarstellende Bedeutung (Folge der Vollrechtstreuhand). Die Konsequenz, dass die Bank dann für den einem Dritten aus einer unrechtmäßigen Verfügung des Kontoinhabers entstehenden Schaden nicht haftet, ist anders als nach Nr 7 S 2 aF nicht mehr ausdrücklich niedergelegt, aber ergibt sich auch so; beides ist wirksam unter **(5)** §§ 305 ff BGB. Schadensersatzansprüche des Treugebers gegen die Bank aus **§§ 823 ff, 826 BGB** werden durch Nr 9 ebenso wie durch Nr 7 S 2 aF (Vertrag Bank – Kunde) nicht berührt, so wenn die Bank sehenden Auges Missbräuche des Treuhänders zulässt (s zur Haftung der Bank bei Missbrauch der Vertretungsmacht **(7)** Bankgeschäfte Rn A/22). Solche Missbräuche können in Barabhebungen von dem Anderkonto, in Überweisungen auf ein Eigen- oder Fremdkonto und in Mißachtung von Verfügungsbeschränkungen bestehen, näher BuB/Gößmann Rn 2/305 ff. Abreden zwischen Treuhänder und Bank im Zusammenhang mit der Anderkontoeröff-

V. Bankgeschäfte 1 **12 AGB-Anderk (10a)**

nung können (aber nicht ohne Weiteres) Drittschutzwirkung zugunsten des Treugebers bzw Destinatärs haben, zB Rechtsanwaltstreuhandkonto zur Sicherung von Anlegergeldern, BGH WM **04**, 1287, Düss WM **86**, 637, Canaris 294, aA LG Bln WM **88**, 1309, BankrechtsHdb/Hadding/Häuser 5. Aufl 2017 § 38 Rn 6. Die Bank haftet, wenn sie wissentlich zulässt, dass der Nachlasspfleger Nachlasswerte auf sein Anderkonto überträgt und von diesem die Erben schädigende Verfügungen vornimmt, notwendig wäre Sperrvermerk, LG Kempten WM **91**, 69. Die Bank kann sich wie bei jeder Art von Treuhandkonto entgegen Nr 9 dem Treugeber oder sonst interessierten Dritten zur Überwachung der Verfügungen des Treuhänder-Kontoinhabers verpflichten und ist dann bei Verletzung dieser Pflicht für Schaden durch unrechtmäßige Verfügung nach § 280 I BGB haftbar, BGH BB **67**, 1453. Ebenso wie Nr 9 kann ein nicht den AGB-Anderkonten unterstelltes „gewöhnliches" Treuhandkonto (Einl vor Nr 1) zu beurteilen sein, BGH JZ **54**, 438.

10. Ansprüche gegen die Bank aus Anderkonten sind nicht abtretbar und nicht verpfändbar.

1) Vertragliches Abtretungsverbot (§ 399 Alt 2 BGB). Für Verpfändungen 1 (nicht abtretbarer Forderungen) folgt das bereits aus § 1274 II BGB. § 354a HGB ist nicht einschlägig (kein beiderseitiges HdlGeschäft, da Freiberufler, § 1 HGB Rn 19). Abtretung auch nicht an die Treugeber selbst, Bunte 4 SB Ander RA Rn 37, vgl BGH WM **90**, 940. Auch gewillkürte Prozessstandschaft ist grundsätzlich ausgeschlossen, anders ausnahmsweise, wenn nur noch endgültig abzuwickeln ist, zB Auskehrung des Treuguts (Erlös) an den Insolvenzverwalter nach Erlöschen des Treuhandvertrags, Kln WM **87**, 1279. Wegen § 851 II ZPO bleibt aber Pfändung möglich (Nr 11 Rn 1).

11. Im Falle der Pfändung wird die Bank den pfändenden Gläubiger im Rahmen der Drittschuldnererklärung auf die Eigenschaft als Anderkonto hinweisen.

1) Eine **Pfändung** in das Vermögen des Kontoinhabers, also des Treuhänders, 1 ist wegen § 850 II ZPO (s auch § 10 Rn 1) möglich, aber der Treugeber kann nach § 771 ZPO widersprechen (Einl 8 vor Nr 1). Um ihm dieses zu ermöglichen, verpflichtet Nr 11 die Bank, bei Pfändung (Forderungspfändung, § 829 ZPO) den pfändenden Gläubiger im Rahmen der Drittschuldnererklärung (§ 840 ZPO) auf die Eigenschaft des Kontos als Anderkonto hinzuweisen. Das liegt im Interesse aller Beteiligten, KG WM **13**, 1407, denn der Treugeber kann der Pfändung widersprechen (§ 771 ZPO, s Einl 8 vor Nr 1). Die Pfändung durch Gläubiger des Treugebers und zur Insolvenz des Treuhänders Einl 8 vor Nr 1.

12. Die Bank wird bei einem Anderkonto weder das Recht der Aufrechnung noch ein Pfand- oder Zurückbehaltungsrecht geltend machen, es sei denn wegen Forderungen, die in bezug auf das Anderkonto selbst entstanden sind.

1) Nr 12 enthält eine **Privilegierung** des Anderkontos dahingehend, dass die 1 Bank auf die **Aufrechnung** (§§ 387 ff BGB) verzichtet und **Pfand- und Zurückbehaltungsrechte** nicht geltend zu machen verspricht, außer wegen Forderungen (auch Nebenforderungen wie Zinsen, Provisionen, Auslagen ua) bezüglich des Anderkontos selbst. Das entspricht der Rechtslage allgemeiner bei offenen Treuhandkonten (s **(8)** AGB-Banken Nr 14 Rn 10).

Hopt 2255

Rechtsnachfolge

13. (1) Wird das Anderkonto als Einzelkonto für einen Rechtsanwalt geführt, so wird im Falle seines Todes die zuständige Rechtsanwaltskammer oder die von ihr bestimmte Person Kontoinhaber, bis die Landesjustizverwaltung einen Abwickler bestellt.

(2) [1] Absatz 1 gilt entsprechend, wenn der Kontoinhaber infolge Zurücknahme oder Erlöschens seiner Zulassung aus der Rechtsanwaltschaft ausscheidet oder gegen ihn ein Berufs- oder Vertretungsverbot verhängt ist. [2] Wird im Falle eines Berufs- oder Vertretungsverbots von der Landesjustizverwaltung ein Vertreter für den Kontoinhaber bestellt, so tritt dieser an die Stelle der in Absatz 1 genannten Personen. [3] Die Wirksamkeit von Rechtshandlungen des Rechtsanwalts wird durch ein Berufs- oder Vertretungsverbot nicht berührt (§ 155 Abs. 5 BRAO).

1 1) Nr 13 regelt die **Rechtsnachfolge** bei Tod des Rechtsanwalts (I) und **Verlust der Zulassung (II).** Die Forderungen aus dem Anderkonto gehen also nicht auf seine Erben über. Der in I und II bezeichnete neue Rechtsinhaber erwirbt im Wege des Vertrags zugunsten Dritter (§§ 328 I, 331 I BGB, so noch ausdrücklich Nr 13 I aF), Bunte 4 SB Ander RA Rn 43, aA nur nach Standesrecht, BankrechtsHdb/Hadding/Häuser 5. Aufl 2017 § 38 Rn 11. Bei ausnahmsweise debitorischem Anderkonto (Nr 1 Rn 1) haftet der Rechtsnachfolger nicht für das Debet, dieses ist vielmehr aus den Eingängen auszugleichen, Bunte 4 SB Ander RA Rn 44. Die Bank muss die Legitimation des neuen Kontoinhabers nach allgemeinen Grundsätzen prüfen.

b) Bedingungen für Anderkonten und Anderdepots von Notaren

Fassung 1.4.2000

Begriffsbestimmungen

1. [1] Für Notare werden Anderkonten und Anderdepots (beide im Folgenden „Anderkonten" genannt) als Sonderkonten für fremde Gelder und Wertpapiere, die ihnen als Notare anvertraut wurden, eingerichtet. [2] Der Bank gegenüber ist nur der Notar berechtigt und verpflichtet.

Kontoeröffnung

2. [1] Bei jeder Kontoeröffnung ist der Notar verpflichtet, den Namen und die Anschrift desjenigen mitzuteilen, für dessen Rechnung er handelt[1]. [2] Wird das Anderkonto vom Notar für einen anderen als den nach Satz 1 benannten wirtschaftlich Berechtigten wiederverwendet, ist der Notar verpflichtet, unverzüglich Name und Anschrift des neuen wirtschaftlich Berechtigten schriftlich mitzuteilen. [2] Auf Wunsch des Notars kann die Bank weitere Anderkonten auch ohne schriftlichen Kontoeröffnungsantrag einrichten.

3. Ist der Notar auch Rechtsanwalt (Anwaltsnotar), so führt die Bank das Anderkonto als Rechtsanwaltsanderkonto, sofern er nicht beantragt hat, das Anderkonto als Notaranderkonto zu führen.

Kontoführung

4. Der Notar darf Werte, die ihm nicht als Notar anvertraut wurden, nicht einem Anderkonto zuführen oder auf einem Anderkonto belassen.

---

[1] Im Konto-Dokumentationsbogen ist dies zu vermerken.

5. ¹Die Eigenschaft eines Kontos als Anderkonto kann nicht aufgehoben werden. ²Ist der Notar auch Rechtsanwalt (Anwaltsnotar), so kann er bestimmen, dass ein Anderkonto in Zukunft als Rechtsanwaltsanderkonto zu führen ist.

6. ¹Die Bank nimmt unbeschadet der Regelung in Nr. 2 Satz 1 und 2 keine Kenntnis davon, wer bei einem Anderkonto Rechte gegen den Notar geltend zu machen befugt ist. ²Rechte Dritter auf Leistung aus einem Anderkonto oder auf Auskunft über ein Anderkonto bestehen der Bank gegenüber nicht; die Bank ist demgemäß nicht berechtigt, einem Dritten Verfügungen über ein Anderkonto zu gestatten oder Auskunft über das Anderkonto zu erteilen, selbst wenn nachgewiesen wird, dass das Konto im Interesse des Dritten errichtet worden ist.

7. Die Bank prüft die Rechtmäßigkeit der Verfügungen des Notars in seinem Verhältnis zu Dritten nicht, auch wenn es sich um Überweisungen von einem Anderkonto auf ein Eigenkonto handelt.

8. Ansprüche gegen die Bank aus Anderkonten sind nicht abtretbar und nicht verpfändbar.

9. Im Falle der Pfändung wird die Bank den pfändenden Gläubiger im Rahmen der Drittschuldnererklärung auf die Eigenschaft als Anderkonto hinweisen.

10. Die Bank wird bei einem Anderkonto weder das Recht der Aufrechnung noch ein Pfand- oder Zurückbehaltungsrecht geltend machen, es sei denn wegen Forderungen, die in Bezug auf das Anderkonto selbst entstanden sind.

Verfügungsbefugnis und Rechtsnachfolge

11. ¹Über das Notaranderkonto darf nur der Notar persönlich, dessen amtlich bestellter Vertreter oder der Notariatsverwalter oder eine sonstige nach § 54b Absatz 3 Beurkundungsgesetz berechtigte Person verfügen. ²Wenn der Notar oder Notariatsverwalter aus rechtlichen Gründen (z. B. Erlöschen des Amtes, Verlegung des Amtssitzes, vorläufige Amtsenthebung) an der Amtsausübung gehindert ist, endet seine Verfügungsbefugnis. ³Nach einer vorläufigen Amtsenthebung steht die Verfügungsbefugnis dem von der Landesjustizverwaltung wegen der Amtsenthebung bestellten Vertreter oder Notariatsverwalter zu, vor dessen Bestellung der zuständigen Notarkammer. ⁴Bis zur Bestellung eines Vertreters oder Notariatsverwalters bleibt der Notar Kontoinhaber ohne Verfügungsbefugnis (§ 55 Abs. 2 Satz 3 Bundesnotarordnung). ⁵Mit der Bestellung wird der Notariatsverwalter Kontoinhaber (§ 58 Abs. 1 Bundesnotarordnung). ⁶In den übrigen Fällen wird die zuständige Notarkammer Kontoinhaber, bis die Landesjustizverwaltung einen Notariatsverwalter bestellt oder einem anderen Notar die Verfügungsbefugnis übertragen hat (§ 54b Abs. 3 Satz 2 Beurkundungsgesetz).

Einzelverwahrung von fremden Wertpapieren und Kostbarkeiten

12. Für die Einzelverwahrung von fremden Wertpapieren und Kostbarkeiten, die nicht unter Verwendung eines Anderkontos erfolgt, gelten auf Antrag des Notars die vorstehenden Bedingungen mit Ausnahme von Nr. 2 sinngemäß.

c) Bedingungen für Anderkonten und Anderdepots von Angehörigen der öffentlich bestellten wirtschaftsprüfenden und wirtschafts- und steuerberatenden Berufe

Fassung 1.4.2000

Begriffsbestimmungen

1. [1] Für Wirtschaftsprüfer, vereidigte Buchprüfer, Steuerberater und Steuerbevollmächtigte sowie Wirtschaftsprüfungsgesellschaften, Buchprüfungsgesellschaften und Steuerberatungsgesellschaften (im weiteren: „Kontoinhaber") werden Anderkonten und Anderdepots (beide im Folgenden „Anderkonten" genannt) eingerichtet. Diese dienen der Verwahrung von Vermögenswerten eines Mandanten, die dem Kontoinhaber anvertraut wurden. [2] Der Bank gegenüber ist nur der Kontoinhaber berechtigt und verpflichtet.

Kontoeröffnung

2. [1] Bei jeder Kontoeröffnung ist der Kontoinhaber verpflichtet, den Namen und die Anschrift desjenigen mitzuteilen, für dessen Rechnung er handelt (wirtschaftlich Berechtigter)[1]. [2] Wird das Anderkonto vom Kontoinhaber für einen anderen als den nach Satz 1 benannten wirtschaftlich Berechtigten wiederverwendet, ist der Kontoinhaber verpflichtet, unverzüglich Name und Anschrift des neuen wirtschaftlich Berechtigten schriftlich mitzuteilen. [3] Auf Wunsch des Kontoinhabers kann die Bank weitere Anderkonten auch ohne schriftlichen Kontoeröffnungsantrag einrichten.

Kontoführung

3. [1] Der Kontoinhaber darf Werte, die seinen eigenen Zwecken dienen, nicht einem Anderkonto zuführen oder auf einem Anderkonto belassen. Diese Werte sind auf ein Eigenkonto zu übertragen.

4. Die Eigenschaft eines Kontos als Anderkonto kann nicht aufgehoben werden.

5. Eine Kontovollmacht darf der Kontoinhaber nur einem Wirtschaftsprüfer, vereidigten Buchprüfer, Steuerberater, Steuerbevollmächtigten, Rechtsanwalt, Notar, Notarassessor oder Patentanwalt erteilen.

6. [1] Die Bank nimmt unbeschadet der Regelung in Nr. 2 keine Kenntnis vom Rechtsverhältnis zwischen Kontoinhaber und seinem Mandanten. [2] Rechte des Mandanten auf Leistung aus einem Anderkonto oder auf Auskunft über ein Anderkonto bestehen der Bank gegenüber nicht; die Bank ist demgemäß nicht berechtigt, dem Mandanten Verfügungen über ein Anderkonto zu gestatten oder Auskunft über das Anderkonto zu erteilen, selbst wenn nachgewiesen wird, dass das Konto im Interesse des Mandanten errichtet worden ist.

7. Die Bank prüft die Rechtmäßigkeit der Verfügungen des Kontoinhabers in seinem Verhältnis zu Dritten nicht, auch wenn es sich um Überweisungen von einem Anderkonto auf ein Eigenkonto handelt.

8. Ansprüche gegen die Bank aus Anderkonten sind nicht abtretbar und nicht verpfändbar.

9. Im Falle der Pfändung wird die Bank den pfändenden Gläubiger im Rahmen der Drittschuldnererklärung auf die Eigenschaft als Anderkonto hinweisen.

---

[1] Im Konto-Dokumentationsbogen ist dies zu vermerken.

10. Die Bank wird bei einem Anderkonto weder das Recht der Aufrechnung noch ein Pfand- oder Zurückbehaltungsrecht geltend machen, es sei denn wegen Forderungen, die in Bezug auf das Anderkonto selbst entstanden sind.

Rechtsnachfolge

11. (1) Wird das Anderkonto als Einzelkonto für einen Wirtschaftsprüfer, vereidigten Buchprüfer, Steuerberater oder Steuerbevollmächtigten geführt, so wird im Falle seines Todes die zuständige Berufskammer oder die von ihr bestimmte Person Kontoinhaber, bis die zuständige Berufskammer einen Abwickler bestellt.

(2) [1] Absatz 1 gilt entsprechend, wenn der Kontoinhaber infolge Zurücknahme oder Erlöschens seiner Zulassung aus dem Personenkreis der Wirtschaftsprüfer, vereidigten Buchprüfer, Steuerberater oder Steuerbevollmächtigten ausscheidet oder gegen ihn ein Berufs- oder Vertretungsverbot verhängt ist. [2] Wird im Falle eines Berufs- oder Vertretungsverbots von der zuständigen Berufskammer ein Vertreter für den Kontoinhaber bestellt, so tritt dieser an die Stelle der in Absatz 1 genannten Personen. [3] Die Wirksamkeit von Rechtshandlungen des Wirtschaftsprüfers, vereidigten Buchprüfers, Steuerberaters oder Steuerbevollmächtigten wird durch ein Berufs- oder Vertretungsverbot nicht berührt (§ 144 Abs. 4 Wirtschaftsprüferordnung; § 139 Abs. 5 StBerG).

d) Bedingungen für Anderkonten und Anderdepots von Patentanwälten und Gesellschaften von Patentanwälten

Fassung 1.4.2000 mit Änderungen Dezember 2001

Begriffsbestimmungen

1. (1) [1] Für Patentanwälte oder Gesellschaften von Patentanwälten[1] (im Weiteren: „Kontoinhaber") werden Anderkonten und Anderdepots (beide im Folgenden „Anderkonten" genannt) eingerichtet. [2] Diese dienen der Verwahrung von Vermögenswerten eines Mandanten, die dem Kontoinhaber anvertraut wurden. [3] Der Bank gegenüber ist nur der Kontoinhaber berechtigt und verpflichtet.

(2) Ein Sammelanderkonto dient der Verwahrung von Vermögenswerten verschiedener Mandanten.

Kontoeröffnung

2. (1) [1] Bei jeder Kontoeröffnung ist der Kontoinhaber verpflichtet, den Namen und die Anschrift desjenigen mitzuteilen, für dessen Rechnung er handelt (wirtschaftlich Berechtigter)[2]. [2] Wird das Anderkonto vom Kontoinhaber für einen anderen als den nach Satz 1 benannten wirtschaftlich Berechtigten wiederverwendet, ist der Kontoinhaber verpflichtet, unverzüglich Name und Anschrift des neuen wirtschaftlich Berechtigten schriftlich mitzuteilen.

(2) [1] Beantragt der Kontoinhaber die Eröffnung eines Sammelanderkontos, so ist dieses als „Sammelanderkonto" kenntlich zu machen[3].

---

[1] Gesellschaften von Rechtsanwälten sind Zusammenschlüsse von Patentanwälten in der Rechtsform der Gesellschaft bürgerlichen Rechts, der Partnerschaftsgesellschaft und der Patentanwalts-GmbH.
[2] Im Konto-Dokumentationsbogen ist dies zu vermerken.
[3] Im Konto-Dokumentationsbogen ist dies zu vermerken.

(10d) AGB-Anderk

²Nr. 2 Abs. 1 Satz 1 gilt nicht für Sammelanderkonten, jedoch ist der Kontoinhaber auf Verlangen verpflichtet, Namen und Anschrift des oder der wirtschaftlich Berechtigten schriftlich mitzuteilen.

(3) Auf Wunsch des Kontoinhabers kann die Bank weitere Anderkonten auch ohne schriftlichen Kontoeröffnungsantrag einrichten.

3. Ist der Patentanwalt auch Rechtsanwalt so führt die Bank seine Anderkonten als Rechtsanwalts-Anderkonten, sofern er nicht beantragt hat, ein Anderkonto als Patentanwalts-Anderkonto zu führen.

Kontoführung

4. ¹Der Kontoinhaber darf Werte, die seinen eigenen Zwecken dienen, nicht einem Anderkonto zuführen oder auf einem Anderkonto belassen. ²Diese Werte sind auf ein Eigenkonto zu übertragen.

5. Der Kontoinhaber sorgt dafür, dass auf einem Sammelanderkonto in der Regel Werte über 15 000 € für einen einzelnen Mandanten nicht länger als einen Monat verbleiben.

6. ¹Die Eigenschaft eines Kontos als Anderkonto kann nicht aufgehoben werden. ²Ist der Patentanwalt auch Rechtsanwalt, so kann er bestimmen, daß ein Anderkonto in Zukunft als Rechtsanwalts-Anderkonto zu führen ist.

7. Eine Kontovollmacht darf der Kontoinhaber nur einem Patentanwalt, Rechtsanwalt, Notar, Notarassessor, Wirtschaftsprüfer, vereidigten Buchprüfer, Steuerberater oder Steuerbevollmächtigten erteilen.

8. ¹Die Bank nimmt unbeschadet der Regelung in Nr. 2 Satz 1 keine Kenntnis vom Rechtsverhältnis zwischen Kontoinhaber und seinem Mandanten. ²Rechte des Mandanten auf Leistung aus einem Anderkonto oder auf Auskunft über ein Anderkonto bestehen der Bank gegenüber nicht; die Bank ist demgemäß nicht berechtigt, dem Mandanten Verfügungen über ein Anderkonto zu gestatten oder Auskunft über das Anderkonto zu erteilen, selbst wenn nachgewiesen wird, dass das Konto im Interesse des Mandanten errichtet worden ist.

9. Die Bank prüft die Rechtmäßigkeit der Verfügungen des Kontoinhabers in seinem Verhältnis zu Dritten nicht, auch wenn es sich um Überweisungen von einem Anderkonto auf ein Eigenkonto handelt.

10. Ansprüche gegen die Bank aus Anderkonten sind nicht abtretbar und nicht verpfändbar.

11. Im Falle der Pfändung wird die Bank den pfändenden Gläubiger im Rahmen der Drittschuldnererklärung auf die Eigenschaft als Anderkonto hinweisen.

12. Die Bank wird bei einem Anderkonto weder das Recht der Aufrechnung noch ein Pfand- oder Zurückbehaltungsrecht geltend machen, es sei denn wegen Forderungen, die in bezug auf das Anderkonto selbst entstanden sind.

Rechtsnachfolge

13. (1) Wird das Anderkonto als Einzelkonto für einen Patentanwalt geführt, so wird im Falle seines Todes das Patentamt oder die von ihr bestimmte Person Kontoinhaber, bis der Präsident des Patentamts einen Abwickler bestellt.

(2) ¹Absatz 1 gilt entsprechend, wenn der Kontoinhaber infolge Zurücknahme oder Erlöschens seiner Zulassung aus der Patentanwaltschaft ausscheidet oder gegen ihn ein Berufs- oder Vertretungsverbot verhängt ist. ²Wird im Falle eines Berufs- oder Vertretungsverbots vom Präsiden-

ten des Patentamtes ein Vertreter für den Kontoinhaber bestellt, so tritt dieser an die Stelle der in Absatz 1 genannten Personen. ³ Die Wirksamkeit von Rechtshandlungen des Patentanwalts wird durch ein Berufs- oder Vertretungsverbot nicht berührt (§ 137 Abs. 5 Patentanwaltsordnung).

(11) Einheitliche Richtlinien und Gebräuche für Dokumenten-Akkreditive (ERA)

Revision 2007 (ERA 600)

Anhang zu den ERA 600 für die Vorlage elektronischer Dokumente (el.ERA)

Version 1.1 vom 1. Juli 2007 (el.ERA)
Text der ERA und (Original englisch) el.ERA © Internationale Handelskammer

Einleitung

Schrifttum

S allgemein zum (Dokumenten)Akkreditivgeschäft (7) Bankgeschäfte vor Rn K/1, hier nur speziell zu ERA.

a) Kommentare und Handbücher: *ICC,* Commentary on UCP 600, 2007 (ICC-Publikation No 680, nur engl, by UCC Drafting Group, zit Drafting Group). – *ICC,* Users' Handbook for Documentary Credits under UCP 600, 2008 (IntHK-Publikation No 694). – BankrechtsHdb/*Jäger/Haas* 5. Aufl 2017 § 120 (Akkreditivgeschäft). – BankrechtsKomm/*L/B/S/Segna* 2. Aufl 2016 10. Kap, – BuB/*Nielsen* 5/250 (LBl). – *Canaris,* Bankvertragsrecht, 3. Aufl 1988, Rn 925 ff. – *Graffe/Weichbrodt/Xueref* ICC 1993. – *MüKo(HGB)/Nielsen* 3. Aufl Bd 6 2014 Bankvertragsrecht (Zahlungsverkehr H). – *Nielsen,* Richtlinien für Dokumentenakkreditive, 3. Aufl 2008 (zit). – *Schütze/Vorpeil,* Dokumentenakkreditiv im internationalen Handelsverkehr, 7. Aufl 2016 (zit). – *Stapel* 1998. – *Staub/Grundmann* Bd 10/2 2015 3. Teil Zahlungsgeschäft ERA 3/551 ff.

b) Sonstige Beiträge: *ICC,* International Standard Banking Practice for the Examination of Documents under Documentary Credits 2003 (IntHK-Publikation Nr 681). – *ICC,* International Standard Banking Practice – 2007 Revision for UCP 600, 2007 (IntHK-Publikation Nr 681). – *ICC,* International Standard Banking Practice (ISBP) 2013 Edition (IntHK-Publikation Nr 745). – *ICC,* International Standard Banking Practice for the Examination of Documents under ERA 600 (ISBP, IntHK-Publikation Nr 745E/D), 2016, deutsche Fassung auch in Schütze/Vorpeil (oben a) Anh II; *ICC,* ICC Banking Commission Opinions, 1980 ff, zuletzt 2012–2016 (IntHK-Publikation Nr 785, Sprache engl), inzwischen weit über 500 (Stand 2006), dazu *Vorpeil* WM **13**, 340. – *ICC,* Case Studies on Documentary Credits, vols 1, 2 (IntHK-Publikation Nr 459, 489, Sprache engl). – *ICC,* Collected DOCDEX Decisions 1997–2003, 2004 und 2004–2008, 2008, 2009–2012, 2012 (IntHK-Publikation Nr 665, 696, 739, 853). – *ICC,* Unpublished Opinions 1995–2004 on UCP 500, e-UCP et al, 2005 (IntHK-Publikation Nr 660). – Laufend: Annual Survey of Letter of Credit Law & Practice (seit 1992, vol 2006 in honor of *Kozolchyk,* zuletzt 2008 IntHK-Publikation No 967); Documentary Credits INSight (DCInsight, kostenpflichtiger Newsletter). – *ICC,* Documentary Credit Law throughout the world, Annotated legislation for more than 35 countries, 2002. – *ICC, Katz,* Insights into UCP 600 (Aufsatzsammlung) und *Taylor,* The Complete UCP (Materialien), beide 2008. – *Ellinger/Neo* Oxford 2009. – *Hare* London 2d ed 2009. – *Kurkela* London 2007. – *Schönle,* Die Rechtsnatur der ERA, NJW **68**, 726. –

(11) ERA Einl 1 2. Teil. Handelsrechtl. Nebengesetze

Graf v Westphalen, ERA und ERI im Lichte des AGBG, WM **80**, 178. – *Grundmann* Jb Junger Zivilrechtswissenschaftler **91**, 43 (lex mercatoria und ERA). – *Graf v Westphalen* RIW **94**, 453 (AGB und ERA 1993). – *Holzwarth* FS Nielsen **96**, 49 (Regeln der ICC über Akkreditivstreitfall-Gutachten). – *Obermüller* FS Nielsen **96**, 99 (Insolvenz). – *Wälzholz* WM **94**, 1457 (AGB). – *Berger* FS Schütze **99**, 103 (Rspr zur Auslegung von Dokumentenakkreditiven). – *Haas* ZBB **99**, 301 (International Standby Practices ISP 1998). – *Vorpeil* RIW **03**, 370 (DOCDEX). – Zur **Revision 1983** *Eberth* WM Sonderbeil 4/**84**; *Nielsen* ZIP **84**, 230. – Zur **Revision 1993:** *Nielsen* WM Sonderbeil 3/**93**, 30; WM Sonderbeil 2/**94**, WM **99**, 2005, 2049. – Zur **Revision 2007:** Stellungnahmen aus ICC DCINsight, *ua Malmqvist, Taneja;* *Vorpeil* RIW 12/**06** 1 S; *Holzwarth* IHR **07**, 136, *Banks Sutton* DAJV Newsletter **12**, 62. – **Muster:** Hopt/Joos 4. Aufl 2013 Form IV. K.1–15 (Akkreditivgeschäft).

1) ERA 2007 (ERA 600) mit Anhang (el.ERA) und dazu gehörende Unterlagen

1   Die **Einheitlichen Richtlinien und Gebräuche für Dokumenten-Akkreditive (ERA)** wurden auf Grund einer Vereinbarung der Bankvereinigungen von der IntHK 1933 veröffentlicht und später mehrfach revidiert: 1951, 1962, 1974, 1983 (ERA 400), 1993 (ERA 500) und 2007 die **ERA 600/UCP 600** (Uniform Customs and Practices for Documentary Credits). Die ERA 600 wurden am 25.10.2006 nach langen Vorarbeiten (seit Mai 2003, mehr als 5000 eingegangene Kommentare, 15 Entwurfsfassungen) seitens der ERA-Drafting Group (Vorsitz Collyer) und der ERA-Consulting Group aus mehr als 40 Mitgliedern von 26 Ländern (Vorsitz Turnbull und Di Ninni) und der ICC-Kommission für Banktechnik und -praxis (Bankenkommission) beschlossen und nach längerer Verzögerung im Frühjahr 2007 zur Geltung ab **1.7.2007** veröffentlicht (ICC-Publikation Nr 600, Sprache engl/deutsch). Dokumentenakkreditive, die nicht den ERA in einer der verschiedenen Versionen unterliegen, spielen in der Praxis keine Rolle, Schütze/Vorpeil Rn 49.

Der **Anhang zu den ERA 600 für die Vorlage elektronischer Dokumente (el.ERA, eUCP)**, Version 1.1, IntHK-Publikation Nr 600, Original engl: eUCP, offizielle deutsche Übersetzung (aber englische Fassung hat Vorrang), ist keine Revision der ERA, sondern Anhang dazu, der die Vorlage elektronischer Dokumente allein oder in Kombination mit Papierdokumenten ermöglichen soll. Die el.ERA ergänzen die ERA 600 (kaum Abweichungen zur Fassung 1.0 zu ERA 500) und verweisen auf sie. Die 12 Art der el.ERA sind im Anhang zur ERA abgedruckt, offizielle Bezeichnung: Art e 1–e 12, zu beachten sind die Definitionen in Art e 3. Zur Nutzung von **SWIFT** s ICC SWIFT UCP 600 Guidelines, Schütze/Vorpeil Rn 142, 223, 353. In Kooperation mit dem Finanzdienstleister SWIFT hat die ICC 2013 als neue Zahlungsverkehrsbedingung im Außenhandel die **Uniform Rules for Bank Payment Obligation (BPO)** entwickelt (IntHK-Publikation Nr 750, Sprache engl), dazu ICC Guide (IntHK-Publikation Nr 751, Sprache engl).

Einführend IntHK/del Busto, Leitfaden für Dokumenten-Akkreditiv-Geschäfte 1994 (IntHK-Publikation Nr 515, Sprache engl), Kurzkommentar Graffe/Weichbrodt/Xueref (IntHK-Publikation Nr 500/1), ERA-Revision 1983/1993, Vergleich und Erläuterung (IntHK-Publikation Nr 511, Sprache engl), praktische Ergänzung zu ERA 600: **International Standard Banking Practice** for the Examination of Documents under ERA 600 (ISBP, IntHK-Publikation Nr 745, Sprache engl). Speziell zu el.ERA ICC Guide to the eUCP 2002 (IntHK-Publikation Nr 639). Dazu **Standardformulare für Dokumentenakkreditive** 1951, 1993 (IntHK-Publikation Nr 516, Sprache engl). Liste der Länder, in denen die ERA mit den Standardformularen angewandt werden, BuB/Nielsen 5/ 255. Für Meinungsverschiedenheiten im Zusammenhang mit Dokumentenakkreditiven, Rembourisierungen, auf Anfordern zahlbare Garantien und grenzüberschreitende Inkassi stehen die ICC **DOCDEX** Rules (Rules for Documentary Instruments Dispute Resolution Expertise, überarbeitet 1.1.15, kostenlos abrufbar bei ICC) für ein formalisiertes, kurzfristiges Verfahren (30 bis 60 Tage) zur Verfügung, das Verfahren führt aber nicht zu einem vollstreckbaren Titel, sondern nur zu einer Expertenentscheidung; Coll DOCDEX Decisions 2009–2012, 2012 ed, IntHK-Publikation Nr 739 E, Schütze/Vorpeil Rn 785 ff, Vorpeil RIW **03**, 370, WM **13**, 1532.

Seit 1996 IntHK **Einheitliche Richtlinien für Rembourse** zwischen Banken unter Dokumenten-Akkreditiven (ERR 725/URR 725, s Art 13 Rn 2). Zum **Standby Letter of Credit** (s Art 1 Rn 2, **(7)** Bankgeschäfte Rn K/1a), ICC, International Standby Practices (ISP 98), 1998 mit Official Commentary (IntHK-Publikationen Nr 590, 947) und ISP 98 & UCP 500 Compared, 2000 (IntHK-Publikation No 950), dazu Schütze/Vorpeil Rn 121 ff (Letter of Credit L/C), 73 ff (Standby Letter of Credit); Praxishinweise auf Fallstricke der ISP 98 im Vergleich zu ERA bei Nielsen WM **99**, 2005, 2049; Haas ZBB **99**, 301.

2) Synopse ERA 500 mit ERA 600

Die ERA 600 haben nur noch 39 Art im Vergleich zu 49 Art der ERA 500, die eUCP haben wie bisher 12 Artikel. Der Anhang el.ERA Version 1.0 (hinter **(11)** ERA) ist artikelmäßig gleich geblieben wie Supplement eUCP Version 1.1. Die Zwischenüberschriften in ERA 500 sind weggefallen.

ERA 600	Inhalt	ERA 500
Art 1	Anwendbarkeit der ERA	Art 1
Art 2	Definitionen	neu
Art 3	Auslegungen	neu
Art 4	Akkreditive im Verhältnis zu Verträgen	Art 3
Art 5	Dokumente im Verhältnis zu Waren, Dienstleistungen oder Leistungen	Art 4
Art 6	Benutzbarkeit, Verfalldatum und Ort für die Dokumentenvorlage	zT Art 42
Art 7	Verpflichtung der eröffnenden Bank	Art 9
Art 8	Verpflichtung der bestätigenden Bank	Art 9
Art 9	Avisierung von Akkreditiven und Änderungen	Art 7
Art 10	Änderungen	neu
Art 11	Akkreditive und Änderungen per Telekommunikation und Voravis	Art 11
Art 12	Nominierung	neu
Art 13	Bank-zu-Bank Remboursvereinbarungen	Art 19
Art 14	Grundsatz der Dokumentenprüfung	Art 13
Art 15	Konforme Dokumentenvorlage	neu
Art 16	Unstimmige Dokumente, Verzicht auf Geltendmachung der Unstimmigkeiten und Benachrichtigung	neu
Art 17	Originale und Kopien von Dokumenten	neu
Art 18	Handelsrechnung	Art 37
Art 19	Transportdokument über mindestens zwei verschiedene Beförderungsarten	Art 26
Art 20	Konnossement	Art 23
Art 21	Nichtbegebbarer Seefrachtbrief	Art 24
Art 22	Charterpartie-Konnossement	Art 25
Art 23	Lufttransportdokument	Art 27
Art 24	Dokumente des Straßen-, Eisenbahn- oder Binnenschiffstransports	Art 28
Art 25	Kurierempfangsbestätigung, Posteinlieferungs-/Postempfangsschein und Postversandnachweis	Art 29
Art 26	„An Deck", „Shipper's Load and Count", „Said by Shipper to Contain" und zusätzliche Kosten zur Fracht	Art 31
Art 27	Reine Transportdokumente	Art 32
Art 28	Versicherungsdokument und -deckung	Art 34
Art 29	Verlängerung des Verfalldatums oder des letzten Tags der Dokumentenvorlage	neu

(11) ERA Einl 3 2. Teil. Handelsrechtl. Nebengesetze

Art 30	Toleranz bzgl. Akkreditivbetrag, Menge und Preis pro Einheit	Art 39
Art 31	Teilinanspruchnahmen oder Teilverladungen	Art 40
Art 32	Inanspruchnahme oder Verladung in Raten	Art 41
Art 33	Vorlegungszeiten	Art 45
Art 34	Haftungsausschluss für Wirksamkeit von Dokumenten	Art 15
Art 35	Haftungsausschluss für Nachrichtenübermittlung und Übersetzung	zT Art 16
Art 36	Höhere Gewalt	Art 17
Art 37	Haftungsausschluss für Handlungen einer beauftragten Partei	Art 18
Art 38	Übertragbare Akkreditive	Art 48
Art 39	Abtretung von Akkreditiverlösen	Art 49

eUCP Supplement for Electronic Presentation Version 1.1	Anhang el.ERA Version 1.1
Art 1–12	Art 1–12.

3) Die Änderungen der ERA 600 gegenüber ERA 500

3 Die Neufassung ERA 600 (im Folgenden: **nF**) trägt den Entwicklungen im Bank-, Transport- und Versicherungswesen seit den ERA 500 von 1993 (im Folgenden: **aF**) Rechnung. Sprache und Ausdrucksweise sind im Interesse einheitlicher Anwendung überarbeitet. Nach Angaben der ICC sind circa 70% der unter Akkreditiven vorgelegten Dokumente bei der ersten Dokumentenvorlage zurückgewiesen worden, für Mängelrügen wurde eine Abweichungsgebühr eingeführt und es kam zu einer erheblichen Zahl von Rechtsstreitigkeiten insbesondere zu den Documentary Instruments Dispute Resolution Expertise Rules (DOCDEX, seit 1997, revidiert 2002, s Rn 1). Die Aufnahme von **13 Definitionen** (**Art 2**, Akkreditiv iSv ERA nur noch „unwiderruflich"; neu zB „Honorieren"; „Negoziierung" präzisiert als „Ankauf" unter Vorleistung) und **12 Auslegungsregeln (Art 3)** sorgen für **Vereinheitlichung** und trugen zur **Straffung** von 49 auf 39 Artikel bei. Inhaltlich sind die **wichtigsten Änderungen solche der Struktur und der Sprache** der ERA, die präziser geworden sind (ua Beseitigung der in ERA 500 laufend wiederholten selbstverständlichen Formel „soweit im Akkreditiv nicht anders geregelt", vgl Art 1 über Anwendbarkeit der ERA 600) und auf generalklauselartige, streitanfällige Begriffe wie „angemessene Sorgfalt" (Art 7a Satz 1, 13a I 1 ERA 500) oder „angemessene Zeit" (Art 13b, 14 d.i ERA 500) verzichten. Dagegen sind **sonst** (also hinsichtlich der tatsächlichen Regeln) **ziemlich wenige Änderungen** vorgenommen worden. Das gilt besonders für die tägliche Arbeit, denn die meisten dieser Änderungen beruhen auf den offiziellen ICC Banking Commission Opinions (schon bis 2006 weit über 500, Sammlung oben Schrifttum b), die die Basis der International Standard Banking Practice (ISBP, s Rn 3c aE) bilden. **Art 6** stellt klar, dass ein Akkreditiv bei einer bestimmten Bank, bei jeder Bank in einem bestimmten geographischen Gebiet oder schlechthin bei jeder Bank benutzbar gestellt werden kann. **Art 6c** präzisiert: Ein Akkreditiv **„darf nicht"** durch eine Tratte gezogen auf den Auftraggeber benutzbar gestellt sein (Art 9 b. iv. Satz 2 ERA 500: „soll nicht"). **Art 7a. iii.** und **8 a. i. c)** stellen für ein **Akkreditiv mit hinausgeschobener Zahlung** (Nachsichtzahlung, s **(7)** Bankgeschäfte Rn K/3) klar, dass die eröffnende und die bestätigende Bank bei Nichtzahlung der benannten Bank das Akkreditiv honorieren müssen. Die **eröffnende Bank muss** die benannte Bank (erst) bei Fälligkeit **remboursieren, unabhängig davon, ob die benannte Bank** vor Fälligkeit gezahlt oder angekauft hat (Art 7c Satz 2, 8c Satz 2, anders zuvor Rspr im Anschluss an Banco Santander/Banque Paribas-Fall). Im Zusammenhang damit steht Art 12b, wonach die eröffnende Bank die benannte Bank ermächtigt, ihr Akzept oder ihre eingegangene Verpflichtung zur hinausgescho-

V. Bankgeschäfte 4, 5 **Einl ERA (11)**

benen Zahlung im Voraus zu zahlen oder anzukaufen. Das ist wichtig für die Finanzierung von Nach-Sicht-Akkreditiven. Art 14 beschreibt (viel ausführlicher als Art 13 ERA 500), was die Bank bei der Dokumentenprüfung zu beachten hat. Praktisch besonders wichtig ist die Änderung in Art 14 und 16, die den Zeitrahmen für die Dokumentenprüfung präzisiert (bisher, zu sehr auslegungsfähig, „eine angemessene, sieben Bankarbeitstage nach dem Tag des Dokumentenerhalts nicht überschreitende Zeit", Art 13b, 14 d.i ERA 500), nunmehr „maximal fünf Bankarbeitstage nach dem Tag der Dokumentenvorlage" (Art 14b) bzw „nicht später als am Ende des fünften Bankarbeitstags nach dem Tag der Dokumentenvorlage" (Art 16d). Nach Art 14d müssen Angaben in einem Dokument nicht identisch sein mit Angaben in diesem Dokument, irgendeinem anderen vorgeschriebenen Dokument oder dem Akkreditiv, dürfen damit aber auch nicht im Widerspruch stehen. Nach Art 14g wird ein vorgelegtes Dokument, das in dem Akkreditiv nicht verlangt wird, nicht beachtet und kann dem Einreicher zurückgegeben werden. Art 14j erlaubt gewisse Abweichungen zu den im Akkreditiv und in einem anderen vorgeschriebenen Dokument angegebenen Adressen. Art 16 erweitert die Möglichkeiten der Bank im Falle unstimmiger Dokumente im Hinblick auf einen Verzicht des Auftraggebers. Art 17 betrifft Originale und Kopien von Dokumenten und klärt, wann was vorzulegen ist. Es ist mindestens ein Original von jedem im Akkreditiv vorgeschriebenen Dokument vorzulegen (Art 17a). Nach Art 22 muss beim Charterpartie-Konnossement nicht mehr der Name des Kapitäns genannt werden. Eine Änderung in Art 23 gilt, wenn das Lufttransportdokument einen speziellen, das tatsächliche Verladedatum ausweisenden Vermerk enthält. Art 28 erlaubt auch Ausstellung bzw Anschein derselben durch einen Bevollmächtigten. Kleinere Änderungen betreffen den Inhalt des Versicherungsdokuments (Art 28 f.ii und f.iii). Art 31b enthält eine Änderung zur Teilverladung. Art 35 II stellt Folgendes klar: Wenn eine benannte Bank entscheidet, dass eine Dokumentenvorlage konform ist und die Dokumente an die eröffnende oder bestätigende Bank versendet, müssen diese das Akkreditiv honorieren, auch wenn die Dokumente inzwischen verloren gegangen sind. Art 38e, i und k enthalten verschiedene Änderungen zu übertragbaren Akkreditiven. Wichtig ist insbesondere Art 38k, wonach die Dokumentenvorlage durch oder für den Zweitbegünstigten an die übertragende Bank erfolgen muss. Ersatzlos weggefallen sind ua die Bestimmungen in ERA 500 über das widerrufliche Akkreditiv (Art 6 a.i, 8), die Vorbehaltszahlung (Art 14f, weil das nicht die Verpflichtungen der eröffnenden oder bestätigenden Bank berührt, Art 14f S 2), die Erwähnung von Spediteur-Transportdokumenten (Art 30). Widerrufliche Akkreditive außerhalb der ERA 600 bleiben selbstverständlich möglich (s (8) Bankgeschäfte Rn K/12).

4) Geltung als AGB und in weiten Teilen als Handelsbrauch

Die **Einbeziehung** der ERA und der el.ERA in den Vertrag ist notwendig, sie 4 ist in **(11)** ERA Art 1 und **(11)** el.ERA Art e 1, e 2 geregelt (s Anhang zu ERA). Dazu ist aber die Rechtsnatur der ERA als AGB zu berücksichtigen (s Rn 5, 6).

Die ERA sind zwar schon angesichts der zahlreichen Revisionen in ihrer 5 Gesamtheit weder Gewohnheitsrecht noch Handelsbrauch, Canaris 926, Graf v Westphalen RIW **94**, 454, Drettmann FS Graf v Westphalen **10**, 76, üL, str, offen BGH WM **84**, 1443, ohne Stellungnahme BGH **108**, 351 = NJW **90**, 255, aA Ffm WM **97**, 610 (Gewohnheitsrecht), Schütze DB **87**, 2190, Wälzholz WM **94**, 1457, Nielsen WM **99**, 2011u TranspR **08**, 271 (AGB), BuB/Nielsen 5/256, Schütze 19 (sui generis), zweifelnd auch Staub/Grundmann 3/562. Vieles in ihnen Aufgezeichnete, vor allem die **Grundsätze der Unabhängigkeit des Akkreditivs vom Grundgeschäft und der Dokumentenstrenge** (s (7) Bankgeschäfte Rn K/1), dürfte aber in weiten Bereichen **Handelsbrauch** iSv § 346 HGB sein (schon vor oder infolge der Aufzeichnung) und ohne Unterwerfung

Hopt 2265

(11) ERA Einl 6–10   2. Teil. Handelsrechtl. Nebengesetze

gelten (Einl 18 vor § 1 HGB); dazu (zu weitgehend) BGH WM **58**, 459, ZIP **98**, 1102, LG Ffm WM **96**, 153, Staub/Grundmann 3/572 (Abstraktionsgrundsatz), Schütze/Vorpeil Rn 33 ff, Schönle NJW **68**, 726, Holzwarth IHR **07**, 149. Soweit die ERA HdlBrauch sind, unterliegen sie nicht der Inhaltskontrolle nach **(5)** § 307 BGB (§ 346 HGB Rn 10), aber uU Verstoß gegen § 242 BGB (§ 346 HGB Rn 10).

6   **In ihrer Gesamtheit** sind die ERA jedoch **AGB,** BGH WM **60**, 40, Mü WM **96**, 2336, Eberth FS Neumayer **85**, 200, Canaris 927, Wo/Li/Pf/H. Schmidt Akkreditivbedingungen A 123, MüKo/Nielsen H 40 (aber unbefriedigend, da keine einseitige Gestaltungsmacht), str (s Rn 5), nicht angesprochen in BGH ZIP **89**, 1452. Dass sie von der ICC stammen, ändert nichts daran, dass die eine Partei sie der anderen zur **Einbeziehung** in den Vertrag stellt, aA Schütze/Vorpeil Rn 25, aber AGB-rechtlich nicht haltbar. Sie gelten also nur kraft vertraglicher Unterwerfung der Kunden; bei Kflten idR konkludent (denn **(5)** § 305 II, III BGB gilt nach § 310 I 1 BGB gegenüber Unternehmern nicht), Mü WM **96**, 2336 (Art 1 Rn 1), nach MüKo/Nielsen H 43 unter Kflten als Hldbrauch (aber s Rn 5). Für Bankkunden s **(8)** AGB-Banken Nr 1 Rn 6. Bei Akkreditiveröffnung durch SWIFT gelten ERA ohne Weiteres als vereinbart, s Art 1 Rn 1.

7   Soweit die ERA nur AGB sind, ist die **Inhaltskontrolle** nach **(5)** § 307 BGB grundsätzlich möglich, Wo/Li/Pf/H. Schmidt Akkreditivbedingungen A 125, Graf von Westphalen WM **80**, 178, str, einschließlich des Verbots der geltungserhaltenden Reduktion, s **(5)** § 306 II BGB, aA Canaris 929 (§ 319 I BGB analog), Staub/Grundmann 3/563 (nur § 138 BGB und ordre public, zu diesem **(7)** Bankgeschäfte Rn K/20), Schütze/Vorpeil Rn 37 (nur §§ 242, 138 BGB); sie ist aber ohne wesentliche praktische Bedeutung (s zu Art 9, 13, 15, 17, 18, 20 ua ERA 500, 33 in der 33. Aufl und zu Art 10, 14, 34–37 ua ERA 600 unten), ebenso Staub/Grundmann 3/563, der auch auf die ICC-Schiedsgerichtsbarkeit hinweist (Einl 97 vor § 1 HGB).

8   Die ERA sind nach dem von ihnen verfolgten Zweck aus sich selbst heraus ohne Rückgriff auf nationale Gesetze auszulegen; der Zweck der ERA und der Parteiwille legen eine möglichst international einheitliche **Auslegung** nahe (§§ 133, 157 BGB), Schütze/Vorpeil Rn 38 ff, Steindorff FS von Caemmerer **78**, 765, MüKo/Nielsen H 42, aA Canaris 930, vermittelnd Wo/Li/Pf/H. Schmidt Akkreditivbedingungen Rn A 125. Das bedeutet Lückenfüllung aus den ERA selbst; nur ergänzend gilt das nationale Rechtsordnung, str. Dem entspricht die Auslegungspraxis der IntHK-Bankenkommission, s Rn 1. Kollisionsrecht s Schütze WM **82**, 226, von Bar ZHR 152 **(88)** 38. AGB im internationalen Geschäftsverkehr s Ul/Br/He/H. Schmidt Anh zu § 305 BGB, Wo/Li/Pf/Hau IntGV.

5) Erläuterungen

9   Die folgenden Erläuterungen zu den ERA 600 berücksichtigen die offiziöse Kommentierung der Drafting Group: ICC, Commentary on UCP 600, Article-by-Article Analysis by the UCP 600 Drafting Group, Chair Collyer, ICC-Publication No 680 aus 2007, zit: Drafting Group. Diese Kommentierung zeigt, was die Drafting Group sich zur Neufassung überlegt hat und ist die wichtigste Auslegungsquelle, sie ist aber nicht vorher mit der ICC Banking Comission abgestimmt. Das deutsche Standardwerk ist Schütze/Vorpeil, Das Dokumentenakkreditiv im Internationalen Handelsverkehr, 7. Aufl 20126 (zit Schütze/Vorpeil Rn), mit technischen Details Kommentar Nielsen 3. Aufl 2008 (zit Nielsen Rn). Die Erläuterungen zu den ERA 500 sind nur im Zusammenhang mit der Kommentierung allgemein zum Akkreditivgeschäft verständlich, s **(7)** Bankgeschäfte Rn K/1. ICC-Dokumente und andere Lit zu ERA oben vor Rn 1.

10   Die **Überschriften** zu den einzelnen Artikeln sind anders als zuvor in der Revision 1993 offiziell.

V. Bankgeschäfte   **1 ERA (11)**

Übersicht ERA 600

Anwendbarkeit der ERA 1	1
Definitionen	2
Auslegungen	3
Akkreditive im Verhältnis zu Verträgen	4
Dokumente im Verhältnis zu Waren, Dienstleistungen oder Leistungen	5
Benutzbarkeit, Verfalldatum und Ort für die Dokumentenvorlage	6
Verpflichtung der eröffnenden Bank	7
Verpflichtung der bestätigenden Bank	8
Avisierung von Akkreditiven und Änderungen	9
Änderungen	10
Akkreditive und Änderungen per Telekommunikation und Voravis	11
Nominierung	12
Bank-zu-Bank Remboursvereinbarungen	13
Grundsatz der Dokumentenprüfung	14
Konforme Dokumentenvorlage	15
Unstimmige Dokumente, Verzicht auf Geltendmachung der Unstimmigkeiten und Benachrichtigung	16
Originale und Kopien von Dokumenten	17
Handelsrechnung	18
Transportdokument über mindestens zwei verschiedene Beförderungsarten	19
Konnossement	20
Nichtbegebbarer Seefrachtbrief	21
Charterpartie-Konnossement	22
Lufttransportdokument	23
Dokumente des Straßen-, Eisenbahn- oder Binnenschiffstransports	24
Kurierempfangsbestätigung, Posteinlieferungs-/Postempfangsschein oder Postversandnachweis	25
„An Deck", Shipper's Load and Count", „Said by Shipper to Contain" und zusätzliche Kosten zur Fracht	26
Reine Transportdokumente	27
Versicherungsdokument und -deckung	28
Verlängerung des Verfalldatums oder des letzten Tags der Dokumentenvorlage	29
Toleranz bzgl. Akkreditivbetrag, Menge und Preis pro Einheit	30
Teilinanspruchnahmen oder Teilverladungen	31
Inanspruchnahme oder Verladung in Raten	32
Vorlegungszeiten	33
Haftungsausschluss für Wirksamkeit von Dokumenten	34
Haftungsausschluss für Nachrichtenübermittlung und Übersetzung	35
Höhere Gewalt	36
Haftungsausschluss für Handlungen einer beauftragten Partei	37
Übertragbare Akkreditive	38
Abtretung von Akkreditiverlösen	39

Definitionen

ERA 1 [1]Die Einheitlichen Richtlinien und Gebräuche für Dokumenten-Akkreditive, Revision 2007, ICC-Publikation Nr. 600 („ERA"), sind Regeln, die für jedes Dokumenten-Akkreditiv („Akkreditiv") gelten (einschließlich, soweit anwendbar, für jeden Standby Letter of Credit), wenn der Wortlaut des Akkreditivs ausdrücklich besagt, dass es

Hopt   2267

(11) ERA 2

2. Teil. Handelsrechtl. Nebengesetze

diesen Regeln unterliegt. ²Sie sind für alle Beteiligten bindend, soweit sie im Akkreditiv nicht ausdrücklich geändert oder ausgeschlossen sind.

1) Definition von ERA (Art 1 Satz 1)

1 Art 1 nF entspricht Art 1 aF. Art 1 Satz 1 definiert die **ERA** (offizielle Abkürzung) als Regeln für Dokumentenakkreditive. **Rechtsnatur** s Einl 5, 6 vor Art 1. Wenn in den ERA von „Akkreditiv" („credit") die Rede ist, ist nach Satz 1 ein Dokumentenakkreditiv gemeint. Was ein **Akkreditiv** ist, ist in Art 2 definiert, nämlich „jede wie auch immer benannte oder bezeichnete Vereinbarung, die unwiderruflich ist und dadurch eine feststehende Verpflichtung der eröffnenden Bank begründet, eine konforme Dokumentenvorlage zu honorieren". Die ERA müssen, um Geltung zu erlangen, in den Akkreditivtext einbezogen sein **(Einbeziehungshinweis)**. Nach Art Satz 1 ERA 600 muss dies, um Zweifel auszuschließen, anders als nach ERA 500 „ausdrücklich" geschehen. Die neuen SWIFT-Regeln tragen dem Rechnung. Nach Ansicht der Drafting Group zu Art 1 sollen die ERA mangels ausdrücklicher Inkorporation nur als Beschreibung von Handelsbräuchen für Akkreditive Anwendung finden. Indessen steht nichts entgegen, dass die ERA auch konkludent vereinbart werden (§§ 133, 157 BGB). Nach deutschem Recht gelten die ERA als AGB auf jeden Fall nur bei Einbeziehung in den Vertrag, die aber unter Kflten konkludent erfolgen kann und idR erfolgt (Einl 4, 6 vor Art 1), Mü WM **96**, 2336, LG Ffm WM **96**, 153. AGB-Kontrolle s Einl 7 vor Art 1. Einbeziehung der el.ERA und Verhältnis der el.ERA zu den ERA s Anhang el.ERA Art e 1 und e 2.

2 Art 1 gilt auch, soweit anwendbar, für die **Standby Letters of Credit** (Garantien amerikanischer Banken in Form von Akkreditiven, die gegen Dokument zahlbar gestellt werden, s **(7)** Bankgeschäfte Rn K/1a), s Einl 1 vor Art 1. Dabei ist der Einbeziehungshinweis unbedingt nötig, weil die Geltung der ERA hier nicht selbstverständlich ist. Auch dann gelten die ERA nicht insgesamt („soweit anwendbar"), deshalb ist Klarstellung empfehlenswert, dass die ERA und nicht die International Standby Practices (ISP 98, Einl 3 vor Art 1) gelten sollen und am besten auch welche Artikel der ERA, sinnvoll vor allem für Art 14, 34–37, auch Nielsen 5f (nach Nielsen 2. Aufl 2001 Rn 8: Art 13–18, 42–45 und 3, 4, 6, 10a, b, 14 und 20 ERA 500).

2) Bindungswirkung (Art 1 Satz 2)

3 Art 1 Satz 2 erklärt die ERA für alle Beteiligten bindend, soweit sie im Akkreditiv nicht ausdrücklich geändert oder ausgeschlossen sind. Da die ERA keine Rechts-, sondern nur Vertragsregeln sind (Einl 4, 5 vor Art 1), können sie von den Parteien völlig frei ganz oder teilweise geändert werden. Wenn das ausdrücklich geschieht, dient das der Rechtssicherheit, doch ist das ebenso wie die Einbeziehung in den Vertrag auch konkludent möglich (s Rn 1), Staub/Grundmann 3/573. Das Inkrafttreten des Akkreditivs kann auch von einer Bedingung abhängig gemacht werden, zB Beibringung einer Bankgarantie durch den Begünstigten oder Verwirklichung eines Reexportprogramms, Nielsen 7, dann unter der Rubrik „Special Conditions".

Definitionen

ERA 2 Im Sinne dieser Regeln bedeutet:

avisierende Bank die Bank, die das Akkreditiv im Auftrag der eröffnenden Bank avisiert;

Auftraggeber die Partei, in deren Auftrag das Akkreditiv eröffnet wurde;

V. Bankgeschäfte **2 ERA (11)**

Bankarbeitstag ein Tag, an dem eine Bank an dem Ort, an dem eine Handlung unter diesen Regeln auszuführen ist, üblicherweise geöffnet ist;

Begünstigter die Partei, zu deren Gunsten das Akkreditiv eröffnet ist;

konforme Dokumentenvorlage eine Dokumentenvorlage in Übereinstimmung mit den Akkreditiv-Bedingungen, den anwendbaren Bestimmungen dieser Regeln und dem Standard internationaler Bankpraxis;

Bestätigung eine feststehende Verpflichtung der bestätigenden Bank, zusätzlich zu derjenigen der eröffnenden Bank, eine konforme Dokumentenvorlage zu honorieren oder negoziieren;

bestätigende Bank die Bank, die einem Akkreditiv aufgrund Ermächtigung oder im Auftrag der eröffnenden Bank ihre Bestätigung hinzufügt;

Akkreditiv jede wie auch immer benannte oder bezeichnete Vereinbarung, die unwiderruflich ist und dadurch eine feststehende Verpflichtung der eröffnenden Bank begründet, eine konforme Dokumentenvorlage zu honorieren;

Honorieren

a) bei Sicht zu zahlen, wenn das Akkreditiv durch Sichtzahlung benutzbar ist,
b) eine Verpflichtung zur hinausgeschobenen Zahlung zu übernehmen und bei Fälligkeit zu zahlen, wenn das Akkreditiv durch hinausgeschobene Zahlung benutzbar ist,
c) einen vom Begünstigten gezogenen Wechsel („Tratte") zu akzeptieren und diesen bei Fälligkeit zu zahlen, wenn das Akkreditiv durch Akzeptleistung benutzbar ist;

eröffnende Bank die Bank, die ein Akkreditiv im Auftrag des Auftraggebers oder in eigenem Interesse eröffnet;

Negoziierung der Ankauf von Tratten (die auf eine andere Bank als die benannte Bank gezogen sind) und/oder von Dokumenten aus einer konformen Dokumentenvorlage durch die benannte Bank unter Vorleistung oder Übernahme einer Verpflichtung zur Vorleistung von Geldmitteln an den Begünstigten vor oder an dem Bankarbeitstag, an dem der Rembours an die benannte Bank fällig ist;

benannte Bank die Bank, bei der das Akkreditiv benutzbar gestellt ist, oder im Fall eines Akkreditivs, das bei jeder Bank benutzbar gestellt ist, jede Bank.

Dokumentenvorlage entweder die Vorlage der Dokumente unter einem Akkreditiv bei der eröffnenden Bank oder der benannten Bank oder die vorgelegten Dokumente selbst;

Einreicher ein Begünstigter, eine Bank oder ein Dritter, der eine Dokumentenvorlage tätigt.

1) Definitionen

Art 2 (neu) enthält 14 Definitionen, die für die gesamten ERA gelten (vgl demgegenüber Art 3 mit 12 Auslegungsregeln). Im Folgenden ist untechnisch von Legaldefinitionen die Rede, obwohl die ERA keinen Gesetzesrang haben (Einl 4, 5 vor Art 1). Die spezielleren Definitionen, die für übertragbare Akkreditive wichtig sind, sind unmittelbar in Art 38 integriert. Einige weitere Definitionen finden sich in Art 9 (zweite avisierende Bank), 11 (Voravis), 13 (Rembours beanspruchende Bank und Remboursbank) und 37 (Spesen). Viele dieser Definitionen fanden sich schon in ERA 500, sind aber in den ERA 600 präzisiert, zum Teil sind sie ganz neu. Im Folgenden werden die Definitionen zusammen mit ihrer englischen Bezeichnung (nach diesen in den ERA alphabetisch gereiht) zunächst noch einmal kurz wiedergegeben und dann ggf erläutert.

2) Avisierende Bank

2 Avisierende Bank (advising bank) bedeutet die Bank, die das Akkreditiv (Legaldefinition weiter unten) im Auftrag der eröffnenden Bank (s Rn 11) avisiert. Zur Avisierung s Art 9 und **(7)** Bankgeschäfte Rn K/2.

3) Auftraggeber

3 Auftraggeber (applicant) bedeutet die Partei, in deren Auftrag das Akkreditiv eröffnet wurde. Auftraggeber wird in der Regel der Kunde der eröffnenden Bank sein, kann aber auch Kunde einer Korrespondenzbank oder einer Tochter der Bank sein. Die Definition in ERA 500 war diesbezüglich zu eng. Partei bedeutet nicht, dass der Betreffende formal in das Akkreditiv einbezogen sein müsste, Drafting Group zu Art 2. S **(7)** Bankgeschäfte Rn K/1, 3.

4) Bankarbeitstag

4 Bankarbeitstag (banking day) bedeutet ein Tag, an dem eine Bank an dem Ort, an dem eine Handlung unter diesen Regeln auszuführen ist, üblicherweise geöffnet ist. Damit ist klar gestellt, dass die Bank an diesem Tag, zB samstags, üblicherweise nicht nur für das Massengeschäft, sondern gerade auch für das Akkreditivgeschäft geöffnet sein muss.

5) Begünstigter

5 Begünstigter (beneficiary) bedeutet die Partei, zu deren Gunsten das Akkreditiv eröffnet ist. S **(7)** Bankgeschäfte Rn K/1, 10 ff.

6) Konforme Dokumentenvorlage

6 Konforme Dokumentenvorlage (complying presentation) bedeutet eine Dokumentenvorlage in Übereinstimmung mit den Akkreditivbedingungen, den anwendbaren Bestimmungen dieser Regeln und dem Standard internationaler Bankpraxis. Eine Dokumentenvorlage ist danach nur dann konform, wenn sie allen drei Voraussetzungen entspricht: den Bedingungen des Akkreditivs selbst, den ERA und dem Standard internationaler Bankpraxis. Was Standard internationaler Bankpraxis ist, ist weder in den ERA definiert noch textlich irgendwo festgehalten, wenngleich viele (nicht alle) dieser Standards in ICC Banking Commission, International Standard Banking Practice for the Examination of Documents under ERA 600 (IntHK-Publikation Nr 745) enthalten sind. Beweislast nach allgemeinen Grundsätzen, also wer sich darauf beruft, ggf Einholung von Sachverständigengutachten bei ICC oder IHK, auch Nielsen 4, 14. S **(7)** Bankgeschäfte Rn K/14.

7) Bestätigung

7 Bestätigung (confirmation) bedeutet eine feststehende Verpflichtung der bestätigenden Bank (s Rn 8), zusätzlich zu derjenigen der eröffnenden Bank, eine konforme Dokumentenvorlage zu honorieren oder zu negoziieren. Die einzelnen Begriffe dieser Definition sind ihrerseits legaldefiniert, zB konforme Dokumentenvorlage, Honorieren, Negoziierung. S (7) Bankgeschäfte Rn K/2.

8) Bestätigende Bank

8 Bestätigende Bank (confirming bank) bedeutet die Bank, die einem Akkreditiv auf Grund Ermächtigung oder im Auftrag der eröffnenden Bank (s Rn 11) ihre Bestätigung hinzufügt. S **(7)** Bankgeschäfte Rn K/2.

9) Akkreditiv

9 Art 2 enthält eine sehr weit gefasste Begriffsdefinition für Akkreditiv (auch Standby Letter of Credit, s Art 1 Rn 2). Akkreditiv (credit) iSv ERA bedeutet jede wie auch immer benannte oder bezeichnete Vereinbarung, die unwiderruflich ist und dadurch eine feststehende Verpflichtung der eröffnenden Bank begründet, eine konforme Dokumentenvorlage zu honorieren. Damit ist die Unwiderruflichkeit des Akkreditivs Teil der Legaldefinition. Vgl allgemeiner **(7)** Bankgeschäfte Rn K/1. Die Figur des widerruflichen Akkreditivs (s **(7)** Bankgeschäfte Rn K/12), die noch in ERA 500 vorgesehen war und kaum praktisch war, ist unter ERA 600 nicht mehr vorgesehen, bleibt aber privatautonom weiterhin möglich (Art 3 Rn 3). Konforme Dokumentenvorlage und Honorieren sind ihrerseits legaldefiniert. Akkreditiv iSv Art 2 ist Oberbegriff für alle dokumentären Zahlungsversprechen. Diese brauchen nicht unbedingt als „Akkreditiv" bezeichnet zu werden („wie auch immer benannt oder bezeichnet"). Die Bank handelt typischerweise im Auftrag und nach den Weisungen eines Kunden. Dass eine Bank ein Akkreditiv „im eigenen Interesse" hinauslegt (Art 2 vor i aF), ist selten, aber rechtlich zulässig, vgl BGH ZIP **99**, 607. Zwingende Angaben s Art 6, mögliche Leistungsinhalte des Akkreditivs Art 6 lit b, 7 i.–v. Zum el.ERA-Akkreditiv s Anhang el.ERA Art e 2 und e 5.

10) Honorieren

Honorieren (honour) bedeutet a) bei Sicht zu zahlen, wenn das Akkreditiv durch Sichtzahlung benutzbar ist, b) eine Verpflichtung zur hinausgeschobenen Zahlung zu übernehmen und bei Fälligkeit zu zahlen, wenn das Akkreditiv durch hinausgeschobene Zahlung benutzbar ist, c) einen vom Begünstigten gezogenen Wechsel („Tratte") zu akzeptieren und diesen bei Fälligkeit zu zahlen, wenn das Akkreditiv durch Akzeptleistung benutzbar ist. Honorieren kann danach in einer der drei verschiedenen Arten (bei Sicht zahlen, Übernahme der Verpflichtung später zu zahlen und Akzept und Bezahlung einer Tratte) erfolgen, aber auch als Kombination derselben (gemischte Zahlung). S **(7)** Bankgeschäfte Rn K/3.

11) Eröffnende Bank

Eröffnende Bank (issuing bank) bedeutet die Bank, die ein Akkreditiv im Auftrag des Auftraggebers oder in eigenem Interesse eröffnet. Akkreditive können auch von einem Unternehmen, das nicht Bank ist, eröffnet werden. Meistens handelt es sich dabei um L/Cs (letters of credit, s Art 1 Rn 2), die von Unternehmen ausgestellt sind und von den Parteien den ERA unterstellt sind, was privatautonom ohne Weiteres möglich ist. Für das das Akkreditiv eröffnende Unternehmen gilt dann alles, was in den ERA für die eröffnende Bank gilt. Einzelheiten dazu sind enthalten in der Opinion R.505 der ICC (abgedruckt als TA 537 in Drafting Group zu Art 2). Dort wird besonders auf das höhere Risiko bei einem nicht von einer Bank eröffneten Akkreditiv und auf die Gefahr einer Irreführung des Begünstigten hingewiesen, was je nach anwendbarem Recht zu einer Haftung der avisierenden Bank führen könne. S **(7)** Bankgeschäfte Rn K/2.

12) Negoziierung

Negoziierung (negotiation) bedeutet der Ankauf von Tratten (die auf eine andere Bank als die benannte Bank gezogen sind) und/oder von Dokumenten aus einer konformen Dokumentenvorlage durch die benannte Bank unter Vorleistung oder Übernahme einer Verpflichtung zur Vorleistung von Geldmitteln an den Begünstigten vor oder an dem Bankarbeitstag, an dem der Rembours an die benannte Bank fällig ist. Die Legaldefinition benützt den Begriff „Ankauf" statt wie Art 10 lit b ii ERA 500 den Begriff „Zahlung" („giving of value"), der in der Praxis zu Zweifeln geführt hatte. Erhalt oder Prüfung und Weiterleitung von Dokumenten stellt keine Negoziierung dar (Art 12 lit c). Für die Negoziierung ist entscheidend die Vorleistung oder Übernahme einer Verpflichtung zur Vorleistung. Daraus folgt dann, ohne dass das Teil der Definition von Negoziierung wäre, die Pflicht, die Bank zu remboursieren (Art 7 lit c, 8 lit c), Drafting Group zu Art 2. Die eröffnende Bank negoziiert nicht, wenn sie honoriert, das kann

(11) ERA 3

aber die benannte Bank tun. In der Praxis zahlen die Zahlstellen, die nicht selbst bestätigt haben, Negoziierungsakkreditive idR nur unter Vorbehalt aus.

13) Benannte Bank

13   Benannte Bank (nominated bank) bedeutet die Bank, bei der das Akkreditiv benutzbar gestellt ist, oder im Fall eines Akkreditivs, das bei jeder Bank benutzbar gestellt ist, jede Bank. Zahlstelle oder Abwicklungsbank s **(7)** Bankgeschäfte Rn K/2.

14) Dokumentenvorlage

14   Dokumentenvorlage (presentation) bedeutet entweder die Vorlage der Dokumente unter einem Akkreditiv bei der eröffnenden Bank (s Rn 11) oder der benannten Bank (s Rn 13) oder die vorgelegten Dokumente selbst. Welche der beiden Bedeutungen gemeint ist, ergibt sich aus dem Kontext, ob also physische Vorlage der Dokumente erfolgt oder die Dokumente bereits vorgelegt sind und sich bei der Bank befinden. S **(7)** Bankgeschäfte Rn K/5, 14.

15) Einreicher

15   Einreicher (presenter) bedeutet ein Begünstigter (s Rn 5), eine Bank oder ein Dritter, der eine Dokumentenvorlage tätigt. Diese Legaldefinition erlangt besonders unter Art 16 Bedeutung, wenn es um die Benachrichtigung von der Ablehnung zu honorieren oder zu negoziieren geht.

Auslegungen

ERA 3   Im Sinne dieser Regeln gilt:

Wo immer anwendbar, schließen Worte im Singular den Plural ein, und Worte im Plural schließen den Singular ein.

Ein Akkreditiv ist selbst dann unwiderruflich, wenn es keine dementsprechende Angabe enthält.

Ein Dokument kann handschriftlich, durch Faksimile-Unterschrift, perforierte Unterschrift, Stempel, Symbol oder durch irgendeine andere mechanische oder elektronische Authentisierungsmethode unterzeichnet sein.

Eine Bedingung, wonach ein Dokument legalisiert, mit einem Sichtvermerk versehen, beglaubigt sein muss oder ähnliches, gilt als erfüllt durch irgendeine Unterschrift, ein Zeichen, einen Stempel oder Aufkleber auf dem Dokument, wodurch diese Bedingung erfüllt zu sein scheint.

Filialen einer Bank in unterschiedlichen Ländern gelten als separate Banken.

Begriffe wie „erstklassig", „gut bekannt", „qualifiziert", „unabhängig", „offiziell", „kompetent" oder „örtlich", die zur Beschreibung eines Ausstellers eines Dokuments verwendet werden, lassen jeden Aussteller mit Ausnahme des Begünstigten für die Ausstellung dieses Dokuments zu.

Worte wie „prompt", „unverzüglich" oder „baldmöglichst" werden nicht beachtet, soweit nicht gefordert ist, dass sie in einem Dokument zu verwenden sind.

Der Begriff „am oder um den" oder ähnliche Begriffe werden als eine Bestimmung ausgelegt, wonach ein Ereignis innerhalb eines Zeitraums von fünf Kalendertagen vor bis fünf Kalendertagen nach dem angegebenen Datum eintreten muss, wobei der erste und letzte Tag eingeschlossen sind.

Die Worte „bis", „bis zum", „ab" und „zwischen" schließen, wenn sie zur Bestimmung einer Verladefrist verwendet werden, das angegebene Datum

V. Bankgeschäfte 1–6 **3 ERA (11)**

oder die angegebenen Daten ein, und die Worte „vor" und „nach" schließen das angegebene Datum aus.

Die Worte „ab" und „nach" schließen, wenn sie zur Bestimmung eines Fälligkeitsdatums verwendet werden, das angegebene Datum aus.

Die Begriffe „erste Hälfte" und „zweite Hälfte" eines Monats bedeuten „1. bis 15. einschließlich" bzw. „16. bis letzter Tag des Monats einschließlich".

Die Begriffe „Anfang", „Mitte" oder „Ende" eines Monats bedeuten „1. bis 10. einschließlich", „11. bis 20. einschließlich" bzw. „21. bis letzter Tag des Monats einschließlich".

1) Auslegungen

Art 3 (neu) enthält 12 Auslegungsregeln. Art 2 enthält demgegenüber Legaldefinitionen.

2) Singular/Plural

Was gemeint ist, hängt vom Kontext ab.

3) Unwiderrufliches Akkreditiv

Die ERA 600 kennen nur noch unwiderrufliche Akkreditive (Art 2 Rn 9). Dass ein Akkreditiv unter den ERA 600 unwiderruflich sein soll, braucht also nicht eigens gesagt zu werden. Da die ERA die Privatautonomie unangetastet lassen (Art 1 Rn 3), können die Parteien aber auch ein widerrufliches Akkreditiv vorsehen (s **(7)** Bankgeschäfte Rn K/12), was allerdings selten vorkommt. Ob ein solches ausnahmsweise vorliegt, ergibt die Auslegung (§§ 133, 157 BGB). Das Wort „widerruflich" muss nicht unbedingt benutzt werden.

4) Unterzeichnung

Die Auslegungsregel betreffend Unterzeichnung (entsprechend Art 20b ERA 500, wo von Originaldokument die Rede war) lässt insbesondere Faksimileunterschrift ausreichen. Bei el.ERA-Akkreditiv bedeutet „unterzeichnen" elektronische Signatur, Anhang el.ERA e 3a iv. Originale und Kopien von Dokumenten s Art 17.

5) Legalisierung und Beglaubigung

Bedingungen, wonach ein Dokument legalisiert oder beglaubigt sein muss, zB verifizierte Kopie (verified copy), kommen in der Praxis häufig vor. Die Auslegungsregel besagt, was dafür genügt (entsprechend Art 20d ERA 500 für Authentisierung). Ob diese Bedingungen Wirksamkeitserfordernisse sind, folgt zT aus Art 6 sowie zB aus § 127 BGB bzw nationalem Recht, Staub/Grundmann 3/580f, näher (7) Bankgeschäfte Rn K 2 aE.

6) Filialen einer Bank

Nach dieser Auslegungsregel gelten Filialen einer Bank in unterschiedlichen Ländern als separate Banken. Das ist spezifisch für Akkreditive und wichtig, weil es von dem üblichen rechtlichen Verständnis von Filiale (Zweigniederlassung, s § 13 HGB Rn 3) abzuweichen scheint. Die Auslegungsregel besagt jedoch nicht, dass es sich um eine andere Bank handelt, sondern nur, dass die Filiale eine separate Bank ist, was die Funktionen angeht, die sie bezüglich eines Akkreditivs unter den ERA zu erfüllen hat. Da Filialen einer Bank in unterschiedlichen Ländern als andere Bank gelten, genügt Einreichung bei der falschen Filiale derselben Bank nicht (zB Frist) bzw bindet nicht. Diese Fiktion gilt aber nur für die Anwendung der ERA selbst, nicht zB für den Gerichtsstand.

Hopt

7) Beschreibungen des Ausstellers als erstklassig uä

7   Begriffe wie erstklassig uä zur Beschreibung eines Ausstellers eines Dokuments lassen jeden Aussteller mit Ausnahme des Begünstigten für die Ausstellung des Dokuments zu (entsprechend Art 20 lit a ERA 500). Klauselbeispiele bei Nielsen 29 ff.

8) „prompt", „unverzüglich", „baldmöglichst"

8   Derartige Worte werden nicht beachtet, soweit nicht gefordert ist, dass sie in einem Dokument zu verwenden sind (entsprechend Art 46 lit b ERA 500).

9) „am oder um den"

9   Diese Auslegungsregel enthält eine praktisch überaus wichtige Zeitbestimmung, wonach ein Ereignis innerhalb von fünf Kalendertagen vor bis fünf Kalendertagen nach dem angegebenen Datum eintreten muss, wobei der Erste und letzte Tag eingeschlossen sind (entsprechend Art 46 lit c ERA 500).

10) Verladefrist „bis" uä und „vor" und „nach"

10   Praktisch wichtige Auslegungsregel für die Bestimmung einer Verladefrist (nicht sonst), wonach das angegebene Datum bzw die angegebenen Daten eingeschlossen sind, während sie bei den Worten „vor" und „nach" ausgeschlossen sind (entsprechend Art 47 lit a ERA 500).

11) Fälligkeitsdatum „ab" und „nach"

11   „Ab" und „nach" schließen, wenn sie zur Bestimmung eines Fälligkeitsdatums verwendet werden (nur dafür gilt die Auslegungsregel, nicht für Zeitabschnitte), das angegebene Datum aus. Der Begriff „ab" wird hier anders gebraucht als bezüglich Verschiffungsperioden, Drafting Group zu Art 3.

12) „erste Hälfte", „zweite Hälfte" eines Monats

12   Diese Begriffe bedeuten „1. bis 15. einschließlich" bzw „16. bis letzter Tag des Monats einschließlich" (entsprechend Art 47 lit c ERA 500).

13) „Anfang", „Mitte", „Ende" eines Monats

13   Diese Begriffe bedeuten „1. bis 10. einschließlich", „11. bis 20. einschließlich" bzw „21. bis letzter Tag des Monats einschließlich" (entsprechend Art 47 lit d ERA 500).

Akkreditive im Verhältnis zu Verträgen

ERA 4

a [1] Ein Akkreditiv ist seiner Natur nach ein von dem Kauf- oder anderen Vertrag, auf dem es möglicherweise beruht, getrenntes Geschäft. [2] Banken haben in keiner Hinsicht etwas mit einem solchen Vertrag zu tun und sind durch ihn auch nicht gebunden, selbst wenn im Akkreditiv irgendein Bezug darauf enthalten ist. [3] Folglich ist die Verpflichtung einer Bank zu honorieren, negoziieren oder irgendeine andere Verpflichtung unter dem Akkreditiv zu erfüllen, nicht abhängig von Ansprüchen oder Einreden des Auftraggebers, die sich aus seinen Beziehungen zur eröffnenden Bank oder zum Begünstigten ergeben.
[4] Ein Begünstigter kann sich keinesfalls auf die vertraglichen Beziehungen berufen, die zwischen den Banken oder zwischen dem Auftraggeber und der eröffnenden Bank bestehen.
b Eine eröffnende Bank sollte jedem Versuch des Auftraggebers, Kopien des zugrunde liegenden Vertrags, Proforma-Rechnung und Ähnliches als integralen Bestandteil des Akkreditivs aufzunehmen, entgegentreten.

V. Bankgeschäfte 6 ERA (11)

1) Unabhängigkeit des Akkreditivs (Art 4 lit a)

Art 4 nF entspricht Art 3 aF. Art 4 lit a Satz 1 enthält den Grundsatz der Unabhängigkeit des Akkreditivs vom Grundgeschäft (Einwendungsausschluss), zB LG Kln IHR **16,** 114, s ausführlich **(7)** Bankgeschäfte Rn K/1, 16–22. Der Grundsatz ist für Akkreditive zentral wichtig und kann heute als HdlBrauch angesehen werden (Einl 5 vor Art 1). Bezugnahme im Akkreditiv auf das Grundgeschäft ändert daran nichts (Art 4 lit a Satz 2), Staub/Grundmann 3/573. Die Verpflichtung einer Bank zu honorieren, negoziieren oder irgendeine andere Verpflichtung unter dem Akkreditiv zu erfüllen (vgl Legaldefinitionen in Art 2), ist nicht abhängig von Gegenansprüchen oder Einreden des Auftraggebers aus seinen Beziehungen zur eröffnenden Bank oder zum Begünstigten (Art 4 lit a Satz 3). Rechtsmissbrauch und Verhinderung der Zahlung durch einstweilige Verfügung und Arrest s **(7)** Bankgeschäfte Rn K/20, 21; Art 4 lit a steht dem nicht entgegen. Zu internationalen Unterschieden bei Abstraktheit und Missbrauch Nielsen 38, 40. Ebensowenig kann sich ein Begünstigter auf die vertraglichen Beziehungen zwischen den Banken oder zwischen dem Auftraggeber und der eröffnenden Bank berufen (Art 4 lit a Satz 4).

2) Separierung von Akkreditiv und Vertragsdokumenten (Art 4 lit b)

Art 4 lit b (ähnlich wie Art 5 lit a i ERA 500) zieht die praktischen Konsequenzen aus der Unabhängigkeit des Akkreditivs vom Grundgeschäft. Um der (unberechtigten) Berufung auf letzteres oder auch nur diesbezüglichen Irrtümern und Missverständnissen vorzubeugen, sollte eine eröffnende Bank (Art 2 Rn 11) jedem Versuch des Auftraggebers entgegentreten, Kopien des zugrundeliegenden Vertrags, Proforma-Rechnungen oder Ähnliches als integralen Bestandteil des Akkreditivs aufzunehmen. Ausgeschlossen wird das angesichts der Privatautonomie, die vorgeht (Art 1 Rn 3), aber nicht. Doch kann sich dann eine Bank, die mit der Avisierung des Akkreditivs oder einer Änderung beauftragt ist, entschließen, das abzulehnen (Art. 9 lit c). Auch sollten sich Auftraggeber darüber im Klaren sein, dass ihnen eine derartige Aufnahme in das Akkreditiv für die Güter und deren Güte nichts bringt, Drafting Group zu Art 4.

Dokumente im Verhältnis zu Waren, Dienstleistungen oder Leistungen

ERA 5 Banken befassen sich mit Dokumenten und nicht mit Waren, Dienstleistungen oder Leistungen, auf die sich die Dokumente möglicherweise beziehen.

1) Ausschließliche Maßgeblichkeit der Dokumente

Art 5 nF (zu Art 5 aF unten Art 6 Rn 6) entspricht Art 4 aF, der aber unrichtig weit formuliert war („alle Parteien", der Begünstigte befasst sich jedoch sehr wohl mit der Ware ua). Art 5 ist Ausfluss des Grundsatzes der Unabhängigkeit des Akkreditivs vom Grundgeschäft (Art 4 Rn 1). Beim Akkreditiv befassen sich die Banken mit Dokumenten, nicht mit Waren, Dienstleistungen oder Leistungen, auf die sich die Dokumente möglicherweise beziehen, s **(7)** Bankgeschäfte Rn K/1, 5 ua. Elektronisches Dokument s Anhang ERA e 1, 3 II.

Benutzbarkeit, Verfalldatum und Ort für die Dokumentenvorlage

ERA 6

a ¹**Ein Akkreditiv muss die Bank angeben, bei der es benutzbar ist, oder, ob es bei jeder Bank benutzbar ist.** ²**Ein bei einer benannten Bank benutzbares Akkreditiv ist auch bei der eröffnenden Bank benutzbar.**

b Ein Akkreditiv muss angeben, ob es durch Sichtzahlung, hinausgeschobene Zahlung, Akzeptleistung oder Negoziierung benutzbar ist.
c Ein Akkreditiv darf nicht durch eine Tratte gezogen auf den Auftraggeber benutzbar gestellt sein.
d i. [1] Ein Akkreditiv muss ein Verfalldatum für die Dokumentenvorlage angeben. [2] Ein für die Honorierung oder Negoziierung angegebenes Verfalldatum gilt als Verfalldatum für die Dokumentenvorlage.
  ii. [1] Der Ort der Bank, bei der das Akkreditiv benutzbar ist, ist der Ort für die Dokumentenvorlage. [2] Der Ort für die Dokumentenvorlage unter einem bei jeder Bank benutzbaren Akkreditiv ist der Ort jeder Bank. [3] Ein Ort für die Dokumentenvorlage, der vom Ort der eröffnenden Bank abweicht, gilt zusätzlich zum Ort der eröffnenden Bank.
e Vorbehaltlich der Bestimmung von Artikel 29 (a) muss eine Dokumentenvorlage durch oder für den Begünstigten am oder vor dem Verfalldatum erfolgen.

1) Benutzbarkeit bei welcher Bank (Art 6 lit a)

1   Art 6 nF entspricht in lit d und e ERA 500 Art 42 lit a und b und in lit c zT Art 9 lit a iv, b iv, ist aber im Übrigen neu. Art 6 regelt die zwingenden Mindestangaben in einem Akkreditiv (s auch Rn 7). Nach lit a Satz 1 muss das Akkreditiv angeben, bei welcher Bank es benutzbar ist, oder ob es bei jeder Bank benutzbar ist. Ein bei einer benannten Bank benutzbares Akkreditiv ist auch bei der eröffnenden Bank (Art 2 Rn 11) benutzbar (Art 6 lit a Satz 2).

2) Art der Benutzbarkeit (Art 6 lit b)

2   Das Akkreditiv muss angeben, ob es durch Sichtzahlung, hinausgeschobene Zahlung (Nachsichtzahlung, deferred payment), Akzeptleistung oder Negoziierung benutzbar gestellt ist (vgl Legaldefinition von Honorieren und Negoziierung in Art 2 Rn 10, 12). Die Verpflichtung der eröffnenden und der bestätigenden Bank zu honorieren variiert je nach Art der Benutzbarkeit des Akkreditivs, näher Art 7 Rn 1, Art 8 Rn 1. Zum deferred payment-Akkreditiv BGH 101, 92; Zulässigkeit der vorzeitigen Zahlung s Art 12 Rn 2.

3) Keine Benutzbarkeit durch eine auf den Auftraggeber gezogene Tratte (Art 6 lit c)

3   Das Akkreditiv darf nicht durch eine Tratte gezogen auf den Auftraggeber benutzbar gestellt sein. Tratte ist ein vom Begünstigten gezogener Wechsel (s Legaldefinition von Honorieren in Art 2 Rn 10). Der Auftraggeber soll aus dem Prozess der Bezahlung des Akkreditivs herausgehalten werden. In Art 9 lit a iv, b iv ERA 500 war für den Fall, dass das Akkreditiv dennoch Trattenziehung auf den Auftraggeber vorschreibt, vorgesehen, dass die Banken solche Tratten als zusätzliche Dokumente behandeln. Art 6 lit c sieht das zwar nicht mehr vor, um zu unterstreichen, dass das unerwünscht ist. Sieht ein Akkreditiv das dennoch vor, wird die Tratte wie jedes andere vom Akkreditiv vorgeschriebene Dokument behandelt, und die eröffnende Bank muss dann eben die Bedingungen und den Inhalt der Tratte im Einzelnen festlegen, Drafting Group zu Art 6

4) Verfalldatum und Ort für die Dokumentenvorlage (Art 6 lit d)

4   Akkreditive ohne Verfalldatum nach Art 6 lit d i sind nichtig (entsprechend Art 42 lit a ERA 500), Eröffnungsmitteilung ist dann nur unverbindlicher Avis, Schütze/Vorpeil Rn 193, Hinweispflicht der Bank s **(7)** Bankgeschäfte Rn K/13. Verfalldatum, von Rspr und Lehre sehr strikt verstanden, s **(7)** Bankgeschäfte Rn K/13. Ein für die Honorierung oder Negoziierung angegebenes Verfalldatum gilt als Verfalldatum für die Dokumentenvorlage, denn der Begünstigte hat nur auf die Rechtzeitigkeit der letzteren Einfluss (Art 6 lit d i Satz 2). Nach Art 42c

V. Bankgeschäfte 7 ERA (11)

ERA 500 sollte das Verfalldatum ausdrücklich, also mit bestimmtem Endtermin und nicht nur indirekt über die Benutzbarkeit des Akkreditivs „für einen Monat" oä angegeben sein; letzterenfalls begann die Frist mit dem Tag der Akkreditiveröffnung, also ohne Rücksicht auf Akkreditivannahme (vgl **(7)** Bankgeschäfte Rn K/11), krit Nielsen 2. Aufl 2001 Rn 402, aber zulässig. Verfalldatum sollte die Versandfrist so überschreiten, dass der Begünstigte die Versandfrist voll ausschöpfen kann, Schütze/Vorpeil Rn 180. Tratten und Berechnung des Fälligkeitsdatums mit Bsp, International Standard Banking Practice (ICC Publication No 745) B1–18.

Die Angabe des Vorlageorts (place of expiry) ist nicht mehr vorgeschrieben. 5 Aber auch schon unter ERA 500 machte das Fehlen das Akkreditiv nicht nichtig, Vorlage dann bei der Eröffnungsbank bzw Zahlstelle, Nielsen 2. Aufl 2001 Rn 397. Der Ort der Bank, bei der das Akkreditiv benutzbar ist, ist der Ort für die Dokumentenvorlage bzw bei einem bei jeder Bank benutzbaren Akkreditiv der Ort jeder Bank (Art 6 lit d ii Satz 1, 2). Bei Abweichung des Orts der Dokumentenvorlage und des Orts der eröffnenden Bank gelten beide Orte als Vorlageorte (Art 6 lit d ii Satz 1, 2). „Ort der Vorlage" von elektronischen Dokumenten bedeutet bei el.ERA-Akkreditiv eine elektronische Adresse, Anhang el.ERA Art e 3a iii; Vorlage Art e 5.

5) Zeitpunkt der Dokumentenvorlage (Art 6 lit e)

Nach Art 6 lit e (entsprechend Art 42 lit b ERA 500) muss eine Dokumenten- 6 vorlage durch oder für den Begünstigten strikt am oder vor dem Verfalldatum (s Rn 4) erfolgen. Der Vorbehalt verweist auf Art 29 lit a (arbeitsfreie Tage). Die Dokumentenvorlage kann für den Begünstigten zB durch eine andere Bank oder einen Frachtführer vorgelegt werden. S auch Art 14 lit c und Art 29 lit c.

6) Weitere, fakultative Angaben

Art 6 regelt die Mindestangaben im Akkreditiv, soweit sie nicht schon aus der 7 Definition des Akkreditivs folgen (Art 2 Rn 9). Das Akkreditiv kann selbstverständlich weitere Angaben enthalten (Art 1 Rn 3). Art 5a i, ii aF besagte dazu aber zu Recht, dass die Banken jedem Versuch entgegentreten sollen, zu weit gehende Einzelheiten in das Akkreditiv aufzunehmen und im Akkreditiv auf früher eröffnete Akkreditive Bezug zu nehmen. Damit sollte die Praxis zurückgedrängt werden, auf frühere gleiche Akkreditive (besser: ähnliche, englisch: **„similar credit";** Unterschiede, zB in Laufzeit ua, liegen immer vor) zu verweisen, wenn sie Gegenstand von Änderungen waren, denn dann drohen Missverständnisse. Wird trotzdem verwiesen, sind iZw die ursprünglichen Bedingungen gemeint (vgl Art 13 ERA 1983), aber iZw Rückfragepflicht, MüKo/Nielsen H 66b.

Verpflichtung der eröffnenden Bank

ERA 7

a **Werden die vorgeschriebenen Dokumente der benannten Bank oder der eröffnenden Bank vorgelegt und stellen [sie] eine konforme Dokumentenvorlage dar, muss die eröffnende Bank honorieren, wenn das Akkreditiv benutzbar ist durch:**
  i. **Sichtzahlung, hinausgeschobene Zahlung oder Akzeptleistung bei der eröffnenden Bank;**
  ii. **Sichtzahlung bei einer benannten Bank und diese benannte Bank nicht zahlt;**
  iii. **hinausgeschobene Zahlung bei einer benannten Bank und diese benannte Bank keine Verpflichtung zur hinausgeschobenen Zahlung über-**

nimmt oder, falls sie eine Verpflichtung zur hinausgeschobenen Zahlung übernommen hat, bei Fälligkeit nicht zahlt;

iv. Akzeptleistung bei der benannten Bank und diese benannte Bank eine auf sie gezogene Tratte nicht akzeptiert oder, nachdem sie die Tratte akzeptiert hat, bei Fälligkeit nicht zahlt;

v. Negoziierung bei einer benannten Bank und diese benannte Bank nicht negoziiert.

b Eine eröffnende Bank ist ab dem Zeitpunkt der Eröffnung des Akkreditivs unwiderruflich zur Honorierung verpflichtet.

c [1] Eine eröffnende Bank verpflichtet sich, die benannte Bank, die eine konforme Dokumentenvorlage honoriert oder negoziiert und die Dokumente an die eröffnende Bank versandt hat, zu rembursieren. [2] Rembours in Höhe des Betrags der konformen Dokumentenvorlage unter einem Akkreditiv, das durch Akzeptleistung oder hinausgeschobene Zahlung benutzbar ist, ist bei Fälligkeit zu leisten, unabhängig davon, ob die benannte Bank vor Fälligkeit gezahlt oder angekauft hat. [3] Die Verpflichtung der eröffnenden Bank, die benannte Bank zu rembursieren, ist unabhängig von der Verpflichtung der eröffnenden Bank gegenüber dem Begünstigten.

1) Verpflichtung der eröffnenden Bank zur Honorierung je nach Art der Benutzbarkeit des Akkreditivs (Art 7 lit a)

1   Art 7 lit a nF entspricht Art 9 lit a i–iii aF. Art 7 lit a enthält die Verpflichtung der eröffnenden Bank (Art 2 Rn 11), bei konformer Dokumentenvorlage zu honorieren, und zwar unterschiedlich je nach Art der Benutzbarkeit des Akkreditivs. Art 7 lit a unterscheidet fünf Formen: Sichtzahlung, hinausgeschobene Zahlung (Nachsichtzahlung, deferred payment) (lit a i–iii), Akzeptleistung und Negoziierung (a iv–v), jeweils mit bestimmtem Leistungsinhalt. Zum deferred payment-Akkreditiv BGH **101**, 84, vorzeitige Zahlung bei diesem s **(7)** Bankgeschäfte Rn K/3. Negoziierung ist definiert in Art 2 (dort Rn 12). Art 7 lit a regelt die Verpflichtung der eröffnenden Bank, Art 8 lit a die der bestätigenden Bank, s **(7)** Bankgeschäfte Rn K/2. Art 7 betont die sog Ersthaftung der Eröffnungsbank, aber missverständlich, krit Nielsen 67. Ist Zahlung bei einer anderen Bank als Zahlstelle bzw Bestätigungsbank vereinbart (s **(7)** Bankgeschäfte Rn K/2), ist trotz Art 7 lit a nur über diese auszuzahlen, also keine Direktzahlung durch die eröffnende Bank, die nur durch die andere Bank zu erfüllen versprochen hat, Nielsen 67, Staub/Grundmann 3/591. Nach Art 7 lit a, Art 8 lit a ist Dokumenteneinreichung entweder bei der Eröffnungs- oder der Bestätigungsbank möglich.

2) Unwiderrufliche Verpflichtung der eröffnenden Bank zur Honorierung (Art 7 lit b)

2   Art 7 lit b nF formuliert weitergehend als Art 9 lit d ii Satz 1 aF. Eine eröffnende Bank ist ab dem Zeitpunkt der Eröffnung des Akkreditivs unwiderruflich zur Honorierung verpflichtet. Zur (Un-)Widerruflichkeit s Art 3 Rn 3.

3) Verpflichtung der eröffnenden Bank zur Remboursierung (Art 7 lit c)

3   Art 7 lit c betrifft die Remboursierung durch die eröffnende Bank, entsprechend Art 8 lit c die durch die bestätigende Bank (wie Art 14 lit a ERA 500). Bank-zu-Bank Remboursvereinbarungen sind in Art 13 geregelt. Art 7 lit c Satz 1 enthält die Remboursierungsverpflichtung. Art 7 lit c Satz 2 bestimmt, wann zu rembursieren ist, nämlich zum Zeitpunkt der Fälligkeit, ohne Rücksicht darauf, ob die benannte Bank vor Fälligkeit gezahlt oder angekauft hat, wozu diese nach Art 12 lit b berechtigt ist (Wirksamkeit str, s dort Rn 2). Art 7 lit c Satz 3 hält noch einmal fest, dass die Remboursierungspflicht der eröffnenden Bank unabhängig von ihrer Verpflichtung gegenüber dem Begünstigten ist.

Verpflichtung der bestätigenden Bank

ERA 8

a Werden die vorgeschriebenen Dokumente der bestätigenden Bank oder einer anderen benannten Bank vorgelegt und stellen eine konforme Dokumentenvorlage dar, muss die bestätigende Bank:
  i. honorieren, wenn das Akkreditiv benutzbar ist durch
   a) Sichtzahlung, hinausgeschobene Zahlung oder Akzeptleistung bei der bestätigenden Bank;
   b) Sichtzahlung bei einer anderen benannten Bank und diese benannte Bank nicht zahlt;
   c) hinausgeschobene Zahlung bei einer anderen benannten Bank und diese benannte Bank keine Verpflichtung zur hinausgeschobenen Zahlung übernimmt oder, falls sie eine Verpflichtung zur hinausgeschobenen Zahlung übernommen hat, bei Fälligkeit nicht zahlt;
   d) Akzeptleistung bei einer anderen benannten Bank und diese benannte Bank eine auf sie gezogene Tratte nicht akzeptiert oder, nachdem sie die Tratte akzeptiert hat, bei Fälligkeit nicht zahlt;
   e) Negoziierung bei einer anderen benannten Bank und diese benannte Bank nicht negoziiert.
  ii. ohne Regress negoziieren, wenn das Akkreditiv durch Negoziierung bei der bestätigenden Bank benutzbar ist.
b Eine bestätigende Bank ist ab dem Zeitpunkt der Hinzufügung ihrer Bestätigung zu dem Akkreditiv unwiderruflich zur Honorierung oder Negoziierung verpflichtet.
c ¹Eine bestätigende Bank verpflichtet sich, eine andere benannte Bank, die eine konforme Dokumentenvorlage honoriert oder negoziiert und die Dokumente an die bestätigende Bank versandt hat, zu rembursieren. ²Rembours in Höhe des Betrags der konformen Dokumentenvorlage unter einem Akkreditiv, das durch Akzeptleistung oder hinausgeschobene Zahlung benutzbar ist, ist bei Fälligkeit zu leisten, unabhängig davon, ob die benannte Bank diesen Betrag vor Fälligkeit gezahlt oder angekauft hat. ³Die Verpflichtung einer bestätigenden Bank, eine andere benannte Bank zu rembursieren, ist unabhängig von der Verpflichtung der bestätigenden Bank gegenüber dem Begünstigten.
d Wenn eine Bank von der eröffnenden Bank ermächtigt oder beauftragt ist, ein Akkreditiv zu bestätigen, hierzu aber nicht bereit ist, muss sie die eröffnende Bank unverzüglich davon unterrichten und kann das Akkreditiv ohne Bestätigung avisieren.

1) Verpflichtung der bestätigenden Bank zur Honorierung je nach Art der Benutzbarkeit des Akkreditivs (Art 8 lit a)

Art 8 nF entspricht Art 9 lit b i–iii aF. Art 8 lit a enthält die Verpflichtung der bestätigenden Bank (Art 2 Rn 8), bei konformer Dokumentenvorlage zu honorieren, und zwar unterschiedlich je nach Art der Benutzbarkeit des Akkreditivs (Art 8a lit a i a–e). Art 8 lit a i entspricht für die bestätigende Bank Art 7 lit a für die eröffnende Bank, s näher Art 7 Rn 1. Die bestätigende Bank muss ohne Regress negoziieren, wenn das Akkreditiv durch Negoziierung bei ihr benutzbar gestellt ist (Art 8 lit a ii).

Art 8 lit a regelt die Verpflichtung der bestätigenden Bank wie schon Art 7 lit a die der eröffnenden Bank, s (7) Bankgeschäfte Rn K/2. Zur Bedeutung der sog Ersthaftung der Eröffnungsbank s Art 7 Rn 2. Nach Art 7 lit a, Art 8 lit a ist Dokumenteneinreichung entweder bei der Eröffnungs- oder der Bestätigungsbank möglich.

2) Unwiderrufliche Verpflichtung der bestätigenden Bank zur Honorierung (Art 8 lit b)

3 Art 8 lit b nF formuliert weitergehend als Art 9 lit d ii Satz 2 aF. Eine bestätigende Bank ist ab dem Zeitpunkt der Bestätigung des Akkreditivs unwiderruflich zur Honorierung oder zur Negoziierung verpflichtet. Zur Unwiderruflichkeit s schon bei der Definition des Akkreditivs in Art 2 Rn 9. Bestätigung ist zwar auch beim widerruflichen Akkreditiv (Art 3 Rn 3) möglich, str, kommt aber praktisch nicht vor.

3) Verpflichtung der bestätigenden Bank zur Remboursierung (Art 8 lit c)

4 Art 8 lit c nF (entsprechend Art 14 lit a aF) betrifft die Remboursierung durch die bestätigende Bank, entsprechend Art 7 lit c die durch die eröffnende Bank. Art 8 lit c Satz 2 bestimmt, wann zu remboursieren ist, nämlich zum Zeitpunkt der Fälligkeit, ohne Rücksicht darauf, ob die benannte Bank vor Fälligkeit gezahlt oder angekauft hat, wozu diese nach Art 12 lit b berechtigt ist (Wirksamkeit str, s dort Rn 2). Bank-zu-Bank-Remboursvereinbarungen sind in Art 13 geregelt.

4) Ablehnung der Bestätigung (Art 8 lit d)

5 Art 8 lit d nF entspricht Art 9 lit d ii Satz 3 aF. Lehnt die von der eröffnenden Bank zur Bestätigung ermächtigte oder beauftragte Bank die Bestätigung ab, muss sie die eröffnende Bank unverzüglich davon unterrichten. Sie kann das Akkreditiv aber ohne Bestätigung avisieren. Zur Avisierung näher Art 9.

Avisierung von Akkreditiven und Änderungen

ERA 9

a [1] Ein Akkreditiv und jegliche Änderung kann dem Begünstigten durch eine avisierende Bank avisiert werden. [2] Eine avisierende Bank, die nicht bestätigende Bank ist, avisiert das Akkreditiv und jegliche Änderung, ohne irgendeine Verpflichtung zu honorieren oder zu negoziieren.

b Durch die Avisierung des Akkreditivs oder der Änderung gibt die avisierende Bank zu erkennen, dass sie sich der augenscheinlichen Echtheit des Akkreditivs oder der Änderung vergewissert hat und dass das Avis die Bedingungen des ihr zugegangenen Akkreditivs oder der ihr zugegangenen Änderung genau wiedergibt.

c [1] Eine avisierende Bank kann sich einer anderen Bank („zweite avisierende Bank") zur Avisierung des Akkreditivs und jeglicher Änderung an den Begünstigten bedienen. [2] Durch die Avisierung des Akkreditivs oder der Änderung gibt die zweite avisierende Bank zu erkennen, dass sie sich der augenscheinlichen Echtheit des bei ihr eingegangenen Avises vergewissert hat und dass ihr Avis die Bedingungen des ihr zugegangenen Akkreditivs oder der ihr zugegangenen Änderungen genau wiedergibt.

d Eine Bank, die sich der Dienste einer avisierenden oder zweiten avisierenden Bank zur Avisierung eines Akkreditivs bedient, muss dieselbe Bank zur Avisierung von jeder Änderung dazu benutzen.

e Wenn sich eine Bank, die mit der Avisierung eines Akkreditivs oder einer Änderung beauftragt ist, entschließt, dies nicht zu tun, muss sie darüber unverzüglich die Bank unterrichten, von der sie das Akkreditiv, die Änderung oder das Avis erhalten hat.

f [1] Wenn eine Bank mit der Avisierung eines Akkreditivs oder einer Änderung beauftragt ist, sich jedoch nicht der augenscheinlichen Echtheit des Akkreditivs, der Änderung oder des Avises vergewissern kann, muss sie unverzüglich die Bank, von der sie den Auftrag erhalten zu haben scheint, davon

V. Bankgeschäfte 1-5 **9 ERA (11)**

unterrichten. [2] Wenn die avisierende oder zweite avisierende Bank sich dennoch zur Avisierung des Akkreditivs oder der Änderung entschließt, muss sie den Begünstigten oder die zweite avisierende Bank davon unterrichten, dass sie sich nicht der augenscheinlichen Echtheit des Akkreditivs oder der Änderung oder des Avises vergewissern konnte.

1) Avisierung von Akkreditiven und Änderungen (Art 9 lit a)

Art 9 nF entspricht zT Art 7 und 11 lit b aF. Art 9 regelt die Avisierung von 1 Akkreditiven und von Änderungen derselben durch die avisierende oder Avisbank (Art 2 Rn 2). Die avisierende Bank, die nicht bestätigende Bank ist, übernimmt mit der Avisierung keine Verpflichtung zu honoriieren oder zu negoziieren (Art 9 lit a Satz 2), s auch **(7)** Bankgeschäfte Rn K/2. Schweigen des Begünstigten ist nicht ohne Weiteres Zustimmung (§ 346 HGB Rn 32), MüKo/Nielsen H 64. **Stille Bestätigung** (s **(7)** Bankgeschäfte Rn K/2a), Ffm WM **10**, 1405.

2) Prüfungspflicht der avisierenden Bank (Art 9 lit b)

Durch die Avisierung gibt die Bank zu erkennen, dass sie sich der augen- 2 scheinlichen Echtheit des Akkreditivs bzw. der Änderung vergewissert hat und dass das Avis den Bedingungen des Akkreditivs bzw der Änderung genau entspricht. Mit ersterem soll Fälschungen vorgebeugt werden. Die Pflicht, sich nur der augenscheinlichen Echtheit zu vergewissern (Art 9 lit b Alt 1), ersetzt die Pflicht, „mit angemessener Sorgfalt" dies „zu überprüfen" (Art 7 lit a ERA 500), was zu erheblicher Unsicherheit geführt hatte. Intendiert ist mit der nF offenbar ein Weniger gegenüber der aF, obwohl es sich doch um eine Pflicht (responsibility) der Bank handeln soll, Drafting Group zu Art 9. Die Pflicht, im Avis die Bedingungen des Akkreditivs bzw der Änderung „genau wiederzugeben", bedeutet nicht, dass alle möglichen „Bank zu Bank"-Informationen weitergegeben werden müssen, zB Refinanzierungsersuchen, Kreditvereinbarungen und spezielle Instruktionen für die benannte Bank. Diese können vielmehr aus dem Avis entfernt werden; wichtig ist nur, dass der Begünstigte mindestens alle Informationen erhält, die er für den dokumentären Kredit benötigt, Drafting Group zu Art 9. Weitere Nachprüfungspflichten als in Art 9 lit b hat die avisierende Bank grundsätzlich nicht. Falls Vergewisserung nicht möglich ist, bestehen Mitteilungspflichten (Art 9 lit f, s Rn 6). Drittschutz des Begünstigten s Rn K/2, MüKo/ Nielsen H 68.

3) Einschaltung einer zweiten avisierenden Bank (Art 9 lit c)

Die avisierende Bank kann sich entsprechend einer seit einigen Jahren beste- 3 henden Praxis für das Avis einer zweiten avisierenden Bank bedienen, für die dann dasselbe wie für die Erste gilt (Art 9 lit c Satz 2 entspricht Art 9 lit b, s Rn 2).

4) Keine verschiedenen Banken für Avisierung des Akkreditivs und von Änderungen (Art 9 lit d)

Art 9 lit c (wie Art 11 lit b aF) will Irrtümer durch Einschaltung verschiedener 4 Banken für die Avisierung des Akkreditivs und von Änderungen desselben verhindern.

5) Pflicht bei Ablehnung des Avisierungsauftrags (Art 9 lit e)

Bei Auftragsablehnung (Art 9 lit e nF wie Art 7 lit a aF) besteht Mitteilungs- 5 pflicht an die Bank, von der das Akkreditiv, die Änderung oder das Avis gekommen ist. Bloßes Schweigen kann schadensersatzpflichtig (§§ 280 I, 311 II BGB) machen, gilt aber nicht ohne Weiteres als Annahme (§ 346 HGB Rn 30 ff).

6) Mitteilungspflicht mangels Vergewisserung der augenscheinlichen Echtheit (Art 9 lit f)

6 Kann sich die Bank nicht der augenscheinlichen Echtheit vergewissern (s Rn 2), muss sie das mitteilen, je nachdem an die Bank bzw den Begünstigten (Art 9 lit f Satz 1, 2 nF wie Art 7 lit b aF). In der Praxis wird die Bank sich jedoch bei der eröffnenden Bank über die Echtheit erkundigen.

Änderungen

ERA 10

a Soweit Artikel 38 nichts anderes vorsieht, kann ein Akkreditiv ohne die Zustimmung der eröffnenden Bank, der möglicherweise vorhandenen bestätigenden Bank und des Begünstigten weder geändert noch annulliert werden.

b [1] Eine eröffnende Bank ist ab dem Zeitpunkt der Erstellung einer Änderung unwiderruflich an die Änderung gebunden. [2] Eine bestätigende Bank kann ihre Bestätigung auf eine Änderung erstrecken und ist ab dem Zeitpunkt ihrer Avisierung der Änderung unwiderruflich verpflichtet. [3] Eine bestätigende Bank kann jedoch dem Begünstigten eine Änderung auch avisieren, ohne ihre Bestätigung darauf zu erstrecken, und muss dann die eröffnende Bank unverzüglich und den Begünstigten in ihrer Avisierung unterrichten.

c [1] Die Bedingungen des ursprünglichen Akkreditivs (oder eines Akkreditivs mit zuvor angenommenen Änderungen) bleiben für den Begünstigten in Kraft, bis der Begünstigte seine Annahme der Änderung der Bank mitteilt, die ihm die Änderung avisiert hat. [2] Der Begünstigte sollte mitteilen, ob er eine Änderung annimmt oder ablehnt. [3] Wenn der Begünstigte diese Mitteilung unterlässt, gilt die Dokumentenvorlage, die dem Akkreditiv und jeglicher noch nicht angenommener Änderung entspricht, als Mitteilung der Annahme der Änderung durch den Begünstigten. [4] Ab diesem Zeitpunkt ist das Akkreditiv geändert.

d Eine Bank, die eine Änderung avisiert, sollte die Bank, von der sie die Änderung erhalten hat, von jeglicher Mitteilung über die Annahme oder Ablehnung informieren.

e Eine teilweise Annahme einer Änderung ist nicht erlaubt und gilt als Mitteilung über die Ablehnung der Änderung.

f Eine Bestimmung in einer Änderung des Inhalts, dass die Änderung wirksam werden soll, sofern der Begünstigte sie nicht binnen einer bestimmten Frist ablehnt, wird nicht beachtet.

1) Keine Änderung ohne Zustimmung (Art 10 lit a)

1 Art 10 lit nF entspricht Art 9 lit d aF. Änderungen und Annullierung des Akkreditivs sind nur mit Zustimmung der eröffnenden Bank, bei Bestätigung der bestätigenden Bank und des Begünstigten möglich. Sonderregelungen enthält Art 38 für übertragbare Akkreditive.

2) Bindung an die Änderung (Art 10 lit b)

2 Die eröffnende Bank ist bereits ab Erstellung einer Änderung unwiderruflich daran gebunden, auch wenn die Mitteilung dem Begünstigten noch nicht zugegangen ist (Art 10 lit b Satz 1), sog mailbox theory, krit Nielsen 108. Die bestätigende Bank ist dagegen nur gebunden, wenn sie ihre Bestätigung auf die Änderung erstreckt, dann ab dem Zeitpunkt ihrer Avisierung der Änderung (Satz 2). Tut die bestätigende Bank das nicht, muss sie die eröffnende Bank unverzüglich und den Begünstigten in ihrer Avisierung unterrichten (Satz 3).

3) Weitergeltung für den Begünstigten bis zur Annahme der Änderung (Art 10 lit c)

Die Bedingungen des ursprünglichen bzw geänderten Akkreditivs bleiben für den Begünstigten in Kraft, bis er seine Annahme der Änderung der Bank mitteilt, die ihm die Änderung avisiert hat (Art 10 lit c Satz 1). Wenn der Begünstigte diese Mitteilung unterlässt (nach Satz 2 Obliegenheit, keine Pflicht), soll nach Satz 3 die Dokumentenvorlage, die dem Akkreditiv und einer jeglichen noch nicht angenommenen Änderung entspricht, als Mitteilung der Annahme gelten. Der Begünstigte gibt jedoch seine Zustimmung nicht schon durch Schweigen, str, Grund: Änderung seiner Rechte; er kann allein durch Art 10 lit c Satz 3 nicht gebunden werden, Nielsen 109, vgl **(5)** BGB § 308 Nr 5 und Einl 7 vor Art 1. Nach Satz 4 ist der Zeitpunkt der Dokumentenvorlage gemäß Satz 3 für die Änderung maßgeblich.

4) Mitteilung der Bank (Art 10 lit d)

Wenn die avisierende oder zweite avisierende Bank eine Mitteilung über die Annahme oder Ablehnung der Änderung bis zur oder bei Vorlage der Dokumente erhält, sollte sie die Bank, von der sie die Änderung erhalten hat, darüber informieren.

5) Keine teilweise Änderung (Art 10 lit e)

Art 10 lit e nF entspricht Art 9 lit d iv aF. Teilweise Änderung gilt als Mitteilung über die Ablehnung der Änderung. Das gilt aber nur, wenn sie in ein- und derselben Änderungsanzeige enthalten ist, sonst nicht, denn dann liegen mehrere konsekutive Änderungsmitteilungen vor, die der Begünstigte jeweils annehmen oder ablehnen kann; andere Vereinbarung aller Betroffenen bleibt möglich (Art 1 Rn 3), str.

6) Keine Annahme der Änderung durch den Begünstigten mangels Ablehnung (Art 10 lit f)

Wenn eine Akkreditivänderung bestimmt, dass sie mangels Ablehnung durch den Begünstigten binnen einer bestimmten Frist wirksam wird, ist das unbeachtlich (so schon Position Paper No 1 der ICC zu ERA 500).

Akkreditive und Änderungen per Telekommunikation und Voravis

ERA 11

a [1] Eine authentisierte Telekommunikation eines Akkreditivs oder einer Änderung gilt als das operative Akkreditiv oder als die operative Änderungsmitteilung; eine darauf folgende briefliche Bestätigung wird nicht beachtet.
[2] Wen eine Telekommunikation den Hinweis „vollständige Einzelheiten folgen" (oder Worte ähnlicher Bedeutung) enthält oder angibt, dass die briefliche Bestätigung das operative Akkreditiv oder die operative Änderungsmitteilung sein soll, dann wird die Telekommunikation nicht als die operative Akkreditiv oder die operative Änderungsmitteilung angesehen. [3] Die eröffnende Bank muss dann unverzüglich das operative Akkreditiv oder die operative Änderungsmitteilung erstellen mit Bedingungen, die der Telekommunikation nicht widersprechen.
b [1] Eine Voranzeige („Voravis") über die Eröffnung oder Änderung eines Akkreditivs soll nur versendet werden, wenn die eröffnende Bank bereit ist, das operative Akkreditiv oder die operative Änderungsmitteilung zu erstellen. [2] Die eröffnende Bank, die ein Voravis versendet, ist unwiderruflich verpflichtet, das operative Akkreditiv oder die operative Änderungsmittei-

lung unverzüglich, mit Bedingungen, die dem Voravis nicht widersprechen, zu erstellen.

1) Telekommunikation eines Akkreditivs oder einer Änderung (Art 11 lit a)

1   Art 11 nF entspricht Art 11 lit a, c aF. Das Akkreditiv wird nach Art 11 lit a mit authentisierter Telekommunikation wirksam, letztere gilt als das Instrument für die Inanspruchnahme des (operativen) Akkreditivs. Briefliche Bestätigung ist dann nicht nur unnötig und wirkungslos (Art 11 lit a Satz 1), sondern braucht von der Zweitbank nicht geprüft zu werden, das Risiko von Übertragungsfehlern der Telekommunikation liegt also trotz schriftlicher Korrektur voll bei der eröffnenden Bank, Nielsen 114 mit Fall. Soll etwas anderes gelten, muss die eröffnende Bank das klar sagen, zB „vollständige Einzelheiten folgen" oä (Art 11 lit a Satz 2).

2) Voranzeige („Voravis") eines Akkreditivs oder einer Änderung (Art 11 lit b)

2   Eine Voranzeige (Voravis, pre-advice) über Eröffnung oder Änderung eines Akkreditivs (Satz 1) verpflichtet die sie versendende Bank unwiderruflich (Art 2 Rn 9) zur unverzüglichen Erstellung des Akkreditivs oder der Änderung (Satz 2), zweifelnd MüKo/Nielsen H 67, denn Voravis enthält noch nicht alle Akkreditivbedingungen. Voraussetzung ist, dass die Voranzeige konkret genug ist. Keine Verbindlichkeit nach Art 11 lit b bei klarer Erklärung, dass es sich nicht um ein Voravis handelt.

Nominierung

ERA 12

a Sofern die benannte Bank nicht die bestätigende Bank ist, begründet die Ermächtigung zu honorieren oder zu negoziieren keine Verpflichtung der benannten Bank zur Honorierung oder Negoziierung, es sei denn, die benannte Bank hat diese ausdrücklich übernommen und dies dem Begünstigten mitgeteilt.
b Durch die Benennung einer Bank zur Akzeptierung einer Tratte oder zur Übernahme einer Verpflichtung zur hinausgeschobenen Zahlung ermächtigt die eröffnende Bank diese benannte Bank, ihr Akzept oder ihre eingegangene Verpflichtung zur hinausgeschobenen Zahlung im Voraus zu zahlen oder anzukaufen.
c Erhalt oder Prüfung und Weiterleitung von Dokumenten durch eine benannte Bank, die keine bestätigende Bank ist, verpflichtet die benannte Bank nicht zur Honorierung oder Negoziierung, stellt aber auch keine Honorierung oder Negoziierung dar.

1) Keine Verpflichtung anderer als der bestätigenden Bank durch Nominierung (Art 12 lit a)

1   Art 12 lit a, c nF entspricht Art 10 lit c, lit b ii aF. Die Ermächtigung einer Bank zu honorieren (Art 2 Rn 10) oder zu negoziieren (Art 2 Rn 12) begründet für diese Bank (benannte Bank, Art 2 Rn 13) keine Verpflichtung zur Honorierung oder Negoziierung. Anders, wenn die benannte Bank diese Verpflichtung ausdrücklich übernommen und dies dem Begünstigten mitgeteilt hat (Halbs 2).

2) Nominierung zur Akzeptierung einer Tratte oder zur Übernahme einer Verpflichtung zur hinausgeschobenen Zahlung (Art 12 lit b)

In der Benennung der Bank liegt eine Ermächtigung durch die eröffnende **2** Bank, im Voraus zu zahlen oder anzukaufen, dann Aufwendungsersatz bzw Remboursierung durch die eröffnende Bank, s Art 7 lit c, Art 8 lit c. Aber vorzeitige Zahlung beim Akkreditiv mit hinausgeschobener Zahlung wird als unzulässig angesehen, üL, s **(7)** Bankgeschäfte Rn K/3; deshalb AGB-rechtliche Bedenken bei Blesch/Lange/Keßler, Bankgeschäfte mit Auslandsbezug 2007 Rn 661, MüKo/Nielsen H 91a, Nielsen 6, 81, 118 und WM **09**, 479 (überraschende AGB, jedenfalls unwirksam), ohne Stellungnahme Wo/Li/Pf/H. Schmidt Akkreditivbedingungen Rn A 126, für wirksam erachtet von Staub/Grundmann 3/608. Voraussetzung ist auftragsgemäße Honorierung und Aufnahme der Dokumente; gehen die Dokumente auf dem Weg von der benannten Bank zur eröffnenden Bank verloren, berührt das den Anspruch nicht mehr (Art 35 II). Aufwendungsersatz an die benannte Bank entweder direkt durch die eröffnende Bank oder indirekt über die Remboursbank (Art 13).

3) Erhalt oder Prüfung oder Weiterleitung von Dokumenten (Art 12 lit c)

Art 12 lit c stellt klar, dass die benannte Bank nicht schon als solche (auch nicht **3** nach Aufnahme, Prüfung und Weiterleitung der Dokumente) dem Begünstigten haftet, sondern nur bei Bestätigung ihm gegenüber, s **(7)** Bankgeschäfte Rn K/2.

Bank-zu-Bank Remboursvereinbarungen

ERA 13

a Wenn ein Akkreditiv bestimmt, dass Rembours seitens der nominierten Bank („Rembours beanspruchende Bank") durch Anforderung bei einer anderen Partei („Remboursbank") erlangt werden soll, muss das Akkreditiv angeben, ob der Rembours den ICC-Regeln für Bank-zu-Bank-Rembourse unterliegen soll, die zum Zeitpunkt der Eröffnung des Akkreditivs in Kraft sind.

b Wenn ein Akkreditiv nicht angibt, dass der Rembours den ICC-Regeln für Bank-zu-Bank-Rembourse unterliegt, gilt Folgendes:
  i. [1]Eine eröffnende Bank muss der Remboursbank eine Remboursermächtigung erteilen, die mit der Benutzbarkeit des Akkreditivs in Einklang steht. [2]Die Remboursermächtigung sollte kein Verfalldatum tragen.
  ii. Von einer Rembours beanspruchenden Bank soll nicht verlangt werden, der Remboursbank eine Bestätigung über die Erfüllung der Akkreditiv-Bedingungen zu übermitteln.
  iii. Eine eröffnende Bank haftet für jeglichen Zinsverlust sowie jegliche Auslagen, wenn der Rembours von der Remboursbank nicht auf erstes Anfordern gemäß den Akkreditiv-Bedingungen geleistet wird.
  iv. [1]Die Spesen der Remboursbank gehen zu Lasten der eröffnenden Bank. [2]Wenn jedoch die Spesen zu Lasten des Begünstigten gehen, liegt es in der Verantwortung der eröffnenden Bank, einen entsprechenden Hinweis in das Akkreditiv und die Remboursermächtigung aufzunehmen. [3]Wenn die Spesen der Remboursbank zu Lasten des Begünstigten gehen, müssen sie bei Leistung des Rembourses von dem an die Rembours beanspruchende Bank zu zahlenden Betrag abgezogen werden. [4]Wenn kein Rembours geleistet wird, bleibt die eröffnende Bank für die Spesen der Remboursbank haftbar.

c Eine eröffnende Bank wird von ihren Verpflichtungen zur Rembourslestung nicht befreit, wenn die Remboursbank nicht auf erstes Anfordern Rembours leistet.

1) Rembours

1   Art 13 nF entspricht Art 19 aF. Art 13 regelt den Rembours näher und enthält die dazu gehörenden Definitionen (nicht in Art 2, dort Rn 1). Die Rembourslausel in einem Akkreditiv bestimmt, dass Rembours seitens der nominierten Bank (Rembours beanspruchende Bank, claiming bank) durch Anforderung bei einer anderen Partei (Remboursbank, reimbursing bank) erlangt werden kann (Art 13 lit 1 Halbs 1). Die Remboursklausel betrifft nur das Verhältnis zwischen Eröffnungsbank und Zweitbank, s **(7)** Bankgeschäfte Rn K/2. Rembours ist typisch bei Währungsakkreditiven (zum Wechselrembours s **(7)** Bankgeschäfte G/26). Remboursbank iSv Art 13 ist eine „andere Partei", also auch Nichtbank. Die Remboursbank soll ohne Bestätigung der den Rembours beanspruchenden Bank über die Erfüllung der Akkreditivbedingungen remboursieren (Art 13 lit b ii). Art 13 lit c stellt klar, dass die Einschaltung der Remboursbank nur erfüllungshalber erfolgt, das gilt für lit a und lit b. Lit: MüKo/Nielsen H 81 ff, Schütze/Vorpeil Rn 434 ff, Lorenz FS Steindorff **90**, 405 (IPR), Nielsen FS Schütze **99**, 593.

2) ICC Einheitliche Richtlinien für Rembourse zwischen Banken

2   Die ICC Einheitliche Richtlinien für Rembourse zwischen Banken unter Dokumenten-Akkreditiven (ICC Uniform Rules for Bank-to-Bank Reimbursements under Documentary Credits, ERR 725/URR 725) (IntHK-Publikation Nr 725 E, engl, mit Kurzkomm Nr 551 und Guide Nr 575, beides englisch, auch bei Schütze/Vorpeil Anh III) regelt seit 1996 den **Bankenrembours,** 2008 Anpassung an ERA 600. Die ERR gelten für alle Rembourse zwischen Banken, sofern sie in den Text der Remboursermächtigung einbezogen sind, die ERA werden durch sie nicht geändert (Art 1 ERR). IZw hatte schon Art 19 ERA 500 Vorrang, Nielsen 2. Aufl 2001 Rn 215. Art 13 verlangt nunmehr Klarstellung im Akkreditiv, ob dieses den (jeweils geltenden) ICC-Regeln unterliegen soll (Art 13 lit a), bzw regelt, was gilt, wenn das Akkreditiv dazu schweigt, nämlich Geltung von Art 13 lit b. Die Eröffnungsbank haftet für Übermittlungsfehler (Art 5 ERR). Die Remboursbanken schließen Haftung für Nachrichtenübermittlung und Übersetzungsirrtümer aus (Art 14 ERR, vgl Art 35 ERA); das gilt nur, soweit nach **(5)** §§ 305 ff BGB zulässig (Einl 7 vor Art 1 ERA).

Grundsatz der Dokumentenprüfung

ERA 14

a Eine benannte Bank, die gemäß ihrer Benennung handelt, eine möglicherweise vorhandene bestätigende Bank und die eröffnende Bank müssen die Dokumentenvorlage prüfen, um allein aufgrund der Dokumente zu entscheiden, ob die Dokumente ihrer äußeren Aufmachung nach eine konforme Dokumentenvorlage zu bilden scheinen.

b [1]**Eine benannte Bank, die gemäß ihrer Benennung handelt, eine möglicherweise vorhandene bestätigende Bank und die eröffnende Bank haben jeweils maximal fünf Bankarbeitstage nach dem Tag der Dokumentenvorlage Zeit zu entscheiden, ob eine Dokumentenvorlage konform ist.** [2]**Dieser Zeitraum wird nicht verkürzt oder anderweitig beeinflusst von einem Verfalldatum oder letzten Tag für die Dokumentenvorlage an oder nach dem Tag der tatsächlichen Dokumentenvorlage.**

c Eine Dokumentenvorlage, die ein oder mehrere Original-Transportdokumente gemäß Artikeln 19, 20, 21, 22, 23, 24 oder 25 mit einschließt, muss von dem oder für den Begünstigten nicht später als 21 Kalendertage nach dem gemäß diesen Regeln bestimmten Verladedatum, aber in jedem Fall nicht später als an dem Verfalldatum des Akkreditivs vorgelegt werden.

d Angaben in einem Dokument, im Zusammenhang mit dem Akkreditiv, dem Dokument selbst und dem Standard internationaler Bankpraxis gelesen, müssen nicht identisch sein mit Angaben in diesem Dokument, irgendeinem anderen vorgeschriebenen Dokument oder dem Akkreditiv, dürfen damit aber auch nicht im Widerspruch stehen.

e In anderen Dokumenten als der Handelsrechnung kann die Beschreibung der Waren, Dienstleistungen oder Leistungen, soweit angegeben, in allgemeinen Begriffen gehalten sein, die nicht im Widerspruch zu ihrer Beschreibung im Akkreditiv stehen.

f Wenn ein Akkreditiv die Vorlage eines anderen Dokuments als ein Transportdokument, Versicherungsdokument oder eine Handelsrechnung verlangt, ohne den Aussteller des Dokuments oder dessen Inhaltsmerkmale zu bestimmen, nehmen Banken das Dokument so an, wie es vorgelegt wird, wenn sein Inhalt die Funktion des verlangten Dokuments zu erfüllen scheint und im übrigen Artikel 14 (d) entspricht.

g Ein vorgelegtes Dokument, das in dem Akkreditiv nicht verlangt ist, wird nicht beachtet und kann dem Einreicher zurückgegeben werden.

h Wenn ein Akkreditiv eine Bedingung enthält, ohne das zum Erfüllungsnachweis vorzulegende Dokument anzugeben, betrachten die Banken eine solche Bedingung als nicht angegeben und werden sie nicht beachten.

i Ein Dokument kann vor dem Ausstellungsdatum des Akkreditivs datiert sein, darf aber nicht später datiert sein als das Datum der Dokumentenvorlage.

j [1] Wenn die Adressen des Begünstigten und des Auftraggebers in einem vorgeschriebenen Dokument enthalten sind, müssen sie nicht den Adressen entsprechen, die im Akkreditiv und in einem anderen vorgeschriebenen Dokument angegeben sind, müssen aber in demselben Land angesiedelt sein wie die entsprechenden im Akkreditiv erwähnten Adressen. [2] Kontaktdaten (Telefax, Telefon, E-Mail und Ähnliches), die als Teil der Adresse des Begünstigten und Auftraggebers genannt sind, werden nicht beachtet. Ist jedoch die Adresse bzw. Kontaktdaten des Auftraggebers in einem Transportdokument gemäß Artikel 19, 20, 21, 22, 23, 24 oder 25 als Teil der Empfänger- oder „Notify-Address"-Angaben anzugeben, müssen sie den Akkreditiv-Bedingungen entsprechen.

k Der Ablader oder Absender der Waren in einem Dokument muss nicht der Akkreditiv-Begünstigte sein.

l Ein Transportdokument kann von jeder anderen Person als dem Frachtführer, Eigentümer, Master oder Charterer ausgestellt sein, vorausgesetzt, das Transportdokument erfüllt die Anforderungen der Artikel 19, 20, 21, 22, 23 oder 24 dieser Regeln.

1) Alleinige Dokumentenprüfung (Art 14 lit a)

Art 14 nF (entsprechend Art 13 aF) betrifft die Prüfung der Dokumente. Zusätzliche Vorschriften dazu enthalten die Regeln über Transportdokumente, Versicherungsdokumente und Handelsrechnungen (Art 19 ff, 28, 18). Nach Art 14 lit a nF (entsprechend Art 13 lit a, 14 lit b aF) prüfen die verschiedenen Banken (die eröffnende, bestätigende und benannte) die Dokumentenvorlage und entscheiden dabei allein auf Grund der Dokumente, ob die Dokumente ihrer äußeren Aufmachung nach eine konforme Dokumentenvorlage zu bilden scheinen, Düss ZIP **03**, 1786, Ffm WM **10**, 1407. Der Grundsatz der alleinigen Dokumentenprüfung ist für das Dokumentenakkreditiv bestimmend, die Banken befassen sich nur mit Dokumenten (Art 5). Art 14 lit a könnte dahin gelesen werden, dass die Dokumentenvorlage nicht konform (Art 2 Rn 6) sein muss, sondern nur nach der äußeren Aufmachung der Dokumente als eine solche erscheinen muss (on their face) oder dass die Bank gar nur den äußeren Anschein prüfen müsste, unklar Drafting Group zu Art 14. Das würde indessen den Grundsatz der Dokumentenstrenge (Einl 5 vor Art 1, **(7)** Bankgeschäfte Rn K/1) in Frage stellen, zu dem anerkannt ist, dass eine sehr strenge, genaue Prüfung zu erfolgen hat (s **(7)** Bankgeschäfte Rn K/1). Vielmehr ist damit eine streng förmliche Prüfung allein der Dokumente gemeint (vgl Art 5; auch Schütze/Vorpeil Rn 510, die die Akkreditivgemäßheit dann verneinen wollen, wenn ein an sich dem Akkreditiv entsprechendes Dokument äußerlich nicht in Ordnung ist). Zur angloamerikanischen Praxis (strict compliance/substantial compliance) Nielsen 131 ff. Prüfungsziel bleibt also, ob eine konforme Dokumentenvorlage gegeben ist, was eine dreifache Prüfung impliziert: ob die Dokumente dem Akkreditiv selbst, den ERA und dem Standard internationaler Bankpraxis entsprechen (§ 2 Rn 6). Dieser Prüfungsmaßstab nach Art 14 lit a nF ist an die Stelle von „mit angemessener Sorgfalt prüfen" (Art 13 lit a aF) getreten. Damit wird also der Sorgfaltsmaßstab nicht abgesenkt, sondern der Prüfungsmaßstab nur präzisiert, was wegen der Weiterentwicklung der internationalen Standardbankpraxis möglich war, die Drafting Group verweist dabei auf die ICC Publications No 645 (2003) und 681 mit UCP 600 (Schrifttum vor Einl 1 vor Art 1), dazu auch Nielsen 137. Zu prüfen sind die Vollzähligkeit der Dokumente, ihre äußerliche Ordnungsmäßigkeit und ihre Übereinstimmung miteinander (keine Widersprüchlichkeit, s Art 14 lit d, e), BGH ZIP **04**, 1049, s **(7)** Bankgeschäfte Rn K/5–8. Die Prüfungspflicht nach Art 14 ist also keine umfassende, sondern gerichtet auf die formelle Übereinstimmung mit den Akkreditivbedingungen. Nur insoweit ist sie vertragswesentlich iSv **(5)** § 307 II Nr 2 BGB, insoweit dann aber auch keine Haftungsbeschränkung, BGH **108**, 348, s **(7)** Bankgeschäfte Rn K/6. Strenge, akribische Prüfung (s **(7)** Bankgeschäfte Rn K/6). Für eine benannte Bank gilt Art 14 lit a und b nur, wenn sie „gemäß ihrer Benennung handelt", dazu Drafting Group zu Art 14. Zur Prüfung von elektronischen Dokumenten s Anhang Art e 6, zusätzlicher Haftungsausschluss Art e 12. Behandlung von Abkürzungen, International Standard Banking Practice (ICC Publication No 745) A1–2; von Korrekturen, A7–9; von Datumsangaben, A11–16; von Originalen und Kopien, A27–31; von Unterschriften, A35–38.

2) Prüfungszeitraum (Art 14 lit b)

2   Art 14 lit b legt ganz genau der Prüfungszeitraum fest. Die verschiedenen Banken (die eröffnende, bestätigende und benannte) haben für die Prüfung der konformen Dokumentenvorlage (Art 2 Rn 6) jeweils maximal fünf (nach ERA 500 sieben) Bankarbeitstage (Legaldefinition in Art 2, dort Rn 4) nach dem Tag der Dokumentenvorlage (Satz 1). Dieser Prüfungszeitraum kann aber notwendig sein und wird durch ein Verfalldatum oder letzten Tag für die Dokumentenvorlage nicht berührt (Satz 2). Die angemessene Frist nach Art 14 lit b kann im konkreten Fall aber durchaus unter fünf Bankarbeitstagen nach dem Tag des Dokumentenerhalts (bloße Höchstfrist) liegen, zB 3–4 Tage, Einzelfall entscheidet, Düss ZIP **03**, 1786. Die Frist nach Art 14 lit b gilt nicht nur gegenüber dem Begünstigten, sondern auch unter den beteiligten Banken, aber nicht kumulativ. Aber Verlust des Rügerechts nur für Eröffnungs- und/oder Bestätigungsbank, Art 16 lit f, MüKo/Nielsen H 85, 113: für den Begünstigten unbefriedigend.

3) Dokumentenvorlage mit Original-Transportdokumenten (Art 14 lit c)

Art 14 lit c nF (entsprechend Art 43 lit a aF; anstelle von Art 41 ERA 1974 **3** über Zurückweisung von „stale documents" wegen übermäßiger Verzögerung, Schütze/Vorpeil Rn 183) betrifft die Dokumentenvorlage bei Original-Transportdokumenten (Art 19, 20, 21, 22, 23, 24 oder 25). Schließt die Dokumentenvorlage ein solches Dokument mit ein, gilt eine Frist von nicht später als 21 Kalendertagen nach dem gemäß den ERA (Art 19 lit a ii) bestimmten Verladedatum. Spätester Zeitpunkt ist aber auch dann das Verfalldatum des Akkreditivs (s auch Art Rn 6).

4) Angaben in Dokumenten (Art 14 lit d)

Art 14 lit d nF entspricht Art 21 Satz 2, 13 lit a Abs 1 Satz 3 aF. Angaben in **4** dem Dokument selbst, in anderen Dokumenten oder im Akkreditiv werden häufig nicht identisch sein. Wenn das verlangt würde, wäre der Akkreditivverkehr stark beeinträchtigt. Unerlässlich ist jedoch, dass sie miteinander **nicht im Widerspruch** stehen, MüKo/Nielsen H 107d. Ob ein Widerspruch vorliegt, ist durch Lesen der Angaben im Zusammenhang mit dem Akkreditiv, dem Dokument selbst und dem Standard internationaler Bankpraxis festzustellen. Die Drafting Group zu Art 14 kritisiert dazu, dass die Banken häufig schon bloße Tipp- und Grammatikfehler als widersprüchlich behandelt haben. Ein Widerspruch liegt auch nicht vor bei unterschiedlichem Bedeutungsinhalt eines Begriffs in verschiedenen Dokumenten, zB „consignee" bzw Empfänger in einem Herkunftszeugnis (für den Zoll) und einem Konnossement (zB für eine Sicherheiten gebende Bank), Drafting Group zu Art 14. Was Standard internationaler Bankpraxis ist, kann über das von der ICC Niedergelegte (International Standard Banking Practice, IntHK-Publikation Nr 681, inzwischen Nr 745) hinausgehen, Drafting Group zu Art 14.

5) Warenbeschreibung in Dokumenten (Art 14 lit e)

Art 14 lit e nF entspricht Art 37 lit c aF. Die Beschreibung der Waren, Dienst- **5** leistungen oder Leistungen, soweit angegeben (also nicht in jedem Dokument unbedingt notwendig), kann in allgemeinen Begriffen erfolgen. Wie nach Art 14 lit d darf die Beschreibung aber nicht im Widerspruch zu ihrer Beschreibung im Akkreditiv stehen. Art 14 lit e gilt nicht für die Handelsrechnung, für diese gelten strengere Regeln nach Art 18, s dort.

6) Dokumente ohne Bestimmung des Ausstellers oder der Inhaltsmerkmale (Art 14 lit f)

Art 14 lit f nF (entsprechend Art 21 aF) ergänzt lit d und lit e für den Fall, dass **6** ein vorzulegendes Dokument den Aussteller oder die Inhaltsmerkmale des Dokuments nicht bestimmt. In diesem Fall genügt es, wenn der Inhalt des vorgelegten Dokuments die Funktion des verlangten Dokuments zu erfüllen scheint (zB als Untersuchungsbericht oder als Packliste) und nicht iSv Art 14 lit d widersprüchlich ist (s Rn 4). Art 14 lit f gilt nicht für Transportdokumente (Art 19 ff), Versicherungsdokumente (Art 28) und Handelsrechnungen (Art 18). Als Dokumente iSv lit f kommen zB in Betracht: Ursprungszeugnis, Qualitätszertifikat, Analysezertifikat, Inspektionszertifikat, aber auch sonstige Dokumente, zB Export- oder Importgenehmigungen, Versicherungsnachweise, Schiffsregistrierung und andere Bestätigungen. Hier brauchen Aussteller und Wortlaut bzw Inhalt nicht bestimmt zu werden. Das sonstige Dokument wird dann so angenommen wie vorgelegt (außer bei Widerspruch zu einem anderen vorgeschriebenen Dokument), auch wenn das Dokument nicht handelsüblich ist, auch wenn es vom Akkreditivbegünstigten selbst stammt, Schütze/Vorpeil Rn 534. Zu Ursprungszeugnissen (certificates of origin) International Standard Banking Practice (ICC Publication No 745) L1–8; zu Zertifikaten Q1–11.

7) Im Akkreditiv nicht verlangte Dokumente (Art 14 lit g)

7   Nach Art 14 lit g prüft die Bank im Akkreditiv nicht vorgeschriebene Dokumente nicht. Die Bank kann (freigestellt, anders Art 13 lit a Abs 2 Satz 2 aF) sie entweder dem Einreicher zurückgeben oder leitet sie unverbindlich weiter (aber Risiko, dass Widersprüchlichkeit der Dokumente behauptet wird). Das ist unter **(5)** § 307 BGB nicht zu beanstanden, zT aA Graf von Westphalen RIW **94**, 456.

8) Bedingungen ohne Angabe eines Dokuments (Art 14 lit h)

8   Nach Art 14 lit h sind nichtdokumentäre Akkreditivbedingungen unbeachtlich, zweifelnd MüKo/Nielsen H 114, das betrifft aber nicht sichere künftige Ereignisse wie Verfall- oder Verladedatum. Ohne Angabe eines vorzulegenden Dokuments kann der Eintritt der Bedingung nicht durch die bloße Dokumentenprüfung nach Art 14 lit a (s Rn 1) festgestellt werden. Die Bedingung gilt deshalb als nicht gegeben und wird nicht beachtet. Art 14 lit h entbindet aber nicht von der Prüfung nach Art 14 lit d auf Widersprüchlichkeit. Auf jeden Fall empfiehlt es sich, für jede Akkreditivbedingung ein diesbezügliches Dokument anzugeben, zB statt „shipment by conference line vessel" besser „bill of lading to indicate shipment by conference line vessel", Drafting Group zu Art 14.

9) Datierung von Dokumenten (Art 14 lit i)

9   Art 14 lit i nF entspricht Art 22 aF. Die vorzulegenden Dokumente können ein Datum vor dem Ausstellungsdatum des Akkreditivs haben, aber nicht eines, das später als das Datum der Dokumentenvorlage liegt. Denn bei letzterer erfolgt die maßgebliche Dokumentenprüfung (s Rn 1). Das Ausstellungsdatum der Dokumente kann vor dem des Akkreditivs liegen, aber Grenzen bei Widersprüchlichkeit, zB wenn es in einem Untersuchungsbericht heißt, „auf Grund unserer heutigen Untersuchung" und das Verschiffungsdatum schon vorher liegt, Drafting Group zu Art 14, oder bei Rechtsmissbrauch, zB wenn ein Gesundheitsattest für Fleisch oder Analysezertifikat so lange zurückliegt, dass die Nachweiseigenschaft verloren ist, Nielsen 181; doch kann Rechtsmissbrauch nur in engen Ausnahmefällen angenommen werden (s **(7)** Bankgeschäfte Rn K7/20). Ausstellungsdatum bei elektronischen Dokumenten bei el.ERA-Akkreditiv s Anhang el.ERA Art e 9.

10) Adressen (Art 14 lit j)

10   Art 14 lit j regelt den häufigen Fall, dass die Adressen im Akkreditiv und in vorgeschriebenen Dokumenten nicht übereinstimmen.

11) Ablader oder Absender der Waren in einem Dokument (Art 14 lit k)

11   Art 14 lit k nF (weiter als Art 31 iii aF) bestimmt, dass der Ablader oder Absender der Waren in einem Dokument nicht der Akkreditivbegünstigte sein muss. Danach kann statt des Begünstigten zB ein mit dem Vortransport beauftragter Spediteur als Absender erscheinen („third party shipper").

12) Transportdokumente (Art 14 lit l)

12   Art 14 lit l nF ersetzt Art 30 aF (Art 19 Rn 1). Entscheidend ist, dass das Transportdokument die Anforderungen der Art 19, 20, 21, 22, 23 oder 24 erfüllt. Dann kann das Transportdokument von jeder anderen Person als dem Frachtführer, Eigentümer, Master oder Charterer ausgestellt sein.

Konforme Dokumentenvorlage

ERA 15

a Wenn eine eröffnende Bank entscheidet, dass eine Dokumentenvorlage konform ist, muss sie honorieren.

V. Bankgeschäfte **16 ERA (11)**

b Wenn eine bestätigende Bank entscheidet, dass eine Dokumentenvorlage konform ist, muss sie honorieren oder negoziieren und die Dokumente an die eröffnende Bank senden.
c Wenn eine benannte Bank entscheidet, dass eine Dokumentenvorlage konform ist, und honoriert oder negoziiert, muss sie die Dokumente an die bestätigende Bank oder die eröffnende Bank senden.

1) Pflichten der Banken bei konformer Dokumentenvorlage (Art 15)

Art 15 bestimmt, welche Pflichten die eröffnende (lit a), die bestätigende (lit b) 1 und die benannte Bank, falls sie honoriert oder negoziiert, haben, wenn sie entscheiden, dass eine Dokumentenvorlage konform ist (Art 2 Rn 6). „Entscheiden" bedeutet nicht, dass die Bank einen Ermessensspielraum bezüglich der Feststellung der Konformität hätte, Staub/Grundmann 3/615, dazu Art 14, anders für ihr Verhalten, wenn sie die mangelnde Konformität festgestellt hat, Art 16 Rn 1. Mit dem Wort „wenn" wird der Beginn der jeweiligen Pflicht festgelegt. „Wenn" bedeutet nicht „sofort", sondern dass der Prozess der Honorierung oder Negoziierung beginnen muss. Die tatsächliche Ausführung wird je nachdem eine Stunde oder einen Tag in Anspruch nehmen oder auch erst am nächsten Morgen erfolgen können, Drafting Group zu Art 15.

Unstimmige Dokumente, Verzicht auf Geltendmachung der Unstimmigkeiten und Benachrichtigung

ERA 16

a Wenn eine benannte Bank, die gemäß ihrer Benennung handelt, eine möglicherweise vorhandene bestätigende Bank oder die eröffnende Bank entscheidet, dass eine Dokumentenvorlage nicht konform ist, kann sie ablehnen zu honorieren oder zu negoziieren.
b Wenn eine eröffnende Bank entscheidet, dass eine Dokumentenvorlage nicht konform ist, kann sie sich in eigenem Ermessen zwecks Verzichts auf Geltendmachung der Unstimmigkeiten („Verzicht") an den Auftraggeber wenden. Dadurch verlängert sich jedoch nicht der in Artikel 14 (b) erwähnte Zeitraum.
c [1] Wenn eine benannte Bank, die gemäß ihrer Benennung handelt, eine möglicherweise vorhandene bestätigende Bank oder die eröffnende Bank sich entscheidet, abzulehnen zu honorieren oder zu negoziieren, muss sie dem Einreicher eine einzige dementsprechende Mitteilung senden.
[2] Diese Mitteilung muss angeben,
  i. dass die Bank sich weigert zu honorieren oder zu negoziieren; und
  ii. jede Unstimmigkeit, wegen der sich die Bank weigert zu honorieren oder zu negoziieren; und
  iii. a) dass die Bank die Dokumente bis zum Erhalt weiterer Anweisungen vom Einreicher bei sich hält; oder
     b) dass die eröffnende Bank die Dokumente hält, bis sie einen Verzicht von dem Auftraggeber erhält und diesen annimmt oder vor ihrer Verzichtsannahme weitere Instruktionen von dem Einreicher erhält; oder
     c) dass die Bank die Dokumente zurücksendet; oder
     d) dass die Bank in Überstimmung mit vorher von dem Einreicher erhaltenen Weisungen handelt.
d Die in Artikel 16 (c) verlangte Mitteilung muss durch Telekommunikation oder, wenn dies nicht möglich ist, auf anderem schnellen Weg nicht später als am Ende des fünften Bankarbeitstags nach dem Tag der Dokumentenvorlage erfolgen.

(11) ERA 16 1–4 2. Teil. Handelsrechtl. Nebengesetze

e Eine benannte Bank, die gemäß ihrer Benennung handelt, eine möglicherweise vorhandene bestätigende Bank oder die eröffnende Bank kann, nachdem sie die Mitteilung gemäß Artikel 16 (c) (iii) a) oder b) gemacht hat, die Dokumente jederzeit dem Einreicher zurücksenden.

f Wenn eine eröffnende Bank oder eine bestätigende Bank nicht gemäß den Bestimmungen dieses Artikels handelt, kann sie nicht geltend machen, dass die Dokumente nicht konform vorliegen.

g Wenn eine eröffnende Bank sich weigert zu honorieren oder eine bestätigende Bank sich weigert zu honorieren oder zu negoziieren und eine dementsprechende Mitteilung gemäß diesem Artikel gemacht hat, dann ist sie berechtigt, Rückzahlung jedes geleisteten Rembourses zuzüglich Zinsen zu verlangen.

1) Vorgehensweisen bei unstimmigen Dokumenten (Art 16)

1   Art 16 nF entspricht Art 14 aF. Hierzu gab es unter der alten Fassung der meisten Rückfragen bei der ICC Banking Commission, dazu ICC „Examination of Documents, Waiver of Discrepancies and Notice unter UCP 500" (2002). Art 16 nF beruht auf dieser Stellungnahme. Art 16 entspricht für den Fall unstimmiger Dokumente Art 15 für den Fall einer konformen Dokumentenvorlage. Über Art 16 lit f führt der Weg zu Art 15 (unten Rn 5). Zur Unstimmigkeit von Dokumenten bei der Dokumentenprüfung s **(7)** Bankgeschäfte Rn K/5–8, 14. Nach Art 16 hat die Bank bei Unstimmigkeit verschiedene Entscheidungsmöglichkeiten, insoweit also Ermessen, Staub/Grundmann 3/616 (anders bezüglich der Konformität, s Art 15 Rn 1). Entscheidungen der Bank über die Aufnahme von Dokumenten bei Teillieferungen sind grundsätzlich unabhängig voneinander. Art 16 nF regelt nicht mehr die Vorbehaltszahlung wie noch Art 14 lit f aF, zu dieser **(7)** Bankgeschäfte Rn K/14.

2) Ablehnung der Honorierung oder Negoziierung (Art 16 lit a)

2   Art 16 lit a enthält die Grundregel bei unstimmigen Dokumenten. Bei nicht konformer Dokumentenvorlage können die benannte Bank, die gemäß ihrer Benennung handelt, eine bestätigende Bank oder die eröffnende Bank die Dokumentenvorlage ablehnen zu honorieren oder zu negoziieren. Keine einseitige Rücknahme der Nichtaufnahme, Nielsen 2. Aufl 2001 Rn 174, str.

3) Verzicht auf Geltendmachung der Unstimmigkeiten (Art 16 lit b)

3   Statt wie nach lit a abzulehnen, kann die eröffnende Bank nach eigenem Ermessen beim Auftraggeber rückfragen (Art 16 lit b Satz 1), s **(7)** Bankgeschäfte Rn K/6. Der Zeitraum von maximal 5 Bankarbeitstagen nach Art 14 lit b verlängert sich dadurch aber nicht (Art 16 lit b Satz 2). Art 16 lit b betrifft nur die eröffnende Bank, da nur sie in direkten Vertragsbeziehungen zum Auftraggeber steht. Die eröffnende Bank handelt nach eigenem Ermessen, wird also durch entsprechende Ersuchen des Begünstigten, der bestätigenden Bank oder der benannten Bank nicht zur Rückfrage verpflichtet. Keine einseitige Rücknahme des Verzichts, str (s Rn 2).

4) Mitteilung und Rücksendung der Banken an den Einreicher bei Ablehnung der Honorierung oder Negoziierung (Art 16 lit c, d, e)

4   Art 16 lit c-d statuieren eine Mitteilungspflicht der Banken an den Einreicher bei Ablehnung der Honorierung oder Negoziierung und enthalten Einzelheiten zu Inhalt und Zeitpunkt der Mitteilung. „Jede Unstimmigkeit" muss genau angegeben werden (Art 16 lit c i), allgemeine Angaben wie „invoice not as per LC" oder „conflicting data between documents" reichen nicht aus, Drafting Group zu Art 16. Nach Art 16 lit c ii hat die Bank vier Handlungsoptionen. Der Zeitraum in Art 16 lit d entspricht dem in Art 14 lit b. Art 16 lit e enthält das

Recht der Banken zur jederzeitigen Rücksendung der Dokumente an den Einreicher. Das ist wichtig, weil der Einreicher häufig nicht oder nicht rechtzeitig antwortet. Die Bank tut jedoch gut daran, den Einreicher vor Rücksendung zu benachrichtigen, Drafting Group zu Art 16.

5) Verlust des Einwands der Unstimmigkeit (Art 16 lit f)

Wenn eine eröffnende oder eine bestätigende Bank nicht gemäß den Bestimmungen dieses Artikels handeln, können sie nicht mehr geltend machen, dass die Dokumente nicht konform vorliegen, Ffm WM **10**, 1407 (zu Art 14 lit e ERA 500). Sie verlieren also diesen Einwand und müssen sich so behandeln lassen, als wäre die Dokumentenvorlage konform. Sie haben dann die Pflichten nach Art 15 wie bei konformer Dokumentenvorlage. Art 16 lit f gilt nicht für die bloße Zahlstelle, zB wenn diese die Frist überschreitet. Art 16 lit f ist AGB-rechtlich nicht zu beanstanden, ebenso Wo/Li/Pf/H. Schmidt Akkreditivbedingungen A 126.

6) Rückzahlung des Rembourses (Art 16 lit g)

Art 16 lit g gibt unter den dort genannten Voraussetzungen einen Anspruch auf Rückzahlung des Rembourses.

Originale und Kopien von Dokumenten

ERA 17

a Es ist mindestens ein Original von jedem im Akkreditiv vorgeschriebenen Dokument vorzulegen.
b Eine Bank behandelt jedes Dokument als Original, das Originalunterschriften, Zeichen, Stempel oder Aufkleber des Ausstellers des Dokuments zu tragen scheint, es sei denn, das Dokument weist aus, kein Original zu sein.
c Soweit sich aus einem Dokument nichts anderes ergibt, akzeptiert eine Bank auch ein Dokument als Original, wenn es
 i. vom Aussteller handschriftlich oder eigenhändig mit der Maschine geschrieben, perforiert oder gestempelt zu sein scheint; oder
 ii. auf dem Originalbriefpapier des Ausstellers erstellt zu sein scheint; oder
 iii. angibt, dass es ein Original ist, es sei denn, diese Angabe scheint sich nicht auf das vorgelegte Dokument zu beziehen.
d Wenn ein Akkreditiv die Vorlage von Kopien von Dokumenten verlangt, ist die Vorlage entweder von Originalen oder von Kopien zulässig.
e Wenn ein Akkreditiv die Vorlage von mehrfachen Exemplaren von Dokumenten durch Begriffe wie „doppelt", „zweifach" oder „zwei Exemplare" verlangt, gilt dies als erfüllt, wenn mindestens ein Original und in verbleibender Anzahl Kopien vorgelegt werden, es sei denn, das Dokument gibt selbst etwas anderes an.

1) Originale und Kopien von Dokumenten (Art 17)

Art 17 nF entspricht Art 20 lit b und c aF. Von jedem im Akkreditiv vorgeschriebenen Dokument ist mindestens ein Original vorzulegen (Art 17 lit a), Fax oder Photokopie des unterzeichneten Originals genügen nicht. Art 17 lit b iVm Art 3 (Unterzeichnung, s dort Rn 4) erweitert den Begriffs des Originaldokuments, Faksimile- und entsprechende elektronische Unterschriften genügen. Die Auslegungsregel kann aber an diesbezüglichen zwingenden Formvorschriften des anwendbaren Rechts nichts ändern. Das Dokument muss als Original erkennbar sein, idR Überstempelung als Original, was bei original maschinengeschriebenen oder per Hand unterschriebenen Dokumenten nicht nötig ist, str, aber zu empfehlen. Art 20b aF sollte nicht für Abänderungen eines Dokuments gelten,

Nielsen 2. Aufl 2001 Rn 227, aber wenig überzeugend, in der Praxis häufig nur Stempel „correction approved". Mehrere Änderungen müssen, soweit erforderlich, einzeln oder mit klarer Gesamtformel authentisiert werden. Ist das Dokument von einem Dritten ausgestellt, muss dieser authentisieren, Nielsen 213, ISBP ICC-Publ Nr 681 E §§ 9–12. Kopien s Art 17 lit c. Kopien brauchen weder unterzeichnet noch datiert zu sein, International Standard Banking Practice (ICC Publication No 745) A31b. Sind mehrfache Exemplare vorzulegen, genügt grundsätzlich ein Original und im Übrigen Kopien (Art 17 lit e), vgl aber auch Art 19 lit a iv. Bei el.ERA-Akkreditiv bedeutet „unterzeichnen" elektronische Signatur, Anhang el.ERA e 3a iv.

Handelsrechnung

ERA 18

a Eine Handelsrechnung:
  i. muss dem Anschein nach vom Begünstigten ausgestellt sein (vorbehaltlich der Bestimmungen des Artikels 38);
  ii. muss auf den Namen des Auftraggebers lauten (vorbehaltlich der Bestimmungen des Artikels 38 (g));
  iii. muss in der Währung des Akkreditivs aufgemacht sein; und
  iv. braucht nicht unterzeichnet zu sein.

b Eine benannte Bank, die gemäß ihrer Benennung handelt, eine möglicherweise vorhandene bestätigende Bank oder die eröffnende Bank kann eine Handelsrechnung akzeptieren, die auf einen die Akkreditivsumme übersteigenden Betrag lautet, und ihre Entscheidung bindet alle Beteiligten, vorausgesetzt, die in Frage stehende Bank hat nicht für einen höheren Betrag honoriert oder negoziiert, als im Akkreditiv erlaubt ist.

c Die Beschreibung der Waren, Dienstleistungen oder Leistungen in der Handelsrechnung muss mit der Beschreibung im Akkreditiv übereinstimmen.

1) Handelsrechnung (Art 18 lit a)

1 Art 18 nF (entsprechend Art 37 aF) regelt die Handelsrechnungen (commercial invoices). Art 18 lit a regelt, wann ein Dokument als Handelsrechnung anerkannt wird, ua Ausstellung durch den Begünstigten, Unterzeichnung ist dafür nicht nötig. Die Handelsrechnung muss in der Währung des Akkreditivs aufgemacht sein. Ist das der Fall, schadet es nicht, wenn auch der entsprechende Betrag in lokaler Währung vermerkt ist. Dagegen genügt es nicht, wenn die Handelsrechnung in lokaler Währung aufgemacht ist und nur die Entsprechung in der Währung des Akkreditivs vermerkt ist, Drafting Group zu Art 18. Zu Rechnungen und Handelsrechnung International Standard Banking Practice (ICC Publication No 745) C1–15; für Vorlage einer vorgeschriebenen „Handelsrechnung" genügt auch ein als „Rechnung" bezeichnetes Dokument, C1b.

2) Höhere Beträge (Art 18 lit b)

2 Eine Handelsrechnung über einen höheren Betrag als die Akkreditivsumme braucht nicht zurückgewiesen zu werden, aber Honorierung oder Negoziierung über die Akkreditivsumme ist nicht zulässig (Art 18 lit b). Die Bank hat dazu Ermessensfreiheit („kann"; in ERA ganz ausnahmsweise, s **(7)** Bankgeschäfte Rn K/6). Das trifft zB den Fall, dass der Verkäufer schon eine Anzahlung erhalten hat, das Akkreditiv nur den Restbetrag deckt und die (aufgeschlüsselte) Rechnung über den gesamten Betrag geht. Vgl auch Art 30 zu Toleranzen.

3 Eine Handelsrechnung über einen niederen Betrag als die Akkreditivsumme ist nicht aufnahmefähig, außer im Rahmen von Toleranzen nach Art 30. Ermessens-

V. Bankgeschäfte **19 ERA (11)**

entscheidungen der Bank sind dazu nicht möglich, Schütze/Vorpeil Rn 328. Teilverladungen s Art 31.

3) Übereinstimmung der Warenbeschreibung (Art 18 lit c)

Art 18 lit c verlangt genaue Übereinstimmung der Warenbeschreibung in der Handelsrechnung mit der im Akkreditiv (Dokumentenstrenge, s **(7)** Bankgeschäfte Rn K/6). Art 18 lit c ist strikt zu beachten, BGH WM **87**, 612 (zur aF), MüKo/Nielsen H 126: bei Faktura Dokumentenstrenge mit äußerster Rigorosität. Beispiel: Beschreibung der Waren als „gebraucht" in der Rechnung, nicht aber im Akkreditiv verletzt Art 18 lit c. Warenbezeichnung in einer anderen Sprache nur in absolut eindeutigen Ausnahmefällen, MüKo/Nielsen H 126. Weitere Beispiele, fremdsprachliche Ausdrücke, Schütze/Vorpeil Rn 319 ff MüKo/Nielsen H 127 ff. Auch FOB-Lieferklausel kann Teil der Warenbeschreibung sein, Nielsen 225. 4

Transportdokument über mindestens zwei verschiedene Beförderungsarten

ERA 19

a Ein wie auch immer benanntes Transportdokument über mindestens zwei verschiedene Beförderungsarten (Dokument für multimodalen oder kombinierten Transport) muss dem Anschein nach:
  i. [1] den Namen des Frachtführers angeben und unterzeichnet sein vom
     - Frachtführer oder einem namentlich genannten Agenten für den Frachtführer, oder
     - Master oder einem namentlich genannten Agenten für den Master.

     [2] Jede Unterschrift des Frachtführers, Master oder Agenten muss als diejenige des Frachtführers, Master oder Agenten gekennzeichnet sein.

     [3] Jede Unterschrift eines Agenten muss angeben, ob der Agent für den Frachtführer oder für den Master gezeichnet hat.
  ii. [1] ausweisen, dass die Ware an dem im Akkreditiv vorgeschriebenen Ort versandt, übernommen oder an Bord verladen worden ist, und zwar durch:
     - vorgedruckten Wortlaut, oder
     - Stempel oder Vermerk, der das Datum angibt, an dem die Ware versandt, übernommen oder an Bord verladen worden ist.

     [2] Das Ausstellungsdatum des Transportdokuments gilt als das Datum der Versendung, Übernahme oder Verladung an Bord und als das Verladedatum. [3] Wenn jedoch das Transportdokument durch Stempel oder Vermerk ein Datum der Versendung, Übernahme oder Verladung an Bord angibt, gilt dieses Datum als das Verladedatum.
  iii. den Versand-, Übernahme- oder Verladeort und einen endgültigen Bestimmungsort gemäß dem Akkreditiv ausweisen, unabhängig davon, ob:
     a) das Transportdokument zusätzlich einen anderen Versand-, Übernahme- oder Verladeort oder endgültigen Bestimmungsort ausweist oder
     b) das Transportdokument den Hinweis „intended" oder einen ähnlichen Vorbehalt in Bezug auf das Schiff, den Verlade- oder Löschungshafen enthält.
  iv. das einzige Original des Transportdokuments oder, wenn es in mehr als einem Original ausgestellt ist, der im Transportdokument angegebene volle Satz sein.
  v. die Beförderungsbedingungen enthalten oder auf eine andere Quelle verweisen, die diese Beförderungsbedingungen enthält (Kurzform- oder

Hopt 2295

Blanko-Rückseite-Transportdokument); der Inhalt der Beförderungsbedingungen wird nicht geprüft.

vi. keinen Hinweis enthalten, dass es einer Charterpartie unterliegt.

b Umladung im Sinne dieses Artikels bedeutet Ausladen aus einem Beförderungsmittel und Wiederverladen auf ein anderes Beförderungsmittel (derselben Beförderungsart oder einer anderen Beförderungsart) während des Transports vom Versand-, Übernahme- oder Verladeort zum endgültigen Bestimmungsort, wie sie im Akkreditiv vorgeschrieben sind.

c i. Ein Transportdokument darf vorsehen, dass Umladung der Ware stattfinden wird oder kann, vorausgesetzt, dass der gesamte Transport durch ein und dasselbe Transportdokument gedeckt ist.

ii. Ein Transportdokument, das vorsieht, dass Umladung stattfinden wird oder kann, ist aufnahmefähig, selbst wenn das Akkreditiv Umladung verbietet.

1) Separate Regelung der verschiedenen Transportdokumente (Art 19–27)

1   Art 19–27 bringen wie ERA 500 und entgegen ERA 400 (1983, Einheitsregelung) **für jedes Transportdokument** eine **geschlossene** Eigenregelung. Das wird teilweise eher als ein Rückschritt angesehen, da es zahlreiche wörtliche Wiederholungen impliziert, zB reine Duplizierung in Art 20 und 21. Im Kern gelten für alle Transportdokumente: Übernahme der Transportverpflichtung durch einen Frachtführer, Unzulässigkeit von Speditionspapieren, Beachtung der im Akkreditiv vorgeschriebenen Reiseroute, Beachtung von Umladeverboten, Unerheblichkeit der Bezeichnung eines Transportdokuments, Nielsen 2. Aufl 2001 Rn 254 ff. Frachtführer (carrier) kann jeder sein, der die Beförderung im eigenen Namen verspricht, auch NichtKfm, juristische Person. Aufnahmefähig sind danach nur Frachtpapiere (auch FIATA FBL, FIATA Combined Transport Bill of Lading), nicht aber reine Speditionspapiere wie FIATA, FCR und FCT (vgl § 453 HGB Rn 4, 8), Schütze/Vorpeil Rn 292, Grund: keine Übernahme der Transportverpflichtung durch den ausstellenden Spediteur (forwarding agent). Doch kann das Speditionsunternehmen als Frachtführer oder als namentlich genannter Agent für den Frachtführer zeichnen (ausdrücklich noch Art 30 ERA 500, nunmehr Art 14 lit l, Drafting Group zu Art 14 aE). Das Frachtpapier braucht nicht als solches bezeichnet zu sein („wie immer benannt"), entscheidend ist allein sein Inhalt.

2) Multimodales oder kombiniertes Transportdokument (Art 19 lit a)

2   Art 19 nF entspricht Art 26 aF. Art 19 regelt das multimodale Transportdokument (multimodal or combined transport document, §§ 452–452d HGB), das in der Praxis am häufigsten vorkommt und deshalb von ERA als erstes der Transportdokumente geregelt ist (Durchkonnossemente, Through Bills of Lading). Das Transportdokument muss sich aber auf mindestens zwei Beförderungsarten erstrecken. Art 19 erfasst also nicht die gleichartige Durchfracht und damit nicht den gesamten multimodalen Transport (§ 452 HGB). Art 19 gilt für echte und unechte Durchkonnossemente (bei letzteren eigene Transportpflicht des Erstverfrachters nur für den ersten Teilabschnitt), Schütze/Vorpeil Rn 275. In der Praxis liegt meist ein Seekonnossement vor (Art 20). In dem Dokument muss der Name des Frachtführers (carrier) angegeben sein, andere Bezeichnungen, zB multimodal transport operator, genügen nicht, Drafting Group zu Art 19. Für Unterzeichnung nach Art 19 lit a i genügen Faksimile- und entsprechende elektronische Unterschriften (Art 3 Rn 4). Art 19 lit a iii trägt dem Umstand Rechnung, dass der Frachtführer die günstigste Reiseroute wählen soll. Kein Ausschluss von „intended"-Vermerken (Art 19 lit a iii b, vgl zum Konnossement Art 20a ii, iii). Art 19 lit a iv verlangt bei mehreren Originalen den ganzen Satz,

V. Bankgeschäfte **20 ERA (11)**

vgl demgegenüber Art 17 lit e. Art 19 lit a v regelt die Kurzform- oder Blanko-Rückseite-Transportdokumente. Multimodal transport documents und Anwendungspraxis zu Art 19, International Standard Banking Practice (ICC Publication No 745) D1–32.

3) Umladung (Art 19 lit b, c)

Umladung ist dem multimodalen Transport (s Rn 1) wesenseigen, deshalb 3 Legaldefinition (Art 19 lit b) und Regelung, dass ein Transportdokument, das Umladung vorsieht, aufnahmefähig ist, auch wenn das Akkreditiv versehentlich Umladung verbietet (Art 19 lit c).

Konnossement

ERA 20

a Ein wie auch immer benanntes Konnossement muss dem Anschein nach:
  i. [1] den Namen des Frachtführers ausweisen und unterzeichnet sein vom
      - Frachtführer oder einem namentlich genannten Agenten für den Frachtführer, oder
      - Master oder einem namentlich genannten Agenten für den Master.

      [2] Jede Unterschrift des Frachtführers, Master oder Agenten muss als diejenige des Frachtführers, Master oder Agenten gekennzeichnet sein.

      [3] Jede Unterschrift eines Agenten muss angeben, ob der Agent für den Frachtführer oder für den Master gezeichnet hat.
  ii. [1] ausweisen, dass die Ware an dem im Akkreditiv vorgeschriebenen Ort an Bord eines namentlich genannten Schiffes verschifft worden ist, und zwar durch:
      - vorgedruckten Wortlaut, oder
      - einen An-Bord-Vermerk, der das Datum angibt, an dem die Ware an Bord verladen worden ist.

      [2] Das Ausstellungsdatum des Konnossements gilt als das Verladedatum, es sei denn, das Konnossement enthält einen An-Bord-Vermerk, der das Verladedatum angibt, wodurch das im An-Bord-Vermerk angegebene Datum als das Verladedatum gilt.

      [3] Weist das Konnossement den Hinweis „intended vessel" oder eine ähnliche Einschränkung in Bezug auf den Namen des Schiffes aus, ist ein An-Bord-Vermerk, der das Verladedatum und den Namen des tatsächlich benutzten Schiffes ausweist, erforderlich.
  iii. [1] den Transport vom Verladehafen zum Löschungshafen, wie sie im Akkreditiv vorgeschrieben sind, ausweisen.

      [2] Wenn das Konnossement nicht den Verladehafen ausweist, der im Akkreditiv als Verladehafen vorgeschrieben ist oder wenn es den Hinweis „intended" oder eine ähnliche Einschränkung in Bezug auf den Verladehafen enthält, ist ein An-Bord-Vermerk erforderlich, der den Verladehafen, wie er im Akkreditiv vorgeschrieben ist, das Verladedatum und den Namen des Schiffes angibt. [3] Diese Bestimmung gilt auch, wenn die Verladung an Bord oder die Verschiffung auf einem namentlich genannten Schiff durch einen auf dem Konnossement vorgedruckten Wortlaut ausgewiesen ist.
  iv. das einzige Original des Transportdokuments oder, wenn es in mehr als einem Original ausgestellt ist, der im Transportdokument angegebene volle Satz sein.
  v. die Beförderungsbedingungen enthalten oder auf eine andere Quelle verweisen, die diese Beförderungsbedingungen enthält (Kurzform- oder

(11) ERA 21 2. Teil. Handelsrechtl. Nebengesetze

Blanko-Rückseite-Transportdokument); der Inhalt der Beförderungsbedingungen wird nicht geprüft.
vi. keinen Hinweis enthalten, dass es einer Charterpartie unterliegt.
b Umladung im Sinne dieses Artikels bedeutet Ausladen aus einem Schiff und Wiederverladen auf ein anderes Schiff während des Transports vom Verladehafen zum Bestimmungshafen, wie sie im Akkreditiv vorgeschrieben sind.
c i. Ein Konnossement darf vorsehen, dass Umladung der Ware stattfinden wird oder kann, vorausgesetzt, dass der gesamte Transport durch ein und dasselbe Konnossement gedeckt ist.
 ii. Wenn gemäß Angabe im Konnossement die Ware im Container, Anhänger oder „LASH"-Leichter verladen ist, ist ein Konnossement, das ausweist, dass Umladung der Ware stattfinden kann oder wird, aufnahmefähig, selbst wenn das Akkreditiv Umladung verbietet.
d Klauseln in einem Konnossement, mit denen sich der Frachtführer das Recht zur Umladung vorbehält, werden nicht beachtet.

1) Konnossement (Art 20 lit a)

1   Art 20 nF entspricht Art 23 aF. Art 20 regelt separat (Art 19 Rn 1) das in der Dokumentenakkreditivpraxis besonders wichtige (See)Konnossement (bill of lading; in Art 23 aF noch als Seekonnossement, ocean/marine bill of lading bezeichnet, port-to-port shipment). Das Seekonnossement ist das wichtigste Verladedokument im internationalen Handel, Schütze/Vorpeil Rn 235. Die Abgrenzung zum multimodalen Transportdokument (Art 19, Durchkonnossemente) ist in der Praxis schwierig, aber wichtig, weil ersteres flexibler ist, Nielsen 249, deshalb ist genaue Bezeichnung wichtig. Aufnahmefähig ist jedes Seekonnossement, das §§ 513 ff, §§ 642 ff aF HGB entspricht. In der Praxis werden einheitliche Formulare für (See)Konnossemente (mit Vor- und Nachreise) und Dokumente des kombinierten Transports verwandt (Mehrzweckformulare). Art 20a i, insbesondere i II enthält unbequeme Formalerfordernisse für die Zeichnung, zB auch bei einem den Frachtführer ausweisenden Briefkopf Zeichnung „For Hapag-Lloyd (carrier), Smith (as agent) Unterschrift". Beim Konnossement ist ein An-Bord-Vermerk nötig (Art. 20a ii), „intended"-Vermerke s Art 20a ii, iii, Nielsen 267. Ocean/marine bills of lading (mitsamt port-to-port shipment) und Anwendungspraxis zu Art 23 aF, International Standard Banking Practice (ICC Publication No 745) E1–28. Muster von Seefrachtdokumenten (Seekonnossement/BIMCO, Multimodalkonnossement Hapag-Lloyd, Seefrachtbrief Hapag Lloyd) s Hopt/Leyens 4. Aufl 2013 Form I. P.1–3.

2) Umladung (Art 20 lit b-d)

2   Art 20b–d regeln Umladung und Umladungsverbot. Art 20 lit c trägt der Praxis Rechnung, dass umgeladen wird. Soll Umladung wirklich verhindert werden, genügt diesbezügliche Angabe im Akkreditiv nicht, vielmehr muss auch Geltung des Art 20 lit c ii abbedungen werden (vgl Art 1 Rn 3), Drafting Group zu Art 20. UU Hinweispflicht der Bank, Schütze/Vorpeil Rn 150, **(7)** Bankgeschäfte Rn K/3.

Nichtbegebbarer Seefrachtbrief

ERA 21

a [1]Ein wie auch immer benannter Nichtbegebbarer Seefrachtbrief muss dem Anschein nach:
 i. den Namen des Frachtführers ausweisen und unterzeichnet sein vom

- Frachtführer oder einem namentlich genannten Agenten für den Frachtführer, oder
- Master oder einem namentlich genannten Agenten für den Master.

²Jede Unterschrift des Frachtführers, Master oder Agenten muss als diejenige des Frachtführers, Master oder Agenten gekennzeichnet sein.

³Jede Unterschrift eines Agenten muss angeben, ob der Agent für den Frachtführer oder für den Master gezeichnet hat.

ii. ¹ausweisen, dass die Ware an dem im Akkreditiv vorgeschriebenen Ort an Bord eines namentlich genannten Schiffes verschifft worden ist, und zwar durch
- vorgedruckten Wortlaut, oder
- einen An-Bord-Vermerk, der das Datum angibt, an dem die Ware an Bord verladen worden ist.

²Das Ausstellungsdatum des Nichtbegebbaren Seefrachtbriefs gilt als das Verladedatum, es sei denn, der Nichtbegebbare Seefrachtbrief enthält einen An-Bord-Vermerk, der das Verladedatum angibt, wodurch das im An-Bord-Vermerk angegebene Datum als das Verladedatum gilt.

³Weist der Nichtbegebbare Seefrachtbrief den Vermerk „intended vessel" oder eine ähnliche Einschränkung in Bezug auf den Namen des Schiffes aus, ist ein An-Bord-Vermerk, der das Verladedatum und den Namen des tatsächlich benutzten Schiffes ausweist, erforderlich.

iii. ¹den Transport vom Verladehafen zum Löschungshafen, wie sie im Akkreditiv vorgeschrieben sind, ausweisen.

²Wenn der Nichtbegebbare Seefrachtbrief nicht den Verladehafen ausweist, der im Akkreditiv als Verladehafen vorgeschrieben ist, oder wenn er den Hinweis „intended" oder eine ähnliche Einschränkung in Bezug auf den Verladehafen enthält, ist ein An-Bord-Vermerk erforderlich, der den Verladehafen, wie er im Akkreditiv vorgeschrieben ist, das Verladedatum und den Namen des Schiffes angibt. ³Diese Bestimmung gilt auch, wenn die Verladung an Bord oder die Verschiffung auf einem namentlich genannten Schiff durch einen auf dem Konnossement vorgedruckten Wortlaut ausgewiesen ist.

iv. das einzige Original des Transportdokuments oder, wenn es in mehr als einem Original ausgestellt ist, der im Transportdokument angegebene volle Satz sein.

v. ¹die Beförderungsbedingungen enthalten oder auf eine andere Quelle verweisen, die diese Beförderungsbedingungen enthält (Kurzform- oder Blanko-Rückseite-Transportdokument). ²Der Inhalt der Beförderungsbedingungen wird nicht geprüft.

vi. keinen Hinweis enthalten, dass es einer Charterpartie unterliegt.

b Umladung im Sinne dieses Artikels bedeutet Ausladen aus einem Schiff und Wiederverladen auf ein anderes Schiff während des Transports vom Verladehafen zum Bestimmungshafen, wie sie im Akkreditiv vorgeschrieben sind.

c i. Ein Nichtbegebbarer Seefrachtbrief darf vorsehen, dass Umladung der Ware stattfinden wird oder kann, vorausgesetzt, dass der gesamte Transport durch ein und denselben Nichtbegebbaren Seefrachtbrief gedeckt ist.

ii. Wenn gemäß Angabe im Nichtbegebbaren Seefrachtbrief die Ware im Container, Anhänger oder „LASH"-Leichter verladen ist, ist ein Nichtbegebbarer Seefrachtbrief, der ausweist, dass Umladung der Ware stattfinden kann oder wird, aufnahmefähig, selbst wenn das Akkreditiv Umladung verbietet.

d Klauseln im Nichtbegebbaren Seefrachtbrief, mit denen sich der Frachtführer das Recht zur Umladung vorbehält, werden nicht beachtet.

(11) ERA 22 2. Teil. Handelsrechtl. Nebengesetze

1) Nichtbegebbarer Seefrachtbrief (Art 21)

1   Art 21 nF entspricht Art 24 aF. Art 24 betrifft separat (Art 19 Rn 1) den Seefrachtbrief (non-negotiable sea waybill), in der Akkreditivpraxis eher selten, aber zB bei konzerninternen Geschäften. Regelung des Art 21 exakt wie in Art 20, s dort. Als Grund für die merkwürdige Separierung in zwei Artikel wird vorgebracht, dass das Konnossement begebbar ist, der Seefrachtbrief hier nicht, Drafting Group zu Art 21. Unter Art 21 sollen alle im Vorwort zu den **(6)** Incoterms Nr 20 aufgeführten Transportdokumente fallen, vgl Schütze/Vorpeil Rn 255 (noch zu Incoterms 1990 Nr 19), also Liner Waybills, Frachtempfangsbescheinigungen ua. Zum Nichtbegebbaren Seefrachtbrief International Standard Banking Practice (ICC Publication No 745) F1–25. **Muster:** Hopt/Leyens 4. Aufl 2013 Form I. P.3 (Seefrachtbrief, Hapag Lloyd).

Charterpartie-Konnossement

ERA 22

a ¹Ein wie auch immer benanntes Konnossement, das einen Hinweis enthält, dass es einer Charterpartie unterliegt (Charterpartie-Konnossement), muss dem Anschein nach:

  i. unterzeichnet sein vom:
  - Master oder einem namentlich genannten Agenten für den Master, oder
  - Schiffseigner oder einem namentlich genannten Agenten für den Schiffseigner, oder
  - Charterer oder einem namentlich genannten Agenten für den Charterer.

  ²Jede Unterschrift des Master, Eigentümers, Charterer oder Agenten muss als diejenige des Master, Eigentümers, Charterer oder Agenten gekennzeichnet sein.
  ³Jede Unterschrift des Agenten muss angeben, ob der Agent für den Master, Eigentümer oder Charterer gezeichnet hat.
  ⁴Ein Agent, der für einen Eigentümer oder Charterer zeichnet, muss den Namen des Eigentümers oder Charterer angeben.

  ii. ¹ausweisen, dass die Ware an dem im Akkreditiv vorgeschriebenen Ort an Bord eines namentlich genannten Schiffes verschifft worden ist, und zwar durch:
  - vorgedruckten Wortlaut, oder
  - einen An-Bord-Vermerk, der das Datum angibt, an dem die Ware an Bord verladen worden ist.

  ²Das Ausstellungsdatum des Charterpartie-Konnossements gilt als das Verladedatum, es sei denn, das Charterpartie-Konnossement enthält einen An-Bord-Vermerk, der das Verladedatum angibt, wodurch das im An-Bord-Vermerk angegebene Datum als das Verladedatum gilt.

  iii. den Transport vom Verladehafen zum Löschungshafen, wie sie im Akkreditiv vorgeschrieben sind, ausweisen; der Löschungshafen kann auch in der Form mehrerer Häfen oder einer geografischen Region ausgewiesen sein, wie sie im Akkreditiv vorgeschrieben sind.

  iv. das einzige Original des Transportdokuments oder, wenn es in mehr als einem Original ausgestellt ist, der im Transportdokument angegebene volle Satz sein.

b Banken prüfen Charterpartie-Verträge nicht, selbst wenn sie nach den Akkreditiv-Bedingungen vorzulegen sind.

V. Bankgeschäfte

23 ERA (11)

1) Charterpartie-Konnossement (Art 22)

Art 22 nF entspricht Art 25 aF. Art 22 betrifft separat (Art 19 Rn 1) das Charterpartie-Konnossement (charter party bill of lading). Regelung wie in Art 20 zum Konnossement, s dort. Nach Art 22 lit b prüfen Banken Charterpartie-Verträge nicht, selbst wenn sie nach den Akkreditivbedingungen vorzulegen sind oder wenn auf sie im Akkreditiv Bezug genommen ist, zB „freight and all other conditions as per charter party" (incorporation clause), Schütze/Vorpeil Rn 261. Charter party bills of lading und Anwendungspraxis zu Art 25 aF, International Standard Banking Practice (ICC Publication No 745) G1–27.

Lufttransportdokument

ERA 23

a Ein wie auch immer benanntes Lufttransportdokument muss dem Anschein nach:
  i. [1] den Namen des Frachtführers angeben und unterzeichnet sein vom:
  - Frachtführer, oder
  - einem namentlich genannten Agenten für den Frachtführer.

  [2] Jede Unterschrift des Frachtführers oder Agenten muss als diejenige des Frachtführers oder Agenten gekennzeichnet sein.
  [3] Jede Unterschrift eines Agenten muss angeben, dass der Agent für den Frachtführer gezeichnet hat.
  ii. ausweisen, dass die Ware zur Beförderung angenommen worden ist.
  iii. [1] das Ausstellungsdatum ausweisen. [2] Dieses Datum gilt als das Verladedatum, es sei denn, das Lufttransportdokument enthält einen speziellen, das tatsächliche Verladedatum ausweisenden Vermerk, wodurch das in diesem Vermerk ausgewiesene Datum als das Verladedatum gilt.
  [3] Sonstige Angaben, die auf dem Lufttransportdokument zu Flugnummer und Flugdatum erscheinen, werden für die Bestimmung des Verladedatums nicht beachtet.
  iv. den im Akkreditiv vorgeschriebenen Abflughafen und Bestimmungsflughafen ausweisen;
  v. das für den Absender oder Ablader bestimmte Original sein, selbst wenn das Akkreditiv einen vollen Satz Originale vorschreibt.
  vi. [1] Beförderungsbedingungen enthalten oder auf eine andere Quelle verweisen, die diese Beförderungsbedingungen enthält. [2] Der Inhalt der Beförderungsbedingungen wird nicht geprüft.
b Umladung im Sinne dieses Artikels bedeutet Ausladen aus einem Flugzeug und Wiederverladen auf ein anderes Flugzeug während des Transports vom Abflughafen zum Bestimmungsflughafen, wie sie im Akkreditiv vorgeschrieben sind.
c i. Ein Lufttransportdokument darf vorsehen, dass Umladung der Ware stattfinden wird oder kann, vorausgesetzt, dass der gesamte Transport durch ein und dasselbe Lufttransportdokument gedeckt ist.
  ii. Ein Lufttransportdokument, das ausweist, dass Umladung der Ware stattfinden kann oder wird, ist aufnahmefähig, selbst wenn das Akkreditiv Umladung verbietet.

1) Lufttransportdokument (Art 23)

Art 23 nF entspricht Art 27 aF. Art 23 betrifft separat (Art 19 Rn 1) das Lufttransportdokument (air transport document). Üblich, aber nicht nötig (Art 19 Rn 1) ist die Bezeichnung air waybill bzw Luftfrachtbrief. Air transport documents und Anwendungspraxis zu Art 27 aF, International Standard Banking

(11) ERA 24

Practice (ICC Publication No 745) H1–27. **Muster:** Hopt/Leyens 4. Aufl 2013 Form I. O.4 (Frachtbrief internationale Luftbeförderung, Lufthansa Cargo).

Dokumente des Straßen-, Eisenbahn- oder Binnenschiffstransports

ERA 24

a Ein wie auch immer benanntes Straßen-, Eisenbahn- oder Binnenschiffs-Transportdokument muss dem Anschein nach:
  i. [1] den Namen des Frachtführers ausweisen und:
  - vom Frachtführer oder einem namentlich genannten Agenten für den Frachtführer unterzeichnet sein, oder
  - den Empfang der Ware durch Unterschrift, Stempel oder Vermerk des Frachtführers oder eines namentlich genannten Agenten für den Frachtführer ausweisen.

  [2] Jede(r) Unterschrift, Stempel oder Vermerk über den Empfang der Ware durch den Frachtführer oder Agenten muss als die-/derjenige des Frachtführers oder Agenten gekennzeichnet sein.

  [3] Jede(r) Unterschrift, Stempel oder Vermerk über den Empfang der Ware durch den Agenten muss angeben, dass der Agent für den Frachtführer gezeichnet oder gehandelt hat.

  [4] Wenn ein Eisenbahn-Transportdokument den Frachtführer nicht identifiziert, ist jede(r) Unterschrift oder Stempel der Eisenbahngesellschaft als Nachweis dafür, dass das Dokument vom Frachtführer gezeichnet ist, akzeptabel.

  ii. [1] das Verladedatum oder das Datum ausweisen, an dem die Ware zur Verladung, Versendung oder Beförderung an dem im Akkreditiv vorgeschriebenen Ort in Empfang genommen worden ist. [2] Sofern das Transportdokument nicht einen datierten Empfangsstempel oder eine Angabe des Empfangsdatums oder des Verladedatums enthält, gilt das Ausstellungsdatum des Transportdokuments als Verladedatum.

  iii. den Verladeort und den Bestimmungsort, wie sie im Akkreditiv vorgeschrieben sind, ausweisen.

b i. Ein Straßen-Transportdokument muss dem Anschein nach das für den Absender oder Ablader bestimmte Original sein oder darf keinen Hinweis darauf enthalten, für wen das Dokument erstellt wurde.
  ii. Ein Eisenbahn-Transportdokument, das als „Duplikat" gekennzeichnet ist, ist als Original aufnahmefähig.
  iii. Ein Eisenbahn- oder Binnenschiffs-Transportdokument wird als ein Original akzeptiert, unabhängig davon, ob es als Original gekennzeichnet ist.

c Mangels Angabe der Zahl der ausgestellten Originale in dem Transportdokument gilt die Zahl der vorgelegten Dokumente als voller Satz.

d Umladung im Sinne dieses Artikels bedeutet Ausladen aus einem Beförderungsmittel und Wiederverladen auf ein anderes Beförderungsmittel innerhalb derselben Transportart im Verlauf des Transports vom Ort der Verladung, Versendung oder Beförderung zum Bestimmungsort, wie sie im Akkreditiv vorgeschrieben sind.

e i. Ein Dokument des Straßen-, Eisenbahn- oder Binnenschiffstransports darf ausweisen, dass Umladung der Ware stattfinden kann oder wird, vorausgesetzt, dass der gesamte Transport durch ein und dasselbe Transportdokument gedeckt ist.
  ii. Ein Dokument des Straßen-, Eisenbahn- oder Binnenschiffstransports, das ausweist, dass Umladung stattfindet, ist aufnahmefähig, selbst wenn das Akkreditiv Umladung verbietet.

V. Bankgeschäfte **26 ERA (11)**

1) Dokumente des Straßen-, Eisenbahn- oder Binnenschiffstransports (Art 24)

Art 24 nF entspricht Art 28 aF. Art 24 regelt separat (Art 19 Rn 1) Dokumente des Straßen-, Eisenbahn- oder Binnenschiffstransports (road, rail or inland waterway transport documents). Beispiele: Frachtbriefdoppel (Eisenbahn), CMR-Frachtbrief (internationaler Straßengüterverkehr, s **(17)** CMR Art 4), Ladeschein (Binnenschifffahrt). FBL s Art 19 Rn 1. „Empfangen" bei elektronischen Dokumenten bei el.ERA-Akkreditiv s Anhang el.ERA Art e 3b v. Road, rail or inland waterway transport documents und Anwendungspraxis zu Art 28 aF, International Standard Banking Practice (ICC Publication No 745) J1–20. **Muster:** Hopt/Leyens 4. Aufl 2013 Form I. O.1–3, Luftfrachtbrief s Art 23 Rn 1. 1

Kurierempfangsbestätigung, Posteinlieferungs-/Postempfangsschein oder Postversandnachweis

ERA 25

a Eine wie auch immer benannte Kurierempfangsbestätigung, die den Empfang der Ware zum Transport ausweist, muss dem Anschein nach:
   i. den Namen des Kurierdienstes ausweisen und durch einen namentlich genannten Kurierdienst an dem Ort, von dem das Akkreditiv den Versand der Ware vorschreibt, gestempelt oder unterzeichnet sein; und
   ii. ein Abhol- oder Empfangsdatum oder einen entsprechenden Wortlaut ausweisen. Dieses Datum gilt als Verladedatum.
b Eine Bedingung, wonach die Spesen des Kuriers bezahlt oder vorausbezahlt sein müssen, kann durch ein von einem Kurierdienst ausgestelltes Transportdokument erfüllt werden, das ausweist, dass Kurierspesen zu Lasten eines anderen Beteiligten als des Empfängers gehen.
c Ein Posteinlieferungs-/Postempfangsschein oder Postversandnachweis, der, wie auch immer benannt, den Empfang der Ware für den Transport ausweist, muss dem Anschein nach an dem Ort, von dem das Akkreditiv den Versand der Ware vorschreibt, gestempelt oder unterzeichnet und datiert sein. Dieses Datum gilt als Verladedatum.

1) Postdokumente (Art 25)

Art 25 nF entspricht Art 29 aF. Art 25 regelt die Postdokumente, also die Kurierempfangsbestätigung, den Posteinlieferungs- bzw Postempfangsschein und den Postversandnachweis (courier receipt, post receipt, certificate of posting). Die Reihenfolge trägt der relativen Häufigkeit von Kuriersendungen Rechnung. Notwendig ist Stempelung oder Unterzeichnung, für letztere genügen Faksimile- und entsprechende elektronische Unterschriften (Art 3 Rn 4). Der Ort muss ausgewiesen werden, Aufgabe bei verschiedenen Postämtern desselben Orts schadet nicht, Schütze/Vorpeil Rn 286. „Gestempelt" bei elektronischen Dokumenten bei el.ERA-Akkreditiv s Anhang el.ERA Art e 3a v. 1

„An Deck", „Shipper's Load and Count", „Said by Shipper to Contain" und zusätzliche Kosten zur Fracht

ERA 26

a Ein Transportdokument darf nicht ausweisen, dass die Ware an Deck verladen ist oder wird. Eine Klausel in einem Transportdokument, wonach die Ware an Deck verladen werden kann, ist annehmbar.

(11) ERA 28

b Ein Transportdokument mit einer Klausel wie „Shipper's Load and Count" bzw. „Said by Shipper to Contain" ist annehmbar.

c Ein Transportdokument darf durch Stempel oder auf andere Weise auf zusätzlich zur Fracht anfallende Kosten hinweisen.

1) „An Deck", „Shippe's Load and Count", „Said by Shipper to Contain" und zusätzliche Kosten zur Fracht (Art 26)

1   Art 26 nF entspricht Art 31 aF (Art 31 iii aF entspricht jetzt Art 14 lit k). Art 26 lit a regelt das Verbot der „An Deck"-Verladung; bloße Gestattung der „An Deck"-Verladung schadet nicht (Satz 2). Art 26 lit b anerkennt die Klausel „Shipper's Load and Count", welche insoweit die Nachprüfung durch den Verfrachter ausschließt; wichtig vor allem bei Containerverladung. Ein Transportdokument darf auf zusätzliche Kosten zur Fracht hinweisen (Art 26 lit c).

Reine Transportdokumente

ERA 27   [1] Banken nehmen nur reine Transportdokumente an. [2] Ein reines Transportdokument enthält keine Klauseln oder Vermerke, die ausdrücklich auf einen mangelhaften Zustand der Ware oder deren Verpackung hinweisen. [3] Das Wort „clean" muss nicht auf dem Transportdokument erscheinen, selbst wenn das Akkreditiv eine Bedingung enthält, nach der ein Transportdokument „clean on board" sein soll.

1) Reine Transportdokumente (Art 27)

1   Art 27 nF entspricht Art 32 aF. Banken nehmen nur reine Transportdokumente an, so jetzt ausdrücklich Art 27 Satz 1. Satz 2 definiert, wann ein Dokument als rein (clean) gilt. Der Reinheitsbegriff gilt für alle Transportdokumente, nicht nur für Konnossemente, sondern auch für den Land- und Lufttransport. Schädlich ist nur der ausdrückliche Vermerk der Mangelhaftigkeit des Zustands der Ware und/oder Verpackung. Zulässig bleiben Unbekanntklauseln, zB Inhalt und Gewicht unbekannt. Das Wort „rein" braucht danach nicht auf dem Dokument zu erscheinen, auch wenn das Akkreditiv ausdrücklich ein „reines" Dokument verlangt. Art 27 Satz 3 betrifft die Klausel „clean on board". Beispiele für (nicht) akkreditivschädliche Klauseln, zB multipple bill of lading clause, Caspiana-Klausel, bei Nielsen 352; open top container (nur Art des Transports, kein Mängelvermerk) und weitere Klauseln aus der ICC-Gutachtenpraxis Schütze/Vorpeil Rn 293 ff.

Versicherungsdokument und -deckung

ERA 28

a [1] Ein Versicherungsdokument wie eine Versicherungspolice, ein Versicherungszertifikat oder eine „declaration" unter einem Open Cover („laufende Police") muss dem Anschein nach von einer Versicherungsgesellschaft, einem Versicherer („underwriter") oder deren Agenten oder deren Bevollmächtigten ausgestellt sein.
[2] Jede Unterschrift eines Agenten oder Bevollmächtigten muss ausweisen, ob der Agent oder Bevollmächtigte für eine Versicherungsgesellschaft oder einen Versicherer gezeichnet hat.

b Wenn das Versicherungsdokument ausweist, dass es in mehr als einem Original ausgestellt ist, müssen alle Originale vorgelegt werden.

c Deckungsbestätigungen („cover notes") werden nicht angenommen.

d Eine Versicherungspolice ist anstelle eines Versicherungszertifikats oder einer „declaration" unter einer laufenden Police annehmbar.

e Das Versicherungsdokument darf nicht nach dem Verladedatum datiert sein, es sei denn, aus dem Versicherungsdokument geht hervor, dass die Deckung ab einem Datum, das nicht nach dem Verladedatum liegt, wirksam wird.

f i. Das Versicherungsdokument muss den Betrag der Versicherungsdeckung ausweisen und in derselben Währung wie das Akkreditiv ausgestellt sein.

ii. [1] Verlangt ein Akkreditiv, dass die Versicherungsdeckung auf einen Prozentsatz des Werts der Waren, des Rechnungswerts oder eines ähnlichen Werts lauten muss, gilt dies als Anforderung eines Mindestbetrags der erforderlichen Versicherungsdeckung.

[2] Wenn im Akkreditiv keine Angabe zur Höhe der erforderlichen Versicherungsdeckung enthalten ist, muss der Betrag der Versicherungsdeckung mindestens 110 % des CIF- oder CIP-Werts der Ware sein.

[3] Wenn der CIF- oder CIP-Wert aufgrund der Dokumente nicht bestimmt werden kann, muss der Betrag der Versicherungsdeckung auf der Basis des Betrags berechnet werden, für den Honorierung oder Negoziierung verlangt wird, oder des Bruttowerts der Ware gemäß Handelsrechnung, je nachdem, welcher Betrag höher ist.

iii. Das Versicherungsdokument muss ausweisen, dass die Risiken mindestens zwischen dem im Akkreditiv vorgeschriebenen Übernahme- oder Verladeort und dem im Akkreditiv vorgeschriebenen Auslieferungs- oder endgültigen Bestimmungsort gedeckt sind.

g [1] Das Akkreditiv sollte vorschreiben, welche Art von Versicherung verlangt wird und, gegebenenfalls, welche zusätzlichen Risiken zu decken sind. [2] Ein Versicherungsdokument wird ungeachtet der Risiken, die nicht gedeckt sind, angenommen, wenn im Akkreditiv ungenaue Begriffe wie „übliche Risiken" oder „handelsübliche Risiken" verwendet werden.

h Wenn ein Akkreditiv „Versicherung gegen alle Risiken" vorschreibt und ein Versicherungsdokument mit einem Vermerk oder einer Klausel über „alle Risiken" vorgelegt wird, wird das Versicherungsdokument unabhängig davon, ob es mit der Überschrift „alle Risiken" versehen ist oder nicht, ohne Rücksicht darauf angenommen, ob irgendwelche Risiken ausdrücklich ausgeschlossen sind.

i Ein Versicherungsdokument darf einen Hinweis auf jegliche Ausschlussklauseln enthalten.

j Ein Versicherungsdokument darf ausweisen, dass die Deckung einer Franchise oder einer Abzugsfranchise unterworfen ist.

1) Versicherungsdokument und -deckung (Art 28)

Art 28 nF entspricht Art. 34–36 aF. Art 28 regelt die Behandlung von Versicherungsdokumenten und Versicherungsdeckung, dazu ausführlich Drafting Group zu Art 28. Art 28 lit a nennt (nicht abschließend) als Beispiele Versicherungspolice, Versicherungszertifikat und eine „declaration" unter einem Open Cover (laufende Police). Unterzeichnung eines Versicherers oder seines Agenten bzw Bevollmächtigten (dies üblich, „as agent") genügt, auch bei Konsortium, doch muss die Unterschrift ausweisen, dass letztere für den Versicherer unterzeichnet haben (Art 28 lit a Satz 2, vgl für Transportdokumente Art 19a i ua). Versicherungsdokumente unter einem Open Cover verlangen üblicherweise eine Gegenzeichnung des Versicherten oder einer anderen bestimmten Partei zu der vorherigen Unterschrift des Versicherers, ohne diese ist das Dokument dann nicht aufnahmefähig. Art 29 lit b betrifft mehrfache Originale (vgl Art 19 lit a iv). Das Wort „Duplikat" deutet nicht unbedingt auf ein Original hin, sondern wird im Zweifel als Kopie behandelt. Bloße Deckungsbestätigungen (cover notes) sind nicht akzeptabel (Art 28 lit c). Eine Versicherungspolice ist statt eines Versicherungszertifikats oder einer „declaration" unter einer laufenden Police annehmbar (Art 28 lit d), das gilt aber nicht umgekehrt. Art 28 lit e gilt trotz der transit clause in Institute Cargo Clauses. Nach Art 28 lit f sind bei Nichtangabe im Akkreditiv bestimmte Mindestdeckungssummen vorgeschrieben. Arten der Versicherung (Art 28 lit g) sind zB Institute Cargo Clauses „A" (alle Risiken), „B" (spezifizierte Risiken), „C" (weniger spezifizierte Risiken) und Institute Cargo Clauses (Air) (alle Risiken, aber nur Lufttransport). Bei einer Akkreditivklausel „Versicherung gegen alle Risiken" ist ein Versicherungsdokument, das die Klausel oder einen Vermerk über „alle Risiken" enthält (nicht notwendigerweise in der Überschrift), aufnahmefähig, auch wenn irgendwelche Risiken ausdrücklich ausgeschlossen sind (Art 29 lit h). Ausweis in einem Versicherungsdokument, dass die Deckung einer Franchise (franchise, Betrag unter einem Mindestbetrag wird nicht ersetzt) oder einer Abzugsfranchise (excess/deductible, bei jedem Betrag vorzunehmender Abzug) unterworfen ist, ist zulässig (Art 19 lit j). Ein Versicherungsdokument darf einen Hinweis auf jegliche Ausschlussklauseln enthalten (Art 29 lit i), üblich sind heute zB Ausschlussklauseln für Terrorismus. Insurance documents und Anwendungspraxis zu Art 34–36 aF, International Standard Banking Practice (ICC Publication No 745) K1–23.

Verlängerung des Verfalldatums oder des letzten Tags der Dokumentenvorlage

ERA 29

a Wenn das Verfalldatum des Akkreditivs oder der letzte Tag der Dokumentenvorlagefrist auf einen Tag fällt, an dem die Bank, der die Dokumente vorzulegen sind, aus anderen als den unter Artikel 36 genannten Gründen geschlossen ist, wird das vorgeschriebene Verfalldatum oder der letzte Tag der Dokumentenvorlage auf den nächstfolgenden Bankarbeitstag hinausgeschoben.
b Wenn eine Dokumentenvorlage an dem nächstfolgenden Bankarbeitstag erfolgt, muss die benannte Bank der eröffnenden oder bestätigenden Bank eine Erklärung in ihrem Dokumentenversandschreiben abgeben, dass die Dokumentenvorlage innerhalb der gemäß Artikel 29 (a) hinausgeschobenen Fristen erfolgt ist.
c Das letzte Verladedatum wird durch Artikel 29 (a) nicht hinausgeschoben.

1) Verlängerung des Verfalldatums oder des letzten Tags der Dokumentenvorlage (Art 29)

1   Art 29 nF entspricht Art 44 aF. Art 29 lit a verlängert die Verfallfrist bei arbeitsfreien Tagen (nur allgemeine, nicht individuelle Schließungsgründe, nicht lokale Feiertage wie Rosenmontag, Nielsen 368) auf den nächsten Bankarbeitstag (banking day, dazu Nielsen 369), nicht bei Schließung der Bank aus Gründen höherer Gewalt (Art 36). Das gilt nach Art 29 lit c nicht auch für das mit Akkreditiv festgesetzte letzte Verladedatum, dieses wird nicht hinausgeschoben. In anderen Fällen als nach lit a auch bei höherer Gewalt (Art 36) keine Verlängerung (s **(7)** Bankgeschäfte Rn K/13).

Toleranz bzgl. Akkreditivbetrag, Menge und Preis pro Einheit

ERA 30

a Die Worte „etwa" oder „ungefähr" im Zusammenhang mit dem Akkreditivbetrag oder der im Akkreditiv angegebenen Menge oder dem im Akkre-

ditiv angegebenen Preis pro Einheit sind dahin gehend auszulegen, dass eine Toleranz von bis zu 10 % nach oben oder bis zu 10 % nach unten von dem Betrag, der Menge oder dem Preis pro Einheit, auf die sie sich beziehen, statthaft ist.
b Eine Toleranz in der Warenmenge von bis zu 5 % nach oben oder bis zu 5 % nach unten ist statthaft, vorausgesetzt, dass das Akkreditiv die Menge nicht in einer bestimmten Anzahl von Verpackungseinheiten oder Stücken vorschreibt und dass der Gesamtbetrag der Inanspruchnahmen den Akkreditivbetrag nicht überschreitet.
c [1] Selbst wenn Teilverladungen nicht erlaubt sind, ist eine Toleranz um bis zu 5 % weniger als der Akkreditivbetrag zulässig, vorausgesetzt, dass bei einer im Akkreditiv gegebenenfalls vorgeschriebenen Warenmenge diese in vollem Umfang geliefert und bei einem im Akkreditiv gegebenenfalls vorgeschriebenen Preis pro Einheit dieser Preis nicht unterschritten wird oder dass Artikel 30 (b) nicht anwendbar ist. [2] Diese Toleranz ist nicht anwendbar, wenn im Akkreditiv eine besondere Toleranz ausgewiesen ist oder die Begriffe gemäß Artikel 30 (a) verwendet werden.

1) Toleranzen (Art 30)

Art 30 nF entspricht Art 39 aF. Art 30 regelt Toleranzen. Art 30 lit a enthält eine Auslegungsregel für Toleranzangaben („etwa", „ungefähr"), hat aber durch SWIFT MT7, wo genaue Prozentsätze verlangt werden, an Bedeutung verloren, Drafting Group zu Art 30. Abweichungen von bis zu 10 % nach oben oder unten sind statthaft. Bei Unterschreiten der Warenmenge wird entsprechend weniger ausgezahlt, bei Überschreiten aber nicht mehr als der Akkreditivbetrag. Art 30 lit b lässt auch ohne Toleranzangaben 5 % Toleranz zu; das gilt aber nur bei pauschaler Mengenangabe, nicht für Stückangaben, Schütze/Vorpeil Rn 204, zB ist ein Konnossement über 5000 Sack Zucker bei Fehlen von nur 3 nicht aufnahmefähig, Nielsen ZIP **84**, 249. Art 30 lit c betrifft Minderinanspruchnahme von bis zu 5 % des Akkreditivbetrags, auch bei verbotener Teilverladung. Bei Teillieferungen muss die Toleranz für jede einzelne Teillieferung beachtet werden, ICC Banking Commission, Nielsen 377.

Teilinanspruchnahmen oder Teilverladungen

ERA 31

a Teilinanspruchnahmen oder Teilverladungen sind zulässig.
b [1] Eine Dokumentenvorlage, die aus mehr als einem Satz von Transportdokumenten besteht, die Verladungsbeginn auf demselben Beförderungsmittel und für dieselbe Reise ausweisen, vorausgesetzt sie geben dasselbe Ziel an, wird nicht als eine Teilverladung abdeckend angesehen, selbst wenn die Transportdokumente unterschiedliche Verladedaten oder unterschiedliche Verladehäfen, Übernahme- oder Versandorte ausweisen. [2] Besteht die Dokumentenvorlage aus mehr als einem Satz von Transportdokumenten, gilt das letzte Verladedatum, wie es sich aus einem der Sätze von Transportdokumenten ergibt, als das Verladedatum.
[3] Eine Dokumentenvorlage, die aus einem oder mehreren Sätzen von Transportdokumenten besteht und Verladung auf mehr als einem Beförderungsmittel innerhalb derselben Beförderungsart ausweist, wird als eine Teilverladung abdeckend angesehen, selbst wenn die Beförderungsmittel an demselben Tag zu demselben Ziel abgehen.
c Eine Dokumentenvorlage bestehend aus mehr als einer Kurierempfangsbestätigung, Posteinlieferungs-/Postempfangsschein oder Postversandnachweis wird nicht als eine Teilverladung angesehen, wenn die Kurieremp-

fangsbestätigungen, Posteinlieferungs-, Postempfangsscheine oder Postversandnachweise dem Anschein nach von demselben Kurier oder Postdienst an demselben Ort und Datum für dasselbe Ziel abgestempelt oder unterzeichnet sind.

1) Teilinanspruchnahmen oder Teilverladungen (Art 31)

1   Art 31 nF entspricht Art 40 aF. Teilinanspruchnahmen und Teilverladungen sind nach Art 31 lit a zulässig, falls im Akkreditiv nicht etwas anderes vorgeschrieben (Art 1 Rn 3), Schütze/Vorpeil Rn 211 ff. Letzterenfalls bleiben noch immer die Ausnahmen von einem solchen Verbot nach Art 31 lit c (Post- und Kurierversand) und lit b (gilt für alle sonstigen Beförderungsarten). Über Teilinanspruchnahme hat der Begünstigte zu entscheiden, nicht die Zweitbank, der das Akkreditiv vorgelegt wird; dass ein Teil der Dokumente akkreditivgerecht ist, genügt daher nicht, Düss ZIP 03, 1785. Bei zulässiger Teilleistung nach Art 31 ist Teilausnutzung des Akkreditivs bis zum letzten Tage möglich, auch wenn es zu der vollen Leistung ersichtlich nicht mehr kommen wird. „Unterzeichnen", „gestempelt" bei elektronischen Dokumenten bei el.ERA-Akkreditiv s Anhang el.ERA Art e 3a iv, v.

Inanspruchnahme oder Verladung in Raten

ERA 32 Ist im Akkreditiv Inanspruchnahme oder Verladung in Raten innerhalb bestimmter Zeiträume vorgeschrieben und ist irgendeine Rate nicht innerhalb des für sie vorgeschriebenen Zeitraums in Anspruch genommen oder verladen worden, kann das Akkreditiv für diese betreffende und jede weitere Rate nicht mehr benutzt werden.

1) Inanspruchnahme oder Verladung in Raten (Art 32)

1   Art 32 nF entspricht Art 41 aF. Art 32 regelt den Fall, dass das Akkreditiv Inanspruchnahme oder Verladung in Raten innerhalb bestimmter Zeiträume vorschreibt (Sukzessivlieferungen), Schütze/Vorpeil Rn 216 ff. Dann schadet Versäumung schon einer einzigen Rate, falls im Akkreditiv nicht etwas anderes vorgeschrieben (Art 1 Rn 3), auch für alle anderen Raten. Art 32 setzt voraus, dass Raten „innerhalb bestimmter Zeiträume" vorgeschrieben sind, also nicht nur Zahl der Raten, sondern feste Termine.

Vorlegungszeiten

ERA 33 Banken sind nicht verpflichtet, Dokumente außerhalb ihrer Öffnungszeiten entgegenzunehmen.

1) Vorlegungszeiten (Art 33)

1   Art 33 nF entspricht Art 45 aF. Wirksamkeit bezweifelnd Nielsen 385, außer bei individueller Zustellung der Dokumente, zB durch Kurierdienste.

Haftungsausschluss für Wirksamkeit von Dokumenten

ERA 34 Banken übernehmen keine Haftung oder Verantwortung für Form, Vollständigkeit, Genauigkeit, Echtheit, Verfälschung oder Rechtswirksamkeit irgendeines Dokuments oder für die allgemeinen oder besonderen Bedingungen, die in irgendeinem Dokument angegeben oder demselben hinzugefügt sind; Banken übernehmen auch keine Haftung oder Verantwortung für Bezeichnung, Menge, Gewicht, Qualität, Beschaffenheit, Verpackung, Lieferung, Wert oder Vorhandensein der durch

V. Bankgeschäfte 1 **35 ERA (11)**

irgendein Dokument repräsentierten Waren, Dienstleistungen oder anderen Leistungen oder für Treu und Glauben oder Handlungen oder Unterlassungen sowie für Zahlungsfähigkeit, Leistungsvermögen oder Ruf von Absender, Frachtführer, Spediteur, Empfänger oder Versicherer der Waren oder irgendeiner anderen Person.

1) Haftungsausschluss für Wirksamkeit von Dokumenten (Art 34)

Art 34 nF entspricht fast wörtlich Art 15 aF. Fälschungsrisiko s **(7)** Bank- 1 geschäfte Rn K/8. Art 34 bezieht sich nicht auf die Pflicht der Bank zur Prüfung der Dokumente nach Art 14 (vertragswesentliche Pflicht, s dort Rn 1, zur Reichweite der Prüfungspflicht ebenda), hL, so auch ausdrücklich Drafting Group zu Art 34. Auch sonst gelten die allgemeinen Grenzen von **(5)** §§ 307, 309 Nr 7b BGB. Art 34 Halbs 1 soll selbst nicht zum Ausschluss der Haftung für eigene Pflichtverletzung der Bank führen; aber bei gebotener kundenfeindlichster Auslegung wäre an sich Unwirksamkeit die Folge, so Wo/Li/Pf/H. Schmidt Akkreditivbedingungen A 127 für Halbs 1, str, aber wirksame Überwälzung des Risikos von Fälschungen und anderen unverschuldeten Unregelmäßigkeiten und Vorrang von Art 13 (Pflicht, alle im Akkreditiv vorschriebenen Dokumente zu prüfen), BankrechtsHdb/Jäger/Haas 5. Aufl 2017 § 120 Rn 212, MüKo/Nielsen H 112, Staub/Grundmann 3/637. Im Übrigen ist AGB mit Haftungsausschluss für leichte Fahrlässigkeit bei Echtheitsprüfung wirksam, BGH **108**, 348 (s **(7)** Bankgeschäfte Rn K/6). Auch Art 34 Halbs 2 ist AGB-rechtlich wirksam, Wo/Li/Pf/H. Schmidt Akkreditivbedingungen A 127, MüKo/Nielsen H 57a, hL.

Haftungsausschluss für Nachrichtenübermittlung und Übersetzung

ERA 35 [1] Banken übernehmen keine Haftung oder Verantwortung für die Folgen von Verzögerungen, Verlusten, Verstümmelungen oder sonstigen Irrtümern bei der Übermittlung von Nachrichten oder Versand von Briefen oder Dokumenten, wenn diese Nachrichten, Briefe oder Dokumente gemäß den im Akkreditiv gestellten Anforderungen übermittelt oder abgesandt werden oder wenn die Bank, mangels entsprechender Weisungen im Akkreditiv, selbst die Initiative bei der Auswahl des Beförderungsdienstes ergriffen hat.

[2] Wenn eine benannte Bank entscheidet, dass eine Dokumentenvorlage konform ist, und die Dokumente an die eröffnende oder bestätigende Bank versendet, unabhängig davon, ob die benannte Bank honoriert oder negoziiert hat, muss die eröffnende oder bestätigende Bank honorieren oder negoziieren oder diese benannte Bank rembourisieren, selbst dann, wenn die Dokumente auf dem Weg von der benannten Bank zur eröffnenden Bank oder bestätigenden Bank oder zwischen der bestätigenden und der eröffnenden Bank verloren gegangen sind.

[3] Banken übernehmen keine Haftung oder Verantwortung für Irrtümer bei der Übersetzung oder Auslegung von technischen Begriffen und können Akkreditiv-Bedingungen unübersetzt weiterleiten.

1) Haftungsausschluss für Nachrichtenübermittlung und Übersetzung (Art 35)

Art 35 Satz 1 und 3 nF entsprechen Art 16 aF. Art 35 Satz 1 bezieht sich nicht 1 auf die Pflicht zur Mitteilung über die Eröffnung des Akkreditivs (vgl **(5)** §§ 305c II, 307 II Nr 2 BGB), str, oder eine sonstige Akkreditivpflichtverletzung, Bsp: die Bank wählt einen anderen Kurier als im Akkreditiv vorgeschrieben, Drafting Group zu Art 35. Art 35 Satz 1 enthält danach einen wirksamen Haftungsausschluss für leichte Fahrlässigkeit, üL, Staub/Grundmann 3/638, aA Wo/Li/Pf/H.

(11) ERA 37 2. Teil. Handelsrechtl. Nebengesetze

Schmidt Akkreditivbedingungen A 128. Haftungsausschluss für Dokumentenverlust bei Versand vgl **(12)** ERI Art 14 Rn 1. Art 35 Satz 2 enthält eine begrenzte Ausnahme zu Satz 1 zugunsten einer benannten Bank, wenn die Dokumente unterwegs verloren gehen. Die benannte Bank muss aber auf Anforderung Kopien der relevanten Dokumente liefern, damit Konformität der Dokumentenvorlage nachgeprüft werden kann; zur Aufbewahrung solcher Kopien ist sie allerdings nicht verpflichtet, Drafting Group zu Art 35. Art 35 Satz 3 betrifft Übersetzungen und Auslegung von technischen Begriffen, die die Bank ihren Kunden als Service leistet. Satz 3 lässt Pflicht des Art 14 zur Dokumentenprüfung unberührt, ebenso andere vertragswesentliche Pflichten, vgl Art 34 Rn 1, str, und ist wirksam, str; nach aA ist Art 35 Satz 3 (auch im unternehmerischen Verkehr) hinsichtlich grober Fahrlässigkeit oder sogar gänzlich (Unklarheitenregel, **(5)** § 306 BGB, aber Canaris 941) unwirksam.

Höhere Gewalt

ERA 36 [1] Banken übernehmen keine Haftung oder Verantwortung für die Folgen der Unterbrechung ihrer Geschäftstätigkeit durch Fälle höherer Gewalt, Unruhen, Aufruhr, Aufstände, Kriege, Terrorakte oder durch irgendwelche Streiks oder Aussperrungen oder irgendwelche anderen Ursachen außerhalb ihrer Kontrolle.

[2] Banken werden nach Wiederaufnahme ihrer Geschäftstätigkeit unter einem Akkreditiv, das während einer solchen Unterbrechung ihrer Geschäftstätigkeit verfallen ist, nicht honorieren oder negoziieren.

1) Höhere Gewalt (Art 36)

1   Art 36 nF entspricht Art 17 aF; neu eingefügt „Terrorakte", aber der Sache nach schon nach aF erfasst. Art 36 lit a schließt die Haftung der Banken für höhere Gewalt (force majeure) aus, zB wenn der Begünstigte deshalb das Akkreditiv nicht rechtzeitig in Anspruch nehmen kann. Art 36 ist wirksam, aber nicht generell, was die Folgen von Arbeitskämpfen angeht, da teilbar, nicht insgesamt unwirksam, Wo/Li/Pf/H. Schmidt Akkreditivbedingungen A 129. Tritt die höhere Gewalt erst nach Einreichung ordnungsgemäßer Dokumente ein und verhindert Leistung innerhalb der Akkreditivfrist, wird die Bank aber nicht überhaupt frei, BGH WM **60**, 38. Ist das Akkreditiv während einer solchen Unterbrechung der Geschäftstätigkeit der Bank verfallen, bleibt es dabei (Art 36 II), also keine Schonfrist nach Wiedereröffnung, Drafting Group zu Art 36.

Haftungsausschluss für Handlungen einer beauftragten Partei

ERA 37

a Bedient sich eine Bank einer anderen Bank, um die Weisungen des Auftraggebers auszuführen, tut sie dies für Rechnung und Gefahr des Auftraggebers.

b Eine eröffnende oder avisierende Bank übernimmt keine Haftung oder Verantwortung, wenn die von ihr einer anderen Bank übermittelten Weisungen nicht ausgeführt werden, selbst wenn sie die Initiative bei der Auswahl dieser Bank ergriffen hat.

c [1] Eine Bank, die eine andere Bank beauftragt, Leistungen zu erbringen, haftet für alle Provisionen/Kommissionen, Gebühren, Kosten oder Auslagen („Spesen"), die dieser Bank im Zusammenhang mit ihren Weisungen entstanden sind.

[2] Wenn ein Akkreditiv vorschreibt, dass die Spesen für Rechnung des Begünstigten gehen und die Spesen nicht eingezogen oder von Erlösen abge-

V. Bankgeschäfte **38 ERA (11)**

zogen werden können, bleibt die eröffnende Bank für die Zahlung der Spesen haftbar.
³ Ein Akkreditiv oder dessen Änderung sollte nicht vorschreiben, dass die Avisierung an den Begünstigten davon abhängig ist, dass die avisierende Bank oder zweite avisierende Bank ihre Spesen erhält.
d Der Auftraggeber muss alte Verpflichtungen und Verantwortlichkeiten übernehmen, die auf ausländischen Gesetzen und Gebräuchen beruhen, und muss die Banken für alle hieraus resultierenden Folgen schadlos halten.

1) Haftungsausschluss für Handlungen einer beauftragten Partei (Art 37)

Art 37 nF entspricht Art 18 aF, beschränkt den Haftungsausschluss aber auf Banken. Art 18a und 18b aF waren, soweit § 278 BGB vorliegt, jedenfalls gegenüber Privatleuten nach **(5)** § 309 Nr 7b BGB unwirksam, nach aA allgemein auch gegenüber Unternehmern, Graf von Westphalen RIW **94**, 456, s **(7)** Bankgeschäfte Rn K/2. Art 37 lit a, b nF trägt dem durch die engere Fassung Rechnung und wird deshalb richtig verstanden als wirksam angesehen, mit Differenzierungen näher **(7)** Bankgeschäfte Rn K/2, BankrechtsHdb/Jäger/Haas 5. Aufl 2017 § 120 Rn 419 ff, Staub/Grundmann 3/639, iErg auch Wo/Li/Pf/H. Schmidt Akkreditivbedingungen A 130–140, aber einschränkende Auslegung jedenfalls für eigene Filialen der Bank im Ausland (vgl Art 3 Rn 6), für eigenes Auswahlverschulden der Bank, zT auch mit Differenzierung nach § 278 BGB (Erfüllungsgehilfe) und § 664 I 2 BGB (Unterbeauftragung). 1

2) Auslandsakkreditive (Art 37 lit d)

Sind Auftraggeber und Begünstigter in verschiedenen Ländern ansässig, ergeben sich für die Banken besondere Gefahren aus der Anwendbarkeit ausländischen Rechts. Nach Art 37 lit d muss der Auftraggeber alle Verpflichtungen und Verantwortlichkeiten übernehmen, die auf ausländischen Gesetzen und Gebräuchen beruhen, und muss die Banken für Folgen daraus schadlos halten. Art 37 lit d erfasst nicht den Fall eigener Pflichtverletzung der Bank; sonst wäre er nach **(5)** § 307 BGB unangemessen, Canaris 975, wohl strenger Wo/Li/Pf/H. Schmidt Akkreditivbedingungen A 130–140, str. 2

Übertragbare Akkreditive

ERA 38

a Keine Bank ist verpflichtet, ein Akkreditiv zu übertragen außer in dem Umfang und in der Art, wie ausdrücklich von der Bank zugestimmt.
b ¹ Im Sinne dieses Artikels bedeutet:
übertragbares Akkreditiv ein Akkreditiv, das ausdrücklich als „übertragbar" bezeichnet ist. ² Ein übertragbares Akkreditiv kann im Auftrag des Begünstigten („Erstbegünstigter") ganz oder teilweise für einen anderen Begünstigten („Zweitbegünstigter") benutzbar gestellt werden;
³ übertragende Bank eine benannte Bank, die das Akkreditiv überträgt, oder, bei einem bei jeder Bank benutzbaren Akkreditiv, eine Bank, die von der eröffnenden Bank ausdrücklich zur Übertragung ermächtigt ist und das Akkreditiv überträgt. ⁴ Eine eröffnende Bank kann eine übertragende Bank sein;
⁵ übertragenes Akkreditiv ein Akkreditiv, das durch die übertragende Bank für einen Zweitbegünstigten benutzbar gemacht worden ist.
c Soweit zum Zeitpunkt der Übertragung nichts anderes vereinbart ist, gehen alle Spesen (wie Provisionen/Kommissionen, Gebühren, Kosten oder Auslagen), die durch die Übertragung anfallen, zu Lasten des Erstbegünstigten.

(11) ERA 38 2. Teil. Handelsrechtl. Nebengesetze

d ¹Ein Akkreditiv kann in Teilen an mehr als einen Zweitbegünstigten übertragen werden, vorausgesetzt, dass Teilinanspruchnahmen oder Teilverladungen zulässig sind.
²Ein übertragenes Akkreditiv kann im Auftrag des Zweitbegünstigten nicht an einen nachfolgenden Begünstigten übertragen werden. Der Erstbegünstigte gilt nicht als nachfolgender Begünstigter.

e Jeder Übertragungsauftrag muss angeben, ob und unter welchen Bedingungen Änderungen dem Zweitbegünstigten avisiert werden können. Das übertragene Akkreditiv muss diese Bedingungen klar ausweisen.

f ¹Wird ein Akkreditiv an mehr als einen Zweitbegünstigten übertragen, macht die Ablehnung einer Änderung durch einen oder mehrere Zweitbegünstigte die Annahme durch andere Zweitbegünstigte nicht unwirksam, denen gegenüber das übertragene Akkreditiv entsprechend geändert ist.
²Für jeden Zweitbegünstigten, der die Änderung abgelehnt hat, bleibt das übertragene Akkreditiv unverändert.

g ¹Das übertragene Akkreditiv muss die Bedingungen des Akkreditivs, einschließlich einer möglicherweise vorhandenen Bestätigung, genau widerspiegeln. Davon ausgenommen sind:
– Akkreditivbetrag,
– jeder im Akkreditiv angegebene Preis pro Einheit,
– Verfalldatum,
– Dokumentenvorlagefrist, oder
– letztes Verladedatum oder angegebene Verladefrist,
die einzeln oder insgesamt ermäßigt oder verkürzt werden können.
²Der Prozentsatz, auf den die Versicherungsdeckung lauten muss, kann erhöht werden, um den im Akkreditiv oder in diesen Artikeln vorgeschriebenen Deckungsbetrag zu erreichen.
³Der Name des Erstbegünstigten kann an die Stelle des Namens des Auftraggebers des Akkreditivs gesetzt werden.
⁴Wenn im Akkreditiv ausdrücklich verlangt wird, dass der Name des Auftraggebers in irgendeinem anderen Dokument als der Rechnung erscheint, muss sich diese Bedingung im übertragenen Akkreditiv widerspiegeln.

h Der Erstbegünstigte hat das Recht, seine eigene Rechnung und, gegebenenfalls, Tratte an die Stelle derjenigen des Zweitbegünstigten zu setzen, und zwar in einem Betrag, der den im Akkreditiv angegebenen Betrag nicht übersteigt; und aufgrund eines solchen Austauschs kann der Erstbegünstigte unter dem Akkreditiv den Differenzbetrag in Anspruch nehmen, der gegebenenfalls zwischen seiner Rechnung und der des Zweitbegünstigten besteht.

i Wenn der Erstbegünstigte seine eigene Rechnung und, gegebenenfalls, Tratte vorzulegen hat, aber der ersten Aufforderung hierzu nicht nachkommt oder wenn die vom Erstbegünstigten vorgelegte Rechnung Unstimmigkeiten herbeiführt, welche die Dokumentenvorlage des Zweitbegünstigten nicht aufwies und die der Erstbegünstigte nicht auf erste Aufforderung korrigiert, dann hat die übertragende Bank das Recht, der eröffnenden Bank die Dokumente, die sie vom Zweitbegünstigten erhalten hat, zu präsentieren, ohne weitere Verantwortlichkeit gegenüber dem Erstbegünstigten.

j ¹Der Erstbegünstigte kann in seinem Übertragungsauftrag verlangen, dass die Honorierung oder Negoziierung gegenüber dem Zweitbegünstigten an dem Ort, an den das Akkreditiv übertragen worden ist, vorgenommen wird, und zwar bis zum Verfalldatum des Akkreditivs einschließlich. ²Dies gilt unbeschadet des Rechts des Erstbegünstigten gemäß Artikel 38 (h).

k Die Dokumentenvorlage durch oder für den Zweitbegünstigten muss an die übertragende Bank erfolgen.

V. Bankgeschäfte

1) Übertragbare Akkreditive (Art 38 lit a)

Art 38 nF entspricht Art 48 aF. Art 38 betrifft übertragbare Akkreditive s **(7)** 1
Bankgeschäfte Rn K/23. Art 38 regelt nur die Übertragung des Akkreditivs insgesamt (Vollübertragung), nicht die bloße Abtretung des Zahlungsanspruchs (Art 39). Art 38 lit a hält als Grundsatz fest, dass eine Bank nur bei ausdrücklicher Zustimmung zur Übertragung verpflichtet ist, aber so uneingeschränkt ist dies problematisch (s **(7)** Bankgeschäfte Rn K/23).

2) Definitionen (Art 38 lit b)

Art 38 lit b enthält Definitionen (vgl Art 2 Rn 1): übertragbares Akkreditiv 2
(transferable), übertragende Bank (transferring bank) und übertragenes Akkreditiv (transferred credit). Art 38 lit b verlangt schon kraft Definition ausdrückliche Bezeichnung als „übertragbar" („transferable"), andere Ausdrücke wie „divisible" ua genügen nicht. Auch die eröffnende Bank kann eine übertragende Bank sein, was in der Praxis häufig vorkommt. Ein übertragbares Akkreditiv kann im Auftrag des Begünstigten (Erstbegünstigter, first beneficiary) ganz oder teilweise für einen anderen Begünstigten (Zweitbegünstigter, second beneficiary) benutzbar gestellt werden (Art 38 lit b Satz 2).

3) Weitere Regelungen (Art 38 lit c–j)

Art 38 lit c ist eine Spesenregelung, die Bank kann sich grundsätzlich an den 3
ihr bekannten Erstbegünstigten halten. Art 38 lit d regelt Teilübertragungen an mehr als einen Zweitbegünstigten, falls Teilübertragungen oder Teilverladungen (Art 31) zulässig sind, sonst nicht, da erhebliche Erschwernisse. Grundsätzlich ist nur eine einmalige Übertragung möglich. Rückübertragung an den Erstbegünstigten gilt nicht als zweite Übertragung. Mehrere zulässige Teilübertragungen gelten als eine zulässige einmalige Übertragung. Art 38 lit e regelt die Avisierung von Änderungen bei Zweitbegünstigung, Einzelheiten dazu in Drafting Group zu Art 39. Mehrere Zweitbegünstigte können sich nach Art 38 lit f gegenüber Änderungen unterschiedlich entscheiden. Das übertragene Akkreditiv muss die (Original)Bedingungen des Akkreditivs (einschließlich einer Bestätigung) genau widerspiegeln, doch sind mehrere Ausnahmen vorgesehen (Art 38 lit g). Art 38 lit h gibt das Recht zum Tausch von Tratten. Damit kann sich der Erstbegünstigte seine Gewinnmarge sichern, ohne den bezahlten Preis und den tatsächlichen Lieferanten zu nennen. Art 38 lit j gibt das Recht auf Verlegung der Abwicklungsstelle. Die Dokumentenvorlage durch oder für den Zweitbegünstigten muss an die übertragende Bank erfolgen (Art 38 lit k). Näher zu lit j und k Drafting Group zu Art 39.

Abtretung von Akkreditiverlösen

ERA 39 [1]Die Tatsache, dass ein Akkreditiv nicht als übertragbar bezeichnet ist, berührt nicht die Rechte des Begünstigten, **seinen unter einem solchen Akkreditiv bestehenden oder künftig entstehenden Anspruch auf den Erlös gemäß den Bestimmungen des anzuwendenden Rechts abzutreten.** [2]Dieser Artikel bezieht sich nur auf die Abtretung des Akkreditiverlöses und nicht auf die Abtretung des Rechts auf Inanspruchnahme des Akkreditivs.

1) Abtretung von Akkreditiverlösen (Art 39)

Art 39 nF entspricht Art 49 aF. Art 39 betrifft die bloße Abtretung des Zah- 1
lungsanspruchs (ohne Vollübertragung, Art 38), s **(7)** Bankgeschäfte Rn K/23. Diese ist stets zulässig, also auch bei nicht übertragbar gestellten Akkreditiven iS Art 38.

Anhang zu den ERA 600 für die Vorlage elektronischer Dokumente (el.ERA) – Version 1.1

anwendbar ab 1. Juli 2007 (Original englisch)

Übersicht el.ERA

Anwendungsbereich der el.ERA	e1
Verhältnis der el.ERA zu den ERA	e2
Definitionen	e3
Format	e4
Vorlage	e5
Prüfung	e6
Benachrichtigung über Zurückweisung	e7
Originale und Kopien	e8
Ausstellungsdatum	e9
Transport	e10
Beschädigung eines elektronischen Dokuments nach der Vorlage	e11
Zusätzlicher Haftungsausschluss für die Vorlage elektronischer Dokumente unter el.ERA	e12

Anwendungsbereich der el.ERA

el.ERA 1

a) **Der Anhang zu den Einheitlichen Richtlinien und Gebräuchen für Dokumenten-Akkreditive für die Vorlage elektronischer Dokumente (el.ERA) ergänzt die Einheitlichen Richtlinien und Gebräuche für Dokumenten-Akkreditive (Revision 2007, ICC Publikation Nr. 600, ERA), um die Vorlage elektronischer Dokumente allein oder zusammen mit Papierdokumenten zu ermöglichen.**
b) **Die el.ERA gelten als Ergänzung zu den ERA, wenn das Akkreditiv ausweist, dass es den el.ERA unterliegt.**
c) [1] **Die vorliegende Version ist die Version 1.1.** [2] **Ein Akkreditiv muß die anzuwendende Version der el.ERA ausweisen.** [3] **Andernfalls unterliegt es der Version, die zum Datum der Akkreditiveröffnung, oder, wenn das Akkreditiv durch eine vom Begünstigten angenommene Änderung den el.ERA unterworfen wurde, der Version, die zum Datum dieser Änderung in Kraft ist.**

Verhältnis der el.ERA zu den ERA

el.ERA 2

a) **Ein Akkreditiv, das den el.ERA unterworfen ist (el.ERA-Akkreditiv), unterliegt auch den ERA, ohne dass diese ausdrücklich einbezogen wurden.**
b) **Wenn die el.ERA Anwendung finden, gehen deren Bestimmungen den ERA insoweit vor, als sie zu einem von der Anwendung der ERA abweichenden Ergebnis führen würden.**
c) [1] **Wenn ein el.ERA-Akkreditiv dem Begünstigten die Wahl zwischen der Vorlage von Papierdokumenten und elektronischen Dokumenten lässt und dieser sich entscheidet, nur Papierdokumente vorzulegen, gelten für diese Vorlage ausschließlich die ERA.** [2] **Wenn ein el.ERA-Akkreditiv nur Papierdokumente erlaubt, gelten ausschließlich die ERA.**

V. Bankgeschäfte 4 el.ERA (11)

Definitionen

el.ERA 3

a) Die nachstehenden Begriffe der ERA bedeuten für die Anwendung der ERA auf ein unter einem el.ERA-Akkreditiv vorgelegtes elektronisches Dokument Folgendes:
  i. *„seiner äußeren Aufmachung nach"* und ähnliche Begriffe: gelten für die Prüfung des Dateninhaltes eines elektronischen Dokuments.
  ii. *„Dokument"* schließt ein elektronisches Dokument ein.
  iii. *„Ort der Vorlage"* von elektronischen Dokumenten bedeutet eine elektronische Adresse.
  iv. *„unterzeichnen"* und ähnliche Begriffe umfassen eine elektronische Signatur.
  v. *„angebracht", „Vermerk" oder „gestempelt"*: bedeuten Dateninhalte, deren ergänzender Charakter in einem elektronischen Dokument augenscheinlich ist.
b) Die nachstehenden in den el.ERA verwendeten Begriffe haben die folgende Bedeutung:
  i. „elektronisches Dokument" bedeutet Daten,
    – die elektronisch geschaffen, generiert, versandt, kommuniziert, empfangen oder gespeichert werden,
    – die hinsichtlich der augenscheinlichen Identität eines Versenders und der augenscheinlichen Quelle der enthaltenen Daten und hinsichtlich ihrer Vollständigkeit und Freiheit von nachträglichen Veränderungen authentisiert werden können, und
    – die auf Übereinstimmung mit den Bedingungen eines el.ERA-Akkreditivs überprüft werden können.
  ii. *„elektronische Signatur"* bedeutet einen Datenverarbeitungsvorgang, der mit einem elektronischen Dokument verbunden oder logisch verknüpft ist und der von einer Person ausgeführt oder verwandt wurde, um diese Person zu identifizieren und die Authentisierung des elektronischen Dokumentes durch diese Person anzuzeigen.
  iii. *„Format"* bedeutet die Datenorganisation, in der das elektronische Dokument aufbereitet ist oder auf die es sich bezieht.
  iv. *„Papierdokument"* bedeutet ein Dokument in der traditionellen Papierform.
  v. *„empfangen"* bedeutet den Zeitpunkt, zu dem ein elektronisches Dokument in das Informationssystem des jeweiligen Empfängers in einer Form Einlaß findet, die von diesem System angenommen werden kann. Eine Empfangsbestätigung bedeutet nicht die Annahme oder Ablehnung des elektronischen Dokuments unter einem el.ERA-Akkreditiv.

Format

el.ERA 4 [1] Ein el.ERA-Akkreditiv muß die Formate bezeichnen, in denen elektronische Dokumente vorzulegen sind.
[2] Wenn das Format eines elektronischen Dokuments nicht bezeichnet ist, kann das Dokument in jedem Format vorgelegt werden.

Vorlage

el.ERA 5

a) Ein el.ERA-Akkreditiv, das die Vorlage
   i. von elektronischen Dokumenten zulässt, muss einen Ort für die Vorlage der elektronischen Dokumente angeben;
   ii. sowohl von elektronischen Dokumenten als auch von Papierdokumenten zulässt, muss auch einen Ort für die Vorlage der Papierdokumente angeben.
b) Elektronische Dokumente können getrennt und müssen nicht zum gleichen Zeitpunkt vorgelegt werden.
c) [1] Erlaubt ein el.ERA-Akkreditiv die Vorlage eines oder mehrerer elektronischer Dokumente, muss der Begünstigte die Bank, der die Dokumente eingereicht werden, benachrichtigen, wenn die Vorlage vollständig ist. [2] Die Benachrichtigung über die Vollständigkeit kann in der Form eines elektronischen Dokuments oder eines Papierdokuments erfolgen und muss das el.ERA-Akkreditiv benennen, auf das sie sich bezieht. [3] Die Vorlage gilt als nicht erfolgt, wenn die vom Begünstigten vorgenommene Benachrichtigung nicht empfangen wird.
d) i. Jede Vorlage eines elektronischen Dokuments und die Vorlage der Papierdokumente unter einem el.ERA-Akkreditiv muss das el.ERA-Akkreditiv benennen, unter dem es vorgelegt wird.
   ii. Eine nicht so identifizierte Vorlage kann als nicht empfangen angesehen werden.
e) [1] Falls die Bank, bei der die Vorlage zu erfolgen hat, geöffnet ist, aber ihre Systeme am festgelegten Verfalldatum bzw. dem letzten Tag der Vorlagefrist nach dem Verladedatum nicht in der Lage sind, ein zwecks Vorlage übermitteltes elektronisches Dokument zu empfangen, gilt die Bank als geschlossen, und das letzte Datum für die Vorlage bzw. das Verfalldatum wird auf den nächstfolgenden Bankarbeitstag verschoben, an dem die Bank in der Lage ist, ein elektronisches Dokument zu empfangen. [2] Falls das einzige noch vorzulegende elektronische Dokument die Benachrichtigung über die Vollständigkeit ist, kann diese via Telekommunikation oder als Papierdokument vorgelegt werden und gilt als rechtzeitig vorgelegt, sofern sie geschickt wird, bevor die Bank in der Lage ist, ein elektronisches Dokument zu empfangen.
f) Ein elektronisches Dokument, das nicht authentisiert werden kann, gilt nicht als vorgelegt.

Prüfung

el.ERA 6

a) [1] Falls ein elektronisches Dokument einen Hyperlink zu einem externen System enthält, oder eine Vorlage ausweist, dass das elektronische Dokument unter Bezug auf ein externes System geprüft werden kann, gilt das elektronische Dokument unter dem Hyperlink oder dem Referenz-System als das zu prüfende elektronische Dokument. [2] Wenn das benannte System zum Zeitpunkt der Prüfung keinen Zugang zum erforderlichen elektronischen Dokument ermöglicht, gilt dies als Unstimmigkeit.
b) Die Weiterleitung elektronischer Dokumente durch eine benannte Bank gemäß ihrer Ermächtigung bedeutet, dass sie die augenscheinliche Echtheit der elektronischen Dokumente festgestellt hat.

V. Bankgeschäfte   **10 el.ERA (11)**

c) Das Unvermögen der eröffnenden Bank oder der etwaigen bestätigenden Bank, ein elektronisches Dokument in einem im el.ERA-Akkreditiv geforderten Format zu prüfen oder, wenn kein Format vorgeschrieben ist, es im vorgelegten Format zu prüfen, ist keine Grundlage für eine Ablehnung.

Benachrichtigung über Zurückweisung

el.ERA 7

a) i. Die Frist für die Prüfung der Dokumente beginnt an dem Bankarbeitstag, der dem Bankarbeitstag folgt, an dem die Benachrichtigung seitens des Begünstigten über die Vollständigkeit empfangen wird.
   ii. Wenn die Frist für die Dokumentenvorlage oder für die Benachrichtigung der Vollständigkeit verlängert ist, beginnt die Frist für die Prüfung der Dokumente am nächstfolgenden Bankarbeitstag, an dem die Bank, bei der die Vorlage zu erfolgen hat, in der Lage ist, die Benachrichtigung hinsichtlich der Vollständigkeit zu empfangen.
b) Wenn eine eröffnende Bank, etwaige bestätigende Bank oder eine in deren Auftrag handelnde benannte Bank, eine Benachrichtigung über die Zurückweisung einer Vorlage, die elektronische Dokumente einschließt, vornimmt und sie von der Partei, an welche die Benachrichtigung über die Zurückweisung gerichtet ist, innerhalb von 30 Kalendertagen vom Datum der Benachrichtigung über die Zurückweisung keine Weisungen über die Weiterbehandlung der elektronischen Dokumente empfängt, muss die Bank alle nicht bereits vorher an den Einreicher zurückgegebenen Papierdokumente zurückgeben, kann aber über die elektronischen Dokumente ohne jede Haftung auf eine für angemessen erachtete Weise verfügen.

Originale und Kopien

el.ERA 8 Jede Anforderung der ERA oder eines el.ERA-Akkreditivs über die Vorlage eines Originals oder mehrerer Originale oder Kopien eines elektronischen Dokuments wird durch Vorlage eines elektronischen Dokuments erfüllt.

Ausstellungsdatum

el.ERA 9 [1] Sofern ein elektronisches Dokument kein bestimmtes Ausstellungsdatum enthält, gilt das Datum, an dem es vom Aussteller gesendet zu sein scheint, als das Ausstellungsdatum. [2] Das Empfangsdatum wird als Sendedatum betrachtet, falls kein anderes Datum erkennbar ist.

Transport

el.ERA 10 [1] Falls ein den Transport nachweisendes elektronisches Dokument kein Verlade- oder Versendungsdatum ausweist, gilt das Ausstellungsdatum des elektronischen Dokuments als Verlade- bzw. Versendungsdatum. [2] Falls jedoch das elektronische Dokument einen Vermerk trägt, der das Verlade- oder Versendungsdatum ausweist, gilt das Datum des Vermerks als das Verlade- bzw. Versendungsdatum. [3] Ein Vermerk, der zusätzliche Dateninhalte zeigt, braucht nicht gesondert unterschrieben oder anderweitig authentisiert zu sein.

Hopt

Beschädigung eines elektronischen Dokuments nach der Vorlage

el.ERA 11

a) Wenn ein elektronisches Dokument, welches von der eröffnenden, bestätigenden oder einer anderen benannten Bank empfangen wurde, beschädigt zu sein scheint, kann die Bank den Einreicher informieren und ihn zu einer erneuten Vorlage des elektronischen Dokuments auffordern.

b) Verlangt die Bank, dass ein elektronisches Dokument erneut vorgelegt wird:
  i. wird die Prüfungsfrist ausgesetzt und beginnt von neuem, wenn der Einreicher das elektronische Dokument erneut vorlegt; und,
  ii. falls die benannte Bank nicht die bestätigende Bank ist, muss sie der eröffnenden Bank und jeder bestätigenden Bank eine Benachrichtigung über die Aufforderung zur erneuten Vorlage zukommen lassen, und sie über die Aussetzung informieren; jedoch,
  iii. wenn das gleiche elektronische Dokument nicht innerhalb von dreißig (30) Kalendertagen erneut vorgelegt wird, kann die Bank das elektronische Dokument als nicht vorgelegt betrachten, und
  iv. irgendwelche Fristen werden nicht verlängert.

Zusätzlicher Haftungsausschluss für die Vorlage elektronischer Dokumente unter el.ERA

el.ERA 12

Bei der Prüfung der augenscheinlichen Echtheit eines elektronischen Dokuments übernehmen die Banken keine Haftung für die Identität von Absender, Datenquelle oder die Vollständigkeit und Unverändertheit des Dokumentes, soweit sich nichts offensichtlich anderes aus dem elektronischen Dokument ergibt und es mit einem kommerziell akzeptablen Datenverfahren für den Empfang, die Authentisierung und Identifikation elektronischer Dokumente empfangen wurde.

(12) Einheitliche Richtlinien für Inkassi (ERI)

Revision 1995 Text der ERI © Internationale Handelskammer

Einleitung

Schrifttum

S allgemein zum Inkassogeschäft **(7)** Bankgeschäfte vor Rn M/1, hier nur speziell zu **(12)** ERI.

a) Kommentare und Handbücher: BankrechtsHdb/*T. Fischer* 5. Aufl 2017 § 119 (Inkassogeschäft). – BankrechtsKomm/*L/B/S/Segna* 2. Aufl 2016 10. Kap, – BuB/*Nielsen* (LBl). – *Canaris*, Bankvertragsrecht, 2. Aufl 1981, Rdn 1088 ff. – *MüKo(HGB)/Nielsen* 3. Aufl Bd 6 2014 Bankvertragsrecht (Zahlungsverkehr I). – *Hoffmann*, ERI (Revision 1995), 1995. – *Wickremeratne*, ICC Guide to Collection Operations (for the ICC URC 522), Paris 1996. – *Zahn/Eberding/Ehrlich*, Zahlung und Zahlungssicherung im Außenhandel, 6. Aufl 1986.

b) Sonstige Beiträge: *ICC*, ICC Banking Commission Opinions, 1980 ff, zuletzt 2012–2016 (IntHK-Publikation Nr 785, Sprache engl), dazu *Vorpeil* WM **13**, 340. – *Liesecke*, Inkasso von Konnossementen, WM **64**, 1287. – *Kümpel*, Rechtsprobleme bei der Bevor-

V. Bankgeschäfte **1 ERI (12)**

schussung von Inkassodokumenten, Bank-Betrieb **68**, 195. – *Prost*, Spielarten und Rechtsfragen des Scheckinkasso, NJW **69**, 1233. – *Schinnerer*, Das Dokumenteninkasso, ÖA **69**, 394. – *Obermüller*, Sicherungsrechte der Bank beim Dokumenteninkasso, FS Bärmann **75**, 709. – *Graf von Westphalen*, ERA und ERI im Lichte des AGBG, WM **80**, 178. – *Nielsen*, Die Rechte am Inkassoerlös bei der Bevorschussung von Exportinkassi, ZIP **85**, 777. – Zur **nF 1995**: *Graf von Westphalen* FS Nielsen **96**, 141.

1) Entstehung und Neufassung

Die **Einheitlichen Richtlinien für Inkassi** (bis 1978: für das Inkasso von 1 Handelspapieren) (**ERI,** Uniform Rules for Collections, URC) wurden von der IntHK veröffentlicht 1956, revidiert 1967, 1978 und **1995** (IntHK-Publikation Nr 522 ED, engl/dtsch, mit Kurzkomm Nr 550, Sprache engl), zur Anwendung empfohlen ab 1.1.1996. Der jetzige Titel berücksichtigt, dass Inkassodokumente Zahlungs- oder Handelspapiere sein können. Länder, in denen die ERI angewandt werden, ähnlich wie bei ERA, s Einl 3 vor **(11)** ERA. Die Revision 1995 berücksichtigt ua den Einsatz technischer Hilfsmittel und nimmt Anpassungen an **(11)** ERA 500 vor, mittlerweile liegt allerdings **(11)** ERA 600 aus 2007 vor (Abdruck und Kommentar oben). Der Text der ERI ist abgedruckt mit freundlicher Genehmigung der Deutschen Gruppe der Internationalen Handelskammer, Köln.

2) Geltung

Die ERI sind AGB ebenso wie die ERA, Graf von Westphalen FS Nielsen **96**, 2 141, s Einl 6 vor **(11)** ERA; aA HdlBrauch Hbg MDR **70**, 335, Wälzholz WM **94**, 1457, MüKo/Nielsen I 4. Das Risiko der AGB-Kontrolle wird durch die Präzisierung in Stellungnahme der ICC Banking Commission verringert, zu diesen MüKo/Nielsen I 4.

3) Erläuterungen

Allgemein zum Inkassogeschäft s **(7)** Bankgeschäfte Rn M/1 (Dokumente- 3 ninkasso), E/6 (Scheckinkasso). Zur Klausel Kasse gegen Dokumente § 346 Rn 40.

A. Allgemeine Regeln und Begriffsbestimmungen

Anwendbarkeit der ERI 522

ERI 1

a. **Die Einheitlichen Richtlinien für Inkassi, Revision 1995, ICC-Publikation 522, gelten für alle Inkassi wie in Artikel 2 definiert, soweit sie in den Text eines „Inkassoauftrags" gemäß Artikel 4 einbezogen sind und sind für alle Beteiligten bindend, sofern nicht ausdrücklich anderweitige Vereinbarungen getroffen worden sind oder nicht nationale, staatliche oder örtliche Gesetze und/oder Verordnungen entgegenstehen, von denen nicht abgewichen werden darf.**
b. **Banken sind nicht verpflichtet, ein Inkasso oder irgendeine Inkassoweisung oder spätere sich darauf beziehende Weisungen zu bearbeiten.**
c. **Wenn eine Bank sich aus irgendeinem Grund entschließt, ein erhaltenes Inkasso oder sich darauf beziehende Weisungen nicht zu bearbeiten, muß sie unverzüglich denjenigen Beteiligten, von dem sie das Inkasso oder die Weisungen erhalten hat, durch Telekommunikation oder, wenn dies nicht möglich ist, auf anderem schnellen Wege davon unterrichten.**

(12) ERI 3 2. Teil. Handelsrechtl. Nebengesetze

1 1) Die Bank braucht den Inkassoauftrag nicht anzunehmen, muss dann aber den Auftrag- bzw Weisungsgeber unverzüglich durch Telekommunikation davon unterrichten (Art 1b, c). Keine Benachrichtigungspflicht nach c soll in den Fällen von Art 10a und 16b bestehen, so Hoffmann S 4, aber fraglich, s dort.

Definition des Inkassos

ERI 2 Im Sinne dieser Richtlinien bedeuten:

a. „Inkasso" die Bearbeitung von nachstehend unter Artikel 2 (b) definierten Dokumenten durch Banken in Übereinstimmung mit erhaltenen Weisungen, um:
   i. Zahlung und/oder Akzeptierung zu erhalten
   oder
   ii. Dokumente gegen Zahlung und/oder Akzeptierung auszuhändigen
   oder
   iii. Dokumente unter anderen Bedingungen auszuhändigen
b. „Dokumente"-Zahlungspapiere und/oder Handelspapiere:
   i. „Zahlungspapiere" Wechsel, Solawechsel, Schecks oder andere ähnliche zum Erlangen von Zahlungen dienende Dokumente;
   ii. „Handelspapiere" Rechnungen, Transportdokumente, Dispositions- oder andere ähnliche Dokumente sowie irgendwelche andere Dokumente, die keine Zahlungspapiere darstellen.
c. „Einfaches Inkasso" das Inkasso von Zahlungspapieren, die nicht von Handelspapieren begleitet sind.
d. „Dokumentäres Inkasso" das Inkasso von:
   i. Zahlungspapieren, die von Handelspapieren begleitet sind;
   ii. Handelspapieren, die nicht von Zahlungspapieren begleitet sind.

1 1) Art 2a stellt klar, dass **(12)** ERI nur für Inkasso durch Banken gilt. Doch können die Parteien auch etwas anderes vereinbaren. Inkasso durch Banken liegt auch vor, wenn der Auftraggeber sich die Inkassoformulare der Bank blanko aushändigen lässt und dann selbst versendet (direktes Inkasso), zB wegen Kosten- oder Transportvorteilen, Hoffmann S 6. Art 2b definiert Dokumente als Zahlungspapiere und/oder HdlPapiere (financial/commercial documents). Art 2c, d definieren einfaches und dokumentäres Inkasso (clean, documentary collection). D/P, D/A s **(7)** Bankgeschäfte Rn M/5, § 346 HGB Rn 40. Muster für Finanz-, Hdl-, Versicherungs- und Transportdokumente in ICC Guide Kap 6 (engl).

Beteiligte an einem Inkasso

ERI 3

a. Im Sinne dieser Richtlinien sind die „Beteiligten":
   i. der „Auftraggeber", das ist derjenige, der eine Bank mit der Bearbeitung eines Inkassos betraut;
   ii. die „Einreicherbank", das ist die vom Auftraggeber mit der Bearbeitung des Inkassos betraute Bank;
   iii. die „Inkassobank", das ist jede mit der Durchführung des Inkassos befaßte Bank mit Ausnahme der Einreicherbank;
   iv. die „vorlegende Bank", das ist diejenige Inkassobank, die gegenüber dem Bezogenen die Vorlegung vornimmt.
b. Der „Bezogene" ist derjenige, demgegenüber in Übereinstimmung mit dem Inkassoauftrag die Vorlegung zu erfolgen hat.

V. Bankgeschäfte **4 ERI (12)**

1) Art 3a definiert den Begriff der Beteiligten. Der Bezogene ist danach, obwohl in b besonders erwähnt, kein Beteiligter iSd ERI (s **(7)** Bankgeschäfte Rn M/4).

B. Form und Gliederung von Inkassi

Inkassoauftrag

ERI 4

a. i. Alle zum Inkasso übersandten Dokumente müssen von einem Inkassoauftrag begleitet sein, der angibt, daß das Inkasso den ERI 522 unterliegt und in dem vollständige und genaue Weisungen erteilt werden. Banken sind nur berechtigt, gemäß den in einem solchen Inkassoauftrag erteilten Weisungen sowie in Übereinstimmung mit diesen Richtlinien zu verfahren.
    ii. Banken werden Dokumente nicht auf darin enthaltene Weisungen prüfen.
    iii. Sofern im Inkassoauftrag nicht anderweitig ermächtigt, werden Banken Weisungen von einem anderen Beteiligten/einer anderen Bank als dem Beteiligten/der Bank, von welchem/welcher sie das Inkasso erhalten haben, keine Beachtung schenken.
b. Ein Inkassoauftrag sollte die folgenden Informationen, soweit anwendbar, enthalten:
    i. Einzelheiten über die Bank, von der das Inkasso zuging einschließlich des vollständigen Namens, Postanschrift, SWIFT-Adresse, Telex-, Telefon-, Telefax-Nummern und Referenz.
    ii. Einzelheiten über den Auftraggeber einschließlich des vollständigen Namens, Postanschrift und gegebenenfalls Telex-, Telefon-, Telefax-Nummern.
    iii. Einzelheiten über den Bezogenen einschließlich des vollständigen Namens, Postanschrift oder der Domizilstelle, bei der die Vorlegung zu erfolgen hat und gegebenenfalls Telex-, Telefon-, Telefax-Nummern.
    iv. Einzelheiten über die etwaige vorlegende Bank einschließlich des vollständigen Namens, Postanschrift und gegebenenfalls Telex-, Telefon-, Telefax-Nummern.
    v. Einzuziehende(r) Beträge (Betrag) und Währung(en).
    vi. Auflistung der beigefügten Dokumente und Angabe der Anzahl jedes einzelnen Dokumentes.
    vii. a. Bedingungen, unter denen Zahlung und/oder Akzeptierung zu erhalten ist.
        b. Bedingungen für die Aushändigung von Dokumenten gegen:
           1. Zahlung und/oder Akzeptierung
           2. andere Bedingungen
        Der Beteiligte, der den Inkassoauftrag erstellt, ist verantwortlich dafür, daß die Bedingungen für die Aushändigung von Dokumenten klar und eindeutig angegeben sind, andernfalls übernehmen Banken für daraus resultierende Folgen keine Verantwortung.
    viii. Einzuziehende Gebühren mit der Angabe, ob oder ob nicht auf sie verzichtet werden kann.
    ix. Falls zutreffend, einzuziehende Zinsen mit der Angabe, ob oder ob nicht auf sie verzichtet werden kann, einschließlich:
        a. Zinssatz
        b. Berechnungszeitraum

Hopt

(12) ERI 5

c. Art der anzuwendenden Zinsberechnung (zB das Jahr zu 360 oder 365 Tagen).
x. Art der Zahlung und Form des Zahlungsavises.
xi. Weisungen für den Fall von Nichtzahlung, Nichtakzeptierung und/oder Nichterfüllung anderer Weisungen.

c. i. Inkassoweisungen sollen die vollständige Anschrift des Bezogenen enthalten oder die Domizilstelle, bei der die Vorlage zu erfolgen hat. Wenn die Anschrift unvollständig oder unrichtig ist, kann die Inkassobank ohne eigene Haftung und Verantwortlichkeit versuchen, die richtige Anschrift festzustellen.

ii. Die Inkassobank ist nicht haftbar oder verantwortlich für Verzögerungen aufgrund unvollständiger/unrichtiger Adresse.

1 1) Art 4a i handelt vom Inkassoauftrag. Der Auftrag zwischen Einreicherbank und Inkassobank ist iZw selbstständig (nicht Unterauftrag); daher ist die Inkassobank an Weisungen gebunden und hat iZw auch kein Recht zur Wareneinlagerung auf Kosten des Auftraggebers, Hbg MDR **70**, 335 (s **(7)** Bankgeschäfte Rn M/2). Zu a ii s auch Art 12 (Haftungsausschluss für erhaltene Dokumente). a iii stellt klar, dass die Bank, wenn nichts anderes vereinbart ist, nur Weisungen von dem Beteiligten beachten muss, von dem sie das Inkasso bzw die Dokumente erhalten hat. Das gilt auch für Weisungen des ursprünglichen Auftraggebers und, praktisch wichtig, für sogenannte global collections, bei denen eine Einreicherbank das Inkasso an eine Inkassobank sendet und zugleich eine Drittbank mit der Überwachung beauftragt, Hoffmann S 10. 4b enthält Checkliste mit Informationen, die der Inkassoauftrag enthalten soll; sie ist rechtlich weder bindend („soll") noch abschließend.

C. Form der Vorlegung

Vorlegung

ERI 5

a. Im Sinne dieser Richtlinien bedeutet Vorlegung das Verfahren, mit dem die vorlegende Bank die Dokumente dem Bezogenen weisungsgemäß verfügbar macht.

b. Der Inkassoauftrag sollte die genaue Frist angeben, innerhalb derer der Bezogene Maßnahmen zu ergreifen hat.
[1] Ausdrücke wie „erster", „prompt", „unverzüglich" und ähnliche sollten nicht im Zusammenhang mit der Vorlegung oder in bezug auf eine Frist verwendet werden, innerhalb der die Dokumente aufzunehmen sind oder der Bezogene anderweitige Maßnahmen zu ergreifen hat. [2] Wenn solche Ausdrücke verwendet werden, werden die Banken sie nicht beachten.

c. [1] Dokumente müssen dem Bezogenen in der Form vorgelegt werden, in der sie empfangen worden sind. [2] Banken sind jedoch berechtigt, etwa notwendige Stempelmarken anzubringen, und zwar, sofern keine anderen Weisungen erteilt worden sind, auf Kosten des Beteiligten, von dem ihnen das Inkasso zugegangen ist, und etwa erforderliche Indossamente vorzunehmen oder irgendwelche Stempel oder andere Erkennungszeichen oder -symbole anzubringen, die für den Inkassovorgang üblich oder erforderlich sind.

d. [1] Um die Weisungen des Auftraggebers auszuführen, betraut die Einreicherbank als Inkassobank die vom Auftraggeber benannte Bank. [2] Mangels

V. Bankgeschäfte

einer solchen Benennung wird die Einreicherbank eine Bank nach eigener Wahl oder Wahl einer anderen Bank im Lande der Zahlung oder Akzeptierung oder in dem Land, in dem andere Bedingungen zu erfüllen sind, betrauen.

e. Dokumente und Inkassoauftrag können von der Einreicherbank direkt oder über eine zwischengeschaltete andere Bank der Inkassobank übersandt werden.

f. Falls die Einreicherbank keine spezielle vorlegende Bank benennt, kann sich die Inkassobank einer vorlegenden Bank nach eigener Wahl bedienen.

1) Art 5a definiert die Vorlegung als Verfahren, mit dem die vorlegende Bank die Dokumente dem Bezogenen weisungsgemäß verfügbar macht. Werden die Dokumente, statt Zug um Zug gegen Erfüllung der Inkassobedingungen, wie zT vorkommend. „zu getreuen Händen" ausgehändigt, ist das keine Vorlegung iSv a und der (12) ERI, Hoffmann S 16; die Bank handelt dabei auf eigenes Risiko und kann sich schadensersatzpflichtig machen (§ 280 BGB, s § 346 HGB Rn 40 zu getreuen Händen, (7) Bankgeschäfte Rn M/3).

Sicht/Akzeptierung

ERI 6 Bei Sicht zahlbare Dokumente muß die vorlegende Bank unverzüglich zur Zahlung vorlegen.

Nicht bei Sicht zahlbare Dokumente muß die vorlegende Bank im Falle verlangter Akzeptierung unverzüglich zur Akzeptierung und im Falle verlangter Zahlung nicht später als am betreffenden Fälligkeitsdatum zur Zahlung vorlegen.

1) Art 6 verlangt unverzügliche Vorlage, also ohne schuldhaftes Zögern. Die Höchstfrist von 5 Tagen wie in (11) ERA Art 14 lit b und der Verlust des Rügerechts nach (11) ERA Art 16 lit f passen hier nicht und sind bewusst nicht hierher übernommen worden, Hoffmann S 20 (zur aF).

Freigabe von Handelspapieren/Dokumente gegen Akzept (D/A) und Dokumente gegen Zahlung (D/P)

ERI 7

a. **Inkassi sollten keine erst später fälligen Wechsel mit Weisungen enthalten, daß die Handelspapiere gegen Zahlung auszuhändigen sind.**

b. **Wenn ein Inkasso einen erst später fälligen Wechsel enthält, sollte im Inkassoauftrag bestimmt werden, ob die Handelspapiere dem Bezogenen gegen Akzeptierung (D/A) oder gegen Zahlung (D/P) freizugeben sind. Fehlt eine solche Bestimmung, werden Handelspapiere nur gegen Zahlung freigegeben und die Inkassobank ist nicht verantwortlich für jegliche Folgen irgendwelcher Verzögerungen in der Aushändigung der Dokumente.**

c. **Wenn ein Inkasso einen erst später fälligen Wechsel enthält und der Inkassoauftrag angibt, daß Handelspapiere gegen Zahlung freizugeben sind, werden die Dokumente nur gegen entsprechende Zahlung freigegeben und die Inkassobank ist nicht verantwortlich für jegliche Folgen irgendwelcher Verzögerungen in der Aushändigung der Dokumente.**

1) Art 7b und c stellen klar, dass die Inkassobank in den genannten Fällen nicht für Verzögerungsschäden haftet. Das ist praktisch wichtig, zB wenn die auszuhän-

digenden HdlPapiere Traditionspapiere enthalten (Lagerkosten und andere Unkosten).

Erstellung von Dokumenten

ERI 8 Hat die Inkassobank oder der Bezogene gemäß Weisung der Einreicherbank Dokumente zu erstellen (Wechsel, Solawechsel, Trust Receipts, Verpflichtungsschreiben oder andere Dokumente), die nicht dem Inkasso beigefügt waren, müssen Form und Wortlaut derartiger Dokumente von der Einreicherbank vorgeschrieben werden; andernfalls ist die Inkassobank für Form und Wortlaut solcher von ihr und/oder dem Bezogenen gelieferten Dokumente nicht haftbar oder verantwortlich.

D. Haftung und Verantwortlichkeit

Treu und Glauben und angemessene Sorgfalt

ERI 9 Banken handeln nach Treu und Glauben und mit angemessener Sorgfalt.

Dokumente und Waren/Dienstleistungen/Leistungen

ERI 10

a. Waren sollten nicht direkt an die Adresse einer Bank oder zur Verfügung oder an die Order einer Bank versandt werden, ohne daß diese Bank zuvor zugestimmt hat.
Wenn der Bank dennoch ohne ihre vorherige Zustimmung Waren direkt an ihre Adresse oder zu ihrer Verfügung oder an ihre Order zwecks Freigabe an einen Bezogenen gegen Zahlung, Akzeptierung oder unter anderen Bedingungen zugesandt werden, ist diese Bank nicht zur Entgegennahme der Waren verpflichtet, für welche Gefahr und Verantwortlichkeit beim Absender verbleiben.

b. [1] Banken sind nicht verpflichtet, irgendwelche Maßnahmen hinsichtlich der Waren zu ergreifen, auf die sich das dokumentäre Inkasso bezieht, einschließlich ihrer Einlagerung und Versicherung, selbst wenn spezielle Weisungen, dies zu tun, erteilt wurden. [2] Banken werden derartige Maßnahmen nur ergreifen, wenn und in dem Ausmaß, in dem sie dazu im Einzelfall bereit sind. [3] Ungeachtet der Bestimmungen des Artikels 1 (c) findet diese Regelung auch bei Fehlen einer diesbezüglichen Benachrichtigung durch die Inkassobank Anwendung.

c. [1] Falls Banken dennoch, ob beauftragt oder nicht, Maßnahmen zum Schutze der Waren ergreifen, übernehmen sie keine Haftung oder Verantwortlichkeit für Schicksal und/oder Zustand der Waren und/oder irgendwelche Handlungen und/oder Unterlassungen Dritter, die mit der Verwahrung und/oder dem Schutz der Waren betraut wurden. [2] Die Inkassobank muß jedoch diejenige Bank, von der ihr der Inkassoauftrag zuging, unverzüglich über alle ergriffenen Maßnahmen benachrichtigen.

d. Alle Gebühren und/oder Auslagen, die den Banken im Zusammenhang mit irgendeiner Maßnahme zum Schutze der Ware entstanden sind, gehen zu Lasten des Beteiligten, von dem sie das Inkasso erhalten haben.

e. i. Wenn die Waren, ungeachtet der Bestimmungen des Artikels 10 (a), zur Verfügung der Inkassobank oder an deren Order gesandt werden und

V. Bankgeschäfte **12 ERI (12)**

der Bezogene das Inkasso durch Zahlung, Akzeptierung oder andere Bedingungen honoriert hat und die Inkassobank die Freigabe der Ware veranlaßt, gilt die Inkassobank als von der Einreicherbank hierzu ermächtigt.

ii. **Wenn eine Inkassobank auf Weisungen der Einreicherbank oder nach den vorstehenden Bedingungen von Artikel 10 (e) i die Freigabe der Waren veranlaßt, muß die Einreicherbank diese Inkassobank für alle entstandenen Schäden und Auslagen entschädigen.**

1) Art 10 stellt klar, dass die Banken beim Inkasso mit Dokumenten zu tun 1 haben und nicht mit Waren. Letztere brauchen sie nicht entgegenzunehmen oder in Sicherheit zu bringen. Das gilt auch, wenn die Bank eine entsprechende (nicht vereinbarte) Weisung erhalten hat. Nach b S 3 ebenso, wenn die Inkassobank die absendende Bank nicht nach Art 1c benachrichtigt. Die Benachrichtigungspflicht (nach Art 1c oder aus allgemeinen Grundsätzen) bleibt aber unberührt, was zur Schadensersatzpflicht führen kann (§ 280 BGB), missverständlich Hoffmann S 4, 25. Nach e gilt die Inkassobank als von der Einreicherbank ermächtigt, die Ware nach Honorierung des Inkassos, also Aufnahme der Dokumente, durch den Bezogenen freizugeben. Alle Auslagen und Schäden der Inkassobank infolge Freigabe gehen dann zu Lasten der Einreicherbank.

Haftungsausschluß für Handlungen einer beauftragten Partei

ERI 11

a. **Bedienen sich Banken einer oder mehrerer anderer Banken, um die Weisungen des Auftraggebers auszuführen, tun sie dies für Rechnung und Gefahr dieses Auftraggebers.**
b. **Die Banken übernehmen keine Haftung oder Verantwortung, wenn die von ihnen übermittelten Weisungen nicht ausgeführt werden sollten, auch wenn sie selbst die Auswahl dieser anderen Bank(en) getroffen haben.**
c. **Ein Beteiligter, der einen anderen Beteiligten beauftragt, Leistungen zu erbringen, muß alle Verpflichtungen und Verantwortlichkeiten übernehmen, die auf ausländischen Gesetzen und Gebräuchen beruhen, und er muß den beauftragten Beteiligten für alle hieraus resultierenden Folgen schadlos halten.**

1) Art 11b entspricht zwar dem Wortlaut nach **(11)** ERA Art 37 lit b (s **(11)** 1 ERA Art 37 Rn 1, unwirksam). 11a und b enthält aber eine zulässige Substitution ohne Verstoß gegen **(5)** § 307 BGB, s **(7)** Bankgeschäfte Rn M/3, str. Die Bank haftet für Auswahl- und Instruktionsverschulden (vgl Art 5d, f).

Haftungsausschluß für erhaltene Dokumente

ERI 12

a. **Die Banken müssen prüfen, ob die erhaltenen Dokumente den im Inkassoauftrag aufgelisteten Dokumenten zu entsprechen scheinen und vom Fehlen irgendwelcher Dokumente, oder, wenn andere als die aufgelisteten festgestellt wurden, denjenigen Beteiligten, von dem ihnen der Inkassoauftrag zuging, unverzüglich durch Telekommunikation oder, wenn dies nicht möglich ist, auf anderem schnellen Wege benachrichtigen.**
Banken haben in dieser Hinsicht keine weitere Verpflichtung.

Hopt

(12) ERI 15   2. Teil. Handelsrechtl. Nebengesetze

   b. Wenn die Dokumente nicht aufgelistet zu sein scheinen, kann die Einreicherbank nicht Art und Anzahl der von der Inkassobank erhaltenen Dokumente bestreiten.
   c. Unter Berücksichtigung der Artikel 5 (c) und 12 (a) und 12 (b) werden Banken Dokumente wie erhalten, ohne weitere Prüfung vorlegen.

1   1) Art 12a II ist wirksam unter **(5)** § 307 BGB, denn die Prüfungspflichten gehen beim Dokumenteninkasso weniger weit als beim Akkreditiv, s **(7)** Bankgeschäfte Rn K/1; M/1, 3.

Haftungsausschluß für Wirksamkeit von Dokumenten

ERI 13 [1]Die Banken übernehmen keine Haftung oder Verantwortung für Form, Vollständigkeit, Genauigkeit, Echtheit, Verfälschung oder Rechtswirksamkeit von Dokumenten oder für die allgemeinen und/oder besonderen Bedingungen, die in den Dokumenten angegeben oder denselben hinzugefügt sind. [2]Sie übernehmen auch keine Haftung oder Verantwortung für Bezeichnung, Menge, Gewicht, Qualität, Beschaffenheit, Verpackung, Lieferung, Wert oder Vorhandensein der durch Dokumente ausgewiesenen Waren, oder für Treu und Glauben oder Handlungen und/oder Unterlassungen sowie für Zahlungsfähigkeit, Leistungsvermögen oder Ruf der Absender, Frachtführer, Spediteure, Empfänger oder Versicherer der Waren oder irgendwelcher anderer Personen.

1   1) Art 13 entspricht **(11)** ERA Art 34 (aber die Prüfungspflichten gehen beim Dokumenteninkasso weniger weit als beim Akkreditiv, s **(7)** Bankgeschäfte Rn K/1; M/1, 3).

Haftungsausschluß für Verzögerungen, Verlust bei Übermittlung und Übersetzung

ERI 14
   a. Die Banken übernehmen keine Haftung oder Verantwortung für die Folgen von Verzögerungen und/oder Verlusten bei Übermittlung von Nachrichten, Briefen oder Dokumenten, sowie für Verzögerung, Verstümmelung oder sonstige Irrtümer, die aus der Übermittlung einer Telekommunikation resultieren oder für Irrtümer bei der Übersetzung und/oder Auslegung von technischen Ausdrücken.
   b. Banken sind nicht haftbar oder verantwortlich für Verzögerungen, die aus der Notwendigkeit der Klärung erhaltener Weisungen resultieren.

1   1) Art 14a enthält einen totalen Haftungsausschluss, der unter **(5)** § 307 BGB **unwirksam** ist. Nach Ffm EWiR 00, 617m krit Anm Koller ist das mit dem Transport der Dokumente beauftragte Drittunternehmen beim mehrgliedrigen Dokumenteninkasso idR nicht im Pflichtenkreis der Einreicherbank tätig. b ist dagegen wirksam.

Höhere Gewalt

ERI 15 Die Banken übernehmen keine Haftung oder Verantwortung für die Folgen der Unterbrechung ihrer Geschäftstätigkeit durch Fälle höherer Gewalt, Unruhen, Aufruhr, Aufstand, Kriege oder

V. Bankgeschäfte 18 ERI (12)

irgendwelche anderen Ursachen, die außerhalb ihrer Kontrolle liegen, sowie durch Streiks oder Aussperrungen.

1) Art 14a entspricht (11) ERA Art 17 und ist wirksam.

E. Zahlung

Unverzügliche Zahlung

ERI 16

a. Eingezogene Beträge (gegebenenfalls abzüglich Gebühren und/oder Aufwendungen und/oder Auslagen) müssen in Übereinstimmung mit dem Inkassoauftrag unverzüglich dem Beteiligten zur Verfügung gestellt werden, von dem der Inkassoauftrag zuging.
b. Ungeachtet der Bestimmungen des Artikels 1 (c) wird die Inkassobank, sofern sie keiner anderweitigen Vereinbarung zugestimmt hat, Zahlung des eingezogenen Betrages nur zugunsten der Einreicherbank vornehmen.

1) Art 16a verpflichtet zur unverzüglichen Zahlung eingezogener Beträge (abzüglich Unkosten) an den Beteiligten, von dem der Inkassoauftrag zuging. a verlangt „unverzügliche" Weiterleitung ohne eine Höchstfrist, vgl Art 6 Rn 1. Nach b braucht die Inkassobank grundsätzlich nur an die Einreicherbank zu zahlen, und zwar auch dann, wenn der Inkassoauftrag zur Zahlung an einen Dritten anweist, Grund: Verhinderung von Geldwäsche und Betrug; Ausnahmen zB für Zahlung von Vertreterprovisionen, Hoffmann S 34. Dass b die Benachrichtigungspflicht nach Art 1c ausschaltet, folgt nicht aus dem Wortlaut und ist fraglich, aA Hoffmann S 4, 34.

Zahlung in inländischer Währung

ERI 17 Dokumente, die in der Währung des Zahlungslandes (inländische Währung) zahlbar sind, darf die vorlegende Bank, sofern im Inkassoauftrag keine anderen Weisungen erteilt worden sind, dem Bezogenen nur dann gegen Zahlung in inländischer Währung freigeben, wenn diese Währung gemäß der im Inkassoauftrag vorgeschriebenen Art sofort verfügbar ist.

Zahlung in ausländischer Währung

ERI 18 Dokumente, die in einer anderen Währung als der des Zahlungslandes (ausländische Währung) zahlbar sind, darf die vorlegende Bank, sofern im Inkassoauftrag keine anderen Weisungen erteilt worden sind, dem Bezogenen nur dann gegen Zahlung in der betreffenden ausländischen Währung freigeben, wenn diese ausländische Währung gemäß der im Inkassoauftrag erteilten Weisungen sofort verfügbar ist.

1) Art 18 betrifft Anweisung zur Zahlung in ausländischer Währung (dh zahlbar in einer anderen Währung als der des Zahlungslandes). Schwierigkeiten treten auf, wenn das anwendbare Recht besagt, dass auch in Landeswährung erfüllt werden kann. Für diesen Fall wird Effektivklausel empfohlen, Hoffmann

S 35. Unabhängig davon kann Anweisung zur Zahlung in inländischer Währung nach Art 17 der nach Art 18 praktisch vorzuziehen sein, so bei Devisenvorschriften und Zollabfertigung erst nach Erhalt der Dokumente, Hoffmann S 35.

Teilzahlungen

ERI 19

a. [1] Bei einfachen Inkassi können Teilzahlungen angenommen werden, wenn und soweit Teilzahlungen nach dem am Zahlungsort geltenden Recht gestattet sind. [2] Die Zahlungspapiere werden dem Bezogenen erst nach Erhalt der vollen Zahlung freigegeben.
b. [1] Bei dokumentären Inkassi werden Teilzahlungen nur angenommen, wenn der Inkassoauftrag eine ausdrückliche Ermächtigung hierzu enthält. [2] Jedoch wird die vorlegende Bank, sofern keine anderen Weisungen erteilt worden sind, die Dokumente dem Bezogenen erst nach Erhalt der vollen Zahlung freigeben, und die vorlegende Bank ist nicht verantwortlich für Folgen von Verzögerungen in der Aushändigung von Dokumenten.
c. In allen Fällen werden Teilzahlungen nur entsprechend den jeweils anwendbaren Bestimmungen der Artikel 17 oder 18 angenommen.
Angenommene Teilzahlungen werden gemäß den Bestimmungen des Artikels 16 behandelt.

F. Zinsen, Gebühren und Auslagen

Zinsen

ERI 20

a. Wenn der Inkassoauftrag angibt, daß Zinsen einzuziehen sind und der Bezogene deren Bezahlung verweigert, kann die vorlegende Bank das (die) Dokument(e) je nach Lage des Falles gegen Zahlung oder Akzeptierung oder unter anderen Bedingungen ohne Einzug solcher Zinsen aushändigen, sofern nicht Artikel 20 (c) Anwendung findet.
b. In Fällen, in denen solche Zinsen eingezogen werden sollen, muß der Inkassoauftrag den Zinssatz, den Berechnungszeitraum und die Art der Zinsberechnung angeben.
c. [1] In Fällen, in denen der Inkassoauftrag ausdrücklich vorschreibt, daß auf die Zinsen nicht verzichtet werden darf und der Bezogene sich weigert, solche Zinsen zu zahlen, wird die vorlegende Bank die Dokumente nicht aushändigen und keine Verantwortung für Folgen von Verzögerungen in der Aushändigung der Dokumente tragen. [2] Wenn die Zahlung von Zinsen verweigert wurde, muß die vorlegende Bank unverzüglich die Bank, von der der Inkassoauftrag zuging, durch Telekommunikation oder, wenn dies nicht möglich ist, auf anderem schnellen Wege unterrichten.

1   1) Art 20 schreibt vor, dass eine Zinsklausel im Inkassoauftrag selbst enthalten sein muss, Angabe auf einem Zahlungspapier oder einem anderen Dokument genügt nicht.

V. Bankgeschäfte

Gebühren und Auslagen

ERI 21

a. Wenn der Inkassoauftrag angibt, daß Inkassogebühren und/oder Auslagen zu Lasten des Bezogenen gehen und der Bezogene deren Zahlung verweigert, kann die vorlegende Bank das (die) Dokument(e) je nach Lage des Falles gegen Zahlung oder Akzeptierung oder unter anderen Bedingungen ohne Einzug der Inkassogebühren und/oder Auslagen aushändigen, sofern nicht Artikel 21 (b) Anwendung findet.
Wird so auf Inkassogebühren und/oder Auslagen verzichtet, gehen diese zu Lasten des Beteiligten, von dem das Inkasso zuging und dürfen vom Erlös abgezogen werden.

b. [1]In Fällen, in denen der Inkassoauftrag ausdrücklich vorschreibt, daß auf die Gebühren und/oder Auslagen nicht verzichtet werden darf und der Bezogene sich weigert, solche Gebühren und/oder Auslagen zu zahlen, wird die vorlegende Bank die Dokumente nicht aushändigen und keine Verantwortung für Folgen von Verzögerungen in der Aushändigung der Dokumente tragen. [2]Wenn die Zahlung von Gebühren und/oder Auslagen verweigert worden ist, muß die vorlegende Bank unverzüglich die Bank, von der der Inkassoauftrag zuging, durch Telekommunikation oder, wenn dies nicht möglich ist, auf anderem schnellen Wege unterrichten.

c. Sind gemäß den ausdrücklichen Bedingungen des Inkassoauftrags oder nach diesen Richtlinien Aufwendungen und/oder Auslagen und/oder Inkassogebühren vom Auftraggeber zu tragen, ist (sind) die Inkassobank(en) berechtigt, sich für ihre Aufwendungen, Auslagen und Gebühren sofort bei der Bank zu erholen, von der ihr (ihnen) der Inkassoauftrag zuging; die Einreicherbank ist berechtigt, sich für solche von ihr geleisteten Zahlungen sowie für eigene Aufwendungen, Auslagen und Gebühren unabhängig vom Ergebnis des Inkassos sofort beim Auftraggeber zu erholen.

d. Banken behalten sich das Recht vor, von dem Beteiligten, von dem ihnen der Inkassoauftrag zuging, Zahlung von Gebühren und/oder Auslagen im voraus zu verlangen, um Kosten abzudecken, die im Zusammenhang mit der Ausführung von Weisungen entstehen; sie behalten sich das Recht vor, solche Weisungen bis zum Erhalt dieser Zahlung nicht auszuführen.

G. Andere Regeln

Akzeptierung

ERI 22
Die vorlegende Bank ist dafür verantwortlich, darauf zu achten, daß die Form der Akzeptierung eines Wechsels vollständig und richtig erscheint, jedoch ist sie für die Echtheit von Unterschriften oder für die Zeichnungsberechtigung irgendeines Unterzeichners des Akzeptes nicht verantwortlich.

1) Anders als beim Dokumentenakkreditiv hat die Bank keine Pflicht zur Prüfung der Unterschriften auf Echtheit, str, anders bei konkretem Verdacht, dann Prüfungspflicht aus Art 1. Art 22 verstößt deshalb nicht gegen (5) § 307 BGB, Canaris 1090, str. Pflicht zur Unterschriftsprüfung kann aber vereinbart werden.

(12) ERI 26

Solawechsel und andere Dokumente

ERI 23 Die vorlegende Bank ist für die Echtheit von Unterschriften oder für die Zeichnungsberechtigung irgendeines Unterzeichners eines Solawechsels, einer Quittung oder anderer Dokumente nicht verantwortlich.

1 1) Vgl Art 22 Rn 1.

Protest

ERI 24 Der Inkassoauftrag sollte spezielle Weisungen hinsichtlich des Protestes (oder eines entsprechenden rechtlichen Verfahrens) im Falle der Nichtzahlung oder Nichtakzeptierung enthalten.

Bei Fehlen solcher speziellen Weisungen sind die mit dem Inkasso befaßten Banken nicht verpflichtet, die Dokumente wegen Nichtzahlung oder Nichtakzeptierung protestieren (oder einem entsprechenden rechtlichen Verfahren unterwerfen) zu lassen.

Alle Gebühren und/oder Auslagen, die den Banken im Zusammenhang mit einem solchen Protest oder entsprechenden rechtlichen Verfahren entstehen, gehen zu Lasten des Beteiligten, von dem ihnen der Inkassoauftrag zuging.

1 1) Der Ausschluss der Pflicht zum Protest auch bei Papieren, bei denen dieser Voraussetzung für die Rechtserhaltung ist, macht II nach (5) § 307 BGB **unwirksam**, str.

Notadresse

ERI 25 Wenn der Auftraggeber einen Vertreter bestellt, der als Notadresse bei Nichtzahlung und/oder Nichtakzeptierung tätig werden soll, dann sollte der Inkassoauftrag die Befugnisse einer solchen Notadresse klar und vollständig angeben. Bei Fehlen einer solchen Angabe nehmen die Banken keinerlei Weisungen der Notadresse entgegen.

Benachrichtigungen

ERI 26 Inkassobanken sind gehalten, Benachrichtigungen nach folgenden Regeln vorzunehmen:

a. Form der Benachrichtigung
   Sämtliche Meldungen oder Nachrichten seitens der Inkassobank an diejenige Bank, von der ihr der Inkassoauftrag zuging, müssen geeignete Einzelheiten enthalten, und zwar in jedem Fall auch die Referenznummer des Inkassoauftrags der letzteren Bank.
b. Art der Benachrichtigung
   ¹Die Einreicherbank ist verantwortlich dafür, daß der Inkassobank Weisungen über die Art der Übermittlung der in den Absätzen (c) i, (c) ii und (c) iii dieses Artikels beschriebenen Benachrichtigungen erteilt werden. ²Bei Fehlen solcher Weisungen wird die Inkassobank die Benachrichtigung nach eigener Wahl auf Kosten der Bank, von der ihr der Inkassoauftrag zuging, vornehmen.
c. i. Bezahltmeldung
    Die Inkassobank muß derjenigen Bank, von der ihr der Inkassoauftrag zuging, unverzüglich eine Bezahltmeldung zusenden mit detail-

V. Bankgeschäfte **Einl DepotG (13)**

lierter Angabe des eingezogenen Betrags oder der eingezogenen Beträge, der gegebenenfalls abgezogenen Gebühren und/oder Aufwendungen und/oder Auslagen sowie der Art der Verfügbarstellung des Erlöses.

ii. Akzeptmeldung
Die Inkassobank muß derjenigen Bank, von der ihr der Inkassoauftrag zuging, unverzüglich eine Akzeptmeldung zusenden.

iii. Meldung über Nichtzahlung und/oder Nichtakzeptierung
Die vorlegende Bank sollte versuchen, die Gründe einer solchen Nichtzahlung und/oder Nichtakzeptierung festzustellen, und diejenige Bank unverzüglich entsprechend benachrichtigen, von der ihr der Inkassoauftrag zuging.

Die vorlegende Bank muß derjenigen Bank, von der ihr der Inkassoauftrag zuging, unverzüglich eine Meldung über Nichtzahlung und/oder Nichtakzeptierung zusenden.

Bei Erhalt einer solchen Benachrichtigung muß die Einreicherbank geeignete Weisungen hinsichtlich der weiteren Behandlung der Dokumente erteilen. Falls die vorlegende Bank solche Weisungen nicht innerhalb von 60 Tagen nach ihrer Meldung über Nichtzahlung und/oder Nichtakzeptierung erhält, können die Dokumente ohne eine weitere Verantwortlichkeit seitens der vorlegenden Bank derjenigen Bank zurückgesandt werden, von der ihr der Inkassoauftrag zuging.

(13) Gesetz über die Verwahrung und Anschaffung von Wertpapieren (Depotgesetz – DepotG)

Vom 4. Februar 1937 (RGBl I 171) idF vom 11. Januar 1995 (BGBl I 34/ BGBl III FNA 4130-1) mit den späteren Änderungen

Einleitung

Schrifttum

a) Kommentare und Handbücher: Außer dem allgemeinen Schrifttum (s (7) Bankgeschäfte Einl vor A/1) BankrechtsHdb/*Klanten* 5. Aufl 2017 § 72. – BuB/*Kümpel* 8/1 (LBl). – *Canaris*, Bankvertragsrecht, 2. Aufl 1981, Rdn 2080 ff. – *Decker/Kümpel* 2. Aufl 2007. – Ebenroth/*Scherer* 3. Aufl 2015 BankR VI Rn 407 ff. – *Einsele*, Bank- und Kapitalmarktrecht 3. Aufl 2014, § 9. – *Heinsius/Horn/Than*, 1975. – *Kümpel/Wittig/Will* 4. Aufl 2011 Rn 18.1 ff. – *Kümpel/Ott*, Kapitalmarktrecht (LBl). – Langenbucher(/Bliesener/Spindler/ Binder), Bankrechts-Kommentar, 2. Aufl. 2016, 38. Kap. – *MüKo(HGB)/(Bearbeiter)* 3. Aufl 2014 Bd 6: MüKo/*Einsele* Depotgeschäft. – *Opitz*, 2. Aufl 1955. – *Scherer* 2012. – Schlegelberger/*Hefermehl*, Bd VI, Anh § 406, 5. Aufl 1977. – *Schwintowski* 4. Aufl 2014 § 16.

b) Sonstige Beiträge: BaFin, Merkblatt Hinweise zum Tatbestand des Depotgeschäfts, 6.1.09, zuletzt geändert 17.2.14. – BaKred (jetzt BaFin), Bekanntmachung über die Anforderungen an die Ordnungsmäßigkeit des Depotgeschäfts und der Erfüllung von Wertpapierlieferungsverpflichtungen v. 21.12.98. – *Beckmann*, Reformbedarf und Reformperspektiven im Recht der giroverwahrten Wertpapiere, 2013. – *Bruns*, Depotgeschäft, 3. Aufl 1972. – *Buxbaum*, Anlegerschutz zwischen Bankbedingungen und Rechtsnormen, 2002 (zum DepotG von 1896). – *Conac/Segna/Thévenoz*, Intermediated Securities, 2013. – *Delorme*, Die Wertpapiersammelbanken, 1970. – *Opitz*, 50 Depotrechtliche Abhandlungen, 1954. – *Einsele*, Wertpapierrecht als Schuldrecht, 1995. – *Dittrich*, Effektengiroverkehr mit Auslandsberührung, 2002. – *Decker*, Depotgeschäft 2007. – *Ege*, Das Kollisionsrecht der indirekt gehaltenen Wertpapiere, 2006. – *Lehmann*, Finanzinstrumente, 2009. – *Martini*, Wertpapierverpfändung, 2013. –*Micheler*, Wertpapierrecht zwischen Schuld- und Sachenrecht, 2004u in Leible(/Lehmann/Zech, Unkörperliche Güter im Zivilrecht, 2011), S 129. – *Casper* in

(13) DepotG Einl 1–3

Leible(/Lehmann/Zech, Unkörperliche Güter im Zivilrecht, 2011) S 174. – *Schwarz*, Globaler Effektenhandel, 2016. – *Wust*, Die grenzüberschreitende Verbuchung von Wertpapieren, 2011. – *Brand*, ZBB **15**, 40. – *Einsele* ZHR 177 **(13)**, 50, dies AcP 214 **(14)** 793. – *Geier* ZBB **10**, 289. –*Hövekamp/Hugger* FS Hopt **10**, 2015 (Haftung der Depotbank). – *Kreße*, WM **15**, 463. – **Muster:** *Hopt/Kumpan*, Vertrags- und Formularbuch, 4. Aufl 2013 Form IV. W.1–4 (Depotgeschäft: Sonderbedingungen für Wertpapiergeschäfte Nr 13–20; Auslandsverwahrung von Wertpapieren; Depotauszug; Stimmrechtsausübung).

1) Depotgesetz

1 Das DepotG 1937 löste das DepotG 1896 ab (vgl § 48), Amtl Begr RAnz 37 Nr 29, Änderungen ua durch G 17.7.1985 BGBl 1507 (Gesetzesüberschrift, §§ 1 III, 5 IV, 24 III), 2. FinanzmarktfördG 26.7.1994 BGBl 1749 (ua §§ 2 S 1; 5 I, II, IV 1 Nr. 4; 9a I 1; 12a; 16) und EGInsO 5.10.1994 BGBl 2911, in Kraft ab 1.1.1999 (Überschrift 3. Abschn, §§ 32, 33, 37). Neufassung 11.1.1995 BGBl 34. Seither zahlreiche Einzeländerungen. Das DepotG regelt in Abschn 1 das Depotgeschäft (Verwahrung), in Abschn 2 zT das Effektengeschäft (Einkaufskommission und Eigengeschäft) und in Abschn 3 ein besonderes Insolvenzvorrecht. Abschn 4, 5 enthalten Straf- und Schlussvorschriften.

Das DepotG ist trotz der vielen Änderungen veraltet und reformbedürftig. Dem modernen Effektengiroverkehr und den internationalen Entwicklungen (s Rn 5, 6) wird es nicht mehr gerecht. Das BMJ plant deshalb schon seit 2007 eine grundlegende **Erneuerung des Depotrechts** (Eckpunktepapier zur Reform des Depotrechts, Mai 2008). Regelungsprobleme sind ua: Neuregelung des Effektengiroverkehrs, eventuell nicht mehr nach sachenrechtlichen Grundsätzen (schweiz-BucheffektenG), dann aber ohne Abstriche am bisherigen Schutzniveau beim Gutglaubenserwerb und in der Insolvenz; jedenfalls aber Regelung der Übertragung (auf der Basis der Kontobuchung), der Verpfändung und anderer Sicherungsrechte, des Gutglaubenserwerbs, der Gutschrift in WPRechnung, weitere Entmaterialisierung nach Wahl des Emittenten, uU Depotvertrag als eigenständiger Vertragstyp.

2) Depotprüfung

2 A. Das Depotgeschäft ist die Verwahrung und die Verwaltung von Wertpapieren für andere (Bankgeschäft nach § 1 I 2 Nr 5 KWG, Text s **(7)** Bankgeschäfte Rn A/4); nur Kreditinstitute unter der Aufsicht der BaFin dürfen es betreiben. Bei Instituten, die das Depotgeschäft betreiben, hat der Prüfer bei der Prüfung des Jahresabschlusses dieses Geschäft besonders zu prüfen und darüber gesondert zu berichten (§ 29 II 3 KWG); die gesonderte, idR einmal jährlich vorzunehmende Depotprüfung (§ 30 aF KWG) ist zur Entlastung der Institute entfallen. Nähere Bestimmungen zur Prüfung siehe BaFin, PrüfungsberichtsVO (PrüfbV) 23.11.09 BGBl 3793 sowie die Begründung zur VO unter www.bafin.de. Zu den Anforderungen an die Organisation des Depotgeschäfts s BAKred (jetzt BaFin) „Bekanntmachung über die Anforderungen an die Ordnungsmäßigkeit des Depotgeschäfts und der Erfüllung von Wertpapierlieferungsverpflichtungen" v 21.12.1998 (BAnz. Nr. 246 v. 31.12.1998). Näher s Kommentare zum KWG, vgl **(7)** Bankgeschäfte Rn A/4. Lit: Miletzki WM **99**, 1451.

3 B. Im Verkehr zwischen Kreditinstituten werden folgende Depots unterschieden: **a) Fremddepot: Depot B, b) Eigendepot: Depot A** (Nostrobestände sowie WP nach §§ 12 IV, 13, 19–21), **c) Pfanddepot: Depot C** (WP nach § 12 II), **d) Sonderpfanddepot: Depot D** (WP nach § 12 III; für jeden einzelnen Kunden ist ein besonderes Depot D zu führen). Dazu BAKred, Bekanntmachung, Nr 10 IV.

V. Bankgeschäfte **1 DepotG (13)**

3) Depotgeschäft: Muster

Hopt/Kumpan 4. Aufl 2013 Form IV. W.1 (Sonderbedingungen für Wertpapiergeschäfte Nr 13–20), Form IV. W.2 (Auslandsverwahrung von Wertpapieren), Form IV. W.3 (Depotauszug), Form IV. W.4.1–5 (Stimmrechtsausübung). 4

4) Internationalisierung des Depotgeschäfts

Wertpapierverwahrung und -verfügung sind zunehmend international. Das 5 wirft wegen der unterschiedlichen schuld-, sachen- und depotrechtlichen Regeln, ua betr Gutglaubenserwerb, ganz erhebliche Probleme auf. Die Reaktion über IPR (§ 17a) reicht wegen der ebenfalls unterschiedlichen Regeln zur Lösung nicht mehr aus. Global und regional gibt es deshalb Rechtsangleichungsversuche, vor allem Haager Übk v. 5.7.06 (IPR zwischenverwahrter WP, bisher nur ratifiziert von Mauritius, Schweiz, USA), RabelsZ 68 **(04)** 757, dazu Einsele WM **03**, 2349, Merkt/Rossbach ZVglRWiss 102 **(03)** 33, Reuschle BKR **03**, 562, IPRax **03**, 495 u RabelsZ 68 **(04)** 725, und UNIDROIT-Konventionsentwurf (Sachenrecht betr intermediärverwahrte Wertpapiere) WM **05**, 1147, dazu Paech, Einsele WM **05**, 1101, 1109, nunmehr Genfer UNIDROIT-Übk betreffend materiellrechtliche Normen für intermediär-verwaltete Wertpapiere, 9.10.09, mit einem wegen der Systemunterschiede (USA/BRD) funktionalen Ansatz, Kronke WM **10**, 1625, Than FS Hopt **10**, 231, Keijser/Parmentier BKR **10**, 151, Mülbert ZBB **10**, 445, Eichholz WM **13**, 250, Conac/Segna/Thévenoz, Intermediated Securities, 2013, Kanda ua, Official Commentary on the Unidroit Convention, 2012. Teilaspekte sind im Rahmen der VO 909/2014 (dazu noch Rn 6) schon umgesetzt worden. Lit: Einsele, Bank- und Kapitalmarktrecht 3. Aufl 2014 § 9 III, Donald WM **08**, 526 (US Uniform Commercial Code), Einsele ZHR 177 **(13), 50**, s auch § 17a Rn 1.

5) Europäischer Binnenmarkt auf dem Nachhandelssektor

Während das Börsenrecht in der EU weitgehend harmonisiert ist, zuletzt durch 6 die MiFiD 2004 (s **(14)** BörsG Einl 8 ff, 17 vor § 1), ist der Binnenmarkt auf dem Nachhandelssektor noch sehr zersplittert (Giovannini-Berichte 2001, 2003 mit 15 Barrieren). Erste Harmonisierungsschritte durch Finalitätsrichtlinie (dazu Einsele WM **01**, 2415, Keller, WM **00**, 1269, in der Folge Einführung von § 17a DepotG) und Finanzsicherheitenrichtlinie (dazu Herring/Cristea ZIP **04**, 1627, Kollmann WM **04**, 1012, Obermüller/Hartenfels, BKR **04**, 440), geändert durch Richtlinie 2009/44/EG. Seit 2014 gelten aufgrund von VO 909/2014 EU-weit einheitliche Regelungen zu Wertpapierlieferungen und -abrechnungen sowie für Zentralverwahrer. Geplant ist außerdem ein harmonisierter sach- und internationalprivatrechtlicher Rechtsrahmen für mittels eines Kontoführers verwahrte Wertpapiere und für die Ausübung von Rechten in der (grenzüberschreitenden) Verwahrkette, freie Wahl der (Zentral- und anderen)Verwahrer seitens der Emittenten und Aufsicht über Wertpapierverwahrer und -verwalter. Die EUKommission erarbeitet dazu im Anschluss an die Legal Certainty Group zur Harmonisierung des Depotrechts (Berichte mit Empfehlungen von 2006 und 2008) eine Richtlinie (Wertpapierrechtsrichtlinie).

Allgemeine Vorschriften

DepotG 1 (1) ¹Wertpapiere im Sinne dieses Gesetzes sind Aktien, Kuxe, Zwischenscheine, Zins-, Gewinnanteil- und Erneuerungsscheine, auf den Inhaber lautende oder durch Indossament übertragbare Schuldverschreibungen, ferner andere Wertpapiere, wenn diese vertretbar sind, mit Ausnahme von Banknoten und Papiergeld. ²Wertpapiere

(13) DepotG 1 1, 2

im Sinne dieses Gesetzes sind auch Namensschuldverschreibungen, soweit sie auf den Namen einer Wertpapiersammelbank ausgestellt wurden.

(2) Verwahrer im Sinne dieses Gesetzes ist, wem im Betrieb seines Gewerbes Wertpapiere unverschlossen zur Verwahrung anvertraut werden.

(3) [1] Wertpapiersammelbanken sind Kreditinstitute, die nach Artikel 16 Absatz 1 der Verordnung (EU) Nr. 909/2014 des Europäischen Parlaments und des Rates vom 23. Juli 2014 zur Verbesserung der Wertpapierlieferungen und -abrechnungen in der Europäischen Union und über Zentralverwahrer sowie zur Änderung der Richtlinien 98/26/EG und 2014/65/EU und der Verordnung (EU) Nr. 236/2012 (ABl. L 257 vom 28.8.2014, S. 1) als Zentralverwahrer zugelassen sind und die die in Abschnitt A Nummer 2 des Anhangs zu dieser Verordnung genannte Kerndienstleistung im Inland erbringen.

1   1) A. **Wertpapiere** iS des DepotG sind die in **I** besonders genannten Arten, ferner andere vertretbare (vgl. § 91 BGB) WP (außer Banknoten und Papiergeld), auch Sparbriefe. **Kuxe** sind Namenspapiere, die die Mitgliedschaft an einer bergrechtlichen Gewerkschaft verbriefen; **Zwischenscheine** verbriefen Rechtspositionen eines Aktionärs vor der endgültigen Ausgabe der Aktien; **Zins- und, Gewinnanteilsscheine** verbriefen Zins- bzw. Dividendenansprüche und können unabhängig von der Haupturkunde gehandelt und übertragen werden; **Erneuerungsscheine** (Talons; sind nur Legitimationspapiere) berechtigen zum Bezug neuer Zins- bzw Gewinnanteilsscheine. Vertretbar sind alle im Kurszettel verzeichneten Papiere, Namensaktien und Zwischenscheine (heute in der Praxis des Depotwesens Bedeutung verloren), wenn blanko indossiert; dann auch vinkulierte Namensaktien, Kümpel WM Sonderbeil 8/**83**, außerdem Namensanleihen (eigentlich Rektapapiere), die durch Indossament vertretbar werden (Scherer § 1 Rn 2). Bezüglich Fondsanteilen s § 97 I KAGB. **Nicht unter das DepotG fallen** zB Schuldscheine auf Namen, Quittungen, Ausweisurkunden (zB Sparbücher), Schuldscheindarlehen, die Traditionspapiere nach HGB (Ladeschein, Orderlagerschein, Konnossement, §§ 448, 475g, 513 HGB), Wechsel, Schecks, Versicherungsscheine, Hypotheken- und Grundschuldbriefe (BGH BB **73**, 307), GmbHAnteilscheine. Auch **ausländische Papiere** der in I bezeichneten Kategorien sind WP iS des DepotG (Voraussetzung ist, dass sie nach der auf sie anwendbaren Rechtsordnung (WP-Rechtsstatut) als vertretbares WP zu qualifizieren sind), nicht aber die WR-Gutschrift. WPBegriff des DepotG ist daher enger als der des WPRechts und der des HdlRechts (vgl § 1 II Nr 1 aF HGB), jedoch weiter als der bank- und kapitalmarktrechtliche WPBegriff (Effekten, Kapitalmarktpapiere, vor allem Aktien, Schuldverschreibungen bzw Obligationen und Investmentzertifikate; vgl auch § 2 I WpHG), nur die Vertretbarkeit der WP erforderlich ist (dazu Schwark/Zimmer/Kumpan, § 2 WpHG Rn 5, 8 ff). WP sind auch Namensschuldverschreibungen, soweit sie auf den Namen einer WPSammelbank ausgestellt sind, **I** 2 idF SchVFalschberG 2009. Auch global bonds (idR in beiden Ländern zum Handel zugelassene Namenschuldverschreibungen deutscher oder US-amerikanischer Schuldner) unterfallen danach dem sachenrechtlichen WPGiro, sofern eine inländische WPSammelbank (zB Clearstream Banking AG Frankfurt) im Register des Schuldners als Inhaber des Rechts eingetragen ist.

2   B. **Wertrechte** sind unverbriefte Vermögensrechte. Man spricht auch von **Bucheffekten** im Gegensatz zu Briefeffekten, Canaris 2045. Reichsschatzanweisungen und Reichsschuldbuchforderungen (VO über Verwaltung und Anschaffung von Reichsschuldbuchforderungen 5.1.40 RGBl 30 sowie 1. und 2. VO über die Behandlung von Reichsanleihen im Bank- und Börsenverkehr 31.12.40 RGBl 1941, 21, und 18.4.42, RGBl 183) wurden zur Förderung des stückelosen Handels mit Reichsanleihen, obwohl nicht verbrieft, depotrechtlich den WP

V. Bankgeschäfte 3, 4 **1 DepotG (13)**

gleichgestellt, und zwar originäre Schuldbuchforderungen ebenso wie in solche umgewandelte Reichsschatzanweisungen; auf beide sind §§ 5 ff DepotG (Sammelverwahrung) anwendbar, BGH **5**, 31. Dasselbe wie nach den drei genannten VO gilt für **Bundesanleihen** und **Buchschulden des Bundes** (Anleihegesetz 29.3.1951 BGBl 218), für **Schatzanweisungen** des Bundes, der DBB und der DBP (Bek 8.7.1963 BGBl 462) und für Schuldverschreibungen auf Grund von Anleihen der Länder und in die Schuldbücher der Länder eingetragene Anleiheforderungen (DepotÄndG 24.5.1972 BGBl 802). Die vorgenannten Gesetze und VOen wurden 2001 durch BWpVerwG aufgehoben, das wiederum 2006 vom BSchuWG abgelöst wurde (vgl insbesondere § 6 BSchuWG bzgl Sammelschuldbuchforderungen). EZB kann unter entsprechender Anwendung der für Schuldbuchforderungen des Bundes geltenden Regelungen Schuldbuchforderungen emittieren (Art. 10 II Abkommen über den Sitz der EZB v 18.12.1998, BGBl II 2995). Seit 1972 ist die **Sammelurkunde** in § 9a DepotG geregelt (Begriff dort I 1), eine kunstvolle Übergangsform zum rein stückelosen Effektenverkehr. Zur Entwicklung der Bundesschuldenverwaltung Wagner WM **99**, 1949. Die besondere von Opitz vertretene **Wertrechtslehre** (Wertrechte als quasidingliche Rechte mit voller Anwendung des DepotG und der §§ 929 ff BGB, s auch BGH **5,** 30) ist zwar de lege lata nicht haltbar. Die Entwicklung geht aber in diese Richtung, und viele einzelne **Analogien** sind – insbesondere wegen der gesetzlich angeordneten Fiktion – schon **de lege lata** möglich. ZB gutgläubiger Erwerb bei Sammelschuldbuchforderungen, dabei Anknüpfung an Schuldbucheintragung anstelle des Besitzes (vgl dazu § 8 II 1 BSchuWG). Lit: Brink 1976, Peters WM **76**, 890, Peters 1978, Lütticke 1980, Koller (Schuldrechtskommission II 1496) 1981, Peters 1983, Kreuzer 1988, Dechamps 1989 (Effektengiroverkehr), Einsele 1995, Micheler 2004; Canaris 2040; Koller DB **72**, 1857, 1906, Zöllner FS Raiser **74**, 249, Kümpel WM **82**, 730, Zahn/Kock WM **99**, 1955 (EZB), Than FS Schimansky **99**, 821, Habersack/Mayer WM **00**, 1678, Einsele WM **01**, 7, Casper in Leible S 174, Micheler, ebenda, S 129, Kreße WM **15**, 463 (Girosammelverwahrung von Wertrechten durch Kreditinsitute).

2) A. Nach der Legaldefinition des **II** idF HRefG 1998 ist **Verwahrer** iS des DepotG jeder, dem im Betrieb seines (auf solche oder andere Geschäfte gerichteten) Gewerbes WP unverschlossen zur Verwahrung anvertraut werden: zB eine TreuhandGes, kleingewerblicher Verwahrer (HdlGewerbe nach § 1 II HGB ist nicht mehr erforderlich), nicht ein Rechtsanwalt (Freiberufler, problematisch, aber § 1 HGB Rn 20), nicht ein Kfm, der außerhalb seines Gewerbebetriebs WP so empfängt (zB als Vormund). „Anvertraut" ist ein WP, wenn Verwahrer Besitz daran erlangt hat. „Zuwendungstreuhand" (Verwahrung mit Vereinbarung der Zuwendung an X im Zeitpunkt Y) im Depotrecht s Scherner BB **69**, 816.

B. **Rechtsnatur** des Depotgeschäfts: Das Depotgeschäft ist die Verwahrung und die Verwaltung von WP für andere (§ 1 I 2 Nr 5 KWG, Text s **(7)** Bankgeschäfte Rn A/4, auch wenn KWGBegriff nicht maßgeblich für DepotG iA). Der **Depotvertrag** ist ein entgeltlicher Geschäftsbesorgungsvertrag mit Dienstleistungs- und Verwahrungselementen (§§ 675 I, 611, 688 BGB), hL, BGH NJW **91**, 978, Mentz/Fröhling NZG **02**, 203, ist Konsensualvertrag (Depoteröffnungsantrag und dessen Annahme durch den Verwahrer, hL, zB MüKoHGB/Einsele, Depotgeschäft Rn 3; endet durch Rückforderung durch Hinterleger, § 695 S. 1 BGB, oder Rücknahmeverlangen des Verwahrers, § 696 S. 1 BGB, dazu BGH NJW **91**, 978, aber angemessene Kündigungsfrist, vgl. **(8)** AGB-Banken Nr. 19 I 3: mindest. 2 Monate, ebenso A VI (1) 3 AGB Clearstream Banking AG). Weitere Konkretisierung durch **(8)** AGB-WPGeschäfte. WPKontoinhaber vgl **(7)** Bankgeschäfte Rn A/48; entspr gibt es Gemeinschafts- (Oder- (Gesamtgläubiger iS § 428 BGB, aber mit jeweils eigenem Forderungs- und Weisungsrecht), Und- (Bruchteilsgemeinschaft, § 741 BGB), zur Eigentumslage BGH NJW **97**, 1434),

Kumpan

(13) DepotG 1 5–7

Fremd-, Sonder-, Treuhand- und Ander- sowie Sperrdepots. Sperrdepot ist ein Depot, bei dem besondere Einschränkungen für die Verfügungsmacht des Berechtigten bestehen; rechtsgeschäftl Begründung über Vertrag zugunsten Dritter oder „Selbstbeschränkung" des Depotinhabers, Mü WM **99**, 319. Dagegen keine Einordnung als Verwahrung mit Schutzwirkung zugunsten Dritter (des Sperrbegünstigten), wenn es an weiteren Abreden fehlt, Schlesw ZIP **14**, 1938; zum Depot zugunsten Dritter Langenbucher u. a./Binder, 38. Kap. Rn. 4. Übertragung der Depots im Gegensatz zum Einlagendepot (§ 398 BGB) entweder durch Abtretung des Herausgabeanspruchs gegen den Verwahrer (§ 931 BGB) oder durch Anweisung an Verwahrer zur Umschreibung des Depots (§ 929 S 1 BGB), s BGH WM **75**, 1261, Canaris 2091. Das DepotG ist auch bei Nichtigkeit des Depotgeschäfts anwendbar (II „anvertraut", Schutzzweck des DepotG). Das verschlossene Depot ist dagegen ein reiner Verwahrungsvertrag; das DepotG ist unanwendbar (s Rn 3).

5   C. Der **Safevertrag** (Mietvertrag, s **(7)** Bankgeschäfte Rn V/1) fällt nicht unter das DepotG, weil er nicht auf die Verwahrung von Wertpapieren iSv § 1 gerichtet ist.

6   3) **Wertpapiersammelbanken** (auch: Zentralverwahrer) sind in **III** (nF 2017) in Anlehnung an die VO 909/2014 definiert. Dabei wird formal auf die Kreditinstitutseigenschaft abgestellt, was vor dem Hintergrund von § 1 I 2 Nr. 6 i. V. m. VI KWG zu sehen ist, wo die Tätigkeit als Zentralverwahrer als Bankgeschäft eingestuft wird. Damit ist die Zentralverwahrertätigkeit ein eigenständiges Bankgeschäft neben dem Depotgeschäft, das in § 1 I 2 Nr. 5 KWG geregelt ist. Für die Zulassung ist nunmehr nur noch die BaFin (bzw allgemein die Aufsichtsbehörde des Sitzstaates) zuständig (§ 6 I KWG und VO 909/2014 i. V. m. § 6 Ic KWG); für eine Anerkennung durch Länderbehörden (frühere Rechtslage) besteht kein Raum mehr (RegE 1. FiMaNoG, BT-Drs. 18/7482, S. 79). Weitere Änderungen, etwa im Hinblick auf eigentumsrechtliche Aspekte hinsichtlich der vom Zentralverwahrer verwahrten Wertpapiere oder im Hinblick auf gesellschaftsrechtliche Regelungen, sind mit der Änderung der Begriffsdefinition nicht beabsichtigt (RegE 1. FiMaNoG, BT-Drs. 18/7482, S. 79). Dies soll mit Hilfe des Hinweises auf die in Abschnitt A Nr. 2 der VO 909/2014 genannten Kerndienstleistung („Bereitstellung und Führung von Depotkonten auf oberster Ebene") sichergestellt werden.

7   Bis Ende 1989 gab es sieben WPSammelbanken an den inländischen Börsenplätzen mit Ausnahme von Bremen, teils hießen sie Kassenvereine. 1990 wurden sie auf die Frankfurter Kassenverein AG verschmolzen, die später in Deutsche Kassenverein AG, 1997 in Deutsche Börse Clearing AG und inzwischen in **Clearstream Banking AG** umfirmiert wurde. Über ihre Muttergesellschaft Clearstream International S. A. und deren Muttergesellschaft Clearstream Holding AG gehört sie zu der Muttergesellschaft Deutsche Börse AG. Sie ist heute die einzige WPSammelbank nach II. 1996 übernahm sie auch die Funktionen der auf sie verschmolzenen Deutsche Auslandskassenverein AG. Ihre Geschäftstätigkeit umfasst die Sammelverwahrung nebst den üblichen Geschäftsbesorgungen als Verwahrer, die Belieferung der von den Depotbanken getätigten Effektengeschäfte im Effektengiroverkehr, die Auslandsverwahrung von Wertpapieren, den Treuhandgiroverkehr und die Mitwirkung als Treuhänder bei der Zulassung ausländischer Wertpapiere zur Börse. Auslandsaufbewahrung s auch § 22. Kontoinhaber bei einer WPSammelbank können grundsätzlich nur Kredit- und Finanzdienstleistungsinstitute mit Sitz im In- und Ausland sein, möglich weitere Kontoinhaber nach AGB-WSB. Zum Effektengiroverkehr der WPSammelbanken Canaris 2007, zur Sammelurkunde und den Besitzverhältnissen dabei § 9a DepotG. Zu den Besitzverhältnissen BGH 207, 28 f., WM **96**, 518, WM **97**, 1136, Karls WM **99**, 2455, Habersack/Mayer WM **00**, 1679, Hirte/Knof WM **08**, 10 ff. Lit: Horn

V. Bankgeschäfte · 2 DepotG (13)

WM Sonderbeil 2/02 (CCP, zentraler Kontrahent), Eder NZG **04**, 107 (rechtsgeschäftliche Übertragung von Aktien).

1. Abschnitt. Verwahrung

Sonderverwahrung

DepotG 2 ¹Der Verwahrer ist verpflichtet, die Wertpapiere unter äußerlich erkennbarer Bezeichnung jedes Hinterlegers gesondert von seinen eigenen Beständen und von denen Dritter aufzubewahren, wenn es sich um Wertpapiere handelt, die nicht zur Sammelverwahrung durch eine Wertpapiersammelbank zugelassen sind, oder wenn der Hinterleger die gesonderte Aufbewahrung verlangt. ²Etwaige Rechte und Pflichten des Verwahrers, für den Hinterleger Verfügungen oder Verwaltungshandlungen vorzunehmen, werden dadurch nicht berührt.

1) Sonder- oder Streifbandverwahrung

Das **Streifbanddepot** war herkömmlich die **Grundform der WPVerwahrung**. Infolge der Trennung des Kundenbestands von den eigenen Beständen der Bank (Nostrobesitz) und Drittbeständen war diese Form für den Kunden am ungefährlichsten. Sie ist jedoch heute durch die günstigere Sammelverwahrung überholt (§ 5 Rn 1). § 2 macht seit 1994 dieses Regel-Ausnahme-Verhältnis deutlich und beschränkt die Sonderverwahrung auf zwei Fälle: Sie ist nur geboten, wenn es sich um Wertpapiere handelt, die nicht zur Sammelverwahrung durch eine Wertpapiersammelbank (§ 5) zugelassen sind, oder wenn der Hinterleger die gesonderte Aufbewahrung verlangt **(Satz 1).** Anwendungsbereich ist damit weiter als bei Sammelverwahrung (auch nicht vertretbare WP iSv. § 1 I). Gesonderte Verwahrung ist für Treuhänder ua Grundsatz, Henssler AcP 196 **(96)** 58, und verschiedentlich ausdrücklich vorgeschrieben (s zB § 84 WpHG, §§ 36 III, 68, 80 KAGB, § 292 I 2 InsO), sonst verliert er sein Widerspruchsrecht (§ 771 ZPO), BGH WM **03**, 1641 (s **(9)** AGB-Anderkonten Teil 8 vor a) Nr 1). Ob der Treuhänder sich daran hält, ist eine andere Frage, für die Bank kommt es auf die Weisung des Hinterlegers an. Die Weisung des Hinterlegers an den Verwahrer ist formlos. Sie kommt in Betracht, wenn der Hinterleger effektive Stücke einliefert. Für die Verwahrung gelten §§ 688 ff BGB, dazu gegenüber Nichtbankier-Kunden idR **(8)** Sonderbedingungen für WPGeschäfte, s dort zu den Verwaltungspflichten der Bank Nr 14–20. WP müssen ihrem Hinterleger zu jeder Zeit zugeordnet werden können. Mäntel und Bögen von WP sind getrennt voneinander aufzubewahren (BAKred, Bekanntmachung, Nr. 2 IV). Hinterleger verliert durch Einlieferung nicht sein Eigentum an den hinterlegten WP. Er kann Herausgabe der WP nach § 985 BGB, nach § 695 S. 1 BGB und bei Insolvenz der Depotbank nach § 47 InsO verlangen (mit Rückforderung konkludente Kündigung des Verwahrvertrages). Kann der Verwahrer verwahrte WP nicht zurückgeben, obliegt ihm Entlastung nach § 280 I 2 BGB; anders, wenn der Kunde die Depotführung nicht überwachte und die Unterlagen nach Ablauf der Aufbewahrungsfrist (vgl § 257 HGB) vernichtet wurden, BGH WM **72**, 281. Übertragung der WP nach § 929 ff BGB. Möglich ist auch die Verwahrung einer Inhaberglobalaktie durch eine „kleine Aktiengesellschaft" (nicht börsennotiert und weniger als 500 Arbeitnehmer, außerdem im vorliegenden Zusammenhang mit nur einem oder wenigen Anteilseignern und Ausschluss der Anteilsverbriefung in der Satzung) für ihre Aktionäre, wenn alle Aktionäre dies verlangen (kein Fall des § 1 I 2 Nr. 5 KWG, solange keine Vergütung verlangt wird), s BaFin, Merkblatt – Hinweise zum Tatbestand des Depotgeschäfts, v 6.1.2009, idF 17.2.2014, unter 2.

(13) DepotG 3 1

2 2) **Depotscheine** sind Ausweispapier, nicht kfm Verpflichtungsschein iSv § 363 I HGB; nicht, wenn an Order gestellt (indossabel iSv §§ 364, 365 HGB), ihre Übertragung mit Indossament ist Abtretung des Anspruchs auf Herausgabe des WP, RG **118**, 38.

Drittverwahrung

DepotG 3 (1) [1] Der Verwahrer ist berechtigt, die Wertpapiere unter seinem Namen einem anderen Verwahrer zur Verwahrung anzuvertrauen. [2] Zweigstellen eines Verwahrers gelten sowohl untereinander als auch in ihrem Verhältnis zur Hauptstelle als verschiedene Verwahrer im Sinne dieser Vorschrift.

(2) [1] Der Verwahrer, der Wertpapiere von einem anderen Verwahrer verwahren läßt (Zwischenverwahrer), haftet für ein Verschulden des Drittverwahrers wie für eigenes Verschulden. [2] Für die Beobachtung der erforderlichen Sorgfalt bei der Auswahl des Drittverwahrers bleibt er auch dann verantwortlich, wenn ihm die Haftung für ein Verschulden des Drittverwahrers durch Vertrag erlassen worden ist, es sei denn, daß die Papiere auf ausdrückliche Weisung des Hinterlegers bei einem bestimmten Drittverwahrer verwahrt werden.

1 1) § 691 BGB verbietet dem Verwahrer iZw die **Hinterlegung bei Dritten**. § 3 weicht davon ab und gestattet neben Hausverwahrung auch Drittverwahrung, damit Lokalbanken WP an Zentralbanken zu sicherer Verwahrung oder uU leichterer Verwertung geben können. Von größter praktischer Bedeutung ist heute Drittverwahrung bei WPSammelbank (s § 1 III). Dritter iSv **I 1** ist nur ein anderer Verwahrer iSv § 1 II, nicht ein beliebiger Dritter. Zu Verfügungen oder Verwaltungshandlungen ermächtigt § 3 nicht, abgesehen von der Begründung eines gesetzlichen Pfandrechts des Drittverwahrers (zum Schutz gegen Pfand- und Zurückbehaltungsrecht des Dritten s § 4). Drittverwahrung ist nicht nur bei Sonderverwahrung (§ 2) statthaft, sondern auch bei anderen Verwahrungsarten, zB Sammelverwahrung (§ 5 III). Auch der Drittverwahrer darf weitergeben („Verwahrkette", Besitzmittlung: Drittverwahrer mittelt Besitz für Zwischenverwahrer (1. Stufe), dieser mittelt den Besitz für Hinterleger (2. Stufe)). Der Zwischenverwahrer hinterlegt unter seinem Namen, nicht dem seines Hinterlegers; er hat also gegenüber dem Drittverwahrer selbst die Rechtsstellung eines Hinterlegers. Zusammenlegung von Beständen mehrerer Kunden sowie mit eigenen Beständen des Zwischenverwahrers und sodann Hinterlegung als einheitlicher Bestand bei Drittverwahrer zulässig (Einschränkung von § 2; aber auch Hinterlegung im Namen des Depotkunden möglich). Unmittelbare Vertragsbeziehungen zwischen dem Drittverwahrer und dem ersten Hinterleger (Kunde des Zwischenverwahrers) existieren nicht; doch besteht ein direkter **Herausgabeanspruch** entspr §§ 546 II, 604 IV BGB sowie aus § 985 BGB (bei Sonderverwahrung, falls Eigentümer) bzw. §§ 7 I, 8 DepotG iVm § 749 BGB (bei Sammelverwahrung). Ferner uU Vertrag mit Drittschutzwirkung (Inanspruchnahme von Vertrauen durch Banken hinsichtlich interessen- und sachgerechter Abwicklung im Wege der Drittverwahrung und Wahrnehmung vermögensrechtlicher Interessen des Hinterlegers gegenüber Drittverwahrer durch Zwischenverwahrer) und Drittschadensliquidation, s Canaris 2164. Mehrere Niederlassungen des Verwahrers behandelt **I 2** als verschiedene Verwahrer, um die Möglichkeit der Drittverwahrung bei solchen klarzustellen (**„Hausdrittverwahrung"**, bedeutet aber keine partielle Rechtsfähigkeit der Zweigstellen, Haftung daher nach § 276 BGB). Zur Drittverwahrung s **(8)** Sonderbedingungen für WPGeschäfte Nr 12, 19. Zur Unterverwahrung nach dem KAGB Kapteina/Davis WM **13**, 1977.

V. Bankgeschäfte 1 **4 DepotG (13)**

2) § 3 gilt auch für **Drittverwahrung im Ausland** in Form der Streifbandverwahrung (zur ausländischen Girosammelverwahrung s § 5 IV, außerhalb von § 5 IV stattfindende „direkte" ausländische Drittsammelverwahrung ohne nennenswerte praktische Bedeutung), diese ist also auch ohne Einverständnis des Depotkunden möglich, str (dazu MüKo/Einsele Depotgeschäft Rn. 32, Scherer/Löber § 3 Rn 10). Inländische Zwischenverwahrer holen von ausländischem Verwahrern sog **„Drei-Punkte-Erklärung"** ein (dazu BAKred, Bekanntmachung, Nr. 3 IV): (1) Kenntnisnahme, dass im Depot verbuchte WP Kunden des Zwischenverwahrers zustehen und Depot als Kundendepot zu führen ist, (2) Zusicherung, dass Pfand-, Zurückbehaltungs- oder ähnliche Rechte an diesen WP nur wegen Forderungen aus Anschaffung, Verwaltung oder Verwahrung dieser WP geltend gemacht werden und die Verpflichtung, den inländischen Zwischenverwahrer unverzüglich von Pfändungen und Zwangsvollstreckungsmaßnahmen Dritter zu unterrichten, (3) Verpflichtung zur Verwahrung der WP im jeweiligen Land und Abstandnahme von der Betrauung Dritter mit der Verwahrung ohne ausdrückliche Zustimmung des Zwischenverwahrers. **Keine Drittverwahrung** iSv § 3 ist die **Gutschrift in Wertpapierrechnung** (schuldrechtlicher Lieferanspruch gegen Bank auf wahlweise Eigentumsverschaffung an WP oder Weiterveräußerung der WP an Dritte; Auslandsverwahrung auf treuhänderischer Basis). 2

3) Der **Zwischenverwahrer (II 1) haftet** (entspr § 278 BGB) für Verschulden des Drittverwahrers wie für sein eigenes. Diese Haftung können Zwischenverwahrer und Hinterleger vertraglich ausschließen (geschieht insbesondere bei Drittverwahrung im Ausland); auch dann haftet der Zwischenverwahrer für Sorgfalt bei Auswahl des Drittverwahrers, wenn nicht der Hinterleger ihm diesen ausdrücklich vorschreibt **(II 2).** Dazu **(8)** Sonderbedingungen für WPGeschäfte Nr 12 II, 19. Sofern im Ausland verwahrte WP für den Hinterleger von einem inländischen Zwischenverwahrer über eine inländische WP-Sammelbank bei einer ausländischen WP-Sammelbank nach § 5 IV (GS-Gutschrift) als Miteigentumsanteil „verwahrt" werden, haftet die inländische WP-Sammelbank jedoch nach § 5 IV 2 iVm § 3 II Satz 1 für das Verschulden der ausländ WP-Sammelbank wie für ihr eigenes. Haftungsausschluss greift in dem Fall nur bei WR-Gutschrift. 3

Beschränkte Geltendmachung von Pfand- und Zurückbehaltungsrechten

DepotG 4 (1) [1]Vertraut der Verwahrer die Wertpapiere einem Dritten an, so gilt als dem Dritten bekannt, daß die Wertpapiere dem Verwahrer nicht gehören. [2]Der Dritte kann an den Wertpapieren ein Pfandrecht oder ein Zurückbehaltungsrecht nur wegen solcher Forderungen geltend machen, die mit Bezug auf diese Wertpapiere entstanden sind oder für die diese Wertpapiere nach dem einzelnen über sie zwischen dem Verwahrer und dem Dritten vorgenommenen Geschäft haften sollen.

(2) Absatz 1 gilt nicht, wenn der Verwahrer dem Dritten für das einzelne Geschäft ausdrücklich und schriftlich mitteilt, daß er Eigentümer der Wertpapiere sei.

(3) [1]Vertraut ein Verwahrer, der nicht Bankgeschäfte betreibt, Wertpapiere einem Dritten an, so gilt Absatz 1 nicht. [2]Ist er nicht Eigentümer der Wertpapiere, so hat er dies dem Dritten mitzuteilen; in diesem Falle gilt Absatz 1 Satz 2.

1) A. § 4 soll bei Drittverwahrung (§ 3) den Hinterleger durch eine **Fremdvermutung** vor Ansprüchen des Drittverwahrers auf Grund guten Glaubens an das **Eigentum** des Zwischenverwahrers schützen. Vermutung gilt gegenüber jedem Dritten, der WP anvertraut erhält, nicht nur gegenüber Drittverwahrern 1

Kumpan 2339

(13) DepotG 4 2–6

iSv § 3. „Anvertraut" ist ein WP, wenn Verwahrer Besitz daran erlangt hat; für welchen Zweck und von wem die WP geliefert werden, ist ohne Belang. Mangels ausdrücklicher (also nicht nur in AGB) schriftlicher Eigenanzeige des Zwischenverwahrers (II) gelten die Papiere gegenüber dem Drittverwahrer als Eigentum eines anderen als des Zwischenverwahrers, **I 1.** Sie unterliegen daher einem Pfand- oder Zurückbehaltungsrecht des Drittverwahrers nur wegen auf die Papiere sich beziehender Forderungen (zB Depotgebühren, Verwaltungskosten) oder bei besonderer Absprache (nicht nur Pfandklausel in AGB des Drittverwahrers), **I 2,** nicht wegen anderer Ansprüche des Drittverwahrers gegen den Zwischenverwahrer (vgl § 369 HGB). So kann bei Verpfändung nach § 12 II der Drittverwahrer ein Pfandrecht nur wegen des Rückkredits geltend machen, bei Verpfändung nach § 12 IV wegen aller Forderungen gegen den Zwischenverwahrer. Dies gilt sowohl für gesetzliche als auch vertragliche Pfand- und Zurückbehaltungsrechte, RG **71,** 338. „Geltend machen" in I 2 missverständlich, da die Rechte schon nur in dem beschränkten Umfang entstehen, Heinsius/Horn/Than § 4 Rn 9.

2 B. § 4 enthält eine Fremdvermutung bezüglich des Eigentums. Der **gute Glaube an die Verfügungsmacht** des Zwischenverwahrers wird nicht berührt. § 366 HGB gilt; strenge Anforderungen an die Gutgläubigkeit bei Einlieferung in Eigendepot A (Einl 2–3 vor § 1). Nachforschungspflichten aber nur bei besonderem Anlass, vgl RG **117,** 96. § 4 enthält nur eine Vermutung, betrifft also nicht echte Nostrobestände des Zwischenverwahrers; deshalb ist hier keine Eigenanzeige nach II nötig. Zum echten Nostrobestand gehören nicht WP, an denen die Bank nur Durchgangseigentum erwirbt; hier bleibt § 4 anwendbar.

3 C. § 4 gilt beim Einkaufs- ebenso wie beim Verkaufs-Effektengeschäft der Bank. Der Schutz des Kunden erfasst aber grundsätzlich nur die zu veräußernden WP, nicht auch den von der Bank dafür erzielten Kaufpreis. § 4 ist darauf auch nicht entspr anwendbar, wohl aber uU § 392 II HGB, s dort.

4 D. Ggü **Dritten mit Sitz im Ausland,** denen WP anvertraut werden, gilt Fremdvermutung nach I idR nicht (lex cartae sitae, wenn Papiere im Ausland physisch hinterlegt werden; bei auf Konto verbuchten WP gilt § 17a, danach Ort entscheidend, an dem die rechtsbegründende Gutschrift erfolgt, so dass § 4 nicht anwendbar, wenn WP bei ausländ WP-Sammelbank verwahrt sind). Ebensowenig bei **WR-Gutschrift** (da schuldrechtlicher Anspruch), in diesem Fall muss inländischer Verwahrer aber vergleichbare Regelungen mit dem ausländischen Drittverwahrer vertraglich vereinbaren, s BAKred, Bekanntmachung, Nr. 3 IV.

5 2) Die Fremdvermutung des I wird durch die **Eigenanzeige** entkräftet **(II).** Anzeige muss schriftlich (§ 126 BGB) erfolgen, Befreiung s § 16. Für Ausdrücklichkeit reicht idR Weisung, WP in Depot A (Eigendepot) einzubuchen, BuB/Decker Rn 8/29. Ist die Eigenanzeige unwahr, gelten die Vorschriften über den Erwerb durch guten Glauben an das Eigentum (§§ 932ff, 1207f BGB, § 365 HGB, § 16 II WG), nicht nur § 366 HGB. Entfallen die Voraussetzungen der Eigenanzeige, ist sie zu widerrufen; dann greift wieder die Fremdvermutung ein. Drittverwahrer trägt Beweislast für uneingeschränkte Entstehung von Pfand- und Zurückbehaltungsrechten. Bei wahrheitswidriger Eigenanzeige Strafbarkeit nach **(13)** DepotG § 35.

6 3) I gilt nicht, also keine Fremdvermutung, wenn der Verwahrer nicht Bankgeschäfte (vgl § 1 I Satz 2 KWG) betreibt, **III.** Denn dann braucht die drittverwahrende Bank nicht mit fremdem Eigentum zu rechnen. Vielmehr gilt umgekehrt Eigenvermutung, sofern der Zwischenverwahrer nicht **Fremdanzeige** macht. Tut er das, greift I 2 ein. Fremdanzeige muss keiner Form genügen, aber deutlich sein, RG **142,** 316; kann jederzeit widerrufen werden, wenn unrichtig geworden. Wegen Art 4 II Rom I-VO gilt III auch für **ausländische**

V. Bankgeschäfte   1   **5 DepotG (13)**

Verwahrer (die keine Bankgeschäfte betreiben), die inländischen Dritten WP anvertrauen, da Leistungen des letzteren dem Vertrag das charakteristische Gepräge geben; gilt auch, wenn das DepotG auf das Verhältnis Verwahrer zu Hinterleger nicht anwendbar ist, Scherer/Löber § 4 Rn 17.

Sammelverwahrung

DepotG 5 (1) [1]Der Verwahrer darf vertretbare Wertpapiere, die zur Sammelverwahrung durch eine Wertpapiersammelbank zugelassen sind, dieser zur Sammelverwahrung anvertrauen, es sei denn, der Hinterleger hat nach § 2 Satz 1 die gesonderte Aufbewahrung der Wertpapiere verlangt. [2]Anstelle der Sammelverwahrung durch eine Wertpapiersammelbank darf der Verwahrer die Wertpapiere ungetrennt von seinen Beständen derselben Art oder von solchen Dritter selbst aufbewahren oder einem Dritten zur Sammelverwahrung anvertrauen, wenn der Hinterleger ihn dazu ausdrücklich und schriftlich ermächtigt hat. [3]Die Ermächtigung darf weder in Geschäftsbedingungen des Verwahrers enthalten sein noch auf andere Urkunden verweisen; sie muß für jedes Verwahrungsgeschäft besonders erteilt werden.

(2) Der Verwahrer kann, anstatt das eingelieferte Stück in Sammelverwahrung zu nehmen, dem Hinterleger einen entsprechenden Sammelbestandanteil übertragen.

(3) Auf die Sammelverwahrung bei einem Dritten ist § 3 anzuwenden.

(4) [1]Wertpapiersammelbanken dürfen einem ausländischen Verwahrer im Rahmen einer gegenseitigen Kontoverbindung, die zur Aufnahme eines grenzüberschreitenden Effektengiroverkehrs vereinbart wird, Wertpapiere zur Sammelverwahrung anvertrauen, sofern

1. der ausländische Verwahrer in seinem Sitzstaat die Aufgaben einer Wertpapiersammelbank wahrnimmt und einer öffentlichen Aufsicht oder einer anderen für den Anlegerschutz gleichwertigen Aufsicht unterliegt,
2. dem Hinterleger hinsichtlich des Sammelbestands dieses Verwahrers eine Rechtsstellung eingeräumt wird, die derjenigen nach diesem Gesetz gleichwertig ist,
3. dem Anspruch der Wertpapiersammelbank gegen den ausländischen Verwahrer auf Auslieferung der Wertpapiere keine Verbote des Sitzstaats dieses Verwahrers entgegenstehen und
4. die Wertpapiere vertretbar und zur Sammelverwahrung durch die Wertpapiersammelbank und den ausländischen Verwahrer im Rahmen ihrer gegenseitigen Kontoverbindung zugelassen sind.

[2]Die Haftung der Wertpapiersammelbanken nach § 3 Abs. 2 Satz 1 für ein Verschulden des ausländischen Verwahrers kann durch Vereinbarung nicht beschränkt werden.

1) Sammelverwahrung ist ungetrennte Verwahrung vertretbarer Wertpapiere 1
derselben Gattung in einem einheitlichen Sammelbestand für alle Depotinhaber, die diese Verwahrungsart hinterlegt haben (BuB/Decker Rn 8/47). Zu ihrer Geschichte s 29. Aufl. Sie ist heute in der Praxis und seit dem 2. FinanzmarktfördG 1994 auch rechtlich der **Regelfall**. Sie hat gegenüber der Sonder- oder Streifbandverwahrung (§ 2) viele **Vorteile.** Sie ist kostengünstiger, BGH **161,** 194; obwohl nicht Alleineigentum (wie Sonderverwahrung), sondern nur Miteigentumsanteile gewährend (§ 6), mindestens ebenso sicher und abwicklungstechnisch einfacher. Sie erlaubt vor allem auch eine schnellere Eigentumsausschaffung bei Effektenkäufen, da hierfür ohne Bewegung der WP Buchungen ausreichen.

Kumpan 2341

(13) DepotG 5 2, 3

Zur Sammelverwahrung geeignet sind vertretbare WP derselben Art (d. h. die dasselbe Recht verbriefen). WP s § 1 I; vertretbar (§ 91 BGB) und daher austauschbar (wichtig insb für § 7 I) sind alle im Kurszettel verzeichneten Papiere, Namensaktien (wenn blanko indossiert und damit durch bloße Einigung und Übergabe übertragbar; auch nicht voll eingezahlte, allerdings darf Sammelverwahrer nicht als Treuhänder im Aktienbuch eingetragen sein, s BAKred, Bekanntmachung, Nr 1 I) und Zwischenscheine, wenn blanko indossiert (Heinsius/Horn/Than, § 5 Rn. 25); dann auch vinkulierte Namensaktien (solange die Praxis der Zustimmungserteilung der Gesellschaft die Verkehrsfähigkeit nicht beeinträchtigt), da nur deren Übertragbarkeit an bestimmte Erwerberkreise, nicht aber ihre Vertretbarkeit als solche durch Vinkulierung betroffen ist, dazu Kümpel WM Sonderbeil 8/83, Scherer/Rögner, § 5 Rn 10 f. Sammelverwahrung von Schuldbuchforderungen (Wertrechte, s § 1 Rn 2) des Bundes, wenn auf den Namen einer WPSammelbank in das Bundesschuldbuch eingetragen (§ 6 I, II Satz 1 BSchuWG), zur Sammelverwahrung von Wertrechten durch Kreditinstitute Kreße WM 15, 463. Sammelverwahreignung von Fondsanteilen s § 97 I KAGB. Einzeln auslosbare WP sind sammelverwahrfähig, wenn keine Auslosung erfolgt, ansonsten rechtzeitige Bekanntgabe der Auslosung nötig, um WP aus Sammelverwahrung herauszuholen. Bei Gruppen auslosbarer WP ist jede Gruppe eine Wertpapierart, wenn den einzelnen Gruppen besondere Wertpapierkennnummern zugeteilt sind (BAKred, Bekanntmachung, Nr. 1 I). Von der Eignung zur Sammelverwahrung ist rechtlich die konkrete Zulassung von WP durch die WPSammelbank gemäß ihren AGB zu unterscheiden (vgl I 1). Lit: Brink 1976 (Effektengiroverkehr); Kümpel WM **76**, 942 (Internationalisierung), Heißel/Kienle WM **93**, 1909 (vinkulierte Namensaktien), Mentz/Fröhling NZG **02**, 204, Than FS Nobbe **09**, 791 (vinkulierte Namensaktien).

2 **2) Erlaubnis zur Sammelverwahrung:** Der Verwahrer darf vertretbare WP, die zur Sammelverwahrung durch eine WPSammelbank geeignet (s Rn 1) und zugelassen sind, dieser ohne weiteres zur **Sammelverwahrung** anvertrauen, anders nur, wenn der Hinterleger nach § 2 Satz 1 Sonderverwahrung (Streifbanddepot) verlangt **(I 1)**. Die **Verwahrung ungetrennt** von den eigenen Beständen des Verwahrers derselben Art **(Haussammelverwahrung)** oder von solchen Dritter oder Anvertrauung zur Sammelverwahrung an Dritte, die nicht WPSammelbanken sind, ist demgegenüber wegen der damit verbundenen Gefahren nur bei ausdrücklicher (bei Auslegung der Erklärung auf Verständnis eines nicht fachkundigen Dritten abzustellen) und schriftlicher (§ 126 BGB) **Ermächtigung** zulässig **(I 2)**. Diese ungetrennte Verwahrung ist nicht mit der Sonderverwahrung zu verwechseln (I 1, § 2 Satz 1). Ermächtigung auch erforderlich, wenn zu bereits in Haussammelverwahrung verwahrten WP weitere WP derselben Art in die Haussammelverwahrung eingebracht werden sollen, dagegen nicht erforderlich, wenn WP von einem Haussammelbestand in einen anderen transferiert werden, Heinsius/Horn/Than § 5 Rn 34. Die Ermächtigung darf nicht in AGB des Verwahrers enthalten sein und nicht auf andere Urkunden verweisen, muss also in sich vollständig sein, und sie muss für jedes Verwahrungsgeschäft besonders erteilt werden **(I 3),** s auch BAKred, Bekanntmachung, Nr. 1 II und III. Befreiung von der Formvorschrift nach I 2, 3 s § 16. An zur Sammelverwahrung geeigneten WP (s Rn 1) entsteht das Miteigentum (s § 6) auch bei unerlaubter Sammelverwahrung.

3 **3) Übertragung** eines Sammelbestandanteils **(II)** erfolgt entweder durch Einigung und Einräumung des mittelbaren Mitbesitzes (§§ 929, 930 BGB, näher § 6 Rn 2), wobei der Verwahrer die Einigung mittels Insichgeschäft vornimmt (II enthält eine Befreiung von § 181 BGB), oder durch Eintragung eines Vermerks im Verwahrungsbuch (§ 24 II analog); gleichzeitig geht das Eigentum am eingelieferten Stück von Rechts wegen (ohne besonderen Aneignungsakt, str) auf die

V. Bankgeschäfte **6 DepotG (13)**

Bank über (Verlautbarung im Verwahrungsbuch, § 14). Ist der Hinterleger nicht Eigentümer des eingelieferten Stücks, wird nicht er, sondern entspr § 6 der wahre Eigentümer des Stücks neuer Miteigentümer (§ 6 Rn 1–2). Dazu MüKoHGB/ Einsele, Depotgeschäft Rn 77f, Scherer/Rögner § 5 Rn 58.

4) Der Verwahrer ist, wenn ihm Sammelverwahrung erlaubt ist (§ 3), ohne 4 weitere Erlaubnis zur Sammelverwahrung (im eigenen Namen) **bei Dritten** (vgl auch WPSammelbanken, § 1 III) befugt, **III,** § 3 I, mit entspr Haftung wie bei Sonderverwahrung (§ 2) bei Dritten, s § 3 II.

5) IV nF 1985, IV 1 Nr 4 idF HRefG 1998, erleichtert den grenzüberschrei- 5 tenden Effektengiroverkehr (Einrichtung direkter Kontoverbindung ermöglicht GS-Gutschrift, damit nicht mehr nur WR-Gutschrift möglich). Nach **IV 1** dürfen WP auch einer ausländischen WPSammelbank (auch solche mit zusätzlichen anderen Aufgaben) anvertraut werden (kein Stückeversand mehr), wenn ein gleichwertiger (nicht unbedingt gleicher) Anlegerschutz (§ 1 III 2) wie bei deutschen WPSammelbanken nach § 1 III gewährleistet ist. Insbesondere müssen Vollstreckungsmaßnahmen der Gläubiger des ausländ Verwahrers (wegen Verlusten in anderen Geschäftsbereichen) in die Sammelbestände ausgeschlossen sein, RegE BT-Drs 10/1904, S 10. Voraussetzungen sind: **(Nr 1)** öffentliche oder gleichwertige andere Aufsicht über die ausländische WPSammelbank (idR erfüllt bei zulässigem Betrieb des Verwahrgeschäfts im Sitzland und Vorhandensein gesetzlicher Regelungen bzgl Bonität des Verwahrers und bzgl Zuverlässigkeit und fachlicher Eignung der Geschäftsleiter, die staatlich oder durch eine unabhängige Institution („gleichwertige Aufsicht") überwacht werden); **(Nr 2)** gleichwertige Rechtsstellung des Hinterlegers; der Gutglaubenserwerb nach dem ausländischen Recht kann unterschiedlich sein, notwendig ist aber eine eigentumsähnliche Stellung des Hinterlegers (er muss in der Insolvenz des Verwahrers zur Aussonderung berechtigt und gegen Zwangsmaßnahmen in den Sammelbestand sowie gegen die Geltendmachung von Pfand- und Zurückbehaltungsrechten des Verwahrers gegen den Zwischenverwahrer aus anderen Geschäften als der Verwahrung geschützt sein, RegE BT-Drs 10/1904, S 11; dazu „Drei-Punkte-Erklärung", § 3 Rn 2); **(Nr 3)** keine Verbote der Auslieferung der WP (meint devisenrechtliche oder sonstige öffentliche Beschränkungen, s BR-Drs. 239/1984 S 25). **(Nr 4)** Sammelverwahreignung der WP (vertretbare WP, aber nur geringe Anforderungen an Vertretbarkeit, wie Aufnahme von Namensschuldverschreibungen in § 1 I Satz 2 zeigt) und Zulassung zur Sammelverwahrung durch die WPSammelbank und den ausländischen Verwahrer im Rahmen ihrer gegenseitigen Kontoverbindung, denn dann kann der Hinterleger jederzeit den Wert der WP hier wie dort realisieren. Das Erfordernis der Zulassung der einzubeziehenden WP zu einem Markt im Inland oder (ursprünglich: und) Ausland wurde 1998 zu Recht fallengelassen, Erstreckung also nunmehr auch auf außerbörslich gehandelte WP (OTC-Handel). Nach **IV 2** haftet die deutsche WPSammelbank zwingend für ein Verschulden der ausländischen WPSammelbank (§ 3 II 1). Substitution (§ 3 II 2) kann nicht wirksam vereinbart werden. Lit: Pleyer 1985; Keßler Die Bank **85**, 443, BuB/Decker Rn 8/58 ff, Scherer/Rögner § 5 Rn 92 ff (insbesondere im Hinblick auf Verwahrung in den USA).

Miteigentum am Sammelbestand, Verwaltungsbefugnis des Verwahrers bei der Sammelverwahrung

DepotG 6 (1) ¹**Werden Wertpapiere in Sammelverwahrung genommen, so entsteht mit dem Zeitpunkt des Eingangs beim Sammelverwahrer für die bisherigen Eigentümer Miteigentum nach Bruchteilen an den zum Sammelbestand des Verwahrers gehörenden Wertpapieren derselben Art.** ²**Für die Bestimmung des Bruchteils ist der**

Kumpan

(13) DepotG 6 1, 2

Wertpapiernennbetrag maßgebend, bei Wertpapieren ohne Nennbetrag die Stückzahl.

(2) [1] Der Sammelverwahrer kann aus dem Sammelbestand einem jeden der Hinterleger die diesem gebührende Menge ausliefern oder die ihm selbst gebührende Menge entnehmen, ohne daß er hierzu der Zustimmung der übrigen Beteiligten bedarf. [2] In anderer Weise darf der Sammelverwahrer den Sammelbestand nicht verringern. [3] Diese Vorschriften sind im Falle der Drittverwahrung auf Zwischenverwahrer sinngemäß anzuwenden.

1 **1)** A. Die bisherigen Eigentümer (nicht die Hinterleger, BGH WM **57**, 676) werden **Miteigentümer** des Sammelbestands nach Bruchteilen, I (vgl § 469 II HGB), BGH **160**, 124. Eigentumserwerb erfolgt mit Eingang der Papiere beim Sammelverwahrer kraft § 6 (eigener Erwerbstatbestand), nicht erst durch Vermischung (§ 948 BGB) und unabhängig von der Wirksamkeit des Depotvertrags (§ 1 Rn 4), der Ermächtigung iSv § 5 I 2, 3 und des Eigentums bzw der Verfügungsmacht des Hinterlegers. Rechte Dritter erlöschen (entspr § 949 S 1 BGB) und entstehen dafür an dem Miteigentumsanteil (§ 949 S 2 BGB). §§ 6 ff verdrängen §§ 1008 ff BGB. Gehen effektive WP zu anderem Zweck als der Sammelverwahrung ein, entsteht kein Miteigentum, sondern erst, wenn WP zur Sammelverwahrung bestimmt sind, Heinsius/Horn/Than, § 6 Rn 4. Im Fall der **Giro- oder der Drittsammelverwahrung** ist der Eingang bei WP-Sammelbank bzw. Drittverwahrer entscheidend, nicht der Eingang beim Zwischenverwahrer, Canaris, Rn 2113, anders im Fall von § 5 II.

2 B. §§ 741 ff BGB gelten nur zT, nicht zB §§ 742 (gleiche Anteile), 744–746 (Verwaltung), 748 (Lasten, Kosten), zT 749–757 (Aufhebung der Gemeinschaft). Jeder Beteiligte hat mittelbaren Mitbesitz; beim Effektengiroverkehr (§ 1 Rn 6) ist der Mitbesitz mehrstufig (Besitzgebäude zB Kunde – Verwahrer (=mittelbarer Fremdbesitzer) – Sammelverwahrer (= unmittelbarer Fremdbesitzer)), in diesem Zusammenhang Brand ZBB **15**, 40. **Übertragung:** Der Hinterleger kann nur über seinen Anteil an dem gesamten Sammeldepotguthaben ganz oder teilweise verfügen (§§ 929, 931 BGB), nicht über seine Miteigentumsrechte an den einzelnen WP in Sammelverwahrung (§ 747 BGB ist unanwendbar), vgl BGH WM **75**, 1261. Statt Übergabe des Papiers nach § 929 S 1 BGB erfolgt Umbuchung im Verwahrungsbuch (§ 14 DepotG), BGH **160**, 124, NJW **99**, 1393. Dies zeigt Umstellung des Besitzmittlungsverhältnisses (für Besitzmittlungsverhältnis erforderlicher Herausgabeanspruch folgt §§ 7, 8 entnommen, BGH **161**, 191, s auch Hirte/Knof, WM **08**, 10). Gutgläubiger Erwerb von Sammeldepotanteilen im Effektengiroverkehr ist möglich, Lit: Becker 1981; Koller DB **72**, 1857, 1905; Vertrauensgrundlage ist nicht der Mitbesitz, sondern die Buchung im Verwahrungsbuch (§ 14), aA MüKo/Einsele Depotgeschäft Rn 107. Die Kündigung von Übertragungsverträgen mit dem depotführenden Kreditinstitut ist nur wirksam, wenn sie dem depotführenden Unternehmen des Begünstigten rechtzeitig vor Verbuchung mitgeteilt wird (§ 676 BGB). Lit: Mentz/Fröhling NZG **02**, 204 (Übertragung). **Verpfändung** nach § 1205 I BGB durch Umstellung des Besitzmittlungsverhältnisses durch den Verwahrer oder nach § 1205 II BGB durch Übertragung des mittelbaren Besitzes an dem Sammelbestandsanteil mittels Abtretung des Auslieferungsanspruchs (§ 7), hL, nach aA (kein Besitz des Depotinhabers am Sammelbestand) nur nach §§ 1274 I 1, 1280 BGB durch Verpfändung des Auslieferungsanspruchs, Einsele § 9 Rn 38, str, zur Praxis Nodoushani WM **07**, 289. **Zwangsvollstreckung:** Die Anteile sind pfändbar, unstr, Verfahren ist str: §§ 857, 829, 835, 836 ZPO, üL, gegen Heranziehung von § 857 I, IV ZPO, Einigungserklärung iSv § 894 I 1 ZPO, Herausgabe entspr §§ 886, 883, 884 ZPO, BGH **160**, 121, WM **08**, 400. Zustellung an Verwahrer (als Drittschuldner), nicht an die Miteigentümer (der Verwahrer ist von diesen still-

schweigend zum Empfang der Zustellung ermächtigt). Miteigentümer an einem Aktiensammelbestand können entspr ihrem Anteil stimmen (die Sammelbank als Vertreter aller Miteigentümer ermächtigt die Einzelnen dazu). Urteil auf Herausgabe von Papieren in Sammelverwahrung muss auf Anweisung der verwahrenden Bank zur Umschreibung des Depots lauten, BGH WM **75**, 1259. Verlust am Sammelbestand s § 7 II. Vor- und Nachgirodepot (Handbestand) s Canaris 2111. Bestimmtheitsgrundsatz bei Verfügungen über Sammeldepotguthaben, Kümpel WM **80**, 422.

2) Sammelverwahrer darf den Anteil ohne Zustimmung der anderen beteiligten Hinterleger ausliefern, anders darf er den Sammelbestand nicht verringern, **II** (Strafandrohung § 34 DepotG, §§ 246, 266 StGB). Umwandlung des Miteigentums an Sammelbestand in Alleineigentum an ausgelieferten WP entspr I 1, da Auslieferung Spiegelbild zu I 1 und Schutzgedanke von I ("Schutz des bisherigen Eigentümers") andernfalls nicht wirksam gewährleistet würde (Eigentumsübergang darf nicht vom Willen des Sammelverwahrers abhängig sein), Scherer/Rögner § 6 Rn 8. Mit der Auslieferung wird entspr I 1 der bisherige Miteigentümer und nicht der Empfänger der ausgelieferten Stücke neuer Alleineigentümer (s Rn 1, § 8 Rn 1). § 6 II 1, 2 (Entnahmerecht, Erhaltungspflicht) gelten außer für den (Dritt-)Sammelverwahrer auch für den Zwischenverwahrer (§ 6 II 3).

Auslieferungsansprüche des Hinterlegers bei der Sammelverwahrung

DepotG 7 (1) **Der Hinterleger kann im Falle der Sammelverwahrung verlangen, daß ihm aus dem Sammelbestand Wertpapiere in Höhe des Nennbetrags, bei Wertpapieren ohne Nennbetrag in Höhe der Stückzahl der für ihn in Verwahrung genommenen Wertpapiere ausgeliefert werden; die von ihm eingelieferten Stücke kann er nicht zurückfordern.**

(2) [1] **Der Sammelverwahrer kann die Auslieferung insoweit verweigern, als sich infolge eines Verlustes am Sammelbestand die dem Hinterleger nach § 6 gebührende Menge verringert hat.** [2] **Er haftet dem Hinterleger für den Ausfall, es sei denn, daß der Verlust am Sammelbestand auf Umständen beruht, die er nicht zu vertreten hat.**

1) Aufgrund des Depotvertrags kann der Hinterleger, auch wenn er nicht der Eigentümer ist, jederzeit Auslieferung von Papieren gemäß seinem Anteil (nicht der von ihm eingelieferten Stücke) fordern (entspricht § 695 BGB), **I.** Anspruchsgegner sind der Verwahrer als Vertragspartner und der Drittverwahrer entspr §§ 546 II, 604 IV BGB. Neben dem schuldrechtlichen Auslieferungsanspruch nach § 7 steht der dingliche nach § 8; zum Auseinanderfallen s dort. Auslieferungs-, ggf Ersatzanspruch nach I, II gegen (Dritt-)Sammelverwahrer hat Zwischenverwahrer, gegen diesen hat ihn Hinterleger. Vollstreckung gegen (Dritt-)Sammelverwahrer aus § 883 ZPO, gegen Zwischenverwahrer durch Pfändung seines Herausgabeanspruchs gegen Sammelverwahrer. AGB über Entgelt für Übertragung von Wertpapieren in ein anderes Depot ist unwirksam, Grund: jederzeit geltend machbarer, gesetzlicher Herausgabeanspruch aus §§ 7, 8 bzw §§ 695 Satz 1, 985 BGB, (s **(5)** BGB § 307 I 1, II Nr 1), BGH **161**, 189, WM **05**, 274, Herausgabe erfolgt üblicherweise durch bloße Übertragung mittels Umbuchung von Girosammel-Depotgutschriften (§ 5 Rn 3, § 6 Rn 2). WP sind dort auszuliefern, wo sie aufzubewahren waren.

2) Gehen Stücke verloren, trifft der Verlust am Sammelbestand nicht denjenigen, von dem die Stücke kommen, sondern der Sammelverwahrer muss (nicht

(13) DepotG 9a   2. Teil. Handelsrechtl. Nebengesetze

nur „darf") auf alle Miteigentümer umlegen. Ob Miteigentümer Verlust zu vertreten hat, ist dabei unbeachtlich. Beruht der Verlust auf einer unrechtmäßigen Verfügung einer Girobank, ist nur auf deren Kunden umzulegen, Koller DB **72**, 1907. Der Sammelverwahrer haftet uU für den Ausfall (ihn trifft Beweislast für Nichtvertreten), **II.** Er muss dann (soweit möglich und zumutbar) gleichartige Stücke als Ersatz liefern (sonst Geld, §§ 249 I, 251 I BGB).

Ansprüche der Miteigentümer und sonstiger dinglich Berechtigter bei der Sammelverwahrung

DepotG 8   Die für Ansprüche des Hinterlegers geltenden Vorschriften des § 6 Abs. 2 Satz 1 und des § 7 sind sinngemäß auf Ansprüche eines jeden Miteigentümers oder sonst dinglich Berechtigten anzuwenden.

1   **1)** Der Hinterleger ist uU nicht Miteigentümer, weil er nicht Eigentümer war (also ein anderer Miteigentümer wurde, § 6 Rn 1, oder weil er sein Miteigentum veräußerte), oder der Hinterleger (oder Miteigentümer, der nicht Hinterleger ist) ist nicht verfügungsberechtigt, weil der Anteil einem anderen verpfändet oder zugunsten eines anderen sonstwie belastet ist. Dann hat der Hinterleger nur schuldrechtliche Ansprüche (§ 7); die dinglichen hat der wahre Berechtigte (§ 8, besondere Ausprägung des § 985 BGB, s auch Bankrechts-Hdb/Klanten, § 72 Rn 88). Für dinglichen Herausgabeanspruch gelten dieselben Voraussetzungen wie für Anspruch des Hinterlegers nach § 7 und er hat denselben Umfang. Der Verwahrer kann mit befreiender Wirkung entweder an den Hinterleger (idR ohne Prüfung) oder an den berechtigten Nichthinterleger (idR nach Prüfung) ausliefern. Liefert der Verwahrer an den nichtberechtigten Hinterleger aus, wird entspr § 6 der Miteigentümer am Sammelbestand Alleineigentümer der ausgelieferten WP (§ 6 Rn 1, 3), str. Unwirksamkeit von Entgeltklausel s § 7 Rn 1. Sonstige dinglich Berechtigte sind insbesondere Pfandgläubiger.

Beschränkte Geltendmachung von Pfand- und Zurückbehaltungsrechten bei der Sammelverwahrung

DepotG 9   § 4 gilt sinngemäß auch für die Geltendmachung von Pfandrechten und Zurückbehaltungsrechten an Sammelbestandanteilen.

1   **1)** Für Geltendmachung von Pfand- und Zurückbehaltungsrechten durch (Dritt-)Sammelverwahrer und Zwischenverwahrer am Sammelbestandanteil des Hinterlegers gilt § 4 entspr (insbesondere Fremdvermutung, wenn Zwischenverwahrer Bankgeschäfte betreibt). § 9 findet Anwendung, wenn WP dem Sammelbestand zugeführt worden sind, davor kommt § 4 direkt zur Anwendung.

Sammelurkunde

DepotG 9a   (1) [1]Der Verwahrer hat ein Wertpapier, das mehrere Rechte verbrieft, die jedes für sich in vertretbaren Wertpapieren einer und derselben Art verbrieft sein könnten (Sammelurkunde), einer Wertpapiersammelbank zur Verwahrung zu übergeben, es sei denn, der Hinterleger hat nach § 2 Satz 1 die gesonderte Aufbewahrung der Sammelurkunde verlangt. [2]Der Aussteller kann jederzeit und ohne Zustimmung der übrigen Beteiligten

V. Bankgeschäfte 1, 2 **9a DepotG (13)**

1. eine von der Wertpapiersammelbank in Verwahrung genommene Sammelurkunde ganz oder teilweise durch einzelne in Sammelverwahrung zu nehmende Wertpapiere oder
2. einzelne Wertpapiere eines Sammelbestands einer Wertpapiersammelbank durch eine Sammelurkunde

ersetzen.

(2) Verwahrt eine Wertpapiersammelbank eine Sammelurkunde allein oder zusammen mit einzelnen Wertpapieren, die über Rechte der in der Sammelurkunde verbrieften Art ausgestellt sind, gelten die §§ 6 bis 9 sowie die sonstigen Vorschriften dieses Gesetzes über Sammelverwahrung und Sammelbestandanteile sinngemäß, soweit nicht in Absatz 3 etwas anderes bestimmt ist.

(3) [1] Wird auf Grund der §§ 7 und 8 die Auslieferung von einzelnen Wertpapieren verlangt, so hat der Aussteller die Sammelurkunde insoweit durch einzelne Wertpapiere zu ersetzen, als dies für die Auslieferung erforderlich ist; während des zur Herstellung der einzelnen Wertpapiere erforderlichen Zeitraums darf die Wertpapiersammelbank die Auslieferung verweigern. [2] Ist der Aussteller nach dem zugrunde liegenden Rechtsverhältnis nicht verpflichtet, an die Inhaber der in der Sammelurkunde verbrieften Rechte einzelne Wertpapiere auszugeben, kann auch von der Wertpapiersammelbank die Auslieferung von einzelnen Wertpapieren nicht verlangt werden.

1) § 9a, eingefügt 1972, geändert durch 2. FinanzmarktfördG 1994, ordnet 1 Fragen betreffend die Verwahrung von Sammelurkunden. **Sammelurkunde** bzw **Globalurkunde** ist ein WP, das mehrere Rechte verbrieft, die jedes für sich in vertretbaren WP einer und derselben Art verbrieft sein könnten (Legaldefinition, I 1). Durch Zusammenfassung der Einzelrechte im Rahmen der Sammelurkunde verlieren die Einzelrechte nicht ihre rechtliche Selbständigkeit. Ohne Sammel- bzw Globalurkunden ist der moderne Kapitalmarkt nicht vorstellbar, BGH **161,** 191. Verpflichtung der Emittenten auf Entmaterialisierung der WP nunmehr ausdrücklich in Art. 3, 4 VO 909/2014. Entwicklung, Wertrechte und stückeloser Effektenverkehr s § 1 Rn 2. Sammelverwahrung der Sammelurkunde ist die Regel, Sonderverwahrung die Ausnahme wie in § 5 I 1, § 2 S 1 (s dort). Von Sammelurkunde zu unterscheiden ist sog Großstück (Einzelurkunde über hohen Nennbetrag, nicht mehrere Einzelrechte). Zu den Besitzverhältnissen an der Sammelurkunde BGH 207, 28 f., Habersack/Mayer WM **00,** 1679, siehe entsprechend in diesem Zusammenhang § 6 Rn 2. Übertragung bei girosammelverwahrten Globalurkunden str, Mentz/Fröhling NZG **02,** 208. Verpfändung erfolgt nach den Vorschriften über das Pfandrecht an beweglichen Sachen, BGH WM **15,** 2273. Lit: Pleyer/Schleiffer DB **72,** 77, Bremer AG **72,** 363, Pleyer WM **79,** 850 (Rückgabe von Schuldverschreibungen an Emittenten) u FS Werner **84,** 639 (Mehrfachurkunde), Than FS Heinsius **91,** 809u FS Schimansky **99,** 828, Einsele WM **01,** 7, Habersack/Mayer WM **00,** 1678, Mentz/Fröhling NZG **02,** 208, Noack FS Wiedemann **02,** 1141, Hirte/Knof WM **08,** 7, 49 (Pfandrecht in Insolvenz).

2) Sammelurkunden lassen sich nach ihrer Funktion in **drei Typen** einteilen: 2 **Technische Globalurkunden** sind girosammelverwahrfähige Sammelurkunden, die (einen Teil der) von einem Sammelverwahrer verwahrte(n) Einzelurkunden von WP derselben Art ersetzen (s § 9a I Satz 2). Sie lauten auf Höchstbetrag oder Höchststückzahl der in ihnen verbrieften Miteigentumsanteile. **Interimistische Globalurkunden** sind vorläufige Urkunden und verbriefen eine gesamte Emission; sie ermöglichen den Handel einer neuen Emission am organisierten Markt schon vor dem Zeitpunkt, ab dem Einzelurkunden gedruckt sind und geliefert

Kumpan 2347

werden können. Bei **Dauer-Globalurkunden** sind die Auslieferungsansprüche der Inhaber dauerhaft ausgeschlossen (§ 9a III Satz 2 2. HS), zB Bundesschatzbriefe oder Inhabersammelzertifikate der Clearstream Banking AG über einen im Ausland lagernden Deckungsbestand an WP (Scherer/Rögner § 5 Rn 8). Alle genannten Urkunden sind börsenmäßig nicht lieferbar und unterliegen geringeren Anforderungen bei ihrer Ausstellung als effektive Stücke, s zu letzteren „Gemeinsame Grundsätze der deutschen Wertpapierbörsen für den Druck von Wertpapieren" vom 13.10.91, zuletzt geändert am 17.04.00. Zu sog **Neuen Globalurkunden** (new global notes) für internationale Anleihen, die als Sicherheiten bei geldpolitischen Transaktionen des Eurosystems verwendet werden Scherer/Martin § 9a Rn 16.

3 3) II bewirkt ua, dass die in der Sammelurkunde verbrieften Einzelrechte als Miteigentumsanteile entspr § 6 dem Effektengiroverkehr unterliegen und auf Sammelurkunden die Regelungen über die Sammelverwahrung und Sammelbestandanteile anwendbar sind. Denn Sammelurkunden sind nicht vertretbar (§ 91 BGB), da sie nicht nach Nennwert oder Stückzahl gehandelt werden, Pleyer/Schleiffer, DB **72**, 79. II gilt nur bei Verwahrung durch WPSammelbanken.

4 4) III regelt das Verhältnis zwischen den Auslieferungsansprüchen in § 7 und § 8 und dem Recht des Ausstellers, eine Sammelurkunde zu verwenden, insb ist ein befristetes Leistungsverweigerungsrecht während des für die Herstellung der Einzelurkunden erforderlichen Zeitraums vorgesehen. III 2 schließt einen depotrechtlichen Anspruch auf Ausstellung von Einzelurkunden aus, wenn Aussteller aufgrund des zugrunde liegenden Rechtsverhältnisses nicht dazu verpflichtet ist, lässt aber entspr Ansprüche aus anderem Rechtsgrund unberührt. Ein solcher Anspruch auf Verbriefung des Anteils besteht bei Aktien (Mitgliedschaftsrecht); die Satzung kann aber ausschließen (§ 10 V AktG idF KonTraG 1998), Seibert DB **99**, 267, aA früher hL, GroßKoAktG/Brändel § 10 Rn 23. Bei Anleihen ist Ausschluss solcher Ansprüche ohne weiteres möglich, auch kein Verstoß gegen **(5)** § 307 BGB, Than FS Schimansky **99**, 829.

Tauschverwahrung

DepotG 10 (1) [1] Eine Erklärung, durch die der Hinterleger den Verwahrer ermächtigt, an Stelle ihm zur Verwahrung anvertrauter Wertpapiere Wertpapiere derselben Art zurückzugewähren, muß für das einzelne Verwahrungsgeschäft ausdrücklich und schriftlich abgegeben werden. [2] Sie darf weder in Geschäftsbedingungen des Verwahrers enthalten sein noch auf andere Urkunden verweisen.

(2) Derselben Form bedarf eine Erklärung, durch die der Hinterleger den Verwahrer ermächtigt, hinterlegte Wertpapiere durch Wertpapiere derselben Art zu ersetzen.

(3) **(gegenstandslos)**

1 1) Tauschverwahrung ist ein Fall der Sonderverwahrung. Bei Ermächtigung in der Form entspr § 5 I 2, 3 (vgl. § 5 Rn 2, Befreiung s § 16) darf der Verwahrer die (zur Sonderverwahrung, § 2) hinterlegten WP (die vertretbar, vgl § 5 Rn 1, sein müssen) während der Verwahrung **(II)** oder bei Rückgabe **(I)** durch gleichartige ersetzen (weiter dazu § 11 Rn 1). Ermächtigungserklärung ist jederzeit widerruflich (§ 183 BGB). Hinterleger kann Tauschermächtigung auf bestimmte Stückelung der zu erhaltenden WP beschränken.

V. Bankgeschäfte **12 DepotG (13)**

Umfang der Ermächtigung zur Tauschverwahrung

DepotG 11 [1] Eine Erklärung, durch die der Hinterleger den Verwahrer ermächtigt, an Stelle ihm zur Verwahrung anvertrauter Wertpapiere Wertpapiere derselben Art zurückzugewähren, umfaßt, wenn dies nicht in der Erklärung ausdrücklich ausgeschlossen ist, die Ermächtigung, die Wertpapiere schon vor der Rückgewähr durch Wertpapiere derselben Art zu ersetzen. [2] Sie umfaßt nicht die Ermächtigung zu Maßnahmen anderer Art und bedeutet nicht, daß schon durch ihre Entgegennahme das Eigentum an den Wertpapieren auf den Verwahrer übergehen soll.

1) Die Ermächtigung zur Rückgewährung anderer WP umfasst mangels ausdrücklichen Ausschlusses die Ersetzung schon vor Rückgewähr (S 1). Dasselbe gilt umgekehrt. Sie umfasst nicht andere Verfügungen, zB Verpfändung (S 2 Halbs 1). Die Ermächtigung nach § 10 I oder II übereignet noch nicht (entspr § 700 BGB) die Papiere dem Verwahrer (S 2 Halbs 2). Erst beim Tausch geht das Eigentum an den hinterlegten Papieren auf den Verwahrer oder anderen Eigentümer von hinterlegten Papieren (dessen Papiere der Verwahrer in gleicher Weise wirksam tauscht) über und erlangt der alte Eigentümer (nicht der Hinterleger, § 6 analog, s dort Rn 1–2) das Eigentum an den ihm nunmehr zugeteilten Stücken (nach §§ 929, 930, 868, 688 BGB im Wege des Insichgeschäfts nach § 181 BGB). Sofern Hinterleger nicht Eigentümer der hinterlegten WP ist, wird bisheriger Eigentümer entspr § 6 I auch Eigentümer der getauschten Stücke. **1**

Ermächtigungen zur Verpfändung

DepotG 12 (1) [1] Der Verwahrer darf die Wertpapiere oder Sammelbestandanteile nur auf Grund einer Ermächtigung und nur im Zusammenhang mit einer Krediteinräumung für den Hinterleger und nur an einen Verwahrer verpfänden. [2] Die Ermächtigung muß für das einzelne Verwahrungsgeschäft ausdrücklich und schriftlich erteilt werden; sie darf weder in Geschäftsbedingungen des Verwahrers enthalten sein noch auf andere Urkunden verweisen.

(2) [1] Der Verwahrer darf auf die Wertpapiere oder Sammelbestandanteile Rückkredit nur bis zur Gesamtsumme der Kredite nehmen, die er für die Hinterleger eingeräumt hat. [2] Die Wertpapiere oder Sammelbestandanteile dürfen nur mit Pfandrechten zur Sicherung dieses Rückkredits belastet werden. [3] Der Wert der verpfändeten Wertpapiere oder Sammelbestandanteile soll die Höhe des für den Hinterleger eingeräumten Kredits mindestens erreichen, soll diese jedoch nicht unangemessen übersteigen.

(3) [1] Ermächtigt der Hinterleger den Verwahrer nur, die Wertpapiere oder Sammelbestandanteile bis zur Höhe des Kredits zu verpfänden, den der Verwahrer für diesen Hinterleger eingeräumt hat (beschränkte Verpfändung), so bedarf die Ermächtigung nicht der Form des Absatzes 1 Satz 2. [2] Absatz 2 Satz 3 bleibt unberührt.

(4) [1] Ermächtigt der Hinterleger den Verwahrer, die Wertpapiere oder Sammelbestandanteile ohne Rücksicht auf die Verbindlichkeiten des Verwahrers und ohne Rücksicht auf die Höhe des für den Hinterleger eingeräumten Kredits zu verpfänden (unbeschränkte Verpfändung), so muß in der Ermächtigung zum Ausdruck kommen, daß der Verwahrer das Pfandrecht unbeschränkt, also für alle seine Verbindlichkeiten und ohne Rücksicht auf die Höhe des für den Hinterleger eingeräumten Kredits bestellen kann. [2] Dies gilt sinngemäß, wenn der Hinterleger den Verwahrer von der Innehaltung einzelner Beschränkungen des Absatzes 2 befreit.

(13) DepotG 12 1–6 2. Teil. Handelsrechtl. Nebengesetze

(5) **Der Verwahrer, der zur Verpfändung von Wertpapieren oder Sammelbestandanteilen ermächtigt ist, darf die Ermächtigung so, wie sie ihm gegeben ist, weitergeben.**

1 1) A. Der Verwahrer darf hinterlegte WP (§§ 2, 10, 11) und Sammelbestandanteile (§§ 5–9) nur **verpfänden** im Zusammenhang mit einer Krediteinräumung für den Hinterleger (Rückkredit, s Rn 2), nur zugunsten eines anderen Verwahrers (§ 1 II) und in der Form entspr § 5 I 2, 3 (s § 5 Rn 2) und § 10 I, so **I 1, 2** (außer wenn der Hinterleger selbst Bank ist, § 16). Der Ermächtigung bedarf auch der Verwahrer, der selbst ein Pfandrecht an den Papieren hat. Befreiung von den Formvorschriften des § 12 s § 16.

2 B. § 12 betrifft nur das Verhältnis zwischen Verwahrer und Hinterleger. Verpfändet der Verwahrer ohne Ermächtigung, kann ein Dritter das Pfandrecht doch gutgläubig erwerben (wegen der Fremdvermutung des § 4 idR nicht nach §§ 1207, 1208 BGB, aber nach § 366 HGB). Fahrlässig handelt der Zentralbankier, wenn er es unterlässt, sich über die Kreditwürdigkeit des verpfändenden Zwischenverwahrers zu vergewissern, RG **164,** 299.

3 2) Ergibt sich aus der Ermächtigung nichts anderes, so darf der Verwahrer auf die Papiere oder Sammelbestandanteile **Rückkredit** bei Dritten **(II)** nur bis zur (Gesamt-)Höhe der von ihm den Hinterlegern (die ihn zur Verpfändung ermächtigt haben) eingeräumten Kredite nehmen. Für andere Verbindlichkeiten des Verwahrers haften die Papiere (Anteile) nicht. Für den Rückkredit haftet jedes Papier (jeder Anteil) jedes Hinterlegers. Der Wert der verpfändeten Papiere (Anteile) soll die Höhe des dem Hinterleger eingeräumten Kredits mindestens erreichen, ihn aber nicht unangemessen übersteigen. Dies dient der Verteilung des Risikos unter den Hinterlegern entsprechend des von ihnen in Anspruch genommenen Kredits. Der Verwahrer darf danach ungedeckte Kredite an den Hinterleger nicht in den Rückkredit einbeziehen. Verstoß kann als Untreue strafbar sein, § 266 StGB. Unberechtigte Verpfändung von WP oder Sammelbestandanteilen ist nach § 34 strafbar. Insolvenz des Verwahrers s § 32 f.

4 3) **Beschränkte Verpfändung (III):** Der Verwahrer darf die Papiere (Anteile) nur bis zur Höhe des gerade diesem Hinterleger eingeräumten Kredits verpfänden. Dann muss der Geldgeber (Zentralbank), anders als im Fall II, besondere Depots für die einzelnen Hinterleger (Kunden der Lokalbank) bilden (Sonderpfanddepots (Depot D), Einl 3 vor § 1). Auch hier gilt volle, nicht übermäßige Deckung (II 3). Die (nach I nötige) Ermächtigung bedarf hier keiner Form. Die Einschränkung muss in der Erklärung selbst enthalten sein; allgemeinere Ermächtigungen schließen die aus III nicht ein, RG **164,** 298.

5 4) **Unbeschränkte Verpfändung (IV):** Der Verwahrer darf die Papiere (Anteile) für alle seine Verbindlichkeiten und ohne Rücksicht auf die Höhe des für Hinterleger eingeräumten Kredits verpfänden. Dies muss (neben den Erfordernissen nach I 2) in der Verpfändungsermächtigung (I 1) zum Ausdruck kommen. Ausdrücke wie „zu eigenem Nutzen zu verfügen", die Verpfändung geschehe „unbeschränkt" oder ähnliche genügen nicht. Die Verwendung des Wortlauts des Gesetzes ist nicht nötig, aber zu empfehlen. Diese strenge Formvorschrift gilt auch, wenn der Hinterleger den Verwahrer nur von einzelnen Beschränkungen nach II befreit. So verpfändete WP bzw Anteile sind in Depot A aufzunehmen (BAKred, Bekanntmachung, Nr 10 IV lit a).

6 5) Die Ermächtigung ist nicht höchstpersönlich, sondern Verwahrer darf sie weitergeben, **V.**

V. Bankgeschäfte **13 DepotG (13)**

Verpfändung als Sicherheit für Verbindlichkeiten aus Börsengeschäften

DepotG 12a (1) ¹Abweichend von § 12 darf der Verwahrer die Wertpapiere oder Sammelbestandanteile auf Grund einer ausdrücklichen und schriftlichen Ermächtigung als Sicherheit für seine Verbindlichkeiten aus Geschäften an einer Börse, die einer gesetzlichen Aufsicht untersteht, an diese Börse, deren Träger oder eine von ihr mit der Abwicklung der Geschäfte unter ihrer Aufsicht beauftragte rechtsfähige Stelle, deren Geschäftsbetrieb auf diese Tätigkeit beschränkt ist, verpfänden, sofern aus einem inhaltsgleichen Geschäft des Hinterlegers mit dem Verwahrer Verbindlichkeiten des Hinterlegers bestehen. ²Der Wert der verpfändeten Wertpapiere oder Sammelbestandanteile soll die Höhe der Verbindlichkeiten des Hinterlegers gegenüber dem Verwahrer aus diesem Geschäft nicht unangemessen übersteigen. ³Die Ermächtigung des Hinterlegers nach Satz 1 kann im voraus für eine unbestimmte Zahl derartiger Verpfändungen erteilt werden.

(2) ¹Der Verwahrer muß gegenüber dem Pfandgläubiger sicherstellen, daß die verpfändeten Wertpapiere oder Sammelbestandanteile für seine in Absatz 1 genannten Verbindlichkeiten nur insoweit in Anspruch genommen werden dürfen, als Verbindlichkeiten des Hinterlegers gegenüber dem Verwahrer nach Absatz 1 bestehen. ²Der Verwahrer haftet für ein Verschulden des Pfandgläubigers wie für eigenes Verschulden; diese Haftung kann durch Vereinbarung nicht beschränkt werden.

1) § 12a neu durch 2. FinanzmarktfördG 1994. § 12 ermöglicht unter bestimmten Kautelen die Heranziehung auch von **Depotkundenpositionen als Sicherheitsleistung der Kreditinstitute** für ihr Gesamtengagement **beim Clearing**, andernfalls wären kleinere Institute gegenüber größeren mit genügend Eigenpositionen benachteiligt. § 12a erleichtert gegenüber § 12 die Verpfändung von WP oder Sammelbestandanteilen als Sicherheit für die Verbindlichkeiten des Verwahrers aus Börsengeschäften, soweit aus einem inhaltsgleichen Geschäft des Hinterlegers (Kunden) mit dem Verwahrer (Kreditinstitut ua) Verbindlichkeiten des Hinterlegers bestehen (**I 1**). Es handelt sich dabei also um eine **beschränkte Verpfändung** nur in Höhe dieser Verbindlichkeiten und nur zugunsten einer Börse (auch einer ausländischen, wenn gesetzlich beaufsichtigt) oder ähnlichen rechtsfähigen Stelle; weitere, aber nur Sollbeschränkung der Höhe nach in I 2. Deshalb ist zwar auch in § 12a eine ausdrückliche und schriftliche **Ermächtigung** unverzichtbar, aber **I 3** erleichtert die Formerfordernisse gegenüber § 12: Ermächtigung im Voraus, nicht für jedes einzelne Geschäft gesondert, sondern für unbestimmte Zahl solcher Verpfändungen. II sorgt im Kundeninteresse durch entsprechende Verhaltenspflicht und zwingende **Haftung** des Verwahrers für die Einhaltung der Beschränkung der Verpfändung durch den Pfandgläubiger. 1

Ermächtigung zur Verfügung über das Eigentum

DepotG 13 (1) ¹Eine Erklärung, durch die der Verwahrer ermächtigt wird, sich die anvertrauten Wertpapiere anzueignen oder das Eigentum an ihnen auf einen Dritten zu übertragen, und alsdann nur verpflichtet sein soll, Wertpapiere derselben Art zurückzugewähren, muß für das einzelne Verwahrungsgeschäft ausdrücklich und schriftlich abgegeben werden. ²In der Erklärung muß zum Ausdruck kommen, daß mit der Ausübung der Ermächtigung das Eigentum an den Verwahrer oder einen Dritten übergehen soll und mithin für den Hinterleger nur ein schuldrechtlicher Anspruch auf Lieferung nach Art und Zahl bestimmter Wertpapiere

(13) DepotG 14

entsteht. ³Die Erklärung darf weder auf andere Urkunden verweisen noch mit anderen Erklärungen des Hinterlegers verbunden sein.

(2) Eignet sich der Verwahrer die Wertpapiere an oder überträgt er das Eigentum an ihnen auf einen Dritten, so sind von diesem Zeitpunkt an die Vorschriften dieses Abschnitts auf ein solches Verwahrungsgeschäft nicht mehr anzuwenden.

1 1) Mit Ermächtigung in der Form (Befreiung s § 16) entspr §§ 5 I 2, 3; 10 I; 12 I 2 (so I 1, 3; und I 2 wiederholt das Erfordernis der ausdrücklichen Erklärung des in I 1 bezeichneten Inhalts) darf der Verwahrer die hinterlegten Papiere sich aneignen oder Dritten übereignen und schuldet nur Rückgabe von Papieren derselben Art (ähnlich der uneigentlichen Verwahrung nach § 700 BGB). Die Ermächtigung nach § 13 zur Verfügung über das Eigentum deckt auch weniger weitgehende Verfügungen des Verwahrers, str. § 13 betrifft insbesondere auch die Wertpapierleihe (s **(7)** Bankgeschäfte Rn T/1), aber § 16. Im Unterschied zu § 15 wird Eigentum nicht in jedem Fall sofort auf den Verwahrer oder Dritten übertragen, sondern nur wenn Verwahrer von Ermächtigung (uU zu einem späteren Zeitpunkt) Gebrauch macht.

2 2) Sobald der Verwahrer von der Ermächtigung nach I Gebrauch macht (muss nach außen deutlich werden, zB Ausbuchung aus Verwahrungsbuch) und Eigentum an den hinterlegten WP übergeht, wird das DepotG (nicht nur „dieser" Abschn) entspr § 15 (§ 15 Rn 1) auf das Geschäft unanwendbar **(II)**, Befreiung s § 16. Ab dann nach § 700 I 2 BGB Anwendung der §§ 607 ff BGB, Zeit und Ort der Rückgabe richten sich aber gemäß § 700 I 3 BGB im Zweifel nach Verwahrvertrag (§ 695 BGB: jederzeit). Der Dritte wird im Erwerb ggf geschützt nach §§ 932 ff BGB, § 366 HGB. Sofortige Übereignung entspr I 1s § 15. Aneignung oder Übertragung muss auf der Ermächtigungsurkunde vermerkt und dem Hinterleger mitgeteilt werden, BAKred, Bekanntmachung, Nr 7 III.

Verwahrungsbuch

DepotG 14 (1) ¹Der Verwahrer ist verpflichtet, ein Handelsbuch zu führen, in das jeder Hinterleger und Art, Nennbetrag oder Stückzahl, Nummern oder sonstige Bezeichnungsmerkmale der für ihn verwahrten Wertpapiere einzutragen sind. ²Wenn sich die Nummern oder sonstigen Bezeichnungsmerkmale aus Verzeichnissen ergeben, die neben dem Verwahrungsbuch geführt werden, genügt insoweit die Bezugnahme auf diese Verzeichnisse.

(2) Die Eintragung eines Wertpapiers kann unterbleiben, wenn seine Verwahrung beendet ist, bevor die Eintragung bei ordnungsmäßigem Geschäftsgang erfolgen konnte.

(3) Die Vorschriften über die Führung eines Verwahrungsbuchs gelten sinngemäß auch für die Sammelverwahrung.

(4) ¹Vertraut der Verwahrer die Wertpapiere einem Dritten an, so hat er den Ort der Niederlassung des Dritten im Verwahrungsbuch anzugeben. ²Ergibt sich der Name des Dritten nicht aus der sonstigen Buchführung, aus Verzeichnissen, die neben dem Verwahrungsbuch geführt werden, oder aus dem Schriftwechsel, so ist auch der Name des Dritten im Verwahrungsbuch anzugeben. ³Ist der Verwahrer zur Sammelverwahrung nach § 5 Abs. 1 Satz 2, zur Tauschverwahrung, zur Verpfändung oder zur Verfügung über das Eigentum ermächtigt, so hat er auch dies in dem Verwahrungsbuch ersichtlich zu machen.

(5) Teilt ein Verwahrer dem Drittverwahrer mit, daß er nicht Eigentümer der von ihm dem Drittverwahrer anvertrauten Wertpapiere ist (§ 4 Abs. 3), so

hat der Drittverwahrer dies bei der Eintragung im Verwahrungsbuch kenntlich zu machen.

1) Das Verwahrungsbuch dient dem Hinterleger im Streitfall zum Beweis seines Rechts, dem Verwahrer (Sonder-, Dritt-, Zwischen-, Sammelverwahrer) zur Verwaltung der anvertrauten Papiere und den mit der Depotprüfung betrauten Stellen (Einl 2–3 vor § 1) zur Überwachung der Geschäftsführung des Verwahrers. Jeder Verwahrer (§ 1 II) muss ein Verwahrungsbuch führen. Neben dem in I 1 vorgeschriebenen **persönlichen** (dh auf den einzelnen Hinterlegern aufgebauten) Verwahrungsbuch ist ein **sachliches** Verwahrungsbuch nach WPArten üblich. Hervorzuheben ist der **Nummernzwang** nach I 1; WP sind so genau zu bezeichnen, dass sie zweifelsfrei zu bestimmen sind. Das Buch ist **Handelsbuch**, §§ 238 ff HGB sind zu beachten. Jede Hinterlegung von WP zu Sonder- oder Sammelverwahrung ist eintragungspflichtig, nicht bei unregelmäßiger Verwahrung nach § 15. Bei Drittverwahrung besteht Pflicht für Zwischenverwahrer und Dritten. Zur Bedeutung der Eintragung in das Verwahrungsbuch für den Eigentumserwerb § 6 Rn 2. Zu weiteren Anforderungen an die Führung des Verwahrbuches BAKred, Bekanntmachung, Nr. 10.

Unregelmäßige Verwahrung, Wertpapierdarlehen

DepotG 15 (1) **Wird die Verwahrung von Wertpapieren in der Art vereinbart, daß das Eigentum sofort auf den Verwahrer oder einen Dritten übergeht und der Verwahrer nur verpflichtet ist, Wertpapiere derselben Art zurückzugewähren, so sind die Vorschriften dieses Abschnitts auf ein solches Verwahrungsgeschäft nicht anzuwenden.**

(2) [1] **Eine Vereinbarung der in Absatz 1 bezeichneten Art ist nur gültig, wenn die Erklärung des Hinterlegers für das einzelne Geschäft ausdrücklich und schriftlich abgegeben wird.** [2] **In der Erklärung muß zum Ausdruck kommen, daß das Eigentum sofort auf den Verwahrer oder einen Dritten übergehen soll und daß mithin für den Hinterleger nur ein schuldrechtlicher Anspruch auf Lieferung nach Art und Zahl bestimmter Wertpapiere entsteht.** [3] **Die Erklärung darf weder auf andere Urkunden verweisen noch mit anderen Erklärungen des Hinterlegers verbunden sein.**

(3) **Diese Vorschriften gelten sinngemäß, wenn Wertpapiere jemandem im Betrieb seines Gewerbes als Darlehen gewährt werden.**

1) A. Bei unregelmäßiger Verwahrung (**I,** auch sog Aberdepot) verliert der Hinterleger das Eigentum an den WP und ist auf den schuldrechtlichen Rückgewähranspruch beschränkt, hat also zB kein Aussonderungsrecht im Insolvenzverfahren über das Vermögen des Verwahrers. Hier gilt § 700 I 1 BGB über die unregelmäßige Verwahrung. Das DepotG (nicht nur „dieser" Abschn) ist unanwendbar (I), also zB auch § 32.

B. I betrifft nicht schuldrechtliche Lieferungsansprüche aus Einkaufskommission bzw Eigengeschäft (Wertpapierguthaben). Hier gelten §§ 18 ff, 32.

2) Wegen der Gefährlichkeit für den Hinterleger sieht **II** besondere Kautelen vor: **Form** (Befreiung s § 16) entspr § 13 I (betr Ermächtigung des Verwahrers zur Übereignung auf sich oder Dritten).

3) III idF HRefG 1998 stellt der unregelmäßigen Verwahrung ein WPDarlehen, das jemandem im Betriebe seines Gewerbes gewährt wird, gleich. Der Gewerbebetreibende ist dann nicht Verwahrer iSv § 1 II. II, III betreffen insbesondere auch die Wertpapierleihe (s **(7)** Bankgeschäfte Rn T/1). Befreiung von den Formvorschriften s § 16.

Kumpan

Befreiung von Formvorschriften

DepotG 16 Die Formvorschriften des § 4 Abs 2, des § 5 Abs. 1 Satz 2 und 3 und der §§ 10, 12, 13 und 15 Abs. 2 und 3 sind nicht anzuwenden, wenn der Verwahrer einer gesetzlichen Aufsicht untersteht und der Hinterleger ein Kaufmann ist, der
1. in das Handelsregister oder Genossenschaftsregister eingetragen ist oder
2. im Falle einer juristischen Person des öffentlichen Rechts nach der für sie maßgebenden gesetzlichen Regelung, nicht eingetragen zu werden braucht oder
3. nicht eingetragen wird, weil er seinen Sitz oder seine Hauptniederlassung im Ausland hat.

1   **1)** § 16 idF FinSichRiG 2004, ergänzt um § 4 II. Nr 2 idF HRefG 1998 enthält eine **Befreiung von Formvorschriften** nach §§ 4 II, 5 I 2, 3, §§ 10, 12, 13, 15 II, III unter zwei **Voraussetzungen:** Der **Verwahrer** muss einer gesetzlichen (auch ausländischen) Aufsicht unterstehen, zB Kreditinstitute (aber schon KWG), und der **Hinterleger** muss nach Nr 1–3 typisiert nicht des Schutzes bedürfen, nämlich eingetragener Kfm, juristische Person des öffentlichen Rechts, ausländischer Kfm sein. Die Befreiung von den Formvorschriften nach §§ 13 I, 15 II, III durch § 16 ist insbesondere wichtig für das Wertpapierleihgeschäft (s **(7)** Bankgeschäfte Rn T/1). Die Befreiung von § 4 II ist vor allem für grenzüberschreitende Sicherheitenlieferungen bei der DBBk wichtig, RegE ZIP 03, 1572. Zum FinSichRiG Kollmann WM 04, 1012.

Pfandverwahrung

DepotG 17 Werden jemandem im Betrieb seines Gewerbes Wertpapiere unverschlossen als Pfand anvertraut, so hat der Pfandgläubiger die Pflichten und Befugnisse eines Verwahrers.

1   **1)** § 17 idF HRefG 1998. Der Pfandverwahrer hat die Rechte und Pflichten eines Verwahrers iSv DepotG (§§ 2–16); im Übrigen gelten §§ 1204–1258 BGB, bes für die Stellung des Pfandverwahrers als Pfandgläubiger.

Verfügungen über Wertpapiere

DepotG 17a Verfügungen über Wertpapiere oder Sammelbestandanteile, die mit rechtsbegründender Wirkung in ein Register eingetragen oder auf einem Konto verbucht werden, unterliegen dem Recht des Staates, unter dessen Aufsicht das Register geführt wird, in dem unmittelbar zugunsten des Verfügungsempfängers die rechtsbegründende Eintragung vorgenommen wird, oder in dem sich die kontoführende Haupt- oder Zweigstelle des Verwahrers befindet, die dem Verfügungsempfänger die rechtsbegründende Gutschrift erteilt.

1   **1)** § 17a idF G 8.12.99 BGBl 2384 (Umsetzung EU-Ri über Wirksamkeit von Abrechnungen, s **(7)** Bankgeschäfte Rn A/58) enthält eine internationalprivatrechtliche Vorschrift für Verfügungen über WP oder Sammelbestandanteile, die mit rechtsbegründender (nicht nur deklaratorischer) Wirkung in ein Register eingetragen oder auf einem Konto verbucht werden. Maßgeblich ist das Recht des Staates, unter dessen Aufsicht das betreffende Register geführt wird. § 17a hat wenig Bedeutung, da er auf Eigentumserwerb nach § 24 bezogen ist (§ 24 Rn 2) und Verfügungen über rein schuldrechtliche Ansprüche nicht erfasst. Rechts-

angleichung in der EU auf dem Nachhandelssektor und UNIDROIT-Übk, s Einl 6, 5 vor § 1 DepotG und allgemeiner Einl 45 vor § 1 HGB. Lit: Dittrich 2002; Einsele, Bank- und Kapitalmarktrecht 2. Aufl 2010 § 9 III; Wust 2009; Einsele RIW **97**, 269 (USA), Keller WM **00**, 1269 (EU-Ri), Einsele WM **01**, 15 (EU-Ri), Schefold IPRax **00**, 468 (§ 17a), FS Kümpel **03**, 463 (eur Kollisionsrecht), Than FS Kümpel **03**, 543 (grenzüberschreitender Effektengiroverkehr), Gruson AG **04**, 358 (Doppelnotierung USA/BRD), Reuschle RabelsZ 68 **(04)** 687 (grenzüberschreitender Effektengiroverkehr), Haubold RIW **05**, 656 (PRIMA).

2. Abschnitt. Einkaufskommission

Überblick vor § 18

Der 2. Abschn regelt nicht das Depotgeschäft, sondern die Erfüllung des 1 Effektengeschäfts. Einkaufskommission und Eigengeschäft sind dabei gleichgestellt, § 31. Kernstück der §§ 18 ff ist der Effektenkundenschutz durch zwei von §§ 929 ff BGB abweichende, zusätzliche Eigentumserwerbsmöglichkeiten kraft Gesetzes: Absendung des Stückeverzeichnisses (§ 18 III) und Eintragung des Übertragungsvermerks im Verwahrungsbuch der Bank (§ 24 II 1), s § 18 Rn 1. Zum Effektengeschäft im Übrigen s Erläuterungen zu §§ 383 ff HGB.

Stückeverzeichnis

DepotG 18 (1) ¹Führt ein Kommissionär (§§ 383, 406 des Handelsgesetzbuchs) einen Auftrag zum Einkauf von Wertpapieren aus, so hat er dem Kommittenten unverzüglich, spätestens binnen einer Woche ein Verzeichnis der gekauften Stücke zu übersenden. ²In dem Stückeverzeichnis sind die Wertpapiere nach Gattung, Nennbetrag, Nummern oder sonstigen Bezeichnungsmerkmalen zu bezeichnen.

(2) Die Frist zur Übersendung des Stückeverzeichnisses beginnt, falls der Kommissionär bei der Anzeige über die Ausführung des Auftrags einen Dritten als Verkäufer namhaft gemacht hat, mit dem Erwerb der Stücke, andernfalls beginnt sie mit dem Ablauf des Zeitraums, innerhalb dessen der Kommissionär nach der Erstattung der Ausführungsanzeige die Stücke bei ordnungsmäßigem Geschäftsgang ohne schuldhafte Verzögerung beziehen oder das Stückeverzeichnis von einer zur Verwahrung der Stücke bestimmten dritten Stelle erhalten konnte.

(3) Mit der Absendung des Stückeverzeichnisses geht das Eigentum an den darin bezeichneten Wertpapieren, soweit der Kommissionär über sie zu verfügen berechtigt ist, auf den Kommittenten über, wenn es nicht nach den Bestimmungen des bürgerlichen Rechts schon früher auf ihn übergegangen ist.

1) Beim Kauf von WP (Inhaberpapieren oder blanko indossierten Orderpapie- 1 ren) durch den Kommissionär (§§ 383, 406 HGB), auch Ersterwerb aus einer Emission (RG **104**, 120) erlangt der **Kommittent** das **Eigentum** an den Papieren, wenn nicht früher (vgl § 383 HGB Rn 29, RG **139**, 114, **140**, 229), so **spätestens durch Absendung** (auch ohne Zugang, RG **95**, 257) **eines Stückeverzeichnisses**, III (Absendefrist und Inhalt s Rn 2–4). Bei Erwerb von Miteigentum an einem WPSammelbestand erlangt der Kommittent dieses Miteigentum spätestens durch **Eintragung des Übertragungsvermerks im Verwahrungsbuch** des Kommissionärs, § 24 II 1. **Beide Möglichkeiten** sind **alternativ**. Sie gelten nur, soweit der Kommissionär verfügungsberechtigt ist

(§§ 18 III, 24 II 1, § 185 BGB), also nicht zB bei Erwerb unter Eigentumsvorbehalt ohne Verfügungsrecht; auch guter Glaube an Eigentum oder Verfügungsrecht des Kommissionärs verschafft dem Kommittenten kein Eigentum (Miteigentum) durch Absendung des Verzeichnisses (Übertragungsvermerk); nur durch Erlangung des Besitzes an bestimmten Stücken, §§ 932 ff BGB, § 366 HGB. Für die Übersendung des Stückeverzeichnisses gelten §§ 164 ff BGB entspr. Die irrtümliche Übersendung an einen anderen als den Kommittenten ist wirkungslos. Bei irrtümlicher Übersendung an mehrere Kommittenten erwirbt der, an den zuerst abgesandt wurde; falls Reihenfolge nicht mehr feststellbar, Miteigentum, str. Im Übrigen ist die Übersendung entspr §§ 119 ff BGB anfechtbar, auch gemäß §§ 129 ff InsO sowie AnfG. §§ 18 III, 24 II 1 ersetzen nicht eine zur Übertragung nötige besondere Form; sie gelten also nicht für Orderpapiere (außer bei Blankoindossament). Folgen der Unterlassung der Übersendung s § 25. Vgl ferner §§ 19–24, 26–31.

2 **2) A.** Das Stückeverzeichnis ist gemäß **I 1 unverzüglich**, spätestens binnen einer Woche abzusenden. Die Frist läuft, falls der Kommissionär bei Ausführungsanzeige einen Dritten als Verkäufer benannt hat (vgl § 384 HGB Rn 12–14), mit dem Erwerb durch den Kommissionär, der schnellstmöglich zu bewirken ist, sonst (bei Ausführung durch Geschäft mit Dritten ohne dessen Nennung und bei Selbsteintritt) vom Zeitpunkt, bis zu dem nach der Ausführungsanzeige (dem Selbsteintritt, § 400 HGB Rn 7–9) der Kommissionär die Stücke hätte erwerben können (auch durch Empfang eines Stückeverzeichnisses von einer zur Verwahrung bestimmten dritten Stelle), **II.** Verkürzung der Frist ist zulässig, nicht aber Verlängerung, außer wenn der Kommittent selbst eine Bank ist (§ 28). Das Stückeverzeichnis ist auch dann fristgerecht zu übersenden, wenn der Kommittent bereits Eigentümer der WP geworden ist, RG **81**, 439, aber vgl § 23 Rn 1.

3 **B. Inhalt** des Stückeverzeichnisses s **I 2**. Auch bei Verletzung von I 2 ist das Stückeverzeichnis wirksam iSv III, wenn die Stücke nur (mindestens durch Gattung und Nummer) individualisierbar sind, RG **95**, 259. Das Stückeverzeichnis braucht sich nicht unbedingt auf die „gekauften" Stücke zu beziehen (unsinnige Bindung, bes bei Selbsteintritt und Eigengeschäft, an das Deckungsgeschäft), RG **73**, 247.

4 **C. Ausnahmen** von der Pflicht zur Übersendung des Stückeverzeichnisses s §§ 19, 20, 22, 23. Dadurch werden sonstige (vertragliche und gesetzliche) Zurückbehaltungsrechte des Kommissionärs ausgeschlossen; nicht dagegen Pfandrechte an Effekten zB nach **(8)** AGB-Banken Nr 14.

Aussetzung der Übersendung des Stückeverzeichnisses

DepotG 19 (1) [1] Der Kommissionär darf die Übersendung des Stückeverzeichnisses aussetzen, wenn er wegen der Forderungen, die ihm aus der Ausführung des Auftrags zustehen, nicht befriedigt ist und auch nicht Stundung bewilligt hat. [2] Als Stundung gilt nicht die Einstellung des Kaufpreises ins Kontokorrent.

(2) [1] Der Kommissionär kann von der Befugnis des Absatzes 1 nur Gebrauch machen, wenn er dem Kommittenten erklärt, daß er die Übersendung des Stückeverzeichnisses und damit die Übertragung des Eigentums an den Papieren bis zur Befriedigung wegen seiner Forderungen aus der Ausführung des Auftrags aussetzen werde. [2] Die Erklärung muß, für das einzelne Geschäft gesondert, ausdrücklich und schriftlich abgegeben und binnen einer Woche nach Erstattung der Ausführungsanzeige abgesandt werden, sie darf nicht auf andere Urkunden verweisen.

V. Bankgeschäfte 1 **20 DepotG (13)**

(3) Macht der Kommissionär von der Befugnis des Absatzes 1 Gebrauch, so beginnt die Frist zur Übersendung des Stückeverzeichnisses frühestens mit dem Zeitpunkt, in dem der Kommissionär wegen seiner Forderungen aus der Ausführung des Auftrags befriedigt wird.

(4) [1] Stehen die Parteien miteinander im Kontokorrentverkehr (§ 355 des Handelsgesetzbuchs), so gilt der Kommissionär wegen der ihm aus der Ausführung des Auftrags zustehenden Forderungen als befriedigt, sobald die Summe der Habenposten die der Sollposten zum erstenmal erreicht oder übersteigt. [2] Hierbei sind alle Posten zu berücksichtigen, die mit Wertstellung auf denselben Tag zu buchen waren. [3] Führt der Kommissionär für den Kommittenten mehrere Konten, so ist das Konto, auf dem das Kommissionsgeschäft zu buchen war, allein maßgebend.

(5) Ist der Kommissionär teilweise befriedigt, so darf er die Übersendung des Stückeverzeichnisses nicht aussetzen, wenn die Aussetzung nach den Umständen, insbesondere wegen verhältnismäßiger Geringfügigkeit des rückständigen Teils, gegen Treu und Glauben verstoßen würde.

1) Der Kommissionär darf in Ausübung eines Zurückbehaltungsrechts entspr § 273 BGB, § 369 HGB) mit Erklärung gemäß **II** die Übersendung des Stückeverzeichnisses (§ 18 I, II) bis nach Befriedigung seiner Ansprüche gegen den Kommittenten (falls er sie nicht gestundet hat) aussetzen, **I, III, V**. Die Erklärung nach II 1, 2 hat Warnfunktion für den Kunden. Zugang nach § 130 BGB ist entgegen dem Wortlaut von II 2 nötig, str.   1

2) Im Kontokorrentverkehr gilt der Kommissionär als befriedigt, sobald sein Guthaben ausgeglichen ist, **IV**. Das entspricht (punktuell) dem Staffelkontokorrent (§ 355 HGB Rn 8), aber ohne dass deshalb ein bestehender Periodenkontokorrent zum Staffelkontokorrent wird.   2

Übersendung des Stückeverzeichnisses auf Verlangen

DepotG 20 (1) Wenn der Kommissionär einem Kommittenten, mit dem er im Kontokorrentverkehr (§ 355 des Handelsgesetzbuchs) steht, für die Dauer der Geschäftsverbindung oder für begrenzte Zeit zusagt, daß er in bestimmtem Umfang oder ohne besondere Begrenzung für ihn Aufträge zur Anschaffung von Wertpapieren auch ohne alsbaldige Berichtigung des Kaufpreises ausführen werde, so kann er sich dabei vorbehalten, Stückeverzeichnisse erst auf Verlangen des Kommittenten zu übersenden.

(2) Der Kommissionär kann von dem Vorbehalt des Absatzes 1 nur Gebrauch machen, wenn er dem Kommittenten nach der Erstattung der Ausführungsanzeige schriftlich mitteilt, daß er die Übersendung des Stückeverzeichnisses und damit die Übertragung des Eigentums an den Papieren erst auf Verlangen des Kommittenten ausführen werde.

(3) [1] Erklärt der Kommittent, daß er die Übersendung des Stückeverzeichnisses verlange, so beginnt die Frist zur Übersendung des Stückeverzeichnisses frühestens mit dem Zeitpunkt, in dem die Erklärung dem Kommissionär zugeht. [2] Die Aufforderung muß schriftlich erfolgen und die Wertpapiere, die in das Stückeverzeichnis aufgenommen werden sollen, genau bezeichnen.

1) § 20 ist auf die Konten zugeschnitten, auf denen sich die mehr spekulativen Geschäfte abwickeln und bei denen der Kommissionär entweder für die Dauer der Geschäftsverbindung oder für begrenzte Zeit mit dem Kommittenten einen   1

Kumpan

besonderen Kredit zum Ankauf von WP, die der Kunde dann also nicht alsbald bezahlen soll, vereinbart. Bei Vorbehalt (auf Dauer) gemäß I und Mitteilung (im Einzelfall) gemäß II läuft die Frist zur Übersendung des Stückeverzeichnisses (§ 18 I 1) erst ab förmlicher Anforderung des Verzeichnisses durch den Kommittenten (III 1, 2).

Befugnis zur Aussetzung und Befugnis zur Übersendung auf Verlangen

DepotG 21 Will der Kommissionär die Übersendung des Stückeverzeichnisses sowohl deshalb aussetzen, weil er wegen seiner Forderungen nicht befriedigt ist (§ 19), als auch deshalb, weil er sich die Aussetzung mit Rücksicht auf die Besonderheit des Kontokorrentverkehrs mit dem Kommittenten vorbehalten hat (§ 20), so hat er dem Kommittenten bei Erstattung der Ausführungsanzeige schriftlich mitzuteilen, daß er die Übersendung des Stückeverzeichnisses und damit die Übertragung des Eigentums an den Papieren erst auf Verlangen des Kommittenten, frühestens jedoch nach Befriedigung wegen seiner Forderungen aus der Ausführung des Auftrags ausführen werde.

1 1) Will der Kommissionär die Übersendung des Stückeverzeichnisses sowohl aus § 19 als aus § 20 aussetzen, darf er die beiden Erklärungen miteinander verbinden, muss aber zur Unterrichtung des Kunden die im § 21 vorgeschriebene Mitteilung machen. Hier setzt das Verlangen des Kommittenten die Frist des § 18 I noch nicht in Lauf, es bedarf auch vorheriger Befriedigung des Kommissionärs.

Stückeverzeichnis beim Auslandsgeschäft

DepotG 22 (1) ¹Wenn die Wertpapiere vereinbarungsgemäß im Ausland angeschafft und aufbewahrt werden, braucht der Kommissionär das Stückeverzeichnis nur auf Verlangen des Kommittenten zu übersenden. ²Der Kommittent kann die Übersendung jederzeit verlangen, es sei denn, daß ausländisches Recht der Übertragung des Eigentums an den Wertpapieren durch Absendung des Stückeverzeichnisses entgegensteht oder daß der Kommissionär nach § 19 Abs. 1 berechtigt ist, die Übersendung auszusetzen.

(2) ¹Erklärt der Kommittent, daß er die Übersendung des Stückeverzeichnisses verlange, so beginnt die Frist zur Übersendung des Stückeverzeichnisses frühestens mit dem Zeitpunkt, in dem die Erklärung dem Kommissionär zugeht. ²Die Aufforderung muß schriftlich erfolgen und die Wertpapiere, die in das Stückeverzeichnis aufgenommen werden sollen, genau bezeichnen.

1 1) Bei Kommission zur Anschaffung und Aufbewahrung der WP im Ausland verpflichtet § 22 (Anwendbarkeit deutschen Depotrechts vorausgesetzt, so idR nach **(8)** AGB-Banken Nr 6 I) den Kommissionär nur auf Verlangen des Kommittenten, das Verzeichnis zu übersenden, wenn nicht ausländisches Recht entgegensteht oder der Kommissionär gemäß § 19 I zurückhalten darf, BGH WM **88**, 404. Das (zugegangene) Verlangen des Kommittenten setzt Frist des § 18 I 1 in Lauf. Nach den **(8)** Sonderbedingungen für WPGeschäfte Nr 12 erteilt die Bank bei Aufbewahrung der WP im Ausland Gutschrift in Wertpapierrechnung (Verschaffungsanspruch gegen die Bank, dieser beschränkt auf den jeweiligen Deckungsbestand, **(8)** Sonderbedingungen für WP-Geschäfte Nr 12 Rn 1), BGH **161**, 192. Zu den **Treuhand-WR-Gutschriften** BuB/Kümpel 8/123, Kümpel/Ott/Kümpel 220/55.

V. Bankgeschäfte   1, 2   **24 DepotG (13)**

Befreiung von der Übersendung des Stückeverzeichnisses

DepotG 23   Die Übersendung des Stückeverzeichnisses kann unterbleiben, soweit innerhalb der dafür bestimmten Frist (§§ 18 bis 22) die Wertpapiere dem Kommittenten ausgeliefert sind oder ein Auftrag des Kommittenten zur Wiederveräußerung ausgeführt ist.

1) Auslieferung setzt Verschaffung des unmittelbaren Besitzes, nicht nur des Eigentums voraus. Der Wiederveräußerung „im Auftrag" des Kommittenten steht es gleich, wenn der Kommissionär aus anderen Gründen zur Veräußerung der WP innerhalb der Frist berechtigt war, RG **81**, 439.

Erfüllung durch Übertragung von Miteigentum am Sammelbestand

DepotG 24   (1) Der Kommissionär kann sich von seiner Verpflichtung, dem Kommittenten Eigentum an bestimmten Stücken zu verschaffen, dadurch befreien, daß er ihm Miteigentum an den zum Sammelbestand einer Wertpapiersammelbank gehörenden Wertpapieren verschafft; durch Verschaffung von Miteigentum an den zum Sammelbestand eines anderen Verwahrers gehörenden Wertpapieren kann er sich nur befreien, wenn der Kommittent im einzelnen Falle ausdrücklich und schriftlich zustimmt.

(2) ¹Mit der Eintragung des Übertragungsvermerks im Verwahrungsbuch des Kommissionärs geht, soweit der Kommissionär verfügungsberechtigt ist, das Miteigentum auf den Kommittenten über, wenn es nicht nach den Bestimmungen des bürgerlichen Rechts schon früher auf ihn übergegangen ist. ²Der Kommissionär hat dem Kommittenten die Verschaffung des Miteigentums unverzüglich mitzuteilen.

(3) Kreditinstitute und Kapitalverwaltungsgesellschaften brauchen die Verschaffung des Miteigentums an einem Wertpapiersammelbestand und die Ausführung der Geschäftsbesorgung abweichend von Absatz 2 Satz 2 sowie von den §§ 675 und 666 des Bürgerlichen Gesetzbuchs und von § 384 Abs. 2 des Handelsgesetzbuchs den Kunden erst innerhalb von dreizehn Monaten mitzuteilen, sofern das Miteigentum jeweils auf Grund einer vertraglich vereinbarten gleichbleibenden monatlichen, zweimonatlichen oder vierteljährlichen Zahlung erworben wird und diese Zahlungen jährlich das Dreifache des höchsten Betrags nicht übersteigen, bis zu dem nach dem Fünften Vermögensbildungsgesetz in der jeweils geltenden Fassung vermögenswirksame Leistungen gefördert werden können.

1) § 24 ist grundlegend für den stückelosen Effektengiroverkehr und hat wesentlich zur Durchsetzung der Girosammelverwahrung als Regelform in der Praxis (§ 5 Rn 1) beigetragen. Nach **I** kann der Kommissionär die WP-Stück-Einkaufskommission ausführen (an Erfüllungs Statt) durch Verschaffung von Miteigentum am Sammelbestand (§§ 5–9) einer WPSammelbank (§ 1 III, insoweit auch ohne Zustimmung des Kommittenten) oder (bei ausdrücklicher schriftlicher Zustimmung des Kommittenten) eines anderen Verwahrers (§ 1 II, facultas alternativa, nicht Wahlrecht).

2) II enthält einen **Sondertatbestand des Eigentumserwerbs.** Da es dann mangels eines Stückeverzeichnisses nicht zum Eigentumserwerb nach § 18 III kommt, sieht II 1 Eigentumserwerb **durch Eintragung des Übertragungsvermerks im Verwahrungsbuch** vor, s dazu im Einzelnen § 18 Rn 1. Abs. II greift nur ein, „soweit der Kommissionär verfügungsberechtigt ist", begründet also keinen gutgläubigen Erwerb. Rückdatierung ist wirkungslos. Mitteilungs-

Kumpan   2359

pflicht, II 2; Mitteilung ist aber für Eigentumserwerb belanglos, BGH 5, 34. Bei Schuldbuchforderungen (§ 1 Rn 2) ist der Eigentumserwerb nach § 24 II die Regel; die Anteilsübertragung nach BGB ist ungebräuchlich, Düss WM **64**, 36, str. Im Übrigen findet aber beim Effektengiro idR ein Eigentumserwerb nach § 929 BGB (§ 6 Rn 2), und zwar an den es angeht (§ 383 HGB Rn 28), zeitlich vor der Eintragung im Verwahrungsbuch statt.

3 **3) III nF** 1985 ua, 2007 InvÄndG, erleichtert das Wertpapiersparen. Bei gleich bleibenden, regelmäßigen (1, 2 oder 3 Monate), nach oben begrenzten (4. VermBG in der jeweiligen Fassung) WPKäufen genügt Mitteilung innerhalb von 13 Monaten (abw von II 2, §§ 675 I, 666, BGB, § 384 II HGB).

Rechte des Kommittenten bei Nichtübersendung des Stückeverzeichnisses

DepotG 25 (1) ¹Unterläßt der Kommissionär, ohne hierzu nach den §§ 19 bis 24 befugt zu sein, die Übersendung des Stückeverzeichnisses und holt er das Versäumte auf eine nach Ablauf der Frist zur Übersendung des Stückeverzeichnisses an ihn ergangene Aufforderung des Kommittenten nicht binnen drei Tagen, so ist der Kommittent berechtigt, das Geschäft als nicht für seine Rechnung abgeschlossen zurückzuweisen und Schadensersatz wegen Nichterfüllung zu beanspruchen. ²Dies gilt nicht, wenn die Unterlassung auf einem Umstand beruht, den der Kommissionär nicht zu vertreten hat.

(2) **Die Aufforderung des Kommittenten verliert ihre Wirkung, wenn er dem Kommissionär nicht binnen drei Tagen nach dem Ablauf der Nachholungsfrist erklärt, daß er von dem in Absatz 1 bezeichneten Recht Gebrauch machen wolle.**

1 **1)** § 25 regelt die Folgen der Nichtübersendung des Stückeverzeichnisses. Zurückweisungsrecht und Schadensersatzanspruch (I 1, „wegen Nichterfüllung", seit SMG: statt der Leistung) setzen voraus:

a) Vom Kommissionär **zu vertretende** (I 2, vgl § 280 I 2 BGB) **Nichtübersendung** des Stückeverzeichnisses, obwohl Übersendungspflicht bestand (vgl §§ 19–24).

2 **b) Aufforderung** des Kommittenten (empfangsbedürftige Willenserklärung, muss nach Ablauf der Übersendungsfrist dem Kommissionär zugehen) zur Nachholung des Versäumten. Setzen einer Nachfrist (so §§ 281 I 1, 323 I BGB) ist unnötig. Die gesetzliche Nachfrist ist unverkürzbar, aber verlängerbar, str. Aufforderung ist (wie nach §§ 281 II, 323 II BGB) entbehrlich, wo der Kommissionär die Erfüllung ernstlich und endgültig verweigert hat, RG **65**, 182, str.

3 **c) Unterlassen der Nachholung** binnen drei Tagen seit Zugang der Aufforderung. Teilweise Nachholung lässt die Rechte des Kommittenten aus § 25 iZw teilweise entfallen, RG **73**, 249. Fristberechnung nach § 187 BGB. Absendung des Stückeverzeichnisses, nicht auch Zugang muss binnen drei Tagen erfolgen.

4 **d) Erklärung des Kommittenten** (und Zugang der Erklärung) binnen drei Tagen nach Ablauf der Nachfrist, dass er das Geschäft als nicht für seine Rechnung abgeschlossen gelten lasse und Schadensersatz wegen Nichterfüllung bzw statt der Leistung verlange (wie in §§ 280 III, 281 ff BGB). Die Erklärung ist formlos. Nachholung des Versäumten durch den Kommissionär nach dieser Erklärung ist unzulässig. Versäumt der Kommittent die Frist, hat er die Rechte aus § 25 I 1 nicht; der Kommissionär kann das Stückeverzeichnis nachträglich zusenden. Bis dahin kann der Kommittent das Verfahren (s Rn 2–4) erneut in Gang bringen. Erfolgt die Zurückweisung fristgerecht, gilt das Ausführungs-

V. Bankgeschäfte 1 **28 DepotG (13)**

geschäft für den Kommittenten als nicht verbindlich. Der Kommissionsvertrag besteht fort, RG **65**, 182, str. Kommittent kann ihn aber kündigen. Zurückweisung (bzw nach der Mindermeinung Rücktritt vom Kommissionsvertrag) und Schadensersatz statt der Leistung bestehen (wie nach § 325 BGB) nebeneinander. Verzicht auf das Stückeverzeichnis ist unwirksam, § 28.

Stückeverzeichnis beim Auftrag zum Umtausch und zur Geltendmachung eines Bezugsrechts

DepotG 26 [1] Der Kommissionär, der einen Auftrag zum Umtausch von Wertpapieren oder von Sammelbestandanteilen gegen Wertpapiere oder einen Auftrag zur Geltendmachung eines Bezugsrechts auf Wertpapiere ausführt, hat binnen zwei Wochen nach dem Empfang der neuen Stücke dem Kommittenten ein Verzeichnis der Stücke zu übersenden, soweit er ihm die Stücke nicht innerhalb dieser Frist aushändigt. [2] In dem Stückeverzeichnis sind die Wertpapiere nach Gattung, Nennbetrag, Nummern oder sonstigen Bezeichnungsmerkmalen zu bezeichnen. [3] Im übrigen finden die §§ 18 bis 24 Anwendung; § 25 ist insoweit anzuwenden, als der Kommittent nur Schadensersatz wegen Nichterfüllung verlangen kann.

1) Bei Auftrag zum Umtausch von WP oder von Sammelbestandanteilen 1 gegen WP oder zur Geltendmachung eines Bezugsrechts muss der Kommissionär dem Kommittenten binnen (abw von § 18 I 1) 2 Wochen seit Empfang der neuen Stücke das Stückeverzeichnis senden oder die Stücke aushändigen. § 26 ist auch anwendbar bei Umtausch von Miteigentum am Sammelbestand in Sondereigentum, str. Von der Frist abgesehen sind §§ 18–24 anwendbar. Die Umtauschkommission gleicht der Einkaufskommission. § 25 ist nur beschränkt anwendbar; der Kommittent darf bei Unterbleiben der Sendung nicht zurückweisen, sondern muss die Ausführung gegen sich gelten lassen; er ist auf Schadensersatz wegen Nichterfüllung (seit SMG: statt der Leistung wie in §§ 280 III, 281 ff BGB) beschränkt, braucht aber auch keine Provision zu zahlen (§ 27).

Verlust des Provisionsanspruchs

DepotG 27 Der Kommissionär, der den in § 26 ihm auferlegten Pflichten nicht genügt, verliert das Recht, für die Ausführung des Auftrags Provision zu fordern (§ 396 Abs. 1 des Handelsgesetzbuchs).

1) Vgl § 26. Der Kommissionär verliert im Falle des § 27 den Provisions- 1 anspruch sofort, nicht erst mit Ablauf einer Nachfrist (vgl § 25 I 1). Bezahlte Provision ist als ungerechtfertigte Bereicherung zurückzuzahlen.

Unabdingbarkeit der Verpflichtungen des Kommissionärs

DepotG 28 Die sich aus den §§ 18 bis 27 ergebenden Verpflichtungen des Kommissionärs können durch Rechtsgeschäft weder ausgeschlossen noch beschränkt werden, es sei denn, daß der Kommittent gewerbsmäßig Bankgeschäfte betreibt.

1) Die Pflichten des Kommissionärs aus §§ 18–27 (Einkaufskommission) ge- 1 statten vertragliche Erweiterung, nicht Ausschließung oder Beschränkung. Dieser Schutz ist außer im Interbankgeschäft unverzichtbar und auch für die Praxis nicht

Kumpan

übermäßig belastend (RegE 2. FinanzmarktfördG). Durch Schweigen kann Kommittent, besonders eine Bank (RG **72**, 59), nach allgemeinen Regeln auf die Ansprüche gegen Kommissionär verzichten oder sie verwirken.

Verwahrung durch den Kommissionär

DepotG 29 Der Kommissionär hat bezüglich der in seinem Besitz befindlichen, in das Eigentum oder das Miteigentum des Kommittenten übergegangenen Wertpapiere die Pflichten und Befugnisse eines Verwahrers.

1 **1)** Hat der Kommissionär WP in seinem (auch mittelbaren, auch Mit-)Besitz, die dem Kommittenten als Allein- oder Miteigentümer gehören, so hat er die Pflichten eines Verwahrers nach Abschn 1 (§§ 2–17); zB nur beschränkte Geltendmachung von Pfand- und Zurückbehaltungsrechten, § 4, Führung des Verwahrungsbuchs, § 14.

Beschränkte Geltendmachung von Pfand- und Zurückbehaltungsrechten bei dem Kommissionsgeschäft

DepotG 30 (1) Gibt der Kommissionär einen ihm erteilten Auftrag zur Anschaffung von Wertpapieren an einen Dritten weiter, so gilt als dem Dritten bekannt, daß die Anschaffung für fremde Rechnung geschieht.

(2) § 4 gilt sinngemäß.

1 **1)** Gibt der Kommissionär den Anschaffungsauftrag an einen anderen weiter (von Bank zu Bank), so gilt Fremdvermutung entspr § 4. § 30 gilt für die Zeit vor dem Eigentumserwerb des Kommittenten (für die Zeit nachher schon § 29) und wirkt insoweit als Verfügungsbeschränkung zu seinen Gunsten. Die zweite Bank kann ein Pfand- und Zurückbehaltungsrecht an den angeschafften WP nur wegen Forderungen geltend machen, die mit Bezug auf diese Papiere entstanden sind oder für die diese nach dem über sie vorgenommenen Geschäft haften sollen (§ 4 I 2). Anders bei Eigenanzeige entspr § 4 II; anders ferner, wenn ein Nichtbankier den Anschaffungsauftrag weitergibt, ihm obliegt Fremdanzeige, § 4 III. § 30 gilt auch bei Auftrag zum Kauf von Sammelbestandanteilen. § 30 ist zwingend.

Eigenhändler, Selbsteintritt

DepotG 31 Die §§ 18 bis 30 gelten sinngemäß, wenn jemand im Betrieb seines Gewerbes Wertpapiere als Eigenhändler verkauft oder umtauscht oder einen Auftrag zum Einkauf oder zum Umtausch von Wertpapieren im Wege des Selbsteintritts ausführt.

1 **1)** § 31 idF HRefG 1998. §§ 18–30 sind sinngemäß anwendbar, wenn Kommissionär die Kauf- oder Tauschkommission durch **Selbsteintritt** ausführt. Das Stückeverzeichnis muss die gewährten Stücke nennen, nicht die durch ein Deckungsgeschäft erworbenen. Die Frist des § 18 I beginnt mit Ablauf des Zeitraums, in dem Kommissionär nach Eintrittserklärung die Stücke ohne schuldhaftes Zögern bezeichnen oder das Stückeverzeichnis vom Drittverwahrer erhalten konnte (§ 18 II).

2) §§ 18–30 gelten auch, wenn jemand im Betrieb seines Gewerbes Papiere als **Eigenhändler** (vgl (8) Sonderbedingungen für WPGeschäfte Nr 9) kauft oder umtauscht. Die einheitliche Behandlung des Effektengeschäfts, einerlei ob Kommission oder Propergeschäft, ist Ausdruck der allgemein an die Berufsstellung (und nicht so sehr an Vertragstyp und -ausgestaltung) anknüpfenden Verhaltenspflichten der Bank, vgl § 347 HGB Rn 22. Das Stückeverzeichnis muss die gewährten Stücke nennen, nicht die durch ein Deckungsgeschäft erworbenen (§ 18 Rn 3).

3. Abschnitt. Vorrang im Insolvenzverfahren

Vorrangige Gläubiger

DepotG 32 (1) Im Insolvenzverfahren über das Vermögen eines der in den §§ 1, 17, 18 bezeichneten Verwahrer, Pfandgläubiger oder Kommissionäre haben Vorrang nach den Absätzen 3 und 4:

1. Kommittenten, die bei Eröffnung des Insolvenzverfahrens das Eigentum oder Miteigentum an Wertpapieren noch nicht erlangt, aber ihre Verpflichtungen aus dem Geschäft über diese Wertpapiere dem Kommissionär gegenüber vollständig erfüllt haben; dies gilt auch dann, wenn im Zeitpunkt der Eröffnung des Insolvenzverfahrens der Kommissionär die Wertpapiere noch nicht angeschafft hat;
2. Hinterleger, Verpfänder und Kommittenten, deren Eigentum oder Miteigentum an Wertpapieren durch eine rechtswidrige Verfügung des Verwahrers, Pfandgläubigers oder Kommissionärs oder ihrer Leute verletzt worden ist, wenn sie bei Eröffnung des Insolvenzverfahrens ihre Verpflichtungen aus dem Geschäft über diese Wertpapiere dem Schuldner gegenüber vollständig erfüllt haben;
3. die Gläubiger der Nummern 1 und 2, wenn der nichterfüllte Teil ihrer dort bezeichneten Verpflichtungen bei Eröffnung des Insolvenzverfahrens zehn vom Hundert des Wertes ihres Wertpapierlieferungsanspruchs nicht überschreitet und wenn sie binnen einer Woche nach Aufforderung des Insolvenzverwalters diese Verpflichtungen vollständig erfüllt haben.

(2) Entsprechendes gilt im Insolvenzverfahren über das Vermögen eines Eigenhändlers, bei dem jemand Wertpapiere gekauft oder erworben hat, und im Insolvenzverfahren über das Vermögen eines Kommissionärs, der den Auftrag zum Einkauf oder zum Umtausch von Wertpapieren im Wege des Selbsteintritts ausgeführt hat (§ 31).

(3) ¹Die nach den Absätzen 1 und 2 vorrangigen Forderungen werden vor den Forderungen aller anderen Insolvenzgläubiger aus einer Sondermasse beglichen; diese wird gebildet aus den in der Masse vorhandenen Wertpapieren derselben Art und aus den Ansprüchen auf Lieferung solcher Wertpapiere. ²Die vorrangigen Forderungen werden durch Lieferung der vorhandenen Wertpapiere beglichen, soweit diese nach dem Verhältnis der Forderungsbeträge an alle vorrangigen Gläubiger verteilt werden können. ³Soweit eine solche Verteilung nicht möglich ist, wird der volle Erlös der nichtverteilten Wertpapiere unter die vorrangigen Gläubiger im Verhältnis ihrer Forderungsbeträge verteilt.

(4) ¹Die Gläubiger der Absätze 1 und 2 haben den beanspruchten Vorrang bei der Anmeldung der Forderung nach § 174 der Insolvenzordnung anzugeben. ²Sie können aus dem sonstigen Vermögen des Schuldners nur unter entsprechender Anwendung der für die Absonderungsberechtigten geltenden

(13) DepotG 33 2. Teil. Handelsrechtl. Nebengesetze

Vorschriften der §§ 52, 190 und 192 der Insolvenzordnung Befriedigung erlangen. ³ Im übrigen bewendet es für sie bei den Vorschriften der Insolvenzordnung über Insolvenzgläubiger.

(5) ¹ Das Insolvenzgericht hat, wenn es nach Lage des Falles erforderlich ist, den vorrangigen Gläubigern zur Wahrung der ihnen zustehenden Rechte einen Pfleger zu bestellen. ² Für die Pflegschaft tritt an die Stelle des Betreuungsgerichts das Insolvenzgericht. ³ § 317 Absatz 2 bis 5 des Versicherungsaufsichtsgesetzes ist sinngemäß anzuwenden.

1 1) § 32 gilt in der Insolvenz eines WPVerwahrers (§ 1 II), WPPfandgläubigers (§ 17), WPEinkauf- oder Umtauschkommissionärs (§§ 18, 26; nach II auch nach Selbsteintritt) und Eigenhändler-WPVerkäufers (II). Kommittenten (I Nr 1), Hinterleger, Verpfänder und Kommittenten (I Nr 2), bestimmte Gläubiger derselben (I Nr 3) sowie Käufer von einem Eigenhändler (II), die **nicht Eigentum,** also kein Aussonderungsrecht haben, bzw deren Eigentum rechtswidrig verletzt ist, die aber ihre Gegenpflichten vollständig erfüllt haben (oder einen noch unerfüllten kleinen Teil ihrer Gegenpflichten noch prompt erfüllen, I Nr 3, II), haben nach III, IV ein Recht auf **vorrangige Befriedigung** aus den in der Insolvenzmasse befindlichen WP gleicher Art und den zur Masse gehörenden Ansprüchen auf Lieferung solcher Papiere (**Sondermasse**, III 1). Die Insolvenzgläubiger iSv I und II müssen den beanspruchten Vorrang bei der Anmeldung nach § 174 InsO angeben. Reicht die Sondermasse zur Befriedigung nicht aus, sind die Gläubiger wegen des Rests gewöhnliche Insolvenzgläubiger, § 52 InsO. Erforderlichenfalls ist ein Pfleger zu bestellen. V 2 nunmehr Betreuungsgericht (FGG-RG 2008). Lit: Hopt BB **75**, 397, DB **75**, 1061.

Ausgleichsverfahren bei Verpfändung

DepotG 33 (1) Im Insolvenzverfahren über das Vermögen eines Verwahrers, dessen Pfandgläubiger die ihm nach § 12 Abs. 2 verpfändeten Wertpapiere oder Sammelbestandanteile ganz oder zum Teil zu seiner Befriedigung verwertet hat, findet unter den Hinterlegern, die die dem Pfandgläubiger verpfändeten Wertpapiere oder Sammelbestandanteile dem Verwahrer anvertraut haben, ein Ausgleichsverfahren mit dem Ziel der gleichmäßigen Befriedigung statt.

(2) ¹ Die am Ausgleichsverfahren beteiligten Hinterleger werden aus einer Sondermasse befriedigt. ² In diese Sondermasse sind aufzunehmen:

1. die Wertpapiere oder Sammelbestandanteile, die dem Pfandgläubiger nach § 12 Abs. 2 verpfändet waren, von diesem aber nicht zu seiner Befriedigung verwertet worden sind;

2. der Erlös aus den Wertpapieren oder Sammelbestandanteilen, die der Pfandgläubiger verwertet hat, soweit er ihm zu seiner Befriedigung nicht gebührt;

3. die Forderungen gegen einen am Ausgleichsverfahren beteiligten Hinterleger aus dem ihm eingeräumten Kredit sowie Leistungen zur Abwendung einer drohenden Pfandverwertung.

(3) ¹ Die Sondermasse ist unter den am Ausgleichsverfahren beteiligten Hinterlegern nach dem Verhältnis des Wertes der von ihnen dem Verwahrer anvertrauten Wertpapiere oder Sammelbestandanteile zu verteilen. ² Maßgebend ist der Wert am Tag der Eröffnung des Insolvenzverfahrens, es sei denn, daß die Wertpapiere oder Sammelbestandanteile erst später verwertet worden sind. ³ In diesem Falle ist der erzielte Erlös maßgebend. ⁴ Ein nach

V. Bankgeschäfte **34 DepotG (13)**

Befriedigung aller am Ausgleichsverfahren beteiligter Hinterleger in der Sondermasse verbleibender Betrag ist an die Insolvenzmasse abzuführen.

(4) [1]Jeder am Ausgleichsverfahren Beteiligte ist berechtigt und verpflichtet, die von ihm dem Verwahrer anvertrauten und in der Sondermasse vorhandenen Wertpapiere oder Sammelbestandanteile zu dem Schätzungswert des Tages der Eröffnung des Insolvenzverfahrens zu übernehmen. [2]Übersteigt dieser Wert den ihm aus der Sondermasse gebührenden Betrag, so hat er den Unterschied zur Sondermasse einzuzahlen. [3]Die Wertpapiere oder Sammelbestandanteile haften als Pfand für diese Forderung.

(5) Jeder Hinterleger kann seine Forderungen, soweit er mit ihnen bei der Befriedigung aus der Sondermasse ausgefallen ist, zur Insolvenzmasse geltend machen.

(6) § 32 Abs. 4 und 5 ist sinngemäß anzuwenden.

1) Mehrere Hinterleger, deren Verwahrer gemäß § 12 II Rückkredit mit Verpfändung der hinterlegten Papiere genommen hat, sind, wenn die Papiere ganz oder teilweise verwertet worden sind, im Insolvenzverfahren über das Vermögen des Verwahrers gleichmäßig zu befriedigen (Ausgleichsverfahren nach I, Gedanke der Gefahrengemeinschaft). Ausgleichsberechtigt sind Hinterleger, die eine Verpfändungsermächtigung nach § 12 erteilten, wenn diese Ermächtigung ausgenutzt wurde, nicht Hinterleger bei unberechtigter Verpfändung, sie haben ggf ein Insolvenzanfechtungsrecht. Bildung und Verteilung der Sondermasse s II–IV. Soweit die Sondermasse nicht ausreicht, sind die Hinterleger gewöhnliche Insolvenzgläubiger (V).

4. Abschnitt. Strafbestimmungen

Depotunterschlagung

DepotG 34 (1) Wer, abgesehen von den Fällen der §§ 246 und 266 des Strafgesetzbuchs, eigenen oder fremden Vorteils wegen

1. über ein Wertpapier der in § 1 Abs. 1 bezeichneten Art, das ihm als Verwahrer oder Pfandgläubiger anvertraut worden ist oder das er als Kommissionär für den Kommittenten im Besitz hat oder das er im Falle des § 31 für den Kunden im Besitz hat, rechtswidrig verfügt,
2. einen Sammelbestand solcher Wertpapiere oder den Anteil an einem solchen Bestand dem § 6 Abs. 2 zuwider verringert oder darüber rechtswidrig verfügt,

wird mit Freiheitsstrafe bis zu fünf Jahren oder mit Geldstrafe bestraft.

(2) *(weggefallen)*

1) § 34 idF HRefG 1998. Täter kann jeder sein, dem WP als Verwahrer oder Pfandgläubiger anvertraut sind oder der sie als Kommissionär für den Kommittenten oder als Kommissionär nach Selbsteintritt oder als Eigenhändler nach Verkauf für den Kunden (§ 31) in Besitz hat. Verfügung nach Nr 1 ist alles, was die für den Kunden aus dem Papier folgenden Rechte beeinträchtigt, vgl RGSt **46**, 144, also auch Vernichtung. Rechtswidrig sind Verfügungen, wenn die Ermächtigung fehlt oder unzulässig bzw sonst unwirksam ist.

Kumpan

Unwahre Angaben über das Eigentum

DepotG 35 Wer eigenen oder fremden Vorteils wegen eine Erklärung nach § 4 Abs. 2 wahrheitswidrig abgibt oder eine ihm nach § 4 Abs. 3 obliegende Mitteilung unterläßt, wird, wenn die Tat nicht nach anderen Vorschriften mit schwererer Strafe bedroht ist, mit Freiheitsstrafe bis zu einem Jahr oder mit Geldstrafe bestraft.

1   1) § 35 idF HRefG 1998. S § 4 Rn 1–4. Entstehung eines Schadens unnötig. § 35 kann zusammentreffen mit §§ 246, 266 StGB.

Strafantrag

DepotG 36 Ist in den Fällen der §§ 34 und 35 durch die Tat ein Angehöriger (§ 11 Abs. 1 Nr. 1 des Strafgesetzbuchs) verletzt, so wird sie nur auf Antrag verfolgt.

1   1) Verletzung der §§ 34, 35 ist Antragsdelikt, wenn Täter Angehöriger des Verletzten ist. Verletzt ist der am WP oder Sammelbestand Berechtigte.

Strafbarkeit im Falle der Zahlungseinstellung oder des Insolvenzverfahrens

DepotG 37 Wer einer Vorschrift der §§ 2 und 14 oder einer sich aus den §§ 18 bis 24, 26 ergebenden Pflicht zuwiderhandelt, wird mit Freiheitsstrafe bis zu zwei Jahren oder mit Geldstrafe bestraft, wenn er seine Zahlungen eingestellt hat oder über sein Vermögen das Insolvenzverfahren eröffnet worden ist und wenn durch die Zuwiderhandlung ein Anspruch des Berechtigten auf Aussonderung der Wertpapiere vereitelt oder die Durchführung eines solchen Anspruchs erschwert wird.

1   1) § 37 idF HRefG 1998. Verletzung der §§ 2 (Sonderverwahrung), 14 (Verwahrungsbuch), 18–24, 26 ist (unbeschadet etwaiger Strafbarkeit der Tat nach anderen Vorschriften) strafbar nach § 37 nach Zahlungseinstellung des Täters oder Eröffnung des Insolvenzverfahrens über sein Vermögen, wenn ein Aussonderungsanspruch vereitelt oder dessen Durchführung erschwert ist.

DepotG 38–40 *(weggefallen)*

5. Abschnitt. Schlußbestimmungen

DepotG 41 *(weggefallen)*

Anwendung auf Treuhänder, Erlass weiterer Bestimmungen

DepotG 42 Das Bundesministerium der Justiz und für Verbraucherschutz kann im Einvernehmen mit dem Bundesministerium der Finanzen und dem Bundesministerium für Wirtschaft und Energie durch Rechtsverordnung, die nicht der Zustimmung des Bundesrates bedarf, die Anwendung von Vorschriften dieses Gesetzes für Fälle vorschreiben, in denen Kaufleute als Treuhänder für Dritte Wertpapiere be-

V. Bankgeschäfte **Einl BörsG (14)**

sitzen oder erwerben oder Beteiligungen oder Gläubigerrechte ausüben oder erwerben oder in öffentliche Schuldbücher oder sonstige Register eingetragen sind.

1) Von diesen Ermächtigungen ist bisher nicht Gebrauch gemacht worden.   1

Übergangsregelung zum Ersten Finanzmarktnovellierungsgesetz

DepotG 43 Ein Kreditinstitut, das am Tag, den die Bundesregierung nach Artikel 17 Absatz 3 Satz 2 des Gesetzes vom 30. Juni 2016 (BGBl. I S. 1514) im Bundesgesetzblatt bekannt gibt, über eine Anerkennung als Wertpapiersammelbank von der nach Landesrecht zuständigen Stelle des Landes, in dessen Gebiet das Kreditinstitut seinen Sitz hat, verfügt, gilt bis zur Bestandskraft der Entscheidung über den Antrag auf Zulassung als Zentralverwahrer nach Artikel 17 Absatz 1 der Verordnung (EU) Nr. 909/2014 weiterhin als Wertpapiersammelbank im Sinne dieses Gesetzes.

1) Die Vorschrift enthält eine Übergangsregelung für Zentralverwahrer im   1
Zusammenhang mit dem Ersten Finanzmarktnovellierungsgesetz, wonach bisher als Wertpapiersammelbanken angesehene Kreditinstitute weiterhin als solche anerkannt werden, bis über ihren Antrag auf Zulassung als Zentralverwahrer nach VO 909/2014 entschieden worden ist.

(14) Börsengesetz (BörsG)

Vom 16. Juli 2007 (BGBl I 1351/FNA 4110-8) mit den späteren Änderungen

Einleitung

Schrifttum

a) Kommentare und Handbücher: Außer dem allgemeinen Schrifttum (s (7) Bankgeschäfte Einl vor A/1, Effektengeschäft Q/1) und zum Kapitalmarktrecht: *BankrechtsHdb/ (Seiler/Geier/Kienle ua)* 5. Aufl 2017 §§ 104 ff. – *BuB/(Hellner/Steuer)* (LBl) 7/79 ff. – *Canaris*, Bankvertragsrecht, 2. Aufl 1981, Rdn 2236 ff (Emissionsgeschäft). – *Ebenroth/Groß* 3. Aufl 2015 BankR IX Rn 1 ff. – *Groß*, Kapitalmarktrecht, 6. Aufl 2016. –*Habersack/Mülbert/Schlitt*, Unternehmensfinanzierung am Kapitalmarkt, 3. Aufl 2013, §§ 37, 40. – *Heidel*, Aktienrecht und Kapitalmarktrecht, 4. Aufl. 2014, BörsG. – *Kümpel/Hammen/Ekkenga*, Kapitalmarktrecht (LBl). – *Kümpel/Wittig/Seiffert* 4. Aufl 2011 Rn 4.91 ff. – *Marsch-Barner/Schäfer*, Hdb börsennotierte AG, 3. Aufl 2014. – *Schäfer/Hamann*, Kapitalmarktgesetze, 2. Aufl 2006 ff (LBl). – *Schwark/Zimmer*, Börsengesetz in Kapitalmarktrechts-Komm, 4. Aufl 2010.

b) Lehrbücher: *Buck-Heeb*, Kapitalmarktrecht, 8. Aufl 2016. – *Claussen*, Bank- und Börsenrecht, 5. Aufl 2014. – *Grunewald/Schlitt*, Einführung in das Kapitalmarktrecht, 3. Aufl. 2014. – *Kümpel/Hammen*, Börsenrecht, 2. Aufl 2003.

c) Sonstige Beiträge: *BaFin*, Emittentenleitfaden, 4. Aufl 2013. – *Hopt*, Kapitalanlegerschutz, 1975. – *Hopt/Rudolph/Baum*, Börsenreform, 1998. – *Fleischer* u *Merkt* 64. DJT 2002 GA (Anlegerschutz). – *Lang*, Informationspflichten bei Wertpapierdienstleistungen, 2003. – *Reithmann/Martiny/Mankowski* Internationales Vertragsrecht, 8. Aufl. 2015, Rz 6.1658 ff (Finanzmarktvertrag), Art 6 IV lit d, e Rom I-VO). – *Kumpan* 2006 (außerbörsliche WPHdlSysteme). – *Christoph*, Börsenkooperationen und Börsenfusionen, 2009. – *Seehafer*, Grenzüberschreitende Börsenkonzentrationen im deutschen nd britischen Recht, 2009. – *Gurlit/Mülbert*, Der Börsenträger im Spannungsfeld von Gemeinwohlauftrag und Privatinteresse, 2012. – *Schanz*, Börseneinführung, 4. Aufl 2012. – *Fleckner/Hopt* HK Hbg **08**, 249 (Entwicklung des Börsenrechts).

(14) BörsG Einl 1-3   2. Teil. Handelsrechtl. Nebengesetze

RsprÜbersichten zum Börsen- und Kapitalmarktrecht: BGHFS WissII/*Schwark* u *Hopt* **00**, 455, 497 (mit Prospekthaftung), M. Weber NJW **00**, 2061, 3461, **03**, 18, **04**, 28, 3674, **05**, 3682, **06**, 3685, **07**, 3688, **09**, 33, **10**, 274, **11**, 273, **12**, 274, **13**, 275, **13**, 2324, *von Bonin/Glos* WM **12**, 917, WM **13**, 1201, WM **14**, 1653, WM **15**, 2257, Schlick WM **14**, 581 und 633, WM **15**, 261 und 309.

Übersicht

1) Börsengesetz	1
2) Börsenrechtsreformen 1986–2007	2–9
3) Finanzmarktrichtlinie-Umsetzungsgesetz 2007	10, 11
4) Anschließende Börsenrechtsreformen	12
5) Finanzmarktnovellierungsgesetze 2016 und 2017	13, 14

1) Börsengesetz

1 Das BörsG stammt ursprünglich vom 22.6.1896, nF 27.5.1908 RGBl 215; geändert in vielen Punkten ua durch G 28.4.75 BGBl 1013, G 15.5.86 BGBl 721 (§§ 88, 89 nF), BörsZulG 16.12.86 BGBl 2478 (abgestuftes Inkrafttreten nach Art 5 zum 1.1.87, 1.5.87 und für die neue Zwischenberichterstattung 1.7.88; Übergangsregelung in § 97 nF), G 11.7.89 BGBl 1412, EWRG 27.4.93 BGBl 512, 2. FinanzmarktfördG 26.7.94 BGBl 1749, BörsG nF 17.7.96 BGBl 1030; dieses geändert durch BegleitG 22.10.97 BGBl 2567, 3. FinanzmarktfördG 24.3.98 BGBl 529, 9.6.98 BGBl 1242, G 22.6.98 BGBl 1474 zu BörsG nF 9.9.98 BGBl 2682; 4. FinanzmarktfördG 21.6.02 BGBl 2010 BörsG nF 21.6.02 BGBl 2010, nunmehr geltend völlige **Neufassung 16.7.2007** BGBl 1351 durch FinanzmarktRiUmsetzG. Danach geändert durch Investmentänderungs G 21.12.2007 BGBl 3089, BeteiligungsRiUmsG 12.3.09 BGBl 470, PfandBFortentwicklungsG 20.3.09 BGBl 607, FGG-RG 17.12.08 BGBl 2586, VermAnlGEG 6.12.11 BGBl 2481, EUFAAnpG 4.12.11 BGBl 2427, ProspRi-UmsetzG 2012 26.6.12 BGBl 1375, EU-LeerVkAG 6.11.12 BGBl 2286, EMIR-AG 13.2.13 BGBl 174, HFHandelG 7.5.13 BGBl 1162, AmtshilfeRLUmsG 26.6.13 (BGBl 1809, AIFM-UmsG 4.7.13 BGBl 1981, FiMaAnpG 15.7.14 BGBl 934, Zehnte Zuständigk-AnpVO 31.8.15 BGBl 1474, TransparenzRiÄndRi-UmsetzG 20.11.15 BGBl 2029, 1. FiMaNoG 30.6.16 BGBl 1514, 2. FiMaNoG 23.6.17 BGBl I 1693.

2) Börsenrechtsreformen 1986–2007

2 Das Börsenrecht ist seit 1986 in ständiger Reform, teils angestoßen durch EU-Ri, die viele Neuerungen in der behäbig gewordenen deutschen Börsenlandschaft erzwangen, teils infolge von Wettbewerb und Internationalisierung. Weitere Reformen stehen bevor. Es ist deshalb wichtig, sich zu vergewissern, wo das Börsenrecht steht, wie es dazu gekommen ist und wohin die Börsenreform geht.

3 **BörsZulG 1986:** Die Börsennovelle 1986 enthielt zwei große Regelungskomplexe: (1) Umsetzung dreier EG-Ri zwecks **Schaffung eines europäischen Börsenrechts** im Rahmen der EU-Rechtsvereinheitlichung (vgl Europäisches GesRecht Einl 34 vor § 105 HGB), und zweier EG-Ri 5.3.79 **(Börsenzulassungsbedingungen),** EG-Ri 17.3.80 **(Börsenzulassungsprospekte),** EG-Ri 15.2.82 **(Zwischenberichterstattung** börsennotierter AG); (2) Erleichterung des Börsenzugangs, insbesondere für kleine und mittlere Unternehmen, zwecks verbesserter Eigenkapitalausstattung der Unternehmen, und zwar durch **Einführung eines neuen Marktabschnitts** an den Wertpapierbörsen (**geregelter Markt,** dh Börsenhandel mit nichtamtlicher Notierung). Die Detailregelungen sind nicht in das **(14)** BörsG aufgenommen worden, sondern bleiben hinsichtlich der Umsetzung der EG-Ri der BörsZulV überlassen (näher § 32), hinsichtlich des geregelten Marktes den BörsO. Lit: Schwark NJW **87**, 2041, Schäfer ZIP **87**, 953.

Börsenrechtsnovelle 1989: Die Börsenrechtsnovelle vom 11.7.89 BGBl 1412 4 hatte zwei Ziele: die **Stärkung des Finanzplatzes Deutschland** durch Modernisierung des Börsenrechts und Schaffung der Voraussetzungen für die Deutsche Terminbörse Frankfurt und die Umsetzung der EG-Ri 22.6.87 über die **gegenseitige Anerkennung der Börsenzulassungsprospekte in der EU** in das nationale Recht. Dem ersten Ziel dienten die Ausweitung des Begriffs „Börsentermingeschäft", die Einschränkung des Termin- und Differenzeinwands, die Stärkung der Funktion der Kursmakler und der freien Makler durch eine bessere Beaufsichtigung und Absicherung, die nunmehr mögliche Notierung von Wertpapieren auch in ausländischer Währung und in Rechnungseinheiten wie Ecu und die Befreiung der Börsenteilnehmer von dem Erfordernis der physischen Anwesenheit an der Börse. Dem zweiten Ziel galt die Vereinfachung des Zulassungsverfahrens für Wertpapiere, die bereits an einer Börse im Inland oder in einem anderen EU-Mitgliedsstaat zugelassen sind. Lit: Schwark NJW **89**, 2675, Kümpel WM **89**, 1313, 1485.

Zweites Finanzmarktförderungsgesetz 1994: Der wichtigste Einschnitt 5 seit Erlass des BörsG 1896 erfolgte durch das 2. FinanzmarktfördG (Artikelgesetz) 26.7.1994 BGBl 1749. Es brachte in Art 1 das WpHG mit dem gesetzlichen Insiderrecht, der erweiterten Ad-hoc-Publizität und dem BAWe (s Rn 8). Art 2 enthielt zahlreiche Änderungen des BörsG, ua die HdlAufsicht an der Börse, eine andere Börsenleitungsstruktur, eine schärfere Börsenaufsicht und Grundlagen für Warenterminbörsen. Lit: Kümpel WM **93**, 2025.

Begleitgesetz 1997, Drittes Finanzmarktförderungsgesetz 1998: Die 6 1993 erlassene **EG-Wertpapierdienstleistungs-Richtlinie** 10.5.93 WM **93**, 1432 war bis Ende 1995 umzusetzen, wurde aber zusammen mit der KapitaladäquanzRi erst durch das BegleitG 1997 22.10.97 BGBl 2567 zusammen mit der 6. KWGNovelle 22.10.97 BGBl 2518 und das 3. FinanzmarktfördG 24.3.98 BGBl 529 umgesetzt. Diese haben einschneidende Änderungen für Kreditinstitute, Wertpapierdienstleistungsunternehmen und Börsen gebracht. Lit: zur WPDienstleistungsRi Jentsch WM **93**, 2189; zur Börsenrechtsreform 1997 Meixner WM **98**, 431; zum 3. FinanzmarktfördG Weisgeber/Baur 1998; Pötzsch WM **98**, 949, Hopt FS Drobnig **98**, 525.

Viertes Finanzmarktförderungsgesetz 2002: Das 4. FinanzmarktfördG 7 vom 21.6.02 BGBl 2010 brachte erneut grundlegende Änderungen für Börsen, Wertpapierdienstleistungsunternehmen und Kreditinstitute und führte zur **Neufassung** des **BörsG 21.6.02** (mit nunmehr **amtlichen Paragraphenüberschriften).** An Börsenreformmaßnahmen sind hervorzuheben: die Deregulierung der Preisbildung an den WPBörsen durch Wegfall der amtlichen Preisfeststellung und Übertragung der Verantwortung für die verschiedenen Handelssegmente und die Preisfeststellung dort an die Börse; die Möglichkeit der Börse, für Teilbereiche über die gesetzlichen Vorgaben hinaus weitere Zulassungsfolgepflichten einzuführen; die Regelung von Lock-up-Vereinbarungen und die Neuordnung des Maklerrechts unter Entfallen der amtlichen Kursfestsetzung durch die Kursmakler (§§ 30–35 aF, s 30. Aufl, stattdessen optional Skontroführer). Entfallen ist auch die Börsenschiedsgerichtsbarkeit (§ 28 aF, s 30. Aufl). Lit: Beck BKR **02**, 662, 699, Fleischer NJW **02**, 2977, Rudolph BB **02**, 1036, Hutter/Leppert NZG **02**, 650.

Prospektrichtlinie-Umsetzungsgesetz 2005: Die **EG-Prospekt-Richt-** 8 **linie** 4.11.03 ABlEU L 345/64 und die DurchführungsVO 29.4.04 ABlEU L 215/3 haben maßgebliche Vorgaben gemacht. Das ProspRiUmsetzG 22.6.05 BGBl 1698 bringt nach weiteren kleinen Änderungen des BörsG wichtige Einschnitte, weil das Prospektrecht (mit Ausnahme der Prospekthaftung) in einem eigenen **WpPG** 22.6.05 BGBl 1698 zusammengefasst ist. Die Änderungen betreffen vor allem die Zulassungsvorschriften (§§ 30, 32, 33, 34, 35, 51, 64) und die Prospekt- u Unternehmensberichtshaftung (§§ 44 aF, 55). Kleine Änderungen durch KapMuG (§§ 48, 55). Lit: Assmann/Schlitt/von Koop-Colomb, 2. Aufl 2010, Groß Kapitalmarktrecht 5. Aufl 2012 (WpPG), Arndt/Voß 2008 (VerkProspG), Holzborn WpPG 2. Aufl 2014, Unzicker 2010 (VerkProspG), Wiegel 2008 (ProspektRi), Just/Voß/Ritz/Zeising 2009 (WpPG); Crüwell AG 03, 243 (ProspektRi), Holzborn/Schwarz-Gondeck BKR 03, 927 (ProspektRi), Fischer-Appelt/Werlen EUREDIA 04, 379 (ProspektRi), Fleischer WM 04, 1897 (fehlender Prospekt), Holzborn/Israel ZIP 05, 1668 (WpPG), Kullmann/Sester WM 05, 1068 (WpPG), Mülbert/Steup WM 05, 1633 (WpPG), Schlitt/Singhof/Schäfer BKR 05, 251 (WpPG). S auch Anh § 177a Rn 59.

9 **Transparenzrichtlinie-Umsetzungsgesetz (TUG) 2007:** Das TUG 5.1.07 BGBl 10 hat einige börsenrechtliche Vorschriften (§§ 39 Nr 1–3 aF, 40 sowie §§ 63, 64, 66, 67 aF BörsZulV) in das nach Vorgaben der TransparenzRi grundlegend geänderte WpHG überführt und in § 42a (jetzt § 43) Pflichten des Insolvenzverwalters statuiert (wie § 24 WpHG).

3) Finanzmarktrichtlinie-Umsetzungsgesetz 2007

10 **Finanzmarktrichtlinie-Umsetzungsgesetz 2007:** Das FinanzmarktRiUmsetzG (inoffiziell auch FRUG abgekürzt) 16.7.07 BGBl 1330 hat das BörsG völlig neu gefasst und durch einheitliche Regelung der Zulassung von Wertpapieren zum Börsenhandel (keine Trennung mehr zwischen amtlichem und geregeltem Markt) von 64 auf 52 Paragraphen verschlankt. Die Reform wurde notwendig infolge der **MiFID (Markets in Financial Instruments Directive, FinanzmarktRi)** 21.4.04 über Märkte für Finanzinstrumente ABlEU L 145/1 v 30.4.04. Zusammen mit dieser wurde die DurchführungsRi der Kommission 10.8.06 ABlEU L 241/26 umgesetzt. Die MiFID, mittlerweile abgelöst von ihrer Nachfolgerin MiFID II, war das Grundgesetz des europäischen Finanzmarktrechts. Sie ersetzte die völlig veraltete WPDienstleistungRi (Investment Services Directive ISD) 10.5.93 ABLEG L 141/27 und brachte wesentliche Änderungen mit sich. Die Neuerungen betrafen insbesondere den Anwendungsbereich, Transparenzanforderungen für Handelsplattformen und die rechtlichen Grundlagen zur Ausführung von Wertpapiergeschäften. Beim Umgang mit dem FinanzmarktRiUmsetzG ist die **durch das Lamfalussy-Rechtssetzungsverfahren** in der EU **komplizierte Normhierarchie** zu beachten. Nach diesem vierstufigen Verfahren stehen nebeneinander 1) die MiFID als vom Europäischen Parlament und Europäischen Rat erlassene Rahmenrichtlinie, 2) DurchführungsVO und DurchführungsRi der Kommission, 3) eine einheitliche Aufsichtspraxis durch das CESR (Committee of European Securities Regulators, Vertreter der Aufsichtsbehörden der Mitgliedstaaten) und 4) Überwachung der einheitlichen Umsetzung und Einhaltung der Rechtsvorschriften durch die Europäische Kommission. Die Europäische Kommission hatte Durchführungsvorschriften erlassen: die bereits erwähnte **EUDurchführungsRi** 10.8.06 ABlEU L 241/26 und die **EUDurchführungsVO** Nr 1287/2006 der Kommission 10.8.06 ABlEU L 241/1 über Aufzeichnungspflichten für Wertpapierfirmen, Meldung von Geschäften, Markttransparenz, Zulassung von Finanzinstrumenten zum Handel und bestimmte Definitionen. Während die DurchführungsRi durch das FinanzmarktRiUmsetzG mitumgesetzt wurde, galt die EUDurchführungsVO ohne Umsetzungsbedarf unmittelbar, diesbezügliche Vorschriften im Börsen- und WPRecht waren deshalb aufgehoben worden. Von der Praxis unmittelbar zu beachten waren sowohl das deutsche Recht gemäß dem FinanzmarktRiUmsetzG als auch die EUDurchführungsVO. Mittelbar relevant blieben aber auch die MiFID und entsprechende DurchführungsRi der Kommission, weil eine eventuelle unrichtige oder unvollständige Umsetzung über **Vorlageverfahren beim EuGH** (Art 267 AEUV, Art 234 aF EGV) geklärt werden konnte. Die Umsetzung durch Bundesgesetz erfolgte nach Art 74 I Nr 11 GG und war im Hinblick auf die europäische

Harmonisierung, die Gefahr föderaler Zersplitterung und die Vermeidung von Aufsichtsarbitrage unbedingt notwendig.

Wesentliche Änderungen für Börsen durch das FinanzmarktRiUmsetzG: Die **Transparenzanforderungen** für Handelsplattformen sind durch die Vorschriften über Vor- und Nachhandelstransparenz für an organisierten Märkten zugelassene Aktien ganz erheblich gestiegen. **Handelsplattformen** sind **Börsen, multilaterale Handelssystem (multilateral trading facilities, MTF,** also Handelssysteme außer der Börsenmärkte) **und Internalisierungssysteme,** bei denen Banken und Broker hausintern Kundenaufträge auf regelmäßiger Basis ausführen. Lit: Zur FinanzmarktRi Clouth ua 2007; Kühne BKR **05**, 275, Spindler/Kasten WM **06**, 1749, 1797, Spinder/Kasten AG **06**, 785, Duve/Keller BB **06**, 2425, 2477, 2537, Fleischer BKR **06**, 389, Hirschberg AG **06**, 398, Kumpan WM **06**, 797, Kumpan/Hellgardt DB **06**, 1714, Schlicht BKR **06**, 469, Seyfried WM **06**, 1375, Teuber BKR **06**, 429, Volhard/Wilkens DB **06**, 2051, Göres BKR **07**, 85; Roth/Loff WM **07**, 1249, Voß BKR **07**, 45, Weichert/Wenninger WM **07**, 627. Zum FinanzmarktRiUmsetzG Kasten BKR **07**, 261, Mülbert WM **07**, 1149, Spindler/Kasten WM **07**, 1245, Weichert/Wenninger WM **07**, 627, Zingel BKR **07**, 173, Holzborn/Israel NJW **08**, 791, Sester ZBB **08**, 369 (Anteile an geschlossenen Fonds), Gomber/Jäger ZBB **14**, 40 (Zielerreichung). 11

4) Anschließende Börsenrechtsreformen

Die Börsenreform war mit der Fundamentalreform durch das Finanzmarkt- 12 RiUmsetzG zu einem vorläufigen Ende gebracht worden. Manche Petita der Praxis und Wissenschaft waren trotzdem noch nicht erfüllt, zB **Privatisierungswahlrecht für Börsen; Clearing und Settlement;** Ersetzung der dezentralen Länderaufsicht über die Börsen durch eine **bundeseinheitliche Aufsicht über die Börsen** und den Kapitalmarkt wie in anderen EUMitgliedstaaten ua, dazu Beschlüsse des 64. DJT NJW **02**, 3082, Verzicht auf letztere hat die BReg beim FinanzmarktRiUmsetzG als Kompromiss den Ländern zugestanden. Vieles ist hoch streitig, insbesondere die Frage der öffentlich- oder privatrechtlichen Organisation und der zentralen Börsenaufsicht (s Rn 6, 7). Hinzu kommen neue Reformzwänge durch Aktivitäten der EU, die auf **weitere Integration des europäischen Binnenkapitalmarkts** abzielen, Foelsch BKR **07**, 94, insbesondere auch auf dem **Nachhandelssektor** (s (13) DepotG Einl vor § 1 Rn 6) und Überlegungen der BReg, die auf den Wettbewerb der europäischen und internationalen Finanzplätze reagieren muss. Im Rahmen des **VermAnlGEG** 6.12.11 BGBl 2481 ist die Prospekthaftung nun mit einigen ergänzenden Regelungen aus den §§ 44 ff aF BörsG in **(15a)** WpPG §§ 21 ff überführt worden. Die Verjährungsregelung des § 46 aF BörsG ist dabei weggefallen und im WpPG nicht mehr enthalten. Gewichtige Neuerungen für die Börsen hat auch das **HFHandelG** 7.5.13 BGBl 1162 gebracht. Sie zielen darauf ab, Risiken algorithmischer Hochfrequenzhandelsprogramme für die Systemstabilität und Marktintegrität zu begrenzen. Durch das **G zur Umsetzung der Transparenzrichtlinie-Änderungsrichtlinie** 20.11.2015 BGBl 2029 wurde in Reaktion auf die geänderte Rechtsprechung des BGH zum Delisting (insbesondere bzgl. Hauptversammlungsbeschluss und Pflichtangebot) § 39 BörsG erheblich umgestaltet, danach ist nun in bestimmten Fällen des Widerrufs der Börsenzulassung von Wertpapieren ein Wertpapiererwerbsangebot nach dem WpÜG erforderlich.

5) Finanzmarktnovellierungsgesetze 2016 und 2017

Umfangreiche Änderungen des Kapitalmarktrechts mit Auswirkungen auch 13 auf das Börsengesetz erfolgten 2016 und 2017 durch die beiden Finanzmarktnovellierungsgesetze. Das **Erste Finanzmarktnovellierungsgesetz** (1. FiMa-

NoG) 30.6.16 BGBl. 1514 diente insbesondere der Verankerung der unmittelbar anwendbaren europäischen Markmissbrauchsverordnung von 2014 (VO 596/2014 16.4.14 ABl. EU L 173/1), die seit 3.7.16 Anwendung findet, mittels entsprechender Ausführungsbestimmungen sowie der Umsetzung der komplementierenden Sanktionsrichtlinie (RiLi 2014/57/EU 16.4.14 ABlEU L 173/179) soweit die Vorgaben nicht mit der noch umzusetzenden MiFID II verbunden sind. Weiterhin wird die Verordnung Nr. 909/2014 (23.6.14 ABl. EU L 257/1) die der Verbesserung der Wertpapierlieferungen und -abrechnungen dient und Regelungen zu Zentralverwahrern enthält, sowie die PRIIPS-VO (VO 1286/2014 26.11.14 ABl. EU L 352/1) mittels Ausführungsvorschriften verankert. Zu den Neuerungen Becker/Rodde, ZBB **16**, 11, Bator, BKR **16**, 1. Größere Veränderungen im BörsG brachte das **Zweiten Finanzmarktnovellierungsgesetz (2. FiMaNoG)** 23.6.2017 BGBl 1693, mit dem die neue FinanzmarktRi II (**MiFID II**, RL 2014/65/EU 15.5.14 ABl. EU L 173/349) umgesetzt wurde. Wichtige Neuerungen gab es insbesondere hinsichtlich der Leitungs- und Aufsichtsorgane der Börse (§§ 4a, 4b), bei den Befugnissen der Aufsichtsbehörde (§§ 3a, 3b) mittelbaren Teilnehmer (§ 19a), der Sicherung des Handelsablaufs (§§ 26c ff.), KMU-Wachstumsmärkten (§ 48a) und organisierte Handelssysteme (§ 48b) und bei den Sanktionen (§§ 50, 50a) sowie die Streichung der §§ 30, 31 aF. Die MiFID II wird flankiert durch die unmittelbar anwendbare **MiFIR** (VO 600/2014 15.5.14 ABl. EU L 173/84), die vor allem Transparenz-, Veröffentlichungs-, Meldepflichten und für Handelsplätze und Wertpapierfirmen sowie Vorschriften zum Derivatehandel, zur Produktintervention und zum diskriminierungsfreien Zugang zum Handel und Clearing enthält. Zu Änderungen durch die MiFID II zB Loff/Hahne WM **12**, 1512, Veil/Lerch WM **12**, 1557u 1608, Grundmann WM **12**, 1745, Geier/Schmitt WM **13**, 915, Möllers/Poppele ZGR **13**, 437, Buck-Heeb ZBB **14**, 221, Gomber/Nassauer ZBB **14**, 250; Brenncke WM **15**, 1173, Balzer ZBB **16**, 226, Eckhold WM **16**, 2063, Hoops ZBB **16**, 47, Roth/Blessing WM **16**, 1157, Busch WM **17**, 409, Eufinger WM **17**, 1581.

14 Die **Börsensachverständigenkommission** beim BMF arbeitet mit eigenen Empfehlungen mit dem BMF zusammen. Dabei geht es auch um die Stärkung des Finanzplatzes Deutschland. Das **BMF** will diese Reformen künftig nicht mehr wie bisher durch ein weiteres großes FinanzmarktfördG umsetzen, sondern schon wegen der Bund-Länder-Kompetenzproblematik und der Schwierigkeiten in der Sache weitere Einzelreformgesetze erlassen. In der Wissenschaft, vor allem den Wirtschaftswissenschaften und dort international, geht mittlerweile die Entwicklung rasant weiter.

Lit: Hopt/Rudolph/Baum, Börsenreform 1998 (aus GA für BMF), Merkt 64. DJT 2002 GA G, Ferrarini/Hopt/Wymeersch, Capital Markets in the Age of the Euro, The Hague 2002, Hopt/Wymeersch, Capital Markets and Company Law, Oxford 2003; Blumentritt 2003 (privatrechtlich organisierte Börse); Ferrarini/Hopt/Winter/Wymeersch, Reforming Company and Takeover Law in Europe, Oxford 2005; Hopt/Voigt, Prospekt- und Kapitalmarktinformationshaftung, 2005 (aus GA für BMF) u WM **04**, 1801; Ferrarini/Wymeersch, Investor Protection in Europe, Oxford 2006 (MiFID and beyond); Brockmeier, FinanzmarktRiUmsetzG, 2007; Köndgen FS Lutter **00**, 1401, Ferrarini CMLRev 36 **(99)** 569, EBOR 3 **(02)** 249, Hutter/Leppert NJW **02**, 2208, Spindler DStR **02**, 1576, Wymeersch EBOR 8 **(07)** 237 (Financial Supervision in Europe), Jaskulla BKR **13**, 221, Kobbach BKR **13**, 233.

Abschnitt 1. Allgemeine Bestimmungen über die Börsen und ihre Organe

Anwendungsbereich

BörsG 1 (1) Dieses Gesetz enthält Regelungen insbesondere zum Betrieb und zur Organisation von Börsen, zur Zulassung von Handelsteilnehmern, Finanzinstrumenten, Rechten und Wirtschaftsgütern zum Börsenhandel, zur Ermittlung von Börsenpreisen, zu den Zuständigkeiten und Befugnissen der zuständigen obersten Landesbehörde (Börsenaufsichtsbehörde) und zur Ahndung von Verstößen hinsichtlich

1. der Vorschriften dieses Gesetzes,
2. der Artikel 4 und 15 der Verordnung (EU) 2015/2365 vom 25. November 2015 über die Transparenz von Wertpapierfinanzierungsgeschäften und der Weiterverwendung sowie zur Änderung der Verordnung (EU) Nr. 648/2012 (ABl. L 337 vom 23.12.2015, S. 1) sowie der auf Grundlage des Artikels 4 dieser Verordnung erlassenen delegierten Rechtsakte und Durchführungsrechtsakte der Europäischen Kommission in der jeweils geltenden Fassung und
3. der Verordnung (EU) Nr. 600/2014 des Europäischen Parlaments und des Rates vom 15. Mai 2014 über Märkte für Finanzinstrumente und zur Änderung der Verordnung (EU) Nr. 648/2012 (ABl. L 173 vom 12.6.2014, S. 84; L 6 vom 10.1.2015, S. 6; L 270 vom 15.10.2015, S. 4), die durch die Verordnung (EU) 2016/1033 (ABl. L 175 vom 30.6.2016, S. 1) im jeweils geltenden Fassung.

Es ist auch anzuwenden auf den Betrieb von multilateralen oder organisierten Handelssystemen durch Börsenträger an einer Börse.

(2) Ist eine Börse beauftragt worden, Versteigerungen gemäß der Verordnung (EU) Nr. 1031/2010 der Kommission vom 12. November 2010 über den zeitlichen und administrativen Ablauf sowie sonstige Aspekte der Versteigerung von Treibhausgasemissionszertifikaten gemäß der Richtlinie 2003/87/EG des Europäischen Parlaments und des Rates über ein System für den Handel mit Treibhausgasemissionszertifikaten in der Gemeinschaft (ABl. L 302 vom 18.11.2010, S. 1) durchzuführen, gelten hinsichtlich dieser Versteigerungen die Vorschriften dieses Gesetzes, soweit in der Verordnung (EU) Nr. 1031/2010 in der jeweils geltenden Fassung nichts anderes bestimmt ist.

Übersicht

1) Anwendungsbereich	1
2) Börsenbetrieb	2
3) Versteigerungen	3

1) Anwendungsbereich

§ 1 I nF 2. FiMaNoG 2017 umschreibt ausdrücklich den Anwendungsbereich **1** des Gesetzes, was angesichts von dessen Weite, die aus der Bezeichnung BörsG nicht ohne weiteres ersichtlich ist, zu begrüßen ist. Durch das 2. FiMaNoG ist diese im Rahmen des FRUG 2007 eingeführte Vorschrift klarer und weiter gefasst worden. Auch jetzt erschließt sich der Anwendungsbereich jedoch erst in Zusammenschau mit den nachfolgenden Vorschriften des BörsG. Er erstreckt sich auf den Betrieb und die Organisation der Börsen (§§ 2 ff), die Zulassung von HdlTeilnehmern (§ 19), Finanzinstrumenten, Wirtschaftsgütern und Rechten zum Börsenhandel (§ 23 und EUDurchführungsVO 10.8.06, s Einl 10), die

Ermittlung von Börsenpreisen (§ 24), die Ahndung von Verstößen gegen Art. 4 und 15 Verordnung (EU) 2015/2365 und die MiFIR (VO (EU) 600/2014, ABl. L 173 v. 12.6.2014, S 84). Klargestellt ist nun zudem, dass auch vom Börsenträger betriebene multilaterale und organisierte Handelssysteme unter die Aufsicht nach dem BörsG fallen (RegE 2. FiMaNoG, BTDrucks 18/10936, 267; über diese Aufsicht durch die Länder).

2) Börsenbetrieb

2   Der Begriff des Börsenbetriebs iSv § 1 ist weit zu verstehen (RegE FRUG, BTDrucks 16/4028, 79). Er umfasst nach RegE außer der Bereitstellung und dem Betrieb der Börsenhandels- und -abwicklungssysteme auch insbesondere den Börsenhandel in den gesetzlichen Börsensegmenten und dem Freiverkehr sowie sämtliche Vorgänge und Abläufe in der Selbstverwaltung der Börse einschließlich der Schaffung und Durchsetzung des börslichen Regelwerks.

3) Versteigerungen

3   II eingefügt durch VermAnlGEG 6.12.11 BGBl 2481, da nach § 3 I Emissionshandels-VersteigerungsVO 2012 die Versteigerung als Teil des Börsenhandels durchgeführt werden muss, diese allerdings zT von den Regelungen des BörsG abweicht, zB hins Aufsicht, zugelassenen Teilnehmern. Daher erfolgt die Klarstellung, dass insoweit die EU VO Vorrang hat, FinA, BTDrucks 17/7453, S 77.

Börsen und weitere Begriffsbestimmungen

BörsG 2 (1) Börsen sind teilrechtsfähige Anstalten des öffentlichen Rechts, die nach Maßgabe dieses Gesetzes multilaterale Systeme regeln und überwachen, welche die Interessen einer Vielzahl von Personen am Kauf und Verkauf von dort zum Handel zugelassenen Wirtschaftsgütern und Rechten innerhalb des Systems nach nichtdiskretionären Bestimmungen in einer Weise zusammenbringen oder das Zusammenbringen fördern, die zu einem Vertrag über den Kauf dieser Handelsobjekte führt.

(2) [1] Wertpapierbörsen im Sinne dieses Gesetzes sind Börsen, an denen Wertpapiere und sich hierauf beziehende Derivate im Sinne des § 2 Abs. 3 des Wertpapierhandelsgesetzes gehandelt werden. [2] An Wertpapierbörsen können auch andere Finanzinstrumente im Sinne des § 2 Abs. 4 des Wertpapierhandelsgesetzes und Edelmetalle gehandelt werden.

(3) [1] Warenbörsen im Sinne dieses Gesetzes sind Börsen, an denen Waren im Sinne des § 2 Abs. 5 des Wertpapierhandelsgesetzes und Termingeschäfte in Bezug auf Waren gehandelt werden. [2] An Warenbörsen können auch Termingeschäfte im Sinne des § 2 Abs. 3 Nr. 2 des Wertpapierhandelsgesetzes und die diesen zugrunde liegenden Basiswerte gehandelt werden.

(4) Auf eine Börse, an der sowohl die in Absatz 2 als auch die in Absatz 3 genannten Wirtschaftsgüter und Rechte gehandelt werden, sind sowohl die sich auf Wertpapierbörsen als auch die sich auf Warenbörsen beziehenden Vorschriften anzuwenden.

(5) Handelsplätze im Sinne dieses Gesetzes sind Börsen, multilaterale Handelssysteme und organisierte Handelssysteme.

(6) Ein multilaterales Handelssystem im Sinne dieses Gesetzes ist ein multilaterales System, das die Interessen einer Vielzahl von Personen am Kauf und Verkauf von Finanzinstrumenten innerhalb des Systems und nach nichtdiskretionären Bestimmungen in einer Weise zusammenbringt, die zu einem Vertrag über den Kauf dieser Finanzinstrumente führt.

(7) Ein organisiertes Handelssystem im Sinne dieses Gesetzes ist ein multilaterales System, bei dem es sich nicht um eine Börse oder ein multilaterales Handelssystem handelt und das die Interessen einer Vielzahl Dritter am Kauf und Verkauf von Schuldverschreibungen, strukturierten Finanzprodukten, Emissionszertifikaten oder Derivaten innerhalb des Systems in einer Weise zusammenbringt, die zu einem Vertrag über den Kauf dieser Finanzinstrumente führt.

(8) Handelsteilnehmer im Sinne dieses Gesetzes sind die nach § 19 zur Teilnahme am Börsenhandel zugelassenen Unternehmen, Börsenhändler, Skontroführer und skontroführenden Personen. Mittelbare Handelsteilnehmer im Sinne dieses Gesetzes sind Personen, die einem Handelsteilnehmer Aufträge elektronisch übermitteln, die unter eingeschränkter oder ohne menschliche Beteiligung von dem Handelsteilnehmer an die Börse weitergeleitet werden oder die einen direkten elektronischen Zugang nutzen.

(9) Ein direkter elektronischer Zugang im Sinne dieses Gesetzes ist eine Vereinbarung, in deren Rahmen ein Handelsteilnehmer einer anderen Person die Nutzung seines Handelscodes gestattet, damit diese Person Aufträge in Bezug auf Finanzinstrumente elektronisch direkt an den Handelsplatz übermitteln kann, mit Ausnahme der in Artikel 20 der Delegierten Verordnung (EU) 2017/565 der Kommission vom 25. April 2016 zur Ergänzung der Richtlinie 2014/65/EU des Europäischen Parlaments und des Rates in Bezug auf die organisatorischen Anforderungen an Wertpapierfirmen und die Bedingungen für die Ausübung ihrer Tätigkeit sowie in Bezug auf die Definition bestimmter Begriffe für die Zwecke der genannten Richtlinie (ABl. L 87 vom 31.3.2017, S. 1), in der jeweils geltenden Fassung genannten Fälle. Der direkte elektronische Zugang umfasst auch Vereinbarungen, die die Nutzung der Infrastruktur oder eines anderweitigen Verbindungssystems des Handelsteilnehmers durch diese Person zur Übermittlung von Aufträgen beinhalten (direkter Marktzugang), sowie diejenigen Vereinbarungen, bei denen eine solche Infrastruktur nicht durch diese Person genutzt wird (geförderter Zugang).

(10) Kleine und mittlere Unternehmen im Sinne dieses Gesetzes sind Unternehmen, deren durchschnittliche Marktkapitalisierung auf der Grundlage der Notierungen zum Jahresende in den letzten drei Kalenderjahren weniger als 200 Millionen Euro betrug. Nähere Bestimmungen enthalten die Artikel 77 bis 79 der Delegierten Verordnung (EU) 2017/565.

(11) In verwaltungsgerichtlichen Verfahren kann die Börse unter ihrem Namen klagen und verklagt werden.

Übersicht

1) Börsenbegriff (I)	1–2b
2) Rechtsnatur der Börse (I)	2c, 2d
3) Begriff der Wertpapierbörse (II)	3, 4
4) Begriff der Warenbörse (III)	5, 6
5) Wertpapier- und Warenbörsen	6a
6) Handelsplätze und -systeme (V–VII)	6b
7) Handelsteilnehmer und Zugang (VIII–IX)	6c
8) Kleinere und mittlere Unternehmen (X)	6d
9) Prozessfähigkeit im verwaltungsgerichtlichen Verfahren (XI)	7

1) Börsenbegriff (I)

A. **Entwicklung:** § 2 I nF 2007 enthält zum ersten Mal eine Definition der Börse. Bisher war der allgemeine Begriff der Börse ungeregelt und Einzelheiten dazu streitig geblieben. Nach herkömmlicher Ansicht waren Börsen Einrichtun-

(14) BörsG 2 2, 2a   2. Teil. Handelsrechtl. Nebengesetze

gen für die regelmäßige Zusammenkunft von Kaufleuten am gleichen Ort zum Massenumsatz von Waren, Wertpapieren oder Devisen durch standardisierte Verträge. Diese Ortsgebundenheit entsprach nicht mehr den modernen technischen Entwicklungen, stattdessen nun **Systemgebundenheit mit Abschlusselementen.** Der Begriff ähnelt der zuvor verbreitet vertretenen funktionellen Begriffsbildung. Danach wurde Börse verstanden als organisierte Zusammenführung von Angebot und Nachfrage in vertretbaren, nicht zur Stelle gebrachten Gegenständen (Wertpapiere, Devisen, Waren, Derivate) mit dem Ziel, Vertragsabschlüsse zwischen zum Handel zugelassenen Personen zu ermöglichen. Lit: Schäfer/Peterhoff § 1 aF Rn 19, Groß Rn 2 ff, Hopt/Baum S 377, Hellwig ZGR **99**, 787, Wastl/Schlitt WM **01**, 1702, Merkt DJTGA **02**, G 74, Kümpel FS Hadding **04**, 915.

2 B. **Einzelheiten zur Legaldefinition (I):** I stellt klar, dass die Börsen teilrechtsfähige Anstalten des öffentlichen Rechts sind, so schon RegE 4. FinanzmarktfördG, Ffm ZIP **01**, 731. Die Mindermeinung, es handele sich wegen des Vorhandenseins von Mitgliedern um Körperschaften oder Einrichtungen sui generis ist nicht mehr haltbar. Die Börsen sind mangels Verleihung nicht vollrechtsfähig, sondern nur **teilrechtsfähig.** Vollrechtsfähig ist die Börse aber im Bereich des öffentlichen Rechts, sie kann daher durch ihre Organe voll wirksam öffentlich rechtlich handeln, also zB Verwaltungsakte oder auch Satzungen erlassen. Teilrechtsfähige Börsen und ihr rechtsfähiger **Börsenträger** (dazu (14) BörsG § 5 Rn. 1) sind zu unterscheiden (vgl Unternehmen und Unternehmensträger, Einl 41 vor § 1 HGB). Der Träger der Börse kann ohne weiteres privatrechtlich sein, also zB eine BörsenAG wie in Frankfurt. Auch reine Computerbörsen sind Börsen iSd BörsG, zB Genehmigung der DTB Deutsche Terminbörse (jetzt Eurex) 1990, Samm WM **90**, 1265, zur Eurex Kümpel/Wittig/Seiffert Rn 4.282 ff.

2a **Merkmale des Börsenbegriffs:** Zentrales Merkmal der Börsendefinition ist das „**Zusammenbringen** der Interessen am Kauf und Verkauf". Darin kommt die Markt- und Allokationsfunktion von Börsen zum Ausdruck. Markt und Börse sind verwandt, Börse ist eine Unterart des Markts. An Börsen wie allgemeiner an Märkten bilden sich Preise. **Börsen- und Marktpreise** s § 253 HGB Rn 16. Laut der Legaldefinition reicht es aus, dass das Zusammenbringen durch das System **gefördert** wird. Damit käme es nicht darauf an, dass Verträge im System zustande kommen, sodass sogar Inseratsysteme von diesem Begriff erfasst werden. Mit dieser wortlautgetreuen Umsetzung von Art. 4 I Nr. 14 MiFID wird der Börsenbegriff übermäßig weit. Er ist daher teleologisch dahingehend zu reduzieren, dass das Matching von Kauf- und Verkaufsorders (nicht die Abwicklung) innerhalb des Systems erfolgen muss. Damit wird am Merkmal der **Systemgebundenheit** festgehalten (Zusammenbringen innerhalb des Systems), das die früher erforderliche Ortsgebundenheit ersetzt hat. Mit dem Merkmal „**Vielzahl von Interessen**" wird verdeutlicht, dass nicht nur ein begrenztes Angebot und eine begrenzte Nachfrage zusammengeführt werden sollen. Handelssysteme, die nicht einer Vielzahl von Marktteilnehmern für den – zumindest mittelbaren – Handel offenstehen, sondern von vornherein nur wenigen die Nutzung ermöglichen, sind von ihrer Bestimmung her nicht auf eine Zentralisierung von Angebot und Nachfrage angelegt, wie dies bei einem Markt regelmäßig der Fall ist. Durch dieses Merkmal werden **bilaterale Systeme,** wie systematische Internalisierer iSv Art 4 I Nr 20 MiFID II, **ausgegrenzt.** Für bilaterale Systeme ist typisch, dass die Geschäfte stets mit dem Systembetreiber zustande kommen. Ein-Market-Maker-Systeme, die von Börsen betrieben werden (nicht aber von anderen, wegen § 72 I 1 Nr. 13 WpHG), sind daher nicht als bilaterale Systeme einzuordnen. Dazu Kumpan/Müller-Lankow WM **17**, 1777. **Nicht ausgeschlossen** wird auch der Handel über einen **zentralen Kontrahenten** (Central Coun-

V. Bankgeschäfte 2b–2d **2 BörsG (14)**

terparty, CCP). Bei Systemen mit einem CCP werden die Geschäfte zwar rechtlich immer mit diesem geschlossen und er übernimmt die Risiken hins der Gegenparteien, wirtschaftlich finden die Geschäfte aber weiterhin zwischen den Handelsteilnehmern statt. Lit. zu CCPs Alfes, Central Counterparty, 2005, Kunz, Ausgewählte Probleme des Zentralen Kontrahenten, 2008, Habersack/Ehrl ZfPW **15**, 312, Horn WM **02**, Sonderbeil 2. Jobst ZBB **10**, 384 Redeke WM **15**, 554 (Corporate Governance von CCPs). Durch das Merkmal **„nichtdiskretionäre Bestimmungen"** wird schließlich sichergestellt, dass der Systembetreiber keinen Ermessensspielraum hinsichtlich der Zusammenführung von Kauf- und Verkaufsinteressen hat.

Abgrenzung zu multilateralen Handelssystemen iSv § 2 VIII 1 Nr 8 **2b** WpHG, nur noch formal (ex post) anhand der Genehmigung als Börse, keine materielle Abgrenzung (ex ante) möglich. Somit **Wahlrecht** für Betreiber hins Genehmigung eines multilateralen Handelssystems als Börse. **Electronic Communication Networks** (ECN) iSd US-amerikanischen Rule 600(b)(23) der Regulation NMS (17 CFR § 242.600(b)(23)), die vor allem professionellen Marktteilnehmern, insb institutionellen Anlegern, Brokern und Market Makern, ermöglichen, gegen in das System eingestellte Orders von Market Makern zu handeln und die Geschäfte im System zur Ausführung zu bringen, sind als multilaterale Handelssysteme und bei entsprechender Genehmigung als Börse einzustufen (da bilateraler Handel laut der Definition nicht erfasst werden soll). ECNs in Deutschland sind primär auf den Devisenhandel spezialisiert und erhalten von verschiedenen Liquiditätsgebern (idR Banken) Kurse bzw Orders, gegen die Kunden handeln können. Sog. **Proprietary Trading Systems** ermöglichen Handelsteilnehmern untereinander (ggf über einen zentralen Kontrahenten) zu handeln und sind daher als multilaterale Handelssysteme bzw bei entsprechender Genehmigung als Börsen einzustufen. **Keine Börsen** (insb wegen des Fehlens von Geschäftsabschlüssen direkt im System) sind **bloße Informationssysteme, Orderroutingsysteme** und sog **Bulletin Boards bzw Inseratsysteme** (elektronische Systeme, in das Interessenten Handelsangebote einstellen, bei denen dann aber die Geschäftsabschlüsse außerhalb des Systems erfolgen). Keine Börsen sind auch **systematische Internalisierer** nach Art 4 I Nr 20 MiFID II, da es bei ihnen an dem Zusammenbringen der Interessen einer „Vielzahl" von Personen fehlt (s auch das Merkmal „multilateral" des der Börsendefinition zugrunde liegenden Art. 4 I Nr. 21 der MiFID). Für multilaterale Handelssysteme finden sich die wesentlichen Vorschriften in §§ 72, 74 WpHG. Lit: Kumpan 2006, Loff 2007, Mutschler 2007 (Internalisierung), im Hinblick auf MiFiD II etwa Schelling BKR **15**, 211 Hoops RdF **17**, 14.

2) Rechtsnatur der Börse (I)

Nach § 2 I nF 2007 ist die Börse eine teilrechtsfähige Anstalt des öffentlichen **2c** Rechts, trotz der Börsenmitglieder keine Körperschaft. Eine **Anstalt** ist nach hM ein Bestand von Mitteln, sachlichen wie persönlichen, der in der Hand eines Trägers öffentlicher Verwaltung einem besonderen öffentlichen Zweck dauernd zu dienen bestimmt ist. Der besondere **öffentliche Zweck** ist bei **der Börse** die Unterhaltung eines funktionsfähigen Börsenhandels, weil dieser für eine marktwirtschaftliche Volkswirtschaft von zentraler Bedeutung ist (Seiffert, in Kümpel/Wittig, Bank- und Kapitalmarktrecht, 4. Aufl. 2011, Rn. 4.134). Aus dem Anstaltsbegriff lässt sich für die Börse allerdings nicht mehr ableiten, als dass es sich bei ihr um eine selbstständige hoheitliche Verwaltungseinheit handelt, da der Anstaltsbegriff aufgrund der ganz unterschiedlichen von ihm erfassten Organisationsphänomene wenig Erklärungswert hat und die Börse mit dem historischen Leitbild der Anstalt wenig Ähnlichkeit aufweist.

Die Börse ist nur **teilrechtsfähig** (nur bestimmte Rechte „nach Maßgabe **2d** dieses Gesetzes"), beschränkt auf den öffentlich-rechtlichen Bereich (s. etwa **(14)**

Kumpan 2377

(14) BörsG 2 3–5 2. Teil. Handelsrechtl. Nebengesetze

BörsG §§ 2 XI, 15 III). Privatrechtlich handelt für die Börse deren Träger (Börse kann zB kein Eigentum an Sacheinrichtungen, etwa EDV-Anlagen, erlangen). Zum Börsenträger s Kommentierung zu **(14)** BörsG § 5. Dagegen stehen alle wesentlichen Gestaltungs- und Entscheidungsbefugnisse für die Organisation und die Durchführung des Börsenbetriebs der Anstalt **Börse und deren Organen** zu; der Börsenträger hat darauf keinen rechtlich vermittelten Einfluss. Umgekehrt steht der Börse keine Einflussnahme auf die Geschäftspolitik des Trägers zu, so lange er keine Maßnahmen ergreift, die eine Verletzung der Betriebspflicht darstellt.

3) Begriff der Wertpapierbörse (II)

3   II 1 nF 2007 enthält eine **Definition der Wertpapierbörse.** Wertpapierbörsen sind Börsen (I), an denen Wertpapiere und sich hierauf beziehende Derivate iSv § 2 III WpHG (Waren- und Edelmetallderivate s Rn 5) gehandelt werden. II 1 verweist auf die ausführlichen Definitionen in § 2 I WpHG für **Wertpapiere** (dies allerdings anders als nach § 1 VII 1 aF nicht mehr ausdrücklich, aber doch der Sache nach, vgl § 32 Rn 2) und § 2 III WpHG für **Derivate** (insoweit ausdrücklich). Wertpapier-(Effekten-)Börsen gibt es in Berlin (Börse Berlin und seit 2010 Tradegate Exchange), Düsseldorf, Frankfurt aM, Hamburg und Hannover (die beiden letzteren unter einem Dach), München und Stuttgart. Der ganz überwiegende Anteil des Börsengeschäfts entfällt auf die in Frankfurt, vom Handel deutscher Aktien insgesamt haben allerdings andere Handelssysteme, wie BATS Europe (früher ein MTF, mittlerweile ein geregelter Markt im Sinne der MiFID II), bereits einen wesentlichen Teil an sich gezogen. Die **Frankfurter Wertpapierbörse** wird von der Deutsche Börse AG (als ihr Börsenträger) betrieben. Hinzu kommt die Eurex (seit 1990, damals noch Deutsche Terminbörse) als reine Computerbörse. Außerdem ist die Deutsche Börse AG an zahlreichen weiteren Gesellschaften beteiligt, wie etwa an der Tradegate Exchange GmbH, Börse Frankfurt Zertifikate AG, Clearstream Holding AG oder Deutsche Boerse Systems, Inc. Vom Börsenhandel (Begriff umfasst den früheren amtlichen und den geregelten Markt, jetzt regulierter Markt) sind der Freiverkehr (§ 48) und der Telefonhandel zu unterscheiden (§ 48 Rn 14).

4   II 2 stellt klar, dass an Wertpapierbörsen nicht nur Wertpapiere, sondern **auch andere Finanzinstrumente** iSv § 2 IV WpHG und Edelmetalle gehandelt werden können, doch begründet das nicht die Eigenschaft als Wertpapierbörse; werden nur diese gehandelt, liegt eine Warenbörse vor (III, s Rn 5). Zu den Finanzinstrumenten gehören nach § 2 IV WpHG neben Wertpapieren iSv § 2 I WpHG auch Anteile an Investmentvermögen iSv § 1 KAGB Geldmarktinstrumente iSv § 2 II WpHG, Derivate iSv § 2 III WpHG, auch solche auf Waren (RegE FRUG, BTDrucks. 16/4028, 79) und Rechte auf Zeichnung von Wertpapieren iSv § 2 IV Nr 6 WpHG sowie unter § 2 IV Nr 7 WpHG fallende Vermögensanlagen. An einigen Wertpapierbörsen werden seit 1953 auch Devisenbörsen betrieben (Handel in Devisen, Valuten, Privatdiskonten), Schäfer/Ledermann § 96 aF Rn 1. Devisen sind auf Währung lautende (girale oder verbriefte) Forderungen oder Verbindlichkeiten, wie zB Bankguthaben, Wechsel oder Schecks.

4) Begriff der Warenbörse (III)

5   III 1 nF 2007 enthält eine **Definition der Warenbörse.** Warenbörsen sind Börsen (I), an denen Waren iSv § 2 V WpHG und Termingeschäfte in Bezug auf Waren gehandelt werden. **Waren** in diesem Sinne sind fungible Wirtschaftsgüter, die geliefert werden können; dazu zählen auch Metalle, Erze und Legierungen, landwirtschaftliche Produkte und Energien wie zB Strom. Auch reine Warenterminbörsen unterliegen, da sie Börsen iSv I sind, dem BörsG (Einbeziehung der Waren- und Edelmetallderivate). **Termingeschäfte in Bezug auf Waren** sind

V. Bankgeschäfte 6–6b **2 BörsG (14)**

als Festgeschäfte oder Optionsgeschäfte ausgestaltete Termingeschäfte, deren Preis unmittelbar oder mittelbar abhängt von dem Börsen- oder Marktpreis von Waren oder Edelmetallen. Der Derivatbegriff in § 2 III WpHG ist wesentlich weiter. Rechtsform und Organisation von bestehenden Waren-(Produkten-)börsen sind verschieden; zT handelt es sich nicht um Börsen iSv § 2 III BörsG, sondern um anders organisierte Märkte. Seit 2002 besteht die European Energy Exchange in Leipzig, hervorgegangen aus den deutschen Strombörsen Frankfurt und Leipzig, an der ua Strom, Kohle und Emissionsberechtigungen gehandelt werden; zahlreiche Warenterminbörsen gibt es im Ausland. Lit: Dannhoff 1993, dazu de Lousanoff ZHR 158 (**94**) 685; Dannhoff WM **94**, 485 (Warenterminrecht).

III 2 stellt klar, dass an Warenbörsen nicht nur Waren und Termingeschäfte auf 6 Waren, sondern **auch Termingeschäfte** iSv § 2 III Nr 2 WpHG und die diesen **zugrunde liegenden Basiswerte** gehandelt werden können. Das sind Termingeschäfte mit Bezug auf Frachtsätze, Emissionsberechtigungen, Klima- oder andere physikalische Variablen, Inflationsraten oder andere volkswirtschaftliche Variablen oder sonstige Vermögenswerte, Indices oder Messwerte als Basiswerte unter bestimmten weiteren dort genannten Bedingungen möglich. All diese und die zugrunde liegenden Basiswerte können an Warenbörsen gehandelt werden, Termingeschäfte auf Aktienindices und andere wertpapierbezogene Rechnungsgrößen, zB der BUND-Future, können dagegen weiterhin nur an Wertpapierbörsen gehandelt werden (FinA FRUG, BTDrucks 16/4899, S 13).

5) Wertpapier- und Warenbörsen (IV)

Eingefügt durch ProspRiUmsetzG 2012. IV stellt klar, dass Börsen zugleich als 6a Wertpapierbörsen und als Warenbörsen fungieren können. An diesen Börsen können einerseits Wertpapiere und sich hierauf beziehende Derivate iSv § 2 III WpHG, andere Finanzinstrumente iSv § 2 IV WpHG und Edelmetalle gehandelt werden. Andererseits stehen sie auch dem Handel von Waren iSv § 2 V WpHG, dem Abschluss von Termingeschäften iSv § 2 III Nr 2 WpHG und dem Handel von diesen zugrunde liegenden Basiswerte offen. Da eine solche Börse sowohl II als auch III erfüllt, finden sämtliche Vorschriften, die an II und an III anknüpfen Anwendung.

6) Handelsplätze und -systeme (V–VII)

V–VII, eingefügt durch 2. FiMaNoG 2017, enthalten Definitionen für Han- 6b delsplätze und Handelssysteme. Dies dient, zusammen mit den Vorschriften **(14)** BörsG §§ 48–48b, der Klarstellung, dass das BörsG auch auf vom Börsenträger betriebene außerbörsliche Handelssysteme Anwendung findet. **V** definiert den Begriff **Handelsplatz** als Oberbegriff für Börsen, multilaterFale und organisierte Handelssysteme. VI definiert multilaterale Handelssysteme (wie § 2 VIII 1 Nr 8 WpHG). **Multilaterale Handelssysteme (MTF)** sind privat betriebene Handelseinrichtungen, nicht Börsen. Sie müssen mindestens über ein Regelwerk verfügen, eine technische Handelsplattform nicht notwendig. Können quote- (Market Maker) oder auftragsgetrieben sein, mit Auktionen oder kontinuierlichem Handel. Wichtig ist, dass Kauf- und Verkaufsinteressen (weit zu verstehen, s BaFin, Merkblatt – Tatbestand des Betriebs eines multilateralen Handelssystems, Stand 25.7.13, 1b hinsichtlich Finanzinstrumenten innerhalb des Systems zusammengebracht werden, dh in das System eingegebenen Aufträge müssen miteinander interagieren können und Abschlüsse im System selbst durchgeführt werden; nicht erfasst werden daher Orderroutingsysteme, Informationssysteme, passive und teilaktive Inseratssysteme, Kommunikationsforen oder Telefonhandel. Zusammenführung muss nach festgelegten Bestimmungen erfolgen, dh nach den Regeln des Systems oder mit Hilfe der Protokolle oder internen Betriebsverfahren des MTF (Erw 7 II Satz 2 MiFIR), Weder die Parteien (RegE FRUG, BTDrucks 16/4028, 56) noch das System (Erw 7 II Satz 3 MiFIR) dürfen dabei Entscheidungsspiel-

Kumpan 2379

raum haben. MTF müssen „multilaterale" Systeme sein, dh Marktteilnehmer müssen untereinander handeln können; daher bilaterale Systeme (Systembetreiber ist Gegenpartei jedes geschlossenen Vertrages) nicht erfasst. Zentrale Gegenpartei steht Erfassung aber nicht entgegen, da zumindest die Geschäftsabschlüsse im wirtschaftlichen Sinne zwischen den Marktteilnehmern zustande kommen (zur zentralen Gegenpartei etwa BaFin, Merkblatt – Hinweise zum Tatbestand der Tätigkeit als zentrale Gegenpartei, Stand 19.9.13). Vielzahl von Personen muss über das System handeln können, damit zahlreiche B2B-Plattfomen nicht erfasst. **VII** definiert **organisierte Handelssysteme**. Der Begriff ist teils weiter, da eine Zusammenführung nach nichtdiskretionären Bestimmungen nicht erforderlich ist, teils enger, da die gehandelten Produkte nur Schuldverschreibungen, strukturierten Finanzprodukten, Emissionszertifikaten oder Derivaten sein können. Lit.: Kumpan Außerbörsliche Wertpapierhandelssysteme, 2006, Cohn-Heeren Kapitalmarktrechtliche Regulierungskonzepte für Alternative Handelssysteme, 2006, Loff Alternative Handelssysteme, 2007, Hammen Börsen und multilaterale Handelssysteme im Wettbewerb, 2011; außerdem Krause Alternative Wertpapierhandelssysteme, 2005, Kasiske BKR **15**, 454 (Dark Pools), Hoops RdF **17**, 14.

7) Handelsteilnehmer und Zugang (VIII–IX)

6c In **VIII** 1 neu 2. FiMaNoG 2017 sind **Handelsteilnehmer** definiert. Wie bisher sind dies die nach **(14)** BörsG § 19 zur Teilnahme am Börsenhandel zugelassenen Unternehmen, Börsenhändler (Legaldefinition in **(14)** BörsG § 19 Abs. 1), und, falls es sie an der Börse gibt, die Skontroführer (Legaldefinition in **(14)** BörsG § 27 I 1) und die skontroführenden Personen (Legaldefinition in **(14)** BörsG § 27 I 3). Begriff des **mittelbaren Handelsteilnehmers** in VIII 2 eingefügt durch 2. FiMaNoG 2017 (zuvor § 3 Abs. 4 Satz 1 aF) ist im Zuge der Umsetzung von MiFID II erweitert worden. Der Gesetzgeber wollte dabei sicherstellen, dass der algorithmische Handel im Wege des Orderrouting auch weiterhin erfasst wird (RegE 2. FiMaNoG, BTDrucks 18/10936, 267). Dies muss vor dem Hintergrund des in IX neu 2. FiMaNoG 2017 definierten und im Rahmen der MiFID II-Umsetzung (Art. 4 I Nr. 41 MiFID II) veränderten Begriffs des **direkten elektronischen Zugangs** gesehen werden, der früher auf den algorithmischen Handel zugeschnitten war. Die erste Variante von VIII 2 erfaßt insbesondere Kunden von Smart-Order-Routing-Systemen (dazu ESMA/2014/1569, 5 Nr. 24, S. 324). Die zweite Variante erfaßt Personen, die einen direkten elektronischen Zugang iSv IX nutzen (nicht gleichzusetzen mit dem untechnischen Begriff des Orderroutings). Dazu Delegierte VO (EU) 2017/565 25.4.16 ABl. EU L 87/1.

8) Kleinere und mittlere Unternehmen (X)

6d **X**, eingefügt durch 2. FiMaNoG 2017, definiert kleinere und mittlere Unternehmen (KMU) in Umsetzung von Art. 4 I Nr. 13 MiFID II und ist im Zusammenhang mit **(14)** BörsG § 48a zu sehen (Wachstumsmärkte). Die Definition entspricht § 2 Abs 46 WpHG Für die Definition wird im Gefolge der MiFID II mit der Marktkapitalisierung ein marktbezogenes Kriterium verwendet, das ist in anderen europäischen Rechtsakten anders (etwa Prospektrichtlinie 2003/71/EG 4.11.03 ABl. L 345/64 31.12.03, Kommissionsempfehlung vom 6.5.03 ABl. L 124/36 20.5.03). Die Ausrichtung auf KMU wird auf EU-Ebene immer stärker vorangetrieben, nicht zuletzt auch im Rahmen der geplanten Europäischen Kapitalmarktunion (Europäische Kommission, Aktionsplan zur Schaffung einer Kapitalmarktunion, Brüssel, 30.9.2015, COM(2015) 468 final, Europäische Kommission, Grünbuch Schaffung einer Kapitalmarktunion 18.2.14, COM(2015) 63 final). Dazu Kumpan ZGR **16**, 2, Kumpan ECFR **17**, 336.

V. Bankgeschäfte   **3 BörsG (14)**

9) Prozessfähigkeit im verwaltungsgerichtlichen Verfahren (XI)

XI, ehemals V idF 2007 (wie § 13 VI aF) stellt klar, dass die Börse im verwaltungsgerichtlichen Verfahren unter ihrem Namen klagen und verklagt werden kann. Die Börse ist insoweit teilrechtsfähig (vgl Legaldefinition in I). Sie ist prozessrechtsfähig, allerdings beschränkt auf das verwaltungsgerichtliche Verfahren, HessVGH NJW-RR **97**, 121. Für die Börse handeln ihre Geschäftsführer nach näherer Maßgabe der BörsO (§ 15 III). Hingegen ist die Börse im Zivilprozess nicht parteifähig, Ffm 1 U 176/10, juris; dort ist vielmehr der Börsenträger, der von seinem gesetzlichen Vertreter vertreten wird, parteifähig.

Aufgaben und Befugnisse der Börsenaufsichtsbehörde

BörsG 3 (1) [1] Die zuständige oberste Landesbehörde (Börsenaufsichtsbehörde) übt die Aufsicht über die Börse nach den Vorschriften dieses Gesetzes aus. [2] Ihrer Aufsicht unterliegen insbesondere der Börsenrat, die Börsengeschäftsführung, der Sanktionsausschuss und die Handelsüberwachungsstelle (Börsenorgane) sowie der Börsenträger, die Einrichtungen, die sich auf den Börsenverkehr einschließlich der nach § 5 Abs. 3 ausgelagerten Bereiche beziehen, und der Freiverkehr. [3] Die Aufsicht erstreckt sich auf die Einhaltung der börsenrechtlichen Vorschriften und Anordnungen, die ordnungsmäßige Durchführung des Handels an der Börse sowie die ordnungsmäßige Erfüllung der Börsengeschäfte (Börsengeschäftsabwicklung).

(2) [1] Die Börsenaufsichtsbehörde ist berechtigt, an den Beratungen der Börsenorgane teilzunehmen. [2] Die Börsenorgane sind verpflichtet, die Börsenaufsichtsbehörde bei der Erfüllung ihrer Aufgaben zu unterstützen.

(3) Die Börsenaufsichtsbehörde nimmt die ihr nach diesem Gesetz zugewiesenen Aufgaben und Befugnisse nur im öffentlichen Interesse wahr.

(4) [1] Die Börsenaufsichtsbehörde kann, soweit dies zur Erfüllung ihrer Aufgaben erforderlich ist, auch ohne besonderen Anlass von der Börse und dem Börsenträger sowie von den Handelsteilnehmern, von mittelbaren Handelsteilnehmern und von den Emittenten der zum regulierten Markt zugelassenen Wertpapiere Auskünfte und die Vorlage von Unterlagen verlangen sowie Prüfungen vornehmen. [2] Die Börsenaufsichtsbehörde kann verlangen, dass die Übermittlung der Auskünfte und Unterlagen auf automatisiert verarbeitbaren Datenträgern erfolgt. [3] Sofern Anhaltspunkte vorliegen, welche die Annahme rechtfertigen, dass börsenrechtliche Vorschriften oder Anordnungen verletzt werden oder sonstige Missstände vorliegen, welche die ordnungsmäßige Durchführung des Handels an der Börse oder die Börsengeschäftsabwicklung beeinträchtigen können, kann die Börsenaufsichtsbehörde von jedermann Auskünfte, die Vorlage von Unterlagen und die Überlassung von Kopien verlangen sowie Personen laden und vernehmen, soweit dies zur Erfüllung ihrer Aufgaben erforderlich ist. [4] Sie kann in diesen Fällen insbesondere

1. von den Handelsteilnehmern die Angabe der Identität der Auftraggeber und der aus den getätigten Geschäften berechtigten oder verpflichteten Personen sowie der Veränderungen der Bestände von Handelsteilnehmern in an der Börse gehandelten Finanzinstrumenten verlangen,
2. von den Auftraggebern und berechtigten oder verpflichteten Personen Auskünfte über die getätigten Geschäfte einschließlich der Angabe der Identität der an diesen Geschäften beteiligten Personen verlangen,
3. von Wertpapiersammelbanken und Systemen zur Sicherung der Erfüllung von Börsengeschäften Auskünfte über Veränderungen der Bestände von Handelsteilnehmern in an der Börse gehandelten Finanzinstrumenten verlangen,

4. von der Börse, den Handelsteilnehmern und mit diesen verbundenen Unternehmen die Vorlage von bereits existierenden Aufzeichnungen von Telefongesprächen und Datenübermittlungen verlangen; das Grundrecht des Artikels 10 des Grundgesetzes wird insoweit eingeschränkt, die Betroffenen sind nach § 101 der Strafprozessordnung zu benachrichtigen und
5. von den Handelsteilnehmern, die den algorithmischen Handel im Sinne des § 33 Absatz 1a Satz 1 des Wertpapierhandelsgesetzes betreiben, jederzeit Informationen über ihren algorithmischen Handel, die für diesen Handel eingesetzten Systeme sowie eine Beschreibung der algorithmischen Handelsstrategien und der Einzelheiten zu den Handelsparametern oder Handelsobergrenzen, denen das System unterliegt, verlangen.

[5] Die Auskunftspflichtigen haben den Bediensteten der Börsenaufsichtsbehörde während der üblichen Arbeitszeit das Betreten ihrer Grundstücke und Geschäftsräume zu gestatten, soweit dies zur Wahrnehmung der Aufgaben der Börsenaufsichtsbehörde erforderlich ist. [6] Das Betreten außerhalb dieser Zeit oder, wenn die Geschäftsräume sich in einer Wohnung befinden, ist ohne Einverständnis nur zur Verhütung von dringenden Gefahren für die öffentliche Sicherheit und Ordnung zulässig und insoweit zu dulden. [7] Das Grundrecht der Unverletzlichkeit der Wohnung (Artikel 13 des Grundgesetzes) wird insoweit eingeschränkt. [8] Die Befugnisse und Verpflichtungen nach diesem Absatz gelten entsprechend, sofern von der Börsenaufsichtsbehörde beauftragte Personen und Einrichtungen nach diesem Gesetz tätig werden. [9] Der zur Erteilung einer Auskunft Verpflichtete kann die Auskunft auf solche Fragen verweigern, deren Beantwortung ihn selbst oder einen der in § 383 Abs. 1 Nr. 1 bis 3 der Zivilprozessordnung bezeichneten Angehörigen der Gefahr strafgerichtlicher Verfolgung oder eines Verfahrens nach dem Gesetz über Ordnungswidrigkeiten aussetzen würde. [10] Der Verpflichtete ist über sein Recht zur Verweigerung der Auskunft zu belehren.

(4a) [1] Die Börsenaufsichtsbehörde kann, soweit dies zur Erfüllung ihrer Aufgaben erforderlich ist, auch ohne besonderen Anlass von der Börse und von dem Börsenträger Informationen über die durch algorithmischen Handel im Sinne des § 80 Absatz 2 Satz 1 des Wertpapierhandelsgesetzes erzeugten Aufträge verlangen. [2] Auch kann sie verlangen, insoweit von der Börse Zugang zu dem Orderbuch oder den entsprechenden Daten zu erhalten.

(5) [1] Die Börsenaufsichtsbehörde ist befugt, zur Aufrechterhaltung der Ordnung und für den Geschäftsverkehr an der Börse Anordnungen zu erlassen. [2] Sie kann gegenüber jedermann Anordnungen treffen, die geeignet und erforderlich sind, Verstöße gegen börsenrechtliche Vorschriften und Anordnungen zu verhindern oder Missstände zu beseitigen, welche die ordnungsgemäße Durchführung des Handels an der Börse, der Börsengeschäftsabwicklung oder deren Überwachung beeinträchtigen können. [3] Sie kann zu diesem Zweck insbesondere

1. die Aussetzung oder Einstellung des Börsenhandels mit einzelnen oder mehreren Finanzinstrumenten, Rechten oder Wirtschaftsgütern anordnen,
2. der Börse die Nutzung einer zentralen Gegenpartei, einer Clearingstelle oder eines börslichen Abwicklungssystems untersagen, wenn hierdurch die ordnungsgemäße Durchführung des Handels an der Börse oder der Börsengeschäftsabwicklung beeinträchtigt wird oder die Voraussetzungen des Artikels 7 Absatz 4 oder des Artikels 8 Absatz 4 der Verordnung (EU) Nr. 648/2012 des Europäischen Parlaments und des Rates vom 4. Juli 2012 über OTC-Derivate, zentrale Gegenparteien und Transaktionsregister (ABl. L 201 vom 27.7.2012, S. 1) vorliegen,
3. die Nutzung eines externen Abwicklungssystems untersagen oder

4. die Nutzung einer algorithmischen Handelsstrategie untersagen, soweit dies zur Durchsetzung der Vorschriften dieses Gesetzes geboten ist. [4]Eine Maßnahme nach Satz 1 Nr. 1 hat die Börsenaufsichtsbehörde unverzüglich auf ihrer Internetseite zu veröffentlichen.

(5a) [1]Hat die Geschäftsführung die Zulassung eines Finanzinstruments gemäß § 39 widerrufen oder den Handel mit diesem gemäß § 25 Absatz 1 ausgesetzt oder eingestellt, ordnet die Börsenaufsichtsbehörde den Widerruf der Zulassung, die Aussetzung oder die Einstellung des Handels dieses Finanzinstruments oder der mit diesem verbundenen Derivate im Sinne von Anhang I Abschnitt C Nummer 4 bis 10 der Richtlinie 2014/65/EU des Europäischen Parlaments und des Rates vom 15. Mai 2014 über Märkte für Finanzinstrumente sowie zur Änderung der Richtlinien 2002/92/EG und 2011/61/EU (ABl. L 173 vom 12.6.2014, S. 349; L 74 vom 18.3.2015, S. 38; L 188 vom 13.7.2016, S. 28; L 273 vom 8.10.2016, S. 35), die zuletzt durch die Richtlinie (EU) 2016/1034 (ABl. L 175 vom 30.6.2016, S. 8) geändert worden ist, auch an anderen Börsen in ihrem Zuständigkeitsbereich an, soweit der Widerruf der Zulassung oder die Aussetzung oder die Einstellung des Handels durch den Verdacht eines Marktmissbrauchs, ein Übernahmeangebot oder die Nichtveröffentlichung von Insiderinformationen über den Emittenten oder einen Verstoß gegen die Artikel 7 und 17 der Verordnung (EU) Nr. 596/2014 des Europäischen Parlaments und des Rates vom 16. April 2014 über Marktmissbrauch (Marktmissbrauchsverordnung) und zur Aufhebung der Richtlinie 2003/6/EG des Europäischen Parlaments und des Rates und der Richtlinien 2003/124/EG, 2003/125/EG und 2004/72/EG der Kommission (ABl. L 173 vom 12.6.2014, S. 1), die zuletzt durch die Verordnung (EU) 2016/1033 (ABl. L 175 vom 30.6.2016, S. 1) geändert worden ist, bedingt ist. [2]Dies gilt nicht in den Fällen, in denen der Widerruf oder die Aussetzung oder Einstellung des Handels die Anlegerinteressen oder das ordnungsgemäße Funktionieren des Marktes erheblich schädigen könnte.

(5b) [1]Die Börsenaufsichtsbehörde teilt eine Entscheidung nach Absatz 5a Satz 1 unverzüglich der Bundesanstalt für Finanzdienstleistungsaufsicht (Bundesanstalt), anderen inländischen Börsenaufsichtsbehörden, die Börsen beaufsichtigen, an denen die jeweils betroffenen Finanzinstrumente ebenfalls gehandelt werden, und der Europäischen Wertpapier- und Marktaufsichtsbehörde mit und veröffentlicht diese Entscheidung unverzüglich. [2]Ergreift sie keine Maßnahmen an weiteren Börsen in ihrem Zuständigkeitsbereich, so teilt sie die Gründe hierfür den in Satz 1 genannten Behörden mit.

(5c) [1]Erhält die Börsenaufsichtsbehörde Kenntnis vom Widerruf der Zulassung oder der Aussetzung oder der Einstellung des Handels eines Finanzinstruments oder eines mit diesem verbundenen Derivats im Sinne von Anhang I Abschnitt C Nummer 4 bis 10 der Richtlinie 2014/65/EU an einer Börse in einem anderen Mitgliedstaat der Europäischen Union oder in einem anderen Vertragsstaat des Abkommens über den Europäischen Wirtschaftsraum oder an einer anderen inländischen Börse, so ordnet sie den Widerruf der Zulassung oder die Aussetzung oder die Einstellung des Handels der betroffenen Finanzinstrumente im Sinne des Satzes 1 an Börsen innerhalb ihres Zuständigkeitsbereiches an, soweit der Widerruf der Zulassung oder die Aussetzung oder die Einstellung des Handels durch den Verdacht eines Marktmissbrauchs, ein Übernahmeangebot oder die Nichtveröffentlichung von Insiderinformationen über den Emittenten oder einen Verstoß gegen die Artikel 7 und 17 der Verordnung (EU) 596/2014 bedingt ist. [2]Absatz 5a Satz 2 und Absatz 5b gelten entsprechend.

(6) Stellt die Börsenaufsichtsbehörde Tatsachen fest, welche die Rücknahme oder den Widerruf der Erlaubnis zur Ermittlung des Börsenpreises oder der Zulassung des Unternehmens oder andere Maßnahmen der Geschäftsführung rechtfertigen können, hat sie die Geschäftsführung zu unterrichten.

(7) Die nach Landesrecht zuständige Stelle wird ermächtigt, Aufgaben und Befugnisse der Börsenaufsichtsbehörde auf eine andere Behörde zu übertragen.

(8) Die Börsenaufsichtsbehörde kann sich bei der Durchführung ihrer Aufgaben anderer Personen und Einrichtungen bedienen.

(9) Widerspruch und Anfechtungsklage gegen Maßnahmen nach den Absätzen 4 und 5 haben keine aufschiebende Wirkung.

(10) Kommt die Börse oder eines ihrer Organe wiederholt und dauerhaft den Anordnungen der Börsenaufsicht nicht nach, kann die Börsenaufsichtsbehörde, sofern ihre sonstigen Befugnisse nicht ausreichen und soweit und solange der ordnungsgemäße Börsenbetrieb es erfordert, Beauftragte bestellen, die die Aufgaben der Börse oder eines ihrer Organe auf Kosten des Börsenträgers wahrnehmen.

(11) Adressaten von Maßnahmen nach Absatz 4, die von der Börsenaufsichtsbehörde wegen eines möglichen Verstoßes gegen die Verbote des § 26 dieses Gesetzes oder des Artikels 14 oder des Artikels 15 der Verordnung (EU) Nr. 596/2014 des Europäischen Parlaments und des Rates vom 16. April 2014 über Marktmissbrauch (Marktmissbrauchsverordnung) und zur Aufhebung der Richtlinie 2003/6/EG des Europäischen Parlaments und des Rates und der Richtlinien 2003/124/EG, 2003/125/EG und 2004/72/EG der Kommission (ABl. L 173 vom 12.6.2014, S. 1), in der jeweils geltenden Fassung vorgenommen werden, dürfen andere Personen als staatliche Stellen und solche, die auf Grund ihres Berufs einer gesetzlichen Verschwiegenheitspflicht unterliegen, von diesen Maßnahmen oder von einem daraufhin eingeleiteten Ermittlungsverfahren nicht in Kenntnis setzen.

(12) Die Börsenaufsichtsbehörde ist zuständige Behörde im Sinne des Titels II sowie der Artikel 22 und 25 Absatz 2, der Artikel 29 bis 31 und des Artikels 36 der Verordnung (EU) Nr. 600/2014 geändert worden ist, soweit die Pflichten von Börsenträgern und Börsen betroffen sind.

Übersicht

1) Börsenaufsichtsbehörde, Reichweite der Börsenaufsicht (I) ...	1–3
2) Selbstverwaltung der Börse	3a
3) Teilnahmerecht der Börsenaufsichtsbehörde, Unterstützungspflicht der Börsenorgane (II)	4
4) Börsenaufsicht nur im öffentlichen Interesse (III)	5
5) Auskunfts-, Einsichts-, Prüfungs- und andere Rechte der Börsenaufsichtsbehörde (IV und IVa)	6–6c
6) Anordnungen der Börsenaufsichtsbehörde (V)	7–7b
7) Widerruf der Zulassung oder Handelseinstellung delisteter Finanzinstrumente (Va-Vc)	7c
8) Unterrichtung der Geschäftsführung (VI)	8
9) Übertragung von Aufgaben und Befugnissen (VII)	9
10) Einschaltung anderer Personen und Einrichtungen (VIII)	10
11) Keine aufschiebende Wirkung von Rechtsmitteln (IX)	11
12) Bestellung eines Beauftragten (X)	12
13) Benachrichtigungsverbot für Adressaten von Maßnahmen und Ermittlungsverfahren (XI)	13
14) Zuständigkeit der Börsenaufsichtsbehörde bzgl MiFIR (XII) .	14

V. Bankgeschäfte 1–2 **3 BörsG (14)**

1) Börsenaufsichtsbehörde, Reichweite der Börsenaufsicht (I)

§ 3 nF 2007, XI nF 1. FiMaNoG 2016, IV-Vc, XII neu 2. FiMaNoG 2017, 1 enthält umfangreiche Regelungen über die Aufgaben und Befugnisse der Börsenaufsichtsbehörde. I 1 überträgt die Börsenaufsicht ausschließlich den staatlichen Börsenaufsichtsbehörden. Eine unmittelbare Börsenaufsicht durch den Träger der Börse (Handelskammer, kaufmännische Korporation, Einl 21 vor § 1 HGB) ist nicht mehr möglich. **Börsenaufsicht** war früher Landes-, 1934-45 Reichs-, dann wieder Landessache (für Waren idR Wirtschafts-, für Wertpapiere idR Finanzressort). Der Bund hat von seiner konkurrierenden Kompetenz (Art 74 Nr 11 GG) bisher nicht Gebrauch gemacht, der DiskE eines Börsenaufsichtsmodernisierungsgesetzes des BMF September 2008 ist am Widerstand der Länder gescheitert. Nach I 1 ist **Börsenaufsichtsbehörde** die **zuständige oberste Landesbehörde** (dafür kommt es auf den Verwaltungssitz der Börse an). Die Börsenaufsicht ist somit Ländersache und damit dezentralisiert. Mangels Zentralisierung müssen die Börsenaufsichtsbehörden der Länder eng und institutionell verankert zusammenarbeiten, die relevanten Informationen rasch und komplett austauschen (§ 8) und die Ermessensspielräume möglichst einheitlich nutzen. Die Börsenaufsichtsbehörde erteilt die Erlaubnis zur Errichtung einer Börse (§ 4 I) und kann diese auch wieder aufheben (§ 4 V). Die Börsenaufsichtsbehörde übt die Aufsicht nach den Vorschriften des BörsG aus und muss sich dabei im Rahmen der allgemeinen Gesetze halten. Zur Börsenaufsicht an der jeweiligen Börse selbst (Handelsüberwachungsstelle) s 7.

Keine Börsenaufsicht, sondern bloße **Marktaufsicht** nach WpHG übt die 1a **Bundesanstalt für Finanzdienstleistungsaufsicht (BaFin)** in Bonn/Frankfurt, aus. In der BaFin sind das frühere Bundesaufsichtsamt für den Wertpapierhandel (BAWe) und das Bundesaufsichtsamt für das Kreditwesen (BAKred) sowie das Bundesaufsichtsamt für Versicherungen (BAV) aufgegangen. Sie ist auch für die Zulassung und Solvenzaufsicht über Kreditinstitute und Finanzdienstleistungsinstitute zuständig (s **(7)** Bankgeschäfte Rn A/4). Die frühere strikte Trennung in mehrere Behörden ist damit wie vielfach im Ausland zugunsten einer einheitlichen Aufsicht über Markt und Marktteilnehmer aufgegeben, zugleich bleibt eine sinnvolle funktionale Arbeitsteilung zwischen Markt- und Marktteilnehmeraufsicht innerhalb der BaFin selbst erhalten.

Rechtspolitisch und international ist die Zersplitterung der Aufsicht in BaFin 1b und Börsenaufsichtsbehörden überholt, stattdessen einheitliche Verantwortung der BaFin für Börse und Kapitalmarkt erstrebenswert, Hopt/Baum 449, Merkt G 122, str, dazu hell Hellwig ZGR **99**, 810. Europarechtlich sind überdies geregelte Märkte und multilaterale Handelssysteme in Art 4 I Nr 14 und 15 FinanzmarktRi parallel geregelt mit der Konsequenz, dass ein Wahlrecht der betreibenden Unternehmen besteht und allein die BaFin nach § 1 Ia 2 Nr 1b KWG zuständig ist, wenn das Unternehmen eine nicht als Börse genehmigte multilaterale Handelsplattform betreibt, eine höchst merkwürdige Zuständigkeitsaufspaltung. Mittelfristig stellt sich die weitere Frage einer europäischen Börsenaufsicht, für die viele Marktteilnehmer plädieren, die aber auch ihre Probleme hat.

Die **Börsenaufsicht** erstreckt sich **auf alle Börsenorgane, den Börsen-** 2 **träger** sowie alle **Einrichtungen,** die sich auf den Börsenverkehr einschließlich der nach § 5 III ausgelagerten Bereiche (Outsourcing; nicht erfasst werden die Betreiber der ausgelagerten Bereiche, da diese nicht erwähnt sind, Aufsichtslücken werden aber durch Weisungs- und Kotrollrechte des Börsenträgers, siehe **(14)** BörsG § 5 III 2 vermieden) beziehen, und auch auf den **Freiverkehr (I 2),** also zB auch die gesamte EDV mit ihren besonderen Gefahren für Anleger und Markt. I 2 enthält eine **Legaldefinition der Börsenorgane,** nämlich Börsenrat, Börsengeschäftsführung, Sanktionsausschuss und Handelsüberwachungsstelle.

Kumpan 2385

3 Die Börsenaufsicht erstreckt sich nicht nur auf die Einhaltung der börsenrechtlichen Vorschriften und Anordnungen, sondern auch auf die ordnungsgemäße Durchführung des Handels an der Börse sowie die ordnungsgemäße Erfüllung der Börsengeschäfte **(I 3)**. Die Börsenaufsicht ist also nicht mehr wie früher nur **Rechtsaufsicht** (keine Fachaufsicht), sondern auch **Markt- bzw Handelsaufsicht (IV und V),** also auch eine Handelsaufsicht vor Ort über Börsenhandel, Handelsteilnehmer und die elektronischen Hilfseinrichtungen der Börse sowie die Kontrolle der ordnungsgemäßen Preisbildung. Die Börsenaufsicht kann also, falls für Markt- und Handelsaufsicht notwendig, trotz Börsenselbstverwaltung (dazu Rn 3a) direkt, auch parallel zur Selbstverwaltung eingreifen (nicht aber generell, da dem der Grundsatz der Selbstverwaltung entgegensteht). Rechts- sowie Markt- und Handelsaufsicht erfolgt auch gegenüber dem Börsenträger, da aber darüber hinaus keine Fachaufsicht gegeben ist, kann sie nicht hinsichtlich der Strukturen und allgemeinen Geschäftspolitik des Trägers eingreifen oder Weisungen erteilen (Gurlit/Mülbert, Börsenträger, 2012, 78 ff.), kritisch sind auch Zustimmungsvorbehalte hinsichtlich der Auflösung des Trägers zu sehen. **Börsengeschäftsabwicklung** (Legaldefinition in I 3, Durchführung des Handels an der Börse und Erfüllung der Börsengeschäfte) umfasst das gesamte Verfahren bis zur Schlussnote eines Auftrags einschließlich Clearing, nicht aber das außerhalb stattfindende dingliche Abwicklungsgeschäft durch die Clearstream Banking AG der Deutschen Börse (s **(13)** DepotG § 1 Rn 6), Schwark/Zimmer/Beck § 3 Rn 10.

2) Selbstverwaltung der Börse

3a Prägender Grundsatz der Börsenorganisation ist das Prinzip der **Selbstverwaltung der Börse**. Im Rahmen der Selbstverwaltung nehmen unterstaatlicher Träger öffentlicher Verwaltung die ihnen überlassene oder zugewiesenen öffentlichen Angelegenheiten eigenverantwortlich und frei von Weisungen Dritter als eigene Aufgaben wahr. Maßgeblich dafür ist insbesondere der Börsenrat als das Organ, das die für die Selbstverwaltung typischen Kompetenzen ausübt, dazu § 12. Aufgrund der Zusammensetzung (von den Handelsteilnehmern und Emittenten gewählte Personen) ist Börsenrat demokratisch legitimiert. Der **Umfang** der Selbstverwaltung wird durch zwingende börsengesetzliche Bestimmungen, wie die Preisfindung oder die Zulassungsvoraussetzungen, beschränkt. Soweit es keine zwingenden Regelungen gibt, ist die Börse dagegen in ihren Entscheidungen frei, zB bzgl. Organisation und Ausgestaltung des Handelsbetriebs. Im **Verhältnis zum Börsenträger** obliegt es der Börse, mit diesem beim Betrieb der Börse zusammenzuarbeiten, dabei die vom Börsenträger zu stellenden Mittel abzufordern und die Zusammenarbeit zu überwachen.

3) Teilnahmerecht der Börsenaufsichtsbehörde, Unterstützungspflicht der Börsenorgane (II)

4 II 1 nF 2007 gibt der Börsenaufsichtsbehörde das Recht, an den Beratungen der Börsenorgane teilzunehmen. Diese haben die Pflicht, die Börsenaufsichtsbehörde bei der Erfüllung ihrer Aufgaben zu unterstützen **(II 2)**. Konkretisierungen ua in §§ 7 II 1, 20 IV 6.

4) Börsenaufsicht nur im öffentlichen Interesse (III)

5 Die Börsenaufsichtsbehörde nimmt die ihr nach dem BörsG zugewiesenen Aufgaben und Befugnisse nur im öffentlichen Interesse wahr (III nF 2007). Das entspricht der Regelung in § 4 IV FinDAG und ist wie dort nicht unumstritten (s **(7)** Bankgeschäfte Rn A/5), aber geltendes Recht, Ffm ZIP **06**, 285. So fällt der einzelne Anleger zB nicht in den Schutzbereich der bei der Aussetzung des Terminhandels zu beachtenden Amtspflichten, Ffm ZIP **01**, 730. Sein Schutz ist bloßer Rechtsreflex. Unberührt bleibt die Pflicht zu rechtmäßigem Verhalten in Bezug auf die zu beaufsichtigenden Personen und Unternehmen, insoweit Amtshaftung des jeweiligen Bundeslandes nach allgemeinen Grundsätzen (§ 839 BGB iVm Art 34 GG). Entsprechende Regelungen gelten für alle Börsenorgane, etwa die Börsengeschäftsführung (§ 15 VI, s dort Rn 5). Die Mitglieder der Börsengeschäftsführung und der anderen Börsenorgane sind Beamte im haftungsrechtlichen Sinne, Ffm ZIP **01**, 731; Ffm 1 U 176/10, juris Rn. 101.

5) Auskunfts-, Einsichts-, Prüfungs- und andere Rechte der Börsenaufsichtsbehörde (IV und IVa)

IV nF 2007, IV 1 nF 2. FiMaNoG 2017 regelt die Befugnisse der Börsen- 6 aufsichtsbehörde, ua Auskunfts-, Einsichts- und Prüfungsrechte gegenüber der Börse selbst und dem Börsenträger sowie den nach § 19 zur Teilnahme am Börsenhandel zugelassenen Unternehmen, Börsenhändlern, Skontroführeren und skontroführenden Personen und den mittelbaren Handelsteilnehmern sowie den Emittenten der zum regulierten Markt zugelassenen Wertpapiere sowie mittelbaren Börsenteilnehmern **(IV 1)**. Aufgrund der Beschränkung auf zur Erfüllung der Aufgaben erforderliche Maßnahmen in IV 1 muss im Einzelfall ein **konkreter Bezug** zu den Aufgaben der Börsenaufsicht bestehen, damit Aufsichtsbehörde Auskunft verlangen kann (daher wäre eine allgemeine Ausforschung ohne Anhaltspunkte nicht zulässig); dagegen ist **kein besonderer Anlass** (konkreter Verdacht) erforderlich. Anspruch auf Vorlage von Unterlagen umfasst auch deren Erstellung. Zur Definition der **Handelsteilnehmer** und **mittelbaren Handelsteilnehmer** (insbesondere der algorithmische Handel) **(14)** BörsG § 2 VIII.. Die Erstreckung auf **Emittenten** hat sich in der Praxis als unabweisbar erwiesen und bedurfte einer Rechtsgrundlage (schon in § 2 I aF). Bei entsprechenden Anhaltspunkten („Anfangsverdacht" im Einzelfall) kann die Börsenaufsichtsbehörde sogar von jedermann Auskünfte und Vorlage von Unterlagen verlangen sowie Personen laden und vernehmen **(IV 3)**. Damit korrespondieren nun auch die Anordnungsbefugnisse nach V, die im Rahmen des „1/2. FiMaNoG" erweitert wurden und nun gegenüber „jedermann" gelten. Wichtig ist, dass die Börsenaufsichtsbehörde bei entsprechenden Anhaltspunkten von den an der jeweiligen (nicht anderen) Börse zugelassenen Handelsteilnehmern (nicht von Dritten) die Angabe der Identität der Auftraggeber und der aus den getätigten Geschäften Berechtigten oder Verpflichteten sowie der Veränderungen der Bestände in an der Börse gehandelten Finanzinstrumenten verlangen kann **(IV 4 Nr 1)**. Dieses Auskunftsrecht erstreckt sich weiter auf die Auftraggeber und die Berechtigten und Verpflichteten selbst **(IV 4 Nr 2)**. Das erschwert Manipulation der Börsenpreise über Auftragsketten, Hopt FS Drobnig **98**, 542. Allerdings erscheint die Erstreckung auch auf Nicht-Handelsteilnehmer fragwürdig, da diese ipso jure nicht gegen Börsenrecht verstoßen können. Bei entsprechenden Anhaltspunkten kann die Börsenaufsichtsbehörde auch Bestandsveränderungen von Handelsteilnehmern in an der Börse (nur dieser, nicht anderen) gehandelten Finanzinstrumenten bei Wertpapiersammelbanken und Clearingstellen abfragen **(IV 4 Nr 3)**. Nicht jede Bestandsveränderung bei den Handelsteilnehmern führt allerdings auch zu Bestandsveränderungen auf den Depotkonten bei der Wertpapiersammelbank, zB wenn zwei Kunden eines Handelsteilnehmers mit Depots bei diesem miteinander handeln. Von Nr. 3 erfasst werden auch außerbörsliche Geschäftsaktivitäten, allerdings nur bei einem unmittelbaren Bezug zum Börsengeschehen. Des Weiteren kann die Börsenaufsichtsbehörde von der Börse, den Handelsteilnehmern und mit diesen verbundenen Unternehmen die Vorlage von existierenden Aufzeichnungen von Telefongesprächen und Datenmittlungen verlangen **(IV 4 Nr 4)**. Zu Kritik an diesen Regelungen siehe Schwark/Zimmer/Beck, KMRK, § 3 Rn. 40 ff. Durch das HFHandelG 2013 wurde überdies eine besondere Auskunftspflicht für Handelsteilnehmer eingeführt, die mit algorithmischen Handelsprogrammen am Börsenhandel teilnehmen **(IV 4 Nr 5),** um den Börsenaufsichtsbehörden deren Überwachung zu erleichtern. Da **(14)** BörsG

§ 2 VIII zwischen Handelsteilnehmern und mittelbaren Handelsteilnehmern strikt trennt und mittelbare Handelsteilnehmer in IV 1, nicht aber in IV 4 Nr. 5 erwähnt werden, ergibt sich daraus systematisch, dass IV 4 Nr. 5 nicht bzgl. mittelbarer Handelsteilnehmer gilt.

6a **IV 5 und 6** regeln den Zugang zu den Geschäftsräumen der Börse und der Handelsteilnehmer, was für eine umfassende und wirkungsvolle Aufsicht erforderlich ist. Welche Arbeitszeit dabei „üblich" ist, muss aus Perspektive des Auskunftspflichtigen bestimmt werden. Schutzgüter iSv. Satz 6, die ein Betreten auch außerhalb der üblichen Arbeitszeit erlauben, sind insbesondere die Rechtsordnung, speziell Börsengesetz und Börsenordnung, die Funktionsfähigkeit und Integrität des Börsenhandels und der Anlegerschutz. **IV 8** regelt die Heranziehung von Hilfspersonen, die dann dieselben Befugnisse, aber auch dieselben Pflichten wie die Börsenaufsichtsbehörde haben. Dadurch wird der Börsenaufsichtsbehörde der Zugriff auf externes Know-how ermöglicht (zB EV-Experten oder Wirtschaftsprüfer). **IV 9** gewährt den zur Aussage Verpflichteten unter den dort genannten Voraussetzungen ein Auskunftsverweigerungsrecht; dieses gilt aber nur hinsichtlich Aussagen, nicht auch zB hinsichtlich der Vorlage von Dokumenten.

6b Über IV 3 und 5 hinaus gibt **IVa** (neu 2. FiMaNoG 2017) der Börsenaufsichtsbehörde hinsichtlich des algorithmischen Handels **weitergehende Informationsmöglichkeiten** auch ohne Anhaltspunkte für Verstöße oder Missstände. Allerdings gilt auch hier der Erforderlichkeitsgrundsatz (konkreter Bezug der Informationen zu den Aufgaben der Börsenaufsichtsbehörde), hinsichtlich der Orderlage aber grds. gegeben. Adressaten sind dem Wortlaut zufolge nur Börsen und Börsenträger, nicht aber Skontroführer oder diejenigen, die selbst den algorithmischen Handel betreiben. VIa 2 setzt Art 48 XI MiFID II um.

6c Darüber hinaus sind im BörsG an anderen Stellen weitere Befugnisse der Börsenaufsichtsbehörde festgelegt: zB § 7 bzgl der **HÜSt,** § 16 III (Genehmigung der **Börsenordnung**), § 17 II (Genehmigung der **Gebührenordnung**), § 20 IV 6 (Unterrichtung der Behörde von weiteren Sicherheitsleistungen, Ausschlüssen etc **zugelassener Unternehmen und Skontroführer**).

6) Anordnungen der Börsenaufsichtsbehörde (V)

7 Nach V nF 2007, V 2 nF 2. FiMaNoG 2017 kann die Börsenaufsichtsbehörde im Rahmen ihrer Rechts- und Handelsaufsicht (Rn 3) die geeigneten und erforderlichen **Anordnungen,** namentlich Verwaltungsakte iSd § 35 VwVfG, erlassen. **V 1** enthält eine allgemeine Anordnungsbefugnis, sie ist lex specialis gegenüber V 2 und 3. **„Ordnung der Börse"** umfasst dabei alle geschriebenen und ungeschriebenen Regeln und Anordnungen, die im Hinblick auf das äußere Verhalten und für einen vernünftigen Umgang der Handelsteilnehmer und Dritter miteinander und untereinander beim Besuch der Börse und der Teilnahme am Handel einzuhalten sind. Nicht darunter fallen Bestimmungen, die den Handel oder die Preisermittlung regeln oder der Zulassung von Wertpapieren, Rechten und Gütern. **„Geschäftsverkehr"** ist enger zu verstehen und meint alle Normen und Anordnungen, die den äußeren Ablauf des Börsenhandels regeln, wie zB die Festlegung der Handelszeit. Er ist gestört, wenn der technische oder organisatorische Ablauf des Börsenhandels als Ganzes betroffen ist. Vorrangig ist aber nach **(14)** BörsG § 15 IV die Börsengeschäftsführung zur Sicherstellung berufen, da sie sachnäher ist.

7a **V 2** enthält (nunmehr basierend auf Art. 70 Abs. 6 lit. b MiFID II) die Grundlage für ein **Einschreiten bei Missständen,** welche die ordnungsgemäße Durchführung des Handels an der Börse, die Börsengeschäftsabwicklung oder der Überwachung beeinträchtigen können. Auch präventives Einschreiten ist zulässig („verhindern"). Mit der Ausweitung auf „jedermann" durch das 2. FiMaNoG ist nunmehr Parallelität zwischen IV 3 und V 2 hergestellt. Bei Missständen im

V. Bankgeschäfte 7b, 7c **3 BörsG (14)**

Wertpapierhandel und im Kredit- und Finanzdienstleistungswesen geben § 6 II WpHG, § 6 III KWG entsprechende Eingriffsmöglichkeiten. Mit Blick auf die Börse handelt es sich um eine Auffangregelung, sofern nicht speziellere Normen (zB **(14)** BörsG § 16 III 2) greifen. **Börsenrechtliche Vorschriften** iSv V 2 sind alle Normen des BörsG, die darauf basierenden Rechtsverordnungen und die von der Börse erlassenen Regelungen (insbesondere die Börsenordnung); **Anordnungen** ist untechnisch zu verstehen, erfasst nicht nur Verwaltungsakte sondern auch schlicht-hoheitliches Handeln, zB Informationsschreiben. **„Missstand"** ist eng zu verstehen; erfasst werden nur Verhaltensweisen, die den Zielen des BörsG und den hierzu erlassenen Bestimmungen zuwiderlaufen.

V 3 nennt nicht abschließend die möglichen Anordnungen. Hierzu gehört die 7b Aussetzung oder Einstellung des Börsenhandels mit einzelnen oder mehreren Finanzinstrumenten, Rechten oder Wirtschaftsgütern (**V 3 Nr 1**, dann unverzügliche Veröffentlichung V 4 und Unterrichtung der BaFin, § 8 II). Weiterhin genannt ist die Untersagung der Nutzung eines zentralen Kontrahenten, einer Clearingstelle oder eines Abwicklungssystems (**V 3 Nr. 2**). Hier sind bei der näheren Bestimmung der „ordnungsgemäßen Durchführung des Börsenhandels oder der Börsengeschäftsabwicklung" die Voraussetzungen von V 2 zu berücksichtigen. Eine Untersagung eines zentralen Kontrahenten ist außerdem möglich, wenn das reibungslose und ordnungsgemäße Funktionieren der Märkte beeinträchtigt oder Systemrisiken verstärkt würden, Art. 7 Abs. 4 und Art. 8 Abs. 4 Fall 2 VO 648/2012. Das umfasst auch Untersagungen wegen erforderlicher Interoperabilität oder wegen Fehlens angemessener Mechanismen zur Verhinderung einer Fragmentierung der Liquidität. Ebenfalls in V 3 aufgeführt ist die Untersagung eines externen Abwicklungssystems (**V 3 Nr. 3**); dies sind Systeme, die nicht (im Wege vertraglicher oder gesellschaftsrechtlicher Verbindung) Teil der eigenen Infrastruktur der Börse sind. Schließlich kann die Börsenaufsichtsbehörde die Nutzung von algorithmischen Handelsstrategien untersagen (**V 3 Nr 4**), etwa im Falle fehlerhafter oder manipulierter Computerprogramme. Diese Anordnungen stehen unter dem Vorbehalt, dass und soweit sie zur Durchsetzung der Vorschriften des BörsG geboten sind.

7) Widerruf der Zulassung oder Handelseinstellung delisteter Finanzinstrumente (Va-Vc)

Va-Vc, eingefügt durch 2. FiMaNoG 2017, dienen der Umsetzung von Art. 52 7c II MiFID II. Durch **Va** soll ein marktweit bzw. **handelsplatzübergreifend abgestimmtes Vorgehen** sichergestellt werden, wenn es in den in der Vorschrift genannten Fällen zu einem Widerruf der Zulassung, einer Aussetzung oder Einstellung des Handels in einem Finanzinstrument kommt. Wird ein Finanzinstrument an mehreren Handelsplätzen gehandelt, würde eine lediglich einzelhandelsplatzbezogene Maßnahme (jede Börse kann nur für ihren Marktplatz entscheiden) in den genannten Fällen idR wenig bringen. Dabei muss Anleger- und Funktionsschutz berücksichtigt werden, allerdings soll nur eine „erhebliche" Schädigung dieser Schutzgüter entgegenstehen (wobei hinsichtlich des Anlegerschutzes ohnehin wenig Raum bleibt, da die Untersagung das Anlegerinteresse an der jederzeitigen Veräußerbarkeit im Kern trifft). **Vb** statuiert eine Mitteilungspflicht der Börsenaufsichtsbehörde gegenüber anderen betroffenen Aufsichtsbehörden des Kapitalmarktes (BaFin, andere Börsenaufsichtsbehörden, die Börsen beaufsichtigen, an denen das Instrument gehandelt wird), diese bezieht sich ausschließlich auf die Entscheidung, Maßnahmen an weiteren Börsen in ihrem Zuständigkeitsbereich zu treffen (RegE 2. FiMaNoG, BTDrucks 18/10936, 268). **Vc** regelt, was Börsenaufsichtsbehörden zu tun haben, wenn sie von solchen Maßnahmen anderer Aufsichtsbehörden erfahren, seien es andere inländische Börsenaufsichtsbehörden, seien es zuständige EU/EWR-ausländische Aufsichtsbehörden.

Kumpan 2389

8) Unterrichtung der Geschäftsführung (VI)

8   Nach VI nF 2007 hat die Börsenaufsichtsbehörde ihrerseits die Börsengeschäftsführung zu unterrichten, wenn sie Tatsachen feststellt, die sie zu Rücknahme oder Widerruf von bestimmten Erlaubnissen oder Zulassungen oder anderen Maßnahmen der Geschäftsführung berechtigen können.

9) Übertragung von Aufgaben und Befugnissen (VII)

9   VII nF 2007 berechtigt zur Weiterübertragung der Befugnisse der Börsenaufsichtsbehörde (§ 3 I 1) auf eine andere Behörde. Diese Regelung ist **weit auszulegen. Auch** eine **Vollübertragung** von Aufgaben und Befugnissen ist als zulässig anzusehen. Nur so wird der Sinn und Zweck der Vorschrift erreicht, den Ländern größtmögliche Flexibilität bei der Organisation der Börsenaufsicht zu geben, was gerade im Fall von Regionalbörsen wichtig ist, bei denen es nicht immer sinnvoll und effizient sein kann, eine eigene Börsenaufsichtsbehörde vorzusehen. „**Andere Behörden**" sind insbesondere die Börsenaufsichtsbehörden anderer Bundesländer, hinsichtlich der BaFin sind die verfassungsrechtlichen Grenzen zu beachten (Verbot der Mischverwaltung, Normvollzug durch die Länder). Hinsichtlich der **rechtlichen Qualifizierung der Übertragung** (in Betracht kommen Organleihe, Mandatierung oder Delegation) ist in Anbetracht der Zielsetzung von VII, eine möglichst effiziente Wahrnehmung der Börsenaufsicht zu ermöglichen, davon auszugehen, dass die beauftragende Behörde wählen kann, welchen Weg der Übertragung sie wählt.

10) Einschaltung anderer Personen und Einrichtungen (VIII)

10   Nach VIII nF 2007 kann sich die Börsenaufsichtsbehörde bei der Durchführung ihrer Aufgaben anderer Personen und Einrichtungen bedienen. Das umfasst die **Rechts- und Amtshilfe** durch andere Behörden des Bundes und der Länder. Es können aber auch andere Personen als Amtsträger, also auch Private, zB Wirtschaftsprüfer, einbezogen werden (besondere Verpflichtung der Privatpersonen zur Unterstützung besteht aber nicht). Wegen **(14)** BörsG § 7 I 3, II 3 kann VIII aus systematischen Gründen nicht als Rechtsgrundlage für die Heranziehung der Handelsüberwachungsstelle herangezogen werden.

11) Keine aufschiebende Wirkung von Rechtsmitteln (IX)

11   IX nF 2007 stellt sicher, dass die Maßnahmen der Börsenaufsichtsbehörde nach IV und V auch bei Widerspruch und Anfechtungsklage sofort durchgesetzt werden können. Das ist angesichts der Schnelligkeit des Börsengeschehens unerlässlich.

12) Bestellung eines Beauftragten (X)

12   Als ultima ratio hat die Börsenaufsichtsbehörde das Recht, einen Beauftragten einzusetzen (Verwaltungsakt), der die Aufgaben der Börse oder eines ihrer Organe auf Kosten des Börsenträgers wahrnimmt (X nF 2007). Voraussetzung ist, dass die sonstigen Befugnisse der Aufsicht nicht ausreichen und der ordnungsgemäße Börsenbetrieb dies erfordert. Damit soll die Börse die Börsenhandel auch dann funktionsfähig gehalten werden, wenn die Börse selbst nicht mehr bereit ist, ihren gesetzlichen Verpflichtungen nachzukommen (RegE FRUG, BTDrucks 16/4028, 81). Von der früheren Möglichkeit, einen Staatskommissar (Beamter der Börsenaufsichtsbehörde) für die Durchführung der Börsenaufsicht einzusetzen (III 1 aF vor 2002), ist nur dreimal Gebrauch gemacht worden.

V. Bankgeschäfte   **3b BörsG (14)**

13) Benachrichtigungsverbot für Adressaten von Maßnahmen und Ermittlungsverfahren (XI)

XI nF 2007 begründet eine Verschwiegenheitspflicht, sofern es um Ermittlungen wegen eines Verstoßes gegen § 26 BörsG oder **(16a)** MAR Art 14 (Insiderhandelsverbot) oder Art 15 MAR (Marktmanipulationsverbot) geht.   13

14) Zuständigkeit der Börsenaufsichtsbehörde bzgl MiFIR (XII)

XII neu 2. FiMaNoG 2017 regelt, dass die Börsenaufsichtsbehörden im Hinblick auf die Börsen und deren Betreiber die zuständigen Behörden für die Überwachung der Pflichten nach der MiFIR (VO (EU) 600/2014) sind.   14

Aufgaben und Befugnisse der Börsenaufsichtsbehörde zur Ausführung der Verordnung (EU) 2015/2365)

BörsG 3a (1) Die Börsenaufsichtsbehörde überwacht die Einhaltung der Verbote und Gebote der Verordnung (EU) 2015/2365 durch die Börse und den Börsenträger und kann Anordnungen treffen, die geeignet und erforderlich sind, Verstöße gegen die Artikel 4 und 15 der Verordnung (EU) 2015/2365 sowie gegen die auf Grundlage des Artikels 4 erlassenen delegierten Rechtsakte und Durchführungsrechtsakte der Europäischen Kommission in der jeweils geltenden Fassung zu verhindern oder Missstände zu beseitigen.

(2) ¹Bei Verstößen gegen die in Absatz 1 genannten Vorschriften sowie sich hierauf beziehende Anordnungen der Börsenaufsichtsbehörde kann diese eine dauerhafte Einstellung der den Verstoß begründenden Handlungen oder Verhaltensweisen verlangen. ²Verstößt eine Person, die bei der Börse oder dem Börsenträger tätig ist, vorsätzlich gegen eine der in Absatz 1 genannten Vorschriften oder eine sich auf diese Vorschriften beziehende Anordnung der Börsenaufsichtsbehörde und setzt sie dieses Verhalten trotz Verwarnung durch die Börsenaufsichtsbehörde fort, kann die Börsenaufsichtsbehörde dieser Person für einen Zeitraum von bis zu zwei Jahren die Wahrnehmung von Führungsaufgaben bei Börsen oder Börsenträgern untersagen.

§ 3a neu 2. FiMaNoG 2017 dient der Umsetzung von Art. 22 VO (EU) 2015/ 2365 und stattet die Börsenaufsichtsbehörden mit den für die Überwachung der dortigen Ge- und Verbote notwendigen Befugnissen aus. Sie soll die Erfüllung der Pflichten aus Art. 4 und Art. 15 der VO 2015/2365 sowie den damit verbundenen delegierten Rechtsakte und Durchführungsrechtsakte der Europäischen Kommission durch die Börse und die Börsenträger überwachen und gegebenenfalls durchsetzen können. Art. 4 der VO 2015/2365 regelt die Meldepflicht und Sicherheitsvorkehrungen für Wertpapierfinanzierungsgeschäfte: Danach sind Abschlüsse, Änderungen oder Beendigungen von Wertpapierfinanzierungsgeschäften einem Transaktionsregister zu melden. Art. 15 VO 2015/2365 regelt die Weiterverwendung von als Sicherheit gehaltenen Finanzinstrumenten. Bei der Überwachung und Durchsetzung dieser Regelungen hat die Aufsichtsbehörde den Verhältnismäßigkeitsgrundsatz zu beachten.   1

Meldung von Verstößen

BörsG 3b (1) ¹Die Börsenaufsichtsbehörde trifft geeignete Vorkehrungen, um die Meldung von möglichen oder tatsächlichen Verstößen gegen dieses Gesetz oder gegen die Verordnung (EU) 600/2014 oder gegen Artikel 4 oder 15 der Verordnung (EU) 2015/2365 oder gegen die zur Durchführung dieses Gesetzes oder der Verordnung (EU) 600/

Kumpan   2391

2014 oder der Artikel 4 oder 15 der Verordnung (EU) 2015/2365 erlassenen Verordnungen, Rechtsakte oder Anordnungen oder gegen sonstige Vorschriften, deren Einhaltung sie zu überwachen hat, zu ermöglichen. ²Die Meldungen können auch anonym abgegeben werden.

(2) ¹Die Börsenaufsichtsbehörde ist zu diesem Zweck befugt, personenbezogene Daten zu erheben, zu verarbeiten, zu nutzen und zu speichern, soweit dies zur Erfüllung ihrer Aufgaben nach Absatz 1 erforderlich ist. ²Die eingehenden Meldungen unterliegen den datenschutzrechtlichen Bestimmungen.

(3) ¹Die Börsenaufsichtsbehörde macht die Identität einer Person, die eine Meldung erstattet hat, nicht bekannt, ohne zuvor die ausdrückliche Zustimmung dieser Person eingeholt zu haben. ²Ferner gibt die Börsenaufsichtsbehörde die Identität einer Person, die Gegenstand einer Meldung ist, nicht preis. ³Die Sätze 1 und 2 gelten nicht, wenn eine Weitergabe der Information im Zusammenhang mit weiteren Ermittlungen oder nachfolgenden Verwaltungs- oder Gerichtsverfahren erforderlich ist oder wenn die Offenlegung durch eine gerichtliche Entscheidung angeordnet wird.

(4) Die Informationsfreiheitsgesetze der Länder finden auf die Meldung von Verstößen nach Absatz 1 keine Anwendung.

(5) Mitarbeiter, die bei Unternehmen oder Personen beschäftigt sind, die von einer Börsenaufsichtsbehörde beaufsichtigt werden, oder die bei Unternehmen oder Personen beschäftigt sind, auf die Tätigkeiten von beaufsichtigten Unternehmen oder Personen ausgelagert wurden, und die eine Meldung nach Absatz 1 abgeben, dürfen wegen dieser Meldung weder nach arbeitsrechtlichen oder strafrechtlichen Vorschriften verantwortlich noch schadensersatzpflichtig gemacht werden, es sei denn, es ist vorsätzlich oder grob fahrlässig eine unwahre Meldung abgegeben worden.

(6) Die Berechtigung zur Abgabe von Meldungen nach Absatz 1 durch Mitarbeiter, die bei Unternehmen oder Personen beschäftigt sind, die von der Börsenaufsichtsbehörde beaufsichtigt werden oder die bei anderen Unternehmen oder Personen beschäftigt sind, auf die Tätigkeiten von beaufsichtigten Unternehmen oder Personen ausgelagert wurden, die bei einer Börse oder einem Börsenträger beschäftigt sind, darf vertraglich nicht eingeschränkt werden. Entgegenstehende Vereinbarungen sind unwirksam.

(7) Die Rechte einer Person, die Gegenstand einer Meldung ist, insbesondere die Rechte nach den anwendbaren Verwaltungsverfahrensgesetzen, nach den §§ 68 bis 71 der Verwaltungsgerichtsordnung und nach den §§ 137, 140, 141 und 147 der Strafprozessordnung werden durch die Einrichtung des Systems zur Meldung von Verstößen nach Absatz 1 nicht eingeschränkt.

1 § 3b neu 2. FiMaNoG 2017 setzt Art. 24 I und II VO (EU) 2015/2365 um, wobei I aufgrund von Art. 73 I MiFID II modifiziert worden ist. Da die Börsenaufsichtsbehörden im Hinblick auf die Börsen die zuständigen Behörden nach der VO bzw. nach MiFID II bzw MiFIR (VO (EU) 600/2014) sind, obliegt ihnen die Aufgabe, Meldungen von Verstößen gegen Art. 4 und 15 VO (EU) 2015/2365 sowie gegen die MiFIR und das BörsG und sonstige Vorschriften, deren Einhaltung die Börsenaufsichtsbehörde zu überwachen hat, zu ermöglichen.

Erlaubnis

BörsG 4 (1) Die Errichtung einer Börse bedarf der schriftlichen Erlaubnis der Börsenaufsichtsbehörde.

(2) ¹Der Antrag auf Erteilung der Erlaubnis ist schriftlich bei der Börsenaufsichtsbehörde zu stellen. ²Er muss enthalten:

1. einen geeigneten Nachweis der nach § 5 Abs. 5 zum Börsenbetrieb erforderlichen Mittel,
2. die Namen der Geschäftsleiter und der Mitglieder des Verwaltungs- oder Aufsichtsorgans des Börsenträgers sowie Angaben, die für die Beurteilung der Anforderungen nach den §§ 4a und 4b erforderlich sind,
3. einen Geschäftsplan, aus dem die Art der geplanten Geschäfte und der organisatorische Aufbau und die geplanten internen Kontrollverfahren des Trägers der Börse hervorgehen, sowie das Regelwerk der Börse,
4. die Angabe der Eigentümerstruktur des Trägers der Börse, insbesondere die Inhaber bedeutender Beteiligungen im Sinne des § 6 Abs. 6 und deren Beteiligungshöhe, und
5. die Angaben, die für die Beurteilung der Zuverlässigkeit der Inhaber bedeutender Beteiligungen erforderlich sind; ist der Inhaber einer bedeutenden Beteiligung eine juristische Person oder Personenhandelsgesellschaft, sind die für die Beurteilung der Zuverlässigkeit seiner gesetzlichen oder satzungsmäßigen Vertreter oder persönlich haftenden Gesellschafter wesentlichen Tatsachen anzugeben.

[3] Die Börsenaufsichtsbehörde kann zusätzliche Angaben verlangen, soweit diese erforderlich sind, um zu prüfen, ob der Antragsteller die Einhaltung der Vorschriften dieses Gesetzes gewährleistet. [4] Handelt es sich bei den Geschäftsleitern des Trägers der Börse um solche eines organisierten Marktes, kann der Antragsteller hinsichtlich dieser Personen von den Angaben nach Satz 2 Nr. 2 und 5 absehen.

(3) Die Erlaubnis ist insbesondere zu versagen, wenn

1. der Nachweis der zum Börsenbetrieb erforderlichen Mittel nicht erbracht wird,
2. Tatsachen vorliegen, aus denen sich ergibt, dass eine der in Absatz 2 Satz 2 Nummer 2 genannten Personen den Anforderungen nach den §§ 4a und 4b nicht entspricht,
3. Tatsachen die Annahme rechtfertigen, dass der Inhaber einer bedeutenden Beteiligung oder, wenn er eine juristische Person ist, auch ein gesetzlicher oder satzungsmäßiger Vertreter, oder, wenn er eine Personenhandelsgesellschaft ist, auch ein Gesellschafter, nicht zuverlässig ist oder aus anderen Gründen nicht den im Interesse einer soliden und umsichtigen Führung des Trägers einer Börse zu stellenden Ansprüchen genügt; dies gilt im Zweifel auch dann, wenn Tatsachen die Annahme rechtfertigen, dass er die von ihm aufgebrachten Mittel durch eine Handlung erbracht hat, die objektiv einen Straftatbestand erfüllt, oder
4. sich aus den vom Antragsteller vorgelegten Unterlagen ernstliche Zweifel an seiner Fähigkeit ergeben, die sich aus diesem Gesetz ergebenden Anforderungen an den Betrieb der Börse zu erfüllen.

(4) Die Erlaubnis erlischt, wenn von ihr nicht innerhalb eines Jahres seit ihrer Erteilung Gebrauch gemacht wird.

(5) [1] Die Börsenaufsichtsbehörde kann die Erlaubnis außer nach den Vorschriften der Verwaltungsverfahrensgesetze der Länder aufheben, wenn

1. der Börsenbetrieb, auf den sich die Erlaubnis bezieht, seit mehr als sechs Monaten nicht mehr ausgeübt worden ist,
2. ihr Tatsachen bekannt werden, welche die Versagung der Erlaubnis nach Absatz 3 rechtfertigen würden, oder
3. die Börse oder der Träger der Börse nachhaltig gegen Bestimmungen dieses Gesetzes oder der Verordnung (EU) 600/2014 oder der Artikel 4 und 15 der Verordnung (EU) 2015/2365 oder die zur Durchführung dieser Gesetze erlassenen Verordnungen oder Anordnungen verstoßen hat.

² Die den § 48 Abs. 4 Satz 1 und § 49 Abs. 2 Satz 2 des Verwaltungsverfahrensgesetzes entsprechenden Regelungen der Landesgesetze sind nicht anzuwenden.

(5a) ¹ Die Börsenaufsichtsbehörde kann die Erlaubnis mit Auflagen versehen, soweit dies erforderlich ist, um die Erlaubnisvoraussetzungen sicherzustellen. ² Die nachträgliche Aufnahme von Auflagen oder die nachträgliche Änderung oder Ergänzung bestehender Auflagen ist unter den Voraussetzungen des Satzes 1 zulässig.

(6) ¹ Die Landesregierungen werden ermächtigt, Art, Umfang, Zeitpunkt und Form der nach Absatz 2 zu machenden Angaben und vorzulegenden Unterlagen durch Rechtsverordnung näher zu bestimmen. ² Die Landesregierung kann die Ermächtigung durch Rechtsverordnung auf die Börsenaufsichtsbehörde übertragen.

(7) ¹ Der Börsenträger hat der Börsenaufsichtsbehörde einen Wechsel bei den Personen der Geschäftsleitung sowie wesentliche Änderungen hinsichtlich der nach Absatz 2 Satz 2 Nr. 1 bis 5 gemachten Angaben unverzüglich anzuzeigen. ² Absatz 2 Satz 3 und 4 gilt entsprechend.

Übersicht

1) Erlaubnispflicht für die Errichtung einer Börse (I)	1–2a
2) Antrag (II, VI)	3
3) Versagung, Erlöschen und Aufhebung der Erlaubnis (III–Va)	4–4b
4) Mitteilungspflicht des Börsenträgers (VII)	5

1) Erlaubnispflicht für die Errichtung einer Börse (I)

1 § 4 setzt Art 44 MiFID II, seinerzeit Art 36 MiFID, um, der für die Zulassung als geregelter Markt und damit auch als Börse detaillierte Anforderungen an die Börse selbst und ihre Betreiber stellt. Die Errichtung einer Börse bedarf der schriftlichen Erlaubnis der Börsenaufsichtsbehörde (**I**). Zuständige Börsenaufsichtsbehörde bestimmt sich nach dem Verwaltungssitz der (künftigen) Börse und ihrer Organe, Sitz des Trägers muss damit nicht identisch sein. Die Regelung als Erlaubnispflicht statt Verbot mit **Erlaubnisvorbehalt** trägt der Börsendefinition nach § 2 I Rechnung, da diese mit der Beschreibung der Rechtsnatur als Anstalt des öffentlichen Recht als Wesenselement auch formelle Aspekte enthält (so RegE FRUG, BTDrucks 16/4028, 81). Erlaubnis ist ein (mitwirkungsdürftiger) begünstigender (Dauer-)Verwaltungsakt iSd § 35 VwVfG. Antragssteller und Adressat der Erlaubnis ist der Börsenträger, nicht die Börse. Es besteht kein Rechtsanspruch auf Erlaubniserteilung.

2 Statt Antrag auf Börsenzulassung zu stellen, kann ein Unternehmen den Betrieb auch als multilaterales Handelssystem nach §§ 72, 74 WpHG führen. Das **Wahlrecht zwischen Betrieb als Börse oder als multilaterales Handelssystem** geht auf die parallele Begriffsbestimmung in Art. 4 I Nr. 21 und 22 MiFID II und der sehr ähnlichen materiellen Anforderungen an geregelte Märkte (Börsen) und multilaterale Handelssysteme durch Art. 31 f. und Art 44 ff. MiFID II zurück. Das hat eine rechtlich und praktisch ganz erhebliche Konsequenz für das deutsche Recht. Wer eine nicht als Börse genehmigte multilaterale Handelsplattform betreibt, betreibt damit anders als früher keine ungenehmigte Börse mit entsprechenden börsenrechtlichen Konsequenzen. Vielmehr ist das nunmehr eine erlaubnispflichtige Finanzdienstleistung nach § 1 Ia 2 Nr 1b KWG im ausschließlichen Aufsichtsbereich der BaFin. Liegt diese Erlaubnis nicht vor, kann nicht die Börsenaufsichtsbehörde nach BörsG, sondern nur die BaFin nach KWG einschreiten (zur Kritik § 3 Rn 1b).

Die Erlaubnis hat eine doppelte Rechtsfolge: Sie führt zur Entstehung der 2a Börse (**konstitutiver Rechtsakt,** nach **(14)** BörsG § 12 V bestellt Börsenaufsichtsbehörde bereits einen vorläufigen Börsenrat, das zentrale Selbstverwaltungsorgan) und der Börsenträger wird berechtigt und verpflichtet, die Börse künftig zu betreiben und zu erhalten (dagegen keine Delegation staatlicher Organisationsgewalt oder staatlicher Aufgabe auf den Träger). Es erfolgt auch **keine Beleihung** (aA hM). Börsenträger ist vielmehr **Verwaltungshelfer,** der für das wirtschaftliche Management der Börse zuständig ist. Er hat keinen rechtlich vermittelten Einfluss auf die in die Zuständigkeit der öffentlich-rechtlichen Börse und ihrer Organe fallenden Angelegenheiten (in der Praxis kann aber Einfluss gegeben sein, etwa aufgrund von Personalunion der Verantwortlichen oder Übernahme von Initiativen des Trägers durch die Börse).

2) Antrag (II, VI)

II regelt die Einzelheiten des Antrags auf Erteilung der Erlaubnis. Dabei 3 kommt es auf die zum Börsenbetrieb notwendige finanzielle Leistungsfähigkeit des Börsenträgers (**II 2 Nr 1,** § 5 V) an, die sich an Art und Umfang der abgeschlossenen Geschäfte sowie an den Risiken, denen die Börse dabei ausgesetzt ist, orientiert. Des Weiteren auf die Erfüllung der Anforderungen an die Geschäftsleiter und Mitglieder des Börsenrats, insbesondere deren Zuverlässigkeit und fachliche Eignung (**II 2 Nr 2,** §§ 4a, 4b, s Kommentierung bei §§ 4a und 4b). Es muss ein Geschäftsplan mit dem geplanten internen Kontrollverfahren des Börsenträgers und Regelwerk der Börse vorgelegt werden **(II 2 Nr 3).** Dies soll die Prüfung ermöglichen, ob alle Vorgaben des Titels III der MiFID II eingehalten werden. Hinsichtlich der Einzelheiten ist eine Orientierung an der Genehmigungspraxis der BaFin zu § 32 I 2 Nr. 5 KWG möglich. Demzufolge ua Angabe der handelbaren Handelsprodukte, Art des Handels (Kassa, Termin), vorgesehene Infrastrukturen, angenommene Börsenumsätze und Erträge. Weiterhin ist die Eigentümerstruktur anzugeben, insbesondere was die Inhaber bedeutender Beteiligungen und deren Beteiligungshöhe angeht sowie deren Zuverlässigkeit (**II 2 Nr 4, 5,** § 6 I). S. in diesem Zusammenhang auch **(14)** BörsG § 6 Rn. 3. Näheres folgt aus einer RVO **(VI).** Im Einzelfall kann die Börsenaufsichtsbehörde zusätzliche Informationen verlangen **(II 3).**

3) Versagung, Erlöschen und Aufhebung der Erlaubnis (III–Va)

III Nr 1–4 enthält die **Versagungsgründe,** die aber nicht abschließend, 4 sondern nur Regelbeispiele sind („insbesondere"), eine „Bedürfnisprüfung" für weitere Marktplätze ist aber ausgeschlossen (FinA FRUG, BTDrucks 16/4899, 13). Diese sind parallel zu den Erlaubnisgründen (II 2 Nr 1, 2, 4, 5) gefasst. Wer also eine Börse betreiben will, muss die anfänglichen Anforderungen der MiFID II an den Betreiber von geregelten Märkten erfüllen (RegE FRUG). Z. T. Prognosen erforderlich, die auf Tatsachen beruhen müssen, bloße Vermutungen und Gerüchte reichen nicht (materielle Beweislast liegt bei der Börsenaufsichtsbehörde); bloße Zweifel am Nichtvorliegen der Untersagungsvoraussetzungen nach Nr 2 und 3 reichen nicht aus, etwas geringere Anforderungen bei Nr 4 („ernstliche Zweifel"). **Nr 4** bezieht sich auf die Pflichten des Börsenträgers nach **(14)** BörsG § 5, ist kein genereller Auffangtatbestand. Da Versagungsgründe nicht abschließend sind, können auch andere gewichtige Gründe herangezogen werden, die aber den in III genannten vergleichbar sein müssen, Erwägungen außerhalb des Pflichtenkreises des Börsenträgers (zB standortpolitische Fragen) dürfen dabei keine Rolle spielen.

Nach **IV** erlischt die Erlaubnis, wenn von ihr nicht innerhalb eines Jahres seit 4a Erteilung Gebrauch gemacht wird. Die **Frist** läuft mit Zustellung des Erlaubnisbescheids und berechnet sich nach §§ 187 Abs. 1, 188 Abs. 2 BGB. Erforderlich ist, dass der genehmigte Börsenbetrieb aufgenommen worden ist, bei mehre-

(14) BörsG 4a 2. Teil. Handelsrechtl. Nebengesetze

ren Geschäftszweigen zumindest in einem von ihnen. **Weitere Erlöschenstatbestände** sind der Untergang des Trägers und der Trägerwechsel (gesellschaftsrechtliche Umstrukturierungsmaßnahmen, in diesem Fall erwogene „Überleitung" ist neue Erlaubnis für Nachfolger, da personenbezogener Verwaltungsakt nicht nachfolgefähig ist); ein Genehmigungsverzicht ist nach hM dagegen unzulässig. Erlischt die Erlaubnis, geht die öffentlich-rechtliche Börse unter; anders wenn der Börsenträger wechselt, dann muss bei Erlaubniserteilung durch zeitlichen Anschluss sichergestellt werden, dass zu keiner Zeit trägerloser Zustand besteht.

4b V regelt die Voraussetzung der Aufhebung der Erlaubnis durch die Börsenaufsichtsbehörde. Ist überprüfbare Ermessensentscheidung und ultima ratio. Keine Bindung der Börsenaufsichtsbehörde an Jahresfrist ab Kenntniserlangung **(V 2)**. Mit V 2 zugleich klargestellt, dass (L)VwVfG anwendbar ist. Bzgl. Frist nach **V 1 Nr 1** wie Rn 4a. Verstöße nach **V 1 Nr 3** sind jedenfalls Fälle nach (14) BörsG §§ 49, 50. **Rechtsschutz** des Börsenträgers mittels Anfechtungsklage, § 42 I VwGO, Klagebefugnis auch der Börse selbst (rechtliche Drittwirkung wegen Untergang der Börse). Außerdem Entschädigungsansprüche auf Ersatz des Vertrauensschadens. **Va,** eingefügt durch HFreqHG, ermöglicht der Börsenaufsichtsbehörde, Auflagen zu erlassen. Soll der Börsenaufsichtsbehörde die Möglichkeit geben, auf künftige Entwicklungen zu reagieren, zB Sitzverlegung eines Börsenträgers ins Ausland, Eingliederung eines Börsenträgers in einen Börsenkonzern mit einer Holding sowie Veränderungen des Marktumfelds durch neue EU-Regulierungen (RegE HFHandelG, BTDrucks 17/11631, 21)

4) Mitteilungspflicht des Börsenträgers (VII)

5 VII dient der laufenden Kontrolle der Erstzulassungsvoraussetzungen durch die Börsenaufsichtsbehörde. Der Börsenträger hat einen Wechsel in der Geschäftsleitung sowie wesentliche Änderungen der übrigen Angaben nach II unverzüglich anzuzeigen.

Geschäftsleitung des Börsenträgers

BörsG 4a (1) Die Geschäftsleiter des Börsenträgers müssen fachlich geeignet und zuverlässig sein und der Wahrnehmung ihrer Aufgaben ausreichend Zeit widmen.

(2) [1] Bei der Zahl der Leitungs- oder Aufsichtsmandate, die ein Geschäftsleiter gleichzeitig innehaben kann, sind der Einzelfall und die Art, der Umfang und die Komplexität der Geschäfte des Börsenträgers zu berücksichtigen. [2] Geschäftsleiter eines Börsenträgers, der auf Grund seiner Größe, seiner internen Organisation und der Art, des Umfangs und der Komplexität seiner Geschäfte von erheblicher Bedeutung ist, kann nicht sein, wer in einem anderen Unternehmen Geschäftsleiter ist oder bereits in mehr als zwei Unternehmen Mitglied des Verwaltungs- oder Aufsichtsorgans ist. [3] Dabei gelten mehrere Mandate als ein Mandat, wenn sie bei Unternehmen wahrgenommen werden,

1. die derselben Gruppe im Sinne des Artikels 2 Nummer 11 der Richtlinie 2013/34/EU des Europäischen Parlaments und des Rates vom 26. Juni 2013 über den Jahresabschluss, den konsolidierten Abschluss und damit verbundene Berichte von Unternehmen bestimmter Rechtsformen und zur Änderung der Richtlinie 2006/43/EG des Europäischen Parlaments und des Rates und zur Aufhebung der Richtlinien 78/660/EWG und 83/349/EWG des Rates angehören oder

2. an denen der Börsenträger eine bedeutende Beteiligung im Sinne des § 1 Absatz 9 des Kreditwesengesetzes hält.

V. Bankgeschäfte 1–3 **4a BörsG (14)**

⁴Mandate als Geschäftsleiter einer Börse oder als Mitglied eines Börsenrates und Mandate bei Organisationen und Unternehmen, die nicht überwiegend gewerbliche Ziele verfolgen, insbesondere Unternehmen, die der kommunalen Daseinsvorsorge dienen, werden bei den nach Satz 2 höchstens zulässigen Mandaten nicht berücksichtigt. ⁵Die Börsenaufsichtsbehörde kann einem Geschäftsleiter unter Berücksichtigung der Umstände im Einzelfall gestatten, ein zusätzliches Mandat in einem Verwaltungs- oder Aufsichtsorgan innezuhaben, wenn dies den Geschäftsleiter nicht daran hindert, der Wahrnehmung seiner Aufgaben bei dem Börsenträger ausreichend Zeit zu widmen.

1) Zuverlässigkeit

§ 4a neu 2. FiMaNoG 2017, setzt Art. 45 Abs. 1 bis 6 der MiFID II im Hinblick auf die Geschäftsleitung des Börsenträgers um und lehnt sich eng an §§ 25c und 25d KWG an (RegE 2. FiMaNoG, BTDrucks 18/10936, 268). **Zuverlässig** bedeutet nach allgemeinem Verständnis, dass der Betreffende erwarten lässt, dass er die ihm obliegenden Pflichten ordnungsgemäß erfüllen wird (dazu allgemein BVerwGE 65, 1 f). Dabei handelt es sich um eine Prognose. Der Maßstab ist aus dem Gewerberecht abgeleitet und wird im BörsG auch an anderer Stelle verwendet (s. **(14)** BörsG § 6 II und § 19 IV). Daher kann für die Auslegung auf die allgemeinen gewerbe- und handelsrechtlichen Grundsätze zurückgegriffen werden. Bezugspunkt ist hier aber die Erfüllung der Betriebspflicht nach **(14)** BörsG § 5 I. Weiterhin ist als im börsenrechtlichen Sinne nicht zuverlässig anzusehen, wer einschlägige aufsichts- und wirtschaftsrechtliche Normen oder Anordnungen verletzt oder schwere Vermögens- oder Geldwäschedelikte begangen hat. Zuverlässigkeit muss nicht positiv dargelegt werden, sondern ist zunächst einmal anzunehmen, sofern keine gegenteiligen Tatsachen erkennbar sind. 1

2) Fachliche Eignung

Fachliche Eignung bedeutet, dass der Betreffende über **theoretische und praktische Kenntnisse** in den betreffenden Geschäften und über eine **ausreichende Leitungserfahrung** verfügt. Wie das Kriterium der Zuverlässigkeit auch an anderer Stelle im BörsG verwendet (zB **(14)** BörsG § 19). Sie ist im Gegensatz zur Zuverlässigkeit positiv festzustellen. Sie bezieht sich nicht allein auf die Tätigkeit des Börsenträgers. Europarechtskonform ausgelegt (Art. 45 MiFID II) muss sich die fachliche Eignung der Geschäftsleiter auch auf die Spezifika der vom Börsenträger betriebenen Börse erstrecken. D. h., es kommt insbesondere auch auf die Art der an der Börsen gehandelten Wirtschaftsgüter und die Komplexität der dort abgeschlossenen Geschäfte an (RegE FRUG, BT-Drucks 16/4028, 83, vgl auch § 13 Rn 1). Angesichts der diesbezüglich geringen Verwaltungspraxis im Börsenbereich kann eine Übertragung der bei den Kreditinstituten entwickelten Grundsätze erwogen werden, ist aber von Fall zu Fall zu prüfen. 2

3) Anzahl und Art der Mandate

II enthält umfängliche Regelung über Anzahl und Art der von einem Geschäftsleiter gleichzeitig wahrnehmbaren Mandate. Ähnelt § 100 II 1 AktG, sieht um ausdrücklich vor, dass auf individuellen Einzelfall und Art, Umfang und Komplexität der Geschäfte abzustellen ist. Enge Grenzen gelten für Börsenträger **„von erheblicher Bedeutung"**, was primär die FWB betreffen wird. Zur Ermittlung der **Größe** kann auf die Bilanzsumme, Erlöse oder Anzahl der Angestellten abgestellt werden. Für eine Orientierung kommt § 267 HGB in Betracht. Hinsichtlich der **internen Organisation** kommt es auf die Komplexität der Organisationsstruktur und die Zahl der Abteilungen und Unterabteilungen an. Bei den **„Geschäften"** kann es nur um die an der Börse abschließbaren Geschäfte gehen. Besonderheiten gelten für Mandate bei Konzernunternehmen 3

Kumpan 2397

sowie bei nicht gewerblichen Unternehmen, insbesondere der kommunalen Daseinsvorsorge. Die Börsenaufsichtsbehörde kann Ausnahmen zulassen.

Verwaltungs- oder Aufsichtsorgan des Börsenträgers

BörsG 4b (1) [1] Die Mitglieder des Verwaltungs- oder Aufsichtsorgans des Börsenträgers müssen zuverlässig sein, die erforderliche Sachkunde zur Wahrnehmung der Kontrollfunktion sowie zur Beurteilung und Überwachung der Geschäfte, die das jeweilige Unternehmen betreibt, besitzen und der Wahrnehmung ihrer Aufgaben ausreichend Zeit widmen. [2] Bei der Prüfung, ob eine der in Satz 1 genannten Personen die erforderliche Sachkunde besitzt, sind die Art, der Umfang und die Komplexität des Börsenträgers zu berücksichtigen.

(2) [1] Das Verwaltungs- oder Aufsichtsorgan muss in seiner Gesamtheit die Kenntnisse, Fähigkeiten und Erfahrungen haben, die zur Wahrnehmung der Kontrollfunktion sowie zur Beurteilung und Überwachung der Geschäftsleitung notwendig sind. [2] Jedes Mitglied hat aufrichtig und unvoreingenommen zu handeln, um die Entscheidungen der Geschäftsleitung beurteilen und erforderlichenfalls in Frage stellen zu können und die Entscheidungsfindung wirksam überwachen zu können. [3] Die Vorschriften der Mitbestimmungsgesetze über die Wahl und die Abberufung der Arbeitnehmervertreter im Verwaltungs- oder Aufsichtsorgan bleiben unberührt.

(3) [1] Das Verwaltungs- oder Aufsichtsorgan hat insbesondere die Aufgabe, zu überwachen, ob Unternehmensführungsregelungen bestehen und eingehalten werden, die eine wirksame und umsichtige Führung sicherstellen und insbesondere eine Aufgabentrennung in der Organisation und die Vorbeugung von Interessenkonflikten vorsehen. [2] Dies hat auf eine Weise zu erfolgen, durch die die Integrität des Markts gefördert wird. [3] Das Verwaltungs- oder Aufsichtsorgan hat gegebenenfalls angemessene Schritte zur Behebung etwaiger Mängel einzuleiten.

(4) [1] Bei der Zahl der Leitungs- oder Aufsichtsmandate, die ein Mitglied des Verwaltungs- oder Aufsichtsorgans gleichzeitig innehaben kann, sind der Einzelfall und die Art, der Umfang und die Komplexität der Geschäfte des Börsenträgers zu berücksichtigen. [2] Mitglied des Verwaltungs- oder Aufsichtsorganes eines Börsenträgers, der auf Grund seiner Größe, seiner internen Organisation und der Art, des Umfangs und der Komplexität seiner Geschäfte von erheblicher Bedeutung ist, kann nicht sein,

1. wer in einem anderen Unternehmen Geschäftsleiter ist und zugleich in mehr als zwei Unternehmen Mitglied des Verwaltungs- oder Aufsichtsorgans ist oder
2. wer in mehr als vier Unternehmen Mitglied des Verwaltungs- oder Aufsichtsorgans ist.

[3] Dabei gelten mehrere Mandate als ein Mandat, wenn die Mandate bei Unternehmen wahrgenommen werden,

1. die derselben Gruppe im Sinne des Artikels 2 Nummer 11 der Richtlinie 2013/34/EU des Europäischen Parlaments und des Rates vom 26. Juni 2013 über den Jahresabschluss, den konsolidierten Abschluss und damit verbundene Berichte von Unternehmen bestimmter Rechtsformen und zur Änderung der Richtlinie 2006/43/EG des Europäischen Parlaments und des Rates und zur Aufhebung der Richtlinien 78/660/EWG und 83/349/EWG des Rates angehören oder
2. an denen der Börsenträger eine bedeutende Beteiligung im Sinne des § 1 Absatz 9 des Kreditwesengesetzes hält.

⁴ Mandate als Geschäftsleiter einer Börse oder als Mitglied eines Börsenrates und Mandate bei Organisationen und Unternehmen, die nicht überwiegend gewerbliche Ziele verfolgen, insbesondere Unternehmen, die der kommunalen Daseinsvorsorge dienen, werden bei den höchstens zulässigen Mandaten nicht berücksichtigt. ⁵ Die Börsenaufsichtsbehörde kann einem Mitglied des Verwaltungs- oder Aufsichtsorgans des Börsenträgers unter Berücksichtigung der Umstände im Einzelfall gestatten, ein zusätzliches Mandat in einem Verwaltungs- oder Aufsichtsorgan innezuhaben, wenn dies das Mitglied nicht daran hindert, der Wahrnehmung seiner Aufgaben bei dem Börsenträger ausreichend Zeit zu widmen.

(5) ¹ Das Verwaltungs- oder Aufsichtsorgan eines Börsenträgers, der auf Grund seiner Größe, seiner internen Organisation und der Art, des Umfangs und der Komplexität seiner Geschäfte von erheblicher Bedeutung ist, hat aus seiner Mitte einen Nominierungsausschuss zu bestellen. ² Der Nominierungsausschuss unterstützt das Verwaltungs- oder Aufsichtsorgan bei der:

1. Ermittlung von Bewerbern für die Besetzung einer Stelle im Verwaltungs- oder Aufsichtsorgan und in der Geschäftsleitung und Vorbereitung von Wahlvorschlägen für die Wahl von deren Mitgliedern; hierbei hat er auf Grund darauf zu achten, dass die Kenntnisse, Fähigkeiten und Erfahrungen aller Mitglieder des betreffenden Organs unterschiedlich und ausgewogen sind und eine Stellenbeschreibung mit einem Bewerberprofil zu entwerfen sowie den mit der Aufgabe verbundenen Zeitaufwand anzugeben;
2. Erarbeitung einer Strategie zur Förderung der Vertretung des unterrepräsentierten Geschlechts im Verwaltungs- oder Aufsichtsorgan sowie zur Förderung der Diversität, um eine große Bandbreite von Eigenschaften und Fähigkeiten bei dessen Mitgliedern zu erreichen;
3. regelmäßige, mindestens jährliche Bewertung der Struktur, Größe, Zusammensetzung und Leistung der Geschäftsleitung und des Verwaltungs- oder Aufsichtsorgans und Erarbeitung von Empfehlungen an das Verwaltungs- oder Aufsichtsorgan zu Verbesserungen;
4. regelmäßige, mindestens jährliche Bewertung der Kenntnisse, Fähigkeiten und Erfahrung sowohl der einzelnen Geschäftsleiter und der einzelnen Mitglieder des Verwaltungs- oder Aufsichtsorgans als auch des jeweiligen Organs in seiner Gesamtheit und
5. Überprüfung der Grundsätze des Verwaltungs- oder Aufsichtsorgans für die Auswahl und Bestellung der Geschäftsleiter und Abgabe diesbezüglicher Empfehlungen an das Verwaltungs- oder Aufsichtsorgan.

³ Der Nominierungsausschuss hat bei der Wahrnehmung seiner Aufgaben insbesondere darauf zu achten, dass die Entscheidungsfindung innerhalb der Geschäftsleitung oder des Verwaltungs- oder Aufsichtsorgans durch einzelne Personen oder Gruppen nicht in einer Weise beeinflusst wird, die dem Börsenbetreiber insgesamt schadet. ⁴ Er kann bei der Wahrnehmung seiner Aufgaben auf alle aus seiner Sicht erforderlichen Mittel zurückgreifen und auch externe Berater hinzuziehen. Zu diesem Zweck soll er vom Unternehmen angemessene Finanzmittel erhalten.

§ 4b, neu durch 2. FiMaNoG 2017, setzt Art. 45 Abs. 1 bis 6 der MiFID II im Hinblick auf das Verwaltungs- und Aufsichtsorgan des Börsenträgers um und lehnt sich eng an §§ 25c und 25d KWG an (RegE 2. FiMaNoG, BTDrucks 18/10936, 268). Bzgl. Zuverlässigkeit s. **(14)** BörsG § 4a Rn. 1. **Erforderliche Sachkunde** ist europarechtskonform im Sinne von erforderlichen Kenntnissen, Fähigkeiten und Erfahrungen in einer Angelegenheit zu verstehen. Diese müssen sich bei einem Organ des Börsenträgers grds auf dessen Geschäfte beziehen. Dabei sollen Art, Umfang und Komplexität der Geschäfte des Börsenträgers berücksichtigt werden. Aufgrund europarechtskonformer Auslegung (Art. 45 MiFID II) muss sich dies aber auch auf die Börse, die Abläufe an der Börse und die dort geschlossenen Geschäfte beziehen.

II enthält gremienbezogene Regelung. Danach muss Organ in seiner Gesamtheit in der Lage sein, die Geschäftsleitung zu überwachen. Außerdem soll falsch verstandenem Corpsgeist entgegengewirkt werden. **III** beschreibt Überwachungsaufgaben und muss, da es sich um den Börsenträger handelt, vor dem Hintergrund von (14) BörsG § 5 verstanden werden. **IV** beschränkt die ausübbaren Mandate, dazu § 4a Rn. 3. **V** enthält für „bedeutende" Börsenträger Regelungen zum Nominierungsausschuss.

Pflichten des Börsenträgers

BörsG 5 (1) ¹Mit Erteilung der Erlaubnis wird der Antragsteller als Träger der Börse zu deren Errichtung und Betrieb berechtigt und verpflichtet. ²Er ist verpflichtet, der Börse auf Anforderung der Geschäftsführung der Börse die zur Durchführung und angemessenen Fortentwicklung des Börsenbetriebs erforderlichen finanziellen, personellen und sachlichen Mittel zur Verfügung zu stellen.

(2) Der Börsenträger ist verpflichtet, die aktuellen Angaben zu seiner Eigentümerstruktur in dem nach § 4 Abs. 2 Satz 2 Nr. 4 erforderlichen Umfang auf seiner Internetseite zu veröffentlichen.

(3) ¹Die Auslagerung von Bereichen, die für die Durchführung des Börsenbetriebs wesentlich sind, auf ein anderes Unternehmen darf weder die ordnungsmäßige Durchführung des Handels an der Börse und der Börsengeschäftsabwicklung noch die Aufsicht über die Börse beeinträchtigen. ²Der Börsenträger hat sich insbesondere die erforderlichen Weisungsbefugnisse vertraglich zu sichern und die ausgelagerten Bereiche in seine internen Kontrollverfahren einzubeziehen. ³Der Börsenträger hat die Absicht der Auslagerung sowie ihren Vollzug der Börsenaufsichtsbehörde unverzüglich anzuzeigen.

(4) Der Börsenträger ist verpflichtet,

1. Vorkehrungen zu treffen, um Konflikte zwischen Eigeninteressen des Börsenträgers oder dessen Eigentümern und dem öffentlichen Interesse am ordnungsgemäßen Betrieb der Börse zu erkennen und zu verhindern, soweit diese geeignet sind, sich nachteilig auf den Börsenbetrieb oder auf die Handelsteilnehmer auszuwirken, insbesondere soweit die der Börse gesetzlich übertragenen Überwachungsaufgaben betroffen sind,

2. angemessene Vorkehrungen und Systeme zur Ermittlung und zum Umgang mit den wesentlichen Risiken des Börsenbetriebs zu schaffen, um diese wirksam zu begrenzen, und

3. die technische Funktionsfähigkeit der Börsenhandels- und Abwicklungssysteme sicherzustellen, technische Vorkehrungen für einen reibungslosen und zeitnahen Abschluss der im Handelssystem ausgeführten Geschäfte zu schaffen und insbesondere wirksame Notfallmaßnahmen vorzusehen, die bei einem Systemausfall oder bei Störungen in seinen Handelssystemen die Kontinuität seines Geschäftsbetriebs gewährleisten.

(4a) Der Börsenträger muss über Systeme und Verfahren verfügen, um

1. sicherzustellen, dass seine Handelssysteme belastbar sind und über ausreichende Kapazitäten für Spitzenvolumina an Aufträgen und Mitteilungen verfügen, und

2. Aufträge abzulehnen, die die im Voraus festgelegten Grenzen für Volumina und Kurse überschreiten oder eindeutig irrtümlich zustande kamen.

(5) Der Börsenträger muss über ausreichende finanzielle Mittel für eine ordnungsgemäße Durchführung des Börsenbetriebs verfügen, wobei Art, Umfang und Risikostruktur der an der Börse getätigten Geschäfte zu berücksichtigen sind.

(6) Der Börsenträger hat das Land, in dessen Gebiet die Börse ansässig ist, von allen Ansprüchen Dritter wegen Schäden freizustellen, die durch die für die Börse Handelnden in Ausübung der ihnen übertragenen Aufgaben verursacht werden.

(7) Dem Börsenträger ist es nicht gestattet, an einer Börse Kundenaufträge unter Einsatz seines eigenen Kapitals auszuführen oder auf die Zusammenführung sich deckender Kundenaufträge im Sinne von § 2 Absatz 29 des Wertpapierhandelsgesetzes zurückzugreifen.

(8) Der Börsenträger muss über einen Prozess verfügen, der es den Mitarbeitern unter Wahrung der Vertraulichkeit ihrer Identität ermöglicht, mögliche oder tatsächliche Verstöße gegen die Verordnung (EU) Nr. 596/2014, gegen die Verordnung (EU) 2015/2365, gegen die Verordnungn (EU) Nr. 600/2014, gegen die Verordnung (EU) Nr. 1286/2014 des Europäischen Parlaments und des Rates vom 26. November 2014 über Basisinformationsblätter für verpackte Anlageprodukte für Kleinanleger und Versicherungsanlageprodukte (PRIIP) (ABl. L 352 vom 9.12.2014, S. 1, L 358 vom 13.12.2014, S. 50), gegen dieses Gesetz, gegen das Wertpapierhandelsgesetz oder gegen die auf Grund des Wertpapierhandelsgesetzes erlassenen Rechtsverordnungen sowie etwaige strafbare Handlungen innerhalb des Unternehmens an geeignete Stellen zu berichten.

Übersicht

1) Errichtungs-, Betriebs- und Ausstattungspflicht des Börsenträgers (I) 1, 1a
2) Publizitätspflicht des Börsenträgers (II) 2
3) Auslagerung (Outsourcing, III) 3
4) Organisatorische und technische Vorkehrungen (IV und IVa) . 4, 4a
5) Finanzielle Ausstattung des Börsenträgers (V) 5
6) Freistellungspflicht des Börsenträgers (VI) 6
7) Matched Principal Trading (VII) und Whistle-blowing (VIII) . 7, 8

1) Errichtungs-, Betriebs- und Ausstattungspflicht des Börsenträgers (I)

§ 5 I nF 2007, basierend nunmehr auf Art. 44 III MiFID II, trägt dem 1 Umstand Rechnung, dass die Börsen von einem von ihnen verschiedenen Träger betrieben werden. **Börsenträger** (Träger der Börse) waren früher die öffentlich-rechtlichen IHK (Kammerbörsen) oder privatrechtliche rechtsfähige oder nicht rechtsfähige Vereine (Vereinsbörsen). Heute sind es in der Regel **Aktiengesellschaften.** I stellt klar, dass der Träger der Börse mit der Erlaubnis nicht nur Rechte erhält, sondern auch Pflichten übernimmt (Errichtungs- und Betriebspflicht, **I 1**). Er muss der Börse auf Anforderung der Geschäftsführung der Börse – damit kommt ihm eine eher dienende Rolle zu – die zur Durchführung und angemessenen Fortentwicklung notwendigen finanziellen, personellen und sachlichen Mittel zur Verfügung stellen **(I 2)**. Dies regelt die Pflichten abschließend. Außerdem ergibt sich daraus, dass dem Träger keine hoheitlichen Befugnisse zugewiesen sind, diese liegen vielmehr bei der Börse.

Die **Betriebspflicht** ist sowohl gegenwarts- (Durchführung des Börsen- 1a betriebs) als auch zukunftsbezogen (Fortentwicklung). Art und Umfang der **Pflicht zur Durchführung des Börsenbetriebs** ergeben sich aus den konkreten Anforderungen, die an einen funktionierenden und ordnungsgemäßen Börsenhandel der einzelnen Börse zu stellen sind. Untergrenze dafür ergibt sich aus V. Dabei sind die modernen Möglichkeiten und Entwicklungen im Börsenhandel zu berücksichtigen, insbesondere was EDV und Hilfseinrichtungen betrifft. Dazu gehören außerdem Anstellungsverträge für Mitarbeiter, Miet- und Leasingverträge für Räume und Geräte sowie Wartungsverträge. Die Betriebspflicht ist nicht statisch zu sehen, der Träger kann sich also nicht darauf zurückziehen, die Börse nur in ihrem einmal genehmigten Bestand zu halten. Vielmehr ergibt sich aus der **Fortentwicklungspflicht,** dass die relative Wettbewerbsposition der Börse auch für die Zukunft zu erhalten ist. Dies ist allerdings auf die Leistungspflichten beschränkt, da für Organisation und Durchführung des Börsenhandels die Börse zuständig ist. I 2 verlangt allerdings nur „angemessene" Fortentwicklung, zeigt also Grenzen der Investitionspflicht auf. Eine Verpflichtung der Trägers zu Maßnahmen über seine Leistungskraft hinaus oder gegen die Bedürfnisse des Marktes lässt sich I 2 nicht entnehmen, das gilt auch bezüglich der Durchführungspflicht. Maßnahmen müssen in einem vernünftigen Verhältnis zum Bedarf stehen. Zur Existenzsicherung kann allerdings zusätzliche Kapitalaufnahme erwartet werden. Es ist ratsam, wenn sich der Träger bei der Genehmigung (§ 4 I) den Rahmen der Betriebspflicht, die er übernimmt, konkreter umreißen lässt, was rechtlich ohne weiteres möglich ist. Zu den Pflichten und Aufgaben des Trägers Gurlit/Mülbert Der Börsenträger (...), 2012, S 26 ff., Christoph Börsenkooperationen und Börsenfusionen, 2009, S 150 ff., Bredt WM **13**, 1841 ff, außerdem Groß § 5 BörsG Rn 4 f.

2) Publizitätspflicht des Börsenträgers (II)

2   II nF 2007 verpflichtet nach Vorgabe von nun Art 46 II Buchstabe a MiFID II den Börsenträger, die aktuellen Angaben zu seiner Eigentümerstruktur in dem nach § 4 II 2 Nr 4 erforderlichen Umfang auf seiner Internetseite zu veröffentlichen. Damit soll sichergestellt werden, dass nicht nur wesentliche Veränderungen der Eigentümerstruktur, sondern auch die jeweilige gegenwärtige Zusammensetzung der Anteilseigner der Öffentlichkeit über die Internetseite des Börsenträgers ersichtlich sind. Es geht also um öffentliche Transparenz der Eigentumsverhältnisse. II erfasst auch solche Börsenträger, die bei ihrer Zulassung der diesbezüglichen Angabepflicht nach § 4 II 2 Nr 4 noch nicht unterlagen.

3) Auslagerung (Outsourcing, III)

3   III nF 2007 regelt den Fall, dass der Börsenträger Bereiche, die für die Durchführung des Börsenbetriebs wesentlich sind, auf ein anderes Unternehmen auslagert (Outsourcing). Das wird zwar nicht schlechthin verboten, aber die ordnungsmäßige Durchführung des Handels an der Börse und der Börsengeschäftsabwicklung (§ 3 I 3) und die Aufsicht über die Börse dürfen dadurch nicht beeinträchtigt werden **(III 1).** Wesentlich sind nicht nur Teilakte des Börsenbetriebs, sondern auch wesentliche Hilfsfunktionen (für den Börsenhandel eingesetzte elektronische Handelssysteme, Abwicklung der Börsengeschäfte, BRat 4. FMFG, BTDrucks 14/8017, 146). Nicht auslagerbar sind zentrale Führungsaufgaben der Geschäftsführung (originäre Leitungsaufgaben). Abgesichert wird die Auslagerung durch die Pflicht des Börsenträgers zur vertraglichen Sicherung der erforderlichen Weisungsbefugnisse und die Einbeziehung der ausgelagerten Funktionen und Tätigkeiten in seine internen Kontrollverfahren **(III 2).** Dadurch wird zugleich die vollständige Auslagerung der laufenden internen Kontrollverfahren ausgeschlossen. Outsourcing ist ein allgemeines Problem des Aufsichtsrechts, insbesondere im Bank- und Börsenrecht (§ 25a II KWG, § 80 VI WpHG) und besonders bei Auslagerung ins Ausland. III entspricht mit kleineren Abweichung der Sache § 25a II KWG, ähnlich § 80 VI WpHG. Bei III kann deshalb auf die Erfahrungen im Bank- und Wertpapierhandelsaufsichtsbereich zurückgegriffen werden, vgl MaRisk der BaFin und BAKred Rundschreiben 11/2001 zu § 25a II KWG, Lensdorf/Schneider WM **02**, 1949 (KWG). Eine derartige Präzisierung des (un)zulässigen Umfangs der Auslagerung und der dabei zu stellenden An-

forderungen (Auswahl, Instruktion und Kontrolle des Auslagerungsunternehmens, Sicherheit, Geheimhaltung, interne Revision, Abschlussprüfung) ist unbedingt notwendig und sollte wie im Bankenbereich möglichst bundeseinheitlich sein. Die Auslagerungsabsicht und ihr Vollzug sind der Börsenaufsichtsbehörde unverzüglich anzuzeigen (III 3). Zu den gesellschafts- und konzernrechtlichen Problemen bei Auslagerung Mülbert in Bankrechtstag 00, 3. Lit: BrV, Bankrechtstag 2000 (Kreditinstitute), Eyles u Findeisen WM 00, 1217, 1234, Beck BKR 02, 666.

4) Organisatorische und technische Vorkehrungen (IV und IVa)

IV basiert nunmehr auf Art 47 I MIFID II und regelt ablauforganisatorische und Risikomanagementanforderungen. **IV Nr 1** betrifft den Umgang mit möglichen Konflikten zwischen Interessen des Börsenträgers oder dessen Eigentümern und dem öffentlichen Interesse am ordnungsgemäßen Betrieb der Börse. Beispiel dafür ist der Fall, dass der Wunsch nach möglichst hoher Gewinnausschüttung besteht, bei dessen Erfüllung dann aber nicht die erforderlichen Investitionen in den Börsenbetrieb erfolgen könnten. Das Regelbeispiel deutet darauf hin, dass insbesondere die börsliche Überwachungsaufgabe gesichert werden soll. Zu Interessenkonflikten ausführlich Kumpan Interessenkonflikt im deutschen Privatrecht, 2014. **IV Nr 2** fordert angemessene (vgl Rn 1, Orientierung an Art, Umfang und Komplexität des jeweiligen Börsenbetriebs) Vorkehrungen und Systeme zur Ermittlung und zum Umgang mit den wesentlichen Risiken des Börsenbetriebs, um diese wirksam zu begrenzen. Zur näheren Bestimmung kann auf die MaRisk der BaFin zurückgegriffen werden (RegE FRUG, BTDrucks 16/4028, 82). Erforderlich sind insbesondere aufbau- und ablauforganisatorische Vorkehrungen und eine entsprechende technische Infrastruktur. IV Nr 3 verlangt die Sicherstellung der technischen Funktionsfähigkeit der Systeme, insbesondere wirksame Notfallmaßnahmen bei einem Systemausfall. Danach haben alle Systeme im gewöhnlichen Betrieb, aber auch bei Einführung neuer Systeme, bei Erweiterungen oder Modifikationen störungsfrei und mit der erforderlichen bzw. vertraglich zugesagten Qualität zu funktionieren.

IVa neu 2. FiMaNoG 2017, der Art 48 I, IV MiFID II umsetzt, verankert ergänzend die Einführung von Sicherungsmaßnahmen, insbesondere im Hinblick auf die Belastbarkeit sowie im Hinblick auf Notfallsicherungen (zB „circuit breakers" für übermäßig volatile Börsenkurse). Damit kann Kursverwerfungen wegen Fehleingaben von Mitarbeitern von Brokern vorgebeugt werden.

5) Finanzielle Ausstattung des Börsenträgers (V)

Der Börsenträger muss über ausreichende finanzielle Mittel für die ordnungsgemäße Durchführung des Börsenbetriebs verfügen (V Halbs 1). Das gilt aber nicht abstrakt, sondern bezogen auf die konkreten Umstände wie Art, Umfang und Risikostruktur der an der Börse getätigten Geschäfte (V Halbs 2). Die Börsenaufsichtsbehörde kann hierzu allerdings keine Vorgaben machen, da der Börsenträger nicht ihrer Fachaufsicht unterliegt.

6) Freistellungspflicht des Börsenträgers (VI)

VI, eingefügt durch das durch AmtshilfeRLUmsG (26.6.2013 BGBl. I 1809), verpflichtet den Börsenträger, das Bundesland, in dem die Börse ihren Sitz hat, im Fall von Amtshaftungsansprüchen freizustellen. Soweit es um Handeln von Personen geht, die der Börsenträger nicht ausgesucht und eingestellt hat, wie etwa die Börsengeschäftsführer (Wahl durch Börsenrat, **(14)** BörsG § 12 I 1 Nr 2), ist diese Regelung überschießend und verfassungsrechtlich zweifelhaft.

7) Matched Principal Trading (VII) und Whistle-blowing (VIII)

7 VII, eingefügt durch 2. FiMaNoG 2017, setzt Art 47 II MiFID II um. Bei den von VII erfassten Geschäften tritt bei der Ausführung ein Vermittler zwischen Käufer und Verkäufer, ohne dabei einem Marktrisiko ausgesetzt zu sein, wobei beide Geschäftsvorgänge gleichzeitig ausgeführt und zu einem Preis abgeschlossen werden, bei dem der Vermittler abgesehen von einer vorab offengelegten Provision, Gebühr oder sonstigen Vergütung weder Gewinn noch Verlust macht (§ 2 Abs. 29 WpHG). Dies ist Geschäftsmodell sog. zentraler Kontrahenten. Börsenträgern ist somit verboten, an ihrer Börse als zentraler Kontrahent zu agieren. Lit. zu CCPs: Alfes, Central Counterparty, 2005, Kunz, Ausgewählte Probleme des Zentralen Kontrahenten, 2008, Horn WM **02**, Sonderbeil Nr 2, Jobst ZBB **10**, 384, Habersack/Ehrl, ZfPW **15**, 312, Redeke WM **15**, 554 (Corporate Governance von CCPs.

8 VIII, eingefügt durch 1. FiMaNoG 2016 und nF 2. FiMaNoG 2017, dient der Implementierung von Art 32 III MAR (VO Nr. 596/2014) und Art 28 IV PRIIPS-VO (VO 1286/2014) sowie der Umsetzung von Art 73 II MiFID II und soll Whistleblowing ermöglichen, d. h. die Meldung strafbarer Handlungen und von Verstößen gegen gesetzliche Vorgaben, ohne dass die eigene Identität offengelegt werden muss. Lit. zum Whistleblowing zB Fleischer BB **04**, 2645, ders. ZGR 40 **(11)**, 155, Fleischer/Schmolke WM **12**, 1013, dies., NZG **12**, 361.

Inhaber bedeutender Beteiligungen

BörsG 6 (1) [1] Wer beabsichtigt, eine bedeutende Beteiligung im Sinne des § 1 Abs. 9 des Kreditwesengesetzes an dem Träger einer Börse zu erwerben, hat dies der Börsenaufsichtsbehörde unverzüglich anzuzeigen. [2] In der Anzeige hat er die Höhe der Beteiligung und gegebenenfalls die für die Begründung des maßgeblichen Einflusses wesentlichen Tatsachen sowie die für die Beurteilung seiner Zuverlässigkeit und die Prüfung der weiteren Untersagungsgründe nach Absatz 2 Satz 1 wesentlichen Tatsachen und Unterlagen, die durch Rechtsverordnung nach Absatz 7 näher zu bestimmen sind, sowie die Personen und Unternehmen anzugeben, von denen er die entsprechenden Anteile erwerben will. [3] Die Börsenaufsichtsbehörde kann über die Vorgaben der Rechtsverordnung hinausgehende Angaben und die Vorlage von weiteren Unterlagen verlangen, falls dies für die Beurteilung der Zuverlässigkeit oder die Prüfung der weiteren Untersagungsgründe nach Absatz 2 Satz 1 zweckmäßig erscheint. [4] Ist der Anzeigepflichtige eine juristische Person oder Personenhandelsgesellschaft, hat er in der Anzeige die für die Beurteilung der Zuverlässigkeit seiner gesetzlichen oder satzungsmäßigen Vertreter oder persönlich haftenden Gesellschafter wesentlichen Tatsachen anzugeben. [5] Der Inhaber einer bedeutenden Beteiligung hat jeden neu bestellten gesetzlichen oder satzungsmäßigen Vertreter oder neuen persönlich haftenden Gesellschafter mit den für die Beurteilung von dessen Zuverlässigkeit wesentlichen Tatsachen der Börsenaufsichtsbehörde unverzüglich anzuzeigen. [6] Der Inhaber einer bedeutenden Beteiligung hat der Börsenaufsichtsbehörde ferner unverzüglich anzuzeigen, wenn er beabsichtigt, den Betrag der bedeutenden Beteiligung so zu erhöhen, dass die Schwellen von 20 Prozent, 33 Prozent oder 50 Prozent der Stimmrechte oder des Kapitals erreicht oder überschritten werden oder dass der Träger der Börse unter seine Kontrolle im Sinne des § 1 Abs. 8 des Kreditwesengesetzes kommt. [7] Die Börsenaufsichtsbehörde kann von Inhabern einer Beteiligung an dem Träger einer Börse Auskünfte und die Vorlage von Unterlagen verlangen, wenn Tatsachen die Annahme rechtfertigen, dass es sich hierbei um eine bedeutende Beteiligung handelt.

6 BörsG (14)

(2) ¹Die Börsenaufsichtsbehörde kann innerhalb eines Monats nach Eingang der vollständigen Anzeige nach Absatz 1 den beabsichtigten Erwerb der bedeutenden Beteiligung oder ihre Erhöhung untersagen, wenn Tatsachen die Annahme rechtfertigen, dass

1. der Anzeigepflichtige oder, wenn er eine juristische Person ist, auch ein gesetzlicher oder satzungsmäßiger Vertreter, oder, wenn er eine Personenhandelsgesellschaft ist, auch ein Gesellschafter, nicht zuverlässig ist oder aus anderen Gründen nicht den im Interesse einer soliden und umsichtigen Führung des Trägers der Börse zu stellenden Ansprüchen genügt; dies gilt im Zweifel auch dann, wenn Tatsachen die Annahme rechtfertigen, dass die von ihm aufgebrachten Mittel für den Erwerb der bedeutenden Beteiligung aus einer objektiv rechtswidrigen Tat herrühren,
2. die Durchführung und angemessene Fortentwicklung des Börsenbetriebs beeinträchtigt wird.

²Wird der Erwerb nicht untersagt, kann die Börsenaufsichtsbehörde eine Frist festsetzen, nach deren Ablauf die Person oder Personenhandelsgesellschaft, welche die Anzeige nach Absatz 1 Satz 1 oder Satz 6 erstattet hat, ihr den Vollzug oder den Nichtvollzug des beabsichtigten Erwerbs anzuzeigen hat. ³Nach Ablauf der Frist hat diese Person oder Personenhandelsgesellschaft die Anzeige unverzüglich bei der Börsenaufsichtsbehörde einzureichen.

(3) Die Börsenaufsichtsbehörde hat die Auskunfts- und Vorlagerechte nach Absatz 1 auch nach Ablauf der Frist des Absatzes 2 Satz 1.

(4) ¹Die Börsenaufsichtsbehörde kann dem Inhaber einer bedeutenden Beteiligung sowie den von ihm kontrollierten Unternehmen die Ausübung seiner Stimmrechte untersagen und anordnen, dass über die Anteile nur mit seiner Zustimmung verfügt werden darf, wenn

1. die Voraussetzungen für eine Untersagungsverfügung nach Absatz 2 Satz 1 vorliegen,
2. der Inhaber der bedeutenden Beteiligung seiner Pflicht nach Absatz 1 zur vorherigen Unterrichtung der Börsenaufsichtsbehörde nicht nachgekommen ist und diese Unterrichtung innerhalb einer von der Börsenaufsichtsbehörde gesetzten Frist nicht nachgeholt hat oder
3. die Beteiligung entgegen einer vollziehbaren Untersagung nach Absatz 2 Satz 1 erworben oder erhöht worden ist.

²In den Fällen des Satzes 1 kann die Ausübung der Stimmrechte auf einen Treuhänder übertragen werden; dieser hat bei der Ausübung der Stimmrechte den Interessen einer soliden und umsichtigen Führung des Trägers einer Börse Rechnung zu tragen. ³In den Fällen des Satzes 1 kann die Börsenaufsichtsbehörde über die Maßnahmen nach Satz 1 hinaus einen Treuhänder mit der Veräußerung der Anteile, soweit sie eine bedeutende Beteiligung begründen, beauftragen, wenn der Inhaber der bedeutenden Beteiligung der Börsenaufsichtsbehörde nicht innerhalb einer von dieser bestimmten angemessenen Frist einen zuverlässigen Erwerber nachweist; die Inhaber der Anteile haben bei der Veräußerung in dem erforderlichen Umfang mitzuwirken. ⁴Der Treuhänder wird auf Antrag des Trägers der Börse, eines an ihm Beteiligten oder der Börsenaufsichtsbehörde vom Gericht des Sitzes des Trägers der Börse bestellt. ⁵Sind die Voraussetzungen des Satzes 1 entfallen, hat die Börsenaufsichtsbehörde den Widerruf der Bestellung des Treuhänders zu beantragen. ⁶Der Treuhänder hat Anspruch auf Ersatz angemessener Auslagen und auf Vergütung für seine Tätigkeit. ⁷Das Gericht setzt auf Antrag des Treuhänders die Auslagen und die Vergütung fest; die Rechtsbeschwerde gegen die Vergütungsfestsetzung ist ausgeschlossen. ⁸Das Land schießt die Auslagen und die Vergütung vor; für seine Aufwendungen haften dem Land der betrof-

fene Inhaber der bedeutenden Beteiligung und der Träger der Börse gesamtschuldnerisch.

(5) [1] Wer beabsichtigt, eine bedeutende Beteiligung an dem Träger der Börse aufzugeben oder den Betrag seiner bedeutenden Beteiligung unter die Schwellen von 20 Prozent, 33 Prozent oder 50 Prozent der Stimmrechte oder des Kapitals abzusenken oder die Beteiligung so zu verändern, dass der Träger der Börse nicht mehr kontrolliertes Unternehmen ist, hat dies der Börsenaufsichtsbehörde unverzüglich anzuzeigen. [2] Dabei ist die beabsichtigte verbleibende Höhe der Beteiligung anzugeben. [3] Die Börsenaufsichtsbehörde kann eine Frist festsetzen, nach deren Ablauf die Person oder Personenhandelsgesellschaft, welche die Anzeige nach Satz 1 erstattet hat, den Vollzug oder den Nichtvollzug der beabsichtigten Absenkung oder Veränderung der Börsenaufsichtsbehörde anzuzeigen hat. [4] Nach Ablauf der Frist hat die Person oder Personenhandelsgesellschaft, welche die Anzeige nach Satz 1 erstattet hat, die Anzeige unverzüglich bei der Börsenaufsichtsbehörde zu erstatten.

(6) [1] Der Träger der Börse hat der Börsenaufsichtsbehörde unverzüglich den Erwerb oder die Aufgabe einer bedeutenden Beteiligung an dem Träger, das Erreichen, das Über- oder das Unterschreiten der Beteiligungsschwellen von 20 Prozent, 33 Prozent und 50 Prozent der Stimmrechte oder des Kapitals sowie die Tatsache, dass der Träger Tochterunternehmen eines anderen Unternehmens wird oder nicht mehr ist, anzuzeigen, wenn der Träger von der Änderung dieser Beteiligungsverhältnisse Kenntnis erlangt. [2] Der Träger der Börse hat die nach Satz 1 anzeigepflichtigen Tatsachen unverzüglich auf seiner Internetseite zu veröffentlichen.

(7) [1] Die Landesregierungen werden ermächtigt, durch Rechtsverordnung nähere Bestimmungen über Art, Umfang und Zeitpunkt der nach den Absätzen 1, 5 und 6 vorgesehenen Anzeigen zu erlassen. [2] Die Landesregierung kann die Ermächtigung durch Rechtsverordnung auf die Börsenaufsichtsbehörde übertragen.

Übersicht

1) Gesetzeszweck 1
2) Beteiligung 2
3) Zuverlässigkeit und andere Gründe 3
4) Durchführung und Fortentwicklung des Börsenbetriebs 4
5) Konzernierung des Börsenträgers 5
6) Ausländische Erwerber 6
7) Weitere Befugnisse der Börsenaufsichtsbehörde 7

1) Gesetzeszweck

1 § 6 nF 2007 wie § 3 aF, eingeführt durch 4. FMFG, 21.6.02 BGBl I 2010, europarechtliche Grundlage nun in Art 46 I MiFID II, allerdings enger, da dort nur „Verwaltung" nicht aber „Fortentwicklung" erwähnt (daher diesbezüglich von einigen für europarechtlich unzulässig gehalten, zB Christoph, Börsenkooperationen und Börsenfusionen, 2007, 229; Christoph WM 2004, 1866, aber zweifelhaft, da Art 44 V Buchst. e und Erw. 137 S. 2 MiFID II zeigen, dass nationales Recht weitergehende Regelungen enthalten kann). Die Regelung entspricht § 2c KWG und § 18 VAG (diese sind allerdings umfangreicher und mit zT anderer Zielrichtung) und regelt auch für die Börse, bzw. genauer deren Träger, die Kontrolle der Anteilseigner. Gesetzeszweck ist hier wie dort, dass die Börsenaufsichtsbehörde über jede relevante Veränderung der Inhaberstruktur des Börsenträgers unterrichtet wird, um die Übernahme von bedeutenden Beteiligungen durch Personen aus der organisierten Kriminalität zu erschweren und die Funktionsfähigkeit des Börsenbetriebs zu sichern (RegE 4. FMFG, BTDrucks

V. Bankgeschäfte 2–5 **6 BörsG (14)**

14/8017, 72, zu § 3 aF). § 6 ist strikt auf diesen Zweck hin auszulegen (keine Industriepolitik, keine Überfremdungsabwehr), auch Schwark/Zimmer/Beck 15 ff, 18. Die Anteilseignerkontrolle geht ursprünglich auf die Erfahrungen mit der BCCI und die entsprechende EG-Ri zurück. Der konkrete Anstoß zu § 3 aF war der Zusammenschlussversuch „iX" der Deutsche Börse AG und der London Stock Exchange.

2) Beteiligung

§ 6 versucht, diesen Gesetzeszweck durch Anzeige- und Auskunftspflichten 2 der Beteiligungsinhaber bzw -interessenten und des Börsenträgers (I, III, V, VI ua) und durch Eingriffsmöglichkeiten (II, IV) zu erreichen. **Bedeutende Beteiligung** wie in § 1 IX KWG iVm Art. 4 I Nr 36 VO (EU) Nr. 575/2013 direktes oder indirektes Halten von mindestens 10 % des Kapitals oder der Stimmrechte im Eigen- oder Fremdinteresse oder Möglichkeit eines maßgeblichen Einflusses auf die Geschäftsführung. Für Berechnung der Stimmrechte (bei gleichzeitiger Beteiligung von Tochterunternehmen) ist ua § 34 I WpHG heranzuziehen (Zurechnung in voller Höhe). Da indirekte Beteiligung ausreicht, unterliegt auch Beteiligungserwerb an Muttergesellschaft eines konzernierten Börsenträgers der Kontrolle durch die Börsenaufsichtsbehörde.

3) Zuverlässigkeit und andere Gründe

Der Erwerb oder die Erhöhung der bedeutenden Beteiligung kann insgesamt 3 untersagt werden **(II).** Zur **Zuverlässigkeit** siehe § 4a Rn. 1, allerdings reicht es hier (§ 6) aus, dass Anzeigepflichtiger den Börsenträger nicht bei der Ausübung von dessen Pflichten beeinträchtigt. Der erforderlichen Prognose müssen **Tatsachen** (beweis- und nachprüfbar) zugrunde liegen, Vermutungen oder Annahmen reichen nicht. Beweislast trägt Börsenaufsichtsbehörde (allgemein BVerwGE 49, 156). **Andere Gründe** iSv II 1 Nr 1 müssen ebenfalls personenbezogen sein (Auffangtatbestand; keine Standortinteressen oä, dazu auch Rn 6), Bezugspunkt ist auch hier die Erfüllung der Betriebspflicht durch den Börsenträger, allerdings ist zu beachten, dass Anzeigepflichtiger nur Anteil am Börsenträger erwerben will und nicht selbst die Betriebspflicht übernimmt; er darf also Börsenträger nicht an der Erfüllung von dessen Betriebspflicht hindern.

4) Durchführung und Fortentwicklung des Börsenbetriebs

Regelungsgehalt von **II 1 Nr 2** str, Ziel ist mit Nr 1 identisch (Verhinderung 4 der Beeinträchtigung des Börsenbetriebs); Regelung umfasst nicht personenbezogenen Beeinträchtigungsmöglichkeiten der Betriebspflicht, die mit Anteilserwerb in Zusammenhang stehen, es geht um Erhaltung der wirtschaftlichen Leistungsfähigkeit des Börsenträgers (nicht Standortinteressen, dazu auch Rn 6, Christoph BKR **16**, 502, da zwischen diesen und der Leistungsfähigkeit des Börsenträgers kein Zusammenhang besteht), auch im Hinblick auf Anpassungen an neue Entwicklungen („Fortentwicklung", künftige Entwicklung von Börse näher auszuformen).

5) Konzernierung des Börsenträgers

Einer **Konzernierung des Börsenträgers** steht BörsG nicht entgegen. BörsG 5 enthält keine Strukturvorgaben. Insbesondere ergibt sich ein Konzernierungsverbot nicht aus der Pflicht zur Interessenkonfliktvermeidung nach **(14)** BörsG § 5 IV Nr 1, da dies mit der europarechtlichen Grundlage Art. 47 Abs. 1 lit. a MiFID II nicht zu vereinbaren wäre und **(14)** BörsG § 5 IV Nr 1 von seinem Wortlaut her beschränkt ist („soweit"), außerdem erlaubt MiFID II Mitgliedsunternehmen das Nebeneinanderbetreiben von geregelten Märkten und multilateralen Handelssystemen, was auf Konzernunternehmen übertragen werden kann. Für Doppelmandatsträger im Börsenträgerkonzern gilt das gleiche wie für andere

Kumpan 2407

Konzernunternehmen. Auch aus **II** folgt kein Konzernierungsverbot. Konzerneinbindung als solche begründet keine Unzuverlässigkeit und stellt als solche kein Hindernis für Börsenbetrieb dar. Zudem wird die Börsenbetriebspflicht durch die konzernrechtlichen Regelungen abgesichert, sowohl im faktischen (Nachteilsausgleich, Pflichten des Vorstands der abhängigen Gesellschaft, Verbot der Einlagenrückgewähr), als auch im Vertragskonzern (Weisungen dürfen nicht zu Rechtsverstoß veranlassen; Gewinnabführungsvertrags kann aber im Einzelfall problematisch sein, Teilgewinnabführungsverträge dagegen unproblematisch). **II** ist abschließend, da Behörde sich ihre Eingriffsbefugnisse nicht selbst schaffen darf. Zudem zeigt Anzeigepflicht für Kontrollerwerb nach **I**, dass dieser gerade nicht verboten, sondern nur anzeigepflichtig ist.

6) Ausländische Erwerber

6 **II** hindert nicht den Erwerb durch **ausländischen Investor bzw. Unternehmen.** Heimat- bzw. Sitzland des Erwerbers spielt bei Anteilseignerkontrolle nach **II** keine Rolle, auch nicht, ob aus EU/EWR oder Drittstaat. Ausländereigenschaft führt nicht zu Unzuverlässigkeit oder Beeinträchtigung des Börsenhandels. Ein ungeschriebener börsenrechtlicher Grundsatz effektiver Börsenaufsicht oder der Schutz des deutschen Finanzplatzes können nicht als Verbotsgrundlage gegen ausländische Erwerber ins Feld geführt werden, ebenso wenig eine analoge Anwendung von § 2c Ib 1 Nr 3 KWG und § 18 I Nr 3 VAG (es fehlt die planwidrige Lücke, außerdem darf sich eine Behörde ihre Eingriffsbefugnisse nicht selbst schaffen). Extensive Auslegung von **II** vor dem Hintergrund der erwähnten KWG- und VAG-Normen ließe sich dagegen erwägen, allerdings ist dann zu berücksichtigen, dass in § 2 Ib 1 Nr 3 KWG und § 18 I Nr 3 VAG nur von „befriedigender" Zusammenarbeit mit den Drittstaatsbehörden die Rede ist. Das ist ein niedrigeres Kooperationsniveau als innerhalb der EU nach Art. 79 ff. MiFID II. Erwerber aus EU/EWR wie Inländer zu behandeln (europ. Grundfreiheiten). Bei Erwerbern aus Drittstaaten reicht es, dass Memorandum of Understanding mit Drittstaatsbehörde geschlossen werden kann.

7) Weitere Befugnisse der Börsenaufsichtsbehörde

7 Weitergehend kann die Börsenaufsichtsbehörde auch nach **(14)** BörsG § 4 V Nr 2 die Börsenerlaubnis aufheben (als ultima ratio), aber **II** ist vorrangig, da präventiv und weniger einschneidend, oder nach **(14)** BörsG § 4 Va 2 nachträglich mit Auflagen versehen; auch Untersagung allein der Stimmrechtsausübung und Stimmrechtstreuhänderschaft sind möglich **(IV)**. Auslöser für Anzeigepflicht des Trägers gegenüber Börsenaufsichtsbehörde nach **VI** ist dessen Kenntniserlangung. Bei den RVO nach **VII** kommt es auf Abstimmung zwischen den Ländern und mit den Regeln nach KWG und VAG an.

8 Lit: Hirschmann Anteilseignerkontrolle, 2000; Kümpel/Hammen WM **00**, Sonderbeil 3, 3, Schneider/Burgard WM **00** Sonderbeil 3, 24, Schwark WM **00**, 2517, Beck BKR **02**, 665, Posegga WM **02**, 2402, Christoph WM **04**, 1856, Christoph ZBB **05**, 82, Christoph, Börsenkooperationen und Börsenfusionen, 2009, Lepczyk, Rechtliche Aspekte internationaler Börsenfusionen, 2009, Seehafer, Grenzüberschreitende Börsenkonzentrationen im deutschen und britischen Recht, 2009, Burgard WM **11**, 1973 u 2021, Gurlit/Mülbert, Der Börsenträger im Spannungsfeld von Gemeinwohlauftrag und Privatinteresse, 2012, Bredt WM **13**, 1847 (auch zur Konzerneinbindung), Hammen, Börsenerlaubnis, Anteilseignerkontrolle und Niederlassungsfreiheit bei der Fusion von Börsenorganisationen, 2013, Merkt FS Hoffmann-Becking, 2013, 793, Mayen FS Kirchner, 2014, 525, Bopp, Fusionen und Kooperationen deutscher Börsen und ihrer Träger, 2015.

V. Bankgeschäfte **7 BörsG (14)**

Handelsüberwachungsstelle

BörsG 7 (1) ¹Die Börse hat unter Beachtung von Maßgaben der Börsenaufsichtsbehörde eine Handelsüberwachungsstelle als Börsenorgan einzurichten und zu betreiben, die den Handel an der Börse und die Börsengeschäftsabwicklung überwacht. ²Dies umfasst an einer Börse, an der Warenderivate gehandelt werden, die Überwachung, ob Positionslimits nach Abschnitt 9 des Wertpapierhandelsgesetzes durch die Handelsteilnehmer eingehalten werden. ³§ 57 Absatz 3 des Wertpapierhandelsgesetzes gilt hinsichtlich der Überwachung, ob Positionslimits eingehalten werden, mit der Maßgabe entsprechend, dass die Handelsüberwachungsstelle die Börsenaufsichtsbehörde und die Bundesanstalt unterrichtet.⁴Die Handelsüberwachungsstelle hat Daten über den Börsenhandel und die Börsengeschäftsabwicklung systematisch und lückenlos zu erfassen und auszuwerten sowie notwendige Ermittlungen durchzuführen. ⁵An Warenbörsen, an denen Energie im Sinne des § 3 Nr. 14 des Energiewirtschaftsgesetzes gehandelt wird, sind von der Handelsüberwachungsstelle auch Daten über die Abwicklung von Geschäften systematisch und lückenlos zu erfassen und auszuwerten, die nicht über die Börse geschlossen werden, aber über ein Abwicklungssystem der Börse oder ein externes Abwicklungssystem, das an die börslichen Systeme für den Börsenhandel oder die Börsengeschäftsabwicklung einschließlich der Daten gemäß Artikel 25 Absatz 2 der Verordnung (EU) Nr. 600/2014, angeschlossen ist, abgewickelt werden und deren Gegenstand der Handel mit Energie oder Termingeschäfte in Bezug auf Energie sind; die Handelsüberwachungsstelle kann auf Basis dieser Daten notwendige Ermittlungen durchführen. ⁶Die Börsenaufsichtsbehörde kann der Handelsüberwachungsstelle Weisungen erteilen und die Ermittlungen übernehmen. ⁷Die Geschäftsführung kann die Handelsüberwachungsstelle im Rahmen der Aufgaben dieser Stelle nach den Sätzen 1 bis 3 mit der Durchführung von Untersuchungen beauftragen.

(2) ¹Der Leiter der Handelsüberwachungsstelle hat der Börsenaufsichtsbehörde regelmäßig zu berichten. ²Die bei der Handelsüberwachungsstelle mit Überwachungsaufgaben betrauten Personen können gegen ihren Willen nur im Einvernehmen mit der Börsenaufsichtsbehörde von ihrer Tätigkeit entbunden werden. ³Mit Zustimmung der Börsenaufsichtsbehörde kann die Geschäftsführung diesen Personen auch andere Aufgaben übertragen. ⁴Die Zustimmung ist zu erteilen, wenn hierdurch die Erfüllung der Überwachungsaufgaben der Handelsüberwachungsstelle nicht beeinträchtigt wird.

(3) Der Handelsüberwachungsstelle stehen die Befugnisse der Börsenaufsichtsbehörde nach § 3 Abs. 4 Satz 1 bis 5 zu; § 3 Abs. 4 Satz 9 und 10 und Abs. 9 gilt entsprechend.

(4) ¹Die Handelsüberwachungsstelle kann Daten über Geschäftsabschlüsse der Geschäftsführung und der Handelsüberwachungsstelle einer anderen Börse übermitteln, soweit sie für die Erfüllung der Aufgaben dieser Stellen erforderlich sind. ²Die Handelsüberwachungsstelle kann Daten über Geschäftsabschlüsse auch den zur Überwachung des Handels an ausländischen organisierten Märkten oder entsprechenden Märkten mit Sitz außerhalb der Europäischen Union oder eines Vertragsstaates des Abkommens über den Europäischen Wirtschaftsraum zuständigen Stellen übermitteln und solche Daten von diesen Stellen empfangen, soweit sie zur ordnungsgemäßen Durchführung des Handels und der Börsengeschäftsabwicklung erforderlich sind. ³An diese Stellen dürfen solche Daten nur übermittelt werden, wenn diese Stellen und die von ihnen beauftragten Personen einer der Regelung des § 10 gleichwertigen Verschwiegenheitspflicht unterliegen. ⁴Diese Stellen sind

Kumpan

darauf hinzuweisen, dass sie die Daten nur zu dem Zweck verwenden dürfen, zu dessen Erfüllung sie ihnen übermittelt werden. [5] Die Handelsüberwachungsstelle hat der Börsenaufsichtsbehörde, der Geschäftsführung und der Bundesanstalt mitzuteilen, mit welchen zuständigen Stellen in anderen Staaten sie welche Art von Daten auszutauschen beabsichtigt.

(5) [1] Stellt die Handelsüberwachungsstelle Tatsachen fest, welche die Annahme rechtfertigen, dass börsenrechtliche Vorschriften oder Anordnungen verletzt werden oder sonstige Missstände vorliegen, welche die ordnungsmäßige Durchführung des Handels an der Börse oder die Börsengeschäftsabwicklung beeinträchtigen können, hat sie die Börsenaufsichtsbehörde und die Geschäftsführung unverzüglich zu unterrichten. [2] Die Geschäftsführung kann eilbedürftige Anordnungen treffen, die geeignet sind, die ordnungsmäßige Durchführung des Handels an der Börse und der Börsengeschäftsabwicklung sicherzustellen; § 3 Abs. 9 gilt entsprechend. [3] Die Geschäftsführung hat die Börsenaufsichtsbehörde über die getroffenen Maßnahmen unverzüglich zu unterrichten. [4] Stellt die Handelsüberwachungsstelle Tatsachen fest, deren Kenntnis für die Erfüllung der Aufgaben der Bundesanstalt erforderlich ist, unterrichtet sie unverzüglich die Bundesanstalt. [5] Die Unterrichtung der Bundesanstalt hat insbesondere zu erfolgen, wenn die Handelsüberwachungsstelle Tatsachen feststellt, deren Kenntnis für die Verfolgung von Verstößen gegen das Verbot von Insidergeschäften nach Artikel 14 der Verordnung (EU) Nr. 596/2014 oder das Verbot der Marktpreismanipulation nach Artikel 15 der Verordnung (EU) Nr. 596/2014 erforderlich ist.

(6) Die Handelsüberwachungsstelle nimmt die ihr nach diesem Gesetz zugewiesenen Aufgaben und Befugnisse nur im öffentlichen Interesse wahr.

Übersicht

1) Handelsüberwachungsstelle als Börsenorgan	1
2) Aufgaben und Befugnisse	2

1) Handelsüberwachungsstelle als Börsenorgan

1 § 7 nF 2007, § 7 I 2 nF 2. FiMaNoG, § 7 I 4, 6 nF BeteiligungsRiUmsetzG 2009. An jeder Börse ist eine Handelsüberwachungsstelle (HüSt) als eigenes Börsenorgan einzurichten. Damit verfolgt das Gesetz zwei Ziele. Zum einen wird die Börsenaufsicht durch Überwachung vor Ort schneller und wirksamer. Zum anderen wird dadurch die Selbstverwaltung der Börse ausgeformt und richtiger Ansicht nach gestärkt. Die HüSt hat in der Börse Eigenständigkeit und Unabhängigkeit, um ihre Überwachungsaufgaben erfüllen zu können (s auch Rn 2). Sie steht, obwohl eigenes Börsenorgan, funktional zwischen Geschäftsführung und Börsenaufsichtsbehörde.

2) Aufgaben und Befugnisse

2 Die HüSt hat den Handel an der Börse und die Börsengeschäftsabwicklung (§ 3 I 3) eigenverantwortlich zu **überwachen (I 1)**. An Warenbörsen gehört dazu auch die Überwachung von Positionslimits nach Abschnitt 9 WpHG **(I 2)**. Sie muss für diese Aufgabe personell und sachlich angemessen ausgestattet sein. Die Überwachung darf sich nicht auf eine bloße Beobachtung beschränken, sondern muss die Daten systematisch und lückenlos erfassen und auswerten und soweit notwendig ermitteln **(I 4)**. Bei Energiebörsen umfasst dies auch außerbörsliche Geschäfte, die über börsliche Systeme oder börslich angeschlossene externe Systeme abgewickelt werden **(I 5)**. Für einen engen Informations- und Weisungskontakt zwischen der HüSt und der Börsenaufsichtsbehörde ist gesorgt **(II)**. Die HüSt ist eine wichtige Einrichtung der Börsenaufsicht vor Ort durch Selbstverwaltung, sie muss deshalb von den übrigen Börsenorganen unabhängig

V. Bankgeschäfte 1 **8 BörsG (14)**

sein, Interessenkonflikte sind soweit möglich zu vermeiden (RegE 2. Finanzmarktfördg). Dem trägt die Regelung des Zusammenwirkens bei der Bestellung des Leiters der HüSt Rechnung (§ 12 II 1 Nr 5 wie II aF). Die **Befugnisse** der HüSt sind ähnlich denen der Börsenaufsichtsbehörde geregelt **(III).** Insbesondere kann auch die HüSt nach den Auftraggebern und den Berechtigten und Verpflichteten fragen (III iVm zT § 3 IV, s § 3 Rn 6). IV erlaubt Datenübermittlung an andere Börsen und ihre HüSt (Grund ua Mehrfachnotizen), auch international. Zur Einrichtung gemeinsamer HüSt mehrerer Börsen Hopt/Baum S 445. Die HüSt muss die Börsenaufsichtsbehörde und die Geschäftsführung bei entsprechenden Feststellungen unverzüglich **unterrichten (V 1)**. Für Eilfälle hat die Börsengeschäftsführung eine Notkompetenz **(V 2)**. Die BaFin ist, falls für die Erfüllung ihrer Aufgaben relevant, unverzüglich zu unterrichten **(V 4)**. Letzteres wird durch ein Regelbeispiel unterstrichen **(V 5),** die BaFin ist danach insbesondere bei Verdacht von Insidergeschäften und Kurs- und Marktpreismanipulationen zu unterrichten (s **(16a)** MAR). Die HüSt nimmt die ihr nach dem BörsG zugewiesenen Aufgaben und Befugnisse **nur im öffentlichen Interesse** wahr (**VI,** wie ua § 15 VI für die Leitung der Börse), das ist wie § 3 III (s dort Rn 5) nicht unumstritten. Lit: Brockhausen WM **97**, 1924.

Zusammenarbeit

BörsG 8 (1) **Die Börsenaufsichtsbehörden und die Bundesanstalt arbeiten eng zusammen und tauschen nach Maßgabe des § 10 untereinander alle Informationen aus, die für die Wahrnehmung ihrer Aufgaben sachdienlich sind.**

(2) **Die Börsenaufsichtsbehörde unterrichtet die Bundesanstalt unverzüglich von Handelsaussetzungen und -einstellungen nach § 3 Abs. 5 Satz 3 Nr. 1, vom Erlöschen einer Erlaubnis nach § 4 Absatz 4 und von der Aufhebung einer Erlaubnis nach § 4 Absatz 5 oder den Vorschriften der Verwaltungsverfahrensgesetze der Länder.**

(3) **Die Börsenaufsichtsbehörde unterrichtet die Bundesanstalt unverzüglich über gemäß § 4a Absatz 2 Satz 5, § 4b Absatz 4 Satz 5 erteilte Genehmigungen.**

(4) **Die Börsenaufsichtsbehörde unterrichtet die Bundesanstalt regelmäßig und auf eine einheitliche und vergleichbare Art über die gemäß § 24 Absatz 2b festgelegten Parameter für eine Volatilitätsunterbrechung.**

(5) **Die Börsenaufsichtsbehörde und die für die Durchführung der Verordnung (EU) Nr. 1308/2013 des Europäischen Parlaments und des Rates vom 17. Dezember 2013 über eine gemeinsame Marktorganisation für landwirtschaftliche Erzeugnisse und zur Aufhebung der Verordnungen (EWG) Nr. 922/72, (EWG) Nr. 234/79, (EG) Nr. 1037/2001 und (EG) Nr. 1234/2007 des Rates (ABl. L 347 vom 20.12.2013, S. 671; L 189 vom 27.6.2014, S. 261; L 130 vom 19.5.2016, S. 18), die zuletzt durch die Delegierte Verordnung (EU) 2016/1226 (ABl. L 202 vom 28.7.2016, S. 5) geändert worden ist, zuständigen Behörden tauschen untereinander Informationen einschließlich personenbezogener Daten aus, die für die Erfüllung ihrer Aufgaben erforderlich sind.**

§ 8 I, II nF 2007, III-V neu 2. FiMaNoG 2017. Die Börsenaufsichtsbehörden 1 der Länder (§§ 3 I 1, VII) und die BaFin arbeiten eng zusammen und tauschen unter Beachtung der Verschwiegenheitspflicht nach § 10 untereinander alle für die Wahrnehmung ihrer Aufgaben sachdienlichen Informationen aus. Das ist nicht nur von Art 68 Satz 1 und Satz 3 MiFID II vorgeschrieben, sondern auch angesichts des Verzichts auf eine bundeseinheitliche Börsenaufsicht (§ 3 Rn 1) von größter Wichtigkeit.

2   Nach **II** ist die BaFin von Handelsaussetzungen und -einstellungen (§ 3 V 3 Nr 1) sowie vom Erlöschen von Erlaubnissen nach § 4 V und Aufhebungen von Erlaubnissen nach § 4 IV unverzüglich zu unterrichten. Gemäß **III** (neu 2. FiMaNoG 2017), der Art 45 VIII MiFID II umsetzt (zT erfolgt dies schon durch II), ist die BaFin zu unterrichten, wenn einem Geschäftsleiter oder einem Aufsichtsrat erlaubt wird, mehr als die vorgeschriebenen Mandate zu bekleiden. **IV** (neu 2. FiMaNoG 2017) setzt Art 48 V UAbs 2 MiFID II um und soll sicherstellen, dass die BaFin die Parameter für Volatilitätsunterbrechungen kennt. Beide Vorschriften sollen gewährleisten, dass die BaFin in der Lage ist, diese Informationen an die Europäische Wertpapier- und Marktaufsichtsbehörde weiterzugeben (RegE 2. FiMaNoG, BTDrucks 18/10938, 269). **V** (neu 2. FiMaNoG 2017) setzt Art 79 VII MiFID II um betrifft die Zusammenarbeit im Hinblick auf Derivate aus landwirtschaftlichen Erzeugnissen.

Anwendbarkeit kartellrechtlicher Vorschriften

BörsG 9 (1) ¹Die Börsenaufsichtsbehörde hat darauf hinzuwirken, dass die Vorschriften des Gesetzes gegen Wettbewerbsbeschränkungen eingehalten werden. ²Dies gilt insbesondere für den Zugang zu Handels-, Informations- und Abwicklungssystemen und sonstigen börsenbezogenen Dienstleistungseinrichtungen sowie deren Nutzung.

(2) ¹Die Zuständigkeit der Kartellbehörden bleibt unberührt. ²Die Börsenaufsichtsbehörde unterrichtet die zuständige Kartellbehörde bei Anhaltspunkten für Verstöße gegen das Gesetz gegen Wettbewerbsbeschränkungen. ³Diese unterrichtet die Börsenaufsichtsbehörde nach Abschluss ihrer Ermittlungen über das Ergebnis der Ermittlungen.

1) Aufgaben der Börsenaufsichtsbehörde (I)

1   § 9 nF 2007 verpflichtet die Börsenaufsichtsbehörde, darauf hinzuwirken, dass die Vorschriften des GWB eingehalten werden, insbesondere bezüglich des Zugangs zu allen börsenbezogenen Systemen und Dienstleistungseinrichtungen. Das ist eine wichtige Aufgabe gerade auch für die Börsenaufsichtsbehörde.

2) Kartellaufsicht (II)

2   Die Aufgabe der Börsenaufsichtsbehörde nach I besteht unbeschadet der Zuständigkeit der Kartellbehörden (II 1). Die Behörden haben sich gegenseitig zu unterrichten (II 2, 3) und zu kooperieren. Die Börsen sind Unternehmen iSd GWB und unterliegen **uneingeschränkt** dem **GWB und** der **Kartellaufsicht**, Schwark/Zimmer/Beck 9 ff. Lit: Röhrl, Börsenwettbewerb, 1996. Börsen im deutschen und europäischen Kartellrecht s Beck WM 00, 597.

Verschwiegenheitspflicht

BörsG 10 (1) ¹Die bei der Börsenaufsichtsbehörde oder einer Behörde, der Aufgaben und Befugnisse der Börsenaufsichtsbehörde nach § 3 Abs. 7 übertragen worden sind, Beschäftigten, die nach § 3 Abs. 8 beauftragten Personen, die Mitglieder der Börsenorgane sowie die beim Träger der Börse Beschäftigten oder unmittelbar oder mittelbar in seinem Auftrag handelnden Personen, soweit sie für die Börse tätig sind, dürfen die ihnen bei ihrer Tätigkeit bekannt gewordenen Tatsachen, deren Geheimhaltung im Interesse der Handelsteilnehmer oder eines Dritten liegt, insbesondere Geschäfts- und Betriebsgeheimnisse sowie personenbezogene Daten, nicht unbefugt erheben oder verwenden, auch wenn sie nicht mehr im Dienst sind oder ihre Tätigkeit beendet ist. ²Dies gilt auch für andere Personen, die durch dienstliche Berichterstattung Kenntnis von den in Satz 1 bezeichneten Tatsachen erhalten. ³Ein unbefugtes Erheben oder Verwenden im Sinne des Satzes 1 liegt insbesondere nicht vor, wenn Informationen weitergegeben werden an

1. Strafverfolgungsbehörden oder für Straf- und Bußgeldsachen zuständige Gerichte,
2. kraft Gesetzes oder im öffentlichen Auftrag mit der Überwachung von Börsen oder anderen Märkten, an denen Finanzinstrumente gehandelt werden, von Kreditinstituten, Finanzdienstleistungsinstituten, Kapitalverwaltungsgesellschaften, extern verwalteten Investmentgesellschaften, Finanzunternehmen, Versicherungsunternehmen, Versicherungsvermittlern oder den Vermittlern von Anteilen an Investmentvermögen im Sinne des § 2a Abs. 1 Nr. 7 des Wertpapierhandelsgesetzes oder mit der Überwachung des Handels mit Finanzinstrumenten oder Devisen betraute Stellen sowie von diesen beauftragten Personen,
3. Zentralnotenbanken, das Europäische System der Zentralbanken oder die Europäische Zentralbank in ihrer Eigenschaft als Währungsbehörden sowie an andere staatliche Behörden, die mit der Überwachung der Zahlungssysteme betraut sind,
4. mit der Liquidation oder dem Insolvenzverfahren über das Vermögen eines Wertpapierdienstleistungsunternehmens im Sinne des § 2 Abs. 4 des Wertpapierhandelsgesetzes, eines Börsenträgers oder eines organisierten Marktes mit Sitz im Ausland oder dessen Betreiber befasste Stellen, und an
5. die Europäische Zentralbank, das europäische System der Zentralbanken, die Europäische Wertpapier- und Marktaufsichtsbehörde, die Europäische Aufsichtsbehörde für das Versicherungswesen und die betriebliche Altersversorgung, die Europäische Bankenaufsichtsbehörde, den Gemeinsamen Ausschuss der Europäischen Finanzaufsichtsbehörden, den Europäischen Ausschuss für Systemrisiken oder die Europäische Kommission,

soweit die Kenntnis dieser Informationen für diese Stellen zur Erfüllung ihrer Aufgaben erforderlich ist. ⁴Für die bei diesen Stellen Beschäftigten gilt die Verschwiegenheitspflicht nach Satz 1 entsprechend.

(2) Für die Mitglieder der Börsenorgane sowie die beim Träger der Börse Beschäftigten oder unmittelbar oder mittelbar in seinem Auftrag handelnden Personen gilt § 10 Absatz 1 Satz 2 des Wertpapierhandelsgesetzes entsprechend.

(3) ¹Die §§ 93, 97, 105 Abs. 1, § 111 Abs. 5 in Verbindung mit § 105 Abs. 1 sowie § 116 Abs. 1 der Abgabenordnung gelten nicht für die in Absatz 1 Satz 1 oder 2 bezeichneten Personen, soweit sie zur Durchführung dieses Gesetzes tätig werden. ²Sie finden Anwendung, soweit die Finanzbehörden die Kenntnis für die Durchführung eines Verfahrens wegen einer Steuerstraftat sowie eines damit zusammenhängenden Besteuerungsverfahrens benötigen, an deren Verfolgung ein zwingendes öffentliches Interesse besteht und nicht Tatsachen betroffen sind, die den in Absatz 1 Satz 1 oder 2 bezeichneten Personen durch eine Stelle eines anderen Staates im Sinne des Absatzes 1 Satz 3 Nr. 2 oder durch von dieser Stelle beauftragte Personen mitgeteilt worden sind.

§ 10 nF 2007 regelt die amtliche Verschwiegenheitspflicht im Zusammenhang mit der Börsenaufsicht in Abstimmung mit Insiderrecht (s (**16a**) MAR) und Datenschutzrecht. Vgl auch amtliche Verschwiegenheitspflicht nach § 21 WpHG und nach § 9 KWG. Sie gilt auch für natürliche Personen, die für die Börse tätig

(14) BörsG 12   2. Teil. Handelsrechtl. Nebengesetze

sind, ohne beim Börsenträger oder einer von ihm beauftragten Person angestellt zu sein. Wichtige Einschränkungen, also Möglichkeit der Informationsweitergabe, ergeben sich aus I 3 Nr 1–4. Das betrifft ua die Strafverfolgung (Nr 1) und die Finanzmarkt-, Kredit- und Versicherungsaufsicht (Nr 2). Auf Art 58 V, 54 II der MiFID (jetzt Art 81 V, 76 II MiFID II) zurückgehend sind die Weitergabemöglichkeiten an die Zentralnotenbanken in ihrer Funktion als Währungsbehörden und andere mit der Überwachung der Zahlungssysteme betrauten Behörden (I 3 Nr 3) und an Stellen, die mit der Liquidation oder dem Insolvenzverfahren über das Vermögen eines WPDienstleistungsunternehmens iSv § 2 X WpHG, eines Börsenträgers oder eines organisierten Marktes mit Sitz im Ausland oder dessen Betreiber befasst sind (I 3 Nr 4).

Untersagung der Preisfeststellung für ausländische Währungen

BörsG 11 Das Bundesministerium der Finanzen kann im Einvernehmen mit dem Bundesministerium für Wirtschaft und Energie und nach Anhörung der Deutschen Bundesbank Einzelweisungen an eine Börse erteilen, die Preisermittlung für ausländische Währungen vorübergehend zu untersagen, wenn eine erhebliche Marktstörung droht, die schwerwiegende Gefahren für die Gesamtwirtschaft oder das Publikum erwarten lässt.

1   § 11 nF 2007 enthält eine Notbefugnis des BMF zur Untersagung der Preisfeststellung für ausländische Währungen.

Börsenrat

BörsG 12 (1) ¹Jede Börse hat einen Börsenrat zu bilden, der aus höchstens 24 Personen besteht. ²Im Börsenrat müssen die zur Teilnahme am Börsenhandel zugelassenen Unternehmen und die Anleger vertreten sein. ³Bei einer Wertpapierbörse gelten als Unternehmen nach Satz 2 insbesondere die zur Teilnahme am Börsenhandel zugelassenen Kreditinstitute einschließlich der Wertpapierhandelsbanken, die zugelassenen Finanzdienstleistungsinstitute und sonstigen zugelassenen Unternehmen sowie die zur Teilnahme am Börsenhandel zugelassenen Kapitalverwaltungsgesellschaften. ⁴Handelt es sich bei der Börse zumindest auch um eine Wertpapierbörse, müssen im Börsenrat über die in Satz 2 genannten Unternehmen hinaus auch die Skontroführer, die Versicherungsunternehmen, deren emittierte Wertpapiere an der Börse zum Handel zugelassen sind, und andere Emittenten solcher Wertpapiere vertreten sein. ⁵Die Zahl der Vertreter der Kreditinstitute einschließlich der Wertpapierhandelsbanken sowie der mit den Kreditinstituten verbundenen Kapitalverwaltungsgesellschaften und sonstigen Unternehmen darf insgesamt nicht mehr als die Hälfte der Mitglieder des Börsenrates betragen. ⁶Die nach § 13 Absatz 4 zu erlassende Rechtsverordnung kann für einzelne Börsen Ausnahmen von den Bestimmungen der Sätze 2 bis 5 zulassen. ⁷Sie kann insbesondere vorsehen, dass sonstige betroffene Wirtschaftsgruppen im Börsenrat vertreten sind, und die Entsendung der Vertreter der nicht zum Börsenhandel zugelassenen Unternehmen regeln.

(2) ¹Dem Börsenrat obliegt insbesondere
1. der Erlass der Börsenordnung, der Bedingungen für Geschäfte an der Börse, der Gebührenordnung, der Zulassungsordnung für Börsenhändler und der Handelsordnung für den Freiverkehr, die jeweils als Satzung erlassen werden,

V. Bankgeschäfte 1 **12 BörsG (14)**

2. die Bestellung, Wiederbestellung und Abberufung der Geschäftsführer im Einvernehmen mit der Börsenaufsichtsbehörde,
3. die Überwachung der Geschäftsführung,
4. der Erlass einer Geschäftsordnung für die Geschäftsführung und
5. die Bestellung oder Wiederbestellung und Abberufung des Leiters der Handelsüberwachungsstelle auf Vorschlag der Geschäftsführung und im Einvernehmen mit der Börsenaufsichtsbehörde.

²Zur Überwachung der Geschäftsführung ist dem Börsenrat angemessener Zugang zu den dafür erforderlichen Informationen und Dokumenten zu gewähren. ³Die Entscheidung über die Einführung von technischen Systemen, die dem Handel oder der Abwicklung von Börsengeschäften dienen, bedarf der Zustimmung des Börsenrates. ⁴Die Börsenordnung kann für andere Maßnahmen der Geschäftsführung von grundsätzlicher Bedeutung die Zustimmung des Börsenrates vorsehen. ⁵Bei Kooperations- und Fusionsabkommen des Börsenträgers, die den Börsenbetrieb betreffen, sowie bei der Auslagerung von Funktionen und Tätigkeiten auf ein anderes Unternehmen nach § 5 Abs. 3 ist dem Börsenrat zuvor Gelegenheit zur Stellungnahme zu geben.

(3) ¹Der Börsenrat gibt sich eine Geschäftsordnung. ²Er wählt aus seiner Mitte einen Vorsitzenden und mindestens einen Stellvertreter, der einer anderen Gruppe im Sinne des Absatzes 1 Satz 2 angehört als der Vorsitzende. ³Wahlen nach Satz 2 sind geheim; andere Abstimmungen sind auf Antrag eines Viertels der Mitglieder geheim durchzuführen.

(4) Setzt der Börsenrat zur Vorbereitung seiner Beschlüsse Ausschüsse ein, hat er bei der Zusammensetzung der Ausschüsse dafür zu sorgen, dass Angehörige der Gruppen im Sinne des Absatzes 1 Satz 2, deren Belange durch die Beschlüsse berührt werden können, angemessen vertreten sind.

(5) Mit der Genehmigung einer neuen Börse bestellt die Börsenaufsichtsbehörde einen vorläufigen Börsenrat höchstens für die Dauer eines Jahres.

(6) Der Börsenrat nimmt die ihm nach diesem Gesetz zugewiesenen Aufgaben und Befugnisse nur im öffentlichen Interesse wahr.

Übersicht

1) Einrichtung und Zusammensetzung des Börsenrats (I) 1
2) Aufgaben und Befugnisse (II–VI) 2

1) Einrichtung und Zusammensetzung des Börsenrats (I)

§ 12 nF 2007, II 2 nF 2. FiMaNoG 2017. §§ 12 und 15 betreffen die Leitungsstruktur der Börse, die in § 12 nunmehr für Wertpapier- und Warenbörsen einheitlich geregelt wird. Mit der **zwingenden Trennung von Börsenrat und Börsenleitung** (zu letzterer § 15) orientiert sich das Gesetz am **aktienrechtlichen Modell** (Deutschlands, in anderen Ländern überwiegt das one-tier board-System). Die Ausübung von Aufsichtsratsfunktionen wird bei Ausschöpfung der Maximalgröße von 24 Personen stark erschwert, in aktienrechtlicher Reformdiskussion gilt der (mitbestimmte) Aufsichtsrat der AG als zu groß. Der (öffentlich-rechtliche) Börsenrat ist aber mit dem (privatrechtlichen) Aufsichtsrat der Börsenträger AG nicht zu verwechseln. Die Größe ist der Preis für die durch § 12 gleichzeitig eröffnete Möglichkeit zu einer angemessenen **Mitbestimmung** der verschiedenen Interessen- und Interessenuntergruppen (ua die zugelassenen Finanzdienstleistungsinstitute und Unternehmen, Emittenten, institutionelle und Privatanleger) neben den herkömmlich dominierenden Kreditinstituten (einschließlich der Wertpapierhandelsbanken). An die Stelle der Kursmakler sind, falls an der Börse vorhanden, die Skontroführer getreten. Die freien Makler gehören zu den Finanzdienstleistungsinstituten. Näheres zur Wahl in § 13.

Kumpan 2415

2) Aufgaben und Befugnisse (II-VI)

2   Die Aufgaben des Börsenrats ergeben sich aus II. Der Börsenrat hat vor allem die Aufgabe der Rechtssetzung und der Kontrolle. Ihm obliegen insbesondere der Erlass der BörsO (§ 16 Rn 1 ff), der Börsengeschäftsbedingungen (§ 16 Rn 4), der Gebührenordnung und der Zulassung für Börsenhändler als Satzung (**II 1 Nr 1** weiter als § 9 II Nr 1 aF), die Bestellung, Wiederbestellung und Abberufung der Geschäftsführer (**II 1 Nr 2,** nur im Einvernehmen mit der Börsenaufsichtsbehörde), die Überwachung der Geschäftsführung (**II I Nr 3**) und die Bestellung oder Wiederbestellung und Abberufung des Leiters der HÜSt (**II 1 Nr 5 iVm § 7,** wie § 4 II 1 aF). Damit dem Börsenrat eine wirksame Überwachung möglich ist, sieht **II 2** vor, dass an angemessenen Zugang zu den dafür notwendigen Informationen und Dokumenten erhalten muss. Geschäftsordnung und Ausschüsse s **III, IV.** Der Börsenrat nimmt die ihm nach dem BörsG zugewiesenen Aufgaben und Befugnisse wie die Geschäftsführung (§ 15 VI) und alle anderen Börsenorgane und Börsenstellen nur im öffentlichen Interesse wahr (VI, s § 15 Rn 5).

Wahl des Börsenrates

BörsG 13 (1) Die Mitglieder des Börsenrates werden für die Dauer von bis zu drei Jahren von den in § 12 Absatz 1 Satz 2 bis 4 genannten Gruppen jeweils aus ihrer Mitte gewählt; die Vertreter der Anleger werden von den übrigen Mitgliedern des Börsenrates hinzugewählt.

(2) ¹Unternehmen, die mehr als einer der in § 12 Absatz 1 Satz 2 bis 4 genannten Gruppen angehören, dürfen nur in einer Gruppe wählen. ²Verbundene Unternehmen dürfen im Börsenrat nur mit einem Mitglied vertreten sein.

(3) ¹Die Mitglieder des Börsenrates müssen zuverlässig sein und die erforderliche fachliche Eignung haben. ² § 4b Absatz 1 und Absatz 2 Satz 2 gilt entsprechend.

(4) ¹Das Nähere über die Amtszeit des Börsenrates, die Aufteilung in Gruppen, die Ausübung des Wahlrechts und die Wählbarkeit, die Durchführung der Wahl und die vorzeitige Beendigung der Mitgliedschaft im Börsenrat wird durch Rechtsverordnung der Landesregierung nach Anhörung des Börsenrates bestimmt. ²Die Landesregierung kann diese Ermächtigung durch Rechtsverordnung auf die Börsenaufsichtsbehörde übertragen. ³Die Rechtsverordnung muss sicherstellen, dass alle in § 12 Absatz 1 Satz 2 bis 4 genannten Gruppen angemessen vertreten sind. ⁴Sie kann zudem vorsehen, dass bei vorzeitigem Ausscheiden eines Mitglieds ein Nachfolger für die restliche Amtsdauer aus der Mitte der jeweiligen Gruppe durch die übrigen Mitglieder des Börsenrates hinzugewählt wird.

1   § 13 nF 2007, III nF 2017. Die Mitglieder des Börsenrats müssen zuverlässig und fachlich geeignet sein. Das wird in **III** geregelt und dort durch den Verweis auf **(14)** BörsG § 4 I noch einmal zusätzlich unterstrichen, zudem müssen sie danach für ihre Überwachungsaufgabe ausreichend Zeit mitbringen. Mit dem Verweis auf **(14)** BörsG § 4b II 2 wird darüber hinaus geregelt, dass die Mitglieder aufrichtig und unvoreingenommen sein sollen, um eine wirksame Überwachung zu gewährleisten. Damit werden die wesentlichen Anforderungen an die Mitglieder des Verwaltungs- oder Aufsichtsorgans des Börsenträgers auf die Mitglieder des Börsenrats erstreckt (RegE 2. FiMaNoG, BTDrucks 18/10936, 269). Für die fachliche Eignung zählen insbesondere die Art der an der Börsen ge-

V. Bankgeschäfte **15 BörsG (14)**

handelten Wirtschaftsgüter und die Komplexität der dort abgeschlossenen Geschäfte (RegE FRUG, BTDrucks 16/4028, 83). Zur Zusammensetzung ist in **IV 3** nur vorgeschrieben, dass alle in § 12 I 2 genannten Gruppen angemessen vertreten sein müssen, nicht mehr wie ursprünglich bestimmte Mindestzahlen und Untergruppen. Näher **RVO** der Landesregierung nach Anhörung des Börsenrats.

BörsG 14 *(weggefallen)*

Leitung der Börse

BörsG 15 (1) [1]Die Leitung der Börse obliegt der Geschäftsführung in eigener Verantwortung. [2]Sie kann aus einer oder mehreren Personen bestehen. [3]Die Geschäftsführer müssen zuverlässig sein, der Wahrnehmung ihrer Aufgaben ausreichend Zeit widmen und die für die Leitung der Börse erforderliche fachliche Eignung besitzen. [4]Sie werden für höchstens fünf Jahre bestellt; die wiederholte Bestellung ist zulässig. [5]Die Bestellung eines Geschäftsführers ist unverzüglich der Börsenaufsichtsbehörde anzuzeigen. [6]Die Anzeige muss die in § 4 Abs. 2 Satz 2 Nr. 2 genannten Angaben enthalten. [7]§ 4 Abs. 2 Satz 3 und 4 gilt entsprechend.

(2) Die Börsenaufsichtsbehörde hat ihr Einvernehmen zu der Bestellung der Geschäftsführer zu verweigern, wenn aus objektiven und nachweisbaren Gründen Zweifel an der Zuverlässigkeit oder fachlichen Eignung der Geschäftsführer bestehen oder die ordnungsgemäße Leitung der Börse und die Marktintegrität gefährdet erscheint.

(3) [1]Die Geschäftsführer vertreten die Börse gerichtlich und außergerichtlich, soweit nicht der Träger der Börse zuständig ist. [2]Das Nähere über die Vertretungsbefugnis der Geschäftsführer regelt die Börsenordnung.

(4) [1]Die Geschäftsführung kann gegenüber Handelsteilnehmern alle Anordnungen treffen, die geeignet und erforderlich sind, um Verstöße gegen börsenrechtliche Vorschriften und Anordnungen zu verhindern oder Missstände zu beseitigen, welche die ordnungsgemäße Durchführung des Handels an der Börse beeinträchtigen können. [2]Sie kann zu diesem Zweck insbesondere Handelsteilnehmern längstens für die Dauer von sechs Monaten die vollständige oder teilweise Teilnahme am Börsenhandel untersagen.

(5) [1]Die Geschäftsführung überwacht die Einhaltung der Pflichten der Handelsteilnehmer und der für sie tätigen Personen. [2]Sie trifft geeignete Vorkehrungen, die eine wirksame und dauerhafte Überwachung der Pflichten nach Satz 1 gewährleisten. [3]Die Aufgaben der Handelsüberwachungsstelle nach § 7 bleiben unberührt.

(6) Widerspruch und Anfechtungsklage gegen Maßnahmen nach Absatz 4 haben keine aufschiebende Wirkung.

(7) [1]Die Geschäftsführung ist zuständige Behörde im Sinne des Artikels 23 Absatz 1 der Verordnung (EU) Nr. 236/2012 des Europäischen Parlaments und des Rates vom 14. März 2012 über Leerverkäufe und bestimmte Aspekte von Credit Default Swaps (ABl. L 86 vom 24.3.2012, S. 1), sofern Finanzinstrumente betroffen sind, die an einem regulierten Markt oder im Freiverkehr dieser Börse gehandelt werden. [2]§ 10 Absatz 1 Satz 3 und 4 ist insoweit nicht anwendbar.

(8) Die Geschäftsführung nimmt die ihr nach diesem Gesetz zugewiesenen Aufgaben und Befugnisse nur im öffentlichen Interesse wahr.

Kumpan

(14) BörsG 15 1–4a

Übersicht

1) Leitung der Börse (I) 1
2) Einvernehmen der Börsenaufsichtsbehörde (II) 2
3) Vertretung der Börse (III) 3
4) Aufgaben und Befugnisse (IV, V, VII) 4
5) Keine aufschiebende Wirkung von Widerspruch und Anfechtungsklage (VI) 4a
6) Leitung nur im öffentlichen Interesse (VIII) 5

1) Leitung der Börse (I)

1 § 15 nF 2007, I, II, IV und VI nF 2. FiMaNoG 2017. **I** weist die Leitung der Börse der **Geschäftsführung** in eigener Verantwortung zu. Die Geschäftsführung entspricht dem aktienrechtlichen Vorstand, ihr steht der Börsenrat, ähnlich einem Aufsichtsrat, gegenüber (§ 12 Rn 1). Die Geschäftsführer müssen zuverlässig und fachlich geeignet sein, die Anforderungen entsprechen denen an die Geschäftsleitung des Börsenträgers nach **(14)** BörsG § 4a I (I 3). Für die fachliche Eignung der Geschäftsleiter zählen insbesondere die Art der an der Börsen gehandelten Wirtschaftsgüter und die Komplexität der dort abgeschlossenen Geschäfte (RegE FRUG BTDrucks 16/4028, 83, vgl auch § 13 Rn 1). Sie werden für höchstens fünf Jahre bestellt, Wiederwahl ist zulässig (I 4).

2) Einvernehmen der Börsenaufsichtsbehörde (II)

2 II basiert nunmehr auf Art 45 VII MiFID II. Die Vorschrift regelt das notwendige Einvernehmen der Börsenaufsichtsbehörde mit der Bestellung der Geschäftsführer. Diese hat das Einvernehmen zu verweigern, wenn aus objektiven und nachweisbaren Gründen Zweifel an ihrer Zuverlässigkeit oder Eignung bestehen oder die ordnungsgemäße Leitung der Börse und die Marktintegrität gefährdet erscheint. Letzteres ist der Fall, wenn ein beruflicher Interessenkonflikt des Geschäftsführers ihn für die Wahrnehmung ausschließlich öffentlicher Interessen im Rahmen der Geschäftsführung ungeeignet macht (RegE FRUG BTDrucks 16/4028, 83).

3) Vertretung der Börse (III)

3 Die Börse wird durch die Geschäftsführer gerichtlich und außergerichtlich vertreten, soweit nicht der Börsenträger zuständig ist. Näheres in der BörsO (s bei **(14)** BörsG § 16).

4) Aufgaben und Befugnisse (IV, V, VII)

4 IV (nF 2. FiMaNoG 2017), V und VII (eingefügt durch EU-LeerVkAG 2012) regeln die Aufgaben und Befugnisse der Geschäftsführung. IV regelt die Anordnungsbefugnisse der Geschäftsführung; diese sind nicht mehr wie vor dem 2. FiMaNoG 2017 auf die Ordnung in den Börsenräumen zugeschnitten, sondern gehen nun weiter, sodass auch der elektronische Handel umfasst ist (RegE 2. FiMaNoG, BTDrucks 18/10936, 269). Wichtig ist V 3, wonach die Aufgaben der Handelsüberwachungsstelle nach § 7 unberührt bleiben (Grund s § 7 Rn 1). VII überträgt der Börsengeschäftsführung wegen deren größerer Sachnähe und schnelleren Reaktionsmöglichkeiten die Befugnisse nach Art 23 I der EU-VO bei signifikantem Kursverfall (Verbot oder Beschränkung von Leerverkäufen sowie anderweitige Beschränkungen von Transaktionen).

5) Keine aufschiebende Wirkung von Widerspruch und Anfechtungsklage (VI)

4a VI neu 2. FiMaNoG 2017 regelt, dass Widerspruch und Anfechtungsklage gegen Anordnungsmaßnahmen der Geschäftsführung keine aufschiebende Wirkung haben und diese damit sofort vollzogen werden können. Damit wird sichergestellt, dass die Geschäftsführung schnellstmöglich Maßnahmen ergreifen und umsetzen kann, was bei der modernen Geschwindigkeit des Börsenhandels von erheblicher Bedeutung ist.

6) Leitung nur im öffentlichen Interesse (VIII)

Die Geschäftsführung nimmt die ihr nach dem BörsG zugewiesenen Aufgaben und Befugnisse ebenso wie die Börsenaufsicht (§ 3 III) und die HüSt (§ 7 VI), der Börsenrat (§ 12 VI), der Sanktionsausschuss (§ 22 II 3) und die frühere Zulassungsstelle (§§ 31 V aF, 49 II 3 aF, zuständig jetzt die Geschäftsführung, § 32 I nF) nur im öffentlichen Interesse wahr (VIII). Die Geschäftsführung ist als Leitungsorgan der öffentlichrechtlichen Anstalt Börse (§ 2 I) Behörde und erlässt als solche Verwaltungsakte. Amtshaftung nach § 839 BGB iVm Art 34 GG (§ 3 Rn 5), es haftet das jeweilige Bundesland, in dem die Börse ihren Sitz hat, nicht der Börsenträger, Elle ZHR 128 (66) 291. Die Mitglieder der Börsengeschäftsführung sind Beamte im haftungsrechtlichen Sinne, Ffm ZIP 01, 731; Ffm 1 U 176/10, Rn. 107. Zur Haftung Schwark/Zimmer/Schwark 11.

Börsenordnung

BörsG 16 (1) ¹Die Börsenordnung soll sicherstellen, dass die Börse die ihr obliegenden Aufgaben erfüllen kann und dabei den Interessen des Publikums und des Handels gerecht wird. ²Sie muss Bestimmungen enthalten über

1. den Geschäftszweig der Börse;
2. die Organisation der Börse;
3. die Handelsarten;
4. die Veröffentlichung der Preise und Kurse sowie der ihnen zugrunde liegenden Umsätze;
5. eine Entgeltordnung für die Tätigkeit der Skontroführer.

(2) Bei Wertpapierbörsen muss die Börsenordnung zusätzlich Bestimmungen enthalten über

1. die Bedeutung der Kurszusätze und -hinweise,
2. die Sicherstellung der Börsengeschäftsabwicklung und die zur Verfügung stehenden Abwicklungssysteme nach Maßgabe des § 21 und
3. die Kennzeichnung der durch algorithmischen Handel im Sinne des § 80 Absatz 2 Satz 1 des Wertpapierhandelsgesetzes erzeugten Aufträge durch die Handelsteilnehmer, die Kenntlichmachung der hierfür jeweils verwendeten Handelsalgorithmen sowie die Kenntlichmachung der Personen, die diese Aufträge initiiert haben.

(3) ¹Die Börsenordnung bedarf der Genehmigung durch die Börsenaufsichtsbehörde. ²Diese kann die Aufnahme bestimmter Vorschriften in die Börsenordnung verlangen, wenn und soweit sie zur Erfüllung der der Börse oder der Börsenaufsichtsbehörde obliegenden gesetzlichen Aufgaben notwendig sind.

Übersicht

1) Börsenordnung	1, 1a
2) Börsenordnung und Anlegerschutz	2
3) Kurszusätze und -hinweise bei der Preisfeststellung (II Nr 1)	3
4) Börsenusancen, AGB	4

1) Börsenordnung

§ 16 regelt die Anforderungen an die BörsO, Die für jede Börse von deren Börsenrat zu erlassen ist (§ 12 II Nr 1). Sie ist, wie § 12 II Nr 1 ausdrücklich feststellt, öffentlich-rechtliche **Satzung** der teilrechtsfähigen Anstalt des öffentlichen Rechts Börse (§ 2 I), BGH **147**, 351, hL, Kümpel FS Pleyer **86**, 59, nach früher aA Rechtsverordnung. Richtungweisend war die BörsO der Berliner Börse vom 4.4.34. **Mindestinhalt** nach **I 2 Nr 1–5,** darunter ua Bestimmungen über die **Handelsarten** (I 2 Nr 3), die Veröffentlichung der Preise und Kurse sowie der ihnen zugrunde liegenden Umsätze (I 3 Nr 4 neu) und die Entgeltordnung für die Skontroführertätigkeit (I 2 Nr 5, §§ 27 ff). Die Börsen können im Rahmen ihrer Selbstverwaltung die Handelsarten flexibel an die Bedürfnisse und den Wettbewerb anpassen, zB in einem Segment Auktionsverfahren mit Intermediären, im anderen elektronisch mit fortlaufendem Orderausgleich oder auch unterschiedlich im gleichen Segment, zB für besonders liquide Untersegmente elektronisch, für die anderen herkömmlich. Die BörsO braucht nicht alle Einzelheiten der für die verschiedenen Segmente gewählten Preisfeststellungsregeln selbst zu enthalten, sondern kann die konkrete Ausformung norminterpretierenden Verwaltungsvorschriften überlassen, wenn die Regelung nur für die Anleger transparent genug ist (RegE 4. FinanzmarktfördG). Dass die BörsO eine zeitlich angemessen verzögerte Veröffentlichung der Preise und der ihnen zugrunde liegenden Umsätze vorsehen kann (so noch II 3 aF), was zB für den Blockhandel wegen der unerwünschten Preiseffekte sinnvoll sein kann, ist nicht mehr vorgesehen, denn insoweit greifen die unmittelbar geltende MiFIR 15.5.14 (ABl. L 173/84) sowie § 24 II i.V. m. MiFIR über die Nachhandelstransparenz ein (§ 24 Rn 6); auch die Vorhandelstransparenz mit Ausnahmen ist nunmehr in der MiFIR geregelt.

1a   Zusätzlicher Mindestinhalt bei Wertpapierbörsen folgt aus **II,** insbesondere Bestimmungen über die Bedeutung der Kurszusätze und -hinweise (**II Nr 1,** s Rn 3). Die BörsO muss (basierend auf Art 53 II Buchst e MiFID II) Bestimmungen über die Sicherstellung der Börsengeschäftsabwicklung und die zur Verfügung stehenden Abwicklungssysteme nach Maßgabe des § 21 enthalten (**II Nr 2**). Eingeführt durch das HFHandelG 2013 müssen Aufträge, die mittels algorithmischer Handelssysteme generiert werden, besonders gekennzeichnet und der verwendete Algorithmus kenntlich gemacht werden (**II Nr 3**), um eine angemessene Überwachung dieser Handelsteilnehmer und der Auswirkungen ihrer Tätigkeit zu ermöglichen. Hierbei geht es um die Unterscheidbarkeit der einzelnen Auftraggeber und Algorithmen und seit dem 2. FiMaNoG 2017 (basierend auf Art 48 X MiFID II) auch der initiierenden Personen, die jeweiligen Algorithmen sollen müssen nicht offengelegt werden. Die Börsenordnung bedarf der **Genehmigung** der Börsenaufsichtsbehörde (**III**). Bsp: BörsO für die Frankfurter Wertpapierbörse; VGH Kassel ZIP **07**, 215 hatte die alte BörsO für teilweise unwirksam erklärt. Lit: Schlitt AG **03**, 57 (Prime Standard, General Standard der Ffm WPBörse).

2) Börsenordnung und Anlegerschutz

2   Die Bestimmungen der BörsO haben keine zivilrechtliche anlegerschützende Drittwirkung, BGH **147**, 351 (zur Einholung von Sicherheitsleistungen bei Optionsgeschäften), str. Sie können aber auf das zivilrechtliche Verhältnis zwischen dem Börsenteilnehmer und dem Kunden mittelbar ausstrahlen und zivilrechtlich bedeutsame Mindeststandards begründen, offen BGH **147**, 351; das ist aber jeweils besonders zu prüfen, eine diesbezügliche Vermutung besteht nicht. Der Anlegerschutz ist aber jedenfalls Rechtsreflex und bei Erlass der BörsO wie bei der Börse insgesamt wesentlich mitzubedenken. Die Aufnahme von Bestimmungen über die Handelsarten in die BörsO bedeutet notwendige Genehmigung der Börsenaufsichtsbehörde, was dem Erfordernis eines angemessenen Anleger- und Funktionenschutzes Rechnung trägt.

V. Bankgeschäfte 3 **16 BörsG (14)**

3) Kurszusätze und -hinweise bei der Preisfeststellung (II Nr 1)

Die Bestimmungen der Börsen über die Bedeutung der Kurszusätze und -hinweise sind, sofern noch vorhanden, heute weitgehend einheitlich, Schäfer/Peterhoff § 4 aF Rn 14. Die BörsO FWB idF 4.12.17 enthält allerdings keine Kurszusätze mehr, diese gibt es seit der Umstellung auf Xetra nicht mehr. Anders noch nach anderen BörsO, Bsp: § 30 I der BörsO der Hanseatischen Wertpapierbörse (vgl Rn 1a), Stand 14.9.2016 lautet:

§ 30 Zusätze und Hinweise bei der Preisfeststellung

(1) Der Skontroführer hat nach Maßgabe der Einführungsmöglichkeiten der vorliegenden Aufträge bei der Preisfeststellung folgende Preiszusätze und Hinweise zu verwenden:

I. Zusätze

Zu den festgestellten Preisen müssen bei Nummern 1 bis 5 außer den unlimitierten Kauf- und Verkaufsaufträgen alle über dem festgestellten Preis limitierten Kaufaufträge und alle unter dem festgestellten Preis limitierten Verkaufsaufträge ausgeführt sein. Inwieweit die zum festgestellten Preis limitierten Kauf- und Verkaufsaufträge ausgeführt werden konnten, ergeben die Preiszusätze.

1. b oder Preis ohne Zusatz = bezahlt: Alle Aufträge sind ausgeführt;
2. bG = bezahlt Geld: Die zum festgestellten Preis limitierten Kaufaufträge müssen nicht vollständig ausgeführt sein; es bestand weitere Nachfrage;
3. bB = bezahlt Brief: Die zum festgestellten Preis limitierten Verkaufsaufträge müssen nicht vollständig ausgeführt sein; es bestand weiteres Angebot;
4. ebG = etwas bezahlt Geld: Die zum festgestellten Preis limitierten Kaufaufträge konnten nur zu einem geringen Teil ausgeführt werden;
5. ebB = etwas bezahlt Brief: Die zum festgestellten Preis limitierten Verkaufsaufträge konnten nur zu einem geringen Teil ausgeführt werden;
6. ratG = rationiert Geld: Die zum Preis und darüber limitierten sowie die unlimitierten Kaufaufträge konnten nur beschränkt ausgeführt werden;
7. ratB = rationiert Brief: Die zum Preis und niedriger limitierten sowie die unlimitierten Verkaufsaufträge konnten nur beschränkt ausgeführt werden;
8. * = Sternchen: Kleine Beträge konnten ganz oder teilweise nicht gehandelt werden.

II. Hinweise

Außerdem werden folgende Hinweise verwendet:

1. G = Geld: Es fand kein Umsatz statt, zu diesem Preis bestand nur Nachfrage;
2. B = Brief: Es fand kein Umsatz statt, zu diesem Preis bestand nur Angebot;
3. – = gestrichen: Ein Preis konnte nicht festgestellt werden;
4. – G = gestrichen Geld: Ein Preis konnte nicht festgestellt werden. Es bestand unlimitierte Nachfrage;
5. – B = gestrichen Brief: Ein Preis konnte nicht festgestellt werden. Es bestand unlimitiertes Angebot;
6. – T = gestrichen Taxe: Ein Preis konnte nicht festgestellt werden; der Preis ist geschätzt;
7. – GT = gestrichen Geld/Taxe: Ein Preis konnte nicht festgestellt werden, da der Preis auf der Nachfrageseite geschätzt ist;
8. – BT = gestrichen Brief/Taxe: Ein Preis konnte nicht festgestellt werden, da der Preis auf der Angebotsseite geschätzt ist;
9. ex D = nach Dividende: Erste Notiz unter Abschlag der Dividende;
10. ex A = nach Ausschüttung: Erste Notiz unter Abschlag einer Ausschüttung;
11. ex BR = nach Bezugsrecht: Erste Notiz unter Abschlag eines Bezugsrechts;
12. ex BA = nach Berichtigungsaktien: Erste Notiz nach Umstellung des Preises auf das aus Gesellschaftsmitteln berichtigte Aktienkapital;
13. ex SP = nach Splitting: Erste Notiz nach Umstellung des Preises auf die geteilten Aktien;
14. ex ZS = nach Zinsen: Erste Notiz unter Abschlag der Zinsen;
15. ex AZ = nach Ausgleichszahlung: Erste Notiz unter Abschlag einer Ausgleichszahlung;
16. ex BO = nach Bonusrecht: Erste Notiz unter Abschlag eines Bonusrechts;
17. ex abc = ohne verschiedene Rechte: Erste Notiz unter Abschlag verschiedener Rechte;
18. ausg = ausgesetzt: Die Preisnotierung ist ausgesetzt; eine Preisnotierung ist nicht gestattet;
19. – Z = gestrichen Ziehung: Die Notierung der Schuldverschreibung ist wegen eines Auslosungstermins ausgesetzt. Die Aussetzung beginnt zwei Börsentage vor dem festgesetzten Auslosungstag und endet mit Ablauf des Börsentages danach;

(14) BörsG 17

20. H = Hinweis: Auf Besonderheiten wird gesondert hingewiesen;
21. C = Kompensationsgeschäft: Zu diesem Preis wurden ausschließlich Aufträge ausgeführt, bei denen Käufer und Verkäufer identisch waren. Der Hinweis „C" wird bei einem Umsatz von einem Stück auch bei einem Kompensationsgeschäft des Skontroführers zum Zwecke der Auslösung einer Stopp-Order verwendet.

4) Börsenusancen, AGB

4 Zusätzlich zum BörsG und den dortigen Rechtsregeln können an der jeweiligen Börse gleiche oder unterschiedliche Börsenusancen gelten. Börsenusancen gelten zT als und zT (soweit es um von der Börse publizierte Klauseln im Regelungsbereich der Börsengeschäftsbedingungen geht) kraft Gewohnheitsrecht, Fleckner ZHR 180 **(16)** 458, insb. 506 ff., außerdem Fleckner WM **09**, 2071, **11**, 596, andere ordnen sie als HdlBrauch ein, Kümpel/Wittig/Oulds 14.192, ebenso Baumbach/Hopt/Hopt § 346 Rn. 7. Die „**Bedingungen** für Geschäfte an den deutschen Wertpapierbörsen" (1.1.1983, unter den Börsen vereinheitlicht, Text WM **84**, 76, Änderungen für die Frankfurter Wertpapierbörse WM **98**, 466 betr WPGeschäfte im elektronischen HdlSystem, mittlerweile wieder unterschiedliche Fassungen unter den Börsen, aktuelle Fassung der „Bedingungen für Geschäfte an der Frankfurter Wertpapierbörse" vom 21.11.2016) wurden, da privatrechtlich, ohne weiteres Vertragsbestandteil für die an dieser Börse abgeschlossenen Geschäfte, falls die Vertragsparteien nichts anderes vereinbaren. Nach § 12 II Nr 1 idF FinanzmarktRiUmsetzG werden auch die Bedingungen für Geschäfte an der Börse als Satzung erlassen, krit Hammen WM **07**, 1297. Kontrolle deshalb nicht privatrechtlich nach **(5)** BGB §§ 305 ff, aber Groß §§ 11–14 BörsG Rn 5: § 242 BGB. Für zusätzliche privatrechtliche Übernahme der Bedingungen in die jeweiligen Verträge Hammen WM **07**, 1304, AGB-rechtlich ist das zulässig, Ul/Br/He § 305 Rn 7a. Zu den **Going Public Grundsätzen** der Deutsche Börse AG Meyer WM **02**, 1864, Schlitt ua AG **02**, 478. **Grundsätze für die Zuteilung von Aktienemissionen an Privatanleger**, Börsensachverständigenkommission, ZBB **00**, 287.

Gebühren und Entgelte

BörsG 17 (1) Die Gebührenordnung kann die Erhebung von Gebühren und die Erstattung von Auslagen vorsehen für

1. die Zulassung zur Teilnahme am Börsenhandel und für die Teilnahme am Börsenhandel,
2. die Zulassung zum Besuch der Börse ohne das Recht zur Teilnahme am Handel,
3. die Zulassung von Finanzinstrumenten, anderen Wirtschaftsgütern und Rechten zum Börsenhandel, die Einbeziehung von Wertpapieren zum Börsenhandel im regulierten Markt sowie den Widerruf der Zulassung und der Einbeziehung,
4. die Einführung von Wertpapieren an der Börse,
5. die Notierung von Wertpapieren, deren Laufzeit nicht bestimmt ist,
6. die Prüfung der Druckausstattung von Wertpapieren,
7. die Ablegung der Börsenhändlerprüfung.

(1a) [1] Die Gebührenstrukturen, einschließlich der Ausführungsgebühren, Nebengebühren und möglichen Rabatte müssen transparent und diskriminierungsfrei ausgestaltet sein. [2] Die Gebühren dürfen keine Anreize schaffen, Aufträge so zu platzieren, zu ändern oder zu stornieren oder Geschäfte so zu tätigen, dass dies zu Beeinträchtigungen des ordnungsgemäßen Börsenhandels oder zu Marktmissbrauch beiträgt. [3] Insbesondere dürfen Rabatte in Bezug auf einzelne Aktien oder Aktienportfolios nur als Gegenleistung für die Übernahme von Market-Making-Pflichten gewährt werden.

(2) ¹Die Gebührenordnung bedarf der Genehmigung durch die Börsenaufsichtsbehörde. ²Die Genehmigung gilt als erteilt, wenn die Gebührenordnung nicht innerhalb von sechs Wochen nach Zugang bei der Börsenaufsichtsbehörde von dieser gegenüber der Börse beanstandet wird.

(3) Unbeschadet der nach Absatz 1 erhobenen Gebühren kann der Börsenträger separate Entgelte verlangen. Dies gilt auch für Dienstleistungen, welche er im Rahmen des Börsenbetriebs für Handelsteilnehmer oder Dritte erbringt, sowie für die Offenlegung von Vorhandels- und Nachhandelsdaten.

(4) ¹Unbeschadet des § 26a hat die Börse für die übermäßige Nutzung der Börsensysteme, insbesondere durch unverhältnismäßig viele Auftragseingaben, -änderungen und -löschungen, separate Gebühren zu erheben, sofern nicht der Börsenträger hierfür bereits separate Entgelte verlangt. ²Die Höhe dieser Gebühren oder Entgelte ist so zu bemessen, dass einer übermäßigen Nutzung im Sinne des Satzes 1 und der damit verbundenen negativen Auswirkungen auf die Systemstabilität oder die Marktintegrität wirksam begegnet wird.

§ 17 nF 2007, IV nF HFHandelG 2013, Ia neu, III nF 2. FiMaNoG 2017. **1** International gebräuchlich und für die Börsen wichtig ist, dass sie außer Einführungsgebühren auch Notierungsgebühren (ohne Wahlrecht des Emittenten) vorsehen können (I Nr 5). Ia setzt Art 48 IX MiFID II um und stellt sicher, das Gebühren transparent und nicht diskriminierend ausgestaltet sind, zudem soll einer fehlerhaften, weil marktgefährdenden Anreizsetzung vorgebeugt werden. III deckt die derzeitige Praxis ab, wonach der Börsenträger für Dienstleistungen, die er im Rahmen des Börsenbetriebs für Handelsteilnehmer oder Dritte erbringt, separate Entgelte, also unbeschadet der Gebühren nach I, erheben kann. Klargestellt wird nunmehr, dass dies auch für die Zurverfügungstellung von Vor- und Nachhandelsdaten gilt. IV flankiert die durch das HFHandelG 2013 eingeführte Regelung in § 26a: Entgelte für die übermäßige Nutzung der Börsensysteme sollen eine übermäßige Belastung der Börseninfrastruktur verhindern. Bei deren Festlegung besteht ein Ermessensspielraum.

Sonstige Benutzung von Börseneinrichtungen

BörsG 18 ¹Die Börsenordnung kann für einen anderen als den nach § 16 Abs. 1 Satz 2 Nr. 1 zu bezeichnenden Geschäftszweig die Benutzung von Börseneinrichtungen zulassen. ²Ein Anspruch auf die Benutzung erwächst in diesem Falle für die Beteiligten nicht.

§ 18 nF 2007. Die Vorschrift hatte für die hanseatischen Börsen Bedeutung, an **1** denen der Börsenhandel nicht auf bestimmte Geschäftszweige beschränkt war, ist aber heute angesichts der Spezialisierung der Börsen und Märkte ohne praktische Bedeutung, Schäfer/Peterhoff § 6 aF Rn 1. Vorstellbar wäre die Benutzung von Börseneinrichtungen für sonstige Kontrakte wie Strom- oder Gaskontrakte, Immobiliengeschäfte oder Dienstleistungen, falls man nicht (aber richtiger) auch Dienstleistungsbörsen anerkennt.

Zulassung zur Börse

BörsG 19 (1) Zum Besuch der Börse, zur Teilnahme am Börsenhandel und für Personen, die berechtigt sein sollen, für ein zur Teilnahme am Börsenhandel zugelassenes Unternehmen an der Börse zu handeln (Börsenhändler), ist eine Zulassung durch die Geschäftsführung erforderlich.

(2) Zur Teilnahme am Börsenhandel darf nur zugelassen werden, wer gewerbsmäßig bei börsenmäßig handelbaren Gegenständen
1. die Anschaffung und Veräußerung für eigene Rechnung betreibt oder
2. die Anschaffung und Veräußerung im eigenen Namen für fremde Rechnung betreibt oder
3. die Vermittlung von Verträgen über die Anschaffung und Veräußerung übernimmt

und dessen Gewerbebetrieb nach Art und Umfang einen in kaufmännischer Weise eingerichteten Geschäftsbetrieb erfordert.

(3) Die Zulassung von Personen ohne das Recht zur Teilnahme am Handel regelt die Börsenordnung.

(3a) [1] Ein direkter elektronischer Zugang darf nur eingeräumt werden, wenn die Börsenordnung angemessene Standards für Risikokontrollen und Schwellen für den Handel über diesen Zugang festlegt. [2] Die Börsenordnung muss Regelungen über die Kennzeichnung von Aufträgen und Geschäften, die von einer Person über einen direkten elektronischen Zugang abgeschlossen werden, enthalten. [3] Dabei muss die Börsenordnung auch die Möglichkeit vorsehen, dass ein direkter elektronischer Zugang bei Verstößen gegen die entsprechenden Vorschriften der Börsenordnung jederzeit ausgesetzt oder beendet werden kann.

(4) [1] Die Zulassung eines Unternehmens zur Teilnahme am Börsenhandel nach Absatz 2 Satz 1 ist zu erteilen, wenn
1. bei Unternehmen, die in der Rechtsform des Einzelkaufmanns betrieben werden, der Geschäftsinhaber, bei anderen Unternehmen die Personen, die nach Gesetz, Satzung oder Gesellschaftsvertrag mit der Führung der Geschäfte des Unternehmens betraut und zu seiner Vertretung ermächtigt sind, zuverlässig sind und zumindest eine dieser Personen die für das börsenmäßige Wertpapier- oder Warengeschäft notwendige berufliche Eignung hat;
2. die ordnungsgemäße Abwicklung der an der Börse abgeschlossenen Geschäfte sichergestellt ist;
3. das Unternehmen ein Eigenkapital von mindestens 50 000 Euro nachweist, es sei denn, es ist ein Kreditinstitut, ein Finanzdienstleistungsinstitut oder ein nach § 53 Abs. 1 Satz 1 oder § 53b Abs. 1 Satz 1 des Kreditwesengesetzes tätiges Unternehmen, das zum Betreiben des Finanzkommissionsgeschäfts im Sinne des § 1 Abs. 1 Satz 2 Nr. 4 oder zur Erbringung einer Finanzdienstleistung im Sinne des § 1 Abs. 1a Satz 2 Nr. 1 bis 4 des Kreditwesengesetzes befugt ist; als Eigenkapital sind das eingezahlte Kapital und die Rücklagen nach Abzug der Entnahmen des Inhabers oder der persönlich haftenden Gesellschafter und der diesen gewährten Kredite sowie eines Schuldenüberhanges beim freien Vermögen des Inhabers anzusehen;
4. bei dem Unternehmen, das nach Nummer 3 zum Nachweis von Eigenkapital verpflichtet ist, keine Tatsachen die Annahme rechtfertigen, dass es unter Berücksichtigung des nachgewiesenen Eigenkapitals nicht die für eine ordnungsmäßige Teilnahme am Börsenhandel erforderliche wirtschaftliche Leistungsfähigkeit hat.

[2] Die Börsenordnung kann vorsehen, dass bei Unternehmen, die an einer inländischen Börse oder an einem organisierten Markt im Sinne des § 2 Abs. 5 des Wertpapierhandelsgesetzes mit Sitz im Ausland zur Teilnahme am Handel zugelassen sind, die Zulassung ohne den Nachweis der Voraussetzungen nach Satz 1 Nr. 1, 3 und 4 erfolgt, sofern die Zulassungsbestimmungen des jeweiligen Marktes mit diesen vergleichbar sind. [3] Die Börsenordnung

kann vorsehen, dass Handelsteilnehmer für den Zugang zu Handelssystemen der Börse weitere Voraussetzungen erfüllen müssen.

(5) Als Börsenhändler ist zuzulassen, wer zuverlässig ist und die notwendige berufliche Eignung hat.

(6) [1] Die berufliche Eignung im Sinne des Absatzes 4 Satz 1 Nr. 1 ist regelmäßig anzunehmen, wenn eine Berufsausbildung nachgewiesen wird, die zum börsenmäßigen Wertpapier- oder Warengeschäft befähigt. [2] Die berufliche Eignung im Sinne des Absatzes 5 ist anzunehmen, wenn die erforderlichen fachlichen Kenntnisse und Erfahrungen nachgewiesen werden, die zum Handel an der Börse befähigen. [3] Der Nachweis über die erforderlichen fachlichen Kenntnisse kann insbesondere durch die Ablegung einer Prüfung vor der Prüfungskommission einer Börse erbracht werden. [4] Das Nähere über die Anforderungen an die fachliche Eignung der zum Börsenhandel befähigten Personen und das Prüfungsverfahren regelt eine vom Börsenrat zu erlassende Zulassungsordnung für Börsenhändler, die der Genehmigung durch die Börsenaufsichtsbehörde bedarf.

(7) Das Nähere darüber, wie die in den Absätzen 4 bis 6 genannten Voraussetzungen nachzuweisen sind, bestimmt die Börsenordnung.

(8) [1] Besteht der begründete Verdacht, dass eine der in den Absätzen 2, 4 oder 5 bezeichneten Voraussetzungen nicht vorgelegen hat oder nachträglich weggefallen ist, so kann die Geschäftsführung das Ruhen der Zulassung längstens für die Dauer von sechs Monaten anordnen. [2] Das Ruhen der Zulassung kann auch für die Dauer des Verzuges mit der Zahlung der nach § 17 Abs. 1 Nr. 1 und 2 festgesetzten Gebühren oder der nach § 22 Absatz 2 auferlegten Ordnungsgelder angeordnet werden. [3] Ferner kann die Geschäftsführung das Ruhen der Zulassung längstens für die Dauer von sechs Monaten anordnen, wenn ein Handelsteilnehmer das Order-Transaktions-Verhältnis im Sinne des § 26a nicht einhält; hält ein Handelsteilnehmer wiederholt das Order-Transaktions-Verhältnis im Sinne des § 26a nicht ein, kann die Geschäftsführung die Zulassung widerrufen. [4] Das Recht einer nach Absatz 5 zugelassenen Person zum Abschluss von Börsengeschäften ruht für die Dauer des Wegfalls der Zulassung des Unternehmens, für das sie Geschäfte an der Börse abschließt.

(9) [1] Die Geschäftsführung kann gegenüber Handelsteilnehmern mit Sitz außerhalb der Mitgliedstaaten der Europäischen Union oder der anderen Vertragsstaaten des Abkommens über den Europäischen Wirtschaftsraum das Ruhen der Zulassung längstens für die Dauer von sechs Monaten anordnen oder die Zulassung widerrufen, wenn die Erfüllung der Meldepflichten nach § 9 des Wertpapierhandelsgesetzes oder der Informationsaustausch zum Zwecke der Überwachung der Verbote von Insidergeschäften oder des Verbots der Marktmanipulation mit den in diesem Staat zuständigen Stellen nicht gewährleistet erscheint. [2] Die Bundesanstalt teilt der Geschäftsführung und der Börsenaufsichtsbehörde die für eine Anordnung oder den Widerruf nach Satz 1 maßgeblichen Tatsachen mit.

(10) Beabsichtigt die Geschäftsführung der Börse, Handelsteilnehmern in anderen Staaten einen unmittelbaren Zugang zu ihrem Handelssystem zu gewähren, hat sie dies der Börsenaufsichtsbehörde und der Bundesanstalt anzuzeigen, sofern es sich um die erstmalige Zugangsgewährung an einen Handelsteilnehmer in dem betreffenden Staat handelt.

(11) Die Geschäftsführung der Börse übermittelt der Börsenaufsichtsbehörde regelmäßig ein aktuelles Verzeichnis der an der Börse zugelassenen Handelsteilnehmer.

Übersicht

1) Zulassung zur Börse (I) 1
2) Zulassung zur Teilnahme am Börsenhandel (II) 2
3) Zulassung zum Besuch der Börse (III) 3
4) Elektronischer Zugang (IIIa) 3a
5) Zulassungsvoraussetzungen (IV–VII) 4, 5
6) Ruhen der Zulassung (VIII) 6
7) Handelsteilnehmer aus Drittstaaten (IX) 7
8) Unmittelbarer Zugang für Handelsteilnehmer aus anderen Staaten (X) 8
9) Laufendes Handelsteilnehmerverzeichnis (XI) 9

1) Zulassung zur Börse (I)

1 § 19 nF 2007, IIIa und VIII nF 2. FiMaNoG 2017. **I 1** unterscheidet zwischen **Besuch der Börse, Teilnahme am Börsenhandel** und Personen, die für ein zur Teilnahme am Börsenhandel zugelassenes Unternehmen an der Börse zu handeln berechtigt sein sollen (Legaldefinition **Börsenhändler**). Nach I 1 besteht für alle drei **Zulassungspflicht**. Diese Unterscheidung entspricht der Entwicklung der neuen elektronischen Kommunikationsmittel und der technischen Möglichkeit einer reinen Computerbörse. Rechtlich ist somit die Teilnahme einer Person am Börsenhandel auch ohne physische Anwesenheit möglich. Die Zulassung erfolgt durch die Geschäftsführung. Der **Börsenhandel** umfasst heute ohne weiteres auch Geschäfte über zugelassene Gegenstände mit elektronischer Auftragsübermittlung (so noch ausdrücklich I 2 aF). Der gesamte börsenmäßig organisierte Handel in zugelassenen Gegenständen (Wertpapiere, Waren, Derivate, § 2 II, III) unterfällt dem Börsenzwang.

2) Zulassung zur Teilnahme am Börsenhandel (II)

2 **II** regelt den Zugang zur Börse, also wer zur **Teilnahme am Börsenhandel** zugelassen werden kann. Er ist mit Art 12 I GG vereinbar. Teilnehmer können Eigenhändler, Kommissionäre oder in unmittelbarer Stellvertretung auftretende Vermittler sein (II 1 Nr 1–3). Sie müssen dies gewerbsmäßig (§ 1 Rn 11 HGB) bei börsenmäßig handelbaren Gegenständen (s Rn 1) betreiben und ihr Gewerbebetrieb muss außer bei Warenbörsen nach Art und Umfang einen in kfm Weise eingerichteten Geschäftsbetrieb erfordern (vgl § 1 II HGB, aber keine Vermutung). Die Entscheidung über die Zulassung ist ein Verwaltungsakt. Bei Erfüllung der Voraussetzungen besteht ein Rechtsanspruch auf Zulassung, der im Verwaltungsrechtsweg (Anfechtungs- oder Verpflichtungsklage nach VwGO) verfolgt werden kann. Für Skontroführer gilt die Sondervorschrift des § 27.

3) Zulassung zum Besuch der Börse (III)

3 Wer zum bloßen Besuch der Börse, also ohne das Recht zur Teilnahme, zugelassen wird, regelt die BörsO (§ 16). III macht dazu keine näheren Vorgaben.

4) Elektronischer Zugang (IIIa)

3a **IIIa** nF 2. FiMaNoG 2017 setzt Art 48 VII MiFID II um und regelt, unter welchen Voraussetzungen ein direkter elektronischer Zugang gewährt werden kann. Die Regelung zeugt von der Sorge insbesondere in Bezug auf den algorithmischen Handel und verlangt daher von den Börsen, in ihrer BörsO ua Regelungen zur Risikokontrollen und zur Kenntlichmachung von Aufträgen vorzusehen. Mit der Aussetzung oder Beendigung des elektrischen Zugangs wird zudem eine Sanktion vorgeschrieben.

5) Zulassungsvoraussetzungen (IV–VII)

4 Die Schranken von **IV 1 Nr 1–4** für die Zulassung zum Börsenhandel sind mit Art 12 I GG vereinbar. IV 1 verlangt ua Zuverlässigkeit und die für das börsenmäßige Wertpapier- oder Warengeschäft notwendige berufliche Eignung (Nr 1), Sicherstellung der ordnungsmäßigen Abwicklung der an der Börse abgeschlossenen Geschäfte, und zwar aller, nicht nur der im Präsenzhandel (Nr 2), und den Nachweis eines Mindesteigenkapitals (Nr 3, 4). **IV 2** sieht im Interesse des erleichterten Zugangs zu deutschen Börsen die Möglichkeit eines **vereinfachten Zulassungsverfahrens** für Unternehmen vor, die bereits an einer anderen inländischen Börse oder an einem anderen organisierten Markt in der EU/EWR zur Teilnahme am Handel zugelassen sind (gegenseitige Anerkennung). Voraussetzung ist nicht nur ein organisierter Markt (Legaldefinition in § 2 XI WpHG), sondern dass die Zulassungsbestimmungen des jeweiligen Marktes mit den Voraussetzungen nach IV 1 Nr 1, 3 und 4 vergleichbar sind. Nach **IV 3** kann die BörsO vorsehen, dass Handelsteilnehmer für den Zugang zum Handelssystem der Börse über IV hinausgehende, weitere Voraussetzungen erfüllen müssen. Das ist für die qualitätsmäßige Differenzierung verschiedener Handelssysteme im Börsenwettbewerb wichtig.

Börsenhändler (Legaldefinition I 1) müssen zuverlässig sein und die hierfür notwendige berufliche Eignung haben **(V),** was mehr ist als die allgemeine Eignung nach IV 1 Nr 1 und in **VI** näher umschrieben wird. VI ist flexibel gestaltet, da die Anforderungen an die Eignung je nach Börsenmarkt, etwa Präsenzbörse oder rein elektronisches Handelssystem, unterschiedlich sind. Konsequenz dieser Flexibilisierung ist die Aufhebung der problematischen Regelung von § 17 aF über den Zugang zu einem elektronischen Handelssystem, krit Hopt FS Drobnig **98**, 537. Eine Börsenhändlerprüfung ist nicht mehr zwingend vorgeschrieben. VI 4 sieht dazu eine Zulassungsordnung für Börsenhändler vor. Einzelheiten bestimmt die BörsO (**VII**, § 16).

6) Ruhen der Zulassung (VIII)

Unter besonderen Voraussetzungen kann (bis höchstens sechs Monate) das Ruhen der Zulassung angeordnet werden. Im Rahmen des 2. FiMaNoG ist diese Regelung auf Fälle erstreckt worden, in denen Ordnungsgelder nach § 22 II nicht gezahlt worden sind, da das Ruhen der Zulassung insbesondere bei ausländischen Handelsteilnehmern häufig eine wirksamere Sanktion ist, da bei ihnen die Zahlung von Ordnungsgeldern nur erschwert vollstreckt werden kann (RegE 2. FiMaNoG, BTDrucks 18/10936, 270).

7) Handelsteilnehmer aus Drittstaaten (IX)

Die Geschäftsführung kann gegen Handelsteilnehmer aus Drittstaaten außerhalb der EU/EWR vorgehen (Anordnung des Ruhens der Zulassung nach VIII bis hin zum Widerruf der Zulassung), wenn die Erfüllung der Meldepflichten der dortigen Behörden nach § 22 WpHG und des Informationsaustauschs zu Insidergeschäften und Kurs- und Marktpreismanipulation nicht gewährleistet erscheint. Dabei Zusammenarbeit von BaFin, Geschäftsführung und Börsenaufsichtsbehörde.

8) Unmittelbarer Zugang für Handelsteilnehmer aus anderen Staaten (X)

X basiert nun auf Art 53 VI Unterabs 2 Satz 1 MiFID II. Soll Handelsteilnehmern aus anderen Staaten, auch Drittstaaten, ein unmittelbarer Zugang zum Handelssystem der Börse gewährt werden, ist das der Börsenaufsichtsbehörde und der BaFin anzuzeigen, wenn es erstmalig bezüglich des betreffenden Staates ist (spätere Zugangsgewährungen sind aus dem Verzeichnis nach XI ersichtlich). Die BaFin muss ihrerseits die zuständigen Stellen in den anderen EU/EWR Mitgliedstaaten informieren (s § 18 VIII WpHG).

9) Laufendes Handelsteilnehmerverzeichnis (XI)

9   XI findet seine Grundlage nunmehr in Art 53 VII MiFID II. Danach ist der Börsenaufsichtsbehörde regelmäßig ein aktuelles Verzeichnis der an der Börse zugelassenen Handelsteilnehmer zu übermitteln.

Verantwortung des Handelsteilnehmers für Aufträge von mittelbaren Handelsteilnehmern

BörsG 19a Der Handelsteilnehmer ist bei Aufträgen von mittelbaren Handelsteilnehmern im Sinne des § 2 Absatz 8 Satz 2, denen er Zugang zur Börse gewährt, für die Einhaltung der börsenrechtlichen Vorschriften verantwortlich.

1   § 19a nF 2. FiMaNoG 2017 weitet die Verantwortlichkeit der zugelassenen Handelsteilnehmer auf die Einhaltung der börsenrechtlichen Vorschriften durch mittelbare Handelsteilnehmer (zB Orderrouting-Nutzer, Nutzer eines direkten elektronischen Zugangs) aus. Mittelbare Handelsteilnehmer waren bisher nicht den börsengesetzlichen Regelungen unterworfen. Sie haben mittlerweile aber nahezu die gleichen Möglichkeiten im Börsenhandel wie zugelassene Handelsteilnehmer (RegE 2. FiMaNoG, BTDrucks 18/10936, 270). Dementsprechend sollen sie denselben Anforderungen unterliegen. § 19a überträgt die Verantwortung den zugelassenen Handelsteilnehmern und sichert damit die Überwachung der mittelbaren Handelsteilnehmer ab. Gegenüber den mittelbaren Teilnehmern kann die Börsenaufsichtsbehörde unmittelbar nach § 3 IV und V Maßnahmen ergreifen.

Sicherheitsleistungen

BörsG 20 (1) [1] Die Börsenordnung kann bestimmen, dass die zur Teilnahme am Börsenhandel zugelassenen Unternehmen und die Skontroführer ausreichende Sicherheit zu leisten haben, um die Verpflichtungen aus Geschäften, die an der Börse sowie in einem an der Börse zugelassenen elektronischen Handelssystem abgeschlossen werden, jederzeit erfüllen zu können. [2] Die Höhe der Sicherheitsleistung muss in angemessenem Verhältnis zu den mit den abgeschlossenen Geschäften verbundenen Risiken stehen. [3] Das Nähere über die Art und Weise der Sicherheitsleistung bestimmt die Börsenordnung.

(2) [1] Wird die nach der Börsenordnung erforderliche Sicherheitsleistung nicht erbracht oder entfällt sie nachträglich, kann die Börsenordnung vorsehen, dass das Ruhen der Zulassung längstens für die Dauer von sechs Monaten angeordnet werden kann. [2] Die Börsenordnung kann vorsehen, dass zur Teilnahme am Börsenhandel zugelassene Unternehmen auf die Tätigkeit als Vermittler beschränkt werden können, wenn die geleistete Sicherheit nicht mehr den in der Börsenordnung festgelegten Erfordernissen entspricht. [3] Die Börsenordnung kann auch bestimmen, dass das Recht eines Börsenhändlers zum Abschluss von Börsengeschäften für die Dauer des Ruhens der Zulassung des Unternehmens ruht, für das er Geschäfte an der Börse abschließt.

(3) Die Börsenordnung kann Regelungen zur Begrenzung und Überwachung der Börsenverbindlichkeiten von zur Teilnahme am Börsenhandel zugelassenen Unternehmen und Skontroführern vorsehen.

(4) [1] Die Handelsüberwachungsstelle hat die nach Absatz 1 zu leistenden Sicherheiten und die Einhaltung der Regelungen nach Absatz 3 zu überwachen. [2] Ihr stehen die Befugnisse der Börsenaufsichtsbehörde nach § 3

Abs. 4 zu. ³ Sie kann insbesondere von der jeweiligen Abrechnungsstelle die Liste der offenen Aufgabegeschäfte und die Mitteilung negativer Kursdifferenzen verlangen. ⁴ Stellt die Handelsüberwachungsstelle fest, dass der Sicherheitsrahmen überschritten ist, hat die Geschäftsführung Anordnungen zu treffen, die geeignet sind, die Erfüllung der Verpflichtungen aus den börslichen Geschäften nach Absatz 1 sicherzustellen. ⁵ Sie kann insbesondere anordnen, dass das zur Teilnahme am Börsenhandel zugelassene Unternehmen und der Skontroführer unverzüglich weitere Sicherheiten zu leisten und offene Geschäfte zu erfüllen haben oder diese mit sofortiger Wirkung ganz oder teilweise vom Börsenhandel vorläufig ausschließen. ⁶ Die Geschäftsführung hat die Börsenaufsichtsbehörde über die Überschreitung des Sicherheitsrahmens und die getroffenen Anordnungen unverzüglich zu unterrichten.

(5) Widerspruch und Anfechtungsklage gegen Maßnahmen nach Absatz 4 haben keine aufschiebende Wirkung.

§ 20 nF 2007 ermöglicht Bestimmungen in der BörsO über die Leistung ausreichender Sicherheiten durch die zur Teilnahme am Börsenhandel zugelassenen Unternehmen und die Skontroführer (§ 27 I 1). Die Höhe der Sicherheiten muss im Verhältnis zu den Risiken angemessen sein, es dürfen auf diese Weise keine Marktzutrittsschranken aufgebaut werden (I 2). Die Handelsüberwachungsstelle (§ 7) hat die Sicherheiten nach I und die Einhaltung der Regelungen zur Begrenzung und Überwachung der Börsenverbindlichkeiten nach III zu überwachen und hat dafür die Befugnisse der Börsenaufsichtsbehörde nach § 3 IV (IV 1, 2).

Externe Abwicklungssysteme

BörsG 21 (1) Wegen der Anbindung von externen Abwicklungssystemen an die Systeme der Börse für den Börsenhandel und die Börsengeschäftsabwicklung wird auf Artikel 35 der Verordnung (EU) Nr. 600/2014 verwiesen.

(2) Sind nach Absatz 1 mehrere alternative Abwicklungssysteme verfügbar, ist es den Handelsteilnehmern freizustellen, welches der Systeme sie zur Erfüllung der Börsengeschäfte nutzen.

(3) Der Börsenträger hat der Börsenaufsichtsbehörde über das Stellen von Anträgen auf Zugang nach Artikel 7 der Verordnung (EU) Nr. 648/2012 sowie den Eingang eines Antrags auf Zugang nach Artikel 8 der Verordnung (EU) Nr. 648/2012 unverzüglich schriftlich zu unterrichten.

Übersicht

1) Anbindung externer Abwicklungssysteme an die Börsensysteme (I) 1
2) Wahlrecht der Handelsteilnehmer (II) 2
3) Unterrichtung der Börsenaufsichtsbehörde (III) 3

1) Anbindung externer Abwicklungssysteme an die Börsensysteme (I)

§ 21 I nF 2. FiMaNoG 2017 enthält nur noch einen Verweis auf Art 35 MiFIR, da dort nunmehr die Voraussetzungen für den Zugang zu einer zentralen Gegenpartei abschließend geregelt sind.

2) Wahlrecht der Handelsteilnehmer (II)

II schreibt nach Vorgabe von Art 37 II 1 MiFID II vor, dass bei Verfügbarkeit mehrerer alternativer Abwicklungssysteme nach I die Handelsteilnehmer zwischen diesen zur Erfüllung der Börsengeschäfte wählen können.

3) Unterrichtung der Börsenaufsichtsbehörde (III)

3 III, eingefügt durch das EMIR-Ausführungsgesetz 2013, verpflichtet den Börsenträger dazu, die Börsenaufsichtsbehörde unverzüglich (§ 121 BGB) schriftlich zu unterrichten, wenn er einen Antrag auf Zugang zu einem zentralen Kontrahenten für OTC-Derivate (Art 7 EMIR) stellt oder einen Antrag von einem zentralen Kontrahenten auf Zugang zum Handelsplatz erhält (Art. 8 EMIR).

Sanktionsausschuss

BörsG 22 (1) [1] Die Landesregierung wird ermächtigt, durch Rechtsverordnung Vorschriften über die Errichtung eines Sanktionsausschusses, seine Zusammensetzung, sein Verfahren einschließlich der Beweisaufnahme und der Kosten sowie die Mitwirkung der Börsenaufsichtsbehörde zu erlassen. [2] Die Vorschriften können vorsehen, dass der Sanktionsausschuss Zeugen und Sachverständige, die freiwillig vor ihm erscheinen, ohne Beeidigung vernehmen und das Amtsgericht um die Durchführung einer Beweisaufnahme, die er nicht vornehmen kann, ersuchen darf. [3] Die Landesregierung kann die Ermächtigung nach Satz 1 durch Rechtsverordnung auf die Börsenaufsichtsbehörde übertragen.

(2) [1] Der Sanktionsausschuss kann einen Handelsteilnehmer mit Verweis, mit Ordnungsgeld bis zu einer Million Euro oder mit vollständigem oder teilweisem Ausschluss von der Börse bis zu 30 Handelstage belegen, wenn der Handelsteilnehmer oder eine für ihn tätige Person vorsätzlich oder fahrlässig gegen börsenrechtliche Vorschriften verstößt, die eine ordnungsgemäße Durchführung des Börsenhandels oder der Börsengeschäftsabwicklung sicherstellen sollen. [2] Mit einem Verweis oder mit Ordnungsgeld bis zu einer Million Euro kann der Sanktionsausschuss auch einen Emittenten belegen, wenn dieser oder eine für ihn tätige Person vorsätzlich oder fahrlässig gegen seine Pflichten aus der Zulassung verstößt. [3] Der Sanktionsausschuss nimmt die ihm nach diesem Gesetz zugewiesenen Aufgaben und Befugnisse nur im öffentlichen Interesse wahr.

(3) [1] In Streitigkeiten wegen der Entscheidungen des Sanktionsausschusses nach Absatz 2 ist der Verwaltungsrechtsweg gegeben. [2] Vor Erhebung einer Klage bedarf es keiner Nachprüfung in einem Vorverfahren.

(4) [1] Haben sich in einem Verfahren vor dem Sanktionsausschuss Tatsachen ergeben, welche die Rücknahme oder den Widerruf der Zulassung eines Handelsteilnehmers oder eines Skontroführers rechtfertigen, so ist das Verfahren an die Geschäftsführung abzugeben. [2] Sie ist berechtigt, in jeder Lage des Verfahrens von dem Sanktionsausschuss Berichte zu verlangen und das Verfahren an sich zu ziehen. [3] Hat die Geschäftsführung das Verfahren übernommen und erweist sich, dass die Zulassung nicht zurückzunehmen oder zu widerrufen ist, so verweist sie das Verfahren an den Sanktionsausschuss zurück.

1 § 22 nF 2007, angepasst durch 2. FiMaNoG 2017, wodurch die Befugnisse und Sanktionsmöglichkeiten erweitert und an die Bußgeldtatbestände angeglichen wurden. Neben dem vollständigen Ausschluss sieht **II** nunmehr auch einen nur teilweisen Ausschluss als weitere Sanktionsmöglichkeit vor. Das soll dem Sanktionsausschuss mehr Flexibilität geben, indem es ihm ermöglicht wird, zB auch nur eine bestimmte Art von Geschäften, wie etwa Eigengeschäfte, zeitweise zu untersagen (RegE 2. FiMaNoG, BTDrucks 18/10936, 270). Börsenrechtliche Vorschriften iSv II 1 sind neben Vorschriften des BörsG, Börsenrechtsverordnungen und dem Satzungsrecht der Börse auch alle börsenrechtlichen Regelwerke

V. Bankgeschäfte   23 Börs

ohne Rechtsnormqualität, HessVGH WM **14**, 1279, ZIP **08**, 1525 LS, nicht aber privatrechtliche AGB, VG Ffm ZIP **09**, 18. So kann etwa bei Marktmanipulation iS § 113 IV BörsO FWB idF 4.12.17 (s auch Art. 15 MAR) Ordnungsgeld verhängt werden, VG Ffm 2 K 2672/**12.F**, siehe auch VG Ffm 2 K 109/15F (BeckRS 16, 50491). Nach II 3 handelt der Sanktionsausschuss nur im öffentlichen Interesse (vgl dazu § 15 Rn 5). Für Tatsachen, die seinem Beschluss zugrunde liegen, trägt grundsätzlich die Börse die Beweislast, HessVGH WM **14**, 1277. Rücknahme und Widerruf der Zulassung sind allein Sache der Geschäftsführung (IV). Zum Sanktionsverfahren und Einstellungsmöglichkeiten nach dem Opportunitätsprinzip Hugger/Pasewaldt, WM **16**, 726.

Synchronisierung von im Geschäftsverkehr verwendeten Uhren

BörsG 22a [1] Börse und Handelsteilnehmer müssen die von ihnen im Geschäftsverkehr verwendeten Uhren synchronisieren. [2] Zum Verfahren wird auf die Delegierte Verordnung (EU) Nr. 2017/574 der Kommission vom 7. Juni 2016 zur Ergänzung der Richtlinie 2014/65/EU des Europäischen Parlaments und des Rates druch technische Regulierungsstandards für den Grad an Genauigkeit von im Geschäftsverkehr verwendeten Uhren (ABl. L 87 vom 31.3.2017, S. 148), in der jeweils geltenden Fassung, verwiesen.

§ 22a nF 2. FiMaNoG 2017 setzt Art 50 MiFID II um, weitergehende Regelungen finden sich in der Delegierten VO (EU) 2017/574. Damit soll sichergestellt werden, dass Datum und Uhrzeit von Ereignissen, die von den Handelsplätzen und ihren Mitgliedern oder Teilnehmern gemeldet werden müssen, einheitlich sind. Für die Feststellung und Verbreitung der Zeit ist in Deutschland die Physikalisch-Technische Bundesanstalt (PTB) zuständig (§ 6 II EinhZeitG, BGBl. 1985 I 408). Diese wird vom Internationalen Büro für Maß und Gewicht (Bureau International des Poids es Mesures) in seinem aktuellen Jahresbericht „Annual Report on Time Activities" aufgeführt (RegE 2. FiMaNoG, BTDrucks 18/10936, 271), worauf in Art 1 Delegierte VO (EU) 2017/574 verwiesen wird. Für die technische Umsetzung der Synchronisierungsvorgabe muss eine Empfangseinrichtung für Zeitsignale betrieben werden, bspw der deutsche Normalfrequenz- und Zeitzeichensender DCF77 (für Genauigkeits-Anforderungen von 1s bis 1 ms), oder die globalen Navigationssatellitensysteme (GNSS) GPS oder Galileo (für höhere Genauigkeitsanforderungen bis 100 μs); die individuellen Server können dann innerhalb des lokalen Netzwerks mit dem Precise Timing Protocol (PTP gem. IEEE1588) synchronisiert werden (RegE 2. FiMaNoG, BTDrucks 18/10936, 271). Zum Grad der Genauigkeit der Uhren s Art 2 iVm Tabelle 1 des Anhangs Delegierte VO (EU) 2017/574. Nach Art 4 Delegierte VO (EU) 2017/574 muss zudem ein System der Rückverfolgbarkeit auf die UTC (Universal Time Coordinated, Nachfolger von Greenwich Mean Time) eingerichtet und jährlich überprüft werden.   1

Abschnitt 2. Börsenhandel und Börsenpreisfeststellung

Zulassung von Wirtschaftsgütern und Rechten

BörsG 23 (1) [1] Wirtschaftsgüter und Rechte, die an der Börse gehandelt werden sollen und nicht zum Handel im regulierten Markt zugelassen oder in den regulierten Markt oder in den Freiverkehr einbezogen sind, bedürfen der Zulassung zum Handel durch die Geschäftsführung. ²Vor der Zulassung zum Handel hat der Börsenrat Geschäftsbedingungen für den Handel an der Börse zu erlassen. ³Das Nähere regeln die Artikel 36 und 37 der Verordnung (EG) Nr. 1287/2006 der Kommission vom 10. August 2006 zur Durchführung der Richtlinie 2004/39/EG des Europäischen Parlaments und des Rates betreffend die Aufzeichnungspflichten für Wertpapierfirmen, die Meldung von Geschäften, die Markttransparenz, die Zulassung von Finanzinstrumenten zum Handel und bestimmte Begriffe im Sinne dieser Richtlinie (ABl. EU Nr. L 241 S. 1) und die Börsenordnung.

(2) ¹Unbeschadet des Absatzes 1 hat die Geschäftsführung vor der Zulassung von Derivaten zum Handel die Kontraktspezifikationen festzusetzen. ²Diese müssen so ausgestaltet sein, dass ein ordnungsgemäßer Börsenhandel und eine wirksame Börsengeschäftsabwicklung möglich sind. ³Absatz 1 Satz 3 gilt entsprechend.

Übersicht

1) Zulassung von Wirtschaftsgütern und Rechten (I)	1
2) Derivate (II)	2

1) Zulassung von Wirtschaftsgütern und Rechten (I)

1 Nach § 23 bedürfen Wirtschaftsgüter und Rechte, die an der Börse gehandelt werden sollen, der Zulassung zum Handel durch die Geschäftsführung, sofern sie nicht zum Handel im regulierten Markt zugelassen oder in den regulierten Markt oder in den Freiverkehr einbezogen sind (für letztere §§ 32 ff, 48 bzw Freiverkehrsrichtlinien der Börsen). Die formelle Zulassung **(I 1)** und die vorherige Festsetzung von AGB für ihren Handel an der Börse durch den Börsenrat (**I 2**, vgl § 9 II Nr 5) schaffen die notwendige Klarheit für die Handelsteilnehmer. **Wirtschaftsgüter** sind insbesondere Wertpapiere, aber auch Waren (handelbare bewegliche Sachen, Überbl 8 vor § 373 HGB), Devisen und Rechnungseinheiten. Auch **Dienstleistungen,** die sich zum Handel an einer Börse eignen, können darunter fallen. Der Begriff **Rechte** umfasst auch Derivate (dazu Rn 2). Der Begriff ist sehr weit (s vgl § 2 III Nr 1–5 WpHG, erfasst sind also zB auch Wetter- und Katastrophen-Futures; § 23 lässt auch den Handel in solchen Produkten zu, falls sich in der Praxis ein Bedürfnis dafür entwickelt, zutr BReg 4. FinanzmarktfördG Gegenäußerung zu Nr 14, Art 1 § 21 BörsG). In **I 3** erfolgt ein Hinweis auf Art 36, 37 der EUDurchführungsVO 10.8.06 (Einl 10 vor § 1), der nur klarstellend ist, da die VO unmittelbar gilt. Näheres regelt die BörsO (§ 16), was den Börsen Flexibilität gibt und den Wettbewerb stärkt.

2) Derivate (II)

2 II ergänzt I für Derivate (nach Vorgabe von Art 51 II MiFID II). Zum weiten Begriff der Derivate s Rn 1. Die Geschäftsführung muss vor der Zulassung von Derivaten zum Handel die Kontraktspezifikationen festsetzen (II 1). Diese müssen so ausgestaltet sein, dass ein ordnungsgemäßer Börsenhandel und eine wirksame Börsengeschäftsabwicklung möglich sind (II 2). Art 36 und 37 der EUDurchführungsVO 10.8.06 (Einl 10 vor § 1) gelten entsprechend (II 3 iVm I 3).

Börsenpreis

BörsG 24

(1) ¹Preise, die während der Börsenzeit an einer Börse festgestellt werden, sind Börsenpreise. ²Satz 1 gilt auch für Preise, die während der Börsenzeit im Freiverkehr an einer Wertpapierbörse festgestellt werden.

(2) ¹Börsenpreise müssen ordnungsmäßig zustande kommen und der wirklichen Marktlage des Börsenhandels entsprechen. ²Soweit in Titel II der Ver-

V. Bankgeschäfte **24 BörsG (14)**

ordnung (EU) Nr. 600/2014 nichts anderes bestimmt ist, müssen den Handelsteilnehmern insbesondere Angebote zugänglich und die Annahme der Angebote möglich sein. ³ Bei der Ermittlung des Börsenpreises können auch Preise einer anderen Börse, eines organisierten Marktes mit Sitz im Ausland oder eines multilateralen Handelssystems im Sinne des § 2 Abs. 8 Satz 1 Nr. 8 des Wertpapierhandelsgesetzes berücksichtigt werden. ⁴ Die Börse trifft nähere Bestimmungen über die Aufhebung, Änderung und Berichtigung von Geschäften durch die Geschäftsführung, insbesondere auch für den Fall, dass Börsenpreise auf Grund erheblicher Preisschwankungen nicht ordnungsgemäß zustande gekommen sind.

(2a) ¹ Die Börse hat geeignete Vorkehrungen zu treffen, um auch bei erheblichen Preisschwankungen eine ordnungsgemäße Ermittlung des Börsenpreises sicherzustellen. ² Geeignete Vorkehrungen im Sinne des Satzes 1 sind insbesondere kurzfristige Änderungen des Marktmodells und kurzzeitige Volatilitätsunterbrechungen unter Berücksichtigung statischer oder dynamischer Preiskorridore oder Limitsysteme der mit der Preisfeststellung betrauten Handelsteilnehmer.

(2b) Die Börse hat geeignete Vorkehrungen zu treffen, um auch bei erheblichen Preisschwankungen eine ordnungsgemäße Preisermittlung sicherzustellen; geeignete Vorkehrungen sind insbesondere kurzfristige Änderungen des Marktmodells, kurzzeitige Volatilitätsunterbrechungen unter Berücksichtigung statischer oder dynamischer Preiskorridore und Limitsysteme der mit der Preisfeststellung betrauten Handelsteilnehmer, wobei es der Börse in Ausnahmefällen möglich sein muss, jedes Geschäft aufzuheben, zu ändern oder zu berichtigen; die Parameter für solche Volatilitätsunterbrechungen müssen der Liquidität der einzelnen Kategorien und Teilkategorien der betreffenden Finanzinstrumente, der Art des Marktmodells und der Art der Handelsteilnehmer Rechnung tragen und ermöglichen, dass wesentliche Störungen eines ordnungsgemäßen Börsenhandels unterbunden werden; die Börse hat der Börsenaufsichtsbehörde diese Parameter mitzuteilen.

(3) ¹ Soweit in Titel II der Verordnung (EU) Nr. 600/2014 nichts anderes bestimmt ist, müssen Börsenpreise und die ihnen zugrunde liegenden Umsätze den Handelsteilnehmern unverzüglich und zu angemessenen kaufmännischen Bedingungen in leicht zugänglicher Weise bekannt gemacht werden, es sei denn, es erscheint eine verzögerte Veröffentlichung im Interesse der Vermeidung einer unangemessenen Benachteiligung der am Geschäft Beteiligten notwendig. ² Das Nähere regelt die Börsenordnung. ³ Die Börsenordnung kann auch festlegen, dass vor Feststellung eines Börsenpreises den Handelsteilnehmern zusätzlich der Preis des am höchsten limitierten Kaufauftrags und des am niedrigsten limitierten Verkaufsauftrags zur Kenntnis gegeben werden muss.

(4) Geschäfte, die zu Börsenpreisen geführt haben, sind bei der Eingabe in das Geschäftsabwicklungssystem der Börse besonders zu kennzeichnen.

Übersicht

1) Börsenpreis (I)	1
2) Arten der Börsenpreisermittlung	2–10
A. Preisermittlung im elektronischen Handel oder durch Skontroführer	2
B. Wahl der Art der Preisermittlung	3
C. Fortlaufender Handel	4, 5
D. Auktionshandel	6, 7
E. Referenzhandel	8
F. Market Makers	9, 10

(14) BörsG 24 1–3 2. Teil. Handelsrechtl. Nebengesetze

Rn
3) Anforderungen an Börsenpreise (II) 11–13
4) Vorkehrungen zur Sicherung der Preisermittlung (IIb) 14
5) Nachhandelstransparenz (III) 15, 16
6) Kennzeichnung (IV) 17

1) Börsenpreis (I)

1 § 24 nF 2007, II 2u 4, IIb nF 2. FiMaNoG 2017. § 24 definiert den Börsenpreis und bestimmt die Anforderungen an einen solchen. Die ordnungsmäßige, durch die Börsenaufsicht überwachte Bildung von Börsenpreisen ist eines der wichtigsten Qualitätsmerkmale für einen Wertpapiermarkt, gerade auch im internationalen Wettbewerb. **Börsenpreise** sind Preise für Finanzinstrumente (§ 2 III WpHG, also auch für Derivate, ausdrücklich noch § 24 I 2 aF), die während der Börsenzeit an einer Börse festgestellt werden **(I 1)**. Deshalb versteht es sich von selbst, dass auch Preise, die sich in einem geregelten elektronischen Handelssystem oder an Börsen, an denen nur elektronisch gehandelt wird, bilden, Börsenpreise sind. Dazu gehören – jedenfalls bis zur aufsichtsrechtlichen oder sonstigen Beanstandung – auch vollständig oder teilweise manipulierte Börsenpreise (Börsenpreis im formellen Sinn, d. h. es ist nicht darauf abzustellen, ob die Voraussetzungen nach II erfüllt sind; das hat Bedeutung für die Strafbarkeit nach § 119 II Nr 1 WpHG), BGH WM **14**, 417. Börsenpreise sind **auch** Preise, die während der Börsenzeit im **Freiverkehr** (§ 48) an einer Wertpapierbörse festgestellt werden **(I 2)**. **Keine Börsenpreise** sind reine Geld-, Brief- oder Taxkurse ohne Börsenumsatz, BGH WM **90**, 1408, WM **14**, 416. Lit: Köndgen/Theissen WM **03**, 1497, Weber ZGR **04**, 281 (Börsenkurs aus ökonomischer Perspektive).

2) Arten der Börsenpreisermittlung

2 A. **Preisermittlung im elektronischen Handel oder durch Skontroführer:** § 24 stellt zwar gewisse Mindestanforderungen an den Börsenpreis (II, s Rn 11), überlässt aber die Wahl zwischen Präsenzbörse (Skontroführer, § 27 I) oder elektronischer Preisermittlung den Börsen selbst. Die Restriktionen für die Aufnahme des elektronischen Handels an einer Wertpapierbörse wie Zustimmung einer der anderen Börsen, an denen diese Wertpapiere zum Handel zugelassen sind, hat schon das 4. FinanzmarktfördG zu Recht beseitigt (anders zuvor § 12 I 1 aF, krit Hopt FS Drobnig **98**, 540). Lit: Beck BKR **02**, 701.

3 B. **Wahl der Art der Preisermittlung:** Auch die Entscheidung darüber, welche Art der Preisermittlung für welches Börsensegment zweckmäßiger ist, ist allein Sache der Börse. Die frühere zwingende Verbindung eines Marktsegments mit einer bestimmten Art von Preisermittlung, etwa amtliche Börsenpreisfeststellung mit amtlicher Notierung (so noch §§ 29, 36 I aF mit der Konsequenz von Kursmaklern, §§ 30 ff aF) ist bereits durch das 4. FinanzmarktfördG 2002 beseitigt worden, dazu Hopt/Baum S 409, Hellwig ZGR **99**, 796. Die Wahl ist **nicht** Sache der **Geschäftsführung, sondern** in der **BörsO** zu treffen (§ 16 I 2 Nr 3 Handelsarten). Damit wird zugleich sichergestellt, dass die Börsenaufsichtsbehörde das genehmigt (§ 16 III 1). Die Börse ist frei zu entscheiden, wie der Preis in den verschiedenen Segmenten ermittelt wird, zB in einem Segment Auktionsverfahren mit Intermediären, im anderen elektronisch mit fortlaufendem Orderausgleich oder auch unterschiedlich im gleichen Segment, zB für besonders liquide Untersegmente elektronisch, für die anderen herkömmlich (RegE zu § 24 idF 4. FinanzmarktfördG, s auch § 32 Rn 1 zum früheren amtlichen und geregelten Markt und der Gestaltungsfreiheit der Börsen dazu). Eine Beschreibung der verschiedenen Modelle der börslichen Preisfeststellung findet sich auch in Anhang II der EUDurchführungsVO 10.8.06 (Einl 10 vor § 1) ABlEU L 241/23, dort unterschieden: Orderbuch-Handelssystem basierend auf einer fortlaufenden Auktion, Market-Maker-Handelssystem, Handelssystem basierend auf periodischen Auktionen und Handelssystem, das nicht unter diese drei Rubriken fällt. Durch die Berücksichtigung der letzten (sehr allgemein gehaltenen) Kategorie wird sichergestellt, dass die EUDurchführungsVO die Börsen in ihrer Wahl der Handelsarten und Preismechanismen nicht beschränkt. Die EUDurchführungs-VO dient vielmehr der Förderung des Wettbewerbs zwischen den Handelsplätzen bei der Ausführung von Dienstleistungen, um die Auswahl für die Anleger zu erhöhen und Innovationen zu fördern (s Erwägungsgrund 5 EUDurchführungs-VO). In Deutschland wird traditionell wie folgt unterschieden.

C. **Fortlaufender Handel:** Bei dieser Handelsform wird während des Handelstages durchgehend gehandelt. Diese Handelsform ist **ordergetrieben,** d. h. die verschiedenen Anleger geben zunächst ihre Kauf- bzw. Verkaufsorders auf, die dann miteinander interagieren können, und im Rahmen von deren Zusammenführung kommen dann die Preise zustande. Die Rolle von Intermediären, wie zB Skontroführern beschränkt sich darauf, Ungleichgewichte im Orderfluss auszugleichen. Je nach Ordertyp (zB Limit, dh Order mit Preisangabe, oder Market, Order ohne Preisangabe) und -vorgaben kommt es zu einer Zusammenführung (Matching) mit einer korrespondierenden Order der Gegenseite (bei mehreren Orders auf einem Limit ist die **Preis-Zeit-Priorität** zu beachten; Market-Orders haben Vorrang vor Limit-Orders) oder wird die Order in das Orderbuch eingestellt. Bei unterschiedlichen Ordergrößen kann es ggf. zu Teilausführungen kommen. **Im Einzelnen** gilt: Trifft eine ausführbare Order auf ein Orderbuch, in dem auf der gegenüberliegenden Seite nur Limit-Orders stehen, wird der Preis durch das im Orderbuch stehende höchste Kauf- bzw. niedrigste Verkaufslimit bestimmt. Stehen im Orderbuch auf der Gegenseite nur Market-Orders, wird eine hereinkommende Market-Order zum Referenzpreis (letzter in einer Auktion oder im fortlaufenden Handel festgestellter Preis) ausgeführt. Bei einer eingehenden Limit-Order orientiert sich in diesem Fall die Preisermittlung ebenfalls am Referenzpreis (sofern bei einem Verkaufslimit das Limit nicht höher bzw. bei einem Kauflimit das Limit nicht niedriger bestimmt worden ist).

Der fortlaufende Handel kann **mit Auktionen** (dazu Rn. 5) **kombiniert** werden. In diesem Fall findet zu Beginn des Präsenzhandels eine Anfangsauktion statt, bei der der Anfangskurs (Eröffnungspreis, Eröffnungskurs, erster Kurs) auf der Grundlage der dem Skontroführer bis dahin vorliegenden Aufträge festgestellt wird. Nach Ablauf etwa der Hälfte der Börsenzeit wird ein nach der Einheitskursmethode gebildeter Kassakurs (Einheitspreis) festgestellt. Bei Börsenschluss kommt es zum Schlusskurs. Er ist entweder der Letzte registrierte Kurs oder wird zum Börsenschluss nach der Einheitskursmethode gebildet, Schäfer/Ledermann § 11 aF Rn 13.

D. **Auktionshandel** (auch periodischer Handel oder „call market"): Hierbei handelt es sich ebenfalls um einen **ordergetriebenen** Handel, bei dem die Preise den Orders folgen. Bei dieser Handelsform werden die Orders über einen längeren Zeitraum in einem zentralen Limit-Orderbuch gesammelt und dann zu einem oder mehreren bestimmten Zeitpunkten während des Handelstages im Rahmen einer Auktion gleichzeitig zusammengeführt. Die Auktion beginnt mit der Aufrufphase, während der die Teilnehmer Aufträge eingeben sowie diese ändern oder wieder löschen können. Sodann findet die Preisermittlung statt. Dabei wird ein gemeinsamer Preis ermittelt, zu dem die meisten Orders ausgeführt werden können (sog. **Meistausführungsprinzip**).

Einheitskurs: Einmal pro Börsentag derart festgesetzter Kurs (idR im Rahmen einer Auktion), dass zu ihm möglichst viele Aufträge ausgeführt werden können. Einheitskurse werden für Werte mit geringer Liquidität gebildet. Dazu besondere Regeln der einzelnen Börsen für die Preisfeststellung im Präsenzhandel. **Kassakurs** ist missverständlich, an sich gleichbedeutend mit Einheitskurs, nicht zu verwechseln mit Kassahandel (das sind alle Geschäfte, die unverzüglich, spätestens nach zwei Börsentagen, zu erfüllen sind), bei dem heute je nach Wertpapier auch fortlaufender Handel (s Rn 4) erfolgt.

8 E. **Referenzpreishandel:** Auch hier ist der Handel ordergetrieben. Die Preise werden nicht aufgrund der Preisvorgaben der miteinander interagierenden Orders ermittelt, sondern es wird ein Referenzpreis herangezogen, zu dem die Orders zusammengeführt werden. Dieser kann zB von einem anderen Handelsplatz importiert werden oder (wie in Frankfurt) den Mittelpunkt zwischen den jeweils besten im Orderbuch stehenden Kauf- und Verkaufslimits des jeweiligen Finanzinstruments bilden (in Frankfurt gilt hierbei eine Volumen-Zeit-Priorität).

9 F. **Market Makers:** Market Maker treten am Markt als Käufer und Verkäufer auf, indem sie jeweils verbindliche (dazu Schelling BKR **15**, 226) und kontinuierlich aktualisierte Kursofferten für die Geld- und die Briefseite (sog. Quotes) stellen, zu denen sie zu Geschäften bereit sind und die andere Handelsteilnehmer annehmen können. In diesem Fall folgen die Orders bzw. Aufträge den Preisen, daher wird dieser Handel als quotegetrieben bezeichnet. Im Gegensatz zu den oben genannten ordergetriebenen Handelsformen handeln Anleger in Market-Maker-Systemen nicht miteinander sondern immer mit einem für eigene Rechnung handelnden Market Maker.

10 Lit: Tilly 1975, Ledermann 1990 (Kursmakler); Bittner Der deutsche Kassahandel, 1997, Rudolph/Röhrl in Hopt/Rudolph/Baum, Börsenreform, 1997, S. 211, Kress Kapitalmarktregulierung, 1996, S. 113 ff., Kumpan Außerbörsliche Wertpapierhandelssysteme, 2006, S. 13 ff. Zu den Handelsmodellen an der FWB siehe http://www.xetra.com/xetra-de/handel/handelsmodelle (Stand 14.6.17), zur Preisermittlung im elektronischen Handelssystem Xetra der Frankfurter Wertpapierbörse Beck WM **98**, 426.

3) Anforderungen an Börsenpreise (II)

11 Die Anforderungen an das ordnungsmäßige Zustandekommen der Börsenpreise regelt im Einzelnen II. Sind die Voraussetzungen erfüllt, entspricht der ermittelte Börsenpreis den börsenrechtlichen Vorgaben, ob er auch dem inneren Wert eines Finanzinstruments entspricht, ist unerheblich **(formale Preis- oder Kurswahrheit)**. Darüber hinausgehende Anforderungen an die Preisermittlung an Wertpapierbörsen gibt es nicht mehr mit der Folge, dass auch hybride Börsenhandelssysteme zulässig sind (s. auch Art 3 II MiFIR; reine „Präsenzbörsen" gibt es heute in Deutschland nicht mehr, so RegE FRUG, BTDrucks 16/4028, 86). Der allgemeine Grundsatz ist in **II 1** formuliert: Börsenpreise müssen ordnungsmäßig zustande kommen und **der wirklichen Marktlage** des Börsenhandels **entsprechen**. Das bedeutet, dass grundsätzlich alle an der Börse getätigten Geschäfte (nicht aber bloße Geld-, Brief- oder Taxkurse) zu berücksichtigen sind (Ausnahme zB Scheingeschäfte im Gegensatz zu echten Geschäften, mit denen eine Partei den Kurs zu beeinflussen sucht). Wirklich repräsentative Kurse wären allerdings nur bei Umsatzkonzentration an der Börse erreichbar. Entscheidend ist nach II 1, dass der Börsenpreis manipulationsfrei gebildet wird und dass Chancengleichheit der Handelsteilnehmer und Transparenz herrschen. Darauf zu achten, ist ein Eckpunkt der Börsenaufsicht. Soweit Titel II der MiFIR (ersetzt §§ 30 f. aF) nichts anderes bestimmt, müssen den Handelsteilnehmern insbesondere Angebote zugänglich und die Annahme der Angebote möglich sein **(II 2).** II 2 gebietet **Transparenz** und **Chancengleichheit.** Sofern Marktmodelle einzelne Handelsteilnehmer bevorzugen (zB besondere Zugriffsrechte oder schnellere Zugriffszeiten gewähren), können sie nicht zu Börsenpreisen führen (anderes gilt, wenn Bevorzugungen nicht im Marktmodell angelegt sind, sondern nur auf das Fehlverhalten eines Teilnehmers im Einzelfall zurückgehen, dann ist der jeweilige Preis durchaus Börsenpreis, weil § 24 keine verhaltensregelnde Norm ist). Danach sind **keine**

Börsenpreise: Preise bei Direktgeschäften im Präsenzhandel, bei Kompensationsgeschäften unter Vermittlung eines Skontroführers oder Crossing-Geschäften im elektronischen Handel sowie bei anderen Geschäften, die bilateral und unter Ausschluss des Gesamtmarktes zustande kommen (Schwark/Zimmer/Beck, KMRK, 4. Aufl 2010, § 24 Rn. 20). **Titel II der MiFIR** enthält für Eigenkapitalinstrumente (Art 3–7 MiFIR) und für Schuldverschreibungen und andere Nichteigenkapitalinstrumente (Art 8–11 MiFIR) spezifische Regelungen und Ausnahmen zu Vor- und Nachhandelstransparenz. Die zu veröffentlichenden Informationen sind gesondert (Art 12 MiFIR) sowie zu angemessenen kaufmännischen Bedingungen und diskriminierungsfrei (Art 13 MiFIR) offenzulegen.

Die Marktlage beim elektronischen Handel ergibt sich auf Grund der Orderlage systembedingt, allerdings grundsätzlich ohne dass Preise, die sich außerhalb des Systems an anderen Börsen oder organisierten Märkten ergeben, berücksichtigt werden. Bei der Preisfeststellung durch den Skontroführer kennt nur dieser, nicht auch die Handelsteilnehmer die Orderlage (geschlossenes Orderbuch), sie können also auf diese auch nicht reagieren, was eine engere Informationsbasis des Skontroführers über die wirkliche Marktlage impliziert. Bei der Ermittlung des Börsenpreises gibt es keine Beschränkung mehr auf den Börsenhandel nur an der Wertpapierbörse selbst. Vielmehr können **auch Preise anderer** inländischer Börsen, eines organisierten Marktes mit Sitz im Ausland oder eines multilaterales Handelssystem iSv § 2 VIII 1 Nr 8 WpHG (entspricht § 2 VI BörsG; somit auch Freiverkehr) **berücksichtigt** werden **(II 3),** dem Wortlaut nach aber nicht die Preise von organisierten Handelssystemen, ebenso wenig von außerbörslichen Handelssystemen außerhalb der EU (das kein multilaterales Handelssystem iSv § 2 VIII 1 Nr 8 WpHG ist). In besonderen Fällen kann die Berücksichtigung sogar geboten sein, so, wenn die wesentliche Liquidität in einem Wertpapier anderswo (zB an der Hauptbörse) vorhanden ist, was insbesondere bei Auslandswerten häufig der Fall sein wird; insoweit dann ausnahmsweise Pflicht des Skontroführers bzw bei elektronischem Handel in engen Grenzen entsprechende Pflicht zur Ermöglichung durch das System, str. Lit: Beck BKR **02**, 703.

Nach **II 4** hat die Börse für Eingriffe (Aufhebung, Änderung, Berichtigung) in abgeschlossene Geschäfte durch die Börsengeschäftsführung besondere Regelungen zu erlassen. Solche Eingriffe können etwa von Bedeutung sein, wenn es zu erheblichen Preisschwankungen gekommen ist und die Börsenpreise deshalb nicht ordnungsgemäß zustande gekommen sind. Damit gibt es nun eine Ermächtigungsgrundlage für Regelungen zu sog. **Mistrades.** Regelungen dazu finden sich etwa im Fall der FWB in §§ 23 ff. der Bedingungen für Geschäfte an der FWB idF 26.6.17. Da Eingriffe der Börsengeschäftsführung in abgeschlossene Geschäfte allerdings in Form eines Verwaltungsaktes (§ 35 (L)VwVfG) erfolgen, und somit einen hoheitlichen Eingriff in privatrechtliche Sachverhalte darstellen, reicht eine privatrechtliche Regelung in AGB für eine „nähere Bestimmung" nicht aus. Zu Mistrades Fleckner WM **11**, 585, Fleckner/Vollmuth WM **04**, 1263.

4) Vorkehrungen zur Sicherung der Preisermittlung (IIa u IIb)

IIa neu durch HFreqHG 2013, IIb neu durch 2. FiMaNoG 2017. Auch bei Marktturbulenzen und erheblichen Preisschwankungen hat die Börse eine ordnungsgemäße Preisfeststellung zu gewährleisten. In den BörsOen gibt es hierfür bereits Regelungen, s zB §§ 95, 96 BörsO FWB idF 4.12.17 (hinsichtlich Volatilitätsunterbrechungen). IIa verankert die entsprechende Anforderung nebst Regelbeispielen (Satz 2) im BörsG. Siehe dazu auch ESMA/2012/122, Leitlinie 3 Rn 2g, S 17. IIb setzt Art 48 V MiFID II um und ist in seinem ersten Teil identisch mit IIa. In Ausnahmefällen soll es der Geschäftsführung möglich sein, in die abgeschlossene Geschäfte einzugreifen, für diesen Fall können Mistraderegelungen wie nach II 4 vorgesehen werden (s Rn 13, dort auch zu Kritik). Wei-

(14) BörsG 25   2. Teil. Handelsrechtl. Nebengesetze

terhin fordert IIb eine individuelle Ausgestaltung der Volatilitätsunterbrechungen, die die jeweilige Liquidität, das jeweilige Marktmodell und die Art der Handelsteilnehmer berücksichtigen. Von den genauen Parametern für die Volatilitätsunterbrechung muss die Börsenaufsichtsbehörde unterrichtet werden.

5) Nachhandelstransparenz (III)

15   III geändert durch 2. FiMaNoG 2017, basiert nun auf Art 51 III MiFID II. Soweit in Titel II der MiFIR nichts anderes bestimmt ist (die dortigen Regelungen gehen vor), müssen Börsenpreise und die ihnen zugrunde liegenden Umsätze den Handelsteilnehmern unverzüglich und zu angemessenen kaufmännischen Bedingungen in leicht zugänglicher Weise bekannt gemacht werden (**III 1 Halbsatz 1**). Da das im Einzelfall, zB beim Blockhandel, zu Problemen führen kann, gilt davon eine Ausnahme, wenn eine verzögerte Veröffentlichung im Interesse der Vermeidung einer unangemessenen Benachteiligung der am Geschäft Beteiligten notwendig ist (**III 1 Halbsatz 2**). Den Börsen ist es infolge von III 1 möglich, die festgestellten Preise separat von den Gebührentatbeständen des § 17 zu angemessenen kaufmännischen Bedingungen zu vermarkten (RegE FRUG, BTDrucks 16/4028, 86). Neben den ausführlichen Regelungen in Titel II der MiFIR, die über § 31 aF (frühere Verweisung) hinausgehen, kommt III nur noch eine Auffangfunktion zu.

16   Alles Weitere, insbesondere Einzelheiten zu den Qualitätsstandards für den Börsenpreis, ergibt sich aus der jeweiligen **BörsO** (**III 2** iVm § 16 II 2 Nr 3, 4). Die BörsO kann auch festlegen, dass vor Feststellung eines Börsenpreises den Handelsteilnehmern zusätzlich der Preis des am höchsten limitierten Kaufauftrags und des am niedrigsten limitierten Verkaufsauftrags zur Kenntnis gegeben werden muss (**III 3**). Eine solche Bekanntgabe der Preisspanne (Geld- und Briefkurs, zu dem der Skontroführer verbindlich einen Abschluss herbeiführen würde) muss nicht gleichbedeutend mit einem „gläsernen Skontro" sein. Über die nach § 16 II Nr 1 in der BörsO zwingend zu regelnden, je nach Geschäftslage gebotenen **Kurszusätze** und -hinweise bei der Preis- bzw Kursfeststellung s zB § 30 BörsO für die Hanseatische WPBörse, Text bei § 16 Rn 3.

6) Kennzeichnung (IV)

17   Nach IV sind Geschäfte, die zu Börsenpreisen geführt haben, bei der Eingabe in das Geschäftsabwicklungssystem der Börse besonders zu kennzeichnen. Dadurch wird leichter nachvollziehbar, welche Preise der Überwachung durch HÜSt und Börsenaufsichtsbehörde unterliegen (die Börsenpreise). Das ist insbesondere von Bedeutung, wenn außerbörsliche Geschäftsabschlüsse nur zu Abwicklungszwecken in das Börsenabwicklungssystem eingegeben werden. Preise, die im Direkthandel vor der Maklerschranke oder im außerbörslichen Handel zustande kommen, entbehren dagegen der Transparenz und Überwachung und sind keine Börsenpreise.

Aussetzung und Einstellung des Handels

BörsG 25   (1) [1] Die Geschäftsführung kann den Handel von Finanzinstrumenten, Wirtschaftsgütern oder Rechten

1. **aussetzen, wenn ein ordnungsgemäßer Börsenhandel zeitweilig gefährdet oder wenn dies zum Schutz des Publikums geboten erscheint; und**
2. **einstellen, wenn ein ordnungsgemäßer Börsenhandel nicht mehr gewährleistet erscheint.**

[2] Die Geschäftsführung ist verpflichtet, Maßnahmen nach Satz 1 zu veröffentlichen. [3] Nähere Bestimmungen über die Veröffentlichung sind in der Börsenordnung zu treffen.

V. Bankgeschäfte 1–3 **25 BörsG (14)**

(1a) ¹Betrifft die Aussetzung des Handels nach Absatz 1 Satz 1 Nummer 1 ein Finanzinstrument im Sinne von Anhang I Abschnitt C der Richtlinie 2014/65/EU, so setzt die Geschäftsführung auch den Handel von mit diesem Finanzinstrument verbundenen Derivaten im Sinne von Anhang I Abschnitt C Nummer 4 bis 10 dieser Richtlinie aus, wenn dies zur Verwirklichung der Ziele der Aussetzung des Handels mit dem zugrunde liegenden Finanzinstrument erforderlich ist. ²Das Gleiche gilt für eine Einstellung des Handels nach Absatz 1 Satz 1 Nummer 2.

(1b) Die Börsenaufsichtsbehörde und die Bundesanstalt sind von einer Aussetzung oder Einstellung des Handels nach Absatz 1 oder 1a unverzüglich in Kenntnis zu setzen.

(2) Widerspruch und Anfechtungsklage gegen die Aussetzung des Handels haben keine aufschiebende Wirkung.

(3) Für Maßnahmen nach Artikel 23 Absatz 1 der Verordnung (EU) Nr. 236/2012 gelten Absatz 1 Satz 2 und Absatz 2 entsprechend.

Übersicht

1) Aussetzung, Einstellung (I, Ia)	1–3
2) Rechtsfolgen und Rechtsschutz (II)	4
3) Entsprechende Anwendung bei Leerverkäufen (III)	5

1) Aussetzung, Einstellung (I, Ia)

§ 25 I, Ia, Ib nF 2. FiMaNoG 2017, III idF EU-LeerVkAG 2012; die Regelungen zum Widerruf finden sich in § 39. § 25 basiert nunmehr auf Art 52 I MiFID II. § 25 regelt die Aussetzung (nur für einige Tage) und die Einstellung (auf Dauer) des Handels von Finanzinstrumenten (§ 2 III WpHG), Wirtschaftsgütern und Rechten (**I**). Davon erfasst werden auch die Derivate der jeweiligen ausgesetzten Instrumente (**Ia**, s auch Art 1 Delegierte VO (EU) 2017/569). Die frühere, nicht erwähnte Streichung (Nichtfestsetzung für ein oder zwei Tage) ist in der Aussetzung, die nicht länger als unbedingt notwendig dauern darf, aufgegangen. 1

Aussetzung ist möglich (Kann-Vorschrift), wenn ein ordnungsgemäßer Börsenhandel zeitweilig gefährdet oder wenn sie zum Schutz des Publikums geboten erscheint (**I 1 Nr 1**). Ordnungsgemäßer Börsenhandel bedeutet insbesondere, dass eine geordnete Preisbildung ohne Verzerrungen durch Sonderfaktoren möglich sein muss. **Beispiele für eine Gefährdung** sind: wenn keine ausreichende Liquidität (mehr) vorhanden ist, kurserhebliche Umstände eingetreten sind oder deren Eintritt unmittelbar bevorsteht, bei starken Kursschwankungen ohne sachliche Veranlassung oder auf Grund von Kurs- oder Preismanipulation (s Art 15 iVm Art 12 MAR), bei kursverfälschenden Gerüchten, Insidergeschäften (s Art 14 iVm Art 8 MAR) oder Verstößen gegen die Ad-hoc-Publizität nach (**16a**) MAR Art 17. Eine Gefährdung kann auch bei allgemeinen wirtschaftlichen oder politischen Ereignisse (zB bei Terroranschlägen wie am 11.9.2001, siehe Kursblatt/Bekanntmachungen FWB vom 12., 13. und 17.9.2001) vorliegen. Technische Gründe erlauben idR keine Aussetzung. Eine Gefährdung ist **zeitweilig**, wenn sie kurzfristig wieder entfällt; Aussetzung erfolgt nur für den Zeitraum, in dem die Gefährdung vorliegt; Verlängerung ist möglich. Die Aussetzung liegt im Ermessen der Geschäftsführung, keine Haftung, Ffm ZIP **01**, 730 (§ 1 Rn 7), zu ermessenslenkenden Vorgaben VG Ffm ZIP **02**, 1450. 2

Einstellung nur, wenn ein ordnungsgemäßer Börsenhandel länger als nur zeitweilig nicht mehr gewährleistet erscheint (**I 1 Nr 2**), zB bei Eröffnung eines Insolvenzverfahrens des Emittenten. **Widerruf der Zulassung** wegen Nichterfüllung der Emittentenpflichten nur nach §§ 39 I, 42 II, Widerruf auf Antrag des Emittenten nach § 39 II. Die Geschäftsführung muss die Maßnahme ver- 3

Kumpan

öffentlichen **(I 2)**. Näheres über die Veröffentlichung bestimmt die BörsO **(I 3)**. Unverzügliche Mitteilung an die Börsenaufsichtsbehörde und die BaFin ist ua wegen Insiderhandelsverbot und Ad-hoc-Publizität nach **(16a)** MAR Art 7 ff, 17 wichtig **(Ib)**. Lit: Jaskulla WM **02**, 1093.

2) Rechtsfolgen und Rechtsschutz (II)

4   Aussetzung stellt **kein allgemeines Handelsverbot** dar, außerbörslicher Handel ist weiter möglich. An der Börse für das ausgesetzte Finanzinstrument bestehende **Kundenaufträge werden** dagegen **gelöscht** (Rechtssicherheit), § 56 I 3 BörsO FWB idF 4.12.17 (Geschäftsführung kann aber anders entscheiden, dann nur Unterbrechung des Handels, Orders bleiben wirksam, § 56 II u § 75 III BörsO FWB idF 4.12.17). Banken haben ihre Kunden von einer Aussetzung zu unterrichten, § 666 BGB iVm Nr. 8 IV Sonderbedingungen WP. Widerspruch und Anfechtungsklage gegen die Aussetzung des Handels nach I 1 Nr 1 (Verwaltungsakt, Ffm ZIP **01**, 732) haben **keine aufschiebende Wirkung** (**II,** wie § 3 IX für die Börsenaufsichtsbehörde, dort Rn 11). Das gilt im Gegenschluss aber **nicht bei Einstellung** der Notierung nach I 1 Nr 2. **Klagebefugt** sind nur Handelsteilnehmer, nicht die einzelnen Anleger, Ffm ZIP **01**, 732. **Gerichtliche Nachprüfung nur eingeschränkt möglich,** da Prognoseentscheidung für die Geschäftsführung, für die diese eine Einschätzungsprärogative hat.

3) Entsprechende Anwendung bei Leerverkäufen (III)

5   III, eingeführt durch EU-LeerVkAG 2012, gewährleistet, dass Verbote und Beschränkungen von Leerverkäufen und anderweitige Beschränkungen von Transaktionen (Art 23 I der EU-VO 236/2012) sofort vollziehbar sind und Börsenaufsichtsbehörde und BaFin unverzüglich informiert werden.

Verleitung zu Börsenspekulationsgeschäften

BörsG 26 (1) Es ist verboten, gewerbsmäßig andere unter Ausnutzung ihrer Unerfahrenheit in Börsenspekulationsgeschäften zu solchen Geschäften oder zur unmittelbaren oder mittelbaren Beteiligung an solchen Geschäften zu verleiten.

(2) Börsenspekulationsgeschäfte im Sinne des Absatzes 1 sind insbesondere

1. **An- oder Verkaufsgeschäfte mit aufgeschobener Lieferzeit, auch wenn sie außerhalb einer inländischen oder ausländischen Börse abgeschlossen werden, und**

2. **Optionen auf solche Geschäfte,**

die darauf gerichtet sind, aus dem Unterschied zwischen dem für die Lieferzeit festgelegten Preis und dem zur Lieferzeit vorhandenen Börsen- oder Marktpreis einen Gewinn zu erzielen.

Übersicht

1) Verbot der Verleitung zu Börsenspekulationsgeschäften (I) 1
2) Börsenspekulationsgeschäfte (II) 2
3) Schutzgesetz 3

1) Verbot der Verleitung zu Börsenspekulationsgeschäften (I)

1   § 26 nF 2007. Getrennt ist zwischen Verbotstatbestand in § 26 I und Strafvorschrift in § 49. Gewerbsmäßiges Handeln kann auch schon beim ersten Mal vorliegen. Unerfahrenheit ist nur solche in Börsengeschäften. Auch Kfm kann unerfahren iSv I sein (vgl § 347 HGB Rn 23). Neben einem objektiven Element ist ein subjektives nötig (vgl § 138 I BGB, s **(7)** Bankgeschäfte Rn G/10).

V. Bankgeschäfte 1 **26a BörsG (14)**

Verleiten setzt nicht unlautere Mittel voraus, kausale Einwirkung auf den Unerfahrenen genügt. Nicht jede Verletzung der Aufklärungspflicht (§ 347 Rn 8–40 und **(7)** Bankgeschäfte Rn A/16–29) fällt schon unter § 23, dieser ist vielmehr deutlich enger. Lit: Knauth NJW **87**, 33.

2) Börsenspekulationsgeschäfte (II)

II definiert, was Börsenspekulationsgeschäfte iSv I sind. Börsenspekulations- 2
geschäfte können Börsentermingeschäfte ebenso wie Kassageschäfte sein. Erfasst werden auch Spekulationsgeschäfte außerhalb einer amtlichen, inländischen Börse, auch bei Beteiligung an einem treuhänderischen Sammelkonto, auch bei rein schuldrechtlichen Ansprüchen. § 26 reicht also weit über den Geltungsbereich des BörsG im Übrigen hinaus (Kapitalmarktrecht, s Anh § 177a HGB Rn 54).

3) Schutzgesetz

§ 26 ist Schutzgesetz iSv § 823 II BGB, Düss WM **89**, 175, Schwark/Zim- 3
mer/Schwark, KMRK, 4. Aufl 2010, § 26 BörsG 8. Die Ablehnung des Schutzgesetzcharakters der früheren Parallelnorm des § 88 aF/§ 15 VI WpHG aF durch das BVerfG und die hL bezieht sich nur auf diesen.

Order-Transaktions-Verhältnis

BörsG 26a ¹Die Handelsteilnehmer sind verpflichtet, ein angemessenes Verhältnis zwischen ihren Auftragseingaben, -änderungen und -löschungen und den tatsächlich ausgeführten Geschäften (Order-Transaktions-Verhältnis) zu gewährleisten, um Risiken für den ordnungsgemäßen Börsenhandel zu vermeiden. ²Das Order-Transaktions-Verhältnis ist dabei jeweils für ein Finanzinstrument und anhand des zahlenmäßigen Volumens der jeweiligen Aufträge und Geschäfte innerhalb eines Tages zu bestimmen. ³Ein angemessenes Order-Transaktions-Verhältnis liegt insbesondere dann vor, wenn dieses auf Grund der Liquidität des betroffenen Finanzinstruments, der konkreten Marktlage oder der Funktion des handelnden Unternehmens wirtschaftlich nachvollziehbar ist. ⁴Die Börsenordnung muss nähere Bestimmungen zum angemessenen Order-Transaktions- Verhältnis für bestimmte Gattungen von Finanzinstrumenten treffen.

§ 26a, eingeführt durch das HFHandelG 2013, Satz 2 geändert durch 2. FiMa- 1
NoG 2017, zielt insbesondere auf sog Hochfrequenzhändler, die regelmäßig eine Vielzahl an Orders aufgeben und innerhalb kürzester Zeit einen Großteil davon wieder stornieren. Dieses Verhalten lässt es fraglich erscheinen, ob sie tatsächlich handeln oder nur mittels ihrer Ordereinstellungen den Preis in eine gewünschte Richtung treiben wollen, RegE HFreqHG BTDrucks 17/11631, 16. Ein solches Verhalten kann auch ohne Manipulationsabsicht den ordnungsgemäßen Börsenhandel gefährden. Deshalb soll es mit Hilfe der Festlegung eines angemessenen Order-Transaktions-Verhältnisses eingedämmt werden. Dabei berücksichtigt die Regelung, dass Finanzinstrumente unterschiedlich liquide sind, auch abhängig von der jeweiligen Marktsituation, und außerdem Unternehmen am Markt tätig sind, deren zahlreiche Ordereinstellungen positiv zu bewerten sind, weil sie als sog Liquiditätsspender agieren. Für andere Handelsplätze als Börsen enthält § 72 I 1 Nr 7 WpHG eine vergleichbare Regelung. Lit. zur Regulierung des Hochfrequenzhandels Jaskulla BKR **13**, 221, Kobbach BKR **13**, 233, Schultheiß WM **13**, 596, Kindermann/Coridaß ZBB **14**, 178, außerdem Mattig WM **14**, 1940.

Kumpan 2441

Mindestpreisänderungsgröße

BörsG 26b ¹Die Börse ist verpflichtet, eine angemessene Größe der kleinstmöglichen Preisänderung bei den gehandelten Finanzinstrumenten festzulegen, um negative Auswirkungen auf die Marktintegrität und -liquidität zu verringern. ²Bei der Festlegung der Mindestgröße nach Satz 1 ist insbesondere zu berücksichtigen, dass diese den Preisfindungsmechanismus und das Ziel eines angemessenen Order-Transaktions-Verhältnisses im Sinne des § 26a nicht beeinträchtigt. ³Wegen der einzelnen Anforderungen an die Festlegung der Mindestpreisänderungsgröße wird auf die Delegierte Verordnung (EU) 2017/588 der Kommission vom 14. Juli 2016 zur Ergänzung der Richtlinie 2014/65/EU des Europäischen Parlaments und des Rates durch technische Regulierungsstandards für das Tick-Größen-System für Aktien, Aktienzertifikate und börsengehandelte Fonds (ABl. 87 vom 31.3.2017, S. 411) in der jeweils geltenden Fassung, verwiesen. ⁴Nähere Bestimmungen kann die Börsenordnung treffen.

1 § 26b, eingeführt durch das HFHandelG 2013, Satz 3 eingefügt durch 2. FiMaNoG 2017, soll die Entwicklung hin zu immer kleineren Mindestpreisgrößen eindämmen. Diese Entwicklung hatte die vermehrte Aktivität von Hochfrequenzhändlern befördert, und zu kleine Mindestpreisänderungsgrößen sollen dem Regierungsentwurf zufolge eine Gefahr für den Preisfindungsmechanismus darstellen, RegE HFreqHG BTDrucks 17/11631, 16. Die Mindestpreisgröße legt den kleinstmöglichen Abstand zwischen zwei Preisstufen bei Aufträgen für ein Finanzinstrument im Orderbuch fest. Weitergehende Regelungen sind der Delegierten VO (EU) 2017/588 zu entnehmen (inkl. Festlegung von Liquiditätsbändern und Preisbandbreiten).

Market-Making-Systeme

BörsG 26c (1) Die Börsenordnung muss Bestimmungen enthalten über die Zulassung von Wertpapierdienstleistungsunternehmen durch die Geschäftsführung, die an der Börse eine Market-Making-Strategie im Sinne des § 80 Absatz 5 des Wertpapierhandelsgesetzes verfolgen.

(2) ¹Die Börse trifft geeignete Vorkehrungen, um sicherzustellen, dass eine ausreichende Zahl an Wertpapierdienstleistungsunternehmen als Market Maker zugelassen wird, die feste und wettbewerbsfähige Preise stellen, wodurch dem Markt in stetiger und verlässlicher Weise Liquidität zugeführt wird (Market-Making- Systeme). ²Dies gilt nicht, soweit die in Artikel 5 der Delegierten Verordnung (EU) 2017/578 der Kommission vom 13. Juni 2016 zur Ergänzung der Richtlinie 2014/65/EU des Europäischen Parlaments und des Rates über Märkte für Finanzinstrumente durch technische Regulierungsstandards zur Angabe von Anforderungen an Market-Maker-Vereinbarungen und -Systeme (ABl L 87 vom 31.3.2017, S. 183), in der jeweils geltenden Fassung, geregelte Ausnahme greift oder soweit eine solche Anforderung nach Art und Umfang des Handels an der jeweiligen Börse aus sonstigen Gründen nicht sachgerecht ist.

(3) ¹Die Börsenordnung muss Verpflichtungen des Wertpapierdienstleistungsunternehmens im Zusammenhang mit der Zuführung von Liquidität enthalten. ²Sie kann Bestimmungen über sonstige Rechte und Pflichten enthalten, die sich aus der Teilnahme an den in Absatz 2 genannten Systemen ergeben.

V. Bankgeschäfte 1–5 **26c BörsG (14)**

(4) ¹Die Gebührenordnung muss Bestimmungen über die Verringerung von Gebühren enthalten, die einem Wertpapierdienstleistungsunternehmen dafür gewährt werden, dass es dem Markt in stetiger und verlässlicher Weise Liquidität zuführt. ²Dies gilt nicht, sofern und soweit der Börsenträger bereits entsprechende Vereinbarungen mit dem Wertpapierdienstleistungsunternehmen getroffen hat.

(5) Wegen der einzelnen Anforderungen an die Ausgestaltung von Market-Making-Systemen wird auf die Delegierte Verordnung (EU) 2017/578 verwiesen.

§ 26c, eingeführt durch 2. FiMaNoG 2017, setzt Art. 48 II u III MiFID II um **1** und trifft besondere Regelungen für das Market Making an Börsen. Ergänzt werden diese durch die Delegierte VO (EU) 2017/578, die technische Regulierungsstandards zu Market-Making-Systemen enthält **(V)**. Die Regelungen verfolgen das **Ziel**, die Liquidität im Orderbuch besser vorhersehbar zu machen und Anreize für Market Maker zu schaffen, am Markt präsent zu sein (Erw. 1 Delegierte VO (EU) 2017/578). Market Making wird in § 2 VIII 1 Nr 2 lit. a WpHG (vergleichbar Art 4 I Nr 7 MiFID II) definiert als das „kontinuierliche Anbieten des An- oder Verkaufs von Finanzinstrumenten an den Finanzmärkten zu selbst gestellten Preisen für eigene Rechnung unter Einsatz des eigenen Kapitals". Market Making ist vor allem für den Handel wenig liquider Werte von Bedeutung (s. auch Erw 113 MiFID II). Grund dafür ist, dass Market Maker kontinuierlich verbindliche Kursofferten (Quotes) für Angebot und/oder Nachfrage stellen, zu denen sie zu Geschäften bereit sind (s § 24 Rn. 9) und damit einen jederzeitigen Handel ermöglichen. Diese Aufgabe übernehmen an den Börsen bisher im Wesentlichen die Skontroführer (§ 27) bzw. in Frankfurt, wo der Skontroführerhandel im Freiverkehr (2011) und im regulierten Markt (2012) abgeschafft worden ist, sog. Designated Sponsors bzw. Spezialisten. Anders als Skontroführer im Präsenzhandel vermitteln Market Maker keine Geschäftsabschlüsse, sondern schließen sie als Vertragspartei im eigenen Namen ab. Ihre Erlöse erzielen sie aus der Spanne zwischen ihren Kauf- und Verkaufsangeboten.

Nach **I** soll die BörsO Regelungen bzgl der Zulassung von Market Makern **2** enthalten. Eine **Market-Maker-Strategie iSv § 80 V WpHG** (wie Art 17 IV MiFID II) liegt vor, wenn jemand, der auf eigene Rechnung handelt, bei seinem Handel für ein oder mehrere Finanzinstrumente zeitgleiche An- und Verkaufskurse vergleichbarer Höhe zu wettbewerbsfähigen Preisen stellt. Einzelheiten dazu finden sich in Art 1 II der Delegierten VO (EU) 2017/578. Da nach § 16 III 1 die BörsO von der Börsenaufsichtsbehörde genehmigt werden muss, besteht insoweit eine aufsichtliche Kontrolle.

II überlässt es der Börse, geeignete Maßnahmen zu treffen, um eine ausrei- **3** chende Zahl an Market Makern sicherzustellen. Allerdings sind Börsen (und andere Handelsplätze) grds nicht verpflichtet, Market-Making-Systeme zu betreiben **(keine Vorgabe zum Marktmodell der Börsen)**.

III regelt allgemein, dass die BörsO Verpflichtungen im Zusammenhang mit **4** der Zuführung von Liquidität vorsehen muss. **Art 2 I Delegierte VO (EU) 2017/578** regelt detaillierter, dass Market Maker verpflichtet sein sollen, während der Hälfte der Handelstage eines Monats „feste, zeitliche Geld- und Briefofferten vergleichbarer Höhe zu wettbewerbsfähigen Preisen stellen (zu) müssen" und „für eigene Rechnung an einem Handelsplatz zumindest während 50% der täglichen Handelszeiten des fortlaufenden Handels an dem betreffenden Handelsplatz mit mindestens einem Finanzinstrument handeln müssen" (allerdings nicht während der Eröffnungs- und Schlussauktionen).

IV stellt sicher, dass finanzielle Anreize geschaffen werden, damit Unterneh- **5** men die Aufgabe des Market Making übernehmen (s dazu auch Erw. 8 u Art 6 Delegierte VO (EU) 2017/578).

Kumpan 2443

6 Nach Art. 7 Delegierte VO (EU) 2017/578 unterliegen Handelsplätze außerdem besonderen Transparenz-, Gleichbehandlungs- und Kontrollpflichten.

Algorithmische Handelssysteme und elektronischer Handel

BörsG 26d (1) ¹Die Börse muss sicherstellen, dass algorithmische Handelssysteme nicht zu Beeinträchtigungen des ordnungsgemäßen Börsenhandels führen oder zu solchen Beeinträchtigungen beitragen. ²Um den von algorithmischen Handelssystemen ausgehenden Gefahren für den ordnungsgemäßen Börsenhandel vorzubeugen, hat die Börse geeignete Vorkehrungen zu treffen, einschließlich Vorkehrungen zur Begrenzung des Verhältnisses von nicht ausgeführten Handelsaufträgen zu ausgeführten Handelsaufträgen für den Fall, dass die Systemkapazität der Börse übermäßig in Anspruch genommen wird und die Gefahr besteht, dass die Kapazitätsgrenze erreicht wird.

(2) ¹Die Handelsteilnehmer sind verpflichtet, ihre Algorithmen in einer von der Börse zur Verfügung gestellten Umgebung zu testen. ²Die Geschäftsführung überwacht die Einhaltung der Pflicht nach Satz 1 und teilt der Börsenaufsichtsbehörde Anhaltspunkte für Verstöße mit.

(3) Wegen der geeigneten Vorkehrungen nach Absatz 1 und der Anforderungen an die Ausgestaltung der Tests nach Absatz 2 wird auf die Delegierte Verordnung (EU) 2017/584 der Kommission vom 14. Juli 2016 zur Ergänzung der Richtlinie 2014/65/EU des Europäischen Parlaments und des Rates durch technische Regulierungsstandards zur Festlegung der organisatorischen Anforderungen an Handelsplätze (ABl. L 87 vom 31.3.2017, S. 350), in der jeweils geltenden Fassung, verwiesen.

1 § 26d, eingeführt durch 2. FiMaNoG 2017, setzt Art. 48 VI MiFID II um. Die Regelung stellt sicher, dass die Börse Sicherungen im Hinblick auf den algorithmischen Handel, insbesondere den Hochfrequenzhandel, vorsieht. Dies beruht auf der Sorge, dass dies Form des Handels ua aufgrund seines Umfangs und seiner Geschwindigkeit zu Belastungen der elektronischen Systeme der Börsen und damit zu Beeinträchtigungen des Börsenhandels führen könnte. Insbesondere die Anforderungen an Preisanfrage- und Hybridsysteme sollen sich an Art, Umfang und Komplexität des algorithmischen Handels ausrichten (Erw. 5 Delegierte VO (EU) 2017/584). Ergänzt werden die Regelungen durch die Delegierte VO (EU) 2017/584 **(III)**. Diese enthält ua Regelungen hinsichtlich des Testens der Systeme selbst, die Mitglieder einsetzen (Art 8), und von deren Konformität mit den Systemen des jeweiligen Handelsplatzes (Art 9) sowie hinsichtlich der von Mitgliedern eingesetzten Algorithmen (Art 10), außerdem zu vorbeugenden Maßnahmen gegen marktstörende Handelsbedingungen (Art 18), Mechanismen zur Steuerung der Volatilität (Art 19) und zur Vorhandels- und Nachhandelskontrolle (Art 20).

2 Algorithmische Handelssysteme dürfen den Börsenhandel nicht beeinträchtigen **(I)**. Da ein „**Beitragen**" ausreicht, ist es nicht erforderlich, dass die Handelssysteme so ausgelegt sind, dass sie allein zu Handelsbeeinträchtigungen führen. Es reicht vielmehr, dass sie (nur) mit anderen Systemen gemeinsam den Handel beeinträchtigen. Dagegen soll die Börse Maßnahmen ergreifen. Zu den dafür „**geeigneten Vorkehrungen**" gehören die in Art 18 I Delegierte VO (EU) 2017/584 aufgelisteten vorbeugenden Maßnahmen gegen marktstörende Handelsbedingungen, wie zB Obergrenzen für die Anzahl der pro Sekunde pro Mitglied aufgebbaren Orders, Mechanismen zur Steuerung der Volatilität (dazu auch Art 19 der VO) und die in Art 20 Delegierte VO (EU) 2017/584 weiter ausgeführten Vorhandelskontrollen, wie zB Preisbänder, Auftragshöchstwerte und

-höchstvolumina. Da Art 18 I Delegierte VO (EU) 2017/584 davon spricht, dass diese Maßnahmen „mindestens" getroffen werden müssen, haben alle Börsen diese Vorkehrungen einzuführen. Hinzukommt die Festlegung des Verhältnisses von nicht ausgeführten Handelsaufträgen zu ausgeführten Handelsaufträgen, die sich an die Regelung in § 26a anlehnt. Da diese „einschließlich" einzuführen ist, hat der deutsche Gesetzgeber die Einführung dieser vorbeugenden Maßnahme verbindlich vorgesehen. Allerdings bleibt die nähere Ausformung den Börsen überlassen, die je nach ihrer Systemkapazität für sich eigene Schwellenwerte festlegen können. Allerdings sind Börsen (Handelsplätze) nach Art 2 Delegierte VO (EU) 2017/566 verpflichtet, das Verhältnis von nicht ausgeführten Aufträgen und Geschäften zu berechnen und dafür die Methodik gemäß Art 3 Delegierte VO (EU) 2017/566 zu verwenden.

Die Handelsteilnehmer sind verpflichtet, ihre algorithmischen Handelssysteme vorab in einer von der Börse bereitgestellten Umgebung zu testen (**II 1**). Damit erhält die Börse die Möglichkeit, die Auswirkungen der Algorithmen zu untersuchen und ihre Vorkehrungen entsprechend anzupassen, notfalls auch ein gefährliches algorithmisches Handelsprogramm nicht zuzulassen. Da die Börse die Umgebung zur Verfügung stellen muss, kann sie von den Handelsteilnehmern nicht verlangen, dass diese entweder selbst eine Testumgebung schaffen oder ihre Handelsprogramme andernorts testen lassen. Die Börsengeschäftsführung überwacht die Tests und informiert ggf. die Börsenaufsichtsbehörde, wenn es zu Verstößen kommt (**II 2**). 3

Lit zum algorithmischen und Hochfrequenzhandel: Aldridge, High-Frequency Trading, 2nd ed 2013, Gresser, Praxishandbuch Hochfrequenzhandel, 2016, Jaskulla BKR **13**, 221, Kobbach BKR **13**, 233, Schultheiß WM **13**, 596, Kasiske WM **14**, 1933, Kindermann/Coridaß ZBB **14**, 178, in diesem Zusammenhang zu latenzminimierenden Infrastrukturen Mattig WM **14**, 1940 4

Informationen über die Ausführungsqualität

BörsG 26e

[1] Börsen müssen für jedes Finanzinstrument, das an ihnen gehandelt wird, mindestens einmal jährlich gebührenfrei Informationen über die Qualität der Ausführung von Aufträgen veröffentlichen. [2] **Die Veröffentlichungen müssen ausführliche Angaben zum Preis, den mit einer Auftragsausführung verbundenen Kosten, der Geschwindigkeit und der Wahrscheinlichkeit der Ausführung enthalten.** [3] **Wegen der einzelnen Anforderungen an Inhalt und Form der Veröffentlichungen nach den Sätzen 1 und 2 wird auf die Delegierte Verordnung (EU) 2017/575 der Kommission vom 8. Juni 2016 zur Ergänzung der Richtlinie 2014/65/EU des Europäischen Parlaments und des Rates über Märkte für Finanzinstrumente durch technische Regulierungsstandards bezüglich der Daten, die Ausführungsplätze zur Qualität der Ausführung von Geschäften veröffentlichen müssen (ABl. L 87 vom 31.3.2017, S. 152), in der jeweils geltenden Fassung, verwiesen.**

§ 26e, eingeführt durch 2. FiMaNoG 2017, setzt Art. 27 III MiFID II um und konkretisiert die Informationspflicht von Börsen hinsichtlich der Ausführungsqualität. Weitergehende Regelungen zu Inhalt, Format und Periodizität enthält die Delegierte VO (EU) 2017/575. Danach haben Börsen (= Handelsplätze) für jedes von ihnen betriebene Marktsegment und jedes Finanzinstrument bestimmte Informationen zur Art des Ausführungsplatzes (Art 3 I), zur Art des Finanzinstrumentes (Art 3 II), zum Ausführungspreis (Art 4), zu den für jedes Mitglied und jeden Nutzer veranschlagten Kosten (Art 5), zur Ausführungswahrscheinlichkeit (Art. 6) sowie bestimmte zusätzliche Informationen zu veröffentlichen (Art 7 u 1

8). Der Anhang der VO enthält Vorlagen für die Veröffentlichung der Informationen (Art 10 iVm dem Anhang). Die Informationen sind quartalsweise, spätestens drei Monate nach Ende des Quartals zu veröffentlichen (zu den Zeitpunkten s Art 11).

Positionsmanagementkontrollen

BörsG 26f

(1) ¹Eine Börse, an der Warenderivate gehandelt werden, muss Verfahren zur Überwachung der Einhaltung der nach § 54 Absatz 1 bis 5 und § 55 des Wertpapierhandelsgesetzes festgelegten Positionslimits (Positionsmanagementkontrollen) einrichten. ²Diese müssen transparent und diskriminierungsfrei ausgestaltet werden, festlegen, wie sie anzuwenden sind und der Art und Zusammensetzung der Handelsteilnehmer sowie deren Nutzung der zum Handel zugelassenen Kontrakte Rechnung tragen. ³Im Rahmen von Kontrollen nach den Sätzen 1 und 2 hat die Börse insbesondere sicherzustellen, dass sie das Recht hat,

1. die offenen Kontraktpositionen jedes Handelsteilnehmers zu überwachen,
2. von jedem Handelsteilnehmer Zugang zu Informationen, einschließlich aller einschlägigen Unterlagen, über Größe und Zweck einer von ihm eingegangenen Position oder offenen Forderung, über wirtschaftliche oder tatsächliche Eigentümer, etwaige Absprachen sowie über alle zugehörigen Vermögenswerte oder Verbindlichkeiten am Basismarkt zu erhalten,
3. von jedem Handelsteilnehmer die zeitweilige oder dauerhafte Auflösung oder Reduzierung einer von ihr eingegangenen Position zu verlangen und, falls der Betreffende dem nicht nachkommt, einseitig geeignete Maßnahmen zu ergreifen, um die Auflösung oder Reduzierung sicherzustellen, und
4. von jedem Handelsteilnehmer zu verlangen, zeitweilig Liquidität zu einem vereinbarten Preis und in vereinbartem Umfang eigens zu dem Zweck in den Markt zurückfließen zu lassen, die Auswirkungen einer großen oder marktbeherrschenden Position abzumildern.

(2) ¹Die Börse unterrichtet die Börsenaufsichtsbehörde über Einzelheiten der Positionsmanagementkontrollen nach Absatz 1. ²Die Börsenaufsichtsbehörde übermittelt diese Informationen an die Bundesanstalt und an die Europäische Wertpapier- und Marktaufsichtsbehörde.

1 § 26f, eingeführt durch 2. FiMaNoG 2017, setzt Art. 57 VIII bis X MiFID II um. Danach sind Börsen, an denen Warenderivate gehandelt werden, verpflichtet, die Einhaltung der Positionslimits durch geeignete Kontrollverfahren zu überwachen (I) und darüber der Börsenaufsichtsbehörde zu berichten (II). Die Positionslimits (= quantitative Schwellenwerte für die maximale Größe einer Position in dem jeweiligen Derivat, die eine Person halten darf) werden in Deutschland von der BaFin festgelegt, § 54 I WpHG (für nur in Deutschland gehandelte Derivate) bzw. § 55 I WpHG (für auch andernorts im EWR gehandelte Derivate nur, sofern die BaFin die „zentrale zuständige Stelle" ist, was dann der Fall ist, wenn das größte Volumen des jeweiligen Derivats an einem inländischen Marktplatz gehandelt wird). Das Positionslimit ist so zu bestimmen, dass Marktmissbrauch (iSd MAR) verhindert wird und es zu einer geordneten Preisbildung und Abwicklung beiträgt (§ 54 II WpHG). Regelungen zur Berechnung der Nettopositionen in Warenderivaten und zur Methodologie für die Berechnung der Positionslimits enthält die Delegierte VO (EU) 2017/591.

V. Bankgeschäfte 27 BörsG (14)

Übermittlung von Daten

BörsG 26g Die Geschäftsführung kann von den Handelsteilnehmern die Übermittlung von Daten in Bezug auf deren Finanzinstrumente verlangen, soweit dies zur Erfüllung der Anforderungen aus Artikel 25 Absatz 2 der Verordnung (EU) Nr. 600/2014 erforderlich ist.

§ 26g, eingeführt durch 2. FiMaNoG 2017, gibt der Geschäftsführung das 1 Recht, von den Handelsteilnehmern die Übermittlung von Daten zu verlangen, die sie benötigt, um ihre Pflichten nach Art 25 II MiFIR zu erfüllen.

Abschnitt 3. Skontroführung und Transparenzanforderungen an Wertpapierbörsen

Zulassung zum Skontroführer

BörsG 27 (1) [1] Die Geschäftsführung einer Wertpapierbörse kann unter Berücksichtigung des von der Börse genutzten Handelssystems zur Teilnahme am Börsenhandel zugelassene Unternehmen auf deren Antrag mit der Feststellung von Börsenpreisen an dieser Wertpapierbörse betrauen (Zulassung als Skontroführer). [2] Der Antragsteller und seine Geschäftsleiter müssen die für die Skontroführung erforderliche Zuverlässigkeit haben und auf Grund ihrer fachlichen und wirtschaftlichen Leistungsfähigkeit zur Skontroführung geeignet sein. [3] Die Geschäftsführung hat Personen, die berechtigt sein sollen, für einen Skontroführer bei der Skontroführung zu handeln (skontroführende Personen), zuzulassen, wenn diese Personen Börsenhändler sind und die für die Skontroführung erforderliche berufliche Eignung haben. [4] Das Nähere regelt die Börsenordnung.

(2) [1] Die Geschäftsführung hat die Zulassung als Skontroführer nach Anhörung der Börsenaufsichtsbehörde außer nach den Vorschriften des Verwaltungsverfahrensgesetzes zu widerrufen, wenn der Skontroführer sich einer groben Verletzung seiner Pflichten schuldig gemacht hat. [2] Die Geschäftsführung kann die Zulassung widerrufen, wenn die Bundesanstalt Maßnahmen zur Sicherung der Erfüllung der Verbindlichkeiten des Skontroführers gegenüber dessen Gläubigern ergriffen hat. [3] In dringenden Fällen kann die Geschäftsführung einem Skontroführer auch ohne dessen Anhörung die Teilnahme am Börsenhandel mit sofortiger Wirkung vorläufig untersagen; Widerspruch und Anfechtungsklage haben keine aufschiebende Wirkung.

(3) Besteht der begründete Verdacht, dass eine der in Absatz 1 bezeichneten Voraussetzungen nicht vorgelegen hat oder nachträglich weggefallen ist, so kann die Geschäftsführung das Ruhen der Zulassung eines Skontroführers längstens für die Dauer von sechs Monaten anordnen.

(4) Die Bundesanstalt hat die Geschäftsführung unverzüglich zu unterrichten, wenn sie Maßnahmen zur Sicherung der Erfüllung der Verbindlichkeiten des Skontroführers gegenüber dessen Gläubigern ergriffen hat.

§§ 27–29 nF 2007 sind gegenüber den entprechenden früheren Vorschriften 1 flexibilisiert, was den neuen Entwicklungen in Technik und Markt zutreffend Rechnung trägt. Das BörsG regelt nur noch die Zulassung und Pflichten der mit der Feststellung von Börsenpreisen betrauten Unternehmen (Skontroführer, Legaldefinition in § 27 I 1). Die Unterscheidung zwischen Börsenmaklern, die Preise feststellen oder ermitteln (Kursmakler, §§ 29 ff aF, und **Skontroführer**,

§ 8b aF), und anderen Börsenmaklern (Freimaklern) ist schon seit dem 4. FinanzmarktfördG für das BörsG hinfällig geworden. Ob die Börse als Präsenzbörse mit Skontroführern oder als elektronisches Handelssystem oder als Mischform betrieben werden soll, ist Sache der Börse selbst (§ 24 Rn 3). Während die Bedeutung der Preisstellungsfunktion der Skontroführer immer weiter zurückgegangen ist, hat die liquiditätsspendende Funktion immer mehr Bedeutung erlangt. An der FWB wurde der Skontrohandel im Freiverkehr 2011 und im regulierten Markt 2012 abgeschafft und durch ein Spezialistenmodell ersetzt.

2 Wegen ihrer Funktion der Feststellung von Börsenpreisen und den damit verbundenen Pflichten (§ 28) bedürfen die Skontroführer einer besonderen **Zulassung durch die Geschäftsführung** nach § 27 (anfechtbarer Verwaltungsakt), und zwar unter Berücksichtigung des von der Börse genutzten Handelssystems (**I 1**, s Rn 1). I 1 regelt die Zulassung als Skontroführer als Sondervorschrift zu § 19: Als Skontroführer zugelassen werden können nur zur Teilnahme am Börsenhandel zugelassene Unternehmen (§ 19). Die Zulassung zur Teilnahme am Börsenhandel und als Skontroführer kann auch uno acto geschehen (RegE). Die Zulassung erfolgt nur auf Antrag. Dies liegt im Ermessen der Börsengeschäftsführung, die eine Bedürfnisprüfung (anhand des Arbeitsaufkommens) vornimmt. Dabei hat sie die Wettbewerbsfreiheit und den allgemeinen Gleichheitsgrundsatz (Chancengleichheit) zu beachten. Zeitgleich mit der Zulassung zum Skontroführer hat die Zuteilung von Skontren zu erfolgen. Die Zulassungsvoraussetzungen (persönliche Zuverlässigkeit und Eignung zur Skontroführung auf Grund fachlicher und wirtschaftlicher Leistungsfähigkeit, auch der Geschäftsleiter des skontroführenden Instituts) ergeben sich aus **I 2**. Für Nachweis der Zuverlässigkeit des Antragstellers reicht aus, dass keine negativen Tatsachen vorliegen (zB Verstöße gegen Pflichten als Skontroführer). Zulassung zu **skontroführende Personen** (Legaldefinition) nach **I 3**. Näheres regelt die BörsO (**I 4**).

3 Widerruf der Zulassung bei grober Pflichtverletzung, (**II 1**), insbesondere bei Verstoß gegen Pflichten aus § 28 (ist gebundene Entscheidung); Widerruf außerdem möglich (Ermessen, sofern aber Preisfeststellung gefährdet Reduzierung „auf Null"), wenn BaFin Maßnahmen gegen Skontroführer ergriffen hat, weil dessen wirtschaftliche Leistungsfähigkeit fraglich ist (**II 2**). In dringenden Fällen (etwa bei Verstößen gegen § 28) kann die Skontroführertätigkeit mit sofortiger Wirkung (aber nur vorläufig) untersagt werden (**II 3**); dafür sind konkrete Anhaltspunkte nötig und ein Verstoß muss in hohem Maße wahrscheinlich sein, aber ansonsten keine zu hohen Anforderungen nötig, denn Zweck ist der Schutz der ganz wesentlichen ordnungsgemäßen Preisfeststellung. Ruhen der Zulassung bei begründetem Verdacht (**III**). Mitteilung durch die Geschäftsführung an die BaFin (**IV**). Lit: Beck BKR **02**, 704.

Pflichten des Skontroführers

BörsG 28 (1) ¹Der Skontroführer und die skontroführenden Personen haben im Rahmen der Aufgaben des Skontroführers auf einen geordneten Marktverlauf hinzuwirken und die Skontroführung neutral auszuüben. ²Der Skontroführer hat durch geeignete organisatorische Maßnahmen die Einhaltung der ihm obliegenden Pflichten sicherzustellen. ³Bei der Preisfeststellung hat er weisungsfrei zu handeln. ⁴Die Wahrnehmung der Pflichten hat so zu erfolgen, dass eine wirksame Überwachung der Einhaltung der Pflichten gewährleistet ist. ⁵Das Nähere regelt die Börsenordnung.

(2) ¹Der Skontroführer und die skontroführenden Personen haben alle zum Zeitpunkt der Preisfeststellung vorliegenden Aufträge bei ihrer Ausführung

V. Bankgeschäfte 1 **29 BörsG (14)**

unter Beachtung der an der Börse bestehenden besonderen Regelungen gleich zu behandeln. ²Das Nähere regelt die Börsenordnung.

1) § 28 nF 2007 regelt die **Pflichten** des Skontroführers und der skontroführ- 1 renden Personen. Seine Aufgabe ist es, die Vermittlung und den Abschluss von Börsengeschäften in den zur Skontroführung zugewiesenen Wertpapieren zu betreiben. In diesem Rahmen hat er **auf einen geordneten Marktverlauf hinzuwirken** und die Skontroführung **neutral** auszuüben (I 1). Mit der bloßen Zusammenführung von Aufträgen ist es also für den Skontroführer nicht getan, er muss vielmehr auf die Aufrechterhaltung des Handels und die Sicherstellung der Preiskontinuität in den ihm zugewiesenen Wertpapieren hinwirken (RegE). Das kann auch durch Eigen- und Aufgabegeschäfte geschehen, soweit sie dem Skontroführer erlaubt sind, was näher zu regeln Sache der BörsO ist (zB bei unausgeglichener Marktlage, Fehlen marktnah limitierter Aufträge oder von Gegenangeboten, also nicht nur für Spitzenausgleich möglich: **unzulässig** sind tendenzverstärkende Eigenhandelsaktivitäten). Ein Recht dazu (ausnahmsweise sogar eine Pflicht) kann je nach BörsO zB bei unausgeglichener Marktlage oder bei Vorliegen unlimitierter Aufträge bestehen, deren Vermittlung nur zu nicht marktgerechten Preisen möglich wäre (vgl RegE 4. FinanzmarktfördG). Der Skontroführer muss seine Tätigkeit so organisieren, dass die Einhaltung seiner Pflichten sichergestellt ist **(I 2).** Die Neutralitätspflicht des Skontroführers nach I 1 erfordert ihrerseits **Weisungsfreiheit** bei der Preisfeststellung **(I 3).** Es liegt auf der Hand, dass der Skontroführer seine besonderen Informationen nicht zu seinem eigenen Vorteil oder zu dem Dritter benutzen darf (sonst Insiderhandel nach MAR). Die besondere Vertrauensstellung des Skontroführers und die (zulässigen) Interessenkonflikte aus der Kombination von Skontroführung und Eigen- und Aufgabegeschäften bedingen, dass der Skontroführer seine Pflichten so wahrnehmen und seine Tätigkeit so organisieren muss, dass eine **wirksame Überwachung** der Einhaltung der Pflichten gewährleistet ist **(I 4).** Näher die BörsO **(I 5).**

2) Der Skontroführer ist zur **Gleichbehandlung** der zum Zeitpunkt der Fest- 2 stellung des Börsenpreises vorliegenden Aufträge verpflichtet **(II 1),** was aber unter Beachtung der an der Börse bestehenden besonderen Regelungen zu erfolgen hat. Aus II resultiert ein **Ausführungsanspruch** der Handelsteilnehmer, soweit möglich. II 2 aF, wonach dem Skontroführer der Handel in anderen als ihm zur Skontroführung übertragenen Wertpapieren nur, soweit seine Aufgabe der Skontroführung nicht beeinträchtigt wird, gestattet wurde, ist weggefallen und wie alles sonstige nähere Sache der BörsO **(II 2),** die dies aber sinnvollerweise ähnlich regeln wird. Die BörsO muss eine Entgeltordnung für die Tätigkeit der Skontroführer enthalten (§ 16 I 2 Nr 5). § 28 ist kein **Verbotsgesetz** iSd § 134 BGB.

Verteilung der Skontren

BörsG 29 ¹Über die Verteilung der Skontren unter den für die Skontroführung geeigneten Antragstellern nach § 27 Abs. 1 Satz 2 und die Anzahl der Skontroführer entscheidet die Geschäftsführung. ²Die Zuteilung von Skontren kann befristet erfolgen. ³Das Nähere regelt die Börsenordnung. ⁴Die Börsenordnung kann als Kriterien für die Zuteilung der Skontren insbesondere die fachliche und wirtschaftliche Leistungsfähigkeit des Antragstellers vorsehen.

§ 29 nF 2007 behandelt die im Wettbewerb der Skontroführer hoch relevante 1 Verteilung der Skontren, regelt dies aber sehr flexibel ohne weitere Vorgaben wie

Kumpan 2449

(14) BörsG 32

nach aF, aber verfassungsgemäß, VG Düss ZIP **10**, 466, dazu Bracht ZBB **10**, 52. Die Verteilung der Skontren unter den geeigneten Antragstellern nach § 27 I 2 und die Entscheidung über die Anzahl der Skontroführer ist allein Sache der Geschäftsführung **(Satz 1)**. Die Beteiligung eines Ausschusses mit Sitz und Stimme der Skontroführer ist nicht mehr vorgeschrieben, kann aber in der BörsO vorgesehen werden. Die Entscheidung ist ein Verwaltungsakt. Die Betroffenen haben einen Anspruch auf ermessensfehlerfreie Entscheidung. Skontroführer, die bei der Skontrenzuteilung im vorhergehenden Zuteilungszeitraum rechtswidrig von der Skontrenzuteilung ausgeschlossen waren, dürfen bei erneuter Zuteilung gegenüber seinerzeit erfolgreichen Mitbewerbern nicht benachteiligt werden, BVerwG NVwZ-RR **14**, 465. Zu Schadensersatzansprüchen übergangener Skontroführer im Zusammenhang mit der Skontrenzuteilung Ffm 1 U 176/10, juris. Die Zuteilung kann befristet erfolgen **(Satz 2)**. Näheres ist zu Recht der BörsO vorbehalten **(Satz 3)**, was zugleich die Geschäftsführung entlastet und die Genehmigung der Börsenaufsichtsbehörde impliziert (§ 16 III). Unwirksamkeit der Verteilung von Skontren in der BörsO FWB, VGH Kassel ZIP **07**, 215, rechtswidrige Zuteilung, VGH Kassel ZIP **08**, 1520, Skontrenzuteilung keine grundsätzliche Maßnahme im Sinne der Amtshaftung, sondern gehört zur laufenden Verwaltung, OVG Münster WM **12**, 1996.

BörsG 30 *(aufgehoben)*

BörsG 31 *(aufgehoben)*

Abschnitt 4. Zulassung von Wertpapieren zum Börsenhandel

Zulassungspflicht

BörsG 32

(1) Wertpapiere, die im regulierten Markt an einer Börse gehandelt werden sollen, bedürfen der Zulassung oder der Einbeziehung durch die Geschäftsführung, soweit nicht in § 37 oder in anderen Gesetzen etwas anderes bestimmt ist.

(2) ¹Die Zulassung ist vom Emittenten der Wertpapiere zusammen mit einem Kreditinstitut, Finanzdienstleistungsinstitut oder einem nach § 53 Abs. 1 Satz 1 oder § 53b Abs. 1 Satz 1 des Kreditwesengesetzes tätigen Unternehmen zu beantragen. ²Das Institut oder Unternehmen muss an einer inländischen Wertpapierbörse mit dem Recht zur Teilnahme am Handel zugelassen sein und ein haftendes Eigenkapital im Gegenwert von mindestens 730 000 Euro nachweisen. ³Ein Emittent, der ein Institut oder Unternehmen im Sinne des Satzes 1 ist und die Voraussetzungen des Satzes 2 erfüllt, kann den Antrag allein stellen. ⁴Die Geschäftsführung kann vom Emittenten die Übermittlung von Referenzdaten in Bezug auf die zuzulassenden Wertpapiere verlangen, soweit dies zur Erfüllung der Anforderungen aus Artikel 4 der Verordnung (EU) Nr. 596/2014 erforderlich ist.

(3) Wertpapiere sind zuzulassen, wenn

1. der Emittent und die Wertpapiere den Anforderungen nach Artikel 35 der Verordnung (EG) Nr. 1287/2006 sowie den Bestimmungen entsprechen, die zum Schutz des Publikums und für einen ordnungsgemäßen Börsenhandel nach § 34 erlassen worden sind, und

(14) BörsG 32 2–4   2. Teil. Handelsrechtl. Nebengesetze

Marktabschnitten derselben Börse ist nicht mehr ausdrücklich verboten (so noch § 49 I 1 Halbs 2 aF), wird aber idR die marktgerechte Preisfeststellung gefährden. Zum früheren geregelten Markt näher Hopt WM **85**, 793, Woopen ZIP **86**, 258, Schierenbeck BFuP **88**, 430.

2   § 32 nF 2007, II 4 neu durch 1. FiMaNoG 2016. Nach **I** bedürfen **Wertpapiere,** die im regulierten Markt an einer Börse gehandelt werden sollen, grundsätzlich der **Zulassung** oder der **Einbeziehung** (§ 33), die **durch die Geschäftsführung** ausgesprochen wird. Die Übertragung auch der Zulassung auf die BaFin (RefE FinanzmarktRiUmsetzG) ist zu Gesetz geworden, Hammen WM **07**, 1299. **Ausnahmen** von I gelten zB nach § 37 für staatliche Schuldverschreibungen und § 33 IV EGAktG für neue Aktien aus Kapitalerhöhung aus Gesellschaftsmitteln, wenn die alten zum regulierten Markt zugelassen sind (Kapitalherabsetzung s Kümpel WM **80**, 694). Der **Wertpapierbegriff** ist im BörsG selbst nicht direkt geregelt (vgl aber über § 2 II betreff Wertpapierbörsen, § 2 Rn 3), er bestimmt sich herkömmlich nach den Erfordernissen des Börsenhandels und Sinn und Zweck der jeweiligen Vorschrift des BörsG, Schwark/Zimmer/Heidelbach 25, Schäfer/Hamann § 36 aF Rn 3, idR nur fungible Wertpapiere (Effekten). Teilbereiche des regulierten Marktes mit besonderen Pflichten für Emittenten s § 42. Zur Zulassung von GmbH- und KdtAnteilen krit üL, Hommelhoff ZHR 153 (**89**) 181, dafür mittels zwischengeschalteter Holding (Stuttgarter Modell) Vollmer WM Sonderbeil 2/**91**. Widerruf und Rücknahme der Zulassung sowie freiwilliger Rückzug vom Börsenmarkt **(Delisting)** s § 39. Zur Entkopplung von Zulassung und amtlicher Preisfeststellung s § 24 Rn 3.

2) Gemeinsame Antragstellung (II)

3   Der Zulassungsantrag ist vom Emittenten der Wertpapiere zusammen mit einem an einer (auch anderen) inländischen Wertpapierbörse zugelassenen **Kreditinstitut, Finanzdienstleistungsinstitut** oder Unternehmen nach §§ 53 I 1, 53b 1 1 KWG mit einem Mindesteigenkapital zu stellen (vgl **(7)** Bankgeschäfte Rn A/4). Dieses setzt damit sein standing ein und wird rechtlich in Pflicht genommen, BGH **139**, 230: ua Prospekthaftung, III Nr 2 iVm **(15a)** WpPG § 21, weitere Betreuung der Emission, zB Einsatz als Zahlstelle für Dividenden, Beratung und uU Mitwirkung bei der Sicherstellung der laufenden Bekanntmachungspflichten und der Informationen über für die Kursbildung wichtige Tatsachen (Ad-hoc-Publizität, **(16a)** MAR Art 17), Gewährleistung der börsenmäßigen Lieferbarkeit der Wertpapiere, vgl §§ 40 ff zu den Emittentenpflichten (Emissionsgeschäft s **(7)** Bankgeschäfte Rn Y/1). Alleiniger Antrag bei Eigenemissionen von Kreditinstituten ua **(II 3)**. Zwangsnotierung wie zT im Ausland ist ausgeschlossen. Zum Freiverkehr s § 48 Rn 6.

3) Zulassungsvoraussetzungen (III)

4   III regelt die materiellen **Zulassungsvoraussetzungen,** namentlich **Prospektzwang** nach **III Nr 2** idF ProspRiUmsetzG (Einl 8 vor § 1), unter Verweis ab 2005 auf das WpPG (Einl 8 vor § 1, nach § 3 WpPG Prospektpflicht für die im Inland öffentlich angebotenen Wertpapiere mit Ausnahmen) und §§ 42, 137 III InvG, Grund für letzteres: Vermeidung doppelter Prospektpflicht insbesondere von InvestmentAG mit fixem Kapital (RegE 4. FinanzmarktfördG). Die Zulassung kann erst erfolgen, wenn keine Einwendungen nach III Nr 1 (Anforderungen der VO (EG) 1287/2006 10.8.06, Einl 10 vor § 1, und Schutzvorschriften für Publikum und ordnungsgemäßen Börsenhandel nach RVO auf Grund von § 34) erhoben werden und wenn nach III Nr 2 ein nach den genannten Vorschriften ordnungsgemäß gebilligter oder bescheinigter Prospekt veröffentlicht worden ist. Die Billigung durch die BaFin (§ 13 WpPG) ist ein Verwaltungsakt. Inhaltlich übernimmt die billigende Stelle damit aber keine Gewähr für die

2. ein nach den Vorschriften des Wertpapierprospektgesetzes gebilligter oder bescheinigter Prospekt oder ein Verkaufsprospekt im Sinne des § 42 des Investmentgesetzes in der bis zum 21. Juli 2013 geltenden Fassung veröffentlicht worden ist, der für den in § 345 Absatz 6 Satz 1 des Kapitalanlagegesetzbuchs vorgesehenen Zeitraum noch verwendet werden darf, oder ein Verkaufsprospekt im Sinne des § 165 des Kapitalanlagegesetzbuchs oder ein Prospekt im Sinne des § 318 Absatz 3 des Kapitalanlagegesetzbuchs veröffentlicht worden ist, soweit nicht nach § 1 Absatz 2 oder § 4 Absatz 2 des Wertpapierprospektgesetzes von der Veröffentlichung eines Prospekts abgesehen werden kann.

(4) Der Antrag auf Zulassung der Wertpapiere kann trotz Erfüllung der Voraussetzungen des Absatzes 3 abgelehnt werden, wenn der Emittent seine Pflichten aus der Zulassung zum regulierten Markt an einem anderen organisierten Markt nicht erfüllt.

(5) [1] Die Geschäftsführung bestimmt mindestens drei inländische Zeitungen mit überregionaler Verbreitung zu Bekanntmachungsblättern für die vorgeschriebenen Veröffentlichungen (überregionale Börsenpflichtblätter). [2] Die Bestimmung kann zeitlich begrenzt werden; sie ist durch Börsenbekanntmachung zu veröffentlichen.

Übersicht

1) Zulassung von Wertpapieren zum Börsenhandel (I) 1, 2
2) Gemeinsame Antragstellung (II) 3
3) Zulassungsvoraussetzungen (III) 4–6
4) Ablehnung des Zulassungsantrags (IV) 7
5) Veröffentlichung (V) 8

1) Zulassung von Wertpapieren zum Börsenhandel (I)

Der **IV. Abschnitt** nF 2007 regelt die Zulassung von Wertpapieren zum Börsenhandel. Der Freiverkehr ist transparent in einem eigenen V. Abschnitt § 48 geregelt (weitere Marktsegmente s § 48 Rn 1). **Amtlicher und geregelter Markt** werden nach Aufhebung ihrer Trennung im IV. Abschn **nunmehr zusammengefasst (regulierter Markt),** was eine erhebliche Verschlankung des BörsG nach sich gezogen hat (Aufhebung von §§ 49–56 aF). Auch in der Sache ist die Aufhebung der Trennung zu begrüßen. Die Unterschiede zwischen den beiden Marktsegmenten sind durch die EUTransparenzRi 2004/109/EG 15.12.2004 ABlEU L 390/38 deutlich relativiert worden. Vor allem aber haben die **Börsen breite Gestaltungsmöglichkeiten,** wie sie ihre Handelssegmente ausformen, ob sie für Teilbereiche ihrer Märkte zusätzliche Zulassungs- und Zulassungsfolgepflichten einführen und wie sie sich dadurch im zunehmend härteren, nationalen und internationalen Börsen- und Finanzmarktwettbewerb positionieren (dazu schon § 24 Rn 3 ff). Auch wenn somit das BörsG nicht mehr zwischen amtlichem und geregeltem Markt unterscheidet, wird diese Unterscheidung der Sache nach gemäß Börsenpraxis und BörsO fortbestehen. Das praktische Bedürfnis nach einem Marktsegment mit erleichtertem Zugang liegt auf der Hand, um mehr Unternehmen an die Börse heranzuführen und dadurch die Eigenkapitalausstattung deutscher Unternehmen zu verbessern. Beides liegt auch im Interesse der Anleger und rechtfertigt deshalb einen gegenüber dem ersten Marktabschnitt segmentspezifisch niedrigeren Anlegerschutz. Dieser darf aber trotzdem nicht zweitklassig sein, weil sonst das für die Akzeptanz des neuen Marktabschnitts notwendige Vertrauen gefährdet wäre. Über das größere Risiko an einem solchen Markt und den geringeren Anlegerschutz dort müssen die Kreditinstitute ihre Kunden uU besonders aufklären (RegE 1986; s § 347 HGB Rn 8–40, **(7)** Bankgeschäfte Rn A/16–29). Die **Doppelnotierung** in mehreren

Richtigkeit, Prospekthaftung wird durch Billigung nicht ausgeschlossen ((15a) WpPG § 21 Rn 3). III Nr 2 begründet kein Wahlrecht.

Schutz des Publikums und allgemeiner Interessen: II Nr 2 aF (aufgehoben durch ProspektRiUmsetzG, Einl 8 vor § 1) bestimmte ausdrücklich, dass dem Zulassungsantrag nur stattgegeben werden darf, wenn keine Umstände bekannt sind, die bei Zulassung zu einer Übervorteilung des Publikums oder einer Schädigung erheblicher allgemeiner Interessen führen. II Nr 3 begründete allerdings weder eine Emissionspreiskontrolle noch eine Bonitätsprüfung, BGH **123**, 130; aber eine Versagung(spflicht) bei Betrug und Missbrauch oder Verstoß gegen ordre public (zB erhebliche kapitalmarktpolitische Interessen), str, aA Zahn ZGR **81**, 110. Mit der Aufhebung war nicht beabsichtigt, diese Prüfung überhaupt zu beseitigen, sondern nur, die Prüfung dieser Voraussetzungen, die eine Prospektprüfung impliziert, allein bei der für diese zuständige BaFin zu konzentrieren und die Doppelprüfung durch die Zulassungsstellen (nunmehr Geschäftsführung) zu vermeiden (BRat ProspektRiUmsetzG, BTDrucks 15/5219, 6). Andererseits fehlt nunmehr eine ausdrückliche Grundlage für die Versagung der Zulassung aus diesen Gründen. Eine speziell diesbezügliche Schutzvorschrift iSv III Nr 1 iVm RVO nach § 34 bzw §§ 48 ff BörsZulV ist nicht ersichtlich. Eventuell kann in solchen Fällen auf III Nr 1 iVm VO (EG) 1287/2006 Art 35 VI zurückgegriffen werden, wonach ein „fairer" Handel in den übertragbaren Papieren gewährleistet sein muss. Lehnt man das ab, wird es bei Beeinträchtigung des Schutzes des Publikums oder allgemeiner Interessen aber idR an der Vollständigkeit bzw Klarheit des Prospekts fehlen. „Bekannt sein" iSv II Nr 2 aF schloss nicht Prüfungs- und Erkundigungspflichten der Geschäftsführung bei gegebenem Anlass aus, doch waren eigene Ermittlungen über die Bonität des Emittenten und die Absicherung der zuzulassenden Wertpapiere nicht vorgesehen, BGH **123**, 130.

Marktschutzvereinbarungen: Die Einhaltung von Marktschutzvereinbarungen (lock up) zwischen dem Emittenten und einem oder mehreren Aktionären ist keine Zulassungsvoraussetzung (anders RegE 4. FinanzmarktfördG § 29 III Nr 4). Hierbei handelt es sich um rein private Vereinbarungen, die allein Sache der Beteiligten sind. Eine Rechtsgrundlage für eine öffentlichrechtliche Pflicht zur Einhaltung solcher Vereinbarungen gibt es bisher nicht. Lit: Fleischer WM **02**, 2305.

4) Ablehnung des Zulassungsantrags (IV)

IV ergänzt III dahin, dass der Zulassungsantrag trotz Erfüllung der Voraussetzungen von III abgelehnt werden kann, wenn der Emittent seine Pflichten aus der Zulassung zum regulierten Markt (§ 40 Rn 1) an einem anderen organisierten Markt nicht erfüllt. Organisierter Markt ist in § 2 XI WpHG definiert. Es kann sich dabei nicht nur um eine andere inländische Börse, sondern auch um eine solche in EU/EWR handeln. Letzterenfalls ergeben sich die Pflichten des Emittenten aus ausländischem Recht, sie sind aber innerhalb EU/EWG weitgehend harmonisiert.

5) Veröffentlichung (V)

V nF 2007. Die Geschäftsführung bestimmt mindestens drei (nach aF zwei) überregionale Börsenpflichtblätter (Legaldefinition) für die vorgeschriebenen Veröffentlichungen. Die Veröffentlichungspflicht für den Prospekt folgt aus der DurchführungsVO zur EU-Prospekt-Ri (Einl 8 vor § 1) und § 14 WpPG, die frühere Zeitungspublizität des Prospekts hat das ProspRiUmsetzG (s Rn 4) aufgehoben.

Einbeziehung von Wertpapieren in den regulierten Markt

BörsG 33 (1) Wertpapiere können auf Antrag eines Handelsteilnehmers oder von Amts wegen durch die Geschäftsführung zum Börsenhandel in den regulierten Markt einbezogen werden, wenn

1. die Wertpapiere bereits
   a) an einer anderen inländischen Börse zum Handel im regulierten Markt,
   b) in einem anderen Mitgliedstaat der Europäischen Union oder in einem anderen Vertragsstaat des Abkommens über den Europäischen Wirtschaftsraum zum Handel an einem organisierten Markt oder
   c) an einem Markt in einem Drittstaat, sofern an diesem Markt Zulassungsvoraussetzungen und Melde- und Transparenzpflichten bestehen, die mit denen im regulierten Markt für zugelassene Wertpapiere vergleichbar sind, und der Informationsaustausch zum Zwecke der Überwachung des Handels mit den zuständigen Stellen in dem jeweiligen Staat gewährleistet ist,
   zugelassen sind und
2. keine Umstände bekannt sind, die bei Einbeziehung der Wertpapiere zu einer Übervorteilung des Publikums oder einer Schädigung erheblicher allgemeiner Interessen führen.

(2) ¹Die näheren Bestimmungen über die Einbeziehung von Wertpapieren sowie über die von dem Antragsteller nach erfolgter Einbeziehung zu erfüllenden Pflichten sind in der Börsenordnung zu treffen. ²Die Börsenordnung muss insbesondere Bestimmungen enthalten über die Unterrichtung des Börsenhandels über Tatsachen, die von dem Emittenten an dem ausländischen Markt, an dem die Wertpapiere zugelassen sind, zum Schutz des Publikums und zur Sicherstellung der ordnungsgemäßen Durchführung des Handels zu veröffentlichen sind; § 38 Abs. 1, die §§ 39 und 41 finden keine Anwendung.

(3) Die Geschäftsführung unterrichtet den Emittenten, dessen Wertpapiere in den Handel nach Absatz 1 einbezogen wurden, von der Einbeziehung.

(4) ¹Für die Aussetzung und die Einstellung der Ermittlung des Börsenpreises gilt § 25 entsprechend. ²Für den Widerruf der Einbeziehung gilt § 39 Abs. 1 entsprechend.

Übersicht

1) Einbeziehung von Wertpapieren in den regulierten Markt (I)	1, 2
2) Regelungen der BörsO (II)	3
3) Unterrichtung des Emittenten (III)	4
4) Aussetzung, Einstellung, Widerruf (IV)	5

1) Einbeziehung von Wertpapieren in den regulierten Markt (I)

1 § 33 nF 2007 regelt die materiellen **Einbeziehungsvoraussetzungen bei bereits bestehender anderweitiger Zulassung.** Parallelnorm für die erstmalige Zulassung ist § 32. Mit der Einbeziehung **in den regulierten Markt** (vgl Definition des geregelten Marktes in Art 4 I Nr 21 MiFID II) bietet sich für die Handelsteilnehmer die Möglichkeit, im In- oder Ausland anderweitig zugelassene Wertpapiere ebenfalls an der Börse zu handeln, was das Angebot der Börse und diese selbst im internationalen Wettbewerb stärkt.

2 Die Einbeziehung von Wertpapieren zum Börsenhandel in den regulierten Markt erfolgt **durch die Geschäftsführung (I Halbsatz 1)** auf **Antrag** eines Handelsteilnehmers **oder von Amts wegen** (neu), wenn die Geschäftsführung

V. Bankgeschäfte **34 BörsG (14)**

ein entsprechendes Marktbedürfnis erkennt. Einbezogen werden können danach nach Wertpapiere, die bereits a) an einer anderen inländischen Börse zum Handel im regulierten Markt, b) an einem organisierten Markt in der EU/EWR oder c) an einem Markt in einem Drittstatt (bei vergleichbaren Zulassungsvoraussetzungen und Melde- und Transparenzpflichten und gewährleisteter Zusammenarbeit bei der Überwachung) zugelassen sind (**I Nr 1**). Voraussetzung ist weiter, dass keine Umstände bekannt sind, die bei Einbeziehung zu einer Übervorteilung des Publikums oder einer Schädigung erheblicher allgemeiner Interessen führen (**I Nr 2**, vgl § 32 Rn 5). Der Fall I Nr 1a) ist unproblematisch, weil angesichts der bereits erfolgten inländischen Zulassung der Schutz des BörsG bereits greift. Im Fall I Nr 1b) sorgen die EU-Ri, insbesondere die MiFID II, die EUDurchführungsRi (Einl 10 vor § 1) und die (16a) MAR für einen vergleichbaren Schutz. Sofern die Zusammenarbeit der zuständigen Stellen des Drittstaates bei der Überwachung nach I Nr 1c) nicht gewährleistet ist, bleibt nur die Einbeziehung in den Freiverkehr (§ 48). Fehlt es an einem vergleichbaren Anlegerschutz und Transparenz kann es auch an den Voraussetzungen für die Einbeziehung in den Freiverkehr fehlen, jedenfalls hat die Börsengeschäftsführung die Möglichkeit, einzuschreiten (§ 48 II).

2) Regelungen der BörsO (II)

Die näheren Bestimmungen über die Einbeziehung und die darauf folgenden Pflichten trifft die BörsO (**II 1**). Dazu bringt **II 2** Mindestanforderungen hinsichtlich der Unterrichtung des Börsenhandels über in dem ausländischen Markt veröffentlichte Tatsachen zum Schutz des Publikums und zur Sicherstellung der ordnungsgemäßen Durchführung des Handels. Denn es ist unverzichtbar, dass der inländische Börsenhandel über die Veröffentlichungen des ausländischen Emittenten an der Heimatbörse zeitnah unterrichtet wird, damit diese Informationen in den Preisbildungsprozess einfließen können. §§ 38 I, 39 und 41 über Einführung, Widerruf und Auskunftserteilung finden jedoch keine Anwendung (II 2 letzter Halbs).

3) Unterrichtung des Emittenten (III)

Die Geschäftsführung unterrichtet den Emittenten von der Einbeziehung seiner Papiere.

4) Aussetzung, Einstellung, Widerruf (IV)

Für Aussetzung und Einstellung der Ermittlung des Börsenpreises verweist IV auf § 25, für den Widerruf der Einbeziehung auf § 39 I. Zuständig ist wie für die Einbeziehung die Geschäftsführung. Ein freiwilliges Delisting auf Antrag des Emittenten wie nach § 39 II ist hier nicht vorgesehen.

Ermächtigungen

BörsG 34 Die Bundesregierung wird ermächtigt, durch Rechtsverordnung mit Zustimmung des Bundesrates die zum Schutz des Publikums und für einen ordnungsgemäßen Börsenhandel erforderlichen Vorschriften über

1. die Voraussetzungen der Zulassung, insbesondere
    a) die Anforderungen an den Emittenten im Hinblick auf seine Rechtsgrundlage, seine Größe und die Dauer seines Bestehens;
    b) die Anforderungen an die zuzulassenden Wertpapiere im Hinblick auf ihre Rechtsgrundlage, Handelbarkeit, Stückelung und Druckausstattung;
    c) den Mindestbetrag der Emission;

d) das Erfordernis, den Zulassungsantrag auf alle Aktien derselben Gattung oder auf alle Schuldverschreibungen derselben Emission zu erstrecken;
2. das Zulassungsverfahren
zu erlassen.

1   § 34 nF 2007. S BörsZulV.

Verweigerung der Zulassung

BörsG 35 (1) Lehnt die Geschäftsführung einen Zulassungsantrag ab, so hat sie dies den anderen Börsen, an denen die Wertpapiere des Emittenten gehandelt werden sollen, unter Angabe der Gründe für die Ablehnung mitzuteilen.

(2) [1] Wertpapiere, deren Zulassung von einer anderen Börse abgelehnt worden ist, dürfen nur mit Zustimmung dieser Börse zugelassen werden. [2] Die Zustimmung ist zu erteilen, wenn die Ablehnung aus Rücksicht auf örtliche Verhältnisse geschah oder wenn die Gründe, die einer Zulassung entgegenstanden, weggefallen sind.

(3) [1] Wird ein Zulassungsantrag an mehreren inländischen Börsen gestellt, so dürfen die Wertpapiere nur mit Zustimmung aller Börsen, die über den Antrag zu entscheiden haben, zugelassen werden. [2] Die Zustimmung darf nicht aus Rücksicht auf örtliche Verhältnisse verweigert werden.

1   § 35 nF 2007 betrifft das Verhältnis verschiedener Börsen im Hinblick auf die Zulassung. Zulassung bei mehreren Börsen ist heute üblich. Eine Ablehnung der Zulassung hat die Geschäftsführung den anderen Börsen mit Gründen für die Ablehnung mitzuteilen **(I)**. Bei Wertpapieren, deren Zulassung von einer anderen Börse abgelehnt worden ist, ist grundsätzlich Zustimmung dieser Börse nötig **(II)**. Bei Zulassungsantrag an mehreren Börsen ist Zustimmung aller dieser Börsen notwendig **(III 1)**. Besonderen örtlichen Verhältnissen wird Rechnung getragen **(II 2, III 2)**.

Zusammenarbeit in der Europäischen Union

BörsG 36 (1) Beantragt ein Emittent mit Sitz in einem anderen Mitgliedstaat der Europäischen Union oder in einem anderen Vertragsstaat des Abkommens über den Europäischen Wirtschaftsraum, dessen Aktien entsprechend der Richtlinie 2001/34/EG des Europäischen Parlaments und des Rates vom 28. Mai 2001 über die Zulassung von Wertpapieren zur amtlichen Börsennotierung und über die hinsichtlich dieser Wertpapiere zu veröffentlichenden Informationen (ABl. EG Nr. L 184 S. 1) in diesem Mitgliedstaat oder Vertragsstaat zugelassen sind, die Zulassung von Wertpapieren, mit denen Bezugsrechte für diese Aktien verbunden sind, so hat die Geschäftsführung vor ihrer Entscheidung eine Stellungnahme der zuständigen Stelle des anderen Mitgliedstaates oder Vertragsstaates einzuholen.

(2) Die Vorschriften über die Zusammenarbeit nach dem Wertpapierprospektgesetz bleiben unberührt.

1) § 36 nF 2007 betrifft die Zusammenarbeit in der EU. Die Zusammenarbeit der BaFin mit zuständigen Stellen im Ausland ist im WpHG geregelt, auch was die Wertpapierzulassung angeht. I betrifft das Zulassungsverfahren für Wertpapiere mit Bezugsrechten eines Emittenten mit Sitz in einem anderen EU-Mitglied-

V. Bankgeschäfte **1 38 BörsG (14)**

staat bzw EWR-Vertragsstaat, wenn dessen Aktien gemäß der EGZulassungsRi 28.5.2001 ABlEG L 184/1 in diesem Mitglied- oder Vertragsstaat bereits zugelassen sind. I sieht dann die Einholung einer Stellungnahme der erstzulassenden ausländischen Stelle durch die zweitzulassende inländische vor. II (wie III aF idF ProspRiUmsetzG 2005, Einl 8 vor § 1) stellt klar, dass die Vorschriften über die Zusammenarbeit nach dem WpPG (dort § 23) unberührt bleiben.

Staatliche Schuldverschreibungen

BörsG 37 Schuldverschreibungen des Bundes, seiner Sondervermögen oder eines Bundeslandes, auch soweit sie in das Bundesschuldbuch oder in die Schuldbücher der Bundesländer eingetragen sind, sowie Schuldverschreibungen, die von einem anderen Mitgliedstaat der Europäischen Union oder von einem anderen Vertragsstaat des Abkommens über den Europäischen Wirtschaftsraum ausgegeben werden, sind an jeder inländischen Börse zum Handel im regulierten Markt zugelassen.

Einführung

BörsG 38 (1) ¹Die Geschäftsführung entscheidet auf Antrag des Emittenten über die Aufnahme der Notierung zugelassener Wertpapiere im regulierten Markt (Einführung). ²Der Emittent hat der Geschäftsführung in dem Antrag den Zeitpunkt für die Einführung und die Merkmale der einzuführenden Wertpapiere mitzuteilen. ³Das Nähere regelt die Börsenordnung.

(2) Wertpapiere, die zur öffentlichen Zeichnung aufgelegt werden, dürfen erst nach beendeter Zuteilung eingeführt werden.

(3) Die Bundesregierung wird ermächtigt, durch Rechtsverordnung mit Zustimmung des Bundesrates zum Schutz des Publikums den Zeitpunkt zu bestimmen, zu dem die Wertpapiere frühestens eingeführt werden dürfen.

(4) ¹Werden die Wertpapiere nicht innerhalb von drei Monaten nach Veröffentlichung der Zulassungsentscheidung eingeführt, erlischt ihre Zulassung. ²Die Geschäftsführung kann die Frist auf Antrag angemessen verlängern, wenn ein berechtigtes Interesse des Emittenten der zugelassenen Wertpapiere an der Verlängerung dargetan wird.

Übersicht

1) Einführung (I) 1
2) Zur öffentlichen Zeichnung aufgelegte Wertpapiere (II) ... 2
3) Frühestmögliche Einführung (III) 3
4) Erlöschen der Zulassung mangels Einführung (IV) 4

1) Einführung (I)

§ 38 nF 2007 regelt die nach der Zulassung der Wertpapiere erfolgende Auf- 1
nahme der ersten Notierung im regulierten Markt (**Einführung**, Legaldefinition in **I 1**). Die Geschäftsführung entscheidet auf Antrag des Emittenten. Einführung ist Verwaltungsakt, ggf Verpflichtungsklage. Zur Mitteilung nach **I 2** ist der Emittent verpflichtet. Näheres in der BörsO (**I 3**). Zur Einführung und zum Einführungskurs Schwark/Zimmer/Heidelbach 6 ff, zu Greenshoe KG NZG **08**, 29, Schwark/Zimmer/Schwark § 20a WpHG Rn 86 ff, T. Bezzenberger AG **10**, 765.

2) Zur öffentlichen Zeichnung aufgelegte Wertpapiere (II)

2   Das Verbot der Einführung vor beendeter Zuteilung soll den Handel von Wertpapieren per Erscheinen verhindern.

3) Frühestmögliche Einführung (III)

3   III betrifft den Mindestabstand zwischen zB der Prospektveröffentlichung, die das Publikum erst aufnehmen können muss, und der Einführung.

4) Erlöschen der Zulassung mangels Einführung (IV)

4   Die Zulassung erlischt mangels Einführung in drei Monaten **(IV 1)**, Grund: Prospektaktualität. Erlöschen von Gesetzes wegen. Eine Verlängerung (Verwaltungsakt) ist möglich **(IV 2)**.

Widerruf der Zulassung bei Wertpapieren

BörsG 39 (1) **Die Geschäftsführung kann die Zulassung von Wertpapieren zum Handel im regulierten Markt außer nach den Vorschriften des Verwaltungsverfahrensgesetzes widerrufen, wenn ein ordnungsgemäßer Börsenhandel auf Dauer nicht mehr gewährleistet ist und die Geschäftsführung die Notierung im regulierten Markt eingestellt hat oder der Emittent seine Pflichten aus der Zulassung auch nach einer angemessenen Frist nicht erfüllt.**

(1a) **Börsenaufsichtsbehörde und Bundesanstalt sind von einem Widerruf nach Absatz 1 unverzüglich in Kenntnis zu setzen.**

(2) [1]Die Geschäftsführung kann die Zulassung im Sinne des Absatzes 1 auch auf Antrag des Emittenten widerrufen. [2]Der Widerruf darf nicht dem Schutz der Anleger widersprechen. [3]Bei Wertpapieren im Sinne des § 2 Absatz 2 des Wertpapiererwerbs- und Übernahmegesetzes ist ein Widerruf nur zulässig, wenn

1. bei Antragstellung unter Hinweis auf den Antrag eine Unterlage über ein Angebot zum Erwerb aller Wertpapiere, die Gegenstand des Antrags sind, nach den Vorschriften des Wertpapiererwerbs- und Übernahmegesetzes veröffentlicht wurde oder
2. die Wertpapiere weiterhin zugelassen sind
   a) an einer anderen inländischen Börse zum Handel im regulierten Markt oder
   b) in einem anderen Mitgliedstaat der Europäischen Union oder einem anderen Vertragsstaat des Abkommens über den Europäischen Wirtschaftsraum zum Handel an einem organisierten Markt, sofern für einen Widerruf der Zulassung zum Handel an diesem Markt Nummer 1 entsprechende Voraussetzungen gelten.

(3) [1]Im Fall des Absatzes 2 Satz 3 Nummer 1 darf das Angebot nicht von Bedingungen abhängig gemacht werden. [2]Auf das Angebot ist § 31 des Wertpapiererwerbs- und Übernahmegesetzes mit der Maßgabe entsprechend anzuwenden, dass die Gegenleistung in einer Geldleistung in Euro bestehen und mindestens dem gewichteten durchschnittlichen inländischen Börsenkurs der Wertpapiere während der letzten sechs Monate vor der Veröffentlichung nach § 10 Absatz 1 Satz 1 oder § 35 Absatz 1 Satz 1 des Wertpapiererwerbs- und Übernehmegesetzes entsprechen muss. [3]Hat während dieses Zeitraums

1. der Emittent entgegen Artikel 17 Absatz 1 der Verordnung (EU) Nr. 596/2014 oder einer entsprechenden Vorschrift des anwendbaren ausländischen Rechts eine Insiderinformation, die ihn unmittelbar betrifft, nicht sobald

V. Bankgeschäfte 1 **39 BörsG (14)**

wie möglich veröffentlicht oder in einer Mitteilung nach Artikel 17 Absatz 1 dieser Verordnung oder einer entsprechenden Vorschrift des anwendbaren ausländischen Rechts eine unwahre Insiderinformation, die ihn unmittelbar betrifft, veröffentlicht, oder
2. der Emittent oder der Bieter in Bezug auf die Wertpapiere, die Gegenstand des Antrags sind, gegen das Verbot der Marktmanipulation nach Artikel 15 der Verordnung (EU) Nr. 596/2014 verstoßen,

so ist der Bieter zur Zahlung des Unterschiedsbetrags zwischen der im Angebot genannten Gegenleistung und der Gegenleistung verpflichtet, die dem anhand einer Bewertung des Emittenten ermittelten Wert des Unternehmens entspricht; dies gilt nicht, soweit die in Nummern 1 und 2 bezeichneten Verstöße nur unwesentliche Auswirkungen auf den nach Satz 2 errechneten Durchschnittskurs hatten. [4] Sind die Wertpapiere des Emittenten, auf die sich das Angebot bezieht, während der letzten sechs Monate vor der Veröffentlichung nach § 10 Absatz 1 Satz 1 oder § 35 Absatz 1 Satz 1 des Wertpapiererwerbs- und Übernahmegesetzes an weniger als einem Drittel der Börsentage Börsenkurse festgestellt worden und weichen mehrere nacheinander festgestellte Börsenkurse um mehr als 5 Prozent voneinander ab, so ist der Bieter zur Zahlung einer Gegenleistung verpflichtet, die dem anhand einer Bewertung des Emittenten ermittelten Wert des Unternehmens entspricht.

(4) Auf Emittenten mit Sitz im Ausland finden im Hinblick auf das Angebot nach Absatz 2 die Vorschriften des Wertpapiererwerbs- und Übernahmegesetzes nach Maßgabe des Absatzes 3 entsprechende Anwendung.

(5) [1] Die Geschäftsführung hat einen Widerruf nach Absatz 2 unverzüglich im Internet zu veröffentlichen. [2] Der Zeitraum zwischen der Veröffentlichung und der Wirksamkeit des Widerrufs darf zwei Jahre nicht überschreiten. [3] Nähere Bestimmungen über den Widerruf sind in der Börsenordnung zu treffen.

(6) Im Hinblick auf die Anforderungen des Absatzes 3 bleibt die Rechtmäßigkeit des Widerrufs unberührt.

Übersicht

1) Widerruf der Zulassung aus börslichen Gründen (I, Ia) 1
2) Widerruf der Zulassung auf Antrag des Emittenten (II–III, freiwilliges Delisting) 2–10
3) Delisting ausländischer Emittenten (IV) 11
4) Widerruf der Zulassung auf Antrag des Emittenten nach BörsO (V 5) 12–14
5) Verfahren der Geschäftsführung 15
6) Unechtes Delisting 16

1) Widerruf der Zulassung aus börslichen Gründen (I, Ia)

§ 39 I, II 1–2 und V nF 2015 entsprechen der Fassung von § 39 idF 2007, Ia **1** neu 2. FiMaNoG 2017. Vom Widerruf zu unterscheiden sind Aussetzung und Einstellung, die in § 25 geregelt sind. Nach I kann die Geschäftsführung die Zulassung von Wertpapieren zum Handel am regulierten Markt widerrufen, aber nur unter engen Voraussetzungen und als letztes Mittel. Damit wird eine zusätzliche Widerrufsmöglichkeit neben den Vorschriften des Verwaltungsverfahrensgesetzes eröffnet (nicht einschlägig § 19 IX, betrifft Widerruf der Zulassung zur Börse). Der Widerruf ist nach I in zwei Fällen möglich. Der eine ist, dass ein ordnungsgemäßer Börsenhandel auf Dauer nicht mehr gewährleistet ist und die Geschäftsführung die Notierung im regulierten Markt eingestellt hat (letzteres nach § 25 I 1 Nr 2), der andere ist, dass der Emittent seine Pflichten aus der Zulassung auch nach einer angemessenen Frist nicht erfüllt. § 45 I BörsO FWB idF 4.12.17 über den Widerruf der Zulassung von Amts wegen wiederholt nur I und regelt die unverzügliche Veröffentlichung. Nach Ia sind Börsenaufsichtsbehörde und BaFin von einem Widerruf zu unterrichten. Das ist insbesondere vor dem Hintergrund der Abstimmung mit anderen europäischen Aufsichtsbehörden von Bedeutung.

2) Widerruf der Zulassung auf Antrag des Emittenten (II-III, freiwilliges Delisting)

2   A. **Freiwilliger Rückzug vom Börsenmarkt:** II ermöglicht der Geschäftsführung den Widerruf der Zulassung iSv I auch auf Antrag des Emittenten (s Rn 6 ff). Von Seiten des Emittenten kann ein freiwilliger Rückzug vom Börsenmarkt sinnvoll sein, entweder ganz (going private oder Notierung nur noch an einer ausländischen Börse) oder nur teilweise, zB Notierung nur noch an einer inländischen Börse. Reguläres Delisting und Downlisting (s Rn 5) sowie unechtes oder „kaltes" Delisting (s Rn 16) sind zu unterscheiden. Funktional ist Anlegerschutz sowohl über gesellschafts- als auch über börsenrechtliche Anforderungen möglich. Im Zuge der Änderung der Rechtsprechung des BGH und der anschließenden gesetzlichen Neuregelung von § 39 im Rahmen des Transparenzrichtlinie-Änderungsrichtlinie-Umsetzungsgesetzes vom Nov. 2015 wird der Anlegerschutz beim Delisting von im regulierten Markt gehandelten Aktien nur noch über das Börsenrecht gewährleistet.

3   B. **Entwicklungen:** 1.) Früher wurde zunächst wegen der Auswirkungen des Delistings auf die Verkehrsfähigkeit der Aktien ein Hauptversammlungsbeschluss und ein Pflichtangebot der Aktiengesellschaft in den Grenzen der §§ 71f AktG oder des Großaktionärs über den Kauf der Aktien der Minderheitsaktionäre für erforderlich gehalten, wenn die Aktien delistet werden sollten (entspr §§ 29, 207 UmwG, §§ 327a ff AktG), BGH **153**, 47 (Macroton), BayObLG AG **05**, 288, üL, Benecke WM **04**, 1122, zT weitergehend Lutter FS Zöllner **99**, 381, aA damals LG Mü I ZIP **99**, 2017, Bungert BB **00**, 57, Mülbert ZHR 165 **(00)** 125, Wackerbarth WM **12**, 2078; kein Pflichtangebot dagegen bei einem Wechsel in ein qualifiziertes Segment des Freiverkehrs unter Rückzug vom regulierten Markt, seinerzeit Mü WM **08**, 1602, KG NZG **09**, 752 (Entry Standard des Freiverkehrs), Seibt/Wollenschläger AG **09**, 807, so auch BVerfG WM **12**, 1380; anders seinerzeit Ffm für den Fall des Wechsels in den gewöhnlichen Freiverkehr, Ffm AG **12**, 331, dagegen Schnaittacher/Westerheide/Stindt WM **12**, 2229. Weitere Lit: Hopt/Baum Börsenreform 1997 S 417, Schiemzik 2005 (Segmentwechsel), Krolop 2005, Picot 2009, Thomas 2009; Hopt FS Drobnig **98**, 534, Schwark/Geiser ZHR 161 **(97)**, 739, Groß ZHR 165 **(01)** 141, Mülbert ZHR 165 **(01)** 104, Hellwig/Bormann ZGR **02**, 465, Beck/Hedtmann BKR **03**, 190, Ekkenga ZGR **03**, 878, Klöhn ZBB **03**, 208, Schlitt ZIP **04**, 533, Grunewald ZIP **04**, 542 (kalt), H. Henze FS Raiser **05**, 145, Krolop NZG **05**, 546, Pluskat BKR **07**, 54 (kaltes Delisting), Holzborn/Hilpert WM **10**, 1347.

4   2.) Das BVerfG entschied dann jedoch, dass der durch die Beeinträchtigung der Verkehrsfähigkeit allein betroffene Vermögenswert des Aktieneigentums und einzelne wertbildende Faktoren nicht verfassungsrechtlich geschützt seien, BVerfG WM **12**, 1378, dem folgend BGH WM **13**, 2214 (in ausdrücklicher Abkehr von BGH **153**, 47 (Macrotron)); dazu Habersack, ZHR 176 **(12)**, 464, Heldt/Royé AG **12**, 660, Kiefner/Gillessen AG **12**, 645, Klöhn NZG **12**, 1041, Schnaittacher/Westerheide/Stindt WM **12**, 2225, Wackerbarth WM **12**, 2077, Drygala/Straake ZIP **13**, 905, Paschos/Klaaßen ZIP **13**, 154. Daraufhin erfolgte eine **grundlegende Änderung der Rechtsprechung des BGH:** Dieser entschied, dass bei einem Delisting weder ein Hauptversammlungsbeschluss noch ein im Spruchverfahren überprüfbares Barabfindungsgebot an die Aktionäre erforderlich sei. Dabei differenzierte er nicht danach, ob ein Handel im Freiverkehr weiterhin

möglich ist (so im entschiedenen Fall) oder nicht (vorsichtiger war er aber in Bezug auf ein mögliches Barabfindungsangebot, BGH WM **13**, 2215f). Es sei genügend Schutz gewährleistet, wenn ausreichend Zeit verbleibe, die betroffenen Wertpapiere im regulierten Markt zu veräußern (z. B. bei Hinausschiebung des Widerrufs der Zulassung um sechs Monate), so BGH WM **13**, 2215. Das musste dann erst recht für einen bloßen Wechsel des Börsensegments, die Begründung des Listings sowie für den Rückzug von einer inländischen Börse bei Zulassung und Handel noch an einer anderen Börse innerhalb der EU oder einer fortbestehenden Notierung im EUAusland gelten. Berücksichtigung dieser Rechtsprechungsänderung während eines laufenden Spruchverfahrens durch ein OLG ist verfassungsgemäß, BVerfG WM **16**, 39. Lit: Auer JZ **15**, 71, Bayer ZfPW **15**, 163, ders. ZIP **15**, 853, Brellochs AG **14**, 633, Bungert/Leyendecker-Langner BB **14**, 521, Glienke/Röder BB **14**, 899, Habersack JZ **14**, 147, Hasselbach/Pröhl NZG **15**, 209, Kocher/Widder NJW **14**, 127, Lampert/Weichel WM **14**, 1024, v. d.Linden NZG **15**, 176 (Börsennotierung nach der Satzung), Lochner/Schmitz AG **14**, 489 (Rückwirkung auf Spruchverfahren), Mense/Klie GWR **13**, 505, Paschos/Klaaßen ZIP **13**, 154, dies. AG **14**, 33, Rosskopf ZGR **14**, 487, Schmitt/Süßmann BB **14**, 1451, Stöber WM **14**, 1757, Thomale ZGR **13**, 686, Wasmann/Glock DB **14**, 105, Wieneke NZG **14**, 22.

3.) Im Rahmen der **Umsetzung der Transparenzrichtlinie-Änderungs-** 5 **richtlinie** setzte sich der Gesetzgeber mit dieser Entwicklung auseinander und führte eine börsenrechtliche Abfindungsregelung für den Rückzug aus dem regulierten Markt in § 39 II 3-IV ein (dazu FinA BTDrucks 18/6220, 83 ff.). Damit soll der Verlust der Handelbarkeit der Aktien aufgrund des Rückzugs des Emittenten vom regulierten Markt bzw. die Beeinträchtigung der Veräußerungsmöglichkeiten bei einem Wechsel in den (qualifizierten) Freiverkehr (sog. Downlisting) ausgeglichen werden, FinA BTDrucks 18/6220, 84. Lit.: Bungert/Leyendecker-Langner ZIP **16**, 49, Häller ZIP **16**, 1903 (Delisting in der Insolvenz), Morell ZBB **16**, 67 (Effizienzuntersuchung), Thomale/Walter ZGR **16**, 679 (Schutzbedürftigkeit von Kleinanlegern beim Delisting, mit Empirie), Wackerbarth WM **16**, 385 (Folgen dieser Regelung), außerdem Hammen ZBB **16**, 398 (verwaltungsrechtlicher Rechtsschutz für Aktionäre).

C. **Voraussetzungen (II – III)**: Börsenrechtlich ist der Rückzug **nicht** ein- 6 fach durch **Verzicht** auf die Börsenzulassung möglich, aA Eickhoff WM **88**, 1713, Fluck WM **95**, 553, sondern **nur** durch **Widerruf der Zulassung** durch die Geschäftsführung **auf Antrag des Emittenten (II 1).** Das Ermessen ist kein freies Ermessen, sondern ein durch II-V eingeschränktes pflichtgemäßes Ermessen. Im Einzelfall kann das Ermessen auch auf Null schrumpfen.

Das Ermessen der Geschäftsführung ist dadurch eingeschränkt, dass der Wider- 7 ruf nicht dem **Schutz der Anleger** widersprechen darf **(II 2)**. II 2 ist nach Wortlaut und Sinn nicht als Vorschrift nur im öffentlichen Interesse anzusehen, sondern dient dem Individualschutz; Konsequenzen für die Rechtsschutz s Rn 15. Bei ihrer Entscheidung hat die Geschäftsführung zu berücksichtigen, dass es für die Anleger einen wesentlichen Unterschied macht, ob das Papier noch an einer anderen Börse zugelassen ist oder nicht. Rechtliche Interessen einzelner Börsen an der Aufrechterhaltung der Notierung an ihnen oder anderer Marktteilnehmer wie Skontroführer, Makler ua sind nicht anzuerkennen, dahingehende Wünsche des Bundesrats beim 4. FinanzmarktfördG haben keinen Eingang in das Gesetz gefunden, Schäfer/Hamann § 43 aF 26. Fiskalische Interessen der einzelnen Börse zu berücksichtigen, wäre ermessensfehlerhaft, Schwark/Zimmer/Heidelbach 15.

Im Rahmen der Umsetzung der Transparenzrichtlinie-Änderungsrichtlinie hat 8 der Gesetzgeber eine umfangreiche Neuregelung der Abfindung der Aktionäre im Fall des Delistings in § 39 II–IV vorgenommen. Nach **II** darf ein Widerruf

Kumpan

der Zulassung von Wertpapieren iSv. § 2 II WpÜG (also Aktien, mit diesen vergleichbare Wertpapiere, Zertifikate, die Aktien vertreten, und Wertpapiere, mit denen man die vorgenannten Papiere erwerben kann) zum regulierten Markt nur unter bestimmten Bedingungen erfolgen: Entweder ist zuvor ein Erwerbsangebot bzgl. aller betroffenen Papiere nach dem WpÜG erfolgt oder die Papiere sind weiterhin zugelassen in einem regulierten Markt im Inland oder in einem organisierten Markt im EU/EWR-Ausland, bei dem vergleichbare Delisting-Voraussetzungen gelten. Im Fall eines vorherigen Erwerbsangebots muss sich das Angebot auf alle betroffenen Wertpapiere erstrecken, Teilangebote reichen nicht aus, FinA BTDrucks 18/6220, 84. Mit dem Erfordernis, dass eine **Angebotsunterlage veröffentlicht** sein muss (II 3 Nr 1), wird sichergestellt, dass die BaFin die Unterlage zur Prüfung erhalten und das Angebot nicht nach § 15 WpÜG untersagt hat. Das umfasst insbesondere eine Prüfung, dass die Gegenleistung nicht offensichtlich unangemessen ist und finanziert werden kann sowie dass der durchschnittliche Börsenkurs richtig berechnet wurde, FinA BTDrucks 18/6220, 86. Lit.: Zimmer/von Imhoff NZG **16**, 1056 (Bedingungsfeindlichkeit des Delistingangebots und zeitlicher Zusammenhang zwischen Erwerbsangebot und Delistingantrag).

9 Das vorherige Erwerbsangebot darf nicht unter Bedingungen abgegeben worden sein **(III 1)**, zB dass die Gesellschafterversammlung des Bieters noch zustimmt; denn falls es zum Zeitpunkt der Widerrufsentscheidung noch läuft, muss die Abwicklung des Verfahrens sichergestellt sein, FinA BTDrucks 18/6220, 85. Außerdem muss das Angebot eine angemessene Gegenleistung bieten, hinsichtlich derer III 2 besondere Vorgaben enthält. So wird mit dem **Verweis auf § 31 WpÜG** insbesondere § 31 VII WpÜG und damit §§ 3–7 WpÜG-AngebVO in Bezug genommen, wobei allerdings für die Ermittlung des anzusetzenden durchschnittlichen Börsenkurses, anders als bei § 5 I WpÜG-AngebVO, nicht nur drei sondern sechs Monate zugrunde zu legen sind. Darüber hinaus darf die Gegenleistung, anders als bei § 31 II WpÜG, nur in Geld bestehen. Mit der **Berechnung anhand des Börsenkurses** wird dem Umstand Rechnung getragen, dass sich das Delisting nur auf die Handelbarkeit der Aktie auswirkt, nicht aber auf die Mitgliedschaftsrechte (siehe BVerfG WM 12, 1378, FinA BTDrucks 18/6220, 84). Nur in **Ausnahmefällen** (siehe III 3) kommt eine Berechnung der Abfindung anhand einer **Unternehmensbewertung** in Betracht: Erforderlich ist entweder ein (rechts- bzw. bestandskräftig festgestellter, siehe FinA BTDrucks 18/6220, S. 85) Verstoß gegen die ad hoc-Pflicht nach **(16a)** MAR Art 17 (sofern kein Fall des **(16a)** MAR Art 17 IV) oder gegen das Verbot der Marktmanipulation, Art 15 iVm Art 12 MAR. In diesen Fällen ist der Börsenkurs verzerrt und eignet sich daher nicht als Grundlage für die Ermittlung der Abfindung. Allerdings sieht das Gesetz eine **Wesentlichkeitsschwelle** vor **(III 3 2. HS)**. „Wesentlich" muss dabei anders verstanden werden als „erheblich" iSv. **(16a)** MAR Art 7 I lit a. Während sich die Wesentlichkeitsschwelle in III 3 2. HS auf den Durchschnittskurs (über sechs Monate) bezieht, geht es bei der „Erheblichkeit" iSv. **(16a)** MAR Art 7 I lit a um Veränderungen beim Einzelkurs. Einzelne „erhebliche" Kursausschläge können bei einer Durchschnittsbetrachtung über einen längeren Zeitraum durchaus verblassen. Zur Näherung an den „Wesentlichkeitsbegriff" kann die **5 %-Schwelle in III 4** herangezogen werden; denn diesen hat der Gesetzgeber als so wesentlich angesehen, dass er daran in III 4 besondere Folgen geknüpft hat. Bei III 4 geht es um die Fälle, in denen nach den Maßstäben des Übernahmerechts der Börsenkurs nicht in aussagekräftiger Weise festgestellt werden kann, FinA BTDrucks 18/6220, 85.

10 Die Geschäftsführung hat den Widerruf unverzüglich im Internet zu **veröffentlichen (V 1)**. Der Widerruf kann – anders als das Angebot des Emittenten (siehe III) – unter **Bedingungen**, zB Barabfindungsangebot, und **befristet auf ein erst späteres Wirksamwerden** erfolgen. Letzterenfalls darf aber der Zeit-

raum zwischen der Veröffentlichung des Widerrufs und der Wirksamkeit des Widerrufs **zwei Jahre** nicht überschreiten **(V 2)**, länger darf der Emittent also keinesfalls festgehalten werden, er hat insoweit einen Rechtsanspruch auf Entlassung. Näheres bestimmt die BörsO (s Rn 12 ff). Zu den Pflichten von Vorstand und Aufsichtsrat angesichts dieser Regelung Wieneke/Schulz AG **16**, 809.

3) Delisting ausländischer Emittenten (IV)

IV ordnet für ausländische Emittenten, deren Wertpapiere an einer inländischen Börse zugelassen sind, eine entsprechende Geltung der WpÜG-Vorschriften an, die für das Angebot nach II gelten. Denn das WpÜG gilt uneingeschränkt nur für inländische Emittenten. Damit hat der Gesetzgeber entschieden, dass es für **ausländische Emittenten,** die sich ganz von deutschen Börsen zurückziehen wollen, kein Sonderrecht gibt. Doch dürfen auch ausländische Emittenten nicht einfach deswegen festgehalten werden, weil sonst keine inländische Notierung bzw. Notierung im EU/EWR-Ausland mehr existiert. Auch hier macht es einen wesentlichen Unterschied, ob das Papier wenigstens noch an einer ausländischen Börse notiert ist. Und auch hier gilt jedenfalls die Zweijahresgrenze des V. 11

4) Widerruf der Zulassung auf Antrag des Emittenten nach BörsO (V 5)

Nähere Bestimmungen über den Widerruf trifft die **BörsO (II 5).** Diese hat insbesondere die Vorgabe von II 2 über den Anlegerschutz zu beachten, im Übrigen besteht ein weiter Gestaltungsspielraum. Regelungen zum Widerruf auf Antrag des Emittenten finden sich in der BörsO FWB idF 4.12.17 in § 44 (General Standard) und § 54 (Prime Standard). 12

§ 44 BörsO FWB idF 4.12.17 lehnt sich an die gesetzliche Regelung an und regelt zusätzlich wesentliche **Fristen.** Widerruf ist möglich, wenn der Schutz der Anleger dem nicht entgegensteht (§ 44 I 1, insoweit wie II 2, s Rn 7). Der Widerruf nach § 44 I 2 Nr 1 (iVm. § 39 II 3 Nr. 1 BörsG, nach öffentlichem Erwerbsangebot) und Nr. 2 (iVm. § 39 II 3 Nr. 2 lit. a BörsG, weiterhin Handel im regulierten Markt an inländ. Börse möglich) wird drei Börsentage nach dessen Veröffentlichung wirksam, bei ausschließlich noch EU/EWR-ausländischer Notierung, § 44 I 2 Nr. 3 (iVm. § 39 II 3 Nr. 2 lit. b BörsG) nach Dreimonatsfrist, s § 44 III 1u 2. Bei Wertpapieren, für die § 39 II 3 BörsG nicht gilt, steht der Anlegerschutz nach § 44 II einem Widerruf insbesondere dann nicht entgegen, wenn entweder Zulassung und Handel des Wertpapiers an einem inländischen oder ausländischen organisierten Markt iSv § 2 XI WpHG gewährleistet erscheint **(II Nr 1),** oder mangels Zulassung und Handel an irgendeinem solchen Markt den Anlegern wenigstens ausreichend Zeit für die Veräußerung der Wertpapiere über den regulierten Markt der FWB bleibt **(II Nr 2).** Der Widerruf nach § 46 II Nr. 1 wird bei weiter möglichem inländ. Handel drei Börsentage nach dessen Veröffentlichung, sonst drei Monate nach dessen Veröffentlichung wirksam. Der Widerruf nach § 46 II Nr 2 wird sechs Monate nach dessen Veröffentlichung wirksam. Verkürzung der Frist ist auf Antrag des Emittenten möglich, wenn dies dem Anlegerinteresse nicht zuwiderläuft (§ 46 IV – wenn Rücknahme gegen angemessenen Barausgleich gesichert ist). Die Beweislast betr Widerrufsvoraussetzungen und Fristen liegt beim Emittenten (§ 46 V). Bekanntmachung nach § 46 VI. 13

Die Fristenlösung nach § 46 I u II Nr 1 ist unbedenklich, auch bei einem Handel nur an einem ausländischen organisierten Markt, zumal ein Markt iSv § 2 XI WpHG vorausgesetzt wird. § 46 II Nr 2 ist für die Anleger jedoch nicht unproblematisch, denn mit Bekanntmachung des Widerrufs drohen Verkaufswettlauf und rapider Kursverlust, ohne (börsenrechtlichen) Ausgleich durch ein Abfindungsangebot. Ein verbleibender Freiverkehr kann das idR nicht wettmachen. Lit: Hellwig/Bormann ZGR **02**, 465, Wilsing/Kruse NZG **02**, 807, 14

(14) BörsG 41 2. Teil. Handelsrechtl. Nebengesetze

Holzborn/Schlößer BKR **02**, 486, Krämer/Theiß AG **03**, 231, Streit ZIP **02**, 1279, **03**, 393.

5) Verfahren der Geschäftsführung

15 Die Börsengeschäftsführung kann sich bei ihrer Entscheidung auf die formale Kontrolle der Vorgaben nach II 3 beschränken. Mit der Prüfung der Angebotsunterlage durch die BaFin und der Sicherstellung, dass keine offensichtlich unangemessene Gegenleistung angeboten wird, ist bereits eine ausreichende inhaltliche Kontrolle vorgesehen. Gegen den Verwaltungsakt der Geschäftsführung können auch einzelne Aktionäre vorgehen (arg e II 2 iVm § 42 II VwGO), sehr str, VG Ffm EWiR **02**, 953 (anders aber jetzt VG Ffm AG **13**, 848), Hellwig/Bomann ZGR **02**, 468, Groß ZHR 165 (**01**) 158f, nach aA schützt II 2 nur die Gesamtheit der Anleger im öffentlichen Interesse, so jetzt VG Ffm AG **13**, 848 (keine drittschützende Wirkung von II 1 und 2 zugunsten individuell bestimmbarer Aktionäre). § 15 VI, wonach die Geschäftsführung nur im öffentlichen Interesse handelt, steht nicht entgegen, str, II 2 ist spezieller. Das gilt auch, wenn die Geschäftsführung sich im Rahmen der Widerrufsbestimmungen der BörsO (s Rn 12–14) hält, insoweit Inzidentkontrolle derselben. Außerdem ist Normenkontrolle der BörsO nach § 47 VwGO auf Antrag einzelner Anleger und Anlegerschutzvereinigungen möglich (II 2 iVm § 47 II VwGO), Streit ZIP **02**, 185, str.

6) Unechtes Delisting

16 Statt des regulären Delisting auf Antrag des Emittenten nach II kommt ein unechtes Delisting („kalter" Rückzug, cold delisting) durch Umwandlung (Einl 19 vor § 105 HGB) in Betracht, also Verschmelzung auf eine nicht notierte Ges oder Formwechsel in eine nicht börsenfähige Rechtsform, Schwark/Zimmer/Heidelbach 41 ff, Pluskat WM **02**, 833, Grenze Rechtsmissbrauch. Die börsenrechtliche Kontrolle versagt hier, gefordert ist das GesRecht; Mitwirkung der Hauptversammlung und Abfindungsangebot folgen schon aus Umwandlungsrecht, eventuelle Lücken sind uU durch Analogie zu füllen, dazu Hüffer/Koch AktG § 119 Rn 40, offen Stgt AG **06**, 421, **10**, 46. Lit: Funke 2005.

Pflichten des Emittenten

BörsG 40 (1) **Der Emittent zugelassener Aktien ist verpflichtet, für später ausgegebene Aktien derselben Gattung die Zulassung zum regulierten Markt zu beantragen.**

(2) **Die Bundesregierung wird ermächtigt, durch Rechtsverordnung mit Zustimmung des Bundesrates Vorschriften darüber zu erlassen, wann und unter welchen Voraussetzungen die Verpflichtung nach Absatz 1 eintritt.**

1 § 40 nF 2007. **I** regelt zT die (Zulassungsfolge)Pflichten des Emittenten zur Stellung des Zulassungsantrags auch für bestimmte spätere Aktienemissionen. Die Details regelt eine VO (**II**), s § 69 BörsZulV (Zulassung später ausgegebener Aktien). Lit: Zietsch/Holzborn WM **02**, 2356, 2393, Schlitt AG **03**, 57.

Auskunftserteilung

BörsG 41 (1) **Der Emittent der zugelassenen Wertpapiere sowie das Institut oder Unternehmen, das die Zulassung der Wertpapiere nach § 32 Abs. 2 Satz 1 zusammen mit dem Emittenten beantragt hat, sind verpflichtet, der Geschäftsführung aus ihrem Bereich alle Auskünfte zu erteilen, die zur ordnungsgemäßen Erfüllung ihrer Aufgaben**

im Hinblick auf die Zulassung und die Einführung der Wertpapiere erforderlich sind.

(2) ¹Die Geschäftsführung kann verlangen, dass der Emittent der zugelassenen Wertpapiere in angemessener Form und Frist bestimmte Auskünfte veröffentlicht, wenn dies zum Schutz des Publikums oder für einen ordnungsgemäßen Börsenhandel erforderlich ist. ²Kommt der Emittent dem Verlangen der Geschäftsführung nicht nach, kann die Geschäftsführung nach Anhörung des Emittenten auf dessen Kosten diese Auskünfte selbst veröffentlichen.

I regelt die Auskunftspflicht des Emittenten und der nach § 32 II 1 beteiligten Kreditinstitute ua gegenüber der Geschäftsführung, II das Veröffentlichungsverlangen der Geschäftsführung und eine Veröffentlichung von Amts wegen. II schließt Schadensersatzhaftung nicht aus; diese setzt ihrerseits kein Veröffentlichungsverlangen voraus. 1

Teilbereiche des regulierten Marktes mit besonderen Pflichten für Emittenten

BörsG 42 (1) Die Börsenordnung kann für Teilbereiche des regulierten Marktes ergänzend zu den vom Unternehmen einzureichenden Unterlagen zusätzliche Voraussetzungen für die Zulassung von Aktien oder Aktien vertretenden Zertifikate und weitere Unterrichtungspflichten des Emittenten auf Grund der Zulassung von Aktien oder Aktien vertretenden Zertifikate zum Schutz des Publikums oder für einen ordnungsgemäßen Börsenhandel vorsehen.

(2) ¹Erfüllt der Emittent auch nach einer ihm gesetzten angemessenen Frist zusätzliche Pflichten nach § 42 nicht, kann die Geschäftsführung den Emittent aus dem entsprechenden Teilbereich des regulierten Marktes ausschließen. ²§ 25 Abs. 1 Satz 2 und 3 gilt bei Maßnahmen der Geschäftsführung nach diesem Absatz entsprechend.

Übersicht

1) Besonderen Pflichten des Emittenten in Teilbereichen des regulierten Marktes (I) 1
2) Rechtsfolgen bei Verstößen (II) 2

1) Besondere Pflichten des Emittenten in Teilbereichen des regulierten Marktes (I)

§ 42 nF 2007 trägt dem Umstand Rechnung, dass im Wettbewerb der Börsen Segmente mit zusätzlichen Qualitätsstandards an Publizität sinnvoll sein können (Gütesiegeleffekt, Hopt/Baum S 399). I gibt deshalb die Rechtsgrundlage für die Statuierung weiterer Publizitätspflichten, zB Quartalsberichte, als Zulassungsfolgepflichten (nur) für Teilbereiche des amtlichen Marktes durch die BörsO, Quartalsberichtspflicht für Prime Standard ist wirksam, VGH Kassel WM **07**, 1264. Festlegung in der BörsO garantiert Transparenz und Mitwirkung der Börsenaufsichtsbehörde (§ 16 I, III). Zu den Teilsegmenten General Standard und Prime Standard im regulierten (früher amtlichen) Markt der Frankfurter Wertpapierbörse Schlitt AG **03**, 60, Gebhardt WM Sonderbeil 2/**03**, Spindler WM **03**, 2073. 1

2) Rechtsfolgen bei Verstößen (II)

II enthält Rechtsfolgen bei Verstoß des Emittenten gegen I. Ausschluss des Emittenten ist danach möglich, wenn der Emittent auch nach Fristsetzung zusätzliche Zulassungs- oder Zulassungsfolgepflicht nach I nicht erfüllt **(II 1)**. Ausschluss ist aber nur für den betroffenen Teilbereich, nicht für den regulierten Markt insgesamt zulässig. Der Ausschluss nach II steht selbstständig neben dem 2

Widerruf nach § 39 I aus börslichen Gründen (§ 39 Rn 1) und nach § 39 II auf Antrag des Emittenten. II lässt haftungsrechtliche Sanktionen unberührt. Unterrichtungs- und Veröffentlichungspflichten der Geschäftsführung wie bei Aussetzung und Einstellung nach § 25 II 2, 3 (II 2).

Verpflichtung des Insolvenzverwalters

BörsG 43 (1) Wird über das Vermögen eines nach diesem Gesetz zu einer Handlung Verpflichteten ein Insolvenzverfahren eröffnet, hat der Insolvenzverwalter den Schuldner bei der Erfüllung der Pflichten nach diesem Gesetz zu unterstützen, insbesondere indem er aus der Insolvenzmasse die hierfür erforderlichen Mittel bereitstellt.

(2) Wird vor Eröffnung des Insolvenzverfahrens ein vorläufiger Insolvenzverwalter bestellt, hat dieser den Schuldner bei der Erfüllung seiner Pflichten zu unterstützen, insbesondere indem er der Verwendung der Mittel durch den Verpflichteten zustimmt oder, wenn dem Verpflichteten ein allgemeines Verfügungsverbot auferlegt wurde, indem er die Mittel aus dem von ihm verwalteten Vermögen zur Verfügung stellt.

Übersicht

1) Unterstützungspflicht des Insolvenzverwalters (I) 1
2) Unterstützungspflicht des vorläufigen Insolvenzverwalters (II) 2

1) Unterstützungspflicht des Insolvenzverwalters (I)

1   § 43 nF 2007 entspricht § 24 WpHG. § 43 stellt sicher, dass auch im Insolvenzfall die börsenrechtlichen Pflichten erfüllt werden können. Denn diese dienen dem notwendigen Informationsfluss marktrelevanter Daten. Zwar bleiben die diesbezüglichen Pflichten nach wie vor Sache des Emittenten. Aber der Insolvenzverwalter muss ihn bei der Erfüllung dieser Pflichten unterstützen, insbesondere (aber nicht nur) indem er aus der Insolvenzmasse die hierfür erforderlichen Mittel bereitstellt, soweit die organschaftlichen Vertreter des Emittenten keinen Zugriff auf entsprechende Mittel haben (I). Eigene Meldepflichten des Insolvenzverwalters begründet § 43 nicht, Grund: Vermeidung weiterer Haftungsrisiken. Denkbar ist, dass der Insolvenzverwalter auf Grund seiner Verwaltung des Schuldnervermögens einen Informationsvorsprung vor dem Schuldner hat. Dann muss er dem Schuldner die zur Erfüllung seiner kapitalmarktrechtlichen Pflichten notwendigen Informationen weiterleiten (RegE TUG). Die Norm wurde notwendig infolge einer restriktiven Entscheidung des BVerwG WM 05, 1655.

2) Unterstützungspflicht des vorläufigen Insolvenzverwalters (II)

2   Dieselbe Verpflichtung hat der vorläufige Insolvenzverwalter. Er muss insbesondere der Verwendung der Mittel durch den Verpflichteten zustimmen oder, wenn dem Verpflichteten ein allgemeines Verfügungsverbot auferlegt wurde, die Mittel aus dem von ihm verwalteten Vermögen zur Verfügung stellen.

BörsG 44–47   *(aufgehoben)*

Abschnitt 5. Freiverkehr, KMU-Wachstumsmarkt und organisiertes Handelssystem

Freiverkehr

BörsG 48 (1) ¹Für Wertpapiere, die weder zum Handel im regulierten Markt zugelassen noch zum Handel in den regulierten Markt einbezogen sind, kann die Börse den Betrieb eines Freiverkehrs durch den Börsenträger zulassen, wenn durch eine Handelsordnung sowie durch Geschäftsbedingungen des Börsenträgers, die von der Geschäftsführung gebilligt wurden, eine ordnungsmäßige Durchführung des Handels und der Geschäftsabwicklung gewährleistet erscheint. ²Die Handelsordnung regelt den Ablauf des Handels. ³Die Geschäftsbedingungen regeln die Teilnahme am Handel und die Einbeziehung von Wertpapieren zum Handel. ⁴Emittenten, deren Wertpapiere ohne ihre Zustimmung in den Freiverkehr einbezogen worden sind, können durch die Geschäftsbedingungen nicht dazu verpflichtet werden, Informationen in Bezug auf diese Wertpapiere zu veröffentlichen.

(2) Die Börsenaufsichtsbehörde kann den Handel im Freiverkehr untersagen, wenn ein ordnungsgemäßer Handel für die Wertpapiere nicht mehr gewährleistet erscheint.

(3) ¹Der Betrieb eines Freiverkehrs bedarf der schriftlichen Erlaubnis der Börsenaufsichtsbehörde. ²Der Freiverkehr gilt als multilaterales Handelssystem. ³Der Börsenträger legt der Börsenaufsichtsbehörde eine ausführliche Beschreibung der Funktionsweise des Handelssystems, einschließlich etwaiger Verbindungen zu einem anderen multilateralen oder organisierten Handelssystem oder einem systematischen Internalisierer in seinem Eigentum, sowie eine Liste der Handelsteilnehmer vor. ⁴Die Börsenaufsichtsbehörde stellt diese Informationen der Bundesanstalt und auf deren Verlangen der Europäischen Wertpapier- und Marktaufsichtsbehörde zur Verfügung und teilt diesen jede Erteilung einer Erlaubnis eines Freiverkehrs mit. ⁵Auf den Betrieb des Freiverkehrs sind unbeschadet der Absätze 4 und 5 die Vorschriften dieses Gesetzes mit Ausnahme der §§ 27 bis 43 entsprechend anzuwenden.

(4) Der Börsenträger hat sicherzustellen, dass der Freiverkehr über mindestens drei aktive Handelsteilnehmer verfügt, denen es jeweils möglich ist, mit allen übrigen Handelsteilnehmern zum Zwecke der Preisbildung zu interagieren.

(5) Der Börsenträger kann von einem Emittenten die Übermittlung von Referenzdaten in Bezug auf dessen Finanzinstrumente verlangen, soweit dies zur Erfüllung der Anforderungen aus Artikel 4 der Verordnung (EU) Nr. 596/2014 erforderlich ist.

Übersicht

1) Einordnung des Freiverkehrs	1, 2
2) Handelsordnung (I 2)	3
3) Geschäftsbedigungen (I 3)	4
4) Zulassungsverfahren (I, III)	5
5) Einbeziehung von Wertpapieren	6
6) Prospektpflicht, Prospekthaftung	7
7) Ausschließliche Unterstellung unter das BörsG (III 5), insbesondere Börsenpreise	8
8) Untersagung des Handels (II)	9
9) Gewährleistung des Handels (IV)	10

Kumpan

	Rn
10) Neuer Markt, Entry Standard, Scale	11–13
11) Telefonhandel	14

1) Einordnung des Freiverkehrs

1 § 48 II nF 2007, I 1, 2, 3, 4 nF PfandBFortentwicklungsG 2009, III nF 2. FiMaNoG 2017 (in Umsetzung von Art 18, 19 MiFID II), IV, V neu 2. FiMaNoG 2017. Der Freiverkehr ist trotz der Regelung in § 48 kein geregelter Markt iSv Art 4 I Nr 21 der MiFID II bzw **kein organisierter Markt** iSv § 2 XI WpHG, weil er die dafür erforderlichen Voraussetzungen (insbesondere dass er gemäß den Bestimmungen des Titel III der MiFID II funktioniert bzw durch staatliche Stellen genehmigt, geregelt und überwacht wird) nicht hinreichend erfüllt, hL, Mü WM **08**, 1605, vgl auch Groß § 48 BörsG Rn 2. Das war ein Grund für die komplizierte Konstruktion des Neuen Marktes (s Rn 8). Der Freiverkehr ist jedoch ein multilaterales HdlSystem iSv Art 4 I Nr 22 MiFID II und iSv § 2 VIII 1 Nr 8 WpHG (so jetzt ausdrücklich **III 2;** seinerzeit schon BRat zu § 48 BörsG-E, BTDrucks 16/4028, 111 und FinA BTDrucks 16/4899, 15), allerdings mit Besonderheiten, s **III,** da nicht auf die WpHG-Vorschriften verwiesen wird, sondern die börsengesetzlichen Regelungen (mit Ausnahme von §§ 27–43) entsprechend angewendet werden sollen (s auch Rn 6).

2 **Rechtsnatur des Freiverkehrs:** § 48 gilt für den gesamten Freiverkehr, dieser ist **privatrechtlich** einzuordnen, wie hL und Rspr bestätigt (FinA BTDrucks 16/4899, 15 zu Art 48 I und 3), Mü WM **08**, 1604. Das zeigt sich ua darin, dass I 1 von Geschäftsbedingungen spricht, die von der Geschäftsführung gebilligt wurden. Eine Trennung wie früher zwischen geregeltem und ungeregeltem Freiverkehr (§ 43 aF 27. Aufl) ist nicht vorgesehen, aber auch nicht untersagt (s Rn 9). § 48 gestattet einen den Handel im regulierten Markt (Abschn 4 §§ 32 ff) ergänzenden Handel an der Börse und lässt dafür den Betrieb eines Freiverkehrs zu, wenn durch eine Handelsordnung (als Satzung zu erlassen, s § 12 II 1 Nr 1, dazu Rn 3) sowie durch von der Geschäftsführung gebilligte Geschäftsbedingungen des Börsenträgers (dazu Rn. 4) eine ordnungsmäßige Durchführung des Handels und der Geschäftsabwicklung gewährleistet erscheint **(I 1).** An der Deutschen Börse AG Frankfurt wird der Freiverkehr seit Oktober 2005 als **„Open Market"** bezeichnet.

2) Handelsordnung (I 2)

3 Die **Handelsordnung** regelt den Ablauf des Handels **(I 2).** Sie ist im Gegensatz zu den Geschäftsbedingungen als **öffentlich-rechtlich** zu qualifizieren (Satzung, s § 12 II 1 Nr 1) und die Regelungen sind börsenrechtliche Vorschriften iSv § 22 II 1. Damit ist der Freiverkehr in die öffentlich-rechtliche Organisation der Börse integriert, LG Ffm NJW-RR **13**, 425, und damit Bestandteil der Börsenselbstverwaltung. Das Erfordernis der Handelsordnung ist durch PfandBFortentwicklungsG 2009, BGBl 607, eingeführt, um das Sanktionsverfahren bei Regelverstößen im Freiverkehr gesetzlich zu verankern. Grund ist, dass nach VG Ffm ZIP **09**, 18 die Geschäftsbedingungen für den Freiverkehr keine börsenrechtlichen Vorschriften sind, sondern rein privatrechtlich. Damit besteht insoweit keine Sanktionsgewalt des Sanktionsausschusses, vielmehr nur noch zivilrechtliche Klagemöglichkeit. Wegen der besonderen Bedeutung der Ordnungsmäßigkeit des Handels müssen jedoch Vorschriften, die einen ordnungsgemäßen Handel gewährleisten, sanktionierbar sein (FinA BTDrucks 16/11929, 9). Daher war eine öffentlich-rechtliche Regelung im Rahmen einer nun als Satzung zu erlassenden Handelsordnung notwendig, da dann als börsenrechtlich zu qualifizieren und Sanktionsgewalt des Sanktionsausschusses besteht. Wichtig ist dies vor dem Hintergrund, dass im Freiverkehr zustandekommende Preise Börsenpreise iSv. **(14)** BörsG § 24 sind und diese öffentlich-rechtlich erfasst und

V. Bankgeschäfte   4–6   48 BörsG (14)

überwacht und Missstände daher auch durch den Sanktionsausschuss sanktioniert werden müssen. Dementsprechend ist zB für den Rechtsschutz gegen die Aussetzung des Handels im Freiverkehr (einzuordnen als Verwaltungsakt) nicht der Zivilrechtsweg gegeben (LG Ffm NJW-RR **13**, 424).

3) Geschäftsbedigungen (I 3)

Die privatrechtlichen (s FinA BTDrucks 16/4883, 4) **Geschäftsbedingungen** 4 (AGB iSv §§ 305 ff BGB) regeln die Teilnahme am Handel und die Einbeziehung von Wertpapieren zum Handel **(I 3)**. Nach VG Ffm ZIP **09**, 18 handelt es sich nicht um börsenrechtliche Vorschriften iSv § 22 II 1, sodass der Sanktionsausschuss diesbzgl nicht tätig werden kann. Änderungen des Regelwerks sind mangels Vereinbarung über eine ordentliche Kündigung nicht ohne weiteres möglich, jedenfalls aber Kündigung aus wichtigem Grund (Dauerschuldverhältnis, § 314 BGB), Ffm NJW **02**, 1958 (iErg abl). Börsenaufsichtsbehörde hat Eingriffsmöglichkeiten (Genehmigung nach **III 1** nF und Untersagungsmöglichkeit nach **II** nF, beides Verwaltungsakte, s Rn 4, 7). Aber auch für Sanktionsmöglichkeit nach § 20 VG Ffm ZIP **03**, 528.

Lit zu Rn 1–4: Hopt WM **85**, 797, Claussen FS Stimpel **85**, 1049, Kümpel 4a WM Sonderbeil 5/**85**, Schwark NJW **87**, 2046, Harrer/Müller WM **06**, 653, Freytag/Koenen WM **11**, 1594 (Open Market).

4) Zulassungsverfahren (I, III)

Voraussetzung für den Betrieb eines Freiverkehrs ist zunächst einmal, dass die 5 Börse den Betrieb eines Freiverkehrs durch den Börsenträger überhaupt zugelassen hat, was davon abhängig ist, dass durch eine Handelsordnung **(I 2)** und durch von der Geschäftsführung gebilligte Geschäftsbedingungen **(I 3)** eine ordnungsmäßige Durchführung des Handels und der Geschäftsabwicklung gewährleistet erscheint **(I 1)**. Die **Zulassung** des Betriebs eines Freiverkehrs erfolgt **durch die Börse**, für die die Geschäftsführung handelt (§ 15). Der Betrieb des Freiverkehrs bedarf überdies der schriftlichen **Erlaubnis der Börsenaufsichtsbehörde** (**III 1**, vgl Art 71 V der FinanzmarktRi), deren Versagung ist Verwaltungsakt. Zur Erlangung der Erlaubnis der Börsenaufsichtsbehörde ist dieser eine ausführliche Beschreibung der Funktionsweise des Freiverkehrs, einschließlich etwaiger Verbindungen zu anderen multilateralen oder organisierten Handelssystemen oder systematischen Internalisierern in seinem Eigentum (also nicht zu fremden Systemen), sowie eine Liste der Handelsteilnehmer vorzulegen **(III 3)**. Bestehende Erlaubnisse für den Betrieb eines Freiverkehrs bleiben bestehen, ein erneutes Antragsverfahren nach III ist nicht nötig (RegE 2. FiMaNoG, BTDrucks 18/10936, 272).

5) Einbeziehung von Wertpapieren

Für die Einbeziehung eines Wertpapiers zum Freiverkehr gelten **nicht** 6 **§§ 32–47**, also Abschn 4 **(III 5), sondern § 48** (eigener Abschn 5). **Antragsberechtigt** hinsichtlich der Einbeziehung eines Wertpapiers in den Freiverkehr ist idR **jedes** an der Börse zur Teilnahme am Handel **zugelassene Unternehmen.** Die Ablehnung der Einbeziehung durch die Geschäftsführung ist kein Verwaltungsakt, sondern erfolgt auf privatrechtlicher Grundlage (s dazu die Geschäftsbedingungen für den Freiverkehr), privatrechtliche Klage gegen den Börsenträger (§ 2 Rn 2 und § 5 Rn 1) ist möglich, Groß § 48 BörsG Rn 8, zB bei willkürlicher Diskriminierung nach § 826 BGB, aber kein allgemeiner Anspruch auf Einbeziehung. Bspw in Frankfurt zuständig für die Entscheidung über die Einbeziehung von Wertpapieren in den Open Market ist die Deutsche Börse AG, § 9 AGB Freiverkehr FWB idF 21.4.17, zum dortigen Einbeziehungsverfahren Groß § 48 BörsG Rn 4 ff. Die Einbeziehung ist, anders als in den anderen Marktsegmenten, nach den Geschäftsbedingungen der Börsen idR ohne Einwil-

Kumpan

(14) BörsG 48 7, 8   2. Teil. Handelsrechtl. Nebengesetze

ligung des Emittenten zulässig (in Frankfurt nur bzgl Quotation Board, dagegen ist für Scale ein Antrag des Emittenten erforderlich § 16 I) AGB Freiverkehr FWB idF 21.4.17. Emittenten, deren Wertpapiere ohne ihre Zustimmung in den Freiverkehr einbezogen worden sind, können aber durch die Geschäftsbedingungen nicht dazu verpflichtet werden, Informationen in Bezug auf diese Wertpapiere zu veröffentlichen (**I 4**, vgl Art 51 V 3 MiFiD II). Die Aussetzung des Handels von nicht auf Antrag des Emittenten in den Freiverkehr einbezogenen Aktien berührt keine Rechte des Emittenten, so dass diese dagegen nicht klagen können, VG Ffm ZIP **13**, 317.

6) Prospektpflicht, Prospekthaftung

7   Prospektpflicht nach BörsG besteht nicht; eine Prospekthaftung nach **(15a)** WpPG §§ 21 ff kommt nur unter den Voraussetzungen von **(15a)** WpPG § 1 in Frage (s aber § 17 I lit b AGB Freiverkehr FWB idF 21.4.17 für den Entrystandard, öffentliches Angebot mit WPProspekt Voraussetzung, dazu Rn 9; für das Quotation Board setzt § 11 I lit b AGB Freiverkehr FWB idF 21.4.17 für WP, die keine Aktien sind, voraus, dass ein Prospekt vorliegt, und für Aktien oder Aktien vertretende Zertifikate setzt § 12 I AGB Freiverkehr FWB idF 21.4.17 eine Zulassung zu einem börsenmäßigen Handelsplatz voraus, sodass jedenfalls darüber Prospektrecht und -haftung greifen können). Der Börse ist ein **Exposé** bzw, wenn zugleich öffentlich angeboten wird, der Prospekt einzureichen, aber diese dienen ihr als Hilfsmittel bzw interne Entscheidungsgrundlage, sodass auch eine allgemeine zivilrechtliche Prospekthaftung (Anh § 177a HGB Rn 59) ausscheidet (sofern wie in Ffm geregelt, Haftung nach **(15)** WpPG §§ 21 ff); der Freiverkehrsträger haftet für den Inhalt nicht, Schwark/Zimmer/Schwark 12. Der Antrag auf Einbeziehung und die Einbeziehung selbst sind **kein öffentliches Angebot,** aber ein öffentliches Angebot eines dafür verantwortlichen Anbieters kann zu bejahen sein, wenn zusätzlich zum Antrag auf Einbeziehung Werbemaßnahmen erfolgen (so in der Praxis bei den im Freiverkehr gehandelten Optionsscheinen), Groß § 2 WpPG Rn 15. Auch die Aufnahme des Handels selbst und die bloße Information darüber sind kein öffentliches Angebot, vielmehr liegt nur eine Vielzahl von Einzelgeschäften ohne Zutun des Emittenten vor, Groß § 2 WpPG Rn 15, Harrer/Müller WM **06**, 656. Subsidiär kann die allgemeine zivilrechtliche Prospekthaftung (**(15a)** WpPG § 25 Rn 4) eingreifen, so wenn der Freiverkehrsträger Veröffentlichung des Prospekts verlangt hat oder Emittent oder Kreditinstitut ausnahmsweise Werbemaßnahmen veranlasst haben, Schwark 12, vgl LG Ffm WM **87**, 204. Lit: Schwark FS Schimansky **99**, 739 (VerkProspG und Freiverkehr), Lenz/Ritz WM **00**, 904 (Bek BAWe), Harrer/Müller WM **06**, 653.

7) Ausschließliche Unterstellung unter das BörsG (III 5), insbesondere Börsenpreise

8   Aufruf und Preisermittlung obliegt den durch die Geschäftsführung bestimmten Skontroführern – für diese gelten aber nicht §§ 27–29 (III 5), also auch keine Vorgaben für die Verteilung von Skontren wie nach § 29 – bzw in Frankfurt den sog Designated Sponsors – zu deren Pflichten etwa VG Ffm BB **15**, 129f, zu den Grenzen des Designated Sponsoring VG Ffm BB **15**, 129. Preise für Wertpapiere, die während der Börsenzeit an einer Wertpapierbörse im Freiverkehr ermittelt werden, sind **Börsenpreise** (III 5 iVm § 24, § 24 Rn 1, s auch § 112 III BörsO FWB idF 4.12.17). Dass das auch bei elektronischem Handel so ist, versteht sich angesichts von § 24, der keinen Unterschied mehr zwischen der Preisfeststellung durch Intermediäre und dem elektronischen Handel macht, von selbst (ausdrücklich noch II 2 aF). Als Börsenpreise müssen sie den Anforderungen nach § 24 II genügen, Mü WM **08**, 1602. III 5 bewirkt zusammen mit den Ausnahmeregelungen in § 3 I Nr 13 WpHG und § 2 VI 1 Nr 16 (iVm XII) KWG, dass der **Freiverkehr abschließend im BörsG geregelt** ist und §§ 63 ff WpHG für ihn

nicht gelten (FinA FRUG, BTDrucks 16/4899, 15). Der Börsenträger unterliegt nach III 5 auch hinsichtlich des Freiverkehrs den **Pflichten nach § 5** hinsichtlich des Betriebs der Börse, wobei er die Anforderungen der MiFID II an den Betrieb eines multilateralen Handelssystem erfüllen muss (vgl Art 18 I MiFID II, so schon auf Grund europarechtskonformer Auslegung FinA FRUG, BTDrucks 16/4899, 15 zu Art 5 II MiFID), was die Börsenaufsichtsbehörde überwachen muss. Börsenpreise sind aber, da nicht amtlich festgestellt, kein amtlicher Preis iSv § 400 I HGB (s aber § 400 Rn 2), jedoch Börsenpreis iSv § 253 III HGB. Sie werden in einer Beilage zum amtlichen Kursblatt oder in der Börsenzeitung veröffentlicht.

8) Untersagung des Handels (II)

Die Börsengeschäftsführung hat schon auf Grund der Einbindung des Freiverkehrs in die öffentlichrechtliche Selbstverwaltung die Möglichkeit einzuschreiten, wenn sie Beanstandungen hat. II ergänzt diese Möglichkeit um ein von den Einbindungsmodalitäten unabhängiges, gesetzliches Untersagungsrecht der Börsenaufsichtsbehörde. Diese kann unabhängig von der Börsengeschäftsführung den Handel im Freiverkehr durch Verwaltungsakt untersagen, wenn ein ordnungsgemäßer Handel für die Wertpapiere nicht mehr gewährleistet erscheint. Das ist wegen der Anbindung des privatrechtlichen Freiverkehrs an die Börse und den damit verbundenen Erwartungen des Börsenpublikums an Seriosität und staatliche Mindest- und Letztkontrolle unerlässlich.

9) Gewährleistung des Handels (IV)

IV neu 2. FiMaNoG 2017 setzt Art 18 VII MiFID II um und entspricht § 72 XIII WpHG. Damit wird der Börsenträger dazu angehalten zu gewährleisten, dass ein Handel auch tatsächlich stattfindet. Dafür müssen mindestens drei aktive Handelsteilnehmer vorhanden sein. Der Begriff **„aktiv"** ist vor dem Hintergrund der Bedeutung von Liquidität für den Börsenhandel zu verstehen und deutet auf eine stete Präsenz hin. Diese Voraussetzung ist sicher erfüllt, wenn drei Market Maker (§ 26c), Designated Sponsors (§ 31 AGB Freiverkehr FWB idF 21.4.17 iVm § 77 BörsO FWB idF 4.12.17), Spezialisten (§ 32 AGB Freiverkehr FWB idF 21.4.17) oä im Freiverkehr handeln.

10) Neuer Markt, Entry Standard, Scale

A. **Neuer Markt:** Der Neue Markt war ein 1997 geschaffenes Marktsegment der Deutsche Börse AG, das dem Freiverkehr zuzuordnen war, hL, str, und wegen der dort vorgekommenen Missbräuche eingestellt worden ist. Zu Konstruktion und Rechtsfragen s 30. Aufl, BGH **160**, 65, Potthoff/Stuhlfauth WM Sonderbeil 3/97, Kersting AG **97**, 222. Weiterhin wichtig Primary Markets Arbitration Panel BKR **01**, 152, **02**, 410, 468 zur Befugnis der Deutschen Börse AG zur einseitigen Änderung des Regelwerks, Krämer BKR **01**, 131, Bauer/Pleyer/Hirche BKR **02**, 102, Heyder BKR **02**, 806. Reformfragen s Claussen BB **02**, 105. Zur Beendigung des Neuen Markt und des SMAX Schlitt AG **03**, 60.

B. **Entry Standard:** Von Oktober 2005 bis Februar 2017 betrieb die Deutsche Börse AG eine neue Alternativ-Plattform für KMU (Entry Standard, „Mittelstandsbörse"). Der Entry Standard war ein Qualitätssegment innerhalb des Open Market (s Rn 1). Der Zugang war kostengünstiger und die regulatorischen Anforderungen waren niedriger als im Prime Standard (§§ 48 ff BörsO FWB idF 18.3.16) und General Standard (§§ 45 ff BörsO FWB idF 18.3.16), die Segmente des regulierten Marktes (s Rn 1) sind. Die Einbeziehung in den Entry Standard erfolgte nur im Einvernehmen mit dem Emittenten. Voraussetzung war ua ein prospektpflichtiges öffentliches Angebot mit einem nach den Vorschriften des WpPG gültigen und gebilligten oder bescheinigten Wertpapierprospekt, § 17 I lit a und III lit a AGB Freiverkehr FWB idF 3.7.16 (damit für Emittenten im

Entrystandard Prospekthaftung nach **(15a)** WpPG §§ 21 ff). Der Emittent übernahm bestimmte laufende Mindestverpflichtungen, insbesondere Publizitätspflichten. Regelungen für den Entry Standard fanden sich in §§ 16 ff AGB Freiverkehr FWB idF 3.7.16. Notierung im Entry Standard war oft Vorstufe zu einem Uplisting in den Prime Standard, dann mit höheren Anforderungen (IFRS-Konzernabschlüsse, mehr Transparenz). Lit: Sudmeyer ua BB **05**, 2703, Harrer/Müller WM **06**, 657 (auch zu M:access der Börse München), Oelke BKR **06**, 7, Schlitt/Schäfer AG **06**, 147, Hammen FS Nobbe **09**, 595, Veil FS Schneider **11**, 1313.

13 C. **Scale:** Seit März 2017 hat die Deutsche Börse AG den Entry Standard durch das neue Segment Scale ersetzt. Auch dieses zielt auf KMU, wobei eine gewisse Bewährung vorausgesetzt wird („erprobte Geschäftsmodelle"). Um in das neue Segment aufgenommen zu werden, sind ua Mindestgrößen bei bestimmten Unternehmenskennzahlen zu erfüllen und die Zusammenarbeit mit einem der Deutsche Börse Capital Market Partner vorzuweisen, der die Eignung für das Segment prüft und die Unternehmen auch nach dem Börsengang betreut. Ebenfalls verpflichtend sind die von der Deutschen Börse beauftragten und bezahlten Research-Reports. Zu den Regelungen siehe §§ 16 ff. AGB Freiverkehr FWB idF 21.4.17.

11) Telefonhandel

14 Der Telefonhandel wird meist mit dem ungeregelten Freiverkehr gleichgesetzt, vgl Schäfer/Ledermann Vor § 71 aF Rn 5, ist jedoch nicht mit dem ungeregelten Freiverkehr, der in § 48 aufgegangen ist, zu verwechseln. Er ist Handel (auch in börslich notierten Werten) völlig außerhalb der Börsen (entweder örtlich oder zeitlich) und wird deshalb auch nicht als weiteres Marktsegment gezählt. Es gilt grundsätzlich nur allgemeines Vertrags- und Effektengeschäftsrecht. Für den außerbörslichen Handel in zum Handel im regulierten Markt zugelassenen Werten, dh außerhalb der Börsenzeiten, gelten aber ebenfalls die Usancen wie im regulierten Markt.

KMU-Wachstumsmarkt

BörsG 48a

(1) ¹Der Börsenträger kann einen Freiverkehr bei der Börsenaufsichtsbehörde als Wachstumsmarkt für kleine und mittlere Unternehmen (KMU-Wachstumsmarkt) registrieren lassen, sofern folgende Anforderungen erfüllt sind:

1. bei mindestens 50 Prozent der Emittenten, deren Finanzinstrumente zum Handel in den Freiverkehr einbezogen sind, handelt es sich um kleine und mittlere Unternehmen;
2. der Börsenträger hat geeignete Kriterien für die Einbeziehung der Finanzinstrumente zum Handel in den Freiverkehr festgelegt;
3. der Börsenträger macht die Einbeziehung von Finanzinstrumenten zum Handel in den Freiverkehr davon abhängig, dass bei der Zulassung ausreichende Informationen veröffentlicht werden, um dem Publikum eine zutreffende Beurteilung des Emittenten und der Finanzinstrumente zu ermöglichen; bei diesen Informationen handelt es sich entweder um ein Einbeziehungsdokument oder einen Prospekt, falls auf Basis der Richtlinie 2003/71/EG festgelegte Anforderungen im Hinblick auf ein öffentliches Angebot im Zusammenhang mit der ursprünglichen Einbeziehung des Finanzinstruments zum Handel in den Freiverkehr Anwendung finden;
4. der Börsenträger stellt sicher, dass eine geeignete regelmäßige Finanzberichterstattung durch den Emittenten am Markt stattfindet, dessen Finanz-

instrumente zum Handel in den Freiverkehr einbezogen sind, insbesondere durch geprüfte Jahresberichte;
5. die in Artikel 3 Absatz 1 Nummer 21 der Verordnung (EU) Nr. 596/2014 definierten Emittenten und die in Artikel 3 Absatz 1 Nummer 25 der Verordnung (EU) Nr. 596/2014 definierten Personen, die bei einem Emittenten Führungsaufgaben wahrnehmen, sowie die in Artikel 3 Absatz 1 Nummer 26 der Verordnung (EU) Nr. 596/2014 definierten Personen, die in enger Beziehung zu diesen stehen, erfüllen die jeweiligen Anforderungen, die für sie gemäß der Verordnung (EU) Nr. 596/2014 gelten;
6. der Börsenträger erfasst Informationen, die von einem Emittenten auf Grund einer rechtlichen Verpflichtung veröffentlicht wurden, und stellt diese öffentlich zur Verfügung und
7. der Börsenträger richtet wirksame Systeme und Kontrollen ein, die geeignet sind, einen Marktmissbrauch an dem betreffenden Markt gemäß der Verordnung (EU) Nr. 596/2014 zu erkennen und zu verhindern.

²Die Möglichkeit des Börsenträgers, zusätzliche Anforderungen festzulegen, bleibt unberührt.

(2) ¹Die Börsenaufsichtsbehörde hebt die Registrierung eines KMU-Wachstumsmarktes auf, wenn der Börsenträger dies beantragt oder wenn die Voraussetzungen für eine Registrierung nach Absatz 1 nicht mehr vorliegen. ²Die Börsenaufsichtsbehörde unterrichtet die Bundesanstalt und die Europäische Wertpapier- und Marktaufsichtsbehörde unverzüglich über die Registrierung eines KMU-Wachstumsmarktes und über deren Aufhebung.

(3) ¹Ein Finanzinstrument, das zum Handel in den Freiverkehr einbezogen ist, kann nur dann in einem anderen KMU-Wachstumsmarkt gehandelt werden, wenn der Emittent des Finanzinstruments hierüber unterrichtet wurde und dem nicht widersprochen hat. ²In einem solchen Fall entstehen dem Emittenten im Hinblick auf diesen anderen KMU-Wachstumsmarkt keine Verpflichtungen in Bezug auf die Unternehmensführung und -kontrolle oder erstmalige, laufende oder punktuelle Veröffentlichungspflichten.

1) § 48a nF 2. FiMaNoG 2017 setzt Art 33 MiFID II um und regelt in Anlehnung an § 76 WpHG die Einstufung eines multilateralen Systems als Wachstumsmarkt für kleine und mittlere Unternehmen (KMU). Damit ist es auch Börsenbetreibern möglich, einen Freiverkehr als sog. KMU-Wachstumsmarkt registrieren zu lassen. KMU-Wachstumsmärkte werden als wichtige Marktformen angesehen, um die Finanzierungssituation von KMU zu verbessern, die sich insbesondere im Zuge der strengeren Bankenregulierung in Folge der Finanzkrise verschlechtert hat. Siehe Europäische Kommission, Aktionsplan zur Schaffung einer Kapitalmarktunion, COM(2015) 468 final, 14, und Green Paper, Building a Capital Markets Union, COM(2015) 63 final, 10, dazu Kumpan ZGR **16**, 2.

2) Die Registrierung als KMU-Wachstumsmarkt wird an verschiedene Voraussetzungen geknüpft: So muss es sich bei mindestens der Hälfte der Emittenten um KMU handeln **(I 1 Nr 1)**, also um Unternehmen mit einer durchschnittlichen Marktkapitalisierung von weniger als 200 Mio Euro (s § 2 X). Der Börsenträger muss geeignete Kriterien für die Einbeziehung der Finanzinstrumente festgelegt haben **(I 1 Nr 2)**. Bei der Einbeziehung müssen ausreichende Informationen über das KMU veröffentlicht werden **(I 1 Nr 3)**. Das hat durch einen Prospekt oder ein vergleichbares Dokument mit umfänglichen Informationen zu geschehen. Damit wird die Information der Anleger gewährleistet. Weiterhin muss als Folgepflicht eine regelmäßige Finanzberichterstattung vorgeschrieben sein **(I 1 Nr 4,** s dazu §§ 48 ff WpHG nF). Ad hoc-Publizität, Directors Dealings-Vorschriften etc. der MAR müssen beachtet werden **(I 1 Nr 5)**. Der Börsenträger muss die vom Emittenten veröffentlichen Pflichtinformationen öffentlich zur Verfügung stellen (I 1 Nr 6) und damit für zusätzliche Transparenz sorgen. Und schließlich muss der Börsenträger eine Marktmissbrauchskontrolle gewährleisten (I 1 Nr 7), also eine Handelsüberwachung einrichten.

3 3) Die Registrierung als KMU-Wachstumsmarkt wird auf Antrag des Betreibers oder auch von Amts wegen, wenn die Voraussetzungen nicht mehr vorliegen, wieder aufgehoben (II).

4 4) Finanzinstrumente eines KMU, die in einen KMU-Wachstumsmarkt einbezogen worden sind, dürfen nur dann an einem anderen KMU-Wachstumsmarkt gehandelt werden, wenn das jeweilige KMU zuvor unterrichtet wurde und keine Einwände erhoben hat (III). Die Vorschrift ist ungenau. „Freiverkehr" deutet darauf hin, dass auch Handelsplätze erfasst werden, die zwar als Freiverkehr zugelassen sind, aber nicht als KMU-Wachstumsmarkt registriert sind. Dagegen spricht aber zum einen die Verortung in § 48a, zum anderen der weitere Wortlaut „in einen anderen KMU-Wachstumsmarkt". Damit wird sichergestellt, dass KMU nicht mit einer unvorhergesehenen Ausweitung ihrer Pflichten rechnen müssen und deshalb möglicherweise von der Nutzung eines KMU-Wachstumsmarktes abgeschreckt würden. Auch III 2 wirkt dem entgegen. Eine ähnliche, aber eingeschränktere Regelung für den „normalen" Freiverkehr enthält § 48 I 4.

Organisiertes Handelssystem an einer Börse

BörsG 48b (1) ¹Der Betrieb eines organisierten Handelssystems an einer Börse bedarf der schriftlichen Erlaubnis der **Börsenaufsichtsbehörde. ²Der Börsenträger legt der Börsenaufsichtsbehörde eine ausführliche Beschreibung der Funktionsweise des organisierten Handelssystems vor, einschließlich etwaiger Verbindungen zu einem anderen organisierten oder multilateralen Handelssystem oder einem systematischen Internalisierer in seinem Eigentum, sowie eine Liste der Handelsteilnehmer. ³Die Börsenaufsichtsbehörde stellt diese Informationen der Bundesanstalt und auf deren Verlangen der Europäischen Wertpapier- und Marktaufsichtsbehörde zur Verfügung und teilt diese jede Zulassung eines organisierten Handelssystems mit. ⁴Soweit die Absätze 2 bis 9 keine abweichende Regelung treffen, sind die für den Freiverkehr geltenden Vorschriften dieses Gesetzes entsprechend anzuwenden.**

(2) Der Börsenträger als Betreiber eines organisierten Handelssystems hat geeignete Vorkehrungen zu treffen, durch die die Ausführung von Kundenaufträgen in dem organisierten Handelssystem unter Einsatz des eigenen Kapitals des Betreibers oder eines Mitglieds derselben Unternehmensgruppe verhindert wird.

(3) ¹Der Börsenträger als Betreiber eines organisierten Handelssystems darf auf die Zusammenführung sich deckender Kundenaufträge im Sinne von § 2 Absatz 29 des Wertpapierhandelsgesetzes für Schuldverschreibungen, strukturierte Finanzprodukte, Emissionszertifikate und bestimmte Derivate zurückgreifen, wenn der Kunde dem zugestimmt hat. ²Er darf auf die Zusammenführung sich deckender Kundenaufträge über Derivate nicht zurückgreifen, wenn diese der Verpflichtung zum Clearing nach Artikel 4 der Verordnung (EU) Nr. 648/2012 unterliegen.

(4) Der Handel für eigene Rechnung ist dem Börsenträger als Betreiber eines organisierten Handelssystems nur gestattet, soweit es sich nicht um die Zusammenführung sich deckender Kundenaufträge im Sinne von § 2 Absatz 29 des Wertpapierhandelsgesetzes handelt und nur in Bezug auf öffentliche Schuldtitel, für die kein liquider Markt besteht.

V. Bankgeschäfte **48b BörsG (14)**

(5) ¹Der Börsenträger darf ein organisiertes Handelssystem nicht innerhalb derselben rechtlichen Einheit mit einer systematischen Internalisierung betreiben. ²Ein organisiertes Handelssystem darf keine Verbindung zu einem systematischen Internalisierer oder einem anderen organisierten Handelssystem in einer Weise herstellen, die eine Interaktion von Aufträgen in dem organisierten Handelssystem mit den Aufträgen oder Angeboten des systematischen Internalisierers oder in dem organisierten Handelssystem ermöglicht.

(6) ¹Der Börsenträger als Betreiber eines organisierten Handelssystems kann ein anderes Wertpapierdienstleistungsunternehmen beauftragen, unabhängig an diesem organisierten Handelssystem Market-Making zu betreiben. ²Ein unabhängiges Betreiben liegt nur dann vor, wenn keine enge Verbindung des Wertpapierdienstleistungsunternehmens zu dem Börsenträger besteht.

(7) ¹Der Börsenträger als Betreiber des organisierten Handelssystems hat die Entscheidung über die Ausführung eines Auftrags in dem organisierten Handelssystem nach Ermessen zu treffen, wenn er darüber entscheidet,

1. einen Auftrag über das von ihnen betriebene organisierte Handelssystem zu platzieren oder zurückzunehmen oder
2. einen bestimmten Kundenauftrag nicht mit anderen zu einem bestimmten Zeitpunkt im System vorhandenen Aufträgen zusammenzuführen.

²Im Falle des Satzes 1 Nummer 2 darf eine Zusammenführung nur dann unterbleiben, wenn dies mit etwaigen Anweisungen des Kunden sowie der Verpflichtung zur bestmöglichen Ausführung von Kundenaufträgen im Sinne von § 82 des Wertpapierhandelsgesetzes vereinbar ist. ³Bei einem System, bei dem gegenläufige Kundenaufträge eingehen, kann der Betreiber entscheiden, ob, wann und in welchem Umfang er zwei oder mehr Aufträge innerhalb des Systems zusammenführt. ⁴Im Einklang mit den Absätzen 2, 3, 5 und 6 und unbeschadet des Absatzes 4 kann der Betreiber bei einem System, über das Geschäfte mit Nichteigenkapitalinstrumenten in die Wege geleitet werden, die Verhandlungen zwischen den Kunden erleichtern, um so zwei oder mehr möglicherweise kompatible Handelsinteressen in einem Geschäft zusammenzuführen.

(8) ¹Die Börsenaufsichtsbehörde kann von dem Börsenträger als Betreiber eines organisierten Handelssystems jederzeit, insbesondere bei Antrag auf Zulassung des Betriebs, eine ausführliche Erklärung darüber verlangen, warum das organisierte Handelssystem keinem regulierten Markt, multilateralen Handelssystem oder systematischen Internalisierer entspricht und nicht in dieser Form betrieben werden kann. ²Die Erklärung hat eine ausführliche Beschreibung zu enthalten, wie der Ermessensspielraum genutzt wird, insbesondere wann ein Auftrag im organisierten Handelssystem zurückgezogen werden kann und wann und wie zwei oder mehr sich deckende Kundenaufträge innerhalb des organisierten Handelssystems zusammengeführt werden. ³Außerdem hat der Börsenträger als Betreiber eines organisierten Handelssystems der Börsenaufsichtsbehörde Informationen zur Verfügung zu stellen, mit denen der Rückgriff auf die Zusammenführung sich deckender Kundenaufträge erklärt wird. ⁴Die Börsenaufsichtsbehörde hat diese Informationen der Bundesanstalt und auf deren Verlangen der Europäischen Wertpapier- und Marktaufsichtsbehörde zur Verfügung zu stellen.

(9) Die Börsenaufsichtsbehörde überwacht den Handel durch Zusammenführung sich deckender Aufträge durch den Börsenträger als Betreiber des organisierten Handelssystems, damit sichergestellt ist, dass dieser die hierfür geltenden Anforderungen einhält und dass der von ihm betriebene Handel durch Zusammenführung sich deckender Aufträge nicht zu Interessenkonflikten zwischen dem Betreiber und seinen Kunden führt.

(14) BörsG 48b 1, 2

(10) § 63 Absatz 1, 3 bis 7 und 9, § 64 Absatz 1 sowie die §§ 69, 70 und 82 des Wertpapierhandelsgesetzes gelten entsprechend für Geschäfte, die über ein organisiertes Handelssystem an einer Börse abgeschlossen wurden.

1 1) § 48b neu 2. FiMaNoG 2017 setzt Art 18 und 20 MiFID II um. Auch Börsenträger dürfen künftig organisierte Handelssysteme betreiben. Zuständig für die Erlaubnis ist die Börsenaufsichtsbehörde, nicht die BaFin, sodass eine einheitliche Aufsicht über den Börsenträger und die von ihm betriebenen Systeme gewährleistet ist. I entspricht § 48 III (somit Zulassungsverfahren **wie beim Freiverkehr**, dazu § 48 Rn 5). I 4 verweist auf die Vorschriften über den Freiverkehr und damit auf die börsenrechtlichen Vorschriften (§ 48 III 4), soweit II-IX (diese basieren auf Art 20 MiFID II) nichts anderes vorschreiben.

2 2) II-VI regeln Situationen, in denen Interessenkonflikte des Betreibers entstehen könnten, wenn er dem Betreiben des Handelssystems auch selbst noch dort auf eigenes Risiko handeln würde. Ein solcher Interessenkonflikt könnte dazu führen, dass der Handelsablauf beeinträchtigt wird, etwa wenn der Betreiber den Handel aussetzt oä, wenn (und weil) eine Position gegen ihn läuft. Nach **II** hat der Betreiber zu verhindern, dass Kundenaufträge unter Einsatz des Kapitals des Betreibers oder eines seiner Konzernunternehmen ausgeführt werden. Damit wird sichergestellt, dass der Betreiber nicht mit eigenem Geld für den Kunde ins Risiko geht. **III 1** stellt das sog. Matched Principal Trading (§ 2 Abs. 29 WpHG), bei dem der Betreiber als eine Art „zentraler Kontrahent" agiert, unter den Vorbehalt, dass der Kunde zugestimmt hat. Derivate, für die ein Clearing nach Art 4 EMIR verpflichtend ist, sind davon aber ausgenommen **(III 2)**. Über III 1 hinausgehend darf der Betreiber auf seinem System grds. keinen Eigenhandel (mit eigenem Risiko) betreiben **(IV)**. In die gleiche Richtung geht **V**, wonach ein organisiertes Handelssystem und systematische Internalisierung nicht unter einem Dach betrieben werden dürften. Market Making im Rahmen des organisierten Handelssystems darf nur unabhängig vom Betreiber erfolgen **(VI)**. Das ist dann der Fall, wenn keine enge Verbindung zwischen dem Unternehmen und dem Betreiber besteht. Für das Verständnis des Begriffs **„enge Verbindung"** kann Art 4 I Nr 35 MiFID II herangezogen werden. Danach liegt eine enge Verbindung vor, wenn (1) der Betreiber 20% der Stimmrechte bzw des Kapitals an dem anderen Unternehmen hält oder umgekehrt das andere Untenehmen am Betreiber, (2) zwischen beiden Unternehmen ein Mutter-Tochter-Verhältnis im Sinne von Art 22 I oder II Ri 2013/34/EU (26.6.13 ABlEU L 182/19) besteht (auch Enkelunternehmen gelten in diesem Zusammenhang als Tochterunternehmen) oder (3) dieselbe dritte Person beide Unternehmen kontrolliert. Ein **Mutter-Tochter-Verhältnis nach Art 22 I Ri 2013/34/EU** liegt vor, wenn ein Unternehmen (1) an einem anderen Unternehmen die Mehrheit der Stimmrechte hat (mindestens 20%), (2) das Recht, die Mehrheit der Mitglieder des Verwaltungs-, Leitungs- oder Aufsichtsorgans des anderen Unternehmens zu bestellen oder abzuberufen, hat und gleichzeitig Aktionär/Gesellschafter dieses Unternehmens ist, (3) aufgrund eines Beherrschungsvertrages oder der Satzung des anderen Unternehmens einen beherrschenden Einfluss auf dieses Unternehmen hat, dessen Aktionär/Gesellschafter es ist, (4) aufgrund allein der Ausübung seiner Stimmrechte die Mehrheit der im Amt befindlichen Mitglieder des Verwaltungs-, Leitungs- oder Aufsichtsorgans bestellt hat oder aufgrund einer Vereinbarung mit anderen Aktionären/Gesellschaftern allein über die Mehrheit der Stimmrechte in dem anderen Unternehmen verfügt. Art 22 II Ri 2013/34/EU sieht die Möglichkeit der Erweiterung auf (1) alle Situationen vor, in denen ein Unternehmen einen beherrschenden Einfluss auf ein anderes Unternehmen ausüben kann oder tatsächlich ausübt und (2) auf die Fälle, in denen zwei Unternehmen unter einheitlicher Leitung desselben Mutterunternehmens stehen.

V. Bankgeschäfte **50 BörsG (14)**

3) **VII** greift den Umstand regelnd auf, dass der Betreiber eines organisierten 3
Handelssystems im Gegensatz zu multilateralen Handelssystemen einen erheblichen Ermessensspielraum hat. Das gilt sowohl im Hinblick auf die Platzierung und Rücknahme als auch hinsichtlich der Zusammenführung von Orders (VII 1), wobei von einer Zusammenführung aber nur abgesehen werden kann, wenn dies keine bestmögliche Ausführung nach § 82 bedeuten würde (VII 2). Insofern ist das Ermessen eingeschränkt, was auch bei der Entscheidung über das „ob" der Zuammenführung in VII 3 berücksichtigt werden muss. Im Übrigen ist die Entscheidung nur auf Ermessensfehler überprüfbar. Der Betreiber kann Kunden die Verhandlungen ermöglichen und erleichtern, um einen Abschluss zwischen diesen zu ermöglichen, etwa indem er Kommunikationsmöglichkeiten für die Kunden vorsieht.

4) Nach **VIII** muss sich der Betreiber auf Nachfrage der Börsenaufsichtsbehör- 4
de rechtfertigen, warum er für seinen Handelsplatz die Form eines organisierten Handelssystems gewählt hat und nicht eine der anderen Handelsplatzarten. Damit bringt VIII zum Ausdruck, dass organisierte Handelssystem lediglich ein Auffangtatbestand sind under der Gesetzgeber grds die anderen Marktformen (regulierte Märkte, multilaterale Handelssysteme und sogar systematische Internalisierung) präferiert. Da der Betreiber bei regulierten Märkten und multilateralen Handelssystemen anders als bei organisierten Handelssystemen erheblich weniger Möglichkeiten hat, in den Handel einzugreifen (im Wesentlichen nur um einen ordnungsgemäßen Handel zu gewährleisten), besteht bei ihnen ein höheres Anlegerschutzniveau. Ähnlich ist es bei der systematischen Internalisierung, für die es erhebliche Vorgaben gibt.

5) **IX** regelt die Überwachung von organisierten Handelssystemen durch die 5
Börsenaufsichtsbehörde. **X** ordnet an, dass § 63 I, III-VII und IX (allgemeine Verhaltensregeln), § 64 I (besondere Informationspflichten im Fall der Anlageberatung) sowie §§ 69 (Bearbeitung von Kundenaufträgen), 70 (Zuwendungen und Gebühren) und 82 (bestmögliche Ausführung von Kundenaufträgen) WpHG für organisierte Handelssysteme entsprechend anwendbar sind.

Abschnitt 6. Straf- und Bußgeldvorschriften; Schlussvorschriften

Strafvorschriften

BörsG 49 Mit Freiheitsstrafe bis zu drei Jahren oder mit Geldstrafe wird bestraft, wer entgegen § 26 Abs. 1 andere zu Börsenspekulationsgeschäften oder zu einer Beteiligung an einem solchen Geschäft verleitet.

§ 49 nF 2007 (wie § 61 aF und zT früher § 89 aF) bringt die Strafnorm zu 1
§ 26 nF 2007. Getrennt ist zwischen Verbotstatbestand in § 26 I und Strafvorschrift in § 49.

Bußgeldvorschriften

BörsG 50 (1) Ordnungswidrig handelt, wer vorsätzlich oder leichtfertig entgegen

1. § 3 Absatz 11 eine Person über eine Maßnahme oder ein eingeleitetes Ermittlungsverfahren in Kenntnis setzt oder
2. § 41 Absatz 1 der Geschäftsführung der Börse eine dort benannte Auskunft nicht, nicht richtig oder nicht vollständig erteilt.

(2) Ordnungswidrig handelt, wer vorsätzlich oder fahrlässig
1. einer vollziehbaren Anordnung nach
   a) § 3 Absatz 4 Satz 1 oder Satz 3, jeweils auch in Verbindung mit § 7 Absatz 3, oder § 3 Absatz 5 Satz 2 oder
   b) § 6 Absatz 2 Satz 1 oder Absatz 4 Satz 1 zuwiderhandelt,
2. entgegen § 3 Absatz 4 Satz 5 oder 6, jeweils auch in Verbindung mit Satz 8, ein Betreten nicht gestattet oder nicht duldet,
3. als Börsenträger einer vollziehbaren Anordnung nach § 3 Absatz 4a Satz 1 zuwiderhandelt,
4. bei der Antragstellung nach § 4 Absatz 2 Satz 1 unrichtige Angaben zu den in § 4 Absatz 2 Satz 2 oder 3 genannten Tatsachen macht,
5. entgegen § 4 Absatz 7 Satz 1 einen Wechsel bei einer dort genannten Person der Geschäftsleitung nicht, nicht richtig, nicht vollständig oder nicht rechtzeitig anzeigt,
6. als Geschäftsleiter eines Börsenträgers von erheblicher Bedeutung die nach § 4a Absatz 2 Satz 2 in Verbindung mit den Sätzen 3 und 4 und einer etwaigen Genehmigung nach Satz 5 zulässige Anzahl von Mandaten durch Annahme eines weiteren Mandats überschreitet,
7. als Mitglied des Verwaltungs- oder Aufsichtsorgans eines Börsenträgers von erheblicher Bedeutung die nach § 4b Absatz 4 Satz 2 in Verbindung mit den Sätzen 3 und 4 und einer etwaigen Genehmigung nach Satz 5 zulässige Anzahl von Mandaten durch Annahme eines weiteren Mandats überschreitet,
8. entgegen § 4a Absatz 1 der Wahrnehmung der Aufgaben als Geschäftsleiter nicht die erforderliche Zeit widmet,
9. als Mitglied des Verwaltungs- oder Aufsichtsorgans eines Börsenträgers bei Vorliegen der Voraussetzungen des § 4b Absatz 5 Satz 1 nicht auf die Einsetzung eines Nominierungsausschusses hinwirkt,
10. entgegen § 5 Absatz 4 Nummer 1 keine oder keine hinreichenden Vorkehrungen trifft, um dort genannte Konflikte zu erkennen und zu verhindern,
11. entgegen § 5 Absatz 4 Nummer 2 keine angemessenen Vorkehrungen und Systeme schafft,
12. entgegen § 5 Absatz 4 Nummer 3 nicht die technische Funktionsfähigkeit der betreffenden Systeme sicherstellt oder keine technischen Vorkehrungen für den reibungslosen und zeitnahen Abschluss der betreffenden Geschäfte schafft,
13. als Börsenträger eine Börse betreibt, ohne über die in § 5 Absatz 4a genannten Systeme und Verfahren zu verfügen,
14. als Börsenträger eine Börse betreibt, ohne über ausreichende finanzielle Mittel im Sinne des § 5 Absatz 5 zu verfügen,
15. als Börsenträger entgegen § 5 Absatz 7 an einer von ihm betriebenen Börse Kundenaufträge unter Einsatz seines eigenen Kapitals ausführt oder auf die Zusammenführung sich deckender Kundenaufträge zurückgreift,
16. entgegen
    a) § 6 Absatz 1 Satz 1, 5 oder 6 oder
    b) § 6 Absatz 5 Satz 1 oder 4 oder Absatz 6 Satz 1,
    jeweils auch in Verbindung mit einer Rechtsverordnung nach § 6 Absatz 7, eine Anzeige nicht, nicht richtig, nicht vollständig oder nicht rechtzeitig erstattet,
17. einer vollziehbaren Anordnung der Börsenaufsichtsbehörde nach § 6 Absatz 1 Satz 7 zuwiderhandelt,
18. entgegen § 6 Absatz 6 Satz 2 eine Veröffentlichung nicht oder nicht rechtzeitig vornimmt,

19. entgegen § 26c Absatz 2 Satz 1 kein Market-Making- System einrichtet,
20. als Handelsteilnehmer bei der Teilnahme am Börsenhandel einen Algorithmus im Sinne von § 26d Absatz 2 einsetzt, ohne diesen zuvor auf etwaige marktstörende Auswirkungen getestet zu haben,
21. als Börsenträger entgegen § 26e Satz 1 die dort genannte Veröffentlichung nicht mindestens einmal jährlich vornimmt,
22. als Börsenträger entgegen § 26f Absatz 1 keine Positionsmanagementkontrollen einrichtet oder
23. als Handelsteilnehmer entgegen § 26g die von der Geschäftsführung verlangten Daten nicht übermittelt.

(3) Ordnungswidrig handelt, wer gegen die Verordnung (EU) Nr. 648/2012 des Europäischen Parlaments und des Rates vom 4. Juli 2012 über OTC-Derivate, zentrale Gegenparteien und Transaktionsregister (ABl. L 201 vom 27.7.2012, S. 1) verstößt, indem er vorsätzlich oder fahrlässig als Betreiber eines Freiverkehrs im Sinne des § 48 entgegen Artikel 8 Absatz 1 in Verbindung mit Absatz 4 Unterabsatz 1 Handelsdaten nicht, nicht richtig, nicht vollständig, nicht in der vorgeschriebenen Weise oder nicht rechtzeitig zur Verfügung stellt.

(4) Ordnungswidrig handelt, wer als Börsenträger gegen die Verordnung (EU) 2015/2365 des Europäischen Parlaments und des Rates vom 25. November 2015 über die Transparenz von Wertpapierfinanzierungsgeschäften und der Weiterverwendung sowie zur Änderung der Verordnung (EU) Nr. 648/2012 (ABl. L 337 vom 23.12.2015, S. 1) verstößt, indem er vorsätzlich oder leichtfertig
1. entgegen Artikel 4 Absatz 1 eine Meldung nicht, nicht richtig, nicht vollständig, nicht in der vorgeschriebenen Weise oder nicht rechtzeitig vornimmt,
2. entgegen Artikel 4 Absatz 4 Aufzeichnungen nicht, nicht vollständig oder nicht mindestens für die vorgeschriebene Dauer aufbewahrt,
3. entgegen Artikel 15 Absatz 1 Finanzinstrumente weiterverwendet, ohne dass die dort genannten Voraussetzungen erfüllt sind oder
4. entgegen Artikel 15 Absatz 2 ein Recht auf Weiterverwendung ausübt, ohne dass die dort genannten Voraussetzungen erfüllt sind.

(5) Ordnungswidrig handelt, wer gegen die Verordnung (EU) Nr. 600/2014 des Europäischen Parlaments und des Rates vom 15. Mai 2014 über Märkte für Finanzinstrumente und zur Änderung der Verordnung (EU) Nr. 648/2012 (ABl. L 173 vom 12.6.2014, S. 84; L 6 vom 10.1.2015, S. 6; L 270 vom 15.10.2015, S. 4), die durch die Verordnung (EU) 2016/1033 (ABl. L 175 vom 30.6.2016, S. 1) geändert worden ist, verstößt, indem er vorsätzlich oder leichtfertig als Marktbetreiber im Sinne des Artikels 4 Absatz 1 Nummer 18 der Richtlinie 2014/65/EU oder als Börsenträger, der ein multilaterales Handelssystem im Sinne des Artikels 4 Absatz 1 Nummer 22 der Richtlinie 2014/65/EU oder ein organisiertes Handelssystem im Sinne des Artikels 4 Absatz 1 Nummer 23 der Richtlinie 2014/65/EU betreibt,

1. entgegen
   a) Artikel 3 Absatz 1,
   b) Artikel 6 Absatz 1,
   c) Artikel 8 Absatz 1,
   d) Artikel 8 Absatz 4,
   e) Artikel 10 Absatz 1,
   f) Artikel 11 Absatz 3 Unterabsatz 3 in Verbindung mit Artikel 10 Absatz 1 oder
   g) Artikel 31 Absatz 2

(14) BörsG 50 2. Teil. Handelsrechtl. Nebengesetze

nicht richtig, nicht vollständig, nicht in der vorgeschriebenen Weise oder nicht rechtzeitig vornimmt,

2. beim Betrieb eines Handelsplatzes ein dort genanntes System betreibt, das nicht oder nicht vollständig den in Artikel 4 Absatz 3 Unterabsatz 1 beschriebenen Anforderungen entspricht,

3. entgegen
   a) Artikel 3 Absatz 3 oder Artikel 6 Absatz 2 nicht in der dort beschriebenen Weise Zugang zu den betreffenden Systemen gewährt,
   b) Artikel 7 Absatz 1 Unterabsatz 3 Satz 1 oder Artikel 11 Absatz 1 Unterabsatz 3 Satz 1 eine Genehmigung nicht oder nicht rechtzeitig einholt oder auf geplante Regelungen nicht, nicht richtig, nicht vollständig, nicht in der vorgeschriebenen Weise oder nicht rechtzeitig hinweist,
   c) Artikel 8 Absatz 3 oder Artikel 10 Absatz 2 nicht in der dort beschriebenen Weise Zugang zu den betreffenden Regelungen gewährt,
   d) Artikel 12 Absatz 1 eine Information nicht, nicht richtig, nicht vollständig, nicht in der vorgeschriebenen Weise oder nicht rechtzeitig offenlegt,
   e) Artikel 13 Absatz 1 eine Angabe oder Information nicht, nicht richtig, nicht in der vorgeschriebenen Weise oder nicht rechtzeitig offenlegt oder bereitstellt oder keinen diskriminierungsfreien Zugang zu den Informationen sicherstellt,
   f) Artikel 22 Absatz 2 erforderliche Daten nicht für einen ausreichend langen Zeitraum speichert,
   g) Artikel 25 Absatz 2 die einschlägigen Daten eines Auftrags nicht für mindestens fünf Jahre zur Verfügung hält,
   h) Artikel 29 Absatz 1 nicht sicherstellt, dass Geschäfte von einer zentralen Gegenpartei gecleart werden,
   i) Artikel 29 Absatz 2 Unterabsatz 1 nicht über die dort bezeichneten Systeme, Verfahren und Vorkehrungen verfügt,
   j) Artikel 31 Absatz 3 Satz 1 eine Aufzeichnung nicht, nicht richtig, nicht vollständig oder nicht in der vorgeschriebenen Weise führt,
   k) Artikel 31 Absatz 3 Satz 2 eine Aufzeichnung nicht, nicht vollständig oder nicht rechtzeitig zur Verfügung stellt,
   l) Artikel 35 Absatz 2 einen Antrag nicht, nicht vollständig oder nicht in der vorgeschriebenen Weise an eine zuständige Behörde übermittelt,
   m) Artikel 36 Absatz 1 Handelsdaten nicht auf diskriminierungsfreier und transparenter Basis bereitstellt,
   n) Artikel 36 Absatz 3 Satz 1 nicht, nicht in der vorgeschriebenen Weise oder nicht rechtzeitig antwortet,
   o) Artikel 36 Absatz 3 Satz 2 einen Zugang verweigert,
   p) Artikel 36 Absatz 3 Satz 3, auch in Verbindung mit Satz 4, eine Untersagung nicht ausführlich begründet oder eine Unterrichtung oder Mitteilung nicht oder nicht in der vorgeschriebenen Weise vornimmt oder
   q) Artikel 36 Absatz 3 Satz 5 einen Zugang nicht oder nicht rechtzeitig ermöglicht.

(6) Ordnungswidrig handelt, wer gegen die Verordnung (EU) Nr. 600/2014 verstößt, indem er vorsätzlich oder fahrlässig

1. als Marktbetreiber im Sinne des Artikels 4 Absatz 1 Nummer 18 der Richtlinie 2014/65/EU,
2. als Börsenträger, der ein multilaterales Handelssystem im Sinne des Artikels 4 Absatz 1 Nummer 22 der Richtlinie 2014/65/EU oder ein organi-

siertes Handelssystem im Sinne des Artikels 4 Absatz 1 Nummer 23 der Richtlinie 2014/65/EU betreibt oder

3. als ein mit einem Marktbetreiber nach Nummer 1 oder mit einem Börsenträger nach Nummer 2 verbundenes Unternehmen

entgegen Artikel 37 Absatz 3 mit dem Erbringer eines Referenzwerts eine Vereinbarung trifft, die eine andere zentrale Gegenpartei oder einen anderen Handelsplatz am Zugang zu den in Artikel 37 Absatz 1 genannten Informationen, Rechten oder Lizenzen hindern würde.

(7) Ordnungswidrig handelt, wer gegen die Verordnung (EU) Nr. 909/2014 des Europäischen Parlaments und des Rates vom 23. Juli 2014 zur Verbesserung der Wertpapierlieferungen und -abrechnungen in der Europäischen Union und über Zentralverwahrer sowie zur Änderung der Richtlinien 98/26/EG und 2014/65/EU und der Verordnung (EU) Nr. 236/2012 (ABl. L 257 vom 28.8.2014, S. 1), die durch die Verordnung (EU) 2016/1022 (ABl. L 175 vom 30.6.2016, S. 1) geändert worden ist, verstößt, indem er vorsätzlich oder fahrlässig als Börsenträger oder als Betreiber eines Freiverkehrs im Sinne des § 48 einem Zentralverwahrer entgegen Artikel 53 Absatz 1 Unterabsatz 1 Transaktionsdaten nicht, nicht richtig, nicht vollständig, nicht in der vorgeschriebenen Weise oder nicht rechtzeitig zur Verfügung stellt.

(8) Die Ordnungswidrigkeit kann in den Fällen des Absatzes 1 Nummer 2 und des Absatzes 3 mit einer Geldbuße bis hunderttausend Euro, in den übrigen Fällen mit einer Geldbuße bis fünfzigtausend Euro geahndet werden.

(9) [1] Die Ordnungswidrigkeit kann in den Fällen der Absätze 2 und 5 bis 7 mit einer Geldbuße von bis zu fünf Millionen Euro geahndet werden. [2] Gegenüber einer juristischen Person oder Personenvereinigung kann über Satz 1 hinaus eine höhere Geldbuße in Höhe von bis zu 10 Prozent des Gesamtumsatzes, den die juristische Person oder Personenvereinigung im der Behördenentscheidung vorangegangenen Geschäftsjahr erzielt hat, verhängt werden. [3] Über die in den Sätzen 1 und 2 genannten Beträge hinaus kann die Ordnungswidrigkeit mit einer Geldbuße bis zum Zweifachen des aus dem Verstoß gezogenen wirtschaftlichen Vorteils geahndet werden. [4] Der wirtschaftliche Vorteil umfasst erzielte Gewinne und vermiedene Verluste und kann geschätzt werden.

(10) [1] Die Ordnungswidrigkeit kann in den Fällen des Absatzes 4 mit einer Geldbuße bis zu fünf Millionen Euro geahndet werden. [2] Gegenüber einer juristischen Person oder Personenvereinigung kann über Satz 1 hinaus eine höhere Geldbuße verhängt werden; diese darf

1. in den Fällen des Absatzes 4 Satz 1 Nummer 1 und 2 den höheren der Beträge von fünf Millionen Euro und 10 Prozent des Gesamtumsatzes, den die juristische Person oder Personenvereinigung im der Behördenentscheidung vorangegangenen Geschäftsjahr erzielt hat,
2. in den Fällen des Absatzes 4 Satz 1 Nummer 3 und 4 den höheren der Beträge von fünfzehn Millionen Euro und 10 Prozent des Gesamtumsatzes, den die juristische Person oder Personenvereinigung im der Behördenentscheidung vorangegangenen Geschäftsjahr erzielt hat,

nicht überschreiten.
[3] Über die in den Sätzen 1 und 2 genannten Beträge hinaus kann die Ordnungswidrigkeit mit einer Geldbuße bis zum Dreifachen des aus dem Verstoß gezogenen wirtschaftlichen Vorteils geahndet werden. [4] Der wirtschaftliche Vorteil umfasst erzielte Gewinne und vermiedene Verluste und kann geschätzt werden.

(11) [1] Gesamtumsatz im Sinne des Absatzes 9 Satz 2 und des Absatzes 10 Satz 2 ist

(14) BörsG 50

1. im Falle des Börsenträgers der Betrag der Nettoumsätze nach Maßgabe des auf den Börsenträger anwendbaren nationalen Rechts im Einklang mit Artikel 2 Nummer 5 der Richtlinie 2013/34/EU des Europäischen Parlaments und des Rates vom 26. Juni 2013 über den Jahresabschluss, den konsolidierten Abschluss und damit verbundene Berichte von Unternehmen bestimmter Rechtsformen und zur Änderung der Richtlinie 2006/43/EG des Europäischen Parlaments und des Rates und zur Aufhebung der Richtlinien 78/660/EWG und 83/349/EWG des Rates (ABl. L 182 vom 29.6.2013, S. 19; L 369 vom 24.12.2014, S. 79), die zuletzt durch die Richtlinie 2014/102/EU (ABl. L 334 vom 21.11.2014, S. 86) geändert worden ist,
2. im Falle von Kreditinstituten, Zahlungsinstituten und Finanzdienstleistungsinstituten der Gesamtbetrag, der sich aus dem auf das Institut anwendbaren nationalen Recht im Einklang mit Artikel 27 Nummer 1, 3, 4, 6 und 7 oder Artikel 28 Nummer B1, B2, B3, B4 und B7 der Richtlinie 86/635/EWG des Rates vom 8. Dezember 1986 über den Jahresabschluss und den konsolidierten Abschluss von Banken und anderen Finanzinstituten (ABl. L 372 vom 31.12.1986, S. 1; L 316 vom 23.11.1988, S. 51), die zuletzt durch die Richtlinie 2006/46/EG (ABl. L 224 vom 16.8.2006, S. 1) geändert worden ist, ergibt, abzüglich der Umsatzsteuer und sonstiger direkt auf diese Erträge erhobener Steuern,
3. im Falle von Versicherungsunternehmen der Gesamtbetrag, der sich aus dem auf das Versicherungsunternehmen anwendbaren nationalen Recht im Einklang mit Artikel 63 der Richtlinie 91/674/EWG des Rates vom 19. Dezember 1991 über den Jahresabschluss und den konsolidierten Abschluss von Versicherungsunternehmen (ABl. L 374 vom 31.12.1991, S. 7), die zuletzt durch die Richtlinie 2006/46/EG (ABl. L 224 vom 16.8.2006, S. 1) geändert worden ist, ergibt, abzüglich der Umsatzsteuer und sonstiger direkt auf diese Erträge erhobener Steuern,
4. im Übrigen der Betrag der Nettoumsätze nach Maßgabe des auf das Unternehmen anwendbaren nationalen Rechts im Einklang mit Artikel 2 Nummer 5 der Richtlinie 2013/34/EU.

[2] Handelt es sich bei den in Satz 1 genannten Personen um juristische Personen oder Personenvereinigungen, die zugleich Mutterunternehmen oder Tochtergesellschaften sind, so ist anstelle des Gesamtumsatzes der juristischen Person oder Personenvereinigung der jeweilige Gesamtbetrag in dem Konzernabschluss des Mutterunternehmens maßgeblich, der für den größten Kreis von Unternehmen aufgestellt wird. [3] Wird der Konzernabschluss für den größten Kreis von Unternehmen nicht nach den in Satz 1 genannten Vorschriften aufgestellt, ist der Gesamtumsatz nach Maßgabe der dem in Satz 1 vergleichbaren Posten des Konzernabschlusses zu ermitteln. [4] Ist ein Jahresabschluss oder Konzernabschluss für das maßgebliche Geschäftsjahr nicht verfügbar, ist der Jahres- oder Konzernabschluss für das unmittelbar vorangehende Geschäftsjahr maßgeblich; ist auch dieser nicht verfügbar, kann der Gesamtumsatz geschätzt werden.

(12) [1] § 17 Absatz 2 des Gesetzes über Ordnungswidrigkeiten ist nicht anzuwenden bei Verstößen gegen Gebote und Verbote, die in den Absätzen 9 und 10 in Bezug genommen werden. [2] § 30 des Gesetzes über Ordnungswidrigkeiten gilt auch für juristische Personen oder Personenvereinigungen, die über eine Zweigniederlassung oder im Wege des grenzüberschreitenden Dienstleistungsverkehrs im Inland tätig sind. [3] Die Verfolgung der Ordnungswidrigkeiten nach den Absätzen 9 und 10 verjährt in drei Jahren.

Bekanntmachung von Maßnahmen

BörsG 50a (1) ¹Die Börsenaufsichtsbehörde hat jede unanfechtbar gewordene Bußgeldentscheidung nach § 50 Absatz 3 unverzüglich auf ihrer Internetseite öffentlich bekannt zu machen, es sei denn, diese Veröffentlichung würde die Finanzmärkte erheblich gefährden oder zu einem unverhältnismäßigen Schaden bei den Beteiligten führen. ²Die Bekanntmachung darf keine personenbezogenen Daten enthalten.

(2) ¹Die Börsenaufsichtsbehörde macht Entscheidungen über Maßnahmen und Sanktionen, die von ihr wegen Verstößen gegen Verbote oder Gebote der §§ 4, 4a, 4b, 5, 6, 26c, 26d, 26e, 26f und 26g oder gegen die Verbote oder Gebote der Artikel 3, 4, 6, 7, 8, 10, 11, 12, 13, 22, 25, 29, 31, 35, 36 und 37 der Verordnung (EU) Nr. 600/2014 oder von Artikel 4 oder 15 der Verordnung (EU) 2015/2365 sowie gegen die zur Durchführung dieser Vorschriften erlassenen Rechtsverordnungen oder sonstigen Rechtsakte oder gegen eine im Zusammenhang mit einer Untersuchung betreffend die Pflichten nach diesen Vorschriften ergangene vollziehbare Anordnung der Börsenaufsichtsbehörde nach § 3 oder § 6 erlassen wurden, auf ihrer Internetseite unverzüglich nach Unterrichtung der natürlichen oder juristischen Person, gegen die die Maßnahme oder Sanktion verhängt wurde, bekannt. ²Dies gilt nicht für Entscheidungen, mit denen Maßnahmen mit Ermittlungscharakter verhängt werden. ³In der Bekanntmachung benennt die Börsenaufsichtsbehörde die Vorschrift, gegen die verstoßen wurde, und die für den Verstoß verantwortliche natürliche oder juristische Person oder Personenvereinigung. ⁴Ist die Bekanntmachung der Identität der juristischen Personen oder der personenbezogenen Daten der natürlichen Person unverhältnismäßig oder gefährdet die Bekanntmachung laufende Ermittlungen oder die Stabilität der Finanzmärkte, so kann die Börsenaufsichtsbehörde

1. die Entscheidung, mit der die Sanktion bzw. Maßnahme verhängt wird, erst dann bekanntmachen, wenn die Gründe für den Verzicht auf ihre Bekanntmachung nicht mehr bestehen, oder
2. die Entscheidung, mit der die Sanktion bzw. Maßnahme verhängt wird, ohne Nennung personenbezogener Daten bekanntmachen, wenn diese anonymisierte Bekanntmachung einen wirksamen Schutz der betreffenden personenbezogenen Daten gewährleistet, oder
3. gänzlich von der Bekanntmachung der Entscheidung, mit der die Sanktion bzw. Maßnahme verhängt wird, absehen, wenn die unter den Nummern 1 und 2 genannten Möglichkeiten nicht ausreichen, um zu gewährleisten, dass
   a) die Stabilität der Finanzmärkte nicht gefährdet wird oder
   b) die Verhältnismäßigkeit der Bekanntmachung gewahrt bleibt.

⁵Entscheidet sich die Börsenaufsichtsbehörde für eine Bekanntmachung in anonymisierter Form, kann die Bekanntmachung um einen angemessenen Zeitraum aufgeschoben werden, wenn vorhersehbar ist, dass die Gründe für die anonymisierte Bekanntmachung innerhalb dieses Zeitraums wegfallen werden. ⁶Wird gegen die Bußgeldentscheidung ein Rechtsbehelf eingelegt, so macht die Börsenaufsichtsbehörde auch diesen Sachverhalt und das Ergebnis des Rechtsbehelfsverfahrens umgehend auf ihrer Internetseite bekannt. ⁷Ferner wird jede Entscheidung, mit der eine frühere Bußgeldentscheidung aufgehoben oder geändert wird, ebenfalls bekanntgemacht. ⁸Eine Bekanntmachung nach Satz 1 ist nach fünf Jahren zu löschen. ⁹Abweichend davon sind personenbezogene Daten zu löschen, sobald ihre Bekanntmachung nicht mehr erforderlich ist. ¹⁰Die Börsenaufsichtsbehörde unterrichtet die Bundesanstalt und die Europäische Wertpapier- und Marktaufsichtsbehörde über alle

Bußgeldentscheidungen, die im Einklang mit Satz 4 Nummer 3 nicht bekanntgemacht wurden, sowie über alle Rechtsbehelfe in Verbindung mit diesen Bußgeldentscheidungen und die Ergebnisse der Rechtsbehelfsverfahren. [11] Über die Bekanntmachung einer Bußgeldentscheidung unterrichtet die Börsenaufsichtsbehörde die Bundesanstalt und die Europäische Wertpapier- und Marktaufsichtsbehörde gleichzeitig.

Geltung für Wechsel und ausländische Zahlungsmittel

BörsG 51 (1) Die §§ 24 und 27 bis 29 gelten auch für den Börsenhandel mit Wechseln und ausländischen Zahlungsmitteln.

(2) Als Zahlungsmittel im Sinne des Absatzes 1 gelten auch Auszahlungen, Anweisungen und Schecks.

1 § 51 nF 2007 wie § 63 aF. Inländische Wechsel werden an den WPBörsen gehandelt (s § 2 Rn 3). §§ 24 und 27 bis 29 über die Ermittlung des Börsenpreises und über Skontroführung gelten auch für **Wechsel und ausländische Zahlungsmittel (I). II** stellt klar, dass Zahlungsmittel iSv 1 auch Auszahlungen, Anweisungen und Schecks sind (weite Legaldefinition). Zu den früheren Streitfragen zu Vorgängernorm und im Zusammenhang mit ihr s 30. Aufl.

Übergangsregelungen

BörsG 52 (1) Sind Prospekte, auf Grund derer Wertpapiere zum Börsenhandel mit amtlicher Notierung zugelassen worden sind, oder Unternehmensberichte vor dem 1. April 1998 veröffentlicht worden, so sind auf diese Prospekte und Unternehmensberichte die Vorschriften der §§ 45 bis 49 und 77 des Börsengesetzes in der Fassung der Bekanntmachung vom 17. Juli 1996 (BGBl. I S. 1030) weiterhin anzuwenden.

(2) Sind Prospekte, auf Grund derer Wertpapiere zum Börsenhandel im amtlichen Markt zugelassen worden sind, oder Unternehmensberichte vor dem 1. Juli 2002 veröffentlicht worden, so ist auf diese Prospekte und Unternehmensberichte die Vorschrift des § 47 des Börsengesetzes in der Fassung der Bekanntmachung vom 9. September 1998 (BGBl. I S. 2682), das zuletzt durch Artikel 35 des Gesetzes vom 27. April 2002 (BGBl. I S. 1467) geändert worden ist, weiterhin anzuwenden.

(3) [1] Sind Prospekte, auf Grund derer Wertpapiere zum Handel im amtlichen Markt zugelassen worden sind, vor dem 1. Juli 2005 veröffentlicht worden, so ist auf diese Prospekte die Vorschrift des § 45 dieses Gesetzes in der vor dem 1. Juli 2005 geltenden Fassung weiterhin anzuwenden. [2] Auf Unternehmensberichte, die vor dem 1. Juli 2005 veröffentlicht worden sind, finden die §§ 44 bis 47 und 55 des Börsengesetzes in der vor dem 1. Juli 2005 geltenden Fassung weiterhin Anwendung.

(4) [1] Für Wertpapiere, deren Laufzeit nicht bestimmt ist und die am 1. Juli 2002 weniger als zehn Jahre an einer inländischen Börse eingeführt sind, gilt § 5 Abs. 1 Satz 1 des Börsengesetzes in der Fassung der Bekanntmachung vom 9. September 1998 (BGBl. I S. 2682), das zuletzt durch Artikel 35 des Gesetzes vom 27. April 2002 (BGBl. I S. 1467) geändert worden ist. [2] Auf die in Satz 1 genannten Wertpapiere ist § 17 Abs. 1 Nr. 5 erst mit Ablauf von zehn Jahren seit der Einführung anzuwenden.

(5) [1] Börsenträger, denen vor dem 1. November 2007 eine Genehmigung nach § 1 Abs. 1 des Börsengesetzes in der bis zum 31. Oktober 2007 geltenden

V. Bankgeschäfte **WpPG (15a)**

Fassung erteilt worden ist, bedürfen insoweit keiner Erlaubnis nach § 4. ² Sie müssen jedoch der Börsenaufsichtsbehörde bis zum 30. April 2009 die nach § 4 Abs. 2 Satz 2 erforderlichen Unterlagen einreichen. ³ Die Befugnisse der Börsenaufsichtsbehörde nach § 4 gelten in Ansehung der vor dem 1. November 2007 erteilten Genehmigungen entsprechend.

(6) Börsenträger, die den Betrieb eines Freiverkehrs bereits vor dem 1. November 2007 begonnen haben, sind verpflichtet, den Antrag auf Erteilung der Erlaubnis nach § 48 Abs. 3 Satz 1 bis zum 30. April 2009 nachzureichen.

(7) Wertpapiere, die vor dem 1. November 2007 zum amtlichen Markt oder zum geregelten Markt zugelassen waren, gelten ab dem 1. November 2007 als zum regulierten Markt zugelassen.

(8) Für Ansprüche wegen fehlerhafter Prospekte, die Grundlage für die Zulassung von Wertpapieren zum Handel an einer inländischen Börse sind und die vor dem 1. Juni 2012 im Inland veröffentlicht worden sind, sind die §§ 44 bis 47 in der bis zum 31. Mai 2012 geltenden Fassung weiterhin anzuwenden.

(9) Auf Anträge auf Widerruf der Zulassung von Wertpapieren im Sinne des § 2 Absatz 2 des Wertpapiererwerbs- und Übernahmegesetzes zum Handel im regulierten Markt, die nach dem 7. September 2015 und vor dem 26. November 2015 gestellt worden sind und über die am 26. November 2015 noch nicht bestands- oder rechtskräftig entschieden worden ist, ist § 39 Absatz 2 bis 6 in der ab dem 26. November 2015 geltenden Fassung mit der Maßgabe anzuwenden, dass abweichend von § 39 Absatz 2 Satz 3 Nummer 1 in der ab dem 26. November 2015 geltenden Fassung ein Erwerbsangebot auch nach Antragstellung veröffentlicht werden kann.

(15a) §§ 21–25 Wertpapierprospektgesetz (WpPG): (Börsen-) Prospekthaftung

Vom 22. Juni 2005 (BGBl. I S. 1698/FNA 4110-9)
mit den späteren Änderungen

Schrifttum

Assmann/Schlitt/von Koop-Colomb WpPG/VermAnlG 3. Aufl 2017; *Assmann/Schütze/ Assmann,* Hdb Kapitalanlagerecht, 4. Aufl 2015, § 5, *Groß* Kapitalmarktrecht 6. Aufl. 2016 §§ 21 ff. WpPG, *Holzborn* WpPG 2. Aufl 2014, Staub/*Grundmann* HGB 5. Aufl 2017 Bd 11/1, 6. Teil F. Prospekthaftung – *Lorenz/Schönemann/Wolf* CFL **11**, 346, *Arnold/Aubel* ZGR **12**, 113, *Bongertz* BB **12**, 470, *Klöhn* DB **12**, 1854, *Lawall/Maier* DB **12**, 2443 und 2503, *Leuering* NJW **12**, 1905, *Weber* ZHR 176 **(12)**, 184, *Wieneke* NZG **12**, 1420, *Hopt* WM **13**, 101 (Kapitalmarktinformationshaftung), *Habersack* (in Habersack/Mülbert/Schlitt, Hdb der Kapitalmarktinformation, 2. Aufl 2013) § 29, *Mülbert/Steup* (in Habersack/Mülbert/Schlitt, Unternehmensfinanzierung am Kapitalmarkt, 2. Aufl 2013) § 41, *Brocker/Wohlfarter* BB **13**, 393, *Klöhn* FS Hoffmann-Becking **13**, 679, *Weber* NJW **13**, 275, *Beck* NZG **14**, 1410, *Assmann/Schütze/Assmann* HdbKapitalanlagerecht, 4. Aufl 2015 § 5, *Freitag* WM **15**, 1165 (IPR), *Herresthal* Bankrechtstag 2015, 2016, 103, *Buck-Heeb* Kapitalmarktrecht 8. Aufl 2016 § 5, *Weinrich/Tiedemann,* BKR **16**, 50 (Darstellung IRR-Methode).

RsprÜbersichten: *Schlick* WM **14**, 581 u. 633, *ders* WM **15**, 261 u. 309.

Zu §§ 44 ff. aF BörsG: *Assmann* Prospekthaftung 1985, *Brandt* Prospekthaftung 2005, *Brellochs* Publizität und Haftung von Aktiengesellschaften im System des EU-Kapitalmarktrechts 2005, *Christ* Der Einfluss der EU-Prospektrichtlinie auf das Wertpapierhaftungsrecht der Bundesrepublik Deutschland 2007, *Ellenberger* Prospekthaftung im Wertpapierhandel 2001; *Engelhardt* Prospekthaftung der Leitungsorgane von Emittenten in Deutschland und

(15a) WpPG Einl 1, 2

Schweden 2010, *Fleischer* DJTGA 64/02 (Anlegerschutz), *Floer* Internationale Reichweite der Prospekthaftung 2002; *Gebauer* Börsenprospekthaftung und Kapitalerhaltungsgrundsatz in der Aktiengesellschaft 1999; *Gerber* Prospekthaftung bei Wertpapieremissionen nach dem Dritten FMFG 2001; *Hopt* Verantwortlichkeit der Banken bei Emissionen 1991, Rn 141 ff; *Hopt/Voigt* Prospekt- und Kapitalmarktinformationshaftung 2005; Just/Voß/Ritz/Zeising WpPG 2009; *Keuneke* Prospekte im Kapitalmarkt 2. Aufl 2009, *Ochs* Die einheitliche kapitalmarktrechtliche Prospekthaftung 2005, *Rein* Die Prospektpflicht und Prospekthaftung bei Wertpapieremissionen, 2009 *Siebel*, Rechtsfragen internationaler Anleihen, 1997, S 731; *Uhink* Internationale Prospekthaftung nach der Rom-II-VO 2016, *Wild* Prospekthaftung einer Aktiengesellschaft 2007, *Zoller* Die Haftung bei Kapitalanlagen 3. Aufl 2016 –

Schwark FS Raisch **95**, 269 (Kapitalerhaltung in AG), *Grundmann/Selbherr* WM **96**, 985 – Nach dem 3. FinanzmarktfördG: *Schäfer/Hamann* §§ 45 ff (aF); *Hopt* FS Drobnig **98**, 525, *Sittmann* NZG **98**, 490u NJW **98**, 3761, *Krämer/Baudisch* WM **98**, 1161, *Ellenberger* FS Schimansky **99**, 591, *Kort* AG **99**, 9, *Groß* AG **99**, 199, *Bischoff* AG **02**, 489 (IPR), *Fleischer/Kalss* AG **02**, 329, *Baums/Fischer* FS Drukarczyk **03**, 39, *Lux* NJW **03**, 2966, *Meyer* WM **03**, 1301, 1349 (Reform), *Assmann* AG **04**, 435, *Fleischer* WM **04**, 1897, *Hopt/Voigt* WM **04**, 1801, *Ehricke* in Hopt/Voigt 2005, S 187 (umfassend), *Krämer* in Marsch-Barner/Schäfer, Hdb börsennotierte AG 2005 § 9, *Zimmer/Binder* WM **05**, 577 (KapInHaG), *Schäfer* ZGR **06**, 40, *Hoppe/Riedel* DB **07**, 1125, *Kollmorgen/Feldhaus* BB **07**, 225 und 2756, *Kuntz* WM **07**, 432 (international), *Haertlein* ZIP **08**, 745, *Klühs* BKR **08**, 154, *Oulds* WM **08**, 1573, *Weber* WM **08**, 1581 (Rom-II), *Tschäpe/Glück* RIW **08**, 657 (Rom-II), *Einsele*, FS Kreutz **10**, 569, *C. Schäfer* ZIP **10**, 1877 (Umplatzierung), *Panetta/Zessel* NJOZ **10**, 418, *Schmidt* BKR **10**, 366, *Wagner* NZG **10**, 857, *Wink* AG **11**, 569, *Fleischer/Thaten* NZG **11**, 1081, *Langen* NZG **11**, 94, *Leuschner* NJW **11**, 3275, *Wackerbarth* WM **11**, 193, *Zech/Hanowski* NJW **13**, 510. RsprÜbersichten: *Assmann* FS Kübler **97**, 317, BGHFSWissII/*Hopt* **00**, 497 (Kapitalmarktrecht mit Prospekthaftung).

Einleitung

1 **A. Entwicklung: Prospektrichtlinie-Umsetzungsgesetz 2005:** Die **EG-Prospekt-Richtlinie** 4.11.03 AblEU L 345/64 und die DurchführungsVO 29.4.04 AblEU L 215/3 haben maßgebliche Vorgaben gemacht. Durch ProspRi-UmsetzG 22.6.05 BGBl 1698 wurde das Prospektrecht (mit Ausnahme der Prospekthaftung) in einem eigenen **WpPG** 22.6.05 BGBl 1698 zusammengefasst. Prospekthaftungsvorschriften verblieben für börsennotierte Wertpapiere (systemwidrig) noch im **(14)** BörsG und für Wertpapiere, die nicht zum Handel an einer inländischen Börsen zugelassen waren, in den seinerzeit noch geltenden §§ 13 ff VerkProspG. Lit: *Crüwell* AG **03**, 243 (ProspektRi), Holzborn/Schwarz-Gondeck BKR **03**, 927 (ProspektRi), Fischer-Appelt/Werlen EUREDIA **04**, 379 (ProspektRi), *Fleischer* WM **04**, 1897 (fehlender Prospekt), Holzborn/Israel ZIP **05**, 1668 (WpPG), Kullmann/Sester WM **05**, 1068 (WpPG), Mülbert/Steup WM **05**, 1633 (WpPG), Schlitt/Singhof/Schäfer BKR **05**, 251 (WpPG). S auch Anh § 177a Rn 59.

2 **Reformdiskussion über ein Kapitalmarktinformationshaftungsgesetz (KapInHaG-E):** Die Börsenprospekthaftung gemäß **(14)** BörsG § 44 aF sollte um eine **Außenhaftung der Organmitglieder** erweitert werden (§ 44 V, VI), diese wie nach §§ 37b–37c WpHG aF als Ausfallhaftung (nur bedingt ähnlich wie § 93 AktG, kein Zuständigkeitsübergang auf den Insolvenzverwalter wie nach § 93 V 4) mit Entlastungsmöglichkeit mangels grober Fahrlässigkeit, Haftungsdeckelung bei 10 Mio Euro und kurzer Verjährung; DiskE KapInHaG 2004, NZG **04**, 1042, ZIP **04**, 2348, völlige BMF-interne Neufassung 2005. Zur parallel diskutierten Reform der Kapitalmarktinformationshaftung nach §§ 37b-37c WpHG aF s **(16b)** WpHG § 97 Rn 10. Lit: Hopt/Voigt, Prospekt- und Kapitalmarktinformationshaftung, 2005 (aus GA für BMF) u WM **04**, 1801; Zimmer WM **05**, 577, Grotheer WM **05**, 2070.

V. Bankgeschäfte 3–5 **Einl WpPG (15a)**

Außerdem sollte analog der allgemeinen zivilrechtlichen Prospekthaftung 3
(Anh § 177a Rn 59 ff) die Börsenprospekthaftung auf **Wirtschaftsprüfer und andere externe Sachverständige** ausgedehnt werden, die als berufsmäßige Sachkenner bei der Erstellung der unrichtigen oder unvollständigen Angaben, die für die Beurteilung der Wertpapiere wesentlich sind, erkennbar mitgewirkt haben (vorgeschlagener § 44a BörsG). Der Anspruch bestünde nicht, sofern das Erwerbsgeschäft vor Veröffentlichung des Prospekts oder sechs Monate nach erstmaliger Einführung der Wertpapiere abgeschlossen wurde. Entlastungsbeweis mangelnder Verantwortung für die Angabe bliebe möglich. Schaden wäre der Unterschiedsbetrag zwischen dem Erwerbspreis und dem (ohne Verstoß) hypothetisch richtigen Preis. Dabei würde eine widerlegbare Schadensvermutung gemäß der Differenz des gewichteten durchschnittlichen inländischen Börsenkurses am Börsentag vor und während der ersten zwei Wochen nach Bekanntwerden der Unrichtigkeit helfen. Lit: s **(16b)** WpHG § 97 Rn 10; Assmann AG 04, 435.

G zur Novellierung des Finanzanlagenvermittler- und Vermögensanla- 4
genrechts 2011: Durch das VermAnlGEG 6.12.2011 BGBl. 2481 wurden dann auch die Prospekthaftungsregeln aus **(14)** BörsG §§ 44–47 aF für Börsenzulassungsprospekte und aus §§ 13, 13a VerkProspG für sonstige Wertpapierprospekte in das WpPG (§§ 21–25) überführt. §§ 21 ff WpPG enthalten damit die spezialgesetzliche Prospekthaftung für Wertpapierprospekte und betreffen alle Prospekte für Wertpapiere, unabhängig davon ob sie für die Börsenzulassung oder ein sonstiges öffentliches Angebot von Wertpapieren bestimmt sind, BTDrucks 17/6051, 46. Änderungen gab es durch die Haftungsverschärfung in § 25 II gegenüber **(14)** BörsG § 47 II aF und durch den Wegfall der besonderen Verjährungsvorschrift des **(14)** BörsG § 46 aF. Für Haftungsansprüche wegen fehlerhafter oder fehlender Prospekte gilt daher ab dem 1.6.12 die allgemeine Verjährung nach BGB. Zugleich wurde für Graumarktprodukte, dh für sonstige im Inland öffentlich angebotenen Vermögensanlagen, für die Prospekte veröffentlicht werden müssen, § 1 VermAnlG, die Prospekthaftung in die **(15b)** §§ 20–22 VermAnlG überführt. Lit: s Angaben bei **(15b)**, allgemein z VermAnlG Bußalb/Vogel WM **12,** 1416, Friedrichsen/Weisner ZIP **12,** 756, Hanten/Reinholz ZBB **12,** 36, Zingel/Varadinek BKR **12,** 177, außerdem Mattil DB **11,** 2533 (zum Gesetzentwurf).

Die folgenden Änderungen des WpPG seit 2011, wie etwa das ProspRi- 4a
UmsetzG v. 26.6.12 BGBl 1375 oder das 1. FiMaNoG v. 30.6.16 BGBl 1514 haben bei den Prospekthaftungsvorschriften nur zu kleineren Änderungen bzw. Anpassungen in § 23 geführt (im ersteren Fall Ergänzung von II Nr 5 um Haftung für Schlüsselinformationen, im zweiten Fall Anpassung von II Nr 4 durch Verweis auf MAR). Zu den im Rahmen der geplanten Europäischen Kapitalmarktunion ins Auge gefassten Änderungen im EU-Prospektrecht Schulz WM **16,** 1417, Bronger/Scherer WM **17,** 460.

B. **Rechtsnatur und Systematik der Wertpapierprospekthaftung:** Ihrer 5
Rechtsnatur nach ist die Prospekthaftung ein kapitalmarktrechtlicher Unterfall der Vertrauens- und Berufshaftung (Anh § 177a Rn 62), BGHFSWissII/Hopt 00, 524, Schwark/Zimmer/Schwark §§ 44, 45 BörsG Rn 7, vgl BGH NJW **03,** 2384 (zu AVB). Werden Wertpapiere zum Börsenhandel am regulierten Markt ((**14**) BörsG § 32 I) zugelassen, muss ein Prospekt veröffentlicht werden, § 3 III WpPG. Ist dieser fehlerhaft, greifen die Haftungsvorschriften §§ 21, 23, 25 WpPG. Im Falle nicht an einer inländischen Börse zugelassener Wertpapiere, für die nach § 3 I WpPG ein „sonstiger" Prospekt veröffentlicht wird, kommt es bei dessen Fehlerhaftigkeit bzw Nichtveröffentlichung zu einer Haftung nach §§ 22, 24 WpPG, wobei § 22 weitgehend auf § 21 verweist.

Kumpan 2487

Abschnitt 6. Prospekthaftung

Haftung bei fehlerhaftem Börsenzulassungsprospekt

WpPG 21 (1) ¹Der Erwerber von Wertpapieren, die auf Grund eines Prospekts zum Börsenhandel zugelassen sind, in dem für die Beurteilung der Wertpapiere wesentliche Angaben unrichtig oder unvollständig sind, kann

1. von denjenigen, die für den Prospekt die Verantwortung übernommen haben, und
2. von denjenigen, von denen der Erlass des Prospekts ausgeht,

als Gesamtschuldnern die Übernahme der Wertpapiere gegen Erstattung des Erwerbspreises, soweit dieser den ersten Ausgabepreis der Wertpapiere nicht überschreitet, und der mit dem Erwerb verbundenen üblichen Kosten verlangen, sofern das Erwerbsgeschäft nach Veröffentlichung des Prospekts und innerhalb von sechs Monaten nach erstmaliger Einführung der Wertpapiere abgeschlossen wurde. ²Ist kein Ausgabepreis festgelegt, gilt als Ausgabepreis der erste nach Einführung der Wertpapiere festgestellte oder gebildete Börsenpreis, im Falle gleichzeitiger Feststellung oder Bildung an mehreren inländischen Börsen der höchste erste Börsenpreis. ³Auf den Erwerb von Wertpapieren desselben Emittenten, die von den in Satz 1 genannten Wertpapieren nicht nach Ausstattungsmerkmalen oder in sonstiger Weise unterschieden werden können, sind die Sätze 1 und 2 entsprechend anzuwenden.

(2) Ist der Erwerber nicht mehr Inhaber der Wertpapiere, so kann er die Zahlung des Unterschiedsbetrags zwischen dem Erwerbspreis, soweit dieser den ersten Ausgabepreis nicht überschreitet, und dem Veräußerungspreis der Wertpapiere sowie der mit dem Erwerb und der Veräußerung verbundenen üblichen Kosten verlangen. Absatz 1 Satz 2 und 3 ist anzuwenden.

(3) Sind Wertpapiere eines Emittenten mit Sitz im Ausland auch im Ausland zum Börsenhandel zugelassen, besteht ein Anspruch nach Absatz 1 oder 2 nur, sofern die Wertpapiere auf Grund eines im Inland abgeschlossenen Geschäfts oder einer ganz oder teilweise im Inland erbrachten Wertpapierdienstleistung erworben wurden.

(4) Einem Prospekt steht eine schriftliche Darstellung gleich, auf Grund deren Veröffentlichung der Emittent von der Pflicht zur Veröffentlichung eines Prospekts befreit wurde.

Übersicht

1) Prospekt (I, IV)	1–2
2) Unrichtigkeit und Unvollständigkeit des Prospekts	3–3e
3) Prospekthaftpflichtige	4–6
A. Prospekterlasser (I 1 Nr 1)	4
B. Prospektveranlasser (I 1 Nr 2)	5
C. Verhältnis zur aktienrechtlichen Kapitalerhaltung	6
4) Anspruchsberechtigte	7–8
A. Erwerber junger Stücke (I 1, 3)	7
B. Sechsmonatsgrenze (I 1 letzter Halbsatz)	8
5) Ersatzfähiger Schaden (I 1, 2, II)	9–10
A. Ersatzfähiger Schaden (I 1, 2)	9
B. Ersatzfähiger Schaden bei Veräußerung der Wertpapiere (II)	10
6) Auslandsgeschäft (III)	11
7) Verjährung und Gerichtszuständigkeit	12

V. Bankgeschäfte 1–3a **21 WpPG (15a)**

1) Prospekt (I, IV)

Prospekt ist eine marktbezogene schriftliche Erklärung, die den Anspruch erhebt, 1
das Anlagepublikum über die angebotene Anlage umfassend zu informieren, BGH
191, 317. Dazu gehört der **Börsenzulassungsprospekt** iSv **(14)** BörsG § 32 III
Nr 2, § 48 II BörsZulV, der Vollprospekt nach § 5 iVm § 7 WpPG, der verkürzte
Prospekt nach § 5 iVm § 8 II WpPG und der Basisprospekt nach § 6 WpPG, § 48a
BörsZulV. Außerdem der **freiwillige Prospekt** nach § 1 III WpPG (für freiwillige
Prospekte vor dem 1.7.05 analoge Anwendung der spezialgesetzlichen Prospekthaftung, BGH WM **15**, 30). Auch körperlich vom als Prospekt bezeichneten Druckwerk getrennte Schriftstücke, die aber mit ihm zusammen vertrieben werden, können Bestandteil eines Anlageprospekts sein (Gesamtbetrachtung geboten), BGH 191, 310 Wie Prospekte zu behandeln (auch hinsichtlich Haftung) sind Nachträge nach § 16 WpPG. **Keine Prospekte** sind Ad-hoc-Mitteilungen nach (16a) MAR Art 17, Finanzberichte gemäß §§ 114 ff WpHG, Mitteilungen gemäß § 15 II WpPG, Veröffentlichungen nach §§ 49 WpHG und Bezugsangebote (§ 186 V 2 AktG, BGH WM **82**, 867). Informationsmemoranden können je nach Einsatz Prospekte (oder auch prospektbefreiende Darstellungen nach IV) darstellen, Groß § 21 WpPG Rn 26 ff. Erstreckung auch auf andere schriftliche Veröffentlichungen, zB Anzeigen, Werbungen, Pressevorveröffentlichungen (Ffm ZIP **97**, 1105) ua ist de lege lata ausgeschlossen (anders bei zivilrechtlicher Prospekthaftung, § 25 Rn 4). Ggf muss aber Prospekt richtig stellen, falls dies nicht geschieht, Haftung für fehlerhaften Prospekt. Bzgl. der Einordnung von Produktinformationsblättern nach § 64 II WpHG nF hinsichtlich der Prospekthaftung Schlee/Maywald BKR **12**, 320. Lit: Mülbert/Steup § 41 Rn 18 ff, 30 f.

Auch **prospektpflichtbefreiende Dokumente** (IV) nach § 4 II Nr 3, Nr 4 u 2
Nr 6 WpPG unterliegen der Prospekthaftung nach § 21, hinsichtlich § 4 II Nr 5
WpPG (Aktien aus Kapitalerhöhung) teleologische Reduzierung von § 21 IV (da
nach § 33 IV EGAktG Börsenzulassung ipso iure), hinsichtlich § 4 II Nr 8
WpPG sperrt § 23 II Nr 5. Im Fall von Dokumenten nach § 4 I WpPG wird bei
Fehlerhaftigkeit nach § 24 gehaftet, da diese Dokumente dann keine Befreiungswirkung nach § 4 I WpPG entfalten, s Mülbert/Steup § 41 Rn 27 ff.

2) Unrichtigkeit oder Unvollständigkeit des Prospekts

Gehaftet wird nur für inhaltliche Fehler. Entscheidend ist, ob eine vorhandene 3
oder fehlende Angabe für die Anlageentscheidung wesentlich ist, Ffm WM **94**,
291. **Angaben** nach § 21 I u § 22 sind nicht nur Tatsachenbehauptungen,
sondern auch wertende Angaben, BGH WM **82**, 865, WM **09**, 2303, u Prognosen (§ 5 I 1 WpPG „Zukunftsaussichten"), sofern ausreichende Tatsachenbasis
zugrunde liegt und sie aus ex ante-Sicht (kaufmännisch) vertretbar sind, RegE
BTDrucks 13/8933, 76, BGH WM **82**, 865, WM **12**, 1293; bei erheblichen
Risiken ist eine vorsichtige Kalkulation vorzunehmen, BGH WM **12**, 1295.
Prognosen sind kenntlich zu machen, auf die entgegenstehenden Risiken ist
hinzuweisen, BGH WM **82**, 865, Groß § 21 WpPG Rn 52.

Die **Wesentlichkeit** von Angaben ist unabhängig von § 5 I WpPG zu beur- 3a
teilen; sie ist gegeben, wenn die Angaben für die Anlageentscheidung eines
durchschnittlichen, verständigen Anlegers entscheidungserheblich sind, dh der
jeweilige Umstand „eher als nicht" bei der Anlageentscheidung berücksichtigt
wird, BGH WM **12**, 2150, **14**, 690, Ffm ZIP **11**, 1911, Dresd WM **14**, 1129, es
sich also um Umstände handelt, die den Wert der Investition bestimmen, Ffm
ZIP **12**, 1240, zB Geschäftsaussichten, Geschäftsmodell. Auch Umstände, die den
Vertragszweck vereiteln können, zB Möglichkeit zur Erteilung nachteiliger Weisungen durch herrschendes Unternehmen, BGH WM **12**, 2150, **14**, 691 (bloße
Erwähnung eines Beherrschungs- und Gewinnabführungsvertrages reicht nicht),
Ffm WM **11**, 1909, Umstände, die die Erreichbarkeit von Mieteinnahmen bei

Kumpan 2489

(15a) WpPG 21 3b–3d

Immobilienfonds beeinträchtigen, BGH WM **13**, 258, bei Investition in Beteiligung an Drittunternehmen Darstellung von dessen Geschäftsmodell, BGH WM **10**, 262, Hamm 34 U 216/**12**, juris, Rn 110, Hinweis auf das Risiko, keinen Abnehmer für Genussrechte zu finden, Hamm 34 U 221/**12**, juris, Rn 139, nicht aber Hinweis auf geringere Aussagekraft unkonsolidierter Bilanzzahlen im Vergleich zu vollständig konsolidierter Konzernbilanz, wenn deutlich wird, dass erhebliche Anzahl von Tochtergesellschaften nicht konsolidiert ist, Nürnb 6 U 644/**13**, juris, Tenor. Es reicht aus, wenn der Anleger dem Prospekt entnehmen kann, in welchem Umfang seine Beteiligung nicht in das Anlageobjekt fließt, sondern für Aufwendungen außerhalb der Anschaffungs- und Herstellungskosten verwendet wird, BGH WM **16**, 74. Hinweis auf einen möglichen Totalverlust ist kein Freibrief, andere Risiken unzutreffend oder unvollständig darzustellen, Hamm 34 U 216/**12**, juris, Rn 105.

3b **Beurteilungsperspektive** ist für Börsenzulassungsprospekte die eines durchschnittlichen Anlegers, der eine Bilanz lesen kann, aber nicht unbedingt mit der in eingeweihten Kreisen gebräuchlichen Schlüsselsprache vertraut zu sein braucht, BGH WM **82**, 863, WM **12**, 2150, Groß § 21 WpPG Rn 41. Bei Wertpapieren, die nicht an der Börse gehandelt werden, ist das Verständnis des angesprochenen Publikums entscheidend; sofern auch Kleinanleger angesprochen werden, können weder Fähigkeit zum Bilanzlesen noch Spezialkenntnisse erwartet werden, BGH WM **12**, 2150, **14**, 690, Dresd WM **14**, 1129 (diese Differenzierung zwischen Prospektarten ist fragwürdig, da weder dem Wortlaut der Vorschriften noch der Prospektrichtlinie noch der Prospektverordnung zu entnehmen); Fehler in der Bilanzierung wären dann in vielen Fällen wegen fehlender Auswirkung auf den Kaufentschluss nicht wesentlich, vgl Nürnb 6 U 644/**13**, juris, Rn 206 (aA Hamm 23 U 216/**12** juris, Rn 168), sehr fraglich, da mit „Anlagestimmung" nicht in Einklang zu bringen. Zum Anlegerleitbild Möllers/Steinberger NZG **15**, 329. Andererseits ist davon auszugehen, dass der Prospekt eingehend und sorgfältig, nicht nur flüchtig gelesen wird, BGH WM **08**, 725, **12**, 1294, **13**, 734, **14**, 691.

3c Der Prospekt kann **unrichtig** sein (dh Angaben weichen von den wirklichen Verhältnissen ab) zB bei Verstoß gegen zwingendes Bilanzrecht oder gegen das Aktualitätsgebot; unrichtige Angabe der Zahlstelle ist iZw unwesentlich. Abzustellen ist auf den Zeitpunkt der Prospektveröffentlichung, Ffm WM **94**, 295. Das Immobilienvermögen einer Emittentin ist zutreffend auszuweisen (insb wenn beträchtlicher Teil des Eigenkapitals), umfasst insb Bewertungsansatz und angewandte Bewertungsverfahren, sofern für sachgerechte Einschätzung des Grundstückswertes erforderlich, BGH WM **15**, 22, bei der Bewertung sind aber Toleranzen zu berücksichtigen (zulässige Schwankungsbreite von ca 20%), BGH WM **15**, 35. Übertragung eines erheblichen Aktienpakets auf Konzerntochter im Wege der Sacheinlage ist exakt zu beschreiben, ebenso, dass Buchgewinn durch dabei erfolgte Aufdeckung stiller Reserven später zu einem Verlust wegen Sonderabschreibung des Beteiligungsbuchwertes an der Tochter und Beeinträchtigung einer späteren Dividende führen kann, BGH WM **15**, 22. „Defeasance-Struktur" eines Medienfonds stellt als solche grds. keinen Prospektfehler dar, Zahlungsabwicklung darf aber von den prospektierten Zahlungsflüssen abweichen, Mü WM **17**, 133.

3d **Unvollständigkeit** (dh nicht alle wesentlichen Informationen enthaltend) ist, obschon Unterfall der Unrichtigkeit, wegen praktischer Bedeutung besonders aufgeführt (vgl § 347 HGB Rn 25), Mindestangaben s § 7 WpPG iVm EG VO Nr 809/2004, uU zusätzliche Angaben erforderlich. Bsp: Hinweis auf Anfechtungsklage gegen Kapitalerhöhungsbeschluss, auf dem die Emission neuer Aktien beruht, BGH **139**, 226, Hinweis auf ungesicherte Großforderung der Ges, Ffm AG **00**, 133, klare und verständliche Angaben zur Mittelverwendung, BGH WM **14**, 691, Hinweis auf weiche Kosten (Kosten, die nicht dem Anlageobjekt zugute kommen, BGH NJW **06**, 2042), wenn diese von nicht unerheblicher Höhe sind (nicht aber wenn bei Wertpapieren nur max 5% – bei Beteiligungen an Sachvermögen auch mehr), Nürnb 6 U 644/13, juris, Tenor, aber Hervorhebung einzelner Bestandteile der Weichkosten nicht erforderlich, Mü. WM **17**, 133. Es reicht aus, wenn der Anleger dem Prospekt entnehmen kann, in welchem Umfang seine Beteiligung nicht in das Anlageobjekt fließt, sondern für Aufwendungen außerhalb der Anschaffungs- und Herstellungskosten verwendet wird, BGH WM **16,** 74, dies muss ihm andererseits aber auch möglich sein (auch bei einer sog. Defeasance-Struktur, Mü. WM **17**, 133. Hinweis auf negative Wirtschaftspresse ist nicht nötig, auf negative Ratings jedenfalls nicht generell, str; selektive Wiedergabe kann jedoch zu Wahrnehmungsverzerrung führen und so Prospekt unvollständig werden lassen. Bei Übernahme von Angaben sachverständiger Dritter braucht deren Namen nicht unbedingt angegeben zu werden, str. Billigung der BaFin steht nicht entgegen, ebenso wenig Zulassung durch Börsengeschäftsführung, Ffm WM **94**, 297. Entscheidend ist der vermittelte **Gesamteindruck**, nicht isoliert einzelne Formulierungen, BGH WM **13**, 734, Ffm WM **94**, 295; objektiv unberechtigte Erfolgserwartungen dürfen nicht erweckt werden; die genaue Höhe der Betriebsverluste braucht die Emissionsbank aber idR nicht zu offenbaren; BGH WM **82**, 862, 864, ferner Düss WM **84**, 586, Ffm AG **00**, 132, AG **04**, 267, WM **04**, 1835, AG **05**, 851; Insiderinformationen s (**16a**) MAR Art 7 Rn 1, Prospektwahrheit hat Vorrang. Die Möglichkeiten zur Verbesserung des Bilanzbilds dürfen zwar ausgeschöpft werden, doch kann dann doch der Gesamteindruck unrichtig werden, BGH WM **82**, 863, Schwark/Zimmer/Schwark §§ 44, 45 Rn 29. Richtigkeit und Vollständigkeit des Prospekts nötigen aber auch nicht zur Schwarzmalerei. Formale oder stilistische Gestaltungsmängel machen Prospekt nicht unrichtig, sofern er dadurch nicht unverständlich wird. Ändert sich der Konsolidierungskreis unmittelbar vor Börsengang sind Als-Ob-Abschlüsse oder Pro-forma-Informationen erforderlich (Art. 4a und Anhang II Prospektverordnung).

Bei Veränderungen ursprünglich zutreffend dargestellter Verhältnisse besteht 3e zeitnahe **Aktualisierungspflicht** bzw. bei ursprünglich unzutreffenden Angaben **Berichtigungspflicht** (davon zu unterscheiden ist die haftungsbefreiende Berichtigungsmöglichkeit nach (**15a**) WpPG § 23 II Nr. 4) durch Anpassung der Antragsfassung des Prospekts (vor Prospektbilligung) bzw. **Prospektnachtrag** gemäß § 16 WpPG (nach Prospektbilligung), dazu etwa Oulds WM **11**, 1452, s auch schon BGH **139**, 225, Hopt, Verantwortlichkeit § 8 I, Kalss FS Hopt **10**, 2061, auch berufliche Sachkenner, Assmann AG **04**, 441; bis zum endgültigen Schluss des öffentlichen Angebots bzw Handelseinführung (Notierungsaufnahme, (**14**) BörsG § 38 I), § 16 I Satz 1 WpPG. Erfolgt Berichtigung, haben Anleger Widerrufsmöglichkeit nach § 16 III WpPG, spätere Prospekthaftung wegen dieses berichtigten Fehlers scheidet dann aus. Auch Verstoß gegen Nachtragspflicht fällt unter §§ 21 ff (vgl auch § 347 HGB Rn 28). Billigung des Prospekts durch BaFin lässt Prospekthaftung nicht entfallen, RegE BTDrucks 15/4999, 34, BGH WM **12**, 2153. Für Kausalität des Prospektfehlers für Anlageentscheidung gilt **Vermutung aufklärungsrichtigen Verhaltens** (Ausnahme allenfalls bei hochspekulativen Geschäften), s nur BGH WM **12**, 1295 mwN, näher § 347 HGB Rn 37. Zum **Verschulden** (Entlastungsbeweis bei einfacher Fahrlässigkeit) s § 23 Rn 1. Lit: Scieranksi 2010 (Prognosen); Fleischer AG **06**, 7 (Prognosen), Veil AG **06**, 690 (Prognosen).

3) Prospekthaftpflichtige

A. **Prospekterlasser (I 1 Nr 1):** Wertpapierprospekthaftpflichtig (Anspruchs- 4 gegner) sind diejenigen, die für den Prospekt die Verantwortung übernommen haben. Das ist außer dem Anbieter (§ 5 III Satz 1 WpPG, § 2 Nr 10 WpPG), also idR dem **Emittenten** (§ 5 III Satz 2 WpPG), und den im Prospekt als Verantwortliche aufgeführten Personen (§ 5 IV Satz 1 WpPG) das emissions-

(15a) WpPG 21 5   2. Teil. Handelsrechtl. Nebengesetze

begleitende Institut bzw Unternehmen (§ 5 III Satz 2 iVm IV Satz 2 WpPG, s auch **(14)** BörsG § 32 Rdn 3), einerlei ob es als Mitverfasser des Prospekts auftritt oder dort als mitverantwortlich aufgeführt ist, BGH **139**, 229; auch wenn der Emittent den Zulassungsantrag allein stellt (**(14)** BörsG § 32 II 3). Prospekterlasser ist jedenfalls die **konsortialführende Bank,** Ffm WM **94**, 298, aber auch die übrigen Konsortialbanken, wenn sie (selbst) die tatbestandlichen Voraussetzungen der Prospekthaftung erfüllen (keine Zurechnung nach § 278 BGB), ohne Rücksicht auf das Konsortialinnenverhältnis (aber Differenzierung beim Verschulden, § 23 Rn 1), Hopt Verantwortlichkeit Rn 118, Schwark FS Hadding **04**, 1122. Die Emissionsbank haftet dafür, dass Werturteile und Prognosen ausreichend durch Tatsachen gestützt und kaufmännisch vertretbar sind, BGH WM **82**, 865. Angaben des Emittenten hat die Emissionsbank (Konsortialführer) zu prüfen und ggf zu berichtigen bzw zu ergänzen, soweit möglich und zumutbar; bloße Plausibilitätskontrolle genügt nicht, str, anders für **einfache Konsortialmitglieder** (da idR kein unmittelbarer Zugang zum Emittenten). Bei Fehlern keine Zurechnung nach § 278 BGB, ggf aber eigenes Verschulden (zB wenn Prospekt nicht zumind auf Plausibilität überprüft oder Konsortialführer nicht überwacht). Auf das Prüfungsergebnis des Wirtschaftsprüfers (sowie auf Informationen anderer Fachleute) darf sich die Emissionsbank bei Überprüfung des Prospekts idR verlassen; anders wenn berechtigte Zweifel nahe liegen, BGH **139**, 225, Hopt Verantwortlichkeit § 7 II (vgl § 347 HGB Rn 27), Groß § 21 WpPG Rn. 81 f. **Wirtschaftsprüfer** haften für die von ihnen verantworteten Teile nach I 1 Nr 1, Schwark FS Hadding **04**, 1126, eine Übernahme der Gesamtverantwortung ist dafür nicht erforderlich, Groß § 21 WpPG Rn 37, a A h L, s etwa Staub/Grundmann, HGB Bd 11/1, Rn 189 (Experten haften grds nicht nach WpPG, ggf aber nach § 311 III BGB), Assmann AG **04**, 435 (bei zivilrechtlicher Prospekthaftung nur anteilig, Anh § 177a HGB Rn 64), jedenfalls aber Haftung aufgrund Vertrages mit Schutzwirkung zugunsten Dritter, BGH WM **14**, 936f, dazu Ebke ZGR **15**, 325; das (Haftung nach I 1 Nr 1) kann auf andere im Prospekt für bestimmte Angaben benannte **berufliche Sachkenner** ausgedehnt werden, Schwark FS Hadding **04**, 1127, aA hL, dann aber Rn 5, siehe auch BGH NJW **12**, 758 (Spitzenpolitiker, Hochschullehrer). Zum Umfang ihrer Verantwortung s IDW PS 910 4/04 Grundsätze für die Erteilung eines **Comfort Letter** (§ 316 Rn 5), IDW PS 910, WPg **04**, 342, Meyer WM **03**, 1745; hinsichtlich überholter Feststellungen eines Wirtschaftsprüfertestats in einem Anlageprospekt, BGH AG **13**, 522. Alle Prospekthaftungspflichtigen haften als **Gesamtschuldner** (§§ 421 ff BGB) unabhängig vom Innenverhältnis.

5   B. **Prospektveranlasser (I 1 Nr 2):** Für den Prospekt haften auch diejenigen, von denen der Erlass ausgeht, ohne dass sie nach außen die Verantwortung übernommen haben. Das sind die tatsächlichen Urheber des Prospekts, die typischerweise ein eigenes wirtschaftliches Interesse an der Emission haben (RegE BTDrucks 13/8933, 78); nach BGH soll ausreichen, dass der Betreffende die Emission als solche beeinflusst hat und der Prospekt mit seiner Kenntnis in den Verkehr gebracht wurde, BGH WM **12**, 2152 (muss nicht als Einflussnehmender nach außen in Erscheinung getreten sein und Anleger muss dessen Eigenschaft nicht kennen, BGH III ZR 262/09, juris, Rn 9, Hamm, 34 U 216/**12**, juris, Rn 147, 34 U 221/**12**, juris, Rn 147). In Frage kommen zB Konzernmutter, die auf Börsengang und Prospekt der Tochter maßgeblichen Einfluss genommen hat, vgl BGH WM **06**, 427, WM **12**, 2152; eine Bank, die bei einer problematischen Emission eine andere vorgeschoben hat; uU auch Gründer, Initiatoren, Inhaber, Vorstandsmitglieder (Finanzvorstand) und andere Drahtzieher (aber s Rn 4), d. h. alle, die hinter der Gesellschaft stehen und auf ihr Geschäftsgebaren oder die Gestaltung des konkreten Anlagemodells einen der Geschäftsleitung vergleichbaren Einfluß ausüben (Hamm 31 U 97/**12**, I-31 U 97/**12**, juris, Rn. 104), zB

bei persönlicher Information durch Organvertreter gegenüber Anlageinteressenten, BGH WM **08**, 1545m Anm Mülbert/Leuschner JZ **09**, 158. Dabei ist aber darauf zu achten, dass es nicht zu einer allgemeinen Durchgriffshaftung auf Konzernmütter, Inhaber und Organe kommt; bloßes persönliches Interesse genügt nicht, vgl die zutr Rspr zum Durchgriff (Anh § 177a HGB Rn 51b) und zur Eigenhaftung des Vertreters (Überbl 9 vor § 48 HGB). An der Prospekterstellung mitwirkende Wirtschaftsprüfer und andere berufliche Sachkenner haften, wenn man der hL folgt (s dazu Rn 4), jedenfalls bei Garantenstellung nach der zivilrechtlichen Prospekthaftung beschränkt auf die ihnen zurechenbaren Prospektaussagen (s Anh § 177a HGB Rn 63, 64). Lit: Wackerbarth WM **11**, 193.

C. **Verhältnis zur aktienrechtlichen Kapitalerhaltung:** Die emittierende AG wird nicht durch die aktienrechtlichen Kapitalschutzregeln (§§ 57 I 1, 71 ff AktG) vor der Wertpapierprospekthaftung geschützt, §§ 21 ff enthalten insoweit abschließende Spezialregelungen, die diesen Vorschriften vorgehen (ausdrücklich RegE BTDrucks 13/8933, 78), LG Ffm WM **98**, 1185, Ffm AG **00**, 134. Kein Unterschied mehr zwischen Zeichnungs- und Umsatzerwerb, Groß § 21 WpPG Rn 14, aA RG **71**, 99, str; sonst auch erhebliche Unsicherheiten in der Abgrenzung. Diese klare Entscheidung einer früher höchst strittigen Rechtsfrage kann auch nicht dadurch unterlaufen werden, dass die aktienrechtlichen Schranken des zulässigen Erwerbs eigener Aktien (10%-Grenze, Kapitalgrenze, § 71 II 1, 2 AktG) analog angewandt werden, aA Schäfer/Hamann §§ 45, 46 aF Rn 48. Der Vorstand muss vielmehr die Aktien gegen Erstattung des Erwerbspreises übernehmen und analog § 71c I AktG innerhalb eines Jahres nach ihrem Erwerb veräußern. Lit: Gebauer 1999; Schwark FS Raisch **95**, 269; Henze NZG **05**, 115, Hopt/Voigt, Prospekt- und Kapitalmarktinformationshaftung, S 60 ff (rechtsvergleichend), Groß, § 21 Rn 10 ff, Arnold/Aubel ZGR **12**, 113, Mülbert/Steup in Habersack/Mülbert/Schlitt, Unternehmensfinanzierung, § 41 Rn 5 ff, Bayer WM **13**, 961.

4) Anspruchsberechtigte

A. **Erwerber junger Stücke (I 1, 3):** Anspruchsberechtigt sind alle Erwerber von Wertpapieren, die auf Grund des Prospekts zum Börsenhandel zugelassen sind (sowohl Erst-, als auch spätere Erwerber). Anspruchsberechtigt sind danach **nur Erwerber von jungen Stücken,** nicht von alten Stücken (Wertpapiere derselben Gattung, die bereits am Markt waren), fragwürdig, vgl BGH WM **82**, 868, NJW **86**, 840, Ffm WM **97**, 361, **aber** gemildert durch **I 3,** wonach Wertpapiere desselben Emittenten, also **alte Stücke,** die von den jungen Stücken **nicht** nach Ausstattungsmerkmalen oder sonst **unterschieden** werden können, zB durch WPKennnummer, **gleichstehen.** Die Erwerber unterscheidbarer alter Stücke bleiben zu Unrecht auch dann ungeschützt, wenn sie auf Grund der durch den Prospekt kreierten Anlagestimmung (§ 23 Rn 2) erworben haben. Haftungsbegründende **Kausalität** zwischen Prospekt und (späterem) Kaufentschluss des Anlegers ist, wie § 23 II Nr 1 zeigt, notwendig, wird aber für die Dauer der **Anlagestimmung** (s Rn 8 und § 23 Rn 2) widerleglich vermutet, der Anleger braucht den Prospekt also nicht gekannt zu haben, BGH **139**, 233, WM **82**, 867, Ffm AG **17**, 323, WM **94**, 298, **96**, 1216; Düss WM **84**, 596. Anscheinsbeweis bei Anlagestimmung ist aber nicht auf die Haftung für fehlerhafte Ad-hoc-Mitteilungen nach § 826 BGB übertragbar, BGH **160**, 134, NJW **04**, 2668 (Infomatec), WM **08**, 395, 398 (Comroad). Haftungsausfüllende Kausalität s § 23 II Nr 2. Nur entgeltlicher Erwerb soll erfasst sein, sonst fehle es am Erwerbspreis iSv I 1, II (so RegE BTDrucks 13/8933, 76), aber nicht überzeugend, auch Beschenkter kann geschädigt sein, statt Erwerbspreis Börsen- bzw Marktpreis im Schenkungszeitpunkt, str. Börslicher ebenso wie außerbörslicher Erwerb. Inhaberschaft des Wertpapiers ist keine Voraussetzung für Aktivlegitimation: Ersterwerber und spätere Erwerber (dann II) sind geschützt, was zu einer Haftung über den Emissionsgesamtbetrag hinaus führen kann. Gläubigergesamtheiten, etwa bei Girosammelverwahrung, s Hopt Verantwortlichkeit S 74; die Fragen dazu sind durch II nur teilweise erledigt, str. Lit: Klühs BKR **08**, 154 (alte Stücke), Langenbucher FS K. Schmidt **09**, 1053 (Anlagestimmung).

8 B. **Sechsmonatsgrenze (I 1 letzter Halbsatz):** Anspruchsberechtigt sind nur diejenigen Erwerber, die ihr Erwerbsgeschäft (schuldrechtliches Geschäft, Übereignung kann nachfolgen, RegE BTDrucks 13/8933, 77) nach Veröffentlichung des Prospekts und innerhalb von sechs Monaten nach erstmaliger Einführung der Wertpapiere ((**14**) BörsG § 38 I) abgeschlossen haben (gesetzliche Regelung der „Anlagestimmung"), s auch BGH WM **82**, 867. Auch Erwerbsgeschäfte in (Alt-)Aktien nach Prospektveröffentlichung, aber vor Einführung (der jungen Aktien) können (zumindest bei Zweit- und weiteren Emissionen) erfasst werden, Ffm 23 Kap 1/06, BeckRS 2016, 114441, Tenor 5 (= Beschluss in AG **17**, 323, dort aber nicht abgedruckt); dabei muss beachtet werden, dass für alte Stücke eine Wertpapierprospekthaftung nur im Fall von I 3 überhaupt in Frage kommt (dazu auch § 23 Rn 2). Die Wertpapierprospekthaftung ist damit auf ein kurzes, idR unter 6 Monaten liegendes **Haftungsfenster** eingeschränkt, BGH **160**, 145 (Infomatec). Damit wird nicht nur zur die Dauer der Anlagestimmung (§ 23 Rn 2) begrenzt, sondern dem Anleger auch der Gegenbeweis tatsächlicher Kausalität bei späterem Erwerb abgeschnitten. Ausahme (keine Anwendung der 6-Monatsgrenze), wenn nicht börsennotierte Wertpapiere fortgesetzt unter missbräuchlicher Nutzung von Nachträgen vertrieben werden, BGH WM **14**, 695, Dresd WM **14**, 1120. Die Grenze des I 1 letzter Halbs ist streng von der Verjährung zu unterscheiden.

5) Ersatzfähiger Schaden (I 1, 2, II)

9 A. **Ersatzfähiger Schaden (I 1, 2):** Der Erwerber kann nur die Übernahme des Wertpapiers Zug um Zug (außer bei Wertlosigkeit, zB weil Recht bei Optionsscheinen erloschen ist, nicht aber bei Insolvenz des Emittenten) gegen Erstattung des tatsächlichen Erwerbspreises (auch über Marktpreis, aber nicht höher als der erste Ausgabepreis, zu diesem **I 2**; bei variablen Ausgabepreisen, zB bei Daueremissionen, ist dies der anfängliche Ausgabepreis am ersten Tag des Angebots, RegE BTDrucks 13/8933, 78, im Fall eines „Umtauschs" von Wertpapieren bestimmt sich der Erwerbspreis nach den nach außen hin hervorgetretenen Preisvorstellungen der Parteien, insb dem Ausgabepreis, Dresd WM **14**, 1120, 1123) und der mit dem Erwerb verbundenen üblichen Kosten verlangen. Diese Abweichung vom allgemeinen Schadensersatzrecht ist trotz möglicher Preisschwankungen am Markt fragwürdig, Sie kann keinesfalls auf die allgemein zivilrechtliche Prospekthaftung übertragen werden (§ 25 Rn 4, § 347 HGB Rn 35). Zu den üblichen Kosten gehören auch Maklercourtage und Provisionen, Ffm AG **17**, 323. Entgangener Gewinn (§ 252 BGB) ist nicht ersatzfähig. Zwischenzeitlich gezahlte Dividenden sind bei der Bestimmung des Anspruchsumfangs zu berücksichtigen (Vorteilsanrechnung), Ffm AG **17**, 324. Mitverschulden nach § 254 BGB liegt idR nicht schon darin, dass der Erwerber sich bei Kursverfall nicht schon vor Ablauf der Verjährungsfrist beim Prospekthaftpflichtigen meldet, im Einzelfall kann das anders sein, str vgl (offen) RG **80**, 202; auch nicht in der Tätigung einer risikoreichen Anlage Ffm AG **05**, 853.

10 B. **Ersatzfähiger Schaden bei Veräußerung der Wertpapiere (II):** Der Erwerber, der nicht mehr Inhaber des Wertpapiers ist, einerlei ob auf Grund von Veräußerung oder Ausübung des Erwerbsrechts bei Optionsschein oder Wandelschuldverschreibung, hat nur noch Anspruch auf die Differenz zwischen dem Erwerbspreis (nicht höher als der erste Ausgabepreis, s Rn 9) und dem Veräußerungspreis nebst üblichen Erwerbs- und Veräußerungskosten. Bei Options-

scheinen Differenz zwischen Marktpreis des erworbenen Optionsgegenstands im Zeitpunkt der Rechtsausübung und Options- oder Bezugspreis. Mangels Besitzerfordernisses auch bei Verlust der Wertpapiere, dann statt Veräußerungs- der Marktpreis zum Zeitpunkt der Verlusts. **§ 254 BGB** bleibt anwendbar, zB Veräußerung unter Börsenpreis (RegE BTDrucks 13/8933, 79), aber idR nicht schon bei Zuwarten mit Verkauf bei sinkenden Kursen bis zur Verjährung (s Rn 9), Ellenberger FS Schimansky **99**, 606, Fleischer/Kalss AG **02**, 334, str.

6) Auslandsgeschäft (III)

Die Haftung besteht bei Wertpapieren eines Emittenten mit Sitz im Ausland bei in- und ausländischer Notierung (nicht nur Freiverkehr) **nur bei Inlandsbezug,** nämlich wenn die Wertpapiere auf Grund eines im Inland geschlossenen Geschäfts oder einer ganz oder teilweise im Inland erbrachten WPDienstleistung (§ 2 VIII WpHG), also im wesentlichen Effektengeschäft und WPVermögensverwaltung, erworben wurden. III wird teils als Sachnorm, teils als (einseitige, teils auch allseitige) Kollisionsnorm, teils als beides verstanden. Anwendbar ist Deliktsstatut (Rom II-VO bzw Art 40 EGBGB), besser Anknüpfung an Platzierungsmarkt, auch wenn Prospekthaftung als Vertrauenshaftung angesehen wird. Zur **Statutenkumulierung** von Börsenzulassungs- (hM: gilt primär) sowie Transaktionsstatut Staub/Grundmann, HGB Bd 11/1 Rn 202, III greift nur bei Doppelzulassung („auch"). Lit zum IPR Grundmann RabelsZ 54 **(90)** 283; Hopt FS Lorenz **91**, 413 (Prospekthaftung); Bischoff AG **02**, 489; Kuntz WM **07**, 432, Oulds WM **08**, 1575, Weber WM **08**, 1581 (Rom II), *Freitag* WM **15**, 1165.

7) Verjährung und Gerichtszuständigkeit

§ 46 BörsG aF wurde bei Überführung der Prospekthaftungsvorschriften in das WpPG gestrichen, nunmehr **Verjährung nach allgemeinen Vorschriften,** §§ 195, 199 BGB. Sofern eine falsche Rechtsanwendung haftungsauslösender Fehler ist, ist für Verjährungsbeginn Kenntnis bzw grob fahrlässige Unkenntnis von der Fehlerhaftigkeit der Rechtsanwendung erforderlich, BGH WM **14**, 939. **Gerichtliche Zuständigkeit:** ausschließlich örtliche nach § 32b ZPO (Sitz des Emittenten), für Begriff der „öffentlichen Kapitalmarktinformation" iSv § 32b ZPO s § 1 II KapMuG (auch Wertpapierprospekte). Ausschließliche sachliche Zuständigkeit des Landgerichts s § 71 II Nr. 3 GVG, dort Kammer für Handelssachen, § 95 I Nr. 6 GVG.

Haftung bei sonstigem fehlerhaften Prospekt

WpPG 22 Sind in einem nach § 3 Absatz 1 Satz 1 veröffentlichten Prospekt, der nicht Grundlage für die Zulassung von Wertpapieren zum Handel an einer inländischen Börse ist, für die Beurteilung der Wertpapiere wesentliche Angaben unrichtig oder unvollständig, ist § 21 entsprechend anzuwenden mit der Maßgabe, dass

1. **bei der Anwendung des § 21 Absatz 1 Satz 1 für die Bemessung des Zeitraums von sechs Monaten anstelle der Einführung der Wertpapiere der Zeitpunkt des ersten öffentlichen Angebots im Inland maßgeblich ist und**

2. **§ 21 Absatz 3 auf diejenigen Emittenten mit Sitz im Ausland anzuwenden ist, deren Wertpapiere auch im Ausland öffentlich angeboten werden.**

Die Norm regelt iVm § 21 WpPG die Haftung für Prospekte, die keine Börsenzulassungsprospekte sind (übernimmt Haftungsregime von § 13 VerkProspG aF iVm **(14)** BörsG §§ 44 ff aF). Damit wird insbesondere das öffentliche Angebot von Wertpapieren, die nicht zum Handel an einem regulierten Markt einer inländischen Börse zugelassen werden sollen, sowie von zu einem früheren Zeitpunkt (aufgrund eines anderen Prospektes) börslich zugelassenen Wertpapieren erfasst (auch Freiverkehr). Bei Umplatzierungen bereits börslich zugelassener Wertpapiere daher auch Haftung für Informationsmemoranden, wenn damit Prospektpflicht nach § 3 I WpPG erfüllt wird, für freiwillige Informationsmemoranden bzw Prospekte nach § 1 III WpPG analoge Anwendung von § 22. Werbungen, Analysen, Presse- sowie Ad-hoc-Mitteilungen sind wie bei § 21 keine Prospekte iSv § 22. Bei fehlender Billigung des veröffentlichten Prospekts Haftung nach § 24 WpPG (fehlender Prospekt), Klöhn DB **12**, 1854. Grund: Wegen des Schutzzwecks von § 3 I WpPG muss „Veröffentlichen" in § 3 I WpPG vor dem Hintergrund von § 13 I 1 WpPG verstanden werden (Beachtung des Billigungserfordernisses). Bei dem Verweis auf „§ 3 I Satz 1" handelt es sich um Redaktionsversehen im Zuge der Umsetzung der Richtlinie 2010/73/EU, da der Verweis nicht angepasst wurde, es müsste auf „§ 3 I" verwiesen werden. Für den maßgeblichen Empfängerhorizont für die Beurteilung der Unrichtigkeit oder Unvollständigkeit (in Abweichung von Börsenzulassungsprospekten) s **(15a)** WpPG § 21 Rn 3. Anspruchsberechtigt sind nur diejenigen Erwerber, die ihr Erwerbsgeschäft (schuldrechtliches Geschäft, Übereignung kann nachfolgen) innerhalb von sechs Monaten nach dem ersten öffentlichen Angebot der Wertpapiere im Inland abgeschlossen haben. Für weiteres s Kommentierung bei § 21.

Haftungsausschluss

WpPG 23 (1) **Nach den §§ 21 oder 22 kann nicht in Anspruch genommen werden, wer nachweist, dass er die Unrichtigkeit oder Unvollständigkeit der Angaben des Prospekts nicht gekannt hat und dass die Unkenntnis nicht auf grober Fahrlässigkeit beruht.**

(2) **Ein Anspruch nach den §§ 21 oder 22 besteht nicht, sofern**

1. **die Wertpapiere nicht auf Grund des Prospekts erworben wurden,**
2. **der Sachverhalt, über den unrichtige oder unvollständige Angaben im Prospekt enthalten sind, nicht zu einer Minderung des Börsenpreises der Wertpapiere beigetragen hat,**
3. **der Erwerber die Unrichtigkeit oder Unvollständigkeit der Angaben des Prospekts bei dem Erwerb kannte,**
4. **vor dem Abschluss des Erwerbsgeschäfts im Rahmen des Jahresabschlusses oder Zwischenberichts des Emittenten, einer Veröffentlichung nach Artikel 17 der Verordnung (EU) Nr. 596/2014 des Europäischen Parlaments und des Rates vom 16. April 2014 über Marktmissbrauch (Marktmissbrauchsverordnung) und zur Aufhebung der Richtlinie 2003/6/EG des Europäischen Parlaments und des Rates und der Richtlinien 2003/124/EG, 2003/125/EG und 2004/72/EG der Kommission (ABl. L 173 vom 12.6.2014, S. 1) in der jeweils geltenden Fassung oder einer vergleichbaren Bekanntmachung eine deutlich gestaltete Berichtigung der unrichtigen oder unvollständigen Angaben im Inland veröffentlicht wurde oder**
5. **er sich ausschließlich auf Grund von Angaben in der Zusammenfassung oder einer Übersetzung ergibt, es sei denn, die Zusammenfassung ist irreführend, unrichtig oder widersprüchlich, wenn sie zusammen mit den anderen Teilen des Prospekts gelesen wird, oder sie enthält, wenn sie zusammen mit den anderen Teilen des Prospekts gelesen wird, nicht alle gemäß § 5 Absatz 2 Satz 1 in Verbindung mit Absatz 2a erforderlichen Schlüsselinformationen.**

V. Bankgeschäfte 1–3 **23 WpPG (15a)**

Übersicht

1) Entlastungsbeweis bei leichter Fahrlässigkeit (I) 1
2) Gesetzliche Haftungsausschlüsse (II Nr 1–5) 2–6

1) Entlastungsbeweis bei leichter Fahrlässigkeit (I)

§ 23, wie **(14)** BörsG § 45 aF. I schränkt die allgemeine Verschuldenshaftung 1
auf Kenntnis oder **grobfahrlässige Unkenntnis** ohne Unterschied zwischen
Unrichtigkeit oder Unvollständigkeit der Prospektangaben ein. Letztere kann
auch unbewusst sein, BGH **139**, 225 (zu **(14)** BörsG § 45 aF). Die Beschränkung
auf grobe Fahrlässigkeit ist rechtspolitisch fragwürdig, kritisch auch Staub/Grundmann, HGB Bd 11/1 Rn 208, für europarechtswidrig haltend Grundmann/
Selbherr WM **96**, 987, und jedenfalls nicht analog anwendbar auf die allgemeine
Prospekthaftung (§ 25 Rn 4, § 347 HGB Rn 34). Was beim Emittenten grob
fahrlässig ist, kann beim Emissionsbegleiter nur leicht fahrlässig sein; ähnlich
Konsortialführer und Konsorten (§ 21 Rn 4), Groß § 21 Rn 83. Der Prospekthaftpflichtige muss sich entlasten (Beweislastumkehr, vgl § 347 HGB Rn 37),
BGH **160**, 147 (Infomatec), Ffm AG **17**, 323 (echte Beweislastumkehr), Folge:
Dokumentationslast (vgl § 347 HGB Rn 37). Zur umstr Frage, ob und inwieweit
sich Emissionsbanken auf Prüfungsergebnisse Dritter verlassen dürfen, Staub/
Grundmann, HGB Bd 11/1 Rn 210f mwN (bejahend). Bejaht man dies, muss
man, um Haftungslücken zu vermeiden, konsequenterweise eine eigenständige
Haftung dieser Dritten annehmen. Dazu § 21 Rn. 4 f.

2) Gesetzliche Haftungsausschlüsse (II Nr 1–5)

A. **II Nr 1:** Die Haftung nach §§ 21, 22 ist ausgeschlossen für **nicht auf** 2
Grund des Prospekts erworbene Wertpapiere (haftungsbegründende Kausalität, § 21 Rn 7). Erwerber alter Stücke bleiben also wie früher grds ungeschützt,
auch wenn sie auf Grund der Anlagestimmung erworben haben, BGH WM **82**,
867, NJW **86**, 840. Abhilfe durch die allgemeine zivilrechtliche Prospekthaftung
ist hier problematisch (§ 25 Rn 4). Für nicht unterscheidbare alte Stücke lässt
§ 21 I 3 allerdings einen Anspruch zu; dies wird durch II Nr 1 nicht wieder
aufgehoben. **Auf Grund des Prospekts erworben** bedeutet nicht, dass der
Anleger den Prospekt gelesen oder auch nur gesehen haben muss; Erwerb auf
Grund der durch den Prospekt begründeten Anlagestimmung genügt, insoweit
und innerhalb der Sechsmonatsgrenze (§ 21 I 1 letztes Halbs, § 21 Rn 8) ist die
Rspr zur **Anlagestimmung** (§ 21 Rn 7) weiterhin bedeutsam, aA wohl BGH
160, 146 (Infomatec). Gegenbeweis nach II Nr 1 wird deshalb selten praktisch,
aber zB bei Order der Wertpapiere vor Vorliegen des Prospekts, Ffm ZIP **97**,
1105. Wird auf Anlagestimmung abgestellt, soll nach hL das Fehlen bzw der
Wegfall der Anlagestimmung für Widerlegung der Vermutung ausreichen. Darüber hinaus ist aber zu fordern, dass der Erwerber auch von den zum Wegfall
führenden Umständen Kenntnis hatte. Die Anlagestimmung kann etwa durch
einen der Prospektveröffentlichung nachfolgenden Kurssturz oder durch einen
negativen Jahresabschluss überlagert werden, vgl Ffm WM **96**, 1219 (aF), aber
damit allein ist mangels Kenntnis des Erwerbers davon noch kein Gegenbeweis
geführt, aA Groß § 21 Rn 70, Kort AG **99**, 13. Negative Presseberichterstattung
nach Prospektveröffentlichung reicht für Widerlegung der Anlagestimmung allein
noch nicht, es sei denn, ihre Auswirkungen sind mit Prospektveröffentlichung
vergleichbar, Düss WM **84**, 596 (zB Veröffentlichung eines Insolvenzantrages).
Berichtigung s Rn 5. **Beweislastumkehr** bei **II Nr 1–5** wie nach I.

B. **II Nr 2:** II Nr 2 betrifft die **haftungsausfüllende Kausalität** (haftungs- 3
begründende s Rn 2). Ein Anspruch scheidet aus, wenn der Sachverhalt, über
den der Prospekt unzutreffende Angaben enthält, nicht zu einer Minderung des
Börsenpreises beigetragen hat, dann fehlt es schon nach allgemeinen Regeln an

Kumpan 2497

(Mit-)Ursächlichkeit. Bsp (RegE BTDrucks 13/8933, 80): Anleger erwirbt in Kenntnis der zwischenzeitigen Insolvenz des Emittenten zu einem erheblich verminderten Börsenpreis. Vgl Ffm WM **96**, 1216 (aF).

4 C. **II Nr 3:** Die Haftung entfällt (nur) bei **Kenntnis des Erwerbers** von der Unrichtigkeit oder Unvollständigkeit des Prospekts. Damit schadet selbst grobfahrlässiges Mitverschulden entgegen § 254 BGB nicht, fragwürdig und jedenfalls auf die allgemein zivilrechtliche Prospekthaftung nicht übertragbar (§ 25 Rn 4, § 347 HGB Rn 36). Spekulationsabsicht ist unter II Nr 3 irrelevant, Ffm WM **96**, 298 (aF). Durch II Nr 3 wird aber nicht Mitverschulden bezüglich des Schadens ausgeschlossen (§ 21 Rn 9f).

5 D. **II Nr 4:** Ein unrichtiger oder unvollständiger Prospekt kann berichtigt werden mit der Folge, dass für Wertpapiere, die **nach der Berichtigung** erworben werden, die Prospekthaftung entfällt (im Fall eines gestreckten Erwerbsvorgangs, wie des Bookbuildings, reicht es, dass die Berichtigung vor Abschluss des Vorgangs erfolgt, bis dahin kann jeder Anleger sein Kaufangebot zurücknehmen). Bereits entstandene Prospekthaftungsansprüche bleiben unberührt. Auf den Nachweis der Kenntnis des Erwerbers von der Berichtigung verzichtet II Nr 4 ebenso wie auf den Nachweis der Kenntnis des Erwerbers vom Prospekt (s Rn 2). Diese Parallelität geht zu Lasten des Geschädigten und ist nur als typisierend deshalb akzeptabel, weil eine wesentliche Berichtigung sich unabhängig von individueller Kenntnis idR auf den Marktpreis auswirken wird. Berichtigung kann im Jahresabschluss, Zwischenbericht, Ad-hoc-Meldung nach **(16a)** MAR Art. 17 oder einer vergleichbaren Bekanntmachung erfolgen. Nicht vorgeschrieben sind darüber hinaus Form und Ort der Berichtigung oder Hinweis auf die ursprüngliche Unrichtigkeit bzw Unvollständigkeit (s auch RegE BTDrucks 13/8933, 81). Die Berichtigung muss aber deutlich und für die (verständigen) Anleger unmissverständlich sein, Kort AG **99**, 15, dh sie muss als solche sofort erkennbar, möglichst sogar ausdrücklich als solche bezeichnet sein. Berichtigung ist selbst kein Prospekt (keine Prospekthaftung, aber ggf anderweitige Haftung) und führt nicht zu einer Verlängerung der Sechs-Monats-Frist nach § 21 I Satz 1.

6 E. **II Nr 5:** Nach II Nr 5 darf niemand lediglich auf Grund der Zusammenfassung einschließlich einer Übersetzung davon haften, es sei denn, die Zusammenfassung ist irreführend, unrichtig oder widersprüchlich, wenn sie zusammen mit den anderen Teilen des Prospekts gelesen wird, oder es fehlen erforderliche Schlüsselinformationen. Letzteres kann aber nur angenommen werden, wenn die Zusammenfassung unter Berücksichtigung des Vollprospektes fehlerhaft erscheint (also im Wesentlichen bei Widersprüchlichkeit, aber nur bei hinreichend gewichtigen Abweichungen). II Nr 5 ist angesichts der in einer Zusammenfassung und ihrer Übersetzung liegenden Verkürzungsrisiken sachgerecht.

Haftung bei fehlendem Prospekt

WpPG 24 (1) [1]Ist ein Prospekt entgegen § 3 Absatz 1 Satz 1 nicht veröffentlicht worden, kann der Erwerber von Wertpapieren von dem Emittenten und dem Anbieter als Gesamtschuldnern die Übernahme der Wertpapiere gegen Erstattung des Erwerbspreises, soweit dieser den ersten Erwerbspreis nicht überschreitet, und der mit dem Erwerb verbundenen üblichen Kosten verlangen, sofern das Erwerbsgeschäft vor Veröffentlichung eines Prospekts und innerhalb von sechs Monaten nach dem ersten öffentlichen Angebot im Inland abgeschlossen wurde. [2]Auf den Erwerb von Wertpapieren desselben Emittenten, die von den in Satz 1 genannten Wertpapieren nicht nach Ausstattungsmerkmalen oder in sonstiger Weise unterschieden werden können, ist Satz 1 entsprechend anzuwenden.

(2) ¹Ist der Erwerber nicht mehr Inhaber der Wertpapiere, so kann er die Zahlung des Unterschiedsbetrags zwischen dem Erwerbspreis und dem Veräußerungspreis der Wertpapiere sowie der mit dem Erwerb und der Veräußerung verbundenen üblichen Kosten verlangen. ²Absatz 1 Satz 1 gilt entsprechend.

(3) Werden Wertpapiere eines Emittenten mit Sitz im Ausland auch im Ausland öffentlich angeboten, besteht ein Anspruch nach Absatz 1 oder Absatz 2 nur, sofern die Wertpapiere auf Grund eines im Inland abgeschlossenen Geschäfts oder einer ganz oder teilweise im Inland erbrachten Wertpapierdienstleistung erworben wurden.

(4) Der Anspruch nach den Absätzen 1 bis 3 besteht nicht, sofern der Erwerber die Pflicht, einen Prospekt zu veröffentlichen, beim Erwerb kannte.

Übersicht

1) Anwendungsbereich	1
2) Prospekthaftungspflichtige	2
3) Anspruchsberechtigte	3
4) Kausalität, Verschulden und Schaden, Verjährung	4

1) Anwendungsbereich

Die Norm entspricht § 13a I–IV VerkProspG aF und regelt die Haftung für 1 den Fall, dass die Veröffentlichung eines (Angebots-, nicht dagegen Börsenzulassungs-, da dessen Vorliegen nach **(14)** BörsG § 32 III Nr 2 geprüft wird) Prospekts vollständig unterbleibt. Auch die Veröffentlichung eines von der BaFin nicht gebilligten (oder nicht mehr gültigen) Prospekts soll von § 24 erfasst werden, Klöhn DB **12**, 1854, aA (Fall des § 22) Mülbert/Steup § 41 Rn 58. **Abgrenzung zwischen fehlendem und fehlerhaftem Prospekt** danach, ob sich aus dem Dokument (ausdrücklich oder nach seinem sachlichen Zuschnitt) ergibt, dass damit umfassend über alle für die Anlageentscheidung eines durchschnittlichen, verständigen Anlegers aus dem Kreis des mit dem Angebot angesprochenen Publikums wesentlichen Faktoren informiert werden soll (dann Prospekt) oder nicht, vgl Mülbert/Steup § 41 Rn 59. Die innere Willensrichtung des Emittenten ist dabei nicht entscheidend, str (zB Mülbert/Steup § 41 Rn 59, aA Fleischer WM **04**, 1902f (indizielle Bedeutung)). Demgegenüber führt Verstoß gegen Veröffentlichungsform nicht zur Haftung nach § 24. Die Regelung in § 24 stellt klar, dass ein Verstoß gegen die Prospektpflicht die Wirksamkeit des Kaufvertrags nicht berührt. Bei dem Verweis auf „§ 3 I Satz 1" handelt es sich um Redaktionsversehen im Zuge der Umsetzung der Richtlinie 2010/73/EU, da der Verweis nicht angepasst wurde, es müsste auf „§ 3 I" verwiesen werden.

2) Prospekthaftpflichtige

Für fehlenden Prospekt haften dem Wortlaut zufolge nur der Emittent und 2 der Anbieter (I 1). Um Schutzlücken im Hinblick auf Hintermänner zu vermeiden ist der Begriff „**Anbieter**" **weit auszulegen**, s Mülbert/Steup § 41 Rn 79, s auch Mü 20 U 2289/**11** Rn 35, offen lassend BGH WM **14**, 696 (grds aber: jeden, der zur Prospekterstellung verpflichtet ist, trifft Prospekthaftung). Emittent und Anbieter haften allerdings nur dann, wenn sie jeweils nach § 3 I WpPG prospektpflichtig sind (s auch Klöhn DB **12**, 1859, Haftung des Emittenten nur bei eigener Prospektpflicht), dann als Gesamtschuldner (§§ 421 ff BGB). Der Emittent haftet somit zB nicht bei einer Zweitplatzierung, die nur von einem Dritten veranlasst wird, sondern dann nur der Dritte, Mülbert/Steup § 41 Rn 78.

3) Anspruchsberechtigte

3   Anspruchsberechtigte sind nur diejenigen Erwerber, die ihr Erwerbsgeschäft (schuldrechtliches Geschäft, Übereignung kann nachfolgen) innerhalb von sechs Monaten nach dem ersten öffentlichen Angebot der Wertpapiere abgeschlossen haben. Die Wirksamkeit des Erwerbsgeschäfts bleibt von dem Verstoß gegen die Prospektpflicht unberührt, Groß § 24 WpPG Rn 3.

4) Kausalität, Verschulden und Schaden, Verjährung

4   Ob bei § 24 **Kausalität** (Anleger hätte das Wertpapier bei Veröffentlichung eines Prospektes nicht erworben) zwischen Pflichtverletzung und Anlageentscheidung erforderlich ist, ist str (pro zB Mülbert/Steup § 41 Rn 100f, Habersack § 29 Rn 66, contra zB Mü BeckRS **11**, 25505 (zu § 13a VerkProspG, abgekürzt in GWR **11**, 574), Arndt/Voß/Kind, § 13a Rn 12, Fleischer WM **04**, 1902). Haftung nach § 24 erfordert **Verschulden** (Beweislastumkehr analog § 23 I, Vorsatz oder grobe Fahrlässigkeit), s Mülbert/Steup § 41 Rn 120, aA Klöhn DB **12**, 1858, dahin tendierend auch Dresd WM **14**, 696 (für § 13a VerkProspG). Gesetzesgeschichte spricht zwar dagegen (Referentenentwurf des Anlegerschutzverbesserungsgesetzes enthielt noch Verschuldenserfordernis), wegen der Unsicherheiten der Prospektpflicht aber sachgerecht, Ebenroth/Groß, BankR IX 859. Zum ersatzfähigen **Schaden** siehe § 21 Rn 9f, wobei hier der Erwerbspreis sowie der erste Erwerbspreis zugrunde zu legen ist. Unter „**erster Erwerbspreis**" ist derjenige Preis zu verstehen, zu dem die Papiere am (ersten) Tag des öffentlichen Angebots durch den Anbieter ausgegeben wurden. Zu Verjährung und Gerichtszuständigkeit s **(15a)** WpPG § 21 Rn 12.

Unwirksame Haftungsbeschränkung; sonstige Ansprüche

WpPG 25 (1) Eine Vereinbarung, durch die Ansprüche nach §§ 21, 23 oder 24 im Voraus ermäßigt oder erlassen werden, ist unwirksam.

(2) Weitergehende Ansprüche, die nach den Vorschriften des bürgerlichen Rechts auf Grund von Verträgen oder unerlaubten Handlungen erhoben werden können, bleiben unberührt.

Übersicht

1) Wertpapierprospekthaftung als zwingendes Recht (I) 1
2) Verhältnis zu anderen Ansprüchen (II) 2
3) Vermögens- und investmentrechtliche Prospekthaftung ... 3
4) Allgemeine zivilrechtliche Prospekthaftung 4

1) Wertpapierprospekthaftung als zwingendes Recht (I)

1   § 25 wie **(14)** BörsG § 47 aF. Wertpapierprospekthaftungsansprüche aus § 21 sind zwingend. Verzicht und Haftungsbeschränkung nicht im Voraus, aber nach Kenntnis des Anspruchsberechtigten von seinem Anspruch aus Wertpapierprospekthaftung, zB im Rahmen eines Vergleichs.

2) Verhältnis zu anderen Ansprüchen (II)

2   Weitergehende Ansprüche aus Vertrag oder Delikt (keine Beschränkung mehr auf Vorsatz oder grobe Fahrlässigkeit wie noch in **(14)** BörsG § 47 aF) bleiben unberührt (II, vor allem § 826 BGB mit umfangreicher Rspr nach Informatec, Comroad und EM.TV), insoweit auch nicht Haftungsgrenzen nach §§ 21, 23 analog, zu **(14)** BörsG §§ 44, 45 aF Ffm NJW **03**, 1258, früher str, offen BGH NJW **86**, 840. Das gilt uneingeschränkt für vertragliche Ansprüche, Düss WM **81**, 965, und für vertragsähnliche gesetzliche Ansprüche (Verschulden bei Ver-

V. Bankgeschäfte 3, 4 **25 WpPG (15a)**

tragsverhandlungen, Vertrauenshaftung, Berufshaftung, § 347 HGB Rn 22) etwa wegen Nichtaufklärung, Falschberatung oder einem anderen individuellen vorvertraglichen Verhältnis, zB bei persönlicher Information durch Organvertreter gegenüber Anlageinteressenten, BGH WM **08**, 1545m Anm Mülbert/Leuschner JZ **09**, 158, s § 347 HGB Rn 20. Die vermögensanlage- und investmentrechtliche Prospekthaftung (s Rn 3) konkurrieren schon tatbestandlich nicht mit der Wertpapierprospekthaftung. Diese geht der allgemeinen zivilrechtlichen Prospekthaftung (s Rn 4) vor (RegE BTDrucks 13/8933, 81), Ffm WM **97**, 361, insoweit auch wenn diese als Verschulden bei Vertragsverhandlungen verstanden wird, aber nur im Bereich der Börseneinführung und der öffentlichen Angebote von Wertpapieren, nicht sonst. Gesellschaftsrechtliche Ansprüche, zB aus §§ 47 Nr 3, 117, 399 I Nr 3, 4, 400 I AktG, vgl BGH WM **82**, 866u 868, Düss WM **84**, 597 (alle BuM), sind insoweit ausgeschlossen, als im konkreten Fall auf einen Wertpapierprospekt im Bereich der Börseneinführung bzw entspr Unternehmensbericht abgestellt wird, sonst nicht. Unberührt bleiben auch deliktische Ansprüche für die Zeit vor Veröffentlichung des Wertpapierprospekts, BGH NJW **86**, 841, in diesem Fall uU auch Haftung nach § 24 WpPG, ebenso aus der Zeit nachher, und aus anderen als Wertpapierprospekten, Düss WM **81**, 965, 971. Aber im Anwendungsbereich der **(15a)** WpPG §§ 21 ff gehen die wertpapierprospekthaftungsrechtlichen Regelungen vor und sind abschließend. **(15a)** WpPG §§ 21 ff sind (wie **(14)** BörsG §§ 44, 45 aF) zudem keine Schutzgesetze iSv § 823 II.

3) Vermögensanlage- und investmentrechtliche Prospekthaftung

Weitere spezialgesetzlich geregelte Fälle der Prospekthaftung sind die Verkaufs- 3 prospekthaftung nach §§ 20 ff VermAnlG und die investmentrechtliche Prospekthaftung nach § 306 KAGB. Lit: Unzicker, VermAnlG, 2. Aufl 2013; Weitnauer/Boxberger/Anders, KAGB, 2014; noch zum InvG s **(7)** Bankgeschäfte X; Heisterhagen in Emde/Dornseifer/Dreibus/Hölscher, InvG, § 127.

4) Allgemeine zivilrechtliche Prospekthaftung

Die allgemeine zivilrechtliche Prospekthaftung ist praktisch höchst bedeutsam 4 und geht wesentlich weiter als die Wertpapierprospekthaftung (ausführlich Anh § 177a HGB Rn 60); sie erfasst ua Zwischenberichte, für Ad-hoc-Publizitätsmeldungen wegen **(16b)** WpHG § 26 III 1, str, aber **(16b)** WpHG § 26 III 2. Die wertpapier- und anderen spezialgesetzlichen Prospekthaftungen gehen ihr aber in deren Anwendungsbereich vor (s Rn 2). Die Vorschriften der §§ 21 ff. WpPG sind „insoweit" (RegE 3. FinFöG, BTDrucks 13/8933, 81 zu § 48 BörsG aF) als abschließend anzusehen, als es um Prospektverantwortliche geht. Denn für diese sollen die §§ 21 ff. WpPG eine Begrenzung des Haftungsrisikos bewirken (RegE 3. FinFöG, BTDrucks 13/8933, 81 zu § 48 BörsG aF). Hinsichtlich anderer Personen als den Prospektverantwortlichen sagt die Gesetzesbegründung hingegen nichts, sie sollen durch die §§ 21 ff. WpPG also nicht privilegiert werden. Für ein solches Verständnis spricht auch die Entstehungsgeschichte der bürgerlich-rechtlichen Prospekthaftung und, dass es andernfalls zu Haftungslücken käme. Für Personen, die nicht zu den in § 21 I WpPG Genannten gehören, kann die bürgerlich-rechtliche Prospekthaftung daher bei Vorliegen eines Prospektes im Sinne des WpPG zur Anwendung kommen, wenn alle (weiteren) Voraussetzungen dafür erfüllt sind.

Kumpan 2501

(15b) §§ 20–22 Vermögensanlagegesetz (VermAnlG): (Verkaufs-) Prospekthaftung

Vom 6. Dezember 2011 (BGBl. I S. 2481/FNA 4110-11) mit den späteren Änderungen

Schrifttum

S vor (15a) §§ 21–25 WpPG sowie Beck/Maier WM 12, 1898. – *Hellgardt* ZBB **12**, 73. – *Klöhn* DB **12**, 1854. – *Habersack* (in Habersack/Mülbert/Schlitt, Hdb der Kapitalmarktinformation, 2. Aufl 2013) § 29. – *Nobbe* WM **13**, 193 (geschlossene Fonds). – *Unzicker*, VermAnlG, 2. Aufl 2013.

Einleitung

1   Das VermAnlG, das am 1.6.12 in Kraft getreten ist und das VerkProspG abgelöst hat, hat zu einer Anhebung des bisher vergleichsweise niedrigen Regulierungsniveaus auf dem sog Grauen Kapitalmarkt geführt. Die aufsichts-, zivil- und bilanzrechtlichen Pflichten der Anbieter und Emittenten von nicht in Wertpapieren verbrieften Vermögensanlagen iSv § 1 II VermAnlG wurden beträchtlich erweitert. Die Beratungs- und Offenlegungspflichten des regulierten Marktes wurden auf den Grauen Markt ausgedehnt. Für Inhalt und Prüfung von Prospekten durch die BaFin gelten nun strengere Anforderungen. Die Prospektpflicht wird in § 6 VermAnlG statuiert. Die Anforderungen an den Prospekt ergeben sich aus § 7 VermAnlG iVm der VermVerkProspV (dazu Beck/Maier WM **12**, 1898). Außerdem müssen die Anleger mittels Vermögensanlageninformationsblättern über angebotene Vermögensanlagen informiert werden, § 13 VermAnlG. Für die Verletzung der Prospektpflicht sehen §§ 20, 21 VermAnlG eine Haftung vor, für unrichtige Angaben im Informationsblatt wird nach § 22 VermAnlG gehaftet. Die Abgrenzung zwischen VermAnlG und WpPG erfolgt anhand des Wertpapierbegriffs des WpPG (§ 2 Nr 1 WpPG). Lit: *Mattil* DB **11**, 2533 (zum Gesetzentwurf), Bußalb/Vogel WM **12**, 1416, Friedrichsen/Weisner ZIP **12**, 756, Hanten/Reinholz ZBB **12**, 36, *Hellgardt* ZBB **12**, 73, Zingel/Varadinek BKR **12**, 177, *Hahn*, VersR **12**, 393, *Nobbe*, WM **13**, 193, *Schnauder* NJW **13**, 3207, *Suchomel* NJW **13**, 1126, Schroeter WM **14**, 1163.

Abschnitt 2. Verkaufsprospekt, Vermögensanlagen-Informationsblatt und Information der Anleger

Unterabschnitt 3. Haftung

Haftung bei fehlerhaftem Verkaufsprospekt

VermAnlG 20 (1) ¹Sind für die Beurteilung der Vermögensanlagen wesentliche Angaben in einem Verkaufsprospekt unrichtig oder unvollständig, kann der Erwerber der Vermögensanlagen von denjenigen, die für den Verkaufsprospekt die Verantwortung übernommen haben, und denjenigen, von denen der Erlass des Verkaufsprospekts ausgeht, als Gesamtschuldnern die Übernahme der Vermögensanlagen gegen Erstattung des Erwerbspreises, soweit dieser den ersten

Erwerbspreis der Vermögensanlagen nicht überschreitet, und der mit dem Erwerb verbundenen üblichen Kosten verlangen, sofern das Erwerbsgeschäft nach Veröffentlichung des Verkaufsprospekts und während der Dauer des öffentlichen Angebots nach § 11, spätestens jedoch innerhalb von zwei Jahren nach dem ersten öffentlichen Angebot der Vermögensanlagen im Inland, abgeschlossen wurde. ²Auf den Erwerb von Vermögensanlagen desselben Emittenten, die von den in Satz 1 genannten Vermögensanlagen nicht nach Ausstattungsmerkmalen oder in sonstiger Weise unterschieden werden können, ist Satz 1 entsprechend anzuwenden.

(2) ¹Ist der Erwerber nicht mehr Inhaber der Vermögensanlagen, so kann er die Zahlung des Unterschiedsbetrags zwischen dem Erwerbspreis, soweit dieser den ersten Erwerbspreis nicht überschreitet, und dem Veräußerungspreis der Vermögensanlagen sowie der mit dem Erwerb und der Veräußerung verbundenen üblichen Kosten verlangen. ²Absatz 1 Satz 2 ist anzuwenden.

(3) Nach Absatz 1 oder Absatz 2 kann nicht in Anspruch genommen werden, wer nachweist, dass er die Unrichtigkeit oder Unvollständigkeit der Angaben des Verkaufsprospekts nicht gekannt hat und dass die Unkenntnis nicht auf grober Fahrlässigkeit beruht.

(4) Der Anspruch nach Absatz 1 oder Absatz 2 besteht nicht, sofern
1. die Vermögensanlagen nicht auf Grund des Verkaufsprospekts erworben wurden,
2. der Sachverhalt, über den unrichtige oder unvollständige Angaben im Verkaufsprospekt enthalten sind, nicht zu einer Minderung des Erwerbspreises der Vermögensanlagen beigetragen hat oder
3. der Erwerber die Unrichtigkeit oder Unvollständigkeit der Angaben des Verkaufsprospekts beim Erwerb kannte.

(5) Werden Vermögensanlangen eines Emittenten mit Sitz im Ausland auch im Ausland öffentlich angeboten, besteht der Anspruch nach Absatz 1 oder Absatz 2 nur, sofern die Vermögensanlagen auf Grund eines im Inland abgeschlossenen Geschäfts oder einer ganz oder teilweise im Inland erbrachten Wertpapierdienstleistung erworben wurden.

(6) ¹Eine Vereinbarung, durch die der Anspruch nach Absatz 1 oder Absatz 2 im Voraus ermäßigt oder erlassen wird, ist unwirksam. ²Weiter gehende Ansprüche, die nach den Vorschriften des bürgerlichen Rechts auf Grund von Verträgen oder unerlaubten Handlungen erhoben werden können, bleiben unberührt.

§ 20 VermAnlG basiert im Wesentlichen auf dem früheren § 13 VerkProspG iVm (14) BörsG § 44 aF. VerkProspG durch VermAnlGEG aufgehoben. Statt eines Verweises auf die Vorschriften des WpPG, wie früher bei § 13 VerkProspG auf (14) BörsG §§ 44 ff. aF, ist der Tatbestand nun ausformuliert. Inhaltlich sind die Regelungen mit denen des WpPG vergleichbar, allerdings mit angepasstem Wortlaut – siehe auch schon früher bei § 13 VerkProspG. Da (15a) WpPG §§ 22 (iVm 21), 24 ebenfalls das Haftungsregime der §§ 13, 13a VerkProspG aF übernommen haben, kann auf die dortigen Ausführungen verwiesen werden, sofern das VermAnlG keine besonderen Regelungen vorsieht: I entspricht weitgehend (15a) WpPG § 21 I, allerdings mit einer **Frist** von 2 Jahren statt 6 Monaten, da bei Vermögensanlagen iSd VermAnlG der Verkaufsprospekt als häufig die zentrale und einzige Informationsquelle für die Anlageentscheidung eine größere und zeitlich längere Bedeutung hat und Platzierungen häufig länger dauern als bei Wertpapieren, RegE BTDrucks 17/6051, 36. Für die Dauer des öffentlichen Angebots unterliegen Anbieter einer Nachtragspflicht nach § 11 I VermAnlG. Für Nachträge, insb wenn sie Zeichnungsfrist erweitern, wird eben-

(15b) VermAnlG 21 2. Teil. Handelsrechtl. Nebengesetze

falls gehaftet (andernfalls Gefahr der Haftungsumgehung), BGH WM **14**, 694 f. II entspricht **(15a)** WpPG § 21 II, III entspricht **(15a)** WpPG § 23 I, IV entspricht **(15a)** WpPG § 23 II Nr. 1–3, V entspricht **(15a)** WpPG § 21 III, VI entspricht **(15a)** WpPG § 25. Für die Kommentierung siehe jeweils bei den genannten Vorschriften des WpPG. Insbesondere muss im Prospekt auch über Risiken von Interessenkollisionen aufgeklärt werden, Karls WM **13**, 1182. Die Anforderungen an den Emissionsprospekt bzgl. der Darstellung von Fungibilität und Provisionen (geschlossene Immobilienfonds) dürfen aber nicht überspannt werden, BGH BKR **14**, 504, dazu Vogel/Habbe, BKR **16**, 7 (offene Immobilienfonds). Insbesondere erweckt der Hinweis auf einen „zur Zeit" nicht vorhandenen Markt für den Handel von Anteilen an geschlossenen Immobilienfonds nicht den unzutreffenden Eindruck, dass eine Veräußerung nur vorübergehend nicht möglich ist, BGH WM **15**, 1935. Zur Aufklärung über die steuerliche Anerkennungsfähigkeit des Anlagemodells und über die Erzielung von Lizenzgebühren BGH WM **15**, 2238. Hinweis auf §§ 30, 31 GmbHG ist im Prospekt für eine GmbH & Co KG entbehrlich, wenn eine Unterdeckung des Stammkapitals der Komplementär-GmbH mehr als fernliegend ist, Kln WM **15**, 872.

Haftung bei fehlendem Verkaufsprospekt

VermAnlG 21 (1) ¹Der Erwerber von Vermögensanlagen kann, wenn ein Verkaufsprospekt entgegen § 6 nicht veröffentlicht wurde, von dem Emittenten der Vermögensanlagen und dem Anbieter als Gesamtschuldnern die Übernahme der Vermögensanlagen gegen Erstattung des Erwerbspreises, soweit dieser den ersten Erwerbspreis nicht überschreitet, und der mit dem Erwerb verbundenen üblichen Kosten verlangen, sofern das Erwerbsgeschäft vor Veröffentlichung eines Verkaufsprospekts und innerhalb von zwei Jahren nach dem ersten öffentlichen Angebot der Vermögensanlagen im Inland abgeschlossen wurde. ²Auf den Erwerb von Vermögensanlagen desselben Emittenten, die von den in Satz 1 genannten Vermögensanlagen nicht nach Ausstattungsmerkmalen oder in sonstiger Weise unterschieden werden können, ist Satz 1 entsprechend anzuwenden.

(2) ¹Ist der Erwerber nicht mehr Inhaber der Vermögensanlagen, kann er die Zahlung des Unterschiedsbetrags zwischen dem Erwerbspreis und dem Veräußerungspreis der Vermögensanlagen sowie der mit dem Erwerb und der Veräußerung verbundenen üblichen Kosten verlangen. ²Absatz 1 Satz 1 gilt entsprechend.

(3) Werden Vermögensanlagen eines Emittenten von Vermögensanlagen mit Sitz im Ausland auch im Ausland öffentlich angeboten, besteht ein Anspruch nach Absatz 1 oder Absatz 2 nur, sofern die Vermögensanlagen auf Grund eines im Inland abgeschlossenen Geschäfts oder einer ganz oder teilweise im Inland erbrachten Wertpapierdienstleistung erworben wurden.

(4) **Der Anspruch nach den Absätzen 1 bis 3 besteht nicht, sofern der Erwerber die Pflicht, einen Verkaufsprospekt zu veröffentlichen, beim Erwerb kannte.**

(5) ¹Eine Vereinbarung, durch die ein Anspruch nach den Absätzen 1 bis 3 im Voraus ermäßigt oder erlassen wird, ist unwirksam. ²Weiter gehende Ansprüche, die nach den Vorschriften des bürgerlichen Rechts auf Grund von Verträgen oder unerlaubten Handlungen erhoben werden können, bleiben unberührt.

V. Bankgeschäfte **22 VermAnlG (15b)**

Die Vorschrift basiert auf dem aufgehobenen § 13a VerkProspG aF – jedoch 1
ohne § 13a V (Verjährung) und VII (Verweis auf § 32b ZPO) VerkProspG aF.
Mit Ausnahme der Frist in I, die gegenüber § 13a VerkProspG aF auf 2 Jahre
ausgedehnt worden ist, sind die Unterschiede weitgehend nur redaktionelle
Anpassungen des Wortlauts; in V ist gegenüber § 13a VI allerdings nicht mehr
von „vorsätzlichen unerlaubten Handlungen" die Rede. I–IV ensprechen **(15a)**
WpPG § 24, V entspricht **(15a)** WpPG § 25. Für eine Kommentierung siehe
jeweils bei den genannten Vorschriften des **(15a)** WpPG.

Haftung bei unrichtigem oder fehlendem Vermögensanlagen-Informationsblatt

VermAnlG 22 (1) Wer Vermögensanlagen auf Grund von Angaben in einem Vermögensanlagen-Informationsblatt erworben hat, kann von dem Anbieter die Übernahme der Vermögensanlagen gegen Erstattung des Erwerbspreises, soweit dieser den ersten Erwerbspreis der Vermögensanlagen nicht überschreitet, und der mit dem Erwerb verbundenen üblichen Kosten verlangen, wenn

1. die in dem Vermögensanlagen-Informationsblatt enthaltenen Angaben irreführend, unrichtig oder nicht mit den einschlägigen Teilen des Verkaufsprospekts vereinbar sind und
2. das Erwerbsgeschäft nach Veröffentlichung des Verkaufsprospekts und während der Dauer des öffentlichen Angebots nach § 11, spätestens jedoch innerhalb von zwei Jahren nach dem ersten öffentlichen Angebot der Vermögensanlagen im Inland abgeschlossen wurde.

(1a) Sofern die Erstellung eines Verkaufsprospekts nach § 2a oder § 2b entbehrlich ist, besteht der Anspruch nach Absatz 1 unter der Voraussetzung, dass

1. die in dem Vermögensanlagen-Informationsblatt enthaltenen Angaben irreführend oder unrichtig sind und
2. das Erwerbsgeschäft während der Dauer des öffentlichen Angebots nach § 11, spätestens jedoch innerhalb von zwei Jahren nach dem ersten öffentlichen Angebot der Vermögensanlagen im Inland abgeschlossen wurde.

(2) Ist der Erwerber nicht mehr Inhaber der Vermögensanlagen, kann er die Zahlung des Unterschiedsbetrags zwischen dem Erwerbspreis, soweit dieser den ersten Erwerbspreis nicht überschreitet, und dem Veräußerungspreis der Vermögensanlagen sowie die mit dem Erwerb und der Veräußerung verbundenen üblichen Kosten verlangen.

(3) Nach Absatz 1 oder Absatz 2 kann nicht in Anspruch genommen werden, wer nachweist, dass er die Unrichtigkeit des Vermögensanlagen-Informationsblatts nicht gekannt hat und dass die Unkenntnis nicht auf grober Fahrlässigkeit beruht.

(4) Der Anspruch nach Absatz 1, Absatz 1a oder Absatz 2 besteht nicht, sofern

1. der Erwerber die Unrichtigkeit der Angaben des Vermögensanlagen-Informationsblatts beim Erwerb kannte oder
2. der Sachverhalt, über den unrichtige Angaben im Vermögensanlagen-Informationsblatt enthalten sind, nicht zu einer Minderung des Erwerbspreises der Vermögensanlagen beigetragen hat.

(4a) Der Erwerber kann von dem Anbieter die Übernahme der Vermögensanlage gegen Erstattung des Erwerbspreises, soweit dieser den ersten Erwerbs-

(16) WpPG

preis der Vermögensanlage nicht überschreitet, und der mit dem Erwerb verbundenen üblichen Kosten verlangen, wenn

1. ihm das Vermögensanlagen-Informationsblatt entgegen § 15 nicht zur Verfügung gestellt wurde,
2. das Vermögensanlagen-Informationsblatt den Hinweis nach § 13 Absatz 6 nicht enthalten hat oder
3. er die Kenntnisnahme des Warnhinweises nach § 13 Absatz 6 nicht nach § 15 Absatz 3 oder Absatz 4, auch in Verbindung mit einer Rechtsverordnung nach § 15 Absatz 5, bestätigt hat.

Absatz 2 gilt entsprechend.

(5) Werden Vermögensanlagen eines Emittenten mit Sitz im Ausland auch im Ausland öffentlich angeboten, besteht der Anspruch nach Absatz 1, Absatz 1a, Absatz 2 oder Absatz 4a nur, sofern die Vermögensanlagen auf Grund eines im Inland abgeschlossenen Geschäfts oder einer ganz oder teilweise im Inland erbrachten Wertpapierdienstleistung erworben wurden.

(6) [1] Eine Vereinbarung, durch die der Anspruch nach Absatz 1, Absatz 1a, Absatz 2 oder Absatz 4a im Voraus ermäßigt oder erlassen wird, ist unwirksam. [2] Weiter gehende Ansprüche, die nach den Vorschriften des bürgerlichen Rechts auf Grund von Verträgen oder unerlaubten Handlungen erhoben werden können, bleiben unberührt.

1 § 22 ist an die Haftung bei fehlerhafter Prospektzusammenfassung ((15a) WpPG §§ 21, 23 II Nr 5) angelehnt. Ia und IVa wurden durch das KleinanlegerschutzG 2015 eingefügt. Anspruchsgegner ist der Anbieter, dem nach § 13 VermAnlG die Pflicht obliegt, ein Vermögensanlagen-Informationsblatt zu erstellen. I verlangt jedoch keine Vollständigkeit des Informationsblattes, da ein solches nicht die gleiche Informationsmenge enthalten kann wie ein Prospekt. Ein Vollständigkeitserfordernis würde zu einer Überfrachtung der Informationsblätter führen und damit dem Ziel von kurzen und verständlichen Informationen entgegenwirken. I Satz 1 Nr 2 übernimmt die Ausschlussfrist des § 20. Die in § 13 V VermAnlG geregelte Aktualisierungspflicht ist zeitlich begrenzt und knüpft grds an die Dauer des öffentlichen Angebots an. II-VI (mit Ausnahme des neuen IV a) entsprechen weitgehend § 20 II–VI (ausgenommen IV Nr 1), was zu einem Gleichlauf der Ansprüche wegen fehlerhaften Verkaufsprospekts und wegen unrichtiger Angaben im Vermögensanlagen-Informationsblatt führt. Insofern kann auf die dortigen Ausführungen verwiesen werden (s § 20). Anders als bei der Prospekthaftung nach § 20 wird die Kausalität jedoch nicht vermutet, sondern muss vom Anleger dargelegt und bewiesen werden. Für den Fall, dass ein Verkaufsprospekt entbehrlich ist und eine Vermögensanlage nur auf Grundlage eines Informationsblatts angeboten wird, sieht Ia idF KleinanlegerschutzG 2015 eine Haftung unter den dort genannten Voraussetzungen vor und schließt somit eine Haftungslücke. Darüber hinaus erweitert IVa idF KleinanlegerschutzG 2015 die Haftung auf Fälle eines fehlenden oder nicht unterschriebenen Informationsblattes.

(16) Insiderhandelsverbot und Ad-hoc-Publizität

Schrifttum

a) Kommentare und Handbücher: *Assmann/Schneider*, WpHG, 6. Aufl. 2012. – BankrechtsHdb/*Hopt/Kumpan* 5. Aufl 2017 § 107 (Insider, Ad-hoc-Publizität). – GroßKommHGB/*Grundmann* 5. Aufl. 2017, Bd. 11, Teil 6. – *Ebenroth/Grundmann* 3. Aufl 2015 BankR VI Rn 1 ff. — *Fuchs*, WpHG, 2. Aufl. 2016. – *Just/Voß/Ritz/Becker*, Wertpapierhandelsgesetz, 2015. – *Kümpel/Wittig*, Bank- und Kapitalmarktrecht, 4. Aufl 2011. –Mü-

V. Bankgeschäfte　　　　　　　　　　1　**WpPG (16)**

KoHGB/*Ekkenga,* Effektengeschäft, 3. Aufl 2014. – *Schröder,* Hdb Kapitalmarktstrafrecht, 3. Aufl. 2015. – *Schwark/Zimmer,* WpHG in Kapitalmarktrechts-Komm, 4. Aufl 2010. **b) Lehrbücher:** *Buck-Heeb,* Kapitalmarktrecht, 8. Aufl 2016. – *Claussen,* Bank- und Börsenrecht, 5. Aufl 2014. – *Grunewald/Schlitt* 3. Aufl 2014. – *Langenbucher,* Aktien- und Kapitalmarktrecht 3. Aufl 2015. – *Veil,* Europäisches Kapitalmarktrecht, 2. Aufl 2014.

c) Sonstige Beiträge zum Marktmissbrauchsrecht nF:

Bachmann Das Europäische Insiderhandelsverbot, 2015; *Bühren* NZG 17, 1172; *Florstedt* AG 16, 557; *Habbe/Giescher* NZG 16, 454; *Hansen* ECFR 14(17)34 Helm ZIP 16, 2201; *Kiesewetter/Parmentier* BB **13**, 2371; *Klöhn* ZHR 180 (**16**), 707; *Klöhn* ZHR 181 (**17**), 746; *Klöhn* AG **16**, 423; *Klöhn* ZIP **16**, Beilage zu Heft 22, S. 44; *Klöhn* WM **16**, 1665 (Finanzanalysten); *Klöhn/Büttner* ZIP **16**, 1801; *Klöhn/Schmolke* ZGR **16**, 866; *Krämer/Kiefer* AG **16**, 621; *Krause* CCZ **14**, 248; *Kudlich* AG **16**, 459 (Sanktionen); *Kumpan* AG **16**, 446 (Directors Dealings); *Kumpan* DB **16**, 2039 (Ad hoc-Publizität); *Langenbucher* AG **16**, 417 (verständiger Anleger); *Luy,* Kapitalmarktinformationspflichten und Lauterkeitsrecht, 2016; *Parmentier* BKR **13**, 133; *Poelzig* NZG **16**, 492; *Poelzig* NZG **16**, 528; *Poelzig* NZG 16, 761; *Scholz* NZG 16, 1286; *Seibt/Wollenschläger* AG **14**, 593; *Schmolke* AG **16**, 434 (Marktmanipulation); *Stüber* DStR **16**, 1221 (Directors' Dealings); *Szesny* DB **16**, 1420 (Sanktionsregime); *Teigelack* BB **16**, 1604 (Ad hoc bei Zivilprozessen); *Veil* ZBB **14**, 85; *Zetzsche* AG **16**, 610 (Marktsondierung). Noch zum Entwurf der Kommission *Langenbucher* NZG **13**, 1401; *Merkner/Sustmann* AG **12**, 315; *Parmentier* BKR **13**, 133; *Veil* BB **12**, 1358; *Teigelack* BB **12**, 1361; *Veil/Koch* WM **11**, 2297; *Viciano-Gofferje/Cascante* NZG **12**, 968.

d) Sonstige Beiträge zum Marktmissbrauchsrecht nach dem WpHG aF:

BaFin, Jahresberichte. – BaFin, Emittentenleitfaden 15.7.2005, akt. Stand 22.7.2013, dazu *Bedkowski* BB **09**, 1482, *Burg/Marx* AG **09**, 487, *Merkner/Sustmann* NZG **09**, 813. – BAWe/Deutsche Börse, Insiderhandelsverbote und Ad hoc-Publizität nach dem Wertpapierhandelsgesetz, 2. Aufl 1998. – *Möllers/Rotter* Ad-hoc-Publizität 2003, *Hopt/Voigt* Prospekt- und Kapitalmarktinformationshaftung 2005, Gunßer 2008, *Hellgardt* Kapitalmarktdeliktsrecht 2008, *Park* Kapitalmarktstrafrecht 3. Aufl 2013. – *Hopt* ZGR **02**, 333 (Insider, Übernahmeangebote), ZGR **04**, 1 (Interessenwahrung und Interessenkonflikte), FS Doralt (Wien) **04**, 213 (Sanktionen bei Interessenkonflikten), *Tollkühn* ZIP **04**, 2215, *Harbarth* ZIP **05**, 1898 (Unternehmenskauf), *Möllers* WM **05**, 1393 (§ 15 III), *Nietsch* BB **05**, 785, *Cahn/Götz* AG **07**, 221, *Hutter/Kaulamo* NJW **07**, 471 (TUG), *Fleischer/Schmolke* AG **07**, 841 (Gerüchte), *Parmentier* NZG **07**, 407 (Aktienplazierung, Börsengang), *Widder/Bedkowski* BKR **07**, 405 (Übernahmen), *Assmann* u *Bachmann* ZHR 172 (**08**) 635, 597, *Möllers* NZG **08**, 330 (Europarecht), *Seibt/Bremkamp* AG **08**, 469 (Erwerb eigener Aktien), *Eufinger/Teigelack* in Hopt/Veil/Kämmerer, Kapitalmarktgesetzgebung, 2008, 63, *Leuering* VGR **08**, 171 (Praxisfragen), *Engelhart* AG **09**, 856, *Zimmer* FS Schwark **09**, 669 (Selbstbefreiung), *Schall* JZ **10**, 352, *Seibt/Huizinga* CFL **10**, 289 (Prognosen), *Fleischer, Groß* FS Schneider **11**, 333, 385, *Veil/Koch* WM **11**, 2297, *Frowein* in Habersack/Nülbert/Schlitt, Hdb Kapitalmarktinformation, 2. Aufl 2013, § 10, *Krämer/Teigelack* AG **12**, 20, *Ekkenga* NZG **13**, 1081, *Ihrig/Kranz* BB **13**, 451, *Kocher* WM **13**, 1305 (Anleihen), *Kocher/Schneider* ZIP **13**, 1607 (Zuständigkeitsfragen), *Krause/Brellochs* AG **13**, 309, *Mennicke* ZBB **13**, 244, *Meyer-Uellner* NZG **13**, 1052 (soziale Medien), *Pattberg/Bredol* NZG **13**, 87, *Seibold* NZG **13**, 809, *Thiele/Fedtke* AG **13**, 288 (in der Insolvenz), *Wilsing/Goslar* DStR **13**, 1610, *Klöhn* ZHR 178 (**14**), 55, *Klöhn/Bartmann* AG **14**, 737 (soziale Medien), *Leyendecker-Langner/Kleinhenz* AG **15**, 72, *Klöhn* CMLJ 10 (**15**), 162, *Klöhn* NZG **15**, 809, *Klöhn/Rothermund* ZBB **15**, 73, *Bunz* NZG **16**, 1249, *Klöhn* FS Köndgen **16**, S. 311, *Leyendecker-Langner/Kleinhenz,* AG **16**, 72, *Sajnovits* WM **16**, 765 (Wissenszurechnung).

RsprÜbersichten zum Kapitalmarktrecht: BGHFSWissII/*Schwark* u *Hopt* **00**, 455, 497 (mit Prospekthaftung), *Puszkajler* Bankrechtstag **10**, 53 (OLGRspr zum WpHG), *M. Weber* NJW **00**, 2061, 3461, **03**, 18, **04**, 28, 3674, **05**, 3682, **06**, 3685, **07**, 3688, **09**, 33, **10**, 274, **11**, 273, **12**, 274, **13**, 275, **13**, 2324, *von Bonin/Glos* WM **12**, 917, WM **13**, 1201, WM **14**, 1653, WM **15**, 2296, *Schlick* WM **14**, 581 und 633, WM **15**, 261 und 309.

(16a) Marktmissbrauchsverordnung (MAR)

**Verordnung (EU) Nr. 596/2014 des Europäischen Parlaments und des Rates
vom 16. April 2014
über Marktmissbrauch (Marktmissbrauchsverordnung) und zur Aufhebung der Richtlinie 2003/6/EG des Europäischen Parlaments und des Rates und der Richtlinien 2003/124/EG, 2003/125/EG und 2004/72/EG der Kommission, ABl. EU 2014 L 173/1.**

Vorbemerkung

1   Die MAR von 2014 hat die Marktmissbrauchsrichtlinie von 2003 abgelöst, die die bisherigen Vorschriften in §§ 12 ff. WpHG geprägt hat. Da die Verordnung in den Mitgliedstaaten der EU unmittelbare Wirkung entfaltet, gelten nun EU-weit einheitliche Regelungen zum Insiderrecht, die einheitlich anzuwenden sind. Verankert sind dort nun auch die Entscheidungen des EuGH zum Insiderrecht. Die MAR lehnt sich in weiten Teilen an die Marktmissbrauchsrichtlinie von 2003 an. Begleitet wird sie von der strafrechtlichen Marktmissbrauchsrichtlinie (CrimMAD, RiLi 2014/57/EU, ABlEU 2014 Nr. L 173/179), die Vorgaben für die strafrechtliche Ahndung von Marktmissbrauch durch die Mitgliedstaaten enthält.

2   Markante Änderungen gibt es etwa im sachlichen Anwendungsbereich der insiderrechtlichen Vorschriften. Dieser ist gegenüber der Marktmissbrauchsrichtlinie ausgeweitet worden und erfasst nun auch Finanzinstrumente, die ausschließlich in multilateralen (Art. 4 Abs. 1 Nr. 22 RiLi 2014/65/EU (MiFID II), ABl. EU 2014 L 173/349) oder organisierten (Art. 4 Abs. 1 Nr. 23 MiFID II) Handelssystemen gehandelt werden bzw. deren Wert von einem solchen Instrument abhängt (Erwägungsgrund 8 und Art. 2 Abs. 1 MAR). Damit wird der Entwicklung Rechnung getragen, dass Finanzinstrumente zunehmend über multilaterale oder organisierte Handelssysteme gehandelt werden. In Deutschland galt das Insiderhandelsverbot zwar schon bisher – über die Vorgabe in der Marktmissbrauchsrichtlinie hinaus – auch für den Handel im Freiverkehr, vgl. § 12 WpHG aF, nicht aber für den ausschließlichen Handel über andere multilaterale oder gar organisierte Handelssysteme.

3   Die drei Grundtypen der nach der Marktmissbrauchsrichtlinie verbotenen Tätigkeiten „Tätigen von Insidergeschäften", „Weitergabe von Insiderinformationen" und „Empfehlung bzw. Verleitung zu Insidergeschäften" sind als solche in die Marktmissbrauchsverordnung übernommen worden.

4   An die Stelle der Art. 2 und 4 MAD (Tätigen von Insidergeschäften) sind nun Art. 8, 9, 14 lit a) MAR getreten, wobei Art. 14 lit. a) das eigentliche Verbot enthält und Art. 8 regelt, was unter Insidergeschäften zu verstehen ist. Art. 9 enthält spezielle Regelungen dazu, unter welchen Bedingungen ein Handeln im Besitz von Insiderinformation kein Insiderhandel darstellt (sog. legitime Handlungen). Weitergehend als in der Marktmissbrauchsrichtlinie von 2003 gilt nun auch das Stornieren oder Ändern eines Auftrags als Insiderhandel, wenn dies aufgrund einer Insiderinformation erfolgt, Art. 8 Abs. 1 Satz 2 MAR. Zwar enthält Art. 8 Abs. 4 MAR noch eine Unterscheidung zwischen Primär- und Sekundärinsidern und verlangt, dass letztere in Kenntnis oder fahrlässiger Unkenntnis hinsichtlich der Eigenart der Information als Insiderinformation gehandelt haben müssen. Ist dies aber erfüllt, werden beide gleichbehandelt.

5   Das Verbot der Weitergabe von Insiderinformationen ist in Art. 10, 14 lit. c) MAR geregelt, wobei Art. 14 lit. c) das eigentliche Verbot enthält, während

V. Bankgeschäfte 6–8 **Vorb MAR (16a)**

Art. 10 regelt, was eine „unbefugte Offenlegung von Insiderinformationen" darstellt. Art. 11 MAR enthält umfängliche Regelungen zu Marktsondierungen.

Die Empfehlung von und das Verleiten zu Insidergeschäften sind in der MAR 6 in Art. 8 Abs. 2 und 3, Art. 14 lit. b) MAR geregelt. Das eigentliche Verbot enthält Art. 14 lit. b), Art. 8 Abs. 2 und 3 regeln, wann eine verbotene Empfehlung oder Anstiftung vorliegt. Neu ist hier insbesondere, dass nun auch die Empfehlung bzw. Anstiftung zum Stornieren oder Löschen von Aufträgen erfasst wird.

Darüber hinaus sind auch die begleitenden Regelungsinstrumente in die 7 MAR übernommen und auf dieser Regelungsebene erheblich detaillierter ausgestaltet worden. Hierzu gehören etwa die Vorschriften über die Ad-hoc-Publizität, die in Art. 17 MAR niedergelegt sind (nun mit der „Wahrung der Finanzstabilität" als neu hinzugekommenem Grund für den Aufschub der Veröffentlichung), oder die Führung von Insiderlisten, die in Art. 18 MAR geregelt ist, sowie die Directors' Dealings-Vorschriften, die sich in Art. 19 MAR finden. Hinzukommt ein zeitweiliges Handelsverbot für Führungskräfte nach Art. 19 Abs. 11 MAR.

Zur näheren Ausgestaltung der Regelungen hat die Europäische Kommission 8 bereits mehrere Delegierte Verordnungen und Durchführungsverordnungen erlassen. In der Delegierten Verordnung 2016/522 (ABl. EU 2016 Nr. L 88/1) hat sie weitergehende Regelungen u. a. zu der Ausnahme für öffentliche Stellen und Zentralbanken, zur Marktmanipulation, den Schwellenwerten für die Offenlegung und den Directors' Dealings getroffen. In der Durchführungsverordnung 2016/523 (ABl. EU 2016 Nr. L 88/19) finden sich Bestimmungen zu den technischen Durchführungsstandards im Zusammenhang mit Directors' Dealings. Die Durchführungsverordnung 2016/347 (ABl. EU 2016 Nr. L 65/49) widmet sich den technischen Durchführungsstandards für Insiderlisten, die Durchführungsverordnung 2016/378 (ABl. EU 2016 Nr. L 72/1) den technischen Durchführungsstandards zur Meldungen an die Aufsichtsbehörden. Zudem gibt es eine Durchführungsrichtlinie 2015/2392 (ABl. EU 2015 L 332/126) zum Umgang mit Meldungen von Verstößen gegen die MAR. Die Delegierte Verordnung 2016/908 (ABl. EU 2016 L 153/3) enthält Regelungen zur Festlegung von zulässigen Marktpraktiken. In der Delegierten Verordnung 2016/909 (ABl. EU 2016 L 153/13) sind technische Vorgaben für den Inhalt der den Behörden zu übermittelnden Meldungen und den Umgang mit Listen von solchen Meldungen enthalten. Die Delegierte Verordnung 2016/957 (ABl. EU 2016 L 160/1) enthält Vorgaben für die Einrichtung von Systemen zur Bekämpfung von Marktmissbrauch, die Delegierte Verordnung 2016/958 /ABl. EU 2016 L 160/15) Vorgaben für Anlageempfehlungen und deren Weitergabe durch Dritte. Die Durchführungsverordnung 2016/959 (ABl. EU 2016 L 160/23) regelt technische Durchführungsstandards für Marktsondierungen etwa in Bezug auf die zu nutzenden Systeme und Mitteilungsmuster und die Delegierte Verordnung 2016/960 (ABl. EU 2016 L 160/29) technische Regulierungsstandards für Regelungen, Systeme und Verfahren bei der Durchführung von Marktsondierungen. Des Weiteren regelt die Delegierte Verordnung 2016/1052 (ABl. EU 2016 L 173/34) technische Regulierungsstandards für Rückkaufprogramme und Stabilisierungsmaßnahmen. Schließlich enthält die Durchführungsverordnung 2016/1055 (ABl. EU 2016 L 173/47) technische Durchführungsstandards hinsichtlich der Bekanntgabe von Insiderinformationen und deren Aufschub. Diese Regelungen basieren auf Empfehlungen der ESMA, die im Februar 2015 einen Abschlussbericht mit Stellungnahmen zu möglichen delegierten Rechtsakten zur MAR vorgelegt hat (ESMA/2015/224). Des Weiteren hat die ESMA im September 2015 einen Abschlussbericht mit Vorschlägen zu technischen Standards vorgestellt (ESMA/2015/1455). Darüber hinaus hinzugekommen sind Leitlinien der ESMA zu Marktsondierungen und zum Aufschub von Ad-hoc-Mitteilungen (ESMA/

Kumpan 2509

2016/1130) und zu Warenderivatemärkten (ESMA/2016/1480) sowie Q&As der ESMA (ESMA 70-145-111).

9 **Gründe für das Insiderhandelsverbot** sollen Verletzung der Chancengleichheit sein (Erw 23 MAR) oder die Sanktionierung untreuen Handelns von Insidern, die Informationen ausnutzen, die ihnen nur wegen ihrer besonderen Stellung im oder zum Unternehmen zugänglich sind oder die sie sich widerrechtlich angeeignet haben. Überzeugend ist aber allein, dass durch Insiderhandel sog. Informationshändler abgeschreckt werden (s KöKoWpHG/Klöhn, Vor §§ 12–14 Rn 38 ff, 110 ff (mit Rn 85); Klöhn ZHR 177 **(13)**, 349). Insiderhandelsverbote dienen dem Anleger- und Funktionsschutz (s auch die Zielsetzung nach Erw 24 Satz 2 MAR). Insidergeschäfte werden im EU-Recht als **Marktdelikte** eingeordnet (anders in den USA: antifraud rule des Sec 10(b) Securites Exchange Act). Wie bisher bei den §§ 12 ff. WpHG aF dürfte **Schutzgesetzcharakter** der Insiderhandelsvorschriften in der MAR zweifelhaft sein, deutlich ablehnend die hL, s nur KöKoWpHG/Klöhn § 14 Rn 7 ff, aA Beneke/Tholen BKR **17**, 12 auch wenn individualschützender Charakter einiger Normen nicht pauschal abgelehnt werden kann. Dazu BankrechtsHdb/Hopt/Kumpan § 107 Rn. 5, 173 f. Zumindest im Hinblick auf die Veröffentlichungspflichten nach (**16a**) MAR Art 17 ist diese Frage durch die Schadensersatzvorschriften in §§ 97, 98 WpHG entschärft.

Kapitel 2. Insiderinformationen, Insidergeschäfte, unrechtmäßige Offenlegung von Insiderinformationen und Marktmanipulation

Insiderinformationen

MAR 7 (1) Für die Zwecke dieser Verordnung umfasst der Begriff „Insiderinformationen" folgende Arten von Informationen:

a) nicht öffentlich bekannte präzise Informationen, die direkt oder indirekt einen oder mehrere Emittenten oder ein oder mehrere Finanzinstrumente betreffen und die, wenn sie öffentlich bekannt würden, geeignet wären, den Kurs dieser Finanzinstrumente oder den Kurs damit verbundener derivativer Finanzinstrumente erheblich zu beeinflussen;

b) in Bezug auf Warenderivate nicht öffentlich bekannte präzise Informationen, die direkt oder indirekt ein oder mehrere Derivate dieser Art oder direkt damit verbundene Waren-Spot-Kontrakte betreffen und die, wenn sie öffentlich bekannt würden, geeignet wären, den Kurs dieser Derivate oder damit verbundener Waren-Spot-Kontrakte erheblich zu beeinflussen, und bei denen es sich um solche Informationen handelt, die nach Rechts- und Verwaltungsvorschriften der Union oder der Mitgliedstaaten, Handelsregeln, Verträgen, Praktiken oder Regeln auf dem betreffenden Warenderivate- oder Spotmarkt offengelegt werden müssen bzw. deren Offenlegung nach vernünftigem Ermessen erwartet werden kann;

c) in Bezug auf Emissionszertifikate oder darauf beruhende Auktionsobjekte nicht öffentlich bekannte präzise Informationen, die direkt oder indirekt ein oder mehrere Finanzinstrumente dieser Art betreffen und die, wenn sie öffentlich bekannt würden, geeignet wären, den Kurs dieser Finanzinstrumente oder damit verbundener derivativer Finanzinstrumente erheblich zu beeinflussen;

d) für Personen, die mit der Ausführung von Aufträgen in Bezug auf Finanzinstrumente beauftragt sind, bezeichnet der Begriff auch Informationen, die von einem Kunden mitgeteilt wurden und sich auf die noch nicht ausgeführten Aufträge des Kunden in Bezug auf Finanzinstrumente beziehen, die präzise sind, direkt oder indirekt einen oder mehrere Emittenten oder ein oder mehrere Finanzinstrumente betreffen und die, wenn sie öffentlich bekannt würden, geeignet wären, den Kurs dieser Finanzinstrumente, damit verbundener Waren-Spot-Kontrakte oder zugehöriger derivativer Finanzinstrumente erheblich zu beeinflussen.

(2) [1] Für die Zwecke des Absatzes 1 sind Informationen dann als präzise anzusehen, wenn damit eine Reihe von Umständen gemeint ist, die bereits gegeben sind oder bei denen man vernünftigerweise erwarten kann, dass sie in Zukunft gegeben sein werden, oder ein Ereignis, das bereits eingetreten ist oder von den vernünftigerweise erwarten kann, dass es in Zukunft eintreten wird, und diese Informationen darüber hinaus spezifisch genug sind, um einen Schluss auf die mögliche Auswirkung dieser Reihe von Umständen oder dieses Ereignisses auf die Kurse der Finanzinstrumente oder des damit verbundenen derivativen Finanzinstruments, der damit verbundenen Waren-Spot-Kontrakte oder der auf den Emissionszertifikaten beruhenden Auktionsobjekte zuzulassen. [2] So können im Fall eines zeitlich gestreckten Vorgangs, der einen bestimmten Umstand oder ein bestimmtes Ereignis herbeiführen soll oder hervorbringt, dieser betreffende zukünftige Umstand bzw. das betreffende zukünftige Ereignis und auch die Zwischenschritte in diesem Vorgang, die mit der Herbeiführung oder Hervorbringung dieses zukünftigen Umstandes oder Ereignisses verbunden sind, in dieser Hinsicht als präzise Information betrachtet werden.

(3) Ein Zwischenschritt in einem gestreckten Vorgang wird als eine Insiderinformation betrachtet, falls er für sich genommen die Kriterien für Insiderinformationen gemäß diesem Artikel erfüllt.

(4) Für die Zwecke des Absatzes 1 ist unter „Informationen, die, wenn sie öffentlich bekannt würden, geeignet wären, den Kurs von Finanzinstrumenten, derivativen Finanzinstrumenten, damit verbundenen Waren-Spot-Kontrakten oder auf Emissionszertifikaten beruhenden Auktionsobjekten spürbar zu beeinflussen" Informationen zu verstehen, die ein verständiger Anleger wahrscheinlich als Teil der Grundlage seiner Anlageentscheidungen nutzen würde.

Im Fall von Teilnehmern am Markt für Emissionszertifikate mit aggregierten Emissionen oder einer thermischen Nennleistung in Höhe oder unterhalb des gemäß Artikel 17 Absatz 2 Unterabsatz 2 festgelegten Schwellenwerts wird von den Informationen über die physischen Aktivitäten dieser Teilnehmer angenommen, dass sie keine erheblichen Auswirkungen auf die Preise der Emissionszertifikate und der auf diesen beruhenden Auktionsobjekte oder auf damit verbundene Finanzinstrumente haben.

(5) [1] Die ESMA gibt Leitlinien für die Erstellung einer nicht erschöpfenden indikativen Liste von Informationen gemäß Absatz 1 Buchstabe b heraus, deren Offenlegung nach vernünftigem Ermessen erwartet werden kann oder die nach Rechts- und Verwaltungsvorschriften des Unionsrechts oder des nationalen Rechts, Handelsregeln, Verträgen, Praktiken oder Regeln auf den in Absatz 1 Buchstabe b genannten betreffenden Warenderivate- oder Spotmärkten offengelegt werden müssen. [2] Die ESMA trägt den Besonderheiten dieser Märkte gebührend Rechnung.

Übersicht

1) Präzise Information (I iVm. II) 1
2) Künftige Umstände bzw. Ereignisse (II Satz 1) 2
3) Zeitlich gestreckte Geschehensabläufe und Zwischenschritte (II Satz 2, III) 3

	Rn
4) Gerüchte	4
5) Nicht öffentlich bekannt (I)	5
6) Emittenten- oder Finanzinstrumentenbezug (I)	6
7) Eignung zur erheblichen Kursbeeinflussung (I, IV)	7
8) Warenderivate und Emissionszertifikate (I lit. b und c)	10
9) Informationen von Kunden, front running (I lit. d)	12
10) Bewertung aufgrund öffentlich bekannter Umstände (Erw 28 MAR)	13
11) Beispiele	14

1) Präzise Information (I iVm. II)

1 „Präzise Information" wie der früher im WpHG verwendete Begriff „konkrete Information" zu verstehen, der den Begriff „präzise Information" aus der MAD 2003 umsetzte, Begriff wird in II näher umrissen. Plural in der Art. 7 zeigt, dass es nicht um einzelne Information, sondern um Informationslage geht. Eine Information ist „präzise", wenn sie eine hinreichende Grundlage für eine Einschätzung des zukünftigen Preisverlaufs eines Finanzinstruments bietet, s RegE AnSVG, BTDrucks 15/3174, 34, BaFin Emittentenleitfaden, Ziff III.2.1.1, dh Kursbewegungen sich gerade dieser Information zuordnen lassen, Parmentier WM **13**, 971. Unerheblich ist, ob abzusehen ist, in welche Richtung die Kursbewegung erfolgen wird, EuGH WM **15**, 816 mit Anm Kumpan EuZW **15**, 389, aA Klöhn ZIP **14**, 945, ders CMLJ **15**, 162. Bezieht sich die Information auf einen existierenden Umstand oder ein bereits eingetretenes Ereignis, muss sie daher spezifisch genug sein, um einen Schluss auf die mögliche Auswirkung dieses Umstands oder Ereignisses auf die Kurse des Finanzinstruments zu erlauben, BGH WM **13**, 1174. Die Information muss sich auf „Umstände" oder „Ereignisse" beziehen. Das umfasst außer Tatsachen (der sinnlichen Wahrnehmung zugängliche – innere oder äußere – Zustände bzw Geschehnisse, die in die Wirklichkeit getreten und dem Beweis zugänglich sind, s nur BGH JR **77**, 29, vgl auch CESR/06–562 Tz 1.5, zB Höhe des Subprime-Anteils von Investments, BGH WM **12**, 307, Beschluss des Aufsichtsrates Schadensersatzklage gegen den Altvorstand zu erheben, ebenso die Klageeinreichung, Ffm, 23 Kap 1/**08**, Tenor, juris) auch überprüfbare Werturteile, Einschätzungen, Absichten, Prognosen (bei gewisser Eintrittswahrscheinlichkeit und von kompetenter Seite abgegeben) und Gerüchte (hinreichend konkreter Tatsachenkern erforderlich), RegE AnSVG, BTDrucks 15/3174, 33, BaFin Emittentenleitfaden, Ziff III.2.1.1. Auch **selbstgeschaffene Informationen** (zB Absprache der Kursbeeinflussung) können Insiderinformationen darstellen, s EuGH WM **07**, 1603, ausnahmsweise auch Unternehmensplanungen, Reichert/Ott FS Hopt **10**, 2385 außerdem vom Emittenten erstellte Prognosen, dazu BaFin, Art 17 MAR FAQs, 20.6.17, 6 f. „Drittbezug" für Einstufung als Insiderinformation (so zur früheren Rechtslage hins „Tatsache" BGHSt **48**, 373) ist nicht erforderlich. Bei selbstgeschaffenen Informationen fehlt es aber in der Regel an der Nutzung, s **(16a)** MAR Art. 9 V. Unwahre Informationen werden nicht erfasst (uU aber Art. 15 MAR anwendbar), ihre Mitteilung jedoch schon, zB gefälschte Bilanz.

2) Künftige Umstände bzw. Ereignisse (II Satz 1)

2 Zukunftsbezogene Umstände wie Pläne, Vorhaben und Absichten einer Person können Insiderinformationen sein, wenn sie hinreichend präzise sind und ihre Verwirklichung vernünftigerweise erwartet werden kann, **II 1**. Der Ereigniseintritt muss bei vernünftiger Würdigung „tatsächlich zu erwarten" sein, eine hohe Wahrscheinlichkeit ist dafür aber nicht erforderlich, EuGH WM **12**, 1811 (Geltl), sondern dass mit dem Eintreten des künftigen Ereignisses eher zu rechnen ist als mit seinem Ausbleiben (Eintrittswahrscheinlichkeit von 50% + x), BGH WM **13**, 1176, s dazu schon früher BGH WM **08**, 641 m krit Anm Möllers NZG **08**,

330, Stgt ZIP **09**, 962; sog probability/magnitude-Test (dazu Klöhn NZG **11**, 168) zur Beurteilung, ob präzise Information vorliegt, nicht geeignet, Erw 16 MAR, EuGH WM **12**, 1811. Die Auslegung darf sich dabei nicht in einer reinen Wahrscheinlichkeitsbeurteilung erschöpfen, BGH WM **13**, 1175, sondern es ist auch auf die Regeln der allgemeinen Erfahrung abzustellen und dabei sind alle tatsächlichen Umstände einzubeziehen, BGH WM **13**, 1176. Dies gilt entsprechend für Umstände, deren gegenwärtige Existenz unsicher ist (KöKoWpHG/ Klöhn, § 13 Rn 102 ff).

3) Zeitlich gestreckte Geschehensabläufe und Zwischenschritte (II Satz 2, III)

Bei **gestreckten Vorgänge**, zB mehrstufigen Entscheidungsprozessen, kann 3 auch ein Zwischenschritt hin zu dem jeweiligen Ereignis eine Insiderinformation sein, II 2, III, so schon EuGH WM **12**, 1807, dem folgend BGH WM **13**, 1171. Dazu (EuGH) Bachmann DB **12**, 2206, Bingel AG **12**, 685, Klöhn ZIP **12**, 1885, Mock ZBB **12**, 286, Schall ZIP **12**, 1286, Wilsing/Goslar DStR **12**, 1709, Parmentier WM **13**, 970, und (BGH) Ihrig/Kranz AG **13**, 515, Brellochs ZIP **13**, 1170, Herfs DB **13**, 1650, s außerdem BGH WM **11**, 14 (Vorlage z EuGH), BGH ZIP **08**, 639, Stgt ZIP **07**, 481 (Aufsichtsratsbeschluss abzuwarten) u ZIP **09**, 962 (bei abgestimmten Aufsichtsratsbeschluss schon vorher Insiderinformation), BaFin Emittentenleitfaden, Ziff III.2.1.1.1, siehe jetzt auch BaFin, Art 17 MAR – Veröffentlichung von Insiderinformationen (FAQs), 20.6.17, 7 f. Weitergehend Ffm WM **09**, 648 (Wunsch, das Amt niederzulegen, reiche schon aus). **Beispiele:** Ausscheiden eines Vorstandsvorsitzenden, Unternehmensübernahmen, Auf- und Feststellung des Jahresabschlusses. Zu gestreckten Geschehensabläufen außerdem BankrechtsHdb/Hopt/Kumpan § 107 Rn 46–49 mwN.

4) Gerüchte

Gerüchte können grds. Insiderinformation darstellen (Umstände iSv II), wenn 4 sie ernstzunehmenden Kern enthalten, BankrechtsHdb/Hopt/Kumpan § 107 Rn 50, Buck-Heeb Kapitalmarktrecht Rn 293, für bisheriges Recht schon Hess VGH AG **98**, 436 m krit Anm Assmann, BaFin Emittentenleitfaden, Ziff III.2.1.1.2 (S 31), Claussen/Florian AG **05**, 749, Spindler WM **04**, 3450, aA (grds nicht) Bürgers, BKR **04**, 425 Fn 11, Diekmann/Sustmann NZG **04**, 930, Holzborn/Israel WM **04**, 1951, Möllers WM **05**, 1394. Einfluss von Gerüchten auf den Kurs ist empirisch nachgewiesen, s Pound/Zeckhauser 63 J. Bus. 291 (1990); Zivney/Bertin/Torabzadeh 36 Quarterly Review of Economics and Finance 89 (1996); Böhmer/Löffler zfbf 51 (1999), 299. Ob Gerücht im Einzelfall Insiderinformation ist, entscheidet sich häufig an der Eignung zur Preisbeeinflussung (abhängig ua von Quelle, zugrundeliegenden Fakten, Verfassung des Marktes und Situation des Emittenten).

5) Nicht öffentlich bekannt (I)

Öffentlich bekannt ist eine Information, die einer unbestimmten Anzahl von 5 Personen zugänglich gemacht wurde, zB über Massenmedien oder Website im Internet. **Bereichsöffentlichkeit reicht nicht mehr,** da Öffentlichkeit (engl. Version: „public") im Rahmen der MAR im Sinne von „breites Anlegerpublikum" zu verstehen ist (dazu BankrechtsHdb/Hopt/Kumpan, § 107 Rn. 52), ähnlich schon bisher BaFin, Emittentenleitfaden, III.2.1.2 (S. 34). **Nicht ausreichend,** um öffentliche Bekanntheit herzustellen, ist die Veröffentlichung in der Hauptversammlung (Zutritt nur für Aktionäre und zugelassene Gäste), zB Hopt ZGR **97**, 16, in Pressekonferenz, Analystentreffen oder in einem nur in bestimmten Kreisen verwendeten Börseninformationsdienst. Ebenso wenig reicht die Gerichtsöffentlichkeit oder die Veröffentlichung in einer Regionalzeitung. Bei landesweit vertriebenen Presseerzeugnissen reicht die bloße Weitergabe der

Nachricht an die Presse nicht, die Information muss auch veröffentlicht werden. Öffentliche Bekanntheit ist aus objektiver Perspektive zu beurteilen, unerheblich ist, wer (insb. ob der Emittent) sie und wie (insb. ob auf dem richtigen Verbreitungsweg) er sie bekannt gemacht hat. Entscheidend ist, ob die Anleger die Möglichkeit eines tatsächlichen Zugangs zur Information haben. Vorahnungen im Markt, ohne dass die Information bekannt ist, reicht nicht aus, vgl. BGH WM **10**, 400. Zu Einzelheiten BaFin Emittentenleitfaden, Ziff III.2.1.2., Klöhn ZHR 180 (**16**), 707.

6) Emittenten- oder Finanzinstrumentenbezug (I)

6   **Emittentenbezug** ist gegeben, wenn die Information dessen Vermögens- oder Finanzsituation, Ertragslage, Geschäftsverlauf, personelle oder organisatorische Struktur betrifft, Caspari ZGR **94**, 539, zB Umsatzsteigerung, personelle Veränderungen bei den Organen, Kapitalerhöhungen oder -herabsetzungen, Erfindungen oder Entdeckungen, Abschluss von Beherrschungs- oder Gewinnabführungsverträgen, aber auch etwa Beginn von Ermittlungs- oder Gerichtsverfahren, die Auswirkungen auf Emittenten haben können, vgl dazu zB BaFin Emittentenleitfaden, Ziff IV.2.2.4. Erfasst werden unternehmensinterne wie -externe (zB Übernahmeangebote) Umstände, die den Emittenten betreffen, RegE AnSVG, BTDrucks 15/3174, 35. **Finanzinstrumentenbezug** besteht, wenn das Finanzinstrument betroffen ist, zB Änderung der Dividende, Aufkauf größerer Wertpapierpositionen, bevorstehende Kursaussetzung, Kurspflegemaßnahmen, vorzeitige Kündigung einer Schuldverschreibung, BTDrucks 12/6679, 46. Da indirekter Bezug ausreicht, werden auch **Marktdaten** (Informationen zu allgemeiner wirtschaftlicher Situation, ohne spezifischen Bezug zum Emittenten oder dessen Papieren) erfasst, insb wenn sie nur einen Teil der Unternehmen (bestimmte Branchen) betreffen, zB höhere Rohstoffpreise. Grundsätzlich auch allgemeine Daten, zB Arbeitslosenzahlen, Naturkatastrophen, da auch Informationen erfasst, die Emittenten nur mittelbar betreffen, BGH WM **12**, 307, RegE AnSVG, BTDrucks 15/3174, 33, BaFin Emittentenleitfaden, Ziff III.2.1.3 und IV.2.2.2.

7) Eignung zur erheblichen Kursbeeinflussung (I, IV)

7   **Eignung** zur kurserheblichen Beeinflussung liegt vor, wenn ein verständiger Anleger die Information wahrscheinlich als Teil seiner Anlageentscheidung nutzen würde (IV Uabs. 1). Die Information muss also ein Kauf- bzw. Verkaufsanreiz auslösen können. Die Eignung ist in objektiv-nachträglicher, auf den Zeitpunkt des Insiderhandelns abstellender Ex-ante-Prognose aus der Perspektive eines verständigen Anlegers zu bestimmen (IV Uabs. 1, Erw. 14 MAR, BGH WM **10**, 400, WM **12**, 308, WM **13**, 1174). Ob Handelnder Information für kurserheblich hält oder es zu tatsächlichen Kursveränderungen kommt, ist irrelevant, BGH WM **12**, 308. Tatsächliche erhebliche Veränderungen nach Veröffentlichung der Information aber Indiz für Beeinflussungspotential, BGH WM **12**, 308, WM **13**, 1176, BaFin Emittentenleitfaden, Ziff III.2.1.4 (Beweiswert steigt mit Stärke des Kursausschlags, BGH ZIP **10**, 427), jedenfalls dann, wenn andere Umstände als das öffentliche Bekanntwerden der Information als Grund dafür praktisch ausgeschlossen sind, BGH WM **12**, 308, und sogar möglich, wenn Kursveränderung in die Gegenrichtung erfolgt und Insider daher Verluste macht. Bei gestreckten Geschehensabläufen kann ein Kursanstieg nach einer Ad-hoc-Meldung aber nur eingeschränkt als Indiz für die Kurserheblichkeit eines früheren Zwischenschritts herangezogen werden, wenn vor Veröffentlichung der Information zunächst noch andere Zwischenschritte stattgefunden haben, BGH WM **13**, 1175. Größe oder Sicherheit des Gewinns sind grds. unerheblich, Fuchs/Mennicke/Jakovou, § 13 Rn. 164. Es muss aber mit überwiegender Wahrscheinlichkeit ein nicht unerheb-

licher Gewinn (höhere Rendite als bei anderen in Betracht kommenden Anlagemöglichkeiten) zu erwarten sein, Bachmann ZHR 172 (**08**) 603.

Erhebliche Kursbeeinflussung ist anzunehmen, wenn Kursausschläge deutlich über den bei dem jeweiligen Wert üblichen Schwankungen liegen, wobei rein marktbedingte Ausschläge unberücksichtigt bleiben, BAWe/Deutsche Börse, Insiderhandelsverbote, 2.2.1.6, S. 38, Ebenroth/Grundmann BankR VI 89 mwN. Bei der Ermittlung ist somit die Volatilität des jeweiligen Finanzinstruments zu berücksichtigen. Eine starre Grenze, ab der von einer Kurserheblichkeit gesprochen werden kann, gibt es nicht, BGH WM **10**, 400 (in diese Richtung dagegen noch BTDrucks 12/6679, 47, unter Bezugnahme auf Minus-/Plusankündigungen). BaFin hat zur Ermittlung der Kurserheblichkeit bisher eine Zweistufenprüfung verfolgt, BaFin, Emittentenleitfaden, 4. Aufl 2013, III.2.1.4 (S. 34 f.).

„**Verständiger**" **Anleger** stellt Personifizierung des effizienten Marktes darf, s Klöhn ZHR 177 (**13**) 377 ff, BankrechtsHdb/Hopt/Kumpan § 107 Rn 55, in der Rechtsprechung verstanden iSv „mit den Marktgegebenheiten vertrauter, börsenkundiger Anleger", BGH WM **12**, 308, Schwark/Zimmer/Schwark/Kruse § 13 WpHG Rn 47, Bachmann ZHR 172 (**08**) 603, allgemein Langenbucher AG **16**, 418 f., zu § 13 aF Düss ZIP **04**, 2042, auch CESR/02–089d, Tz 27 Fn 1 (rational), Veil ZBB **06**, 163, u ZHR 172 (**08**) 249 (rationaler Anleger). Dieser verständige Anleger soll auch irrationale Reaktionen anderer Marktteilnehmer berücksichtigen, so BGH WM **12**, 308, krit dazu aber zu recht Klöhn AG **12**, 349.

Die Eignung zur erheblichen Kursbeeinflussung ist bei Informationen bezüglich der wirtschaftlichen Lage des Emittenten naheliegend, zB Gewinnwarnungen, Fusionen, Erfindungen etc, s BaFin Emittentenleitfaden, Ziff III.2.1.4 und IV.2.2.4. Bei Gerüchten und Prognosen nur, wenn sie einer zuverlässigen Quelle entspringen und sich auf Einzelheiten beziehen. Hinsichtlich zukünftiger Entwicklungen oder mehrstufigen Entscheidungen besteht Eignung umso eher, je wahrscheinlicher deren Eintritt ist und je größer die potentielle Auswirkung auf das Unternehmen ist. Bei Derivaten (die aufgrund von § 12 S. 1 Nr. 3 nicht an der Börse gehandelt werden müssen) reicht erhebliches Kursbeeinflussungspotential entweder beim Derivat oder beim zugrundeliegenden Basisinstrument, zB bei Derivaten auf Strom ein Kraftwerksausfall, dazu und zu weiteren Bsp BaFin Emittentenleitfaden, Ziff III.2.1.5. Zu potentiell preiserheblichen Vorgängen s BaFin Emittentenleitfaden, Ziff III.2.1.4, IV.2.2.4. Habersack/Mülbert/Schlitt/Frowein, Hdb Kapitalmarktinformation, § 10 Rn 23. Lit: CESR/02–089d, Tz 35f, Claussen/Florian AG **05**, 750, Möllers ZIP **06**, 1621.

8) Warenderivate und Emissionszertifikate (I lit. b und c)

Definitionen der Insiderinformationen in Bezug auf Warenderivate und Emissionszertifikate entsprechen weitgehend der Definition in lit. a. Bei Warenderivaten (definiert in Art. 3 Abs. 1 Nr. 24 MAR iVm Art. 2 Abs. 1 Nr. 30 MiFIR iVm Art. 4 Abs. 1 Nr. 44 lit. c iVm Anhang I Abschnitt C Nr. 5, 6, 7, 10 MiFID II) werden zudem Informationen erfasst, die den Derivaten zugrunde liegende Waren-Spot-Kontrakte betreffen. Ein **Waren-Spot-Kontrakt** ist nach Art. 3 Abs. 1 Nr. 15 MAR ein „Kontrakt über die Lieferung an einem Spotmarkt gehandelten Ware, die bei Abwicklung des Geschäfts unverzüglich geliefert wird, sowie einen Kontrakt über die Lieferung einer Ware, die kein Finanzinstrument ist, einschließlich physisch abzuwickelnde Terminkontrakte". Beispiele für von lit. b erfasste Informationen sind etwa Daten aus dem Mineralölsektor über Förderung, Importe, Exporte, Lagerbestände, Raffinerieeingang und Nachfrage in Bezug auf Erdölprodukte und aus dem Erdgassektor (Erw. 20 Satz 3 MAR, ESMA MAR-Leitlinien, ESMA/2016/1480 Rn 19), im Hinblick auf Stromderivate zB Kraftwerksausfälle oder Leitungskapazitäten (BaFin, Emittentenleitfaden, 2. Aufl 2013, III.2.1.5 (S. 35 f.)). Außerdem, insbesondere auch im Hinblick auf

Emissionszertifikate, werden Informationen erfasst, die **nach Verordnung (EU) 1227/2011** (REMIT) **offenzulegen** sind. Dazu gehören nach Art 4 I REMIT Informationen über die Kapazität und die Nutzung von Anlagen zur Erzeugung und Speicherung, zum Verbrauch oder zur Übertragung bzw. Fernleitung von Strom oder Erdgas sowie Informationen, die die Kapazität und die Nutzung von Flüssiggasanlagen, einschließlich der geplanten oder ungeplanten Nichtverfügbarkeit dieser Anlagen, betreffen.

11   Darüber hinaus hat die ESMA in ihren **MAR-Leitlinien, ESMA/2016/1480** vom 17.1.2017 Beispiele für Informationen im Hinblick auf Warenderivate und Waren-Spot-Kontrakten aufgelistet, die zum Großteil unter dem Vorbehalt stehen, dass ihre Offenlegung nach vernünftigem Ermessen erwartet werden können muss. Dazu gehören ua Informationen über die aggregierten, von Handelsteilnehmern gehaltenen Positionen in Warenderivaten, Veränderungen bei den zugrunde liegenden Warenspezifikationen oder im zugrunde liegenden Warenindex, über die Lagerbestände oder Warenbewegungen in Lagerhallen oder Speicheranlagen. Weiterhin: amtliche Wirtschaftsstatistiken und Prognosen von öffentlichen Stellen in und außerhalb der EU (Eurostat, EZB, nationale Zentralbanken, nationale Statistikämter, zB BIP, Zahlungsbilanzdaten, Inflationsraten, sowie Informationen von Informationsanbietern, Organisationen ohne Erwerbszweck und staatlichen Stellen zur Fracht im Schiffsverkehr. Außerdem: Informationen über Auktionen auf den Spotmärkten für Energiekontrakte, die am Tag nach der Energielieferung bekannt gemacht werden, Mitteilungen von Konferenzen ölproduzierender Ländern über Beschlüsse zu Produktionsmengen, Informationen über Produkte, Importe, Exporte und Lagerbestände von Waren, auf denen ein Warenderivat basiert, sowie Transaktionsinformationen über Aktivitäten auf Waren-Spotmärkten. Zudem: statistische Daten in Bezug auf Waren, Informationen von agenturübergreifenden Plattformen zur Verbesserung der Transparenz des Lebensmittelmarktes und zur Förderung der Koordinierung politischer Maßnahmen, Informationen von privaten Einrichtungen zu Veränderungen der Warenlagerungsbedingungen, ihren Warenzu- und -abgangsquoten, ihren Warenlagerungs- und –umschlagskapazitäten, den Lagerbeständen oder Warenbewegungen innerhalb von Lagern, die gemäße den Praktiken eines Waren-Spotmarktes veröffentlicht werden. Schließlich: das Auftreten wichtiger Krankheiten, die Auswirkungen auf landwirtschaftliche Erzeugnisse oder die Beihilfepolitik haben, und Aktivitäten und Maßnahmen der Europäischen Kommission, der Mitgliedstaaten und anderer amtlich beauftragter Stellen, die Agrarmärkte und die Fischerei (im Rahmen der Gemeinsamen Agrarpolitik bzw. Gemeinsamen Fischereipolitik) verwalten.

9) Informationen von Kunden, front running (I lit. d)

12   Bei der Ausführung von Kundenaufträgen stellen auch die diesbezüglichen handelsbezogenen Informationen Insiderinformationen dar. Eigengeschäfte von WPUnternehmen in Kenntnis von (kursrelevanten) Kundenaufträgen (Frontrunning, Vor-, Mit-, Gegenlaufen sowie Intermarktvorlaufen) ist somit verboten, ebenso das short squeezing in Kenntnis von Shortpositionen der Kunden. Allerdings ist auch in allen diesen Fällen Kursbeeinflussungseignung erforderlich. Dazu BankrechtsHdb/Hopt/Kumpan, § 197 Rn 59.

10) Bewertung aufgrund öffentlich bekannter Umstände (Erw 28 MAR)

13   Analysen und Bewertungen (Äußerungen, in denen jemand seine Meinung über den Wert eines Finanzinstruments zum Ausdruck bringt, die diesen Wert jedoch nicht selbst ändern) aufgrund öffentlich verfügbarer Informationen, aber auch solche unter Nutzung nicht öffentlich bekannter Informationen (da anders als bei § 13 II WpHG aF nicht mehr „ausschließlich"), sind in der Regel keine Insiderinformationen (Erw. 28 MAR). Dies dient dem Schutz insbesondere von

V. Bankgeschäfte **8 MAR (16a)**

Analysten, Börsenjournalisten und Wirtschaftsprüfern, aber auch anderen Bewertern. Zudem kann die von ihnen erstellte Bewertung selbst (unabhängig von den zugrunde gelegten Informationen) eine Insiderinformation darstellen (allerdings stellt deren Eigenverwendung keine „Nutzung" dar, s Art. 9 V MAR). Allerdings sehen Erwägungsgrund 28 Satz 2 und 3 MAR Ausnahmen für die Fälle vor, dass der Markt die Bewertungen „routinemäßig erwartet" und sie zur Preisbildung beitragen oder sie Ansichten eines anerkannten Marktkommentators oder einer Institution enthält, die die Preise verbundener Finanzinstrumente beeinflussen können, wobei dies nur Beispielsfälle sein sollen. Das geht sehr weit, sodass Einschränkungen erwogen werden, s Klöhn, WM **16**, 1665, AG **16**, 427 f. Lit: BankrechtsHdb/Hopt/Kumpan § 107 Rn 60 ff, Klöhn WM **14**, 537.

11) Beispiele

Insiderinformationen können sein: Abschluss von Beherrschungs- und Gewinnabführungsverträgen, Informationen über Erwerbs-, Übernahme- oder Pflichtangebote, über Squeeze-outs, den Rückzug vom organisierten Markt oder aus dem Freiverkehr (nicht aber bloßes Downlisting, jedenfalls wenn beim künftigen Markt Liquidität und Schutzniveau vergleichbar sind), Maßnahmen zur Eigen- oder Fremdkapitalbeschaffung (jedenfalls ab Vorstandsbeschluss zur Durchführung der Maßnahme), Erwerb eigener Aktien und Rückkauf ausgegebener Anleihen (zumindest ab Ausübung des Ermächtigungsbeschlusses), den Unternehmenswert verändernde Investitionen, Informationen über Erfindungen, Patente und Lizenzen sowie über Fort- und Rückschritte auf dem Weg dorthin (nicht aber bloße Ideen oder vage Hoffnungen), Personalveränderungen auf der Führungsebene und bei für den Unternehmenserfolg wesentlichen Mitarbeitern, deren Ausscheiden und in besonderen Fällen auch deren schwere Erkrankung, Informationen über den Eintritt der Zahlungsunfähigkeit, der Überschuldung oder auch der Verlust der Hälfte des Grundkapitals sowie andere Krisenzeichen, außerdem Meinungen, Bewertungen oder Ratings von Analysten, Wirtschaftsprüfern, Ratingagenturen, Unternehmenskäufern ua (BankrechtsHdb/Hopt/Kumpan § 107 Rn 44, 62). Keine Insiderinformationen sind zB bloße Zielvorgaben an das Unternehmen (Reichert/Ott FS Hopt 2010, 2406), bloße Überlegungen, die nicht über den engen persönlichen Bereich hinausgelangen, wie zB Rücktrittsgedanken eines Vorstandsvorsitzenden, BGH WM **13**, 1174. Lit: Kö-KoWpHG/Klöhn § 13 Rn 314 ff. 14

Lit. zur Insiderinformation zB BankrechtsHdb/Hopt/Kumpan § 107 Rn. 42 ff., Klöhn ZHR 180 (**16**) 707, Parmentier WM **13**, 970, im europäischen Rechtsvergleich Krause/Brellochs AG **13**, 309, Langenbucher NZG **13**, 1401. 15

Insidergeschäfte

MAR 8 (1) ¹**Für die Zwecke dieser Verordnung liegt ein Insidergeschäft vor, wenn eine Person über Insiderinformationen verfügt und unter Nutzung derselben für eigene oder fremde Rechnung direkt oder indirekt Finanzinstrumente, auf die sich die Informationen beziehen, erwirbt oder veräußert.** ²**Die Nutzung von Insiderinformationen in Form der Stornierung oder Änderung eines Auftrags in Bezug auf ein Finanzinstrument, auf das sich die Informationen beziehen, gilt auch als Insidergeschäft, wenn der Auftrag vor Erlangen der Insiderinformationen erteilt wurde.** ³**In Bezug auf Versteigerungen von Emissionszertifikaten oder anderen darauf beruhenden Auktionsobjekten gemäß der Verordnung (EU) Nr. 1031/2010 schließt die Nutzung von Insiderinformationen auch die Übermittlung, Änderung oder Zurücknahme eines Gebots durch eine Person für eigene Rechnung oder für Rechnung eines Dritten ein.**

(2) Für die Zwecke dieser Verordnung liegt eine Empfehlung zum Tätigen von Insidergeschäften oder die Anstiftung Dritter hierzu vor, wenn eine Person über Insiderinformationen verfügt und

a) auf der Grundlage dieser Informationen Dritten empfiehlt, Finanzinstrumente, auf die sich die Informationen beziehen, zu erwerben oder zu veräußern, oder sie dazu anstiftet, einen solchen Erwerb oder eine solche Veräußerung vorzunehmen, oder

b) auf der Grundlage dieser Informationen Dritten empfiehlt, einen Auftrag, der ein Finanzinstrument betrifft, auf das sich die Informationen beziehen, zu stornieren oder zu ändern, oder sie dazu anstiftet, eine solche Stornierung oder Änderung vorzunehmen.

(3) Die Nutzung von Empfehlungen oder Anstiftungen gemäß Absatz 2 erfüllt den Tatbestand des Insidergeschäfts im Sinne dieses Artikels, wenn die Person, die die Empfehlung nutzt oder der Anstiftung folgt, weiß oder wissen sollte, dass diese auf Insiderinformationen beruht.

(4) Dieser Artikel gilt für jede Person, die über Insiderinformationen verfügt, weil sie

a) dem Verwaltungs-, Leitungs- oder Aufsichtsorgan des Emittenten oder des Teilnehmers am Markt für Emissionszertifikate angehört;

b) am Kapital des Emittenten oder des Teilnehmers am Markt für Emissionszertifikate beteiligt ist;

c) aufgrund der Ausübung einer Arbeit oder eines Berufs oder der Erfüllung von Aufgaben Zugang zu den betreffenden Informationen hat oder

d) an kriminellen Handlungen beteiligt ist.

Dieser Artikel gilt auch für jede Person, die Insiderinformationen unter anderen Umständen als nach Unterabsatz 1 besitzt und weiß oder wissen müsste, dass es sich dabei um Insiderinformationen handelt.

(5) Handelt es sich bei der in diesem Artikel genannten Person um eine juristische Person, so gilt dieser Artikel nach Maßgabe des nationalen Rechts auch für die natürlichen Personen, die an dem Beschluss, den Erwerb, die Veräußerung, die Stornierung oder Änderung eines Auftrags für Rechnung der betreffenden juristischen Person zu tätigen, beteiligt sind oder diesen beeinflussen.

Übersicht

1) Konkretisierung des Erwerbs- und Veräußerungsverbots (I)	1
2) Anstiftungs- oder Empfehlungsverbot (II)	5
3) Nutzung von Empfehlungen oder Anstiftungen (III)	7
4) Primär- und Sekundärinsider (IV)	8

1) Konkretisierung des Erwerbs- und Veräußerungsverbots (I)

1   Art 8 konkretisiert das Insiderhandelsverbot, dh das Verbot des Tätigens von Insidergeschäften in Art 14 lit. a. Für **Erwerb oder Veräußerung** genügt Verpflichtungsgeschäft, BankrechtsHdb/Hopt/Kumpan § 107 Rn 63, Karls WM **04**, 2486. Voraussetzung ist, dass gesicherter Anspruch auf Erlangung der Inhaberschaft an dem jeweiligen Finanzinstrument erlangt bzw. eingeräumt wird. Geschäft muss auf Entschluss des Insiders beruhen; unerheblich ist, ob rechtsgeschäftlicher oder gesetzlicher Erwerbstatbestand. Auf Entgeltlichkeit des Geschäfts kommt es nicht an. Daher werden auch Pensionsgeschäfte und Wertpapierdarlehen erfasst, nicht aber Verpfändung, Vererbung, Schenkung oder bedingte Übertragungen, die von Willenserklärung des Vertragspartners abhängen, BankrechtsHdb/Hopt/Kumpan § 107 Rn 66 f. Die Geschäfte können durch den Insider selbst oder über ein Wertpapierdienstleistungsunternehmen

V. Bankgeschäfte   2–6   **8 MAR (16a)**

bzw Strohmann erfolgen. Auch Geschäfte außerhalb der Börse werden erfasst, s Art 2 III MAR.

Erfasst wird nunmehr auch die **Stornierung** eines vor Erhalt der Insiderinformation erteilten Auftrages **(I 2)**, nicht aber das **Unterlassen von Transaktionen** im Übrigen, etwa Nichtausübung einer Kauf- oder Verkaufsoption, auch wenn Insiderwissen dafür ursächlich ist (weniger vertrauenserschütternd, weil Insider nicht hervortritt, Ebenroth/Grundmann BankR VI 96). 2

Nutzung einer Insiderinformation bedeutet Handeln in Kenntnis der Information und Berücksichtigung der Information bei der Entscheidung hinsichtlich der Vornahme des Geschäfts, Erw. 26 Satz 1 MAR, BaFin, Emittentenleitfaden, Ziff III.2.2.1.2. Zur „Nutzung vs. Kenntnis"-Debatte KöKoWpHG/Klöhn § 14 Rn. 63 ff. Information muss mindestens mitursächlich für Vornahme des Geschäfts sein, hL, Assmann/Schneider/Assmann WpHG § 14 Rn 25 mwN, Buck-Heeb, Kapitalmarktrecht Rn 325. Nach Erw 24 Satz 1 MAR, folgend EuGH WM **10**, 65 (Spector Photo, „Nutzung" in Art 2 I MAD 2003), impliziert Handeln in Kenntnis der Information die Nutzung (widerlegliche Vorsatzvermutung), krit dazu im Hinblick auf Vereinbarkeit mit deutschem Strafrecht zB Gehrmann ZBB **10**, 48, Heusel BKR **10**, 77, Opitz BKR **10**, 71, Rolshoven/Renz/Hense BKR **10**, 74, Schulz ZIP **10**, 609. Zur Spector-Vermutung im Insiderrecht nach der MAR Klöhn WM **17**, 2085. Außerdem objektive Eignung des Geschäfts zur Erzielung eines **wirtschaftlichen Sondervorteils** erforderlich, EuGH WM **10**, 70, Assmann/Schneider/Assmann WpHG § 14 Rn 28, Schwark/Zimmer/Schwark/Kruse § 14 WpHG Rn 17, diesbezügliche Absicht aber nicht notwendig. Für **Zeitpunkt der Kenntnis** der Insiderinformation ist auf die verbindliche Ordererteilung bzw die letzte Entscheidung, die zum Erwerb bzw zur Veräußerung führt, abzustellen, BankrechtsHdb/Hopt/Kumpan § 107 Rn 71. Kenntnis erst beim Verfügungsgeschäft schadet nicht, vgl Art 9 III MAR, BaFin, Emittentenleitfaden, Ziff III.2.2.1.3. **Keine Nutzung** ist anzunehmen, wenn die Insiderinformation rechtlich oder tatsächlich das Handeln des Insiders nicht beeinflusst haben kann; das gilt etwa für automatische Einbuchungen von Finanzinstrumenten im Rahmen von Fondssparplänen oder Aktienoptionsprogrammen, nicht aber für die vorgelagerte Erklärung, an einem solchen Programm teilzunehmen. Ebenso kann der Erwerb mittels Ausübung einer zuvor erworbenen Option ausgenommen sein, doch wird (im Fall der Kenntnis) der vorgelagerte Erwerb einer Option vom Insiderhandelsverbot erfasst. Wann keine Nutzung vorliegt, regelt nunmehr umfänglich Art 9, s. Kommentierung dort. 3

Bei der Versteigerung von Emissionszertifikaten oder anderen darauf beruhenden Auktionsobjekten erstreckt sich das Verbot auch auf die Übermittlung, Änderung oder Zurücknahme von Geboten (I 3). 4

2) Anstiftungs- oder Empfehlungsverbot (II)

Ergänzt Weitergabeverbot insb für Fälle, dass Insider einem Dritten einen Tipp gibt, ohne dass dieser von der Insiderinformation erfährt. Anstiftungsverbot ist das bisherige Verbot des Verleitens (siehe engl. Version der MAR: „inducing"). **Anstiften** ist die Beeinflussung des Willens eines anderen unabhängig vom verwendeten Mittel. Der Tipp, ein Geschäft zu unterlassen, wird nicht erfasst, es sei denn, darin kommt der Rat zum Ausdruck, ein gegenläufiges Geschäft vorzunehmen, Ebenroth/Grundmann BankR VI 110, erfasst wird auch die Anstiftung zum Stornieren oder Ändern eines zuvor gegebenen Auftrags. Ob Adressat der Anstiftung oder der Empfehlung (dazu Rn 6) folgt, ist ohne Belang. **Auf der Grundlage dieser Information** handelt Insider, wenn er die Insiderinformation kennt. 5

Empfehlung ist eine rechtlich unverbindliche Erklärung, mittels der dem Adressaten ein bestimmtes Handeln als für ihn vorteilhaft dargestellt und ihm dessen Verwirklichung angeraten wird, Schwark/Zimmer/Schwark/Kruse, § 14 6

Kumpan   2519

WpHG 71. Ist Unterfall des Anstiftens; sofern keine Empfehlung festzustellen, kann immer noch Anstiftung vorliegen. Empfehlung, einen Erwerb oder eine Veräußerung zu unterlassen wird nicht erfasst, wohl aber die Empfehlung, einen Auftrag zu stornieren oder zu ändern. Empfehlung muss die Insiderinformation nicht enthalten oder diese andeuten; es reicht, dass sie aufgrund der Insiderinformation erteilt wird. Gegenleistung ist nicht erforderlich. Auch Rat an Verwandte, Freunde, Bekannte wird erfasst, ebenso wenn Empfehlung rein altruistisch erfolgt.

3) Nutzung von Empfehlungen oder Anstiftungen (III)

7   Nach III ist für eine „Nutzung" einer Empfehlung oder Anstiftung erforderlich, dass der Nutzende weiß oder wissen sollte, dass die Empfehlung oder Anstiftung auf einer Insiderinformation beruht. Dann verstößt der Adressat selbst gegen Art. 14 MAR. Tippempfänger, der von Insiderinformation nichts weiß, macht sich nicht strafbar, wenn er der Empfehlung folgt, BaFin, Emittentenleitfaden, Ziff III.2.2.2.2.

4) Primär- und Sekundärinsider (IV)

8   IV unterscheidet zwar noch zwischen Primär- (wer unmittelbaren Zugang zur Insiderinformation hat) und Sekundärinsider (jeder Dritte, der nicht Primärinsider ist). Aber dies ist nur noch für die Frage des Kenntniserfordernisses relevant. Ansonsten stellt Art 8 allein auf das Innehaben einer Insiderinformation ab, die Stellung als Insider ist nicht mehr von Bedeutung.

Legitime Handlungen

MAR 9 (1) **Für die Zwecke der Artikel 8 und 14 wird aufgrund der bloßen Tatsache, dass eine juristische Person im Besitz von Insiderinformationen ist oder war, nicht angenommen, dass sie diese Informationen genutzt und daher auf der Grundlage eines Erwerbs oder einer Veräußerung Insidergeschäfte getätigt hat, wenn diese juristische Person**

a) zuvor angemessene und wirksame interne Regelungen und Verfahren eingeführt, umgesetzt und aufrechterhalten hat, durch die wirksam sichergestellt wird, dass weder die natürliche Person, die in ihrem Auftrag den Beschluss gefasst hat, Finanzinstrumente zu erwerben oder zu veräußern, auf die sich die Informationen beziehen, noch irgendeine andere natürliche Person, die diesen Beschluss in irgendeiner Weise beeinflusst haben könnte, im Besitz der Insiderinformationen gewesen ist, und

b) die natürliche Person, die im Auftrag der juristischen Person Finanzinstrumente, auf die sich die Informationen beziehen, erworben oder veräußert hat, nicht auffordert, ihr keine Empfehlungen gegeben, sie nicht angestiftet oder anderweitig beeinflusst hat.

(2) Für die Zwecke der Artikel 8 und 14 wird aufgrund der bloßen Tatsache, dass eine Person im Besitz von Insiderinformationen ist, nicht angenommen, dass sie diese Informationen genutzt und daher auf der Grundlage eines Erwerbs oder einer Veräußerung Insidergeschäfte getätigt hat, wenn diese Person

a) ein Market-Maker für die Finanzinstrumente ist, auf die sich diese Informationen beziehen, oder eine Person, die als Gegenpartei für die Finanzinstrumente zugelassen ist, auf die sich diese Informationen beziehen, und wenn der Erwerb oder die Veräußerung von Finanzinstrumenten, auf die sich diese Informationen beziehen, rechtmäßig im Zuge der normalen Ausübung ihrer Funktion als Market-Maker oder Gegenpartei für das betreffende Finanzinstrument erfolgt, oder

b) wenn diese Person zur Ausführung von Aufträgen für Dritte zugelassen ist und der Erwerb oder die Veräußerung von Finanzinstrumenten, auf die sich der Auftrag bezieht, dazu dient, einen solchen Auftrag rechtmäßig im Zuge der normalen Ausübung der Beschäftigung des Berufs oder der Aufgaben dieser Person auszuführen.

(3) Für die Zwecke der Artikel 8 und 14 wird aufgrund der bloßen Tatsache, dass eine Person im Besitz von Insiderinformationen ist, nicht angenommen, dass sie diese Informationen genutzt und daher auf der Grundlage eines Erwerbs oder einer Veräußerung Insidergeschäfte getätigt hat, wenn diese Person ein Geschäft zum Erwerb oder zur Veräußerung von Finanzinstrumenten tätigt, das, in gutem Glauben und nicht zur Umgehung des Verbots von Insidergeschäften, durchgeführt wird, um einer fällig gewordenen Verpflichtung nachzukommen, und wenn

a) die betreffende Verpflichtung auf der Erteilung eines Auftrags oder dem Abschluss einer Vereinbarung aus der Zeit vor dem Erhalt der Insiderinformationen beruht oder

b) das Geschäft der Erfüllung einer rechtlichen Verpflichtung oder Regulierungsauflage dient, die vor dem Erhalt der Insiderinformationen entstanden ist.

(4) Für die Zwecke des Artikels 8 und 14 wird aufgrund der bloßen Tatsache, dass eine Person Insiderinformationen besitzt, nicht angenommen, dass sie diese Informationen genutzt und daher Insidergeschäfte getätigt hat, wenn sie diese Insiderinformation im Zuge der Übernahme eines Unternehmens oder eines Unternehmenszusammenschlusses auf der Grundlage eines öffentlichen Angebots erworben hat und diese Insiderinformationen ausschließlich nutzt, um den Unternehmenszusammenschluss oder die Übernahme auf der Grundlage eines öffentlichen Angebots weiterzuführen, unter der Voraussetzung, dass zum Zeitpunkt der Genehmigung des Unternehmenszusammenschlusses oder der Annahme des Angebotes durch die Anteilseigner des betreffenden Unternehmens sämtliche Insiderinformationen öffentlich gemacht worden sind oder auf andere Weise ihren Charakter als Insiderinformationen verloren haben.

Dieser Absatz gilt nicht für den Beteiligungsaufbau.

(5) Für die Zwecke der Artikel 8 und 14 stellt die bloße Tatsache, dass eine Person ihr Wissen darüber, dass sie beschlossen hat, Finanzinstrumente zu erwerben oder zu veräußern, beim Erwerb oder der Veräußerung dieser Finanzinstrumente nutzt, an sich noch keine Nutzung von Insiderinformationen dar.

(6) Unbeschadet der Absätze 1 bis 5 des vorliegenden Artikels kann es als Verstoß gegen das Verbot von Insidergeschäften gemäß Artikel 14 betrachtet werden, wenn die zuständige Behörde feststellt, dass sich hinter den betreffenden Handelsaufträgen, Geschäften oder Handlungen ein rechtswidriger Grund verbirgt.

Übersicht

1) Vorbemerkungen	1
2) Juristische Personen (I)	2
3) Market Maker und Ausführung von Kundenaufträgen (II)	3
4) Erfüllung von Verpflichtungen (III)	4
5) Übernahme (IV)	5
6) Ausführung eigener Pläne (V)	7
7) Nicht aufgeführte Ausnahmen	8
8) Rückausnahme (VI)	9

1) Vorbemerkungen

1 Art 9 listet, beruhend auf der Spector Photo Entscheidung des EuGH, nicht abschließend Ausnahmen vom Insiderhandelsverbot bzw von der Vermutungsregel, wonach von der Kenntnis einer Insiderinformation auf deren Nutzung geschlossen werden kann.

2) Juristische Personen (I)

2 Nach I ist bei einer juristischen Person nicht von einer Nutzung von Insiderinformationen auszugehen, wenn diese Regelungen und Verfahren eingeführt hat, die sicherstellen, dass die für den Handel von Finanzinstrumenten zuständigen Personen keine Kenntnis von der Insiderinformation haben (lit. a). Das geschieht mittels Informationsbarrieren, sog. Chinese walls. Zu Organisationsvorkehrungen nach Art. 9 Abs. 1 MAR GroßKommHGB/Grundmann Bd. 11 Teil 6 Rn 401 ff; allgemein bzgl. Insiderwissen zB Buck-Heeb FS Hopt **10**, S 1647. Darüber hinaus darf die juristische Person auch nicht die für sie Handelnden zu entsprechenden Geschäftsabschlüssen bewegen; das erstreckt sich auch auf Abteilungen und Entscheidungsträger innerhalb des Unternehmens, die über Insiderinformationen verfügen, sodass die Gefahr besteht, dass sie andere Mitarbeiter, die keinen Zugriff auf die Insiderinformation haben, beeinflussen könnten.

3) Market Maker und Ausführung von Kundenaufträgen (II)

3 II erfasst Berufsträger (dazu schon BGH ZIP **10**, 428), wie Market Maker und Skontroführer (§ 27 BörsG), die sich auf die Ausübung ihrer rechtmäßigen Geschäftstätigkeit beschränken (s auch Erw 30 MAR). **Market Maker** (lit. a) ist nach Art. 3 Abs. 1 Nr. 30 MAR iVm Art. 4 Abs. 1 Nr. 7 MiFID II „eine Person, die an den Finanzmärkten auf kontinuierlicher Basis ihre Bereitschaft anzeigt, durch den An- und Verkauf von Finanzinstrumenten unter Einsatz des eigenen Kapitals Handel für eigene Rechnung zu von ihr gestellten Kursen zu betreiben". Berufsträger müssen zugelassen sein und das Geschäft rechtmäßig im Zuge der normalen Ausübung ihrer Funktion vornehmen (s schon BTDrucks 12/6679, 47, BGH WM **10**, 401), bei Market Makern zB Hedginggeschäfte, bei Personen, die Aufträge von Dritten ausführen (lit. b), solche Geschäfte. Erfasst auch für den Fall, dass Kreditinstitut ohne Kenntnis von Insiderinformation weisungsgemäß Auftrag eines Kunden ausführt, der Insider ist, es sei denn, Kreditinstitut weiß, dass Kunde Insiderinformation besitzt (dann Strafbarkeit wegen Beihilfe, s auch BTDrucks 12/6679, 47). Soll eine Bank eine **interessewahrende Order** ausführen und hat selbst Insiderinformationen, muss sie den Auftrag an einen unwissenden Dritten abgeben, BTDrucks 12/6679, 47, BankrechtsHdb/Hopt/Kumpan § 107 Rn 85.

4) Erfüllung von Verpflichtungen (III)

4 Erfüllung von fälligen Verpflichtungen, die vor Kenntnis der Insiderinformation eingegangen bzw auferlegt worden sind, ist ebenfalls freigestellt (III). Lit. b muss allerdings erweiternd ausgelegt werden für den Fall, dass dem Insider eine rechtliche Verpflichtung oder Regulierungsauflage ohne sein Zutun auferlegt wird. Dann muss Kenntnis der Insiderinformationen irrelevant sein.

5) Übernahme (IV)

5 Ist Insiderinformation im Zuge der Übernahme bzw. des Zusammenschlusses erworben worden und wird nur für deren Fortführung verwendet, gilt auch hierfür eine Ausnahme. Es muss allerdings sichergestellt werden, dass zum Zeitpunkt der Genehmigung bzw Angebotsannahme sämtliche Insiderinformationen öffentlich bekannt sind. Dies erfasst **Erwerbsgeschäfte nach Due-Diligence-Prüfungen.** Unternehmenskauf, Kontrollerwerb und öffentliche Übernahme-

V. Bankgeschäfte

angebote müssen aber im vor der Prüfung festgelegten Umfang erfolgen („weiterführen"), s auch BaFin, Emittentenleitfaden, Ziff III.2.2.1.4, zu Insiderfragen bei Übernahmen Hopt/Kumpan ZGR **17**, Heft 6, Bühren NZG 17, 1172, Hopt ZGR **02**, 333, Vaupel/Uhl WM **03**, 2126, s auch Bank NZG **12**, 1337 (M&A). Darüber hinausgehende Käufe (sog. **Alongside-Käufe**) unter Nutzung der Insiderinformation sind unzulässig, ebenso Verkäufe (da kein „weiterführen"), hier muss abgewartet werden, bis die entsprechende Insiderinformation öffentlich bekannt ist. Zudem muss ein öffentliches Angebot folgen, ein lediglich (sukzessiver) Beteiligungsaufbau im Anschluss ist nicht zulässig (IV Uabs. 2). **Beteiligungsaufbau** ist „Erwerb von Anteilen an einem Unternehmen, durch den keine rechtliche oder regulatorische Verpflichtung entsteht, in Bezug auf das Unternehmen ein öffentliches Übernahmeangebot abzugeben" (Art 3 I Nr 31 MAR).

Insiderrechtlich beachtlich ist das Weiterkaufen nach Überschreiten einer Beteiligungsschwelle ohne die vorgeschriebene Meldung, sofern sich durch den Einstieg der Fundamentalwert der Finanzinstrumente ändert. Weitergabe der Insiderinformation über bevorstehendes Übernahmeangebot ist problematisch, im Fall des Bieters aber zB möglich an befreundete Anleger und Banken zur Unterstützung bei der Übernahme **(Warehousing)** – arg e Art. 5 I Übernahmerichtlinie, im Fall der Zielgesellschaft möglich an **White Knights** – arg e Art. 9 II Übernahmerichtlinie (aber nur für ernsthaft konkurrierende Gebote). Dazu Hopt/Kumpan ZGR **17**, Heft 6.

6) Ausführung eigener Pläne (V)

Selbst geschaffene Insiderinformationen, zB Ausführung des eigenen Entschlusses hins Unternehmensbeteiligung, Pakethandel oder abgesprochene Kursstützung durch Hauptaktionäre und Vorstandsmitglieder (schon so zur aF („Ausnutzen") EuGH WM **07**, 1603, BT-Drucks 12/6679, 47, außerdem Erw-gründe 29, 30 MAD 2003), sind zwar Insiderinformationen (relevant im Hinblick auf Dritte), werden aber von dem Betroffenen selbst nicht genutzt, sofern nicht schon der Entschluss dazu auf Insiderinformation beruht. Zeigt, dass **Drittbezug für eine Insiderinformation nicht erforderlich** ist, gegenteilig lautender Erw 54 Satz 3 MAR ist Redaktionsversehen, dazu Klöhn ZIP-Beil. zu Heft 22/2016, 46, BankrechtsHdb/Hopt/Kumpan § 107 Rn 93. Ausnahme muss auf Erfüllungsgehilfen des Betroffenen erstreckt werden (erfüllen ihm gegenüber nur ihre vertraglichen Pflichten).

7) Nicht aufgeführte Ausnahmen

Art 9 MAR ist nicht abschließend. Ebenfalls ausgenommen sind **Face-to-Face-Geschäfte**, bei denen beide Vertragspartner die Insiderinformation kennen, **Handeln entgegen der Insiderinformation, Verwerten von Sicherheiten**, die **Ausführung eines Masterplans** sowie Vermögensverwaltung durch selbständig handelnde Dritte.

8) Rückausnahme (VI)

Durch VI sollen Umgehungen verhindert werden, die nur vordergründig eine der Ausnahmen des Art 9 erfüllen.

Unrechtmäßige Offenlegung von Insiderinformationen

MAR 10 (1) Für die Zwecke dieser Verordnung liegt eine unrechtmäßige **Offenlegung von Insiderinformationen vor,** wenn eine Person, die über Insiderinformationen verfügt und diese Informationen gegenüber einer anderen Person offenlegt, es sei denn, die Offenlegung geschieht im Zuge der normalen Ausübung einer Beschäftigung oder eines Berufs oder der normalen Erfüllung von Aufgaben.

Dieser Absatz gilt für alle natürlichen oder juristischen Personen in den Situationen oder unter den Umständen gemäß Artikel 8 Absatz 4.

(2) Für die Zwecke dieser Verordnung gilt die Weitergabe von Empfehlungen oder das Anstiften anderer, nachdem man selbst angestiftet wurde, gemäß Artikel 8 Absatz 2 als unrechtmäßige Offenlegung von Insiderinformationen gemäß diesem Artikel, wenn die Person, die die Empfehlung weitergibt oder andere anstiftet, nachdem sie selbst angestiftet wurde, weiß oder wissen sollte, dass die Empfehlung bzw. Anstiftung auf Insiderinformationen beruht.

1) Offenlegung

1   **Zweck** des Verbots ist, Personenkreis mit Kenntnis von Insiderinformationen so klein wie möglich zu halten. Daher Tatbestand nicht erfüllt, wenn Empfänger die Insiderinformation bereits kennt (dann aber Strafbarkeit wegen Versuchs möglich) oder bei Veröffentlichung gegenüber der Allgemeinheit (dann keine Insiderinformation mehr). Kann auch durch den Urheber der Insiderinformation erfüllt werden, Klöhn AG **16**, 426. Offenlegung (wie bisher „Weitergabe" zu verstehen) umfasst bisherige Fälle der Mitteilung und des Zugänglichmachens, BankrechtsHdb/Hopt/Kumpan § 107 Rn 103. **Mitteilung** bedeutet Weitergabe der Information; auf welche Weise, zB selbst oder durch Hilfspersonen, spielt keine Rolle, wohl enger BaFin, Emittentenleitfaden, Ziff III.2.2.2.1. **Zugänglichmachen** liegt vor, wenn die Voraussetzungen dafür geschaffen werden, dass ein anderer von der Information Kenntnis erlangen kann, zB Weitergabe eines Passwortes, aaO. In beiden Fällen muss der andere nicht wissen, dass es sich um eine Insiderinformation handelt.

2) Unrechtmäßig

2   Offenlegung grundsätzlich **unrechtmäßig,** wenn nicht gesetzlich gefordert oder in engem Zusammenhang mit Beschäftigungs-/Berufs-/Tätigkeitsausübung und – in Anlehnung an die EuGH-Rechtsprechung, an der sich MAR-Gesetzgeber allenthalben orientiert – für deren Erfüllung unerlässlich, EuGH WM **06**, 612 (Grongaard und Bang), dazu BankrechtsHdb/Hopt/Kumpan § 107 Rn 105, Sethe ZBB **06**, 250, M. Weber NJW **06**, 3686, Bachmann ZHR 172 **(08)** 624, Veil ZHR 172 **(08)** 239. **Rechtmäßig** ist innerbetrieblicher und konzerninterner (str, dazu Ziemons AG **99**, 499, Schneider FS Wiedemann 02, S 1255, Veil ZHR 172 **(08)** 268) Informationsfluss, sofern aus betrieblichen Gründen erforderlich, insbesondere an den Vorstand und zwischen dessen Mitgliedern, bzw. im Rahmen von Berichtspflichten (zB §§ 90, 170f AktG, §§ 80 II, 90, 92 BetrVG). Offenlegung gegenüber Hauptversammlung erst nach Vornahme der Ad hoc-Meldung, außerhalb der Hauptversammlung gegenüber Aktionären grds unrechtmäßig, Ausnahmen bei besonders bedeutsamen und notwendigen Veränderungen ggf. möglich. Zur Offenlegung gegenüber Hauptversammlung und Aktionären BankrechtsHdb/Hopt/Kumpan § 107 Rn 143, Schwark/Zimmer/Schwark/Kruse, § 14 WpHG Rn 51f mwN.

3   **Weitergabe an Unternehmensexterne** rechtmäßig im Fall von Berichtspflichten (zB §§ 9, 15 IV, 21 ff oder auch §§ 39, 59 GWB, § 320 II HGB, § 145 II AktG), außerdem im Rahmen von Due-Diligence-Prüfungen bei Erwerb im Rahmen von Unternehmensübernahmen und -zusammenschlüssen durch Veräußerer/Zielgesellschaft an Erwerber (ergibt sich aus **(16a)** MAR Art 9 IV) und deren Hilfspersonen. Weitergabe von ad-hoc-pflichtigen Informationen an **Journalisten** (dabei ist Art. 21 MAR zu beachten) nur befugt, wenn zeitgleich eine Bekanntmachung nach **(16a)** MAR Art. 17 I erfolgt, bei anderen Insiderinformationen (bzw wenn der Betroffene die Veröffentlichungsmöglichkeit nach **(16a)**

V. Bankgeschäfte

MAR Art. 17 I nicht hat) nur, wenn durch Veröffentlichung Aufhebung der Insiderinformationseigenschaft zu erwarten, Cloppenburg/Kruse WM **07**, 1113. Weitergabe an **Ratingagenturen** rechtmäßig, wenn für ein korrektes öffentlich bekanntes Rating unerlässlich, vgl CESR/05–139b, Rn 124 (wohl sogar weiter). Weitergabe durch Journalisten – auch Ratingagenturen – befugt, wenn dadurch Öffentlichkeit (nicht nur Bereichsöffentlichkeit) hergestellt wird. Weitergabe an **Finanzanalysten** daher nunmehr grds unrechtmäßig. Weitergabe an **externe Berater,** wenn Informationen zur Erfüllung ihrer vertraglichen Verpflichtungen ggü Emittenten notwendig. Dazu Schwark/Zimmer/Schwark/Kruse § 14 Rn 60, Sturm ZBB **10**, 27 ff. Ein Spannungsverhältnis besteht zu **Aufklärungs- und Warnpflichten** von Banken: Bank muss in diesem Fall Insiderinformation geheim halten und unter Berufung darauf Rat, Aufklärung und Warnung verweigern dürfen. Ausnahme, wenn Insiderwissen in Verkaufsprospekt einfließt (da prospektrechtlich geschuldet), Ebenroth/Grundmann BankR VI 114.

3) Weitergabe von Empfehlungen bzw Anstiftungen (II)

II erstreckt Offenlegungsverbot auf die Weitergabe von Empfehlungen und die 4 Anstiftung durch selbst Angestiftete, allerdings nur, wenn der Weitergebende bzw. Angestiftete weiß oder wissen sollte, dass Empfehlung bzw Anstiftung auf Insiderinformation beruht. Insofern wie Sekundärinsider nach Art 8 IV UAbs. 2.

Marktsondierungen

MAR 11 (1) Eine Marktsondierung besteht in der Übermittlung von Informationen vor der Ankündigung eines Geschäfts an einen oder mehrere potenzielle Anleger, um das Interesse von potenziellen Anlegern an einem möglichen Geschäft und dessen Bedingungen wie seinem Umfang und seiner preislichen Gestaltung abzuschätzen durch
a) den Emittenten;
b) einen Zweitanbieter eines Finanzinstruments, der das betreffende Finanzinstrument in einer Menge oder mit einem Wert anbietet, aufgrund derer bzw. dessen sich das Geschäft vom üblichen Handel unterscheidet, wobei es außerdem auf einer Verkaufsmethode beruht, die auf der Vorabbewertung des potenziellen Interesses möglicher Anleger beruht;
c) einen Teilnehmer am Markt für Emissionszertifikate oder
d) einen Dritten, der im Auftrag oder für Rechnung einer der unter Buchstabe a, b oder c genannten Personen agiert.

(2) Unbeschadet des Artikels 23 Absatz 3 stellt auch die Offenlegung von Insiderinformationen durch eine Person, die beabsichtigt, ein Übernahmeangebot für die Anteile eines Unternehmens oder für einen Unternehmenszusammenschluss an Dritte zu richten, die Anspruch auf die Anteile des Unternehmens haben, einem Marktsondierung dar, wenn

a) die Informationen erforderlich sind, um den Dritten, die Anspruch auf die Unternehmensanteile haben, zu ermöglichen, sich über ihre Bereitschaft, ihre Unternehmensanteile anzubieten, eine Meinung zu bilden, und
b) die Bereitschaft der Dritten, die Anspruch auf die Unternehmensanteile haben, ihre Unternehmensanteile anzubieten, nach vernünftigem Ermessen für den Beschluss, das Angebot für die Übernahme oder den Unternehmenszusammenschluss abzugeben, erforderlich ist.

(3) [1] Ein offenlegender Marktteilnehmer berücksichtigt vor der Durchführung einer Marktsondierung insbesondere, ob die Marktsondierung die Offenlegung von Insiderinformationen umfasst. [2] Der offenlegende Marktteilnehmer führt schriftliche Aufzeichnungen über seine Schlussfolgerung und über ihre Gründe. [3] Er legt diese schriftlichen Aufzeichnungen der zuständi-

gen Behörde auf deren Ersuchen hin vor. ⁴Dieser Verpflichtung gilt für jede Offenlegung von Informationen im Verlauf der Marktsondierung. ⁵Der offenlegende Marktteilnehmer aktualisiert die schriftlichen Aufzeichnungen gemäß diesem Absatz entsprechend.

(4) Für die Zwecke des Artikels 10 Absatz 1 wird eine Offenlegung von Insiderinformationen, die im Verlauf einer Marktsondierung vorgenommen wurde, so betrachtet, dass sie im Zuge der normalen Ausübung der Beschäftigung oder des Berufs oder der normalen Erfüllung der Aufgaben einer Person vorgenommen wurde, wenn der offenlegende Marktteilnehmer die Verpflichtungen gemäß den Absätzen 3 und 5 dieses Artikels erfüllt.

(5) Für die Zwecke des Absatzes 4 muss der offenlegende Marktteilnehmer vor der Offenlegung:
a) die Zustimmung der Person einholen, die die Marktsondierung erhält, dass sie Insiderinformationen erhält;
b) die Person, die die Marktsondierung erhält, davon in Kenntnis setzen, dass ihr die Nutzung und der Versuch der Nutzung dieser Informationen in Form des Erwerbs oder der Veräußerung von Finanzinstrumenten, auf die sich diese Informationen beziehen, ob direkt oder indirekt, für eigene Rechnung oder für die Rechnung Dritter, untersagt sind;
c) die Person, die die Marktsondierung erhält, davon in Kenntnis setzen, dass ihr die Nutzung und der Versuch der Nutzung in Form der Stornierung oder Änderung eines bereits erteilten Auftrags in Bezug auf ein Finanzinstrument, auf das sich diese Informationen beziehen, untersagt sind, und
d) die Person, die die Marktsondierung erhält, davon in Kenntnis setzten, dass sie sich mit der Zustimmung, die Informationen zu erhalten, auch verpflichtet ist, die Vertraulichkeit der Informationen zu wahren.

¹Der offenlegende Marktteilnehmer muss Aufzeichnungen über sämtliche Informationen erstellen und führen, die der Person, die die Marktsondierung erhält, übermittelt wurden, einschließlich der Informationen, die gemäß Unterabsatz 1 Buchstabe a bis d übermittelt wurden, sowie über die Identität der potenziellen Anleger, gegenüber denen die Informationen offengelegt wurden, einschließlich unter anderem der juristischen und natürlichen Personen, die im Auftrag des potenziellen Anleger handeln, und des Datums und der Uhrzeit einer jeden Offenlegung. ²Der offenlegende Marktteilnehmer muss der zuständigen Behörde diese Aufzeichnungen auf deren Ersuchen zur Verfügung stellen.

(6) Wenn im Zuge einer Marktsondierung Informationen offengelegt wurden und nach Einschätzung des offenlegenden Marktteilnehmers ihre Eigenschaft als Insiderinformationen verlieren, setzt dieser die den Empfänger so rasch wie möglich davon in Kenntnis Insiderinformation.

Der offenlegende Marktteilnehmer führt Aufzeichnungen über die Informationen, die er im Einklang mit diesem Absatz übermittelt hat, und stellt diese Aufzeichnungen der zuständigen Behörde auf deren Ersuchen zur Verfügung.

(7) Unbeschadet der Bestimmungen dieses Artikels nimmt die Person, die die Marktsondierung erhält, selbst die Einschätzung vor, ob sie im Besitz von Insiderinformationen ist und wenn sie nicht mehr im Besitz von Insiderinformationen ist.

(8) Die Aufzeichnungen gemäß diesem Artikel werden von dem offenlegenden Marktteilnehmer mindestens fünf Jahre lang aufbewahrt.

(9) Um die durchgehende Harmonisierung dieses Artikels sicherzustellen, arbeitet die ESMA Entwürfe technischer Regulierungsstandards aus, um an-

V. Bankgeschäfte 1, 2 **11 MAR (16a)**

gemessene Regelungen, Verfahren und Aufzeichnungsanforderungen festzulegen, mittels derer Personen die Anforderungen der Absätze 4, 5, 6 und 8 einhalten können.

Die ESMA legt der Kommission diese Entwürfe technischer Regulierungsstandards bis zum 3. Juli 2015 vor.

Der Kommission wird die Befugnis übertragen, die in Unterabsatz 1 genannten technischen Regulierungsstandards nach Artikel 10 bis 14 der Verordnung (EU) Nr. 1095/2010 zu erlassen.

(10) Um die durchgehende Harmonisierung dieses Artikels sicherzustellen, arbeitet die ESMA Entwürfe technischer Durchführungsstandards aus, in denen festgelegt wird, welche Systeme und Mitteilungsmuster zur Einhaltung der Vorschriften der Absätze 4, 5, 6 und 8 zu nutzen sind, insbesondere das genaue Format der Aufzeichnungen nach den Absätzen 4 bis 8 und die technischen Mittel für eine angemessene Übermittlung der Informationen gemäß Absatz 6 an die Person, die die Marktsondierung erhält.

Die ESMA legt der Kommission diese Entwürfe technischer Durchführungsstandards bis zum 3. Juli 2015 vor.

Der Kommission wird die Befugnis übertragen, die in Unterabsatz 1 genannten technischen Durchführungsstandards nach Artikel 15 der Verordnung (EU) Nr. 1095/2010 zu erlassen.

(11) Die ESMA gibt für die Personen, die die Marktsondierung erhalten, gemäß Artikel 16 der Verordnung (EU) Nr. 1095/2010 Leitlinien zu Folgendem heraus:

a) den Faktoren, die diese Personen berücksichtigen müssen, wenn ihnen gegenüber als Bestandteil der Marktsondierung Informationen offengelegt werden, damit sie beurteilen können, ob diese Informationen Insiderinformationen sind;
b) den Schritten, die diese Personen unternehmen müssen, wenn ihnen gegenüber Insiderinformationen offengelegt wurden, um die Artikel 8 und 10 dieser Verordnung einzuhalten, und
c) den Aufzeichnungen, die diese Personen führen sollten, um nachzuweisen, dass sie die Artikel 8 und 10 dieser Verordnung eingehalten haben.

1) Marktsondierung

Besondere Ausnahmeregelungen gelten für sog. Marktsondierungen. Nach I **1** handelt es sich bei einer Marktsondierung um die Übermittlung von Informationen vor der Ankündigung eines Geschäfts an potenzielle Anleger, um deren Interesse an einem möglichen Geschäft und dessen Bedingungen (insbesondere preislicher Ausgestaltung und Umfang) abzuschätzen. Zum Zweck von Marktsondierungen Zetzsche AG **16**, 611. Für Marktsondierungen kommt Grøngaard/Bang-Rechtsprechung des EuGH nicht mehr zur Anwendung, BankrechtsHdb/Hopt/Kumpan § 107 Rn 113 (Wortlaut und Systematik von Art 11 iVm Art 10). Zu Regelungen, Systemen und Verfahren für die Durchführung von Marktsondierungen s Delegierte Verordnung (EU) 2016/960, zu Vorgaben zu den zu nutzenden Systemen und Mitteilungsmustern s Durchführungsverordnung (EU) 2016/959. Für weitere Vorgaben siehe ESMA, MAR-Leitlinien ESMA/2016/1130. Lit. außerdem Singhof ZBB **17**, 193.

2) Persönlicher Anwendungsbereich

Persönlicher Anwendungsbereich: Emittenten, Zweitanbieter und Teilnehmer **2** am Markt für Emissionszertifikate, bei Zweitanbietern aber Voraussetzung, dass **ungewöhnliche Menge angeboten wird** (dh ein im Vergleich zum durchschnittlichen Handelsvolumen/zur durchschnittlichen Marktkapitalisierung so erheblicher Umfang, dass Ausführung während durchschnittlichem Handelstag beeinträchtigt wäre oder erheblichen Einfluss auf den Kurs hätte) oder zu einem ungewöhnlichen Wert und Vorabbewertung für Verkaufsmethode erforderlich. Bieter bzw Erwerbsinteressenten (nur diese, nicht Dritte) werden nur privilegiert, wenn sie Übernahmeangebot beabsichtigen (**II**, dazu Rn 3).

3) Übernahmeangebote (II)

3   **II** enthält besondere Regelungen für Marktsondierungen bei Übernahmeangeboten (iSv Art 2 I lit. a Übernahmerichtlinie 2004/25/EG, nicht Erwerbsangebote, s Poelzig NZG **16**, 534, aA Zetzsche AG **16**, 612). Offenlegung nur gegenüber Personen, auf die es ankommt, um einen für den Bieter günstigen Beschluss zu erreichen (lit. b), „Dritter" ist aber generalisiert zu verstehen, es kommt nicht auf den individuellen Einzelnen an, dh es ist nicht zulässig, nur einzelne ausgewählte Anteilsinhaber zu informieren, um die für den Beschluss erforderliche Mehrheit gerade so sicherzustellen (das wäre Ungleichbehandlung im Widerspruch zu sonst in der MAR verfolgtem Zweck). Bereitschaft Dritter ist dann nicht erforderlich, wenn Übertragung der Anteile auch gegen deren Willen möglich, zB bei Squeeze-out (§ 327a AktG, § 39a WpÜG).

4) Dokumentations- und Informationspflichten (III, V)

4   Offenlegung im Rahmen einer Marktsondierung zulässig, wenn besondere Dokumentations- (III) und Informationspflichten (V) beachtet werden. Zu diesen Pflichten und ihren Implikationen für die Praxis Zetzsche AG **16**, 614 ff. Erheblicher Verwaltungsaufwand bei Dokumentationspflichten (III), da einmalige Überlegung und Aufzeichnung am Anfang nicht ausreicht, sondern bei jeder einzelnen Ansprache neu erfolgen muss; ebenso erheblicher Verwaltungsaufwand durch Informationspflichten (V), da umfangreiche Dokumentation. Für detaillierte technische Regelungen siehe Delegierte Verordnung (EU) 2016/960 (insbesondere zu Verfahren und Aufzeichnungsanforderungen) und Durchführungsverordnung (EU) 2016/959 (insbesondere zu bei Marktsondierungen zu nutzende Systeme und Mitteilungsmuster).

5) Unterrichtungspflicht, Aufbewahrungspflicht, Pflichten des Dritten (VI-VIII)

5   Sobald Insiderinformation ihre Eigenschaft als Insiderinformation verliert, muss offenlegender Marktteilnehmer den Empfänger schnellstmöglich unterrichten, dies dokumentieren und ggf. der Aufsichtsbehörde vorlegen (**VI**). Aufzeichnungen sind fünf Jahre aufzubewahren (**VIII**). Pflichten des Offenlegenden entbinden Empfänger nicht von eigener Einschätzung, ob er Insiderinformationen erhalten hat oder diese ihren Charakter als Insiderinformationen verloren haben (**VII**). Empfänger kann sich also nicht auf Offenlegenden verlassen und sich darauf berufen. Er hat zudem die Leitlinien der ESMA zu beachten, s ESMA MAR-Leitlinien ESMA/2016/1130, 2 (Rn 1 ff) sowie Annex IV.

Verbot von Insidergeschäften und unrechtmäßiger Offenlegung von Insiderinformationen

MAR 14 Folgende Handlungen sind verboten:

a) das Tätigen von Insidergeschäften und der Versuch hierzu,
b) Dritten zu empfehlen, Insidergeschäfte zu tätigen, oder Dritte anzustiften, Insidergeschäfte zu tätigen, oder
c) die unrechtmäßige Offenlegung von Insiderinformationen.

V. Bankgeschäfte   17 MAR (16a)

Art 14 enthält das Verbot von Insidergeschäften und unrechtmäßiger Offenlegung, dessen Tatbestände werden jedoch in den vorangegangenen Vorschriften konkretisiert. Lit. a ist im Zusammenhang mit Art 8 und 9, lit. b im Zusammenhang mit Art 8 II und 9 sowie lit. c im Zusammenhang mit Art 10 und 11 zu lesen. 1

Art 14 ist **Verbotsgesetz iSv § 134 BGB**. Aber Verstoß gegen Insiderhandelsverbot macht Rechtsgeschäft nicht unwirksam, da sich Insiderhandelsverbot idR nur gegen eine der beteiligten Parteien richtet. Schutz der Integrität des Kapitalmarktes verlangt auch keine Unwirksamkeit, im Gegenteil würde dies den Kapitalmarkt erheblich belasten (Rückabwicklungsprobleme), Schwark/Zimmer/Schwark/Kruse § 14 WpHG Rn 4. Zum Schutzgesetzcharakter Vorbem Rn 9. Aber Beschränkung bei der Schadensersatzberechnung: Vermutung des § 252 S 2 BGB ist nicht anzuwenden, wenn der von dem Geschädigten verlangte Gewinn nur über Insidergeschäft erzielt werden kann, Schlesw 5 U 128/**12**, Rn 306, 308, juris (zu § 14 WpHG aF). 2

Kapitel 3. Offenlegungsvorschriften

Veröffentlichung von Insiderinformationen

MAR 17
(1) **Emittenten geben der Öffentlichkeit Insiderinformationen, die unmittelbar den diesen Emittenten betreffen, so bald wie möglich bekannt.**

[1] Die Emittenten stellen sicher, dass die Insiderinformationen in einer Art und Weise veröffentlicht werden, die es der Öffentlichkeit ermöglicht, schnell auf sie zuzugreifen, falls vorhanden, und sie vollständig, korrekt und rechtzeitig zu bewerten, und dass sie in dem amtlich bestellten System gemäß Artikel 21 der Richtlinie 2004/109/EG des Europäischen Parlaments und des Rates (1) veröffentlicht werden. [2] Die Emittenten dürfen die Veröffentlichung von Insiderinformationen nicht mit der Vermarktung ihrer Tätigkeiten verbinden. [3] Die Emittenten veröffentlichen alle Insiderinformationen, die sie der Öffentlichkeit mitteilen müssen, auf ihrer Website und zeigen sie dort während eines Zeitraums von mindestens fünf Jahren an.

Dieser Artikel gilt für Emittenten, die für ihre Finanzinstrumente eine Zulassung zum Handel an einem geregelten Markt in einem Mitgliedstaat beantragt oder erhalten haben, bzw. im Falle von Instrumenten, die nur auf einem multilateralen oder organisierten Handelssystem gehandelt werden, für Emittenten, die für ihre Finanzinstrumente eine Zulassung zum Handel auf einem multilateralen oder organisierten Handelssystem in einem Mitgliedstaat erhalten haben oder die für ihre Finanzinstrumente eine Zulassung zum Handel auf einem multilateralen Handelssystem in einem Mitgliedstaat beantragt haben.

(2) [1] Jeder Teilnehmer am Markt für Emissionszertifikate gibt Insiderinformationen in Bezug auf ihm gehörende Emissionszertifikate für seine Geschäftstätigkeit, darunter Luftverkehr gemäß Anhang I der Richtlinie 2003/87/EG und Anlagen im Sinne von Artikel 3 Buchstabe e jener Richtlinie, die der betreffende Marktteilnehmer, dessen Mutterunternehmen oder ein verbundenes Unternehmen besitzt oder kontrolliert und für dessen betriebliche Angelegenheiten der Marktteilnehmer, dessen Mutterunternehmen oder ein verbundenes Unternehmen vollständig oder teilweise verantwortlich ist, öffentlich, wirksam und rechtzeitig bekannt. [2] In Bezug auf Anlagen umfasst diese Offenlegung die für deren Kapazität und Nutzung erheblichen Informa-

tionen, darunter die geplante oder ungeplante Nichtverfügbarkeit dieser Anlagen.

Unterabsatz 1 gilt nicht für Teilnehmer am Markt für Emissionszertifikate, wenn die Emissionen der Anlagen oder Luftverkehrstätigkeiten in ihrem Besitz, unter ihrer Kontrolle oder ihrer Verantwortlichkeit im Vorjahr eine bestimmte Kohlendioxidäquivalent-Mindestschwelle nicht überschritten haben und, sofern dort eine Verbrennung erfolgt, deren thermische Nennleistung eine bestimmte Mindestschwelle nicht überschreitet.

Der Kommission wird die Befugnis übertragen, gemäß Artikel 35 zur Anwendung der im Unterabsatz 2 dieses Absatzes vorgesehenen Ausnahme delegierte Rechtsakte zur Festlegung einer Kohlendioxidäquivalent-Mindestschwelle und einer Mindestschwelle für die thermische Nennleistung zu erlassen.

(3) Der Kommission wird die Befugnis übertragen, delegierte Rechtsakte gemäß Artikel 35 zur Festlegung der zuständigen Behörde für die Mitteilungen gemäß den Absätzen 4 und 5 des vorliegenden Artikels zu erlassen.

(4) Ein Emittent oder ein Teilnehmer am Markt für Emissionszertifikate, kann auf eigene Verantwortung die Offenlegung von Insiderinformationen für die Öffentlichkeit aufschieben, sofern sämtliche nachfolgenden Bedingungen erfüllt sind:

a) die unverzügliche Offenlegung wäre geeignet die berechtigten Interessen des Emittenten oder Teilnehmers am Markt für Emissionszertifikate zu beeinträchtigen,
b) die Aufschiebung der Offenlegung wäre nicht geeignet, die Öffentlichkeit irrezuführen,
c) der Emittent oder Teilnehmer am Markt für Emissionszertifikate kann die Geheimhaltung dieser Informationen sicherstellen.

Im Falle eines zeitlich gestreckten Vorgangs, der aus mehreren Schritten besteht und einen bestimmten Umstand oder ein bestimmtes Ereignis herbeiführen soll oder hervorbringt, kann ein Emittent oder Teilnehmer am Markt für Emissionszertifikate auf eigene Verantwortung die Offenlegung von Insiderinformationen zu diesem Vorgang vorbehaltlich des Unterabsatzes 1 Buchstaben a, b und c aufschieben.

¹ Hat ein Emittent oder ein Teilnehmer am Markt für Emissionszertifikate die Offenlegung von Insiderinformationen nach diesem Absatz aufgeschoben, so informiert er die gemäß Absatz 3 festgelegte zuständige Behörde unmittelbar nach der Offenlegung der Informationen über den Aufschub der Offenlegung und erläutert schriftlich, inwieweit die in diesem Absatz festgelegten Bedingungen erfüllt waren. ² Alternativ können Mitgliedstaaten festlegen, dass die Aufzeichnung einer solchen Erläuterung nur auf Ersuchen der gemäß Absatz 3 festgelegten zuständigen Behörde übermittelt werden muss.

(5) Zur Wahrung der Stabilität des Finanzsystems kann ein Emittent, bei dem es sich um ein Kreditinstitut oder ein Finanzinstitut handelt, auf eigene Verantwortung die Offenlegung von Insiderinformationen, einschließlich Informationen im Zusammenhang mit einem zeitweiligen Liquiditätsproblem und insbesondere in Bezug auf den Bedarf an zeitweiliger Liquiditätshilfe seitens einer Zentralbank oder eines letztinstanzlichen Kreditgebers, aufschieben, sofern sämtliche nachfolgenden Bedingungen erfüllt sind:

a) die Offenlegung der Insiderinformationen birgt das Risiko, dass die finanzielle Stabilität des Emittenten und des Finanzsystems untergraben wird;
b) der Aufschub der Veröffentlichung liegt im öffentlichen Interesse;
c) die Geheimhaltung der betreffenden Informationen kann gewährleistet werden, und

d) die gemäß Absatz 3 festgelegte zuständige Behörde hat dem Aufschub auf der Grundlage zugestimmt, dass die Bedingungen gemäß Buchstaben a, b, und c erfüllt sind.

(6) [1] Für die Zwecke des Absatzes 5 Buchstaben a bis d setzt der Emittent die gemäß Absatz 3 festgelegte zuständige Behörde von seiner Absicht in Kenntnis, die Offenlegung der Insiderinformationen aufzuschieben, und legt Nachweise vor, dass die Voraussetzungen gemäß Absatz 5 Buchstaben a, b, und c vorliegen. [2] Die gemäß Absatz 3 festgelegte zuständige Behörde hört gegebenenfalls die nationale Zentralbank oder, falls eingerichtet, die makroprudenzielle Behörde oder andernfalls die folgenden Stellen an:

a) falls es sich bei dem Emittenten um ein Kreditinstitut oder eine Wertpapierfirma handelt, die gemäß Artikel 133 Absatz 1 der Richtlinie 2013/36/EU des Europäischen Parlaments und des Rates (1) benannte Behörde;
b) in anderen als den in Buchstabe a genannten Fällen jede andere für die Aufsicht über den Emittenten zuständige nationale Behörde.

[1] Die gemäß Absatz 3 festgelegte zuständige Behörde stellt sicher, dass der Aufschub für die Offenlegung von Insiderinformationen nur für den im öffentlichen Interesse erforderlichen Zeitraum gewährt wird. [2] Die gemäß Absatz 3 festgelegte zuständige Behörde bewertet mindestens wöchentlich, ob die Voraussetzungen gemäß Absatz 5 Buchstaben a, b und c noch vorliegen.

Wenn die gemäß Absatz 3 festgelegte zuständige Behörde dem Aufschub der Veröffentlichung von Insiderinformationen nicht zustimmt, muss der Emittent die Insiderinformationen unverzüglich offenlegen.

Dieser Absatz gilt für Fälle, in denen der Emittent nicht beschließt, die Offenlegung von Insiderinformationen gemäß Absatz 4 aufzuschieben.

Verweise in diesem Absatz auf die gemäß Absatz 3 festgelegte zuständige Behörde in diesem Absatz lassen die Befugnis der zuständigen Behörde, ihre Aufgaben gemäß Artikel 23 Absatz 1 wahrzunehmen, unberührt.

(7) Wenn die Offenlegung von Insiderinformationen gemäß Absatz 4 oder 5 aufgeschoben wurde und die Vertraulichkeit der dieser Insiderinformationen nicht mehr gewährleistet ist, muss der Emittent die Öffentlichkeit so schnell wie möglich über diese Informationen informieren.

Dieser Absatz schließt Sachverhalte ein, bei denen ein Gerücht auf eine Insiderinformation Bezug nimmt, die gemäß Absatz 4 oder 5 nicht offengelegt wurden, wenn dieses Gerücht ausreichend präzise ist, dass zu vermuten ist, dass die Vertraulichkeit dieser Information nicht mehr gewährleistet ist.

(8) [1] Legt ein Emittent oder ein Teilnehmer am Markt für Emissionszertifikate oder eine in ihrem Auftrag oder für ihre Rechnung handelnde Person im Zuge der normalen Ausübung ihrer Arbeit oder ihres Berufs oder der normalen Erfüllung ihrer Aufgaben gemäß Artikel 10 Absatz 1 Insiderinformationen gegenüber einem Dritten offen, so veröffentlicht er diese Informationen vollständig und wirksam, und zwar zeitgleich bei absichtlicher Offenlegung und unverzüglich im Fall einer nicht absichtlichen Offenlegung. [2] Dieser Absatz gilt nicht, wenn die die Informationen erhaltende Person zur Verschwiegenheit verpflichtet ist, unabhängig davon, ob sich diese Verpflichtung aus Rechts- oder Verwaltungsvorschriften, einer Satzung oder einem Vertrag ergibt.

(9) Insiderinformationen in Bezug auf Emittenten, deren Finanzinstrumente zum Handel an einem KMU-Wachstumsmarkt zugelassen sind, können auf der Website des Handelsplatzes anstatt der Website des Emittenten angezeigt werden, falls der Handelsplatz sich für die Bereitstellung dieser Möglichkeit für Emittenten auf jenem Markt entscheidet.

(10) Um einheitliche Bedingungen für die Anwendung dieses Artikels sicherzustellen, arbeitet die ESMA Entwürfe technischer Durchführungsstandards zur Festlegung

a) der technischen Mittel für die angemessene Bekanntgabe von Insiderinformationen gemäß den Absätzen 1, 2, 8 und 9 und

b) der technischen Mittel für den Aufschub der Bekanntgabe von Insiderinformationen gemäß den Absätzen 4 und 5 aus.

Die ESMA legt der Kommission diese Entwürfe technischer Durchführungsstandards bis zum 3. Juli 2016 vor.

Der Kommission wird die Befugnis übertragen, die in Unterabsatz 1 genannten technischen Durchführungsstandards nach Artikel 15 der Verordnung (EU) Nr. 1095/2010 zu erlassen.

(11) Die ESMA gibt Leitlinien für die Erstellung einer nicht abschließenden indikativen Liste der in Absatz 4 Buchstabe a genannten berechtigten Interessen des Emittenten und von Fällen heraus, in denen die Aufschiebung der Offenlegung von Insiderinformationen gemäß Absatz 4 Buchstabe b geeignet ist, die Öffentlichkeit irrezuführen.

Übersicht

1) Übersicht	1
2) Normadressaten	2
3) Sachlicher Anwendungsbereich	3
4) Unverzügliche Bekanntgabe	6
5) Aufschub der Offenlegung (IV)	8
6) Aufschub der Offenlegung zur Wahrung der Stabilität des Finanzsystems (V)	13
7) Offenlegung bei unbefugter Informationsweitergabe (VIII)	14

1) Übersicht

1 Die Pflicht zur unverzüglichen Veröffentlichung und Mitteilung von Insiderinformationen (Ad-hoc-Publizität) ist von praktisch größter Wichtigkeit. Sie zielt auf Markttransparenz (Gewährleistung „realistischer" Marktpreise) und Zurückdrängung von Insidergeschäften. Hierzu sind die Durchführungsverordnung (EU) 2016/1055 (technische Mittel für die Bekanntgabe und Aufschub der Bekanntgabe von Insiderinformationen), die Delegierte Verordnung (EU) 2016/522 (insb. zuständige Behörde für Meldung des Aufschubs), die Leitlinien der ESMA ESMA/2016/1130 (insb. Aufschub der Veröffentlichung) und die FAQs der ESMA sowie außerdem noch der Emittentenleitfaden der BaFin (akt. Stand 22.7.2013, IV, Ad-hoc-Publizität) zu beachten. Der **Emittent** muss sämtliche Insiderinformationen (Begriff derselbe wie in Art 7), die ihn **unmittelbar** betreffen unverzüglich veröffentlichen und sie außerdem unverzüglich, jedoch nicht vor ihrer Veröffentlichung dem Unternehmensregister nach § 8b HGB übermitteln (§ 26 I WpHG, § 8b HGB Rn 4). Sofern zB Auskunft an Aktionäre (§ 131 AktG) Insiderinformation betreffen sollte, muss erst Mitteilung nach Art 17 erfolgen (dazu Art 10 Rn 1); unlösbare Konflikte sollten bei richtiger Vorbereitung der Hauptversammlung nicht zu befürchten sein. Ad-hoc-Publizität steht selbständig neben anderen Transparenzregelungen, deren Erfüllung nicht von Ad-hoc-Publizität befreit.

2) Normadressaten

2 Normadressaten sind **Emittenten** (Art 3 I Nr 21 MAR: „juristische Person des privaten oder öffentlichen Rechts, die Finanzinstrumente emittiert oder deren Emission vorschlägt, wobei der Emittent im Fall von Hinterlegungsscheinen, die Finanzinstrumente repräsentieren, der Emittent des repräsentierten Finanzinstruments ist"), auch schon, wenn Antrag auf Zulassung gestellt, s I

V. Bankgeschäfte   3–4   **17 MAR (16a)**

Uabs 3, nicht aber, wenn er nur öffentlich angekündigt ist, auch Freiverkehr (multilaterales Handelssystem, **(14)** BörsG § 48 III 2), aber wegen der verbundenen Sanktionen nur, wenn Einbeziehung auf Initiative bzw mit Zustimmung der Freiverkehrsemittenten erfolgt ist (Erw 49 Satz 5 MAR). Dazu BaFin, Art 17 MAR FAQs, 20.6.2017, 2, Scholz NZG **16**, 1286. Anwendungsbereich von Art 17 entspricht damit Art 14 (anders als früher bei § 15 und § 14 WpHG aF; allerdings müssen Informationen bei Art 17 unmittelbaren Bezug zum Emittenten haben). Normadressat sind dagegen nicht Vorstandsmitglieder. Aber im Rahmen der Organisationspflicht müssen diese auf Einhaltung von Art 17 hinwirken (sonst § 9 OWiG möglich), gilt auch in der Insolvenz (nicht Insolvenzverwalter), BVerwG **123**, 210 (zu § 25 I WpHG aF), BaFin, Emittentenleitfaden IV.2.1.7 (S. 50).

Nach II gilt Ad-hoc-Publizitätspflicht auch für **Teilnehmer am Markt für** 3 **Emissionszertifikate** (Definition in Art 3 I Nr 20 MAR), wobei II Uabs. 2 an Schwellenwerten orientierte Ausnahmen vorsieht, die von der Kommission konkretisiert werden (s Art 5 Delegierte Verordnung 2016/522: Kohlendioxidäquivalent-Mindestschwelle von 6 Mio. Tonnen/Jahr und Mindestschwelle für thermische Nennleistung bei 2430 MW, die Werte gelten auf Konzernebene und für alle Geschäftsbereiche).

3) Sachlicher Anwendungsbereich

Insiderinformation s Art 7. **Unmittelbare Betroffenheit des Emittenten** 3 bedeutet direkten Bezug zum Emittenten selbst (dadurch engerer Anwendungsbereich als bei Insiderhandelsverbot), dh die Information bezieht sich auf Umstände, die im Tätigkeitsbereich des Emittenten eingetreten sind, BGH WM **12**, 308; ist nicht der Fall, wenn (nur) die von ihm emittierten Finanzinstrumente betroffen sind, str. Umstände im Tätigkeitsbereich des Emittenten sind alle Umstände, die unmittelbare Folge der unternehmerischen Tätigkeit sind **(unternehmensinterne Umstände),** zB Vertragsabschlüsse, Vorstands- und Aufsichtsratsbeschlüsse, personelle Veränderungen in den Organen, Kapitalerhöhungen und generell erhebliche Veränderungen in der Vermögens- oder Ertragslage, Erfindungen, Schwark/Zimmer/Zimmer/Kruse § 15 Rn 35. Außerdem **unternehmensexterne** (außerhalb des Emittenten ihren Ursprung habende) **Umstände,** die besonderen Bezug zu zum Emittenten haben, etwa solche mit direkten Auswirkungen auf dessen Betriebsmittel sowie Willensbetätigungen Dritter ihm gegenüber (zB Vertragskündigung ggü Emittenten). Zu veröffentlichungspflichtigen Informationen s BaFin, Emittentenleitfaden IV.2.2.4 (S. 52f). Abzugrenzen von Marktdaten, die eine Mehrzahl von Unternehmen oder den ganzen Kapitalmarkt betreffen, BaFin, Emittentenleitfaden IV.2.2.2 (S. 51f). Diese sind nicht veröffentlichungspflichtig, uU aber deren Folgen für den Emittenten. Art 17 enthält keine Konzernklausel, sodass selbst eine nicht ad-hoc-publizitätspflichtige Mutter nicht verpflichtet ist, ad-hoc-publizitätspflichtige Tatsachen ihrer Töchter zu veröffentlichen. Anderes gilt aber bei ad-hoc-pflichtiger Mutter mit unternehmerischem Einfluss auf Tochtergesellschaften (§§ 290 ff, § 271 II, § 310, § 311 HGB), dann auch Umstände aus deren Bereich (BGH WM **12**, 303 – bzgl Zweckgesellschaften), insbesondere wenn diese Rückwirkungen auf die Mutter haben, nicht aber bei bloß finanzieller Beteiligung, Schwark/Zimmer/ Zimmer/Kruse § 15 WpHG Rn 45 ff.

Bsp für veröffentlichungspflichtige Umstände (BaFin Emittentenleitfaden 4 IV.2.2.4–15): bei Übernahmeangeboten, hL, aber erst nach Veröffentlichung der Entscheidung zur Abgabe eines Angebots, s § 10 VI WpÜG (nicht bezüglich Entscheidung selbst); aktienrechtlicher Squeeze-out; Abschluss eines Unternehmenskaufvertrages oder eines Verschmelzungsvertrages, ggf schon diesbezüglich letter of intent; Rückerwerb eigener Aktien; Ausscheiden des Vorstandsvorsitzenden (Wechsel sonstiger Vorstandsmitglieder idR nicht, aber uU aufgrund der

Umstände des Ausscheidens oder wegen besonderer Bedeutung für Unternehmen, zB Gründer); außerordentliche Erträge oder Aufwendungen. Stimmrechtsveränderungen (Mitteilungspflichten nach §§ 33, 38, 40 wegen Beteiligung an anderen Unternehmen) können ebenfalls nach Art 17 ad hoc-mitteilungspflichtig sein. Ebenso rechtmäßige Offenlegung nach Art 17 VIII, es sei denn, der andere ist rechtlich zur Vertraulichkeit verpflichtet.

5   Zur Frage, wann bei **zeitlich gestreckten Vorgängen** eine Qualifikation als Insiderinformation in Betracht kommt, s Art 7 II 3, III (dazu Kommentierung Art 7 Rn 3), zB bei Übernahmeangeboten, Schlesw WM **05**, 696, und lange str, ob Aufsichtsratsbeschluss abgewartet werden darf, bejahend Stgt WM **07**, 595, ZIP **09**, 962, dazu Fleischer NZG **07**, 401 (Ausscheiden des Vorstandsvorsitzenden, § 84 II AktG), verneinend Ffm WM **09**, 647, jetzt BGH WM **13**, 1171 im Anschluss an EuGH WM **12**, 1807 (s Art 7 Rn 3) nach Vorlage BGH WM **11**, 14, zuvor BGH WM **08**, 641. Näheres zur Ad-hoc-Publizitätspflicht bei gestreckten Vorgängen, insbesondere Übernahmen und M&A, s BankrechtsHdb/ Hopt/Kumpan § 107 Rn 144 ff.

4) Unverzügliche Bekanntgabe

6   Bei Vorliegen einer veröffentlichungspflichtigen Insiderinformation, ist diese **„unverzüglich" zu veröffentlichen,** dh insb auch unabhängig von Börsenhandelszeiten. Da „unverzüglich" (Berichtigung der MAR, ABl EU 2016 L 348/ 83) europarechtlicher Begriff, nicht eo ipso auf § 121 BGB abstellbar. Auf EU-Ebene (engl. „as soon as possible") kein Verschuldenselement wie bei § 121 BGB. Aber jedenfalls sind dem Emittenten die gleichen Freiräume eröffnet wie bei § 121 BGB. Daher hat der Emittent gewisse Zeit, die Richtigkeit der Information, das Vorliegen der Voraussetzungen der Ad-hoc-Pflicht und eventuell Befreiungsmöglichkeiten (IV) zu prüfen, ua BaFin, Emittentenleitfaden IV.6.3, Fuchs/ Pfüller, WpHG, § 15 Rn 261. Ggf sind sachkundige Personen hinzuzuziehen, RegE BTDrucks 12/6679, 48. Im Einzelnen zieht **ESMA** engere Grenzen. So sind **Finanzinformationen** zu veröffentlichen, sobald sie vorliegen (nur bei Zweifeln der Mutter im Konzern an deren Richtigkeit ist Verzögerung möglich). Bei schwieriger zu ermittelnden Veränderungen mehr Flexibilität (Einschaltung etwa des Audit Committees), auch bei Prognoseänderungen. Dazu Krämer/ Kiefer AG **16**, 621 ff.

7   **Vorgaben zur Veröffentlichung der Ad-hoc-Meldung:** Mindestinhalt s § 4 WpAIV, Sprache s § 3b WpAIV. Weitere Vorgaben zur Bekanntmachung (bzgl. Mittel, Anzeige auf der Website) enthalten Art 2 und 3 der Durchführungsverordnung (EU) 2016/1055. Dazu BaFin, Art 17 MAR FAQs, 20.6.17, 8. Darf nicht zu Werbezwecken missbraucht werden, I Uabs. 2 Satz 2. Zur Bestimmung, was veröffentlichungspflichtig ist, ist auf die Perspektive eines durchschnittlichen (umfasst auch nicht börsenkundigen) Anlegers abzustellen, Mü ZIP **02**, 1990, dazu RegE 4. FMFG BTDrucks 14/8017, 87. Verbot nach I Uabs 2 Satz 2 erfasst auch Veröffentlichung nicht kursrelevanter Angaben als selbständige Ad-hoc-Meldung (zu § 15 II 1 WpHG aF Schwark/Zimmer/Zimmer/Kruse § 15 WpHG Rn 106 ff). **Berichtigungspflicht** hins im Zeitpunkt der Veröffentlichung unwahrer Angaben ergibt sich aus I, da dann immer unmittelbare Betroffenheit des Emittenten; bei zunächst wahren Angaben und nachträglichen erheblichen Veränderungen Aktualisierungspflicht, I iVm § 26 IV WpHG iVm § 4 II WpAIV.

5) Aufschub der Offenlegung (IV)

8   Der Emittent kann **über den Aufschub** einer Ad-hoc-Veröffentlichung **eigenverantwortlich entscheiden** (Art 17 IV, „auf eigene Verantwortung", somit Beschluss des geschäftsführenden Organs erforderlich), so wohl auch zu § 15 III WpHG aF – zumindest konkludent – BGH WM **13**, 1176 (da er bei

fehlendem Beschluss auf rechtmäßiges Alternativverhalten zurückgreift, was nicht erforderlich wäre, wenn Selbstbefreiung auch ohne Beschluss eintreten würden). Scheinbare Erleichterung, aber mit Tücken, Veith NZG 05, 254, Schneider/Gilfrich BB 07, 53, Zimmer FS Schwark 09, 669, zur Auslegung von § 15 III WpHG aF ausführlich Klöhn ZHR 178 (14), 55, zu den dabei zu beachtenden Interessen Kersting ZBB 11, 442. Nach BaFin muss an der Entscheidung mindestens ein Mitglied der Geschäftsführung teilnehmen, s BaFin, Art 17 MAR FAQs, 20.6.17, 4. Auch hilfsweise Befreiung möglich, wenn Zweifel an Veröffentlichungspflicht bestehen. Sofern die Insiderinformation tatsächlich erst später eintritt, wirkt eine vorher getroffene Selbstbefreiung auch noch zu diesem späteren Zeitpunkt, Selbstbefreiung muss dann nicht wiederholt werden. Aber ESMA versteht Aufschubmöglichkeit als Ausnahmevorschrift und legt IV eng aus, ESMA MAR-Leitlinien, ESMA/2016/1130, 3.2.1 (S 14 Rn 54).

Voraussetzungen (IV): Berechtigte Interessen des Emittenten (wenn 9 Veröffentlichung der Informationen unternehmerische Ziele oder Entwicklungen vereiteln, gefährden oder erheblich beeinträchtigen würde; Beeinträchtigung aus ex ante-Sicht eines vernünftigen und börsenkundigen Marktteilnehmers mit überwiegender (str) Wahrscheinlichkeit zu erwarten), insbesondere wenn Ergebnis oder Gang laufender Verhandlungen (weit zu verstehen) beeinträchtigt würde, zB Gefährdung der finanziellen Überlebensfähigkeit des Emittenten, oder die erforderliche Zustimmung eines anderen Organs des Emittenten noch aussteht (Erw 50 MAR, s auch BaFin, Emittentenleitfaden IV.3.1 (S 60), aber Art 7 II 2, III, EuGH WM 12, 1807 (Geltl)); im Fall der Zustimmung eines anderen Organs muss laut ESMA sofortige Veröffentlichung die korrekte Einschätzung der Öffentlichkeit gefährden und die Zustimmung muss so schnell wie möglich erfolgen, ESMA MAR-Leitlinien ESMA/2016/1130, 3.2.2 (S 16 Rn 64 ff) sowie Annex V.5.1. Für eine nicht abschließende indikative Liste mit berechtigten Interessen (Begriff aber wohl enger als früher) s ESMA MAR-Leitlinien, ESMA/2016/ 1130, 3.2 (S 13 Rn 46 ff), Abwägung mit Interessen des Kapitalmarktes bzw seiner Teilnehmer nicht (mehr) erforderlich. Lit.: BankrechtsHdb/Hopt/Kumpan § 107 Rn 152 ff.

Weiterhin darf **keine Irreführung der Öffentlichkeit** zu erwarten sein (ex 10 ante-Sicht eines verständigen und börsenkundigen Marktteilnehmers), insbesondere darf sich Emittent nicht in Widerspruch zu der noch nicht veröffentlichten Insiderinformation setzen („no comment policy" laut BaFin in Ordnung, s BaFin, Emittentenleitfaden, IV.3.2 (S 61)). Für eine nicht abschließende indikative Liste von Fallgruppen der Irreführung der ESMA s ESMA, MAR-Leitlinien ESMA/ 2016/1130, 3.3 (S 18f Rn 82 ff) sowie Annex V.5.2. Schließlich muss die **Geheimhaltung der Information** gewährleistet werden können. Für organisatorische Maßnahmen Orientierung an § 80 WpHG, zB Chinese walls, aber keine Pflicht zu deren Einrichtung; wegen Art 17 VII Uabs. 1 allerdings nicht mehr geeignet, Emittenten bei Bekanntwerden ohne „Informationsleck" zu helfen, da nun auch dann (anders als früher) Pflicht zur Offenlegung besteht. Es genügt, dass Gerücht über Insiderinformation ausreichend präzise (wesentliche Umstände enthaltend) ist (dazu Art 17 VII Uabs. 2 MAR). Darlegungs- und Beweislast für Vorliegen der Voraussetzungen des Art 17 IV beim Emittenten, Ffm 23 Kap 1/ 08, Rn 162, juris (zu § 15 III WpHG aF).

Nach Ende des Aufschubs muss Information offengelegt und dann die 11 zuständige Behörde informiert und ihr der Aufschub schriftlich erläutert werden **(IV Uabs. 3).** Dazu BaFin, Art 17 MAR FAQs, 20.6.17, 9, 10 u. 11. Außerdem Pflicht zur **Nachholung der Veröffentlichung (VII),** sobald Vertraulichkeit nicht mehr gewährleistet ist, unabhängig davon, ob aufgrund eigener Vertraulichkeitslücke oder anders, BaFin, Art 17 MAR FAQs, 20.6.17, 5. Information muss dann aber noch als Insiderinformation zu qualifizieren sein (Wortlaut von VII

Uabs. 1 und hL). Veröffentlicht werden muss der aktuelle Sachverhalt, nicht der seinerzeitige zum Zeitpunkt der Befreiung, Schwark/Zimmer/Zimmer/Kruse § 15 WpHG Rn 76 mwN (zu § 15 WpHG aF).

12 Zu den Standards für die technische Durchführung der Mitteilungen der aufgeschobenen Offenlegung von Insiderinformationen und der Absicht, die Offenlegung von Insiderinformationen aufzuschieben, s Art. 4 und 5 der Durchführungsverordnung (EU) 2016/1055. Zur zuständigen Behörde, der nach IV Uabs. 3 ein Aufschub der Offenlegung zu melden ist, s Art 6 Delegierte Verordnung 2016/522. Zu Aufschub zum Schutz der Unternehmensreputation Klöhn/Schmolke ZGR **16**, 866, bei Internal Investigation Mülbert/Sagnovitzs WM **17**, 2001 u. 2041. Weitere Lit.: Retsch NZG **16**, 1201.

6) Aufschub der Offenlegung zur Wahrung der Stabilität des Finanzsystems (V)

13 Für Kredit- und Finanzinstitute enthält V besondere Aufschubmöglichkeit zur Wahrung der Stabilität des Finanzsystems. Hintergrund ist die Bankenkrise und die eingeführten Stresstests; negative Informationen zur Liquidität könnten zu Mittelabzug und damit zu einer Solvenzkrise führen. **Voraussetzungen (V): Gefährdung der finanziellen Stabilität des Emittenten und des Finanzsystems** in der Regel nur bei systemrelevanten Instituten. Ob Insiderinformation systemgefährdend ist, muss Aufsichtsbehörde (III iVm Art 6 Delegierte Verordnung (EU) 2016/522) prüfen. **Aufschub muss im öffentlichen Interesse** sein, dieses muss Interesse des Marktes an der Offenlegung überwiegen (Erw 52 Satz 3 MAR). **Geheimhaltung muss gewährleistet sein,** wie bei IV s Rn 11. Gefahr der Irreführung ist ohne Bedeutung. Emittent muss zuständige Behörde über Aufschub informieren (VI UAbs. 1), diese hört ggf. nationale Zentralbank oder makroprudenzielle Behörde oder andere Stelle (VI Uabs. 1 Satz 2 Fall 3) an und prüft die Voraussetzungen von V (regelmäßig, dh wöchentlich, s VI UAbs. 2 Satz 2), aber diesbzgl keine Staatshaftung nach § 839 BGB. Sobald Aufsichtsbehörde dem Aufschub nicht (mehr) zustimmt, muss Emittent die Insiderinformation unverzüglich offenlegen. Lit.: Klöhn ZHR **181** (17), 746.

7) Offenlegung bei unbefugter Informationsweitergabe (VIII)

14 Sofern eine Insiderinformation mit unmittelbarem Emittentenbezug vom Emittenten bzw einer in seinem Auftrag oder für seine Rechnung handelnden Person an nicht zur Vertraulichkeit verpflichtete Personen (VIII Satz 2; nicht nur einzelne, auch unbestimmter Personenkreis) weitergegeben wird (Art 10), muss diese Information veröffentlicht werden, VIII Satz 1; bei absichtlicher Offenlegung zeitgleich, bei unabsichtlicher Offenlegung unverzüglich Nachholung. Weitergabe an bspw Rechtsanwälte, Steuerberater oder BaFin somit ohne Veröffentlichungspflicht zulässig, nicht dagegen zB die Vorabveröffentlichung gegenüber Journalisten. „Im Auftrag" ist iSv „auf Veranlassung" zu verstehen, kein Auftrag nach § 662 BGB erforderlich. Offenlegung muss nicht Teil des Auftrags sein. „Auf Rechnung" bedeutet, dass wirtschaftliche Folgen der Offenlegung der Information den Emittenten treffen müssen. „Im Zuge der normalen Ausübung …" weist systematischen Zusammenhang zu „unrechtmäßig" in Art 10 I MAR auf, dazu Art 10 Rn 2.

(16b) Gesetz über den Wertpapierhandel (Wertpapierhandelsgesetz – WpHG)

Vom 26. Juli 1994 (BGBl I 1749) idF vom 9. September 1998 (BGBl I 2708/ BGBl III FNA 4110-4) mit den späteren Änderungen

Abschnitt 3. Marktmissbrauchsüberwachung

Vorbemerkung

Im Rahmen des 1. FiMaNoG 30.6.16 (BGBl. 1514) wurden die Regelungen zum Insiderrecht im WpHG auf wenige Ausführungsbestimmungen zur Marktmissbrauchsverordnung (MAR, VO 596/2014, ABl. EU 2014 L 173/1) reduziert. Zu Ahndungslücken ist es bei Übergang zu MAR nicht gekommen, BGH NJW 17, 966. Dazu auch Klöhn/Büttner ZIP 16, 1801, aA Rossi ZIP 16, 2437, Rothenfußer/Jäger NJW 16, 2689, Bülte/Müller NZG 17, 205.

Übermittlung von Insiderinformationen und von Eigengeschäften; Verordnungsermächtigung

WpHG 26 (1) Ein Inlandsemittent oder ein MTF-Emittent, der gemäß Artikel 17 Absatz 1, 7 oder 8 der Verordnung (EU) Nr. 596/2014 verpflichtet ist, Insiderinformationen zu veröffentlichen, hat diese vor ihrer Veröffentlichung der Bundesanstalt und den Geschäftsführungen der Handelsplätze, an denen seine Finanzinstrumente zum Handel zugelassen oder in den Handel einbezogen sind, mitzuteilen sowie unverzüglich nach ihrer Veröffentlichung dem Unternehmensregister im Sinne des § 8b des Handelsgesetzbuchs zur Speicherung zu übermitteln.

(2) Ein Inlandsemittent oder ein MTF-Emittent, der gemäß Artikel 19 Absatz 3 der Verordnung (EU) Nr. 596/2014 verpflichtet ist, Informationen zu Eigengeschäften von Führungskräften zu veröffentlichen, hat diese Informationen unverzüglich, jedoch nicht vor ihrer Veröffentlichung, dem Unternehmensregister im Sinne des § 8b des Handelsgesetzbuchs zur Speicherung zu übermitteln sowie die Veröffentlichung der Bundesanstalt mitzuteilen.

(3) Verstößt der Emittent gegen die Verpflichtungen nach Absatz 1 oder nach Artikel 17 Absatz 1, 7 oder 8 der Verordnung (EU) Nr. 596/2014, so ist er einem anderen nur unter den Voraussetzungen der §§ 97 und 98 zum Ersatz des daraus entstehenden Schadens verpflichtet. Schadensersatzansprüche, die auf anderen Rechtsgrundlagen beruhen, bleiben unberührt.

(4) [1] Das Bundesministerium der Finanzen kann durch Rechtsverordnung, die nicht der Zustimmung des Bundesrates bedarf, nähere Bestimmungen erlassen über

1. den Mindestinhalt, die Art, die Sprache, den Umfang und die Form einer Mitteilung nach Absatz 1 oder Absatz 2,
2. die Bedingungen, die ein Emittent oder Teilnehmer am Markt für Emissionszertifikate nach Artikel 17 Absatz 4 Unterabsatz 1 der Verordnung (EU) Nr. 596/2014 erfüllen muss, um die Offenlegung von Insiderinformationen aufzuschieben,
3. die Art und Weise der Übermittlung einer Mitteilung nach Artikel 17 Absatz 4 Unterabsatz 3 Satz 1 und Absatz 6 Unterabsatz 1 Satz 1 der Verordnung (EU) Nr. 596/2014,

(16b) WpHG 97

4. die Art und Weise der Übermittlung einer Insiderliste nach Artikel 18 Absatz 1 Buchstabe c der Verordnung (EU) Nr. 596/2014 und
5. die Art und Weise der Übermittlung einer Meldung nach Artikel 19 Absatz 1 der Verordnung (EU) Nr. 596/2014.

²Das Bundesministerium der Finanzen kann die Ermächtigung durch Rechtsverordnung auf die Bundesanstalt übertragen.

1 I ergänzt Ad hoc-Mitteilungspflicht nach (16a) MAR Art 17 I, VII, VIII um die Pflicht, die BaFin und die Geschäftsführungen der betroffenen Handelsplätze (Börsen, multilaterale und organisierte Handelssysteme) über die Insiderinformationen zu unterrichten und sie dem Unternehmensregister zu übermitteln. Dazu BaFin, Art 17 MAR FAQs, 20.6.17, 3 f. II ergänzt die Meldepflicht für Eigengeschäfte von Führungskräften (Directors' Dealings) um die Pflicht, diese nach ihrer Veröffentlichung dem Unternehmensregister mitzuteilen und davon wiederum die BaFin zu unterrichten. III zieht die Verbindung zur Schadensersatzpflicht nach §§ 97, 98 WpHG. IV ermächtigt das Bundesfinanzministerium zum Erlass einer Rechtsverordnung (WpAIV), die aber nur noch dort Regelungen vornimmt, wo nicht bereits die ESMA Vorschriften erlassen hat.

Aufzeichnungspflichten

WpHG 27 ¹Wertpapierdienstleistungsunternehmen sowie Unternehmen mit Sitz im Inland, die an einer inländischen Börse zur Teilnahme am Handel zugelassen sind, haben vor Durchführung von Aufträgen, die Finanzinstrumente im Sinne des Artikels 2 Absatz 1 Unterabsatz 1 der Verordnung (EU) Nr. 596/2014 oder Handlungen oder Geschäfte im Sinne des Artikels 2 Absatz 1 Unterabsatz 2 Satz 1 der Verordnung (EU) Nr. 596/2014 zum Gegenstand haben, bei natürlichen Personen den Namen, das Geburtsdatum und die Anschrift, bei Unternehmen die Firma und die Anschrift der Auftraggeber und der berechtigten oder verpflichteten Personen oder Unternehmen festzustellen und diese Angaben aufzuzeichnen. ²Die Aufzeichnungen nach Satz 1 sind mindestens sechs Jahre aufzubewahren. ³Für die Aufbewahrung gilt § 257 Abs. 3 und 5 des Handelsgesetzbuchs entsprechend.

1 Vorschrift ergänzt die MAR um Aufzeichnungspflichten für Handelsteilnehmer. Diese haben vor Auftragsdurchführung Informationen von ihren Kunden aufzunehmen, dh von natürlichen Personen (Name, Geburtsdatum, Anschrift) und Unternehmen (Firma, Anschrift der Auftraggeber und der berechtigten oder verpflichteten Personen oder Unternehmen), und dann sechs Jahre aufzubewahren.

Abschnitt 12. Haftung für falsche und unterlassene Kapitalmarktinformationen

Schadensersatz wegen unterlassener unverzüglicher Veröffentlichung von Insiderinformationen

WpHG 97 (1) Unterlässt es ein Emittent, der für seine Finanzinstrumente die Zulassung zum Handel an einem inländischen Handelsplatz genehmigt oder an einem inländischen regulierten Markt oder multilateralen Handelssystem beantragt hat, unverzüglich eine Insiderinformation, die ihn unmittelbar betrifft, nach Artikel 17 der Verordnung (EU) Nr. 596/ 2014 zu veröffentlichen, ist er einem Dritten zum Ersatz des durch die Unterlassung entstandenen Schadens verpflichtet, wenn der Dritte

1. die Finanzinstrumente nach der Unterlassung erwirbt und er bei Bekanntwerden der Insiderinformation noch Inhaber der Finanzinstrumente ist oder
2. die Finanzinstrumente vor dem Entstehen der Insiderinformation erwirbt und nach der Unterlassung veräußert.

(2) Nach Absatz 1 kann nicht in Anspruch genommen werden, wer nachweist, dass die Unterlassung nicht auf Vorsatz oder grober Fahrlässigkeit beruht.

(3) Der Anspruch nach Absatz 1 besteht nicht, wenn der Dritte die Insiderinformation im Falle des Absatzes 1 Nr. 1 bei dem Erwerb oder im Falle des Absatzes 1 Nr. 2 bei der Veräußerung kannte.

(4) Weitergehende Ansprüche, die nach Vorschriften des bürgerlichen Rechts auf Grund von Verträgen oder vorsätzlichen unerlaubten Handlungen erhoben werden können, bleiben unberührt.

(5) Eine Vereinbarung, durch die Ansprüche des Emittenten gegen Vorstandsmitglieder wegen der Inanspruchnahme des Emittenten nach Absatz 1 im Voraus ermäßigt oder erlassen werden, ist unwirksam.

Übersicht

1) Überblick	1
2) Anspruchsverpflichtete	2
3) Anspruchsberechtigte	3
4) Pflichtverletzung (I)	4
5) Verschulden (II)	5
6) Schadensersatz und Beweislast	6
7) Verjährung	7
8) Konkurrenzen und Ansprüche nach bürgerlichem Recht (IV)	8
97) Reformdiskussion	9

1) Überblick

Abschn 12 enthält Schadensersatzregeln wegen des Unterlassens unverzüglicher 1 Veröffentlichung von Insiderinformationen und wegen Veröffentlichung unwahrer Tatsachen in einer Mitteilung über Insiderinformationen, §§ 97, 98 iVm **(16a)** MAR Art 17 (bisher geregelt in §§ 37b, 37c aF). Nicht voll durchgehaltenes Vorbild war die Prospekthaftung nach §§ 44 ff. aF BörsG, jetzt **(15a)** WpPG §§ 21 ff.

2) Anspruchsverpflichtete

Anspruchsverpflichtet sind nur Emittenten, nicht Vorstands- und Aufsichts- 2 ratsmitglieder (aber zwingende Innenhaftung gegenüber der Ges, s §§ 97 V, 98 V, Reformdiskussion s Rn 8). Angesichts der nunmehr EU-weit einheitlichen Regelung des **(16a)** MAR Art 17, auf den sich § 97 bezieht, ist der Begriff des „Emittenten" nicht mehr nur auf Inlandsemittenten zu beschränken (anders noch früher, s Schwark/Zimmer/Zimmer/Grotheer, §§ 37b, 37c WpHG Rn 20b, Mülbert/Steup § 41 Rn 178, 202, aA seinerzeit Maier-Reimer/Seulen § 30 Rn 64). Es kommt nur darauf an, dass die Finanzinstrumente mit Billigung des Emittenten (weil er dies genehmigt oder beantragt hat) im Inland gehandelt werden können (bei regulierten Märkten und multilateralen Handelssystemen reicht ein gestellter Zulassungsantrag). Zu **Finanzinstrumenten** s § 2 IV. **Inländischen Handelsplatz** meint nach § 2 XXII WpHG einen organisierten Markt iSv § 2 XI WpHG, ein multilaterales Handelssystem nach § 2 VIII 1 Nr 8 WpHG (also auch Freiverkehr iSv § 48 BörsG) oder ein organisiertes Handelssystem nach § 2 VIII 1 Nr 9 WpHG. Damit werden nun insbesondere auch Freiverkehrsemittenten der Haftung nach §§ 97, 98 WpHG unterworfen.

3) Anspruchsberechtigte

3 **Anspruchsberechtigt** sind nur Anleger, die nach dem pflichtwidrigen Unterlassen der Veröffentlichung (dh spätester Zeitpunkt, zu dem die Veröffentlichung hätte erfolgen müssen) Wertpapiere erworben haben und im Zeitpunkt der Veröffentlichung bzw sonstigem Bekanntwerden (dann Ende der Pflichtverletzung, Schwark/Zimmer/Zimmer/Grotheer, §§ 37b, 37c Rn 32) der Insiderinformation noch inne gehabt haben (Nr 1, „zu teuer gekauft") oder die bereits vor der Unterlassung des Emittenten Wertpapiere erworben hatten und dann bis zur Veröffentlichung bzw sonstigem Bekanntwerden der Insiderinformation die Papiere veräußert haben (Nr 2, „zu billig verkauft"). Maßgebend ist das Verpflichtungsgeschäft. Nachträgliche Veräußerung nach Bekanntwerden der Information schadet nicht. Ordnungsgemäße Nachholung der Veröffentlichung hat keine Auswirkung auf entstandene Ansprüche. Anleger, die kein Geschäft während dieser Phase getätigt haben, oder Anleger, die die Papiere während dieser Phase sowohl erworben als auch veräußert haben, sind hingegen nicht anspruchsberechtigt. Nicht anspruchsberechtigt sind auch Anleger, die Transaktionen in von Dritten begebenen Derivaten bzgl der betroffenen Finanzinstrumente getätigt haben, Schwark/Zimmer/Zimmer/Grotheer, §§ 37b, 37c Rn 76. Zum Begriff des Erwerbs auch Wagner NZG **14**, 531 (Aktientausch).

4) Pflichtverletzung (I)

4 **Unterlassen** iSv § 97 liegt vor bei Verletzung der Veröffentlichungspflichten nach **(16a)** MAR Art 17 I, VII, VIII (Voraussetzungen wie dort), aufgrund der Erstreckung der Ad-hoc-Veröffentlichungspflicht auf multilaterale Handelssysteme werden nun auch Freiverkehrsemittenten ad-hoc-pflichtig und haften damit nach §§ 97, 98. Unterlassen liegt auch vor bei Nichtberichtigung fehlerhafter früherer Ad-hoc-Meldungen, sofern sie Insiderinformationen betrafen, sowie bei verspäteter Veröffentlichung, da nicht unverzüglich (§ 121 BGB, nicht aber im Fall von **(16a)** MAR Art 17 IV für die Dauer der Befreiung), und bei nicht formgerechter Veröffentlichung (zB Verstöße gegen § 3b II Satz 1 WpAIV). Eine unterlassene Veröffentlichung ist zB eine unterbleibende oder verspätete Gewinnwarnung, falls diese ad-hoc-publizitätspflichtig ist. Bei teilweisem Unterlassen (einzelne Informationen eines Gesamtzusammenhangs nicht veröffentlicht) greift § 97, wenn die einzelne nicht veröffentlichte Information als Insiderinformation anzusehen ist, sonst nicht (dann aber uU § 98). Zum Begriff **Insiderinformation** s **(16a)** MAR Art 7; erfasst auch Einzelinformationen eines zu veröffentlichenden Gesamtzusammenhangs, wenn diese für sich publizitätspflichtig. Emittent ist **unmittelbar betroffen,** wenn es um Umstände im Tätigkeitsbereich des Emittenten (auch Tochterunternehmen) geht, sowohl unternehmensinterne als auch -externe (besonders mit seinem Tätigkeitsbereich verbundene, weil sich auf seine Betriebsmittel oder ihn selbst auswirkend), aber auch von außen kommende, RegE BT-Drucks 15/3174 S 35.

5) Verschulden (II)

5 Hinsichtlich **Verschulden** (beschränkt auf Vorsatz und grobe Fahrlässigkeit) sieht § 97 II eine Umkehr der Beweislast vor. Maßstab sind professionelle Sorgfaltsanforderungen, andererseits ist die regelmäßig kurze Zeitspanne für Entscheidungen mildernd zu berücksichtigen. Grob fahrlässig ist zB das Verkennen der prinzipiellen Verpflichtung zur Ad-hoc-Publizität oder auch des Kursbeeinflussungspotenzials, wenn Emittent übliche Börsenreaktionen nicht bedenkt, dazu Maier-Reimer/Webering WM **02**, 1859, Mülbert/Steup § 41 Rn 205.

V. Bankgeschäfte 6–8 **97 WpHG (16b)**

6) Schadensersatz und Beweislast

Ersatz nur des **negativen Interesses.** Nach BGH hat Anleger die Wahl 6 zwischen Rückabwicklung des Geschäfts Zug um Zug oder Ersatz des Kursdifferenzschadens, BGH WM **12**, 309, krit zurecht ua Hellgardt DB **12**, 677, Klöhn AG **12**, 352, Schmolke ZBB **12**, 175, Mülbert/Steup § 41 Rn 211. Differenzschaden ist trotz Schwierigkeiten ermittelbar (§ 287 ZPO, Sachverständige), möglicher Rückschluss aus Kursveränderung unmittelbar nach Bekanntwerden der wahren Sachlage, BGH NJW **05**, 2453 (EM.TV). Bei der Bemessung des Kursdifferenzschadens muss der Einfluss von Gesamtmarktbewegungen herausgerechnet werden. Für **Rückabwicklung** ist Nachweis der haftungsbegründenden **Kausalität** erforderlich, dh, dass der Anleger bei korrekter Veröffentlichung der Information die Transaktion nicht vorgenommen hätte. Kausalität soll laut BGH im Fall unterlassener negativer Information dagegen nicht anzunehmen sein, wenn jemand nur einen Tag nach einem massiven Kursverlust Wertpapiere erwirbt, BGH WM **12**, 310. **Darlegungs- und Beweislast** hinsichtlich des objektiven Tatbestandes liegt beim Anleger, Stgt BB **07**, 568, Ausnahme gilt hinsichtlich **(16a)** MAR Art 17 IV; außerdem hinsichtlich „so bald wie möglich" (**(16a)** MAR Art 17 I), hL zu § 15 WpHG aF. Die Grundsätze der Vermutung aufklärungsrichtigen Verhaltens, zB BGH **61**, 121, **124**, 159, finden keine Anwendung, ebenso wenig eine Analogie zu § 23 II Nr 1 WpPG (mangels planwidriger Regelungslücke) oder generell der Grundsatz der „Anlagestimmung" (bei unterbliebener Veröffentlichung fehlt es an einem Anknüpfungspunkt dafür, dh an positiven Signalen, bei unwahrer Veröffentlichung, § 98, fehlt es daran, dass Ad-hoc-Mitteilungen nicht als ausschließliche Informationsgrundlage geeignet sind), BGH WM **12**, 311, Ausnahme hinsichtlich letzterem dann, wenn im Einzelfall tatsächlich Anlagestimmung ausgelöst wurde, zB BGH **160,** 146. Für Kausalitätsnachweis bei Anspruch auf Ersatz des **Kursdifferenzschadens** reicht aus, dass der Kurs bei rechtzeitiger Ad-hoc-Mitteilung zum Zeitpunkt des Kaufs niedriger bzw zum Zeitpunkt des Verkaufs höher gewesen wäre, BGH WM **12**, 311, hL, aA Mülbert/Steup § 41 Rn 224. Kursdifferenzschaden bezieht sich auf den Unterschied zwischen dem tatsächlichen Transaktionspreis und dem hypothetischen Kurs, der sich bei pflichtgemäßem Verhalten des Emittenten zum Zeitpunkt der Transaktion gebildet hätte. Zur näherungsweisen Ermittlung des hypothetischen Kurses kann die Reaktion des Börsenkurses auf die Veröffentlichung der Insiderinformation herangezogen werden, Hopt/Voigt, Kapitalmarktinformationshaftung, S. 135. Der Anleger hat keine Obliegenheit, für eine Schadensminderung, § 254 BGB, zu sorgen.

7) Verjährung

Nach der Aufhebung von § 37b IV aF (§ 37b Vorgängernorm von § 97) durch 7 das KleinanlegerschutzG 2015 erfolgt die Verjährung nunmehr nach den allgemeinen Regeln des BGB. Lit.: Asmus/Moini WM **16**, 1626.

8) Konkurrenzen und Ansprüche nach bürgerlichem Recht (IV)

Weitergehende Ansprüche sind dann nicht ausgeschlossen, wenn sie auf Vertrag 8 oder vorsätzlicher unerlaubter Handlung beruhen (IV). **(16a)** MAR Art 17 ist wie § 15 WpHG aF zwar kein Schutzgesetz (s Vorbem Rn 9). Aber **Vorstandsmitglieder haften** für fehlerhafte Ad-hoc-Mitteilungen **persönlich nach § 826 BGB** (Naturalrestitution), nicht nach Prospekthaftung, BGH **160**, 142 (iErg abl), NJW **04**, 2668 **(Infomatec),** dazu Fleischer DB **04**, 2031, Leisch ZIP **04**, 1573, M. Körner NJW **04**, 3386, Kort AG **05**, 21, Möller JZ **05**, 75; ebenso BGH NJW **05**, 2450 (EM.TV), WM **07**, 683, 684 **(Comroad I, II),** dazu Hutter/Stürwald NJW **05**, 2428, Kowalewski/Hellgardt DB **05**, 1839, Möllers BB **05**, 1637; zahlreiche weitere Urteile, zB BGH WM **07**, 486, 1557, 1560, **08**, 395, 398, 790 (Comroad III-VIII) – für formlose Mitteilungen an den Kapitalmarkt sind an die Haftung nach

Kumpan 2541

§ 826 BGB strengere Anforderungen zu stellen als bei falschen Ad-hoc-Mitteilungen, Stgt WM **15**, 875. Auch die AG selbst haftet analog § 31 BGB; §§ 57, 71 AktG (Verbote von Einlagenrückgewähr und Erwerb eigener Aktien) stehen der Naturalrestitution nicht entgegen, BGH NJW 05, 2450 **(EM.TV)**, ZIP **07**, 326. Naturalrestitution (§ 249 BGB) bedeutet Erstattung des gezahlten Kaufpreises oder bei zwischenzeitlicher Veräußerung der Aktien gegen Anrechnung des Veräußerungspreises, BGH **160**, 149, NJW **05**, 2450 (EM.TV); gravierender Nachteil: dem Anleger wird das gesamte spätere Kursrisiko abgenommen, deshalb anders §§ **97, 98** (auch Differenzschaden). Die Grundsätze über die Anlagestimmung (s **(15a)** WpPG § 21 Rn 7) sind idR nicht übertragbar, BGH **160**, 144, NJW **04**, 2668, ZIP **07**, 326, aber im Einzelfall ist solche Anlagestimmung möglich, dann ohne Bindung an die Zeitgrenzen wie bei der Prospekthaftung, aber auch nicht unbegrenzt, BGH **160**, 146, NJW **04**, 2671. Eventualvorsatz auch bei Euphorie und hochspekulativen Papieren, BGH NJW **04**, 2668. Direkt vorsätzliche Beeinflussung des Sekundärmarktpublikums durch wiederholte, grob unrichtige Ad-hoc-Mitteilungen ist sittenwidrig, BGH NJW **04**, 2670. Ad-hoc-Mitteilungen fallen idR nicht unter § 400 I Nr 1 AktG (Schutzgesetz iSv § 823 II BGB, BGH **149**, 20), BGH **160**, 140, NJW **04**, 2668, Grund: keine „Übersicht über den Vermögensstand", anders für Ad-hoc-Mitteilung mit Halbjahreszahlen, BGHSt NJW **05**, 447, BGH NJW **05**, 2453 (EM.TV). Kausalitätsnachweis und Schaden sind besonders umstritten; ebenso Klageberechtigung nicht veräußernder Altanleger, vgl BGH NJW **05**, 2453 li Sp (obiter). Kausalitätsanforderungen bei Schadensersatz wegen Gründungs- und Kapitalerhöhungsschwindel (§ 399 I Nr 1, 4 AktG), BGH NJW **05**, 3721, nicht fraud-on-the market-theory, BGH ZIP **07**, 326 (Comroad), **07**, 679, 681, WM **07**, 683, 684, auch nicht bei extrem unseriöser Kapitalmarktinformation, BGH WM **07**, 1557, 1561, **08**, 395, 398, 790 (alle Comroad): Angst vor uferloser Ausweitung.

9) Reformdiskussion

9   Abschn 12 (früher Abschn 7) sollte unter Wegfall von § 37a aF **durch** einen neuen damals 7. Abschn über Sorgfaltspflicht und Verantwortlichkeit bei öffentlichen Kapitalmarktinformationen (dann §§ 37a–37c) ersetzt werden; DiskE Kapitalmarktinformationshaftungsgesetz **(KapInHaG)** 2004, NZG **04**, 1042, ZIP **04**, 2348, völlige BMF-interne Neufassung 2005. Darin soll neben die **Haftung des Emittenten** von (börsennotierten) Finanzinstrumenten für unrichtige oder unvollständige Kapitalmarktinformationen (für mündliche Erklärungen nur im Rahmen der Hauptversammlung oder einer vom Emittenten veranlassten Informationsveranstaltung für Kapitalanleger) eine **Außenhaftung der Organmitglieder** (Leitungs-, Aufsichts-, Verwaltungsorgan) desselben treten, soweit der Dritte von dem Emittenten keine Befriedigung erhalten kann (nur bedingt ähnlich wie § 93 V AktG, kein Zuständigkeitsübergang auf den Insolvenzverwalter wie nach § 93 V 4 AktG). Anspruchsberechtigt soll nur sein, wer innerhalb von drei Monaten seit dem Verstoß die Finanzinstrumente erworben oder veräußert hat, sonst muss der Geschädigte die Kausalität nachweisen. Die Organmitglieder sollen sich außer bei Vorsatz oder grober Fahrlässigkeit (bei mündlichen Erklärungen: Vorsatz) entlasten können, ihre Ersatzpflicht ist auf 10 Mio Euro gedeckelt. Schaden ist der Unterschiedsbetrag zwischen dem Kauf- oder Verkaufspreis und dem (ohne Verstoß) hypothetisch richtigen Preis. Dabei hilft eine widerlegbare Schadensvermutung gemäß der Differenz des gewichteten durchschnittlichen inländischen Börsenkurses am Börsentag vor und während der ersten zwei Wochen nach Bekanntwerden der Unrichtigkeit. Verjährung in einem Jahr nach Kenntniserlangung, spätestens jedoch drei Jahre nach erstmaligem Verstoß (aber seit 2009 Rn 22). Zur der parallel geplanten Reform der Börsenprospekthaftung s **(15a)** WpPG Einl vor § 21 Rn 2 u 3.

10   Lit: s zunächst wie vor MAR; Dühn 2003, Sauer 2004, Hopt ZHR 159 **(95)** 135, Fleischer BB **02**, 1869u ZGR **04**, 437 (rvgl), Maier-Reimer/Webering WM **02**,

1857, Mülbert JZ **02**, 835, Baums ZHR 167 **(03)** 139, Fleischer BKR **03**, 608, Veil ZHR 167 **(03)** 365, Hopt/Voigt WM **04**, 1801; DAV ZIP **04**, 2348, NZG **04**, 1099, Ekkenga ZIP **04**, 781, Leisch ZIP **04**, 1573, Semler/Gittermann NZG **04**, 1081, Spindler WM **04**, 2089, Zimmer WM **04**, 9, Casper BKR **05**, 83, Fleischer ZIP **05**, 1805, Kowalewski/Hellgardt DB **05**, 1839, Mülbert/Steup WM **05**, 1633, Sauer ZBB **05**, 24, Veil BKR **05**, 91, Sester ZGR **06**, 1, Bachmann, Informationshaftung, in Bachmann, Steuerungsfunktionen 2007, 93, Findeisen/Backhaus WM **07**, 100 (Kausalität), Unzicker WM **07**, 1596, Zimmer/Cloppenburg ZHR 171 **(07)** 519, Buck-Heeb AG **08**, 681, Heybey BKR **08**, 353 (Rückvergütungen) Leuschner ZIP **08**, 1050, Longino DStR **08**, 2068, Möllers NZG **08**, 413, Schäfer/Weber/Wolf ZIP **08**, 197 (Differenzschadensberechnung), Wagner ZGR **08**, 495 (Schadensberechnung), Klöhn WM **10**, 1869 (selektive Informationsweitergabe), Hellgardt AG **12**, 154u DB **12**, 673, Klöhn AG **12**, 345, Schäfer ZIP **12**, 2421, Schmolke ZBB **12**, 165, von Bernuth/Wagner/Kremer WM **12**, 831, Bayer WM **13**, 961 (Kapitalerhaltung), Hannich WM **13**, 449, Hopt, WM **13**, 101, Maier-Reimer/Seulen, in Habersack/Mülbert/Schlitt, Kapitalmarktinformation, § 30 Rn 53 ff, Mülbert/Steup in Habersack/Mülbert/Schlitt, Unternehmensfinanzierung am Kapitalmarkt, 3. Aufl 2013, § 41 Rn 177 ff., Klöhn AG **14**, 807 (fraud-on-the-market), Wagner NZG **14**, 531, Klöhn ZIP **15**, 53, Florstedt AG **17**, 557.

Schadenersatz wegen Veröffentlichung unwahrer Insiderinformationen

WpHG 98 (1) Veröffentlicht ein Emittent, der für seine Finanzinstrumente die Zulassung zum Handel an einem inländischen Handelsplatz genehmigt oder an einem inländischen regulierten Markt oder multilateralen Handelssystem beantragt hat, in einer Mitteilung nach Artikel 17 der Verordnung (EU) Nr. 596/2014 eine unwahre Insiderinformation, die ihn unmittelbar betrifft, ist er einem Dritten zum Ersatz des Schadens verpflichtet, der dadurch entsteht, dass der Dritte auf die Richtigkeit der Insiderinformation vertraut, wenn der Dritte

1. die Finanzinstrumente nach der Veröffentlichung erwirbt und er bei dem Bekanntwerden der Unrichtigkeit der Insiderinformation noch Inhaber der Finanzinstrumente ist oder
2. die Finanzinstrumente vor der Veröffentlichung erwirbt und vor dem Bekanntwerden der Unrichtigkeit der Insiderinformation veräußert.

(2) Nach Absatz 1 kann nicht in Anspruch genommen werden, wer nachweist, dass er die Unrichtigkeit der Insiderinformation nicht gekannt hat und die Unkenntnis nicht auf grober Fahrlässigkeit beruht.

(3) **Der Anspruch nach Absatz 1 besteht nicht,** wenn der Dritte die Unrichtigkeit der Insiderinformation im Falle des Absatzes 1 Nr. 1 bei dem Erwerb oder im Falle des Absatzes 1 Nr. 2 bei der Veräußerung kannte.

(4) **Weitergehende Ansprüche,** die nach Vorschriften des bürgerlichen Rechts auf Grund von Verträgen oder vorsätzlichen unerlaubten Handlungen erhoben werden können, bleiben unberührt.

(5) **Eine Vereinbarung,** durch die Ansprüche des Emittenten gegen Vorstandsmitglieder wegen der Inanspruchnahme des Emittenten nach Absatz 1 im Voraus ermäßigt oder erlassen werden, ist unwirksam.

S zunächst die Kommentierung von § 97. § 98 (weitgehend wie bisher § 37c **1** aF) bezieht sich auf Veröffentlichung unwahrer Informationen im Rahmen von Mitteilungen nach § 15. **Keine Erstreckung auf freiwillige Verlautbarungen,** zB Pressemitteilungen, auch nicht analog, da es an Regelungslücke fehlt, BGH WM **12**, 305, Düss AG **11**, 708. Hingegen wird die Publizitätspflicht verletzt, wenn in der Veröffentlichung einer freiwilligen fehlerhaften Sekundärmarktinformation zugleich die Unterlassung einer ad-hoc-publizitätspflichtigen Aufklärung über den tatsächlichen Tatbestand liegt, BGH WM **12**, 307. **Insiderinformation** ist hier zu verstehen als Information, die im hypothetischen Fall ihrer Wahrheit eine Insiderinformation iSv **(16a)** MAR Art 7 I wäre, Mülbert/Steup § 41 Rn 189, Maier-Reimar/Seulen § 30 Rn 74. **Nicht öffentlich bekannt** iSv **(16a)** MAR Art 7 I ist hier dahingehend teleologisch auszulegen, dass die Unrichtigkeit der Insiderinformation nicht öffentlich bekannt sein darf, nicht die behaupteten Umstände, s Schwark/Zimmer/Zimmer/Grotheer, §§ 37b, 37c Rn 37. **Unwahr** ist eine Insiderinformation, wenn sie inhaltlich **unrichtig** ist (mitgeteilte Umstände bestehen nicht oder sind falsch dargestellt; ex ante Betrachtung ausgehend von einem objektiven Empfängerhorizont eines breiten Anlegerpublikums, s Schwark/Zimmer/Zimmer/Grotheer, §§ 37b, 37c Rn 35). Bei Werturteilen u Prognosen: wenn die zugrunde liegenden Tatsachen nicht gerechtfertigt bzw sie kaufmännisch nicht vertretbar sind, BGH WM **82**, 865 zu § 45 aF BörsG. Unwahr sind auch Informationen, wenn sie **unvollständig** wiedergegeben sind. Dies ist aus Perspektive eines durchschnittlichen Anlegers zu ermitteln, RegE BT-Drucks 14/8017 S 87. Beurteilungszeitpunkt ist der Zeitpunkt der Veröffentlichung (bei späteren besseren Erkenntnissen aber ggf Berichtigungspflicht, zu den Auswirkungen der späteren Berichtigung Schwark/Zimmer/Zimmer/Grotheer, §§ 37b, 37c Rn 44 ff).

2   Die für die Ermittlung der **Anspruchsberechtigten** wesentliche Phase der Fehlinformation des Kapitalmarktes beginnt im Fall von § 98 mit der Veröffentlichung der unwahren Information, sonst wie § 97 Rn 3. Zum **Verschulden** sieht § 98 II eine Umkehr der Beweislast vor, dazu etwa Düss AG **11**, 709; das Verschulden (und die Exkulpation) bezieht sich hier auf die Unrichtigkeit der unwahren Information (Emittent bzw dessen Vorstand als für die Veröffentlichung zuständiges Organ darf diese nicht gekannt oder grob fahrlässig verkannt haben); dabei kommt es auf den Veröffentlichungszeitpunkt an, später erlangte richtige Kenntnis führt nicht zur Haftung nach § 98, wenn sie zum maßgeblichen Zeitpunkt nicht vorlag (spätere Kenntnis aber im Rahmen von § 97 zu berücksichtigen). Hinsichtlich von Umständen aus der Sphäre des Emittenten ist Nicht- oder Verkennen dieser Umstände durch den Emittenten bzw seine Organe regelmäßig grob fahrlässig.

VI. Transport (Fracht-, Speditions-, Lager- und andere Transportgeschäfte)

(17) Übereinkommen über den Beförderungsvertrag im internationalen Straßengüterverkehr (CMR)

Vom 19. Mai 1956/16. August 1961 (BGBl 1961 II 1119, 1962 II 12) mit den späteren Änderungen

Einleitung

Schrifttum

a) **Kommentare:** *GK(HGB)/(Ensthaler ua)* 8. Aufl 2015. – *Didier/Andresen*, Leitfaden zur CMR, 8. Aufl 2015. – *Herber/Piper* 1996. – *Koller*, Transportrecht, 8. Aufl 2013. – *MüKo (HGB)/Jesser-Huß* Bd. 7, 3. Aufl 2014. – *Precht-Endrigkeit*, CMR-Handbuch, 3. Aufl 1972. – Staub/Canaris/Habersack/Schäfer, Handelsgesetzbuch, Großkommentar, CMR, Bd. 14, 5. Aufl. 2017. – *Thume/(Bearbeiter)*, Kommentar zur CMR, 3. Aufl 2013. – *Widmann* 1993. *Ferrari/Kieninger/Mankowski/ u. a.*; Intern. VertragsR, 2. Aufl 2012. – *Clarke*, International

VI. Transport 1, 2 CMR (17)

Carriage of Goods by Road: CMR, 6th ed, London 2014. – *Hil/Messent,* CMR: Contracts for the International Carriage of Goods by Road, 3rd ed, London 2000. – *Theunis,* International Carriage of Goods by Road (CMR), London 1987. – *Yates,* Contracts for the Carriage of Goods by Land, Sea and Air, part 3.1, Carriage of Goods by Road; CMR, London (LBl).

b) Lehrbücher: *Dubischar,* Grundriß des gesamten Gütertransportrechts, 1987.

c) Einzeldarstellungen und Sonstiges: *Jung,* The convention on the contract for the international carriage of goods by road (CMR), 1997. – *Heuer,* Die Haftung des Frachtführers nach der CMR, 1975. – *Decker* 1985. – *Basedow,* Der Transportvertrag, 1987. – *Jesser,* Frachtführerhaftung nach CMR, Wien 1992. – *Lieser,* Ergänzung der CMR durch unvereinheitlichtes deutsches Recht, 1991. – *Haak,* Revision der CMR?, TranspR 06, 325–336. – *Koller,* Schadensverhütung und Quersubventionen bei der CMR aus deutscher Sicht, TranspR 06, 413–421. – *Loewe,* Erläuterungen zur CMR, ETR 76, 503–597. – *Münchner CMR-Colloquium,* Einzelbeiträge in VersR 88, 548 ua. – *Seltmann,* Die CMR in der österreichischen Praxis, Wien 1988. – *Thesing,* Das Recht des nationalen und internationalen Straßengüterverkehrs, 1991. – *Thume,* Aktivlegitimation und Regressverfolgung in Deutschland, ETR 05, 801–809. Allgemeiner s §§ 407 ff HGB. – **RsprÜbersichten und ausländisches Recht:** *Pokrant/Gran,* Transport- und Logistikrecht: Höchstrichterliche Rechtsprechung und Vertragsgestaltung, 10. Aufl 2013. – *Jesser-Huß,* Aktuelle transportrechtliche Probleme in Österreich, TranspR 09, 109–117. – *Gruber,* Aktuelle transportrechtliche Probleme in Frankreich, TranspR 09, 123–129. – *Benz,* Einige aktuelle Probleme im schweizerischen Transportrecht, TranspR 09, 185–188. – *Eckoldt,* Die niederländische CMR-Rechtsprechung, TranspR 09, 117–123. – *Haak,* Europäische Lösung der deutsch-niederländischen Kontroverse in der CMR-Interpretation?, TranspR 09, 189–199 (Vorlagebeschluss TranspR 09, 279). – *Polić Foglar,* Schweizerisches Transportrecht, TranspR 09, 290–298. – *Atamer,* Reform des türkischen Transport- und Seefrachtrechts, TranspR 10, 50–61. – *Becher,* Englisches Transportrecht, TranspR 10, 127. – *Alba,* The New Spanish Law on the Contracts for the Carriage of Goods by Road, TranspR 12, 134 – *Spanjaart,* GODAFOSS, the applicability of the CMR within multimodal contracts of carriage, TranspR 12, 278. – *Tountopoulos,* Die griechische Rechtsprechung zum Begriff des „wilful misconduct" des Frachtführers nach Art. 29 CMR, TranspR 12, 283.

1) Entstehung und Geltung

Das Übereinkommen ist gem Bek 28.12.1961 BGBl 62 II 12 für die Bundesrepublik Deutschland in Kraft getreten. Vertragsstaaten sind ua Belgien, Bulgarien, Dänemark, Finnland, Frankreich, Griechenland, Großbritannien, Italien, Luxemburg, Niederlande, Norwegen, Österreich, Polen, Portugal, Rumänien, Russland (mit Protokoll, Oberstes Arbitragegericht der Russischen Föderation TranspR 09, 29), Schweden, Schweiz, Slowakei, Spanien, Tschechien und Ungarn; vgl Bek in BGBl II seit 1962. Änderungen durch Protokoll 5.7.1978 BGBl 80 II 733, in Kraft für die BRD 28.12.1980 BGBl II 1443 (Art 23 III nF, Art 23 VII–IX neu), aber nicht für alle anderen Vertragsstaaten; näher Hein/Eichoff/Pukall/Krien J 111 aE (mit Übersicht aller Vertragsstaaten). Reformvorschläge FIATA s TranspR 84, 113. Zum Konventionskonflikt CMR und EuGVO s EuGH EuzW 14, 221, näher Art. 31 Rn 1. Von der CMR kann durch Vereinbarung nur in engen Grenzen (Art. 40) abgewichen werden, diese ist damit weitestgehend zwingendes Recht, näher Art. 41 Rn 1.

2) Auslegung

Die CMR ist als internationales Abkommen in erster Linie aus sich selbst nebst Materialien auszulegen; dabei kommen dem Wortlaut und dem Zusammenhang der Einzelvorschriften der CMR besondere Bedeutung zu, BGH 75, 94, NJW 75, 1598, TranspR 08, 325; Düss RIW 81, 558. Die CMR lehnt sich idR eng an die CIM an, eine einheitliche Auslegung bietet sich dann an, BGH 75, 96. Gewollte Regelungslücken in CMR sind durch Heranziehung des zuständigen nationalen Rechts zu schließen, BGH 94, 74, NJW 74, 412, 1615; Düss RIW 84, 234; zB Haftung wegen Pflichtverletzung gem § 280 I BGB s Art 17 Rn 1. Zu den einzelnen Lücken und der deutschen Rspr dazu Koller Vor Art 1 Rn 5 ff, zur engl Rechtspraxis Becher TranspR 07, 232.

Kapitel I. Geltungsbereich

[Geltungsbereich, völkerrechtliche Verbindlichkeit]

CMR 1 (1) ¹Dieses Übereinkommen gilt für jeden Vertrag über die entgeltliche Beförderung von Gütern auf der Straße mittels Fahrzeugen, wenn der Ort der Übernahme des Gutes und der für die Ablieferung vorgesehene Ort, wie sie im Vertrage angegeben sind, in zwei verschiedenen Staaten liegen, von denen mindestens einer ein Vertragstaat ist. ²Dies gilt ohne Rücksicht auf den Wohnsitz und die Staatsangehörigkeit der Parteien.

(2) Im Sinne dieses Übereinkommens bedeuten „Fahrzeuge" Kraftfahrzeuge, Sattelkraftfahrzeuge, Anhänger und Sattelanhänger, wie sie in Artikel 4 des Abkommens über den Straßenverkehr vom 19. September 1949 umschrieben sind.

(3) Dieses Übereinkommen gilt auch dann, wenn in seinen Geltungsbereich fallende Beförderungen von Staaten oder von staatlichen Einrichtungen oder Organisationen durchgeführt werden.

(4) Dieses Übereinkommen gilt nicht
a) für Beförderungen, die nach den Bestimmungen internationaler Postübereinkommen durchgeführt werden;
b) für die Beförderung von Leichen
c) für die Beförderung von Umzugsgut.

(5) Die Vertragsparteien werden untereinander keine zwei- oder mehrseitigen Sondervereinbarungen schließen, die Abweichungen von den Bestimmungen dieses Übereinkommens enthalten; ausgenommen sind Sondervereinbarungen unter Vertragsparteien, nach denen dieses Übereinkommen nicht für ihren kleinen Grenzverkehr gilt, oder durch die für Beförderungen, die ausschließlich auf ihrem Staatsgebiet durchgeführt werden, die Verwendung eines das Gut vertretenden Frachtbriefes zugelassen wird.

1) Auf multimodalen Transport ist die CMR außerhalb von Art 2 nicht unmittelbar anwendbar, BGH NJW **08**, 2783 mit zust Anm Ramming NJW **09**, 414; Karlsr TranspR **08**, 471; zu diesem s § 452 HGB Rn 2, 8 ebenda auch zum gebrochenen Verkehr (§ 452 HGB Rn 4). Umzugsgut fällt trotz Abs. 4 in den Anwendungsbereich, wenn neue Möbelstücke transportiert werden oder solche aus einer Wohnung herausgelöst werden, ohne dass sie dem gleichen Zweck in einer neuen Wohnung dienen sollen, Staub/Reuschle 95. Bei ladungsbezogenem einzelnen Lohnfuhrvertrag ist CMR anwendbar, nicht dagegen bei Verträgen über die Vercharterung eines Fahrzeugs mit Fahrer, Nürnberg RdTW **15**, 301.

[Besondere Gerichtsstände]

CMR 1a Für Rechtsstreitigkeiten aus einer dem Übereinkommen unterliegenden Beförderung ist auch das Gericht zuständig, in dessen Bezirk der Ort der Übernahme des Gutes oder der für die Ablieferung des Gutes vorgesehene Ort liegt.

Soweit die EUGVVO die örtliche Zuständigkeit regelt, verdrängt diese Art. 1a, Staub/Reuschle zu Art. 1a.

VI. Transport 1 **3 CMR (17)**

[Geltung für kombinierten Transport]

CMR 2 (1) ¹Wird das mit dem Gut beladene Fahrzeug auf einem Teil der Strecke zur See, mit der Eisenbahn, auf Binnenwasserstraßen oder auf dem Luftwege befördert und wird das Gut – abgesehen von Fällen des Artikels 14 – nicht umgeladen, so gilt dieses Übereinkommen trotzdem für die gesamte Beförderung. ²Soweit jedoch bewiesen wird, daß während der Beförderung durch das andere Verkehrsmittel eingetretene Verluste, Beschädigungen oder Überschreitungen der Lieferfrist nicht durch eine Handlung oder Unterlassung des Straßenfrachtführers, sondern durch ein Ereignis verursacht worden sind, das nur während und wegen der Beförderung durch das andere Beförderungsmittel eingetreten sein kann, bestimmt sich die Haftung des Straßenfrachtführers nicht nach diesem Übereinkommen, sondern danach, wie der Frachtführer des anderen Verkehrsmittels gehaftet hätte, wenn ein lediglich das Gut betreffender Beförderungsvertrag zwischen dem Absender und dem Frachtführer des anderen Verkehrsmittels nach den zwingenden Vorschriften des für die Beförderung durch das andere Verkehrsmittel geltenden Rechts geschlossen worden wäre. ³Bestehen jedoch keine solchen Vorschriften, so bestimmt sich die Haftung des Straßenfrachtführers nach diesem Übereinkommen.

(2) **Ist der Straßenfrachtführer zugleich der Frachtführer des anderen Verkehrsmittels, so haftet er ebenfalls nach Absatz 1, jedoch so, als ob seine Tätigkeit als Straßenfrachtführer und seine Tätigkeit als Frachtführer des anderen Verkehrsmittels von zwei verschiedenen Personen ausgeübt würden.**

1) Multimodaler bzw kombinierter Transport s § 452 HGB Rn 2. Außerhalb von Art 2 findet die CMR auf den multimodalen Transport keine unmittelbare Anwendung, BGH NJW **08**, 2783 mit zust Anm Ramming NJW **09**, 414; Karlsr TranspR **08**, 471. Huckepack-Transport aber unter bestimmten Voraussetzungen möglich, Koller 3. Zur Abgrenzung von Huckepackverkehr und multimodalem Transport, Staub/Reuschle 6. Zum Begriff der „zwingenden Vorschriften" iSv I 2s BGH TranspR **11**, 330; Düss TranspR **11**, 153; Mü TranspR **11**, 158 mwN sowie Hbg TranspR **11**, 230 m zust Anm Herber TranspR **11**, 232; Bahnsen TranspR **12**, 400.

Kapitel II. Haftung des Frachtführers für andere Personen

[Haftung für Gehilfen]

CMR 3 Der Frachtführer haftet, soweit dieses Übereinkommen anzuwenden ist, für Handlungen und Unterlassungen seiner Bediensteten und aller anderen Personen, deren er sich bei Ausführung der Beförderung bedient, wie für eigene Handlungen und Unterlassungen, wenn diese Bediensteten oder anderen Personen in Ausübung ihrer Verrichtungen handeln.

1) Genannt werden Bedienstete und andere Personen als Unterkategorien der Gehilfen. Diese Unterscheidung kann eine Rolle spielen für die Frage, ob eine Zurechnung erfordert, dass die Gehilfen gerade in Ausübung des vertragsgegenständlichen Transports gehandelt haben, s MüKo/Jesser-Huß 13/14. „In Ausübung ihrer Verrichtungen" als Tatbestandsmerkmal wird wie im nationalen Recht verstanden, Staub/Reuschle 10. Der Schadensersatzanspruch des Absenders statt der Leistung fällt nicht unter die CMR, entspr Freizeichnung für Hilfspersonen nicht unter Art 3, sondern unter das nationale Recht, BGH NJW **79**,

(17) CMR 6

2470. Der Frachtführer haftet für den Unterfrachtführer, auch wenn Art 34 ff nicht eingreifen, Hbg TranspR **85**, 266, LG Ffm VersR **86**, 384. **Lit** Schmid TranspR **04**, 351.

Kapitel III. Abschluß und Ausführung des Beförderungsvertrages

[CMR-Frachtbrief]

CMR 4 [1] Der Beförderungsvertrag wird in einem Frachtbrief festgehalten. [2] Das Fehlen, die Mangelhaftigkeit oder der Verlust des Frachtbriefes berührt weder den Bestand noch die Gültigkeit des Beförderungsvertrages, der den Bestimmungen dieses Übereinkommens unterworfen bleibt.

1   **1)** Der Beförderungsvertrag nach der CMR ist Konsensual-, nicht Formalvertrag. Der Frachtbrief ist nur eine (widerlegbare, vgl Art 9) Beweisurkunde, BGH **83**, 100, **123**, 307. Der Frachtbrief hat keine konstitutive, sondern nur Vermutungswirkung (zB Art 9 II, 12 V a, 24, 26, 34). Zur Ausstellung können sich sowohl Absender als auch Frachtführer verpflichten, OGH RdTW **15**, 17, für eine grundsätzliche Pflicht des Absenders insoweit aber MüKo/Jesser-Huß 9.

[Ausfertigungen, Form des Frachtbriefs]

CMR 5 (1) [1] Der Frachtbrief wird in drei Originalausfertigungen ausgestellt, die vom Absender und vom Frachtführer unterzeichnet werden. [2] Die Unterschriften können gedruckt oder durch den Stempel des Absenders oder des Frachtführers ersetzt werden, wenn dies nach dem Recht des Staates, in dem der Frachtbrief ausgestellt wird, zulässig ist. [3] Die erste Ausfertigung erhält der Absender, die zweite begleitet das Gut, die dritte behält der Frachtführer.

(2) Ist das zu befördernde Gut auf mehrere Fahrzeuge zu verladen oder handelt es sich um verschiedenartige oder um in verschiedene Posten aufgeteilte Güter, können sowohl der Absender als auch der Frachtführer verlangen, daß so viele Frachtbriefe ausgestellt werden, als Fahrzeuge zu verwenden oder Güterarten oder -posten vorhanden sind.

Art. 5 trifft eine Regelung zu Form und Inhalt des Frachtbriefes und legt die erforderliche Anzahl fest. Elektronische Unterschriften erfüllen die Voraussetzungen nicht, Koller 3. Frage der Gültigkeit des Frachtbriefs wird von CMR nicht geregelt, bloßer Ladeschein genügt insoweit nicht, Staub/Reuschle 8. Zur bislang geringen Bedeutung des elektronischen Frachtbriefes in der Praxis s MüKo/Jesser-Huß 16.

[Angaben im Frachtbrief]

CMR 6 (1) **Der Frachtbrief muß folgende Angaben enthalten:**
a) **Ort und Tag der Ausstellung;**
b) **Name und Anschrift des Absenders;**
c) **Name und Anschrift des Frachtführers;**
d) **Stelle und Tag der Übernahme des Gutes sowie die für die Ablieferung vorgesehene Stelle;**

VI. Transport **7 CMR (17)**

e) Name und Anschrift des Empfängers;
f) die übliche Bezeichnung der Art des Gutes und die Art der Verpackung, bei gefährlichen Gütern ihre allgemein anerkannte Bezeichnung;
g) Anzahl, Zeichen und Nummern der Frachtstücke;
h) Rohgewicht oder die anders angegebene Menge des Gutes;
i) die mit der Beförderung verbundenen Kosten (Fracht, Nebengebühren, Zölle und andere Kosten, die vom Vertragsabschluß bis zur Ablieferung anfallen);
j) Weisungen für die Zoll- und sonstige amtliche Behandlung;
k) die Angabe, daß die Beförderung trotz einer gegenteiligen Abmachung den Bestimmungen dieses Übereinkommens unterliegt.

(2) Zutreffendenfalls muß der Frachtbrief ferner folgende Angaben enthalten:

a) das Verbot umzuladen;
b) die Kosten, die der Absender übernimmt;
c) den Betrag einer bei der Ablieferung des Gutes einzuziehenden Nachnahme;
d) die Angabe des Wertes des Gutes und des Betrages des besonderen Interesses an der Lieferung;
e) Weisungen des Absenders an den Frachtführer über die Versicherung des Gutes;
f) die vereinbarte Frist, in der die Beförderung beendet sein muß;
g) ein Verzeichnis der dem Frachtführer übergebenen Urkunden.

(3) Die Parteien dürfen in den Frachtbrief noch andere Angaben eintragen, die sie für zweckmäßig halten.

1) Vgl Art 4 Rn 1. Die Norm ist insbesondere maßgeblich für Art. 7. Zu I i: **1** Die Kosten brauchen sich aus dem Frachtbrief nicht ziffernmäßig zu ergeben; Erkennbarkeit des Umfangs der Zahlungspflicht bes durch Hinweis auf Tarife genügt, Düss NJW **81**, 1910. II a verbietet die Umladung dann nicht, wenn nur zumutbare Risiken entstehen, s Koller 13. Zu II f: Die Lieferfristvereinbarung ist auch ohne Eintragung im Frachtbrief wirksam, Düss TranspR **86**, 57. Ebenso die Nachnahmevereinbarung nach II c, BGH **83**, 100. Diese muss aber klar, eindeutig und dem Fahrer verständlich sein, wozu „Kasse gegen Dokumente", Kln AWD **75**, 162, oder „Auslieferung gegen Bankakzept und Bankaval", Düss VersR **88**, 77 nicht genügt. AA für „Auslieferung gegen Bankscheck" Hbg TranspR **91**, 297. Gültigkeit des Frachtvertrags wird durch fehlende oder unvollständige Angaben nicht berührt, Staub/Reuschle 1. Angaben nach III werden vorausgesetzt in Art 12 III, 17 IV a, 22 I, 24, 26, 31 und 33, hierzu auch Thume/Teutsch 36. Rechtsfolgen eines Verstoßes gegen die inhaltlichen Vorgaben des Art 6: Art 7, 11 II, III.

[Haftung für unrichtige und fehlende Angaben]

CMR 7 (1) Der Absender haftet für alle Kosten und Schäden, die dem Frachtführer dadurch entstehen, daß folgende Angaben unrichtig oder unvollständig sind:
a) die in Artikel 6 Absatz 1 Buchstabe b, d, e, f, g, h und j bezeichneten Angaben;
b) die in Artikel 6 Absatz 2 bezeichneten Angaben;
c) alle anderen Angaben oder Weisungen des Absenders für die Ausstellung des Frachtbriefes oder zum Zwecke der Eintragung in diesen.

(17) CMR 9

(2) Trägt der Frachtführer auf Verlangen des Absenders die in Absatz 1 bezeichneten Angaben in den Frachtbrief ein, wird bis zum Beweise des Gegenteils vermutet, daß der Frachtführer hierbei im Namen des Absenders gehandelt hat.

(3) Enthält der Frachtbrief die in Artikel 6 Absatz 1 Buchstabe k bezeichnete Angabe nicht, so haftet der Frachtführer für alle Kosten und Schäden, die dem über das Gut Verfügungsberechtigten infolge dieser Unterlassung entstehen.

Art. 7 regelt die haftungsrechtlichen Folgen von fehlerhaften Angaben im Frachtbrief. Frachtführer kann Mitverschulden treffen, MüKo/Jesser-Huß 3, zu dessen Kontrollobliegenheiten Koller 1. Zur Bestimmung des Schadensumfangs ist ergänzend das nationale Recht hinzuzuziehen, Staub/Reuschle 8.

[Überprüfungspflichten]

CMR 8 (1) Der Frachtführer ist verpflichtet, bei der Übernahme des Gutes zu überprüfen

a) die Richtigkeit der Angaben im Frachtbrief über die Anzahl der Frachtstücke und über ihre Zeichen und Nummern;
b) den äußeren Zustand des Gutes und seiner Verpackung.

(2) [1] Stehen dem Frachtführer keine angemessenen Mittel zur Verfügung, um die Richtigkeit der in Absatz 1 Buchstabe a bezeichneten Angaben zu überprüfen, so trägt er im Frachtbrief Vorbehalte ein, die zu begründen sind. [2] Desgleichen hat er Vorbehalte zu begründen, die er hinsichtlich des äußeren Zustandes des Gutes und seiner Verpackung macht. [3] Die Vorbehalte sind für den Absender nicht verbindlich, es sei denn, daß er sie im Frachtbrief ausdrücklich anerkannt hat.

(3) [1] Der Absender kann vom Frachtführer verlangen, daß dieser das Rohgewicht oder die anders angegebene Menge des Gutes überprüft. [2] Er kann auch verlangen, daß der Frachtführer den Inhalt der Frachtstücke überprüft. [3] Der Frachtführer hat Anspruch auf Ersatz der Kosten der Überprüfung. [4] Das Ergebnis der Überprüfung ist in den Frachtbrief einzutragen.

1   1) Die Obliegenheiten, Thume/Teutsch Rn 3, hM, nach I b, II bestehen nicht dem Absender gegenüber; Verletzungsfolge ist vielmehr Vermutung nach Art 9 II, BGH NJW **79**, 2471. Keine Pflicht zur Ablehnung des Transports bei Gefahr des Verderbs (unzulängliche Vorkühlung), diese Entscheidung ist Sache des Auftraggebers, Ffm RIW **82**, 205. Prüfobliegenheit besteht nur bei wirksamem Frachtbrief, Staub/Reuschle 10. Bei Verderb umgekehrt Anspruch des Frachtführers wegen Pflichtverletzung gem § 280 I BGB auf Ersatz von Reinigungskosten und Standgeld, Düss RIW **84**, 234. II kann insbesondere einschlägig sein bei unangemessenem hohen Aufwand der Prüfung, Koller 4.

[Beweiskraft des Frachtbriefs]

CMR 9 (1) Der Frachtbrief dient bis zum Beweise des Gegenteils als Nachweis für den Abschluß und Inhalt des Beförderungsvertrages sowie für die Übernahme des Gutes durch den Frachtführer.

(2) Sofern der Frachtbrief keine mit Gründen versehene Vorbehalte des Frachtführers aufweist, wird bis zum Beweise des Gegenteils vermutet, daß das Gut und seine Verpackung bei der Übernahme durch den Frachtführer äußerlich in gutem Zustande waren und daß die Anzahl der Frachtstücke und

VI. Transport 1 **11 CMR (17)**

ihre Zeichen und Nummern mit den Angaben im Frachtbrief übereinstimmen.

1) Der Frachtbrief ist lediglich Beweisurkunde (keine konstitutive Funktion), 1
BGH TranspR **06**, 363. Die Vermutung nach I setzt einen nach Art 5, 6
ausgestellten Frachtbrief voraus, BGH NJW **79**, 2471, Hamm TranspR **85**,
107, Ladeliste genügt daher nicht, BGH VersR **15**, 342. Frachtbrief stellt keine
Beweisregel für das Bestehen oder Fehlen innerer Schäden am Gut auf, Staub/
Reuschle 3, Vermutung erstreckt sich auch nicht auf den Inhalt der Frachtstücke, Köln RdTW **15**, 441, jedoch auf die korrekte Anzahl der einzelnen
Frachtstücke, Köln TranspR **15**, 292. Vermutungswirkung setzt ordnungsgemäße Unterzeichnung iSv Art. 5 voraus, BGH NJW-RR **98**, 33, Köln RdTW
15, 440, München RdTW **15**, 446. Vertreterhandeln bei Unterzeichnung
bestimmt sich nach dem auf der Grundlage des internationalen Privatrechts zu
ermittelnden nationalen Recht, BGH NJW-RR **13**, 744. Zu II Hamm
TranspR **85**, 187.

[Haftung für mangelhafte Verpackung]

CMR 10 Der Absender haftet dem Frachtführer für alle durch mangelhafte Verpackung des Gutes verursachten Schäden an Personen, am Betriebsmaterial und an anderen Gütern sowie für alle durch mangelhafte Verpackung verursachten Kosten, es sei denn, daß der Mangel offensichtlich oder dem Frachtführer bei der Übernahme des Gutes bekannt war und er diesbezüglich keine Vorbehalte gemacht hat.

Vorschrift ist verwandt mit § 414 HGB und eng auszulegen, s MüKo/Jesser-Huß 3. Allgemeine Regeln über Mitverschulden gelten, Koller 4. Passivlegitimiert ist alleine der Absender, Staub/Reuschle 16.

[Begleitpapiere]

CMR 11 (1) Der Absender hat dem Frachtbrief die Urkunden beizugeben, die für die vor der Ablieferung des Gutes zu erledigende Zoll- oder sonstige amtliche Behandlung notwendig sind, oder diese Urkunden dem Frachtführer zur Verfügung zu stellen und diesem alle erforderlichen Auskünfte zu erteilen.

(2) [1] Der Frachtführer ist nicht verpflichtet zu prüfen, ob diese Urkunden und Auskünfte richtig und ausreichend sind. [2] Der Absender haftet dem Frachtführer für alle aus dem Fehlen, der Unvollständigkeit oder Unrichtigkeit der Urkunden und Angaben entstehenden Schäden, es sei denn, daß den Frachtführer ein Verschulden trifft.

(3) Der Frachtführer haftet wie ein Kommissionär für die Folgen des Verlustes oder der unrichtigen Verwendung der im Frachtbrief bezeichneten und diesem beigegebenen oder dem Frachtführer ausgehändigten Urkunden; er hat jedoch keinen höheren Schadenersatz zu leisten als bei Verlust des Gutes.

1) Nicht zu den „notwendigen Urkunden" iSv I zählen Dokumente, die die 1
Beförderung nur beschleunigen, wie etwa ein Carnet TIR, BGH TranspR **11**,
180. Erforderliche Auskünfte hängen vom Einzelfall ab. Absender kann bei
fehlender Kenntnis des Frachtführers von sich aus zur Aufklärung verpflichtet
sein, MüKo/Jesser-Huß 3. Haftung für unrichtigen Verwendung, III, BGH **136**,
156.

Merkt 2551

[Verfügungsrecht über das Gut]

CMR 12 (1) ¹Der Absender ist berechtigt, über das Gut zu verfügen. ²Er kann insbesondere verlangen, daß der Frachtführer das Gut nicht weiterbefördert, den für die Ablieferung vorgesehenen Ort ändert oder das Gut einem anderen als dem im Frachtbrief angegebenen Empfänger abliefert.

(2) ¹Dieses Recht erlischt, sobald die zweite Ausfertigung des Frachtbriefes dem Empfänger übergeben ist oder dieser sein Recht nach Artikel 13 Absatz 1 geltend macht. ²Von diesem Zeitpunkt an hat der Frachtführer den Weisungen des Empfängers nachzukommen.

(3) Das Verfügungsrecht steht jedoch dem Empfänger bereits von der Ausstellung des Frachtbriefes an zu, wenn der Absender einen entsprechenden Vermerk in den Frachtbrief eingetragen hat.

(4) Hat der Empfänger in Ausübung seines Verfügungsrechtes die Ablieferung des Gutes an einen Dritten angeordnet, so ist dieser nicht berechtigt, seinerseits andere Empfänger zu bestimmen.

(5) Die Ausübung des Verfügungsrechtes unterliegt folgenden Bestimmungen:

a) der Absender oder in dem in Absatz 3 bezeichneten Falle der Empfänger hat, wenn er sein Verfügungsrecht ausüben will, die erste Ausfertigung des Frachtbriefes vorzuweisen, worin die dem Frachtführer erteilten neuen Weisungen eingetragen sein müssen, und dem Frachtführer alle Kosten und Schäden zu ersetzen, die durch die Ausführung der Weisungen entstehen;

b) die Ausführung der Weisungen muß zu dem Zeitpunkt, in dem sie die Person erreichen, die sie ausführen soll, möglich sein und darf weder den gewöhnlichen Betrieb des Unternehmens des Frachtführers hemmen noch die Absender oder Empfänger anderer Sendungen schädigen;

c) die Weisungen dürfen nicht zu einer Teilung der Sendung führen.

(6) Kann der Frachtführer auf Grund der Bestimmungen des Absatzes 5 Buchstabe b die erhaltenen Weisungen nicht durchführen, so hat er unverzüglich denjenigen zu benachrichtigen, der die Weisungen erteilt hat.

(7) Ein Frachtführer, der Weisungen nicht ausführt, die ihm unter Beachtung der Bestimmungen dieses Artikels erteilt worden sind, oder der solche Weisungen ausführt, ohne die Vorlage der ersten Ausfertigung des Frachtbriefes verlangt zu haben, haftet dem Berechtigten für den daraus entstehenden Schaden.

1 **1)** Der Frachtführer haftet für Nichtausführung einer Weisung des berechtigten Absenders, auch wenn kein CMR-Frachtbrief ausgestellt wird, BGH NJW **82**, 1944. Sonst wäre der Absender ab Auftragserteilung einflusslos. Entgegen den Voraussetzungen in V a können die Parteien nach Vertragsschluss formfrei vereinbaren, dass der Frachtführer eine erteilte Weisung als wirksam zu behandeln hat, BGH NJW-RR **02**, 1608. Zur Abgrenzung von Weisung von Vertragsänderung Staub/Reuschle 11. An eine solche Vereinbarung sind jedoch strenge Anforderungen zu stellen. Teilungsverbot des V c ist gegenstandslos bei gesonderten Frachtbriefen (Art 5 II), BGH **79**, 305. Durch Rücktrittserklärung im Anwaltsschreiben wird trotz Hinweises auf die Rechtsfolgen (Rückgewähr) keine Rückbeförderung iS einer Weisung angeordnet, Stgt TranspR **10**, 152. Der Grenzspediteur hat gegen den Empfänger Anspruch auf Ersatz der für ihn bezahlten Grenzumsatzsteuer nicht vor Erlangung der Verfügungsbefugnis über das Gut nach I (§§ 683, 684 S 2 BGB mit Annahme des Guts und der Steuerbelege),

VI. Transport 13 CMR (17)

Hamm NJW **83**, 1983. Das Pfandrecht des CMR-Frachtführers regelt sich nach nationalem Recht, BGH NJW-RR **87**, 1518. Das Weisungsrecht des Empfängers iSd III hat die gleiche inhaltliche Reichweite wie dasjenige des Absenders, MüKo/Jesser-Huß 17. Für die Entstehung des Verfügungsrechts nach II oder III trägt Empfänger Darlegungs- und Beweislast, zu weiteren Beweisfragen vgl Thume/Temme 65 ff.

[Rechte des Empfängers nach Ankunft, Zahlungspflicht]

CMR 13 (1) ¹Nach Ankunft des Gutes an dem für die Ablieferung vorgesehenen Ort ist der Empfänger berechtigt, vom Frachtführer zu verlangen, daß ihm gegen Empfangsbestätigung die zweite Ausfertigung des Frachtbriefes übergeben und das Gut abgeliefert wird. ²Ist der Verlust des Gutes festgestellt oder ist das Gut innerhalb der in Artikel 19 vorgesehenen Frist nicht angekommen, so kann der Empfänger die Rechte aus dem Beförderungsvertrage im eigenen Namen gegen den Frachtführer geltend machen.

(2) ¹Der Empfänger, der die ihm nach Absatz 1 zustehenden Rechte geltend macht, hat den Gesamtbetrag der aus dem Frachtbrief hervorgehenden Kosten zu zahlen. ²Bei Streitigkeiten hierüber ist der Frachtführer zur Ablieferung des Gutes nur verpflichtet, wenn ihm der Empfänger Sicherheit leistet.

1) Ablieferung iSv I 1 ist die frachtbriefmäßig vorgeschriebene vollständige und unbeschädigte Herausgabe des Gutes, BGH **75**, 95. Empfangsbestätigung muss in schriftlicher Form ausgestellt werden, MüKo/Jesser-Huß 13. Der verfügungsberechtigte Empfänger kann die Rechte aus dem Beförderungsvertrag zwischen Absender und Frachtführer wegen Beschädigung des Gutes im eigenen Namen gegen den Frachtführer geltend machen (Argument aus I 2, 18 II 2, 20 I, 27), BGH **75**, 92, NJW-RR **88**, 478; Koller RIW **88**, 254. Dies gilt auch für die Ansprüche zwischen Haupt- und Unterfrachtführer, BGH **172**, 336 (Aufgabe von BGH **116**, 15 LS 1) m zust Anm Thume TranspR **07**, 427, Ramming NJW **08**, 292, da Frachtbrief iSv 1 nur den Frachtbrief im Besitz des Abliefernden meint und der Unterfrachtführer vielfach nicht den des Ur-Absenders besitzt, abl Herber TranspR **08**, 240. Für analoge Anwendung von Art 36 auf Ablieferungsansprüche mit der Folge einer Einschränkung der Passivlegitimation von Unterfrachtführern aber Koller TranspR **09**, 460. Hat der Empfänger die Verfügungsbefugnis über das Transportgut einmal erlangt, kann er die Rechte nach I auch dann im eigenen Namen geltend machen, wenn er die Annahme der Ware verweigert, BGH **140**, 84. Empfänger und Absender sind Gesamtgläubiger (§ 428 BGB; Doppellegitimation), BGH **116**, 19, NJW-RR **06**, 1545; zu einer Doppelbelastung des Frachtführers, weil das frachtrechtliche Verfügungsrecht des Absenders erst später (Art 12 II) erlischt, als das des Empfängers nach I entsteht, kommt es deshalb nicht, BGH **140**, 93. Der Absender ist zur Geltendmachung von Schäden Dritter aus dem Verlust des Gutes legitimiert, gleichviel ob die Schäden dem Vertragspartner des Absenders (Empfänger) oder aber dem Endempfänger erwachsen sind, BGH TranspR **06**, 309. Ersatzansprüche wegen Verlustes kann der Empfänger auch vor Verfügungsberechtigung geltend machen, BGH **140**, 89. Nur die Leistung des Frachtführers an einen der beiden Ersatzberechtigten, nicht aber diejenige des Transportversicherers des Absenders oder Empfängers lässt auch die Anspruchsberechtigung des anderen Gläubigers entfallen, BGH NJW-RR **06**, 1546. Rechte des Absenders sowie des Empfängers nach nationalem Recht bleiben von der CMR unberührt, BGH NJW **74**, 1615, der Empfänger kann Schadensersatzansprüche aber auch dann geltend machen, wenn das nationale Recht eine Drittschadensliquidation nicht kennt, BGH TranspR **08**, 326. Gewill-

(17) CMR 15 1

kürte Prozessstandschaft des geschädigten Dritten, für den der Empfänger als Empfangs- oder Hausspediteur tätig war, BGH NJW **81**, 2640. Die Empfängerrechte nach I 2 sind abtretbar, auch wenn der Empfänger die Verfügungsbefugnis noch nicht erlangt hat, BGH NJW **88**, 3095. Beförderungsvertrag iSv I 2 ist der Vertrag zwischen Absender und (Unter-)Frachtführer unabhängig von Art 34, BGH **172**, 337 (Aufgabe von NJW-RR **88**, 481), s bereits Koller VersR **88**, 673. Zu II 1: Die Angabe der Kosten im Frachtbrief wird nicht ersetzt durch Mitübergabe der Frachtrechnung, Hamm NJW **74**, 1056. II ist abschließende Sonderregelung, LG Koblenz TranspR **15**, 167. Der Empfänger hat die Frachtkosten nur in dem aus dem Frachtbrief hervorgehenden Umfang zu zahlen. Alleine eine gesonderte Rechnung genügt insoweit nicht, Staub/Reuschle 23. Weitere Kostenersatzansprüche, zB aus Geschäftsführung ohne Auftrag, sind ausgeschlossen, Düss NJW **81**, 1910; Thume/Temme 36; aA Stgt NJW **76**, 2079. In Folge von BGH **172**, 337 ist Zahlungspflicht aber auch gegenüber Unterfrachtführer zu bejahen, vgl Thume TranspR **07**, 428; Ramming NJW **08**, 292; Herber TranspR **08**, 240.

[Unbehebbare, behebbare Beförderungshindernisse]

CMR 14 (1) Wenn aus irgendeinem Grunde vor Ankunft des Gutes an dem für die Ablieferung vorgesehenen Ort die Erfüllung des Vertrages zu den im Frachtbrief festgelegten Bedingungen unmöglich ist oder unmöglich wird, hat der Frachtführer Weisungen des nach Artikel 12 über das Gut Verfügungsberechtigten einzuholen.

(2) Gestatten die Umstände jedoch eine von den im Frachtbrief festgelegten Bedingungen abweichende Ausführung der Beförderung und konnte der Frachtführer Weisungen des nach Artikel 12 über das Gut Verfügungsberechtigten innerhalb angemessener Zeit nicht erhalten, so hat er die Maßnahmen zu ergreifen, die ihm im Interesse des über das Gut Verfügungsberechtigten die besten zu sein scheinen.

Vorschrift konkretisiert Obhutspflicht im Falle der Unmöglichkeit einer Ablieferung. Rein subjektive Unmöglichkeit genügt nicht, Staub/Reuschle 9. Keine Schadensersatzpflicht des Absenders bei nicht erteilten Weisungen, Koller 6.

[Ablieferungshindernisse]

CMR 15 (1) ¹Treten nach Ankunft des Gutes am Bestimmungsort Ablieferungshindernisse ein, so hat der Frachtführer Weisungen des Absenders einzuholen. ²Wenn der Empfänger die Annahme des Gutes verweigert, ist der Absender berechtigt, über das Gut zu verfügen, ohne die erste Ausfertigung des Frachtbriefes vorweisen zu müssen.

(2) Der Empfänger kann, auch wenn er die Annahme des Gutes verweigert hat, dessen Ablieferung noch so lange verlangen, als der Frachtführer keine dem widersprechenden Weisungen des Absenders erhalten hat.

(3) Tritt das Ablieferungshindernis ein, nachdem der Empfänger auf Grund seiner Befugnisse nach Artikel 12 Absatz 3 Anweisung erteilt hat, das Gut an einen Dritten abzuliefern, so nimmt bei der Anwendung der Absätze 1 und 2 dieses Artikels der Empfänger die Stelle des Absenders und der Dritte die des Empfängers ein.

1 **1)** Vorschrift ist im Zusammenhang mit Art 14u 16 zu sehen. Ein Ablieferungshindernis liegt nicht schon darin, dass dem Frachtführer die genaue Anschrift des Empfängers nicht mitgeteilt war, Hbg TranspR **88**, 277. Frachtführer

VI. Transport **17 CMR (17)**

hat Wahlrecht zwischen Einholung von Weisungen und der Ausübung der Rechte aus Art. 16, Staub/Reuschle 7. Frachtführer hat bei verlangtem Rücktransport hinsichtlich der Kosten kein Zurückbehaltungsrecht, ergänzend ist neben der CMR § 420 HGB hinzuzuziehen, München TranspR **16**, 70. Ablieferung iSv II und 13 I 1 sind nicht deckungsgleich, BGH NJW **99**, 1110. Konkludente Ablehnung genügt für Verweigerung iSv II, MüKo/Jesser-Huß 5.

[Kostenerstattung, Ausladung und Verwahrung, Notverkauf]

CMR 16 (1) Der Frachtführer hat Anspruch auf Erstattung der Kosten, die ihm dadurch entstehen, daß er Weisungen einholt oder ausführt, es sei denn, daß er diese Kosten verschuldet hat.

(2) [1] In den in Artikel 14 Absatz 1 und in Artikel 15 bezeichneten Fällen kann der Frachtführer das Gut sofort auf Kosten des Verfügungsberechtigten ausladen; nach dem Ausladen gilt die Beförderung als beendet. [2] Der Frachtführer hat sodann das Gut für den Verfügungsberechtigten zu verwahren. [3] Er kann es jedoch auch einem Dritten anvertrauen und haftet dann nur für die sorgfältige Auswahl des Dritten. [4] Das Gut bleibt mit den aus dem Frachtbrief hervorgehenden Ansprüchen sowie mit allen anderen Kosten belastet.

(3) [1] Der Frachtführer kann, ohne Weisungen des Verfügungsberechtigten abzuwarten, den Verkauf des Gutes veranlassen, wenn es sich um verderbliche Waren handelt oder der Zustand des Gutes eine solche Maßnahme rechtfertigt oder wenn die Kosten der Verwahrung in keinem Verhältnis zum Wert des Gutes stehen. [2] Er kann auch in anderen Fällen den Verkauf des Gutes veranlassen, wenn er innerhalb einer angemessenen Frist gegenteilige Weisungen des Verfügungsberechtigten, deren Ausführung ihm billigerweise zugemutet werden kann, nicht erhält.

(4) [1] Wird das Gut auf Grund der Bestimmungen dieses Artikels verkauft, so ist der Erlös nach Abzug der auf dem Gut lastenden Kosten dem Verfügungsberechtigten zur Verfügung zu stellen. [2] Wenn diese Kosten höher sind als der Erlös, kann der Frachtführer den Unterschied beanspruchen.

(5) Art und Weise des Verkaufes bestimmen sich nach den Gesetzen oder Gebräuchen des Ortes, an dem sich das Gut befindet.

1) Auch Art 16 konkretisiert die Obhutspflicht. UU Wahlmöglichkeit: Einholen von Weisungen (Art 15 I 1) oder sofort Ausladen (Art 16 II 1), Kln BB **73**, 405. Zur Einholung von Weisungen ist der Frachtführer nicht verpflichtet (II 1: sofort). Für Kosten nach II 4 hat Frachtführer Pfandrecht zB nach § 440 HGB, CMR regelt das nicht, BGH WM **87**, 593. CMR regelt Erstattungsansprüche wegen Transporthindernissen abschließend, daher kein Rückgriff auf § 420 III HGB, Koller 4. Fracht kann aber unter Rückgriff auf § 419 Abs. 4 HGB bestimmt werden, Staub/Reuschle 22.

Kapitel IV. Haftung des Frachtführers

[Haftung des Frachtführers, Haftungsausschlüsse]

CMR 17 (1) Der Frachtführer haftet für gänzlichen oder teilweisen Verlust und für Beschädigung des Gutes, sofern der Verlust oder die Beschädigung zwischen dem Zeitpunkt der Übernahme des Gutes und dem seiner Ablieferung eintritt, sowie für Überschreitung der Lieferfrist.

(17) CMR 17

(2) Der Frachtführer ist von dieser Haftung befreit, wenn der Verlust, die Beschädigung oder die Überschreitung der Lieferfrist durch ein Verschulden des Verfügungsberechtigten, durch eine nicht vom Frachtführer verschuldete Weisung des Verfügungsberechtigten, durch besondere Mängel des Gutes oder durch Umstände verursacht worden ist, die der Frachtführer nicht vermeiden und deren Folgen er nicht abwenden konnte.

(3) Um sich von seiner Haftung zu befreien, kann sich der Frachtführer weder auf Mängel des für die Beförderung verwendeten Fahrzeuges noch gegebenenfalls auf ein Verschulden des Vermieters des Fahrzeuges oder der Bediensteten des Vermieters berufen.

(4) Der Frachtführer ist vorbehaltlich des Artikels 18 Absatz 2 bis 5 von seiner Haftung befreit, wenn der Verlust oder die Beschädigung aus den mit einzelnen oder mehreren Umständen der folgenden Art verbundenen besonderen Gefahren entstanden ist:

a) Verwendung von offenen, nicht mit Planen gedeckten Fahrzeugen, wenn diese Verwendung ausdrücklich vereinbart und im Frachtbrief vermerkt worden ist;
b) Fehlen oder Mängel der Verpackung, wenn die Güter ihrer Natur nach bei fehlender oder mangelhafter Verpackung Verlusten oder Beschädigungen ausgesetzt sind;
c) Behandlung, Verladen, Verstauen oder Ausladen des Gutes durch den Absender, den Empfänger oder Dritte, die für den Absender oder Empfänger handeln;
d) natürliche Beschaffenheit gewisser Güter, derzufolge sie gänzlichem oder teilweisem Verlust oder Beschädigung, insbesondere durch Bruch, Rost, inneren Verderb, Austrocknen, Auslaufen, normalen Schwund oder Einwirkung von Ungeziefer oder Nagetieren, ausgesetzt sind;
e) ungenügende oder unzulängliche Bezeichnung oder Numerierung der Frachtstücke;
f) Beförderung von lebenden Tieren.

(5) Haftet der Frachtführer auf Grund dieses Artikels für einzelne Umstände, die einen Schaden verursacht haben, nicht, so haftet er nur in dem Umfange, in dem die Umstände, für die er auf Grund dieses Artikels haftet, zu dem Schaden beigetragen haben.

1 1) Art. 17 Abs. 1 normiert im Zusammenspiel mit Art. 17 Abs. 2 eine Haftung für vermutetes Verschulden, Staub/Reuschle 24. Schadensersatz statt der Leistung richtet sich nicht nach Art 17, sondern nach nationalem Recht, BGH NJW **79**, 2470; ebenso Anspruch aus § 280 I BGB (Pflichtverletzung), sofern der Schaden nicht Folge von Verlust, Beschädigung des Guts oder Lieferfristüberschreitung, BGH NJW **79**, 2473, zB von unrichtigen Angaben zur Ankunft des Transportfahrzeugs am Bestimmungsort, BGH **123**, 200, oder von Ungeeignetheit des Transportfahrzeugs ist, Naumburg TranspR **13**, 237. So steht CMR zB einer vertraglichen Überprüfungspflicht des Frachtführers nicht entgegen, Karlsr TranspR **11**, 186. Dagegen sind Art 17 ff eine abschließende Regelung (Art 23, 25, höchstens Substanzschaden) für die Fälle des Verlustes, und der Beschädigung von Transportgut oder Lieferfristüberschreitung und verdrängen iSv § 280 I BGB, Düss TranspR **95**, 288, **07**, 196; aA MüKo/Jesser-Huß 97 (für den Fall des Fixgeschäfts). Bei Verlust kommt es auf die Gründe hierfür nicht an, Köln RdTW **15**, 442. Die Ansprüche aus Art 17 macht der versendende Spediteur in Drittschadensliquidation geltend entweder auf Zahlung an sich oder direkt an den Absender oder den Empfänger (vgl aber Art 13), BGH NJW **89**, 3099. Haftung für Dritte s Art 3. Nichtigkeit abw Vereinbarungen s Art 41. CMR legt keine Versicherungspflicht der Frachtführer fest; die Versicherer haben sich aber bereit

VI. Transport 2, 3 **17 CMR (17)**

erklärt, die Haftungs-Versicherung auf Haftung aus der CMR zu erstrecken. AGB-Kontrolle auch der freiwilligen Haftpflichtversicherung, BGH NJW **85**, 559; Roth IPRax **86**, 16. Haftung wegen Nichtabschluss vereinbarter Transportversicherung s BGH WM **75**, 523. Person des Schadensersatzberechtigten s Art 13 Rn 1.

2) Zu **I**: Das Verladen ist Sache des Absenders, auch bei Benutzung fahrzeugspezifischer Sicherungsmittel, Hamm TranspR **85**, 107, aber der Frachtführer, der mangelhafte Verladung erkennt, hat Hinweispflicht, BGH NJW-RR **88**, 479, weitergehend Koller DB **88**, 589, insbesondere, wenn er bei Anwendung äußerster Sorgfalt die Entstehung eines Schadens hätte vermeiden können, LG München TranspR **14**, 295. Ausladen ist noch Teil der Beförderung (vgl Art 16 II 1), fällt unter 17 I; Entlastung nach II, weil Empfänger Ausladegerät abzog, Kln BB **73**, 405. Zum Begriff der Ablieferung (I) s § 425 HGB Rn 3 und Bamberg RdTW **15**, 331. Ablieferung vor Erreichen des Empfangsorts, wenn Empfänger (dessen Beauftragter) vorher übernimmt; dann Wegfall der Haftung aus Art 17, aber uU (wenn Frachtführer nicht so übergeben durfte) Haftung aus Pflichtverletzung gem § 280 I BGB Hamm NJW **76**, 2077. Verlust iSv I auch bei Auslieferung an Nichtberechtigten, so zB bei Auslieferung an örtliche Schwestergesellschaft des Frachtführers ohne Benachrichtigung des Empfängers über Wareneingang, BGH TranspR **09**, 411; auch wenn Absender Gut bei Drittem auffindet und wieder an sich bringt, dann aber entspr Schadensminderung, BGH NJW **79**, 2473; auch bei Nichtauslieferung und Versteigernlassen, BGH NJW **95**, 2917; „Beschädigung" von Lebensmitteln, auch ohne „inneren Verderb" (vgl IV d), bei Verwertbarkeit nur mit Mindererlös, Celle NJW **75**, 1603 (Verklumpung von Bohnen); Haftung für Falschablieferung auch dann, wenn richtiger Empfänger infolge betrugsbedingter Täuschung gar nicht existiert, Hamm TranspR **13**, 432. Beweislast für Eintreten des Schadens zwischen Übernahme und Ablieferung liegt beim Kläger, BGH WM **88**, 1704, Beweislast für Fehlverhalten des Frachtführers liegt beim Geschädigten, sofern dieses nicht voll dem Organisationsbereich des Frachtführers zuzuordnen ist, Jena TranspR **07**, 201, Koller Art 29 Rn 7. Ablieferung setzt Besitzerlangung durch den verfügungsberechtigten Empfänger voraus, München TranspR **15**, 451. Beweis für die Anzahl der übergebenen Frachtstücke kann auch durch vom Frachtführer ausgestellte Empfangsquittung geführt werden, BGH VersR **15**, 342. Anscheinsbeweis bei Abhandenkommen des Gutes nur ausreichend, wenn dieses in verschlossenem Behältnis übergeben wird, BGH NJW-RR **03**, 756, nicht für Frage, ob Sendung überhaupt in Obhut des Frachtführers gelangt ist, BGH NJW-RR **08**, 120. Nachweis ordnungsgemäßer Ablieferung erfordert Angabe von Ort, Datum und Unterschrift, BGH NJW-RR **00**, 1631. Anwendbarkeit von § 254 BGB auf I ist zweifelhaft und wird von der Rspr bisher offen gelassen, vgl BGH NJW-RR **06**, 823; Saarbr TranspR **08**, 411.

3) II und **V** berücksichtigen Mitverschulden der Anspruchsberechtigten wobei II im letzen HS eine allgemeine Grenze der Frachtführerhaftung festlegt, Staub/Reuschle 24. Annahmeverweigerung ist mangels frachtrechtlicher Pflicht zur Entgegennahme des Gutes in aller Regel kein Verstoß des Empfängers, BGH **140**, 94. Hält der Frachtführer Mitwirkung des Absenders in Bezug auf Sicherheitsmaßnahmen für erforderlich, so muss er dies zum Gegenstand des Beförderungsvertrags machen, BGH NJW **01**, 448. Lehnt der Absender einen zweiten Fahrer ab, kann dies Mitverschulden begründen, München TranspR **15**, 393. Die Haftungsausschlüsse nach **IV** sind „bevorrechtigt" durch die Vermutung des Art 18 II, die nach **II** dagegen nicht (Art 18 I). **Unabwendbares Ereignis** iSv **II** liegt vor, wenn der Schaden auch bei Anwendung der äußersten dem Frachtführer möglichen und zumutbaren Sorgfalt nicht hätte vermieden werden können, BGH NJW-RR **99**, 541 (Raub eines abgestellten LKW), **98**, 897 (Rauböfall auf fahrenden LKW) m krit Anm Koller EWiR **98**, 551; Karlsr TranspR

(17) CMR 18 2. Teil. Handelsrechtl. Nebengesetze

04, 34 mwN. Es gilt nicht § 276 Abs. 2 BGB, sondern der Maßstab der „äußersten wirtschaftlich zumutbaren Sorgfalt, Staub/Reuschle 33. **Nicht unvermeidbar** ist die Entwendung von Kfz von einem Lastzug, wenn die Schlüssel der Neuwagen im Reißverschlussverfahren verwahrt werden, Saarbr TranspR **07**, 63, Diebstahl eines 3 Stunden unbeaufsichtigten und nur mit einem Anhängerkupplungsschloss gesicherten Anhängers, der Digitalkameras und Camcorder enthält, Saarbr TranspR **08**, 409, Überfall auf LKW während Ruhepause, wenn zusätzliche Sicherungsmaßnahmen möglich sind, Stgt TranspR **11**, 343, Beschlagnahme des gesamten Transportgutes durch Polizei, wenn Fahrer nachträglich Schmuggelgut an Bord nimmt, Mü TranspR **11**, 337. Weitere Einzelfälle bei Staub/Reuschle 76 ff. Auch Überschreitung von Lieferfrist wegen weiterer Aufträge des Absenders führt nicht zur Haftungsbefreiung, Hamm TranspR **09**, 168. Haftung bei Verkehrsunfall wegen Nichteinhaltung der äußersten Sorgfalt, Zweibr NJW-RR **04**, 1177; BGH TranspR **03**, 304 m Anm Thume; Haftung trotz Diebstahls des Kfz aus Zollbereich, Düss RIW **81**, 558. Zur Frage der Unvermeidbarkeit von Raubüberfällen in Osteuropa BGH VersR **00**, 1437, NJW-RR **01**, 1253; Karlsr TranspR **04**, 127; Bracker Beil zu TranspR 3/04 S VII; allg Boecker VersR **03**, 556; insbesondere durch falschen Polizisten, Hbg TranspR **03**, 352 m Anm Herber; Karlsr VersR **02**, 466; LG Karlsr VersR **06**, 1431 m Anm Boettge VersR **06**, 1618; zu fingierter Polizeikontrolle in Slowakei Stgt TranspR **07**, 322. Zu Verpackungsmangel BGH TranspR **84**, 212 (zu IV b); Düss TranspR **84**, 38 (zu IV a, b); Kln DB **75**, 1074 (zu IV c: Säcke rutschten ab, Verladefehler fraglich); Mü TranspR **04**, 326 (zu IV c: Frachtführer als Erfüllungsgehilfe des abladepflichtigen Versenders); Ffm NJW-RR **04**, 834 (zu IV d); Roesch BB **82**, 20 (Verladung). Für IV c ist allein maßgebend, wer tatsächlich die Verladung durchgeführt hat, BGH NJW-RR **07**, 1482, ob der Frachtführer vertraglich zum Verladen verpflichtet ist, spielt keine Rolle, BGH NJW **85**, 2092. Wenn IVc nicht eingreift, ist vom Absender verschuldeter Schadensbeitrag nach II, V zu berücksichtigen, BGH NJW-RR **07**, 1483. Anscheinsbeweis s Art 18 Rn 1.

4 **4) V** ist auch bei qualifiziertem Verschulden (Art 29 I) anwendbar, Mü TranspR **06**, 401. Bsp für Schadensteilung nach V bei Verladefehler (s Rn 2), BGH NJW-RR **88**, 479; LG München TranspR **14**, 265. Zu Fragen der Beweislast bei Fahrzeugmängeln nach III Thume VersR **00**, 821.

[Beweislast, Vermutungen]

CMR 18 (1) **Der Beweis, daß der Verlust, die Beschädigung oder die Überschreitung der Lieferfrist durch einen der in Artikel 17 Absatz 2 bezeichneten Umstände verursacht worden ist, obliegt dem Frachtführer.**

(2) [1] **Wenn der Frachtführer darlegt, daß nach den Umständen des Falles der Verlust oder die Beschädigung aus einer oder mehreren der in Artikel 17 Absatz 4 bezeichneten besonderen Gefahren entstehen konnte, wird vermutet, daß der Schaden hieraus entstanden ist.** [2] **Der Verfügungsberechtigte kann jedoch beweisen, daß der Schaden nicht oder nicht ausschließlich aus einer dieser Gefahren entstanden ist.**

(3) **Diese Vermutung gilt im Falle des Artikels 17 Absatz 4 Buchstabe a nicht bei außergewöhnlich großem Abgang oder bei Verlust von ganzen Frachtstücken.**

(4) **Bei Beförderung mit einem Fahrzeug, das mit besonderen Einrichtungen zum Schutze des Gutes gegen die Einwirkung von Hitze, Kälte, Temperaturschwankungen oder Luftfeuchtigkeit versehen ist, kann sich der Frachtführer auf Artikel 17 Absatz 4 Buchstabe d nur berufen, wenn er be-**

VI. Transport　　　　　　　　　　　　　　　　　　**20 CMR (17)**

weist, daß er alle ihm nach den Umständen obliegenden Maßnahmen hinsichtlich der Auswahl, Instandhaltung und Verwendung der besonderen Einrichtungen getroffen und ihm erteilte besondere Weisungen beachtet hat.

(5) **Der Frachtführer kann sich auf Artikel 17 Absatz 4 Buchstabe f nur berufen, wenn er beweist, daß er alle ihm nach den Umständen üblicherweise obliegenden Maßnahmen getroffen und ihm erteilte besondere Weisungen beachtet hat.**

1) Anscheinsbeweis ist zulässig (keine unzulässige Umkehr der Beweislast nach 1 CMR), BGH NJW **85**, 554 und Art 17 Rn 2. Zu Art 17, 18 II BGH NJW **85**, 2092, VersR **01**, 216. Beachte Beweiserleichterung nach Art 9 und die Regelung in Art 30 bei erfolgter Ablieferung des Gutes. Beweisführung richtet sich nach Recht des angerufenen Gerichts, Koller 2. Zu den Erfordernissen eines substantiierten Klagevorbringens Staub/Reuschle 6.

[Überschreitung der Lieferfrist]

CMR 19 Eine Überschreitung der Lieferfrist liegt vor, wenn das Gut nicht innerhalb der vereinbarten Frist abgeliefert worden ist oder, falls keine Frist vereinbart worden ist, die tatsächliche Beförderungsdauer unter Berücksichtigung der Umstände, bei teilweiser Beladung insbesondere unter Berücksichtigung der unter gewöhnlichen Umständen für die Zusammenstellung von Gütern zwecks vollständiger Beladung benötigten Zeit, die Frist überschreitet, die vernünftigerweise einem sorgfältigen Frachtführer zuzubilligen ist.

1) S Hbg VersR **80**, 290, TranspR **85**, 37, **05**, 117; Düss TranspR **07**, 196. 1 Überschreitung der Ladefrist ist nicht gleichzusetzen mit Überschreitung der Lieferfrist, Naumburg TranspR **13**, 237. Fehlt eine vertragliche Fristbestimmung, ist vernünftige Frist maßgeblich, Staub/Reuschle 2.

[Verlustvermutung, Wiederauffinden]

CMR 20 (1) **Der Verfügungsberechtigte kann das Gut, ohne weitere Beweise erbringen zu müssen, als verloren betrachten, wenn es nicht binnen dreißig Tagen nach Ablauf der vereinbarten Lieferfrist oder, falls keine Frist vereinbart worden ist, nicht binnen sechzig Tagen nach der Übernahme des Gutes durch den Frachtführer abgeliefert worden ist.**

(2) [1]**Der Verfügungsberechtigte kann bei Empfang der Entschädigung für das verlorene Gut schriftlich verlangen, daß er sofort benachrichtigt wird, wenn das Gut binnen einem Jahr nach Zahlung der Entschädigung wieder aufgefunden wird.** [2]**Dieses Verlangen ist ihm schriftlich zu bestätigen.**

(3) **Der Verfügungsberechtigte kann binnen dreißig Tagen nach Empfang einer solchen Benachrichtigung fordern, daß ihm das Gut gegen Befriedigung der aus dem Frachtbrief hervorgehenden Ansprüche und gegen Rückzahlung der erhaltenen Entschädigung, gegebenenfalls abzüglich der in der Entschädigung enthaltenen Kosten, abgeliefert wird; seine Ansprüche auf Schadenersatz wegen Überschreitung der Lieferfrist nach Artikel 23 und gegebenenfalls nach Artikel 26 bleiben vorbehalten.**

(4) **Wird das in Absatz 2 bezeichnete Verlangen nicht gestellt oder ist keine Anweisung in der in Absatz 3 bestimmten Frist von dreißig Tagen erteilt worden oder wird das Gut später als ein Jahr nach Zahlung der Entschädigung**

Merkt　　2559

(17) CMR 22 1

wieder aufgefunden, so kann der Frachtführer über das Gut nach dem Recht des Ortes verfügen, an dem es sich befindet.

1 **1)** I enthält eine widerlegliche Verlustvermutung (nur) für den Verfügungsberechtigten. Der Anspruchsberechtigte hat die Wahl zwischen Schadensersatz wegen (vermuteten) Verlustes und Abwarten des Wiederauffindens und dann Herausgabe sowie Schadensersatz wegen Lieferfristüberschreitung und/oder Beschädigung, BGH **140**, 90; Düss TranspR **90**, 66. Die Wahl des ersteren muss deutlich zu erkennen gegeben werden, vorher greift I nicht, BGH **140**, 90. Annahme von wieder aufgefundenem Gut ist grundsätzlich nur im Wege der den fortbestehenden Schadensersatzanspruch mindernden Vorteilsausgleichung zu berücksichtigen, BGH TranspR **02**, 198, **11**, 179, Beweislast für Vorteil trägt Frachtführer, Düss TranspR **08**, 38. Verfügungsberechtigter kann sich mit dem Schadensersatz zufrieden geben, Staub/Reuschle 11. II erfordert weder für das Verlangen noch für die Bestätigung Schriftform iSv § 126 BGB, es genügt ua auch E-Mail, MüKo/Jesser-Huß 9.

[Ablieferung ohne Einziehung der Nachnahme]

CMR 21 Wird das Gut dem Empfänger ohne Einziehung der nach dem Beförderungsvertrag vom Frachtführer einzuziehenden Nachnahme abgeliefert, so hat der Frachtführer, vorbehaltlich seines Rückgriffsrechtes gegen den Empfänger, dem Absender bis zur Höhe des Nachnahmebetrages Schadensersatz zu leisten.

1 **1)** Die Art der geschuldeten Nachnahme ist primär durch Auslegung des Nachnahmeauftrags zu ermitteln. Führt dies zu keinem Ergebnis, kann auf nationales Recht zurückgegriffen werden, MüKo/Jesser-Huß 11. Nach deutschem Recht (§ 307 BGB) kann der einen auf Barzahlung gerichteten Nachnahmeauftrag annehmende Frachtführer sich durch AGB nicht wirksam die Befugnis einräumen, das Gut gegen Scheck auszuliefern, Düss TranspR **07**, 25. „Bis zur Höhe des Nachnahmebetrages" bedeutet nur Obergrenze, Schadensersatz (höhe im Übrigen) und Beweislast richten sich nach allgemeinen Grundsätzen, BGH **115**, 299, Zinsen s Art 27. Bei Unmöglichkeit der Einziehung der Nachnahme ist die Zustimmung des Verfügungsberechtigten einzuholen, Staub/Reuschle 22.

[Gefährliche Güter]

CMR 22 (1) ¹Der Absender hat den Frachtführer, wenn er ihm gefährliche Güter übergibt, auf die genaue Art der Gefahr aufmerksam zu machen und ihm gegebenenfalls die zu ergreifenden Vorsichtsmaßnahmen anzugeben. ²Ist diese Mitteilung im Frachtbrief nicht eingetragen worden, so obliegt es dem Absender oder dem Empfänger, mit anderen Mitteln zu beweisen, daß der Frachtführer die genaue Art der mit der Beförderung der Güter verbundenen Gefahren gekannt hat.

(2) Gefährliche Güter, deren Gefährlichkeit der Frachtführer nicht im Sinne des Absatzes 1 gekannt hat, kann der Frachtführer jederzeit und überall ohne Schadensersatzpflicht ausladen, vernichten oder unschädlich machen; der Absender haftet darüber hinaus für alle durch die Übergabe dieser Güter zur Beförderung oder durch ihre Beförderung entstehenden Kosten und Schäden.

1 **1)** Zur Schadensersatzpflicht des Absenders BGH NJW **87**, 1144. Bei fehlender Eintragung im Frachtbrief trägt Absender die Beweislast für die Unkenntnis des Frachtführers, Staub/Reuschle 11.

VI. Transport   23 CMR (17)

[Haftungsumfang, Höchstbeträge]

CMR 23 (1) Hat der Frachtführer auf Grund der Bestimmungen dieses Übereinkommens für gänzlichen oder teilweisen Verlust des Gutes Schadenersatz zu leisten, so wird die Entschädigung nach dem Wert des Gutes am Ort und zur Zeit der Übernahme zur Beförderung berechnet.

(2) Der Wert des Gutes bestimmt sich nach dem Börsenpreis, mangels eines solchen nach dem Marktpreis oder mangels beider nach dem gemeinen Wert von Gütern gleicher Art und Beschaffenheit.

(3) Die Entschädigung darf jedoch 8,33 Rechnungseinheiten für jedes fehlende Kilogramm des Rohgewichts nicht übersteigen.

(4) Außerdem sind – ohne weiteren Schadenersatz – Fracht, Zölle und sonstige aus Anlaß der Beförderung des Gutes entstandene Kosten zurückzuerstatten, und zwar im Falle des gänzlichen Verlustes in voller Höhe, im Falle des teilweisen Verlustes anteilig.

(5) Wenn die Lieferfrist überschritten ist und der Verfügungsberechtigte beweist, daß daraus ein Schaden entstanden ist, hat der Frachtführer dafür eine Entschädigung nur bis zur Höhe der Fracht zu leisten.

(6) Höhere Entschädigungen können nur dann beansprucht werden, wenn der Wert des Gutes oder ein besonderes Interesse an der Lieferung nach den Artikeln 24 und 26 angegeben worden ist.

(7) [1] Die in diesem Übereinkommen genannte Rechnungseinheit ist das Sonderziehungsrecht des Internationalen Währungsfonds. [2] Der in Absatz 3 genannte Betrag wird in die Landeswährung des Staates des angerufenen Gerichts umgerechnet; die Umrechnung erfolgt entsprechend dem Wert der betreffenden Währung am Tag des Urteils oder an dem von den Parteien vereinbarten Tag. [3] Der in Sonderziehungsrechten ausgedrückte Wert der Landeswährung eines Staates, der Mitglied des Internationalen Währungsfonds ist, wird nach der vom Internationalen Währungsfonds angewendeten Bewertungsmethode errechnet, die an dem betreffenden Tag für seine Operationen und Transaktionen gilt. [4] Der in Sonderziehungsrechten ausgedrückte Wert der Landeswährung eines Staates, der nicht Mitglied des Internationalen Währungsfonds ist, wird auf eine von diesem Staat bestimmte Weise errechnet.

(8) [1] Dessenungeachtet kann ein Staat, der nicht Mitglied des Internationalen Währungsfonds ist und dessen Recht die Anwendung des Absatzes 7 nicht zuläßt, bei der Ratifikation des Protokolls zum CMR oder dem Beitritt zu jenem Protokoll oder jederzeit danach erklären, daß sich der in seinem Hoheitsgebiet geltende Haftungshöchstbetrag des Absatzes 3 auf 25 Werteinheiten beläuft. [2] Die in diesem Absatz genannte Werteinheit entspricht 10/31 Gramm Gold von 900/1000 Feingehalt. [3] Die Umrechnung des Betrags nach diesem Absatz in die Landeswährung erfolgt nach dem Recht des betreffenden Staates.

(9) [1] Die in Absatz 7 letzter Satz genannte Berechnung und die in Absatz 8 genannte Umrechnung erfolgen in der Weise, daß der Betrag nach Absatz 3, in der Landeswährung des Staates ausgedrückt, soweit wie möglich dem dort in Rechnungseinheiten ausgedrückten tatsächlichen Wert entspricht. [2] Die Staaten teilen dem Generalsekretär der Vereinten Nationen die Art der Berechnung nach Absatz 7 oder das Ergebnis der Umrechnung nach Absatz 8 bei der Hinterlegung einer der in Artikel 3 des Protokolls zum CMR genannten Urkunden sowie immer dann mit, wenn sich die Berechnungsart oder das Umrechnungsergebnis ändert.

(17) CMR 25

1 **1)** III nF 1980, VII–IX eingefügt 1980 (s Einl 1 vor Art 1). I betrifft die Berechnung des Schadensersatzes. Zu ersetzen ist der Wert des Gutes am Ort und zur Zeit der Übernahme der Beförderung. Wird die beförderte Ware nicht an der Börse gehandelt, ist gem II der Durchschnittswert entscheidend, den das Gut im Allgemeinen bei einem Verkauf am Versandort erzielen würde (Marktpreis). Maßgeblich ist stets die Handelsstufe des Kaufvertrages, zu dessen Erfüllung der Transport bestimmt ist. Der Fakturenwert ist in der Regel ein Indiz für den Marktpreis, Düss TranspR **03**, 456. Die Haftungshöchstsumme nach III ist nach dem Rohgewicht der verlorenen Sendung zu berechnen, einerlei, ob die Werte einzelner Waren oder in Rechnungen oder Verpackungseinheiten zusammengefasster Stücke für sich die Höchstsumme erreichen, BGH **79**, 302. Im Falle des qualifizierten Verschuldens gem Art. 29 ist der Schadensersatzanspruch nicht durch Art. 23 beschränkt, vielmehr gelten bei Anwendbarkeit deutschen Rechts die §§ 249 ff BGB, BGH TranspR **10**; 437, Bamberg TranspR **16**, 159. Bei Mitverschulden nach Art 17 II, V ist nicht die Summe aus III zu quoteln, sondern zunächst der Schaden insgesamt festzustellen, bevor eine Abwägung nach Art 17 V folgt und ggf deren ermittelter Haftungsanteil höhenmäßig nach III begrenzt wird, Stuttgart RdTW **15**, 306; Saarbr Transpr **08**, 411; Thume/Thume 56. Kosten iSv IV sind neben dem Wert des Gutes alle mit dem Transport zusammenhängenden, uU auch erst nachträglich entstandenen Kosten, Ffm NJW-RR **86**, 577, aber nicht zusätzliche zum Verlust oder Beschädigung, BGH NJW-RR **04**, 32, NJW **80**, 2021; Düss TranspR **07**, 200, also zB nicht Rücktransport-, Gutachterkosten ua, str, vgl Koller 10 mwN; auch nicht solche, die bereits den Versandwert des Gutes nach I u II beeinflusst haben, BGH NJW **10**, 1818. Zu IV Heuer TranspR **87**, 357; Koller VersR **89**, 2. V setzt keine Obergrenze für Substanzschäden, BGH NJW **93**, 1269, und beschränkt Ersatz nicht auf unmittelbare Schäden (anders I); ersatzfähig nach II sind Aufwendungen zur Verhütung von (ersatzfähigen) Schäden, BGH **123**, 303; str, Bischof VersR **82**, 1132; Knorre TranspR **85**, 241; Glöckner TranspR **88**, 327 (Art 23–29), s Übersicht bei MüKo/Jesser-Huß 39. Art 23 betrifft nicht die Haftung wegen verspäteter Entrichtung der Entschädigung als Sekundärpflichtverletzung; insoweit ist ein Rückgriff auf das nationale Recht (§§ 280 I, II, 286 BGB) möglich, falls der Entschädigungsverzug nicht durch Art 27 ausgeschlossen ist, BGH VersR **01**, 397. Darlegungs- und Beweislast für den Wert des Gutes trägt der Ersatzberechtigte, Staub/Reuschle 17.

[Einvernehmliche Erhöhung des Höchstbetrags]

CMR 24 Der Absender kann gegen Zahlung eines zu vereinbarenden Zuschlages zur Fracht einen Wert des Gutes im Frachtbrief angeben, der den in Artikel 23 Absatz 3 bestimmten Höchstbetrag übersteigt; in diesem Fall tritt der angegebene Betrag an die Stelle des Höchstbetrages.

1 **1)** S Oeynhausen TranspR **82**, 113. Wertberechnung erfolgt gem Art 23, Koller 4.

[Obergrenze bei Beschädigung]

CMR 25 (1) Bei Beschädigung hat der Frachtführer den Betrag der Wertverminderung zu zahlen, die unter Zugrundelegung des nach Artikel 23 Absatz 1, 2 und 4 festgestellten Wertes des Gutes berechnet wird.

VI. Transport 1 **27 CMR (17)**

(2) **Die Entschädigung darf jedoch nicht übersteigen,**
a) **wenn die ganze Sendung durch die Beschädigung entwertet ist, den Betrag, der bei gänzlichem Verlust zu zahlen wäre,**
b) **wenn nur ein Teil der Sendung durch die Beschädigung entwertet ist, den Betrag, der bei Verlust des entwerteten Teiles zu zahlen wäre.**

1) Nach Art 25 kein Ersatz von Reparaturkosten, BGH NJW **80**, 2021. Eine Entwertung der ganzen Sendung gem II a kann auch dann anzunehmen sein, wenn durch die Beschädigung nur eines Teils die gesamte Sendung unbrauchbar wird, BGH NJW-RR **97**, 1122; Celle TranspR **04**, 123; Brem TranspR **08**, 258. Die Berechnung ist auf den Vergleich zwischen Gesamtwert bei Übernahme und Ankunftswert zu stützen, Staub/Reuschle 2. Bei Teilbeschädigung Berechnung des Wertverlustes auf der Basis der gesamten Sendung, Koller 4. Der Schaden besteht auch bei anderweitiger Veräußerung ohne Verlust in den Kosten des Hin- und Her-Transports, BGH NJW **74**, 1616. Lit Knorre TranspR **85**, 241.

[Besonderes Lieferungsinteresse]

CMR 26 (1) **Der Absender kann gegen Zahlung eines zu vereinbarenden Zuschlages zur Fracht für den Fall des Verlustes oder der Beschädigung und für den Fall der Überschreitung der vereinbarten Lieferfrist durch Eintragung in den Frachtbrief den Betrag eines besonderen Interesses an der Lieferung festlegen.**

(2) **Ist ein besonderes Interesse an der Lieferung angegeben worden, so kann unabhängig von der Entschädigung nach den Artikeln 23, 24 und 25 der Ersatz des weiteren bewiesenen Schadens bis zur Höhe des als Interesse angegebenen Betrages beansprucht werden.**

1) Besonderes Interesse nach II setzt Eintragung im Frachtbrief voraus, BGH **123**, 200. Art 26 bezieht sich auf Schäden, die nach der CMR ansonsten nicht ersatzfähig sind, Koller 4. Als Folge können mittelbare Folgeschäden und über Art. 23 Abs. 3 hinausgehende Schäden verlangt werden, Staub/Reuschle 5.

[Zinsen, Währungsumrechnung]

CMR 27 (1) [1]**Der Verfügungsberechtigte kann auf die ihm gewährte Entschädigung Zinsen in Höhe von 5 v. H. jährlich verlangen.** [2]**Die Zinsen laufen von dem Tage der schriftlichen Reklamation gegenüber dem Frachtführer oder, wenn keine Reklamation vorausging, vom Tage der Klageerhebung an.**

(2) **Wird die Entschädigung auf Grund von Rechnungsgrößen ermittelt, die nicht in der Währung des Landes ausgedrückt sind, in dem die Zahlung beansprucht wird, so ist die Umrechnung nach dem Tageskurs am Zahlungsort der Entschädigung vorzunehmen.**

1) Art 27 gilt nicht nur für Art 17 I, sondern für alle Ansprüche aus Art 17 ff, auch aus Art 21, BGH **115**, 299 und Art 37, 34, sowie § 426 I BGB, BGH TranspR **04**, 80. I schließt weitergehende Zinsansprüche, auch aus Verzugsschaden, nach nationalem Recht aus, BGH **115**, 299, nicht jedoch andere Arten von Verzugsschäden, BGH VersR **01**, 397. Vorschrift erstreckt sich entgegen dem Wortlaut auf jeden Anspruchsteller, MüKo/Jesser-Huß 24. Zur näheren Bestimmung des Begriffs Reklamation ist Art. 32 Abs. 2 heranzuziehen, Staub/Reuschle 9.

Merkt 2563

(17) CMR 29

[Außervertragliche Ansprüche]

CMR 28 (1) Können Verluste, Beschädigungen oder Überschreitungen der Lieferfrist, die bei einer diesem Übereinkommen unterliegenden Beförderung eingetreten sind, nach dem anzuwendenden Recht zur Erhebung außervertraglicher Ansprüche führen, so kann sich der Frachtführer demgegenüber auf die Bestimmungen dieses Übereinkommens berufen, die seine Haftung ausschließen oder den Umfang der zu leistenden Entschädigung bestimmen oder begrenzen.

(2) Werden Ansprüche aus außervertraglicher Haftung für Verlust, Beschädigung oder Überschreitung der Lieferfrist gegen eine der Personen erhoben, für die der Frachtführer nach Artikel 3 haftet, so kann sich auch diese Person auf die Bestimmungen dieses Übereinkommens berufen, die die Haftung des Frachtführers ausschließen oder den Umfang der zu leistenden Entschädigung bestimmen oder begrenzen.

1 1) Art 28 betrifft (anders als Art 32) nur außervertragliche Ansprüche, BGH NJW **79**, 2473. Näher Staub/Reuschle 5. Drittschadensliquidation bleibt aber weiterhin möglich, Koller 5.

[Vorsatz, gleichgestellte Fahrlässigkeit, Gehilfenhaftung]

CMR 29 (1) Der Frachtführer kann sich auf die Bestimmungen dieses Kapitels, die seine Haftung ausschließen oder begrenzen oder die Beweislast umkehren, nicht berufen, wenn er den Schaden vorsätzlich oder durch ein ihm zur Last fallendes Verschulden verursacht hat, das nach dem Recht des angerufenen Gerichtes dem Vorsatz gleichsteht.

(2) ¹Das gleiche gilt, wenn Bediensteten des Frachtführers oder sonstigen Personen, deren er sich bei Ausführung der Beförderung bedient, Vorsatz oder ein dem Vorsatz gleichstehendes Verschulden zur Last fällt, wenn diese Bediensteten oder sonstigen Personen in Ausübung ihrer Verrichtungen handeln. ²In solchen Fällen können sich auch die Bediensteten oder sonstigen Personen hinsichtlich ihrer persönlichen Haftung nicht auf die in Absatz 1 bezeichneten Bestimmungen dieses Kapitels berufen.

1 1) Zur Bestimmung des dem Vorsatz gleichstehenden Verschuldens ist auf § 435 HGB zurückzugreifen, Staub/Reuschle 11. Ein dem Vorsatz gleichstehendes Verschulden wurde im Falle eines unbewachten Abstellens eines beladenen LKW in Mailand angenommen, BGH NJW **84**, 2033 oder bei unzureichender Eingangs- und Ausgangskontrolle im Umschlagslager eines Paketdienstes, Nürnb VersR **00**, 1523, bejaht, ebenso bei Verstoß gegen ein Umladeverbot, Kln VersR **03**, 88, nicht aber bei Diebstahl im Falle verweigerter Zufahrt auf Betriebsgelände des Empfängers, Düsseldorf TranspR **16**, 395 oder bei Abstellen eines LKWs auf einem Parkplatz neben anderen LKW in Südengland, Stuttgart TranspR **15**, 194, siehe auch München, TranspR **16**, 193 und Koller 4 ff mit zahlreichen weiteren Nachweisen zur alten Rechtslage. Vorsätzliche Unterschlagung von Gut durch einen via Frachtenbörse beauftragten Subunternehmer muss sich Frachtführer zurechnen lassen, Schlesw TranspR **15**, 158. Frachtführer muss bei Überhöhe des Sattelzuges peinlich genau kontrollieren, ob Voraussetzungen einer Ausnahmegenehmigung eingehalten werden, Schlesw TranspR **14**, 73. Hingegen muss er bei Presswerkzeugen nicht von einer gesteigerten Diebstahlsgefahr ausgehen, LG Essen TranspR **14**, 197. Für ab dem 1.7.1998 abgeschlossene Frachtverträge ist vor deutschen Gerichten auf Grund § 435 nF ein leichtfertiges Handeln in dem Bewusstsein, dass ein Schaden mit Wahrscheinlichkeit eintreten werde, zu ver-

VI. Transport

langen, BGH NJW-RR **05**, 1278 m Anm Neumann TranspR **06**, 67, NJW-RR **07**, 1631; Hamm TranspR **05**, 123; Düss TranspR **03**, 345. Zum Schluss von leichtfertigem Handeln auf das Bewusstsein der Wahrscheinlichkeit eines Schadenseintritts Düsseldorf **16**, 459. Dazu § 435 Rn 2. Handeln in Ausübung ihrer Verrichtung nach II s BGH TranspR **85**, 338. Bei Wahrscheinlichkeit für Art 29 trifft Frachtführer sekundäre Darlegungslast betr seiner Sorgfalt, BGH NJW-RR **09**, 752, dies gilt auch bei Paketdienstunternehmen hinsichtlich der in einem Umschlagslager stattfindenden Kontrollen, Düsseldorf TranspR **15**, 286. Keine Beweislastumkehr, auch wenn der die Beweislast tragende Geschädigte ein zum Wahrnehmungsbereich des Gegners gehörendes Geschehen nicht darlegen kann, sondern allenfalls erhöhte Anforderungen an die Erklärungslast des Prozessgegners, BGH NJW **10**, 1816 m zust Anm Thume TranspR **10**, 125. Der Umfang des zu ersetzenden Schadens bestimmt sich nach dem jeweils anwendbaren nationalen Recht, BGH NJW-RR **05**, 1279, aA MüKo/Jesser-Huß 35, und daher – wenn deutsches Recht zur Anwendung kommt – nach den §§ 249 ff BGB. Dem Geschädigten ist es jedoch unbenommen, seinen Schaden stattdessen auf der Grundlage der Art 17–28 zu berechnen, BGH NJW-RR **05**, 908, NJW-RR **09**, 46; Nürnb TranspR **09**, 260; Rinkler TranspR **05**, 305 (zu Grenzfällen Schmidt TranspR **09**, 1), wodurch das gesamte Haftungssystem der CMR einschließlich Art 23 III erhalten bleibt, BGH TranspR **10**, 441. Bei Verlust vertretbarer Sachen iSv § 91 BGB sind die Kosten des Empfängers zur Wiederbeschaffung gleichwertiger Sachen maßgeblich; auf eine von seinen Kunden zur Wiederbeschaffung aufgewendete höhere Summe hat er nur Anspruch, wenn er diesen seinerseits in diesem Umfang haftet, BGH NJW-RR **09**, 104 (zu Art 18 WA 1955). Bei qualifiziertem Verschulden kann der Frachtführer dem Absender nach § 254 I bzw II 1 BGB entgegenhalten, nicht auf den Wert des Guts bzw die Gefahr eines außergewöhnlich hohen Schadens hingewiesen worden zu sein, BGH TranspR **06**, 114, **06**, 117, **06**, 122 m Anm Tomhave, **06**, 210, **10**, 144, NJW-RR **05**, 1280, vgl auch Kln TranspR **07**, 114. **Lit** Tuma TranspR **07**, 333; Harms TranspR **08**, 310; Marx TranspR **10**, 174.

Kapitel V. Reklamationen und Klagen

[Notwendige Vorbehalte]

CMR 30 (1) ¹Nimmt der Empfänger das Gut an, ohne dessen Zustand gemeinsam mit dem Frachtführer zu überprüfen und ohne unter Angaben allgemeiner Art über den Verlust oder die Beschädigung an den Frachtführer Vorbehalte zu richten, so wird bis zum Beweise des Gegenteils vermutet, daß der Empfänger das Gut in dem im Frachtbrief beschriebenen Zustand erhalten hat; die Vorbehalte müssen, wenn es sich um äußerlich erkennbare Verluste oder Beschädigungen handelt, spätestens bei der Ablieferung des Gutes oder, wenn es sich um äußerlich nicht erkennbare Verluste oder Beschädigungen handelt, spätestens binnen sieben Tagen, Sonntage und gesetzliche Feiertage nicht mitgerechnet, nach der Ablieferung gemacht werden. ²Die Vorbehalte müssen schriftlich gemacht werden, wenn es sich um äußerlich nicht erkennbare Verluste oder Beschädigungen handelt.

(2) Haben Empfänger und Frachtführer den Zustand des Gutes gemeinsam überprüft, so ist der Gegenbeweis gegen das Ergebnis der Überprüfung nur zulässig, wenn es sich um äußerlich nicht erkennbare Verluste oder Beschädigungen handelt und der Empfänger binnen sieben Tagen, Sonntage und gesetzliche Feiertage nicht mitgerechnet, nach der Überprüfung an den Frachtführer schriftliche Vorbehalte gerichtet hat.

Merkt

(17) CMR 31
2. Teil. Handelsrechtl. Nebengesetze

(3) Schadensersatz wegen Überschreitung der Lieferfrist kann nur gefordert werden, wenn binnen einundzwanzig Tagen nach dem Zeitpunkt, an dem das Gut dem Empfänger zur Verfügung gestellt worden ist, an den Frachtführer ein schriftlicher Vorbehalt gerichtet wird.

(4) Bei der Berechnung der in diesem Artikel bestimmten Fristen wird jeweils der Tag der Ablieferung, der Tag der Überprüfung oder der Tag, an dem das Gut dem Empfänger zur Verfügung gestellt worden ist, nicht mitgerechnet.

(5) Frachtführer und Empfänger haben sich gegenseitig jede angemessene Erleichterung für alle erforderlichen Feststellungen und Überprüfungen zu gewähren.

1   1) I 1 sieht bei vorbehaltsloser Annahme der Ware ohne Überprüfung nur eine Verschlechterung der Beweislage vor, keinen Rechtsverlust. Dies ist abschließend, also keine „reine Quittung", kein Erlöschen der Schadensersatzansprüche gegen den Frachtführer. Zum einseitigen Vorbehalt Staub/Reuschle 9. Erfasst werden Qualitäts- und Quantitätsmängel, MüKo/Jesser-Huß 4. Wirksamer Vorbehalt des Empfängers nach I führt aber nicht zu Beweislastumkehr zulasten des Frachtführers, Hamm TranspR **11**, 182 m zust Anm Pünder TranspR **11**, 184, aA Koller 7 (bei konkreten Vorbehalten). Konkreter Vorbehalt setzt gewissen Sachbezug zum Schaden voraus, wobei die Anforderungen als eher gering einzustufen sind, Staub/Reuschle 15. Aufrechnung und Zurückbehaltungsrecht sind in CMR nicht geregelt (aber s Art 32 IV), insoweit gilt nationales Recht, BGH **94**, 74. III führt anders als I bei Unterbleiben des Vorbehalts zum Rechtsverlust. Die Berufung auf III kann rechtsmissbräuchlich iSv § 242 BGB sein, wenn der Frachtführer darauf hingewirkt hat, dass der Gegner die Frist verstreichen ließ oder sonst für den Zeitablauf die Verantwortung trägt, Kln TranspR **04**, 323 mwN. Für III gilt Art 29 nicht, BGH **118**, 95, str. Lit zu Art 30 ff Loewe TranspR **88**, 309.

[Internationale Zuständigkeit, Rechtshängigkeit, Rechtskraft, Vollstreckbarkeit, Sicherheitsleistung]

CMR 31   (1) ¹Wegen aller Streitigkeiten aus einer diesem Übereinkommen unterliegenden Beförderung kann der Kläger, außer durch Vereinbarung der Parteien bestimmte Gerichte von Vertragstaaten, die Gerichte eines Staates anrufen, auf dessen Gebiet

a) der Beklagte seinen gewöhnlichen Aufenthalt, seine Hauptniederlassung oder die Zweigniederlassung oder Geschäftsstelle hat, durch deren Vermittlung der Beförderungsvertrag geschlossen worden ist, oder

b) der Ort der Übernahme des Gutes oder der für die Ablieferung vorgesehene Ort liegt.

²Andere Gerichte können nicht angerufen werden.

(2) Ist ein Verfahren bei einem nach Absatz 1 zuständigen Gericht wegen einer Streitigkeit im Sinne des genannten Absatzes anhängig oder ist durch ein solches Gericht in einer solchen Streitsache ein Urteil erlassen worden, so kann eine neue Klage wegen derselben Sache zwischen denselben Parteien nicht erhoben werden, es sei denn, daß die Entscheidung des Gerichtes, bei dem die erste Klage erhoben worden ist, in dem Staat nicht vollstreckt werden kann, in dem die neue Klage erhoben wird.

(3) ¹Ist in einer Streitsache im Sinne des Absatzes 1 ein Urteil eines Gerichtes eines Vertragstaates in diesem Staat vollstreckbar geworden, so wird es auch in allen anderen Vertragstaaten vollstreckbar, sobald die in dem jeweils in Betracht kommenden Staat hierfür vorgeschriebenen Formerfordernisse

erfüllt sind. ²Diese Formerfordernisse dürfen zu keiner sachlichen Nachprüfung führen.

(4) Die Bestimmungen des Absatzes 3 gelten für Urteile im kontradiktorischen Verfahren, für Versäumnisurteile und für gerichtliche Vergleiche, jedoch nicht für nur vorläufig vollstreckbare Urteile sowie nicht für Verurteilungen, durch die dem Kläger bei vollständiger oder teilweiser Abweisung der Klage neben den Verfahrenskosten Schadenersatz und Zinsen auferlegt werden.

(5) Angehörige der Vertragstaaten, die ihren Wohnsitz oder eine Niederlassung in einem dieser Staaten haben, sind nicht verpflichtet, Sicherheit für die Kosten eines gerichtlichen Verfahrens zu leisten, das wegen einer diesem Übereinkommen unterliegenden Beförderung eingeleitet wird.

1) I regelt nur die internationale gerichtliche Zuständigkeit; die örtliche richtet sich allein nach innerstaatlichem Prozessrecht, Kln TranspR **04**, 360 m Anm Koller sowie Ramming VersR **05**, 607, auch wenn danach iE ein inländischer Gerichtsstand nicht begründet ist, BGH NJW **79**, 332 m abl Anm Kropholler NJW **81**, 1904. Gleiches gilt für die sachliche Zuständigkeit, Staub/Reuschle 18. Anwendbarkeit der Regelung muss bewiesen werden, BGH NJW-RR **13**, 743 m krit Anm Baumert LMK **13**, 347774. Von I werden nicht nur die in den Vertragsstaaten der CMR gelegenen Gerichte, sondern auch die der Nicht-Vertragsstaaten erfasst, was sich aus der Unterscheidung zwischen „Vertragstaaten" (bezüglich einer Vereinbarung) und „Staaten" im Übrigen ergibt, Koller 2, aA Thume/Demuth 14. Zur Frage der Kollision von § 30.2 ADSp mit I Karlsr TranspR **05**, 363. I gilt für vertragliche und außervertragliche Ansprüche gleichermaßen. Dies gilt selbst dann, wenn direkte Ansprüche des Ursprungsversenders gegenüber einem Unterfrachtführer als Hilfsperson (Art 3) geltend gemacht werden, BGH NJW-RR **02**, 31 m Anm Koller TranspR **02**, 133. Alleine der zwischen Hauptfrachtführer und Auftraggeber geschlossene Gesamtbeförderungsvertrag entscheidet darüber, ob die Streitigkeit aus einer der CMR unterliegenden Beförderung entstanden ist, BGH TranspR **09**, 27 m Anm Koller LMK **09**, 276423; krit Eichel TranspR **10**, 426, und wo Ort der Übernahme nach I b ist, BGH NJW-RR **02**, 32. Nimmt der Hauptfrachtführer den Unterfrachtführer im Wege des Rückgriffs in Anspruch, kommt es aber darauf an, wo dieser das Gut übernommen hat, BGH VersR **15**, 85. Der für die Ablieferung vorgesehene Ort bleibt als Gerichtsstand nach I b auch dann erhalten, wenn das Gut im Hinblick auf seine Beschädigung nicht abgeliefert, sondern zurückbefördert wird, BGH NJW-RR **04**, 763. Gerichtsstandsvereinbarung ist hier im Ergebnis formfrei; soweit Art 23 EuGVO anwendbar ist (Einl 87 vor § 1 HGB), gilt zwar dessen Form, str, aber formfreie Vereinbarung des Erfüllungsorts und damit der Zuständigkeit nach Art 5 EuGVO, dazu Mankowski TranspR **08**, 67 und Einl 87 vor § 1 HGB; zu Ausgangs- und Bestimmungsort als Erfüllungsorte gem Art 5 Nr 1 lit b EuGVO EuGH NJW **09**, 2801 m zust Anm Mankowski TranspR **09**, 303 (auf Vorlagebeschluss BGH NJW **08**, 2121, BGH TranspR **11**, 198). Art 31 ist zwingend (Art 41) und geht der EuGVO, dem EuGVÜ sowie dem Übereinkommen von Lugano über die gerichtliche Zuständigkeit und Vollstreckung gerichtlicher Entscheidungen in Zivil- und Handelssachen v 16.9.1988 (BGBl II 1995, 221) vor, EuGH NJW **05**, 44 m Anm Vogl EWiR **04**, 1219 zu Art 57 II lit a S 2 EuGVÜ (auf Vorlagebeschluss Mü TranspR **03**, 155), ebenso bereits BGH NJW-RR **03**, 1347, **04**, 497, aA Dresd VersR **99**, 1260; Mü TranspR **01**, 401, mit Vorbehalten nun EuGH NJW **10**, 1736 zu Art. 71 EuGVO. EuGH ist für Auslegung von Art 31 nicht zuständig, EuGH NJW **10**, 1738. Mögliche Gerichtsstandsvereinbarung bezieht sich sowohl auf die internationale als auch die örtliche Zuständigkeit, näher Staub/Reuschle 21. Vereinbarung der ausschließ-

lichen internationalen Zuständigkeit eines Gerichts ist nicht möglich, Köln TranspR **15**, 115. Zur Umdeutung der unwirksamen Vereinbarung eines ausschließlichen Gerichtsstands in die eines zusätzlichen Wahlgerichtsstands ö OGH TranspR **09**, 413 m Anm Jesser-Huß TranspR **09**, 415. Kein Konkurrenzverhältnis zu Rom I-VO, da CMR schon nicht von Art 25 I Rom I-VO erfasst wird, Wagner, TranspR **09**, 107f, aA Jayme/Nordmeier IPRax **08**, 507 f (Vorrang CMR nach Art 25 I Rom I-VO). Eine erhobene negative Feststellungsklage in einem anderen CMR- oder EU-Mitgliedstaat steht einer späteren Leistungsklage entgegen, EuGH EuZW **14**, 221 m Anm Hartenstein TranspR **14**, 61; zust Anm Antomo EuZW **14**, 222; krit Mankowski TranspR **14**, 129. Auf multimodale Transportverträge (dazu § 452 HGB Rn 2, 8) ist Art 31 nicht unmittelbar anwendbar, BGH NJW **08**, 2783 m zust Anm Ramming NJW **09**, 414; Karlsr TranspR **08**, 471. Mittelbare Anwendung scheidet selbst bei Anwendbarkeit deutschen Rechts mangels Verweis von § 452a HGB auf diese Vorschrift aus, Koller § 452a Rn 27. **Lit** Shariatmadari TranspR **06**, 105; Herber TranspR **03**, 19.

[Verjährung]

CMR 32

(1) ¹Ansprüche aus einer diesem Übereinkommen unterliegenden Beförderung verjähren in einem Jahr. ²Bei Vorsatz oder bei einem Verschulden, das nach dem Recht des angerufenen Gerichtes dem Vorsatz gleichsteht, beträgt die Verjährungsfrist jedoch drei Jahre. ³Die Verjährungsfrist beginnt

a) bei teilweisem Verlust, Beschädigung oder Überschreitung der Lieferfrist mit dem Tage der Ablieferung des Gutes;
b) bei gänzlichem Verlust mit dem dreißigsten Tage nach Ablauf der vereinbarten Lieferfrist oder, wenn eine Lieferfrist nicht vereinbart worden ist, mit dem sechzigsten Tage nach der Übernahme des Gutes durch den Frachtführer;
c) in allen anderen Fällen mit dem Ablauf einer Frist von drei Monaten nach dem Abschluß des Beförderungsvertrages.

⁴Der Tag, an dem die Verjährung beginnt, wird bei der Berechnung der Frist nicht mitgerechnet.

(2) ¹Die Verjährung wird durch eine schriftliche Reklamation bis zu dem Tage gehemmt, an dem der Frachtführer die Reklamation schriftlich zurückweist und die beigefügten Belege zurücksendet. ²Wird die Reklamation teilweise anerkannt, so läuft die Verjährung nur für den noch streitigen Teil der Reklamation weiter. ³Der Beweis für den Empfang der Reklamation oder der Antwort sowie für die Rückgabe der Belege obliegt demjenigen, der sich darauf beruft. ⁴Weitere Reklamationen, die denselben Anspruch zum Gegenstand haben, hemmen die Verjährung nicht.

(3) ¹Unbeschadet der Bestimmungen des Absatzes 2 gilt für die Hemmung der Verjährung das Recht des angerufenen Gerichtes. ²Dieses Recht gilt auch für die Unterbrechung der Verjährung.

(4) Verjährte Ansprüche können auch nicht im Wege der Widerklage oder der Einrede geltend gemacht werden.

1) Vorrang vor ADSp, BGH NJW **72**, 1003 (Anwendung auf Anspruch aus Frachtzuvielzahlung), Ffm NJW **81**, 1911. Art 32 I gilt für Ansprüche des Frachtführers und gegen ihn, II nur für solche gegen ihn, BGH NJW **75**, 1075. – Art 32 gilt für alle Ansprüche „aus der Beförderung" (nicht nur dem Beförderungsvertrag), zB kraft Gesetzes auf Auslagen-(Umsatzsteuer-)Erstattung, so

VI. Transport 33 CMR (17)

Nürnb NJW **75**, 501; auch für deliktische Ansprüche, Düss NJW **76**, 1594 (auch betr Hemmung der Verjährung), auch für Anspr aus § 280 I BGB (Pflichtverletzung), BGH NJW **79**, 2473, TranspR **09**, 477, aber stets nur für die direkt am Transportvertrag beteiligten Personen, Ffm TranspR **08**, 476 m abl Anm Boettge. – Nach I 2 stand bis zum Inkrafttreten des TRG grobe Fahrlässigkeit dem Vorsatz gleich, Bsp BGH NJW **95**, 2917. In Anlehnung an § 435 nF ist nunmehr „Leichtfertigkeit und Bewusstsein, dass ein Schaden mit Wahrscheinlichkeit eintreten werde" zu fordern, s Art 29 Rn 1 I 2 betrifft neben Schadensersatzansprüchen uä auch den Erfüllungsanspruch, BGH TranspR **10**, 227 (Aufgabe von BGH WM **82**, 854); ö OGH TranspR **11**, 377, näher Staub/Reuschle 30. Zum Verjährungsbeginn Düss TranspR **87**, 224; Staub/Reuschle 32 ff, bei mehreren Teilablieferungen ist letzter Ablieferungsakt entscheidend, Koller 4, nun auch MüKo/Jesser-Huß 15; ohne Ablieferung beginnt die Frist überhaupt nicht zu laufen, Thume/Demuth 28, str. – Zu I 3c BGH WM **82**, 853. – Zu II 1: Verjährungshemmung tritt nur ein, wenn der Reklamierende bereits Gläubiger des Ersatzanspruchs ist, BGH **116**, 15, vgl auch LG Aachen TranspR **07**, 44. Bei Erlass und Zustellung eines Mahnbescheides als Verjährungshemmung muss dieser den Formerfordernissen genügen, Düss TranspR **15**, 57. Wirkung der Reklamation durch einen von mehreren Ersatzberechtigten richtet sich nach nationalem Recht, BGH **116**, 15. Textform genügt, Koller 11. – Wirksame Reklamation erfordert nicht die nähere Spezifikation der geltend gemachten Ansprüche; es genügt, dass dem Transportunternehmer seine Inanspruchnahme aus dem Schadensfall zum Bewusstsein gebracht wird, Ffm TranspR **05**, 256. Ein bloßer Schadensvorbehalt iSv Art. 30 genügt aber nicht, hinzukommen muss die unmissverständliche Mitteilung, dass der Frachtführer für die Schäden einstehen soll, Staub/Reuschle 105. Auf eine Mitteilung der Höhe des Schadens kommt es nicht an, Hamm TranspR **98**, 459. Strenge Anforderungen des § 126 BGB gelten nicht für die Schriftform, ausreichend ist jede Art der Verkörperung, Staub/Reuschle 110. Vorbehalte des Empfängers bei Gutannahme sind jedoch nicht ohne weiteres Schadensreklamation nach II, BGH TranspR **84**, 146. – Zu III Koller TranspR **01**, 425. – Zu III 2: „Unterbrechung der Verjährung" meint nach deutschem Recht seit SMG Neubeginn der Verjährung, § 212 BGB. – Nach IV darf entgegen § 215 BGB mit verjährten Ansprüchen nicht einseitig aufgerechnet werden. Ist die Aufrechnung schon vor Eintritt der Verjährung wirksam erklärt worden, greift IV nicht ein, Zweibr NJW-RR **04**, 1178. IV regelt die Aufrechnung aber nicht im Übrigen, BGH **94**, 74, s Art 30 Rn 1.

[Schiedsklausel]

CMR 33 Der Beförderungsvertrag kann eine Bestimmung enthalten, durch die die Zuständigkeit eines Schiedsgerichtes begründet wird, jedoch nur, wenn die Bestimmung vorsieht, daß das Schiedsgericht dieses Übereinkommen anzuwenden hat.

1) Verweisung auf Schiedsklausel muss ausdrücklich im Beförderungsvertrag enthalten sein, hM, Kblz TranspR **07**, 251; Staub/Reuschle 3, aA Koller 1; die generelle Verweisung auf das auch die CMR umfassende nationale Recht führt zu Nichtigkeit der Klausel (Art 41), ö OGH TranspR **07**, 327, **10**, 383. Art 23 Nr 7 FENEX idF v 1.7.04 ist wirksam, Kblz, TranspR **07**, 251, idF v 4.1.99 unwirksam, Kln TranspR **05**, 472. Ansprüche müssen nicht zwingend der CMR selbst entstammen, der Vertrag muss dieser aber unterliegen, MüKo-Jesser-Huß 5.

Kapitel VI. Bestimmungen über die Beförderung durch aufeinanderfolgende Frachtführer

[Mehrere aufeinanderfolgende Straßenfrachtführer]

CMR 34 Wird eine Beförderung, die Gegenstand eines einzigen Vertrages ist, von aufeinanderfolgenden Straßenfrachtführern ausgeführt, so haftet jeder von ihnen für die Ausführung der gesamten Beförderung; der zweite und jeder folgende Frachtführer wird durch die Annahme des Gutes und des Frachtbriefes nach Maßgabe der Bedingungen des Frachtbriefes Vertragspartei.

1   1) Aufeinanderfolgende Frachtführer iSv Art 34 sind nicht schon eine Kette von Unterfrachtführern, die mit dem Absender des Hauptfrachtvertrags nicht in Vertragsbeziehungen stehen; Voraussetzungen sind vielmehr eine Beförderung, die Gegenstand eines einzigen Vertrages ist (Gesamtschuld bzw Samtfrachtführerschaft) und Annahme des Gutes und des Frachtbriefs; ohne durchgehenden, auf die gesamte Strecke lautenden Frachtbrief greift Art 34 nicht ein, BGH TranspR 84, 146, NJW 85, 555, NJW 99, 1713; Hamm TranspR 11, 182; zur sehr umstrittenen Frage, ob die Anwendbarkeit der Art 34 ff voraussetzt, dass der Hauptfrachtführer das Gut selbst in seine Obhut übernommen und eine gewisse Strecke transportiert hat, Staub/Reuschle 29 mwN. Für Regressansprüche im Innenverhältnis ist Art. 39 II maßgebend, BGH NJW-RR 08, 121. Haftung nach Art 13 ist unabhängig von Art 34, BGH **172**, 337 (Aufgabe von NJW-RR 88, 481), s Art 13 Rn 1. Zur Streitfrage, ob Hauptfrachtführer das Gut selbt in Obhut gehabt haben muss s Koller 4. **Lit** Neumann TranspR 06, 384 (Spediteur-Frachtführer); Heuer TranspR 84, 169.

[Überprüfungspflichten, Beweiskraft des Frachtbriefs]

CMR 35 (1) [1] Ein Frachtführer, der das Gut von dem vorhergehenden Frachtführer übernimmt, hat diesem eine datierte und unterzeichnete Empfangsbestätigung auszuhändigen. [2] Er hat seinen Namen und seine Anschrift auf der zweiten Ausfertigung des Frachtbriefes einzutragen. [3] Gegebenenfalls trägt er Vorbehalte nach Artikel 8 Absatz 2 auf der zweiten Ausfertigung des Frachtbriefes sowie auf der Empfangsbestätigung ein.

(2) Für die Beziehungen zwischen den aufeinanderfolgenden Frachtführern gilt Artikel 9.

Eintragungen haben rein beweisrechtliche Wirkung, Staub/Reuschle 2 mwN.

[Passivlegitimation]

CMR 36 Ersatzansprüche wegen eines Verlustes, einer Beschädigung oder einer Überschreitung der Lieferfrist können, außer im Wege der Widerklage oder der Einrede in einem Verfahren wegen eines auf Grund desselben Beförderungsvertrages erhobenen Anspruches, nur gegen den ersten, den letzten oder denjenigen Frachtführer geltend gemacht werden, der den Teil der Beförderung ausgeführt hat, in dessen Verlauf das Ereignis eingetreten ist, das den Verlust, die Beschädigung oder die Überschreitung der Lieferfrist verursacht hat; ein und dieselbe Klage kann gegen mehrere Frachtführer gerichtet sein.

VI. Transport **39 CMR (17)**

Norm stellt klar, dass die Haftung der verschiedenen Frachtführer eine gesamtschuldnerische ist, Supreme Court TranspR **16**, 362.

[Rückgriff]

CMR 37 Einem Frachtführer, der auf Grund der Bestimmungen dieses Übereinkommens eine Entschädigung gezahlt hat, steht der Rückgriff hinsichtlich der Entschädigung, der Zinsen und der Kosten gegen die an der Beförderung beteiligten Frachtführer nach folgenden Bestimmungen zu:
a) **der Frachtführer, der den Verlust oder die Beschädigung verursacht hat, hat die von ihm oder von einem anderen Frachtführer geleistete Entschädigung allein zu tragen;**
b) **ist der Verlust oder die Beschädigung durch zwei oder mehrere Frachtführer verursacht worden, so hat jeder einen seinem Haftungsanteil entsprechenden Betrag zu zahlen; ist die Feststellung der einzelnen Haftungsanteile nicht möglich, so haftet jeder nach dem Verhältnis des ihm zustehenden Anteiles am Beförderungsentgelt;**
c) **kann nicht festgestellt werden, welche der Frachtführer den Schaden zu tragen haben, so ist die zu leistende Entschädigung in dem unter Buchstabe b bestimmten Verhältnis zu Lasten aller Frachtführer aufzuteilen.**

1) Regress nach Art 37, 39 IV setzt aufeinander folgende Frachtführer iSv **1** Art 34 voraus, BGH NJW **85**, 556; Staub/Reuschle 3 ebenso BGH NJW-RR **08**, 121 für Art. 39 II und, dass die Entschädigung tatsächlich bezahlt wurde, MüKo/Jesser-Huß 5. Zur analogen Anwendung auf die Kosten des Vorprozesses Staub/Reuschle 16.

[Ausgleichungspflicht bei Zahlungsunfähigkeit]

CMR 38 Ist ein Frachtführer zahlungsunfähig, so ist der auf ihn entfallende, aber von ihm nicht gezahlte Anteil zu Lasten aller anderen Frachtführer nach dem Verhältnis ihrer Anteile an dem Beförderungsentgelt aufzuteilen.

[Rückgriffsverfahren]

CMR 39 (1) **Ein Frachtführer, gegen den nach den Artikeln 37 und 38 Rückgriff genommen wird, kann nicht einwenden, daß der Rückgriff nehmende Frachtführer zu Unrecht gezahlt hat, wenn die Entschädigung durch eine gerichtliche Entscheidung festgesetzt worden war, sofern der im Wege des Rückgriffs in Anspruch genommene Frachtführer von dem gerichtlichen Verfahren ordnungsgemäß in Kenntnis gesetzt worden war und in der Lage war, sich daran zu beteiligen.**

(2) [1]**Ein Frachtführer, der sein Rückgriffsrecht gerichtlich geltend machen will, kann seinen Anspruch vor dem zuständigen Gericht des Staates erheben, in dem einer der beteiligten Frachtführer seinen gewöhnlichen Aufenthalt, seine Hauptniederlassung oder die Zweigniederlassung oder Geschäftsstelle hat, durch deren Vermittlung der Beförderungsvertrag abgeschlossen worden ist.** [2]**Ein und dieselbe Rückgriffsklage kann gegen alle beteiligten Frachtführer gerichtet sein.**

(3) **Die Bestimmungen des Artikels 31 Absatz 3 und 4 gelten auch für Urteile über die Rückgriffsansprüche nach den Artikeln 37 und 38.**

Merkt 2571

(4) ¹Die Bestimmungen des Artikels 32 gelten auch für Rückgriffsansprüche zwischen Frachtführern. ²Die Verjährung beginnt jedoch entweder mit dem Tage des Eintrittes der Rechtskraft eines Urteils über die nach den Bestimmungen dieses Übereinkommens zu zahlende Entschädigung oder, wenn ein solches rechtskräftiges Urteil nicht vorliegt, mit dem Tage der tatsächlichen Zahlung.

1) Zu II Fremuth TranspR 83, 35. II bezieht sich allein auf Regressansprüche zwischen Innenverhältnis zwischen aufeinander folgenden Frachtführern iSv Art. 34 CMR, BGH NJW-RR 08, 121 und schafft eine internationale Zuständigkeit. Beurteilung der Möglichkeit einer Beteiligung richtet sich nach nationalem Zivilprozessrecht, Koller 2.

[Abweichende Vereinbarungen]

CMR 40 Den Frachtführern steht es frei, untereinander Vereinbarungen zu treffen, die von den Artikeln 37 und 38 abweichen.

Kapitel VII. Nichtigkeit von dem Übereinkommen widersprechenden Vereinbarungen

[Zwingendes Recht]

CMR 41 (1) ¹Unbeschadet der Bestimmungen des Artikels 40 ist jede Vereinbarung, die unmittelbar oder mittelbar von den Bestimmungen dieses Übereinkommens abweicht, nichtig und ohne Rechtswirkung. ²Die Nichtigkeit solcher Vereinbarungen hat nicht die Nichtigkeit der übrigen Vertragsbestimmungen zur Folge.

(2) Nichtig ist insbesondere jede Abmachung, durch die sich der Frachtführer die Ansprüche aus der Versicherung des Gutes abtreten läßt, und jede andere ähnliche Abmachung sowie jede Abmachung, durch die die Beweislast verschoben wird.

1) Die CMR ist nach I unabdingbar, neben ihr sind die (18) ADSp anwendbar, wenn diese wirksam vereinbart wurden, BGH 94, 71. Gilt die CMR jedoch nur aufgrund von Parteivereinbarung, können die Parteien Abweichendes vereinbaren, BGH MDR 13, 1177. ADSp können wirksam vereinbart werden, soweit die Regelungen der CMR ergänzt werden, Staub/Reuschle 17. Fraglich ist, ob Absender wirksam auf Schadensersatzansprüche gegen Frachtführer verzichten kann; ein solcher Verzicht liegt nicht in „Selbstversicherung" des Absenders; solche (Sachschaden-)Versicherung des Absenders lässt die Haftung des Frachtführers (zum Ersatz desselben Schadens) unberührt, BGH NJW 67, 500. Abrede, wonach der Absender für die Eindeckung der CMR-Haftpflicht des Frachtführers zu sorgen hat, BGH NJW 99, 1711 (iErg ohne Verstoß gegen I).
Bspe für Unwirksamkeit: Vereinbarung eines Fixgeschäfts iS deutschen Rechts, Düss TranspR 95, 288, 07, 196, aA Koller vor Art 1 Rn 29; MüKo/Jesser-Huß Art 17 Rn 97; Schiedsgerichtsvereinbarung, die nicht die in Art 33 bestimmte ausdrückliche Verweisung enthält, ö OGH TranspR 07, 327, 10, 383; Vereinbarung einer Beförderung ohne Schnittstellenkontrollen, Düss TranspR 08, 40. Nicht unwirksam ist hingegen eine Beförderungsausschlussklausel für Güter mit hohem Wert, BGH NJW-RR 10, 247 und die Vereinbarung, wer die Ladetätig-

VI. Transport 1, 2 **ADSp (18)**

keit vorzunehmen hat, OGH TranspR **16**, 463. Lit Koller TranspR **16**, 165; Zapp TranspR **15**, 361

2) II betrifft nur die Ansprüche aus Transportversicherungen des Absenders 2
oder Empfängers, BGH NJW **99**, 1711.

Kapitel VIII. Schlußbestimmungen

CMR 42–51 (nicht abgedruckt)

(18) Allgemeine Deutsche Spediteur-Bedingungen 2017 (ADSp)

Einleitung

Schrifttum

a) Kommentare: *Andresen/Valder/Krien*, Hdb des Transportrechts (LBl) Stand 2013. – *GK(HGB)/(Ensthaler ua)* 8. Aufl 2015. – *Knorre/Demuth/Schmid*, Hdb des Transportrechts 2. Aufl 2015. – *Koller*, Transportrecht, 9. Aufl 2016. – *MüKo(HGB)/Bahnsen*, Bd. 7, 3. Aufl 2014.– *Hättig*, Speditionsbedingungen (ADSp) in *von Westphalen*, Vertragsrecht und AGB-Klauselwerke, Bd 2 (LBl). – *von Westphalen*, ADSp'99, 6. Aufl 1999. – *Wolf/Thiel*, ADSp, 20. Aufl 2003.

b) Lehrbücher: *Dubischar*, Grundriß des gesamten Gütertransportrechts 1987.

c) Einzeldarstellungen und Sonstiges: *Wiesbauer-Zetter*, Transporthaftung, Wien 1984 mit ErgBd 1990. – *Hector*, ADSp u die Speditions- und Transportversicherung, 2. Aufl 2003. – *Wolf/Thiel*, 20. Aufl 2003. – Zur Fassung 1993: *Widmann*, ADSp, 5. Aufl 1993; Szuka/Wilting, Speditionsrecht, 2. Aufl 2014; *Valder*, TranspR **93**, 81. – Zu ADSp Fassung 1999: *Widmann*, ADSp'99, 6. Aufl 1999; *Haverkamp*, TranspR **99**, 217. Zu ADSp'17: Ramming RdTW **17**, 41, Herber, TranspR **16**, 438.

1) Entstehung und Neufassung

Entstehung und Grundgedanken der ADSp Schwartz ZHR 125 (**63**) 241. Erste 1
Fassung 10.8.27; Verbindlicherklärung RVerkM 29.12.39 RAnz 40 Nr 4, 9, seit 1945 unwirksam. Fassung 1.10.78, als Empfehlung durch die Zentralen Wirtschaftsverbände, darunter Bundesverband Spedition und Lagerei, 19.9.78; Empfehlung der ADSp beim BKartA angemeldet und veröffentlicht als Bek Nr 130/78 31.10.78 BAnz Nr 211; geändert zum 1.1.82 Bek Nr 19/82 25.2.82 BAnz Nr 47, zum 1.1.85 Bek Nr 100/84 19.11.84 BAnz Nr 227 (§ 54), zum 1.2.93 Bek Nr 13/93 11.2.93 BAnz Nr 28 (vor allem §§ 7, 8 nF; § 2c S 2 gestrichen), in der Praxis als Fassung 1.1.93 bezeichnet. ADSp neugefasst (nach HRefG) am **1.1.03**. Nachdem für 2016 Spediteure und Verlader unterschiedliche Bedingungen empfohlen, haben sich die Verbände nun einheitlich auf die ADSp 2017 geeinigt, Herber TranspR **16**, 438. Zu den Neuerungen der ADSp 2017 im Vergleich zu den ADSp 2016 Ramming RdTW **17**, 44 ff.

2) Geltung

A. Die ADSp gelten nicht als HdlBrauch (so schon Raiser SJZ **50**, 666, 2
ausführlich Brüning Diss Hbg 1963), sondern wie andere **AGB** (s (**5**) §§ 305 II, 310 I 1 BGB) **nur kraft Unterwerfung**. Geltung der ADSp muss vereinbart werden, wofür ein Hinweis auf diese und das Fehlen eines Widerspruchs genügt, Koller Vor Ziff. 1 Rn 14, Ramming RdTW **17**, 43. Dies gilt auch für ausländische Auftraggeber, Koller Vor Ziff. 1 Rn. 12, Einbeziehung bei langen Ge-

schäftsbeziehungen durch wiederholte Hinweise möglich, Köln VersR **94**, 1496. Spediteur ist nicht iSv § 452 HGB, sondern berufsständisch zu verstehen, Koller Vor Ziff. 1 Rn 3. Notwendig sind Geschäfte, die mit dem Speditionsgewerbe typisch sachlich zusammenhängen („speditionelle Massengeschäfte"), BGH DB **76**, 382, NJW **80**, 1275 (nicht Fakturierung und Kaufpreiseinzug bei Kunden), **81**, 1906. UU Anwendbarkeit auf Grund Lagervertrags, wenn Lagerhalter auf Spediteurgrundstück lagert, BGH WM **75**, 1165. Auch die Einbeziehung über ein kaufmännisches Bestätigungsschreiben ist möglich, wenn Verhandlung und Vertragsschluss auf Deutsch erfolgt sind, Kln VersR **99**, 640, Koller Vor Ziff. 1 Rn. 15. Führt die Einbeziehung weiterer Klauselwerke zu Unklarheit, welche der darin enthaltenen konkurrierenden Regelungen gelten soll, kommen alleine die gesetzlichen Vorschriften zur Anwendung, BGH TranspR **06**, 359 (zu ADSp Ziff 19 aF) – Die ADSp gelten außerhalb vertraglicher Beziehungen nur kraft spezieller Unterwerfung, BGH BB **59**, 826. Gelten im Einzelfall die ADSp, so nur mit solchen Bestimmungen, mit deren Aufstellung der Auftraggeber billiger- und gerechterweise rechnen kann, BGH **17**, 3 (zu § 50 aF). AGB im internationalen Geschäftsverkehr s Ul/Br/He/H. Schmidt Anh zu § 305 BGB, allg zu AGB im kfm Verkehr Vogt TranspR **10**, 15, zum Konflikt von Ziff 27 ADSp u dem MÜ BGH TranspR **11**, 83, TranspR **11**, 222; Brinkmann TranspR **10**, 216. **Lit** Valder Beil zu TranspR 3/**04** S XLII.

3   B. Vereinbarung der **Nichtanwendbarkeit einzelner Bestimmungen** der ADSp ist möglich, auch durch schlüssiges Verhalten, vgl aber Fikentscher BB **61**, 297. Möglichkeit vorhergehender Vereinbarung über bestimmte Punkte, BGH DB **77**, 994. Ausschluss der gesamten ADSp wirkt in der Regel auch für den Folgevertrag, Koller Vor Ziff 1 Rn 20.

4   C. Sachlicher und persönlicher **Anwendungsbereich:** „seit 1978 nur unter Kaufleuten, seit 1999 grds auch Anwendung auf Verträge mit Verbrauchern mit Ausnahme von Verkehrsverträgen mit Verbrauchern (Nr 2.4). Anwendbarkeit, wenn ein Unternehmen mit „Schifffahrt, Spedition und Lagerei" auf fremden Schiffen befördert, Karlsr DB **71**, 1469. Über ADSp Ziff 36 entsteht Vertrag zugunsten Dritter, Koller 6. **Lit** Heil/Bayer TranspR **87**, 1.

5   D. **Richterliche Inhaltskontrolle** nach **(5)** § 307 BGB erfasst zwar auch die ADSp (s Rn 1), BGH BB **81**, 267 (zu §§ 54a, 57 Nr 3 aF); aber die ADSp sind ein von allen beteiligten Kreisen ausgehandeltes Gesamtgefüge; einzelne Klauseln sollen daraus nicht herausgenommen und isoliert an dispositiven Rechtsnormen gemessen werden können, so BGH **113**, 57, **127**, 281, **129**, 349, NJW **82**, 1821, aA zutr Ul/Br/He Anh § 310 BGB Rn 388, allerdings Einzelkontrolle nur mit Blick auf das Gesamtwerk. Die Klauselverbote der **(5)** §§ 308, 309 BGB sind (jedenfalls unmittelbar) auf die (nur gegenüber Nichtverbrauchern geltenden) ADSp nicht anwendbar (s **(5)** § 310 I BGB). Das schließt Kontrolle nach **(5)** § 307 BGB nicht aus. Verbot geltungserhaltender Reduktion gilt für ADSp nicht gelten, BGH **128**, 345 (zu § 51b aF), aA Ramming RdTW **17**, 43. **Lit** Ul/Br/He Anh § 310 BGB Rn 386; Helm VersR **77**, 585; von Westphalen ZIP **81**, 119; Bahnsen TranspR **10**, 19.

3) Auslegung

6   Die ADSp sind wie allgemein AGB unabhängig von der Gestaltung des Einzelfalls aus ihrem Inhalt auszulegen, BGH **7**, 368, **17**, 3. Das Revisionsgericht ist in der Auslegung frei, BGH **8**, 56, **17**, 3.

Präambel

Die Allgemeinen Deutschen Spediteurbedingungen 2017 (ADSp 2017) werden zur Anwendung ab dem 1. Januar 2017 empfohlen vom **Bundesverband**

VI. Transport **1 ADSp (18)**

der Deutschen Industrie (BDI), Bundesverband Großhandel, und Außenhandel, Dienstleistungen (BGA), Bundesverband Güterkraftverkehr Logistik und Entsorgung (BGL), Bundesverband Möbelspedition und Logistik (AMÖ), Bundesverband Wirtschaft, Verkehr und Logistik (BWVL), Deutschen Industrie- und Handelskammertag (DHK), Deutscher Speditions- und Logistikverband (DSLV) und Handelsverband Deutschland (HDE). Diese Empfehlung ist unverbindlich. Es bleibt den Vertragsparteien unbenommen, vom Inhalt dieser Empfehlung abweichende Vereinbarungen zu treffen.

Begriffsbestimmungen

ADSp 1
1.1 **Ablieferung**

Der Begriff der Ablieferung umfasst auch die Auslieferung bei Lagergeschäften.

1.2 **Auftraggeber**

Die Rechtsperson, die mit dem Spediteur einen Verkehrsvertrag abschließt.

1.3 **Diebstahlgefährdetes Gut**

Gut, dass einem erhöhten Raub- und Diebstahlrisiko ausgesetzt ist, wie Geld, Edelmetalle, Schmuck, Uhren, Edelsteine, Kunstgegenstände, Antiquitäten, Scheckkarten, Kreditkarten oder andere Zahlungsmittel, Wertpapiere, Valoren, Dokumente, Spirituosen, Tabakwaren, Unterhaltungselektronik, Telekommunikationsgeräte, EDV-Geräte und -Zubehör sowie Chip-Karten.

1.4 **Empfänger**

Die Rechtsperson, an die das Gut nach dem Verkehrsweg oder aufgrund wirksamer Weise des Auftraggebers oder eines sonstigen verfügungsberechtigten abzuliefern ist.

1.5 **Fahrzeug**

Ein zum Transport von einem Gut auf Verkehrswegen eingesetztes Beförderungsmittel.

1.6 **Gefährliche Güter**

Güter, von denen auch im Rahmen einer normal verlaufenden Beförderung, Lagerung oder sonstigen Tätigkeit eine unmittelbare Gefahr für Personen, Fahrzeuge und Rechtsgüter Dritter ausgehen kann. Gefährliche Güter sind insbesondere die Güter, die in den Anwendungsbereich einschlägiger Gefahrgutgesetze und -verordnungen sowie gefahrstoff-, wasser- oder abfallrechtlicher Vorschriften fallen.

1.7 **Lademittel**

Mittel zur Zusammenfassung von Packstücken und zur Bildung von Ladeeinheiten, z. B. Paletten, Container, Wechselbrücken, Behälter.

1.8 **Ladestelle/Entladestelle**

Die postalische Adresse, soweit die Parteien nicht eine genauere Ortsbestimmung getroffen haben.

1.9 **Leistungszeit**

Die Zeit (Datum, Uhrzeit), zu der eine bestimmte Leistung zu erbringen ist, z. B. ein Zeitfenster oder ein Zeitpunkt.

1.10 **Packstücke**

Einzelstücke oder vom Auftraggeber zur Abwicklung des Auftrags gebildete Einheiten mit und ohne Lademittel, die der Spediteur als Ganzes zu behandeln hat (Frachtstücke im Sinne von §§ 409, 431, 504 HGB).

(18) ADSp 2

1.11 Schadenfall / Schadenereignis

Ein Schadenfall liegt vor, wenn ein Geschädigter aufgrund äußeren Vorgangs einen Anspruch aus einem Verkehrsvertrag oder anstelle eines verkehrsvertraglichen Anspruchs geltend macht; ein Schadenereignis liegt vor, wenn aufgrund eines äußeren Vorgangs mehrere Geschädigte aus mehreren Verkehrsverträgen Ansprüche geltend machen.

1.12 Schnittstelle

Nach Übernahme und vor Ablieferung des Gutes durch den Spediteur jede Übergabe des Gutes von einer Rechtsperson auf eine andere, jede Umladung von einem Fahrzeug auf ein anderes, jede (Zwischen-)Lagerung.

1.13 Spediteur

Die Rechtsperson, die mit dem Auftraggeber einen Verkehrsvertrag abschließt. Spediteure in diesem Sinne sind insbesondere Frachtführer im Sinne von § 407 HGB, Spediteure im Sinne von § 453 HGB, Lagerhalter im Sinne von § 467 HGB und Verfrachter im Sinne von §§ 481, 527 HGB.

1.14 Verkehrsverträge

Verträge des Spediteurs über alle Arten von Tätigkeiten, gleichgültig ob sie Speditions-, Fracht-, Seefracht-, Lager- oder sonstige üblicherweise zum Speditionsgewerbe gehörende Geschäfte (z. B. Zollabwicklung, Sendungsverfolgung, Umschlag) betreffen.

Diese umfassen auch speditionsübliche logistische Leistungen, wenn diese mit der Beförderung oder Lagerung von Gütern im Zusammenhang stehen, insbesondere Tätigkeiten wie Bildung von Lagereinheiten, Kommissionieren, Etikettieren und Verwiegen von Gütern und Retourenabwicklung.

Als Frachtverträge gelten auch Lohnfuhrverträge über die Gestellung bemannter Kraftfahrzeuge zur Verwendung nach Weisung des Auftraggebers.

1.15 Verlader

Die Rechtsperson, die das Gut nach dem Verkehrsvertrag oder aufgrund wirksamer Weisung zur Beförderung übergibt.

1.16 Vertragswesentliche Pflichten

Pflichten, deren Erfüllung die ordnungsgemäße Durchführung des Verkehrsvertrags (Ziffer 1.14) erst ermöglicht und auf deren Einhaltung der Vertragspartner regelmäßig vertrauen darf.

1.17 Wertvolles Gut

Gut mit einem tatsächlichen Wert am Ort und zur Zeit der Übernahme von mindestens 100 Euro/kg.

1.18 Zeitfenster

Vereinbarter Leistungszeitraum für die Ankunft des Spediteurs an der Lade- oder der Entladestelle.

1.19 Zeitpunkt

Vereinbarter Leistungszeitpunkt für die Ankunft des Spediteurs an der Lade- oder der Entladestelle.

Anwendungsbereich

ADSp 2 2.1 Die ADSp gelten für alle Verkehrsverträge des Spediteurs als Auftragnehmer.

2.2 Gesetzliche Bestimmungen, von denen im Wege vorformulierter Vertragsbedingungen nicht abgewichen werden darf, gehen den ADSp vor.

VI. Transport   **3 ADSp (18)**

2.3 Die ADSp gelten nicht für Geschäfte, die ausschließlich zum Gegenstand haben

2.3.1 Verpackungsarbeiten,

2.3.2 die Beförderung und Lagerung von abzuschleppendem oder zu bergendem Gut,

2.3.3 die Beförderung und Lagerung von Umzugsgut im Sinne von § 451 HGB,

2.3.4 Lagerung und Digitalisierung von Akten; Akten sind alle Arten von verkörperten und digitalisierten Geschäftspapieren, Dokumenten, Datenträgern sowie von gleichartigen der Sammlung von Informationen dienenden Sachen,

2.3.5 Schwer- oder Großraumtransporte, deren Durchführung eine verkehrsrechtliche Transporterlaubnis bzw. Ausnahmegenehmigung erfordert, Kranleistungen und damit zusammenhängende Montagearbeiten.

2.4 Die ADSp finden keine Anwendung auf Verkehrsverträge mit Verbrauchern i. S. v. § 13 BGB.

Pflichten des Auftraggebers bei Auftragserteilung; Informationspflichten, besondere Güterarten

ADSp 3 3.1 Der Auftraggeber unterrichtet den Spediteur rechtzeitig über alle ihm bekannten, wesentlichen, die Ausführung des Auftrages beeinflussenden Faktoren. Hierzu zählen

3.1.1 Adressen, Art und Beschaffenheit des Gutes, das Rohgewicht (inklusive Verpackung und vom Auftraggeber gestellte Lademittel) oder die anders angegebene Menge, Kennzeichen, Nummern, Anzahl und Art der Packstücke, besondere Eigenschaften des Gutes (wie lebende Tiere, Pflanzen, Verderblichkeit), der Warenwert (z. B. für zollrechtliche Zwecke oder eine Versicherung des Gutes nach Ziffer 21), und Lieferfristen,

3.1.2 alle öffentlich-rechtlichen, z. B. zollrechtlichen, außenwirtschaftsrechtlichen (insbesondere waren-, personen- oder länderbezogenen Embargos) und sicherheitsrechtlichen Verpflichtungen,

3.1.3 im Falle von Seebeförderungen alle nach den seerechtlichen Sicherheitsbestimmungen (z. B. SOLAS) erforderlichen Daten in der vorgeschriebenen Form,

3.1.4 Dritten gegenüber bestehende gewerbliche Schutzrechte, z. B. marken- und lizenzrechtliche Beschränkungen, die mit dem Besitz des Gutes verbunden sind, sowie gesetzliche oder behördliche Hindernisse, die der Auftragsabwicklung entgegenstehen,

3.1.5 besondere technische Anforderungen an das Beförderungsmittel und spezielle Ladungssicherungsmittel, die der Spediteur gestellen soll.

3.2 Bei gefährlichem Gut hat der Auftraggeber rechtzeitig dem Spediteur in Textform die Menge, die genaue Art der Gefahr und – soweit erforderlich – die zu ergreifenden Vorsichtsmaßnahmen mitzuteilen. Handelt es sich um Gefahrgut im Sinne des Gesetzes über die Beförderung gefährlicher Güter oder um sonstige Güter, für deren Beförderung oder Lagerung besondere gefahrgut- oder abfallrechtliche Vorschriften bestehen, so hat der Auftraggeber die für die ordnungsgemäße Durchführung des Auftrags erforderlichen Angaben, insbesondere die Klassifizierung nach dem einschlägigen Gefahrgutrecht, mitzuteilen und spätestens bei Übergabe des Gutes die erforderlichen Unterlagen zu übergeben.

3.3 Bei wertvollem oder diebstahlgefährdetem Gut hat der Auftraggeber im Auftrag den Spediteur in Textform über Art und Wert des Gutes und das bestehende Risiko zu informieren, so dass der Spediteur über die Annahme des Auftrags entscheiden oder angemessene Maßnahmen für eine sichere und schadenfreie Abwicklung des Auftrags treffen kann. Nimmt er diesen Auftrag an, ist der Spediteur verpflichtet, geeignete Sicherungsmaßnahmen zum Schutz des Gutes zu ergreifen.

3.4 Der Auftraggeber hat dem Spediteur alle Urkunden und sonstigen Unterlagen zur Verfügung zu stellen und Auskünfte (z. B. Eintarifierung) zu erteilen, die insbesondere für die ordnungsgemäße Zoll- oder sonstige gesetzlich vorgeschriebene Behandlung – hierzu zählen auch Sicherheitskontrollen z. B. für Luftfrachtsendungen – des Gutes notwendig sind.

Rechte und Pflichten des Spediteurs

ADSp 4   **4.1** Der Spediteur hat die Interessen des Auftraggebers wahrzunehmen. Er hat den ihm erteilten Auftrag auf offensichtliche Mängel zu prüfen und dem Auftraggeber alle ihm bekannten Gefahrumstände für die Ausführung des Auftrages unverzüglich anzuzeigen. Erforderlichenfalls hat er Weisungen einzuholen.

4.2 Der Spediteur hat dafür Sorge zu tragen, dass die von ihm zur Transportabwicklung eingesetzten Fahrzeuge, Ladungssicherungsmittel und, soweit die Gestellung von Lademitteln vereinbart ist, diese in technisch einwandfreiem Zustand sind, den gesetzlichen Vorschriften und den im Verkehrsvertrag gestellten Anforderungen für das Gut entsprechen. Fahrzeuge und Lademittel sind mit den üblichen Vorrichtungen, Ausrüstungen oder Verfahren zum Schutz gegen Gefahren für das Gut, insbesondere Ladungssicherungsmitteln, auszustatten. Fahrzeuge sollen schadstoffarm, lärmreduziert und energiesparend sein.

4.3 Der Spediteur hat zuverlässiges und entsprechend der Tätigkeit fachlich geschultes, geeignetes und ordnungsgemäß beschäftigtes Fahrpersonal und, soweit erforderlich, mit Fahrerbescheinigung einzusetzen.

4.4 Der Spediteur hat auf einem fremden Betriebsgelände eine dort geltende und ihm bekanntgemachte Haus-, Betriebs- oder Baustellenordnung zu befolgen. § 419 HGB bleibt unberührt.

4.5 Der Spediteur ist berechtigt, die zollamtliche Abwicklung von der Erteilung einer schriftlichen Vollmacht abhängig zu machen, die ihm eine direkte Vertretung ermöglicht.

4.6 Wird der Spediteur mit der grenzüberschreitenden Beförderung des Gutes oder der Import- oder Exportabfertigung beauftragt, so beinhaltet dieser Auftrag im Zweifel auch die zollamtliche oder sonst gesetzlich vorgeschriebene Behandlung des Gutes, wenn ohne sie die grenzüberschreitende Beförderung bis zum Bestimmungsort nicht ausführbar ist. Er darf hierbei

4.6.1 Verpackungen öffnen, wenn dies zum Zweck der Durchführung einer gesetzlich vorgeschriebenen Kontrolle (z. B. Spediteur als Reglementierter Beauftragter) erforderlich ist, und anschließend alle zur Auftragsabwicklung erforderlichen Maßnahmen treffen, z. B. das Gut neu verpacken,

4.6.2 die zollamtlich festgesetzten Abgaben auslegen.

4.7 Bei einem Güter- oder Verspätungsschaden hat der Spediteur auf Verlangen des Auftraggebers oder Empfängers diesem unverzüglich alle zur Sicherung von Schadensersatzansprüchen erforderlichen und ihm bekannten Informationen zu verschaffen.

4.8 Der dem Spediteur erteilte Auftrag umfasst mangels ausdrücklicher Vereinbarung nicht

4.8.1 die Gestellung und den Tausch von Paletten oder sonstigen Lademitteln,

4.8.2 die Ver- und Entladung der Güter, es sei denn, aus den Umständen oder der Verkehrssitte ergibt sich etwas anderes,

4.8.3 ein Umladeverbot (§ 486 HGB findet keine Anwendung),

4.8.4 die Bereitstellung eines Sendungsverfolgungssystems, es sei denn, dies ist branchenüblich, wobei Ziffer 14 unberührt bleibt,

4.8.5 Retouren, Umfuhren und verdeckte Beiladungen; Werden in Abweichung vom Auftrag vom Auftraggeber ein oder mehrere weitere Packstücke zum Transport übergeben und nimmt der Spediteur dieses oder diese Packstücke zum Transport an, so schließen der Spediteur und der Auftraggeber über dieses Gut einen neuen Verkehrsvertrag ab. Bei Retouren oder verdeckten Beiladungen gelten mangels abweichender Vereinbarungen die Bestimmungen des ursprünglichen Verkehrsvertrages. Ziffer 5.2 bleibt unberührt.

4.9 Weitergehende Leistungs- und Informationspflichten, z. B. über Qualitätsmanagementmaßnahmen und deren Einhaltung (Audits) sowie Monitoring- und Bewertungssysteme und Leistungskennzahlen, bedürfen der ausdrücklichen Vereinbarung.

Kontaktperson, elektronische Kommunikation und Dokumente

ADSp 5 5.1 Auf Verlangen einer Vertragspartei benennt jede Vertragspartei für den Empfang von Informationen, Erklärungen und Anfragen für die Vertragsabwicklung eine oder mehrere Kontaktpersonen und teilt Namen und Kontaktadressen der anderen Partei mit.

Diese Angaben sind bei Veränderung zu aktualisieren. Bestimmt eine Partei keine Kontaktperson, gilt diejenige Person als Kontaktperson, die den Verkehrsvertrag für die Partei abgeschlossen hat.

Über das Gesetz hinausgehende Informationspflichten, z. B. über Maßnahmen des Spediteurs im Falle von Störungen, insbesondere einer drohenden Verspätung in der Übernahme oder Ablieferung, bei Beförderungs- oder Ablieferungshindernissen, bei Schäden am Gut oder anderen Störungen (Notfallkonzept) bedürfen der ausdrücklichen Vereinbarung.

5.2 Mangels ausdrücklicher Vereinbarung bedürfen vertragliche Erklärungen des Lager- und Fahrpersonals zu ihrer Wirksamkeit der Genehmigung der jeweiligen Vertragspartei.

5.3 Der Auftraggeber hat dafür Sorge zu tragen, dass der Verlader oder Empfänger für den Auftraggeber die an der Lade- oder Entladestelle zur Abwicklung des Verkehrsvertrags erforderlichen Erklärungen abgibt und tatsächliche Handlungen, wie die Übergabe oder Übernahme des Gutes, vornimmt.

5.4 Wenn dies zwischen dem Auftraggeber und dem Spediteur vereinbart ist, werden die Parteien per EDI (Electronic Data Interchange)/DFÜ (Datenfernübertragung) Sendungsdaten einschließlich der Rechnungserstellung übermitteln bzw. empfangen. Die übermittelnde Partei trägt die Gefahr für den Verlust, die Vollständigkeit und die Richtigkeit der übermittelten Daten.

5.5 Bei einer Vereinbarung nach Ziffer 5.4 stellen die Parteien sicher, dass das eigene IT-System betriebsbereit ist und die üblichen Sicherheits- und Kontrollmaßnahmen durchgeführt werden, um den elektronischen Datenaustausch vor dem Zugriff Dritter zu schützen sowie der Veränderung, dem Verlust oder der Zerstörung elektronisch übermittelter Daten vorzubeugen. Jede Partei ist verpflichtet, der anderen Partei rechtzeitig Änderungen ihres IT-Systems mitzuteilen, die Auswirkungen auf den elektronischen Datenaustausch haben können.

5.6 Elektronisch oder digital erstellte Dokumente, insbesondere Abliefernachweise, stehen schriftlichen Dokumenten gleich.

Zudem ist jede Partei berechtigt, schriftliche Dokumente lediglich elektronisch oder digital zu archivieren und unter Beachtung der gesetzlichen Vorschriften die Originale zu vernichten.

Verpackungs- und Kennzeichnungspflichten des Auftraggebers

ADSp 6 6.1 Das Gut ist vom Auftraggeber zu verpacken und, soweit dies erforderlich ist, mit deutlich und haltbar angebrachten Kennzeichen für ihre auftragsgemäße Behandlung zu versehen. Alte Kennzeichen sind zu entfernen oder unkenntlich zu machen. Gleiches gilt für Packstücke.

6.2 Darüber hinaus ist der Auftraggeber verpflichtet,

6.2.1 zu einer Sendung gehörende Packstücke als zusammengehörig erkennbar zu kennzeichnen,

6.2.2 Packstücke – soweit erforderlich – so herzurichten, dass ein Zugriff auf den Inhalt ohne Hinterlassen äußerlich sichtbarer Spuren nicht möglich ist.

Ladungssicherungs- und Kontrollpflichten des Spediteurs

ADSp 7 7.1 Erfolgt die Ver- oder Entladung an mehr als einer Lade- oder Entladestelle, stellt der Spediteur nach Abschluss der beförderungssicheren Verladung eines Gutes die Ladungssicherung durchgehend bis zur letzten Entladestelle sicher.

7.2 Der Spediteur ist verpflichtet, an jeder Schnittstelle Kontrollen durchzuführen. Er hat das Gut auf Vollzähligkeit und Identität sowie äußerlich erkennbare Schäden und Unversehrtheit von Label, Plomben und Verschlüssen zu überprüfen und Unregelmäßigkeiten zu dokumentieren.

Quittung

ADSp 8 8.1 Der Spediteur hat die Übernahme des Gutes – gegebenenfalls mit Vorbehalt – zu quittieren. Mit der Übernahmequittung bestätigt der Spediteur im Zweifel nur die Anzahl und Art der Packstücke, nicht jedoch deren Inhalt, Wert, Gewicht oder anders angegebene Menge.

8.2 Bei vorgeladenen oder geschlossenen Ladeeinheiten wie Containern oder Wechselbrücken und vorab vom Auftraggeber übermittelten Daten gilt die Richtigkeit einer Übernahmequittung über Anzahl und Art der geladenen Packstücke als widerlegt, wenn der Spediteur dem Auftraggeber unverzüglich (Mengen-) Differenzen und Beschädigungen meldet, nachdem er die Ladeeinheit entladen hat.

8.3 Als Ablieferungsnachweis hat der Spediteur vom Empfänger eine Ablieferungsquittung über die im Auftrag oder in sonstigen Begleitpapieren genannten Packstücke zu verlangen. Weigert sich der Empfänger, die Abliefe-

VI. Transport   **11 ADSp (18)**

rungsquittung zu erteilen, so hat der Spediteur Weisung einzuholen. Der Auftraggeber kann die Herausgabe der Ablieferungsquittung innerhalb eines Jahres nach Ablieferung des Gutes verlangen.

8.4 Als Übernahme- oder Ablieferungsquittung dienen alle die Auftragsdurchführung nachweisenden, unterzeichneten Dokumente, wie Lieferscheine, Spediteurübernahmescheine, Fracht- und Seefrachtbriefe, Ladescheine oder Konnossemente.

8.5 Die Übernahme- oder Ablieferungsquittung kann auch elektronisch oder digital erstellt werden, es sei denn, der Auftraggeber verlangt die Ausstellung eines Frachtoder Seefrachtbriefs, Ladescheins oder Konnossements.

Weisungen

ADSp 9 Der Spediteur ist verpflichtet, jede ihm nach Vertragsschluss erteilte Weisung über das Gut zu beachten, es sei denn, die Ausführung der Weisung droht Nachteile für den Betrieb seines Unternehmens oder Schäden für die Auftraggeber oder Empfänger anderer Sendungen mit sich zu bringen. Beabsichtigt der Spediteur, eine ihm erteilte Weisung nicht zu befolgen, so hat er denjenigen, der die Weisung gegeben hat, unverzüglich zu benachrichtigen.

Frachtüberweisung, Nachnahme

ADSp 10 Die Mitteilung des Auftraggebers, der Auftrag sei unfrei abzufertigen oder z. B. nach Maßgabe der Incoterms für Rechnung des Empfängers oder eines Dritten auszuführen, berührt nicht die Verpflichtung des Auftraggebers gegenüber dem Spediteur, die Vergütung sowie die sonstigen Aufwendungen (Frachten, Zölle und sonstige Abgaben) zu tragen. Nachnahmeweisungen z. B. nach § 422 HGB, Art. 21 CMR bleiben unberührt.

Nichteinhaltung von Lade- und Entladezeiten, Standgeld

ADSp 11 11.1 Hat der Auftraggeber das Gut zu verladen oder entladen, ist er verpflichtet, die vereinbarte, ansonsten eine angemessene Lade- oder Entladezeit einzuhalten.

11.2 Wird im Straßengüterverkehr für die Gestellung eines Fahrzeugs ein Zeitpunkt oder ein Zeitfenster vereinbart oder vom Spediteur avisiert, ohne dass der Auftraggeber, Verlader oder Empfänger widerspricht, beträgt die Lade- oder Entladezeit bei Komplettladungen (nicht jedoch bei schüttbaren Massengütern) unabhängig von der Anzahl der Sendungen pro Lade- oder Entladestelle bei Fahrzeugen mit 40 Tonnen zulässigem Gesamtgewicht pauschal jeweils maximal 2 Stunden für die Verladung bzw. die Entladung. Bei Fahrzeugen mit niedrigerem Gesamtgewicht reduzieren sich diese Zeiten einzelfallbezogen in angemessenen Umfang.

11.3 Die Lade- oder Entladezeit beginnt mit der Ankunft des Straßenfahrzeugs an der Lade- oder Entladestelle (z. B. Meldung beim Pförtner) und endet, wenn der Auftraggeber oder Empfänger seinen Verpflichtungen vollständig nachgekommen ist. Ist für die Gestellung des Straßenfahrzeugs an der Lade- oder Entladestelle eine konkrete Leistungszeit vereinbart, so beginnt die Lade- oder Entladezeit nicht vor der für die Gestellung vereinbarten Uhrzeit.

(18) ADSp 13

11.4 Wird die Lade- oder Entladezeit aufgrund vertraglicher Vereinbarung oder aus Gründen, die nicht dem Risikobereich des Spediteurs zuzurechnen sind, überschritten, hat der Auftraggeber dem Spediteur das vereinbarte, ansonsten ein angemessenes Standgeld als Vergütung zu zahlen.

11.5 Die vorstehenden Bestimmungen finden entsprechende Anwendung, wenn der Spediteur verpflichtet ist, das Gut zu ver- oder entladen und der Auftraggeber ausschließlich verpflichtet ist, das Gut zur Verladung bereitzustellen oder nach Entladung entgegenzunehmen.

Leistungshindernisse, höhere Gewalt

ADSp 12 **12.1** Kann der Spediteur das Gut nicht oder nicht rechtzeitig übernehmen, so hat er dies dem Auftraggeber oder Verlader unverzüglich anzuzeigen und entsprechende Weisungen einzuholen. § 419 HGB findet entsprechende Anwendung. Der Auftraggeber bleibt berechtigt, den Verkehrsvertrag zu kündigen, ohne dass der Spediteur berechtigt ist, Ansprüche nach § 415 Abs. 2 HGB geltend zu machen.

Leistungshindernisse, die nicht dem Risikobereich einer Vertragspartei zuzurechnen sind, befreien die Vertragsparteien für die Dauer der Störung und den Umfang ihrer Wirkung von den Leistungspflichten.

Als solche Leistungshindernisse gelten höhere Gewalt, Unruhen, kriegerische oder terroristische Akte, Streiks und Aussperrungen, Blockade von Beförderungswegen sowie sonstige unvorhersehbare, unabwendbare und schwerwiegende Ereignisse.

Im Falle eines Leistungshindernisses ist jede Vertragspartei verpflichtet, die andere Partei unverzüglich zu unterrichten; der Spediteur ist zudem verpflichtet, Weisungen des Auftraggebers einzuholen.

Ablieferung

ADSp 13 **13.1** Wird nach Ankunft an der Entladestelle erkennbar, dass die Entladung nicht innerhalb der Entladezeit durchgeführt werden kann, hat der Spediteur dies dem Auftraggeber unverzüglich anzuzeigen und entsprechende Weisungen einzuholen. § 419 HGB findet Anwendung.

13.2 Kann der Spediteur die vereinbarte Leistungszeit oder – mangels Vereinbarung – eine angemessene Zeit für die Ablieferung des Gutes nicht einhalten, hat er Weisungen bei seinem Auftraggeber oder dem Empfänger einzuholen.

13.3 Wird der Empfänger in seiner Wohnung, in dem Geschäftsraum oder in einer Gemeinschaftseinrichtung, in der der Empfänger wohnt, nicht angetroffen, kann das Gut, soweit nicht offenkundige Zweifel an deren Empfangsberechtigung bestehen, abgeliefert werden

13.3.1 in der Wohnung an einen erwachsenen Familienangehörigen, eine in der Familie beschäftigten Person oder einen erwachsenen ständigen Mitbewohner,

13.3.2 in Geschäftsräumen an eine dort beschäftigte Person,

13.3.3 in Gemeinschaftseinrichtungen dem Leiter der Einrichtung oder einem dazu ermächtigten Vertreter.

13.4 Wenn der Spediteur mit dem Auftraggeber oder Empfänger eine Vereinbarung getroffen hat, wonach die Ablieferung ohne körperliche Übergabe an den Empfänger erfolgen soll (z. B. Nacht-, Garagen- oder Bandanliefe-

VI. Transport **15 ADSp (18)**

rung), erfolgt die Ablieferung mit der tatsächlichen Bereitstellung des Gutes am vereinbarten Ort.

13.5 Die Ablieferung darf nur unter Aufsicht des Auftraggebers, Empfängers oder eines dritten Empfangsberechtigten erfolgen. Die Ziffern 13.3 und 13.4 bleiben unberührt.

Auskunfts- und Herausgabepflicht des Spediteurs

ADSp 14 14.1 Der Spediteur ist verpflichtet, dem Auftraggeber die erforderlichen Nachrichten zu geben, auf Verlangen über den Stand des Geschäftes Auskunft zu geben und nach dessen Ausführung Rechenschaft abzulegen; zur Offenlegung der Kosten ist er jedoch nur verpflichtet, wenn er für Rechnung des Auftraggebers tätig wird.

14.2 Der Spediteur ist verpflichtet, dem Auftraggeber alles, was er zur Ausführung des Geschäfts erhält und was er aus der Geschäftsführung erlangt, herauszugeben.

Lagerung

ADSp 15 15.1 Der Auftraggeber hat das Gut, soweit erforderlich, zu verpacken und zu kennzeichnenund Urkunden zur Verfügung zu stellen sowie alle Auskünfte zu erteilen, die der Spediteur zur sachgerechten Lagerung benötigt.

15.2 Die Lagerung erfolgt nach Wahl des Spediteurs in dessen eigenen oder, soweit dies nicht vertraglich ausgeschlossen ist, in fremden Lagerräumen. Lagert der Spediteur bei einem fremden Lagerhalter ein, so hat er dessen Namen und den Lagerort dem Auftraggeber unverzüglich schriftlich bekanntzugeben oder, falls ein Lagerschein ausgestellt ist, auf diesem zu vermerken.

15.3 Der Spediteur hat für die ordnungsgemäße Instandhaltung und Pflege von Lagerhallen und anderen Lagerflächen, der Zufahrten auf den Betriebsflächen und die Sicherung des Gutes, insbesondere gegen Diebstahl, zu sorgen. Weitergehende Sicherungsmaßnahmen, die z. B. über die gesetzlichen Brandschutzvorschriften hinausgehen, bedürfen der ausdrücklichen Vereinbarung.

15.4 Mangels abweichender Vereinbarung

15.4.1 beginnt die Übernahme des Gutes zur Lagerung mit dem Beginn der Entladung des Fahrzeugs durch den Spediteur und die Auslieferung des Gutes endet mit dem Abschluss der Verladung durch den Spediteur,

15.4.2 erfolgt die Bestandsführung durch das Lagerverwaltungssystem des Spediteurs,

15.4.3 erfolgt eine physische Inventur pro Jahr. Auf Weisung des Auftraggebers führt der Spediteur weitere physische Inventuren gegen Aufwandserstattung durch.

15.5 Der Spediteur verpflichtet sich, bei Übernahme des Gutes, wenn ihm angemessene Mittel zur Überprüfung zur Verfügung stehen, eine Eingangskontrolle nach Art, Menge und Beschaffenheit des Gutes, Zeichen, Nummern, Anzahl der Packstücke sowie äußerlich erkennbare Schäden gemäß § 438 HGB durchzuführen.

15.6 Zur Sicherung des Gutes sind regelmäßig Kontrollen durch geeignetes Personal des Spediteurs durchzuführen.

(18) ADSp 18

15.7 Bei Fehlbeständen und zu befürchtenden Veränderungen am Gut hat der Spediteur den Auftraggeber unverzüglich zu informieren und Weisung einzuholen. § 471 Abs. 2 HGB bleibt unberührt.

15.8 Weitergehende Leistungs- und Informationspflichten bedürfen der ausdrücklichen Vereinbarung.

Vergütung

ADSp 16 Mit der vereinbarten Vergütung, die die Kosten der Beförderung und Lagerung einschließt, sind alle nach dem Verkehrsvertrag zu erbringenden Leistungen abgegolten. Nachforderungen für im regelmäßigen Verlauf der Beförderung oder Lagerhaltung anfallende und zum Zeitpunkt der Angebotsabgabe vorhersehbare Kosten können nicht gesondert geltend gemacht werden, es sei denn, es ist etwas anderes vereinbart. Kalkulationsfehler gehen zu Lasten des Kalkulierenden. §§ 412, 418, 419, 491, 492 588 bis 595 HGB und vergleichbare Regelungen aus internationalen Übereinkommen bleiben unberührt.

Aufwendungs- und Freistellungsansprüche

ADSp 17 17.1 Der Spediteur hat Anspruch auf Ersatz der Aufwendungen, die er den Umständen nach für erforderlich halten durfte und nicht zu vertreten hat, insbesondere Beiträge zu Havereiverfahren, Detention- oder Demurrage-Kosten, Nachverpackungen zum Schutz des Gutes.

17.2 Wenn der Auftraggeber den Spediteur beauftragt, Gut in Empfang zu nehmen und bei der Ablieferung an den Spediteur Frachten, Wertnachnahmen, Zölle, Steuern oder sonstige Abgaben oder Spesen gefordert werden, ist der Spediteur berechtigt, aber nicht verpflichtet, diese – soweit er sie den Umständen nach für erforderlich halten durfte – auszulegen und vom Auftraggeber Erstattung zu verlangen, es sei denn, es ist etwas anderes vereinbart worden.

17.3 Von Aufwendungen wie Frachtforderungen, Beiträgen zu Havarieverfahren, Zöllen, Steuern und sonstigen Abgaben, die an den Spediteur, insbesondere als Verfügungsberechtigten oder als Besitzer fremden Gutes gestellt werden, hat der Auftraggeber den Spediteur auf Aufforderung sofort zu befreien, wenn sie der Spediteur nicht zu vertreten hat.

Rechnungen, fremde Währungen

ADSp 18 18.1 Vergütungsansprüche des Spediteurs erfordern den Zugang einer den gesetzlichen Anforderungen genügenden Rechnung oder Zahlungsaufstellung. Mangels abweichender Vereinbarung erfordert die Fälligkeit bei unstreitiger Ablieferung nicht die Vorlage eines Ablieferungsnachweises.

18.2 Der Spediteur ist berechtigt, von ausländischen Auftraggebern oder Empfängern nach seiner Wahl Zahlung in ihrer Landeswährung oder in Euro zu verlangen.

18.3 Schuldet der Spediteur fremde Währung oder legt er fremde Währung aus, so ist er berechtigt, entweder Zahlung in der fremden oder in Euro zu verlangen. Verlangt er Zahlung in Euro, so erfolgt die Umrechnung zu dem am Tage der Zahlung amtlich festgesetzten Kurs, den der Spediteur nachzuweisen hat.

VI. Transport **21 ADSp (18)**

18.4 Eine Zahlungsabwicklung im Gutschriftenverfahren ist ausdrücklich zu vereinbaren. Im Zweifel hat der Auftraggeber Gutschriften nach Leistungserbringung sofort zu erteilen. Ziff. 18.1 Satz 1 findet auf das Gutschriftenverfahren keine Anwendung.

Aufrechnung, Zurückbehaltung

ADSp 19 Gegenüber Ansprüchen aus dem Verkehrsvertrag und damit zusammenhängenden außervertraglichen Ansprüchen ist eine Aufrechnung oder Zurückbehaltung nur zulässig, wenn der Gegenanspruch fällig, unbestritten, entscheidungsreif oder rechtskräftig festgestellt ist.

Pfand- und Zurückbehaltungsrecht

ADSp 20 20.1 Zur Absicherung seiner Forderungen aus verkehrsvertraglichen Leistungen darf der Spediteur sich auf die ihm zustehenden gesetzlichen Pfand- und Zurückbehaltungsrechte berufen.

20.2 Die Pfandverwertung erfolgt nach den gesetzlichen Bestimmungen mit der Maßgabe,

dass

20.2.1 bei Ausübung des gesetzlichen Pfandrechts des Frachtführers oder Verfrachters die Androhung des Pfandverkaufs und die erforderlichen Benachrichtigungen an den Empfänger zu richten sind,

20.2.2 an die Stelle der in § 1234 BGB bestimmten Frist von einem Monat die von einer Woche tritt.

20.3 Der Auftraggeber ist berechtigt, die Ausübung des Pfandrechts zu untersagen, wenn er dem Spediteur ein hinsichtlich seiner Forderungen gleichwertiges Sicherungsmittel (z. B. selbstschuldnerische Bankbürgschaft) einräumt.

Versicherung des Gutes

ADSp 21 21.1 Der Spediteur besorgt die Versicherung des Gutes (z. B. Transport- oder Lagerversicherung) bei einem Versicherer seiner Wahl, wenn der Auftraggeber ihn vor Übergabe der Güter beauftragt..

21.2 Der Spediteur hat die Versicherung des Gutes zu besorgen, wenn dies im Interesse des Auftraggebers liegt. Der Spediteur darf dies insbesondere vermuten, wenn

21.2.1 der Spediteur bei einem früheren Verkehrsvertrag im Rahmen noch laufender Geschäftsbeziehung eine Versicherung besorgt hat,

21.2.2 der Auftraggeber im Auftrag einen „Warenwert für eine Versicherung des Gutes" angegeben hat.

21.3 Die Vermutung des Interesses an der Eindeckung einer Versicherung nach Ziffer 21.2 besteht insbesondere nicht, wenn

21.3.1 der Auftraggeber die Eindeckung untersagt,

21.3.2 der Auftraggeber ein Spediteur, Frachtführer oder Lagerhalter ist.

21.4 Der Spediteur hat bei der Besorgung einer Versicherung Weisungen des Auftraggebers insbesondere hinsichtlich Versicherungssumme und der zu deckenden Gefahren zu befolgen. Erhält er keine Weisung, hat der Spediteur nach pflichtgemäßem Ermessen über Art und Umfang der Versicherung zu entscheiden und sie zu marktüblichen Bedingungen abzuschließen.

21.5 Kann der Spediteur wegen der Art der zu versichernden Güter oder aus einem anderen Grund keinen Versicherungsschutz eindecken, hat der Spediteur dies dem Auftraggeber unverzüglich mitzuteilen.

21.6 Besorgt der Spediteur nach Vertragsabschluss auf Weisung des Auftraggebers eine Versicherung, übernimmt er die Einziehung eines Entschädigungsbetrags oder sonstige Tätigkeiten bei Abwicklung von Versicherungsfällen und Havareien, so steht ihm auch ohne Vereinbarung eine ortsübliche, ansonsten angemessene Vergütung neben dem Ersatz seiner Auslagen zu.

Haftung des Spediteurs, Abtretung von Ersatzansprüchen

ADSp 22 22.1 Der Spediteur haftet für Schäden nach Maßgabe der gesetzlichen Vorschriften. Es gelten jedoch die folgenden Regelungen, soweit zwingende oder AGB-feste Rechtsvorschriften nichts anderes bestimmen.

22.2 In allen Fällen, in denen der Spediteur nach den Ziffern 23.3 und 24 verschuldensabhängig für Verlust oder Beschädigung des Gutes (Güterschäden) haftet, hat er statt Schadenersatz Wert- und Kostenersatz entsprechend den §§ 429, 430, 432 HGB zu leisten.

22.3 Bei Inventurdifferenzen kann der Spediteur bei gleichzeitigen Fehl- und Mehrbeständen desselben Auftraggebers zur Ermittlung des Wertersatzes in den von Ziffer 24 erfassten Fällen eine wertmäßige Saldierung des Lagerbestands vornehmen.

22.4 Hat der Spediteur aus einem Schadenfall, für den er nicht haftet, Ansprüche gegen einen Dritten oder hat der Spediteur gegen einen Dritten seine eigene Haftung übersteigende Ersatzansprüche, so hat er diese Ansprüche dem Auftraggeber auf dessen Verlangen abzutreten, es sei denn, dass der Spediteur aufgrund besonderer Abmachung die Verfolgung der Ansprüche für Rechnung und Gefahr des Auftraggebers übernimmt. §§ 437, 509 HGB bleiben unberührt.

Haftungsbegrenzungen

ADSp 23 23.1 Die Haftung des Spediteurs für Güterschäden in seiner Obhut gemäß § 431 Abs. 1, 2 und 4 HGB ist mit Ausnahme von Schäden aus Seebeförderungen und verfügten Lagerungen der Höhe nach wie folgt begrenzt:

23.1.1 auf 8,33 Sonderziehungsrechte für jedes Kilogramm, wenn der Spediteur

– Frachtführer im Sinne von § 407 HGB,
– Spediteur im Selbsteintritt, Fixkosten- oder Sammelladungsspediteur im Sinne von §§ 458 bis 460 HGB
oder
– Obhutsspediteur im Sinne von § 461 Abs. 1 HGB

ist;

23.1.2 auf 2 statt 8,33 Sonderziehungsrechte für jedes Kilogramm, wenn der Auftraggeber mit dem Spediteur einen Verkehrsvertrag über eine Beförderung mit verschiedenartigen Beförderungsmitteln unter Einschluss einer Seebeförderung geschlossen hat und der Schadenort unbekannt ist.

VI. Transport **24 ADSp (18)**

Bei bekanntem Schadenort bestimmt sich die Haftung nach § 452a HGB unter Berücksichtigung der Haftungsausschlüsse und Haftungsbegrenzungen der ADSp.

Übersteigt die Haftung des Spediteurs aus Ziffer 23.1.1. einen Betrag von 1,25 Millionen Euro je Schadenfall, ist seine Haftung außerdem begrenzt aus jedem Schadenfall höchstens auf einen Betrag von 1,25 Millionen Euro oder 2 Sonderziehungsrechte für jedes Kilogramm, je nachdem, welcher Betrag höher ist.

23.2 Die Haftung des Spediteurs bei Güterschäden in seiner Obhut ist bei einem Verkehrsvertrag über eine Seebeförderung und bei grenzüberschreitenden Beförderungen auf den für diese Beförderung gesetzlich festgelegten Haftungshöchstbetrag begrenzt. Ziffer 25 bleibt unberührt.

23.3 In den von Ziffern 23.1 und 23.2 nicht erfassten Fällen (wie § 461 Abs. 2 HGB, §§ 280 ff BGB) ist die Haftung des Spediteurs für Güterschäden entsprechend § 431 Abs. 1, 2 und 4 HGB der Höhe nach begrenzt

23.3.1 bei einem Verkehrsvertrag über eine Seebeförderung oder eine Beförderung mit verschiedenartigen Beförderungsmitteln unter Einschluss einer Seebeförderung auf 2 Sonderziehungsrechte für jedes Kilogramm,

23.3.2 bei allen anderen Verkehrsverträgen auf 8,33 Sonderziehungsrechte für jedes Kilogramm.

23.3.3 Außerdem ist die Haftung des Spediteurs begrenzt aus jedem Schadenfall höchstens auf einen Betrag von 1,25 Millionen Euro.

23.4 die Haftung des Spediteurs für andere als Güterschäden mit Ausnahme von Schäden bei verfügten Lagerungen, Personenschäden und Sachschäden an Drittgut ist der Höhe nach begrenzt auf das Dreifache des Betrags, der bei Verlust des Gutes nach Ziffer 23.3.1 bzw. 23.3.2 zu zahlen wäre. Außerdem ist die Haftung des Spediteurs begrenzt aus jedem Schadenfall höchstens auf einen Betrag von 125.000 Euro.

23.4.1 Die §§ 413 Abs. 2, 418 Abs. 6, 422 Abs. 3, 431 Abs. 3, 433, 445 Abs. 3, 446 Abs. 2, 487 Abs. 2, 491 Abs. 5, 520 Abs. 2, 521 Abs. 4, 523 HGB sowie entsprechende Haftungsbestimmungen in internationalen Übereinkommen, von denen im Wege vorformulierter Vertragsbedingungen nicht abgewichen werden darf, bleiben unberührt.

23.4.2 Ziffer 23.4 findet keine Anwendung auf gesetzliche Vorschriften wie Art. 25 MÜ, Art. 5 CIM oder Art. 20 CMNI, die die Haftung des Spediteurs erweitern oder zulassen, diese zu erweitern.

23.5 Übersteigt die Haftung des Spediteurs aus den Ziffern 23.1, 23.3 und 23.4 einen Betrag von 2,5 Millionen Euro je Schadenereignis, ist seine Haftung unabhängig davon, wie viele Ansprüche aus einem Schadenereignis erhoben werden, außerdem begrenzt höchstens auf 2,5 Millionen Euro je Schadenereignis oder 2 Sonderziehungsrechte für jedes Kilogramm der verlorenen und beschädigten Güter, je nachdem, welcher Betrag höher ist; bei mehreren Geschädigten haftet der Spediteur anteilig im Verhältnis ihrer Ansprüche.

Haftungsbegrenzungen bei verfügter Lagerung, Inventuren und Wertdeklaration

ADSp 24 24.1 Die Haftung des Spediteurs bei Güterschäden ist bei einer verfügten Lagerung der Höhe nach begrenzt

24.1.1 entsprechend § 431 Abs. 1, 2 und 4 HGB auf 8,33 Sonderziehungsrechte für jedes Kilogramm,

(18) ADSp 25 2. Teil. Handelsrechtl. Nebengesetze

24.1.2 höchstens 35.000 Euro je Schadenfall.

24.1.3 Besteht der Schaden eines Auftraggebers in einer Differenz zwischen Soll- und Ist-Bestand des Lagerbestands, ist die Haftung des Spediteurs abweichend von Ziffer 24.1.2 der Höhe nach auf 70.000 Euro pro Jahr begrenzt, unabhängig von Anzahl und Form der durchgeführten Inventuren und von der Zahl der für die Inventurdifferenz ursächlichen Schadenfälle.

24.2 Der Auftraggeber kann gegen Zahlung eines zu vereinbarenden Zuschlags vor Einlagerung in Textform einen Wert zur Erhöhung der Haftung angeben, der die in Ziffer 24.1 bestimmten Höchstbeträge übersteigt. In diesem Fall tritt der jeweils angegebene Wert an die Stelle des betreffenden Höchstbetrages.

24.3 Die Haftung des Spediteurs für andere als Güterschäden mit Ausnahme von Personenschäden und Sachschäden an Drittgut ist bei einer verfügten Lagerung begrenzt auf 35.000 Euro je Schadenfall.

24.4 Die Haftung des Spediteurs – mit Ausnahme von Personenschäden und Sachschäden an Drittgut – ist in jedem Fall, unabhängig davon, wie viele Ansprüche aus einem Schadenereignis erhoben werden, bei einer verfügten Lagerung auf 2,5 Millionen Euro je Schadenereignis begrenzt; bei mehreren Geschädigten haftet der Spediteur anteilig im Verhältnis ihrer Ansprüche. Ziffer 24.2 bleibt unberührt.

Haftungsausschluss bei See- und Binnenschiffsbeförderungen

ADSp 25 25.1 Gemäß § 512 Abs. 2 Nr. 1 HGB ist vereinbart, dass der Spediteur in seiner Stellung als Verfrachter ein Verschulden seiner Leute und der Schiffsbesatzung nicht zu vertreten hat, wenn der Schaden durch ein Verhalten bei der Führung oder der sonstigen Bedienung des Schiffes, jedoch nicht bei der Durchführung von Maßnahmen, die überwiegend im Interesse der Ladung getroffen wurden, oder durch Feuer oder Explosion an Bord eines Schiffes entstanden ist.

25.2 Gemäß Art. 25 Abs. 2 CMNI ist vereinbart, dass der Spediteur in seiner Stellung als Frachtführer oder ausführender Frachtführer nicht für Schäden haftet, die

25.2.1 durch eine Handlung oder Unterlassung des Schiffsführers, Lotsen oder sonstiger Rechtspersonen im Dienste des Schiffes oder eines Schub- oder Schleppbootes bei der nautischen Führung oder der Zusammenstellung oder Auflösung eines Schub- oder Schleppverbandes verursacht werden, vorausgesetzt, der Spediteur hat seine Pflichten nach Art. 3 Abs. 3 CMNI hinsichtlich der Besatzung erfüllt, es sei denn, die Handlung oder Unterlassung wird in der Absicht, den Schaden herbeizuführen, oder leichtfertig und in dem Bewusstsein begangen, dass ein solcher Schaden mit Wahrscheinlichkeit eintreten werde,

25.2.2 durch Feuer oder Explosion an Bord des Schiffes verursacht worden, ohne dass nachgewiesen wird, dass das Feuer oder die Explosion durch ein Verschulden des Spediteurs, des ausführenden Frachtführers oder ihrer Bediensteten oder Beauftragten oder durch einen Mangel des Schiffes verursacht wurde,

25.2.3 auf vor Beginn der Reise bestehende Mängel seines oder eines gemieteten oder gecharterten Schiffes zurückzuführen sind, wenn er beweist, dass die Mängel trotz Anwendung gehöriger Sorgfalt vor Beginn der Reise nicht zu entdecken waren.

25.3 Ziffer 22.4 bleibt unberührt.

VI. Transport   **29 ADSp (18)**

Außervertragliche Ansprüche

ADSp 26 Die vorstehenden Haftungsausschlüsse und -begrenzungen finden nach Maßgabe der §§ 434, 436 HGB auch auf außervertragliche Ansprüche Anwendung. Ziffer 23.4.1 findet entsprechende Anwendung.

Qualifiziertes Verschulden

ADSp 27 27.1 Die in den Ziffern 22.2, 22.3, 23.3 und 23.4 i. V. m. 23.5, 24 sowie 26 genannten Haftungsausschlüsse und -begrenzungen gelten nicht, wenn der Schaden verursacht worden ist

27.1.1 durch Vorsatz oder grobe Fahrlässigkeit des Spediteurs oder seiner Erfüllungsgehilfen oder

27.1.2 durch Verletzung vertragswesentlicher Pflichten, wobei Ersatzansprüche in letzterem Fall begrenzt sind auf den vorhersehbaren, typischen Schaden.

27.2 Abweichend von Ziffer 27.1.2 entfallen die Haftungsbegrenzungen in Ziffer 24.1 und 24.2 nur bei einer grob fahrlässigen oder vorsätzlichen Verletzung vertragswesentlicher Pflichten.

27.3 §§ 435, 507 HGB bleiben in ihrem jeweiligen Anwendungsbereich unberührt.

27.4 Ziffer 27.1 findet keine Anwendung auf gesetzliche Vorschriften wie Art. 25 MÜ, Art. 36 CIM oder Art. 20, 21 CMNI, die die Haftung des Spediteurs erweitern oder zulassen, diese zu erweitern, oder die Zurechnung des Verschuldens von Leuten oder sonstigen Dritten ausdehnen.

Haftungsversicherung des Spediteurs

ADSp 28 28.1 Der Spediteur ist verpflichtet, bei einem Versicherer seiner Wahl eine Haftungsversicherung zu marktüblichen Bedingungen abzuschließen und aufrecht zu erhalten, die mindestens im Umfang der Regelhaftungssummen seine verkehrsvertragliche Haftung nach den ADSp und nach dem Gesetz abdeckt. Die Vereinbarung einer Höchstersatzleistung je Schadenfall, Schadenereignis und Jahr ist zulässig; ebenso die Vereinbarung einer angemessenen Selbstbeteiligung des Spediteurs.

28.2 Der Spediteur hat dem Auftraggeber auf Verlangen das Bestehen eines gültigen Haftungsversicherungsschutzes durch die Vorlage einer Versicherungsbestätigung nachzuweisen. Erbringt er diesen Nachweis nicht innerhalb einer angemessenen Frist, kann der Auftraggeber den Verkehrsvertrag außerordentlich kündigen.

28.3 Der Spediteur darf sich gegenüber dem Auftraggeber auf die Haftungsbestimmungen der ADSp nur berufen, wenn er bei Auftragserteilung einen ausreichenden Versicherungsschutz vorhält.

Auftraggeberhaftung

ADSp 29 29.1 Die Haftung des Auftraggebers aus §§ 414, 455, 468 und 488 HGB ist begrenzt auf 200.000 Euro je Schadenereignis.

Merkt 2589

(18) ADSp 32

29.2 Die vorstehende Haftungsbegrenzung findet keine Anwendung bei Personenschäden, also Verletzung des Lebens, des Körpers oder der Gesundheit, oder wenn der Schaden verursacht worden ist durch Vorsatz oder grobe Fahrlässigkeit des Auftraggebers oder seiner Erfüllungsgehilfen oder durch Verletzung vertragswesentlicher Pflichten, wobei Ersatzansprüche in letzterem Fall begrenzt sind auf den vorhersehbaren, typischen Schaden.

Anzuwendendes Recht, Erfüllungsort, Gerichtsstand

ADSp 30 30.1 Für die Rechtsbeziehung zwischen Spediteur und Auftraggeber gilt deutsches Recht.

30.2 Der Erfüllungsort ist für alle Beteiligten der Ort derjenigen Niederlassung des Spediteurs, an die der Auftrag oder die Anfrage gerichtet ist.

30.3 Der Gerichtsstand für alle Rechtsstreitigkeiten, die aus dem Verkehrsvertrag, seiner Anbahnung oder im Zusammenhang damit entstehen, ist für alle Beteiligten, soweit sie Kaufleute sind, entweder der Ort der Niederlassung des Auftraggebers oder derjenigen Niederlassung des Spediteurs, an die der Auftrag oder die Anfrage gerichtet ist. Die vorstehende Gerichtsstandsvereinbarung gilt im Fall der Art. 31 CMR und 46 § 1 CIM als zusätzliche Gerichtsstandsvereinbarung, im Falle der Art. 39 CMR, 33 MÜ, 28 WA nicht.

Geheimhaltung

ADSp 31 Die Parteien sind verpflichtet, sämtliche ihnen bei der Durchführung des Verkehrsvertrages bekannt werdenden, nicht öffentlich zugänglichen Informationen vertraulich zu behandeln. Die Informationen dürfen ausschließlich zum Zwecke der Leistungserbringung genutzt werden. Die Parteien haben andere Rechtspersonen, deren sie sich bei Erfüllung ihrer verkehrsvertraglichen Pflichten bedienen, diese Geheimhaltungsverpflichtung aufzuerlegen.

Compliance

ADSp 32 32.1 Der Spediteur verpflichtet sich, Mindestlohnvorschriften und Vorschriften über Mindestbedingungen am Arbeitsplatz einzuhalten und bestätigt dies auf Verlangen des Auftraggebers in Textform. Der Spediteur stellt den Auftraggeber von seiner Haftung auf den Mindestlohn frei, wenn der Spediteur oder ein im Rahmen des Verkehrsvertrages mit dem Auftraggeber eingesetzter Nachunternehmer oder Entleiher Arbeitnehmern nicht den gesetzlichen Mindestlohn zahlt und der Auftraggeber in Anspruch genommen wird.

32.2 Der Spediteur hat im Fall von Beförderungen sicherzustellen, dass er oder der die Beförderung ausführende Unternehmer

32.2.1 im Anwendungsbereich des GüKG Inhaber einer Erlaubnis nach § 3 GüKG oder einer Berechtigung nach § 6 GüKG oder einer Gemeinschaftslizenz ist oder eine solche Erlaubnis, Berechtigung oder Lizenz nicht unzulässig verwendet,

32.2.2 im Anwendungsbereich des GüKG bei der Beförderung Fahrpersonal einsetzt, das die Voraussetzungen des § 7b Abs. 1 Satz 1 GüKG erfüllt,

32.2.3 auf Anforderung alle bei der Beförderung gesetzlich mitzuführenden Dokumente vorlegt, soweit der Auftraggeber oder Dritte gesetzlichen Kontrollpflichten genügen müssen.

VI. Transport 32 ADSp (18)

32.3 Der Spediteur oder der die Beförderung ausführende Unternehmer ist verpflichtet, die Tätigkeit seines Fahrpersonals so zu organisieren, dass die vorgeschriebenen Arbeits-, Lenk- und Ruhezeiten eingehalten werden können. Es besteht ein generelles Alkohol- und Drogenverbot beim Führen des Fahrzeugs.

32.4 Beide Parteien verpflichten sich, die für ihr Unternehmen geltenden gesetzlichen Vorschriften einzuhalten. Sie unterstützen und achten die Grundsätze des „Global Compact" („UNGC"), der allgemeinen Erklärung der Menschenrechte der Vereinten Nationen und die Erklärung der International Labor Organization über grundlegende Prinzipien und Rechte bei der Arbeit von 1998 („Declaration on Fundamental Principles and Rights at Work") in Übereinstimmung mit nationalen Gesetzen und Gepflogenheiten. Insbesondere werden beide Parteien in ihren Unternehmen

32.4.1 keine Kinder beschäftigen oder Zwangsarbeiter einsetzen,

32.4.2 die jeweiligen nationalen Gesetze und Regelungen über Arbeitszeiten, Löhne und Gehälter und sonstige Arbeitgeberverpflichtungen einhalten,

32.4.3 die geltenden Arbeits- und Gesundheitsbestimmungen einhalten und für ein sicheres und gesundheitsförderliches Arbeitsumfeld sorgen, um die Gesundheit der Beschäftigten zu erhalten und Unfälle, Verletzungen sowie arbeitsbedingte Erkrankungen zu vermeiden,

32.4.4 jegliche Diskriminierung aufgrund Rasse, Religion, Behinderung, Alter, sexueller Orientierung oder Geschlecht unterlassen,

32.4.5 die internationalen Antikorruptionsstandards, wie sie im UNGC und lokalen Antikorruptions- und -bestechungsgesetzen festgelegt sind, beachten,

32.4.6 alle geltenden Umweltgesetze und -regelungen einhalten,

32.4.7 ihren Geschäftspartnern und Nachunternehmern antragen, die zuvor genannten Grundsätze auch ihrem Handeln zugrunde zu legen.

Sachverzeichnis

Es bezeichnen: Fette Zahlen ohne Klammern und Zusatz die Paragraphen des HGB, fette Zahlen nach dem (mit einer eingeklammerten fetten Nummer bezeichneten) Kurztitel eines Nebengesetzes die Paragraphen dieses Nebengesetzes, magere Zahlen (ausnahmsweise in Verbindung mit Großbuchstaben) die Randnummern der Anmerkungen. Anh = Anhang, Einl = Einleitung, Überbl = Überblick, Vorb = Vorbemerkung. Weitere Abkürzungen siehe im Abkürzungsverzeichnis. Beispiele: Auskunft 347 8, 23 = Auskunft siehe § 347 HGB Randnummern 8, 23 – Bankvertrag (7) BankGesch A/6 = Bankgeschäfte Randnummer A/6 – Unternehmenskauf Einl vor 1 44–47 = Unternehmenskauf siehe Einleitung vor § 1 HGB Randnummern 44–47.

„ab Lager" 346 40
„ab Schiff" 346 40; (6) Incoterms 5 3
„ab Station" 346 40
„ab Werk" 346 40; (6) Incoterms **Einl** 19, 20; **1**
Abbedingung s Abdingbarkeit **Abbuchungsauftragsverfahren** (7) BankGesch D/8
Abdingbarkeit 55 10, 12; 84 16; 85 8; 87 19, 22, 47 f; **87b** 18; **87c** 29; **87d** 2; **88a** 2; **89a** 26; **90a** 3, 30; **92b** 9; **92c** 1, 13
Abfindung 105 18–30; 131 48–57
Abfindungsbeschränkungen 131 64–66
Abfindungsbilanz Einl vor 1 35; **131** 50–51
Abfindungsklauseln 131 58–73
Abfindungsversicherung 161 8
abgestimmtes Verhalten Einl vor 343 4
Abgrenzung des Handelsvertreterbegriffs und -rechts 84 10 ff.
– ggü Handelsmakler 84 20
– ggü Kommissionär, Kommissionsagent, Franchisenehmer 84 18 f.
– ggü Vertragshändler 84 10–17
Abholklausel 346 40; (6) Incoterms **Einl** 20–21
Abhören 59 94
Abkoppelungsthese 264 11
Abladegeschäft Einl vor 373 50
Ablehnung 55 7; 86 6; **86a** 1, 7, 10, 13; 87 8; **87c** 23; 89 25; **89a** 19; **89b** 34, 54; **90a** 15; **91a** 1 f, 6 ff.
Ablieferung 407 13, 18; **439** 3; (17) CMR 17 2; (18) ADSp 13
Ablieferungshindernisse 419; (17) CMR 15
Ablieferungspflicht 445 2
Abmahnung 89a 10, 18
– Arbeitnehmer 59 49, 127, 130
– HdlVertreter **89a** 1, 10, 18
– OHG 133 7
– unberechtigte **Einl** vor **1** 68
– Verdachtsabmahnung 59 130
Abnahme (6) Incoterms **Einl** 35
Abnahmegarantie 86 9
– s auch Garantie

Abonnement
– Sprunghaftung **87a** 35
– Zeitschriftenabonnement 84 26, 42; **87a** 15; **87b** 13; **89b** 21
Abonnentensammler 59 31a
Abraumbeseitigungsrückstellung 249 18
Abrechnung 87c 3 ff.
– Form 350 5
– Provision **87c**
– Schweigen auf 346 31
Absatzgarantie 89b 18
– s auch Garantie
Absatzgebiet 86 27; 87 28
Absatzgeschäft
– Verlust, drohender 249 14
Absatzmittler 84 1, 35 f., 39
Absatzorganisation 84 13, 42; 86 18
Absatzrisiko 84 12; 86 35
Abschichtungsbilanz 131 50–51, 54, 57
Abschlagszahlungen 252 10
Abschluss von Geschäften 84 24–26
Abschlussagent 84 25
Abschlussfreiheit Einl vor 343 6
Abschlussprovision 86b 10; 87 1, 3; **89b** 24, 41, 47
Abschlussprüfer 317 6
– Abberufung 318
– Annahme 318 2
– Auskunftsrecht 320 2
– Ausschlussgründe 318 6; 319; **319a**
– Auswahl 319
– Befähigung 319
– Befangenheit 318 9; 319 4; **319a** 1
– Berichtspflicht 320 4; 321 1
– Berichtspflichtverletzung 332
– Berufshaftpflichtversicherung 323 11
– Bestellung 318; (3) FamFG 375
– Buchprüfer, vereidigter 319 1, 4, 13–25
– Corporate Governance Kodex **Überbl** vor 316 6–7; 317 7; 319 4
– Einzelabschluss **324a** 2
– Entscheidungskompetenz **319a** 4
– Ersetzung 318 6–10; 319 30
– familiäre Verflechtung **319a** 8
– frühere Tätigkeit 318 6

Sachverzeichnis

- Geheimhaltungspflichtverletzung 333
- Gemeinschaftsprüfung 317 6
- Haftung 323 7
- Hilfspersonen 317 6
- Inhabilität 319 4
- Insolvenz 318 8
- Konzernabschlussprüfer 318 5; 319 28
- Kündigung 318 13–15
- Netzwerkabhängigkeit 319b
- public watch dog 318 2
- Qualifikationsmängel 318 6
- PrüfungsGes 319 26–27
- Rechnungslegungsinformationssystem, Mitwirkung 319a 6
- Rechtsberatungsleistungen 319a 3–5
- Rede- und Anzeigepflichten 321 2–7
- Reform 2014 **Überbl** vor 316 8; 319a 7
- Rotation 319a 7, 10, 11
- Schweigepflicht 323 2–4, 10
- Selbstaufdeckung 318 6
- Selbstprüfungsverbot 319 18; 319a 3
- Sozietätsklausel 319a 10
- Spruchstellenverfahren 319 4
- Steuerberatungsleistungen 319a 3
- Trennung von Prüfung und Beratung 319 5; 319a 3
- Übergangsrecht 319 2, 18; 319a 3, 10; **(1) EGHGB 25–26**
- Umsatzabhängigkeitsgrenze 319a 2
- Unabhängigkeit 319 4, 29, 30; 319b 1
- Unabhängigkeitsbestätigung 321 11
- Unabhängigkeitserklärung 319 12
- Unterrichtung der Wirtschaftsprüferkammer 318 15
- Vergütung 285 18; 314 11; 318 12
- Verschwiegenheit 323 2–4, 10
- Vorlagepflichten 318 14; 321 12
- Wahl 318 1–4
- Widerruf der Bestellung 318 4, 6
- Wirtschaftsprüfer 319 4, 13–25

Abschlussprüfung Einl vor 238 20
- s auch Jahresabschluss, Konzernabschluss
- ausländische 291, 292 1
- Bestätigungsvermerk 316 2; 319a 7, 10; 321 11, 322, 328
- Beurteilung 322 3–5
- Bußgeld 334
- comfort letter 316 5
- Dritthaftung 323 8
- Einblicksgebot 321 8, 321a 1
- Einsichtnahme 320 1
- Einzelabschluss 324a
- Enron **Überbl** vor 316 7
- Erläuterungsrecht 321a 2
- Erwartungslücke 317 3
- europäische Vorgaben **Überbl** vor 316 3
- freiwillige 316 5
- Freizeichnung 323 11
- Gegenstand 317
- Haftung **Überbl** vor 316 5, 323
- Insiderinformationen 323 5
- Insolvenz 321a 1
- interne Revision 318 3
- joint audit 317 6
- Kapitalmarktinformationshaftung 323 8
- kapitalmarktorientierte Unternehmen 319a 1
- Klarheitsgebot 321 1
- Konzernabschluss s dort
- künftige Entwicklung 322 15
- management letter 321 1
- Meinungsverschiedenheiten 324 1
- Mitverschulden 323 7
- Nachtragsprüfung 316 4
- Nichterteilungsvermerk 322 13
- Offenlegung 319 11; 321a
- Ordnungsgeld 335; 335b
- Pflicht 316
- Positiverklärung 321 2
- Prüfungsausschuss **Überbl** vor 316 7; 324
- Prüfungsbericht 298 2; 321; 321a; 322 1
- Qualitätskontrolle 319 2
- Reformen **Überbl** vor 316 1–2a, 8; s auch APAReG, AReG
- Saldenbestätigung 320 2
- Sarbanes-Oxley-Act **Überbl** vor 316 7
- Schadensersatzpflicht 319 31; 323 7–8
- Strafvorschriften 331–333
- Teilbericht 321 7
- true and fair view 321 8; 322 6
- Übergangsrecht **Einl** vor 238 83–111; 316 1; (1) EGHGB 25, 46
- Umfang 317 1–6
- unrichtige Darstellung 331
- Unterschlagungsprüfung 317 3; 321 6
- Unterzeichnung 321 10; 322 16
- verantwortlicher Prüfungspartner 319a 10
- Verantwortlichkeit 323; (1) EGHGB 46
- Verhaltenspflichten 323 1–6
- Verjährung 323 12
- Versagungsvermerk 322 8, 9, 13
- Verschmelzungswertgutachten 319 19; 319a 5
- Verstoß 319 3, 29, 30; 319a 12
- Verwertungsverbot 323 5
- Vorlagepflicht 320 1; 321 12
- Vorwegberichterstattung 321 1
- Warnpflicht 321 2–7
- Wesentlichkeitsgrundsatz 317 3
- Ziele 317 3–5

Abschlussprüfungs-Richtlinie Überbl vor 316 4

Abschlussprüfungsvertrag 318 2–3; 319 31; 323 7–8
- AGB-Kontrolle 318 3
- Aufhebung 318 4, 13
- Kündigung 318 13–15
- Nichtigkeit 319 31

Abschlussvermittlung (7) BankGesch Q/1

Abschlussvertreter 55; 84 25; 91
- Geschäftsunfähige 84 7
- Makler 55 4
- Niederlassung 55 3

Sachverzeichnis

Abschlussvollmacht 55; 84 28, 31; **86** 15; **91** 1 ff.;
- **91a** 1,4
- besondere Ermächtigung **55** 11–13
- Entgegennahme von Erklärungen **55** 7, 9; **91** 2
- Inkassovollmacht **55** 9, 13
- Mängelanzeige **55** 7
- Missbrauch **55** 14
- Rechtsschein **55** 3, 10

Abschreibungen
- Umfang **55** 6–15
- s auch Bewertung, Handelsbücher
- Abschreibungsmethode **253** 11
- Abschreibungsplan **253** 10
- Anlagevermögen **253** 8–14; **275** 11, 16
- außerplanmäßige **253** 13; **277** 3
- Börsenpreis **253** 19
- Finanzanlagen **275** 16
- Forderungen **253** 23
- geringwertige Vermögensgegenstände **253** 14
- IFRS **309** 1
- kfm Beurteilung, vernünftige **253** 27
- Marktpreis **253** 16
- Niederstwertprinzip **253** 1, 18
- Nutzungsdauer **253** 10
- planmäßige **253** 9–12
- sofortige **253** 14
- stille Reserven s Rücklagen
- Umlaufvermögen **253** 18–32
- Unterschiedsbeträge **301** 8; **309**; **312** 4
- Wert, beizulegender **253** 17
- Wertaufholungsgebot **253** 28, 29
- Wertberichtigung **253** 8
- Wertschwankungen **253** 21

Abschreibungsgesellschaft Anh 177a 52, 55
Absender 407 16
Absenderschutz 422 2
Absichtserklärung Einl vor 343 4
Abspaltungsverbot 109 16–17; **119** 19
- Geschäftsführung **114** 23
abstrakter Vertrag 350 4
- s auch Schuldversprechen

Abtretung
- Akkreditivverlöse **(11)** ERA 39
- Darlehensforderungen **(7)** BankGesch A/9, G/5a
- Einlageforderung **171** 9
- Form **350** 3
- Geldforderung **354a**
- Globalzession, unwirksame **(7)** BankGesch H/2–5
- Lohnabtretung **59** 81; **(7)** BankGesch H/5
- Mehrfachabtretung **(7)** BankGesch H/4
- Prospekthaftungsanspruch **Anh 177a** 65
- Sicherungsabtretung **124** 19
- Vergütungsanspruch **59** 81–82; **87** 49
Abwälzungsvereinbarung 89b 68
Abwanderungsquote 89b 12, 21, 23
Abweichende Vereinbarungen 89b 95

Abwerbung 86 28; **86a** 17; **89a** 17, 19, 23; **90a** 30
Abwicklung 145 3
- s auch Auseinandersetzung, Liquidation
Abzahlungsgeschäft (7) BankGesch G/34
- Verfall **348** 10
- Vertragsstrafe **348** 6
„Acht Tage" **359** 2
actio pro socio 109 32; **124** 41
ADHGB Einl vor 1 9
Ad-hoc-Meldung
- Berichtigungspflicht **(16a)** MAR **17** 7
- Prospekthaftung, zivilrechtliche **(15a)** WpPG **25** 4
- Veröffentlichung **(16a)** MAR **17** 7
Ad-hoc-Publizität (16a) MAR **17**, **(16b)** WpHG **97** 8
- Aufschub der Veröffentlichung **(16a)** MAR **Vorb.** 7; **17** 8–13
- Betroffenheit, unmittelbare **(16a)** MAR **17** 3a
- Emissionszertifikate **(16a)** MAR **17** 3
- Emittenten **(16a)** MAR **17** 2–4
- Pflichtverletzungen **37b** 4–6; **(16b)** WpHG **97** 4
- Umstände, unternehmensexterne **(16a)** MAR **17** 3a
- Umstände, unternehmensinterne **(16a)** MAR **17** 3a
- Vorstandsmitglieder, Haftung **(16b)** WpHG **97** 8
- Wahrung der Finanzstabilität **(16a)** MAR **17** 13
ADR-Richtlinie (7) BankGesch A/56
Adressbuch 84 42; **89b** 12
ADS Güterversicherung 346 15
ADSp (18) ADSp
- s auch Spedition
- Abdingbarkeit **(18)** ADSp **Einl vor 1** 3
- Anwendungsbereich **(18)** ADSp **Einl vor** 14
- Auslegung **(18)** ADSp **Einl vor 1** 6
- Entstehung **(18)** ADSp **Einl vor 1** 1
- Geltung **(18)** ADSp **Einl vor 1** 2
- Inhaltskontrolle **(18)** ADSp **Einl vor 1** 5
- Neufassung **(18)** ADSp **Einl vor 1** 1
AEUV
- Wettbewerbsbeschränkungen **86** 38–39
AG & Co Anh 177a 11
AGB 54 19; **55** 5, 12; **84** 17; **85** 5; **86** 8, 11, 14, 32 f., 47; **86a** 6; **89** 16, 18, 28; **89a** 27 f.; **89b** 68, 96; **90a** 31; **92c** 1; **(5)** BGB **305–310**
- Abschlussvertreter **(5)** BGB **309** Nr. 11
- Abwicklung von Verträgen **(5)** BGB **308** Nr. 7
- Änderungsvorbehalt **(5)** BGB **308** Nr. 4
- Annahmefrist **(5)** BGB **308** Nr. 1
- Anwendungsbereich **(5)** BGB **310**
- Anzeigen **(5)** BGB **309** Nr. 13
- Arbeitsrecht **(5)** BGB **310 IV**
- Arbeitsvertrag **59** 43

Sachverzeichnis

- Aufrechnung **(5)** BGB 309 **Nr. 3**
- Auslegung **(5)** BGB 305c **II**
- Banken **(8)** AGB-Banken
- Bauleistungen **(5)** BGB 308 **Nr. 5**; 309 **Nr. 8b bb, ff**
- Begriff **(5)** BGB 305
- Bereichsausnahmen **(5)** BGB 310
- Beweislast **(5)** BGB 309 **Nr. 12**
- Dauerschuldverhältnisse **(5)** BGB 308 **Nr. 3**; 309 **Nr. 1, 9**
- Einbeziehung in Vertrag **(5)** BGB 305; 305a
- Einverständnis **(5)** BGB 305; 305a
- Eisenbahn **(5)** BGB 305a **Nr. 1**
- Energiewirtschaft **(5)** BGB 310 **II**
- Erbrecht **(5)** BGB 310 **IV**
- Erklärungsform **(5)** BGB 309 **Nr. 13**
- Familienrecht **(5)** BGB 310 **IV**
- fingierte Erklärungen **(5)** BGB 308 **Nr. 5**
- Form **(5)** BGB 309 **Nr. 13**
- Freizeichnung 347 38; **(5)** BGB 309 **Nr. 7, 8**
- Fristsetzung **(5)** BGB 309 **Nr. 4**
- geltungserhaltende Reduktion **(5)** BGB **Einl 5**; 306
- Generalklausel **(5)** BGB 307
- Gesellschaftsrecht **(5)** BGB 310 **IV**
- Gewährleistung **(5)** BGB 309 **Nr. 8**
- Haftungsausschluss **(5)** BGB 309 **Nr. 7, 8**
- HdlVertretervertrag 86 8–11, 33
- Hinweis **(5)** BGB 305 **II Nr. 1**
- Incoterms **(6)** Incoterms **Einl 15**
- Inhaltskontrolle **(5)** BGB 307–309
- Internetpräsenz **Einl** vor 373 49
- Kenntnisnahme **(5)** BGB 305 **II Nr. 2**
- Klauselverbot **(5)** BGB 308; 309
- Leistungsfrist **(5)** BGB 308 **Nr. 1**
- Leistungsverweigerungsrecht **(5)** BGB 309 **Nr. 2**
- Leitbildfunktion dispositiven Rechts **(5)** BGB 307 **II Nr. 1**
- Mahnung **(5)** BGB 309 **Nr. 4**
- Mängelanzeige, Ausschlussfrist **(5)** BGB 309 **Nr. 8b ee**
- Mängelgewährleistung **(5)** BGB 309 **Nr. 8b**
- Missbrauchskontrolle **(5)** BGB **Einl 5**
- Nacherfüllung **(5)** BGB 309 **Nr. 8b**
- Nachfrist **(5)** BGB 308 **Nr. 2**
- Nachleistung **(5)** BGB 309 **Nr. 8b**
- Pauschalierung **(5)** BGB 309 **Nr. 5**
- Preiserhöhung **(5)** BGB 309 **Nr. 1**
- Rechtsnatur **(5)** BGB 305
- Rom I **92c** 1
- Rücktrittsvorbehalt **(5)** BGB 308 **Nr. 3**
- Sachgesamtheit **(5)** BGB 309 **Nr. 9**
- Sachmängelhaftung **(5)** BGB 309 **Nr. 8b**
- Schriftform **Einl** vor 343 9; **(5)** BGB 309 **Nr. 13**
- Teilunwirksamkeit **(5)** BGB 306
- Treu und Glauben **(5)** BGB 307
- überraschende Klauseln **(5)** BGB 305c

- Umgehungsverbot **(5)** BGB 306a
- Unklarheitenregel **(5)** BGB 305c **II**
- Unternehmer **(5)** BGB 310
- Unterwerfung **(5)** BGB 305; 305a–c
- Unwirksamkeit **(5)** BGB 306–310
- Verbraucher **(5)** BGB 310 **III**
- Verfallklauseln **(5)** BGB 309 **Nr. 6**
- Verjährung **Einl** vor 343 16
- Verkehr **(5)** BGB 305a **Nr. 1**; 309 **Nr. 7**
- Versicherungsverträge **(5)** BGB 309 **Nr. 9**
- Vertragsstrafe **(5)** BGB 309 **Nr. 6**
- Vollmacht **(5)** BGB 309 **Nr. 11**
- Vollständigkeitsklauseln **Einl** vor 343 9
- Wechsel des Vertragspartners **(5)** BGB 309 **Nr. 10**
- Wirtschaftsprüfer **(2a)** WPO **Einl 7**
- Zugangsfiktion **(5)** BGB 308 **Nr. 6**

AGB-Anderkonten (10) AGB-Anderk
- Notare **(10b)** AGB-Anderk
- Patentanwälte **(10d)** AGB-Anderk
- Rechtsanwälte **(10a)** AGB-Anderk
- Steuerberater **(10c)** AGB-Anderk
- Wirtschaftsprüfer **(10c)** AGB-Anderk

AGB-Banken (8) AGB-Banken
- Aktien, bankeigene **(8)** AGB-Banken **14** 12
- Änderung **(8)** AGB-Banken **1** 7; **11** 1, 2
  - von Zinsen und Entgelten **(8)** AGB-Banken **12** 1, 3
- Aufgebote **(8)** AGB-WPGeschäfte **17**
- Aufklärungspflichten **(8)** AGB-WPGeschäfte **Einl 1**
- Aufrechnungsverbot **(8)** AGB-Banken **4** 1
- Aufträge **(8)** AGB-Banken **11** 4–8
- Auskünfte **(8)** AGB-Banken **2** 3–8
- Auslagen **(8)** AGB-Banken **12** 8
- Auslandsverkehr **(8)** AGB-Banken **1** 5
- Bankauskünfte **(8)** AGB-Banken **2** 3–8
- Bankgeheimnis **(8)** AGB-Banken **2** 1, 2
- Bankleitzahlangabe **(8)** AGB-Banken **11** 5
- Benachrichtigungspflicht des Kunden **(8)** AGB-Banken **11** 10
- Beratungspflichten **(8)** AGB-WPGeschäfte **Einl 1**
- Berufspflichten **(8)** AGB-Banken **2** 4
- Bestens-Auftrag **(8)** AGB-WPGeschäfte **3**
- Betriebsstörungen **(8)** AGB-Banken **3** 8
- Bezugsrechte **(8)** AGB-WPGeschäfte **5** 15
- Bogenerneuerung **(8)** AGB-WPGeschäfte **14**
- Börse **(8)** AGB-WPGeschäfte **2, 4, 6**
- Bürgschaft **(8)** AGB-Banken **13** 4
- Depotgeschäft **(8)** AGB-WPGeschäfte **13**
- Devisenhandel **(8)** AGB-WPGeschäfte **Einl 2**
- Eigenhandel **(8)** AGB-WPGeschäfte **9**
- Eigenhändlerklausel **(8)** AGB-WPGeschäfte **9** 2

Sachverzeichnis

- Eilbedürftigkeit eines Auftrags **(8)** AGB-Banken **11** 7, 8
- Einlagensicherungsfonds **(8)** AGB-Banken **20**
- Einwendungen **(8)** AGB-Banken **7** 2; **8** 4
- Einzugsgeschäft **(8)** AGB-Banken **9**
- Entgelt **(8)** AGB-Banken **12**
- Erben **(8)** AGB-Banken **5**
- Fehlleitung **(8)** AGB-Banken **11** 8
- Freigabeanspruch **(8)** AGB-Banken **16** 2
- Fremdwährungsgeschäfte **(8)** AGB-Banken **10** 4–11
- Fremdwährungskonten **(8)** AGB-Banken **10** 1–3
- fristgebundene Zahlungen **(8)** AGB-Banken **11** 7
- Geltung **(8)** AGB-Banken **1** 1–6
- Genehmigung **(8)** AGB-Banken **7** 3–5, 7
- Gerichtsstandsvereinbarung **(8)** AGB-Banken **6** 2–3
- Geschäftsverbindung **(8)** AGB-Banken **18, 19**
- Gewinnanteilscheine **(8)** AGB-WPGeschäfte **14**
- Grundpfandrechte **(8)** AGB-Banken **14** 2
- Gültigkeitsdauer **(8)** AGB-WPGeschäfte **4, 5**
- gutgläubiger Erwerb **(8)** AGB-Banken **14** 4
- Gutschrift **(8)** AGB-Banken **9** 1–2
  - fehlerhafte **(8)** AGB-Banken **8** 2
- Haftung für Erfüllungsgehilfen **(8)** AGB-Banken **3** 1, 2
- höhere Gewalt **(8)** AGB-Banken **3** 8
- Interbankverkehr **(8)** AGB-Banken **1** 1
- Klarheitspflicht **(8)** AGB-Banken **11** 4, 5
- Kontonummernangabe **(8)** AGB-Banken **11** 5
- Konto **(8)** AGB-Banken **12** 4
- Kreditauskünfte **(8)** AGB-Banken **2** 3–8
- Kundenschecks **(8)** AGB-Banken **9** 3, 4
- Kündigung **(8)** AGB-Banken **18; 19**
- Lastschrift **(8)** AGB-Banken **7** 7, 9
- Legitimation **(8)** AGB-Banken **5** 1
- Mitteilungspflicht **(8)** AGB-Banken **11** 1, 10
- Nachsicherungsklausel **(8)** AGB-Banken **13** 7
- Neufassung 1993 **(8)** AGB-Banken **Einl** vor **1** 2
- Neufassung 2009 **(8)** AGB-Banken **Einl** vor **1** 1, 2
- Ombudsmann **(8)** AGB-Banken **Einl** vor **1** 3, **21**
- Pfandrecht **(8)** AGB-Banken **14**
- Preisaushang **(8)** AGB-Banken **12** 1
- Rechnungsabschluss **(8)** AGB-Banken **7**
- Rechtswahl **(8)** AGB-Banken **6** 1
- Scheckauskunft **(8)** AGB-Banken **2** 3
- Scheckinkasso **(8)** AGB-Banken **9**
- Sicherheiten **(8)** AGB-Banken **13–17**
- Sicherheitenfreigabepflicht **(8)** AGB-Banken **13** 5
- Sicherungsabtretung **(8)** AGB-Banken **15** 4
- Sicherungsübereignung **(8)** AGB-Banken **15** 1
- Sonderbedingungen **(8)** AGB-Banken **1** 5–6
- Sortenhandel **(8)** AGB-WPGeschäfte **Einl** 2
- Stornorecht **(8)** AGB-Banken **8**
- Substitution **(8)** AGB-Banken **3** 5
- Tages(konto)auszüge **(8)** AGB-Banken **7** 5
- Testament **(8)** AGB-Banken **5** 2
- Tod des Kunden **(8)** AGB-Banken **5**
- Treuhandkonto **(8)** AGB-Banken **14** 11
- Überprüfungspflicht **(8)** AGB-Banken **11** 9
- Übertragung aufDritte **(8)** AGB-Banken **5–7**
- Überweisungen **(8)** AGB-Banken **8** 2, **11** 4–8
- Überziehungszinsen **(8)** AGB-Banken **12** 4
- Unterweisungsverschulden **(8)** AGB-Banken **3** 5
- Vertrauensverhältnis **(8)** AGB-Banken **1** 3
- Vertretungsbefugnis **(8)** AGB-Banken **11** 1–3
- Verwahrungsgeschäft **(8)** AGB-WPGeschäfte **Einl** 2–3, **11–20**
- Verwertung **(8)** AGB-Banken **17**
- Verzögerung **(8)** AGB-Banken **11** 8
- Vorbehaltsgutschriften **(8)** AGB-Banken **9**
- Währungsguthaben **(8)** AGB-Banken **10**
- Wechselinkasso **(8)** AGB-Banken **9**
- Weisungen **(8)** AGB-Banken **11**, **(8)** AGB-WPGeschäfte **2–3**
- weitergeleiteter Auftrag **(8)** AGB-Banken **35**
- Wertpapieraufstellung **(8)** AGB-Banken **1–9**
- Wertpapierhandel **(8)** AGB-WPGeschäfte
- Wertpapierverwahrung **(8)** AGB-WPGeschäfte **13–20**
- Zahlungsauftrag **(8)** AGB-Banken **11** 4
- Zahlungsdienste **(8)** AGB-Banken **1** 8
- Zinsen **(8)** AGB-Banken **12**
- Zurückbehaltungsrecht **(8)** AGB-Banken **14** 1

AGB-Sparkassen (8) AGB-Banken **Einl** vor **1** 4, **(9)** AGB-Spark
AGB-Wertpapiergeschäfte (8) AGB-WPGeschäfte, **(9)** AGB-Spark
AGB-Wirtschaftsprüfer (2b) AGB-WP
AGG s Allgemeines Gleichbehandlungsgesetz (AGG)
Agio (7) BankGesch A/57b
- s auch Disagio

Sachverzeichnis

AIFM-Kapitalverwaltungsgesellschaft Anh 177a 56
AIFM-RL Anh 177a 87
- s auch Kapitalanlagegesetzbuch
- Informationspflichten **Anh 177a** 55a
AIFM-UmsetzungsG Einl vor 238 27, 91; **(1) EGHGB** 72
Akkreditiv (7) BankGesch K/1–28, ERA **(11)** ERA
- Ankaufs- und Schutzzusagen **(7)** BankGesch K/2a
- back-to-back credit **(7)** BankGesch K/24
- Begriff **(11)** ERA 2 9
- deferred payment **(7)** BankGesch K/2, 3, 20
- el.ERA **(11)** ERA Anh
- fall back rules **(7)** BankGesch K/1
- Forfaitierung **(7)** BankGesch J/1
- Internationales Recht **(7)** BankGesch K/2b
- Missbrauch **(7)** BankGesch K/20
- Nominated bank **(7)** BankGesch K/1
- red clause **(7)** BankGesch K/3
- Standby Letter of Credit **(7)** BankGesch K/1a
- Zweitbank **(7)** BankGesch K/2

Akkreditivklausel 346 40; **(7)** BankGesch K/25
Aktie
- bankeigene **(8)** AGB-Banken 14 12
- Delisting **(14)** BörsG 39 3
- goldene **Einl** vor 105 36
- Namensaktie **(13)** DepotG 1 1

Aktienfonds
- Innenprovision **Anh 177a** 66d

Aktiengesellschaft
- Frühwarnsystem 317 9–10
- InvestmentAG **Anh 177a** 86
- Kapitalgesellschaft **Einl** vor 105 13; **Einl** vor 238 44; s auch dort
- Rechtsfähigkeit **Einl** vor 105 12
- Wertpapierprospekthaftung **(15a)** WpPG 21 6
- Zweigniederlassung **13f**

Aktienkursanalyse Einl vor 1 35
Aktienoption 272 7
Aktionärsforum 8b 4
Aktivierbarkeit 246 3–9
- Forderungen 246 11
- Freistellungsanspruch 249 5
- Geschäftswert 246 8–10
- immaterielle Güter 246 4–7
- Vermögensgegenstände 246 3

Aktivierungswahlrecht Einl vor 238 32, 42
Aktivsaldo 357 6
Akzeptkredit (7) BankGesch G/25
algorithmische Handelsprogramme (14) BörsG 3 6, 7; **16** 1
Alleinvertretung 54 2; **86a** 17; **86b** 14; **87** 9, 24, 48; **89a** 23
Alleinvertriebsrecht 84 13, 32; **86a** 17

Allgemeine Geschäftsbedingungen s AGB
Allgemeine Lagerbedingungen des Deutschen Möbeltransports 467 16
Allgemeines Gleichbehandlungsgesetz (AGG) 59 10, 37
Alongside-Käufe
- Insiderhandelsverbot **(16a)** MAR 9 5
Alter des Handelsvertreters 89 20; **89b** 33, 42, 55, 60 f.
Alternativanlage Anh 177a 65
Alternative Investmentfonds Anh 177a 87, 92
- Altgesellschaften **Anh 177a** 94
- Anlage **Anh 177a** 89
- Anlegerkreis **Anh 177a** 92, 94
- geschlossener **Anh 177a** 98
- Manager **Anh 177a** 87
- offener **Anh 177a** 93
- Risikomischung, Grundsatz der **Anh 177a** 89
- Vermögensgegenstände **Anh 177a** 89

Altersdiskriminierung 59 2, 10
Altersteilzeitvereinbarung 246 27
Altersversorgung 87 5; **89b** 39, 93
- betriebliche 59 12, 87–89; **87** 5; **89b** 39, 93; **Anh 177a** 5
- IFRS-Verpflichtungen 253 6
- Verrechnungsverbot 246 27

Altschulden 128 29–30
- Firmenfortführung 25 12
American Foreign Trade Definitions (6) Incoterms **Einl** 8
amerikanischer (US-) Unternehmer 92c 9
a-metà-Geschäft 230 4
Amtshaftung
- bei Eintragungsfehlern 15 23
- Skontrenzuteilung **(14)** BörsG 29 1
Amtstreuhänder Einl vor 48 3
Anderkonto (10) AGB-Anderk
Änderungskündigung 89 17
Anerkenntnis 54 11; **86** 8; **87a** 19; **87c** 3f, 11, 19, 29; **89b** 71, 79, 81; **92** 5
- s auch Schuldanerkenntnis
Anerkenntnisfiktion 87c 19, 29
Anerkennung
- Gründungstheorie **Einl** vor 105 29
- internationale **Einl** vor 1 99
- Sitztheorie **Einl** vor 105 29, 36; **105** 10
Anfechtung 54 10; **55** 7, 9, 12; **84** 54; **85** 1; **86a** 4; **87** 7; **89** 5, 24; **89b** 8, 64; **90a** 18, 23; **91a** 7, 10
- s auch Arglist
- Arbeitsvertrag 59 38, 117–120
- Entgegennahme 55 7, 9, 12; **91** 2
- der Genehmigung **91a** 7, 10
- der Genehmigungsablehnung **91a** 7
- der Ges 129 9
- des HdlVertretervertrags 85 1; **89** 5, 24; **89b** 8, 64
- der Kündigung 89 24

2598

Sachverzeichnis

- Provision bei **87** 7
- Täuschung durch den HdlVertreter **84** 54
- des Versicherungsvertrags **92** 10
- des Verzichts **90a** 18, 23
- des Zahlungsauftrags **(7)** BankGesch C/40

Angestellter 54 1, 5; **55** 2; **84** 1, 23, 32, 39 f; **87** 11; **89a** 17; **89b** 14, 68; **90** 9; **92c** 5
- s auch Arbeitnehmer
- Haftung **Einl vor 48** 10
- kfm **59** 31b
- nicht kfm **83**
- technischer **59** 23

Anhang Einl vor 238 77; **284–286**
- s auch Handelsbücher, Jahresabschluss, Offenlegung
- Abschlussprüferhonorar **285** 18
- Anlageaktien **285** 25
- Anteile **285** 25
- Anteilsbesitz ab 20 % **285** 11
- Ausweis unter der Bilanz **285** 26
- Bewertungseinheiten **285** 22
- Bewertungsmethoden **285** 11, 13, 14
- Bilanzierungsmethoden **284** 11, 13, 14
- Darstellung **284** 10
- Entsprechenserklärung **285** 17
- Ergebnisbeeinflussung durch steuerrechtliche Bewertung **285** 5
- Erleichterungen, größenabhängige **288**
- Ertragsteuer **285** 6
- Finanzinstrumente **285** 19
- Forschungs- und Entwicklungskosten **285** 21
- freiwillige Angaben **284** 8
- Fremdkapitalzinsen **284** 15
- Fristengliederung **340d**
- Funktion **284** 2
- Genossenschaften **338**
- Gesamtbetrag **285** 27
- Gesamtbezüge der Organmitglieder **285** 9
- Gliederung **284** 9
- Großreparaturen **285** 3
- kleiner KapitalGes **288**
- bei KleinstkapitalGes **264** 8
- Konzernanhang s dort
- Kreditinstitut **340c, 340d**
- latente Steuern **285** 28
- Materialaufwand **285** 8
- mittelgroßer KapitalGes **288**
- nahe stehende Unternehmen/Personen **285** 20
- Organmitglieder **285** 9, 10
- Pensionsrückstellungen **285** 23
- Personalaufwand **285** 8
- Pflichtangaben **284** 3–7
- Rechtsnatur **284** 1
- Rückstellungen **285** 13
- Schutzklausel **286**
- sonstige finanzielle Verpflichtungen **285** 3
- Umsatzerlösaufgliederung **285** 4
- Unterlassen von Angaben **286**
- Unterschiedsbeträge **284** 14
- Verrechnung **285** 24; **340c**
- Wahlpflichtangaben **284** 3–7
- Währungsumrechnung **284** 12

Ankunftsklausel 346 40; **(6)** Incoterms **Einl** 20, 24

Anlage
- Alternativanlage **Anh 177a** 65
- Industrieanlagenvertrag **Einl vor 373** 2223, 381 6
- Mittelverwendungskontrolleur **Anh 177a** 82b

Anlageberatung 347; **(7)** BankGesch A/4, Q/1
- Aufklärungspflichten **Anh 177a** 66b–66c
- Banktochter, outgesourcte **347** 30
- Compliance-Beauftragte
- Garantiedividende für Kdtisten **Anh 177a** 66f
- Gerichtsstand **347** 40
- Haftung **84** 55; **230** 3
- Prospekthaftung s dort
- Protokoll **347** 37
- Publikumsfonds **Anh 177a** 66b
- Vorstrafe **Anh 177a** 61, 66c
- Wertpapier(haupt)dienstleistung **(7)** BankGesch U/3

Anlageberatungsvertrag 347 14

Anlagegesellschaft
- Insolvenz **Anh 177a** 82b

Anlagegitter 268 2
- Befreiung **274a**

Anlagespiegel Einl vor 238 74; **268** 2

Anlagestimmung (15a) WpPG **21** 7; **23** 2

Anlagevermittlung (7) BankGesch A/4, Q/1
- Haftung **230** 3
- HdlMakler **93** 6
- unrichtige Angaben **Anh 177a** 58

Anlagevermögen 247 4–7; **248** 3–5
- s Abschreibungen, Bewertung

Anlageverwaltung (7) BankGesch A/4

Anleger
- Entschädigung **(7)** BankGesch A/57a–57b
- fortwirkendes Vertrauen **347** 28
- Kleinanleger **Anh 177a** 54, 59, 81
- Prognoserisiko **347** 23
- Streitgenossen **Anh 177a** 65
- Vermutung aufklärungsgemäßen Verhaltens **Anh 177a** 66b

anleger- und objektgerechte Beratung Anh 177a 66b; **347** 23

Anlegerschutz
- Bilanzrechtsreform **Einl vor 238** 9
- KAGB **Anh 177a** 86
- Publikumsgesellschaft **Anh 177a** 54

Anmeldepflicht 29 2
- öffentlich-rechtliche **108** 5
- Anmeldung **8** 6, 12, 29
- s auch Eintragung
- von Änderungen **107**

Sachverzeichnis

- der Auflösung **143**
- des Ausscheidens **143**
- des Erlöschens **31** 8
- Ersetzung **16** 3
- Erzwingung **17** 26
- Inhaberwechsel **31** 6
- juristische Person **33–34**
- KG **162, 175**
- der Liquidatoren **148**
- OHG **106–108**
- Prokura **53**
- Rechtsnatur **108** 4
- Vertretung **12** 3–4; **108** 3
- Zurückweisung **14** 1
- Zwangsgeld **14**

Annahme
- frachtgeschäftliche **409** 1; **421** 4; **437** 1

Annahmeverweigerung (17) CMR **17** 3

Annahmeverzug
- s auch Schuldnerverzug
- des Arbeitgebers **59** 72–73
- frachtgeschäftlicher **420** 3
- des Käufers **373; 374** 3–7; **375** 13

Anpassung s Vertragsanpassung

Ansammlungsrückstellungen 285 13

Ansatzstetigkeit 246 29

Ansatzverbote 248 4

Ansatzvorschriften 246–251

Ansatzwahlrecht 246 4; **248** 3; **264** 25

Anschaffungsdarlehen (7) BankGesch G/50

Anschaffungskosten 253 1, 40, 44, 77; **255** 1–13

Anscheinsbeweis 87 16; **89b** 22, 30
- Aufklärungspflichtverletzung **347** 37
- Zahlungskartenmissbrauch **(7)** Bank-Gesch F/12, 49

Anscheinsvollmacht Einl vor **48** 6; **54** 3 f., 17
- s auch Vertretung

Anteil
- Prospektpflicht **Anh 177a** 59
- Zugewinnausgleich **99b** 5

Anteil (OHG)
- s auch Gesellschaftsvermögen
- Bedingungen **139** 11
- Berechnung **120** 9
- Bewertung **120** 9, 17
- eigener **105** 18, 24, 30
- an einzelnen Gegenständen **124** 17
- am GesVermögen **124** 16–22
- Gütergemeinschaft **105** 25
- Insolvenz **124** 46
- Kapitalanteil **120** 12–23
  - Gfter von **120** 23
  - negativer **120** 22; **139** 42; **167** 5
  - Verminderungsverbot **122** 14
- Kapitalkonto **120** 19
- mehrere Erben **139** 10, 14, 37
- Nachlassverwalter **139** 32–36
- Nießbrauch **105** 38, 44–46
- Pfändung **105** 74; **124** 21, 135

- Schenkung **105** 56, 68, 71
- Sicherungsabtretung **124** 19
- Testamentsvollstrecker **139** 21–31
- Übernahme/Übertragung **105** 32, 37, 44, 55, 69–74, 94; **109** 18; **124** 18–22
- Umwandlung in KdtAnteile **139** 37
- Vererbung **131** 35; **139**
- Verfügung **124** 18–21
- Verminderung **122** 14
- Verpfändbarkeit **135** 15
- Verpfändung **105** 74; **124** 20
- **Wert** Einl **vor** 1 35

antizipative Posten 250 1, 4; **268** 4

Anwalt 1 19
- Anderkonto **(10)** AGB-Anderk
- Rechtsanwalts- und Steuerberaterexposé **347** 21
- **stiller Gfter 230** 6

Anwaltskanzlei
- LLP **Anh 160** 58

Anweisung
- s auch Akkreditiv
- Bereicherungsausgleich **(7)** BankGesch C/101–103
- kfm **363** 2–3
- Übertragung **350** 3

Anzahlungen 252 22; **268** 5

anti-suit injunctions Einl vor **1** 87

APAK (2a) WPO Einl 9

APAReG Vor 238 34; **292** 8; **Überbl** vor **316** 1, 7, 10; **316** 1; **319** 2; **340l** 1; **(1)** EGHGB 78

Apotheke 1 19; **230** 5

Arbeitgeber
- Annahmeverzug **59** 72–73
- Aufklärungspflichten **59** 34
- Aufrechnung **59** 47
- Begriff **59** 13–16
- Beschäftigungspflicht **59** 96
- Fragerecht **59** 34
- Fürsorgepflicht **59** 90; **62**
- Haftung **59** 105–106; **73**/109 GewO 2, 19, 20
- des HdlGehilfen **59** 27
- mehrere **59** 14
- Mitteilungspflichten **59** 34
- Mitverschulden **59** 47
- Nebenpflichten **59** 90–104
- Sperrabrede **75f**
- Wechsel **59** 17–21

Arbeitgeberdarlehen 59 80

Arbeitnehmer 84 1, 34, 36, 38 f., 46, 48; **86** 34; **86a** 15; **90** 9; **90a** 12; **92a** 1
- s auch Handlungsgehilfe
- Abgrenzung zum Selbstständigen **59** 23
- Aufklärungspflichten **59** 34
- Auskunftspflicht **59** 53, 98, 144; **74c** 6
- ausländischer **59** 37
- Aussperrung **59** 164
- Beförderung **59** 96
- familiäre Situation **59** 44
- gewerblicher **59** 31b

Sachverzeichnis

- Gewissenskonflikt **59** 44
- Haftung **59** 107–110
- HdlGehilfe **59** 23–31b; **84** 39
- Herausgabepflicht **59** 55
- Kündigung **59** 121–163
- Mankohaftung **59** 47
- Mitteilungspflichten **59** 34
- Nebenpflichten **59** 48–55
- Nebentätigkeit **59** 52
- nicht kfm **83**
- Prokuraerteilung **48** 1
- Schweigepflicht **59** 50
- Tod **59** 165
- Verbraucher **59** 43
- Versetzung **59** 44
- Wettbewerbsverbot **59** 52, 143; **60**; **61**; **74–75d**
- Zeugnis s dort

Arbeitnehmerähnliche Handelsvertreter 84 1 f., 34, 46 ff.; **86** 5; **89** 7; **92a** 1 f.
Arbeitnehmerähnlichkeit 84 1, 34, 46 ff.; **86** 5; **89** 7; **92a** 1 f.
Arbeitnehmererfindung 59 12, 54
Arbeitnehmerüberlassung 59 16
Arbeitsentgelt
- s auch Gehalt
- Abtretung **59** 81
- Arten **59** 58–70
- Aufrechnung **59** 82
- Ausgleichsquittung **59** 80
- Ausschlussfristen **59** 78–79
- Einwendungen **59** 77–86
- Entgeltfortzahlung **59** 56, 75
- Fälligkeit **64**
- Gewinnbeteiligung **59** 60, **64** 1
- Gratifikation **59** 61–68
- Insolvenz **59** 84
- Pfändung **59** 83
- Provision **59** 59, **65**
- Sachleistungen **59** 69
- subjektive Vergütungserwartung **59** 58
- Verfallklausel **59** 79
- Verjährung **59** 85
- vermögenswirksame Leistung **59** 70
- Verwirkung **59** 86
- Zuschüsse **59** 70

Arbeitsentgeltpflicht 59 56–57
- Stiller **230** 18

Arbeitsförderung 59 90
Arbeitsgericht 84 46
Arbeitskampf s Aussperrung, Streik
Arbeitskampfrisiko 59 74
Arbeitskräftemangel 87a 26
Arbeitslosenversicherung 59 12
Arbeitspflicht 59 44
Arbeitspflichtverletzung 59 46–47
Arbeitsplatzschutzgesetz 59 12
Arbeitsplatzverlust 59 109
Arbeitsrechtsquellen 59 1–12
Arbeitsunfähigkeit 59 48
Arbeitsunfähigkeitsbescheinigung 59 75
Arbeitsunfall 59 105

Arbeitsverhältnis 59 32–43, 111–167
- Aufhebungsvertrag **59** 166
- Beendigung **59** 111–167
- befristetes **59** 111–115
- faktisches **59** 38
- internationales **59** 168–170
- Kettenarbeitsverhältnis **59** 3, 111
- Kündigung (HdlGehilfe) s dort
- Leiharbeitsverhältnis **59** 16
- mittelbares **59** 15
- Übergangsrecht **(1)** EGHGB **36**

Arbeitsverhinderung 59 56
Arbeitsvertrag
- AGB-Kontrolle **59** 43
- Anbahnung **59** 32–36
- Anfechtung **59** 38, 117–120
- befristeter **59** 111–115
- Form **59** 37
- Fragerecht **59** 34
- Inseratkosten **59** 33
- Kündigung (HdlGehilfe) s dort
- Minderjähriger **59** 37
- Nichtigkeit **59** 38, 120
- Teilzeit- und Befristungsgesetz **59** 44, 57, 111
- Zustandekommen **59** 37–38
- Zustimmung des Betriebsrats **59** 37

Arbeitszeit 59 45
Arbeitszeitkonten 246 27
Arbeitszimmer 59 102
Arbitrage s Schiedsgericht
Architekt 1 19
AReG Einl vor **238** 33, 98; **Überbl** vor **316** 1, 7, 9; **316** 1; **318** 7; **340l** 1; **(1)** EGHGB **79**
Arglist 86a 4; **87** 33; **89b** 54, 64
- s auch Anfechtung, Täuschung

Arzt 1 19
asset deal Einl vor **1** 44
assoziierte Unternehmen Einl vor **238** 59
- s auch Konzernabschluss

Aufbauversicherung 87 12
Aufbewahrung 257–261
Aufgebot 366 5
Aufhebung
- Arbeitsverhältnis **59** 166

Aufhebungsvertrag 59 12; **85** 1; **86b** 11; **87a** 11, 18; **89** 9; **89a** 35; **89b** 7, 54, 70, 74; **90a** 23 ff.

Aufklärung 86a 2; **89a** 20, 30
Aufklärungspflicht 347 8–22, 23–41
- s auch BankGesch
- Berichtigung **347** 28
- Berufshaftung **347** 22
- Beweislast **347** 37
- Freizeichnung **347** 38
- Haftungsgründe **347** 8–22
- Innenprovisionen **347** 30 d f.
- Insiderinformationen **347** 31
- Interessenkonflikte **347** 30
- internationaler Verkehr **347** 41

Sachverzeichnis

- Nachforschungspflicht **347** 27
- Prospektprüfung **347** 29
- Sachkunde **347** 23
- Sekundärhaftung **347** 30
- Verjährung **347** 39
- Verschulden **347** 35
- Wirtschaftsprüfer **347** 21, 22, 29
- Zeitpunkt **347** 28

Auflösende Bedingung 86b 11; **87** 7; **87a** 1,6, 13; **87c** 3; **89** 2; **89b** 7, 53

Auflösung (GmbH & Co KG) Anh 177a 45–46

Auflösung (OHG) 124 44, **131**, 133, **143** 1
- s auch Auseinandersetzung, Ausscheiden, Kündigung, Liquidation
- Abfindung s Ausscheiden
- Abmahnung **133** 7
- abweichende Vereinbarung **131** 74–82
- Abwicklung **131** 29
- Anmeldung **143**
- Arbeitsverhältnis **59** 111
- Auflösungsklausel **131** 74–75
- Begriff **131** 2
- Beschluss **131** 8, 12, 26
- Einzelgeschäftsführungsbefugnis **150** 2
- Ende **131** 2
- Enteignung **131** 10
- fortgesetzte Ges **134**
- Fortsetzung **131** 30, 31, 33, **144**
  - mit Erben **139**
  - nach Tod **131** 18, **139**
- Fortsetzungsklausel **131** 78–80
- gerichtliche Entscheidung **131** 4, 14, **133**
- Ges auf Lebenszeit **134**
- Gesellschafter-Ges **131** 20
- Gründe **131** 11–17
- HdlRegister **143**
- Insolvenz **131** 13, 22, 77, **143** 1
- Klage **133** 13
- Kündigung **131** 1, 23
- im Prozess **124** 44
- Rechtsfolgen **131** 29–33
- Scheinerbe **131** 76
- Tod **131** 18, 25,29
- Umwandlung **131** 8, 9, 21
- Unternehmenserhaltung **131** 1
- Vereinbarung **133** 18–21
- Vermögenslosigkeit **131** 10, 16
- wichtiger Grund **133** 5–12
- Wirkung **145** 1, **156**
- Zeitablauf **131** 11
- ZweipersonenGes **131** 19, 81

Auflösung (PublikumsGes) Anh 177a 83

Auflösung (Stille Ges) 234 1

Aufnahme s Eintritt

Aufrechnung 86 17; **87** 32, 50; **87a** 11, 19; **88a** 2; **89b** 76, 79
- durch ArbG **59** 47
- des Ausscheidenden **131** 56
- Gehalt **59** 82

- Kapitalaufrechnung **Einl** vor **238** 54
- OHG **129** 11–14
- Prospekthaftungsanspruch **Anh 177a** 65
- Provision **87** 32, 50
- Übernahmepreis, gestundeter **89b** 76, 79
- Verkehrsvertrag **(18)** ADSp **19**
- vertragliches Verbot **88a** 2

Aufschiebende Bedingung 87 7, 38; **87a** 1–5

Aufsichtsrat
- s auch Beirat
- KG **163** 12, **Anh 177a** 31
- OHG **114** 27

Auftragsbestätigung 346 16, 34

Auftragsrecht 86 6 f.

Aufwandsrückstellungen Einl vor **238** 33; **249** 1, 26–28

Aufwendungen 84 46; **86** 2, 6, 14; **86a** 11, 14; **87** 1, 9; **87a** 9; **87b** 11; **87d**; **88a** 5; **89b** 19, 29, 35, 41; **90a** 20
- s auch Handelsmakler, Kommission, Offene Handelsgesellschaft
- arbeitnehmerseitige **59** 102
- außerordentliche **275** 20, **277** 4
- betriebliche **275** 12, 33
- Eigenkapitalbeschaffung **248** 1
- für den Geschäftsbetrieb **269** (aF)
- Unternehmensgründung **248** 1
- aus Verlustübernahme **277** 3
- Versicherungsverträge **248** 2

Aufwendungsersatzanspruch
- der Bank **(7)** BankGesch C/12 f., 29, 50, 59, F/9; **(8)** AGB- WPGeschäfte **3** 3
- des Frachtführers **410** 3; **419** 4; **420** 1
- in der GbR **110** 16
- der Gfter **110**
- des HdlVertreters **87d**
- Kommissionär **396** 5–7
- Lagerhalter **474**
- Sparkasse **(9)** AGB-Spark **18**
- Spediteur **(18)** ADSp **17**
- ggü Stillem **230** 18

Auktion Einl vor **1** 44

Auktionshaus
- Haftung **383** 4

Ausbildungskosten 59 70

Auseinandersetzung (OHG)
- s auch Auflösung, Ausscheiden, Liquidation
- Anwachsung **131** 39
- nach Auflösung **145** 1–2, 8; **158**
- Aufschub **145** 9
- mit Ausgeschiedenem **131** 38
- Begriff **131** 2
- Einbringung **145** 10
- Naturalteilung **145** 10
- Pfändung **124** 21; **135** 7
- Übernahme durch Gfter **145** 10
- Übertragung **109** 15–22; **124** 21
- Umwandlung **145** 1

Auseinandersetzungsbilanz 131 50–51
- PublikumsGes **Anh 177a** 85

Sachverzeichnis

Ausfallhaftung s Verbundene Unternehmen
Ausfuhrgenehmigung (6) Incoterms **1** 2
Ausführungsfrist (7) BankGesch C/13, 24, 38, 48
Ausführungsverhältnis
– Kartenzahlung **(7)** BankGesch F/52–64
– Lastschrift **(7)** BankGesch D/46–55
– Überweisungsverkehr **(7)** BankGesch C/89–105
Ausgleichsanspruch 84 10, 12, 15, 19, 31; **85** 2; **86** 2, 8, 14, 28; **88a** 5; **89** 5, 18, 26; **89a** 18, 33; **89b**; **90** 7; **90a** 6, 18 ff., 25; **92** 3, 9; **92b** 8; **92c** 6, 7, 10 ff.
– Abtretbarkeit **89b** 5
– Anrechnung **85** 2
– Anspruchsgegner **89b** 4
– ausländisches Recht **92c** 6, 10–12
– Ausschlussfrist **89b** 77 ff.
– Bausparkassenvertreter **89b** 95; **92** 3, 9
– Beweislast **89b** 22
– Billigkeitserwägungen **89b** 23
– Buchauszug **87c** 13
– Delkredereprovision **89b** 25, 50
– bei Eintritt **89b** 68
– Ermessen des Gerichts **89b** 81
– fehlerhafter HdlVertretervertrag **89** 5
– Freistellung **89b** 70
– bei Geheimhaltungspflicht **90** 7
– HdlGehilfe **89b** 4
– „Ingmar"-Rspr **92c** 10–10a
– Inkassoprovision **89b** 28, 50
– bei Konzern **89b** 1, 18, 20
– Kündigung des HdlVertretervertrags **89** 18, 26, **89a** 18, 33
– künftiger **89b** 5
– Nebenberuf **92b** 8
– Neukunden **89b** 14
– Pfändungsschutz **89b** 85
– Prozess **89b** 81–85
– Rechtsnatur **89b** 1–3
– Reichweite **89b** 4
– Revisionsgericht **89b** 84
– bei Schuldübernahme **89b** 68, 75
– Teilklage **89b** 81
– Teilurteil **89b** 83
– unselbstständiger Vermittler **89b** 4
– Unternehmensausgliederung **89a** 5
– Untervertreter **84** 31
– Vergleich **89b** 74
– Verjährung **89b** 77
– Verpfändbarkeit **89b** 5
– Versicherungsvertreter **89b** 96; **92** 3, 9
– Vertragshändler **84** 10, 12, 19
– Verwirkung **89b** 1
– Voraussetzungen **89b** 6–44
– Wettbewerbsverbot **90a** 6, 18 ff., 25
– bei Wettbewerbsverstoß **86** 28; **90a** 6, 18–20, 25
– Zugewinnausgleich **89b** 5
– Zurückbehaltungsrecht **88a** 5
Ausgleichsquittung 59 80

Aushilfsarbeitsverhältnis 59 10
Auskunft 54 5; **84** 11; **86** 6, 32, 40; **86a** 17; **87c** 1, 11, 13, 16, 23 f.; **89a** 34, 40; **89b** 82
– s auch Haftung, Handelsvertreter
– Banken **(7)** BankGesch A/14, 15, **(8)** AGB-Banken **2** 3–8
– Bank-zu-Bank-Auskunft **347** 19
– Dritthaftung **347** 19
– wegen Firma **17** 42
– HdlGehilfe **59** 53, 98, 144; **74c** 6
– KG **166**
– OHG **118**; **145**
– Sachverständiger **347** 21
– stille Ges **233**
– US-Auskunftsersuchen **(7)** BankGesch A/10
– Wirtschaftsprüfer **347** 21
Auskunftsanspruch
– Kdtist **Anh 177a** 72
– Verjährung **347** 39
Auskunftsvertrag 347 13
Auslage
– Zinspflicht **354** 6
Ausland
– Arbeitsrecht **59** 168–170
– Auslandsgeschäfte **(7)** BankGesch N/2
– Firma **17** 48–49
– Garantie **349** 23
– HdlGehilfe **59** 168–170
– HdlRecht **Einl** vor **1** 25
– HdlVertreter **92c** 4–7
– Internationale Handelskammer s dort
– Kauf **Einl** vor **373** 45–50; **377** 61
– Kommission **383** 30–32
– Patronatserklärung **349** 23
– Schiedsgericht **Einl** vor **1** 91
– Vertragshändler **92c** 2; **Einl** vor **373** 45
– WP-Kauf/-Verwahrung **(13)** DepotG **22**
Ausländer
– Arbeitsvertrag **59** 37
Ausländischer Handelsvertreter 92c 4 ff.
Ausländischer Unternehmer 92c 8 ff.
Auslauffrist 89a 4
Auslegung Einl vor **343** 12
– europarechtskonforme **Einl** vor **1** 28
– GesVertrag **105** 49, 58–60, 63, 68, 93
Ausleihungen 264c 1
Auslieferung 475e
Ausscheiden
– s auch Auflösung, Auseinandersetzung, Ausschließung, Kündigung
– Abfindung **131** 48–57
– Abfindungsbeschränkungen **131** 64–66
– Abfindungsklauseln **131** 58–73
– Abschichtungsbilanz **131** 50–51, 54, 57
– abweichende Vereinbarung **131** 82–84
– Anmeldung **143**
– Aufrechnung **131** 56
– Auskunft **131** 47
– Auszahlung **131** 47

2603

Sachverzeichnis

- Befreiung von Schulden **131** 42–43
- Begriff **131** 2
- Bereicherung **128** 30
- Debetsaldo **131** 55
- Durchsetzungssperre **131** 48
- Firma **24**
- Fortsetzung **131** 34
- Fortsetzungsklausel **131** 83; **139** 1
- Gesamtabrechnung **131** 44
- Gesellschafter-Ges **131** 20, 36
- Gründe **131** 18–28
- Haftung **128** 5; **159; 160**
- HdlRegister **143**
- Informationsrechte **118** 2; **131** 52
- Insolvenz **131** 22
- Kündigung **131** 23
- Nachfolgeklausel
  - einfache **139** 2, 10–13
  - qualifizierte **139** 2, 14–18
  - rechtsgeschäftliche **139** 56–58
- Prozess **131** 57
- PublikumsGes **Anh 177a** 84
- Rechenschaft **131** 47
- Rechtsfolgen **131** 34–47
- Schiedsgutachter **131** 53
- schwebende Geschäfte **131** 45–46
- Tod **131** 18; **139** 1
- Umwandlung **131** 21
- Umwandlungsklausel **139** 2
- Verlustausgleich **131** 55
- Zeitpunkt **131** 28
- ZweipersonenGes **131** 19, 35, 84

Ausschließlichkeitsbindung 54 11; **84** 10; **86** 36, 38
- Treu und Glauben **86** 36

Ausschließung
- s auch Auseinandersetzung, Ausscheiden
- nach Auflösung **140** 18
- Auseinandersetzung **140** 26
- Gründe **140** 5–13
- Kdtist **140** 10
- Kernbereichslehre **140** 31
- KG-phG **140** 6, 8
- Klage **140** 17–23
- Privatsphäre **140** 11
- Sittenwidrigkeit **140** 32
- Treuepflicht **140** 31
- Urteil **140** 22–23
- Vereinbarung **140** 28–33
- Verfahren **140** 17–23
- Vergleichsvorschlag **140** 23
- ZweipersonenGes **140** 3–4, 14–16

Ausschlussfrist beim Ausgleichsanspruch 89b 77 ff.
Ausschreibung 59 37
Ausschüttungssperre 253 33; **268** 9, 10; **274** 7
Außendienst 55; **75g**; **75h**
Außengesellschaft Einl vor **105** 11
Außenhaftung, beschränkte Einl vor **105** 16
Außenhandel s Ausland

Außenhandelsfinanzierung (7) BankGesch G/26
Außerordentliche Kündigung 54 19, 21; **84** 11; **86** 14, 23; **87** 32; **89** 6, 8, 10, 16, 23; **89a**; **89b** 7, 9, 64; **90a** 8
Äußerungen, geschäftsschädigende Einl vor **1** 65–67
Aussperrung 59 30–31b
ausstehende Einlagen s Eigenkapital
Austritt (OHG) s Ausscheiden, Kündigung
Auszubildender 59 23
automatisierte Zahlungssysteme (7) BankGesch F/19–31
Aval 349 4, 21; **(7)** BankGesch G/27

back-to-back credit s BankGesch
BaFin 342b; **(7)** BankGesch A/4–5, 11
- Börsenaufsicht **(14)** BörsG **3** 1a

Baisse 346 40
„baldmöglichst" 346 40
Bank
- s auch Kreditinstitut
- Begriff **(7)** BankGesch A/4
- Bezeichnungsschutz **(7)** BankGesch A/5
- Insolvenz **(7)** BankGesch A/59
- Zeugnisverweigerungsrecht **(7)** BankGesch A/12–13

Bankauskunft (7) BankGesch A/14, 30–33, 54, E/8, K/6, **(8)** AGB-Banken **2** 3–8
- Bank-zu-Bank-Auskunft **347** 19; **(7)** BankGesch A/30–33
- HdlVertreter **86** 21
- Sparkasse **(9)** AGB-Spark **3**

Bankbilanzrichtlinie Einl vor **238** 11; **340** 2
Bankbilanzrichtliniengesetz 340 1
- Übergangsrecht **(1)** EGHGB **30–31**

Bankenerlass (7) BankGesch A/13
Bankenrettung 230 1
Bankenrichtlinie (1) EGHGB **69**
Bankgarantie s Garantie
Bankgeheimnis (7) BankGesch A/7, 9–16, 51, 56; **(8)** AGB-Banken **2** 1–2
Bankgeschäfte (7) BankGesch; **(8)** AGB-Banken; **(9)** AGB-Spark; **(10)** AGB-Anderk
- s auch Börse
- Abschlusspflicht **(7)** BankGesch A/6
- Abtretung von Darlehensforderungen **(7)** BankGesch A/9, G/5a
- AGB **(7)** BankGesch A/8; **(8)** AGB-Banken
- Akkreditiv **(7)** BankGesch K/1–28
- Akten- und Speicherwissen **(7)** BankGesch A/16
- Akzeptantenwechsel **(7)** BankGesch J/1, 3
- Akzeptkredit **(7)** BankGesch G/1, 25
- Anderkonto **(7)** BankGesch A/44; **(10)** AGBAnderk
- Anlageberatung **347** 8–22; **(7)** BankGesch A/4, 29

Sachverzeichnis

- Anlegerentschädigung **(7)** BankGesch A/57a–57b
- Annuitätendarlehen **(7)** BankGesch G/7
- Anschaffungsdarlehen **(7)** BankGesch G/50
- arglistige Täuschung **(7)** BankGesch G/9b–9d, 41
- Aufklärung und Beratung **(7)** BankGesch A/16–29, G/3, 46–47
- Aufsicht **(7)** BankGesch A/4–5
- Aufspaltungsrisiko **(7)** BankGesch G/46
- Ausfuhrgewährleistungen **(7)** BankGesch N/3
- Auslandsgeschäfte **(7)** BankGesch N/2
- außerbetrieblicher Bankverkehr **(7)** BankGesch A/7
- automatisierte Zahlungssysteme **(7)** BankGesch F/19–31
- Avalkredit **(7)** BankGesch G/27
- Avisbank **(7)** BankGesch K/2
- back-to-back credit **(7)** BankGesch K/24
- Basel II **(7)** BankGesch G/4
- Basiskontovertrag **(7)** BankGesch A/6; **(8)** AGB-Banken **Einl** 2; **19** 8–13
- Bauherrenmodell **(7)** BankGesch G/53
- Begriff **(7)** BankGesch A/4
- Bestätigungsbank **(7)** BankGesch K/2
- cpd-Konto **(7)** BankGesch A/42
- Darlehen
  - freies **(7)** BankGesch G/54
  - hochverzinsliches **(7)** BankGesch G/10
  - Rückgewähr **172a** (aF)
  - sittenwidriges **(7)** BankGesch G/10, 10a–10c
  - Vermittler **(7)** BankGesch G/38
- Datenschutz **(7)** BankGesch A/53–55
- deferred-payment-Akkreditiv **(7)** BankGesch K/2–4, 20
- Dokumentenakkreditiv s Akkreditiv
- Dokumenteninkasso **(7)** BankGesch M/1–2
- Depotgeschäft **(7)** BankGesch W/1; **(13)** DepotG, s auch Wertpapier
- Devisenhandel **(7)** BankGesch N/1–3
- Disagio **(7)** BankGesch A/4
- Diskont **(7)** BankGesch J/1–6
- Dokumentenstrenge **(7)** BankGesch K/6, 14
- Drittstaateneinlagenvermittlung **93** 6
- Dritttäuschung **(7)** BankGesch G/41
- Effektenemission s dort
- Ehegattenmitverpflichtung **(7)** BankGesch G/8
- Einheitliche Richtlinien und Gebräuche für Dokumenten-Akkreditive s dort
- Einheitliche Richtlinien für Inkassi s dort
- Einlagenentschädigung **(7)** BankGesch A/57b
- Einlagengeschäft **(7)** BankGesch B/1–6
- Einlagensicherung **(7)** BankGesch A/57a; **(8)** AGB-WPGeschäfte **28**
- Einwendungsdurchgriff **(7)** BankGesch G/42–45
- elektronisches Geld **(7)** BankGesch A/4
- Emission **383** 32; **(7)** BankGesch Y/1–4
- emotionale Bindung **(7)** BankGesch G/10a
- Erlaubnis zum Betreiben **(7)** BankGesch A/5
- Euroscheck **(7)** BankGesch E/9
- Factoring **(7)** BankGesch O/1–8
- Fernabsatzvertrag **(7)** BankGesch G/9e
- Finanzbehörden **(7)** BankGesch A/13
- Finanzdienstleistung **(7)** BankGesch A/4
- Finanzdienstleistungsinstitut **(7)** BankGesch A/4
- Finanzholding **(7)** BankGesch A/4
- finanzielle Überforderung **(7)** BankGesch G/10a
- Finanzierungsdarlehen **(7)** BankGesch A/26, G/34–54, P/12
- Finanzierungshilfen **(7)** BankGesch G/34
- Finanzierungsleasing **(7)** BankGesch P/1–19
- Finanzierungsrolle **(7)** BankGesch A/25
- Finanzinstrumente **(7)** BankGesch A/4
- Finanzkonglomerate **(7)** BankGesch A/4
- Finanzsicherheiten **(7)** BankGesch A/4
- Finanztermingeschäft **(7)** BankGesch S/1
- Finanzunternehmen **(7)** BankGesch A/4
- Forfaitierungsgeschäft **(7)** BankGesch J/4
- Fremdkonto **(7)** BankGesch A/41; **(10)** AGB-Anderk **Einl** 1–4
- Garantie s dort
- Garantiedividende für Kdtisten **Anh 177a** 66f
- Garantiegeschäft **(7)** BankGesch L/1–19
- Geheimnis **(7)** BankGesch A/9–10
- Geldkarte **(7)** BankGesch F/13–18
- Geldmaklergeschäfte **93** 6
- Geldwäsche **(7)** BankGesch A/12
- Gemeinschaftskonto **(7)** BankGesch A/38
- gemischte Unternehmen **(7)** BankGesch A/4
- Geschäftsleiter **(7)** BankGesch A/4
- Geschäftsverbindung **(7)** BankGesch A/6–7; **(8)** AGB-Banken **18; 19**
- gesetzliches Schuldverhältnis **(7)** BankGesch A/7, 34
- Giroüberweisung s dort
- Gleichbehandlung **(7)** BankGesch A/6
- Globalzession **(7)** BankGesch H/1–6, O/7–8
- Grundlagen **(7)** BankGesch A/1–60
- Haftung **347** 8–22; **(7)** BankGesch A/30–35, E/1–8, 2–18, G/28–32; **(8)** AGB-Banken **3**
  - gegenüber Dritten **(7)** BankGesch A/30–35
- Hausbank **(7)** BankGesch G/28
- Haustürgeschäft **(7)** BankGesch G/9a, 9e

Sachverzeichnis

- Hypothekenbankkredit **(7)** BankGesch G/22
- Immobilien(fonds)geschäfte **(7)** BankGesch A/25, G/9b, 36, 40, 53
- Inkasso **(7)** BankGesch E/6, M/1–5; s auch dort
- Insiderinformationen **347** 31; **(7)** BankGesch A/10, 20
- Insolvenz **(7)** BankGesch A/58–59
- Insolvenzverschleppung **(7)** BankGesch G/31–32, H/5
- Interessenkonflikt **(7)** BankGesch G/47
- Interessenwahrungspflicht **(7)** BankGesch A/6, 25
- internationaler Bankverkehr **(7)** BankGesch A/60, N/2
- Investmentgeschäft **(7)** BankGesch X/1
- Kartenzahlung s dort
- Kassageschäft **(7)** BankGesch N/1
- Kennwort **(7)** BankGesch B/5
- Knebelung **(7)** BankGesch H/3, 5
- Konsortialgeschäft **(7)** BankGesch Y/1–4
- Kontenwahrheit **(7)** BankGesch A/47
- Konto **(7)** BankGesch A/36–52
- Konto pro Diverse **(7)** BankGesch A/42
- Kontoarten **(7)** BankGesch A/36–47
- Kontoeröffnung **(7)** BankGesch A/49
- Kontofähigkeit **(7)** BankGesch A/48
- Kontoinhaber **(7)** BankGesch A/48
- Kontokorrentkredit **(7)** BankGesch G/20
- Kontopfändung **357**, **(7)** BankGesch B/6
- Kontoüberziehung **(7)** BankGesch G/14; **(8)** AGB-Banken **12** 4
- Kontovollmacht **(7)** BankGesch A/37, 42
- Kontrahierungszwang **(7)** BankGesch A/6
- Kreditauskunft **(7)** BankGesch A/15; s auch Bankauskunft
- Krediteröffnungsvertrag s dort
- kreditfinanzierte Immobilien(fonds)geschäfte **(7)** BankGesch G/5, 36, 53
- Kreditgeschäft **(7)** BankGesch G/1–50
- Kreditkarte **(7)** BankGesch F/32–97
- Kreditsicherung **(7)** BankGesch G, H/1–6
- Kundenbeschwerden **(7)** BankGesch A/56
- Kündigung **(7)** BankGesch G/14–19a; **(8)** AGB-Banken **18; 19**
- KWG **(7)** BankGesch A/4
- Lastschrift **(7)** BankGesch D/1–60; s auch dort
- Leasing **(7)** BankGesch P/1–19
- Lohnabtretung **(7)** BankGesch H/5
- Lombardkredit **(7)** BankGesch G/21
- Mantelzession **(7)** BankGesch H/1
- Metageschäft **(7)** BankGesch Y/4
- Missbrauch der Vertretungsmacht **(7)** BankGesch A/22
- Negativklausel **(7)** BankGesch H/1
- Negativzinsen **(7)** BankGesch B/1
- „neutrale" **(7)** BankGesch A/6
- Nummernkonto **(7)** BankGesch A/47
- Oder-Konto **(7)** BankGesch A/39
- Ombudsmann **(7)** BankGesch A/56; **(8)** AGB-Banken **Einl** vor **1** 3; **21**
- Optionsgeschäft **(7)** BankGesch N/1
- Passivgeschäft **(7)** BankGesch B/1–6
- Pensionsgeschäft **(7)** BankGesch J/5
- Personalkredit **(7)** BankGesch G/54
- Pfandbriefdarlehen **(7)** BankGesch G/23
- Pfandklausel **(8)** AGB-Banken **14**
- postmortale Vollmacht **(7)** BankGesch A/51
- prämienbegünstigtes Sparen **(7)** BankGesch A/23, B/3
- Preisangaben **(7)** BankGesch G/5
- Projektfinanzierung **(7)** BankGesch A/25, G/29, 47
- Rahmenvertrag **(7)** BankGesch G/34, 36, P/4
- Rechtswahl, freie **(7)** BankGesch A/60
- Reisescheck **(7)** BankGesch E/9–18
- Rektapapier **(7)** BankGesch E/11
- Rembourskredit **(7)** BankGesch G/26
- Repo-Geschäft **(7)** BankGesch T/1
- revolvierender Kredit **(7)** BankGesch G/3, 20, 25
- Rückzahlung an Nichtberechtigte **(7)** BankGesch B/4–5
- Safevertrag **(7)** BankGesch V/I
- Scheckauskunft **(7)** BankGesch E/8
- Scheckeinziehung **(7)** BankGesch E/6–7
- Scheckgeschäft **(7)** BankGesch E/1–5; **(8)** AGB-Banken **9**
- Scheck-Wechselverfahren **(7)** BankGesch J/1
- Schenkung auf Todesfall **(7)** BankGesch A/51
- Schlichtung **(7)** BankGesch A/56
- Schrankfächer **(7)** BankGesch V/1
- Schufa **(7)** BankGesch A/55
- Schuldscheindarlehen **(7)** BankGesch G/24
- Scoring **(7)** BankGesch A/53
- Sicherheiten **(7)** BankGesch H/1–6, **(8)** AGB-Banken **13–17**
- Sicherheitenpool **(7)** BankGesch H/1
- Sicherungsklauseln **(7)** BankGesch H/5
- Sonderkonto **(7)** BankGesch A/43; **(10)** AGB-Anderk **Einl** 1–3
- Sparbuch **(7)** BankGesch A/51, B/1, 3, 5
- Spareinlagen **(7)** BankGesch B/1, 3–5
- Sparkassen (AGB) **(8)** AGB-Banken **Einl** vor **1** 4; **(9)** AGB-Spark
- Sparkonto **(7)** BankGesch B/4–5
- Sperre s GeldKarte, Kreditkarte, Schecksperre
- Sperrkonto **(7)** BankGesch A/46, B/5
- Steuerbehörden **(7)** BankGesch A/13
- Stornierung **(8)** AGB-Banken **8**
- Swapgeschäfte **(7)** BankGesch A/29, N/1
- Termingeschäft **(7)** BankGesch N/1; s auch Börse

Sachverzeichnis

- Todesfall **(7)** BankGesch A/9, 13, 51; **(8)** AGB-Banken 5
- Tresor **(7)** BankGesch V/1
- Treuhändervollmacht, nichtige **(7)** BankGesch A/25, G/9b
- Treuhandkonto **(7)** BankGesch A/45; **(10)** AGB-Anderk **Einl** 1–4
- Überweisung s dort
- Überziehung **(7)** BankGesch G/2, 4; **(8)** AGB-Banken **12** 4
- umgekehrter Wechsel **(7)** BankGesch J/1
- Und-Konto **(7)** BankGesch A/40
- Unterakkreditiv **(7)** BankGesch K/24
- Verbraucherdarlehen **(7)** BankGesch A/55, G/34, 36, P/12
- Verbrauchervertrag, internationaler **(7)** BankGesch A/60
- verbundenes Geschäft **(7)** BankGesch A/25, G/9a-9b, 39–40
- Verfahrensrecht **(7)** BankGesch A/56–59
- Vermögensverwaltung **(7)** BankGesch A/17, 29, U/1
- Verrechnungsscheck **(7)** BankGesch E/2
- Vollmachten **(7)** BankGesch A/52
- Vorausquittung **(7)** BankGesch G/44
- Vorbehaltsgutschrift **(7)** BankGesch E/6
- Vorfälligkeitsentschädigung **(7)** BankGesch G/4, 19a
- Währungsguthaben **(8)** AGB-Banken **10**
- Warnpflicht **(7)** BankGesch A/16–29, 58, B/1, G/3, 46–47
- Wechsel **(7)** BankGesch J/1–2
- Wechselrembours **(7)** BankGesch G/26
- Wertpapierdarlehen **(7)** BankGesch T/1
- Wertpapiergeschäft **(7)** BankGesch Q/1–3; **(8)** AGB-WPGeschäfte; **(13)** DepotG; s auch dort
- Wissensvorsprung **(7)** BankGesch A/25, G/9c
- Wissenszurechnung **(7)** BankGesch A/16
- Wohlverhaltensregeln **(7)** BankGesch V/1
- Zahlstellen **(7)** BankGesch K/2
- Zahlungsdienste s dort
- Zentralbankabrechnung **(7)** BankGesch A/24
- Zins **(7)** BankGesch G/4

Bankier 367 4
- Bezeichnungsschutz **(7)** BankGesch A/5

Bankkonsortien (7) BankGesch Y/1, 2

Bankkunden-Karte
- Deckungsverhältnis **(7)** BankGesch C/33–82
- Giro- bzw. Zahlungsdiensterahmenvertrag **(7)** BankGesch C/20–32
- Inkasso- oder Ausführungsverhältnis **(7)** BankGesch C/89–105
- Interbankenverhältnis **(7)** BankGesch C/83–88
- neues Recht **(7)** BankGesch C/1–19
- Valutaverhältnis **(7)** BankGesch C/106–110

Bankleitzahl (8) AGB-Banken **11** 5
Bankrisiko 340f; 340g
Banktochter
- Anlageberatung 347 30

Bankvertrag (7) BankGesch A/6
Bank-zu-Bank-Auskunft 347 19; **(7)** BankGesch A/30–33
Bankzweigniederlassungs-Richtlinie 340 2
„bar" 346 40
Barabhebung (7) BankGesch C/7
Bardepot (7) BankGesch L/1, N/2
Bareinzahlung (7) BankGesch C/7, 26
bargeldloser Zahlungsverkehr (7) BankGesch C/6
Barzahlung (7) BankGesch C/6, 20
- Annahmeverweigerung **(7)** BankGesch C/106

Barzahlungsklausel (7) BankGesch C/106
Basel II (7) BankGesch G/4
Basiskontovertrag (7) BankGesch A/6, C/50; **(8)** AGB-Banken **Einl** 2
- Kündigung **(8)** AGB-Banken **19** 8–13

Basketzertifikat 347 30
Bauherrenmodell 350 2–3; **(7)** BankGesch G/53
- Prospekthaftung **Anh 177a** 60

Bausparkassenmakler 104 2
- s auch Handelsmakler

Bausparkassenvertreter 84 37; 87a 15; 89b 4, 17, 25 ff., 86; 90a 17; 92; 92a 5; 92b 2, 6
- s auch Handelsvertreter
- anwendbares Recht 92 3
- Ausgleichsanspruch **89b** 4, 17, 25 ff, 86
- Definition 92 2
- Einmalprovisionsregelung 92 9
- Mehrfirmenvertreter **92a** 5; **92b** 2
- Nebenberuf **92b** 6
- Provisionsanspruch 92 7–9
- provisionspflichtige Geschäfte 92 4–6
- Zuweisung 92 6

Bausparvertrag, Kündigung (7) BankGesch G/17
Bauträgermodell
- Makler- und BauträgerVO 93 3
- Prospekthaftung **Anh 177a** 60

Bedienstete s Haftung
Befangenheit
- Abschlussprüfer 318 9; 319 4; 319a 1

Beförderung
- Arbeitnehmer **59** 96
- gebrochene 452 4
- gefährliches Gut 410; 414 2; 451b 2
- Güterbeförderung 407 6, 8
- Güterkraftverkehr s dort
- Teilbeförderung 416 1
- vorzeitiges Ende 420 2

Beförderungshindernisse 419 1
Beförderungssicherheit 412 1
Befrachter 407 1, 16

Sachverzeichnis

Begebungsvertrag 444 1
Begleitpapier 413; 451b; 468 1
– Pfandrecht **440** 1, 6; **475b** 1
beherrschender Einfluss Einl vor **238** 48; **290** 6–12
Beherrschungsvertrag 290 11
– Insiderinformationen **(16a)** MAR **7** 14
behindertengerechte Beschäftigung 59 93
Behinderung s Schwerbehinderte
Behörde
– kfm Bestätigungsschreiben **346** 18
Beihilfe (7) BankGesch A/4
Beirat
– s auch Aufsichtsrat
– GmbH & Co **Anh 177a** 31
– PublikumsGes **Anh 177a** Rn 75
Bekanntmachung 11; 325–329
– s auch Offenlegung
Beleidigung 89a 17; **89b** 67
Belgien Einl vor **1** 25
Bemühenspflicht 86 12 f.
BEN-Klauseln (7) BankGesch C/41
Beratung
– s auch Anlageberatung
– anleger- und objektgerechte Beratung **Anh 177a** 66b; **347** 23
– uneigennützige **347** 30
Beratungsvertrag 84 50; **347** 13–15; **377** 49
– Dauerberatungsvertrag **347** 14
Berechnungsgrundlage 86b 10; **87b** 1, 4, 13
Bereicherung
– ausgeschiedener Gesellschafter **128** 30
Bereicherungsausgleich (7) BankGesch C/110, D/50–55, 60, E/5, F/59, 67, G/58–60
Bereichsöffentlichkeit (16a) MAR **7** 5
Bereinigung Einl vor **1** 12
Bergwerkseigentum 246 14
Bericht, gesonderter nichtfinanzieller Einl vor **238** 4; **289b** 4; **315b** 4
BerufsbildungsG 59 12
Berufshaftung 347 22
Beschäftigungs- und Qualifizierungsgesellschaft 59 18
Beschlagnahme 17 34, 43
Beschluss 119
– s auch Auflösung
Beschlussmängelstreitigkeiten Einl vor **1** 88
Besichtigung 346 40
Besichtigungsklausel Einl vor **373** 3
Besitz
– am Beförderungsgut **440** 1
– der Ges **124** 36
Besitzmittlung (13) DepotG **3** 1; **6** 2
Besitzpfandrecht 440 7–8; **475b** 3
– s auch Pfandrecht
Besserung 346 40
Bestandsaufnahme s Inventar

Bestandspflegeprovision 92 7
Bestandsveränderungen 277 2
best effort (7) BankGesch Y/3
Bestätigung
– Rechtsgeschäft **350** 6
– Vertragsurkunde **346** 16
Bestätigungsschreiben
– kfm bzw. berufliches **346** 16–29
Bestätigungsvermerk 316 2; **319a** 7, 10; **321** 11; **322, 328**
– Nichterteilungsvermerk **322** 13
– Wirksamkeit **322** 16
Bestechung 59 142
Bestimmtheitsgrundsatz 161 7; **Anh 177a** 69a
– Minderheitenschutz **119** 37–40
– PublikumsGes **Anh 177a** 53
Bestimmungskauf 375
– AGB-Kontrolle **375** 14
– Gattungsschuld **375** 4
– Rücktritt **375** 10
– Schadensersatz **375** 9
– Selbstbestimmung **375** 7–8
– Selbstspezifikation **375** 6, 7
– Wahlschuld **375** 2–3
Bestimmungspflicht 375 I; 375 5
– Schuldnerverzug **375** 6
Beteiligungen
– Bankenbeteiligung **340a** 4
– Bilanz **271**
– Konzernabschluss **271** 1–8; **285** 11; **312–314**
Beteiligungsaufbau
– Insiderhandelsverbot **(16a)** MAR **9** 5
Beteiligungsliste 285 11
Betragserhöhungsrichtlinie Einl vor **238** 7
Betrauung, ständige 84 41 ff.
betriebliche Altersversorgung
– HdlGehilfe **59** 12, 87–89
– HdlVertreter **87** 5; **89b** 39, 93
betriebliche Übung 59 7
Betriebsaufspaltung 1 18; **31** 8; **105** 2, 8, 13, 103–104
Betriebsbuße 59 49
Betriebseinstellung 89 4; **90a** 16
Betriebsgeheimnis 90
Betriebsprüfungskosten
– Rückstellungen **249** 3
Betriebsrat
– Anhörung bei Kündigung **59** 122
– Mitbestimmung **59** 42
– Zustimmung **59** 37
Betriebsrente 59 87–89
Betriebsrisiko 59 74; **105–110**
Betriebsstätte 13 5
Betriebsstillegung 86a 11 f.; **89b** 20, 57
– s auch Geschäftseinstellung
Betriebsübergang 52 5; **59** 17–21
– Identität der wirtschaftlichen Einheit **59** 18
– Wettbewerbsvereinbarung **74** 9

Sachverzeichnis

Betriebsumstellung 89a 7, 21; **90a** 16
Betriebsvereinbarung 59 5, 41
Betriebsverpachtung s Betriebsaufspaltung
betrügerisches Eigengeschäft
– s auch Arglist, Täuschung
– HdlVertreter **84** 55
Beugestrafe 87c 12
Beurkundungskosten 255 3
Beweislast 54 9; **84** 12, 38; **86** 44, 47; **87** 16; **87a** 15, 30; **87b** 2; **89a** 11, 34; **89b** 22 ff. 30, 44, 51, 55, 65, 71, 81; **92b** 3
Beweissicherung 55 4, 8 f.; **91** 2
– Kommission **388** 2
Beweisverwertungsverbot 59 94
Bewerbungsunterlagen 59 35
Bewertung 89a 27; **89b** 47
– s auch Anhang, Handelsbücher
– Abfindung s dort
– Abschreibungen s dort
– Anlagevermögen **253** 8–14
– Anschaffungskosten **253** 1, 40, 44, 77; **255** 1–13
– Anzahlungen **252** 22
– Bilanzidentität **252** 6
– Bilanzkontinuität **252** 24–25
– Börsenkurswert **Einl** vor **1** 36–37
– Börsenpreis **Einl** vor **1** 36; **253** 19
– discounted cash flow **Einl** vor **1** 36
– Durchschnittsbewertung **240** 8
– einheitliche **308**
– Einzelbewertung **240** 7; **252** 8–9; **256** 1
– Ergebnisbeeinflussung durch steuerrechtliche Bewertung **285** 5
– Ertragswert **Einl** vor **1** 36–37
– Falschbewertung **252** 12
– Festbewertung **240** 7, 10
– fifo s dort
– Firmenwert **255** 25–26, 30, 48
– Folgebewertung **248** 3; **253**; **303** 10
– Fortführungsprinzip **252** 7
– Fremdwährungsanschaffungskosten **255** 2
– Fremdwährungsforderungen **253** 24, **256a**
– Fremdwährungsverbindlichkeiten **253** 2
– Gemeinkosten **255** 17–20
– Geschäftskosten **255** 25–26
– Geschäftswert **255** 25–26
– going concern **252** 7, 54
– Gruppenbewertung **240** 8, 10
– Herstellungskosten **255** 14–22
– IFRS **252** 8
– Imparitätsprinzip **252** 11, 55
– im Internet **Einl** vor **1** 64
– Konzernabschluss **308–309**
– Kreditinstitut **340e–340g**
– lifo s dort
– Liquidationswert **Einl** vor **1** 36, 37
– Marktpreis **253** 16
– Marktpreisklauseln **Einl** vor **373** 33
– Marktwert **Einl** vor **1** 36, 37
– Mittelwert **Einl** vor **1** 36

– Periodenabgrenzung **252** 23
– Privatbilanzen **252** 4
– Realisationsprinzip **252** 18–23
– Rentenverpflichtungen **253** 3, 49
– Rückstellungen **253** 5
– Sammelbewertung **240** 8
– Schulden **253** 2
– schwebende Geschäfte **252** 21
– stand alone-Bewertung **Einl** vor **1** 37
– Steuerbilanz **252** 2
– Stichtag **Einl** vor **1** 37; **252** 8, 41
– stille Reserven **252** 15–17
– Stuttgarter Verfahren **Einl** vor **1** 36
– Substanzwert **Einl** vor **1** 36, 37
– Überbewertung **252** 12
– Übergangsrecht **Einl** vor **238** 85; **(1)** EGHGB **24**
– Umlaufvermögen **253** 18–29
– Unterbewertung **252** 12
– Unternehmensbewertung **Einl** vor **1** 3637
– Verbindlichkeiten **253** 2–4
– Verbrauchsfolgeverfahren **256** 1
– Verlustantizipationsprinzip **252** 11
– Vermögen **253** 1
– Verstoß gegen Bewertungsgrundsätze **252** 29
– Vorsicht **243** 9; **252** 10, 57
– wertaufhellende Tatsachen **252** 8
– Wertberichtigung **253** 8
– wertbeeinflussende Tatsachen **252** 8, 11
– Wertuntergrenze **Einl** vor **1** 36, 37
– Zerobonds **253** 26
– Zerschlagungswert **Einl** vor **1** 36
– Zinsen für Fremdkapital **255** 23–24
– Zugangsbewertung **253**
Bewertungseinheiten 254 1–3
– Konzernabschluss **308** 1
Bewertungsmaßstäbe 255
Bewertungsstetigkeit 246 29; **252** 24–25
Bewertungsvereinfachungsverfahren 256
Bewertungsvorbehalt 252 2
Bewertungswahlrecht 252 28; **264** 25
Bezeichnung s Kennzeichnung
Bezirkshändler 84 16
Bezirksprovision 87 2, 24, 27, 30 ff.; **92** 6
Bezirksrotation 89b 10
Bezirksschutz 84 19; **86** 12; **86a** 10, 17; **87** 23 ff., 47 f.; **89b** 10, 14, 27; **92** 6
Bezirksstellenleiter 84 32, 36; **89b** 4
Bezirksverkleinerung 89a 18, 22; **89b** 10, 58
Bezirksvertreter 84 32; **86** 12, 27, 49; **86a** 18; **86b** 3, 14; **87** 25, 28, 30, 35, 36, 44, 48; **87c** 13; **89a** 38; **89b** 14, 23, 29
Bezugsangebot (15a) WpPG 21 1
BGB
– Gesellschaftsrecht **105** 15–16
– Verhältnis zum HGB **Einl** vor **1** 2–3, 10; **(1) EGHGB 2**

2609

Sachverzeichnis

BGB-Gesellschaft Einl vor 105 14
– Abgrenzung zur OHG **105**
– Anmeldung zum HdlRegister **106** 6
– anwendbares Recht **Einl vor 105** 14
– Aufwendungsersatz **110** 16
– AußenGbR **Einl vor 105** 14
– Eintragung **105** 12, 14; **123** 5
– HdlVertreter **84** 9
– MitunternehmerGes **176** 6
– PartGG Anh **160** 58
– PersonenGes **Einl vor 105** 1, 14
– Prozessfähigkeit **Einl vor 105** 14
– Rechtsfähigkeit **Einl vor 105** 14
– Umwandlung in OHG **105** 7
– Unterbeteiligung **105** 38
Bierliefervertrag (1) EGHGB 18
Bilanz 87a 2; **89b** 6; **90** 5
– s auch Bewertung, Gewinn- und Verlustrechnung, Handelsbücher
– Abfindungsbilanz **Einl vor 1** 35
– Abschlussprüfung **Einl vor 238** 15
– Abschreibungen s dort
– Aktivierbarkeit **246** 3–9, s auch dort
– Aktivierungswahlrecht **Einl vor 238** 32, 42
– Anhang **284–288**, s auch dort
– Anhangsangabepflichten **Einl vor 238** 46, 60
– Anlagegitter **268** 2
– Anlagespiegel **Einl vor 238** 74; **268** 2
– Anlagevermögen **247** 4–7; **248** 3–5
– Ansatzstetigkeit **246** 29
– Ansatzverbote **248** 4
– Ansatzwahlrecht **246** 4; **248** 3; **264** 25
– antizipative Posten **250** 1, 4; **268** 4
– Anzahlungen **252** 22; **268** 5
– assoziierte Unternehmen **Einl vor 238** 59
– Aufgliederung **247**
– Aufstellungsfrist **242** 1
– Aufstellungspflicht **242** 1
– Aufwandsrückstellungen **Einl vor 238** 33
– Ausschüttungssperre **253** 33; **268** 9–10
– Bankbilanzen **Einl vor 238** 2; **340–340o**
– Bankguthaben **266**
– Begriff **242** 2
– Berichtspflichten **Einl vor 238** 39
– Besserungsschein **266** 18
– Beteiligungen **271**
– Betriebsvermögen **246** 24
– Bewertungseinheiten **Einl vor 238** 36
– Bruttoprinzip **Einl vor 238** 31, 74
– Buchwertmethode **Einl vor 238** 53
– Damnum **250** 8, **268** 6
– Differenzhaftung **Anh 177a** 16; **242** 1
– Disagio **250** 8; **268** 6
– Eigenkapital **Einl vor 238** 44; **266** 16; **272**
– Eigentumsvorbehalt **246** 15
– Einheitsbilanz **242** 6
– Einlagen **272** 2–3
– Ergebnisverwendung **268** 1
– Eröffnungsbilanz **242** 1

– europäisches Rechnungslegungsrecht **Einl vor 238** 5–13
– Factoring **246** 22
– Fair-Value-Richtlinie **Einl vor 238** 14
– Fehlbetrag **268** 3
– Feststellung **242** 1
– Finanzanlagen **266** 7
– Firmenwert **Einl vor 238** 30, 58
– Forderungen **266** 9; **268** 4
– Fremdwährungsverbindlichkeiten **256a**
– Genossenschaften **337**
– Genussrechte **266** 16
– Geschäftswert **Einl vor 238** 30, 58
– gezeichnetes Kapital **272** 1–4
– Gliederung **Einl vor 238** 50; **264c** 5; **265**; **266**
– GmbH **Anh 177a** 51k
– GmbH & Co **Einl vor 238** 9
– große KapitalGes **Einl vor 238** 69; **267** 79
– Grundsätze **243** 4–9
– Grundstückskauf **246** 16
– Haftungsverhältnisse **251**; **268** 7
– Handelsbilanz **242** 4–6
– Identität **243** 7
– immaterielles Vermögen **248** 3–5; **266** 5
– Ingangsetzungskosten **269** (aF)
– Inhalt **247**
– Insolvenzbilanz **Einl vor 1** 35
– Interessenzusammenführungsmethode **Einl vor 238** 56
– Jahresabschluss s dort
– Kassenbestand **266** 11
– Klarheit **243** 4
– kleine KapitalGes **Einl vor 238** 69; **267** 1–3; **274a**
– KleinstkapitalGes **8b** 5: **9** 12; **Einl vor 238** 69
– Kommission **246** 18
– Kontinuität **243** 8; **252** 24–25; **265** 1
– Kontoform **266** 1
– Konzernabschluss s dort
– Konzernbilanz s dort
– Konzernlagebericht s dort
– Lagebericht s dort
– latente Steuern **Einl vor 238** 45; **274**; **285** 28
– Leasing **246** 23
– Maßgeblichkeitsgrundsatz **242** 4–5
– Maßnahmenkatalog **Einl vor 238** 14
– Methoden **284** 11, 13–14
– mittelgroße KapitalGes **Einl vor 238** 69; **267** 4–6
– Mittelstandsrichtlinie **Einl vor 238** 7
– Modernisierungsrichtlinie **Einl vor 238** 17
– Nachschüsse **Anh 177a** 51k
– Nichtigkeit **252** 29
– ordnungsmäßige **243** 4–9
– Passivierbarkeit **246** 13
– Patronatserklärung **251**
– Pensionsgeschäft **246** 20
– Privatvermögen **246** 24; **264c** 3

Sachverzeichnis

- Realisationsprinzip **246** 14; **252** 18–23, 48, 55
- Rechnungsabgrenzungsposten **Einl vor 238** 34, 250; **266** 21; **268** 4
- Rechnungslegung s dort
- Rechnungspflicht, Befreiung **Einl vor 238** 50, 51; **241a** 1–4
- Rechtsnatur **242** 3
- Reform **Einl vor 238** 14–63
- Restlaufzeit von Forderungen **Einl vor 238** 74; **268** 4
- Rücklagen s dort
- Rückstellungen **266** 17; s auch dort
- Sachanlagen **266** 6
- Schecks **266** 11
- Schulden **242** 2, 8
- schwebende Geschäfte **252** 21; **285** 3
- Schwellenwerte **Einl vor 238** 41, 52
- Schwellenwertrichtlinie **Einl vor 238** 18
- Sicherungsbilanzierung **254** 4
- Sicherungsübereignung **246** 15
- Sonderposten mit Rücklageanteil **247** 8; **270** 1
- Steuerabgrenzung, **274**, **306**
- Steuerbilanz **242** 4–6
- Steuerrecht **242** 4–6; **247** 8; **266** 17; **274**, **306**
- Steuerrückstellungen **266** 17
- stille Beteiligung **266** 16, 18
- Summe **267**
- Transparenzrichtlinie-Umsetzungsgesetz **Einl vor 238** 24
- Treuhand **246** 19
- Umlaufvermögen **247** 4; **248** 5
- Umsatzsteuer **250** 4
- Unmöglichkeit **238** 18
- Unterschiedsbetrag aus Vermögensberechnung **266** 13
- Verbindlichkeiten **266** 18–20; **268** 5
- Verbote **248**
- Verbrauchsfolgeverfahren **Einl vor 238** 37
- Verbrauchssteuer **250** 4
- verkürzte **266** 2
- Verlust **268** 1
- Vermerke **268** 8
- Vermerkpflicht **251** 1–3
- Vermögen **242** 8; **246** 2
- Vermögensgegenstände **Einl vor 238** 70; **240** 3; **242** 8; **246** 3
  - immaterielle **266** 5
  - sonstige **266** 9
- Vermögenszugehörigkeit **246** 14
- Versendungskauf **246** 17
- Versicherungsbilanz-Richtlinie **Einl vor 238** 8
- Vollständigkeit **243** 6
- Vorräte **266** 8, 20–24
- Vorsichtsgrundsatz **243** 9, **252** 10, 57
- Vorstandsvergütung, Offenlegung **Einl vor 238** 7–8, 22
- Wahlrechte **248** 3, **264** 25
- Wahrheit **243** 5
- Währungsumrechnung **Einl vor 238** 38, 57
- Wechselobligo **251**
- Wertpapiere **266** 10
- Wertpapierleihe **246** 21
- wirtschaftliche Zurechnung **Einl vor 238** 29
- Wirtschaftsgut **Einl vor 238** 70
- Zehn-Punkte-Programm der BReg **Einl vor 238** 9
- Zeitwertbewertung **Einl vor 238** 53
- Zerobonds **253** 26
- Zölle **250** 4
- Zugangs- und Folgebewertung **253**

Bilanzarten 242 4–7
Bilanzeid Einl vor 238 24; **264** 26
Bilanzgarantie Einl vor 1 46a; **349** 18
Bilanzgewinn 268 1
Bilanzgleichung 242 2
Bilanzidentität 252 6; **265** 2
bilanzierungsfähiges Vermögen 242 8; **246** 2
Bilanzierungshilfe 274 3
Bilanzierungsmethoden 284 11, 13–14
Bilanzierungsverbote 248
Bilanzierungswahlrechte 248 3; **264** 25
Bilanzkontinuität 243 8; **252** 24–25; **265** 1
Bilanzkontrollgesetz (BilKoG) Einl vor 238 16, 102; **(1) EGHGB 56; (2a) WPO Einl 9**
Bilanzpolitik 264 25
Bilanzrecht
- Rechtsnatur **238** 4

Bilanzrechtsmodernisierungsgesetz (BilMoG) Einl vor 1 15; **Einl vor 238** 25–62
- Abgrenzung latenter Steuern **Einl vor 238** 45
- Aktivierungswahlrecht **Einl vor 238** 32, 42
- Anhangsangabepflichten **Einl vor 238** 46, 60
- assoziierte Unternehmen **Einl vor 238** 59
- Aufrechnungszeitpunkt **Einl vor 238** 54
- Aufwandsrückstellungen **Einl vor 238** 33
- Berichtspflichten **Einl vor 238** 39
- Bewertungseinheiten **Einl vor 238** 36
- Bruttoprinzip, Durchbrechung **Einl vor 238** 31
- Buchwertmethode **Einl vor 238** 53
- Eigenkapitaldarstellung **Einl vor 238** 44
- Fremdwährungsverbindlichkeiten **256a**
- Geschäfts- oder Firmenwert **Einl vor 238** 30, 58
- Herstellungskostenuntergrenze **Einl vor 238** 36
- Inkrafttreten **Einl vor 238** 62; **(1) EGHGB 67**
- Interessenzusammenführungsmethode **Einl vor 238** 56

Sachverzeichnis

- kapitalmarktorientierte Ges **Einl** vor **238** 39, 40
- Konzernabschluss **Einl** vor **238** 48; **290** 5
- Lageberichterstattung **Einl** vor **238** 47, 61
- Maßgeblichkeitsprinzip **Einl** vor **238** 28
- Pensionsrückstellungen **249** 5
- Publizitätspflichten **Einl** vor **238** 25, 27
- Rechnungsabgrenzungsposten **Einl** vor **238** 34
- Rechnungspflicht, Befreiung **Einl** vor **238** 50, 51; **241a** 1–4
- Richtlinienumsetzung **Einl** vor **238** 26
- Schwellenwerte **Einl** vor **238** 41, 52
- stille Reserven **252** 17
- Übergangsvorschrift **Einl** vor **238** 62, 110; **(1) EGHGB 67**
- Verbrauchsfolgeverfahren **Einl** vor **238** 37
- Währungsumrechnung **Einl** vor **238** 38, 57
- wirtschaftliche Zurechnung **Einl** vor **238** 29
- Zeitwertbewertung **Einl** vor **238** 53
- Ziele **Einl** vor **238** 25
- Zugangs- und Folgebewertung **253**
- ZweckGes **Einl** vor **238** 49

Bilanzrechtsreform Einl vor **238** 9–16, 22–62

Bilanzrechtsreformgesetz (BilReG) Einl vor **238** 10–15, 103, 171, 172; **(1) EGHGB 57; 58; (2a) WPO Einl** 9

Bilanzrichtlinien-Gesetz (BiRiLiG) Einl vor **1** 14; **Einl** vor **238** 1–3, 59
- Übergangsrecht **Einl** vor **238** 83–111; **(1) EGHGB 24–28**

Bilanzrichtlinie-Umsetzungsgesetz s BilRUG

Bilanzsumme 267 2

Bilanzverlust 268 1

Bilanzvermerke 268 8

Bildungsurlaub 59 100

BilKoG s Bilanzkontrollgesetz (BilKoG)

Billigkeit 87 21, 46; **87b** 3; **89b** 3, 9, 11, 14, 29, 31 ff., 41, 44 ff., 49, 52, 55, 57, 64, 69, 76, 82 ff., 93, 96; **90a** 9

BilMoG s Bilanzrechtsmodernisierungsgesetz (BilMoG)

BilRUG Vor 238 31–35; **272** 12; **290** 6; **291** 3; **(1) EGHGB 75**

Bindungsklauseln 59 66

Binnenschifffahrt 408 3; **412** 1, 3, 4; **427**; **450** 1

Binnenschifffahrtsspedition (18) ADSp 25

bitcoin (7) BankGesch F/28, 31

Blockade Einl vor **1** 70

blockchain (7) BankGesch F/31

Bodenschätze 246 14

Bonität 86 13, 21, 41; **86b** 1

Bonitätsbeurteilung Einl vor **1** 66

Bonitätsprüfungspflicht
- HdlVertreter **86** 21

Bonus 87b 8
- billiges Ermessen **59** 60
- bei Zielvorgaben **59** 58

Bonusmeilen
- Herausgabe **59** 55

Börse (14) BörsG
- Abfindungsangebot **(14)** BörsG **39** 4
- AGB **(14)** BörsG **16** 4
- ähnliche Einrichtungen **(14)** BörsG **Einl** vor **1** 2
- algorithmische Handelsprogramme **(14)** BörsG **3** 6, 7; **16** 1
- Auflagen **(14)** BörsG **4** 4
- Auktionskurs **(14)** BörsG **24** 6
- Auskunftserteilung **(14)** BörsG **41**
- ausländische Zahlungsmittel **(14)** BörsG **11; 51**
- Auslagerung **(14)** BörsG **5** 3
- Außenhaftung der Organmitglieder **(15a)** WpPG **Einl** vor **21** 2
- Aussetzung des Handels **(14)** BörsG **25**
- Begriff **(14)** BörsG **Einl** vor **1** 1; **2** 1
- Benutzung **(14)** BörsG **18**
- Beteiligungen, bedeutende **(14)** BörsG **6**
- Bußgeldvorschriften **(14)** BörsG **50**
- Delisting **(14)** BörsG **39** 2, 8, 11, 13
- Deutsche Börse AG **(14)** BörsG **2** 3; **6** 1
- Deutsche Terminbörse **(14)** BörsG **Einl** vor **1** 11; **2** 2, 3
- Einführung **(14)** BörsG **38**
- Einheitskurs **(14)** BörsG **24** 5
- Ein-Market-Maker-Systeme **(14)** BörsG **2** 2a
- Einstellung des Handels **(14)** BörsG **25**
- elektronische Handelssysteme **(14)** BörsG **Einl** vor **1** 2
- Emittentenpflichten **(14)** BörsG **40; 42**
- Entry Standard **(14)** BörsG **48** 6, 12
- Erlaubnis **(14)** BörsG **4**
- Eurex **(14)** BörsG **2** 2–3
- Zusammenarbeit in der Europäischen Union **(14)** BörsG **36**
- externe Abwicklungssysteme **(14)** BörsG **21**
- Finanzmarktförderungsgesetze **(14)** BörsG **Einl** vor **1** 5, 7
- Finanzmarktnovellierungsgesetz **(14)** BörsG **Einl** vor **1** 9
- Finanzmarktrichtlinie-Umsetzungsgesetz **(14)** BörsG **Einl** vor **1** 10–11
- Freiverkehr **(14)** BörsG **48**
- Gebühren **(14)** BörsG **17**
- geregelter Markt **(8)** AGB-WPGeschäfte **1; 9; (14)** BörsG **Einl** vor **1** 10; **48** 1
- Handelsüberwachungsstelle **(14)** BörsG **7**
- Insiderinformationen **347** 31; **(7)** BankGeschA/10, 20; **(16a)** MAR 7
- Insolvenzverwalter **(14)** BörsG **43**
- Kammerbörsen **(14)** BörsG **5** 1
- Kartellrecht **(14)** BörsG **9**
- Kassakurs **(14)** BörsG **24** 5, 7
- Kurse **(14)** BörsG **24** 1, 5, 7, 11, 16

Sachverzeichnis

- Kurspflege (7) BankGesch Y/2
- Leerverkäufe (14) BörsG 15 4; 25 5
- Leitung (14) BörsG 15
- Market-Maker (14) BörsG 2 2b, 6b; 24 3, 9; 26c, 48 16; 48b 2
- Markt (14) BörsG Einl vor 1 3
  - Neuer (14) BörsG 48 11
  - regulierter (14) BörsG 32 1; 33
  - Rückzug (14) BörsG 39
- Mindestpreisänderungsgröße (14) BörsG 26b
- Nachhandelstransparenz (14) BörsG 24 10, 31
- Order-Transaktions-Verhältnis (14) BörsG 26a
- Outsourcing (14) BörsG 5 3
- Preisfeststellung (14) BörsG 11; 16 3 24
- Rechtsnatur (14) BörsG 2 2c f.
- Sanktionsausschuss (14) BörsG 22
- Scale (14) BörsG 48 13
- Selbstverwaltung (14) BörsG 3 3a
- Sicherheitsleistung (14) BörsG 20
- Skontrenverteilung (14) BörsG 29
- Skontroführer (14) BörsG 27; 28
- Spekulation (14) BörsG 26
- staatliche Schuldverschreibungen (14) BörsG 37
- Straf-/Bußgeldvorschriften (14) BörsG 49–52
- systematischer Internalisierer (14) BörsG 2 2a, 2b; 48 5; 48b 2, 4
- Systemgebundenheit (14) BörsG 2 1
- Telefonhandel (14) BörsG 2 3; 48 14
- Termingeschäft (7) BankGesch N/1
- Transparenzrichtlinie-Umsetzungsgesetz (14) BörsG Einl vor 1 9
- Übergangsregelungen (14) BörsG 52
- übermäßige Nutzung (14) BörsG 17 1
- Überwachung (14) BörsG 3, 4
- unverzügliche Unterrichtung (14) BörsG 21 3; 25 3
- Usancen (14) BörsG 16 4
- variabler Kurs (14) BörsG 24 4
- Vereinsbörsen (14) BörsG 5 1
- Verschwiegenheitspflicht (14) BörsG 10
- Viertes Finanzmarktförderungsgesetz (14) BörsG Einl vor 1 7
- Volatilitätsunterbrechungen (14) BörsG 8 2; 24 4
- Warenbörsen (14) BörsG 2 4–6a; 7 2; 12 1; 19 2
- Wertpapierbörse (14) BörsG Einl vor 1 4; 2 3–4, 6a
- Wettbewerbsbeschränkung (14) BörsG 9
- von Rechten (14) BörsG 23
- Widerruf (14) BörsG 39
- von Wirtschaftsgütern (14) BörsG 23
- Zulassung (14) BörsG 19; 32
- Zusammenarbeit (14) BörsG 8
- Zweites Finanzmarktförderungsgesetz (14) BörsG Einl vor 1 5

Börsenaufsicht (14) BörsG 3
Börsenbetrieb (14) BörsG 1 2; 5 1a
Börsendienst 347 14
Börseneinrichtungen (14) BörsG 18
Börsengeschäftsführung (14) BörsG 15
Börsenhändler (14) BörsG 19 1
Börsenordnung (14) BörsG 16
Börsenpreis 253 19; (14) BörsG 24
Börsenprospekthaftung Anh 177a 61; (15a) WpPG
- s auch Prospekthaftung
- aktienrechtliche Kapitalerhaltung (15a) WpPG 21 6
- alte Stücke (15a) WpPG 21 7
- Anspruchsberechtigte (15a) WpPG 21 78
- Auslandsgeschäft (15a) WpPG 21 11
- Ausschluss (15a) WpPG 23
- Beschränkung, unwirksame (15a) WpPG 25
- Entwicklung (15a) WpPG Einl vor 21 14
- „Erster Erwerbspreis" (15a) WpPG 24 4
- fehlender Prospekt (15a) WpPG 24
- Gesamtschuldner (15a) WpPG 21 4
- Haltungsfenster (15a) WpPG 21 8
- junge Stücke (15a) WpPG 21 7
- Pflichtige (15a) WpPG 21 4–6
- Prospekterlasser (15a) WpPG 21 4
- Prospektrichtlinie s dort
- Prospektveranlasser (15a) WpPG 21 5
- Sachverständige (15a) WpPG Einl vor 21 3
- Schaden (15a) WpPG 21 9–10
- VermAnlGEG 2012 (15a) WpPG Einl vor 21 4
- Verschulden (15a) WpPG 21 3, 23 1
- Vollprospekt (15a) WpPG 21 1
- Werbung (15a) WpPG 21 1
- Wirtschaftsprüfer (15a) WpPG Einl vor 21 3; 21 4

Börsenrat (14) BörsG 12, 13
Börsensachverständigenkommission (14) BörsG Einl vor 1 14
Börsenspekulation (14) BörsG 26
Börsenteilnehmer, mittelbarer (14) BörsG 2 6c; 3 6; 19a
Börsenträger (14) BörsG 2 2; 4; 5
Börsenusancen 346 15, (14) BörsG 16 4
Börsenzulassungsprospekt
- fehlerhafter (15a) WpPG 21
Bösgläubigkeit s gutgläubiger Erwerb
Bote
- Gewerbegehilfe 59 31a
Boykott Einl vor 1 66
BQG s Beschäftigungs- und Qualifizierungsgesellschaft
Brauch s Handelsbrauch
Brief s Geschäftsbrief
Briefkastenfirma Einl vor 105 29
Briefkopf
- s auch Geschäftsbrief
- NichtGfter 105 98
- ScheinGfter 128 5

2613

Sachverzeichnis

Briefpapier 86a 5
Bringschuld 86a 6
BRIS
- s Business Register Interconnection System
Brüssel I-VO Einl vor 1 87
brutto (Gewicht) 380
Bruttogehalt 59 58
Bruttoprinzip
- Anlagespiegel **Einl vor 238** 74
- Durchbrechung **Einl vor 238** 31
Bruttoprovision 89b 29, 41, 51, 94; **90a** 19
BSchuWG (13) DepotG **1** 2
BSL (18) ADSp **Einl vor 1** 1
Buchauszug 86a 10; **87c** 13 ff.
- Erfüllungsort **87c** 15
- Erfüllungseinwand **87c** 22
- Korrekturabrechnung **87c** 18
- Mangel **87c** 20
- Rechtsmissbrauch **87c** 19
- Unvollständigkeit **87c** 20, 22
- Verjährung **87c** 19
- Verwirkung **87c** 19
- Vollstreckung **87c** 12, 22
Bucheinsicht 87c
Buchführung 84 36; **86** 42; **87c** 15, 16, 23, 25
- s auch Bilanz, Handelsbücher
- außer Haus **238** 10, **239** 4
- Befreiung für Einzelkaufleute **Einl vor 238** 50, 51, **241a** 1–4
- Beginn **238** 16
- Briefkopien **238** 15
- Buchungen **238** 13
- deduktive Methode **238** 11
- doppelte **238** 12, 27
- EDV **239** 4
- Einbeziehung in die Prüfung **317** 2
- Einsichtsrecht **87c** 25 f.
- Ende **238** 17
- Geschäftsverteilung **238** 8
- Grundsätze ordnungsmäßiger Buchführung (GoB) **238** 11; **243** 4–9
- Hilfspersonen **238** 10
- Inventar s dort
- Loseblattführung **239** 4
- Negativattest **87c** 13
- Nullmeldung **87c** 13
- Realisationsprinzip **238** 13
- Sanktionen **238** 18–21
- Schutzgesetze **238** 19
- Steuerrecht **238** 21
Buchführungspflicht
- handelsrechtliche **238** 4
- sonstige **238** 6
- steuerrechtliche **238** 5
- Unmöglichkeit **238** 18
- Verletzung **238** 18–21
Buchhalter 59 30
Buchprüfer 87c 12
- s Abschlussprüfer

Buchsachverständiger 87c 27
Buchwertklausel 131 45
Buchwertmethode
- Konzernabschluss **Einl vor 238** 53; **301** 5–6; **312** 2–3
Bund
- s auch Länder
- Eintragung **36**
Bundesanstalt für Finanzdienstleistungsaufsicht s BaFin
Bundesanzeiger, elektronischer 325 4–5; **329**
Bundesschuldenbuch (13) DepotG **5** 1
bürgerlich-rechtliche Gesellschaft s BGB-Gesellschaft
Bürgschaft 349–350
- Arten **349** 3–10
- Ausfallbürgschaft **349** 7
- Ausgleichsanspruch **349** 9
- Avalkreditvertrag **349** 4, 21; **(7)** BankGesch G/27
- Bankbürgschaft **(7)** BankGesch L/18
- Begriff **349** 2
- Bilanz **251**
- erstes Anfordern **349** 6
- Form **350**
- internationaler Verkehr **349** 23
- Kdtist **171** 5
- Kreditauftrag **349** 11
- Kreditbürgschaft **349** 4
- Missbrauchseinwand **349** 6
- Mitbürgschaft **349** 10
- Nachbürgschaft **349** 9
- OHG **128** 7
- Rückbürgschaft **349** 8
- Rückforderung **349** 6
- Scheckbürgschaft **349** 21
- selbstschuldnerisch **349** 3
- Vorausklage **349** 1, 3, 12
- Wechselbürgschaft **349** 21
- Zeitbürgschaft **349** 5
Business Register Interconnection System 9 2b
Bußgeld 334; **335b**; **340n**

CAD 346 40
CAPM Einl vor 1 36
certificate ofdeposit 266 10
cash against documents 346 40
CESL s europäisches Kaufrecht
CFR 346 40; **(6)** Incoterms **10**
change of control-Klausel (7) BankGesch G/19
Chemiker 59 31a
churning 384 1; **(7)** BankGesch Q/2
CIF 377 10; **(6)** Incoterms **11**
CIM 451 1; **453** 4
CIP 346 40; **(6)** Incoterms **4**
Circa 346 40
CISG s UN-Kaufrecht
CMNI 451 1

Sachverzeichnis

CMR (17) CMR
- s auch Frachtgeschäft, Güterkraftverkehr
- Auslegung **(17)** CMR **Einl** vor **1** 2
- Entstehung **(17)** CMR **Einl** vor **1** 1
- Geltung **(17)** CMR **Einl** vor **1** 1
- Umzugsvertrag **451** 1

CMS Spread Ladder Swap 347 26, 30; **(7)** BankGesch A/29

COD 346 40

COFACI Einl vor **1** 98

comfort letters 316 5; **349** 19

Completed-Contract-Methode 252 10

Compliance
- Spedition **(18)** ADSp **32**

Comply or Explain 289c 16

Container 346 40

Control-Konzept Einl vor **238** 48; **290** 8

cooling off-Periode 319a 7

Corporate Governance Kodex Überbl vor **316** 6–7; **317** 7; **319** 4
- Abschlussprüfung **Überbl** vor **316** 6–7

corporate opportunity 114 13; **Anh 177a** 23

Corporate Social Responsibility Einl vor **238** 36

corporations Einl vor **105** 12

Country-by-Country-Reporting Einl vor **238** 31; **341q** 1; **341r** 1; **341s** 1; **341u** 1; **341v** 1; **341w** 1

CPT 346 40; **(6)** Incoterms **3**

Crowdinvesting (7) BankGesch Q/1

CSR-Angaben im Lagebericht 289a 1

CSR-Rahmenwerke 289d 1

CSR-Richtlinie Einl vor **238** 36–37

CSR-RUG Einl vor **238** 37; **289a** 1
- Übergangsrecht **(1)** EGHGB **80**

CT-Dokumente 452 9

culpa in contrahendo
- s Verschulden bei Vertragsschluss
- Abgrenzung Prospekthaftung **Anh 177a** 65
- HdlMakler **93** 27
- HdlVertreter **84** 50; **85** 1; **91** 2
- Überschreiten der HdlVollmacht **54** 20
- Verjährung **347** 39

D/A 346 40

D/C 346 40

D/p 346 40

DAF 346 40

Daily Mail Einl vor **105** 29

Damnum 250 8; **268** 6

Dänemark s Skandinavien

DAP 346 40; **(6)** Incoterms **6**

Darlehen 54 14, 16; **55** 11
- Arbeitgeberdarlehen **59** 80
- besondere Ermächtigung **54** 14, 16; **55** 11
- change ofcontrol-Klausel **(7)** BankGesch G/19
- Finanzierungsdarlehen **(7)** BankGesch G/34–54
- freies **(7)** BankGesch G/54

- hochverzinsliches **(7)** BankGesch G/10
- Kündigung **(7)** BankGesch G/14–19a
- partiarisches **230** 2
- Rückgewähr **172a (aF)**
- Sittenwidrigkeit **(7)** BankGesch G/6–10, 10a–10c, H/5
- Sondertilgungsrecht **(7)** BankGesch G/19a
- Verbraucherdarlehen s dort
- Zinspflicht **354 II**

Darlehensauszahlungsgebühr (7) BankGesch G/4

Darlehensforderung
- Abtretung **(7)** BankGesch A/9, G/5a
- an Nichtbank **(7)** BankGesch A/5

Darlehensvermittlung 93 2, 5; **(7)** BankGesch G/1, 38

DAT 346 40; **(6)** Incoterms **5**

Datenschutz 9a 2; **(7)** BankGesch A/53–55
- Safe-Harbor-Entscheidung **(7)** BankGesch A/53

Dauer-Globalurkunde (13) DepotG **9a** 2

Dauerlieferungsvertrag Einl vor **373** 30

Dauerschuldverhältnis 84 43; **86** 1; **86b** 11; **87** 38; **89a** 3
- dispositives Recht **87b** 19
- drohender Verlust **249** 15
- Firmenfortführung **25** 11
- Nachhaftung **160** 2
- schwebendes Geschäft **252** 21

Dauervertrag 84 10,44; **87a** 7; **87b** 13 ff.

DB s Deutsche Bahn

DCF-Methode s Discounted Cash Flow

DDP 346 40; **(6)** Incoterms **7**

DDR-Handelsrecht Einl vor **1** 29

DDU 346 40

Debetsaldo 131 55

Debitkarte (7) BankGesch F/2–12

Deckungsgeschäft 401

Deckungskauf
- rechtzeitiger **376** 13–14

Deckungsverhältnis
- Kartenzahlung **(7)** BankGesch F/35–51
- Lastschrift **(7)** BankGesch D/36–40
- Überweisungsverkehr **(7)** BankGesch C/33–82

deferred payment s Akkreditiv

Deliktsfähigkeit 124 25

Deliktsrecht 124 24–25; **128** 6; **347** 18
- Frachtgeschäft **414** 5; **428** 5; **433** 3; **434** 1
- Insolvenzantragspflicht **130a** 11–12
- Persönlichkeitsrecht **Einl** vor **1** 64
- Recht am Gewerbebetrieb **Einl** vor **1** 65–70
- Schutzgesetz s dort
- Verjährung **347** 39

Delisting (14) BörsG **71** 36

Delkredereehaftung 85 4; **86** 2, 21, 51, **86b**; **87** 1; **89b** 25, 50
- ausländische Kunden **86b** 13
- ausländische Niederlassung **86b** 12

2615

Sachverzeichnis

- Bestimmtheitsgrundsatz **86b** 3
- Garantievertrag **86b** 6
- Herausgabe **86b** 7
- Kommissionär **86b** 2; **394**
- Rechtsnatur **86b** 6
- Schriftform **86b** 5–6
- Vereinbarung **86b** 1
- Verzicht **86b** 6
- Zulässigkeit **86b** 3–4

Delkredereprovision 86 2; **86b**; **87** 3, 47; **89b** 25, 50
- Abdingbarkeit **87** 47
- Ausgleichsanspruch **89b** 25, 50
- Höhe **86b** 10
- Entstehen **86b** 11
- bei Rücktritt **86b** 11

Delkredereregister 86b 2
Demonstration Einl vor **1** 70
Depot s Verwahrung von Wertpapieren
Depotabrede 84 10
Depotbank
- Insolvenz **(13)** DepotG **2** 1

Depotgeschäft (13) DepotG **Einl** 4
- Rechtsnatur **(13)** DepotG **1** 4

Depotgesetz (7) BankGesch W/1; **(13)** DepotG
- s auch Verwahrung von Wertpapieren
- Drittverwahrung **(13)** DepotG **3**, 4
- Einkaufskommission **(13)** DepotG **18–31**
- europäischer Binnenmarkt **(13)** DepotG **Einl** 6
- Internationalisierung **(13)** DepotG **Einl** 5
- Pfandverwahrung **(13)** DepotG **17**
- Sammelverwahrung **(13)** DepotG **5–9a**; **24**
- Sonderverwahrung **(13)** DepotG **2**
- Strafvorschriften **(13)** DepotG **34–37**
- Stückeverzeichnis **(13)** DepotG **18–23**; **25**
- Tauschverwahrung **(13)** DepotG **10**; **11**
- Verfügungsermächtigung **(13)** DepotG **13**
- Verpfändung **(13)** DepotG **12**, **12a**
- Verwahrung **(13)** DepotG **2–17a**
- Verwahrungsbuch **(13)** DepotG **14**
- Vorrang im Insolvenzverfahren **(13)** DepotG **32**; **33**
- Wertpapiere **(13)** DepotG **1** 1
- Wertpapiersammelbank **(13)** DepotG **1** 6
- Wertpapierverfügungen **(13)** DepotG **17a**
- Wertrechte **(13)** DepotG **1** 2

Depotprüfung (13) DepotG **Einl** 2
Dept to Equity Swap 171 6
DEQ 346 40
Derivatgeschäft (7) BankGesch R/1, S/1
derivativer Erwerb Anh 177a 58; **248** 4
derivativer Geschäftswert 246 9
DES 346 40
Deutsche Bahn 1 27
Deutsche Börse AG (14) BörsG **2** 3; **6** 1
Deutsche Post 1 27
- s auch Postbeförderung

Deutsche Terminbörse (14) BörsG **Einl** vor **1** 11; **2** 2, 3
Deutsches Recht 86b 12; **92c**
Devisengeschäft (7) BankGesch R/1
Devisenkassamittelkurs 256a 2
Devisenrecht (7) BankGesch N/1
Diebstahl 89a 20
Dienstleistung
- künftige **272** 7
- als Vermögenseinlage **230** 20

Dienstverhinderung 63 (aF) 1
Dienstvertrag 110 19–21
- Bankkreditvertrag **Einl** vor **1** 87
- partiarischer **230** 4

Dienstvertragsklausel 93 66
Dienstvertragsrecht 86 4 f.
Dienstwagen 59 69
Differenzhaftung Anh 177a 16; **242** 1
Digitalisierungsrechtsprojekte
- Kaufrecht, europäisches **Einl** vor **373** 50

Directors' Dealings (16a) MAR **Vorb.** 7–8; **19**
Direktbank 347 23; **(7)** BankGesch A/29
Direktionsrecht 59 9, 44
Direktvertrieb 86a 17
DIS Einl vor **1** 88
Disagio 250 8; **268** 6; **(7)** BankGesch G/4
Discount-Broker 347 23
Discounted Cash Flow Einl vor **1** 36
Diskontgeschäft (7) BankGesch J/1
Diskriminierung 86 37
Dispositionskredit
- Pfändbarkeit **357** 10

Dispositives Recht 87b 19
Distanzfracht 420 7
distributed ledger (7) BankGesch F/31
Diverse s Konto
Diversität 59 37
DOCDEX (11) ERA **Einl** 1
Dokumente
- s auch Traditionspapier
- Akkreditiv **(7)** BankGesch K/1
- CT-Dokumente **448** 1; **452** 9
- Einreichung **12** 6–7
- Inkasso **(7)** BankGesch M/1–5; **(12)** ERI
- „Kasse gegen Dokumente" **346** 40
- beim multimodalen Transport **452** 9
- Scan **12** 7
- Seekonnossement **443** 2
- Warendokumente **364** 8

„Dokumente gegen Akzept" 346 40
„Dokumente gegen unwiderruflichen Zahlungsauftrag" 346 40
Dokumentenstrenge (7) BankGesch K/1–2, 6, 14, M/1, L/1
Dolmetscher 1 19
Domainname (11); **18** 6; **19** 7
- Top-Level-Domain **18** 6
- Second-Level-Domain **18** 6

Doppelsitz 15 25; **106** 9
downgrading (14) BörsG **39** 3–4

Sachverzeichnis

downlisting (14) BörsG 39 2–3; **(16a)** MAR 7 14
Downstream Merger 255 11
DPR e. V. 342b 9
Draufgabe 348 8
Dritthaftung 347 19–21, 38a
– Mitverschulden **347** 21, 36
Drittorganschaft Einl vor **105** 13; **114** 11, 28; **125** 5
– GmbH & Co KG **Anh 177a** 3
Drittschaden 383 21
Drittschadensliquidation
– Auskunft **347** 21
– Frachtgeschäft **421** 2
– Kommission **383** 21
– Spedition **462** 1; **(17)** CMR **17** 1
– Treuhand **105** 33
Drittwiderspruchsklage 440 5
Drohung 89a 17
Druckkündigung 89a 20; **89b** 67
due diligence Einl vor **1** 44a
– Anschaffungsnebenkosten **255** 3
– Insiderhandelsverbot **(16a)** MAR **9** 5
Duldungsvollmacht Einl vor **48** 5; **54** 3 f., 17
– s auch Vertretung
Durchgangserwerb 246 14
Durchgriffshaftung Anh 177a 51b, 51d
Durchhandeln Einl vor **373** 27; **377** 9
durchlaufende Posten 89b 25, 29, 51
Durchsetzungssperre 131 48; **145** 6
DVFA Best-Practice-Empfehlungen Einl vor **1** 35
Dynamikprovision 92 3

E-Bilanz 239 4
eBay Einl vor **48** 4
ECE
– Bedingungen **(6)** Incoterms **Einl** 7
– Schiedsgerichtsordnung **Einl** vor **1** 98
Edelmetallgeschäft (7) BankGesch R/1
Effekten 383 8
Effektenemission (7) BankGesch Y/1, 3
– best effort **(7)** BankGesch Y/3
– firm commitment **(7)** BankGesch Y/3
Effektenkommission 383 4, 8, 29; **(7)** BankGesch Q/1–2
– Selbsteintritt **400** 1–2, 4
Effektenverkehr
– stückeloser **(13)** DepotG **1** 2
eG s Eingetragene Genossenschaft
EG sEU
EG-Richtlinie vom 18.12.1986 (Handelsvertreter-RL) **84** 3; **89b** 32; **92c** 6
Egalisierung
– durch stille Reserven **252** 15
E-Geld (7) BankGesch C/10
E-Geld-Geschäft (7) BankGesch F/27–28
EGHGB Einl vor **1** 10; **(1)** EGHGB
Ehegatten
– als andere Unternehmer **86** 28
– Firma **19** 6

– Gfter **105** 24–25, 52, 80; **114** 24, 52
– Güterrecht **(1)** EGHGB **4**
– Kdtist **161** 4
– Pflichtteilsberechnung **Einl** vor **1** 35
– Prospektlektüre **Anh 177a** 65
– Unternehmen **1** 48
Ehegattengesellschaft 105 52
Ehegattenkredit
– Grundsätze **(7)** BankGesch G/10a
– Mithaftungsklausel **86** 9
EHUG 8 2a; **Einl** vor **238** 18
eidesstattliche Versicherung 87c 20 f., 28
Eigenbedarf 123 35
Eigengeschäft
– Aufklärungspflicht **347** 30
– HdlVertreter **84** 55
– Insidergeschäfte **347** 31; s auch dort
– des Kommissionärs **383** 16; **(13)** DepotG **31**
Eigenhaftung
– des GmbHGeschäftsführers **Einl** vor **48** 10; **Anh 177a** 44, 51j
– des Vertreters **Einl** vor **48** 9–12
Eigenhandelsgeschäft 340c 1
Eigenhändige Unterzeichnung 85 6; **90a** 14
Eigenhändler 84 10, 14, 23, 32; **86** 38; **89a** 20; **89b** 25
Eigenkapital
– Ausweis **266** 16
– Begriff **272**
– eingefordertes **272** 3
– Einlagen, ausstehende **272** 2
– gezeichnetes **272** 1–4
– PersonenGes **264c** 2
– Wertansatz **272**
Eigenkapitaldarstellung Einl vor **238** 44
Eigenkapitalmethode 312 1
Eigenkapitalspiegel 242 10; **264** 7
Eigenkündigung 89b 52 ff., 64
Eigentum Einl vor **1** 57–62; **346** 18
– wirtschaftliche Zuordnung **Einl** vor **238** 29; **246** 14
Eigentumsvorbehalt 246 15
Eigenverantwortung 347 23
Eignungstest
– psychologischer **59** 34
Einblicksgebot 264 11
Einfirmenvertreter 84 1, 36, 46; **86** 5, 12; **89a** 30; **92a**
Einfuhr- und Vorratsstelle 1 27
Einfuhrgenehmigung (6) Incoterms **1** 2
Einführungsgesetz Einl vor **1** 10; **(1)** EGHGB
„**Eingang vorbehalten" (7)** BankGesch C/70
eingetragene Genossenschaft Einl vor **238** 68; **336–339**
– Formkaufmann **6** 6
– Genossenschaftsregister **8** 18
– Rechtsfähigkeit **Einl** vor **105** 1, 12

2617

Sachverzeichnis

Eingliederung 84 13, 42
einheitliche Leitung s Konzernabschluss
Einheitliche Richtlinien für Inkassi (12) ERI
– s auch BankGesch, Inkasso
– Akzeptierung **(12) ERI** 22
– Auslagen **(12) ERI** 21
– Benachrichtigungen **(12) ERI** 4
– Beteiligte **(12) ERI** 3
– Entstehung **(12) ERI Einl** vor 1 1
– Gebühren **(12) ERI** 21
– Geltung **(12) ERI Einl** vor 1 2, 1
– Haftung **(12) ERI 9–15**
– Inkassoauftrag **(12) ERI** 4
– Neufassung **(12) ERI Einl** vor 1 1
– Protest **(12) ERI** 24
– Vorlegung **(12) ERI 5–8**
– Zahlung **(12) ERI 16–19**
– Zinsen **(12) ERI** 20
Einheitliche Richtlinien und Gebräuche für Dokumenten-Akkreditive (11) ERA
– s auch Akkreditiv
– Abtretung **(11) ERA** 39
– „An Deck" **(11) ERA** 26
– Änderungen **(11) ERA 10; 11**
– Auslegungen **(11) ERA** 3
– Avisierung **(11) ERA** 9
– Bindungswirkung **(11) ERA** 1 3
– Definitionen **(11) ERA 1–2**
– Dokumentenprüfung **(11) ERA** 14
– Dokumentenvorlage, konforme **(11) ERA** 15
– el.ERA **(11) ERA Anh**
– Geltungsbereich **(11) ERA Einl** 4
– Haftungsausschluss **(11) ERA 34–37**
– Handelsrechnung **(11) ERA** 18
– Konnossement **(11) ERA 20; 22**
– Kopien **(11) ERA** 17
– Kurierempfangsbestätigung **(11) ERA** 25
– Mindestangaben **(11) ERA** 6
– Neuerungen ERA 600 **(11) ERA Einl** 3
– Nominierung **(11) ERA** 12
– Originale **(11) ERA** 17
– Remboursvereinbarungen **(11) ERA** 13
– „Said by Shipper to Contain" **(11) ERA** 26
– Seefrachtbrief**(11) ERA** 21
– „Shipper's Load and Count" **(11) ERA** 26
– Synopse ERA 500/ERA 600 **(11) ERA Einl** 2
– Teilinanspruchnahme **(11) ERA 31; 32**
– Toleranzen **(11) ERA** 30
– Transportdokumente **(11) ERA 19–27**
– Übertragbarkeit **(11) ERA** 38
– Unabhängigkeit vom Grundgeschäft **(11) ERA 4; 5**
– Unstimmigkeiten **(11) ERA** 16
– Verfalldatum **(11) ERA** 6 4, 5; **29**
– Verpflichtung der bestätigenden Bank **(11) ERA** 8
– Verpflichtung der eröffnenden Bank **(11) ERA** 7
– Versicherungsdokument/-deckung **(11) ERA** 28
Einheitlichkeit der Präsentation 84 38
Einheitsbilanz 242 6
Einkommen 87 50; **90a** 9, 20; **92b** 2
Einlage
– s auch Kommanditgesellschaft, Offene Handelsgesellschaft
– Eigenkapital 272 2
– gezeichnetes Kapital 272 2–3
– Kdtist **174; 175**
– Schutz durch Institutssicherung **(9) AGB-Spark** 28
Einlagengeschäft (7) BankGesch B/1–7
Einlagensicherung (7) BankGesch A/57a f.
Einlagensicherungs- und Anlegerentschädigungs G (9) AGB-Spark 28
Einlagensicherungsfonds (8) AGB-Banken 20
Einmalprovisionsregelung 92 9
Einrede 86b 8; **87a** 28; **89b** 51
– Gfter **129** 1
Einsicht 87c 25 ff.
Einstandspflicht 86b
Einstandsvereinbarung 89b 68
Eintragung 8 6–10; **(4) HRV 23–38 8a**
– s auch Anmeldung
– Auslegung **8** 11
– Bekanntmachung **10**
– keine Beschwerde **8** 10
– deklaratorische **15** 5
– Doppeleintragung **13e** 3
– Insolvenzverfahren **32**
– juristische Person **33–34**
– konstitutive **15** 5
– Löschung **8** 12–15
– nachträgliche Unrichtigkeit **8** 13
– neue Tatsachen **8** 13
– Nichteintragungsfolgen **15** 6
– OHG **106** 3; **123** 5
– Prüfung der Voraussetzungen **8** 7–9; **106** 4
– Rechtsschein s dort
– durch Übernahme **123** 6
– Übersetzung **11**
– vorbeugender Rechtsschutz **16** 5
– Voreintragung **8** 10; **15** 11
– Wirksamwerden **8a** 1–2
– Wirkung **8** 11; **15** 13
– der Zweigniederlassung **13** 14; **13d** 1, 2; **15** 24
Eintragungsfähigkeit 8 5
Eintragungsfehler 15 23
Eintragungspflicht 8 5; **15** 5
– OHG **106**
– Testamentsvollstreckung **8** 5; **106** 2; **177** 5
Eintritt (OHG, KG) 105 26, 33, 67–68, 79, 92, 95

Sachverzeichnis

– s auch Anteil, Erbengemeinschaft
– Anmeldung **107** 1
– Erben **131** 4, 18, 22, 34; **139** 1–9
– Gesamtrechtsnachfolge **173** 14
– Haftung **28**; **130**; **173**
– Wirkung **24** 1, 3, 7; **123** 4
Eintrittsklauseln 139 50–55
Einwendungen
– des Gfters **129**
Einwendungsdurchgriff (7) BankGesch G/42–45
Einzelabschluss 324a 2
– nach IAS/IFRS **325** 6–8
– Pflicht **325** 7
Einzelarbeitsvertrag 59 8
Einzelkaufmann s Kaufmann
Einzelzahlungsvertrag (7) BankGesch C/29, 34
Einzugsermächtigungsverfahren (7) BankGesch D/9, 38a, 38b
Eisenbahn 407 1, 6
– s auch Frachtgeschäft, Spedition
– AGB **(5)** BGB **305a Nr. 1**
– CIM **453** 4
– Güterbeförderung **407** 8
– Personenbeförderung **407** 7
– Personenbeförderungspflicht **407** 8
– Reisegepäck **407** 8
elektronische Belege (6) Incoterms **Einl** 37
elektronische Ladescheine 443 4
elektronische Leseabschrift 12 7
elektronische Signatur 12 7
elektronischer Bundesanzeiger 325 4, 5; **329**
elektronisches Geld s E-Geld
elektronisches Handelsregister 8 2a–4; **8b** 1
– EHUG s dort
– Übergangsvorschriften **(1)** EGHGB **61**
el.ERA (11) ERA Anh
Elternzeit 59 100
E-Mail
– Kündigung **89** 15
– Werbung **Einl** vor **1** 70
Emissionsgeschäft 383 32; **(7)** BankGesch Y/1–4
– s auch Effektenemission
– Neu-Emissionen **Anh 177a** 59
Emissionsprospekt Anh 177a 60
– Verjährungsklauseln **347** 39
Emissionszertifikate
– Ad-hoc-Publizität **(16a)** MAR **17** 3
– Insiderhandelsverbot **(16a)** MAR **8** 4
– Insiderinformationen **(16a)** MAR **7** 10
Emittent (16a) MAR **17** 2–4
Emittentenbezug (16a) MAR **7** 6
Emittentenrisiko
– Aufklärungspflicht **347** 23, 30
Empfangsvertreter 55 4, 9; **91** 2
Empfehlung 347 8, 23
– s auch Internationale Handelskammer

– ohne Bindungswirkung **Einl** vor **105** 35
– DVFA-Best-Practice **Einl** vor **1** 35
Enforcement 342b 2, 15
England s Großbritannien
Englisch
– Gerichtssprache **Einl** vor **1** 84
Enron Überbl vor **316** 7
Enteignung Einl vor **1** 57–62; **131** 10
Entfernungen 361
entgangener Gewinn 86a 11; **87** 8 f., 32; **89a** 40
Entgeltfortzahlung 59 56, 75
Entgeltklausel (7) BankGesch C/106, G/4
Entgeltumwandlung 59 89
Entherrschungsvertrag 290 9
Entladung 412
Entnahme 122
Entschädigung 89b 3; **90a** 2, 9, 12, 18 ff., 23 ff., 31 f.; **92c** 10
Entsprechenserklärung 289f 3
EPSAS Einl vor **238** 40
Equitymethode 311 1; **312** 1
ERA s Einheitliche Richtlinien und Gebräuche für Dokumenten-Akkreditive
Erbbaurecht
– Anschaffungskosten **255** 1
– Sachanlage **266** 6
– schwebendes Geschäft **252** 21
– wirtschaftliches Eigentum **246** 16
Erben
– s auch Anteil, Auflösung
– Anmeldung **31** 6
– Ausscheiden **139** 40, 43
– Betreiben eines Handelsgeschäfts **1** 36–39
– Firma **17** 25; **22** 2, 8–9, 13–14; **24** 11
– Ges als Erbe **124** 37
– Haftung **27**
– HdlGeschäft **Einl** vor **1** 52; **1** 36–39
– KG **177**
– Minderjähriger **139** 12
– Nacherbfolge **139** 19–20
– Nachfolgeklausel **139** 10–18
– OHG **124** 37; **139**
– Pflichtteilsansprüche **139** 13
– Pflichtteilsberechnung **Einl** vor **1** 35
– Scheinerbe **131** 76
– Testamentsvollstreckung s dort
– Unternehmen **Einl** vor **1** 52
– Vorerbfolge **139** 19–20
Erbengemeinschaft 1 37
– Fortführung des HdlGeschäfts **19** 2; **22** 2
– HdlVertreter **84** 9
– als Kdtist **161** 4
– in OHG **105** 7, 26, 29, 54, 55; **131** 75; **139** 14
Erfindung 124 8
Erfolgsvergütung 87a 1 ff.
Erfolgsvergütungsgrundsatz 87a 1–3
Erfüllungsgehilfe 84 31; **87a** 26
– Haftung **347** 3

2619

Sachverzeichnis

Erfüllungsort 84 45; 86 46; 87c 15; 92c 3
– Buchauszug **87c** 15
– Frachtgeschäft **407** 18, 23
– HdlVertreter **84** 45; **86** 46
– Spedition **(18)** ADSp **30.1**
Ergänzungsverträge 92 4
Ergebnis
– Rohergebnis **Einl** vor **238** 75
Ergebnisbeeinflussung
– durch steuerrechtliche Bewertung **285** 5
Ergebnisglättung
– durch stille Reserven **252** 15
Ergebnisverwendung 268 1; **275** 25
ERI s Einheitliche Richtlinien für Inkassi
Erklärung zur Unternehmensführung Einl vor **238** 37; **289f** 1 ff.
– Arbeitsweise Aufsichtsrat und Vorstand **289f** 5
– Diversitätskonzept **289f** 8
– Frauenanteil **289f** 6
– Geschlechterquote **289f** 7
– Inhalt **289f** 3
– Unternehmen, erklärungspflichtige **289f** 2, 9–10
– Unternehmensführungspraktiken **289f** 4
Erklärung, nichtfinanzielle s Nichtfinanzielle Erklärung
Erlass 350 6
Erleichterungen, größenabhängige 274a; **275** 32; **276**; **288**; **293**
Ermächtigung 54 12–17
Ermächtigungsgrundlage 92a 2
Ermessen 87a 32; **87b** 3; **89b** 81
Eröffnungsbilanz 242–256
Erprobung 87 41
Ersatzherausgabe 87a 11
Ersatzteile 86 37 f.; **89** 26
Ersatz von Aufwendung 87d
Erschöpfung 167 5
„Erster Erwerbspreis" (15a) WpPG **24** 4
Erträge 275
– außerordentliche **275** 19; **277** 4
– aus Beteiligungen **275** 13
– betriebliche **275** 8
– des Finanzanlagevermögens **275** 14
– aus Gewinngemeinschaften **277** 3
– aus Verlustübernahme **277** 3
– aus Wertpapieren **275** 14
Ertragslage 264 14
Ertragswertmethode Einl vor **1** 36–37
Erwerbsfähigkeit 89b 43
eta 346 40
EU 84 3, 35; **85** 2; **86** 22, 34, 38; **86a** 1; **87** 24, 48; **89** 10; **89a** 1; **89b** 1, 20, 23, 32, 62, 66; **90a** 2, 7; **92** 3; **92c** 1, 6 ff.
eUCP (11) ERA **Einl** 1
EU-Gruppenfreistellungsverordnung 86 38
EuGVVO Einl vor **1** 87
EU-Publizitätsrichtlinie 325 5
Eurex (7) BankGesch R/1; **(14)** BörsG **2** 2–3

Europäische Gemeinschaft 84 3, 35; **85** 2; **86** 22, 34, 38; **86a** 1; **87** 1, 24, 48; **89** 10; **89a** 1; **89b** 1, 20, 23, 32, 62, 66; **90a** 2, 7; **92** 3; **92c** 1, 6 ff.
– Aktionsplan **Einl** vor **105** 36
– Bilanzrechtsangleichung **Einl** vor **238** 11
– EuGH-Rspr **Einl** vor **105** 29, 36
– Firma **18** 12
– High Level Group of Company Law Experts **Einl** vor **105** 36
– Inspire Art **Einl** vor **105** 29
– Rechnungslegungsrecht **Einl** vor **238** 513
– Rechtsangleichung **Einl** vor **1** 27–28
– Richtlinien **Einl** vor **105** 36
– Verbraucherdarlehen **(7)** BankGesch G/34, 36, P/12
Europäische Gesellschaft (SE) Einl vor **105** 34
Europäische Privatgesellschaft (SPE) Einl vor **105** 34
Europäische wirtschaftliche Interessenvereinigung s EWIV
europäisches Börsenrecht (14) BörsG **Einl** vor **1** 10
europäisches Gesellschaftsrecht Einl vor **105** 34–36
europäisches Handelsrecht Einl vor **1** 28
Europäisches Justizportal 9b
– s auch Registervernetzung
europäisches Kaufrecht Einl vor **373** 46, 50
europäisches Rechnungslegungsrecht Einl vor **238** 5–13
– Micro-Richtlinie **Einl** vor **238** 63
Europäisches System der Registervernetzung s Registervernetzung
Euroscheck (7) BankGesch E/9
EWIV Einl vor **105** 1, 15, 34; **Anh 160**
– Anteilsbesitz **Anh 160** 6
– anwendbares Recht **Anh 160** 8–11
– Arbeitnehmer **Anh 160** 6
– Auflösung **Anh 160** 48
– Aufnahme neuer Gfter **Anh 160** 49–51
– Ausscheiden von Gftern **Anh 160** 49–51
– Begriff **Anh 160** 1
– Beirat **Anh 160** 33
– Darlehensgewährung **Anh 160** 6
– Eintragung **160** 16
– Errichtung **Anh 160** 12–24
– Erscheinungsformen **Anh 160** 2
– Europarecht **Anh 160** 3, 8
– EWIVAG **Anh 160** 4, 9
– fehlerhafte Gesellschaft **Anh 160** 23–24
– Firma **Anh 160** 22
– Forthaftung des Ausgeschiedenen **Anh 160** 51
– freie Berufe **Anh 160** 6
– Geschäftsführung **Anh 160** 30
– Gewinn **Anh 160** 29
– Gfter **Anh 160** 12–14
– Gfterversammlung **Anh 160** 34

Sachverzeichnis

- Gfterwechsel **Anh 160** 50
- Gftsvertrag **Anh 160** 15
- grenzüberschreitende Zusammenarbeit **Anh 160** 2
- Gründung **Anh 160** 12
- Haftung ggü Dritten **Anh 160** 43–47
- Haftung des Geschäftsführers **Anh 160** 32, 47
- Haftung im Gründungsstadium **Anh 160** 17–19
- Handelndenhaftung **Anh 160** 19
- IPR **Anh 160** 11
- Kontrollrechte **Anh 160** 28
- Konzern **Anh 160** 6
- Liquidation **Anh 160** 52–53
- Mitbestimmung **Anh 160** 6, 54
- Pflichten der Gfter **Anh 160** 25–29
- praktische Bedeutung **Anh 160** 2
- Prozess **Anh 160** 39
- PublikumsGes **Anh 160** 56
- Rechnungslegung **Anh 160** 55
- Rechte der Gfter **Anh 160** 25–29
- rechtliche Selbstständigkeit **Anh 160** 39
- Selbstkontrahieren **Anh 160** 41
- Sitz **Anh 160** 20–21
- Treuepflicht **Anh 160** 26
- Übertragung **Anh 160** 50
- Verlust **Anh 160** 29
- Vertretung **Anh 160** 40
- VorGes **Anh 160** 17
- Wettbewerbsverbot **Anh 160** 27
- Zulässigkeit **Anh 160** 3–7
- Zweck **Anh 160** 5–6

„ex Schiff" s „ab Schiff"
Exclusive agent 87 24
execution-only **347** 23; **(7)** BankGesch A/29
existenzvernichtender Eingriff Anh 177a 51c–51f
EXW 346 40; **(6)** Incoterms **Einl** 21, 34–36; **1**; **10** 2

Face-to-Face-Geschäfte
- Insiderhandelsverbot **(16a)** MAR **9** 8
Factoring (7) BankGesch O/1–8
- Bilanzrecht **255** 8; **246** 22
- Eigentum, wirtschaftliches **246** 22
- Globalzession **(7)** BankGesch O/7–8
- rechtliche Qualifikation **(7)** BankGesch O/1–4
- unechtes **(7)** BankGesch O/3, 8
- Verhältnis Bank/Kunde **(7)** BankGesch O/5–6
Fahrlässigkeit 347 18, 34
- s auch Sorgfaltspflicht
fairness opinion Einl vor 1 47; **317** 1; **347** 21, 29
Fair-Value-Richtlinie Einl vor **238** 14
Faktische Gesellschaft s fehlerhafte Gesellschaft
Faktura 346 35

Fakultativklausel (7) BankGesch C/41
FamFG (3) FamFG
- Eintragungen, unzulässige **(3)** FamFG 375
- Firmengebrauch, unbefugter **(3)** FamFG 392
- Löschung **(3)** FamFG **393–395**
- Registersachen **(3)** FamFG 374
- unternehmensrechtliche Verfahren **(3)** FamFG
- Vermögenslosigkeit **(3)** FamFG 394
- Zuständigkeit **(3)** FamFG 376; 377
- Zwangsgeld **(3)** FamFG 388; 389
Familiengesellschaft Anh 177a 2
Familien-Kommanditgesellschaft 161 11
FAS (6) Incoterms **8**
Fautfracht 415 2
FBL 443 2; **452** 9
FCA 346 40; **(6)** Incoterms **2**
FCL 346 40
FCR
- Orderpapier **363** 2
- Spedition **453** 4, 8
FCT 453 4
Fehlbetrag 268 3
Fehler s Kauf
fehlerhafte Gesellschaft 105 11, 50, 52, 59, 75–97
- PublikumsGes **Anh 177a** 58
fehlerhafter Beitritt 105 75, 92
- Haustürgeschäft **Anh 177a** 58
- PublikumsGes **Anh 177a** 58
Feiertag 59 12, 45
- Gehaltsfortzahlung **59** 58
Fernabsatzvertrag (7) BankGesch G/9e
Fertigungsgemeinkosten 255 18
Fertigungskosten 255 16
Festbewertung 240 7, 10
Festpreisgeschäft (8) AGB-WPGeschäfte **1** 5
Feststellungsbeschluss 164 3
FIATA 453 4; **(18)** ADSp **Einl**
FIDIC-Bedingungen (6) Incoterms **Einl** 6
fifo 252 9; **256** 1–2
- s auch lifo
- latente Steuern **274** 2
- Unterschiedsbeträge **284** 14
Filiale
- Empfehlung **87** 12
- Zuweisungsumfang **87** 26–27
Film s Handelsbücher
Finalitätsrichtlinie (7) BankGesch C/40; **(13)** DepotG **Einl** 6
Finanzanlagen
- VermAnlGEG 2012 **(14)** BörsG **Einl** vor **1** 19; **(15a)** WpPG **Einl** vor **21** 4
- Verrechnung **340c** 2
Finanzdienstleistungsinstitut 340–340o; **(7)** BankGesch A/4
Finanzierungsbestätigung 349 22

Sachverzeichnis

Finanzierungsdarlehen Einl vor **373** 26; **(7)** BankGesch G/34–54, P/12–17
Finanzierungsleasing
– Einheit, wirtschaftliche **(7)** BankGesch P/14, 16
– rechtliche Qualifikation **(7)** BankGesch P/1
– Verhältnis des Leasinggebers
 – zum Hersteller/Dritten **(7)** BankGesch P/18–19
 – zum Leasingnehmer **(7)** BankGesch P/5–11
Finanzinstrumentenbezug (16a) MAR **7** 6
Finanzkommissionsgeschäft 383 4; **(7)** BankGesch A/4, Q/1
Finanzkrise 230 1
Finanzlage 264 13
Finanzmarktkrise 130a 3
Finanzmarktnovellierungsgesetz, Erstes (1. FiMaNoG) (13) DepotG **43**; **(14)** BörsG **Einl** vor **1** 13
Finanzmarktnovellierungsgesetz, Zweites (2. FiMaNoG) (14) BörsG **Einl** vor **1** 13
Finanzmarktrichtlinie-Umsetzungsgesetz (14) BörsG **Einl** vor **1** 17–18
Finanzplankredit Anh 177a 43
Finanzportfolioverwaltung Anh 177a 52; **(7)** BankGesch A/4, Q/1, U/1
Finanzsicherheitenrichtlinie (13) DepotG **Einl** 6
– Umsetzungsgesetz **(7)** BankGesch H/1
Finanztermingeschäft (7) BankGesch S/1
Finanztransfergeschäft (7) BankGesch A/4
FIO 346 40
FIOST 346 40
firm commitment (7) BankGesch Y/3
Firma 17–37a
– s auch Kennzeichnung, Name
– abgeleitete **17** 6
– alte (vor 1900 eingetragene) **17** 3; **(1)** EGHGB **22**
– Änderung **17** 22; **21**; **31** 1–5
 – der Rechtsform **22** 16–19; **24** 12
– Anmeldung **5**; **29–31**
 – Erzwingung **17** 26
– Annahme **17** 16, 19, 32
– ausländische **19** 42
– Begriff **17** 1–8
– BGB-Gesellschaft **17** 13
– Bildung **17** 16, 22, 35; **18**; **19**
– Domain **18** 6; **19** 7
– Ehegatten **19** 6
– einfache **17** 6
– Eintragung **2**; **5**; **29–31**
– EinzelKfm **18**; **19** 4–10
– Entstehung **17** 16
– Erlöschen **17** 23
 – Anmeldung **31** 7–9; **157** 1
– Ersatzfirma **17** 22, 47

– europäisches Firmenrecht **17** 48–50; **18** 36; **19** 42
– europarechtlicher Einfluss **18** 12
– frei gewordene **18** 17
– Freiberufler **17** 13
– Gattungsbezeichnung **18** 4, 6–7
– Gebietskörperschaft **36**
– geographische Herkunftsangaben **17** 10; **18** 6, 23–27
– geschäftliche Bezeichnungen **17** 11–16
– Geschäftsaufgabe **17** 23
– Geschäftsbrief **37a**
– Gewerbetreibende **17** 21–23
– gleichnamige **18** 5; **19** 6–7; **30** 8
– GmbH & Co **19** 24–36
– Grundbuch **17** 18
– Handeln für die Firma **17** 20; **Einl** vor **48** 8; s auch Vertretung
– HRefG **17** 2, 3
– Hinweise
 – auf Amtsstellung **18** 34
 – auf Berufsqualifikation **18** 35
 – auf geschützte Bezeichnungen **18** 28
 – auf GesForm **18** 22
 – Größe und Bedeutung **18** 30
 – historische **18** 27
 – auf Marktstufe **18** 29
 – auf Spezialisierung **18** 32–33
 – auf Titel **18** 35
 – auf Vereinigung **18** 31
– Inhabervermerk **18** 19
– Insolvenz **17** 47; **22** 24; **31** 5; **32**
– internationaler Verkehr **17** 48; **18** 36; **19** 42; **37** 9
– Irreführungsverbot **18** 9–20
– juristische Person **33–35**
– Kaufmann **18**
– Kennzeichnungsfunktion **18** 4
– KG **19** 19–23; **105** 1, 6, 7
– Kleingewerbetreibende **17** 13
– Leerübertragung **23** 1
– Leitsätze DIHT **18** 15, 19, 23, 30
– Liquidation **157** 1
– Lizenzanalogie **17** 40
– Löschung **6**, **37** 13; **(3)** FamFG **393**
– Löschungsverfahren **37** 8
– Mantelkauf **23** 4
– Marke **17** 10, 18, 31, 34
– Markenverunglimpfung **17** 31
– mehrere **1** 29; **17** 8
– Missbrauch **17** 3
– Nachfolgevermerk **18** 21
– nachträgliche (Un-)Zulässigkeit **18** 18
– Name, fiktiver **18** 13
– Name, unbekannter **18** 13
– Namensänderung **21**
– Namensfunktion **18** 4
– Nichtkaufleute **17** 13
– Nießbrauch **17** 24; **22** 25
– offene Betriebsstätte **17** 21
– OHG **19** 11–18; **105** 1, 8
– Ortsbezeichnung **18** 6

Sachverzeichnis

- Pacht **17** 23–24; **22** 25
- Personenfirma **17** 6; **19** 6
- Phantasiefirma **17** 2–3, 6, 13, 15, 47; **18** 4, 9; **19** 8, 10
- Prioritätsprinzip **19** 7
- Prozess **18** 15
- Prüfung **17** 27
- Pseudonym **19** 6
- Rechtsformänderung **22** 16–19; **24** 12
- Registerverfahren **17** 26; **18** 19–20
- Sachfirma **17** 6; **19** 8–9
- Sachbezeichnung, reine **18** 6
- Schadensersatz **17** 40; **37** 14
- Schutz **17** 32–34; **37** II
- Schutzbereich **17** 44
- Statut **17** 48
- Treuhandübertragung **22** 6
- Übergangsvorschriften **(1)** EGHGB **38–41**
- Übertragung **17** 5, 24, 35; **22**; **23**
- Umfragen **18** 15
- Umwandlung **19** 37–41
- Unterlassungsklage **37** 9–13
- Unterscheidungskraft **17** 3, 10; **18** 5–7; **30**
- unzulässige **17** 26
- unzulässiger Gebrauch **37**
- ursprüngliche **17** 6
- UWG **18** 11, 12, 14
- Veräußerung **17** 24; **23**
- Verbotsverfügung **37** 7
- Vererbung **17** 5, 25; **22**
- Verkehrsgeltung **17** 10, 12, 30
- Verletzung **17** 28–31; **37**
- Vervielfältigung **22** 12
- Verwässerung **17** 31
- Verwechslung **17** 29–31; **30**
- Zusätze **17** 7–8; **19** 2, 7, 9–10, 16
- Zweigniederlassung **13** 7; **30** 9

Firmenabkürzung 37 4
firmenähnliche Geschäftsbezeichnung 17 14
Firmenausschließlichkeit 17 7
Firmenbeständigkeit 17 7; **18** 9; **22** 1, 15
Firmeneinheit 17 7–8
Firmenfortführung 18 9, 16; **21–24**
- Altverbindlichkeiten **25** 12
- Änderungen im GfterBestand **25** 24
- Anerkenntnis **25** 11
- Dauerschuldverhältnis **25** 11
- bei Eintritt **26**
- Erlöschen des Rechts **22** 21
- Haftung **25–28**
  - des Erben **27**
- Haftungsausschluss des Erwerbers **25** 13–16
- internationaler Verkehr **25** 27
- Nachhaftungsbegrenzung **26** 4–10; **28** 7
- Schuldbeitritt, gesetzlicher **25** 10
- Schuldübernahme **25** 18
- Vermögensübernahme **25** 19
- Weiterhaftung des Veräußerers **25** 12
- Zweigniederlassung **22** 5, 21

Firmenführungskontrolle 17 27
Firmenführungspflicht 17 18
Firmengebrauch 17 17–22; **37**
- unbefugter **(3)** FamFG 392
Firmenhomepage 25 8
Firmenkern 18 8
Firmenlizenz
- isolierte **23** 2
Firmenmissbrauchsverfahren 37 5
Firmenöffentlichkeit 17 7
Firmenpapier 84 36
Firmenrechtsgrundsätze 17 7
Firmenstempel Einl vor **343** 8
Firmenverdopplung 23 2
Firmenwagen 59 69
Firmenwahrheit 17 7; **18** 9, 16 ff.
Firmenwert s Geschäftswert
Firmenzusätze 18 8; **37** 4
first in first out s fifo
Fischerei 3 4
Fixgeschäft 376
- Branchenüblichkeit **376** 15
- frachtgeschäftliches **417** 1
Fixkostenspedition 459; **466** 4
Fixum 84 36; **87** 5; **89b** 47
Flaschen 380 7
FOB 346 40; **377** 10; **(6)** Incoterms **9**
FOC 346 40
Folgeaufträge 87 17–20; **92** 3
FOR 346 40
Force majeure 346 40
Forderung
- Konnexität **366** 10–12; **440** 1–3
Forderungsübergang
- Firmenfortführung **25** 21
Forfaitierungsgeschäft (7) BankGesch J/4
Form
- Arbeitsverhältnis
  - Beendigung **59** 121
  - Befristung **59** 112
- Bauherrenmodell **350** 2–3
- BGB **350** 2–6
- Bürgschaft **350**
- Formfreiheit **54** 8, 17; **85** 1 ff.; **87** 25; **90a** 24 (aber 14 f.); Einl vor **343** 8
- GfterBeschlüsse **119** 27–28
- GesVertrag **105** 50, 54–57
- GesVertragsänderung **105** 62–63
- der Kündigung **89** 15
- Schriftformklausel **105** 63; Einl vor **343** 9; **(5)** BGB **309 Nr. 13**
- Schuldversprechen/-anerkenntnis **350**
- Unternehmenskauf Einl vor **1** 44–47
- Wettbewerbsabrede **90a** 14 f.
Formblätter 330
- s auch Handelsbücher
Formfreiheit 54 8, 17; **85** 1 ff.; **87** 25; **90a** 24 (aber 14 f.); Einl vor **343** 8
Formkaufmann 6
Formularvertrag s AGB
Forschungskosten 255 21; **285** 21
Forstwirtschaft 3

2623

Sachverzeichnis

Fortbildungskosten 59 70
Fortführungsprinzip 252 7
fortgesetzte Gesellschaft 134 5, 7
– s auch Auflösung
forwarders receipt 363 2
– s auch Orderpapier
FOT 346 40
Fracht 87b 10; 92c 13
Frachtbasis 346 40
Frachtberechnung 420
Frachtbrief 408; (17) CMR 4–9
– Beweiskraft 409
– elektronischer 408 6
– Haftung 409 5–6
– Mengenangaben 420 5
– bei Umzug 451b
– unrichtiger 409 5–6
– Wertpapiere 409 1
Frachtbriefsperrvermerk 409 6; 418 1, 3–4; 421 6
Frachtfrei 346 40; 421 5; (6) Incoterms Einl 19–20; 3
– Pfandrecht 440 2
„**Frachtfrei versichert**" (6) Incoterms Einl 19–20; 4
Frachtführer 407 1; (6) Incoterms Einl 33
– Ablieferungspflicht 445 2
– Aufwendungsersatzanspruch 410 3; 419 4, 420 1
– ausführender 437
– Auskehrungspflicht 441 1
– Benachrichtigungspflicht 418 5
– Besitz am Beförderungsgut 440 1
– Bösgläubigkeit 440 10
– Darlegungslast, sekundäre 435 1
– Gelegenheitsfrachtführer 407 9
– Gesamtfrachtführer 407 19
– Gesamtschuldner 421 3
– Haftung 413 2; 425–438; (17) CMR 17
– für Gehilfen (17) CMR 3
– Hauptfrachtführer 407 19; 437
– Mitverursachung 414 4
– nachfolgender 441
– Pfandrecht 440-442
– Risikobereich 417 1
– Samtfrachtführer 407 19
– Spediteur 441 2
– Teilfrachtführer 407 19
– Unterfrachtführer 407 19; 421 3; 428 3
– Verschulden, qualifiziertes 435 1–4
– Zahlungsanspruch 420
Frachtgeschäft 407–452d
– s auch Handelsgeschäft
– Abhandenkommen 434 3
– Ablieferung 407 13, 18; 439 3; (17) CMR 17 2
– Ablieferungshindernisse 419; (17) CMR 15
– Ablieferungspflicht 445 2
– Absender 407 16
– Absenderschutz 422 2

– ADSp 407 26; (18) ADSp
– AGB 407 26; 449 2
– Annahme 409 1; 421 4; 437 1
– Annahmeverzug 420 3
– anwendbares Recht 449 4
– Ausladung (17) CMR 16; 17 2
– außervertragliche Ansprüche 432 1; 434
– Beförderung
  – gebrochene 452 4
  – Hindernisse 419 1; (17) CMR 14
  – Sicherheit 412 1
  – vorzeitiges Ende 420 2
– Befrachter 407 1, 16
– Begleitpapier 413; 451b; (17) CMR 11
  – Pfandrecht 440 1, 6
– Begriff (6) Incoterms Einl 33
– Bestimmungsort 407 18
– Beweislast 427 3
– Binnenschifffahrt 408 3; 412 1, 3, 4; 427 2; 450 1
– Bösgläubigkeit 434 3
– CT-Dokumente 452 9
– Deliktshaftung 414 5; 428 5; 433 3; 434 1
– Distanzfracht 420 2
– Doppellegitimation 421 2
– Drittschadensliquidation 421 2
– Empfänger 407 13, 17
– Empfängerrechte 421 1–3
– Entladung 412
– Erfüllungsort 407 18, 23
– Fautfracht 415 2
– FBL 443 2; 452 9
– FCR 453 4
– FCT 453 4
– Fixgeschäft 417 1
– gefährliches Gut 410; 414 2; 451b 2
– Guadalajara-Abkommen 407 11
– Güterbeförderung 407 6, 8
– Güterfolgeschaden 429 1; 432
– Güterschaden 425 2; 426; 427
– Güterkraftverkehr s dort
– Haftung
  – des Absenders 414
  – des ausführenden Frachtführers 437
  – für Begleitpapiere 413 2
  – für Dritte 428 3
  – für Frachtbriefangaben 409 5–6
  – des Frachtführers 413 2; 425–438
  – für Güterschäden 425 2; 431; 432
  – Konkurrenzen 414 5
  – Leutehaftung 428 1; 436
  – für Nebenpflichtverletzung 433
  – bei Sperrvermerk 418 3–4
  – für Unterfrachtführer 428 3
  – des Verbrauchers 414 6–7
  – verschuldensunabhängige 414 1; 418 4
  – für Verzögerungsschäden 425 2; 431
– Haftungsausschluss
  – einfacher 426 1
  – besonderer 427
  – bei Umzug 451d, 451e
  – Wegfall 435

Sachverzeichnis

- Haftungsbeschränkungen 425 1; 431; 433
  - Wegfall 435; 451g
- Haftungshöchstbetrag 431; 433; 451e
- Haftungsobergrenze 414 3
- Haftungsvereinbarungen 449
- Hinterlegung 415 3
- Huckepackverkehr 452 5
- internationaler Verkehr 407 1, 11; 452 8
- Kennzeichnung 411 1; 414 2
- kombinierter Transport 407 1; 452-452d
- Kostenerstattung (17) CMR 16
- Kunstgegenstände 451d 1
- Ladeschein s dort
- Ladezeit 412 3; 417
- zu Lande 407 6–8
- Leutehaftung 428 1; 436
- Lieferfrist 423
- Lieferfristüberschreitung 426; 431 3
  - Erlöschen der Ansprüche 438 2
  - bei Umzug 451d 1
- LuftVG 407 7–8
- Mengenangabe 420 5
- Mengenvertrag 439 1
- Mitteilungspflichten 410 1; 451b
- Mitverursachung 414 4; 421 4
- Mitverschulden (17) CMR 17 3
- Montrealer Übereinkommen (MÜ) 407 11
- multimodaler Transport 407 1; 452-452d
- Nachnahme 422
- Nebenpflichtverletzung 433 2
- network-Lösung 452a 1
- Notrechte 419 1; (17) CMR 16
- Obhutshaftung 425 1
- Obhutszeitraum 425 3
- ordre public 449 4
- Personenbeförderung 407 7
- Pfandrecht 440–442; 464
- Pfandverkauf 440 9
- Postbeförderung 407 6
- Preisgefahr 420 2
- Rahmenvertrag 439 1; 440 2
- Rechtsscheinhaftung 409 6
- Rechtswahl 452a 1
- Risikobereich
  - des Absenders 420 3, 4
  - des Frachtführers 420 2
- Rom I-VO 449 4; 452a 1
- Rückgriff 437 2; 439 3
- Sammelsendung 440 1
- Schaden 425
  - Entstehungsvermutung 427 3
  - sonstiger 433 3
  - unabwendbarer 426 2
  - ungewöhnlich hoher 421 3
  - Wertersatz 429
- Schadensanzeige 438; 451f; 452b
- Schadensfeststellungskosten 430
- Schadensort 452a
- Schadensteilung 425 4
- Schuldbeitritt, gesetzlicher 421 4
- Seefrachtrecht 450
- Sendungsbegriff 431 2
- Spedition s dort
- Sphärengedanke 412 3
- Standgeld 412 3; 417 1
- Subunternehmer 428 3
- Teilbeförderung 416 1
- TIR-Übereinkommen 407 11
- Traditionspapier 448
- Übernahme des Guts 425 3
- Umschlagtätigkeit 407 21
- Umzugsvertrag s dort
- unabwendbares Ereignis (17) CMR 17 2
- Unmöglichkeit 420 2
- Unterfrachtführer 407 19; 421 3; 428 3
- Unterfrachtvertrag 437 1
- Verbraucher 414 4–7; 449 3
- Verfrachter 407 1, 16; 442
- Verfügungsrecht (17) CMR 12
  - des Absenders 418 1; 419 2
  - des Empfängers 418 2–4
- Verjährung 439; 452b 2
- Verladefehler 412 1
- Verladung 412; 415 3; 417 1; (17) CMR 17 2
- Verlustvermutung 424
- Verpackung 411 1; 414 2; 427 2; (17) CMR 10
- Verschulden, qualifiziertes 435 1–4; 439 2; (17) CMR 17 4
- Verschuldensmaßstab 435 2
- Verzögerungsschaden 425 2; 426, 427
- Vorkosten 432 1
- Warschauer Abkommen 407 11; 453 4
- Weisung
  - Befolgung 446
  - Berechtigung 419 2
  - Einholungspflicht 419 1
  - fehlende 419 3
  - nachträgliche 418
- Wertdeklaration 421 4
- Wertersatz 429
- Wiederauffinden des Guts 424 2
- Zahlung 408 3
- Zahlungspflichten 420; 421 4–7; (17) CMR 13
- Zurückbehaltungsrecht 408 1
- Zurverfügungstellung 417 1
- Zusatzleistungen 436 1

Frachtparität 346 40
Frachtvertrag 407 13–25
- einheitlicher 452 4
- Kündigung 415; 417 1
- Lohnfuhrvertrag 407 14
- Schleppvertrag 407 14
- Vertrag zugunsten Dritter 407 17; 418 1

Framework
- Verbindlichkeiten 253 2

Franchisemakler 93 22
Franchisenehmer 84 10, 18 f.

Sachverzeichnis

Franchising 84 10, 11; **86a** 15; **Einl** vor 373 43–44
– Konkurrenzschutz **Einl** vor **373** 45
– Kundenstamm, Überlassung **84** 19
franko 346 40; **421** 5
– Pfandrecht **440** 2
Frankreich Einl vor **1** 25
Frauenanteil 289f 6
Frauenquote 59 37
free of charge 346 40
frei 346 40; **421** 5
„frei an Bord" **346** 40; (6) Incoterms **Einl** 19–20, 9
„frei Frachtführer" (6) Incoterms **Einl** 19–20, 2
„frei Haus" **346** 40
„frei im Container gestaut" **346** 40
„frei Längsseite Seeschiff" (6) Incoterms **Einl** 19–20, 8
„frei Waggon" (6) Incoterms **2** 1
Freiberufler 1 19; **59** 26; **105** 3; **Anh 160** 5
– s auch Selbstständige
– Geschäftsbezeichnung **17** 13
– Gewerbebetrieb **Einl** vor **1** 65; **1** 19–20; **5** 3; **105** 3
Freiberuflergesellschaft 1 20
freibleibend 346 40
„freight prepaid" **346** 40; **421** 6
– Pfandrecht **440** 2
Freistellung 86 38; **89** 10, 16, 25; **89b** 70
– Ausgleichsanspruch bei **89b** 70
– EU-GruppenfreistellungsVO **86** 38
– des HdlVertreters **89** 25
Freistellungsanspruch 59 102, 105–110
– Passivierung **249** 5
Freistellungsklauseln 89 16
Freistellungsvergütung 89 29
Freiverkehr
– Börsenpreise (14) BörsG **48** 6
– kein organisierter Markt (14) BörsG **48** 2
– Prospektpflicht/-haftung (14) BörsG **48** 5
– Rechtsnatur (14) BörsG **48** 3
– Untersagung des Handels (14) BörsG **48** 7
– Zulassungsverfahren (14) BörsG **48** 4
Freiwillige Gerichtsbarkeit Einl vor **1** 81–82; (3) FamFG
Freiwilligkeitsvorbehalt 59 64
Freizeichnung 347 5–7, 38; (5) BGB **309** Nr. 7, 8
Freizeit 86 5; **89** 25
Fremdkonten s BankGesch
Fremdsprache 11; **Einl** vor **343** 10
Fremdwährung
– s auch Währung
– Anschaffungskosten **255** 2
– Forderungen **253** 24; **256a**
– Verbindlichkeiten **253** 2; **256a**
Frist
– Aufbewahrung **257**; (1) EGHGB **47**
– HdlGehilfe **59** 72–73, 77
– HdlVertreter **89** 11, 28, 77; **89b** 77

Fristenparität 89 29
Fristlose Kündigung 85 10; **86** 9, 28, 32, 47, 49; **87** 10, 24, 31, 37; **87c** 26; **89** 16, 23; **89a**; **89b** 53, 57 f., 61 f.; **90** 8; **90a** 19, 26, 29
FRN s BankGesch
front running (16a) MAR **7** 12
FRUG s FinanzmarktrichtlinieUmsetzungsgesetz
Frühwarnsystem 317 6
Führungskräfte
– Handelsverbot **(16a)** MAR **Vorb.** 7; **19**
Führungszeugnis 84 55
Fürsorgepflicht 59 90; **62**
Fusion s Verschmelzung
Fusionskontrolle s Zusammenschlusskontrolle
Fußstapfentheorie (7) BankGesch D/38

GAAP Einl vor **238** 20; **315a** 2
Garantenstellung
– Prospekthaftung **Anh 177a** 63
Garantie 86 9, 13 f.,51; **86b** 6, 8, 11; **89a** 21; **89b** 18; **92c** 10; **349** 15–20, (7) BankGesch L/1–19
– Abnahmegarantie **86** 9
– Absatzgarantie **89b** 8
– Bankgarantie **(7)** BankGesch L/1
– Beschaffenheitsgarantie **349** 15, 18
– Bilanzgarantie **Einl** vor **1** 46a
– Delkredere **86b** 6, 8, 11
– erstes Anfordern **(7)** BankGesch L/1, 8
– Haltbarkeitsgarantie **349** 15, 18
– internationaler Verkehr **89** 25
– Käuferkenntnis von Verletzung **Einl** vor **1** 44
– Rechtsmissbrauch **(7)** BankGesch L/13
– Rechtsnatur **(7)** BankGesch L/1
– Richtlinien, einheitliche **(7)** BankGesch L/1
– Rückgarantie **(7)** BankGesch L/3
– Umsatzgarantie **86** 13–14, 51
– unselbstständige **349** 18
– Unwirksamkeit **349** 19
– Verkäufergarantie **349** 18
– Vertrag **349** 15–20; **377** 2, 49
Garantieauftrag (7) BankGesch L/4
Garantiedividende
– Kdtist **Anh 177a** 66f
Garantiekarte 349 20
Garantiestrenge (7) BankGesch L/4, 7
Gaststätte 17 21
Gattungsschuld 360; **374** 19
GbR s BGB-Gesellschaft
Gebietsschutz 84 13
Gebietsverkleinerung 89 18; **89a** 18, 32; **89b** 58 f.
Gebrauchtwagenhandel 383 4
– Eigenhaftung des Vertreters **Einl** vor **48** 9
gebrochene Beförderung 452 4
Gefährdungshaftung (17) CMR **17** 1
gefahrgeneigte Arbeit 59 105–110

Sachverzeichnis

Gefahrgutrecht 410 1
Gefahrübergang (6) Incoterms **Einl** 29
Gefälligkeit Einl vor **343** 5
Gegenbeweis 87 17
Gehalt
- s auch Arbeitsentgelt
- Bruttogehalt **59** 58
- Fälligkeit **64**
- HdlGehilfe **59** 58
- Nettogehalt **59** 58
- übertarifliches **59** 58

Geheimhaltung 86 2, 20 ff., 32, 42, 45; **86a** 9, 12; **87b** 7; **87c** 27; **90** 4 ff.
Geheimhaltungsinteresse 86a 9, 12
Geheimhaltungspflicht 86 2, 32
- Treu und Glauben **90** 7

Geheimnis
- Auskunft an Gfter **118** 4, 7
- Bankgeheimnis **(7)** BankGesch A/9–13; **(8)** AGBBanken **2** 1–2
- Betriebs- und Geschäftsgeheimnis **86** 20, 22, 45; **90**
- Unternehmensgegenstand **Einl** vor **1** 34
- Verrat **59** 141

GEK s europäisches Kaufrecht
Geldautomatenverfügung (7) BankGesch C/14, 29, F/1, F/9, F/19
Geldentwertung Einl vor **1** 36
Geldforderung
- Abtretung **354a**
- Pfändung **357** 4
- Überweisung **357** 4

GeldKarte (7) BankGesch F/13–18
- s auch Kreditkarte, Zahlungsverkehr
Geldwäsche (7) BankGesch A/12
Gelegenheitsagent 84 44
Gelegenheitsvermittlung 84 44; **92** 1
„geliefert ab Kai" **346** 40; **(6)** Incoterms **5** 4
„geliefert ab Schiff" **346** 40; **(6)** Incoterms **5** 3
„geliefert benannter Ort" **(6)** Incoterms **Einl** 19–20; **6**
„geliefert Grenze" **(6)** Incoterms **5** 2; **7** 3
„geliefert Terminal" **(6)** Incoterms **Einl** 19–20; **5**
„geliefert unverzollt" **346** 40; **(6)** Incoterms **7** 2
„geliefert verzollt" **346** 40; **(6)** Incoterms **Einl** 19–20; **7**

Gemeinde
- kfm Bestätigungsschreiben **346** 18
gemeindlicher Eigenbetrieb 263 2
Gemeinkosten 255 17–20
Gemeinschaftsunternehmen 310
- s auch Konzernabschluss
gemischte Betriebe 1 28
Generalvollmacht Einl vor **48** 2
- s auch Vertretung
Genossenschaft s eingetragene Genossenschaft
Genossenschaftsregister 8 18
- EHUG s dort

Gentlemen's Agreement Einl vor **343** 4
Genussrechte 266 16
geregelter Markt (8) AGB-WPGeschäfte **1**, **9**; **(14)** BörsG **Einl** vor **1** 3, 10; **2** 3; **4** 1; **32** 1
- s auch Börse

Gericht
- s auch Gerichtsstand, Handelsregister, Schiedsgericht
- freiwillige Gerichtsbarkeit **Einl** vor **1** 81–82; **(3)** FamFG
- HdlRichter **Einl** vor **1** 84
- HdlSachen **Einl** vor **1** 83–84; **84** 45
- Prozessgericht **16**
- Rechtspfleger **Einl** vor **1** 82
- Registergericht **16**

Gerichtsbarkeit 84 45 ff.
Gerichtskosten 87a 33
Gerichtssprache
- Englisch **Einl** vor **1** 84
Gerichtsstand Einl vor **1** 85–86; **54** 15; **84** 45; **86** 46; **88a** 2; **92c** 3, 7, 12
- s auch Frachtgeschäft, Spedition
- AGB-Banken **(8)** AGB-Banken **6** 2, 3
- HdlVertreter **92c** 3,12
- internationale Zuständigkeit **Einl** vor **1** 87

Gerichtsstandsklauseln Einl vor **1** 86; **Einl** vor **373** 49
Gerichtsstandsvereinbarung Einl vor **1** 86, 87
- Haager Übereinkommen über Gerichtsstandsvereinbarungen **Einl** vor **1** 87

Gerüchte (16a) MAR **7** 4
Gesamtabrechnungsgrundsatz 131 44; **145** 6
Gesamtgeschäftsführung 115; 164
Gesamthandlungsvollmacht 54 2
Gesamtkostenverfahren Einl vor **238** 75; **275** 2, 5–26
Gesamtrechtsnachfolge Einl vor **1** 43
- als Eintritt **173** 14
Gesamtzusage 59 7
Geschäftsabzeichen 17 11
Geschäftsänderung 89b 20
Geschäftsanschrift
- HdlRegister **106** 8; **107** 1
Geschäftsart 84 86 f.
Geschäftsaufgabe
- Unternehmervorteil **89b** 20
Geschäftsbeginn 123 9–14
Geschäftsbesorgung 84 5; **86** 1, 6; **87d** 1; **362**
- Aufwendungsersatz **87d** 1
- Kommission **383** 6
- Provision **354**
- Schweigen auf Antrag **362** 5
- Spedition **453** 5
Geschäftsbezeichnung 17 10–14
- s auch Firma
- Fortführung **25** 8
Geschäftsbrief
- s auch Briefkopf

Sachverzeichnis

- Angaben **37a**; **125a**; **177a**
- Aufbewahrung **257**
- HdlBrief **257**
- **Geschäftseinstellung 89a** 20, 24 f.; **89b** 59
- s auch Betriebsstilllegung
- durch Erben **27** 5
- Kündigungsgrund **89a** 20, 24–25
- Stilllegungsprämie **89b** 20
- teilweise **89b** 59
- **Geschäftsfähigkeit**
- Geschäftsbetrieb **1** 33
- HdlGehilfe **59** 32, 37
- HdlRegister **15** 19
- HdlVertreter **84** 7
- Minderjährige **1** 32–35, 39, 46; s auch dort
- OHG **105** 26–27; **114** 4
- Rechtsschein **15** 6
- Rechtsscheinhaftung **5** 9–18
- Schweigen **362** 6
- stiller Gfter **230** 8
- Wettbewerbsverbot **74a** 5
- **Geschäftsführung (GmbH & Co) Anh 177a** 26–30
- **Geschäftsführung (KG) 164**
- außergewöhnliche Geschäfte **164** 2
- Gesamtgeschäftsführung **164**
- Grundlagengeschäfte **164** 4
- Prokura-Erteilung **164** 5
- Widerspruchsrecht **164** 2
- **Geschäftsführung (OHG) 114–117**
- Abspaltungsverbot **114** 23
- Auskunft **114** 14; **118** 1–14
- außergewöhnliche Geschäfte **116** 2, 5–7
- Beirat **114** 27
- Berechtigung **114** 14–15; **118**
- Beschlüsse **116** 5–7; **119**
- Beschränkung **117** 5
- Bestimmtheitsgrundsatz **119** 37d
- Einsichtsrecht der Gfter **118** 4
- Entziehung **117**
- Gesamtgeschäftsführung **115**
- gewöhnliche Geschäfte **116** 1
- Grundlagengeschäfte **114** 3; **116** 3
- Informationsrecht der Gfter **116** 1–10
- Haftung der Gfter **114** 15
- Kontrollrecht der Gfter **118**
- Kündigung **114** 18, 22
- Mehrerer **115**
- Neuordnung **117** 10
- Niederlegung **114** 19; **117** 2
- Notmaßnahmen **114** 7
- Optionsrecht **114** 21
- Pflichten **114** 9–19; **116**
- Präsentationsrecht **114** 21
- Prokura-Erteilung **116** 8
- Rechenschaft **114** 14; **118** 12
- Rechte **114** 9–19; **116**
- Selbstorganschaft **114** 24
- Sorgfaltspflicht **109** 4–5; **114** 12; **347** 4
- Stimmrecht **119** 5–24
- Übertragung **114** 21, 23
- Umfang **114** 9–28; **116**
- Unterlassung **116** 4
- Vergütung **109** 19–20
- Vertreterklausel **114** 26
- Weisung der Gfter **114** 9
- wichtiger Grund **117** 4, 11–12, 16
- Widerruf der Prokura **116** 9
- **Geschäftsführung (PublikumsGes) Anh 177a** 74
- **Geschäftsgeheimnis Einl** vor **1** 34, 70; **86** 20, 22, 45; **90**
- HdlGehilfe **59** 50
- Treu und Glauben **90** 7
- **Geschäftsgrundlage 87a** 28; **89** 2; **89a** 21; **105** 64, 79, 80, 93; **Einl** vor **343** 13
- **Geschäftsjahr** s Handelsbücher
- **Geschäftskosten 255** 25–26
- **Geschäftssitz 87** 26, 35; **87b** 2; **92c** 2 f.
- **Geschäftsstilllegung** s Geschäftseinstellung
- **Geschäfts- und Betriebsgeheimnis 86** 20, 22; **90**
- **Geschäftsunfähigkeit** s Geschäftsfähigkeit
- **Geschäftsveräußerung 89b** 18
- **Geschäftsverbindung 84** 20; **87** 31; **87a** 26; **89b** 11 ff., 22 ff.; **362** 3
- Aufhebung **(8) AGB-Banken 18**; **19**
- Bankgeschäft **(7)** BankGesch A/6–7; **(8)** AGB-Banken
- Begriff **Einl** vor **343** 3
- Haftung **347** 16
- als Unternehmervorteil **89b** 11–13, 15, 22
- **Geschäftsverkehr 15** 8
- **Geschäftsverpachtung 89b** 18
- **Geschäftswert Einl** vor **1** 34–37; **255** 25, 26
- s auch Konzernabschluss
- Aktivierbarkeit **246** 8–10
- Bewertung **255** 25–26
- derivativer **246** 9
- negativer **246** 9
- als Vermögensgegenstand **Einl** vor **238** 30, 58
- **Geschichte des Handelsrechts Einl** vor **1** 8–15
- **Geschlechterquote 289f** 7
- **Gesellschaft**
- Anteil s dort
- ausländische **Einl** vor **105** 29–36
- Außengesellschaft **Einl** vor **105** 11
- bergrechtliche **(1)** EGHGB **5**
- Besitzgesellschaft **15** 16
- BGB-Gesellschaft s dort
- EhegattenGes **105** 52
- fortgesetzte **134** 5, 7
- GmbH s dort
- GmbH & Co KG s dort
- Handelsgesellschaft s dort
- HoldingGes **1** 18

Sachverzeichnis

- InnenGes **Einl** vor **105** 10, 38; **230** 2
- Kapitalgesellschaft s dort
- Kommanditgesellschaft (KG) s dort
- Konzernrecht der PersonenGes **105** 100–107
- auf Lebenszeit **134** 1–4, 6
- nichteheliche Lebensgemeinschaft **105** 53
- Offene Handelsgesellschaft s dort
- Ortsform **Einl** vor **105** 29
- Personengesellschaft s dort
- Schulden s dort
- stille Gesellschaft s dort
- Vermögen s dort
- Vertragsgestaltung **Einl** vor **105** 7
- Vorgesellschaft **105** 9, **Anh 177a** 15
- Zweipersonengesellschaft s dort

Gesellschafter (KG) 161 3–6
Gesellschafter (OHG) 105 18–30
- Abfindung **131** 48–57
- Abspaltungsverbot **119** 19
- actio pro socio **109** 32; **124** 41
- Anteil (OHG) s dort
- Aufrechnung **129** 11–14; **131** 56
- Aufwendungsersatz **110**; **128** 25
- Auskunftsrecht **114** 14; **118** 1–14
- Ausscheiden **59** 22
- Ausschließung s dort
- Beitrag **109** 6–14; **120** 17
- corporate opportunity **114** 13
- Darlehen **122** 7
- Dienstvertrag **110** 19–21
- Drittgeschäft **124** 52–55
- Drittgläubiger **145** 6
- Ehegatten s dort
- Einlage **109** 6; **120** 3, 17
- Einsichtsrecht **118** 4, 11
- Einwendungen **129**
- Entnahme **122**
- Erbengemeinschaft s dort
- Erfindung **109** 7; **124** 8
- Forthaftung **128** 28–36
- Gehalt **110** 19
- Geschäftschancen **114** 13
- Gleichbehandlung **109** 29–31; **119** 35
- Haftung **59** 22; **114** 15; **128**
- Haftungsregress **128** 25–28
- Informationsrechte **118** 1–10; **166**
- Insolvenz **128** 45, 47; **131** 22
- Interessenkonflikt **114** 13; **119** 8; s auch Wettbewerbsverbot
- juristische Person s dort
- Kontrollrecht **118**
- Kündigung **131** 1
- Mehrheitsbeschlüsse **119** 33–41
- Mehrstimmrecht **119** 14
- Mitspracherechte **116 II**; **164**
- Nachschuss **109** 6, 12
- Nichtunternehmer **1** 10
- Pfändung **124** 21
- Pflichten **109** 4–28
- Rechte **109** 4–28
- ScheinGfter **128** 5
- Schmiergelder **109** 28
- Sorgfaltspflicht **109** 4–5
- Stimmbindungsvertrag **119** 17–18
- Stimmpflicht **119** 6
- Stimmrecht **119** 5, 14
- Stimmrechtsausschluss **119** 8–16
- Stimmrechtsmissbrauch **119** 11
- Stimmrechtsübertragung **119** 19
- Stimmrechtsverbot **119** 8–9
- Stimmrechtsvertretung **119** 21–23
- TochterGes **105** 30
- Tod **131** 18; **139**; **177**
- Treuepflicht **109** 23–28; **112**; **113**
- Treuhänder s dort
- Übertragung der Rechte **109** 15–22
- Überwachung **118**
- Verfügung über Rechte **109** 15–22
- Verhältnis zum MitGfter **109** 4
- Verlustersatz **110** 11–14
- Versammlung **119** 28
- Vertrag mit Ges **109** 11
- Vertreter **119** 41
- Vertretungsmacht **106** 12; **107** 1
- Verzinsungspflicht **111**
- Wettbewerbsverbot **109** 25; **112**; **113**
- Zins **111**
- Zwangsvollstreckung **128** 45

Gesellschafterbeschluss 119
- außergewöhnliche Geschäfte **116** 5–7; **164** 2
- Bestimmtheitsgrundsatz **119** 37a–40
- Form **119** 27–28
- Mehrheitsbeschlüsse **119** 33–41
- Minderheitenschutz **119** 37a, 37d
- Minderheitsbeschluss **119** 36
- Rechtsnatur **119** 25

Gesellschafterdarlehen 122 7; **172a** (aF); **236** 3, 5

Gesellschafterprozess
- Urteilswirkungen **128** 44; **129** 8

Gesellschafterversammlung 119 29–30

Gesellschafterwechsel 105 67–74; **161** 3
- Arbeitsverhältnisse **59** 18
- GmbH & Co KG **Anh 177a** 47–48

Gesellschaftsformenwahl Einl vor **105** 4–7

Gesellschaftsprozess 124 41–44; **129** 7
- Urteilswirkung **128** 43

Gesellschaftsvermögen 124 3–15
- s auch Anteil (OHG)
- Anteil **124** 16–22
- Aufrechnung **124** 12
- Entstehung **124** 3, 7–11
- im Ganzen **105** 24
- Naturalteilung **145** 10
- Notwendigkeit **124** 5
- Nutzung **124** 6
- Surrogation **124** 10
- Übergang von OHG auf GmbH **89a** 18
- Überlassung **124** 6

Sachverzeichnis

- Übertragung **350** 2
- Verfügung **124** 12
- Zusammensetzung **124** 4
- Zwangsvollstreckung **124**

Gesellschaftsvertrag 105 47–66; **109**; **161** 7; **163**
- Abspaltungsverbot **109** 16–17
- Änderung **161** 7; **Anh 177a** 33
- Einreichungsfähigkeit **106** 2
- Gestaltung **Einl** vor **105** 7
- PublikumsGes **Anh 177a** 67–69c
- Stille Ges **230** 9–12

gesetzlicher Vertreter 347 3

Gesetzwidrigkeit
- Betrieb **1** 21
- GesVertrag **105** 75–97

gesonderter nichtfinanzieller Bericht Einl vor **238** 4; **289b** 4; **315b** 4

Geständnis 350 6

Gesundheitsschutz 86 4

Getränkeausfahrer 59 31a

„getreue Hände" 346 40

Gewährleistung
- Bilanz **251**
- Mängelrüge s dort

Gewährleistungsrückstellung 249 1, 2, 24–26

Gewerbe (Handels-) 54 1, 6, 10 f.; **55** 1; **84** 27, 41, 44; **91** 1; **92b** 2
- HoldingGes **1** 18
- Kleingewerbe **1** 3; **383** 2
- Nebengewerbe **3** 5, 10–12

Gewerbebetrieb
- s auch Handelsgeschäft
- Firma **17** 21–23
- Freiberufler **Einl** vor **1** 65; **1** 19; **5** 3
- Recht am **Einl** vor **1** 63–70; **105** 3

Gewerbegehilfe 59 23, 31a

Gewerbesteuer 84 36
- Arbeitnehmer **59** 31b
- Kdtist **164** 1; **171** 3
- Selbstständigkeit **84** 36

Gewerbetreibender, selbständiger 84 33 ff.
- HdlVertreter **84** 1, 5; **90a** 9
- Unternehmer **84** 27–44; **91** 1
- Untervertreter **84** 32–33
- Wettbewerbsabrede **90a** 4–7, 12

gewerbliche Niederlassung 86 46; **86a** 6; **86b** 12

gewerbliche Schutzrechte Einl vor **1** 74
- Berührung **Einl** vor **1** 68

gewerbliche Tätigkeit 84 18, 20; **90a** 4, 6, 12

Gewerkschaft DHV 59 31b

Gewerkschaftszugehörigkeit 59 34, 37

Gewicht 361; **380**

Gewinn (OHG, KG) 120
- s auch Rücklagen, Rückstellungen
- Anspruch **121** 3–4
- Anteilsberechnung **120** 9
- Berechnung **120**; **167**
- Beteiligung **59** 60
- Entnahme **122; 169**
- Ermittlung **120** 11
- Kapitalanteile **120** 12–23
- Mehrgewinn **121** 2; **122** 12–13
- Stammrecht **121** 3–4
- Verfügung **121** 3–4
- Verteilung **120**; **121**; **168**
  - eines Verlustes **121** 7, 9
- Verwendung **120** 11

Gewinn- und Verlustrechnung Einl vor **238** 75; **275–277**
- s auch Bilanz, Handelsbücher, Jahresabschluss
- Anhang **284–288**; s auch dort
- Aufgliederung **247** 3
- Aufwendungen **275**
- Bestandsveränderungen **277** 2
- Definition **242** 9
- einzelne Posten **275** 5–26; **277**
- Erfolgsquellen **275** 4
- Ergebnisverwendung **275** 25
- Erträge **275**
- Gesamtkostenverfahren **Einl** vor **238** 75; **275** 2, 5–26
- Gliederung **Einl** vor **238** 51; **275**
- größenabhängige Erleichterungen **276**
- Pflicht zur Aufstellung **242**; **264**
- Rechtsfolgen bei Verstoß **275** 36
- Rohergebnis **Einl** vor **238** 75
- Rücklagenveränderungen **275** 34
- Staffelform **275** 1
- Steuern **275** 23
- Stille Ges **232**
- Umsatzerlöse **277** 1
- Umsatzkostenverfahren **Einl** vor **238** 75; **275** 2, 27–33
- Verfahrenswahlrecht **275** 2
- Verrechnung **340c**
- Zinsen **275** 14–15

Gewinnabführungsvertrag
- Insiderinformationen **(16a) MAR 7** 14

Gewinnanspruch 121 3

Gewinnanteilsrückvergütungen 87b 5

Gewinnbeteiligung 87 5
- HdlGehilfe **59** 59; **64** 1
- HdlVertreter **87** 5

Gewinnerzielung 1 11, 15, 16

Gewinnstammrecht 121 3

Gewinnzusage 349 22

Gewohnheitsrecht Einl vor **1** 17

gezeichnetes Kapital 272 1–4

Girogeschäft (7) BankGesch A/4
- Begriff **(7)** BankGesch C/20
- Vertragsverhältnis **(7)** BankGesch C/21

Girokarte (7) BankGesch F/2–12

Girokonto für jedermann (7) BankGesch A/6

Giroüberweisung (7) BankGesch C/1–110
- s auch Lastschrift, Zahlungsverkehr
- Auftragsstrenge **(7)** BankGesch C/41

Sachverzeichnis

- Eigenbedarf **123** 35
- Eigenhaftung des GmbH-Geschäftsführers **Anh 177a** 29, 44
- EinheitsGes **Anh 177a** 8
- EinmannGmbH & Co **Anh 177a** 6
- Errichtung **Anh 177a** 12–20
- Erscheinungsformen **Anh 177a** 6–11
- Erwerbschancen **Anh 177a** 23
- FamilienGes **Anh 177a** 2
- Finanzplankredite **Anh 177a** 43
- Firma **19** 24–36
- Freistellungspflicht **Anh 177a** 43
- Geschäftsführung **Anh 177a** 26
- GfterVersammlung **Anh 177a** 32
- GfterWechsel **Anh 177a** 47, 48
- GftsVertrag **Anh 177a** 12, 33
- GmbH-Geschäftsführung **Anh 177a** 27, 36, 44
- Gründerhaftung **Anh 177a** 15–19
- Gründung **Anh 177a** 12–14
- Haftung
  - ggü Dritten **Anh 177a** 41
  - des GmbH-Geschäftsführers **Anh 177a** 44
  - im Gründungsstadium **Anh 177a** 15
  - des Kdtisten **Anh 177a** 19, 42–43
- Haftungsvergütung **Anh 177a** 21
- Handelndenhaftung **Anh 177a** 17
- Immobilienfonds, geschlossene **Anh 177a** 56
- Insichgeschäft **Anh 177a** 7
- Jahresabschluss **264a–264c**
- kapitalistische **Anh 177a** 10
- Konzernrecht **Anh 177a** 2
- körperschaftlich strukturierte **Anh 177a** 10
- als Leitbild **Einl vor 105** 13
- Liquidation **Anh 177a** 49
- Mehrvertretung **Anh 177a** 7
- Mitbestimmung **Anh 177a** 50
- Pflichten der Gfter **Anh 177a** 21–25
- praktische Bedeutung **Anh 177a** 2
- Prospekthaftung **Anh 177a** 59
- Prozess **Anh 177a** 35
- Rechnungslegung **Anh 177a** 51
- Rechte der Gfter **Anh 177a** 21–25
- rechtliche Selbstständigkeit **Anh 177a** 34
- Rechtsscheinhaftung **Anh 177a** 43, 78a
- Selbstkontrahieren **Anh 177a** 12, 33, 39
- sternförmige **Anh 177a** 7
- Stimmrecht **Anh 177a** 25
- Treuepflicht **Anh 177a** 22
- Typenverbindung **Anh 177a** 11
- Übertragung **Anh 177a** 47–48
- UG & Co **Anh 177a** 11
- Umwandlung **Anh 177a** 14
- Unterbeteiligung, unentgeltliche **Anh 177a** 47
- Unterbilanzhaftung **Anh 177a** 16
- Unterkapitalisierung **Anh 177a** 51a–51j
- verbundene Unternehmen **Anh 177a** 22–25, 50
- Vergütung der GmbH **Anh 177a** 21
- Verlustdeckungshaftung **Anh 177a** 15
- Vertretung **Anh 177a** 15, 36
- Verzahnung **Anh 177a** 6
- Vorbelastungshaftung **Anh 177a** 16
- Vorbelastungsverbot **Anh 177a** 16
- VorGmbH **Anh 177a** 13, 15
- VorgründungsGes **Anh 177a** 18, 20
- Vorteile **Anh 177a** 3
- wechselseitig beteiligte **Anh 177a** 8
- Wettbewerbsverbot **Anh 177a** 23, 27
- Zulässigkeit **Anh 177a** 4–5

GmbH & Still Anh 177a 11, **230** 5
GNT s Güterkraftverkehr
GoB s Buchführung
going concern 252 7, 54
goldene Aktie Einl vor 105 36
Goodwill Einl vor 1 34–37; **89b** 1, 5, 35
- HdlVertreter **89b** 1, 35
- Minderheitengoodwill **246** 8
- Pächter **89b** 4
- Rechtsschutz **Einl vor 1** 60
- Unternehmenspacht **Einl vor 1** 49
- Unternehmensübertragung **Einl vor 1** 42

Gratifikation 59 61–68; **87** 5
größenabhängige Erleichterungen 274a; **276**; **288**; **293**
Großbritannien Einl vor 1 25
Großhändler Einl vor 373 36
Großreparaturen
- Anhang **285** 3
- Rückstellungen **249** 28

Grundbuch 124 36
Grunderwerbssteuer 255 3
Grundlagengeschäfte 114 3; **116** 3; **164** 4
Grundsätze ordnungsmäßiger Buchführung (GoB) s Buchführung
Grundsätze zur Errechnung der Höhe des Ausgleichsanspruchs 89b 96
Grundschuld s Hypothek
Grundstück 54 7, 12; **55** 11; **84** 26; **89** 7; **89b** 20
Grundstücksgeschäft
- Bilanz **246** 16
- HdlVertreter **54** 7, 12; **55** 11; **84** 26; **89** 7; **89b** 20
- Jahresabschluss **246** 16
- Prokura **49** 4
- Übereignungsform **105** 55; **350** 2–3
- wirtschaftliches Eigentum **246** 16

Gruppenbewertung 240 8, 10
Gruppenfreistellungsverordnung (EU) 86 13; **89** 10
Gruppenversicherung 89b 27; **92** 4
Gruppenvertreter 163 10
Guadalajara-Abkommen 407 11
Guarantee Letter of Credit (7) Bank-Gesch K/1a
Günstigkeitsprinzip
- Betriebsvereinbarung **59** 41
- Tarifnormen **59** 5, 39

Sachverzeichnis

- Aufwendungsersatz **(7)** BankGesch C/50, 70
- Ausführungsfrist **(7)** BankGesch C/13, 24, 38, 48
- Ausführungsverhältnis **(7)** BankGesch C/21, 89–105
- Autorisierung **(7)** BankGesch C/35
- Bedingungen 2016 **(7)** BankGesch C/24
- Bereicherungsausgleich **(7)** BankGesch C/93–103, 110
- Deckungsverhältnis **(7)** BankGesch C/21, 29–82
- Entgelte **(7)** BankGesch C/47–50
- Erfüllung **(7)** BankGesch C/107
- Erstattungsansprüche **(7)** BankGesch C/24, 70
- Fehlüberweisung **(7)** BankGesch C/93, 95
- Gefahrtragung **(7)** BankGesch C/109
- Gutschrift **(7)** BankGesch C/26, 42, 89–92
- Inkassoverhältnis **(7)** BankGesch C/21, 89–105
- institutsinterne **(7)** BankGesch C27, 43
- Interbankenverhältnis **(7)** BankGesch C/18, 21, 23, 83, 86
- Kontonummer-Namensabgleich **(7)** BankGesch C/41, 43, 46
- Kundenkennung **(7)** BankGesch C/13, 43–46, 71, 75, 79, 90, 100
- Mängel **(7)** BankGesch C/54–82
- Nachdisposition **(7)** BankGesch C/50, 90, 92
- neues Recht **(7)** BankGesch C/1–19
- Pflichten
  - der Bank **(7)** BankGesch C/41–50
  - des Überweisenden **(7)** BankGesch C/52
- rechtliche Qualifikation **(7)** BankGesch C/20–32
- Rechtsschein **(7)** BankGesch C/35, 65
- Rechtzeitigkeit **(7)** BankGesch C/10883
- Rückfrage **(7)** BankGesch C/41–42, 90
- SEPA-Überweisung s dort
- Stornierung **(7)** BankGesch C/45, 75, 90, 104
- Teilüberweisung, vereinbarte **(7)** BankGesch C/47
- Valutaverhältnis **(7)** BankGesch C/21, 106–110
- Verwendungszweck **(7)** BankGesch C/42
- Vorschuss **(7)** BankGesch C/49
- Wertstellung **(7)** BankGesch C/4943
- Widerruf **(7)** BankGesch C/99
- Zahlungsauftrag **(7)** BankGesch C/33, 38–40
- Zurückweisung durch Empfänger **(7)** BankGesch C/90
- Zulässigkeit **(7)** BankGesch C/106

Girovertrag (7) BankGesch C/20–32
- Abschluss **(7)** BankGesch C/30
- Änderungen **(7)** BankGesch C/31
- Deckungsverhältnis **(7)** BankGesch C/18, 33–82
- Einzelzahlungsverkehr **(7)** BankGesch C/29
- Gutschrift **(7)** BankGesch C/26
- Kündigung **(7)** BankGesch C/32
- Rechtsnatur **(7)** BankGesch C/25
- Referenzzinssätze **(7)** BankGesch C/31
- als Zahlungsdiensterahmenvertrag **(7)** BankGesch C/25–28

Girozentrale (8) AGB-Banken **Einl** vor 1 4
Gleichbehandlung
- Allgemeines Gleichbehandlungsgesetz (AGG) **59** 10, 37
- HdlGehilfe **59** 10, 57, 63, 91
- HdlVertreter **86** 10, 30; **86a** 15
- OHG **109** 29–31; **119** 35

Gleichbehandlungsgrundsatz 86 10, 30; **86a** 15
Gleichordnungskonzern s Verbundene Unternehmen
Gliederung Einl vor 238 41; **265**; **266**
- s auch Anhang, Gewinn- und Verlustrechnung, Jahresabschluss
- Bilanz **Einl** vor 238 50
- Gewinn- und Verlustrechnung **Einl** vor 238 51
- KleinstkapitalGes **264c** 5; **266** 2

Globalurkunde (13) DepotG **9a** 2
Globalzession (7) BankGesch H/1–6, J/4, O/7–8
„glückliche Ankunft vorbehalten" s Ankunftsklausel
GmbH
- Geschäftsführer **Anh 177a** 27–30, 36–40, 44, 51j, 74
  - Abberufung **15** 11
- GmbHG **Anh 177a** 51k
- Kapitalgesellschaft **Einl** vor 105 13; **Einl** vor 238 44; s auch dort
- prozessfinanzierende **230** 6
- Rechtsfähigkeit **Einl** vor 105 12
- Rechtsschein **5** 10
- Zweigniederlassung **13g**

GmbH & Co Einl vor 238 6, 44
GmbH & Co KG Einl vor 105 1, 13, 17; **105** 103; **161** 10; **Anh 177a** 1–51
- s auch Kommanditgesellschaft (KG), Publikumsgesellschaft
- Anmeldung **Anh 177a** 13
- Auflösung **Anh 177a** 45–46
- Ausscheiden der GmbH **Anh 177a** 45
- Begriff **Anh 177a** 1
- beherrschender Einfluss **290** 6
- Beirat **Anh 177a** 31
- Beteiligung der GmbH **Anh 177a** 21
- Bilanzrecht **Einl** vor 238 9
- corporate opportunity **Anh 177a** 23
- Differenzhaftung **Anh 177a** 16
- Drittorganschaft **Anh 177a** 3
- doppelstöckige **Anh 177a** 9
- echte **Anh 177a** 6

2631

Sachverzeichnis

Gutachten
- s auch Sachverständiger
- graphologisches **59** 34
- Haftung **347** 8–22
- der IHK **86** 3
- Internationale Zentralstelle für technische Gutachten **Einl** vor **1** 97
- Verschmelzungswertgutachten **319** 20; **319a** 5

guter Glaube s gutgläubiger Erwerb, Vertrauen
Güterbeförderung 407 6, 8
Güterfolgeschaden 429 1; **432**
Gütergemeinschaft 105 25
- s auch Ehegatten

Güterkraftverkehr 407 4; **(17)** CMR
- s auch Frachtgeschäft
- Ablieferungshindernisse **(17)** CMR **15**
- Anwendungsbereich **(17)** CMR **1; 2**
- Beförderungsvertrag **(17)** CMR **2; 4; 9; 13**
- Frachtbrief **408; (17)** CMR **4–11**
- Haftung **(17)** CMR **3; 7; 10; 11 III; 17–29**
- Huckepackverkehr **452** 5
- Leichen **(17)** CMR **1 IV**
- Lieferfrist **(17)** CMR **19**
- multimodaler Transport s dort
- Nachnahme **(17)** CMR **21**
- Postsendungen **(17)** CMR **1 IV**
- Umzugsgut **451–451h; (17)** CMR **1 IV**
- VBGL **407** 26
- Verfügungen, nachträgliche **(17)** CMR **12**
- Verjährung **(17)** CMR **32**
- Verpackung **(17)** CMR **10**

Güterschaden 425 2; **426; 427**
Gutgewicht 380 4
gutgläubiger Erwerb
- von beweglichen Sachen **366**
- von Inhaberpapieren **367**
- Konnexität der Forderungen **366** 10–12; **440** 1–4
- Lieferbarkeit **367** 6
- eines Pfandrechts **366** 8–10; **440** 4
- Wertpapier **367**
- Wertpapierbereinigung **367** 6

Gutschrift (7) BankGesch C/23, 38, 67–70, D/48; **(8)** AGB-Banken **9** 1–2
- fehlerhafte **(8)** AGB-Banken **8** 2; **(9)** AGB-Spark **8**
- Sparkasse **(9)** AGB-Spark **9**
- Treuhand-WR-Gutschriften **(13)** DepotG **22** 1
- Vorbehaltsgutschrift **(7)** BankGesch E/6; **(8)** AGB-Banken **9**
- in Wertpapierrechnung **(13)** DepotG **3** 2, 44

GWB s Kartellrecht

Haager Übereinkommen Einl vor **1** 87
Haftpflichtversicherung (17) CMR **17** 1

Haftung
- s auch Frachtgeschäft, Spedition
- Anfechtung **129** 9–10
- Arbeitgeber **59** 105–106
- Aufklärung **347** 8, 23
- Aufrechnung **129** 11–14
- ausgeschiedener Gfter **59** 22; **128** 28–36; **159; 160**
- Ausgleich **128** 25–27
- Auskunft **347** 8, 23
- Bank **347** 8, 23; **(7)** BankGesch A/30–35, G/28–32; **(8)** AGB-Banken **3**
- Beratungsvertrag **347** 14
- Berufshaftung **347** 22
- Beweislast **347** 37
- Darlehensrückgewähr s Gesellschafterdarlehen
- Deliktsrecht s dort
- Dritthaftung **347** 19–21, 38a
- Durchgriffshaftung **Anh 177a** 51b, 51d
- Eigenhaftung des GmbHGeschäftsführers **Anh 177a** 44, 51j
- des Eintretenden **28; 130**
- Einwendungen des Gfter **129** 1–8
- Empfehlung **347** 8, 23
- Erben **27; 139** 44–49
- für Erfüllungsgehilfen **347** 3
- Erstattung **128** 25–27
- existenzvernichtender Eingriff **Anh 177a** 51c–51f
- Fahrlässigkeit **347** 18, 34
- Fortführung des HdlGeschäfts **25**
- Freizeichnung s dort
- Gerichtsstand **347** 40
- gesamtschuldnerische **128**
- aus Geschäftsübernahme **25**
- für gesetzlichen Vertreter **347** 3
- des Gfters **128**
- GmbH-Geschäftsführer **Anh 177a** 44
- im Güterkraftverkehr s dort
- Haftungsbeschränkung s Freizeichnung
- HdlGehilfe **59** 44 ff., 107–110
- Inhalt **128** 8–18; **129** 1–14
- Insolvenz **128** 46–47
- Kdtist **171–176**
- aus Kreditauftrag **349** 11
- Leutehaftung s dort
- Mankohaftung **59** 110
- ggü MitGftern **128** 22–24
- Mithaftung **349** 13
- Mitverschulden **347** 36
- nach Auflösung **159; 160**
- nach Ausscheiden **59** 22; **128** 28–36; **159; 160**
- OHG **105** 1, 6, 8, 9
- OHG-Gfter **128–130**
- Organisationsmangel **124** 28
- Prospekt **347** 8, 23
- Prospekthaftung s dort
- Prozess **128** 39–44; **129** 7–8
- Rat **347** 8, 23
- Schaden **347** 35

2633

Sachverzeichnis

- aus Schein **5** 9–18
- Schuldübernahme s dort
- Sorgfaltspflicht s dort
- Staatshaftung **15** 23
- Testat **347** 8, 23
- Vergleichsverfahren **124** 47; **128** 48
- Verhaltenspflichten **347** 23–34
- Verjährung **128** 4, 20, 28; **159**; **160**; **347** 39
- Vermögensübernahme **25** 19
- Vertrauenshaftung **347** 22
- des Vertreters **Einl** vor **48** 9–12
- Verzicht **128** 38
- Wirtschaftsprüfer **323**; **347** 3, 21, 29–30; **(2a)** WPO **54**; **54a**; **(2d)** AGB-WP **Einl** 4; **9**
- Zeugnis **73**/**109** GewO 2, 19, 20; **347** 8, 23
- Zwangsvollstreckung **128** 45; **129** 15

Handeln unter fremdem Namen Einl vor **48** 4, 6

Handelsbedingungen 346 39

Handelsbilanz 242 4–6

Handelsbrauch 86 3; **87** 15, 48; **87b** 9; **89b** 96; **92** 5, 346
- Auslegung von Willenserklärungen **346** 1
- Begriff **346** 1
- Bestätigungsschreiben **346** 16–29
- Beweis **346** 13
- Bildung **346** 12
- Feststellung **346** 13
- Geltung **Einl** vor **1** 4–8; **346** 3–11
- Herausbildung **346** 12
- IHK **346** 13
- kaufmännische Bestätigungsschreiben s dort
- Missbrauch **346** 11
- Revision **346** 14
- Rügeobliegenheit **377** 56
- Schweigen **346** 30–38
- Tegernseer Gebräuche **346** 15; **377** 43
- Trade Terms **346** 15
- Unkenntnis **346** 9
- Untersuchungspflicht **377** 56
- Verhältnis zu Rechtsnormen **346** 10

Handelsbrief 257
- s auch Geschäftsbrief

Handelsbücher 238–**342e**
- s auch Abschlussprüfung, Abschreibungen, Rücklagen, Rückstellungen
- Änderung **239** 3
- Ansatzvorschriften **246**–**251**
- Aufbewahrung **257**–**261**
- Bedeutung **238** 2
- Begriff **238** 1
- Berichtigung **239** 3
- Beweiswert **238** 3; **257** 4
- Bewertung s dort
- Bilanz s dort
- Bildträger **261**
- Buchführung s dort
- Datenträger **261**
- Einsichtsrecht **259**
- Einzelabschluss **324a** 2
- Eröffnungsbilanz **242**–**256**
- Finanzdienstleistungsinstitute **340**–**240o**
- Formblätter **330**
- Führung **239**
- Genossenschaften **336**–**339**
- Gewinn- und Verlustrechnung s dort
- Inventar s dort
- Jahresabschluss **264**–**288**; s auch dort
- Jahresinventur **240** 6
- Konzernabschluss **288**–**315a**; s auch dort
- Konzernlagebericht **Einl** vor **238** 19, 55 f.; **315**; s auch dort
- Kreditinstitute **340**–**340o**
- Lagebericht **Einl** vor **238** 15, 19, 54, 56 f.; **289**; **289a**; s auch dort
- Landesrecht **263**
- Offenlegung **325**–**329**
- Ordnung **239** 2
- permanente Inventur **241** 2
- Prüfung **316**–**324a**
- Richtigkeit **239** 2
- Schriftzeichen **239** 1
- Sprache **239** 1
- Stichprobenverfahren **241** 1
- Stichtagsinventur **240** 2
  - verlagerte **241** 3, 4
- Straf- und Bußgeld-Vorschriften **331**–**335b**
- Übergangsrecht **Einl** vor **238** 59–100; **(1)** EGHGB **24**–**28**
- Urkunden **238** 2
- Vorlegung **258**–**261**
- Vollständigkeit **239** 2
- Zeitgerechtheit **239** 2

Handelsfirma s Firma

Handelsgeschäft (einzelnes Geschäft)
- anwendbares Recht **Einl** vor **343** 1–2
- Auslegung **343** 12
- Begriff **Einl** vor **343** 1; **343**
- beiderseitiges **345** 2, **377** 3; **379** 3
- BGB **Einl** vor **343** 2; **(1)** EGHGB **2**
- einseitiges **345** 1
- Form **Einl** vor **343** 8–9
- Frachtgeschäft s dort
- GrundHdlGeschäft **1** 1, 3
- HilfsHdlGeschäft **343** 3
- Inhaltsfreiheit **Einl** vor **343** 11
- internationaler Verkehr **Einl** vor **343** 17
- Kommission s dort
- Lagergeschäft s dort
- Leistungszeit **358**; **359**
- Nebenabreden **Einl** vor **343** 9
- NebenHdlGeschäft **343** 3
- Neuverhandlung **Einl** vor **343** 14
- Schriftform **Einl** vor **343** 9
- Schuldschein **344 II**
- Speditionsgeschäft s dort
- Verjährung **Einl** vor **343** 16
- Vermutung **344**

Sachverzeichnis

Handelsgeschäft (Gewerbebetrieb, Unternehmen)
- Abwehransprüche **Einl** vor **1** 56
- Begriff **Einl** vor **1** 31–33
- Beschaffenheit **Einl** vor **1** 46a, b
- Bewertung **Einl** vor **1** 34–37
- due-diligence-Untersuchung **Einl** vor **1** 44
- Einbringung **145** 10
- Eigentum **Einl** vor **1** 57–62
- Eintritt **24**; **28**
- Enteignung **Einl** vor **1** 57–62
- Entstehung **Einl** vor **1** 38
- Erlöschen **Einl** vor **1** 40
- Erwerb **25** 4
- Fortführung **21–28**
- Geschäftsgeheimnis **Einl** vor **1** 34, 70
- Gewinn **Einl** vor **1** 46a
- Goodwill **Einl** vor **1** 34–37, 38
- Insolvenz **22** 3–4, 10, 24
- Kauf **Einl** vor **1** 44–47
- kaufmännisches **25** 2
- Know-how **Einl** vor **1** 34
- mehrere **1** 29; **17** 8
- Nachfolgevermerk **22** 15, 17
- Nießbrauch **Einl** vor **1** 50; **1** 30; **22** 25
- Nutzungen **Einl** vor **1** 53
- Pacht **Einl** vor **1** 49; **22** 25
- Persönlichkeitsrecht des Unternehmers **Einl** vor **1** 64
- Pfändung **Einl** vor **1** 51
- Recht am Gewerbebetrieb **Einl** vor **1** 63, 65–70
- Rückerstattung **Einl** vor **1** 53–54
- Ruhen **Einl** vor **1** 40
- Schenkung **Einl** vor **1** 44
- Schutz **Einl** vor **1** 56–70
- Sicherungsübereignung **Einl** vor **1** 51
- Übernahme, Übertragung **Einl** vor **1** 42–43; **22**; **25**; **26**; **145** 10
- Umsatz **Einl** vor **1** 46a
- Umwandlung **Einl** vor **105** 19–27
- Veräußerung **Einl** vor **1** 44–47
- Vererbung **Einl** vor **1** 52; **27**
- Verlegung **Einl** vor **1** 39
- Vermächtnis **Einl** vor **1** 52; **22** 2, 9; **27**
- Verpachtung **Einl** vor **1** 49
- Verpfändung **Einl** vor **1** 51
- Weitererwerb **25** 6
- Wert **Einl** vor **1** 35–37

Handelsgesellschaft 6 I; 105–177a
- s auch Gesellschaft
- als Außengesellschaft **Einl** vor **105** 11
- Begriff **6** 1; **Einl** vor **105** 8
- Einteilung **Einl** vor **105** 8–13
- Eintragung s dort
- Entwicklung **Einl** vor **105** 8
- Firma **17** 9
- kraft Geschäftsbeginns **123** 9–14
- juristische Person **Einl** vor **105** 12
- als Kaufleute **6** 1–5
- Kommanditgesellschaft (KG) s dort
- mehrere **17** 9
- Offene Handelsgesellschaft (OHG) s dort
- Personengesellschaft s dort
- Sorgfaltspflicht **347** 4
- Vertragsfreiheit **Einl** vor **105** 6

Handelsgewerbe
- s auch Gewerbe
- Angestellte **59** 30
- Begriff **1** 22–29; **2**; **3**
- einheitliches **92b** 2
- HdlVertreter **84** 9
- HdlVollmacht **54** 1, 6, 9–10; **55** 1
- OHG **105** 2, 4, 6, 7, 9, 12, 13, 49, 54
- Schein **5**
- Vermutung **1** 25

Handelsgut s Gattungsschuld

Handelskammer s Industrie- und Handelskammer, Internationale Handelskammer, internationale Schiedsgerichtsbarkeit

Handelskauf
- s auch Kauf
- internationaler **(6)** Incoterms **Einl** 1, 3
- Praxistypen **Einl** vor **373** 22–29
- von Waren **Einl** vor **373** 8–16
- von WP **381** 1–4

Handelsklauseln 346 39–40; **(6)** Incoterms **Einl** 1, 2–4

Handelsmakler (HdlMakler) 84 5, 10, 20; **93–104a**
- a-metà-Vermittlung **93** 35
- Abschlussfreiheit **93** 37, 62, 66
- AGB **93** 60, 64, 65, 66
- Alleinauftrag **93** 59–63, 66
- „Aufgabe vorbehalten" **95**
- Aufklärungspflicht **93** 24, 27, 28
- Aufwendungsersatz **93** 39, 66
- Bausparkassenmakler **93** 7, 104
- Begriff **84** 20; **93** 1–15
- Bestätigungsschreiben **94** 2, 3
- BGB **93** 3
- Bußgeld **104a**
- Darlehensvermittlung **93** 2, 5, 28, 45
- Dienstvertragsklausel **93** 66
- Direktabschluss **93** 62
- Doppeltätigkeit **93** 16, 32, 33, 54, 61, 66
- Dritter **84** 23; **93** 46–50
- Eigenhaftung **95** 3
- Eigenverkaufsklauseln **93** 66
- erfolgsunabhängiges/selbstständiges Provisionsversprechen **93** 48, 63, 66
- Ersatzgeschäft **93** 41
- Fälligkeit **93** 56, 66
- Festauftrag **93** 59, 60
- Folgegeschäft **93** 41, 66
- Formerfordernis **93** 17
- Franchisemakler **93** 22
- Freizeichnung **93** 66
- Gemeinschaftsgeschäft **93** 21
- Geschäftsgegnerbezeichnung **95**
- Geschäftsverbindung **84** 20
- Gewerbsmäßigkeit **84** 20, **93** 15
- Haftung ggü beiden Parteien **98**

2635

Sachverzeichnis

- HdlVertreter
  - Abgrenzung **84** 20
  - Auftritt als **93** 11
- HdlVollmacht **54** 1
- Hinzuziehungsklausel **93** 60, 66
- Identität des Geschäfts **93** 41
- Informationspflicht **93** 27, 28, 40
- Inkassovollmacht **97**
- Insolvenz **93** 58
- Interessenkonflikte **93** 30, 32–33
- Interessenwahrungspflicht **84** 20; **93** 24–31
- internationaler Verkehr **93** 67; **94** 7
- Kaufmann **93** 15
- Kleingewerbetreibende **93** 15
- Kongruenz des Geschäfts **93** 41
- Krämermakler **104**
- Kreditvermittlung **93** 45
- Leistungsempfang **97**
- Lohnanspruch gegen beide Parteien **99**
- Maklergesetz **93** 3–6
- Maklerlohn **93** 23, 53–58, 66; **99**
- Makler- und BauträgerVO **93** 3
- Mitteilungspflicht **93** 27–28, 39; **94** 6
- Muster **84** 20
- Nachgeschäft **93** 41
- Nachweis **93** 13, 40, 50
- Nachweismakler **93** 50
- Ordnungswidrigkeiten **103**
- Parteiabrede **93** 43
- Pflichten **93** 23–36, 37–39, 61–62
- Pflichtverletzung **93** 36, 52, 66; **95** 1, 3; **98** 1; **100** 2
- Proben **96**
- Prospekthaftung **93** 27
- Provision **93** 23, 37, 40–58, 66; **99**
- Provisionsabwälzung **93** 66
- Rechtsangelegenheiten **93** 29
- Reservierung **93** 66
- Rückfrageklausel **93** 66
- Schadensersatz **93** 36, 52, 66; **95** 1, 3; **98** 1; **100** 2
- Schlussnote **94**
- Schweigepflicht **93** 25, 39
- Selbsteintritt **93** 46
- Tagebuch **100–103**
- Tätigkeitspflicht **84** 41; **93** 24, 61
- Treueverhältnis **93** 24
- Treuepflichtverletzung, schwerwiegende **93** 45
- Übererlös **93** 33, 55, 66
- Unparteilichkeit **86** 20; **93** 33
- Untermakler **93** 19, 34
- Ursächlichkeit **93** 50–51
- Verbraucherverträge **93** 12; **99** 1
- Vergleich **93** 58
- Verjährung **93** 36, 57
- Vermittlung **93** 13, 40
- Verschulden bei Vertragsverhandlungen **93** 27
- Versicherungsmakler s dort
- Versicherungsvermittlung **93** 7, 45
- vorzeitige Kündigung **93** 45
- Vertrag **93** 12–15, 16–22, 40–52
- Vertragsende **93** 18
- Vertragsschluss **93** 16–17
- Vertragsstrafe **93** 66
- verwandte Verträge **93** 8–11
- Verweisungsklausel **93** 66
- Verwirkung **93** 36, 52
- Vollmachtklausel **93** 66
- vorbehaltene Aufgabe **95**
- Vorkaufsrecht **93** 53
- Vorkenntnis **93** 50, 66
- Weitergabeklausel **93** 66
- Wertersatzpflicht **93** 45
- Widerruf **93** 18, 45, 60, 66
- Wirksamkeit des Geschäfts **93** 42–45
- Wohnungsvermittlung **93** 4
- Zahlung **97**
- Zivilmakler **93** 1–2
- Zubringergeschäft **93** 20
- Zwangsversteigerungserwerb **93** 66
- Zweitmakler **93** 16

Handelsmaklervertrag
- Abschluss **93** 16
- Form **93** 17
- Widerrufsrecht des Verbrauchers **93** 17

Handelsname s Firma

Handelsrechtsreformgesetz 1998 84 4, 28, 45

Handelsregister Einl vor **1** 81–82; **8–16**; (3) FamFG; (4) HRV
- s auch Kommanditgesellschaft (KG), Offene Handelsgesellschaft (OHG), Unternehmensregister
- Abschrift **9** 8
- Abteilungen **8** 4
- Amtslöschung **8** 12–15; **37** 8; **106** 4; (3) FamFG **395**
- Amtssprache, andere **11**
- Anmeldung **8** 6; **12**; **29**; **31**; **33**
  - von Änderungen **31** 1–5
- Auskunft **9** 11
- Beglaubigungen **9** 7
- Bekanntmachung **10**; (4) HRV **27**; **28**; **32–35**
- Bescheinigung **9** 9
- Beschwerde **8** 10
- Beweiswert **9** 14
- Bezeichnungsschutz **8** 16–18
- Bindung an ordentliches Gericht **16**
- Bund **36**
- deklaratorische Wirkung **8** 11
- EHUG **8** 2a
- Einreichung von Dokumenten **12** 6–7
- Einrichtung **8** 4; (3) FamFG; (4) HRV **111**, **39–47**
- Einsicht **9** 1–11
- Eintragung **8** 6–10; **8a** 1; (4) HRV **23–38**
  - deklaratorische **15** 5
  - konstitutive **15** 5
  - unrichtige **8** 12–15

Sachverzeichnis

- unzulässige (3) FamFG 395
- Wirksamwerden 8a 2
- Eintragungsfähigkeit 8 5
- Eintragungspflicht 8 5; 15 5
- Eintragungswirkungen 8 11; 15 13
- elektronische Abrufung 9 4; 9a
- elektronische Einreichung 12 6–7
- elektronische Führung 8 2a–4; 8b 1; (1) EGHGB 61; (4) HRV 47–54
- elektronische Rückerfassung 9 5, 6
- elektronische Signatur 12 7
- Ermessen des Gerichts 8 8
- EU-weite Registervernetzung 8 2b
- Firma 29–31
- Firmengebrauch, unbefugter (3) FamFG 392
- Form 8a 1
- Führung 8 3; (3) FamFG; (4) HRV 12–22
- Handwerkskammer 8 3; (4) HRV 23
- Hauptniederlassung 13–13h
- HdlRegisterverfügung (4) HRV
- IHK 8 2a, 3, 12; (4) HRV 23, 37
- Insolvenz 32, 34 2
- internationaler Verkehr 8 19; 12 8
- juristische Person 33–35
- konstitutive Wirkung 8 11
- Konzernregister 8 5
- Kosten 8 4
- Land 36
- Löschung 8 12–13; 31 II; 157; (3) FamFG 393–395
- Nichteintragungsfolgen 15 6
- Niederlassung 13 1; 29; 31
- öffentliche Zustellung 15a
- öffentlicher Glaube 5; 15
- Öffentlichkeit 9 1–3
- Ordnungsstrafen 14; 37 I
- Prüfung 8 7–9; 329
- Publizität 15
- Rechtsnachfolgenachweis 12 5
- Rechtsschein s dort
- Reform 8 2a–2b
- Registerakten 8 4
- Registerblatt 8 4
- Registergericht s dort
- Registerordner 8 4
- Registersachen (3) FamFG 374
- Registerzeugnis 9 14
- Unternehmensregister 8 2a; 8b; 9 12–13; 9a
- Vermögenslosigkeit (3) FamFG 394
- Veröffentlichung 10–11; (4) HRV 27–28, 32, 35
- Verordnungsermächtigung 8a 3; 9a
- Vertrauensschutz 15 15
- Vertretung bei Anmeldung 12 3–4
- vorbeugender Rechtsschutz 16 5
- Voreintragung 8 10; 15 11
- Wirkung 2; 5; 8 11; 15
- Zeichnung 12
- Zeugnis 9 10

- Zuständigkeit (3) FamFG 376–377
- Zwangsgeld 14
- Zwangsgeldverfahren (3) FamFG 388–389
- Zweck 8 1
- Zweigniederlassung 13–13h; 15 24

Handelsregisterverfügung (4) HRV
Handelsrichter s Gericht
Handelssachen s Gericht
Handelsstand Einl vor 1 1
Handelssysteme
- elektronische (14) BörsG Einl vor 1 2
- KMU-Wachstumsmarkt (14) BörsG Einl vor 1 13; 2 6d
- multilaterale (14) BörsG Einl vor 1 11; 2 1
- organisierte (14) BörsG Einl vor 1 13; 2 1, 2b, 6b

Handelsüberwachungsstelle (14) BörsG 7
Handelsübung 346 2
Handelsvertreter (HdlVertreter) 84–92c
- Abgrenzung vom
  - HdlMakler 84 1, 5, 20
  - Kommissionär 84 5, 18–19
  - Vertragshändler 84 5, 10–17
- Ablehnung 55 7; 86 6, 28; 86a 10, 13; 87 8; 89 25; 89a 19; 89b 34, 54
- des Geschäfts 87c 23
- Abmahnung 89a 1, 10, 18
- Abnahmegarantie 86 9
- Absatzgarantie 89b 18
- Absatzgebiet 86 27, 43; 87 28
- Absatzmittler 84 1, 5, 36, 39
- Absatzorganisation 84 13, 42; 86 18
- Absatzrisiko 86 35
- Abschluss von Geschäften 84 5, 24–26
- Abschlussagent 84 25
- Abschlussprovision 86b 10; 87 1, 3; 89b 24, 41, 47
- Abschlussvollmacht 55, 84 28, 31; 91 23; 91a 1, 4
- Abwälzungsvereinbarung 89b 68
- Abwerbung 86 28; 86a 17; 89a 17, 19; 90a 30
- Adressbuch 84 42; 89b 12
- Alleinvertretung 86a 17; 86b 14; 87 9, 48; 89a 23
- Alleinvertriebsrecht 84 13, 32; 86a 17
- Alter 89 20; 89b 33, 42, 55, 60, 61
- Altersversorgung 87 5; 89b 39, 93
- Amerika 92c 9
- Anerkenntnis s dort
- Anhörung 89a 10, 20
- Anscheinsbeweis 87 16; 89b 22, 30, 44
- Anscheinsvollmacht 54 3–4, 17
- anwendbares Recht 84 6
- Arbeitnehmer 84 39
- arbeitnehmerähnlicher 59 26; 84 1, 2, 34, 46–47; 86 5; 89 7; 92a 1–2
- Arbeitsgericht 84 46
- Arbeitskräftemangel 87a 26

2637

Sachverzeichnis

- Arglist **87** 33
- Art der Geschäfte **84** 26
- Aufhebungsvertrag **55** 12; **85** 1; **86b** 11; **87a** 18; **89** 9; **89a** 35; **89b** 7, 54, 70; **90a** 24, 26
- Aufklärung **86a** 2; **89a** 20, 30
- auflösende Bedingung **86b** 11; **87** 7; **87a** 6, 13; **87c** 3; **89** 2; **89b** 7
- Aufrechnung **87** 32, 50; **87a** 19; **88a** 2
- aufschiebende Bedingung **87** 7, 38; **87a** 1, 5; **87c** 3
- Auftragsrecht **86** 6
- Aufwendung **84** 47, 50; **86** 2, 6, 14; **86a** 14; **87** 1, 9; **87b** 11; **88a** 5; **89b** 19, 29, 35, 41; **90a** 20
- Aufwendungsbegriff **87d** 3
- Aufwendungsersatzanspruch **87d**
  - Abdingbarkeit **87d** 2, 6
- Ausgleichsanspruch s dort
- Auskunft **54** 5; **86** 6, 32, 40; **86a** 17; **87c** 1, 11, 23–24; **89a** 40; **89b** 82
  - zur Vorbereitung des Schadensersatzanspruchs **89a** 34
- Auskunftsvertrag mit Geschäftsgegner **84** 50
- ausländischer **92c** 4 ff.
- Ausschließlichkeitsbindung **54** 11; **84** 10, 36, 38
- Bankauskunft **86** 21
- Bausparkassenvertreter s dort
- Begriff **84** 5
- Beleidigung **89a** 17; **89b** 67
- Beratungsvertrag **84** 50
- Berechnungsgrundlage **86b** 10; **87b** 1, 4, 13
- Bericht **86** 42
- Betriebseinstellung **89** 4; **90a** 16
- Betriebsstilllegung **86a** 11–12; **89b** 20, 57
- Betriebsumstellung **89a** 7, 21; **90a** 16
- betrügerische Eigengeschäfte **84** 55
- Beugestrafe **87c** 12
- Beweislast **86** 4, 47; **87** 16; **87a** 15, 30; **87b** 2; **89a** 11, 34; **89b** 22–23, 30, 44, 51; **92b** 3
- Beweissicherung **55** 4, 8–9; **91** 2
- Bewertung **89a** 27; **89b** 47
- Bezeichnungsschutz **84** 6
- Bezirkshändler **84** 16
- Bezirksrotation **89b** 10
- Bezirksschutz **84** 19; **86** 12; **86a** 10, 17, 23, 47, 48; **89b** 14, 27; **92** 6
- Bezirksstellenleiter **84** 32, 36; **89b** 4; **92** 6
- Bezirksverkleinerung **89a** 18, 22; **89b** 10, 58
- Bezirksvertreter **84** 32; **86** 12, 27, 49; **86a** 18; **86b** 3, 14; **87** 25, 28, 30, 35, 36, 44; **89a** 38; **89b** 14, 23, 29
- BGB-Gesellschaft **84** 9
- Bilanz **87a** 2; **90** 5
- Bilanzrückstellung **89b** 5
- Billigkeit **87** 21, 46; **87b** 3; **89b** 23–44, 93; **90a** 9

- Bonität **86** 13, 21, 41; **86b** 1
- Bonitätsprüfungspflicht **86** 21
- Bonus **87b** 8
- Briefpapier **86a** 5
- Bringschuld **86a** 6
- Buchauszug **86a** 10; **87c** 1, 13
- Bürokostenzuschuss **89** 28
- Büromaterial **86a** 5
- culpa in contrahendo **84** 50; **85** 1; **91** 2
- Darlehen **54** 14, 16; **55** 11
- Dauervertrag **87a** 7; **87b** 1, 13, 16–19, 23
- Delkrederehaftung s dort
- Delkrederprovision s dort
- Depotabrede **84** 10
- deutsches Recht **86b** 12; **92c**
- Diebstahl **89a** 20
- Dienstvertragsrecht **86** 4 f.
- Direktvertrieb des Unternehmers **86a** 17
- Diskriminierung **86** 37
- Dritte, einbezogene **89a** 17–18
- Drohung **89a** 17
- Duldungsvollmacht **54** 3, 4, 17
- durchlaufende Posten **89b** 25, 29, 51
- eidesstattliche Versicherung **87c** 20 f., 28
- Eigenhändler **84** 10, 14, 23, 32; **86** 38; **89a** 20; **89b** 25
- Einfirmenvertreter **84** 1, 35, 36, 47; **86** 5, 12; **89a** 30; **92a**
- Eingliederung **84** 1, 13; **86** 18, 38
- Einrede **86b** 8; **89b** 51
- Einstandsvereinbarung **89b** 68
- Empfangsvertreter **55** 4, 9; **91** 2
- entgangener Gewinn **86a** 11; **87** 8 f.; **89a** 40
- Erbengemeinschaft **84** 9
- Erfüllungsgehilfe **84** 31; **87a** 17, 42
- Erfüllungsort **84** 45; **86** 46
- Ersatzherausgabe **87a** 11
- Erwerbsfähigkeit **89b** 43
- Fixum **84** 36; **87** 5; **89b** 47
- Fracht **87b** 10; **92c** 13
- Franchisenehmer **84** 18 f.
- Franchising **84** 10–11; **86a** 15; **90a** 5
- Freistellung **86** 38; **89** 10, 16, 25; **89b** 70
- Freistellungsvergütung **89** 29
- Führungszeugnis **84** 55
- Funktion **84** 1
- Gebietsschutz **84** 13
- Gebietsverkleinerung **89** 18; **89a** 18, 31; **89b** 58–59
- Geheimhaltung **86** 2, 32, 42, 45; **86a** 9, 12; **87b** 7
- Gelegenheitsagent **84** 44
- Gelegenheitsvermittlung **84** 44; **92** 1
- Gerichtskostenübernahme **87a** 33
- Gesamtvergütungsabrede **86a** 20
- Geschäfts- und Betriebsgeheimnis **86** 20, 22; **90**
- Geschäftsbesorgung **84** 5; **86** 1, 6
- Geschäftseinstellung **89a** 20, 24–25; **89b** 59

Sachverzeichnis

- Geschäftsgrundlage **87a** 28; **89** 2
- Geschäftssitz **87** 26, 35; **87b** 2; **87c** 15; **92c** 2, 3
- Geschäftsunfähige **84** 7
- Geschäftsveräußerung **89b** 18
- Geschäftsverbindung **87** 31; **87a** 26; **89b** 11–13, 15, 22
- Geschäftsverpachtung **89b** 18
- Geschichte **84** 2–4
- Gesundheitsschutz **86** 4
- Gewerbesteuer **84** 36
- gewerbliche Niederlassung **86** 46; **86a** 6
- gewerbliche Tätigkeit
  - Beschränkung **90a** 4–6, 12
  - selbstständige **84** 1, 5; **90a** 9
- Gewinnanteilsrückvergütung **87b** 5
- Gewinnbeteiligung **87** 5
- Gleichbehandlungsgrundsatz **86** 10, 30; **86a** 15
- Goodwill **89b** 1, 4, 35
- Grundstück **54** 7, 12; **55** 11; **84** 26; **89** 7; **89b** 20
- Gruppenversicherung **89b** 27
- Gutachten der IHK **86** 3
- HdlAgent **84** 2, 6
- HdlBrauch **86** 3; **87** 15, 48; **87b** 9; **89b** 96; **92** 5
- HdlGehilfe **84** 2, 39–40; **86** 19
- HdlGewerbe **54** 1, 6, 9–10; **55** 1
- ggü HdlMakler **84** 20
- HdlVollmacht **55** 1; **84** 25; **91** 1
- Herausgabepflicht **86** 6, 17, 23; **86b** 7; **87a** 11; **89** 26
- Hinterbliebenenversorgung **84** 34
- höhere Gewalt **89a** 21, 25
- Hungerprovision **86** 9; **92a** 1
- Industrie **84** 8; **86** 34, 38
- Industriepropagandist **84** 23; **89b** 4
- Informationspflichten **86** 40–42
  - des Unternehmers **86a** 1, 2, 7, 9
- Inkassopauschale **90a** 28
- Inkassoprovision **87** 1, 3, 47
  - AGB **87** 48
  - Ausgleichsanspruch **89b** 28, 50
  - Einbehalt vom Inkasso **87** 50
- Inkassovollmacht **86** 17, 51
- Insolvenz **84** 48
  - des Unternehmers **87** 51; **89** 4; **89b** 85; **90a** 18
- Insolvenzverwalter **54** 6; **87c** 7; **89b** 79
- Interessenkollision **89b** 58
- Interessenwahrung **84** 41, 42; **86** 15–16, 22; **86a** 1; **90** 1, 3, 4
  - abweichende Vereinbarung **86** 50
  - Verstoß **86** 49
- internationaler Verkehr **84** 56; **87d** 4; **92c**
- Investitionen **86a** 15; **89** 7, 16
- Irrtum **89b** 84
- juristische Person **84** 7, 40
- Kapitalanlage **84** 26
- Kapitaleinsatz **84** 16, 19, 36
- Kapitalflussrechnung **90** 5

- Karenzentschädigung **89b** 3; **90a** 2, 9, 18 ff., 23 ff., 31 f.; **92c** 10
- Kartellrecht **84** 17; **86** 10, 26, 34, 37; **86a** 17; **90a** 7
- Kettenverträge **89** 20; **89b** 54
- Klage **55** 6; **87a** 15–16, 22, 26, 28–29, 33; **87c** 11, 21, 24, 28; **89a** 17; **89b** 77, 8182; **90a** 22; **92c** 7
- Klageverzichtsklauseln **92** 10
- Kleingewerbe **84** 9
- Kollektion **89a** 18
- Kollisionsvorschrift **92c** 1–2
- Kommission s dort
- ggü Kommissionär, Kommissionsagent, Franchisenehmer **84** 18 f.
- Konkurrenzunternehmen **86** 29–30; **86a** 11; **89a** 19
- Konkurrenzverbot **84** 13
- Konkurrenzvertretung **86** 24, 26, 28, 30, 32, 41; **86a** 17; **89a** 7, 19
- Konsignationslagerabrede **87** 3
- Konzern **87** 14; **89b** 1, 18, 20; **92a** 5
- Konzertkartenverkauf **84** 21, 26
- Kopien **86** 17
- Kosten **84** 8, 36, 50; **86b** 4; **87** 32; **87a** 15, 33; **87b** 10–12; **87c** 12, 15, 17, 23, 27; **89a** 40; **89b** 19, 29, 41, 70; **90a** 20
- Kostenerstattungspauschale **89b** 51
- Krankenversicherung **89b** 86, 91
- Krankheit **86** 41; **89b** 55, 60, 62, 96; **90a** 16
- Kredit **54** 11, 14, 16; **55** 13; **86b** 1, 2, 12, 14; **87a** 28; **89** 10
- Kreditrisiko **86** 35
- Kundenbetreuung **84** 23; **86** 15, 20
- Kundendaten, Verwendung nach Ausscheiden **90** 8
- Kundenkreisschutz **86** 12; **86a** 10, 17; **87** 23–24, 30, 47–48; **89b** 14, 27; **92** 6
- Kundenliste **86** 17, 28; **86a** 2, 5–6; **89b** 22; **90** 2–3, 5, 7
- Kundenstamm **59** 18; **84** 14–15, 19; **89b** 2, 18, 20, 38, 40
- Kündigung (HdlVertreter) s dort
- Lager **54** 1; **55** 9; **86** 13, 35, 51; **87** 3; **87d** 4; **89b** 25, 29, 50–51
- Lebensversicherung **87a** 29
- Lizenz **87b** 13
- Lohnsteuer **84** 36
- Mahnung **55** 6, 7, 12; **87a** 27, 34
- Marktanalysen **86** 13; **87d** 4, 5
- Marktmacht **84** 1
- Marktpflege **86** 13; **87** 3; **87d** 4
- Masseschuld **84** 48
- Massengeschäft **86b** 2
- Mehrfirmenvertreter **84** 30, 36; **89b** 40; **92a** 1, 5; **92b** 2
  - Interessenwahrung **86** 24
  - Pfändungsschutz **87** 50
- Mehrjahresvereinbarung **87** 41
- Messe **84** 42; **87** 21; **89b** 14
- Mietvertragsvermittlung **84** 26; **87b** 13; **89b** 51

2639

Sachverzeichnis

- Minderjähriger **84** 7; **90a** 9, 13
- Mindestarbeitsbedingungen **84** 9, 34; **86** 2; **92** 3; **92a** 2, 4
- Mindestprovision **84** 36; **92a** 4
- Missbrauch **86** 37, 39
- Mitteilungen **84** 15; **86** 2, 16, 21, 41, 43; **86a** 1, 9, 10, 12, 14, 16; **87** 9, 25; **87c** 5, 12, 23, 29; **89a** 14, 18; **89b** 20, 67; **90** 4, 7
- Mitursächlichkeit **84** 15, 22; **87** 11–12, 21; **89b** 14
- Mitverschulden **86** 47; **87c** 27; **89a** 33, 34
- Muster **86** 12–13; **86a** 5–6; **87c** 29; **88a** 3–4
- Musterkauf **87** 41
- Nachrichten **86** 6, 17, 21–22, 28, 40–41, 50; **86a** 1, 7–8, 10; **91a** 1, 5–6
- Nachschieben von Gründen **89a** 13, 15, 32; **89b** 56, 60, 64
- Nachteil **86** 24, 42; **86a** 16; **87** 9, 48; **87a** 34; **89b** 45–47; **90a** 3, 19–20, 27–28
- nachteilige Wettbewerbsabrede **90a** 31–33
- natürliche Person **84** 7
- Nebenberuf **84** 1, 9; **86** 2; **87a** 9; **89** 10; **89a** 1; **89b** 4, 7, 10, 79; **92b**
- Nebenvorteile **86** 23; **87b** 7
- negatives Interesse **86b** 1; **87** 9
- Niederlande **84** 2
- Niederlassung **92c** 2, 8–9
- Niederschrift **85** 10
- Organisationsrisiko des Unternehmers **91a** 8
- Österreich **84** 2; **89b** 1; **90a** 2
- Parallelvertrieb des Unternehmers **86a** 17
- Patent **87a** 28
- Pension **89b** 61; **92b** 2
- Pensionszusage **87a** 34
- Pfändungsschutz
  - Aufwendungsersatzanspruch **87d** 2
  - Ausgleichsanspruch **89b** 85
  - Provisionsanspruch **87** 50
- Pflichtverletzung **55** 7; **86a** 4; **86b** 2; **87** 9; **89** 16; **89a** 17, 40
- Prämie **87** 5; **87a** 27, 29, 33; **89a** 20; **89b** 17, 20; **92** 5, 7–8
- Preise **55** 9; **84** 10, 54; **85** 2; **86** 15, 35, 36; **86a** 5, 13, 16–17; **87c** 15, 23; **89b** 18, 76; **90** 5
- Preisliste **86a** 5
- Probezeit **89** 19, 28
- Produktentwicklung **86a** 9
- Produktionseinschränkung **89b** 10, 57–58
- Produktionseinstellung **86a** 11; **89b** 20
- Produktpflege **86** 13; **87d** 4
- Prokura s dort
- Provision **87**–**87c**; s auch dort
- Provisionsinteresse **86b** 2
- provisionspflichtige Geschäfte **87**
- Qualität **86a** 13; **91a** 6
- Rabatt **87b** 8; **89** 16
- Rahmenvertrag **84** 13; **87** 7, 38, 41; **92** 4

- Recht an Gewerbetrieb **90** 8
- Rechtsangleichung **84** 3
- Rechtsschein **54** 3, 4; **55** 3, 10; **91a** 7, 9
- Rechtsschutzinteresse **87c** 21, 26
- Reisebüro **84** 26; **86** 38; **86b** 14; **89b** 16
- Reisende **84** 1, 6, 23
- Reisevermittlungsvertrag **84** 50
- Reputationsschaden **87a** 23
- revisibles Recht **89a** 12; **89b** 84
- Risiko **86** 9, 35; **86a** 15; **86b** 11, 14; **87a** 28, 33; **87d** 3; **89b** 88; **90a** 9
- Rohstoffmangel **86a** 11
- Rücksichtnahmepflicht des Unternehmers **86a** 1–3, 15
- Rücktritt
  - bei Nichtausführung der Geschäfte **87a** 22
  - des Unternehmens **86** 47
  - bei Wettbewerbsverstoß **90a** 22
- Rückzahlungsklauseln **89** 28
- Rüge **55** 4, 6, 8, 11; **87** 4; **87c** 29
- Sachversicherung **87a** 29
- Sanierung **86a** 12; **89b** 20
- Schadensersatz **85** 3, 10; **86** 21–23, 32, 47, 49; **86a** 4, 11, 14; **86b** 7; **87** 5, 7–10, 24, 32; **87a** 11, 23, 28; **87c** 16, 27; **88a** 5; **89** 16; **89a** 30; **89b** 72; **90** 8–9; **90a** 18, 21, 25
  - bei berechtigter Kündigung **89a** 34
  - bei unberechtigter Kündigung **89a** 38, 40
- Schadensminderungspflicht **89a** 34
- Schadensversicherung **89b** 91, 96
- Schätzunterlagen **89b** 22
- Schifffahrtsvertreter s dort
- Schiffsagentur **84** 26
- Schmiergeld **86** 17, 23, 41; **87b** 7; **87d** 4; **89b** 38
- Schuldanerkenntnis **54** 11; **87c** 3, 4, 11, 29
- Schuldbeitritt **86b** 6, 8; **89b** 73
- Schuldübernahme **89b** 68, 75
- Schweigen **54** 14; **85** 2–3; **86** 4, 30; **87** 21, 25, 35, 41, 48; **87b** 18; **87c** 4; **89** 6, 9, 17, 24; **89a** 29; **90** 1, 3, 5
- Schweiz **84** 2; **89b** 1; **90a** 2
- Selbstmord **89b** 9, 34, 54
- selbstständiger Gewerbetreibender **84** 1, 5; **90a** 9
- Selbstständigkeit **84** 35, 39; **86** 1, 5, 16, 19, 29, 34; **86a** 15; **87** 14, 27, 50; **89** 5–6, 10; **89a** 1, 30; **90a** 5, 12; **92a** 1
- Sogwirkung **84** 15; **89b** 14, 35
- Sorgfaltspflicht **86** 2, 13, 44–46
  - Änderung des Maßstabs **86** 51
  - des Unternehmers **86** 44; **86a** 1
  - Verletzung **86** 47
- Sortiment **87** 18; **89a** 17; **89b** 58
- Sortimentsliste **87** 27
- Sortimentsverkleinerung **89b** 10
- Sozialversicherung **84** 36
- Spediteur **84** 18
- Spesen **84** 36; **87** 50; **87d**; **89b** 51

Sachverzeichnis

- Stammkunde **84** 15; **86a** 17; **89a** 23; **89b** 12, 86–87
- ständige Betrauung s dort
- Stichproben **89b** 22
- stille Ges **84** 9
- Strafbarkeit **84** 51; **86** 23; **90** 9
- Streik **87a** 28
- Stufenklage **87c** 11, 24, 28
- Stundung **89b** 76
- Sukzessivlieferungsvertrag **87** 7, 38, 41–42
- Tankstelle **84** 21, 26, 37; **86** 36; **86a** 5, 15, 16; **86b** 14; **89** 7, 16; **89b** 12–22, 25, 37, 70
- Tankstellenpächter **89b** 4; **92b** 2
- Tätigkeit für anderen Unternehmer **84** 27–30
- Tätigkeitseinstellung **87** 31; **89a** 38, 40; **89b** 70, 74
- Tätigkeitspflicht **84** 41
- Täuschung **84** 54
- Teilbezirk **87c** 20; **89** 18
- Teilungsabrede **87** 21, 35
- Tod **85** 6; **86** 6; **89** 3; **89b** 5, 9, 34, 42, 53, 54
  - des Unternehmers **89a** 24
- Topfabrede **87** 2
- Treu und Glauben **86** 36; **87** 33; **87c** 19; **89a** 8, 27; **89b** 57; **90** 7; **90a** 7
- Treuepflicht **86** 25; **86a** 1, 16; **86b** 8; **90** 1
- Treuwidrigkeit **89b** 18, 79
- Überhangprovision **87** 2; **89b** 17, 50
- Überlassenspflicht des Unternehmers **86a** 5–6
- Umdeutung **89a** 4, 5, 32, 36
- Umgehung **87** 14; **87a** 34; **89** 11, 20; **89a** 27
  - des Wettbewerbsverbots **86** 29
- Umsatzbeteiligung **87** 5; **87a** 3; **87c** 2
- Umsatzförderung **87b** 11; **89b** 35
- Umsatzgarantie **86** 13–14, 51
- Umsatzrückgang **86** 42; **89a** 17; **89b** 15, 19
- Umsatzsteigerung **89b** 13, 15, 22
- Umsatzsteuer **84** 36; **87b** 12, 18; **89b** 29, 51
- unechter **86** 38
- Unmöglichkeit **87a** 14, 22, 25; **89a** 16, 20, 24
- unselbstständiger **84** 39
- Unterlagenzufügungstellung **86a** 5–6
- Unterlassungsanspruch **86** 47; **87a** 28; **90** 8
- unternehmerische Freiheit **84** 1, 35–37, 40; **86** 35; **86a** 1, 9, 12–13; **87** 27; **90** 7
- Unternehmerpflichten **86a**
- Unterschrift **85** 6, 9
- Untervertreter s dort
- Urkunde **85**; **87c** 25, 27; **90a** 14–15
- Urlaub **84** 34, 36; **92a** 4
- Ursächlichkeit **87** 16; **87a** 26; **89a** 34; **89b** 14, 56, 60, 66

- UWG **84** 6
- Vergleich **54** 11, 15; **86** 13; **89b** 74; **90a** 19, 29
- Vergleichsverfahren **89** 4; **89a** 20, 24
- Verjährung **85** 7; **86** 2; **87** 52–53; **87c** 1, 19, 26; **88** (aF); **89b** 51, 71, 77, 82; **92** 5
- Verkehrsauffassung **54** 2, 4; **87** 18
- Verkehrsschutz **91** 2; **91a** 1
- Verlagerung im Konzern **89b** 18
- Verlängerungsoption **87b** 14; **89** 19; **89b** 54
- Vermittlung **84** 5, 22, 26; **86** 12–13; **86b** 2–4, 9; **87** 1, 7–22, 41
- Vermittlungsprovision **86b** 10
- Vermittlungsvertreter **55** 4; **84** 22; **86a** 10; **91** 2; **91a** 1
- Verrechnungsabrede **87** 50, **89b** 70
- Verschulden bei Vertragsverhandlungen **84** 50; **85** 1; **91** 2
- Verschwiegenheit **86** 22, 32; **87c** 27; **90** 1, 2, 4, 8; **90a** 6
- Versicherungsagent **55** 5; **92** 1
- Versicherungsschutz **84** 8
- Versicherungsvertrag **84** 26; **87a** 27; **87b** 13; **89b** 86–93, **90a** 17; **92** 1, 4–5, 10
- Versicherungsvertreter **55** 5; **59** 30; **84** 6, 8; **86** 2; **87** 20, 29; **87a** 4, 7, 33; **87b** 1, 2; **89a** 19; **91** 2; **92**
  - Ausgleichsanspruch **89b** 4, 26, 82, 86–96
- Vertragsfreiheit **90a** 9; **92c** 13
- ggü Vertragshändler **84** 10–17
- Vertragsstrafe **86** 7, 32, 47; **89a** 26; **90a** 9, 22, 30
- Vertrags(un)treue **87a** 21; **89a** 35, 39; **89b** 36
- Vertrauensbruch **85** 10; **86** 26; **89a** 17, 20, 28
- Vertrauenstatbestand **91a** 1, 2, 8
- Vertrauensverhältnis **84** 41; **86** 10, 23
- vertrauliche Mitteilung **90** 4, 6
- Vertretungsmachtsmangel **91a**
- Vertriebsumstellung **86a** 11, 13; **87** 46; **89b** 20, 26
- Verwahrungspflicht **86** 17
- Verweigerung **85** 10; **87c** 25; **89a** 17–18, 20; **89b** 67
- Verwirkung **86** 32, 49; **87a** 3; **87c** 19; **89a** 29–32; **89b** 56, 80
- Verzicht **54** 11, 21; **87a** 3, 19, 33; **87c** 29; **88a** 2; **89a** 19, 29; **89b** 70, 91; **90a** 3, 18, 19, 23, 29; **92** 10
- Verzug **84** 47; **86** 4; **86a** 13; **87a** 32–34; **87c** 9, **89a** 37, **89b** 48
- Vollmacht **54**; **55**; **84** 24–25, 28, 31, 52, 56; **86** 2, 17; **86b** 14; **87** 47; **89a** 5; **91**; **92** 3
- Vollstreckung **87c** 12, 22, 24, 28; **88a** 1; **89b** 65
- Vorschuss **84** 47; **86** 6; **87a** 9, 19, 35; **89b** 70; **92b** 9

2641

Sachverzeichnis

- Vorstrafe **89a** 17
- Vorteile des Unternehmers **87** 41; **89b** 2, 9, 11–22, 32, 39, 45, 47, 83–84, 87–90; **90a** 19, 27
- Vorteilsausgleichung **89a** 34, 38, 40
- Wechsel **54** 13; **55** 11; **87a** 11
- Weisungen **55** 14; **84** 22, 36, 38, 42; **86** 6, 12, 15–16, 24, 35; **87** 23, 25, **87d** 3, **89** 17; **89a** 17; **89b** 14; **92** 6; **92a** 3
  - Nichtbeachtung **91a** 3
- Werbung **84** 23, 26, 44; **86** 13, 15, 36, 51; **87d** 4; **89b** 13–14, 19; 22, 35, 38
- Wettbewerbsabrede **86** 2, 26; **89a** 19, 33; **90** 4, 7; **90a**, **92a** 3
- Wettbewerbsbeschränkungen
  - durch AGB **86** 33
  - handelsrechtliche **86** 26–32
  - kartellrechtliche **86** 34–39
- Wettbewerbsrichtlinien der Versicherungswirtschaft von 1977 **89b** 96
- Wettbewerbsverbot **85** 4; **86** 22; **89b** 3, 40; **90a**
  - des Unternehmers **86a** 17
- Willkür **86a** 14, 16; **89b** 20
- wirtschaftliche Abhängigkeit **84** 1, 7, 16
- Wirtschaftsprüfer **54** 1; **86** 32; **87c** 27
- Wohnsitz **86b** 12; **92c** 2
- Zeitschriftenabonnement **84** 26, 42; **87a** 15; **87b** 13; **89b** 21
- Zeugnis **73**/109 GewO 3; **86** 5; **89** 26; **92a** 4
- Zins **86** 6; **87a** 19; **89b** 48
- Zivilagent **84** 29
- Zoll **87b** 10
- Zufall **87** 26; **87d** 3; **90** 6
- Zugewinnausgleich **89b** 5
- Zuliefervertrag Einl vor **373** 30
- Zumutbarkeit **87a** 15–16, 25 ff.; **89a** 6 ff., 16, 19, 28, 39; **89b** 55, 61
- Zurechnung **84** 53–55
- Zurückbehaltungsrecht **86** 2, 48; **87a** 15; **87c** 6, 29; **88a**; **89** 26; **89a** 34
- Zurückweisung **87** 26; **87a** 5, 10
- Zuweisung s dort
- **Handelsvertretergesellschaft 84** 8 f.; **89a** 17; **89b** 54
- **Handelsvertreter-Richtlinie**
  - Anwendung **92** 3
- **Handelsvertretervertrag**
  - abdingbares Recht **86** 51; **92c**
  - Abgrenzung **84** 5, 10–20
  - Abschluss **85** 1
  - abweichende Vereinbarungen **86** 7–11, 50–51
  - AGB **86** 8–11, 33
  - Änderungskündigung **89** 17
  - Anfechtung **86** 1; **89** 5; **89b** 8
  - anwendbares Recht **84** 4–6
  - Auslegung **85** 1
  - Bedingung **87** 7
  - Beendigung **89** 1–9
  - culpa in contrahendo **85** 1

- Dauerschuldverhältnis **84** 43; **86b** 11; **87** 38; **89a** 3
- Form **85**
- Gerichtsbarkeit **84** 45
- Gerichtsstand **86** 46; **92c** 3, 7, 12
- Geschäftsbesorgungsvertrag **84** 5; **86** 1
- Haftung des Unternehmers **84** 55
- Insolvenz
  - des HdlVertreters **84** 48
  - des Unternehmers **87** 51; **89** 4; **89b** 85; **90a** 18
- Kündigung **89** 6 ff.
- Mischvertrag **84** 21
- Übergangsrecht **(1)** EGHGB 29
- Unterzeichnung **85** 6; **90a** 14
- Urkunde **85**
- Zeitvertrag **89** 10, 19–21

Handelszweig
- des ArbG **60** 3

Handlungsagent 84 2, 6

Handlungsgehilfe (HdlGehilfe) 59–75h; **84** 2, 39, 56; **86** 19; **89b** 5; **90a** 8 f.
- s auch Arbeitnehmer, Handlungsvollmacht
- Abhängigkeit **59** 25–26
- Ablauf **59** 115
- Abmahnung **59** 49, 127, 130
- Altersdiskriminierung **59** 2, 10
- Altersteilzeitkonten **59** 103
- Altersversorgung **59** 12, 87–89
- Anfechtung **59** 117–120
- Angestellter **59** 25
- Annahmeverzug **59** 72–73
- Anstand **62** 1
- Arbeitgeber **59** 27
- Arbeitnehmer **59** 23–31b
- Arbeitnehmererfindungen **59** 12, 54
- Arbeitsförderung **59** 90
- Arbeitsgericht **59** 12, 151
- Arbeitskampf s Aussperrung, Streik
- Arbeitskampfrisiko **59** 74
- Arbeitslosenversicherung **59** 12
- Arbeitspflicht **59** 44–47
- Arbeitsplatzschutzgesetz **59** 12
- Arbeitsplatzverlust **59** 109
- Arbeitsrechtsquellen **59** 1–12
- Arbeitsunfähigkeit **59** 48
- Arbeitsverhältnis **59** 32–43, 111–167
  - befristetes **59** 111–115
  - faktisches **59** 38
- Arbeitsvertrag **59** 32–43, 44–55, 111
  - Änderung **59** 37, 38
  - Änderungskündigung **59** 121
  - fehlerhafter **59** 38
- Arbeitszeit **59** 12, 45; **62** I
- Aufhebungsvertrag **59** 166
- Aufrechnung **59** 82
- Aufwendungen **59** 102
- ausgeschiedene Gfter **59** 22
- Ausgleichsanspruch **89b** 4
- Ausgleichsquittung **59** 80
- Aushilfsarbeitsverhältnis **59** 10

Sachverzeichnis

- Auskunft **59** 53, 98, 144; **74c** 6
- Ausland **59** 168–170
- Auslegung **59** 30–31b
- Ausschlussfristen **59** 78
- Ausschlussklauseln **59** 79
- Aussperrung **59** 164
- Beförderung **59** 96
- Begriff **59** 25–29
- Beispiele **59** 30–31b
- Beratung **59** 53
- BerufsbildungsG **59** 12
- Beschäftigungspflicht **59** 96
- betriebliche Übung **59** 7
- Betriebsbuße **59** 49
- Betriebsgeheimnis **59** 50
- Betriebsrat **59** 42, 122, 160
- Betriebsrente **59** 87–89
- Betriebsrisiko **59** 74, 105–110
- Betriebsübergang **59** 17–21
- Betriebsvereinbarungen **59** 5, 41
- Betriebsverfassung **59** 12
- Bildungsurlaub **59** 100
- Darlehen **59** 70
- Datenschutz **59** 97
- Dienstverhinderung **63** (aF) 1
- Differenzierungsklauseln **59** 40
- Direktionsrecht **59** 9, 44
- eingebrachte Sachen **59** 101
- Entgeltumwandlung **59** 89
- Erfindung **59** 12, 54
- Erfolgsbeteiligung **59** 59; **65**
- Erholungsurlaub **59** 100
- Feiertag **59** 12, 45, 58
- flexible Arbeitszeit **59** 45
- Fortbildungskosten **59** 70
- Fragen bei Einstellung **59** 34
- freier Beruf **59** 26
- Freistellungsanspruch **59** 102, 105–110
- Freizeit zur Stellungssuche **59** 104
- Fürsorge **59** 90; **62**
  - gefahrgeneigte Arbeit **59** 105–110
- Gehalt **59** 25–29, 56–89; **64**; **65**
- Gehaltsfortzahlung **59** 12
- Gesamtzusage **59** 7
- Gesundheit **59** 93, 147–148; **62**
- Gewerkschaft DHV **59** 31b
- Gewinnbeteiligung **59** 60; **64** 1
- Gewinnherausgabe **61** 3
- Gleichbehandlung **59** 10, 57, 63, 91
- graphologische Gutachten **59** 34
- Gratifikation **59** 61–68
- Haftung **Einl** vor **48** 10; **59** 44–55, 107–110
- HdlReisender **59** 31a
- des HdlVertreters **86** 19
- Herausgabe **59** 49
- Hinterbliebenenversorgung **59** 87–89
- Insolvenz **59** 84, 126
- Insolvenzforderungen **59** 65, 80, 86; **75** 4
- internationales Arbeitsrecht **59** 168–170
- Job sharing **59** 44
- Jugendarbeitsschutz **59** 12

- juristische Person **59** 25
- KAPOVAZ **59** 44
- Kettenarbeitsverhältnis **59** 3, 111
- kfm Dienste **59** 23, 44
- Konzern **59** 14
- Krankheit **59** 75, 147, 148; **62** 6
- Kritik **59** 50
- Kündigung **59** 12, 44–55, 121–163; **75**, s auch dort
- Kurzarbeit **59** 45, 58
- Ladenschlussgesetz **59** 12
- Leiharbeitsverhältnis **59** 16, 57
- Lohn **59** 29, 56–89; **64**; **65**
- Lohnabtretung **59** 81–82
- LohnfortzahlungsG **59** 12
- Lohnsteuer **59** 103
- mangelhafte Arbeit **59** 47
- Mankohaftung **59** 110
- Mehrarbeit **59** 45, 58
- Minderjährige **59** 25, 37; **74a** 5
- Mitarbeiterbeteiligungen **59** 70
- Mitnahmemöglichkeit **59** 89
- Mutterschutz **59** 12, 100, 161
- Nachricht **59** 53
- Nebenpflichten **59** 48–55
- Nebentätigkeit **59** 52, 143
- Nichtigkeit **59** 38, 117–120
- parteipolitische Tätigkeit **59** 50, 141
- partiarisches Dienstverhältnis **230** 4
- Personal des Kaufmanns **59** 23–25
- Personalakten **59** 95
- Persönlichkeitsschutz **59** 94–99
- Pfändung **59** 83
- Prämien **59** 58
- Probearbeitsverhältnis **59** 125
- Provision **59** 59, 65
- Rechenschaft **59** 53
- Reisende **59** 31a
- Religion **62** II
- Ruhegeld **59** 12, 83
- Sachleistungen **59** 69
- Schadensersatz **59** 46–47, 48–55, 105–110, 121; **62** 5
- schadensgeneigte Arbeit **59** 105–110
- Schmiergeld **59** 11, 51, 142
- Schwangerschaft **59** 118
- Schweigepflicht **59** 11, 50, 97, 141
- Schwerbehinderte **59** 10, 12, 96, 162, 166
- Sitte **62** 1
- Sonn-(Feier-)Tag **59** 12, 45
- Sozialleistungen **59** 100, 103
- Sozialversicherung **59** 12, 100, 103
- Sperrabrede unter Arbeitgebern **75f**
- Spesen **59** 70, 144
- Stellensuche **59** 104
- Streik **59** 46, 136
- Tantieme **59** 60; **64** 1
- Tarifvertrag **59** 5, 12, 39, 40, 44–56
- Teilzeitarbeit **59** 44
- Teuerungsanpassung **59** 89
- Tod **59** 165
- Treuepflicht **59** 48–55, 90, 140

2643

Sachverzeichnis

- Überstunden **59** 45, 58; **62** 3
- Umzugskosten **59** 70
- Unfall **59** 105–106; **62** 6
- Unmöglichkeit **59** 71
- Urlaub **59** 12, 100
- Verbraucherschutzrecht **59** 10
- Vergütung s Arbeitsentgelt, Gehalt
- Verjährung **59** 85
- Vermittlungsgehilfe **75g**; **75h**
- Vermögensbildungsgesetz **59** 12
- vermögenswirksame Leistung **59** 70
- Verschwiegenheit **59** 11, 50
- Versetzung **59** 44, 58, 96
- Vertragsabschluss **59** 32–43, 44–55
- Vertragsanbahnung **59** 32–36
- Vertragsstrafe **59** 46; **61** 1; **75c**
- Vertretungsmacht **75g**; **75h**
- Verwirkung **59** 86
- Verzicht **59** 77
- Vorstellungskosten **59** 36
- Vorstrafe **59** 34, 118
- Vorverhandlungen **59** 32–36
- Wehrdienst **59** 163
- Weisung **59** 9, 25, 44
- Weiterbeschäftigung **59** 157
- Wettbewerbsabrede **90a** 8
- Wettbewerbsverbot **59** 52, 143; **60**; **74–75d**
  - Schadensersatz **61** 2
  - Verletzung **61**
  - Wohnung **62** 4
- Zeugnis **59** 104; **73/109** GewO
- Zulagen **59** 58
- Zurückbehaltungsrecht **59** 56

Handlungsgehilfenverband 59 31b
Handlungslehrling 59 23; **76–82** (aF)
Handlungsreisende 59 31a
Handlungsvollmacht (HdlVollmacht) 54; 84 25
- Abschlussvollmacht s dort
- AGB **54** 19; **55** 12
- Alleinvertretung **54** 2
- Arten **54** 1–5
- Außendienst **55** 2; **75g**; **75h**
- Begriff **54** 1
- Beschränkung **54** 10–20; **55** 11–13
- Eintragungsunfähigkeit **8** 5
- Erlöschen **54** 21
- Ermächtigung **54** 12–17
- Erteilung **54** 2, 6, 8
- Form **54** 8
- Gerichtsstand **54** 15
- GesamtHdlVollmacht **54** 2
- HdlVertreter **55** 1; **84** 25; **91** 1
- Ladenvollmacht **56**
- Makler **54** 1
- Missbrauch **50** 4–7; **54** 20
- Rechtsschein **54** 3–5; **55** 10; **56** 3
- Reisende **55**
- Schadensersatz **54** 19–20
- Tod des Bevollmächtigten **54** 21
- Übertragung **58** 1
- Umfang **54** 10–20; **55** 6–15
- Unterschrift **57**
- Untervollmacht **58** 2
- Vergleich **54** 11, 15
- Vermittlungsgehilfe **75g**; **75h**
- Versicherung **55** 5
- Voraussetzungen **54** 6–8
- Warenlager **56**
- Zeichnung **57**

Handwerk 1 1, 23, 26
Handwerkskammer Einl vor 1 22
- HdlRegister **8** 3; **(4)** HRV **23**

Härteklausel (hardship clause) Einl vor 343 15; **346** 40

Hauptniederlassung
- s auch Zweigniederlassung
- im Ausland **13d**; **15** 24
- doppelte **15** 25
- Sitzverlegung im Inland **13h**

Hausdrittverwahrung (13) DepotG 3 1
Haussammelverwahrung (13) DepotG 5 2
Haustürgeschäft 59 43; **(7) BankGesch G/9a**
- fehlerhafter Beitritt **Anh 177a** 58

Hedgegeschäft 347 30
hedging 254 4; **(16a) MAR 9** 3
Heilpraktiker 1 19
Hemmung der Verjährung 439 4
Herabsetzung 140 10, 29
Herausgabe 85 9; **86** 6, 12, 17, 23; **86b** 7; **87a** 11; **89** 26
- Bonusmeilen **59** 55
- Delkrederehaftung **86b** 7
- Ersatzherausgabe **87a** 11
- Firma **17** 41–42
- Geschäftsunterlagen **59** 55
- Handwerkskammer **Einl vor 1** 22
- HdlGehilfe **59** 55
- HdlGeschäft **Einl vor 1** 53–55
- HdlVertreterpflicht **86** 6, 17, 23; **89** 26
- OHG **113 I**
- der Vertragsurkunde **85** 9

Herstellergarantie 349 17
Herstellungsaufwendungen
- Passivierung **248** 3

Herstellungskosten 255 14–22
- s auch Konzernabschluss
- Begriff **255** 14–15
- Einzelkosten **255** 16
- Fertigungsgemeinkosten **255** 18
- Fertigungskosten **255** 16
- Gemeinkosten **255** 17–20
- immaterielle Güter **255** 22
- Materialkosten **255** 16
- Vertriebskosten **255** 21

Herstellungskostenuntergrenze Einl vor 238 36
High Level Group of Company Law Experts Einl vor 105 36
Hinauskündigung 140 30–31

Sachverzeichnis

Hinterbliebenenversorgung 59 87–89; **84** 34
Hinterlegung 373 I; **374** 5, 8–10; **415** 3
– Bilanz der KleinstkapitalGes **8b** 5; **328** 1
– der Rechnungslegungsunterlagen **325a** 1
Hochfrequenzhandelsgesetz 2013 (14) BörsG **Einl** vor **1** 19; **3** 6; **26d** 1 ff.
Hochfrequenzhändler
– Mindestpreisänderungsgröße **(14)** BörsG **26b**
– Order-Transaktions-Verhältnis **(14)** BörsG **26a**
Hochschuldiplom-Richtlinie (2a) WPO **Einl** 9
höhere Gewalt 89a 21, 25 f.; **346** 40
Huckepackverkehr 452 5
„**Hungerlöhne**" **59** 56
Hungerprovision 86 9; **92a** 1
Hypothek
– Abtretung **350** 3
Hypothekenbankkredit (7) BankGesch G/22–23

IAS Einl vor **238** 13
– s auch IFRS
– Anwendung, erstmalige **315a** 9
– Einzelabschluss **325** 6–8
– Gliederung **265** 1–3, 5, 7, 9; **275** 1
– Konzernabschluss **315a** 5, 6
– Realisationsprinzip **252** 18
– Rückstellungen **249** 1
– Wirkung, befreiende **325** 8
IAS-VO Einl vor **238** 11; **315a**
IBAN (7) BankGesch C/24, 43
IBAN-only-Ansatz (7) BankGesch D/1a
ICC s Internationale Handelskammer
ICSID Einl vor **1** 98
Identität 243 7
IDW Standard Einl vor **1** 35
IFRS Einl vor **238** 13; **242** 1; **246** 1
– s auch IAS
– Abschreibungen **309** 1
– Altersversorgung **253** 6
– Anwendung, erstmalige **315a** 9
– assoziierte Unternehmen **311** 1
– Ausweis, gesonderter **247** 1
– Ausweiskontinuität **265** 1
– Bewertungseinheiten **254** 1
– Bewertungsstetigkeit **252** 24
– Einzelabschluss **325** 6–8
– Equitymethode **311** 1; **312** 1
– Fremdwährungsverbindlichkeiten **256a** 2
– Gliederung **265** 1–3, 5, 7, 9; **275** 1
– immaterielle Vermögensgegenstände **255** 22
– Kapitalkonsolidierungsmethoden **301** 1
– Konzernrechnungslegung **290** 1
– latente Steuern **274** 1; **306** 1
– Leasing **246** 23
– Niederstwertprinzip **253** 18
– Quotenkonsolidierung **310** 1
– Realisationsprinzip **252** 18
– Rückstellungen **249** 1
– Rückstellungsbewertung **253** 3
– Stichtagsprinzip **252** 8
– Verbindlichkeiten **253** 2
– Verrechnungsverbot **246** 25
– Vorjahreszahlen **265** 2
– Wirkung, befreiende **325** 8
IHK s Industrie- und Handelskammer
immaterielles Vermögen
– Aktivierbarkeit **246** 4–7
– Anlagevermögen **248** 3–5
– Bewertungsgrundsätze **Einl** vor **1** 35
– Herstellungskosten **255** 22
– Vermögensgegenstände **266** 5
Immobiliar-Verbraucherdarlehensvertrag (7) BankGesch G/36
Immobilie s Grundstück
Immobilienfonds Anh 177a 86
– geschlossene **347** 23b
– Innenprovision **Anh 177a** 66d
– kreditfinanzierte **(7)** BankGesch G/9a–9d
– PublikumsGes **Anh 177a** 52–53
– Rückvergütung **Anh 177a** 66d
Immobilienleasing (7) BankGesch P/3
Imparitätsprinzip 252 11, 55
Incoterms
– American Foreign Trade Definitions **(6)** Incoterms **Einl** 8
– ECE-Bedingungen **(6)** Incoterms **Einl** 7
– FIDIC-Bedingungen **(6)** Incoterms **Einl** 6
– Handelsklauseln **(6)** Incoterms **Einl** 2–4
– Internationaler Handelskauf **(6)** Incoterms **Einl** 1, 3
– Trade Terms **(6)** Incoterms **Einl** 4
– Warschau-Oxford-Regeln **(6)** Incoterms **Einl** 5
Incoterms 2000 (6) Incoterms **Einl** 11
Incoterms® 2010
– AGB-Recht **(6)** Incoterms **Einl** 14–15
– Anwendungshinweise **(6)** Incoterms **Einl** 18
– Auslegung **(6)** Incoterms **Einl** 18
– Bedeutung **(6)** Incoterms **Einl** 10
– CIF **377** 10; **(6)** Incoterms **11**
– Definitionen **(6)** Incoterms **Einl** 32–39
– Einteilung **(6)** Incoterms **Einl** 19
– Entwicklung **(6)** Incoterms **Einl** 11–13
– Fassungen **(6)** Incoterms **Einl** 13
– FOB **346** 40; **377** 10; **(6)** Incoterms **9**
– Inhalt **(6)** Incoterms **Einl** 19–44
– Klauselgruppen **(6)** Incoterms **Einl** 20–24
– Klauselwahl **(6)** Incoterms **Einl** 40–43
– Pflichtenverteilung **(6)** Incoterms **Einl** 27–31
– Rechtsnatur **(6)** Incoterms **Einl** 14–17
– Revision 1990 **(6)** Incoterms **Einl** 11
– Text **(6)** Incoterms **Einl** 44
– Übersichtstabelle **(6)** Incoterms **Einl** 45
– VDMA/VDW-Bedingungen **(6)** Incoterms **Einl** 7

2645

Sachverzeichnis

– Verhältnis zum nationalen Recht (6) Incoterms **Einl** 17
Indexzertifikate 347 30
Indossament 364; 365; 395
– s auch Orderpapier
– Wechselindossament 395
Industrie 84 8; 86 34, 38
Industrieanlagenvertrag Einl vor 373 20–23; 381 6
Industriepropagandist 84 23; 89b 5
Industrie- und Handelskammer Einl vor 1 21
– Gutachten 86 3; 346 13
– Handelsregister 8 2a, 3, 12
– Interessenwahrnehmung **Einl** vor 1 21
– Kompetenzüberschreitung **Einl** vor 1 21
– Mitteilung (4) HRV 37
– Stellungnahme 8 3; (4) HRV 23
Informationspflichten 86 40, 42; 86a 1 f., 7, 9; 92 3
– AIFM-RL **Anh 177a** 55a
Informationsrecht
– stille Ges 233
Ingangsetzungskosten 269 (aF)
Ingenieur
– Gewerbegehilfe 59 31a
„**Ingmar**"-**Grundsätze** 92c 10–10a
Inhaber (HdlGeschäft)
– Eintragung 29 1–4
– Namensänderung 21
Inhaberladeschein 444 3; 475d 3
Inhaberlagerschein 475b 2; 475c
– s auch Lagerschein
Inhaberpapier 367
Inhabilität 319 4
Inhaltsfreiheit Einl vor 343 11–15
Inkasso 54 11, 19; 55 9, 13; 86 17, 51; 87 1, 3, 47, 50; 87c 5; 89a 20; 89b 25, 50, 58; 90a 28; (12) ERI
– Bedeutung, untergeordnete 89b 28
– Definition (12) ERI 2
– Dokumenteninkasso (12) ERI
– Einheitliche Richtlinien für Inkassi s dort
– falsche Angaben 87c 5
– Scheckinkasso (7) BankGesch E/6–7
– Wechselinkasso (7) BankGesch E/6–7
Inkassoauftrag (12) ERI 4
Inkassogeschäft (7) BankGesch M/1–5
Inkassopauschale 90a 28
Inkassoprovision 87 1, 3, 47
– AGB 87 48
– Ausgleichsanspruch 89b 28, 50
– Einbehalt vom Inkasso 87 50
– Verrechnungsabrede 87 50
Inkassoverhältnis
– Bedingungen für den Lastschriftverkehr (7) BankGesch D/13
– Kartenzahlung (7) BankGesch F/52–64
– Lastschrift (7) BankGesch D/46–55
– Überweisungsverkehr (7) BankGesch C/89–103

Inkassovollmacht
– Abschlussvollmacht 55 9
– besondere Ermächtigung 55 13
– HdlVertreter 86 17, 51
Innengesellschaft Einl vor 105 10, 38
– Stille Ges 230 2
Innenprovision
– Abgrenzung von Rückvergütung **Anh 177a** 66d
– Aufklärungspflichten **Anh 177a** 53, 66d; 347 25, 30d f.
– Kommissionär 384 2
– versteckte 347 30
Innenverhältnis
– Schuldbeitritt 249 5
Inseratkosten 59 33
Insichgeschäft
– GmbH & Co KG **Anh 177a** 7
– Tauschverwahrung (13) DepotG 11 1
Insider
– Primärinsider (16a) MAR 8 8
– Sekundärinsider (16a) MAR 8 8
Insidergeschäfte (16a) MAR 8
– Marktdelikte (16a) MAR **Vorb.** 9
– Stornierung (16a) MAR 8 2
– Verbot (16a) MAR 14
Insiderhandelsverbot (16a) MAR 8
– Alongside-Käufe (16a) MAR 9 5
– Anlegerschutz (16a) MAR **Vorb.** 9
– Anstiftungsverbot (16a) MAR 8 5
– Ausnahmen (16a) MAR 9; 9 8
– Beteiligungsaufbau (16a) MAR 9 5
– Delegierte Verordnungen (16a) MAR **Vorb.** 8
– Due-Diligence-Prüfung, Erwerbsgeschäfte nach (16a) MAR 9 5
– Durchführungsverordnungen (16a) MAR **Vorb.** 8
– Empfehlungsverbot (16a) MAR 8 6
– Erwerbsverbot (16a) MAR 8 1
– Face-to-Face-Geschäfte (16a) MAR 9 8
– Funktionsschutz (16a) MAR **Vorb.** 9
– Kundenaufträge, Ausführung (16a) MAR 9 3
– Market Maker (16a) MAR 9 3
– Marktsondierung (16a) MAR 11
– Masterplan, Ausführung (16a) MAR 9 8
– Offenlegungsverbot (16a) MAR 10; 14
– Reform (16b) WpHG 97 9–10
– Schutzgesetzcharakter (16a) MAR **Vorb.** 9
– Sicherheitenverwertung (16a) MAR 9 8
– Übernahmeangebote (16a) MAR 11 3; 17 4
– Übernahmen (16a) MAR 9 5
– Veräußerungsverbot (16a) MAR 8 1
– Verpflichtungen, Erfüllung (16a) MAR 9 4
– Warehousing (16a) MAR 9 6
Insiderinformationen (16a) MAR 7; 7 14
– Aufzeichnungspflichten (16b) WpHG 27

Sachverzeichnis

- Unverzügliche Bekanntgabe **(16a)** MAR **17** 6
- Bekanntheit, öffentliche **(16a)** MAR **7** 5
- Chinese Walls **(16a)** MAR **9** 2
- Drittbezug **(16a)** MAR **9** 7
- Eignung zur kurserheblichen Beeinflussung **(16a)** MAR **7** 7–9
- Emissionszertifikate **(16a)** MAR **7** 10
- Emittentenbezug **(16a)** MAR **7** 6
- Ereignisse, künftige **(16a)** MAR **7** 2
- Finanzinstrumentenbezug **(16a)** MAR **7** 6
- front running **(16a)** MAR **7** 12
- Gerüchte **(16a)** MAR **7** 4
- Handeln entgegen der **(16a)** MAR **9** 8
- Informationsbarrieren **(16a)** MAR **9** 2
- juristische Personen **(16a)** MAR **9** 2; **17** 2
- Kenntnis **(16a)** MAR **9** 1
- Kursdifferenzschaden **(16b)** WpHG **97** 6
- Marktdaten **(16a)** MAR **7** 6
- Nutzung **(16a)** MAR **8** 3, 7; **9** 1
- Offenlegung, unrechtmäßige **(16a)** MAR **10**; **14**
- Offenlegungspflicht **(16a)** MAR **17** 14
- präzise Informationen **(16a)** MAR **7** 1
- Schadensersatz **(16b)** WpHG **97**; **98**
- selbstgeschaffene Information **(16a)** MAR **7** 1; **9** 7
- Spector-Vermutung **(16a)** MAR **8** 3; **9** 1
- Umstände, künftige **(16a)** MAR **7** 2
- Umstände, öffentlich bekannte **(16a)** MAR **7** 13
- Vorgänge, gestreckte **(16a)** MAR **7** 3; **17** 5
- Warenderivate **(16a)** MAR **7** 10–11
- Waren-Spot-Kontrakt **(16a)** MAR **7** 10

Insiderlisten (16a) MAR **Vorb.** 7–8; **18**

Insolvenz
- der AnlageGes **Anh 177a** 82b
- Antrag **Einl** vor **1** 69
- des ArbG **59** 84, 126
- Auflösung **131** 2, 4, 10, 13; **143** 1; **145** 1, 11
- Ausscheiden **131** 22
- Bankgeheimnis **(7)** BankGesch A/9
- Bekanntmachung **8b** 4; **15** 12
- Betriebsübergang **59** 18
- Eintragung **15** 12; **32**
- europäisches Gesellschaftsrecht **Einl** vor **105** 34
- Firma **17** 47; **22** 24
- Fondsinitiator **Anh 177a** 80
- Fortsetzung **144**
- Geschäftsfortführung **1** 47
- geschäftsführender Gfter **Anh 177a** 81
- Gfter **128** 45, 47; **131** 22
- Globalzession **(7)** BankGesch H/2
- Haftung der Bank **(7)** BankGesch G/28-32
- HdlGehilfe **59** 65, 80, 88; **75** 4
- HdlVertreter **84** 48
- Jahresabschlussprüfungspflicht **316** 1
- Kaufmann **32**
- Kdtist **131** 84
- KG **171** 11
- Kommissionär **392** 6–12; **(13)** DepotG **32** 1
- Kommittent **383** 14
- Kreditsicherung **(7)** BankGesch H/1–6
- Kündigung durch Anleger **Anh 177a** 81
- Liquidation **145** 1, 11
- Nachlass **139** 12; **234** 5
- OHG **124** 46; **128** 47
- Simultaninsolvenz **131** 22
- stille Ges **234** 5; **236**
- Unternehmen **Einl** vor **1** 55
- des Unternehmers **87** 51; **89** 4; **89b** 85; **90a** 18
- Verbraucherinsolvenz **8b** 4
- Verfahren **54** 21; **84** 26, 48; **87** 51; **87a** 10, 14, 26, 28; **87c** 7; **89** 4; **89a** 20, 24; **89b** 7, 67, 85; **90a** 16, 18
- Verkehrsschutz **15** 12
- Verschleppung **(7)** BankGesch G/31–32, H/5
- WPDepot **(13)** DepotG **32–33**

Insolvenzanfechtung Einl vor **1** 55; **236** 6–7

Insolvenzbilanz Einl vor **1** 35
Insolvenzreifeprüfung 347 21
Insolvenzverwalter 1 47; **54** 6; **87** 51; **87c** 7; **89b** 79
- Anmeldung **31** 6

Inspire Art s internationales Gesellschaftsrecht

Instandhaltungsrückstellungen 249 17
instruction to proceed Einl vor **343** 4
Interbankentgelt (7) BankGesch **50**
- Abstimmung **(7)** BankGesch F/34

Interbankenverhältnis (7) BankGesch C/83–88
- Ausgleichsanspruch **(7)** BankGesch C/86–88
- rechtliche Qualifikation **(7)** BankGesch C/83
- Lastschrift **(7)** BankGesch D/41–45
- Überweisung **(7)** BankGesch C/83–88
- Zahlungssystem **(7)** BankGesch C/84

Interessenkollision 89b 58
Interessenkonflikt Anh 177a 75; **347** 30; **384** 1; **(7)** BankGesch G/47
- s auch Offene Handelsgesellschaft
- Mehrfirmenvertreter **86** 24
- schwerwiegender **347** 30

Interessenwahrung 84 11, 13, 20, 41 f.; **86** 15 f., 20 ff., 36, 49 f.; **86a** 1; **90** 1, 3 f.

Interessenzusammenführungsmethode Einl vor **238** 56

International Accounting Standards s IAS

international companies Einl vor **105** 12
International Financial Reporting Standards s IFRS

2647

Sachverzeichnis

International Standard Banking Practice (11) ERA Einl 1
International Standards of Auditing (ISA) 317 1, 11
Internationale Handelskammer
– Eilschiedsrichterverfahrensordnung **Einl** vor **1** 97
– Einheitliche Richtlinien für
 – Inkassi **(12)** ERI
 – kombiniertes Transportdokument **452** 9
 – Vertragsgarantien **(7)** BankGesch L/1–3
 – Vertragshilfe (Anpassung von Verträgen) **Einl** vor **343** 13–15
– Incoterms **(6)** Incoterms **Einl** 9
– Internationale Zentralstelle für technische Gutachten **Einl** vor **1** 97
– Mediationsklauseln **Einl** vor **1** 97
– Musterschiedsklauseln **Einl** vor **1** 97
– Schiedsgerichtshof **Einl** vor **1** 96–98
– Schiedsgerichtsordnung **Einl** vor **1** 97
– Schiedsvereinbarung **Einl** vor **1** 88
– Schlüsselwörter im internationalen Handel **Einl** vor **1** 24
– Tätigkeit **Einl** vor **1** 20–21, 97–98
internationale Handelskäufe (6) Incoterms **Einl** 1, 3
internationale Kaufverträge Einl vor **373** 45–49
internationale Konzernrechnungslegung 315a
internationale Schiedsgerichtsbarkeit Einl vor **1** 96–99
internationale Vollstreckung Einl vor **1** 87
internationale Zuständigkeit Einl vor **1** 87
internationaler Verkehr s Ausland
internationales Einheitsrecht Einl vor **373** 46–49
internationales Gesellschaftsrecht Einl vor **105** 29
internationales Handelsrecht Einl vor **1** 24–30; **59** 168–170; **Einl** vor **105** 29
Internationales Handelsvertreterrecht 92c
Internet
– Anscheinsvollmacht **Einl** vor **48** 6
– Bewertungen **Einl** vor **1** 64
intertemporales Recht Einl vor **105** 28
Interzessionsversprechen 349 22
Inventar 240
– s auch Buchführung, Handelsbücher
– Einzelbewertung **240** 5
– Festbewertung **240** 7
– Gruppenbewertung **240** 8
– Jahresinventar **240** 6
– permanente Inventur **241** 2
– Stichprobenverfahren **241** 1
– Stichtagsinventur **240** 2
 – verlagerte **241** 3–4
Inventarfrist 240 6

Inventarpflicht 240 1, 4
Inventurvereinfachungsverfahren 241
Investitionen 86a 15; **89** 7, 16; **89a** 30
Investitionsschutz Einl vor **373** 34
Investmentaktiengesellschaft Anh 177a 52, 86
Investmentfonds Anh 177a 86
Investmentgeschäft (7) BankGesch X/1
Investmentkommanditgesellschaft Anh 177a 52, 95 ff.
– Altersvorsorge, betriebliche **Anh 177a** 95
– Anlegerkreis **Anh 177a** 95, 99
– Einlagenrückgewähr **Anh 177a** 100
– Gesellschaftsrecht **Anh 177a** 52, 95 ff.
– Gesellschaftsvertrag **Anh 177a** 101
– geschlossene **Anh 177a** 98 ff.
– offene **Anh 177a** 95 ff.
Investmentvermögen Anh 177a 52, 86, 88 ff.
– Anlagebedingungen, Genehmigung **Anh 177a** 90
– Jahresabschluss **Anh 177a** 88
– kleinere **Anh 177a** 52, 86
– Prospekthaftung **Anh 177a** 90
– Registrierungspflicht **Anh 177a** 88
– Verkaufsprospekte **Anh 177a** 88
– Vermögensanlage **Anh 177a** 88
– Verwahrstellen **Anh 177a** 88
– Widerrufsrecht **Anh 177a** 90
Irrtum 54 10; **89b** 84
ISA 317 1, 11
Italien Einl vor **1** 25

Jahresabschluss
– s auch Abschlussprüfung, Bilanz, Handelsbücher, Lagebericht
– Abkoppelungsthese **264** 11
– Änderung **245** 5
– Anhang s dort
– Anlagespiegel **Einl** vor **238** 74; **268** 2
– Anlagevermögen **247** 4–7; **248** 3–5
– Ansatzvorschriften **246–251**
– Aufstellung **243**; **264** 8
– Ausweiskontinuität **265** 1
– Befreiung **264b**
– Begriff **242** 10; **264** 3
– Berichtigung **245** 4
– Bewertung **252** 1
– Bilanzeid **Einl** vor **238** 24; **264** 26
– Bilanzpolitik **264** 25
– Darstellungswahlrechte **265** 9
– Eigenkapitalspiegel **242** 10
– Einblicksgebot **264** 11
– Einreichung s Frist
– Ertragslage **Einl** vor **1** 46a; **264** 14
– Finanzlage **Einl** vor **1** 46a; **264** 13
– Frist **243** 10; **264** 9
– Generalnorm **264** 11
– Genossenschaften **336**
– Gliederung **265**; **266**
– Gliederungswahlrechte **265** 9

2648

Sachverzeichnis

– GmbH & Co **264a**
– GoB **243** 4–9
– IFRS **264** 11
– Inhalt **242** 10
– Investmentvermögen **Anh 177a** 88
– der KapitalGes **264–288**
– kapitalmarktorientierte Ges **264d**
– Kaufmann **242** 10–12
– Konzernabschluss s dort
– Kreditinstitut **340a**
– Leerposten **265** 8
– mehrere Geschäftszweige **265** 4
– mehrstöckige Gesellschaft **264a** 2
– Mitzugehörigkeitsvermerk **265** 3
– neue Posten **265** 5
– Nichtigkeit **238** 19; **245** 3; **316** 2
– NichtkapitalGes & Co **264a** 1
– Nominalwertprinzip **244** 2
– Offenlegung **Einl vor 238** 81; **242** 12; **325**; s auch dort
– OHG **264a–246c**
– PersonenGes **264b–264c**
– Pflicht zur Aufstellung **242**; **264**
– Prüfung **Einl vor 238** 80; **242** 11; **Überbl vor 316** 1; **316** 1
– Rechtsnatur der Feststellung **120** 1
– Sprache **244** 1
– Stetigkeitsgrundsatz **Einl vor 238** 52, 87
– Stichtagsprinzip **243** 11–12
– stille Reserven s Rücklagen
– TochterkapitalGes **264** 27–28
– true and fair view **264** 11; **321** 8
– Übergangsrecht **Einl vor 238** 84; **(1) EGHGB 31**; **32**; **80**; **81**
– Umlaufvermögen s dort
– Unterzeichnung **245**
  – fehlende **316** 2
– Vermögenslage **Einl vor 1** 46a; **264** 12
– Verrechnungsverbot **246** 25–28
– Vollständigkeit **246** 1
– Vorjahreszahlen **265** 2
– Währungseinheit **244** 2
– wertaufhellende Tatsachen **243** 12

Job sharing 59 44
Joint Audit 317 6
Joint Ventures 290 1
Jugendarbeitsschutz 59 12
juristische Person 84 8, 40; **Einl vor 105** 1, 12
– Eintragung **33–35**
– als Gfter **105** 28; **114** 4, **131** 10; **161** 3
– HdlGehilfe **59** 25
– HdlGes **Einl vor 105** 12
– HdlVertreter **57**, 40
– des öffentlichen Rechts **1** 27; **Einl vor 48** 7; **(1) EGHGB 38**
– Verein **6**
Juristische Person & Co Anh 177a 11

Kammer für Handelssachen (KfH) Einl vor 1 84; **84** 45
– s auch Gericht

Kammer für internationale Handelssachen (KfiH) Einl vor 1 84
Kapital s Anteil, Eigenkapital
Kapitaladäquanzrichtlinie (1) EGHGB 69
Kapitalanlage 84 26
– Transparenzprinzip **347** 30a
Kapitalanlagebetrug Anh 177a 54, 61
Kapitalanlagegesetzbuch (KAGB) Anh 177a 86 ff.; **(7)** BankGesch X/1
– Anlegerschutz **Anh 177a** 54
– Inkrafttreten **Anh 177a** 52, 86
– Neu-Emissionen **Anh 177a** 59
– Prospektpflicht **Anh 177a** 52, 59
– Übergangsrecht **Anh 177a** 87
Kapitalanleger-Musterverfahrensgesetz (KapMuG) Anh 177a 66f
Kapitalanteil 120 12–23
– Gfter ohne **120** 23
– negativer **120** 22; **139** 42
– Verminderungsverbot **122** 14
Kapitalaufrechnung
– Zeitpunkt **Einl vor 238** 54
Kapitaleinsatz 84 16, 19, 36
Kapitalflussrechnung 90 5; **264** 6; **284** 8
Kapitalgesellschaft
– Abgrenzung von PersonenGes **Einl vor 105** 13
– Aktiengesellschaft s dort
– ausländische **13e**
– GmbH s dort
– große **Einl vor 238** 69
– Größenklassen **267**
– Jahresabschluss **264–288**; s auch dort
– juristische Person **Einl vor 105** 12
– kleine Kapitalgesellschaft s dort
– Kleinstkapitalgesellschaft s dort
– Kommanditgesellschaft auf Aktien (KGaA) s dort
– Lagebericht **289**; **289a**; s auch dort
– Legaldefinition **Einl vor 238** 68
– mittelgroße Kapitalgesellschaft s dort
– in öffentlicher Hand **263** 2
– Selbstständigkeit **84** 35
– Zweigniederlassung **13e**
Kapitalisierungszinssatz Einl vor 1 37
Kapitalkonsolidierung 290 1; **301**
– Übergangsrecht **(1) EGHGB 27**
Kapitalkonto 120 19
– negatives **Anh 177a** 55
Kapitalmarktfähigkeit Anh 177a 53
Kapitalmarktinformation
– Haftung **Anh 177a** 61, 65
Kapitalmarktinformationshaftungsgesetz (KapInHaG) 2004 (15a) WpPG **Einl vor 21** 2
kapitalmarktorientierte Gesellschaft Einl vor 238 39–40; **264d**
– Anhang **285** 18
– Offenlegung **325** 11; **327a**
kapitalmarktorientierte Unternehmen 319a 1

Sachverzeichnis

Kapitalmarktrecht
- europarechtlicher Vorrang **Anh 177a** 66
- Kapitalanlagegesetzbuch (KAGB) **Anh 177a** 52, 88
- Veröffentlichungen **8b** 4

Kapitalverwaltungsgesellschaft
- weniger 100 Mio **Anh 177a** 56

Kapitalwertverfahren/DCF Einl vor 1 35

Karenzentschädigung 90a 2, 9, 18, 31
- s auch Wettbewerbsabrede
- HdlGehilfe **74** 20–22; **74b**; **74c**
- HdlVertreter **90a** 2, 9, 18–22, 28, 31

Karte (7) BankGesch F/1–67

Kartellrecht Einl vor 1 77–79; **84** 17; **86** 10, 26 f., 34, 37 f.; **86a** 17; **90a** 7
- abgestimmtes Verhalten **Einl vor 343** 4
- ausländisches **Einl vor 1** 79
- Boykott **Einl vor 1** 66
- deutsches **Einl vor 1** 77
- europäisches **Einl vor 1** 78
- HdlVertreter **84** 17; **86** 10, 26, 34, 37; **90a** 7
- Kommissionsagent **383** 3, 31
- PersonenGes **Einl vor 1** 77–78; **Einl vor 105** 24; **105** 107
- Unternehmenskauf **Einl vor 1** 44–47
- Vertragshändler **84** 17; **86** 35; **Einl vor 373** 35
- Wettbewerbsbeschränkungen **86** 34–39
- Wettbewerbsverbote in der OHG **112** 15–17

Kartellschadensersatzrichtlinie Einl vor 1 77

Kartendiebstahl (7) BankGesch F/7

Karteninhaber
- Haftung **(7)** BankGesch F/12
- Sorgfaltspflichten **(7)** BankGesch F/7

Kartensperre (7) BankGesch C/50, F/6

Kartenzahlung
- automatisierte Systeme **(7)** BankGesch F/19–31
- Debitkarte **(7)** BankGesch F/2–12
- Deckungsverhältnis **(7)** BankGesch F/35–51
- E-Geld-Geschäft **(7)** BankGesch C/10, F/28-28–37
- GeldKarte **(7)** BankGesch F/13–18
- girocard **(7)** BankGesch F/2–12
- Inkassoverhältnis **(7)** BankGesch F/52–64
- Kontoinhaberpflichten **(7)** BankGesch F/5–11
- Kreditkarte **(7)** BankGesch F/32–34
- neues Recht **(7)** BankGesch F/1
- Online-Banking **(7)** BankGesch F/29–31
- POS **(7)** BankGesch F/26
- SEPA-VO **(7)** BankGesch F/1
- Sperre **(7)** BankGesch F/6, F/22
- Valutaverhältnis **(7)** BankGesch F/65–67
- Zahlungsdienst **(7)** BankGesch C/7

Kassageschäft (7) BankGesch N/1

Kassakurs (14) BörsG **24** 5

kassatorisch s Verfallklausel

Kasse 346 40

„Kasse gegen Dokumente" 377 22

Kassenbestand 266 11

Kauf Einl vor 373 1–7; **373–381**
- s auch Handelskauf
- Abgrenzung zu anderen Verträgen **Einl vor 373** 17–21
- Abladegeschäft **Einl vor 373** 50
- Ablieferung **377** 5–11, 55
- Abnahme **Einl vor 373** 5
- Abnahmeverzug **373**; **374**
- Abruf **Einl vor 373** 28
- Abschluss **Einl vor 373** 2
- Abzahlung **(7)** BankGesch G/34, 36, 42
- aliud **377** 16; **378** (aF)
- Annahmeverzug **373**; **374**; **375** 13
- Anteilskauf **105** 69–73; **124** 18
- Arten **Einl vor 373** 8–16
- Aufbewahrung **379** 7–9
- Barkauf **Einl vor 373** 11
- Beanstandung **379** 6
- Begriff **Einl vor 373** 1
- auf Besichtigung **Einl vor 373** 14
- Bestimmungskauf s dort
- Bilanzrecht **246** 16–17
- Bringschuld **377** 11
- Dauerlieferung **Einl vor 373** 30
- Deckungskauf **346** 5; **374** 25; **400** 6; **401**
- Distanzkauf **379** 4
- europäisches Kaufrecht **Einl vor 373** 46, 50
- Falschlieferung **377** 16; **378** (aF)
- finanzierter **Einl vor 373** 26
- Fixgeschäft **376**
- freihändiger Verkauf **374** 12
- Garantiefristen **377** 60
- Gefahrübergang **374** 5
- Gegenleistung **374** 5
- Haager Kaufrecht **Einl vor 373** 46
- Haftungsmilderung **374** 5
- HdlGeschäft **Einl vor 1** 44
- HdlKlauseln **Einl vor 373** 7
- Hinterlegung **373** 8–10; **374** 5, 8–10; **379** 2
- Holschuld **377** 7
- Incoterms s dort
- Indexierungsverbot **Einl vor 373** 4
- internationale Abladegeschäfte **Einl vor 373** 50
- internationaler Verkehr **Einl vor 373** 45–50; **377** 61
- Käuferpflichten **Einl vor 373** 4–6; **(6)** Incoterms **Einl** 25
- Konditionsgeschäft **Einl vor 373** 24
- Kreditkauf **Einl vor 373** 11
- Lebensmittel **377** 26
- Liefervorbehalt **Einl vor 373** 25
- Mangel **Einl vor 1** 46; **Einl vor 373** 3; **377** 12–19, 49
  - verdeckter **377** 38–39
- Mängelrüge **377** 32–43; s auch dort
- Markenware **377** 26
- Maschinen **377** 26

Sachverzeichnis

- Mehrlieferung **377** 19
- Mehrwertsteuer **Einl** vor **373** 4
- Minderlieferung **377** 17
- Muster **377** 2, 14, 31
- Nachbesserung **377** 6, 36, 42, 46, 47
- Nacherfüllung, Fristsetzung zur **Einl** vor **373** 3
- Nacherfüllungsverlangen **Einl** vor **373** 3
- Nachlieferung **377** 6
- Notverkauf **379** 10–14
- Preis **Einl** vor **373** 4; **385**–**387**; **400** 7–9
- Probe **Einl** vor **373** 14; **377** 2, 14, 31, 36
- Rechtskauf **Einl** vor **373** 12
- Rechtsnatur **Einl** vor **373** 1
- Refaktie **380** II
- Rückgabe **Einl** vor **373** 24
- Sachkauf **Einl** vor **373** 12
- Schlechtlieferung s Mängel
- Schuldnerverzug s dort
- Selbsthilfeverkauf s dort
- Selbstspezifikation **375** 6, 7
- Stichprobe **377** 26–27
- Streckengeschäft s dort
- Sukzessivlieferungsvertrag s dort
- Taragewicht **380**
- Teilleistung **377** 18, 30
- Umtausch **Einl** vor **373** 16
- UN-Kaufrecht **Einl** vor **373** 46–49
- Unternehmenskauf **Einl** vor **1** 44–47; **Einl** vor **373** 22
- Untersuchung **Einl** vor **373** 3; **377** 20–31
- Verbrauchsgüterkauf **Einl** vor **373** 10
- Verkäuferpflichten **Einl** vor **373** 3; **(6)** Incoterms **Einl** 25
- Verpackung **380**
- Verschulden bei Vertragsverhandlungen **Einl** vor **373** 47
- Versendungskauf **377** 8; **379** 6; **(6)** Incoterms 2–8
- Verspätungseinwand **377** 46
- Verwirkung **377** 46
- Vieh **382** (aF)
- Vorkauf **Einl** vor **373** 13
- Vorleistungspflicht **377** 8
- Wertpapierkauf **Einl** vor **373** 8; **381** 1–4; **383**
- Wiederkauf **Einl** vor **373** 15

Kauffrau 19 5

Kaufmann 1–7
- Anmeldung **29**
- Beginn **1** 51
- Betreute **1** 32–35
- Beweislast **377** 55
- Bilanzrecht **Einl** vor **238** 67
- Buchführungspflicht, Befreiung **Einl** vor **238** 50, 51, 69; **241a** 1–4
- „eingetragen" **19** 4
- kraft Eintragung **1** 7; **2** 3; **3** 6; **5**
- Eintragungsoption **1** 6
- Einzelkaufmann **17** 4, 8, 15–18; **19**
- Ende **1** 52
- Erben **1** 36–39
- Firma **18**, **19** 4–10
- Formkaufmann **6**
- Gewerbetreibender **1** 3
- Gfter **1** 50; **105** 19–23
- Inhaber **230** 5, 6
- internationaler Verkehr **1** 55
- Istkaufmann **1** 9
- Kannkaufmann **1** 1, 3, 6; **2** 4; **3** 7
- Kditist **161** 4, 5
- KG-phG **161** 3, 5
- Kleingewerbetreibender **1** 3, 6, 53–54; **2**
- mehrere Firmen **1** 29; **17** 8
- Minderjährige **1** 32–36, 39, 46
- Minderkaufmann **1** 2
- Musskaufmann **1** 9
- öffentliches Recht **7**
- OHG-Gfter **105** 19–23
- ordentlicher **347** 1
- Personal **59** 23
- Rechtsscheinkaufmann **5** 9–18
- Scheinkaufmann **5**
- Sollkaufmann **1** 1, 3
- stiller Gfter **1** 49, 50; **230** 6
- zwingender Kaufmannszusatz **19** 4

kaufmännische Angestellte 59 31b
kaufmännische Anweisung 363 3
kaufmännische Bestätigungsschreiben 346 16–29
kaufmännische Verpflichtungsscheine
- Orderpapier **363** 4

kaufmännische Zurückbehaltungsrechte 369
Kaufmannszusatz 19 4
Kaufpreis
- Beweis **347** 37
- Kausalität **347** 35
- negativer **Einl** vor **1** 44

Kellner
- Gewerbegehilfe **59** 31a

Kennzeichnung
- Einlagerungsgut **468** 1
- Fracht **411** 1; **414** 2
- Unternehmen **17** 11–13, 18; s auch Firma

Kernbereichslehre
- OHG **119** 13, 36; **140** 31
- PublikumsGes **Anh 177a** 53

Kettenverträge 89 20; **89b** 54
- HdlGehilfe **59** 3, 111
- HdlVertreter **89** 20

KfzGVO 86 38; **Einl** vor **373** 40
Kfz-Papier
- Pfandrecht **440** 1

KG s Kommanditgesellschaft (KG)
KGaA s Kommanditgesellschaft aufAktien (KGaA)
Kick-backs 347 30–30b
Klage 55 6, 11; **85** 9; **87a** 15 f., 22, 28 f., 33; **87c** 11, 21, 24, 26, 28; **89a** 17; **89b** 77, 81 f.; **90a** 22; **92c** 7, 10
Klageverzichtsklauseln 92 10
Klauseln 346 39–40; **Einl** vor **373** 33; **(6)** Incoterms

2651

Sachverzeichnis

Kleinanleger Anh 177a 54, 59, 81
Kleinanlegerschutzgesetz Anh 177a 54, 59; **(7)** BankGesch Q/1
kleine Kapitalgesellschaft Einl vor 238 69; **267** 1–3
– Anhang **288**
– Befreiungen **274a**; **288**
– Gewinn- und Verlustrechnung **276**
– Lagebericht **264** 8
– latente Steuern **274** 1; **285** 28
– Offenlegung **326** 1
– Publizitätspflicht **325** 2
Kleingewerbe 54 6, 10; **84** 9, 33, 45
Kleingewerbetreibende 1 3, 6, 53–54; **2** 6; **383** 2
– Geschäftsbezeichnung **17** 13
– HdlMakler **93** 15
– HdlVertreter **84** 9
Kleinstkapitalgesellschaft 9 12; **Einl vor 238** 69
– Angabepflicht **264** 21
– Anhang **264** 8, 21
– Bilanzhinterlegung **8b** 5; **328** 1
– Definition **Einl vor 238** 66
– Erleichterungen **336** 1
– Gliederung **264c** 5; **266** 2; **267a** 2; **275** 35
– Größenklasse **267** 1
– Größenmerkmale **267a**
– Offenlegung **325** 5; **325a** 3; **326** 2
– Pflichtangaben **251** 2, 5
– Staffelung, erleichterte **275** 35
– Übergangsvorschriften **Einl vor 238** 114
– Vermögensgegenstände **253** 1
– Verrechnungsverbot **246** 27
– Zweigniederlassung **325a** 3
Kleinstkapitalgesellschaft-Bilanzrechtsänderungsgesetz 2012 Einl vor 238 7, 29, 91
– Übergangsrecht **Einl vor 238** 29, 91; **(1)** EGHGB **70**
Kleinstorders (14) BörsG **26b**
Know-how s HdlGeschäft
Know-how-Vertrag Einl vor 373 19
Koch
– Gewerbegehilfe **59** 31a
Kodifikation Einl vor 1 2
Kollektion 86 17; **86a** 5 f.; **89a** 18; **89b** 20
Kollisionsvorschrift 92c 1 f.
Kollusion 50 5
kombinierter Transport s Frachtgeschäft, Spedition
Kommanditgesellschaft (KG) Einl vor 105 1, 12, 16; **161–177a**
– s auch Offene Handelsgesellschaft (OHG)
– Abfindungsversicherung **161** 8
– Angaben auf Geschäftsbriefen **177a**
– Anmeldung **162**; **175**
– Anteilsübertragung **162** 8; **172** 14; **173** 11–13; **176** 11
– anwendbares Recht **161** 14–16
– Aufrechnung **171** 7

– Aufsichtsrat **163** 12; **Anh 177a** 31
– ausgeschiedener Kdtist **171** 14
– Außenhaftung **171** 1
– Begriff **161** 1–2
– Beirat **163** 12; **Anh 177a** 31
– Bestimmtheitsgrundsatz **161** 7
– Bewertung **171** 6
– Bilanz **166** 3
– Eigenbedarf **123** 35
– Einlage **162** 2; **171–175**
– Eintragung **161** 2
– Eintretender **173**, **176** 9
– Entnahme **169** 1–5
– Erscheinungsformen **161** 9–13
– Firma **19** 19–23, 24
– Geschäftschancen **165** 3
– Geschäftsführung **164**
– GesVertrag **161** 7
– Gewerbesteuer **171** 3
– Gewinn **167**, **168**
– Gewinnentnahme **169** 1–5; **172** 8, 8a
– Gewinnrückzahlung **169** 6
– GfterDarlehen **172a** (aF)
– GmbH & Co KG s dort
– Grundlagengeschäfte **164** 4
– Haftsumme **171** 1; **172** 1; **174**, **175**
– Haftung **171–176**
 – vor Eintragung **176**
 – als HdlGes **161** 2
– HdlRegister **162**; **172** 1–2; **174–176**
– „Herabstufung" **140** 10, 29
– Informationsrecht **166**
– Inhaltskontrolle **Anh 177a** 67, 68
– Insolvenz **171** 11–14
– InvestmentKG **Anh 177a** 52, 86, 95 ff.
– Jahresabschluss **164** 3; **166** 3
– Kapitalanteile **167**; **168**
– Kapitalaufbringungsprinzip **171** 6
– kapitalistische **161** 11; **163**
– Kontrollrecht **166**
– konzernverbundene **161** 13
– Nachfolgevermerk **162** 8
– PersonenGes **Einl vor 105** 13
– Pflichteinlage **171** 1
– phG **161** 3
– Prokura **164** 5; **170** 3–4
– Prospekthaftung **Anh 177a** 59–66
– PublikumsKG **Anh 177a** 52
– Rechtsscheinhaftung **176** 7
– Rechtsverhältnis zwischen Gftern **163**
– Rechtsverkehr **161** 2
– Rückzahlung **169** 6; **172** 4
– Schiedsgerichte **Einl vor 1** 90
– stille Ges **Einl vor 105** 16
– Übertragung
 – des Anteils **172** 14
 – des HdlGeschäfts **22**
– Überwachung **166**
– Umwandlung **22** 1, 18; **Einl vor 105** 19; **161** 17–18
 – phG/Kdtist **140** 10; **161** 6; **176** 10
– Verlust **167**; **168**

Sachverzeichnis

- Vertrag **161** 7; **163**
- Vertragsänderung **161** 7; **Anh 177a** 33
- Vertreterklausel **163** 10
- Vertretung **170**
- Verwaltungsrat **163** 12; **Anh 177a** 31, 75

Kommanditgesellschaft auf Aktien (KGaA) Einl vor **105** 1, 8, 12–13; **161** 12
- als KapitalGes **Einl** vor **238** 44

Kommanditist 161 4
- Anteilsübertragung **162** 8
- Austritt **162** 8
- Beitragspflichten **161** 4
- dispositives Recht **164** 6–9
- Einsicht **166**
- Eintragung **162** 4–6
- Eintritt **162** 7; **173**
- Erbgang **173** 15
- Garantiedividende **Anh 177a** 66f
- Gewerbesteuer **164** 1; **171** 3
- Haftung **171–176**
- Herabsetzung der Einlage **174**
- Informationsrechte **Anh 177a** 72
- Kontrollrecht **166**
- Nachschusspflichten **161** 4
- negatives Kapitalkonto **Anh 177a** 55
- Privatgläubiger **135** 12
- Schuldbeitritt **171** 5
- Tod **177**
- Umsatzsteuerpflicht **164** 1
- Umwandlung phG/Kdtist **140** 10; **161** 6; **176** 10
- Vertretung **170**
- Wettbewerbsverbot **165**
- Widerspruch **164** 2
- Zweigniederlassung, deutsche **162** 2

Kommission 84 5, 9 f., 18, 23; **86** 38; **86b** 2; **89b** 4; **383–406**
- s auch Handelsgeschäft
- abdingbares Recht **402**
- Abgrenzung zum Kauf **383** 7
- Abtretung **392**
- Abwicklungsgeschäft **383** 1
- AGB-Kontrolle **383** 5
- ähnliche Geschäfte **406**
- „an den, den es angeht" **383** 28
- Aufbewahrung **388** 4; **389**; **391** 2, **(13)** DepotG **2** 9
- Aufrechnung **392** 12
- Ausführungsanzeige **384** 7, 8, 12; **405**; **(8)** AGB-WPGeschäfte
- Ausführungsgeschäft **383** 1, 16–21; **392**
- Auskunft **384** 8
- Auslieferungsprovision **396** 4
- Banken **383** 4, 9; **(8)** AGB-WPGeschäfte
- Beförderung **396** 6
- Behaltensklausel **384** 9
- Besitzkonstitut **383** 26
- Beweissicherung **388** 2
- Bilanzrecht **246** 18
- Deckungsgeschäft **384** 1; **400** 6; **401**
- Deckungszusage **386** 2
- Delkredere **86b** 2; **394**
- Dritter **384** 3, 7, 9, 12–13
- Nennung **384** 12
- Drittschadensliquidation **383** 21
- Durchgangserwerb **383** 27
- Effektenkommission s dort
- Eigentum **383** 22–29; **(13)** DepotG **18** 1, 24
- wirtschaftliches **246** 18
- Einkaufskommission **383** 25–29; **384** 11, **391** 1; **406 II**; **(13)** DepotG **18–31**
- Emissionsgeschäft **383** 32
- Empfehlung **384** 2
- Festpreis **383** 7
- Forderungen aus dem Ausführungsgeschäft **392**
- Garantie (Preis) **384** 6
- Gebrauchtwagenhandel **383** 4
- Geschäftsbesorgung **383** 6, 9
- Gewerbsmäßigkeit **84** 18
- Herausgabe **384** 9–11
- Hinterlegung **389**
- Innenprovision **384** 2
- Insichgeschäft **383** 26
- Insolvenz **383** 14–15; **392** 8–9
- Insolvenzverfahren **(13)** DepotG **32–33**
- Interessenwahrung **384** 1–6; **400** 5
- internationaler Verkehr **383** 30–32
- Kartellrecht **383** 3
- Klauseln **383** 5
- Kleingewerbebetreibende **383** 2
- Konsignationskommission **383** 4
- Konsortialgeschäft **383** 32
- Kosten **396** 5–7; **403** 2
- Kredit **393**
- Kündigung **405** 4
- Lagerung **396** 6
- Limit **386**
- Mängel **388** 7; **391** 1
- Mistrade **384** 1, 12; **394** 4
- Mitwirkungspflicht **383** 21
- Nachricht **384** 7, 8
- Notverkauf **388** 4; **389**; **391** 2
- partiarische **383** 7
- Pfändung **392** 9
- Preis **384** 6; **385–387**; **400** 7–9
- Provision **384** 9; **394** 6; **396** 1–4; **403** 1; **(13)** DepotG **27**
- Rat **384** 2
- Rechenschaft **384** 8
- Rechtsfähigkeit **Einl** vor **105** 12
- Rückvergütung **384** 2
- Schadensersatz **388** 3
- Selbsthilfeverkauf **389**
- Strafbestimmungen **(13)** DepotG **34–37**
- Stückeverzeichnis **(13)** DepotG **18–26**
- Surrogat der Forderung **392** 7
- Tafelgeschäft **383** 8
- Übereignung an den, den es angeht **383** 28
- Verkaufskommission **383** 22–24; **406 II**
- Versicherung **390** 5

2653

Sachverzeichnis

– Verwahrung **(13)** DepotG **29**
– Vorschuss **393; 396** 6
– vorteilhafterer Abschluss **387**
– Wechselindossament **395**
– Weisungen **384** 1; **385–387**
– Wertpapiere **383**; **(13)** DepotG **18–31**
– Widerruf **383** 12; **405** 4
– Willensmängel **383** 19
– Zurückbehaltung **398** 1; **(13)** DepotG **30**
Kommissionär 84 18; **383** 1
– Aufklärungspflicht **384** 2
– Aufwendungsersatzanspruch **396** 5–7
– Befriedigungsrecht **398; 399**
– Eigengeschäft **383** 16, **(13)** DepotG **31**
– Eigenhaftung **384** 12–14; **394**
– Haftung **384** 12; **390; 394**
– Herausgabepflicht **384** 9–11
– Insolvenz **383** 15
– Pfandrecht **366** 11; **397; 398; 404; (13)** DepotG **30**
– Pflichten **384; 388** 1–3
– Selbsteintritt **384** 7; **400–405**; **(13)** DepotG **31**
– Tod **383** 13
– Zwischenkommissionär **384** 3
Kommissionsagent 55 4; **84** 19; **89b** 4; **383** 3, 31
– Ausgleichsanspruch **89b** 4, 41
– Kundenstamm, Überlassung **84** 15, 19
Kommissionsagenturvertrag 383 3
Kommissionsgebühr 384 9
Kommissionsgut 86 17; **397** 4; **398** – **388** 2
Kommissionsklauseln 383 5
Kommissionsvertrag 383 1, 6–15; **406**
Kommittent
– Untersuchungs- und Rügepflicht **391** 1
Komplementär
– Geschäftsführung **164** 1
Komplementärgesellschaftsanteile 264c 4
Konditionsgeschäft Einl vor **373** 24
Konkretisierung 360 2
Konkurrenzunternehmen 86 28, 30; **86a** 11; **89** 25; **89a** 19, 40; **90a** 19
– stiller Gfter **86** 29
Konkurrenzverbot 84 13
Konkurrenzvertretung 86 24, 26, 28, 30, 32, 41; **86a** 17; **89a** 7, 19, 40; **90a** 28
Konkursvorrecht, ehem 84 48; **87** 51; **92a** 7
Konnexität 366 10–12; **440** 1–3
Konnossement 363 2, 5; **(11)** ERA **20; 22**
– Durchkonnossement **443** 2
– Seekonnossement **443** 2
Konsignationslagerabrede 87 3; **89** 26; **Einl** vor **373** 41
Konsolidierung 300
– anteilmäßige **310**
– Aufwandskonsolidierung **305**
– einheitliche Bewertung **308**
– Erstkonsolidierung **301** 2–4; **309** 1

– Ertragskonsolidierung **305**
– Folgekonsolidierung **301** 1, 10; **307** 2
– IFRS **301** 1; **310** 1
– Kapitalkonsolidierung **290** 4; **301**
– Quotenkonsolidierung **310**
– Schuldenkonsolidierung **303**
– Unterschiedsbeträge **301** 8; **309; 312** 3–4
Konsolidierungskreis 290 1; **294–296**
Konsortialgeschäft 383 32; **(7)** BankGesch Y/1, 2
Konsortialkredit (7) BankGesch G/1
Kontinuitätsregel (7) BankGesch D/1a
Konto (7) BankGesch A/36–47
– Anderkonto **(10)** AGB-Anderk
– Arten **(7)** BankGesch A/36–47
– Darlehenskonto (PersonenGes) **120** 19, 20
– Kapitalkonto (PersonenGes) **120** 18–19
– Privatkonto **120** 20
– pro Diverse (cpd) **(7)** BankGesch A/42, G/3
– Treuhandkonto **(10)** AGB-Anderk **Einl** 1–4
– variables **120** 19
Kontoauszug
– Herausgabe **357** 4
– Zweitschrift **(7)** BankGesch C/44
Kontoführungsgebühr (7) BankGesch A/49, G/4
Kontoinformationsdienste (7) BankGesch C/2–3, 7, 11, 28
Kontokorrent 355–357
– Abrede **355** 5
– automatische Saldierung **355** 8
– Bankkontokorrent **355** 9
– Bürgschaft **356** 1
– Ende **355** 23–24
– Gesamtschuldnerhaftung **356** 1
– Geschäftsverbindung **355** 4
– Girotagesguthaben **357** 8
– Herausnahme **355** 15
– juristische Konstruktion **355** 7
– Kreditlinien **357** 10
– mehrerer **355** 15
– Periode **355** 6
– Periodenkontokorrent **355** 9
– Pfand **356** 1
– Pfändung **357**
– Provisionen **355** 20
– Rechnungsabschluss **355** 7
– Rückgriff auf Einzelposten **355** 7
– Saldo
 – Anerkenntnis **355** 10
 – Anspruch **355** 11
 – Pfändung **357**
 – Verfügungen **355** 21–22
– Sicherheiten **356**
– Sparkasse **(9)** AGB-Spark **7**
– Staffelkontokorrent **355** 8
– Umfang **355** 13–15
– uneigentliches **355** 3
– Verjährung **355** 12

Sachverzeichnis

- Voraussetzungen **355** 2–6
- Wirkung **355** 7–12
- Zinsen **355** 16–19

Kontokorrentfähigkeit 355 13
Kontokorrentgebundenheit 355 14
Kontokorrentkredit (7) BankGesch G/2
Kontonummer
- Angabe **(8)** AGB-Banken **11** 5
- Namensabgleich **(7)** BankGesch C/41, 43, 46
- Überziehung **(8)** AGB-Banken **12** 4
- unrichtige **(7)** BankGesch C/42–46

Kontoüberziehung (8) AGB-Banken **12** 4; **(7)** BankGesch G/2, 4
Kontrahierungszwang Einl vor **343** 7
Kontrollrechte 87c 25; **(3)** FamFG **375**
- der Gfter **118**
- des Kdtisten **166**

Konzentration 360 2
Konzern 84 42; **87** 14; **89a** 21; **89b** 1, 18, 20; **92a** 5
- s auch verbundene Unternehmen
- Arbeitgeberfähigkeit **59** 14
- Bilanz **297** 1
- Gewinn- und Verlustrechnung **297** 1
- internationaler **Einl** vor **105** 33
- interne Lieferungen/Leistungen **304** 1
- Mehrfirmenvertretungsvertreter **92a** 5
- mehrstufiger **105** 103
- PersonenGes **105** 100–107
- wirtschaftliche Einheit **87** 14

Konzernabschluss 288–315a
- s auch Abschlussprüfung, Bilanz, Handelsbücher, Jahresabschluss, Offenlegung
- Anpassungsfrist **Einl** vor **238** 54
- Anteile anderer Gfter **307**
- anteilmäßige Konsolidierung **310**
- Anteilswertmethode **301** 5
- Anwendungsbereich **290** 1
- anzuwendende Vorschriften **298**
- assoziierte Unternehmen **311**; **312**
- Aufrechnungszeitpunkt **Einl** vor **238** 54
- Aufstellungspflicht **290** 6, 7
- Aufwandskonsolidierung **305**
- Auskunftspflichten der Tochterunternehmen **294** 3
- befreiender **Einl** vor **238** 51; **291**; **292**
- Befreiung von **Einl** vor **238** 51; **291–293**
  - größenabhängige **Einl** vor **238** 52; **293**
- Begriff **297** 1
- bei beherrschendem Einfluss **Einl** vor **238** 48; **290** 6–12
- Beherrschungsvertrag **290** 11
- Beteiligung **271** 1–8; **285** 11; **312–314**
- Beteiligungsliste **285** 11
- Beteiligungswertansatz, Fortschreibung **312** 6
- Bewertung, einheitliche **308** 1; **309**
- Bewertungswahlrecht **308** 2
- Bilanzierungswahlrechte, Neuausübung **300** 4
- BilMoG **Einl** vor **238** 48; **290** 5
- Buchwertmethode **266** 5; **290** 5; **301** 3, 5; **312** 1–6
- Control-Konzept **290** 5–7; **294** 3; **296** 1
- Eigenkapitalmethode **312** 1
- Eigenkapitalspiegel **297** 1
- Einbeziehungspflicht **294**
- Einbeziehungswahlrecht **296**
- einbezogene Jahresabschlüsse **317** 8–8b
- Entherrschungsvertrag **290** 9
- Equitymethode **311** 1; **312** 1
- Erleichterungen **298** 2
- Erstkonsolidierung **301** 2–4; **309** 1
- Ertragskonsolidierung **305**
- Folgekonsolidierung **301** 1, 10; **307** 2
- Funktion **297** 2
- Gemeinschaftsunternehmen **310**
- Geschäftswert **309** 1
- Gewinn- und Verlustrechnung **297** 1
- GmbH & Co KG **290** 6
- Herstellungskosten, konzerninterne **304** 1
- IAS-VO **315a**
- IFRS **290** 1; **315a** 9
- Inhalt **297**; **315a**
- internationale Standards **315a**
- Kapitalflussrechnung **297** 1, 5–8
- Kapitalkonsolidierung **290** 4; **301**
- KomplementärGes **264** 1
- KomplementärkapitalGes **290** 6
- Konsolidierung **300**
- Konsolidierungskreis **294–296**
- Kontrollrechtsstellung **290** 13
- Kreditinstitute **340**; **340i–340j**
- Minderheitenschutz **291** 7–9
- Mutterunternehmen **271** 10; **291**
- Nachprüfung **342b** 15
- Neuaufstellung **300** 2–5
- Neubewertung **301** 5; **308** 4–7; **312** 7
- Offenlegung **325** 9
- Pflicht zur Aufstellung **290**; **291**
- Pflichtinhalt nach IAS-VO **315a** 5, 6
- Pooling of interests-Methode **301** 1
- Prüfung **Überbl** vor **316** 1; **316** 1, 3; **317** 1; **319** 28–31; **319a** 11; **320** 3; **321a** 4
- Quotenkonsolidierung **310**
- Reform **290** 4, 5
- Rückbeteiligungen **301** 9
- Schuldenkonsolidierung **303**
- Schwellenkriterien **Einl** vor **238** 52
- Sitz
  - außerhalb der EU **292** 1
  - innerhalb der EU **291**
- Stetigkeit **Einl** vor **238** 52, 87; **297** 4
- Steuerabgrenzung **306**
- Stichtag **299**
- Stimmrechtsmehrheit **290** 14
- Stufen-/Tannenbaumprinzip **290** 6
- Teilkonzernabschluss **291**
- TochterkapitalGes **264** 27–28
- TransPuG **290** 4
- true and fair view **297** 3

2655

Sachverzeichnis

- Übergangsrecht **Einl** vor **238** 73, 76, 82–85, 88–91, 93–94, 89–100; **(1)** EGHGB **27**; **49**; **80**; **81**
- Unterschiedsbetrag **301** 8; **309**; **312** 4
- verbundene Unternehmen **271** 9–10
- Vollkonsolidierung **300** 1
- Vollständigkeitsgebot **300** 3
- Währungsumrechnung **308a**
- Weltabschluss **294** 1
- Zeitwertbewertung **247** 27; **252** 18
- ZweckGes **Einl** vor **238** 22
- Zwischenabschlüsse **299** 2, 3
- Zwischenaufwendungen **305** 1
- Zwischenergebnisse **304**; **310** 2; **312** 8

Konzernabschlussbefreiungsverordnung 292 2

Konzernabschlussprüfer 318 5; **319** 28
- s auch Abschlussprüfer
- Netzwerkabhängigkeit **319b**
- Rechte **320** 3

Konzernanhang 313; **314**
- s auch Anhang, Handelsbücher
- Bestandteil des Konzernabschlusses **297** 1
- Entsprechenserklärung **314** 10
- Finanzinstrumente **314** 12
- Funktion **313** 2
- Gesamtbezüge der Organmitglieder **314** 8
- Pflicht zur Aufstellung **290**
- Pflichtangaben **Einl** vor **238** 60; **313** 3–15; **314**
- Rechtsnatur **313** 1
- Schutzklausel **313** 13, 20
- Wahlpflichtangaben **313** 3–15
- Währungsumrechnung **313** 10

Konzernerklärung, nichtfinanzielle 315c 1

Konzernerklärung zur Unternehmensführung 315d 1

Konzernlagebericht Einl vor **238** 79; **315**
- s auch Abschlussprüfung, Handelsbücher, Lagebericht, Offenlegung
- befreiender **291**; **292**
- Berichtsgegenstände für Mutterunternehmen, ergänzende **315a** 2
- größenabhängige Befreiung **293**
- Grundzüge des Vergütungssystems **315a** 3
- Inhalt **315** 2 f.
- Leistungsindikatoren, nichtfinanzielle **315** 4
- Minderheitenschutz **291** 7–9
- Pflicht zur Aufstellung **290**
- Pflichtinhalt **315a** 5–6
- Prüfung **Überbl** vor **316** 1; **316** 1; **317** 7
- Übergangsrecht **(1)** EGHGB **80**; **81**

Konzernregister 8 5

Konzertkartenverkauf 84 21, 26

Konzession (14) BörsG 4 1

Konzessionär s Vertragshändler

Konzessionssystem Einl vor **105** 3

Konzessionszwang Einl vor **105** 3

Kopien
- HdlVertreter **86** 17

Körperschaft s juristische Person

Kosten 8 4; **9** 3; **13h** 3; s auch Handelsvertreter

„Kosten und Fracht" 346 40; **(6)** Incoterms **Einl** 19–20; **10**

„Kosten, Versicherung und Fracht" 346 40; **(6)** Incoterms **Einl** 19–20; **11**

Kostenübergang (6) Incoterms **Einl** 30

Kraftverkehrsordnung s Güterkraftverkehr

Krämermakler 104
- s auch Handelsmakler

Krankenversicherung 89b 86, 91

Krankheit 86 41 f.; **89a** 20; **89b** 55, 60, 62, 96; **90a** 16
- EFZG **59** 56
- Fragerecht des ArbG **59** 34

Kredit 54 11, 14, 16; **55** 13; **84** 12; **86** 21, 35; **86b** 1 f, 12, 14, **87a** 11, 28; **89** 10; **89a** 27

Kreditauftrag 349 11

Kreditauskunft (7) BankGesch A/15; s auch Bankauskunft

Krediteröffnungsvertrag
- Bereicherungsausgleich **(7)** BankGesch G/11–13
- Kündigung **(7)** BankGesch G 14–20
- Zustandekommen **(7)** BankGesch G/2-5a

kreditfinanzierte Immobilien(fonds)geschäfte (7) BankGesch G/5, 36, 53

Kreditgeschäft (7) BankGesch G/1

Kreditinstitut 1 23, **(7)** BankGesch A/4–5
- Begriff **(7)** BankGesch A/4
- Bewertung **340e–340g**
- Bilanzrecht **Einl** vor **238** 2; **340–340o**
- Bußgeld **340n**
- Prüfung **340k**
- Offenlegung **340l**
- Ordnungsgeld **340o**
- Strafvorschriften **340m**

Kreditkarte (7) BankGesch F/32–34
- s auch Kartenzahlung, Zahlungsverkehr
- Bedingungen **(7)** BankGesch F/33
- Bereicherungsausgleich **(7)** BankGesch F/59–64, 67
- Co-Branding **(7)** BankGesch F/33
- Deckungsverhältnis **(7)** BankGesch F/35-51
- Haftung **(7)** BankGesch F/46–51
- Inhaberpflichten **(7)** BankGesch F/45
- Inkassoverhältnis **(7)** BankGesch F/53–64
- Mailorderverfahren **(7)** BankGesch F/55, 57
- Mängel **(7)** BankGesch F/46–50
- Missbrauchsrisikoabwälzung **(7)** BankGesch F/50
- rechtliche Qualifikation **(7)** BankGesch F/32
- Rahmenvertrag **(7)** BankGesch F/52
- Rückbelastungsklausel **(7)** BankGesch F/56

Sachverzeichnis

- Rückfrageklausel **(7)** BankGesch F/56, 58
- Valutaverhältnis **(7)** BankGesch F/65–67
- Widerruf der Weisung **(7)** BankGesch F/38
- Zusatzkreditkarte **(7)** BankGesch F/51

Kreditkartenunternehmen
- Rechte und Pflichten **(7)** BankGesch F/40–44

Kreditrisiko
- Beteiligung des HdlVertreters **86** 35

Kreditsicherung (7) BankGesch H/1–6
Kreditversicherung 349 17
Kreditwesengesetz (KWG) (7) BankGesch A/4–5
Kreditwürdigkeit (8) AGB-Banken **2** 3
- Erkundigung durch HdlVertreter **86** 21

Kritik unter Gftern 109 25
Kundenauthentifizierung, starke (7) BankGesch C/2–3, 60, 63
Kundenbetreuung 84 23; **86** 15, 20
Kundenidentifikator (7) BankGesch C/13, 43
Kundenkartei 8415; **89a** 22
Kundenkreisschutz 86 8, 12; **86a** 10, 17; **87** 19–30, 47–48; **89b** 14, 27; **92** 6
Kundenliste 86 17, 28; **86a** 2, 5–6; **89b** 22; **90** 2–3, 5, 7
Kundenstamm 84 14–15, 19; **89b** 2, 18, 20, 38, 40
- des aufhörenden HdlVertreters **59** 18

Kündigung (HdlGehilfe) 59 121–159
- Abreden über Fristen und Termine **59** 122, 124
- Änderungskündigung **59** 121
- Arbeitsgericht **59** 151 ff
- Arbeitskampf **59** 164
- Aufhebungsvertrag **59** 165
- außerordentliche **54** 19, 21; **84** 11; **86** 14, 23; **87** 32; **89** 6, 8, 10, 16, 23; **89a**; **89b** 7, 9, 64; **90a** 8
- bedingte **59** 111–116, 121
- befristetes Arbeitsverhältnis **59** 111–115
- Begründung **59** 121
- betriebsbedingte **59** 153
- Betriebsrat **59** 122
- Erklärung **59** 121
- Folgen **59** 136–137
- Form **59** 121
- Frist **59** 111–116, 121
- fristlose **85** 10; **86** 9, 28, 32, 47, 49; **87** 10, 24, 31, 37; **87c** 26; **89** 16, 23; **89a**; **89b** 53, 57 f., 61 f.; **90** 8; **90a** 19, 26, 29
- Gründe **59** 121
- Herabstufung **140** 10, 29
- Insolvenz **59** 148
- Krediteröffnungsvertrag **(7)** BankGesch G/15
- Kündigungsschutz **59** 12, 111, 151–153, 154–159, 160–163
- Massenentlassung **59** 159
- Mutterschutzgesetz **59** 161
- ordentliche **59** 115, 121–127, 151–159; **75** 3–4
- personenbedingte **59** 153
- Probearbeitsverhältnis **59** 125
- Schadensersatz **59** 121 ff, 137, **61** 2
- Schriftformerfordernis **59** 121
- Schwerbehinderte **59** 162, 166
- Sozialwidrigkeit **59** 153
- Teilkündigung **59** 121
- Unwirksamkeit **59** 151–166
- Verdachtskündigung **59** 145
- verhaltensbedingte **59** 153
- Wehrdienst **59** 163
- Wettbewerbsverbot **60** 5–6, 75
- wichtiger Grund **59** 121, 139–149
- Zugang **59** 121

Kündigung (HdlVertreter) 85 10; **89**; **89b** 52–66; **90a**
- Abdingbarkeit **89a** 26
- Abmahnung **89a** 10
- AGB **89** 16
- Änderungskündigung **89** 17
- Anfechtung **89** 24
- Auslauffrist **89a** 4
- außerordentliche **89** 8, 23; **89a**; **89b** 7, 9, 64; **90a** 8
- Druckkündigung **89a** 20; **89b** 67
- Eigenkündigung **89b** 52 ff., 64
- E-Mail **89** 15
- Erklärung **89a** 13–15
- Erschwerung **89** 28
- Freizeit zur Stellensuche **86** 5; **89** 25
- Fristenparität **89** 29
- fristlose **85** 10; **86** 9, 32, 47, 49; **87** 10, 24, 31, 37; **87c** 26; **89** 16, 23; **89a**; **89b** 53, 57–58, 61–62, 66; **90** 8; **90a** 19, 25–29
- Mitteilung der Gründe **89** 14
- ordentliche **89** 6–7; **92b** 7
- bei Schmiergeldnahme **86** 23
- Schriftform **89** 15
- sittenwidriger Ausschluss **89** 16
- vor Tätigkeitsaufnahme **89a** 3
- Teilkündigung **89** 18; **89b** 7, 10; **92b** 5
- Treu und Glauben **89a** 8, 27; **89b** 57
- Umdeutung **89a** 5
- unberechtigte **89a** 40
- bei Untätigkeit **87** 32
- Unwiderruflichkeit **89** 24
- Verdachtskündigung **89b** 67
- Verwirkung **89a** 30–32
- Verzicht **89a** 29
- wichtiger Grund **86** 22; **89** 4; **89a** 6–12, 16–25; **89b** 57–58, 65–67; **90** 8; **90a** 3, 25–26, 29
- Zeitvertrag **89** 10, 19–21
- zwingendes Recht **89a** 26–28

Kündigung (OHG) 131; **132**; **134** 1; **13**
- s auch Auflösung, Ausscheiden
- Frist **132** 1, 4, 8, 13
- Ges
  - fortgesetzte **134**
  - auf Lebenszeit **134**

2657

Sachverzeichnis

- Hinauskündigen **140** 30
- Missbrauch **132** 6
- Privatgläubiger **135**
- Schadensersatz **133** 17
- Termin **132** 1, 4
- Vereinbarung **132** 8–14
- **Kündigung (Stille Ges) 234** 8–10
- **Kündigung (Vertragshändler) 84** 11
- **Kündigung des Vertrages 89** 6 ff., 27 f.; **89a**; **92b** 7
- **Kündigungsfristen 84** 3, 11; **86** 4; **87c** 23; **89**; **89a** 4, 6, 21, 34, 40; **89b** 34, 74; **90a** 26; **92b** 7
- angemessene **89a** 30
- Auskunft zu **87c** 23
- Dienstvertragsrecht **86** 4
- HdlVertretervertrag **89**; **89a** 30; **92b** 7
- lange **89b** 34
- Rechtsangleichung **84** 3
- **Kündigungsschutz 59** 12, 111, 151–153, 160–163
- ausländische Arbeitsverhältnisse **59** 152
- außerordentliche Kündigung **59** 158
- Verfahren **59** 154–157
- **Kunst 1** 19–20
- **Kunstgegenstände 451d** 1
- **Kunsthandel 383** 4
- **Künstlername 19** 6
- **Kursbeeinflussung, erhebliche (16a)** MAR **7** 7–9
- **Kursmakler** s Börse
- **Kurssicherung** s Börse
- **Kursverlust 253** 25
- **Kurzarbeit 59** 45, 56
- **Kurzbezeichnung** s Kennzeichnung
- **Kux** s BankGesch – WP
- **KWG (7)** BankGesch A/4–5

- **LadenschlussG 59** 12
- **Ladenvollmacht 56**
- Verkehrsschutz **56** 2
- **Ladeschein 419** 2; **443–448**
- Begebungsvertrag **444** 1
- Besitzer **440** 9; **445** 1
- Einwendungen **447**
- elektronischer **443** 4
- Form **443** 2
- Haftung **446** 2
- Inhaberladeschein **444** 3
- Inhalt **443** 1
- Legitimation **444** 3; **445** 1
- Liberationswirkung **446** 1
- Mengenangaben **420** 5
- multimodaler **443** 1, 2
- Namenspapier **443** 1; **444** 3
- Orderladeschein **363** 5; **443** 3; **444** 3; **475d** 1
- Rektapapier **443** 1
- Rückgabe **445**
- Traditionspapier **448** 1
- Traditionswirkung **448** 2–4
- Vermutungswirkung **444** 1–2
- Wertpapier **409** 1
- Wirksamkeit **443** 1
- Wirkung **444**
- Zweck **443** 1
- **Lagebericht Einl** vor **238** 47, 61, 78; **289**; **289a**
- s auch Abschlussprüfung, Handelsbücher, Jahresabschluss, Offenlegung
- AG **289** 4
- Entwicklungsprognose **289** 2
- Erklärung zur Unternehmensführung **289a**
- Genossenschaften **336**
- internes Kontroll-/Risikomanagement **289** 5
- KGaA **289** 4
- kleine Kapitalgesellschaft **264** 8
- Konzernlagebericht s dort
- nichtfinanzielle Leistungsindikatoren **289** 3
- Pflicht zur Aufstellung **264**
- Plausibilitätsprüfung **317** 7
- Prüfung **Einl** vor **238** 80; **Überbl** vor **316** 1; **316** 1; **317** 7
- Übergangsrecht **(1)** EGHGB **32**; **80**; **81**
- **Lager 54** 1; **55** 9; **86** 13, 35, 51; **87** 3; **87d** 4; **89b** 25, 29, 50–51
- **„ab Lager" 346** 40
- **Lagerbedingungen 467** 16
- **Lagergeld 467** 13
- **Lagergeschäft 467–475h**
- s auch Spedition
- AGB **467** 16; **475h** 2
- ALB **467** 16
- Anzeigepflicht **471** 2
- Aufwendungsersatz **474**
- Auskunftspflichten **468** 1
- Auslieferung **475e**
- Begleitpapiere **468** 1; **475b** 1
- Begriff **467** 4
- Besichtigung **471** 1
- Einlagerung bei Drittem **472** 2; **475** 2
- Einwendungen **475f**
- Gewichtsverlust **469** 6
- Güter **467** 4
  - Beschädigung **475**
  - Erhaltung **471**
  - Schadhaftigkeit bei Empfang **470**
  - Verlust **475**
- Haftung **468** 3–4; **475**
- Haftungsbegrenzung **475h** 2
- internationaler Verkehr **467** 1
- Kennzeichnung **468** 1
- Kündigungsrecht **473** 1–3
- Mischlagerung **467** 1
- Mitteilungspflichten **468**
- Notrechte **471** 2
- OLSchVO **467** 7
- Pfandrecht **440** 1; **475b**
- Pflichten des Einlagerers **467** 13; **468**
- Probenahme **471** 1
- Rücknahme des Guts **473** 2

Sachverzeichnis

- Sammellagerung **467** 1; **469**
- Selbsthilfeverkauf **471** 2
- Summenlagerung **467** 1, 6
- Verbraucher **468** 2–4; **475h** 1
- Verjährung **439** 1; **475a**
- Verpackung **468** 1
- Versicherung **472** 1
- Weisung **471** 2
- Zurückbehaltungsrecht **475b** 1

Lagerhalter 407 1
- Pfandrecht **440** 1; **475b**
- Pflichten **467** 10–12

Lagerordnung 467 16
Lagerschein 475c–475h
- s auch Orderpapier
- Ausstellung **475c** 1
- Echtheitsprüfung **475e** 1
- Einwendungen **475f**
- elektronische Aufzeichnung **475c** 1
- Form **475c** 1
- gutgläubiger Dritter **475d** 2
- Inhaberlagerschein **475e** 1
- Kettenabtretung **475e** 1
- Legitimation **475d** 3
- Namenslagerschein **475e** 1
- Orderlagerschein **363** 5; **475c** 1
- Rückgabe **475e**
- Teilauslieferung **475e** 1
- Verlust **475e** 1
- Vermutungswirkung **475d** 1–3
- Wertpapier **475c** 1
- Wirkungen **475d**

Lagervertrag 467 4–9
Lagerzeit 473 2
Lamfalussy-Rechtssetzungsverfahren (14) BörsG **Einl** vor **1** 10
Länder
- Arbeitsrecht **59** 11
- Landesrecht **Einl** vor **1** 16, 17, 21; **(1)** EGHGB **15**; **18**
- Rechnungslegungsvorschriften **263**

Landwirtschaft 3
Landwirtschaftskammer Einl vor **1** 22
last in first out s lifo
Lastschrift (7) BankGesch D/1b
Lastschriftverfahren s SEPA-Lastschriftverfahren
latente Steuern Einl vor **238** 45; **274**; **285** 28; **306**
- IFRS **274** 1; **306** 1
- kleine KapitalGes **274** 1; **285** 28
- mittelgroße KapitalGes **285** 28

laufende Rechnung s Kontokorrent
LCL 346 40
Leasing
- Abgrenzung zum Kauf **Einl** vor **373** 19
- Bilanzrecht **246** 30–39; **255** 9; **285** 3; **377** 2
- Finanzierungsleasing **(7)** BankGesch P/1–19
- wirtschaftliches Eigentum **246** 23

Lebensversicherung 87a 29; **89b** 39; **92a** 7, 9

Leerverkäufe (7) BankGesch T/3; **(14)** BörsG **16** 4; **25** 5
Lehman Brothers 347 14, 28
- Piloturteile **347** 30c

Lehrling 59 23
Leibrente 350 3
Leiharbeitsverhältnis 59 16, 57
- mit früherem ArbG **59** 111

Leistungszeit 358; **359**
Leistungsindikatoren, nichtfinanzielle 289c 14; **315** 4

Leitlinien
- MAR-Leitlinien **(16a)** MAR **7** 11
- für vertikale Beschränkungen **86** 38

letter of intent Einl vor **1** 44; **Einl** vor **343** 4; **349** 22

Leutehaftung 347 3
- Frachtführer **428** 1, 436
- Spediteur **462**

lex cartae sitae (13) DepotG **4** 4
Lieferbedingungen 346 39
Lieferfrist 423
Lieferfristüberschreitung 426; **431** 3
- Erlöschen der Ansprüche **438** 2
- bei Umzug **451d** 1

Lieferkette 289c 12
Liefermöglichkeit 346 40
Lieferort (6) Incoterms **Einl** 28
Lieferung (6) Incoterms **Einl** 35
„Lieferung vorbehalten" **346** 40
Lieferzeit 346 40
lifo 252 9
- s auch fifo
- Sammelbewertung **240** 7
- Schätzungsverfahren **252** 14
- Unterschiedsbeträge **284** 14
- Verfahren **256** 2
- Zulässigkeit **256** 1

limited 230 5
- private limited company **13d** 1; **13e** 1

Limited & Still Anh 177a 11
limited liability company Einl vor **105** 37, 41; **Anh 160** 58
- Anwaltskanzlei **Anh 160** 58

Liquidation (OHG) 145–158
- s auch Auflösung
- andere Auseinandersetzungsart **145** 8; **158**
- Anmeldung **157**
- Anwendbarkeit OHG-Recht **156**
- Ausschluss **145** 8; **158**
- Begriff **145** 2
- Bilanz **154**
- Bücher **157**
- Durchsetzungssperre **145** 6
- Einzelgeschäftsführungsbefugnis **150** 2
- Firma **153**; **157**
- der Ges **139** 3
- Gesamtabrechnungsgrundsatz **145** 6
- Gesamtvertretung, gemischte **150** 4
- Geschäftsverkauf **149** 4
- GmbH & Co KG **Anh 177a** 49

2659

Sachverzeichnis

- HdlRegister 148; 157
- Jahresabschlussprüfungspflicht 316 1
- Jahresbilanzen 154 4
- Nachschüsse 155 3
- neue Geschäfte 149 6
- Prokura, Erlöschen 145 4
- Prozess 149 8
- PublikumsGes **Anh 177a** 85
- Rechtsverhältnis der Gfter 156
- Rückgabe 155 6
- Terminologie 145 3
- Übergangsrecht 148 1; 150 1
- des Unternehmens 145 3
- unternehmensrechtliches Verfahren **(3)** FamFG 375
- Vermögenslosigkeit 145 12
- Vermögensverteilung 155
- Wirkung 145 4–5
- Zwischenbilanzen 154 4

Liquidationseröffnungsbilanz 154 2
- PublikumsGes **Anh 177a** 85

Liquidationsschlussbilanz 154 3
Liquidationsvergleich
- mit Gläubigern 145 10

Liquidationswert Einl vor 1 36–37
Liquidator (OHG) 145–158
- Abberufung 147
- Anmeldung 148
- Anspruch gegen 149 2; 150
- Aufgaben 149 2–6
- Auftrag 149 1
- Bestellung 146
- Buchführungspflicht 154 1
- geborener 146 2
- gekorener 146 4
- gerichtliche Berufung 146 5
- gesetzliche Berufung 146 2
- mehrere 150 1
- Niederlegung 147
- Pflichten 149
- Rechte 149
- Tod 147
- Unterschrift 153
- Vergütung 149 1
- vertragliche Berufung 146 4
- Vertretungsmacht 149 7; 150 5; 151
- Weisungen 146 7; 152

Lizenz 86a 2, 13; **87b** 13
Lizenzvertrag Einl vor 373 19
LLP s limited liability company
Lohn s Arbeitsentgelt, Gehalt
Lohngleichheit 59 56–57
Lohnsteuer 59 103; 84 36
Lombard (7) BankGesch G/21
Löschung 8 12–15
- Amtslöschung 8 12–15; **37** 8; **106** 4; **(3)** FamFG 395
- im ausländischen HdlRegister **(3)** FamFG 395 1
- bei Vermögenslosigkeit 145 12

Lotto-Bezirksstellenleiter 89b 4
ltd s limited

Luftverkehr 407 11; **452** 5
- s auch **Frachtgeschäft**
LuftVG 407 7–8
Luganer Übereinkommen Einl vor 1 87
Luxemburg Einl vor 1 25

MAC-Klausel 346 40
Mahnung 55 6 f., 12; **87a** 27
Mailorderverfahren (7) BankGesch F/55
MaK (7) BankGesch A/4
Makler 54 1; 55 4; **84** 1, 5, 20, 23, 27, 41, 50; **86** 20; **92** 1
- s auch Handelsmakler
Mängel s Kauf
Mängelrüge 377 32–43; **378** (aF)
- Beweislast 377 55
- Entgegennahme 55 7
- HdlBrauch 377 56
- Kommittent 391 1
- Rechtsfolgen 377 44–54
- Streckengeschäft 377 9, 34, 37
- Verwirkung 377 46
- Mangelhaftigkeit 55 7, 9; **87a** 5, 10, 21; **87c** 20; **89a** 24; **91** 2; **91a**

Manko s Gewicht
Mankohaftung 59 47
Mantelkauf 23 4; **Anh 177a** 14
Mantelzession s BankGesch
Marke 17 10; **18** 9–10
MarkenG 17 10; **18** 9
Markets in Financial Instruments Directive (14) BörsG Einl vor 1 10
Marktanalysen 86 13; **87d** 4 f.
Marktmacht 84 1
Marktmissbrauchsrichtlinie (16a) MAR
- strafrechtliche **(16a)** MAR
Marktmissbrauchsverordnung (16a) MAR
Marktpflege 86 13; **87** 3; **87d** 4 f.
Marktpreis 253 16
Marktpreisklauseln Einl vor 373 33
Marktsondierung
- Aufbewahrungspflicht **(16a)** MAR 11 5
- Dokumentationspflichten **(16a)** MAR 11 4
- Empfänger, Pflichten **(16a)** MAR 11 5
- Informationspflichten **(16a)** MAR 11 4
- Insiderhandelsverbot **(16a)** MAR 11
- Übernahmeangebote **(16a)** MAR 11 3
- Unterrichtungspflicht **(16a)** MAR 11 5

Marktturbulenzen (14) BörsG 24 9a
Marktüblichkeit 285 20
Marktwert Einl vor 1 36–37
- einstrukturierter anfänglicher 347 30
MAR-Leitlinien (16a) MAR 7 11
Maße 361
Massenentlassung 59 159
Massengeschäft (7) BankGesch A/6; **(8)** AGB-Banken 19 1
Masseschuld 84 48

Sachverzeichnis

Maßgeblichkeitsgrundsatz Einl vor 238 46, 48; **238** 4; **252** 2
Masterplan
– Insiderhandelsverbot **(16a)** MAR **9** 8
Medienfonds Anh 177a 25
– Innenprovision/Rückvergütung **Anh 177a** 66d
Mehrarbeit 59 45, 58
Mehrfirmenvertreter 84 30, 36; **86** 24, 27, 30, 38; **87** 50; **89b** 40; **92a** 5; **92b** 2
– Interessenwahrung **86** 24
– Nebenberuf **92b** 2
– Pfändungsschutz **87** 50
Mehrgewinn 121 2; **122** 12–13
Mehrheitsbeschluss 119 33–41; **163** 4
– PublikumsGes **Anh 177a** 69b–69c
Mehrparteienschiedsverfahren Einl vor **1** 88
Mehrstimmrecht 119 14; **163** 8
Mehrvertretung
– GmbH & Co KG **Anh 177a** 7
Mehrwertsteuer 87b 12; Einl vor **373** 4
– s auch Umsatzsteuer
memorandum of understanding Einl vor **343** 4
Mengenangabe 420 5
Mengenvertrag 439 1
Messe 84 42; **87** 21; **87d** 4; **89b** 14
Metageschäft 93 35; **230** 2; **(7)** Bank-Gesch Y/4
MicroBilG s Kleinstkapitalgesellschaft-Bilanzrechtsänderungsgesetz
Miete 84 26; **87b** 13; **89b** 29, 51; Einl vor **373** 19
– s auch Pacht
– Eigenbedarf **123** 35
– Form **350** 2–3
– OHG **123** 35
– Provisionsgrundlagen **87b** 13; **89b** 51
– Vermittlung **84** 26
Mietgarantie
– Realisationszeitpunkt **252** 21
MiFID s Markets in Financial Instruments Directive
Minderfirma 17 13
Minderheitengoodwill 246 8
Minderheitenschutz 119 37a, 37d
Minderheitsbeschluss 119 36
Minderjährige 1 32–35, 39, 46; **54** 7; **84** 7; **90a** 9, 13
– s auch Geschäftsfähigkeit
– Arbeitsvertrag **59** 37
– Erbenstellung **139** 12
– Gesellschaftsbeteiligung **105** 26
– Handelsvertreter **84** 7; **90a** 9, 13
– stille Beteiligung **230** 8
– Unterbeteiligung **105** 26
Minderkaufmann 84 33
– s Kaufmann
Mindestarbeitsbedingungen 84 9, 34; **86** 2; **92** 3; **92a** 2, 4
Mindestlohn 59 56

Mindestpreisänderungsgröße (14) BörsG **26b**
Mindestprovision 84 36; **92a** 4
Mischvertrag 84 21
Missbrauch 54 20; **55** 14; **86** 36 f., 39; **87c** 13; **89** 16
– s Handlungsvollmacht, Prokura
– der Abschlussvollmacht **55** 14
– AEUV **86** 39
– GWB **86** 37
– der HdlVollmacht **54** 20
Mistrade 384 1, 12; **394** 4
Mitarbeiterbeteiligungen 59 70
Mitbestimmung
– Betriebsrat **59** 42
– GmbH & Co KG **Anh 177a** 50
Mithaftung 349 13
mittelgroße Kapitalgesellschaft Einl vor **238** 45; **267** 4–6
– Anhang **288**
– latente Steuern **274** 1; **285** 28
– Offenlegung **327**
Mittelstandsrichtlinie Einl vor **238** 7
Mitteilung 84 15, 38; **86** 2, 16, 21, 41, 43; **86a** 1, 10 ff., 14, 16; **87** 9, 25; **87a** 27; **87c** 3, 5, 12, 15, 23, 29; **89a** 14, 18; **89b** 20, 67; **90** 4, 7; **92** 10
Mittelverwendungskontrolleur 82b ; **Anh 177a**; 64
Mittelverwendungskontrollvertrag 347 14, 21
Mittelverwendungstreuhand 246 19
Mittelwert Einl vor **1** 36
Mittelzuflussprinzip (7) BankGesch C/12
mittlerer Art und Güte 360 3–4
Mitursächlichkeit 84 15, 22; **87** 11, 12, 21; **89b** 14
Mitverschulden 86 47; **87c** 27; **89a** 33 f
– des ArbG **59** 47
– Deckungskauf, unterlassener **376** 14
– Dritter **347** 21, 36
Mitverursachung 414 4; **421** 4
Mobbing 59 95
Möbeltransport s Spedition
Modernisierungsrichtlinie Einl vor **238** 17
MoMiG Einl vor **1** 15; Einl vor **105** 29; **172a** 1 (aF); **172c** 4
– Übergangsvorschrift **(1)** EGHGB 64
Monopol s Wettbewerb
Montrealer Übereinkommen (MÜ) 407 11
Moratorium (7) BankGesch A/5
multimodaler Transport 407 1; **452–452d**
– Schadensanzeige **452b** 1
– Schadensort **452a**
– Verjährung **439** 1; **452b** 2; **452d**
multimodaler Umzugsvertrag 452c
Multimodal-Ladeschein 443 1–2
Multiple-basiertes Verfahren Einl vor **1** 35

2661

Sachverzeichnis

Muster 84 20, 41; **86** 12 f., 17; **86a** 5 f.; **87c** 29; **88a** 3 f.
Musterkauf 87 41
Mutterschutz 59 12, 100, 161
Mutterunternehmen 271; **290**
– Befreiungen, größenabhängige **293**
– zugleich Tochterunternehmen **291**

Nachbesicherungsklausel (8) AGB-Banken **Einl** 7
Nachbesserung 377 6
Nachbestellungen 87 17–20; **92** 4
Nacherbfolge 139 19–20
Nachfolgeklausel
– einfache **139** 2, 10–13
– qualifizierte **139** 2, 14–18
– rechtsgeschäftliche **139** 56–58
Nachfolgevermerk
– Firma **18** 21
– HdlGeschäft **22** 15, 17
– Kdtist **162** 8
– Unternehmensschutz **Einl** vor **1** 70
Nachforschungspflicht 347 27
Nachhaftungsbegrenzung 26 4–10; **28** 5, 7; **160** 1–5
– Dauerschuldverhältnis **160** 2
– doppelte **160** 3
Nachhaftungsbegrenzungsgesetz (1) EGHGB **35**
Nachhandelssektor (13) DepotG **Einl** 6; **(14)** BörsG **Einl** vor **1** 19
Nachhandelstransparenz (14) BörsG **24** 10; **31**
Nachlass 87b 8 f.
Nachlassverwalter
– s auch Testamentsvollstreckung
– Kündigung **135** 3
Nachlassverwaltung
– OHG **139** 32
Nachlieferung 377 6
Nachnahme 346 40; **422**; **(18)** ADSp **10**
– Annahmeverzug **374** 3
nachrangige Hafteinlagen 236 1, 3
Nachricht 84 38; **86** 6, 17, 21 ff., 28, 40 f., 50; **86a** 1, 7 f., 10; **91a** 1, 5 f.
– HdlGehilfe **59** 53
– HdlVertreter **86** 17; **86a** 7–12
Nachschieben von Gründen 89a 13, 15, 32; **89b** 56, 60, 64
Nachschussklausel Anh 177a 70; **232** 6
Nachschusspflichten
– des Gfters **109** 12–14
– des Kdtisten **161** 4
– Mehrheitsbeschluss **Anh 177a** 69c
Nachsicherungsklausel (8) AGB-Banken 7; **(9)** AGB-Spark 22
nachsorgende Vertragspflichten Einl vor **343** 13
Nachteil 86 24, 42; **86a** 16; **87** 9, 48; **87a** 34; **89b** 45, 47, 71; **90a** 3, 19, 20, 27 f., 31 f.; **92c** 1
Nachtragsprüfung 316 4

Name
– Änderung **21**
– Ausländer **17** 48–49
– Firma **19**
– Missbrauch **17** 3
– Namensrecht **17** 4–5, 33
– Schutz **17** 32
Namensanleihe (13) DepotG **1** 1
Namensladeschein 443 1; **444** 3; **475d** 1
Namenslagerschein 475b 1, 2; **475c**
Namensschuldverschreibung (7) BankGesch G/17; **(13)** DepotG **5** 5
Naturalteilung 145 10
Nebenberuf 84 1, 9; **86** 2; **87a** 9; **89** 10; **89a** 1; **89b** 5, 7, 10, 79; **92a** 3; **92b**
Nebengewerbe 3 10–12
Nebenintervenient 124 43
Nebenkosten 87b 10
Nebentätigkeit
– HdlGehilfe **59** 52, 143
– HdlVertreter **84** 1, 9; **86** 2; **87a** 9; **89** 10; **89a** 1; **89b** 4, 7, 10, 79; **92a** 3; **92b**
Nebenvorteil 86 23; **87b** 7
negative Geschäftswerte 246 9
negative Kapitalkonten Anh 177a 55
negative Kaufpreise Einl vor **1** 44
negative Publizität 15 1–2, 4
negatives Interesse 86b 1; **87** 9
Negativklausel s BankGesch
Negativzinsen (7) BankGesch B/1, G/4
„**Netto Kasse**" **346** 40
Nettogehalt 59 58
Nettogewicht 380
Nettopolicevermittlung 89b 86
Netzgeld (7) BankGesch F/27–28
network-Lösung 452a 1
neue Bundesländer Einl vor **1** 29–30
– Übergangsrecht **Einl** vor **1** 30
– Neuer Markt **(14)** BörsG **48** 8
Neuverhandlungspflicht Einl vor **343** 14
Netzwerk
– s auch Internet
– Legaldefinition **319b** 5
– soziales **59** 34
– Unabhängigkeit des Abschlussprüfers **319b**
Neukunde 89b 14
Neuverhandlungspflicht Einl vor **343** 13–14
new global notes (13) DepotG **9a** 2
Nichteheliche Lebensgemeinschaft 105 53
Nichtfinanzielle Erklärung 289b 1 ff.
– Achtung der Menschenrechte **289c** 7
– Arbeitnehmerbelange **289c** 5
– Befreiungstatbestände **289b** 3; **315b** 3
– Bestechungsbekämpfung **289c** 8
– Comply or Explain **289c** 16
– Ergebnisse der Konzepte **289c** 11
– Fragen, konkrete **289c** 9
– gesonderter nichtfinanzieller Bericht **Einl** vor **238** 4; **289b** 4; **315b** 4

Sachverzeichnis

- Inhalt **289c** 1 ff.
- Konzernebene **315b** 1
- Konzepte, verfolgte **289c** 10
- Korruptionsbekämpfung **289c** 8
- Menschenrechte **289c** 7
- Rahmenwerke **289d** 1
- Reichweite **289c** 3
- Risiken, wesentliche **289c** 12 f.
- Sozialbelange **289c** 6
- Umweltbelange **289c** 4
- Unternehmenswahlrecht **289e** 1 f.
- Veröffentlichungspflicht **289b** 5

Nichtfinanzielle Leistungsindikatoren 289c 14; **315** 4

Nichtfinanzieller Bericht, gesonderter Einl vor 238 4; **289b** 4; **351b** 4

Nichtkaufleute 17 13

Niederlande Einl vor 1 25; **84** 2

Niederlassung 13 1, 29; **55** 3; **86** 46; **86a** 6; **86b** 12; **87** 12, 26, 27, 35; **92c** 1, 2, 4, 6, 8, 9, 10
- Abschlussvertreter **55** 3
- Verlegung **Einl** vor 1 39
- Zweigniederlassung s dort

Niederlassungsprokura 50 2

Niederschrift 85 10

Niederstwertprinzip 253 1, 18

Nießbrauch
- s auch Anteil, Handelsgeschäft
- Eintragungsfähigkeit **105** 44
- am Gesellschaftsanteil **105** 44

NIF s BankGesch

nomination letter Einl vor 343 4; **349** 22

Non-Financial Performance Indicator 289c 14; **315** 4

Normativbestimmungen Einl vor 105 3

Norwegen s Skandinavien

Notar 1 19; **(10b)** AGB-Anderk

Notarbescheinigung 12 3 f.

Notrechte
- frachtgeschäftliche **419** 1
- Lagerhalter **471** 2

Notverkauf 379 10–14

Obergrenze des Ausgleichsanspruchs bei Versicherungsvertretern 89b 94

Obhutshaftung 425 1

objektgerechte Beratung Anh 177a 66b; **347** 23

ODR-Verordnung (7) BankGesch A/56

Offene Handelsgesellschaft (OHG) Einl vor 105 1, 15; **105–160**
- s auch Handelsgesellschaft, Handelsgewerbe, Personengesellschaft
- Abfindungsklauseln **131** 58–73
- Abspaltungsverbot **119** 19
- actio pro socio **109** 32; **124** 41; **149** 3
- Anfechtung **105** 50, 61, 70, 80, 81, 93; **129** 9–10
- Angaben auf Geschäftsbriefen **125a**
- Anmeldung **106–108**; **143**
- Anteil (OHG) s dort

- Auflösung (OHG) s dort
- Aufrechnung **129** 11–14
- Aufsichtsrat **114** 27
- Aufwendungsersatz **110**
- Auseinandersetzung s dort
- Auslegung **105** 49, 58–60, 63, 68, 93
- Ausschließung **140**; **143** 2
- außergewöhnliche Geschäfte **116** 2
- Austritt **105** 74
- Befristung **132** 13; **134**
- Beginn der Wirkung **123**
- Begriff **105** 1–10
- Beherrschungsverträge **105** 105
- Beirat **114** 27
- Beiträge **109** 6–10
- Beitritt **105** 50, 67, 68, 82
- Beschlussfassung **119**
- Besitz **124** 36
- Bestimmtheitsgrundsatz **119** 37–40; **161** 7
- Betriebsaufspaltung **105** 8
- Betriebseinstellung **105** 8
- Bilanz **120** 1–11
- Bürgschaft **128** 7
- corporate opportunity **114** 13
- Deliktsfähigkeit **124** 25
- Drittorganschaft **114** 11, 28; **125** 5
- Ehegattengesellschaft **105** 52
- Ehrenschutz **124** 34
- Eigenbedarf **123** 35
- Einlage **109** 6, 111; **120** 17; **121** 1
- EinpersonenGes **105** 18
- kraft Eintragung **105** 12–13; **123** 5
- Eintragungsoption **105** 14
- kein Eintragungswille **105** 7
- Eintritt **105** 26, 33, 67–68, 79, 92, 95
- Einwendungen **129**
- Entstehung **105** 7
- Entzug erworbener Rechte **119** 35
- als Erbe **124** 37
- Erben **139**
- Erbengemeinschaft **105** 7
- Erwerbschancen **114** 13
- fehlerhafte Ges **105** 75–97
- fehlgeschlagene **105** 7
- Firma **19** 11–18; **22** 1–2, 9–10, 13, 1618, 23, 24
- fortgesetzte Ges **134**, **139**
- Fusionskontrolle **105** 107
- gemeinsamer Zweck **105** 1
- gemeinschaftliche Firma **105** 5
- gerichtliche Entscheidung **117**; **127**; **133**; **140**
- Gesamtschuld **128** 19–21, 36
- Geschäftsbeginn **123** 2, 3, 7, 9–13
- Geschäftschancen **114** 13
- Geschäftsführung s dort
- Gesellschafter s dort
- Gesellschafterbeschluss s dort
- Gesellschaftsvermögen **124** 3–15
- Gesellschaftsvertrag **105** 47–66; **109**
- Gewinn (OHG) s dort

2663

Sachverzeichnis

- Gewinnabführungsverträge **105** 105
- Gläubigerschutz **105** 104–105
- Gleichbehandlung **109** 29–31; **119** 35
- Grundbuch **124** 36
- Grundlagengeschäfte **114** 3; **116** 3
- Haftung **105** 1, 6, 8, 9, 51, 104; **124** 24–29; **128–130**
- Haftungsregress **128** 25–28
- Handelsgewerbe **105** 4
- Handlungsfähigkeit **124** 31–38
- HdlRegister **106-108**; **123** 5; **143**; **144 II**; **148**
- herrschende PersonenGes **105** 106
- Hinauskündigung **140** 30–31
- inländische Geschäftsanschrift **106** 8; **107** 1
- Insolvenz **124** 46, 47; **128** 46, 47; **144**
- Interessenkonflikt **114** 12, 13; **119** 8; s auch Wettbewerbsverbot
- Kernbereichslehre **119** 13, 36; **140** 31
- Kontrollrecht **118**
- Kündigung (OHG) s dort
- Löschungsoption **105** 8
- Liquidation s dort
- Mehrheitsbeschlüsse **119** 34–41
- Mehrheitsklausel **119** 37
- Minderheitenschutz **119** 35
- Nachlassverwaltung **139** 32
- Nachschüsse **109** 6, 12
- Naturalteilung **145** 10
- Nebenintervenient **124** 43
- nichteheliche Lebensgemeinschaft **105** 53
- Nießbraucher **105** 44–46
- Ort **106** 8, 9
- PersonenGes **Einl** vor **105** 13, 15
- Prozess **124** 41–44
- Rechtsfähigkeit **124**
- Rechtsnatur **Einl** vor **105** 12; **124** 1
- Rechtsübertragung **124** 48–55
- Rechtsverhältnis zu Dritten **123**
- Rückgang al Kleingewerbe **105** 8
- Rücktritt **105** 48, 58, 80
- ScheinGes **105** 11, 98–99
- Schiedsgericht **Einl** vor **1** 88–92; **117** 8
- Schiedsvereinbarungen **124** 43; **128** 40
- Selbstkontrahieren **119** 22; **126** 9
- Selbstorganschaft **114** 24–25; **125** 5
- Sitz **106** 8–10
- Sitzverlegung **105** 10
- Stimmrecht **119** 5
- Stimmrechtsbindung **119** 17–18
- Strafbarkeit **124** 40
- Testamentsvollstreckung **139** 21
- Treuepflicht **109** 23–28; **112**; **113**
- Treuhänder **105** 31–37
- Typenverfehlung **109** 3
- Übernahme **145** 10
- Überschuldung **130a** 3
- Übertragung des HdlGeschäfts **22**
- Umwandlung **Einl** vor **105** 19–27; **105** 8; **145** 1
- Unterbeteiligte **105** 38–43

- Verbindlichkeiten **124** 23–30
- Verlustausgleichspflicht **105** 104
- Vermächtnis **124** 37
- Vermögen s dort
- Vermögensübergang auf GmbH **89a** 18
- Verpachtung **105** 8
- Vertrag **105** 47–66; **109**
- Vertragsabschluss **105** 50–53
- Vertragsänderung **105** 60–63; **119** 34, 37; **126** 3
- Vertragskonzern **105** 105
- Vertretung (OHG, KG) s dort
- Vertretungsmacht **126**; **127**
- Verwaltungsrat **114** 27
- Vollmachten **124** 33
- VorGes **105** 9, 28
- Vorvertrag **105** 58
- Wettbewerbsverbot **112**; **113**
- Wissenszurechnung **125** 4
- Zahlungsunfähigkeit **130a** 2
- Zahlungsverbot **130a** 5–6
- Zustimmungspflicht **119** 7
- Zwangsvollstreckung **124** 45; **128** 45; **129** 15
- Zweipersonengesellschaft s dort

Offenlegung 11; 325–329, 340l; 341l
- s auch Abschlussprüfung, Handelsbücher, Jahresabschluss
- Abweichungen von Kontoform **328 IV**
- Anwendungsbereich **325** 1
- Art **325** 3–5; **328**
- Definition **325** 3
- elektronischer BAnz **325** 4, 5; **329**
- EU-AuslandsGes mit Verwaltungssitz im Inland **325** 1
- Frist **325** 4, 11
- Funktionsschutz **325** 1
- Gegenstand **325** 4
- Genossenschaften **339**
- IAS/IFRS **325** 6–8
- Individualschutz **325** 1
- Inhalt **328**
- kapitalmarktorientierte Ges **325** 11; **327a**
- kleine KapitalGes **326** 1
- KleinstkapitalGes **325** 5; **326** 2
- Konzernabschluss **325** 9
- Kreditinstitute **340l**
- mittelgroße KapitalGes **327**
- Ordnungsgeld **335**; **335a** (aF); **335b**; **340o**
- Prüfung durch BAnz-Betreiber **329**
- teilweise **328**
- unterlassene **325** 14
- verbundene Berichterstattung **325** 10
- Verfassungsmäßigkeit **325** 2
- Veröffentlichung **325** 3–4; **328**
- Versicherungsunternehmen **340l**
- Vervielfältigung **325** 3–4; **328**

öffentliche Hand
- KapitalGes **263** 2

öffentliche Versteigerung 374 5, 11
öffentliche Zustellung 15a

Sachverzeichnis

öffentliches Recht
- Gewerbe s dort
- Handelsrecht **Einl** vor **1** 1–28
- juristische Person **1** 24, 27, 28; **(1)** EGHGB **38**
- Kaufmannseigenschaft **7**
- Verhaltenspflichten **124** 38; **125** 11

OGAW-Richtlinie Anh 177a 87, 91
Organismen für gemeinsame Anlage in Wertpapieren (OGAW) Anh 177a 52, 87, 91
- Risikostreuung, Grundsatz der **Anh 177a** 91

OHG s Offene Handelsgesellschaft (OHG)
ohne obligo 346 40
Ombudsmann s BankGesch
Online-Banking (7) BankGesch C/7, 25, 66, F/29–31
- Anscheinsvollmacht **Einl** vor **48** 6; **(7)** BankGesch C/69

Online-Hotelportal 84 23, 26
Option 346 40
- s auch Börse
- Kapitalrücklage **272** 7

Optionsgeschäft (7) BankGesch N/1
Optionsprämie 246 13
Optionsrecht 114 21
Order 346 40
Orderklausel 363 1
Orderladeschein 363 5; **443** 3; **444** 3; **475d** 1
- Traditionspapier **448** 1

Orderlagerschein 363 5; **467** 7; **475c**
- s auch Lagerschein
- Ausstellung **467** 7
- OLSchVO **467** 7
- Pfandrecht **475b** 2

Orderpapier 363–365
- Abtretung **364** 2
- Anwendung des Wechselrechts **365**
- Aufgebot **365** 5
- Aushändigung **364** 8
- Begriff **363** 1
- Einwendungsausschluss **364** 3–7
- erster Nehmer **475g** 1
- FCR **363** 2
- forwarders receipt **363** 2
- Frachtbrief s dort
- geborenes **363** 1
- gekorenes **363** 1
- gewillkürtes **363** 1
- Indossament **364**; **365**
- kfm Anweisung **363** 2–3
- kfm Verpflichtungsschein **363** 2, 4
- Konnossement **363** 2, 5
- Ladeschein s dort
- Lagerschein s dort
- Quittung **364** 8
- Schuldverschreibung **363** 4
- Traditionspapier **363** 6; **448**; **475b** 2; **475g**
- Transportversicherungspolice **363** 5
- Wechsel mit Formfehler **363** 3

Order-Transaktions-Verhältnis (14) BörsG 26a
Ordnungsgeld 335; **335b**; **340o**
ordre public 449 4, **466** 6
Organ
- Drittorganschaft **Einl** vor **105** 13; **114** 11, 28; **125** 5

Organ des Handelsstandes Einl vor **1** 21
- s auch Industrie- und Handelskammer

Organbeschluss 164 3
Organhaftung 124 25
Organisationsmangel 124 28
Organisationsrisiko 91a 8
Ortsform Einl vor **105** 29
Österreich 84 2; **89b** 1; **90a** 2
- Geltung des HGB **Einl** vor **1** 25

OTC-Derivatgeschäft (7) BankGesch S/1
Outsourcing
- anlageberatende Bank **347** 30

P. O. D. 346 40
Pacht
- Abgrenzung zum Kauf **Einl** vor **373** 19
- Betriebsübergang **59** 18
- Firma **17** 23–24; **22** 25
- Geschäftsverpachtung **89b** 18
- HdlGeschäft **Einl** vor **1** 49; **1** 10, 22

Paletten 380 7
Parallelvertrieb 86a 71
Partei kraft Amtes Einl vor **48** 3
partiarisches Dienstverhältnis 230 4
Partnerschaft mit beschränkter Berufshaftung Anh 160 58
Partnerschaftsgesellschaft Einl vor **105** 1, 15; **Anh 160** 57–58
Passivgeschäft (7) BankGesch B/1–6
Passivierbarkeit 246 13
Passivierung
- Freistellungsanspruch **249** 5
- Herstellungsaufwendungen **248** 3
- Provision **248** 3
- Rückstellungen **249** 5

Passivierungswahlrecht Einl vor **238** 89
Patent 54 15; **87a** 28
- s auch gewerbliche Schutzrechte

Patentanwalt 1 19; **(10d)** AGB-Anderk
Patronatserklärung 349 19, 22
- Bilanzrecht **251**
- internationaler Verkehr **349** 23

Pauschale 87 48; **89** 16; **89b** 51; **90a** 28
Pauschalierung s Schadensersatz
Pauschalrückstellung 249 4
Pension 89b 61; **92b** 2
pension pooling Anh 177a 95
Pensionsfonds 341; **341a–p**
Pensionsgeschäft 246 20; **340b**, **(7)** BankGesch J/5
- wirtschaftliches Eigentum **246** 20

Pensionsrückstellungen 249 5; **285** 23
- Übergangsrecht **(1)** EGHGB **28**

2665

Sachverzeichnis

Pensionssicherung 59 89
Pensionsverpflichtungen Einl vor **238** 89; **249** 5–8
Pensionszusage 87a 34
Periodenabgrenzung 252 23
Personalakte
– Vermerk **59** 49
Personalkredit (7) BankGesch G/54
Personenbeförderung 407 7
Personenfirma 17 6; **19** 6
Personengemeinschaft 84 40
Personengesellschaft Einl vor **105** 1; **105–177a**
– s auch Handelsgesellschaft
– Abgrenzung von KapitalGes **Einl** vor **105** 13
– ausländisches Recht **Einl** vor **105** 37
– Begriff **Einl** vor **105** 13
– beherrschende **105** 106; **166** 16
– beherrschte **105** 102–105; **166** 17
– BGB-Gesellschaft s dort
– Einteilung **Einl** vor **105** 13–18
– Empfehlungen **Einl** vor **105** 35
– Fusionskontrolle **Einl** vor **1** 77–78; **105** 107
– IPR **Einl** vor **105** 29–33
– Kodifikation **Anh 160** 58
– latente Steuern **274** 1
– ohne natürliche Person **Einl** vor **105** 40
– Kommanditgesellschaft (KG) s dort
– Konzernrecht **105** 100–107
– Offene Handelsgesellschaft (OHG) s dort
– Übergang (von vor 1900) **Einl** vor **105** 28
– Umwandlung **Einl** vor **105** 19–27; **105** 8, 10; **131** 8, 9, 21
– Wesenselemente **Einl** vor **105** 13
– wirtschaftliche Bedeutung **Einl** vor **105** 38–39
– Zweipersonengesellschaft s dort
Persönlichkeitsrecht Einl vor **1** 64
Persönlichkeitsschutz 59 94–99
Pfändung
– Anteilspfändung **105** 74, **124** 21, 135, **135** 7
– des Auseinandersetzungsguthabens **124** 21; **135** 7
– Dispositionskredit **357** 10
– Gehalt **59** 83
– Gfter **124** 21
– Girotagesguthaben **357** 8–10
– HdlGeschäft **Einl** vor **1** 51
– HdlGehilfe **59** 83
– Kommission **392** 9
– Kontokorrent **357**
– Kreditlinie **357** 10
– Provision **87** 50
– des Saldos **357**
Pfändungsschutz 87 50; **87d** 2; **89b** 85
– Aufwendungsersatzanspruch **87d** 2
– Ausgleichsanspruch **89b** 85

Provisionsanspruch 87 50
Pfändungsschutzkonto 357 2; **(7)** Bank-Gesch A/46a
Pfandrecht
– Auskehrungspflicht **441** 1
– Banken **(8)** AGB-Banken **14**
– an Begleitpapieren **440** 1, 6; **464** 2; **475b** 1
– Besitzpfandrecht **440** 7–8; **464** 1, 2
– Beweislast **440** 10
– Eigentum, wirtschaftliches **246** 15
– Folgerecht **464** 2
– des Frachtführers **440–442**
– am Gut eines Dritten **440** 1; **464** 1
– gutgläubiger Erwerb **440** 4
– IPR **440** 1
– Kommissionär **366** 11; **397**
– Konnexität **440** 1–3
– des Lagerhalters **440** 1; **475b**
– Posterioritätsprinzip **442** 1–2
– Rang **442**
– Sparkasse **(9)** AGB-Spark **21**
– des Spediteurs **440** 1; **441** 2; **464–465**; **(18)** ADSp **16**
– treuwidrige Ausübung **440** 5
– Werkunternehmerpfandrecht **440** 3
– Wirkungen **440** 5
Pfandverkauf 368; **440** 9; **464** 2
Pfleger in OHG, KG 105 26, 27
Pflegezeitgesetz 59 100
Pflichtangaben 37a 3–6
Pflichtteil s Erben
Pflichtrotation 318 5 f.
Pflichtverletzung 55 7; **86** 25, 42; **86a** 4; **88a** 5; **89** 16; **89a** 10, 17 f., 22, 27, 40; **89b** 17; **91a** 9
Phantasiefirma 17 2–3, 6, 13, 15, 47, 18 4, 9; **19** 8, 10
Pharming (7) BankGesch F/30
Phishing (7) BankGesch F/30
PIN
– Missbrauch **(7)** BankGesch F/31
– Sorgfaltspflicht des Karteninhabers **(7)** BankGesch F/7
Plausibilitätskontrolle 317 7; **347** 25, 27, 35
Pool (7) BankGesch H/1
Pooling-of-Interests-Methode Einl vor **238** 56
Portabilität 59 89
POS (7) BankGesch F/26
positive Publizität 15 1–2, 16, 18
Postbeförderung 407 6
– s auch Deutsche Post
Posterioritätsprinzip 442 1–2
Präklusion 128 43
Prämie 55 5; **87** 5; **87a** 27, 29, 33; **87c** 15; **89a** 20, 30; **89b** 17, 20; **92** 5 ff.
– HdlGehilfe **59** 58
– HdlVertreter **87** 5; **87a** 27, 29, 33; **89a** 20; **89b** 17, 20; **92** 5, 7–8
Präsentationsrecht 114 21

Sachverzeichnis

Preis 55 9; **84** 12, 51; **85** 2; **86** 15, 27, 35 ff.; **86a** 5, 13, 16 f.; **87a** 8, 11, 13, 28; **87b** 5 ff.; **87c** 15, 23; **87d** 15; **89b** 14, 18, 20, 70, 76; **90** 5
– s auch Bewertung, Börse
„**Preis freibleibend**" 346 40
Preisangaben (7) BankGesch G/5
Preisanpassungsklauseln 346 40
Preisgefahr Frachtgeschäft **420** 2
Preisgleitklauseln 87b 5
Preisliste 86a 5
Preisrecht Einl vor **373** 4
Preisvorbehalt 346 40
Preisvorschriften 87b 5
Presse Einl vor **1** 66
Presseartikel
– Prospekthaftung **Anh 177a** 60; **(15a)** WpPG **21** 1
Prinzipal s Arbeitgeber
Prioritätsprinzip 19 7
Privatautonomie s Vertragsfreiheit
private limited company 13d 1; **13e** 1
Privatgläubiger
– Kündigung **135**
Privatisierung 59 18
Privatkonto 120 20
Privatvermögen 246 24; **264c** 3
pro Diverse s Konto
Probezeit 59 125; **89** 19 f., 28
Produktentwicklung 86a 9
Produktinformation
– Prospekthaftung **Anh 177a** 60
Produktionseinschränkung 89b 10, 57 f.
Produktionseinstellung 86a 11; **89b** 20
Produktpflege 86 13; **87d** 4
Prognose
– Risiko des Anlegers **347** 23
Projektfinanzierung (7) BankGesch A/25
Prokura 54 1 f., 6 ff., 21; **86** 28
– s auch Handlungsvollmacht
– Anmeldung **53**
– Auslegung **Einl** vor **48** 2
– Beschränkung **50; 116** 10
– Bestandspflegeprovision **92** 7
– Betriebsübergang **52** 5
– Eintragung **53** 1
– Erlöschen **52** 4–6; **53** 4
– Erteilung **48** 1–4; **116** 8
– Erweiterung **116** 10
– Gesamtprokura **48** 5–7; **52** 5
– Gesamtvertretung, gemischte **48** 6; **49** 3; **150** 4
– Grundstücksgeschäfte **49** 4
– internationaler Verkehr **Einl** vor **48** 13
– KG **164** 5
– Kollusion **50** 5
– bei Liquidation **145** 4; **150** 4
– mehrere Unternehmen **50** 3
– Missbrauch **50** 4–7; **126** 11
– Niederlassungsprokura **50** 2
– Selbstkontrahieren **49** 2
– Titularprokura **170** 4

– Tod des Inhabers **52**
– keine Übertragbarkeit **52** 3
– Umfang **49; 50**
– Unterschrift **48** 3 **51**
– Widerruf **52** 1–2; **116** 9
– Zeichnung **48** 3; **51**
Propagandist 84 23; **89b** 5
Prospekt 347 8–40, 23
– Ad-hoc-Mitteilung **(15a)** WpPG **21** 1
– Aufklärung im **347** 30
– Aufklärungspflichten **Anh 177a** 66b, 66c
– Auslegungsrisiken **347** 25
– Börsenzulassungsprospekt **(15a)** WpPG **21** 1
– Emissionsprospekt **Anh 177a** 60
– Falschangaben **Anh 177a** 60
– fehlender **(15a)** WpPG **24**; **(15b)** VermAnlG **21**
– fehlerhafter **Anh 177a** 59, 60; **(15a)** WpPG **21** 3; **22**; **(15b)** VermAnlG **20**
– freiwilliger **(15a)** WpPG **21** 1
– mangelnde Lektüre **347** 39
– Treuhand **Anh 177a** 52
– unvollständiger **(15a)** WpPG **21** 3
Prospektaktualisierungspflicht 347 28
Prospekterlasser (15a) WpPG **21** 4
Prospekthaftung Einl vor **48** 9; **Anh 177a** 53, 59–66; **347** 8, 12, 23–39; **(15a)** WpPG; **(15b)** VermAnlG
– s auch Publikumsgesellschaft
– Abgrenzung von c. i. c. **Anh 177a** 65
– Anspruchsinhalt **Anh 177a** 65
– Aufrechnung **Anh 177a** 65
– Ausschluss **(15a)** WpPG **23**
– der Bank **Anh 177a** 66a–66f
– Beiratsmitglied **Anh 177a** 63
– Börsenprospekthaftung s dort
– „Erster Erwerbspreis" **(15a)** WpPG **24** 4
– Garantenstellung **Anh 177a** 63
– Gesamtschuldner **(15a)** WpPG **21** 4
– Gewinnmarge **347** 25
– Informationspflichten **Anh 177a** 55a
– Innenprovisionen **347** 25
– Interessenkonflikte **347** 25
– investmentrechtliche **Anh 177a** 61; **(15a)** WpPG **25** 3
– Investmentvermögen **Anh 177a** 90
– Pflichtige **Anh 177a** 63–64; **(15a)** WpPG **21** 4–6
– Rechtsnatur **Anh 177a** 62; **(15a)** WpPG **Einl** vor **21** 5
– Rom II-VO **Anh 177a** 55a
– Rückvergütungen **347** 25
– spezialgesetzliche **Anh 177a** 61
– Verjährung **Anh 177a** 65; **Einl** vor **343** 16; **347** 39
– Verkaufsprospekthaftung s dort
– Verschulden **(15a)** WpPG **21** 3
– Vertrieb **Anh 177a** 66a–66f
– weiche Kosten **347** 25
– Wertpapierprospekthaftung s dort
– Wirtschaftsprüfer **(15a)** WpPG **21** 4

2667

Sachverzeichnis

- Zinsswapgeschäft 347 25
- zivilrechtliche **Anh 177a** 59, 60; **(15a) WpPG 25** 4

Prospektherausgabe 347 32
Prospektnachtrag (15a) WpPG 21 3
Prospektpflicht Anh 177a 52, 59
- Neu-Emissionen **Anh 177a** 59

Prospektprüfung Anh 177a 59; **347** 29
Prospektrichtlinie (14) BörsG **Einl** vor **1** 15; **(15a) WpPG Einl** vor **21** 1, 4a
Prospektrichtlinie-Umsetzungsgesetz (14) BörsG **Einl** vor **1** 15; **(15a) WpPG Einl** vor **21** 1, 4a
Prospektveranlasser (15a) WpPG 21 5
Protokoll
- Anlageberatung 347 37
- Verhandlungsprotokoll 346 21

Provision 87; **87a**; **87b**; **87c**; **92** 4 ff.
- Abdingbarkeit **87** 19, 22, 47, 48; **87b** 18; **87c** 29
- Abrechnung **87c**
- Abrechnungsform **87c** 6
- Abschlussprovision **86b** 10; **87** 1, 3; **89b** 24, 41, 47
- Abtretung **87** 49
- Abwälzung **93** 66
- abweichende Vereinbarungen **87** 48; **87a** 35
- bei anderer Leistung **87b** 6
- Anerkenntnis **87a** 19; **87c** 3–4, 11
- Anerkenntnisfiktion **87c** 19, 29
- Anfechtung **87** 7
- als Anschaffungskosten **255** 3
- Aufrechnung **87** 32, 50; **87a** 19
- ausgeführte Geschäfte **87a** 5–12
- Berechnungsgrundlagen **87b** 4–17
- Bezirksprovision **87** 2, 24, 27, 30, 31–32, 35; **92** 6
- Bruttoprovision **89b** 29, 41, 51, 94; **90a** 19
- Buchauszug s dort
- für Dauerverträge **87a** 35; **87b** 13–17
- Delkredereprovision s dort
- Dynamikprovision **92** 3
- Einmalprovisionsregelung **92** 9
- Entfallen **87a** 13–19
- entgehende **89b** 2, 23–33, 45, 47, 50, 91–92
- erfolgsunabhängiges Provisionsversprechen **93** 48, 63, 66
- Erfolgsvergütungsgrundsatz **87a** 1 ff.
- Ermessen **87a** 32; **87b** 3; **89b** 81
- Fälligkeit **87a** 31
- Folgeaufträge **87** 17–20; **92** 3
- Garantie **87** 5
- geringwertiges Konsumgut **87b** 2
- Gesamtvergütungsabrede **86b** 2
- Großauftrag **87b** 2
- HdlGehilfe **59** 59; **65**
- HdlMakler **93** 23, 37, 40–58, 66; **99**
- HdlVertreter **87**–**87c**
- Höhe **87b**

- Hungerprovision **86** 9; **92a** 1
- Inkassoprovision s dort
- Innenprovision **347** 30 d f.
- Insolvenz des Unternehmers **87** 51
- Konkurrenzverbot **87** 30
- Kontokorrentbindung **87a** 35
- Konzern **87** 14
- bei Leistung an Erfüllung statt **87b** 6
- bei mangelhafter Ausführung **87a** 5, 10
- Mehrjahresvereinbarung **87** 41
- Mehrwertsteuer **87b** 12
- Mindestprovision **84** 36; **92a** 4
- Nachbestellungen **87** 17–20; **92** 4
- Nettopolicen **87** 2
- Nichtausführung des Unternehmers **87a** 20–30
- Nichtleistung des Dritten **87a** 13–19
- Pfändung **87** 50
- bei Preisgleitklauseln **87b** 5
- bei Preisnachlass **87b** 7–8
- bei Preisvorschriften **87b** 5
- Provisionspacking **87** 2
- Realisationszeitpunkt **252** 20
- Rückgewähr **87a** 19
- sachverständige Bucheinsicht **87c** 27
- sachverständige Feststellung **87b** 2
- selbstständiges Provisionsversprechen **93** 48, 63, 66
- Sittenwidrigkeit **92** 5
- Sprunghaftung **87a** 35
- Stornoreserve **92** 9–10
- Superprovision **89b** 27
- Teamvereinbarung **87** 2
- Teilprovision **87a** 35
- Teilung **87**
- Treu und Glauben **87** 33
- Überhangprovision **87** 2; **89b** 50
- übliche **87b** 2
- bei unentgeltlichem Erwerb **248** 3
- Verjährung **87** 52–53
- Vermittlungsprovision **86b** 10
- Verpfändung **87** 49
- Verwaltungsprovision **89b** 28; **92** 9
- Verwirkung **87** 53
- Verzicht **89b** 91
- Verzichtsklauseln **87** 48; **92** 5
- Vorschuss **92b** 9
- bei vorzeitiger Kündigung **93** 45
- Zahlungspflicht **93** 23, 37, 40–58, 66; **99**

Provisionsanwartschaft 87 7
Provisionskonkurrenzen 87 27, 35
Provisionsminderungsabrede 89 17
Provisionspauschale 89 16
Provisionspflicht 87; **354** 1
Provisionspflichtiges Geschäft 87 ff.
Provisionsverlust 86 49; **89a** 26; **89b** 2, 22 f., 26, 29, 30, 32, 47, 50, 82, 91 f.; **92** 5, 10

Prozess
- OHG **124** 41–42; **128** 39

Prozessgericht
- Bindung **16** 2

Sachverzeichnis

Prozessverkehr 15 8
Prüfstelle für Rechnungslegung 342b
- s auch Rechnungslegung
- Anzeigepflichten **342b** 7
- Aufgaben **342b** 10
- Auskunftspflicht **342b** 16
- Berufspflichtverletzung **342b** 20
- Bußgeldvorschriften **342e** 1
- DPR e.V. **342b** 9
- Enforcement **342b** 2, 15
- Ermächtigung **342b** 8–9
- Finanzierung **342d** 1
- Informationsvermittlung **342b** 18
- Kooperation des Unternehmens **342b** 5
- Nichtigkeitsklage **342b** 15
- Prüfungsergebnis **342b** 17
- Prüfungsmaßstab **342b** 10
- Prüfungsverfahren **342b** 3–6
- Sonderprüfung **342b** 15
- Straftatverdacht **342b** 20
- Unparteilichkeit **342b** 19
- Verschwiegenheitspflicht **342c** 1
- Weigerung des Unternehmens **342b** 6
- Zielsetzung **342b** 1, 2

Prüfung s Abschlussprüfung
Prüfungsausschuss Überbl vor **316** 7; **324**
- Anforderungen **324** 7–10
- Aufgaben **324** 5
- Einrichtungspflicht **324** 2–4
- Übergangsrecht **324** 1
- Wahl **324** 6

Prüfungsbericht 298 2; **321**; **321a**; **322** 1
Pseudonym 19 6
psychologischer Eignungstest 59 34
public limited company 13e 1
Publikumsfonds
- Anlageberatung **Anh 177a** 66b
- KABG **Anh 177a** 54

Publikumsgesellschaft Einl vor **105** 1; **Anh 177a** 52–85
- s auch GmbH & Co KG
- Abgrenzung von AG **Anh 177a** 52
- AltGes **Anh 177a** 56
- Altverbindlichkeiten **Anh 177a** 79
- arglistige Täuschung **Anh 177a** 58
- Aufklärungspflicht **Anh 177a** 53
- Auflösung **Anh 177a** 83
- Aufnahmeverträge **Anh 177a** 57
- Aufsichtsorgane **Anh 177a** 75
- Auslegung **Anh 177a** 67
- Ausscheiden **Anh 177a** 84
- Ausschüttung, ungerechtfertigte **Anh 177a** 79
- Begriff **Anh 177a** 52
- Beirat **Anh 177a** 75
- Beitritt **Anh 177a** 57
  - unter Bedingung **Anh 177a** 70
  - fehlerhafter **Anh 177a** 53, 58, 81
- Bestimmtheitsgrundsatz **119** 37, 39–40; **Anh 177a** 53, 69a
- Bürgschaft **Anh 177a** 71
- Darlehen **Anh 177a** 71
- Drittgläubigerforderung **128** 24
- derivativer Erwerb **Anh 177a** 58
- Errichtung **Anh 177a** 56
- Finanzportfolioverwaltung **Anh 177a** 52
- Formbedürftigkeit **Anh 177a** 67
- Geschäftsführer **Anh 177a** 74
- GesVertrag **Einl** vor **105** 59; **Anh 177a** 67–69c
- GfterVersammlung **Anh 177a** 76
- GmbH & Co KG s dort
- GmbH-Geschäftsführer **Anh 177a** 74
- Haftung **Anh 177a** 74, 75
  - Beschränkung **Anh 177a** 53
  - ggü Dritten **Anh 177a** 82a–82b
- Herabsetzung der Gesamteinlage **Anh 177a** 57
- Immobilienfondsbeteiligung **Anh 177a** 52
- ImmobilienfondsGbR **Anh 177a** 53
- Informationsrechte **Anh 177a** 72
- Inhaltskontrolle **Anh 177a** 68
- Innenprovision **Anh 177a** 53
- Interessenkonflikte **Anh 177a** 75, 79
- IPR **Anh 177a** 55a
- Kapitalmarktrecht **Anh 177a** 54
- Kernbereichslehre **Anh 177a** 53
- Kommanditisten **163** 3
- Kündigung **Anh 177a** 58
- Liquidation **Anh 177a** 85
- Massenaustritt **Anh 177a** 83
- Medienfondsbeteiligung **Anh 177a** 52
- Mehrheitsbeschluss **Anh 177a** 69b–69c
- Minderheitenrecht **119** 37, 39–40; **Anh 177a** 72
- Mitteilung der MitGfterNamen **Anh 177a** 72
- Nachschuss **Anh 177a** 69c
- Nachschussklausel **Anh 177a** 70
- negatives Kapitalkonto **Anh 177a** 55
- Pflichten der Kdtisten **Anh 177a** 70
- Prospekthaftung **Anh 177a** 53, 5966, s auch dort
- Rechte der Kdtisten **Anh 177a** 70–72
- Rechtsformänderung **Anh 177a** 56
- Rechtsstellung **Anh 177a** 79
- Rechtsverhältnisse **Anh 177a** 70–81
- zu Dritten **Anh 177a** 82a–82b
- Rückgewähransprüche **Anh 177a** 81
- Rückvergütung **Anh 177a** 53
- Schiedsklauseln **Anh 177a** 67
- Sittenwidrigkeit **Anh 177a** 71
- Sonder(gesellschafts)recht **Anh 177a** 53
- Sonderprüfung **Anh 177a** 72
- Steuerrecht **Anh 177a** 55
- stille Beteiligung **Anh 177a** 71
- Treugeber **Anh 177a** 79
- Treuhänder **105** 31–37, **Anh 177a** 52, 57, 63, 68, 77–81
- Treuhandverhältnis **Anh 177a** 80
- unkundiges Publikum **Anh 177a** 61
- Vertragsänderung **Anh 177a** 69a–c

2669

Sachverzeichnis

- Vertrauenshaftung **Anh 177a** 55a
- Vertretungsmacht **Anh 177a** 72
  - Entziehung 127 3
- Vertrieb **Anh 177a** 59; 230 3
- Verwaltungsrat **Anh 177a** 75
- Vollmachtmissbrauch **Anh 177a** 78a

Publizität 15
- Reichweite 15 8

Publizitätsgesetz
- Übergangsrecht (1) EGHGB 54

Publizitätsrichtlinie 325 5
Pull-Zahlung (7) BankGesch C/34, 72, 74
- Sperrung (7) BankGesch C/49

Punktwertevereinbarung 92 9
Push-Zahlung (7) BankGesch C/34, 73

Qualität 86 27; 86a 13, 91a 6
Qualitätszertifikat 346 40
Quasi-Gesellschafter Anh 177a 65, 79
Quittung s Orderpapier
Quotenkonsolidierung 310

Rabatt 84 12, 38; **87b** 8; 89 16
Rahmenliefervertrag Einl vor 343 3; **Einl** vor 373 29
Rahmenvertrag 84 13; 87 7, 38, 41; 92 4; **Einl** vor 343 3; (7) BankGesch A/6, 8, G/2, 34, O/1, P/4
- HdlVertreter 84 13; 87 7, 38, 41; 92 4

Rangrücktritt 246 13
Rat 347 8–41
- s auch Haftung
- Banken (7) BankGesch A/16–29

Ratingverordnung 347 16
Ratingvertrag 347 21
Realisationsprinzip 246 14; 252 18–23, 48, 55
Realisationszeitpunkt 252 19
Rechenschaft, HdlGehilfe 59 53
RechKredV 330 3; 340 5–6
Rechnungsabgrenzungsposten Einl vor 238 34; 250; 266 21; 268 4
- aktive 250 1–3
- Disagio/Damnum 250 8
- passive 250 5–7
- Umsatzsteuer 250 4
- Verbrauchssteuern 250 4
- Zölle 250 4

Rechnungsabschluss (8) AGB-Banken 7
- kameralistischer 263 2

Rechnungslegung Einl vor 238 2, 4, 9 ff., 342; 342a-e
- IAS s dort
- IAS-VO **315a**
- IFRS s dort
- Kleinstkapitalgesellschaft s dort
- Prüfstelle für Rechnungslegung s dort

Rechnungslegungsbeirat 342a
Rechnungslegungsgremium 342
Rechnungspflicht
- Befreiung **Einl** vor 238 50, 51; **241a** 1–4

Rechnungswesen s Handelsbücher, Publizitätsgesetz
Recht an Gewerbebetrieb 90 8
Rechtsangleichung Einl vor 1 28; 84 3; 86 22
- s auch Rechtsvereinheitlichung

Rechtsanwalt 1 19
- Anderkonto (10) AGB-Anderk
- Aufklärung ggü 347 37

Rechtsanwalts- und Steuerberaterexposé 347 21
Rechtsberatungsgesetz Anh 177 78; (7) BankGesch G/6, 9
Rechtsbindungswille Einl vor 343 4
Rechtsfähigkeit Einl vor 105 12
- BGB-Ges **Einl** vor 105 14
- InnenGes **Einl** vor 105 10
- OHG 124
- Verein **Einl** vor 105 1

Rechtsformwahl Einl vor 105 4, 6–7
Rechtsformzwang Einl vor 105 5
Rechtsgeschichte Einl vor 1 8–15
Rechtsirrtum 347 37
Rechtskraft 128 43; 129 7–8
Rechtsnachfolge
- Gesamtrechtsnachfolge **Einl** vor 1 43
- Nachweis 12 5

Rechtspfleger Einl vor 1 82; 8 3
Rechtsquellen Einl vor 1 16–23
Rechtsschein 54 3, 4, 9; 55 3, 10; 84 25; 91a 7, 9
- s auch Vertrauen, Vertretung
- Abschlussvollmacht 55 3, 10
- Frachtbrief 409 6
- ggü Geschäftsunfähigem 15 6
- HdlRegister 15 17
- KG 176 3, 7
- reines Rechtsscheinprinzip 15 6
- ScheinGes 105 11, 98–99
- ScheinGfter 128 5
- Wirkung 15 22

Rechtsscheinhaftung 5 9–18; 15 3, 5, 17
- Beweislast 15 7, 20
- Kausalität 15 9, 21
- Kenntnis 15 7, 20
- Schonfrist 15 14
- Zeitpunkt, maßgeblicher 15 10, 22
- Zurechenbarkeit 15 19

Rechtsscheinhandlungsvollmacht 54 3–5; 55 3
Rechtsscheinkaufmann 5 9–18
Rechtsscheinprinzip 15 6, 19
Rechtsschutzinteresse 87c 21, 26
Rechtsvereinheitlichung Einl vor 1 27–28
- s auch Europäische Gemeinschaft

Rechtswahl
- Rom I-VO **92c** 11; **452a** 1

Refaktie 380 II
Reformen
- des HGB **Einl** vor 1 11–15

Sachverzeichnis

Register s Handelsregister, Unternehmensregister
Registergericht
– Bindung **16** 1
– Ermessen **8** 8
– Prüfung der Eintragungsvoraussetzungen **8** 7–9; **29** 3
– Registerführung **8** 3
– keine Verwaltung **8** 8
Registersachen (3) FamFG 374
Registervernetzung 8 2b; **9b**; **13e** 4
Registerzeugnis 9 14
Registerzwang 14
Regress
– Gfter **128** 25–28
Reisebüro 84 26; **86** 38; **86b** 14; **89b** 12, 16
Reisende 84 1, 6, 23
– HdlGehilfe **59** 31a
– HdlVertreter **59** 31a; **84** 1, 6, 23
Reisescheck (7) BankGesch E/9–17
Reisevermittlungsvertrag 84 50
Rektapapier 443 1; **475g** 1
Religion 59 10; **62** II
Rembours (11) ERA Einl 1; **7** 3; **13**
Remboursgeschäft (7) BankGesch G/26
Rentenverpflichtungen 253 3, 49
Reputationsschaden 87a 23
Restlaufzeit Einl vor **238** 74; **268** 4
Restschuldversicherung (7) BankGesch G/5, 10, 12, 40
Reugeld 348 9
Revisibles Recht 89a 12; **89b** 84
Revisionsgericht 89b 84
revolvierender Kredit s BankGesch
Richterrecht 59 6
Richtlinie über die Verwaltung Alternativer Investmentfonds s AIFM-RL
RICo s Eisenbahn
RID s Eisenbahn
RIEX s Eisenbahn
RIP s Eisenbahn
Risiko 84 12, 35 f; **86** 9, 35; **86a** 15; **86b** 11, 14; **87a** 17, 26, 28, 33; **87d** 3; **89a** 21; **89b** 20, 88, **90a** 9; **91a** 8
Risikobegrenzungsgesetz 354a 4
– Bankgeheimnis **(7)** BankGesch A/9
– Übergangsvorschrift **(1)** EGHGB 64
Risikomanagement 289 5
Risikomischungsgrundsatz Anh **177a** 89
Risikostreuungsgrundsatz Anh **177a** 91
Risikoprämie Einl vor **1** 37
Rohergebnis Einl vor **238** 75
Rohertragsmethode 84 12; **89b** 32
Roh-, Hilfs- und Betriebsstoffe 253 23
Rohstoffmangel 86a 11
Rollfuhrversicherung 461 1
Rom I-VO 92c 1, 10a; Einl vor **343** 17; **449** 4
– Rechtswahl **452a** 1

Rom II-VO
– Prospekthaftung **Anh 177a** 55a
Rosinentheorie 15 6
Rückerstattung
– HdlGeschäft **Einl** vor **1** 53
Rückerwerb eigener Anteile 272 4
Rücklagen
– s auch Gewinn, Handelsbücher, Rückstellungen
– eigene Anteile **272** 4, 5
– Gewinnrücklagen **270** 2; **272** 10
– Kapitalrücklagen **270** 1; **272** 6–9
– OHG **121** 4
– Sonderposten mit Rücklageanteil **247** 8; **270** 1
– stille Reserven **105** 106; **120** 6; **243** 2; **252** 15–17; **253** 27
Rücklagenveränderungen 275 34
Rücksichtnahme 86a 1, 3, 13, 15
Rücksichtnahmepflicht
– des HdlGehilfen **59** 48
– des Unternehmers **86a** 1–3, 15
– Vergabeverfahren **Einl** vor **343** 3
Rückstellung 89b 6
– s auch Handelsbücher, Rücklagen
– Abraumbeseitigungsrückstellung **249** 18
– Anhang **285** 13; **288**; **327** 2
– Ansammlungsrückstellungen **285** 13
– Ansatz **253** 5
– Arten **249** 1
– Auflösungsverbot **249** 31
– Aufwandsrückstellungen **Einl** vor **238** 33; **249** 1, 26–28
– Betriebsprüfungskosten, zukünftige **249** 3
– Bewertung **249** 1; **253** 3
– Bilanzrückstellung **89b** 5
– für drohende Verluste **249** 10–16
– Gewährleistungsrückstellungen **249** 1, 2, 26
– Großreparaturen **249** 28
– IAS **249** 1
– IFRS **249** 1
– Instandhaltungsrückstellungen **249** 17–23
– OHG **120** 4
– Optionsausübung **246** 13
– Passivierungspflicht **249** 4
– Passivierungswahlrecht **Einl** vor **238** 89
– Passivseite **266** 17
– Pauschalrückstellung **249** 4
– Pensionsrückstellungen **249** 5; **285** 23
– Pensionsverpflichtungen **Einl** vor **238** 32, 65; **243** 2; **246** 25; **249** 14–18
– sonstige **249** 30
– Steuerabgrenzung **249** 3, 274
– Steuerbilanz **249** 5
– Steuerrückstellungen s dort
– temporary concept **274** 1; **306** 2
– timing concept **274** 1; **306** 2
– Übergangsrecht **Einl** vor **238** 87; **249** 8
– für ungewisse Verbindlichkeiten **249** 2–4

2671

Sachverzeichnis

- Verbot **249** 30–31
- Verwaltungskosten **249** 3
- Zweck **249** 1
- **Rücktritt 55** 7, 9, 12; **86** 47; **86b** 11; **87** 7; **90a** 22
- s auch Handelsvertreter, Offene Handelsgesellschaft
- Abschlussvollmachtumfang **55** 7, 9, 12
- Delkredereprovision **86b** 11
- bei Nichtausführen **87a** 22
- Sperrabrede **75f**
- des Unternehmers **86** 47
- Wettbewerbsverbot **75a** 1; **90a** 22

Rückvergütungen
- Abgrenzung von Innenprovision **Anh 177a** 66d
- Aufklärungspflichten **Anh 177a** 53, 66d; **347** 25, 30
- HdlVertreter **87b** 5
- Kommissionär **384** 2
- verdeckte **347** 30
- Vorsatz **347** 18

Rückverkaufsoption 246 13–14
Rückzahlungsklauseln 59 66–69; **89** 16, 28
Rüge 55 4, 6, 8, 12; **87** 4
- s Mängelrüge
RUF s BankGesch

Saarland 17 49
Sachanlagen 266 6
Sachleistungen 59 69
Sachversicherung 87a 29
Sachverständige 87b 2; **87c** 27
- s auch Gutachten
- Auskunft **347** 21
- Börsenprospekthaftung **(15a)** WpPG **Einl** vor **21** 3
- Börsensachverständigenkommission **(14)** BörsG **Einl** vor **1** 20
- Schiedsgutachter **131** 53
Sachwalterhaftung Einl vor **48** 9
Saldo s Kontokorrent
Sammelbank (13) DepotG **1** 6
Sammelbewertung 240 8
Sammelladungsspedition 460; **466** 4
Sammellagerung 467 1, 6
Sammelschuldbuchforderung (13) DepotG **1** 2
Sammelsendung 440 1
Sammelurkunde (13) DepotG **1** 2; **9a**
Sammelverwahrung (13) DepotG **2** 1; **5–9a, 24**
- Drittsammelverwahrung **(13)** DepotG **6** 1
- Pfandrecht **(13)** DepotG **9**
- Umwandlung in Alleineigentum **(13)** DepotG **6** 3
- Verlust **(13)** DepotG **7** 2
Sandbagging Einl vor **1** 44
Sanierung 86a 12; **89b** 20
- latente Steuern **274** 1
Sanierungskredit (7) BankGesch G/32

Sarbanes-Oxley Act Überbl vor **316** 7
Satzungssitz Einl vor **105** 29
Scan 12 7
Schaden
- abstrakte Berechnung **376** 13
- Deckungskauf, rechtzeitiger **376** 13
- Kausalität **347** 35
- konkrete Berechnung **376** 12
Schadensersatz 54 19; **55** 7; **84** 49; **85** 3, 10; **86** 21, 23, 32, 47, 49; **86a** 4, 11, 14; **86b** 7; **87** 5 ff., 24, 32; **87a** 11, 23, 28; **87c** 11, 16, 27; **88a** 5; **89** 16; **89a** 1, 30, 34f, 38, 40; **89b** 72; **90** 8 f.; **90a** 18, 21, 25
- s auch Handelsvertreter
- wegen Firma **17** 40; **37** 14
- Firmengebrauch **37** 14
- HdlGehilfe **59** 44–47; **61** 2
- wegen HdlGeschäft **Einl** vor **1** 56–70
- Kündigung (OHG) **113 I**; **133** 17
- pauschalierter **348** 11; **(5)** BGB **309 Nr. 5**
- Vollmachtüberschreitung **54** 19–20
Schadensfeststellungskosten 430
Schadensminderungspflicht 89a 34
Schadensversicherung 89b 91, 96; **(18)** ADSp **28**
Schätzunterlagen 89b 22
Scheck 54 11, 13 f.; **87a** 11
- s auch BankGesch, Kontokorrent
- Bilanz **251**; **266** 11
- Bürgschaft **349** 21
- HdlVollmachtumfang **54** 11, 13–14
- Leistung erfüllungshalber **87a** 11
Scheckabkommen (7) BankGesch E/7
Scheckauskunft (7) BankGesch E/8
Scheckbestätigung (7) BankGesch E/8
Scheckeinlösungsbestätigung (7) BankGesch E/8
Scheckeinlösungszusage (7) BankGesch E/8
Scheckgeschäft (7) BankGesch E/1–8
Scheckinkasso (7) BankGesch E/6
Schecksperre (7) BankGesch E/4, 16
Scheckvollmacht 54 13
Scheck-Wechselverfahren (7) BankGesch j/1
Schein s Rechtsschein
Scheinerbe 131 76
Scheingesellschaft 105 11, 98–99
Scheingesellschafter 128 5
Schenkung
- Anteil **105** 56, 68, 71
- Form **350** 3
- HdlGeschäft **Einl** vor **1** 44
- stille Beteiligung **230** 10, 24
Schiedsabrede Einl vor **1** 88–90
- Unabhängigkeit **Einl** vor **1** 92
Schiedsfähigkeit Einl vor **1** 88
Schiedsgericht Einl vor **1** 91; **54** 15 f.
- besondere Ermächtigung **54** 15
Schiedsgerichtsbarkeit Einl vor **1** 88–99
- s auch Internationale Handelskammer

Sachverzeichnis

- Anerkennung **Einl** vor **1** 88–92, 99
- Arbitrage **346** 40
- Beschlussmängelstreitigkeiten **Einl** vor **1** 88
- DIS **Einl** vor **1** 88
- GfterAusschließung **140** 32
- ICC-SchiedsGO **Einl** vor **1** 88, 91
- internationale **Einl** vor **1** 96–99
- Mehrparteienschiedsverfahren **Einl** vor **1** 88; **25** 11
- persönliche Haftung **128** 40

Schiedsgutachter 131 53
Schiedsgutachtervertrag Einl vor **1** 93–95
Schiedsklage Einl vor **1** 91
Schiedsklauseln
- im GesVertrag **Einl** vor **1** 88–90
- Wirkungsdauer **109** 45

Schiedsrichter
- Ablehnung **Einl** vor **1** 92

Schiedsrichtervertrag Einl vor **1** 91
Schiedsspruch Einl vor **1** 91
- Aufhebung, gerichtliche **Einl** vor **1** 92
- Internationale Anerkennung und Vollstreckung **Einl** vor **1** 99
- Zwischenentscheid **Einl** vor **1** 92

Schiedsvereinbarung Einl vor **1** 89; **124** 43; **128** 40
Schiedsvergleich Einl vor **1** 91
- Auslegung **Einl** vor **1** 89
- Form **Einl** vor **1** 89
- Rechtsnachfolger **Einl** vor **1** 89

Schiedsvertrag Einl vor **1** 88
Schifffahrtsvertreter 84 56; **86** 2; **89b** 76; **92c** 2
- Vertragsfreiheit **92c** 13

Schiffsagentur 84 26
SchirmGVO 86 38
Schleppvertrag 407 14
Schmähkritik Einl vor **1** 63, 66
Schmiergeld 86 17, 23, 41; **87b** 7; **87d** 4; **89b** 38
- Herausgabe **59** 49; **86** 17, 23
- Rechenschaft **86** 41

Schmiergeldverbot 59 51
Schnittstellenkontrolle (18) ADSp **1.12**, **7.2**
Schrankfach (7) BankGesch V/1, **(13)** DepotG 1 5
- s auch Verwahrung von Wertpapieren

Schriftform 85 5; **86b** 5, 6; **87** 11; **87c** 4, 6; **89a** 14; **90a** 14, 23, 26
- s auch Form
- E-Mail **89** 15

Schriftformklausel 105 63; **Einl** vor **343** 9; **(5)** BGB **309 Nr. 13**
„Schrottimmobilien" **347** 25, **(7)** BankGesch G/9b-9c
Schufa (7) BankGesch A/55
Schuldanerkenntnis 54 11; **87c** 3 f., 11, 29
- s auch Schuldversprechen
- Ausgleichsanspruch **89b** 71

- HdlVollmachtumfang **54** 11
- negatives **350** 6
- Provision **87a** 19; **87c** 3–4, 11, 19, 29
- Saldoanerkenntnis **92** 5
- Schriftform **87c** 4

Schuldbeitritt 86b 6, 8; **89b** 73
- gesetzlicher **421** 4
- Innenverhältnis **249** 5
- Kdtist **171** 5

Schulden
- s auch Bilanz, Haftung
- Bilanz **246** 1; **247** 1
- Passivierbarkeit **246** 13
- Wertansatz **253** 2

Schuldenwesen (13) DepotG **1** 2
Schuldnerverzug
- s auch Annahmeverzug
- mit Bestimmungspflicht **375** 6
- des Käufers **374** 1
- Verhältnis zum Annahmeverzug **374** 7

Schuldschein 344 II
Schuldscheindarlehen (7) BankGesch G/24
Schuldübernahme 25 18; **89b** 68, 75; **349** 14
- Ausgleichsanspruchswegfall **89b** 68, 75

Schuldverschreibungsgesetz (SchVG) (7) BankGesch Y/3
Schuldversprechen
- s auch Schuldanerkenntnis
- abstrakter Vertrag **350** 4
- Form **350** 4, 7

Schutzgesetz 238 19
- KWG **(7)** BankGesch A/5

Schutzrechtsverwarnung Einl vor **1** 68
- Anwaltshaftung **Einl** vor **1** 68

Schwangerschaft 59 118
- Fragerecht des ArbG **59** 34

schwebende Geschäfte
- s auch Bilanz, Offene Handelsgesellschaft, stille Gesellschaft
- Bewertung **252** 21

Schweden s Skandinavien
Schweigen 54 14; **85** 2f; **86** 4, 30, 42; **87** 21, 25, 35, 41, 48; **87a** 33; **87b** 18; **87c** 4, 29; **89** 6, 9, 17, 24; **89a** 29; **91a** 9 f; **92c** 1,3,5; **346** 30–38; **362**
- s auch Bestätigung, Rechtsschein
- auf Abweichung **346** 34
- Anfechtung **346** 28, 33; **362** 6
- Auslegung **346** 30
- auf Bestätigungsschreiben **346** 16–29
- Geschäftsbesorgung **362**
- internationaler Verkehr **346** 29, 38; **362** 8
- auf Rechnungsabschluss **346** 37
- auf Vertragsangebot **346** 36; **362**
- Widerspruch **346** 25, 30, 32, 34

Schweiz Einl vor **1** 25; **84** 2; **89b** 1; **90a** 2; **92c** **4**
Schwellenwerte Einl vor **238** 22, 25, 35, 80; **241a** 2; **242** 2 f.; **289b** 2; **293** 4; **315b** 2; **318** 13; **319** 15; **319a** 2; **322** 2

2673

Sachverzeichnis

Schwellenwertrichtlinie Einl vor **238** 13
Schwerbehinderte 59 12, 96, 162, 166
– AGG **59** 10
– Ausgleichsabgabe **59** 93
– Beschäftigungspflicht **59** 96
– Fragerecht des ArbG **59** 34
– Kündigungsschutz **59** 162
SE Einl vor **105** 34
Seefrachtrecht 450
Seehandel 407 1, 7–8; **476–619** 1
– Reformgesetz **407** 3; **(1)** EGHGB **71**
Seekonnossement 443 2
– Traditionspapier **448** 1
Sekundärhaftung 347 30
Selbständigkeit 55 1; **84** 1, 5, 7, 33 ff., 46 f; **86** 1, 5, 16, 29, 32, 34, 38, 42; **86a** 15; **87** 14, 27, 50; **89** 5 f, 10; **89a** 1, 30; **89b** 1, 5; **90a** 5, 9, 12; **92** 1; **92a** 1; **92b** 2; **92c** 12
Selbstbelieferungsvorbehalt 346 40
Selbsteintritt
– Banken **(8)** AGB-WPGeschäfte **1**; **4**; **9**
– Effektengeschäft **400** 2; **(8)** AGB-WPGeschäfte **1** 2
– Kommissionär **384** 7; **400–405**; **(13)** DepotG **31**
– Spediteur **458** 2; **466** 4
Selbsthilfeverkauf 373 II-V; **374** 11–30
– AGB-Kontrolle **374** 30
– Androhung **373** II; **374** 13–17
– Benachrichtigung **373** V; **374** 18
– Durchführung **374** 19–22
– Erfüllungswirkung **374** 24, 26
– freihändiger Verkauf **374** 12
– Geschäftsführung ohne Auftrag **374** 28
– Lagerhalter **471** 2
– Ordnungsmäßigkeit **374** 23–29
– Ort **374** 21
– Rechtswirkungen **373** III; **374** 23–29
– Schadensersatz **374** 27
– Spediteur **(18)** ADSp **21**
– Verkäuferverschulden, grobes **374** 20
– Versteigerung, öffentliche **374** 5, 11, 18
– Verwertung **374** 29
Selbstkontrahieren 49 2; **119** 22; **126** 9
„Selbstlieferung vorbehalten" 346 40
Selbstmord 89b 9, 34, 54
Selbstorganschaft 114 24–25; **125** 5
Selbstspezifikation 375 6
Selbstständige
– s auch Freiberufler
– Abgrenzung zum Arbeitnehmer **59** 23
– Begriff **84** 35–38
– Buchführung **84** 36
– Firmenpapier **84** 38
– HdlVertreter **84** 5, 33–38
Sendungsbegriff 431 2
SEPA-Basislastschriftverfahren (7) BankGesch D/14–27
SEPA-Begleitgesetz (7) BankGesch D/1 f.
SEPA-Firmenlastschriftverfahren (7) BankGesch D/28–35

SEPA-Lastschriftverfahren (7) BankGesch D/1–60
– s auch Abbuchungsauftragsverfahren, Einzugsermächtigungsverfahren, SEPA-Basislastschriftverfahren, SEPA-Firmenlastschriftverfahren, SEPA-Überweisung
– AGB-Kontrolle **(7)** BankGesch D/17, 32
– Altfälle **(7)** BankGesch D/8, 9
– Aufwendungsersatzanspruch **(7)** BankGesch D/37
– autorisierte Zahlung **(7)** BankGesch D/17
– Autorisierung **(7)** BankGesch D/178
– Bedingungen **(7)** BankGesch D/13, 14–27, 28–35, 47
– Begriff **(7)** BankGesch D/1
– Belastung des Zahlungskontos **(7)** BankGesch D/20
– Benachrichtigungspflicht **(7)** BankGesch D/39
– Bereicherungsausgleich **(7)** BankGesch D/50–55, 60
– Deckungsverhältnis **(7)** BankGesch D/36–40
– Doppelermächtigung **(7)** BankGesch D/38b
– Doppelmandat **(7)** BankGesch D/36
– Drittschutzwirkung **(7)** BankGesch D/44
– Einlösung **(7)** BankGesch D/20, 36
– Entgelt **(7)** BankGesch D/37
– Erfüllung **(7)** BankGesch D/57
– Erstattungsanspruch **(7)** BankGesch C/70, D/31, 38
– Formen **(7)** BankGesch D/8
– Gefahrtragung **(7)** BankGesch D/58, 59
– Genehmigungsfiktion **(7)** BankGesch D/38a
– Girovertrag **(7)** BankGesch C/20–32
– Gutschrift **(7)** BankGesch D/20, 48
– Haftung aus § 826 **(7)** BankGesch D/45
– Haftung des Zahlungsdienstleisters **(7)** BankGesch D/40
– Inkassovereinbarung **(7)** BankGesch D/46
– Inkassoverhältnis **(7)** BankGesch D/46–55
– bei Insolvenz **(7)** BankGesch D/38, 38a, 38b, 49
– Interbankenverhältnis **(7)** BankGesch D/41–45
– Internetlastschrift **(7)** BankGesch D/36
– Kontinuitätsregel **(7)** BankGesch D/38b
– Kundenkennung **(7)** BankGesch D/16
– Kündigung des Zahlungsdiensterahmenvertrags **(7)** BankGesch D/23
– Lastschriftabrede **(7)** BankGesch D/56
– Lastschriftbedingungen 2014 **(7)** BankGesch D/13, 14–17, 28–35
– Legaldefinition **(7)** BankGesch D/1
– Mandat des Zahlungspflichtigen **(7)** BankGesch D/17
– Mängel **(7)** BankGesch D/40, 49, 50–55
– Missbrauch **(7)** BankGesch D/38, 45

Sachverzeichnis

- neues Recht **(7)** BankGesch C/1–19, D/1–5
- Nichteinlösung **(7)** BankGesch D/21, 39
- Nichtverbraucher-Kunden **(7)** BankGesch D/30
- rechtliche Qualifikation **(7)** BankGesch D/6–13
- Rechtzeitigkeit der Zahlung **(7)** BankGesch D/58
- Rückbelastung **(7)** BankGesch D/49
- Schutzpflichten **(7)** BankGesch D/44
- SEPA-Begleitgesetz **(7)** BankGesch D/1 f.
- SEPA-Lastschriftabkommen **(7)** BankGesch C 18 f., 83 f., D/42 f.
- SEPA-Rulebooks **(7)** BankGesch D/1, 42
- SEPA-Verordnung **(7)** BankGesch D/1 f.
- Ungültigwerden des SEPA-Lastschriftmandats **(7)** BankGesch D/23
- Valutaverhältnis **(7)** BankGesch D/56–60
- Verbraucherbegriff **(7)** BankGesch D/30
- Vertragsverhältnisse **(7)** BankGesch D/12
- Vorabautorisierung **(7)** BankGesch D/17
- Widerruf des Zahlers **(7)** BankGesch D/23–25
- Zahlungsauftrag **(7)** BankGesch C/17
- Zahlungsbedingungen **(7)** BankGesch D/13, 14–27, 28–35
- als Zahlungsdienst **(7)** BankGesch C/7
- Zahlungsdiensterahmenvertrag **(7)** BankGesch C/20–32

SEPA-Überweisung (7) BankGesch C/1, 15–16

SEPA-Verordnung 2012 (Überweisung) **(7)** BankGesch D/1 f.
- s auch SEPA-Lastschrift
- Geldautomatenverfügung **(7)** BankGesch D/1a
- Geltung **(7)** BankGesch D/1
- IBAN-only-Ansatz **(7)** BankGesch D/1a
- interne Zahlungsvorgänge **(7)** BankGesch C/27, 43
- Kontinuitätsregel **(7)** D/1a
- Stichtag **(7)** BankGesch C/1, 3
- technische Standards **(7)** BankGesch D/1a
- Vollharmonisierung **(7)** BankGesch C/4
- Zahlungskartenzahlung **(7)** BankGesch C/1, 5, 7, D/1a, F/1

share deal Einl vor **1** 44
share-Regel (7) BankGesch C/47
Shopgeschäft 84 19
Sicherheiten s Kreditsicherung, Pfandrecht
Sicherheitenverwertung
- Insiderhandelsverbot **(16a)** MAR **9** 8

Sicherungsabtretung 124 19
- Sparkasse **(9)** AGB-Spark **21**

Sicherungsbilanzierung 254 4
Sicherungsklauseln (7) BankGesch H/5
- s auch AGB

Sicherungsübereignung 246 15
Simultaninsolvenz 131 22
Sittenwidrigkeit 54 20; **85** 1; **86** 9; **87a** 23; **87b** 18; **89** 16; **90a** 7, 9, 11, 17; **92** 5; **Einl** vor **343** 11
- Betrieb **1** 21; **74a** 8
- Darlehen **(7)** BankGesch G/6–10c, H/5

Sitz 106 8–10
- anwendbares Recht **Einl** vor **105** 29
- Doppelsitz **15** 25; **106** 9
- gesellschaftsrechtlicher **106** 8
- Hauptniederlassung im Ausland **13d**
- Ortsform **Einl** vor **105** 32
- Satzungssitz **Einl** vor **105** 29
- tatsächlicher **106** 8

Sitztheorie Einl vor **105** 29; **106** 8
Sitzverlegung 106 10
- Anmeldung **107** 1; **108** 1
- in das EU-Ausland **Einl** vor **105** 29
- in das Inland **105** 10
- Konzernrechnungslegung **290** 1

Skandinavien Einl vor **1** 25
Skimming (7) BankGesch F/30
Skonto 346 40
Skontration s BankGesch
SMG 2001 84 4
„so schnell wie möglich" 346 40
Sogwirkung 84 15; **89b** 14, 19, 35, 40
Sole agent 87 24
Sollkaufmann s Kaufmann
Sonderposten mit Rücklageanteil 247 8; **270** 1
Sonderprivatrecht Einl vor **1** 1
Sonntag s Feiertag
Sorgfaltspflicht 86 2, 13, 44 ff., 47, 51; **91a** 10; **347**
- s auch Haftung
- außervertragliche **347** 2
- Bestimmung **347** 1
- Beweislast **347** 37
- Drittthaftung **347** 19–21, 38a
- grobe Fahrlässigkeit **347** 5
- Haftungsbeschränkung **347** 5–7
- Haftungsgrundlagen **347** 8–22
- HdlVertreter **86** 2, 13, 44, 47, 51
- Maßstab **347** 1
- des Unternehmers **86** 44; **86a** 1
- Verhaltenspflichten **347** 23–33
- wie in eigenen Dingen **347** 5

Sortenhandel (8) AGB-WPGeschäfte **Einl** 2
Sortiment 86 27; **87** 18, 27; **89a** 17; **89b** 10, 58
Sortimentsliste 87 27
Sortimentsverkleinerung 89b 10
Sozialansprüche 109 15
soziales Netzwerk 59 34
Sozialverbindlichkeiten 109 15; **124** 51
Sozialversicherung 84 36
- HdlGehilfe **59** 12, 100, 103
- HdlVertreter **84** 36
- stiller Gfter **230** 6

2675

Sachverzeichnis

Spaltung Einl vor **105** 20, 23–24, 27, 36
– s auch Umwandlung
Spanien Einl vor **1** 25
Sparbrief (13) DepotG **1** 1
Sparbuch s BankGesch
Sparkassen
– AGB **(9)** AGB-Spark
– Lastschriftbedingungen **(9)** AGB-Spark **Einl** 3
Sparkassenbrief (7) BankGesch G/17
Sparkassentochter 347 30
Spector-Vermutung (16a) MAR **8** 3; **9** 1
Spediteur 84 18
– Abgrenzung von HdlVertreter **84** 18
– Angebote **(18)** ADSp **16**
– Ansprüche gegen Dritte **(18)** ADSp **22.4**
– Empfangsspediteur **441** 2
– Gelegenheitsspediteur **453** 2
– Leutehaftung **462** 1
– nachfolgender **465**
– Pfandrecht **440** 1; **441** 2; **464**–**465**; **(18)** ADSp **20**
– Pflichten **453** 9–12; **(18)** ADSp **4**; **25.1**
– als Vermittler **407** 1
– Zwischenspediteur **453** 10
Spediteur-Bedingungen (18) ADSp
Spediteurhaftung 461
Spedition 453–**466**; **(18)** ADSp
– s auch Frachtvertrag, Güterkraftverkehr
– Ablieferung **(18)** ADSp **13**
– Ablieferungsquittung **(18)** ADSp **8.3**
– Abtretung **457**, **478 (18)** ADSp **22.5**
– abweichende Vereinbarungen **466**
– AGB **466** 2–3
– anwendbares Recht **466** 6; **(18)** ADSp **30.1**
– Aufrechnung **(18)** ADSp **19**
– Auftraggeber **(18)** ADSp **1.2**
– Adresse **(18)** ADSp **1.8**, **3.1**
– Aufwendungsersatz **(18)** ADSp **17**
– Auslegung **(18)** ADSp **Einl** 6
– Begriff **453**
– Beweislast **(18)** ADSp **25**
– Binnenschifffahrtsspedition **(18)** ADSp **25**
– BSL **(18)** ADSp **Einl** vor **1** 1
– Compliance **(18)** ADSp **32**
– Datenfernübertragung **(18)** ADSp **5.4**
– diebstahlsgefährdete Güter **(18)** ADSp **1.3**
– Drittschadensliquidation **462** 1
– Empfangsauftrag **(18)** ADSp **17.2**
– Empfangsberechtigung **(18)** ADSp **13.3**
– Erfüllungsort **(18)** ADSp **30.2**
– Ermessen **(18)** ADSp **21.4**
– Fälligkeit **456**; **(18)** ADSp **18.1**, **19**
– FCR **453** 4, 8
– FCT **453** 4
– FIATA **453** 4
– Fixkostenspedition **459**; **466** 4
– Frachtberechnung **420**
– gefährliche Güter **(18)** ADSp **3.2**
– Geheimhaltung **(18)** ADSp **31**

– Geltungsbereich der ADSp **453** 17; **466**; **(18)** ADSp **Einl** 2, 4
– Gerichtsstand **(18)** ADSp **30.3**
– Güterschaden **461** 2, **(18)** ADSp **24.1**
– Haftung **461**; **462**; **(18)** ADSp **11.2**; **15.4**, **15.5**; **22**, **29**
 – verschuldensunabhängige **455** 2; **461** 3
– Haftungsbegrenzungen **461** 3; **(18)** ADSp **23**, **24**, **29**
– Haftungsversicherung **(18)** ADSp **28**
– Hindernisse **(18)** ADSp **12**
– hochwertige Güter **(18)** ADSp **1.7**, **3.3**, **15**
– Inhaltskontrolle **(18)** ADSp **Einl** 5, **3.6**
– internationaler Verkehr **453** 4; **(18)** ADSp **Einl** 2
– kombinierter Transport **452**–**452d**
– Lagerung **(18)** ADSp **1.6**, **1.12**, **1.14**, **2.3**, **15**
– Leutehaftung **462**
– multimodaler Transport s dort
– Nachnahme **(18)** ADSp **10**, **17.2**
– öffentlich-rechtliche Akte **(18)** ADSp **3.1**
– ordre public **466** 6
– Papiere **453** 8
– Pfandrecht **440** 1; **464**–**465**; **(18)** ADSp **20**
– Pflichten des Auftraggebers (Versenders) **453** 13
– Provision **(18)** ADSp **16**
– für Rechnung eines Dritten **(18)** ADSp **10**
– Rollfuhrversicherung **461** 1
– Sammelladungsspedition **460**; **466** 4
– Schadensereignis **(18)** ADSp **1.11**
– Schadensversicherung **(18)** ADSp **28**
– Schnittstellenkontrolle **(18)** ADSp **7**
– Selbsteintritt **458** 2; **466** 4
– Selbsthilfeverkauf **(18)** ADSp **20.2**
– Sorgfaltspflichten **(18)** ADSp **1**
– Unterspedition **453** 10
– Untersuchung **(18)** ADSp **4.1.2**
– unverschuldetes Ereignis **(18)** ADSp **22.4**
– Verbraucher **466** 5
– Vergütung **(18)** ADSp **16**
– Verjährung **439** 1; **463**
– Verkehrsvertrag **(18)** ADSp **2**
– Verpackung **455** 1; **(18)** ADSp **4.1.1**, **6**
– Verschulden, qualifiziertes **(18)** ADSp **27**
– Verschwiegenheitspflicht **(18)** ADSp **31**
– Versender **453** 7
– Versenderschutz **457** 2
– Versicherung **(18)** ADSp **3.4**, **21**, **28**
– Verwiegung **(18)** ADSp **4.1.2**
– Verzollung **(18)** ADSp **5**
– Vorteilsausgleichung **(18)** ADSp **22**
– Währung **(18)** ADSp **18**
– Weisungen **454** 4; **(18)** ADSp **1.15**; **4.1**, **8.3**, **9**, **13**; **21**
– Zurückbehaltungsrecht **(18)** ADSp **20.1**
– zusammengehörige Sachen **(18)** ADSp **6.2.1**

Sachverzeichnis

– zwingendes Recht (18) ADSp 2.2
– Zwischenspediteur 453 10
speditioneller Nachlauf 460 1
Speditionsvertrag 453 5–8
Sperrabrede
– s auch BankGesch
– unter Arbeitgebern 75f
Sperrung (7) BankGesch C/49
Spesen 84 36; 87 50; 87d; 89b 51
– HdlGehilfe 59 70, 144
– HdlVertreter 84 36; 87d, 89b 51
– Unpfändbarkeit 87 50
Sphärengedanke 412 3
Spitzenverbände der deutschen Wirtschaft Einl vor 1 23
Sprache s Fremdsprache
Spruchstellenverfahren 319 4
Squeeze-out (7) BankGesch T/3
– Insiderinfomationen (16a) MAR 7 14
Staatsaufsicht Einl vor 105 3
Staatshaftung s Amtshaftung
Staffelform 275 1
Staffelkontokorrent 355 8
Stahlfach s Verwahrung von Wertpapieren
Stammkunde 84 15; 86a 17; 89a 23; 89b 12, 14, 22 f., 29, 35, 40, 86 f.
stand alone-Bewertung Einl vor 1 37
Standards s Rechnungslegung
Standardvertrag s AGB
Standby Letter of Credit (7) BankGesch K/1a; (11) ERA Einl vor 1 1; 1 1
Standgeld 412 3; 417 1
ständige Betrauung 84 41 ff.
– Mehrgewerbevertretung 84 41
ständiger Vertreter 13e 3
Stellenausschreibung 59 37
Stetigkeitsgrundsatz Einl vor 238 52, 87
Steuer
– Buchführung 238 21
– Buchführungspflicht 238 5
– Ergebnisbeeinflussung 285 5
– Ertragsteuer 285 6
– Gewerbesteuer s dort
– Gewinn- und Verlustrechnung 275 23
– latente Einl vor 238 87; 246 1; 247 28–29; 266 10, 24; 274; 285 28; 306
– Lohnsteuer 59 103, 84 36
– negatives Kapitalkonto Anh 177a 55
– PublikumsGes Anh 177a 55
– Rückstellungen 266 17
– Umsatzsteuer s dort
– Verbrauchssteuer 250 4
– „zoll- und steuerfrei" 346 40
Steuerabgrenzung 274; 306
– aktive 274 3–4
– IFRS 306 1
– passive 274 1–2
– Rückstellungen 249 3
Steuerbehörden (7) BankGesch A/13
Steuerberater 1 19; (10c) AGB-Anderk
– Drittschutz 347 21

– Rechtsanwalts- und Steuerberaterexposé 347 21
Steuerberatungs- und Wirtschaftsprüfungs-KG Anh 177a 21
Steuerbilanz 242 4–6; 252 2; 249 5
Steuerentnahmerecht 122 17
Steuerklauseln Einl vor 1 44
Steuerrückstellungen 253 3; 266 17
Steuerumlageverträge 274 1
Steuervorteile 347 35
– Anrechnung Anh 177a 65
Stichproben 89b 22
Stichtag Einl vor 1 37; 252 8, 41
– IFRS 252 8
– Konzernrechnungslegung 290 1
Stiftung & Co Anh 177a 11
Stille Bestätigung (11) ERA 9 1
Stille Gesellschaft Einl vor 105 1, 18; 230–236
– Abgrenzung 230 4
– a-meta-Geschäft 230 4
– Anlagevermögen 232 1
– atypische 230 3
– Auflösung 234 1
– Auflösungsgründe 234 2
– Aufwendungsersatz 230 18
– Auseinandersetzung 230 3; 235
– Außenhaftung, beschränkte Einl vor 105 16
– Auszahlung 232 4
– Begriff 230 1
– Beteiligte s Stille
– Bewertung 230 22
– Buchführungspflicht 232 3
– Einlage 230 20–22, 27
  – Offenlegung Einl vor 105 16
– Einsicht 233; 235 3, 5
– Ende 234 1, 2
– Entnahme 232 4–5
– Fehlerhaftigkeit 230 11
– Finanzplanvereinbarung 236 3
– Firma 230 25
– Form 230 10
– Fortsetzung 230 1
– Fremdkapital 230 21
– gemeinsamer Zweck 230 2
– Geschäftsführung 230 14, 26
– Geschäftsvermögen 230 3, 25
– GesVermögensbeteiligung 230 3
– GesVertrag 230 9–12
– Gfter 230 5
– GfterDarlehen 236 3, 5–6
– Gewinn- und Verlustrechnung 232
– Gläubiger 230 27–28; 234 10
– Grundstückseinbringung 230 10
– Haftung 230 27; 236 1, 3, 5
– HdlRegister 230 25
– HdlVertreter 84 9
– Hinauskündigung 230 8
– Informationsrecht 233
– Inhaber 230 5
– Inhaberrechte 230 13–18

2677

Sachverzeichnis

- Inhaberpflichten 230 13–18
- InnenGes 230 2
- Insolvenz 230 3; 234 5; 236
- Insolvenzanfechtung 236 6–7
- Insolvenzantrag, verspäteter 236 3
- Jahresabschluss 233 3
- KfH 230 12
- KG **Einl** vor 105 16
- Kündigung 234 8
- Leistung ohne Rechtsgrund 230 24
- mehrgliedrige 230 7
- Minderjährige 230 8
- Mitwirkungsbefugnisse 230 3
- Nachschussklausel 232 6
- Nichtigkeit 230 11
- mit OHG **Einl** vor 105 16
- partiarisches Darlehen 230 4
- Rechenschaftspflicht 230 19
- Rechtsverhältnis zu Dritten 230 25–28
- Schenkung 230 10, 24
- Schiedsgericht **Einl** vor 1 88–92
- Schuldverhältnis 230 2
- schwebende Geschäfte 235 4; 236 2
- Sorgfaltspflicht des Inhabers 230 17
- spätere Gewinne 232 7
- Tod des Inhabers 234 4
- Treuepflicht 230 16, 23; 235 5
- typische 230 3
- Überwachung 233; 235 3, 5
- Umwandlung 230 29
- Unterbeteiligung 230 4; 233 13
- Vergleichsverfahren 234 6; 236 1
- Vermögenseinlage 230 20–21
- Vertrag 230 9
- Vertragsänderung 230 9
- Vertretungsmacht 230 26
- Vollmacht 230 26
- Vorkaufsrecht 230 10
- Wettbewerb 230 16

stille Reserven 105 106; 120 6; 243 2; 253 27
- s auch Rücklagen
- Begriff 252 13
- Beurteilung 252 15–16
- Bildung 252 17
- Zulässigkeit 252 14

Stiller 230 6–8
- Gewinn 231
- Gfter 230 6
- Gläubiger 230 28
- Kontrollrecht 233; 235 3, 5
- mehrere 230 7
- Rechte 230 20–24
- Pflichten 230 20–24
- Sozialversicherungspflicht 230 6
- Tod 234 4
- Treuepflicht 230 23
- Verlust 231; 232 1, 6
- Vermögenseinlage 230 20–21

Stilllegungsprämie 89b 20
Stillschweigen s Schweigen

Stimmbindungsvertrag Einl vor 105 11; 119 17–18; 163 9
Stimmpflicht 119 6
Stimmrecht 119 5, 14
- Ausschluss 119 8–16; 163 5
- Beschränkung 163 5–7
- Mehrstimmrecht 119 14; 163 8
- Missbrauch 119 11
- Übertragung 119 19
- Verbot 119 8–9
- Vertretung 119 21–23

Stornierung
- s auch BankGesch
- Insidergeschäfte (16a) MAR 8 2
- Provision 84 46; 92 9–10
- Versicherungsvermittlung 92 3, 5

Storno 87a 27; 91a 9 f.; 92 3, 5
- Kleinstorno 87a 27, 30
Stornoabwehr 87a 27
Stornobuchung (7) BankGesch C/54; **(8)** AGB-Banken 8; **(9)** AGB-Spark 8
Storno(gefahr)mitteilungen 87a 27; 92 3, 5, 9–10
Störung der Geschäftsgrundlage Einl vor 343 13
- s auch Geschäftsgrundlage
Strafbarkeit 84 51; 86 23; 90 9
- der OHG 124 40
Strafvorschriften 331–333; 335b; 340m
Straßengüterverkehr s CMR, Güterkraftverkehr
Streckengeschäft Einl vor 373 27
- Ablieferung 377 9, 55
- Rüge 377 9, 34, 37
- Untersuchung 377 23–24
Streifband s Verwahrung von Wertpapieren
Streik 59 45; 87a 28
Streitgenossen
- Anleger **Anh** 177a 65
Streitwertfestsetzung
- Schiedsverfahren **Einl** vor 1 91
Strohmann 1 30, 31
- Abmahnung 89a 10
- Umgehung des Wettbewerbsverbots 86 29
Stückeverzeichnis s Kommission
Stufenklage 87c 11, 21, 24, 28, 82; 88 2
Stundung 89b 70, 76; 358 2
Stuttgarter Verfahren Einl vor 1 36
Substanzwert Einl vor 1 36, 37
Sukzessivlieferungsvertrag 87 7, 38, 41 f.; **Einl** vor 373 22; 375 12
- Rüge 377 37
- Untersuchung 377 29
Summenlagerung 467 1, 6
Surcharging-Verbot (7) BankGesch C/50, 106
Swapgeschäfte 347 30c, 35; **(7)** BankGesch A/29, N/1
- Dept to Equity Swap 171 6
- Zinssatzswapgeschäfte 347 23b f., 26, 30
SWIFT (11) ERA **Einl** 1

Sachverzeichnis

switch (7) BankGesch N/1
Synergieeffekte Einl vor **1** 35, 37
systematischer Internalisierer (14)
 BörsG **30** 2

Tafelgeschäft 383 8
Tagessaldo 357 6
TAN (7) BankGesch F/29, 31
Tankstelle 84 10, 21, 26, 37; **86** 36; **86a**
 15 f.; **86b** 14; **89** 7, 16, 18, 20–22, 25, 37,
 70; **89b** 58; **92b** 2
– Mischvertrag **84** 21
– Kassensystem **86a** 5
Tankstellenagenturkredit 86 9
Tankstellenpächter 89b 4; **92b** 2
Tantieme s Gewinnbeteiligung
Taragewicht 380
Tarifgebundenheit 59 39–40
– Feststellungsklage **59** 56
Tarifkonkurrenz 59 39
tariflicher Anspruch
– Verwirkung **59** 86
– Verzicht **59** 77
Tarifvertrag 59 5, 12, 44–56
– Günstigkeitsprinzip **59** 5, 39
– Leiharbeitsverhältnis **59** 16
– Rangprinzip **59** 5
– untertarifliche Bezahlung **59** 37
– Verwirkung **59** 39
Tarifzuständigkeit 59 31b
Tätigkeitseinstellung 87 31; **89a** 5, 38,
 40; **89b** 18, 20, 70, 74
Tatsachenbehauptung Einl vor **1** 66
Tausch Einl vor **373** 17; **377** 2
Täuschung
– s auch Anfechtung, Arglist
– durch HdlVertreter **84** 54
– des Kdtisten **Anh 177a** 58
Tax-CAPM Einl vor **1** 36
Tegernseer Gebräuche 346 15; **377** 43
Teilbeförderung 416 1
Teilbezirk 87c 20; **89** 18
Teilgewinnabführungsvertrag
– fehlerhafter **230** 11
Teilhaber s Gesellschafter
Teilkündigung 89 7, 18; **89a** 36; **89b** 7,
 10; **92b** 5
Teilungsabrede 87 21, 35
Teilzahlungsabrede
– Maklervertrag **93** 17
Teilzahlungskreditgeschäft (7) Bank-
 Gesch G/34–51
Teilzeit- und Befristungsgesetz 59 44,
 57, 111
Tel quel 346 40
Telefonhandel (14) BörsG **48** 10
Temporary-Konzept Einl vor **238** 45;
 274 1; **306** 2
Terminbörse (7) BankGesch R/1; **(14)**
 BörsG **Einl** vor **1** 4; **2** 2, 3
Termingeschäft s Fixgeschäft
Test s Warentest

Testamentsvollstreckung
– Eintragungspflicht **8** 5; **106** 2; **177** 5
– HdlGeschäft **1** 40–46
– KG **114** 5; **139** 24–27
– OHG **114** 5; **139** 21–23
Testat s Haftung
Teuerungsanpassung 59 89
Thesaurierung
– durch stille Reserven **252** 15
Timing-Konzept Einl vor **238** 45; **274** 1;
 306 2
TIR-Übereinkommen 407 11
TLF s BankGesch
Tochterunternehmen 105 30, 103, 106;
 271; **290**
– s auch Mutterunternehmen
– Auf- und Abstockung **301** 1
– Auskunftspflichten **294** 3
– Einbeziehungswahlrecht **296**
– Jahresabschluss **264** 27–28
– Patronatserklärung **349** 22
– verbundenes Unternehmen **271** 10
Tod 54 21; **85** 6; **86** 6; **89** 3; **89a** 24; **89b**
 6 ff., 34, 42, 53 f., 96; **92a** 16
– Arbeitnehmer **59** 165
– Beauftragter **86** 6
– HdlBevollmächtigter **54** 21,
– HdlVertreter **85** 6; **89** 3; **89b** 5, 9, 34, 42,
 53, 54,
– Unternehmer **89a** 24
Tonbandaufnahme
– heimliche **Einl 1** 64
Topfabrede 87 2
Trade Terms 346 15; **(6)** Incoterms
 Einl 4
Traditionspapier 363 6
– s auch Orderpapier
– dingliche Wirkung **448** 2–4
– Ladeschein **448** 1
– Lagerschein **475g**
Transaktionsregister (14) BörsG **3a**
Transparenz- und Publizitätsgesetz
 (TransPuG) 290 4
Transparenzrichtlinie-Änderungsricht-
 linie-Umsetzungsgesetz Vor 238 97
Transparenzgebot
– Verstoß **346** 10
Transparenzrichtlinie-Umsetzungs-
 gesetz (TUG) Einl vor **238** 7, 24; **(1)**
 EGHGB **62**; **(14)** BörsG **Einl** vor **1** 16
Transport
– Bedeutung **407** 1
– internationaler **407** 1
– Klauseln **(6)** Incoterms **Einl** 19
– kombinierter **407** 1
– multimodaler **407** 1
Transportdokument (6) Incoterms **Einl**
 36
Transportrecht 407 1–4
– s auch ADSp, Orderlagerschein
– Begriff **407** 4
– CMR **(17)** CMR

2679

Sachverzeichnis

- Entwicklung **407** 2–4
- Frachtgeschäft s dort
- Lagergeschäft s dort
- öffentliches **407**4
- Speditionsgeschäft s dort
- Übergangsrecht **407** 2
- Vereinheitlichung **407** 4

Transportrechtsreformgesetz (TRG) 1998 407 4

Transportversicherung (17) CMR **17** 1

Transportversicherungspolice s Orderpapier

Transportvertrag (6) Incoterms **Einl** 27

TransPuG 290 4

Tresor s Verwahrung von Wertpapieren

Treu und Glauben Einl vor **343** 13–15
- Ausschließlichkeitsbindung **86** 36
- Geheimhaltungspflicht **90** 7
- Kündigung **89a** 8, 27; **89b** 57
- Provision **87** 33
- Wettbewerbsabrede **90a** 7

Treuepflicht 86 10, 25; **86a** 1, 16; **86b** 8; **90** 1
- Gfter **109** 23–28; **112** 1; **230** 16; **235** 5
- HdlGehilfe **59** 48
- HdlVertreter **86a** 1, 16; **90** 1, 3, 7
- Unternehmer **86b** 8

Treugeber Anh 177a 79
- Insolvenz **(10)** AGB-Anderk **Einl** 8
- Vielzahl **161** 4

Treuhand 1 19, 35, 37, 42; **22** 6; **105** 31–37
- s auch BankGesch
- Anderkonto **(10)** AGB-Anderk
- Anlagemodelle **Anh 177a** 77–81
- Aufrechnungsverbot **(10)** AGB-Anderk **Einl** 1
- Außenhaftung **105** 34
- Bilanzrecht **246** 19
- doppelnützige **(10)** AGB-Anderk **Einl** 6
- Drittschadensliquidation **105** 33
- Führung des HdlGeschäfts **22** 6
- Gläubigerrechte **(13)** DepotG 42
- Haftung **Anh 177a** 77; **347** 22
- Immobiliengeschäfte **Anh 177a** 78a; **(7)** BankGesch G/9b
- Mittelverwendungstreuhand **246** 19
- in OHG, KG **105** 31–37; **161** 4
- über Prospekt **Anh 177a** 52
- PublikumsGes **Anh 177a** 52, 63, 68, 77–81
- Rechtsberatungsgesetz **(7)** BankGesch G/6, 9
- Rechtsscheinhaftung **Anh 177a** 78a
- Testamentsvollstrecker **1** 40–46; **139** 22, 23
- ungerechtfertigte Ausschüttung **Anh 177a** 79
- verbundenes Geschäft **Anh 177a** 78a
- für Wertpapierbeteiligungen **(13)** DepotG 42
- wirtschaftliches Eigentum **246** 19

Treuhänder 105 31–37; **Anh 177a** 52, 57, 63, 68, 77–81

Treuhandkommanditist
- Außengesellschaft **Einl** vor **105** 11
- Vielzahl von Treugebern **161** 4

Treuhandkonto (10) AGB-Anderk **Einl** 1
- Aufklärung **347** 25

Treuhandlösung 139 23

Treuhandverhältnis Anh 177a 80

Treuhandvermögensanteil
- Prospektpflicht **Anh 177a** 59

Treuhandvertrag
- Nichtigkeit **Anh 177a** 78a

Treu und Glauben 86 22, 31, 36, 49; **86a** 1; **87** 8, 21, 33; **87b** 18; **87c** 19; **89** 5, 11, 16 f., 23, 25; **89a** 8, 21, 29, 32, 34; **89b** 32, 56 f., 76, 79; **90** 6 f.; **90a** 7, 9, 11, 17

Treuwidrigkeit 89b 18, 79

TRG s Transportrechtsreformgesetz (TRG) 1998

true and fair view Einl vor **238** 32, 49, 54

TUG s Transparenzrichtlinie-Umsetzungsgesetz (TUG)

Überbewertung 252 12

Überbrückungskredit (7) BankGesch G/31, H/5

Übergangsrecht (1) EGHGB
- HdlGes **Einl** vor **105** 28

Überhangprovision 87 2, 38, 48; **89b** 12–17, 50

Übernahme s Ausscheiden, Ausschließung

Übernahmeangebote
- Insiderhandelsverbot **(16a)** MAR **11** 3; **17** 4

Übernahmerichtlinie-Umsetzungsgesetz (1) EGHGB 60

Überschreiten der Vollmacht 54 20; **55** 15; **75h**; **91a**

Überschuldung 130a 3

Überseering s internationales Gesellschaftsrecht

Überstunden 59 45; **62** 3
- Beweislast **59** 58
- Pauschalabgeltung **59** 58

Übertragung
- s auch Akkreditiv, Anteil, Auseinandersetzung, Geschäftsführung, Handlungsvollmacht, Orderpapier, Vermögen
- Firma **17** 24, 22, 23
- HdlGeschäft **Einl** vor **1** 42

Überweisung (7) BankGesch C/1–110
- Beschlagwirkung **357** 4
- Fehlüberweisung **(7)** BankGesch C/48–60; **(8)** AGB-Banken **8** 2
- Giroüberweisung s dort
- SEPA-Überweisung s dort
- Sonderbedingungen **(7)** BankGesch C/21
- als Zahlungsdienst **(7)** BankGesch C/7

Überziehungskredit (7) BankGesch G/4, 28; **(8)** AGB-Banken **12** 4

2680

Sachverzeichnis

Überziehungszinsen (8) AGB-Banken 12 2; **(9)** AGB-Spark **18** 1
UG & Co Einl vor **105** 13; **Anh 177a** 11
Umdeutung 89a 4, 5, 32, 36
Umgehung 84 35 ff.; **86** 29; **86b** 6; **87** 14, 48; **87a** 34; **89** 11, 20; **89a** 27; **89b** 70; **92c** 6
– des Wettbewerbsverbots **86** 29
Umlaufvermögen 253 18–29
– Abgrenzung vom Anlagevermögen **247** 4
– immaterielles **248** 5
– Software **248** 5
– Wertpapiere **253** 25
Umsatz s Anhang, Gewinn- und Verlustrechnung
Umsatzbeteiligung 87 5; **87a** 3; **87c** 2
Umsatzerlös 277 1
Umsatzforderung 87b 11; **89b** 19, 35
Umsatzgarantie 86 13 f., 51
– s auch Garantie
Umsatzkostenverfahren Einl vor **238** 75; **275** 2, 27–33
Umsatzrückgang 86 42; **89a** 17 f.; **89b** 13, 15, 16, 19
Umsatzsteigerung 89b 13, 15, 22
Umsatzsteuer (Mehrwertsteuer) 84 36; **87b** 12, 18; **89b** 29, 51; **90a** 19; **Einl** vor **373**
– Kdtist **164** 1
– Rechnungsabgrenzungsposten **250** 4
Umsatzsteuermandat
– der GmbH **347** 21
Umschlagtätigkeit 407 21
Umwandlung Einl vor **1** 43; **19** 37–38; **Einl** vor **105** 19–27; **139** 2; **145** 1
– s auch Firma, Kommanditgesellschaft, Personengesellschaft
– Eintragung **8** 5
– Firma **19** 37–41
– Formwechsel **19** 40; **Einl** vor **105** 24
– GbR zu OHG **105** 7
– kraft Gesetzes **Einl** vor **105** 19, 23–27
– grenzüberschreitende **Einl** vor **105** 29
– PersonenGes **Einl** vor **105** 25, 26
– kraft Rechtsgeschäft **Einl** vor **105** 20, 23–26
– Spaltung **19** 40; **Einl** vor **105** 24
– Stille Ges **230** 29
– Vermögensübertragung **Einl** vor **105** 24
– Verschmelzung **19** 39; **Einl** vor **105** 24
– grenzüberschreitende **Einl** vor **105** 23
Umzugsgut 451 1
Umzugskosten 59 70
Umzugsvertrag 451–451h
– CMR **451** 1
– Frachtbrief **451b**
– gefährliches Gut **451b** 2
– Haftungsausschlüsse **451d**
– Haftungshöchstbetrag **451e**
– IPR **451** 1
– Lieferfristüberschreitung **451d** 1
– Mitteilungspflichten **451b**
– multimodaler **452c**
– Pflichten des Frachtführers **451a**
– Rom I-VO **451** 1
– Rügefrist **451f** 1
– Schadensanzeige **451f**
– Sonderfrachtvertragstyp **451** 1
– Verbraucher **451g**; **451h**
– Verjährung **439** 1
Unabdingbarkeit s Abdingbarkeit
unbestellte Zusendung 346 36
Unbilligkeit s Billigkeit
UNCITRAL Einl vor **1** 27, 98; **Einl** vor **373** 46
unerlaubte Handlung s Deliktsrecht
Unfall 59 105–106; **62** 6
unfrei 346 40
Ungewisse Verbindlichkeiten 249 2–9
Universalsukzession Einl vor **1** 43
UN-Kaufrecht Einl vor **373** 46–49; **(6)** Incoterms **Einl**
– Gerichtsstandsklauseln **Einl** vor **373** 49
Unmöglichkeit 87a 14, 22, 25; **89a** 16, 20, 24
– der Arbeitsleistung **59** 71
– der Beförderung **420** 2
– der Bilanzierung/Buchführung **238** 18
Unselbständigkeit s Selbständigkeit
Unterbeteiligung
– Bündel schuldrechtlicher Ansprüche **246** 3
– als GbR **105** 38
– GmbH & Co KG **Anh 177a** 47
– Informationsrecht **233** 13
– Minderjährige **105** 26
– OHG **105** 38–43
– Stille Gesellschaft **230** 4; **233** 13
Unterbewertung 252 12
Unterfrachtführer 407 19; **421** 3; **428** 3
Unterfrachtvertrag 437 1
Unterkapitalisierung
– GmbH & Co KG **Anh 177a** 51a–51j
– qualifizierte **Anh 177a** 51g–51i
Unterlage 86a 5 f.; **88a** 3 ff.
Unterlassungsanspruch 86 47; **87a** 28; **89a** 34; **90** 8
– des Gfters **116** 4
– Wettbewerbsverstoß des HdlGehilfen **61** 2
Unterlassungsklage
– Firma **17** 39; **37** 9–13
Untermakler 93 19, 34
Unternehmen Einl vor **1** 31–70
– s auch Handelsgeschäft
– Begriff **Einl** vor **1** 31–33
– Beschaffenheit **Einl** vor **1** 46a, b
– Bewertung **Einl** vor **1** 34–37
– Blockade **Einl** vor **1** 70
– Eigentumsschutz **Einl** vor **1** 57–62
– Entstehung **Einl** vor **1** 38
– Erlöschen **Einl** vor **1** 40
– Ertragsprognose **Einl** vor **1** 37
– Ertragswert **Einl** vor **1** 37

2681

Sachverzeichnis

- Fortführung **21–28**
- Garantie **Einl** vor **1** 46a
- Gegenstand **Einl** vor **1** 34
- Geheimnisverrat **Einl** vor **1** 70
- Gewinn **Einl** vor **1** 46a
- kapitalmarktorientiertes **319a** 1
- Kauf **Einl** vor **1** 44–47
- Kennzeichen **17** 11
- Kritik in Presse **Einl** vor **1** 66
- MAC-Klauseln **Einl** vor **1** 46a
- Mängel **Einl** vor **1** 46–47
- mehrere **1** 29
- multinationales **Einl** vor **105** 33
- Nichtunternehmer **1** 10
- Nießbrauch **Einl** vor **1** 50
- Pacht **Einl** vor **1** 49
- Recht am Gewerbebetrieb **Einl** vor **1** 6370
- Rechtsschutz **Einl** vor **1** 56–70
- Rechtsträger **Einl** vor **1** 41
- Rückgewähr **Einl** vor **1** 53
- Schutz **Einl** vor **1** 56–70
- Schutzrechtsverwarnung **Einl** vor **1** 68
- Streik **Einl** vor **1** 70
- Übertragung **Einl** vor **1** 42–43
- Umsatz **Einl** vor **1** 46a
- Vererbung **Einl** vor **1** 52
- Verlegung **Einl** vor **1** 39
- Warentest **Einl** vor **1** 66
- Wert **Einl** vor **1** 35–37
- Wettbewerbsverbot **Einl** vor **1** 45
- Zwangsvollstreckung **Einl** vor **1** 54

Unternehmensabschluss s Jahresabschluss, Konzernabschluss
Unternehmensbewertung Einl vor **1** 35–37
Unternehmenskauf Einl vor **1** 44–47
Unternehmenskennzeichen 17 11
Unternehmensnießbrauch Einl vor **1** 50
Unternehmenspacht Einl vor **1** 49
Unternehmensperpetuierung Anh 177a 3
Unternehmensrecht Einl vor **1** 42–55
unternehmensrechtliche Verfahren (3) FamFG 375
Unternehmensregister 8 2a f.; **8b**
- Antragsvermittlung **9** 13
- Bezeichnungsschutz **8b** 8
- Bilanzen **8b** 5
- EHUG s dort
- Einsichtnahme **9** 12–13
- Eintragung **8b** 5, 6
- Führung **8b** 1, 7; **9a** 1
- Informationen, zugängliche **8b** 2–4
- Registervernetzung **8** 2b

Unternehmensregisterverordnung 9a 3
- Verordnungsermächtigung **9a** 2

Unternehmensselbstzweckstiftung Anh 177a 11
Unternehmensträger Einl vor **1** 41; **1** 10, 30
- Persönlichkeitsrecht **Einl** vor **1** 64

Unternehmensverträge Einl vor **1** 48–51
- Außengesellschaft **Einl** vor **105** 11

Unternehmer 1 4, 10; **84** 27 ff.; **86a** 1 ff.
- amerikanischer (US-) **92c** 9
- anderer **84** 30
- ausländischer **92c** 8 ff.
- Gewerbetreibender **84** 27, 44; **91** 1
- Tod **89a** 24

Unternehmergesellschaft (UG) Anh 177a 11

unternehmerische Freiheit 84 1, 35 ff., 40; **86** 35; **86a** 1, 9, 12, 13 f., **87** 8, 27; **89b** 20; **90** 7

Unterschiedsbeträge
- Konzernabschluss **301** 8; **309**; **312** 4

Unterschlagungsprüfung 317 3; **321** 6
Unterschrift 12; **17** 20, 35; **85** 6
- Firmenstempel vor **343** 8
- HdlBevollmächtigter **57**
- HdlVertreter **85** 6, 9
- Prokurist **51**

Unterspedition 453 10
Untersuchung Einl vor **373** 3; **377** 20–31
- s auch Mängelrüge
- Beweislast **277** 55
- HdlBrauch **377** 56
- Kommittent **391** 1
- Streckengeschäft **377** 23–24

Untervermittler
- Zurechnung **347** 34

Untervertreter 84 22, 31 f., 36; **86** 18 f., 50; **86a** 16 f.; **86b** 4; **87** 27; **87a** 5, 17; **89a** 23; **89b** 4, 17, 28 f., 41, 51, 59, 82
- Abrechnung der Provision **87c** 2
- Absprachen mit Unternehmer **86** 25; **86a** 16–17
- Ausgleichsanspruch **89b** 4, 28–29, 52, 59, 82
- Ausgleichszahlung **89b** 17
- Ausspannen **86a** 17; **89a** 23
- Bemühenspflicht **86** 12 f.
- Delkredereprovision **86b** 4
- echter **84** 31
- Einstellung **84** 22
- Pflichtverletzung des HdlVertreters **86** 25
- Provision **87** 21; **87a** 5, 17
- Überlassenspflicht **86a** 5
- unechter **84** 32
- Verschwiegenheitspflicht **90** 1

Untervollmacht 58 2
Unzumutbarkeit s Zumutbarkeit
Upstream Merger 255 11
Urkunden 85; **87c** 25, 27; **90a** 14 f.
- s auch Handelsbücher
- Einsicht **118**; **166**; **233**
- HdlVertretervertrag **85**

Urlaub 84 34, 36; **92a** 4
- HdlGehilfe **59** 12, 100
- HdlVertreter **84** 34, 36; **92a** 4

Ursächlichkeit 84 15, 22; **87** 11, 16, 21; **87a** 26; **89a** 34; **89b** 14, 56, 60, 66

Sachverzeichnis

USA, Unternehmenssitz in den Einl vor 1 26; **92c** 9
– HdlVertreter **92c** 9
Usance s Handelsbrauch
US-GAAP Einl vor 238 20; **315e** 2, 4

Valutaverhältnis
– Kartenzahlung **(7)** BankGesch F/65–67
– Lastschrift **(7)** BankGesch D/56–60
– Überweisungsverkehr **(7)** BankGesch C/81–84
Veranlassungsprinzip 15 19
Veräußerung s Übertragung
Verbindlichkeiten
– s auch Schulden
– ungewisse **249** 2–9
Verbraucher 1 4
– AGB **(5)** BGB **310 III**
– Arbeitnehmer **59** 10, 43; **(5)** BGB **310 III**
– Frachtgeschäft **414** 6–7; **449** 3
– Lagergeschäft **468** 2–4; **475h** 1
– Schiedsvereinbarung Einl vor **1** 89
– Speditionsgeschäft **466** 5
– Vermittlung **93** 12; **99** 1
Verbraucherdarlehen (7) BankGesch G/34, 36, P/12; **(8)** AGB-Banken Einl 2
– Kontoführungsgebühr **(7)** BankGesch G/4
– Nachbesicherungsanspruch **(8)** AGB-Banken Einl 7
Verbraucherkredit 171 5
– missbräuchliche AGB-Klauseln **(7)** BankGesch G/6
Verbraucherkreditrichtlinie (7) BankGesch G/36
Verbraucherrechterichtlinie (7) BankGesch G/9e
– Umsetzungsgesetz **349** 15
Verbraucherschutzrecht
– HdlGehilfe **59** 10
– Streitbeilegung **(7)** BankGesch A/56
– Widerrufsrecht **(7)** BankGesch G/9e
Verbrauchervereinigungen Einl vor **1** 66
Verbrauchsfolgeverfahren Einl vor 238 37; **256** 1
Verbrauchssteuer 250 4
verbundene Geschäfte (7) BankGesch G/39–45
– Widerruf Anh **177a** 58
verbundene Personengesellschaft 105 100, 103
– Informationsrechte **116** 16; **166** 16–17
verbundene Unternehmen Einl vor **1** 48; **105** 100–107
– s auch Konzern, Mutterunternehmen
– Begriff **271** 9
– Größenmerkmale **293**
– Konzernregister **8** 5
Verdachtskündigung 89a 20; **89b** 67
– HdlGehilfe **59** 145
– HdlVertreter **89b** 67

vereidigter Buchprüfer s Abschlussprüfer
Verein
– s auch juristische Person
– Formkaufmann **6** 6
– Rechtsfähigkeit Einl **105** 1
Verein Deutsche Prüfstelle für Rechnungslegung (DPR e. V.) 342b 9
Vereinigte Staaten s USA
Vererbung s Erben
Verfallklausel 348 10
– einzelvertragliche **59** 79
Verfrachter 407 1, 16
– Pfandrecht **442** 1
Vergabeverfahren
– Rücksichtspflicht Einl vor **343** 3
Vergleich
– Ausgleichsanspruch **89b** 74
– Form **350** 5
– HdlVertreter **86** 13
– HdlVollmachtumfang **54** 11, 15
– Liquidationsvergleich **145** 10
– Wettbewerbsverstoß **90a** 19
Vergleichsverfahren 89 4; **89a** 20, 24; **124** 47; **128** 48
Verhandlungsprotokoll
– kfm Bestätigungsschreiben **346** 21
Verjährung 85 7; **86** 2, 8; **87** 52 f.; **87c** 1, 19, 26; **88**; **89b** 51, 71, 77, 82; **92** 5; Einl vor **343** 16; **347** 39
– s auch Haftung, Handelsmakler, Lagergeschäft, Unternehmenskauf
– nach Auflösung **159**
– des Ausgleichsanspruchs **89b** 77
– nach Ausscheiden **160**
– frachtvertraglicher Ansprüche **439**
– nach Geschäftsveräußerung **26**
– HdlGehilfe **59** 85; **61 II**
– HdlVertreter **85** 7; **86** 2; **87** 52–53; **87c** 1, 19, 26; **88** (aF); **89b** 51, 71, 77, 82; **92** 5
– Hemmung **439** 4
– lagergeschäftlicher Ansprüche **439** 1; **475a**
– OHG **113 III**; **128** 4, 28
– des Provisionsanspruchs **87** 52–53
– speditionsgeschäftlicher Ansprüche **439** 1; **463**
Verjährungsanpassungsgesetz Einl vor **343** 16
„**verkauft wie besichtigt" 346** 40
Verkaufsprospekt
– Übergabe, rechtzeitige **347** 23b
Verkaufsprospektgesetz (15b) VermAnlG Einl vor **20** 1
– s auch VermVerkProspV
– Prospektpflicht Anh **177a** 59
Verkaufsprospekthaftung (15a) WpPG 25 3; **(15b)** VermAnlG
Verkehrsauffassung 54 2, 4; **87** 18; **92b** 2
Verkehrsschutz 54 9, 19; **56** 2; **91** 2; **91a** 1
– s Publizität, Rechtsschein, Vertrauen
Verkehrssitte 346 1, 3
– s auch Handelsbrauch

2683

Sachverzeichnis

Verkehrsvertrag (18) ADSp **1.14**, **2.1**.
Verladung 412; 415 3; 417 1; **(17)** CMR 17 2
Verlängerungsoption 87b 14; **89** 19; **89b** 54
Verlust
– s auch Gewinn (OHG), Gewinn- und Verlustrechnung
– Begriff **249** 10
– drohender **249** 11
– der Gfter **110** 11–14
– aus stiller Beteiligung **252** 11
– Verteilung **121** 7, 9
Verlustantizipationsprinzip 252 11
Verlustausgleichspflicht 105 104
– bei Ausscheiden **131** 55
– Verjährung **160** 3
Verlustdeckungszusage 349 22
Verlustübernahmeerklärung 349 22
Vermächtnis
– Ges **124** 37
– HdlGeschäft **Einl** vor **1** 52; **22** 2, 9
– KdtAnteil **177** 3
– OHG **124** 37
VermAnlG Anh 177a 52, 54; **(7)** BankGesch Q/1
– Prospekthaftung **(15b)** VermAnlG
– Prospektpflicht **Anh 177a** 59
VermAnlGEG 2012 (14) BörsG **Einl** vor **1** 19; **(15a)** WpPG **Einl** vor **21** 4
Vermerke 268 8
Vermerkpflicht 251 1–3
Vermittler
– Aufklärungspflichten s dort
– Zurechnung **347** 34
Vermittlung 84 5, 22, 26; **86** 12–13; **86b** 2–4, 9; **87** 1, 7–22, 41
Vermittlungsgehilfe 75g; **75h**
Vermittlungsprovision 86b 10
Vermittlungsvertreter 55 4; **84** 22; **86a** 10; **91** 2, **91a** 1; **92c** 13
Vermögen s Gesellschaftsvermögen
Vermögensanlagegesetz s VermAnlG
Vermögensanlagen-Informationsblatt (7) BankGesch Q/1; **(15b)** VermAnlG 22
Vermögensanlagenrecht s VermAnlG, VermAnlGEG 2012
Vermögensbildungsgesetz 59 12
Vermögenseinlage 230 20–21
– durch Dienst **230** 20
Vermögensgegenstand Einl vor **238** 46; **240** 3; **242** 8; **246** 3
– Aktivierbarkeit **246** 3–12
– Ansatz- und Bewertungsvorschriften **246** 2
– immaterieller **266** 5
– Passivierbarkeit **246** 13
– persönliche Zuordnung **246** 14–23
– sachliche Zuordnung **246** 24
– sonstiger **266** 9
– Wertansatz **253**
Vermögenslage 264 11–20

Vermögensübergang
– von OHG auf GmbH **89a** 18
Vermögensübernahme s Haftung
Vermögensverhältnisse
– Fragerecht des ArbG **59** 34
Vermögensverwaltung 1 17; **2** 7, 10; **(7)** BankGesch A/4, 29, U/1–2
Vermögensverwaltungsgesellschaft 1 7, 13
– Eintragung **105** 13–14
Vermögenswert
– immaterieller **Einl** vor **1** 35
vermögenswirksame Leistung 59 70
Vermögenszugehörigkeit 246 14
VermVerkProspV Anh 177a 59; **(15b)** VermAnlG **Einl** vor **20** 1
– s auch Verkaufsprospektgesetz
Veröffentlichung 325 3–4, 328
Verpackung 380; **(6)** Incoterms **Einl** 38
– Einlagerungsgut **468**
– Fracht **411** 1; **414** 2; **427** 2
– Spedition **455** 1; **(18)** ADSp **3.1.1**, **4.6.1**, 6
Verpfändbarkeit 87 49; **89b** 6
Verpfändung
– HdlGeschäft **Einl** vor **1** 51
– Provision **87** 49
Verpflichtungsschein s kfm Verpflichtungsschein
Verrechnungsabrede 87 50; **89b** 70
– mit Inkassovertreter **87** 50
Verrechnungsverbot s Jahresabschluss
Verschmelzung Einl vor **105** 20–24, 27, 36; **131** 8, 21
– s auch Umwandlung
– grenzüberschreitende **Einl** vor **105** 23, 29
Verschulden s Deliktsrecht, Fahrlässigkeit, Vorsatz
Verschulden bei Vertragsschluss 54 20; **84** 50
Verschulden bei Vertragsverhandlungen s Culpa in contrahendo
Verschwiegenheit 85 1; **86** 22, 32; **87c** 27; **90** 1 ff., 8 f.; **90a** 6
Versender 453 7
Versenderschutz 457 2
Versendungsgeschäft 377 8; **(6)** Incoterms **2–8**
– Vermögenszuordnung **246** 17
Versetzung 59 44, 58, 96
Versicherungsagent 55 5; **84** 6; **92** 1, 3
Versicherungsbilanzrichtlinie Einl vor **238** 8
Versicherungsbilanzrichtlinie-Gesetz (1) EGHGB **32–33**
Versicherungsmakler 84 20, 50; **92** 1; **93** 7, 12
– s auch Handelsmakler
– Haftung des Unternehmers **84** 55
– Tagebuch **104**
– Teilzahlungsabrede **93** 17

Sachverzeichnis

Versicherungsnehmer 87 12; **87b** 4; **89a** 17; **92** 7 f.
– Prämienzahlung **92** 7–8
– Widerspruch **87** 12
Versicherungsschutz 84 8
Versicherungsunternehmen
– Bilanzrecht **Einl** vor 238 11; **293** 3; **316** 1; **341–341p**
Versicherungsvermittlung
– EU-Richtlinie **92** 3
– HdlGehilfe **59** 30
– Provision bei vorzeitiger Kündigung **93** 45
Versicherungsvertrag 84 26; **87a** 27; **87b** 13; **89b** 86 ff., 94; **90a** 17; **92** 1, 4 f., 10; **92b** 2
– Anfechtung **92** 10
Versicherungsvertragsgesetz
– Übergangsvorschrift zum Reformgesetz **(1) EGHGB 63**
Versicherungsvertreter 55 5; **84** 6, 8, 37; **86** 2; **87** 20, 29; **87a** 4, 7, 33; **87b** 1 f.; **89a** 19; **89b** 4, 10, 26, 86 ff., 95 f.; **90a** 17; **90** 2; **92**; **92a** 5; **92b** 2, 6
– s auch Handelsvertreter
– anwendbares Recht **84** 6; **92** 3
– Ausgleichsanspruch **89b** 4, 26, 82, 86–96
– Definition **92** 2
– HdlGehilfe **59** 30
– Mehrfirmenversicherungsvertreter **92a** 5; **92b** 2
– Nebenberuf **92b** 2, 6
– Provisionsanspruch **92** 7–9
– provisionspflichtige Geschäfte **92** 4–6
– Storno **92** 3, 5
– Storno(gefahr)mitteilung **87a** 27; **92** 3, 5, 9–10
– Vollmacht **55** 5
– Wettbewerbsabrede **90a** 5
– Zurechnung **84** 53
– Zuweisung **92** 6
Versicherungsvertretervertrag
– Vermittlung **84** 26
Versorgungsanspruch
– Ausgleichsanspruch, kein **89b** 2
– Hinterbliebenenversorgung **84** 34
Versteigerung s Notverkauf, Selbsthilfeverkauf
VertikalGVO 86 38
Vertrag mit Schutzwirkung für Dritte 347 21; **(7) BankGesch A/32**
Vertragsänderung 105 60–66
Vertragsanpassung Einl vor 343 14–15
Vertragsbeendigung 89; **89a**; **89b**
Vertragsbeziehung, Nichtbestehen 84 49 ff.
Vertragsform 85 1 ff.
Vertragsfreiheit 59 33; **90a** 9; **92c** 13; **Einl** vor 343 6
Vertragsgarantie s Garantie
Vertragshändler 1 30; **55** 4; **84** 1, 5, 10 ff., 42; **86** 13, 26, 35, 38; **86a** 13, 17; **87** 29; **89** 10, 16, 26; **89a** 1, 17; **89b** 3 f., 12, 14, 23, 25, 30, 35, 70; **90a** 5; **92c** 2, 4, 11; **Einl** vor 373 35–42
– analoge Anwendbarkeit des Handelsvertreterrechts **84** 11–17
– Abschluss **Einl** vor 373 35–36
– AGB-Kontrolle **84** 17
– anwendbares Recht **92c** 2, 11
– Ausgleichsanspruch **84** 12; **89b** 3–4; **92c** 11
– Auskunftsanspruch **84** 11
– Auslagenersatz **84** 11
– Ausschließlichkeitsbindung **84** 10
– Begriff **Einl** vor 373 35–36
– Bezirks- und Kundenkreisschutz **87** 29
– Dauervertrag **84** 10
– Eigenkündigung **89b** 54
– Fortsetzung als HdlVertreter **89b** 41
– Großhändler **Einl** vor 373 36
– HdlVertreterrecht **84** 10–17; **Einl** vor 373 37
– Interessenwahrungspflicht **84** 11
– internationaler Verkehr **92c** 2; **Einl** vor 373 45
– Kartellrecht **86** 35; **Einl** vor 373 38
– Konsignationslagerabrede **Einl** vor 373 41
– Kundenstamm **84** 14–15
– Kündigung **89** 10, 16; **89a** 1, 17, 30; **89b** 66, 70
  – außerordentliche **84** 11
– Fristen **84** 11
– Leitlinien für vertikale Beschränkungen **86** 38
– Pflichten **Einl** vor 373 38–39
– Provision **89**; **89b** 26–33
– Rohertragsmethode **84** 12; **89b** 32
– Schadensersatz **Einl** vor 373 42
– Stammkunden **89b** 12
– Treuepflicht **Einl** vor 373 39
– Vollmacht **55** 4
– Wechsel zum HdlVertreter **89b** 35
– Wettbewerbsabrede **90a** 5
– Wettbewerbsverbot **84** 11
– Zwischenhändler **Einl** vor 373 36
Vertragshilfe s Vertragsanpassung
Vertragskündigung 89; **89a**; **89b**; **92b** 7
Vertragsstrafe 86 8, 22, 32, 47; **89a** 26; **90** 7; **90a** 9, 21 f., 30; **348**
– s auch AGB
– AGB-Kontrolle **348** 5
– ähnliche Rechtsfiguren **348** 9–11
– nach BGB **348** 1–4
– Draufgabe **348** 8
– HdlGehilfe **59** 44–47; **61** 1; **75c**
– HdlVertreter **86** 7, 32, 47; **89a** 26; **90a** 9, 22, 30
– Herabsetzung **348** 3, 6–7
– pauschalierter Schadensersatz **348** 11
– Reugeld **348** 9
– Störung der Geschäftsgrundlage **348** 7
– Verfallklausel **348** 10
– Verstoß gegen Wettbewerbsverbot **61** 1

2685

Sachverzeichnis

Vertragstreue, -untreue 87a 21; **89a** 35, 39; **89b** 36
Vertragsurkunde 85
– Herausgabe **85** 9
Vertrauen
– s auch Handelsregister, Prospekthaftung, Rechtsschein, Schweigen
– Eigenhaftung
  – des Kdtisten **171** 4–5
  – des GmbH-Geschäftsführers **Anh 177a** 44
  – des Vertreters **Einl** vor **48** 9–12
– Sachwalterhaftung **Einl** vor **48** 9
– Vertrauenshaftung **Anh 177a** 55a; **347** 22
Vertrauensbruch 85 10; **86** 26; **89a** 17, 19, 20, 28
Vertrauenstatbestand 91a 1 f., 8
Vertrauensverhältnis 84 41; **86** 10, 23
Vertrauliche Mitteilung 90 4, 6
Vertreterklausel 109 17; **114** 26; **163** 10 f.; **166** 18
Vertretung 48–58
– Abschlussvertreter **55**
– Amtstreuhänder **Einl** vor **48** 3
– bei Anmeldung **12** 3–4
– Anscheinsvollmacht **Einl** vor **48** 6; **54** 3 f., 17
– BGB **Einl** vor **48** 4
– Doppeleintragung **13e** 3
– Duldungsvollmacht **Einl** vor **48** 5
– eBay **Einl** vor **48** 4
– Eigenhaftung **Einl** vor **48** 9–12
– Generalvollmacht **Einl** vor **48** 2
– gesetzliche **12** 4; **Einl** vor **48** 3
– Handeln für die Firma **Einl** vor **48** 8
– Handelsvertreter s dort
– Handlungsvollmacht s dort
– internationaler Verkehr **Einl** vor **48** 13
– Ladenvollmacht **56**
  – Mangel der Vertretungsmacht
  – des HdlVertreters **91a**
  – des Vermittlungsgehilfen **75h**
– Mehrvertretung **Anh 177a** 5, 7
– Missbrauch **50** 4–7; **(7)** BankGesch A/22
– organschaftliche **Einl** vor **48** 3; **125** 5
– Partei kraft Amtes **Einl** vor **48** 3
– Prokura s dort
– Schweigen auf Antrag **362** 6
– ständiger Vertreter **13e** 3
– Vermittlungsgehilfe **75g; 75h**
Vertretung (OHG, KG) **125–127; 170**
– Änderungen **107** 1
– Anmeldung **106** 12
– Ausschluss **125** 12
– Entziehung **127**
– Gesamtvertretung **49** 3; **125** 16–25
– ggü Gfter **126** 6–8
– Gruppenvertreter **163** 5
– HdlRegister **125** 26; **127** 10
– insolventer Gfter **125** 2
– KG **163** 10; **170**

– Missbrauch **126** 11
– Niederlegung **127** 10
– passive **125** 18, 24
– Selbstorganschaft **125** 5
– Umfang **126** 1–4
– Vertreterklausel **166** 18
– Zurechnung **125** 3–4
– Zweigniederlassung **126** III
Vertrieb Anh 177a 66a–66f
– Haftung **230** 3
Vertriebskosten 255 21
Vertriebspolitik 84 38
Vertriebsumstellung 86a 11, 13; **87** 46; **89b** 20, 26
Vervielfältigung 325 3–4; **328**
Verwahrer (13) DepotG 3 1
Verwahrkette (13) DepotG 14
Verwahrung 86 17
Verwahrung von Wertpapieren (13) DepotG
– s auch Kommission
– AGB **(8)** AGB-WPGeschäfte **13–20**
– Aneignung **(13)** DepotG 13
– Auslandsaufbewahrung **(13)** Depot 22
– Auslandsverwahrung **(13)** DepotG 3 2
– Banken **(8)** AGB-WPGeschäfte **13–20**
– Bezugsrecht **(13)** DepotG 26
– Darlehen **(13)** DepotG 1 1; **15; 16**
– Depotaufstellung **(8)** AGB-Banken 11
– Depotgebühren **(13)** DepotG 4 1
– Depotprüfung **(13)** DepotG **Einl** 2
– „Drei-Punkte-Erklärung" **(13)** DepotG 3 2
– Drittsammelverwahrung **(13)** DepotG 6 1
– Drittverwahrung **(13)** DepotG 3; 4; 5 III; 9; 35; 36
– Eigenanzeige **(13)** DepotG 4 5
– Eigendepot **(13)** DepotG 4 5
– Eigentumsübergang **(13)** DepotG 13; 15; 16
– Einzelurkunde **(13)** DepotG 9a 1
– Fremdanzeige **(13)** DepotG 4 6
– Fremdvermutung **(13)** DepotG 4
– Girosammelverwahrung **(13)** DepotG 6 1
– Globalurkunden **(13)** DepotG 9a 2
– Großstück **(13)** DepotG 9a 1
– Hausdrittverwahrung **(13)** DepotG 3 1
– Haussammelverwahrung **(13)** DepotG 5 2
– Insolvenz **(13)** DepotG 32–33
– internationaler Giroverkehr **(13)** DepotG 5 5
– Kommissionär **(13)** DepotG 29
– lex cartae sitae **(13)** DepotG 4 4
– Lombard s Pfand
– Miteigentum am Sammelbestand **(13)** DepotG 6–8; 24
– Pfand **(13)** DepotG 4; 9; 12,; 12a; 16; 17; 30; 31; 33
– Safe **(13)** DepotG 1 5
– Sammelbank **(13)** DepotG 1 6; 24
– Sammelurkunde **(13)** DepotG 1 2; **9a**
– Sammelverwahrung **(13)** DepotG 5–9

Sachverzeichnis

- Schrankfach (13) DepotG 1 5
- Sonderverwahrung (13) DepotG 2; 3 1; 5 1
- Stahlfach (13) DepotG 1 5
- Strafen (13) DepotG 34–37
- Streifbandverwahrung (13) DepotG 2; 3 2
- stückeloser Effektenverkehr (13) DepotG 1 2
- Tausch (13) DepotG 16; 26
- Tauschermächtigung (13) DepotG 10 1; 11
- Tresor (13) DepotG 1 5
- Treuhänder (13) DepotG 42
- Treuhand-WR-Gutschriften (13) DepotG 22 1
- Übertragung (13) DepotG 6 2; 13; 15; 16
- unregelmäßige Verwahrung (13) DepotG 15
- Unterschlagung (13) DepotG 34; 36
- Verpfändung (13) DepotG 6 2
- Verwaltungskosten (13) DepotG 4 1
- Wertpapieraufstellung (8) AGB-Banken 7 5; 11 9
- Wertpapierbegriff (13) DepotG 1 1
- Wertpapierdarlehen (13) DepotG 15
- Wertpapiersammelbank (13) DepotG 1 6
- Wertrecht (13) DepotG 1 2
- Zurückbehaltung (13) DepotG 4; 9; 30; 31
- Zwangsvollstreckung (13) DepotG 6 2
- Zwischenverwahrer (13) DepotG 3; 4; 5 III; 9; 35; 36

Verwahrungsbuch (13) DepotG 14
- Sammelbestandsanteilsübertragung (13) DepotG 5 3

Verwaltung des GesAnteils in OHG, KG 105 31, 46; 109 15–18, 20; 139 21, 32
Verwaltungsgemeinkosten 255 19
Verwaltungskosten
- Rückstellungen 249 3

Verwässerung s Firma
Verwechslungsgefahr 17 29, 30
Verweigerung 85 10; 87c 25; 89a 17, 18, 20; 89b 67
Verwertungsverbot 20 3 ff.
Verwiegung (18) ADSp 1.14
Verwirkung 86 32, 49; 87 48; 87a 3; 87c 19; 89a 30 ff.; 89b 56, 80; 90a 32
- s auch Firma
- HdlVertreter 86 32, 49; 87a 3; 87c 19; 89a 29–32; 89b 56, 80
- Mängelrüge 377 46
- Provision 87 53

Verzicht 54 11, 21; 87 48; 87a 3, 19, 33; 87c 29; 88a 2; 89a 19, 29; 89b 70, 74, 91; 90a 3, 18 f., 23, 29; 92 10
- Anfechtung 90a 23
- Delkredere 86b 6
- HdlVollmachtumfang 54 11
- Provision 87 48
- auf Wettbewerbsverbot 75a

Verzögerungsschaden 425 2; 426; 427

Verzollung (18) ADSp 1.14; 3.4; 4.5–7
Verzug 84 46 f.; 86 4; 86a 13; 87a 31 ff.; 87c 9; 89a 37; 89b 48
Videoüberwachung 59 94
Vieh 382 (aF)
Viertes Finanzmarktförderungsgesetz (14) BörsG Einl vor 1 14
Volatilitätsunterbrechungen (14) BörsG 24 9a
Vollkonsolidierung 300 1
Vollmacht 54; 55; 84 24 f., 28, 31, 49, 53, 56; 86 2, 15, 17; 86b 14; 87 47; 89a 5; 91; 91a; 92 3
- s auch Handelsvertreter, Vertretung
- Anscheinsvollmacht Einl vor 48 6
- Duldungsvollmacht Einl vor 48 5
- Generalvollmacht Einl vor 48 2
- Handlungsvollmacht s dort
- internationaler Verkehr Einl vor 48 13
- OHG 124 33
- postmortale (7) BankGesch A/51
- Prokura s dort
- Überschreitung der 54 20; 55 15; 75h; 91a

Vollmachtlösung 139 22
Vollständigkeitsgebot 347 25
- Konzernabschluss 300 3

Vollstreckung 85 9; 87c 12, 21 f., 24, 28; 88a 1; 89b 85
- HdlVertreter 87c 12, 22, 24, 28; 88a 1; 89b 85
- internationale Einl vor 1 87
- OHG 124 45; 128 45

Volontär 59 23; 82a
Vorausklage 349
- s auch Bürgschaft

Vorbehalt 346 40
Voreintragung 8 10; 15 11
Vorerbe 139 19–20
Vorfälligkeitsentschädigung (7) BankGesch G/4, 19a
Vorgesellschaft 105 9; Anh 177a 13, 15
Vorhandelstransparenz (14) BörsG 30
Vorkasse 346 40
Vorkaufsrecht
- GmbHAnteil 230 10

Vorlagepflicht Einl vor 1 28; 320 1; 321 12
- HdlBücher 257–261

Vormundschaft s Geschäftsfähigkeit
Vormundschaftsgericht 84 7
Vorrat 266 8, 20–24; 346 40
Vorratsgesellschaft 23 4
Vorsatz
- s auch Deliktsrecht, Fahrlässigkeit
- bedingter 347 18

Vorschuss 84 46; 86 6; 87a 9, 19, 31, 35; 92 9; 92b 9
- s auch Handelsvertreter
- Zinspflicht 354 II

Vorsichtsgrundsatz 243 9; 252 10, 57
Vorsorgevollmacht
- Zustimmung der MitGfter 109 17

2687

Sachverzeichnis

Vorstandsvergütung
– Gesetz über die Offenlegung **Einl** vor 238 17
Vorstellungskosten 59 36
Vorstrafe 89a 17
– Anlageberater **Anh 177a** 66c
– Fragerecht des ArbG 59 34
– HdlGehilfe 59 34, 118
– HdlVertreter 89a 17
Vorteile des Unternehmers 86 23; 87 41; 87b 7; 89b 2, 9, 11 ff., 23, 30, 32, 39, 47, 83 f., 87, 90
Vorteilsausgleichung 89a 34, 38, 40
Vorvertrag Einl vor 343 3
– OHG 105 58
VVG s Versicherungsvertragsgesetz

Wahrheitsbeweis Einl vor 1 66
Währung 361 3–4; (18) ADSp 18
– s auch Fremdwährung
– virtuelle **(7)** BankGesch F/28, 31
Währungseinheit 244 2
Währungsumrechnung Einl vor 238 38, 57; **256a**, 313 10; **340h**
– Konzernabschluss 308a
Warehousing
– Insiderhandelsverbot **(16a)** MAR 9 6
Waren Einl vor 373 8; **(6)** Incoterms **Einl** 39
Warenbörse (14) BörsG **Einl** vor 1 4, 9; 2 5–6a
Warenderivate
– Insiderinformationen **(16a)** MAR 7 10–11
Warenlager 56
Waren-Spot-Kontrakt
– Insiderinformatioen **(16a)** MAR 7 10
Warentermingeschäfte 347 26
Warentest Einl vor 1 66
Warschauer Abkommen (WA) 407 11; 453 4
– Umzugsvertrag 451 1
Warschau-Oxford-Regeln (6) Incoterms **Einl** 5
Wash-out 346 40
Wechsel 54 13; 55 11; 87a 11
– s auch BankGesch, Diskontgeschäft, Orderpapier
– Bilanz 251
– Bürgschaft 349 21
– Finanzwechsel **(7)** BankGesch J/1
– Handelswechsel **(7)** BankGesch J/1
– umgekehrter **(7)** BankGesch J/1
Wechselindossament 395
Wehrdienst 59 163
Weihnachtsgeld 59 64, 68
Weinbau 3 10
Weisung 55 18; 84 22, 36, 38, 42; 86 6, 12, 15 f., 24, 35; **87d** 3; **89** 17; **89a** 17; **89b** 58; **91a** 3; **92a** 3
– ggü HdlGehilfe **59** 9, 25, 44

– ggü HdlVertreter 84 38
– Nichtbeachtung 91a 3
Weiterbeschäftigung 59 157
Weiterverkauf Einl vor 373 27
Weltabschluss 294 1
Werbung 84 12, 23, 26, 38, 44; **86** 13, 15, 36, 51; **87d** 4; **89b** 13 f, 19, 22, 35, 38; **(15a)** WpPG 21 1
Werkvertrag Einl vor 373 18
– Untersuchungs- und Rügepflicht 377 2
Werklieferungsvertrag Einl vor 373 18; 381
– Ablieferung 377 6
– Arglist 377 54
– Dauerwerklieferungsvertrag **Einl** vor 373 30
– internationales Einheitsrecht **Einl** vor 373 46–47
– Untersuchungs- und Rügepflicht 377 2, 6
Werktitel 17 11
Werkunternehmerpfandrecht 440 3
– s auch Pfandrecht
Werkverkehr s Güterkraftverkehr
Wert s Bewertung, Firma, Handelsgeschäft, Unternehmen
wertaufhellende Tatsachen 243 12
Wertaufholungsgebot 253 31 f.
Wertberichtigung s Abschreibungen
Wertpapier Einl vor 373 8; **38** 1
– s auch BankGesch, Börse, Kommission
– Aktivseite 266 10
– alte Stücke **(15a)** WpPG 21 7
– Anlagestimmung **(15a)** WpPG 21 7; 23 2
– Ausland **(13)** DepotG 22
– Begriff **(13)** DepotG 1 1
– Bewertung 253 25
– gutgläubiger Erwerb 367
– Herausgabeanspruch des Hinterlegers **(13)** DepotG 2 1
– junge Stücke **(15a)** WpPG 21 7
– Kauf **(7)** BankGesch Q
– Kursverlust 253 25
– Orderpapier s dort
– Pfandrecht 440 1
– Treuhänder **(13)** DepotG 42
– Übertragung **(13)** DepotG 2 1
– Verkauf **(7)** BankGesch Q
– Vermögensverwaltung **(7)** BankGesch U/1–2
– Vertretbarkeit **(13)** DepotG 1 1
– Verwahrung von Wertpapieren s dort
Wertpapierangebot
– Prospektpflicht **Anh 177a** 59
Wertpapieraufstellung (8) AGB-Banken 7 5; **11** 9
Wertpapierbandbreite Einl vor 1 35
Wertpapierbereinigung 367 6
Wertpapierbörse (14) BörsG **Einl** vor 1 4; 2 3–4, 6a
– Hanseatische **(14)** BörsG 16 3; 18 1
Wertpapierdarlehen (7) BankGesch T/1; **(13)** DepotG 15

Sachverzeichnis

Wertpapierdienstleistung (7) BankGesch U/1, 3
Wertpapiergeschäft (7) BankGesch Q/1–4
– Aufwendungsersatz **(8)** AGB-WPGeschäfte 3 3
– Banken-AGB **(8)** AGB-WPGeschäfte
Wertpapierhandel
– Aufzeichnungspflichten **(16b)** WpHG 27
Wertpapierhandelsgesetz (WpHG) (16b)
– Insiderrecht **(16b)** WpHG Vorb 1
Wertpapierleihe 246 21; **(7)** BankGesch T/3
Wertpapierpensionsgeschäft (7) BankGesch T/2–3
Wertpapierprospektgesetz (WpPG) (15a) WpPG
Wertpapierprospekthaftung (15a) WpPG Einl vor 21 5
– s auch Börsenprospekthaftung, Prospekthaftung
Wertpapierrechtsrichtlinie (13) DepotG Einl 6
Wertpapiersammelbank (13) DepotG 1 6
Wertrechte (13) DepotG 1 2
Wertschwankungen 253 21
Werturteil Einl vor 1 66
Wesentlichkeitsgrundsatz 317 3
Wettbewerb Einl vor **1** 71–80; **90a**
– s auch Gesellschaft, Kommanditgesellschaft, Offene Handelsgesellschaft, Stille Gesellschaft
– Äußerungen, geschäftsschädigende **Einl vor 1** 65
– Boykott **Einl vor 1** 66
– Funktion **Einl vor 1** 71
– HdlGehilfe **60**; **61**; **74–75d**
– Monopol **Einl vor 1** 72
– Rahmenregelung **Einl vor 1** 72–76
– Zustimmungserfordernis **86** 30
Wettbewerbsabrede 86 2, 26; **86a** 3; **89** 25; **89a** 19, 33; **90** 4, 7; **90a**; **92a** 3
– AGB-Kontrolle **90a** 30
– Aufhebung **90a** 24
– bedingte **90a** 13
– Entschädigung **90a** 18–20
– Form **90a** 14
– HdlVertreter **86** 2, 26; **89a** 19, 33; **90** 4, 7; **90a**; **92a** 3
– Kündigung **90a** 25–26
– Nichtigkeit **90a** 31
– bei niedrigem Einkommen **90a** 9
– Prozess **90a** 34
– Schadensersatzpflicht **90a** 32
– Treu und Glauben **90a** 7
– Übergangsrecht **(1)** EGHGB 29a
– Versicherungsvertreter **90a** 5
– Verzicht **90a** 23
– Wahlrecht **90a** 33
– Wegfall der Geschäftsgrundlage **90a** 16
– Wettbewerbsverstoß **90a** 18–22

Wettbewerbsbeschränkungen Einl vor 1 72–76; **86** 26 ff.; **112** 14
– s auch Kartellrecht
– durch AGB **86** 33
– des AEUV **Einl vor 1** 78; **86** 38–39
– des GWB **Einl vor 1** 77; **86** 34–37; **112** 15–17
– handelsrechtliche **86** 26–32
– kartellrechtliche **Einl vor 1** 77–79; **86** 34–39
– Leitlinien für vertikale Beschränkungen **86** 38
Wettbewerbsrecht Einl vor 1 71–76, 80
– Generalklausel **Einl vor 1** 80
– Handlungen, aggressive geschäftliche **Einl vor 1** 80
– Irreführungsverbot **Einl vor 1** 80
– MarkenG **17** 3, 11
– Rechtsbruchtatbestand **Einl vor 1** 80
– schwarze Liste **Einl vor 1** 80
– Spürbarkeitsklausel **Einl vor 1** 80
– UWG **17** 3, 11
– Verbrauchergeneralklausel **Einl vor 1** 80
Wettbewerbsrichtlinie der Versicherungswirtschaft vom 1.9.2006 84 52; **89b** 96
Wettbewerbssituation 86 27
Wettbewerbsverbot 84 11, 36; **85** 4; **86** 22, 26 ff., 37, 50; **86a** 3, 17; **89a** 34; **89b** 3, 40; **90a**
– AGB-Kontrolle **74a** 9; **90a** 2
– Arbeitnehmer **59** 52
– Aufhebung von Vereinbarungen **74a** 5
– bedingtes **74** 6; **75a** 2
– Befreiung **112** 13
– Beschränkungen **75c; 75d**
– nach Dienstende **74–75d**
– während Dienstzeit **59** 52; **60; 61**
– Einwilligung **60** 7
– Erweiterung **112** 12
– Form **74** 17–19
– Franchisenehmer **Einl vor 373** 44
– Freistellungsphase **60** 5; **61** 3
– gesetzliches **60**
– Gfter **112**
– GmbH & Co KG **Anh 177a** 23
– HdlGehilfe **59** 52; **60; 61; 74–75d**
– HdlVertreter **85** 4; **86** 22, 26–39, 50; **89b** 3, 40; **90a**
– HdlZweig des ArbG **60** 3
– Herausgabe **61 I**
– Karenzentschädigung **74** 20–22; **74b; 74c**
– Kdtist **165**
– nach Kündigung **60** 5–6; **75**
– nachvertragliches **86** 27, 37; **90a** 2; **112** 14, 17
– Nichtigkeit **74a** 5–7
– Reichweite **86** 27
– Rücktritt **75a**; **90a** 22
– Schadensersatz **61 I**; **74** 11
– Sittenwidrigkeit **74a** 8
– Sperrabrede **75f**

2689

Sachverzeichnis

- Transparenzgebot **90a** 2
- Umfang **60** 2
- Umgehung **86** 29
- Unternehmenskauf **Einl** vor **1** 45
- des Unternehmers **86a** 17
- Unverbindlichkeit **74a** 1–4
- Unwirksamwerden **75**
- Verabschiedungsschreiben **60** 2
- Vereinbarung **74** 6–9
- Verjährung **61** 4
- vertragliches **60** 1; **74**
- Vertragshändler **84** 11
- Vertragsstrafe **61** 1; **75c**; **75d**
- Vertragszeit **60** 5; **112** 1–8, 15–16
- Verzicht **75a**
- Volontär **82a**
- Zeitpunkt **74** 1–5
- Zulieferer **Einl** vor **373** 32

Wettbewerbsverstoß
- Anschein **86** 29
- des Gfters **113**
- des HdlGehilfen **61**; **74** 10; **75c**; **75d**
- des HdlVertreters **86** 28; **90a** 21
- Gewinnherausgabe **61** 3; **86** 32; **112** 2–3
- Rechtsfolgen **86** 32
- Rücktritt **90a** 22
- Unterlassungsanspruch **61** 2
- des Unternehmers **90a** 22
- Schadensersatzanspruch **61** 2; **113** 1
- Vergleich **90a** 19

White Knight (16a) MAR **9** 6
Wichtiger Kündigungsgrund 86 22; **89** 4; **89a**; **89b** 57 f., 65 ff.; **90** 8; **90a** 3, 25, 29

Widerruf Anh 177a 58
- Verbraucherrecht **93** 17
- Zahlungsauftrag **(7)** BankGesch C/36

Widerrufsvorbehalt
- Gratifikation **59** 64

Wiederveräußerung eigener Anteile 272 5

Willkür 54 11, 16; **86a** 14, 16; **89a** 30; **89b** 20

Wirksamkeit des Handelsvertretervertrages 85 1 ff.

wirtschaftliche Abhängigkeit 84 1, 7, 16, 36, 38

wirtschaftliche Zurechnung Einl vor **238** 29; **246** 14

Wirtschaftsauskünfte Einl vor **1** 66
Wirtschaftsgut Einl vor **238** 70
Wirtschaftsprüfer 1 19; **54** 1; **86** 32; **87c** 27 f.; **(2a)WPO** Einl **1** 1; AGB-Anderk
- Abschlussprüfer **319** 4, 13–25
- AGB **(2a)** WPO Einl **7**; **(2b)** AGB-WP
- Beratungsumfang **347** 14
- Berufsausübung **(2a)** WPO Einl **3**
- Berufshaftpflichtversicherung **(2a)** WPO **54**
- Berufspflichten **(2a)** WPO Einl **4**
- Börsenprospekthaftung **(15a)** WpPG **Einl** vor **21** 3
- Dritthaftung **323** 8; **347** 21
- freiwillige Prüfung **(2a)** WPO Einl **6**
- Haftung **Anh 177a** 64; **323**; **347** 19, 21, 29, 30; **(2b)** AGB-WP **Einl** 3–4, 9
- Haftungsbeschränkung **(2a)** WPO **54a**
- Handakten **(2a)** WPO **51b**
- Pflichten **(2a)** WPO Einl **4**
- Pflichtprüfung **(2a)** WPO Einl **5**
- Prospekthaftung **(15a)** WpPG **21** 4
- Qualitätssicherungssystem **(2a)** WPO Einl **4**, **55b**
- Rechte **(2a)** WPO Einl **4**
- Übergangsrecht **(1)** EGHGB **50**

Wirtschaftsprüferkammer
- Unterrichtung **318** 15

Wirtschaftsprüferordnung (2a) WPO **Einl** 8–10
- Änderungen **(2a)** WPO Einl **9**
- Inhalt **(2a)** WPO Einl **10**
- Inkrafttreten **(2a)** WPO Einl **8**

Wirtschaftsprüfertestat (2a) WPO **Einl** 6
- überholter Stichtag **347** 37

Wirtschaftsprüfungsexamens-Reformgesetz
- Übergangsvorschriften **Einl** vor **238** 101; **(1)** EGHGB **55**

Wirtschaftsprüfungsgesellschaft Einl vor **105** 2; **(2a)** WPO Einl **2**, **1**
Wirtschaftsrecht Einl vor **1** 71–80
Wissenschaft 1 19–20
Wissenszurechnung 125 4; **(7)** BankGesch A/16
- HdlVertreter **84** 53
- Unternehmenskauf **Einl** vor **1** 44, 46

Wohnimmobilienkreditrichtlinie (7) BankGesch G/36; **(8)** AGB-Banken **Einl** 27

Wohnsitz 86b 12; **92c** 2
WpHG s Wertpapierhandelsgesetz
WPO s Wirtschaftsprüferordnung
WpPG s Wertpapierprospektgesetz
Wurzeltheorie Einl vor **1** 37

„Zahlung bar" **346** 40
Zahlungsauftrag (7) BankGesch C/33–40; **(8)** AGB-Banken **11** 4
- Ablehnung **(7)** BankGesch C/39
- Widerruf **(7)** BankGesch C/40

Zahlungsauthentifizierungsinstrumente (7) BankGesch C/2–3, 7, 11, 28, 56
Zahlungsdienste (7) BankGesch C/7; **(8)** AGB-Banken **1** 8
- Begriff **(7)** BankGesch C/7
- Geschäftsbesorgungsvertrag **(7)** BankGesch C/7, 9
- Unterrichtung **(7)** BankGesch C/14

Zahlungsdiensteaufsichtsgesetz (ZAG) (7) BankGesch A/4, C/7–8
Zahlungsdiensterahmenvertrag (7) BankGesch C/20–32
- s auch Girovertrag

Sachverzeichnis

Zahlungsdiensterichtlinie I 2007 (7) BankGesch C/1, D/1
- Begriffsbestimmungen **(7)** BankGesch C/8
- BGB-Konkordanzen **(7)** BankGesch C/5
- Lastschrift **(7)** BankGesch D/1a, 2
- Umsetzung **(7)** BankGesch D/1
- Vollharmonisierung **(7)** BankGesch C/2, D/1
- Zahlungsdienste **(7)** BankGesch C/5
- Zahlungsverkehr **(7)** BankGesch C/4

Zahlungsdiensterichtlinie II 2015 (7) BankGesch C/1a-2
- Umsetzung **(7)** BankGesch C/2–3
- Vollharmonisierung **(7)** BankGesch C/3

Zahlungsgeschäft (7) BankGesch A/4
Zahlungsinstrumente (7) BankGesch C737, 42
Zahlungskartengeschäft (7) BankGesch A/4
- s auch Kartenzahlung
- SEPA-VO **(7)** BankGesch C/1, F/1

Zahlungskontengesetz (ZKG) (7) BankGesch A/6, A/36
Zahlungsunfähigkeit 130a 2
Zahlungsverbot 130a 5–6
Zahlungsverkehr
- s auch GeldKarte, Giroüberweisung, Kartenzahlung, Kreditkarte, Lastschrift, Zahlungsdiensterichtlinie I, II
- automatisierte Zahlungssysteme **(7)** BankGesch F/19–31
- bargeldloser **(7)** BankGesch C/4
- Barzahlung **(7)** BankGesch C/4
- Begriff **(7)** BankGesch C/4
- Deckungsverhältnis **(7)** BankGesch C/29–60
- E-Geld **(7)** BankGesch C/10, F/27
- Gebühren der Banken **(7)** BankGesch C/45
- Girovertrag **(7)** BankGesch C/20–32
- Inkassoverhältnis **(7)** BankGesch C/67–80
- Interbankenverhältnis **(7)** BankGesch C/61–66
- Kontoinformationsdienste **(7)** BankGesch C/2–3, 7, 11, 28
- neues Recht **(7)** BankGesch C/1–16
- Online-Banking **(7)** BankGesch F/29
- POS **(7)** BankGesch F/26
- Regelungstechnik **(7)** BankGesch C/12–19
- SEPA-Überweisung s dort
- Valutaverhältnis **(7)** BankGesch C/81–85
- Vollharmonisierung **(7)** BankGesch C/2, D/1
- Zahlungsauslösedienste **(7)** BankGesch C/2–3, 7, 11, 28, 56
- Zahlungsdiensterahmenvertrag **(7)** BankGesch C/17–28

Zeichnung s Unterschrift
Zeitrechnung 361
Zeitschriftenabonnement 84 26, 42; **87a** 15; **87b** 13; **89b** 21
Zeitvertrag 89 10, 19 ff.
Zeitwertbewertung Einl vor **238** 53
Zentraler Kontrahent (14) BörsG **2** 2a; **3** 7b; **6** 7; **21** 3; **48b** 2
Zerobonds 253 26
Zerschlagungswert Einl vor **1** 36
Zertifikate-Emittent 347 30
Zeuge 87c 28
Zeugenaufruf, öffentlicher 87c 28
Zeugnis 73/109 GewO; **86** 5; **89** 26; **92a** 4; **347** 8, 12, 23, 34
- Anspruch **73**/109 GewO 4–8, 15–17
- Auskunftspflicht **73**/109 GewO 18
- einfaches **73**/109 GewO 5, 10
- Form **73**/109 GewO 9
- Haftung **73**/109 GewO 2, 19, 20
- HdlGehilfe **59** 104
- HdlVertreter **86** 5; **89** 26; **92a** 4
- Inhalt **73**/109 GewO 9–14
- qualifiziertes **73**/109 GewO 5, 11
- Zwischenzeugnis **73**/109 GewO 6, 12

Zeugnisverweigerungsrecht (7) BankGesch A/12–13
Zielvereinbarung 59 58
- außergewöhnliche Umstände **59** 60

Zinsänderungsklausel (7) BankGesch G/4
Zinsen 86 6; **87a** 19; **89a** 26; **89b** 12, 29, 48; **352; 353; 354 II**
- s auch Bewertung, Gewinn- und Verlustrechnung
- Benachteiligungsverbot **(7)** BankGesch C/31
- Effektivzinssatz **(7)** BankGesch G/10
- Fälligkeitszinsen **353**
- Fremdkapital **255** 23–24
- Kündigungsrecht **352** 4
- Referenzzinssätze **(7)** BankGesch C/31
- Schwerpunktzins **(7)** BankGesch G/10
- Sparkasse **(9)** AGB-Spark **17**
- Überziehungszinsen **(8)** AGB-Banken **12** 4, **(9)** AGB-Spark **18** 1
- Vermutung **Anh 177a** 65
- Verzugszinsen **352** 5–6

Zinseszinsen 353 3
Zinssatzswapgeschäfte 347 23, 26, 30
Zivilagent 84 29
Zivilmakler 93 1–2
Zoll 87b 10
- Anschaffungskosten **255** 3
- Rechnungsabgrenzungsposten **250** 4
- Spedition **(18)** ADSp 1.14, 3.4, 4.5–7

„zoll- und steuerfrei" **346** 40
Zollformalitäten (6) Incoterms **Einl** 34
„zu getreuen Händen" **346** 40
Zufall 87 26; **87d** 3; **90** 6
Zugang
- Kündigung **59** 121

Zugangs- und Folgebewertung 253

Sachverzeichnis

Zugangsbewertung 340f 9
Zugewinnausgleich 89b 6
– Gesellschaftsanteile **105** 24
Zugewinnberechnung Einl vor **1** 35
Zukunftserfolgswert Einl vor **1** 36
Zulagen 59 58
Zuliefervertrag Einl vor **373** 29–33
Zumutbarkeit 87a 15 f., 25 ff; **87c** 15; **89a** 6 ff, 16, 19, 28, 39; **89b** 22, 55, 61, 67
Zurechnung an den Unternehmer 84 53 ff.
– Vermittlerverhalten **347** 34
– Wissenszurechnung s dort
Zurückbehaltungsrecht 86 2, 17, 48; **87a** 15; **87c** 26, 29; **88a; 89** 26; **89a** 34; **369; 372; 369** 1
– Abdingbarkeit **88a** 2
– Abwendung **369** 14
– Arbeitsleistung **59** 56
– Ausschluss **369** 13
– Befriedigung **371; 372**
– BGB **369** 1
– Eigentumsfiktion **372**
– Einrede **369** 1
– für „Forderungen" **369** 3–6
– Frachtführer **408** 1
– Gegenstände **369** 7–11
– Gerichtsstandabrede **88a** 2
– HdlGehilfe **59** 56
– HdlVertreter **86** 2, 48; **87a** 15; **87c** 6, 29; **88a; 89** 26; **89a** 34
– Lagerhalter **475b** 1
– Rechtskraftwirkung **372**
– vertragliches **369** 1
– Spediteur (18) ADSp 19–20
– Wirkung gegen Dritte **369** 12
Zurückweisung 87a 1, 5, 10
Zusammenschlusskontrolle Einl vor **1** 45
Zusätze s Firma
Zuschreibungen s Abschreibungen
Zusendung
– unbestellte **346** 36
Zustellung
– öffentliche **15a**
Zuweisung
– Form **87** 25
Zuwendung
– freiwillige **105** 56
Zwangsgeld 14
Zwangsvollstreckung s Vollstreckung

Zweckgesellschaft 290 II
Zweckverband 263
Zweigniederlassung 13–13h
– der AG **13f**
– Anmeldung **13** 10–12, **13e** 2
– Aufhebung **13** 15
– Auflösung **13** 6
– ausländische **13d** 1
– Begriff **13** 3
– Betriebsstätte **13** 5
– Buchführung **13** 8; **238** 9
– Eintragung **13** 14; **13d** 1, 2; **15** 24
– Empfangsvertreter **13e** 3
– Errichtung **13** 6
– – tatsächliche **13e** 2
– Firma **13** 7; **13d** 4; **30** 9
– Fortführung **22** 5, 21; **25** 3
– der GmbH **13g**
– Hauptniederlassung s dort
– einer Kapitalgesellschaft **13e**
– als Kdtist **162** 2
– KleinstkapitalGes **325a** 3
– mehrere **13d** 2; **13e** 4
– Mindestorganisation **13** 3
– Nachordnung ggü. Hauptniederlassung **13** 3
– Niederlassungsprokura **50** 2
– Offenlegung **325a**
– private limited company **13d** 1; **13e** 1
– Prokura **50 III**
– Prüfung **13 III**
– Rechtsnatur **13** 4
– Selbstständigkeit **13** 3
– Sitz im Ausland **13d–h; 325a**
– Sitz im Inland **13**
– Übergangsrecht (**1**) EGHGB 34
– Übertragung **22** 5, 22
– Verlegung **13** 6
– Vertretungsmacht **13** 9; **126 III**
– Zuständigkeit **13d** 2–3
Zweipersonengesellschaft
– Auflösung **131** 19, 81
– Ausscheiden **131** 19, 35, 84
– Ausschließung **140** 3–4, 14–16
– Forthaftung **128** 28
– Fortsetzungsklausel **131** 81
Zwischenabschluss s Konzernabschluss
Zwischenergebnis s Konzernabschluss
Zwischenhändler s Vertragshändler
Zwischensaldo 357 6
„Zwischenverkauf vorbehalten" 346 40
Zwischenzeugnis 73/109 GewO 6, 12